Stüer/Beckmann

Handbuch des Bau- und Fachplanungsrechts

Handbuch des Bau- und Fachplanungsrechts

Planung – Genehmigung – Rechtsschutz

begründet und bis zur 5. Auflage bearbeitet von

Prof. Dr. Bernhard Stüer †

Rechtsanwalt und Fachanwalt für
Verwaltungsrecht, Münster/Osnabrück
Honorarprofessor an der Universität Osnabrück

ab der 6. Auflage bearbeitet von

Prof. Dr. Martin Beckmann

Rechtsanwalt und Fachanwalt für
Verwaltungsrecht, Münster
Honorarprofessor an der Universität Münster

6. Auflage 2025

C.H.BECK

Zitiervorschlag:
Stüer/Beckmann BauR-HdB Rn. 1

beck.de

ISBN 978 3 406 79085 0

Wilhelmstraße 9, 80801 München
info@beck.de
Druck und Bindung: Druckerei C.H. Beck, Nördlingen
(Adresse wie Verlag)
Satz: ottomedien, Heimstättenweg 52, 64295 Darmstadt
Umschlag: Ralph Zimmermann – Bureau Parapluie

myclimate
shape our future

chbeck.de/nachhaltig
produktsicherheit.beck.de

Gedruckt auf säurefreiem, alterungsbeständigem Papier
(hergestellt aus chlorfrei gebleichtem Zellstoff)

Vorwort

Das Handbuch des Bau- und Fachplanungsrechts ist ein Werk, das Herr Rechtsanwalt und Notar Prof. Dr. Bernhard Stüer mit punktueller Unterstützung seiner Ehefrau, Frau Dr. Eva-Maria Ehebrecht-Stüer, bei der Darstellung der historischen Entwicklung des Rechts der städtebaulichen Planung und der Genehmigung für Vorhaben im Außenbereich, im Übrigen aber ganz allein verfasst und in fünf Auflagen, beginnend mit der ersten Auflage im Jahr 1997, einer zweiten Auflage schon im Jahr 1998, einer dritten Auflage 2005, einer vierten Auflage 2009 sowie einer fünften Auflage 2015 fortgeschrieben hat. Die fünfte Auflage hatte schon einen stattlichen Umfang von 2053 Seiten. Das Handbuch ist insoweit, gemessen an seinem weiten Zuschnitt, an der Komplexität des Bau- und Fachplanungsrechts, der Dynamik der Rechtsentwicklung und seines Umfangs, eine beeindruckende Lebensleistung des bundesweit angesehenen Fachanwalts für Verwaltungsrecht und des gleichermaßen hochengagierten Rechtswissenschaftlers wie bedeutenden „Baurechtlers" Bernhard Stüer.

Am 28. Juni 2022 verstarb Bernhard Stüer nach einer kurzen, aber schweren Erkrankung im Alter von 74 Jahren. Alle, die ihn persönlich gekannt, erlebt, geschätzt oder auch bewundert haben, empfanden seinen plötzlichen Tod als tragisch, war er doch bis dahin äußerst engagiert wissenschaftlich, beratend und forensisch anwaltlich und nicht zuletzt auch ehrenamtlich tätig und vor allem auch mit seinen regelmäßigen Tagungsberichten präsent. Mit ihrer Münsteraner Anwaltskanzlei waren Bernhard Stüer und Eva-Maria Ehebrecht-Stüer im Bau- und Fachplanungsrecht ein äußerst erfolgreiches Alternativmodell zu den ansonsten eher dominierenden Großkanzleien. Bernhard Stüer war zudem ein Vorreiter der elektronischen Datenverarbeitung bei der anwaltlichen Berufsausübung, die er schon sehr früh für seine umfassenden Schriftsätze und seine zahlreichen Aufsätze und Tagungsberichte effektiv einsetzen konnte. Noch bis kurz vor seinem Tod hat Bernhard Stüer auch an der Aktualisierung dieses Handbuchs in einer sechsten Auflage gearbeitet. Sein wissenschaftliches Werk mit etwa 600 Aufsätzen und Tagungsberichten und ca. 15 Büchern, verfasst neben seiner anwaltlichen Haupttätigkeit, sind Ausdruck einer sehr großen Energie und leidenschaftlichen Arbeitsbereitschaft; es beruht zudem auf seiner sehr großen anwaltlichen Erfahrung vor allem im Bau- und Fachplanungsrecht, im Umweltrecht und im Kommunalrecht. Seine Veröffentlichungen waren ausnahmslos praxisorientiert. Im Jahr 1974, das heißt vor just 50 Jahren, veröffentlichte Bernhard Stüer seinen ersten Aufsatz „Zum autonomen (kontrollfreien) Gestaltungsspielraum von Gesetzgeber und Verwaltung" im Deutschen Verwaltungsblatt (S. 314 ff). Zur weiteren Würdigung seiner Persönlichkeit sei auf das ihm gewidmete Heft 5 des Deutschen Verwaltungsblatts 2023 verwiesen. Es enthält unter anderem einen Nachruf von Wolfgang Durner, seinem Nachfolger als langjähriger Schriftleiter des Deutschen Verwaltungsblatts. Erinnert sei auch an die ihm zum 65. Geburtstag gewidmete, von Prof. Dr. Michael Krautzberger, Prof. Dr. Hans Werner Rengeling und Dr. Klaus Saerbeck 2013 im Beck-Verlag 2013 herausgegebene Festschrift zum Bau- und Fachplanungsrecht. Die Praxisorientierung seines Werks und die daraus folgende besondere Gewichtung der Verwaltungsrechtsprechung prägte das Handbuch zum Bau- und Fachplanungsrecht schon in seiner ersten Auflage im Jahre 1997 und soll es im Sinne eines „Vermächtnisses" auch weiter bestimmen.

Der Beck-Verlag hat mich gebeten, das Handbuch für eine sechste Auflage zu überarbeiten und zu aktualisieren, um es seinem breiten Leser- und Benutzerkreis zu erhalten. Für den damit verbundenen Vertrauensvorschuss des Verlags und für die sehr gute Unterstützung und Zusammenarbeit bei der Vorbereitung dieser Auflage möchte ich mich herzlich bei Verlagslektorin Frau Elisabeth Becker und bei Herrn Dr. Rolf-Georg Müller, dem Leiter Öffentliches Recht des Beck-Verlages, herzlich bedanken. Es ist mir eine große Freude und auch eine besondere Ehre, das etablierte Werk des Kollegen Bernhard Stüer mit einer sechsten Auflage in die Zukunft bringen zu dürfen, nicht zuletzt auch deshalb, weil Bernhard Stüer, Eva-Maria Ehebrecht Stüer und ich als Doktoranden gemeinsam dem Schülerkreis des 2009 verstorbenen Münsteraner Univ.-Prof. Dr. Werner Hoppe angehören. Einen Nachruf auf den für das Bau- und Planungsrecht ebenfalls hochangesehenen Werner Hoppe habe ich in der Zeitschrift für Baurecht 2009, 1346 ff., verfasst. Ihm zu Ehren haben seine habilitierten Schüler Univ.-Prof.

Dr. Wilfried Erbguth, Univ.-Prof. Dr. Janbernd Oebbecke, Univ.-Prof. Dr. Hans-Werner Rengeling und Univ.-Prof. Dr. Martin Schulte aus Anlass seines 70. Geburtstag im Jahr 2000 im Beck-Verlag eine veritable Festschrift herausgegeben, an der sich ein großer Kreis von Freunden, Kollegen und Schülern Hoppes beteiligt hat (siehe zu Werner Hoppe auch Dirk Ehlers, Das Umwelt- und Raumplanungsrecht: Werner Hoppe (1930-2009), in: Thomas Hoeren, Münsteraner Juraprofessoren, Münster, 2014, S. 295 ff.; Janbernd Oebbecke, Werner Hoppe, in: Kilian/Wolff/Häberle, Staatsrechtslehrer des 20. Jahrhunderts, 2024). Bernhard Stüer war langjährig Assistent am Lehrstuhl für Raumplanung und Öffentliches Recht der Westfälischen Wilhelms-Universität von Werner Hoppe und ihm lebenslang danach freundschaftlich und beruflich verbunden. Auch ich war einige Jahre später ebenfalls Doktorand von Werner Hoppe und habe bei ihm 1987 zum Thema „Verwaltungsgerichtlicher Rechtsschutz im raumbedeutsamen Umweltrecht" promoviert, einem Thema, das seit Jahrzehnten den Kern meiner anwaltlichen Tätigkeiten ausmacht. Mich verbindet mit Werner Hoppe darüber hinaus eine Zusammenarbeit zunächst als wissenschaftlicher Referent und sodann als Geschäftsführer des Zentralinstituts für Raumplanung an der Universität Münster in den Jahren 1985 bis 1989 und auch danach bei der Verfassung von Rechtsgutachten, der Beteiligung an Schiedsverfahren, etc. Werner Hoppe war von 1981 bis 1997 Geschäftsführender Direktor des von ihm mit gegründeten Freiherr-vom-Stein-Instituts des Landkreistages Nordrhein-Westfalen und von 1980 bis 1997 Geschäftsführender Direktor des Zentralinstituts für Raumplanung. Dem Direktorium des Instituts, das im Jahre 2024 sein 50-jähriges Bestehen feierte, gehörte über viele Jahre als Nachfolger des Soziologen Prof. Dr. Helmut Schelsky, dem neben Theodor Adorno wohl bekanntesten Soziologen seiner Zeit, der ebenfalls hochgeschätzte und international anerkannte, mit drei Festschriften geehrte und 2019 verstorbene Univ. Prof. Dr. Dr. h.c. mult. Werner Krawietz an, der vor allem auf dem Gebiet der rechtswissenschaftlichen Grundlagenforschung, der Rechts- und Staatstheorie tätig war. Von 1965 bis 1971 war auch der frühere Bundesumweltminister und spätere Exekutivdirektor des Umweltprogramms der Vereinten Nationen Prof. Dr. Klaus Töpfer, verstorben im Juni 2024, als Wissenschaftler am Zentralinstitut für Raumplanung Münster tätig. 1968 wurde Töpfer dort mit einer Arbeit zur Regionalpolitik und Standortentscheidung promoviert. Einen Bericht zur Feier des 25-jährigen Bestehens des Zentralinstituts habe ich im Deutschen Verwaltungsblatt 1987, 888 veröffentlicht. Die Geschäftsführerin des Zentralinstituts für Raumplanung an der Universität Münster, Frau Prof. Dr. Susan Grotefels, Vizepräsidentin der Akademie für Raumentwicklung in der Leibniz-Gemeinschaft, war schon 1989 ausweislich des Vorwortes an der Vorbereitung des Lehrbuchs zum Umweltrecht beteiligt; sie ist nach wie vor eine inspirierende Diskussionspartnerin für sämtliche Fragen der Raumordnung.

Mit Werner Hoppe verbinden mich rechtswissenschaftlich nicht nur das erwähnte, 1989 gemeinsam im Beck-Verlag veröffentlichte Lehrbuch zum Umweltrecht, das im Jahr 2000 in einer zweiten Auflage zusammen mit Frau Rechtsanwältin Dr. Petra Kauch erschien. Hinzu kommt die gemeinsame Herausgabe eines Kommentars zum UVPG im Carl Heymanns Verlag, den ich heute mit Herrn Univ.-Prof. Dr. Martin Kment, Inhaber des Lehrstuhls für Öffentliches Recht und Europarecht, Umweltrecht und Planungsrecht der Universität Augsburg und ebenfalls ehemaliger wissenschaftlicher Referent und stellvertretender Geschäftsführer am Zentralinstitut für Raumplanung an der Universität Münster, herausgebe (Beckmann/Kment, UVPG/UmwRG, 6. Auflage, Köln 2023). Hinzu kommen zahlreiche weitere gemeinsame Aufsatzveröffentlichungen und eine langjährige freundschaftliche Verbindung. Werner Hoppe war über 12 Jahre Sozius der Anwaltskanzlei, in der ich nach meinem Ausscheiden aus dem Zentralinstitut für Raumplanung an der Universität Münster und nach einer kürzeren Zeit beim Bundesumweltministerium in einer zur Einführung des UVPG gebildeten Arbeitsgruppe „Grundsatzfragen des Umweltrechts" ca. 30 Jahre, als Anwalt tätig war. Gefördert wurde ich dort vor allem von dem im Bau- und Planungsrecht und speziell auch im Abfallrecht sehr erfahrenen Kollegen Norbert Große Hündfeld, der als Nachfolger und ehemaliger Referendar von Werner Hoppe nach dessen Ruf auf einen Lehrstuhl der Universität Münster in die Anwaltskanzlei eingetreten war.

Meine Bereitschaft zur Überarbeitung des Handbuchs ist nicht zuletzt ein Zeichen dankbarer Verbundenheit mit dem Verlag C.H.Beck, in dem ich nicht nur mit Werner Hoppe und Petra Kauch das schon erwähnte Lehrbuch zum Umweltrecht veröffentlichen durfte, sondern für den ich auch seit dem Jahr 2001 den Landmann/Rohmer zum Umweltrecht gemeinsam mit den Herren Univ.-Prof. Dr. Wolfgang Durner, Univ.-Prof. Dr. Thomas Mann und Prof.

Dr. Marc Röckinghausen herausgeben darf. Der Landmann/Rohmer war ursprünglich ausschließlich ein Kommentar zur Deutschen Gewerbeordnung und zu weiteren Gesetzestexten; er wurde von Robert von Landmann und Gustav Rohmer begründet. Die erste Ausgabe des Kommentars erschien 1883 unter dem Titel „Kommentar zur Gewerbeordnung für das Deutsche Reich" und ist das älteste, laufend aktualisierte und neubearbeitete juristische Fachbuch in Deutschland. In den 1970er Jahren erschienen dann ein ergänzender Band III und später ein weiterer Band IV zum Umweltrecht. Der seit langem bewährte Großkommentar zum Umweltrecht erläutert alle wichtigen Vorschriften des Umweltrechts. Im Besonderen Umweltrecht liegen die Schwerpunkte beim Immissionsschutz sowie beim Abfall-, Boden-, Gewässer- und Naturschutz. Eingehend kommentiert ist dort auch das Allgemeine Umweltrecht mit seinen übergreifenden Regelungen, etwa dem UVPG, dem UIG, dem USchadG, dem UmwRG und dem KSG.

Als Mitherausgeber dieser vier Bände zum Umweltrecht bin ich Nachfolger des langjährigen und diesen Loseblattkommentar - ähnlich wie Bernhard Stüer sein Handbuch zum Bau- und Fachplanungsrecht - praxisorientiert prägenden Herausgebers Prof. Dr. Klaus Hansmann, der im Jahr 2022 im Alter von 86 Jahren verstorben ist; Klaus Hansmann war als Referats- und Gruppenleiter im NRW-Umweltministerium und von 1997 bis 2000 als Vorsitzender des Länderausschusses für Immissionsschutz tätig; er war ein die Entwicklung des Immissionsschutzrechts weit darüber hinaus prägender, hochgeschätzter Praktiker des Immissionsschutzrechts.

Der von Bernhard Stüer gewählte, sehr weite Zuschnitt des Handbuchs zum Bau- und Fachplanungsrecht und das von ihm entworfene Konzept dieses Handbuchs, das unter anderem auf eine besondere Berücksichtigung der Rechtsprechung und des EU-Umweltrechts setzt, sind bei der Aktualisierung unverändert geblieben. Ich habe mich jedoch bemüht, eigene Erfahrungen und Erkenntnisse zum Bau-, Umwelt- und Planungsrecht aus meiner mehr als dreißig Jahre währenden beratenden und forensischen Anwaltstätigkeit bei Verwaltungsgerichten aller Bundesländern und dem Bundesverwaltungsgericht und aus meiner wissenschaftlicher Befassung mit dem Umwelt- und Planungsrecht in verschiedenen Kommentaren, unter anderem im Landmann/Rohmer zum Klimaschutzrecht, zum Umweltschadens- und Kreislaufwirtschaftsrecht, im von Prof. Dr. Walter Frenz 2019 herausgegebenen Kommentar zum Bundesberggesetz, in Lehrbüchern, Handbüchern und zahlreichen Aufsätzen einzubringen. Hilfreich waren auch Erfahrungen aus langjährigen Lehrtätigkeiten an der Universität Münster, an der Fachhochschule für öffentliche Verwaltung Münster, für die bundesweite Fachanwaltsausbildung des Deutschen Anwaltsvereins und aus Lehr- und Vortragstätigkeiten nahezu überall in der Republik. Erkenntnisbringend sind nicht zuletzt Gremientätigkeiten, insbesondere in dem mit hocherfahrenen Kolleginnen und Kollegen besetzten Umweltrechtsausschuss des Deutschen Anwaltvereins, einige Jahre in der Ständigen Deputation des Deutschen Juristentags sowie langjährig im Vorstand der Arbeitsgemeinschaft für Verwaltungsrecht des Deutschen Anwaltvereins, Landesgruppe NRW. Diese Arbeitsgemeinschaft pflegt neben der Fachanwaltsfortbildung einen regelmäßigen Erfahrungsaustauch mit Verwaltungsrichterinnen und Verwaltungsrichtern des Landes Nordrhein-Westfalen und darüber hinaus. Nicht zuletzt war meine Mitgliedschaft im Vorstand der Juristischen Studiengesellschaft Münster über ca. 25 Jahre geeignet, den Erkenntnishorizont wesentlich zu weiten und zahlreiche besonders profilierte Juristinnen und Juristen kennenzulernen. Umfangreichere Änderungen und Ergänzungen habe ich aufgrund meiner persönlichen Erfahrungen z.B. in den Bereichen des Raumordnungsrechts, des Bergrechts, des UVP-Rechts und des Kreislaufwirtschaftsrechts vorgenommen.

Der von Bernhard Stüer gewählte Zuschnitt des Handbuchs erstreckt sich über das Bau- und Fachplanungsrecht im engeren Sinne hinaus vom Raumordnungsrecht über zentrale Bereiche des Umweltrechts einschließlich des Rechts der Genehmigung immissionsschutzrechtlich und atomrechtlich genehmigungsbedürftiger Anlagen und einschließlich der bergrechtlichen Zulassung von Betriebsplänen. Angesichts des Umfangs des Handbuchs, des Erfordernisses einer Berücksichtigung unionsrechtlicher Vorgaben, des kontinuierlichen Novellierungsbedarfs des Umwelt- und Planungsrechts auf europäischer und deutschen Ebenen im föderalen System und des dringenden Anliegens, Planungs- und Zulassungsverfahren in all diesen Regelungsbereichen zu beschleunigen, wundert es nicht, dass auch bei den die Rechtsentwicklung begleitenden Hand- und Lehrbüchern und Kommentaren fortlaufend Aktualisierungsbedarf entsteht.

Im Vorwort der fünften Auflage schrieb Bernhard Stüer dazu, das Handbuch solle im „Dickicht der nahezu unübersehbaren gesetzlichen Regelungsdichte und der dazu ergangenen Gerichtsentscheidungen und Literatur eine Orientierungshilfe geben und über den aktuellen Stand vor allem von Gesetzgebung und Rechtsprechung berichten." Zugleich gehe es darum, übergreifende Strukturen offenzulegen, die das Bau- und Fachplanungsrecht verbinden. Es gebe bei näherem Hinsehen mehr Gemeinsamkeiten als Unterschiede im Planungsrecht, Gemeinsamkeiten, die vor allem mit rechtsstaatlichen Anforderungen an das Planungsgeschehen zusammenhängen würden. Das Handbuch des Bau- und Fachplanungsrechts solle vor allem Zusammenhänge verdeutlichen, die nicht nur über die Grenzen des jeweiligen Fachplanungsrechts hinaus, sondern auch im Verhältnis zwischen Bauleitplanung und verschiedenen Fachplanungen bestünden. Das Handbuch sei vor allem auf die Praxis und die Rechtsprechung orientiert und wende sich vor allem an Rat und Verwaltung der Gemeinden, an die planende Fachverwaltung, an Architekten, Bauherren, Investoren und die sonst am Baugeschehen Beteiligten, an Richter und Rechtsanwälte, durchaus auch an interessierte Studierende und Referendare und an alle, die an den übergreifenden Strukturen des Planungsrechts aus Anlass eines konkreten Falles oder aufgrund ihrer allgemeinen beruflichen oder auch wissenschaftlichen Befassung interessiert seien. Ich habe mich bemüht, diesem hohen Anspruch des Werkbegründers und Kollegen Bernhard Stüer auch in der sechsten Auflage Rechnung zu tragen.

Die sechste Auflage beruht auf einem Redaktionsschluss und Rechtsstand zum 18.5.2024. Spätere Novellen und Novellierungsabsichten des deutschen und des europäischen Rechts konnten erwähnt, jedoch nicht mehr umfassend kommentiert werden. Das gilt insbesondere für das lang angekündigte Gesetz zur Stärkung der integrierten Stadtentwicklung, für das ein Kabinettsbeschluss mit Stand vom 4.7.2024 vorlag, dem sich ein Gesetzgebungsverfahren mit noch nicht absehbarer Dauer und nicht sicher abzuschätzenden Ergebnis anschließt. Der Gesetzentwurf sieht unter anderem vor, dass die einleitenden Bestimmungen des BauGB für die Bauleitplanung im Sinne einer Vereinfachung, jedoch ohne substantielle Änderungen in der Sache neu formuliert werden sollen. Der Gesetzentwurf enthält dazu eine Vielzahl detaillierter Änderungen. Ein zentrales Problem der Nachverdichtung und Innenentwicklung, nämlich der Konflikt zwischen heranrückender Wohnbebauung und ansässigen Betrieben, soll mit einer Neuregelung angegangen werden, indem eine vom BVerwG vermisste Rechtsgrundlage in der BauNVO für die Festsetzung von Emissionskontingenten für den Gewerbelärm eingeführt werden soll. Gemeinden sollen ermächtigt werden, Immissionsrichtwerte für den Lärmpegel festzusetzen und darüber den Schutzanspruch für das jeweilige Baugebiet zu definieren. Außerdem sollen mit der Novelle Dachgeschossausbauten und Aufstockungen erleichtert werden. Dazu sollen erweiterte Befreiungsmöglichkeiten geschaffen werden. Nicht zuletzt soll die zentrale Vorschrift des § 34 BauGB für den unbeplanten Innenbereich mit dem Ziel reformiert werden, für den Wohnungsbau ein Abweichen vom Maß der baulichen Nutzung zu ermöglichen. Der Entwurf des Gesetzes sieht zudem die Möglichkeit vor, Bauvorhaben mit zusätzlichen Anforderungen zur Klimaanpassung zu versehen. Ob, wann und wie die Baugesetzbuch-Novelle tatsächlich vom Bundestag vor der nächsten Bundestagswahl beschlossen wird, war auch bei der Verfassung dieses Vorworts Anfang Oktober 2024 noch nicht absehbar.

Die Bundesregierung plant zum Zeitpunkt der Herstellung dieses Handbuchs im Herbst 2024 außerdem eine Änderung der TA Lärm; sie hat dazu den Referentenentwurf einer Verwaltungsvorschrift in eine Anhörung bis zum 21.6.2024 gegeben. Der Referentenentwurf plant mit der Einführung einer Nr. 7.5 TA Lärm eine zeitlich befristete Regelung, die im Falle des Heranrückens von Wohnbebauung in urbanen Gebieten, in Kern- und Mischgebieten sowie in allgemeinen Wohngebieten an gewerblich, industriell oder hinsichtlich ihrer Geräuscheinwirkungen vergleichbar genutzte Gebiete abweichend von Nr. 6.1 TA Lärm nachts erhöhte Immissionsrichtwerte festsetzt. Zugleich sollen in der TA Lärm Immissionsrichtwerte für das dörfliche Wohngebiet festgesetzt, bestehende Verweisfehler korrigiert und veraltete Verweise aktualisiert werden. Bis zum 21.6.2024 bestand für Verbände Gelegenheit, im Rahmen eines Anhörungsverfahrens dazu Stellung zu nehmen. Das Ergebnis dieses Rechtsetzungsverfahrens konnte ebenfalls in dieser Auflage nicht umfassend gewürdigt werden. Auch das am 6.6.2024 im Bundestag beschlossene „Gesetz zur Verbesserung des Klimaschutzes beim Immissionsschutz, zur Beschleunigung immissionsschutzrechtlicher Genehmigungsverfahren und zur Umsetzung von EU-Recht" (BGBl I 2024 Nr. 225 vom 3.7.2024; BT-Drs. 20/7502, BT-Drs. 20/11657) konnte nicht mehr umfassend gewürdigt werden; es sieht verschiedene Maßnahmen vor, um immissionsschutzrechtliche Genehmigungsverfahren zu beschleunigen. Im Vordergrund stehen hierbei eine Verkürzung von behördlichen Rückmelde- und Entscheidungsfristen, die Möglichkeit zum Einsatz eines Projektmanagers, eine stärkere Digitalisierung des Verfahrens und die vereinfachte Möglichkeit, vor der Genehmigung mit Vorhaben zu beginnen, sowie besondere Erleichterungen für die Zulassung von EE-Anlagen. Nach intensiven Verhandlungen im Rat und Parlament der Europäischen Union ist außerdem die neue Industrieemissionsrichtlinie am 15.07.2024 im EU-Amtsblatt veröffentlicht worden; auch sie konnte noch nicht im Einzelnen erörtert werden. Die Mitgliedstaaten haben 22 Monate Zeit, sie in nationales Recht umzusetzen. Mit ihr kommen neue Regeln zur Verringerung schädlicher Emissionen, für mehr Ressourceneffizienz und Umweltmanagement in der Industrie hinzu.

Auch eine zwingend erforderliche Änderung des UmwRG konnte nicht mehr umfassend berücksichtigt werden. Anlass für diese erneute Änderung des UmwRG sind insbesondere die Umsetzung eines Beschlusses der Konferenz der Vertragsstaaten der Aarhus-Konvention sowie des Europäischen Gerichtshofs (Rs. C-873/19), die Defizite bei der Umsetzung der völkerrechtlichen Vorgaben der Aarhus-Konvention und bei der Umsetzung des EU-Rechts in die deutsche Rechtsordnung bemängelten. Diese Defizite sollen mit einer Novelle des UmwRG behoben werden. Der Entwurf wurde nach erfolgter Ressortabstimmung sowie Länder- und Verbändeanhörung am 21.8.2024 seitens der Bundesregierung im Kabinett beschlossen. Nach dem Redaktionsschluss dieser Auflage ist am 17.7.2024 nach Verkündung im Bundesgesetzblatt auch noch eine Novelle des Klimaschutzgesetzes in Kraft getreten. Bundestag und Bundesrat hatten die Novelle im Frühjahr verabschiedet. Ein erstes Klimaanpassungsgesetz des Bundes ist zudem am 1.7.2024 in Kraft getreten.

Aus alledem wird ersichtlich, dass es wohl noch kaum eine Zeit mit derart zahlreichen Beschleunigungsnovellen gegeben hat, wie die letzten drei Jahre, obwohl doch auch in den Jahren zuvor schon seit der deutschen Wiedervereinigung nach 1990 zahlreiche Beschleunigungsgesetze verabschiedet wurden. Ziele der Beschleunigungsgesetzgebung waren und sind vor allem Einschränkungen der Öffentlichkeitsbeteiligung, der Verzicht auf Erörterungstermine, soweit möglich sogar auf die Umweltverträglichkeitsprüfung, die Fiktion von Beteiligungen, von erforderlichen Zustimmungen und Einvernehmen, von Genehmigungen oder gar von einer Übereinstimmung mit dem materiellen Zulassungsrecht, wenn eine zuständige Behörde nicht in der ihr vom Gesetzgeber dazu eingeräumten Frist über den Genehmigungs- oder Planfeststellungsantrag entscheidet. Hinzu kommen Unbeachtlichkeits- und Heilungsvorschriften, die dazu führen sollen, dass Rechtsmängel zumindest im Ergebnis folgenlos bleiben können. Nicht zuletzt sollen Fristverkürzungen, Klagebegründungsfristen und Verfahrenspräklusionen und, soweit unions- und völkerrechtskonform, auch materielle Präklusionen die Überprüfung der Rechtmäßigkeit erteilter oder auch nur fingierter Genehmigungen einschränken, erschweren oder gar ausschließen. Der Rechtsstreit um den Hauptbahnhof Stuttgart und die daraus vor gut 12 Jahren gezogenen Konsequenzen, die Behörden durch § 25 III VwVfG darauf zu verpflichten, auf eine zusätzliche, frühe Beteiligung der Öffentlichkeit hinzuwirken, scheinen schon nahezu vergessen und einer anderen Zeit vor der Zeitenwende des Klimawandels und der Energiewende anzugehören.

Allerdings befördern immer neue Spezialregelungen für Verfahrenserleichterungen einzelner Vorhaben auf Bundes- und Landesebene auch eine zunehmende Unübersichtlichkeit des Verfahrensrechts, mit der der Verfahrensaufwand und die Fehleranfälligkeit der Vollzugspraxis tendenziell sogar noch erhöht werden kann. Die Fehleranfälligkeit von Planungs- und Zulassungsentscheidungen und überlange Verfahrensdauern haben neben einer unzureichenden Personal- und Sachmittelausstattung mancher Planungs- und Genehmigungsbehörden und einer ab und an auch unzureichenden Aus- und Fortbildung einen maßgeblichen Grund in der mangelnden Vollzugstauglichkeit gerade materiell-rechtlicher Vorschriften. Diese werden häufig genug zur Vermeidung des Vorwurfs einer mangelnden Unionsrechtskonformität und zur Widerlegung des Vorwurfs einer den Wettbewerb beeinträchtigenden Verschärfung des deutschen Umsetzungsrechts gegenüber dem EU-Recht 1:1 aus abstraktem, nicht eben anwenderfreundlichem Unionsrecht übernommen. Neben der verfassungsrechtlich möglicherweise noch hinreichenden, für den Vollzug jedoch gleichwohl unzureichenden Bestimmtheit materiell-rechtlicher Vorgaben des Umwelt- und Planungsrechts sind es vor allem auch die für die Entscheidungen beizubringenden Gutachten, Stellungnahmen und Umweltprüfungen von Sachverständigen, Architekten, Planungs- und Ingenieurbüros und die verbleibende Komplexität des Verfahrensrechts im Zusammenhang mit Umweltprüfungen, Artenschutzprüfungen, FFH-Verträglichkeitsprüfungen und Klimafolgenprüfungen, die sich sogar auf globale Klimafolgen eines Vorhabens oder einer Planung erstrecken sollen, ohne dass der Gesetzgeber dafür konkrete Prüfungsmaßstäbe bestimmen würde, die das Geschäft der Planungs- und Genehmigungsbehörden erschweren.

Vorwort

Nach dem Rotmilan-Beschluss des BVerfG kann eine Einschränkung der gerichtlichen Kontrolle mit der Rechtsschutzgarantie des Art. 19 Abs. 4 Satz 1 GG vereinbar sein, wenn die Anwendung eines Gesetzes die Klärung tatsächlicher naturschutzfachlicher Feststellungen verlangt, zu denen es weder eine hinreichende untergesetzliche Konkretisierung noch in Fachkreisen und Wissenschaft allgemein anerkannte Maßstäbe und Methoden gibt. Wenn in solchen Fällen eine gerichtliche Vollprüfung nicht möglich ist, weil sich die Richtigkeit der Verwaltungsentscheidung objektiv nicht abschließend beurteilen lässt, dann stellt sich allerdings vordringlich die Frage, auf welcher Basis angesichts eines solchen Erkenntnisvakuums Gutachter und anwaltliche Berater einen Vorhabenträger zur Rechtmäßigkeit und Genehmigungsfähigkeit seines Vorhabens beraten sollen. Die entscheidende Frage lautet in einem Rechtsstaat nicht, ob die gerichtliche Kontrolle der Behördenentscheidung, die offenbar auch auf denselben Erkenntnisdefiziten aufbauen muss, auf eine Plausibilitätsprüfung zurückgenommen werden darf, sondern mit welcher rechtsstaatlich vertretbaren Rechtfertigung der Gesetzgeber Verbote anordnet, wenn doch die Geltung dieser Verbote die Feststellungen von Tatsachen erfordert, die objektiv nicht getroffen werden können. Vor allem das materielle Planungs- und Zulassungsrecht muss deshalb entschlackt, vereinfacht und praxistauglicher formuliert werden, um die Verfahren effektiv zu beschleunigen und rechtssicherer zu machen. Es bleibt zu hoffen, dass nach Jahren einer durchaus hektischen Beschleunigungsgesetzgebung die Zeit dafür und auch für eine Systematisierung und Zusammenführung des Beschleunigungsrechts kommt.

Neben dem Dank an den Verlag C.H.Beck, an Elisabeth Becker und Dr. Rolf-Georg Müller, gilt meine Bitte um Nachsicht meiner Frau, meinen Kindern und Enkelkindern, die mit großer Geduld zur Kenntnis genommen haben, dass ich in den vergangenen Monaten Zeit und Freizeit weitgehend der Neuauflage dieses Handbuchs widmen und der Welt im Übrigen an meinem Arbeitsplatz ein wenig abhandenkommen durfte.

Münster, im Oktober 2024 | Martin Beckmann

Inhaltsübersicht

Inhaltsübersicht

Inhaltsverzeichnis

Inhaltsverzeichnis

Inhaltsverzeichnis

Inhaltsverzeichnis

Inhaltsverzeichnis

Inhaltsverzeichnis

Inhaltsverzeichnis

Inhaltsverzeichnis

Inhaltsverzeichnis

Inhaltsverzeichnis

Inhaltsverzeichnis

Inhaltsverzeichnis

Inhaltsverzeichnis

Inhaltsverzeichnis

Abkürzungsverzeichnis

a.A. .... anderer Ansicht
Abl. .... Amtsblatt
Abs. .... Absatz
AbstE NW .... Abstandserlass Nordrhein-Westfalen
ÄndG .... Änderungsgesetz
aF .... alte Fassung
AgrarR .... Agrarrecht
ALR .... Allgemeines Landrecht
Anm. .... Anmerkung
AöR .... Archiv für öffentliches Recht
ARGEBAU ...... Länderarbeitsgemeinschaft für Baurecht
Art. .... Artikel
ArtG zur UVP-ÄndR LArtikelgesetz zur Umsetzung der UVP-ÄndRL, IVU-RL und weiterer EG-Richtlinien
AS .... Amtliche Sammlung der Entscheidungen des rheinland-pfälzischen und des saarländischen OVG
ASV .... Amt für Straßen und Verkehr
AtG .... Atomgesetz
Aufl. .... Auflage
AWZ .... Ausschließliche Wirtschaftszone
B. .... Beschluss
BauGB .... Baugesetzbuch
BauGB-MaßnG .... Maßnahmengesetz zum Baugesetzbuch
BauNVO .... Baunutzungsverordnung
BauO .... Bauordnung
BauR .... Baurecht, Zeitschrift für das gesamte zivile und öffentliche Baurecht
BauRegVO .... Verordnung über die Bebauung vom 15.2.1996 RbBl. I S. 104
BauROG .... Bau- und Raumordnungsgesetz
BauZVO .... Bauplanungs- und Zulassungsverordnung
Bay .... Bayern, bayrisch
BayVBl. .... Bayerische Verwaltungsblätter
BBauBl. .... Bundesbaublatt
BBauG .... Bundesbaugesetz
BBodSchG .... Bundesbodenschutzgesetz
Bd. .... Band
BerlKom .... Berliner Kommentar
BFStrG .... Bundesfernstraßengesetz
BGB .... Bürgerliches Gesetzbuch
BGBl. .... Bundesgesetzblatt
BGH .... Bundesgerichtshof
BGHZ .... Amtliche Entscheidungssammlung des Bundesgerichtshofs in Zivilsachen
BImSchG .... Bundes-Immissionsschutzgesetz
BImSchV .... Verordnung zur Durchführung des Bundesimmissionsschutzgesetzes
BKL .... Battis/Kratzberger/Löhr
BlGBW .... Blätter für Grundstücks-, Bau- und Wohnungswesen
BMZ .... Baumassenzahl
BNatSchG .... Bundesnaturschutzgesetz
BR .... Bundesrat
BR-Drs. .... Drucksache des Deutschen Bundesrates
BRS .... Baurechtssammlung (Thiel/Gelzer/Upmeier)
BT .... Bundestag
BT-Drs. .... Drucksache des Deutschen Bundestages
Buchholz .... Sammlung der Rechtsprechung des Bundesverwaltungsgerichts

Abkürzungsverzeichnis

BVerwG	Bundesverwaltungsgericht
BVerwGE	Entscheidungssammlung des Bundesverwaltungsgerichts
BVerfG	Bundesverfassungsgericht
BVerfGE	Entscheidungssammlung des Bundesverfassungsgerichts
BVerfGG	Bundesverfassungsgerichtsgesetz
BW	Baden-Württemberg
BWVPr.	Baden-Württembergische Verwaltungspraxis
bzw.	beziehungsweise
DDR	Deutsche Demokratische Republik
ders.	derselbe
d. h.	das heißt
dies.	dieselben
DIN	Deutsche Industrienorm
DJT	Deutscher Juristentag
DöV	Die öffentliche Verwaltung
Drs.	Drucksache
DSchG	Denkmalschutzgesetz
DVBl.	Deutsches Verwaltungsblatt
DWW	Deutsche Wohnungswirtschaft
E	Entwurf
EG	Europäische Gemeinschaften
EG-FFH-Richtlinie	Fauna-Flora-Habitat-Richtlinie
EG-IED-RL	IED-RL
EG-IVP-RL	IVU-Richtlinie
EG-UVP-RL	Umweltverträglichkeitsprüfungsrichtlinie
EGV	Europäischer Vertrag
Einl.	Einleitung
ESVGH	Entscheidungssammlung des Hessischen und des Baden-Württembergischen Verwaltungsgerichtshofs
EU	Europäische Union
EuGH	Europäischer Gerichtshof
EUV	Europäischer Unionsvertrag
EWG	Europäische Wirtschaftsgemeinschaft
EZBK	Ernst/Zinkahn/Bielenberg/Krautzberger
f.	folgende
ff.	folgende
FFH	Fauna, Flora, Habitat
FS	Festschrift
EuGH	Europäischer Gerichtshof
FStrG	Fernstraßengesetz
FH	Firsthöhe
FOC	Factory-Outlet-Center
FS	Festschrift
G	Gesetz
GBl.	Gesetzblatt
GE	Gewerbegebiet
gem.	gemäß
GewArch.	Gewerbearchiv
GewO	Gewerbeordnung
GF	Geschossfläche
GFZ	Geschossflächenzahl
GG	Grundgesetz
ggf.	gegebenenfalls
GI	Industriegebiet
GMBl.	Gemeinsames Ministerialblatt
GO	Gemeindeordnung
GR	Grundfläche
GRZ	Grundflächenzahl
GVBl.	Gesetz- und Verordnungsblatt

H . . . . Höhe baulicher Anlagen
HBFPR . . . . Handbuch des Bau- und Fachplanungsrecht
HBG . . . . Hoppe/Bönker/Grotefels
HdbÖffBauR . . . . . Handbuch des öffentlichen Baurechts
HOAI . . . . Honorarordnung für Architekten und Ingenieure
Hrsg. . . . . Herausgeber
HS . . . . Halbsatz
idF . . . . in der Fassung
idR . . . . in der Regel
IED-RL . . . . Industrieemissions-Richtlinie
iS . . . . im Sinne
iVm . . . . in Verbindung mit
JA . . . . Juristische Ausbildung
JuS . . . . Juristische Schulung
JZ . . . . Juristenzeitung
Kap. . . . . Kapitel
Komm. . . . . Kommentar
KreisG . . . . Kreisgericht
KrWG . . . . Kreislaufwirtschaftsgesetz
KStZ . . . . Kommunale Steuerzeitschrift
LG . . . . Landgericht
LKV . . . . Landes- und Kommunalverwaltung
LS . . . . Leitsatz
LuftVG . . . . Luftverkehrsgesetz
m. . . . . mit
MBl. . . . . Ministerialblatt
MD . . . . Dorfgebiet
MDR . . . . Monatsschrift des Deutschen Rechts
MI . . . . Mischgebiet
MK . . . . Kerngebiet
Mitt NWStuGB . . . . Mitteilungen des Nordrhein-Westfälischen Städte- und Gemeindebundes
mwNachw. . . . . mit weiteren Nachweisen
Nachw. . . . . Nachweise
Nds. . . . . Niedersachsen, niedersächsisch
NdsVBl. . . . . Niedersächsische Verwaltungsblätter
nF . . . . neue Fassung
NJW . . . . Neue Juristische Wochenschrift
NJW-RR . . . . Neue Juristische Wochenschrift – Rechtsprechungsreport
NLWKN . . . . Niedersächsischer Landesbetrieb für Wasserwirtschaft, Küstenschutz und Naturschutz
Nr. . . . . Nummer
NuR . . . . Natur und Recht
NVwZ . . . . Neue Zeitschrift für Verwaltungsrecht
NVwZ-RR . . . . . . Neue Zeitschrift für Verwaltungsrecht – Rechtsprechungsreport
NW/NRW . . . . Nordrhein-Westfalen
NWVBL . . . . Nordrhein-Westfälische Verwaltungsblätter
o. . . . . oben
ÖffBauR . . . . Öffentliches Baurecht
OLG . . . . Oberlandesgericht
OLGZ . . . . Entscheidungen der Oberlandesgerichte in Zivilsachen
OVG . . . . Oberverwaltungsgericht
OVGE . . . . Entscheidungen des Oberverwaltungsgerichts Nordrhein-Westfalen, Niedersachsen und Schleswig-Holstein
OVGE Berlin . . . . . Entscheidungen des Oberverwaltungsgerichts Berlin
PBefG . . . . Personenbeförderungsgesetz
Pkw . . . . Personenkraftwagen
Plan-UP . . . . Umweltprüfung für Pläne
PlanZV . . . . Planzeichenverordnung
Pr. . . . . Preußisches

Abkürzungsverzeichnis

RdErl.	Runderlass
RdL	Recht der Landwirtschaft
Rn.	Randnummer
RL	Richtlinie
ROG	Raumordnungsgesetz
RoV	Raumordnungsverordnung
Rspr.	Rechtsprechung
RzB	Rechtsprechung zum Bauplanungsrecht
s.	siehe
S.	Seite, Satz (bei Rechtsnormen)
Saarl., saarl.	Saarland, saarländisch
SächsVBl.	Sächsische Verwaltungsblätter
Schl.-H.	Schleswig-Holstein
SchlHA	Schleswig-Holsteinische Anzeiger
SH	Schleswig-Holstein
SMBl.	Sammlung des Ministerialblatts
SO	Sondergebiet
sog.	sogenannt
so	siehe oben
SpielV	Spielverordnung
StBauFG	Städtebauförderungsgesetz
StT	Städtetag
StuGB	Städte- und Gemeindebund
StuGR	Städte- und Gemeinderat
SUP	Strategische Umweltprüfung
su	siehe unten
TA	Technische Anleitung
ThürVBl.	Thüringische Verwaltungsblätter
Tz	Textziffer
u.	unten
ua	unter anderen(m), und andere
UIG	Umweltinformationsgesetz
UI	Umweltinformation
UPR	Umwelt- und Planungsrecht
UPR-Spezial	Schriftenreihe der Zeitschrift Umwelt- und Planungsrecht
URE	Umweltrisikoabschätzung
Urt.	Urteil
UVP	Umweltverträglichkeitsprüfung
UVP-ÄndRL	Richtlinie zur Änderung der Richtlinie des Rates über die Umweltverträglichkeitsprüfung
UVPG	Umweltverträglichkeitsprüfungsgesetz
UVP-RL	Richtlinie des Rates über die Umweltverträglichkeitsprüfung
v.	vom
VBlBW	Verwaltungsblätter für Baden-Württemberg
VerfGH	Verfassungsgerichtshof
VerwArch.	Verwaltungsarchiv (Beilage der Zeitschrift Deutsches Verwaltungsblatt)
VG	Verwaltungsgericht
VGH	Verwaltungsgerichtshof
VGHBWRspDienst	Rechtsprechungsdienst des Verwaltungsgerichtshofs Baden-Württemberg
vgl.	vergleiche
v.H.	vom Hundert
VO	Verordnung
VOI	Verdingungsordnung für Ingenieure
VVdStRL	Vereinigung der deutschen Staatsrechtslehrer
VwGO	Verwaltungsgerichtsordnung
VwVfG	Verwaltungsverfahrensgesetz
VR	Verwaltungsrundschau
W	Wohnbaufläche
WA	Allgemeines Wohngebiet

WaStrG . . . . Bundeswasserstraßengesetz
WB . . . . Besonderes Wohngebiet
WHG . . . . Wasserhaushaltsgesetz
WiVerw. . . . . Wirtschaft und Verwaltung (Vierteljahresbeilage zum Gewerbearchiv)
WM . . . . Wertpapiermitteilungen
II. WoBauG . . . . . . Zweites Wohnungsbaugesetz
WR . . . . Reines Wohngebiet
WRV . . . . Weimarer Reichsverfassung
WS . . . . Kleinsiedlungsgebiet
Z . . . . Zahl der Vollgeschosse
zB . . . . zum Beispiel
ZfBR . . . . Zeitschrift für deutsches und internationales Baurecht
ZfG . . . . Zeitschrift für Gesetzgebung
ZfW . . . . Zeitschrift für Wasserrecht
ZMR . . . . Zeitschrift für Miet- und Raumrecht
ZUR . . . . Zeitschrift für Umweltrecht
zZt . . . . zur Zeit

Ausgewählte Literatur

Grundsätzliches zum Planungsrecht und zum Verwaltungsrecht

Achterberg, Norbert/Krawietz, Werner/Wyduckel, Dieter (Hrsg.): Recht und Staat im sozialen Wandel, Festschrift für Hans Ulrich Scupin, Berlin 1983.

Battis, Ullrich/Söfker, Wilhelm/Stüer, Bernhard (Hrsg.): Nachhaltige Stadt- und Raumentwicklung, Festschrift für Michael Krautzberger, München 2008.

Baur, Jürgen/Sandrock, Otto/Scholtka, Boris/Shapira, Amos (Hrsg.): Festschrift für Gunther Kühne, 2009.

Beckmann, Martin: Kategoriale Unterschiede zwischen Zielen und Grundsätzen der Raumordnung?, NWVBL 2024 (Sonderheft) 53.

Beckmann, Martin: Abwägung als Verfahren – Abwägung als materielles Recht, BauR 2016, 1417.

Beckmann, Martin: Rechtswahrung durch Verwaltungsverfahren, in: Erbguth (Hrsg.), Verwaltungsrechtsschutz in der Krise: vom Rechtsschutz zum Schutz der Verwaltung, Schriftenreihe des Ostseeinstituts, 2010, 99.

Beckmann, Martin: Planfeststellung zwischen Zulassungsverfahren und Planung. Steht die Zukunft der Planfest-stellung auf dem Spiel?, in: Erbguth (Hrsg.), Planungsrecht in der gerichtlichen Kontrolle. Kolloquium zum Gedenken an Werner Hoppe, 2011, 123.

Bender, Bernd/Breuer, Rüdiger/Ossenbühl, Fritz/Sendler, Horst (Hrsg.): Rechtssaat zwischen Sozialgestaltung und Rechtsschutz, Festschrift für Konrad Redeker, München 1993.

Berkemann, Jörg/Gaentzsch, Günter/Halama, Günter/Heeren, Helga/Hien, Eckart/Lemmel, Hans-Peter (Hrsg.): Planung und Plankontrolle, Entwicklungen im Bau- und Fachplanungsrecht, Festschrift für Otto Schlichter, Köln 1995.

Bertrams, Michael (Hrsg.): Verfassungsgerichtsbarkeit in Nordrhein-Westfalen, Festschrift zum 50-jährigen Bestehen des Verfassungsgerichtshofs für das Land Nordrhein-Westfalen, Stuttgart 2002.

Blümel, Willi/Merten, Detlef/Quaritsch, Helmut (Hrsg.): Verwaltung im Rechtsstaat, Festschrift für Carl Hermann Ule, Köln 1987.

Bultmann, Peter Friedrich/Grigoleit, Klaus-Joachim/Gusy, Christoph u.a., Allgemeines Verwaltungsrecht, Institute, Kontexte, System, Festschrift für Ulrich Battis, München 2014.

Brüning, Christoph/Ewer/Wolfgang/Schlacke, Sabine/Tegethoff, Carsten (Hrsg.): Verwaltungsrecht: Gestaltung-Steuerung-Kontrolle, Festschrift für Ulrich Ramsauer, München 2023.

Dietlein, Johannes/Hellermann, Johannes: Öffentliches Recht in Nordrhein-Westfalen, 9. Aufl., München 2022.

Dolde, Klaus-Peter/Hansmann, Klaus/Paetow, Stefan/Schmidt-Aßmann, Eberhard (Hrsg.): Verfassung-Umwelt-Wirtschaft, Festschrift für Dieter Sellner, München 2010.

Driehaus, Hans-Joachim/Birk, Hans-Jörg (Hrsg.): Baurecht-Aktuell, Festschrift für Felix Weyreuther, Köln ua 1993.

Durner, Wolfgang: Konflikte räumlicher Planungen: Verfassungs-, verwaltungs- und gemeinschaftsrechtliche Regeln für das Zusammentreffen konkurrierender planerischer Raumansprüche, Tübingen 2005.

Eckardt, Felix: Theorie der Nachhaltigkeit, 3. Auflage, Baden-Baden 2021.

Erbguth, Wilfried: Neue Aspekte zur planerischen Abwägungslehre?, DVBl. 1986, 1230.

Erbguth, Wilfried: Abwägung auf Abwegen? – Allgemeines und Aktuelles –, JZ 2006, 484.

Erbguth, Wilfried: Abwägung als Wesensmerkmal rechtsstaatlicher Planung – die Anforderungen des Rechtsstaatsprinzips, UPR 2010, 281.

Erbguth, Wilfried/Oebbecke, Janbernd/Rengeling, Hans-Werner/Schulte, Martin (Hrsg.): Planung, Festschrift für Werner Hoppe, München 2000.

Franßen, Everhardt/Redeker, Konrad/Schlichter, Ott, Wilke, Dieter (Hrsg.): Bürger-Richter-Staat, Festschrift für Horst Sendler, München 1991.

Gärditz, Claus Ferdinand/Kellen, Karen/Niesler, Andre (Hrsg.): Der Kontrollauftrag der Verwaltungsgerichtsbarkeit, Festschrift für Max-Jürgen Seibert, Berlin 2020.

Grupp, Klaus/Ronellenfitsch, Michael Hrsg.), Planung-Recht-Rechtsschutz, Festschrift für Willi Blümel, Berlin 1999.

Hansmann, Klaus/Paetow/Stefan/Rebentisch, Manfred (Hrsg.): Umweltrecht und richterliche Praxis, Festschrift für Ernst Kutscheidt, München 2003.

Hoppe, Werner: Bauleitplanung und Eigentumsgarantie – Zum Abwägungsgebot des § 1 Abs. 4 S. 2 Bundesbaugesetz, DVBl. 1964, 165.

Hoppe, Werner: Die Schranken der planerischen Gestaltungsfreiheit (§ 1 Abs. 4 und 5 BBauG) – Das Urteil des Bundesverwaltungsgerichts vom 12. Dezember 1969 zum Abwägungsgebot (§ 1 Abs. 4 Satz 2 BBauG) und seiner Rechtskontrolle, BauR 1970, 15.

Hoppe, Werner: Zur Struktur von Normen des Planungsrechts. Bemerkungen zu rechtsstaatlichen Anforderungen an die Begriffsbildung im Planungsrecht, DVBl. 1974, 641.

Ausgewählte Literatur

Hoppe, Werner: Die „Zusammenstellung des Abwägungsmaterials" und die „Einstellung der Belange" in die Abwägung „nach Lage der Dinge" bei der Planung, DVBl. 1977, 136.

Hoppe, Werner: Gerichtliche Kontrolldichte bei komplexen Verwaltungsentscheidungen – Ein Beitrag zu „zieldiktierten" Planungs- und komplexen Prognoseentscheidungen, in: Bachof, Otto/Heigl, Ludwig/Redeker, Konrad (Hrsg.), Verwaltungsrecht zwischen Freiheit, Teilhabe und Bindung. Festgabe aus Anlass des 25jährigen Bestehens des Bundesverwaltungsgerichts, München 1978, S. 295.

Hoppe, Werner: Die Bedeutung von Optimierungsgeboten im Planungsrecht, DVBl. 1992, 853.

Jarass, Hans D.: Verfassungsrechtlicher Enteignungsbegriff und Planungsrecht, in: Planung, FS für Hoppe, München 2000, 229.

Jarass, Hans D: Die Europäisierung des Planungsrechts, DVBl. 2000, 945.

Jarass Hans D. (Hrsg.), Zum Verhältnis von Fachplanung, Raumordnung und Bauleitplanung, Symposium des Zentralinstituts für Raumplanung an der Universität Münster am 16. Oktober 2017, Berlin 2018.

Johlen, Heribert/Oerder, Michael, Münchener Anwaltshandbuch Verwaltungsrecht, 5. Aufl., München, 2023.

Kloepfer, Michael: Freiraumschutz durch Planung, in: Hoppe, Werner/Appold, Wolfgang (Hrsg.), Umweltschutz in der Raumplanung, Beiträge zum Siedlungs- und Wohnungswesen und zur Raumplanung, Bd. 133, Münster 1990.

Kment, Martin: Der Steuerungsansatz der Nachhaltigkeit im Umwelt- und Planungsrecht – Eine Betrachtung aus zwei Perspektiven, in: Schlacke/Beaucamp/Schubert (Hrsg.), Infrastruktur-Recht, Festschrift für Wilfried Erbguth, Berlin 2019, 13.

Kment, Martin (Hrsg.): Das Zusammenwirken von Deutschem und Europäischem Öffentlichen Recht, Festschrift für Hans D. Jarass, München 2015.

Kment, Martin: Das deutsche Planungsrecht unter unionsrechtlichem Einfluss – eine bilanzierende Beobachtung aktueller Entwicklungen, DVBl. 2020, 99.

Knack, Hans-Joachim/Henneke, Hans-Günter (Hrsg.): VwVfG, Kommentar, Köln 2019.

Koch, Hans-Joachim: Das Abwägungsgebot im Planungsrecht – Einige Bemerkungen zur Intensität verwaltungsgerichtlicher Kontrolle, veranlasst durch BVerwG, Urteil vom 21.8.1981, DVBl. 1983, 1125.

Koch, Hans-Joachim: Abwägungsvorgang und Abwägungsergebnis als Gegenstände gerichtlicher Plankontrolle, DVBl. 1989, 399.

Kopp, Ferdinand/Ramsauer, Ulrich (Hrsg.): VwVfG, Kommentar, 25. Aufl., München 2024.

Krautzberger, Michael: Räumliche Planung, in: Bultmann, Peter Friedrich/Grigoleit, Klaus-Joachim/Gusy, Christoph u.a., Allgemeines Verwaltungsrecht, Institute, Kontexte, System, Festschrift für Ulrich Battis, München 2014, 287.

Mann, Thomas/Sennekamp, Christoph/Uechtritz, Michael (Hrsg.): VwVfG, Kommentar, 2. Aufl., Baden-Baden, 2019.

Ossenbühl, Fritz: Die richterliche Kontrolle von Prognoseentscheidungen der Verwaltung, in: Erichsen, Hans-Uwe/Hoppe, Werner/Mutius, Albert von (Hrsg.), System des verwaltungsgerichtlichen Rechtsschutzes, Festschrift für Christian-Friedrich Menger, Köln, Berlin, Bonn, München 1985, 731.

Papier, Hans-Jürgen: Eigentum in der Planung, in: Planung, Festschrift für Werner Hoppe zum 70. Geburtstag, München 2000, 213.

Redeker, Konrad/Uechtritz, Michael, Anwaltshandbuch Verwaltungsverfahren, 4. Aufl., Köln 2020.

Schlacke, Sabine/Beaucamp, Guy/Schubert, Mathias, Infrastruktur-Recht, Festschrift für Wilfried Erbguth, Berlin 2019.

Stelkens, Paul/Bonk, Heinz-Joachim/Sachs, Michael (Hrsg.): VwVfG, Kommentar, 10. Aufl., München 2023.

Voßkuhle, Andreas/Eifert, Martin/Möllers, Christoph (Hrsg.): Grundlagen des Verwaltungsrechts, 3. Aufl., München 2022.

Westermann, Harry/Menger, Christian-Friedrich/Bielenberg, Walter/Hoppe, Werner/Schmidt-Aßmann, Eberhard/David, Carl-Heinz (Hrsg.): Raumplanung und Eigentumsordnung, Festschrift für Werner Ernst, München 1980.

Wolff, Hans Julius/Bachof, Otto/Stober, Rolf/Kluth, Winfried, Verwaltungsrecht I, 13. Aufl., München 2017.

Wolff, Hans Julius/Bachof, Otto/Stober, Rolf/Kluth, Winfried, Verwaltungsrecht II, 8. Aufl., München 2023.

Ziekow, Jan/Völlink, Uwe-Carsten (Hrsg.), Vergaberecht, 5. Aufl., München 2024.

Zum Baurecht

Albrecht, Juliane: Klimaanpassung im Städtebaurecht, ZUR 2023, 273.

Arndt, Malte/Herzer, Benjamin: Neue Verfahrensanforderungen in der Bauleitplanung aufgrund der BauGB-Digitalisierungsnovelle, UPR 2023, 475.

Battis, Ulrich: Öffentliches Baurecht und Raumordnungsrecht, 8. Aufl., Stuttgart 2022.

Battis, Ulrich/Krautzberger, Michael/Löhr, Rolf-Peter (Hrsg.): Baugesetzbuch, 15. Aufl., München 2022.

Baumgart, Sabine/Kment, Martin: Die nachhaltige Stadt der Zukunft – Welche Neuregelungen empfehlen sich zu Verkehr, Umweltschutz und Wohnen?, Gutachten D/E zum 73. Deutschen Juristentag Hamburg 2020/Bonn 2022, München 2020.

Beckmann, Martin: Die nachhaltige Stadt der Zukunft – Welche Neuregelungen empfehlen sich zu Verkehr, Umweltschutz und Wohnen?, AnwBl. 2022, 480.
Beckmann, Martin: Die Ersetzung der Planfeststellung für Verkehrsanlagen durch Bebauungsplan, UPR 2017, 41.
Beckmann, Martin: Ökologische Bestimmungen in der BauO NRW, in: Hoppe/Bauer/Faber/Schink (Hrsg.), Rechts- und Anwendungsprobleme der neuen Bauordnung NRW, Köln 1996, 114.
Beckmann, Martin: Die Ausgleichsregelung des § 1 a Absatz 3 BauGB, in: Erbguth/Oebbecke/Ren-geling/Schulte (Hrsg.), Planung, Festschrift für Werner Hoppe, München 2000, 531.
Beckmann, Martin: Die Ausgleichsregelung des § 1a Abs. 3 BauGB, in: Erbguth, Wilfried/Oebbecke, Janbernd/Rengeling, Hans-Werner/Schulte, Martin (Hrsg.), Planung, Festschrift für Werner Hoppe zum 70. Geburtstag, München 2000, 531.
Beckmann, Martin: Abwägung als Verfahren – Abwägung als materielles Recht, BauR 2016, 1417.
Beckmann, Martin/Sonnemann, Karl Georg: Zur Weiterentwicklung des Einkaufszentrenbegriffs, UPR 1992, 221.
Berkemeier, Eva Katharina: Geltungsverlust oder Unanwendbarkeit von Plänen aufgrund von Funktionslosigkeit, Berlin 2019.
Berliner Kommentar zum Baugesetzbuch: Schlichter, Otto/Stich, Rudolf/Driehaus, Hans-Joachim/Paetow, Stefan (Hrsg.), Köln ua, Loseblatt, Stand: April 2022.
Bielenberg, Walter/Runkel, Peter/Spannowsky, Willy: Raumordnungs- und Landesplanungsrecht des Bundes und der Länder, ergänzbarer Kommentar und systematische Sammlung der Rechts- und Verwaltungsvorschriften, Bielefeld, 2022.
Bischopink, Olaf/Külpmann, Christoph/Wahlhäuser, Jens: Der sachgerechte Bebauungsplan, 5. Aufl. Bonn 2021.
Bönker, Christian/Bischopink, Olaf (Hrsg.): BauNVO, Kommentar, 3. Aufl., Baden-Baden 2024.
Bracher, Christian-Dietrich/Reidt, Olaf/Schiller, Gernot (Hrsg.): Bauplanungsrecht, 8. Auf., München, 2021.
Bunzel, Arno/Coulmas, Diana/Schmidt-Eichstaedt, Gerd: Städtebauliche Verträge – Ein Handbuch, Difu, Stadtforschung Praxis, Bd. 2, 4. Aufl., Berlin 2013.
Burmeister, Thomas: Praxishandbuch – Städtebauliche Verträge, 2. Aufl., Bonn 2005.
Dippel, Martin: Das gemeindliche Einvernehmen gem. § 36 BauGB in der jüngeren Rechtsprechung – alle Fragen schon geklärt?, NVwZ 2011,1769.
Ehebrecht-Stüer, Eva-Maria: Entwicklung des Städtebaurechts, in: Erbguth, Wilfried/Oebbecke, Janbernd/Rengeling, Hans-Werner/Schulte, Martin (Hrsg.), Planung, Festschrift für Werner Hoppe zum 70. Geburtstag, München 2000, zit.: Ehebrecht-Stüer, in: FS Hoppe, 39.
Erbguth, Wilfried: Bindung und Abwägung bei der Planung von Konzentrationszonen: zum Verständnis des § 35 Abs. 3 S. 3 BauGB, DVBl. 2015, 1346.
Erbguth, Wilfried: § 35 Abs. 3 Satz 2 Halbs. 1 BauGB als Raumordnungsklausel?, DVBl. 2017, 817.
Ernst, Werner/Zinkahn, Willy/Bielenberg, Walter/Krautzberger, Michael: Baugesetzbuch, Kommentar, Loseblatt, München, Werkstand: Oktober 2023, zit.: Bearb., in: EZBK, BauGB.
Fickert, Hans Carl/Fieseler, Herbert: BauNVO, Kommentar, 14. Aufl., Stuttgart 2023.
Gädtke, Horst/Johlen, Markus/Wenzel, Gerhard/Hanne, Wolfgang/Kaiser, Karl-Olaf/Koch, Stefan/Plum, Andreas: BauO NRW, 15. Aufl., Köln 2024.
Gatz, Stephan: Zur langen Geschichte des § 34 BBauG/BauGB, DVBl. 2013, 1304.
Gatz, Stephan: Die planerische Steuerung der Windenergienutzung in der Regional- und Flächennutzungsplanung, DVBl. 2017, 461.
Gatz, Stephan: Windenergieanlagen in der Verwaltungs- und Gerichtspraxis, 3. Aufl. 2019.
Groß, Thomas: Das gemeindliche Einvernehmen nach § 36 BauGB als Instrument zur Durchsetzung der Planungshoheit, BauR 1999, 560.
Groß, Thomas: Die Alternativenprüfung in der Umweltverträglichkeitsprüfung, NVwZ 2001, 513.
Groß, Thomas: Enteignung und Entschädigung im Städtebaurecht – Betrachtungen zu einem konsolidierten Rechtsinstitut, in: Battis, Ullrich/Söfker, Wilhelm/Stüer, Bernhard (Hrsg.), Festschrift für Michael Krautzberger, München 2008.
Guckelberger, Annette: Die Digitalisierung der Bauleitplanung, DVBl 2024, 1.
Hoppe, Werner/Beckmann, Martin: Zum Inhalt und Geltungsanspruch des Gebots der Konfliktbewältigung im Recht der Bauleitplanung, NuR 1988, 6.
Hoppe, Werner/Beckmann, Martin: Zur rechtlichen Unbedenklichkeit der alternativlosen Übernahme des Projektentwurfs eines privaten Vorhabenträgers durch die planende Gemeinde, DVBl. 1987, 1249.
Hoppe, Werner/Beckmann, Martin: Was ist ein Einkaufszentrum im Sinne von § 11 Abs. 3 S. 1 BauNVO?, DÖV 1989, 290.
Hoppe, Werner/Beckmann, Martin: Grenzen der Stellplatzablösepflicht für bestehende bauliche Anlagen, in: Städte- und Gemeindebund 1989, 35.
Hoppe, Werner/Beckmann, Martin: Zur Berücksichtigung kirchlicher Belange in der Bauleitplanung, DVBl. 1992, 188.
Hoppe, Werner/Bönker, Christian, Grotefels, Susan, Öffentliches Baurecht, 5. Aufl., München 2024; zit. Bearbeiter in HBG.
Jarass, Hans D./Kment, Martin: Baugesetzbuch, Kommentar, 3. Aufl., München 2022.

Ausgewählte Literatur

Kment, Martin: Begrenzung der Legalisierungswirkung einer Baugenehmigung durch das Prinzip der Interessenabwägung im Öffentlichen Baurecht, BauR 2000, 1675.

Kment, Martin: Öffentliches Baurecht I. Bauplanungsrecht, 8. Aufl., München 2022.

Kment, Martin: Die nachhaltige Stadt der Zukunft, Ergänzungen zum Gutachten D, in: Ständige Deputation des Deutschen Juristentages (Hrsg.), Verhandlungen des 73. Deutschen Juristentages, München 2022, D 148.

König, Helmut/Roeser, Thomas/Stock, Jürgen:BauNVO, Kommentar, 5. Aufl., München 2022.

Krautzberger, Michael: Baulandmobilisierungsgesetz 2021, UPR 2021, 252 ff.

Krautzberger, Michael: Baulandmobilisierung: Gesetzentwurf der Bundesregierung, ZfBR 2021, 33.

Kröninger, Holger/Jeromin, Curt: BauGB/BauNVO, Kommentar, 5. Auf., Baden-Baden 2024.

Menke, Rainard: Bauleitplanung in städtebaulichen Gemengelagen, Beiträge zum Siedlungs- und Wohnungswesen und zur Raumplanung, Bd. 99, Münster 1984.

Menke, Rainard: Das Gebot planerischer Konfliktbewältigung bei der Überplanung von Gemengelagen, UPR 1985, 111.

Menke, Rainard: Festsetzung von Emissionskontingenten für Lärm in Gewerbe- und Industriegebieten nach §§ 8, 9 BauNVO, NVwZ 2022, 444.

Otto, Christian-Wolfgang: Öffentliches Baurecht II – Bauordnungsrecht, Nachbarschutz, Rechtsschutz, 8. Aufl., München, 2023.

Reidt, Olaf: Die nachhaltige Stadt der Zukunft – Welche Neuregelungen empfehlen sich zu Verkehr, Umweltschutz und Wohnen?, BauR 2023, 391.

Scheidler, Alfred: Bauleitplanung und Kommunalrecht, DVP 2024, 127.

Scheidler, Alfred: Die Planerhaltungsvorschriften im baugesetzbuch und ihre Ergänzung durch den neuen § 215a BauGB, UPR 2024, 201.

Scheidler, Alfred: Flexibilisierung der Bauleitplanung durch sektorale Bebauungspläne, UPR 2022, 201.

Schönenbroicher, Klaus/Kamp, Manuel/Henkel, Jörg (Hrsg.): Bauordnung Nordrhein-Westfalen, Kommentar, 2. Aufl., München 2022, zit.: Bearb. in: Schönenbroicher/Kamp/Henkel, BauO NRW.

Schoch, Friedrich/Eifert, Martin, Besonderes Verwaltungsrecht, 2. Aufl. München 2023.

Schrödter, Hans (Hrsg.): Baugesetzbuch, Kommentar, 9. Aufl., München 2019.

Spannowsky, Willy: Beschleunigter Ausbau der Windkraft- und Photovoltaiknutzung und deren Folgen für die Raumordnungsplanung und Bauleitplanung, ZfBR 2023, 18.

Spannowsky, Willy/Hornmann, Gerhard/Kämper, Norbert (Hrsg.): Beck'scher Online-Kommentar zur BauNVO, 30. Edition, Stand: 15.7.2022.

Spannowsky, Willi; Uechtritz, Michael (Hrsg.): BauGB, Kommentar, 4. Aufl., München 2022.

Spannowsky, Willy/Uechtritz, Michael (Hrsg.): Beck'scher Online-Kommentar zum BauGB, 55. Edition, Stand 1.5.2022.

Stollmann, Frank/Beaucamp, Guy: Öffentliches Baurecht, 13. Aufl. München 2022.

Stüer, Bernhard: Städtebauliche Abwägungsdirektiven – Ist das Abwägungsgebot noch das „Herzstück" der städtebaulichen Planung?, UPR 2010, 288.

Stüer, Bernhard/Stüer, Eva-Maria/Hornmann, Gerhard: Bauen im Außenbereich, 2. Aufl., München, 2024.

Stüer, Bernhard: Gebiets- und Artenschutz werden neu vermessen, BauR 2022, 1005.

Stüer, Bernhard/Probstfeld, Willi: Die Planfeststellung. Fachplanung in der Praxis, 3. Aufl., München 2023.

Tysper, Stefan: Die behördliche Duldung baurechtswidriger Zustände nach neuer BauO NRW 2018, BauR 2019, 909.

Tysper, Stefan: Die Antragsbefugnis bei der Normenkontrolle von Außenbereichssatzungen, BauR 2020, 433.

Tysper, Stefan: Die Rechtsnachfolge bei der Duldung baurechtswidriger Zustände – Zur Rechtsnachfolgefähigkeit duldungsvermittelten Vertrauensschutzes, BauR 2022, 1728.

Uechtritz, Michael: Zur Umsetzung der Seveso-III-Richtlinie, DVBl. 2017, 659.

Uechtritz, Michael: Das Baulandmobilisierungsgesetz – Anmerkungen zu den Neuregelungen (Teil 1), BauR 2021, 1227, (Teil 2), BauR 2021, 1385.

Uechtritz, Michael/Ruttloff, Marc: Klimaschutz – Beschluss des Bundesverfassungsgerichts – Auswirkungen auf Planungs- und Genehmigungsentscheidungen, NVWZ 2022, 9.

Vietmeier, Hans: Die neue Bauordnung für Nordrhein-Westfalen, NWVBL 2017, 177.

Vietmeier, Hans: Emissionskontingentierung durch Bebauungsplan nach § 1 IV BauNVO, BauR 2018, 766.

Vietmeier, Hans: Die Landesbauordnung NRW 2018, NWVBL 2018, 489.

Wagner, Jörg: Hochwasserschutz in Raumordnung und Bauleitplanung - Was ist zu tun?, ZUR 2023, 283.

Zum Raumordnungsrecht

Beckmann, Martin: Kategoriale Unterschiede zwischen Zielen und Grundsätzen der Raumordnung? – Ein Beitrag zur verwaltungsgerichtlichen Kontrolle von Raumordnungsplänen in Nordrhein-Westfalen, NWVBL 2024, 53.

Ausgewählte Literatur

Beckmann, Martin: Kategoriale Unterschiede zwischen Zielen und Grundsätzen der Raumordnung? – Ein Beitrag zur verwaltungsgerichtlichen Kontrolle von Raumordnungsplänen in Nordrhein-Westfalen, NWVBL 2024 (Sonderheft August), 53.
Beckmann, Martin: Der Schutz der Wälder durch den Landesentwicklungsplan NRW beim beschleunigten Ausbau erneuerbarer Energien, NuR 2023, 520.
Beckmann, Martin: Über Sinn und Unsinn der Einführung einer Soll-Pflicht zur Gestattung von Zielabweichungen durch Änderung des § 6 Abs. 2 ROG, BauR 2023, 18.
Beckmann, Martin: Planungsziele und „in Betracht kommende anderweitige Planungsmöglichkeiten" in der Regionalplanung – Anmerkungen auch zu den Urteilen des OVG NRW vom 26. August 2021 zum Kraftwerk Datteln 4, DVBl 2022, 809.
Beckmann, Martin: Gebietsentwicklungspläne als Gegenstand der kommunalen Verfassungsbeschwerde, Städte- und Gemeinderat 1990, 87.
Beckmann, Martin: Hochwasser und Starkregenereignisse in der Raumplanung – Ziele und Grundsätze des länderübergreifenden Raumordnungsplans für den Hochwasserschutz, BauR 2021, 1748.
Beckmann, Martin: Über Sinn und Unsinn der Einführung einer Soll-Pflicht zur Gestattung von Zielabweichungen durch Änderung des § 6 Abs. 2 ROG, BauR 2023, 18.
Blümel, Willi: Rechtsschutz gegen Raumordnungspläne, VerwArch 84 (1993), 123 ff.
Deutsch, Markus: Raumordnung als Auffangkompetenz? Zur Regelungsbefugnis der Raumordnungspläne, NVwZ 2010, 1520.
Deutsch, Markus: Infrastrukturvorhaben zwischen Raumordnung, Fachplanung und Bauleitplanung, ZUR 2021, 67.
Deutsch, Markus: Fachplanung und Bauleitplanung. Theoretische Fragen und praktische Probleme, in: Kirchhof, Paul/Paetow, Stefan/Uechtritz, Michael (Hrsg.), Umwelt und Planung, Festschrift für Klaus-Peter Dolde zum 70. Geburtstag, München 2014, 511.
Deutsch, Markus: Luftrechtliche Fachplanung und Gesamtplanung – Einbindung in Raumordnung und Bauleitplanung, EurUP 2016, 90.
Durner, Wolfgang, Exekutivische Verwerfung rechtswidriger Raumordnungsziele?, in: Sabine Schlacke/Guy Beaucamp/Mathias Schubert (Hrsg.), Infrastruktur-Recht, Festschrift für Wilfried Erbguth zum 70. Geburtstag, Berlin 2019, 299.
Erbguth, Wilfried: Eignungsgebiete als Ziele der Raumordnung? – Planungspraxis, ROG 98, § 35 Abs. 3 S. 3 BauGB 98, DVBl. 1998, 209.
Erbguth, Wilfried: Unterirdische Raumordnung – Zur raumordnungsrechtlichen Steuerung untertägiger Vorhaben, ZUR 2011, 121.
Erbguth, Wilfried: Raumordnungspläne für die deutsche Ausschließliche Wirtschaftszone, UPR 2011, 207.
Erbguth, Wilfried: Perspektiven der Raumordnung in Europa, RuR 2011, 359.
Erbguth, Wilfried: Raumordnung und Fachplanung: Ein Dauerthema – Grundsätzliches und Aktuelles –, DVBl. 2013, 274.
Erbguth, Wilfried: Rechtsschutz gegen Raumordnungspläne – unter besonderer Berücksichtigung des § 48 UVPG, DVBl. 2018, 897.
Grotefels, Susan: Vorrang-, Vorbehalts- und Eignungsgebiete in der Raumordnung (§ 7 Abs. 4 ROG), in: Erbguth, Wilfried/Oebbecke, Janbernd/Rengeling, Hans-Werner/Schulte, Martin (Hrsg.), Planung, Festschrift für Werner Hoppe, München 2000, 369.
Grotefels, Susan: Umweltprüfung bei Raumordnungsplänen nach dem neuen Landesplanungsgesetz NRW, NWVBL 2007, 41.
Grotefels, Susan: Raumordnung für den Untergrund, in: Kment, Martin (Hrsg.), Das Zusammenwirken von deutschem und europäischem Öffentlichen Recht, Festschrift für Hans D. Jarass, München 2015, 441.
Grotefels, Susan: Die Staatsgrenzen überschreitende Raumordnung im deutschen Raumordnungsrecht, in: Schlacke/Beaucamp/Schubert (Hrsg.), Infrastruktur-Recht, Festschrift für Wilfried Erbguth, Berlin 2019, 245.
Grotefels, Susan: Gleichwertigkeit der Lebensverhältnisse durch Raumordnung?, EurUP 2020, 291.
Grotefels, Susan: Integrative Steuerung in der Energie- und Verkehrswende durch Raumordnung, insbesondere Regionalplanung: Stand und Fortentwicklung, ZUR 2021, 25.
Grotefels, Susan/Lahme, Kerstin: Der regionale Flächennutzungsplan in Nordrhein-Westfalen, BauR 2009, 1390.
Hoppe, Werner: Verwirklichung von Umweltschutz durch Raumordnung und Landesplanung, in: Achterberg, Norbert/Krawietz, Werner/Wyduckel, Dieter (Hrsg.), Recht und Staat im sozialen Wandel, Festschrift für Hans Ulrich Scupin, Berlin 1983, 737.
Hoppe, Werner: Ziele der Raumordnung und Landesplanung" und „Grundsätze der Raumordnung und Landesplanung" in normtheoretischer Sicht, DVBl. 1993, 681.
Hoppe, Werner: Die rechtliche Wirkung von Zielen der Raumordnung und Landesplanung gegenüber Außenbereichsvorhaben (§ 35 Abs. 3 S. 3 BauGB), in: Driehaus, Hans-Joachim/Birk, Hans-Jörg (Hrsg.), Baurecht-Aktuell: Festschrift für Felix Weyreuther, Köln ua 1993, 89.
Hoppe, Werner: Erste Überlegungen zu einem „Grundsatz der Planerhaltung", in: Berkemann, Jörg/Gaentzsch, Günter/Halama, Günter/Heeren, Helga/Hien, Eckart/Lemmel, Hans-Peter (Hrsg.), Pla-

nung und Plankontrolle, Entwicklungen im Bau- und Fachplanungsrecht, Festschrift für Otto Schlichter zum 65. Geburtstag, Köln, Berlin, Bonn, München 1995, 87.
Hoppe, Werner: Kompetenz-Debakel für die „Raumordnung" durch die Föderalismusreform infolge der uneingeschränkten Abweichungszuständigkeit der Länder?, DVBl. 2007, 144.
Hoppenberg, Michael/de Witt, Siegfried, (Hrsg.): Handbuch des öffentlichen Baurechts, München, Loseblatt, Stand: 2022.
Jäde, Henning/Dirnberger, Franz: Baugesetzbuch, Baunutzungsverordnung, 10. Aufl., Stuttgart ua 2022.
Kment, Martin: Die Neuausrichtung der Raumverträglichkeitsprüfung im Raumordnungsgesetz und ihr Verhältnis zur Umweltverträglichkeitsprüfung, EuRUP 2024, 38.
Kment, Martin: Die strikte Rechtsbindung Privater an die Ziele der Raumordnung im Rahmen des § 35 Abs. 1 Sätze 2 und 3 BauGB, UPR 2002, 428.
Kment, Martin: Rechtsschutz im Hinblick auf Raumordnungspläne, Beiträge zur Raumplanung und zum Siedlungs- und Wohnungswesen, Bd. 200, Münster 2002.
Kment, Martin: Unmittelbarer Rechtsschutz Privater gegen Ziele der Raumordnung und Flächennutzungspläne im Rahmen des § 35 III BauGB, NVwZ 2003, 1047.
Kment, Martin: Teilpläne des Raumordnungsrechts, EurUP 2021, 191.
Kment, Martin/Weininger, Anna: Raumordnungsrechtliche Mengenziele – Die Etablierung von Flächenverbrauchsobergrenzen auf Landesebene, UPR 2024, 161.
Koch, Hans-Joachim/Hendler, Reinhard: Baurecht, Raumordnungs- und Landesplanungsrecht, 5. Aufl., Stuttgart ua 2009.
Kümper, Boas: Raumordnung und Fachplanung – Regelungsbefugnisse der Raumordnung und Bindungswirkungen raumordnerischer Festlegungen für die Fachplanung, EurUP 2017, 295.
Kümper, Boas: Raumordnung und Bauleitplanung – überörtliche und örtliche Gesamtplanung als Planungshierarchie und aus Sicht der Vorhabenzulassung, DVBl. 2018, 70.
Kümper, Boas: Der zielwidrig gewordene Bebauungsplan – Folgen eines nachträglichen Widerspruchs zu Raumordnungszielen für die Wirksamkeit des Plans und für die Vorhabenzulassung, UPR 2018, 201.
Kümper, Boas: Zum Verhältnis von Raumordnung und Fachplanung unter Berücksichtigung der ROG-Novelle 2017 – Über das Zusammenwirken von Raumordnung und Zulassungsebene –, UPR 2018, 463.
Kümper, Boas: Raumordnung und Bauleitplanung – Regelungsbefugnisse der Raumordnung und Bindungswirkungen raumordnerischer Festlegungen für die Bauleitplanung, ZfBR 2018, 119.
Kümper, Boas: Raumordnung und Bauleitplanung – Überörtliche und örtliche Gesamtplanung als Planungshierarchie und aus Sicht der Vorhabenzulassung, DVBl. 2018, 70.
Kümper, Boas: Die Pflicht zur Anpassung der Bauleitpläne an die Ziele der Raumordnung – Stand der Dogmatik und verbleibende Fragen, VerwArch 109 (2018), 63.
Kümper, Boas: Das raumordnungsrechtliche Planungserfordernis – Zum Verhältnis von Raumordnung und Fachplanung bei der Standortbestimmung für Großvorhaben, in: Schlacke/Beaucamp/Schubert (Hrsg.), Infrastruktur-Recht, Festschrift für Wilfried Erbguth, Berlin 2019, S. 281.
Kümper, Boas: Grundprobleme der Abweichung von den Zielen der Raumordnung – Teil 1: Grundlagen und materielle Voraussetzungen, UPR 2021, 121.
Kümper, Boas: Grundprobleme der Abweichung von den Zielen der Raumordnung – Teil 2: Verfahrensfragen und behördliche Entscheidung, UPR 2021, 171.
Kümper, Boas: Drittschutz beim Vollzug von Raumordnungsplänen? Zur Anfechtbarkeit von Zielabweichungsbescheiden durch Hoheitsträger und Private, NuR 2021, 588.
Kümper, Boas: Zum neuen Raumordnungsplan des Bundes für den länderübergreifenden Hochwasserschutz – ausgewählte Rechtsfragen, UPR 2023, 1.
Paßlick, Hermann: Die Ziele der Raumordnung und Landesplanung, Münster 1986.
Queitsch, Peter: Berücksichtigung des Klimawandels in der Bauleitplanung, UPR 2023, 201.
Runkel, Peter: Raumordnung für den Gesamtraum der Bundesrepublik Deutschland, in: Schlacke/Beaucamp/Schubert (Hrsg.), Infrastruktur-Recht, Festschrift für Wilfried Erbguth, Berlin 2019, 265.
Runkel, Peter: Die Landesplanungsgesetze und das ROG-Änderungsgesetz 2017 als das spätere Gesetz nach Artikel 72 Absatz 3 S. 3 GG, ZUR 2019, 210.
Sangenstedt, Christof: Das Verhältnis von Netzausbauplanung zur räumlichen Gesamtplanung nach den Vorschriften des NABEG, EnWZ 2022, 103.
Schmidt-Eichstaedt, Gerd: Umweltprüfung und Verträglichkeitsprüfung in der Raumordnungsplanung, BauR 2023, 1052.
Schumacher, Anke/Werk, Klaus/Albrecht, Juliane, Raumordnungsgesetz, Kommentar, 2. Aufl., Wiesbaden 2020.
Spannowsky, Willy: Der Vertrag im Raumordnungsrecht, in: Battis/Söfker/Stüer (Hrsg.), Nachhaltige Stadt- und Raumentwicklung, Festschrift für Michael Krautzberger, München 2008, S. 217.
Spannowsky, Willy: Raumordnung in Europa, in: Krautzberger, Michael/Rengeling, Werner/Saerbeck, Klaus (Hrsg.), Bau- und Fachplanungsrecht, Festschrift für Bernhardt Stüer, München 2013, S. 59 ff.
Spannowsky, Willy/Runkel, Peter/Goppel, Konrad: Raumordnungsgesetz (ROG), 2. Aufl., München 2018.
Tyczewski, *Thomas:* Der Raumordnungsvertrag nach § 14 ROG als flankierendes Mittel zur Regionalplanung, BauR 2021, 152.

Wagner, Jörg/Wahlhäuser, Jens: Hochwasserschutz und Bauleitplanung – zu den Neuregelungen durch das Hochwasserschutzgesetz II, DVBl. 2018, 473.
Wagner, Stephan: Klimaschutz durch Raumordnung, Berlin 2018.
Wagner, Stephan: Klimaschutz durch Raumordnung, NuR 2019, 159.
Wagner, Stephan: Zum Verhältnis von Raumordnung und Bundesfachplanung beim Übertragungsnetzausbau im Höchstspannungsbereich, DVBl. 2019, 883.
Wagner, Stephan: Raumordnungsrechtliche Mengenvorgaben für den Ausbau erneuerbarer Energien, ZfBR 2021, 385.
Wagner, Stephan: Zur Erforderlichkeit für die Aufstellung eines länderübergreifenden Raumordnungsplans für den Hochwasserschutz des Bundes, UPR 2022, 461.
Wahlhäuser, Jens: Steuerung des Einzelhandels durch Raumordnung, in: Jarass (Hrsg.), Einzelhandel und Planungsrecht, Berlin 2011, S. 77.
Wahlhäuser, Jens: Das Gesetz zur Beschleunigung von Investitionen (Investitionsbeschleunigungsgesetz) als weiterer Beitrag zur Förderung von Beschleunigungspotentialen in den Bereichen Infrastrukturausbau, Justiz und Raumordnung, UPR 2021, 41.

Zum Fachplanungsrecht

Assmann, Lukas/Peiffer, Max (Hrsg.): EnWG, Kommentar, München 2024.
Beckmann, Martin: Eigentumsschutz und enteignungsrechtliche Vorwirkung der abfallrechtlichen Planfeststellung, UPR 2023, 121.
Beckmann, Martin: Wertminderungen von Grundstücken als abwägungsrelevanter Belang im Planfeststellungs-verfahren, BauR 2021, 768.
Beckmann, Martin: Grenzüberschreitende Umweltverträglichkeitsprüfungen für Laufzeitverlängerungen ausländischer Kernkraftwerke und deutscher Zwischenlager?, UPR 2019, 121.
Beckmann, Martin: Grenzüberschreitende Umweltverträglichkeitsprüfung bei Laufzeitverlängerungen, in: Tagungsband des 15. Atomrechtssymposion (Hrsg. Martin Burgi/BMUB), Nomos-Verlag, Baden-Baden, 2019, 123.
Beckmann, Martin: Das Stilllegungsverbot für Kraftwerke nach § 13 a EnWG, I+E 2013; 240.
Beckmann, Martin: Bereitstellung der Grundlast durch konventionelle Kraftwerke, in: Tagungsband des Instituts für Umwelt- und Technikrecht der Universität Trier, Berlin 2014, 55.
Beckmann, Martin/Hagmann, Joachim: Die Berücksichtigung von „early actions“ bei Anlagenteilen und Nebeneinrichtungen im Sinne von § 2 Abs. 1 S. 2 TEHG, EurUP 2005, 11.
Beckmann, Martin/Hünnekens, Georg: Zur Erforderlichkeit einer FFH-Verträglichkeitsprüfung bei der Bundesverkehrswegeplanung, DVBl. 2002, 1508.
Bourwieg, Karsten/Hellermann, Johannes/Hermes, Georg (Hrsg.): EnWG, Kommentar, 4. Aufl., München, 2023.
Deutsch, Markus: Luftrechtliche Fachplanung und Bauleitplanung, UPR 2019, 431.
Frenz, Walter (Hrsg.), Atomrecht, Kommentar, 2. Aufl., Baden-Baden, 2024.
Geppert, Martin/Schütz, Reimund, Beck'scher Kommentar zum TKG, 5. Aufl., München, 2023.
Grabherr, Edwin/Reidt, Olaf/Wysk, Peter: Luftverkehrsgesetz, Loseblatt-Kommentar, 23. Aufl. 2024.
Guckelberger, Annette: Beschleunigung per Gesetz - über Sinn und Sinnhaftigkeit der Legalplanung, NuR 2023, 361.
Hadamek, Ruth: Gesetzgeberische Beschleunigungsinstrumente und Infrastrukturen, UPR 2023, 447.
Hermanns, Caspar David: Die Geltungsdauer und Verlängerung von Planungsentscheidungen, DVBl. 2023, 71.
Höhne, Maria: Die Wasserrahmenrichtlinie im Planfeststellungsverfahren im Lichte des Verschlechterungsverbotes, UPR 2023, 435.
Hoppe, Werner/Beckmann, Martin: Planfeststellung und Plangenehmigung im Abfallrecht. Vorschläge zur Erleichterung des abfallrechtlichen Zulassungsverfahrens, Texte des Umweltbundesamtes 27/90, Berlin 1990.
Hoppe, Werner/Schlarmann, Hans/Buchner, Reimar: Rechtsschutz bei der Planung von Straßen und anderen Verkehrsanlagen, 4. Aufl., München 2011.
Jarass, Hans D: Die enteignungsrechtliche Vorwirkung bei Planfeststellungen., DVBl 2006, 1329.
Kämper, Norbert: Fachplanung in Deutschland - geht das auch schneller?, NWVBL 2023, 45.
Kment, Martin: Änderungsbedarf im Recht der Planfeststellung, NVwZ 2023, 123.
Kodal, Kurt, Handbuch Straßenrecht, 8. Aufl., München 2021.
Krautzberger, Michael/Rengeling, Hans-Werner/Saerbeck, Klaus (Hrsg.): Bau- und Fachplanungsrecht, Festschrift für Bernhard Stüer, München, 2013.
Kümper, Boas: Erscheinungsformen und Dogmatik der Planfeststellung im Wasserrecht – Wasserhaushaltsrecht und Wasserwegerecht, DVBl. 2023, 1326.
Kümper, Boas: Die Bindung von Fachplanungsträgern an den Flächennutzungsplan gem. § 7 BauGB, UPR 2013, 9.
Kümper, Boas: Das Verhältnis der Bundesfachplanung nach §§ 4 ff. NABEG zur Raumordnung der Länder, NVwZ 2014, 1409.

Ausgewählte Literatur

Kümper, Boas: Zur Bindung der Planfeststellung für Vorhaben nach dem Netzausbaubeschleunigungsgesetz an landesplanerische Ziele der Raumordnung, DVBl. 2016, 1572.
Lehners, Andreas: Raumordnungsgebiete nach dem Raumordnungsgesetz. Zugleich eine hypothetische Zuordnung von Festlegungen in nordrhein-westfälischen Raumordnungsplänen, Münster 1998.
Lieber, Tobias: Änderungen oder Erweiterungen planfestgestellter Anlagen zwischen Bestandsschutz und neuen rechtlichen Rahmenbedingungen, UPR 2023, 416.
Mann, Thomas/Sennekamp, Christoph/Uechtritz, Michael (Hrsg.): VwVfG. Großkommentar, 2. Aufl., Baden-Baden 2019.
Müller, Hermann/Schulz, Gerhard (Hrsg.): FStrG, 3. Aufl., München 2022.
Ritter, Jens: Planfeststellungsverfahren aus kommunaler Sicht, UPR 2023, 81.
Sangenstedt, Christof: Das Verhältnis von Netzausbauplanung zur räumlichen Gesamtplanung nach den Vorschriften des NABEG, EnWZ 2022, 103.
Schink, Alexander: Anforderungen an Alternativenprüfungen, UPR 2022, 206.
Schlacke, Sabine: Bundesfachplanung für Höchstspannungsleitungen. Der Schutz von Natur und Landschaft in der SUP und der planerischen Abwägung, NVwZ 2015, 626.
Schneider, Jens Peter/Theobald, Christian Theobald: Recht der Energiewirtschaft, Praxishandbuch, 5. Aufl., München 2021.
Schwenk, Walter/Giemulla, Elmar (Hrsg.): Handbuch des Luftverkehrsrechts, 5. Aufl., Köln 2019.
Siegel, Thorsten: Digitalisierung des Verwaltungsrechts, NVwZ 2023, 193.
Steinkühler, Martin: Infrastrukturvorhaben auf der Überholspur? Das Gesetz zur Beschleunigung von verwaltungsgerichtlichen Verfahren im Infrastrukturbereich, DVBl 2023, 903.
Stelkens, Paul/Bonk, Heinz-Joachim/Sachs, Michael: Verwaltungsverfahrensgesetz, Kommentar, 10. Aufl., München 2023.
Wysk, Peter: Planungssicherstellung in der COVID-19-Pandemie NVwZ 2020, 905.
Wolff, Julius/Bachof, Otto/Stober, Rolf/Kluth, Winfried, Verwaltungsrecht I, 13. Aufl., München 2017.
Ziekow, Jan (Hrsg.): Handbuch des Fachplanungsrechts, 4. Aufl. München 2024.

Zum Umweltrecht

Balla, Stefan/Sangenstedt, Christof: Umweltverträglichkeitsprüfungen in beschleunigten Zeiten, ZUR 2023, 387.
Beckmann, Martin: Legalisierungswirkung und Bestandsschutz immissionsschutzrechtlicher Genehmigungen und ihre Bedeutung für das Umweltschadensrecht, EuRUP 2020, 238.
Beckmann, Martin: Verwaltungsermessen bei Anordnung und Auswahl von Sicherheitsleistungen für Abfallentsorgungsanlagen?, UPR 2020, 121.
Beckmann, Martin: Die „Modernisierung" des Rechts der Umweltverträglichkeitsprüfung – ein gelungener Versuch zur Erhöhung der Vollzugstauglichkeit des UVPG?, in: Schlacke/Beaucamp/Schubert (Hrsg.), Festschrift für Wilfried Erbguth, Berlin 2019, 447.
Beckmann, Martin: Der Umweltinspektionsbericht im Sinne von § 52 a Abs. 1 BImSchG, I+E 2015, 58.
Beckmann, Martin: Umweltverträglichkeitsprüfung in der praktischen Anwendung, ZUR 2014, 541.
Beckmann, Martin: Zur Verfolgung ökologischer Zwecke bei der Vergabe öffentlicher Aufträge, in: Tagungsband, 5. Düsseldorfer Vergaberechtstag, Ministerium für Verkehr, Energie und Landesplanung des Landes Nordrhein-Westfalen, 53.
Beckmann, Martin: Zur Verfolgung ökologischer Zwecke bei der Auftragsvergabe, NZBau 2004, 600.
Beckmann, Martin: Die integrative immissionsschutzrechtliche Genehmigung. Ein Instrument zur Verringerung des Investitionsschutzes und der Rechtssicherheit für den Vorhabenträger? NuR 2003, 715.
Beckmann, Martin: Abfallrecht zwischen staatlicher Lenkung, kommunaler Daseinsvorsorge und privatem Wettbewerb, VerwArch 2003, 371.
Beckmann, Martin: Der notwendige Schutz des Umweltrechts durch die Verwaltungsgerichte, UPR 1987, 321.
Beckmann, Martin: Die Umweltverträglichkeitsprüfung und das rechtssystematische Verhältnis von Planfeststellungsbeschlüssen und Genehmigungsentscheidungen, DÖV 1987, 944.
Beckmann, Martin/Appold, Wolfgang: Ziele und Instrumente der integrierten Abfallwirtschaft, VerwArch 81 (1990), 305.
Beckmann, Martin/Kment, Martin (Hrsg.): UVPG/UmwRG, 6. Aufl., Köln, 2023.
Beckmann, Martin/Lambrecht, Heiner: Bestimmung des Verhältnisses von Eingriffsregelung, FFH-VP, UVP und SUP im Vorhabenbereich, BFN-Skripten 2007.
Beckmann, Martin/Wittmann, Antje: Umweltschadensgesetz, Kommentar, in Landmann/Rohmer, 2020.
Beckmann, Martin/Wittmann, Antje: Umwelthaftung für Abfallentsorgungsanlagen, AbfallR 2007, 87.
Beckmann, Martin/Wittmann, Antje: Rechtsschutz des Verantwortlichen bei Umweltschäden nach dem USchadG, DVBl. 2008, 1287.
Berendes, Konrad/Frenz, Walter/Müggenborg, Hans-Jürgen: Wasserhaushaltsgesetz, 2. Aufl., 2017; zit.: Bearbeiter in Berendes/Frenz/Müggenborg, WHG, 2017.
Breuer, Rüdiger/Gärditz, Klaus F.: Öffentliches und privates Wasserrecht, 4. Aufl. 2017.
Calliess, Christian/Ruffert, Mathias: EUV/AEUV, Kommentar, 6. Aufl. 2022.
Czychowski, Paul/Reinhardt, Michael: Wasserhaushaltsgesetz: WHG, 13. Aufl. 2023.

Doumet, Jean/Friedrich, Barbara/Lemperle, Isabella (Hrsg.): Kreislauf-Wirtschaft-Recht, Festschrift für Frank Petersen, Berlin 2023.
Düsing, Mechthild /Martínez, Jose (Hrsg.): Agrarrecht, 2. Aufl. 2022.
Durner, Wolfgang: Rechtsfragen gutachterlicher Zustandsbewertungen und Prognosen im Umweltrecht, DVBl 2023, 237.
Frenz, Walter (Hrsg.): Handbuch Kreislaufwirtschaft, Berlin 2024.
Frenz, Walter/Müggenborg, Hans-Jürgen (Hrsg.): Bundesnaturschutzgesetz: BNatSchG, 3. Aufl. 2021.
Führ, Martin (Hrsg.), GK-BImSchG, Kommentar, 3. Aufl. Köln, 2024.
Giesberts, Ludger/Reinhardt, Michael: Umweltrecht, 2. Aufl., München 2018.
Hendler, Reinhard: Strategische Umweltprüfung – Eine Zwischenbilanz, EurUP 2023, 286.
Hennenhöfer, Gerald/Mann, Thomas/Pelzer, Norbert/Sellner, Dieter (Hrsg.): AtG/PÜ, Kommentar, München 2021.
Hoppe, Werner: Staatsaufgabe Umweltschutz, VVDStRL 38 (1980), 211.
Hoppe, Werner/Beckmann, Martin/Kauch, Petra: Umweltrecht, 2. Aufl. 2000.
Hoppe, Werner/Beckmann, Martin: Zur Berücksichtigung von Standortalternativen bei der Zulassung von Abfallentsorgungsanlagen, DÖV 1990, 769.
Jarass, Hans D.: Bundes-Immissionsschutzgesetz (BImSchG), Kommentar, 14. Aufl., München 2022.
Jarass, Hans D./Petersen, Frank (Hrsg.), KrWG, 2. Aufl., München 2022.
Kahl, Wolfgang/Gärditz, Klaus Ferdinand: Umweltrecht, 13. Aufl., München 2023.
Kloepfer, Michael, Umweltrecht, 4. Aufl., 2016.
Kloepfer, Michael/Durner, Wolfgang, Umweltschutzrecht, 3. Aufl. 2020.
Kluth, Winfried/Smeddinck, Ulrich, Umweltrecht, 2. Aufl., Berlin 2020.
Landmann, Robert von/Rohmer, Ernst: Umweltrecht Hrsg. Beckmann/Durner/Mann/Röckinghausen): UmweltR, 102. Auflage, München 2023.
Lütkes, Stefan/Ewer, Wolfgang (Hrsg.): BNatSchG, Kommentar, 2. Aufl., München 2018.
Petersen, Malte: USchadG, Kommentar, Köln 2013.
Rebler, Adolf: Die Beteiligungsmöglichkeiten in Planfeststellungs- und Raumordnungsverfahren, UPR 2024, 126.
Rehbinder, Eckard: Vertragsnaturschutz – Erscheinungsformen, Rechtsprobleme, ökologische Wirkungen, DVBl. 2000, 859.
Rehbinder, Eckard: Nachhaltigkeit als Prinzip des Umweltrechts: Konzeptionelle Fragen, in: Dolde, Klaus-Peter (Hrsg.), Umweltrecht im Wandel: Bilanz und Perspektiven aus Anlass des 25-jährigen Bestehens der Gesellschaft für Umweltrecht (GfU), Berlin 2001, 721.
Rehbinder, Eckard/Schink, Alexander (Hrsg.): Grundzüge des Umweltrechts, 5. Aufl. 2018, Berlin.
Sangenstedt, Christof: Möglichkeiten und Grenzen einer verstärkten Digitalisierung der Öffentlichkeitsbeteiligung in Verfahren mit UVP, ZUR 2023, 579.
Schink, Alexander: Anforderungen an Alternativenprüfungen, in: Mitschang, Stephan (Hrsg.), Umweltprüfung und Umweltverträglichkeitsprüfung, Baden-Baden 2022, S. 193.
Schink, Alexander/Fellenberg, Frank (Hrsg.): Gemeinschaftskommentar zum Wasserhaushaltsgesetz, Köln 2021.
Schink, Alexander/Reidt, Olaf/Mitschang, Stephan (Hrsg.): UVPG/UmwRG, 2. Aufl. München 2023.
Schink, Alexander/Versteyl, Andrea (Hrsg.): KrWG, 2. Aufl., Berlin 2016.
Schlacke, Sabine (Hrsg.): GK-BNatSchG: Gemeinschaftskommentar zum BNatSchG, 3. Aufl., Köln 2024.
Schlacke, Sabine: Umweltrecht, 9. Aufl., Baden-Baden, 2023.
Schoch, Friedrich/Eifert, Martin (Hrsg.): Besonderes Verwaltungsrecht, 2. Aufl. München 2023.
Schumacher, Jochen/Fischer-Hüftle, Peter (Hrsg.): Bundesnaturschutzgesetz, 3. Aufl. Stuttgart 2021.
Sieder, Frank/Zeitler, Herbert/Dahme, Heinz/Knopp, Günther-Michael: Wasserhaushaltsgesetz, Abwasserabgabengesetz (WHG/AbwAG), Kommentar, München, Loseblattwerk, Stand: 2021.
SRU (Hrsg.): Umweltgutachten 2020: Für eine entschlossene Umweltpolitik in Deutschland und Europa, 2020.
SRU (Hrsg.): Sondergutachten „Umwelt und Gesundheit konsequent zusammendenken“, 2023.
Versteyl, Ludger-Anselm/Mann, Thomas/Schomerus, Thomas (Hrsg).: Kommentar zum KrWG, 4. Aufl., München 2019.
Wasielewski, Andreas: Das neue Störfallrecht zur Umsetzung der Seveso-III-Richtlinie, NVwZ 2018, 937.
Wörheide, Daniel: Öffentlichkeitsbeteiligung im Baugenehmigungsverfahren bei der Zulassung von Vorhaben im Umfeld von Störfallbetrieben, NWVBL 2019, 221.

Zum Klimaschutzrecht

Beckmann, Martin: Auf dem Weg zu einem Bundes-Klimaanpassungsgesetz (KAnG), KlimaRZ 2023, 151.
Beckmann, Martin: Einführung in das Klimaschutzrecht sowie Erläuterungen zu den §§ 3, 3a, 4, 5, 6, 7 und 8 KSG, in: Landmann/Rohmer, 2023.
Beckmann, Martin: Das Bundesverfassungsgericht, der Klimawandel und der „intertemporale Freiheitsschutz“, UPR 2021, 241.

Ausgewählte Literatur

Beckmann, Martin: Das Bundesverfassungsgericht, der Klimawandel und der „intertemporale Freiheitsschutz" – Folgen für den Kohleausstieg?, in: Frenz (Hrsg.), Kohleausstieg nach dem BVerG-Klimabeschluss, Tagungsband zum 22. ABK– Altlasten- und bergschadenkundlichen Kolloqui-um, RWTH Aachen 2021, 65.

Beckmann, Martin: Das deutsche Abfallrecht als Instrument des Klimaschutzes und der Ressourcenschonung, AbfallR 2008, 65.

Beckmann, Martin: Klimaschutz in Nordrhein-Westfalen. Zum Entwurf eines Klimaschutzgesetzes Nordrhein-Westfalen, I+E 2011, 67.

Beckmann, Martin: Klimaschutz durch Landesplanung. Zum Entwurf eines Klimaschutzgesetzes Nordrhein-Westfalen, NWVBL 2011, 249.

Di Fabio, Udo: Verfassung und Klimahaftung, München, 2023.

Erbguth, Wilfried: Klimaschutz auf Zulassungsebene: Reichweite des § 13 Abs. 1 Satz 1 KSG und Budgetansatz, UPR 2023, 241.

Erbguth, Wilfried: Klima, Gesundheit, Arten – Nachhaltigkeit und Raumordnung. Zur Notwendigkeit einer steuerungsrechtlichen und politischen Rückbesinnung, EuRUP 2024, 3.

Erbguth, Wilfried: Die KSG-Entscheidung(en) des Bundesverfassungsgerichts: Folgen für die Landesebene und das räumliche Planungs- und Zulassungsrecht, DVBl. 2022, 1001.

Erbguth, Wilfried: Klimakrise, Energiekrise: Beurteilung und Fortentwicklung neuer materiell-rechtlicher Steuerungsansätze, DVBl. 2023, 510.

Fellenberg, Frank, Dingemann, Kathrin, Römling, Domink, Das Bundes-Klimaanpassungsgesetz – Ziele, Instrumente und Perspektiven, NVwZ 2024, 281.

Fellenberg, Frank/Guckelberger, Annette: Klimaschutzrecht, Kommentar, München 2022.

Frenz, Klimaschutzrecht, Gesamtkommentar, 2. Aufl., Berlin 2022.

Frenz, Grundzüge des Klimaschutzrechts, 3. Aufl. 2023.

Grotefels, Susan/Priebs, Axel: Neue Rechtslage für die Planung von Windenergieflächen in Niedersachsen, NdsVBl. 2024, 263.

Knauff, Mathias: Bundesfernstraßenplanung und Klimaschutz, VerwArch 2023, 161.

Köck, Wolfgang/Markus, Till: Der europäische „Green Deal" – Auf dem Weg zu einem EU-„Klimagesetz", ZUR 2020, 257.

Krautzberger, Michael: Klimaschutz bei städtebaulichen Planungen und Maßnahmen, in Krautzberger, Michael/Rengeling, Hans-Werner/Saerbeck, Klaus, Bau- und Fachplanungsrecht, Festschrift für Bernhard Stüer, München 2013, S. 207.

Kruschke, Andre: Die Bedeutung der Grundrechte in Zeiten des Klimaschutzes -Verfassungsrechtliche Betrachtungen von der Corona- bis zur Klimapolitik, DÖV 2024, 300.

Rodi, Michael (Hrsg.): Handbuch Klimaschutzrecht, München 2022.

Sauthoff, Michael: Klimaschutz in der Raumordnung, ZUR 2021, 140.

Sauthoff, Michael: Durchsetzung des Klimaschutzes im Städtebau. Überlegungen zu Änderungen des Baugesetzbuchs, KlimR 2022, 11.

Schink, Alexander: Eingriffsbewältigung und Klimaschutz, UPR 2023, 207.

Schlacke, Sabine: Klimaschutz und Städte – Perspektiven des öffentlichen Rechts, EurUP 2022, 341.

Schlacke, Sabine: Klimaschutzrecht im Mehrebenensystem, NVwZ 2022, 905.

Umweltbundesamt (Hrsg.): Projektionsbericht 2023 für Deutschland, 2023.

Rechtsschutz und Umweltrechtsschutz

Beckmann, Martin: Ziele der Raumordnung als Gegenstand verwaltungsgerichtlicher Normenkontrollanträge von Kommunen in Nordrhein-Westfalen, NWVBL 2021, 181.

Beckmann, Martin: Plausibilität als richterlicher Kontrollmaßstab, in: Gärditz/Keller/Niesler (Hrsg.), Der Kontrollauftrag der Verwaltungsgerichtsbarkeit, liber amicorum für Max-Jürgen Seibert, Berlin 2020, 13.

Beckmann, Martin: Gerichtliche Vollprüfung und zeitgerechter Rechtsschutz Gegenläufige Maximen des Verwaltungsprozessrechts?, DÖV 2019, 773.

Beckmann, Martin: Funktionswandel der Verwaltungsgerichtsbarkeit unter dem Einfluss des Unionsrechts? – Der Umfang des Verwaltungsrechtsschutzes auf dem Prüfstand, in: Verhandlungen des 71. Deutschen Juristentags Essen 2016, Bd. II Sitzungsberichte (Referate und Beschlüsse) München, 2016, N 80.

Beckmann, Martin: Verwaltungsgerichtlicher Rechtsschutz im raumbedeutsamen Umweltrecht. Eine Untersuchung zum Umfang der richterlichen Kontrolle im Abfall-, Immissionsschutz -, Wasserhaushalts- und Naturschutzrecht, Münster 1987.

Ehlers, Dirk/Schoch, Friedrich, Rechtsschutz im Öffentlichen Recht, 2021.

Epiney, Astrid: Die Aarhus-Konvention: Entstehung, völkerrechtliche Einbettung und Grundprinzipien, EuRUP 2019, 2.

Eyermann, Erich: VwGO, 16. Aufl., München 2022; zit.: Bearbeiter in Eyermann, VwGO, 2022.

Fellenberg, Frank: Rechtsschutz als Instrument des Klimaschutzes – ein Zwischenstand, NVwZ 2022, 913.

Gärditz, Klaus F. (Hrsg.): VwGO, Kommentar, 2. Aufl., Köln 2018.

Hinzen, Constanze Martina, Plankontrolle durch Umweltverbände, Berlin 2023.
Karpenstein, Ulrich/Kotzur, Markus Tobias/Vasel , Johann Justus (Hrsg.): Handbuch Rechtsschutz der Europäischen Union, 4. Aufl., München 2024.
Kopp, Ferdinand/Schenke, Wolf-Rüdiger: Verwaltungsgerichtsordnung, Kommentar, 29. Aufl., München 2023.
Ramsauer, Ulrich: Nachbarschutz im Baurecht, JuS 2020, 385.
Rennert, Klaus: Der maßgebliche Zeitpunkt der richterlichen Verwaltungskontrolle und die Funktion der Verwaltungsgerichtsbarkeit, DVBl 2019, 593.
Steiner, Udo: Die Justitiabilität des Klima- und Umweltrechtsschutzes, BayVBl 2024, 287.
Steinkühler, Martin: Infrastrukturvorhaben vor Gericht, UPR 2022, 241,
Weidemann, Clemens: Gerichtlicher Rechtsschutz der Gemeinden gegen regionale Raumordnungspläne, Münster 1983.

Zum Bergrecht

Beckmann, Martin: Das Bundesberggesetz auf dem Sprung zu einem modernen Gesetz der Gewinnung von Bodenschätzen und zu sonstigen unterirdischen Nutzungen?, DVBl 2023, 449.
Beckmann, Martin: Der Altbergbau – Haftung und ordnungsrechtliche Verantwortung für die Spätfolgen des Bergbaus, NWVBL 2019, 45.
Beckmann, Martin: Gemeindliches Einvernehmen nach § 36 Abs. 1 BauGB bei Vorhaben unter Bergaufsicht, BauR 2015, 1757.
Beckmann, Martin: Rechtliche Rahmenbedingungen der Gewinnung und energetischen Nutzung von Grubengas, DVBl. 2014, 1032.
Beckmann, Martin: Die Rechte des Grundstückseigentümers bei der Gewinnung von Bodenschätzen nach dem Bundesberggesetz, AUR 2012, 1.
Beckmann, Martin: Rechtliche Rahmenbedingungen der Abschlussbetriebsplanung, in: Kühne/Ehricke (Hrsg.), Bergrecht zwischen Tradition und Moderne, Veröffentlichungen des Instituts für Energie-recht an der Universität Köln, Köln 2010, 169.
Beckmann, Martin: Bergrechtliche Anforderungen an die Standsicherheit bergbaulicher Anlagen, in: BauR 2010, 2047.
Beckmann, Martin: Grenzen der Zumutbarkeit der Nachsorgeverantwortung eines Bergwerksunternehmens?, ZUR 2006, 295.
Beckmann, Martin: Rechtsschutz gegen Hochwasserrisiken - Steinkohlenbergbau unter dem Rhein, in: Klaus Vieweg (Hrsg.) Risiko – Recht – Verantwortung, Köln u.a. 2006, 197.
Beckmann, Martin: Bergrechtliches Direktionsprinzip und ordnungsrechtliche Verantwortung, in: ZfB 1992, 120.
Beckmann, Martin: Oberflächeneigentum und Bergbau, DVBl 1992, 741.
Beckmann, Martin: Zur ordnungsrechtlichen Verantwortung für die Spätfolgen des Bergbaus in den neuen Bundesländern, UPR 1995, 7.
Beckmann, Martin/Wittmann, Antje: Zur Flexibilisierung des Systems bergrechtlicher Zulassungen, DVBl 2021, 137.
Beckmann, Martin/Wittmann, Antje: Die Zulegung nach § 35 BBergG, ZfB 2009, 32.
Beckmann, Martin/Wittmann, Antje: Zur zeitlichen Begrenzung der Inanspruchnahme für Gefahren und Bergschäden des Altbergbaus, in: Festschrift für Gunther Kühne, 441.
Dammert, Bernd/Brückner, Götz: Bergwerke und Umweltverträglichkeitsprüfungen, ZUR 2023, 30.
Frenz, Walter (Hrsg.): Bundesberggesetz, Kommentar, 2019.
Hoppe, Werner/Beckmann, Martin: Zur Vereinbarkeit bergrechtlicher Duldungspflichten mit dem verfassungsgebotenen Grundeigentümerschutz, DÖV 1988, 893.
Hoppe, Werner/Beckmann, Martin: Grundeigentumsschutz bei heranrückendem Bergbau. Eine Untersuchung zur Reichweite des Bestandsschutzes aus Anlass der Nordwanderung des Bergbaus in Nordrhein-Westfalen, Köln 1988.
Kühne, Gunther/von Hammerstein, Fritz/Keienburg, Bettina/Kapper, Christiane/Wiesendahl, Stefan, Bundesberggesetz, Kommentar, 3. Aufl., Berlin, 2023.
Pielow, Johann-Christian (Hrsg.), Bergrecht im Wandel der Zeit – gestern, heute, morgen, Festgabe zum 200-jährigen Bestehen des OLG Hamm, Stuttgart 2020.
Piens, Reinhart/Schulte, Hans-Wolfgang/Graf Vitzthum, Stephan (Hrsg.): Bundesberggesetz, Kommentar, 3. Aufl., Stuttgart, 2020.
Von Weschpfennig, Arnim: Strukturen des Bergrechts, Tübingen 2022.
Weiser-Saulin, Eric, Der Störfallbetrieb in der Umweltverträglichkeitsprüfung, EuRUP 2023, 67.

Zum Verfassungsrecht

Beckmann, Martin: Enteignung, in Redeker/Uechtritz (Hrsg.), Anwaltshandbuch für das Verwaltungsverfahren, 4. Aufl., Köln 2020.
Epping, Volker/Hillgruber, Christian (Hrsg.): Grundgesetz, Kommentar, 3. Aufl., München, 2020.
Frenz, Walter; Handbuch Europarecht, Band 4./I, Europäische Grundrechte, Berlin 2024.
Huber, Peter/Voßkuhle, Andreas (Hrsg.): Grundgesetz, 8. Aufl. München 2024.

Ausgewählte Literatur

Jarass, Hans D./Pieroth, Bodo (Hrsg.), Grundgesetz, Kommentar, 17. Aufl., München 2022.
Sachs, Rüdiger (Hrsg.): Grundgesetz. Kommentar, 9. Aufl. München, 2021.
Schmidt-Bleibtreu, Bruno/Hofmann, Hans/Henneke, Hans-Günter (Hrsg.): Grundgesetz, Kommentar, 15. Aufl., Köln 2021.
Von Münch, Ingo/Kunig, Philip (Hrsg.): Grundgesetz Kommentar GG, 7. Aufl., München 2021.

A. Bauleitplanung

1 Der Städtebau in Deutschland steht vor sehr großen **Herausforderungen** angesichts des knappen und sehr teuren Wohnraums in den Großstädten,[1] des dichten Verkehrs in den städtischen Zentren, einer unzureichenden öffentlichen Verkehrsinfrastruktur im städtischen Umland und daraus folgender mangelnder **Erreichbarkeit von Stadtzentren** sowie hoher **Umweltbelastungen** durch Luftverunreinigungen und durch Verkehrs- und Gewerbelärm.[2] Hinzu kommen notwendige Anpassungen des Städtebaus an lokale **Folgen des Klimawandels** sowie Strategien zur Bekämpfung des globalen Klimawandels.[3] In den deutschen Städten wird nach Prognosen des Deutschen Wetterdienstes die Temperatur in den nächsten Jahren deutlich steigen. Beton und Asphalt gelten als dauerhafte Wärmespeicher, nicht ausreichend dimensionierte städtische Grünanlagen tragen nicht hinreichend zur Kühlung, Befeuchtung und zur Frischluftzufuhr bei, so dass **zunehmende Hitze**, Trockenheit und schlechte Luftqualität in den Städten zu schwerwiegenden Erkrankungen führen können.[4] Bereits aktuell soll die maximale Temperaturdifferenz zwischen dicht bebauten Stadtzentren und dem Umland schon bis zu 10 °C betragen.[5] Der Deutsche Wetterdienst warnt außerdem, der Klimawandel bedeute nicht nur eine Erhöhung der mittleren Temperaturen, sondern auch die **Zunahme von Extremereignissen**. Zu erwarten sei eine Zunahme von extremen Wetterperioden mit all ihren Konsequenzen für die Gesellschaft, insbesondere auch für den Hochwasserschutz und den Brandschutz. Erforderlich seien deshalb intensivere Anpassungs- und Klimaschutzmaßnahmen. Überflutungen und Starkregen, aber auch anhaltende Trockenheiten als Folgen des Klimawandels führen zu der Forderung, Wasser möglichst nicht direkt abzuleiten, sondern in der Stadt zu halten und zu speichern. Ein entsprechendes „**Schwammstadtprinzip**" könnte als gesetzliche Vorgabe für die Planung verankert werden. Auch eine Erweiterung des Entsiegelungsgebots könnte, allerdings unter Beachtung des grundrechtlichen Eigentumsschutzes, in Betracht zu ziehen sein. Die Städte sind aber nicht nur Leidtragende des Klimawandels, sondern auch dessen Mitverursacher. In den urbanen Regionen findet weltweit etwa 80 % des Energieverbrauchs statt, 70 % der von Menschen erzeugten Treibhausgase werden in Städten emittiert, obwohl diese sich nur auf weniger als 2 % der Landflächen erstrecken.[6] Nicht zuletzt macht die rasante **Zunahme des Online-Handels** nicht nur dem stationären Einzelhandel in den Städten zu schaffen; sie erfordert vielmehr auch neue städtebauliche Konzepte für den Einzelhandel, für das innerstädtische Gewerbe und für das kulturelle Leben in der Stadt, die weit über Ladenöffnungsstrategien an Sonn- und Feiertagen hinausgehen.[7]

2 In seinem **Sondergutachten „Umwelt und Gesundheit** konsequent zusammendenken" aus dem Jahr 2023, hat sich der Sachverständigenrat für Umweltfragen (SRU) mit der Stadt als

---

[1] Zwischen 1950 und 2017 sollen zB die Baulandpreise in München um exorbitante 39.390 % gestiegen sein, siehe dazu Giesecke/Lüttgau BauR 2022, 589; Burgi NVwZ 2020, 257. Mit Beschluss vom 21.1.2021 fordert das Europäische Parlament einen Zugang zu angemessenem und erschwinglichem Wohnraum für alle, siehe dazu Battis/Mitschang/Reidt NVwZ 2021, 905.

[2] Kment/Baumgart Die nachhaltige Stadt der Zukunft – welche Neuregelungen empfehlen sich zu Verkehr, Umweltschutz und Wohnen?, Gutachten D und Gutachten E in: Verhandlungen des 73. Deutschen Juristentags, München 2020, D 1 ff.; E 5 ff. sowie die Ergänzungsgutachten der beiden Gutachter, München 2022; Beckmann Die nachhaltige Stadt der Zukunft – Welche Neuregelungen empfehlen sich zu Verkehr, Umweltschutz und Wohnen?, AnwBl. 2022, 480; Reidt BauR 2023, 391; Böhm JZ 2022, 820; Burgi NJW 2022, 2726, Schlacke EuRUP 2022, 341; Dombert ThürVBl 2022, 225; zur Stadtentwicklung auch Sachverständigenrat für Umweltfragen (SRU), Sondergutachten „Umwelt und Gesundheit konsequent zusammendenken", 2023.

[3] Siehe dazu Albrecht ZUR 2020, 12; Wagner UPR 2017, 361; zu den Handlungsfeldern, Instrumenten und Herausforderungen des natürlichen Klimaschutzes in der Stadt siehe auch Lorenzen DVBl. 2023, 398.

[4] Ginzky/Albrecht/Pannicke ZUR 2021, 449; auch Albrecht ZUR 2020, 12, vermisst eine Pflicht zur Klimaanpassungsplanung; zur grünen Stadt und er Stärkung ihrer Infrastruktur Vornholt NVwZ 2023, 705; Köck/Neubauer/Dahm, NVwZ 2024, 296 (297).

[5] Albrecht ZUR 2020, 12.

[6] Ebert Die Krise der Städte als Chance, FAZ vom 10.05.2022; siehe auch dazu Albrecht ZUR 2020, 12.

[7] dazu BVerwG NVwZ 2021, 240 mit Anmerkung von Schunder NVwZ 2021, 245; Radtke NdsVBl. 2021, 99.

Knotenpunkt einer „ökosaluten Politik" befasst.[8] Ökosalut ist eine Politik nach dem Verständnis des SRU, wenn sie das Ziel verfolgt, eine Umwelt zu schaffen, in der alle Menschen gut und gesund leben können. Da die meisten Menschen in Städten leben, sei diese als Lebensumwelt von besonderer Bedeutung. In Großstädten, d.h. in Orten mit großer Bevölkerungsdichte, dichter Bebauung und hohem Verkehrsaufkommen konzentrierten sich gesundheitsbezogene Umweltbelastungen wie Hitze, Lärm und Luftschadstoffe und es fehlten vielfach wohnortnahe gesundheitsfördernde Ressourcen wie Grünräume und Gewässer. Zudem komme es häufig zu Mehrfachbelastungen und sozialräumlich ungleich verteilten Umweltbedingungen. Städte seien aber auch Orte der Transformation. Hier könnten zukunftsweisende Veränderungen hin zu nachhaltigen, gesunden und gerechten Lebenswelten angestoßen und umgesetzt werden.[9]

3 Gesundheitsbezogener Umweltschutz in Städten bedeutet nach den Vorstellungen des SRU, Umweltrisiken wie Lärm, Luftschadstoffe oder Hitze zu mindern oder zu vermeiden und zusätzlich gesundheitsförderliche Umweltressourcen zu stärken. Der SRU unterbreitet zahlreiche Vorschläge und Handlungsempfehlungen dazu, die bei der von den Regierungsparteien in ihrer Koalitionsvereinbarung angekündigten großen Novelle des BauGB und der BauNVO berücksichtigt werden können. Größere Kommunen sollten nach Ansicht des SRU unter anderem dazu verpflichtet und dabei unterstützt werden, ein räumlich differenziertes und integriertes, handlungsorientiertes Monitoring zu Umwelt, Gesundheit und sozialer Lage aufzustellen sowie einen Fachplan Gesundheit zu erstellen.[10] Weitere Empfehlungen des SRU beziehen sich darauf, den Aspekt Umweltgerechtigkeit in der Bauleitplanung, im Besonderen Städtebaurecht, in den Instrumenten des planerischen Umweltschutzes und bei Umweltprüfungen stärker zu verankern. Für den Gesundheitsschutz sei es wichtig, die bundesweiten Vorgaben zum Lärmschutz zu stärken. Um innerstädtische Grünräume zu erhalten und auszubauen, sollte der Bund nach Ansicht des SRU eine Grünraumverordnung erlassen und darin Orientierungswerte für die Qualität und die Erreichbarkeit von innerstädtischen Grünräumen vorgeben.[11]

4 Um bestehende Grünflächen zu erhalten und weiter auszubauen, sollte der Gesetzgeber nach Meinung des SRU dafür sorgen, dass Bauleitpläne, die der Grünraumentwicklung dienen, leichter und schneller aufgestellt werden können. Insbesondere böte es sich an, so der SRU, dem bisherigen Instrument des „Bebauungsplans zur Innenentwicklung" einen speziellen „Bebauungsplan zur Grünraumentwicklung" an die Seite zu stellen. Das würde nach Einschätzung des SRU dem Konzept der doppelten Innenentwicklung entsprechen, wonach die bauliche und die grüne Infrastruktur einer Stadt gleichermaßen entwickelt werden sollten. Die Bebauung eines Grundstücks im unbeplanten Innenbereich sollte grundsätzlich nach Ansicht des SRU nur noch zulässig sein, wenn weiterhin eine ausreichende Versorgung der Umgebung mit Grünräumen sichergestellt sei.[12]

5 Auch wenn ein Grundstück bebaut wird, kann es nach den Erläuterungen des SRU noch wertvolle Ökosystemdienstleistungen erbringen. Dazu müsse jedoch sichergestellt sein, dass es ausreichend begrünt sei. Zu diesem Zweck sollte nach den Empfehlungen des SRU die BauNVO um einen „Grünflächenfaktor" ergänzt werden. Würden Grundstücke neu bebaut, müssten die Grundstückseigentümer nach den Empfehlungen des SRU sicherstellen, dass ihr Grundstück weiterhin ausreichend Ökosystemleistungen erbringe, um diesen Grünflächenfaktor zu erreichen. Auf welche Weise dieses Minimum erfüllt werde – ob durch Bäume, unversiegelte Flächen, Fassaden oder Dachbegrünung – bleibe den Grundstückseigentümern überlassen. Außerdem sollte der Gesetzgeber dafür sorgen, dass bauliche Eingriffe in die grüne Infrastruktur einer Stadt stets innerstädtisch ausgeglichen würden. Werde die grüne Infrastruktur an einer Stelle beeinträchtigt, sollte sie an anderer Stelle im gleichen Ausmaß und Niveau erweitert werden. Insbesondere für Vorhaben, die im unbeplanten Innenbereich errichtet würden, bestehe eine solche Ausgleichspflicht bislang nur unzureichend. Schließlich sollte der Bund nach Meinung des SRU in einer Grünraumverordnung konkretisieren, welches Maß an qualitätsvollen Grünräumen vorhanden sein müsse, damit die Kommune ihre Erschließungspflicht erfülle.[13]

---

[8] SRU Sondergutachten „Umwelt und Gesundheit konsequent zusammendenken", 2023, S. 145 ff.

[9] SRU Sondergutachten „Umwelt und Gesundheit konsequent zusammendenken", 2023, S. 145.

[10] SRU Sondergutachten „Umwelt und Gesundheit konsequent zusammendenken", 2023, S. 145. Zur geplanten BauGB-Novelle lag am 4.9.2024 erst ein Kabinettbeschluss vor.

[11] SRU Sondergutachten „Umwelt und Gesundheit konsequent zusammendenken, S. 149 ff.

[12] SRU Sondergutachten „Umwelt und Gesundheit konsequent zusammendenken, S. 157 ff.

[13] SRU Sondergutachten „Umwelt und Gesundheit konsequent zusammendenken, S. 166 ff.

Ob und inwieweit der Gesetzgeber die Ideen und Vorschläge des SRU aufgreifen wird, ob 6
sich die Empfehlungen für weitere Planungen, Ausgleichpflichten und die damit vermutlich einhergehenden Baukostensteigerungen mit dem Ziel, jährlich 400.000 neue Wohnungen, davon 100.000 öffentlich geförderte Wohnungen zu bauen, vereinbar ist, bleibt abzuwarten. In der Koalitionsvereinbarung „Mehr Fortschritt wagen" aus dem Jahr 2021 haben die Regierungsparteien angekündigt, das BauGB mit dem Ziel novellieren, seine Instrumente noch effektiver und unkomplizierter anwenden zu können, Klimaschutz und -anpassung, Gemeinwohlorientierung und die Innenentwicklung zu stärken sowie zusätzliche Bauflächen zu mobilisieren und weitere Beschleunigungen der Planungs- und Genehmigungsverfahren vorzunehmen. Das BauGB ist in den vergangenen Jahren dazu bereits wiederholt und punktuell geändert worden. Arbeiten zu einer umfassenderen Reform des BauGB sind im Frühjahr 2023 vom zuständigen Bundesbauministerium aufgenommen worden. Eine Novelle des BauGB und der BauNVO ist für 2024 in Aussicht gestellt worden. Ein Gesetzentwurf lag dazu jedoch bei Redaktionsschluss dieser Auflage noch nicht vor. Ein Kabinettbeschluss wurde am 4.9.2024 gefasst.

1. Teil. Bauleitplanung im Geflecht hoheitlicher Planungen

Die Bauleitplanung ist das zentrale Instrument des Städtebaurechts;[14] systemimmanent ist es 7
stets konflikt- und spannungsgeladen: Industrie und Handel verlangen die Bereitstellung gewerblicher Bauflächen. Gewachsene **Gemengelagen** bereiten Sorgen. Verbrauchermärkte auf der grünen Wiese gefährden die Innenstädte. Wo kleine Einzelhandelsgeschäfte schließen, drohen Leerstände oder Billigketten und Spielhallen rücken nach. Die **Altlastensanierung** erfordert Milliardenaufwendungen. Der Verkehrslärmschutz beansprucht Aufmerksamkeit. Die durch EU-Richtlinien und das UVPG gebotene **Umweltprüfung** steht auch in der Bauleitplanung an. Die naturschutzrechtlichen **Eingriffs- und Ausgleichsregelungen** müssen in der Bauleitplanung umgesetzt werden. Rechtliche Anforderungen, welche die Konfliktlösungskapazitäten der Bauleitplanung fordern und auch überfordern, nehmen eher noch zu. Anspruchsvoll sind nach wie vor auch die rechtsstaatlichen Anforderungen an das Abwägungsgebot. Als Ausfluss des Rechtsstaatsprinzips gilt das Abwägungsgebot als zentrale Verpflichtung einer den rechtsstaatlichen Anforderungen entsprechenden Bauleitplanung.[15] Abwägung, Interessenausgleich, Rücksichtnahme auf schützenswerte Belange, Optimierungsklauseln, Vorsichtigkeitsgebote und Verteilung der Problemlösung auf mehrere Schultern bestimmen vielmehr das Bild.

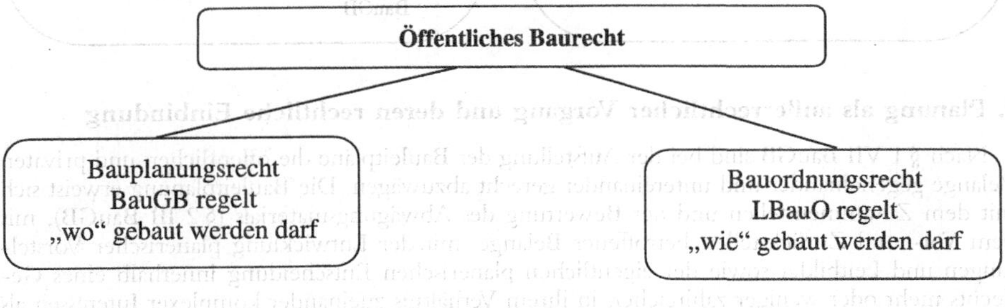

Die kommunale Bauleitplanung prägt das Gesicht der Städte und Gemeinden. Sie vollzieht sich 8
als Vorgang städtebaulicher Gestaltung auf der Grundlage eines umfassenden gesetzlichen Regelwerkes, dessen wesentliche Bestandteile im BauGB und in der BauNVO geregelt sind. Die Bauleitplanung wird maßgeblich von außerrechtlichen Maßstäben, Einschätzungen und Bewertungen geprägt; sie ist jedoch andererseits jedoch in hohem Maße auch rechtlich reguliert. Die städtebauliche Planung liegt in der Verantwortung der Städte und Gemeinden, die im Rahmen ihrer **Planungshoheit** Grundlagen für die gleichwertige Entwicklung der Lebensver-

---

[14] Battis in BKL, BauGB, 2022, § 1 Rn. 1.

[15] Söfker in EZBK, 2021, § 1 Rn. 179; zur Abwägung als Verfahren und Abwägung als materielles Recht siehe Beckmann BauR 2016, 1417; zur Plankontrolle Beckmann NWVBL 2024, 53.

hältnisse in Stadt und Land zu schaffen haben. Aufgabe der Bauleitplanung ist es nach § 1 I BauGB, die bauliche und sonstige Nutzung der Grundstücke in der Gemeinde nach Maßgabe dieses Gesetzbuchs vorzubereiten und zu leiten. Die Gemeinden haben nach § 1 III 1 BauGB die Bauleitpläne aufzustellen, sobald und soweit es für die städtebauliche Entwicklung und Ordnung erforderlich ist.

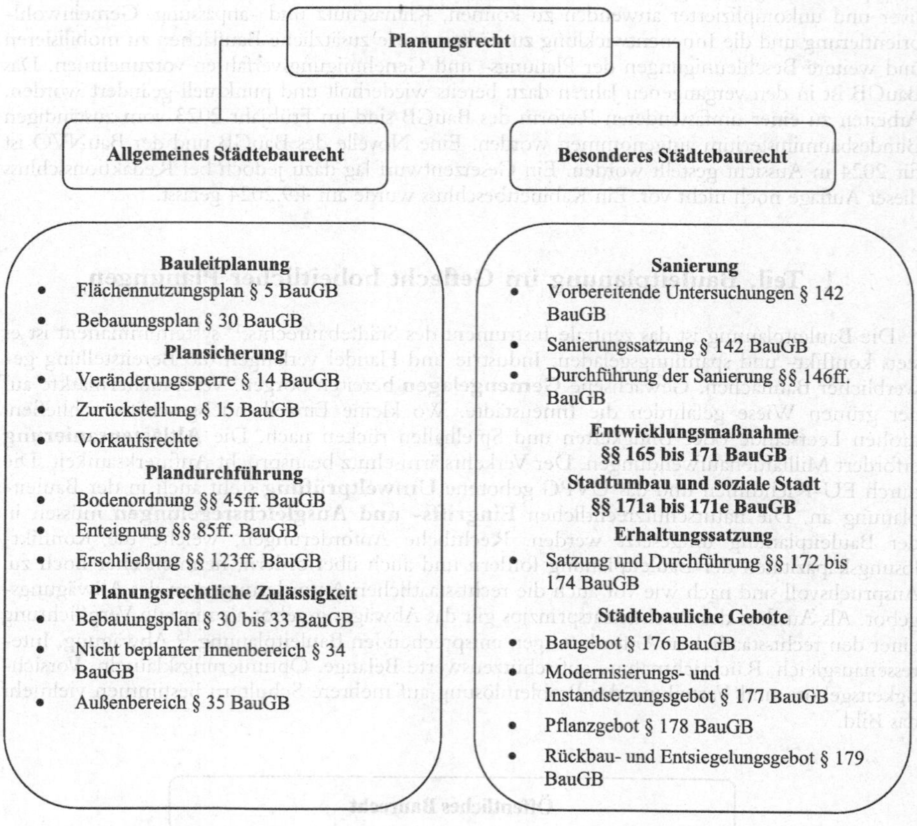

I. Planung als außerrechtlicher Vorgang und deren rechtliche Einbindung

9 Nach § 1 VII BauGB sind bei der Aufstellung der Bauleitpläne die öffentlichen und privaten Belange gegeneinander und untereinander gerecht abzuwägen. Die Bauleitplanung erweist sich mit dem Zusammenstellen und der Bewertung des Abwägungsmaterials (§ 2 III BauGB), mit dem Vor- und Zurückstellen betroffener Belange, mit der Entwicklung planerischer Vorstellungen und Leitbilder sowie der eigentlichen planerischen Entscheidung innerhalb eines Geflechts mehr oder weniger zahlreicher, in ihrem Verhältnis zueinander komplexer Interessen als ein schöpferischer Vorgang, der primär außerrechtlichen, sachimmanenten Gesetzlichkeiten unterliegt und auf der gestaltenden Rationalität des Planers beruht.[16] Planung wird nur in zweiter Linie durch rechtliche Regelungen gebunden, in erster Linie aber durch autonome Elemente bestimmt. Jeder Planung ist eine mehr oder weniger weitreichende Gestaltungsfreiheit wesenseigen. Das gilt vor allem auch für die Bauleitplanung.[17]

[16] Siehe ausführlicher dazu Köck Pläne und andere Formen des prospektiven Verwaltungshandelns in Voßkuhle/Eifert/Möllers, Grundlagen des Verwaltungsrechts, 2022, 781 ff.; Korte Verwaltungsrechtliche Pläne in Wolff/Bachof/Stober, Verwaltungsrecht I, 2017, § 56 Rn. 11.; Kluth/Albers Wesen und methodische Grundlagen 1967, 1; ders. Städtebau und Menschenbild 1972, 1; ders. Städtebauliche Konzepte als Entwicklungsrahmen 1977, 7.

[17] BVerwG NVwZ 2004, 220; Jarass/Kment BauGB, 2022, § 1 Rn. 39.

1. Struktur der Normen des Planungsrechts

10 Die Bauleitplanung wird von der Verfassung und zahlreichen Gesetzen rechtlich determiniert. Diese rechtliche Bindung wird von **Handlungsnormen** – also jenen Gesetzlichkeiten, nach denen sich die Entscheidungen der Bauleitplanung vollziehen – und von **Kontrollnormen** – also jenen Verfassungs- und anderen Rechtsnormen, die bei der gerichtlichen Prüfung dieser Entscheidungen zur Anwendung gelangen – ausgeübt.[18] Die Handlungsnormen, die sich an die planende Gemeinde wenden, bestehen aus zwei Teilen: Durch einen rechtlichen Bereich werden die Entscheidungen fremd (heteronom) bestimmt. Der andere Teil der Handlungsnormen ist einer rechtlichen Fixierung entzogen. Er vollzieht sich nach sachimmanenten (autonomen) und fachbezogenen Grundsätzen, Maßstäben, Wertungen und Erwägungen. Die normativen Determinanten, die das Wesen jeder Planung als Entscheidungsprozess mit typischen Eigengesetzlichkeiten nicht verändern, stellen dabei begleitende Schranken und Grenzen dar, indem sie Ziel- und Wertvorstellungen, Form- und Verfahrensvorschriften sowie allgemeine Grundregeln für Abwägungs- und Bewertungsvorgänge aufstellen. Nur in diesem heteronom determinierten Bereich findet eine rechtliche Kontrolle statt. Die autonomen Bestandteile der Handlungsnormen dagegen sind einer Rechtskontrolle nicht zugänglich.[19]

11 Der Anteil **autonomer** und damit **kontrollfreier Determinanten** ist nach der spezifischen Eigenart der jeweiligen Entscheidungen unterschiedlich. Er ist umso größer, je weitgehender Gesetzgeber und Verwaltung zur eigenverantwortlichen, letztverbindlichen und damit kontrollfreien Entscheidung berufen sind. Die Gemeinde besitzt für die Frage der städtebaulichen **Erforderlichkeit** ein weites planerisches Ermessen. Nach § 1 III 1 Hs. 1 BauGB haben die Gemeinden Bauleitpläne aufzustellen, sobald und soweit es für die städtebauliche Entwicklung und Ordnung erforderlich ist. Was iS des § 1 III 1 BauGB städtebaulich erforderlich ist, bestimmt sich maßgeblich nach der jeweiligen Konzeption der Gemeinde. Welche städtebaulichen Ziele die Gemeinde sich setzt, liegt in ihrem planerischen Ermessen. Der Gesetzgeber ermächtigt sie, die „Städtebaupolitik" zu betreiben, die ihren städtebaulichen Ordnungsvorstellungen entspricht.[20] Nicht erforderlich iS des § 1 III 1 BauGB sind in aller Regel nur solche Bauleitpläne, die einer positiven **Planungskonzeption** entbehren und ersichtlich der Förderung von Zielen dienen, für deren Verwirklichung die Planungsinstrumente des Baugesetzbuchs nicht bestimmt sind. § 1III 1 BauGB ist ferner verletzt, wenn ein Bebauungsplan, der aus tatsächlichen oder Rechtsgründen auf Dauer oder auf unabsehbare Zeit der Vollzugsfähigkeit entbehrt, die Aufgabe der verbindlichen Bauleitplanung nicht zu erfüllen vermag.[21] § 1 III 1 BauGB setzt der Bauleitplanung insoweit lediglich eine erste, wenn auch bindende Schranke, die nur grobe und einigermaßen offensichtliche Missgriffe ausschließt. Sie betrifft die generelle Erforderlichkeit der Planung, nicht hingegen die Einzelheiten einer konkreten planerischen Lösung. Dafür ist das Abwägungsgebot maßgeblich, das im Hinblick auf gerichtliche Kontrolldichte, Fehlerunbeachtlichkeit und heranzuziehende Erkenntnisquellen abweichenden Maßstäben unterliegt.[22]

12 Bauleitpläne sind dann erforderlich, wenn sie nach der planerischen Konzeption der Gemeinde als zweckmäßig angesehen werden können. Diese Konzeption festzulegen und städtebauliche Schwerpunkte zu setzen, ist Aufgabe der Gemeinde. Dazu zählt auch, eine bereits vorhandene Bebauung durch eine verbindliche Bauleitplanung zu überplanen, um den bereits entstandenen städtebaulichen Zustand rechtlich festzuschreiben. Das gilt selbst dann, wenn sich die Bebauung weitestgehend nach § 34 II BauGB bestimmt. Auch hier darf die Gemeinde es

---

[18] Zu den unterschiedlichen Maßstabskategorien siehe Augsberg Maßstäbe des Verwaltungshandelns in Voßkuhle/Eifert/Möllers, Grundlagen des Verwaltungsrechts, 2022, 501 ff.; Beckmann Funktionswandel der Verwaltungsgerichtsbarkeit unter dem Einfluss des Unionsrechts? – Der Umfang des Verwaltungsrechtsschutzes auf dem Prüfstand in Verhandlungen des 71. Deutschen Juristentags Essen 2016, Bd. II, 2016, N 80 - N 125; Beckmann Strukturprinzipien des deutschen Verwaltungsprozesses: Gesetzliche Regelungsdichte und verwaltungsgerichtliche Kontrolldichte, Rechtstheorie 2014, 141.

[19] Hoppe in FS Scupin, 1983, 121; Ossenbühl DVBl. 1974, 309; Schmidt-Aßmann Grundfragen des Städtebaurechts 1972, 160 ff.

[20] VGH Mannheim Urt. v. 5.7.2023 – 3 S 4259/20, juris Rn. 20.

[21] VGH Mannheim Urt. v. 5.7.2023 – 3 S 4259/20, juris Rn. 20.

[22] VGH Mannheim Urt. v. 5.7.2023 – 3 S 4259/20, juris Rn. 20; BVerwG ZfBR 2013, 673; BeckRS 2013, 51964; NVwZ 1999, 1338; VGH Mannheim BeckRS 2018, 143; OVG Münster Urt. v. 30.5.2017 - 2 D 27/15.NE, juris Rn. 50; zur gerichtlichen Plankontrolle Beckmann NWVBL 2024, 53 ff.

als eine Aufgabe städtebaulicher Ordnung ansehen, ein faktisches Baugebiet nunmehr rechtlich zu ordnen und damit städtebaulich festzuschreiben. Die Gemeinde ist bei ihrer Bauleitplanung nicht gehalten, eine bisherige potenzielle Bebaubarkeit aufrechtzuerhalten. Sie kann – ohne weiteres – (lediglich) den bisherigen Bestand beibehalten. Daran wird sie auch durch die Vorgaben des § 1 V und VI BauGB oder durch den Grundsatz, durch geeignete Maßnahmen dem Wohnbedarf der Bevölkerung Rechnung zu tragen, nicht gehindert.[23] Auch einer vorherigen **Bedarfsanalyse** bedarf es nicht.[24] Das Bestehen dieser autonomen (kontrollfreien) Gestaltungsräume ist verfassungsrechtlich unbedenklich und verstößt insbesondere nicht gegen das in Art. 19 IV GG zum Ausdruck gekommene Prinzip eines möglichst lückenlosen Rechtsschutzes des Bürgers.[25] Diesem Anliegen wird dadurch ausreichend Rechnung getragen, dass der rechtlich determinierte Teil der Entscheidung einer gerichtlichen Kontrolle unterzogen wird. **Gerichtlicher Rechtsschutz** dient in erster Linie der Abwehr von Rechtsverletzungen. Die Rechtsschutzgarantie in Art. 19 IV GG verlangt jedoch nicht, dass die Entscheidung im autonomen (außerrechtlichen) Bereich letztverantwortlich vom Gericht getroffen wird.[26]

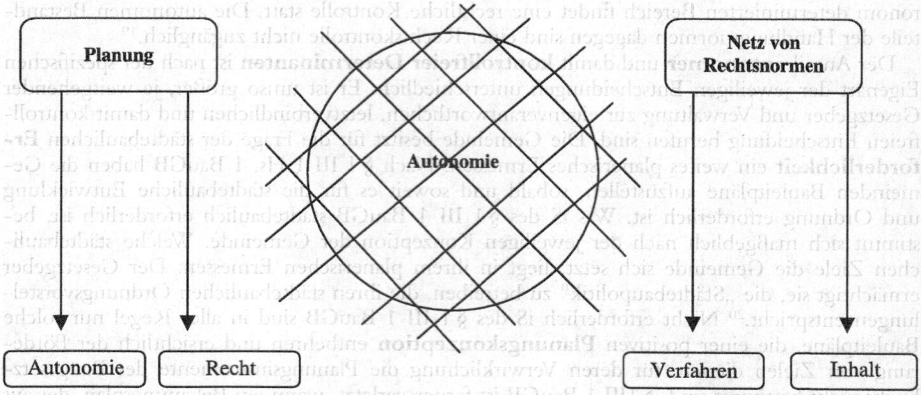

2. Kontrolleröffnung und Kontrollreichweite

13 Das Vorhandensein autonomer Gestaltungsräume kann allerdings nicht ohne Auswirkungen auf die Kontrollnormen bleiben. Ist die Bauleitplanung auch autonom und damit zum Teil kontrollfrei determiniert, so ist es dem Gericht verwehrt, mit Kontrollnormen diesen außerrechtlichen Bereich zu überprüfen. Die Kontrollnormen erfahren also durch die autonomen Gestaltungsräume eine inhaltliche Festlegung und Begrenzung. Dies gilt sowohl für die Kontrolleröffnungsnormen als auch für die Kontrollreichweite. So tragen etwa Kontrolleröffnungsnormen (gesetzliche Zulässigkeitsvoraussetzungen) dem Bestehen autonomer Gestaltungsräume dadurch Rechnung, dass sie Eingangsvoraussetzungen für die materielle Kontrolltätigkeit der Gerichte aufstellen und so dem Verfahren eine bestimmte Richtung geben.

Hinweis: Zu diesen Kontrolleröffnungsnormen gehört § 42 II VwGO, der für Anfechtungs- und Verpflichtungsklagen grundsätzlich die mögliche Betroffenheit in eigenen Rechten verlangt. Auch eine Normenkontrolle ist nach § 47 II VwGO nur zulässig, wenn der Antragsteller geltend macht, durch die Rechtsvorschrift oder deren Anwendung in seinen Rechten verletzt zu sein oder in absehbarer Zeit verletzt zu werden. Kontrolleröffnungsnormen in diesem Sinne sind auch die §§ 1, 2 UmwRG.

[23] BVerwG NVwZ-RR 1997, 83.

[24] BVerwG Beschl. 14.8.1995 – 4 NB 21.95, juris.

[25] Söfker in EZBK, BauGB, 2021, § 1 Rn. 180.

[26] Näher dazu Ehlers Verwaltungsgerichtliche Normenkontrolle in Ehlers/Schoch Rechtsschutz im öffentlichen Recht, 2021, § 32 Rn. 1 ff.; Reidt in BKL, BauGB, 2022, § 10 Rn. 13 ff.; Külpmann in EZBK, BauGB, 2018, § 10 Rn. 200 ff; zum Rechtsschutz gegen Raumordnungspläne siehe Kment DVBl. 2004, 214; Beckmann NWVBL 2024, 53; Beckmann Raumordnungsrecht in Hoppenberg/de Wit, Handbuch des öffentlichen Baurechts, 2024, Rn. 447 ff.

Besonders aber die **materiellen Kontrollmaßstäbe**, also jene Regeln, die bei der materiellen Rechtmäßigkeitsprüfung der Gerichte zur Anwendung gelangen, werden durch das Vorhandensein autonomer (kontrollfreier) Gestaltungsräume begrenzt. Zum Teil handelt es sich um offene Generalklauseln oder unbestimmte Rechtsbegriffe, die auf außerrechtliche Erwägungen und Bewertungen Bezug nehmen.[27] Diese kontrollfreien Gestaltungsräume begrenzen und verkürzen die vorhandenen Einzelmaßstäbe und reduzieren das für eine gerichtliche Überprüfung zur Verfügung stehende Maßstabsystem auf einen geringeren als üblichen Umfang. So ist die verwaltungsgerichtliche Kontrolle der Bauleitplanung von einer „**Vollkontrolle**" weit entfernt.[28] Unter Beachtung des autonomen (kontrollfreien) Gestaltungsraums der Gemeinde erstreckt sich die gerichtliche Kontrolle vor allem auf Form- und Verfahrensfragen. Auch die Einhaltung des **Abwägungsgebots** (§ 1 VII BauGB) wird vor allem im Hinblick auf die Zusammenstellung des Abwägungsmaterials (§ 2 III BauGB) und andere Fragen des Abwägungsverfahrens kontrolliert, während im Bereich der städtebaulichen Zielkonzeption und in dem eigentlichen Vor- und Zurückstellen von Belangen ein nicht kontrollierter Planungsfreiraum anerkannt wird.[29] Das Abwägungsgebot ist nach ständiger Rechtsprechung nicht verletzt, wenn sich die zur Planung ermächtigte Stelle in der Kollision zwischen verschiedenen Belangen für die Bevorzugung des einen und damit notwendig für die Zurückstellung eines anderen entscheidet.[30] Insoweit findet zumeist nur eine **Plausibilitätskontrolle** in dem Sinne statt, ob die von der Gemeinde entwickelten städtebaulichen Konzepte überzeugend sind und die zu ihrer Verwirklichung ergriffenen Maßnahmen geeignet, erforderlich und verhältnismäßig erscheinen.[31] 14

Die Möglichkeiten eigenverantwortlicher Planungsentscheidungen werden dadurch erweitert, dass die Rechtsnormen des Planungsrechts durchweg nicht als **Konditionalprogramme** nach dem Wenn-dann-Schema formuliert sind, sondern sich als **Finalprogramme** iS der eigenverantwortlichen Zielerreichung durch die planenden Gemeinden darstellen.[32] Das BauGB formuliert zwar allgemeine städtebauliche Ziele. Die nähere Konkretisierung wird jedoch der planenden Gemeinde überlassen. Auch werden im BauGB verschiedene Planungsinstrumente etwa der Bauleitplanung wie der Flächennutzungs- und der Bebauungsplan, der Plansicherung wie die Veränderungssperre oder die Zurückstellung von Baugesuchen, der Planverwirklichung wie die Erhaltungssatzung oder die städtebaulichen Gebote bereitgestellt. Die Auswahl dieser Instrumente und vor allem aber die Frage, auf welche Weise diese Planungsinstrumente mit konkreten städtebaulichen Inhalten gefüllt werden, bleiben dem städtebaulichen Gestaltungswillen der planenden Gemeinde überlassen. Dies gewährt Planungsfreiräume, die von der eigenverantwortlichen kommunalen Selbstverwaltung mit Leben erfüllt werden können. 15

3. Möglichkeiten autonomer Planungsentscheidungen

Die mit der Bauleitplanung verbundenen autonomen (kontrollfreien) Entscheidungsfreiräume sollten von den Städten und Gemeinden im Interesse der eigenverantwortlichen städtebaulichen Gestaltung genutzt werden. Wird bei der Aufstellung eines Bebauungsplans das nach dem BauGB erforderliche Aufstellungsverfahren eingehalten und sind die Anforderungen, die sich aus dem Abwägungsgebot ergeben, erfüllt, so eröffnet sich dem Planer auf dieser Grundlage ein eigenverantwortlicher Gestaltungsraum, der sich einer gerichtlichen Kontrolle entzieht. Diese Legitimation durch Verfahren ermöglicht Freiräume, die allerdings verantwortungsbewusstes Handeln der planenden Städte und Gemeinden voraussetzen. 16

---

[27] Zu rechtlichen und außerrechtlichen Bewertungsmaßstäben bei der Umweltprüfung siehe BVerwG BeckRS 2019, 20641; BVerwG BeckRS 2020, 20357; Beckmann in Beckmann/Kment, UVPG/UmwRG, 2023, § 25 Rn. 34 ff.; zur Bedeutung von Fachkonventionen bei artenschutzrechtlichen Prüfungen siehe Schober/Calabro NVwZ 2022, 115; Bick/Wulfert NVwZ 2017, 346; Saile NuR 2023, 78; zur untergesetzlichen Regelsetzung und zu wissenschaftlichen Erkenntnisdefiziten in der umweltrechtlichen Praxis Riese in FS für Ramsauer, 2023, 481.

[28] Dirnberger in BeckOK BauGB, 2021, § 1 Rn. 133, 135.

[29] Beckmann Abwägung als Verfahren – Abwägung als materielles Recht, BauR 2016, 1417.

[30] BVerwG Urt. v. 4.7.2023 – 9 A 5/22, juris Rn. 41.

[31] Beckmann Plausibilität als richterlicher Kontrollmaßstab in Gärditz/Keller/Niesler, Der Kontrollauftrag der Verwaltungsgerichtsbarkeit, liber amicorum für Max-Jürgen Seibert, 2020, 13 ff.

[32] Battis in BKL, BauGB, 2022, § 1 Rn. 88; Badura in FS 25 Jahre VerfGH München, 1972, 158; Dirnberger in BeckOK BauGB, 2021, § 1 Rn. 132.

17 Die Bauleitplanung kann vor diesem Hintergrund eine Vielfalt städtebaulicher Ziele verfolgen und im Hinblick auf diese selbst dann gerechtfertigt sein, wenn sie mit Nachteilen für bestimmte Eigentümer oder Gewerbetreibende verbunden ist und der Plangeber deren Belange gegenüber den von ihm als gewichtigen eingeschätzten Belangen zurücktreten lässt, die aus seiner Sicht die Bauleitplanung erfordern. Eine Planrechtfertigung liegt daher nicht nur vor, wenn die Bauleitplanung der örtlichen Wirtschaft dient.[33]

II. Historische Entwicklung des Rechts der städtebaulichen Planung

18 Das Zusammenleben von Menschen auf engem Raum hat zu allen Zeiten eine mehr oder weniger weitgehende Ordnung des Bauens verlangt. Das belegen nicht nur die **antiken Städte**, sondern auch die noch erhaltenen Zeugnisse mittelalterlicher Stadt- und Festungsanlagen, die trotz aller Mannigfaltigkeit in der gestalterischen Ausdrucksweise und architektonischen Formensprache zumeist wie aus einem Guss und durch eine ordnende Hand zusammengefügt erscheinen. Die aus jener Zeit überlieferten baurechtlichen Vorschriften sind jedoch unerwartet unergiebig und betrafen in erster Linie feuerpolizeiliche und nachbarrechtliche Fragestellungen. Großprojekte der damaligen Zeit beruhten zumeist auf dem Entschluss weltlicher und kirchlicher Herrschaft, der unter Mitwirkung des Volkes umgesetzt wurde.[34]

19 Gegen Ende des 18. Jahrhunderts geriet mit dem Aufkommen des Liberalismus der Grundsatz der **Baufreiheit** stärker in das Bewusstsein. Er fand im Bereich des Baurechts für Preußen in § 5 PrALR I 8 von 1794 seine Grundlage, wonach jeder Eigentümer in der Regel befugt war, seinen Grund und Boden mit Gebäuden zu besetzen oder diese Gebäude zu ändern. Es bestand allerdings keine uneingeschränkte Baufreiheit. Vielmehr wurden die Bebauungsmöglichkeiten durch § 6 PrALR I 8 wie folgt eingegrenzt: „Doch soll zum Schaden oder Unsicherheit des gemeinen Wesens oder zur Verunstaltung der Städte und öffentlichen Plätze kein Bau und keine Veränderung vorgenommen werden.“ Im Gegensatz zu anderen deutschen Staaten gab es in Preußen keine gesamtstaatliche Regelung für die Verwirklichung von Bauvorhaben. Es fanden sich vielmehr Einzelregelungen des Bauwesens durch örtliche Baupolizeiverordnungen, die sich auf die polizeiliche Generalklausel zur Gefahrenabwehr nach § 10 ALR II 17 stützten. Die Ordnung des Baugeschehens wurde als Aufgabe der Baupolizei begriffen, die von der Vorstellung der Gefahrenabwehr für die Allgemeinheit, den Bauherrn und die Nutzer der baulichen Anlagen sowie der Nachbarn ihren Ausgangspunkt nahm. Die Einhaltung der auf eine Abwehr von Gefahren bezogenen Generalklausel sollte durch eine Pflicht, vor Ausführung des Bauvorhabens „der Obrigkeit zur Beurteilung Anzeige zu machen“, gesichert werden.[35] Wohlfahrtspflege gehörte nach dem Kreuzbergurteil des Preußischen Oberverwaltungsgerichts nicht zu den Aufgaben der Baupolizei.[36] Ein eigenständiges Recht der städtebaulichen Planung war noch nicht ausgebildet. Auch die Festsetzungen in den älteren Fluchtlinienplänen wurden als baupolizeiliche Aufgabe begriffen. Dabei traten auch das Erfordernis einer ausreichenden Ver- und Entsorgung und eine Ausrichtung an einer sich ausprägenden Infrastruktur in den Vordergrund. Erste Ansätze zu einem selbstständigen Planungsrecht sind erst im 19. Jahrhundert erkennbar. Sie gehen einher mit der Ausbildung eines vom Polizeirecht sich allmählich lösenden Rechts der städtebaulichen Planung, das aber zunächst nur bruchstückhaft entstand.

1. Entwicklung im 19. Jahrhundert

20 Das Baurecht ist im Wesentlichen in der zweiten Hälfte des 19. Jahrhunderts auf der **Landesebene** entstanden und seitdem durch Landesrecht, Reichsrecht und Bundesrecht ergänzt und fortgebildet worden. Ein wichtiges Teilstück der städtebaulichen Planung ging durch das **Pr. Fluchtliniengesetz**[37] auf die Gemeinden über. Diese waren in der Lage, in eigener Zuständigkeit Fluchtlinien für das Baugeschehen zu setzen und damit etwa auf eine einheitliche Straßenrandbebauung Einfluss zu nehmen. Zugleich wurden die Gemeinden ermächtigt, die

---

33 OVG Koblenz BauR 2004, 718.

34 Zur Entwicklung des Städtebaurechts Eva-Maria Stüer in FS Hoppe, 2000, S. 39 ff.

35 Siehe dazu Kment, Bauplanungsrecht, 2022, § 2 Rn. 3; zur Entstehungsgeschichte eines modernen Städtebaurechts in Deutschland Breuer Verw 19 (1986), 305 (308).

36 PrOVG 9, 353; Kment Bauplanungsrecht, 2022, § 2 Rn. 4.

37 Pr. Fluchtliniengesetz v. 2.7.1875 (GS 561).

für die Erschließung der Grundstücke erforderlichen Verkehrswege zu schaffen und die dazu aufgewendeten Kosten als Anliegerbeiträge auf die Eigentümer der erschlossenen Grundstücke umzulegen. Hierzu wurden von den Gemeinden entsprechende Ortsstatute erlassen, auf deren Grundlage die hergestellten und zum Anbau bestimmten Straßen festgelegt wurden. Dabei spielte auch das jeweilige Ausbauprogramm der Gemeinde eine Rolle. Zur Durchsetzung des Verkehrswegebaus wurde den Gemeinden ein entsprechendes Enteignungsrecht gegeben. Zum Bauen berechtigt war, wer über eine entsprechende Anbaubescheinigung der Gemeinde verfügte. Durch die Fluchtliniengesetzgebung sollten die Gemeinden vor unwirtschaftlichen Aufwendungen für Erschließungsanlagen geschützt werden. Die Vorgängerregelungen sahen nur geringe Einflussmöglichkeiten der Gemeinden vor, da die Fluchtlinien in polizeilichen Verordnungen festgelegt wurden. Durch das Fluchtliniengesetz wurden die Gemeinden für die Fluchtlinienfestlegung zuständig und zugleich durch die Einführung eines Bauverbotes und einer Anliegerbeitragspflicht der Eigentümer der begünstigten Grundstücke entlastet. So konnten die Gemeinden bereits einen gewissen Einfluss auf das Baugeschehen für sich einfordern.

Das **Pr. Ansiedlungsgesetz** von 1876[38] betraf die Errichtung neuer Wohngebäude „außerhalb einer im Zusammenhang gebauten Ortschaft". Durch die Novelle im Jahre 1904[39] wurde eine Genehmigungspflicht für Wohngebäude im Außenbereich eingeführt. Voraussetzung für die Genehmigung war die ausreichende Erschließung des Grundstücks. Auch konnte die Genehmigung auf Einspruch des Nachbarn versagt werden, wenn durch das Wohnhaus die benachbarte Grundstücksnutzung gefährdet wurde.[40] Die gemeindlichen Planungsmöglichkeiten beschränkten sich jedoch auf die Festlegung von Fluchtlinien und damit auf die Grundrisse der baulichen Anlagen, waren jedoch nicht auf die Höhe und Kubatur der Gebäude gerichtet. Die mit dem Bauen insoweit in Zusammenhang stehenden Fragen wurden weiterhin als Aufgabe der Baupolizei begriffen. Die Übertragung der Fluchtlinienplanung an die Gemeinden führte damit zu einer sachlichen und auch organisatorischen Trennung des Städtebaus vom Baupolizeirecht.[41] 21

Neben die Kompetenzen der Gemeinden auf der Grundlage der Fluchtlinienplanung traten die auf die polizeiliche Generalklausel der Gefahrenabwehr gestützten **Baupolizeiverordnungen**. Die örtlichen Baupolizeivorschriften enthielten dabei einerseits Regelungen des heutigen Bauordnungsrechts, anderseits aber auch Vorschriften hinsichtlich der baulichen Nutzbarkeit der Grundstücke im Hinblick auf das Maß der baulichen Nutzung und die überbaubare Grundstücksfläche. Daneben traten später Vorschriften zur Art der baulichen Nutzung. Die Baupolizeiverordnungen, die in den Städten und Regierungsbezirken auch als „Bauordnungen" bezeichnet wurden, enthielten jedoch keine Regelungen zur Bebaubarkeit eines einzelnen Grundstücks. Dies wurde durch die von den Gemeinden verabschiedeten Fluchtlinien- und Freiflächenpläne auf der Grundlage des Pr. Fluchtliniengesetzes von 1875 und des Pr. Ansiedlungsgesetzes von 1876 festgelegt.[42] 22

Mit der industriellen Revolution, die vielfach mit der Landflucht und einer Verstädterung ganzer Regionen einherging, waren neue Probleme entstanden, denen das auf Fluchtlinien und baupolizeirechtliche Eingriffe begrenzte herkömmliche Recht nicht gewachsen war. Es galt vielmehr, der regellosen Ausdehnung der Städte und der übermäßigen Ausnutzung vor allem innerstädtischer und industrieller Grundstücke Einhalt zu gebieten. Diesen Versuch unternahmen die verschiedenen auf Landesebene erlassenen **Landesbauordnungen**.[43] Sie kannten verschiedene Bauklassen oder Bauzonen und Baustufen und die Trennung von In- 23

38 Gesetz betreffend die Verteilung der öffentlichen Lasten bei Grundstücksteilungen und die Gründung neuer Ansiedlungen v. 25.8.1876 (GS 405).

39 Gesetz betreffend die Gründung neuer Ansiedlungen v. 10.8.1904 (GS 227).

40 Scharmer Das Bebauungsrecht im unbeplanten Innenbereich, 1992, 24.

41 Bundesregierung, Entwurf eines Bundesbaugesetzes, BT-Drs. 3/336 v. 16.4.1958, 58.

42 Scharmer, Das Bebauungsrecht im unbeplanten Innenbereich, 1992, 18, dort auch z.B. die Bauordnung für die Stadt Berlin aus dem Jahre 1925, die das Stadtgebiet hinsichtlich der Art der Nutzung in Wohngebiete, gegen üble Dünste, Rauch und Geräusche geschützte Gebiete, Industriegebiete und Geschäftsviertel einteilte.

43 Hessische Allgemeine Bauordnung v. 30.4.1881, Braunschweigische Landesbauordnung v. 13.3.1988, Allgemeines Baugesetz für Sachsen v. 1.7.1900; Bayerische Bauordnung (mit Ausnahme der Stadt München) v. 17.2.1901, Allgemeine Bauordnung für Hessen v. 7.8.1902; Bauordnung für Anhalt v. 10.6.1905; Badische Landesbauordnung v. 1.9.1907; Württembergische Bauordnung v. 28.7.1910.

dustrie-, Geschäfts- und Wohngebieten. Zugleich bildeten die Landesbauordnungen die Grundlage für eine gemeindliche Bauleitplanung, die in Baustufenplänen[44] die bauliche Ausnutzung der Grundstücke der unterschiedlichen Zweckbestimmung der Gebiete entsprechend festlegen konnte.[45] Die Landesbauordnungen traten zumeist an die Stelle einer großen Zahl von Ortsbauordnungen und brachten so eine jeweils einheitliche Rechtsgrundlage auf Landesebene. Die Landesbauordnungen enthielten Vorschriften über die Gefahrenabwehr vor allem bei Immissionen (Rauch, Ruß, Wasserverunreinigung, Gase, störende Geräusche, Erschütterungen oder Ausdünstungen). Es fanden sich aber auch Regelungen zur Bauweise, die Höhe der Gebäude, die Zahl der Geschosse, die überbaubare Grundstücksfläche oder die Bebauungstiefe. Die Höchstwerte galten jeweils flächendeckend für Stadtgebiete, Bezirke oder das gesamte Staatsgebiet.[46] Vor allem in den großen Metropolen gewann auch eine eigenständige Stadtplanung Konturen, die angetreten war, moderne Erkenntnisse des Städtebaus den individuellen Bebauungswünschen als Rahmen vorzugeben. Aber auch in den Städten mittlerer Größe wuchs das Bemühen, dem Baugeschehen eine einheitliche städtebauliche Orientierung zu geben.

2. Entwicklung im ersten Drittel des 20. Jahrhunderts

24 Das **Pr. Wohnungsgesetz**[47] brachte Erleichterungen für die Einrichtung von Klein- und Mittelwohnungen und gab den Gemeinden in Ergänzung des Pr. Fluchtliniengesetzes das Recht zur planmäßigen Ausweisung von Gartenanlagen, Spiel- und Erholungsplätzen.[48] Nach dem ersten Weltkrieg bildete sich vor allem im Ruhrgebiet eine eigenständige großräumige zwischengemeindliche Planung und damit eine **Raumordnung** heraus, der über verschiedene Verwaltungsbezirke hinweg an einer gesamtstaatlichen Verantwortung für das Planungsgeschehen gelegen war.[49] Damit entstand neben dem eigenständigen Recht der städtebaulichen Planung, das aus dem Baupolizeirecht hervorgegangen war, mit der Raumordnung eine weitere Säule für die raumrelevante Planung. Der im Gesetz betreffend die Verbandsordnung für den Siedlungsverband Ruhrkohlenbezirk[50] erstmals niedergelegte Gedanke einer gemeindeübergreifenden, großräumigen Zusammenarbeit und Abstimmung und damit ein Kernanliegen der Raumordnung konnte in der Folgezeit eine wachsende Schar von Anhängern um sich versammeln. Dies führte schließlich dazu, dass die Raumordnung aus dem Schatten der städtebaulichen Planung heraustrat und eine eigenständige Bedeutung neben der städtebaulichen Planung und dem Baupolizeirecht gewinnen konnte. Aber immer noch wurden die Wurzeln des Rechts der städtebaulichen Planung im Polizeirecht gesehen, wie dies etwa durch § 14 Polizei-

---

[44] Derartige Baustufenpläne können nach Maßgabe des Landesrechts auch heute noch gelten, zum Hamburger Landesrecht Lechelt ZfBR 1996, 335; Fraatz-Rosenfeld DWW 1992, 199; siehen aber auch VG Hamburg, ZfBR 1996, 333.

[45] Bundesregierung, Entwurf eines Bundesbaugesetzes, BT-Drs. 3/336 v. 16.4.1958, 58.

[46] Zu weiteren Einzelheiten Scharmer, Das Bebauungsrecht im unbeplanten Innenbereich, 1992, 22.

[47] Wohnungsgesetz v. 28.3.1918, PrGesS 1918, Nr. 9.

[48] Das Pr. Fluchtliniengesetz wurde wie folgt geändert: § 1 Fluchtliniengesetz: (1) Für die Anlegung oder Veränderung von Straßen und Plätzen (auch Gartenanlagen, Spiel- und Erholungsplätzen) in Städten und ländlichen Ortschaften sind die Straßen und Baufluchtlinien vom Gemeindevorstand im Einverständnis mit der Gemeinde oder deren Vertretung, dem öffentlichen Bedürfnis entsprechend unter Zustimmung der Ortspolizeibehörde festzusetzen. (2) Die Ortspolizeibehörde kann die Festsetzung der Fluchtlinien verlangen, wenn die von ihr wahrzunehmenden polizeilichen Rücksichten oder ein hervorgetretenes Bedürfnis nach Klein- oder Mittelwohnungen die Festsetzung fordern; im letzteren Falle bedarf sie jedoch der Einverständniserklärung der Kommunalaufsichtsbehörde. (3) Straßenfluchtlinien bilden regelmäßig zugleich die Baufluchtlinien, das heißt die Grenzen, über welche hinaus die Bebauung ausgeschlossen ist. Aus besonderen Gründen kann aber eine hinter die Straßenfluchtlinie zurückweichende Baufluchtlinie festgesetzt werden. § 2 Fluchtliniengesetz: (1) Die Festsetzung von Fluchtlinien (§ 1) kann für einzelne Straßen, Straßenteile und Plätze (auch Gartenanlagen, Spiel- und Erholungsplätze) oder, nach den voraussichtlichen Bedürfnissen der näheren Zukunft, durch Aufstellung von Bebauungsplänen für größere Grundflächen erfolgen.

[49] Zur Bedeutung der Raumordnung als Ausdruck der Gesamtverantwortung für einen Planungsraum Beckmann LKV 1991, 385; zur historischen Entwicklung der Raumordnung Appold in FS Hoppe, 2000, 21 ff.; Beckmann NWVBL 2024, 53 ff.

[50] Gesetz betreffend die Verbandsordnung für den Siedlungsverband Ruhrkohlenbezirk v. 5.5.1920 (Pr. GS 286).

verwaltungsgesetz (1931)[51] zum Ausdruck kam, der § 5 ALR I 8 von 1794 ablöste und nunmehr die Ermächtigungsgrundlage für Baupolizeiverordnungen darstellte.

Noch im Jahre der „Machtergreifung" Adolf Hitlers am 30.1.1933 erging das Gesetz zur Aufschließung von Wohnsiedlungsgebieten,[52] das durch die für Wohnsiedlungsgebiete aufzustellenden Wirtschaftspläne eine stärkere Überwachung des Grundstücksverkehrs ermöglichte. Zahlreiche Verordnungen wurden auf das Siedlungsordnungsgesetz[53] gestützt, so die Bauregelungsverordnung und die Verordnung über die befristete Zulässigkeit von Bausperren.[54] Die Rechtsentwicklung ging indessen nicht organisch vor sich. Bestimmenden Einfluss gewannen vielmehr die Erfordernisse der jeweiligen Zeitumstände. Dies führte zu Teillösungen und zu einer **Rechtszersplitterung** auf der Ebene der unterschiedlichen landesrechtlichen Regelungen. Neben eine Vielzahl von baurechtlichen Landesgesetzen trat ein Bündel von Verordnungen, Erlassen und Einzelfallentscheidungen, die das Baugeschehen prägten. 25

Dabei hat es in der Vergangenheit nicht an Versuchen gefehlt, die unterschiedlichen Teilvorschriften in ein **Gesamtwerk** einzubringen. Doch diese Versuche scheiterten. Der Entwurf eines Preußischen Städtebaugesetzes aus dem Jahre 1926[55] wurde auch in seiner geänderten zweiten Fassung aus dem Jahre 1929 nicht als Gesetz verabschiedet. Auch der Referentenentwurf für ein Reichsstädtebaugesetz,[56] der von der Reichsregierung im Jahre 1931 verabschiedet wurde, ist infolge der damaligen politischen Verhältnisse nicht mehr beraten worden. Dasselbe Schicksal teilte der aus dem Jahre 1942 stammende Referentenentwurf zu einem Deutschen Baugesetzbuch, der im Hinblick auf die Kriegswirren nicht mehr veröffentlicht werden konnte. 26

3. Bauregelungsverordnung

Durch die auf das Siedlungsgesetz gestützte Bauregelungsverordnung[57] (BauRegVO) wurde erstmals eine Regelung getroffen, mit der reichseinheitlich dem ungeordneten Bauen – auch und vor allem im Bauaußenbereich – begegnet werden konnte.[58] Die Bauregelungsverordnung 27

---

[51] Polizeiverwaltungsgesetz v. 1.6.1931, Pr. GS 77. § 14 I: „Die Polizeibehörden haben im Rahmen der geltenden Gesetze die nach pflichtgemäßem Ermessen notwendigen Maßnahmen zu treffen, um von der Allgemeinheit oder dem Einzelnen Gefahren abzuwenden, durch die die öffentliche Sicherheit und Ordnung bedroht ist."

[52] Gesetz zur Aufschließung von Wohnsiedlungsgebieten v. 22.9.1933 (RGBl. I 659), zur bau- und bodenrechtlichen Gesetzgebung in der Zeit zwischen den beiden Weltkriegen siehe Knoll NJW 1956, 1226.

[53] Gesetz über einstweilige Maßnahmen zur Ordnung des deutschen Siedlungswesens v. 3.7.1934 (RGBl. I 561).

[54] Verordnung über die Zulässigkeit befristeter Bausperren v. 29.1.1936 (RGBl. I 933). Zu weiteren Einzelheiten Bundesregierung, Entwurf eines Bundesbaugesetzes, BT-Drs. 3/336 v. 16.4.1958, 59.

[55] Pr. Staatsrat 1926, Drs. 209.

[56] RArbBl. I 1931, 266.

[57] Verordnung über die Regelung der Bebauung v. 15.2.1936 (RGBl. I 104); Röser in BerlKom, Rn. 1 zu § 35 BauGB; Weyreuther Bauen im Außenbereich, 1979, 59.

[58] Die Bauregelungsverordnung, die auch noch die Rechtsentwicklung in den unmittelbaren Nachkriegsjahren bestimmte, hatte folgenden Wortlaut: § 1: (1) Zur Regelung der Bebauung können durch Baupolizeiverordnung Kleinsiedlungsgebiete, Wohngebiete, Geschäftsgebiete und Gewerbegebiete als Baugebiete ausgewiesen werden. (2) Für das einzelne Baugebiet ist vorzuschreiben, welche Arten von Anlagen in ihm errichtet oder nicht errichtet werden dürfen; jedoch sind in Kleinsiedlungsgebieten, Wohngebieten und Geschäftsgebieten Anlagen, die beim Betrieb erhebliche Nachteile oder Belästigungen für die Bewohner oder die Allgemeinheit zur Folge haben können, nicht zuzulassen. § 2: (1) Für Gemeinden oder Teile von ihnen kann durch Baupolizeiverordnung vorgeschrieben werden, dass Gebäude mit mehr als einem Vollgeschoss und ausgebautem Dachgeschoss nicht errichtet werden dürfen. (2) Ferner kann vorgeschrieben werden, dass die Errichtung von Gebäuden, die dem dauernden Aufenthalt von Menschen oder bestimmten wirtschaftlichen Zwecken dienen sollen, nur auf Grundstücken mit einer Mindestgröße zulässig sind. § 3: (1) Für bauliche Anlagen, die außerhalb von Baugebieten oder, soweit solche nicht ausgewiesen sind, außerhalb eines im Zusammenhang gebauten Ortsteils ausgeführt werden sollen, soll die baupolizeiliche Genehmigung versagt werden, wenn ihre Ausführung der geordneten Entwicklung des Gemeindegebietes oder einer ordnungsgemäßen Bebauung zuwiderlaufen würde. (2) Dies gilt namentlich für bauliche Anlagen, deren Ausführung unwirtschaftliche Aufwendungen für Straßen und andere Verkehrseinrichtungen, Versorgungsleitungen, Entwässerungsanlagen, Schulversorgung, Polizei- und Feuerschutz oder sonstige öffentliche Aufgaben erfordern oder deren Benutzung besondere wirtschaftliche Schwierigkeiten für die Bewohner ergeben würde. § 4: Für die Zuständigkeit und das Verfahren gelten die landesrechtlichen Vorschriften.

wandte sich zwei Bereichen des Städtebaus zu: Sie enthielt die Ermächtigungsgrundlage für Baupolizeiverordnungen, in denen unterschiedliche Baugebiete festgelegt werden konnten. Zugleich regelte sie das Bauen im Außenbereich. Die Bauregelungsverordnung brachte danach eine die bisherigen Landesrechte ergänzende Regelung über die Ausweisung von Baugebieten (§ 1) und die Möglichkeit der Beschränkung der Geschosszahl sowie die Festsetzung einer Mindestgröße von Baugrundstücken (§ 2). Vor allem wurde die Zulässigkeit von baulichen Anlagen im Außenbereich durch § 3 BauRegVO geregelt.[59] Danach sollte die baupolizeiliche Genehmigung für Außenbereichsvorhaben versagt werden, wenn ihre Ausführung der geordneten Entwicklung des Gemeindegebietes oder einer ordnungsgemäßen Bebauung zuwiderläuft (§ 3 I BauRegVO). § 3 II Bauregelungsverordnung führt sodann Beispiele auf, bei denen derartige nachteilige Entwicklungen anzunehmen sind. Die Vorstellungen waren dabei vor allem von der wegemäßigen, abwassermäßigen und infrastrukturellen Erschließung sowie Gesichtspunkten der polizeilichen Gefahrenabwehr gekennzeichnet.[60] § 3 BauRegVO enthielt demnach kein absolutes Bauverbot. Bauvorhaben, die der Landschaft entsprachen und der naturgegebenen Bodennutzung dienten oder die wegen ihres Verwendungszwecks oder ihrer Wirkung auf die Umgebung auf einen Standort im Außenbereich angewiesen waren und deren Ausführung sonstige öffentliche Belange nicht entgegenstanden, waren im Außenbereich zulässig.[61] Einhellig ging die Rechtsprechung davon aus, dass bei der Auslegung der Begriffe „geordnete Entwicklung des Gemeindegebietes" und „ordnungsgemäße Bebauung" keine behördlichen Ermessensspielräume bestanden. Vielmehr wurden die Begriffe der Bauregelungsverordnung als gerichtlich nachprüfbare unbestimmte Rechtsbegriffe ausgelegt.[62] § 3 BauRegVO galt als Bundesrecht bis zum **Inkrafttreten des BBauG** 1960 fort.[63] § 3 BauRegVO war – so das BVerwG – nicht Ausdruck nationalsozialistischer Ideen, sondern entsprach einer aus langjähriger Erfahrung gewonnenen, modernen städtebaulichen Gesichtspunkten Rechnung tragenden Erkenntnis.[64]

28 Die Vorschrift galt für alle Bauten in den sog. Außengebieten.[65] Die Begriffe „geordnete Entwicklung des Gemeindegebietes" und „ordnungsgemäße Bebauung" in § 3 BauRegVO hat das BVerwG als Rechtsbegriffe angesehen und der Verwaltung insoweit keine Möglichkeit zur Ermessensbetätigung eingeräumt.[66] Für die Auslegung dieser Begriffe seien rechtserhebliche planungsrechtliche Festlegungen von Bedeutung, sodass ein Bezug der Außenbereichsvorschrift zur gemeindlichen Bauleitplanung aber auch zu Aussagen der Fachplanung bestand. Auch aus naturschutzrechtlichen Belangen konnte sich ein Versagungsgrund für die Genehmigung von Außenbereichsvorhaben ergeben. Ein Naturdenkmal etwa konnte zur Unzulässigkeit einer baulichen Anlage im Außenbereich führen, wenn dies zur Sicherung des Naturdenkmals erforderlich war.[67] Auch Belange des Landschaftsschutzes, wie sie etwa in einem Landschaftsschutzgebiet zum Ausdruck kamen, konnten der Zulässigkeit einer baulichen Anlage im Außenbe-

---

Soweit nach diesen die Ausweisung von Baugebieten oder die Abstufung der Bebauung durch gemeindliche Vorschriften (Ortsgesetze, Ortssatzungen usw.) erfolgen kann, können nach diesem Verfahren bis auf weitere Vorschriften zur Ausführung der §§ 1 und 2 erlassen werden. § 5: Weitergehende landesrechtliche Vorschriften, besonders solche, nach denen auch andere als die in § 1 vorgesehenen Gebiete als Baugebiete ausgewiesen werden können, bleiben unberührt. § 6: Diese Verordnung tritt am 1.3.1936 in Kraft."

[59] Schrödter in Schrödter, BauGB, 2019, § 35 Rn. 2.

[60] Zur Anwendung von § 3 Bauregelungsverordnung Zinkahn BlGBW 1956, 1.

[61] Schlichter/Stich, Berliner Kommentar, Rn. 1 zu § 35 BauGB; BVerwGE 4, 124; DVBl. 1961, 476.

[62] BVerwG NJW 1955, 195; Röser in BerlKom, Rn. 1 zu § 35 BauGB; § 35 II BauGB, dazu Hoppe in HBG, § 8 Rn. 78.

[63] BVerwG BBauBl 1954, 442: § 3 BauRegVO sowie das dieser VO zu Grunde liegende Gesetz über einstweilige Maßnahmen zur Ordnung des deutschen Siedlungswesens v. 3.7.1934 (RGBl. I 568) sind rechtsgültig. Die BauRegVO wurde erst durch § 186 Nr. 15 BBauG 1960 aufgehoben. § 3 BauRegVO galt bis dahin als Bundesrecht neben den Aufbaugesetzen der Länder fort Söfker in: EZBK, Rn. 2 zu § 35 BauGB.

[64] Die aufgrund solcher Vorschriften erlassenen Baupolizeiverordnungen konnten nach § 173 III 1 BBauG (1960) in das geltende Bauplanungsrecht übergeleitet worden. ZU den Grenzen dieser Möglichkeiten OVG Hamburg ZfBR 2011, 698.

[65] BVerwG NJW 1957, 686.

[66] BVerwG NJW 1955, 195.

[67] BVerwG NJW 1955, 195 zum Denkmalschutz; Ortmeier BayVBl. 1990, 225; Schmaltz BauR 1978, 96.

reich entgegenstehen.[68] Fehlten planerische Festlegungen, so waren die örtlichen Gegebenheiten maßgebend. Dabei konnte etwa auf die Lage des Grundstücks zur unmittelbaren Umgebung aber auch auf die Beziehung des Gebietes zur Landschaft über die Gemeindegrenzen hinweg abzustellen sein.[69] Für die Nutzung des Außenbereichs erforderliche bauliche Anlagen konnten auch unter Geltung des § 3 BauRegVO verwirklicht werden. Dies galt vor allem für landwirtschaftliche Gebäude wie Bauernhöfe, Landarbeiterwohnungen und Nebenerwerbssiedlungen, die der naturgegebenen Bodennutzung dienten und als der Landschaft wesensmäßig angesehen wurden.[70] Auch orts- und standortgebundene Betriebe, die auf den Außenbereich angewiesen waren, wurden als planungsrechtlich zulässig angesehen.[71]

Die BauRegVO stellte eine zulässige Bestimmung des **Eigentumsinhalts** auch nach Inkrafttreten des GG dar.[72] Wurde etwa die Erlaubnis zur Errichtung eines Wohnhauses aus städtebaulichen Gründen versagt, so wurde in der Versagung kein enteignender Eingriff gegenüber dem Grundstückseigentümer gesehen, wenn das Grundstück entsprechend seiner Situationsgebundenheit (natürliche Beschaffenheit und Beziehung zur unmittelbaren Umgebung) nur als Ackerland genutzt und nicht für eine Bebauung vorgesehen war.[73] Andererseits konnte die Bebaubarkeit eines in der geschlossenen Ortslage gelegenen Grundstücks, die nach § 1 BauRegVO gegeben war,[74] nicht entschädigungslos entzogen werden.[75] 29

4. Entwicklung nach dem Zweiten Weltkrieg

Nach dem **Zweiten Weltkrieg** standen die Städte und Gemeinden zumeist vor einem völligen Neubeginn, für den der Städtebau ein sichtbares wichtiges Element bildete. Ein ausreichendes rechtliches Instrumentarium zum Wiederaufbau Deutschlands war allerdings nicht vorhanden. Die Bauregelungsverordnung genügte solchen Anforderungen bei weitem nicht. Es fehlte insbesondere ein durchgängiges Konzept, das von der Raumordnung bis hin zur verbindlichen Bauleitplanung und Vorhaben zulassenden Einzelentscheidung reichte. Als besonderer Mangel musste empfunden werden, dass etwa in den ehemals preußischen Ländern eine Verbindung der Fluchtlinienplanung mit der Bestimmung von Art und Maß der baulichen Nutzung nicht bestand. Bauklassen-, Baustufen-, Bauzonen-, Baugebiets- und Fluchtlinienpläne[76] standen mehr oder weniger unvermittelt nebeneinander. Dies konnte für eine der städtebaulichen Gesamtordnung verpflichtete Planung nicht ausreichen. 30

Da es an einer bundeseinheitlichen Regelung fehlte, wurden in der unmittelbaren Nachkriegszeit von den sich neu bildenden Ländern – mit Ausnahme von Bayern,[77] Berlin[78] und Bremen – in den Jahren 1948 bis 1950 zunächst sog. Trümmergesetze und sodann die sog. **Aufbaugesetze** erlassen. Die Aufbaugesetze enthielten bereits weitgehend die planungsrechtlichen Instrumente des späteren BBauG. Die Länder der Britischen Zone einigten sich auf einen Musterentwurf, der vom ehemaligen Zentralamt für Arbeit in Lemgo im Jahre 1947 als „Entwurf eines Gesetzes über den Aufbau der deutschen Gemeinden **(Lemgoer Entwurf)**" veröffentlicht wurde.[79] Über diesen räumlichen Geltungsbereich hinaus konnte sich in der Bundesrepublik Deutschland kein einheitliches Städtebaurecht etablieren. Es kam vielmehr zu unterschiedlichen Regelungen in den einzelnen Bundesländern, wie die Aufbaugesetze zeigten. Die süddeutschen Länder etwa entfernten sich dabei nicht unerheblich von dem Lemgoer Entwurf. Auch die norddeutschen Aufbaugesetze erfuhren in den parlamentarischen Beratungen zT erhebliche Änderungen ihrer Ausgangsgrundlagen. Wenn auch die Aufbaugesetze sicht- 31

[68] BVerwG NJW 1957, 1647.

[69] Zinkahn BlGBW 1956, 1.

[70] BVerwG DVBl. 1961, 476.

[71] BVerwG BBauBl. 1957, 64.

[72] BVerwG BBauBl. 1954, 442.

[73] BGH NJW 1960, 1618.

[74] Dazu VGH Mannheim Urt. v. 17.4.1986 – 8 S 2096/85.

[75] OVG Lüneburg OVGE 15, 463.

[76] Zu Staffelbauordnungen Hauth BayVBl. 1980, 645.

[77] Der in Bayern im Jahre 1950 ausgearbeitete Entwurf eines umfassenden bayerischen Baugesetzes wurde im Hinblick auf eine erwartete bundeseinheitliche Regelung zurückgestellt.

[78] In Berlin wurden von einer vorbereiteten Gesamtregelung des Baurechts nur die beiden ersten Teile beraten und verabschiedet, Plenargesetz v. 22.8.1949 (VOBl. I 301), Baulandumlegungsgesetz v. 3.3.1950 (VOBl. I 71).

[79] Zinkahn BlGBW 1956, 49.

lich einen Fortschritt auf dem Wege zu einer Verbesserung und Neuformung der baulichen Rechtsordnung darstellten, so waren sie nur eine Vorstufe für eine bundeseinheitliche Regelung.[80] Die Aufbaugesetze der Länder enthielten etwa Vorschriften über die Aufteilung des Plangebietes in Grünflächen, Verkehrsflächen und Bauflächen, die Verkehrseinrichtungen, die Hauptversorgungs- und Entwässerungsleitungen, die Nutzungsart und den Nutzungsgrad der Bauflächen sowie die Bebauung der einzelnen Baugrundstücke nach Fläche und Höhe sowie die Aufgliederung der Baumasse.[81] Auch enthielten die Aufbaugesetze zumeist wichtige städtebauliche Durchsetzungsinstrumente wie Vorkaufsrechte, Bausperren, Grenzregelungen, Umlegung oder auch Bau- und Instandsetzungsgebote. Die von den Ländern in der unmittelbaren Nachkriegszeit erlassenen Gesetze beinhalteten allerdings zumeist keine umfassende Neuregelung des gesamten Baurechts und hatten daher in ihrer Mehrzahl bewusst vorläufigen Charakter. Die Landesregelungen verstanden sich auch mehr als Aktionsprogramm, mit dem auf aktuelle Bedürfnisse in der Nachkriegszeit reagiert wurde, während im Übrigen wesentlich ältere Teile des überkommenen Baurechts fort galten. Als besondere Schwäche erwies sich dabei, dass zahlreiche grundsätzliche Fragen des Städtebaurechts offenblieben oder nur unzureichend geklärt werden konnten.

32 Ungeklärt war vor allem das Verhältnis des Baurechts zur **Eigentumsgarantie.** Art. 14 I 1 GG verbürgte die Eigentumsgarantie, deren Inhalt und Schranken allerdings nach Art. 14 I 2 GG durch den Gesetzgeber bestimmt wurden. Unmittelbare Eigentumseingriffe waren nach Art. 14 III GG nur durch Gesetz oder auf Grund eines Gesetzes zulässig, das zugleich einen Entschädigungsanspruch verleihen musste (Junktimklausel). Die Eigentumsgarantie beinhaltete zumindest eine potenzielle Baufreiheit, die der Gesetzgeber bei seinen städtebaulichen Regelungen zu beachten hatte.[82] In welchem Umfang aber der Gesetzgeber in der Lage war, Inhalt und Schranken des Eigentums zu bestimmen und dadurch die Baufreiheit zu begrenzen, blieb weitgehend ungeklärt.

5. Vorarbeiten für das BBauG 1960

33 Seit der Wiedergewinnung der staatlichen Ordnung nach dem Zweiten Weltkrieg waren die Forderungen staatlicher und kommunaler Stellen von Organisationen des Wohn- und Siedlungswesens und aus der Wirtschaft heraus nicht verstummt, das Baurecht neu zu ordnen. Die Notwendigkeit eines einheitlichen Städtebaurechts wurde daher in der Folgezeit als immer dringlicher empfunden. Dabei galt es, den Bauwilligen einerseits Zugang zu Eigentum am Boden zu erschließen, zugleich aber auch durch den Einsatz bodenordnungspolitischer Maßnahmen zu einer sozial gerechten Verteilung der Nutzungschancen beizutragen. Nicht zuletzt mussten Anforderungen des modernen Städtebaus und des Schutzes des Außenbereichs in ein einheitliches Gesetzeswerk eingebracht werden. Bereits im Jahre 1950 hatte der Bundesminister für Wohnungsbau den **Referentenentwurf** zu einem **Baugesetz** veröffentlicht. Es traten jedoch zahlreiche ungeklärte Fragen auf, die vor allem die Gesetzgebungszuständigkeit des Bundes und das Zusammenwirken von Bund und Ländern betrafen.

34 Am 13.9.1951 ersuchte der Deutsche Bundestag die Bundesregierung[83] bis zum 31.12.1951 den Entwurf eines Baugesetzes vorzulegen, der das „Bau-, Boden-, Planungs-, Anlieger- und Umlegungsrecht im Zusammenhang und bundeseinheitlich regeln soll". Zur Klärung der Grenzen der Gesetzgebungszuständigkeit des Bundes für das Baurecht baten Bundestag, Bundesrat und Bundesregierung im Oktober 1952 in einem gemeinsamen Antrag das BVerfG, gem. § 97 BVerfGG a.F. um die Erstattung eines Rechtsgutachtens. Dieses „Rechtsgutachten über die Zuständigkeit des Bundes zum Erlass eines Baugesetzes" wurde am 16.6.1954 erstattet.[84] Das Gutachten besagt, dass die Zuständigkeit des Bundes aus Art. 74 I Nr. 18 GG zur Regelung des Rechts der städtebaulichen Planung, der Baulandumlegung, der Zusammenle-

---

80 Zinkahn BlGBW 1956, 49.

81 So etwa das Aufbaugesetz NRW v. 29.4.1952, GVBl. NRW 75; Scharmer Das Bebauungsrecht im unbeplanten Innenbereich, 1992, 29.

82 Zu entschädigungsrechtlichen Konsequenzen von Eingriffen in die Baufreiheit Breuer DÖV 1978, 189; zum Planungsschadensrecht (§§ 39ff BauGB) und zum Eigentumsgrundrecht (Art. 14 GG) Deutsch DVBl. 1995, 546; Leisner Baufreiheit oder staatliche Baurechtsverleihung?, DVBl- 1992, 1065. Kersten Baurecht in Schoch/Eifert, Besonderes Verwaltungsrecht 2023, Kap. 3 Rn. 13 ff.

83 Sten. Bericht der 162. Sitzung der 1. Wahlperiode S. 6583 D – 6587 C.

84 BVerfGE 3, 407 – Gutachten Bodenrecht.

gung, des Bodenverkehrs und der Bodenbewertung[85] gegeben ist, nicht dagegen für das Baupolizeirecht im bisher gebräuchlichen Sinn sowie für die Einführung einer Wertsteigerungsabgabe.

Bereits im Jahre 1952 wurde auf Anregung des Bayerischen Staatsministeriums des Innern eine Sachverständigenkommission mit der Ausarbeitung eines Entwurfs für ein Baugesetz beauftragt. Die Kommission bestand aus Angehörigen der Bauministerien der Länder, des Bundesministeriums für Wohnungsbau, der Wissenschaft und der Praxis. Eine vorläufige Fassung des Sachverständigenentwurfs vom Oktober 1954 wurde von Abgeordneten des Deutschen Bundestages eingebracht.[86] Nach Erstattung des Gutachtens des BVerfG, erarbeitete die Sachverständigenkommission im März 1956 die endgültige Fassung des Gesetzentwurfs. In Abstimmung mit der Sachverständigenkommission verabschiedete sodann auch die Bundesregierung einen eigenen Regierungsentwurf eines BBauG, der allerdings in der auslaufenden 2. Legislaturperiode nicht mehr abschließend beraten werden konnte.[87] 35

6. Konzeption des BBauG 1960

Mit dem im Jahre 1958 neu eingebrachten Entwurf eines BBauG[88] legte die Bundesregierung den Gesetzgebungsorganen ein geschlossenes Regelungswerk des Städtebaurechts vor.[89] Grundlegend dafür war die Erkenntnis, dass sich aus dem Baupolizeirecht ein eigenständiges Recht der städtebaulichen Planung und aus diesem wiederum das Recht der Raumordnung entwickelt hatte. Das Kernstück der städtebaulichen Planung verstand sich dabei als Mittelstück zwischen Baupolizeirecht und Raumordnung. Städtebauliche Planung wurde vor allem als die planvolle Ordnung der Bodennutzung auf örtlicher Ebene in den Städten, Gemeinden und Dörfern begriffen. Zugleich ging es um die Erkenntnis, dass über ein rein Gefahren abwehrendes Baupolizeirecht hinaus die städtebauliche Ordnung planvoll geschehen müsse und dabei die Städte und Gemeinden eine wichtige Mittlerfunktion haben. Das BBauG sollte daher den Vorrang der städtebaulichen und damit der gemeindlichen Planung für das örtliche Baugeschehen betonen. Auch sollte der Gesetzgeber in den nicht beplanten Innenbereichen und im Außenbereich die Grundsatzentscheidungen treffen, die eine sachgerechte Bodennutzung in dem Ausgleich der privaten Bauwünsche einerseits und den öffentlichen Belangen andererseits sicherstellten. Auf dieser Grundlage strebte der Gesetzgeber mit dem BBauG 1960 folgende **Ziele** an:[90] 36

– die Schaffung eines Baurechts, das den aktuellen Zielsetzungen des Städtebaus gerecht wird,
– die Beseitigung der bisher bestehenden Rechtszersplitterung durch eine weitgehende Vereinheitlichung des Baurechts auf Bundesebene,
– die Sichtung, Zusammenfassung und Vereinheitlichung des Baurechts im Interesse von Bürger, Verwaltung und Wirtschaft,
– die Fortbildung des materiellen Baurechts unter Auswertung der mit den Aufbaugesetzen gewonnenen Erfahrungen,
– die Bestimmung von Inhalt und Schranken des Eigentums auf dem Gebiet des Baurechts, dh eine Konkretisierung der Art. 14, 20 GG durch den Bundesgesetzgeber für den städtebaulichen Bereich,
– die Erhöhung der Funktionsfähigkeit des Bodenmarkts und die Schaffung der Voraussetzungen für eine gerechte Bodenpreispolitik,

---

85 Bis zum Verfassungsreformgesetz war auch die konkurrierende Gesetzgebung des Bundes für den Bereich der Erschließung gegeben.

86 Abgeordnete Lücke, Jacobi, Dr. Will, Engel, Dr. Schild (Düsseldorf) und Genossen, Entwurf eines Bundesbaugesetzes, BT-Drs. 2/1813.

87 BT-Drs. 2/1813 und 2/3028; zu weiteren Einzelheiten Bundesregierung, Entwurf eines Bundesbaugesetzes, BT-Drs. 3/336 v. 16.4.1958, 57.

88 Bundesregierung, Entwurf eines Bundesbaugesetzes, BT-Drs. 3/336 v. 16.4.1958, 72; zur Entstehungsgeschichte auch Dürr in Brügelmann Werkstand 2024 Rn. 2 zu § 35 BauGB.

89 Zu Grundsatzfragen der städtebaulichen Konzeption im BBauG, insbesondere zum Abwägungsgebot und zur Eigentumsgarantie Bundesrat, BT-Drs. 3/336 v. 14.3.1958; Hoppe DVBl. 1964, 165; ders. BauR 1970, 15; Ossenbühl Gutachten B zum 50. Deutschen Juristentag, 1974; ders. DVBl. 1996, 25; Schlez JZ 1974, 699, der sich vor allem auch mit Grundfragen der Außenbereichsregelungen befasst.

90 Bundesregierung, Entwurf eines Bundesbaugesetzes, BT-Drs. 3/336 v. 16.4.1958, 57.

– die Abgrenzung der Aufgabenverteilung zwischen Raumordnung, Städtebau und Bauaufsicht sowie eine der inneren Verflechtung dieser Sachgebiete Rechnung tragende Regelung der gegenseitigen Beziehungen,
– die Abgrenzung der Bereiche der Selbstverwaltung und der unmittelbaren Staatsverwaltung auf dem Gebiet der städtebaulichen Planung.

37 Der Gesetzgeber hatte sich das zentrale Ziel gestellt, „die städtebauliche Rechtsordnung aus Behelfs- und Übergangslösungen in die für den Städtebau unentbehrliche, sichere und Bestand verheißende Regelung überzuleiten und damit den Schlussstein über eine langjährige Rechtsentwicklung zu setzen".[91] Das Baugeschehen sollte sich dabei vorwiegend im Geltungsbereich eines Bebauungsplans und im nicht beplanten Innenbereich vollziehen. Der Außenbereich sollte nach einem bewährten Rechtsgrundsatz – abgesehen von in erster Linie landwirtschaftlichen privilegierten Nutzungen – grundsätzlich von einer baulichen Nutzung freigehalten werden. In der 17 Monate dauernden, sehr intensiven parlamentarischen Beratungszeit[92] wurde an diesen Grundsätzen festgehalten. Hauptinstrument der städtebaulichen Planung waren der Flächennutzungsplan und der Bebauungsplan. Im Innenbereich konnte nach Maßgabe des § 34 BauGB gebaut werden. Die Zurückhaltung des Gesetzgebers im Hinblick auf eine bauliche Nutzung des Außenbereichs fand in einer entsprechend kurzen, aus drei Absätzen bestehenden Fassung des § 35 BBauG 1960 ihren Ausdruck. Die Vorschrift knüpfte dabei erkennbar an § 3 BauRegVO an. Dem Gesetz lag die Tendenz zu Grunde, das Baugeschehen auf den beplanten Bereich und den im Zusammenhang bebauten Innenbereich zu beschränken. Der Außenbereich sollte demgegenüber weitestgehend von Bebauung freigehalten werden, sofern bauliche Nutzung nicht ihrem Wesen nach in den Außenbereich gehörte und deswegen hinsichtlich ihrer planungsrechtlichen Zulässigkeit privilegiert war.[93] Durch die Freihaltung von sonstiger Bebauung sollte auch die Erholungsfunktion des Außenbereichs gewahrt werden.

7. BBauG-Novelle 1976

38 Nach Übernahme der Regierungsverantwortung durch die **sozial-liberale Koalition** im Jahre 1969 wuchs das Bestreben der damals neu gewählten Bundesregierung, in das BBauG stärker als bisher Mitwirkungsrechte der Bürger zu integrieren. Dies sollte vor allem durch den Ausbau der bisher nicht gesetzlich geregelten vorgezogenen Bürgerbeteiligung geschehen. „Mehr Demokratie wagen", war bereits das Motto der ersten Regierungserklärung der neuen Koalition, die angetreten war, die Unruhen einer streitbaren 68er Generation in einer neuen Aufbruchstimmung aufzufangen. Eine vorgezogene Bürgerbeteiligung wurde daher bereits im Jahre 1971 im StBauFG grundgelegt. Die neu eingeführten Regelungen sollten auch für die Reform des BBauG Pate stehen.

39 Im Bereich des Städtebaurechts wurde als besonders schwerwiegender Mangel der generelle Verzicht des BBauG auf eine Inanspruchnahme von **Wertsteigerungen des Grund und Bodens** durch Planung angesehen. Wenn die auf Grund notwendiger Planänderungen eintretenden Nachteile von der Allgemeinheit entschädigt würden, dann sei es auch sachgerecht, die mit der städtebaulichen Planung eintretenden Planungsmehrwerte abzuschöpfen.[94] Die durch Planung bewirkte Steigerung der Bodenwerte müsse vielmehr zur Finanzierung städtebaulicher Maßnahmen herangezogen werden.[95] Außerdem sollten soziale und demokratische Belange im Bodenrecht vor allem durch die Erweiterung der Bürgerbeteiligung verstärkt werden. Moderne Hochhausbauten, die noch wenige Jahre vorher vielfach im Zusammenhang mit Städteneugründungen als Fortschritt gefeiert wurden, erschienen nach einem Wertewandel als Rückschritt, als Zerstörung der Städte und als betoniertes Behausungselend.[96]

40 Vor diesem allgemeinpolitischen Hintergrund konzentrierte sich die Regierungsvorlage daher auf die gesetzliche Einführung einer vorgezogenen Bürgerbeteiligung, ein preislimitiertes

---

[91] So Bundesregierung, Entwurf eines Bundesbaugesetzes, BT-Drs. 3/336 v. 16.4.1958, 57.

[92] Ausschuss für Wohnungswesen, Bau- und Bodenrecht (24. Ausschuss), Schriftlicher Bericht über den von der Bundesregierung eingebrachten Entwurf eines BBauG, BT-Drs. 3/1794.

[93] BVerwGE 28, 268.

[94] Zu diesen Fragen Bielenberg Verhandlungen des 49. Deutschen Juristentages, 1972, Empfehlen sich weitere bodenrechtliche Vorschriften im städtebaulichen Bereich?.

[95] Bundesregierung Entwurf eines Gesetzes zur Änderung des BBauG, BR-Drs. 300/74 v. 10.5.1974 und BT-Drs 7/2496 v. 22.8.1974.

[96] Mitscherlich Die Unwirtlichkeit unserer Städte, 1965.

Vorkaufsrecht und Instrumente, mit denen die Wertabschöpfung der Planungsgewinne erreicht werden sollte.[97] Die damalige CDU-CSU-Opposition machte nicht nur rechtspolitische, sondern auch verfassungsrechtliche Bedenken gegen einen Planungswertausgleich oder die Abschöpfung von Bodenwerten geltend. Von diesen Bedenken wurde auch die rechtswissenschaftliche Debatte weitgehend bestimmt.

Im Windschatten dieser städtebaupolitischen Großwetterlage traten die Bestrebungen, die 41
vor allem von Vertretern der Landwirtschaft als zu eng empfundene Außenbereichsvorschrift in § 35 BBauG 1960 zu ändern, eher in den Hintergrund.[98] Im weiteren Gesetzgebungsverfahren sollten sich diese Debatten allerdings als recht wirkungsreich erweisen. Bemängelt wurde die enge Auslegung der Privilegierungstatbestände in § 35 I BBauG 1960 und des Begriffes der Landwirtschaft, der sich lediglich auf die unmittelbare Bodenertragsnutzung erstreckte. Auch einem Strukturwandel in der Landwirtschaft konnte nach verbreiteter Auffassung nicht in dem gewünschten Umfang Rechnung getragen werden. Als ungerecht empfunden wurde auch die enge Fassung des Bestandsschutzes lediglich auf die Nutzung des Vorhandenen, während bei einer Zerstörung des Gebäudes der Bestandsschutz und damit auch jedwede Privilegierungsmöglichkeit endete. Problematisch erschien teilweise auch, dass Nutzungsänderungen nur unter den Voraussetzungen einer vollen Privilegierung nach § 35 I BBauG 1960 zulässig waren und auch eine Umnutzung bisher privilegierter Gebäude in nicht privilegierte Nutzungen nach § 35 BBauG 1960 generell ausgeschlossen war.

>Die Gesetzesänderung sollte daher auf dem Felde des Außenbereichs einerseits von der 42
grundsätzlichen Zielsetzung geleitet sein, die natürliche Eigenart der Landschaft zu erhalten und einer weiteren Zersiedlung entgegenzuwirken.[99] Andererseits sollte aber den wirtschaftlichen und strukturellen Entwicklungen der Landwirtschaft und ihren Anpassungsproblemen Rechnung getragen werden. Zugleich dürfe der Grundsatz, dass sich die Bebauung in den rechtlich und tatsächlich hierfür vorgesehenen Gebieten vollziehe, nicht durch eine Änderung der Vorschriften über das Bauen im Außenbereich ausgehöhlt werden, wurde gemahnt.[100]

Bei der nach langen Grundsatzdebatten schließlich verabschiedeten Reform[101] blieb deren 43
eigentliches Kernstück, der Planungswertausgleich, auf der Strecke. Allerdings wurde die bürgerschaftliche Mitwirkung der Betroffenen am Planungsgeschehen verstärkt, das städtebauliche Instrumentarium erweitert, verschiedene Modelle des StBauFG in das BBauG übernommen und die Außenbereichsvorschrift des § 35 BBauG vor allem durch eine Erweiterung der Privilegierungstatbestände um eine Regelung zugunsten unechter Altenteilerhäuser (§ 35 I Nr. 2 BBauG 1976), die Anreicherung der öffentlichen Belange in § 35 III BBauG 1976 und neuartige Teilprivilegierungsregelungen[102] in § 35 IV bis VII BBauG 1976[103] erweitert.

Zugleich wurde in die Begriffsbestimmung der **Landwirtschaft** in § 146 BBauG 1976 die 44
„berufsmäßige Imkerei" und die „berufsmäßige Binnenfischerei"[104] aufgenommen. Die Ergänzung des § 146 BBauG 1976 ging auf eine Empfehlung des Ausschusses für Ernährung, Landwirtschaft und Forsten zurück, der im Hinblick auf die engere Auslegung des Begriffs „Landwirtschaft" eine entsprechende Erweiterung vorgeschlagen hatte.[105]

---

97 Zur Unzulässigkeit einer Planungsgewinnabgabe Grziwotz MittBayNot 2008, 323; ders. BayVBl. 2008, 709.

98 Zu diesem Reformteil Bundesregierung, BR-Drs. 300/74 v. 10.5.1974 und BT-Drs 7/2496 v. 22.8.1974; Bundesregierung, Drs. 7/2496 v. 22.8.1974; Gaentzsch BBauG 1977, 310.

99 Erstmals sind die Belange des Natur- und Landschaftsschutzes als öffentliche Belange benannt und die Aufgabe des Außenbereichs als Erholungsgebiet durch die Aufzählung bei den öffentlichen Belangen hervorgehoben.

100 So Ausschuss für Raumordnung, Bauwesen und Städtebau (15. Ausschuss), Ausschussbericht zur zweiten Lesung, Drs. 7/4793, 35. Zu aktuellen Entwicklungen des Bauens im Außenbereich Stüer/Stüer/Hornmann,Bauen im Außenbereich, 2024.

101 Gesetz zur Beschleunigung von Verfahren und zur Erleichterung von Investitionsvorhaben im Städtebaurecht, BGBl. I, 949.

102 Lau/Oebbecke BauR 1977, 384.

103 Weyreuther, Bauen im Außenbereich, 1979, 424.

104 Zur BBauG-Novelle 1976 Bielenberg BlGBW 1977, 201; ders. BBauBl. 1977, 473; Bröll BayVBl. 1977, 8; Cholewa, HSGZ 1977, 15; Dohle AnwBl. 1977, 377; Dyong StW 1976, 407; ders. BBauBl. 1977, 183; Finkelnburg NJW 1977, 840; Frohberg DWW 1977, 81; Gaentzsch SKV 1976, 354; Molodovsky BayVBl. 1977, 31; Neuhausen BlGBW 1978, 115; Reisinger AgrarR 1981, 164; Schneider GemWW 1978, 154; Taegen AgrarR 1977, 105; Ziegler KStZ 1976, 181.

105 BT-Drs. 7/4793, 54.

45 Mit der BauGB-Novelle 1976 wurde erstmals eine **Entwicklungsplanung** geregelt (§ 1 V BBauG 1976), durch eine vorgezogene Bürgerbeteiligung (§ 2 a BBauG 1976) die Mitwirkungsrechte der Betroffenen erweitert, für die Bauleitplanung eine Genehmigungsfrist und eine Genehmigungsfiktion eingeführt (§ 6 IV BBauG 1976), die Palette der Darstellungs- und Festsetzungsmöglichkeiten erweitert (§§ 5 und 9 BBauG 1976) und in Anlehnung an das StBauFG eine Sozialplanung eingeführt (§ 13 a BBauG 1976). Neuartig war die **Heilungsvorschrift in** § 155 a BBauG 1976, wonach ua Verstöße gegen die Vorschriften über die vorgezogene Bürgerbeteiligung und über die Sozialplanung nicht zur Unwirksamkeit des Bebauungsplans führten, wenn die förmliche Bürgerbeteiligung durchgeführt und die Abwägung im Hinblick auf die sozialen Belange nicht zu beanstanden war. Weitergehende Überlegungen, auch materielle Fehler von Bebauungsplänen zu heilen bzw. einen Einwendungsausschluss vorzusehen, sind wegen rechtsstaatlicher Bedenken nicht weiter verfolgt worden. Immerhin war durch die Heilungsregelung der Damm gebrochen: Nicht alle im Gesetz geregelten Verfahrensvorschriften wurden als erheblich für die Wirksamkeit der Bauleitplanung angesehen. Es gab vielmehr Regelungen, deren Nichtbeachtung für die Wirksamkeit der Bauleitplanung ohne Bedeutung war. Das Wort von den sanktionslosen Normen machte die Runde. Die gemeindenachbarliche Planungskoordination wurde durch neue Vorschriften für gemeinsame Flächennutzungspläne, Planungsverbände oder das Fortgelten von Flächennutzungsplänen im Falle der Gebietsreform erweitert. Die städtebaulichen Sicherungsinstrumentarien der Zurückstellung, der Bodenverkehrsgenehmigung oder der Vorkaufsrechte wurden erweitert.

46 Für den **nicht beplanten Innenbereich** wurde in § 34 I BauGB das Merkmal „unbedenklich" durch „einfügt" ersetzt. Die Außenbereichsvorschrift des § 35 BBauG wurde sowohl bei den privilegierten Vorhaben (unechte Altenteilerhäuser) als auch durch neue Regelungen zu Teilprivilegierungen (§ 35 IV BBauG 1976) erweitert. Die städtebaulichen Gebote des StBauFG wurden in das BBauG übernommen (§§ 39 a bis 39 i BBauG). Darunter fallen auch das Bau- und Pflanzgebot, das Abbruchgebot, Nutzungsgebot und das Modernisierungs- und Instandsetzungsgebot entsprechend den Festsetzungen des Bebauungsplans. Die Maßnahmen müssen vor dem Hintergrund der Privatnützigkeit und der Sozialpflichtigkeit des Eigentums den verfassungsrechtlichen Grundsätzen der Eignung, Erforderlichkeit und Verhältnismäßigkeit entsprechen.

47 Erstmals erhielt das **Planungsschadensrecht** (§§ 39 j bis 44 c BBauG 1976) eine Sieben-Jahresfrist, bei deren Überschreitung nur noch eine Entschädigung für Eingriffe in ausgeübte Nutzungen gewährt wurde. Neue Regelungen traten auch im Bereich der Bodenordnung (Umlegung und Grenzregelung) sowie bei der Enteignung in Kraft.

8. BBauG-Novelle 1979

48 Bereits drei Jahre später wurde das BauGB durch das Gesetz zur Beschleunigung von Verfahren und zur Erleichterung von Investitionsvorhaben im Städtebaurecht (Beschleunigungsnovelle 1979)[106] erneut in eine Änderung einbezogen. Die BBauG-Novelle 1979 stellte sich vor allem als Antwort auf die Energiekrise und Konjunktureinbrüche dar. Die als Krisenzeit empfundene wirtschaftliche Lage hatte vor allem die Förderung von Industrie und Gewerbe in den Mittelpunkt des allgemeinen Interesses gerückt, während zuvor eher der Schutz des Wohnens vor benachbarter Industrie im Blickfeld stand. Nicht mehr kostenaufwendige Sanierungskonzepte, sondern das Nebeneinander und Miteinander von Wohnen und Gewerbe standen im Vordergrund der Städtebaupolitik.

49 Kernstück der erneuten Reformbemühungen waren folgende Anliegen:

– Die Verfahren zur Aufstellung von Bebauungsplänen wurden vereinfacht und beschleunigt. Den Verfahrensbeteiligten konnte zur Abgabe ihrer Stellungnahme jeweils eine angemessene Frist gesetzt werden. Die Inkraftsetzung von Teilen des Flächennutzungsplans wurde erleichtert.
– Die Baugenehmigungsverfahren sollten durch die Bindung an Fristen beschleunigt werden.
– Zur Erleichterung des Bodenverkehrs wurde die Genehmigungspflicht für Auflassungen gestrichen.

---

106 Gesetz zur Beschleunigung von Verfahren und zur Erleichterung von Investitionsvorhaben im Städtebaurecht, BGBl. I, 949; Bielenberg BlGBW 1978, 21; Bröll BayVBl. 1979, 550; Söfker BBauBl. 1979, 14.

– Die Gemeinden wurden ermächtigt, durch Satzung Gebiete mit besonderer Wohnsiedlungsstruktur, insbesondere mit historisch entstandener Streu- und Bandbebauung, als im Zusammenhang bebaute Ortsteile festzulegen.
– Die Erweiterung zulässigerweise im Außenbereich errichteter Wohngebäude und gewerblicher Betriebe wurde erleichtert.
– Die Verfahren in der Baulandumlegung wurden beschleunigt.
– Das Grenzregelungsverfahren wurde erleichtert und fortentwickelt.
– Die Vorschriften über die Heilung mangelhafter Bebauungspläne wurden erweitert und verbessert.

Auf dieser Linie lag es auch, § 35 BBauG erneut aufzuweiten und den Außenbereich mehr als bisher dem Wohnen und dem Gewerbe zu öffnen. Teilprivilegiert wurde unter bestimmten Voraussetzungen die bauliche Erweiterung eines Wohngebäudes (§ 35 V Nr. 4 a BBauG 1979) zur angemessenen Wohnraumversorgung und eines gewerblichen Betriebes (§ 35 V Nr. 5 BBauG 1979).[107] Die Novelle zielte im Außenbereich darauf ab, einen weiteren Kreis von ungerecht empfundenen Vergleichsfällen im Bereich der Wohn- und Gewerbenutzung, die bisher nicht privilegiert waren, in die Teilprivilegierungsregelung einzubeziehen. 50

Parallel dazu wurde auch das **StBauFG** novelliert. Durch die Novelle 1984 wurde in das StBauFG ein vereinfachtes Verfahren eingeführt. Die strikte Verpflichtung, in Sanierungsgebieten Bebauungspläne aufzustellen, wurde durch die Streichung des § 10 StBauFG relativiert. 51

III. BauGB 1986

Die Bestrebungen zur Änderung des Städtebaurechts kamen allerdings nicht zur Ruhe. Vielmehr formierten sich in den Folgejahren Bestrebungen, das Städtebaurecht in einem großen Wurf zu reformieren. Das Jahrhundertwerk hatte auch bereits einen durchaus eleganten Namen: Baugesetzbuch (BauGB). 52

1. BauGB 1986

Mit dem BauGB, das am 23.10.1986 in zweiter und dritter Lesung verabschiedet wurde und am 1.7.1987 in Kraft trat,[108] sollten folgende Anliegen verwirklicht werden: 53
– Die rechtlichen Grundlagen des Städtebaus (BBauG und StBauFG) sollten in einem einheitlichen Gesetzeswerk zusammengefasst werden.
– Das Städtebaurecht sollte auf die Gegenwarts- und Zukunftsaufgaben des Städtebaurechts zusammengefasst und der Umweltschutz und der Denkmalschutz gestärkt werden.
– Die rechtlichen Regelungen des Städtebaurechts sollten vereinfacht, nicht unabweisbar erforderliche Bestimmungen abgebaut und das Bauen dadurch erleichtert werden.
– Das Verfahren zur Aufstellung der Bauleitpläne sollte unter Wahrung rechtsstaatlicher Anforderungen beschleunigt und vereinfacht werden.
– Die Planungshoheit der Gemeinden sollte gestärkt und die Mischfinanzierung im Bereich des Städtebaurechts abgebaut werden.

Um diese Zielvorstellungen zu erreichen, enthielt das BauGB folgende **Änderungen**: 54
– Die Regelungen über das Aufstellungsverfahren wurden durch Vereinfachungen etwa bei der Änderung von Planentwürfen im Verfahren gestrafft. Die förmliche Erwähnung der Entwicklungsplanung wurde gestrichen.
– Erweitert wurden die Heilungsvorschriften (§§ 214, 215 BauGB). Abwägungsfehler konnten danach nur noch innerhalb einer Siebenjahresfrist gerügt werden.
– Die Veränderungssperre bezog sich künftig auch auf Nutzungsänderungen, auch wenn sie nicht genehmigungspflichtig waren. Die Regelungen über die Vorkaufsrechte wurden gestrafft.
– Bei den Regelungen über die planungsrechtliche Zulässigkeit von Vorhaben wurde der einfache Bebauungsplan klarstellend erwähnt (§ 30 II BauGB 1979). Die Befreiungsvorschrift wurde um Vorhaben, die städtebaulich vertretbar sind, erweitert (§ 31 II Nr. 2 BauGB 1979). Neben die formelle Planreife tritt die sog. materielle Planreife als Genehmigungstat-

[107] Neu war dabei im Wesentlichen, dass eine bauliche Erweiterung der angemessenen Versorgung des Eigentümers und seiner zum Haushalt gehörenden Familienangehörigen mit Wohnraum dienen konnte (§ 35 V Nr. 4 a BBauG 1979).

[108] BauGB idF der Bekanntmachung v. 8.12.1986, BGBl. I 2253.

bestand im Verfahren der Planaufstellung (§ 33 II BauGB 1979). In § 34 I BauGB wurden die „öffentlichen Belange" als zusätzliche Voraussetzung für die Genehmigung im nicht beplanten Innenbereich gestrichen. Nach § 34 III BauGB 1979 konnten im Innenbereich sonst unzulässige Vorhaben im Einzelfall genehmigt werden. Die Regelungen über die Innenbereichssatzungen wurden gestrafft. Im Außenbereich wurde die Kernenergie in den Katalog der privilegiert zulässigen Vorhaben aufgenommen (§ 35 I Nr. 6 BauGB 1979). Die Bedeutung der Raumordnung im Außenbereich wurde gestärkt (§ 35 III 2 BauGB 1979). Die Regelungen über die Bodenordnung (§§ 45 bis 84 BauGB 1979) und Enteignung (§§ 85 bis 122 BauGB 1979) wurden im Bereich der Umlegung und des Enteignungsrechts ergänzt. Das Erschließungsbeitragsrecht wurde auch auf Wohnwege erstreckt und in der Abgrenzung zur Umlegung und Sanierung angepasst.
– Im Bereich des besonderen Städtebaurechts (§§ 136 bis 191 BauGB 1979) wurden die Vorschriften über die Finanzierung und Förderung gestrichen. Genehmigungspflichtig waren auch Nutzungsänderungen im Geltungsbereich einer Erhaltungssatzung.

55 Im Mittelpunkt der Reformbestrebungen standen die **Vereinheitlichung des Städtebaurechts** und zugleich die **Erhöhung der Bestandskraft von Bauleitplänen** und damit die Stärkung der kommunalen Selbstverwaltung. Die Regelungen für die Zulässigkeit von Vorhaben im Außenbereich hatten gegenüber der bisherigen Fassung im BBauG 1979 eher redaktionellen Charakter. Dabei ging es darum, die Vorschriften über die privilegierte Zulässigkeit von Vorhaben unter Wahrung eines unverzichtbaren Außenbereichsschutzes aus Gründen der Rechtsvereinfachung teilweise neu zu fassen und dabei einzelne neue Grenzziehungen vorzunehmen. Auch sollte das familien- und sozialpolitisch erwünschte Zusammenleben der Generationen einer Familie unter einem Dach durch Zulassung einer zweiten Wohnung privilegiert werden.[109] § 201 BauGB wurde gegenüber § 146 BBauG 1976/1979 um die Pensionstierhaltung auf überwiegend eigener Futtergrundlage und die gartenbauliche Erzeugung erweitert.

2. WoBauErlG 1990 (BauGB-MaßnG)

56 Drei Jahre nach Verabschiedung des BauGB brachten die CDU/CSU und FDP-Fraktionen einen Gesetzentwurf für ein **WoBauErlG** ein.[110] Die BauGB-Novelle verlief etwa parallel mit der Wiederherstellung der Deutschen Einheit.[111] Wesentliches Element war ein BauGB-MaßnG, das vor allem im Interesse des Wohnungsbaus zu einer Beschleunigung der Verfahren beitragen sollte.[112] Damit verband sich die Absicht der CDU/CSU/F.D.P.-Koalition, durch das WoBauErlG[113] die als Überbürokratisierung empfundenen Verfahrensschritte auf ein erforderliches Maß zu verkürzen und zugleich Investitionsentscheidungen der Wirtschaft zu erleichtern.

57 Die von den damaligen Regierungsparteien als gut empfundene Wirtschaftsentwicklung, die es den Bürgern ermöglicht habe, mehr **Wohnraum** in Anspruch zu nehmen, aber auch eine steigende Zahl der Haushalte infolge gesellschaftlicher Veränderungen und eine wachsende Zahl an Einpersonenhaushalten hätten zu einer starken Nachfrage auf dem Wohnungsmarkt geführt. Zusätzlich drängte ein unerwartet hoher Zustrom von Aus- und Übersiedlern an den Wohnungsmarkt. Das von den Fraktionen der CDU/CSU und FDP am 7.11.1989 beschlos-

109 Bundesregierung Entwurf eines Gesetzes über das Baugesetzbuch, BT-Drs. 575/85 v. 20.12.1985, 57.

110 CDU/CSU- und FDP-Fraktion, Entwurf eines Gesetzes zur Erleichterung des Wohnungsbaus im Planungs- und Baurecht sowie zur Änderung mietrechtlicher Vorschriften (Wohnungsbau-Erleichterungsgesetz – WoBauErlG) BT-Drs. 11/5972 v. 5.12.1989.

111 Zum Städtebaurecht der neuen Länder Bielenberg, 1990, 841; ders. DVBl. 1990, 1314; Bielenberg/Krautzberger/Söfker Das Städtebaurecht in den neuen Ländern, 1991; Birk DVBl. 1992, 702; Boecker ThürVBl. 1992, 25; Fickert in FS für Gelzer, 1991, 15; Koppitz DVBl. 1992, 704; Kratzenberg DVBl. 1992, 697; Krautzberger FWW 1990, 150; ders. LKV 1991, 152; ders. LKV 1991, 229; ders. DWW 1991, 294; ders. UPR 1991, 41; ders. DÖV 1992, 92; Lüers LKV 1993, 185; Peine SächsVBl. 1995, 8; Runkel BBauBl. 1990, 616; ders. BBauBl. 1991, 203; Steinfort, StädteT 1993, 655; Stich UPR 1991, 361; Stich BauR 1991, 412; Stüer DVBl. 1992, 266; Stüer/Ehebrecht-Stüer Bauplanungsrecht und Freistellungspolitik der Länder, Bd. 168, 1996; Stüer/Ehebrecht-Stüer DVBl. 1996, 482.

112 Moench NVwZ 1990, 918; Stich ZfBR 1992, 256.

113 Gesetz zur Erleichterung des Wohnungsbaus im Planungs- und Baurecht sowie zur Änderung mietrechtlicher Vorschriften – Wohnungsbau-Erleichterungsgesetz – WoBauErlG – v. 17.5.1990, BGBl. I 926 sowie Bekanntmachung der Neufassung des MaßnG zum BauGB BGBl. I S. 622.

sene Maßnahmepaket für den Wohnungsbau sollte der Überwindung der aktuellen Engpasssituation auf dem Wohnungsmarkt dienen und sah zur Unterstützung gesetzliche Maßnahmen im Planungs-, Bau- und Mietrecht vor, damit verstärkt und schneller Wohnbauland ausgewiesen und Wohnungsbauvorhaben erleichtert werden sowie Wohnraum aus dem Bestand zur Verfügung gestellt werden konnte.

Zur Begründung des Gesetzentwurfs wurde ausgeführt, dass seit einigen Jahren die Realeinkommen breiter Bevölkerungsschichten wieder gestiegen seien. Zusammen mit Haushaltsneugründungen der geburtenstarken Jahrgänge habe dies zu einem kräftigen Anstieg der **Wohnungsnachfrage** geführt. Hinzu komme ein unerwartet starker Zustrom von Menschen in das Bundesgebiet. Das Wohnungsangebot habe mit dieser Entwicklung nicht Schritt gehalten. Der Gesetzentwurf eines WoBauErlG sah vor, zur Bewältigung der erhöhten Wohnungsnachfrage zeitlich befristete Erleichterungen des Planungs- und Baurechts zu schaffen, damit Wohnbauland zügig und in ausreichendem Umfang ausgewiesen und die Zulassung von Wohnbauvorhaben im Rahmen einer geordneten städtebaulichen Entwicklung erleichtert werde. Neben einer Beschleunigung der Bauleitplanverfahren standen dabei vor allem auch Erweiterungen der planungsrechtlichen Zulässigkeiten im beplanten und nicht beplanten Innenbereich sowie im Außenbereich im Vordergrund. 58

Nach dem Fall der Mauer am 9.11.1989 wurden noch in der DDR durch die **Bauplanungs- und Zulassungsverordnung (BauZVO)**[114] vom 20.6.1990 wesentliche Teile des Städtebaurechts der Bundesrepublik in den damals noch anderen Teil von Deutschland übernommen. Grundgelegt war die BauZVO im Staatsvertrag vom 18.5.1990 über die Schaffung einer Währungs-, Wirtschafts- und Sozialunion zwischen der Bundesrepublik Deutschland und der Deutschen Demokratische Republik. In der BauZVO waren die Bauleitplanung, die planungsrechtliche Zulässigkeit von Vorhaben sowie ua die städtebauliche Sanierung geregelt. § 54 BauZVO behandelte den Erschließungsvertrag und den städtebaulichen Vertrag, der zwischen der Gemeinde und einem Dritten abgeschlossen werden konnte. Der Vertrag konnte sich insbesondere auf die dem Dritten obliegende Erschließung oder die Vorbereitung und Durchführung anderer städtebaulicher Maßnahmen beziehen (§ 54 BauZVO). Auch konnte der Vorhabenträger die der Gemeinde durch das Vorhaben entstehenden Erschließungskosten in voller Höhe übernehmen. In § 55 BauZVO wurde erstmals ein **Vorhaben- und Erschließungsplan** geregelt. Die Gemeinde konnte danach durch Satzung die planungsrechtliche Zulässigkeit von Vorhaben bestimmen, wenn der Vorhabenträger auf der Grundlage eines von ihm aufgestellten und mit der Gemeinde abgestimmten Plans zur Durchführung des Vorhabens und der Erschließungsmaßnahmen bereit und in der Lage ist und sich zur Durchführung des Vorhabens innerhalb angemessener Frist und zur Tragung der Planungs- und Erschließungskosten ganz oder teilweise verpflichtet (§ 55 I BauZVO). 59

Parallel dazu trat im Bereich der alten Länder am 1.6.1990 das **Wohnungsbau-Erleichterungsgesetz** in Kraft, das in Art. 2 ein bis Ende Mai 1995 befristetes Maßnahmengesetz zum BauGB (BauGB-MaßnG) enthielt.[115] Die neuen städtebaulichen Regelungen waren vor allem durch eine Engpasssituation im Bereich der Wohnraumversorgung veranlasst worden. Neben Steuererleichterungen für den Neubau, Aus- und Umbau von Mietwohnungen sowie Bausparhilfen und Kreditprogrammen sollten Investitionsentscheidungen auch durch handfeste gesetzliche Neuregelungen gefördert werden. Im Interesse des Wohnungsbaus sollte das Entwicklungsgebot nicht zu sklavisch verstanden (§ 1 III BauGB-MaßnG) und das Bauleitplanverfahren zugunsten von Vorhaben bei dringendem Wohnbedarf gestrafft werden (§ 2 BauGB-MaßnG). Von der vorgezogenen Bürgerbeteiligung konnte abgesehen werden. Die Dauer der Auslegung konnte auf zwei Wochen verkürzt werden. Den Trägern öffentlicher Belange wurde die Empfehlung mit auf den Weg gegeben, sich innerhalb der von der Gemeinde gesetzten Fristen zu äußern und so zu einer Beschleunigung des Planverfahrens beizutragen. Auch konnte die Gemeinde statt einer Fristsetzung einen Anhörungstermin festsetzen (§ 2 V BauGB-MaßnG). Das gemeindliche Vorkaufsrecht wurde erweitert (§ 3 BauGB-MaßnG). Bei der planungsrechtlichen Zulässigkeit von Vorhaben wurde die Befreiung auch bei dringendem Wohnbedarf ermöglicht (§ 4 I BauGB-MaßnG, § 31 II 1 BauGB). Ein dringender Wohnbedarf konnte auch im nicht beplanten Innenbereich zu einer erweiterten planungsrechtlichen Zulässigkeit führen (§ 4 II BauGB-MaßnG; § 34 III BauGB). 60

---

[114] Bauplanungs- und Zulassungsverordnung vom 20.6.1990, GBl. der DDR I Nr. 45, 739.
[115] MaßnG zum BauGB v. 17.5.1990 (BGBl. I 926).

61 Erweitert wurde auch die planungsrechtliche Zulässigkeit im Außenbereich bei den teilprivilegierten Vorhaben. Bisher landwirtschaftlich genutzte Gebäude konnten auch zu anderen Nutzungen umgebaut werden, wenn das Gebäude im räumlich-funktionalen Zusammenhang mit der Hofstelle steht und die äußere Gestalt des Gebäudes im Wesentlichen gewahrt bleibt. Neu gefasst wurden auch die weiteren Teilprivilegierungstatbestände des § 35 IV BauGB (§ 4 IV BauGB-MaßnG). Auch wurden für die Genehmigung von Vorhaben, die ausschließlich Wohnzwecken dienen, Fristen für die Erteilung von Genehmigungen eingeführt (§ 5 BauGB-MaßnG).

62 Mit dem **Beitritt der DDR** zur Bundesrepublik Deutschland am 3.10.1990 wurde das westdeutsche Städtebaurecht in ganz Deutschland eingeführt. Allerdings wurden für die neuen Länder in § 246 a BauGB 1990 auf Grund des Einigungsvertrages Sonderregelungen festgelegt, die der Sondersituation in den neuen Ländern Rechnung tragen sollten.

3. InvWoBaulG 1993

63 Drei Jahre nach Inkrafttreten des BauGB-MaßnG 1990 wurde das Städtebaurecht erneut zum 1.5.1993 durch das **Investitions- und Wohnbaulandgesetz (InvWoBaulG)**[116] geändert. Das Gesetz änderte sowohl das BauGB (Art. 1 InWoBaulG) als auch das BauGB-MaßnG (Art. 2 InWoBaulG) mit dem Ziel, vor allem die planungsrechtliche Zulässigkeit von Wohnbauvorhaben zu erleichtern. Auch die weitere Novelle stand ganz im Zeichen einer Investitionserleichterung zugunsten der Wirtschaft und einer erleichterten Wohnnutzung. Vor allem sollte durch die Novelle eine schnellere Bereitstellung von Wohnbauland und eine Vereinfachung der Verfahren zur Aufstellung der Bauleitpläne erreicht werden.

64 Anlass waren vor allem die neuen städtebaulichen Probleme, die durch die deutsche Einheit nicht nur in den neuen Ländern entstanden waren.[117] Die Erleichterung und Beschleunigung von Investitionen wurde in den neuen aber auch in den alten Ländern als wichtige Voraussetzung für den wirtschaftlichen Aufschwung und die Schaffung von wettbewerbsfähigen Arbeitsplätzen angesehen. Zu den dafür maßgeblichen Rahmenbedingungen wurden auch die gesetzlich vorgeschrieben Planungs- und Genehmigungsverfahren für gewerbliche und industrielle Vorhaben gerechnet. Vor allem müsse durch **Verfahrensbeschleunigungen** ein Beitrag dazu geleistet werden, Investitionshemmnisse zu beseitigen. Als besonders dringlich wurde diese Aufgabe in den neuen Ländern empfunden, deren Verwaltungen noch im Aufbau waren und die mit einer Vielzahl ungewohnter Vorschriften und Verfahrensanforderungen konfrontiert wurden. Aber auch für die alten Länder wurde die Dauer von Planungs- und Genehmigungsverfahren als Standortfaktor begriffen, der im internationalen Wettbewerb an Bedeutung gewinne.[118] In der Begründung des Gesetzentwurfs der Fraktionen der CDU/CSU und FDP wurde zugleich darauf verwiesen, dass in den alten und neuen Ländern ein erheblicher Mangel an ausgewiesenem und verfügbarem Wohnbauland als Voraussetzung für einen verstärkten Wohnungsbau zur Deckung der erheblich gestiegenen Wohnungsnachfrage bestehe. Das städtebauliche Planungsrecht nehme bei der Ausweisung und Bereitstellung von Wohnbauland eine wichtige Rolle ein. Die dabei einzuhaltenden Verfahren und Prüfungen – so der Gesetzentwurf – seien zum Teil derart umfangreich und kostenaufwändig geworden, dass dies zu Lasten des Planungsgeschehens insgesamt gehe. Das Ziel der Erleichterung und Beschleunigung von Investitionen und zur verstärkten Ausweisung und Bereitstellung von Bauland sollte vor allem für Wohnzwecke angestrebt werden.

---

[116] Investitionserleichterungs- und Wohnbaulandgesetz v. 22.4.1993 (BGBl. I. 466) sowie die Bekanntmachung der Neufassung des Maßnahmengesetzes zum BauGB BGBl. I S. 622. Zum InvWoBaulG Blume NVwZ 1993, 941; Busse BayVBl. 1993, 231; Engel UPR 1993, 209; Erbguth NVwZ 1993, 956; Gassner NVwZ 1993, 946; Hoffmann LKV 1993, 281; Klett NuR 1993, 421; Koch BBauBl. 1993, 410; Krautzberger StuGR 1993, 200; ders. UPR 1993, 201; ders. FWW 1993, 26; ders. NVwZ 1993, 520; ders. DVBl. 1993, 453; Lüers LKV 1993, 185; ders. ZfBR 1993, 106; Moormann UPR 1993, 286; Müllmann DVBl. 1993, 637; Runkel UPR 1993, 203; ders. BuW 1993, 301; Schmidt-Preuß Die Verwaltung 26 (1993), 489; Schneider DVBl. 1994, 685; Thoma BayVBl. 1994, 137.

[117] Zum BauGB-MaßnG 1993 Gaentzsch BauR 1993, 1994; Gaßner BayVBl. 1996, 321; Schmaltz DVBl. 1993, 814; Stollmann NVwZ 1994, 43; Thoma BayVBl. 1994, 137; Wagner BBauBl. 1995, 740.

[118] CDU/CSU- und FDP-Fraktion, Entwurf eines Gesetzes zur Erleichterung von Investitionen und der Ausweisung und Bereitstellung von Wohnbauland (Investitionserleichterungs- und Wohnbaulandgesetz) BT-Drs. 12/3944 v. 8.12.1992.

Für den **Innen- und Außenbereich** wurden Erweiterungen der baulichen Nutzbarkeit durch eine Änderung des § 4 BauGB-MaßnG 1993 bewirkt. Durch eine erweiterte Innenbereichssatzung nach § 4 II a BauGB-MaßnG konnten die Gemeinden unter den dort genannten Voraussetzungen Außenbereichsflächen in eine Klarstellungs- oder Entwicklungssatzung einbeziehen. § 4 III BauGB-MaßnG 1993 bewirkte eine geänderte Fassung des § 35 IV BauGB 1986 für Vorhaben, die Wohnzwecken dienen. Der Teilprivilegierungsregelung in § 35 IV BauGB 1986 wurde daher für Vorhaben, die der Wohnnutzung dienen, eine erweiterte Fassung in § 4 III BauGB-MaßnG 1993 an die Seite gestellt. Bei Wohnbauvorhaben war ausschließlich die Fassung des § 4 III BauGB-MaßnG 1993 anzuwenden, während für andere Nutzungen weiterhin § 35 IV BauGB 1986 galt. 65

Eine Reihe von Regelungen des BauGB-MaßnG 1990 wurde in das **Dauerrecht des BauGB** übernommen (städtebauliche Entwicklungsmaßnahme, Maßgaben zum Baugebot). Von den Sonderregelungen für die neuen Länder wurden der städtebauliche Vertrag (§ 6 BauGB-MaßnG) und die Satzung über den Vorhaben- und Erschließungsplan (§ 7 BauGB-MaßnG) – allerdings zunächst zeitlich befristet bis Ende 1997 – auch in das Recht der alten Länder übertragen. Die Überleitungsvorschriften der BauNVO 1990 zum Dachgeschossausbau und zu den Vergnügungsstättensatzungen wurden im BauGB-MaßnG geregelt. Art. 4 enthielt Änderungen des ROG. Mit Art. 5 des InvWoBaulG wurde auf der Grundlage des Baurechtskompromisses der Naturschutz in der Bauleitplanung neu geregelt. Art. 6 bis 11 InvWoBaulG betrafen Änderungen des AbfG sowie des BImSchG vor allem durch den normativen Wechsel der Müllverbrennungsanlagen vom Abfallrecht zum Immissionsschutzrecht. 66

Das BauGB-MaßnG betonte das Anliegen, zugleich mit der Wohnraumversorgung auch Flächen für Gewerbe- oder Industriegebiete auszuweisen. Die Träger öffentlicher Belange sollten durch § 4 IV 1 BauGB stärker als bisher in die Pflicht genommen werden, ihre Stellungnahmen nach Möglichkeit innerhalb eines Monats abzugeben, wenn der Bebauungsplan der Deckung eines dringenden Wohnbedarfs dient. Bei Planänderungen konnte die Frist sogar auf zwei Wochen verkürzt werden (§ 2 V 2 BauGB-MaßnG 1993). Aus dem Flächennutzungsplan entwickelte Bebauungspläne brauchten bei dringendem Wohnbedarf der höheren Verwaltungsbehörde nicht mehr angezeigt zu werden (§ 2 VI BauGB 1993), für den nicht beplanten Innenbereich konnte aus besonderen städtebaulichen Gründen auch ein einfacher Bebauungsplan aufgestellt werden, der ausschließlich Festsetzungen über Vergnügungsstätten enthielt (§ 2 a BauGB-MaßnG 1993). 67

Das allgemeine Vorkaufsrecht in § 24 BauGB wurde durch § 3 BauGB-MaßnG 1993 auf Flächen erweitert, die im Flächennutzungsplan für eine Wohnnutzung vorgesehen waren. Das Vorkaufsrecht konnte bei einer beabsichtigten Wohnnutzung auch zugunsten Dritter ausgeübt werden (§ 3 IV BauGB-MaßnG). 68

Erweitert wurde auch die Befreiungsmöglichkeit des § 31 II BauGB. Bei einem dringenden Wohnbedarf konnte auch in mehreren vergleichbaren Fällen von den Festsetzungen des Bebauungsplans befreit werden. Bei der vorübergehenden Unterbringung und bei vorübergehendem Wohnen war die Befreiung nicht auf Einzelfälle beschränkt (§ 4 I a BauGB-MaßnG). Zugunsten von Wohnbauvorhaben wurde auch die Innenbereichssatzung erweitert (§ 4 II a BauGB-MaßnG). Auch die Teilprivilegierung im Außenbereich wurde im Falle einer Wohnnutzung erweitert (§ 4 IV BauGB-MaßnG). Dies wirkte sich vor allem für die Nachfolgenutzung ehemals landwirtschaftlicher Gebäude und die Neuerrichtung von abgängigen Gebäuden bei städtebaulichen Missständen aus (§ 4 IV Nr. 1 und 2 BauGB-MaßnG 1993). 69

Neu gefasst wurde § 10 II BauGB-MaßnG, wonach Widerspruch und Anfechtungsklage eines Dritten gegen die bauaufsichtliche Genehmigung eines Vorhabens, das überwiegend Wohnbauzwecken dient, keine aufschiebende Wirkung hatte. 70

4. Windenergie-Novelle 1996

Im Jahre 1996 wurde § 35 BauGB erneut geändert[119]: Durch einen neu eingefügten § 35 I Nr. 7 BauGB 1996 sind Vorhaben, die der Erforschung, Entwicklung oder Nutzung der Wind- und Wasserenergie dienen, den privilegierten Vorhaben hinzugefügt worden. Zudem haben die Gemeinden und die für die Raumordnung zuständigen Stellen durch § 35 III 4 71

---

[119] Gesetzes zur Änderung des BauGB v. 30.7.1996 – BGBl. I 1189.

BauGB 1996 ein Darstellungsprivileg[120] erhalten.[121] Öffentliche Belange stehen danach einem Vorhaben nach § 35 I Nr. 4 bis 7 BauGB in der Regel auch dann entgegen, soweit hierfür durch Darstellungen im Flächennutzungsplan oder als Ziele der Raumordnung und Landesplanung eine Ausweisung an anderer Stelle erfolgt ist. Das Darstellungsprivileg bezieht sich nicht nur auf die in § 35 I Nr. 7 BauGB 1996 damals neu privilegierte Wind- und Wasserenergie, sondern auch auf die ortsgebundenen und standortgebundenen Betriebe sowie die Atomkraftwerke in § 35 I Nr. 4 bis 6 BauGB 1996. Seit dieser Zeit wird zu einer Besichtigung der wunderbaren Welt der Windenergie eingeladen[122], während von anderen die Verspargelung der Landschaft angeprangert wird.

72 Hinzugefügt wurde in § 245 b BauGB 1996 eine **Überleitungsvorschrift** für Entscheidungen über die Zulässigkeit von Windenergieanlagen. Durch einen Antrag auf Aussetzung der Entscheidung konnten Gemeinden und die für die Raumordnung und Landesplanung zuständigen Stellen bis Ende 1998 erreichen, dass die an sich neu privilegierten Vorhaben der Wind- und Wasserenergie einstweilen nicht verwirklicht werden konnten.

IV. Städtebaurecht 1998 (BauROG)

73 Durch das Bau- und Raumordnungsgesetz 1998 (BauROG) wurde das BauGB erneut geändert und ein neues Raumordnungsgesetz verabschiedet.[123] Die Regelungen traten zum 1.1.1998 in Kraft. Zugleich trat das BauGB-MaßnG außer Kraft.

1. Ausgangspunkte

74 Ziel der Neuregelungen war es, das **Planungsrecht** zu **vereinfachen** und unnötigen Ballast vor allem in den Verfahrensabläufen über Bord zu werfen. Die kommunale Planungshoheit sollte gefestigt und die Investitionsbereitschaft von gewerblicher Wirtschaft und Industrie zur Sicherung des Standortes Deutschland gestärkt werden. Die Reform des Städtebaus stand im Zusammenhang mit den bereits im Jahre 1996 durchgeführten **Beschleunigungsnovellen**.[124] Durch das GenBeschlG[125] wurde neben anderen Vorschriften vor allem das VwVfG geändert. Das Sechste Gesetz zur Änderung der VwGO und anderer Gesetze (6. VwGO-ÄndG)[126] – es handelt sich um die grundlegendste Reform der VwGO seit dem Jahre 1960 – hatte wesentliche Änderungen des verwaltungsgerichtlichen Verfahrens eingeführt.[127]

2. Schwerpunkte

75 Das Städtebaurecht 1998 wollte einen verbesserten Beitrag zum **Umweltschutz** leisten, was durch die Integration des Naturschutzes in die Bauleitplanung und durch die Neufassung des Außenbereichsparagrafen geschehen sollte. Die Bestandskraft der städtebaulichen Satzungen

---

[120] Hoppe DVBl. 1991, 1277.

[121] Damit wurde zugleich ein Streit um die Reichweite des gemeindlichen Darstellungsprivilegs auf der Grundlage der Vorgängerfassung des BauGB 1987 beendet, Hoppe DVBl. 1991, 1277; Schulze Buschhoff Das Darstellungsprivileg im Flächennutzungsplan, 1996, 77.

[122] Winkler JA 2008, 274.

[123] Gesetz zur Änderung des BauGB und zur Neuregelung des Rechts der Raumordnung (Bau- und Raumordnungsgesetz) v. 18.8.1997 (BGBl. I 2081), BT-Drs. 13/6392, 13/7588, 13/7589, 13/7886, 13/8019. Nach Durchführung des Vermittlungsverfahrens hat der Bundestag am 26.6.1996 und der Bundesrat am 4.7.1997 zugestimmt; Neufassung des BauGB v. 27.8.1997 (BGBl. I 2141) und Berichtigung der Neubekanntmachung v. 16.1.1998 (BGBl. I 137).

[124] Stüer DVBl. 1997, 326; ders. DVBl. 1997, 1201. Zum Städtebaurecht 1996 bis 1999 Stüer/Rude DVBl. 1999, 210; dies. DVBl. 1999, 299; dies. DVBl. 2000, 312; dies. DVBl. 2000, 390.

[125] Gesetz zur Beschleunigung von Genehmigungsverfahren (Genehmigungsverfahrensbeschleunigungsgesetz – GenBeschlG) v. 12.9.1996 (BGBl. I 1354); Stüer DVBl. 1997, 326.

[126] Sechstes Gesetz zur Änderung der Verwaltungsgerichtsordnung und anderer Gesetze (6.VwGOÄndG) v. 1.11.1996 (BGBl. I 1626).

[127] Das Gesetz zur Beschleunigung und Vereinfachung immissionsschutzrechtlicher Genehmigungsverfahren (BImSchG-Novelle, Gesetz zur Beschleunigung und Vereinfachung immissionsschutzrechtlicher Genehmigungsverfahren v. 9.10.1996, BGBl. I 1498) hat zu Änderungen des BImSchG und der Verordnung über das Genehmigungsverfahren geführt. Mit dem Gesetz zur Änderung des Wasserhaushaltsgesetzes (WHG) v. 11.11.1996, BGBl. I 1695, sind wichtige Bestimmungen des WHG teilweise umgestaltet oder neu gefasst worden.

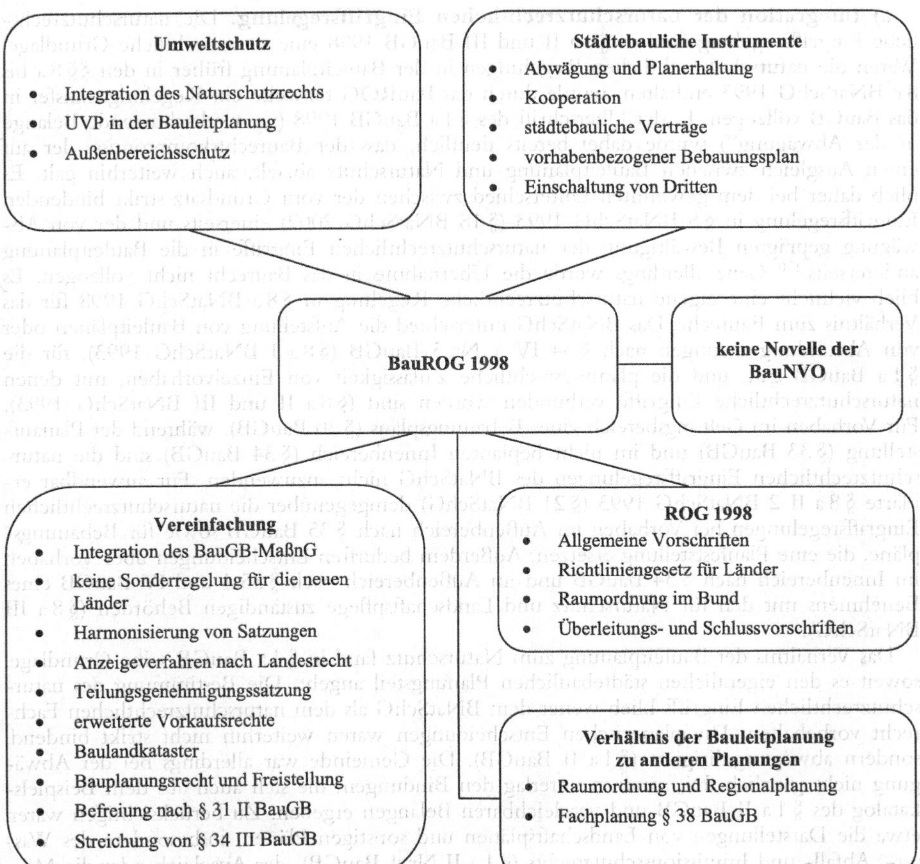

sollte durch den **Grundsatz der Planerhaltung** gestärkt werden.[128] Die **Kooperation** zwischen Gemeinde und Vorhabenträger sollte durch städtebauliche Verträge und den vorhabenbezogenen Bebauungsplan sowie die Einschaltung Dritter in den Planungsprozess gefördert werden. Durch die erfolgte Integration des BauGB-MaßnG in das BauGB und weitere harmonisierende Regelungen sollte der **Planungsprozess vereinfacht** und von unnötigem Ballast befreit werden. Das Verhältnis des Städtebaurechts zur Raumordnung und zum Fachplanungsrecht wurde neu geordnet und streckenweise übersichtlicher gestaltet. Auch erhielt das Recht der Raumordnung in einem völlig neu konzipierten **ROG 1998** eine neue Grundlage. Auf die ursprünglich beabsichtigte Novelle der BauNVO ist nach lebhafter Diskussion am Ende allerdings verzichtet worden.[129]

3. Umweltschutz

Der Umweltschutz in der Bauleitplanung wurde durch das BauROG 1998 neu geregelt. **76**
Wesentliches Kernstück der Reform ist die Integration der **naturschutzrechtlichen Eingriffsregelung** in das BauGB. Auch die rechtlichen Grundlagen für die Umweltverträglichkeitsprüfung in der Bauleitplanung wurden im BauGB gelegt. Zugleich wurde § 35 BauGB für die planungsrechtliche Nutzung des Außenbereichs neu gefasst.

[128] Sendler DVBl. 2005, 659; zum Grundsatz der Planerhaltung siehe BVerwG NVwZ 2018, 1647; OVG Bautzen Urt. v. 1.3.2024 – 4 A 1119/18, juris Rn. 69; Wysk in Kopp/Ramsauer, VwVfG, 2022, § 75 Rn. 28.

[129] Zu den Kernpunkten der Reform Stüer DVBl. 1996, 177.

77 **a) Integration der naturschutzrechtlichen Eingriffsregelung.** Die naturschutzrechtliche Eingriffsregelung fand in § 1 a II und III BauGB 1998 eine neue rechtliche Grundlage. Waren die naturschutzrechtlichen Regelungen in der Bauleitplanung früher in den §§ 8 a bis 8 c BNatSchG 1993 enthalten, wurde durch das BauROG teilweise ein Regelungstransfer in das BauGB vollzogen. In der Überschrift des § 1 a BauGB 1998 („umweltschützende Belange in der Abwägung") wurde dabei bereits deutlich, dass der Baurechtskompromiss, der auf einen Ausgleich zwischen Bauleitplanung und Naturschutz abzielt, auch weiterhin galt. Es blieb daher bei dem gewohnten Unterschied zwischen der vom Grundsatz strikt bindenden Eingriffsregelung in § 8 BNatSchG 1993 (§ 18 BNatSchG 2002) einerseits und der von Abwägung geprägten Bewältigung der naturschutzrechtlichen Eingriffe in die Bauleitplanung andererseits.[130] Ganz allerdings wurde die Übernahme in das Baurecht nicht vollzogen. Es blieb vielmehr eine eigene naturschutzrechtliche Regelung in § 8 a BNatSchG 1998 für das Verhältnis zum Baurecht. Das BNatSchG unterschied die Aufstellung von Bauleitplänen oder von Abrundungssatzungen nach § 34 IV 1 Nr. 3 BauGB (§ 8 a I BNatSchG 1993), für die § 1 a BauGB galt, und die planungsrechtliche Zulässigkeit von Einzelvorhaben, mit denen naturschutzrechtliche Eingriffe verbunden worden sind (§ 8 a II und III BNatSchG 1993). Für Vorhaben im Geltungsbereich eines Bebauungsplans (§ 30 BauGB), während der Planaufstellung (§ 33 BauGB) und im nicht beplanten Innenbereich (§ 34 BauGB) sind die naturschutzrechtlichen Eingriffsregelungen des BNatSchG nicht anzuwenden. Für anwendbar erklärte § 8 a II 2 BNatSchG 1993 (§ 21 BNatSchG) demgegenüber die naturschutzrechtlichen Eingriffsregelungen bei Vorhaben im Außenbereich nach § 35 BauGB sowie für Bebauungspläne, die eine Planfeststellung ersetzen. Außerdem bedurften Entscheidungen über Vorhaben im Innenbereich nach § 34 BauGB und im Außenbereich nach § 35 I und IV BauGB eines Benehmens mit den für Naturschutz und Landschaftspflege zuständigen Behörden (§ 8 a III BNatSchG).

78 Das Verhältnis der Bauleitplanung zum Naturschutz fand in § 1 a BauGB seine Grundlage, soweit es den eigentlichen städtebaulichen Planungsteil angeht. Die Bestimmung des naturschutzrechtlichen Eingriffs blieb weiter dem BNatSchG als dem naturschutzrechtlichen Fachrecht vorbehalten. Die planerischen Entscheidungen waren weiterhin nicht strikt bindend, sondern abwägungsdirigiert (§ 1 a II BauGB). Die Gemeinde war allerdings bei der Abwägung nicht gänzlich frei, sondern unterlag den Bindungen, die sich auch aus dem Beispielskatalog des § 1 a II BauGB und vergleichbaren Belangen ergeben. Zu berücksichtigen waren etwa die Darstellungen von Landschaftsplänen und sonstigen Plänen, insbesondere des Wasser-, Abfall- und Immissionsschutzrechts (§ 1 a II Nr. 1 BauGB), der Ausgleich oder die Minderung der zu erwartenden Eingriffe in Natur und Landschaft (naturschutzrechtliche Eingriffsregelung, § 1 a II Nr. 2 BauGB), die Bewertung der Auswirkungen eines Vorhabens im Rahmen der Umweltverträglichkeitsprüfung (§ 1 a II Nr. 3 BauGB) sowie der FFH-RL (§ 1 a II Nr. 4 BauGB)[131]

79 Für die Integration der umweltschützenden Belange in das Bauplanungsrecht verwies § 1 a III BauGB auf ein Bündel verschiedener städtebaulicher **Instrumente**, die von Darstellungen im Flächennutzungsplan über Festsetzungen im Bebauungsplan bis hin zu städtebaulichen Verträgen reichen. Erleichterungen wurden der Praxis vor allem dadurch angeboten, dass der Ausgleich auch an anderer Stelle als am Ort des Eingriffs erfolgen konnte und die Gemeinde durch vorgezogene Maßnahmen bereits einen Ausgleich für Eingriffe vorwegnehmen konnte, die erst später anstanden. Dadurch konnten naturschutzrechtliche Ausgleichsmaßnahmen zeitlich und räumlich entzerrt sowie instrumentell auf eine neue Grundlage gestellt werden. Über allem schwebte der Gedanke, das Bauplanungsrecht mit seinem der Abwägung verpflichteten Entscheidungsverfahren für eine sachgerechte Bewältigung umweltschützender Belange zu nutzen.[132]

80 Die Regelungen für die bauleitplanerische Bewältigung der naturschutzrechtlichen Eingriffsfolgen wurden durch Vorschriften über die zu treffenden Maßnahmen für den Natur-

[130] Aus dem bisher geltenden Recht wurde die Bodenschutzklausel und die Bodenversiegelungsklausel in § 1 a I BauGB übernommen. Danach soll mit Grund und Boden sparsam umgegangen werden. Bodenversiegelungen sind auf das notwendige Maß zu begrenzen.

[131] Richtlinie 92/43/EWG des Rates vom 21.5.1992 zur Erhaltung der natürlichen Lebensräume sowie der wildlebenden Tiere und Pflanzen, ABlEG Nr. L 206/7 v. 22.7.1992.

[132] Stüer DVBl. 1996, 177.

schutz in den §§ 135 a bis 135 c BauGB ergänzt.[133] Die bisherige Freistellungsklausel zugunsten der Länder in § 8 b I BNatSchG 1993 wurde durch eine Freizeichnungsklausel ersetzt, wonach die Länder die Gemeinden bis zum 31.12.2000 von der Eingriffsregelung in der Bauleitplanung freistellen konnten (§ 246 VI BauGB 1998).

b) Umweltverträglichkeitsprüfung in der Bauleitplanung. Wies der Bebauungsplan ein Vorhaben aus, für das nach der Anlage 1 „Liste der UVP-pflichtigen Vorhaben"[134] eine Umweltverträglichkeitsprüfung erforderlich ist, fand nach Maßgabe des UVPG eine Umweltverträglichkeitsprüfung statt. Darunter fielen nach einer Änderung der Anlage 1 Liste der „UVP-pflichtigen Vorhaben"[135] auch Einkaufszentren, großflächige Einzelhandelsbetriebe und sonstige großflächige Handelsbetriebe iS des § 11 III 1 BauNVO ab einer Geschossfläche von 5.000 qm sowie Vorhaben, für die nach Landesrecht eine UVP vorgesehen ist. Die Ermittlung der umweltrelevanten Auswirkungen des Vorhabens durch Umweltverträglichkeitsprüfung änderte allerdings nichts daran, dass auch bauplanungsrechtliche Entscheidungen zu derartigen Vorhaben abwägungsdirigiert bleiben. Das wird durch § 1 a II Nr. 3 BauGB klargestellt. 81

c) Außenbereichsschutz. Mit der Neufassung des § 35 BauGB ging der Gesetzgeber einen Mittelweg, indem der Katalog der privilegierten Vorhaben gestrafft und die teilprivilegierten Vorhaben teilweise erweitert worden sind.[136] § 35 IV BauGB enthielt gegenüber dem bisherigen Recht, das bei eingreifenden Umbaumaßnahmen bisher landwirtschaftlicher Gebäude nach § 35 IV 1 Nr. 1(§ 4 III 1 Nr. 1 BauGB-MaßnG) lediglich die Wohnnutzung teilprivilegierte, deutliche Erweiterungen. Bedeutsam war dies vor allem für die „landwirtschaftsnahe" gewerbliche Nutzung, die nach der Neufassung erleichtert zulässig wurde. 82

d) Abwägung und Planerhaltung. Bereits durch die Überschrift der §§ 200, 214 ff. BauGB wurde eine zunehmende Relevanz eines Grundsatzes der Planerhaltung deutlich.[137] Nach den mahnenden, mit dem Untersuchungsgrundsatz des § 86 VwGO nicht ohne weiteres in Übereinstimmung zu bringenden Worten des BVerwG, sich nicht ungefragt auf die Suche nach Fehlern begeben sollen,[138] fand dieser Grundsatz damit auch im Gesetz Ausdruck. Widerspruch und Anfechtungsklage eines Dritten gegen die bauaufsichtliche Zulassung des Vorhabens hatten nach § 212 a I BauGB keine aufschiebende Wirkung. Das ist verfassungsrechtlich nicht problematisch.[139] 83

---

133 Das Gesetz geht dabei von dem Grundsatz aus, dass im Plan festgesetzte Maßnahmen vom Vorhabenträger durchzuführen sind (§ 155 a I BauGB). Die Gemeinde kann die Ausgleichsmaßnahmen aber auch auf Kosten der Vorhabenträger oder Grundstückseigentümer durchführen (§ 135 a II BauGB). Durch die in § 135 b BauGB enthaltenen Verteilungsmaßstäbe und den Verweis auf das gemeindliche Satzungsrecht soll den Gemeinden ein vollziehbares Instrumentarium an die Hand gegeben werden. Vor allem ist den Gemeinden zu empfehlen, durch vertragliche Vereinbarungen einen komplizierten Abrechnungsstreit zu umgehen (§§ 1 a III, 11 BauGB).

134 UVP-RL v. 27.6.1985, 85/337/EWG, DVBl. 1987, 829.

135 Art. 8 des BauROG: Änderung des UVPG.

136 Aus dem Katalog der privilegierten Vorhaben in § 35 I BauGB wurden einerseits die unechten Altenteilerhäuser (§ 35 I Nr. 2 BauGB 1986) und die Landarbeiterstellen (§ 35 I Nr. 3 BauGB 1986) gestrichen. Dafür traten die Betriebe der gartenbaulichen Erzeugung hinzu (§ 35 I Nr. 2 BauGB). Andererseits wurden die Teilprivilegierungsregelungen in § 35 IV BauGB vor allem hinsichtlich der Folgenutzung bisher landwirtschaftlich genutzter Gebäude (§ 35 IV 1 Nr. 1 BauGB), der Ersatzbauten für Wohngebäude (§ 35 IV 1 Nr. 2 BauGB) und der Erweiterung von Wohngebäuden (§ 35 IV 1 Nr. 5 BauGB) neu gefasst und dabei teilweise erweitert. Dies galt vor allem für die Folgenutzung landwirtschaftlicher Gebäude, die nicht nur bei Wohnnutzungen teilprivilegiert wurde. Es musste sich lediglich um eine zweckmäßige Verwendung erhaltenswerter Bausubstanz handeln. Die Aufgabe der bisherigen Nutzung durfte im Übrigen nicht länger als sieben Jahre zurückliegen (§ 35 IV 1 Nr. 1 c BauGB), wobei diese Voraussetzung bis zum 31.12.2004 nicht anzuwenden ist, wenn die Länder dies vorsahen (§245 b II BauGB). Bis zu diesem Zeitpunkt waren daher nach Maßgabe des Landesrechts auch Gebäude, deren landwirtschaftliche Nutzung vor mehr als sieben Jahren aufgegeben worden ist, nach § 35 IV 1 Nr. 1 BauGB teilprivilegiert.

137 Sendler DVBl. 2005, 659; Stüer DVBl. 1995, 912.

138 So als Handlungsanweisung für die Praxis jenseits einer dogmatisch überzeugenden Begründung BVerwG BauR 1980, 40; zur Plausibilität als richterlichem Kontrollmaßstab Beckmann in Gärditz/Keller/Niesler Der Kontrollauftrag der Verwaltungsgerichtsbarkeit, FS Seibert, 2020, 13.

139 BVerwG RdE 1988, 194.

84 Nach § 215 a I BauGB führten Mängel der Satzung, die nach den §§ 214, 215 BauGB beachtlich sind, aber durch ein ergänzendes Verfahren behoben werden können, nicht zur Nichtigkeit.[140] Bis zur Behebung der Mängel entfalteten die Satzung allerdings keine Rechtswirkungen.[141] Wie bisher bestand auch weiterhin die Möglichkeit, Form- und Verfahrensfehler nach § 214 I BauGB mit Rückwirkung zu heilen. Die rückwirkende Inkraftsetzung war allerdings bei inhaltlichen Fehlern, etwa bei materiellen Abwägungsmängeln nicht möglich.[142] Diese konnten durch ein ergänzendes Verfahren nur für die Zukunft behoben werden.[143]

85 **e) Kooperation.** Neben dem Grundsatz der Planerhaltung sprach sich das neue Städtebaurecht auch für eine Kooperation von Gemeinde, Vorhabenträgern und Dritten aus. Dies geschah auf der Grundlage der Vorschläge der sog. Schlichter-Kommission.[144] Der bisher in § 6 BauGB-MaßnG geregelte städtebauliche Vertrag wird als § 11 BauGB in das neue Recht übernommen. Der Vorhaben- und Erschließungsplan (bisher § 7 BauGB-MaßnG) fand als vorhabenbezogener Bebauungsplan in § 12 BauGB seine neue Grundlage. Zudem konnten Dritte in das Planungsverfahren eingeschaltet werden (§ 4 b BauGB).

86 **f) Städtebauliche Verträge.** Der städtebauliche Vertrag[145] in § 11 BauGB wurde als eigenständiges Instrument ausgebaut, mit dem im Rahmen der Angemessenheit (§ 11 II 1 BauGB) sachgerechte Regelungen getroffen werden konnten. Der städtebauliche Vertrag kann sich von gesetzlichen Regelungen deutlich entfernen und ist lediglich dem Angemessenheitsgrundsatz verpflichtet. Die Vereinbarung einer vom Vertragspartner zu erbringenden Leistung ist allerdings unzulässig, wenn er auch ohne sie einen Anspruch auf die Gegenleistung hätte (§ 11 II 2 BauGB). Mit dieser Neuregelung war ein wichtiger Befreiungsschlag gelungen – wurde doch bisher vielfach die Auffassung vertreten, dass der städtebauliche Vertrag lediglich die im Gesetz bereits vorgeschriebenen Regelungen abbilden und sich davon nicht entfernen dürfe. Befreit von solchen Fesseln konnte sich der städtebauliche Vertrag auf der Grundlage des neuen Rechts nunmehr zu einem eigenständigen Handlungsinstrumentarium entwickeln, das den Vertragsparteien größere Freiheiten in der Vertragsgestaltung lässt.

87 **g) Vorhabenbezogener Bebauungsplan.** Ebenfalls aufgegriffen hatte der Gesetzgeber die Vorschläge der Schlichter-Kommission zum Vorhaben- und Erschließungsplan, der in § 12 BauGB seine neue Rechtsgrundlage fand und nunmehr als vorhabenbezogener Bebauungsplan in einem dem Bebauungsplan angeglichenen Gewande erscheint. Wie bisher war der Vorhaben- und Erschließungsplan, der zunächst in den neuen Ländern in § 55 BauZVO[146] und sodann in § 7 BauGB-MaßnG seine Rechtsgrundlage fand, eine städtebauliche Satzung, die auf einem mit der Gemeinde abgestimmten Planwerk und auf einem Durchführungsvertrag beruht. Die vertraglichen Verpflichtungen müssen vor dem Satzungsbeschluss begründet sein. Das dient der Klarstellung und will die Gemeinden vor bösen Überraschungen sichern, die dann eintreten können, wenn der Satzungsbeschluss ohne Vorliegen eines wirksamen Vertrages gefasst würde.

88 **h) Einschaltung von Dritten.** Neu geschaffen wurde in § 4 b BauGB die Möglichkeit, Dritte zur Beschleunigung des Bauleitplanverfahrens die Vorbereitung und Durchführung von Verfahrensvorschriften der Bürger- und Trägerbeteiligung zu übertragen.

4. Vereinfachung

89 Einem allgemeinen Trend folgend war das Städtebaurecht angetreten, komplizierte Regelungsmechanismen abzubauen und das Planungsgeschehen zu vereinfachen. Dem Bemühen waren naturgemäß Grenzen gesetzt, wenn die rechtsstaatlichen Garantien und Rechtsschutz sichernden Verfahrenserfordernisse nicht über Bord geraten sollten.

---

140 Für das Fachplanungsrecht BVerwG NVwZ 1990, 258; OVG Münster DVBl. 1990, 1119 m. Anm. Schmaltz.

141 § 47 V VwGO ist für die Tenorierung der Normenkontrollentscheidung des OVG entsprechend ergänzt worden.

142 BVerwG NVwZ 1996, 892.

143 § 216 BauGB ist nun auch in den neuen Ländern anwendbar, sodass die Kontrollmöglichkeiten der höheren Verwaltungsbehörde auch dort nicht auf die Wirksamkeitsvoraussetzungen in den §§ 214, 215, 215 a BauGB beschränkt sind.

144 Bericht der Expertenkommission zur Novellierung des BauGB, Berlin, v. 28.10.1995 (Schlichter II).

145 Stüer DVBl. 1995, 649.

146 Bauplanungs- und Zulassungsverordnung vom 20.6.1990, GBl. der DDR I Nr. 45, 739.

a) Integration des BauGB-MaßnG. Ein wichtiger Anlass für die Reform des Städtebaurechts waren die bis Ende 1997 befristeten Sonderregelungen im BauGB-MaßnG. Sie galt es, in das Dauerrecht zu überführen. Der Gesetzgeber entschied sich dafür, die Sonderregelungen vom Grundsatz her in das BauGB zu integrieren, sie jedoch von ihrer Begrenzung zumeist auf den Wohnungsbau zu befreien. Vor allem sollten die durch das WoBauErlG und das InvWoBaulG bewirkten Verfahrenserleichterungen in das neue Städtebaurecht überführt werden. Dies galt vor allem für die Bürger- und Trägerbeteiligung. So wurden die Regelungen über die vorgezogene und förmliche Bürgerbeteiligung vereinheitlicht.[147] 90

Im Unterschied zum Fachplanungsrecht blieb es in der Bauleitplanung bei dem Erfordernis, die förmliche **Offenlegung** eine Woche vor ihrem Beginn öffentlich bekannt zu machen, während bei Massenverfahren durch die Verringerung der Eingaben auf 50 Personen mit dem Fachplanungsverfahren gleichgezogen wurde. Ergeben sich im Aufstellungsverfahren gravierende Änderungen, die eine erneute Offenlegung erforderlich machen, konnte die Offenlegungsfrist auf zwei Wochen verkürzt werden (§ 3 III 2 BauGB 1998). Werden durch die Änderung oder Ergänzung des Entwurfs eines Bauleitplans die Grundzüge der Planung nicht berührt, konnte das vereinfachte Verfahren nach § 13 Nr. 2 BauGB entsprechend angewendet werden (§ 3 III 3 BauGB 1998). Weitere Sonderregelungen, die im BauGB-MaßnG bei Bürgerbeteiligungen zugunsten des Wohnungsbaus enthalten waren, wurden nicht in das BauGB übernommen.[148] 91

Im Unterschied zum Fachplanungsrecht verzichtete der Gesetzgeber auf **materielle Präklusionsregelungen.**[149] Während nicht rechtzeitig vorgetragene Einwendungen im Fachplanungsverfahren zum Ausschluss der Belange auch im späteren Gerichtsverfahren führen, bestehen derartige Ausschlusswirkungen in der Bauleitplanung nicht. Allerdings sind in der Rechtsprechung Mitwirkungslasten entwickelt. Nicht rechtzeitig vorgetragene Belange sind danach nur dann zu berücksichtigen, wenn sie für die planende Gemeinde erkennbar waren, sich dem Planer also geradezu aufdrängen mussten. Im Übrigen gehen nicht rechtzeitig geltend gemachte Belange auch in der Bauleitplanung unter.[150] 92

Bei der **Beteiligung der Träger öffentlicher Belange** nach § 4 BauGB stand der Grundsatz im Vordergrund, dass die Stellungnahmen in der Regel innerhalb von einem Monat geltend zu machen sind und nicht rechtzeitig vorgetragene Belange in der Abwägung nicht zu berücksichtigen sind, es sei denn, die verspätet vorgebrachten Belange sind der Gemeinde bekannt oder hätten ihr bekannt sein müssen oder sind für die Rechtmäßigkeit der Abwägung von Bedeutung (§ 4 III BauGB). Auch hier sah der Gesetzgeber von einer materiellen Präklusion ab.[151] 93

b) Keine Sonderregelungen für die neuen Länder. Einig waren sich bereits die Sachverständigen, dass die Sonderregelungen für die neuen Länder[152] nicht beibehalten werden konnten. Denn ein einheitliches Städtebaurecht in ganz Deutschland erschien nach der erforderlichen Übergangszeit unverzichtbar. Was in den ersten Jahren nach der deutschen Einheit im Interesse der jungen Länder dringend erforderlich war, hat heute im Interesse angestrebter einheitlicher Lebensverhältnisse in Ost und West seine Berechtigung verloren. Die vollständige Streichung der Sonderregelungen in § 246 a 1990/1993 BauGB war daher folgerichtig.[153] 94

---

147 In Zukunft sollten nur noch „Anregungen", keine „Bedenken" mehr vorgetragen werden können. Das war allerdings nicht mehr als eine sprachliche Vereinfachung, weil sich in der Sache dadurch nichts geändert hat.

148 BVerwGE 79, 200; DVBl. 1971, 757; DVBl. 1982, 1095; DVBl. 1985, 387; in diesem Sinne auch schon BVerwGE 19, 164 – zum BBauG 1960.

149 § 73 IV 3 und 4 VwVfG idF des GenBeschlG,

150 Den erweiterten Mitwirkungsrechten entsprechen daher Mitwirkungslasten.

151 Zu verfassungsrechtlichen Anforderungen BVerwG NJW 1984, 1250. Die Präklusion der Rügemöglichkeiten ist nur bei entsprechender rechtsstaatlicher Handhabung verfassungsrechtlich unbedenklich. Dabei muss die Präklusion durch Gründe des öffentlichen Wohls gerechtfertigt sein. Zudem dürfen die Verfahrensrechte der Beteiligten nicht unzulässig verkürzt werden. Der Gesetzgeber stellt dies durch die Regelung sicher, dass Belange im Abwägungsverfahren nur ausfallen dürfen, wenn sie nicht nach Lage der Dinge auch ohne das Vorbringen des beteiligten Trägers bekannt waren oder hätten bekannt sein müssen.

152 Zum bisherigen Städtebaurecht in den neuen Ländern Stüer DVBl. 1992, 266.

153 Für die neuen Länder hat dies folgende Änderungen bewirkt: Die Mitteilungspflichten an die Raumordnung (§ 246 a I Nr. 1 BauGB 1990/1993) ist entfallen, wobei allerdings weiterhin eine Abstimmung mit der Raumordnung über § 1 IV BauGB erforderlich ist. Entfallen ist auch die Sonderregelung zum vorzeiti-

95 **c) Harmonisierung von Satzungen.** Das Recht der städtebaulichen Satzungen wurde im Wesentlichen unverändert in das neue Städtebaurecht übernommen. Vorschläge, das Verfahren zur Aufstellung der bisher 15 städtebaulichen Satzungen zu vereinfachen und auf im Wesentlichen drei Aufstellungstypen zuzuschneiden,[154] wurden nicht aufgegriffen. Gestrichen wurden allerdings die bisherigen Regelungen über Vergnügungsstätten (§ 2 a BauGB-MaßnG).[155] Sie können auch ohne ausdrückliche gesetzliche Regelung Gegenstand von satzungsrechtlichen Regelungen sein, wenn eine entsprechende Rechtfertigung besteht. Allerdings muss der Bebauungsplan zugleich die Art der baulichen Nutzung festsetzen. Die erweiterte Abrundungssatzung des früheren § 2 a II BauGB-MaßnG[156] wurde als Ergänzungssatzung nach § 34 IV 1 Nr. 3 BauGB in das System der Innenbereichssatzungen integriert.[157] Die bisher in § 4 IV BauGB-MaßnG geregelte Außenbereichssatzung[158] wurde mit einigen redaktionellen Änderungen als § 35 VI BauGB übernommen. Vorschläge, das Recht der Innen- und Außenbereichssatzungen zu streichen, wie sie vor allem in der Schlichter-Kommission erörtert wurden, wurden nicht weiter verfolgt.

96 Die Regelungen über Fremdenverkehrssatzungen in § 22 BauGB fanden sich in neuem Gewande wieder. Im Gegensatz zur bisherigen Rechtslage war die Anwendbarkeit der Vorschrift nicht von einer Rechtsverordnung der jeweiligen Landesregierung abhängig, sondern erfasst alle Gemeinden, die oder deren Teile überwiegend durch den Fremdenverkehr geprägt sind (§ 22 BauGB). Die Sicherung solcher Gebiete kann in einem Bebauungsplan oder durch sonstige gemeindliche Satzung erfolgen. Der Gesetzgeber wurde zu einer derartigen Regelung wohl auch deshalb ermutigt, weil die früheren Regelungen in § 22 BauGB durch die Rechtsprechung auch vor dem Hintergrund der damit ermöglichten Eigentumseingriffe abgesegnet worden sind.[159] Nach der Neuregelung ist für die Vorgänge der Begründung oder Teilung von Wohnungseigentum in allen Gemeinden eine Genehmigung oder ein Negativattest der Gemeinde vorzulegen (§ 22 VI BauGB). Bisher entstand der Verwaltungsaufwand nur für Gemeinden, die in der Rechtsverordnung der Landesregierung als Fremdenverkehrsgemeinden bezeichnet worden waren.

97 **d) Anzeigeverfahren nach Landesrecht.** Vom Grundsatz her gestrichen wurde das bisherige Anzeigeverfahren. Nur Bebauungspläne, die nicht aus dem Flächennutzungsplan entwickelt sind, bedurften einer Genehmigung. Allerdings konnten die Länder nach § 246 I a BauGB bestimmen, dass aus dem Flächennutzungsplan entwickelte Bebauungspläne und Innenbereichssatzungen vor ihrem Inkrafttreten der höheren Verwaltungsbehörde anzuzeigen sind, die innerhalb von zwei Monaten zu reagieren hat.

98 **e) Teilungsgenehmigungssatzung im Planbereich.** Die im Gesetzgebungsverfahren umstrittene Frage, ob die Teilungsgenehmigungen nach den §§ 19 ff. BauGB beibehalten werden soll, ist schließlich iS einer eingeschränkten Beibehaltung in der Form einer Teilungsgenehmigungssatzung beantwortet worden. Die Landesregierungen hatten allerdings die Möglichkeit erhalten, dieses Satzungsrecht auszuschließen (§ 19 V BauGB).

99 **f) Erweiterte Vorkaufsrechte.** Das allgemeine Vorkaufsrecht in § 24 BauGB wurde auf unbebaute Flächen im Außenbereich, für die nach dem Flächennutzungsplan eine Nutzung als

---

gen Bebauungsplan (§ 246 I Nr. 3 BauGB). Die umfassenderen Genehmigungspflichten städtebaulicher Satzungen (§ 246 a Nr. 4 BauGB 1993) sind ebenso gestrichen wie Sonderregelungen für die Vorkaufsrechte (§ 246 a Nr. 7 BauGB 1993), die auch in den alten Ländern preislimitiert ausgeübt werden können (§ 28 III und IV BauGB). Durch die Neufassung des § 38 BauGB zur privilegierten Fachplanung ist auch die Sonderregelung in § 246 a Nr. 8 BauGB 1993 entbehrlich geworden. Ein einheitliches Recht gilt nunmehr auch im Bereich des Vertrauensschadens (§ 246 a Nr. 9 BauGB 1993) und im Enteignungsbereich. Hier wurden die Rückübertragungsansprüche (§ 246 a Nr. 10 BauGB 1993) in § 86 I Nr. 3 BauGB übernommen. Gestrichen wurden die bisherigen Sondervorschriften für Erhaltungssatzungen (§ 246 a Nr. 14 BauGB 1993) und für das Verfahren vor den Kammern und Senaten für Baulandsachen (§ 246 a Nr. 17 BauGB 1993). Die Überleitungsregelungen des § 246 a II bis V BauGB 1993 wurden in die Neuregelung des § 233 BauGB überführt.

[154] Bönker Harmonisierung des Rechts der städtebaulichen Satzungen, 1994; Stüer DVBl. 1995, 121.

[155] Zur bisherigen Rechtslage BVerwG DVBl. 1993, 657.

[156] BVerwG UPR 1994, 394.

[157] Zu den Innenbereichssatzungen Gerhards BauR 1990, 667.

[158] BVerwG NVwZ 1990, 962; Degenhart DVBl. 1993, 177.

[159] BVerwG NVwZ 1995, 271; BVerwGE 96, 217.

Wohnbaufläche oder Wohngebiet dargestellt ist (§ 24 I 1 Nr. 5 BauGB) und unbebaute Grundstücke im Gebiet eines Bebauungsplans, bei Planreife oder im der Art nach einheitlich geprägten nicht beplanten Innenbereich (§ 24 I 1 Nr. 6 BauGB) ausgedehnt. Für Flächen mit öffentlicher Zweckbestimmung oder naturschutzrechtlichen Ausgleichsmaßnahmen (§ 24 I 1 Nr. 1 BauGB) konnte das Vorkaufsrecht bereits mit dem Beschluss zur Aufstellung eines Bebauungsplans ausgeübt werden (§ 24 I 2 BauGB). Bei in Betracht kommenden Wohnbauflächen im Außenbereich reichte bereits ein Aufstellungsbeschluss aus (§ 24 I 3 BauGB). Die Gemeinde konnte das Vorkaufsrecht auch unter den Voraussetzungen des § 27 a BauGB zugunsten eines Dritten oder nach § 28 III und IV BauGB preislimitiert ausüben.

g) Baulandkataster. Gewisse Mobilisierungswirkungen auf den Grundstücksmarkt versprach man sich von der in § 200 III BauGB für die Gemeinden neu geschaffenen Möglichkeit, in einem Baulandkataster sofort oder in absehbarer Zeit bebaubare Flächen in Karten oder Listen auf der Grundlage eines Lageplans zu erfassen, der Flur- und Flurstücksnummern, Straßennummern, Straßennamen und Angaben zur Grundstücksgröße enthält. Derartige Möglichkeiten werden allerdings durch ein dem Grundstückseigentümer eingeräumtes Widerspruchsrecht eingeschränkt. 100

h) Bauplanungsrecht und Freistellungspolitik der Länder. Durch die Freistellungstendenzen in den Bauordnungen der Länder[160] war eine Abkoppelung des Rechts der planungsrechtlichen Zulässigkeit von Vorhaben nach den §§ 29 bis 37 BauGB vom landesrechtlich angeordneten Genehmigungs-, Zustimmungs- oder Anzeigeerfordernis unumgänglich. Der Bundesgesetzgeber ist allerdings nicht so weit gegangen, bundesgesetzlich ein Genehmigungsverfahren für alle städtebaulich relevanten Vorhaben anzuordnen, wie dies durchaus in Betracht gekommen wäre.[161] Nach § 29 I BauGB 1998 galten für Vorhaben, welche die Errichtung, Änderung oder Nutzungsänderung von baulichen Anlagen zum Inhalt haben, und für Aufschüttungen und Abgrabungen größeren Umfangs sowie für Ausschachtungen, Ablagerungen einschließlich Lagerstätten die §§ 30 bis 37 BauGB unabhängig davon, ob die Vorhaben nach dem Landesrecht genehmigungs-, zustimmungs- oder anzeigepflichtig sind. Die Länder wurden danach aus der im Wyhl-Urteil des BVerwG[162] hervorgehobenen Verpflichtung entlassen, für städtebaulich und bodenrechtlich relevante Vorhaben von einigem Gewicht ein förmliches Genehmigungs-, Zustimmungs- oder Anzeigeverfahren anzuordnen. 101

i) Befreiung nach § 31 II BauGB. Die Befreiungsregelungen in § 31 II BauGB und § 4 I a BauGB-MaßnG wurden in § 31 II BauGB zusammengefasst. Die Neufassung war von dem Bestreben gekennzeichnet, die Befreiungsvorschrift als eigenständige Legitimationsquelle über den engen Vollzug des Bebauungsplans treten zu lassen. 102

j) Streichung von § 34 III BauGB – Einkaufszentren. Auf der Strecke blieb die nach § 34 III BauGB 1986/§ 4 II BauGB-MaßnG vor allem zugunsten von gewerblichen Betrieben und von Wohnnutzungen bestehende Möglichkeit, im nicht beplanten Innenbereich auch Vorhaben planungsrechtlich zuzulassen, die nach § 34 I und II BauGB unzulässig sind. Danach konnten im nicht beplanten Innenbereich an sich unzulässige Erweiterungen, Änderungen, Nutzungsänderungen und Erneuerungen von zulässigerweise errichteten baulichen und sonstigen Anlagen zugelassen werden, wenn dies aus Gründen des Wohls der Allgemeinheit erforderlich war oder das Vorhaben einem Betrieb (§ 34 III Nr. 2 BauGB) oder Wohnzwecken (§ 4 II BauGB-MaßnG) diente und städtebaulich vertretbar war.[163] Die bisherige Regelung wurde nicht zuletzt im Hinblick auf die Möglichkeiten der Vorhaben- und Erschließungspläne für entbehrlich gehalten. Auch wurde sie vielleicht von manchem im System des § 34 BauGB als Fremdkörper empfunden, wurde allerdings durch das EAG Bau 2004 in etwas anderem Gewande wieder eingeführt (§ 34 III a BauGB). 103

Einkaufszentren, großflächige Einzelhandelsbetriebe und sonstige großflächige Handelsbetriebe nach § 11 III BauNVO konnten durch Landesrecht im **nicht beplanten Innenbereich nach** § 34 I 1 BauGB für unzulässig erklärt werden (§ 246 VII BauGB). 104

---

160 Ortloff NVwZ 1995, 112; Schulte Eildienst StT NRW 1995, 85; Stelkens NVwZ 1995, 325; Stüer/Ehebrecht-Stüer DVBl. 1996, 482; dies. DVBl. 1996, 482.

161 BVerwG NVwZ 1986, 208; Stüer/Ehebrecht-Stüer DVBl. 1996, 482.

162 BVerwGE 72, 300.

163 BVerwGE 84, 322.

5. Verhältnis der Bauleitplanung zu anderen Planungen

105 Die Bauleitplanung steht als Gesamtplanung in einem Spannungsfeld, das auch von anderen raumrelevanten Planungen mit besetzt wird. Dazu zählen einerseits die raumübergreifende Landes- und Regionalplanung, aber auch die Fachplanung.

106 **a) Verhältnis zu Raumordnung und Regionalplanung.** Das Verhältnis der Bauleitplanung zur Raumordnung wurde durch das ROG 1998 neu geregelt. Die wesentlichen Kernelemente dieses Verhältnisses, die durch das **Gegenstromprinzip** markiert werden,[164] blieben dabei erhalten. Die Entwicklung, Ordnung und Sicherung der Teilräume sollte sich danach in die Gegebenheiten und Erfordernisse des Gesamtraums einfügen, die Entwicklung, Ordnung und Sicherung des Gesamtraumes soll die Gegebenheiten und Erfordernisse seiner Teilräume berücksichtigen (§ 1 III ROG). Stärker als das bisherige Recht unterschied das ROG 1998 zwischen Zielen und Grundsätzen der Raumordnung. Die bindenden Ziele der Raumordnung[165] enthalten verbindliche Vorgaben in Form von räumlich und sachlich bestimmten oder bestimmbaren, vom Träger der Landes- und Regionalplanung abschließend abgewogenen textlichen oder zeichnerischen Festlegungen in Raumordnungsplänen zur Entwicklung, Ordnung und Sicherung des Raums (§ 3 I Nr. 2 ROG). Die der gemeindlichen Abwägung zugänglichen Grundsätze der Raumordnung beinhalten demgegenüber allgemeine Aussagen zur Entwicklung, Ordnung und Sicherung des Raums in oder auf Grund von § 2 ROG als Vorgaben für nachfolgende Abwägungs- oder Ermessensentscheidungen (§ 3 I Nr. 3 ROG). Ziele der Raumordnung sind von öffentlichen Stellen bei ihren raumbedeutsamen Planungen und Maßnahmen zu beachten (§ 4 I 1 ROG). Diese Zielbindung ist auch in dem Anpassungsgebot des § 1 IV BauGB niedergelegt. Die Anpassungspflicht der Gemeinden nach § 1 IV BauGB setzt allerdings nicht nur das Vorliegen eines hinreichend bestimmten bzw. bestimmbaren Ziels der Raumordnung, sondern auch dessen Rechtmäßigkeit voraus.[166] Die Grundsätze und sonstigen Erfordernisse der Raumordnung sind demgegenüber von öffentlichen Stellen bei raumbedeutsamen Planungen und Maßnahmen in die Abwägung einzustellen und daher durch Abwägung überwindbar (§ 4 II ROG 1998).[167]

107 **b) Verhältnis zur Fachplanung.** Das Verhältnis der Fachplanung zur Flächennutzungsplanung regelt § 7 BauGB. Öffentliche Planungsträger, die nach § 4 oder § 13 BauGB beteiligt worden sind, haben ihre Planungen dem Flächennutzungsplan insoweit anzupassen, als sie diesem Plan nicht widersprochen haben.[168] Der sprachlich verunglückte § 38 BauGB aF wurde neu gefasst und übersichtlicher gestaltet. Die Bestimmung regelt das Verhältnis der Fachplanung zur Bebauungsplanung. Die problematische Aufzählung einzelner privilegierter Fachplanungen wurde durch eine Generalklausel zugunsten einer Privilegierung von Fachplanungsverfahren mit überörtlicher Bedeutung ersetzt. Die Privilegierung erfasste alle Planfeststellungsverfahren oder sonstige Verfahren mit den Rechtswirkungen der Planfeststellung, zu denen vor allem die Plangenehmigungen für Vorhaben von überörtlicher Bedeutung gehören. Die Zulassung im Fachplanungsrecht hat dann neben einer formellen auch eine materielle Konzentrationswirkung. Es fallen darunter nicht nur Fachplanungsverfahren auf bundesrechtlicher, sondern auch auf landesrechtlicher Grundlage wie etwa wasserrechtliche oder abgrabungsrechtliche Vorhaben. Allerdings muss es sich um Vorhaben von überörtlicher Bedeutung handeln,[169] was zumeist eine gemeindeübergreifende Wirkung voraussetzt. Vorhaben mit lediglich örtlich begrenzter Wirkung nehmen demgegenüber an der Privilegierung nicht teil.[170] Dies hat eine nicht zu unterschätzende Bedeutung: Fachplanungsgesetze für privilegierte Vorhaben bestim-

---

[164] Löwer JuS 1975, 779; Depenbrock DVBl. 1977, 14.

[165] BVerwG NVwZ 1994, 285.

[166] OVG Lüneburg ZfBR 2012, 265; BVerwG NVwZ 2004, 220; BauR 2007, 1712.

[167] BVerwG BRS 67 Nr. 119 (2004); zu kategorialen Unterschieden von Zielen und Grundsätzen der Raumordnung Beckmann NWVBL 2024, 53 ff.

[168] Zur Konkurrenz von Fach- und Flächennutzungsplanung siehe Ziekow in Ziekow, Handbuch des Fachplanungsrechts, 2024, S. 184.

[169] BVerfG NJW 1981, 1659; BVerwG DVBl. 1988, 532; DVBl. 1988, 532; NVwZ 1996, 381.

[170] Eine überörtliche Planung iS des § 38 S. 2 BauGB 1986 ist regelmäßig dann gegeben, wenn das planfestzustellende Vorhaben das Gebiet von zumindest zwei Gemeinden tatsächlich berührt, so BVerwG NJW 1989, 242. Die „überörtliche" Zuständigkeit der Planfeststellungsbehörde ist dagegen für sich allein nicht entscheidend, so BVerwG NJW 1989, 242. Ist von einer überörtlichen Planung iS des § 38 2 BauGB 1986

men die Reichweite ihres Geltungsbereichs selbst und können daher auch die planungsrechtlichen Zulässigkeitsregelungen in den §§ 29 bis 37 BauGB ganz oder teilweise außer Kraft setzen. Der nicht privilegierten Fachplanung kommt diese Vorrangfunktion gegenüber dem Bauplanungsrecht nicht zu.

Die von einer Fachplanung betroffene Gemeinde ist auf die Rüge von Vorschriften beschränkt, die ihrem Schutz dienen. Gegen eine Planfeststellungsbeschluss kann sie ihr Rechtsmittel auf das in Art. 28 II 1 GG gewährleistete Selbstverwaltungsrecht oder ihr zivilrechtliches Eigentum stützen. Sie ist hingegen nicht befugt, sich im verwaltungsgerichtlichen Verfahren zur Sachwalterin der Allgemeinheit oder ihrer Bürger zu machen, um den Schutz des Eigentums oder der Gesundheit ihrer Bürger gerichtlich zu verfolgen.[171] Bestehende entgegenstehende Festsetzungen eines Bebauungsplans sind als öffentliche Belange des Städtebaus in die fachplanerische Abwägung einzubeziehen und entsprechend ihrem Gewicht zu berücksichtigen, sie können aber abwägend überwunden werden. Weder der Prioritätsgrundsatz noch das Gebot der Rücksichtnahme auf städtebauliche Belange in § 38 S. 1 Hs. 2 BauGB bedeuten, dass eine abweichende Planung gänzlich ausgeschlossen wäre.[172] 108

V. Umsetzung der Projekt-UVP-RL durch das ArtG 2001

Das Gesetz zur Umsetzung der UVP-Änd-Richtlinie,[173] der damals geltenden IVU-Richtlinie (heutigen IED-Richtlinie) und weiterer EG-Richtlinien zum Umweltschutz (ArtG 2001) hat folgende Gesetze[174] geändert:[175] UVPG, BImSchG, WHG, KrWG, AtG, BNatSchG, BauGB, FStrG, AEG, PersBefG, WaStrG, LuftVG, MBPlG, das Gesetz über den Bau und den Betrieb von Versuchsanlagen zur Erprobung von Techniken für den spurgeführten Verkehr, EnWG, UIG, ROG. Auf untergesetzlicher Ebene sind die 4. BImSchV, 9. BImSchV, 17. BImSchV, AtVfV und die UIGKostV (früher: UIGGebV) geändert worden. Mit dem komplexen Gesetzeswerk wurde der Versuch unternommen, die europarechtlichen Vorgaben vollständig in nationales Recht umzusetzen.[176] Im Bereich der Straßen betrifft dies nur die Bundesfernstraßen.[177] Für die übrigen Straßen hat der Bund keine Gesetzgebungskompetenz. Die einzelnen Bundesländer sind dementsprechend gehalten, selbst tätig zu werden. In den Bundesländern bestand vor dem Hintergrund der Aktivitäten des Bundes bisher eine eher abwartende Haltung. Die Länder hatten allerdings nach der Überleitungsvorschrift in § 25 UVPG aF unverzüglich, spätestens innerhalb von zwei Jahren, die dem § 3 d UVPG aF entsprechenden Vorschriften zu erlassen oder bestehende Vorschriften anzupassen. Solange die Länder nicht über eigene gesetzliche Regelungen verfügen, gelten für wasserwirtschaftliche Vorhaben mit Benut- 109

auszugehen, bestimmt das jeweilige Fachplanungsrecht, welche Maßgeblichkeit dem Bauplanungsrecht als Teil des materiellen Entscheidungsprogramms (noch) zukommt, so BVerwGE 55, 220; BVerwGE 70, 242.

171 OVG Lüneburg NdsVBl. 2024, VI-IX = juris Rn. 16; BVerwG Urt. v. 28.4.2016 - 9 A 8/15, juris.

172 OVG Lüneburg NdsVBl. 2024, VI-IX = juris Rn. 23.

173 Richtlinie 97/11/EG des Rates vom 3.3.1997 zur Änderung der UVP-Richtlinie 85/337/EWG über die UVP bei bestimmten öffentlichen und privaten Projekten, ABL. EG Nr. L 73, 5. Der Anwendungsbereich der RL ist erweitert worden. Die einer Regel-UVP zu unterziehenden Projekte des Anhangs I wurden von 9 auf 21 erweitert. Der Anhang II wurde um neue Projektarten ergänzt. Der neue Anhang III enthielt Kriterien für Schwellenwerte und sonstige Kriterien im Einzelfall; siehe dazu Becker NVwZ 1997, 1167; Enders/Krings DVBl. 2001, 1242; dies. DVBl. 2001, 1389; Feldmann DVBl. 2001, 589; Peters UVP 1999, 294; Schink DVBl. 2000, 312; ders NVwZ 1999, 11; Schmidt JZ 1997, 1042; Schmidt-Preuß DVBl. 1995, 485; Wahl ZUR 2000, 360; ders. NVwZ 2000, 502. Zur UVP in der Bauleitplanung und zum Umweltbericht Stüer BauR 2001, 1195.

174 Gesetz zur Umsetzung der UVP-ÄndRL, der IVU-Richtlinie und weiterer EG-Richtlinien zum Umweltschutz v. 27.7.2001 (BGBl. I, 1950).

175 Die Vorgaben des Europarechts sollten zunächst durch ein UGB umgesetzt werden, Unabhängige Sachverständigenkommission, UGB-Entwurf, 1998; BMU-Entwurf für ein Einführungsgesetz zum UGB, G I 4 – 41022, Stand: 23.4.1999; Hasche UTR 49 (1999), 159; Kloepfer/Durner DVBl. 1997, 1081; Krings UTR 45 (1998), 47.

176 Durch das Inkrafttreten der UVP-Richtlinie war bereits ein erheblicher Anpassungsbedarf entstanden, EuGH DVBl. 1999, 232 – EG gegen Deutschland; DVBl. 1999, 1494 – Kommission gegen Deutschland betreffend die Umweltinformationsrichtlinie; EuGH ZUR 2000, 284 – Kommission gegen Irland; Kommission gegen Deutschland – Rs. C-24/99 –.

177 Bundesfernstraßen gliedern sich nach § 1 II FStrG (BGBl. I 1994, 854) in Bundesautobahnen und Bundesstraßen mit den Ortsdurchfahrten.

zung oder Ausbau eines Gewässers (Nr. 13) und forstliche Vorhaben (Nr. 17 der Anlage 1 zum UVPG „Liste der UVP-pflichtigen Vorhaben") die bundesrechtlichen Regelungen entsprechend. Ist danach eine Vorprüfung nach Maßgabe des Landesrechts vorgesehen, erfolgt eine Vorprüfung des Einzelfalls. Soweit das Artikelgesetz 2001 den landesrechtlichen Bereich nicht regelt, verbleibt es bei der unmittelbaren Geltung der UVP-Richtlinie, bis die Länder eigene Umsetzungsregelungen erlassen.

110 Kernstück des Regelwerks für die **Fachplanung** war die Umsetzung der UVP-Änd-Richtlinie in das nationale Recht. Der Kreis der UVP-pflichtigen Projekte wurde durch die UVP-Änd-Richtlinie erheblich erweitert. Zudem sieht die UVP-Änd-Richtlinie für bestimmte Projekte ein Vorprüfungsverfahren vor, bei dem Merkmale und Standorte der Projekte sowie die potenziellen Auswirkungen der Projekte zu berücksichtigen sind. Neue Aufgaben daher, denen die Fachplanung gerecht werden musste. Bei weniger gravierenden Auswirkungen konnte bisher statt der Planfeststellung eine Plangenehmigung genutzt werden, die in einem vereinfachten Verfahren ohne Öffentlichkeitsbeteiligung die Rechtsgrundlage bildete. Für UVP-pflichtige Verfahren besteht diese Möglichkeit bei konsequenter Anwendung der UVP-Änd-Richtlinie nicht mehr. Neue Regelungen enthielt das Artikelgesetz 2001 daher durch eine Änderung des UVPG für die UVP-pflichtigen Projekte. Zudem wurden in den Fachplanungsgesetzen die Voraussetzungen für ein Plangenehmigungsverfahren neu bestimmt. UVP-pflichtige Vorhaben können bis auf eine Sonderregelung für das Fernstraßenrecht in den neuen Ländern nicht mehr durch Plangenehmigung zugelassen werden. Die UVP-pflichtigen und vorprüfungspflichtigen Vorhaben wurden in der Anlage 1 zum UVPG „Liste der UVP-pflichtigen Vorhaben" neu geregelt. Anlage 2 zum UVPG enthielt eine Kriterienliste, die bei dem durch das UVPG eingeführten Vorprüfungsverfahren anzuwenden ist.

VI. Europarechtsanpassungsgesetz Bau (EAG Bau 2004)

111 Durch das Europarechtsanpassungsgesetz Bau (EAG Bau 2004)[178] ist im Anschluss an das BauROG 1998 und das durch die UVP-Änd-Richtlinie 1997 veranlasste ArtG 2001[179] zum 20.7.2004 eine erneute, in ihren Auswirkungen durchaus beachtliche Änderung des Städtebaurechts in Kraft getreten. Geändert wurden das BauGB, das ROG und das UVPG.[180] Veranlasst wurde die Novelle durch die Plan-UP-RL,[181] die bis zu dem vorgenannten Zeitpunkt 2004 in nationales Recht umzusetzen war. Der danach unausweichliche Reformbedarf hat zugleich eine Reihe weiterer Änderungen nach sich gezogen, die quer durch das BauGB gehen.[182] Neben der **Umweltprüfung,** die Anlass und Kernstück des Gesetzes ist, hat das EAG Bau 2004 zu einer Reihe weiterer Änderungen des Städtebaurechts geführt.[183]

112 Das Baugeschehen ist ein Spiegel seiner Zeit. Neue Herausforderungen von Staat, Wirtschaft, gesellschaftlichen Gruppen und Umwelt schlagen sich auch in entsprechenden Rechts-

---

[178] Gesetzentwurf der Bundesregierung. Gesetz zur Anpassung des BauGB an EU-Richtlinien (EAG Bau 2004) vom 15.10.2003, Drs. 15/2250; Beschlüsse des Ausschusses für Verkehr, Bau- und Wohnungswesen (14. Ausschuss) vom 29.4.2004, Drs. 15/2996; Bericht der Unabhängigen Expertenkommission, August 2002; Planspiel BauGB 2004, Bericht über die Planspielstädte und Planspiellandkreise, vorgestellt im Ausschuss für Verkehr, Bau- und Wohnungswesen am 1.3.2004 in Berlin.

[179] Battis/Krautzberger/Löhr NVwZ 2001, 961; Jäde ZfBR 2005, 135; Kneip GewArch 2005, 12; Kobor JuS 2005, 1071; Krautzberger/Stemmler UPR 2001, 241; ders. UPR 2002, 121; ders. DVBl. 2002, 285; Stüer BauR 2001, 1195; ders. JURA 2002, 54.

[180] Die UVPG-Änderung betrifft allerdings ausschließlich Folgeänderungen von BauGB und ROG. Die Umsetzung der Plan-UP-RL im UVPG sowie in den Fachplanungsgesetzen steht noch aus.

[181] SUP-Richtlinie 2001/42/EG des Europäischen Parlamentes und des Rates vom 27.6.2001 über die Prüfung der Umweltauswirkungen bestimmter Pläne und Programme (ABl. EG vom 21.7.2001, Nr. L 197, Satz 30).

[182] Friege ThürVBl 2005, 217; Krautzberger DWW 2003, 318; ders. UPR 2004, 241 ders. UPR 2004, 401; ders. DVBl. 2005, 197; Krautzberger/Stüer BauR 2003, 1301; Kraft UPR 2004, 331; Ley DVP 2005, 45; Mitschang ZfBR 2004, 653; Pfalzgraf HGZ 2004, 238; Schliepkorte/Tünnemann ZfBR 2004, 645; Schmidt-Eichstaedt ZfBR 2005, 751; Schrödter NordÖR 2004, 317; Steinkemper VBlBW 2004, 401; Stüer/Upmeier ZfBR 2003, 214; Wagner/Engel BayVBl. 2005, 948. Zu den für das Grundbuchamt betreffenden Auswirkungen des EAG Bau Dümig RPfleger 2004, 461. Zu den Auswirkungen für die Landwirtschaft Dombert AUR 2004, 393.

[183] Zur Frage der subjektiven Rechte im EAG Bau aufgrund von Gemeinschafts- und Völkerrecht Waechter NordÖR 2006, 140.

normen nieder. Wer heute unter den Planungs- und Umweltrechtlern etwas auf sich hält, tritt in den Club der Nachhaltigkeit ein. Aber auch die Baukultur oder das den Gleichbehandlungsgedanken in der Gesetzessprache verwirklichende Gender Mainstreaming haben Konjunktur. Daneben treten Forderungen der kommunalen Seite auf eine stärkere interkommunale Abstimmung und der Berücksichtigung von Zielen der Raumordnung im Sinne einer interkommunalen Wehrfähigkeit. Aber auch das Baurecht auf Zeit bereichert das Planungsrecht.

In § 1 V 1 BauGB wird das schon im BauROG 1998 verankerte Prinzip der **Nachhaltigkeit** inhaltlich ausgestaltet, indem die Ausgleichsfunktion der Bauleitplanung für die sozialen, wirtschaftlichen und umweltschützenden Anforderungen an die Bodennutzung auch in Verantwortung gegenüber künftigen Generationen hervorgehoben wird. Anlass für diese Änderung ist die Betonung des Stellenwerts der Nachhaltigkeitspolitik. Dabei ist der Nachhaltigkeitsgedanke nicht ohne Charme. Wem es gelingt, die eigenen Anliegen als nachhaltig zu bezeichnen, der hat vielleicht sogar die Chance, in eine Optimierungsebene[184] einzutreten und sich über die einfachen Berücksichtigungsgebote zu erheben. Im Kern zielt der Grundsatz der Nachhaltigkeit nicht so sehr auf ein Bevorzugen der vorrangigen Belange und ein Zurückstellen der für nachrangig angesehenen Belange, sondern auf die Herstellung eines Mehrwerts für die Zieltrias Ökonomie, Soziales und Ökologie, also auf eine „Win-Win-Situation.[185] Allerdings könnte die Gefahr bestehen, dass bei einer Inflation des Nachhaltigkeitsgedankens sich (nur) auf einer höheren Ebene die konfligierenden Belange wieder finden, die sich bereits auf der Ebene der einfachen Belange gegenüber gestanden haben. Die Regelung wird aber wohl auch dazu beitragen, dass neben den wirtschaftlichen und sozialen Belangen auch die umweltschützenden Belange sowie die Verantwortung gegenüber künftigen Generationen stärker in den Blickpunkt geraten. So gesehen transportiert der Nachhaltigkeitsgedanke zugleich ein städtebauliches Leitbild und Programm. 113

Im Katalog der Belange sieht das Gesetz vor, dass auch „unterschiedliche Auswirkungen auf Frauen und Männer" als bei der Bauleitplanung zu berücksichtigende Belange aufgenommen werden. Dadurch wird dem Anliegen des **Gender Mainstreaming** Nachdruck verliehen, durch die Berücksichtigung unterschiedlicher Auswirkungen auf Frauen und Männer auch bei der Bauleitplanung auf das Ziel der tatsächlichen Gleichstellung von Frauen und Männern hinzuwirken – ein Gedanke, der bereits in Art. 3 II 2 GG angelegt ist. Und dies hat auch sprachliche Auswirkungen. Die Bürgerbeteiligung wird zur Öffentlichkeitsbeteiligung, die Trägerbeteiligung zur Behördenbeteiligung.[186] Dies war ohnehin durch europarechtliche Vorgaben angezeigt. 114

Das EAG Bau 2004 enthält mehrere Regelungen, die schlagwortartig unter dem Begriff der „Flexibilisierung" von Baurechten zusammengefasst werden können und die eine rechtliche Antwort auf Rückgänge im Siedlungswachstum, der Notwendigkeit einer verstärkten Wiedernutzung von Flächen zur Vermeidung von Außenentwicklungen und neuen, kurzlebigeren Nutzungsformen zB in den Bereichen Handel, Logistik, Freizeit Rechnung tragen sollen. Auch soll durch eine zeitliche Staffelung die Nachnutzung einer absehbar befristeten Nutzung ermöglicht werden. Beispiele hierfür sind etwa eine Freizeit-, Hotel- und Wohnnutzung nach Abschluss einer zunächst festgesetzten Auskiesung oder das Paradebeispiel der Expo Hannover. Das bisherige Baurecht war statisch angelegt. Es konnte nur eine Nutzung sozusagen auf Dauer festgesetzt werden, die zeitlich nicht befristet werden konnte. Das neue Recht will hier dem Gedanken Rechnung tragen, dass auch das Baurecht einem ständigen Wandel unterworfen ist. Der geradezu philosophische Grundsatz „Nichts bleibt ewig", ist das hinter den Neuregelungen stehende Leitmotiv.[187] 115

Die andere Änderung im Recht der Bauleitplanung, die auf eine **„Dynamisierung"** planerischer Festsetzungen zielt, betrifft § 9 BauGB: In den Katalog der planerischen Festsetzungsmöglichkeiten nach § 9 BauGB wurde für besondere städtebauliche Situationen die Möglichkeit zur Festsetzung befristeter oder auflösend bedingter Nutzungen eingeführt. Hiermit soll einem Bedürfnis in der Planungspraxis Rechnung getragen werden, in Anbetracht der zunehmenden Dynamik im Wirtschaftsleben und den damit verbundenen kürzeren Nutzungszyklen von Vorhaben die zeitliche Nutzungsfolge berücksichtigen zu können. Auch dieser Vor- 116

184 Zu den Optimierungsgeboten Hoppe DVBl. 1992, 853; ders. DVBl. 1993, 573; Bartlsperger DVBl. 1996, 1.

185 Krautzberger UPR 2001, 130; Stüer/Hermanns DVBl. 2004, 746.

186 Zugleich wurde mit dieser Umbenennung den europarechtlichen Vorgaben in Art. 6 Plan-UP-RL entsprochen.

187 So auch die Verhandlungen beim 14. Verwaltungsrichtertag, Stüer/Hermanns DVBl. 2004, 746.

schlag geht auf eine Empfehlung der Unabhängigen Expertenkommission zur Novellierung des BauGB zurück.

117 Für den **städtebaulichen Vertrag**[188] wird in § 11 I 2 Nr. 2 BauGB die Möglichkeit von Befristungen und Bedingungen eingefügt. Das Gesetz greift diese städtebauliche Thematik im Übrigen auch mit einer Rückbauverpflichtung bei bestimmten Außenbereichsvorhaben (§ 35 V 2 BauGB) und mit der Neuregelung zum Stadtumbau (§§ 171 a bis 171 d BauGB) auf. Der Hauptanwendungsbereich von Befristungen und Bedingungen wird allerdings im Bereich des vorhabenbezogenen Bebauungsplans und der städtebaulichen Verträge liegen.

118 Der **vorhabenbezogene Bebauungsplan**, der nach der Wiedererlangung der Deutschen Einheit nicht nur in den neuen Bundesländern einen Siegeszug angetreten hat, ist auf ein konkretes Vorhaben gerichtet und muss daher nach Auffassung des BVerwG entsprechende Festsetzungen enthalten. Er ist zwar nicht an den Festsetzungskatalog des § 9 BauGB und den der BauNVO gebunden.[189] Es reicht aber nicht aus, dass der Plan selbst allgemein gehalten ist und sich das konkrete Vorhaben erst aus der Begründung oder dem Durchführungsvertrag ergibt.[190] Zudem schränkt der Grundsatz der Angemessenheit der Leistungen die Regelungsmöglichkeiten in städtebaulichen Verträgen ein.[191]

119 Die **planungsrechtliche Zulässigkeit** von Vorhaben ist vor allem bei Innenbereichs- und Außenbereichsvorhaben geändert bzw. ergänzt worden. Zu nennen sind hier etwa die stärkere Betonung raumordnerischer Belange bei Innenbereichsvorhaben, die Wiedereinführung des § 34 III BauGB 1986 als neuer § 34 III a BauGB und die Erweiterung des Zulässigkeitskatalogs von privilegierten Außenbereichsvorhaben. Die Innenbereichs- und Außenbereichssatzungen haben sich dabei – wenn auch teilweise äußerst knapp – über die parlamentarischen Hürden gerettet.

120 Für Vorhaben im **nicht beplanten Innenbereich** sind drei Änderungen zu verzeichnen: Auch Fernwirkungen von Vorhaben im Innenbereich können zu deren planungsrechtlicher Unzulässigkeit führen (§ 34 III BauGB). Bei einer städtebaulichen Vertretbarkeit und bei einer Berücksichtigung nachbarlicher Belange kann im Einzelfall auch eine Gemengelage im Innenbereich zugelassen werden (§ 34 III a BauGB). Die Innenbereichssatzungen sind von einer Umweltprüfung freigestellt, wenn sie keine UVP-pflichtigen Vorhaben ausweisen (§ 34 V BauGB).

121 Vor dem Hintergrund von städtebaulichen Fehlentwicklungen vornehmlich bei großflächigen **Einzelhandelsprojekten** wird die zu § 2 II 2 BauGB 2004 vorgenommene Regelung zum Schutz zentraler Versorgungsbereiche in der gemeindenachbarliche Abstimmung um eine in der Zielsetzung korrespondierende Regelung zu § 34 BauGB ergänzt: § 34 BauGB knüpft die Zulässigkeit von Vorhaben innerhalb der im Zusammenhang bebauten Ortsteile im Wesentlichen daran, dass sich das Vorhaben in die Eigenart der näheren Umgebung einfügen muss.[192] Diese Regelung hat sich, insbesondere was größere Vorhaben wie großflächige Einzelhandelsbetriebe angeht, insofern in der Praxis als unzureichend erwiesen, als die Berücksichtigung der über die nähere Umgebung hinausgehenden sog. Fernwirkungen[193] keine Zulässigkeitsvoraussetzung ist. Denn die Wahrung der öffentlichen Belange, die vormals neben dem Einfügungsgebot Voraussetzung der planungsrechtlichen Zulässigkeit eines Innenbereichsvorhabens war, ist mit dem Inkrafttreten des BauGB 1987 gestrichen worden. Belange der Raumordnung wurden daher vom BVerwG bei Innenbereichsvorhaben nicht mehr geprüft.[194] Die Berücksichtigung der städtebaulichen Auswirkungen, die über die maßgebliche Umgebung hinausgehen und sich auch in Nachbargemeinden zeigen können, wurde deshalb nunmehr wieder – auch insoweit Vorschlägen der Unabhängigen Expertenkommission folgend – in § 34 III BauGB aufgenommen. Dies betrifft Auswirkungen auf zentrale Versorgungsbereiche in der Gemeinde und anderen Gemeinden.

122 In § 34 III a BauGB wurde – auf Vorschlag des Bundesrates[195] – eine an § 34 III BauGB 1987 orientierte Regelung eingeführt, die im Einzelfall eine Befreiung von den nach § 34 I

188 Krautzberger ZfBR 2003, 210; Stüer/König ZfBR 2000, 528.
189 BVerwG NVwZ 2003, 98.
190 BVerwGE 119, 45; so auch BVerwG NJW 1999, 3573.
191 BVerwGE 92, 56; NVwZ 2000, 1285; BGHZ 153, 93; BVerwG NVwZ 2009, 1109 m. Anm. Gatz, jurisPR-BVerwG 12/2009 Anm. 2 – städtebaulicher Vertrag; Stüer/König ZfBR 2000, 524; Grziwotz ZfIR 2009, 470.
192 BVerwGE 55, 369.
193 BVerwGE 68, 369.
194 BVerwG NVwZ 1994, 285.
195 BT-Drs. 15/2250.

BauGB erforderlichen Zulässigkeiten erlaubt § 34 III BauGB 1987 war mit dem BauROG 1998 aufgehoben worden. Die Abweichung von § 34 I BauGB kommt nur bei der Errichtung, Änderung, Nutzungsänderung oder Erneuerung eines in zulässiger Weise errichteten Gewerbe- oder Handwerksbetriebs in Betracht, sofern die Abweichung städtebaulich vertretbar[196] und auch unter Würdigung nachbarlicher Interessen mit den öffentlichen Interessen vereinbar ist. Die Befreiung ist nach § 34 III a 2 BauGB auf Einzelhandelbetriebe, welche die verbrauchernahe Versorgung der Bevölkerung beeinträchtigen[197] oder schädliche Auswirkungen auf zentrale Versorgungsbereiche in der Gemeinde oder in anderen Gemeinden haben können, nicht anzuwenden.[198]

Mit § 34 III a BauGB findet auch die Rechtsprechung des BVerwG zu § 34 III BauGB 1987 wieder ein Anwendungsfeld. Das BVerwG hatte für die Möglichkeit der städtebaulichen Eingliederung von Fremdkörpern in eine andersartige Umgebung auf die Planungsleitlinien des § 1 VI BauGB und das Abwägungsgebot des § 1 VII BauGB verwiesen. Was nicht durch Bauleitplanung planbar ist und was den städtebaulichen Grundsätzen des § 1 BauGB nicht entspricht, ist auch nicht städtebaulich vertretbar. Eine Vereinbarkeit mit städtebaulichen Belangen kann demgegenüber gegeben sein, wenn die mit der Erweiterung des Betriebes verbundenen Spannungen zugleich gemindert oder wenigstens ausgeglichen werden. Das Tatbestandsmerkmal der städtebaulichen Vertretbarkeit ermöglicht, Vor- und Nachteile des Vorhabens in einer dem Baugenehmigungsverfahren sonst fremden[199] kompensatorischen Weise gegeneinander abzuwägen. Damit wird ein planerisches Element in die Entscheidung über ein einzelnes Vorhaben einbezogen. 123

Die **Innenbereichssatzungen** sind von der Genehmigungspflicht insgesamt freigestellt worden. 124

Das **Bauen im Außenbereich** wurde bei fast jeder Änderung des BauGB erweitert. In den Gesetzesberatungen standen dabei die Intensivtierhaltung, die Erweiterung des Begriffs der Landwirtschaft, die Biogasanlagen, das Darstellungsprivileg, erweiterte Zurückstellungsmöglichkeiten, die Rückbauverpflichtungen, die teilprivilegierten Vorhaben und die Außenbereichssatzungen auf dem Programm.[200] 125

Die Aufzucht und das Halten von Nutztieren in großen Stallanlagen **(Intensivtierhaltung)**, insbesondere von Geflügel und Schweinen, haben in einigen Regionen Deutschlands in einem erheblichen Umfang zugenommen. Hierdurch können in einzelnen Gemeinden die Entwicklungsmöglichkeiten für Siedlungszwecke und die Funktion des Außenbereichs nachhaltig gestört werden. Die Vorhaben sind unzulässig, wenn ihnen öffentliche Belange entgegenstehen. Dabei kommt den öffentlichen Belangen iS des § 35 III BauGB in Bezug auf schädliche Umwelteinwirkungen zumeist kein weiter gehender Umgebungsschutz als den entsprechenden Vorschriften des Immissionsschutzrechts zu. 126

Der RegE sah hierzu korrespondierende Änderungen im Recht des Flächennutzungsplans sowie in § 35 BauGB vor: Durch die Einführung weiterer Steuerungsmöglichkeiten im Rahmen der Flächennutzungsplanung sollten Fehlentwicklungen besser vermieden werden können. Hierdurch soll auch der Schutz des Interesses der Gemeinde, bestimmte Flächen (zB in Ortsrandlagen) im Außenbereich für künftige Siedlungsentwicklungen freizuhalten, gestärkt werden. Für die Flächennutzungsplanung sollten hierzu zwei neue Darstellungsmöglichkeiten vorgesehen werden: die Eignungsfläche und die Belastungsfläche. Weist die Gemeinde in einem Flächennutzungsplan eine Eignungsfläche für „Intensivtierhaltung" aus, sollte darin die Aussage enthalten sein, dass diese Fläche grundsätzlich für ein solches Vorhaben geeignet ist. Zugleich sollte diese Darstellung im Außenbereich in der Regel den Ausschluss von Vorhaben der Intensivtierhaltung außerhalb der Eignungsfläche zur Folge haben. Stellt die Gemeinde im Flächennutzungsplan eine Belastungsfläche „Intensivtierhaltung" dar, so sollte dies nach der vorgeschlagenen Neufassung des § 35 III 3 BauGB einem entsprechenden Vorhaben auf dieser Fläche als öffentlicher Belang in der Regel entgegenstehen. Gleiche Rechtswirkungen wie durch die Darstellungen im Flächennutzungsplan sollten auch erzielt werden können, wenn entsprechende Festlegungen als Ziele der Raumordnung erfolgt sind. 127

196 BVerwGE 84, 322.
197 VGH München Beschl. v. 27.6.2007 – 15 CS 07.406, juris.
198 Hierzu auch die gleichfalls mit dem EAG Bau 2004 neu eingefügte Vorschrift des § 34 III BauGB.
199 BVerwGE 55, 369.
200 Zu Bodenschutz und Baurecht auf Zeit im Außenbereich Krautzberger UPR 2010, 81.

128 Der Bundestag hat diese Regelungsvorschläge zu §§ 5, 35 III BauGB nicht übernommen. Insoweit verbleibt es daher bei der bisherigen Rechtslage.[201] Den Gemeinden bleibt jedoch die Ausweisung entsprechender „Konzentrationszonen" – wie nach dem bereits geltenden Recht – unbenommen. § 35 III 3 BauGB setzt diese Möglichkeit voraus. Für die Intensivtierhaltung iS § 35 I Nr. 4 BauGB besteht dann zur Sicherung entsprechender Planungsvorhaben die durch das EAG Bau 2004 eingeführte Möglichkeit der Zurückstellung von Vorhaben.

129 Zur Förderung des Strukturwandels in der Landwirtschaft soll die Herstellung und Nutzung von aus **Biomasse erzeugtem Gas** im Zusammenhang mit landwirtschaftlichen Betrieben durch die Aufnahme eines entsprechenden Privilegierungstatbestandes in § 35 I Nr. 6 BauGB erleichtert werden. Die Privilegierung kommt Betrieben iS § 35 I Nr. 1, Nr. 2 und Nr. 4 BauGB zugute, soweit diese Tierhaltung betreiben. Die elektrische Leistung darf 0,5 MW nicht überschreiten.

130 Der RegE hatte die Streichung der **Außenbereichssatzung** nach § 35 VI BauGB vorgesehen. Das vom Deutschen Bundestag beschlossene Gesetz hält demgegenüber an der Außenbereichssatzung fest, stellte sie von der Genehmigungspflicht frei, begrenzte aber ihren Anwendungsbereich entsprechend der Regelung bei den Innenbereichssatzungen. Die Länder haben nach § 246 I a BauGB die Möglichkeit, für die Satzung das Anzeigeverfahren einzuführen.

131 Die **Bodenordnung** hat für die Baulandbereitstellung hohe Bedeutung. Das bestehende Instrumentarium, vor allem das Umlegungsrecht (§§ 45 ff. BauGB), hat sich nach Einschätzung der Praxis grundsätzlich bewährt. Allerdings besteht ein Bedarf an Vereinfachung, der vor allem von Seiten der Kommunalen Spitzenverbände geltend gemacht worden ist, für solche Fälle, in denen nicht im stärkeren Maße in vorhandene Strukturen und Bestände eingegriffen werden soll. In diesen Fällen kann die Neuordnung in einem weniger aufwändigen Verfahren als dem umfassenden, „klassischen" Umlegungsverfahren erfolgen. Die hierzu – wie auch zu weiteren Bereichen des Bodenordnungsrechts – getroffenen Regelungen folgen im Wesentlichen dem Bericht des Sachverständigengremiums zur Fortentwicklung des Rechts der Bodenordnung nach dem BauGB.[202] Dem genannten Anliegen wird durch die Fortentwicklung der Grenzregelung zu einer vereinfachten Umlegung entsprochen. Die Grenzregelung weist zwar bereits gegenüber der Umlegung ein stark vereinfachtes Verfahren auf, hat nach geltendem Recht indes zugleich einen zu engen Anwendungsbereich, um in dem erforderlichen Umfang zu einer Beschleunigung und Erleichterung der Grundstücksneuordnung beizutragen.

132 Die Neuregelung sieht daher vor, Zweck und Reichweite der **vereinfachten Umlegung**, wie im normalen Umlegungsverfahren, zugunsten der Ermöglichung einer wirtschaftlichen und zweckmäßigen Bebauung durch Neuordnung der Grundstücksgrenzen auszugestalten und hierzu nicht nur einen Tausch von Grundstücksteilen bzw. Grundstücken unter unmittelbar aneinander grenzenden Grundstücken (wie im geltenden Grenzregelungsrecht), sondern auch unter Einbeziehung weiterer Grundstücke zu ermöglichen, die in enger Nachbarschaft liegen. Diese Verfahrenserleichterung bei der Bodenordnung mit dem Ziel einer wirtschaftlichen Ausnutzung von Grundstücken soll insbesondere auch einer Verringerung der Flächeninanspruchnahme zugutekommen. Da die Grenzregelung in ihrer bisherigen gesetzlichen Ausgestaltung von der vereinfachten Umlegung mit umfasst ist, kann auf eigenständige Vorschriften zur Grenzregelung verzichtet werden.

133 Das bestehende deutsche Rechtssystem der **Unbeachtlichkeits- und Heilungsvorschriften** wird für den Bereich der Bauleitplanung mit dem Konzept der gemeinschaftsrechtlichen Vorgaben strukturell harmonisiert. Zugleich wird die europarechtlich vorgegebene Stärkung des Verfahrensrechts mit entsprechenden Regelungen zur Bestandssicherheit der städtebaulichen Pläne und Satzungen verbunden. Dies entspricht den Empfehlungen der Unabhängigen Expertenkommission zur Novellierung des BauGB. Der bisherige § 214 III BauGB wird im neuen § 214 I BauGB an die Betonung des Verfahrens in den neuen Regelungen zur Bauleitplanung angeglichen, indem anstelle der bisherigen Überprüfung des Abwägungsvorgangs an die Überprüfung der verfahrensbezogenen Elemente des Ermittelns und Bewertens der von der Planung berührten Belange angeknüpft wird.

134 Dementsprechend soll der Sinn und Zweck von **Öffentlichkeits- und Behördenbeteiligung**, nämlich die Gewährleistung einer materiell richtigen Entscheidung, durch sorgfältige Er-

---

201 Grundlegend BVerwGE 77, 300. Zur Regionalplanung Hoppe BayVBl. 2002, 129; ders. BayVBl. 2002, 754; ders. NVwZ 2004, 282; ders. DVBl. 2004, 478; zum Darstellungsprivileg Stüer/Stüer NuR 2004, 341.

202 Stemmler DVBl. 2003, 135.

mittlung und Bewertung der von der Planung berührten Belange im Verfahren der Öffentlichkeits- und Behördenbeteiligung, stärker berücksichtigt werden. In der Rechtsprechung ist anerkannt, dass die Einhaltung bestimmter Verfahren indizielle Bedeutung für die mit der Verfahrensanforderung zu gewährleistende materielle Rechtmäßigkeit der Entscheidung haben kann.[203]

Die bisher nur für Behörden normierte Pflicht, Stellungnahmen rechtzeitig im Verfahren vorzubringen, wurde mit dem EAG Bau 2004 auch für die **Öffentlichkeit** erstmals im BauGB verankert. Nach der neu gefassten Präklusionsregelung. müssen nicht fristgerecht vorgebrachte Stellungnahmen nur berücksichtigt werden, soweit die Gemeinde sie kannte oder hätte kennen müssen (§ 214 I Nr. 1, III BauGB). Hierauf soll die Öffentlichkeit bei der Bekanntmachung hingewiesen werden. Es gilt im Übrigen eine einheitliche Frist von zwei Jahr für die Geltendmachung von Verfahrens- und Formfehlern, Fehlern beim Entwicklungsgebot und beachtlichen Mängeln des Abwägungsvorgangs gegenüber der Gemeinde. Die Frist für die Rüge derartiger Mängel fällt daher mit der Zweijahresfrist für die Erhebung eines Normenkontrollantrags (§ 47 II VwGO) zusammen. Nach Fristablauf können nur noch materielle Abwägungsfehler gerügt werden. 135

Die Überleitung für das EAG Bau 2004 ist vor allem in § 244 BauGB geregelt. Die Überleitungsregelung des § 245 c BauGB 2001 für Bebauungspläne, die einer Umweltverträglichkeitsprüfung nach der Projekt-UVP-RL unterlagen, wurde durch eine neue Überleitungsregelung ersetzt. Sie bildet für Bauleitpläne und Satzungen eine Spezialregelung zur Generalnorm des § 233 I BauGB. Die neue Überleitungsregelung wird allerdings eingeschränkt, um eine europarechtskonforme Umsetzung der Plan-UP-RL und der Projekt-UVP-RL zu gewährleisten. Im Übrigen ergeben sich für einzelne Vorschriften weitere Überleitungsregelungen. In einem Bebauungsplanaufstellungsbeschluss, der nicht ortsüblich bekannt gemacht worden ist, kann keine förmliche Verfahrenseinleitung im Sinne von § 244 I BauGB liegen.[204] Hat die Gemeinde demgegenüber einen Bebauungsplan als Satzung beschlossen und ihn gemäß § 10 III BauGB bekannt gemacht, ist das Verfahren iS des § 244 I BauGB abgeschlossen, auch wenn der Plan zur Behebung eines Ausfertigungsmangels zu einem späteren Zeitpunkt durch ein ergänzendes Verfahren mit unverändertem Inhalt erneut bekannt gemacht wird.[205] Eine **unverändert gebliebene Regelung** entfaltet durch die Änderung einer anderen Bestimmung der ursprünglichen Satzung keine neue belastende Wirkung. Denn wenn die unveränderte Regelung lediglich bei Gelegenheit der Änderung neu (mit)veröffentlicht worden ist, handelt es sich – hinsichtlich der unveränderten Regelung – um eine schlicht deklaratorische **Neubekanntmachung.**[206] 136

§ 244 II 1 BauGB stellt sicher, dass Bebauungsplanverfahren, die nach der unmittelbaren Geltung der Projekt-UVP-Änderungsrichtlinie am 14.3.1999 eingeleitet worden sind und die nicht von der Plan-UP-RL erfasst werden, nach den Bestimmungen des Artikelgesetzes vom 27.7.2001 zu Ende geführt werden, soweit sie von diesen erfasst werden.[207] Die Vorschrift bildet eine Spezialregelung zur Generalregel des § 233 I 1 BauGB, da dieser an das Inkrafttreten einer Gesetzesänderung anknüpft, für die vom Artikelgesetz erfassten Fälle jedoch bereits der Zeitpunkt des Ablaufs der Umsetzungsfrist der Projekt-UVP-Änderungsrichtlinie maßgeblich ist. Die Vorschrift entspricht dem Regelungsgehalt des bisherigen § 245 c I BauGB 2001.Für die von dem bisherigen § 245 c II und III BauGB 2001 erfassten Fälle bedurfte es keiner ausdrücklichen Regelung, da insofern § 233 I BauGB greift. Danach werden Bebauungsplanverfahren, die vor dem 14.3.1999 eingeleitet worden sind und vor dem 20.7.2006 abgeschlossen werden, nach den bisher für sie geltenden Rechtsvorschriften abgeschlossen. Liegen die Voraussetzungen für ein vereinfachtes Verfahren bei einem Bebauungsplan, der nach dem 20.7.2006 durch ortsübliche Bekanntmachung in Kraft gesetzt wurde, nicht vor, ist sowohl die Durchführung einer Umweltprüfung als auch die Erstellung eines Umweltberichtes erforderlich. Umfasst ein solcher Verfahrensfehler nicht nur einzelne Festsetzungen, sondern den gesamten Bebauungsplan, ist er insgesamt unwirksam.[208] 137

§ 244 II 2 BauGB nimmt klarstellend die auch in dem bisherigen § 245 c II HS 2 BauGB enthaltene Regelung des § 233 I 1 BauGB auf. 138

---

203 BVerwG NVwZ 1996, 788; EuGH NVwZ 2004, 517; Stüer/Hönig DVBl. 2004, 481.
204 OVG Koblenz NVwZ-RR 2007, 158.
205 BVerwG NVwZ 2007, 1310.
206 BVerwG BRS 71 Nr. 47 (2007).
207 VGH Mannheim NVwZ-RR 2008, 676.
208 OVG Berlin-Brandenburg BauR 2008, 1669.

139 § 244 III BauGB stellt sicher, dass die Verpflichtung zur Überwachung von Bauleitplänen und Satzungen nach § 34 IV 1 BauGB nach § 4 c BauGB und die durch § 4 III BauGB unterstützend angeordnete Informationsbeschaffung durch die Fachbehörden im Wesentlichen nur für solche Bauleitpläne und Satzungen nach § 34 IV 1 BauGB gelten, die in den zeitlichen Geltungsbereich der Plan-UP-RL fallen. Für bereits rechtsverbindliche Bebauungspläne auf der Grundlage des alten Rechts gilt die Monitoring-Pflicht daher nicht. Nur Bebauungspläne, die auf der Grundlage des EAG Bau 2004 aufgestellt oder zu Ende geführt werden, unterliegen daher der Verpflichtung eines Monitorings nach § 4 c BauGB.

140 Vorschläge, die **BauNVO** mit dem Ziel der stärkeren Nutzungsmischung zu novellieren, konnten sich im Gesetzgebungsverfahren nicht durchsetzen. So war bereits im Zusammenhang mit der Vorbereitung des BauROG 1998 vorgeschlagen worden, das reine Wohngebiet zu streichen und für das Maß der baulichen Nutzung in § 17 BauNVO lediglich Orientierungswerte – nicht wie bisher Höchstwerte – vorzugeben. Es soll jedoch nach einem Beschluss des Bundestages zu gegebener Zeit eine umfassendere Reform der BauNVO in Aussicht genommen werden. Inzwischen sind durch das Baulandmobilisierungsgesetz 2021 die bisherigen Höchstwerte in § 17 BauNVO durchweg zu Orientierungswerten geworden.

VII. BauGB-Novelle 2007

141 Zum 1.1.2007 traten durch das Gesetz zur Erleichterung von Planungsvorhaben für die Innenentwicklung[209] erneut Änderungen in Kraft.[210] Die wichtigsten Inhalte des Gesetzes sind:

- **Einführung eines beschleunigten Verfahrens für Bebauungspläne der Innenentwicklung**, die der Wiedernutzbarmachung von Flächen, der Nachverdichtung oder anderen Maßnahmen der Innenentwicklung dienen. Diese unterliegen im Rahmen des europarechtlich Zulässigen keiner förmlichen Umweltprüfung. Sie sind begrenzt auf Bebauungspläne mit einer nutzbaren Grundfläche von bis zu 20.000 m² oder nach einer Vorprüfung von 20.000 m² bis 70.000 m². Elemente des beschleunigten Verfahrens sind die entsprechende Anwendung der Vorschriften über das vereinfachte Verfahren nach § 13 II und III BauGB, der Verzicht auf die parallele Änderung des Flächennutzungsplans und in den Fällen ohne Vorprüfung das Entfallen der Erforderlichkeit eines Ausgleichs für Eingriffe in Natur und Landschaft.
- **Sicherung zentraler Versorgungsbereiche und der verbrauchernahen Versorgung:** Der im Jahre 2004 eingeführte § 34 III BauGB (Vorhaben dürfen keine schädlichen Auswirkungen auf zentrale Versorgungsbereiche haben) kann in einem einfachen Bebauungsplan umgesetzt werden.
- **Vorhaben- und Erschließungspläne:** Die Nutzungen können auch im zugrunde liegenden Bebauungsplan allgemein festgesetzt werden. Zulässig ist aber jeweils nur die im Durchführungsvertrag vereinbarte Nutzung.
- **Wohnbauvorhaben im nicht geplanten Innenbereich:** Vom Erfordernis des Einfügens in die Eigenart der näheren Umgebung kann bei bestimmten Wohnzwecken dienenden Maßnahmen abgewichen werden.
- **Beschleunigung und Erleichterung des Abschlusses von Sanierungsverfahren:** In bestimmten Fällen kann sich die Höhe der Ausgleichsbeträge nach den Kosten richten, für die Beiträge für den Ausbau von Straßen erhoben werden können.[211]
- **„Unbeachtlichkeitsklauseln" und Normenkontrolle:** Nach der 2007 neu eingeführten Präklusionsregelung sind Normenkontrollanträge unzulässig, wenn nicht bereits im Rahmen der förmlichen Öffentlichkeitsbeteiligung erhebliche Abwägungsbelange geltend gemacht worden sind. Die Frist für die Geltendmachung von Fehlern und für Normenkontrollanträge wurde von bisher zwei Jahren auf ein Jahr verkürzt.[212]

142 **Kernstück** der BauGB-Novelle 2007 ist das **beschleunigte Verfahren für Bebauungspläne der Innenentwicklung** in § 13 a BauGB. Die planenden Städte und Gemeinden sollen

---

[209] V. 21.12.2007 (BGBl. I 3316).

[210] Koalitionsvereinbarung von CDU/CSU und SPD vom 11.11.2005.

[211] Battis/Krautzberger/Löhr NVwZ 2007, 121; Bienek SächsVBl 2007, 49; Engel KommPraxis 2007, 44; Kintz JuS 2007, 639; Kment DVBl. 2007, 1275; Krautzberger UPR 2006, 405; ders. UPR 2007, 53; ders. UPR 2007, 170; ders. DWW 2007, 4; Franz Otto NJ 2007, 63; Stemmler/Florian/Hohrmann ZfBR 2007, 224; Riedel NZBau 2007, 90; Uechtritz BauR 2007, 476.

[212] Zum Einfluss der Neuregelungen auf das Abwägungsgebot Erbguth JZ 2006, 484; Pieper Jura 2006, 817.

durch ein vereinfachtes Aufstellungsverfahren ihre Planungen weitgehend gefahrlos auf die Innenentwicklung konzentrieren können. Für Bebauungspläne der Innenentwicklung – das Gesetz benennt hierzu als Beispiel: die Wiedernutzbarmachung von Flächen, der Nachverdichtung oder anderen Maßnahmen der Innenentwicklung – wurde in Anlehnung an die Regelungen über die vereinfachte Änderung eines Bauleitplans in § 13 BauGB ein „beschleunigtes Verfahren" eingeführt. Die Bebauungspläne der Innenentwicklung bedürfen keiner förmlichen Umweltprüfung. Sie dürfen im Hinblick auf die Vorgaben der UVP-Richtlinie[213] in ihrem Geltungsbereich grundsätzlich nur eine Grundfläche von weniger als 20.000 m^2 festsetzen. Bei einer Grundfläche von 20.000 bis weniger als 70.000 m^2 muss die Gemeinde auf Grund einer Vorprüfung des Einzelfalls zu der Einschätzung gelangt sein, dass der Bebauungsplan voraussichtlich keine erheblichen Umweltauswirkungen hat. Zudem darf der Bebauungsplan nicht einer Pflicht zur Umweltverträglichkeitsprüfung unterliegen und es dürfen auch keine Anhaltspunkte für Beeinträchtigungen von Gebieten von gemeinschaftlicher Bedeutung nach der FFH-RL und von Vogelschutzgebieten nach der VS-RL bestehen.

Die Baurechtsnovelle 2007 gibt den Städten und Gemeinden durch die formale Streichung 143
der Umweltprüfung und der naturschutzrechtlichen Kompensationsregelung beachtliche Anreize, den Städtebau auf die Innenentwicklung zu konzentrieren und die Inanspruchnahme von Freiflächen auf der grünen Wiese nach Möglichkeit zu vermeiden. Dies geschieht nicht – wie etwa bisher in der Raumordnungsklausel (§ 1 IV BauGB) – durch ausformulierte Verbotstatbestände, sondern durch Verfahrenserleichterungen, die für die Innenentwicklung gewährt werden. Nach der durch die Städtebaurechtsnovelle 2017 aufgehobenen Präklusionsregelung in § 47 II a VwVfG waren Normenkontrollanträge unzulässig, wenn nicht bereits im Rahmen der förmlichen Öffentlichkeitsbeteiligung erhebliche Abwägungsbelange geltend gemacht worden waren. Die Frist für die Geltendmachung von Fehlern und für Normenkontrollanträge ist von bisher zwei Jahren auf ein Jahr verkürzt worden.

VIII. Neufassung des Raumordnungsgesetzes (GeROG 2009)

Durch das Gesetz zur Neufassung des ROG und zur Änderung anderer Vorschriften (Ge- 144
ROG) wurde das ROG zum Jahresende 2008 neu gefasst.[214] Das Gesetz verbessert und aktualisiert das Instrument der Raumordnung. Die Vorschriften werden mit den europarechtlichen Vorgaben und dem Recht der Bauleitplanung harmonisiert. Auch durch eine allgemeine Runderneuerung trägt das Gesetz zu einem sachgerechten Interessenausgleich zwischen Städten und Gemeinden, der Regional-, Landes- und Bundesplanung sowie der Fachplanung bei. Die Länder haben die mit der Föderalismusreform eingeführten Abweichungsmöglichkeiten (Art. 72 III GG). Zugleich können die Länder durch eine Neufassung des § 245 b BauGB die in 35 IV 1 Nr. 1 c BauGB enthaltene Siebenjahresfrist für die Begünstigung von Nutzungsänderungen eines bisher landwirtschaftlich genutzten Gebäudes zeitlich unbegrenzt außer Kraft setzen.

---

213 Zur EU-rechtlichen Beurteilung der Neuregelung die Begründung im Regierungsentwurf sowie zB Krautzberger UPR 2006, 405; siehe aktuell dazu OVG Berlin-Brandenburg Urt. v. 21.9.2023 – OVG 10 A 13.19, juris: Der Begriff der Innenentwicklung ist europarechtskonform restriktiv auszulegen. Er erfasst nur Fälle, in denen zusätzliche erhebliche Umweltauswirkungen von vornherein nicht zu erwarten sind; BVerwG NVwZ 2023, 1498: § 13a BauGB umfasst über eine quantitative Vermehrung baulicher Nutzungsmöglichkeiten hinaus auch eine qualitative Entwicklung des Siedlungsbereichs, etwa durch Einbeziehung und Bewahrung von Grünflächen; OVG Koblenz BauR 2023, 1472: Für die Anwendbarkeit des beschleunigten Verfahrens nach § 13a I 1 BauGB kommt es maßgebend auf die tatsächlichen Verhältnisse und nicht auf den planungsrechtlichen Status der zu überplanenden Flächen an. Eine Innenentwicklung im Sinne dieser Vorschrift ist nur innerhalb des Siedlungsbereichs zulässig. Das gilt auch für die Änderung oder Anpassung von Bebauungsplänen.

214 Gesetz v. 22.12.2008 (BGBl. I 2986), BR-Drs. 563/08; BT-Drs. 16/10292; hierzu Gegenäußerung der Bundesregierung vom 21.9.2008 BT-Drs.16/10332; Ausschussbericht BT-Drs. 16/10292; Krautzberger/Stüer BauR 2009, 180; Söfker UPR 2009, 737.

IX. Gesetze zur Energiewende

145 Auf der Grundlage des EEG-Erfahrungsberichts[215] wurde die Energiewende durch ein umfangreiches Gesetzgebungspaket umgesetzt:[216] Das Dreizehnte Gesetz zur Änderung des AtomG,[217] das Gesetz zur Neuregelung des Rechtsrahmens für die Förderung der Stromerzeugung aus erneuerbaren Energien (EEG),[218] das Gesetz zur Neuregelung energiewirtschaftlicher Vorschriften (EnWGÄndG),[219] das Gesetz über Maßnahmen zur Beschleunigung des Netzausbaus der Elektrizitätsnetze (NABEG),[220] das Gesetzes zur Änderung des Gesetzes zur Errichtung eines Sondervermögens „Energie- und Klimafonds" (EKFG-ÄndG)[221] und das Erste Gesetz zur Änderung schifffahrtsrechtlicher Vorschriften[222] wurden auf der Grundlage der Kabinettsbeschlüsse der Bundesregierung vom 6.6.2011 auf den parlamentarischen Weg gebracht und vom Bundestag am 30.6.2011 verabschiedet. Der Bundesrat stellte in seiner Sitzung vom 8.7.2011 zu diesen Gesetzen keinen Antrag nach Art. 77 II GG, sodass diese Teile des umfangreichen Gesetzespakets geradezu in einer Beratungsrekordzeit von gut vier Wochen zustande kamen (Art. 78 GG).

146 Zum Gesetz zur steuerlichen Förderung von energetischen Sanierungsmaßnahmen an Wohngebäuden[223] hat der Bundesrat allerdings seine nach Art. 105 III GG erforderliche Zustimmung verweigert, sodass dieses Gesetz im ersten Durchgang gescheitert ist. Für das Scheitern war vor allem die Forderung an den Bund maßgebend, den Ländern und Gemeinden die

[215] Eckpunkte Energieeffizienz. Zu Zielen, Instrumenten und Strukturen des Klimaschutzrechts Koch NVwZ 2011, 641. Zu den vergaberechtlichen Auswirkungen Entwurf einer Vierten Verordnung zur Änderung der Verordnung über die Vergabe öffentlicher Aufträge v. 6.6.2011, BR-Drs. 345/11.

[216] Battis/Krautzberger/Mitschang/Reidt/Stüer NVwZ 2011, 897; Krautzberger/Stüer BauR 2011, 1416; Söfker ZfBR 2011, 541; Stüer/Stüer DVBl. 2011, 1117.

[217] V. 31.7.2011 (BGBl. 2011, 1704); Gesetzentwurf v. 6.6.2011, BT-Drs. 17/6070; Beschlussempfehlung und Bericht des Ausschusses für Umwelt, Naturschutz und Reaktorsicherheit v. 29.6.2011, BT-Drs. 17/6361; Bericht des Haushaltsausschusses v. 29.6.2011, BT-Drs. 17/6362; Gesetzesbeschluss des Deutschen Bundestages v. 1.7.2011, BR-Drs. 391/11; Beschluss des Bundesrates v. 8.7.2011, BR-Drs. 391/11 (B).

[218] V. 28.7.2011 (BGBl. I. 1634); Gesetzentwurf v. 6.6.2011, BT-Drs. 17/6071; Stellungnahme des Bundesrates v. 17.6.2011 und Gegenäußerung der Bundesregierung v. 22.6.2011, BT-Drs. 17/6361; Beschlussempfehlung und Bericht des Ausschusses für Umwelt, Naturschutz und Reaktorsicherheit v. 29.6.2011, BT-Drs. 17/6363; Gesetzesbeschluss des Bundestages v. 1.7.2011, BR-Drs. 392/11; Empfehlungen der Ausschüsse v. 1.7.2011, BR-Drs. 392/1/11; Antrag des Landes Rheinland-Pfalz v. 5.7.2011, BR-Drs. 392/2/11 sowie des Landes NRW v. 7.7.2011, BR-Drs. 392/4/11 und 8.7.2011, BR-Drs. 392/5/11; Beschluss des Bundesrates v. 8.7.2011, BR-Drs. 392/11 (B).

[219] V. 26.7.2011 (BGBl. I 1554); Gesetzentwurf (EnWGÄndG) v. 6.6.2011 BT-Drucks. 17/6072; Stellungnahme des Bundesrates v. 17.6.2011 und Gegenäußerung der Bundesregierung v. 22.6.2011, BT-Drs. 17/6248; Beschlussempfehlung und Bericht des Ausschusses für Wirtschaft und Technologie v. 29.6.2011, BT-Drs. 17/6365; Gesetzesbeschluss des Bundestages v. 1.7.2011, BR-Drs. 395/11; Empfehlungen der Ausschüsse v. 1.7.2011, BR-Drs. 395/2/11; Anträge des Landes Brandenburg v. 7.7.2011; BR-Drs. 395/3/11 und BR-Drs. 395/4/11; Beschluss des Bundesrates v. 8.7.2011, BR-Drs. 395/11 (B).

[220] V. 28.7.2011 (BGBl. I 1690); Gesetzentwurf (NABEG) v. 6.6.2011, BT-Drs. 17/6073; Stellungnahme des Bundesrates v. 17.6.2011 und Gegenäußerung der Bundesregierung v. 22.6.2011, BT-Drs. 17/6249; Beschlussempfehlung und Bericht des Ausschusses für Wirtschaft und Technologie v. 29.6.2011, BT-Drs. 17/6366; Bericht des Haushaltsausschusses v. 29.6.2011, BT-Drs. 17/6367; Gesetzesbeschluss des Bundestages v. 1.7.2011, BR-Drs. 394/11; Empfehlungen der BR-Ausschlüsse v. 1.7.2011, BR-Drs. 394/1/11; Antrag des Landes Brandenburg v. 7.7.2011, BR-Drs. 394/2/11; Beschluss des Bundesrates v. 8.7.2011, BR-Drs. 394/11 (B). Zur Bewertung der Verfassungsmäßigkeit und des Beschleunigungspotentials des Gesetzentwurfs Durner DVBl. 2011, 853.

[221] V. 29.7.2011 (BGBl. I 1702); Gesetzentwurf (EKFG-ÄndG) v. 6.6.2011, BT-Drs. 17/6075; Stellungnahme des Bundesrates v. 17.6.2011 und Gegenäußerung der Bundesregierung v. 22.6.2011, BT-Drs. 17/6252 (neu); Beschlussempfehlung und Bericht des Haushaltsausschusses v. 29.6.2011, BT-Drs. 17/6356; Gesetzesbeschluss des Deutschen Bundestages v. 1.7.2011, BR-Drs. 389/11; Beschluss des Bundesrates v. 8.7.2011, BR-Drs. 389/11 (B).

[222] V. 22.7.2011 (BGBl. I 1512); Gesetzentwurf (EKFG-ÄndG).

[223] Gesetzentwurf v. 6.6.2011, BT-Drs. 17/6074; Stellungnahme des Bundesrates v. 17.6.2011 und Gegenäußerung der Bundesregierung v. 22.6.2011, BT-Drs. 17/6251; Beschlussempfehlung des Finanzausschusses v. 29.6.2011, BT-Drs. 17/6358; Bericht des Haushaltsausschusses v. 29.6.2911, BT-Drs. 17/6360; Gesetzesbeschluss des Deutschen Bundestages v. 1.7.2011, BR-Drs. 390/11; Empfehlungen der BR-Ausschüsse v. 4.7.2011, BR-Drs. 390/1/11; Beschluss des Bundesrates v. 8.7.2011, BR-Drs. 390/11 (B).

durch das Gesetz entstehenden Mindereinnahmen voll zu erstatten, die steuerliche Förderung von energetischen Sanierungsmaßnahmen durch selbst genutzte Wohneigentümer unabhängig von der Steuerprogression auszugestalten und durch eine Änderung des § 559 a I BGB bei Mieterhöhungen die Steuerentlastung der Vermieter pauschal mit einem Abschlag von 30 % des Aufwandes zu berücksichtigen.

Im Städtebaurecht wurde die ursprünglich auf eine moderate Revision des gesamten Städte- 147
baurechts angelegte Reform, die neben dem BauGB auch die BauNVO umfassen sollte, aus dem aktuellen Anlass der Energiewende auf eine BauGB-Klimanovelle zugeschnitten. Das Gesetz zur Förderung des Klimaschutzes bei der Entwicklung in den Städten und Gemeinden hat die Energiewende in das Städtebaurecht umgesetzt. Durch diese BauGB-Klimanovelle verfügen die planenden Städte und Gemeinden über städtebauliche Instrumente, die in der Tendenz dem Klimawandel entgegenwirken und einer Anpassung an den Klimawandel dienen. Dem Städtebaurecht kommt dabei die Aufgabe zu, die Umsetzung des Energiefach- und -finanzierungsrechts in den Städtebau sicherzustellen und zugleich Anreize für eine Förderung des Klimaschutzes und die Anpassung an den Klimawandel zu schaffen.[224]

Insbesondere energetisch unzureichende Verhältnisse oder der Klimawandel können – so die 148
Gesetzesbegründung[225] – wegen steigender Energiekosten für Gebäude, wegen hoher Treibhausgasemissionen, wegen zunehmender Hitze, Schwüle und Dürre im Sommer (zB fehlende Frischluftschneisen und Vegetation zur Beeinflussung des Mikroklimas), starken Kälteeinbrüchen im Winter oder wegen Starkregen- und Hochwassergefahren sowie -schäden (zB infolge zu starker Versiegelung oder Überlastung der technischen Infrastruktur) zu städtebaulichen Missständen führen. Diese können mit Sanierungsmaßnahmen als einem bewährten Instrument der städtebaulichen Erneuerung behoben werden. Ob und inwieweit die Gemeinden entsprechend aktiv werden, steht in ihrem planerischen Ermessen.

1. Das Energiefach- und -finanzierungsrecht

Die als Teil der Energiewende beschlossene BauGB-Klimanovelle sollte vor allem die Vor- 149
gaben des Energiefachrechts in das Städtebaurecht umsetzen.[226] Nach dem Energiekonzept soll der Anteil der Stromerzeugung aus erneuerbaren Energien kontinuierlich erhöht werden und bis 2020 auf mindestens 35 %, bis 2030 auf mindestens 50 %, bis 2040 auf mindestens 65 % und bis 2050 auf mindestens 80 % steigen.[227] Durch die im Rahmen der Energiewende ebenfalls beschlossene Änderung des EEG ist die Marktintegration der erneuerbaren Energien als neue Säule in das EEG aufgenommen worden. Durch eine Marktprämie soll ein Anreiz dazu geschaffen werden, dass verstärkt Strom aus erneuerbaren Energien direkt auf dem Energiemarkt vermarktet wird. Bei Biogasanlagen mit einer Leistung von mehr als 500 KW ist die Marktprämie ab 2014 verpflichtend eingeführt worden. Die Vergütungsregelungen beziehen sich auf Wasserkraft (§ 23 EEG), Deponiegas (§ 24 EEG), Klärgas (§ 25 EEG), Grubengas (§ 26 EEG), Biomasse (§ 27 EEG), Vergärung von Bioabfällen (§ 27 a EEG), Gülle (§ 27 b EEG) und gasförmige Energieträger (§ 27 c EEG), Geothermie (§ 28 EEG), Windenergie (§ 29 EEG) und Repowering (§ 30 EEG) sowie Offshore-Anlagen (§ 31 EEG) und solare Strahlungsenergie (§ 32 EEG) auch an oder auf Gebäuden (§ 33 EEG).[228]

Die Stromerzeugung aus erneuerbaren Energien wird vom EEG durch die Festlegung einer 150
nach Technologien und Standort gestaffelten Vergütung für die Anlagenbetreiber und entsprechende Verpflichtungen der Netzbetreiber gefördert (§§ 8, 21 EEG). Der für neu installierte Anlagen festgesetzte Vergütungssatz unterliegt einer jährlichen Degression. Das gesetzliche Schuldverhältnis kommt dabei unmittelbar zwischen dem Anlagenbetreiber und dem nächstgelegenen öffentlichen Netzbetreiber zustande. Einer vertraglichen Vereinbarung bedarf es nicht. Die durch die Stromeinspeisung verursachten Mehrkosten werden über die Übertragungsnetzbetreiber bundesweit ausgeglichen (§ 36 EEG) und letztlich von den Stromkunden getragen.

---

224 Battis/Krautzberger/Mitschang/Reidt/Stüer NVwZ 2011, 897; Krautzberger/Stüer BauR 2011, 1416; Stüer/Stüer DVBl. 2011, 1117.

225 Gesetzentwurf BauGB-Klimanovelle (Fn. 2), 11 zu dem damals zur Änderung vorgeschlagenen § 136 BauGB.

226 Battis/Kersten/Mitschang Rechtsfragen der ökologischen Stadterneuerung, 2010.

227 Bundesregierung Energiekonzept v. 28.9.2010. Zu den Zielen, Instrumenten und Strukturen des Energierechts Koch NVwZ 2011, 641.

228 Stüer/Stüer DVBl. 2011, 1117.

151 Das System hat bereits Tradition. Auf das Stromeinspeisungsgesetz 1990 folgte im Jahre 2000 das Erneuerbare Energien-Gesetz, das durch das EEG 2004 und das EEG 2009 grundlegend novelliert wurde. Durch das EEG 2010 wurde die Vergütung an die Kostenentwicklung der Stromerzeugung aus Photovoltaikanlagen angepasst. Das Europarechtsanpassungsgesetz Erneuerbare Energien (EAG-EEG 2011) setzte die europäische Richtlinie 2009/28/EG in nationales Recht um.[229] Dieses Gesetz ist im Zusammenhang mit der Energiewende nochmals geändert worden.

152 Das Erneuerbare-Energien-Wärmegesetz (EEWärmeG) will im Interesse des Klimaschutzes, der Schonung fossiler Ressourcen und der Minderung der Abhängigkeit von Energieimporten eine nachhaltige Entwicklung der Energieversorgung ermöglichen und die Weiterentwicklung von Technologien zur Erzeugung von Wärme und Kälte aus Erneuerbaren Energien fördern (§ 1 I EEWärmeG). Öffentliche Gebäude sollen dabei eine Vorbildfunktion wahrnehmen (§ 1 a EEWärmeG).

153 Eigentümer von Neubauten mit einer Nutzfläche von mehr als 50 m² sind verpflichtet, den Wärme- (oder Kälte)-Energiebedarf in nach verwandter Energieart unterschiedlichem Umfang aus erneuerbaren Energien zu decken (Nutzungspflicht nach § 3 I EEWärmeG). Ausgenommen sind bestimmte Gebäude wie Ställe, fliegende Bauten, offene Hallen aber auch Kirchen sowie Gebäude als Teil einer Anlage, die nach dem Treibhausgas-Emissionshandelsgesetz emissionshandelspflichtig sind. Als erneuerbare Energien iS des Gesetzes gelten die Geothermie, Umweltwärme, solare Strahlungsenergie und Biomasse (§ 2 I EEWärmeG). Die öffentliche Hand muss auch bei einer grundlegenden Renovierung bereits errichteter, in ihrem Eigentum oder Besitz befindlicher öffentlicher Gebäude den Energiebedarf durch die anteilige Nutzung von erneuerbaren Energien nach Maßgabe der §§ 5 a und 6 II EEWärmeG decken. Die Länder können weiter gehende Regelungen erlassen (§ 3 EEWärmeG). Der Anteil der erneuerbaren Energien am Gesamtverbrauch muss mindestens betragen: Bei solarer Strahlungsenergie 15 %,[230] bei Biomasse 50 %, bei der Verwendung von flüssiger oder fester Biomasse[231] 30 % und bei der Verwendung von Biogas sowie bei Geothermie und Umweltwärme 50 % (zB bei Wärmepumpen.[232] Die Nutzungspflichten können auch durch Ersatzmaßnahmen wie die Ausnutzung von technischer Abwärme, durch Kraft-Wärme-Kopplung, durch Steigerung der Energieeffizienz von Gebäuden, wie zB durch Dämmmaßnahmen, um mehr als 15 % als nach den jeweils gültigen Anforderungen der EnEV sowie durch unmittelbaren Anschluss an Wärmenetze, die selber Wärme mindestens zur Hälfte aus Kraft-Wärme-Kopplungs-Anlagen beziehen, erfüllt werden (§ 7 EEWärmeG). Die Maßnahmen einschließlich der Ersatzmaßnahmen können auch kombiniert oder durch den Zusammenschluss mehrerer Nutzungspflichtiger erreicht werden (§ 6 EEWärmeG). Zugleich bestehen entsprechende Nachweispflichten (§ 10 EEWärmeG).

2. BauGB-Klimanovelle 2011

154 Vier Jahre nach der BauGB-Novelle 2007 sollte das BauGB erneut novelliert werden.[233] Die durch die Berliner Gespräche zum Städtebaurecht 2010 vorbereiteten Reformvorstellun-

---

229 Entwurf eines Gesetzes zur Neuregelung des Rechtsrahmens für die Förderung der Stromerzeugung aus erneuerbaren Energien v. 6.6.2011, BT-Drs. 17/6071, 91; Hans-Joachim Koch NVwZ 2011, 641.

230 Aus Vereinfachungsgründen muss bei Ein- und Zweifamilienhäusern die Fläche der montierten Solarkollektoren mindestens 4 % der beheizten Nutzfläche, bei Mehrfamilienhäusern entsprechend 3 % betragen.

231 Bioöl einerseits oder Holzpellets, Scheitholz andererseits.

232 ZB Wärmepumpen.

233 V. 22.7.2011 (BGBl. I S. 1509); Gesetzentwurf (BauGB-Klimanovelle 2011) v. 6.6.2011, BT-Drs. 17/6076; Erste Lesung im BT am 9.6.2011, BT-Plenarprotokoll 17/114, 12958 B – 12993 A; Bundesrat, Empfehlungen der Ausschüsse v. 10.6.2011, BR-Drs. 344/1/1; Stellungnahme des Bundesrates v. 17.6.2011, BR-Drs. 344/11; Stellungnahme des Bundesrates und Gegenäußerung der Bundesregierung v. 22.6.2011, BT-Drs. 17/6253; Ausschuss für Verkehr, Bau- und Stadtentwicklung, Beschlussempfehlung und Bericht v. 29.6.2011, BT-Drs. 17/6357; Zweite und dritte Lesung, des Gesetzentwurfs v. 30.6.2011, Plenarprotokoll 17/117, 13367 (B); Gesetzesbeschluss des Deutschen Bundestages v. 1.7.2011, BR-Drs. 396/11; Antrag des Landes NRW v. 6.7.2011, BR-Drs. 396/1/11; Beschluss des Bundesrates v. 8.7.2011, BR-Drs. 396/11(B). Zum literarischen Echo Battis/Krautzberger/Mitschang/Reidt/Stüer NVwZ 2011, 897; Krautzberger/Stüer BauR 2011, 1416; Krautzberger UPR 2011, 361; zur BauGB-Klimanovelle siehe auch Stüer/Stüer DVBl. 2011, 1117; zur Zulassung und planerischen Steuerung von Biomasseanlagen unter besonderer Berücksichtigung der Klimaschutznovelle des Baugesetzbuchs siehe Otto ZfBR 2011, 735;

gen[234] erhielten allerdings mit der Atomkatastrophe vom 11.3.2011 im japanischen Fukushima eine neue Dimension.[235] Die BauGB-Klimanovelle, die mit einer parlamentarischen Befassung von nur einem Monat seit Menschengedenken jeden zeitlichen Rekord von Novellen des Städtebaurechts gebrochen hat, greift diese energiefach- und –finanzierungsrechtlichen Regelungen auf und leistet einen durchaus vorzeigbaren Beitrag dazu, die städtebaulichen Voraussetzungen für die Umsetzung des Energiekonzepts zu schaffen. Und das alles ist für Bund, Länder und Gemeinden ausweislich der Gesetzesbegründung[236] vom Grundsatz her auch noch kostenneutral. Einen wichtigen Baustein nimmt dabei die Bauleitplanung ein. Hier wurden die Abwägungsgrundsätze sowie die Darstellungs- und Festsetzungsmöglichkeiten im Flächennutzungs- und Bebauungsplan angereichert. Die PlanZV wurde um zwei klimaorientierte Planzeichen ergänzt.

a) Abwägungsgrundsätze. Klimaschutz und Anpassung an den Klimawandel wurden in Anknüpfung an den Nachhaltigkeitsgrundsatz in § 1 V BauGB sozusagen als Programmsatz in das städtebauliche Leitbild integriert. Die Bauleitpläne sollen danach dazu beitragen, eine menschenwürdige Umwelt zu sichern, die natürlichen Lebensgrundlagen zu schützen und zu entwickeln sowie den Klimaschutz und die Klimaanpassung, insbesondere auch in der Stadtentwicklung, zu fördern, sowie die städtebauliche Gestalt und das Orts- und Landschaftsbild baukulturell zu erhalten und zu entwickeln. Den Erfordernissen des Klimaschutzes soll sowohl durch Maßnahmen, die dem Klimawandel entgegenwirken, als auch durch solche, die der Anpassung an den Klimawandel dienen, Rechnung getragen werden. Der Grundsatz ist in der Abwägung nach § 1 VII BauGB zu berücksichtigen (§ 1 a V BauGB). **155**

b) Flächennutzungsplan. Die Vorschriften zum Flächennutzungsplan wurden um Regelungen zu klimaorientierten Darstellungsmöglichkeiten erweitert worden. Einem Anliegen der Praxis folgend, trat der **räumliche Teilflächennutzungsplan** neben den **sachlichen Teilflächennutzungsplan** und erweiterte damit die Spielräume der planenden Städte und Gemeinden. Die Darstellungsmöglichkeiten wurden in § 5 II Nr. 2 BauGB durch entsprechend erweiterte Untergliederungen (b, c) ergänzt. **156**

c) Bebauungsplan. Die verbindliche Bauleitplanung wurde um die Berücksichtigung von Belangen des Klimaschutzes angereichert. So sind nach § 9 BauGB aus Gründen des Klimaschutzes zusätzliche Festsetzungen (§ 9 I Nr. 12, 23 b BauGB und nachrichtliche Übernahmen (§ 9 VI BauGB) ermöglicht worden. **157**

d) Änderung der PlanZV. In der PlanZV wurden „Erneuerbare Energien (EE)" und „Kraft-Wärme-Kopplung (KWW)" als Planzeichen ergänzt. Hierdurch können die Darstellungsmöglichkeiten über die infrastrukturelle Ausstattung mit Anlagen und Einrichtungen zur Nutzung von erneuerbaren Energien und Kraft-Wärme-Kopplung (§ 5 II Nr. 2 b und II c BauGB) sowie entsprechende Festsetzungsmöglichkeiten (§ 9 I Nr. 12 BauGB) in die Bauleitplanung zeichnerisch umgesetzt werden. **158**

e) Städtebauliche Verträge. Der in § 11 I BauGB enthaltene Beispielskatalog wurde um den Klimaschutz und die Anpassung an den Klimawandel erweitert worden. Die vertraglichen Regelungen können sich danach entsprechend den mit den städtebaulichen Planungen und Maßnahmen verfolgten Zielen und Zwecken auch auf die Errichtung und Nutzung von Anlagen und Einrichtungen zur dezentralen und zentralen Erzeugung, Verteilung, Nutzung oder Speicherung von Strom, Wärme oder Kälte aus erneuerbaren Energien oder Kraft-Wärme-Kopplung (§ 11 I Nr. 4 BauGB) sowie auf die Anforderungen an die energetische Qualität von Gebäuden (§ 1 I Nr. 5 BauGB) beziehen. **159**

f) Planungsrechtliche Zulässigkeit von Vorhaben. Die BauGB-Klimanovelle setzte die Vorgaben des Energiefachrechts auch in die Beurteilung der bauplanungsrechtlichen Zulässig- **160**

---

234 Zu den Ergebnissen bis November 2010 Bunzel/Hanke in DIFU (Hrsg.), Berliner Gespräche zum Städtebaurecht, Berlin 2010 sowie zusammenfassend Bunzel DVBl. 2010, 1551; hierzu mit Gesetzgebungsvorschlägen Stüer/Stüer DVBl. 2010, 1540. Zum Klimaschutz Battis/Kersten/Mitschang Stadtentwicklung – Rechtsfragen der ökologischen Stadterneuerung, 2010; Ingold/Schwarz NuR 2010, 153; Mitschang Klimaschutz und Energieeinsparung in der Stadt- und Regionalplanung, 2009.

235 Zu den Auswirkungen auf das Fachplanungsrecht angesichts der Herausforderungen von Stuttgart 21 Stüer/Buchsteiner UPR 2011, 335.

236 Gesetzentwurf zur BauGB-Klimanovelle, 6.

keit von Vorhaben um. Im Interesse der Energieeinsparung wurden Abweichungen von den planungsrechtlichen Vorgaben des Städtebaurechts ermöglicht (§ 248 BauGB). Für Windenergieanlagen wurde das **Repowering** erleichtert (§ 249 BauGB).[237] Die Anforderungen an die **Privilegierung von Biomasseanlagen** wurden mit dem Immissionsschutzrecht harmonisiert (§ 35 I Nr. 6 BauGB). Als Konsequenz aus dem **Atomausstieg**[238] wurde die Neuerrichtung von Atomkraftwerken auch im öffentlichen Baurecht nicht mehr privilegiert (§ 35 I Nr. 7 BauGB).[239] Die Nutzung solarer Strahlungsenergie in, an und auf Dach- und Außenwandflächen von zulässigerweise genutzten Gebäuden wurde allerdings ohne gemeindliche oder regionale Steuerungsmöglichkeiten nach § 35 III 3 BauGB als Privilegierungstatbestand in § 35 I Nr. 8 BauGB aufgenommen worden.

161 **g) Besonderes Städtebaurecht.** Auch die städtebauliche Sanierung (§ 148 BauGB) und der Stadtumbau (§§ 171 a bis 171 d BauGB) wurden um Regelungen zum Klimaschutz und zur Anpassung an den Klimawandel erweitert.[240] In Ergänzung zu den durch das EAG Bau 2004 bewirkten Änderungen wurden die integrativen und konsensualen Möglichkeiten der städtebaulichen Sanierungsmaßnahmen und des Stadtumbaus um klimaorientierte Gesichtspunkte angereichert. Die Maßnahmen sollen auch einen klimaeffizienten und klimaneutralen Quartierumbau ermöglichen. Zugleich soll die Innenentwicklung gestärkt und als räumliches Leitbild die kompakte Stadt (kurze Wege zur Begrenzung des Primärenergieverbrauchs) verwirklicht werden. Mit der sommerlichen Überhitzung in Verdichtungsräumen sind nicht nur für ältere Menschen zunehmend Gesundheitsgefahren verbunden, denen durch Maßnahmen zur Erhaltung gesunder Wohn- und Arbeitsverhältnisse entgegengewirkt werden soll.[241]

X. Städtebaurechts-Novelle 2013

162 Nach einer dreijährigen Vorlaufzeit wurde die Städtebaurechts-Novelle 2013 verabschiedet.[242] Sie brachte im Anschluss an die Klimanovelle 2011 eine Reihe von Änderungen des BauGB und der BauNVO. Die **Flächenneuinanspruchnahme** sollte verringert werden (§§ 1

---

[237] Dazu nach der Neufassung des § 249 BauGB Scheidler DVP 2023, 267 Albrecht/Zschiegner KlimaRZ 2023, 51 ff., 67 ff.; Wagner UPR 2023, 361

[238] Zum Atomausstieg John Atomrecht in Koch/Hofmann/Reese, Handbuch Umweltrecht, 2024, § 12 Rn. 71; Sellner/Fellenberg NVwZ 2011, 1025; zur Verfassungsmäßigkeit des Atomausstiegs Ekardt NuR 2012, 813; Ewer NVwZ 2011, 1035; de Witt UPR 2012, 281; siehe auch Berkemann DVBl. 2021, 151.

[239] Das Elfte Gesetz zur Änderung des Atomgesetzes vom 8.12.2010 (11. AtG-Novelle) verlängerte die Laufzeit der noch im Betrieb befindlichen Kernkraftwerke noch um durchschnittlich zwölf Jahre und regelte hierzu zusätzliche Reststrommengen, um mit dieser „Brückentechnologie" die Energiewende zum Zeitalter der Erneuerbaren Energien abzusichern. Als Reaktion auf den Reaktorunfall im japanischen Kernkraftwerk Fukushima nach dem Tsunami im März 2011 kam mit der 13. AtG-Novelle eine erneute Kehrtwende, die allerdings mit Urteil des BVerfG vom 6.12.2016 (NJW 2017, 217) für verfassungswidrig erklärt wurde. Für eine Neuregelung hatte das BVerfG dem Gesetzgeber eine Frist bis zum 30.6.2018 gesetzt. Dem wollte der Gesetzgeber mit der 16. AtG-Novelle Rechnung tragen. Das BVerfG stellte jedoch mit Beschluss vom 29.9.2020 (NVwZ 2021, 390) fest, dass die Neuregelung nicht nur aufgrund eines formellen Fehlers nicht in Kraft getreten war, sondern auch in materieller Hinsicht offenkundig verfassungswidrig war; siehe dazu Ruttloff NVwZ 2021, 351; Berkemann DVBl. 2021, 151; Ludwigs JZ 2021, 294; zur bauplanungsrechtlichen Zulässigkeit eines Zwischenlagers für radioaktive Abfälle im Gewerbegebiet BVerwG NVwZ 2022, 298.

[240] Auf die im Gesetzentwurf v. 6.6.2011, BT-Drs. 17/6076, und im Antrag des Landes NRW v. 6.7.2011, BR-Drs. 396/1/11 vorgeschlagene entsprechende Ergänzung des § 136 BauGB ist mit Verweis auf die Möglichkeiten eines konzeptionellen und konsensualen Vorgehens im Rahmen des Stadtumbaus verzichtet worden, Ausschuss für Verkehr, Bau- und Stadtentwicklung, Beschlussempfehlung und Bericht v. 29.6.2011, BT-Drs. 17/6357, 10.

[241] Gesetzentwurf BauGB-Klimanovelle, 7.

[242] Zu vorangehenden Reformen des Städtebaurechts und zu Reformvorschlägen Stüer DVBl. 1996, 177; ders. DVBl. 1997, 1201; Battis/Krautzberger/Löhr NVwZ 2001, 961; Krautzberger DVBl. 2002, 285; Stüer/Upmeier ZfBR 2003, 114; Krautzberger/Stüer BauR 2003, 1301; dies. DVBl. 2004, 781; dies. DVBl. 2004, 914; Battis/Krautzberger/Löhr NJW 2004, 2553; Krautzberger UPR 2004, 241; ders. UPR 2004, 401; ders. DWW 2005, 224; ders. UPR 2006, 405; Krautzberger/Stüer BauR 2009, 180; dies. DVBl. 2007, 160; Krautzberger UPR 2007, 53; ders. UPR 2007, 170; Stüer/Ehebrecht-Stüer DVBl. 2010, 1540; Battis/Krautzberger/Mitschang/Reidt/Stüer NVwZ 2011, 897; Krautzberger UPR 2011, 62; ders. UPR 2011, 361; Krautzberger/Stüer BauR 2011, 1416; Stüer/Ehebrecht-Stüer DVBl. 2011, 472; Krautzberger/Stüer

V 3, 1 a II 3 und 4 BauGB). Auch Kinder und Jugendliche sollten Teil der Öffentlichkeit sein (§ 3 I 3 BauGB). **Zentrale Versorgungsbereiche** sollten im Flächennutzungsplan dargestellt (§ 5 II Nr. 2 d BauGB), **Vergnügungsstätten** auch im nicht beplanten Innenbereich vereinfacht gesteuert werden können (§ 9 II b BauGB). Der **Erschließungsvertrag** (§§ 11, 124 BauGB) wurde regelungstechnisch mit dem städtebaulichen Vertrag zusammengeführt. Die **Ausübung des Vorkaufsrechts** wurde zugunsten eines Dritten ist vereinfacht (§ 27 a BauGB). Die **Abweichungsmöglichkeiten** vom Einfügensgebot wurden zugunsten der Wohnnutzung erweitert (§ 34 III a BauGB). Auch ggf. aufgrund einer Vorprüfung UVP-pflichtige Tierhaltungsanlagen wurden nicht mehr privilegiert (§ 35 I Nr. 4 BauGB). Im Einzelfall kann für eine vormals landwirtschaftliche Bausubstanz ein Ersatzbau errichtet werden (§ 35 IV 2 BauGB). Das **Rückbaugebot** wurde nicht mehr nur an einen Bebauungsplan gebunden (§ 179 I BauGB) und vor allem für **Schrottimmobilien** mit einer moderaten Beteiligung des Eigentümers erweitert (§ 179 IV BauGB).

Die Begründung nennt als **Ziele des Gesetzentwurfs** die Stärkung der Innenentwicklung 163 sowie die Anpassung der BauNVO. Mit dem Gesetz zur Erleichterung von Planungsvorhaben für die Innenentwicklung der Städte vom 21.12.2006[243] waren bereits neue Instrumente für die Stärkung der Innenentwicklung eingeführt worden, insbesondere das sog. „beschleunigte Verfahren" durch den „Bebauungsplan der Innenentwicklung" (§ 13 a BauGB). Mit der im Jahre 2012 vorgelegten Novelle sollten weitere Regelungen für die Innenentwicklung getroffen werden. Innenstädte und Ortskerne sind – so die Begründung – „Schlüsselfaktoren für die Stadtentwicklung". Sie sind zur Identifikation der Bürger mit ihren Städten und Gemeinden unverzichtbar. Umstrukturierungsprozesse können die Zentren allerdings in zunehmendem Maße gefährden. Es sei daher ein Ziel der Städtebaupolitik des Bundes, die Innenentwicklung zu stärken. Dabei gehe es zum einen darum, die Neuinanspruchnahme von Flächen auf der „Grünen Wiese" weitgehend zu vermeiden. Die Innenentwicklung habe zum anderen aber ebenso eine qualitative Dimension. Denn es gehe auch um die „Wahrung und Stärkung der Urbanität und der Attraktivität von Städten und Gemeinden, auch in baukultureller Hinsicht."

Der **Schwerpunkt** der **Städtebaurechts-Novelle 2013** lag im **BauGB**. Zugleich wurde 164 die **BauNVO** in drei Bereichen behutsam fortentwickelt worden.

1. Wesentliche Änderungen zum BauGB

Die Novelle des BauGB bestand in einer größeren Zahl jeweils für sich genommen über- 165 schaubarer Änderungen:

- Im Anschluss an den Bebauungsplan der Innenentwicklung (§ 13 a BauGB) soll die Flächenneuinanspruchnahme verringert werden (§§ 1, 1 a BauGB).
- Zentrale Versorgungsbereiche können im Flächennutzungsplan dargestellt werden (§ 5 BauGB).
- Die Ansiedlung von Vergnügungsstätten kann auch im nicht beplanten Innenbereich einfacher gesteuert werden (§ 9 BauGB).
- Der Erschließungsvertrag ist in die Regelungen über den städtebaulichen Vertrag integriert worden (§§ 11, 124 BauGB).
- Die Ausübung des gesetzlichen Vorkaufsrechts zugunsten eines Dritten ist vereinfacht worden (§ 27 BauGB).
- Vom Gebot des Einfügens kann auch zugunsten einer Wohnnutzung abgewichen werden (§ 34 BauGB).
- Im Außenbereich sind UVP-pflichtige oder vorprüfungspflichtige Tierhaltungsanlagen nicht mehr privilegiert (§ 35 I Nr. 4 BauGB). Im Einzelfall kann für eine vormals landwirtschaftliche Bausubstand ein Ersatzbau errichtet werden (§ 35 IV 2 BauGB).
- Das Rückbaugebot ist nicht mehr nur an einen Bebauungsplan gebunden (§ 179 I BauGB) und vor allem für Schrottimmobilien mit einer moderaten Beteiligung des Eigentümers erweitert worden (§ 179 IV BauGB).

BauR 2012, 874; Krautzberger UPR 2012, 380; Krautzberger DVBl. 2012, 69; Krautzberger/Stüer StG 2012,487. Zur BauNVO-Novelle 2013 Berkemann DVBl. 2013, 815.

[243] BGBl. I 3316.

2. Wesentliche Änderungen der BauNVO

166 Zugleich wurde die BauNVO behutsam geändert.[244] Es handelt sich dabei um:
- Anlagen zur Kinderbetreuung in reinen Wohngebieten,
- Solaranlagen an oder auf Gebäuden,
- Flexibilisierung beim Maß der baulichen Nutzung.

3. Weitere Änderungen

167 Bei der Städtebaurechts-Novelle 2013 stand die **Stärkung der Innenentwicklung** im Vordergrund. Kleinere Änderungen der Regelungen des Bauleitplanverfahrens sowie der planungsrechtlichen Zulässigkeit traten hinzu. In der politischen Diskussion waren dabei vor allem die gewerblichen **Tierhaltungsanlagen**, die **Ersatzbauten im Außenbereich** und die „**Schrottimmobilien**" umstritten. Unter dem Oberbegriff der „Stärkung der Innenentwicklung" versammelten sich mehrere Änderungen des Gesetzes, die einerseits auf die Schonung des Außenbereichs, andererseits auf die Stärkung der Attraktivität der vorhandenen Siedlungsbereiche abzielen. Die Flächenneuinanspruchnahme sollte verringert werden. Auch das Verfahren der Bauleitplanung wurde behutsam ergänzt. Zugleich sind erweiterte Möglichkeiten, zentrale Versorgungsbereiche im Flächennutzungsplan darzustellen und die Ansiedlung von Vergnügungsstätten auch im nicht beplanten Innenbereich zu steuern, hinzugefügt worden. Die Regelungen über die städtebaulichen Verträge in § 11 BauGB wurden ergänzt worden. Um den Handlungsspielraum der Kommunen hier zu erweitern – so die Gesetzesbegründung –, sind Verträge über die Erschließung – seien es Erschließungsverträge iS des bisherigen § 124 BauGB, seien es Folgekostenverträge oder sonstige Vertragsgestaltungen – generell als Verträge iS des § 11 I 2 Nr. 1 BauGB zu behandeln. Im früheren § 124 BauGB blieb nur noch die Regelung zur Erschließungspflicht der Gemeinde nach dem bisherigen § 124 III 2 BauGB erhalten. Eine weitere Änderung diente der Erleichterung der Planung von Konzentrationszonen iS des § 35 III 3 BauGB, insbesondere bei Windenergieanlagen. Die Ausübung des gesetzlichen Vorkaufsrechts der Gemeinde zugunsten Dritter nach § 27 a BauGB wurde erweitert. Die Beschränkung der Befugnis zur Ausübung des Vorkaufsrechts zugunsten Dritter auf Fälle der sozialen Wohnraumförderung oder der Wohnbebauung für Personengruppen mit besonderem Wohnbedarf entfiel. Die Vorschrift des § 34 III a BauGB, die im Wege einer Ermessensentscheidung zusätzliche bauliche Maßnahmen im Zusammenhang mit vorhandenen Gewerbe- und Handwerksbetrieben und – seit der Novellierung von 2007 – auch für Wohnbauvorhaben im nicht beplanten Innenbereich ermöglicht, wurde um die Möglichkeit einer Nutzungsänderung von einem Gewerbe- und Handwerksbetrieb zu einem Wohnzwecken dienenden Gebäude erweitert.

168 Im **Außenbereich** standen vor allem die politisch umstrittenen Tierhaltungsanlagen und Ersatzbauten für ehemals landwirtschaftlich genutzte Anlagen auf dem Programm. Die Privilegierung von Tierhaltungsbetrieben nach § 35 I Nr. 4 BauGB ist nicht mehr auf Tierhaltungsanlagen anwendbar, die einer Pflicht zur Durchführung einer standortbezogenen oder allgemeinen Vorprüfung oder einer Umweltverträglichkeitsprüfung nach dem Gesetz über die Umweltverträglichkeitsprüfung unterliegen.[245] § 35 I Nr. 6 d) BauGB wurde erneut nachgebessert: Die Kapazität einer Anlage zur Erzeugung von Biogas soll nicht 2,3 Millionen Normkubikmeter Biogas pro Jahr und die Feuerungswärmeleistung anderer Anlagen soll nicht 2,0 Megawatt überschreiten. § 35 IV 1 Nr. 1 a) **BauGB** begünstigt Nutzungsänderungen bei Vorliegen einer erhaltenswerten Bausubstanz. § 35 IV 2 BauGB hat das jetzt auf Fälle einer optisch intakten Bausubstanz erweitert, die aber so marode ist, dass nur eine Neuerrichtung in Betracht kommt.

169 Im Bereich des Besonderen Städtebaurechts ging es um **Belange des Klimaschutzes** und vor allem um die politisch umstrittenen „Schrottimmobilien". Die Änderungen des städtebaulichen Sanierungsrechts betreffen den Klimaschutz und die Klimaanpassung als Aufgaben einer städtebaulichen Sanierung. Nach der bisherigen gesetzlichen Regelung in § 179 BauGB konnte dem betroffenen Grundstückseigentümer lediglich eine Duldungspflicht zur Beseitigung einer baulichen Anlage oder zur Entsiegelung von Flächen auferlegt werden. Die Kosten

---

[244] Zur BauNVO-Novelle 2013 Berkemann DVBl. 2013, 815.

[245] Zur planerischen Steuerung von Tierhaltungsanlagen Mitschang in FS für Stüer, 2013, 219; Eva-Maria Stüer Intensivtierhaltung im Außenbereich in FS für Stüer, 2013, 135 (138).

für diese Maßnahmen waren demgegenüber auch dann von den Städten und Gemeinden zu tragen, wenn durch die auferlegte Maßnahme der Grundstückswert erheblich gesteigert wurde. Es lag daher eine gesetzgeberische Neuregelung nahe, die im Interesse einer gerechten Lastenverteilung die Eigentümer zur Beseitigung städtebaulicher Missstände heranzieht und sie unter Wahrung der verfassungsrechtlichen Grenzen in einem angemessenen Umfang wie auch in allen anderen Fällen der städtebaulichen Gebote an den Aufwendungen beteiligt (§ 179 IV BauGB).

Mit dem **Erbschaftsteuerreformgesetz** haben neben den Bodenrichtwerten auch die sonstigen für die Wertermittlung erforderlichen Daten, wie beispielsweise Liegenschaftszinssätze oder Sachwertfaktoren, für die steuerrechtliche Bewertung stark an Bedeutung gewonnen. Die Beschränkung der Beteiligung der zuständigen Finanzbehörde auf die Ermittlung der Bodenrichtwerte wurde als nicht sachgerecht festgestellt. Im Übrigen entspricht eine solche Beschränkung auch nicht der bereits heute gängigen Praxis. Die **Städtebaurechts-Novelle 2013** hat hierzu die §§ 192, 195, 197 und 199 BauGB geändert. Mit der Änderung zu § 195 BauGB soll klargestellt werden, dass nicht nur im Fall der erstmaligen Begründung bzw. Bestellung, sondern auch in den Fällen der erneuten Bestellung des Erbbaurechts die Gutachterausschüsse Vertragsabschriften erhalten. In § 197 BauGB sind die Möglichkeiten der Auskunftserteilung der Finanzbehörden an die Gutachterausschüsse erweitert worden. Durch die Änderung des § 199 BauGB soll erreicht werden, dass die Länder eine häufigere Ermittlung der Bodenrichtwerte als den zweijährigen Turnus nach § 196 I 5 BauGB bestimmen können. 170

Eine sehr eingehende Regelung über das **Inkrafttreten** betrifft die Änderungen der **BauNVO**[246] und des § 245 I und II BauGB § 245 a III enthält weiterhin eine Überleitungsregelung zu Flächennutzungsplänen mit den Rechtswirkungen des § 35 III 3 BauGB im Hinblick auf die geänderte Vorschrift über die Tierhaltung in § 35 I Nr. 4 BauGB. § 245 a IV BauGB leitet die Genehmigungsverfahren für Tierhaltungsanlagen, die vor Ablauf des 4.7.2012, also dem Tag des Kabinettbeschlusses zum Regierungsentwurf, ordnungsgemäß eingeleitet worden sind. 171

XI. Städtebaurechtsnovellen 2014

Im Jahre 2014 hat der Gesetzgeber zwei kleinere Städtebaurechtsnovellen auf den Weg gebracht. Die BauGB-Novelle 2014 I gab den Ländern befristet bis Ende 2015 die Möglichkeit, in einem, Landesgesetz Mindestabstände zu baulichen Nutzungen festzulegen, die von den planenden Gemeinden und den Trägern der Raumordnung bei der Ausweisung von Konzentrationszonen zu beachten sind. Die Flüchtlingsunterbringungs-Novelle 2014 hat Neuregelungen im Interesse der vereinfachten Unterbringung von Flüchtlingen und Asylsuchenden gebracht. 172

1. Windenergie-Novelle 2014

Mit einem engen, sich bis Ende 2015 öffnenden Zeitfenster konnten die Länder zu baulichen Nutzungen Mindestabstände für Windkonzentrationszonen festlegen und den planenden Gemeinden oder den Trägern der Raumordnung vorgeben, aber ihnen auch entsprechende Spielräume eröffnen. Zudem sollten die Länder auch ermächtigt sein, Auswirkungen der festgelegten Abstände auf Ausweisungen in geltenden Flächennutzungsplänen und Raumordnungsplänen zu regeln. § 249 III BauGB sah dazu vor: „Die Länder können durch bis zum 31.12.2015 zu verkündende Landesgesetze bestimmen, dass § 35 I Nr. 5 auf Vorhaben, die der Erforschung, Entwicklung oder Nutzung der Windenergie dienen, nur Anwendung findet, wenn sie einen bestimmten Abstand zu den im Landesgesetz bezeichneten zulässigen baulichen Nutzungen einhalten. Die Einzelheiten, insbesondere zur Abstandsfestlegung und zu den Auswirkungen der festgelegten Abstände auf Ausweisungen in geltenden Flächennutzungsplänen und Raumordnungsplänen, sind in den Landesgesetzen nach Satz 1 zu regeln. Die Länder können in den Landesgesetzen nach Satz 1 auch Abweichungen von den festgelegten Abständen zulassen." Das Gesetz ist am 1.8.2014 in Kraft getreten.[247] Die Regelung zu möglichen Abstandsregelungen wurde im Gesetzentwurf mit der gewachsenen Gesamthöhe von Windenergieanlagen begründet. Diese Vorgabe trage dem Umstand Rechnung, dass die Akzeptanz 173

246 Hierzu im Einzelnen Berkemann DVBl. 2013, 815.
247 Siehe dazu Scheidler NuR 2018, 361; ders. UPR 2020, 45.

von Windenergieanlagen vielfach von der Entfernung solcher Anlagen zu Wohnnutzungen abhänge. Hinzu komme, dass sich die Ausgangslage in den einzelnen Bundesländern – auch aufgrund der topographischen Verhältnisse – unterscheide. Die Neuregelung füge sich bei der Regelung des § 249 BauGB ein, der seit der Klimaschutznovelle 2011 bereits Regelungen zur Windenergie enthalte. Die Regelung ziele auf Windenergieanlagen im Außenbereich. § 246 III 1 des Entwurfs sehe vor, dass die Länder bestimmen könnten, dass der Privilegierungstatbestand des § 35 I Nr. 5 BauGB auf Vorhaben, die der Erforschung, Entwicklung oder Nutzung der Windenergie dienen, nur Anwendung finde, wenn sie einen bestimmten Abstand zu den im Landesgesetz bezeichneten zulässigen baulichen Nutzungen einhalten. Für die Errichtung und den Betrieb von Windenergieanlagen seien die übrigen einschlägigen Rechtsvorschriften weiterhin anzuwenden; dies gelte insbesondere für die immissionsschutzrechtlichen Regelungen, unter anderem die TA Lärm, sowie für die Vorgaben aus dem Luftverkehrsgesetz und dem Schutzbereichsgesetz. Nach § 35 III 2 BauGB seien die Einzelheiten, insbesondere zur Abstandsfestlegung und zu den Auswirkungen der festgelegten Abstände auf Ausweisungen in geltenden Flächennutzungsplänen und Raumordnungsplänen, in den Landesgesetzen nach Absatz 3 Satz 1 zu regeln. Hierbei seien auch die Anforderungen des Artikels 28 II GG zu beachten. Die Länder können dabei unter anderem auch Abweichungen von den festgelegten Abständen zulassen.[248] § 249 III BauGB wurde durch das Gesetz zur Vereinheitlichung des Energiesparrechts für Gebäude und zur Änderung weiterer Gesetze aus dem Jahr 2020 weiterentwickelt. Insbesondere wurde in § 249 III 2 BauGB einen Höchstwert definiert, den die Bundesländer als Mindestabstand für Windenergieanlagen zur baulichen Nutzung zu Wohnzwecken definieren dürfen.[249]

174 Die Städte, Gemeinden und die Landkreise haben sich durch die **kommunalen Spitzenverbände** gegen die Sinnhaftigkeit der beabsichtigten Neuregelung ausgesprochen: Maßnahmen, die dazu dienen, die Akzeptanz des weiteren Ausbaus der Windenergie an Land zu befördern, seien zwar grundsätzlich zu begrüßen. Die hier vorgeschlagene Änderung des BauGB sei allerdings nicht der richtige Weg, um dieses Ziel zu erreichen. Eine Akzeptanzverbesserung im Zuge des Ausbaus der Windenergie erfordere ein abgewogenes Vorgehen, das unter Einsatz der bewährten Instrumente der Regional- und Bauleitplanung zu sachgerechten Ergebnissen führe. Die kommunale Seite verweist dabei auf die Chance der Einbeziehung der Bürgerinnen und Bürger aufgrund von umfassenden und aufwändigen Standortanalysen, während starre Abstandserfordernisse für Windenergieanlagen die Ab- und Ausgewogenheit eines planerischen Standorte Konzepts nicht ersetzen könne, ja sie erschwert und sogar behindern kann. In Stellungnahmen wurde auch die Sorge geäußert, durch die Schaffung einer neuen Regelungskompetenz für die Länder könne in die verfassungsrechtlich garantierte kommunale Planungshoheit aus **Art. 28 II GG** eingegriffen werden. Nach dem geltenden Recht können allein die Städte und Gemeinden für das Gemeindegebiet durch Darstellungen im Flächennutzungsplan die Standorte für Windenergieanlagen im Außenbereich nach § 35 BauGB planerisch vorgeben und Abstände zu Wohngebäuden definieren. Auf der Basis des Vorschlags zu § 249 BauGB könnte es je nach Vorgaben des Landes de facto zu einem Ausschluss für Windenergieanlagen kommen und damit die kommunale Planungshoheit komplett ausgehöhlt werden.

2. Flüchtlingsunterbringungs-Novelle 2014

175 Im November 2014 trat auch eine Flüchtlingsunterbringungs-Novelle mit der Zielsetzung einer erleichterten Unterbringung von Flüchtlingen und Asylbegehrenden in Kraft. Die Belange von Flüchtlingen oder Asylbegehrenden und ihrer Unterbringung sind danach in der

---

[248] Siehe dazu BayVerfH NVwZ 2016, 999: „Der in Art. 82 I und II BayBO geregelte höhenbezogene Mindestabstand für Windkraftanlagen als Voraussetzung für die bauplanungsrechtliche Privilegierung im Außenbereich (sog. 10 H-Regelung) ist mit der Bayerischen Verfassung vereinbar. Die dem Landesgesetzgeber durch die Öffnungsklausel in § 249 III BauGB eingeräumte Gesetzgebungsbefugnis zur Bestimmung eines Mindestabstands ist nicht unbegrenzt. Die bundesrechtliche Grundentscheidung für eine Privilegierung von Windenergieanlagen im Außenbereich darf durch eine landesrechtliche Abstandsregelung weder rechtlich noch faktisch ausgehebelt werden. Die durch den bayerischen Landesgesetzgeber normierte Festlegung des Mindestabstands zu allgemein zulässigen Wohngebäuden auf die 10-fache Anlagenhöhe überschreitet den bundesrechtlich eröffneten Gestaltungsrahmen nicht; zwar wird der räumliche Anwendungsbereich für den Privilegierungstatbestand erheblich eingeschränkt, nicht aber beseitigt. Grundrechte der Bayerischen Verfassung werden hierdurch ebenfalls nicht verletzt."

[249] Kment Bauplanungsrecht, 2022, § 2 Rn. 18; Baars/Gatz ZNER 2021, 462.

Abwägung zu berücksichtigen (§ 1 VI Nr. 13 BauGB). Gründe des Wohls der Allgemeinheit einschließlich des Bedarfs zur Unterbringung von Flüchtlingen oder Asylbegehrenden können eine Befreiung erfordern (§ 31 II BauGB). Diese Vorschriften wurden in das Dauerrecht übernommen. Wer Flüchtling oder Asylbegehrender ist, wurde im Gesetz nicht definiert. Ein Flüchtling oder ein Asylbewerber muss sich bei einer staatlichen Stelle als solcher zu erkennen geben. Hierdurch wird der Status zunächst begründet. Es wird dann über die Asylberechtigung nach Art. 16 a I GG oder die Flüchtlingseigenschaft nach Art. 1 a Nr. 2 der Genfer Flüchtlingskonvention[250] entschieden. Während dieses Anerkennungsverfahrens sind Flüchtlinge oder Asylbegehrende in den Bereich der BauGB-Novelle 2014 II einbezogen – werden sie anerkannt, natürlich auch. Allerdings handelt es sich nicht um eine „normale" Wohnnutzung, sondern um eine wohnähnliche Nutzung, bei der der Unterbringungscharakter mit einer Fremdbestimmtheit des Aufenthalts im Vordergrund steht.[251] Eine allgemeine Wohnnutzung wird durch die Novelle nicht begründet. Daher können die Unterkünfte vor allem im Hinblick auf Folgenutzungen auch nicht als normale Wohnnutzungen bezeichnet werden.

Die Neuregelung im BauGB sah Änderungen in den §§ 1 und 31 BauGB als Dauerrecht 176
sowie bis zum 31.12.2019 befristeten Regelungen in § 246 VIII bis X BauGB vor, und zwar zu Modifizierungen von §§ 34 und 35 BauGB sowie zu § 8 BauNVO. Die Ergänzungen gelten dabei unabhängig von einem dies erst umsetzenden Landesgesetz unmittelbar in ganz Deutschland. Die Befristungen waren nicht bei solchen Regelungen vorgesehen, die im Wesentlichen klarstellender Natur sind, nämlich in §§ 1 und 31 BauGB, wohl aber bei den in § 246 VIII bis X BauGB zusammengefassten Bestimmungen. Die Bezeichnung des § 246 BauGB „Sonderregelungen für einzelne Länder" wurde entsprechend den Neuregelungen folgerichtig um den Halbsatz „Sonderregelung für Flüchtlinge" erweitert. Inhaltlich ist vor allem die gegenüber dem Bundesrat anders ausgestaltete Regelung zur Errichtung von Unterkünften in Gewerbegebieten bedeutsam.

Die **städtebaulichen Belange** sind allerdings zu wahren. Denn von der Neuregelung nicht 177
berührte „sonstige" bzw. „allgemeine" Regelungen des Städtebaurechts bleiben unberührt und müssen daher weiterhin beachtet oder auch berücksichtigt werden.[252] Bei Bebauungsplänen sind daher zB in der planerischen Abwägung nach § 1 VII BauGB die „sonstigen" städtebaulichen Belange mit dem ihnen konkret zukommenden Gewicht in die Abwägung einzustellen. Die naturschutz- und umweltrechtlichen Bestimmungen sind anzuwenden. Dies gilt insbesondere für die naturschutzrechtliche Eingriffsregelung in § 1 a III BauGB, die in der Abwägung abzuarbeiten ist.[253] Auch die gesteigerten Anforderungen des Habitat- und Vogelschutzes (§ 1 a IV BauGB) müssen ggf. gewahrt werden, ebenso wie die des Artenschutzes (§§ 44, 45 BNatSchG). So muss die Bauleitplanung zumindest daraufhin geprüft werden, ob sich aus dem Artenschutz Planungshindernisse ergeben können, die der Verwirklichung des Plans entgegenstehen. Dies ist ggf. unter Beteiligung der Naturschutzbehörden abzuprüfen. Auch die Regelungen des BImSchG und der hiernach erlassenen Verordnungen, namentlich der TA Lärm, sind zu beachten. In der Begründung ist ggf. auf das Verhältnis zum Grundsatz der Innenentwicklung (§ 1 V 3 BauGB) einzugehen. Auch eine erforderliche Umweltprüfung entfällt dadurch nicht. Diese Regelwerke können auch innerhalb der Vorhabenzulassung von Bedeutung sein.

Die Änderungen in § 1 VI Nr. 13 BauGB und § 31 II Nr. 1 BauGB sind unbefristet und 178
gelten daher auch über den Zeitpunkt Ende 2019 fort. Die Belange von Flüchtlingen oder Asylbegehrenden und ihrer Unterbringung sind in der Abwägung zu berücksichtigen (§ 1 VI Nr. 13 BauGB). Gründe des Wohls der Allgemeinheit einschließlich des Bedarfs zur Unterbringung von Flüchtlingen oder Asylbegehrenden können auch weiterhin eine Befreiung erfordern (§ 31 II BauGB). Dies ist Teil des Dauerrechts.

Die Sonderregelungen zu § 34 III a BauGB, § 35 IV Nr. 1 BauGB und § 8 BauNVO waren 179
demgegenüber gem. § 246 VIII bis 10 BauGB bis Ende 2019 befristet. Sie sind daher Anfang 2020 außer Kraft getreten. Inzwischen begründete zulässige Nutzungen behalten allerdings weiterhin ihren Bestand, weil sie auf der Grundlage der BauGB-Novelle 2014 II planungsrechtlich zulässig waren. Derartige Nutzungen können daher fortgesetzt werden. Die Unterbringung von Flüchtlingen ist allerdings keine „normale" Wohnnutzung, sodass die Unter-

250 Von 1951, BGBl. 1953, 559. Zusatzprotokoll zur Genfer Flüchtlingskonvention von 1967 (BGBl. 1969 II 1244).

251 BVerwGE 108, 19.

252 Krautzberger UPR 2015, 20.

253 Zur Verknüpfung mit dem Abwägungsgebot auch in der Fachplanung BVerwG NVwZ 2007, 581.

künfte nicht sozusagen automatisch in eine allgemeine Wohnnutzung umgewandelt werden können. Allerdings können Nutzungsänderungen nach Maßgabe der jeweiligen Regelungen erfolgen. Im nicht beplanten Innenbereich sind danach auch künftig Nutzungen zulässig, die sich nach § 34 BauGB ergeben. Bauliche Anlagen sind daher auch nach Außerkrafttreten der befristeten Regelungen in § 246 BauGB nicht von einem Abbruch betroffen.

180 Das wird in aller Regel auch für Vorhaben gelten, die nach § 35 IV 1 BauGB iVm § 246 IX BauGB errichtet worden sind. Sie sind ggf. in einer Randlage zum Innenbereich im Außenbereich im Siedlungsbereichs errichtet worden, dürften dann aber an der Prägung des beplanten oder nicht beplanten Ortsteils teilnehmen. Die baulichen Anlagen würden dann, wenn auch künftig für diesen Bereich kein Bebauungsplan gilt, als Teil des nicht beplanten Innenbereichs an den planungsrechtlichen Zulässigkeitsregelungen in § 34 BauGB teilnehmen. Gerade für Grundstücke, die nach § 35 IV 1 BauGB iVm § 246 IX BauGB im unmittelbaren räumlichen Zusammenhang eines Ortsteils innerhalb des Siedlungsbereichs bebaut worden sind und der Unterbringung von Flüchtlingen oder Asylbegehrenden dienen, kann dies eine erhebliche wirtschaftliche Aufwertung bedeuten, weil aus einem bisherigen Außenbereichsgrundstück ohne eine verbindliche Bauleitplanung Bauland geworden ist.

181 Durch die einengende Zweckbestimmung für Flüchtlinge und **Asylbegehrende** würden die Nutzungen dann nicht gesperrt. Vielmehr wäre auch eine allgemeine Wohnnutzung zulässig, wenn sich diese nach § 34 I BauGB in die Eigenart der näheren Umgebung einfügt. In Gewerbegebieten verbleiben ohnehin die nach § 8 BauGB bestehenden Nutzungsmöglichkeiten. Fällt die zugunsten von Flüchtlingen oder Asylbegehrenden zugelassene Nutzung allerdings fort, so verhält es sich vergleichbar sowie mit einer Betriebswohnung, die sich nach Aufgabe der Bindungswirkung zu einer allgemeinen Wohnnutzung umwandelt. Derartige Nutzungen sind im Gewerbegebiet allgemein unzulässig.

XII. Flüchtlingsunterbringungs-Novelle 2015

182 Die bis Ende 2019 befristeten ergänzenden Regelungen waren in § 246 VIII, XI bis XVI BauGB enthalten. Die Ausnahmen in Baugebieten nach § 34 IIIa BauGB wurden auf alle baulichen Anlagen erweitert. Soweit in Baugebieten nach §§ 2 bis 7 BauNVO Ausnahmen für soziale Zwecke zugelassen werden können, galt dies auch für Aufnahmeeinrichtungen und Gemeinschaftsunterkünfte für Flüchtlinge und Asylbegehrende (§ 246 XI BauGB). Für längstens 3 Jahre konnte die Errichtung mobiler Unterkünfte für Flüchtlinge und Asylbegehrende sowie Nutzungsänderungen baulicher Anlagen in Gewerbe- und Industriegebieten sowie in Sondergebieten (§§ 8 bis 11 BauNVO) durch Befreiung zugelassen werden (§ 246 XII BauGB). Ebenfalls auf drei Jahre befristet konnten im Außenbereich mobile Unterkünfte für diesen Zweck zugelassen werden oder auch längerfristig im Falle von Nutzungsänderungen von den Festsetzungen in Gewerbe-, Industrie- und Sondergebieten befreit werden (§ 246 XIII BauGB).[254]

XIII. Städtebaurechtsnovelle 2017

183 Das im Mai 2017 in Kraft getretene Gesetz zur Umsetzung der Richtlinie 2014/52/EU im Städtebaurecht und zur Stärkung des neuen Zusammenlebens in der Stadt wurde vor allem durch die **Umsetzung der UVP-Änd-RL 2014**[255] veranlasst. Außerdem wollte die Reform durch die Möglichkeiten einer städtebaulichen **Nachverdichtung** die Innenentwicklung stärken und das Zusammenleben in der Stadt zugleich am Nachhaltigkeitsgrundsatz ausrichten. Die Novelle führte eine neue Gebietskategorie „**Urbanes Gebiet**" ein, die neue Spielräume für den Wohnungsbau erschließen soll. An der Schnittstelle von Städtebaurecht und Immissionsschutzrecht soll den Kommunen hiermit zur Erleichterung des Bauens in stark verdichteten städtischen Gebieten mehr Flexibilität eingeräumt werden, ohne dabei das grundsätzlich hohe Lärmschutzniveau zu verlassen. Parallel dazu soll die Technische Anleitung zum Schutz gegen Lärm (TA Lärm) geändert werden. Neu geregelt wurden außerdem die Bedingungen für Sportplätze, Ferienwohnungen und Zweitwohnungen.[256]

---

[254] Krautzberger/Stüer DVBl. 2015, 95.

[255] Richtlinie 2014/52/EU des Europäischen Parlaments und des Rates vom 16.4.2014 zur Änderung der Richtlinie 2011/92/EU über die Umweltverträglichkeitsprüfung bei bestimmten öffentlichen und privaten Projekten (ABl. L 124 vom 25.4.2014, 1 ff.

[256] Krautzberger/Stüer DVBl. 2018, 7.

In den Katalog von Umweltbelangen sind (klarstellend) die Auswirkungen auf die Fläche (§ 1 VI Nr. 7 Buchstabe a BauGB) und die Auswirkungen von schweren Unfällen oder Katastrophen (§ 1 VI Nr. 7 Buchstabe j BauGB) aufgenommen worden. Unbeschadet des § 50 1 BImSchG sind danach die Auswirkungen, die aufgrund der Anfälligkeit der nach dem Bebauungsplan zulässigen Vorhaben für schwere Unfälle oder Katastrophen zu erwarten sind, auf die Belange nach § 1 VIa bis d und i BauGB zu berücksichtigen. Stärker ist schon die Anlage 1 zum BauGB betroffen, in der die Prüfungskriterien für die Umweltprüfung enthalten sind. Die Anlage 1 ist an die unionsrechtlichen Vorgaben angepasst und erheblich erweitert worden. Daraus ergeben sich für die Praxis erweiterte Prüfungs- und Dokumentationspflichten. Die Frist zur Öffentlichkeitsbeteiligung (§ 3 II BauGB) und der Beteiligung der Behörden (§ 4 II BauGB) hat wie bisher einen Monat, mindestens jedoch für einen Fristbeginn im Februar 30 Tage zu betragen; zudem soll die Frist bei Vorliegen eines wichtigen Grundes angemessen verlängert werden (§§ 3 II 2, 4 II 2 BauGB). Ein wichtiger Grund ist insbesondere, wenn Anhaltspunkte dafür bestehen, dass bei der Planung Pflichten zur Vermeidung oder Begrenzung der Auswirkungen schwerer Unfälle nach § 50 BImSchG zu beachten sind. Für die Öffentlichkeitsbeteiligung wird verbindlich die zusätzliche Nutzung des Internets vorgesehen (§ 4a IV BauGB). Gegenstand der Überwachung ist künftig auch die Durchführung von Ausgleichsmaßnahmen nach § 1a III BauGB (§ 4c BauGB). Die Umsetzung der UVP-ÄndRL 2014 ist im Übrigen in einem gesonderten Gesetz erfolgt. Zur Erleichterung des Wohnungsbaus kann im nicht beplanten Innenbereich bei Nutzungsänderungen sämtlicher baulicher Anlagen zu Wohnzwecken vom Erfordernis des Einfügens abgesehen werden (§ 34 IIIa BauGB). Bislang galt dies nur bei Nutzungsänderungen von Gewerbe- und Handwerksbetrieben zu Wohnzwecken (§ 34 IIIa BauGB). 184

Außerdem konnten befristet bis zum 31.12.2019 Bebauungspläne mit einer Grundfläche von weniger als 10.000 Quadratmetern, durch die die Zulässigkeit von Wohnnutzungen auf Flächen begründet wird, die sich an im Zusammenhang bebaute Ortsteile anschließen, im beschleunigten Verfahren aufgestellt werden (§ 13b BauGB). Das Verfahren zur Aufstellung eines solchen Bebauungsplans konnte nur bis zum 31.12.2019 förmlich eingeleitet werden; der Satzungsbeschluss nach § 10 I BauGB war bis zum 31.12.2021 zu fassen. Die Gemeinden wurden verpflichtet, das Internet stärker als Bekanntmachungsorgan zu nutzen. Artikel 6 II der UVP-ÄndRL sieht vor, dass die Öffentlichkeit im Rahmen des Beteiligungsverfahrens durch öffentliche Bekanntmachung und elektronisch zu informieren ist. Die bisher vorgesehene bloß ergänzende Nutzung elektronischer Kommunikationstechnologien reichte daher nicht mehr aus. In § 4a IV 1 BauGB ist angeordnet worden, dass der Inhalt der ortsüblichen Bekanntmachung auch in das Internet einzustellen ist. Zudem wurde vorgesehen, dass die nach § 3 II 1 BauGB öffentlich auszulegenden Unterlagen zusätzlich im Internet zu veröffentlichen sind.[257] 185

XIV. Planungssicherstellungsgesetz

1. Befristete und begrenzte Fortgeltung über 2023 hinaus

Der zeitliche Anwendungsbereich des PlanSiG ist für eine Vielzahl von Verwaltungsverfahren zum Jahresende 2023 ausgelaufen. Das PlanSiG gilt jedoch nach § 1 PlanSiG für die öffentlich-rechtliche Verwaltungstätigkeit der Behörden, die landesrechtlich durch ein Verwaltungsverfahrensgesetz geregelt ist, das nicht auf das Verwaltungsverfahrensgesetz verweist, in Verfahren fort, die in § 1 PlanSiG im Einzelnen aufgelistet sind. Die §§ 1 bis 5 des PlanSIG treten nach § 7 II 1 PlanSiG mit Ablauf des 31.12.2024 außer Kraft; nach § 7 II 2 PlanSiG tritt das PlanSiG im Übrigen mit Ablauf des 30.9.2029 außer Kraft. Anwendbar bleibt bis dahin § 6 PlanSiG. Danach sind die Regelungen des PlanSiG auch auf bereits vor Inkrafttreten des PlanSiG begonnene, aber noch nicht abgeschlossene Verfahren anwendbar. Ein Verfahrensschritt, der bereits begonnen wurde, ist jedoch zu wiederholen, wenn er nach dem PlanSiG durchgeführt werden soll. Abweichend davon ist nach § 6 I 3 PlanSiG ein Verfahrensschritt, der bereits vor dem 16.3.2020 begonnen wurde, nicht zu wiederholen, wenn der Beteiligungsschritt in diesem Verfahrensschritt, der teilweise oder ganz entfallen oder erschwert worden ist, nach diesem Gesetz hätte entfallen können und lediglich der Hinweis auf das Unterbleiben einer einzelnen Beteiligungsmöglichkeit vorab nicht erteilt werden konnte. 186

---

257 Artikel 6 V 2 iVm III UVP-Änd-RL; siehe auch Erwägungsgrund 18.

187 Für Verfahrensschritte, bei denen von einer Regelung nach den §§ 2 bis 5 PlanSiG Gebrauch gemacht worden ist und die mit Ablauf des 31.12.2024 noch nicht abgeschlossen sind, gelten die Bestimmungen des PlanSiG nach § 6 II PlanSiG bis zum Abschluss des jeweiligen Verfahrensschrittes weiter. Die für die in § 1 PlanSiG genannten Verfahren geltenden Fehlerfolgenregelungen sind entsprechend anzuwenden und bleiben im Übrigen unberührt. Fehler bei Bekanntmachungen haben keine Auswirkung auf die Rechtmäßigkeit der Verfahren, wenn der Hinweiszweck der Bekanntmachung erfüllt ist (§ 6 III PlanSiG).

188 Im Übrigen sind durch das Fünfte Gesetz zur Änderung verwaltungsverfahrensrechtlicher Vorschriften sowie zur Änderung des Sechsten Buches des Sozialgesetzbuchs (5. VwVfÄndG) [258] wesentliche Regelungen des PlanSiG in modifizierter Form in das VwVfG des Bundes übernommen worden.[259]

2. Überblick über den Regelungsgehalt

189 a) **Anwendungsbereich.** Das Planungssicherstellungsgesetz gilt nach § 1 S. 1 PlanSiG für Verfahren nach dem UVPG, dem BImSchG, dem KrWG, dem BBergG, dem AtG, dem StrlSchG, dem EnWG, dem WHG, dem Windenergie-auf-See-Gesetz, dem FlurbRG, dem BNatSchG, dem PostG, dem FStrG, dem PBefG, dem AEG, dem WaStrG, dem LuftVG und dem GentG. Das PlanSiG gilt auch für das Netzausbaubeschleunigungsgesetz Übertragungsnetz (§ 1 S. 2 PlanSiG). Wird in den in § 1 S. 1 PlanSiG genannten Gesetzen oder in dem PlanSiG auf das VwVfG des Bundes verwiesen, so ist die bis einschließlich 31.12.2023 geltende Fassung anzuwenden.[260]

190 b) **Ortsübliche und öffentliche Bekanntmachungen.** Ist in Verfahren nach den in § 1 PlanSiG genannten Gesetzen eine ortsübliche oder öffentliche Bekanntmachung angeordnet und ist nach den dafür geltenden Vorschriften der Anschlag an einer Amtstafel oder die Auslegung zur Einsichtnahme vorgesehen, so können der Anschlag oder die Auslegung nach § 2 I PlanSiG durch eine Veröffentlichung des Inhalts der Bekanntmachung im Internet ersetzt werden, wenn die jeweilige Bekanntmachungsfrist spätestens mit Ablauf des 31.12.2024 endet. Zusätzlich hat zumindest eine Bekanntmachung in einem amtlichen Veröffentlichungsblatt oder einer örtlichen Tageszeitung zu erfolgen. Für die Veröffentlichung im Internet gilt § 27a I 2 und II VwVfG entsprechend (§ 2 II PlanSiG). Bereits vor dem Inkrafttreten des PlanSiG bestand zum Teil schon die Möglichkeit einer Bekanntmachung im Internet (§ 20 UVPG, § 18 I ROG und § 28c PBefG). § 2 I 2 PlanSiG fordert eine ergänzende Bekanntmachung in einem amtlichen Veröffentlichungsblatt oder einer örtlichen Tageszeitung ausdrücklich. Nach dem PlanSiG genügt somit eine Bekanntmachung ausschließlich im Internet nicht den verfahrensrechtlichen Anforderungen.[261]

191 c) **Auslegung von Unterlagen oder Entscheidungen.** Ist in Verfahren im Anwendungsbereich des PlanSiG eine Auslegung von Unterlagen oder Entscheidungen angeordnet, auf die nach den für die Auslegung geltenden Vorschriften nicht verzichtet werden kann, kann die Auslegung gem. § 3 I 1 PlanSiG durch eine **Veröffentlichung im Internet** ersetzt werden, wenn die jeweilige Auslegungsfrist spätestens mit Ablauf des 31.12.2023 endet. Für die Veröffentlichung im Internet gilt gem. § 3 I 2 PlanSiG wiederum § 27a I 2 VwVfG entsprechend. In der Bekanntmachung der Auslegung ist gem. § 3 I 3 PlanSiG darauf hinzuweisen, dass und wo die Veröffentlichung im Internet erfolgt. Aus dem Gesetzeswortlaut folgt nach Ansicht des BVerwG nicht, dass die Internetseite, auf der die betreffenden Unterlagen unmittelbar zur Verfügung gestellt werden, mit ihrer vollständigen Adresse angegeben werden müsste,[262] dies wäre nach Ansicht des BVerwG gerade bei mehreren Unterlagen wegen der je nach Aufbau einer Webseite oftmals beachtlichen Länge und Komplexität solcher Adressen (Zeichenfolgen) im

[258] BGBl. 2023 I Nr. 344 v. 8.12.2023.

[259] Dazu Prell/Altmiks NVwZ 2024, 105; Durinke/Elgeti NVwZ 2024, 112; zu entsprechenden Forderungen siehe auch Wysk NVwZ 2022, 905; Burgi/Nischwitz/Zimmermann NVwZ 2022, 1321.

[260] Zum PlanSiG siehe auch Prell in FS für Ramsauer, 2023, 81; Ziekow in Ziekow Handbuch zum Fachplanungsrecht, 2024, S. 90; Ziekow/Ziemer/Bickmann Evaluation des Planungssicherstellungsgesetzes, Abschlussbericht, 2022.

[261] Durinke/Elgeti NVwZ 2024, 112 (114).

[262] BVerwG Urt. v. 31.3.2023 – 4 A 10/21, juris Rn. 20 unter Verweis auf eine Gegenmeinung von Dammert/Brückner DVBl. 2021, 91 (92).

Übrigen auch nicht hilfreich. Vielmehr sei die Angabe der übergeordneten Internetseite ausreichend, wenn hierüber die Zugänglichkeit in leicht erkennbarer und einfacher Weise, dh über Seitennavigationselemente mit wenigen Mausklicks, gewährleistet sei.[263]

Soweit Regelungen in den in § 1 PlanSiG genannten Gesetzen den Zugang über ein zentrales Internetportal vorsehen, bleiben diese nach § 3 I 4 PlanSiG unberührt. Der Vorhabenträger hat nach § 3 I 5 PlanSiG Anspruch darauf, dass seine **Betriebs- und Geschäftsgeheimnisse** von der Behörde nicht unbefugt offenbart werden.[264] Er kann der Veröffentlichung im Internet gem. nach § 3 I 6 PlanSiG widersprechen, wenn er die Gefährdung von Betriebs- oder Geschäftsgeheimnissen oder wichtiger Sicherheitsbelange befürchtet. Widerspricht der Vorhabenträger der Veröffentlichung im Internet, hat die Behörde nach § 3 I 7 PlanSiG das Verfahren bis zu einer Auslegung auszusetzen. 192

Die angeordnete Auslegung soll gem. § 3 II 1 PlanSiG daneben als **zusätzliches Informationsangebot** erfolgen, soweit dies nach Feststellung der zuständigen Behörde den Umständen nach möglich ist. Unterbleibt eine Auslegung, hat die zuständige Behörde § 3 II 2 PlanSiG zusätzlich zur Veröffentlichung nach § 3 I 1 PlanSiG andere **leicht zu erreichende Zugangsmöglichkeiten**, etwa durch öffentlich zugängliche Lesegeräte oder in begründeten Fällen durch Versendung zur Verfügung zu stellen. Auf diese Zugangsmöglichkeiten ist gem. § 3 II 3 PlanSiG in der Bekanntmachung nach § 2 II 1 PlanSiG hinzuweisen. Die Behörde kann nach § 3 III PlanSiG von einem Vorhabenträger verlangen, dass er die Unterlagen, die er bei der Behörde zum Zwecke der Bekanntmachung durch die Behörde einzureichen hat, in einem verkehrsüblichen elektronischen **Format** einreicht. 193

d) Erklärungen zur Niederschrift. Die Abgabe von Erklärungen zur Niederschrift bei der Behörde kann allerdings ausgeschlossen werden, wenn die jeweilige Erklärungsfrist spätestens mit Ablauf des 31.12.2024 endet und die zuständige Behörde festgestellt hat, dass innerhalb der Erklärungsfrist eine Entgegennahme zur Niederschrift nicht oder nur mit unverhältnismäßigem Aufwand möglich sein würde. In diesen Fällen hat die zuständige Behörde einen Zugang für die Abgabe von elektronischen Erklärungen bereitzuhalten, worauf bei der Bekanntmachung der Offenlage hinzuweisen ist (§ 4 PlanSiG). 194

e) Erörterungstermine, mündliche Verhandlungen und Antragskonferenzen. Ist in Verfahren nach § 1 PlanSiG die Durchführung eines Erörterungstermins oder einer mündlichen Verhandlung in das Ermessen der Behörde gestellt, können gem. § 5 I PlanSiG bei der Ermessensentscheidung auch geltende Beschränkungen aufgrund der COVID-19-Pandemie und das Risiko der weiteren Ausbreitung des Virus berücksichtigt werden. Ist in Verfahren nach § 1 PlanSiG die Durchführung eines **Erörterungstermins** oder einer mündlichen Verhandlung angeordnet, auf die nach den dafür geltenden Vorschriften nicht verzichtet werden kann, genügt gem. § 5 II PlanSiG eine **Online-Konsultation** nach § 5 IV PlanSiG. § 5 PlanSiG sieht nicht vor, dass eine Online-Konsultation im textlichen Verfahren nur dann in Betracht kommt, wenn eine Telefon- oder Videokonferenz nicht oder nur unter unzumutbaren Voraussetzungen möglich ist.[265] Die zur Teilnahme an einem Erörterungstermin oder einer mündlichen Verhandlung Berechtigten sind von der Durchführung der ersatzweisen Online-Konsultation zu benachrichtigen (§ 5 III 1 PlanSiG). § 73 VI 2 bis 4 VwVfG gilt entsprechend. Das bedeutet, dass den Teilnahmeberechtigten die Anberaumung einer Online-Konsultation so bekannt zu machen ist, wie es bei einem Erörterungstermin geschehen müsste.[266] Dementsprechend sind die Online-Konsultationen mindestens eine Woche vorher ortsüblich bekannt zu machen und die Behörden, der Träger des Vorhabens und diejenigen, die Einwendungen erhoben oder Stellungnahmen abgegeben haben, von der Konsultation zu benachrichtigen. 195

Für die Online-Konsultation werden den zur Teilnahmeberechtigten die sonst im Erörterungstermin oder der mündlichen Verhandlung zu behandelnden Informationen gem. § 5 IV 1 PlanSiG zugänglich gemacht. Ihnen ist nach § 5 IV 2 PlanSiG innerhalb einer vorher bekannt zu machenden, angemessenen Frist Gelegenheit zu geben, sich schriftlich oder elektronisch 196

[263] BVerwG Urt. v. 31.3.2023 – 4 A 10/21, juris Rn. 20 unter Verweis auf Tegethoff in Kopp/Ramsauer, VwVfG, 2022, § 27a Rn. 15; Stelkens in Stelkens/Bonk/Sachs, VwVfG, 2023, § 27a Rn. 52; Schneider in Schoch/Schneider, Verwaltungsrecht, 2020, VwVfG, § 27a Rn. 18.

[264] zum Schutz von Geschäfts- und Betriebsgeheimnissen bei Internetveröffentlichung in umweltrechtlichen Verfahren siehe Ruf ZUR 2023, 162.

[265] OVG Lüneburg NuR 2023, 549.

[266] OVG Schleswig Beschl. v. 23.9.2023 – 4 MB 32/21, juris Rn. 83; Wysk NVwZ 2020, 905 (909).

dazu zu äußern. Nach Auffassung des OVG Lüneburg begegnet es mit Blick auf Art. 20 III GG keinen Bedenken, dass der Gesetzgeber bei der Ausgestaltung der Online-Konsultation die Möglichkeit zur (nur) einmaligen Gegenreaktion auf die Reaktion des Vorhabenträgers zu einer Stellungnahme oder Einwendung eröffnet hat und anders als in einem Erörterungstermin ein mehrfacher Austausch der wechselseitigen Positionen daher regelmäßig nicht besteht.[267] Die Bestimmung der Länge der nach § 5 IV 2 PlanSiG zu setzenden Äußerungsfrist steht im **Ermessen** der Anhörungsbehörde. Diese handelt grundsätzlich jedenfalls dann nicht ermessensfehlerhaft, wenn sie sich an den Zweiwochenfristen gemäß § 73 IV 1 VwVfG oder § 73 VIII VwVfG orientiert.[268]

197 Die zuständige Behörde hat gem. § 5 IV 3 PlanSiG geeignete Vorkehrungen dafür zu treffen, dass nur die nach § 5 IV 1 und 2 PlanSiG Berechtigten Zugang zu der Online-Konsultation haben. Die Regelungen über die Online-Konsultation lassen den bereits eingetretenen Ausschluss von Einwendungen unberührt (§ 5 IV 4 PlanSiG). § 3 I 5 bis 7 PlanSiG gelten entsprechend. Die Online-Konsultation kann mit Einverständnis der Teilnahmeberechtigten gem. § 5 V PlanSiG durch eine **Telefon- oder Videokonferenz** ersetzt werden, wobei § 5 IV PlanSiG mit Ausnahme von Satz 2 in diesem Fall entsprechend gilt. Über die Telefon- oder Videokonferenz ist gem. § 5 V 2 PlanSiG ein **Protokoll** zu führen. In Verfahren nach § 1 PlanSiG kann die zuständige Behörde anstelle der Durchführung einer **Antragskonferenz** gem. § 5 VI PlanSiG Gelegenheit zur schriftlichen oder elektronischen Stellungnahme geben. § 3 III PlanSiG gilt entsprechend.

198 Die Durchführung eines **Erörterungstermins** steht sowohl in fachplanungs- als auch in immissionsschutzrechtlichen Zulassungsverfahren zumeist im Ermessen der Anhörungsbehörde. Dies gilt insbesondere im Anwendungsbereich des Infrastrukturplanungsbeschleunigungsgesetzes (§ 18 a Nr. 1 AEG, § 17 a Nr. 1 FStrG, § 14 a Nr. 1 WaStrG, § 2 Nr. 1 Magnetschwebebahnplanungsgesetz, § 43 a Nr. 1 EnWG). Europarechtlich ist ein Erörterungstermin auch für UVP-pflichtige Vorhaben nicht erforderlich. Vielmehr sieht die Öffentlichkeitsbeteiligungs-RL lediglich vor, dass die Öffentlichkeit beteiligt werden muss. Dies kann auch dadurch geschehen, dass die Möglichkeit zu einer schriftlichen Stellungnahme gewährt wird. Das gilt für die betroffene Öffentlichkeit ebenso wie für die Vereinigungen. Bei anderen Planfeststellungsverfahren verbleibt es dagegen bei dem Erfordernis eines Erörterungstermins. Im immissionsschutzrechtlichen Genehmigungsverfahren kann nicht nur aus den in § 16 der 9. BImSchV genannten Gründen von einem Erörterungstermin abgesehen werden. Die Entscheidung über die Durchführung eines Erörterungstermins bleibt nach dem höherrangigen § 10 VI BImSchG eine Ermessensentscheidung der Genehmigungsbehörde. Dabei können auch gesundheitliche Gründe, die in Zeiten der Corona-Pandemie mit der Ansammlung von Personen verbunden sind, eine Rolle spielen (§ 5 I PlanSiG).[269] In geeigneten Fällen kann statt eines Erörterungstermins auch eine Besprechung mit Beteiligten stattfinden. Das empfiehlt sich besonders, wenn etwa im Fachplanungsverfahren mit Enteignungsbetroffenen bereits vor der Beschlussfassung eine möglichst einvernehmliche Lösung erreicht werden soll.

199 **f) Übergangsregelung.** Das PlanSiG ist nach der Übergangsregelung des § 6 I 1 PlanSiG auch auf bereits vor Inkrafttreten des PlanSiG begonnene, aber noch nicht abgeschlossene Verfahren anwendbar. Ein Verfahrensschritt, der bereits begonnen wurde, ist jedoch zu wiederholen, wenn er nach dem PlanSiG durchgeführt werden soll (§ 6 I 2 PlanSiG). Abweichend davon ist nach § 6 I 3 PlanSiG ein Verfahrensschritt, der bereits vor dem 16.3.2020 begonnen wurde, nicht zu wiederholen, wenn der Beteiligungsschritt in diesem Verfahrensschritt, der teilweise oder ganz entfallen oder erschwert worden ist, nach dem PlanSiG hätte entfallen können und lediglich der Hinweis auf das Unterbleiben einer einzelnen Beteiligungsmöglichkeit vorab nicht erteilt werden konnte. Für Verfahrensschritte, bei denen von einer Regelung nach den §§ 2 bis 5 PlanSiG Gebrauch gemacht worden ist und die mit Ablauf des 31.12.2023 noch nicht abgeschlossen waren, gelten nach § 6 II PlanSiG die Bestimmungen des PlanSiG bis zum Abschluss des jeweiligen Verfahrensschrittes weiter. Die für die in § 1 PlanSiG genannten

---

[267] OVG Lüneburg NuR 2023, 549.
[268] OVG Lüneburg NuR 2023, 549.
[269] OVG Münster Urt. v. 27.04.2023 – 8 D 368/21.AK, juris Rn. 130; OVG Lüneburg NuR 2023, 549; siehe dazu auch § 16 I 2 der 9. BImSchV, wonach bei Windenergieanlegen an Land und Anlagen zur Herstellung von grünem Wasserstoff auf einen Erörterungstermin verzichtet werden soll, wenn nicht der Antragsteller diesen beantragt.

Verfahren geltenden Fehlerfolgenregelungen sind nach § 6 III 1 PlanSiG entsprechend anzuwenden und bleiben im Übrigen unberührt. Fehler bei Bekanntmachungen haben nach § 6 III 2 PlanSiG keine Auswirkung auf die Rechtmäßigkeit der Verfahren, wenn der Hinweiszweck der Bekanntmachung erfüllt ist.

Nach § 7 I PlanSiG trat das PlanSiG nach der Verkündung in Kraft. Die §§ 1 bis 5 PlanSiG treten nach § 7 II 1 PlanSiG mit Ablauf des 31.12.2024 außer Kraft. Im Übrigen tritt das Gesetz nach § 7 II 2 PlanSiG mit Ablauf des 30.09.2029 außer Kraft. 200

3. Übernahme wesentlicher Regelungen des PlanSiG in das VwVfG

Die Vorschriften des PlanSiG sind rechtzeitig zum Jahreswechsel 2023/2024 noch einmal um ein Jahr bis Ende 2024 für die Länder verlängert worden, deren Verwaltungsverfahrensgesetz als sog. Vollregelung nicht auf das VwVfG des Bundes verweist. Dadurch sollte auch für diese Länder ein hinreichender Zeitraum geschaffen werden, um Vorschriften des PlanSiG in das jeweilige VwVfG als Dauerrecht überführen zu können.[270] Mit dem Fünften Gesetz zur Änderung verwaltungsverfahrensrechtlicher Vorschriften sowie zur Änderung des Sechsten Buches Sozialgesetzbuchs (5. VwVfÄndG) vom 4.12.2023 ist das VwVfG zur dauerhaften Übernahme von Regelungen aus dem PlanSiG geändert worden.[271] 201

Der Anwendungsbereich des PlanSiG wurde § 1 PlanSiG neu gefasst. Dabei wurde die Anwendung des PlanSiG auf Verfahren beschränkt, die im Anwendungsbereich der Verwaltungsverfahrensgesetze der Länder ohne Verweisungsgesetzgebung durchgeführt werden. Außerdem werden mit der Neuformulierung des § 1 PlanSiG Gesetze aus dem Anwendungsbereich des PlanSiG gestrichen. Dazu gehört das BauGB, da für die sich aus dem PlanSiG ergebenden Erleichterungen zwischenzeitlich entsprechende Regelungen in das BauGB selbst eingefügt worden sind. Durch das Gesetz zur Stärkung der Digitalisierung im Bauleitplanverfahren und zur Änderung weiterer Vorschriften vom 3. Juli 2023 (BGBl. I Nr. 176 vom 5. Juli 2023) ist ua durch Änderungen in §§ 3, 4 und 4a BauGB das förmliche Beteiligungsverfahren bei Aufstellung, Änderung, Ergänzung und Aufhebung von Bebauungsplänen auf ein digitales Verfahren als Regelfall umgestellt worden. Durch das Gesetz zur Änderung des Raumordnungsgesetzes und anderer Vorschriften vom 22. März 2023 (BGBl. I Nr. 88 vom 28. März 2023) wurde ab dem Inkrafttreten am 28.9.2023 durch Änderungen in §§ 9 und 10 ROG das förmliche Beteiligungsverfahren bei Aufstellung, Änderung, Ergänzung und Aufhebung von Raumordnungsplänen auf ein digitales Verfahren als Regelfall umgestellt. 202

a) Schriftformersatz durch elektronische Form (§ 3a VwVfG). Die Übermittlung elektronischer Dokumente ist zulässig, soweit der Empfänger hierfür einen Zugang eröffnet. Eine durch Rechtsvorschrift angeordnete Schriftform kann, soweit nicht durch Rechtsvorschrift etwas anderes bestimmt ist, nach § 3a II 1 VwVfG durch die elektronische Form ersetzt werden. Der elektronischen Form genügt ein elektronisches Dokument, das mit einer qualifizierten elektronischen Signatur versehen ist. Die Signierung mit einem Pseudonym, das die Identifizierung der Person des Signaturschlüsselinhabers nicht unmittelbar durch die Behörde ermöglicht, ist nicht zulässig. Die Schriftform wird eingehalten, wenn die Behörde die Dokumente mit einem qualifizierten elektronischen Siegel versieht oder die Dokumente mittels einer De-Mail-Nachricht versendet. Damit wird eine überflüssige Vervielfältigung umfangreicher Verfahrensunterlagen verhindert. Das Schriftformerfordernis kann künftig auch durch Übermittlung einer von dem Erklärenden elektronisch signierten Erklärung an die Behörde aus einem besonderen elektronischen Anwaltspostfach ersetzt werden.[272] 203

b) Bekanntmachung im Internet (§ 27a VwVfG). Ist durch Rechtsvorschrift eine öffentliche oder ortsübliche Bekanntmachung angeordnet, ist diese dadurch zu bewirken, dass der Inhalt der Bekanntmachung auch auf einer Internetseite der Behörde oder ihres Verwaltungsträgers zugänglich gemacht wird. Soweit durch Rechtsvorschrift nichts anderes bestimmt ist, ist für die Einhaltung einer vorgeschriebenen Frist die Zugänglichmachung im Internet nach § 27a I 1 VwVfG maßgeblich. Das gilt nach § 27a II VwVfG nicht, wenn eine Zugäng- 204

---

[270] Dazu Prell/Altmiks NVwZ 2024, 105 (110).

[271] Die Übernahme von Vorschriften des PlanSiG in das VwVfG beruht unter anderem auf einer Evaluation des PlanSiG, siehe dazu den Abschlussbericht von Ziekow/Ziemer/Bickmann, Evaluation des Planungssicherstellungsgesetzes, 2022.

[272] Durinke/Elgeti NVwZ 2024, 112 (115).

lichmachung im Internet, insbesondere aus technischen Gründen, nicht möglich ist. Die sich bislang aus § 27a II VwVfG ergebende Pflicht, bei der öffentlichen oder ortsüblichen Bekanntmachung die Internetseite anzugeben, auf der die Bekanntmachung ergänzend erfolgt, ist entfallen. Die Ausnahmeregelung einer technischen Unmöglichkeit der Veröffentlichung im Internet findet keine Anwendung auf eine unzureichende Personalausstattung. Die Ausnahme soll restriktiv auszulegen sein und etwa dann in Frage kommen, wenn die gesamte Verwaltung einer Stadt oder Gemeinde vom Internet genommen werden muss. In solchen Fällen soll verhindert werden, dass die Bekanntmachung insgesamt nicht wirksam wird.[273] Eine Ausnahme soll wiederum gegeben sein, wenn die Internetseite der zuständigen Behörde oder ihres Verwaltungsträgers durch Dritte sabotiert wurde oder bei nicht nur kurzfristigen Server- oder Stromausfällen.[274]

205 Wird § 27a VwVfG nicht beachtet, wirkt sich dies auf die formelle Rechtmäßigkeit der entsprechenden Bekanntmachung aus.[275] § 27a VwVfG regelt die Bekanntmachung nicht abschließend selbst, sondern enthält vielmehr eine formelle Anforderung zusätzlich zu etwaigen Anforderungen in den die Bekanntmachung anordnenden Vorschriften.[276]

206 **c) Zugänglichmachung auszulegender Dokumente (**§ 27b VwVfG). Ist durch Rechtsvorschrift die Auslegung von Dokumenten zur Einsicht angeordnet, ist sie nach § 27 b I 1 VwVfG dadurch zu bewirken, dass die Dokumente zugänglich gemacht werden 1. auf einer Internetseite der für die Auslegung zuständigen Behörde oder ihres Verwaltungsträgers und 2. auf mindestens eine andere Weise. Ist eine Veröffentlichung der auszulegenden Unterlagen im Internet, insbesondere aus technischen Gründen, nicht möglich, so wird die angeordnete Auslegung zur Einsicht durch die andere Zugangsmöglichkeit nach § 27 b I 1 Nr. 2 VwVfG bewirkt.

207 In der Bekanntmachung der Auslegung sind nach § 27 b II VwVfG anzugeben 1. der Zeitraum der Auslegung, 2. die Internetseite, auf der die Zugänglichmachung erfolgt, sowie 3. Art und Ort der anderen Zugangsmöglichkeit.

208 Die Behörde kann verlangen, dass die Dokumente, die für die Auslegung einzureichen sind, in einem verkehrsüblichen elektronischen Format eingereicht werden (§ 27 b III VwVfG).

209 Sind in den auszulegenden Dokumenten **Geheimnisse** nach § 30 VwVfG enthalten, so ist nach § 27 b IV VwVfG derjenige, der diese Dokumente einreichen muss, verpflichtet, 1. diese Geheimnisse zu kennzeichnen und 2. der Behörde zum Zwecke der Auslegung zusätzlich eine Darstellung vorzulegen, die den Inhalt der betreffenden Teile der Dokumente ohne Preisgabe der Geheimnisse beschreibt.

210 **d) Auslegung im Planfeststellungsverfahren**. Das 5. VwVfÄndG hat auch die Anforderungen an die Auslegung im Planfeststellungsverfahren verändert. Für die Öffentlichkeitsbeteiligung im Anhörungsverfahren sieht § 73 II VwVfG vor, dass die Planunterlagen in allen Gemeinden auszulegen sind, in denen sich das Vorhaben voraussichtlich auswirken wird. Diese Auslegung richtet sich nach § 27b VwVfG. § 73 III 2 VwVfG bestimmt, dass die Anhörungsbehörde festlegt, in welcher der Gemeinden nach § 73 II VwVfG eine andere Zugangsmöglichkeit nach § 27b I 1 Nr. 2 VwVfG zur Verfügung zu stellen ist. Die Entscheidung über die Art der Zugangsmöglichkeit ist im Benehmen mit der jeweiligen Gemeinde zu treffen. Damit sind in allen Gemeinden nach § 73 II VwVfG die Planunterlagen auf den Internetseiten der jeweiligen Gemeinde zugänglich zu machen. Die weitere Form der Auslegung ist in allen voraussichtlich betroffenen Gemeinden erforderlich. Vorgaben dazu, nach welchen Kriterien die Gemeinden mit der weiteren Zugangsmöglichkeit auszuwählen sind, lassen sich dem Gesetz nicht entnehmen. Insbesondere für linienförmige Infrastrukturvorhaben wird angeraten, die Anzahl und die räumliche Auswahl der weiteren Zugangsmöglichkeiten so festzulegen, dass es allen nach § 73 IV 1 VwVfG Teilnahmeberechtigten ermöglicht wird, diese auch tatsächlich wahrzunehmen, ohne unzumutbare Anfahrten in Kauf nehmen zu müssen.[277]

211 **e) Erörterung (§ 27 c VwVfG).** Ist durch Rechtsvorschrift eine Erörterung, insbesondere ein Erörterungstermin, eine mündliche Verhandlung oder eine Antragskonferenz angeordnet,

---

[273] Durinke/Elgeti NVwZ 2024, 112 (115).
[274] Prell/Altmiks NVwZ 2024, 105 (106).
[275] Prell/Altmiks NVwZ 2024, 105 (106).
[276] Prell/Altmiks NVwZ 2024, 105 (106).
[277] Durinke/Elgeti NVwZ 2024, 112 (116).

kann sie ersetzt werden 1. durch eine Online-Konsultation oder 2. mit Einwilligung der zur Teilnahme Berechtigten durch eine Video- oder Telefonkonferenz.[278]

Bei einer **Online-Konsultation** ist den Teilnahmeberechtigten innerhalb einer vorher bekannt zu machenden Frist Gelegenheit zu geben, sich schriftlich oder elektronisch zu äußern. Die Frist soll mindestens eine Woche betragen. Werden für die Onlinekonsultation Informationen zur Verfügung gestellt, so gilt § 27b IV VwVfG entsprechend (§ 27 c II VwVfG). Sonstige Regelungen, die die Durchführung einer Erörterung nach §27 c I VwVfG betreffen, bleiben nach § 27c III VwVfG unberührt. 212

XV. Baulandmobilisierungsgesetz 2021

Das Baulandmobilisierungsgesetz vom 14.6.2021 ist am 22.6.2021 verkündet worden und am 23.6.2021 in Kraft getreten. Das Gesetz soll den Gemeinden ergänzende Regelungen an die Hand geben, das Bauland einfacher zu mobilisieren und die Möglichkeiten des Flächenzugriffs zu stärken.[279] 213

1. Verordnungen für Gebiete mit angespanntem Wohnungsmarkt

Zum politischen Umfeld gehört ua die novellierte **Mietpreisbremse** (§ 556 d BGB) für Gebiete mit angespanntem Wohnungsmarkt. Wird ein Mietvertrag über Wohnraum abgeschlossen, der in einem durch Rechtsverordnung bestimmten Gebiet mit einem angespannten Wohnungsmarkt liegt, so darf die Miete zu Beginn des Mietverhältnisses die ortsübliche Vergleichsmiete nach § 556d BGB höchstens um 10 Prozent übersteigen. Die Landesregierungen werden durch § 556d II 1 BGB ermächtigt, Gebiete mit angespannten Wohnungsmärkten durch Rechtsverordnung für die Dauer von jeweils höchstens fünf Jahren zu bestimmen. Gebiete mit angespannten Wohnungsmärkten liegen nach § 556d II 2 BGB vor, wenn die ausreichende Versorgung der Bevölkerung mit Mietwohnungen in einer Gemeinde oder einem Teil der Gemeinde zu angemessenen Bedingungen besonders gefährdet ist. Dies kann nach § 556d II 3 BGB insbesondere dann der Fall sein, wenn 1.die Mieten deutlich stärker steigen als im bundesweiten Durchschnitt, 2.die durchschnittliche Mietbelastung der Haushalte den bundesweiten Durchschnitt deutlich übersteigt, 3.die Wohnbevölkerung wächst, ohne dass durch Neubautätigkeit insoweit erforderlicher Wohnraum geschaffen wird, oder 4.geringer Leerstand bei großer Nachfrage besteht. 214

Die Verordnungsermächtigung des § 556d II BGB entspricht im Wesentlichen inhaltlich der Verordnungsermächtigung des § 201a BauGB; eine darauf gestützte Rechtsverordnung ist Grundlage für verschiedene Rechtsfolgen, die sich aus Bestimmungen ergeben, die daran anknüpfen. Dazu gehören 215

- § 25 I 1 Nr. 3 BauGB (Besonderes Vorkaufsrecht),
- § 31 III BauGB (Befreiung von Festsetzungen),
- § 175 II 2 BauGB (Anordnung von Baugeboten, Modernisierungs- oder Instandsetzungsgeboten, Pflanzgebot und Rückbau- oder Entsiegelungsgebot),
- 176 I 1 Nr. 3 BauGB (Baugebot in Gebieten mit angespanntem Wohnungsmarkt).

Bereits der Gesetzentwurf der Bundesregierung[280] sah dazu überwiegend Änderungen des BauGB und der BauNVO vor. § 1 III 1 BauGB ist durch den Zusatz ergänzt worden, dass die Planaufstellung insbesondere bei der **Ausweisung von Flächen für den Wohnungsbau** in Betracht kommen kann. Damit soll verdeutlicht werden, dass es Aufgabe der Gemeinden ist, Bauleitpläne für die Ausweisung von Wohnbauflächen aufzustellen.[281] Gerichtlich durchsetzbare Rechte Privater ergeben sich daraus nicht.[282] Zu den wesentlichen Regelungsinhalten, die auf der Grundlage der Beschlussempfehlungen und des Berichts des Ausschusses für Bau, 216

---

278 Zur Kritik an der Ersetzung des Erörterungstermins Durinke/Elgeti NVwZ 2024, 112 (117).

279 BGBl. 2021 I 1802; zu den Vorüberlegungen Krautzberger/Stüer BauR 2019, 1708; zu den Inhalten Battis/Mitschang/Reidt NVwZ 2021, 905; Giesecke/Lüttgau BauR 2022, 589; Fimpel/Müller ZfBR 2022, 16; Spannowsky ZfBR 2022, 127; zur Kritik und einem Resümee siehe Breuer NVwZ 2022, 585; zu ersten Erfahrungen mit dem Gesetz Naumann BayVBl. 2023, 661; siehe auch Bamberger NWVBL 2023, 87; Breuer-Felthöfer ThürVBl. 2023, 100.

280 BT-Drs. 19/24838, 19/26023; Krautzberger/Stüer ZfBR 2021, 33.

281 Ablehnend dazu Breuer NVwZ 2022, 585.

282 Battis/Mitschang/Reidt NVwZ 2021, 905.

Wohnen, Stadtentwicklung und Kommunen (24. Ausschuss) Drs. 19/29396 vom Bundestag abschließend beraten worden sind, zählen:

- die Einführung eines neuen sektoralen Bebauungsplans für den Wohnungsbau,[283]
- die Erweiterung der Befreiungsmöglichkeiten durch Änderung des § 31 II Nr. 1 BauGB und den neuen § 31 III BauGB[284] und weitere Erleichterungen für das Bauen im Innen- und Außenbereich,
- die Erweiterung des Anwendungsbereichs der gemeindlichen Vorkaufsrechte für die leichtere Mobilisierung von Flächen für den Wohnungsbau,
- die Erweiterung des Anwendungsbereichs des Baugebots für Gebiete mit angespannten Wohnungsmärkten und die Schaffung einer Grundlage für städtebauliche Konzepte der Innenentwicklung.

217 Nach § 34 III a 3 BauGB kann in Fällen der Erweiterung, Änderung oder Erneuerung eines zulässigerweise errichteten, Wohnzwecken dienenden Gebäudes (§ 34 IIIa Nr. 1 Nr. 1 Buchst. b BauGB) und in Fällen der Nutzungsänderung einer zulässigerweise errichteten baulichen Anlage zu Wohnzwecken (einschließlich einer erforderlichen Änderung und Erneuerung, § 34 III a Nr. 1 c BauGB) auch vom Erfordernis des Einfügens in die Eigenart der näheren Umgebung nicht nur im Einzelfall, sondern auch in mehreren vergleichbaren Fällen abgewichen werden, wenn die übrigen Voraussetzungen des § 34 III a 1 BauGB vorliegen und die Aufstellung eines Bebauungsplans nicht erforderlich ist.[285]

218 Durch eine Änderung des § 35 IV Nr. 1 BauGB wurde mit Blick auf den **Strukturwandel in der Landwirtschaft** die Umnutzung von ehemals privilegierten landwirtschaftlichen Gebäuden in Wohnbauten erleichtert und dazu die Anzahl der insoweit zulässigen zusätzlichen Wohnungen je Hofstelle ist von drei auf fünf erhöht worden (§ 35 IV Nr. 1 f BauGB). Im Falle der Neuerrichtung eines gleichartigen Wohngebäudes an gleicher Stelle reicht es aus, dass das vorhandene Gebäude seit längerer Zeit vom Eigentümer selbst genutzt wurde oder wird. Ein Ersatzbau wird auch dann ermöglicht, wenn der Eigentümer im Zeitpunkt des Neubaus nicht mehr in dem zu ersetzenden Gebäude wohnt, aber vormals darin gewohnt hat.

219 Das Baulandmobilisierungsgesetz hat außerdem den Anwendungsbereich des allgemeinen gesetzlichen **Vorkaufsrechts** der Gemeinde (§ 24 BauGB) wie auch des besonderen, durch gemeindliche Satzung begründbaren Vorkaufsrechts (§ 25 BauGB) erweitert.[286] Der Anwendungsbereich des allgemeinen gemeindlichen Vorkaufsrechts ist dadurch ausgedehnt worden, dass Gemeinden in Gebieten, die nach § 34 II BauGB vorwiegend mit Wohngebäuden bebaut werden können, ein Vorkaufsrecht nicht nur hinsichtlich gänzlich unbebauter Grundstücke, sondern auch hinsichtlich solcher Grundstücke zukommt, die lediglich mit einer Einfriedung oder zu erkennbar vorläufigen Zwecken bebaut sind (§ 24 I 1 Nr. 6 BauGB). Außerdem besteht nach § 24 I 1 Nr. 8 BauGB in Gebieten nach den §§ 30, 34 BauGB ein gemeindliches Vorkaufsrecht, wenn in diesen Gebieten ein städtebaulicher oder anlagenimmanenter, gesunden Wohn- und Arbeitsverhältnissen widersprechender Missstand vorliegt und die Grundstücke dadurch erhebliche nachteilige Auswirkungen auf das soziale und städtebauliche Umfeld aufweisen, insbesondere durch ihren baulichen Zustand oder ihre der öffentlichen Sicherheit und Ordnung widersprechende Nutzung. Insoweit wird der Gemeinde der **Zugriff auf „Schrottimmobilien"** ermöglicht.

220 Nach § 25 I 1 Nr. 3 BauGB kann die Gemeinde durch Satzung auch im Geltungsbereich eines Bebauungsplans an brachliegenden Grundstücken oder für im Zusammenhang bebaute Ortsteile (§ 34 BauGB) an unbebauten oder brachliegenden Grundstücken ein gemeindliches Vorkaufsrecht begründen, wenn diese Grundstücke vorwiegend mit Wohngebäuden bebaut werden können und es sich um ein nach § 201 a BauGB bestimmtes Gebiet mit einem angespannten Wohnungsmarkt handelt.

221 Das Baulandmobilisierungsgesetz erweitert und erleichtert außerdem die **Anwendung des Baugebots**. § 175 II 2 BauGB bestimmt, dass der vorausgesetzte dringende Wohnbedarf der Bevölkerung insbesondere vorliegt, wenn es sich um ein nach § 201 a BauGB bestimmtes Ge-

[283] Näher dazu Breuer NVwZ 2022, 585, 586; kritisch dazu Reidt BauR 2021, 38; Reiling ZfBR 2021, 228.

[284] Reiling DVBl. 2022, 764; Zu Bedenken auch dazu Breuer NVwZ 2022, 585 (587).

[285] Zur Kritik wiederum Breuer NVwZ 2022, 585 (587).

[286] Zu gemeindlichen Vorkaufsrechten im Lichte des Baulandmobilisierungsgesetzes Zimmermann DVBl. 2023, 443; Wirsing/Beathalter VBLBW 2023, 8.

biet mit einem angespannten Wohnungsmarkt handelt. Nach dem neuen § 176 I 3 BauGB kann die Gemeinde im Geltungsbereich eines Bebauungsplans ein an den Eigentümer gerichtetes Gebot, sein Grundstück mit einer oder mehreren Wohneinheiten zu bebauen, nur aussprechen, wenn in dem Bebauungsplan Wohnnutzungen zugelassen sind und wenn es sich um ein nach § 201 a BauGB bestimmtes Gebiet mit einem angespannten Wohnungsmarkt handelt. Für diesen Fall erweitert § 176 III 2 BauGB die **Abwendungsmöglichkeit des Eigentümers**; dieser kann geltend machen, dass ihm die Durchführung des Vorhabens aus Gründen des Erhalts der Entscheidungsbefugnis über die Nutzung des Grundstücks für seinen Ehegatten oder eine in gerader Linie verwandte Person nicht zuzumuten ist. Für den Fall, dass der betroffene Eigentümer nach § 176 IV BauGB die Übernahme des Grundstücks verlangt, bestimmt § 176 III 2 BauGB, dass die Gemeinde das Grundstück zugunsten einer kommunalen Wohnungsbaugesellschaft, eines gemeinwohlorientierten Wohnungsbauunternehmens, einer Wohnungsgenossenschaft oder einer gemeinwohlorientierten Stiftung übernehmen kann.[287]

Zur Erleichterung des Ziels der Mobilisierung von Bauland ist in der BauNVO die neue Baugebietskategorie „**Dörfliches Wohngebiet**" eingeführt worden.[288] Die Obergrenzen, die bisher für Festsetzungen zum Maß der baulichen Nutzung galten, sind als **Orientierungswerte** ausgestaltet worden, um mehr Flexibilität bei der Ausweisung, insbesondere von Flächen für den Wohnungsbau im Hinblick auf die Bebauungsdichte, zu erreichen. Die Neufassung des § 17 BauNVO 2021 gilt allerdings nicht für Bebauungspläne, die auf der Grundlage der bisherigen Fassungen der BauNVO verabschiedet worden sind. Mit dem Gesetz sollen außerdem einzelne städtebauliche Anliegen aufgegriffen werden. Dazu gehören auch Klarstellungen, welche die Bedeutung grüner Infrastruktur in Städten und Gemeinden, insbesondere für den Klimaschutz und die Klimaanpassung, hervorheben. Des Weiteren enthält das Gesetz Änderungen zur **Unterstützung des Mobilfunkausbaus und der Elektromobilität** sowie eine Regelung zur **Einschränkung der Möglichkeiten, Mietwohnungen in Eigentumswohnungen umzuwandeln** (§ 250 BauGB). 222

XVI. Gesetz zur Verbesserung des Tierwohls in Tierhaltungsanlagen

Mit dem Gesetz zur Stärkung der Innenentwicklung in Städten und Gemeinden und weiteren Fortentwicklung des Städtebaurechts vom 11. Juni 2013 wurde die Privilegierung der Errichtung gewerblicher Tierhaltungsanlagen im Außenbereich eingeschränkt. Gewerbliche Tierhaltungsanlagen, bei denen es sich nicht um landwirtschaftliche Betriebe handelt und die einer Pflicht zur Durchführung einer standortbezogenen oder allgemeinen Vorprüfung oder einer Umweltverträglichkeitsprüfung unterliegen, sind seitdem nicht mehr im Außenbereich privilegiert. Zu ihrer Errichtung oder wesentlichen Änderung bedarf es seitdem eines Bebauungsplans oder eines Vorhaben- und Erschließungsplans. Die vor dem Inkrafttreten dieser Änderung des BauGB zulässigerweise errichteten Tierhaltungsanlagen können aufgrund der seinerzeitigen Baugenehmigungen oder immissionsschutzrechtlichen Genehmigungen weiterbetrieben werden. Manche Betreiber dieser Anlagen beabsichtigen diese mit dem Ziel der Verbesserung der Haltungsbedingungen für die Tiere zu verändern. Die Verbesserung des Tierwohls erfordert unter anderem ein erhöhtes Platzangebot pro Tier sowie in bestimmten Fällen mehr Auslauf. In Fällen, in denen zur Änderung einer bestehenden Tierhaltungsanlage ein Bebauungsplan oder ein Vorhaben- und Erschließungsplan erforderlich ist, aber nicht vorliegt, unterbleiben wegen des Planungserfordernisses häufig Verbesserungen des Tierwohls. Die Anlage wird in diesen Fällen wie bisher weiterbetrieben, da ohne eine bauliche Änderung die Verbesserung des Tierwohls nicht ohne eine Abstockung des Bestandes möglich ist. Außerdem sind vielfach Änderungen bestehender Tierhaltungsanlagen erforderlich, um Anforderungen der Rechtsprechung an die Haltung von Sauen zu genügen.[289] Der Gesetzgeber hat deshalb mit dem Gesetz zur Verbesserung des Tierwohls in Tierhaltungsanlagen[290] § 245a BauGB dahingehend geändert, dass Tierhaltungsanlagen, für die gemäß § 245a IV BauGB die Vorschrift des § 35 I Nr. 4 BauGB in seiner bis zum 20.9.2013 geltenden Fassung anzuwenden war, weiterhin im Außenbereich geändert werden dürfen, wenn 1. es sich ausschließlich um eine Änderung 223

[287] Kritisch dazu Krautzberger/Stüer ZfBR 2021, 33, 35.

[288] Dazu Scheidler KommunalPraxis BY 2023, 173.

[289] Siehe dazu die Gesetzesbegründung BT-Drs. 19/20597, S. 3; OVG Magdeburg NuR 2017, 476; BVerwG NVwZ 2017, 404; siehe Felde NVwZ 2017, 368; Maisack NuR 2017, 456.

[290] Vom 16.7.2021, BGBl 2021 I Nr. 46 vom 22.7.2021, S. 2939.

zur Umsetzung eines Betriebs- und Umbaukonzepts zur Umstellung der vorhandenen Haltungseinrichtungen auf Haltungseinrichtungen zum Halten von Jungsauen und Sauen, das den Anforderungen des § 30 II und IIa der Tierschutz-Nutztierhaltungsverordnung in Verbindung mit § 24 II der Tierschutz-Nutztierhaltungsverordnung, genügt, oder eines Betriebs- und Umbaukonzepts zur Umstellung der vorhandenen Abferkelbuchten auf Abferkelbuchten zum Halten von Jungsauen und Sauen, das den Anforderungen des § 24 III 3 und 4 sowie § 30 IIb der Tierschutz-Nutztierhaltungsverordnung genügt, handelt sowie 2. die Anzahl der Tierplätze nicht erhöht und die Tierart im Sinne der Nummer 7.8 der Anlage 1 des UVPG nicht geändert wird. Satz 1 gilt auch für bauliche Anlagen zur Tierhaltung im Außenbereich nach § 35 BauGB, die dem Anwendungsbereich des § 35 I Nr. 1 BauGB nicht oder nicht mehr unterfallen und deren Zulassungsentscheidung vor dem 20.9.2013 getroffen worden ist. Unbeschadet davon bleibt die Möglichkeit, ein Vorhaben nach § 35 BauGB zuzulassen.

XVII. Gesetz zur sofortigen Verbesserung der Rahmenbedingungen für die erneuerbaren Energien im Städtebaurecht

224 Um den Ausbau der erneuerbaren Energien zu beschleunigen und um die **Klimaschutzziele** zu erreichen, (EEG) 2023 wurden die Ausbauziele für erneuerbare Energien im EEG deutlich angehoben. Im Jahr 2030 sollen 80 % des in Deutschland verbrauchten Stroms aus erneuerbaren Energien stammen, um im Jahr 2045 Treibhausgasneutralität zu erreichen. Um die EEG-Ziele im Bereich der Windenergie an Land zu erreichen, hat der Bundesgesetzgeber das Gesetz zur sofortigen Verbesserung der Rahmenbedingungen für die erneuerbaren Energien im Städtebaurecht erlassen, mit dem wesentliche Hemmnisse für den Ausbau der Windenergie an Land beseitigt und dieser dadurch deutlich beschleunigt werden soll.[291]

225 Art 1 des Gesetzes zur Erhöhung und Beschleunigung des Ausbaus von Windenergieanlagen an Land enthält das Gesetz zur Festlegung von Flächenbedarfen für Windenergieanlagen an Land (Windenergieflächenbedarfsgesetz – WindBG), Art. 2 des Artikelgesetzes enthält ergänzende Änderungen des Baugesetzbuchs, Art. 3 Änderung des Raumordnungsgesetzes und Art. 4 bestimmt Änderungen des Erneuerbare-Energien-Gesetzes.

226 Zur Erreichung der EEG-**Ausbauziele** sollen 2 % der Bundesfläche für die Windenergie an Land ausgewiesen werden. Mit dem WindBG sind den Ländern verbindliche Flächenziele (sogenannte Flächenbeitragswerte) vorgegeben worden.[292]

1. Gesetz zur Festlegung von Flächenbedarfen für Windenergieanlagen an Land

227 Die verbindlichen **Flächenziele** nach dem WindBG sind in die Systematik des Bauplanungsrechts des Baugesetzbuchs integriert worden. Der planerischen Steuerung durch die Ausweisung von Windenergiegebieten soll nur noch dann Ausschlusswirkung zukommen, wenn die Flächenziele erreicht werden. Andernfalls sollen Windenergieanlagen im gesamten Planungsraum privilegiert zulässig sein. Damit soll zugleich erreicht werden, dass für den Windenergieausbau in jedem Fall Flächen im erforderlichen Umfang zur Verfügung stehen. Durch die Integration der gesetzlichen Mengenvorgaben für die Flächenausweisung in das Planungsrecht des BauGB soll die Planung vereinfacht werden. Die **Mengenvorgaben** des Gesetzgebers ersetzen die komplexen methodischen Anforderungen an die planerische Ausweisung von Windenergiegebieten mit Konzentrationswirkung, die von der Rechtsprechung mit Blick auf das sogenannte „Substanzgebot" entwickelt wurden. Die Privilegierung wird bereits von Gesetzes wegen unter den Vorbehalt ihrer räumlichen Zuweisung entsprechend den Mengenvorgaben gestellt, wenn die Ausweisung der im WindBG vorgegebenen Fläche innerhalb bestimmter Zeiträume abgeschlossen ist. Sobald das Erreichen eines einschlägigen Flächenziels gemäß § 5 I oder II WindBG

[291] Gesetz zur sofortigen Verbesserung der Rahmenbedingungen für die erneuerbaren Energien im Städtebaurecht, BGBl 2023 I Nr. 6 vom 11.1.2023; siehe dazu auch die Gesetzesbegründung, BT-Drs. 20/2355 vom 21.6.2022; zur Einführung in die Neuordnung des Planungsrechts zur Ausweisung von Windenergiegebieten siehe Meurers UPR 2023, 41; zur Festlegung von Windenergieflächen Schmidt-Eichstaedt ZfBR 2023, 10; zum beschleunigten Ausbau der Windkraft- und Photovoltaiknutzung und deren Folgen für die Raumordnungsplanung und Bauleitplanung Spannowsky ZfBR 2023, 18; Raschke/Roscher ZfBR 2022, 532; Benz/Wegner ZNER 2022, 367.

[292] Zum 2 %-Flächenziel des WindBG und seine Auswirkungen auf die Regional- und Bauleitplanung Mitschang DVBl. 2024, 521; zu den zwischenzeitlichverschiedenen Änderungen des WindBG siehe Grotefels/Priebs NdsVBl. 2024, 263.

festgestellt wird, entfällt kraft Gesetzes die Privilegierung außerhalb der ausgewiesenen Flächen. Die privilegierte Zulässigkeit von Windenergieanlagen kann insoweit nur noch im Falle der Zielerreichung auf bestimmte Bereiche beschränkt werden. Hierdurch sollen die Planung und ihre gerichtliche Kontrolle vereinfacht, beschleunigt und rechtssicher ausgestaltet.[293]

Art. 2 des Gesetzes zur sofortigen Verbesserung der Rahmenbedingungen für die erneuerbaren Energien im Städtebaurecht enthält verschiedene Änderungen des BauGB, insbesondere wurde § 245 e BauGB (**Überleitungsvorschriften** aus Anlass des Gesetzes zur Erhöhung und Beschleunigung des Ausbaus von Windenergieanlagen an Land eingefügt und § 249 BauGB (**Sonderregelungen für Windenergieanlagen an Land**) neu gefasst. 228

2. Überleitungsvorschriften zur Erhöhung und Beschleunigung des Ausbaus von Windenergieanlagen an Land

Die Rechtswirkungen eines Raumordnungs- oder Flächennutzungsplans gem. § 35 III 3 BauGB in der bis zum 1.2.2023 geltenden Fassung für Windenergieanlagen nach § § 35 I Nr. 5 BauGB gelten gem. § 245e I 1 BauGB vorbehaltlich des § 249 V 2 BauGB fort, wenn der Plan bis zum 01.02.2024 wirksam geworden ist.[294] Sie entfallen gem. § 245e V 2 BauGB, soweit für den Geltungsbereich des Plans das Erreichen des Flächenbeitragswerts oder eines daraus abgeleiteten Teilflächenziels gem. § 5 I oder II WindBG festgestellt wird, spätestens aber mit Ablauf des 31.12.2027. Der Plan gilt im Übrigen nach § 245e I 3 BauGB fort, wenn nicht im Einzelfall die Grundzüge der Planung berührt werden. Die Möglichkeit des Planungsträgers, den Plan zu ändern, zu ergänzen oder aufzuheben, bleibt nach § 245e I 4 BauGB unberührt. Werden in einem Flächennutzungsplan oder Raumordnungsplan zusätzliche Flächen für die Nutzung von Windenergie dargestellt, kann die Abwägung auf die Belange beschränkt werden, die durch die Darstellung der zusätzlichen Flächen berührt werden. Dabei kann von dem Planungskonzept, das der Abwägung über bereits dargestellte Flächen zu Grunde gelegt wurde, abgewichen werden, sofern die Grundzüge der Planung erhalten werden. Von der Wahrung der Grundzüge der bisherigen Planung ist regelmäßig auszugehen, wenn Flächen im Umfang von nicht mehr als 25 Prozent der schon bislang dargestellten Flächen zusätzlich dargestellt werden. § 249 VI BauGB bleibt unberührt. 229

§ 15 III BauGB (**Zurückstellung eines Baugesuchs** in Fällen der Flächennutzungsplanung) ist nach § 245e II 1 BauGB entsprechend anzuwenden, wenn die Gemeinde beschlossen hat, einen Flächennutzungsplan aufzustellen, zu ändern oder zu ergänzen, um den Flächenbeitragswert iS des § 3 I WindBG oder ein daraus abgeleitetes Teilflächenziel zu erreichen. Die Entscheidung kann nach § 245e II 2 BauGB längstens bis zum Ablauf des 31. Dezember 2027 ausgesetzt werden. 230

Die in § 245e I 1 BauGB genannten Rechtswirkungen gem. § 35 III 3 BauGB können gem. § 245e III 1 BauGB Vorhaben iS des 16b I, II BImSchG nicht entgegengehalten werden, es sei denn, die Grundzüge der Planung werden berührt. Dies gilt nach § 245e III 2 BauGB nicht, wenn das Vorhaben in einem Natura 2000-Gebiet iSv § 7 I Nr. 8 BNatSchG oder in einem Naturschutzgebiet iSd § 23 BNatSchG verwirklicht werden soll. 231

Die in § 245e I 1 BauGB genannten Rechtswirkungen können Vorhaben nach § 35 III Nr. 5 BauGB, die der Erforschung, Entwicklung oder Nutzung der Windenergie dienen, nicht entgegengehalten werden, wenn an der Stelle des Vorhabens in einem Planentwurf eine Ausweisung für Vorhaben nach § 35 I Nr. 5 BauGB, die der Erforschung, Entwicklung oder Nutzung der Windenergie dienen, vorgesehen ist, für den Planentwurf bereits eine Beteiligung nach § 3 II, § 4 BauGB oder § 9 II ROG durchgeführt wurde und anzunehmen ist, dass das Vorhaben den künftigen Ausweisungen entspricht. 232

3. Sonderregelungen für Windenergieanlagen an Land

Der durch das Gesetz zur sofortigen Verbesserung der Rahmenbedingungen für die erneuerbaren Energien im Städtebaurecht neugefasste § 249 BauGB zu Sonderregelungen für Windenergieanlagen an Land sieht vor, dass § 35 III 3 BauGB auf Vorhaben nach § 35 I Nr. 5 233

[293] Gesetzesbegründung BT-Drs. 20/2355 vom 21.6.2022, S. 18; zu dem 2%-Flächenziel des WindBG und seine Auswirkungen auf die Regional- und Bauleitplanung Mitschang DVBl. 2024, 521; zur Umsetzung in Niedersachsen Grotefels/Priebs NdsVBl. 2024, 263.

[294] Rechtsfragen der bauplanungsrechtlichen Zulässigkeit von Windenergieanlagen an Land erörtert Jaenicke ZUR 2023, 291; Kment NVwZ 2023, 959; Albrecht/Zschiegner KlimaRZ 2023, 51 ff.; 67 ff.

BauGB, die der Erforschung, Entwicklung oder Nutzung der Windenergie dienen, nicht anzuwenden ist (§ 249 I BauGB).[295]

234 Außerhalb der Windenergiegebiete gemäß § 2 Nr. 1 WindBG richtet sich die Zulässigkeit der Windenergieanlagen nach § 35 II BauGB, wenn das Erreichen eines in der Anlage des Windenergieflächenbedarfsgesetzes bezeichneten **Flächenbeitragswerts** des Landes gemäß § 5 I oder II WindBG festgestellt wurde. Hat ein Land gemäß § 3 II 1 Nr. 2 oder 2 WindBG regionale oder kommunale Teilflächenziele bestimmt und wird deren Erreichen gemäß § 5 I oder II WindBG festgestellt, gilt die Rechtsfolge des § 249 II 1 BauGB für das Gebiet der jeweiligen Region oder Gemeinde. Der Eintritt der Rechtsfolge der § 249 II 1 und 2 BauGB ist gesetzliche Folge der Feststellung (§ 249 II 3 BauGB).

235 Die Rechtsfolge des § 249 II BauGB gilt gem. § 249 III BauGB bis zum Ablauf des 31.12.2030 nicht für Vorhaben iS des § 16b I und II BImSchG, es sei denn, das Vorhaben soll in einem **Natura 2000-Gebiet** iS des § 7 I Nr. 8 BNatSchG oder in einem Naturschutzgebiet iS des § 23 BNatSchG verwirklicht werden.

236 Die Feststellung des Erreichens eines Flächenbeitragswerts oder Teilflächenziels steht der **Ausweisung zusätzlicher Flächen** für Windenergieanlagen § 249 IV BauGB nicht entgegen. Der nach § 3 II 1 Nr. 1 oder Nr. 2 WindBG jeweils zuständige Planungsträger ist bei der Ausweisung von Windenergiegebieten an entgegenstehende **Ziele der Raumordnung** oder entgegenstehende **Darstellungen in Flächennutzungsplänen** nicht gebunden, soweit dies erforderlich ist, um den Flächenbeitragswert oder ein daraus abgeleitetes Teilflächenziel zu erreichen. Wurden Windenergiegebiete unter Anwendung von § 249 V 1 BauGB ausgewiesen, entfallen innerhalb dieser Gebiete die entsprechenden Bindungen auch im Zulassungsverfahren (§ 249 V 2 BauGB). Die Ausweisung von Windenergiegebieten erfolgt gem. § 249 VI 1 BauGB nach den für die jeweiligen Planungsebenen geltenden Vorschriften für Gebietsausweisungen. Für die Rechtswirksamkeit des Plans ist es hingegen unbeachtlich, ob und welche sonstigen Flächen im Planungsraum für die Ausweisung von Windenergiegebieten geeignet sind (§ 249 VI 2 BauGB).

237 Sobald und solange nach Ablauf des jeweiligen Stichtages gemäß § 3 I 2 WindBG weder der Flächenbeitragswert nach Spalte 1 oder Spalte 2 der Anlage zum WindBG noch ein daraus abgeleitetes **Teilflächenziel** nach § 3 II 1 Nr. 2 oder S. 2 WindBG erreicht wird, entfällt nach § 249 VII 1 BauGB die Rechtsfolge des § 249 II BauGB und können Darstellungen in Flächennutzungsplänen, Ziele der Raumordnung sowie sonstige Maßnahmen der Landesplanung Windenergieanlagen nicht entgegengehalten werden. Landesgesetze nach § 249 IX 1 und 4 BauGB sind nach § 249 VIII 1 BauGB nicht mehr anzuwenden, wenn gemäß § 5 III 2 WindBG festgestellt wurde, dass ein Land den Nachweis gemäß § 3 III WindBG bis zum Ablauf des 30. November 2024 nicht erbracht hat oder wenn der Flächenbeitragswert nach Spalte 1 oder Spalte 2 der Anlage zum WindBG zum jeweiligen Stichtag nicht erreicht wird.

238 Nach § 9 II 1 Nr. 2 BauGB kann gem. § 249 VIII 1 BauGB auch festgesetzt werden, dass die im Bebauungsplan festgesetzten Windenergieanlagen nur zulässig sind, wenn sichergestellt ist, dass nach der Errichtung der im Bebauungsplan festgesetzten Windenergieanlagen andere im Bebauungsplan bezeichnete Windenergieanlagen innerhalb einer im Bebauungsplan zu bestimmenden angemessenen Frist zurückgebaut werden. Die Standorte der zurückzubauenden Windenergieanlagen können auch außerhalb des Bebauungsplangebiets oder außerhalb des Gemeindegebiets liegen. Darstellungen im Flächennutzungsplan können mit Bestimmungen entsprechend den Sätzen 1 und 2 mit Wirkung für die Zulässigkeit der Windenergieanlagen (§ 249 VIII BauGB).

239 Die Länder können gem. § 249 IX 1 BauGB durch Landesgesetze bestimmen, dass § 35 I Nr. 5 BauGB auf Windenergieanlagen nur Anwendung findet, wenn sie bestimmte Mindestabstände zu den im Landesgesetz bezeichneten zulässigen baulichen Nutzungen zu Wohnzwecken einhalten.[296] Ein **Mindestabstand** nach § 249 IX 1 BauGB darf gem. § 249 IX 2 BauGB höchstens 1000 Meter von der Mitte des Mastfußes der Windenergieanlage bis zur nächstgelegenen im Landesgesetz bezeichneten baulichen Nutzung zu Wohnzwecken betragen. Die weiteren Einzelheiten, insbesondere zur Abstandsfestlegung, sind in den Landesgesetzen zu regeln. Auf der Grundlage des § 249 IX BauGB in der bis zum 14.8.2020 oder bis zum 1.2.2023 geltenden Fassung erlassene Landesgesetze gelten fort; sie können geändert werden, sofern die

---

[295] Siehe dazu Scheidler DVP 2023, 267; Christiansen/Michaelis EuRUP 2023, 107; Agatz ZUR 2023, 463; Köck ZUR 2023, 470.

[296] zur Windenergie-Länderöffnungsklausel in § 249 Abs. 9 BauGB Scheidler RDE 2023, 149.

wesentlichen Elemente der in dem fortgeltenden Landesgesetz enthaltenen Regelung beibehalten werden. In den Landesgesetzen ist zu regeln, dass die Mindestabstände nicht auf Flächen in Windenergiegebieten gemäß § 2 Nr. 1 WindBG anzuwenden sind. Für Landesgesetze nach Satz 4 war dies bis zum Ablauf des 31.5.2023 zu regeln (§ 249 IX BauGB).

Der öffentliche Belang einer optischen Beeinträchtigung steht gem. § 249 X 1 BauGB einer Windenergieanlage in der Regel nicht entgegen, wenn der Abstand von der Mitte des Mastfußes der Windenergieanlage bis zu einer zulässigen baulichen Nutzung zu Wohnzwecken mindestens der zweifachen Höhe der Windenergieanlage entspricht. Höhe ist dabei nach § 249 X 2 BauGB die Nabenhöhe zuzüglich Radius des Rotors. 240

4. Gesetzentwurf zur Umsetzung der Richtlinie (EU) 2023/2413 im Bereich Windenergie an Land und Solarenergie

Weitere Gesetzesänderungen sind in diesem Zusammenhang zur Umsetzung der Richtlinie (EZ) 2023/2412 im Bereich Windenergie an Land und Solarenergie erforderlich. Dazu liegt Referentenentwurf des Bundesministeriums für Wirtschaft und Klimaschutz, des Bundesministeriums für Wohnen, Stadtentwicklung und Bauwesen und des Bundesministeriums für Umwelt, Naturschutz, nukleare Sicherheit und Verbraucherschutz mit Stand vom 2.2.2024 vor. Zur Umsetzung der planungs- und genehmigungsrechtlichen Bestimmungen der Richtlinie (EU) 2018/2001 in den Bereichen Windenergie an Land sowie Solarenergie sind Änderungen im WindBG, im BauGB, im ROG, im BImSchG sowie im EEG 2023 geplant. Für das BauGB und das ROG sind sog. Beschleunigungsgebiete für Windenergie an Land und Solarenergie gem. Art. 15c Richtlinie (EU) 2018/2001vorgesehen. Für Vorhaben im Bereich der Windenergie an Land in den Beschleunigungsgebieten werden Sonderregelungen über das Zulassungsverfahren geschaffen. Die Modifikationen und Erleichterungen der Richtlinie im Hinblick auf die Umweltverträglichkeits- und artenschutzrechtlichen Prüfung werden dazu umgesetzt. Das Bundeskabinett hat dazu am 24.7.2024 den Entwurf eines Gesetzes beschlossen. 241

XVIII. Gesetz zur Beschleunigung von verwaltungsgerichtlichen Verfahren im Infrastrukturbereich

Mit dem Gesetz zur Beschleunigung von verwaltungsgerichtlichen Verfahren im Infrastrukturbereich vom 14.3.2023 sind für besonders bedeutsame Infrastrukturvorhaben gem. § 48 I 1 Nr. 3 bis 15 und § 50 I Nr. 6 VwGO verschiedene Regelungen zu ihrer Beschleunigung in die VwGO aufgenommen worden. Unter anderem wurde ein Vorrang- und Beschleunigungsgebot eingeführt, durch das eine bevorzugte Behandlung gegenüber anderen Verfahren gewährleistet werden soll. Außerdem wurde in § 80 c VwGO für die genannten Vorhaben Maßgaben für das Eilverfahren geregelt. Danach kann das Gericht einen Mangel des angefochtenen Verwaltungsaktes außer Acht lassen, wenn offensichtlich ist, dass dieser in absehbarer Zeit behoben sein wird. Ein solcher Mangel kann insbesondere sein 1. eine Verletzung von Verfahrens- oder Formvorschriften oder 2. ein Mangel bei der Abwägung im Rahmen der Planfeststellung oder der Plangenehmigung. Das Gericht soll eine Frist zur Behebung des Mangels setzen. Entscheidet das Gericht im Rahmen einer Vollzugsfolgenabwägung, soll es die Anordnung oder Wiederherstellung der aufschiebenden Wirkung in der Regel auf diejenigen Maßnahmen des angefochtenen Verwaltungsaktes beschränken, bei denen dies erforderlich ist, um anderenfalls drohende irreversible Nachteile zu verhindern. Es kann die beschränkte Anordnung oder Wiederherstellung der aufschiebenden Wirkung von der Leistung einer Sicherheit durch den Begünstigten des angefochtenen Verwaltungsaktes abhängig machen. Das Gericht hat im Rahmen einer Vollzugsfolgenabwägung die Bedeutung von Vorhaben besonders zu berücksichtigen, wenn ein Bundesgesetz feststellt, dass diese im überragenden öffentlichen Interesse liegen.[297] 242

[297] Siehe die überwiegend kritische, bis sehr kritische Literatur dazu: Bick/Bier NVwZ 2023, 457; Siegel UPR 2023, 403; Siegel NVwZ 2023, 462; Hadamek UPR 2023, 447; Guckelberger UPR 2023, 452; Hofmann DVBl. 2023, 643; Breuer NVwZ 2023, 1273; Steinkühler DVBl. 2023, 903; Schwerdtfeger ZUR 2023, 451; Schütte/Langenstädtler ZUR 2024, 3; Steiner BayVBl. 2024, 287.

XIX. Gesetz zur Stärkung der Digitalisierung im Bauleitplanverfahren und zur Änderung weiterer Vorschriften

243 Das Gesetz zur Stärkung der Digitalisierung im Bauleitplanverfahren und zur Änderung weiterer Vorschriften soll die rechtlichen Grundlagen für eine vollständige Digitalisierung des Bauleitplanverfahrens schaffen. Das Gesetz steht im systematischen Zusammenhang mit einer Reihe weiterer Gesetze, die zum Ziel haben, die Planung- und Genehmigungsverfahren zu beschleunigen.

244 Mit einer Digitalisierung des Beteiligungsverfahrens soll das Verfahren zur Aufstellung von Bauleitplänen modernisiert und beschleunigt werden. Das Gesetz führt das digitale Beteiligungsverfahren als Regelverfahren für die Öffentlichkeitsbeteiligung (Neufassung § 3 II BauGB) sowie für die Beteiligung der Behörden (Neufassung § 4 II BauGB) ein. Das Bauleitplanverfahren soll außerdem durch die Vermeidung von Redundanzen bei der Änderung von Planentwürfen beschleunigt werden. § 4a III BauGB (**Beteiligung bei Änderung des Planentwurfs**) soll in bestimmten Fällen eine erneute Veröffentlichung und Einholung von Stellungnahmen bei Planänderungen oder -ergänzungen unterbleiben können. Bei erneuter Beteiligung ist in Bezug auf die Änderung oder Ergänzung und deren mögliche Auswirkungen Gelegenheit zur Stellungnahme zu geben. Die Gemeinden sollen in diesem Fall die Dauer der Veröffentlichungsfrist im Internet und der Frist zur Stellungnahme angemessen verkürzen. Werden die Grundzüge der Planung nicht berührt, sollen die Gemeinden nur noch die von einer Änderung oder Ergänzung betroffenen Teile der Öffentlichkeit und berührte Behörden und sonstige Träger öffentlicher Belange beteiligen, es sei denn, diese Beschränkung führt nach Einschätzung der Gemeinde zu einer längeren Verfahrensdauer.

245 Die Bauleitplanverfahren sollen außerdem durch Verkürzung der Fristen zur Genehmigung bestimmter Bauleitpläne von drei Monaten auf einen Monat (Änderung § 6 IV 1 erster Halbsatz BauGB beschleunigt werden. Außerdem ändert das Gesetz § 245e BauGB und § 4 WindBG.

246 Das Gesetz übernimmt mit der Neufassung des § 3 II BauGB Teile des PlanSiG. Das PlanSiG galt grundsätzlich auch für Verfahren nach dem BauGB. § 3 PlanSiG gilt für Verfahren, in denen eine Auslegung von Unterlagen oder Entscheidungen angeordnet ist, auf die nicht verzichtet werden kann. Diese Voraussetzung wird vom BauGB nach Änderung des § 3 II BauGB nicht mehr erfüllt, denn statt der Auslegung soll nur noch eine Veröffentlichung im Internet erfolgen. Damit sieht das BauGB den vom PlanSiG vorgesehenen Ersatz durch Veröffentlichung im Internet als Dauerregelung vor; § 3 PlanSiG hat damit im Rahmen der Öffentlichkeitsbeteiligung nach § 3 II BauGB keinen Anwendungsbereich mehr.

XX. Gesetz zur Änderung des LNG-Beschleunigungsgesetzes und zur Änderung des Energiewirtschaftsgesetzes und zur Änderung des Baugesetzbuchs

247 Mit diesem Gesetz vom 14.7.2023 wurde § 245e BauGB wie folgt geändert:
1. In Absatz 1 S. 2 werden die Wörter „mit Ablauf des 31. Dezember 2027“ durch die Wörter „mit Ablauf des Stichtags für den Flächenbeitragswert nach Spalte 1 der Anlage des Windenergieflächenbedarfsgesetzes“ ersetzt.
2. In Absatz 2 Satz 2 werden die Wörter „bis zum Ablauf des 31. Dezember 2027“ durch die Wörter „bis zum Ablauf des Stichtags für den Flächenbeitragswert nach Spalte 1 der Anlage des Windenergieflächenbedarfsgesetzes“ ersetzt.
3. Folgender Absatz 5 wird angefügt:

248 „(5) Plant eine Gemeinde, die nicht zuständige Planungsträgerin nach § 249 Absatz 5 in Verbindung mit § 3 Absatz 2 Satz 1 Nummer 2 des Windenergieflächenbedarfsgesetzes ist, vor dem in Absatz 1 Satz 2 genannten Zeitpunkt ein Windenergiegebiet gemäß § 2 Nummer 1 des Windenergieflächenbedarfsgesetzes auszuweisen, das mit einem Ziel der Raumordnung nicht vereinbar ist, soll ihrem Antrag auf Abweichung von diesem Ziel abweichend von § 6 Absatz 2 des Raumordnungsgesetzes stattgegeben werden, wenn der Raumordnungsplan an der von der Gemeinde für Windenergie geplanten Stelle kein Gebiet für mit der Windenergie unvereinbare Nutzungen oder Funktionen festlegt.

XXI. Gesetz zur sofortigen Verbesserung der Rahmenbedingungen für die erneuerbaren Energien im Städtebaurecht

Das „Gesetz zur sofortigen Verbesserung der Rahmenbedingungen für die erneuerbaren Energien im Städtebaurecht" vom 4.1.2023 betrifft in erster Linie Solar-, Wind- und Wasserstoffanlagen. Neu ist die Privilegierung von gebäudeunabhängigen Solaranlagen im Außenbereich entlang von Autobahnen und mehrgleisigen Schienenwegen des übergeordneten Netzes (§ 35 I Nr. 8 b BauGB). Damit soll erreicht werden, dass Flächen genutzt werden, die ohnehin schon durch die vorhandenen Verkehrswege vorbelastet sind. Gültig bleiben für diese Vorhaben die naturschutzrechtliche Eingriffsregelung und das Anbauverbot an Bundesfernstraßen.[298] Der Planvorbehalt des § 35 III 3 BauGB gilt für die Solaranlagen im Außenbereich nicht, wohl aber die Rückbauverpflichtung nach § 35 V 2 BauGB. 249

Anlagen zur Herstellung und Speicherung von Wasserstoff nehmen an der Privilegierung von Wind- und Solarenergieanlagen teil, wenn ein räumlicher und betrieblicher Zusammenhang besteht (§ 249a I BauGB). § 249b BauGB enthält zwei Verordnungsermächtigungen für Wind- und Solarenergieanlagen innerhalb des Abbaubereichs eines Braunkohle- oder Sanierungsplans. Mit der Verordnung können die Landesregierungen die Sperrwirkung von Flächennutzungs- und Raumordnungsplänen suspendieren und somit diese Flächen für erneuerbare Energien bereitstellen. Mit § 249 X BauGB reagiert der Gesetzgeber auf die von den Verwaltungsgerichten im Rahmen des Gebots der Rücksichtnahme herangezogene „optisch bedrängende Wirkung" und sieht eine Regelvermutung vor, wonach eine solche Wirkung bei einem Abstand von mindestens zweifacher Höhe der Windenergieanlage ausgeschlossen ist. Abstandsvorgaben zum Immissionsschutz sollen jedoch unabhängig davon fortgelten. 250

XXII. Gesetz zur Stärkung der Digitalisierung im Bauleitplanverfahren und zur Änderung weiterer Vorschriften

Das Gesetz zur Stärkung der Digitalisierung im Bauleitplanverfahren und zur Änderung weiterer Vorschriften vom 3.7.2023 knüpft an Planungssicherstellungsgesetzes (PlanSiG) an und führt in der Bauleitplanung das digitale Beteiligungsverfahren als Regelfall ein.[299] Im Rahmen der Öffentlichkeitsbeteiligung sind die Unterlagen für mindestens 30 Tage im Internet zu veröffentlichen (§ 3 II 1 BauGB). Dass diese Veröffentlichung barrierefrei zu gestalten ist, ergibt sich aus der RL 2102/2016/EU über den barrierefreien Zugang zu den Websites und mobilen Anwendungen öffentlicher Stellen sowie den zur Umsetzung erlassenen Regelungen in den Bundesländern. Die zu verwendenden Dateiformate werden vom IT-Planungsrat festgelegt § 4a VI BauGB). Unabhängig von der Internetveröffentlichung ist eine alternative, leicht zu erreichende Zugangsmöglichkeit zu schaffen (§ 3 II 2 BauGB). Die Gesetzesbegründung ermöglicht eine Auslegung in Papierform und öffentlich zugängliche elektronische Lesegeräte als Optionen. Die Stellungnahmen können elektronisch oder auf anderem Weg abgegeben werden. Zur Beteiligung der Behörden und sonstigen Träger öffentlicher Belange sollen die Unterlagen elektronisch bereitgestellt werden (§ 4 II 2 BauGB). Auch deren Stellungnahmen sollen elektronisch abgegeben werden (§ 4 II 3 BauGB). 251

Der Befreiungsgrund des § 31 II Nr. 1 BauGB betrifft jetzt auch Anlagen für soziale Zwecke und den Ausbau der erneuerbaren Energien. In § 35 I Nr. 9 BauGB) werden Solaranlagen, die eine gleichzeitige landwirtschaftliche oder gartenbauliche Nutzung derselben Fläche ermöglichen (sog. Agri-PV-Anlagen) bis zu einer Grundfläche von 25.000 m² zu privilegierten Außenbereichsvorhaben erklärt. Die Sonderregelungen für Anlagen zur Unterbringung von Flüchtlingen und Asylbegehrenden (§246 VIII bis XIV BauGB) werden bis zum 31.12.2027 bzw. 31.12.2030 verlängert. Durch § 246 c 1 BauGB werden die Landesregierungen ermächtigt, nach einem Katastrophenfall mittels Rechtsverordnung Wiederaufbaugebiete festzulegen, in denen Vorhaben unter Abweichung von § 29–35 BauGB zulässig sind und die Aufstellung, Änderung und Ergänzung von Bauleitplänen wesentlich erleichtert wird. 252

---

[298] Schröer/Kümmel NVwZ 2024, 315.

[299] Gesetz zur Stärkung der Digitalisierung im Bauleitplanverfahren und zur Änderung weiterer Vorschriften vom 8.8.2023, BGBl. 2023 I Nr. 176 und Berichtigung dazu, BGBl, 2023 vom 16.08.2023 Nr. 214; dazu auch die Begründung des Gesetzentwurfs der Bundesregierung, BT-Drs. 20/5663 vom 15.02.2023, S. 9 ff.; zur Digitalisierung der Beteiligung in der Landes- und Regionalplanung Herzer UPR 2023, 331; siehe auch Lohrum/Scharpf UPR 2021, 413.

253 In der BauNVO wird in § 8 II Nr. 1 BauNVO und § 9 II Nr. Nr. 1 BauNVO klargestellt, dass Solar- und Windenergieanlagen in Gewerbe- und Industriegebieten als Gewerbebetriebe allgemein zulässig sind. § 19 V BauNVO ermöglicht eine Überschreitung der im Bebauungsplan festgesetzten Grundflächen durch diese Anlagen. Klargestellt wird außerdem, dass Solar- und Windenergieanlagen untergeordnete Nebenanlagen sein können (§ 14 I 3 BauNVO).

XXIII. Gesetz zur Erleichterung der baulichen Anpassung von Tierhaltungsanlagen an die Anforderungen des TierhaltKennzG

254 Das „Gesetz zur Erleichterung der baulichen Anpassung von Tierhaltungsanlagen an die Anforderungen des Tierhaltungskennzeichnungsgesetzes" vom 28.7.2023 ergänzt § 245a BauGB um einen Abs. 6, der den tierwohlorientierten Umbau von bestehenden Tierhaltungsanlagen im Außenbereich erleichtern soll. Erleichterungen sind auch für entsprechende Ersatzneubauten vorgesehen (245 VI 4 BauGB).

XXIV. Gesetz zur Änderung des Gebäudeenergiegesetzes, zur Änderung des BGB, zur Änderung der Verordnung über Heizkostenabrechnung, zur Änderung der Betriebskostenverordnung und zur Änderung der Kehr- und Überprüfungsordnung

255 Das Gesetz zur Änderung des Gebäudeenergiegesetzes, zur Änderung des BGB, zur Änderung der Verordnung über Heizkostenabrechnung, zur Änderung der Betriebskostenverordnung und zur Änderung der Kehr- und Überprüfungsordnung" vom 16.10.2023 enthält ua neue Vorgaben für Heizungsanlagen in Gebäuden (§§ GEG § 71 ff. GEG), die – vorbehaltlich einer Armada von Übergangsvorschriften – am 1.1.2024 in Kraft getreten sind. Besondere Aufmerksamkeit gilt § 1 GEG. § 1 III 2 GEG bestimmt, wonach „die erneuerbaren Energien sowie Effizienzmaßnahmen als vorrangige Belange in die jeweils durchzuführenden Schutzgüterabwägungen eingebracht werden". Die Formulierung erinnert an § 2 S. 2 EEG; sie erfasst sowohl gebäudetechnische Anlagen (zB Solarkollektoren zur Warmwasserbereitung, Wärmepumpen) als auch bauliche Maßnahmen (zB Dämmung).

256 Ein Genehmigungsanspruch bestand bislang nach § 176 IV 3 Nr. 1a BauGB nur, wenn eine Anpassung an die energetischen Mindestanforderungen erfolgt. Der Wortlaut von § 1 III 2 GEG enthält keine Beschränkung und gilt daher auch für Effizienzmaßnahmen, die über die gesetzlichen Mindestanforderungen hinausgehen. Zukünftig führt die neue Vorrangregelung dazu, dass die Ermessensentscheidung im Regelfall zugunsten der energetischen Sanierung ausfallen muss. Entsprechendes gilt auch bei Ausnahme-, Befreiungs- und Abweichungsentscheidungen.[300]

XXV. Gesetz für die Wärmeplanung und zur Dekarbonisierung der Wärmenetze

257 Mit dem Gesetz für die Wärmeplanung und zur Dekarbonisierung der Wärmenetze vom 20.12.2023 reagiert der Gesetzgeber auf das Urteil des BVerwG vom 18.7.2023, mit dem § 13b BauGB wegen Verstoßes gegen die SUP-RL für unionsrechtswidrig und für unanwendbar erklärt wurde. Die Vorschrift wurde durch Art. 3 Nr. 5 ersatzlos aufgehoben. Ergänzt wurde eine Übergangsregelung (§ 215a BauGB) für Bebauungsplanverfahren, die vor dem 31.12.2022 förmlich eingeleitet wurden. Diese können im beschleunigten Verfahren fortgeführt werden, wenn im Rahmen einer Vorprüfung des Einzelfalls keine erheblichen Umweltauswirkungen prognostiziert werden. Auch bei möglichen erheblichen Umweltauswirkungen können zumindest einige Erleichterungen genutzt werden (zB Verzicht auf frühzeitige Beteiligung).

258 Damit sind die Ergebnisse der Wärmeplanung bei der Aufstellung von Bauleitplänen abwägungsrelevant. Unabhängig davon ist in § 18 V Nr. WPG § 18 V Nr. 1WPG vorgesehen, dass im Wärmeplan Teilgebiete mit erhöhtem Energiesparpotenzial für zukünftige städtebauliche Sanierungsmaßnahmen vorgemerkt werden, ohne dass der Gemeinde hieraus eine entsprechende Verpflichtung erwächst.

---

300 Schröer/Kümmel NVwZ 2024, 315.

XXVI. Fünftes Gesetz zur Änderung verwaltungsverfahrensrechtlicher Vorschriften sowie zur Änderung des SGB VI

Wesentliche Regelungen des PlanSiG wurden in modifizierter Form in das VwVfG übernommen. Aufgrund der Erfahrungen mit dem PlanSiG wurde die bislang zusätzlich und als Soll-Vorschrift geregelte öffentliche Bekanntmachung im Internet zwingend und als Wirksamkeitsvoraussetzung vorgegeben. Zur Einsicht auszulegende Dokumente sind vorrangig über das Internet zugänglich zu machen. Zudem werden die Onlinekonsultation sowie die Video- und Telefonkonferenz als bewährte Formate der elektronischen Ersetzung von Erörterungen, mündlichen Verhandlungen und Ähnlichem aus dem PlanSiG in das VwVfG überführt. Im Zuge dieser Änderungen des VwVfG wurden im Verwaltungsverfahrensrecht als weitere Möglichkeiten des elektronischen Schriftformersatzes für schriftformbedürftige Erklärungen gegenüber Behörden besondere elektronische Postfächer zugelassen, insbesondere das besondere elektronische Anwaltspostfach. Für schriftformbedürftige Erklärungen von Behörden wird als zusätzliche Möglichkeit des elektronischen Schriftformersatzes das qualifizierte elektronische Siegel zugelassen. 259

XXVII. Gesetz zur Stärkung der integrierten Stadtentwicklung

Dazu lag im September 2024 ein Kabinettsbeschluss vor, mit dem das Gesetzgebungsverfahren für dieses Gesetz auf den Weg gebracht wurde. 259a

XXVIII. Kompetenzverteilung zwischen Bund und Ländern

Städtebauliche Regelungen haben die Verteilung der **Gesetzgebungskompetenz** zwischen Bund und Ländern zu beachten, wie sie sich aus Art. 74 GG ergibt. Der Bund muss sich insoweit die Gesetzgebungskompetenz für das Baurecht mit den Ländern teilen und seine Regelungskompetenz für die jeweilige Regelungsmaterie mit baurechtlichen Elementen geltend machen.[301] Der Bund hat die Gesetzgebungskompetenz für das Bauplanungsrecht; die Länder haben die Gesetzgebungskompetenz für das Bauordnungsrecht. Nach Art. 74 I Nr. 18 GG hat der Bund die Gesetzgebungszuständigkeit für den städtebaulichen Grundstücksverkehr, das Bodenrecht (ohne das Recht der Erschließungsbeiträge) und das Wohngeldrecht, das Altschuldenhilferecht, das Wohnungsbauprämienrecht, das Bergarbeiterwohnungsbaurecht und das Bergmannssiedlungsrecht. Die Verlagerung des Erschließungsbeitragsrechts in die Gesetzgebungskompetenz der Länder beruht auf dem **Verfassungsreformgesetz 1994**. Vor allem hat der Bund die konkurrierende Gesetzgebungszuständigkeit im Bereich des Bodenrechts.[302] Seit dem Inkrafttreten der **Föderalismusreform** bedürfen Bundesgesetze in diesen Bereichen, auch wenn sie Regelungen über das Verwaltungsverfahren enthalten, nicht mehr der Zustimmung des Bundesrates (Art. 74 II GG). Auch müssen für den Erlass von Bundesgesetzen in den Bereichen des Bodenrechts (und damit auch im Bereich des gesamten Städtebaus), des Naturschutzes, der Raumordnung und des Wasserhaushaltsrechts nicht die erhöhten verfassungsrechtlichen Anforderungen des **Art. 72 II GG** erfüllt sein. Allerdings können die Länder in den Bereichen Naturschutz und Landschaftspflege (ohne die allgemeinen Grund-sätze des Naturschutzes, das Recht des Artenschutzes oder des Meeresnaturschutzes),[303] der Raumordnung und des Wasserhaushalts (ohne stoff- und anlagenbezogene Regelungen) durch Gesetz von Bundesgesetzen abweichende Regelungen erlassen (Art. 72 III GG). 260

---

301 Kment Bauplanungsrecht, 2022, § 3 Rn. 2.

302 zur Abgrenzung der Kompetenzbereiche Raumordnung, Bodenrecht und Fachplanung siehe Kment in Kment, ROG, 2019, Einl. B Rn. 41 ff.; zu Grenzen der Abweichungsbefugnis im Bereich der Raumordnung Spannowsky UPR 2007, 41; Dallhammer ZUR 2019, 228; zur Abweichungsgesetzgebung im Raumordnungsrecht aus der Sicht eines Bundeslandes (Freistaat Bayern) Numberger ZUR 2019, 217.

303 Zum Genehmigungserfordernis für die Nutzung von Meeresenergie – Ebbe oder Flut für die Anlagenbetreiber Karenfort/Stopp DVBl. 2007, 863.

Kompetenzverteilung zwischen Bund und Ländern				
	Raumordnung	Städtebau	Bauordnung	Denkmalschutz
Bereich	überörtliche Gesamtplanung	Ordnung und Nutzung des Bodens	Gefahrenabwehr, Sicherheit und Ordnung, Gestaltung	Kulturdenkmäler
Gebiet	Bund, Land, Region	Gemeinde und Teilgebiete der Gemeinde	bauliche Anlagen	bauliche Anlagen
Gesetzbebungskompetenz	Konkurrierende Gesetzgebungskompetenz des Bundes, Länderabweichungskompetenz	Konkurrierende Gesetzgebungskompetenz des Bundes keine Länderabweichungskompetenz	keine Bundeskompetenz, Vollkompetenz der Länder	keine Bundeskompetenz, Vollkompetenz der Länder
Regelungen	Art. 74 I Nr. 31, Art. 72 III Nr. 4 GG[304]	Art. 74 I Nr. 18 GG	Art. 70 GG	Art. 70 GG
Gesetze	ROG	BauGB	Bauordnungen der Länder	Denkmalschutzgesetze der Länder

261 Das BVerfG, hat die Verteilung der **Gesetzgebungskompetenz** zwischen Bund und Ländern in seinem **Gutachten zum Bodenrecht** wie folgt beschrieben:[305] Eine Gesetzgebungszuständigkeit des Bundes für das Baurecht als Gesamtmaterie ergibt sich weder aus einem einzelnen Posten des Zuständigkeitskatalogs in Art. 74 GG noch aus der Zusammenfassung einzelner Materien, der Heranziehung des Gedankens des Sachzusammenhangs, der Natur der Sache oder dem Wandel der Verhältnisse. Mit der Zuweisung der Regelung des Bodenrechts an den Bundesgesetzgeber in Art. 74 I Nr. 18 GG ist diesem nicht die Gesamtmaterie des Baurechts zugewiesen, weil das Bodenrecht dort nur neben andere Materien gestellt ist, die ebenfalls baurechtliche Elemente enthalten. Die Bundeskompetenz muss vielmehr für die im Gutachtenauftrag einzeln bezeichneten Bereiche (Recht der städtebaulichen Planung, Baulandumlegung und Zusammenlegen von Grundstücken, Bodenbewertung, Bodenverkehrsrecht, Erschließungsrecht, Baupolizeirecht und Wertsteigerungsabgabe) jeweils gesondert aus dem GG nachgewiesen werden.

262 **Recht der städtebaulichen Planung:** Auf diesem Gebiet könnte der Bund kraft ausschließlicher Kompetenz die Bundesplanung vollständig regeln und, kraft konkurrierender Vollkompetenz die städtebauliche Planung und die Raumordnung[306] vollständig regeln. **Baulandumlegung und Zusammenlegung von Grundstücken:** Diese Materie gehört zum Bodenrecht, für die die konkurrierende Bundeskompetenz unbestritten ist.[307] **Bodenbewertung:** Eine Zuständigkeit des Bundes zur Gesetzgebung ist insoweit zu bejahen, als sie im Zusammenhang mit Materien steht, für die eine Gesetzgebungszuständigkeit des Bundes gegeben ist. **Bodenverkehrsrecht:** Dieses ist vom Begriff Grundstücksverkehr im Zuständigkeitskatalog des Art. 74 I Nr. 18 GG mit umfasst, sodass der Bund zu einer Regelung zuständig ist. **Erschließungsrecht:** Dieses gehört zum Bodenrecht, für das der Bund früher vollständig die Gesetzgebungskompetenz hatte. Durch die Änderung des GG im **Verfassungsreformgesetz** 1994[308] ist die Gesetzgebungskompetenz im Bereich des Erschließungsbeitragsrechts allerdings auf die Länder übergegangen. Solange diese keine eigenen Regelungen erlassen, gelten die Bestimmungen der §§ 123 ff. BauGB fort. **Baupolizeirecht:** Die Zuständigkeit des Bundes muss insoweit bejaht werden, als das Baupolizeirecht Bestandteil des heutigen Planungsrechts ist. Für den Bereich des Baupolizeirechts, der übrig bleibt, wenn das Bauplanungsrecht ausgeschieden wird, kann eine Zuständigkeit des Bundesgesetzgebers nicht anerkannt werden, sofern es sich

304 Früher: Rahmengesetzgebung des Bundes, Vollkompetenz der Länder im Rahmen der Bundesvorgaben nach Art. 75 I Nr. 4 GG.

305 BVerfGE 3, 407; BVerfGE 40, 261; zur Kritik Werner DVBl. 1954, 481; siehe auch BVerwG NVwZ 2008, 311.

306 Zur Gesetzgebungskompetenz des Bundes im Hinblick auf die planungsrechtlichen Regelungen des BauGB und der BauNVO Bönker in Bönker/Bischopink, BauNVO, 2024, Einf. Rn. 117; BVerfGE 40, 261 (266); BVerwG NVwZ 2008, 311; zur Gesetzgebungskompetenz für die Raumordnung Beckmann Raumordnungsrecht in Hoppenberg/de Witt, Handbuch des öffentlichen Baurechts, 2024, Rn. 23.

307 BVerwG NVwZ 2008, 311.

308 Vogel DVBl. 1994, 497.

nicht um für das Wohnungswesen spezifische baupolizeiliche Vorschriften handelt. **Wertsteigerungsabgabe:** Hierfür muss, da es sich um eine Steuer handelt, die Abgrenzung der Zuständigkeit zwischen Bund und Ländern Art. 105 GG entnommen werden, was zum Ergebnis führt, dass der Bund nicht befugt ist, die Wertsteigerungsabgabe (als Objektsteuer mit örtlich bedingtem Wirkungskreis – Art. 105 II Nr. 1 GG) zu regeln. Umstritten ist die Gesetzgebungskompetenz für § 250 BauGB (**Bildung von Wohnungseigentum in Gebieten mit angespannten Wohnungsmärkten**).[309]

Der Bund hat danach unabhängig von den Voraussetzungen des Art. 72 II GG die Zuständigkeit zur Regelung des Rechts der städtebaulichen Planung, der Baulandumlegung, der Zusammenlegung von Grundstücken, des Bodenverkehrs, der Erschließung mit Ausnahme des Erschließungsbeitragsrechts sowie der Bodenbewertung, soweit sie sich auf diese Gebiete bezieht. Eine Zuständigkeit des Bundes zur Regelung des Baupolizeirechts im bisher gebräuchlichen Sinne besteht demgegenüber nicht. Ebenso wenig wie die polizeiliche Generalklausel eines Landes trotz ähnlicher Länderregelungen Bundesrecht ist, wird auch der Begriff des Baupolizeirechts nicht durch ähnliche Regelungen auf Landesebene zu einem bundesrechtlichen Begriff. Das Baupolizeirecht ist vielmehr eine Rechtsmaterie für sich und unterliegt insgesamt der Landeskompetenz.[310] Zur Materie **Bodenrecht** gehören nach den Ausführungen des BVerfG nur solche Vorschriften, die den Grund und Boden unmittelbar zum Gegenstand rechtlicher Ordnung haben, also die rechtlichen Beziehungen des Menschen zum Grund und Boden regeln. Dagegen gehören das der Gefahrenabwehr dienende Baupolizeirecht und das Recht der Baugestaltung nicht zum Bodenrecht, sondern zur Gesetzgebungskompetenz der Länder. Das gilt auch für grundsätzliche Anforderungen baukonstruktiver, baugestalterischer und bauwirtschaftlicher Art an Bauwerke und Baustoffe, vielleicht auch die Grundlagen des Genehmigungsverfahrens und der Ordnung des Bauvorgangs, die Pflicht zur ordnungsmäßigen Unterhaltung und Instandsetzung oder Beseitigung baulicher Anlagen bei gefährlichen oder ordnungswidrigen Zuständen. 263

Der Bundesgesetzgeber unterliegt zudem in einigen Teilbereichen der konkurrierenden Gesetzgebung den durch das Verfassungsreformgesetz 1994 und die Föderalismusreform 2006 neu gefassten Bindungen des Art. 72 GG. Nach Art. 72 I GG haben die Länder im Bereich der konkurrierenden Gesetzgebung die Befugnis zur Gesetzgebung, solange und soweit der Bund von seiner Gesetzgebungszuständigkeit nicht durch das Gesetz Gebrauch gemacht hat. Der Bund hat nach **Art. 72 II GG** ua in den Bereichen Recht der Wirtschaft (Art. 74 II Nr. 11 GG), die Überführung von Grund und Boden, von Naturschätzen und Produktionsmitteln in Gemeineigentum oder andere Formen der Gemeinwirtschaft (Art. 74 I Nr. 15 GG), städtebaulicher Grundstücksverkehr, Bodenrecht (ohne das Recht der Erschließungsbeiträge) (Art. 74 I Nr. 18 GG), Pflanzen- und Tierschutz (Art. 74 I Nr. 20 GG), Straßenverkehr, Kraftfahrtwesen, Bau und die Unterhaltung von Landstraßen für den Fernverkehr sowie Erhebung und Verteilung von Gebühren oder Entgelten für die Benutzung öffentlicher Straßen mit Fahrzeugen (Art. 74 I Nr. 22 GG) sowie Staatshaftung (Art. 74 I Nr. 25 GG) das Gesetzgebungsrecht. Durch die Föderalismusreform 2006 sind das Jagdwesen (Art. 74 I Nr. 28 GG), der Naturschutz und die Landschaftspflege (Art. 74 I Nr. 29 GG), die Bodenverteilung (Art. 74 I Nr. 30 GG) und die Raumordnung (Art. 74 I Nr. 31 GG) hinzugekommen. Die vormalige **Rahmengesetzgebungskompetenz** in Art. 75 GG ist dafür entfallen. Ua auf den Gebieten Recht der Wirtschaft (Art. 74 I Nr. 11 GG), Überführung von Grund und Boden (Art. 74 I Nr. 15 GG) und Staatshaftung (Art. 74 I Nr. 25 GG), hat der Bund das Gesetzgebungsrecht nur, wenn und soweit die Herstellung gleichwertiger Lebensverhältnisse im Bundesgebiet oder die Wahrung der Rechts- und Wirtschaftseinheit im gesamtstaatlichen Interesse eine bundesgesetzliche Regelung erforderlich macht. Hiermit sind erhöhte verfassungsrechtliche Anforderungen verbunden.[311] Ua auf den Gebieten (1) Naturschutz und Landschaftspflege (ohne die allgemeinen Grundsätze des Naturschutzes, das Recht des Artenschutzes oder des Meeresnaturschutzes), 264

309 Verneinend Kment/Fimpel ZfBR 2021, 129 (130); Kment NJW-Beil. 2022, 48 (52); Fimpel/Müller ZfBR 2022, 16 (22); Heinemann NVwZ 2020, 1398 (1399); Couzinet in BeckOK BauGB, 2023, § 250 Rn. 2; bejahend Battis/Mitschang/Reidt NVwZ 2021, 905 (911); Battis in BKL, BauGB, 2022, § 250 Rn. 6; Grziwotz in EZBK, BauGB, 2021, § 250 Rn. 11.

310 BVerwG Beschl. v. 24.2.1994 – 4 B 2.94, juris.

311 BVerfGE 105, 62; BVerfGE 111, 226; BVerwG UPR 1999, 146 (147); BVerwG BauR 95, 354 (355); OVG Greifswald Urt. v. 8.6.2022 – 3 K 363/17, juris Rn. 87; VerfGH NRW NWVBL 2021, 326; VerfGH NRW NVwZ 2003, 202; Oebbecke in FS Hoppe, 2000, 239 (246); Kümper ZfBR 2018, 119.

(2) Bodenverteilung, (3) Raumordnung und (4) Wasserhaushalt (ohne stoff- oder anlagenbezogene Regelungen) können die Länder von Bundesgesetzen abweichende Regelungen treffen. Bundesgesetze auf diesen Gebieten treten frühestens sechs Monate nach ihrer Verkündung in Kraft, soweit nicht mit Zustimmung des Bundesrates anderes bestimmt wird (Art. 72 III GG).

265 Die Gesetzgebungsbefugnis für das BauGB als Regelungsbereich des Bodenrechts (Art. 72 I Nr. 18 GG) liegt daher weiterhin beim Bund. **Länderabweichungsmöglichkeiten** sind hier nicht gegeben. Auch unterliegt der Bundesgesetzgeber bei Erlass von Gesetzen auf diesem Bereich nicht den erhöhten Anforderungen des Art. 72 II GG. Auf dem Gebiet des Naturschutzes, der Raumordnung und des Wasserrechts hat der Bund ebenfalls die Gesetzgebungszuständigkeit, wobei er auch in diesen Bereichen nicht an die erhöhten verfassungsrechtlichen Anforderungen des Art. 72 II GG gebunden ist. Allerdings haben die Länder hier nach Art. 72 III GG grundsätzlich Abweichungsmöglichkeiten, sodass Bundesgesetze in diesen Bereichen frühestens 6 Monate nach Verkündung in Kraft treten (Art. 72 III 2 GG). Solche Abweichungsmöglichkeiten bestehen allerdings im Bereich der allgemeinen Grundsätze des Naturschutzes, im Bereich des Artenschutzes oder des Meeresnaturschutzes (Art. 72 III 1 Nr. 2 GG) sowie im Bereich der stoff- und anlagenbezogenen Regelungen (Art. 72 III Nr. 5 GG) nicht, sodass Bundesgesetze in diesen Bereichen unmittelbar nach Verkündung in Kraft treten können.

266 Das **BauGB** beschränkt sich auf die städtebaulichen Belange und auf die bodenrechtliche Relevanz. Das **Bauordnungsrecht** ist demgegenüber Ländersache. Dabei können bundesrechtliche und landesrechtliche Anforderungen nebeneinander zu beachten sein. Das landesrechtliche Gebot, bauliche Anlagen nach den anerkannten Regeln der Baukunst durchzubilden,[312] ist als eigenständige Anforderung neben der weiteren, ebenfalls landesrechtlichen Anforderung, bauliche Anlagen „so zu gestalten, dass sie nach Form, Maßstab, Verhältnis der Baumassen und Bauteile zueinander, Werkstoff und Farbe nicht verunstaltend wirken" (Verunstaltungsverbot), bundesrechtlich nicht zu beanstanden.[313]

XIX. Kommunale Planungshoheit

267 Nach Art. 28 II GG muss den Gemeinden das Recht gewährleistet sein, alle **Angelegenheiten der örtlichen Gemeinschaft** im Rahmen der Gesetze zu regeln.[314] Auch die Gemeindeverbände haben im Rahmen ihres gesetzlichen Aufgabenbereichs nach Maßgabe der Gesetze das **Recht der Selbstverwaltung**. Die von der gemeindlichen Selbstverwaltungsgarantie des Art. 28 II 1 GG umfasste **Planungshoheit** vermittelt den Gemeinden auch eine wehrfähige, in die fachplanerische Abwägung einzubeziehende Rechtsposition gegen **fremde Fachplanungen** auf dem eigenen Gemeindegebiet, wenn das Vorhaben nachhaltig eine bestimmte Planung der Gemeinde stört, wegen seiner Großräumigkeit wesentliche Teile des Gemeindegebiets einer durchsetzbaren gemeindlichen Planung entzieht oder gemeindliche Einrichtungen in ihrer Funktionsfähigkeit erheblich beeinträchtigt.[315] Darüber hinaus muss eine Planfeststellungsbehörde auf noch nicht verfestigte, aber konkrete Planungsabsichten einer Gemeinde abwägend dergestalt Rücksicht nehmen, dass durch die Fachplanung von der Gemeinde konkret in Betracht gezogene städtebauliche Planungsmöglichkeiten nicht unnötigerweise "verbaut" werden.[316]

1. Verfassungsrechtliche Gewährleistung

268 Der Begriff der **Selbstverwaltung** umfasst die eigenverantwortliche Erfüllung gemeinschaftlicher öffentlicher Aufgaben im eigenen Namen durch in den Staat einbezogene rechtsfähige öffentliche Verbände mit eigenen Organen unter der Aufsicht des Staates und mit eigenen Finanzmitteln. Die Selbstverwaltungsträger sind in den ihnen von der Rechtsordnung zugestandenen Bereichen selbstständig und führen als Rechtssubjekte, als Vermögensträger und als Verwaltungskörper in gewissem Umfang ein Eigenleben. Art. 28 II GG enthält dabei eine **dreifache Garantie**: Der Gesetzgeber darf die Gemeinden und Gemeindeverbände nicht in-

[312] Zum öffentlichen Baurecht als Instrument der Baukunst Schneider BauR 2009, 1680.

[313] BVerwG NuR 2000, 328; Bestätigung von VGH München BayVBl. 2000, 690 zu Art. 11 I BayBO.

[314] Zur kommunalen Planungshoheit Moeskes in FS für Stüer, 2013, 531; Battis in BKL, 2022, § 2 Rn. 20; Oebbecke in FS für Hoppe, 2000, 239; grundlegend BVerfG NVwZ 1989, 347.

[315] BVerwG NVwZ 2022, 1090; Urt. v. 15.10.2020 - 7 A 10.19, juris Rn. 39 m.w.N.

[316] BVerwG NVwZ 2022, 1090; NVwZ 2019, 313 und vom 15.10.2020 - 7 A 10.19, juris Rn. 39; zu Planfeststellungsverfahren aus kommunaler Sicht siehe Ritter UPR 2023, 81.

stitutionell beseitigen. Die Gemeinden haben für die Angelegenheiten der örtlichen Gemeinschaft eine Allzuständigkeit und erfüllen diese Aufgaben in Eigenverantwortung. Bei staatlichen Eingriffen in den Kernbereich der kommunalen Selbstverwaltung entwickeln sich entsprechende Abwehrkräfte.[317]

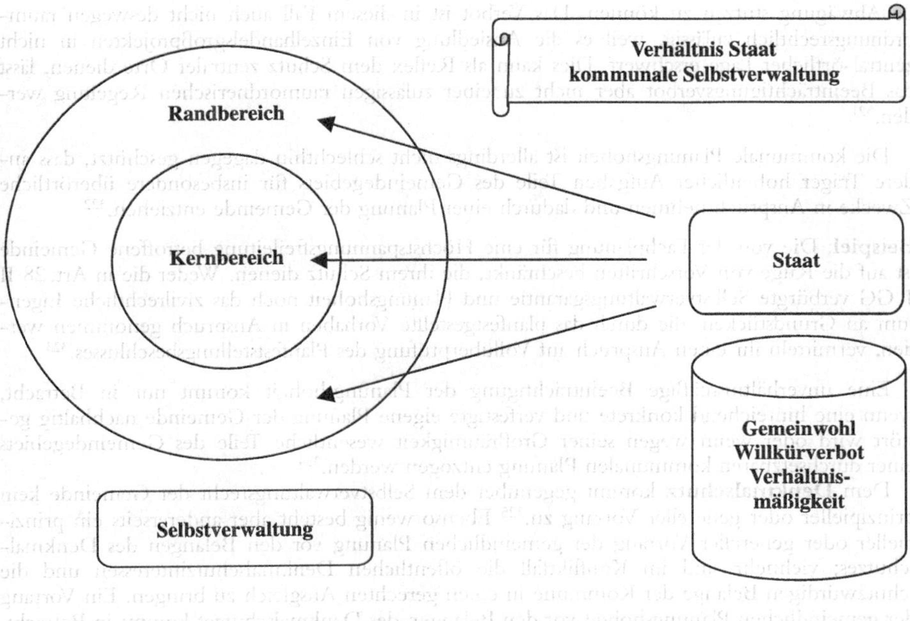

Die Gemeinden sind Teil des demokratischen Staatsaufbaus und nehmen wichtige demokratische, integrative, gewaltenteilende, Macht neutralisierende, konfliktverarbeitende, freiheitssichernde, legitimierende, rechtsstaatliche und sozialstaatliche **Funktionen** wahr. Die kommunale Selbstverwaltung beinhaltet eine Einrichtungsgarantie in dem Sinne, dass sie in ihrem Wesensgehalt gegen staatliche Eingriffe geschützt ist. Neben der Personalhoheit, der Finanzhoheit, der Organisationshoheit, der Steuerhoheit und der Rechtsetzungshoheit findet die kommunale Selbstverwaltung auf Gemeindeebene auch ihren Ausdruck in der gemeindlichen **Planungshoheit**. Darunter wird die Kompetenz verstanden, ohne durchgängige und strikte Bindung an staatliche Vorgaben auf Grund eigenen politisch-administrativen Gestaltungs- und Entscheidungsspielraums über die bauliche und sonstige Verwendung und Nutzung des Grund und Bodens des Gemeindegebietes zu disponieren und die zur Verwirklichung des eigenverantwortlich wahrnehmbaren Gestaltungspotenzials erforderlichen planerischen Leitlinien ohne imperative staatliche Beeinflussung zu entwickeln.[318] 269

Zur Planungshoheit und damit zum Bestandteil der kommunalen Selbstverwaltung gehört die Kompetenz zur eigenverantwortlichen Aufstellung der **Bebauungspläne**. Auch die **Flächennutzungsplanung** wird man zur gemeindlichen Planungshoheit rechnen dürfen.[319] Auch die **Einvernehmensregelung** des § 36 BauGB sichert die verfassungsrechtlich gewährleistete Planungshoheit der Gemeinden,[320] Eingriffe in die kommunale Selbstverwaltung müssen deren Kernbereich achten und sind auch im Übrigen nur unter Wahrung allgemeiner verfassungsrechtlicher Grundmaßstäbe der **Verhältnismäßigkeit**, der **Gemeinwohlbezogenheit** und des **Abwägungsgebots** zulässig. 270

---

317 Engels in Sachs, GG, 2021, Art. 28 Rn. 64; Jarass GG, 2022, Art. 28 Rn. 41 zur Kernbereichsgarantie.

318 BVerwGE 34, 301; Jarass GG, 2022, Art. 28 Rn. 31; Kment in Jarass/Kment, BauGB, 2022, § 1 Rn. 7; Hoppe DVBl. 1964, 165.

319 VerfGH Saarland Urt. v. 11.10.1974 – Lv 7/74, juris; Blümel VVDStRL Bd. 36 (1978), 171; Löhr Die kommunale Flächennutzungsplanung 1977, 111.

320 BVerwGE 169, 207; Reidt in BKL, BauGB, 2022, § 36 Rn. 1.

Beispiel: Das Verbot, die Nahversorgung der Bevölkerung im Einzugsbereich wesentlich zu beeinträchtigen, ist als Ziel der Raumordnung unzulässig. Dies gilt auch, wenn es einer nicht zentral-örtlichen Gemeinde entgegengehalten wird, die sich auf eine Ausnahme zum Zentralitätsgebot beruft. Denn in diesem Fall schränkt das Verbot ebenso die gemeindliche Planungshoheit ein, ohne sich auf eine auf raumordnerischen Erwägungen beruhende und abschließende Abwägung stützen zu können. Das Verbot ist in diesem Fall auch nicht deswegen raumordnungsrechtlich zulässig, weil es die Ansiedlung von Einzelhandelsgroßprojekten in nicht zentral-örtlicher Lage erschwert. Dies kann als Reflex dem Schutz zentraler Orte dienen, lässt das Beeinträchtigungsverbot aber nicht zu einer zulässigen raumordnerischen Regelung werden.[321]

271 Die kommunale Planungshoheit ist allerdings nicht schlechthin dagegen geschützt, dass andere Träger hoheitlicher Aufgaben Teile des Gemeindegebiets für insbesondere überörtliche Zwecke in Anspruch nehmen und dadurch einer Planung der Gemeinde entziehen.[322]

Beispiel: Die von der Fachplanung für eine Höchstspannungsfreileitung betroffene Gemeinde ist auf die Rüge von Vorschriften beschränkt, die ihrem Schutz dienen. Weder die in Art. 28 II 1 GG verbürgte Selbstverwaltungsgarantie und Planungshoheit noch das zivilrechtliche Eigentum an Grundstücken, die durch das planfestgestellte Vorhaben in Anspruch genommen werden, vermitteln ihr einen Anspruch auf Vollüberprüfung des Planfeststellungsbeschlusses.[323]

272 Eine unverhältnismäßige Beeinträchtigung der Planungshoheit kommt nur in Betracht, wenn eine hinreichend konkrete und verfestigte eigene Planung der Gemeinde nachhaltig gestört wird oder wenn wegen seiner Großräumigkeit wesentliche Teile des Gemeindegebiets einer durchsetzbaren kommunalen Planung entzogen werden.[324]

273 Dem **Denkmalschutz** kommt gegenüber dem Selbstverwaltungsrecht der Gemeinde kein prinzipieller oder genereller Vorrang zu.[325] Ebenso wenig besteht aber andererseits ein prinzipieller oder genereller Vorrang der gemeindlichen Planung vor den Belangen des Denkmalschutzes; vielmehr sind im Konfliktfall die öffentlichen Denkmalschutzinteressen und die schutzwürdigen Belange der Kommune in einen gerechten Ausgleich zu bringen. Ein Vorrang der gemeindlichen Planungshoheit vor den Belangen des Denkmalschutzes kommt in Betracht, wenn eine hinreichend konkrete, verbindliche Planung – etwa in Gestalt eines Bebauungsplans – vorliegt, in deren Rahmen unter Beteiligung der Denkmalschutzbehörde und ggf. der Denkmalfachbehörde die Belange des Denkmalschutzes (§ 1 VI Nr. 5 BauGB) mit den widerstreitenden Interessen, ua mit beschlossenen städtebaulichen Entwicklungskonzepten (§ 1 VI Nr. 11 BauGB), abgewogen wurden.[326]

274 Zum Schutz des Selbstverwaltungsrechts der Gemeinden dienen verschiedene Einzelmaßstäbe, an denen die Rechtmäßigkeit von Eingriffen zu messen sind. Hierzu gehören etwa gemeindliche Anhörungs- und Mitwirkungsgebote, Begründungspflichten, Verbesserungsgebote und Schaden-Nutzen-Bilanz, Geeignetheit, Erforderlichkeit und Verhältnismäßigkeit, Willkürfreiheit und ggf. Systemgerechtigkeit einer staatlichen Eingriffsmaßnahme in die Selbstverwaltung. Bei Maßnahmen der Gesetzgebung ist die kommunale Eigenverantwortlichkeit als abwägungserheblicher Belang zu berücksichtigen. Die Gemeinwohlanforderungen steigen dabei mit zunehmendem Eingriff in die eigenverantwortliche Aufgabenerledigung. Einzelne gesetzgeberische Regelungen sind nach den Geboten der Kumulation und Kompensation in eine Gesamtbetrachtung einzustellen. Eingriffe in die kommunale Selbstverwaltung können ggf. – je nach ihrer Schwere – durch Übertragung anderer Aufgaben oder durch die Einräumung von Beteiligungsrechten kompensiert werden. Nach dem Verhältnismäßigkeitsprinzip ist der Gesetzgeber zu einem stufenweisen Vorgehen verpflichtet.

---

[321] BVerwG Urt. v. 23.5.2023 – 4 CN 10/21, juris.
[322] OVG Schleswig Urt. v. 7.6.2023 – 5 KN 35/21, juris Rn. 56.
[323] BVerwG NVwZ-RR 2022, 317.
[324] OVG Schleswig Urt. v. 7.6.2023 – 5 KN 35/21, juris Rn. 56; BVerwG NVwZ-RR 2022, 317 (318); NVwZ 2014, 669 Rn. 23; NVwZ 2017, 708 Rn. 13.
[325] OVG Magdeburg BauR 2022, 1757; VGH Mannheim NVwZ 1990, 586.
[326] OVG Münster BauR 2022, 1757.

2. Gemeindliche Mitwirkungs- und Abwehrrechte

275 Im Hinblick auf die in Art. 28 II GG gesicherte kommunale Selbstverwaltung sind die Gemeinden staatlichen Planungen und Maßnahmen von Fachverwaltungen nicht schutzlos ausgeliefert. Von solchen Maßnahmen in ihrem Aufgabenbereich betroffene Gemeinden haben vielmehr Mitwirkungsrechte und Abwehrrechte. Die Mitwirkungsrechte wiederum gliedern sich in Informationsrechte und Rechte zur Stellungnahme.[327]

276 **a) Gemeindliche Beteiligungsrechte**. In einer umfangreichen Rechtsprechung haben die Gerichte aus der in Art. 28 II GG gesicherten Selbstverwaltungsgarantie das Recht der kommunalen Selbstverwaltungskörperschaften auf Beteiligung bei staatlichen Planungen und Maßnahmen von Fachverwaltungen, die sich auf die kommunalen Aufgaben auswirken können, abgeleitet. Für die Gemeinden sind solche Beteiligungsrechte für alle Planungen und Maßnahmen staatlicher Stellen anerkannt, die sich auf die gemeindlichen Planungen und sonstigen Selbstverwaltungsaufgabenbereiche auswirken können. Das Recht auf Beteiligung bezieht sich seinem Gegenstand nach auf Information und Anhörung.[328]

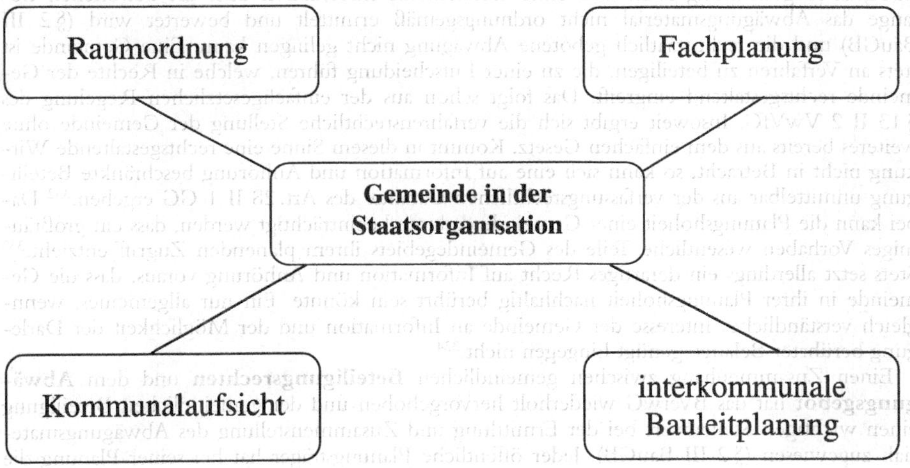

Beispiel: Auf Antrag eines Flughafenbetreibers soll ein bestehender Flughafen eine zweite Start- und Landebahn erhalten. Eine Gemeinde, deren Ortskern im Bereich der Anflugschneise liegt, ist mit der beabsichtigten Flughafenerweiterung nicht einverstanden. Die Gemeinde hat bereits im luftverkehrsrechtlichen Genehmigungsverfahren Mitwirkungsrechte, die sich in Informations- und Beteiligungsrechte gliedern. Aus der Garantie der kommunalen Selbstverwaltung in Art. 28 II GG folgt, dass die kommunalen Selbstverwaltungskörperschaften im Verfahren auf Erteilung einer luftverkehrsrechtlichen Genehmigung für planfeststellungsbedürftige Flugplätze Gelegenheit erhalten müssen, frühzeitig, nämlich noch vor Abschluss des Genehmigungsverfahrens, auf die sie berührenden Belange hinzuweisen und dadurch auf die Genehmigungsentscheidung Einfluss zu nehmen. Dem wird durch ein dem formellen Beteiligungsrecht des § 10 II 2 LuftVG entsprechendes Recht auf Information und Stellungnahme hinreichend Rechnung getragen. Die Verletzung dieses Beteiligungsrechts macht eine luftverkehrsrechtliche Genehmigung objektiv rechtswidrig und verletzt die dadurch betroffene kommunale Selbstverwaltungskörperschaft in ihren Rechten.[329]

[327] Zu den Möglichkeiten der Gemeinden, im Vorfeld von Planfeststellungsentscheidungen sowie im Rahmen des Planfeststellungsverfahrens kommunale Interessen einzubringen, um damit Einfluss auf die Planfeststellung zu nehmen, siehe Ritter UPR 2023, 81; Hufen JuS 2022, 990.

[328] BVerwGE 56, 110; zur Abstimmung der Bauleitplanung benachbarter Gemeinden Scheidler UPR 2021, 161.

[329] BVerwGE 56, 110.

277 Der Anspruch auf **Information** richtet sich seinem Gegenstand nach auf den für die Entscheidung erheblichen Sachverhalt, soweit die rechtlich geschützten Belange der am Verfahren beteiligten Selbstverwaltungskörperschaften durch das Vorhaben der Fachplanung betroffen werden können. Die Art und Weise der Information hat sich im Einzelfall an ihrem danach gebotenen Umfang auszurichten. Der Informationsanspruch erstreckt sich auch auf die Information über Standortalternativen, soweit diese mit Relevanz für die Entscheidung innerhalb des Verwaltungsverfahrens geprüft worden sind. Dem Anspruch der Selbstverwaltungskörperschaften auf **Stellungnahme** genügt die Behörde grundsätzlich dadurch, dass sie deren Äußerung zur Kenntnis nimmt und in ihre Erwägungen einbezieht.[330]

278 Aus der Selbstverwaltungsgarantie folgt ein Recht der Gemeinde auf Beteiligung bei allen staatlichen Planungen und anderen Maßnahmen ab, die **Auswirkungen** auf das **gemeindliche Betätigungsfeld** haben. Diese Mitwirkungsrechte bestehen gegenüber allen Fachplanungen wie etwa bei der Planung von Flughäfen, Energieleitungen, wasserrechtlichen Planfeststellungsverfahren oder Straßenplanungen ebenso wie bei abfallrechtlichen Planfeststellungsverfahren und vergleichbaren Fachplanungen.[331] Dabei tendieren die gemeindlichen Beteiligungsrechte eher zur Weite, weil die kommunale Mitwirkung nicht zuletzt der behördlichen Informationsgewinnung dient und ohne ausreichende Information über die betroffenen Belange das Abwägungsmaterial nicht ordnungsgemäß ermittelt und bewertet wird (§ 2 III BauGB) und die rechtsstaatlich gebotene Abwägung nicht gelingen kann. Eine Gemeinde ist stets an Verfahren zu beteiligen, die zu einer Entscheidung führen, welche in Rechte der Gemeinde rechtsgestaltend eingreift. Das folgt schon aus der einfachgesetzlichen Regelung des § 13 II 2 VwVfG. Insoweit ergibt sich die verfahrensrechtliche Stellung der Gemeinde ohne weiteres bereits aus dem einfachen Gesetz. Kommt in diesem Sinne eine rechtsgestaltende Wirkung nicht in Betracht, so kann sich eine auf Information und Anhörung beschränkte Beteiligung unmittelbar aus der verfassungsrechtlichen Garantie des Art. 28 II 1 GG ergeben.[332] Dabei kann die Planungshoheit einer Gemeinde dadurch beeinträchtigt werden, dass ein großräumiges Vorhaben wesentliche Teile des Gemeindegebiets ihrem planenden Zugriff entzieht.[333] Stets setzt allerdings ein derartiges Recht auf Information und Anhörung voraus, dass die Gemeinde in ihrer Planungshoheit nachhaltig berührt sein könnte. Ein nur allgemeines, wenngleich verständliches Interesse der Gemeinde an Information und der Möglichkeit der Darlegung berührter Belange genügt hingegen nicht.[334]

279 Einen Zusammenhang zwischen gemeindlichen **Beteiligungsrechten** und dem **Abwägungsgebot** hat das BVerwG wiederholt hervorgehoben und der gemeindlichen Beteiligung einen wichtigen Stellenwert bei der Ermittlung und Zusammenstellung des Abwägungsmaterials zugewiesen (§ 2 III BauGB). Jeder öffentliche Planungsträger hat bei seiner Planung die Belange des Städtebaus, wie sie im Flächennutzungsplan konkretisiert sind oder sich aus anderen Gründen ergeben und von der zu beteiligenden Gemeinde geltend gemacht werden, gebührend zu berücksichtigen. Derartige Belange sind mit dem ihnen zukommenden Gewicht in die Abwägung einzustellen.[335] Insbesondere Planfeststellungsbehörden und Träger der Raumordnungsplanung sind der gemeindlichen Selbstverwaltung gegenüber zur Abwägung ihrer nachteilig betroffenen Belange verpflichtet. Eine Berücksichtigung gemeindlicher Belange ist nicht nur im Rahmen planerischer Abwägungen notwendig, sondern auch bei der Entscheidung über Kontrollerlaubnisse, auf deren Erteilung der Antragsteller Anspruch hat, wenn die gesetzlichen Zulassungsvoraussetzungen vorliegen. So vermittelt zB § 48 II BBergG, aus der die Rechtsprechung § 55 BBergG ergänzende Voraussetzungen für die Zulassung eines bergrechtlichen Betriebsplans ableitet, auch der gemeindlichen Planungshoheit Drittschutz, soweit danach der Zulassung des Betriebsplans keine überwiegenden öffentlichen Interessen entgegen-

330 BVerwG DÖV 1979, 517.

331 Aus der umfangreichen Rechtsprechung BVerwGE 31, 263; NJW 1969, 1113; BVerwGE 31, 263; BVerwGE 34, 301; DVBl. 1970, 577; NJW 1976, 1765; NJW 1976, 1765; DÖV 1979, 517; BVerwGE 60, 297; NJW 1981, 2075; BVerwGE 67, 79; BVerwGE 67, 321; NVwZ 1984, 584; BVerwGE 69, 256; BVerwGE 72, 172; BVerwGE 74, 124; BVerwGE 77, 47; BVerwGE 77, 128; NVwZ 1987, 590; NVwZ 1989, 247; NVwZ 1989, 6; NVwZ 1989, 253; NVwZ 1989, 750; BVerwGE 84, 209; BVerwGE 87, 62; ZfBR 1992, 182; Urt. v. 23.5.2023 – 4 CN 19/21, juris; ZfBR 2023, 467; NVwZ 2023, 1090.

332 BVerfGE 50, 195; BVerfGE 56, 298; BVerfGE 59, 216; DVBl. 1988, 532.

333 BVerwGE 74, 124.

334 BVerwG Beschl. v. 17.2.1992 – 4 B 232.91, juris.

335 BVerwG DVBl. 1969, 362; DÖV 1970, 387; NVwZ 1984, 793.

stehen dürfen. Der Schutz, den die Gemeinden daraus ableiten können, reicht jedoch nicht weiter als der Schutz der gemeindlichen Planungshoheit und des Selbstverwaltungsrechts allgemein.[336] Bezieht sich eine drohende Enteignung, etwa eine Zulegung nach § 35 BBergG, auf ein Grundstück im Eigentum einer Gemeinde, kann auch die Gemeinde die gerichtliche Überprüfung verlangen, ob dem Vorhaben überwiegende öffentliche Belange entgegenstehen.[337]

Das Recht auf Beteiligung räumt den Gemeinden in spezifischer Weise und unabhängig vom materiellen Recht eine eigene, selbstständig durchsetzbare verfahrensrechtliche Rechtsposition ein, sei es iS der Durchführung eines Verwaltungsverfahrens überhaupt, sei es iS eines Anspruchs auf ordnungsgemäße Beteiligung an einem anderweitig eingeleiteten Verwaltungsverfahren. Diese formale Rechtsposition der Gemeinde umfasst indes nur ihr Interesse an einer angemessenen Beteiligung im Verwaltungsverfahren und kann dadurch erfüllt werden, dass die Gemeinde alle für die Beurteilung ihrer Betroffenheit wichtigen Informationen erhält und ihr hinreichend Gelegenheit zur Stellungnahme in dem Verfahren gegeben wird.[338] 280

b) Gemeindliche Abwehrrechte. Zur Planungshoheit der Gemeinde gehört nicht nur das Recht, Bauleitpläne aufzustellen, zu ändern oder aufzuheben, sondern auch ein Abwehranspruch gegen Planungen anderer Stellen, die kommunale Belange nicht ausreichend wahren, oder gegen Baumaßnahmen, die den planerischen Festsetzungen der Gemeinden widersprechen.[339] Werden die gemeindlichen Mitwirkungsrechte verletzt oder greift die staatliche Maßnahme in materieller Hinsicht in die verfassungsrechtlich geschützten Selbstverwaltungsrechte ein, so hat die Gemeinde ein Abwehrrecht, das ggf. nach entsprechendem Vorverfahren durch Anfechtungsklage verwaltungsgerichtlich geltend gemacht werden kann. Auch kommt auf der Grundlage entsprechender gesetzlicher Regelungen ein Normenkontrollantrag in Betracht. Die Gemeinde muss dazu nach § 47 II VwGO geltend machen, durch die angefochtene Rechtsvorschrift in eigenen Rechten betroffen zu sein. Bei Verletzung gemeindlicher Mitwirkungsrechte reicht für die Begründetheit der Klage gegen einen Planfeststellungsbeschluss oder andere Maßnahmen die gerichtliche Feststellung aus, dass die Gemeinde unter Verstoß gegen die verfassungsrechtlichen Beteiligungsgarantien in Art. 28 II GG oder einfachgesetzliche Regelungen nicht beteiligt worden ist oder die Beteiligung unzureichend war. Die Nichtbeachtung dieser (formalen) gemeindlichen Mitwirkungsposition führt daher bereits zur Rechtswidrigkeit der angefochtenen Maßnahme und dazu, dass auf die gemeindliche Klage die Rechtswidrigkeit festzustellen ist. Dies gilt jedenfalls dann, wenn die Nichtbeteiligung der Gemeinde das Entscheidungsergebnis beeinflusst haben kann und der Beteiligungsfehler auch im nachfolgenden Verfahren nicht behoben worden ist. 281

Gemeinden können nicht nur eine unzureichende Beteiligung am Verfahren rügen; vielmehr können sie eine raumbedeutsame Planung oder Maßnahme auch dann mit Erfolg angreifen, wenn diese in ihre durch das Selbstverwaltungsrecht geschützten **materiellen Rechtspositionen** eingreift. Die Planungshoheit der Gemeinden umfasst das ihr als Selbstverwaltungskörperschaft zustehende Recht auf Planung und Regelung der Bodennutzung in ihrem Gebiet.[340] Die Gemeinden können sich deshalb gegen Fachplanungen auf ihrem Gemeindegebiet wehren, insbesondere sich auf das Gebot der Abstimmung unter mehreren hoheitlichen Planungsträgern berufen, wenn eine eigene, **hinreichend bestimmte Planung**, die allerdings noch nicht verbindlich zu sein braucht, vorliegt und die Störung nachhaltig ist, dh unmittelbare Auswirkungen gewichtiger Art auf ihre Planung hat,[341] oder wenn ein großräumiges Vorhaben der Fachplanung **wesentliche Teile des Gemeindegebietes** einer durchsetzbaren Planung der Gemeinde entzieht.[342] An die Klagebefugnis gem. § 42 II VwGO sollten allerdings 282

---

336 Kühne in Kühne/von Hammerstein ua, BBergG, 2023, § 48 Rn. 87; BVerwG ZfB 2006, 306.

337 BVerwG NVwZ-RR 2009, 153; zur Zulegung siehe auch VGH Mannheim ZfB 2022, 210; Beckmann/Wittmann ZfB 2009, 32; Franke/Karrenstein in Kühne/von Hammerstein ua, BBergG, 2023, § 35 Rn. 1 ff.

338 BVerwG NVwZ 1989, 750.

339 BVerwG BauR 2008, 1294.

340 BVerwGE 39, 345; BVerwGE 74, 124; BVerwGE 75, 285; NVwZ-RR 1994, 187; BVerwG NVwZ-RR 2022, 317; zur Klagebefugnis von Gemeinden siehe auch Hufen JuS 2022, 990.

341 BVerwGE 74, 124; DVBl. 1984, 88; BVerwGE 81, 95.

342 BVerwGE 74, 124; ZfBR 1992, 182; BVerfGE 56, 298; VerfGH NRW NVwZ 1990, 456; NVwZ 1991, 449; NVwZ 1992, 875; DVBl. 1992, 732; OVG Lüneburg ZUR 2007, 160; Steinberg DVBl. 1982, 13.

keine überspannten Anforderungen gestellt werden. Es genügt, dass die geltend gemachte Rechtsverletzung aus rechtlichen oder tatsächlichen Gründen möglich ist.[343] Die bloße Behauptung der eigenen Rechtsverletzung reicht allerdings nicht aus.[344]

283 Gemeinden können ein **Rechtsmittel** gegen einen Planfeststellungsbeschluss daher auf das in Art. 28 II 1 GG gewährleistete gemeindliche Selbstverwaltungsrecht, insbesondere in Gestalt der gemeindlichen Planungshoheit, und ihr zivilrechtlich geschütztes Eigentum stützen. Gemeinden sind zwar als kommunale Gebietskörperschaften keine Trägerinnen von Grundrechten. Verfassungsrechtlichen Schutz genießt ihr Eigentum insoweit nur im Rahmen der Gewährleistung der kommunalen Selbstverwaltung (Art. 28 II 1 GG), sofern es im Einzelfall Gegenstand und Grundlage kommunaler Betätigung ist.[345] Das zivilrechtliche Eigentum einer Gemeinde ist jedoch einfachgesetzlich grundsätzlich genauso geschützt wie das Eigentum Privater.[346] Der einfachgesetzliche Eigentumsschutz der Gemeinden vermittelt ihr aber **keinen Anspruch auf Vollüberprüfung** eines Planfeststellungsbeschlusses, den ein unmittelbar enteignungsrechtlich betroffener Eigentümer beanspruchen kann.[347]

Beispiel: Bei dem Bau oder der wesentlichen Änderung eines Schienenwegs kann eine Gemeinde als Eigentümerin von Grundstücken ebenso wie ein privater Grundstückseigentümer Schutz vor schädlichen Umwelteinwirkungen durch Verkehrsgeräusche nach Maßgabe der §§ 41, 43 I Nr. 1 BImSchG und der 16. BImSchV verlangen.[348]

284 Zu bedenken ist allerdings, dass es von Gerichten für unverhältnismäßig angesehen wird, für ein fachplanerisches Vorhaben Grundstücke Privater in Anspruch zu nehmen, wenn gleichgeeignete Grundstücke der öffentlichen Hand verfügbar sind (**Vorrangige Inanspruchnahme von Grundstücken der öffentlichen Hand**). In einem solchen Fall ist der Fachplanungsträger gehalten, vorrangig das Grundeigentum der Gemeinde für die Verwirklichung des Vorhabens heranzuziehen.[349] Das zivilrechtliche Eigentum einer Gemeinde sei zwar im Rahmen der Gewährleistung der kommunalen Selbstverwaltung verfassungsrechtlich aufgewertet, soweit es Gegenstand und Grundlage kommunaler Aufgaben sei. Fehle dem gemeindlichen Eigentum jedoch jeder Bezug zur Erfüllung kommunaler Aufgaben, sei das Gewicht solcher Eigentumspositionen eher gering und im Rahmen der fachplanerischen Abwägung leichter zu überwinden als in den Fällen, in denen mit dem Eigentum kommunale Aufgaben wahrgenommen werden.[350] Mit dem Grundsatz der Verhältnismäßigkeit wäre es, so der VGH München, unvereinbar, für ein fachplanerisches Vorhaben Grundstücke Privater in Anspruch zu nehmen, wenngleich geeignete Grundstücke der öffentlichen Hand verfügbar seien. In einem solchen Fall sei der Fachplanungsträger gehalten, vorrangig das Grundeigentum der Gemeinde für die Verwirklichung des Vorhabens heranzuziehen.[351]

285 Eine Gemeinde ist auch nicht befugt, sich im verwaltungsgerichtlichen Verfahren zur **Sachwalterin der Allgemeinheit** oder ihrer Bürger zu machen und den Schutz des Eigentums oder der Gesundheit ihrer Bürger gerichtlich zu verfolgen.[352] Eine Gemeinde kann aufgrund ihrer Planungshoheit nur die abwägende **Berücksichtigung konkreter Planungen** und Planungsabsichten, nicht jedoch hiervon abweichender rein tatsächlicher Entwicklungen geltend machen.[353]

286 Auch die **Zulassungsvoraussetzungen des § 35 BauGB** dienen dem Schutz der Gemeinde, auf deren Gebiet ein Vorhaben verwirklicht werden soll. Ob die Voraussetzungen des § 35 BauGB für ein Bauvorhaben vorliegen, ist bei einer Klage der Gemeinde in vollem Umfang nachzuprüfen.[354] Gleiches gilt für § 34 BauGB. Auch dessen Voraussetzungen für die pla-

---

343 BVerwG NVwZ 1993, 884.
344 BVerwGE 18, 154; BVerwGE 36, 192; BVerwGE 54, 99; BVerwGE 75, 147; BVerwGE 81, 329.
345 OVG Saarlouis Urt. v. 20.6.2023 – 2 C 251/21, juris Rn. 73.
346 BVerwGE 132, 261.
347 BVerwG Beschl. v. 14.2.2017 – 4 VR 18.16, juris.
348 BVerwG NVwZ 2019, 308.
349 VGH München KommJur 2021, 424.
350 VGH München KommJur 2021, 424; BVerwGE 97, 143.
351 VGH München KommJur 2021, 424; BVerwG NVwZ 2006, 1055.
352 BVerwG ZfB 2022, 207; OVG Saarlouis Urt. v. 20.6.2023 – 2 C 251/21, juris Rn. 76.
353 BVerwG NVwZ 2017, 1309.
354 OVG Magdeburg UWP 2021, 226, juris Rn. 138; BVerwG NVwZ 2010, 1561; NVwZ-RR 2017, 717; Rieger in Schrödter, BauGB, 2019, § 36 BauGB Rn. 39; Söfker in EZBK, BauGB, 2021, § 36 BauGB Rn. 43a.

nungsrechtliche Zulässigkeit von Vorhaben im unbeplanten Innenbereich müssen bei Klagen der Gemeinde gegen ein auf ihrem Gebiet geplantes Vorhaben umfassend geprüft werden. Die Ermächtigung zur Ersetzung des Einvernehmens gemäß § 36 II 3 BauGB lässt die materielle Rechtsposition der Gemeinde unangetastet. Die Gemeinde muss deshalb die Möglichkeit haben, die Ersetzungsentscheidung auf ihre Rechtmäßigkeit überprüfen zu lassen. Dies kann im Rahmen eines von ihr gegen die Genehmigung eingelegten Rechtsbehelfs (Widerspruch oder Klage) geschehen. Die Rechtmäßigkeit der unter Ersetzung des Einvernehmens erteilten Genehmigung hängt insoweit von der Rechtmäßigkeit der Ersetzungsentscheidung ab.[355]

Der Wille der Planfeststellungsbehörde, einer Gemeinde die **Ausfertigung eines Planfeststellungsbeschlusses** nicht nur zum Zwecke der Auslegung im Rahmen der öffentlichen Bekanntmachung, sondern auch individuell zuzustellen, muss eindeutig erkennbar sein.[356] Eine Gemeinde kann aufgrund ihrer Planungshoheit nur die abwägende Berücksichtigung konkreter Planungen und Planungsabsichten, nicht jedoch hiervon abweichender rein tatsächlicher Entwicklungen geltend machen. Zwar liegt es im Ermessen der Planfeststellungsbehörde, auch im Fall einer öffentlichen Bekanntmachung des Planfeststellungsbeschlusses einzelnen Betroffenen eine Ausfertigung des Planfeststellungsbeschlusses gemäß § 74 IV VwVfG individuell zuzustellen mit der Folge, dass für diese die Klagefrist bereits ab der Individualzustellung läuft.[357] Das Gebot effektiven Rechtsschutzes gemäß Art. 19 IV GG, auf das sich zur Geltendmachung ihrer Rechte aus Art. 28 II GG auch Gemeinden berufen können,[358] erfordert jedoch, dass der Wille, der für die Auslegung nach § 74 IV 2, 5 VwVfG zuständigen Gemeinde eine Ausfertigung nicht nur zum Zwecke der Auslegung im Rahmen der öffentlichen Bekanntmachung, sondern auch individuell zuzustellen, eindeutig erkennbar ist. Denn nur so kann diese die für die Inanspruchnahme gerichtlichen Rechtsschutzes zu beachtende Frist bestimmen. Die gemeindliche Planungshoheit vermittelt eine wehrfähige, in die Abwägung nach § 17 2 FStrG einzubeziehende Rechtsposition gegen fremde Fachplanungen auf dem eigenen Gemeindegebiet, wenn das Vorhaben nachhaltig eine bestimmte Planung der Gemeinde stört, wegen seiner Großräumigkeit wesentliche Teile des Gemeindegebiets einer durchsetzbaren gemeindlichen Planung entzieht oder erheblich gemeindliche Einrichtungen beeinträchtigt.[359] 287

Fehlt es an einer hinreichend konkretisierten Planung, so kann die von einem Vorhaben ausgehende Beeinträchtigung nur dann in die Planungshoheit einer Gemeinde eingreifen, wenn die Realisierung des Vorhabens der Gemeinde tatsächlich jede Entwicklungschance nähme und ihr gewissermaßen ihr eigenes Gemeindegebiet für jede denkbare Planung entzöge.[360] Scheitert die Absicht einer Gemeinde, Darstellungen ihres rechtswirksamen Flächennutzungsplans in einem Bebauungsplan umzusetzen, bereits an Umständen, die mit der überörtlichen Fachplanung nichts zu tun haben, so ist es nicht Aufgabe der Planfeststellungsbehörde, im Rahmen ihrer Abwägung Alternativplanungen zu berücksichtigen, die die Gemeinde unabhängig von dem bisher erarbeiteten Bebauungsplanentwurf zur Realisierung des Flächennutzungsplans noch entwickeln könnte.[361] Nach den zuvor beschriebenen Grundsätzen können sich die Gemeinden auch gegen Vorhaben der Fachplanung außerhalb ihres Gemeindegebietes wehren, sofern von ihnen derartige Auswirkungen auf ihre eigene gemeindliche Planung ausgehen. Dabei kommt insbesondere eine Nichtbeachtung oder ein nicht dem Abwägungsgebot entsprechender Eingriff in konkrete gemeindliche Planungsvorstellungen, wie sie etwa im Flächennutzungsplan, in Bebauungsplänen oder anderen kommunalen Willensbekundungen ihren Ausdruck gefunden haben, in Betracht. Die Planfeststellungsbehörde hat bei der Zulassung eine Abwägung vorzunehmen und dabei die für die Entscheidung relevanten Belange in diese Abwägung einzustellen. 288

Auch bergrechtliche Vorschriften über die **Betriebsplanzulassung** sind gegenüber den Standortgemeinden nachbarschützend. Ein solcher Drittschutz der Gemeinde ist etwa vergleichbar mit dem gemeindlichen Schutz gegenüber anderen Fachplanungsmaßnahmen.[362] Die 289

355 OVG Magdeburg Urt. v. 24.3.2021 – 2 L 79/17, juris Rn. 138; VGH Mannheim BauR 2017, 1012.

356 BVerwG NVwZ-RR 2022, 317.

357 BVerwG UPR 1998, 149.

358 BVerwGE 132, 261 Rn. 32, 34; UPR 1998, 459; NVwZ-RR 1994, 187, 188; offengelassen vom BVerfG NVwZ 2011, 611 Rn. 12 m.w.N.

359 BVerwG KommJur 2016, 397; NVwZ 2017, 708.

360 BVerwG BeckRS 1997, 14613.

361 BVerwG UPR 1997, 470.

362 BVerwG ZfB 2022, 207; BVerwG DVBl. 1994, 1152.

Gemeinden haben gegenüber solchen Maßnahmen Mitwirkungsrechte, die sich in Informations- und Beteiligungsrechte gliedern. Werden die Mitwirkungsrechte beachtet, ergeben sich Abwehrrechte, wenn konkrete gemeindliche Planungen betroffen sind oder sich weite Teile des Gemeindegebietes einer durchsetzbaren Planung entziehen.

290 Nach der Rechtsprechung des BVerwG erwachsen einer Gemeinde aus dem weiterreichenden, ebenfalls aus Art. 28 II GG herzuleitenden Selbstverwaltungs- und Selbstgestaltungsrecht Abwehransprüche, wenn sie durch Maßnahmen, die das **Ortsbild** entscheidend prägen und dadurch nachhaltig auf das Gemeindegebiet und die Entwicklung der Gemeinde einwirken, betroffen wird. Die durch Art. 28 II 1 GG gewährleistete kommunale Selbstverwaltungsgarantie zur eigenverantwortlichen Regelung eigener Angelegenheiten umfasst insoweit neben dem Schutz der Planungshoheit insbesondere auch einen Erhalt der Funktionsfähigkeit bestehender kommunaler Einrichtungen. Eine unverhältnismäßige Beeinträchtigung des Selbstverwaltungsrechts kommt daher in diesem weiteren, über eine allgemeine Befugnis zum Erlass von Bauleitplänen für eine künftige Entwicklung hinausreichenden Verständnis nicht nur in Betracht, wenn durch das mit dem angefochtenen Verwaltungsakt zugelassene Vorhaben eine bereits hinreichend konkrete und verfestigte Planung der Gemeinde nachhaltig gestört wird, sondern auch, wenn die Gemeinde durch Maßnahmen betroffen wird, die nachhaltig auf die Entwicklung der Gemeinde einwirken, etwa wenn von ihr betriebene **kommunale Einrichtungen** durch das Vorhaben in ihrer Funktionsfähigkeit erheblich beeinträchtigt werden. Das gilt auch für bestimmte, entsprechend funktional genutzte bauliche Anlagen.[363] Eine Verletzung des kommunalen Selbstverwaltungsrechts mit Bezug auf den Betrieb kommunaler Einrichtungen kommt in Betracht, wenn solche Einrichtungen durch das Vorhaben in ihrer Funktionsfähigkeit erheblich beeinträchtigt werden.[364] Aus dem **Selbstgestaltungsrecht** erwachsen einer Gemeinde Abwehransprüche allenfalls dann, wenn die Gemeinde durch Maßnahmen betroffen wird, die das Ortsbild entscheidend prägen und hierdurch nachhaltig auf das Gemeindegebiet und die Entwicklung der Gemeinde einwirken.

Beispiel: Denkbare Bergschäden an einzelnen Gebäuden, auch wenn diese in Bebauungsplänen als zu erhalten festgesetzt sind, stellen eine Beeinträchtigung des Selbstgestaltungsrechts (noch) nicht dar.[365]

Beispiel: Die Landesregierung beabsichtigt, in einer durch Militärabzug freiwerdenden Kaserne Asylbewerber und ausländische Flüchtlinge unterzubringen. Nach den Planungsvorstellungen der Gemeinde soll der Kasernenbereich als dringend benötigtes technisches Rathaus mit Bauhof genutzt werden. Zwischen den unterschiedlichen Planungsvorstellungen ist gem. § 37 I BauGB auf Grund einer planerischen Abwägung zu entscheiden.

291 Die Gemeinden haben, wenn in die eigenverantwortliche Entscheidung gemeindlicher Aufgabenbereiche eingegriffen werden soll, **umfassende Mitwirkungsrechte**, die sich auf Information und Anhörung richten. Außerdem bestehen Abwehrrechte, wenn konkrete gemeindliche Planungen betroffen werden oder sich Teile des Gemeindegebietes einer durchsetzbaren Planung entziehen. Die Wehrfähigkeit der kommunalen Selbstverwaltung geht allerdings über die Planungshoheit hinaus und umfasst auch andere Bereiche kommunalen Handelns. Aus Art. 28 I 2 GG wird etwa ein Selbstgestaltungsrecht der Gemeinde abgeleitet, aus dem sich ebenfalls Wehrfähigkeiten ergeben. Das kommunale Selbstgestaltungsrecht kann allerdings nur durch Maßnahmen betroffen werden, die das Ortsbild entscheidend prägen und damit nachhaltig auf das Gemeindegebiet und die Gemeinde einwirken.[366] Lediglich ästhetische Einbußen als Folge für das **Ortsbild** nachteiliger, aber kostengünstigerer Planungsmaßnahmen hat die Gemeinde allerdings hinzunehmen.[367]

292 **Gemeindliche Klagerechte** können auch gegenüber **Rechtsvorschriften** bestehen, die von der Gemeinde anzuwenden sind und durch die sie in ihren Selbstverwaltungsrechten betroffen wird. So kann die Gemeinde die Prüfung einer von ihr zwar nicht erlassenen, aber in

---

363 OVG Saarlouis Urt. v. 20.6.2023 – 2 C 251/21, juris Rn. 76; BVerwG ZfB 2022, 207; BVerwG NVwZ 2017, 708; BVerwG UPR 1988, 440; BVerwGE 74, 124; BVerwGE 69, 256; BVerwGE 79, 318.

364 BVerwG ZfB 2022, 207; BVerwGE 157, 73 Rn. 58 m.w.N.

365 BVerwG ZfB 2022, 207; BVerwGE 127, 259 Rn. 39.

366 BVerwG NuR 1998, 221; UPR 1997, 470; NVwZ-RR 1999, 554.

367 BVerwG NVwZ-RR 1999, 554.

ihrem Gebiet geltenden Rechtsvorschrift im Normenkontrollverfahren beantragen, wenn sie die Vorschrift als Behörde zu beachten hat.[368]

Beispiel: Die Gemeinde wendet sich gegen einen Regionalplan, der für ihr Gebiet nur eine beschränkte Ausdehnung der Wohngebietsausweisung zulässt. Im Hinblick auf die sich aus §§ 4, 5 ROG ergebenden Beachtens- und Anpassungsgebote besteht ein Rechtsschutzinteresse daran, einen solchen Regionalplan im Normenkontrollverfahren nach § 47 VwGO auf seine Gültigkeit prüfen zu lassen.[369] Gegen Regionalpläne kann nach Durchführung einer ggf. zulässigen Normenkontrolle auch eine kommunale Verfassungsbeschwerde erhoben werden.[370] Dies setzt allerdings voraus, dass eine Verletzung des Selbstverwaltungsrechts möglich ist.

Hat die Gemeinde die Rechtsvorschrift nicht selbst anzuwenden, sondern wird sie lediglich davon betroffen, so ist ein Normenkontrollantrag nach § 47 II VwGO nur zulässig, wenn sie geltend macht, durch die Rechtsvorschrift in eigenen Rechten verletzt zu sein. Vergleichbare Rechte hat der VerfGH Münster[371] den Gemeinden gegenüber den **Regionalplänen** mit dem Recht der kommunalen Verfassungsbeschwerde eingeräumt. 293

Beispiel: Eine Gemeinde in NRW wendet sich mit der kommunalen Verfassungsbeschwerde dagegen, dass der Gebietsentwicklungsplan in ihrer Nachbargemeinde eine Mülldeponie vorsieht. Die Planung nehme auf die gemeindenachbarlichen Belange nicht genügend Rücksicht. Der VerfGH prüft, ob die Gemeinde durch die Ausweisung des Vorhabens in ihren Rechten beeinträchtigt ist und ob bei der Ausweisung der Mülldeponie die gemeindenachbarlichen Belange ordnungsgemäß in die Abwägung eingestellt worden sind.[372] Beeinträchtigungen können sich dabei auch aus Folgewirkungen für die gemeindliche Wasserversorgung als Teil der Daseinsvorsorge ergeben.[373]

Kreise, kreisfreie Städte und kreisangehörige Städte und Gemeinden können auch als **Behörden** iS des § 47 II 1 VwGO einen Normenkontrollantrag gegen eine untergesetzliche Rechtsvorschrift des Landes stellen, ohne dass es einer Antragsbefugnis bedürfte. Der Behördenbegriff, der sich nach § 1 IV VwVfG richtet, umfasst alle staatlichen und kommunalen Verwaltungsbehörden einschließlich der Behörden anderer Körperschaften des öffentlichen Rechts. Es kommt deshalb nicht darauf an, ob eine bereits hinreichend konkretisierte Planungsabsicht der antragstellenden Kommune betroffen ist oder ob durch eine staatliche Planung wesentliche Teile ihres Gebiets ihrer Planung entzogen werden.[374] 294

Normenkontrollanträge können von **Behörden** und insoweit auch von Gemeinden erhoben werden, die unmittelbar mit der von ihnen angegriffenen Norm befasst sind. Behörden sind nach § 1 IV VwVfG Stellen, die Aufgaben der öffentlichen Verwaltung wahrnehmen. Im Normenkontrollverfahren ist insoweit nicht zwischen Rechtsträger und dessen handelndem Organ, dh einer Behörde im engeren Sinne, zu unterscheiden. Behörde ist auch eine Körperschaft des öffentlichen Rechts, deren Organe öffentlich-rechtliche Verwaltungstätigkeit aus- 295

---

368 OVG Münster ZfB 2022, 219 = juris Rn. 131; BVerwG NVwZ 1989, 6542; Beckmann NWVBL 2021, 181.

369 BVerwGE 81, 307.

370 BVerfG DVBl. 1988, 41; dazu auch Beckmann NWVBL 2024, 53 (58).

371 VerfGH Münster NVwZ 1990, 456; NVwZ 1991, 371; NVwZ 1992, 875; NVwZ 1992, 874; NVwZ-RR 1993, 542.

372 Stüer DVBl. 1992, 641; Beckmann StGR 1990, 87; mit der Zulassung von verwaltungsgerichtlichen Normenkontrollen gegen untergesetzliche Rechtsvorschriften gem. § 47 I Nr. 2 VwGO in NRW treten kommunale Verfassungsbeschwerden gegen Ziele der Raumordnung nicht zuletzt angesichts dessen eingeschränkteren Prüfungsmaßstabs des VerfGH in den Hintergrund; sieh zu den unterschiedlichen Prüfungsmaßstäben Hoppe Die kommunale Verfassungsbeschwerde vor Landesverfassungsgerichten, in Landesverfassungsgerichtsbarkeit 1983, Teilbd 2, 257; zur verfassungsgerichtlichen Kontrolle der Planung auch Bertrams in FS Hoppe, 2000, 975; zur verwaltungsgerichtlichen Normenkontrolle gegen Raumordnungspläne Beckmann NWVBL 2021, 181.

373 Zum Rechtsbegriff der Daseinsvorsorge Wißmann in Voßkuhle/Eifert/Möllers, Grundlagen des Verwaltungsrechts, 2022, § 14 Rn. 22; Kersten Baurecht in Schoch/Eifert, Besonderes Verwaltungsrecht, 2023, Kap. 3 Rn.23; Hellermann Kommunalrecht in Dietlein/Hellermann, Öffentliches Recht in Nordrhein-Westfalen, 2022, § 2 Rn. 249; zur Ladeinfrastruktur als Teil der Daseinsvorsorge Pfannkuch KommJur 2023, 245 Krajewski VerwArch 2008, 174.

374 Siehe dazu Beckmann NWVBL 2021, 181.

üben.[375] Sie können sich auf ein aus ihrer Aufgabenstellung resultierendes Interesse an der Überprüfung der objektiven Rechtslage berufen. Eine solche Interessenlage besteht insbesondere dann, wenn die Behörde die streitige Norm bei der Erfüllung ihrer Aufgaben zu beachten hat.[376] Das BVerwG führt dazu aus, dass eine Gemeinde die Prüfung der Gültigkeit einer von ihr zwar nicht erlassenen, aber in ihrem Gebiet geltenden Rechtsvorschrift iS des 47 I Nr. 2 VwGO stets beantragen könne, wenn sie die Vorschrift als Behörde zu beachten habe. Ihre Antragsbefugnis sei nicht davon abhängig, dass die zu beachtende Rechtsvorschrift die Gemeinde in ihrem Recht auf Selbstverwaltung konkret beeinträchtige.[377] Behörden können die gerichtliche Prüfung von Rechtsvorschriften somit verlangen, ohne einen Nachteil iS des § 47 II 1 VwGO darlegen zu müssen.

296 Auch eine Behörde ist aber nicht schlechthin, sondern nur dann antragsberechtigt, wenn ihr ein **Rechtsschutzinteresse** zur Seite steht.[378] Das ist aber immer schon dann gegeben, wenn sie mit der Ausführung der von ihr beanstandeten Norm befasst ist, ohne selbst über die Norm verfügen, insbesondere sie aufheben oder ändern zu können. Für einen Normenkontrollantrag der Gemeinde als Behörde ist es insoweit ausreichend, dass die angegriffene Norm im Gemeindegebiet gilt und von ihr bei der Wahrnehmung der eigenen oder übertragenen Angelegenheiten zu beachten ist. Rechtliche Bindungen dieser Art können auch aufgrund überörtlicher Vorschriften bestehen, welche die Gemeinde bei ihren Planungen berücksichtigen muss. Nur eine in diesem Sinne weite Auslegung entspricht dem Zweck des behördlichen Antragsrechts, mit dem eine allgemeinverbindliche Klärung der Gültigkeit von untergesetzlichen Normen erreicht werden soll. Das Rechtsschutzinteresse kann auch dann gegeben sein, wenn eine Gemeinde lediglich mittelbar von einer Zielfestlegung betroffen ist, so zB wenn sie nicht selbst als Zentraler Ort bestimmt wurde und die Ausweisung einer anderen Gemeinde die wesentliche Ursache der Nichtberücksichtigung war.[379]

Beispiel: Ein Kreis und zwei Gemeinden wehren sich im Wege einer verwaltungsgerichtlichen Normenkontrolle gegen Ziele der Raumordnung eines Landesentwicklungsplans, mit denen der Versorgungszeitraum für Lockergesteine von 20 auf 25 Jahre und der Fortschreibungszeitraum von 10 auf 15 Jahre angehoben worden ist. Sie befürchten eine zunehmende Verkraterung ihrer Plangebiete. Sie sind als Behörden befugt, einen Antrag auf Normenkontrolle nach § 47 VwGO gegen diese Zielbestimmungen zu stellen. Denn sie haben diese Zielbestimmungen bei raumbedeutsamen Planungen und Maßnahmen zu beachten und die Gemeinden sind im Rahmen der Bauleitplanung an diese Zielbestimmungen gebunden; dies gilt nach Ansicht des OVG Münster ungeachtet des Umstands, dass die streitigen Zielbestimmungen einer weiteren Konkretisierung in räumlicher Hinsicht auf der nachfolgenden Ebene der Regionalplanung bedürfen. Schließlich könne die Klärung der Gültigkeit der angegriffenen Zielbestimmungen im Normenkontrollverfahren dazu führen, dass keine weiteren Rechtsstreitigkeiten geführt werden müssten.[380]

297 Den erweiterten gemeindlichen Rechten entsprechen allerding zugleich **gemeindliche Mitwirkungslasten**. Unterlässt es die Gemeinde, ihre Belange in den Fachplanungsprozess einzubringen und ordnungsgemäß geltend zu machen, brauchen sie im Rahmen der fachplanerischen Entscheidung nur dann berücksichtigt zu werden, wenn sie offensichtlich sind und sich dem Planer aufdrängen.[381] Auch bleiben bauleitplanerische Entwicklungen außer Betracht, die von der Gemeinde erst nach Erlass des Planfeststellungsbeschlusses in Gang gesetzt worden sind.[382]

298 Auch kann sich die Gemeinde auf ihre nur allgemeinen Interessen an der Freihaltung von Flächen für zukünftige Planungen nicht berufen.[383] Die Anfechtung eines Planfeststellungsbeschlusses setzt vielmehr eine **gemeindliche Betroffenheit** voraus. Eine Gemeinde, die etwa durch den Ausbau einer Bundeswasserstraße überhaupt nicht in ihren materiellen Rechten be-

---

[375] OVG Münster ZfB 2022, 219; BVerwG NVwZ 2016, 609.
[376] Beckmann NWVBL 2021, 181.
[377] BVerwGE 81, 307 (310).
[378] OVG Münster ZfB 2022, 219
[379] Beckmann NWVBL 2021, 181.
[380] OVG Münster ZfB 2022, 219; Beckmann NWVBL 2021, 181.
[381] BVerwGE 59, 87; BRS 74 Nr. 45 (2009).
[382] BVerwG NVwZ 1989, 967.
[383] BVerwG NVwZ 1990, 657.

einträchtigt wird, kann den ergangenen Planfeststellungsbeschluss nicht mit der Begründung anfechten, sie sei im Verwaltungsverfahren nicht ordnungsgemäß beteiligt worden. Auch gegen die Anerkennung von Stellplätzen durch die Baugenehmigungsbehörde ist die Gemeinde nur dann klagebefugt, wenn sie dadurch in eigenen Rechten betroffen sein kann. Die Beeinträchtigung der Sicherheit des Straßenverkehrs kann die Gemeinde dabei grundsätzlich nicht als eigene Rechtsverletzung geltend machen.[384] Denn eine Verletzung allein des staatlichen Aufgabenbereichs, der nicht zugleich die gemeindliche Selbstverwaltungsgarantie in Art. 28 II GG berührt, reicht für eine Klagebefugnis nicht aus.[385]

Die dem Träger der Regionalplanung durch Landesgesetz auferlegte Pflicht, in einem Regionalplan regionalbedeutsame Infrastrukturvorhaben gebietsscharf auszuweisen, ist mit der Garantie der kommunalen Selbstverwaltung (Art. 28 II GG) vereinbar, wenn diese Ausweisung durch überörtliche Interessen von höherem Gewicht gerechtfertigt ist und den Grundsatz der Verhältnismäßigkeit wahrt.[386] Die **gebietsscharfe Ausweisung von Standorten** für die Erweiterung eines Flughafens im Regionalplan greift nicht in unverhältnismäßiger Weise in die städtebauliche Planungshoheit der betroffenen Gemeinde ein. Ein Ziel der Regionalplanung in einem landesweiten Raumordnungsplan verletzt das raumordnungsrechtliche Entwicklungsgebot (erst), wenn es der landesplanerischen Gesamtkonzeption widerspricht oder nicht aus ihr abzuleiten ist. Gebietsscharfe Standortausweisungen für Infrastrukturvorhaben in einem Regionalplan, die einen Regionalen Grünzug überplanen, stellen keinen Eingriff in Natur und Landschaft im Sinne der naturschutzrechtlichen Eingriffsregelung (§ 18 I BNatSchG) dar.[387] Bei entsprechender raumordnerischer Notwendigkeit sind sogar **parzellenscharfe Ausweisungen** zulässig.[388] 299

Bei **Abstufung einer Bundesstraße** in eine Gemeindestraße hat die Gemeinde keinen Anspruch darauf, dass der bisherige Träger der Straßenbaulast die Straße zurückbaut, um die mit dem fernstraßenrechtlichen Ausbau verbundenen **Eingriffe in Natur und Landschaft** abzumildern und den Ausbauzustand an den für Gemeinden üblichen Standard anzupassen.[389] Die Gemeinden können die Abstufung einer Bundesstraße in eine Gemeindestraße nicht unter Berufung auf eine eigene materiell-rechtliche Position mit natur- und landschaftsschutzrechtlichen Einwendungen bekämpfen. Belange des Natur- und Landschaftsschutzes kann eine Gemeinde gegen eine Abstufungsentscheidung schon deshalb nicht ins Feld führen, weil ihr insoweit aus der Selbstverwaltungsgarantie des Art. 28 GG kein eigenes wehrfähiges Recht erwächst. Der Natur- und Landschaftsschutz gehört nicht zu den Angelegenheiten der örtlichen Gemeinschaft, die der eigenverantwortlichen Regelung der Gemeinden vorbehalten sind. Vielmehr handelt es sich um eine Aufgabe, die in Verbindung mit den Zuständigkeitsregeln des Landesrechts von staatlichen Stellen wahrzunehmen ist. Mit Art. 28 II GG vereinbar sind Beeinträchtigungen, die den Kernbereich des Selbstverwaltungsrechts unangetastet lassen, dem Gesichtspunkt der Verhältnismäßigkeit Rechnung tragen und den Anforderungen des aus dem Rechtsstaatsprinzip abzuleitenden Willkürverbots genügen.[390] Die Überbürdung der **Straßenbaulast** für eine frühere Bundesfernstraße stellt keinen Eingriff in den Kernbereich kommunaler Selbstverwaltung dar.[391] 300

384 BVerwG Beschl. v. 14.1.1993 – 4 C 2.90, juris.

385 BVerwG NJW 1976, 2175; NVwZ 1983, 610.

386 Im Anschluss an BVerfGE 76, 107.

387 BVerwG NVwZ 2003, 1263.

388 OVG Münster DVBl. 2009, 1385; VGH München NJOZ 2005, 854; Deutsch ZUR 2021, 67 (71); Kümper ZUR 2023, 205 (206); Kümper UPR 2018, 463 (465); Rojahn NVwZ 2011, 654; siehe auch Runkel in Bielenberg/Runkel/Spannowsky, ROG, 2019, § 3 Rn. 75.

389 OVG Greifswald DÖV 2005, 968; zum Verhältnis der Bauleitplanung zur Landschaftsplanung Thiel UPR 2018, 339; Blume NuR 1989, 332; Erbguth UPR 1987, 409; Gassner UPR 1988, 321; Kiemstedt Effektivierung der Landschaftsplanung 1990; Schütze Aufgabe und rechtliche Stellung der Landschaftsplanung im räumlichen Planungssystem 1994; Stich ZfBR 1986, 61; ders. UPR 1983, 177.

390 BVerfGE 26, 228; BVerfGE 56, 298; BVerfGE 76, 107.

391 OVG Greifswald DÖV 2005, 968; BVerwG Beschl. v. 26.6.1992 – 4 B 105.92, Buchholz 407.4 § 6 FStrG Nr. 1; zur Erhaltung der Verkehrssicherheit als Aufgabe des Trägers der Straßenbaulast OVG Münster Beschl. v. 14.3.2023 – 11 A 19/23, juris Rn. 10; Urt. v. 12.9.2022 - 11 A 1583/21, juris, Rn. 28; OLG Hamm Beschl. v. 13.05.2019 - I-32 SA 26/19, juris, Rn. 18; siehe auch OVG Magdeburg NVwZ-RR 2023, 564: Keine Rechtsverletzung einer Gemeinde wegen bahnrechtlicher Planfeststellung - Auflassung eines Bahnübergangs.

301 Vom Schutz der Selbstverwaltungsgarantie ist auch die **kommunale Finanzhoheit** umfasst. Hält eine Gemeinde dem von ihr beanstandeten Fachplanungsvorhaben eine Beeinträchtigung ihrer Finanzhoheit entgegen, so setzt die Berücksichtigung eines solchen Vortrags als abwägungserheblich jedenfalls die Darlegung und den Nachweis voraus, dass der finanzielle Spielraum der Gemeinde nachhaltig in nicht mehr zu bewältigender und hinzunehmender Weise eingeengt wird.[392]

302 **c) Schutz gemeindlicher Aufgabenwahrnehmung.** Die Selbstverwaltungsgarantie schützt auch die eigenverantwortliche Aufgabenwahrnehmung. Dies sichert eine Wahrnehmung kommunaler Aufgaben in der Hand der Gemeinden und deren Schutz vor einem verfassungsrechtlich nicht gerechtfertigten Aufgabenentzug. Die kommunale Selbstverwaltung wird – in Abgrenzung zu einem gesetzlichen Aufgabenverlust aufgrund der zwangsweisen Zuordnung einer Gemeinde zu einer Verwaltungsgemeinschaft – allerdings nicht berührt, wenn eine Gemeinde freiwillig Selbstverwaltungsaufgaben wie etwa die Straßenbaulast und die daran anknüpfende Satzungsbefugnis für Straßenausbaubeiträge[393] im Rahmen einer Verwaltungsvereinbarung auf eine Verwaltungsgemeinschaft zur Erfüllung im eigenen Namen überträgt.[394]

303 **d) Gemeindliches Einvernehmen.** Nach § 36 I 1 BauGB wird über die Zulässigkeit von Vorhaben nach den §§ 31, 33 bis 35 BauGB im bauaufsichtlichen Verfahren von der Baugenehmigungsbehörde im Einvernehmen mit der Gemeinde entschieden.[395] Das gemeindliche Einvernehmen nach § 36 I 1 BauGB entfaltet eine planungsrechtliche Schutzfunktion: Die vorgesehene Mitwirkung der Gemeinde dient der Sicherung der gemeindlichen Planungshoheit.[396] Bereits die Missachtung des gesetzlich gewährleisteten Rechts der Gemeinde auf Einvernehmen führt zur Aufhebung der Baugenehmigung; einer materiell-rechtlichen Überprüfung der Rechtslage bedarf es nicht.[397] Das Einvernehmen ist auch erforderlich, wenn in einem anderen Verfahren über die Zulässigkeit nach den vorgenannten Vorschriften entschieden wird.[398] So ist auch für die Erteilung einer immissionsschutzrechtlichen Genehmigung in den Fällen des § 36 BauGB das gemeindliche Einvernehmen erforderlich.[399] Das gemeindliche Einvernehmen nach § 36 BauGB ist allerdings nicht erforderlich, wenn im Rahmen der privilegierten Fachplanung nach § 38 BauGB entschieden wird. Denn für die nach § 38 BauGB privilegierte Fachplanung finden die Vorschriften über die planungsrechtliche Zulässigkeit in den §§ 29 bis 37 BauGB und damit auch § 36 BauGB keine Anwendung. Die Gemeinde ist allerdings zu beteiligen. Städtebauliche Belange sind zu berücksichtigen.[400]

304 Der kommunalen Selbstverwaltung dient die neben der **Aufstellung der Bauleitpläne** auch in der **Einvernehmensregelung** in § 36 I BauGB. Aus der Selbstverwaltungsgarantie ergeben sich für die planenden Städte und Gemeinden auch Mitwirkungsrechte im Baugenehmigungsverfahren. Vorhaben von einigem bodenrechtlichen Gewicht dürften daher nicht nur dem Erfordernis eines Genehmigungsverfahrens unterliegen, sondern es sind an solchen Verfahren auch die jeweiligen Standortgemeinden zu beteiligen. § 36 I BauGB ist Ausdruck dieses verfassungsrechtlich abgesicherten Beteiligungsrechts im Baugenehmigungsverfahren. Im Bereich eines qualifizierten Bebauungsplans ist das gemeindliche Einvernehmen bei Ausnahmen und Befreiungen (§ 31 I und II BauGB) sowie bei Genehmigungen bei **Planreife** (§ 33 BauGB) erforderlich. Ebenfalls bedarf es des gemeindlichen Einvernehmens im nicht beplan-

---

[392] OVG Magdeburg NVwZ-RR 2023, 564; BVerwG UPR 1997, 470.

[393] Zum Anlagenbegriff im Straßenausbaubeitragsrecht Preschel NJ 2008, 135. Zu neuen Konzeptionen bei kommunalen Beiträgen für Neu- und Ausbau von (Straßen-)Verkehrsanlagen Gramlich LKV 2008, 254.

[394] BVerwG NVwZ 2007, 584; BVerfGE 107, 1; zu einer erfolglosen kommunalen Verfassungsbeschwerde gegen die Abschaffung von Straßenbaubeiträgen LaVerfG Sachsen-Anhalt NVwZ 2022, 1542.

[395] Gustorff BauR 2022, 853; zum gemeindlichen Einvernehmen bei Vorhaben der Bergaufsicht Beckmann BauR 2015, 1757; Bohl NVwZ 1994, 647; Bickenbach ZfBR 2005, 765; Budroweit NVwZ 2005, 1013; Ebling LKV 1995, 384; Graupeter ZfBR 2005, 432; Hummel BayVBl. 2005, 33; Jäde KommJur 2005, 325; Knöpfle Das Einvernehmen der Gemeinden nach § 36 BBauG und raumordnungsrechtliche Vorgaben 1984; Schütz NJW 1963, 2150; Siroka JA 2005, 40; Skouris/Tschasching NuR 1983, 92; Stüer in FS für Gelzer 1991, 15.

[396] OVG Magdeburg UWP 2021, 226; BGHZ 231, 297; BGHZ 65, 182 (184 f).

[397] BVerwG BauR 2008, 1844.

[398] § 36 I 2 BauGB.

[399] OVG Berlin-Brandenburg Urt. v. 14.12.2006 – 11 B 11.5, juris.

[400] Zu den Prüfungskompetenzen der Gemeinde im Rahmen des § 36 BauGB Panz BWNotZ 2006, 25; Werner LKV 2006, 492.

ten Innenbereich (§ 34 BauGB) und im Außenbereich (§ 35 BauGB). Nach § 36 II 1 BauGB darf die Gemeinde ihr Einvernehmen hinsichtlich der Zulässigkeit von Vorhaben aus den sich aus den §§ 31, 33, 34, und 35 BauGB ergebenden Gründen versagen. Diese Gründe stehen bei der Entscheidung über die Einvernehmenserteilung in vollem Umfang zur Prüfung.[401]

Darf die Gemeinde ihr Einvernehmen versagen, kann sie sich auch gegen eine Baugenehmigung wehren, die unter Ersetzung ihres Einvernehmens erteilt worden ist.[402] § 36 BauGB begründet hinsichtlich der materiellen Planungshoheit allerdings keine Rechte, sondern setzt sie voraus. Ist die Planungshoheit der Gemeinde nicht verletzt, kann sich diese auch nicht gegen die Ersetzung ihres Einvernehmens wenden.[403] Durch § 36 I BauGB wird die gemeindliche Planungshoheit geschützt, nicht aber die Möglichkeit zu einer Art von „stellvertretendem Nachbarschutz" eröffnet.[404] Im Rahmen der (internen) Einvernehmenserteilung wird die Gemeinde als Behörde tätig. Sie muss deshalb in tatsächlicher Hinsicht die Voraussetzungen für die im Einzelfall zu treffende Entscheidung ermitteln und eigenverantwortlich prüfen, ob ein rechtlich tragfähiger Grund für die Versagung des Einvernehmens besteht.[405] Auf die Klage einer Gemeinde gegen die Ersetzung ihres Einvernehmens sind bei einem Außenbereichsvorhaben die Voraussetzungen des § 35 BauGB in vollem Umfang nachzuprüfen. Mit dem Einwand, anstelle eines baurechtlichen Vorbescheidverfahrens sei ein immissionsschutzrechtliches Vorbescheidverfahren durchzuführen gewesen, wird die Gemeinde allerdings nicht gehört.[406] Eine Vereinbarung zwischen der Gemeinde und einem Bauantragsteller als Vorbedingung für die Erteilung des Einvernehmens nach § 36 I BauGB ist nichtig, wenn das Einvernehmen uneingeschränkt erteilt werden müsste.[407] 305

Nicht erforderlich ist das gemeindliche Einvernehmen nach § 36 I BauGB lediglich bei einer plankonformen Genehmigung nach § 30 I BauGB und bei einer Genehmigung, die auf der Grundlage eines vorhabenbezogenen Bebauungsplans nach § 30 II BauGB oder eines Bebauungsplans der Innenentwicklung (§ 13 a BauGB) erteilt wird. Bei Entscheidungen nach § 30 I und II BauGB bedarf es des gemeindlichen Einvernehmens deshalb nicht, weil der Maßstab für die Zulässigkeit von Vorhaben in diesen Fällen durch den gemeindlichen Bebauungsplan bereits vorgegeben ist. Allerdings ist auch in diesen Fällen einer beabsichtigten plankonformen Genehmigungserteilung eine vorherige Information der Gemeinde geboten (§ 36 I BauGB), um ihr die Möglichkeit zu geben, von dem Plansicherungsinstrument der §§ 14, 16 BauGB (Veränderungssperre) oder des § 15 BauGB (**Zurückstellung von Baugesuchen**) Gebrauch zu machen. Denn die Gemeinden müssen in die Lage versetzt werden, ihre Planungsvorstellungen zu ändern. Das Städtebaurecht muss daher auch in den Fällen der Freistellung von dem Genehmigungserfordernis durch Landesrecht ein entsprechendes Instrumentarium bereitstellen. Erforderlich ist daher zunächst, dass die Gemeinden auch in Freistellungsfällen von der Absicht einer Vorhabenverwirklichung Kenntnis erhalten. Die Länder haben daher nach § 36 I 3 BauGB sicherzustellen, dass die Gemeinden bei Vorhaben, die im Geltungsbereich eines qualifizierten Bebauungsplans verwirklicht werden sollen, rechtzeitig vor der Ausführung des Vorhabens über Maßnahmen zur Sicherung der Bauleitplanung nach den §§ 14, 15 BauGB entscheiden können. Die nähere Ausgestaltung der Information der Gemeinde ist dabei den Ländern überlassen. Um zu gewährleisten, dass bei einem landesrechtlichen Verzicht auf ein präventives Prüfverfahren im Geltungsbereich eines Bebauungsplans gem. § 30 I und II BauGB die Gemeinde Kenntnis von der Ausführung des Vorhabens erhält, muss daher zu ihren Gunsten ein nach Landesrecht näher auszugestaltender Informationsanspruch eingeräumt werden. Praktisch läuft dies auf ein landesrechtlich geregeltes Anzeigeverfahren hinaus. Insoweit können 306

[401] OVG Weimar LKV 2008, 321 zur Ersetzung des gemeindlichen Einvernehmens für immissionsschutzrechtliche Genehmigung; BVerwG NVwZ 2000, 1048; OVG Koblenz BauR 2000, 1873; aA VGH Kassel ESVGH 2007, 112; OVG Berlin-Brandenburg NJ 2007, 87; BVerwG DVBl. 1991, 217; OVG Koblenz NVwZ-RR 2007, 309; BauR 2006, 1873; OVG Lüneburg NVwZ-RR 2005, 90; Hohmann BauR 2007, 858.

[402] OVG Koblenz ZfBR 2022, 471; OVG Berlin-Brandenburg ZUR 2006, 210; Werner LKV 2006, 492; Christian W. Otto NJ 2006, 473; Kremer ZUR 2006, 190.

[403] BVerwG BauR 2006, 815; OVG Greifswald BauR 2007, 515; VGH Kassel BauR 2007, 759 zur Ersetzung des gemeindlichen Einvernehmens; Bickenbach ZfBR 2006, 1082.

[404] OVG Schleswig NVwZ-RR 2007, 158.

[405] OVG Schleswig NordÖR 2008, 292.

[406] OVG Lüneburg DVBl. 2008, 733.

[407] VGH Mannheim ZfBR 2009, 74.

die Länder das Baugeschehen daher nicht völlig freistellen, sondern sind im Hinblick auf § 36 I 3 BauGB gehalten, Reste eines präventiven Prüfverfahrens in Form zumindest eines Anzeigeverfahrens vorzusehen. Wird kein Baugenehmigungsverfahren durchgeführt, so wird nach § 15 I 2 BauGB auf Antrag der Gemeinde anstelle der Aussetzung der Entscheidung über die Zulässigkeit eine vorläufige Untersagung innerhalb einer durch Landesrecht festgesetzten Frist ausgesprochen. Die vorläufige Untersagung steht der Zurückstellung des Vorhabens nach § 15 I 1 BauGB gleich (§ 15 I 3 BauGB).

307 Aus Sinn und Zweck des Einvernehmenserfordernisses in § 36 I 1 BauGB ergibt sich, dass der Gesetzgeber der Gemeinde eine Entscheidung über ihr Einvernehmen auf der Grundlage von - in planungsrechtlicher Hinsicht - **vollständiger Antragsunterlagen (Bauvorlagen)** ermöglichen will. Die Entscheidung über das gemeindliche Einvernehmen ist mit der Obliegenheit der Gemeinde verbunden, im Rahmen der Möglichkeiten, die ihr das Landesrecht eröffnet, innerhalb der zweimonatigen Einvernehmensfrist gegenüber dem Bauherrn oder der Baurechtsbehörde auf die Vervollständigung des Bauantrages hinzuwirken. Kommt die Gemeinde dieser Mitwirkungslast nicht nach, gilt ihr Einvernehmen gemäß § 36 II 2 HS 2 BauGB mit Ablauf der Zwei-Monats-Frist als erteilt.[408]

308 In gemeindliche Rechte kann auch dadurch eingegriffen werden, dass die Baugenehmigungsbehörde einen von der Gemeinde verabschiedeten **Änderungsbebauungsplan** verwirft und die Genehmigung nach dem ursprünglichen Plan erteilt. Die Gemeinde ist in einem solchen Fall des Abweichens von ihrem aktuellen Planungswillen materiell beschwert und in ihren Rechten betroffen. Denn zur Planungshoheit gehört insbesondere und in erster Linie das Recht der Gemeinden, in eigener Verantwortung Bauleitpläne aufzustellen (§ 2 I BauGB).[409] Dieses Recht umfasst auch einen Abwehranspruch gegen Baumaßnahmen, die den planerischen Festsetzungen der Gemeinde widersprechen. Setzt sich daher eine Baugenehmigungsbehörde über die Festsetzungen eines Bebauungsplans hinweg, indem sie ihn inzident für unwirksam erklärt oder inhaltlich von den Festsetzungen des Bebauungsplans abweichende Genehmigungen erteilt, ohne diese förmlich als Ausnahmen oder Befreiungen nach § 31 I und II BauGB zu bezeichnen, so stellt das unmittelbar einen Eingriff in die Planungshoheit dar. Es werden durch die Genehmigung Zustände geschaffen, die der gemeindlichen Planung widersprechen.[410] Die Gemeinde muss in solchen Fällen die Möglichkeit haben, ihren Planungswillen zu verteidigen. Ein **Bescheidungsurteil**, durch das die Baugenehmigungsbehörde zu einer abschließenden bauplanungsrechtlichen Prüfung eines Vorhabens unter erneuter Beteiligung der Gemeinde verpflichtet ist und das das gemeindliche Einvernehmen nur im Umfang der planungsrechtlichen Entscheidungsreife ersetzt, verletzt die Gemeinde allerdings nicht in ihren Rechten aus § 36 BauGB.[411]

309 Für die **Rechtzeitigkeit der Verweigerung** des gemeindlichen Einvernehmens nach § 36 II 2 BauGB kommt es auf den Zeitpunkt des Zugangs der gemeindlichen Entscheidung bei der Genehmigungsbehörde an. Zwar trifft § 36 II 2 BauGB zum Fristablauf – anders als zum Fristbeginn – keine ausdrückliche Regelung. Dass der Zugang bei der Genehmigungsbehörde maßgeblich ist, folgt aber aus Sinn und Zweck der Norm. Die Entscheidung über das gemeindliche Einvernehmen ist kein Verwaltungsakt, sondern ein **Verwaltungsinternum.**[412] Diese rechtliche Einordnung hindert nicht, sie als empfangsbedürftige Willenserklärung iSv § 130 III, I 1 BGB zu verstehen, die gegenüber der Genehmigungsbehörde abzugeben ist.[413] Denn durch § 36 BauGB soll die nach der Wertung des Gesetzgebers sachnahe und fachkundige Gemeinde im bauaufsichtlichen Genehmigungsverfahren an der Beurteilung der bauplanungsrechtlichen Zulässigkeitsvoraussetzungen von Vorhaben mitentscheidend beteiligt werden. Die Ausgestaltung als Verwaltungsinternum hat den Zweck, im Interesse auch des Bauantragstellers die bauordnungsrechtliche und die bebauungsrechtliche Prüfung des Vorhabens in einem einzigen Verfahren zusammenzufassen. Bei dieser Konzentration will das Gesetz durch

[408] BVerwG NVwZ 2005, 213.

[409] BVerwG BauR 2004, 1264.

[410] BVerwGE 92, 66; Stüer in FS für Gelzer 1991, 155.

[411] BVerwG NVwZ-RR 2003, 719 mit Anmerkung Bickenbach BauR 2004, 428.

[412] BVerwGE 22, 342; NVwZ 1986, 556; BGHZ 231, 297, juris Rn. 18; Reidt in BKL, BauGB, 2022, § 36 Rn. 6.

[413] Rieger in Schrödter, BauGB, 2019, § 36 Rn. 23; Söfker in EZBK, BauGB, 2021, § 36 Rn. 38a; Spieß in *Jäde/Dirnberger*, BauGB/BauNVO, 2022, § 36 BauGB Rn. 35; Reidt in BKL, BauGB, 2022, § 36 Rn. 21; Kment in Jarass/Kment, BauGB, 2022, § 36 Rn. 9.

den Einvernehmungsvorbehalt eine echte Mitentscheidungskompetenz der – nur verwaltungsintern – mitwirkenden Gemeinde sicherstellen.[414] Damit geht die Verpflichtung einher, die Versagung des Einvernehmens innerhalb der Zwei-Monatsfrist gegenüber der für die Entscheidung nach außen zuständigen Genehmigungsbehörde zu erklären. Gleiches gilt für das immissionsschutzrechtliche Genehmigungsverfahren.

§ 36 BauGB erschöpft sich darin, das behördliche **Genehmigungsverfahren** näher auszu- 310
gestalten. Er begründet nicht erst aus der Planungshoheit abgeleitete materielle Rechte, sondern setzt sie voraus.[415] Die in § 36 I BauGB vorgesehene Mitwirkung der Gemeinde dient deren Sicherung. Die Fristenregelung des § 36 II 2 BauGB setzt der Mitwirkung indessen zeitliche Grenzen. Sie bezweckt, das Baugenehmigungsverfahren im Interesse des Bauherrn und im öffentlichen Interesse zu beschleunigen.[416] Es soll verhindert werden, dass sich die Entscheidung der Bauaufsichtsbehörde aus Gründen, die außerhalb ihrer Einflusssphäre liegen, nur deshalb ungebührlich verzögert, weil die Einvernehmenserklärung oder -versagung aussteht.[417] Darüber hinaus schützt die Norm das Vertrauen des Bauherrn darauf, dass über das gemeindliche Einvernehmen als einer Teilfrage des Genehmigungsverfahrens innerhalb der Frist des § 36 II 2 HS 1 BauGB Klarheit geschaffen wird.[418] Mit der Erteilung des Einvernehmens bzw. dem Eintritt der **Einvernehmensfiktion** ist die Gemeinde dem Bauherrn gegenüber gebunden.[419] Das erteilte oder fingierte Einvernehmen kann nicht widerrufen oder zurückgenommen werden, denn dies würde dem Sinn der Vorschrift widersprechen, innerhalb der Frist klare Verhältnisse über die Einvernehmenserklärung der Gemeinde zu schaffen.[420] Eine Gemeinde verliert allerdings ihre Befugnis zu einer Neuplanung von Konzentrationszonen für die Nutzung der Windenergie nicht allein und ohne Weiteres deshalb, weil ihr Einvernehmen zum Genehmigungsantrag für die Errichtung einer Windenergieanlage in einer im geltenden Flächennutzungsplan dargestellten Konzentrationszone nach Ablauf von zwei Monaten gemäß § 36 II 2 BauGB als erteilt gilt.[421]

Gemäß § 36 II 1 BauGB darf die Gemeinde ihr Einvernehmen nur aus den sich aus den 311
§§ 31, 33 bis 35 BauGB ergebenden Gründen versagen. Die Verweigerung muss nicht begründet werden. Mit Gründen, die die Gemeinde nicht aufgeführt hat, ist sie in einem späteren Rechtsbehelfsverfahren nicht ausgeschlossen.[422] Auf das Rechtsmittel der Gemeinde hin sind die Voraussetzungen der §§ 31, 33 bis 35 BauGB in vollem Umfang nachzuprüfen[423] Für diese Prüfung ist maßgeblich auf die Sach- und Rechtslage im Zeitpunkt des Erlasses des mit der Ersetzung des gemeindlichen Einvernehmens verbundenen Bescheids abzustellen. Dabei folgt aus der gemeindlichen Planungshoheit das – bereits im Anfechtungsprozess zu beachtende – Recht der Gemeinde, bis zu dem Zeitpunkt, in dem eine Genehmigung erteilt wird, die planungsrechtlichen Voraussetzungen zu Lasten des Bauherrn im Wege der Bauleitplanung zu ändern. Erst die erteilte Genehmigung setzt der gemeindlichen Planungshoheit eine Grenze.[424]

Die Gemeinde kann von ihrem Beteiligungsrecht nach § 36 BauGB nur nach Maßgabe der 312
zum Zeitpunkt der Beteiligung bestehenden **Sach- und Rechtslage** Gebrauch machen. Das gilt gleichermaßen für die Versagung wie für die Erteilung oder Fiktion des Einvernehmens. Erteilt sie ihr Einvernehmen oder gilt es als erteilt, liegt darin kein Verzicht auf die Geltendmachung von Einwänden, die erst nachträglich begründet werden und damit zugleich ihre materiellen Rechte neu berühren oder ausgestalten. Auch das schutzwürdige Interesse des Bauherrn kann sich zwangsläufig nur auf die Sach- und Rechtslage bei Erteilung des Einvernehmens bzw. bei Fristablauf beziehen. Er darf darauf vertrauen, dass die Gemeinde an ihr einmal

---

414 BVerwG NVwZ 1986, 556.

415 BVerwG NVwZ 1992, 878; BVerwGE 92, 66; NVwZ 2000, 1048; Beschl v. 30.7.2002 – 4 B 40.02, juris.

416 Gesetzesbegründung der Bundesregierung zu § 36 II 2 BBauG, BT-Drs. 8/2451 S. 13, 24; BVerwG NVwZ 1997, 900; BVerwGE 122, 13; NVwZ-RR 2015, 685.

417 BVerwG Beschl. v. 30.7.2002 – 4 B 40.02, juris.

418 BVerwG NVwZ 1997, 900; NVwZ-RR 2015, 685.

419 BVerwG NVwZ 1997, 900.

420 BVerwGE 120, 138; VGH München Beschl. v. 29.5.2017 – 22 CB 17.529, juris, Rn. 20 m.w.N.; Reidt in BKL, BauGB, 2022, § 36, Rn. 23.

421 OVG Münster BauR 2022, 467; BauR 2021, 525; BVerwG NVwZ 2004, 858.

422 BVerwGE 137, 74 Rn. 34 mit Verweis auf BT-Drs. 13/6392 S. 60 zu Nr. 29 und Buchst. b).

423 BVerwGE 137, 247.

424 BVerwGE 156, 1.

erteiltes oder fingiertes Einvernehmen gebunden ist, wenn sie erst nachträglich zu der Erkenntnis gelangt, dass das Vorhaben mit den §§ 31, 33 bis 35 BauGB unvereinbar ist und das Einvernehmen deshalb hätte versagt werden müssen. In solchen Fällen ist die Gemeinde, solange noch keine Entscheidung über die Genehmigung ergangen ist, darauf verwiesen, gegenüber der Genehmigungsbehörde ihre Bedenken vorzubringen.[425] Weiter reicht der Vertrauensschutz des Bauherrn nicht. Die Gemeinde darf daher Einwände, die zwischen Einvernehmenserteilung bzw. -fiktion und Genehmigungserteilung entstanden sind und die deshalb bei Erteilung oder Fiktion des Einvernehmens noch keine rechtliche Bedeutung für die planungsrechtliche Zulässigkeit des Vorhabens haben konnten, im Anfechtungsprozess geltend machen.[426]

313 Die Entscheidung über das gemeindliche Einvernehmen ist eine reine **Rechtsprüfung**. Die Gemeinde hat im Rahmen der Entscheidung über die Einvernehmenserteilung zu prüfen, ob ein Genehmigungsanspruch besteht. Ist dieser gegeben, muss die Gemeinde das Einvernehmen erteilen. Liegen die Voraussetzungen für einen Genehmigungsanspruch nicht vor, hat die Gemeinde ihr Einvernehmen zu versagen. Ermessenserwägungen können nur insoweit Platz greifen, als die gesetzlichen Genehmigungsanforderungen solche Ermessenselemente vorsehen. Die Gemeinde darf ihr Einvernehmen nur aus Gründen versagen, die auch dem **Schutz** ihrer subjektiven, die Einvernehmensregelung begründenden **Planungsrechte** dienen und kommunale Belange tatsächlich verletzt sind. Demgegenüber ist die Gemeinde im Rahmen der Einvernehmensregelung nicht berechtigt, fachbehördlich geregelte öffentliche Interessen aufzurufen.[427]

314 Das gemeindliche Einvernehmen unterliegt zudem dem **Koppelungsverbot**. Es besagt, dass durch einen verwaltungsrechtlichen Vertrag nichts miteinander verknüpft werden darf, was nicht ohnedies schon in einem inneren Zusammenhang steht, und dass hoheitliche Entscheidungen ohne entsprechende gesetzliche Ermächtigung nicht von wirtschaftlichen Gegenleistungen abhängig gemacht werden dürfen, es sei denn, erst die Gegenleistung würde ein der Entscheidung entgegenstehendes rechtliches Hindernis beseitigen.[428] Die Erteilung des gemeindlichen Einvernehmens darf nicht von sachfremden Gesichtspunkten abhängig gemacht werden. Es verstößt allerdings nicht gegen das Koppelungsverbot, wenn die Gemeinde ihre zustimmende Stellungnahme zu einem Baugesuch davon abhängig macht, dass der Bauwillige die nach dem Bebauungsplan für die Erschließung des Baugrundstücks vorgesehenen Straßenflächen unter Anrechnung auf den späteren Erschließungsbeitrag und die spätere Umlegung an die Gemeinde abtritt.[429] Zur Beurteilung der Sach- und Rechtslage ist – in Anknüpfung an die Rechtsprechung des BVerwG[430] zur baurechtlichen Nachbarklage – grundsätzlich auf den Zeitpunkt der Genehmigungserteilung abzustellen.[431]

315 Die Versagung des Einvernehmens muss auch zur Vermeidung des Eintritts der Fiktionswirkung des § 36 Abs. 2 Satz 2 BauGB, eindeutig und zweifelsfrei, das heißt mit **hinreichender Bestimmtheit** erfolgen.[432] Das gilt auch im Blick auf die Folgen des nicht erteilten Einvernehmens, weil im Falle der Versagung des Einvernehmens der Baugenehmigungsbehörde die Prüfung obliegt, ob das fehlende Einvernehmen zu ersetzen ist (§ 36 II 3 BauGB).[433] Hat sich die Gemeinde aus Sicht der Bauaufsichtsbehörde zum Bauantrag nicht hinreichend eindeutig erklärt, greift die **Einvernehmensfiktion** des § 36 II 2 BauGB, nach der das gemeindliche Einvernehmen nach Ablauf der dort genannten Frist von zwei Monaten nach Eingang des Ersuchens der Baugenehmigungsbehörde als erteilt gilt. Mit dem Eintritt der Einvernehmensfiktion hat die Gemeinde aber die Berechtigung verloren, die bauplanungsrechtliche Unzulässigkeit des Vorhabens geltend zu machen.[434]

316 Das Beteiligungsrecht der Gemeinde nach § 36 I 1 BauGB wird auch dann verletzt, wenn die Durchführung des für ein Vorhaben iS dieser Vorschrift erforderlichen Baugenehmigungs-

[425] BVerwG NVwZ 1997, 900; BVerwGE 122, 13.
[426] BVerwG NVwZ 2021, 335.
[427] VGH Kassel NVwZ-RR 2009, 750.
[428] OVG Lüneburg BauR 2006, 1703; BVerwGE 42, 331.
[429] BVerwG NVwZ 1994, 485.
[430] BVerwG NVwZ 1998, 1179; NJW 1970, 581; VGH München BayVBl. 1996, 471; BayVBl. 1987, 210; VGH Kassel BauR 2005, 436.
[431] OVG Berlin-Brandenburg Urt. v. 14.12.2006 – 11 B 11.5, juris.
[432] VG Schwerin NordÖR 2023, 323.
[433] Reidt in BKL, BauGB, 2022, § 36 Rn. 5; VG Schwerin NordÖR 2023, 323.
[434] Reidt in BKL, BauGB, 2022, § 36 Rn. 26; Rieger in Schrödter, BauGB, 2019, § 36 Rn. 40a.

verfahrens unterbleibt, weil eine staatliche Behörde in Verkennung ihrer Zuständigkeit für das Vorhaben ohne Einvernehmen der Gemeinde rechtswidrig eine andere Genehmigung mit den Rechtswirkungen der Baugenehmigung erteilt.[435]

Die Bauaufsichtsbehörde ist durch die Erteilung des gemeindlichen Einvernehmens nicht gehindert, die beantragte Baugenehmigung zu versagen. Die Gemeinde kann in diesem Fall nicht in eigenen Rechten verletzt sein. Entscheidet die Bauaufsichtsbehörde im Anwendungsbereich des § 36 I 1 BauGB über die bauplanungsrechtliche Zulässigkeit eines Vorhabens ohne Beteiligung der Gemeinde, führt allein die Missachtung des gesetzlich gewährleisteten Rechts der Gemeinde auf Beteiligung auf deren Klage zur Aufhebung der Baugenehmigung. Ist das Beteiligungsrecht der Gemeinde nach § 36 I 1 BauGB verletzt, weil ein Baugenehmigungsverfahren, das unter Beteiligung der Gemeinde hätte durchgeführt werden müssen, rechtswidrig unterblieben ist, hat das BVerwG[436] der Gemeinde überdies einen Anspruch auf **ermessensfehlerfreie Bescheidung** ihres Antrags auf Anordnung der Beseitigung des Vorhabens zugebilligt. Das Beteiligungsrecht der Gemeinde ist schließlich verletzt, wenn die Bauaufsichtsbehörde eine Baugenehmigung für ein Vorhaben erteilt, zu dem die Gemeinde ihr Einvernehmen versagt hat,[437] sofern das Einvernehmen nicht ersetzt wird oder als erteilt gilt (§ 36 II 2 BauGB). Demgegenüber ist die Bauaufsichtsbehörde durch die Erteilung des gemeindlichen Einvernehmens nicht gehindert, die beantragte Baugenehmigung zu versagen.[438] Der abstrakte Hinweis auf verfassungsrechtliche Gewährleistungen (Planungshoheit, Finanzhoheit) und gesetzgeberische Zielsetzungen (Verhinderung von Popularklagen) genügt hierfür nicht.[439] 317

Durch die Einreichung eines **unvollständigen Bauantrags** bei der Gemeinde wird die Frist des § 36 II 2 BauGB nicht ausgelöst, wenn der Antrag nicht alle für eine Beurteilung der planungsrechtlichen Zulässigkeit des Vorhabens erforderlichen Unterlagen enthält.[440] Verlangt die Baurechtsbehörde in einem solchen Fall vom Bauherrn die Vervollständigung der Bauvorlagen, so ist sie aus Gründen der Rechtssicherheit verpflichtet, ein Ersuchen iS des § 36 II 2 1 HS. BauGB an die Gemeinde zu richten, sobald die Unterlagen in dem Sinne vollständig sind, dass sie nunmehr aus ihrer Sicht eine Beurteilung der planungsrechtlichen Zulässigkeit des Vorhabens erlauben. Unterlässt sie dies, beginnt die Frist des § 36 II 2 BauGB nicht zu laufen.[441] Die Gemeinde ist auch gegen Außenbereichsvorhaben klagebefugt, durch die ihre gemeindliche Planungshoheit konkret beeinträchtigt wird. Allgemeine gemeindliche Betroffenheiten ohne konkreten Bezug zu gemeindlichen Aufgaben reichen dazu allerdings nicht aus.[442] Die Zwei-Monats-Frist steht aber nicht zur Disposition der Beteiligten und verlängert sich auch bei Zustimmung des Bauherrn nicht.[443] Die Fiktion, dass nach Fristablauf das verweigerte Einvernehmen iSd § 36 BauGB als erteilt gilt, erstreckt sich auch nicht auf Vorhaben, die einer Veränderungssperre unterliegen (§ 14 II 2 BauGB). 318

Die Einvernehmensregelung des § 36 I BauGB ist nach Auffassung des BVerwG nicht anwendbar, wenn die **Gemeinde** selbst **Baugenehmigungsbehörde** ist. So ist etwa die Klage einer Stadt auf Aufhebung des sie zur Erteilung einer Baugenehmigung verpflichtenden Widerspruchsbescheids ihres Stadtrechtsausschusses unzulässig.[444] Die mit der unteren Baugenehmigungsbehörde identische Gemeinde darf die Ablehnung eines Bauantrags daher nicht mit der Versagung ihres Einvernehmens begründen.[445] Gegen die von der Widerspruchsbehörde verfügte Verpflichtung, die Baugenehmigung zu erteilen, kann die Gemeinde sich deshalb nicht unter Berufung auf ihr fehlendes Einvernehmen zur Wehr setzen,[446] sondern sich im Rahmen einer Anfechtungsklage gegen die erteilte Genehmigung nur auf die Verletzung ihrer 319

---

435 VGH Mannheim NVwZ-RR 2002, 818.
436 BVerwG NVwZ 1992, 878.
437 BVerwG NVwZ-RR 1989, 6.
438 BVerwG DÖV 1970, 349.
439 BVerwG BRS 82 Nr. 163. (2014).
440 OVG Koblenz NVwZ-RR 2007, 309.
441 VGH Mannheim ZfBR 2003, 586.
442 VGH München NVwZ 2003, 1280.
443 OVG Magdeburg Beschl. v. 21.1.2005 – 2 M 477/04, juris.
444 BVerwGE 45, 207.
445 Budroweit NVwZ 2005, 1013.
446 BVerwG NVwZ 2005, 83 mit Anm. Hummel UPR 2005, 292 mit Anm. Schmitt NVwZ 2005, 1013 mit Anm. Budroweit – Einvernehmen, Aufgabe von BVerwG Beschl. v. 30.7.2002 – 4 B 40.02, juris.

materiellen Planungshoheit berufen.[447] Diese Auffassung ist allerdings keinesfalls zwingend. Es lässt sich ebenso vertreten, dass sich die Gemeinde gestützt auf das in § 36 BauGB gesicherte Selbstverwaltungsrecht, das in Art. 28 II GG wurzelt, auf das Nichtvorliegen der Gründe für die Erteilung des Einvernehmens berufen kann.

320 Beschränkt sich die Gemeinde bei der Verweigerung des Einvernehmen nach § 36 BauGB darauf, einzelne dem Vorhaben entgegenstehende **Belange** herauszugreifen, kann sie später andere Gründe für die bauplanungsrechtliche Unzulässigkeit grundsätzlich nicht mehr mit Erfolg anführen.[448] Auch auf die **Unwirksamkeit** eines von ihr aufgestellten **Bebauungsplans** kann sich die Gemeinde nicht berufen. Die Planungshoheit der Gemeinde umfasst bei erkannter Unwirksamkeit eines eigenen Bebauungsplans nur die Möglichkeiten, diesen in einem Verfahren nach § 1 VIII BauGB **aufzuheben** oder die Mängel in einem **ergänzenden Verfahren** zu beheben und dabei ggf. einen Antrag auf Zurückstellung nach § 15 BauGB zu stellen oder eine Veränderungssperre nach § 14 BauGB zu erlassen. Die Gemeinde kann die Verletzung der materiellen Planungshoheit nicht daraus herleiten, dass sie geltend macht, ihr eigener Bebauungsplan sei unwirksam, das an sich plankonforme Vorhaben sei daher nach § 34 BauGB zu beurteilen und sie habe das somit erforderliche Einvernehmen nach § 36 BauGB zu Recht versagt.[449]

321 Um den Eintritt der Fiktionswirkung gemäß § 36 II 2 HS 2 BauGB zu verhindern, muss eine Gemeinde ihr Einvernehmen verweigern. Die Gemeinde kann ihr Einvernehmen nicht fristwahrend unter der aufschiebenden Bedingung erteilen, dass die Baugenehmigungsbehörde die bauplanungsrechtliche Zulässigkeit des Vorhabens feststellt.[450]

322 Die Einvernehmensregelung des § 36 BauGB bezieht sich auf Baugenehmigungsverfahren, gilt aber auch für die **Bebauungsgenehmigung** (Vorbescheid), welche die planungsrechtliche Zulässigkeit eines Vorhabens zum Gegenstand hat oder die Teilbaugenehmigung.[451] Wird über die Zulässigkeit eines Verfahrens nach den §§ 31, 33 bis 35 BauGB in einem anderen Verfahren, zB in einem immissionsschutzrechtlichen Genehmigungsverfahren, entschieden, ist die Gemeinde nach § 36 I 2 BauGB ebenfalls zu beteiligen. Bei Planfeststellungsverfahren, aber auch bei Ausschachtungen, Ablagerungen einschließlich Lagerstätten (§ 29 I BauGB), die der Bergaufsicht unterliegen, ist das gemeindliche Einvernehmen nicht erforderlich (§ 36 I 2 HS 2 BauGB). Die Ausnahme vom Erfordernis des gemeindlichen Einvernehmens nach § 36 I 2 Halbs. 2 BauGB beschränkt sich allerdings auf Vorhaben, über deren bauplanungsrechtliche Zulässigkeit in der bergrechtlichen Betriebsplanzulassung entschieden wird.[452] Ob eine Betriebsanlage iS des § 2 I Nr. 3 BBergG überwiegend bergbaulichen Tätigkeiten dient, ist anhand einer Gesamtwürdigung zu beurteilen, die neben quantitativen auch qualitative Gesichtspunkte berücksichtigt und danach fragt, ob die geplante Ausgestaltung und Dimensionierung der Anlage sich aus der Sicht eines vernünftigen Unternehmers in erster Linie an den Bedürfnissen des Bergbaubetriebs oder an anderen mit ihr verfolgten Zwecken orientiert.[453]

323 Ist ein Einvernehmen der Gemeinde für Vorhaben unter Bergaufsicht auch nicht erforderlich, bestehen aber nach § 38 S. 1 BauGB jedenfalls Beteiligungserfordernisse. Das im Abwägungsgebot wurzelnde **Gebot planerischer Konfliktbewältigung** verlangt, dass jeder Bauleitplan grundsätzlich die von ihm selbst geschaffenen oder ihm sonst zurechenbaren Konflikte zu lösen hat, indem die von der Planung berührten Belange zu einem gerechten Ausgleich gebracht werden.[454] Die Planung darf nicht dazu führen, dass Konflikte, die durch sie hervorgerufen werden, letztlich ungelöst bleiben. Dies schließt eine Verlagerung von Problemlösungen aus dem Bauleitplanverfahren auf nachfolgendes Verwaltungshandeln nicht aus. Hierfür

[447] VGH Mannheim DÖV 2009, 917; BVerwGE 121, 339.

[448] VGH Kassel ZUR 2009, 438; OVG Lüneburg BauR 2005, 679.

[449] OVG Greifswald BauR 2007, 515; Christian W. Otto NJ 2007, 284; BVerwGE 75, 142; VGH München VGHE 55, 150.

[450] VGH München KommunalPraxis BY 2006, 149.

[451] OVG Greifswald Beschl. v. 11.4.2023 – 3 LZ 189/20, juris Rn. 7; BVerwG NVwZ-RR 2015, 685 zu einem immissionsschutzrechtlichen Vorbescheid; OVG Lüneburg NVwZ-RR 2009, 866; VGH Mannheim BauR 1999, 381.

[452] BVerwG NVwZ 2017, 632; zu Verfahrensfragen bei der bauplanungsrechtlichen Bewertung von Bergbauvorhaben Pauli/Wörheide NuR 2018, 302

[453] BVerwG NVwZ 2017, 632; zum gemeindlichen Einvernehmen nach § 36 I BauGB bei Vorhaben unter Bergaufsicht auch Beckmann BauR 2015, 1757.

[454] BVerwG ZfBR 2022, 676; OVG Münster Urt. v. 22.6.2023 – 2 D 347/21.NE, juris Rn. 185 ff.; BVerwG Urt. v. 7.5.2014 – 4 CN 5.13, juris Rn. 25; BVerwGE 147, 379 Rn. 17 mwN.

können auch die nach dem Konkretisierungsgrad der Planung verfügbaren Detailkenntnisse sowie die Leistungsgrenzen des jeweiligen planerischen Instruments sprechen.[455] Voraussetzung dafür ist aber, dass der Plangeber die Konfliktsituation erkennt und die Möglichkeit einer Konfliktbewältigung im nachgelagerten Verwaltungsverfahren aufklärt.[456]

Die Grenzen zulässiger Konfliktverlagerung auf die Ebene des Planvollzugs sind allerdings überschritten, wenn bereits im Planungsstadium absehbar ist, dass sich der offen gelassene Interessenkonflikt in einem nachfolgenden Verfahren nicht sachgerecht wird lösen lassen.[457] Im Übrigen richtet sich das erforderliche Maß der Konkretisierung der planerischen Festsetzungen danach, was nach den Umständen des Einzelfalls für die städtebauliche Ordnung erforderlich ist und dem Gebot gerechter Abwägung der konkret berührten privaten Interessen und öffentlichen Belange entspricht.[458] 324

Die Erklärung des gemeindlichen Einvernehmens ist kein von Dritten anfechtbarer Verwaltungsakt, sondern ein **internes Mitwirkungselement** ohne unmittelbare Außenwirkung. Das gemeindliche Einvernehmen kann daher von einem Bauherrn oder Dritten nicht durch Verpflichtungsklage gerichtlich erstritten werden. Die Entscheidung über die Erteilung des gemeindlichen Einvernehmens ist eine reine Rechtsprüfung (§ 36 II 1 BauGB). Ermessenserwägungen oder autonome planerische Überlegungen gehen darin nur ein, wenn die gesetzlichen Genehmigungsvoraussetzungen dies vorsehen.[459] Besteht daher nach den §§ 31, 33 bis 35 BauGB ein Genehmigungsanspruch, so hat die Gemeinde ihr Einvernehmen nach § 36 BauGB zu erteilen. Anderenfalls kann sie ggf. aus dem Gesichtspunkt der **Amtshaftung** schadensersatzpflichtig werden.[460] 325

Die nach Landesrecht zuständige Behörde kann nach § 36 II 3 BauGB ein rechtswidrig versagtes Einvernehmen der Gemeinde ersetzen. Umstritten ist, gegen welchen Bescheid, gegen den Genehmigungsbescheid oder den Ersetzungsbescheid, eine Gemeinde **Rechtsschutz** begehren kann, wenn die streitgegenständliche Genehmigung gegenüber dem Dritten bereits ergangen ist. Dazu wird vertreten, eine Klage der Gemeinde gegen die Ersetzungsentscheidung sei unzulässig, weil diese im Verhältnis zu dem eigentlichen Rechtsschutzziel der Gemeinde, die Verwirklichung des Vorhabens zu verhindern, nur als Verfahrenshandlung anzusehen sei, die nur im Zusammenhang mit der eigentlichen Sachentscheidung überprüft werden könne.[461] Andere meinen hingegen, die betroffene Gemeinde müsse gegen die Ersetzung des Einvernehmens klagen, sie suchen und könne hingegen nicht sogleich die Genehmigung anfechten.[462] Wiederum andere sind davon überzeugt, dass die betroffene Gemeinde sowohl gegen die Vorhabenzulassung als auch gegen den aufsichtlichen Ersetzungsakt klagen kann.[463] Ob es sich bei der **Ersetzungsentscheidung** um eine Zulassungsentscheidung iS des § 1 I Nr. 5 UmwRG handelt, für die der Anwendungsbereich des UmwRG eröffnet und gegen die insoweit Klagen von Umweltvereinigungen zulässig sind, ist umstritten.[464] 326

---

455 BVerwG NVwZ 2017, 632; OVG Münster Urt. v. 22.6.2023 – 2 D 347/21.NE, juris Rn. 188; Reidt in Bracher/Reidt/Schiller, Bauplanungsrecht, 2022, Rn. 11.393; zu instrumentellen Leistungsgrenzen bei der Konfliktbewältigung allgemein BVerwGE 145, 290 Rn. 35; zu den Leistungsgrenzen planerischer Instrumente BVerwGE 80, 184.

456 OVG Münster Urt. v. 22.6.2023 – 2 D 347/21.NE, juris Rn. 190; VGH Mannheim Urt. v. 24.7.2019 – 5 S 2405/17, juris Rn. 37 ff., mwN; OVG Münster Beschl. v. 22.4.2022 - 10 B 362/22.NE, juris Rn. 26; zu bauleitplanerischer Konfliktbewältigung bei Gemengelagen aus Wohnbebauung und lärmträchtiger Nutzung Scheidler, ZfBR 2023, 127; allgemein zum Gebot der Konfliktbewältigung Söfker in EZBK, BauGB, 2022, § 1 Rn. 190 ff.; Rieger in Schrödter, BauGB, 2019, § 1 Rn. 621 ff.; Battis in BKL, BauGB, 2022, § 1 Rn. 115 ff.

457 BVerwG NVwZ 1989, 659; NVwZ-RR 1995, 130.

458 BVerwG NVwZ 2015, 1452; NVwZ 1989, 659.

459 BVerwG DÖV 1989, 349.

460 BGH BauR 1979, 501; BGHZ 118, 263; UPR 1992, 94. Zur Amtshaftung der Baugenehmigungsbehörde BGH NVwZ 1998, 1329. Ein Amtshaftungsanspruch setzt allerdings die Zulässigkeit des beantragten Bauvorhabens voraus, OLG Koblenz IBR 1998, 451.

461 VGH Mannheim BauR 2017, 1012; VG Kassel Urt. v. 20.12,2021 – 7 K 1480/20.KS, juris Rn. 56.

462 VGH Kassel Beschl. v. 13.05.2015 – 4 B 1/15, juris Rn. 10; OVG Berlin-Brandenburg Beschl. v. 17.9.2008 – OVG 11 S 9.07, juris Rn. 9.

463 OVG Schleswig Beschl. v. 19.1.2022 – 5 MR 11/21, juris Rn. 29 mwN.

464 Verneinend OVG Lüneburg BauR 2022, 1765; VG Hannover Urt. v. 21.3.2022 – 12 A 3098/17, juris Rn. 74; aA jedenfalls in Fällen, in denen die Ersetzungsentscheidung mit einer immissionsschutzrechtlichen Genehmigung zusammenfällt OVG Greifswald Urt. v. 10.5.2023 – 5 K 448/21 OVG, juris Rn. 47;

327 Nach der Rechtsprechung des BGH ist mit der Einführung der Ersetzungsbefugnis nach § 36 II 3 BauGB der maßgebliche Grund für die Annahme einer haftungsbegründenden drittgerichteten **Amtspflicht** der Gemeinde - die (negative) Bindungswirkung der Versagung des verwaltungsinternen Einvernehmens und damit deren ausschlaggebende Bedeutung im Genehmigungsverfahren - entfallen. Dies gilt für Fallgestaltungen, in denen nach § 36 II 3 BauGB die (Bau-)Genehmigungsbehörde selbst das rechtswidrig versagte, aber erforderliche Einvernehmen ersetzen kann. Damit ist, so der BGH, die Behörde nicht mehr gezwungen, den Antrag auf Genehmigung eines an sich genehmigungsfähigen Bauvorhabens „sehenden Auges" allein wegen des von der Gemeinde zu Unrecht verweigerten Einvernehmens abzulehnen. Vielmehr habe sich ihre diesbezügliche Prüfungs- und Entscheidungskompetenz erweitert. Sie beschränke sich nicht mehr - wie vor der Einfügung des § 36 III 3 BauGB - auf die Frage, ob ein erforderliches Einvernehmen als zwingende Voraussetzung für die Genehmigungserteilung vorliege, sondern umfasse auch, ob dessen Versagung durch die Gemeinde, gemessen an den insoweit allein maßgeblichen bauplanungsrechtlichen Vorschriften, rechtswidrig gewesen und deshalb die Ersetzung vorzunehmen sei.[465] Entscheidet die Baugenehmigungsbehörde selbst über die Ersetzung des gemeindlichen Einvernehmens, ist nach Auffassung des BGH dem Grundsatz entsprochen, dass ihre haftungsrechtliche Verantwortlichkeit dann begründet ist, wenn sie in eigener Verantwortung über die Baugenehmigung zu befinden hat und ihre Prüfungskompetenz nicht hinter derjenigen der Gemeinde zurückbleibt. Dabei sei es grundsätzlich ohne Bedeutung, ob der Bauwillige einen eigenständigen Ersetzungsanspruch hat oder nach der Vorstellung des Landesgesetzgebers die Ersetzungsbefugnis materiell eine **kommunalaufsichtliche Regelung** sein solle.

328 Die Ersetzungsbefugnis in § 36 II 3 BauGB bewirkt nach der Rechtsprechung des BGH aber auch dann die Entlastung der Gemeinde von der Verantwortung und Haftung für die Versagung des gemeindlichen Einvernehmens, wenn nicht die Genehmigungsbehörden selbst, sondern die Kommunalaufsichtsbehörden als zuständige Ersetzungsbehörden iS des § 36 II 3 BauGB bestimmt sind.[466] Die Ersetzungsbefugnis sei von der Möglichkeit der Einvernehmensersetzung im zweistufigen kommunalaufsichtlichen Verfahren mittels einer Ersatzvornahme nach vorheriger Anordnung abzugrenzen, die als Opportunitätsentscheidung der Kommunalaufsichtsbehörde allein die Gesetzmäßigkeit der gemeindlichen Verwaltung in einer weisungsfreien Angelegenheit sicherstellen solle. Sie diene damit nur dem Interesse des allgemeinen Wohls, ohne eine drittschützende besondere Beziehung zwischen Aufsichtsbehörde und Bauwilligem zu vermitteln und müsse erst bestandskräftig werden, um die Sperrwirkung der gemeindlichen Verweigerung für das Genehmigungsverfahren zu überwinden. Demgegenüber sei § 36 II 3 BauGB eine spezielle bauplanungsrechtliche Regelung mit entsprechenden Befugnissen der Fachbehörde und daran anknüpfenden Haftungsfolgen. Ihre Schutzrichtung ziele auf den Bauwilligen, dessen im bauaufsichtsrechtlichen Verfahren zu wahrende Grundrechtspositionen auch auf die - unmittelbar „entsperrende" - Ersetzung des Einvernehmens einwirkten. Diese gehöre ebenso wie die Entscheidung der Gemeinde über die Erteilung oder Versagung des Einvernehmens zur Sachentscheidung über die Erteilung der Bau- oder Anlagengenehmigung und sei dementsprechend in das Genehmigungsverfahren eingebettet. An dieser Schutzrichtung ändere sich auch dann nichts, wenn die Ersetzung nach § 36 II 3 BauGB durch die landesrechtlichen Zuständigkeitsvorschriften in einen kommunalaufsichtlichen Zusammenhang gerate oder zu einem bloßen Mittel der Kommunalaufsicht umgestaltet werde.[467] Die Frage der Haftung der Gemeinde für Verzögerungsschäden wegen eines unterlassenen beziehungsweise verspätet erteilten erforderlichen Einvernehmens ist nach Ansicht des BGH im Hinblick auf die gesetzliche Regelung des § 36 II 2 BauGB bedeutungslos. Denn danach gilt das Einvernehmen als erteilt, wenn es nicht binnen zwei Monaten nach Eingang des Ersuchens der Genehmigungsbehörde verweigert wird. Diese Einvernehmensfiktion solle es der Gemeinde unmöglich machen, das Genehmigungsverfahren durch Untätigkeit zu verschleppen. Da das fingierte Ein-

offen gelassen hat das OVG Berlin-Brandenburg im Beschl. v. 19.3.2021, ob allein das fehlende Einvernehmen bzw. dessen fehlende Ersetzung der Klage einer Gemeinde gegen eine wasserrechtliche Genehmigung zum Erfolg verhelfen könnte oder ob es jedenfalls dann an einem entgegenstehenden Belang des Allgemeinwohls fehlen würde, wenn die genehmigte Anlage materiell mit dem Bauplanungsrecht vereinbar wäre, OVG Berlin-Brandenburg NVwZ-RR 2021, 653.

[465] BGHZ 231, 297 = juris Rn. 19.

[466] BGHZ 231, 297, juris Rn. 20.

[467] BGHZ 231, 297, juris Rn. 22

vernehmen, das weder widerrufen noch zurückgenommen werden könne, in seinen Rechtsfolgen dem ausdrücklich erklärten Einvernehmen gleichstehe, liege mit dem Eintritt der Fiktion das Einvernehmen als verfahrensrechtliche Voraussetzung der Genehmigungserteilung vor und sei eine nach Ablauf der (nicht verlängerbaren) Zwei-Monats-Frist ausgesprochene Versagung wirkungslos.[468]

Der BGH weist ergänzend darauf hin, dass die Gemeinde, wenn sie innerhalb der Frist ihr Einvernehmen ausdrücklich versagt habe, daran nicht gebunden sei, weshalb eine Einvernehmensersetzung erst nach Fristablauf vorgenommen werden könne. Wenn darüber dann nicht oder nicht mit der gebotenen Zügigkeit entschieden werde, liege die haftungsrechtliche Verantwortlichkeit dafür nicht mehr bei der Gemeinde, sondern treffe grundsätzlich den Rechtsträger der für die Ersetzung nach § 36 II 3 BauGB zuständigen Behörde, in den meisten Ländern also die Genehmigungsbehörde. Soweit jedoch die Gemeinde mit einer rechtswidrigen Versagung ihres Einvernehmens das Genehmigungsverfahren stets um den Zeitraum verzögere, der bei zügigstem Vorgehen für die Ersetzung (nach vorheriger Anhörung) notwendig sei, käme eine Haftung der Gemeinde allenfalls dann in Betracht, wenn diese Verzögerung von in der Regel wenigen Wochen tatsächlich zurechenbar einen Schaden verursacht habe.[469] 329

Aus dieser Rechtsprechung des BGH folgt, dass eine Amtshaftung der Gemeinde wegen rechtswidrig versagten Einvernehmens grundsätzlich ausscheidet, wenn der Landesgesetzgeber die für den Vollzug des § 36 II 3 BauGB notwendige Regelung getroffen hat, nach der die Baugenehmigungsbehörde neben der Entscheidung über den Genehmigungsantrag auch die Befugnis hat, das rechtswidrig versagte Einvernehmen der Gemeinde zu ersetzen.[470] Soweit es an einer solchen Landesregelung fehlt, dürfte entscheidend sein, ob nach der jeweiligen landesrechtlichen Ausgestaltung der Kommunalaufsichtsbefugnisse die Möglichkeit besteht, die Erteilung eines rechtswidrig versagten Einvernehmens kommunalaufsichtlich durchzusetzen.[471] 330

Kommt eine Haftung der Gemeinde insoweit überhaupt in Betracht, dann dürfte weiterhin zu differenzieren sein: Wird die rechtswidrige Ablehnung einer Bauvoranfrage sowohl auf eigene Erwägungen der Bauaufsichtsbehörde als auch darauf gestützt, dass die Gemeinde das erforderliche Einvernehmen verweigert habe, so können für den durch die Ablehnung verursachten Schaden die Bauaufsichtsbehörde und die Genehmigungsbehörde nebeneinander verantwortlich gemacht werden.[472] Die Gemeinde haftet dann grundsätzlich hälftig, weil sie das gemeindliche Einvernehmen versagt hat.[473] Die haftungsrechtliche Zuordnung bei verweigertem Einvernehmen bestimmt sich danach, wie sich die Entscheidung der Baugenehmigungsbehörde im Außenverhältnis zu dem Antragsteller darstellt. Wird der Bescheid nur damit begründet, dass die Gemeinde das erforderliche Einvernehmen versagt habe, hat grundsätzlich allein die Gemeinde einen Schadensersatz zu leisten. Geht hingegen aus der ablehnenden Entscheidung der Baugenehmigungsbehörde hervor, dass sie das Vorhaben auch auf Grund einer eigenen Sachprüfung ablehnt, ist entweder die alleinige Haftung der Baugenehmigungsbehörde oder eine gemeinschaftliche Verantwortlichkeit mit der Gemeinde gegeben.[474] Die Baugenehmigungsbehörde ist an die Verweigerung des gemeindlichen Einvernehmens gebunden. Sie darf die beantragte Genehmigung in den Fällen der §§ 31, 33 bis 35 BauGB nicht erteilen, wenn die Gemeinde ihr Einvernehmen versagt hat. Dies gilt selbst dann, wenn die Versagung des gemeindlichen Einvernehmens zu Unrecht geschieht. Erteilt die Baugenehmigungsbehörde gleichwohl die beantragte Baugenehmigung, kann die Baugenehmigung von der Gemeinde angefochten werden, wenn sie in ihrer Planungshoheit verletzt ist.[475] Ist bereits mit der Bauausführung begonnen, kann die Einstellung der Bauarbeiten verlangt werden.[476] Verweigert die Gemeinde rechtswidrig das Einvernehmen, kann dieses allerdings nach § 36 II 3 BauGB oder im Wege der Rechtsaufsicht (Kommunalaufsicht) ersetzt werden.[477] Dies kann die Haftung der Gemeinde entfallen lassen. 331

468 BGHZ 231, 297, juris Rn. 26.
469 BGHZ 231, 297, juris Rn. 28.
470 Söfker in EZBK, BauGB, 2021, § 36 Rn. 49a.
471 Söfker in EZBK, BauGB, 2021, § 36 Rn. 49a.
472 BGH DVBl. 1992, 1430.
473 OLG München Urt. v. 23.4.1998 – 1 U 4954/97, juris.
474 BGH NJW 1993, 3065.
475 BVerwGE 31, 263.
476 Krautzberger in BKL BauGB, 2022, § 36 Rn. 17.
477 BVerwGE 22, 342; UPR 1992, 234.

332 Der auf der Planungshoheit beruhenden Beteiligung der Gemeinde am Baugenehmigungsverfahren kann im Falle der Versagung des Einvernehmens eine für den Bauwilligen ausschlaggebende Bedeutung zukommen, weil die Baugenehmigungsbehörde dann gehindert ist, eine Baugenehmigung auszusprechen, solange die Gemeinde ihr Einvernehmen nicht erklärt hat.[478] Vereitelt oder verzögert die Gemeinde durch eine unberechtigte Verweigerung ihres Einvernehmens ein planungsrechtlich zulässiges Bauvorhaben, so berührt dies – sei es auch nur mittelbar – notwendig und bestimmungsgemäß die **Rechtsstellung des Bauwilligen**. Dies genügt, um eine besondere Beziehung zwischen der verletzten Amtspflicht und dem Bauwilligen als einem geschützten „Dritten" iS des § 839 I 1 BGB zu bejahen. Dessen Interessen werden durch die Amtspflicht, das Einvernehmen nicht zu verweigern, wenn das Bauvorhaben nach den §§ 31, 33, 34 oder 35 BauGB zulässig ist, in individualisierter und qualifizierter Weise geschützt.[479]

333 An ein erteiltes gemeindliches **Einvernehmen** ist die **Baugenehmigungsbehörde** demgegenüber **nicht gebunden**. Sie kann die Baugenehmigung gleichwohl aus Rechtsgründen versagen. Auch ist eine Baugenehmigungsbehörde an das nicht erteilte gemeindliche Einvernehmen nur dann gebunden, wenn dieses nach den §§ 31, 33 bis 35 BauGB erforderlich ist. Nimmt die Gemeinde demgegenüber rechtsirrig an, ihr Einvernehmen sei erforderlich, so kann und muss sich die Baugenehmigungsbehörde über das fehlende gemeindliche Einvernehmen hinwegsetzen, wenn ein Genehmigungsanspruch besteht.[480] Nach Ablauf der Zweimonatsfrist des § 36 II 2 BauGB kann die Gemeinde ihr erteiltes Einvernehmen nicht mehr zurücknehmen, weil das Einvernehmen dann als ersetzt gilt. Vor Ablauf der Frist ist dies allerdings möglich.[481] Eine Bindungswirkung erzeugt auch eine nach altem Recht erteilte Teilgenehmigung[482] oder die Einvernehmenserteilung im Rahmen einer Bebauungsgenehmigung.[483] Klagt eine Gemeinde gegen die **Verlängerung eines Bauvorbescheids**, die unter Zulassung einer Ausnahme von einer Veränderungssperre und unter Ersetzung des gemeindlichen Einvernehmens erteilt worden ist, beurteilt sich die Rechtmäßigkeit des Bescheids nach der Sach- und Rechtslage im Zeitpunkt seines Erlasses.

334 Die Frage, ob ein belastender Verwaltungsakt den Kläger iSv § 113 I 1 VwGO rechtswidrig in seinen Rechten verletzt, beurteilt sich nach dem materiellen Recht, dem nicht nur die tatbestandlichen Voraussetzungen einer Ermächtigungsgrundlage, sondern auch die Antwort auf die Frage zu entnehmen ist, zu welchem Zeitpunkt diese Voraussetzungen erfüllt sein müssen.[484] Der materiell-rechtliche Bezugspunkt zur Bestimmung des maßgeblichen Zeitpunkts ist das aus der gemeindlichen Planungshoheit folgende Recht der Bauleitplanung[485] und deren Sicherung durch eine Veränderungssperre, die in § 14 BauGB bundesrechtlich geregelt ist. Da die Gemeinde ihr Einvernehmen nur aus den in § 36 II 1 BauGB genannten Gründen versagen darf, sind die Voraussetzungen der §§ 31, 33 bis 35 BauGB auf das Rechtsmittel der Gemeinde hin in vollem Umfang nachzuprüfen.[486] Für diese Prüfung ist maßgeblich auf die Sach- und Rechtslage im Zeitpunkt des Erlasses des mit der Ersetzung des gemeindlichen Einvernehmens verbundenen Bescheids abzustellen.[487] Erweist sich danach die Ersetzung als rechtswidrig, hat die Anfechtungsklage der Gemeinde Erfolg.

335 Aus § 14 III BauGB folgt nichts anderes. Die Rechtsprechung des BVerwG zu sog. Nachbarrechtsbehelfen, wonach Änderungen zu Lasten des Bauherrn, die nach der Genehmigungserteilung eintreten, außer Betracht bleiben, nachträgliche Änderungen zu seinen Gunsten dagegen Berücksichtigung finden,[488] ist hier nicht einschlägig. Es handelt sich dabei vielmehr um eine Fallgruppe des auch im öffentlichen Recht anwendbaren Grundsatzes von Treu und

---

478 Übereinstimmende Rechtsprechung des BVerwG und des BGH; BVerwGE 22, 342; NVwZ-RR 1992, 529; BGHZ 65, 182; BGHZ 99, 262; BGHZ 118, 263.

479 BGHZ 65, 182; NJW 1976, 184; BGHZ 118, 263 mwN.

480 BGH Urt. v. 25.2.1988 – III ZR 118/87, juris.

481 BGH DÖV 1971, 319.

482 BGH DÖV 1981, 467.

483 BGH BRS 53 (1991), Nr. 40.

484 BVerwGE 34, 155; BVerwGE 51, 15; BVerwGE 78, 243 (244); NVwZ 1990, 654; BVerwGE 120, 246 (250).

485 BVerwGE 130, 113 Rn. 10.

486 BVerwGE 137, 247 Rn. 32.

487 BVerwGE 137, 247 Rn. 17.

488 BVerwG NVwZ 1998, 1179.

Glauben.[489] Dem liegt die Erwägung zugrunde, dass es mit der nach Maßgabe des einschlägigen Rechts gewährleisteten Baufreiheit nicht zu vereinbaren wäre, eine im Zeitpunkt des Erlasses rechtswidrige Baugenehmigung aufzuheben, die sogleich nach der Aufhebung wieder erteilt werden müsste.[490] Darum geht es hier aber nicht. Denn bei der Klage einer Gemeinde gegen eine unter Ersetzung des gemeindlichen Einvernehmens erteilte Genehmigung kommt es nicht darauf an, ob der Bauherr einen Anspruch auf deren Erteilung hat. Der Gesetzgeber wollte mit den **Einvernehmensregelungen** den Gemeinden eine Rechtsposition einräumen, die sich auch gegenüber einem etwaigen Rechtsanspruch des Bauherrn durchsetzen kann. Anders als im Verhältnis zweier benachbarter Grundstückseigentümer, die bei der Verwirklichung eines Bauvorhabens wechselseitig Rücksicht zu nehmen und die allgemeinen Grundsätze von Treu und Glauben zu beachten haben, wird die Rechtsstellung der Gemeinde von anderen, nämlich von öffentlichen Interessen geprägt. Insoweit nimmt die Gemeinde mit § 36 I BauGB oder § 14 II 2 BauGB eine ihr kompetenzmäßig zugewiesene Befugnis wahr, die es ihr gestattet, jene planerischen Ziele wirksam zu verfolgen, deren Erfüllung sie aus städtebaulichen Gründen für geboten erachtet.[491] Dabei folgt aus der gemeindlichen Planungshoheit das – bereits im Anfechtungsprozess zu beachtende – Recht der Gemeinde, bis zu dem Zeitpunkt, in dem eine Baugenehmigung erteilt oder ein Vorbescheid verlängert wird, die planungsrechtlichen Voraussetzungen zu Lasten des Bauherrn im Wege der Bauleitplanung zu ändern. Erst die erteilte Genehmigung setzt der gemeindlichen Planungshoheit eine Grenze.[492] Damit markiert der Erlass der Baugenehmigung oder auch der Erlass des Verlängerungsbescheids zugleich den Zeitpunkt für die Frage, ob die Gemeinde ihr Einvernehmen zu Recht versagt hat. Für die Berücksichtigung von danach eintretenden Rechtsänderungen, auch nach den Grundsätzen von Treu und Glauben, ist kein Raum.

Nach § 14 I Nr. 1 BauGB kann die Gemeinde, wenn ein Beschluss über die Aufstellung 336 eines Bebauungsplans gefasst ist, zur Sicherung der Planung für den künftigen Planbereich eine **Veränderungssperre** mit dem Inhalt erlassen, dass Vorhaben iS des § 29 BauGB nicht durchgeführt werden dürfen. Eine Veränderungssperre darf erst erlassen werden, wenn die Planung, die sie sichern soll, ein Mindestmaß dessen erkennen lässt, was Inhalt des zu erwartenden Bebauungsplans sein soll.[493] Wesentlich ist dabei, dass die Gemeinde im Zeitpunkt des Erlasses einer Veränderungssperre bereits positive Vorstellungen über den Inhalt des Bebauungsplans entwickelt hat.[494] Eine Negativplanung, die sich darin erschöpft, einzelne Vorhaben auszuschließen, reicht nicht aus. Die Veränderungssperre schützt die künftige Planung, nicht aber lediglich die abstrakte Planungshoheit.[495] Insofern ist es grundsätzlich erforderlich, aber auch ausreichend, dass die Gemeinde im Zeitpunkt des Erlasses einer Veränderungssperre zumindest Vorstellungen über die Art der baulichen Nutzung besitzt, sei es, dass sie einen bestimmten Baugebietstyp, sei es, dass sie nach den Vorschriften des § 9 I bis 2a BauGB festsetzbare Nutzungen ins Auge gefasst hat.[496]

Nach § 14 II 1 BauGB kann von einer **Veränderungssperre** eine Ausnahme zugelassen 337 werden, wenn überwiegende öffentliche Belange nicht entgegenstehen. Die Norm bietet ein Mittel, um im Wege der Einzelfallprüfung auf der Grundlage der sich konkretisierenden Planungen zugunsten des Bauherrn Ausnahmen zulassen zu können.[497] Der praktisch wichtigste öffentliche Belang ist die Vereinbarkeit des Vorhabens mit der beabsichtigten Planung. Maßgeblich ist damit der konkrete Sicherungszweck der Veränderungssperre. Ein Vorhaben, das mit diesem nicht vereinbar ist, insbesondere der beabsichtigten Planung widerspricht oder sie wesentlich erschweren würde, darf im Wege der Ausnahme nicht zugelassen werden.[498]

Eine Baugenehmigungsbehörde handelt **amtspflichtwidrig**, wenn sie ein entscheidungsrei- 338 fes Baugesuch oder eine entscheidungsreife Bauvoranfrage bewusst nicht bearbeitet, weil die Gemeinde nach Eintritt der Entscheidungsreife ihre Planungsabsichten geändert hat und sie das

[489] BVerwGE 149, 211 Rn. 29.
[490] BVerwG NVwZ 1998, 1179.
[491] BVerwG NVwZ 1992, 878.
[492] BVerwGE 130, 113 Rn. 10.
[493] BVerwG NVwZ 2010, 42; BRS 76 Nr. 108; BVerwGE 120, 138 (146 f.).
[494] BVerwG NVwZ 1990, 558.
[495] BVerwGE 144, 82 Rn. 10; BRS 67 Nr. 119.
[496] BVerwGE 144, 82 Rn. 12; BRS 76 Nr. 108; NVwZ 1990, 558.
[497] BVerwG Beschl. v. 9.8.1991 – 4 B 135.91, juris.
[498] BVerwGE 156, 1; NVwZ 1989, 661.

gesetzlich vorgesehene planerische Instrumentarium zur Sicherung der Planungsänderung nutzen will. Zulässig ist dagegen, dass die Gemeinde einen Bauantrag, der nach der bestehenden Rechtslage positiv beschieden werden muss, zum Anlass nimmt, ändernde Planungsmaßnahmen einzuleiten und bis zu dem Zeitpunkt, zu dem die ordnungsgemäße, ermessensfehlerfreie und zügige Bearbeitung des Gesuchs abgeschlossen sein muss, die geänderte Planung nach Maßgabe der §§ 14, 15 ff. BauGB sichert.[499]

339 Das **Einvernehmen** der Gemeinde **gilt als erteilt**, wenn es nicht innerhalb von zwei Monaten nach Eingang des Ersuchens der Genehmigungsbehörde verweigert wird. Dem Ersuchen gegenüber der Gemeinde steht die Einreichung des Antrags bei der Gemeinde gleich, wenn dies nach Landesrecht vorgeschrieben ist (§ 36 II 2 BauGB). Die Regelung dient der Beschleunigung des Baugenehmigungsverfahrens. Eine Verlängerung der Frist ist nicht möglich.[500] Die Frist wird allerdings erst durch den Eingang der vollständigen Antragsunterlagen bei der Gemeinde ausgelöst. Vollständig sind die Antragsunterlagen für ein im Geltungsbereich eines qualifizierten Bebauungsplans gelegenes Vorhaben nur dann, wenn sich aus ihnen unmittelbar ergibt, dass und von welchen Festsetzungen des Bebauungsplans Ausnahmen und Befreiungen zu erteilen sind.[501] Die Erteilung des Einvernehmens zu einem bestimmten Vorhaben hindert die Gemeinde allerdings nicht daran, eine die Zulässigkeit des Vorhabens ausschließende Bauleitplanung, etwa zum Ausschluss von Spielhallen[502] oder Windkraftanlagen zu betreiben und sie durch eine Veränderungssperre zu sichern.[503]

340 Die Erteilung des gemeindlichen Einvernehmens oder das als erteilt geltende Einvernehmen kann nach Ablauf der Zweimonatsfrist **nicht „widerrufen"** oder **„zurückgenommen"** werden. Denn dieses würde den Sinn der Vorschrift, innerhalb der Frist klare Verhältnisse über die Einvernehmenserklärung der Gemeinde zu schaffen, leerlaufen lassen. Die Gemeinde, deren Einvernehmen nach § 36 II 2 BauGB als erteilt gilt, erleidet keine schweren Nachteile, auch wenn sie erst nach Ablauf der Zweimonatsfrist zu der Erkenntnis kommt, dass das Vorhaben gegen §§ 31, 33, 34 oder 35 BauGB verstößt. Die Möglichkeit, ihren Rechtsstandpunkt zur Geltung zu bringen, wird ihr durch diese Regelung nicht endgültig abgeschnitten. Zwar ist sie auf Grund der Fiktion des § 36 II 2 BauGB dem Antragsteller gegenüber gebunden. Solange noch keine Entscheidung über die Genehmigung ergangen ist, bleibt es der Gemeinde indes unbenommen, der Genehmigungsbehörde gegenüber ihre Bedenken vorzubringen. Erweisen sich die Gründe, die sie gegen die Zulässigkeit des Vorhabens ins Feld führt, als stichhaltig, so kann sie ungeachtet des § 36 II 2 BauGB damit rechnen, dass die Baugenehmigungsbehörde den Bauantrag ablehnt.[504]

341 Hebt die Widerspruchsbehörde auf den **Widerspruch** des Bauherrn den Bescheid, mit dem die Baugenehmigungsbehörde die Erteilung einer Baugenehmigung wegen der Versagung des gemeindlichen Einvernehmens abgelehnt hat, auf und verpflichtet die Baugenehmigungsbehörde zur Erteilung der Baugenehmigung, weil das Einvernehmen als erteilt gilt, kann die Gemeinde nur den Widerspruchsbescheid unmittelbar anfechten und nicht die Baugenehmigung, die die Baugenehmigungsbehörde in Vollzug des Widerspruchsbescheides erteilt hat.[505] Die Versagung des gemeindlichen Einvernehmens kann durch das Außenvertretungsorgan der Gemeinde auch dann wirksam ausgesprochen werden, wenn das Organ gemeindeintern für die Versagung des gemeindlichen Einvernehmens nicht zuständig war und insoweit auch unzuständig von seinem Entscheidungsrecht Gebrauch gemacht hat.[506]

342 Nach § 36 II 3 BauGB kann die nach Landesrecht zuständige Behörde ein rechtswidrig versagtes gemeindliches Einvernehmen ersetzen. Die Ersetzungsmöglichkeit soll verhindern, dass die Gemeinde ohne weitere Angabe von Gründen durch die schlichte Verweigerung des Einvernehmens einen längerfristigen Baustopp bewirkt, obwohl das Vorhaben planungsrechtlich zulässig ist.[507] Bis zur Einführung dieser **Ersetzungsbefugnis** konnte das gemeindliche Einvernehmen nur durch Maßnahmen der Kommunalaufsicht oder auf der Grundlage entsprechen-

---

499 BGH UPR 1992, 233.
500 BVerwG NuR 1997, 234.
501 VGH Mannheim BauR 1999, 381.
502 BVerwG Beschl. v. 26.10.1998 – 4 BN 43.98, juris.
503 BVerwGE 120, 138 m. Bespr. Stüer/Stüer NuR 2004, 341.
504 BVerwG NuR 1997, 234.
505 OVG Lüneburg NVwZ-RR 1999, 367.
506 VGH Mannheim ZfBR 1999, 56.
507 OVG Koblenz NVwZ-RR 2000, 85.

der landesrechtlicher Regelungen in den BauO ersetzt werden. Im Übrigen konnte das verweigerte gemeindliche Einvernehmen erst durch eine gerichtliche Entscheidung ersetzt werden. Allerdings ist die Ersetzungsbefugnis nach § 36 II 3 BauGB auf solche Fälle beschränkt, in denen die nach Landesrecht zuständige Behörde nach eigener fachlicher Prüfung davon ausgeht, dass die Versagung des gemeindlichen Einvernehmens rechtswidrig war.[508] Dabei sind insbesondere die Argumente der Gemeinde zu berücksichtigen, mit denen die Gemeinde ihre Entscheidung begründet hat. Im Rahmen der **Anhörung der Gemeinde** zur Ersetzung des gemeindlichen Einvernehmens für die Erteilung einer Baugenehmigung muss die Behörde den beabsichtigten Verwaltungsakt nach Art und Inhalt mit der geforderten Handlung so konkret umschreiben, dass hinreichend klar oder erkennbar ist, weshalb und wozu sich der Angehörte äußern können soll und mit welcher eingreifenden Entscheidung er zu welchem ungefähren Zeitpunkt zu rechnen hat.[509]

Die Ersetzung des gemeindlichen Einvernehmens steht im behördlichen **Ermessen**.[510] Hat die Gemeinde die Versagung des Einvernehmens nicht oder nur unzureichend schriftlich begründet und ist die Versagung auch nicht im Ergebnis offensichtlich rechtmäßig, sollte die nach Landesrecht zuständige Behörde der Gemeinde Gelegenheit zur weiteren Begründung innerhalb einer kurzen Frist geben. Stellt die nach Landesrecht zuständige Behörde fest, dass die Versagung des gemeindlichen Einvernehmens rechtswidrig war, so darf sie das Einvernehmen der Gemeinde ersetzen. Die Entscheidung steht im Ermessen der zuständigen Behörde. Nach dem VGH Kassel gilt dies aber nicht uneingeschränkt: Die Bauaufsichtsbehörde prüft danach bei der Ersetzung des gemeindlichen Einvernehmens, ob Belange der Gemeinde beeinträchtigt sind. Ist dies nicht der Fall und liegen die Voraussetzungen für die Erteilung einer Baugenehmigung vor, steht der Bauaufsichtsbehörde ein weitergehendes Ermessen – bezogen auf sonstige Belange der Gemeinde – nach Ansicht des VGH Kassel nicht zu, wenn der Bauantragsteller bei dieser Konstellation aus Art. 14 I GG einen Anspruch auf Erteilung der Genehmigung hat.[511] Die Behörde teilt dann der zuständigen Bauaufsichtsbehörde die Entscheidung mit. Eine Gemeinde kann im Rahmen eines **Rechtsmittels** gegen die Ersetzung ihres Einvernehmens eine volle Überprüfung der Voraussetzungen des § 35 III BauGB verlangen und dabei auch geltend machen, dass dem Vorhaben öffentliche Belange iSd § 35 III BauGB entgegenstehen, auch wenn deren Wahrnehmung der Gemeinde außerhalb des § 36 BauGB nicht als Teil der ihr zugewiesenen Selbstverwaltungsaufgaben obliegt.[512] 343

Im Falle der rechtzeitigen Versagung ihres Einvernehmens hat die Gemeinde einen Anspruch darauf, dass die Bauaufsichtsbehörde kein Vorhaben zulässt, das den im Rahmen der Entscheidung nach § 36 I 1 BauGB ihrer Beurteilung unterliegenden planungsrechtlichen Zulässigkeitsanforderungen nicht entspricht. Dementsprechend ist die Befugnis der Bauaufsichtsbehörde zur Ersetzung des Einvernehmens von vorneherein zwingend auf die Fälle der „rechtswidrigen" Versagung durch die Gemeinde begrenzt. Zuvor muss der Gemeinde ein ausreichender Zeitraum zur Stellungnahme zur Verfügung stehen.[513] Das in § 36 II 3 BauGB der Behörde eingeräumte Ermessen dient der Verfahrenskonzentration und verhindert, dass neben dem Baugenehmigungsverfahren ein weiteres kommunalaufsichtsrechtliches Verfahren erforderlich wird. Die Bauaufsichtsbehörde prüft bei der Ersetzung des gemeindlichen Einvernehmens, ob Belange der Gemeinde beeinträchtigt sind. Ist dies nicht der Fall und liegen die Voraussetzungen für die Erteilung einer Baugenehmigung vor, steht der Bauaufsichtsbehörde ein weitergehendes Ermessen bezogen auf sonstige Belange der Gemeinde nicht zu, wenn der Bauantragsteller einen Anspruch auf Erteilung der Genehmigung hat.[514] Die Gemeinde kann sich gegenüber der Ersetzung des gemeindlichen Einvernehmens im Anfechtungsprozess auch auf Gründe berufen, mit denen sie ihr Einvernehmen nicht verweigert 344

---

508 Der Widerspruch der Gemeinde gegen die Ersetzung des gemeindlichen Einvernehmens nach § 36 II 3 BauGB hat aufschiebende Wirkung OVG Lüneburg UPR 1999, 231.

509 VGH München Beschl. v. 12.6.2023 – 2 CS 23,787, juris Rn. 4.

510 Reidt in BKL, BauGB, 2022, § 36 Rn. 14; VGH München BauR 2006, 2022.

511 VGH Kassel KommJur 2011, 250.

512 OVG Berlin-Brandenburg Beschl. v. 17.9.2008 – 11 S 9.07, juris.

513 OVG Magdeburg BauR 2010, 2160. Zur Ersetzung des gemeindlichen Einvernehmens im Baugenehmigungsverfahren sowohl nach § 36 I 1 BauGB als auch hinsichtlich der Gewährung einer Ausnahme von einer Veränderungssperre (§ 14 II 2 BauGB) OVG Saarlouis NVwZ-RR 2010, 877.

514 VGH Kassel, ZfBR 2011, 290 im Anschluss an VGH München ZfBR 2006, 684.

hat.[515] Wird ohne Beteiligung der Gemeinde bzw., ohne ein verweigertes Einvernehmen ordnungsgemäß ersetzt zu haben, positiv über die planungsrechtliche Zulässigkeit eines Vorhabens entschieden, wird die Gemeinde schon aus diesem Grund durch die Genehmigung in ihren Rechten verletzt.[516]

345 Ein **rechtswidrig versagtes gemeindliches Einvernehmen** wird dann vorliegen, wenn die Gemeinde ihre Entscheidung entweder gar nicht auf bauplanungsrechtlich entgegenstehende Gründe nach den §§ 30 bis 35 BauGB stützt oder deren Vorliegen irrtümlich annimmt. Die Gemeinde muss insoweit die Versagung ihres Einvernehmens erläutern. Ansonsten läuft sie Gefahr, dass die Verweigerung ihres Einvernehmens als rechtswidrig eingeschätzt und von der nach Landesrecht zuständigen Behörde ersetzt wird.[517] Die Ersetzung des gemeindlichen Einvernehmens nach § 36 II 3 BauGB verletzt die Gemeinde nicht in ihren Rechten, wenn der von ihr aus den §§ 31, 33, 34 und 35 BauGB abgeleitete Grund nicht vorliegt.[518]

346 Wird die bauaufsichtliche Genehmigung erteilt, ist in ihr auf die Entscheidung der nach Landesrecht zuständigen Behörde zur Ersetzung des gemeindlichen Einvernehmens hinzuweisen. Die Entscheidung zur Ersetzung des Einvernehmens ist der Gemeinde zusammen mit der bauaufsichtlichen Entscheidung bekannt zu geben. Gegen die Entscheidung der zuständigen Bauaufsichtsbehörde (Baugenehmigung oder Zustimmung) steht der Gemeinde der Rechtsweg offen. Da das Einvernehmen der Gemeinde lediglich interne Wirkungen hat und gegenüber dem Bauherrn nur die Entscheidung über die Baugenehmigung nach außen hin wirkt, wird teilweise angenommen, dass auch die Gemeinde nicht die Entscheidung der zuständigen Behörde zur Ersetzung des gemeindlichen Einvernehmens nach § 36 II 3 BauGB, sondern erst die Zulassungsentscheidung der Baugenehmigungsbehörde anfechten kann. Es könnte sich daher für die Gemeinde empfehlen, sowohl die Ersetzungsentscheidung als auch die erteilte Genehmigung anzufechten. Die Gemeinde kann ihr Einvernehmen allerdings nicht nur bei Verletzung gemeindlicher Planungsbelange, sondern bereits dann versagen, wenn die planungsrechtlichen Zulässigkeitsvoraussetzungen der §§ 31, 33, 34 und 35 BauGB nicht vorliegen, dh das Vorhaben dem Planungsrecht nicht entspricht. Dies schließt über die eigenen Belange hinaus eine Prüfung anderer städtebaulicher Belange mit ein, die in den jeweiligen Zulässigkeitsvorschriften ihren Ausdruck finden.[519] Gegenüber ihrer Ansicht nach unzulässigen Außenbereichsvorhaben auf ihrem Gebiet kann sich die Gemeinde immer auf ihre **Planungshoheit** berufen. Daraus folgt, dass die Voraussetzungen des § 35 BauGB auf den Rechtsbehelf der (Belegenheits-)Gemeinde hin in vollem Umfang nachzuprüfen sind.[520]

Beispiel: Die Gemeinde verweigert ihr Einvernehmen zu einem privilegierten Außenbereichsvorhaben, weil öffentliche Belange des Landschaftsschutzes oder Naturschutzbelange entgegenstehen. Ist das Vorhaben danach planungsrechtlich unzulässig, so kommt es für die Rechtmäßigkeit der Verweigerung des Einvernehmens nicht darauf an, ob die Gemeinde sich auf diese Belange als Teil ihrer Planungshoheit berufen kann. Die zuständige Verwaltungsbehörde wäre in diesen Fällen auch nicht berechtigt, das fehlende gemeindliche Einvernehmen zu ersetzen.

347 Mangelnde Kooperation in ordnungsbehördlichen Verfahren eines Bauherrn sein ehemaliges Betriebsgrundstück betreffend rechtfertigen keine Versagung des gemeindlichen Einvernehmens nach § 36 BauGB zu einer Baugenehmigung für ein Vorhaben auf einem anderen Grundstück.[521]

348 Die Gemeinde kann die Erteilung einer Baugenehmigung nur dann erfolgreich anfechten, wenn das Vorhaben dem Bauplanungsrecht nicht entspricht.[522] Dies gilt auch, wenn die Gemeinde ihr Einvernehmen zu Unrecht verweigert hat. Die Baugenehmigungsbehörde wäre zwar an das fehlende Einvernehmen gebunden gewesen. Hat sie gleichwohl eine Baugenehmi-

---

[515] OVG Berlin-Brandenburg BauR 2010, 945. Zur Beteiligung der Gemeinde bei baurechtlichen Zulassungsverfahren für Vorhaben der Landesverteidigung Scheidler LKV 2010, 102.

[516] VG Augsburg Urt. v. 25.5.2023 – Au 5 K 22.1033, juris Rn. 34; BVerwG BayVBl. 2009, 27.

[517] Bundesregierung, Gesetzentwurf zum BauROG 1998, S. 60.

[518] OVG Münster Beschl. v. 28.10.2021 – 7 B 782/21.AK, juris Rn. 3.

[519] VGH Mannheim, DVBl. 1998, 909.

[520] OVG Weimar DÖV 2009, 466; OVG Weimar LKV 2008, 321.

[521] VG Schwerin Beschl. v. 22.06.2013 – 2 B 391/23 SN, juris Rn. 10.

[522] Weitergehend VG Saarlouis BauR 2011, 1372 und OVG Saarlouis NVwZ-RR 2011, 888; OVG Saarlouis SKZ 2008, 86; SKZ 2011, 42, Nr. 24; SKZ 2011, 168, wonach die Klage auch dann begründet ist, wenn das Einvernehmen hätte erteilt werden müssen.

gung erteilt, ist die Anfechtungsklage der Gemeinde nur erfolgreich, wenn das Vorhaben planungsrechtlich unzulässig ist. Bei planungsrechtlicher Zulässigkeit des Vorhabens greift der Abwehranspruch der Gemeinde wegen der bestehenden Ersetzungsmöglichkeit des gemeindlichen Einvernehmens nach § 36 II 3 BauGB nicht. Ein Bauvorbescheid oder eine Baugenehmigung ist auf den Rechtsbehelf der Gemeinde aufzuheben, wenn ihr Einvernehmen für das Vorhaben nicht wirksam ersetzt wurde. Die **Ersetzungsentscheidung** nach § 36 II 3 BauGB erfordert eine Ermessensausübung. Diese ist ermessensfehlerhaft, wenn die Gemeinde ihre unwirksame Konzentrationsplanung durch Änderung ihres Flächennutzungsplans repariert hat und nur noch die unmittelbar bevorstehende Bekanntmachung der Genehmigung fehlt.[523] Die Gemeinden sind aufgrund ihres Beteiligungsrechts im Baugenehmigungsverfahren und wegen der ihnen insoweit obliegenden „Mitwirkungslast" gehalten, gegenüber der Bauaufsichtsbehörde auf eine Ergänzung oder Vervollständigung der für eine bauplanungsrechtliche Beurteilung des jeweiligen Vorhabens erforderlichen Bauantragsunterlagen durch die Bauherrin beziehungsweise den Bauherrn hinzuwirken, und in solchen Fällen gerade auch mit Blick auf die Fiktionsregelung in § 36 II 2 BauGB berechtigt, ihre „Entscheidung" über das Einvernehmen bis zum Eingang dieser Unterlagen zurückzustellen.[524] Über diese Beteiligungsrechte hinaus hat die Gemeinde auf materiell-rechtlicher Grundlage im Falle einer rechtzeitigen Versagung ihres Einvernehmens einen Anspruch darauf, dass die Bauaufsichtsbehörde kein Vorhaben zulässt, das den im Rahmen der Entscheidung nach § 36 I 1 BauGB ihrer Beurteilung unterliegenden planungsrechtlichen Zulässigkeitsanforderungen nicht entspricht.[525]

Eine Gemeinde kann darüber hinaus bei ihrer nach der gesetzlichen Konstruktion verwal- 349
tungsinternen Entscheidung zu § 36 BauGB ihr Einvernehmen auch mit **„Einschränkungen"** erteilen, wenn sich hierdurch ihre Bedenken gegen die bauplanungsrechtliche Zulässigkeit des zu beurteilenden Bauvorhabens ausräumen lassen (etwa hinsichtlich der Hervorrufung schädlicher Auswirkungen eines geplanten großflächigen Einzelhandels iS des § 34 III BauGB). Solche Einschränkungen sind dann für die Baugenehmigungsbehörde vorbehaltlich der „Ersetzung" „verbindlich". Eine unzureichende „Umsetzung" im Vorbescheid muss die Gemeinde im Wege der Anfechtung desselben geltend machen. Behält sich die Gemeinde bei einer „bedingten" Herstellung ihres Einvernehmens (§ 36 I 1 BauGB) keine eigene weitere Beurteilung hinsichtlich des Bedingungseintritts, etwa eine inhaltlichen Prüfung eines von der Bauaufsichtsbehörde aufgrund ihrer Vorgabe vom Bauherrn geforderten Sachverständigengutachtens zum Nichteintritt der Wirkungen iS des § 34 III BauGB, vor, so überträgt sie dadurch die Entscheidung über den Eintritt der Bedingung der im Außenverhältnis zum Bauherrn allein regelungsbefugten Baugenehmigungsbehörde. Mit dem Eintritt der „Bedingung" ist bei Bebauungsgenehmigungen vom Vorliegen einer „baurechtlichen Genehmigung" iS des § 14 III 1 BauGB und damit von einem Bestandsschutz nach § 14 III BauGB auszugehen. Die dem Bauherrn dadurch vermittelte Rechtsposition kann ihm vor dem Hintergrund des Eigentumsgrundrechts (Art. 14 I GG) nicht dadurch wieder „entzogen" werden, dass die Bauaufsichtsbehörde im Rahmen eines nachfolgenden Baugenehmigungsverfahrens die Gemeinde erneut beteiligt und diese ihr Einvernehmens nach § 36 BauGB nunmehr verweigert.[526]

Wehrt sich die Gemeinde gegen die Ersetzung ihres Einvernehmens, erlangen im **Eilrechts-** 350
schutz bei einer Interessenabwägung die durch eine wirtschaftlich zügige „Umsetzung" des Vorhabens bereits aufgelaufenen Kosten und Haftungsrisiken des Bauherrn keine über die Wertung in § 212 a I BauGB hinausgehende eigenständige Bedeutung.[527]

Ob eine **Betriebsanlage** iS des § 2 I Nr. 3 BBergG überwiegend bergbaulichen Tätigkeiten 351
dient, ist anhand einer Gesamtwürdigung zu beurteilen, die neben quantitativen auch qualita-

523 OVG Lüneburg NVwZ-RR 2009, 866 zur ermessensfehlerhaften Ersetzung des gemeindlichen Einvernehmens; BVerwG NVwZ 2008, 1347; BauR 1999, 1281; NVwZ-RR 1989, 6; OVG Lüneburg NVwZ-RR 2009, 866.

524 OVG Saarlouis NVwZ-RR 2011, 888; OVG Saarlouis BRS 73 Nr 97 (2008); BauR 2011, 983; BauR 2011, 1372.

525 OVG Saarlouis NVwZ-RR 2011, 888; OVG Saarlouis SKZ 2008, 86; SKZ 2011, 42, Nr. 24; SKZ 2011, 168.

526 OVG Saarlouis NVwZ-RR 2011, 888; OVG Saarlouis SKZ 2008, 86; SKZ 2011, 42, Nr. 24; SKZ 2011, 168.

527 VG Saarlouis BauR 2011, 1372; zu einem erfolglose einstweiligen Rechtsschutzantrag einer Standortgemeinde gegen die Vollziehbarkeit einer unter Ersetzung des gemeindlichen Einvernehmens erteilten Baugenehmigung VG Schwerin Beschl. v. 22.6.2023 – 2 B 391/23 SN, juris.

tive Gesichtspunkte berücksichtigt und danach fragt, ob die geplante Ausgestaltung und Dimensionierung der Anlage sich aus der Sicht eines vernünftigen Unternehmers in erster Linie an den Bedürfnissen des Bergbaubetriebs oder an anderen mit ihr verfolgten Zwecken orientiert. Die Ausnahme vom Erfordernis des gemeindlichen Einvernehmens nach § 36 I 2 Halbs. 2 BauGB beschränkt sich auf Vorhaben, über deren bauplanungsrechtliche Zulässigkeit in der bergrechtlichen Betriebsplanzulassung entschieden wird.[528]

352 Die Gemeinde ist nicht gemäß § 10 III 5 BImSchG gehindert, sich gegenüber der angefochtenen Genehmigung auf ihr fehlendes Einvernehmen zu berufen. Dies gilt unabhängig davon, ob der Anwendungsvorrang, der Art. 11 UVP-RL und Art. 25 IE-RL nach dem Urteil des EuGH[529] gegenüber den Regelungen zur Einwendungspräklusion zukommt, greift. Die Präklusionsregelung des § 10 III 5 BImSchG findet nämlich schon nach nationalem Recht auf die Geltendmachung des Einvernehmenserfordernisses keine Anwendung.

353 **Einwendungen** sind sachliches auf die Verhinderung oder Modifizierung eines Vorhabens gerichtetes **Gegenvorbringen.**[530] Sie sind in einem dafür vorgesehenen Beteiligungsverfahren vorzubringen und unterliegen besonderen Fristen und Darlegungsanforderungen. Da zwischen Einwendungen einer Kommune im Rahmen der Öffentlichkeitsbeteiligung und ihrer Stellungnahme im Rahmen der Behördenbeteiligung mit Blick auf eine mögliche Präklusion zu differenzieren ist, kann es im Einzelfall entscheidend sein, zu klären, ob die von einer Gemeinde vorgetragenen Bedenken im Planverfahren als Stellungnahme im Rahmen der Behördenbeteiligung oder als Einwendung die Gemeinde im Rahmen der Öffentlichkeitsbeteiligung einzuordnen ist. Einwendungen im Rahmen der Öffentlichkeitsbeteiligung und Stellungnahmen im Rahmen der Behördenanhörung müssen nicht notwendig in getrennten Schriftstücken erfolgen.[531] Das gemeindliche Einvernehmen ist hingegen in einem gesonderten Verfahren einzuholen, für das die spezifischen Maßgaben des § 36 II BauGB gelten. Ungeachtet der Frage, ob § 36 BauGB für den Schutz der Planungshoheit der Standortgemeinde, dem das Einvernehmenserfordernis dient, eine abschließende Regelung trifft oder ob eine Standortgemeinde daneben auch im Rahmen der Öffentlichkeitsbeteiligung Einwendungen zur Wahrung ihrer Planungshoheit erheben kann,[532] stehen beide Rechtsinstitute nicht in einem Stufenverhältnis. Nach den einschlägigen gesetzlichen Regelungen ist die Verweigerung des gemeindlichen Einvernehmens nicht an die vorgängige Mitwirkung im Verfahren der Öffentlichkeitsbeteiligung geknüpft.[533]

354 Umstritten ist, ob die Ersetzung des Einvernehmens ein Verwaltungsakt mit Zulassungscharakter nach § 1 I 1 Nr. 5 UmwRG und damit von **Umweltvereinigungen** anfechtbar ist. Nach Ansicht des OVG Lüneburg ist die Ersetzung des gemeindlichen Einvernehmens keine Zulassungsentscheidung iSd § 1 I Nr. 5 UmwRG, weil ihr der nach § 1 I UmwRG erforderliche Zulassungscharakter fehle. Sie schaffe lediglich die Voraussetzung für die Zulassung.[534] Umstritten ist auch, gegen welchen Bescheid eine Gemeinde Rechtsschutz begehren kann, wenn die streitgegenständliche Genehmigung gegenüber dem Dritten bereits ergangen ist. Dazu wird die Auffassung vertreten, eine Klage der Gemeinde gegen die Ersetzungsentscheidung sei nicht zulässig, weil die Ersetzungsentscheidung im Verhältnis zu dem eigentlichen Rechtsschutzziel der Gemeinde, die Verwirklichung des Vorhabens zu verhindern, eine bloße Verfahrenshandlung sei, die nur im Zusammenhang mit der eigentlichen Sachentscheidung überprüft werden könne.[535] Nach anderer Auffassung kann die betroffene Gemeinde unmittelbar gegen die Ersetzung des Einvernehmens und ist nicht gehalten, die Genehmigung selbst anzufechten.[536] Nach wiederum anderer Ansicht kann die betroffene Gemeinde sowohl gegen die Vorhabenzulassung als auch gegen den aufsichtlichen Erset-

---

[528] BVerwG NVwZ 2017, 632.

[529] EuGH NVwZ 2015, 1665; Stüer/Buchsteiner DVBl. 2015, 1518.

[530] BVerwGE 60, 297 (300).

[531] BVerwG NVwZ 2005, 813 (815); siehe auch Beckmann, Raumordnungsrecht, in Hoppenberg/de Witt, Handbuch des öffentlichen Baurechts 2024, Rn. 481.

[532] Verneinend OVG Münster DVBl. 2015, 309.

[533] BVerwG NVwZ 2016, 396.

[534] vgl. OVG Lüneburg Teilurt. v. 2.9.2022 – 12 LA 56/22, juris Rn. 24 f.; VG Hannover Urt. v. 21.3.2022 – 12 A 3098/17, juris Rn. 74; aA OVG Greifswald Urt. v. 10.5.23 – 5 K 448/21 OVG, juris Rn. 47.

[535] VGH Mannheim BauR 2017, 1012; VG Kassel Urt. v. 20.12.2021 – 7 K 1480/20.KS, juris Rn. 56.

[536] VGH Kassel Beschl. v. 13.5.2015 – 4 B 1/15, juris Rn. 10; OVG Berlin-Brandenburg Beschl. v. 17.9.2008 – OVG 11 S 9.07, juris Rn. 9.

zungsakt klagen.[537] Wenn die Ersetzungsentscheidung und eine für das Vorhaben erforderliche immissionsschutzrechtliche Genehmigung zusammenfallen, hält das OVG Greifswald entgegen der Ansicht des OVG Lüneburg den Anwendungsbereich des UmwRG für eröffnet. Ein Unterschied bestehe jedenfalls mit Blick auf die nach § 1 I Nr. 5 UmwRG erforderliche Zulassungsentscheidung nicht. Es könne zwar zutreffen, dass die Ersetzungsentscheidung in zeitlicher Hinsicht erst die Voraussetzungen für die Zulassungsentscheidung schaffe. Diese „logische Sekunde" sei aber im Zusammenhang mit dem erforderlichen Zulassungscharakter iSv § 1 UmwRG zu vernachlässigen.[538]

Die Zurückstellung eines Baugesuchs während der Frist des § 36 II 2 HS. 1 BauGB hat zur Folge, dass die Frist mit der Zustellung des Zurückstellungsbescheids an den Bauherrn aufhört und nach Ablauf des Zurückstellungszeitraums ohne Anrechnung des bereits verstrichenen Teils von neuem beginnt.[539] Gemäß § 36 I 1 BauGB wird über die Zulässigkeit von Vorhaben ua nach § 35 BauGB im bauaufsichtlichen Verfahren von der Baugenehmigungsbehörde im Einvernehmen mit der Gemeinde entschieden. Einvernehmen bedeutet, dass die Genehmigungsbehörde die Genehmigung nicht gegen den Willen der zur Mitwirkung berufenen Gemeinde erteilen darf.[540] Das Einvernehmen ist gemäß § 36 I 2 HS 1 BauGB auch erforderlich, wenn in einem anderen (etwa einem immissionsschutzrechtlichen) Verfahren entschieden wird. Nach § 36 II 2 Halbs. 1 BauGB gilt das Einvernehmen als erteilt, wenn es nicht binnen zwei Monaten nach Eingang des Ersuchens der Genehmigungsbehörde verweigert wird. 355

Eine **Aussetzung** der Entscheidung über die Zulässigkeit von Vorhaben gemäß § 15 BauGB während der Zweimonatsfrist des § 36 II 2 Halbs. 1 BauGB hat zur Folge, dass der Lauf der Frist unterbrochen wird und mit Beendigung der Aussetzung ohne Anrechnung des bereits verstrichenen Teils von neuem beginnt. Was für die Genehmigungsbehörde gilt, gilt auch für die Gemeinde. Es besteht kein Anlass, ihr innerhalb der Frist des § 36 II 2 Halbs. 1 BauGB eine Erklärung zu der Vereinbarkeit eines Vorhabens mit den in § 36 I 1 BauGB genannten Vorschriften abzuverlangen, wenn das Baugesuch zurückgestellt ist, weil die Gemeinde die planungsrechtlichen Voraussetzungen für das Vorhaben ändern will. Mit der Zurückstellung verliert die Frist des § 36 II 2 Halbs. 1 BauGB ihren Sinn. Die Norm ist in das BauGB eingefügt worden, um Genehmigungsverfahren zu beschleunigen.[541] Ihr Anliegen kann – für alle Beteiligten erkennbar – nicht mehr gefördert werden, wenn die Entscheidung über das Baugesuch ausgesetzt ist. Das Vertrauen des Bauherrn darauf, dass über das gemeindliche Einvernehmen als einer Teilfrage des Genehmigungsverfahrens innerhalb der Frist des § 36 II 2 Halbs. 1 BauGB Klarheit geschaffen wird, ist in dieser Situation nicht schutzwürdig. 356

Die **Frist des** § 36 II 2 Halbs. 1 BauGB beginnt mit dem Ende des Zurückstellungszeitraums von neuem, ohne dass es eines erneuten Ersuchens der Genehmigungsbehörde bedarf. Die Rechtslage stellt sich nicht anders dar als bei gerichtlichen Fristen. So läuft beispielsweise die durch den Tod des Widerspruchsführers unterbrochene Klagefrist des § 74 I 1 VwGO ab dem Ende der Unterbrechung; eine nochmalige Zustellung des Widerspruchsbescheids als erneut fristauslösendes Ereignis ist nicht notwendig.[542] Klagt eine Gemeinde gegen die **Verlängerung eines Bauvorbescheids**, die unter Zulassung einer Ausnahme von einer Veränderungssperre und unter Ersetzung des gemeindlichen Einvernehmens erteilt worden ist, beurteilt sich die Rechtmäßigkeit des Bescheids nach der Sach- und Rechtslage im Zeitpunkt seines Erlasses.[543] 357

e) Privilegierte Fachplanungen. Bei der Erteilung einer Baugenehmigung oder eines Bauvorbescheides zur planungsrechtlichen Zulässigkeit eines Vorhabens ist nach Maßgabe des § 36 I BauGB das gemeindliche **Einvernehmen** erforderlich. Dies gilt insbesondere bei einer Genehmigung nach den §§ 31, 33, 34 und 35 BauGB. Nur die plankonforme Genehmigung nach § 30 I und II BauGB ist von dem Erfordernis des gemeindlichen Einvernehmens freigestellt.[544] Das Einvernehmen der Gemeinde ist nach § 36 I 2 BauGB abgesehen von der plan- 358

---

537 OVG Schleswig Beschl. v. 19.1.2022 – 5 MR 11/21, juris Rn. 29.
538 OVG Greifswald Urt. v. 10.5.2023 – 5 K 448/21 OVG, juris Rn. 47.
539 BVerwG NVwZ-RR 2015, 685.
540 BVerwG NVwZ 1986, 556.
541 BVerwG NVwZ 1997, 900; BT-Drs. 8/2541 S. 24.
542 BVerwG NVwZ-RR 2015, 685; NVwZ 2001, 319.
543 BVerwGE 156, 1, Andrick ZAP 2017, 483.
544 Stüer in FS für Gelzer, 1991, 155; zum gemeindlichen Einvernehmen und zur planungsrechtlichen Privilegierung in der Zulassungspraxis von Entsorgungsanlagen siehe Dippel AbfallR 2020, 57.

konformen Genehmigung nach § 30 BauGB grundsätzlich auch dann erforderlich, wenn in einem anderen Verfahren über die planungsrechtliche Zulässigkeit des Vorhabens entschieden wird.[545] Auch in diesen anderen Verwaltungsverfahren sind die Vorschriften der §§ 29 bis 37 BauGB grundsätzlich anwendbar.

359 Vom Erfordernis des gemeindlichen Einvernehmens macht § 38 BauGB für die **privilegierten Fachplanungen** eine wichtige Ausnahme. Danach sind auf Planfeststellungsverfahren und sonstige Verfahren mit den Rechtswirkungen einer Planfeststellung für Vorhaben von überörtlicher Bedeutung sowie auf die für die Errichtung und den Betrieb öffentlich zugänglicher Abfallbeseitigungsanlagen geltenden Verfahren die §§ 29 bis 37 BauGB nicht anzuwenden, wenn die Gemeinde beteiligt wird.[546] Städtebauliche Belange sind zu berücksichtigen. Eine Bindung nach § 7 BauGB bleibt unberührt. In Fällen der Abweichung der Fachplanung von der Bauleitplanung ist ggf. nach § 37 III BauGB an die Gemeinde eine **Entschädigung** zu leisten. Das Gesetz unterscheidet daher die einfache und die privilegierte Fachplanung. Während die einfache Fachplanung an die Vorschriften über die planungsrechtliche Zulässigkeit von Vorhaben nach den §§ 29 bis 37 BauGB gebunden ist, wird die privilegierte Fachplanung hiervon freigestellt mit der Folge, dass auch ein gemeindliches Einvernehmen nach § 36 BauGB in solchen Fällen nicht erforderlich ist. Im Anwendungsbereich des § 38 BauGB bestimmt vielmehr das jeweilige Fachplanungsrecht, welche Bedeutung dem Bauplanungsrecht als Teil des materiellen Entscheidungsprogramms zukommt.[547] Der Vorbehalt zugunsten von Fachplanungen nach § 38 BauGB betrifft daher nicht nur die Anwendbarkeit der §§ 29 ff. BauGB, sondern schränkt die Gemeinde auch in ihrer Planungshoheit bezogen auf vorhandene Anlagen der Fachplanung ein.[548]

Beispiel: Die Gemeinde setzt durch Bebauungsplan im Bahnbereich ein allgemeines Bauverbot für bauliche Anlagen fest und lässt auch Bahnanlagen nur ausnahmsweise nach § 31 I BauGB zu. Eine Fläche, die den rechtlichen Charakter einer Bahnanlage hat, ist der gemeindlichen Planungshoheit zwar nicht gänzlich entzogen. Sie ist einer planerischen Aussage der Gemeinde aber nur insoweit zugänglich, wie dies der besonderen Zweckbestimmung der Bahnanlage nicht widerspricht.[549] Festsetzungen, die sich mit der besonderen Zweckbestimmung einer Bahnanlage nicht vereinbaren lassen, darf der Bebauungsplan nicht enthalten. Ein Bebauungsplan, der mit dem allgemein festgesetzten Bauverbot auch Zweckbauten der Bahn umfasst, ist daher wegen Verstoßes gegen den Vorrang des privilegierten Fachplanungsrechts unwirksam.[550] Gemäß § 38 1 BauGB können Bebauungspläne keine verbindlichen gestalterischen Vorgaben für Betriebsgebäude der öffentlichen Eisenbahn von überörtlicher Bedeutung enthalten. Auch gestalterische Festsetzungen zu Dachformen stoßen hier an ihre Grenzen.[551] Die Zuständigkeiten des Eisenbahn-Bundesamtes für die Planfeststellung oder Plangenehmigung für ein Bahnhofsgebäude sollen sich allerdings auch auf solche Nutzungen innerhalb des Gebäudes mit erstrecken, die wie etwa ein Ladenlokal keinen unmittelbaren Bezug zum Eisenbahnbetrieb haben, wenn diese Nutzungen der Größe nach untergeordnet sind.[552]

360 Entscheidend für die Entbehrlichkeit des Einvernehmens ist allerdings stets, dass sich die Privilegierung des § 38 BauGB auch auf das Vorhaben erstreckt. Das kann im Einzelfall nur schwer zu bestimmen sein.[553]

545 Zu den Ausnahmen § 36 I 3 BauGB.

546 Näher dazu Dippel AbfallR 2020, 57.

547 BVerwGE 55, 220; BVerwGE 70, 242; BVerwGE 79, 318; NVwZ 1989, 966; BVerwGE 84, 209; BVerwGE 85, 251.

548 BVerwG Beschl. v. 10.5.1990 – 4 B 22.90, juris Beschl. v. 31.3.1992 – 4 B 210.91, juris.

549 BVerwGE 81, 111.

550 BVerwG NVwZ-RR 1990, 292.

551 VGH München NVwZ-RR 2009, 668.

552 VGH München UPR 1999, 76.

553 Siehe zur Anwendbarkeit von § 38 BauGB auf Hochbauten bei einem nach § 6 LuftVG ohne Planfeststellung genehmigten Verkehrslandeplatz zur Frage der Privilegierung einer Unterstellhalle für Kleinflugzeuge im Außenbereich wegen der besonderen Anforderungen an die Umgebung OVG Koblenz Urt. v. 17.8.2022 – 8 A 11327/21.OVG, juris.

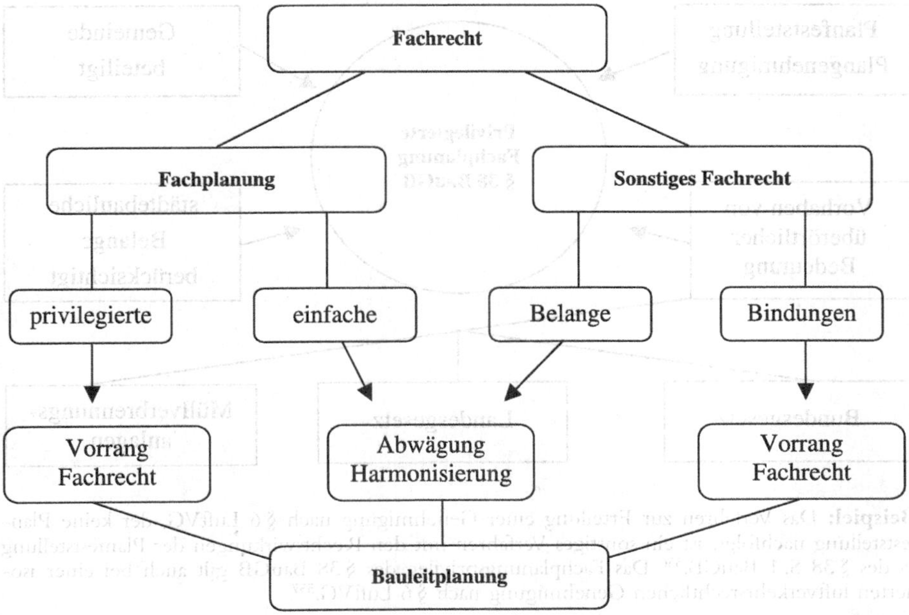

§ 38 BauGB erstreckt seinen Anwendungsbereich auf den gesamten Bereich der privilegierten Fachplanung sowohl auf bundes- als auch landesrechtlicher Grundlage. Dies hat den Vorteil, dass keine Anpassung des § 38 BauGB bei Neuaufnahme einer Planfeststellung in einem Fachplanungsgesetz oder bei Umbenennung eines Fachplanungsgesetzes erforderlich ist. Zugleich sind auch alle Fachplanungen auf der Grundlage landesrechtlicher Regelungen integriert. Die Privilegierung bezieht sich sowohl auf die Planfeststellung als auch auf die Plangenehmigung, wenn ihr nach den jeweiligen Gesetzen die Rechtswirkung der Planfeststellung zukommt.[554] Das BVerwG hat dem § 38 BauGB 1986 zudem entnommen, dass die privilegierten Fachplanungen einer gemeindlichen Planung auch insoweit entgegenstehen, als sie inhaltlich abweichende planerische Festsetzungen in einem späteren Bebauungsplan ausschließen. Einander widersprechende Festsetzungen verschiedener Planungsträger in Bezug auf ein und dieselbe Fläche sind danach rechtlich unzulässig. Die einem wirksamen Planfeststellungsbeschluss nachfolgende Bauleitplanung muss daher entweder dessen Festsetzungen nachrichtlich übernehmen oder, wenn sie davon abweichen will, regelmäßig die vorherige Änderung des Planfeststellungsbeschlusses abwarten.[555] 361

Die Zulassung im Fachplanungsrecht hat für das Bauplanungsrecht neben einer **formellen** auch eine **materielle Konzentrationswirkung**. Die Fachplanungsentscheidung ersetzt nicht nur nach anderen Gesetzen erforderliche Genehmigungen, Erlaubnisse oder Zulassungen (formelle Konzentrationswirkung). Durch § 38 BauGB wird der Fachplanungsentscheidung auch eine materielle Konzentrationswirkung in dem Sinne beigemessen, dass die Regelungen des Fachplanungsrechts einen materiellen Vorrang vor den planungsrechtlichen Zulässigkeitsregelungen in den §§ 29 bis 37 BauGB haben. Unter die Privilegierung fallen dabei nicht nur Fachplanungsverfahren auf bundesrechtlicher, sondern auch auf landesrechtlicher Grundlage wie etwa wasserrechtliche oder abgrabungsrechtliche Vorhaben. Dies hat eine nicht zu unterschätzende Bedeutung: Privilegierte Fachplanungsgesetze bestimmen die Reichweite ihres Geltungsbereichs selbst und setzen daher auch die planungsrechtlichen Zulässigkeitsregelungen in den §§ 29 bis 37 BauGB ganz oder teilweise außer Kraft. 362

554 BVerwGE 81, 95; BVerwGE 84, 209; BVerwGE 90, 96; Beschl. v. 19.5.1998 – 4 B 49.98, juris.
555 BVerwG DVBl. 1998, 46.

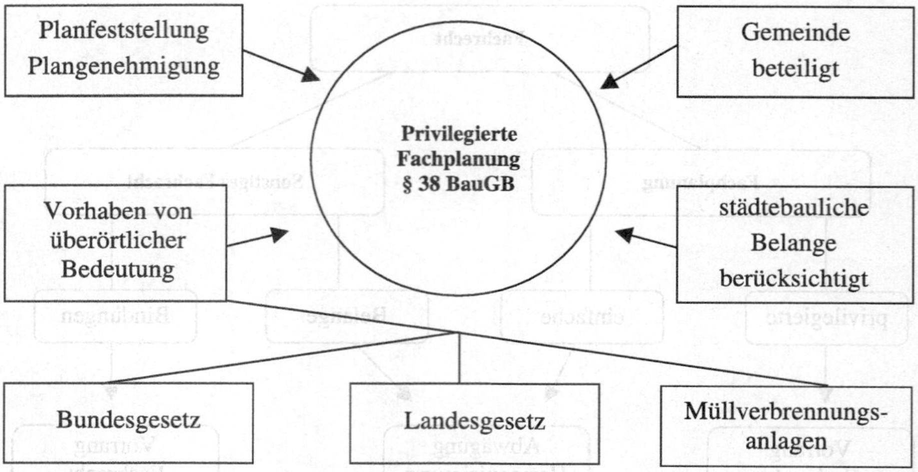

Beispiel: Das Verfahren zur Erteilung einer Genehmigung nach § 6 LuftVG, der keine Planfeststellung nachfolgt, ist ein sonstiges Verfahren mit den Rechtswirkungen der Planfeststellung iS des § 38 S. 1 BauGB.[556] Das Fachplanungsprivileg des § 38 BauGB gilt auch bei einer isolierten luftverkehrsrechtlichen Genehmigung nach § 6 LuftVG.[557]

363 Der nicht privilegierten Fachplanung kommt diese Vorrangfunktion gegenüber dem Bauplanungsrecht nicht zu. § 38 BauGB unterscheidet nicht zwischen der gemeinnützigen und der privatnützigen Planfeststellung. Auch Vorhaben, die sich als privatnützig darstellen, nehmen an der Privilegierung teil. Dies gilt auch für Planfeststellungs- oder Plangenehmigungsverfahren auf landesrechtlicher Grundlage. Eine zusätzliche formale Prüfung der planungsrechtlichen Zulässigkeitsvoraussetzungen nach den §§ 29 bis 37 BauGB findet daher im Rahmen des Fachplanungsverfahrens nicht statt. Allerdings sind städtebauliche Belange zu berücksichtigen. Ob allerdings auch privatnützigen Vorhaben die Vorrangwirkung des Fachplanungsrechts zukommt, könnte zweifelhaft sein. Denn nur bei gemeinnützigen Vorhaben liegen öffentliche Belange auf der Hand, die eine Überwindung der gemeindlichen Planung aber auch städtebaulicher Belange im Innen- oder Außenbereich rechtfertigen.

364 § 38 BauGB privilegiert Vorhaben von **überörtlicher Bedeutung**, was nicht unbedingt eine gemeindeübergreifende Wirkung voraussetzt.[558] Überörtliche Bedeutung hat ein Vorhaben dann, wenn es aufgrund seiner überörtlichen Bezüge bei typisierender Betrachtungsweise einen gemeindeübergreifenden Koordinierungsbedarf hervorruft. Ein **Koordinierungsbedarf** kann auch bei einem auf das Gebiet nur einer Gemeinde beschränkten Vorhaben vorliegen, wenn dieses in ein übergreifendes Planungsprojekt, insbesondere bei weiträumigen Infrastrukturvorhaben, eingebettet ist.[559] Entsprechendes gilt nach der Rechtsprechung des BVerwG, wenn das örtlich radizierte Vorhaben sich in übergreifende raumbezogene Vorgaben einpassen muss, weil es der Abstimmung mehrerer örtlicher Planungen bedarf. Dies soll dann der Fall sein können, wenn für das Vorhaben eine Raumverträglichkeitsprüfung durchzuführen ist.[560]

365 Vorhaben mit lediglich örtlich begrenzter Wirkung nehmen demgegenüber an der Privilegierung nicht teil. Erforderlich ist dazu eine typisierende Betrachtung, bei der eine nichtgemeindliche, überörtliche Planungszuständigkeit und das Erfordernis der Einbettung eines Vorhabens in einen über das Gebiet der Gemeinde hinausreichenden planerischen Zusammen-

[556] BVerwG ZfBR 2007, 271

[557] OVG Koblenz Urt. v. 17.8.2022 – 8 A 11327/21.OVG, juris; VGH München UPR 2007, 72; Meyer BayVBl. 2007, 86.

[558] BVerwG NVwZ-RR 2017, 685; BVerwG NVwZ 2001, 90; Reidt in BKL, BauGB, 2022, § 38 Rn. 68.

[559] BVerwG NVwZ-RR 2017, 685; BVerwG UPR 2001, 33; Beschl. v. 7.2.2005 – 9 VR 15.04, juris Rn. 10.

[560] BVerwG NVwZ-RR 2017, 685.

hang, eine überörtliche Bedeutung des Vorhabens indiziert, selbst wenn es, isoliert betrachtet, nicht überörtlich bedeutsam ist.[561] Nicht ausreichen soll es, wenn ein Vorhaben lediglich Einrichtungen von überörtlicher Bedeutung erschließt.[562] Ein Indiz für eine überörtliche Bedeutung eines Vorhabens kann das Erfordernis einer **Raumverträglichkeitsprüfung** sein.[563] Unerheblich soll hingegen sein, ob es sich um ein **gemeinnütziges** oder ein **privatnütziges Vorhaben** handelt. § 38 1 BauGB stellt nach Sinn und Zweck überörtliche Fachplanungen auch von der in § 35 III 2 und 3 BauGB normierten Bindung an die Ziele der Raumordnung frei. § 23 I ROG 1998 bezieht sich ausschließlich auf die unmittelbar geltenden Vorschriften des ROG, insbesondere dessen Abschnitt 1.[564]

Beispiel: Die Einbettung in ein überregionales Planungsprojekt ist geeignet, einem Vorhaben trotz Begrenzung der plangenehmigten Arbeiten auf das Gebiet einer Gemeinde überörtliche Bedeutung zu verleihen.[565]

§ 38 BauGB macht allerdings den Vorrang des Fachplanungsrechts von einer **Beteiligung der Standortgemeinde** abhängig und verlangt darüber hinaus, dass **städtebauliche Belange** von der zuständigen Fachplanungsbehörde zu berücksichtigen sind. Bei den Abwägungsentscheidungen des Fachplanungsrechts wird dies auch über die Grundsätze des Abwägungsgebotes gesichert. Auch wenn sich ein Bebauungsplan auf die bloße Freihaltung von Flächen für ein künftiges, noch nicht hinreichend konkretes Vorhaben beschränkt, muss die Planfeststellungsbehörde diesen bei der späteren Planungsentscheidung über ein solches Vorhaben von überörtlicher Bedeutung im Rahmen ihrer Abwägung als städtebaulichen Belang berücksichtigen, allerdings nur soweit die Wirkung der Festsetzung reicht.[566] Nach der Rechtsprechung des BVerwG sind Gemeinden im Rahmen des § 1 III 1 BauGB auch berechtigt, durch Freihaltung bestimmter Flächen von baulicher Nutzung in einem Bebauungsplan Raum für eine künftige Fachplanung, etwa für eine Straßenbahntrasse zu schaffen.[567] Reine Freihaltebelange sind allerdings durch Art. 28 II 1 GG nicht geschützt.[568] 366

Darüber hinaus haben Gemeinden auch die Möglichkeit, mit Erlass eines Bebauungsplans eine Planfeststellung für ein Fachplanungsvorhaben ganz oder teilweise zu ersetzen. Das Fachplanungsprivileg nach § 38 BauGB hindert die Gemeinden daran nicht.[569] 367

Eine Gemeinde darf ein ihren städtebaulichen Vorstellungen nicht entsprechendes Vorhaben nicht zum Anlass nehmen, eine eigene planerische Konzeption für den in Rede stehenden Bereich im Sinne einer **Verhinderungsplanung** zu entwickeln. Maßgebend für die Abgrenzung zur unzulässigen Verhinderungsplanung ist, ob die Gemeinde positive planerische Gestaltungsvorstellungen entwickelt hat, es ihr also nicht allein darum geht, ein unerwünschtes Vorhaben zu verhindern. Da bloße Verhinderungsabsichten durch vorgebliche planerische Zielvorstellungen auch „kaschiert" sein können, ist der „wahre Wille" der Gemeinde unter Würdigung aller Umstände des Einzelfalls zu ermitteln und zu beurteilen, ob die in den Planungsunterlagen positiv benannten Zielsetzungen im Einzelfall nur vorgeschoben sind.[570] Die Schwierigkeit der Feststellung dieses wahren Planungswillens liegt in der Erkenntnis, dass eine positive Planung hat stets auch eine negative Wirkung hat, dass nämlich dadurch auch den Festsetzungen wider- 368

---

561 Reidt in BKL, BauGB, 2022, § 38 Rn. 18.

562 VGH Mannheim DVBl. 2017, 47; siehe aber auch VGH München Urt. v. 2.3.2020 – 22 AS 1940035, juris zu einem überörtlich bedeutsamen Straßenbahnvorhaben.

563 BVerwG NVwZ-RR 2017, 685; Reidt in BKL, BauGB, 2022, § 38 Rn. 18.

564 BVerwG NVwZ 2004, 1240.

565 BVerwG Beschl. v. 7.2.2005 – 9 VR 15.04, juris; NVwZ 2001, 90.

566 VGH München ZUR 2021, 434.

567 VGH München ZUR 2021, 434; für eine Eisenbahnanlage BVerwG Beschl. v. 26.1.2010 – 4 B 43.09, juris Rn. 6; Söfker in EZBK, BauGB, 2020, § 9 Rn. 102a.

568 BVerwG NVwZ 2022, 978 = juris Rn. 14; VGH München Urt. v. 21.11.2023 – 8 A 21.40040, juris Rn. 29.

569 BVerwG Urt. v. 28.1.1999 – 4 CN 5.98, juris Rn. 18; zu einem planfeststellungsersetzenden Bebauungsplan VGH Mannheim Urt. v. 5.7.2023 – 3 S 4259/20, juris; OVG Schleswig Urt. v. 5.5.2022 – 1 KN 3/18, juris Rn. 89, OVG Magdeburg LKV 2022, 36; zur Ersetzung der Planfeststellung für Verkehrsanlagen durch einen Bebauungsplan siehe Beckmann UPR 2017, 41.

570 VGH München Urt. v. 28.7.2023 – 9 N 20.2183, juris Rn. 26; BVerwG BauR 2012, 1067; BayVBl. 1991, 280; VGH München Urt. v. 11.10.2021 – 2 N 19.2383, juris Rn. 32.

sprechende Vorhaben verhindert werden.[571] Eine Fachplanung, die sich mit Beginn der Offenlegung bereits verfestigt hat, ist im Rahmen des § 1 VII BauGB entsprechend ihrer Bedeutung zu berücksichtigen.[572]

369 Die **Abwägung städtebaulicher Belange** kann allerdings auch bereits auf der regionalplanerischen Ebene im Rahmen eines Regionalplanverfahrens erfolgen. Dann bedarf es im immissionsschutzrechtlichen Zulassungsverfahren einer Abwägung von städtebaulichen Belangen nur noch insoweit, als diese in die höherstufige Planungsentscheidung nicht eingegangen sind. Die Berücksichtigung städtebaulicher Belange in der fachplanerischen Entscheidung ermöglicht es auch, Aussagen der Gemeinde oder der Regionalplanung einzubeziehen, die im Rahmen des Darstellungsprivilegs nach § 35 III 3 BauGB ergangen sind. So kann etwa im Rahmen der Fachplanungsentscheidung die Ausweisung einer **Konzentrationszone für Abgrabungen** im Flächennutzungsplan oder im Regionalplan berücksichtigt werden, obwohl sich aus solchen Darstellungen keine förmlichen Bindungswirkungen mit automatischer Ausschlussfunktion für das Fachplanungsverfahren ergeben. Allerdings kann die Raumordnung durch die Festlegung von Vorranggebieten (§ 7 III 2 Nr. 1 ROG) und Vorranggebieten mit Ausschlusswirkung (§ 7 III 3 ROG) solche Vorränge der Raumordnung begründen. Die Privilegierung nach § 38 BauGB von den bauplanungsrechtlichen Vorschriften der §§ 29 bis 36 BauGB stellt das Vorhaben auch nicht etwa von beitragsrechtlichen Regelungen der Gemeinde frei.[573]

370 **Öffentlich zugängliche Abfallbeseitigungsanlagen** nehmen an der Privilegierung des § 38 BauGB teil, auch soweit sie immissionsschutzrechtlich genehmigt werden.[574] Des Einvernehmens der Gemeinde nach § 36 BauGB bedarf es nicht. § 38 Satz 1 2. Halbsatz BauGB betrifft allerdings nur öffentlich zugängliche Abfallbeseitigungsanlagen und nicht auch nicht öffentlich zugängliche Abfallbeseitigungs- sowie alle Abfallbehandlungs-, -lagerungs- bzw. -verwertungsanlagen.[575] Während bei der Erteilung einer Genehmigung für immissionsschutzrechtlich genehmigungsbedürftige Abfallentsorgungsanlagen die planungsrechtlichen Zulässigkeitsanforderungen des Baurechts grundsätzlich zu beachten sind, wird im Rahmen einer abfallrechtlichen Planfeststellung unter Berücksichtigung städtebaulicher Belange die Planungsentscheidung selbst getroffen. Soweit nach § 38 BauGB auch immissionsschutzrechtlich genehmigungsbedürftige Abfallbeseitigungsanlagen unter den dort genannten Voraussetzungen bauplanungsrechtlich privilegiert sein können, wird auch insoweit eine Abwägung städtebaulicher Belange notwendig.[576] **Abfallverbrennungsanlagen** und andere immissionsschutzrechtlich genehmigungsbedürftige Abfallentsorgungsanlagen werden mit einer gebundenen Kontrollerlaubnis nach den §§ 4, 6 BImSchG genehmigt, die bei Vorliegen der gesetzlichen Voraussetzungen zu erteilen ist. Auch der Abwägungsvorbehalt des § 38 I 2 BauGB führt nicht zu einer Änderung des Rechtscharakters dieser Genehmigung. Sie wird nicht zu einer planerischen Abwägungsentscheidung, sondern bleibt eine gebundene Entscheidung, die allerdings um ein planerisches Element angereichert ist, so dass in einem Teilbereich eine Abwägung stattzufinden hat,[577] während Fragen des Bedarfs und planerischer Alternativen, beispielsweise hinsichtlich des Standortes der Anlage, unerheblich sind.[578] § 38 S. 1 2. Halbsatz BauGB betrifft allerdings nur öffentlich zugängliche Abfallbeseitigungsanlagen und nicht öffentlich nicht zugängliche Abfallbeseitigungsanlagen sowie alle Abfallbehandlungs-, -lagerungs- bzw. -verwertungsanlagen.[579]

371 Für **öffentlich zugängliche Deponien** von überörtlicher Bedeutung ergibt sich aus § 38 BauGB ein Vorrang. Die §§ 29–37 BauGB finden keine Anwendung auf Planfeststellungsver-

---

[571] VG Aachen Urt. v. 15.9.2023 – 5 K 353/22, juris Rn. 34; VGH München Urt. v. 11.10.2021 – 2 N 19.2383, juris Rn. 31 ff.

[572] VG Aachen Urt. v. 15.9.2023 – 5 K 353/22, juris Rn. 34; OVG Magdeburg Urt. v. 21.2.2017 – 2 K 87/16 juris Rn. 123; OVG Saarlouis, Urt. v. 20.10.2011 – 2 C 510/09, juris.

[573] VGH Kassel ZfBR 2007, 172; BVerwG NVwZ 1988, 632.

[574] Näher dazu Dippel AbfallR 2020, 57.

[575] OVG Berlin-Brandenburg UWP 2022, 112.

[576] siehe dazu Beckmann in Landmann/Rohmer Umweltrecht I, 2023, § 36 KrWG Rn. 12; Dippel AbfallR 2020, 57; Versteyl AbfallR 2007, 120.

[577] OVG Lüneburg Urt. v. 22.1.2009 – 12 KS 288/07, juris Rn. 34; BVerwG Beschl. v. 28.6.2007 – 7 B 4.07, juris.

[578] OVG Weimar ZUR 2006, 479.

[579] OVG Berlin-Brandenburg Urt. v. 28.4.2022 – OVG 11 A 18/20, juris Rn. 37; Beckmann in Landmann/Rohmer Umweltrecht, 2023, § 36 KrWG Rn. 12.

fahren und sonstige Verfahren mit den Rechtswirkungen der Planfeststellung für Vorhaben von überörtlicher Bedeutung. Das überörtliche Deponievorhaben wird von der strikten Beachtlichkeit der §§ 29 ff. BauGB freigestellt. Gleichwohl sind jedoch die städtebaulichen Belange nach § 38 S. 1 Hs. 2 BauGB zu berücksichtigen; sie können aber bei einer ordnungsgemäßen Abwägung überwunden werden. Darstellungen des FNP bleiben maßgeblich, wenn der Vorhabenträger oder die Planfeststellungsbehörde nicht bei der Planaufstellung widersprochen haben.[580] Ob eine Deponie überörtliche Bedeutung iSd § 38 S. 1 BauGB hat, hängt von den Umständen des Einzelfalls ab. Eine überörtliche Bedeutung kann in der Regel angenommen werden, wenn sich das geplante Einzugsgebiet der Deponie auf mehrere Gemeinden erstreckt.[581] Durch die Beschränkung auf öffentlich zugängliche Abfallbeseitigungsanlagen soll sichergestellt werden, dass nicht sämtliche, im immissionsschutzrechtlichen Verfahren zu genehmigenden Abfallentsorgungsanlagen der Wirtschaft privilegiert werden.[582] Voraussetzung für eine öffentliche Zugänglichkeit soll es sein, dass Private, Einzelpersonen wie auch Unternehmen, ihre Abfälle anliefern können, dass die Deponie dementsprechend nicht nur der Abfallentsorgung des Betreibers oder einem engen Kreis von Betrieben dient.[583] Für das Merkmal der öffentlichen Zugänglichkeit ist es hingegen nicht von Bedeutung, in welcher Rechtsform der Deponiebetreiber auftritt oder ob der Deponiebetrieb öffentlich-rechtlich oder privatrechtlich ausgestaltet wird.[584] Umstritten ist allerdings, ob ein privater Deponiebetreiber zumindest als beauftragter Dritter iSv § 22 in die öffentliche Abfallentsorgung eingebunden sein muss.[585]

§ 38 BauGB enthält die gesetzliche Anordnung eines das Bauplanungsrecht verdrängenden 372
Vorrangs zugunsten des **privilegierten Fachplanungsrechts**. Soweit das jeweilige Fachplanungsrecht eine Regelungskompetenz für sich in Anspruch nimmt, bleibt demgemäß die Beurteilung der bauplanungsrechtlichen Zulässigkeit eines beabsichtigten Vorhabens iS des § 29 BauGB dem spezifischen Entscheidungsverfahren des Fachplanungsrechts überlassen. In welcher verfahrensrechtlichen Weise dies im Einzelnen geschieht, regelt ebenfalls das Fachplanungsrecht.[586] Die Verweisung auf das Fachplanungsgesetz ist allerdings **nicht absolut**. § 38 1 BauGB schließt es nicht aus, dass das insoweit aus der Sicht des bundesrechtlichen Bauplanungsrechts zunächst berufene Fachplanungsrecht seinerseits unter näheren Voraussetzungen wiederum iS einer Rückverweisung das Bundesbaurecht ganz oder teilweise für maßgebend erklärt. Das kann nach Maßgabe des jeweiligen Fachplanungsgesetzes unterschiedlich geschehen. § 38 1 BauGB lässt es beispielsweise zu, dass das Fachplanungsrecht zur Entscheidung über die Zulässigkeit eines beabsichtigten Vorhabens iS des § 29 S. 1 BauGB materielles Bauplanungsrecht als Teil seines eigenen materiellen Entscheidungsprogramms berücksichtigt.[587] Insoweit bestimmt das jeweilige Fachplanungsgesetz zunächst die Reichweite seines Zugriffs auf das Baurecht selbst.[588] Erfolgt dort keine Rückverweisung auf das Bauplanungsrecht, finden die §§ 29 bis 37 BauGB keine Anwendung. Allerdings ist die Gemeinde zu beteiligen und es sind städtebauliche Belange zu berücksichtigen. Im Anwendungsbereich des § 38 BauGB bestimmt daher das jeweilige Fachplanungsrecht, welche Bedeutung dem Bauplanungsrecht als Teil des materiellen Entscheidungsprogramms zukommt. Diese Vorschrift begründet für Planfeststellungsbeschlüsse und vergleichbare Zulassungsentscheidungen, die sich auf Vorhaben von überörtlicher Bedeutung beziehen, einen Vorrang vor entgegenstehenden Festsetzungen eines Bebauungsplans. Die Bauleitplanung hat daher selbst dann schon Rücksicht auf die in Aussicht genommene Fachplanung zu nehmen, wenn diese noch nicht rechtsverbindlich ist. Rücksichtnahme in diesem Sinne bedeutet aber nicht, dass die betreffende Gemeinde allein aufgrund der Verfestigung der potentiell gegenläufigen Fachplanung schon gehalten ist, von der Weiterverfolgung ihrer Bauleitplanung Abstand zu nehmen. Einem Fachplanungsvorhaben zuwiderlau-

---

580 Fellenberg/Schiller in Jarass/Petersen, KrWG, 2022, § 36 Rn. 33.

581 siehe auch VG Potsdam Urt. v. 21.10.2022 – 14 K 2060/18, juris, zur Frage, was eine Abfallbeseitigungsanlage iSv § 38 S. 1 BauGB ist; Fellenberg/Schiller in Jarass/Petersen, KrWG, 2022, § 36 Rn. 33.

582 OVG Berlin-Brandenburg Urt. v. 28.4.2022 – OVG 11 A 18/20, juris Rn. 37.

583 OVG Berlin-Brandenburg Urt. v. 28.4.2022 – OVG 11 A 18/20, juris Rn. 3.

584 Dippel AbfallR 2020, 57 (66); VG Aachen Urt. v. 29.6.2012 – 9 K 855/11, juris Rn. 80.

585 bejahend OVG Koblenz NVwZ 1995, 290, 291; verneinend OVG Lüneburg NVwZ-RR 2006, 25; siehe dazu Dippel AbfallR 2020, 57 (67); Reidt in BKL, BauGB, 2022, § 38 Rn. 17; Kraft in Spannowsky/Uechtritz, BauGB, 2022, § 38 Rn. 17.

586 BVerwG NVwZ 1991.

587 BVerwGE 79, 318.

588 BVerwGE 85, 251.

fenden Festsetzungen kommt insofern rechtliche Bedeutung zu, als der Fachplanungsträger nach § 38 1 HS. 2 BauGB verpflichtet ist, städtebauliche Belange zu berücksichtigen, wozu auch die in den Festsetzungen eines Bebauungsplans zum Ausdruck kommenden planerischen Vorstellungen der Gemeinde gehören.[589]

373 Der Vorbehalt zugunsten von Fachplanungen gem. § 38 1 BauGB betrifft nicht nur die Anwendbarkeit der §§ 29 ff. BauGB, sondern beschränkt auch die Gemeinde im Gebrauch ihrer Planungshoheit in Bezug auf die **vorhandene Anlage** der Fachplanung. Ein wirksamer Planfeststellungsbeschluss als bestandskräftiger Verwaltungsakt mit planerischen Festsetzungen genießt gegenüber einem späteren Bebauungsplan nach § 38 1 BauGB Vorrang. In der Konkurrenz zwischen hinreichend konkretisierter und verfestigter, aber noch nicht rechtsverbindlicher Fachplanung und Bauleitplanung muss letztere im Rahmen der Abwägung nach § 1 VII BauGB auf die in Aussicht genommene Fachplanung Rücksicht nehmen.[590] Der Fachplanungsvorbehalt in § 38 BauGB hindert allerdings nicht an solchen Festsetzungen, die inhaltlich die bestehende Zweckbestimmung des Vorhabens der privilegierten Fachplanung wahren.[591] Ist etwa die Aufhebung der besonderen bahnrechtlichen Zweckbestimmung einer Fläche zu erwarten, steht der Gemeinde frei, die für diesen Fall in Aussicht stehenden Nutzungswünsche von vornherein in die von ihr bauplanungsrechtlich für angemessen und erforderlich erachtete Richtung zu lenken. Dies kann dadurch geschehen, dass auch von den zu deren Sicherung gegebenen Instrumenten der Veränderungssperre und der Zurückstellung von Baugesuchen Gebrauch gemacht werden kann. Hier könnte die Gemeinde auch das Baurecht auf Zeit nutzen und Festsetzungen nach § 9 II BauGB treffen.

374 Im Falle **konkurrierender Planungsvorstellungen** bildet der **Prioritätsgrundsatz** ein wichtiges Abwägungskriterium.[592] Grundsätzlich hat diejenige Planung Rücksicht auf die andere zu nehmen, die den zeitlichen Vorsprung hat.[593] Die kommunale Bauleitplanung muss daher auf hinreichend konkretisierte und verfestigte Planungsabsichten der konkurrierenden Fachplanung Rücksicht nehmen.[594] Außerdem gilt, dass je stärker eine Gemeinde schon von ihrer geographischen Lage oder ihrem sonstigen Ausstattungspotenzial her einer **Situationsgebundenheit** unterliegt, ihr Eingriffe, die an dieses Merkmal anknüpfen, desto eher zumutbar sind.[595] Eine in diesem Sinne hinreichend konkretisierte und verfestigte Fachplanung besteht in der Regel erst mit der Auslegung der Planunterlagen im Planfeststellungsverfahren.[596] Grundsätzlich erlangt die Fachplanung erst mit der Auslegung der Planunterlagen jenen Grad der Konkretisierung und Verfestigung, der eine Rücksichtnahme in der kommunalen Bauleitplanung notwendig macht.[597] Je nach den Umständen des Einzelfalls kann jedoch schon vor Einleitung des Planfeststellungsverfahrens eine abwägungsrelevante Verfestigung bestimmter fachplanerischer Ziele eintreten. Das BVerwG[598] nennt hierfür den Fall eines gestuften Planungsvorgangs mit verbindlichen Vorgaben für die nachfolgende Planungsebene, wie er etwa bei der gesetzlichen Bedarfsfeststellung im Fernstraßenausbaugesetz vorliegt.[599] Eine Bindung der Fachplanung an den Bebauungsplan kann nur gegeben sein, wenn der Plan wirksam ist.[600]

375 Die Absicht der Gemeinde, sich Entwicklungsfreiräume im Zusammenhang mit einer Umgehungsstraße nicht zu verbauen, kann nicht durch Veränderungssperre gesichert werden, weil

---

589 OVG Saarlouis BauR 2012, 540.

590 BVerwG BauR 2013, 440.

591 BVerwG NVwZ 1989, 655.

592 BVerwG NVwZ 2023, 1090; BVerwGE 71, 150. Zum Prioritätsgrundsatz im deutschen Verwaltungsrecht bei der immissionsschutzrechtlichen Genehmigung von Windkraftanlagen Stittig, Diss. jur. 2013; Ritter UPR 2023, 81.

593 BVerwG NVwZ 2023, 1090; BVerwGE 100, 388 (394); BVerwGE 165, 166 Rn. 33; BVerwGE 77, 285.

594 BVerwG NVwZ-RR 2002, 178; NVwZ 2003, 207; OVG Weimar LKV 2006, 468, Abgrenzung zu OVG Weimar ThürVBl 1995, 64.

595 BVerwG NVwZ 2023, 1090; BVerwGE 112, 274 (291); Urt. v.15.10.2020 – 7 A 10.19, juris Rn. 40.

596 VGH München Urt. v. 30.11.2006 – 1 N 05.1665, juris zum Prioritätsgrundsatz bei konkurrierender Planung; BVerwG NVwZ 2003, 207. Zum Verhältnis von Bebauungsplan und Planfeststellung VGH München Urt. v. 4.5.2006 – 26 N 03.1737, juris.

597 OVG Schleswig Beschl. v. 28.8.2020 – 1 MR 4/20, juris Rn. 25; BVerwG NVwZ 2003, 207.

598 BVerwG NVwZ 2003, 207.

599 BVerwG BRS 67 Nr 27 (2004).

600 VGH München UPR 2006, 75.

damit keine konkreten Planungsabsichten verfolgt werden.[601] Selbst wenn durch eine Verkehrswegeplanung die Lärmgrenzwerte nach § 2 der 16. BImSchV in einem schon verwirklichten Baugebiet überschritten werden, löst dies keinen Planungsanspruch der betroffenen Grundstückseigentümer gegen die Gemeinde aus. Vielmehr sind solche Lärmschutzansprüche gegenüber dem Träger der Verkehrswegeplanung geltend zu machen.[602]

Privilegierte Vorhaben der Fachplanung nach § 38 BauGB sind herkömmlich Vorhaben mit 376
einem entsprechenden Gemeinwohlbezug, die zugleich eine **Enteignung** rechtfertigen und daher einer entsprechenden Planrechtfertigung bedürfen. Soweit die Vorhaben nicht gemeinnützig sind, sondern einen rein privatnützigen Charakter haben, entfallen zugleich auch die Möglichkeiten des Eingriffs in private Rechte. Ein besonderer Gemeinwohlbezug kann zwar auch bei Vorhaben in privater Trägerschaft gegeben sein. Soll bei derartigen Vorhaben in private Rechte eingegriffen oder Eigentum enteignet werden, bedarf es einer besonderen Legitimierung.[603] Für **Abfalldeponien**, **Gewässerausbauten** und andere Fachplanungsvorhaben ergibt sich diese ggfls. aus ihrer **Allgemeinwohldienlichkeit**. Allgemeinwohldienlich sind nicht nur Vorhaben öffentlich-rechtlicher Aufgabenträger. Auch Vorhaben privater Betreiber können allgemeinwohldienlich sein. Dass neben den gemeinwohlorientierten Zielen auch privatwirtschaftliche Gewinnerzielungsabsichten verfolgt werden, steht der Allgemeinwohldienlichkeit eines Vorhabens nicht entgegen,[604] dass das Vorhaben auch öffentlichen Interessen dient, führt aber allein noch nicht zur generellen Allgemeinwohldienlichkeit des Vorhabens. Vielmehr bedarf es noch der bereits erwähnten Abwägung aller im Einzelfall betroffenen Belange, auf deren Grundlage ein Überwiegen der für das Vorhaben sprechenden Allgemeinwohlbelange festgestellt werden muss, wenn für das Vorhaben eine nachteilige Wirkung auf das Eigentum eines Dritten oder gar eine Enteignung zulässig sein soll.[605] Auch **Enteignungen zugunsten Privater** sind insoweit nach der Rechtsprechung des BVerfG grundsätzlich zulässig. Jedoch ist besonders sorgfältig zu prüfen, ob hinter dem verfolgten Gemeinwohlziel ein auch unter Berücksichtigung der Privatnützigkeit der Enteignung hinreichend schwerwiegendes, spezifisch öffentliches Interesse steht. Zudem sind vor allem zur dauerhaften Sicherung des Enteignungszwecks bei einer Enteignung zugunsten eines Unter-nehmens, bei dem sich der Nutzen für das Allgemeinwohl nicht schon aus dem Unternehmenszweck, sondern lediglich mittelbar ergebe, zusätzliche Anforderungen an das Enteignungsgesetz zu stellen.[606]

Eine Fläche, die den rechtlichen Charakter einer Anlage der **Bahn** hat, ist der gemeind- 377
lichen Planungshoheit allerdings nicht völlig entzogen. Planerische Aussagen, insbesondere auch Festsetzungen eines Bebauungsplans, die inhaltlich der bestehenden Zweckbestimmung einer Fläche als Bahnanlage nicht zuwiderlaufen, sind danach zulässig. Darüber hinaus ist eine Planung der Gemeinde in Bezug auf bestehende Anlagen und Flächen der Bahn zulässig, die inhaltlich keinen Konflikt mit dem besonderen Charakter der Bahnanlage auslöst, dh deren Zweckbestimmung, uneingeschränkt dem Bahnbetrieb zur Verfügung zu stehen, unangetastet lässt. Hierfür kommt etwa in Betracht, dass die Gemeinde in einem Bebauungsplan die Zulässigkeit bestimmter Arten von Nutzungen oder Arten baulicher Anlagen modifiziert, ausschließt oder einschränkt.[607] Privilegierung und Widmung einer Fläche als Anlage der Bahn stehen auch einer Einbeziehung dieser Flächen in das Gebiet einer städtebaulichen Sanierungssatzung nicht entgegen. Eine Sanierungssatzung enthält regelmäßig noch keine verbindlichen Festsetzungen, die als solche dem Fachplanungsrecht zuwiderlaufen könnten.[608]

---

601 OVG Lüneburg BauR 2004, 1121.

602 OVG Koblenz BauR 2004, 545.

603 BVerwGE 55, 220; BVerfGE 74, 264 – Boxberg; zum Eigentumsschutz und zur enteignungsrechtlichen Vorwirkung der abfallrechtlichen Planfeststellung siehe Beckmann UPR 2023, 121.

604 BVerwGE 85, 44, 49; Beckmann UPR 2023, 121; Beckmann in Landmann/Rohmer, Umweltrecht, § 36 KrWG, 2023, Rn. 44.

605 BVerwGE 85, 44 (49); Fellenberg/Schiller in Jarass/Petersen, KrWG, 2022, § 36 Rn. 66; Beckmann UPR 2023, 121 ff.

606 BVerfG Beschl. v. 21.12.2016 – 1 BvL 10/14, juris Rn. 24; BVerfG Nichtannahmebeschl. v. 25.01.2017 – 1 BvR 2297/10, juris Rn. 37; BVerfGE 134, 242 (294 f. Rn. 177); BVerfGE 74, 264 (281 ff., 289); Beckmann UPR 2023, 121.

607 VG Stuttgart Urt. v. 7.3.2023 – 2 K 399/22, juris Rn. 38; BVerwG ZfBR 2013, 573.

608 VG Stuttgart Urt. v. 7.3.2023 – 2 K 399/22, juris Rn. 38; VGH München Beschl. v. 5.2.2015 – 2 ZB 13.2084, juris.

378 **f) Anpassung an den Flächennutzungsplan.** Öffentliche Planungsträger, die nach § 4 BauGB oder § 13 BauGB beteiligt worden sind, haben ihre Planungen dem Flächennutzungsplan insoweit anzupassen, als sie diesem Plan nicht widersprochen haben (§ 7 BauGB).[609] § 7 BauGB soll eine Harmonisierung unterschiedlicher Ansprüche an die Bodennutzung in der Gemeinde bei sich überlagernden Planungen öffentlicher Planungsträger bewirken, in dem besondere Anforderungen iS einer materiellen Koordination der unterschiedlichen Planungen gestellt werden. Die Vorschrift dient dem Schutz der Planungshoheit der Gemeinde; sie vermittelt den Kommunen eine klagefähige Rechtsposition im Konflikt mit Planungen anderer öffentlicher Planungsträger.[610]

379 Öffentliche Planungsträger, die einer Anpassungspflicht nach § 7 S. 1 BauGB unterliegen können, sind insbesondere die Träger der in § 38 S. 1 BauGB genannten privilegierten Fachplanungen.[611] Unter § 7 BauGB fallen auch flächenbezogene Planungen nach den Naturschutzgesetzen, etwa die Festsetzung eines Landschafts- oder Naturschutzgebietes, der Landschaftsrahmenplan und der Landschaftsplan, soweit diese Rechtsnormen sind und nicht von der Gemeinde aufgestellt werden.[612] Der Bereich der Raumordnung wird indessen nicht von § 7 erfasst; das Verhältnis von Raumordnung zur Bauleitplanung ist gesondert in § 4 I ROG und § 1 IV geregelt.[613]

380 Träger des Vorhabens sind bei förmlichen Fachplanungen, bei denen die Zulässigkeit des Vorhabens mit einem Planfeststellungsbeschluss festgestellt wird, von der für die Planfeststellung zuständigen Behörde zu unterscheiden. Öffentlicher Planungsträger nach § 7 BauGB ist insoweit der **Vorhabenträger**, regelmäßig daher nicht die Planfeststellungsbehörde.[614] Fraglich ist angesichts des an sich eindeutigen Wortlauts, ob § 7 BauGB auch auf Planungen privater Vorhabenträger anzuwenden ist. Das OVG Lüneburg meint, dass eine Anpassungspflicht jedenfalls dann entsteht, wenn das private Vorhaben als im öffentlichen Interesse liegend anzusehen ist und der festgestellte Plan Grundlage von Enteignungen sein kann.[615] Zu Recht wird angenommen, dass § 7 BauGB auch auf Vorhabenträger in Privatrechtsform als (potentielle) Antragsteller der durch § 38 BauGB privilegierten Vorhaben anzuwenden ist.[616] Bei den durch § 38 BauGB aufgeführten Vorhaben wird nicht die Planfeststellungs- bzw. Genehmigungsbehörde, sondern der Planungsträger privilegiert.[617] Sie verfügen auch bei laufendem Planfeststellungsverfahren noch über eine Dispositionskompetenz über das Vorhaben, auch wenn die Planfeststellungsbehörde ihre planerischen Vorstellungen abwägend nachvollzieht und dadurch die rechtliche Verantwortung für die Planung übernimmt.[618]

381 Der **Widerspruch** ist bis zum Beschluss der Gemeinde über den Flächennutzungsplan einzulegen. Insoweit ist die den Trägern öffentlicher Belange im Rahmen der Beteiligung nach den §§ 4 und 13 BauGB eingeräumte Monatsfrist bis zum abschließenden Beschluss des Gemeinderates über den Flächennutzungsplan verlängert. Durch diese Regelungen soll eine Harmonisierung der Bauleitplanung mit der Fachplanung erreicht werden. Die öffentlichen Planungsträger sollen im Rahmen ihrer Beteiligung nach § 4 BauGB Aufschluss über die von ihnen beabsichtigten Planungen und sonstigen Maßnahmen sowie deren zeitliche Abwicklung geben, die für die städtebauliche Entwicklung und Ordnung des Gebietes von Bedeutung sind

---

609 Zum „rechtswidrigen" Widerspruch Böttiger VR 2007, 85; siehe dazu auch Deutsch ZUR 2021, 67; Zum Rechtsschutz der Gemeinde Böttiger DWW 2007, 4.

610 OVG Lüneburg NuR 2021, 403; Mitschang in BKL, BauGB, 2022, § 7 Rn. 3.

611 OVG Lüneburg AbfallR 2018, 309; Schrödter in Schrödter, BauGB, § 7 Rn. 3; Mitschang in BKL, BauGB, 2022, § 7 Rn. 4.

612 Schrödter/Wahlhäuser in Schrödter, BauGB, 2019, § 7 Rn. 3.

613 OVG Lüneburg NuR 2021, 403; Kraft in BeckOK, BauGB, 2022, § 7 Rn. 5.

614 OVG Lüneburg AbfallR 2018, 309; Runkel in EZBK, § 7 Rn. 4; VGH Mannheim Urt. v. 31.1.1997 – 8 S 991/96, juris.

615 OVG Lüneburg AbfallR 2018, 309; Runkel in EZBK, BauGB, § 7 Rn. 4a; Schrödter in Schrödter, BauGB 2019, § 7 Rn. 8; VGH Kassel ESVGH 56, 58.

616 Kraft in BeckOK, BauGB, 2022, § 7 Rn 5; Kümper UPR 2013, 9 (11); Mitschang in BKL, BauGB, 2022, § 7 Rn. 1.

617 BVerwG NVwZ 2019, 313 Rn. 17; Kraft in BeckOK, BauGB, 2022, § 7 Rn 5; Mitschang ZfBR 2017, 28 (30).

618 BVerwG NVwZ 1995, 598 (600); Kraft in BeckOK, BauGB, 2022, § 7 Rn 5; siehe auch Beckmann Planfeststellung zwischen Zulassungsverfahren und Planung. in Erbguth, Planungsrecht in der gerichtlichen Kontrolle, 2011, 123; Beckmann BauR 2016, 1417.

(§ 4 II 2 BauGB). Die jeweiligen Planungsabsichten der öffentlichen Planungsträger sollen daher in die Abwägung der Gemeinde bei der Aufstellung der Bauleitplanung eingehen. Dies lässt allerdings stärkere Vorrangregelungen zugunsten der privilegierten Fachplanung nach § 38 BauGB unberührt. Auch die privilegierte Fachplanung ist aber ebenso wie nicht privilegierte Fachplanungen über § 7 BauGB in gewisser Weise an die im Beteiligungsverfahren vorgebrachten Stellungnahmen gebunden. Soweit im Rahmen der Behördenbeteiligung nach § 4 BauGB oder im Planänderungsverfahren nach § 13 BauGB kein Widerspruch erfolgt, ergibt sich für die öffentlichen Planungsträger eine Bindung an ihre Stellungnahmen und damit an die Darstellungen des Flächennutzungsplans.

Die in § 7 BauGB normierte Bindung öffentlicher Planungsträger an den Flächennutzungs- 382
plan im Fall des unterlassenen Widerspruchs gilt, wie § 38 2 BauGB ausdrücklich klarstellt, auch für die nach § 38 1 Halbs.1 BauGB gegenüber der Ortsplanung im Übrigen privilegierten Vorhaben. Die Anpassungspflicht des § 7 1 BauGB schützt nicht nur die **Planungshoheit** der Gemeinde, sondern auch den objektiven Belang einer geordneten städtebaulichen Entwicklung. Der durch die enteignende Vorwirkung des Planfeststellungsbeschlusses Betroffene kann sich auf eine Verletzung der Anpassungspflicht durch den öffentlichen Planungsträger berufen. Die Kompetenz, ein Einvernehmen mit dem öffentlichen Planungsträger über eine von dem Flächennutzungsplan abweichende Planung herzustellen, steht allein dem für Aufstellung und Änderung des Flächennutzungsplans zuständigen Gemeindeorgan zu. Das Einvernehmen über eine Abweichung vom bisherigen gemeindlichen Planungskonzept muss aus Gründen der Rechtsklarheit durch eine förmliche Änderung des Flächennutzungsplans nach außen erkennbar dokumentiert werden. Vom Flächennutzungsplan abweichende Planungsvorstellungen und -ziele, die nur in informellen Planungen (zB einem "Masterplan") zum Ausdruck gebracht werden, stellen keine Veränderung der Sachlage im Sinne von § 7 S. 3 BauGB dar.[619]

Ist der öffentliche Planungsträger an der Flächennutzungsplanung beteiligt worden und hat 383
er ihr nicht widersprochen, hat er seine Planungen entsprechend anzupassen. Die Anpassungspflicht nach § 7 Satz 1 BauGB bedeutet, dass der Fachplanungsträger seine Planung entsprechend den inhaltlichen Bindungen, die sich für Bebauungspläne aus § 8 II 1 BauGB ergeben, so zu gestalten hat, dass sie als aus dem Flächennutzungsplan entwickelt gelten kann,[620] wobei mit dem Begriff des Entwickelns eine **gewisse Gestaltungsfreiheit** verbunden ist, soweit die Planung nicht der Grundkonzeption des Flächennutzungsplans widerspricht.[621]

Das **Anpassungsgebot** kann sich nur auf im Flächennutzungsplan mit Gründen abgewo- 384
gene Darstellungen, nicht aber auf neue Planungen beziehen, die im Zeitpunkt der Beteiligung noch nicht bekannt waren. Abweichungen der Fachplanung vom Flächennutzungsplan setzen im Falle bereits abgewogener fachplanerischer Belange grundsätzlich eine Änderung des Flächennutzungsplans voraus, die aus „städtebaulichen Gründen", zu denen auch die Belange der Fachplanung gehören, erfolgen kann. Ist die Gemeinde hierzu nicht bereit, kann der Träger der Fachplanung nur unter drei Voraussetzungen abweichen: (1) Eine Veränderung der Sachlage macht eine Abweichung erforderlich. (2) Der öffentliche Planungsträger hat nachträglich zu widersprechen, wenn (3) die für die abweichende Planung geltend gemachten Belange die sich aus dem Flächennutzungsplan ergebenden städtebaulichen Belange nicht nur unwesentlich überwiegen.

Von dem in § 38 BauGB angeordneten **Vorrang der privilegierten Fachplanung**, die 385
sich über städtebauliche Belange bei Beteiligung der Gemeinde in der Abwägung hinwegsetzen kann, bleibt insoweit nicht viel übrig. Der in § 38 BauGB angeordnete Vorrang der privilegierten Fachplanung passt nicht zu einem aus § 7 BauGB abgeleiteten weitgehenden Anpassungsgebot der Fachplanung an die Bauleitplanung. Allerdings ist der Träger der Fachplanung, der den Darstellungen des Flächennutzungsplans nicht widersprochen hat, wie schon angesprochen nur im Maße des für die Entwicklung des Bebauungsplans aus dem Flächennutzungsplan geltenden § 8 II 1 BauGB an diesen gebunden. Die Bindungswirkungen des Flächennutzungsplans werden nicht verletzt, wenn das Vorhaben des Fachplanungsträgers sich als Konkretisie-

---

619 BVerwG NVwZ 2011, 680. Zur etwaigen Anpassungspflicht des öffentlichen Planungsträgers an den Flächennutzungsplan hinsichtlich einer Tank- und Rastanlage VGH Mannheim BauR 2011, 1702. Zur landesplanerischen Standortplanung und Planfeststellung Steinberg DVBl. 2010, 137; Stüer DVBl. 2007, 610. Zur Bedeutung informeller Planungen für die Bauleitplanung und für Genehmigungsentscheidungen Uechtritz ZfBR 2010, 646.

620 OVG Lüneburg NuR 2021, 403.

621 OVG Lüneburg NuR 2021, 403; NuR 2020, 631; BVerwG NVwZ 2012, 557.

rung der Grundzüge der städtebaulichen Entwicklung des Flächennutzungsplans darstellt. Bindungswirkungen für den Träger der Fachplanung kann der Flächennutzungsplan nur durch zeichnerische oder textliche Darstellungen entfalten. Die Begründung sowie an diesen Darstellungen nicht teilnehmende politische Erklärungen können keine den Träger der Fachplanung bindenden Wirkungen erzeugen. Der Inhalt des Flächennutzungsplans ergibt sich aus der in der Bekanntmachung in Bezug genommenen Planausfertigung, nicht aus sonstigen Unterlagen, die mit der Planurkunde nicht verbunden sind.[622] Die Anpassungspflicht nach § 7 Satz 1 BauGB gebietet nicht, bei der Planfeststellung eines Schienenweges Schallschutz zugunsten von Flächen vorzunehmen, die der Flächennutzungsplan als Wohnbauflächen darstellt.[623] Wird ein Flächennutzungsplan nach einem großen Zeitabstand neu aufgestellt (hier nach mehr als 30 Jahren), liegt dem regelmäßig eine völlig **neue Abwägung** zugrunde. Dies hat zur Folge, dass ein Widerspruch nach § 7 Satz 1 BauGB auch dann zulässig ist, wenn dieselbe Darstellung schon in der Vorgängerfassung enthalten war.[624]

Hinweis: Eine Landschaftsschutzverordnung gehört zu den raumbeeinflussenden Fachplanungen, die nach § 7 1 BauGB an einen Flächennutzungsplan anzupassen ist, wenn und soweit dieser bei Erlass der Landschaftsschutzverordnung bereits in Kraft getreten war.[625] Ein nur beschlossener, aber noch nicht in Kraft getretener Flächennutzungsplan entfaltet keine Vorwirkungen.[626] Auch eine private Trägerin eines Fachplanungsvorhabens wie die Betreiberin des Flughafens Frankfurt/Main kann grundsätzlich durch § 7 BauGB zur Anpassung ihres Vorhabens an einen Flächennutzungsplan verpflichtet sein.[627]

386 Nach Ansicht des VGH Mannheim unterliegt bei Planfeststellungen oder Unternehmergenehmigungen zunächst der Vorhabenträger als Planungsträger der **Anpassungspflicht**. Allenfalls dann, wenn ein derartiges Vorhaben bereits bei der Behörde anhängig ist, könne auch diese „öffentlicher Planungsträger" iS des § 7 BauGB und damit gehalten sein, förmlich Widerspruch gegen den Flächennutzungsplan zu erheben. Die Verpflichtung des Planungsträgers in § 7 S. 3 BauGB, sich mit der Gemeinde ins Benehmen zu setzen, wenn eine veränderte Sachlage eine abweichende Planung erforderlich macht, verlangt – so der VGH Mannheim – keine Willensübereinstimmung. Es genüge grundsätzlich die Anhörung der Gemeinde. Die Anpassungspflicht nach § 7 BauGB setze zudem einen wirksamen Flächennutzungsplan voraus. Möglicherweise bestehende Vorwirkungen eines „planreifen" Flächennutzungsplans könnten allenfalls abgemilderte Koordinierungspflichten begründen.[628]

387 Zudem sind die sich aus § 7 BauGB ergebenden Bindungen des öffentlichen Planungsträgers nur relativ und nicht strikt. Macht eine **Veränderung der Sachlage** eine abweichende Planung erforderlich, haben die Planungsträger sich unverzüglich mit der Gemeinde ins Benehmen zu setzen. Kann ein Einvernehmen zwischen der Gemeinde und dem öffentlichen Planungsträger nicht erreicht werden, kann der öffentliche Planungsträger nachträglich widersprechen. Der Widerspruch ist nur zulässig, wenn die für die abweichende Planung geltend gemachten Belange die sich aus dem Flächennutzungsplan ergebenden städtebaulichen Belange nicht nur unwesentlich überwiegen. Der öffentliche Planungsträger hat ggf. der Gemeinde nach Maßgabe des § 37 III BauGB eine **Entschädigung** zu gewähren. Entstehen der Gemeinde infolge der Durchführung derartiger Planungen Aufwendungen für Entschädigungen nach dem BauGB, so sind diese Entschädigungsleistungen vom öffentlichen Planungsträger zu ersetzen. Dies gilt auch für Aufwendungen, die der Gemeinde durch die erforderlich werdende Aufstellung, Änderung, Ergänzung oder Aufhebung eines Bebauungsplans entstehen (§§ 7 6, 37 III BauGB). Die Bindung des öffentlichen Planungsträgers an den Flächennutzungsplan ist damit auf diejenigen Belange beschränkt, die dem Planungsträger bereits im Zeitpunkt der Beschlussfassung über den Flächennutzungsplan bekannt waren. Eine Änderung der Sachlage kann eine abweichende Planung rechtfertigen. Der Begriff der veränderten Sachlage wird auch auf eine Veränderung in der Zielkonzeption oder in einer anderen Bewertung unveränderter Belange zu erstrecken sein. Auch derartige Umstände können eine veränderte Planung des

[622] BVerwGE 141, 171; BVerwGE 138, 226.
[623] BVerwG NVwZ 2019, 313.
[624] BVerwGE 169, 94.
[625] Huber/Dietrich ZfBR 2005, 437.
[626] OVG Schleswig-Holstein NuR 2006, 256.
[627] VGH Kassel ESVGH 56, 58.
[628] VGH Mannheim NVwZ-RR 1998, 221.

öffentlichen Planungsträgers rechtfertigen. Dieser hat allerdings in eine Abwägung einzutreten, ob die neuen Gesichtspunkte eine Abweichung von dem Flächennutzungsplan rechtfertigen. Insoweit unterliegt eine Abweichung dem Gebot der **qualifizierten Abwägung**, wie es auch für die Änderung einer einmal gewählten Planungskonzeption im Rahmen der Bauleitplanung entwickelt worden ist. Vor allem hat der öffentliche Planungsträger daher den zugrunde liegenden Sachverhalt und die betroffenen Belange besonders sorgfältig zu ermitteln, seine Maßnahmen qualifiziert zu begründen und in allen Verfahrensschritten der Abwägung die Vertrauensschutzgesichtspunkte zu berücksichtigen, die aus dem Flächennutzungsplan für die Gemeinde, aber auch die Planbetroffenen entstanden sind. Die im Flächennutzungsplan niedergelegten städtebaulichen Belange einschließlich der Vertrauensschutzgesichtspunkte Dritter sind zwar durch neue Erkenntnisse und überzeugende Planänderungen überwindbar. Dies stellt jedoch an die Änderungsplanung qualifizierte Anforderungen. Soweit der öffentliche Planungsträger aufgrund eigener Fachgesetze entscheidet, müssen diese ggf. durch entsprechende Abwägungselemente zugunsten städtebaulicher Belange ergänzt werden, wie dies auch in § 38 BauGB zugunsten einer gemeindlichen Beteiligung vorgesehen ist.

Im Übrigen ist der öffentliche Planungsträger von den **Bindungen** an den Flächennutzungsplan nur insoweit **freigestellt**, als die von ihm anzuwendenden Vorschriften eine Abweichung von den planerischen Aussagen der Gemeinde ermöglichen. Für den Bereich der privilegierten Fachplanung gilt danach § 38 BauGB, der die Fachplanung nach Maßgabe der jeweiligen Fachgesetze von den Bindungen der Bauleitplanung – also sowohl des Flächennutzungsplans als auch eines Bebauungsplans – freistellt. Im Übrigen können sich Freistellungen von den materiellen planungsrechtlichen Zulässigkeitsanforderungen nur insoweit ergeben, als die Fachgesetze dies anordnen. Soweit jedoch keine sondergesetzlichen Vorschriften bestehen, sind öffentliche Planungsträger an die gemeindliche Bauleitplanung gebunden. Vorhaben der öffentlichen Planungsträger nach § 29 BauGB setzen ggf. eine rechtsverbindliche Bauleitplanung voraus, wenn die Voraussetzungen für eine planungsrechtliche Zulässigkeit nach den §§ 34 und 35 BauGB nicht gegeben sind. 388

Wird ein Flächennutzungsplan nach einem großen Zeitabstand etwa von **mehr als 30 Jahren** neu aufgestellt, liegt dem regelmäßig eine völlig neue Abwägung zugrunde. Dies hat zur Folge, dass ein Widerspruch nach § 7 S. 1 BauGB auch dann zulässig ist, wenn dieselbe Darstellung schon in der Vorgängerfassung enthalten war. Ein Eigentümer kann sich nur dann gegen eine heranrückende, sein Grundstück noch nicht unmittelbar betreffende Planung zur Wehr setzen, wenn ein Zwangspunkt geschaffen wird, der im weiteren Planungsverlauf zwangsläufig zu seiner Betroffenheit führt.[629] 389

g) Bauliche Maßnahmen des Bundes und der Länder. Macht die besondere öffentliche Zweckbestimmung für bauliche Anlagen des Bundes oder eines Landes erforderlich, von den Vorschriften des BauGB oder den auf Grund des BauGB erlassenen Vorschriften abzuweichen oder ist das Einvernehmen mit der Gemeinde nach § 14 BauGB oder § 36 BauGB nicht erreicht worden, entscheidet nach § 37 I BauGB die höhere Verwaltungsbehörde. Der Begriff der **„besonderen öffentlichen Zweckbestimmung"** setzt voraus, dass ein besonderes Vorhaben geplant ist, das sich wegen seiner Aufgabenstellung nach Standort, Art, Ausführung und Auswirkung von sonstigen Bauten des Verwaltungsvermögens unterscheidet. Weiterer Voraussetzungen bedarf es nicht. Insbesondere ist nicht erforderlich, dass sich die geplante neue Nutzung im Rahmen der bisherigen Nutzung hält. Das öffentliche Interesse, Nutzungskonflikte zu vermeiden, die dadurch entstehen, dass eine lärmsensible Anlage mit besonderer öffentlicher Zweckbestimmung in der Nachbarschaft von lärmverursachenden Gewerbebetrieben angesiedelt werden soll, und die privaten Interessen solcher Gewerbebetriebe, durch die Ansiedlung jener Anlage nicht in ihrer Betriebsausübung eingeschränkt zu werden, sind bei der Prüfung der Erforderlichkeit der Anlage iS des § 37 I BauGB zu berücksichtigen.[630] 390

§ 37 BauGB enthält keinen umfassenden Dispens von bauplanungsrechtlichen Anforderungen, der eine Fortentwicklung der festgestellten organischen Siedlungsstruktur verhindern würde, sondern ermöglicht nur eine Abweichung von Zulässigkeitsvoraussetzungen im Einzelfall.[631] Bei einer entsprechenden Entscheidung nach § 37 I BauGB können auch gemeindliche 391

[629] BVerwG NVwZ 2021, 648; BVerwGE 160, 78 Rn. 150.
[630] OVG Münster NVwZ-RR 2020, 477.
[631] BVerwG Beschl. v. 24.1.2022 – 9 B 11/21, juris Rn. 8.

Belange überwunden werden. Es muss sich allerdings um ein **Vorhaben** des **Bundes** oder des **Landes** handeln. Diese müssen grundsätzlich **Bauherr** sein. Nach § 37 BauGB sind zB auch die Vorhaben von nicht rechtsfähigen Bundesanstalten zu beurteilen, nicht hingegen ganz allgemein die Vorhaben von Körperschaften, Anstalten oder Stiftungen des öffentlichen Rechts, die auf Bundes- oder Landesebene bestehen.[632] Als Vorhaben des Bundes sind auch die der Deutschen Bundespost behandelt worden[633] – ebenso militärische Vorhaben, selbst wenn sie nicht von der Bundesrepublik, sondern einem NATO-Vertragspartner durchgeführt oder genutzt werden.[634] Es ist dabei ein räumlich-funktionaler Bezug zu den jeweiligen Aufgaben des Landes oder Bundes ausreichend.[635]

392 Fraglich ist, ob auch eine **Zurückstellung von Baugesuchen** nach § 15 I 1 BauGB in den unmittelbaren Anwendungsbereich von § 37 I BauGB unterfällt.[636]

393 Bei Vorhaben, die der **Landesverteidigung**, den Zwecken des **Bundesgrenzschutzes** oder des **zivilen Bevölkerungsschutzes** dienen, ist nur die Zustimmung der höheren Verwaltungsbehörde erforderlich.[637] Vor Erteilung der Zustimmung hat die Gemeinde ein Anhörungsrecht. Versagt die höhere Verwaltungsbehörde ihre Zustimmung oder widerspricht die Gemeinde dem beabsichtigten Bauvorhaben, entscheidet der zuständige Bundesminister im Einvernehmen mit den beteiligten Bundesministern und im Benehmen mit der zuständigen Obersten Landesbehörde (§ 37 II BauGB).[638] Die besondere öffentliche Zweckbestimmung für bauliche Anlagen des Bundes oder eines Landes macht es dann erforderlich, von städtebaulichen Vorschriften abzuweichen, wenn dies zur Erfüllung oder Wahrung der jeweiligen öffentlichen Zweckbestimmung vernünftigerweise geboten ist.

394 Der Begriff der besonderen öffentlichen Zweckbestimmung setzt zunächst eine Unmittelbarkeit der öffentlichen Zweckbestimmung voraus, die in der Regel für das Verwaltungsvermögen kennzeichnend ist, während das Finanzvermögen den öffentlichen Zwecken nur mittelbar dient. Durch das Wort „besondere" wird eine darüberhinausgehende Anforderung an diese Zweckbestimmung gestellt. Nicht jedes Verwaltungsgebäude erfüllt eine in diesem Sinne besondere Zweckbestimmung. „Besondere" bedeutet vielmehr, dass es sich um ein Vorhaben handeln muss, das sich wegen seiner Aufgabenstellung nach Standort, Art, Ausführung oder Auswirkung von sonstigen Verwaltungsbauten unterscheidet. Das wird beispielsweise für technische Anlagen der Daseinsvorsorge oder für die in § 37 II BauGB genannten Anlagen der Verteidigung oder des zivilen Bevölkerungsschutzes gelten.[639]

395 Für den in § 37 II BauGB verwendete Begriff des „Dienens" genügt es nicht, dass das Vorhaben der Landesverteidigung förderlich ist; eine Notwendigkeit oder gar Unentbehrlichkeit wird jedoch nicht verlangt. Der Landesverteidigung dienen insoweit nicht nur die eigentlichen militärischen Anlagen, wie zB Munitionsdepots, Radaranlagen oder Militärflugplätze, sondern auch Kasernen mit ihren Nebenanlagen und Wohnbauvorhaben für ausländische Truppen und ihr ziviles Gefolge, die im Rahmen des NATO-Truppenstatuts errichtet werden.[640]

396 Die Gemeinde hat gegen Entscheidungen nach § 37 BauGB **Klagerechte**, wenn das nach § 37 BauGB zur Überwindung gemeindlicher Belange erforderliche Verfahren nicht durchgeführt wurde, sie nicht ordnungsgemäß angehört worden ist oder in ihre Rechte unzulässig eingegriffen worden ist. Bei baulichen Maßnahmen des Bundes oder des Landes kann auch von den planungsrechtlichen Zulässigkeitsvorschriften der §§ 29 ff. BauGB abgewichen werden. Dies setzt aber eine entsprechende Abwägung der Vorhabeninteressen mit den gemeindlichen Belangen voraus. Erweisen sich die gemeindlichen Belange als vorrangig, sind entsprechende Abwehrrechte gegeben.

---

632 Krautzberger in BKL, BauGB, 2022, § 37 BauGB Rn. 3.

633 BVerwG NVwZ 1992, 479; OVG Münster NVwZ 1992, 497; NVwZ-RR 1990, 531.

634 BVerwGE 91, 227.

635 Zu den planungsrechtlichen Rahmenbedingungen für die Wiedernutzung von nicht mehr für militärische Zwecke benötigten Liegenschaften Stemmler ZfBR 2006, 117.

636 Siehe dazu VG Karlsruhe Beschl. v. 14.12.2022 – 7 K 2771/22, juris Rn. 17 ff.

637 Zum Umweltsonderrecht für Vorhaben der Landesverteidigung Scheidler NuR 2005, 8.

638 Zu den Beteiligungsrechten der Gemeinde bei Entscheidungen nach § 37 II BauGB Scheidler VBlBW 2008, 291.

639 BVerwG BauR 1981, 661.

640 Rieger in Schrödter, BauGB, 2019, § 37 Rn. 14.

Beispiel: Bei der Zulassung eines militärischen Vorhabens ist das Risiko eines etwaigen Störfalls zu berücksichtigen, wenn dies etwa wegen des hohen Gefahrenpotenzials der Anlage oder der besonderen Wahrscheinlichkeit des Eintritts eines Störfalls vernünftigerweise geboten ist.[641]

Lediglich intern wirkende behördliche Abstimmungen und Entscheidungen unterliegen allerdings nicht den Kontroll- oder Klagebefugnissen der gemeindlichen Selbstverwaltung. So ist etwa die Bezeichnung eines Vorhabens durch den Bundesminister für Verteidigung zum Zwecke der Landbeschaffung kein anfechtbarer Verwaltungsakt.[642] 397

Beispiel: Der für ein Bauvorhaben der **NATO-Streitkräfte** vorgesehenen Standortgemeinde steht kein verwaltungsgerichtlicher Rechtsschutz gegen die Zustimmung der deutschen Behörden zu der Programmvereinbarung nach Art. 49 II des Zusatzabkommens zum NATO-Truppenstatut zu. Das gilt auch, wenn diese Zustimmung den konkreten Standort der Baumaßnahme miterfasst. Dadurch, dass an der Entscheidung, hier bauen zu wollen, zwei Rechtsträger beteiligt sind, die sich vorher in einem bestimmten Verfahren abstimmen müssen (Standortentscheidung), wird der Rechtsschutz der Gemeinde nicht in dieses Abstimmungsverfahren vorverlagert.[643]

Die **höhere Verwaltungsbehörde** entscheidet eigenverantwortlich, ob die besondere öffentliche Zweckbestimmung einer Anlage des Bundes oder eines Landes eine Abweichung von baurechtlichen Vorschriften iS von § 37 I BauGB erforderlich macht. Die höhere Verwaltungsbehörde ist allerdings im Rahmen der Landesorganisation weisungsgebunden. Ihre Entscheidung unterliegt zudem der uneingeschränkten gerichtlichen Kontrolle. Dem Vorhabenträger steht hinsichtlich des konkreten Standortes der Anlage keine autonome Entscheidungsbefugnis zu, die iS des Fachplanungsrechts zu einer Einschränkung der gerichtlichen Kontrolldichte führen könnte.[644] Die Intensität, mit der für das Vorhaben des Bundes oder Landes von der gegebenen bauplanungsrechtlichen Lage abgewichen werden muss, stellt nur einen, wenngleich gewichtigen Faktor bei der Gewichtung der widerstreitenden Belange im Rahmen des § 37 BauGB dar.[645] Bei der Prüfung der Erforderlichkeit iS des § 37 I BauGB kommt es auf die näheren Umstände des Einzelfalls an. Die öffentlichen Belange, welche zugunsten der besonderen öffentlichen Zweckbestimmung und damit für eine Verwirklichung des Vorhabens an dem gewählten Standort sprechen, müssen anderen öffentlichen und auch privaten Belangen gegenübergestellt und wechselseitig gewichtet werden. Dabei sind die mit dem geplanten Vorhaben verbundenen oder von ihm erst ausgelösten Beeinträchtigungen und Nachteile festzustellen und diese in ihrem Gewicht an der Dringlichkeit der Gründe zu messen, die für das Vorhaben der öffentlichen Hand in seiner konkreten Ausführung sprechen können. Je stärker das Gewicht der dem Vorhaben entgegenstehenden Belange ist, umso höher müssen die Anforderungen daran sein, mit dem geplanten Vorhaben von der an sich gegebenen bauplanungsrechtlichen Lage abzuweichen. In diesem Sinne sind die wechselseitigen Belange nicht nur zu bilanzieren, sondern in ihrem jeweiligen Gewicht zu relativieren. 398

Beispiel: Der Landschaftsverband Westfalen-Lippe beabsichtigt, zur Entlastung einer bestehenden Einrichtung eine neue Maßregelvollzugsanstalt zu errichten. Nachdem sich in der Bevölkerung im Bereich möglicher Standorte massiver Widerstand formiert, schlägt eine beim Landschaftsverband gebildete Arbeitsgruppe einen Standort in einer Stadt am Rande des Ruhrgebietes vor. Dieser biete vor allem den Vorteil von Synergieeffekten. Das Land leitet sodann auf der Grundlage eines entsprechenden Vorschlags der Landschaftsversammlung das Zustimmungsverfahren nach § 37 I BauGB ein. Die betroffene Standortgemeinde macht geltend, dass ihre Planungsbelange bei dem Außenbereichsstandort nicht ausreichend berücksichtigt worden seien. Die gemeindlichen Belange können nach § 37 I BauGB überwunden werden, wenn es sich um ein Bauvorhaben des Landes handelt und gemeindliche Belange nicht entgegenstehen.

---

641 VGH Mannheim DVBl. 1998, 909.
642 BVerwG DVBl. 1983, 345.
643 BVerwG DVBl. 1993, 435.
644 BVerwGE 88, 35; Jarass/Kment, BauGB, 2022, § 37 Rn. 5; Hofmeister in BeckOK, BauGB, 2022, §37 Rn. 13.
645 BVerwG NVwZ 1992, 479; Jöhnke SchlHA 1995, 253.

399 Eine nach § 37 II 3 BauGB ergehende Entscheidung des zuständigen Bundesministers ist ein von der Gemeinde anfechtbarer **Verwaltungsakt.**[646] Um Bauvorhaben des Bundes oder eines Landes, die im öffentlichen Interesse unverzichtbar sind, nicht bereits im Verwaltungsverfahren am fehlenden Einvernehmen scheitern zu lassen, stattet § 37 I BauGB die höhere Verwaltungsbehörde bei den dieser Vorschrift unterfallenden baulichen Anlagen mit der Befugnis aus, ein fehlendes gemeindliches Einvernehmen zu überwinden. Gleiches gilt für die in § 37 II 1 BauGB geregelten Vorhaben, darunter auch diejenigen, die der Landesverteidigung dienen. Auch in diesen Fällen bleibt zunächst die Entscheidungsbefugnis der höheren Verwaltungsbehörde erhalten. Erst bei ihrer Ablehnung oder dem Widerspruch der Gemeinde gegen das Vorhaben geht die Entscheidungskompetenz nach § 37 II 3 BauGB auf den zuständigen Bundesminister über. Mit einer Entscheidung des Ministers können sowohl die Versagung der Zustimmung der höheren Verwaltungsbehörde als auch – bei Zustimmung dieser Behörde – ein Widerspruch der Gemeinde überwunden werden. Die im Rahmen des NATO-Truppenstatuts errichteten Wohnbauvorhaben für die ausländische Truppe und ihr ziviles Gefolge dienen grundsätzlich der Landesverteidigung iS des § 37 II BauGB.

400 Belange der kommunalen Selbstverwaltung können auch durch **mittelbare Eingriffe** berührt werden. So kann etwa der Bestand eines kommunalen Straßennetzes Angelegenheiten der örtlichen Gemeinschaft betreffen. Mit der **Herabstufung** einer bisherigen Landesstraße zu einer Gemeindestraße wird allerdings der Gemeinde nicht unter Verstoß gegen die Selbstverwaltungsgarantie eine neue Aufgabe zugewiesen. Der Landesgesetzgeber hat die Befugnis, im Rahmen des Art. 28 II 1 GG Zuständigkeiten in einem Bereich zu ordnen und abzugrenzen, wenn eine öffentliche Aufgabe keine Angelegenheit der örtlichen Gemeinschaft betrifft, diese aber berührt. Dabei hat der Gesetzgeber die Kompetenzen der Gemeinde in der Erledigung örtlicher Aufgaben angemessen zu berücksichtigen.[647] In diese Bewertung sind auch die der Gemeinde entstehenden Folgekosten einzustellen.[648]

401 **h) Bauleitplanung und privilegierte Außenbereichsvorhaben.** Gemeindliche Planungsvorstellungen können sich bei entsprechender Qualifizierung auch gegenüber privilegierten Einzelvorhaben im Außenbereich durchsetzen. Nach § 35 I BauGB sind solche Vorhaben zulässig, wenn öffentliche Belange nicht entgegenstehen. Nicht privilegierte Außenbereichsvorhaben sind demgegenüber nach § 35 II BauGB bereits dann unzulässig, wenn öffentliche Belange beeinträchtigt werden. Gemeindliche Planungsvorstellungen stehen als öffentliche Belange einem privilegierten Außenbereichsvorhaben allerdings nur entgegen, wenn sie konkrete standortbezogene Aussagen beinhalten. Hat die Gemeinde einen qualifizierten Bebauungsplan aufgestellt, richtet sich die Zulässigkeit von Vorhaben gem. § 30 I BauGB nach den Festsetzungen dieses Plans. Fehlt ein solcher Plan, hat ein nach § 35 I BauGB privilegiertes Außenbereichsvorhaben grundsätzlich Vorrang. Entgegenstehende öffentliche Belange können sich jedoch auch aus Darstellungen eines Flächennutzungsplans ergeben, wenn diese konkrete standortbezogene Aussagen enthalten. Dazu reicht in aller Regel allerdings die Darstellung als Fläche für die Landwirtschaft nicht aus. Darstellungen des Flächennutzungsplans sind nur dann als entgegenstehende öffentliche Belange zu berücksichtigen, wenn ihnen eine konkrete, auch ein privilegiertes Außenbereichsvorhaben ausschließende Wirkung entnommen werden kann (§ 35 III 3 BauGB). Bei entsprechend gewichtigen gemeindlichen Belangen kann der Flächennutzungsplan auch Aussagen zu einer **Konzentration von Abgrabungsflächen** auf bestimmte Teile des Gemeindegebietes enthalten. Nach § 35 III 3 BauGB stehen öffentliche Belange einem Vorhaben nach § 35 I Nr. 2 bis 6 BauGB in der Regel auch dann entgegen, soweit hierfür durch Darstellungen im Flächennutzungsplan oder als Ziele der Raumordnung eine Ausweisung an anderer Stelle erfolgt ist.[649] Ein Flächennutzungsplan, der Darstellungen mit den Rechtswirkungen des § 35 III 3 BauGB enthalten soll, entfaltet durch die Festlegung von Konzentrationszonen für Anlagen iS des § 35 I Nr. 2 bis 6 BauGB regelmäßig eine Ausschlusswirkung für das übrige Gemeindegebiet, es sei denn, die Gemeinde macht von der Ermächtigung in § 5 II 2 b BauGB Gebrauch, einen sachlichen **Teilflächen-**

[646] BVerwGE 91, 227.
[647] BVerwG NVwZ 1995, 700.
[648] Stüer Funktionalreform und kommunale Selbstverwaltung 1980, 62 (165).
[649] BVerwGE 77, 300; BVerwGE 55, 220; BVerwGE 67, 84; NVwZ 1984, 303; BVerwGE 78, 40; NVwZ 1991, 362; zur planerischen Steuerung von Windenergieanlagen und Abgrabungen Schink UPR 2016, 366; ders., UPR 2012, 369.

nutzungsplan[650] aufzustellen. Erfasst die in Aussicht genommene Kombination von Konzentrations- und Ausschlusszonen das gesamte Gemeindegebiet, erfüllt die Bekanntmachung ihre Anstoßfunktion, wenn sie kenntlich macht, dass die Grenzen des Geltungsbereichs des in Aufstellung befindlichen Flächennutzungsplans mit den Gemeindegrenzen übereinstimmen sollen. Dass und an welcher Stelle Konzentrationszonen dargestellt werden sollen, muss aus der Bekanntmachung nicht hervorgehen.

Beispiel: Eine Auskiesungsunternehmen stellt einen Abgrabungsantrag zur Entsandung eines rheinnahen Geländes. Die Gemeinde will eine weitere Ausdehnung von Abgrabungsflächen vermeiden und hat daher in ihrem Flächennutzungsplan die Abgrabungsmöglichkeiten auf bestimmte Flächen konzentriert. Eine solche Abgrabungskonzentration durch gemeindlichen Flächennutzungsplan ist zulässig, wenn sie städtebaulich überzeugend begründet werden kann. Konkrete, einer Abgrabung entgegenstehende Aussagen können sich auch – etwa bei besonders schützenswerten Magerrasenkulturen – aus der Darstellung als Flächen für Maßnahmen zum Schutz, zur Pflege und zur Entwicklung von Natur und Landschaft nach § 5 I Nr. 10 BauGB ergeben.[651] Ein grundsätzlich privilegiertes Vorhaben kann allerdings an anderen öffentlichen Belangen, etwa der Regionalplanung scheitern.[652] Auch Ziele der Regionalplanung können bei der Beurteilung eines Außenbereichsvorhabens von Bedeutung sein, soweit sie sachlich und räumlich hinreichend konkret sind (§ 35 III 3 BauGB).[653]

Ob und inwieweit eine Gemeinde im Flächennutzungsplan eine Konzentrationszone für Abgrabungen mit dem Ziel darstellen kann, bestimmte Teile des Gemeindegebiets von Abgrabungen freizuhalten, hängt allerdings wesentlich davon ab, inwieweit sie entsprechende Vorranggebietsfestlegungen der Regionalplanung und Ziele der Raumordnung der Landesplanung dazu beachten muss.[654] **402**

Auch können sich für privilegierte Außenbereichsvorhaben **Größenbegrenzungen** ergeben, die mit den Darstellungen des Flächennutzungsplans in Zusammenhang stehen. Weist etwa ein Bebauungsplan ein Gelände für sportliche Betätigung als Grünfläche mit entsprechendem Zusatz aus, so widersprechen bauliche Anlagen nur dann nicht den Darstellungen des Flächennutzungsplans, wenn sie eine durch den jeweiligen Zweck gerechtfertigte Größe nicht überschreiten. Ein Clubraum, der über diese Größe hinausgeht, widerspricht den Darstellungen des Flächennutzungsplans.[655] **403**

Die Darstellungen des Flächennutzungsplans können auch vor dem Hintergrund **verfassungsrechtlicher Grundrechte, Staatsziele und Gewährleistungen** Bestand haben. So hindert etwa die **Freiheit der Kunst** (Art. 5 III 1 GG) nicht grundsätzlich daran, eine baurechtliche Genehmigung für die Aufstellung von Monumentalfiguren der Baukunst[656] im Außenbereich wegen Widerspruchs zu Darstellungen des Flächennutzungsplans, wegen einer Verunstaltung des Landschaftsbilds oder wegen einer Beeinträchtigung der natürlichen Eigenart der Landschaft gem. § 35 II und III BauGB zu versagen. Eine Grundlage dafür, die Grundrechtsgewährleistung des Art. 5 III 1 GG im Bereich des Bauplanungsrechts einzugrenzen, bietet – neben den baurechtlichen Verunstaltungsverboten – auch Art. 20a GG. Die Verpflichtung zum **Schutz der natürlichen Lebensgrundlagen** ist als Staatsziel ausgestaltet. Sie beansprucht als objektiv-rechtlicher Verfassungssatz unmittelbare Geltung, auch wenn sie keine subjektiven Rechte begründet. Art. 20a GG wendet sich in erster Linie an den Gesetzgeber, den die Verpflichtung trifft, den in dieser Norm enthaltenen Gestaltungsauftrag umzusetzen. Durch die ausdrückliche Einordnung der Staatszielbestimmung in die verfassungsmäßige Ordnung **404**

650 Kley Der Teilflächennutzungsplan Diss. 2009; von Nicolai ZfBR 2005, 529. Zur Aufstellung eines sachlichen Teilflächennutzungsplans zur Steuerung immissionsträchtiger Tierhaltung Groß AUR 2006, 83; zu einem sachlichen Teilflächennutzungsplan zur Ausweisung von Konzentrationsflächen für Windenergieanlagen VGH Mannheim Urt. v. 10.5.2023 – 14 S 396/22, juris; zur Ausschlusswirkung eines sachlichen Teilflächennutzungsplans für nicht als Konzentrationszonen für Windenergieanlagen dargestellte Flächen OVG Münster BauR 2023, 33.

651 BVerwG NVwZ 1992, 1092.

652 BVerwG ZfW 1997, 19.

653 BVerwGE 68, 311.

654 Dazu VG Düsseldorf ZfB 2019, 217; zu landesplanerischen Zielen der Raumordnung zum Kiesabbau siehe OVG Münster ZfB 2022, 219.

655 BVerwG NVwZ-RR 1995, 484 zu rechtlichen Anforderungen an Vorranggebietsfestlegungen für die Gewinnung von Kies und Sand Beckmann BauR 2024 (in Vorbereitung).

656 Zum öffentlichen Baurecht als Instrument der Baukunst Schneider BauR 2009, 1680.

wird klargestellt, dass der Umweltschutz keinen absoluten Vorrang genießt, sondern in Ausgleich mit anderen Verfassungsprinzipien und -rechtsgütern zu bringen ist. Dies trifft auch für den Fall der Kollision mit Grundrechtsverbürgungen zu, die, wie Art. 5 III 1 GG, keinem Vorbehalt unterliegen.[657] Art. 20a GG stellt keine weitergehenden Anforderungen an die staatlichen Schutzpflichten als Art. 2 II 1 GG. Die verfassungsrechtliche Schutzpflicht der Vorsorge gebietet allerdings nicht, alle nur denkbaren Schutzmaßnahmen zu treffen. Deren Verletzung kann vielmehr nur festgestellt werden, wenn die öffentliche Gewalt Schutzvorkehrungen überhaupt nicht getroffen hat oder die getroffenen Maßnahmen gänzlich ungeeignet oder völlig unzulänglich sind, das gebotene Schutzziel zu erreichen oder erheblich dahinter zurückbleiben.[658]

405 Nach § 35 III 3 BauGB stehen öffentliche Belange einem privilegierten Vorhaben in der Regel auch dann entgegen, soweit hierfür durch Darstellungen im Flächennutzungsplan oder als Ziele der Raumordnung eine Ausweisung an anderer Stelle erfolgt ist. So sind **Windenergieanlagen** nach § 35 I Nr. 5 BauGB grundsätzlich privilegiert. Sie können allerdings durch das Darstellungsprivileg des § 35 III 3 BauGB durch die Träger der gemeindlichen und regionalen Planungshoheit, wenn es gut geht, sozusagen wieder eingefangen werden. Öffentliche Belange stehen einem Vorhaben nach § 35 I Nr. 2 bis 6 BauGB in der Regel auch dann entgegen, soweit hierfür durch Darstellungen im Flächennutzungsplan oder als Ziele der Raumordnung eine Ausweisung an anderer Stelle erfolgt ist.

406 Das BVerwG hatte für die planerische Steuerung am Beispiel der **Windenergie** ein aus vier Schritten bestehendes Stufensystem entwickelt,[659] das durch den Gesetzgeber zwischenzeitlich für den Bereich der Windenergie korrigiert worden ist, jedoch für andere Vorhaben, insbesondere für **Abgrabungen,** Bedeutung behält.

407 Nach dem Stufensystem des BVerwG ist wie folgt zu prüfen: Die aufgrund zwingender Ausschlusskriterien ungeeigneten Flächen sind zunächst auszusondern (Schritt 1). Die verbleibenden Flächen können durch für das Plangebiet einheitlich angelegte Abwägungskriterien weiter eingeschränkt werden (Schritt 2). Zwischen den danach verbleibenden „Weißflächen" können durch Abwägung die ausgewiesenen „Konzentrationsflächen" festgelegt werden (Schritt 3). Schließlich ist zu fragen, ob die ausgewiesenen Konzentrationsflächen eine substanzielle Nutzung der privilegierten Vorhaben gewährleisten (Schritt 4). Die Frage, ob die Planung im Ergebnis der Windenergie substanziell Raum verschafft,[660] lässt sich nicht ausschließlich nach dem Verhältnis zwischen der Größe der im Flächennutzungsplan dargestellten Konzentrationsfläche und der Größe derjenigen Potenzialflächen beantworten, die sich nach Abzug der „harten" Tabuzonen von der Gesamtheit der gemeindlichen Außenbereichsflächen ergibt. Je geringer allerdings der Anteil der ausgewiesenen Konzentrationsflächen ist, desto gewichtiger müssen die gegen eine weitere Ausweisung von Vorranggebieten sprechenden Gesichtspunkte sein, damit es sich nicht um eine unzulässige **„Feigenblattplanung"** handelt.[661] Zum Ordnungskonzept einer Konzentrationsflächenplanung mit der Ausschlusswirkung des § 35 III 3 BauGB durch die Bauleit- oder die Regionalplanung gehört, dass sich die Vorrangnutzung in den Vorrang- und Eignungsgebieten gegenüber konkurrierenden Nutzungen durchsetzen muss, und dass die Privilegierung der Windenergie in den Ausschlussflächen zurücktritt, mit der Folge, dass dort andere Ansprüche an die Raumnutzung nicht durch die Windenergienutzung blockiert werden. Die Erwägungen, die einer Konzentrationszonenplanung mit den Wirkungen des § 35 III 3 BauGB zugrunde liegen, hat die Gemeinde in der dem Flächennutzungsplan nach § 5 V BauGB beizufügenden Begründung nachvollziehbar darzulegen.[662]

408 Weil die von der Rechtsprechung entwickelten Anforderungen an eine Konzentrationsflächenplanung sich in der Praxis als schwierig, die Zulassungs- und Planungsverfahren eher verkomplizierend und verlangsamend herausgestellt und zur Rechtsunsicherheit beigetragen haben,[663] hat der Gesetzgeber **Sonderregelungen für Windenergieanlagen** eingeführt, die

---

657 BVerwG BauR 1995, 665; Stüer DVBl. 1996, 93; siehe auch OLG Stuttgart Beschl. v. 8.11.2023 – U 170/22, juris; BVerwG NVwZ 2023, 1657.

658 BVerwG BauR 2011, 1150.

659 BVerwGE 145, 231; BVerwGE 137, 259; Gatz DVBl. 2009, 737.

660 BVerwGE 117, 287; BVerwGE 145, 231.

661 OVG Münster Urt. v. 10.11.2023 – 7 A 1553/22, juris Rn. 75.

662 BVerwG ZfBR 2018, 598.

663 Jaenicke ZUR 2023, 291, 296 unter Verweis auf BT-Drs. 20/2355, S. 2; Raschke/Roscher ZfBR 2022, 531; Tyczewski BauR 2014, 934; Hendler/Kerkmann DVBl. 2014, 1369; Grigoleit/Engelbert/Strothe/Klanten NVwZ 2022, 512; siehe auch OVG Münster ZfBR 2016, 52 mit der bemerkenswerten Erläu-

die durch die Rechtsprechung entstandenen Probleme und Rechtsunsicherheiten beseitigen sollen.[664] Allerdings sind die planungsrechtlichen Sonderregelungen für Windenergieanlagen in § 249 BauGB ihrerseits komplex; sie werden ergänzt durch ebenfalls durchaus komplizierte Überleitungsvorschriften in § 245e BauGB. Deshalb wird wohl zu Recht befürchtet, dass die Regelungen zur Neufassung des § 249 I BauGB in der Praxis wiederum zu neuen Unklarheiten und rechtlichen Konflikten führen werden.[665]

Die planungsrechtlichen Sonderregeln für die Windenergie der §§ 249, 245e BauGB stehen 409
in unmittelbaren Regelungszusammenhang zu dem Gesetz zur Erhöhung und Beschleunigung des Ausbaus von Windenergieanlagen an Land vom 20.07.2022 (WindBG), das am 01.02.2023 in Kraft getreten ist, und zu dem Vierten Gesetz zur Änderung des BNatSchG, mit dem die Artenschutzprüfung bei der Planung und Errichtung von Windenergieanlagen erleichtert und bundesweit standardisiert werden soll.[666] Auch dagegen richtet sich Kritik. Durch das WindBG und das Vierte Gesetzes zur Änderung des BNatSchG würden gewichtige Umweltschutzgüter, die auch unionsrechtlich geschützt seien, beeinträchtigt, weil auf gesetzlicher Ebene vorentschieden werde, dass das objektive Gewicht bestimmter Schutzgüter aufgrund bundesgesetzlicher Gewichtungsvorgaben im Verhältnis zu dem Gewicht des öffentlichen Interesses am Ausbau der Erneuerbaren Energien reduziert werde. Betroffen seien davon der Schutz des Landschaftsbildes, der Arten- und Habitatschutz und der Schutz von Kulturgütern.[667] **Ziel des WindBG** ist es, im Interesse des Klima- und Umweltschutzes die Transformation zu einer nachhaltigen und treibhausgasneutralen Stromversorgung, die vollständig auf erneuerbaren Energien beruht, durch den beschleunigten Ausbau der Windenergie an Land zu fördern (§ 1 I WindBG). Dazu gibt der Bundesgesetzgeber gem. § 1 II WindBG den Ländern verbindliche Flächenziele (**Flächenbeitragswerte**) vor, die für den Ausbau der Windenergie an Land benötigt werden, um die Ausbauziele und Ausbaupfade des EEG zu erreichen. Nach § 3 I 1 WindBG ist in jedem Bundesland ein prozentualer Anteil der Landesfläche für die Windenergie an Land auszuweisen. Die Länder erfüllen gem. § 3 II 1 WindBG diese Pflicht indem sie 1. die zur Erreichung der Flächenbeitragswerte notwendigen Flächen selbst in landesweiten oder regionalen Raumordnungsplänen ausweisen oder 2. eine Ausweisung der zur Erreichung der Flächenbeitragswerte notwendigen Flächen durch von ihnen abweichende regionale oder kommunale Planungsträger sicherstellen; dabei legt das jeweilige Land hierzu **regionale oder kommunale Teilflächenziele** fest, die in Summe den Flächenbeitragswert erreichen, und macht diese durch ein Landesgesetz oder als Ziele der Raumordnung verbindlich. Im Fall des § 3 II 1 Nr. 1 WindBG kann das Land gem. § 3 II 2 WindBG durch ein Landesgesetz oder als Ziele der Raumordnung regionale Teilflächenziele für eigene regionale Raumordnungspläne festlegen, die in Summe die Flächenbeitragswerte erreichen. Bemängelt wird, dass das WindBG zwar verbindliche Flächenbeitragswerte festlegt, jedoch keine Anforderungen an die Qualität der ausgewiesenen Flächen enthält. Nach Erhebungen des Umweltbundesamtes seien ca. 30 % der für Windenergie ausgewiesenen Flächen aktuell nicht nutzbar.[668]

Um Genehmigungsverfahren für Windenergieanlagen an Land zu vereinfachen und zu be- 410
schleunigen, hat der Gesetzgeber neben dem WindBG und den bauplanungsrechtlichen Sonderregelungen auch die Artenschutzvorschriften des BNatSchG durch das Vierte Gesetz zur Änderung des BNatSchG vom 20.07.2022 (BGBl. 2022 I S. 1362 vom 28.07.2022) geändert. Die Gesetzesänderung diente insbesondere dazu, bundeseinheitliche Standards für die artenschutzrechtliche Prüfung im Zusammenhang mit der Errichtung und dem Betrieb von Wind-

---

terung, das Gericht übernehme aus Gründen der Rechtseinheitlichkeit die vom BVerwG entwickelten Anforderungen an die Planung von Konzentrationszonen für die Windenergienutzung, auch wenn an deren Tauglichkeit und praktischer Umsetzbarkeit gezweifelt werden könne.

664 Siehe dazu Schmidt-Eichstaedt ZfBR 2023, 10: Meurers UPR 2023, 41; Scheidler UPR 2022, 321; ders. BauR 2022, 1419; Kment NVwZ 2022, 532; Raschke/Roscher ZfBR 2022, 532; Schlacke/Wentzien/Römling NVwZ 2022, 1577; Operhalsky UPR 2022, 337; Spannowsky ZfBR 2023, 18; Jaenicke ZUR 2023, 291.

665 Beckmann Raumordnungsrecht, in Hoppenberg/de Witt, Handbuch des öffentlichen Baurechts, 2024, Rn. 260; Spannowsky ZfBR 2023, 18 (22); zu einzelnen praktischen Aspekten von Seht, RuR 2023, 1 (5 ff.).

666 siehe dazu auch die Arbeitshilfe zum WindBG, beschlossen durch die Fachkommission Städtebau und durch den Ausschuss für Recht und Verfahren der Ministerkonferenz für Raumordnung vom 03.07.2023.

667 Spannowsky ZUR 2023, 18 (22); Gellermann NuR 2022, 589; Jaenicke ZUR 2023, 291 (295).

668 Winkler/Zeccola EuRUP 2023, 76 (90).

energieanlagen einzuführen, die sich auf die Signifikanzschwelle, die fachlich anerkannten Schutzmaßnahmen und die artenschutzrechtlichen Ausnahmen konzentrieren.[669]

411 Nach § 249 I BauGB ist § 35 III 3 BauGB auf Vorhaben nach § 35 I 1 Nr. 5 BauGB, die der Erforschung, Entwicklung oder Nutzung der Windenergie dienen, nicht mehr anzuwenden. Die Privilegierung dieser Anlagen entfällt gemäß § 249 II BauGB außerhalb von Windenergiegebieten iSd § 2 Nr. 1 WindBG, wenn die Flächenbeitragswerte erreicht werden. Dann richtet sich die bauplanungsrechtliche Zulässigkeit nach § 35 II BauGB. Allerdings bestimmt § 245e I BauGB, dass die bestehenden Wirkungen des § 35 III 3 BauGB übergangsweise Anwendung finden, um die **Steuerungswirkung von Bestandsplanungen** sicherzustellen. Erst mit der erstmaligen Feststellung der Erreichung des Flächenbeitrags oder Teilflächenziels gem. § 5 I 2 WindBG endet die Fortgeltung des § 35 III 3 BauGB und lebt auch nicht wieder auf, wenn nachträglich der Flächenbeitragswert unterschritten wird.[670] Die Übergangsregelungen gelten längstens bis zum 31.12.2026, dem Stichtag für die Zwischenziele laut § 3 I WindBG. Sind genug Flächen ausgewiesen, sind Windenergieanlagen außerhalb der Windenergiegebiete nicht mehr privilegiert, weil dies nach Erreichen der Flächenbeitragswerte nicht mehr erforderlich ist.[671]

412 Hat ein Land gemäß § 3 II 1 Nr. 2 oder Satz 2 WindBG regionale oder kommunale Teilflächenziele bestimmt und wird deren Erreichen gem. § 5 I oder II WindBG festgestellt, gilt die Rechtsfolge des § 249 II 1 BauGB für das Gebiet der jeweiligen Region oder Gemeinde (§ 249 II 2 BauGB). Die Feststellung des Erreichens eines Flächenbeitragswerts oder Teilflächenziels steht gem. § 249 IV BauGB der Ausweisung zusätzlicher Flächen für Vorhaben nach § 35 I Nr. 5 BauGB, die der Erforschung, Entwicklung oder Nutzung der Windenergie dienen, nicht entgegen. Der nach § 3 II 1 Nr. 1 oder Nr. 2WindBG jeweils zuständige Planungsträger ist nach § 249 V 1 BauGB bei der Ausweisung von Windenergiegebieten gem. § 2 Nr. 1 WindBG an entgegenstehende Ziele der Raumordnung oder entgegenstehende Darstellungen in Flächennutzungsplänen nicht gebunden, soweit dies erforderlich ist, um den Flächenbeitragswert iS des § 3 I WindBG oder ein daraus abgeleitetes Teilflächenziel zu erreichen. Wurden Windenergiegebiete unter Anwendung von § 249 V 1 BauGB ausgewiesen, entfallen innerhalb dieser Gebiete die entsprechenden Bindungen auch im Zulassungsverfahren. Daraus ergibt sich eine erhebliche Schwächung der raumplanerischen Planungshierarchie.

413 Windenergiegebiete iSv § 2 Nr. 1 WindBG werden gem. § 249 VI 1 BauGB nach den für die jeweiligen Planungsebenen geltenden Vorschriften für Gebietsausweisungen ausgewiesen. Für die Rechtswirksamkeit des Plans ist es gem. § 249 VI 2 BauGB unbeachtlich, ob und welche sonstigen Flächen im Planungsraum für die Ausweisung von Windenergiegebieten geeignet sind. Damit soll eine Rechtsprechung korrigiert werden, wonach es erforderlich ist, den gesamten Planungsraum zu untersuchen und methodisch nach harten und weichen **Tabuzonen** zu unterscheiden. In der Begründung des Gesetzes wird erläutert, die gesetzgeberischen Mengenvorgaben ersetzten die komplexen methodischen Anforderungen an die planerische Ausweisung von Windenergiegebieten mit Konzentrationswirkung, die von der Rechtsprechung mit Blick auf das sogenannte „**Substanzgebot**“ entwickelt worden seien.[672] Die planerische Abwägung muss sich damit verstärkt an dem Ergebnis mit Blick auf das Erreichen des Windenergiebeitragswertes orientieren. Ob der Plan substanziell hinreichend Raum für die Windenergienutzung gewährt, muss an der Flächenvorgabe des Gesetzgebers gemessen beantwortet und nicht mehr individuell ermittelt werden.[673] Sobald und solange nach Ablauf des jeweiligen Stichtages gemäß § 3 I 2 WindBG weder der Flächenbeitragswert nach Spalte 1 oder Spalte 2 der Anlage zum WindBG noch ein daraus abgeleitetes Teilflächenziel nach § 3 II 1 Nr. 2 oder Satz 2 WindBG erreicht wird, entfällt die Rechtsfolge des § 249 II BauGB und können Darstellungen in Flächennutzungsplänen, Ziele der Raumordnung sowie sonstige Maßnahmen der Landesplanung Windenergieanlagen nach § 35 I Nr. 5 BauGB, gem. §249 VII BauGB nicht entgegengehalten werden.

---

669 dazu Bader/Deißler/Dietrich NVwZ 2023, 803; Jaenicke ZUR 2023, 291 (193); zur Umsetzung der Flächenausweisung für die Windenergie nach dem WindBG im Entwurf des Landesentwicklungsplans siehe Operhalsky/Strothe ZNER 2023, 280.

670 Winkler/Zeccola EuRUP 2023, 76 (78).

671 Winkler/Zeccola, EuRUP 2023, 76 (78).

672 BT-Drs. 20/2355, 18 f.; Raschke/Roscher ZfBR 2022, 531 (536).

673 Scheidler UPR 2022, 321 (322); Raschke/Roscher ZfBR 2022, 531 (538); Winkler/Zeccola EuRUP 2023, 76 (83).

414 Die Rechtswirkungen eines Raumordnungs- oder Flächennutzungsplans gem. § 35 III 3 BauGB in der bis zum 01.02.2023 geltenden Fassung für Windenergieanlagen nach §§ 35 I Nr. 5 BauGB gelten gem. § 245e I 1 BauGB vorbehaltlich des § 249 V 2 BauGB fort, wenn der Plan bis zum 01.02.2024 wirksam geworden ist. Sie entfallen gem. § 245e V 2 BauGB, soweit für den Geltungsbereich des Plans das Erreichen des Flächenbeitragswerts oder eines daraus abgeleiteten Teilflächenziels gem. § 5 I oder II WindBG festgestellt wird, spätestens aber mit Ablauf des 31.12.2027. Der Plan gilt im Übrigen nach § 245e V 3 BauGB fort, wenn nicht im Einzelfall die Grundzüge der Planung berührt werden. Die Möglichkeit des Planungsträgers, den Plan zu ändern, zu ergänzen oder aufzuheben, bleibt nach § 245e V 4 BauGB unberührt. Werden in einem Flächennutzungsplan oder Raumordnungsplan zusätzliche Flächen für die Nutzung von Windenergie dargestellt, kann die Abwägung auf die Belange beschränkt werden, die durch die Darstellung der zusätzlichen Flächen berührt werden (§ 249 V 5 BauGB). Dabei kann gem. § 245e V 6 BauGB von dem Planungskonzept, das der Abwägung über bereits dargestellte Flächen zu Grunde gelegt wurde, abgewichen werden, sofern die Grundzüge der Planung erhalten werden. Von der Wahrung der Grundzüge der bisherigen Planung ist regelmäßig auszugehen, wenn Flächen im Umfang von nicht mehr als 25 % der schon bislang dargestellten Flächen zusätzlich dargestellt werden (§ 245e V 7 BauGB). Die in § 245e I 1 BauGB genannten Rechtswirkungen gem. § 35 III 3 BauGB können gem. § 245e III 1 BauGB Vorhaben iS des 16b I, II BImSchG nicht entgegengehalten werden, es sei denn, die Grundzüge der Planung werden berührt. Dies gilt nach § 245e III 2 BauGB nicht, wenn das Vorhaben in einem Natura 2000-Gebiet iSv § 7 I Nr. 8 BNatSchG oder in einem Naturschutzgebiet iSd § 23 BNatSchG verwirklicht werden soll. Gem. § 245e IV BauGB können die in § 245e I 1 BauGB genannten Rechtswirkungen Windenergieanlagen nicht entgegengehalten werden, wenn an der Stelle des Vorhabens in einem Planentwurf eine Ausweisung für Windenergieanlagen vorgesehen ist, für den Planentwurf bereits eine Beteiligung gem. §§ 3 II, 4 BauGB oder § 9 II ROG durchgeführt wurde und anzunehmen ist, dass das Vorhaben den künftigen Ausweisungen entspricht.

415 Weitere Gesetzesänderungen sind in diesem Zusammenhang zur Umsetzung der Richtlinie (EZ) 2023/2412 im Bereich Windenergie an Land und Solarenergie erforderlich. Dazu liegt ein Referentenentwurf des Bundesministeriums für Wirtschaft und Klimaschutz, des Bundesministeriums für Wohnen, Stadtentwicklung und Bauwesen und des Bundesministeriums für Umwelt, Naturschutz, nukleare Sicherheit und Verbraucherschutz mit Stand vom 2.2.2024 vor. Zur Umsetzung der planungs- und genehmigungsrechtlichen Bestimmungen der Richtlinie (EU) 2018/2001 in den Bereichen Windenergie an Land sowie Solarenergie sind Änderungen im WindBG, im BauGB, im ROG, im BImSchG sowie im EEG 2023 geplant. Für das BauGB und das ROG sind sog. **Beschleunigungsgebiete für Windenergie an Land und Solarenergie** gem. Art. 15 c Richtlinie (EU) 2018/2001vorgesehen. Für Vorhaben im Bereich der Windenergie an Land in den Beschleunigungsgebieten werden Sonderregelungen über das Zulassungsverfahren geschaffen. Die Modifikationen und Erleichterungen der Richtlinie im Hinblick auf die Umweltverträglichkeits- und artenschutzrechtlichen Prüfung werden dazu umgesetzt.

416 Nach § 6b des dazu vorliegenden Entwurfs einer Änderung des WindBG sind Genehmigungserleichterungen in Beschleunigungsgebieten für Windenergie an Land vorgesehen. Wird die Errichtung und der Betrieb oder die Änderung der Lage, der Beschaffenheit oder des Betriebs einer Windenergieanlage an Land und der dazugehörigen Nebenanlagen iSd § 3 Nr. 15a EEG in einem Beschleunigungsgebiet für Windenergie an Land beantragt, ist nach § 6b I WindBG des Gesetzesentwurfs im Zulassungsverfahren abweichend von den Vorschriften des UVPG keine UVP, abweichend von § 34 I BNatSchG keine Prüfung in Bezug auf Natura 2000-Gebiete, abweichend von § 44 I BNatSchG keine artenschutzrechtliche Prüfung und abweichend von § 27 WHG keine Prüfung der dort genannten Bewirtschaftungsziele durchzuführen, sofern bestimmte Maßnahmen angeordnet werden. Die zuständige Behörde soll stattdessen ein Überprüfungsverfahren auf Grundlage vorhandener Daten durchführen, die eine ausreichende räumliche Genauigkeit aufweisen und zum Zeitpunkt der Entscheidung über den Genehmigungsantrag in der Regel nicht älter als fünf Jahre sind. Für das Überprüfungsverfahren soll der Träger des Vorhabens Unterlagen vorlegen über die Einhaltung der gemäß § 249a BauGB oder gemäß § 28 ROG festgelegten Maßnahmen und über etwaige von ihm vorgeschlagene Maßnahmen vor, sowie Informationen darüber, wie mit diesen Maßnahmen Umweltauswirkungen begegnet wird. Vergleichbare Genehmigungserleichterungen sollen nach dem Gesetzentwurf in Beschleunigungsgebieten für Solarenergie gelten.

417 Für die Konzentrationszonenplanung im Übrigen gelten weiterhin die Maßgaben des BVerwG, obwohl die Kritik, die zur Korrektur dieser Rechtsprechung des BVerwG durch den Gesetzgeber geführt hat, grundsätzlich natürlich auch Konzentrationszonenplanungen für andere Vorhaben treffen kann. Nach der Rechtsprechung des BVerwG ist Ausgangspunkt für eine **Konzentrationszonenplanung** das **Abwägungsgebot**. Soll eine planerische Entscheidung die Wirkungen des § 35 III 3 BauGB auslösen, verlangt das Abwägungsgebot die Entwicklung eines **schlüssigen gesamträumlichen Planungskonzepts**. Um den Anforderungen gerecht zu werden, die dabei an den Abwägungsvorgang zu stellen sind, muss das Konzept nicht nur Auskunft darüber geben, von welchen Erwägungen die positive Standortzuweisung getragen wird, sondern auch die Gründe für die beabsichtigte Freihaltung des übrigen Planungsraums von Windenergieanlagen aufzeigen. Denn der Ausschluss der Anlagen auf Teilen des Plangebiets lässt sich nach der Wertung des Gesetzgebers nur rechtfertigen, wenn der Plan sicherstellt, dass sich die betroffenen Vorhaben an anderer Stelle gegenüber konkurrierenden Nutzungen durchsetzen; die negative und die positive Komponente der festgelegten Konzentrationszonen bedingen einander. Das macht es erforderlich, zwischen Flächen, deren Bereitstellung für die Windenergienutzung, aus welchen Gründen auch immer, nicht in Betracht kommt, die mithin für eine Windenergienutzung „schlechthin" ungeeignet sind **(harte Tabuflächen)**, und Flächen, in denen nach dem Willen des Plangebers aus unterschiedlichen Gründen die Errichtung von Windenergieanlagen „von vornherein" ausgeschlossen werden „soll" **(weiche Tabuzonen)** zu unterscheiden.[674] § 35 III 3 BauGB verlangt für die Ausschlusswirkung nicht, dass ausschließlich Flächen für jedenfalls drei Windenergieanlagen dargestellt werden. Flächen, die weniger Anlagen aufnehmen können, sind daher nicht stets als harte Tabuzonen bei der gesamträumlichen Planung auszuscheiden.[675] Harte Tabuzonen scheiden kraft Gesetzes als Konzentrationszonen für die Windenergienutzung aus und sind einer Abwägung zwischen den Belangen der Windenergienutzung und widerstreitenden Belangen (§ 7 I 1I ROG) entzogen, während weiche Tabuzonen der Ebene der **Abwägung** zuzuordnen sind. Folglich muss der Plangeber seine Entscheidung für weiche Tabuzonen rechtfertigen.[676] Ist eine gemeindliche Bauleitplanung unwirksam, so hat dies zur Folge, dass Vorhaben in aller Regel planungsrechtlich unzulässig sind, weil sie sich nicht auf eine entsprechende Plangrundlage stützen können. Beim Darstellungsprivileg nach § 35 III 3 BauGB ist dies umgekehrt. Sind die Darstellungen des Flächennutzungsplans oder die Ausweisungen des Regionalplans auch nur an einer Stelle des Plangebietes nicht richtig abgewogen, zerplatzt das gesamte Steuerungssystem wie ein mit einer feinen Nadel angestochener **Luftballon**.[677] Der Plangeber muss sich zur Vermeidung eines Fehlers im Abwägungsvorgang den **Unterschied** zwischen harten und weichen Tabuzonen bewusst machen und ihn dokumentieren.[678]

418 Eine planerische Entscheidung zur Herbeiführung der Rechtsfolgen des § 35 III 3 BauGB in Bezug auf Windenergieanlagen, sei es durch Darstellungen im Flächennutzungsplan, sei es durch Ziele der Raumordnung, bedarf zu ihrer Wirksamkeit eines **schlüssigen gesamträumlichen Planungskonzepts**. Ungeachtet dieser Anforderungen unterliegt die Abwägungsentscheidung nach § 7 II 1 Halbs. 2 ROG nur einer eingeschränkten gerichtlichen Kontrolle, weil Planung ohne Gestaltungsfreiheit ein Widerspruch in sich wäre.[679] Hiervon ist das BVerwG bereits bei Entwicklung seiner Rechtsprechung ausgegangen und hat anerkannt, dass die rechtlichen Anforderungen an die Planungspraxis, namentlich die Abgrenzung von harten und weichen Tabuzonen, mit Schwierigkeiten verbunden sein kann. Dennoch wird dem Plangeber nichts Unmögliches abverlangt. Von ihm wird nicht mehr gefordert, als er **„angemessenerweise"** leisten kann.[680] Zu Recht wird insbesondere darauf hingewiesen, dass in der Praxis erhebliche Schwierigkeiten bestehen, wie zB Belange des globalen Klimaschutzes im Rahmen

---

[674] BVerwG BRS 87 Nr 23 (2019); BVerwGE 145, 231; Urt. v. 11.4.2013 – 4 CN 2.12 – Buchholz 406.11 § 35 BauGB Nr. 391 Rn. 5; BVerwGE 152, 372 Rn. 8 mwN; BVerwGE 117, 287; BVerwGE 122, 109.

[675] BVerwG NVwZ 2019, 491; BVerwGE 146, 40.

[676] BVerwG BRS 87 Nr 23 (2019); BVerwGE 145, 231.

[677] BVerwGE 118, 33; Stüer/Stüer NuR 2004, 341.

[678] BVerwG ZfBR 2015, 489; BVerwGE 145, 231.

[679] BVerwGE 34, 301.

[680] BVerwG ZfBR 2015, 489; BVerwGE 145, 231; BVerwGE 145, 231; OVG Schleswig Beschl. v. 7.7.2023 – 1 MR 9/20, juris Rn. 62; Krautzberger/Kment in EZBK, BauGB, 2022, § 2 Rn. 517; Battis in BKL, BauGB, 15. Aufl. 2022, § 2 Rn. 11.

von Planverfahren zu ermitteln sind.[681] Angesichts der spezialgesetzlichen Regelungen im Bauplanungsrecht für die Berücksichtigung des Klimaschutzes in der Bauleitplanung (§ 1 V 2 und VI Nr. 7 lit. a, § 1a V BauGB) ergeben sich aus dem allgemeinen Berücksichtigungsgebot des § 13 I 1 KSG, wonach die Träger öffentlicher Aufgaben bei ihren Planungen und Entscheidungen den Zweck dieses Gesetzes und die zu seiner Erfüllung festgelegten Ziele zu berücksichtigen haben, keine zusätzlichen Anforderungen an die gemeindliche Abwägungsentscheidung und damit auch an die diese Entscheidung vorbereitende Umweltprüfung iSd § 2 IV BauGB.[682]

Rechtsunsicherheiten bestehen hinsichtlich der Reichweite und zur Untersuchungstiefe. Das BVerwG stellt fest, dass es dazu gegenwärtig (zum Zeitpunkt der Entscheidung des Gerichts) keine konkretisierenden Vorgaben gegeben habe.[683] Das BVerwG erläutert weiter, dass das KSG ein Rahmengesetz sei, das sich in erster Linie an den Gesetzgeber selbst richte. Bisher existierten keine Rechtsverordnungen, Verwaltungsvorschriften, Ausführungsvorschriften, Leitfäden, Handreichungen oder Ähnliches, die die Verwaltungsbehörden bei der praktischen Umsetzung ihrer Ermittlungs- und Bewertungspflichten zugrunde legen könnten. Das führe zwar nicht dazu, dass das Berücksichtigungsgebot zurzeit nicht handhabbar wäre und keine Anwendung finden würde, sei aber von Bedeutung für die Frage, was die Behörde für eine sachgerechte Erfüllung ihrer Berücksichtigungspflicht leisten müsse. Die Anforderungen dürften dabei nicht überspannt werden, müssten „mit Augenmaß" inhaltlich bestimmt und konkretisiert werden und dürfen der Behörde keinen unzumutbaren Aufwand abverlangen.[684] Diese Lesart des BVerwG ist allerdings eine eher tastende, vorsichtige Bemühung, die nach der Gesetzeslage unklaren Anforderungen an die Berücksichtigung globaler Klimafolgen zu konkretisieren und iS des Verhältnismäßigkeitsgrundsatzes einzugrenzen. 419

Werden im Verfahren um die Verbindlicherklärung eines **Ziels der Raumordnung** mit den Wirkungen des § 35 III 3 BauGB von der Aufsichtsbehörde einzelne ausgewiesene Standorte beanstandet, muss sich der Planungsträger erneut mit seiner Konzentrationszonenplanung befassen und hierüber abwägend entscheiden, bevor eine Verbindlicherklärung erfolgen kann.[685] Gemäß § 7 II 1 ROG sind bei der Aufstellung der Raumordnungspläne die öffentlichen und privaten Belange, soweit sie auf der jeweiligen Planungsebene erkennbar und von Bedeutung sind, gegeneinander und untereinander abzuwägen. Für die Abwägung ist die Sach- und Rechtslage im Zeitpunkt der Beschlussfassung über den Raumordnungsplan maßgebend (§ 12 III 1 ROG). Soll eine planerische Entscheidung die Wirkungen des § 35 III 3 BauGB auslösen – hiernach stehen öffentliche Belange ua einem Vorhaben zur Nutzung der Windenergie in der Regel entgegen, soweit hierfür durch Darstellungen im Flächennutzungsplan oder als Ziele der Raumordnung eine Ausweisung an anderer Stelle erfolgt ist –, verlangt das Abwägungsgebot die Entwicklung eines schlüssigen gesamträumlichen Planungskonzepts.[686] Um den Anforderungen gerecht zu werden, die an den Abwägungsvorgang zu stellen sind, muss das Konzept nicht nur Auskunft darüber geben, von welchen Erwägungen die positive Standortzuweisung getragen wird, sondern auch die Gründe für die beabsichtigte Freihaltung des übrigen Planungsraums aufzeigen.[687] Denn der Ausschluss der Anlagen auf Teilen des Plangebiets lässt sich nach der Wertung des Gesetzgebers nur rechtfertigen, wenn der Plan sicherstellt, dass sich die betroffenen Vorhaben an anderer Stelle gegenüber konkurrierenden Nutzungen durchsetzen; die negative und die positive Komponente der festgelegten Konzentrationszonen bedingen einander.[688] Konzentrations- und Ausschlussflächen stehen damit in einem komplementären Verhältnis dergestalt zueinander, dass die Erhöhung der Positivflächen ohne weiteres zu einer Reduzierung der Ausschlussflächen führt und umgekehrt. Der Geltungsbereich der Ausschlusswirkung des § 35 III 3 BauGB wird dabei – negativ – über die 420

---

681 Uechtritz NVwZ 2022, 1525.

682 OVG Münster Beschl. v. 27.3.2024 – 2 B 674/23, juris Rn. 23; OVG Schleswig Beschl. v. 7.7.2023 - 1 MR 9/20, juris Rn. 65; Fellenberg in Fellenberg/Guckelberger, Klimaschutzrecht, 2022, § 13 KSG Rn. 11 f.

683 BVerwG NVwZ 2022, 1549.

684 BVerwG NVwZ 2022, 1549.

685 BVerwG NVwZ 2016, 396.

686 BVerwG NVwZ 2003, 1261.

687 BVerwG NVwZ 2013, 489.

688 BVerwGE 117, 287; BVerwGE 118, 33 und BVerwGE 122, 109; NVwZ 2006, 821; BauR 2008, 2009.

Konzentrationsflächen definiert.[689] Jede Veränderung des Verhältnisses von Positiv- oder Negativflächen stört folglich das im Wege der Abwägung gefundene gesamträumliche Planungskonzept und macht eine erneute Abwägungsentscheidung erforderlich. Das gilt namentlich dann, wenn im Verfahren um die Genehmigung oder die Verbindlicherklärung eines Ziels der Raumordnung mit den Wirkungen des § 35 III 3 BauGB von der Aufsichtsbehörde einzelne ausgewiesene Standorte für Windenergieanlagen – aus welchen Gründen auch immer – beanstandet werden mit der Folge, dass diese nicht in Geltung versetzt werden (dürfen). In einem solchen Fall muss sich der Planungsträger erneut mit seiner Konzentrationszonenplanung befassen und hierüber abermals entscheiden. Das kann in der Weise geschehen, dass er sich die Beanstandungen der Aufsichtsbehörde zu eigen macht und eine entsprechend reduzierte Konzentrationszonenplanung beschließt.[690] Er kann die Beanstandung aber auch zum Anlass nehmen, erneut in den Planungsprozess einzutreten, eine neue Konzentrationszonenausweisung zu erarbeiten und diese zu beschließen.

421 Wird durch die Festlegung von Vorranggebieten der jeweiligen Nutzung oder Funktion substanziell Raum verschafft, kann gem. § 7 III 3 ROG festgelegt werden, dass diese Nutzung oder Funktion an anderer Stelle im Planungsraum ausgeschlossen ist (**Vorranggebiete mit Ausschlusswirkung**).[691] Vorranggebiete mit Ausschlusswirkung ersetzen die bisher im Gesetz vorgesehenen Eignungsgebiete. Die Ermittlung der Vorranggebiete mit Ausschlusswirkung erfolgt nach § 7 III 4 BauGB auf der Grundlage eines gesamträumlichen Planungskonzepts der planaufstellenden Stelle. Werden in diesem **Planungskonzept** Teile des Planungsraums für eine Nutzung oder Funktion ausgeschlossen, ist nach § 7 III 5 BauGB eine systematische Unterscheidung, ob der Ausschluss aus tatsächlichen, rechtlichen oder planerischen Gründen erfolgt, nicht erforderlich. Eine Vergrößerung der Vorranggebiete mit Ausschlusswirkung schlägt auf das **Abwägungsergebnis** durch, weil sie unmittelbar das Verhältnis zwischen Positiv- und Negativflächen beeinflusst. Hierin liegt eine planerische Entscheidung. Ob durch eine Konzentrationszonenplanung noch substanziell Raum verschafft wird, stellt sich lediglich als unterste Grenze dessen dar, was planerisch noch vertretbar ist, um einen Abwägungsergebnisfehler zu vermeiden, nicht aber als Maßstab dafür, ob der Träger der Regionalplanung selbst (unzulässig) planerisch tätig geworden ist. Der sich ergebende Abwägungsfehler ist iSv § 12 III 2 ROG erheblich, wenn er offensichtlich[692] und auch auf das Abwägungsergebnis von Einfluss gewesen ist.[693]

422 Der Abwägungsfehler kann zur **Gesamtunwirksamkeit** führen, soweit das Planungskonzept mit den Wirkungen des § 35 III 3 BauGB nicht teilbar ist. In Betracht kommt jedoch ein sachlicher Teilplan. Die Unwirksamkeit einzelner Festsetzungen führt nach den allgemeinen Grundsätzen über die teilweise Nichtigkeit von Gesetzen und anderen Rechtsvorschriften (§ 139 BGB) dann nicht zur Gesamtunwirksamkeit eines Bebauungsplans, wenn die übrigen Festsetzungen für sich betrachtet noch eine den Anforderungen des § 1 III 1 BauGB gerecht werdende, sinnvolle städtebauliche Ordnung bewirken können und hinzukommt, dass die Gemeinde nach ihrem im Planungsverfahren zum Ausdruck gekommenen Willen im Zweifel auch einen Plan dieses eingeschränkten Inhalts beschlossen hätte.[694] Die Teilunwirksamkeit stellt damit eine von besonderen Umständen abhängende Ausnahme zur Gesamtunwirksamkeit dar.[695]

423 Die Prüfungsanforderungen im Rahmen einer nach § 34 II BNatSchG erforderlichen **FFH-Verträglichkeitsprüfung** sind sachnotwendig von den im Rahmen der Planung verfügbaren Detailkenntnissen abhängig; die Festlegung gegebenenfalls erforderlicher Kohärenzsicherungsmaßnahmen ist an die Leistungsgrenzen des jeweiligen planerischen Instruments gebunden. Nach Maßgabe dieser Erkenntnis- und Leistungsgrenzen der Planung kann eine nach § 34 I

[689] BVerwGE 146, 40 Rn. 22.

[690] Runkel in Spannowsky/Runkel/Goppel, ROG, 2018, § 7 Rn. 34.

[691] Siehe dazu Beckmann Raumordnungsrecht in Hoppenberg/de Witt, Handbuch des öffentlichen Baurechts, 2024, Rn. 369; Grotefels in HBG, Öffentliches Baurecht, 2024, § 3 Rn. 108.

[692] BVerwGE 64, 33.

[693] BVerwG BauR 2004, 1130.

[694] VGH München Urt. v. 12.12.2023 – 1 N 22.479, juris Rn. 19; BVerwGE 159, 356; Beschl. v. 11.9.2014 – 4 CN 3.14, BayVBl. 2015, 203; BVerwGE 117, 58; BVerwGE 82, 225; NVwZ 1992, 567; NVwZ 1997, 896; Beschl. v. 6.11.2007 – 4 BN 44.07, BeckRS 2015, 50994; BRS 73 Nr. 22 Rn. 8; BRS 81 Nr. 77 S. 463.

[695] VGH München Urt. v. 12.12.2023 – 1 N 22.479, juris Rn. 19; BVerwG NVwZ 2015, 1537; Fricke ZfBR 2016, 332; auf BVerwG NVwZ 1994, 271.

BNatSchG erforderliche FFH-Verträglichkeitsprüfung auch auf ein nachfolgendes immissionsschutzrechtliches Genehmigungsverfahren verlagert werden.[696] Die Bewertung, ob eine Konzentrationsflächenplanung für die betreffende Nutzung in substanzieller Weise Raum schafft, obliegt grundsätzlich den Tatsachengerichten. Deren Kriterien sind revisionsgerichtlich hinzunehmen, wenn sie nicht von einem Rechtsirrtum infiziert sind, gegen Denkgesetze oder allgemeine Erfahrungssätze verstoßen oder ansonsten für die Beurteilung des Sachverhalts schlechthin ungeeignet sind.[697]

Nach der Rechtsprechung des BVerwG[698] müssen die für die Konzentrationszonen bestimmten Flächen nicht so beschaffen sein, dass sie eine bestmögliche Ausnutzung gewährleisten; es reicht vielmehr aus, wenn an dem Standort die Voraussetzungen für eine dem Zweck **angemessene Nutzung** gegeben sind. Der Eigentümer oder Nutzungsberechtigte eines Grundstücks muss es grundsätzlich hinnehmen, dass ihm eine möglicherweise rentablere Nutzung planungsbedingt verwehrt wird.[699] 424

3. Interkommunale Abstimmung in der Bauleitplanung

Nach § 2 II BauGB sind die Bauleitpläne benachbarter Gemeinden aufeinander abzustimmen. 425
Dabei können sich die Gemeinden auch auf die ihnen durch die Ziele der Raumordnung zugewiesenen Funktionen sowie auf Auswirkungen auf ihre zentralen Versorgungsbereiche berufen. Das Erfordernis dieser **interkommunalen Abstimmung** ist Ausfluss der Selbstverwaltungsgarantie in Art. 28 II GG und es handelt sich um eine besondere Ausprägung des Abwägungsgebots (§ 1 VII BauGB).[700] Die Nachbargemeinde wird in ihren Rechten daher verletzt, wenn die planende Gemeinde ihre materielle Abstimmungspflicht nach § 2 II BauGB zum Nachteil der Nachbargemeinde durch einen Verstoß gegen das Abwägungsgebot missachtet hat.[701] Die Vorschrift verlangt einen Interessenausgleich zwischen der planenden Gemeinde und der von dieser Planung möglicherweise betroffenen Nachbargemeinde und fordert eine Koordination der gemeindlichen Belange. Insoweit besteht für die planende Gemeinde ein erhöhter Rechtfertigungszwang dahingehend sich hinsichtlich der Planung formell und materiell abzustimmen. Jedoch ergibt sich daraus nicht die Befugnis einer benachbarten Gemeinde, alle Bebauungspläne zum Gegenstand einer Normenkontrolle zu machen, nur weil sie einen räumlichen Bezug zum eigenen Gemeindegebiet haben. Nur gegen unmittelbare Auswirkungen gewichtiger Art auf die städtebauliche Ordnung und Entwicklung auf ihrem Gemeindegebiet kann sich eine benachbarte Gemeinde zur Wehr setzen.[702] Voraussetzung ist dabei allerdings nicht, dass sie selbst bereits Bauleitpläne aufgestellt hat oder überhaupt bestimmte planerische Vorstellungen bestehen.[703]

Da es sich bei § 2 II BauGB um eine einfachgesetzliche Ausformung der Planungshoheit als Teil der Selbstverwaltungsgarantie handelt, sind nur Auswirkungen auf die städtebauliche Ordnung und Entwicklung der Nachbargemeinde relevant und diese Auswirkungen auch eine im Einzelfall zu bestimmende **Relevanz** haben.[704] 426

---

696 BVerwG NVwZ 2015, 1452.

697 BVerwGE 145, 231 und ZfBR 2014, 583.

698 ZfBR 2014, 583.

699 BVerwGE 118, 33.

700 VGH München Beschl. v. 7.4.2022 – 9 N 19.2265, juris Rn. 19; siehe dazu auch Scheidler UPR 2021, 161; Bönker in HBG, Öffentliches Baurecht, 2024, § 5 Rn. 239.

701 BVerwGE 40, 323; NVwZ 1990, 464; NVwZ 1990, 657; Beschl. v. 23.9.1993 – 4 NB 31.93, juris; OVG Frankfurt (Oder) LKV 1998, 359; Hoppe in FS für Menger 1993, 397; Kahl JA 2005, 280; Kment UPR 2005, 95; Zierau DVBl. 2009, 693; interkommunale Abstimmungsgebote sind auch außerhalb des Raumplanungsrechts relevant, siehe zB VG Münster Urt. v. 8.9.2023 – 1 K 339/23, juris zur Klage auf Erteilung einer Genehmigung nach § 81 III SchulG NRW für die Errichtung einer Gesamtschule: Bei der Entscheidung über die Errichtung einer Schule handelt es sich um eine Planungsentscheidung, in deren Rahmen dem planenden Schulträger ein Planungsermessen zusteht.

702 VGH München Beschl. v. 7.4.2022 – 9 N 19.2265, juris Rn. 19; Urt. v. 21.1.2022 – 9 N 17.2305, juris Rn. 22 mwN.

703 BVerwG Beschl. v. 9.1.1995 – 4 NB 42.94, juris Rn. 7; VGH München Beschl. v. 7.4.2022 – 9 N 19.2265, juris Rn. 19.

704 OVG Magdeburg Beschl. v. 17.2.2021 – 2 K 55/19, juris Rn. 35; VGH München Beschl. v. 7.4.2022 – 9 N 19.2265, juris Rn. 20; Urt. v. 15.7.2020 – 15 N 18.2110, juris Rn. 20; OVG RP Urt. 26.2.2014 – 8 C 10561/13 – juris Rn. 37.

427 Das interkommunale Abstimmungsgebot des § 2 II 2 BauGB gilt nach seinem Wortlaut unmittelbar nur für die Bauleitplanung, nicht jedoch im Zulassungsverfahren für Einzelvorhaben. Entsprechend wird das interkommunale Abstimmungsgebot jedoch in Konstellationen angewandt, in denen die Standortgemeinde unter Missachtung ihrer Abstimmungspflicht die Weichen in Richtung der Zulassung eines Vorhabens stellt. Gegen ein die Nachbargemeinde stets schützendes, aus dem Abstimmungsgebot abgeleitetes Planungserfordernis wird eingewandt, dass auch für die Konstellation des unbeplanten Innenbereichs geklärt sei, dass das Unterlassen einer Bauleitplanung kein Abwehrrecht der Nachbargemeinde gegen ein nach § 34 BauGB zulässiges Vorhaben begründe.[705]

428 Die Nachbargemeinde kann sich jedoch dagegen wehren, dass auf der Grundlage eines nicht abgestimmten Bauleitplans ein Einzelvorhaben zugelassen wird.[706] Das setzt aber voraus, dass die Gemeinde dem Bauinteressenten unter Missachtung von § 2 II 1 BauGB einen Zulassungsanspruch verschafft hat, sei es durch Erlass eines nicht abgestimmten Bauleitplans, sei es im Falle des Fehlens eines Plans in anderer Weise.[707]

429 Bereits gegenüber Maßnahmen der Fachplanung bestehen gemeindliche Mitwirkungs- und Abwehrrechte. **Weitergehende Rechte** ergeben sich aus dem **interkommunalen Abstimmungsgebot** des **§ 2 II 1 BauGB**. Auch dieses Gebot ist Ausformung der gesetzlichen Planungshoheit. Denn diese schließt das Recht ein, sich gegen solche Planungen anderer Stellen zur Wehr zu setzen, welche die eigene Planungshoheit rechtswidrig verletzen.[708] Das interkommunale Abstimmungsgebot verleiht der Gemeinde aber gegenüber den sich auf ihr Gebiet auswirkenden Planungen der Nachbargemeinde eine stärkere Rechtsposition, als sie ihr gegenüber Fachplanungen auf ihrem Gebiet zusteht. Denn anders als den gem. § 38 BauGB privilegierten Trägern der Fachplanung steht die Gemeinde der Nachbargemeinde mit ihrer Planungsbefugnis im Verhältnis der Gleichordnung gegenüber. Dem trägt das interkommunale Abstimmungsgebot in spezieller Weise Rechnung. Daraus ergibt sich das Erfordernis einer **materiellen Abstimmung** interkommunaler Belange, nicht nur eine **formelle Beteiligungspflicht**. Das Gebot der gemeindenachbarlichen Rücksichtnahme besteht bereits immer dann, wenn mit der beabsichtigten Planung gemeindenachbarliche Auswirkungen gewichtiger Art verbunden sind. Die Standortgemeinde muss dann sowohl bei der gemeindlichen Bauleitplanung als auch bei **Erteilung des gemeindlichen Einvernehmens** nach § 36 BauGB die gemeindenachbarlichen Interessen berücksichtigen.[709] Die möglichen Auswirkungen müssen sich stets auf die städtebauliche Ordnung und Entwicklung der Nachbargemeinde beziehen.[710] Kern der Abstimmungspflicht ist also gerade die gerechte Abwägung der gegenläufigen Interessen der **Nachbargemeinden**. Übergeht die planende Gemeinde durch einen Verstoß gegen das **Abwägungsgebot** ihre materielle Abstimmungspflicht zulasten der Nachbargemeinde, so wird diese in ihren Rechten verletzt. Daraus folgt, dass das durch § 2 II BauGB geschützte Interesse der Nachbargemeinde, von unzumutbaren Auswirkungen einer fremden Planung verschont zu bleiben, von der planenden Gemeinde grundsätzlich in ihre Abwägung einbezogen werden muss. Die Abstimmungspflicht bezweckt allerdings keinen Wettbewerbsschutz etwa gegen Einzelhandelseinrichtungen in Nachbargemeinden, die in Konkurrenz zu Einzelhandelseinrichtungen im eigenen Gemeindegebiet treten.[711]

430 Benachbart sind Gemeinden nicht nur, wenn sie unmittelbar aneinandergrenzen, sondern auch, wenn sie von den Auswirkungen der jeweiligen Planung betroffen sind. Die Abstimmungspflicht kann sich bei entsprechender Bedeutung des Vorhabens (etwa eines sog. **Factory-Outlet-Centers**) somit auf Gemeinden erstrecken, die räumlich weit von der planenden Gemeinde entfernt liegen.[712] Auch bei der Ausweisung von **Multiplex-Kinos** muss die pla-

---

[705] VG Freiburg KommJur 2023, 299 unter Verweis auf BVerwG Beschl. v. 24.10.2018 – 4 B 15.18, juris Rn. 9; Bönker in HBG, Öffentliches Baurecht, 2024, § 5 Rn. 245.

[706] Battis in BKL, BauGB, 2022, § 2 Rn. 23.

[707] Battis in BKL, BauGB, 2022, § 2 Rn. 23 unter Verweis auf BVerwG NVwZ 1994, 288; VGH München BayVBl. 2000, 152.

[708] BVerwGE 40, 323.

[709] BVerwGE 84, 209; Beschl. v. 2.6.1992 – 4 NB 8.92, juris; Beschl. v. 23.9.1993 – 4 NB 31.93, juris; Hoppe in FS für Menger, 1993, 397.

[710] OVG Magdeburg NVwZ-RR 2012, 187.

[711] OVG Weimar UPR 1997, 376; zu den Rechtsschutzmöglichkeiten der Gemeinde gegenüber einer eisenbahnrechtlichen Fachplanung im Bereich von Nachbargemeinden aus Konkurrenzschutzgründen BVerwG NVwZ-RR 1999, 225.

[712] So VGH München UPR 1998, 467; VG Neustadt NVwZ 1999, 101.

nende Gemeinde die Interessen der Nachbargemeinden in die Abwägung einstellen.[713] Berechtigte interkommunale Belange sind abwägungserheblich und auch geeignet, eine **Antragsbefugnis** iS des § 47 II VwGO zu begründen, wenn mit dem Hinweis auf gemeindenachbarliche Belange zugleich eine mögliche Verletzung in eigenen gemeindlichen Rechten dargelegt wird (§ 47 II VwGO). Eine materielle gemeindenachbarliche Abstimmung ist bereits dann geboten, wenn unmittelbare Auswirkungen gewichtiger Art auf die städtebauliche Ordnung und Entwicklung der Nachbargemeinde in Betracht kommen. Dies gilt unabhängig davon, ob in der Nachbargemeinde bereits Bebauungspläne oder bestimmte planerische Vorstellungen bestehen. Voraussetzung ist – anders als für die rechtliche Betroffenheit einer Gemeinde durch eine Fachplanung – daher nicht, dass eine hinreichend bestimmte Planung der Nachbargemeinde nachhaltig gestört wird oder dass wesentliche Teile von deren Gebiet einer durchsetzbaren Planung entzogen werden.[714] Im Rahmen der interkommunalen Abstimmungspflicht ist nicht nur auf bereits verabschiedete Planungen der Nachbargemeinde, sondern auch auf sich aufdrängende nachbargemeindliche Entwicklungen Rücksicht zu nehmen.[715] Solche interkommunalen Abstimmungsnotwendigkeiten scheitern auch nicht daran, dass die von der Nachbargemeinde verfolgten städtebaulichen Ziele mittelbar auch einen **Konkurrenzschutz** zur Folge haben könnten.[716] Die materielle Abstimmungspflicht ist auch dann verletzt, wenn die Gemeinde ein Vorhaben ganz oder teilweise im Gebiet der Nachbargemeinde plant. Das gilt auch für einen Vorhaben- und Erschließungsplan.[717] Die Nachbargemeinde ist bei Verletzung des interkommunalen Abstimmungsgebotes in einem **Normenkontrollverfahren** gegen einen Bebauungsplan der Standortgemeinde antragsbefugt. Dies gilt insbesondere dann, wenn durch den Bebauungsplan eine Massierung der Verkaufsflächen für Einzelhandelsbetriebe in unmittelbarer Nähe des Ortszentrums der Gemeinde zugelassen wird und dies erhebliche Auswirkungen auf die städtebauliche Entwicklung und Ordnung in der Nachbargemeinde haben kann.[718] Die Nachbargemeinde muss allerdings nach § 47 II VwGO geltend machen, durch die Satzung der Standortgemeinde in eigenen Rechten verletzt zu sein. Eine derartige Rechtsverletzung kommt insbesondere bei Verletzung der gemeindlichen Planungshoheit in Betracht. Auch im interkommunalen Bereich besteht daher ein Recht auf Abwägung, das in § 2 II BauGB geregelt ist.

Beispiel: Eine Großstadt in den neuen Bundesländern wendet sich gegen die Ausweisung eines ca. 10 ha großen Geländes, auf dem eine kleine Nachbargemeinde einen Einkaufs-, Freizeit- und Dienstleistungspark ausgewiesen hat. Die Großstadt wendet ein, im Verfahren zur Aufstellung des Bebauungsplans nicht ordnungsgemäß beteiligt worden zu sein. Außerdem seien ihre gemeindlichen Belange im Hinblick auf die einschneidenden Auswirkungen auf ihre im Ortskern befindlichen Einzelhandelsbetriebe nicht ausreichend berücksichtigt worden. Die Einwendungen der Stadt sind begründet, wenn eine ordnungsgemäße Beteiligung im Rahmen des Bauleitplanverfahrens nicht stattgefunden hat und dadurch gemeindliche Rechte möglicherweise verletzt worden sind oder durch die Ausweisung des Vorhabens elementare gemeindenachbarliche Interessen tatsächlich verletzt worden sind.[719]

Beispiel: Ein Bebauungsplan, der der Nachbargemeinde für ihr Gebiet eine zur Realisierung der Erschließung des Plangebiets notwendige staatliche Fachplanungsentscheidung aufdrängt (etwa eine Einfädelspur von der geplanten Tankstelle zur Bundesstraße), verletzt das gemeindliche Selbstverwaltungsrecht und ist unwirksam. Das gilt unabhängig davon, ob die Erschließung konkrete Planungsabsichten der Nachbargemeinde zu verbauen droht oder infolge der Erschließung unmittelbare Auswirkungen gewichtiger Art auf die städtebauliche Ordnung und Entwicklung der Nachbargemeinde zu erwarten sind.[720]

---

713 OVG Frankfurt LKV 1998, 359. Zur Zulässigkeit eines Multiplex-Kinos im nicht beplanten Innenbereich VG Gera ThürVBl. 1999, 69. Zum eingeschränkten Nachbarschutz gegen ein Multiplex-Kino im Kerngebiet OVG Berlin UPR 1999, 320.

714 BVerwG ZfBR 1995, 148.

715 BVerwGE 40, 323.

716 BVerwG BauR 1994, 494.

717 BVerwG Beschl. v. 23.9.1993 – 4 NB 31.93, juris.

718 BVerwG Beschl. v. 6.2.1992 – 4 NB 8.92, juris.

719 OVG Frankfurt (Oder) LKV 1998, 359.

720 VGH München DVBl. 2011, 1181.

431 Das interkommunale Abstimmungsgebot des § 2 II 1 BauGB ist verletzt, wenn die Planung unmittelbare Auswirkungen gewichtiger Art auf das benachbarte Gemeindegebiet entfaltet und diese gewichtigen Belange nicht im Wege der Abwägung überwunden werden können. Ein erst im Gerichtsverfahren vorgelegtes **Einzelhandelskonzept** kann ein bestehendes Ermittlungs- und Abstimmungsdefizit nicht nachträglich heilen. Die Festsetzung gebietsbezogener Verkaufsflächenbeschränkungen für ein Sondergebiet „großflächiger Einzelhandel" ist auch dann unwirksam, wenn ein einziger Investor auf dem Plangebiet mehrere Vorhaben mit verschiedenen Einzelhandelsunternehmen realisieren möchte.[721] Das interkommunale Abstimmungsgebot bezieht sich traditionell als Bestandteil der kommunalen Planungshoheit auf städtebauliche Belange. Es wird durch § 2 II 2 BauGB auf **raumordnerische Belange** erweitert.[722] Die Regelung geht bereits zurück auf Überlegungen der Unabhängigen Expertenkommission zur Novellierung des BauGB. Soweit Ziele der Raumordnung einer Gemeinde eine bestimmte, den Standortwettbewerb mit anderen Gemeinden begünstigende Funktion zuweisen,[723] soll diese Funktion der gemeindlichen Planungshoheit zugerechnet werden und damit verteidigungsfähig sein. Die Ziele der Raumordnung können belastende und begünstigende Wirkungen haben, zum einen für die einzelne Gemeinde, zum anderen aber auch im Verhältnis der Gemeinden untereinander. Dies legt es nahe, neben den verpflichtenden § 1 IV BauGB, nach dem die Bauleitpläne den Zielen der Raumordnung anzupassen sind, auch eine berechtigende Vorschrift zu stellen. Aus der Bindung der Bauleitplanung an ein zentralörtliches Ziel der Raumordnung[724] folgt auf diese Weise auch, dass die Gemeinde berechtigt ist, ihre so ausgerichtete Planung gegen eine die zentralörtliche Funktion störende raumordnungswidrige Planung einer anderen Gemeinde zu verteidigen. Neben den Zielen der Raumordnung werden in der Regelung die Auswirkungen auf die zentralen Versorgungsbereiche – auch in ihren unterschiedlichen Stufen – der Gemeinden genannt. Hierdurch werden diese bereits für § 11 III BauNVO maßgeblichen Kriterien ebenfalls in die interkommunale Abstimmung einbezogen.

432 Das Abstimmungsgebot in § 2 II 1 BauGB ist Teil der Bauleitplanung; es kann sich deshalb nur auf städtebauliche Belange beziehen. Die Zulassung von Anlagen im bauplanungsrechtlichen Außenbereich nach § 35 BauGB tangiert die Planungshoheit der Nachbargemeinde grundsätzlich nicht und löst deswegen auch keinen gesetzlich nicht normierten, die Standortgemeinde verpflichtenden Abstimmungsbedarf aus.[725] Mit § 2 II 2 BauGB hat die Gemeinde ein **Abwehrrecht**, wenn ihr durch Ziele der Raumordnung bestimmte Funktionen zugewiesen wurden und eine Nachbargemeinde diese unterlaufen will.[726] Das Abwehrrecht ergänzt die Anpassungspflicht aus § 1 IV BauGB. Eine Gemeinde ist berechtigt, die ihr zugewiesenen Funktionen gegen störende raumordnungswidrige Planungen einer anderen Gemeinde zu verteidigen. Die **zugewiesene Funktion** ist Bestandteil der Planungshoheit. Die durch Ziele der Raumordnung zugewiesenen Funktionen werden in erster Linie die Stellung im zentralörtlichen Gefüge betreffen, sie können sich aber auch auf die Siedlungserweiterung oder zentrale Einrichtungen beziehen. Die Gemeinde muss für ihr Betroffensein nicht mehr im Einzelnen belegen, welche konkreten Nachteile für sie zB durch Kaufkraftabzug[727] oder Abwerbung von Gewerbebetrieben entstehen. Der Verstoß als solcher reicht bereits aus. Die Rechtslage entspricht der einer Verletzung nachbarschützender Vorschriften bei einem Wechsel in der Gebietskategorie. Gemeindenachbarliche Abwehrrechte bestehen, wenn das Handeln der Standortgemeinde gegen die **Ziele der Raumordnung** verstößt. Dies setzt allerdings entsprechend konkrete und eindeutig formulierte Ziele der Raumordnung voraus (§ 3 I Nr. 2 ROG). Die Klage einer Nachbargemeinde gegen eine raumordnungsrechtliche Zielabweichung für die Ansiedlung eines großflächigen Einzelhandelsvorhabens ist nur zulässig, wenn die Zielvorgabe, von der abgewichen wird, neben dem öffentlichen Planungsinteresse auch dem Schutz der Nachbargemeinde dient. Ob dies der Fall ist, muss durch Auslegung der Begründung des Ziels und seiner systematischen Stellung ermittelt werden.[728] Neben den Zielen der Raumordnung

[721] OVG Koblenz NVwZ-RR 2009, 711 im Anschluss an BVerwG ZfBR 2008, 478.
[722] Kment NVwZ 2007, 996; siehe auch Bunzel ZfBR 2008, 132.
[723] BVerwG NVwZ 2003, 1263.
[724] BVerwG NVwZ 2002, 476; NVwZ 2003, 1253.
[725] VGH Mannheim ZfBR 2022, 265.
[726] OVG Lüneburg BauR 2007, 339.
[727] VG Göttingen Beschl. v. 10.3.2004 – 2 B 51/04, juris.
[728] VG Gießen Urt. v. 22.3.2023 – 1 K 592/21.GI, juris.

werden die „Auswirkungen auf die zentralen Versorgungsbereiche" ausdrücklich genannt. Die Art der Auswirkungen muss die Nachbargemeinde allerdings geltend machen. Gewichtige Auswirkungen auf Planungen einer Nachbargemeinde dürfen nicht allein deshalb im Rahmen der Abwägung zurückgestellt werden, weil die Nachbargemeinde die Abwägungsentscheidung über ihren Plan noch nicht getroffen hat. Die Konkretisierung dieser Planung und ihre Realisierungschancen können aber für das Gewicht der nachbargemeindlichen Belange von Bedeutung sein.[729]

Parallel zu den gesetzlichen Regelungen stellt auch die Rechtsprechung den traditionellen Bahnen der interkommunalen Abstimmung **neue Rechtsschutzmöglichkeiten** sowie gemeindliche Rechtspflichten an die Seite.[730] Die privilegierte Fachplanung kann bei Wahrung der Voraussetzungen des § 38 BauGB einen Vorrang für sich in Anspruch nehmen. Gemeindliche Betroffenheiten lösen gegenüber Planungen anderer Gemeinden aber auch gegenüber Fachplanungen ein **Beteiligungserfordernis** aus (Stufe 1). Bei Auswirkungen gewichtiger Art im nachbargemeindlichen Bereich wird nach § 2 II BauGB eine **interkommunale Abstimmung** erforderlich (Stufe 2). Werden konkrete **gemeindliche Planungen** betroffen oder entziehen sich weite Teile des Gemeindegebietes einer durchsetzbaren Planung (Stufe 3), ergeben sich wegen des Eintritts in verfassungsrechtliche Garantiebereiche gesteigerte Berücksichtigungserfordernisse und erhöhte Überwindungslasten in der Bau- und Fachplanung gleichermaßen. Bei gravierenden nachteiligen Folgen gemeindlicher Nichtplanungen vor allem für Nachbargemeinden aber auch bei Verletzung raumordnerischer Ziele können sich aus § 1 III und IV BauGB gemeindliche Planungspflichten ergeben, deren Einhaltung durch die Kommunalaufsicht und auf der Grundlage der Landesplanungsgesetze sichergestellt werden kann.[731] 433

Bei der Prüfung der Frage, ob sich ein **großflächiger Einzelhandelsbetrieb** nach der Art der baulichen Nutzung iS von § 34 I BauGB einfügt, hatten danach die in § 11 III BauNVO angesprochenen städtebaulichen Auswirkungen außer Betracht zu bleiben. Ein Vorhaben, das nach § 34 I BauGB zulässig war, scheiterte nicht daran, dass es auf der Grundlage eines an die Ziele der Raumordnung angepassten Bebauungsplans nicht genehmigungsfähig wäre.[732] Durch § 34 III BauGB ist diese Lücke geschlossen. Auch im nicht beplanten Innenbereich sind die Ziele der Raumordnung zu beachten. Nach § 34 III BauGB dürfen von Innenbereichsvorhaben keine schädlichen Auswirkungen auf zentrale Versorgungsbereiche in der Gemeinde oder in anderen Gemeinden zu erwarten sein. 434

Das aus dem **Zentrale-Orte-Prinzip** abgeleitete **Kongruenzgebot**,[733] aus dem Gemeinden ein Abwehrrecht gegen ein Vorhaben iS des § 11 III 1 BauNVO in der Nachbargemeinde herleiten, ist allerdings nicht Ausfluss der kommunalen Selbstverwaltungsgarantie des Art. 28 II 1 GG; vielmehr ist den Gemeinden diese Rechtsstellung durch einen außergemeindlichen Planungsträger zugewiesen.[734] 435

Eine Nachbargemeinde kann sich unter Berufung auf das interkommunale Abstimmungsgebot nicht nur gegen eine **nicht abgestimmte Bauleitplanung** wehren, sondern auch **Einzelgenehmigungen** abwehren, wenn die Standortgemeinde dem Bauinteressenten unter Missachtung des § 2 II 1 BauGB einen Zulassungsanspruch verschafft hat.[735] Die Verschaffung eines Zulassungsanspruchs kann in der Aufstellung eines Bebauungsplans liegen oder durch die Änderung des Flächennutzungsplans und die darauf fußende Erteilung des Einvernehmens geschehen. Ist der Plan unwirksam und das Vorhaben deshalb planungsrechtlich unzulässig, reicht das für den Erfolg einer auf eine Verletzung des § 2 II 1 BauGB gestützte Klage nicht aus. Hinzukommen muss, dass die Unwirksamkeit des Bebauungsplans (auch) aus einem Verstoß 436

[729] BVerwG NVwZ 2010, 1026. Zu den Rechten der Nachbargemeinde Möller Jura 2011, 54. Zur interkommunalen Abstimmung bei Einzelhandelsprojekten Kopf LKRZ 2010, 167. Zum Schutz der Nachbargemeinde durch das interkommunale Abstimmungsgebot Hoffmann NVwZ 2010, 738; zum Gebietserhaltungsanspruch der Nachbargemeinde Gerhard/Würtenberger BauR 2010, 550.

[730] BVerwGE 117, 25; NVwZ 2004, 220; OVG Koblenz Beschl. v. 20.1.1998 – 1 B 10056/98, juris. Zur Sanktionslosigkeit einer Unterlassung der Raumordnungsplanung in den Stadtstaaten Grooterhorst/Langguth NordÖR 2008, 107.

[731] Stüer NVwZ 2004, 814; Moench DVBl. 2005, 676; Ingerowski Jura 2009, 303.

[732] BVerwG NVwZ 1994, 285.

[733] Siehe dazu VG Gießen Urt. v. 22.03.2023 – 1 K 592/21.GI, juris Rn. 127.

[734] BVerwG ZfBR 2006, 783.

[735] OVG Lüneburg ZfBR 2023, 469.

gegen § 2 II 1 BauGB folgt.[736] Die entsprechende Anwendung des § 2 II 1 BauGB, der unmittelbar nur für die Bauleitplanung gilt, im Anfechtungsverfahren gegen eine Baugenehmigung dient der **Missbrauchsabwehr.**[737]

437 Ein Missbrauch liegt vor, wenn die Gemeinde dem Vorhaben durch Handlungen, bei denen § 2 II 1 BauGB unmittelbar anzuwenden war oder durch welche eine von Baurechts wegen an sich gebotener Anwendung des § 2 II 1 BauGB in vorwerfbarer Weise umgangen worden ist, den Weg geebnet hat. Fehlt es daran und beurteilt sich die Rechtmäßigkeit des Vorhabens anhand von Vorschriften, die keinen Bezug zu § 2 II 1 BauGB aufweisen, liegt kein Missbrauch vor.[738]

438 Der **Rechtsschutz der Gemeinden** findet im jeweiligen Zulassungsverfahren statt. Dabei hat die Gemeinde keinen Rechtsanspruch auf Durchführung eines bestimmten Verfahrens. So können Nachbargemeinden, die sich gegen ein Flughafenerweiterungsvorhaben zur Wehr setzen, ein luftrechtliches Genehmigungsverfahren nicht allein mit der Begründung erzwingen, dieses Verfahren biete ihnen weitergehende Möglichkeiten der Rechtsverteidigung als ein Baugenehmigungsverfahren. Auch im Baugenehmigungsverfahren ist ein Schutz der gemeindlichen Planungshoheit sichergestellt, der den Anforderungen des Art. 28 GG gerecht wird. Der Nachbargemeinde steht hier zwar das Mittel der Versagung des Einvernehmens nach § 36 BauGB nicht zur Verfügung. § 2 II BauGB räumt ihr jedoch ein einzelvorhabenbezogenes Abwehrrecht ein, wenn die Gemeinde, auf deren Gebiet das umstrittene Projekt verwirklicht werden soll, dem Bauinteressenten unter Verstoß gegen das in dieser Bestimmung normierte interkommunale Abstimmungsgebot einen Zulassungsanspruch verschafft.[739] Das interkommunale Abstimmungsgebot nach § 2 II BauGB findet auf **Fachplanungen von überörtlicher Bedeutung** allerdings auch dann keine Anwendung, wenn Vorhabenträger eine Gemeinde ist.[740] Es erscheint auch zweifelhaft, ob nach Inkrafttreten des § 34 III BauGB aus dem Gebot interkommunaler Abstimmung nach § 2 II 1 BauGB zu Gunsten einer Nachbargemeinde ein Abwehranspruch gegen ein Einzelvorhaben im unbeplanten Innenbereich folgen kann, wenn die Standortgemeinde dem Bauinteressenten unter Missachtung des § 2 II 1 BauGB einen Zulassungsanspruch verschafft. Solche Fälle kommen – wenn überhaupt – nur bei einem aktiven Einwirken der Gemeinde auf den Zulassungsanspruch in Betracht.[741]

439 Rechtsschutzmöglichkeiten bestehen für eine **Nachbargemeinde** auch dann, wenn die Planung von einer Gemeinde aufgestellt worden ist, die zwischenzeitlich in die Nachbargemeinde **eingegliedert** worden ist. In diesen Fällen kann sich die Nachbargemeinde allerdings nicht in einem Normenkontrollverfahren gegen den inzwischen zu ihrem eigenen Satzungsrecht gehörenden Bebauungsplan wenden. Die Nachbargemeinde kann jedoch gegen eine auf der Grundlage des Bebauungsplans erteilte Genehmigung Widerspruch einlegen mit der Begründung, der Bebauungsplan sei wegen Nichtbeachtung interkommunaler Abstimmungsnotwendigkeiten unwirksam. Dies gilt vor allem dann, wenn in qualifizierter Weise durch den Vorhabenträger (Investor) auf den Inhalt des Bebauungsplans Einfluss genommen worden ist und sich dies als Weichenstellung in Richtung auf die Zulassungsentscheidung darstellt.[742]

4. Gemeindefreie Gebiete

440 Auf gemeindefreie Gebiete bezieht sich die gemeindliche Bauleitplanung nicht. Die in den §§ 1 ff. BauGB geregelte gemeindebezogene Bauleitplanung gilt daher nicht in gemeindefreien Gebieten. Auch eine Veränderungssperre (§§ 14 ff. BauGB) ist in gemeindefreien Gebieten ausgeschlossen. Das BauGB hindert den Landesgesetzgeber, in gemeindefreien Gebieten die bundesrechtlichen Vorschriften über die Bauleitplanung (§§ 1 ff. BauGB) für anwendbar zu erklären oder eine hiervon abweichende eigene landesrechtliche (zB staatliche) Bauleitplanung einzuführen. Die prinzipielle Entscheidung des Bundesgesetzgebers, die Bauleitplanung nur als

---

[736] OVG Lüneburg ZfBR 2023, 469.
[737] OVG Lüneburg ZfBR 2023, 469; BVerwG BauR 2019, 470.
[738] OVG Lüneburg ZfBR 2023, 469; ZfBR 2006, 168 BVerwG BauR 2019, 470.
[739] BVerwG Beschl. v. 18.10.1995 – 4 B 205.95, juris; BVerwGE 84, 209; NVwZ 1994, 285; VGH Mannheim NuR 2008, 361; BVerwGE 68, 369; BVerwG NVwZ 1990, 464; NVwZ 1994, 285; NVwZ 2003, 86.
[740] BVerwG NVwZ 2005, 813; NVwZ 1996, 901.
[741] BVerwG NVwZ 2019, 318; NVwZ 1994, 285.
[742] OVG Weimar DÖV 1999, 170.

Gegenstand der gemeindlichen Planungshoheit auszugestalten, fördert die Selbstverwaltungsgarantie der Gemeinden. Diese Zielsetzung ist auch im Hinblick auf Art. 72 II GG verfassungsgemäß. Der Bundesgesetzgeber kann im Interesse der Rechtssicherheit unterbinden, dass einzelne Länder in unterschiedlicher Weise für gemeindefreie Gebiete ein Bauleitplanungsrecht vorsehen. Dem durfte der Bundesgesetzgeber auch präventiv entgegenwirken.[743]

2. Teil. Raumordnung

Bei raumbedeutsamen Planungen und Maßnahmen öffentlicher Stellen sind nach § 4 I 1 Nr. 1 ROG Ziele der Raumordnung zu beachten sowie Grundsätze und sonstige Erfordernisse der Raumordnung in Abwägungs- oder Ermessensentscheidungen zu berücksichtigen. Raumbedeutsame Planungen und Maßnahmen sind nach § 3 I Nr. 6 ROG Planungen einschließlich der Raumordnungspläne, Vorhaben und sonstige Maßnahmen, durch die Raum in Anspruch genommen oder die räumliche Entwicklung oder Funktion eines Gebietes beeinflusst wird, einschließlich des Einsatzes der hierfür vorgesehenen öffentlichen Finanzmittel. Raumbedeutsame Planungen in diesem Sinne sind raumbezogene Programme zur Erreichung bestimmter Ziele, entwickelt und gestaltet in einem schöpferischen Vorgang auf Grund der gegenwärtigen Lage und der prognostizierten Entwicklung. Dazu zählen zB Raumordnungspläne, Planungen für den Straßenausbau, Abfallwirtschaftspläne, Wasserwirtschaftspläne, Luftreinhaltepläne, Lärmaktionspläne und Landschaftspläne und vor allem auch Flächennutzungspläne und Bebauungspläne.[744] **441**

Bauleitpläne sind darüber hinaus nach § 1 IV BauGB den **Zielen der Raumordnung** anzupassen. Die **Anpassungspflicht** bezieht sich auf Flächennutzungspläne und Bebauungspläne und erfasst neben der erstmaligen Aufstellung auch ggf. die nachträgliche Anpassung an zeitlich später verabschiedete Ziele der Raumordnung. Der Regelungszweck des § 1 IV BauGB besteht in der „Gewährleistung materieller Konkordanz" zwischen der übergeordneten Landes- und Regionalplanung und der gemeindlichen Bauleitplanung.[745] **442**

Raumordnerische Zielvorgaben können eine Anpassungspflicht der Gemeinde nach § 1 IV BauGB nur auslösen, wenn sie hinreichend bestimmt (jedenfalls aber bestimmbar) und rechtmäßig sind.[746] Wenn noch nach der Beschlussfassung eines Bebauungsplans ein Ziel der Raumordnung rechtswirksam wird, das eine Anpassungspflicht betrifft, darf der Bebauungsplan nicht bekanntgemacht werden.[747] Die Bindungswirkungen gelten auch für eine Planänderung.[748] Ein die Abweichung von den Zielen der Raumordnung zulassender Bescheid stellt auch gegenüber einer Nachbargemeinde ein Verwaltungsakt dar, wenn sie dadurch in ihren Interessen betroffen wird.[749] Eine anerkannte Umweltvereinigung kann gerichtlich überprüfen lassen, ob eine Abweichung von Zielen des Regionalplans gegen umweltbezogene Rechtsvorschriften verstößt.[750] Die Anpassungspflicht bezieht sich allerdings nur auf Ziele, nicht auf Grundsätze der Raumordnung. Nach § 1 III 1 BauGB haben die Gemeinden die Bauleitpläne aufzustellen, sobald und soweit dies für die städtebauliche Entwicklung und Ordnung erforderlich ist. Was in diesem Sinne erforderlich ist, bestimmt sich nach der planerischen Konzeption der Gemeinde. Für die Bestimmung der Erforderlichkeit sind andere Erkenntnisquellen heranzuziehen als bei der Prüfung des Abwägungsgebotes.[751] **443**

---

743 BVerwG UPR 1995, 446.

744 Beckmann Raumordnungsrecht, in Hoppenberg/de Witt, Handbuch des öffentlichen Baurechts, 2024, Rn. 171.

745 VGH Mannheim Urt. v. 7.2.2024 – 5 S 869/22, juris Rn. 71; zu Anpassungspflichten nach § 13a ROG Kümper NuR 2023, 731.

746 BVerwG BauR 2007, 1712.

747 BVerwG NVwZ 2007, 953. Zur Rechtsqualität einer landesplanerischen Beurteilung BVerwG ZfBR 2008, 592; Zur Unwirksamkeit eines Bebauungsplans wegen Verstoßes gegen das Anpassungsgebot an die Ziele der Raumordnung nach § 1 IV BauGB, wenn dieser nach Inkrafttreten des entsprechenden raumordnerischen Ziels erstmals ordnungsgemäß bekanntgemacht wurde siehe OVG Koblenz Urt. v. 13.12.2023 – 8 A 10011/23.OVG, juris Rn. 70, 74.

748 OVG Greifswald NordÖR 2008, 397.

749 OVG Koblenz DVBl. 2009, 386. Bei der Festlegung der Standortbereiche für die Gewinnung von Rohstoffen soll es sich lediglich um Grundsätze handeln, so OVG Saarlouis LKRZ 2008, 316.

750 BVerwG NVwZ 2022, 724.

751 BVerwG BRS 85 Nr. 2 (2017).

444 Die Frage, ob ein Bebauungsplan dem Anpassungsgebot des § 1 IV BauGB genügt, ist von der Gemeinde in eigener Verantwortung und von den Gerichten als Rechtmäßigkeitsvoraussetzung im Normenkontrollverfahren in vollem Umfang und unabhängig von etwaigen behördlichen Stellungnahmen zu prüfen.[752]

I. Das ROG (Überblick)

445 Das Verhältnis der Bauleitplanung zur Raumordnung ist im ROG geregelt, das durch das **BauROG 1998** neu konzipiert und durch das **EAG Bau 2004** und um Regelungen zur Umweltprüfung und Öffentlichkeitsbeteiligung ergänzt worden ist. Weitere Ergänzungen sind durch die **ROG-Novelle 2017** erfolgt, die ua durch die europarechtlichen Vorgaben der UVP- und SUP-RL veranlasst worden sind. Durch das Gesetz zur Neufassung des ROG und zur Änderung anderer Vorschriften **(GeROG)** wurde das ROG zum Jahresende 2008 neu gefasst.[753] Mit der Novellierung des ROG durch das GeROG wurden die Grundsätze der Raumordnung ergänzt (§ 2 ROG), die Zulässigkeit von Regel-Ausnahme-Formulierungen bei Zielen der Raumordnung vom Gesetzgeber bestätigt (§ 6 I ROG) und das Abwägungsgebot in § 7 II ROG neu formuliert. Außerdem wurden die Bestimmungen über die Planerhaltung konkreter gefasst. Durch das Gesetz zur Beschleunigung von Investitionen vom 3.12.2020[754] wurden wiederum eine Reihe dringlicher Maßnahmen zur Beschleunigung von Planungs- und Genehmigungsverfahren ua im Bereich der Raumordnung beschlossen. Das Gesetz zur Änderung des Raumordnungsgesetzes und anderer Vorschriften (ROGÄndG) vom 22.3.2023[755] hat ergänzend dazu weitere erhebliche Änderungen und Ergänzungen des ROG bewirkt. Zu den zentralen Anliegen der Gesetzesnovelle 2023 zählt die Gesetzesbegründung[756] eine Modernisierung der Planung durch die weitere Digitalisierung der Beteiligungsverfahren bei der Aufstellung von Raumordnungsplänen, die Flexibilisierung der Planung durch Erleichterungen bei der Abweichung von Zielfestlegungen in Raumordnungsplänen, die Beseitigung von Redundanzen bei Änderungen von Planentwürfen und mehr Planungs- und Investitionssicherheit durch erweiterte Regelungen zur Planerhaltung und die Beschleunigung von Genehmigungsverfahren durch engere Verzahnung von Raumordnungs- und Zulassungsverfahren und einen Verzicht auf eine Umweltverträglichkeitsprüfung bei der Raumverträglichkeitsprüfung).

446 Die Änderungen der Gesetzesnovelle 2023 traten nach Art 15 I des ROGÄndG mit Rücksicht auf die Befugnis der Länder zur Abweichungsgesetzgebung[757] erst 6 Monate nach der Verkündung des Gesetzes im März 2023 am 28.9.2023 in Kraft. Eine bedeutsame Änderung erfuhr das Raumordnungsrecht des Bundes außerdem durch den am 01.09.2021 in Kraft getretenen, länderübergreifenden **Bundesraumordnungsplan Hochwasserschutz.**[758]

II. Gesetzgebungskompetenzen

447 Grundlage des 1965 erlassenen Raumordnungsgesetzes des Bundes war die damalige Rahmengesetzgebungskompetenz des Art. 75 I Nr. 4 GG aF Danach hatte der Bund die Rahmenkompetenz, die Raumordnung in den insbesondere durch Art. 72 II GG aF und Art. 75 II GG aF gezogenen Grenzen zu regeln. Auf der Grundlage des Gutachtens des BVerfG vom 16.6.1954[759] konnte sich der Bundesgesetzgeber auch auf eine ungeschriebene, ausschließliche

[752] BVerwG BRS 88 Nr 6 (2020).

[753] BR-Drs. 563/08; BT-Drs. 16/10292; hierzu Gegenäußerung der Bundesregierung vom 21.9.2008 BT-Drs.16/10332; Ausschussbericht BT-Drs. 16/10292; Krautzberger/Stüer BauR 2009, 180; Söfker UPR 2009, 737.

[754] BGBl. I S. 2694.

[755] BGBl. I 2023 Nr. 88; siehe dazu Spannowsky ZfBR 2023, 540; Kümper DVBl. 2023, 1126; zur Digitalisierung der Beteiligung in der Landes- und Regionalplanung nach dem ROGÄndG 2023 siehe Herzer UPR 2023, 331; zur Beschleunigung und Optimierung des Raumordnungsrechts durch das ROGÄndG Kment UPR 2022, 329.

[756] BT-Drs. 20/4823, S. 1 f.

[757] siehe dazu Durner DVBl. 2008, 69 (74).

[758] siehe dazu Beckmann BauR 2021, 1748; Kümper UPR 2023, 1; J. Wagner ZUR 2023, 283; Spannowsky UPR 2023, 59; Kümper DÖV 2022, 889; St. Wagner UPR 2022, 461; Runkel in Bielenberg/Runkel/Spannowsky, ROG, 2022, § 17 Rn. 70 ff.; weitere Absichten zur Änderung des ROG ergeben sich aus Art. 6 eines Gesetzentwurfs zur Förderung der Windenergie zu Land und der Solarenergie, für den ein Kabinettsbeschluss am 2.8.2024 gefasst wurde.

[759] BVerfGE 3, 409.

Gesetzgebungskompetenz für die „Raumplanung in ihren über die Länder hinausgreifenden Zusammenhängen" stützen. Mit der Abschaffung des Kompetenztypus der Rahmengesetzgebung wurde im Jahre 2006 die Raumordnung der **konkurrierenden Gesetzgebungskompetenz** des Bundes nach Art. 74 I Nr. 31 GG zugewiesen. Dem Bund steht damit eine im Vergleich zur früheren Rahmengesetzgebung weiterreichende Gesetzgebungszuständigkeit zu, die ihm grundsätzlich eine **Vollregelung** des Rechts der Raumordnung ermöglicht. Die Kompetenz des Bundesgesetzgebers wurde auch dadurch gestärkt, dass ihre Wahrnehmung nicht von der Erforderlichkeit iS des Art. 72 II GG abhängig ist und somit nicht nachgewiesen werden muss, dass eine gesetzliche Regelung des Bundes für die Herstellung gleichwertiger Lebensverhältnisse im Bundesgebiet oder für die Wahrung der Rechts- und Wirtschaftseinheit im gesamtstaatlichen Interesse erforderlich ist. Hinzu kommt, dass das Gesetz nicht der Zustimmung des Bundesrates bedarf.

Allerdings haben die Länder die Befugnis, von dem Raumordnungsgesetz, das sich auf den **448** Kompetenztitel des Art. 74 I Nr. 31 GG stützt, gem. Art. 72 III 1 Nr. 4 GG abzuweichen. Diese **Abweichensbefugnis** erstreckt sich nicht nur auf das materielle Raumordnungsrecht, sondern auch auf das Verfahrensrecht. Insoweit geht sie weiter als die den Ländern nach Art. 84 I 5 und 6 GG eingeräumte Abweichungsbefugnis vom Verfahrensrecht in Bundesgesetzen.[760] Dadurch wird von dem Grundsatz des Art. 31 GG abgewichen, wonach Bundesrecht Landesrecht bricht. Abweichendes Landesrecht für den Bereich der Raumordnung führt zu dessen Anwendungsvorrang gegenüber dem Raumordnungsgesetz des Bundes. Inwieweit die Länder vom Raumordnungsgesetz des Bundes abweichen dürfen, ist umstritten.[761] Der Wortlaut des Verfassungstextes sieht für die Raumordnung – anders als für andere Rechtsmaterien – keine Einschränkungen des Abweichungsrechts vor. Teilweise wird deshalb den Landesgesetzgebern auf der Grundlage dieses uneingeschränkten Wortlautes ein unbeschränktes Abweichungsrecht zugestanden.[762] Nach anderer Auffassung bezieht sich das Abweichungsrecht der Landesgesetzgeber allein auf die „Landesraumordnung", was zur Folge hätte, dass die Bestimmungen über die Bundesraumordnung abweichungsfest wären.[763] Auch der Gesetzgeber ist wohl bei der Verabschiedung des Raumordnungsgesetzes 2009 von dieser Auffassung ausgegangen.[764] Schließlich werden mit unterschiedlicher Begründung Beschränkungen der Ländergesetzgeber zur Abweichung in unterschiedlichem Umfang für geboten gehalten.[765]

Fraglich ist auch, inwieweit zwischen wiederholender und abweichender Landesgesetzgebung **449** zu unterscheiden ist. Dazu wird die Ansicht vertreten, dass Landesplanungsgesetze, die Bundesrecht wiederholen, unwirksam sind, weil es sich dabei nicht um Abweichungsgesetzgebung handelt.[766] Das hat Auswirkungen zB für die Zuständigkeit des BVerwG in **Revisionsverfahren** (§ 137 I VwGO). Fraglich ist außerdem, ob die Abweichungsbefugnis lediglich zu punktuellen Abweichungen vom Bundesrecht berechtigt eine umfassende, vom Bundesrecht abweichende und eigenständige Vollregelung der Länder ermöglicht.[767] Vieles spricht für einen abweichungs-

---

760 zur Abgrenzung der Kompetenzbereiche Raumordnung, Bodenrecht und Fachplanung siehe Kment in Kment, ROG, 2019, Einl. B Rn. 41 ff.; zu Grenzen der Abweichungsbefugnis im Bereich der Raumordnung Spannowsky UPR 2007, 41; Dallhammer ZUR 2019, 228; zur Abweichungsgesetzgebung im Raumordnungsrecht aus der Sicht eines Bundeslandes (Freistaat Bayern); Numberger ZUR 2019, 217.

761 dazu im Einzelnen Runkel in Spannowsky/Runkel/Goppel, ROG, 2018, § 1 Rn. 31 ff.; Kment in Kment, ROG, 2019, Einl. B Rn. 14 ff.; Numberger ZUR 2019, 217.

762 Degenhardt NVwZ 2006, 1209 (1213); Erbguth in FS für Rengeling, 2008, 35 (48); Schmitz/Müller RUR 2007, 456, (459 ff.); Kotulla NVwZ 2007, 489 (495); Hoppe DVBl. 2007, 144; Schulze-Fielitz NVwZ 2007, 249 (258).

763 Kment in Kment, ROG, 2019, Einl. B Rn. 10; Runkel Raumordnung nach der Föderalismusreform I in Bielenberg/Runkel ua, Raumordnungs- und Landesplanungsrecht, J 690, S. 7 ff.; Meyer Die Föderalismusreform 2006, S. 177.

764 BR-Drs. 563/08, Begründung B § 17 S. 71.

765 so zB Ritter RuR 2006, 418 ff.; Spannowsky UPR 2007, 41 ff.; Battis/Kersten DVBl. 2007, 152 (157 ff.); Durner in Erbguth, Neues Städtebau- und Raumordnungsrecht – rechtliche Bewertung, Bedeutung für die Praxis, 2007, 29 (39 ff); Hoppe in H/B/G, Öffentliches Baurecht, 2010, § 3 Rn. 6; zur umstrittenen Frage, ob sich das Abweichungsrecht auch auf das Verfahrensrecht bezieht siehe Runkel in Spannowsky/Runkel/Goppel, ROG, 2018, § 1 Rn. 10; Schmitz/Müller RuR 2007, 456.

766 Runkel in Spannowsky/Runkel/Goppel, ROG, 2018, § 1 Rn. 27; Schmitz/Jornitz DVBl. 2013, 741; aA Ipsen NJW 2006, 2801; Stegmüller DVBl. 2013, 1477; Numberger ZUR 2019, 217.

767 bejahend Numberger ZUR 2019, 217 (218); verneinend Runkel in Spannowsky/Runkel/Goppel, ROG, 2018, § 1 Rn. 27.

festen Kern der Bundesraumordnung. Die dem Bund bis zur Föderalismusreform zustehende Regelungskompetenz im Bereich der Raumordnung kraft Natur der Sache bestand unabhängig vom Verfassungstext. Aus der Entstehungsgeschichte ergibt sich nicht, dass der verfassungsändernde Gesetzgeber diese dem Bund eingeräumte Kompetenz kraft Natur der Sache einschränken wollte. Einschränkungen der Abweichungsbefugnis der Länder können sich daraus ergeben, dass einzelne Regelungen des ROG nicht allein oder überhaupt nicht auf den Kompetenztitel der Raumordnung iS des Art. 74 I Nr. 31 GG gestützt werden. Abweichungsfest können auch solche Regelungen sein, die dem Schutz der Verfassung, etwa des Rechtsstaatsprinzips oder von Grundrechten im Zusammenhang mit dem Abwägungsgebot (§ 7 II ROG) dienen.

450 Neben der Abweichungsbefugnis steht den Ländern das Recht zu, die Regelungen des ROG zu ergänzen, soweit der Bundesgesetzgeber von einer Vollregelung abgesehen hat (**Ergänzungsbefugnis**). Ob und inwieweit der Bundesgesetzgeber eine Vollregelung verabschiedet hat, muss bezogen auf einzelne Regelungen und Regelungsbereiche entschieden werden.[768] Nicht abschließend sind außerdem die Regelungen im Abschnitt 2 des Gesetzes zur „Raumordnung in den Ländern". Das gilt etwa für die Bestimmung des Rechtscharakters der Raumordnungspläne, die den Ländern überlassen bleibt, sowie für die Vorschriften über die Aufstellung der Raumordnungspläne und die verfahrensrechtlichen Anforderungen an Zielabweichungsverfahren, die bundesrechtlich ebenfalls nicht geregelt sind.[769] § 27 III ROG sieht ausdrücklich vor, dass am 28.9.2023 geltendes Landesrecht, das die Grundsätze der Raumordnung nach § 2 II ROG, die §§ 6-12 oder die Vorschriften des Abschnitts 2 des ROG ergänzt, sowie landesrechtliche Gebührenregelungen und weitergehendes Landesrecht zur Beschleunigung des Verfahrens bei Änderung eines ausgelegten Raumordnungsplanentwurfs unberührt bleiben. Damit soll die Fortgeltung weiter Teile des Landesrechts bewirkt werden. Die Länder müssen insoweit nicht erst von ihrer Abweichungskompetenz Gebrauch machen.

451 Nach Art. 72 III 3 GG geht auf dem Gebiet der Raumordnung im Verhältnis von Bundes- und Landesrecht das jeweils spätere Gesetz vor. Die Länder haben Gelegenheit, zu prüfen, ob und inwieweit durch das ROGÄndG vom 22.03.2023 (BGBl. I 2023 Nr. 88) abweichendes Landesplanungsrecht mit dem Inkrafttreten des ROGÄndG außer Kraft tritt und ob sie dies zum Anlass nehmen, ihr Landesplanungsrecht wiederum abzuändern und insoweit erneut von der Abweichungsbefugnis Gebrauch machen wollen. Diese Möglichkeit haben die Länder bis zum Inkrafttreten des neuen Bundesrechts, aber auch danach, was allerdings dazu führt, dass zunächst das novellierte ROG und erst mit dem Inkrafttreten des geänderten Landesplanungsgesetzes wiederum eine Abweichung wirksam wird.

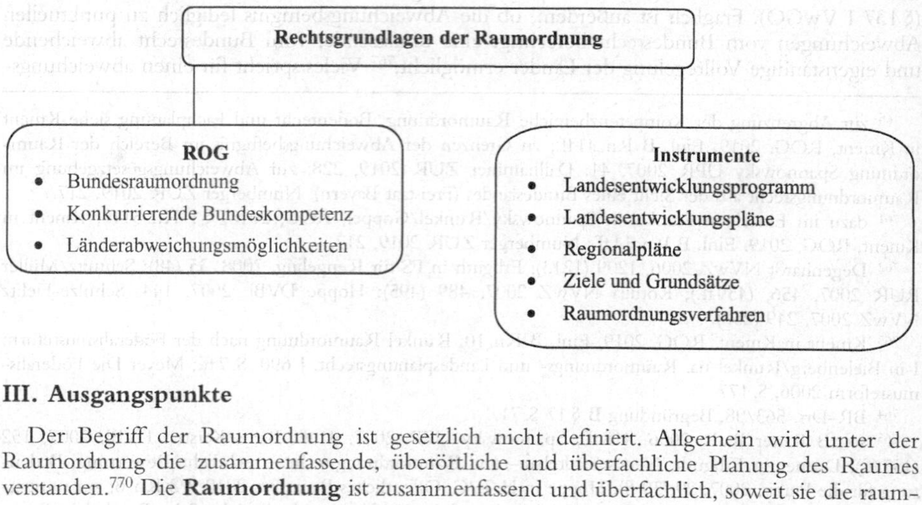

III. Ausgangspunkte

452 Der Begriff der Raumordnung ist gesetzlich nicht definiert. Allgemein wird unter der Raumordnung die zusammenfassende, überörtliche und überfachliche Planung des Raumes verstanden.[770] Die **Raumordnung** ist zusammenfassend und überfachlich, soweit sie die raum-

---

[768] Söfker UPR 2009, 161 (167).

[769] Söfker UPR 2009, 161 (167).

[770] BVerfGE 3, 407 (427); Battis Öffentliches Baurecht und Raumordnungsrecht, 2022, Rn. 57; Grotefels in HBG, Öffentliches Baurecht, 2024, § 3 Rn. 1; Kümper ZUR 2023, 205.

relevanten Aktivitäten des Staates und der Kommunen auf unterschiedlichen Feldern, etwa des Städtebaus, der regionalen Wirtschaftspolitik, der Landwirtschaftspolitik, des Verkehrswesens, des Umweltschutzes etc. aufeinander abstimmen und zu einem widerspruchsfreien Konzept zusammenführen soll.[771] Die Raumordnung ist überörtlich, da sie sich anders als die Bauleitplanung der Gemeinden nicht mit der Gestaltung des lokalen Raums unter örtlichen Gesichtspunkten befasst, sondern gemeindegebietsübergreifend nach überörtlichen Gesichtspunkten plant.

Der Raumordnung kommt gegenüber der Bauleitplanung und den gebietsbezogenen umweltrechtlichen Fachplanungen eine wichtige **Integrationsfunktion** zu.[772] Sie ist Teilbereich der staatlichen bzw. der staatlich-kommunalen Planung. Ihre Funktion ist die an bestimmten Raumordnungskonzepten und Zielvorstellungen ausgerichtete, mit Hilfe bestimmter Planungssysteme in bestimmten Verfahren aufgestellte, übergeordnete und zusammenfassende Planung der räumlichen Verteilung von Daseinsfunktionen. 453

Die Raumordnung betrifft grundsätzlich nicht unmittelbar die rechtlichen Beziehungen des Menschen zum Grund und Boden. Dadurch unterscheidet sich das Raumordnungsrecht jedenfalls im Grundsatz vom Bodenrecht, das sich gerade dadurch auszeichnet, dass es auf die unmittelbaren rechtlichen Beziehungen des Menschen zum Grund und Boden gerichtet.[773] Allerdings wird dieser Grundsatz durch die Bindungswirkung der Ziele der Raumordnung über Raumordnungsklauseln auch für Private teilweise in Frage gestellt. 454

§ 7 II 1 ROG bestimmt, dass bei der Raumordnungsplanung auch private Belange in der Abwägung zu berücksichtigen sind, soweit sie auf der jeweiligen Planungsebene erkennbar und von Bedeutung sind. Die Öffentlichkeit ist nach § 9 I 1 ROG bei der Aufstellung von Zielen der Raumordnung zu beteiligen. Das planerische **Abwägungsgebot** hat drittschützenden Charakter hinsichtlich solcher privaten Belange, die für die Abwägung erheblich sind.[774] Ein privater Belang, der in der Abwägung zu berücksichtigen ist, wird zwar durch den drittschützenden Charakter des Abwägungsgebots nicht selbst zum subjektiven Recht und ist auch selber nicht wehrfähig in dem Sinne, dass der Private die Durchsetzung seines Belangs – wie bei einem subjektiven Recht – verlangen könnte. Der Private hat aber ein subjektives Recht darauf, dass sein Belang in der Abwägung seinem Gewicht entsprechend berücksichtigt wird. Dies muss auch für die Abwägung bei der Aufstellung von Zielen der Raumordnung gelten, wobei allerdings die Stufigkeit der Raumordnungsplanung und die Grobmaschigkeit ihrer Festlegungen zu berücksichtigen sind.[775] Enthält ein Raumordnungsplan standortkonkrete Ziele der Raumordnung, dann erhöht sich auch das Erfordernis, auch davon betroffene private Belange in die Abwägung einzustellen. 455

Unter Raumplanung wird die räumliche Planung der öffentlichen Hand auf allen Ebenen und Sachgebieten verstanden. Die Raumplanung ist das wichtigste, jedoch nicht das einzige Instrument der Raumordnung. Weitere Instrumente der Raumordnung sind die raumordnerische Zusammenarbeit (§ 14 ROG), die Raumverträglichkeitsprüfung (§§ 15, 16 ROG) und die Untersagung raumbedeutsamer Planungen und Maßnahmen (§§ 12, 20 ROG). 456

Zur Raumplanung gehören die räumliche Gesamtplanung und die räumliche Fachplanung. Die Raumordnungsplanung zählt gemeinsam mit der städtebaulichen Planung zur Gesamtplanung. Gemeinsam ist der Raumordnungsplanung und der städtebaulichen Planung der überfachliche, zusammenfassende Charakter. Im Übrigen aber bestehen zwischen beiden Planungsebenen erhebliche Unterschiede: Die städtebauliche Planung zählt zu den Angelegenheiten der örtlichen Gemeinschaft. Die nach Art. 28 II 1 GG geschützte **kommunale Selbstverwaltung** erstreckt sich mit der **Planungshoheit** auf die städtebauliche Planung. Hinzu kommt, dass die Raumordnungsplanung – anders als die Bauleitplanung – regelmäßig keine parzellenscharfen Aussagen zur Nutzung des Bodens trifft. Sollen Private weitergehend durch die in Raumordnungsplänen festgelegten Ziele der Raumordnung verpflichtet werden, muss eine konkrete gesetzliche Ermächtigungsgrundlage die Aufstellung solcher Ziele der Raumordnung rechtferti- 457

---

771 BVerwGE 119, 25 (38).

772 Kloepfer Umweltrecht, 2016, § 11 Rn. 4.

773 BVerfGE 3, 407 (424); BVerwGE 68, 311 (313 f.); Steinberg/Steinwachs NVwZ 2004, 530 (535); BVerwG DVBl. 2003, 804 [807]; BayVerfGH DÖV 2003, 78 (80).

774 zur Bauleitplanung BVerwG BauR 1999, 134; BVerwG NVwZ 2009, 452; VGH München BeckRS 2016, 110063; Wysk in Wysk, VwGO, 2020, § 42 Rn. 152; Huck in Huck/Müller, VwVfG, 2020, § 74 Rn. 29.

775 Runkel in EZBK, BauGB, Werkstand: 2/2023, § 1 Rn. 95.

gen. Bei entsprechender raumordnerischer Notwendigkeit sind aber sogar **parzellenscharfe Ausweisungen** zulässig.[776]

458 Bei der räumlichen Fachplanung handelt es sich um eine fachbezogene Planung unter bestimmten Sachgesichtspunkten, etwa des Naturschutzes, des Gewässerschutzes oder der Verkehrsanlagen. Sie ist gem. § 4 I ROG an die Ziele der Raumordnung gebunden. Die Grundsätze und sonstigen Erfordernisse der Raumordnung sind gem. § 4 II ROG von ihr zu berücksichtigen. Darüber hinaus enthalten zahlreiche fachgesetzliche Vorschriften sogenannte Raumordnungsklauseln, mit denen die Beachtlichkeit von Erfordernissen der Raumordnung für die jeweilige Fachplanung geregelt wird. Über § 4 I ROG hinaus können sie den Adressatenkreis der Ziele und Grundsätze der Raumordnung ausdehnen. Inhalt und Wortlaut der Raumordnungsklauseln weisen zum Teil erhebliche Unterschiede auf. Das Raumplanungsrecht schließlich erstreckt sich auf das raumbezogene Gesamtplanungsrecht und das raumbezogene Fachplanungsrecht.

1. Planungsebenen der Raumordnung

459 Der Gesamtraum der Bundesrepublik Deutschland und seine Teilräume sind durch zusammenfassende, überörtliche und fachübergreifende Raumordnungspläne im Sinne von § 3 I Nr. 7 ROG iVm §§ 13 und 17 ROG, durch raumordnerische Zusammenarbeit und durch Abstimmung raumbedeutsamer Planungen und Maßnahmen zu entwickeln, zu ordnen und zu sichern. Dabei sind gem. § 1 I 2 Nr. 1 ROG unterschiedliche Anforderungen an den Raum aufeinander abzustimmen und die auf der jeweiligen Planungsebene auftretenden Konflikte auszugleichen. Außerdem ist Vorsorge für einzelne Nutzungen und Funktionen des Raums zu treffen (§ 1 I 2 Nr. 2 ROG). Die Raumordnung ist Aufgabe verschiedener staatlicher und überstaatlicher Ebenen.[777] Auf der Ebene der Europäischen Union müssen die räumlichen Voraussetzungen für den territorialen Zusammenhalt der EU und im größeren europäischen Raum sowie für den Ausbau und die Gestaltung der transeuropäischen Netze gewährleistet werden.[778] Raumbedeutsamen Planungen und Maßnahmen der Europäischen Union und der europäischen Staaten ist nach § 2 II 2 ROG Rechnung zu tragen. Nach § 24 III 1 ROG beteiligt sich der Bund in Zusammenarbeit mit den Ländern an einer Politik des räumlichen Zusammenhalts in der Europäischen Union und im größeren europäischen Raum zur europäischen Raumplanung.[779]

460 In Deutschland setzt sich die Raumordnung zusammen aus einer Bundesraumordnung und einer Landesraumordnung.[780] Nach § 17 I 1 ROG stellt das Bundesministerium des Innern, für Bau und Heimat im Einvernehmen mit den fachlich betroffenen Bundesministerien für die deutsche ausschließliche Wirtschaftszone einen Raumordnungsplan als Rechtsverordnung auf. Dieser Raumordnungsplan des Bundes soll nach § 17 I 2 ROG unter Berücksichtigung etwaiger Wechselwirkungen zwischen Land und Meer sowie unter Berücksichtigung von Sicherheitsaspekten bestimmte Festlegungen treffen. § 17 II ROG ermächtigt den Bund, **Raumordnungspläne für das Bundesgebiet** mit länderübergreifenden Standortkonzepten für See- und Binnenhäfen sowie für Flughäfen als Grundlage für deren Anbindung, dh Erschließung mit Bundesverkehrswegen aufzustellen. § 17 III 1 ROG sieht außerdem die Möglichkeit vor, einzelne Grundsätze der Raumordnung iS v. § 2 II ROG durch Grundsätze in einem Raumordnungsplan des Bundes zu konkretisieren. Raumordnung bzw. Raumordnungsplanung findet aber ganz überwiegend auf der Ebene der Bundesländer statt. Der Erlass eines Raumordnungsplans für den Gesamtraum der Bundesrepublik Deutschland durch die Bundesraumordnung ist nicht vorgesehen.[781] Raumordnungspläne des Bundes gewinnen an

---

[776] OVG Münster DVBl. 2009, 1385; VGH München NJOZ 2005, 854; Deutsch ZUR 2021, 67 (71); Kümper UPR 2018, 463 (465); siehe auch OVG Magdeburg Urt. 8.8.2024 – 2 K 106/22, juris Rd. 73 zur Notwendigkeit, Ziele der Raumordnung zum Schutz der Planungshoheitrestriktiv auszulegen..

[777] Beckmann Raumordnungsrecht, in Hoppenberg/de Witt, Handbuch des öffentlichen Baurechts, 2024 Rn. 15; Battis, Öffentliches Baurecht und Raumordnungsrecht, 2022, Rn. 58; zur Bundesraumordnung siehe Kümper VerwArch 2024, 54.

[778] dazu Kersten Der territoriale Zusammenhalt in Europa, in FS für Krautzberger, 2008, S. 93.

[779] Stelkens in Stelkens/Bonk/Sachs, VwVfG, 2023, EuR Rn. 204.

[780] Zur Bundesraumordnung und insbesondere zur Bundesraumordnungsplanung Kümper VerwArch 2024, 54.

[781] Battis, Öffentliches Baurecht und Raumordnungsrecht, 2022, Rn. 58; siehe auch Kümper VerwArch 2024, 54.

Bedeutung, weil § 13 Ia ROG, eingefügt in das ROG durch das ROGÄndG 2023, eine **Anpassungspflicht** an die Ziele der Raumordnung von Bundes Raumordnungsplans nach § 17 ROG eingeführt hat.

Gestützt auf die Ermächtigungsgrundlage des § 17 II ROG hat der Bund einen länderübergreifenden **Raumordnungsplan für den Hochwasserschutz** als Anlage zur Verordnung über die Raumordnung im Bund für einen länderübergreifenden Hochwasserschutz aufgestellt.[782] Dieser Bundesraumordnungsplan stellt länderübergreifende Anforderungen an das Hochwasserrisikomanagement vor dem Hintergrund der raumordnerischen Leitvorstellung einer nachhaltigen Entwicklung und Ordnung des Gesamtraums. Dem Bundesraumordnungsplan liegt ein eigenständiges gesamträumliches Planungskonzept zugrunde, das jedoch auf Unterstützung der Fachplanung und der Landes-, Regional- und Kommunalplanung angelegt ist und diesen Planungen einen ebenenspezifischen Konkretisierungsspielraum gibt. Die Fachplanung für den Hochwasserschutz und die räumliche Planung auf Landes-, Regional- und Kommunalebene werden durch den Bundesraumordnungsplan nicht ersetzt. Der Schwerpunkt der Wahrnehmung raumordnerischer Aufgaben liegt jedoch weiterhin bei den Ländern. In den Ländern sind nach § 13 I 1 ROG ein Raumordnungsplan für das Landesgebiet (**landesweiter Raumordnungsplan**) und Raumordnungspläne für die Teilräume der Länder (**Regionalpläne**) aufzustellen. 461

Die **Europäische Union** verfügt über keine allgemeine Zuständigkeit für eine Raumordnung in der Europäischen Union.[783] Nach Art. 3 Abs. 3 EUV fördert die EU den **territorialen Zusammenhalt** zwischen den Mitgliedstaaten. Gem. Art. 4 Abs. 2 lit. c AEUV besteht eine geteilte EU-Zuständigkeit für den Hauptbereich wirtschaftlicher, sozialer und territorialer Zusammenhalt. Übertragen die Verträge der Union für einen bestimmten Bereich eine mit den Mitgliedstaaten geteilte Zuständigkeit, so können nach Art. 2 II 1 AEUV die Union und die Mitgliedstaaten in diesem Bereich gesetzgeberisch tätig werden und verbindliche Rechtsakte erlassen. Die Mitgliedstaaten nehmen nach Art. 2 II 2 AEUV ihre Zuständigkeit wahr, sofern und soweit die Union ihre Zuständigkeit nicht ausgeübt hat. Die Mitgliedstaaten nehmen ihre Zuständigkeit erneut wahr, sofern und soweit die Union entschieden hat, ihre Zuständigkeit nicht mehr auszuüben (Art. 2 II 3 AEUV). Aus den Primärverträgen ergibt sich damit, dass die „Raumbedeutsamkeit" einzelner EU-Politiken, zB der Strukturpolitik (Art. 174 ff. AEUV), der Umweltpolitik (Art. 191 ff. AEUV) und der Transeuropäischen Netze (Art. 170 ff. AEUV) eine Raumentwicklungspolitik voraussetzt und bewirkt. Die EU-Raumplanung dient insoweit der Kohärenz raumrelevanter Fachpolitiken der EU und ist verpflichtend (Art. 7 AEUV).[784] Im Jahre 1999 wurde das **Europäische Raumentwicklungskonzept** (EUREK) beschlossen. Es verfolgt das Ziel eines wirtschaftlichen und sozialen Zusammenhalts und einer nachhaltigen Entwicklung in der Gemeinschaft sowie einer ausgeglichenen Wettbewerbsfähigkeit im europäischen Raum. Das Konzept ist allerdings rechtlich nicht verbindlich, sondern versteht sich als ein rein politisches Dokument.[785] 462

Die Europäisierung der Raumordnung führt im Bereich der Landesplanung auf der Grundlage des § 2 II Nr. 8 ROG auch zu einer **grenzüberschreitenden Regionalplanung**.[786] Nach § 2 II Nr. 8 S. 1 ROG sind die räumlichen Voraussetzungen für den Zusammenhalt in der Europäischen Union und im größeren europäischen Raum zu schaffen sowie für den Ausbau und die Gestaltung der transeuropäischen Netze zu gewährleisten. Raumbedeutsamen Planungen und Maßnahmen der Europäischen Union und der europäischen Staaten ist nach § 2 II Nr. 8 S. 2 ROG Rechnung zu tragen. Die Zusammenarbeit der Staaten und die grenzüberschreitende Zusammenarbeit der Städte und Regionen ist gem. § 2 II Nr. 8 S. 3 ROG zu un- 463

---

[782] siehe dazu Beckmann BauR 2021, 1748; Kümper UPR 2023, 1; J. Wagner ZUR 2023, 283; Spannowsky UPR 2023, 59; Kümper DÖV 2022, 889; St. Wagner UPR 2022, 461; Runkel in Bielenberg/Runkel/Spannowsky, ROG, 2022, § 17 Rn. 70 f

[783] U. Stelkens in Stelkens/Bonk/Sachs, VwVfG, 2023, EuR Rn. 204; Schiedermair in Kment, ROG, 2018, Einl. C Rn. 23 ff.; Kment in Kment, ROG, 2018, Einl. B Rn. 1 40; Durner NuR 2009, 373, 377; Spannowsky in FS Stüer, 2013, 59 (63 f.);.

[784] siehe dazu U. Stelkens in Stelkens/Bonk/Sachs, VwVfG, 2023, EuR Rn. 204.

[785] Beckmann Raumordnungsrecht, in Hoppenberg/de Witt, Handbuch des öffentlichen Baurechts, 2024, Rn. 21; näher dazu Schiedermair in Kment, ROG, 2019, Einl. C Rn. 11 ff.; Hoppe/Deutsch in Rengeling, EUDUR, I, 2003, § 87 Rn. 40; Gatawis, Grundfragen eines europäischen Raumordnungsrechts, S. 35.

[786] Beckmann Raumordnungsrecht, in Hoppenberg/de Witt, Handbuch des öffentlichen Baurechts, 2024, Rn. 22; Hoppe in Hoppe/Appold, Grenzüberschreitende Regionalplanung, 1993; Grotefels DVBl. 1993, 349.

terstützen. Für Deutschland als das Land mit den meisten Nachbarstaaten in der Union, mit seiner Bedeutung als Verkehrstransitland sowohl in Nord-Süd- als auch in Ost-West-Richtung sowie seiner exportorientierten Wirtschaft sind die Europäisierung der Raumordnung und die grenzüberschreitende Regionalplanung von besonderer Bedeutung. In den Bereichen, für die sie eine Zuständigkeit besitzt, kann die Union auch Aspekte einbeziehen, die raumordnungsrechtlich relevant sind. Dies gilt insbesondere für Bereiche der sektoralen Fachplanung.[787] Der Bund beteiligt sich nach § 24 III 1 ROG in Zusammenarbeit mit den Ländern an einer Politik des räumlichen Zusammenhalts in der Europäischen Union und im größeren europäischen Raum. Bund und Länder wirken bei der grenzüberschreitenden Zusammenarbeit mit den Nachbarstaaten im Bereich der Raumordnung eng zusammen (§ 24 III 3 ROG).

2. Aufgabe und Leitvorstellung der Raumordnung

464 Aufgabe und Leitvorstellung der Raumordnung ergeben sich aus § 1 ROG. Die Aufgabenbestimmung des § 1 I ROG einschließlich des Gegenstromprinzips des § 1 III ROG ist institutioneller, verfahrensbezogener Art, während die inhaltlichen Aufgaben und Zwecke der Raumordnung in einer raumordnerischen Leitvorstellung in § 1 II ROG zusammengefasst werden.

465 **a) Aufgabe der Raumordnung.** Nach § 1 I ROG sind der Gesamtraum der Bundesrepublik Deutschland und seine Teilräume durch Raumordnungspläne, durch raumordnerische Zusammenarbeit und durch Abstimmung raumbedeutsamer Planungen und Maßnahmen zu entwickeln, zu ordnen und zu sichern.[788] Raumordnungspläne sind zusammenfassende, überörtliche und fachübergreifende Pläne nach den §§ 13 und 17 ROG. Mit der bereits früher vorangegangenen Ersetzung des Begriffs „übergeordnet" durch die Begriffe „überörtlich und fachübergreifend" wird deutlich, dass die Raumordnung der örtlichen Gesamtplanung und den Fachplanungen nicht in einem hierarchischen Sinne übergeordnet ist, sondern Beachtens- und Berücksichtigungspflichten der Planadressaten sich aus den überörtlichen und fachübergreifenden Planungsgegenständen rechtfertigen lassen müssen.[789] Es handelt sich um eine „vertikale Arbeitsteilung" zwischen den Trägern der Raumordnungsplanung und der Bauleitplanung innerhalb des „Systems der räumlichen Gesamtplanung."[790] Dabei sind unterschiedliche Anforderungen an den Raum aufeinander abzustimmen und die auf der jeweiligen Planungsebene auftretenden Konflikte auszugleichen. Der fachübergreifende Ansatz der Raumplanung soll insbesondere auch verhindern, dass im Gewande der Raumordnung eine „**Ersatzfachplanung**" betrieben wird.[791] Außerdem ist Vorsorge für einzelne Nutzungen und Funktionen zu treffen. Damit ist die Aufgabe der Raumordnung umschrieben. Nutzungen und Funktionen, für die Vorsorge zu treffen ist, betreffen städtebauliche, gewerbliche oder industrielle Siedlungszwecke, andererseits selbstverständlich auch schutzorientierte Festlegungen, zB für Natur und Landschaft, Gewässer, Klima und Boden. Die Raumnutzungen betreffen neben den angesprochenen Siedlungszwecken auch solche der Erholung, der Land- und Forstwirtschaft und der Lagerstättennutzung.

466 Problematisiert wird, ob sich der Aufgabenbereich der Raumordnung auch auf eine **Negativplanung** erstrecken darf, die dazu führt, dass eine bundesrechtlich grundsätzlich zulässige Tätigkeit landesweit vollständig ausgeschlossen wird.[792] Kritisiert werden außerdem Tendenzen, mit Hilfe raumordnungsrechtlicher Instrumente Anforderungen an raumbedeutsame Vorhaben zu stellen, die über die raumbezogene Frage, ob ein Vorhaben an einem bestimmten Ort mit Blick auf raumplanerische Belange realisiert werden kann, hinausgehen. Als Beispiele werden dafür klimaschutzbezogene Anforderungen und **Betriebsregelungen** für Flugplätze, etwa aus Gründen des Lärmschutzes, genannt.[793]

[787] Schiedermair in Kment, ROG, 2019, Einl. C Rn. 30 ff.

[788] zu den Begriffen „entwickeln, ordnen und sichern" siehe Hofmann in Kment, ROG, 2019, § 1 Rn. 21 ff.

[789] Kuschnerus ZfBR 2010, 324 (326); Söfker UPR 2008, 161 (164).

[790] BVerwGE 125, 116, Rn. 69; Kümper ZUR 2023, 205 (207).

[791] Zum Verhältnis von Raumordnung und Fachplanung siehe Kümper UPR 2018, 463.

[792] siehe dazu am Beispiel des Fracking Hofmann in Kment, ROG, 2019, § 1 Rn. 7; Schlacke/Schnitger ZUR 2016, 259 (265); Schink NWVBl. 2016, 177 (181); zur Negativplanung im Bereich des Städtebaus BVerwG Beschl. v. 23.8.2023 – 4 BN 18/23, juris Rn. 5; Beschl. v. 14.10.2022 – 4 BN 12/22, juris Rn. 9; ZfBR 2021, 561; BVerwGE 156, 1 Rn. 19.

[793] siehe auch dazu Hofmann in Kment, ROG, 2019, § 1 Rn. 7; zu Klimaschutzanforderungen im Regionalplan siehe OVG NRW Urt. v. 15.11.2018 – 7 D 29/16.NE, juris, wonach eine auf den Klimaschutz bezogene Festlegung für einen Kraftwerkstandort wegen des Vorrangs des Immissionsschutzrechts und des TEHG in einem Regionalplan nicht getroffen werden darf.

b) Leitvorstellung der Raumordnung. Die Leitvorstellungen der Raumordnung werden in § 1 II ROG beschrieben. Sie bestehen in einer **nachhaltigen Raumentwicklung**, welche die sozialen und wirtschaftlichen Ansprüche an den Raum mit seinen ökologischen Funktionen in Einklang bringt und zu einer dauerhaften, großräumig ausgewogenen Ordnung führt. Das ROG stellt dabei klar, dass die verschiedenen Belange nicht in einem Verhältnis der Vor- und Nachrangigkeit zueinander bestehen, sondern im Prinzip gleichgewichtig sind. Die Leitvorstellungen sind zwar an einer nachhaltigen Raumentwicklung ausgerichtet. 467

Der Begriff der **Nachhaltigkeit** ist vom Gesetzgeber nicht eindeutig definiert. Gemeint ist eine dauerhaft zukunftsfähige, beständige Entwicklung, die einen kurzfristigen Erfolg nicht auf Kosten der mittel- oder langfristigen Folgen anstrebt. Es geht um die langfristig möglichst gerechte Wahrung unterschiedlicher Allgemeinwohlbelange.[794] In diesem Sinne zählt es zu den Aufgaben der Gemeinschaft, eine harmonische, ausgewogene und nachhaltige Entwicklung des Wirtschaftslebens, ein hohes Beschäftigungsniveau und ein hohes Maß an sozialem Schutz, die Gleichstellung von Männern und Frauen, ein beständiges, nicht inflationäres und umweltverträgliches Wachstum, einen hohen Grad von Wettbewerbsfähigkeit und Konvergenz der Wirtschaftsleistungen, ein hohes Maß an Umweltschutz und Verbesserung der Umweltqualität, die Hebung der Lebenshaltung und Lebensqualität, den wirtschaftlichen und sozialen Zusammenhalt und die Solidarität zwischen den Mitgliedstaaten zu befördern. Die Leitvorstellung einer nachhaltigen Raumentwicklung beruht auf Grundsätzen der internationalen Rio-Deklaration[795] Die Deklaration der Konferenz der Vereinten Nationen für Umwelt und Entwicklung (UNCED) im Jahre 1991 in Rio de Janeiro erklärte die nachhaltige Entwicklung („sustainable development") zur zentralen Programmatik für die Bewältigung der gemeinsamen Zukunft der Menschheit.[796] Mit dem Verweis auf die Verantwortung für künftige Generationen ist auch die Staatszielbestimmung zum Umweltschutz des Art. 20a GG an dem Prinzip der Nachhaltigkeit orientiert.[797] 468

Die Leitvorstellung ist kein abstrakter Programmsatz, sondern unmittelbar geltendes Recht für die Raumordnung in Bund und Ländern. Die Grundsätze der Raumordnung sind nach § 2 I ROG im Sinne der Leitvorstellung einer nachhaltigen Raumentwicklung nach § 1 II ROG anzuwenden und durch Festlegungen in Raumordnungsplänen zu konkretisieren, soweit dies erforderlich ist. Nach § 7 I 1 ROG sind in Raumordnungsplänen für einen bestimmten Planungsraum und einen regelmäßig mittelfristigen Zeitraum Festlegungen als Ziele und Grundsätze der Raumordnung zur Entwicklung, Ordnung und Sicherung des Raums, insbesondere zu den Nutzungen und Funktionen des Raums zu treffen. Die in der Leitvorstellung zum Ausdruck kommende Zweckbestimmung der Raumordnung ist als inhaltsbestimmendes Prinzip den Grundsätzen der Raumordnung übergeordnet und steht damit in der Nähe eines Staatsziels. Die Leitvorstellung der nachhaltigen Raumentwicklung dient einem Ausgleich ökologischer, ökonomischer und sozialer Ansprüche an den Raum, wobei grundsätzlich weder den ökonomischen, noch den sozialen oder ökologischen Raumansprüchen ein Vorrang eingeräumt wird. Im Gegenteil geht der Gesetzgeber von einer grundsätzlichen **Gleichrangigkeit** aus, so dass die verschiedenen Nutzungsansprüche und Funktionen des Raumes zu einem Ausgleich zu bringen sind, der langfristig zu einer dauerhaften und ausgewogenen Raumordnung führt. Die Nachhaltigkeit kann insoweit auch nicht allein auf den Umweltschutz verengt werden. 469

---

[794] Krautzberger/Stemmler in FS für Hoppe, 2000, S. 317 (319); Frenz UPR 2003, 361; zum Nachhaltigkeitsprinzip siehe auch Erbguth EuRUP 2024, 3; Rehbinder in Rehbinder/Schink, Grundzüge des Umweltrechts, 2018, Kap. 3 Rn. 78 ff.; Kahl Nachhaltigkeit durch Organisation und Verfahren, 2016; Hofmann in Kment, ROG, 2019, § 1 Rn. 28; Kümper ZUR 2023, 205; Warner ZUR 2023, 195; zum Nachhaltigkeitsprinzip im EU-Umweltverfassungsrecht Appel in Koch/Hofmann/Reese, Handbuch Umweltrecht, 2024, § 2 Rn. 43; zum Nachhaltigkeitsprinzip im Umweltverwaltungsrecht Ramsauer in Koch/Hofmann/Reese, Handbuch Umweltrecht, 2024, § 3 Rn. 66.

[795] Beckmann Raumordnungsrecht, in Hoppenberg/de Witt, Handbuch des öffentlichen Baurechts, 2024, Rn. 104.

[796] dazu BT-Drs. 12/3380; Homann NVwZ 1993, 311 ff.; SRU Umweltgutachten 1994, BT-Drs. 12/6995; Hoppe/Beckmann/Kauch Umweltrecht, 2000, § 1 Rn. 64 ff.; zur Konkretisierung und Implementierung der Leitvorstellung nachhaltiger Raumentwicklung auf der Ebene der Regionalplanung siehe Birkmann/Finke RuR 2001, 276; Hoppe NVwZ 2008, 936.

[797] zur Nachhaltigkeit als Grundpflicht siehe Bilgen DÖV 2023, 150; zur Nachhaltigkeit durch Recht Busch KlimaRZ 2023, 196.

470 Die Leitvorstellung des § 1 II ROG setzt auf eine großräumig ausgewogene Ordnung mit gleichwertigen Lebensverhältnissen in den Teilräumen. **Teilräume** in diesem Sinne sind einerseits die Länder und in den möglichen Ländern zusätzlich noch die Verflechtungsbereiche von zentralen Orten oberster Stufe, also die Teilräume, für die Regionalpläne aufzustellen sind. Die Lebensverhältnisse in diesem Teilräumen sollen nicht gleichartig, insgesamt jedoch gleichwertig sein. Die Frage, wann Lebensverhältnisse in den Teilräumen als gleichwertig anzusehen sind, ist nur schwer zu beantworten. Die Antwort hängt letztlich von einer umfassenden Bewertung ab. Die Verschiedenheit der Lebensverhältnisse in verdichteten und den ländlichen Räumen mit ihren jeweiligen Vorzügen und Nachteilen soll und muss auch nicht aufgehoben werden. Allerdings bedarf es auf der Grundlage allgemeiner Wertvorstellungen bestimmter Mindeststandards für die Versorgung der Bevölkerung, insbesondere auch mit Einrichtungen der sozialen Infrastruktur, um noch von gleichwertigen Lebensverhältnissen sprechen zu können.

3. Gegenstromprinzip

471 Die Entwicklung, Ordnung und Sicherung der Teilräume sollen sich in die Gegebenheiten und Erfordernisse des Gesamtraumes einfügen. Die Entwicklung, Ordnung und Sicherung des Gesamtraumes soll umgekehrt die Gegebenheiten und Erfordernisse seiner Teilräume berücksichtigen (§ 1 III ROG). Der Gesetzgeber formuliert damit das Gegenstromprinzip zu einer tragenden Grundsäule der Raumordnung.[798] Für die Regionalplanung wird das Gegenstromprinzip in § 13 II ROG konkretisiert. Die Regionalpläne sind gem. § 13 II 1 ROG aus dem Raumordnungsplan für das Landesgebiet nach § 13 I 1 ROG zu entwickeln. Die Flächennutzungspläne und die Ergebnisse der von den Gemeinden beschlossenen sonstigen städtebaulichen Planungen sind entsprechend dem Gegenstromprinzip des § 1 III ROG in der Abwägung nach § 7 II ROG bei der Aufstellung von Raumordnungsplänen zu berücksichtigen. Darüber hinausgehend wird das Gegenstromprinzip auch als föderales raumordnungsrechtliches Berücksichtigungsgebot verstanden, das wechselseitig Länder und Bund zur gegenseitigen Rücksichtnahme verpflichtet. Das Gegenstromprinzip hat eine materiell-rechtliche Dimension im Sinne einer wechselseitigen Rücksichtnahme auf die Belange der verschiedenen Planungsebenen und andererseits eine verfahrensrechtliche Dimension der Beteiligung über- und nachgeordneter Planungsebenen.

4. Klimaschutz in der Raumplanung

472 Zunehmende Bedeutung erlangen planungsrechtliche Instrumente der Raumordnung und der Bauleitplanung auch für den Klimaschutz.[799] § 9 I 1 KSG schreibt der Bundesregierung den Beschluss von Klimaschutzprogrammen nach jeder Fortschreibung des Klimaschutzplans sowie deren Aktualisierung im Falle einer tatsächlichen oder absehbaren Zielverfehlung vor. Mit den Klimaschutzprogrammen soll sichergestellt werden, dass Deutschland seine Klimaschutzziele für das Jahr 2030 erreicht.[800] Zwar haben insbesondere die globalen Klimafolgen von Vorhaben bei Planungs- und Zulassungsentscheidungen in der Vergangenheit eine zu geringe Rolle gespielt. Allerdings hat das BVerfG unmissverständlich darauf hingewiesen, dass dem Klimaschutz zwar kein absoluter Vorrang zukommt, dass er aber in der Abwägung mit entgegenstehenden Grundrechten und gegenläufigen Belangen bei zunehmendem Klimawandel immer stärker an Gewicht gewinnt.[801] Das betrifft nicht nur die bei allen staatlichen Planungen notwendige Abwägung, sondern bereits die Ermittlung der lokalen, aber auch der globalen Klimafolgen.

---

[798] BVerwG NVwZ 2005, 578; OVG Weimar Urt. v. 9.11.2022 – 1 N 548/19, juris Rn. 180; zum Gegenstromprinzip siehe auch Grotefels in HBG, Öffentliches Baurecht, 2024, § 3 Rn. 43; Werk in Schumacher/Werk/Albrecht, ROG 2020, § 1 Rn. 39 ff.; Runkel in Spannowsky/Runkel/Goppel, ROG, 2018, Rn. 11; Braese Das Gegenstromverfahren in der Raumordnung – zum Abstimmungsverfahren bei Planungen, 1982.

[799] Beckmann Raumordnungsrecht, in Hoppenberg/de Witt, Handbuch des öffentlichen Baurechts, 2024, Rn. 49 ff.; Erbguth EuRUP 2024, 3; Sauthoff Raumordnung und Bauleitplanung, in Rodi, Handbuch Klimaschutzrecht, 2022, S. 257 ff.; Sauthoff ZUR 2021, 140; zur Klimaanpassung in der Regionalplanung siehe Köck ZUR 2023, 266; siehe auch Beckmann NuR 2023, 289; zur Berücksichtigung des Klimawandels in der Bauleitplanung Queitsch UPR 2023, 201.

[800] Gesetzesbegründung BT-Drs. 19/14377, 33.

[801] BVerfG NVwZ 2021, 951 Rn. 117, 185, 198.

Der Klimaschutz zählt, teilweise auf der Grundlage ausdrücklicher Regelungen, aber auch unabhängig davon zu den abwägungsrelevanten öffentlichen Belangen der Raumplanung und der Fachplanung.[802] Die Planfeststellungsbehörde muss seit dem Inkrafttreten des KSG nach der Rechtsprechung des BVerwG bei ihrer Abwägungsentscheidung nach Art. 20a GG iVm § 13 I 1 KSG Aspekte des globalen Klimaschutzes und der Klimaverträglichkeit berücksichtigen. Das Berücksichtigungsgebot des § 13 I 1 KSG verlangt von der Planfeststellungsbehörde, mit einem – bezogen auf die konkrete Planungssituation – vertretbaren Aufwand zu ermitteln, welche CO_2-relevanten Auswirkungen das Vorhaben hat und welche Folgen sich daraus für die Klimaschutzziele des KSG ergeben.[803] Zu Recht wird darauf hingewiesen, dass in der Praxis erhebliche Schwierigkeiten bestehen, wie die Belange des globalen Klimaschutzes im Rahmen von Planfeststellungsverfahren zu ermitteln sind.[804] Rechtsunsicherheiten bestehen hinsichtlich der Reichweite und zur Untersuchungstiefe. Das BVerwG stellt fest, dass es dazu gegenwärtig keine konkretisierenden Vorgaben gebe.[805] Die Anforderungen dürften aber nicht überspannt werden, müssten „mit Augenmaß" inhaltlich bestimmt und konkretisiert werden und dürften der Behörde keinen unzumutbaren Aufwand abverlangen.[806] Diese Maßgaben des BVerwG sind eine vorsichtige Bemühung, die nach der Gesetzeslage unklaren Anforderungen an die Berücksichtigung globaler Klimafolgen zu konkretisieren und iS des Verhältnismäßigkeitsgrundsatzes einzugrenzen. 473

Auch bei der Raumordnungsplanung des Bundes und der Länder gewinnt der Klimaschutz an Gewicht.[807] § 2 II Nr. 6 S. 8 und 9 ROG benennen wichtige Kernelemente des Klimaschutzes als zu berücksichtigende Raumordnungsgrundsätze, nämlich den Ausbau der erneuerbaren Energien, eine sparsame Energienutzung, den Erhalt und die Entwicklung natürlicher Senken für klimaschädliche Stoffe und für die Einlagerung dieser Stoffe, die nachhaltige Entwicklung im Meeresbereich unter Anwendung eines Ökosystemansatzes. Als Grundsätze der Raumordnung sind die benannten Klimaschutzbelange iSv § 3 I 1 Nr. 3 ROG Aussagen zur Entwicklung, Ordnung und Sicherung des Raums Vorgaben für nachfolgende Abwägungs- oder Ermessensentscheidungen, die nach § 4 I 1 ROG bei raumbedeutsamen Planungen und Maßnahmen öffentlicher Stellen, bei Entscheidungen öffentlicher Stellen über die Zulässigkeit raumbedeutsamer Planungen und Maßnahmen anderer öffentlicher Stellen und bei Entscheidungen öffentlicher Stellen über die Zulässigkeit raumbedeutsamer Planungen und Maßnahmen von Personen des Privatrechts, die der Planfeststellung oder der Genehmigung mit der Rechtswirkung der Planfeststellung bedürfen, in Abwägungs- oder Ermessensentscheidungen zu berücksichtigen sind. Das in der Rechtsordnung allgemeingültige Verständnis des Klimaschutzes gilt auch im Raumordnungsrecht.[808] Allerdings ist der Klimaschutz ein öffentlicher Belang, der grundsätzlich nicht als privater Belang in die planerische Abwägung eingebracht und dessen unzureichende Berücksichtigung von Privaten insoweit auch bei einer gerichtlichen Überprüfung nicht gerügt werden kann.[809] Etwas anderes mag aber für eine Verschlechterung des lokalen Klimas gelten, auf die sich auch ein Privater möglicherweise berufen könnte, wenn er davon nachteilig betroffen wird. 474

Bei der Aufstellung von Raumordnungsplänen ist im Rahmen der planerischen Abwägung zu entscheiden, ob zum Schutz des Klimas eine Festlegung als Grundsatz oder als Ziel der Raumordnung in den Plan aufgenommen werden soll, wobei bei einem Ziel der Raumordnung nach § 3 I 1 Nr. 2 ROG eine abschließende Abwägung vorzunehmen ist. Den räumlichen Erfordernissen des Klimaschutzes ist Rechnung zu tragen sowohl durch Maßnahmen, die dem Klimawandel entgegenwirken, als auch durch solche, die der Anpassung an den Klimawandel dienen.[810] Insoweit hat der Planungsträger zu ermitteln und zu berücksichtigen, welche Auswirkungen andere Festlegungen der Raumordnung auf das Klima haben. 475

---

802 zum Klimaschutz in der straßenrechtlichen Planfeststellung siehe grundlegend BVerwG UPR 2022, 490; Uechtritz NVwZ 2022, 1525.

803 BVerwG NVwZ 2022, 1549; dazu Uechtritz NVwZ 2022, 1525.

804 Uechtritz, NVwZ 2022, 1525.

805 BVerwG NVwZ 2022, 1549 Rn 80.

806 BVerwG NVwZ 2022, 1549 Rn. 80.

807 näher dazu Erbguth DVBl. 2022, 1001; Sauthoff in Rodi, Klimaschutzrecht, 2022, § 14 Rn. 1 ff.

808 Schlacke Umweltrecht, 2021, 16 Rn. 2; Sauthoff ZUR 2021, 140.

809 Sauthoff in Rodi, Klimaschutzrecht, 2022, § 14 Rn 7.

810 Zur Klimaanpassung in der Regionalplanung siehe Köck ZUR 2023, 266; zur Klimaanpassung im Städtebaurecht siehe Albrecht ZUR 2023, 273; zum Entwurf eines Bundes-Klimaanpassungsgesetzes Beck-

5. Erfordernisse der Raumordnung

476 Die nach § 1 I 1 ROG zu erfüllende Aufgabe, durch zusammenfassende, überörtliche und fachübergreifende Raumordnungspläne und durch Abstimmung raumbedeutsamer Planungen und Maßnahmen den Gesamtraum der Bundesrepublik Deutschland und seine Teilräume zu entwickeln, zu ordnen und zu sichern, soll insbesondere dadurch erfüllt werden, dass in Raumordnungsplänen Erfordernisse der Raumordnung bestimmt werden, die bei raumbedeutsamen Planungen und Maßnahmen zu beachten oder zu berücksichtigen sind. Gem. § 3 I Nr. 1 ROG sind Erfordernisse der Raumordnung die Ziele der Raumordnung, Grundsätze der Raumordnung sowie sonstige Erfordernisse der Raumordnung.

477 **a) Ziele der Raumordnung.** Ziele der Raumordnung sind gem. § 3 I Nr. 2 ROG verbindliche Vorgaben in Form von räumlich und sachlich bestimmten oder bestimmbaren, vom Träger der Raumordnung abschließend abgewogenen textlichen oder zeichnerischen Festlegungen in Raumordnungsplänen zur Entwicklung, Ordnung und Sicherung des Raumes.

478 Ziele der Raumordnung sind iS des planungsrechtlichen Sprachgebrauchs strikt bindende **Planungsleitsätze**, die zwar dem gebundenen Planungsträger Konkretisierungsspielräume innerhalb der Zielsetzung belassen können, die aber nicht durch Abwägung überwunden werden können.[811] Ein verbleibender **Konkretisierungsspielraum** für den Zieladressaten spricht insoweit nicht gegen die Einordnung der Planaussage als Ziel der Raumordnung; ein solcher Konkretisierungsspielraum kann sogar aus Gründen der Rücksichtnahme auf die Kompetenzen anderer öffentlicher Stellen insbesondere auch zum Schutz der kommunalen Planungshoheit geboten sein.. Die Ziele der Raumordnung dienen dazu, Grundsätze der Raumordnung in konkret raumbezogene Festsetzungen für nachfolgende Planungsebenen der Regional- und der Bauleitplanung sowie für Fachplanungen umzusetzen.

479 Nach der Rechtsprechung des BVerwG sind Ziele der Raumordnung der planerischen Abwägung der Bauleitplanung und der an Ziele der Raumordnung gebundenen Träger der Landes- und Regionalplanung rechtlich vorgelagert. Die sich aus den Zielen der Raumordnung ergebenden Bindungen sind insoweit vor die Klammer des Abwägungsprozesses gezogen. Die Anpassungspflicht des § 1 IV BauGB lässt keinen Raum für eine Abwägung und damit auch für eine Überwindbarkeit der verbindlichen Aussagen von Zielen der Raumordnung im Rahmen der planerischen Abwägung.[812] Die Ziele der Raumordnung sind insoweit anders als die Grundsätze der Raumordnung nicht Maßstäbe, sondern das Ergebnis einer raumplanerischen Abwägung. Die notwendige überörtliche und überfachliche Koordinierung und Gesamtabwägung hat bereits bei der Aufstellung des Ziels der Raumordnung stattgefunden, so dass auf der Grundlage des § 1 IV BauGB für die nachfolgende Bauleitplanung eine Anpassungspflicht besteht.[813] Da die Ziele der Raumordnung einer planerischen Abwägung nicht zugänglich sind, ist **maßgeblicher Zeitpunkt** für die Beurteilung der Beachtung von Raumordnungszielen durch die Bauleitplanung nicht der Zeitpunkt des Satzungsbeschlusses, sondern der Zeitpunkt der gerichtlichen Entscheidung im Normenkontrollverfahren.[814]

480 In einem Regionalplan enthaltene Ziele der Raumordnung sind **untergesetzliche Rechtsvorschriften** iSd § 47 I 2 VwGO. Sie können bei entsprechender landesrechtlicher Eröffnung des Normenkontrollverfahrens vom Zieladressaten zum Gegenstand einer Normenkontrolle gemacht werden, auch wenn der Landesgesetzgeber für den Regionalplan keine Rechtssatzform vorgibt.[815]

---

mann KlimaRZ 2023, 151; zu Klimaanpassungsstrategien auf internationaler und nationaler Eben Hilbert ZUR 2023, 259; zu Mediation als Erfolgsfaktor bei der Planung und Umsetzung von Klimaschutz- und Klimaanpassungsmaßnahmen Braig/Ehlers-Hofherr NuR 2023, 178; zum KlimaanpassungsgesetzFellenberg/Dingemann/Römling NVwZ 2024, 281; Scherff ZuR 2024, 277.

811 BVerwG NVwZ 2009, 1226; BVerwGE 68, 311 (313 f.); siehe auch Beckmann EuRUP 2024, 15 (16 ff).

812 BVerwGE 90, 329 ff.; einschränkend BVerwG NuR 2004, 362 (363): „nicht ohne weiteres im Wege der Abwägung überwindbar."

813 BVerwG UPR 2004, 115 f.

814 Waechter DÖV 2010, 493; BVerwG BRS 71 Nr. 29

815 BVerwG NuR 2004, 362; OVG Thüringen Urt. v. 13.12.2017 – 1 N 624/13, juris Rn. 52; kritisch dazu, dass nach der Rechtsprechung Grundsätze der Raumordnung keine untergesetzlichen Rechtsvorschriften sein können, Beckmann NWVBL 2024, 53 ff.

Da die Grundsätze und sonstigen Erfordernisse der Raumordnung in der Abwägung oder bei der Ermessensausübung lediglich zu berücksichtigen sind, während die Ziele der Raumordnung zu beachten sind, ist die Unterscheidung insbesondere von Grundsätzen und Zielen der Raumordnung von erheblicher Bedeutung. Im Einzelfall kann diese Unterscheidung jedoch große Schwierigkeiten bereiten. Deshalb sind gem. § 7 I 4 ROG in den Raumordnungsplänen die Ziele und Grundsätze der Raumordnung als solche zu kennzeichnen. Das soll es den Planadressaten ermöglichen, den Planungswillen des Planungsträgers möglichst zweifelsfrei zu erkennen. Aber auch mit einer solchen **Kennzeichnung** lässt sich der Abgrenzungsstreit häufig nicht vermeiden. Denn eine unzutreffende Kennzeichnung durch den Plangeber führt nicht dazu, dass aus einem Grundsatz der Raumordnung ein Ziel der Raumordnung wird. Entscheidend sind letztlich Inhalt, Zweck und Konkretisierungsgrad der jeweiligen Planaussage, so dass der Kennzeichnung nur eine Indizwirkung zukommt.[816] Deshalb bedeutet die in den Landesentwicklungsplänen häufig verwandte Bezeichnung von Aussagen für das gesamte Plangebiet als „Allgemeine Ziele" nicht, dass es sich bei solchen Aussagen auch um Ziele der Raumordnung im Rechtssinne handelt. Aber immerhin ist die Kennzeichnung nach § 7 I 4 ROG ein Indiz oder eine widerlegliche Vermutung dafür, dass es sich bei der als solche gekennzeichnete Planaussage auch um ein Ziel oder um einen Grundsatz der Raumordnung handelt. Nicht zuletzt bietet der notwendige Respekt für den vom Gesetzgeber mit der Planung beauftragten Träger der Landes- oder Regionalplanung und der ihm vom Gesetzgeber insbesondere auch zugeordneten Aufgabe, zur Vermeidung von Missverständnissen die Planaussage als Ziel oder Grundsatz der Raumordnung zu kennzeichnen, genügend Anlass, sich bei verschiedenen Auslegungsmöglichkeiten für diejenige zu entscheiden, die es ermöglicht, dem ausdrücklichen Wunsch des Plangebers, ein verbindliches Ziel der Raumordnung zu formulieren, auch Rechnung zu tragen. Soweit die Kennzeichnung nach § 7 I 4 ROG als eine durch die Gerichte widerlegliche Vermutung angesehen wird, dass es sich entsprechend der Kennzeichnung um ein Ziel oder um einen Grundsatz der Raumordnung handelt, bedarf es für die Widerlegung dieser Vermutung durch die Gerichte einer hinreichend plausiblen Begründung.[817] Zu Recht hat das BVerwG darauf hingewiesen, dass dem Willen des Plangebers hinsichtlich seiner Einordnung als Ziel oder Grundsatz der Raumordnung bei der Auslegung auch Rechnung zu tragen ist.[818] 481

Im Unterschied zu den Grundsätzen der Raumordnung sind die Ziele der Raumordnung verbindliche Vorgaben in Form von räumlich und sachlich bestimmten oder zumindest bestimmbaren, vom Träger der Landes- oder Regionalplanung abschließend abgewogenen textlichen oder zeichnerischen Festlegungen in Raumordnungsplänen zur Entwicklung, Ordnung und Sicherung des Raums. Raumordnungsziele treffen als **landes- oder regionalplanerische Letztentscheidung** eine auf der landes- oder regionalplanerischen Ebene nicht mehr ergänzungsbedürftige Aussage und sind nicht nur eine Abwägungsdirektive für die nachgeordneten Planungsträger.[819] Es handelt sich bei einer Planaussage nur dann um ein Ziel der Raumordnung, wenn die Aussagen hinreichend konkret und grundsätzlich konfliktfrei sind. Nur dann können sie eine strikte Beachtung verlangen. Während Grundsätze der Raumordnung auch in Gesetzen bestimmt werden können, bei denen es sich nicht um Raumordnungspläne handelt, können Ziele der Raumordnung ausschließlich in Raumordnungsplänen aufgestellt werden, weil sie das Ergebnis einer planerischen Abwägung sind. Allerdings können Raumordnungspläne auch vom Gesetzgeber aufgestellt werden. 482

Die in § 4 I 1 ROG vorgesehene Systematik der Unterscheidung von Zielen der Raumordnung, die von den Zieladressaten zwingend zu beachten sind, und Grundsätzen und sonstigen Erfordernissen der Raumordnung, die bei raumbedeutsamen Planungen und Maßnahmen nur zu berücksichtigen sind, ist durch Rechtsprechung und Literatur schon seit langem weitgehend aufgeweicht worden. Zwar treffen Raumordnungsziele als landes- oder regionalplanerische Letztentscheidungen eine auf der landes- oder regionalplanerischen Ebene nicht mehr ergänzungsbedürftige Aussage und sind insoweit nicht nur eine Abwägungsdirektive für 483

816 OVG MV Urt. v. 08.06.2022 – 3 K 363/17, juris Rn. 95; BVerwG Beschl. v. 26.5.2021 – 4 BN 49/20, juris Rn. 10; BVerwG UPR 2004, 115 (116); BVerwG SächsVBl. 2003, 192; siehe zur Kennzeichnungspflicht auch Beckmann EuRUP 2024, 15 (17).

817 Näher dazu Beckmann Raumordnungsrecht, 2024, Rn. 120 ff.

818 BVerwG ZfBR 2021, 764.

819 VGH BW NVwZ-RR 2023, 513, 517; BVerwG ZfBR 2021, 765; BVerwG NVwZ 2011, 1468; BVerwG DVBl. 1992, 1438

die nachgeordneten Planungsträger. Das bedeutet jedoch gerade nicht, dass der gesamte Inhalt einer Planaussage, die als Ziel der Raumordnung einzuordnen ist, in diesem Sinne eine abschließend abgewogene, keiner weiteren Abwägung mehr zugängliche Festlegung sein muss. Ganz im Gegenteil ist zwischen einem in diesem Sinne abschließend abgewogenen und damit auch zwingend zu beachtenden **Zielkern** und einem **Zielrahmen**, der dem Adressaten des Ziels der Raumordnung Raum für Konkretisierung und weitere Abwägung ebenenspezifisch belässt.[820]

484 Von Zielen der Raumordnung können im Raumordnungsplan gemäß § 6 I ROG Ausnahmen festgelegt werden. Zielfestlegungen können demzufolge eine **Regel-Ausnahme-Struktur** vorsehen. Voraussetzung dafür ist, dass der Plangeber neben der Regel auch die Voraussetzungen der Ausnahme mit hinreichender tatbestandlicher Bestimmtheit oder doch wenigstens Bestimmbarkeit selbst festlegt. Da der Plangeber die Abwägungsentscheidung selbst zu treffen hat, muss er den Anwendungsbereich der Ausnahme unter Vorgabe materieller Kriterien bestimmen.[821] Ist die Ausnahme vom Plangeber nicht hinreichend bestimmt, dann besteht die Gefahr, dass auch die Regelfestlegung nicht hinreichend bestimmt und im Zweifel auch nicht ordnungsgemäß abgewogen worden ist.[822] Wenn der Plangeber sich darauf beschränkt, einem bestimmten Belang einen Vorrang einzuräumen, dann muss damit die Zielqualität nicht notwendigerweise in Frage gestellt sein. Dem für eine Zielfestlegung charakteristischen Erfordernis abschließender Abwägung ist genügt, wenn die Planaussage auf der planerischen Ebene keiner Ergänzung mehr bedarf. Das ist nicht gleichbedeutend mit einem Höchstmaß an Stringenz. Der Plangeber kann es, je nach den planerischen Bedürfnissen, dabei bewenden lassen, bei der Formulierung des Planungsziels Zurückhaltung zu üben und damit den planerischen Spielraum der nachfolgenden Planungsebene zu schonen. Von einem Ziel der Raumordnung kann allerdings dann keine Rede mehr sein, wenn die Planaussage eine so geringe Dichte aufweist, dass sie die abschließende Abwägung nicht vorwegnimmt. Erhält der Adressat der Regelung die Möglichkeit, sich durch eine eigene Abwägungsentscheidung ohne raumordnungsbehördliche Beteiligung über die raumplanerische Abwägung hinwegzusetzen, widerspricht dies der Konzeption des ROG, die Zielabweichungen zwar zulässt, die Entscheidung hierüber aber den zuständigen Raumordnungsbehörden und nicht dem Zieladressaten zuweist. Macht der Plangeber von der Möglichkeit Gebrauch, den Verbindlichkeitsanspruch seiner Planaussage dadurch zu relativieren, dass er selbst Ausnahmen formuliert, wird damit nicht ohne weiteres die abschließende Abwägung auf eine andere Stelle verlagert. Es ist ihm grundsätzlich unbenommen, selbst zu bestimmen, wie weit die Steuerungswirkung seiner Festlegung reichen soll. Auch Plansätze, die eine Regel-Ausnahme-Struktur aufweisen, können somit die Merkmale einer „verbindlichen Vorgabe" iS des § 3 I Nr. 2 ROG oder einer „landesplanerischen Letztentscheidung" bzw. einer „abschließenden landesplanerischen Abwägung" erfüllen, wenn der Plangeber neben den Regel- auch die Ausnahmevoraussetzungen mit hinreichender tatbestandlicher Bestimmtheit oder doch wenigstens Bestimmbarkeit selbst festlegt.[823]

485 Raumplanerische Aussagen in Gestalt einer **Soll-Vorschrift** können ebenfalls die Voraussetzungen eines Ziels der Raumordnung erfüllen. In ihrer Grundstruktur unterscheiden sich Soll-Vorschriften mit der in der Normstruktur angelegten Abweichungsmöglichkeit in atypischen Fällen nicht von landesplanerischen Aussagen, die dem Regel-Ausnahme-Muster folgen; sie stellen keine eigenständige Zielkategorie des Raumordnungsrechts dar.[824] Auch hier gilt allerdings, dass landesplanerische Planaussagen, die als „Soll-Ziele" formuliert sind, nur dann verbindlich sind, wenn der Plangeber mit hinreichender Bestimmtheit selbst festgelegt hat,

---

[820] OVG Münster Urt. v. 3.5.2022 – 11 D 135/20.NE, juris Rn. 191 ff.; Runkel in Bielenberg/Runkel/Spannowsky, ROG, 2018, § 3 Rn. 74; Schink UPR 2012, 369; BayVerfGH Entsch. v. 15.7.2002 – Vf. 10-VII-00, juris Rn. 89.

[821] OVG Lüneburg BeckRS 2023, 14785 Rn. 28 ff; BVerwG BeckRS 2022, 44371, Rn. 22; BVerwG UPR 2004, 115 (116); BVerwG BauR 2011, 1771; Beckmann EuRUP 2024, 15 (19).

[822] Schmitz in Bielenberg/Runkel/Spannowsky, ROG, 2021, § 6 Rn. 144 f.

[823] BVerwG BeckRS 2022, 44371, Rn. 22; BVerwGE 125, 116 Rn. 56 ff.; BVerwGE 138, 301 Rn. 7; OVG Lüneburg BeckRS 2023, 14785 Rn. 29; OVG Greifswald NordÖR 2010, 353; VGH Mannheim BeckRS 2010, 46059; BVerwG UPR 2004, 115 (116); Kment DVBl. 2006, 1336.

[824] BVerwGE 138, 301; OVG Münster BauR 2005, 1577; VGH Mannheim, Urt. v. 17.12.2009 – 3 S 2110/08 –, juris Rn. 38; OVG Münster DVBl. 2001, 657 ff.; Spannowsky UPR 2003, 248 (253).

welche Ausnahmen gelten.[825] Bei der Auslegung der Festlegung ist nicht nur der Wortlaut der Zielbestimmung, sondern auch deren Begründung heranzuziehen.[826]

Raumordnungsziele können ganz **unterschiedliche Inhalte** haben. Sie können zB Standorte für Kraftwerke, Abfallentsorgungsanlagen, Flughäfen, auch einschließlich der Lärmschutzzonen, oder Trassen für den Verkehr (Straßen, Schienen, Wasserstraßen) oder für Versorgungsleitungen, Pipelines, etc. festlegen und raumplanerisch sichern. Häufig enthalten Ziele der Raumordnung auch Standortbestimmungen für regional bedeutsame Umspannwerke, für Wasser- oder Gaswerke oder Kläranlagen oä nicht fachplanungsgebundene Vorhaben der Infrastruktur.[827] Eine flächensichernde Freihaltung von Standorten durch entsprechende Zielfestlegungen schließt die planerische Ausweisung von Standorten an anderer Stelle grundsätzlich nicht aus.[828] Raumordnungsziele können auch verbindliche Aussagen für besondere Flächenfunktionen treffen. Sie können Flächen festlegen, die dem Freiraumschutz dienen, insbesondere können sie regionale Grünzüge oder ökologische Vorrangbereiche festlegen, in denen bestimmte Nutzungen oder ökologische Funktionen raumplanerisch gesichert werden sollen. Denkbar sind zB landwirtschaftliche oder wasserwirtschaftliche Vorrangbereiche oder solche für den Landschaftsschutz. 486

Fraglich ist, ob und inwieweit Raumordnungsziele auch **Mengenvorgaben** oder mengenbezogene Schwellenwerte vorgeben dürfen, ob zB den Planungsträgern durch mengenbezogene Höchstgrenzen in der Rechtsform von Zielen der Raumordnung zwingende Vorgaben für eine Umwidmung von Freiraum in Siedlungsfläche in einem bestimmten Zeitraum gemacht werden können.[829] Planerische Mengenvorgaben sind in der Raumordnungsplanung an sich nicht ungewöhnlich.[830] In der Landesplanung spielen Mengenszenarien zB eine Rolle, wenn für die Rohstoffgewinnung ein bestimmter Versorgungszeitraum in den Regionalplänen über entsprechende Abgrabungsbereiche gesichert werden soll, der im Regionalplan durch Größenvorgaben umgesetzt wird.[831] Der Gesetzgeber hat in § 2 II Nr. 6 S. 3 ROG 2017 (Verringerung der erstmaligen Inanspruchnahme von Freiflächen für Siedlungs- und Verkehrszwecke) die Worte „durch quantifizierte Vorgaben zur Verringerung der Flächeninanspruchnahme" eingefügt, was als Hinweis auf die Zulässigkeit von Mengenzielen gedeutet werden kann.[832] Grundsätzlich gibt es für Raumordnungspläne keinen abschließenden Katalog von Festlegungsmöglichkeiten in § 13 V ROG. Raumordnungspläne können daher auch Mengenfestlegungen vorsehen, wenn und soweit überörtlich und überfachlich iSv § 1 I 1 ROG angelegt sind. Überörtlich bedeutet, dass keine Festlegungen mit bodenrechtlicher Wirkung getroffen werden dürfen; es darf nicht unmittelbar über die rechtliche Qualität des Bodens und dessen bauliche Nutzung bestimmt werden. Die Vorgabe von Schwellen- oder Maximalwerten bedeutet keinen Durchgriff auf die Bodennutzung.[833] Es wird jedoch darauf hingewiesen, dass bei Mengenfestlegungen allgemeine Rechtmäßigkeitsanforderungen für raumordnerische Festlegungen eingehalten werden müssen. So dürfen vor allem gegenüber den Zieladressaten die Zuständigkeitsbereiche nicht überschritten werden. Im Verhältnis von Landes- und Regionalplanung seien angesichts der Planungshierarchie und des darauf beruhenden Entwicklungsgebots gem. § 13 II 1 ROG zB Mindestausweisungen für erneuerbare Energien noch möglich. Im Verhältnis zur im Energierecht geregelten Fachplanung könne damit allerdings der sachliche Zuständigkeitsbereich der Raumordnung überschritten werden.[834] 487

[825] VGH München BeckRS 2022, 8532 Rn. 21; BVerwGE 138, 201.

[826] BVerwG Urt. v. 7.12.2023 – 4 CN 6/22, juris Rn. 30; BVerwG NVwZ 2023, 678 Rn. 52; VGH München BeckRS 2022, 8532 Rn. 21.

[827] BVerwG NuR 2006, 776; OVG NRW DVBl. 2009, 1385 (1388); Steinberg DVBl. 2010, 137; Steinberg/Steinwachs NVwZ 2004, 530 (534); Kment NuR 2010, 392.

[828] aA OVG Münster DVBl. 2009, 1385 (1386).

[829] Rechtsfragen einer quantitativen Begrenzung des Flächenverbrauchs durch Raumordnung behandelt Kümper EuRUP 2024, 45; siehe dazu auch Kümper DÖV 2021, 155; Kümper NVwZ 2021, 365 zu den Möglichkeiten eines kommunalen Flächenzertifikatehandels; Bovet ZUR 2020, 31 (37); zu raumordnerischen Mengenvorgaben für den Ausbau erneuerbarer Energien Wagner ZfBR 2021, 385; Einig/Spiecker, ZUR 2002, 150; Kümper in Kment, ROG, 2019, § 3 Rn. 71.

[830] Bovet/Kindler DVBl. 2013, 488 (493); von Seht DÖV 2011, 915 (919); Köck DVBl. 2012, 3 (8).

[831] von Seht DÖV 2011, 915 (920); OVG Münster BeckRS 2022, 15087; zur Rohstoffbedarfsplanung in der Raumordnung Frenz UPR 2023, 95.

[832] Kümper in Kment, ROG, 2019, § 3 Rn. 72; Grotefels ZUR 2021, 25 (30).

[833] Bovet ZUR 2020, 31 (38).

[834] Grotefels ZUR 2021, 25 (30).

488 Nach § 7 I 2 ROG kann im Raumordnungsplan festgelegt werden, dass bestimmte Nutzungen und Funktionen des Raums lediglich für einen bestimmten Zeitraum oder aber bis zum Eintritt bestimmter Umstände vorgesehen sind. Damit ermöglicht der Gesetzgeber bedingte und **befristete raumordnerische Festlegungen** und stellt damit klar, was nach allerdings umstrittener Auffassung auch bis dahin schon zulässig war.[835]

489 Soweit Raumordnungsziele Standorte und Trassen landesplanerisch sichern, dient dies der Realisierungsmöglichkeit bestimmter Projekte; regelmäßig verpflichten dagegen Raumordnungsziele nicht zur Realisierung eines bestimmten Projekts. Ob eine **Realisierungspflicht** zulässiger Inhalt eines Raumordnungsziels sein kann, ist fraglich,[836] weil eine solche Verpflichtung den Kompetenzbereich der Raumordnung überschreiten und den der Fachplanung unzulässig einschränken könnte. Raumordnungspläne können grundsätzlich keine Realisierung eines konkreten Projekts an einer bestimmten Stelle oder einer konkreten Trasse auf einer exakten Linie vorgeben.[837] Der VGH München führt dazu aus, die Raumordnungsplanung dürfe nicht an die Stelle der Fachplanung treten und eine Ersatzfachplanung betreiben, sondern müsse den Fachplanungsträgern zur Erfüllung der ihnen eingeräumten Planungsbefugnis einen ausreichenden Planungsspielraum belassen. Aus den raumordnerischen Vorgaben dürfe sich keine bindende Realisierungspflicht für die Fachplanungsbehörde ergeben, ihr müsse unabhängig von der Bindung an die Zielvorgabe nach § 4 I ROG ein Entscheidungsspielraum bei der abschließenden Entscheidung über die Zulässigkeit eines Vorhabens verbleiben.[838] In Ausnahmefällen kann die Raumordnung aber auch Fachaufgaben wahrnehmen, wenn es dafür an einem Fachplanungsträger bzw. einer spezifischen Fachplanung fehlt. Bejaht man hingegen eine Realisierungspflicht als zulässiges Ziel der Raumordnung, dann sind die Anforderungen an die planerische Abwägung bei der Zielaufstellung sehr hoch.[839] Der VGH Kassel verlangte für eine Festlegung auf die Realisierung des Ausbaus des Frankfurter Flughafens im Landesentwicklungsplan Hessen 2000 eine Abwägung, die den Maßstäben einer Planfeststellung gerecht werden muss.

490 Die Ziele der Raumordnung teilen die **Rechtnatur der Raumordnungspläne**, die sie aufstellen. Raumordnungspläne können in der Rechtsform eines Gesetzes, einer Rechtsverordnung oder einer Satzung aufgestellt werden; manche Raumordnungspläne lassen sich keiner der genannten Rechtsetzungsformen zuordnen. Die verfahrensrechtlichen Anforderungen an die Aufstellung von Raumordnungszielen ergeben sich dementsprechend nicht aus dem ROG, sondern aus den Landesplanungsgesetzen, die das Verfahren zur Aufstellung der entsprechenden Raumordnungspläne regeln. Ob Ziele der Raumordnung verfassungsrechtlich zwingend der Rechtssatzform (Gesetz, Verordnung oder Satzung) bedürfen, insbesondere weil sie die Planungshoheit der Kommunen beeinträchtigen, ist umstritten. Überwiegend wird eine bestimmte Rechtssatzform nicht gefordert.[840] Wird der Raumordnungsplan als Satzung oder Rechtsverordnung erlassen, handelt es sich bei dem Raumordnungsplan insgesamt um eine untergesetzliche Rechtsvorschrift iSv § 47 I Nr. 2 VwGO, die im Wege einer verwaltungsgerichtlichen Normenkontrolle überprüft werden kann. Das gilt für sämtliche Festlegungen eines solchen Plans, seien es Ziele der Raumordnung oder Grundsätze der Raumordnung.[841] Ziele der Raumordnung sind, anders als Grundsätze der Raumordnung, darüber hinaus aber auch nach ihrem materiell-rechtlichen Gehalt eine untergesetzliche Rechtsvorschrift, so dass sie auch dann, wenn der Raumordnungsplan nicht als Verordnung oder Satzung beschlossen wird, Gegenstand einer verwaltungsgerichtlichen Normenkontrolle sein können.[842]

491 Eine wesentliche rechtsstaatliche Anforderung an die Ziele der Raumordnung ergibt sich daraus, dass bei der Aufstellung eines Ziels der Raumordnung der Kompetenzbereich der Raumordnung einzuhalten ist, dass dementsprechend nur solche Anforderungen gestellt wer-

---

[835] Kümper in Kment, ROG, 2019, § 3 Rn. 74 unter Verweis auf die Gesetzesbegründung BT-Drs. 18/10883, S. 41; a.A zur früheren Rechtslage OVG Lüneburg Urt. v. 27.7.2011 – 1 KN 224/07, juris Rn. 90 ff.

[836] verneinend Steinberg/Steinwachs NVwZ 2004, 530 (535); keine Bedenken insoweit wohl beim VGH Kassel NVwZ 2003, 229.

[837] Grotefels ZUR 2021, 25 (29).

[838] VGH München Urt. v. 31.5.2011 – 8 N 10.1663, juris Rn. 49.

[839] VGH Kassel NVwZ 2003, 229; dazu Steinberg/Steinwachs NVwZ 2004, 530 (535); zum Verhältnis luftrechtlicher Fachplanung zur Raumordnung Deutsch EuRUP 2016, 90.

[840] BVerfGE 76, 107 (117); OVG Weimar Urt. v. 9.11.2022 – 1 N 548/19, juris Rn. 78; OVG Weimar Urt. v. 13.12.2017 - 1 N 624/13, juris Rn. 52; VGH Kassel Beschl. v. 14.7.2020 – 4 C 2108/15.N, juris Rn. 32; VGH Kassel UPR 1991, 349.

[841] BVerwG NVwZ 2015, 1540; Uechtritz ZUR 2017, 479 (481).

[842] BVerwG NVwZ 2015, 1540; Beckmann NWVBL 2021, 181; Erbguth DVBl. 2018, 897.

den dürfen, die sich raumordnerisch rechtfertigen lassen; die Abgrenzung der Befugnisse der Raumordnung einerseits und der Fachplanung andererseits bleibt jedoch in manchen Fällen unklar.[843] Das gilt vor allem für das Verhältnis der Raumordnungsplanung zur Planfeststellung von Infrastrukturvorhaben. Vorhabenträger und/oder Fachplanungsbehörden müssen nach § 4 I 1 Satz 1 Nr. 2 und Nr. 3 ROG zielförmige Festlegungen der Raumordnungspläne zur Sicherung, Entwicklung und Ordnung des Raums beachten. Ziele der Raumordnung dürfen grundsätzlich auch gebiets- und sogar parzellenscharfe Standorte oder Trassen festlegen.[844] Dabei ist allerdings zu bedenken, dass der zumeist verbindlich vorgegebene **Planungsmaßstab** für landesweite Raumordnungspläne von 1:100. bedeutet, dass eine Abgrenzungslinie mit einer Stärke von 1 mm schon einen Korridor für die Gebietsgrenze von 100 m in der Realität bedeutet, und dass beim einer flächenhaften Gebietsfestlegung in einem Regionalplan mit dem Maßstab 1:50.000 bedeutet, dass 1 cm auf dem Plan 500 m in der Realität ausmachen. **Parzellenschärfe** ist bei diesen Planungsmaßstäben zumeist gar nicht erreichbar[845] oder auch nur gewollt ist; sie ergib sich eher aus tatsächlichen räumlichen Gegebenheiten, weil zB eine flächenhafte Festlegung ersichtlich an einer Verkehrstrasse, einem Flusslauf, etc. enden soll.[846]

Je konkreter die zielförmige Festlegung ist, desto höhere Anforderungen gelten für die Zusammenstellung, Einbeziehung, Gewichtung des Abwägungsmaterials. Bei abschließenden Standort- oder Trassenfestlegungen mit außergebietlichen Ausschlusswirkungen unterscheiden sie sich kaum von denen an eine Fachplanung.[847] Die nachfolgende Fachplanung ist an Standortfestlegungen der Raumordnung soweit gebunden, wie die raumordnerische Abwägung abschließend war, wobei die raumplanerische Abwägung nach § 7 II 1 ROG bei der Standortentscheidung nur die Belange abwägen kann, die auf der Ebene der Raumordnung erkennbar und relevant sind. Eigene Entscheidungsfreiräume bleiben der Fachplanung insoweit nur, soweit Belange auf der Ebene der Raumordnung noch nicht hinreichend erkennbar oder noch nicht von Bedeutung waren.[848] 492

Neben der Beachtung des Kompetenzbereichs der Raumordnung gilt als rechtsstaatliche Anforderung, dass bei der Aufstellung von Zielen und Grundsätzen der Raumordnung höherrangiges Recht zu beachten ist, das sich unter anderem auch aus höherstufigen Plänen ergeben kann. Eine Beachtenspflicht können nur solche Ziele der Raumordnung beanspruchen, die wirksam sind, die also mit höherrangigem Recht vereinbar sind. Die **Unwirksamkeit eines Raumordnungsziels** bei einem Verstoß gegen höherrangiges Recht folgt daraus, dass es sich bei den Zielen der Raumordnung nicht um Verwaltungsakte, insbesondere nicht um Allgemeinverfügungen handelt, die im Falle ihrer Rechtswidrigkeit einer Bestandskraft fähig wären, sondern um untergesetzliche Rechtsvorschriften, deren Wirksamkeit grundsätzlich und vorbehaltlich gesetzlicher **Unbeachtlichkeitsregeln** von ihrer Rechtmäßigkeit, dh ihrer Vereinbarkeit mit höherrangigem Recht abhängt. Ein zulässiger Normenkontrollantrag hat immer dann in der Sache Erfolg, wenn die angefochtene Norm objektiv mit einem für ihre Gültigkeit bedeutsamen Mangel behaftet ist. Entscheidend ist die inhaltliche Übereinstimmung der Norm mit dem höherrangigem Recht.[849] 493

Angesichts ihres Verbindlichkeitsanspruchs und der daraus folgenden Einschränkungen einerseits der kommunalen Planungshoheit und andererseits auch für private Vorhabenträger müssen Ziele der Raumordnung als raumplanerische Letztentscheidungen hinreichend bestimmt oder zumindest bestimmbar sein.[850] Nach § 3 I Nr. 2 ROG sind Ziele der Raumordnung verbindliche Vorgaben in Form von räumlich und sachlich bestimmten oder bestimmbaren, vom Träger der Raumordnung abschließend abgewogenen textlichen oder zeichnerischen Festlegungen in Raumordnungsplänen zur Entwicklung, Ordnung und Sicherung des Raums. Die Adressa- 494

843 ausführlicher Deutsch ZUR 2021, 67.

844 BVerwGE 125, 116 Rn. 65; BVerwGE 118, 181 (189); Rojahn NVwZ 2011, 654; siehe auch Runkel in Bielenberg/Runkel/Spannowsky, ROG, 2019, § 3 Rn. 75.

845 OVG Lüneburg Urt. v. 8.2.2022 – 12 KN 51/20, juris Rn. 133.

846 VGH Kassel Beschl. v. 30.6.2023 – 9 B 2279/21.T, juris Rn. 38.

847 Deutsch ZUR 2021, 67 (71).

848 Deutsch ZUR 2021, 67 (71).

849 Panzer in Schoch/Schneider, VwGO, 2022, § 47 Rn. 98; Hoppe in Eyermann, VwGO, 2022, § 47 Rn. 87 mwN zur Rechtsprechung.

850 OVG Lüneburg Urt. v.2.3.2023 – 1 KN 55/20, juris Rn. 3; BVerwG BeckRS 2022, 44371 Rn. 22; BVerwG NVwZ 2011, 1468; Runkel in EZBK, BauGB, Werkstand: 2/2023, § 1 Rn. 50a; Kment DVBl. 2006, 1336.

ten müssen erkennen können, was sie im Einzelnen auf der Grundlage der Ziele der Raumordnung zu beachten haben. Deshalb müssen Ziele der Raumordnung – anders als Grundsätze der Raumordnung – auch einen Bezug auf einen konkreten, geographisch bestimmbaren Raum haben und insoweit eine konkrete raumordnerische Entscheidung treffen. Die Zielaussage muss räumlich und sachlich hinreichend konkret sein. Eine **hinreichende Bestimmtheit** bzw. eine **hinreichende Bestimmbarkeit** ist zu bejahen, wenn der Inhalt der Planaussage sich anhand herkömmlicher Auslegungsmethoden verlässlich bestimmen lässt. Da es letztlich nur darauf ankommt, dass der Planinhalt hinreichend bestimmbar ist, ist die Frage, ob der Maßstab der Bestimmbarkeit im Vergleich zum Maßstab der Bestimmtheit geringere Anforderungen stellt, nicht von praktischer Bedeutung. Fehlt es für die Beachtenspflicht an einer hinreichenden Bestimmtheit oder Bestimmbarkeit, bedeutet dies nicht, dass die Planaussage bedeutungslos ist; sie kann als Grundsatz der Raumordnung berücksichtigungsbedürftig sein. Ein **Verstoß gegen das Bestimmtheitsgebot** resultiert nicht schon daraus, dass eine Festlegung der Auslegung bedarf.[851] Vielmehr ist es ausreichend, wenn der Inhalt des Plans in der Weise durch Auslegung ermittelt werden kann, dass der objektive Wille des Plangebers aus dem textlichen bzw. zeichnerischen Festlegungen hervorgeht. Der Plangeber selbst muss (lediglich) Anhaltspunkte für die Reichweite atypischer Fälle liefern. Auch abstrakte Kriterien können nach Auffassung des BVerwG zur Identifizierung einer landesplanerisch gebilligten Atypik und damit zur Bestimmbarkeit genügen. Lässt sich aus den Zielvorstellungen des Plangebers und dem Normzusammenhang der Regelung im Wege der Auslegung der atypische Fall bestimmen, kann die für die Ziele der Raumordnung vorausgesetzte Letztverbindlichkeit bejaht werden.[852] Bei einem **Ausnahmetatbestand** im Sinne von § 6 I ROG werden beide Festlegungen – das (Regel)Ziel und die Ausnahme – als Einheit bzw. als „Gesamtpaket" verstanden. Beide Festlegungen haben nur dann Zielqualität, wenn sowohl die Regel- als auch die Ausnahmefestlegung Zielcharakter hat. Dementsprechend muss der Plangeber neben der Regel auch die Ausnahmevoraussetzungen nicht nur mit hinreichender tatbestandlicher Bestimmtheit oder doch wenigstens hinreichender Bestimmbarkeit selbst festlegen, sondern diese auch abschließend abwägen.[853]

495 § 7 I 4 ROG bestimmt, dass Ziele und Grundsätze der Raumordnung in den Raumordnungsplänen als solche zu kennzeichnen sind. Gebräuchlich ist die **Kennzeichnung** „Z" für ein Ziel der Raumordnung und „G" für einen Grundsatz der Raumordnung. Ob eine raumordnerische Vorgabe die Qualität eines Ziels hat, hängt jedoch nicht von der Bezeichnung ab, sondern richtet sich nach dem materiellen Gehalt der Planaussage selbst.[854] Auch aus der konkreten Formulierung muss deutlich werden, dass dem Adressaten der Regelung eine verbindliche Beachtenspflicht auferlegt werden soll. Das wird regelmäßig durch Wendungen wie „es ist sicherzustellen", „sind zu erhalten" oder „darf nicht in Anspruch genommen werden" zum Ausdruck gebracht. Wird lediglich eine Berücksichtigung bei nachfolgenden Planungsstufen oder Zulassungen verlangt, fehlt es an der für ein Ziel der Raumordnung notwendigen Beachtenspflicht.

496 Raumordnungsziele dürfen nur in dem erforderlichen Umfang in die **Planungshoheit** der Gemeinden eingreifen. Das kann zur Folge haben, dass eine zu starke Detaillierung der Aussagen des Ziels der Raumordnung zur Wahrung eines Konkretisierungsspielraums zugunsten der Gemeinde unterbleiben muss. Insoweit besteht ein Spannungsverhältnis zwischen der Forderung nach einer hinreichenden Bestimmtheit der Ziele der Raumordnung einerseits und der Wahrung der Planungskompetenzen anderer Planungsträger andererseits.[855] Standorte für industrielle Großvorhaben dürfen im Einzelfall sogar parzellenscharf im Regionalplan festgelegt werden, wenn es dafür eine raumordnerische Notwendigkeit gibt.[856] Konkrete **Betriebsregelungen** für ein Großvorhaben, zB für einen Flughafen, dürfen grundsätzlich nicht Gegenstand eines Raumordnungsplans sein.[857]

---

[851] Beckmann NuR 2023, 289.

[852] BVerwG ZUR 2010, 320.

[853] BVerwG Urt. v. 18.9.2003 – 4 VN 20.02, juris Rn. 84; VG Lüneburg Urt. v. 6.6.2019 – 2 A 627/17, juris Rn. 53.

[854] BVerwG UPR 2004, 115 (116); BVerwG SächsVBl. 2003, 192; OVG Greifswald BeckRS 2022, 39641 Rn. 75; BVerwG ZfBR 2021, 764; Beckmann EuRUP 2024, 15 (17).

[855] Runkel ZfBR 1999, 3 (6); Hoppe StGR 1994, 332 (337).

[856] OVG Münster DVBl. 2009, 1385; Runkel in Bielenberg/Runkel/Spannowsky, ROG, 2018, § 1 Rn. 46; Kümper ZUR 2023, 205, (206).

[857] BVerwGE 142, 234; dazu auch Deutsch EuRUP 2016, 90; ders. ZUR 2021, 67; Heß UPR 2019, 416; Kümper UPR 2018, 463.

Nicht zuletzt basiert die nach § 7 II 1 ROG bei der Aufstellung von Raumordnungsplänen und insbesondere bei der Festlegung von Zielen der Raumordnung erforderliche planerische Abwägung auf dem **Rechtsstaatsprinzip**. Bei der Aufstellung von Zielen der Raumordnung ist eine **ebenenspezifische Abwägung** erforderlich. Nach § 7 II 1 ROG sind die öffentlichen und privaten Belange gegeneinander und untereinander abzuwägen, soweit sie auf der jeweiligen Planungsebene erkennbar und von Bedeutung sind.[858] Solche Belange, die ebenenspezifisch bei der Aufstellung eines Ziels der Raumordnung nicht zu berücksichtigen waren, sind bei der Abwägung auf der nachfolgenden Planungsstufe zu berücksichtigen. 497

Schließlich muss wegen des raumordnerischen Abwägungsgebots, das gem. § 7 II 1 ROG die Berücksichtigung von auf der jeweiligen Planungsebene erkennbaren und für die Raumordnung bedeutsamen privaten Belangen fordert, und wegen der Bindung von Privatpersonen an Raumordnungsziele bei deren Aufstellung die **Öffentlichkeit** beteiligt werden Nach § 9 I 1 ROG sind die Öffentlichkeit sowie die in ihren Belangen berührten öffentlichen Stellen von der Aufstellung des Raumordnungsplans zu unterrichten. Nach § 9 II 1 ROG ist der Öffentlichkeit sowie den in ihren Belangen berührten öffentlichen Stellen frühzeitig Gelegenheit zur Stellungnahme zum Entwurf des Raumordnungsplans, zu seiner Begründung und im Falle einer durchgeführten Umweltprüfung zum Umweltbericht zu geben. 498

Kommt ein Planungsträger bei der Auslegung des Ziels der Raumordnung zu dem Ergebnis, dass dieses rechtswidrig ist, stellt sich die umstrittene Frage nach dessen **Normverwerfungskompetenz**. Die Rechtsprechung dazu ist nicht einheitlich. Grundsätzlich besteht allerdings gegenüber einer Normverwerfungskompetenz staatlicher Behörden Skepsis.[859] Das BVerwG hat die Nichtbeachtung eines Bebauungsplans durch einen staatlichen Planungsträger jedenfalls dann für zulässig gehalten, wenn die Gemeinde behördlichen Hinweisen auf rechtserhebliche Mängel des Bebauungsplans nicht Rechnung trägt und die Nichtigkeit des Plans von einem Gericht inzident festgestellt worden ist.[860] Das BVerwG hat allerdings ausdrücklich offengelassen, ob eine Planfeststellungsbehörde eine Wasserschutzgebietsverordnung bei durchgreifenden rechtlichen Zweifeln jedenfalls dann unbeachtet lassen muss, wenn sie und die erlassende Wasserbehörde nicht unterschiedlichen Rechtsträgern angehören, sondern lediglich unterschiedliche Abteilungen derselben Verwaltungseinheit bilden.[861] Grundsätzlich gelten vergleichbare Maßstäbe auch im Raumordnungsrecht hinsichtlich der Beachtlichkeit rechtswidriger Raumordnungsziele. Regelmäßig müssen anpassungspflichtige Planungsträger Ziele der Raumordnung auch dann beachten, wenn sie Zweifel an ihrer Rechtmäßigkeit hegen. Bei Zielen der Raumordnung, die nicht in Gesetzesform ergehen, soll eine Normverwerfung durch die Anpassungspflicht der Planungsträger aber zulässig sein, wenn die Rechtswidrigkeit einer verbindlichen Festsetzung „nach objektiver Betrachtung offensichtlich" ist.[862] 499

Ob eine **Umdeutung** eines als rechtswidrig eingeordneten Ziels der Raumordnung als Grundsatz der Raumordnung zulässig ist, ist ebenfalls umstritten. Für den Fall, dass ein Ziel der Raumordnung gegen rechtstaatliche Anforderungen verstößt, weil es etwa nicht hinreichend bestimmt formuliert ist, wird zum Teil angenommen, dass es nicht zwingend nichtig ist. Vielmehr sei vorrangig zu prüfen, ob es in einen wirksamen Grundsatz der Raumordnung umgedeutet werden kann, an den die strengen rechtsstaatlichen Anforderungen an ein Ziel der Raumordnung nicht zu richten sind.[863] Das Planungsanliegen sei bei einer solchen Umdeutung zwar nicht mehr zwingend zu beachten, jedoch bei raumbedeutsamen Planungen oder Maßnahmen zu berücksichtigen. Darauf wird jedoch erwidert, hält ein Ziel iSv § 3 I Nr. 2 ROG die Rechtmäßigkeitsanforderungen nicht ein, so sei es rechtswidrig und damit unwirksam. Eine Umdeutung komme schon deshalb nicht in Betracht, weil die Festlegung wegen ihrer 500

---

858 Kment BauR 2012, 1867 (1869); Rojahn NVwZ 2011, 654 (655); Kümper UPR 2018, 463.

859 ablehnend OVG Münster Urt. v. 30.6.2005 - 20 A 3988/03, juris Rn. 60 ff. mwN; VG Arnsberg BeckRS 2021, 10420, Rn. 26; BayVGH Urt. v. 1.4.1982 - 15 N 81 A.1679, juris; BGH NVwZ 2013, 167; Runkel in Bielenberg/Runkel/Spannowsky, ROG, 2020, § 5 Rn. 71; aA OVG Lüneburg NVwZ 2000, 1061 zur Veränderungssperre; offen gelassen von VGH Mannheim NVwZ 2016, 398; siehe dazu auch Reidt in BKL, BauGB, 2022, § 10 Rn. 10.

860 BVerwGE 112, 373 (380 ff.); Durner in Kment, ROG, 2019, § 4 Rn. 73.

861 BVerwG Urt. v. 20.1.2021 - 4 A 4/19, juris Rn. 22.

862 Durner in Kment, ROG, 2019, § 4 Rn. 63; Anders NuR 2007, 657; VGH Kassel NVwZ-RR 1994, 691; siehe aber auch OVG Münster BeckRS 2005, 30843: „behördliche Normverwerfungskompetenz allenfalls in engen Grenzen".

863 Albrecht in Schumacher/Werk/Albrecht, ROG, 2020, § 7 Rn. 20; Hoppe DVBl. 2001, 81 (87f.).

Verbindlichkeit und abschließenden Abgewogenheit die begrifflichen Merkmale eines Grundsatzes gerade nicht erfülle.[864] Vieles spricht dafür, zur Beantwortung der Frage, ob ein rechtswidriges Ziel der Raumordnung in einen Grundsatz der Raumordnung umgedeutet werden kann, auf die Umstände des Einzelfalls abzustellen und dabei zu prüfen ist, ob die planerische Festlegung die an Grundsätze der Raumordnung zu stellenden Anforderungen erfüllt oder ob der beanstandete Rechtsmangel des Ziels der Raumordnung auch einer Einordnung der Festlegung als (rechtmäßigen) Grundsatz der Raumordnung entgegenstehen würde. Vor allem bei Abwägungsmängeln, die sich aus einer unzureichenden planerischen Abwägung bzw. Ermittlung von berücksichtigungsbedürftigen Belangen bei der Aufstellung eines Ziels der Raumordnung ergeben, könnte mit Blick darauf, dass die Anforderungen an die planerische Abwägung für Grundsätze der Raumordnung geringer ausfallen, weil sie keine Beachtens- und Anpassungspflichten auslösen, eine Umdeutung des rechtswidrigen Ziels der Raumordnung in einen Grundsatz der Raumordnung in Betracht kommen.[865]

501 Unwirksam können Ziele der Raumordnung auch dann sein, wenn sie funktionslos werden.[866] Von einer **Funktionslosigkeit** ist aber nur auszugehen, wenn die Planung sich aufgrund der tatsächlichen Entwicklung als überholt erweist, so dass die Planrealisierung auf unabsehbare Zeit ausgeschlossen und wenn zudem offenkundig ist, dass ein Vertrauen auf den Plan nicht mehr schutzwürdig ist.[867] Die Beachtenspflicht von Zielen der Raumordnung setzt schließlich auch voraus, dass sich diese Ziele der Raumordnung nicht widersprechen.[868]

502 **b) Grundsätze der Raumordnung.** Grundsätze der Raumordnung sind gem. § 3 I Nr. 3 ROG Aussagen zur Entwicklung, Ordnung und Sicherung des Raums als Vorgaben für nachfolgende Abwägungs- oder Ermessensentscheidungen. Die Grundsätze der Raumordnung sind gem. § 2 I ROG im Sinne der Leitvorstellung einer nachhaltigen Raumentwicklung nach § 1 II ROG anzuwenden und durch Festlegungen in Raumordnungsplänen zu konkretisieren, soweit dies erforderlich ist. Ob und inwieweit es erforderlich ist, einen Grundsatz der Raumordnung durch Festlegungen in einem Raumordnungsplan zu konkretisieren, entscheidet der zuständige Planungsträger auf der Grundlage eines ihm insoweit zustehenden Beurteilungsspielraums; einen Rechtsanspruch von Personen des Privatrechts gerichtet darauf, einen gesetzlichen Grundsatz der Raumordnung für einen bestimmten Planungsraum zu konkretisieren, insbesondere dazu ein Ziel der Raumordnung in einen Regionalplan aufzunehmen, gibt es nicht.[869]

503 Grundsätze der Raumordnung sind gem. § 4 II ROG von öffentlichen Stellen bei raumbedeutsamen Planungen und Maßnahmen in der Abwägung oder bei der Ermessensausübung zu berücksichtigen. Im Unterschied zu den Zielen der Raumordnung handelt es sich bei den Grundsätzen der Raumordnung nicht um raumplanerische Letztentscheidungen. Sie sind deshalb als Belange in die planerische Abwägung einzustellen und zu berücksichtigen. Sie können im Rahmen dieser planerischen Abwägung auch zugunsten anderer Belange überwunden werden. Grundsätze der Raumordnung haben insoweit rechtliche Bedeutung in mehrerer Hinsicht: Sie konkretisieren die Aufgaben der Raumordnung nach § 1 I ROG, sie sind raumordnerische Belange die nach § 4 ROG bei raumbedeutsamen Planungen und Maßnahmen sowie in der planerischen Abwägung nach § 7 II ROG zu berücksichtigen sind und sie sind Maßstäbe bei der Beurteilung der Raumverträglichkeit einer raumbedeutsamen Planung oder Maßnahme in Raumverträglichkeitsprüfungen nach § 15 ROG und hinsichtlich der Vertretbarkeit unter raumordnerischen Gesichtspunkten bei der Entscheidung über eine Abweichung von Zielen der Raumordnung nach § 6 II ROG.[870]

504 Grundsätze der Raumordnung können nach § 3 I Nr. 3 HS 2 ROG durch Gesetz oder als Festlegungen in einem Raumordnungsplan aufgestellt werden. **Planerische Grundsätze** der Raumordnung unterscheiden sich von **Grundsätzen der Raumordnung des Gesetzgebers** dadurch, dass ihre Festlegung auf einer planerischen Abwägung nach § 7 II 1 ROG beruhen

[864] Kümper in Kment, ROG, 2019, § 3 Rn. 87; ihm begründungslos folgend OVG Münster Urt. v. 3.5.2022 – 11 D 135/20.NE, juris 238 f.

[865] siehe dazu Runkel in Bielenberg/Runkel/Spannowsky, ROG, 2019, § 3 Rn. 19.

[866] BVerwG NVwZ 2005, 584 (585); Beckmann EurUP 2024, 15 (19).

[867] Kümper in Kment, ROG, 2019, § 3 Rn. 61 ff.; im Einzelnen dazu Berkemeier Zum Geltungsverlust oder Unanwendbarkeit von Plänen aufgrund von Funktionslosigkeit, Berlin 2019.

[868] OVG Bautzen Urt. v. 20.6.2023 – 4 A 171/11, juris Rn. 47.

[869] BVerwG ZfBR 2014, 583; Runkel in Bielenberg/Runkel/Spannowsky, ROG, 2018, § 2 Rn. 48 f.

[870] Runkel in Bielenberg/Runkel/Spannowsky, ROG, 2018, § 2 Rn. 26.

müssen, während gesetzliche Grundsätze der Raumordnung der Legislative zuzuordnen sind und deshalb deren Gesetzmäßigkeiten unterliegen und damit nicht an das planerische Abwägungsgebot, jedoch an das verfassungsrechtlich aus dem Rechtsstaatsprinzip abgeleitete Verhältnismäßigkeitsprinzip sind, auf dem letztlich auf das Abwägungsgebot beruht.[871]

Mit dem **ROGÄndG 2023** ist der Katalog der Raumordnungsgrundsätze in § 2 ROG ergänzt worden. Die Änderungen betreffen zusätzliche Aspekte des Ressourcen- und Umweltschutzes mit Blick auf die ökologische Bedeutsamkeit von Mooren und die vorrangige Entwicklung von Brachflächen gegenüber neuer Flächeninanspruchnahme (§ 2 II Nr. 2 S. 6, 7 und Nr. 6 S. 3, 4 ROG). Diese Ergänzungen waren im ursprünglichen Gesetzentwurf noch nicht vorgesehen und wurden erst im parlamentarischen Beratungsverfahren eingefügt (vgl. BT-Drs. 20/5830, S. 42). Zutreffend wird darauf hingewiesen, dass der unmittelbare Einfluss der Raumordnungsgrundsätze des § 2 ROG auf den konkreten Inhalt von Raumordnungsplänen nicht zuletzt angesichts des umfassenden Katalogs von durchaus konfligierenden Erfordernissen kaum messbar ist, so dass auch die jüngsten Ergänzungen dieses Katalogs durch das ROGÄndG 2023 kaum mehr als gesetzgeberischen Hinweise oder Merkposten zu aktuellen Herausforderungen für die Raumplanung sind. 505

Die Länder können den Katalog der Raumordnungsgrundsätze entweder in ihren Landesplanungsgesetzen oder in Raumordnungsplänen ergänzen. Sie haben außerdem die Möglichkeit, abweichende Regelungen zu treffen. Die frühere Regelung des § 2 III ROG, wonach weitere Grundsätze der Raumordnung denen des § 2 ROG nicht widersprechen durften, ist gestrichen worden. Soweit Grundsätze der Raumordnung gem. § 3 I Nr. 3 ROG Vorgaben für nachfolgende Abwägungs- und Ermessensentscheidungen sind, sind sie bei diesen Entscheidungen zu berücksichtigen. Daraus folgt, dass sie – anders die Ziele der Raumordnung – im Rahmen solcher Ermessens- und Abwägungsentscheidungen auch überwunden bzw. zurückgestellt werden können. 506

Wesentliche Grundsätze der Raumordnung sind in § 2 II ROG vom Gesetzgeber aufgelistet. Nach § 17 III 1 ROG kann das Bundesministerium des Innern, für Bau und Heimat im Einvernehmen mit den fachlich betroffenen Bundesministerien für die räumliche Entwicklung des Bundesgebietes einzelne Grundsätze der Raumordnung nach § 2 II ROG durch Grundsätze in einem Raumordnungsplan konkretisieren. Außerdem können die Träger der Landes- und Regionalplanung Grundsätze der Raumordnung in ihren Plänen festlegen. Gem. § 2 I 1 ROG sind die Grundsätze der Raumordnung im Sinne der Leitvorstellung einer nachhaltigen Raumentwicklung nach § 1 II ROG anzuwenden und durch Festlegungen in Raumordnungsplänen zu konkretisieren, soweit dies erforderlich ist. Nachhaltig ist eine Raumentwicklung nach § 1 II ROG, die die sozialen und wirtschaftlichen Ansprüche an den Raum mit seinen ökologischen Funktionen in Einklang bringt und zu einer dauerhaften, großräumig ausgewogenen Ordnung mit gleichwertigen Lebensverhältnissen in den Teilräumen führt. Der sich aus dieser Legaldefinition ergebende Dreiklang zwischen sozialen, wirtschaftlichen und ökologischen Belangen führt nicht zu einer Gewichtungsvorgabe oder einen Vorrang für ökologische Belange; vielmehr kommt dadurch er eine prinzipielle Gleichgewichtigkeit von wirtschaftlichen, sozialen und ökologischen Raumansprüchen zum Ausdruck.[872] 507

Mit § 2 II ROG verfolgt der Gesetzgeber ein differenziertes siedlungsstrukturelles Konzept, das auf einem Netz von Orten mit unterschiedlichen Funktionen, auf einer bestimmten Infrastruktur und einer räumlichen Verteilung menschlicher Daseinsfunktionen aufbaut. Dieses siedlungsstrukturelle Konzept verbindet verschiedene Theorien und (Teil-)Konzepte. Dazu zählen das Zentrale-Orte-Konzept, das Konzept der Entwicklungsschwerpunkte und Entwicklungsachsen, das Konzept ausgeglichener Funktionsräume, etc. 508

Gem. § 2 II Nr. 2 S. 4 ROG hält der Gesetzgeber am herkömmlichen **Zentrale-Orte-Konzept** fest. Die Siedlungstätigkeit ist danach räumlich zu konzentrieren und auf ein System leistungsfähiger zentraler Orte auszurichten.[873] Nach § 13 V 1 ROG sollen die Raumordnungspläne Festlegungen zur Raumstruktur enthalten, insbesondere zu der anzustrebenden Siedlungsstruktur. Hierzu kann auch die Festlegung zentraler Orte gehören. Dementsprechend ist in allen Flächenländern ein flächendeckendes Netz zentraler Orte mit unterschiedlichen Funktionen festgelegt worden. Zentrale Orte sollen Mittelpunkt eines bestimmten Gebiets sein. Ihre Mittelpunktfunktion hat zur Folge, dass in diesen Orten entsprechend ihrer Funktion 509

871 Runkel in Bielenberg/Runkel/Spannowsky, ROG, 2018, § 2 Rn. 12, § 3 Rn. 58.
872 Runkel in Bielenberg/Runkel/Spannowsky, ROG, 2018, § 1 Rn. 77.
873 siehe dazu VG Gießen Urt. v. 22.3.2023 – 1 K 592/21.GI, juris Rn. 121.

ein Angebot an zentralen Gütern und Diensten eröffnet wird, das nicht nur dem Ort selbst, sondern auch der Bevölkerung des benachbarten Gebiets dient. Die Orte erfüllen dementsprechend unterschiedliche Versorgungsfunktionen. Diese werden durch kulturelle, wirtschaftliche und administrative Einrichtungen bereitgestellt, die der Funktion des jeweiligen Ortes im Rahmen der zentralörtlichen Gliederung entsprechen. Diese Funktionen sind unterschiedlich verteilt für Oberzentren, Mittelzentren und Grundzentren. Allerdings zwingt § 13 V 1 Nr. 1 b ROG nicht zur Festlegung Zentraler Orte. Vielmehr bestimmt der Bundesgesetzgeber lediglich, dass Raumordnungspläne Festlegungen zur Raumstruktur enthalten sollen, ua zu der anzustrebenden Siedlungsstruktur, und dass hierzu ua „Zentrale Orte" gehören „können".[874] Zur Festlegung Zentraler Orte mit bestimmten zentralörtlichen Funktionen können auch die Landesgesetzgeber und Landesentwicklungspläne Planungsträger verpflichten. Die Verpflichtung zur Festlegung zentraler Orte soll mit der Planungshoheit der Standortgemeinde vereinbar sein, wenn eine Soll-Formulierung genügend Spielraum verschaffe, um in atypischen Situationen unbeabsichtigte Härten zu vermeiden.[875]

510 Die Standortplanung für **Einzelhandelsgroßprojekte** ist nicht auf Instrumente der gemeindlichen Bauleitplanung beschränkt. Sie kann vielmehr schon auf der Ebene der Landesplanung einsetzen und in unterschiedlicher Weise mit der zentralörtlichen Gliederung verbunden werden.[876] Die Verbindung großflächiger Einzelhandelsbetriebe mit einer bestimmten Zentralitätsstufe soll die Versorgung in allen Teilen des Landes entsprechend dem Bedarf in zumutbarer Entfernung auch für die nichtmobile Bevölkerung sicherstellen und zugleich einer Unterversorgung zentraler Wohnbereiche entgegenwirken, die eintritt, wenn die Konzentration des großflächigen Einzelhandels an Standorten, die gar nicht zum Netz der zentralen Orte gehören oder innerhalb des hierarchisch gegliederten Systems auf einer niedrigeren Zentralitätsstufe liegen, zu einem „flächendeckenden" Kaufkraftabzug aus den Versorgungszentren der höherstufigen zentralen Orte führt. Dieser Zielsetzung entspricht ein landesplanerisches Verbot, durch die Ansiedlung von Einzelhandelsgroßprojekten die Funktion benachbarter zentraler Orte und das Bestehen ausgeglichener Versorgungsstrukturen wesentlich zu beeinträchtigen. Ein unverhältnismäßiger Eingriff in das Selbstverwaltungsrecht der Gemeinden liegt darin nicht.[877] In einem Landesentwicklungsplan kann zB vorgesehen werden, dass Kerngebiete und Sondergebiete für Vorhaben im Sinne von § 11 III BauNVO nur in regionalplanerisch festgelegten allgemeinen Siedlungsbereichen dargestellt und festgesetzt werden dürfen. Nach Nr. 6.5-2 LEP NRW dürfen zB Kerngebiete und Sondergebiete für Vorhaben iSv § 11 III BauNVO mit zentrenrelevanten Kernsortimenten nur in bestehenden zentralen Versorgungsbereichen sowie in neu geplanten zentralen Versorgungsbereichen in städtebaulich integrierten Lagen, die aufgrund ihrer räumlichen Zuordnung sowie verkehrsmäßigen Anbindung für die Versorgung der Bevölkerung zentrale Funktionen des kurz-, mittel- oder langfristigen Bedarfs erfüllen sollen, dargestellt und festgesetzt werden.[878] Eine landesplanerische Aussage, wonach Kerngebiete sowie Sondergebiete für Einkaufszentren und großflächige Einzelhandelsbetriebe nur ausgewiesen werden sollen, soweit die in ihnen zulässigen Nutzungen nach Art, Lage und Umfang der angestrebten zentralörtlichen Gliederung sowie der in diesem Rahmen zu sichernden Versorgung der Bevölkerung entsprechen und wenn sie räumlich und funktional den Siedlungsschwerpunkten zugeordnet sind, ist kein Ziel der Raumordnung, sondern lediglich ein im Rahmen der planerischen Abwägung überwindbarer Raumordnungsgrundsatz.[879]

511 Aus dem zentralörtlichen Gliederungsprinzip werden ein Kongruenzgebot, ein Integrationsgebot und ein Beeinträchtigungsverbot abgeleitet.[880]

512 Das **Kongruenzgebot** ordnet privatwirtschaftliche Betriebseinheiten bestimmten Zentren (Ober-, Mittel- und Unterzentren) zu, wobei vielfach vorgesehen wird, dass der Einzugsbereich der Betriebseinheit nicht wesentlich über den Versorgungsbereich des zugeordneten zen-

[874] OVG Berlin-Brandenburg LKV 2019, 556.

[875] VGH Mannheim BeckRS 2010, 46059; Urt. v. 2.12. 2009 – 3 S 1528/07, juris.

[876] BVerwG DVBl. 2004, 239 (245); näher dazu Bischopink in Bönker/Bischopink, BauNVO, 2024, § 11 Rn. 117.

[877] BVerwG DVBl. 2004, 239 (245).

[878] Nr. 6.5-2 LEP NRW; dazu OVG Münster BauR 2023, 1203; OVG Münster BRS 88 Nr 4 (2020); BVerwG Beschl. v. 24.3.2021 - 4 BN 46.20, juris; OVG Münster BauR 2023, 1064.

[879] OVG Münster BauR 2005, 1587; dazu Reidt/Wahlhäuser UPR 2008, 169; zur Steuerung des Einzelhandels durch landesplanerische Ziele auch Kuschnerus ZfBR 2010, 324.

[880] siehe dazu Discher/Lippert ZfBR 2016, 651 (653).

tralen Ortes hinausgehen darf. Das Kongruenzgebot dient der Sicherstellung einer raumstrukturell und -funktionell verträglichen Ansiedlung großflächiger Einzelhandelsbetriebe. Schutzzweck eines von der konkreten Beeinträchtigung der Versorgungssituation abgekoppelten Kongruenzgebots ist die raumordnerische Annahme, dass großflächige Einzelhandelsbetriebe, die nach Lage, Umfang und Art nicht der jeweiligen zentralörtlichen Hierarchiestufe der Standortgemeinde entsprechen, selbst dann raumunverträglich sind, wenn sie nicht zu Beeinträchtigungen führen, weil sie wegen ihrer überörtlichen, über den Einzugsbereich der Standortgemeinde hinausgehenden Wirkung zur Zersiedelung und Erhöhung des Verkehrsaufkommens führen und insoweit dem Grundsatz eines schonenden Flächen- und Ressourcenverbrauchs und dem Grundsatz der effektiven Nutzung und Bündelung der Infrastruktur und des Verkehrs widersprechen.[881] Die Zulässigkeit eines solchen Kongruenzgebots war in der Vergangenheit umstritten.[882] Das BVerwG hat aber schon im Jahr 2010 die Vereinbarkeit des Kongruenzgebotes mit höherrangigem Recht bejaht. Die mit dem Kongruenzgebot bewirkte raumordnerische Standortplanung für raumbedeutsame Einzelhandelsgroßbetriebe stelle ein überörtliches Interesse dar, das eine Beschränkung der gemeindlichen Planungshoheit rechtfertigen könne. Ob und mit welchem Inhalt ein Kongruenzgebot normiert wird, sei jedoch allein eine landesrechtliche Frage.[883]

Die Zielfestlegung muss sich aber am Grundsatz der Verhältnismäßigkeit messen lassen. **513**
Maßstab sind Schutzzweck und Reichweite des bundesrechtlichen Zentrale-Orte-Prinzips, aus dem das Kongruenzgebot abgeleitet wird. Das Kongruenzgebot ist nach der Rechtsprechung des BVerwG nur dann verhältnismäßig, wenn es nicht für alle Fallgestaltungen unterschiedslos strikte Beachtung beansprucht. Aus dem **Grundsatz der Verhältnismäßigkeit** ergibt sich, dass die Möglichkeit bestehen muss, ein Vorhaben ausnahmsweise zuzulassen, das zwar formal gegen das Kongruenzgebot verstößt, aus atypischen Gründen im konkreten Einzelfall aber raumverträglich erscheint und mit Blick auf das Schutzziel des Kongruenzgebots unter raumordnerischen Gesichtspunkten vertretbar ist.[884] Nach Ansicht des OVG Magdeburg können einzelhandelsspezifische Ziele der Raumordnung für die Lage eines Einzelhandelsbetriebs von Relevanz sein, soweit sie großflächige Einzelhandelbetriebe in zentrale Orte einer bestimmten Zentralitätsstufe verweisen. In diesen Fällen könne sich ein großflächiger Einzelhandelsbetrieb, der außerhalb eines solchen zentralen Ortes verwirklicht werden soll, iS des § 11 III 1 Nr. 2 BauNVO auf die Ziele der Raumordnung wesentlich auswirken.[885] Ein planerisches **Kongruenzgebot** ist nach Ansicht des OVG Lüneburg nur dann als Grundsatz der Raumordnung in der planerischen Abwägung zu berücksichtigen, wenn der für die planende Gemeinde maßgebliche Kongruenzraum in einem Raumordnungsprogramm auch festgelegt ist. Sieht der Landesentwicklungsplan lediglich vor, dass der maßgebliche Kongruenzraum auch von der unteren Landesplanungsbehörde ermittelt werden kann, sei dies insoweit unwirksam, weil und soweit für einen derartigen regionalplanerischen Ermittlungsauftrag die erforderliche parlamentsgesetzliche Grundlage fehle.[886]

Das **Integrationsgebot** hat die Aufgabe, die nach Art eines Kondominiums einander er- **514**
gänzenden Rechtskreise des Raumordnungsrechts und des Städtebaurechts im Einzelfall zu verklammern und insbesondere die Handelsfunktion zu sichern und entwickeln zu helfen, welche vor allem in Innenstädten und Ortsmitten erfüllt werden sollen. Das Integrationsgebot soll zur Erreichung der mit dem Zentrale-Orte-Prinzip verfolgten Absichten beitragen, eine Zersiedlung des Raums, überflüssige Verkehrsbewegungen und damit unnötige Immissionen sowie den Bau neuer Straßen zu verhindern und sicherzustellen, dass der zentrale Versorgungsstandort Innenstadt sowie Nahversorgungsstandorte im Interesse der nichtmotorisierten Bevölkerung erhalten und gestärkt werden.[887]

---

881 BVerwG ZUR 2011, 320; OVG Lüneburg Urt. v. 15.3.2012 – 1 KN 152/10, juris Rn. 51, 163; VGH Kassel BeckRS 2016, 44571 Rn. 48.

882 ablehnend Hoppe NVwZ 2004, 282 (283); Hoppe DVBl. 2000, 293 (295 ff.); Moench/Otting NVwZ 1999, 337 (345); Paul NVwZ 2004, 1033 (1036); Moench/Sandner NVwZ 2004, 220 (224 f.); aA zB Spannowsky UPR 2003, 248; VGH Mannheim Urt. v. 17.12.2009 – 3 S 2110/08, juris Rn. 53.

883 BVerwG NVwZ 2011, 821.

884 BVerwG NVwZ 2010, 821.

885 OVG Magdeburg BeckRS 2020, 53 Rn. 35 ff.

886 OVG Lüneburg BeckRS 2023, 9331 Rn. 39 ff.

887 OVG Lüneburg BeckRS 2023, 9331; OVG Lüneburg BeckRS 2016, 47901 Rn. 4 ff.

515 Nach dem **Beeinträchtigungsverbot** dürfen die Funktionsfähigkeit der Zentralen Orte und die ausgeglichenen Versorgungsstrukturen (ua die verbrauchernahe Versorgung) nicht wesentlich beeinträchtigt werden. Wie auch das Integrationsgebot zielt das Beeinträchtigungsverbot auf den Schutz der Zentren ab, zielt aber nicht nur auf die planende Gemeinde, sondern auch auf benachbarte Gemeinden im möglichen Einzugsbereich eines Einzelhandelsvorhabens. Leitbild ist eine ausgeglichene Versorgungsstruktur, die besteht, wenn die eigenen ebenso wie die benachbarten Zentren ihre Versorgungsfunktionen ihrer Stellung im System der Zentralen Orte entsprechend in umfassender Weise wahrnehmen und es nicht zu wesentlichen Kaufkraftabflüssen kommt. Insoweit ist das Beeinträchtigungsverbot verletzt, wenn das Vorhaben zu einer wesentlichen Beeinträchtigung der einzelnen Komponenten ausgeglichener Versorgungsstrukturen führt.[888] Zur Beurteilung, wann eine wesentliche Beeinträchtigung eines Zentralen Ortes und integrierten Versorgungstandortes in Gestalt eines zentralen Versorgungsbereichs vorliegt, wird auf die Rechtsprechung zur Funktionsfähigkeit zentraler Versorgungsbereiche (§ 34 III BauGB) zurückgegriffen werden.[889]

516 Gestützt auf § 2 II 2 BauGB können sich Gemeinden bei der bauplanungsrechtlichen **Abstimmungspflicht** benachbarter Gemeinden auf die ihnen durch Ziele der Raumordnung zugewiesenen Funktionen sowie auf Auswirkungen auf ihre zentralen Versorgungsbereiche berufen. Ziele der Raumordnung, die einer Gemeinde eine bestimmte, den Standortwettbewerb mit anderen Gemeinden begünstigende Funktion zuweisen, sind als subjektive **gemeindliche Abwehrrechte** im gerichtlichen Verfahren unabhängig davon verteidigungsfähig, ob sie als Ausfluss des kommunalen Selbstverwaltungsrechts nach Art. 28 II 1 GG eingestuft werden können.[890] Abwägungsbeachtlich kann eine oberzentrale Funktion einer Gemeinde nicht nur sein, wenn ihr diese Funktion durch ein Ziel der Raumordnung zugewiesen worden ist. Auch die tatsächliche Wahrnehmung oberzentraler Funktionen kann eine Planung rechtfertigen, die einen Abwehranspruch nach § 2 II 2 BauGB begründet.[891]

517 Neben den Funktionszuweisungen für zentrale Orte soll die Verdichtungskonzeption ein System von **Entwicklungsachsen** und **Entwicklungsschwerpunkten** schaffen, die der Ordnung und Strukturierung innerhalb eines bestimmten Verdichtungsraumes dienen soll. Entwicklungsschwerpunkte und Entwicklungsachsen dienen dazu, durch räumliche Konzentration wirtschaftlicher und politischer Aktivitäten Vorteile der arbeitsteiligen Spezialisierung, der Informations- und Innovationsverdichtung, der Verkehrskostenminimierung etc. zu nutzen. Anders als das eher versorgungsorientierte Zentrale-Orte-Konzept setzen Entwicklungsachsen und Entwicklungsschwerpunkte stärker auf eine wachstumsorientierte wirtschaftliche und räumliche Entwicklung.

518 Das **Konzept der ausgeglichenen Funktionsräume** verfolgt einen kompromissorientierten Ansatz zwischen dem versorgungsorientierten Zentrale-Orte-Konzept und den wachstumsorientierten Entwicklungsachsen und Entwicklungsschwerpunkten. Das Konzept soll einen Ausgleich unterschiedlicher Zielsetzungen ermöglichen. Wirtschaftliche und infrastrukturelle Aktivitäten sollen dezentral verdichtet werden. Angestrebt wird insbesondere ein Umbau der Siedlungsstruktur im ländlichen Raum. Übermäßig verdichtete Räume sollen vermieden werden. Stattdessen sollen die Vorteile der Konzentration in ländlichen Räumen genutzt werden. Ausgeglichene Funktionsräume führen in einer Region zur funktionsräumlichen Arbeitsteilung mit Vorranggebieten für Freizeit, ökologischen Ausgleich, wirtschaftliche und landwirtschaftliche Nutzung, wobei die Region insgesamt allen Funktionen Rechnung trägt.

519 **c) Sonstige Erfordernisse der Raumordnung.** Sonstige Erfordernisse der Raumordnung sind gem. § 3 I Nr. 4 ROG in Aufstellung befindliche Ziele der Raumordnung, Ergebnisse förmlicher landesplanerischer Verfahren wie der Raumverträglichkeitsprüfung und landesplanerische Stellungnahmen. Diese sonstigen Erfordernisse der Raumordnung sind gem. § 4 II ROG wie die Grundsätze der Raumordnung von öffentlichen Stellen bei raumbedeutsamen Planungen und Maßnahmen in der Abwägung oder bei der Ermessensausübung nach Maßgabe der dafür geltenden Vorschriften zu berücksichtigen. Enthält ein Raumordnungsplan, der wegen

---

[888] OVG Lüneburg BeckRS 2023, 14785.

[889] OVG Lüneburg BeckRS 2023, 14785 mit Verweis auf OVG Lüneburg Urt. v. 15.3.2012 - 1 KN 152/10, juris Rn. 176; OVG Lüneburg Beschl. v. 28.9.2015 - 1 MN 144/15, juris Rn. 40; OVG Lüneburg Urt. v. 29.4.2021 - 1 MN 154/20, juris Rn. 40.

[890] OVG Bautzen BeckRS 2018, 24241 Rn. 57; siehe auch OVG Münster Urt. v. 27.2.2023 – 10 A 1136/22, juris Rn. 95; VG Hannover Urt. v. 09.02.2022 – 4 A 3897/20, juris Rn. 67 ff.

[891] BVerwG ZfBR 2010, 575.

formeller Fehler unwirksam ist, Ziele der Raumordnung, sind diese Ziele als in Aufstellung befindliche Ziele und damit als Erfordernisse der Raumordnung anzusehen, die von der planenden Gemeinde bei ihrer Bauleitplanung zu berücksichtigen sind.[892]

Mit dem ROGÄndG 2023 hat der Gesetzgeber den Begriff der in Aufstellung befindlichen Ziele der Raumordnung iSd § 3 I Nr. 4 ROG legaldefiniert. Nach § 3 I Nr. 4a ROG sind **in Aufstellung befindliche Ziele der Raumordnung**, die nach Durchführung des Beteiligungsverfahrens nach § 9 II ROG in einem die Ergebnisse der Beteiligung berücksichtigenden Planentwurf enthalten sind und als solche den Verfahrensbeteiligten zur Kenntnis gegeben werden. Der Gesetzentwurf der Bundesregierung für das ROGÄndG 2023 sah ursprünglich vor, für das Vorliegen eines in Aufstellung befindlichen Ziels der Raumordnung auf den Zeitpunkt einer Veröffentlichung des in Aufstellung befindlichen Ziels der Raumordnung abzustellen. Ausweislich der Gesetzesbegründung sollte die neue Legaldefinition lediglich eine Klarstellung sein und sich an der Rechtsprechung des BVerwG orientieren.[893] Die Zulassungsbehörde solle das zulassungsbedürftige Vorhaben an den zukünftigen Zielen messen und rechtssicher beurteilen können, ob es mit ihnen vereinbar wäre. Mit einer Veröffentlichung nach dem Beteiligungsverfahren sei, so die Gesetzesbegründung der Bundesregierung, ein Planungsstand erreicht, der die Prognose nahelege, dass die ins Auge gefasste planerische Zielfestlegung Eingang in die endgültige Fassung des Raumordnungsplans finden wird. Die § 9 ROG ergänzenden Regelungen des Landesrechts zur Beteiligung seien bei der Beurteilung, ob die Voraussetzung der vollständigen Durchführung des Beteiligungsverfahrens erfüllt sei, zu berücksichtigen. 520

Die mit dem **ROGÄndG 2023** Gesetz gewordene Änderung modifiziert die Definition von „in Aufstellung befindliche Ziele der Raumordnung" gegenüber der im Gesetzentwurf enthaltenen Definition. Maßgeblich ist nicht der Zeitpunkt einer Veröffentlichung, sondern der einer Kenntnisgabe an die Verfahrensbeteiligten. Zur Begründung der entsprechenden Beschlussempfehlung des Ausschusses für Wohnen, Stadtentwicklung, Bauwesen und Kommunen heißt es, der Zeitpunkt, ab wann „in Aufstellung befindliche Ziele der Raumordnung" zu berücksichtigen seien, sei gegenüber der im Gesetzentwurf der Bundesregierung enthaltenen Definition vorzuverlagern. Der Bundesrat habe zutreffend ausgeführt, dass der im Gesetzentwurf der Bundesregierung genannte Zeitpunkt zu spät gewählt worden sei. Er habe zudem darauf hingewiesen, dass in der Praxis nach vollständiger Durchführung des Beteiligungsverfahrens der Planentwurf nicht noch einmal veröffentlicht werde, sondern die endgültige Fassung des Raumordnungsplans. Eine zusätzliche Veröffentlichung des „letzten" Planentwurfs würde, so die Begründung der Beschlussempfehlung, zu einem zusätzlichen Verwaltungsschritt und damit zu einer Verlängerung der Planungsverfahren führen, was weder beabsichtigt noch sachgerecht sei.[894] Die geänderte Definition in § 3 I Nr. 4a ROG bestimme den Zeitpunkt entsprechend der Rechtsprechung des BVerwG zu in Aufstellung befindlichen Zielen, auch im Hinblick auf die befristete Untersagung nach § 12 II ROG.[895] Zwar bedürfe es einer „verfestigten" Planung, das heißt, es müsse die Prognose naheliegen, dass die ins Auge gefasste planerische Aussage auch Eingang in die endgültige Fassung des Raumordnungsplans finden werde; davon könne jedoch keine Rede sein, solange der Abwägungsprozess gänzlich offen sei. Aber der Zeitpunkt solle auch nicht erst dann vorliegen, wenn der Planungsträger die abschließende Abwägungsentscheidung bereits getroffen habe. Somit bedürften sowohl „in Aufstellung befindliche Ziele" als auch „in einem in Aufstellung befindlichen Plan vorgesehene Ziele" (vgl. § 12 II ROG) einer verfestigten Planung. Entgegen der Stellungnahme des Bundesrates reiche das alleinige Kriterium „in einem Planentwurf enthalten" allerdings nicht aus. Daher werde der auch vom Bundesrat geforderte frühere beziehungsweise frühestmögliche Zeitpunkt von „in Aufstellung befindlichen" bzw. „vorgesehenen" Zielen der Raumordnung gegenüber dem Gesetzentwurf der Bundesregierung wie folgt vorverlegt: Ziele der Raumordnung sind „in Aufstellung befindlich" bzw. „vorgesehen", sobald die erste Beteiligungsrunde (§ 9 II ROG) abgeschlossen worden sei. Außerdem müsse die Raumordnungsbehörde die Stellungnahmen dieser ersten Beteiligungsrunde ausgewertet und im Ergebnis dessen hinsichtlich der fraglichen Zielfestlegung die Fassung formuliert haben, die Eingang in den endgültigen Raumordnungsplan finden solle. Diese Fassung könne entweder der ursprünglichen Fassung entsprechen, wenn die Auswertung der Stellungnahmen keinen Anlass zu einer Änderung gegeben habe. Oder aber es 521

[892] BVerwG ZfBR 2008, 806.
[893] siehe BT-Drs. 20/4823, S. 21 unter Verweis auf BVerwGE 122, 364.
[894] BT-Drs. 20/5830, S. 42.
[895] BVerwG NVwZ 2005, 578.

handele sich um eine gegenüber der ursprünglichen Version im Lichte der Auswertung der Stellungnahmen modifizierte Fassung. Schließlich müsse die Raumordnungsbehörde den Verfahrensbeteiligten die Fassung der Zielfestlegung, die aufgrund der Auswertung der Stellungnahmen aus der ersten Beteiligungsrunde Eingang in den endgültigen Raumordnungsplan finden solle, zur Kenntnis gegeben haben.[896]

522 Das danach für das Entstehen eines in Aufstellung befindlichen Ziels erforderliche Kenntnisgeben an die Verfahrensbeteiligten soll sich wie folgt vollziehen: Soll die Fassung der Zielfestlegung, die in den endgültigen Raumordnungsplan Eingang finden soll, von der ursprünglichen abweichen, wird sie entsprechend den Vorgaben des § 9 III ROG erneut in eine (weitere) Beteiligungsrunde und damit den Verfahrensbeteiligten zur Kenntnis gegeben. Soll hingegen die erste Fassung unverändert bleiben und der ursprüngliche Planentwurf auch nicht aus anderen Gründen in eine erneute Beteiligungsrunde gegeben werden, ist dies den Verfahrensbeteiligten zur Kenntnis zu geben. In diesem Fall ersetzt das Kenntnisgeben die im Gesetzentwurf der Bundesregierung vorgesehene förmliche Veröffentlichung; die konkrete Art des Kenntnisgebens kann jedes Bundesland selbst bestimmen. In der Praxis soll jedoch eine erneute Beteiligungsrunde die Regel sein. Die neue Legaldefinition bezeichnet die in Aufstellung befindlichen Ziele der Raumordnung zwar als Ziele der Raumordnung, dh als eine Unterart von Zielen der Raumordnung. Das sind sie aber selbstverständlich nicht. In Aufstellung befindliche Ziele der Raumordnung sind keine Ziele der Raumordnung, sondern sonstige Erfordernisse der Raumordnung, die in Abwägungs- und Ermessensentscheidungen lediglich zu berücksichtigen und nicht zwingend zu beachten sind. Da § 3 I Nr. 3 ROG die in Aufstellung befindlichen Ziele der Raumordnung zu den sonstigen Erfordernissen der Raumordnung zählt, dürfte dies weiterhin unstreitig bleiben.

523 In Aufstellung befindliche Ziele der Raumordnung können nur dann berücksichtigt werden, wenn sie mit (noch) bestehenden Zielen der Raumordnung vereinbar sind. Solange ein bestehendes, wirksames Ziel der Raumordnung nicht durch eine Planänderung aufgehoben oder geändert wird, ist es zwingend zu beachten und kann nicht im Rahmen einer Berücksichtigung eines in Aufstellung befindlichen Ziels außer Kraft gesetzt werden. Bei einer **Zielabweichung** nach § 6 II ROG kann ein in Aufstellung befindliches Ziel hingegen Bedeutung sowohl hinsichtlich der Voraussetzungen der Zielabweichung als auch im Rahmen des eingeschränkten Ermessens bei der Entscheidung über einen Antrag auf Zielabweichung erlangen. Auch bei der Beurteilung der planungsrechtlichen **Zulässigkeit eines privilegierten Vorhabens im Außenbereich** können in Aufstellung befindliche Ziele der Raumordnung einer Zulassung des Vorhabens entgegenstehen.[897] In Aufstellung befindliche Raumordnungsziele sind nach der Rechtsprechung des BVerwG als unbenannte öffentliche Belange iSd § 35 III 1 BauGB berücksichtigungsfähig, wenn sie eine „Verlautbarungsreife" aufweisen; diese sollte bislang regelmäßig erreicht sein, wenn das in Aussicht genommene Ziel der Raumordnung im Rahmen des Beteiligungsverfahrens mit anderen Behörden und der Öffentlichkeit erörtert werden könne.[898] Dazu wurde bislang vertreten, für das Vorliegen eines in Aufstellung befindlichen Ziels der Raumordnung müssten die Beteiligungen noch nicht durchgeführt worden sein.[899] Nach der Neuregelung durch das ROGÄndG 2023 muss eine Beteiligung in jedem Fall bereits durchgeführt worden sein. Allerdings muss dies nicht bedeuten, dass in einem Raumordnungsplanentwurf enthaltene Zielfestlegungen nicht schon als unbenannte öffentliche Belange iSd § 35 III 1 BauGB berücksichtigungsfähig sein können, da die Außenbereichsvorschrift mit dem Begriff des öffentlichen Belangs nicht an den der in Aufstellung befindlichen Raumordnungsziele anknüpft und es in diesem Zusammenhang für den notwendigen Konkretisierungsgrad eines Belangs entscheidend darauf ankommt, ob er als mögliches Zulassungshindernis im bauordnungsrechtlichen Genehmigungsverfahren geprüft werden kann. Die neue Legaldefinition schränkt auch nicht die Möglichkeiten zur vorläufigen Untersagung nach § 12 II ROG ein, weil auch diese nicht an „in Aufstellung befindliche Ziele der Raumordnung", anknüpft, sondern darauf abstellt, dass „sich ein Raumordnungsplan in Aufstellung befindet."[900]

---

[896] Beschlussempfehlung BT-Drs. 20/5830, S. 43.

[897] BVerwGE 122, 364 (366); BVerwG ZfBR 2003, 469 (471); Kümper in Kment, ROG, 2019, § 3 Rn. 92.

[898] BVerwGE 122, 364 (371 f.).

[899] Runkel in Spannowsky/Runkel/Goppel, ROG, 2018, § 3 Rn. 73; Kümper in Kment, ROG, 2019, § 3 Rn. 93.

[900] Kümper DVBl. 2023, 1126; Hager in Kment, ROG, 2019, § 12 Rn. 46.

6. Bindungswirkungen der Erfordernisse der Raumordnung

Die Bindungswirkung der Erfordernisse der Raumordnung ist in den §§ 4 und 5 ROG geregelt. Danach sind Ziele der Raumordnung von öffentlichen Stellen bei ihren raumbedeutsamen Planungen und Maßnahmen zu beachten, die Grundsätze und sonstigen Erfordernisse der Raumordnung von öffentlichen Stellen bei raumbedeutsamen Planungen und Maßnahmen in der Abwägung oder bei der Ermessensausübung nach Maßgabe der dafür geltenden Vorschriften zu berücksichtigen (§ 4 I, II ROG). Die bundesgesetzlich geregelte Bindungswirkung der Erfordernisse der Raumordnung kann auf Landesebene nicht eingeschränkt oder ausgeschlossen werden.[901] 524

a) Bindungswirkung von Zielen der Raumordnung. Hinsichtlich der Bindungswirkung von Zielen der Raumordnung sind verschiedene Fälle zu unterscheiden, in denen die Ziele der Raumordnung eine strikte Bindungspflicht auslösen. Dazu zählen die Beachtenspflicht für öffentliche Stellen, die Beachtenspflicht bei formal privatisierten öffentlichen Aufgaben, die Beachtenspflicht bei Planfeststellungen sowie die Beachtenspflicht auf fachgesetzlicher Grundlage. Der Gesetzgeber differenziert zwischen Rechtsfolgen, die sich unmittelbar aus dem ROG ergeben (§ 4 I ROG) und solchen, die sich in Verbindung mit fachgesetzlichen Raumordnungsklauseln ergeben (§ 4 II ROG). 525

Nach § 4 I 1 Nr. 1 ROG sind alle öffentliche Stellen dazu verpflichtet, bei ihren raumbedeutsamen Planungen und Maßnahmen die Ziele der Raumordnung zu beachten. **Öffentliche Stellen** sind nach § 3 Nr. 5 ROG Behörden des Bundes und der Länder, kommunale Gebietskörperschaften, bundesunmittelbare und die der Aufsicht eines Landes unterstehenden Körperschaften, Anstalten und Stiftungen des öffentlichen Rechts. Die Pflicht der öffentlichen Stellen, Ziele der Raumordnung zu beachten, gilt nicht nur bei ihren eigenen raumbedeutsamen Planungen und Maßnahmen, sondern auch bei Genehmigungen, Planfeststellungen und sonstigen behördlichen Entscheidungen über die Zulässigkeit raumbedeutsamer Maßnahmen anderer öffentlicher Stellen (§ 4 I 1 Nr. 2 ROG). Dadurch wird sichergestellt, dass selbst bei einem Auseinanderfallen von planender und zulassender öffentlicher Stelle in jedem Fall die Pflicht zur Beachtung der Ziele der Raumordnung bestehen bleibt. 526

Hinsichtlich der Beachtenspflicht ist das **Verhältnis zwischen der Raumordnung und der Fachplanung** zu berücksichtigen. Die Raumordnung ist nicht zu einer „Ersatzfachplanung" berufen.[902] Die Raumordnung ist auf die Ordnung und Entwicklung des größeren Raumes angelegt. Der Gesetzgeber hat der Raumordnung daher die Kompetenz zur überfachlichen und überörtlichen, zusammenfassenden (integrierenden) Gesamtplanung verliehen und dies mit einem Koordinierungs-, Ordnungs- und Entwicklungsauftrag verbunden. Dieser Auftrag zielt auf einen Ausgleich konkurrierender Ansprüche an die Raumnutzung. Aus dem Auftrag der zusammenfassenden und übergeordneten Planung ergeben sich aber auch Zuständigkeitsgrenzen gegenüber der Fachplanung. 527

Regelungen der Raumordnung koordinieren die raumbeeinflussende Tätigkeit der fachlichen Stellen mit Blick auf eine möglichst ausgeglichene Ordnung des Gesamtraums, treffen aber keine fachlichen Entscheidungen mit unmittelbarer Verbindlichkeit und unter Ausschluss weiterer Verwaltungsverfahren. Die Raumordnungsplanung darf somit nicht an die Stelle der Fachplanung treten und eine **Ersatzfachplanung** betreiben, sondern muss den Fachplanungsträgern zur Erfüllung der ihnen eingeräumten Planungsbefugnis einen ausreichenden Planungsspielraum belassen.[903] Etwas anderes kann jedoch dort gelten, wo für bestimmte Bereiche gesetzlich keine Fachplanung vorgesehen ist, so zB für **standortgebundene Rohstoffe**, die nicht dem Bundesberggesetz unterfallen.[904] 528

Aus den raumordnerischen Vorgaben darf sich auch keine bindende **Realisierungspflicht** für die Fachplanungsbehörde ergeben, ihr muss ein Entscheidungsspielraum bei der abschließenden Entscheidung über die Zulässigkeit eines Vorhabens verbleiben. Ein Spannungsverhält- 529

---

901 VGH Kassel NVwZ 2003, 229 (231); Steinberg/Steinwachs NVwZ 2004, 530 (532).

902 BVerwG Urt. v. 16.3.06 – 4 A 1073/04, juris Rn. 64 ff, 75 ff; VGH München Urt. v. 31.5.2011 – 8 N 10.1663, juris Rn. 49; zum Verhältnis von Raumordnung und Fachplanung siehe auch Deutsch ZUR 2021, 67; Kümper UPR 2018, 463; Runkel in Bielenberg/Runkel/Spannowsky, ROG, 2018, § 1 Rn. 48.

903 BVerwG Urt. v. 16.3.06 – 4 A 1073/04, juris Rn. 64; VGH München Urt. v. 31.5.2011 – 8 N 10.1663, juris Rn. 49.

904 Runkel in Bielenberg/Runkel/Spannowsky, ROG, 2018, § 1 Rn. 50.

nis zwischen der Raumordnung und der Fachplanung besteht in unterschiedlichen Zusammenhängen, zB gegenüber der Verkehrswegeplanung, zur luftverkehrsrechtlichen Planfeststellung oder aber auf mit Blick auf den Ausbau der Höchstspannungsnetze auf der Grundlage des NABEG.[905]

530 Hinsichtlich des Verhältnisses von **Netzausbauplanung** zur Raumordnung ist zwischen der Bundesfachplanung nach § 5 NABEG und der Planfeststellung nach § 18 NABEG zu unterscheiden. Trifft die Bundesfachplanung auf entgegenstehende Ziele der Raumordnung, gilt nach § 5 II NABEG Folgendes: Die Bundesnetzagentur prüft nach § 5 II 1 NABEG insbesondere die Übereinstimmung mit den Erfordernissen der Raumordnung und die Abstimmung mit anderen raumbedeutsamen Planungen und Maßnahmen iSv § 3 I Nr. 6 ROG. Die Bindungswirkung der Ziele der Raumordnung gilt nach § 5 II 2 NABEG nur, wenn die Bundesnetzagentur bei der Aufstellung, Änderung oder Ergänzung des Raumordnungsplans nach § 9 ROG beteiligt worden ist und sie innerhalb einer Frist von zwei Monaten nach Mitteilung des rechtsverbindlichen Ziels nicht widersprochen hat. Der Widerspruch lässt nach § 5 II 3 NABEG die Bindungswirkung des Ziels der Raumordnung gegenüber der Bundesnetzagentur nicht entstehen, wenn das Ziel der Bundesfachplanung entgegensteht. Nach der Begründung des Regierungsentwurfs ist ein „Entgegenstehen" anzunehmen, wenn die Beachtung des Raumordnungsziels eine Gefährdung oder zumindest deutliche Erschwerung der Bundesfachplanung zur Folge hätte.[906] Wenn die Bundesfachplanung auf konfliktfreie Korridoralternativen ausweichen kann, steht das Raumordnungsziel dem Vorhaben nicht entgegen, sodass ein Widerspruch der Bundesnetzagentur nach § 5 II NABEG unbegründet wäre.[907] Ein begründeter Widerspruch der Bundesnetzagentur bewirkt, dass das entgegenstehende Raumordnungsziele gegenüber der Bundesnetzagentur keine Beachtenspflicht auslöst; es ist aber in der fachplanerischen Abwägung nach § 5 I 2 NABEG zu berücksichtigen. Macht die Bundesfachplanung nachträglich ein Abweichen von Zielen der Raumordnung erforderlich, kann die Bundesnetzagentur gem. § 5 II 4 NABEG mit Zustimmung des Bundesministeriums für Wirtschaft und Klimaschutz innerhalb angemessener Frist, spätestens aber bis zum Abschluss der Bundesfachplanung, unter der Voraussetzung von § 5 II 3 NABEG nachträglich widersprechen. Muss infolge des nachträglichen Widerspruchs der Raumordnungsplan geändert, ergänzt oder aufgehoben werden, hat die Bundesnetzagentur die dadurch entstehenden Kosten zu ersetzen (§ 5 II 5 NABEG). § 6 ROG bleibt gem. § 5 II 6 ROG unberührt. Eine parallele Regelung gilt nach § 18 IV 2-6 NABEG für die Planfeststellung.[908]

531 Trifft eine Planfeststellung nach §§ 18 ff NABEG auf entgegenstehende Ziele der Raumordnung gilt nach § 18 IV 2–6 NABEG Folgendes: Die Bindungswirkung der Ziele der Raumordnung gilt nur, wenn die Bundesnetzagentur bei der Aufstellung, Änderung oder Ergänzung des Raumordnungsplans nach § 9 ROG beteiligt worden ist und sie innerhalb einer Frist von zwei Monaten nach Mitteilung des rechtsverbindlichen Ziels nicht widersprochen hat. Der Widerspruch lässt die Bindungswirkung des Ziels der Raumordnung gegenüber der Bundesnetzagentur nicht entstehen, wenn das Ziel der Planfeststellung entgegensteht. Macht die Planfeststellung nachträglich ein Abweichen von den Zielen der Raumordnung erforderlich, kann die Bundesnetzagentur mit Zustimmung des Bundesministeriums für Wirtschaft und Klimaschutz innerhalb angemessener Frist, spätestens aber bis zum Abschluss der Planfeststellung, unter der Voraussetzung von § 18 IV 3 NABEG nachträglich widersprechen. Muss infolge des nachträglichen Widerspruchs der Raumordnungsplan geändert, ergänzt oder aufgehoben werden, hat die Bundesnetzagentur die dadurch entstehenden Kosten zu ersetzen. § 6 ROG bleibt unberührt.

532 Kompetenzrechtliche Grenzen für die Raumordnung können sich zB auch im Zusammenhang mit dem landesplanerischen Ausschluss von **Fracking-Vorhaben** ergeben.[909] Es ist insoweit zweifelhaft, ob Instrumente der Landesplanung dafür genutzt werden können, eine nach dem Fachrecht des Bundes grundsätzlich zulässige Technologie landesweit komplett auszuschließen und damit letztlich unabhängig von konkreten Raumgegebenheiten die fachgesetzlichen Wertungen des zuständigen Bundesgesetzgebers zu modifizieren, zu ergänzen oder gar zu umgehen.

---

905 Sangenstedt EnWZ 2022, 103; Grigoleit/Engelbert UPR 2017, 45.

906 BT-Drs. 19/7375, 70; Sangenstedt EnWZ 2022, 103 (109).

907 Sangenstedt EnWZ 2022, 103 (109).

908 näher dazu Sangenstedt EnWZ 2022, 103.

909 Kment NWVBL 2017, 1; Schlacke/Schnitker ZUR 2016, 259; Frenz NVwZ 2016, 1042; Schink NWVBL 2016, 177; Schneider ThürVBl. 2023, 49.

Neben der Koordination verschiedener fachplanerischer Ansprüche an den Raum kann die **Landesplanung** im Rahmen ihres Entwicklungsauftrags auch Ziele und Grundsätze der Raumordnung nach eigener Kompetenz und eigener Abwägung aufstellen. Dabei ist sie jedoch auf den Kompetenzbereich der überfachlichen und überörtlichen Planung beschränkt. Sie darf (ohne spezielle gesetzliche Ermächtigung) nicht an die Stelle der Fachplanung treten und deren Aufgaben übernehmen. Den Fachplanungsträgern muss zur Erfüllung der ihnen eingeräumten Planungsbefugnis ein ausreichender Planungsspielraum verbleiben. Es gehört zu den herkömmlichen Mitteln überörtlicher Koordination und Entwicklung, Raumfunktionen zu sichern, die an besondere Lagevorteile oder Standortbedingungen geknüpft sind. Die Träger der Landes- und Regionalplanung sind daher auch zu Standortausweisungen für raumbedeutsame Infrastrukturvorhaben ermächtigt. Auch zielförmige Standortfestlegungen der Landes- oder Regionalplanung bleiben jedoch hinsichtlich des Umfangs ihrer rechtlichen Bindungskraft und ihrer Detailschärfe den Aufgaben und Leitvorstellungen einer nachhaltigen Raumentwicklung verpflichtet. Sie dienen dem Ausgleich sozialer, wirtschaftlicher und ökologischer Ansprüche an die Raumnutzung. Sie enthalten für sich betrachtet und ohne die Anordnung weitergehender Wirkungen in Raumordnungsklauseln einzelner Fachgesetze keine den Inhalt und die Schranken des Eigentums unmittelbar bestimmenden Regelungen der Bodennutzung. Standortfestlegungen in einem Landesentwicklungs- oder Regionalplan müssen sich daher auf die Aussage beschränken, dass der ausgewählte Standort aus raumordnerischer Sicht geeignet und – nach einem raumordnerischen Alternativenvergleich – vorzugswürdig ist, um konkurrierende Raumnutzungen in einen dauerhaften, großräumig ausgewogenen Ausgleich zu bringen. 533

Das Raumplanungsrecht umfasst eine Abfolge von Planungsentscheidungen auf Bundes- und auf Landesebene mit fortschreitender Verdichtung bis hin zu konkreten Festlegungen auf Gemeindeebene. In dieses **mehrstufige System räumlicher Gesamtplanung** ist die gemeindliche Bauleitplanung als nachgeordnete untere Ebene der Planungshierarchie eingebunden. In vertikaler Hinsicht wird dadurch sichergestellt, dass die jeweilige Planungsebene die auf der vorgelagerten Stufe ebenenspezifisch aggregierten Belange in ihre eigene Planung aufzunehmen hat. Hieraus folgt, dass die Bindungswirkung der Ziele der Raumordnung gegenüber der Bauleitplanung nicht im Abwägungsprogramm zu suchen ist. Das Anpassungsgebot des § 1 IV BauGB zeigt, dass die raumordnungsrechtliche Zielbindung der gemeindlichen Abwägung „rechtlich vorgelagert" ist.[910] 534

Private Vorhabenträger sind grundsätzlich nicht unmittelbar zu einer Beachtung der Ziele der Raumordnung verpflichtet. Die auf der Grundlage einer Abwägung nach § 7 II ROG bestimmten Ziele der Raumordnung entfalten gegenüber privaten Grundstückseigentümern grundsätzlich keine unmittelbaren Rechtswirkungen. Vorbehaltlich anderweitiger Regelungen im Raumordnungsgesetz (§ 4 I 1 Nr. 3, III) und spezieller Raumordnungsklauseln (zB § 35 III 2 und 3 BauGB) werden Privatpersonen (auch als Grundeigentümer) durch Ziele der Raumordnung weder unmittelbar berechtigt noch verpflichtet.[911] Es gibt allerdings wesentliche Einschränkungen und Ausnahmen. Individuelle Betroffenheiten sind im Regelfall nicht Gegenstand der zielförmigen raumplanerischen Abwägung, vielmehr bleiben sie der „Feinsteuerung" in einem nachfolgenden Planungs- oder Zulassungsverfahren vorbehalten.[912] 535

Angesichts einer zunehmenden **Privatisierung öffentlicher Aufgaben** hat der Gesetzgeber unter den Voraussetzungen des § 4 I 2 ROG nicht beliehene Personen des Privatrechts, die bei der Durchführung raumbedeutsamer Planungen öffentliche Aufgaben wahrnehmen, den öffentlichen Stellen gleichgesetzt. Sie haben die Ziele der Raumordnung ebenfalls zu beachten. Öffentliche Aufgaben sind sämtliche Tätigkeiten, die im Gemeinwohl bzw. im öffentlichen Interesse liegen und die im Planungsrecht zumeist als „öffentliche Belange" bezeichnet werden. Nach § 4 I 2 ROG sind die Ziele der Raumordnung auch von Personen des Privatrechts in **Wahrnehmung öffentlicher Aufgaben** zu beachten, wenn öffentliche Stellen an diesen Personen des Privatrechts mehrheitlich beteiligt sind oder diese Planungen und Maßnahmen überwiegend mit öffentlichen Mitteln finanziert werden. Eine mehrheitliche Beteiligung liegt bei einer mehr als hälftigen Kapitalbeteiligung, aber auch bei bloßer Stimmenmehrheit vor.[913] § 4 536

910 BVerwG Urt. v. 16.3.2006 – 4 A 1073/04, juris Rn. 68.

911 OVG Bautzen Urt. v. 9.2.2023 – 1 C 27/22, juris Rn. 32; BVerwG Urt. v. 16.1.2003 - 4 CN 8.01, juris Rn. 30.

912 OVG Bautzen Urt. v. 9.2.2023 – 1 C 27/22, juris Rn. 32; BVerwG Beschl. v. 24.3.2016 - 4 BN 41.15, juris Rn. 8.

913 Durner in Kment, ROG, 2019, § 4 Rn. 50.

I 2 ROG setzt nicht voraus, dass die Anteilsmehrheit oder die überwiegende öffentliche Beteiligung in der Hand nur einer öffentlichen Stelle liegt. Vielmehr kann der beherrschende Einfluss auch von verschiedenen öffentlichen Stellen gemeinsam ausgeübt werden. Die **mehrheitliche Beteiligung öffentlicher Stellen** oder die **überwiegende Finanzierung mit öffentlichen Mitteln** ändern nichts daran, dass die Zielbindung Personen des Privatrechts betrifft. Das könnte **Grundrechte** dieser juristischen Personen des Privatrechts beeinträchtigen. Ob sich gemischtwirtschaftliche Gesellschaften des Privatrechts, an denen juristische Personen des öffentlichen Rechts mehrheitlich beteiligt sind, bei Wahrnehmung öffentlicher Aufgaben auf Grundrechte berufen können, ist jedoch zweifelhaft. Das BVerfG hat die Grundrechtsfähigkeit gemischtwirtschaftlicher Gesellschaften verneint.[914] Die dieser Rechtsprechung zugrunde liegende Auffassung, durch eine Mehrheitsbeteiligung juristischer Personen des öffentlichen Rechts werde eine privatrechtliche Gesellschaft zu einem Teil der öffentlichen Verwaltung, deshalb unterliege eine solche Gesellschaft der vollen Grundrechtsbindung der öffentlichen Gewalt und sei quasi spiegelbildlich nicht grundrechtsfähig, muss man insbesondere vor dem Hintergrund der grundrechtlichen Belange der privaten Minderheitsbeteiligten nicht teilen. Jedenfalls kommt den Zielen der Raumordnung bei derartigen privatrechtlichen Gesellschaften eine unmittelbare Außenwirkung zu, was kompetenzrechtliche Fragen aufwirft.[915]

537 Bei sonstigen **Entscheidungen öffentlicher Stellen über die Zulässigkeit raumbedeutsamer Planungen und Maßnahmen** von Personen des Privatrechts sind gem. § 4 II ROG die Erfordernisse der Raumordnung nach Maßgabe der für diese Entscheidung geltenden Vorschriften zu berücksichtigen. Da zu den Erfordernissen der Raumordnung auch Ziele der Raumordnung zählen, gilt für die Ziele der Raumordnung bei behördlichen Zulassungsentscheidungen über private Vorhaben keine Beachtens-, sondern lediglich eine Berücksichtigungspflicht, soweit nicht das jeweilige Fachgesetz weitergehend über eine Raumordnungsklausel eine zwingende Beachtung verlangt.[916] Das Fachrecht muss eine Abwägungs- oder Ermessensentscheidung zulassen, damit die Erfordernisse der Raumordnung berücksichtigt können. Eine Berücksichtigungspflicht besteht nicht bei gebundenen Entscheidungen, auf deren Erteilung der Private bei Erfüllung der Zulassungsvoraussetzungen einen Rechtsanspruch hat verlangt.[917]

538 Dass Ziele der Raumordnung in den von § 4 II ROG erfassten Fällen grundsätzlich nur eine Berücksichtigungspflicht auslösen, steht nicht im Widerspruch zu § 4 I ROG. Denn die Beachtenspflicht der § 4 I ROG erfasst Bindungswirkungen der Ziele der Raumordnung für raumbedeutsame Planungen und Maßnahmen, während § 4 II ROG Fälle regelt, in denen es um die Zulassung von Vorhaben Privater im Einzelfall geht. Für Fälle der Plangenehmigung oder Planfeststellung über die Zulässigkeit privater Vorhaben bleibt es jedoch bei der Beachtenspflicht des § 4 I 1 Nr. 3 ROG. Das bedeutet, dass auch bei Planfeststellungen und Plangenehmigungen über die Zulässigkeit von raumbedeutsamen Maßnahmen von Personen des Privatrechts die Ziele der Raumordnung strikt zu beachten sind. Das gilt unabhängig davon, ob die planfestgestellte oder plangenehmigte Maßnahme der Wahrnehmung öffentlicher Aufgaben dient oder rein privatnützig ist, wie etwa eine Nassauskiesung nach § 68 WHG. § 4 I 2 Nr. 3 ROG ist insoweit lex speciales, wenn die raumbedeutsame Maßnahme planfeststellungspflichtig ist.

539 **Weitergehende Bindungswirkungen** von Erfordernissen der Raumordnung nach Maßgabe der für diese Entscheidungen geltenden Vorschriften bleiben nach § 4 I 3 ROG unberührt. Die Vorschrift eröffnet dem Fachrecht die Möglichkeit, die Bindungswirkungen der Erfordernisse der Raumordnung zu erweitern. Da § 4 I 3 ROG eine Berücksichtigung der Erfordernisse nach Maßgabe des jeweiligen Fachrechts verlangt, bedarf es jeweils einer fachgesetzlichen Raumordnungsklausel, die eine Beachtung bzw. Berücksichtigung von Erfordernissen der Raumordnung ausdrücklich vorschreibt. Im Einzelfall kann unklar sein, ob es sich bei einer gesetzlichen Regelung um eine Raumordnungsklausel in diesem Sinne handelt oder ob ausnahmsweise auch eine Beachtens- oder Berücksichtigungspflicht von Zielen der Raumordnung besteht, auch wenn die Vorschrift keine Raumordnungsklausel im eigentlichen Sinne

---

914 BVerfG NVwZ 2009, 1282; NJW 1990, 1783.

915 Kment DVBl. 2003, 1018 (1019); Hendler DVBl. 2001, 1233 (1235, 1240); Arnauld DÖV 1998, 437; Durner in Kment, ROG, 2019, § 4 Rn. 52).

916 Goppel in Spannowsky/Runkel/Goppel, ROG, 2018, § 4 Rn. 72.

917 Goppel in Spannowsky/Runkel/Goppel, ROG, 2018, § 4 Rn. 72; Durner in Kment, ROG, 2019, § 4 Rn. 74.

ist.[918] Der Regelungszweck des § 4 I 3 ROG ist nicht ganz eindeutig. Der Bundesgesetzgeber wäre jedenfalls nicht durch § 4 I 3 ROG gehindert, abweichend von dieser Bestimmung auch andere, gerade nicht weitergehende Bindungswirkungen für bestimmte Vorhaben vorzusehen.[919] Möglicherweise beschränkt sich der Regelungsgehalt von § 4 I 3 ROG darauf, dass § 4 I ROG keine Spezialität gegenüber fachgesetzlichen Bestimmungen beansprucht, die im Hinblick auf Erfordernisse der Raumordnung weitergehende oder anderslautende Bindungswirkungen anordnen.

Speziell für die **immissionsschutzrechtliche Genehmigung von öffentlich zugänglichen Abfallbeseitigungsanlagen** sieht § 4 III ROG ausdrücklich vor, dass bei Genehmigungen über die Errichtung und den Betrieb von öffentlich zugänglichen Abfallbeseitigungsanlagen von Personen des Privatrechts nach den Vorschriften des BImSchG die Ziele der Raumordnung zu beachten sowie die Grundsätze der Raumordnung und die sonstigen Erfordernisse der Raumordnung zu berücksichtigen sind. Es handelt sich um eine spezielle Raumordnungsklausel für immissionsschutzrechtlich genehmigungsbedürftige Abfallbeseitigungsanlagen, insbesondere für Abfallverbrennungsanlagen, die nicht zur energetischen Verwertung, sondern zur Verbrennung von Abfällen zur Beseitigung dienen, mit der bezweckt werden sollte, dass auch bei solchen Vorhaben Privater die Erfordernisse der Raumordnung uneingeschränkt Geltung beanspruchen, obwohl und seitdem diese Anlagen privater Vorhabenträger nicht mehr planfeststellungsbedürftig, sondern immissionsschutzrechtlich genehmigungsbedürftig sind.[920] Auf Deponien ist die Regelung nicht anwendbar, weil diese nach § 35 II 1 KrWG weiterhin planfeststellungsbedürftig bzw. nach § 35 III KrWG plangenehmigungsbedürftig sind. § 4 III ROG steht im regelungssystematischen Zusammenhang zur Privilegierung der immissionsschutzrechtlich genehmigungsbedürftiger, öffentlich zugänglicher Abfallbeseitigungsanlagen nach § 38 BauGB.[921] 540

Gesetzliche Zulassungstatbestände, wonach eine Zulassung nur erteilt werden darf, wenn das Vorhaben mit den öffentlich-rechtlichen Vorschriften übereinstimmt, sind keine Raumordnungsklausel in diesem Sinne. Sie ordnen eine Beachtung bzw. Berücksichtigung von Erfordernissen der Raumordnung nicht ausdrücklich an, so dass es bei dem Regelfall bleibt, dass die Erfordernisse der Raumordnung von privaten Vorhabenträgern nicht zu berücksichtigen bzw. zu beachten sind. Das betrifft etwa Baugenehmigungen und immissionsschutzrechtliche Genehmigungen. Zutreffend wird davon ausgegangen, dass § 6 I Nr. 2 BImSchG, wonach die Genehmigung nur zu erteilen ist, wenn andere öffentlich-rechtliche Vorschriften nicht entgegenstehen, keine Raumordnungsklausel im vorgenannten Sinne ist.[922] Für diese Sichtweise spricht auch § 4 III ROG, wonach bei Genehmigungen über die Errichtung und den Betrieb von öffentlich zugänglichen Abfallbeseitigungsanlagen von Personen des Privatrechts nach den Vorschriften des BImSchG die Ziele der Raumordnung zu beachten sowie die Grundsätze und sonstigen Erfordernisse zu berücksichtigen sind. Diese Regelung wäre unverständlich, wenn private Vorhabenträger unabhängig davon zur Beachtung bzw. Berücksichtigung der Erfordernisse verpflichtet wären.[923] Für immissionsschutzrechtlich genehmigungsbedürftige Anlagen im Geltungsbereich eines qualifizierten oder vorhabenbezogenen Bebauungsplans spielen die Erfordernisse der Raumordnung grundsätzlich keine selbständige Rolle, weil die Erfordernisse der Raumordnung bereits bei der Aufstellung des Bebauungsplans zu beachten bzw. zu berücksichtigen sind. Etwas anderes gilt jedoch bei der Notwendigkeit einer im Ermessen stehenden Befreiung nach § 31 II BauGB. Soweit bei einer Befreiung die Vereinbarkeit mit öffentlichen Belangen festgestellt und das Ermessen ausgeübt werden muss, können Erfordernisse der Raumordnung entscheidungsrelevant werden. Für immissionsschutzrechtlich genehmigungsbedürftige Anlagen im unbeplanten Innenbereich haben Erfordernisse der Raumordnung ebenfalls regelmäßig keine Bedeutung. Im Außenbereich sind die Erfordernisse nach Maßgabe der Raumordnungsklauseln des § 35 III 2, 3 BauGB beachtlich.[924] 541

---

918 siehe zu § 48 BBergG in diesem Zusammenhang OVG Bautzen Urt. v. 9.2.2023 – 1 C 27/22, juris Rn. 23; BVerfG Urt. v. 17.12.2013 – 1 BvR 3139/08 ua, juris Rn. 302; BVerwG Urt. v. 29.6.2006 – 7 C 11/05, juris Rn. 21.

919 näher dazu Durner in Kment, ROG, 2019, § 4 Rn. 98 f.

920 Durner in Kment, ROG, 2019, § 4 Rn. 139.

921 Näher dazu Dippel AbfallR 2020, 57.

922 Schoen Landesplanerische Untersagung, S. 18 ff.; Hopp Raumordnungsverfahren, S. 148.

923 Schoen Landesplanerische Untersagung, S. 18 ff.; Hopp Raumordnungsverfahren, S. 148.

924 Sellner/Reidt/Ohms, Immissionsschutzrecht und Industrieanlagen, 2006, Rn. 411 ff.; Reidt ZfBR 2004, 430.

542 **b) Berücksichtigung der Grundsätze der Raumordnung.** Für die Grundsätze und sonstigen Erfordernisse der Raumordnung gilt dieselbe Systematik wie für die Ziele der Raumordnung mit dem Unterschied, dass Grundsätze und sonstige Erfordernisse zu berücksichtigen, nicht jedoch zwingend zu beachten sind. Die Berücksichtigungspflicht stellt ebenfalls eine Bindungswirkung dar, die allerdings gegenüber der Beachtenspflicht für Ziele der Raumordnung wesentlich schwächer ist.[925] Eine Berücksichtigung von Grundsätzen der Raumordnung ist nur möglich, wenn die Planungs- oder Zulassungsentscheidung Raum für eine planerische Abwägung bzw. für eine Ermessensentscheidung lässt. Handelt es sich um eine gebundene Entscheidung, auf die bei Vorliegen der gesetzlichen Voraussetzungen ein Anspruch besteht, dann können Grundsätze der Raumordnung nicht berücksichtigt werden.[926] Das ROG enthielt in der Vergangenheit keine Regelung darüber, ob auch Grundsätze der Raumordnung gegenüber Personen des Privatrechts Bindungswirkung entfalten können.[927] Diese Vorschrift ist jedoch 1998 aus dem Gesetz gestrichen worden. Gleichwohl war weiterhin davon auszugehen, dass eine Bindungswirkung gegenüber privaten Vorhabenträgern nicht besteht. § 4 I ROG geht dagegen auch von einer Bindungswirkung der Grundsätze der Raumordnung gegenüber Privaten aus.

543 **c) Weitergehende fachgesetzliche Bindungswirkung.** Nach § 4 I 3 ROG bleiben weitergehende Bindungswirkungen der Erfordernisse der Raumordnung aufgrund von Fachgesetzen unberührt. Für die Bauleitplanung wird die Beachtlichkeit von Zielen der Raumordnung des § 4 I 3 ROG durch § 1 IV BauGB konkretisiert. Bauleitpläne sind danach den Zielen der Raumordnung anzupassen. Grundsätze und sonstige Erfordernisse der Raumordnung sind bei der städtebaulichen Abwägung nach § 1 VI, VII BauGB zu berücksichtigen. Auch bei der Entscheidung über die Erteilung einer Baugenehmigung sind die Erfordernisse der Raumordnung von Bedeutung. Im Geltungsbereich eines qualifizierten Bebauungsplans nach § 30 I BauGB oder eines vorhabenbezogenen Bebauungsplans nach § 30 II BauGB richtet sich die Zulässigkeit des Vorhabens nach den Festsetzungen des Bebauungsplans. Insoweit finden Erfordernisse der Raumordnung keine zusätzliche Berücksichtigung. Innerhalb der im Zusammenhang bebauten Ortsteile nach § 34 I und II BauGB entfalten die Erfordernisse der Raumordnung über § 34 III BauGB und über § 34 II–III BauGB iV m. § 11 III BauNVO eine begrenzte Bindungswirkung.

544 § 1 IV BauGB verpflichtet die Gemeinden, ihre Bauleitpläne, das heißt, den Flächennutzungsplan und die Bebauungspläne, den Zielen der Raumordnung anzupassen. Eine **gemeindliche Planungspflicht nach § 1 IV BauGB** setzt ein, wenn die Verwirklichung der Raumordnungsziele bei Fortschreiten der „planlosen" städtebaulichen Entwicklung auf unüberwindbare (tatsächliche oder rechtliche) Hindernisse stoßen oder wesentlich erschwert würde.[928] Sie besteht nicht, wenn ein womöglich den Zielen der Raumordnung widersprechendes Vorhaben schon ohne eine gemeindliche Planung planungsrechtlich unzulässig ist.[929] Die Anpassungspflicht der Gemeinde wird auch nicht durch das **Entwicklungsgebot des § 8 II 1 BauGB** beschränkt. Danach sind Bebauungspläne zwar aus dem Flächennutzungsplan zu entwickeln. Ein Bebauungsplan, der einem Ziel der Regionalplanung widerspricht, verletzt das Anpassungsgebot des § 1 IV BauGB auch dann, wenn er aus den Darstellungen eines Flächennutzungsplans entwickelt worden ist.[930] Ein Flächennutzungsplan, der einem später geänderten Regionalplan widerspricht, verleiht einem Bebauungsplan, der aus den Darstellungen des Flächennutzungsplans entwickelt worden ist, jedoch gegenüber dem geänderten Regionalplan keine Art von „Bestandsschutz". Vielmehr geht das Anpassungsgebot des § 1 IV BauGB insoweit dem Entwicklungsgebot des § 8 II 1 BauGB vor.[931]

545 Die Gemeinden dürfen mit ihrer Bauleitplanung die Ziele der Raumordnung je nach deren Aussageschärfe konkretisieren und ausgestalten, sich aber nicht im Wege der Abwägung über sie hinwegsetzen. Zielanpassung nach § 1 IV BauGB ist insoweit nicht schlichter Normvollzug, sondern **planerische Konkretisierung rahmensetzender Zielvorgaben.**[932] Die Frage, ob ein Bebauungsplan dem Anpassungsgebot des § 1 IV BauGB genügt, ist von der Gemeinde in

[925] Goppel in Spannowsky/Runkel/Goppel, ROG, 2018, § 4 Rn. 52.
[926] Runkel in Bielenberg/Runkel/Spannowsky, ROG, 2020, § 4 Nr. 232.
[927] dazu Kment NVwZ 2004, 155.
[928] BVerwG Beschl. v. 26.8.2019 – 4 BN 1/19, juris Rn. 15; BVerwGE 119, 25 (38); zur rechtlichen Verknüpfung von Raumordnung und Bauleitplanung durch § 1 IV BauGB Kümper ZUR 2023, 205 (207).
[929] BVerwG Beschl. v. 26.8.2019 – 4 BN 1/19, juris Rn. 15.
[930] BVerwGE 117, 351.
[931] Dirnberger in Spannowsky/Uechtritz, BauGB, Stand: 8/2021, Rn. 65.1.
[932] BVerwG NVwZ 2003, 742; Dirnberger in Spannowsky/Uechtritz, BauGB, 2021, § 1 Rn. 65.

eigener Verantwortung und von den Gerichten als Rechtmäßigkeitsvoraussetzung im Normenkontrollverfahren in vollem Umfang und unabhängig von etwaigen behördlichen Stellungnahmen zu prüfen.[933]

Die Anpassungspflicht nach § 1 IV BauGB ist mit dem **Selbstverwaltungsrecht** der Gemeinden nach Art. 28 II GG, das nur „im Rahmen der Gesetze" gilt, vereinbar, weil der den Gemeinden danach zustehende Aufgabenbereich gesetzlich reguliert und eingeschränkt werden darf, wenn und soweit der Wesensgehalt der gemeindlichen Selbstverwaltung dabei unangetastet bleibt und nicht innerlich ausgehöhlt wird. Insoweit kann der gemeindlichen Bauleitplanung auch ein bestimmter Rahmen gesetzt werden, der sich aus der überörtlichen Raumordnungsplanung ergibt.[934] Ziele der Raumordnung können eine Anpassungspflicht der Gemeinde nach § 1 IV BauGB allerdings nur auslösen, wenn sie hinreichend bestimmt oder zumindest bestimmbar und rechtmäßig sind. Insoweit können sie im Rahmen einer prinzipalen **Normenkontrolle** von Bebauungsplänen Gegenstand einer **Inzidentüberprüfung** sein,[935] wobei geprüft wird, ob der Bebauungsplan das Anpassungsgebot erfüllt. Fehlt eine hinreichend bestimmte oder bestimmbare bzw. eine rechtmäßige Zielvorgabe, kann die Anpassungspflicht der Gemeinde nach § 1 IV BauGB von vornherein nicht gelten. In einem solchen Fall stellt sich die Frage nach der Zielkonformität des Bebauungsplans nicht.[936] Die Anpassungspflicht des § 1 IV BauGB reicht weiter als die Beachtenspflicht des § 4 I ROG, weil eine Anpassungspflicht nicht nur eine Beachtung von Zielen der Raumordnung bei der Aufstellung oder Änderung eines Bebauungsplanes fordert, sondern die Gemeinde verpflichtet, ihre vorhandenen Bebauungspläne zu ändern, wenn sie mit den Zielen der Raumordnung nicht mehr übereinstimmen,[937] wenn zB das Ziel der Raumordnung erst später wirksam wird als der Bebauungsplan.[938] § 1 IV BauGB konkretisiert die Beachtenspflicht des § 4 I 1 ROG als spezialgesetzliche Regelung für die Bauleitplanung.[939] 546

Die Anpassungspflicht muss zum **Zeitpunkt** des Inkrafttretens des Bebauungsplans mit seiner Bekanntmachung gem. § 10 III 4 BauGB beachtet sein.[940] Nach der Rechtsprechung ist in dem Fall, dass ein OVG/VGH im Wege einer verwaltungsgerichtlichen Normenkontrolle gem. § 47 I Nr. 1 VwGO über die Gültigkeit eines Bebauungsplans zu entscheiden hat, maßgebend für die Vereinbarkeit des Bebauungsplans mit § 1 IV BauGB der Zeitpunkt der gerichtlichen Entscheidung.[941] Ein zum Zeitpunkt seiner Bekanntmachung wegen eines Verstoßes gegen § 1 IV BauGB unwirksamer Bebauungsplan kann nicht nachträglich wirksam werden.[942] 547

Ein Bauleitplan, der der Anpassungspflicht des § 1 IV BauGB nicht entspricht, ist nichtig.[943] Das bedeutet jedoch nicht, dass ein noch nicht angepasster Bauleitplan automatisch unwirksam wird.[944] Der Bauleitplan tritt nicht mit Inkrafttreten entgegenstehender Ziele der Raumordnung außer Kraft; er bleibt vielmehr wirksam und wird anpassungsbedürftig.[945] Wenn nach Beschlussfassung und vor der Bekanntmachung eines Bebauungsplans ein Ziel der Raumordnung rechtswirksam wird, das eine Anpassungspflicht begründet, darf der Bebauungsplan nicht bekannt gemacht werden.[946] Ein Bebauungsplan, der einem Ziel der Raumordnung widerspricht, verletzt das Anpassungsgebot auch dann, wenn er aus den Darstellungen eines Flächennutzungsplans entwickelt worden ist.[947] Für einen Bebauungsplan, der an ein Ziel der Raum- 548

---

933 BVerwG Beschl. v. 15.10.2020 – 4 BN 8.20, BeckRS 2020, 29950, Rn. 5.

934 Battis in BKL, BauGB, 2022, § 1 Rn. 34.

935 OVG Lüneburg Urt. v. 7.7.2022 – 1 KN 165/19, juris Rn. 28; OVG Münster Urt. v. 29.9.2021 – 7 D 47/19.NE, juris Rn. 63; Spannowsky ZfBR 2015, 445.

936 OVG Lüneburg Urt. v. 7.7.2022 – 1 KN 165/19, juris Rn. 28; BVerwG Beschl. v. 25.6.2007 - 4 BN 17.07, juris Rn. 9.

937 OVG Greifswald BauR 2009, 1399 (1404); BVerwG BRS 71 Nr. 29; Waechter DÖV 2010, 493.

938 BVerwG BRS 70 Nr. 3.

939 Spannowsky ZfBR 2015, 445 (446).

940 VGH Mannheim Urt. v. 20.10.2022 – 3 S 3017/20, juris Rn 83.

941 BVerwG Bwschl. v. 8.3.2006 - 4 BN 56.05, juris Rn. 7.

942 VGH Mannheim Urt. v. 20.10.2022 – 3 S 3017/20, juris Rn. 83; OVG Münster Urt. v. 17.2.2016 - 10 D 42/09.NE, juris Rn. 38.

943 Battis in BKL, BauGB, 2022, § 1 Rn. 42.

944 OVG Lüneburg NJW 1984, 1778.

945 VGH Kassel BauR 2010, 878.

946 BVerwG ZfBR 2007, 576.

947 BVerwG NVwZ 2003, 742.

ordnung angepasst werden soll, gilt umgekehrt nicht das Gebot nach § 8 II 1 BauGB, wonach Bebauungspläne aus dem Flächennutzungsplan zu entwickeln sind.[948]

549 Darüber hinaus besteht die Pflicht, zur Beachtung von Zielen der Raumordnung Bebauungspläne erstmalig auch für bislang unbeplante Bereiche aufzustellen.[949] Eine **Erstplanungspflicht** nach § 1 IV BauGB kann bestehen, wenn die Verwirklichung von Zielen der Raumordnung bei Andauern einer planlosen städtebaulichen Entwicklung auf unüberwindbare tatsächliche oder rechtliche Hindernisse stoßen oder wesentlich erschwert würde. Eine Erstplanungspflicht kann sich daneben für die Gemeinde auch aus § 1 III BauGB ergeben.

550 Aus der Anpassungs- und Erstplanungspflicht nach § 1 IV BauGB folgt keine Bindungswirkung der Raumordnungsziele gegenüber privaten Grundstückseigentümern, weil Ziele der Raumordnung grds. erst dann eine Sperrwirkung erzeugen können, wenn sie durch einen Bebauungsplan umgesetzt worden sind,[950] der dann von den betroffenen Grundstückseigentümern mit einem Normenkontrollantrag angefochten und in dessen Rahmen die Gültigkeit der Zielfestlegung überprüft werden kann, soweit es entscheidungserheblich darauf ankommt.[951]

551 Ein Verstoß gegen § 1 IV BauGB führt zu einem Mangel des Bauleitplans, der auch nach rügefreiem Ablauf der Jahresfrist des § 215 I 1 BauGB beachtlich bleibt.[952] Verstöße gegen die Anpassungspflicht des § 1 IV BauGB gehören zu den Mängeln, die in einem ergänzenden Verfahren nach § 214 IV BauGB ausgeräumt werden können.[953] Möglich ist zB die Zulassung einer Zielabweichung. Der Umstand, dass das **Zielabweichungsverfahren** von einem anderen Verwaltungsträger in eigener Zuständigkeit durchzuführen ist, schließt ein ergänzendes Verfahren nach § 214 IV BauGB nicht aus. Die Vorschrift setzt nicht voraus, dass die Gemeinde selbst in der Lage ist, den Fehler zu beheben, an dem ihre Planungsentscheidung leidet. Zielfestlegungen wirken gegenüber Festsetzungen eines Bebauungsplanes, die ihnen widersprechen, nicht als absolute Sperre. Die Möglichkeit einer Zielabweichung reicht aus, um den Weg für ein ergänzendes Verfahren zu ebnen. § 214 IV BauGB macht die Durchführung eines solchen Verfahrens nicht von einer positiven Prognose abhängig. Entscheidend ist, dass die Fehlerbehebung nicht von vornherein ausgeschlossen erscheint. Nur wenn feststeht, dass eine Beseitigung des Mangels nicht in Betracht kommt, steht der Planung auf unabsehbare Zeit ein unüberwindliches Hindernis entgegen, das nach der Rechtsprechung des BVerwG zur Nichtigkeit führt.[954]

552 Bindungswirkungen können Ziele der Raumordnung auch im **unbeplanten Innenbereich** haben. Von Vorhaben nach § 34 I und II BauGB dürfen nach § 34 III BauGB keine **schädlichen Auswirkungen auf zentrale Versorgungsbereiche** in der Gemeinde oder in anderen Gemeinden zu erwarten sein. Zentrale Versorgungsbereiche ergeben sich allein aus den tatsächlichen Verhältnissen, nicht jedoch aus regionalplanerischen Zielvorgaben,[955] da diese über § 1 IV BauGB eine Beachtung durch die Bauleitplanung, nicht aber durch Einzelvorhaben im Innenbereich verlangen. Maßgeblich für eine Einordnung eines Gebiets als zentraler Versorgungsbereich sind daher allein die tatsächlichen Verhältnisse.[956] Mit der Regelung sollen städtebaulich nachhaltige Auswirkungen auf zentrale Versorgungsbereiche insbesondere – aber nicht nur – durch den großflächigen Einzelhandel verhindert werden. Diese Fernwirkungen konnten auf der Grundlage früheren Rechts nicht immer vermieden werden, wenn sich das Vorhaben zB nach § 34 I BauGB in die nähere Umgebung einfügte, weil die Eigenart der näheren Umgebung durch bereits vorhandene gleichartige Anlagen geprägt wurde. Die geltende Regelung soll das zentralörtliche Gliederungsprinzip mit seinem abgestuften System von zentralen Orten mit ihren Versorgungsbereichen und Funktionszuweisungen bei der Zulassung von Vorhaben im unbeplanten Innenbereich und über die Neuregelung des § 2 II 2 BauGB

---

948 VGH Mannheim NVwZ-RR 2006, 522.

949 BVerwG Beschl. v. 26.8.2019 – 4 BN 1/19, juris Rn. 15; BVerwG DVBl. 2004, 239; OVG Münster Urt. v. 11.6.2021 – 11 D 106/19.NE, juris Rn. 38; VGH Kassel BauR 2010, 878.

950 OVG Münster Urt. v. 11.6.2021 – 11 D 106/19.NE, juris Rn. 40 ff.; BVerwG Urt. v. 11.2.1993 - 4 C 15.92, juris, Rn. 24.

951 OVG Münster Urt. v. 11.6.2021 – 11 D 106/19.NE, juris Rn. 42; BVerwG Urt. v. 13.11.2006 - 4 BN 18.06, juris, Rn. 12.

952 Schrödter/Wahlhäuser BauGB, 2019, § 1 Rn. 60.

953 BVerwG UPR 2004, 115 (117) zu der weggefallenen Regelung des § 215 a BauGB.

954 BVerwG UPR 2004, 115 (118) zu § 215 a BauGB.

955 BVerwG Beschl. v. 12.7.2012 – 4 B 13/12, juris Rn. 4.

956 BVerwG NVwZ 2012, 1565; Mitschang/Reidt in BKL, BauGB, 2022, § 34 Rn. 69.

bei der interkommunalen Abstimmung und als kommunales Abwehrrecht zur Wirksamkeit bringen. Zielvorgaben in einem Landesentwicklungsprogramm, die sich an die Träger der Bauleitplanung richten und sich auf einen landesplanerischen, mehrere Gemeinden umfassenden Nahbereich beziehen, können nach Ansicht des BVerwG nicht als Maßstab für die Beurteilung herangezogen werden, ob im Sinne von § 34 III BauGB von einem Vorhaben schädliche Auswirkungen auf zentrale Versorgungsbereiche der Gemeinde zu erwarten sind.[957] Ein Vorhaben lässt schädliche Auswirkungen auf zentrale Versorgungsbereiche erwarten, wenn es deren Funktionsfähigkeit so nachhaltig stört, dass sie ihren Versorgungsauftrag generell oder hinsichtlich einzelner Branchen nicht mehr substantiell wahrnehmen können.[958] Entscheidend soll sein, ob sich die durch das beabsichtigte Vorhaben zu erwartende Kaufkraftabschöpfung in den zentralen Versorgungsbereichen noch in einem vertretbaren Rahmen bewegt.[959] Schädliche Auswirkungen sind nicht nur dann anzunehmen, wenn zentrale Versorgungsbereiche ihren Versorgungsauftrag generell oder hinsichtlich einzelner Branchen nicht mehr in substanzieller Weise wahrnehmen können oder wenn geschädigte Versorgungsbereiche durch die Zulassung weiterer, bei isolierter Betrachtung jeweils unbedenklicher Vorhaben einen vollständigen Funktionsverlust erleiden können. Vielmehr wird ein schon geschädigter zentraler Versorgungsbereich von § 34 III BauGB auch dann geschützt, wenn kein vollständiger Funktionsverlust droht, aber durch die Zulassung von Vorhaben seine Erholung erschwert oder unmöglich gemacht würde.[960]

Des Weiteren können die Ziele der Raumordnung über § 34 II BauGB iVm § 11 III BauNVO beachtlich sein. Nach § 11 III 1 Nr. 2 BauNVO sind **großflächige Einzelhandelsbetriebe**, die sich nach Art, Lage oder Umfang auf die Verwirklichung der Ziele der Raumordnung nicht nur unwesentlich auswirken können, außer in Kerngebieten nur in für sie festgesetzten Sondergebieten zulässig. Schon die Eignung zur Herbeiführung derartiger Auswirkungen auf Ziele der Raumordnung rechtfertigt die Annahme eines Planungserfordernisses, das über die Anpassungspflicht des § 1 IV BauGB die Verwirklichung der Ziele der Raumordnung sichergestellt werden kann.[961] Erfasst werden von § 11 III 1 Nr. 2 BauNVO Auswirkungen auf die Verwirklichung der Ziele der Raumordnung und damit auf zu berücksichtigende Grundsätze und sonstige Erfordernisse der Raumordnung.[962] 553

Im **Außenbereich** entfalten die Erfordernisse der Raumordnung bei privaten raumbedeutsamen Vorhaben stets eine Bindungswirkung und zwar grundsätzlich als öffentlicher Belang, der im Einzelfall im Rahmen einer nachvollziehenden Abwägung einem privilegierten raumbedeutsamen Vorhaben entgegenstehen oder durch ein sonstiges raumbedeutsames Vorhaben beeinträchtigt werden kann. Dies gilt sogar für in Aufstellung befindliche Ziele der Raumordnung. Diese können als nicht benannter öffentlicher Belang iSd § 35 III 1 BauGB auch im Rahmen des § 35 I BauGB von Entscheidungsrelevanz sein, wenn eine raumbedeutsame Maßnahme iSd § 3 I Nr. 6 ROG Gegenstand des Genehmigungsverfahrens ist.[963] § 35 III 2 und 3 BauGB setzen demgegenüber verbindlich gewordene Zielfestlegungen voraus. Diese Bestimmungen sind im Regelungskonzept des § 35 BauGB nicht als abschließende Raumordnungsklauseln zu verstehen. Aus § 4 IV 1 ROG ergibt sich vielmehr, dass im Fachrecht nicht bloß verbindliche Zielfestlegungen, sondern auch in Aufstellung befindliche Ziele der Raumordnung relevant sein können. Der unterschiedlichen rechtlichen Qualität trägt der Gesetzgeber dadurch Rechnung, dass in Aufstellung befindliche Ziele der Raumordnung im Anwendungsbereich des § 35 III 1 BauGB lediglich zu berücksichtigen sind.[964] Gem. § 35 III 2, 1. HS BauGB dürfen raumbedeutsame Vorhaben nach § 35 I und II BauGB den Zielen der Raumordnung nicht widersprechen (Negativwirkung). Öffentliche Belange stehen gem. § 35 III 2, 2. HS BauGB raumbedeutsamen Vorhaben nach § 35 I BauGB nicht entgegen, soweit die Belange bei der Darstellung dieser Vorhaben als Ziele der Raumordnung abgewogen worden sind (Positivwirkung). Öffentliche Belange stehen einem Vorhaben nach § 35 I Nr. 2–6 BauGB in der Regel gem. § 35 III 3 BauGB auch dann entgegen, soweit hierfür durch Darstellungen im 554

957 BVerwG BauR 2010, 732.
958 BVerwGE 129, 307; BVerwG ZfBR 2012, 254.
959 im Einzelnen dazu Mitschang/Reidt in BKL, BauGB, 2022, § 34 Rn. 70.
960 OVG Münster BauR 2017, 2132 (2133).
961 Bischopink in Bönker/Bischopink, BauNVO, 2024, § 11 Rn. 120.
962 Bischopink in Bönker/Bischopink, BauNVO, 2024, § 11 Rn. 121.
963 BVerwG Urt. v. 27.1.2005 – 4 C 5/04, juris Rn. 18.
964 BVerwG Urt. v. 27.1.2005 – 4 C 5/04, juris Rn. 21.

Flächennutzungsplan oder als Ziele der Raumordnung eine Ausweisung an anderer Stelle erfolgt ist (**außergebietliche Ausschlusswirkung**). Für den Geltungsbereich von Bebauungsplänen und für den Innenbereich nach § 34 BauGB gibt es keine vergleichbare Bestimmung. Dementsprechend sind in diesen Bereichen private Bauvorhaben gem. § 4 II ROG mit Ausnahme von öffentlich zugänglichen Abfallbeseitigungsanlagen (siehe dazu § 4 III 3 ROG) selbst dann nicht an Zielen der Raumordnung zu messen, wenn sie raumbedeutsam sind.[965]

555 Ziele der Raumordnung spielen für die Zulässigkeit von Vorhaben im Außenbereich und insbesondere für die Frage, ob sie öffentliche Belange beeinträchtigen, eine differenzierende Rolle. Sie können nicht ohne weiteres mit den in § 35 III 1 BauGB genannten öffentlichen Belangen auf eine rechtliche Stufe gestellt werden.[966] § 35 II und III BauGB verleihen den Zielen der Raumordnung rechtliche Wirkung auch gegenüber Privaten. Voraussetzung für die Zielbindungswirkung gegenüber Außenbereichsvorhaben ist, dass es sich um ein Vorhaben iSv § 29 BauGB handelt und die Anwendung der §§ 29–37 BauGB nicht durch § 38 BauGB ausgeschlossen ist.[967]

556 Weitere Voraussetzung für die Zielbindungswirkung gegenüber Außenbereichsvorhaben ist, dass das Vorhaben raumbedeutsam ist. Für § 35 III 2 BauGB ergibt sich dies unmittelbar aus dem Wortlaut. Hinsichtlich der Zielbindungswirkung muss dies aber auch für § 35 III 3 BauGB gelten, obwohl der Wortlaut der Regelung das Erfordernis einer Raumbedeutsamkeit nicht erwähnt, weil Ziele der Raumordnung keine Aussagen zu Vorhaben treffen, die nicht raumbedeutsam sind. Was raumbedeutsam ist, ergibt sich aus § 3 I Nr. 6 ROG. Sind die Voraussetzungen der **Raumbedeutsamkeit** im Sinne dieser Bestimmung nicht erfüllt, kommt es für die bauplanungsrechtliche Zulässigkeit eines Vorhabens auf Ziele der Raumordnung von vornherein nicht an.[968]

557 § 35 III 2, 1. HS BauGB bestimmt, dass raumbedeutsame Vorhaben den Zielen der Raumordnung nicht widersprechen dürfen. Ein Vorhaben widerspricht einem Ziel der Raumordnung, wenn es mit einer konkreten, standortbezogenen Aussage eines Ziels der Raumordnung unvereinbar ist, wenn der Standort also anderweitig verplant ist. Wird in einem Regionalplan der Standort zB für ein Kraftwerk als Ziel der Raumordnung festgelegt, so scheitert ein anderes Außenbereichsvorhaben als ein Kraftwerk bereits daran, dass es dem für den Standort ausgewiesenen Ziel der Raumordnung widerspricht. Ein **Widerspruch zu einem Ziel der Raumordnung** liegt vor, wenn es bei Realisierung eines raumbedeutsamen Außenbereichsvorhabens nicht mehr oder jedenfalls nicht mehr in dem raumordnerisch angestrebten Umfang erreicht werden kann.[969] Geringfügige oder zeitlich eng begrenzte Abstriche von dem Ziel der Raumordnung führen allerdings nicht zwingend zu einem Widerspruch zu diesem Raumordnungsziel.[970]

558 Bei § 35 III 2, 1. HS BauGB handelt es sich um eine **echte Raumordnungsklausel**, die strikte Beachtung verlangt.[971] Nach Ansicht des BVerwG streitet schon der Wortlaut des § 35 III 2 Halbs. 1 BauGB dafür, dass kein Raum für eine nachvollziehende Abwägung mit den Zielen der Raumordnung besteht. Mit der Anordnung, auch private Belange bei der Zielfestlegung abzuwägen und die Öffentlichkeit zu beteiligen, stehen einem solchen Verständnis auch keine verfassungsrechtlichen Bedenken mehr entgegen. Bei der Aufstellung von Raumordnungsplänen ist auf der Grundlage des § 9 ROG stets eine Öffentlichkeitsbeteiligung erforderlich, so dass grundsätzlich auch eine hinreichende Berücksichtigung der Eigentümerbelange möglich ist. Voraussetzung dafür ist allerdings nicht nur eine Öffentlichkeitsbeteiligung, sondern auch eine umfassende Abwägung der betroffenen Belange. Mit der Festsetzung eines Ziels der Raumordnung wird bewirkt, dass der Bau eines raumbedeutsamen Vorhabens, das im Widerspruch zu diesem Ziel steht, unzulässig ist.[972]

---

965 Mitschang/Reidt in BKL, BauGB, 2022, § 35 Rn. 103; Reidt ZfBR 2004, 430 ff.

966 BVerwG NuR 2004, 362 (363); Spoerr DVBl. 2001, 90 ff.

967 BVerwG NVwZ-RR 2004, 1240.

968 VGH Mannheim BauR 2002, 443 ff.

969 Mitschang/Reidt in BKL, BauGB, 2022, § 35 Rn. 104.

970 OVG Münster NuR 2015, 132 (134).

971 BVerwG NVwZ 2015, 1540; Mitschang/Reidt in BKL, BauGB, § 35 Rn. 106; Rieger in Schrödter, BauGB, 2015, § 35 Rn. 156; Jäde in Jäde/Dirnberger/Weiß, BauGB, 2013, § 35 Rn. 242; Hendler NuR 2004, 485 (488).

972 BVerwG NVwZ 2015, 1540.

§ 35 III 2, 2. HS. BauGB sieht vor, dass einem raumbedeutsamen, privilegierten Vorhaben öffentliche Belange nicht entgegenstehen, soweit die Belange bei der Darstellung dieser Vorhaben als Ziele der Raumordnung abgewogen worden sind. In einer vorgelagerten Abwägung bei der Aufstellung von Raumordnungszielen können allerdings nur überörtlich bedeutsame Belange abgeschichtet werden. Es geht daher nur um Belange, die für die zusammenfassende, überörtliche und fachübergreifende Planung und die dort notwendige Bewältigung divergierender Raumnutzungsansprüche relevant sind.[973] 559

Nach § 35 III 3 BauGB stehen öffentliche Belange einem Vorhaben nach § 35 I Nr. 2–6 ROG in der Regel auch entgegen, soweit hierfür durch Darstellungen im Flächennutzungsplan oder als Ziele der Raumordnung eine Ausweisung an anderer Stelle erfolgt. Die positive Ausweisung an anderer Stelle ist Bedingung für die negative Ausschlusswirkung einer **Konzentrationszone**. Mit § 35 III 3 BauGB wird der Gemeinde und der Raumordnung die Möglichkeit gegeben, Konzentrationszonen zu planen und auf diese Weise zugleich die Realisierung der in den Konzentrationszonen vorgesehenen privilegierten Nutzungen an anderer Stelle zu verhindern.[974] Diese Möglichkeit besteht auch nach Inkrafttreten des **ROGÄndG 2023** fort, wenn auch für Windenergieanlagen unter veränderten rechtlichen Rahmenbedingungen. Eine Pflicht der Gemeinden, Konzentrationszonen zu planen, besteht nicht. Vielmehr können die Planungsträger im Wege einer sog. Positivplanung Flächen für die Windenergienutzung festlegen, ohne solche Vorhaben anderenorts im Plangebiet auszuschließen; sie müssen für eine solche Positivplanung durch Vorranggebiete in der Regionalplanung bzw. durch Sondergebiete in der Bauleitplanung auch nur geringere Anforderungen an den Prüfumfang beachten.[975] 560

Nach § 249 BauGB gelten für **Windenergieanlagen** an Land Sonderregelungen. Nach § 249 I BauGB ist § 35 III 3 BauGB auf Vorhaben nach § 35 I Nr. 5 BauGB, die der Erforschung, Entwicklung oder Nutzung der Windenergie dienen, nicht anzuwenden. § 35 III 3 BauGB behält jedoch Bedeutung für die Konzentrationsvorhaben anderer Vorhaben, etwa für Abgrabungskonzentrationszonen, und für bereits in Flächennutzungsplänen oder als Ziele der Raumordnung geplante Konzentrationszonen. Nach der Neufassung des § 249 I BauGB ist zwar § 35 III 3 BauGB auf Windenergieanlagen nicht mehr anzuwenden. Nach § 245e I 1 BauGB gelten die Rechtswirkungen eines Flächennutzungsplans gem. § 35 III 3 BauGB in der bis zum 01.02.2023 geltenden Fassung für Windenergieanlagen aber fort, wenn der Plan bis zum 01.2.2024 wirksam geworden ist.[976] 561

Die Darstellung einer Konzentrationszone kann die Rechtsfolge des § 35 III 3 BauGB nur auslösen, wenn ihr ein **schlüssiges Gesamtkonzept** zugrunde liegt, das sich auf den gesamten Außenbereich erstreckt.[977] Der Planvorbehalt versetzt den Planungsträger in die Lage, die bauliche Entwicklung privilegierter Vorhaben iS des § 35 I Nr. 2 bis 6 BauGB im Außenbereich planerisch zu steuern.[978] Die Privilegierung durch den Gesetzgeber kommt dann zwar weiterhin, aber nur noch nach den Vorstellungen des Planungsträgers zum Tragen. Deshalb muss die Planung nicht nur darüber Auskunft geben, von welchen Erwägungen die positive Standortzuweisung getragen wird, sondern auch deutlich machen, welche Gründe es rechtfertigen, den übrigen Planungsraum von privilegierten Vorhaben freizuhalten.[979] Die Darstellung von Positivflächen aufgrund der planerischen Entscheidung der Gemeinde, der Darstellung im Sinne einer „Konzentrationsflächenplanung" die Rechtswirkungen des § 35 III 3 BauGB zukommen zu lassen, führt unmittelbar zur bauplanungsrechtlichen Unzulässigkeit von Vorhaben auf den nicht ausgewiesenen Flächen. Der Geltungsbereich der Ausschlusswirkung wird negativ über die Konzentrationsflächen definiert.[980] Ist die Gemeinde bzw. der regionale Planungsträger der Auffassung, im jeweiligen Planungsgebiet sei es im Hinblick auf örtliche Besonderheiten nicht 562

---

973 Mitschang/Reidt in BKL, BauGB, 2022, § 35 Rn. 109; OVG Koblenz ZfBR 2016, 276.
974 OVG Lüneburg BauR 2010, 1043; BVerwG NVwZ 1998, 960.
975 VGH Mannheim Urt. v. 10.2.2016 –8 S1477/15, juris Rn. 62; Raschke/Roscher ZfBR 2022, 531 (533); Osing NVwZ 2020, 749.
976 BVerwG Urt. v. 24.1.2023 – 4 CN 6/21, juris Rn. 10.
977 BVerwG Urt. v. 24.1.2023 – 4 CN 6/21, juris Rn. 12; BVerwG BauR 2010, 82; BVerwGE 117, 287 (298; OVG Weimar ZfBR 2009, 50; Spannowsky ZfBR 2023, 18 (19).
978 BVerwG Beschl. v. 21.12.2017 – 4 BN 3/17, juris Rn. 7; BVerwGE 137, 74 Rn. 46; Reidt BauR 2017, 1293.
979 BVerwG Beschl. v. 21.12.2017 – 4 BN 3/17, juris Rn. 7; BVerwGE 117, 287 (298); NVwZ 2003, 1261.
980 BVerwG Urt. v. 24.1.2023 – 4 CN 6/21, juris Rn. 12; BVerwGE 146, 40 Rn. 22.

möglich, eine ausgewogene Planung zu beschließen, weil sich im gesamten Gebiet keine Flächen für Vorranggebiete eignen, haben sie sich darauf zu beschränken, die Zulassung der privilegierten Anlagen im Rahmen der Anwendung von § 35 I und III 1 BauGB durch die Geltendmachung von öffentlichen Belangen im Einzelfall zu steuern.[981] Der regionale Plangeber darf sich bei der Auswahl der Vorranggebiete im regionalen Raumordnungsplan nicht allein an den Wünschen der betroffenen Gemeinden orientieren. Insbesondere darf er die Ausweisung entsprechender Vorranggebiete nicht davon abhängig machen, dass die betroffenen Gemeinden hierzu ihr „Einvernehmen" erteilen.[982]

563 Das Zurücktreten der Privilegierung von Vorhaben nach § 35 I Nr. 2–6 ROG in Teilen des Plangebiets lässt sich nur rechtfertigen, wenn die Gemeinde bzw. der Raumplanungsträger sicherstellt, dass sich die betroffenen Vorhaben an anderer Stelle gegenüber konkurrierenden Nutzungen durchsetzen und der privilegierten Nutzung in substanzieller Weise Raum verschafft wird. Eine solche planerische Entscheidung muss gesamträumlich sein, dh nicht nur Auskunft darüber geben, von welchen Erwägungen die positive Standortzuweisung getragen wird, sondern auch deutlich machen, welche Gründe es rechtfertigen, den übrigen Planungsraum von solchen Anlagen freizuhalten.[983] Hat die Gemeinde oder der regionale Planungsträger eine Konzentrationsflächenplanung erstellt, können sie sich nach allgemeinen Planungsgrundsätzen dafür entscheiden, diese später aufzugreifen und zu ändern (§ 1 VIII BauGB, § 7 VII ROG). Dies ermöglicht ihnen, die Planung aktuellen Gegebenheiten anzupassen, weitere Flächen als Konzentrationsflächen einzubeziehen und die Wirkungen des § 35 III 3 BauGB auf eine neue, breitere Grundlage zu stellen.[984] Übt die Gemeinde den Planvorbehalt neu aus und begründet sie die Ausschlusswirkung neu, muss die Konzentrationsflächenplanung den sich aus § 35 III 3 BauGB ergebenden Anforderungen wiederum genügen.[985]

564 Die Ausschlusswirkung des § 35 III 3 BauGB kann nicht auch dadurch erreicht werden, dass die Konzentrationszonen als **Vorbehaltsgebiete** gem. § 7 III 1 Nr. 2 ROG ausgewiesen werden. Vorbehaltsgebiete sind nach hM keine Ziele, sondern lediglich Grundsätze der Raumordnung, so dass sie den Anforderungen des § 35 III 3 BauGB nicht genügen.[986] Nach Auffassung des BVerwG ließen sich diese Anforderungen aber nicht nur durch die Ausweisung von Vorranggebieten (§ 7 III 1 Nr. 1 ROG), sondern auch durch die Ausweisung von Eignungsgebieten (§ 7 III 1 Nr. 3 ROG aF) erfüllen.[987] Die Kategorie der **Eignungsgebiete** ist durch Aufhebung des § 7 III 1 Nr. 3, 4 ROG im Rahmen des **ROGÄndG 2023** vom Gesetzgeber aufgegeben worden. Stattdessen besteht die Möglichkeit, Vorranggebiete mit Ausschlusswirkung als Ziel der Raumordnung in einem Raumordnungsplan festzulegen. Die bereits in rechtswirksamen Raumordnungsplänen festgelegten Eignungsgebiete gelten fort. Bei der Abwägung eines solchen Ziels der Raumordnung, das eine Ausschlusswirkung bewirken soll, sind alle öffentlichen und privaten Belange zu berücksichtigen, soweit sie auf der jeweiligen Planungsebene der Landes- und Regionalplanung erkennbar und von Bedeutung sind (§ 7 II 1 ROG). Abwägungsrelevant sind alle Belange, die mehr als geringwertig, schutzwürdig, nicht mit einem Makel behaftet und für den Planer erkennbar sind. Der Planungsträger darf bei der Abwägungsentscheidung typisieren; das Abwägungsmaterial muss also nicht so kleinteilig zusammengestellt werden, wie auf den nachgeordneten Planungsebenen, es sei denn, die Belange wären hierdurch auf der nachfolgenden Ebene nicht mehr zu prüfen.[988] Die Abwägung aller beachtlichen Belange muss sich auf die positiv festgelegten und zugleich auch auf die ausgeschlossenen Standorte erstrecken.[989] Der Umfang der gebotenen Abwägung ist allerdings umstritten. Dazu wird die Ansicht vertreten, abhängig vom Konkretisierungsgrad eines Ziels der Raumordnung müssten widerstreitende Belange auch in ihren standortbedingten und einzelfallbezogenen Be-

---

[981] BVerwG BauR 2010, 64.

[982] OVG Weimar ZfBR 2009, 50.

[983] BVerwG Urt. v. 24.1.2023 – 4 CN 6/21, juris Rn. 13; BVerwGE 117, 287 (294 ff.).

[984] BVerwG Urt. v. 24.1.2023 – 4 CN 6/21, juris Rn. 14; Söfker in EZBK, BauGB, 2022, § 249 Rn. 9b.

[985] BVerwG Urt. v. 24.1.2023 – 4 CN 6/21, juris Rn.14; BVerwG Beschl. v. 30.01.2019 – 4 BN 4.18, juris Rn. 6.

[986] BVerwG BRS 88 Nr. 5 (2020) = juris Rn. 3; BVerwGE 152, 49 Rn. 6.

[987] BVerwG NVwZ 2003, 738 (742); dazu Hendler UPR 2003, 401 ff.; Spiecker BayVBl. 2001, 673 (679); zu den Anforderungen an die Ausschlusswirkung von Eignungsgebieten im Regionalplan gegenüber Windenergieanlagen BVerwG ZfBR 2008, 808.

[988] BVerwG Urt. v. 22.12.2016 – 4 BN 17/16, juris Rn. 9.

[989] Jaenicke ZUR 2023, 291 (296); Marquard ZUR 2020, 598 (600).

sonderheiten abgewogen werden.[990] Demgegenüber vertreten andere die Ansicht, einer detailscharfen Abwägung bedürfe es nicht. Denn mit der Festlegung von Konzentrationszonen sei die Entscheidung über die Zulässigkeit bzw. Unzulässigkeit von privilegierten Vorhaben noch nicht abschließend gefallen; vielmehr sei die Ausschlusswirkung im Einzelfall widerlegbar.[991] Soweit eine Ausschlusswirkung regionalplanerisch vorgesehen ist, muss der Träger der Regionalplanung nachweisen können, von welchen Erwägungen er sich bei seiner Abwägung hat leiten lassen.[992]

Für die Abwägung bei der Aufstellung von Zielen der Raumordnung nach § 7 II 2 ROG für eine Konzentrationszone müssen in einem ersten Schritt durch den Ausschluss ungeeigneter Flächen, den sog. Tabuzonen, **Potenzialflächen** ermittelt werden. Dabei soll zwischen **harten Tabuzonen**, die einer Abwägungsentscheidung aus tatsächlichen oder rechtlichen Gründen entzogen sind, und weichen Tabuzonen unterschieden werden. In **weichen Tabuzonen** soll aus unterschiedlichen Gründen die Errichtung bestimmter Anlagen nach dem Willen der Gemeinde von vornherein ausgeschlossen werden, wobei insoweit der Plangeber die Entscheidung im Wege einer Abwägung rechtfertigen muss. In einem zweiten Schritt soll zwischen den ermittelten Potenzialflächen abgewogen werden.[993] Die **Potenzialflächen**, die nach Abzug der harten und weichen Tabuzonen übrig bleiben, sind in einem weiteren Arbeitsschritt zu den mit ihnen konkurrierenden Nutzungen in Beziehung zu setzen. In einem dritten Schritt schließlich soll überprüft werden, ob mit der Ausweisung der Konzentrationsflächen den privilegierten Vorhaben **substanziell Raum** verschafft wird.[994] Für Windenergieanlagen gilt diese Systematik nicht. 565

Eine gezielte (rein negative) **Verhinderungsplanung** ist dem Plangeber verwehrt. Er muss die Entscheidung des Gesetzgebers, bestimmte Vorhaben im Außenbereich zu privilegieren, etwa Windenergieanlagen gem. § 35 I Nr. 6 BauGB, beachten und dementsprechend diesen Anlagen im Plangebiet in substantieller Weise Raum schaffen.[995] Das heißt allerdings nicht, dass solche privilegierten Anlagen in der Konkurrenz mit gegenläufigen Belangen vorrangig zu fördern wären.[996] Eine Verhinderungsplanung liegt nicht schon dann vor, wenn die Festlegung von Konzentrationsflächen im Ergebnis zu einer Kontingentierung der Anlagestandorte führt.[997] Vorranggebiete müssen im Regionalplan auch nicht auf allen für die in Rede stehende Nutzung potenziell geeigneten Flächen ausgewiesen werden.[998] 566

Bei dieser Abwägung spielen die zunehmend an Gewicht gewinnenden **Klimaschutzbelange** eine besondere Bedeutung. Das VG Brauschweig führt zur privilegierten Genehmigung von Windenergieanlagen im Außenbereich des § 35 BauGB aus, die Genehmigungsbehörde dürfe deren Errichtung nach § 35 I und III 1 Nr. 1 BauGB nur dann unter Berufung auf öffentliche Belange ablehnen, wenn diese Belange dem Vorhaben entgegenstehen würden. Ob dies der Fall sei, sei im Wege einer Abwägung zwischen den jeweils berührten öffentlichen Belangen und dem Interesse an der Verwirklichung des Vorhabens zu ermitteln. Durch die generelle Verweisung bestimmter Vorhaben wie die Errichtung von Windenergieanlagen in den Außenbereich habe der Gesetzgeber selbst eine planerische Entscheidung zugunsten solcher Vorhaben getroffen und damit auch in Kauf genommen, dass in Einzelfällen öffentliche Belange beeinträchtigt würden. Diese Privilegierung falle bei der Abwägung zugunsten des Vorhabens ins Gewicht.[999] Erforderlich sei eine auf den Einzelfall bezogene nachvollziehende 567

---

990 BVerwG DVBl. 2001, 1855 (1859 ff.); OVG Greifswald NVwZ-RR 2001, 565 (567); OVG Lüneburg UPR 2002, 153 (154); Anders/Jankowski ZUR 2003, 81 (84); Anders NuR 2004, 635 (641).

991 OVG Münster BauR 2002, 886; Spiecker BayVBl. 2001, 673 (676).

992 OVG Lüneburg NuR 2002, 429.

993 VGH München Beschl. v. 19.6.2023 – 22 AS 23.40001, juris Rn. 39; OVG SH Urt. v. 7.6.2023 – 5 KN 42/21, juris Rn. 46.

994 zusammenfassend Jaenicke ZUR 2023, 291 (296); Spannowsky ZfBR 2023, 18 (19); BVerwGE 118, 33; zur Bauleitplanung BVerwGE 145, 231 Rn. 10, 13; OVG Münster BauR 2021, 1247; für die Regionalplanung BVerwG Beschl. v. 30.1.2019 –4 BN 4.18; OVG Lüneburg BauR 2021, 1061; kritisch zu dieser Rechtsprechung Hendler/Kerkmann DVBl. 2014, 1369; Wegner ZfBR 2019, 230; von einem „Fiasko" sprechen in diesem Zusammenhang Stüer/Stüer BauR 2021, 1735 (1736).

995 BVerwG NuR 1997, 397.

996 BVerwGE 117, 285; OVG Koblenz NuR 2004, 399.

997 BVerwG BauR 2003, 1165 (1167).

998 OVG Koblenz NuR 2002, 415.

999 VG Braunschweig Urt. v. 11.5.2022 – 2 A 100/19, juris Rn. 42; BVerwG Urt. v. 31.1.2013 - 4 CN 1.12, juris Rn. 24; VG Aachen Beschl. v. 12.3.2021 - 6 L 417/20, juris Rn. 63.

Abwägung. Bei der Gewichtung des Interesses an einer Windenergieanlage habe die Genehmigungsbehörde neben der grundsätzlichen Privilegierung von Windenergieanlagen im Außenbereich auch die Bedeutung höherer Anlagen für die effektive Nutzung der Windenergie und damit auch den besonderen Stellenwert zu berücksichtigen, der der Windenergie für die Sicherung der Energieversorgung und dem Klimaschutz zukomme.[1000] Das VG Braunschweig leitet daraus ab, dass eine im Flächennutzungsplan geregelte Höhenbegrenzung für Windenergieanlagen nicht ausreicht, um die Genehmigung für eine diese Grenze überschreitende Anlage nach § 35 I und III BauGB zu versagen.

568 Eine Verstärkung des Klimaschutzbelangs im Rahmen der nachvollziehenden Abwägung bei der Auslegung unbestimmter Rechtsbegriffe kann sich zB auch daraus ergeben, dass der Gesetzgeber dem Betrieb von Windenergielagen ein überragendes öffentliches Interesse attestiert. So kann ein Grund für die Erteilung einer Ausnahme von artenschutzrechtlichen Verboten nach § 45 VII 1 iV m. § 45b VIII Nr. 1 BNatSchG darin bestehen, dass der Betrieb von Windenergieanlagen im überragenden öffentlichen Interesse liegt und damit der öffentlichen Sicherheit dient. Dasselbe ergibt sich auch aus § 2 Satz 1 EEG, wonach die Errichtung und der Betrieb ua von Windenergieanlagen (§ 3 Nr. 1 EEG) sowie den dazugehörigen Nebenanlagen im überragenden öffentlichen Interesse liegen und der öffentlichen Sicherheit dienen. Das OVG Münster bescheinigt der Erteilung von Ausnahmen von artenschutzrechtlichen Verboten mit dem Verweis auf das überragende öffentliche Interesse an dem Betrieb von Windenergieanlagen auch eine Vereinbarkeit mit dem Unionsrecht.[1001] Das BVerfG weist darauf hin, dass der Ausbau der Windkraft einen faktisch unverzichtbaren Beitrag zu der verfassungsrechtlich durch Art. 20a GG und durch grundrechtliche Schutzpflichten gebotenen Begrenzung des Klimawandels leiste und zugleich die Sicherung der Energieversorgung unterstütze und damit einen gewichtigen, nicht einfach im Rahmen einer Abwägung überwindbaren Belang darstellt.[1002]

569 Bei der Festlegung von **Vorranggebieten mit Ausschlusswirkung** gehören zum Abwägungsmaterial auch die privaten **Belange der Eigentümer** der überplanten Flächen. Dazu wird die Ansicht vertreten, es gebe eine Pflicht, auch die konkreten standortbedingten und einzelfallbezogenen Besonderheiten parzellenscharf bei der Aufstellung eines Raumordnungsziels zu berücksichtigen. Das ergebe sich daraus, dass die Zielaussage sich für den Vorhabenträger nicht anders als eine Ausweisung durch einen Bebauungsplan auswirke.[1003] Darauf aufbauend wird eine Zielbindung für private Vorhabenträger oder Grundstückseigentümer abgelehnt, wenn diese bei der Aufstellung des Ziels nicht beteiligt worden sind und deshalb ihre Belange in der Abwägung nicht hinreichend berücksichtigt werden konnten.[1004] Das BVerwG teilt diese Auffassung allerdings nicht.[1005] Die Aufgaben der Raumordnung als einer zusammenfassenden und übergeordneten Planung, ihre weiträumige Sichtweise und ihr Rahmencharakter berechtigen nach Ansicht des BVerwG den Planungsträger dazu, das Privatinteresse an der Nutzung der Windenergie auf geeigneten Flächen im Planungsraum verallgemeinernd zu unterstellen und als typisierte Größe in die Abwägung einzustellen. Erforderlich ist insoweit eine der Anpassungspflicht und dem Konkretisierungsgrad des Ziels der Raumordnung entsprechende Abwägung.[1006] Die Ausschlusswirkung der in einem Regionalplan festgelegten Vorranggebiete steht einem gebietsexternen privilegierten Vorhaben überdies nicht strikt und unabdingbar, sondern nach § 35 III 3 BauGB nur „in der Regel" entgegen. Der Planungsvorbehalt steht damit unter einem gesetzlichen „**Ausnahmevorbehalt**", der die Möglichkeit zur Abweichung in atypischen Einzelfällen eröffnet. Dieser Ausnahmevorbehalt stellt ein Korrektiv dar, das unverhältnismäßigen, insbesondere unzumutbaren Beschränkungen des Grundeigentümers in Sonderfällen vorbeugen soll, ohne dass die Grundzüge der Planung in Frage gestellt

---

[1000] VG Braunschweig Urt. v. 11.5.2022 – 2 A 100/19, juris Rn. 43.

[1001] OVG Münster Urt. v. 29.11.2022 – 22 A 1184/18, juris Rn. 360; zu § 2 EEG ausführlich Attendorn NVwZ 2022, 1586; Schlacke/Wentzien/Römling NVwZ 2022, 1577; kritisch Rieger UPR 2022, 453; Gellermann in Landmann/Rohmer, Umweltrecht II, § 45 b BNatSchG, Rn. 1 ff.

[1002] BVerfG NVwZ 2022, 1890; siehe dazu Poschmann/Schleicher NVwZ 2023, 396; Rheinschmitt NVwZ 2022, 1901.

[1003] Redeker in FS für Hoppe, 2000, S. 329 (335 ff.); Anders/Jankowski ZUR 2003, 81 (84 ff.); im Ergebnis wohl auch OVG Greifswald NVwZ 2001, 1063.

[1004] Hendler DVBl. 2001, 1233 (1241).

[1005] BVerwG DVBl. 2001, 1855 (1859 ff.); siehe auch OVG Koblenz DVBl. 2002, 120.

[1006] BVerwG DVBl. 2001, 1855 (1859 ff.); OVG Koblenz DVBl. 2002, 120; Seibert Abgrabungskonzentrationszonen in Regionalplänen, 372 (381).

werden.[1007] Ist an einem Standort für privilegierte Vorhaben festlegenden Raumordnungsplan für bestimmte Flächen noch keine abschließende raumordnerische Entscheidung getroffen und fehlt es daher an einem schlüssigen gesamträumlichen Planungskonzept, kann der Raumordnungsplan die Ausschlusswirkung des § 35 III 3 BauGB nicht entfalten.[1008] Die Gemeinde muss allerdings nicht sämtliche Flächen, die sich für Vorhaben nach § 35 I Nr. 2–6 BauGB eignen, gem. § 35 III 3 BauGB in ihrem Flächennutzungsplan darstellen. Bei der Gebietsauswahl und dem Gebietszuschnitt braucht sie die durch § 35 I Nrn. 2–6 BauGB geschützten Interessen in der Konkurrenz mit gegenläufigen Belangen nicht vorrangig zu fördern. Sie darf diese Interessen nach den zum Abwägungsgebot entwickelten Grundsätzen zurückstellen, wenn hinreichend gewichtige städtebauliche Gründe dies rechtfertigen. Außerhalb der Konzentrationsflächen können Abweichungen von der Regel des § 35 III 3 BauGB nur zugelassen werden, wenn sie die planerische Konzeption der Gemeinde nicht in Frage stellen.[1009]

Durch das **ROGÄndG 2023** neu eingeführt wurde in § 7 III ROG **die Gebietskategorie eines Vorranggebiets mit Ausschlusswirkung**, das die Kategorie eines Vorranggebiets mit Eignungsgebietscharakters für neue Pläne ersetzen soll. Wird durch die Festlegung von Vorranggebieten der jeweiligen Nutzung oder Funktion substanziell Raum verschafft, kann nach § 7 III 3 ROG festgelegt werden, dass diese Nutzung oder Funktion an anderer Stelle im Planungsraum ausgeschlossen ist. 570

Sonderregelungen gelten für die **Windenergie**. Weil die von der Rechtsprechung entwickelten Anforderungen an eine Konzentrationsflächenplanung sich in der Praxis als schwierig, die Zulassungs- und Planungsverfahren verkomplizierend und verlangsamend herausgestellt und zur Rechtsunsicherheit beigetragen haben,[1010] hat der Gesetzgeber für Windenergieanlagen Sonderregelungen eingeführt, die die durch die Rechtsprechung entstandenen Probleme und Rechtsunsicherheiten beseitigen soll. Allerdings sind die planungsrechtlichen Sonderregelungen für Windenergieanlagen in § 249 BauGB ihrerseits komplex; sie werden ergänzt durch ebenfalls durchaus komplizierte Überleitungsvorschriften in § 245e BauGB. Deshalb wird wohl zu Recht befürchtet, dass die Regelungen zur Neufassung des § 249 I BauGB in der Praxis wiederum zu neuen Unklarheiten und rechtlichen Konflikten führen werden.[1011] Die planungsrechtlichen Sonderregeln für die Windenergie der §§ 249, 245e BauGB stehen in unmittelbaren Regelungszusammenhang zu dem Gesetz zur Erhöhung und Beschleunigung des Ausbaus von Windenergieanlagen an Land vom 20.07.2022 (WindBG), das am 1.2.2023 in Kraft getreten ist, und zu dem Vierten Gesetz zur Änderung des BNatSchG, mit dem die Artenschutzprüfung bei der Planung und Errichtung von Windenergieanlagen erleichtert und bundesweit standardisiert werden soll (siehe dazu auch die Arbeitshilfe zum WindBG, beschlossen durch die Fachkommission Städtebau und durch den Ausschuss für Recht und Verfahren der Ministerkonferenz für Raumordnung vom 3.7.2023). Auch dagegen richtet sich Kritik. Durch das WindBG und das Vierte Gesetzes zur Änderung des BNatSchG würden gewichtige Umweltschutzgüter, die auch unionsrechtlich geschützt seien, beeinträchtigt, weil auf gesetzlicher Ebene vorentschieden werde, dass das objektive Gewicht bestimmter Schutzgüter aufgrund bundesgesetzlicher Gewichtungsvorgaben im Verhältnis zu dem Gewicht des öffentlichen Interesses am Ausbau der Erneuerbaren Energien reduziert werde. Betroffen seien davon der Schutz des Landschaftsbildes, der Arten- und Habitatschutz und der Schutz von Kulturgütern.[1012] Ziel des WindBG ist es, im Interesse des Klima- und Umweltschutzes die Transformation zu einer nachhaltigen und treibhausgasneutralen Stromversorgung, die vollständig auf erneuerbaren Energien beruht, durch den beschleunigten Ausbau der Windenergie an Land zu fördern (§ 1 I WindBG). Dazu gibt der Bundesgesetzgeber gem. § 1 II WindBG den Ländern verbindliche Flächenziele (Flächenbeitragswerte) vor, die für den Ausbau der Windenergie an 571

[1007] BVerwG NVwZ 2003, 733 (737 f.); BVerwG BauR 2003, 1165.

[1008] BVerwG BauR 2003, 1172; Spannowsky/Weick/Gouverneur UPR 2004, 161.

[1009] BVerwG BauR 2003, 828.

[1010] siehe dazu Jaenicke ZUR 2023, 291, 296 unter Verweis auf BT-Drs. 20/2355, S. 2; Raschke/Roscher ZfBR 2022, 531; Tyczewski BauR 2014, 934; Hendler/Kerkmann DVBl. 2014, 1369; Grigoleit/Engelbert/Strothe/Klanten NVwZ 2022, 512; OVG Münster ZfBR 2016, 52, mit der bemerkenswerten Erläuterung, das Gericht übernehme aus Gründen der Rechtseinheitlichkeit die vom BVerwG entwickelten Anforderungen an die Planung von Konzentrationszonen für die Windenergienutzung, auch wenn an deren Tauglichkeit und praktischer Umsetzbarkeit gezweifelt werden könne.

[1011] Spannowsky ZfBR 2023, 18 (22).

[1012] Spannowsky ZUR 2023, 18, 22; Gellermann NuR 2022, 589; Jaenicke ZUR 2023, 291 (295).

Land benötigt werden, um die Ausbauziele und Ausbaupfade des EEG zu erreichen. Nach § 3 I 1 WindBG ist in jedem Bundesland ein prozentualer Anteil der Landesfläche für die Windenergie an Land auszuweisen. Die Länder erfüllen gem. § 3 II 1 WindBG diese Pflicht indem sie 1. die zur Erreichung der Flächenbeitragswerte notwendigen Flächen selbst in landesweiten oder regionalen Raumordnungsplänen ausweisen oder 2. eine Ausweisung der zur Erreichung der Flächenbeitragswerte notwendigen Flächen durch von ihnen abweichende regionale oder kommunale Planungsträger sicherstellen; dabei legt das jeweilige Land hierzu regionale oder kommunale Teilflächenziele fest, die in Summe den Flächenbeitragswert erreichen, und macht diese durch ein Landesgesetz oder als Ziele der Raumordnung verbindlich. Im Fall des § 3 II 1 Nr. 1 WindBG kann das Land gem. § 3 II 2 WindBG durch ein Landesgesetz oder als Ziele der Raumordnung regionale Teilflächenziele für eigene regionale Raumordnungspläne festlegen, die in Summe die Flächenbeitragswerte erreichen. Bemängelt wird, dass das WindBG zwar verbindliche Flächenbeitragswerte festlegt, jedoch keine Anforderungen an die Qualität der ausgewiesenen Flächen enthält. Nach Erhebungen des Umweltbundesamtes seien ca. 30 % der für Windenergie ausgewiesenen Flächen aktuell nicht nutzbar.[1013]

572 Nach § 249 I BauGB ist § 35 III 3 BauGB auf Vorhaben nach § 35 I 1 Nr. 5 BauGB, die der Erforschung, Entwicklung oder Nutzung der Windenergie dienen, nicht mehr anzuwenden. Die Privilegierung dieser Anlagen entfällt gemäß § 249 II BauGB außerhalb von Windenergiegebieten iSd § 2 Nr. 1 WindBG, wenn die Flächenbeitragswerte erreicht werden. Dann richtet sich die bauplanungsrechtliche Zulässigkeit nach § 35 II BauGB. Allerdings bestimmt § 245e I BauGB, dass die bestehenden Wirkungen des § 35 III 3 BauGB übergangsweise Anwendung finden, um die Steuerungswirkung von Bestandsplanungen sicherzustellen. Erst mit der erstmaligen Feststellung der Erreichung des Flächenbeitrags oder Teilflächenziels gem. § 5 I 2 WindBG endet die Fortgeltung des § 35 III 3 BauGB und lebt auch nicht wieder auf, wenn nachträglich der Flächenbeitragswert unterschritten wird.[1014] Die Übergangsregelungen gelten längstens bis zum 31.12.2026, dem Stichtag für die Zwischenziele laut § 3 I WindBG. Sind genug Flächen ausgewiesen, sind Windenergieanlagen außerhalb der Windenergiegebiete nicht mehr privilegiert, weil dies nach Erreichen der Flächenbeitragswerte nicht mehr erforderlich ist.[1015] Hat ein Land gemäß § 3 II 1 Nr. 2 oder Satz 2 WindBG regionale oder kommunale Teilflächenziele bestimmt und wird deren Erreichen gem. § 5 I oder II WindBG festgestellt, gilt die Rechtsfolge des § 249 II 1 BauGB für das Gebiet der jeweiligen Region oder Gemeinde (§ 249 II 2 BauGB). Die Feststellung des Erreichens eines Flächenbeitragswerts oder Teilflächenziels steht gem. § 249 IV BauGB der Ausweisung zusätzlicher Flächen für Vorhaben nach § 35 I Nr. 5 BauGB, die der Erforschung, Entwicklung oder Nutzung der Windenergie dienen, nicht entgegen. Der nach § 3 II 1 Nr. 1 oder Nr. 2 WindBG jeweils zuständige Planungsträger ist nach § 249 V 1 BauGB bei der Ausweisung von Windenergiegebieten gem. § 2 Nr. 1 WindBG an entgegenstehende Ziele der Raumordnung oder entgegenstehende Darstellungen in Flächennutzungsplänen nicht gebunden, soweit dies erforderlich ist, um den Flächenbeitragswert iS des § 3 I WindBG oder ein daraus abgeleitetes Teilflächenziel zu erreichen. Wurden Windenergiegebiete unter Anwendung von § 249 V 1 BauGB ausgewiesen, entfallen innerhalb dieser Gebiete die entsprechenden Bindungen auch im Zulassungsverfahren. Daraus ergibt sich eine erhebliche Schwächung der raumplanerischen Planungshierarchie. Windenergiegebiete iSv § 2 Nr. 1 WindBG werden gem. § 249 VI 1 BauGB nach den für die jeweiligen Planungsebenen geltenden Vorschriften für Gebietsausweisungen ausgewiesen. Für die Rechtswirksamkeit des Plans ist es gem. § 249 VI 2 BauGB unbeachtlich, ob und welche sonstigen Flächen im Planungsraum für die Ausweisung von Windenergiegebieten geeignet sind. Damit soll eine Rechtsprechung korrigiert werden, wonach es erforderlich ist, den gesamten Planungsraum zu untersuchen und methodisch nach harten und weichen Tabuzonen zu unterscheiden. In der Begründung des Gesetzes wird erläutert, die gesetzgeberischen Mengenvorgaben ersetzten die komplexen methodischen Anforderungen an die planerische Ausweisung von Windenergiegebieten mit Konzentrationswirkung, die von der Rechtsprechung mit Blick auf das sogenannte „Substanzgebot" entwickelt worden seien.[1016] Die planerische Abwägung muss sich damit verstärkt an dem Ergebnis mit Blick auf das Erreichen des Windenergiebeitragswertes orientieren. Ob der Plan substanziell hinreichend Raum für die Windenergienut-

[1013] Winkler/Zeccola EuRUP 2023, 76 (90).
[1014] Winkler/Zeccola EuRUP 2023, 76 (78).
[1015] Winkler/Zeccola EuRUP 2023, 76 (78).
[1016] BT-Drs. 20/2355, 18 f.; Raschke/Roscher ZfBR 2022, 531 (536).

zung gewährt, muss an der Flächenvorgabe des Gesetzgebers gemessen beantwortet und nicht mehr individuell ermittelt werden.[1017] Sobald und solange nach Ablauf des jeweiligen Stichtages gemäß § 3 I 2 WindBG weder der Flächenbeitragswert nach Spalte 1 oder Spalte 2 der Anlage zum WindBG noch ein daraus abgeleitetes Teilflächenziel nach § 3 II 1 Nr. 2 oder Satz 2 WindBG erreicht wird, entfällt die Rechtsfolge des § 249 II BauGB und können Darstellungen in Flächennutzungsplänen, Ziele der Raumordnung sowie sonstige Maßnahmen der Landesplanung Windenergieanlagen nach § 35 I Nr. 5 BauGB, gem. §249 VII BauGB nicht entgegengehalten werden.

Die Rechtswirkungen eines Raumordnungs- oder Flächennutzungsplans gem. § 35 III 3 BauGB in der bis zum 1.2.2023 geltenden Fassung für Windenergieanlagen nach § § 35 I Nr. 5 BauGB gelten gem. § 245e I 1 BauGB vorbehaltlich des § 249 V 2 BauGB fort, wenn der Plan bis zum 01.02.2024 wirksam geworden ist. Sie entfallen gem. § 245e V 2 BauGB, soweit für den Geltungsbereich des Plans das Erreichen des Flächenbeitragswerts oder eines daraus abgeleiteten Teilflächenziels gem. § 5 I oder II WindBG festgestellt wird, spätestens aber mit Ablauf des 31.12.2027. Der Plan gilt im Übrigen nach § 245e V 3 BauGB fort, wenn nicht im Einzelfall die Grundzüge der Planung berührt werden. Die Möglichkeit des Planungsträgers, den Plan zu ändern, zu ergänzen oder aufzuheben, bleibt nach § 245e V 4 BauGB unberührt. Werden in einem Flächennutzungsplan oder Raumordnungsplan zusätzliche Flächen für die Nutzung von Windenergie dargestellt, kann die Abwägung auf die Belange beschränkt werden, die durch die Darstellung der zusätzlichen Flächen berührt werden (§ 249 V 5 BauGB). Dabei kann gem. § 245e V 6 BauGB von dem Planungskonzept, das der Abwägung über bereits dargestellte Flächen zu Grunde gelegt wurde, abgewichen werden, sofern die Grundzüge der Planung erhalten werden. Von der Wahrung der Grundzüge der bisherigen Planung ist regelmäßig auszugehen, wenn Flächen im Umfang von nicht mehr als 25 % der schon bislang dargestellten Flächen zusätzlich dargestellt werden (§ 245e V 7 BauGB). Die in § 245e I 1 BauGB genannten Rechtswirkungen gem. § 35 III 3 BauGB können gem. § 245e III 1 BauGB Vorhaben iS des 16b I, II BImSchG nicht entgegengehalten werden, es sei denn, die Grundzüge der Planung werden berührt. Dies gilt nach § 245e III 2 BauGB nicht, wenn das Vorhaben in einem Natura 2000-Gebiet iSv § 7 I Nr. 8 BNatSchG oder in einem Naturschutzgebiet iSd § 23 BNatSchG verwirklicht werden soll. Gem. § 245e IV BauGB können die in § 245e I 1 BauGB genannten Rechtswirkungen Windenergieanlagen nicht entgegengehalten werden, wenn an der Stelle des Vorhabens in einem Planentwurf eine Ausweisung für Windenergieanlagen vorgesehen ist, für den Planentwurf bereits eine Beteiligung § 3 II, § 4 BauGB oder § 9 II ROG durchgeführt wurde und anzunehmen ist, dass das Vorhaben den künftigen Ausweisungen entspricht. 573

Weitere Gesetzesänderungen sind in diesem Zusammenhang zur Umsetzung der Richtlinie (EZ) 2023/2412 im Bereich Windenergie an Land und Solarenergie erforderlich. Dazu liegt Referentenentwurf des Bundesministeriums für Wirtschaft und Klimaschutz, des Bundesministeriums für Wohnen, Stadtentwicklung und Bauwesen und des Bundesministeriums für Umwelt, Naturschutz, nukleare Sicherheit und Verbraucherschutz mit Stand vom 2.2.2024 vor. Zur Umsetzung der planungs- und genehmigungsrechtlichen Bestimmungen der Richtlinie (EU) 2018/2001 in den Bereichen Windenergie an Land sowie Solarenergie sind Änderungen im WindBG, im BauGB, im ROG, im BImSchG sowie im EEG 2023 geplant. Für das BauGB und das ROG sind sog. **Beschleunigungsgebiete für Windenergie an Land und Solarenergie** gem. Art. 15c Richtlinie (EU) 2018/2001vorgesehen. Für Vorhaben im Bereich der Windenergie an Land in den Beschleunigungsgebieten werden Sonderregelungen über das Zulassungsverfahren geschaffen. Die Modifikationen und Erleichterungen der Richtlinie im Hinblick auf die Umweltverträglichkeits- und artenschutzrechtlichen Prüfung werden dazu umgesetzt. 574

Der Gesetzentwurf mit Stand vom 2.2.2024 sieht eine Ergänzung des ROG durch einen § 28 ROG zu Sonderregelungen für Windenergie an Land und durch einen § 29 ROG zu Sonderregelungen für die Solarenergie vor. Nach § 28 I dieses Entwurfs sind auf Windenergiegebiete nach § 2 Nr. 1 WindBG vorrangig die §§ 245e und 249 BauGB anzuwenden; § 7 II 3 bis 5 ROG finden danach keine Anwendung. Windenergiegebiete sollen, soweit sie nicht in Natura 2000-Gebieten, Naturschutzgebieten, Nationalparks sowie Kern- und Pflegezonen von Biosphärenreservaten iSd BNatSchG, in Gebieten mit bedeutenden Vorkommen mindestens 575

1017 Scheidler UPR 2022, 321 (322); Raschke/Roscher ZfBR 2022, 531 (538); Winkler/Zeccola EuRUP 2023, 76 (83).

einer durch den Ausbau der Windenergie betroffenen Art, die auf Grundlage vorhandener Daten zu bekannten Artvorkommen oder zu besonders geeigneten Lebensräumen ermittelt werden können, liegen, zusätzlich als Beschleunigungsgebiete ausgewiesen werden. Entsprechendes gilt nach § 29 ROG des Gesetzesentwurfs für Solaranlagen.

576 Bei raumbedeutsamen **Planungen und Maßnahmen von öffentlichen Stellen des Bundes**, von anderen öffentlichen Stellen, die im Auftrag des Bundes tätig sind, sowie von Personen des Privatrechts nach § 4 I 2 ROG, die für den Bund öffentliche Aufgaben durchführen, gilt gem. § 5 I 1 ROG die Bindungswirkung der Ziele der Raumordnung in Raumordnungsplänen nach § 13 I ROG nur, wenn die zuständige Stelle oder Person bei der Aufstellung des Raumordnungsplans nach § 9 ROG beteiligt worden ist und sie innerhalb einer Frist von zwei Monaten nach Mitteilung des rechtsverbindlichen Ziels nicht widersprochen hat.[1018] § 5 ROG schränkt die Bindungswirkung des § 4 I ROG für die öffentlichen Stellen des Bundes ein.[1019] Zu diesen Planungen zählen auch die **Linienbestimmungen** und die **Bundesfachplanungen**.[1020] § 5 ROG führt zu einer Privilegierung, deren Wirkung vor allem darin besteht, dem zielgebundenen Fachplanungsträger die vorläufige Kompetenz zu übertragen, bis zur Klärung durch ein Verwaltungsgericht zu befinden, ob ein Ziel der Raumordnung rechtmäßig ist und insoweit eine Beachtenspflicht auslöst.[1021] Fraglich ist, ob die Bindungswirkung der Ziele der Raumordnung nach § 5 I ROG nur entfällt, wenn nach Mitteilung des rechtsverbindlichen Ziels rechtzeitig widersprochen worden ist oder ob bereits die fehlende Beteiligung bei der Aufstellung des Raumordnungsplans die Bindungswirkung des Ziels entfallen lässt.[1022] Der Wortlaut des § 5 I ROG spricht eher dafür, dass der Wegfall der Bindungswirkung nach § 5 I ROG die Erhebung eines Widerspruchs kumulativ voraussetzt.[1023] Allerdings führt eine fehlende Beteiligung bei der Aufstellung des Raumordnungsplans zu einer Rechtswidrigkeit des Ziels der Raumordnung und damit zu seiner Unwirksamkeit und in der Folge zu der weiteren Frage, ob und inwieweit der Zieladressat eine Verwerfungskompetenz besitzt, ob er also ohne eine entsprechende gerichtliche Klärung das Ziel der Raumordnung unbeachtet lassen darf.[1024] Aber auch wenn die Voraussetzungen des § 5 I ROG (rechtzeitiger Widerspruch und fehlende Beteiligung der Fachplanung) vorliegen, steht noch nicht fest, ob die Bindungswirkung des Ziels der Raumordnung gegenüber der widersprechenden Stelle oder Person nicht entsteht. Denn zusätzlich muss eine der in § 5 II ROG genannten Voraussetzungen vorliegen. Der **Widerspruch nach § 5 I ROG** lässt nach § 5 II ROG die Bindungswirkung des Ziels der Raumordnung gegenüber der widersprechenden Stelle oder Person nämlich nur dann nicht entstehen, wenn das ihre Belange berührende Ziel der Raumordnung auf einer fehlerhaften Abwägung beruht oder sie ihre raumbedeutsamen Planungen und Maßnahmen nicht auf anderen geeigneten Flächen durchführen kann als auf denen, für die ein entgegenstehendes Ziel im Raumordnungsplan festgelegt wurde. Ob in diesem Sinne fehlerhaft abgewogen worden ist und ob insoweit die Bindungswirkung des Ziels der Raumordnung entfällt, kann letztlich im Streitfall nur gerichtlich geklärt werden. Der einzelne Bürger, der sich durch die Erfordernisse der Raumordnung etwa über fachgesetzliche Raumordnungsklauseln gebunden sieht, hat keinen Anspruch darauf, dass eine beteiligte öffentliche Stelle nach § 5 I ROG widerspricht.[1025] Nach dem insoweit eindeutigen Wortlaut des § 5 II ROG lässt ein fristgerechter Widerspruch die Bindungswirkung des Ziels der Raumordnung nur entfallen, wenn die genannten Voraussetzungen dafür erfüllt sind. Ist das Ziel der Raumordnung aus anderen Gründen, zB weil die Anforderungen an eine hinreichende Bestimmtheit des Ziels nicht erfüllt sind, dann kann das Ziel der Raumordnung zwar rechtswidrig sein, der Widerspruch nach § 5 I ROG lässt die

[1018] zur Entstehungsgeschichte dieser Vorschrift Durner in Kment, ROG, 2019, § 5 Rn. 1 ff.; Runkel in Bielenberg/Runkel/Spannowsky, ROG, 2020, § 5 Rn. 8.

[1019] Deutsch ZUR 2021, 67 (69); Werk in Schumacher/Werk/Albrecht, ROG, 2020, § 5 Rn. 1; Runkel in Bielenberg/Runkel/Spannowsky, ROG, 2020, § 5 Rn. 3.

[1020] Deutsch ZUR 2021, 67 69.

[1021] Durner in Kment, ROG, 2019, § 5 Rn. 8.

[1022] bejahend Durner in Kment, ROG, 2019, § 5 Rn. 30; Spannowsky in Spannowsky/Runkel/Goppel, ROG, 2018, § 5 Rn. 36.

[1023] so im Ergebnis auch Werk in Schumacher/Werk/Albrecht, ROG, 2020, § 5 Rn. 6.

[1024] siehe dazu BVerwGE 112, 373 (380 ff.); Kümper UPR 2018, 463; OVG Münster Urt. v. 30.6.2005 – 20 A 3988/03, juris Rn. 60 ff. mwN; VG Arnsberg Beschl. v. 20.4.2021 – 4 L 107/21, juris Rn. 40 ff.; Runkel in Bielenberg/Runkel/Spannowsky, ROG, 2020, § 5 Rn. 71; Durner in Kment, ROG, 2019, § 4 Rn. 73.

[1025] BVerwG DVBl. 1997, 434.

Bindungswirkung dieses Ziels jedoch nicht entfallen. Etwas anderes würde nur dann gelten, wenn man die Aufzählung der Rechtsmängel in § 5 II ROG für nicht abschließend halten, es sich in diesem Sinne also nur um die Aufzählung der wichtigsten Gründe für eine Fehlerhaftigkeit der Ziele der Raumordnung handeln würde.[1026] Überzeugend ist dies angesichts des klaren Wortlauts allerdings eher nicht.

Macht eine **Veränderung der Sachlage** ein Abweichen von Zielen der Raumordnung erforderlich, so kann die zuständige öffentliche Stelle oder Person nach § 5 III ROG mit Zustimmung der nächsthöheren Behörde innerhalb angemessener Frist, spätestens sechs Monate ab Kenntnis der veränderten Sachlage, unter den Voraussetzungen von § 5 II ROG nachträglich widersprechen. Muss infolge des nachträglichen Widerspruchs der Raumordnungsplan geändert, ergänzt oder aufgehoben werden, hat die widersprechende öffentliche Stelle oder Person die dadurch entstehenden Kosten zu ersetzen (§ 5 III 2 ROG). § 5 I-III ROG gelten gem. § 5 IV ROG entsprechend für raumbedeutsame Planungen und Maßnahmen öffentlicher Stellen der Länder und der Träger der Regionalplanung hinsichtlich der Bindungswirkung der Ziele der Raumordnung in Raumordnungsplänen des Bundes nach § 17 II ROG. Das betrifft den länderübergreifenden Raumordnungsplan des Bundes zum **Hochwasserschutz**. 577

7. Ausnahmen und Zielabweichung (§ 6 ROG)

Von den Zielen der Raumordnung können im Raumordnungsplan Ausnahmen festgelegt werden (§ 6 I ROG). Zudem soll von den Zielen der Raumordnung abgewichen werden, wenn die Abweichung unter raumordnerischen Gesichtspunkten vertretbar ist und die Grundzüge der Planung nicht berührt werden. Von einem Ziel der Raumordnung können im Raumordnungsplan **Ausnahmen** festgelegt werden. Hierdurch wird dem Anliegen einiger Bundesländer Rechnung getragen, Ziele der Raumordnung mit ihren starren Bindungswirkungen in den Raumordnungsplänen flexibler gestalten zu können. Für bestehende Raumordnungspläne, die Ziele mit Ausnahmen iS des § 6 I ROG beinhalten, hat die Regelung klarstellende Funktion. Zudem soll in einem besonderen **Zielabweichungsverfahren** abgewichen werden, wenn die Abweichung unter raumordnerischen Gesichtspunkten vertretbar ist und die Grundzüge der Planung nicht berührt werden (§ 6 II ROG). Die Grenze zwischen Ausnahmen, Zielabweichungsverfahren und Zieländerungsverfahren (Planänderungsverfahren) entspricht weitgehend der zwischen einer Ausnahme von den Festsetzungen (§ 31 I BauGB), einer Befreiung (§ 31 II BauGB) und einer Änderung eines Bebauungsplans.[1027] 578

Im Interesse einer größeren Flexibilität sieht der Gesetzgeber mit der Zielabweichung des § 6 II ROG ein Instrument vor, das im Wesentlichen dem Dispens von Festsetzungen des Bebauungsplanverfahrens § 31 II BauGB entspricht. Die Möglichkeit einer Zielabweichung ist von hoher praktischer Relevanz für die Genehmigungsfähigkeit von Vorhaben und vor allem für die Verfahrensdauer einer Projektrealisierung.[1028] Sind raumbedeutsame Planungen und Maßnahmen mit Zielen der Raumordnung unvereinbar, dann setzt die Realisierung des Vorhabens entweder eine zumeist zeitaufwendige Änderung des Raumordnungsplans oder aber, wenn die Voraussetzungen dafür gegeben sind, eine vom Plangeber im Plan vorgesehene Ausnahme nach § 6 I ROG oder eine Abweichung von dem Ziel der Raumordnung nach § 6 II ROG voraus. Hinzu kommt, dass nach der Rechtsprechung des BVerwG die Überprüfung einer bestandskräftigen Abweichungsentscheidung im Rahmen der Normenkontrolle eines Bebauungsplans angesichts der von dieser Entscheidung ausgehenden Bindungswirkung ausscheidet.[1029] Die rechtliche Wirkung einer Zielabweichungsentscheidung besteht darin, dass ein verbindliches Ziel der Raumordnung in einem konkreten Einzelfall für eine raumbedeutsame Planung oder für eine Zulassungsentscheidung von der Zielbindung „aus raumordnerischer Sicht freigegeben" wird[1030] mit der Folge, dass kein inhaltlicher Widerspruch zwischen der Planung und dem Vorhaben mehr besteht. 579

1026 in diesem Sinne Runkel in Bielenberg/Runkel/Spannowsky, ROG, 2020, § 5 Rn. 70.

1027 Siehe dazu Beckmann EuRUP 2024, 15; Milstein EuRUP 2024, 28; Kümper NVwZ 2024, 347; Raschke/Roscher ZfBR 2024, 116.

1028 Beckmann BauR 2023, 18; Kümper UPR 2021, 121; Kümper UPR 2021, 171 ff.; Kümper VerwArch 2021, 367; Kümper VerwArch 2021, 536.

1029 BVerwG Beschl. v. 24.5.2023 – 4 BN 21/22, juris Rn. 4; BVerwG ZfBR 2007, 683.

1030 BVerwG Beschl. v. 25.6.2007 – 4 BN 17.07, juris Rn. 8; OVG Sachsen Urt. v. 9.2.2023 – 1 C 27/22, juris Rn. 26.

580 Für die Änderung eines Raumordnungsplans gelten nach § 7 VII ROG die Vorschriften des ROG über die Aufstellung von Raumordnungsplänen. Angesichts des mit einer Planänderung verbundenen Aufwands und der sich daraus zumeist ergebene **Zeitverzögerung** spielen Möglichkeiten einer Ausnahme bzw. einer Abweichung von einem Ziel der Raumordnung eine zunehmende Bedeutung. Hinzu kommt, dass die Erteilung einer Ausnahme bzw. die Zulassung einer Abweichung von einem Ziel der Raumordnung als VA in **Bestandskraft** erwachsen kann und somit einem Rechtsstreit über das Vorhaben die Frage, ob und inwieweit das Vorhaben mit dem Ziel der Raumordnung vereinbar ist, entziehen kann.

581 **a) Änderungen durch das ROGÄndG 2023**. § 6 II ROG ist durch das **ROGÄndG 2023** geändert worden.[1031] Das Ermessen der für die Zielabweichung zuständigen Behörde ist für den Regelfall einer beantragten Zielabweichung ausgeschlossen worden. Die zuständige Raumordnungsbehörde soll nunmehr einem Antrag auf Abweichung von einem Ziel der Raumordnung stattgeben, wenn die Abweichung unter raumordnerischen Gesichtspunkten vertretbar ist und die Grundzüge der Planung nicht berührt werden. Mit dem ROGÄndG 2023 ist § 6 II ROG außerdem um einen Satz 3 ergänzt worden. **Antragsberechtigt** sind danach auch Personen des Privatrechts, deren beantragtes Vorhaben der Planfeststellung oder der Genehmigung mit der Rechtswirkung der Planfeststellung bedarf oder deren beantragtes Vorhaben nach § 4 II ROG zu beurteilen ist. Die Einführung einer **Soll-Pflicht** zur Genehmigung beantragter Zielabweichungen durch das ROGÄndG 2023 lässt **Funktionsbeeinträchtigungen** der Raumordnung, insbesondere eine Schwächung der Planungskompetenz der Träger der Raumplanung, befürchten.[1032] Nimmt man an, dass Zielabweichungen wegen der Konzentrationswirkung von Planfeststellung und immissionsschutzrechtlicher Genehmigung von den fachlich zuständigen Zulassungsbehörden zugelassen werden sollen, besteht angesichts der Soll-Plicht zur Abweichungsgestattung die Gefahr, dass der zusammenfassende, überörtliche und überfachliche Charakter der Raumordnung, der sich nicht zuletzt darin manifestiert, dass die in Raumordnungsplänen aufgestellten Ziele der Raumordnung auf einer dementsprechend zusammenfassenden, überörtlichen und überfachlichen planerischen Abwägung beruhen, verloren geht oder zumindest beschädigt wird. Im Vordergrund der fachlich zuständigen Zulassungsbehörden steht das jeweilige fachplanerische Realisierungsinteresse; die immissionsschutzrechtlich zuständige Genehmigungsbehörde verfolgt in erster Linie Belange des Immissionsschutzes, nicht aber Strategien einer zusammenfassenden, überörtlichen und überfachlichen Planung. Eine Pflicht, Zielabweichungen im Regelfall zu gestatten, wenn die Abweichungsvoraussetzungen vorliegen, verstärkt insoweit **partikulare Fachinteressen** gegenüber dem überfachlichen und gesamthaften Planungsansatz der Raumordnung. Die Stärkung solcher Einzelinteressen an einem mit einem Ziel der Raumordnung unvereinbaren Vorhaben, unabhängig von der Art dieser Vorhaben, von deren Umweltrelevanz und unabhängig von der Bedeutung der Belange, die für den Planungsträger der Raumordnung maßgeblich waren, das dem Vorhaben entgegenstehende Ziel der Raumordnung aufzustellen, ist nicht sachangemessen. Die Ausgleichsfunktion der Raumordnung, die gerade darin besteht, unterschiedliche Nutzungsinteressen an den Raum zu koordinieren und in Konfliktlagen durch ein Ziel der Raumordnung zu gewichten und darüber zu entscheiden, wird wesentlich geschwächt, wenn nicht für die Raumordnung zuständige Behörden verpflichtet werden, eine Zielabweichung im Regelfall zu gestatten. Diese Bedenken lassen sich nicht mit dem Hinweis ausräumen, dass eine Zielabweichung nur statthaft ist, wenn sie raumordnerisch vertretbar ist und Grundzüge der Planung nicht berührt. Denn dass eine Zielabweichung raumordnerisch vertretbar ist, ändert nichts daran, dass der zuständige Träger der Raumordnung sich auf der Grundlage einer umfassenden, planerischen Abwägung für ein Ziel der Raumordnung entschieden hat, von dem nun abgewichen werden soll. Und auch wenn eine Zielabweichung die Grundzüge der Planung nicht berührt, bleibt es doch dabei, dass auch Ziele der Raumordnung, die jenseits der Grundzüge der Planung Geltung beanspruchen, auf einer ordnungsgemäßen planerischen Abwägung beruhen (müssen), von der nicht ohne eine Rechtfertigung unter Berücksichtigung besonderer Umstände des Einzelfalls abgewichen werden sollte, wenn nicht die Systematik der Raumplanung zerstört werden soll. Der Gesetzgeber weist den Planungsträgern der Raumordnung gewichtige Planungsaufgaben zu. Raumordnungspläne sollen die sozialen und wirtschaftlichen

[1031] siehe dazu Beckmann EuRUP 2024, 15; BauR 2023, 18; Milstein EuRUP 2024, 28; Kümper ZUR 2023, 168.

[1032] Beckmann BauR 2023, 18; Kümper ZUR 2023, 168; ders. UPR 2022, 329.

Ansprüche an den Raum mit seinen ökologischen Funktionen in Einklang bringen. Die Planungsträger der Raumordnung haben nicht zuletzt nach § 13 I 1 KSG bei ihren Planungen und Entscheidungen den Zweck des Klimaschutzgesetzes und die zu seiner Erfüllung festgelegten Ziele zu berücksichtigen. Der Steuerungsanspruch und die Regelungsdichte der Raumordnungspläne haben angesichts dieser komplexen Aufgabenstellung mittlerweile erheblich zugenommen.[1033] Es kommt deshalb darauf an, die Planungs- und Steuerungsmöglichkeiten der Landes- und Regionalplanung zu stärken, nicht hingegen ihre gesamtplanerische Ausgleichsfunktion zum Schutz partikularer Interessen zielabweichender Vorhaben zu schwächen.[1034]

Durchsetzungskraft und Verbindlichkeit der Ziele der Raumordnung aufgrund ihrer Bindungswirkungen, der Beachtens- und Anpassungspflichten nach §§ 4 I 1 ROG, 1 IV BauGB und zahlreichen Raumordnungsklauseln in verschiedenen Fachgesetzen legitimieren sich durch die bei ihrer Aufstellung stattfindende, umfassende und abschließende planerische Abwägung sämtlicher von ihnen betroffenen öffentlichen und privaten Belange, soweit sie mit Blick auf den jeweiligen Planungsmaßstab der Planungsebene berücksichtigungsfähig sind. Zielabweichungen schwächen die Steuerungsfunktion der Raumordnungspläne und insbesondere die Planungsverantwortung der Planungsträger, soweit nicht die Planungsträger selbst durch eine Planänderung, sondern entweder die zuständige Raumordnungsbehörde oder eine Planfeststellungs- oder Genehmigungsbehörde eine Abweichung von einem Ziel der Raumordnung gestattet. Eine Verpflichtung, Zielabweichungen regelmäßig zu genehmigen, wenn die Grundzüge der Planung nicht berührt werden und wenn die begehrte Abweichung raumordnerisch vertretbar ist, führt somit unweigerlich zu einem unerwünschten Steuerungsverlust für die Raumplanung. 582

Eine Soll-Pflicht zur Genehmigung von Zielabweichungen stärkt das dazu konfligierende Realisierungsinteresse von Vorhabenträgern, deren Vorhaben mit einem planerisch unter Berücksichtigung sämtlicher davon betroffenen Belange abgewogenen Ziel der Raumordnung unvereinbar ist. Sie schwächt damit denknotwendig zugleich die durch das Ziel der Raumordnung geschützten Belange, häufig eben auch solche des Umwelt- und Klimaschutzes, und das obwohl die Soll-Pflicht unabhängig davon gelten soll, welche Art von Vorhaben, mit welchem Umfang und welchen langfristigen Auswirkungen damit befördert werden soll. Es handelt sich bei dieser Privilegierung um einen blind ausgestellten Blankoscheck. Berechtigt ist deshalb die Mahnung, dass die Änderung des § 6 II ROG auch die Bedeutung der raumordnungsrechtlichen Abwägungsentscheidung nach § 7 II 1 ROG „erschüttern" wird.[1035] Bedenklich ist die Einschränkung des Ermessens bei der Zielabweichungsentscheidung auch deshalb, weil ein Festhalten an der Zielbindung auch dann, wenn die Abweichungsvoraussetzungen vorliegen, weiterhin durchaus sachangemessen sein kann, etwa weil die ausschlaggebenden Argumente der Abwägung, die zu dem Ziel der Raumordnung geführt haben, weiterhin tragfähig und überzeugend sind.[1036] Aus Sicht einer für den Umweltschutz, den Klimaschutz und die Anpassung an die Klimafolgen unverzichtbar effizienten Raumordnungsplanung ist eine pauschale Privilegierung von Vorhaben, die mit einem Ziel der Raumordnung kollidieren, durch eine Verpflichtung der zuständigen Behörde, im Regelfall die Zielabweichung zu gestatten, ein erheblicher, vielleicht nicht genügend durchdachter Rückschritt. 583

b) Antragsberechtigung. Antragsberechtigt sind nach § 6 II 2 ROG die öffentlichen Stellen und die Personen des Privatrechts, die das Ziel, von dem eine Abweichung zugelassen werden soll, nach § 4 ROG zu beachten haben. Antragsberechtigt sind nach § 6 II 3 ROG außerdem auch Personen des Privatrechts, deren beantragtes Vorhaben der Planfeststellung oder der Genehmigung mit der Rechtswirkung der Planfeststellung bedarf oder deren beantragtes Vorhaben nach § 4 II ROG zu beurteilen ist. Durch § 6 II 3 ROG soll bestimmt werden, dass zu den im Zielabweichungsverfahren antragsberechtigten Personen des Privatrechts nicht nur solche nach § 4 I 2 ROG zählen, sondern auch die Personen des Privatrechts, deren bereits beantragtes Vorhaben der Planfeststellung oder der Genehmigung mit der Rechtswirkung der Planfeststellung bedarf, oder deren bereits beantragtes Vorhaben nach § 4 II ROG zu beurteilen ist. Nach § 4 I 2 ROG gilt die Zielbeachtenspflicht nach § 4 I 1 Nr. 1 und 2 ROG entsprechend bei raumbedeutsamen Planungen und Maßnahmen, die Personen des Privatrechts in Wahrneh- 584

1033 Kümper VerwArch 2021, 367.
1034 Beckmann BauR 2023, 18 (23).
1035 Kment UPR 2022, 329 (330).
1036 Kümper VerwArch 2021, 367 (373).

mung öffentlicher Aufgaben durchführen, wenn öffentliche Stellen an den Personen mehrheitlich beteiligt sind oder die Planungen und Maßnahmen überwiegend mit öffentlichen Mitteln finanziert werden.

585 **c) Voraussetzungen der Zielabweichung.** Nach § 6 II 1 ROG soll von Zielen der Raumordnung in einem besonderen Verfahren abgewichen werden, wenn die Abweichung unter raumordnerischen Gesichtspunkten vertretbar ist und die Grundzüge der Planung nicht berührt werden. Antragsberechtigt sind die öffentlichen Stellen und Personen des Privatrechts, die das Ziel der Raumordnung, von dem eine Abweichung zugelassen werden soll, zu beachten haben.[1037] Die Zielabweichung unterscheidet sich von einem Zieländerungsverfahren im Ergebnis dadurch, dass das Ziel bei der Zielabweichung bestehen bleibt, während bei einem Zieländerungsverfahren das Ziel im Wege einer Planänderung aufgehoben oder abgeändert wird. Ein spezifisches Verfahren für die Entscheidung über den Antrag auf eine Abweichung von Zielen der Raumordnung schreibt das ROG nicht vor.[1038]

586 Voraussetzung einer Zielabweichung ist es, dass von einem wirksamen Ziel der Raumordnung abgewichen werden soll. Lässt das Raumordnungsziel im Sinne einer Sollvorgabe für atypische Fallgestaltungen eine **Ausnahme** von der Regelverpflichtung zu, dann bedarf es keiner Zielabweichung, weil der Geltungsanspruch des Ziels von vornherein eingeschränkt ist. **Funktionslos gewordene Ziele der Raumordnung** sind ebenfalls nicht mehr wirksam, sodass es der Genehmigung einer Zielabweichung dazu nicht bedarf.[1039] Allerdings werden an die Annahme, ein Raumordnungsplan sei wegen einer Funktionslosigkeit außer Kraft getreten, strenge Anforderungen gestellt. Nicht genügen soll es, das über längere Zeit von dem Plan abgewichen worden ist und inzwischen Verhältnisse eingetreten sind, die den Zielen der Raumordnung des Plans nicht entsprechen. Entscheidend soll sein, ob der Plan angesichts der inzwischen eingetretenen Verhältnisse für den Betroffenenbereich schlechterdings nach den gesetzlichen Anforderungen nicht mehr aufgestellt werden könnte.[1040]

587 § 6 I ROG ermöglicht dazu Ausnahmen von Zielen der Raumordnung, setzt dafür jedoch voraus, dass diese Ausnahmen im Raumordnungsplan selbst zugelassen worden sind.[1041] Nach einer Gegenmeinung bedarf es keiner ausdrücklichen Regelung der Ausnahme im Plan. Vielmehr soll es ausreichen, dass sich die Ausnahmen von einem Ziel der Raumordnung mit Hilfe juristischer Auslegungsmethodik bestimmen ließen.[1042] Ob sich hinter dieser Kontroverse tatsächlich ein rechtlich relevanter Meinungsunterschied verbirgt, ist zweifelhaft. Denn wenn der Plan mit herkömmlichen Auslegungsmethoden so zu verstehen ist, dass der Plangeber eine bestimmte Ausnahmemöglichkeit vorsieht, dann wird die Ausnahme durch den Plan selbst bestimmt. Ob sich der entsprechende Planungswille aus dem Wortlaut unmittelbar und allein oder erst unter Beachtung weiterer Auslegungskriterien, etwa des Sinn und Zwecks und der Planungssystematik erschließen lässt, dürfte nachrangig sein.

588 **d) Raumordnerische Vertretbarkeit.** Die Abweichung von einem Ziel der Raumordnung ist raumordnerisch vertretbar, soweit das Vorhaben im Hinblick auf den Zweck der Zielfestlegung anhand der konkreten Situation planbar gewesen wäre, wenn der Weg der Planung statt der Abweichung beschritten worden wäre.[1043] Raumordnerisch vertretbar iSv § 6 II ROG ist eine Zielabweichung, soweit das Vorhaben im Hinblick auf den Zweck der Zielfestlegung anhand der konkreten Situation planbar wäre, wenn der Weg der Planung statt der Zielabweichung beschritten würde.[1044] Ein **Beurteilungsspielraum** soll der für die Genehmigung der Zielabweichung zuständigen Behörde insoweit nicht zustehen, weil es sich bei der Zielabweichungsentscheidung gerade nicht um eine Planungsentscheidung handelt.[1045] Ob die Abwei-

---

1037 ausführlich zur Zielabweichung Beckmann BauR 2023, 18; Schrage Zielabweichungsverfahren bei Raumordnungsplänen, passim; Goppel UPR 2006, 296; Kirchberg VBlBW 2006, 297.

1038 Schmitz in Bielenberg/Runkel/Spannowsky, ROG, 2021, § 6 Rn. 171.

1039 Schmitz in Bielenberg/Runkel/Spannowsky, ROG, 2021, § 6 Rn. 106.

1040 Runkel in Bielenberg/Runkel/Spannowsky, ROG, 2019, § 3 Rn. 153 unter Verweis auf BVerwG ZfBR 1991, 38; ausführlicher dazu Berkemeier Zum Geltungsverlust oder Unanwendbarkeit von Plänen aufgrund von Funktionslosigkeit, Berlin 2019; siehe auch BVerwG ZfBR 2016, 473 f.

1041 Kment/Grüner UPR 2009, 93.

1042 Koch/Hendler, Baurecht, Raumordnungs- und Landesplanungsrecht, 2009, § 3 Rn. 42.

1043 BVerwG Beschl. v. 12.7.2018 – 7 B 15/17, juris Rn. 13.

1044 BVerwG Beschl. v. 12.7.2018 – 7 B 15/17, juris Rn. 13; OVG Koblenz Urt. v. 14.11.2018 – 1 A 10105/18, juris Rn. 60; Kment in Kment, ROG, 2019, § 6 Rn. 68.

1045 Schmitz in Bielenberg/Runkel/Spannowsky, ROG, 2021, § 6 Rn. 175.

chungsvoraussetzung der raumordnerischen Vertretbarkeit mit dem Kriterium der Planbarkeit sachgerecht konkretisiert werden kann, wird mit dem Hinweis bezweifelt, dass der Gesetzgeber für den Fall eines abschließend abgewogenen Ziels der Raumordnung in der konkreten Situation für den Planungsgegenstand weitere planerische Erwägungen bewusst unterbinden wollte.[1046] Unabhängig von der Überzeugungskraft dieses Hinweises gilt, dass die Frage, ob die Abweichung von einem Ziel der Raumordnung auf dem Wege einer Planänderung erreichbar und insoweit raumordnerisch vertretbar wäre, sich nur unter Berücksichtigung der konkreten Umstände des Einzelfalls und letztlich damit wiederum nur auf der Grundlage einer Abwägung beantworten lässt. Dementsprechend wird für den vergleichbaren Fall der städtebaulichen Vertretbarkeit auch davon gesprochen, dass die Abweichung „abwägungsfehlerfrei" planbar sein müsse.[1047] Nur wenn unter Berücksichtigung des Abwägungsgebots anstelle der geltenden Planfestsetzungen in der konkreten örtlichen Gegebenheit auch eine Planung möglich sei, nach der das geplante Vorhaben zulässig wäre, wäre eine städtebauliche Vertretbarkeit gegeben.[1048] Das BVerwG erläutert dazu, das Tatbestandsmerkmal der städtebaulichen Vertretbarkeit ermögliche es, Vor- und Nachteile eines Vorhabens in einer dem Baugenehmigungsverfahren sonst fremden kompensatorischen Weise planerisch gegeneinander abzuwägen. Damit werde ein planerisches Element in die Entscheidung über ein einzelnes Vorhaben eingezogen.[1049] Schon daraus wird ersichtlich, dass die Prüfung der Abweichungsvoraussetzungen des § 6 II ROG schwierig und auch fehleranfällig bleibt. Im Übrigen wäre eine solche Abwägung grundsätzlich auch Aufgabe des verantwortlichen Planungsträgers. Dass eine Raumordnungsbehörde oder gar eine Planfeststellungs- oder Genehmigungsbehörde anstelle des für eine Planänderung verantwortlichen Planungsträgers einem von dem Ziel der Raumordnung abweichenden Vorhaben bescheinigt, es sei raumordnerisch vertretbar, ist insoweit ein vom Gesetzgeber ermöglichter Eingriff in die Planungskompetenz des Planungsträgers und unterstellt, dass es für die Entscheidung über die Planbarkeit des zielunverträglichen Vorhabens nicht darauf ankommt, ob der verantwortliche Planungsträger die dafür notwendige Abwägung vornimmt. Das schätzt die Bedeutung der planerischen Gestaltungsfreiheit des Planungsträgers eher gering ein. Stellt man dieses Bedenken zurück, weil der für erforderlich gehaltenen Flexibilität nach dem Willen des Gesetzgebers Vorrang vor der Planungsverantwortung des Planungsträgers eingeräumt werden soll, dann dürfte bei Anwendung dieses Kriteriums tatsächlich kaum ein Zielabweichungsverfahren scheitern. Dass eine Planung, die das nicht zielkonforme Vorhaben planungsrechtlich ermöglichen soll, von vornherein unmöglich wäre, das Vorhaben also insoweit nicht planbar wäre, dürfte sich in aller Regel ohne ein entsprechendes Planänderungs- und Beteiligungsverfahren nicht feststellen lassen. Mit Recht wird deshalb angemerkt, dass das Kriterium der Vertretbarkeit unter raumordnerischen Gesichtspunkten allenfalls Randkorrekturen der Zielabweichung bewirken könne.[1050] Denkbar sind insbesondere Fälle, in denen das Vorhaben bereits an offensichtlich erkennbaren, gesetzlich zwingenden Vorgaben, zB solchen des naturschutzrechtlichen Arten- oder Gebietsschutzes, scheitern müsste. Insoweit ist auch die Befürchtung, dass mit der Aufrechterhaltung dieser Abweichungsvoraussetzung eine restriktive Handhabung der Zielabweichungspraxis fortgesetzt wird, nicht berechtigt. Richtig ist allerdings, dass das Merkmal der raumordnerischen Vertretbarkeit nur schwer einzugrenzen ist, weshalb als Prüfungsmaßstab für das Zielabweichungsverfahren das zweite, auf die Grundzüge der Planung bezogene Kriterium in den Vordergrund rückt.

e) Grundzüge der Planung. Eine Zielabweichung ist außerdem nur zulässig, wenn die Abweichung Grundzüge der Planung nicht berührt. Die Beachtung der Grundzüge der Planung gilt als das einschränkende Korrektiv zu der sehr weit gefassten Voraussetzung einer raumordnerischen Vertretbarkeit. Mit der zweiten Voraussetzung, dass Grundzüge der Planung von der Zielabweichung nicht berührt werden dürfen, soll grundsätzlich eine restriktive Handhabung des Zielabweichungsverfahrens erreicht werden.[1051] Was zu den Grundzügen der Planung zählt, hat der Gesetzgeber nicht geregelt. Die Rechtsprechung versteht unter den Grund- 589

1046 Goppel in Spannowsky/Runkel/Goppel, ROG 2018, § 6 Rn. 24.

1047 Reidt in BKL, BauGB, 2022, § 31 Rn. 38; OVG RP Beschl. v. 17.5.2022 – 1 A 10190/22.OVG, juris Rn. 16; BVerwG Urt. v. 17.12.1998 – 4 C 16/97, juris Rn. 36.

1048 Reidt in BKL, BauGB, 2022, § 31 Rn. 38; BVerwGE 108, 190.

1049 BVerwG Urt. v. 15.2.1990 – 4 C 23/86, juris Rn. 28.

1050 Kment in Kment, ROG, 2019, § 6 Rn. 68; Reidt in BKL, BauGB, 2019, § 31 Rn. 39.

1051 Kment in Kment, ROG, 2019, § 6 Rn. 70; Goppel in Spannowsky/Runkel/Goppel, ROG, 2018, § 6 Rn. 26.

zügen der Planung die **Planungskonzeption**, die im Einzelnen bestimmte Ziele trägt und damit den für sie wesentlichen Gehalt bestimmt.[1052] § 6 II ROG orientiert sich insoweit an § 31 II BauGB über die Befreiung von den Festsetzungen eines Bebauungsplans, so dass die hierzu ergangene Rechtsprechung herangezogen wird.[1053] Die Frage, ob eine Abweichung die Grundzüge der Planung berührt oder von minderem Gewicht ist, beurteilt sich nach dem im Plan zum Ausdruck gebrachten planerischen Wollen. Bezogen darauf darf der Abweichung vom Planinhalt keine derartige Bedeutung zukommen, dass die dem Plan zugrunde gelegte Planungskonzeption, das Grundgerüst des Plans, in beachtlicher Weise beeinträchtigt wird. Es muss angenommen werden können, die Abweichung liege noch im Bereich dessen, was der Plangeber gewollt hat oder gewollt hätte, wenn er den Grund für die Abweichung bei der Beschlussfassung gekannt hätte.[1054] Daraus folgt, dass für eine Abweichung von Zielen der Raumordnung nur Aspekte des konkreten Vorhabens, Erkenntnisse zu den maßgeblichen Verhältnissen vor Ort oder zwischenzeitlich eingetretene Entwicklungen im maßgeblichen Planbereich herangezogen werden können, die dem Planungsträger bei Aufstellung seines Ziels der Raumordnung unbekannt waren und dementsprechend auch bei seiner planerischen Abwägung nicht berücksichtigt werden konnten. Alles das hingegen, was bereits Gegenstand der planerischen Abwägung war, kann eine nachträgliche Zielabweichung nicht rechtfertigen. Das schränkt die Möglichkeiten, zur Vermeidung eines Planänderungsverfahrens eine Zielabweichung zu gestatten, erheblich ein und stellt auch den praktischen Nutzen der Einführung einer Soll-Pflicht für eine Verfahrensbeschleunigung durch das **ROGÄndG 2023** in Frage.

590 Als weiteres Kriterium für das Berührtsein der Grundzüge der Planung soll es sprechen, wenn die Abweichung aus Gründen erteilt wird, die eine Vielzahl gleich gelagerter Fälle oder gar für alle von einer bestimmten Festsetzung betroffenen Grundstücke gelten würde.[1055] Eine solche **Präjudizwirkung** könne ein Indiz für ein Berührtsein von Grundzügen der Planung sein. Außerdem wird darauf hingewiesen, dass das Zielabweichungsverfahren darauf angelegt ist, aus Anlass einer konkreten Konfliktsituation für den Einzelfall bzw. in Einzelfällen eine Abweichung von Zielen der Raumordnung zu gewähren. Dies ergebe sich auch unabhängig von einer ausdrücklichen Regelung dazu aus dem Zusammenspiel von Zielabweichung und Planänderung und im Wege der Auslegung, dass die Zielabweichung auf konkrete Sachverhalte bezogen sei, also einen Einzelfallbezug aufweise, während eine Zieländerung im Gegensatz dazu genereller Natur sein könne.[1056]

591 **f) Zielabweichungsverfahren.** Liegen die Voraussetzungen für eine Zielabweichung nicht vor, dann bleibt zu prüfen, ob eine Zieländerung im Sinne einer förmlichen **Änderung des Plans** möglich ist. Das ist auch denkbar, wenn die Grundzüge der Planung durch die Zielabweichung berührt werden, weil auch die Grundzüge der Planung geändert werden können. Etwas anderes gilt allerdings für die **Unvertretbarkeit** unter raumordnerischen Gesichtspunkten. In einem solchen Fall kommt auch eine Plan- bzw. Zieländerung nicht in Frage. Der Verzicht auf eine bundesrechtliche Verpflichtung zur Durchführung eines gesonderten Zielabweichungsverfahrens bedeutet nicht, dass die Länder nicht eine Verpflichtung zur Durchführung eines gesonderten Verfahrens vorsehen dürfen.[1057]

592 **g) Konzentrationswirkung und Zielabweichung.** Etwas anderes gilt allerdings, wenn man annimmt, dass eine Zielabweichung nach dem geltenden Recht von der Konzentrationswirkung eines Planfeststellungsbeschlusses nach § 75 I 2 VwVfG bzw. der Konzentrationswirkung des § 13 BImSchG für immissionsschutzrechtlich genehmigungsbedürftige Anlagen erfasst wird, sodass in diesen Fällen eines Zulassungsverfahrens mit Konzentrationswirkung die Notwendigkeit eines gesonderten Zielabweichungsverfahrens und einer gesonderten Zielabweichungsentscheidung entfallen würde. Dass die Länder ein besonderes Zielabweichungsverfahren vorsehen, bedeutet noch nicht, dass aufgrund spezieller Regelungen eine Konzentrationswirkung für bestimmte Genehmigungs- und Planfeststellungsverfahren ausgeschlossen

[1052] BVerwG UPR 2005, 390; BVerwG NVwZ 2009, 1103; VGH Mannheim Urt. v. 17.12.2009 – 3 S 2110/08, juris, Rn. 74.

[1053] BVerwG Beschl. v. 12.7.2018 – 7 B 15/17, juris Rn. 13; BVerwGE 138, 301 Rn. 26.

[1054] Kment in Kment, ROG, 2019, § 6 Rn. 71; BVerwGE 138, 301 Rn. 26; BVerwG Beschl. v. 12.7.2018 – 7 B 15/17, juris.

[1055] Kment in Kment, ROG, 2019, § 6 Rn. 73.

[1056] Kment in Kment, ROG, 2019, § 6 Rn. 75.

[1057] verschiedene Landesregelungen dazu listet Kümper UPR 2022, 171 (172) auf.

wäre. Bemängelt wird in diesem Zusammenhang allerdings, dass die Neuregelung den schon seit Jahrzehnten geführten Streit um die Reichweite der Konzentrationswirkung der §§ 75 I VwVfG, 13 BImSchG im Verhältnis zur einer für ein Vorhaben erforderlichen Zielabweichungsentscheidung nicht eindeutig entscheidet.[1058] Zum **Planfeststellungsrecht** geht die wohl h.M. davon aus, dass die Konzentrationswirkung des Planfeststellungsbeschlusses nach § 75 I 1 VwVfG sich auf die Zielabweichungsentscheidung erstreckt.[1059] Die Planfeststellungsbehörde entscheidet nach Anhörung der Raumordnungsbehörde, ein gesondertes Verfahren mit gesonderter Entscheidung ist insoweit nicht erforderlich. Im Sinne einer Verfahrenskonzentration und einer Verfahrensbeschleunigung, die zu den ausgewiesenen Zielen des ROGÄndG 2023 zählen, ist eine solche Verfahrenskonzentration auch sinnvoll.

Auch **im immissionsschutzrechtlichen Genehmigungsverfahren** besteht Streit darüber, ob sich die Konzentrationswirkung der Genehmigung nach § 13 BImSchG auf eine Zielabweichungsentscheidung erstreckt[1060] oder ob diese gesondert ergehen muss.[1061] Der Meinungsstreit führt zu einem Risiko für die Bestandskraft immissionsschutzrechtlicher Genehmigungen für Windenergieanlagen, bei denen die Zielabweichungsentscheidung gesondert ergangen ist. Wenn § 6 II 1 ROG in der Neufassung den Regelungen der §§ 75 VwVfG, 13 BImSchG über die Konzentrationswirkung vorgehen würde, wäre dies gegenüber dem bisherigen Rechtszustand im Hinblick auf eine vom Gesetzgeber beabsichtigte Verfahrensbeschleunigung ein Rückschritt. Die Einbeziehung der Zielabweichung in die Konzentrationswirkung der Planfeststellung und der immissionsschutzrechtlichen Genehmigung ist im Hinblick auf die Ziele des Gesetzgebers (Verfahrensbeschleunigung und bessere Verzahnung der Verfahren) vorzugswürdig. Wenn der Gesetzgeber eine gesonderte Entscheidung der Raumordnungsbehörde für richtig halten würde, sollte er dies für die Rechtsanwender eindeutig klarstellen. Sinnvoll wäre außerdem eine Regelung, die klarstellt, dass sich die genannten Konzentrationswirkungen auf die Gestattung von Zielabweichungen erstrecken soll. Allerdings wird die Soll-Pflicht zur Gestattung von Zielabweichungen für Planfeststellungs- und Genehmigungsbehörden, die für die Zulassung eines zielabweichenden Vorhabens zuständig sind, die Planungskompetenz der Raumplanungsträger weiter einschränken und die Funktion der Raumordnung als staatliche Gesamtplanung für den Interessensausgleich zwischen unterschiedlichen Belangen und Fachplanungszielen schwächen. Etwas anderes könnte nur dann gelten, wenn trotz der Neuregelung in § 6 II ROG unter Berücksichtigung der entsprechenden Landesregelungen anzunehmen wäre, dass eine Zielabweichung nur im Einvernehmen mit dem jeweiligen Planungsträger gestattet werden könnte (siehe zB § 8 NROG, wonach eine Abweichung von einem Ziel der Raumordnung nach § 6 II ROG nur im Einvernehmen mit den in ihren Belangen berührten öffentlichen Stellen und im Benehmen mit den betroffenen Gemeinden zugelassen werden kann) und wenn zusätzlich noch davon auszugehen wäre, dass der Planungsträger bei seiner Entscheidung über die Herstellung des Einvernehmens nicht an die Soll-Pflicht des § 6 II ROG gebunden ist. Dazu bedürfte es jedoch ebenfalls einer ausdrücklichen Regelung. Die Konzentrationswirkung eines Planfeststellungsbeschlusses und einer immissionsschutzrechtlichen Genehmigung führt grundsätzlich nur zu einer **Verfahrens- und Entscheidungskonzentration**; die Behörde hat insoweit das materielle Recht weiterhin vollständig zu beachten. Verfahrensrechtlich findet eine Zuständigkeitsverlagerung statt; die ansonsten zuständige Behörde verliert ihre Zuständigkeit. Um die fachliche Kompetenz dieser Fachbehörde für die Planfeststellung bzw. für die konzentrierte Genehmigung nicht zu verlieren, muss die Fachbe- 593

[1058] Stellungnahme des Umweltrechtsausschusses des Deutschen Anwaltvereins zum Referentenentwurf, NuR 2022, 622.

[1059] Schmitz in Bielenberg ua, Raumordnungs- und Landesplanungsrecht, § 6 Rn. 204 ff.; Kupfer in Schoch/Schneider, Verwaltungsrecht, § 75 VwVfG Rn. 41; Wysk in Kopp/Ramsauer, VwVfG, 2021, § 75 Rn. 13; aA Goppel in Spannowsky/Runkel/Goppel, ROG, 2018, § 6 Rn. 13 f.

[1060] bejahend OVG Lüneburg Beschl. v.15.12.2021 – 12 MS 97/21, juris Rn. 21; offen gelassen von VG Stuttgart Beschl. v. 5.5.2022 – 2 K 225/22 juris Rn. 8; a.A VGH Mannheim BeckRS 2022, 32102; VGH BW, BeckRS 2022, 35853; eher vorsichtig Jarass, BImSchG, 2022, § 13 Rn. 6a: „Der Konzentrationswirkung dürfte zudem die Entscheidung im Raumordnungsrecht über eine Ausnahme oder eine Zielabweichung gem. § 6 ROG unterliegen, jedenfalls soweit sie gegenüber dem Antragsteller ergehen würde."; Lange in Appel ua, BImSchG, 2021, § 13 Rn. 25; der Ansicht des OVG Lüneburg zustimmend Kümper UPR 2021, 171 (173); ders. ZUR 2023, 168.

[1061] so die auf die Windenergieerlasse gestützte Behördenpraxis in einigen Bundesländern, zB Baden-Württemberg, und Teile der Literatur, zB Wasielewski, in Führ GK-BImSchG, 2019, § 13 Rn. 36.

hörde im Verfahren beteiligt werden. Das bedeutet jedoch nicht, dass sie ohne eine entsprechende Regelung auch ihr **Einvernehmen** erteilen muss.

594 Die Zulassung einer Abweichung von einem Ziel der Raumordnung ist ein Verwaltungsakt, welcher der vollen gerichtlichen Überprüfung unterliegt.[1062] Zielabweichungsentscheidungen sind insoweit **keine Planungsentscheidungen** mit planerischem Gestaltungsspielraum.[1063] Der Entscheidung über die Zielabweichung kommt gegenüber demjenigen, der die Abweichung beantragt hat, sowie den von der Abweichung Betroffenen Außenwirkung zu.[1064] Raumordnungsrechtliche Vorschriften begründen dementsprechend in der Regel keine subjektiven Rechte von Kommunen.[1065]

595 **h) Drittschutz bei Zielabweichung.** Eine drittschützende Wirkung dahingehend, dass **Nachbargemeinden** ein Recht auf Beibehaltung des Ziels der Raumordnung, von dem abgewichen werden soll, geltend machen können, vermittelt § 6 II 1 ROG nicht.[1066] Abwehrrechte von Kommunen nach § 2 II 2 BauGB können auch im Wege einer Anfechtungsklage gegen eine Zielabweichung geltend gemacht werden.[1067] Etwas anderes kann gelten, wenn sich im Einzelfall feststellen lässt, dass in einem Raumordnungsplan ein einzelnes Ziel der Raumordnung nach den Willen des Plangebers abweichend von den vorstehenden Grundsätzen gerade eine bestimmte Gemeinde oder mehrere Kommunen schützen und dieser bzw. diesen eine abwehrfähige subjektive Rechtsposition vermitteln soll. Die Klage einer Nachbargemeinde gegen eine raumordnungsrechtliche Zielabweichung für die Ansiedlung eines großflächigen Einzelhandelsvorhabens ist nur zulässig, wenn die Zielvorgabe, von der abgewichen wird, neben dem öffentlichen Planungsinteresse auch dem Schutz der Nachbargemeinde dient. Ob dies der Fall ist, muss durch Auslegung der Begründung des Ziels und seiner systematischen Stellung ermittelt werden.[1068]

596 **Privaten Dritten** fehlt im Regelfall die **Klagebefugnis** für die Anfechtung eines dem Vorhabenträger erteilten Bescheides, mit dem die Abweichung von Zielen der Raumordnung zugelassen wird.[1069] Soweit landesrechtlich geregelte Zielabweichungsverfahren eine Beteiligung der Träger öffentlicher Belange, nicht jedoch eine Öffentlichkeitsbeteiligung vorsehen, dient das Verfahren allenfalls dem Schutz eines privaten Antragstellers, nicht jedoch sonstiger Dritter.[1070] Auch die in § 6 II 1 ROG bestimmten Abweichungsvoraussetzungen sind nicht drittschützend.[1071] Die Beteiligung von privaten Dritten im Zielabweichungsverfahren ist nicht von Verfassung wegen geboten, zumal drittbetroffenen Privaten mit der Inzidentprüfung einer Zielabweichungsentscheidung etwa im Rahmen der Anfechtung einer späteren Zulassungsentscheidung grundsätzlich ausreichender Rechtsschutz zur Verfügung steht.[1072]

597 Der **Anwendungsbereich des UmwRG** ist auch für Klagen von **Umweltvereinigungen** gegen Zielabweichungsgestattungen eröffnet. Zwar ist nach Ansicht des VG Lüneburg die Zielabweichung von einer raumordnerisch festgelegten Ausschlusswirkung gemäß § 35 III 3 BauGB keine Zulassungsentscheidung iSd § 1 I 1 Nr. 1 und Nr. 5 UmwRG. Die Zielabweichung kann nach Ansicht des VG Lüneburg auch nicht als Entscheidung über die Annahme eines Plans oder Programms iSd § 1 I 1 Nr. 4 UmwRG qualifiziert werden. Unionsrecht verlangt nach Ansicht des VG Lüneburg nicht, dass einer anerkannten Naturschutzvereinigung Klagerechte gegen eine Zielabweichungsentscheidung zustehen müssten, mit der die raumordnerisch festgelegte Ausschlusswirkung gemäß § 35 III 3 BauGB aufge-

---

[1062] VG Gießen Urt. v. 22.3.2023 – 1 K 592/21.GI, juris Rn. 104; VGH Kassel NVwZ 2010, 66; OVG Koblenz Urt. v. 15.10.2008 – 1 A 10388/08, juris Rn. 41; Goppel in Spannowsky/ Runkel/Goppel, ROG, 2018, § 6 Rn. 48 und 49.

[1063] OVG Koblenz NVwZ-RR 2017, 563.

[1064] BVerwG DVBl. 2010, 180; OVG Koblenz DVBl. 2009, 386-

[1065] VGH BW Urt. v. 8.12.2022 – 14 S 1082/22, juris Rn. 41; VGH Kassel Urt. v. 28.6.2005 – 12 A 3.05, juris Rn. 80; OVG Berlin-Brandenburg Urt. v. 16.11.2017 – OVG 10 S 1.17, juris Rn. 34.

[1066] VGH Mannheim Urt. v. 8.12.2022 – 14 S 1082/22, juris Rn. 41; OVG Koblenz Urt. v. 15.2.2017 – 8 A 10717/16, juris Rn. 42).

[1067] VGH Kassel Urt. v. 25.3.2010 – 4 A 1687/09, juris Rn. 58.

[1068] VG Gießen Urt. v. 22.3.2023 – 1 K 592/21.GI, juris Rn. 114.

[1069] OVG Bautzen Urt. v. 9.2.2023 – 1 C 27/22, juris Rn. 26; OVG Koblenz NVwZ-RR 2017, 563.

[1070] OVG Bautzen Urt. v. 9.2.2023 – 1 C 27/22, juris Rn. 26.

[1071] OVG Bautzen Urt. v. 9.2.2023 – 1 C 27/22, juris Rn. 26; Kümper NuR 2021, 588 (597).

[1072] BVerwG Beschl. v. 15.7.2005 – 9 VR 43.04, juris Rn. 10; OVG Bautzen Urt. v. 9.2.2023 – 1 C 27/22, juris Rn. 26.

hoben wird.[1073] Das BVerwG hat jedoch entschieden, dass eine anerkannte Umweltvereinigung gerichtlich überprüfen lassen kann, ob eine Abweichung von Zielen des Regionalplans gegen umweltbezogene Rechtsvorschriften verstößt.[1074] Die Überprüfung einer bestandskräftigen Abweichungsentscheidung im Rahmen der **Normenkontrolle** eines Bebauungsplans scheidet angesichts der von dieser Entscheidung ausgehenden Bindungswirkung aus. Die Bestandskraftwirkung besteht zwar nur im Verhältnis zwischen der Gemeinde, die die Abweichung beantragt hat, und der zuständigen Behörde. Darüber hinaus greift jedoch die **Tatbestandswirkung** der Entscheidung, die auch von dem Normenkontrollgericht zu respektieren ist.[1075]

8. Allgemeine Vorschriften über Raumordnungspläne (§ 7 ROG)

§ 7 ROG enthält die allgemeinen Regelungen über Raumordnungspläne, die sowohl für Raumordnungspläne der Länder als auch für Raumordnungspläne des Bundes gelten. In Raumordnungsplänen sind nach § 7 I ROG für einen bestimmten Planungsraum und einen regelmäßig mittelfristigen Zeitraum Festlegungen als Ziele und Grundsätze der Raumordnung zur Entwicklung, Ordnung und Sicherung des Raums, insbesondere zu den Nutzungen und Funktionen des Raums, zu treffen. § 7 II ROG regelt als Planungsgrundsatz der Raumordnung das Abwägungsgebot. In die Abwägung nach § 7 II 1 ROG sind alle öffentlichen und privaten Belange einzustellen, soweit sie auf der jeweiligen Planungsebene erkennbar und von Bedeutung sind. Abwägungsrelevant sind alle Belange, die mehr als geringwertig, schutzwürdig, nicht mit einem Makel behaftet und für den Planer erkennbar sind. Der Planungsträger darf bei der Abwägungsentscheidung typisieren; das Abwägungsmaterial muss also nicht so kleinteilig zusammengestellt werden, wie auf den nachgeordneten Planungsebenen, es sei denn, die Belange wären hierdurch auf der nachfolgenden Ebene nicht mehr zu prüfen.[1076] Eine Verpflichtung, Regionalpläne in öffentlicher Sitzung zu beschließen, kann sich nur aus dem jeweiligen Landesrecht ergeben. Nach § 7 II 2 ROG sind in der Abwägung auch das Ergebnis der Umweltprüfung sowie die Stellungnahmen in den Beteiligungsverfahren in der Abwägung zu berücksichtigen sind. Weiterhin ist geregelt (§ 7 III ROG), dass Raumordnungspläne benachbarter Planungsräume aufeinander abzustimmen sind. Ziele und Grundsätze der Raumordnung sind in den Raumordnungsplänen als solche zu kennzeichnen (§ 7 IV ROG). Den Raumordnungsplänen ist nach § 7 V ROG eine Begründung beizufügen. Soweit ein Gebiet von gemeinschaftlicher Bedeutung oder ein europäisches Vogelschutzgebiet in seinen für die Erhaltungsziele oder den Schutzzweck maßgeblichen Bestandteilen erheblich beeinträchtigt werden kann, sind bei der Aufstellung von Raumordnungsplänen nach §§ 8, 17 II und III ROG die Vorschriften des BNatSchG über die Zulässigkeit und Durchführung von derartigen Eingriffen einschließlich der Einholung der Stellungnahme der Europäischen Kommission anzuwenden (§ 7 VI ROG). 598

Die Unterlagen einer in einem vorangegangenen **Linienbestimmungs- oder Raumordnungsverfahren** durchgeführten Umweltverträglichkeitsprüfung sind in einem nachfolgenden Planfeststellungsverfahren auch dann nicht erneut auszulegen, wenn die Planfeststellungsbehörde dort die Prüfung der Umweltverträglichkeit gemäß § 15 IV, § 16 IV UVPG auf zusätzliche oder andere erhebliche Umweltauswirkungen beschränkt. Die Eignung einer Ersatzmaßnahme gemäß § 15 II BNatSchG ist nicht allein deshalb ausgeschlossen, weil die hierfür vorgesehene Fläche innerhalb eines Vogelschutzgebietes liegt.[1077] 599

1073 VG Lüneburg Urt. v. 6.5.2021 – 2 A 6/20, juris Rn. 29, 37, 46.

1074 BVerwG NVWZ 2024, 343 mit Anmerkung von Kümper, der zu Recht in Frage stellt, ob die Ansicht des BVerwG, eine Zielabweichungsentscheidung sei keine Zulassungsentscheidung auch dann zutrifft, wenn es sich nicht um eine Zielabweichung für eine Planungsentscheidung, insbesondere für einen Bebauungsplan, sondern um eine Zielabweichung für ein zulassungsbedürftiges Einzelvorhaben geht. Zulassungsentscheidungen im UVP-rechtlichen Sinne müssen nämlich nicht zwingend die Realisierung des genehmigungsbedürftigen Vorhabens freigeben. Vielmehr reicht es aus, dass sie für die Zulassung des Vorhabens erforderlich und insoweit Teil einer (gestuften) Zulassung des UVP-pflichtigen Vorhabens sind.

1075 OVG Lüneburg Urt. v. 4.7.2017 – 7 KS 7/15, juris Rn. 124; BVerwG ZfBR 2007, 683.

1076 BVerwG Beschl. v. 22.12.2016 – 4 BN 17.16 zur Unbeachtlichkeit von Verfahrensfehlern bei der Aufstellung eines Regionalplans.

1077 BVerwG NVwZ 2016, 1641; Wolkenhauer IR 2019, 208.

IV. Stufensystem der raumrelevanten Planung

600 Die **räumliche Planung** gliedert sich in ein **Stufensystem**, das von der (Bundes-)Raumordnung über die Raumordnung der Länder, die Regionalplanung bis zur gemeindlichen Bauleitplanung reicht, die wiederum im für das gesamte Gemeindegebiet geltenden Flächennutzungsplan und daraus zu entwickelnden Bebauungsplänen ihren Ausdruck findet. Raumordnung ist dabei die zusammenfassende und übergeordnete Planung und Ordnung des Raumes.[1078] Die Raumordnung der Länder ist die auf das Gebiet eines Landes bezogene übergeordnete und zusammenfassende Planung. Die Regionalplanung erfasst als Bestandteil der Raumordnung der Länder eine Teilfläche eines Landes, die größer ist als eine der Bauleitplanung unterliegende Einheit. Eingebettet in diese überörtliche Gesamtplanung entfaltet sich die gemeindliche Bauleitplanung. Das gestufte System räumlicher Planung ist durch ein Zusammenwirken von Staat und kommunaler Selbstverwaltung gekennzeichnet.

1. Raumordnung

601 Zum grundsätzlich staatlichen Verantwortungsbereich gehört die übergeordnete und rahmensetzende Raumordnung, die aus der staatlichen Gesamtsicht eine zusammenfassende räumliche Ordnung von Bund und Ländern beinhaltet und durch Großräumigkeit und Weitmaschigkeit gekennzeichnet ist. Bei aller im Blick auf die Bindungswirkungen notwendigen Konkretisierung, Klarheit und Verständlichkeit und bei aller Anerkennung eines wachsenden landesplanerischen Gestaltungswillens, der besonders durch Landesentwicklungsprogramme und -pläne deutlich wird, darf die staatliche Raumordnung nicht den Charakter einer Detailplanung mit parzellenscharfer Ausweisung annehmen und damit die Ortsplanung zur weisungsgebundenen Vollzugsinstanz degradieren.[1079] Die staatliche Planung hat daher durch eine mehr globale Steuerung, die kommunalen Alternativplanungen und Eigenvorstellungen noch Raum lässt, ausreichende Handlungsspielräume zu eröffnen und dadurch Übergriffe in die kommunale Entscheidungsfreiheit zu verhindern. Eine so verstandene rahmensetzende Raumordnung, die mehr durch rahmensetzende Leitlinien und Negativplanungen als durch positive Planungsgebote gekennzeichnet ist, gehört zum staatlichen Verantwortungsbereich. Sie gerät in die gemeinsame Verantwortung von Staat und kommunaler Selbstverwaltung, je weitergehende Vorgaben sie für die kommunale Planung enthält und je verbindlichere Festlegungen sie für die kommunale Eigenentwicklung bereithält.[1080]

2. Kommunale Bauleitplanung

602 In die großräumige staatliche Raumordnung des Bundes und der Länder ist die kommunale Bauleitplanung eingebunden, die grundsätzlich zum gemeindlichen Aufgabenkreis gehört und den Gemeinden jedenfalls nicht vollständig entzogen werden darf. Die ortsbezogene Bauleitplanung, die sowohl die vorbereitende Flächennutzungsplanung als auch die verbindliche Festsetzungen enthaltende Bebauungsplanung umfasst, ist daher – bei aller Einbindung in die übergeordnete staatliche Planung durch Anpassungspflichten und Genehmigungsvorbehalte – Bestandteil des kommunalen Verantwortungsbereichs.

3. Regionalplanung

603 In einer Übergangszone zwischen der staatlichen Raumordnung und der kommunalen Bauleitplanung befindet sich die Regionalplanung, die eine planerische Zusammenfassung in sich geschlossener oder zusammenhängender regionaler Planungs- und Wirtschaftsräume enthält und – was ihren materiellen Aufgabencharakter angeht – sowohl staatliche als auch kommunale Elemente aufweist. Sie steht im Schnittpunkt von staatlicher Planung und Impulsen der kommunalen Selbstverwaltung und bildet damit einen Bestandteil des **Kondominiums** der Aufgaben, für die eine gemeinsame Verantwortung von Staat und kommunaler Selbstverwaltung

---

1078 BVerfGE 3, 407.

1079 Stern/Burmeister Die Verfassungsmäßigkeit eines landesrechtlichen Planungsgebotes für Gemeinden 1975, 30.

1080 Zur Raumordnung als Vorgabe für die kommunale Bauleitplanung BVerwGE 6, 342; BVerwGE 68, 342; BVerwG NVwZ 1985, 736; NVwZ 1987, 578; NVwZ 1989, 49; NVwZ 1989, 864; NJW 1990, 925.

besteht.[1081] Die Regionalplanung wird zum Teil in staatlicher, zum Teil in kommunaler Trägerschaft wahrgenommen und hat in dieser Reibungszone von Raumordnung und kommunaler Bauleitplanung sowohl übergeordnete Landesinteressen als auch Belange der kommunalen Selbstverwaltung zu berücksichtigen. § 9 ROG bestimmt dazu, dass die Öffentlichkeit sowie die in ihren Belangen berührten öffentlichen Stellen, zu denen auch die Gemeinden und Gemeindeverbände oder deren Zusammenschlüsse zählen, in einem förmlichen Verfahren zu beteiligen sind. Nach § 13 II 1 ROG sind die Regionalpläne aus dem Raumordnungsplan für das Landesgebiet zu entwickeln. Die Flächennutzungspläne und die Ergebnisse der von Gemeinden beschlossenen sonstigen städtebaulichen Planungen sind gem. § 13 II 2 ROG entsprechend § 1 III ROG in der Abwägung nach § 7 II 1 ROG zu berücksichtigen. Die örtliche Gestaltungsverantwortung der Gemeinden soll sich in der Regionalplanung mit der gebietlich übergreifenden Gestaltungsverantwortung in einem Gegenstromverfahren verbinden (§ 1 III ROG). Dabei sind kommunale und staatliche Interessen sachgerecht auszugleichen.

Beispiel: Durch die Regionalplanung darf die Planungshoheit der Gemeinde für außerhalb der allgemeinen Siedlungsbereiche gelegene Ortsteile nicht derart beschränkt werden, dass die Ortsteile nur bei einem Bedarf der ortsansässigen Bevölkerung durch Bauleitplan überplant werden dürfen.[1082]

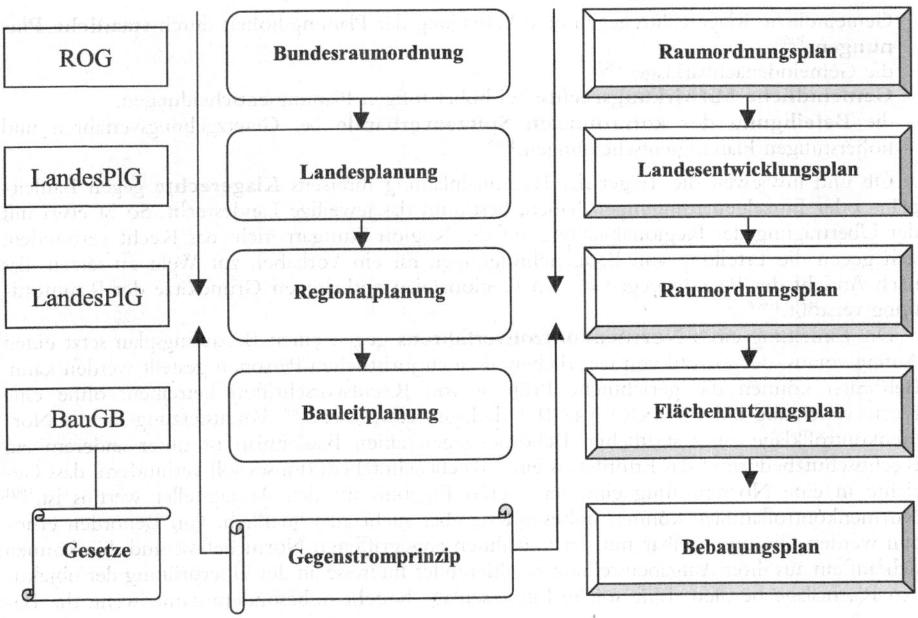

[1081] Köck Pläne und andere Formen des prospektiven Verwaltungshandelns in Voßkuhle/Eifert/Möllers, Grundlagen des Verwaltungsrechts, 2022, § 36 Rn 74; Battis Öffentliches Baurecht und Raumordnungsrecht, 2022, S. 35; zur Zusammensetzung der Regionalräte in NRW im Sinne einer flächendeckenden Repräsentation der Kommunen durch kommunale Mitglieder und zu Rechtsschutzmöglichkeiten des Regionalrats gegen Einwendungen der Landesplanungsbehörde Beckmann BauR 2014, 1717; zur grenzüberschreitenden Regionalplanung Hoppe/Appold Juristische Möglichkeiten für eine gemeinsame grenzüberschreitende Regionalplanung 1993; zu juristischen Aspekten einer interkommunalen Zusammenarbeit beiderseits der deutsch-niederländischen Grenze Hoppe/Beckmann DVBl. 1986, 1.

[1082] OVG Münster NVwZ-RR 2007, 442.

4. Klage- und Beteiligungsrechte der Gemeinden

604 Trotz dieser Scharnierfunktion der Regionalplanung zwischen der landesweiten Raumordnung und der Raumordnung des Bundes einerseits und der örtlichen Bauleitplanung andererseits nehmen auch Verflechtungen zwischen höherstufiger Raumordnung und örtlicher Bauleitplanung wegen der wachsenden Bedeutung landesplanerischer Regelungen zu,[1083] sodass die gesamte raumrelevante Planung als Gemeinschaftsaufgabe von Staat und Gemeinden bezeichnet werden kann, in der sich die unterschiedlichen Interessen in einem **Gegenstromprinzip** begegnen und ausgleichen.[1084] Auch wenn das Gegenstromprinzip des § 1 III ROG sich nicht zwingend und unmittelbar auf die örtliche Bauleitplanung beziehen muss, weil umstritten ist, ob auch die Gemeindegebiete Teilräume iSd § 1 III ROG sind,[1085] verdeutlicht es ein unabhängig von der Meinungsverschiedenheit geltendes, materielles Rücksichtnahmegebot auf der Basis der Eigenständigkeit der verschiedenen Planungsebenen und signalisiert eine bestehende Hierarchie der Planungen von Gesamtraum und Teilräumen. Während sich die Teilräume in die Gegebenheiten des Gesamtraums einfügen sollen, sich daran auch anpassen sollen, soll die Planung des Gesamtraums die Gegebenheiten der Teilräume gebührend berücksichtigen. Das Gegenstromprinzip thematisiert jedoch nicht nur ein materielles Berücksichtigungsgebot; vielmehr ergeben sich aus ihm bzw. den systematisch zuzuordnenden Verfahrensbestimmungen verschiedene Beteiligungs- und auch Klagerechte. Dazu gehören:

– Gemeindliche Klagerechte gegen eine Verletzung der Planungshoheit durch **staatliche Planungen,**[1086]
– die Gemeindenachbarklage,[1087]
– **Gemeindliche Mitwirkungsrechte** bei höherstufigen Planungsentscheidungen,
– die **Beteiligung der kommunalen Spitzenverbände** bei Gesetzgebungsverfahren und höherstufigen Planungsentscheidungen.[1088]

605 Ob und inwieweit die Träger der Regionalplanung ihrerseits **Klagerechte** gegen Bauleitpläne oder Einzelgenehmigungen haben, bestimmt das jeweilige Landesrecht. So ist etwa mit der Übertragung der Regionalplanung auf die Region Stuttgart nicht das Recht verbunden, sich gegen die Erteilung von Baugenehmigungen für ein Vorhaben zur Wehr zu setzen, das nach Ansicht der Region gegen die im Regionalplan enthaltenen Grundsätze der Raumordnung verstößt.[1089]

606 Die Einleitung eines **Normenkontrollverfahrens** gegen einen Bebauungsplan setzt einen Antrag voraus, der sowohl von natürlichen als auch juristischen Personen gestellt werden kann. Behörden können die gerichtliche Prüfung von Rechtsvorschriften betreiben, ohne eine Rechtsverletzung iSd § VWGO § 47 II 1 darlegen zu müssen.[1090] Voraussetzung für die Normenkontrollklage einer staatlichen Behörde gegen einen Bauleitplan ist unter anderem ein Rechtsschutzbedürfnis; das Erfordernis eines Rechtsschutzbedürfnisses soll verhindern, dass Gerichte in eine Normprüfung eintreten, deren Ergebnis für den Antragsteller wertlos ist.[1091] Normenkontrollanträge können insbesondere, aber nicht ausschließlich, von Behörden erhoben werden, die unmittelbar mit der von ihnen angegriffenen Norm befasst sind. Sie können sich auf ein aus ihrer Aufgabenstellung resultierendes Interesse an der Überprüfung der objektiven Rechtslage berufen. Eine solche Interessenlage besteht insbesondere dann, wenn die Be-

1083 So schon Badura in FS für Weber, 1974, 911.

1084 BVerwG NVwZ 2005, 578; OVG Weimar Urt. v. 9.11.2022 – 1 N 548/19, juris Rn. 180; zum Gegenstromprinzip siehe auch Grotefels in HBG, Öffentliches Baurecht, 2024, § 3 Rn. 43; Werk in Schumacher/Werk/Albrecht, ROG 2020, § 1 Rn. 39 ff.; Runkel in Spannowsky/Runkel/Goppel, ROG, 2018, Rn. 11; Braese Das Gegenstromverfahren in der Raumordnung – zum Abstimmungsverfahren bei Planungen, 1982.

1085 bejahend Hofmann in Kment, ROG, 2019, § 1 Rn35; Hendler in Cholewa/Dyong/von der Heide § 1 Rn. 46 mwN; aA Runkel in Spannowsky/Runkel/Goppel, 2018, § 1 Rn. 108.

1086 BVerwG KommJur 2019, 341; NVwZ 2014, 669.

1087 Siehe zB OVG Hamburg ZfBR 2020, 72; VGH München BeckRS 2019, 1019; OVG Berlin-Brandenburg ZfBR 2017, 364; Hug Gemeindenachbarklage im öffentlichen Baurecht, Diss. 2009.

1088 Blümel VVDStRL 36 (1978), 171 232.

1089 VGH Mannheim ESVGH 48, 288.

1090 Näher dazu Giesberts in BeckOK VwGO, 2023, § 47 Rn. 42; Beckmann NWVBl 2021, 181.

1091 OVG Weimar Urt. v. 13.12.2017 -1 N 624/13, juris Rn. 59.

hörde die streitige Norm bei der Erfüllung ihrer Aufgaben zu beachten hat.[1092] Behörden können die gerichtliche Prüfung von Rechtsvorschriften verlangen, ohne einen Nachteil iS des § 47 II 1 VwGO darlegen zu müssen. Auch eine Behörde ist aber nicht schlechthin, sondern nur dann antragsbefugt, wenn ihr ein Rechtsschutzinteresse zur Seite steht. Das ist zB dann gegeben, wenn sie mit der Ausführung der von ihr beanstandeten Norm befasst ist, ohne selbst über die Norm verfügen – insbesondere sie aufheben oder ändern – zu können.

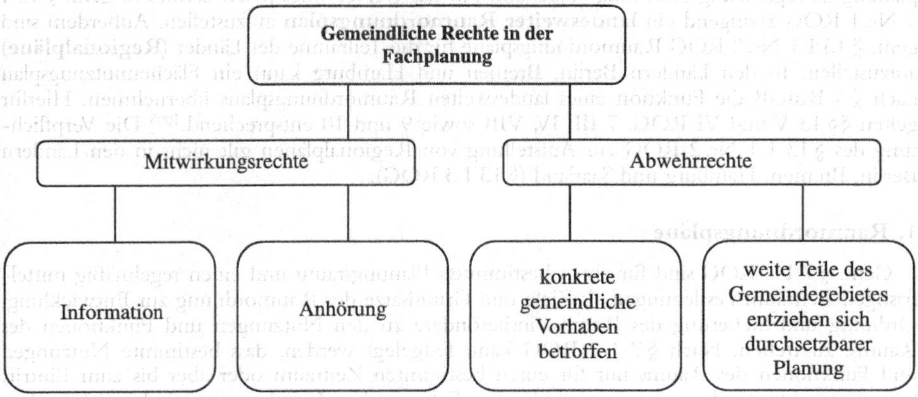

V. Grundsätze der Raumordnung

Grundsätze der Raumordnung sind gem. § 3 I Nr. 3 ROG Aussagen zur Entwicklung, Ordnung und Sicherung des Raums als Vorgaben für nachfolgende Abwägungs- oder Ermessensentscheidungen. Die Grundsätze der Raumordnung sind gem. § 2 I ROG im Sinne der Leitvorstellung einer nachhaltigen Raumentwicklung nach § 1 II ROG anzuwenden und durch Festlegungen in Raumordnungsplänen zu konkretisieren, soweit dies erforderlich ist. Ob und inwieweit es erforderlich ist, einen Grundsatz der Raumordnung durch Festlegungen in einem Raumordnungsplan zu konkretisieren, entscheidet der zuständige Planungsträger auf der Grundlage eines ihm insoweit zustehenden Beurteilungsspielraums; einen Rechtsanspruch von Personen des Privatrechts gerichtet darauf, einen gesetzlichen Grundsatz der Raumordnung für einen bestimmten Planungsraum zu konkretisieren, insbesondere dazu ein Ziel der Raumordnung in einen Regionalplan aufzunehmen, gibt es nicht.[1093] Grundsätze der Raumordnung sind gem. § 4 II ROG von öffentlichen Stellen bei raumbedeutsamen Planungen und Maßnahmen in der Abwägung oder bei der Ermessensausübung zu berücksichtigen. Im Unterschied zu den Zielen der Raumordnung handelt es sich bei den Grundsätzen der Raumordnung nicht um raumplanerische Letztentscheidungen. Sie sind deshalb als Belange in die planerische Abwägung einzustellen und zu berücksichtigen. Sie können im Rahmen dieser planerischen Abwägung auch zugunsten anderer Belange überwunden werden. Grundsätze der Raumordnung haben insoweit rechtliche Bedeutung in mehrerer Hinsicht: Sie konkretisieren die Aufgaben der Raumordnung nach § 1 I ROG, sie sind raumordnerische Belange die nach § 4 ROG bei raumbedeutsamen Planungen und Maßnahmen sowie in der planerischen Abwägung nach § 7 II ROG zu berücksichtigen sind und sie sind Maßstäbe bei der Beurteilung der Raumverträglichkeit einer raumbedeutsamen Planung oder Maßnahme in Raumverträglichkeitsprüfungen nach § 15 ROG und hinsichtlich der Vertretbarkeit unter raumordnerischen Gesichtspunkten bei der Entscheidung über eine Abweichung von Zielen der Raumordnung nach § 6 II ROG.[1094] 607

[1092] Hoppe in Eyermann, VwGO, 2022, § 47 Rn. 33; BVerwGE 81, 307, 310.
[1093] BVerwG ZfBR 2014, 583; Runkel in Bielenberg/Runkel/Spannowsky, ROG, 2018, § 2 Rn. 48 f.
[1094] Runkel in Bielenberg/Runkel/Spannowsky, ROG, 2018, § 2 Rn. 26.

VI. Raumordnung in den Ländern

608 Die §§ 13-16 ROG enthalten wesentliche Regelungen über die Raumordnungsplanung der Länder, über die raumordnerische Zusammenarbeit und die Raumverträglichkeitsprüfung. § 7 ROG enthält eine Reihe allgemeiner Vorschriften für die Raumordnungspläne der Länder und des Bundes. Die §§ 8–12 ROG bestimmen Anforderungen an Raumordnungspläne der Länder. Einige dieser Vorschriften sind durch das **ROGÄndG 2023** geändert worden. Die Landesplanung ist regelmäßig zweistufig aufgebaut. Für das Gebiet eines jeden Landes ist gem. § 13 I 1 Nr. 1 ROG zwingend ein **landesweiter Raumordnungsplan** aufzustellen. Außerdem sind gem. § 13 I 1 Nr. 2 ROG Raumordnungspläne für die Teilräume der Länder (**Regionalpläne**) aufzustellen. In den Ländern Berlin, Bremen und Hamburg kann ein Flächennutzungsplan nach § 5 BauGB die Funktion eines landesweiten Raumordnungsplans übernehmen. Hierfür gelten §§ 13 V und VI ROG. 7 III, IV, VIII sowie 9 und 10 entsprechend.[1095] Die Verpflichtung des § 13 I 1 Nr. 2 ROG zur Aufstellung von Regionalplänen gilt nicht in den Ländern Berlin, Bremen, Hamburg und Saarland (§ 13 I 3 ROG).

1. Raumordnungspläne

609 Gem. § 7 I 1 ROG sind für einen bestimmten Planungsraum und einen regelmäßig mittelfristigen Zeitraum Festlegungen als Ziele und Grundsätze der Raumordnung zur Entwicklung, Ordnung und Sicherung des Raums, insbesondere zu den Nutzungen und Funktionen des Raums, zu treffen. Nach § 7 I 2 ROG kann festgelegt werden, dass bestimmte Nutzungen und Funktionen des Raums nur für einen bestimmten Zeitraum oder aber bis zum Eintritt bestimmter Umstände vorgesehen sind; eine Folge- oder Zwischennutzung kann festgelegt werden. Dies dient der Umsetzung von Art. 8 Abs. 1 MRO-Richtlinie, welcher von einer zeitlichen Verteilung der Nutzungen spricht. Damit soll sowohl eine zeitliche Staffelung von Nutzungen als auch eine wiederkehrende Befristung – zB ein Vorranggebiet für eine Naturschutzfunktion nur in einer bestimmten, dem Schutzzweck der Norm entsprechenden Jahreszeit – ermöglicht werden.[1096]

610 **a) Teilpläne.** Die Aufstellung räumlicher und sachlicher Teilpläne ist nach § 7 I 3 ROG zulässig. Die Teilpläne können sich auf spezielle Planungsaspekte, etwa die Ausweisung von Standorten für Kraftwerke oder andere industrielle Großvorhaben, oder auf Teilregionen des Landes beschränken.[1097] Sachliche Teilpläne bleiben Raumordnungspläne; sie sind insoweit nicht mit Fachplanungen identisch, die von Fachplanungsträgern in eigenen Verfahren aufgestellt werden. Weitere Anforderungen oder Einschränkungen sieht der Gesetzgeber für die Aufstellung von Teilplänen nicht vor. Er räumt dem Träger der Raumplanung für die Verfahrensgestaltung insoweit ein weitreichendes Planungsermessen ein. Sie können Festlegungen in sachlichen oder räumlichen Teilpläne treffen, müssen dies aber nicht.[1098] Mit Blick auf das Grundanliegen der Raumordnung, eine überfachliche, überörtliche und umfassende Ordnung des Gesamtraums zu planen, besteht ein **Spannungsverhältnis** zwischen diesem Funktionsverständnis der Raumordnung und der Rechtsfigur des sachlichen Teilplans.[1099] Wegen dieser Spannungslage wird angenommen, dass ein Teilplan einer besonderen Rechtfertigung bedarf, an die allerdings nicht allzu hohe Anforderungen gestellt werden dürfen. Eine solche Rechtfertigung kann sich zB daraus ergeben, dass zum Zeitpunkt des Planungsbeschlusses noch ein nicht aufklärbares Informationsdefizit besteht, das es nicht erlaubt, alle relevanten Bereiche planerisch zu bewältigen, dass es aber gleichwohl ein hohes planerisches Interesse daran gibt, den Plan im Übrigen wirksam werden zu lassen.[1100] Mit Hilfe von Teilplänen können thematische Schwerpunkte, für die es ein besonderes Planungsbedürfnis gibt, gebildet werden. Dazu können zB Ausschnitte aus dem Gesamtplan mit einem anderen Maßstab geplant werden, wobei

[1095] zur Stadtstaatenklausel siehe OVG Bremen NordÖR 2008, 69 ff.; Spannowsky ZfBR 2020, 146; Schoen/Grotefels NordÖR 2021, 157; Schlarmann/Krappel NordÖR 2009, 143; Grooterhorst/Langguth NordÖR 2007, 442.

[1096] Gesetzesbegründung BT-Drs. 18/10883, S. 41.

[1097] Grotefels ZUR 2021, 25, 26.

[1098] näher dazu Kment EurUP 2021, 191, 192; Hofmann in Kment, ROG, 2019, § 7 Rn. 8

[1099] Runkel in Spannowsky/Runkel/Goppel, ROG, 2018, § 7 Rn. 24.

[1100] Hofmann in Kment, ROG, 2019, § 7 Rn. 8; Runkel in Spannowsky/Runkel/Goppel, ROG, 2018, § 7 Rn. 24; Kment EuRUP 2021, 191, 194.

allerdings darauf geachtet werden muss, dass nicht der Ebene von Zulassungsverfahren oder der Bauleitplanung vorgegriffen wird.[1101]

b) Kennzeichnungspflicht. Ziele und Grundsätze der Raumordnung sind nach § 7 I 4 ROG als solche zu kennzeichnen. Die Kennzeichnungspflicht gilt für zeichnerische und für textliche Festlegungen und auch für eine Kombination daraus, nicht jedoch für die dazugehörenden Begründungen.[1102] Die Kennzeichnungspflicht soll den Plangeber veranlassen, sich darüber klar zu werden, welche Bindungswirkungen von seinen Festlegungen im Plan ausgehen sollen. Außerdem sollen die Adressaten dieser Festlegungen die Gewissheit haben, ob und gegebenenfalls welche Festlegungen des Raumordnungsplans von ihnen als Ziele der Raumordnung oder als Grundsätze der Raumordnung einzuordnen sind und welche Bindungswirkungen sich insoweit aus diesen Festlegungen ergeben.[1103] Auch mit einer Kennzeichnung lassen sich Abgrenzungsprobleme zwischen Zielen und Grundsätzen nicht völlig vermeiden. Denn eine unzutreffende Kennzeichnung führt nicht dazu, dass aus einem Grundsatz der Raumordnung ein Ziel der Raumordnung wird. Entscheidend sind Inhalt, Zweck und Konkretisierungsgrad der jeweiligen Planaussage, so dass der Kennzeichnung insoweit nur eine Indizwirkung zukommen soll.[1104] Aber immerhin ist die Kennzeichnung ein solches Indiz, sodass es nicht zuletzt auch wegen des notwendigen Respekts für den vom Gesetzgeber mit der Planung beauftragten Träger der Landes- oder Regionalplanung und der ihm vom Gesetzgeber zugeordneten Aufgabe, zur Vermeidung von Missverständnissen die Planaussage als Ziele oder Grundsätze der Raumordnung zu kennzeichnen, genügend Anlass gibt, sich bei verschiedenen Auslegungsmöglichkeiten der raumplanerischen Festlegung für diejenige zu entscheiden, die es ermöglicht, dem Willen des Plangebers, ein verbindliches Ziel der Raumordnung zu formulieren, auch Rechnung zu tragen.[1105] Soweit die Kennzeichnung nach § 7 I 4 ROG als eine durch die Gerichte widerlegliche Vermutung angesehen wird, dass es sich entsprechend der Kennzeichnung um ein Ziel oder um einen Grundsatz der Raumordnung handelt,[1106] bedarf es für die Widerlegung dieser Vermutung durch die Gerichte einer hinreichend plausiblen Begründung. Hat der Plangeber eine Festlegung in seinen Plan als Grundsatz der Raumordnung gekennzeichnet, dann handelt es sich auch dann nicht um ein Ziel der Raumordnung, wenn der Plangeber die Planaussage abschließend abgewogen hat. Angesichts seiner Kennzeichnung wird man jedenfalls regelmäßig nicht annehmen können, dass der Plangeber den Willen gehabt hat, eine abschließende Entscheidung zu treffen und eine entsprechende Anpassungs- und Beachtenspflicht auszulösen.[1107] Hat der Plangeber hingegen eine Festlegung als Ziel der Raumordnung gekennzeichnet, fehlt es dieser Festlegung jedoch an einer hinreichenden Bestimmtheit, so soll die Festlegung in einen planerischen Grundsatz umgedeutet werden können.[1108] Das gilt jedenfalls dann, wenn die Anforderungen an einen planerischen Grundsatz der Raumordnung erfüllt werden, wenn insbesondere die auch für einen solchen planerischen Grundsatz notwendige Abwägung nach § 7 II 1 ROG ordnungsgemäß durchgeführt worden ist und wenn die auch für einen Grundsatz der Raumordnung notwendige Bestimmtheit oder Bestimmbarkeit der Planaussage festgestellt werden kann. Die vom Gesetzgeber mit der Kennzeichnungspflicht beabsichtigte höhere Transparenz der vom Plangeber gewollten Rechtswirkung der Festlegungen,[1109] wird durch eine (zu) großzügige Praxis der Gerichte, sich über diese Kennzeichnung mit knapper Begründung hinwegzusetzen, eher konterkariert. Die Kennzeichnung einer Planaussage als Ziel oder als Grundsatz der Raumordnung verfolgt neben der höheren Transparenz für die Adressaten der Beachtens- oder Berücksichtigungspflicht nach § 4 I 1 ROG außerdem den Zweck, dass sich der Plangeber vergewissert, welche Aussagen

[1101] Albrecht in: Schumacher/Werk/Albrecht, ROG, 2020, § 7 Rn. 16.

[1102] Albrecht in Schumacher/Werk/Albrecht, ROG, 2020, § 7 Rn. 18.

[1103] Albrecht in Schumacher/Werk/Albrecht, ROG, 2020, § 7 Rn. 18.

[1104] BVerwG Beschl. v. 26.05.2021 – 4 BN 49/20, juris Rn. 10; BVerwG UPR 2004, 115 (116); BVerwG SächsVBl. 2003, 192; Runkel in Spannowsky/Runkel/Goppel, ROG, 2018, § 7 Rn. 28; Albrecht in Schumacher/Werk/Albrecht, ROG, 2020, § 7 Rn. 19.

[1105] Beckmann NuR 2023, 289 (295); Runkel in Bielenberg/Runkel/Spannowsky, ROG, 2019, § 3 Rn. 10.

[1106] Runkel in Spannowsky/Runkel/Goppel, ROG, 2018, § 7 Rn. 28.

[1107] Albrecht in Schumacher/Werk/Albrecht, ROG, 2020, § 7 Rn. 20.

[1108] VGH Mannheim Urt. v. 22.6.2016 – 5 S 1149/15, juris Rn. 69; Albrecht in Schumacher/Werk/Albrecht, ROG, 2020, § 7 Rn. 19.

[1109] siehe dazu Hofmann in Kment, ROG, 2019, § 7 Rn. 10.

seines Plans nach seiner Abwägung gem. § 7 II 1 ROG welche Bindungswirkungen auslösen sollen.[1110] Darin liegt eine zentrale, allein dem Planungsträger vom Gesetzgeber eingeräumte Planungskompetenz auf der Grundlage seiner planerischen Abwägung. Darüber können und sollten sich die Gerichte nicht vorschnell hinwegsetzen. Zu Recht hat deshalb das BVerwG darauf hingewiesen, dass dem Willen des Plangebers hinsichtlich seiner Einordnung als Ziel oder Grundsatz der Raumordnung bei der Auslegung auch hinreichend Rechnung zu tragen ist.[1111]

612 **c) Abwägungsgebot.** Bei der Aufstellung der Raumordnungspläne sind die öffentlichen und privaten Belange, soweit sie auf der jeweiligen Planungsebene erkennbar und von Bedeutung sind, gem. § 7 II 1 ROG gegeneinander und untereinander abzuwägen. Das Ergebnis der Umweltprüfung nach § 8 ROG sowie die Stellungnahmen in den Beteiligungsverfahren nach den § 9 ROG sind in der Abwägung nach § 7 II 1 ROG zu berücksichtigen. Der Plangeber hat bei der Abwägung insbesondere die Grundsätze der Raumordnung und die sonstigen Erfordernisse der Raumordnung zu berücksichtigen (§ 4 I 1 Nr. 1 ROG). Wegen des eher groben Rasters der raumordnerischen Abwägung und der damit verbundenen Ungenauigkeiten, kann sich der Plangeber darauf beschränken, private Belange nur in einer pauschalen, typisierenden Art und Weise als Gruppenbelange zu berücksichtigen. Darüber hinausgehende individuelle Betroffenheiten sind nicht Gegenstand der Abwägung im Rahmen eines der Regionalplanung, sondern bleiben der Feinsteuerung im Verfahren zur Aufstellung eines Bebauungsplans bzw. der Genehmigung eines konkreten Vorhabens vorbehalten.[1112]

613 Das auch für die Raumplanung geltende Abwägungsgebot verlangt, nicht anders als für die Bauleitplanung, dass eine Abwägung überhaupt stattfindet, dass in die Abwägung an Belangen eingestellt wird, was nach Lage der Dinge in sie eingestellt werden muss, und dass weder die Bedeutung der betroffenen Belange verkannt noch der Ausgleich zwischen ihnen in einer Weise vorgenommen wird, die zur objektiven Gewichtigkeit einzelner Belange außer Verhältnis steht. Innerhalb des so gezogenen Rahmens wird das Abwägungsgebot nicht verletzt, wenn sich der Planungsträger in der Kollision zwischen verschiedenen Belangen für die Bevorzugung des einen und damit notwendigerweise für die Zurücksetzung des anderen Belangs entscheidet. Die Planungsbefugnis schließt die planerische Gestaltungsfreiheit ein. Innerhalb dieses Rahmens ist das Vorziehen oder Zurücksetzen bestimmter Belange kein nachvollziehbarer Vorgang der Abwägung, sondern eine planerische Entscheidung, die zum Ausdruck bringt, in welcher Weise sich die Entwicklung, Ordnung und Sicherung der Region nach Auffassung des jeweiligen Trägers der Raumplanung vollziehen soll.[1113] Bei der Bestimmung der Anforderungen an die **Ermittlungstiefe** und die **Abwägungsdichte** der raumplanerischen Abwägung ist allerdings zu bedenken, dass es sich bei der Raumordnungsplanung weder um eine Fachplanung noch um eine verbindliche Bauleitplanung handelt. Die von der Rechtsprechung für die Bauleitplanung entwickelten rechtsstaatlichen Anforderungen an die Abwägung müssen für Raumordnungspläne sinngemäß angepasst bzw. relativiert werden, um dem Auftrag, der **Maßstäblichkeit** und den verfassungsrechtlichen Grenzen der Raumordnungsplanung gerecht zu werden.[1114] Raumordnungspläne sind rahmensetzende Planungen für raumbedeutsame Planungen und Maßnahmen anderer Stellen und Personen; sie sollen und können weder die Bauleitplanung noch die Fachplanung ersetzen. Daraus folgt für die Abwägung bei der Aufstellung oder Änderung eines Raumordnungsplans, dass der lediglich rahmensetzende Charakter dieses Plans die Ermittlungstiefe und Abwägungsdichte beeinflusst bzw. verringert. Je konkreter die Festlegungen eines Landesentwicklungsplans oder eines Regionalplans sind, umso die detaillierter und genauer sind allerdings die Raumverhältnisse im Umfeld in den Blick zu nehmen.[1115] Das richtige Maß zu finden, ist eine Frage des Einzelfalls. Zu großzügig sollte der Plangeber die Anforderungen an die Ermittlungstiefe und die Abwägungsdichte zur Vermeidung von Rechtsrisiken

---

1110 Runkel in Spannowsky/Runkel/Goppel, ROG, 2018, Rn. 26.

1111 BVerwG Beschl. v. 26.5.2021 – 4 BN 49/20, juris Rn. 10.

1112 BVerwG Beschl. v. 24.3.2016 – 4 BN 42.15, juris Rn. 8; siehe dazu auch Erbguth NVwZ 2017, 683; Runkel in Bielenberg/Runkel/Spannowsky, ROG, 2019, § 3 Rn. 138.

1113 VGH Kassel Beschl. v. 14.7.2020 – 4 C 2108/15.N, juris Rn. 51; VGH München Urt. v. 24.6.2020 – 15 N 18.295, juris Rn. 23; Beckmann NWBL 2021, 181 (185).

1114 Runkel in Spannowsky/Runkel/Goppel, ROG, 2018, § 7 Rn. 31 ff.; VGH Kassel Beschl. v. 14.7.2020 – 4 C 2108/15.N, juris; Beckmann NWBL 2021, 181 (185).

1115 VGH Kassel Beschl. v. 14.7.2020 – 4 C 2108/15.N, juris Rn. 51 ff.; BVerwG Urt. v. 16.12.2006 – 4 A 1001.04, juris Rn. 70; VGH Kassel Urt. v. 23.9.2015 – 4 C 358/14.N, juris Rn. 42.

jedoch nicht absenken. **Maßgeblicher Zeitpunkt** für die Abwägung ist nach § 11 III 1 ROG die Sach- und Rechtslage im Zeitpunkt der Beschlussfassung über den Raumordnungsplan. Mängel im Abwägungsvorgang sind nach § 11 III 2 ROG nur erheblich, wenn sie offensichtlich und auf das Ergebnis von Einfluss gewesen sind.

In die Abwägung nach § 7 II 1 ROG sind alle öffentlichen und privaten Belange einzustellen, soweit sie auf der jeweiligen Planungsebene (Landes- oder Regionalplan) erkennbar und von Bedeutung sind. Abwägungsrelevant sind alle Belange, die mehr als geringwertig, schutzwürdig, nicht mit einem Makel behaftet und für den Planer erkennbar sind.[1116] Aus diesem Zusammenhang der Aufgaben der Raumordnung als einer zusammenfassenden, übergeordneten Planung, ihrer weiträumigen Sichtweise und ihrem Rahmencharakter ergibt sich die Befugnis des Planungsträgers zur Typisierung.[1117] Das Abwägungsmaterial braucht mithin nicht so kleinteilig zusammengestellt zu werden wie auf den nachgeordneten Planungsebenen,[1118] es sei denn, kleinteilige private Belange wären dann auch auf der nachfolgenden Planungs- oder Zulassungsebene nicht mehr zu prüfen.[1119] So dürfen auch Belange der benachbarten Wohnbebauung auf Schutz vor Immissionen auf der Ebene der Raumordnungsplanung pauschalierend berücksichtigt werden. 614

Verfehlt ein **Abwägungsvorgang** die Anforderungen einer sich (zwischenzeitlich) ausdifferenzierenden Rechtsprechung, so kann dies ein offensichtlicher Mangel iS des § 12 III 2 ROG iVm § 28 II 1 HS 1 ROG sein. Ein Mangel im Abwägungsvorgang kann auch dann auf objektiv feststellbaren Gründen beruhen und ohne Ausforschung der Entscheidungsträger über deren Planungsvorstellungen erkennbar sein, wenn er in früheren gerichtlichen Verfahren oder vorangegangenen Instanzen nicht erkannt worden ist. Aus § 12 III 1 ROG iVm § 28 II 1 HS 1 ROG folgt nichts Anderes.[1120] Solche Entwicklungen sind auch nicht wie eine Änderung der Rechtslage zu behandeln. Denn **gerichtliche Entscheidungsfindung** ist stets die rechtliche Würdigung eines Sachverhalts am Maßstab der vorgegebenen Rechtsordnung.[1121] Hinzu kommt, dass nach Auffassung des BVerwG keine Änderung der Rechtsprechung in Rede steht, sondern eine Ausdifferenzierung, die mit den Begriffen „harte" und „weiche" Tabuzonen an die im Planungsrecht schon zuvor geläufige Unterscheidung zwischen zwingenden Anforderungen an die Planung und dem der Abwägung zugänglichen Bereich angeknüpft hat.[1122] 615

Abwägungsmängel auf planerischer Ebene bei der Festlegung eines Ziels der Raumordnung schlagen bei Beachtung dieses Raumordnungsziels durch die Bauleitplanung nicht zwingend auf die Abwägung der Bauleitplanung durch.[1123] Das BVerwG erläutert dazu, es sei auf die unterschiedliche Ausgestaltung der Verknüpfung der Planungsebenen im Bauplanungsrecht einerseits und im Fachplanungsrecht andererseits zu achten. Während bei der Bauleitplanung eine hierarchische Arbeitsteilung in einem mehrstufigen System räumlicher Gesamtplanung vorliege, in das die gemeindliche Bauleitplanung als unterste Ebene der Planungshierarchie eingebunden sei, werde das Verhältnis zwischen Landesplanung/Raumordnung und Fachplanung durch eine arbeitsteilige Aufgabenstruktur mehrerer Planungsträger gekennzeichnet. Schon deshalb komme eine Orientierung an Rechtsmaßstäben, die das BVerwG ausdrücklich zum Fachplanungsrecht aufgestellt habe, nicht in Betracht. Dies gelte umso mehr, als das Bauplanungsrecht mit § 1 IV und VII BauGB zwei Normen zur Verfügung stelle, mit denen die planungsrechtlichen Ebenen nach Maßgabe des unterschiedlichen Grads der Verbindlichkeit der regionalplanerischen Festlegungen miteinander verzahnt würden. Dann verbiete es sich, die Anwendungsbereiche der beiden Normen in der Weise zu vermengen, dass die Einwirkungen zielförmiger Festlegungen auf die Bauleitplanung im Rahmen von § 1 VII BauGB abzuarbeiten seien.[1124] Die Prüfung zielförmiger Festlegungen erst im Rahmen der Abwägung sei die Ausnahme: damit solle ermöglicht werden, zielförmige Standortentscheidungen der Raumplanung 616

1116 BVerwGE 107, 215 (219), BVerwGE 59, 87 (102 f.); BRS 82, Nr. 56 Rn. 8.

1117 BVerwGE 118, 33.

1118 BVerwG ZfBR 2014, 583 Rn. 8.

1119 BVerwG BauR 2016, 1004; Runkel in Spannowsky/Runkel/Goppel, ROG, 2018, § 7 Rn. 33.

1120 zu der gleich gelagerten Frage bei § 51 I Nr. 1 VwVfG BVerwGE 121, 226 (228 f.); BVerwGE 135, 121 Rn. 21; BVerwGE 135, 137 Rn. 16.

1121 BVerwGE 95, 86.

1122 BVerwG ZfBR 2016, 378; Stüer DVBl. 2016, 712; BVerwGE 145, 231.

1123 BVerwG Urt. v. 7.12.2023 – 4 CN 6/22, juris Rn. 32.

1124 BVerwG Urt. v. 7.12.2023 – 4 CN 6/22, juris Rn. 32.

in der Planfeststellung aus spezifisch fachplanerischen Erwägungen zu überwinden, die in der Standortentscheidung noch nicht berücksichtigt worden seien.

617 **d) Berücksichtigungsgebot.** Nach § 7 II 2 ROG sind das Ergebnis der **Umweltprüfung** nach § 8 ROG sowie die Stellungnahmen im Beteiligungsverfahren gem. § 9 ROG in der Abwägung zu berücksichtigen. Zur Berücksichtigung der Umweltprüfung ist in erster Linie auf den **Umweltbericht** zurückzugreifen. Ist nach § 8 III 2 ROG die Umweltprüfung mit anderen Prüfungen von Umweltauswirkungen verbunden worden, zB mit einer **FFH-Prüfung**, sind die Vorschriften des BNatschG, insbesondere § 34 BNatSchG, maßgeblich (§ 7 VI ROG). Ist die Umweltprüfung nach § 8 III 1 ROG auf zusätzliche oder andere erhebliche Umweltauswirkungen beschränkt worden, weil für das Plangebiet bereits eine Umweltprüfung durchgeführt worden ist, ist nicht nur das Ergebnis der eingeschränkten Umweltprüfung in der Abwägung zu berücksichtigen, sondern auch das Ergebnis der zeitlich vorlaufenden Umweltprüfung des anderen Planverfahrens. Wurde nach § 8 II ROG von der Durchführung einer Umweltprüfung abgesehen, ist in der Abwägung zu berücksichtigen, dass die geringfügige Änderung des Raumordnungsplans voraussichtlich keine erheblichen Umweltauswirkungen haben wird.[1125] Damit die Stellungnahmen im Beteiligungsverfahren in der Abwägung berücksichtigt werden können, müssen sie dem für die Abwägung zuständigen Organ des Planungsträgers von der zuständigen Raumordnungsbehörde auch vorgelegt werden. Die einzelnen Stellungnahmen können und dürfen dafür tabellarisch mit ihren Kernaussagen zusammengestellt werden.[1126] Die Planungspraxis, die Stellungnahmen und Einwendungen durch die Verwaltung oder ein beauftragtes Planungsbüro aufbereiten zu lassen und mit einer Stellungnahme der Planungsbehörde zum Gegenstand einer Beschlussvorlage für das zuständige Beschlussorgan zu machen, ist zulässig; es reicht dafür aus, dem Beschlussorgan die eingegangenen Stellungnahmen in ihrem wesentlichen Inhalt vorzutragen.[1127]

618 **e) Abstimmungspflicht.** Nach § 7 II 3 ROG sind Raumordnungspläne benachbarter Planungsräume aufeinander abzustimmen. Diese Regelung erfasst auch die Länder- und Staatsgrenzen überschreitende Abstimmung. Zu unterscheiden sind eine Abstimmung im materiellen und im formellen Sinne. Abstimmung im materiellen Sinne bedeutet eine gegenseitige Rücksichtnahme und die Vermeidung unzumutbarer Auswirkungen im Sinne eines abgestimmten Zustandes,[1128] während die Abstimmung im formellen Sinne die Art und Weise des Abstimmungsvorgangs meint. Das Abstimmungsgebot ist ein Unterfall des Abwägungsgebots;[1129] sie vollzieht sich dementsprechend im Rahmen der Abwägung nach § 7 II 1 ROG. Abstimmung bedeutet, dass die Belange, die sich aus Raumordnungsplänen benachbarten Planungsräume ergeben, in der Abwägung angemessen zu berücksichtigen sind; eines Einvernehmens mit dem Träger der benachbarten Raumplanung oder gar dessen Zustimmung bedarf es nicht.

619 Ob dem Abstimmungsgebot ein subjektiver **Anspruch auf Abstimmung** entspricht, ist fraglich. Denn im Unterschied zur interkommunalen Abstimmung kann das Abstimmungsgebot zwischen den Ländern und Planungsregionen nicht auf eine grundgesetzlich geschützte Planungshoheit gestützt werden. Aus dem Wortlaut des § 7 II 3 ROG und aus den Gesetzesmaterialien lässt sich nicht ableiten, dass ein solcher Anspruch eingeräumt werden sollte. Denkbar wäre allenfalls die Begründung eines solchen Anspruchs auf Abstimmung aus dem Bundesstaatsprinzip und dem daraus abgeleiteten Grundsatz von Treu und Glauben, wonach alle Glieder des Bundesstaats und damit auch die Bundesländer untereinander zur gegenseitigen Rücksichtnahme verpflichtet sind.[1130] Soweit es um eine Abstimmung zwischen benachbarten Ländern geht, wird ein solcher Anspruch aus dem verfassungsrechtlichen Prinzip der Bundestreue abgeleitet, für die Abstimmung auf der Ebene der Regionalplanung wird ein solcher sub-

---

[1125] Runkel in Spannowsky/Runkel/Goppel, ROG, 2018, § 7 Rn. 50.

[1126] Runkel in Spannowsky/Runkel/Goppel, ROG, 2018, § 7 Rn. 55; OVG Münster Urt. v. 29.1.2013 – 2 D 102/11.NE, juris Rn. 116.

[1127] Runkel in Spannowsky/Runkel/Goppel, ROG, 2018, § 7 Rn. 55; BVerwG ZfBR 2014, 371 zur Bauleitplanung.

[1128] BVerwGE 40, 323 (331).

[1129] BayVGH BauR 1999, 1140 (1141).

[1130] Sachs in Sachs, GG, 2021, Art. 20 Rn. 68; Hofmann in Schmidt-Bleibtreu/Hofmann/Henneke, GG, 2021, Art. 20 Rn. 13; Jarass in Jarass/Pieroth, GG, 2022, Art. 20 Rn. 26; zur Pflicht zu bundesfreundlichem Verhalten bei der Wahrnehmung von Gesetzgebungskompetenzen BVerfG Beschl. v. 7.12.2021 – 2 BvL 2/15, juris Rn. 71.

jektiver Anspruch dagegen abgelehnt.[1131] Die Pflicht zu bundesfreundlichem Verhalten ist zwar grundsätzlich akzessorischer Natur und begründet für sich genommen keine selbständigen Pflichten des Bundes oder eines Landes.[1132] In Betracht kommt jedoch die Notwendigkeit eines bundesfreundlichen Verhaltens im Rahmen der Gesetzgebungs-, Verwaltungs- und Planungskompetenz der Länder. Insoweit könnte das Gebot bundesfreundlichen Verhaltens verlangen, dass auch Instrumente der Landes- und Regionalplanung dafür eingesetzt werden, den Bund bei der Wahrnehmung seiner Aufgaben effektiv zu unterstützen. Mit dem **Gebot zu bundesfreundlichem Verhalten** wäre eine reine Verhinderungsplanung, die lediglich dazu dienen soll, ein aus Bundessicht notwendiges, in der Region aber nicht erwünschtes Vorhaben zu torpedieren, unvereinbar.[1133] Für das Verbot einer solchen **Verhinderungsplanung** bedarf es jedoch nicht einmal eines Rückgriffs auf das Gebot bundesfreundlichen Verhaltens. Vielmehr ist eine Planung unabhängig davon unzulässig, wenn und soweit Planungserwägungen nur vorgeschoben werden und in Wahrheit nur eine reine Verhinderungsplanung gewollt ist.[1134] Wesentlich ist nach der Rechtsprechung des BVerwG für die Vermeidung einer solchermaßen unzulässigen Verhinderungsplanung, dass der Planungsträger positive Vorstellungen über den Inhalt seines Plans entwickelt. Sind solche positiven Planungsvorstellungen nur vorgeschoben, so handelt es sich um eine unzulässige, reine Negativplanung.[1135]

f) Alternativenprüfung. Die Prüfung von Alternativen gilt als zentrales Element der plan- 620
und programmbezogenen Umweltprüfung nach § 33 UVPG und ohnehin des planerischen Abwägungsgebots. Auf der späteren Ebene der Vorhabenzulassung kommt eine Alternativenprüfung zumeist eher zu spät; im Sinne einer effektiven Umweltvorsorge ist es deshalb notwendig, Alternativen bereits in einem möglichst frühen Planungsstadium zu ermitteln, zu bewerten und zu berücksichtigen.[1136] Die Notwendigkeit einer Berücksichtigung von naheliegenden oder sich aufdrängenden Planungsalternativen ergibt sich schon aus dem für alle staatlichen Planungen geltenden **Abwägungsgebot**, das wiederum aus dem **Rechtsstaatsprinzip** des Art. 20 Abs. 1 GG und dem daraus entwickelten Grundsatz der **Verhältnismäßigkeit** abgeleitet wird.[1137] § 8 I ROG verpflichtet die für den Raumordnungsplan zuständige Stelle, eine Umweltprüfung durchzuführen, in der die voraussichtlichen erheblichen Umweltauswirkungen zu ermitteln und in einem Umweltbericht frühzeitig zu beschreiben und zu bewerten sind, wobei der Umweltbericht die Angaben nach der Anlage 1 zum ROG enthalten muss.[1138] Der Umweltbericht nach § 8 I ROG muss nach Nr. 2 d) der Anlage 1 zum ROG eine Beschreibung und Bewertung der Umweltauswirkungen enthalten, die in der Umweltprüfung nach § 8 I ROG ermittelt wurden, mit Angaben auch zu den in Betracht kommenden anderweitigen Planungsmöglichkeiten, wobei jedoch die Ziele und der räumliche Geltungsbereich des Raumordnungsplans zu berücksichtigen sind. Und schließlich fordert § 40 Abs. 1 S. 2 UVPG, dass bei der Erstellung eines Umweltberichts für die strategische Umweltprüfung die voraussichtlichen erheblichen Umweltauswirkungen der Durchführung des Plans oder Programms sowie vernünftiger Alternativen ermittelt, beschrieben und bewertet werden. Anderweitige Planungsmöglichkeiten bzw. vernünftige Alternativen sind insoweit nach § 8 I ROG muss nach Nr. 2 d) der Anlage 1 zum ROG und nach § 40 I 2 UVPG zu bedenken, als auch mit ihrer Hilfe die zuvor ordnungsgemäß aufgestellten Planungsziele befördert werden können.

Für die Alternativenprüfung muss unterschieden werden zwischen der Frage, inwieweit Pla- 621
nungsalternativen zur Erreichung oder Beförderung eines vom Planungsträger formulierten Planungsziels zu ermitteln, zu beschreiben und zu bewerten sind, und der weiteren Frage, ob

1131 Mößle Interföderative und internationale raumordnerische Abstimmung, S. 159 (163).

1132 BVerfG Beschl. v. 7. 12.2021 – 2 BvL 2/15, juris Rn. 72.

1133 BVerfG Beschl. v. 7.12.2021 – 2 BvL 2/15, juris Rn. 72 zum Verstoß eines landesgesetzlichen Verbots des Umschlags von Kernbrennstoffen durch § 2 III des Bremischen Hafenbetriebsgesetzes gegen das Gebot bundesfreundlichen Verhaltens.

1134 OVG Berlin-Brandenburg Beschl. v. 28.3.2022 – OVG 10 S 31/21, juris; VGH München Urt. v. 14.3.2022 – 1 N 21.1155, juris Rn. 14.

1135 BVerwG Beschl. v. 22.1.2013 – 4 BN 7/13, juris Rn. 3; BVerwG Beschl. v. 18.1.2012 – 4 BN 25.11, juris Rn. 4; BayVBl. 1999, 410; VGH München Urt. v. 18.2.2022 – 1 N 19.160, juris Rn. 25.

1136 Kment in Beckmann/Kment, UVPG/UmwRG, 2023, § 40 UVPG Rn. 18; Beckmann DVBl. 2022, 809; Ziekow in Ziekow, Handbuch zum Fachplanungsrecht, 2024, § 6 Rn. 41 ff.

1137 OVG Schleswig Beschl. v. 13.1.2022 – 2 B 10006/21, juris Rn. 30.

1138 ausführlicher Kümper ZUR 2012, 74; Schrödter LKV 2008, 109; Uechtritz ZUR 2006, 9; Scheidler NVwZ 2010, 19.

schon bei der Formulierung eines Planungsziels Planungsalternativen berücksichtigt werden müssen.[1139] Die nach § 40 I 1 UVPG geforderten Angaben zu vernünftigen Alternativen bzw. die nach § 8 ROG iVm Nr. 2 d) der Anlage 1 zum ROG notwendigen Angaben des Umweltberichts zu in Betracht kommenden anderweitigen Planungsmöglichkeiten beziehen sich ausschließlich auf die Realisierung der vom Planungsträger verfolgten Planungsziele. Bei der aber schon für die Formulierung von Planungszielen und in der Folge für die Festlegung von Zielen der Raumordnung notwendigen Abwägung können nach § 7 II 1 ROG in Grenzen Planungsalternativen auch schon bei der bei der Formulierung der Planungsziele bzw. bei der Aufstellung von Zielen der Raumordnung, insbesondere bei der Festlegung von Vorranggebieten, zu berücksichtigen sein.[1140] Planungsziele dürfen auch nicht (künstlich) mit der Absicht verengt werden, eine ansonsten notwendig werdende Ermittlung, Beschreibung und Bewertung von Planungsalternativen zu unterlassen.

622 Die Rechtsprechung zur Alternativenprüfung im Rahmen des Abwägungsgebots bezieht sich in weiten Teilen auf Planfeststellungsverfahren des Fachplanungsrechts.[1141] Sie ist nicht unreflektiert auf die Raumordnung übertragbar. Bei der Planfeststellung handelt es sich um ein Instrument, das anders als die Landes- und Regionalplanung Elemente der Planung und Vorhabenzulassung zusammenführt.[1142] Für **Planfeststellungsverfahren** bedarf es keiner strategischen Umweltprüfung, sondern einer Umweltverträglichkeitsprüfung. Die Landes- und Regionalplanung sichert Trassen und Standorte, die letzteren insbesondere durch die Festlegung von Vorranggebieten. Anders als die Planfeststellung lässt die Landes- und Regionalplanung aber keine Vorhaben zu. Außerdem verfolgt die Regionalplanung eine ausschließlich auf die Region bezogene Planungsperspektive, die sich unter anderem in einem gröberen Planungsmaßstab niederschlägt und auch nur ausnahmsweise parzellenscharfe Festlegungen rechtfertigt. Insoweit sind auch die Anforderungen an eine Alternativenprüfung, obwohl sie sich sowohl für Regionalpläne als auch für Planfeststellungen des Fachplanungsrechts auf das rechtsstaatlich gebotene, für alle staatlichen Planungen geltende Abwägungsgebot zurückführen lassen, nicht zwingend identisch. Grundsätzlich ist ein Planfeststellungsverfahren für eine flächendeckende Standortsuche im Sinne eines umfassenden Standortauswahlverfahrens ungeeignet. Flächendeckende Standortsuchen können insoweit eher Gegenstand der Landes- und Regionalplanung sein. Eine fehlende Raumplanung führt aber nicht zu einer grundsätzlichen Aufgabenverschiebung dergestalt, dass nunmehr im Rahmen der Planfeststellung die dem vorgelagerten Planungsträger gesetzlich überantwortete umfassende Alternativenprüfung durchzuführen ist.[1143]

623 Das Abwägungsgebot verlangt, dass ernsthaft sich anbietende Alternativlösungen bei der Zusammenstellung des abwägungserheblichen Materials berücksichtigt werden und mit der ihnen objektiv zukommenden Bedeutung in die vergleichende Prüfung der von den möglichen Alternativen jeweils berührten öffentlichen und privaten Belange Eingang finden.[1144] Die Auswahl unter verschiedenen, ernstlich in Betracht kommenden Ausführungsvarianten eines Vorhabens bleibt aber ungeachtet hierbei zu beachtender, rechtlich zwingender Vorgaben eine pla-

1139 Beckmann DVBl. 2022, 809 (810).

1140 Beckmann DVBl. 2022, 809 (810).

1141 VGH München Urt. v. 22.2.2022 – 8 A 20.40006, 8 A 20.40007, juris Rn. 62; OVG Münster Beschl. v. 29.12.2021 – 20 B 1690/21, juris Rn. 73 ff.; BVerwG Urt. v. 9.11.2017 – 3 A 4.15, juris Rn. 98 mwN; BVerwG Urt. v. 12.4.2018 – 3 A 10/15, juris Rn. 56; siehe aber auch zur Bauleitplanung VGH München Urt. v. 25.1.2022 – 9 N 19.2169, juris Rn. 25; BVerwG Beschl. v. 10.4.2014 – 4 BN 49/13, juris Rn. 12; zur Alternativenprüfung bei der Festsetzung eines Wasserschutzgebiets siehe BVerwG Beschl. v. 22.10.2021 – 7 BN 1/20, juris, Rn. 11; zur Alternativenprüfung beim vorhabenbezogenen Bebauungsplan OVG NRW ZUR 2021, 689; Beckmann in Beckmann/Kment, UVPG/UmwRG, 2023, § 25 UVPG Rn. 69 ff.; zur Alternativenprüfung der Regionalplanung BVerwG Urt. v. 7.12.2023 – 4 CN 6/22, juris Rn. 34 ff.

1142 Beckmann in Erbguth, Planungsrecht in der gerichtlichen Kontrolle, 2011, S. 123 (156).

1143 Beckmann DVBl. 2022, 809 (810); Beckmann in Beckmann/Kment, UVPG/UmwRG, 2023, § 25 UVPG Rn. 82; Hoppe/Beckmann DÖV 1990, 769; Beckmann DVBl. 1994, 236, 237 ff; Erbguth NVwZ 1992, 209 ff.; für private Vorhabenträger bei der abfallrechtlichen Planfeststellung siehe auch OVG Lüneburg Urt. v. 4.7.2017 – 7 KS 7/15, juris Rn. 241, wonach einem privaten Vorhabenträger mit nur beschränkt zur Verfügung stehenden Flächen eine unbegrenzte Standortsuche nicht abverlangt werden kann.

1144 OVG Münster Beschl. v. 29.12.2021 – 20 B 1690/21, juris Rn. 73 ff.; BVerwG NVwZ 2009, 986, mwN; siehe dazu auch schon Uebbing, Umweltprüfung bei Raumordnungsplänen, Münster, 2004, S. 173; L. Schlarmann Die Alternativenprüfung im Planungsrecht, Münster, 1991.

nerische Abwägungsentscheidung. Ein Gericht kann die Ausübung der dazu eingeräumten planerischen Gestaltungsfreiheit nur auf die Einhaltung der Grenzen dieser Gestaltungsfreiheit überprüfen. Diese Grenzen sind nach der Rechtsprechung nur dann überschritten, wenn der Behörde bei der Auswahl infolge einer fehlerhaften Ermittlung, Bewertung oder Gewichtung einzelner Belange ein rechtserheblicher Fehler unterlaufen ist oder wenn sich unter Berücksichtigung aller abwägungserheblichen Belange eine andere als die gewählte Variante eindeutig als die bessere hätte aufdrängen müssen. Letzteres soll nicht bereits dann anzunehmen sein, wenn für eine andere planerische Lösung einleuchtende Gründe angeführt werden können. Die Grenze der planerischen Gestaltungsfreiheit bei der Auswahl zwischen verschiedenen Varianten sei erst dann überschritten, wenn eine alternative Variante sich unter Berücksichtigung aller abwägungserheblichen Belange eindeutig als die bessere, weil öffentliche und private Belange insgesamt schonendere darstellen würde.[1145]

Als Alternativen kommen Konzeptalternativen, Standortalternativen und alternative Aus- 624
führungen bzw. Dimensionierungen von vorgesehenen Nutzungen oder konkreten Vorhaben in Betracht.[1146] Bei der Regionalplanung liegt der Schwerpunkt der Alternativenprüfung auf der Betrachtung von Standortalternativen, dh der räumlichen Verortung einer bestimmten Nutzung im jeweiligen Planungsraum, wenn und soweit es bei der Formulierung eines Planungsziels nicht um die konkrete (Nachfolge-) Nutzung für einen individuellen Standort geht. Im Einzelfall können auch konzeptionelle Alternativen bzw. alternative Planungskonzepte geprüft werden, soweit das Raumordnungsrecht oder die Festlegungen des Landesentwicklungsplans dafür Spielraum lassen.[1147] Sofern erhebliche Umweltauswirkungen nicht ausgeschlossen werden können, muss nicht jeder Alternative grundsätzlich die gleiche Aufmerksamkeit geschenkt werden. Der jeweiligen Alternative ist nur solange nachzugehen, bis erkennbar wird, dass sie nicht eindeutig vorzugswürdig ist. Bei der Auswahl der in Betracht kommenden Alternativen ist der räumliche Geltungsbereich des Raumordnungsplans zu berücksichtigen.

Für die Prüfung von Alternativen im Zuge von vorhabenbezogenen Regionalplanverfahren 625
wird eine gestufte Vorgehensweise empfohlen.[1148] Dabei könne sich der Suchraum für mögliche Alternativen zunächst auf den Geltungsbereich des Regionalplanverfahrens beschränken. In diesem Zusammenhang seien insbesondere kleinräumige Standortverschiebungen sowie Möglichkeiten der Vermeidung von Beeinträchtigungen zu prüfen. Sofern unter Berücksichtigung der genannten kleinräumigen Alternativen erhebliche Umweltauswirkungen der beabsichtigten Planfestlegung zu erwarten seien, sei eine räumlich erweiterte Betrachtung erforderlich. Bei Planungen, die auf einen Vorhabenträger/Investor zurückgingen und die der Erweiterung eines vorhandenen Betriebsstandortes oder der Verwertung eines bestimmten bereits im Eigentum des Vorhabenträgers vorhandenen Grundstücks dienten, werde zunächst davon ausgegangen, dass der Vorhabenträger nur alternative Ausführungen bzw. Dimensionierungen am jeweiligen Standort darlegen könne. Sofern diese Planungen mit voraussichtlichen erheblichen Umweltauswirkungen verbunden seien und der Vorhabenträger keine anderen Alternativen darlegen könne, entscheide die Regionalplanungsbehörde darüber, ob die Voraussetzungen für die Entscheidung über eine Änderung des Regionalplans vorliegen oder ob sie selbst weitere Alternativen prüfen wolle.[1149]

Das BVerwG hat sich auch zur Frage des **Suchbereichs für die Alternativenprüfung** ge- 626
äußert. Der Standort insbesondere von Großvorhaben, mit denen Umweltauswirkungen in bedeutendem Ausmaß verbunden sein könnten, solle nicht auf der Grundlage einer räumlich unangemessen verengten Perspektive festgelegt werden, die die Möglichkeit einer Reduzierung von Umweltbelastungen durch eine optimierte Standortwahl nicht hinreichend in den Blick nehme. Eine so verstandene „je-desto-Formel", die auf eine Relation zwischen zu erwartenden Umweltauswirkungen und der Bemessung des Untersuchungsraums verweise, begegne keinen grundsätzlichen Bedenken, sondern bringe eine im Interesse der Effektivierung des

1145 OVG Münster Beschl. v. 29.12.2021 – 20 B 1690/21, juris Rn. 75; BVerwG NVwZ 2018, 1799.

1146 Uebbing Umweltprüfung bei Raumordnungsplänen, Münster, 2004, S. 170.

1147 Leitfaden zur Durchführung der Umweltprüfung in der nordrhein-westfälischen Regionalplanung, 2020, S. 28.

1148 Leitfaden zur Durchführung der Umweltprüfung in der nordrhein-westfälischen Regionalplanung, 2020, S. 29 f.

1149 Leitfaden zur Durchführung der Umweltprüfung in der nordrhein-westfälischen Regionalplanung, 2020, S. 29 f.

Umweltschutzes naheliegende Überlegung zum Ausdruck.[1150] Diese allgemeine Leitlinie bedürfe jedoch bei der praktischen Umsetzung einer näheren Ausfüllung und Konkretisierung. Eine wesentliche normative Orientierung erführen die Verhältnismäßigkeitserwägungen durch das Gebot der Berücksichtigung örtlich radizierter Ziele des Raumordnungsplans im Sinne der verfolgten Plankonzeption und des räumlichen Geltungsbereichs des Plans. Wenn das Gesetz auch bei der Änderung des Raumordnungsplans die Berücksichtigung von dessen rechtlichem Geltungsbereich verlange, sei damit nach dem üblichen Begriffsverständnis keine strikte Verbindlichkeit in dem Sinne gemeint, dass sich der Untersuchungsraum für Planungsalternativen stets mit dem Geltungsbereich des Raumordnungsplans decken müsste. Der damit bezeichnete Teil des Landesgebiets sei neben dem Ziel des Raumordnungsplans nur ein Element für eine sinnvolle, an den Zwecken der Umweltprüfung ausgerichteten Bemessung des Untersuchungsraums im Einzelfall. Die Annahme eines starren Regel-Ausnahme-Verhältnisses, bei dem eine Abweichung vom Geltungsbereich des Raumordnungsplans stets besondere Umstände voraussetzte werde dem nicht gerecht. Der Regionalplan sei in seinem räumlichen Umgriff selbst Ergebnis einer Entscheidung mit planungsrechtlichem Gehalt; dies gelte auch dann, wenn er an vorgegebene territoriale Gliederungen auf landesorganisationsrechtlicher Ebene anknüpfe. Er bilde den Bezugsrahmen, in den sich die Änderungen einfügen müssten. Vor diesem Hintergrund gehe es nicht an, bei Änderungen von vornherein nur den Geltungsbereich des Änderungsplans in den Blick zu nehmen; damit wäre im Übrigen zugleich die Gefahr eines Missbrauchs durch den Zuschnitt des Änderungsplans verbunden, wenn dieser schon aufgrund seiner geringen Ausdehnung und der örtlichen Verhältnisse eine Prüfung von Standortalternativen ausschließe. Eine Beschränkung des Suchraums auf einen Ausschnitt des Geltungsbereichs des Regionalplans insbesondere in unmittelbarem Anschluss an das Gebiet der geplanten Änderung möge allerdings bei Vorhaben mit von vornherein eher geringen Umweltauswirkungen in Betracht kommen.[1151]

627 Anlass, eine Überschreitung der Grenzen des Regionalplans in Erwägung zu ziehen, könne, so das BVerwG, in verschiedenen Fallgestaltungen gegeben sein. Des Nachweises einer begründeten Erwartung, jenseits dieser Grenzen geeignetere Standorte für das Vorhaben zu finden, bedürfe es dabei jedoch nicht; denn die Standortausweisung solle gerade Ergebnis einer weiträumigeren Untersuchung sein. So kämen spezifische örtliche Verhältnisse in Betracht, wenn etwa der in Aussicht genommene Standort am Rande des Plangebiets liege und deswegen eine partielle plangebietsüberschreitende Perspektive geboten sei. Das Bedürfnis nach einer weiträumigeren Alternativenprüfung könne sich insbesondere dann ergeben, wenn die beabsichtigte Änderung des Regionalplans auf ein Vorhaben abziele, dessen Verwirklichung ganz bedeutende umweltrechtliche Konfliktlagen mit sich bringen könne.[1152]

628 Als in Betracht kommende anderweitige Planungsmöglichkeiten sind nur solche Planungen anzusehen, die nicht die **Identität des Vorhabens** berühren und insoweit nicht auf ein anderes Projekt bzw. ein anderes Planungsziel hinauslaufen, weil damit die vom Vorhaben- bzw. Planungsträger in zulässiger Weise verfolgten Planungsziele nicht verwirklicht werden können.[1153] Das Gericht kann das Planungsermessen insoweit nur in Grenzen überprüfen, die überschritten sind, wenn der Behörde bei der Auswahl infolge einer fehlerhaften Ermittlung, Bewertung oder Gewichtung einzelner Belange ein rechtserheblicher Fehler unterlaufen ist oder wenn sich unter Berücksichtigung aller abwägungserheblichen Belange eine andere als die gewählte Variante eindeutig als die bessere hätte aufdrängen müssen. Letzteres ist nicht bereits dann anzunehmen, wenn für eine andere planerische Lösung ebenfalls einleuchtende Gründe angeführt werden können.[1154] Die Grenze der planerischen Gestaltungsfreiheit bei der Auswahl zwischen verschiedenen Varianten ist erst dann überschritten, wenn eine alternative Variante sich unter Berücksichtigung aller abwägungserheblichen Belange eindeutig als die bessere, weil öffentliche und private Belange insgesamt schonendere darstellen würde. Die Planungsbehörde muss den Sachverhalt allerdings nur soweit klären, wie dies für eine sachgerechte Entscheidung

[1150] BVerwG Urt. v. 7.12.2023 – 4 CN 6/22, juris Rn. 38.
[1151] BVerwG Urt. v. 7.12.2023 – 4 CN 6/22, juris Rn. 39.
[1152] BVerwG Urt. v. 7.12.2023 – 4 CN 6/22, juris Rn. 40.
[1153] BVerwG Urt. v. 7.12.2023 – 4 CN 6/22, juris Rn. 47; VGH München Urt. v. 15.3.2021 – 8 A 18.40041, juris Rn. 54; BVerwG NVwZ 2018, 1799, Rn. 54; BVerwG Urt. v. 17.01.2007 – 9 A 20.05, juris Rn. 143; Urt. v. 22.06.2015 – 4 B 61.14, juris Rn. 17.
[1154] OVG Münster Beschl. v. 29.12.2021 – 20 B 1690/21, juris Rn. 75; BVerwG NVwZ 2018, 1799.

und eine zweckmäßige Gestaltung des Verfahrens erforderlich ist. Erforderlich ist mithin, dass sich die alternative Lösung der Behörde hätte aufdrängen müssen.[1155]

g) Begründungspflicht. Nach § 7 V ROG ist den Raumordnungsplänen eine Begründung beizufügen. Die Begründung ist nicht Inhalt des Raumordnungsplans. Sie nimmt deshalb auch nicht an dessen Verbindlichkeit teil. Die Planbegründung ist kein eigenständiges Erfordernis der Raumordnung. Sie dient dem Verständnis und der Nachprüfbarkeit der Festlegungen des Raumordnungsplans.[1156] Die Begründung nimmt nicht teil am Rechtscharakter des Raumordnungsplans und seiner Festlegungen.[1157] Zwar ist die Unvollständigkeit einer Begründung für die Verletzung der Begründungspflicht unbeachtlich (§ 11 I Nr. 2 ROG). Eine unvollständige Begründung kann jedoch mit Blick auf die Möglichkeit eines Abwägungsdefizits Bedeutung erlangen.[1158] Begründungen dürfen im Laufe des Planungsverfahrens ergänzt und konkretisiert werden. Die endgültige Begründung des Plans kann und muss gegebenenfalls auch gegenüber der Begründung des Planentwurfs fortgeschrieben werden, wenn sich während der Auslegung neue Gesichtspunkte oder Gewichtungen eines Problems ergeben haben.[1159] Neben der Begründung nach § 7 V ROG ist dem Plan zusätzlich eine **zusammenfassende Erklärung** nach § 10 III ROG beizufügen. Diese enthält Informationen über die Art und Weise, wie die Umweltbelange und die Ergebnisse der Öffentlichkeits- und Behördenbeteiligung in dem Aufstellungsverfahren berücksichtigt worden sind und aus welchen Gründen der Plan nach Abwägung mit den geprüften, in Betracht kommenden anderweitigen Planungsmöglichkeiten sich für eine Planungsalternative entschieden hat.[1160] 629

h) Verträglichkeitsprüfung. Soweit ein Gebiet von gemeinschaftlicher Bedeutung oder ein europäisches Vogelschutzgebiet in seinen für die Erhaltungsziele oder den Schutzzweck maßgeblichen Bestandteilen erheblich beeinträchtigt werden kann, sind gem. § 7 VI ROG bei der Aufstellung von Raumordnungsplänen nach den §§ 8 und 17 I und II ROG die Vorschriften des BNatSchG über die Zulässigkeit und Durchführung von derartigen Eingriffen einschließlich der Einholung der Stellungnahme der Europäischen Kommission anzuwenden. § 34 I 1 BNatSchG regelt die Pflicht, Projekte vor ihrer Zulassung oder Durchführung auf ihre Verträglichkeit mit den Erhaltungszielen eines Natura 2000-Gebiets zu überprüfen, wenn sie einzeln oder im Zusammenwirken mit anderen Projekten oder Planen geeignet sind, das Gebiet erheblich zu beeinträchtigen, und nicht unmittelbar der Verwaltung des Gebiets dienen. Nach § 36 S. 2 BNatSchG findet diese Regelung auf Raumordnungspläne keine Anwendung. § 7 VI ROG ist insoweit nicht nur eine Spezialregelung im Verhältnis zum allgemeinen Abwägungsgebot des § 7 II ROG, sondern auch ein Verweis auf die Rechtsfolgen des § 34 BNatSchG. Ein Raumordnungsplan ist insoweit nur dann rechtmäßig, wenn sich aus der Verträglichkeitsprüfung ergibt, dass das geschützte Gebiet durch die Planung nicht erheblich beeinträchtigt wird. Für den Raumordnungsplan kann grundsätzlich auch eine Ausnahme von den Verbotstatbeständen eines ausgewiesenen Schutzgebiets erteilt werden, wenn die naturschutzrechtlichen Voraussetzungen dafür vorliegen. Es muss insoweit geprüft werden, ob es zumutbare Alternativen zu der das Gebiet beeinträchtigenden Planung gibt, ob der mit dem Raumordnungsplan verfolgte Zweck an anderer Stelle oder mit geringeren Beeinträchtigungen zu erreichen ist und ob zwingende Gründe des überwiegenden öffentlichen Interesses für die Planung geltend gemacht werden können. 630

i) Änderung, Ergänzung und Aufhebung von Raumordnungsplänen. Nach § 7 VII ROG gelten die Vorschriften des ROG über die Aufstellung von Raumordnungsplänen gelten 631

[1155] BVerwG Urt. v. 6.4.2017 – 4 A 2.16, ua, – juris Rn. 63; BVerwGE 133, 239 Rn. 131; NVwZ 2009, 521; VGH München Beschl. v. 14.06.2017 – 8 ZB 16.955 – juris Rn. 16; Urt. v. 04.04.2017 – 8 B 16.43, juris Rn. 32.

[1156] Runkel in Spannowsky/Runkel/Goppel, ROG, 2018, § 7 Rn. 53; Beckmann Raumordnungsrecht in Hoppenberg/de Witt, Handbuch des öffentlichen Baurechts, 2024, Rn. 312.

[1157] Runkel in Spannowsky/Runkel/Goppel, Raumordnungsgesetz, 2. Auflage 2018, § 7 Rn. 93; Mitschang/Reidt in Battis/Krautzberger/Löhr, Baugesetzbuch, 15. Auflage 2022, § 9 Rn. 233; Söfker in Ernst/Zinkahn/Bielenberg/Krautzberger, Baugesetzbuch, Werkstand: 150. EL Mai 2023, § 9 Rn. 288

[1158] Hofmann in Kment, ROG, 2019, § 7 Rn. 99; Beckmann NWVBL 2021, 181 (185).

[1159] Albrecht in Schumacher/Werk/Albrecht, ROG, 2020, § 7 Rn. 74; Runkel in Spannowsky/Runkel/Goppel, ROG, 2018, § 7 Rn. 95; Beckmann DVBl. 2022, 809 (812).

[1160] Albrecht in Schumacher/Werk/Albrecht, ROG, 2020, § 7 Rn. 74; Runkel in Spannowsky/Runkel/Goppel, ROG, 2018, § 7 Rn. 95.

auch für ihre Änderung, Ergänzung und Aufhebung. Die Änderung eines Raumordnungsplans liegt vor, wenn sein Inhalt, dh einzelne Festlegungen, seien es Ziele oder Grundsätze der Raumordnung, geändert werden. Um eine Ergänzung eines Raumordnungsplans handelt es sich, wenn er entweder als Teilplan auf einen größeren Planungsraum erstreckt werden soll, oder wenn er zu bestimmten Belangen zusätzliche oder andere Festlegungen erhalten soll, die bisher nicht Gegenstand des Plans waren.[1161] Wird ein Raumordnungsplan neu aufgestellt, ersetzt der neue Plan den alten Plan, ohne dass der alte Plan in einem gesonderten Verfahren ausdrücklich aufgehoben werden müsste.[1162]

632 **j) Überprüfung von Raumordnungsplänen.** § 7 VIII ROG schreibt vor, dass alle Raumordnungspläne mindestens alle zehn Jahre zu überprüfen sind. Die Vorschrift wurde durch das ROG 2017 in das ROG eingefügt, um Art. 6 III MRO-RL (2014/89/EU) umzusetzen, wonach maritime Raumordnungspläne von den Mitgliedstaaten nach eigenem Ermessen, jedoch mindestens alle zehn Jahre überprüft werden müssen. Aus Gründen der Praktikabilität der Rechtsklarheit wurde die Regelung auf sämtliche Bundesrumordnungspläne nach § 17 ROG erstreckt.[1163] Die Überprüfungspflicht ist durch das ROGÄndG 2023 erweitert worden, soweit sie sich bis zum Inkrafttreten des RoGÄndG 2023 nur auf Raumordnungspläne nach § 13 VI ROG und § 17 ROG bezog. Überprüfungspflicht iSv § 7 VIII ROG bedeutet nicht, dass die Raumordnungspläne in den genannten Zeiträumen auch abzuändern sind. Vielmehr bedarf es lediglich einer Überprüfung, ob und inwieweit Änderungsbedarf besteht.[1164] Der Gesetzesentwurf der Bundesregierung zum ROGÄndG 2023 begründet die Erweiterung der Überprüfungspflicht damit, dass die Raumordnungsplanung weiter flexibilisiert werden soll, in dem sie schneller auf aktuelle Entwicklungen und planerische Bedürfnisse reagiert. Die Änderung soll auch dazu dienen, dass die Raumordnung ihren überörtlichen und fachlichen Koordinierungsauftrag effektiver erfüllen kann, indem sie gezielt die notwendigen Flächen zur Verfügung stellt. Die Überprüfungspflicht nach § 7 VIII ROG korrespondiert mit § 7 I 1 ROG, wonach Festlegungen in Raumordnungsplänen für einen regelmäßig mittelfristigen Zeitraum zu treffen sind. Unter mittelfristig werden 10 bis 15 Jahre verstanden. Daher soll die Überprüfung planerischer Festlegungen spätestens nach zehn Jahren erfolgen, um mit einem etwaigen anschließenden Planänderungsverfahren diese Mittelfristigkeit zu gewährleisten.[1165]

2. Arten von Raumordnungsplänen

633 Der Gesetzgeber unterscheidet in § 13 I 1 ROG zwischen einem landesweiten Raumordnungsplan und den Regionalplänen als Raumordnungsplänen für die Teilräume der Länder. Hinzu kommen Raumordnungspläne des Bundes nach § 17 ROG für die deutsche ausschließliche Wirtschaftszone und für den Gesamtraum. Die Bundesländer sind mangels bundesrechtlicher Regelung berechtigt, Organisation, Rechtsform und Trägerschaft der Landes- und Regionalplanung grundsätzlich eigenverantwortlich zu regeln.[1166]

634 Nach §§ 13 I 1, 3 Nr. 7 ROG ist für das Gebiet eines jeden Landes ein zusammenfassender, überörtlicher und fachübergreifender Plan aufzustellen (**landesweiter Raumordnungsplan**). Zulässig ist es auch**, räumliche und sachliche Teilpläne** aufzustellen (§ 7 I 3 ROG). In den Ländern Berlin, Bremen und Hamburg kann ein **Flächennutzungsplan** nach § 5 BauGB die Funktion eines Raumordnungsplans für das Landesgebiet übernehmen. Für solche Flächennutzungspläne gelten § 13 V-VI ROG sowie die §§ 7 III, IV und VIII sowie die §§ 9 und 10 ROG entsprechend.[1167] Wird die bundesgesetzliche Pflicht zu einer landesweiten Raumordnungsplanung missachtet, hat dies für die Bauleitplanung keine Unwirksamkeitsfolgen. Flächennutzungspläne werden nicht wegen des Fehlens eines landesweiten Raumordnungsplans unwirksam.[1168] Fehlt es an einem Raumordnungsplan, bedarf es auch keiner Zielanpassung

---

1161 Runkel in Spannowsky/Runkel/Goppel, ROG, 2018 § 7 Rn. 102.

1162 Runkel in Spannowsky/Runkel/Goppel, ROG, 2018 § 7 Rn. 103.

1163 Schumacher in Schumacher/Werk/Albrecht, ROG, 2020, § 7 Rn. 93 f.

1164 Schumacher in Schumacher/Werk/Albrecht, ROG, 2020, § 7 Rn. 96.

1165 Gesetzesbegründung BT-Drs. 20/4823, S. 24.

1166 Grotefels in Kment, ROG, 2019 § 13 Rn. 48.

1167 OVG Bremen NordÖR 2008, 69 ff.; Schlarmann/Krappel NordÖR 2009, 143; Grooterhorst/Langguth NordÖR 2007, 442.

1168 BVerwG, Urt. v. 29.4.2010 – 4 CN 3/08, juris.

nach § 1 IV BauGB. In einem solchen Fall stellt sich die Frage nach der Zielkonformität des Bauleitplans nicht.[1169]

In den Ländern sind gem. § 13 I 1 Nr. 2 ROG Regionalpläne aufzustellen. § 13 I 1 Nr. 2 ROG verpflichtet zu einer den Gesamtraum in Teilräume aufgliedernden Regelung der **Regionalplanung** für die Länder. Die Verpflichtung zur Aufstellung von Regionalplänen gilt nicht für die Länder Berlin, Bremen, Hamburg und Saarland. Die Bundesländer bestimmen in eigener Verantwortung die Aufteilung des Landesgebiets in die für die Regionalplanung erforderlichen Teilräume.[1170] Regionalpläne müssen allerdings flächendeckend in den Bundesländern aufgestellt werden. Zu unterscheiden sind Regionalpläne von räumlichen Teilplänen der Landesplanung, die sich landesbedeutsame Belange beziehen, während die Regionalpläne regionalbedeutsame Belange berücksichtigen und dazu regionalbedeutsame Ziele und Grundsätze festlegen; insoweit können Regionalpläne auch nicht durch räumliche Teilpläne der Landesplanung ersetzt werden.[1171] 635

Träger der Regionalplanung sind entweder kommunale Gebietskörperschaften, regionale Planungsgemeinschaften oder Planungsverbände, die als Zusammenschluss von Kommunen gebildet werden, oder staatliche Träger, bei denen Planungsstellen in Mittelbehörden oder auch Landesministerien die Durchführung der Regionalplanung wahrnehmen und die Kommunen nur förmlich beteiligt werden. Regionalplanung kann insoweit als eine rein staatliche Planung oder aber als eine gemeinschaftlich zu erledigende Aufgabe von Staat und kommunaler Selbstverwaltung geregelt werden. Nach § 1 II LPlG NRW zB ist die Landes- und Regionalplanung nach näherer Bestimmung des Landesplanungsgesetzes eine gemeinschaftliche Aufgabe von Staat und Selbstverwaltung, die dem Gegenstromprinzip nach dem Raumordnungsgesetz verpflichtet ist. 636

Von den Planungsträgern sind begrifflich die zuständigen **Raumplanungsbehörden** zu unterscheiden. Zuständige Regionalplanungsbehörden sind in NRW zB die Bezirksregierungen und die Regionaldirektion des Regionalverbandes Ruhr als staatliche Behörde für das Verbandsgebiet des Regionalverbandes Ruhr (§ 4 I LPlG NRW). Die Regionalplanungsbehörde hat nach § 4 II 1 LPlG NRW bei der Erarbeitung und Aufstellung der Regionalpläne mitzuwirken sowie Raumverträglichkeitsprüfungen durchzuführen. Regionale Planungsträger sind hingegen in NRW die Regionalräte;[1172] im Verbandsgebiet des Regionalverbandes Ruhr ist regionaler Planungsträger die Verbandsversammlung des Regionalverbandes Ruhr (§ 6 LPlG NRW). Bei den Regionalräten handelt es sich um Vereinigungen iSv § 61 Nr. 2 VwGO. Sie sind insoweit in der Lage, sich gegen rechtswidrige Einschränkungen ihrer Planungskompetenz durch gesetzeswidrige Weisungen oder unrechtmäßige Einwendungen der Landesplanungsbehörde beim Verwaltungsgericht zu Wehr zu setzen.[1173] Die Unterscheidung der Funktionen der zuständigen Raumordnungsbehörde und des Planungsträgers bzw. der Stelle, die diese Trägerfunktion wahrnimmt, ist insbesondere auch für die **Abweichung von Zielen der Raumordnung** wichtig, weil die zuständige Raumordnungsbehörde nach § 6 II 1 ROG über Anträge auf Zielabweichung entscheidet, während Planänderungen vom dem als Planungsträger zuständigen Organ, bei Regionalplänen in NRW etwa von den Regionalräten bzw. von der Verbandsversammlung des Regionalverbandes Ruhr, entschieden werden.[1174] 637

Nach § 13 II 1 ROG sind die Regionalpläne aus dem Raumordnungsplan für das Landesgebiet zu entwickeln. Bei der **Entwicklung aus dem landesweiten Raumordnungsplan** sind dessen Ziele zu beachten. Sie können nur insoweit konkretisiert werden, als sie innerhalb eines verbindlichen Rahmens Konkretisierungsspielräume. Die Flächennutzungspläne und die Ergebnisse der von den Gemeinden beschlossenen sonstigen städtebaulichen Planungen sind gem. § 13 II 2 ROG entsprechend dem Gegenstromprinzip des § 1 III ROG in der Abwägung nach § 7 II ROG zu berücksichtigen. Entwickeln bedeutet für die Planung, dass der Plan sich innerhalb der wesentlichen Grundentscheidungen des höherstufigen Plans hält, dessen Grundzüge 638

1169 BVerwG Urt. v. 29.4.2010 – 4 CN 3/08, juris; BVerwG BRS 71 Nr. 45, S. 227 f.

1170 Grotefels in Kment, ROG, 2019 § 13 Rn. 41.

1171 Grotefels in Kment, ROG, 2019 § 13 Rn. 46.

1172 Zu deren Rechtsstellung Beckmann BauR 2014, 1717.

1173 Beckmann BauR 2014, 1717; zur Beteiligungsfähigkeit einer Regionalen Planungsversammlung im verwaltungsgerichtlichen Organstreit um den Inhalt und die Reichweite von Mitgliedschaftsrechten siehe VGH Kassel Urt. v. 14.6.1994 – 4 UE 2433/88, juris.

1174 Die Bundesländer können allerdings die Zuständigkeit für Zielabweichungsentscheidungen landesrechtlich bestimmen.

beachtet und von den Grundentscheidungen nicht abweicht. Es geht um eine von Gestaltungsfreiheit gekennzeichnete planerische Fortentwicklung der Grundkonzeption der höherstufigen Planung.[1175] Für die Rechtswirksamkeit eines Regionalplans ist es nach § 11 II ROG unbeachtlich, wenn der Regionalplan aus einem Raumordnungsplan für das Landesgebiet entwickelt worden ist, dessen Unwirksamkeit wegen Verletzung von Verfahrens- oder Formvorschriften sich nach Bekanntmachung oder Verkündung des Regionalplans herausstellt. Die weitere Unbeachtlichkeitsklausel des früheren § 11 II Nr. 1 ROG, dass es nämlich für die Rechtswirksamkeit eines Regionalplans unbeachtlich war, wenn § 13 II 1 ROG hinsichtlich des Entwickelns des Regionalplans aus dem Raumordnungsplan für das Landesgebiet verletzt worden ist, ohne dass hierbei die sich aus dem Raumordnungsplan für das Landesgebiet ergebende geordnete räumliche Entwicklung beeinträchtigt worden ist, wurde durch das **ROGÄndG 2023** aufgehoben, um das dadurch entstehende Problem zu vermeiden, dass für die an die Ziele der Raumordnung geltende Anpassungspflicht für die Bauleitplanung divergierende landesweite und regionale Raumordnungsziele bestehen konnten.

639 Mit dem ROGÄndG 2023 ist § 13 Ia ROG in das ROG eingefügt worden. Raumordnungspläne sind danach auch den Zielen der Raumordnung anzupassen, die in Bundesraumordnungsplänen nach § 17 ROG festgelegt sind. Die Bindungswirkung des § 4 I ROG bleibt nach § 11 Ia 2 ROG unberührt. Mit dem neuen § 11 Ia ROG soll ausweislich der Gesetzesbegründung eine wirksame Umsetzung von **Raumordnungsplänen des Bundes** nach dem Vorbild des § 1 IV BauGB gesichert werden, wonach Bauleitpläne an die Ziele der Raumordnung anzupassen sind. Entsprechend bestimmt der Gesetzgeber, dass landesweite Raumordnungspläne und Regionalpläne den in Raumordnungsplänen des Bundes nach § 17 ROG festgelegten Zielen der Raumordnung anzupassen sind. Das Wort „anpassen" bedeutet nach der Gesetzesbegründung eine aktive, über § 4 I ROG hinausgehende Anpassungspflicht des in § 4 I ROG genannten Adressatenkreises durch eine sofortige Prüfung nach Inkrafttreten des Raumordnungsplans des Bundes und eine erforderlichenfalls möglichst kurzfristige Änderung beziehungsweise Anpassung der landesweiten und regionalen Raumordnungspläne. Nicht ausreichend soll eine Beachtung der Ziele erst im Rahmen einer etwaigen von der Landes- oder Regionalplanung unabhängig davon später beabsichtigten Planänderung sein.[1176] Die Neuregelung wirft ähnliche Fragen auf, wie sich schon zu den zuvor schon geltenden Anpassungspflichten stellen, zB nach dem konkreten Umfang des „kurzfristigen" Zeitraums der den anpassungspflichtigen Zieladressaten für die Anpassung zugestanden werden kann.

3. Länderübergreifende Verflechtungsbereiche

640 Ist eine Planung angesichts bestehender Verflechtungen, insbesondere in einem verdichteten Raum, über die Grenzen eines Landes erforderlich, soll nach § 13 III ROG eine gemeinsame Regionalplanung erwogen werden. Durch das ROG 2017 wurde die Pflicht zur länderübergreifenden Planung abgeschwächt, in dem eine gemeinsame Regionalplanung nur noch „erwogen" werden soll. Bei ihren Erwägungen sollten die dafür verantwortlichen Planungsträger bedenken, dass das Bundesministerium des Innern, für Bau und Heimat nach § 17 II 1 ROG im Einvernehmen mit den fachlich betroffenen Bundesministerien auch länderübergreifende Raumordnungspläne für den Hochwasserschutz sowie zu Standortkonzepten für Häfen und Flughäfen als Grundlage für ihre verkehrliche Anbindung im Rahmen der Bundesverkehrswegeplanung als Rechtsverordnung aufstellen kann. Dazu wird geraten, dass der Bund in den von § 17 II ROG genannten Konstellationen (Hochwasserschutz usw.) zunächst die Länder zur gemeinsamen Planung auffordern sollte, statt selbst zu planen.[1177] Zur Beantwortung der Frage, ob eine länderübergreifende Planung erforderlich ist, haben die Länder kein freies Ermessen; die Planungserforderlichkeit bei bestehenden Verflechtungen, insbesondere in einem verdichteten Raum, ist gerichtlich voll überprüfbar.[1178] Ist eine länderübergreifende Planung erforderlich, besteht für „Erwägungen", von einer solchen Planung abzusehen, wenig Spielraum.

[1175] Zum Gebot des § 8 II BauGB, Bebauungspläne aus dem Flächennutzungsplan zu entwickeln BVerwGE 48, 70 (78); BVerwGE 137, 38 Rn. 18; Grotefels in Kment, ROG, 2019, § 7 Rn. 64.

[1176] BT-Drs. 20/4823, S. 25; näher dazu Kümper NuR 2023, 731.

[1177] Grotefels in Kment, ROG, 2019, § 13 Rn. 76.

[1178] Grotefels in Kment, ROG, 2019, § 13 Rn. 79.

4. Regionaler Flächennutzungsplan

Wird der Regionalplan von Zusammenschlüssen von Gemeinden und Gemeindeverbänden zu regionalen Planungsgemeinschaften beschlossen, kann ein Regionalplan nach § 13 IV 1 ROG zugleich die Funktion eines gemeinsamen Flächennutzungsplans nach § 204 BauGB übernehmen, wenn er den §§ 7–13 ROG und den Vorschriften des BauGB entspricht. In dem gemeinsamen Flächennutzungsplan sind sowohl die Festlegungen iSv § 13 V ROG und des § 7 III und IV ROG als auch die Darstellungen iS des § 5 BauGB zu kennzeichnen; Ziele und Grundsätze der Raumordnung sind als solche zu kennzeichnen.[1179] Der regionale Flächennutzungsplan soll das Planungssystem zwischen der örtlichen und der überörtlichen regionalen Ebene einfacher und überschaubarer machen, die Zahl der Planungsinstanzen und den Planungsaufwand verringern sowie zu einer Verbesserung der Planungsqualität in Verdichtungsräumen beitragen.[1180] Benachbarte Gemeinden sollen nach § 204 I 1 BauGB einen gemeinsamen Flächennutzungsplan aufstellen, wenn ihre städtebauliche Entwicklung wesentlich durch gemeinsame Voraussetzungen und Bedürfnisse bestimmt wird oder ein gemeinsamer Flächennutzungsplan einen gerechten Ausgleich der verschiedenen Belange ermöglicht. Ein gemeinsamer Flächennutzungsplan soll gem. § 204 II 2 BauGB insbesondere aufgestellt werden, wenn die Ziele der Raumordnung oder wenn Einrichtungen und Anlagen des öffentlichen Verkehrs, sonstige Erschließungsanlagen sowie Gemeinbedarfs- oder sonstige Folgeeinrichtungen eine gemeinsame Planung erfordern. Der gemeinsame Flächennutzungsplan kann von den beteiligten Gemeinden nur gemeinsam aufgehoben, geändert oder ergänzt werden; die Gemeinden können vereinbaren, dass sich die Bindung nur auf bestimmte räumliche oder sachliche Teilbereiche erstreckt (§ 204 I 3 BauGB). Eine Kombination der beiden Planungstypen Flächennutzungsplan und Regionalplan hat erheblichen Einfluss auf die Planungskompetenz der beteiligten Gemeinden, denn über die Abstimmungsnotwendigkeiten bei einer gemeinsamen Planung kann die Änderung des Plans erheblich schwieriger und zeitaufwendiger, manchmal sogar unmöglich werden. Der regionale Flächennutzungsplan wird abhängig von der jeweiligen landesrechtlichen Bestimmung in der Regel als **Rechtsverordnung** oder **Satzung** beschlossen.[1181] 641

5. Mögliche Planinhalte

Allgemeine Anforderungen an mögliche Planinhalte von Raumordnungsplänen sind in § 13 V und VI ROG geregelt. Die Raumordnungspläne sollen nach § 13 V ROG **Festlegungen zur Raumstruktur** enthalten, insbesondere zu der anzustrebenden Siedlungsstruktur, der anzustrebenden Freiraumstruktur und den zu sichernden Standorten und Trassen für Infrastruktur. 642

a) Raumkategorien. Festlegungen zur Siedlungsstruktur können sich nach § 13 V 1 Nr. 1 ROG insbesondere auf Raumkategorien, auf Zentrale Orte und besondere Gemeindefunktionen, wie Entwicklungsschwerpunkte und Entlastungsorte, auf Siedlungsentwicklungen und Achsen beziehen. 643

Möglich ist es, die Entwicklung der räumlichen Struktur den Grundsätzen der Raumordnung entsprechend unter anderem auf eine Unterteilung in die Raumkategorien Siedlungsraum und Freiraum auszurichten.[1182] Dazu kann das gesamte Landesgebiet als Grundlage für eine umweltverträgliche und den siedlungsstrukturellen Erfordernissen Rechnung tragende Entwicklung der Raumnutzung in Gebiete unterteilt werden, die vorrangig Siedlungsfunktionen (**Siedlungsraum**) oder vorrangige Freiraumfunktionen (**Freiraum**) erfüllen oder erfüllen sollen, wobei der Freiraum grundsätzlich zu erhalten und seiner ökologischen, sozialen und wirtschaftlichen Bedeutung entsprechend zu sichern und funktionsgerecht zu entwickeln ist. 644

Als **Gebiete mit unterschiedlicher Raumstruktur** nach der unterschiedlichen Art und Dichte der Besiedlung und den sich daraus ergebenden Planungsaufgaben kommen zB Verdichtungsgebiete (Ballungskerne, Ballungsrandzonen, solitäre Verdichtungsgebiete) sowie Ge- 645

[1179] Dazu Goedecke Regionaler Flächennutzungsplan, S. 86 ff.; Spannowsky UPR 1999, 409; Lahme Der regionale Flächennutzungsplan, passim; Müller/Mahlburg DVBl. 1998, 1110; Lüers UPR 1997, 348.

[1180] Im Einzelnen dazu Spannowsky UPR 1999, 409 (410 ff.); Kreibohm/Zülka NWVBL 2003, 334.

[1181] Zum Rechtsschutz gegen regionale Flächennutzungspläne siehe Spannowsky UPR 1999, 409 (415 f.); Hendler NuR 2004, 485; ders. ZfBR 2005, 229 ff.; Beckmann NWVBL 2024, 53.

[1182] Appold Freiraumschutz durch räumliche Planung, Münster, 1988.

biete mit überwiegend ländlicher Raumstruktur in Betracht, wobei zur Verwirklichung der Grundsätze der Raumordnung in den Gebieten mit unterschiedlicher Raumstruktur unterschiedliche Ziele angestrebt werden.

646 **b) Zentralörtliche Gliederung.** In den Bundesländern sind für die Entwicklung der Siedlungsstruktur für das jeweilige Landesgebiet funktional gegliederte Systeme einer zentralörtlichen Gliederung mit im Wesentlichen identischen Grundelementen verbindlich festgelegt. Regelmäßig wird ein drei- oder vierstufiges Gliederungsschema vorgegeben, das zwischen Klein- und Unterzentren, Mittelzentren und Oberzentren unterscheidet. Klein- und Unterzentren decken die Grundversorgung der Bevölkerung ab; den Mittelzentren ist die Aufgabe der Deckung des gehobenen Bedarfs zugewiesen. Oberzentren schließlich decken den speziellen höheren Bedarf. Die Landesplanungsgesetze sehen **Ausstattungskataloge** für die verschiedenen Zentralen Orte in den Bereichen Sport, Gesundheit, Freizeit, Banken, Versicherungen, Einzelhandel und Dienstleistungen vor. Zusätzlich werden regelmäßig Richtwerte für die Mindesteinwohnerzahl in den Verdichtungsgebieten sowie die zumutbaren Entfernungen zwischen den Orten und Siedlungen im Verdichtungsbereich und dem jeweiligen zentralen Ort angegeben.

647 **c) Entwicklungsschwerpunkte und Entwicklungsachsen.** Ausgehend von der zentralörtlichen Gliederung kann für die Gesamtentwicklung des Landes ein System von Entwicklungsschwerpunkten und Entwicklungsachsen vorgesehen werden. Als Entwicklungsschwerpunkte kommen zB Räume in Betracht, in denen die Standortvoraussetzungen für eine bevorzugte Förderung bestimmter Siedlungsentwicklungen, zB die Konzentration von Wohnungen und Arbeitsstätten, vorhanden sind, oder Gebiete, deren Lebens- und Wirtschaftsbedingungen zu ihrer Erhaltung oder Verbesserung besonderer Fördermaßnahmen bedürfen. Die Entwicklungsachsen stellen das Grundgefüge der räumlichen Verflechtung dar, nach dem sich Art, Leistungsfähigkeit und räumliche Bündelung der Verkehrswege und Versorgungsleitungen richten sollen.

648 Hinsichtlich der anzustrebenden **Freiraumstruktur** sind nach § 13 V 1 Nr. 2 ROG Festlegungen für großräumig übergreifende Freiräume sowie den Freiraumschutz, für Nutzungen im Freiraum, wie Standorte für die vorsorgende Sicherung sowie die geordnete Aufsuchung und Gewinnung von standortgebundenen Rohstoffen sowie für die Sanierung und Entwicklung von Raumfunktionen und zur Gewährleistung des vorbeugenden Hochwasserschutzes erforderlich. Für die zu sichernden Standorte und Trassen können Festlegungen zur Verkehrsinfrastruktur und zu Umschlaganlagen von Gütern sowie zur Ver- und Entsorgungsinfrastruktur hierzu gehören. Mit dem ROGÄndG 2023 hat der Gesetzgeber die Festlegungen zur anzustrebenden Freiraumstruktur ergänzt. Nach § 13 V 1 Nr. 2e ROG können zur anzustrebenden Freiraumstruktur auch Freiräume zur Gewährleistung eines natürlichen Klimaschutzes, insbesondere für Moorerhalt und Moorschutz gehören. Mit dieser Ergänzung soll der besonderen Relevanz des Klimaschutzes und insbesondere in diesem Zusammenhang des Schutzes von Mooren Rechnung getragen werden.[1183] Die Ergänzung steht im Zusammenhang mit weiteren Änderungen in § 2 II Nr. 2 S. 6 und 7 ROG, wonach die Brachflächenentwicklung gegenüber neuer Flächeninanspruchnahme nach Möglichkeit vorgezogen werden soll und wonach eine weitere Zerschneidung der freien Landschaft sowie von Wald- und Moorflächen dabei soweit wie möglich zu vermeiden ist. Bei Festlegungen der anzustrebenden Freiraumstruktur kann gemäß § 13 V 2 ROG zugleich bestimmt werden, dass in einem Gebiet unvermeidbare Beeinträchtigungen der Leistungsfähigkeit des Naturhaushalts oder des Landschaftsbilds an anderer Stelle ausgeglichen, ersetzt oder gemindert werden müssen.[1184] § 8 I KAnG verpflichtet alle Träger öffentlicher Aufgaben und damit auch die Träger der Raumplanung und Bauleitplanung, bei ihren Planungen und Entscheidungen das Ziel der Klimaanpassung nach § 1 KAnG „fachübergreifend und integriert zu berücksichtigen".[1185] Träger öffentlicher Aufgaben sollen

---

[1183] BT-Drs. 20/5830, S. 44; zum Klimaanpassungsgesetz, das am 1.7.2024 in Kraft getreten ist, Fellenberg/Dingemann/Römling NVwZ 2024, 281; zu Klimaanpassungsstrategien Hilbert ZUR 2023, 259; Fontana ZUR 2023, 528; zur Klimaanpassung durch Bebauungspläne Hilbert DVBl. 2022, 1409 (1411); Albrecht ZUR 2023, 273; Queitsch UPR 2023, 201; zur Klimaanpassung im Städtebaurecht Sinder EuRUP 2022, 378; zum Hochwasserschutz als Klimaanpassungsmaßnahme Wagner ZUR 2023, 283; zum Entwurf des Klimaanpassungsgesetzes Beckmann KlimRZ 2023, 151.

[1184] Istel Raumordnerischer Ausgleich bei unvermeidbaren Beeinträchtigungen der Leistungsfähigkeit des Naturhaushaltes oder des Landschaftsbildes, S. 88 ff.

[1185] Näher dazu Fellenberg/Dingemann/Römling NVwZ 2024, 281 (286); Scherff ZUR 2024, 277.

nach § 8 III 1 KAnG darauf hinwirken, dass bereits versiegelte Böden, deren Versiegelung dauerhaft nicht mehr für die Nutzung der Böden notwendig ist, im Rahmen von Maßnahmen in ihrem Verantwortungsbereich in den natürlichen Funktionen des Bodens nach § § 2 II Nr. 1 BBodSchG, soweit dies erforderlich und zumutbar ist, wiederhergestellt und entsiegelt werden.

Die Raumordnungspläne sollen nach § 13 V 1 Nr. 3 ROG auch Festlegungen zu den zu sichernden Standorten und Trassen für Infrastruktur enthalten. Dazu können die Verkehrsinfrastruktur und Umschlaganlagen von Gütern sowie Ver- und Entsorgungsinfrastruktur einschließlich Energieleitungen und Energieanlagen gehören. Die Verkehrsinfrastruktur kann im Rahmen der angestrebten **Rauminfrastruktur** eines Landes verkehrszweigübergreifend geplant werden. Sie ist unter Berücksichtigung des absehbaren Verkehrsbedarfs und der Erfordernisse des Umweltschutzes zu sichern und zu verbessern. Dabei kann einzelnen Verkehrsbereichen, etwa dem schienengebundenen Personen- und Güterverkehr gegenüber dem Straßenverkehr, oder dem Ausbau vorhandener Verkehrswege gegenüber dem Neubau oder dem öffentlichen Personennahverkehr gegenüber dem Individualverkehr ein Vorrang eingeräumt werden. 649

Soweit ein landesweiter Raumordnungsplan oder ein Regionalplan für ein **Gebiet der deutschen Küstengewässer** nach § 3 Nr. 2 WHG Regelungen trifft, soll er gem. § 13 VI ROG unter Berücksichtigung etwaiger Wechselwirkungen zwischen Land und Meer sowie unter Berücksichtigung von Sicherheitsaspekten bestimmte Festlegungen treffen. Diese Festlegungen sollen dazu dienen, die Sicherheit und Leichtigkeit des Verkehrs zu gewährleisten; sie sollen außerdem weiteren wirtschaftlichen Nutzungen, wissenschaftliche Nutzungen sowie zum Schutz und zur Verbesserung der Meeresumwelt dienen. § 13 II-V ROG finden gem. § 13 VI 2 ROG insoweit keine Anwendung. 650

d) Raumordnungsgebiete. Die Festlegungen nach § 7 I ROG können gem. § 7 III 1 ROG auch bestimmte Raumordnungsgebiete bezeichnen.[1186] Für derartige Gebietsfestlegungen bedarf es keiner Umsetzung in dem jeweiligen Landesplanungsgesetz.[1187] Der Gesetzgeber im **ROGÄndG 2023** in diesem Zusammenhang wesentliche Gesetzesänderungen vorgenommen. Insbesondere sind die Regelungen zur Gebietskategorie eines Eignungsgebiets und eines Eignungsgebiets für den Meeresbereich (§ 7 III 1 Nrn. 3, 4 ROG aF) aufgehoben worden. Diese Gebietskategorien haben sich nach Einschätzung des Gesetzgebers in der Planungspraxis angesichts ihrer fehlenden innergebietlichen Sicherungsfunktion bzw. Vorrangwirkung für die jeweils ausgewiesene Nutzung als wenig praktikabel und wenig gerichtsfest erwiesen.[1188] Neu eingeführt wurde durch das ROGÄndG 2023 die Gebietskategorie eines Vorranggebiets mit Ausschlusswirkung, für deren Ermittlung § 7 III 3-5 ROG nähere Vorgaben macht. In der Gesetzesbegründung wird dazu auf die geänderte Übergangsvorschrift des § 27 ROG hingewiesen.[1189] Der Sinn dieses Hinweises erschließt sich nicht ohne Weiteres. Die Weitergeltung von Festlegungen eines Eignungsgebiets oder eines Vorranggebiets mit den Wirkungen eines Eignungsgebiets in bestehenden Raumordnungsplänen lässt sich jedenfalls aus § 27 ROG nicht ableiten. Nach § 27 I 1 ROG werden Verfahren zur Aufstellung von Raumordnungsplänen nach § 13 ROG sowie Raumordnungsverfahren, die nach § 15 ROG in der bis zum 27.09.2023 geltenden Fassung förmlich eingeleitet wurden, nach den bis zum 27.09.2023 geltenden Raumordnungsgesetzen von Bund und Ländern abgeschlossen. Es handelt sich somit um eine verfahrensbezogene Überleitungsvorschrift. § 7 III ROG ist jedoch eine auf den zulässigen Inhalt von Raumordnungsplänen bezogene Vorschrift. § 27 II ROG grenzt den zeitlichen Anwendungsbereich bezüglich geänderter Planerhaltungsvorschriften ab und bezieht sich insoweit ebenfalls nicht auf materiell-rechtliche Bestimmungen zum Planinhalt. § 27 III ROG schließlich enthält eine sachlich-gegenständliche Abgrenzung bundes- und landesrechtlicher Regelungsbereiche, ist insoweit auch keine Überleitungsvorschrift für materiell-rechtliche Bestimmungen zum möglichen Planinhalt im Sinne von § 7 III ROG. Aus § 27 ROG ergibt sich deshalb nicht, dass die Rechtswirkung von Eignungsgebieten bzw. von Vorranggebieten mit der Wirkung eines Eignungsgebiets in bestehenden Raumordnungsplänen trotz der Aufhebung 651

[1186] Zu den raumordnerischen Gebietskategorien siehe Lehners Raumordnungsgebiete, 1998, S. 1 ff.; Grotefels in FS für Hoppe, 2000, 269 ff.; dies. in Kment, ROG, 2019, § 7 Rn. 37; Jarass Raumordnungsgebiete, 1998, S. 1 ff.; Goppel in Spannowsky/Runkel/Goppel, ROG, 2018, § 7 Rn. 62.

[1187] Zur früheren Rechtslage siehe BVerwG DVBl. 2003, 1165 (1167).

[1188] Gesetzesbegründung BT-Drs. 20/4823, S. 22.

[1189] BT-Drs. 20/4823, S. 22.

von § 7 III 2 Nr. 3, 4 ROG aF Bestand behält. Deshalb war im Gesetzgebungsverfahren angeregt worden, die Regelung durch eine **Übergangsvorschrift** zu ergänzen, die die Rechtswirkungen der in geltenden Raumordnungsplänen vorhandenen Eignungsgebiete aufrechterhält.[1190] Die Fortgeltung der Rechtswirkungen bereits raumplanerisch festgelegter Eignungsgebiete kann sich deshalb nicht aus § 27 ROG ergeben. Vielmehr gelten diese Rechtswirkungen nur dann fort, wenn man annimmt, dass die Streichung dieser Gebietskategorie im Katalog des § 7 III 2 ROG nicht ein Verbot der Festlegung eines solchen Gebietstyps oder den Wegfall der für eine solche Festlegung erforderlichen Ermächtigung durch den Gesetzgeber zur Folge hat. Gegen eine unzureichende Ermächtigung zur Festlegung oder Beibehaltung eines solchen Gebietstyps spricht, dass § 7 III 2 ROG, wie sich aus dem Einschub „insbesondere" ergibt, nur einen beispielhaften Katalog möglicher Festlegungen enthält und dass dementsprechend auch ohne eine zusätzliche landesplanungsrechtliche Regelung auch andere Gebietsarten als Inhalt eines Raumordnungsplans in Frage kommen. Dem Planungsträger soll insoweit auch ohne weitere landesrechtliche Regelung ein sogenanntes „**Gebietserfindungsrecht**" zustehen.[1191] Aus der Einfügung des Begriffs „insbesondere" muss aber nicht zwingend ein Gebietserfindungsrecht des jeweiligen Planungsträgers abgeleitet werden. Vielmehr wird dazu auch vertreten, dass es den Ländern aus Sicht des Bundes freistehen soll, weitere im Bundesrecht nicht geregelte Typen gebietsscharfer Festlegungen landesrechtlich einzuführen.[1192] In der Begründung des ROG 2017 wird jedoch erläutert, dass mit der Formulierung des damals neuen S. 2 „insbesondere können diese Gebiete sein…" die in der Praxis teilweise bestehende Unsicherheit beseitigt werden sollte, ob von den Planungsträgern auch ohne zusätzliche landesgesetzliche Grundlage andere Gebietsarten als die in Abs. III explizit Genannten festgelegt werden könnten, in dem Sinne beseitigt werden sollte, dass dies möglich sei.[1193] Dies spricht dafür, dass auch nach Aufhebung von § 7 III 2 Nr. 3 und 4 ROG aF von den jeweiligen Trägern der Raumplanung weiterhin auch Eignungsgebiete festgelegt werden können[1194] und dass die Rechtswirkungen der bereits in geltenden Raumordnungsplänen festgelegten Eignungsgebiete fortgelten.

652 Fraglich könnte jedoch sein, ob sich angesichts der Außenrechtswirkung von als Zielen der Raumordnung festgelegten Eignungsgebieten und Vorranggebieten mit der Rechtswirkung eines Eignungsgebiets nicht die **Notwendigkeit einer ausdrücklichen gesetzlichen Ermächtigung** für die Festlegung solcher Raumordnungsgebiete ergibt, an der es, was Eignungsgebiete und Vorranggebiete mit den Rechtswirkungen eines Eignungsgebiets angeht, mit der Novelle des § 7 III ROG durch das ROGÄndG 2023 fehlen könnte. Außenrechtswirkung entfalten Ziele der Raumordnung regelmäßig auch gegenüber Privaten, die durch die Ziele aufgrund anderer Rechtsvorschriften, insbesondere aufgrund des § 35 III 3 BauGB, gehindert sind, ein Vorhaben zu verwirklichen.[1195] Für den Katalog der Festsetzungsmöglichkeiten eines Bebauungsplans wird angenommen, dass dieser abschließend vom Gesetzgeber geregelt werden muss, weil jede einzelne Festsetzung in einem Bebauungsplan einer gesetzlichen Ermächtigungsgrundlage bedarf, insoweit es sich dabei um eine Inhalts- und Schrankenbestimmung für das Grundeigentum handelt.[1196] Die Festlegung von Eignungsgebieten, die dazu führt, dass bestimmte raumbedeutsame Maßnahmen oder Nutzungen, die städtebaulich nach § 35 BauGB zu beurteilen sind, an anderer Stelle im Gebiet des Raumordnungsplans ausgeschlossen sind, könnten ebenfalls als Inhalts- und Schrankenbestimmung des Grundeigentums wirken, die einer gesetzlichen Ermächtigung bedarf. Eine hinreichende Ermächtigung und Planungsbefugnis ergibt sich auch mit Blick auf den Grundeigentumsschutz bereits aus § 7 I 1 ROG, wonach in Raumordnungsplänen für einen bestimmten Planungsraum und einen regelmäßig mittelfristigen Zeitraum Festlegungen als Ziele und Grundsätze der Raumordnung zur Entwicklung,

[1190] Stellungnahme 31/2022 des Umweltrechtsausschusses des Deutschen Anwaltvereins zum Referentenentwurf des ROGÄndG, NuR 2022, 622.

[1191] Grotefels in Kment, ROG, 2019, § 7 Rn. 41.

[1192] Goppel in Spannowsky/Runkel/Goppel, ROG, 2018, § 7 Rn. 65; Spannowsky in Bielenberg/Runkel/Spannowsky, M § 7 Rn. 88; siehe insoweit auch BVerwG Urt. v. 1.7.2010 – 4 C 6/09, juris Rn. 16.

[1193] BT-Drs. 18/10883, S. 43.

[1194] Kment UPR 2022, 329 (331).

[1195] OVG Magdeburg Urt. v. 30.7.2009 – 2 K 142/07, juris Rn. 18; BVerwG Beschl. v. 13.11.2006, 4 BN 18/06, juris; zu entsprechenden Darstellungen im Flächennutzungsplan BVerwGE 128, 382.

[1196] Mitschang/Reidt in BKL, BauGB, 2022, § 9 Rn. 2; Spannowsky in Spannowsky/Uechtritz, BauGB, 2022, § 9 S. 295.

Ordnung und Sicherung des Raums, insbesondere zu den Nutzungen und Funktionen des Raums, zu treffen sind. Ginge man abweichend davon aus, dass diese allgemeine Planungsbefugnis für die Träger der Raumordnungsplanung nicht hinreichend wäre und es für die Festlegung bestimmter Raumordnungsgebiete einer speziellen Ermächtigung bedürfte, ließe sich die Weitergeltung der Rechtswirkung von Eignungsgebieten, die in bereits in Kraft getretenen Raumordnungsplänen festgelegt sind, weiterhin damit rechtfertigen, dass diese Festlegungen auf einer zum Zeitpunkt ihrer Festlegung bestehenden Ermächtigungsgrundlage beruhen. Für Rechtsverordnungen hat das BVerfG anerkannt, dass das nachträgliche Erlöschen oder auch die nachträgliche Änderung einer Ermächtigung ohne Einfluss auf den Rechtsbestand einer ordnungsgemäß erlassenen Rechtsverordnung sei. Für den Rechtsbestand einer ordnungsgemäß erlassenen kommunalen Satzung gelte nichts anderes, und zwar auch dann, wenn die inhaltlichen Voraussetzungen der Ermächtigung später entfallen.[1197] Dies dürfte auch für die Festlegungen von Raumordnungsplänen gelten, unabhängig von der Rechtsform, in der sie ergehen. Fraglich bliebe dann lediglich, ob nach Aufhebung der Bestimmungen zu den Eignungsgebieten in § 7 III 2 Nr. 3, 4 ROG solche Gebiete noch neu festgelegt werden dürfen.

Vorranggebiete sind Gebiete, die für bestimmte, raumbedeutsame Funktionen oder Nutzungen vorgesehen sind und andere raumbedeutsame Nutzungen in diesem Gebiet ausschließen, soweit diese mit den vorrangigen Funktionen, Nutzungen oder Zielen der Raumordnung nicht vereinbar sind (§ 7 III 1 Nr. 1 ROG). Die Vorrangfunktionen können zB den Schutz von Natur und Landschaft, des Wassers und des Bodens betreffen. Die Festlegung von Vorranggebieten in einem Raumordnungsplan ist ein Ziel der Raumordnung.[1198] Der Zielcharakter einer solchen Bezeichnung als Vorranggebiet ergibt sich daraus, dass nicht nur bestimmte Gebiete für bestimmte Nutzungen reserviert werden, sondern andere potentielle Nutzungen in diesem Gebiet ausgeschlossen werden, soweit sie mit der vorrangigen Funktion nicht vereinbar sind. Über diese Vorrangbestimmung können sich weder die Gemeinden noch andere Planungsträger im Rahmen ihrer planerischen Abwägung hinwegsetzen. Dem steht nicht entgegen, dass andere Nutzungen zulässig bleiben, soweit sie mit den vorrangigen Funktionen, Nutzungen oder Zielen der Raumordnung vereinbar sind. Die Entscheidung über die Vereinbarkeit solcher anderweitiger Nutzungen ist keiner planerischen Abwägung zugänglich. Es handelt sich vielmehr um die Bejahung oder Verneinung einer gesetzlichen Zulässigkeitsvoraussetzung. Dementsprechend handelt es sich bei den Vorranggebietsfestlegungen um eine landesplanerische Letztentscheidung.[1199] 653

Vorbehaltsgebiete sind Gebiete, in denen bestimmten, raumbedeutsamen Funktionen oder Nutzungen bei der Abwägung mit konkurrierenden raumbedeutsamen Nutzungen besonderes Gewicht beigemessen werden soll (§ 13 III 1 Nr. 2 ROG). Die Festlegungen als Vorbehaltsgebiete gelten nach h.M. als Grundsätze der Raumordnung.[1200] Die Bezeichnung als Vorbehaltsgebiet führt nach § 7 III 1 Nr. 2 ROG dazu, dass einer bestimmten, raumbedeutsamen Funktion oder Nutzung bei der Abwägung mit konkurrierenden raumbedeutsamen Nutzungen besonderes Gewicht beigemessen werden soll. Angeordnet wird eine Gewichtungsvorgabe. Es handelt sich nicht um eine landesplanerische Letztentscheidung, die im Rahmen einer planerischen Abwägung nicht mehr überwindbar wäre. Die Festsetzung eines Vorbehaltsgebiets in einem nicht förmlich als Rechtsnorm beschlossenen oder für verbindlich erklärten Regionalplan ist keine im Rang unter dem Landesrecht stehende Rechtsvorschrift iS d. § 47 I Nr. 2 VwGO.[1201] 654

1197 BVerfG Beschl. v. 23.3.1977 – 2 BvR 812/74, juris Rn. 16; BVerwG Urt. v. 23.4.1997 – 11 C 4/96, juris Rn. 12; VGH München Beschl. v. 8.12.2021 – 22 CS 21.2284, juris Rn. 36.

1198 BVerwG NVwZ-RR 2017, 768; Albrecht in Schumacher/Werk/Albrecht, ROG, 2022, § 7 Rn. 54; Hoppe in HBG, Öffentliches Baurecht, 2010, § 4 Rn. 47; Heitsch NuR 2004, 20; Schink in Jarass, Raumordnungsgebiete, 1998, S. 56 f.; ausführlich dazu auch Lehners Raumordnungsgebiete, 1998, S. 26 ff.; Goppel BayVBl. 1998, 289 (291); Runkel UPR 1997, 1 (6).

1199 BVerwG Urt. v. 7.12.2023 – 4 CN 6/22, juris Rn. 30; Hoppe in HBG, Öffentliches Baurecht, 2010, § 4 Rn. 47; Schink in Jarass, Raumordnungsgebiete, 1998, S. 57.

1200 BVerwG DVBl. 2003, 1165 (1171); BVerwGE 152, 49; OVG Magdeburg ZfBR 2009, 271; Seibert in FS Kutscheidt, 2003, S. 373 (376); Kümper in Kment, ROG, 2019, § 3 Rn. 83; kritisch dazu Hendler UPR 2003, 401 (404); Heitsch NuR 2004, 20 (21).

1201 BVerwG ZfBR 2009, 684; OVG Magdeburg ZfBR 2009, 271; VGH Kassel Beschl. v. 14.07.2020 – 4 C 2108/15 N, juris Rn. 39; siehe auch Schmitz in Bielenberg/Runkel/Spannowsky, ROG, 2021, § 6 Rn. 163; kritisch dazu Beckmann NWVBL 2024, 53 (60 f.).

655 **Eignungsgebiete** sind im geltenden § 7 ROG nicht mehr definiert. Ob sie in zukünftigen Raumordnungsplänen noch festgelegt werden können, ist fraglich. Gesteht man den Planungsträgern angesichts der lediglich beispielhaften Auflistung möglicher Planinhalte in § 7 ROG ein sog. **Gebietserfindungsrecht** zu, wäre dies jedenfalls nicht von vornherein ausgeschlossen[1202] Eignungsgebiete sind aber unabhängig davon noch in bestehenden Raumordnungsplänen festgelegt, so dass die Legaldefinition des § 7 III 1 Nr. 3 ROG aF weiterhin für sie von Bedeutung ist. Eignungsgebiete sind danach Gebiete, in denen bestimmten raumbedeutsamen Maßnahmen oder Nutzungen andere raumbedeutsame Belange nicht entgegenstehen, wobei diese Maßnahmen oder Nutzungen an anderer Stelle im Planungsraum ausgeschlossen sind (§ 7 III 1 Nr. 3 ROG). Hinsichtlich der rechtlichen Bindungswirkungen von Eignungsgebieten sind eine innergebietliche und eine außergebietliche Wirkung zu unterscheiden. Innerhalb des Eignungsgebiets stehen den für dieses Gebiet als geeignet festgelegten Maßnahmen keine anderen raumbedeutsamen Belange entgegen. Daraus folgt, dass diese anderen, ggfls. gegenläufigen Belange sich in einer planerischen Abwägung nicht durchsetzen können. Eine Abwägung mit ihnen findet schlicht nicht statt. Das unterscheidet Eignungsgebiete von einem Vorbehaltsgebiet, das lediglich eine Gewichtungsvorgabe für die Abwägung enthält, diese somit nicht entbehrlich macht und daher nur als Grundsatz der Raumordnung eingeordnet werden kann. Im Unterschied zu einem Vorranggebiet erhalten die Maßnahmen, deren Eignung mit der Festlegung eines Eignungsgebiets bestätigt wird, keinen absoluten Vorrang in dem Sinne, dass in einem Eignungsgebiet andere Planungen oder Maßnahmen von vornherein planungsrechtlich unzulässig wären. Die innergebietliche Bindungswirkung des Eignungsgebiets führt gleichwohl zur Einordnung der Festlegung als Ziel der Raumordnung.[1203] Soweit Eignungsgebiete zu einer Ausschlusswirkung an anderen Stellen des Plangebietes führen, handelt es sich bei ihnen ebenfalls um ein Ziel der Raumordnung.[1204] Die Funktion der Eignungsgebiete besteht darin, als Ziel der Raumordnung die Raumordnungsklausel des § 35 III 2 BauGB auszufüllen.[1205]

656 Durch das ROGÄndG 2023 neu eingeführt wurde die Gebietskategorie eines **Vorranggebiets mit Ausschlusswirkung**, das die Kategorie eines Vorranggebiets mit Eignungsgebietscharakters für Neuplanungen ersetzen soll. Wird durch die Festlegung von Vorranggebieten der jeweiligen Nutzung oder Funktion substanziell Raum verschafft, kann nach § 7 III 3 ROG festgelegt werden, dass diese Nutzung oder Funktion an anderer Stelle im Planungsraum ausgeschlossen ist. In der Gesetzesbegründung wird dazu erläutert, um Flächen für die jeweiligen Nutzungen oder Funktionen effektiver zu sichern, solle der neue § 7 III 3 ROG bestimmen, dass eine „Ausschlusswirkung" zulasten einer Nutzung an anderer Stelle im Planungsraum nur noch dann möglich ist, wenn für sie im Gegenzug in Vorranggebieten substanziell Raum zur Verfügung gestellt wird. Somit könnten auch die nicht nach dem BauGB privilegierten Vorhaben per Ausschluss gesteuert werden. Mit dem Wort „substanziell" werde eine in der Rechtsprechung etablierte – zwar im Hinblick auf die Windenergie entwickelte, jedoch für alle Nutzungen und Funktionen des Raums gleichermaßen geltende – Begrifflichkeit verwendet. Das Wort „substanziell" bedeute hier in etwa „genügend" im Sinne einer aktuell und zukünftig beziehungsweise unter Nachhaltigkeitsgesichtspunkten sachgerechten räumlichen Vorsorge für die jeweilige Nutzung oder Funktion. Die Frage, ob tatsächlich substanziell Raum zur Verfügung stehe, obliege der jeweiligen Prüfung im Einzelfall. Hierbei könnten unter anderem als Kriterien neben der Größe auch die Geeignetheit der Fläche für die Nutzung unter funktionalen Gesichtspunkten oder auch gesetzgeberische Ziele der jeweiligen Fachpolitik in Betracht kommen. Auch solle in Ansatz gebracht werden, ob der Raum multifunktional genutzt werden kann; dies gelte beispielsweise im Hinblick auf erneuerbare Energien oder standortgebundene Rohstoffe.[1206]

[1202] Grotefels in Kment, ROG, 2019, § 7 Rn. 41; Goppel in Spannowsky/Runkel/Goppel, ROG, 2018, § 7 Rn. 65; Spannowsky in Bielenberg/Runkel/Spannowsky, M § 7 Rn. 88.

[1203] Albrecht in Schumacher/Werk/Albrecht, ROG, 2020, § 7 Rn. 64; Goppel in Spannowsky/Runkel/Goppel, ROG, § 3 Rn. 85 ff.; Kümper in Kment, ROG, 2019, § 3 Rn. 85.

[1204] OVG Lüneburg BauR 2010, 1043; BVerwG DVBl. 2003, 1165 (1171); Erbguth DVBl. 1998, 209 (210, 212 f.); Schink in Jarass, Raumordnungsgebiete, 1998, S. 58.

[1205] Runkel in Jarass, Raumordnungsgebiete, 1998, S. 18; Hoppe in HBG, Öffentliches Baurecht, 2010, § 4 Rn. 54; Spiecker BayVBl. 2001, 673 (679); aA Seibert in FS Kutscheidt, 2003, S. 373 (377); Schroeder UPR 2000, 52 (54); Heitsch NuR 2004, 20 (23).

[1206] BT-Drs. 20/4823, S. 23.

Die Neuregelung des § 7 III 3 ROG ist im Gesetzgebungsverfahren auf Kritik gestoßen. Die Bemühung des Gesetzgebers, die Ausschlusswirkung eines Vorranggebiets im übrigen Planungsbereich zu erleichtern, wird zwar begrüßt, da die Rechtsprechung der Verwaltungsgerichte zu den Konzentrationszonen, wie in der Gesetzesbegründung zutreffend erläutert, in der Raumplanung und in der Bauleitplanung die Planungspraxis vor erhebliche Probleme gestellt und zu einer zu hohen Fehleranfälligkeit der Pläne geführt hat. Ob allerdings die Gesetzesänderung zu der gewünschten Vereinfachung und zu höherer Rechtssicherheit führe, kann man mit dem Deutschen Anwaltverein bezweifeln.[1207] Nach § 7 III 2 ROG könne der Planungsträger zwar festlegen, dass die Nutzung oder Funktion, die das Vorranggebiet sichert, im übrigen Planungsraum ausgeschlossen wird. Dem Planungsträger stehe insoweit wiederum Planungsermessen zu, das er auf der Grundlage einer ordnungsgemäßen planerischen Abwägung ausüben könne. Die Probleme, die mit der Aufstellung eines gesamträumlichen Planungskonzepts durch die hohen Anforderungen der Rechtsprechung entstanden seien, würden durch die gesetzliche Regelung aber nicht ausgeräumt. Ob die Konzentrationszonenplanung durch die Aufnahme des Kriteriums eines „substanziell Raum Verschaffens" tatsächlich „substantiell" vereinfacht werde, erscheine zweifelhaft. Zwar werde damit auf eine schon langjährige Verwaltungsrechtsprechung Bezug genommen. Sie habe aber in der Vergangenheit zu durchaus „substantiellen" Missverständnissen und Rechtsunsicherheiten beigetragen. Diese Rechtsprechung hatte das OVG Koblenz[1208] wie folgt zusammengefasst: „Nach ständiger Rechtsprechung des Bundesverwaltungsgerichts hat die Gemeinde in einem letzten Arbeitsschritt ihr Abwägungsergebnis darauf zu prüfen, ob mit der Planung der Windenergienutzung substanziell Raum gegeben wird. Dabei ist zu berücksichtigen, dass es keinen allgemein anerkannten Vergleichsmaßstab und keine feste Größenordnung gibt, nach welchem bzw. welcher beurteilt werden könnte, ob das Planungsergebnis der Windenergie „substanziell Raum verschafft": Nach der Rechtsprechung des BVerwG ist der Planungsträger nicht gehalten, der Windenergie bestmöglich Rechnung zu tragen; ihm ist aber eine „Feigenblattplanung", die auf eine verkappte Verhinderungsplanung hinausläuft, verwehrt; wo allerdings die Grenze zu einer solchen Verhinderungsplanung verläuft, lässt sich nicht abstrakt bestimmen, sondern kann erst nach Würdigung der tatsächlichen Verhältnisse im jeweiligen Planungsraum beurteilt werden. Größenangaben sind, isoliert betrachtet, als Kriterium ungeeignet. Nicht zulässig wäre etwa die Festlegung eines bestimmten (prozentualen) Anteils, den die Konzentrationsflächen im Vergleich zu den Potenzialflächen erreichen müssen, damit die Rechtsfolge des § 35 III BauGB eintritt; doch hat das BVerwG dem Verhältnis dieser Flächen zueinander immerhin eine gewisse Indizwirkung beigemessen und keine Einwände gegen einen Rechtssatz des Inhalts erhoben, dass je geringer der Anteil der ausgewiesenen Konzentrationsflächen ist, desto gewichtiger die gegen eine weitere Ausweisung von Vorranggebieten sprechenden Gesichtspunkte sein müssen, damit es sich nicht um eine unzulässige „Feigenblattplanung" handelt." Eine solche Zusammenfassung einer sich schon über mehr als ein Jahrzehnt hinziehenden Rechtsprechung ist sicher keine Empfehlung für die Übernahme eines solchen Kriteriums in eine Neuregelung. 657

Die Ermittlung der Vorranggebiete mit Ausschlusswirkung erfolgt nach § 7 III 4 ROG auf der Grundlage eines gesamträumlichen Planungskonzepts der planaufstellenden Stelle. Die Gesetzesbegründung erläutert dazu, ein „gesamträumliches Planungskonzept" sei ein auf den jeweiligen Planungsraum bezogenes schlüssiges Konzept zur Steuerung von raumbedeutsamen Nutzungen und Planungen, das den allgemeinen Anforderungen des planungsrechtlichen Abwägungsgebots Rechnung trage und sich im Ergebnis nicht als unzulässige Negativplanung erweise.[1209] Werden in diesem Planungskonzept Teile des Planungsraums für eine Nutzung oder Funktion ausgeschlossen, ist nach § 7 III 5 ROG eine systematische Unterscheidung, ob der Ausschluss aus tatsächlichen, rechtlichen oder planerischen Gründen erfolgt, nach § 7 III 5 ROG nicht erforderlich. Mit dieser Änderung soll dem Anliegen der Planerhaltung Rechnung getragen werden. Die Änderung der Vorschrift beruht nach den Erläuterungen der Gesetzesbegründung auf einem „Konzept für robustere Planungen", das die Fachgremien der Ministerkonferenz für Raumordnung (MKRO) zur Erleichterung der planungsrechtlichen Anforderungen und zur Gewährleistung höherer Rechtssicherheit entwickelt haben. Mit dem seit dem ROGÄndG 2023 neuen § 7 III 5 ROG sollen ausweislich der Gesetzesbegründung Erleichte- 658

1207 Stellungnahme 31/2022 des Umweltrechtsausschusses des Deutschen Anwaltvereins zum Referentenentwurf des ROGÄndG 2023, NuR 2022, 622.

1208 Urt. v. 26.5.2021 – 8 C 11151/20, juris.

1209 Gesetzesbegründung BT-Drs. 20/4823, S. 23.

rungen für die Planungspraxis geschaffen werden, um der Tendenz entgegen zu wirken, dass Raumordnungspläne von den Obergerichten vielfach für unwirksam erklärt werden. Dazu solle die in der Rechtsprechung bislang unter systematischen Gesichtspunkten entwickelte Unterscheidung, ob ein Ausschluss einer bestimmten Nutzung aus rechtlichen, tatsächlichen oder planerischen Gründen erfolge, zukünftig im Ergebnis dann nicht mehr von Bedeutung sein, wenn einer Nutzung substanziell Raum iS des neuen Satzes 3 verschafft worden sei.[1210]

659 Abweichend von den § 7 III 3-5 ROG ist gem. § 7 III 6 ROG auf die Ausweisung von Windenergiegebieten iSd § 2 Nr. 1 WindBG § 27 IV ROG anzuwenden. Für Raumordnungspläne, in denen **Windenergiegebiete** im Sinne von § 2 Nr. 1 WindBG festgelegt werden, sind die Überleitungsvorschriften des § 245e BauGB und die Sonderregelungen des § 249 BauGB vorrangig anzuwenden. Die Ausweisung von Windenergieflächen im Zusammenhang mit dem WindBG werde, so die Gesetzesbegründung, auf eine Positivplanung umgestellt. Die in der Rechtsprechung entwickelte Anforderung, der Windenergie „substanziell Raum zu verschaffen", werde durch die Festlegung gesetzlicher Flächenziele, der Flächenbeitragswerte im WindBG, abgelöst. Für die Ausweisung von Windenergiegebieten sei daher, so die Gesetzesbegründung, kein gesamträumliches Planungskonzept mehr notwendig, auch könne eine spezifische Planungsmethodik insoweit nicht mehr gefordert werden.

660 § 245 e I BauGB bestimmt in diesem Zusammenhang Folgendes: Die Rechtswirkungen eines Raumordnungs- oder Flächennutzungsplans gemäß § 35 III 3 BauGB in der bis zum 1.2.2023 geltenden Fassung für Windenergieanlagen nach § 35 I Nr. 5 BauGB gelten vorbehaltlich des § 249 V 2 BauGB fort, wenn der Plan bis zum 01.02.2024 wirksam geworden ist. Sie entfallen, soweit für den Geltungsbereich des Plans das Erreichen des Flächenbeitragswerts oder eines daraus abgeleiteten Teilflächenziels gemäß § 5 I oder II WindBG festgestellt wird, spätestens aber mit Ablauf des 31.12.2027. Der Plan gilt im Übrigen fort, wenn nicht im Einzelfall die Grundzüge der Planung berührt werden. Die Möglichkeit des Planungsträgers, den Plan zu ändern, zu ergänzen oder aufzuheben, bleibt unberührt. Werden in einem Flächennutzungsplan oder Raumordnungsplan zusätzliche Flächen für die Nutzung von Windenergie dargestellt, kann die Abwägung auf die Belange beschränkt werden, die durch die Darstellung der zusätzlichen Flächen berührt werden. Dabei kann von dem Planungskonzept, das der Abwägung über bereits dargestellte Flächen zu Grunde gelegt wurde, abgewichen werden, sofern die Grundzüge der Planung erhalten werden. Von der Wahrung der Grundzüge der bisherigen Planung ist regelmäßig auszugehen, wenn Flächen im Umfang von nicht mehr als 25 % der schon bislang dargestellten Flächen zusätzlich dargestellt werden. § 249 VI BauGB bleibt unberührt.

661 Gem. § 27 IV ROG sind für Raumordnungspläne, die Windenergiegebiete iSv § 2 Nr. 1 WindBG beinhalten, neben § 245e BauGB die Sonderregelungen des § 249 BauGB vorrangig anzuwenden. § 7 III 3-5 ROG finden gem. § 7 III 7 ROG keine Anwendung auf die Nutzung Photovoltaik.

662 Zur Umsetzung der planungs- und genehmigungsrechtlichen Bestimmungen der Richtlinie (EU) 2018/2001 in den Bereichen Windenergie an Land sowie Solarenergie sind Änderungen im WindBG, im BauGB, im ROG, im BImSchG sowie im EEG 2023 geplant. Für das BauGB und das ROG sind sog. **Beschleunigungsgebiete für Windenergie an Land und Solarenergie** gem. Art. 15c Richtlinie (EU) 2018/2001vorgesehen. Für Vorhaben im Bereich der Windenergie an Land in den Beschleunigungsgebieten werden Sonderregelungen über das Zulassungsverfahren geschaffen. Die Modifikationen und Erleichterungen der Richtlinie im Hinblick auf die Umweltverträglichkeits- und artenschutzrechtlichen Prüfung werden dazu umgesetzt.

663 Nach § 6b des im April 2024 dazu vorliegenden Entwurfs einer Änderung des WindBG sind Genehmigungserleichterungen in Beschleunigungsgebieten für Windenergie an Land vorgesehen. Wird die Errichtung und der Betrieb oder die Änderung der Lage, der Beschaffenheit oder des Betriebs einer Windenergieanlage an Land und der dazugehörigen Nebenanlagen iSd § 3 Nr. 15a EEG in einem Beschleunigungsgebiet für Windenergie an Land beantragt, ist nach § 6b I WindBG des Gesetzesentwurfs im Zulassungsverfahren abweichend von den Vorschriften des UVPG keine UVP, abweichend von § 34 I BNatSchG keine Prüfung in Bezug auf Natura 2000-Gebiete, abweichend von § 44 I BNatSchG keine artenschutzrechtliche Prüfung und abweichend von § 27 WHG keine Prüfung der dort genannten Bewirtschaftungsziele durchzuführen, sofern bestimmte Maßnahmen angeordnet werden. Die zuständige Behörde

1210 Gesetzesbegründung BT-Drs. 20/4823, S. 23.

soll stattdessen ein Überprüfungsverfahren auf Grundlage vorhandener Daten durchführen, die eine ausreichende räumliche Genauigkeit aufweisen und zum Zeitpunkt der Entscheidung über den Genehmigungsantrag in der Regel nicht älter als fünf Jahre sind. Für das Überprüfungsverfahren soll der Träger des Vorhabens Unterlagen vorlegen über die Einhaltung der gemäß § 249a BauGB oder gemäß § 28 ROG festgelegten Maßnahmen und über etwaige von ihm vorgeschlagene Maßnahmen vor, sowie Informationen darüber, wie mit diesen Maßnahmen Umweltauswirkungen begegnet wird. Vergleichbare Genehmigungserleichterungen sollen nach dem Gesetzentwurf in Beschleunigungsgebieten für Solarenergie gelten.

6. Umweltprüfung bei Raumordnungsplänen

Nach § 8 I 1 ROG ist bei der Aufstellung, Änderung, Ergänzung und Aufhebung (vgl. § 7 VII ROG) von Raumordnungsplänen nach § 8 ROG eine Umweltprüfung durchzuführen.[1211] Bei **geringfügigen Änderungen eines Regionalplans** kann jedoch gemäß § 8 II 1 ROG von einer Umweltprüfung abgesehen werden, wenn die Regionalplanungsbehörde bei einer überschlägigen Prüfung feststellt, dass die beabsichtigte Planänderung voraussichtlich keine erheblichen Umweltauswirkungen haben wird. 664

Da § 13 I ROG den Ländern einen landesweiten Raumordnungsplan und Raumordnungspläne für die Teilräume der Länder vorschreibt, bedarf es einer zweistufigen Umweltprüfung. Keine Anwendung findet § 8 ROG allerdings auf den Sonderfall von Raumordnungsplänen im Sinne von § 17 III 1 ROG, mit denen für die räumliche Entwicklung des Bundesgebiets einzelne Grundsätze der Raumordnung nach § 2 II ROG durch Grundsätze konkretisiert werden (§ 17 V 1 ROG). Von der Umweltprüfung, die für Raumordnungspläne nach § 8 I 1 ROG durchzuführen ist, muss die Umweltverträglichkeitsprüfung unterschieden werden, die nach § 49 UVPG bei der Raumverträglichkeitsprüfung durchzuführen ist bzw. war. 665

a) Verzicht auf eine UVP bei der Raumverträglichkeitsprüfung. Nach § 49 S. 1 UVPG erfolgt in der Raumverträglichkeitsprüfung die Prüfung der Umweltauswirkungen nur nach Maßgabe des ROG.[1212] Die Umweltverträglichkeitsprüfung im nachfolgenden behördlichen Verfahren, das der Zulassungsentscheidung dient, umfasst nach § 49 S. 2 UVPG eine vertiefte Prüfung der in der Raumverträglichkeitsprüfung nur überschlägig geprüften Umweltauswirkungen. Im Zulassungsverfahren soll nach § 15 III 3 ROG die Prüfung auf Belange beschränkt werden, die nicht Gegenstand der Raumverträglichkeitsprüfung waren, jedoch bleibt die Prüfung der Umweltauswirkungen im Rahmen der Umweltverträglichkeitsprüfung nach UVPG und nach Maßgabe des Fachrechts im Rahmen des Zulassungsverfahrens unberührt. Durch die Änderungen des **ROGÄndG 2023** wurde die Notwendigkeit, eine Umweltverträglichkeitsprüfung im Rahmen des Raumordnungsverfahrens bzw. nunmehr der Raumverträglichkeitsprüfung durchzuführen, abgeschafft. 666

Die Raumverträglichkeitsprüfung soll unter Berücksichtigung von Umweltbelangen nur noch insoweit erfolgen, als diese auf der vorgelagerten Ebene der Raumverträglichkeitsprüfung nach überschlägiger Prüfung der Auswirkungen des Vorhabens auf die Schutzgüter nach § 2 I UVPG unter Berücksichtigung der in Anl. 3 des UVPG genannten Kriterien erkennbar sind. Im Verfahren der Raumverträglichkeitsprüfung soll es keine Umweltverträglichkeitsprüfung nach dem UVPG mehr geben. Der Verzicht auf die Umweltverträglichkeitsprüfung dient der Vermeidung von Doppelprüfungen und damit der Verfahrensbeschleunigung.[1213] 667

b) Umweltprüfung im Raumordnungsplanverfahren. Bei der Umweltprüfung sind die voraussichtlichen erheblichen Auswirkungen des Raumordnungsplans auf Menschen, einschließlich der menschlichen Gesundheit, Tiere, Pflanzen und die biologische Vielfalt, Fläche, Boden, Wasser, Luft, Klima und Landschaft, Kulturgüter und sonstige Sachgüter sowie die Wechselwirkung zwischen den vorgenannten Schutzgütern zu ermitteln und in einem Umweltbericht frühzeitig zu beschreiben und zu bewerten. Der konkrete Inhalt des Umweltbe- 668

1211 im Einzelnen dazu Schmidt-Eichstaedt BauR 2023, 1052; Spannowsky in Bielenberg/Runkel/Spannowsky, 2022, § 8 Rn. 1 ff.; Kümper ZfBR 2022, 541; Faßbender in Kment, ROG, 2019, § 9 Rn. 1 ff.; Schrödter LKV 2008, 109; Uechtritz ZUR 2006, 9; Grotefels NWVBL 2007, 41.

1212 Zur Raumverträglichkeitsprüfung nach dem ROGÄndG 2023 und zu ihrem Verhältnis zur UVP siehe Kment EuRUP 2024, 38; zur Verfahrensbeschleunigung im Zusammenhang mit der Raumverträglichkeitsprüfung Schmitz/Lehrian ZfBR 2023, 221.

1213 Gesetzesbegründung BT-Drs. 20/4823, S. 31.

richts nach § 8 I ROG ergibt sich aus der Anlage 1 zum ROG. Danach besteht der **Umweltbericht** aus einer Einleitung mit einer Kurzdarstellung des Inhalts und der wichtigsten Ziele des Raumordnungsplans sowie einer Darstellung der in den einschlägigen Gesetzen und Plänen festgelegten Ziele des Umweltschutzes, die für den Raumordnungsplan von Bedeutung sind, und der Art, wie diese Ziele und Umweltbelange bei der Aufstellung berücksichtigt wurden. Der Umweltbericht enthält außerdem eine Beschreibung und Bewertung der Umweltauswirkungen, die in der Umweltprüfung nach § 8 I ROG ermittelt wurden, mit Angaben der Bestandsaufnahme der einschlägigen Aspekte des derzeitigen Umweltzustands, einschließlich der Umweltmerkmale der Gebiete, die voraussichtlich erheblich beeinflusst werden, einschließlich der Gebiete von gemeinschaftlicher Bedeutung und der europäischen Vogelschutzgebiete iS des BNatSchG. Hinzu kommt eine Prognose über die Entwicklung des Umweltzustands bei der Durchführung der Planung oder der Nichtdurchführung der Planung sowie eine Beschreibung und Bewertung der geplanten Maßnahmen zur Vermeidung, Verringerung und zum Ausgleich der nachteiligen Auswirkungen und Angaben der in Betracht kommenden anderweitigen Planungsmöglichkeiten, wobei die Ziele und der räumliche Geltungsbereich des Raumordnungsplans zu berücksichtigen sind. Anlage 1 zum ROG schreibt weiter vor, dass der Umweltbericht als **zusätzliche Angaben** noch eine Beschreibung der wichtigsten Merkmale der verwendeten technischen Verfahren bei der Umweltprüfung sowie Hinweise auf Schwierigkeiten, die bei der Zusammenstellung der Angaben aufgetreten sind, zB technische Lücken oder fehlende Kenntnisse, enthalten muss. Hinzu kommt eine Beschreibung der geplanten Maßnahmen zur Überwachung der erheblichen Auswirkungen der Durchführung des Raumordnungsplans auf die Umwelt und eine allgemein verständliche Zusammenfassung der erforderlichen Angaben nach der Anlage 1 zum ROG. Die Festlegung von **Umfang** und **Detaillierungsgrad** der in den Umweltbericht aufzunehmenden Informationen ist nicht nur für die Ordnungsgemäßheit der Umweltprüfung, sondern auch für die hinreichende Berücksichtigung der Umweltbelange in der planerischen Abwägung von entscheidender Bedeutung.[1214]

669 Nach § 8 I 2 ROG ist der **Untersuchungsrahmen** der Umweltprüfung einschließlich des erforderlichen Umfangs und Detaillierungsgrads des Umweltberichts festzulegen. Der behördlich festzulegende Untersuchungsrahmen ist lediglich von verfahrensinterner Bedeutung; er kann später noch ergänzt werden. Die öffentlichen Stellen, deren umwelt- und gesundheitsbezogener Aufgabenbereich von den Umweltauswirkungen des Raumordnungsplans berührt werden können, sind hierbei nach § 9 I 2 ROG zu beteiligen. Die Umweltprüfung bezieht sich gemäß § 8 I 3 ROG auf das, was nach **gegenwärtigem Wissensstand** und **allgemein anerkannten Prüfmethoden** sowie nach Inhalt und **Detaillierungsgrad bzw. Planungsmaßstab des Raumordnungsplans** angemessenerweise verlangt werden kann. Bei § 8 I 3 ROG handelt es sich um eine einfachgesetzliche Konkretisierung des Verhältnismäßigkeitsgrundsatzes. Je größer die voraussichtlichen Umweltauswirkungen sind, desto eher sind auch umfangreiche und kostenintensivere Untersuchungen angemessen. Dabei kann auch eine Rolle spielen, ob es um Umweltauswirkungen geht, die sich aus der Aufstellung von Zielen der Raumordnung mit zwingenden Anpassungspflichten oder aber um mögliche Konsequenzen von im Raumordnungsplan formulierten Grundsätzen der Raumordnung geht, die auch mit Blick auf die Umweltauswirkungen noch einer nachfolgenden Abwägung zugänglich sind.[1215]

670 Planungsträger und Planfeststellungsbehörden müssen seit dem Inkrafttreten des KSG bei ihrer Abwägungsentscheidung nach Art. 20a GG iVm § 13 I 1 auch **Aspekte des globalen Klimaschutzes** und der Klimaverträglichkeit berücksichtigen. Das ist ebenfalls Gegenstand der Umweltprüfung. Das Berücksichtigungsgebot des § 13 I 1 KSG verlangt, mit einem – bezogen auf die konkrete Planungssituation – vertretbaren Aufwand zu ermitteln, welche CO_2-relevanten Auswirkungen das Vorhaben hat und welche Folgen sich daraus für die Klimaschutzziele des KSG ergeben.[1216] Zu Recht wird darauf hingewiesen, dass in der Praxis erhebliche Schwierigkeiten bestehen, wie die Belange des globalen Klimaschutzes im Rahmen von Planfeststellungsverfahren zu ermitteln sind.[1217] Rechtsunsicherheiten bestehen hinsichtlich der Reichweite und zur Untersuchungstiefe. Das BVerwG stellt fest, dass es dazu gegenwärtig (zum Zeitpunkt der Entscheidung des Gerichts) keine konkretisierenden Vorgaben gebe.[1218] Das

[1214] Spannowsky in Bielenberg/Runkel/Spannowsky, 2022, § 8 Rn. 33, 69.
[1215] Faßbender in Kment, ROG, 2018, § 8 Rn. 76.
[1216] BVerwG NVwZ 2022, 1549; dazu Uechtritz NVwZ 2022, 1525.
[1217] Uechtritz NVwZ 2022, 1525.
[1218] BVerwG NVwZ 2022, 1549.

BVerwG erläutert weiter, dass das KSG ein Rahmengesetz sei, das sich in erster Linie an den Gesetzgeber selbst richte. Bisher existierten keine Rechtsverordnungen, Verwaltungsvorschriften, Ausführungsvorschriften, Leitfäden, Handreichungen oder Ähnliches, die die Verwaltungsbehörden bei der praktischen Umsetzung ihrer Ermittlungs- und Bewertungspflichten zugrunde legen könnten. Das führe zwar nicht dazu, dass das Berücksichtigungsgebot zurzeit nicht handhabbar wäre und keine Anwendung finden würde, sei aber von Bedeutung für die Frage, was die Behörde für eine sachgerechte Erfüllung ihrer Berücksichtigungspflicht leisten müsse. Die Anforderungen dürften dabei nicht überspannt werden, müssten „mit Augenmaß" inhaltlich bestimmt und konkretisiert werden und dürfen der Behörde keinen unzumutbaren Aufwand abverlangen.[1219]

Die sich aus § 7 II 1 ROG ergebende Notwendigkeit, ggfls. auch **Planungsalternativen** zu ermitteln, zu beschreiben und zu bewerten, wird durch § 40 I 2 UVPG, aus § 8 I 1 ROG in Verbindung mit Nr. 2 d) der Anl. 1 zum ROG bestätigt. Dabei muss allerdings unterschieden werden: Vernünftige Alternativen iSv § 40 I 2 UVPG und in Betracht kommende anderweitige Planungsmöglichkeiten nach § 8 I 1 ROG in Verbindung mit Nr. 2 d) der Anl. 1 zum ROG betreffen nicht die Entscheidung für das eine oder andere Planungsziel, sondern Planungsalternativen, mit denen das zuvor bereits formulierte Planungsziel umgesetzt werden kann. Soweit die Aufstellung eines Planungsziels und insbesondere die Festlegung eines Ziels der Raumordnung auf einer ordnungsgemäßen planerischen Abwägung beruhen müssen, können Planungsalternativen auch für diese Abwägung und Entscheidung für ein bestimmtes Planungsziel an einem konkreten Standort nach Maßgabe des allgemeinen Abwägungsgebots eine Rolle spielen.[1220] Auch nach § 40 I 1 UVPG erstellt die zuständige Behörde frühzeitig einen Umweltbericht. Dabei werden nach § 40 I 2 UVPG die voraussichtlichen erheblichen Umweltauswirkungen der Durchführung des Plans oder Programms sowie vernünftiger Alternativen ermittelt, beschrieben und bewertet.[1221] Dazu wird angemerkt, die strategische Umweltprüfung für Pläne sei gerade deshalb eingeführt worden, um im Unterschied zur UVP vor allem Fragen des Bedarfs und der Alternativen zu prüfen und zu vergleichen. Die Alternativenprüfung sei insoweit ein Hauptargument für die Einführung der SUP gewesen.[1222] Für die Raumplanung gilt vorrangig § 8 ROG in Verbindung mit der Anlage 1 zum ROG; Anforderungen des § 40 I 1 UVPG sind jedoch ergänzend heranzuziehen.[1223] Nach Nr. 2 d) der Anlage 1 zum ROG muss der Umweltbericht Angaben über in Betracht kommende anderweitige Planungsmöglichkeiten enthalten, wobei die Ziele und der räumliche Geltungsbereich des Raumordnungsplans zu berücksichtigen sind. Nach dem Wortlaut könnte die Pflicht zur Alternativenprüfung des § 8 I ROG in Verbindung mit Nr. 2 d) der Anlage 1 zum ROG weniger streng ausfallen als die Alternativenprüfung des § 40 I 2 UVPG, die sich auf die Ermittlung, Beschreibung und Bewertung „vernünftiger Alternativen" bezieht, während das ROG sich auf die Forderung nach einer Einbeziehung anderweitiger Planungsmöglichkeiten unter Berücksichtigung der Ziele und des räumlichen Geltungsbereichs des Raumordnungsplans beschränkt. Fraglich ist, ob sich die Pflicht zur Alternativenprüfung nach § 8 I1 ROG iVm Anl. 1 Nr. 2 d) ROG von den Anforderungen des § 40 I 2 UVPG unterscheidet, und ob bejahendenfalls die Regelung des ROG vorgeht. Der Leitfaden zur Umweltprüfung in der Regionalplanung NRW erläutert dazu, der Begriff der „vernünftigen Alternativen" in § 40 I 2 UVPG verweise darauf, dass für die Beschreibung und Bewertung von Alternativen das Verhältnismäßigkeitsgebot gelte bzw. eine Zumutbarkeitsgrenze anzunehmen sei. Nach Anl. 1 des ROG sei die Auswahl der zu betrachtenden Alternativen insbesondere vor dem Hintergrund der Ziele und des räumlichen Geltungsbereichs des Regionalplans vorzunehmen. Die in der Anl. 1 unter Nr. 2 d) genannten

---

1219 BVerwG NVwZ 2022, 1549.

1220 Beckmann DVBl. 2022, 809 (812); siehe auch Spannowsky in Bielenberg/Runkel/Spannowsky, 2022, § 8 Rn. 62.

1221 dazu ausführlicher Schink Umweltprüfung für Pläne und Programme. Gemeinschaftsrechtliche Vorgaben und Fachplanung, in Gesellschaft für Umweltrecht, 2005, 94 (146); Uechtritz Umweltprüfung für Pläne und Programme. Gemeinschaftsrechtliche Vorgaben und Fachplanung, in Gesellschaft für Umweltrecht, Berlin 2005, 167 (217).

1222 Faßbender ZUR 2018, 323; Uebbing Umweltprüfung bei Raumordnungsplänen, Münster, 2004, 164.

1223 Kment in Beckmann/Kment, UVPG, 2023, § 40 Rn. 8 unter Verweis auf die Gesetzesbegründung v. 29.6.2004, BT-Drs. 15/3441, S. 39; Faßbender in Kment, ROG, 2019, § 8 Rn. 21; Spannowsky in Spannowsky/Runkel/Goppel, ROG, 2018, § 8 Rn. 17; aA Kloepfer Umweltrecht, 2016, § 5 Rn. 703.

Ziele des Plans seien in diesem Zusammenhang nicht als Raumordnungsziele iSv § 3 ROG, sondern als Planungskonzept aufzufassen. Als Alternativen müssten daher nur solche in die Umweltprüfung einbezogen werden, bei denen das angestrebte Planungskonzept – unter dem Vorbehalt gewisser Abstriche – verwirklicht werden könne und die dem Planungsziel des Planungsträgers nicht völlig entgegenlaufen würden. Unter dem Gesichtspunkt gewisser Abstriche von Planungskonzepten seien Alternativen umso eher als „vernünftig" anzunehmen, je erheblicher die negativen Auswirkungen des ursprünglich bevorzugten Planungskonzepte und je größer die Vorteile einer Alternativlösung für die Umwelt einzuschätzen seien. Planungskonzepte dürften deshalb in der Regel nicht soweit eingegrenzt werden, dass umwelt-unverträgliche Planungen als „alternativlos" erschienen.[1224] Das spricht dafür, die Ermittlung von vernünftigen Alternativen iSv § 40 I 2 UVPG bzw. von in Betracht kommenden anderweitigen Planungsmöglichkeiten im Sinne von Nr. 2 d der Anlage 1 zum ROG übereinstimmend dahingehend zu verstehen, das lediglich solche Alternativen in Betracht zu ziehen sind, die eine Verwirklichung des Planungsziels innerhalb des Planungsgebiets oder allenfalls des Zuständigkeitsbereichs des Planungsträgers, nicht jedoch im Zuständigkeitsbereich eines anderen Planungsträgers ermöglichen. Davon zu unterscheiden ist die Frage, ob bei der Formulierung eines Planungsziels und der dazu notwendigen Abwägung nach § 7 II 1 ROG die Möglichkeiten, ein Vorhaben anderenorts außerhalb des Plan- und Zuständigkeitsbereichs zu realisieren, berücksichtigt werden können oder sogar müssen.[1225]

672 Zielt die beabsichtigte Änderung des Regionalplans auf ein Vorhaben, dessen Verwirklichung bedeutende umweltrechtliche Konfliktlagen mit sich bringen kann, kann nach Auffassung des BVerwG allerdings Anlass bestehen, den Untersuchungsraum der Alternativenprüfung über den Geltungsbereich des Regionalplans hinaus zu erstrecken.[1226]

673 Bei **geringfügigen Änderungen von Raumordnungsplänen** kann gem. § 8 II 1 ROG von einer Umweltprüfung abgesehen werden, wenn durch eine überschlägige Prüfung unter Berücksichtigung der in der Anl. 2 des ROG genannten Kriterien festgestellt wurde, dass sie voraussichtlich keine erheblichen Umweltauswirkungen haben werden. Der Gesetzgeber ermöglicht es dem Planungsträger, von einer Umweltprüfung abzusehen. Das hindert den Planungsträger nicht, gleichwohl eine Umweltprüfung durchzuführen. Für die Frage, ob es sich um eine geringfügige Änderung handelt, kommt es nicht auf die mit der Änderung verbundenen Umweltauswirkungen an, weil das Fehlen erheblicher Umweltauswirkungen neben der Geringfügigkeit der Änderung eine zusätzliche Voraussetzung für das Absehen von der Umweltprüfung ist. In Zweifelsfällen sollte aus Gründen der Vorsorge eine Umweltprüfung durchgeführt werden.[1227] Entscheidend soll für die Frage der Geringfügigkeit der Planänderung sein, dass die **Grundzüge der Planung** unberührt bleiben.[1228] Die weitere Voraussetzung für einen Verzicht auf die Umweltprüfung, dass nämlich keine erheblichen Umweltauswirkungen durch die beabsichtigte Änderung des Raumordnungsplans verursacht werden, ist nach § 8 II 1 ROG durch eine überschlägige Prüfung festzustellen. Gem. § 8 II 2 ROG ist die Prüfung unter Beteiligung der öffentlichen Stellen, deren umwelt- und gesundheitsbezogener Aufgabenbereich von den Umweltauswirkungen des Raumordnungsplans berührt werden kann, durchzuführen. Sofern festgestellt wurde, dass keine erheblichen Umweltauswirkungen zu erwarten sind, sind die zu diesem Ergebnis führenden Erwägungen gem. § 8 II 3 ROG in die Begründung des Plans aufzunehmen.

674 Die Umweltprüfung soll nach § 8 III 1 ROG bei der Aufstellung eines Raumordnungsplans auf **zusätzliche oder andere erhebliche Umweltauswirkungen** beschränkt werden, wenn in den anderen das Plangebiet ganz oder teilweise umfassenden Plänen oder Programmen bereits eine Umweltprüfung nach § 8 I ROG durchgeführt wurde. Gegebenenfalls kann auf diese Umweltprüfung aufgebaut werden, sodass nur noch zu prüfen ist, ob auf der Grundlage des für die Planung maßgeblichen Planungsmaßstabs andere oder zusätzliche Umweltauswirkungen erkennbar werden, die gesondert und ergänzend zu prüfen sind.[1229] Dies betrifft sowohl höher-

[1224] Leitfaden zur Durchführung der Umweltprüfung in der nordrhein-westfälischen Regionalplanung, 2020, S. 27.

[1225] dazu Beckmann DVBl. 2022, 809 (813).

[1226] BVerwG Urt. v. 7.12.2023 – 4 CN 6/22, juris.

[1227] Spannowsky in Bielenberg/Runkel/Spannowsky, 2022, § 8 Rn. 32,

[1228] Faßbender in Kment, ROG, 2019, § 8 Rn. 42; Spannowsky in Spannowsky/Runkel/Goppel, ROG, 2018, § 9 Rn. 23.

[1229] Spannowsky in Bielenberg/Runkel/Spannowsky, 2022, § 8 Rn. 35.

stufige Raumordnungspläne als auch Fachpläne, bei denen eine Umweltprüfung durchgeführt worden ist.[1230] Die Umweltprüfung kann gemäß § 8 III 2 ROG mit anderen Prüfungen zur Ermittlung oder Bewertung von Umweltauswirkungen verbunden werden.

Die Abschichtung gilt im **Verhältnis von Raumordnungsplänen und von Bauleitplänen** für das jeweilige, zeitlich nachfolgende oder gleichzeitig durchgeführte Planungsverfahren. 675 Denn § 8 III ROG bestimmt, dass die Umweltprüfung im nachfolgenden Verfahren der Raumordnungsplanung auf zusätzliche oder andere erhebliche Umweltauswirkungen beschränkt werden darf.[1231] Die insoweit vom Gesetzgeber ausdrücklich in § 8 III ROG vorgesehene Möglichkeit der Abschichtung erlaubt keinen Verzicht auf eine umfassende Umweltprüfung unter Verweis auf eine später noch im Rahmen der Bauleitplanung stattfindende Umweltprüfung. Dementsprechend sieht auch § 2 IV 5 BauGB lediglich Folgendes vor: Wird eine Umweltprüfung für das Plangebiet oder für Teile davon in einem Raumordnungs-, Flächennutzungs- oder Bebauungsplanverfahren durchgeführt, soll die Umweltprüfung in einem zeitlich nachfolgend oder gleichzeitig durchgeführten Bauleitplanverfahren auf zusätzliche oder andere erhebliche Umweltauswirkungen beschränkt werden. Eine weitere Möglichkeit der **Abschichtung** bzw. Verlagerung mit Blick auf noch durchzuführende Umweltprüfungen nachfolgender Pläne eröffnet § 39 III UVPG. Sind Pläne und Programme Bestandteil eines mehrstufigen Planungs- und Zulassungsprozesses, soll gem. § 39 III 1 UVPG zur **Vermeidung von Mehrfachprüfungen** bei der Festlegung des Untersuchungsrahmens bestimmt werden, auf welcher der Stufen dieses Prozesses bestimmte Umweltauswirkungen schwerpunktmäßig geprüft werden sollen. Dabei sind Art und Umfang der Umweltauswirkungen, fachliche Erfordernisse sowie Inhalt und Entscheidungsgegenstand des Plans oder Programms gem. § 39 III 2 UVPG zu berücksichtigen. Bei nachfolgenden Plänen und Programmen sowie bei der nachfolgenden Zulassung von Vorhaben, für die der Plan oder das Programm einen Rahmen setzt, soll sich die Umweltprüfung gem. § 39 III 3 UVPG auf zusätzliche oder andere erhebliche Umweltauswirkungen sowie auf erforderliche Aktualisierungen und Vertiefungen beschränken (siehe auch die entsprechende Regelung in § 15 IV UVPG für die Umweltverträglichkeitsprüfung).

Grundsätzlich sind die §§ 33 ff. UVPG auch auf die Raumordnungs- und Bauleitplanung 676 anwendbar.[1232] Allerdings gehen die Regelungen des ROG denen des UVPG vor, was § 48 S. 1 UVPG auch ausdrücklich bestimmt. Besteht für die Aufstellung eines Raumordnungsplans nach dem UVPG eine SUP-Pflicht, so wird die strategische Umweltprüfung gemäß § 48 S. 1 ROG nach dem ROG durchgeführt. Gleichwohl sind die in den §§ 33 ff. UVPG getroffenen Regelungen für die Raumordnungsplanung nicht bedeutungslos; denn sie konkretisieren die Vorgaben des ROG, soweit dieses mit Blick auf die Umweltprüfung lückenhaft ist.[1233] Es bestehen deshalb keine grundsätzlichen Bedenken, auch die Grundsätze des § 39 III UVPG hinsichtlich der Abschichtung der Umweltprüfung im mehrstufigen Planungsprozess von Raumordnungsplanung und Bauleitplanung (entsprechend) anzuwenden. § 39 III 1 UVPG gestattet es, die Umweltprüfung auf derjenigen Entscheidungsebene zu konzentrieren, auf der sie am sachgerechtesten durchgeführt werden kann.[1234] Hochstufige Planungsebenen sind danach möglichst von Detailprüfungen freizuhalten und niedrigstufige Ebenen nicht mit der Prüfung übergreifender Umweltauswirkungen zu überfordern.[1235] Zur konkreten Bestimmung der jeweiligen Stufe ergeben sich aus § 39 III 2 UVPG Kriterien, die bei der Auswahl der Ebenen zu berücksichtigen sind. Dazu zählen die Art und der Umfang der Umweltauswirkungen, fachliche Erfordernisse sowie Inhalt und Entscheidungsgegenstand des Plans oder Programms. Diese Parameter können allerdings nicht mehr als Hilfskriterien sein, die den weiten Ermessensspielraum der zuständigen Behörde lediglich unwesentlich einschränken.[1236] Soweit planerische Entscheidungen der Ebene des Regionalplans vorbehalten sind, kann die Umweltprüfung, die zur Aufbereitung der bei der regionalplanerischen Entscheidung zu berücksichtigen-

1230 Schmidt-Eichstaedt BauR 2023, 1052 (1055).

1231 Spannowsky in Spannowsky/Runkel/Goppel, ROG, 2018, § 9 Rn. 45; Schmidt-Eichstaedt BauR 2023, 1052 (1055).

1232 Leidinger in Beckmann/Kment, UVPG, 2023 § 33 Rn. 31.

1233 Leidinger in Beckmann/Kment, UVPG, 2023, § 33 Rn. 34.

1234 Kment in Beckmann/Kment, UVPG, 2023, § 39 Rn. 33; Schink in Schink/Reidt/Mitschang, UVPG, 2022, § 39 Rn. 16; Rojahn NVwZ 2011, 654 (655).

1235 Schink in Schink/Reidt/Mitschang, UVPG, 2022, § 39 Rn. 17; Sydow DVBl. 2006, 65 (71).

1236 Kment in Beckmann/Kment, UVPG, 2023, § 39 Rn. 33.

den Umweltbelange erforderlich ist, nicht auf der Ebene der Bauleitplanung abgeschichtet werden.

677 **c) Verbindung mit FFH-Verträglichkeitsprüfung.** Nach § 8 III 2 ROG kann die Umweltprüfung auch mit anderen Prüfungen zur Ermittlung oder Bewertung von Umweltauswirkungen verbunden werden. Vergleichbar sieht § 46 S. 2 UVPG vor, dass eine strategische Umweltprüfung mit der FFH-Verträglichkeitsprüfung verbunden werden kann. Angesichts des umfassenderen Prüfungsmaßstabs kann eine Umweltprüfung die (gesonderte) FFH-Verträglichkeitsprüfung ersetzen; umgekehrt ist dies angesichts des auf die FFH-Verträglichkeit beschränkte Prüfung nicht möglich. Für eine parallele Koordinierung kommen auch Umweltprüfungen bei der Landschaftsplanung und bei wasserwirtschaftlichen Planungen in Betracht. Lässt sich eine Beeinträchtigung der Erhaltungsziele eines FFH- oder Vogelschutzgebiets auf der jeweiligen Planungsebene nicht hinreichend abschätzen, soll es zulässig sein, die Verträglichkeit auf ein nachfolgendes Genehmigungsverfahren zu verlagern.[1237]

678 **d) Überwachungsmaßnahmen.** Die erheblichen Auswirkungen der Durchführung der Raumordnungspläne auf die Umwelt sind auf der Grundlage der in der zusammenfassenden Erklärung nach § 10 III ROG genannten Überwachungsmaßnahmen von der in den Landesplanungsgesetzen genannten Stelle, oder, sofern landesplanerische Gesetze keine Regelungen treffen, von der für den Raumordnungsplan zuständigen oder der im Raumordnungsplan bezeichneten öffentlichen Stelle zu überwachen, um insbesondere unvorhergesehene nachteilige Auswirkungen frühzeitig im Rahmen eines sogenannten **Monitoring** zu ermitteln und um in der Lage zu sein, geeignete Maßnahmen zur Abhilfe zu ergreifen (§ 8 IV 1 ROG). Die in ihren Belangen berührten öffentlichen Stellen unterrichten gem. § 8 IV 2 ROG die öffentliche Stelle nach § 8 IV 1 ROG, sofern nach den ihnen vorliegenden Erkenntnissen die Durchführung des Raumordnungsplans erhebliche, insbesondere unvorhergesehene nachteilige Auswirkungen auf die Umwelt hat.

679 Nach § 8 V 1 ROG wird das Bundesministerium für Wohnen, Stadtentwicklung und Bauwesen ermächtigt, im Einvernehmen mit dem Bundesministerium für Umwelt, Naturschutz, nukleare Sicherheit und Verbraucherschutz mit Zustimmung des Bundesrates durch Rechtsverordnung Vorgaben zu erlassen zur Berücksichtigung von artenschutzrechtlichen Belangen im Rahmen der Umweltprüfung bei der Aufstellung von Raumordnungsplänen. Sofern dabei auch Fragen der Windenergie an Land berührt sind, sind gem. § 8 V 2 ROG die Vorgaben auch im Einvernehmen mit dem Bundesministerium für Wirtschaft und Klimaschutz zu erlassen.

7. Behörden- und Öffentlichkeitsbeteiligung (§ 9 ROG)

680 § 9 ROG enthält einige grundlegende Bestimmungen zur Beteiligung an Verfahren zur Aufstellung von Raumordnungsplänen. Die Absätze 2-4 des § 9 ROG sind durch das **ROGÄndG 2023** neu formuliert worden. Außerdem ist durch das ROGÄndG 2023 dem § 9 ROG ein neuer Absatz 5 angefügt worden. Die Änderungen dienen ausweislich der Gesetzesbegründung[1238] der Weiterentwicklung der digitalen Möglichkeiten des PlanSiG, insbesondere im Hinblick auf die Bürgerbeteiligung (§ 9 II-IV ROG) und der Beschleunigung der Planungsverfahren durch die Vermeidung von Redundanzen, indem bei Änderungen von Planentwürfen, die nach der Bürgerbeteiligung stattfinden, nur noch erstmalig oder stärker Betroffene zu beteiligen und Stellungnahmen nur mehr gegen die Änderungen zulässig sein sollen (Änderung des § 9 III 3 ROG). Detaillierte Verfahrens- und Organisationsregelungen bleiben den Landesgesetzgebern vorbehalten.[1239] Das Verfahren bis zur Entstehung eines Raumordnungsplans ist in den Landesplanungsgesetzen unterschiedlich geregelt; es lässt sich in die Phasen des Erarbeitungsverfahrens, des Anhörungs- und Beteiligungsverfahrens und des Aufstellungsverfahrens einteilen. Die nach § 8 I 1 ROG erforderliche Umweltprüfung wird in das Verfahren integriert.

681 Das **Erarbeitungsverfahren** bezieht sich auf die behördeninterne Erarbeitung eines Planentwurfs der zuständigen Raumplanungsbehörden. Das Erarbeitungsverfahren ist als rein be-

---

[1237] BVerwG ZfBR 2021, 669 zur Bauleitplanung; Schmidt-Eichstaedt BauR 2023, 1052 (1053).
[1238] BT-Drs. 20/4823, S. 17.
[1239] dazu Runkel in Spannowsky/Runkel/Goppel, ROG, 2018, § 9 Rn. 6; Schumacher in Schumacher/Werk/Albrecht, ROG, 2020, § 10 Rn. 2 ff.

hördeninternes Verfahren gesetzlich nicht geregelt. Im Rahmen des **Anhörungs- und Beteiligungsverfahrens** wird der Planentwurf der Öffentlichkeit vorgestellt. An der Planaufstellung sind unterschiedliche Personen und Institutionen zu beteiligen, wobei die Beteiligungsregeln für die Öffentlichkeit und die öffentlichen Stellen in § 9 ROG zusammengefasst und einstufig, dh ohne eine frühzeitige Beteiligung ausgestaltet sind.[1240] Das bedeutet allerdings nicht, dass bei der Neuaufstellung oder Änderung von Raumordnungsplänen nicht eine zweite Beteiligung der Öffentlichkeit stattfindet. Im Rahmen der ersten Beteiligung können durchaus mehrere Tausend Stellungnahmen mit Anregungen, Bedenken und Hinweisen eingehen, die die zuständige Raumordnungsbehörde sichtet, aufbereitet und zum Anlass für eine Überarbeitung und erneuten Veröffentlichung nach § 9 III 1 ROG nimmt. Auf der Ebene der hochstufigen Landesplanung können Landesentwicklungsprogramme oder Landesraumordnungsprogramme als Parlamentsgesetz beschlossen werden. Aber auch wenn das Landesentwicklungsprogramm bzw. das Landesraumordnungsprogramm kein Gesetz im formellen Sinne ist, bleibt angesichts der enormen Steuerungswirkung solcher Landesentwicklungsprogramme eine Beteiligung des Parlaments erforderlich.

Nach § 9 I 1 ROG sind die Öffentlichkeit sowie die in ihren Belangen berührten öffent- 682
lichen Stellen von der Aufstellung des Raumordnungsplans zu unterrichten. Zur **Öffentlichkeit** zählen nicht nur diejenigen, die durch den Plan in ihren Rechten und Belangen betroffen sind. Die Beteiligung soll nach § 9 III 3 ROG allerdings auf die von der Änderung erstmalig oder stärker in ihren Belangen berührte Öffentlichkeit sowie auf die von der Änderung erstmalig oder stärker in ihren Belangen berührten öffentlichen Stellen beschränkt werden, wenn durch die Änderung des Planentwurfs die Grundzüge der Planung nicht berührt werden. Zur Öffentlichkeit gehören nicht nur diejenigen, sich dauerhaft im Geltungsbereich des Raumordnungsplans aufhalten.[1241] Ihre Beteiligung dient der planenden Behörde dazu, die von der Planung berührten öffentlichen und privaten Belange vollständig zu ermitteln und zutreffend zu bewerten. Für die Beteiligten geht es um Interessenwahrnehmung, Verbesserung der Planung und um Transparenz, um demokratische Teilhabe an Planungsprozessen und darum Betroffenheiten durch die Planung im Rahmen von Stellungnahme und Einwendungen zu artikulieren.[1242] Was genau Gegenstand der Unterrichtung sein muss, ergibt sich aus dem Wortlaut der Regelung nicht. Die Unterrichtung muss sich zumindest auf die allgemeinen Ziele und Zwecke der Planung beziehen. Zur Unterrichtung kann auch der Aufstellungsbeschluss mit seiner Begründung übermittelt werden. Auch eine bestimmte **Form der Unterrichtung** schreibt § 9 I 1 ROG nicht vor; eine öffentliche Bekanntmachung ist zwar nicht ausdrücklich vorgeschrieben, aber zur Unterrichtung der Öffentlichkeit aber kaum vermeidbar.[1243] Die öffentlichen Stellen sind nach § 9 I 2 ROG aufzufordern, Aufschluss über diejenigen von ihnen beabsichtigten oder bereits eingeleiteten Planungen und Maßnahmen sowie über deren zeitliche Abwicklung zu geben, die für die Planaufstellung bedeutsam sein können. Gleiches gilt für weitere ihnen vorliegende Informationen, die für die Ermittlung und Bewertung des Abwägungsmaterials zweckdienlich sind (§ 9 I 3 ROG). Öffentliche Stellen sind nach § 3 I Nr. 5 ROG Behörden des Bundes und der Länder, kommunale Gebietskörperschaften, bundesunmittelbare und die der Aufsicht eines Landes unterstehenden Körperschaften, Anstalten und Stiftungen des öffentlichen Rechts. Soweit die öffentlichen Stellen nur zu beteiligen sind, wenn sie in ihren Belangen berührt sind, bedeutet dies, dass es auf den Zuständigkeits- bzw. Aufgabenbereich der öffentlichen Stellen ankommt.

Der Öffentlichkeit sowie die in ihren Belangen berührten öffentlichen Stellen ist frühzeitig 683
Gelegenheit zur Stellungnahme zum Entwurf des Raumordnungsplans, zu seiner Begründung und im Falle einer durchgeführten Umweltprüfung zum Umweltbericht zu geben (§ 9 II 1 ROG). Der **Umweltbericht** muss insoweit zu diesem Zeitpunkt im Entwurf vorliegen; er kann allerdings zum späteren Zeitpunkt ergänzt und geändert werden. Die in § 9 II 1 ROG genannten sowie weitere nach Einschätzung der für den Raumordnungsplan zuständigen Stelle zweckdienliche Unterlagen sind gemäß § 9 II 2 ROG für die Dauer von mindestens einen Monat im **Internet** zu veröffentlichen. Internetseite oder Internetadresse und Dauer der Veröffentlichung sind gem. § 9 II 3 ROG mindestens eine Woche vor Beginn der Veröffent-

---

1240 siehe dazu Spannowsky in Bielenberg/Runkel, Spannowsky, ROG, 2022 § 9 Rn. 22.

1241 Spannowsky in Bielenberg/Runkel, Spannowsky, ROG, 2022 § 9 Rn. 26.

1242 Runkel in Spannowsky/Runkel/Goppel, ROG, 2018, § 9 Rn. 9; zu den Zwecken der Beteiligungsvorschriften siehe auch Spannowsky in Bielenberg/Runkel, Spannowsky, ROG, 2022 § 9 Rn. 15.

1243 Runkel in Spannowsky/Runkel/Goppel, ROG, 2018, § 9 Rn. 15.

lichung öffentlich bekannt zu machen. Zu veröffentlichen sind der Entwurf des Raumordnungsplans, die Begründung, der Umweltbericht und weitere zweckdienliche Unterlagen, wobei die Begründung selbstverständlich noch nicht der des später beschlossenen Plans entsprechen muss. Eine Erörterung der eingegangenen Stellungnahmen sieht § 9 ROG nicht vor.

684 Die Bekanntmachung der Planentwürfe soll **Anstoßwirkung** haben.[1244] Die Öffentlichkeit muss an Hand der Bekanntmachung erkennen können, ob sie von der Planung betroffen sein kann und ob sie sich dementsprechend über das Verfahren unterrichten und dazu Stellung nehmen möchte. Die Bekanntmachung muss deshalb hinreichend konkret und allgemeinverständlich sein. Sie muss Betroffenen die Kenntnis eröffnen können, dass der Plan möglicherweise seine Interessen betrifft und er damit aufgerufen ist, sich um seine Belange zu kümmern.[1245] Welche Unterlagen für die öffentliche Auslegung zweckdienlich sind, bestimmt die zuständige Raumplanungsbehörde, der für diese Entscheidung ein **Beurteilungsspielraum** zusteht.[1246]

685 § 9 II 1 ROG schreibt lediglich vor, dass den in ihren Belangen berührten **öffentlichen Stellen** frühzeitig Gelegenheit zur Stellungnahme zum Entwurf des Raumordnungsplans, zu seiner Begründung und im Falle einer durchgeführten Umweltprüfung zum Umweltbericht zu geben ist. Eine **Erörterung** dieser Stellungnahmen mit den öffentlichen Stellen verlangt § 9 II 1 ROG nicht. Für die Einräumung einer Gelegenheit zur Stellungnahme reicht es aus, dass die öffentlichen Stellen und die privaten Personen im Sinne von § 4 ROG die Möglichkeit haben, sich schriftlich per Brief oder Telefax zu dem Planentwurf, zu seiner Begründung und zum Umweltbericht zu äußern. Nicht ausreichend wäre es hingegen, wenn den öffentlichen Stellen und den privaten Personen iSv § 4 ROG lediglich die Möglichkeit eingeräumt würde, sich mündlich oder fernmündlich zu dem Planentwurf zu äußern.[1247] Das Erfordernis einer Erörterung der Stellungnahmen kann auch nicht aus der **Präklusionsregelung** des § 9 II 4 Nr. 3 ROG mittelbar abgeleitet werden. Nach dieser Vorschrift sind alle Stellungnahmen mit Ablauf der für die Stellungnahme eingeräumten Frist ausgeschlossen, soweit sie nicht auf besonderen privatrechtlichen Titeln beruhen und soweit in der Bekanntmachung nach § 9 II 3 ROG darauf hingewiesen worden ist. Die Präklusionsregelung, die mit dem ROG 2017 in das ROG aufgenommen worden ist, bedeutet nicht, dass verfristete Stellungnahmen anders als rechtzeitig eingegangene Stellungnahmen nicht mehr erörtert werden müssten, dass insoweit nicht verfristete Stellungnahmen stets zu erörtern wären. Vielmehr regelt die Präklusionsvorschrift eine Ausnahme vom Grundsatz des § 11 III 1 ROG, wonach für die Abwägung die Sach- und Rechtslage im Zeitpunkt der Beschlussfassung über den Raumordnungsplan maßgebend ist. Dieser Zeitpunkt wird für den Inhalt der Stellungnahmen auf das Ende der Frist zur Stellungnahme vorverlagert.[1248] Es besteht insoweit unabhängig davon, ob Stellungnahmen fristgerecht eingegangen sind, keine Erörterungspflicht. Die Notwendigkeit einer Erörterung der Stellungnahmen öffentlicher Stellen und privater Personen iSv § 4 ROG ergibt sich auch nicht im Zusammenhang mit der Verpflichtung, eine Umweltprüfung durchzuführen. § 8 II 2 ROG sieht eine Beteiligung der öffentlichen Stellen bei der Festlegung des Untersuchungsrahmens der Umweltprüfung, nicht jedoch eine Erörterung ihrer Stellungnahmen zum Planentwurf vor. Eine solches Erfordernis ergibt sich auch nicht aus der Plan-UP-Richtlinie. Die Notwendigkeit, eingegangen Stellungnahmen zu erörtern, kann sich jedoch aus dem jeweiligen Landesplanungsrecht ergeben. Anders oder ergänzend zu den §§ 8, 9 ROG sieht zB § 19 III 1 LPlG NRW vor, dass die Stellungnahmen der öffentlichen Stellen und der Person des Privatrechts nach § 4 ROG, die nicht nach § 9 II 4 ROG ausgeschlossen sind, mit diesen erörtert werden. Dies gilt aber nur, sofern der regionale Planungsträger dies beschließt. Der Regionalrat kann nach § 19 III 3 LPlG NRW auch beschließen, lediglich einzelne Aspekte der Stellungnahmen erörtern zu lassen. Die Erörterung kann auch als Video- oder Telefonkonferenz oder mittels sonstiger elektronischer Kommunikations-medien durchgeführt werden.

686 Die Stellungnahmen im Beteiligungsverfahren nach § 9 ROG sind nach § 7 II 2 ROG in der **Abwägung** nach § 7 II 1 ROG zu berücksichtigen. Ist eine Umweltprüfung durchgeführt

[1244] BVerwG ZfBR 2008, 806.

[1245] BVerwG Urt. v. 31.3.2023 – 4 A 11/21, juris Rn. 27; OVG Magdeburg Urt. v. 27.6.2023 – 2 K 138/19, juris Rn. 242.

[1246] Runkel in Spannowsky/Runkel/Goppel, ROG, 2018, § 9 Rn. 33.

[1247] BVerwG Beschl. v. 28.1.1997 – 4 NB 39/96, juris Rn. 9.

[1248] Runkel in Spannowsky/Runkel/Goppel, ROG, 2018, § 9 Rn. 6.

worden, muss auch das Ergebnis der Umweltprüfung nach § 7 II 2 ROG in der Abwägung nach § 7 II 1 ROG berücksichtigt werden.

687 In der **Bekanntmachung** ist gem. § 9 II 4 ROG unter Angabe einer angemessenen Frist, die zumindest der Veröffentlichungsfrist entspricht und drei Monate nicht übersteigen soll, darauf hinzuweisen, dass 1. Stellungnahmen abgegeben werden können, 2. die Stellungnahmen elektronisch übermittelt werden sollen, 3. mit Ablauf der Frist alle Stellungnahmen ausgeschlossen sind, die nicht auf besonderen privatrechtlichen Titeln beruhen. Zusätzlich zur Veröffentlichung im Internet ist gem. § 9 II 5 ROG eine oder sind mehrere andere leicht zu erreichende, auch analoge Zugangsmöglichkeiten zur Verfügung zu stellen, soweit dies nach Feststellung der das Beteiligungsverfahren durchführenden Stelle angemessen und zumutbar ist. In der Bekanntmachung ist gem. § 9 II 6 ROG auf diese Zugangsmöglichkeiten hinzuweisen.

688 Wird der Planentwurf nach Durchführung der Verfahrensschritte nach § 9 II ROG dergestalt geändert, dass dies zu einer erstmaligen oder stärkeren Berührung von Belangen führt, so ist der geänderte Teil gem. § 9 III 1 ROG erneut im Internet zu veröffentlichen; in Bezug auf die **Änderung** ist erneut Gelegenheit zur Stellungnahme zu geben. Die Dauer der Auslegung und die Frist zur Stellungnahme können gem. § 9 III 2 ROG angemessen verkürzt werden. Die Beteiligung nach § 9 III 1 und 2 ROG soll auf die von der Änderung erstmalig oder stärker in ihren Belangen berührte Öffentlichkeit sowie auf die von der Änderung erstmalig in ihren Belangen berührten öffentlichen Stellen beschränkt werden, wenn durch die Änderung des Planentwurfs die Grundzüge der Planung nicht berührt werden (§ 9 III 3 ROG).

689 Wird die Durchführung eines Plans voraussichtlich **erhebliche Auswirkungen auf das Gebiet eines Nachbarstaates** haben, ist die von diesem Staat als zuständig benannte Behörde benannt hat, die oberste für Raumordnung zuständige Behörde zu unterrichten; ihr ist ein Exemplar des Planentwurfs elektronisch zu übermitteln (§ 9 IV 1-3 ROG). Gemäß § 9 IV 4 ROG ist der Behörde eine angemessene Frist zu setzen, innerhalb derer sie Gelegenheit zur Stellungnahme hat. § 9 III 1-3 ROG gilt entsprechend. Wenn die Durchführung des Plans erhebliche Umweltauswirkungen auf einen Nachbarstaat haben kann, ist dieser nach den §§ 60, 61 UVPG zu beteiligen.

690 Bei **geringfügigen Änderungen** eines Raumordnungsplans einschließlich der Ergänzung oder Aufhebung einzelner Festlegungen kann gem. § 9 V 1 ROG die Beteiligung auf die von der Änderung in ihren Belangen berührte Öffentlichkeit und die von der Änderung in ihren Belangen berührten öffentlichen Stellen beschränkt werden, wenn 1. die Grundzüge der Planung nicht berührt werden, 2. nach § 8 II 1 ROG festgestellt wurde, dass die Änderungen, Ergänzungen oder Aufhebungen voraussichtlich keine erheblichen Umweltauswirkungen haben werden, und 3. der Meeresbereich nicht berührt ist. Das gilt gem. § 9 V 2 ROG auch für die vollständige oder teilweise Aufhebung von Raumordnungsplänen, die funktionslos geworden sind, weil ihre Verwirklichung aufgrund tatsächlicher oder rechtlicher Entwicklungen auf unabsehbare Zeit offenkundig ausgeschlossen ist.[1249] In den Fällen des § 9 V 1 und 2 ROG finden gem. § 9 I-IV ROG keine Anwendung (§ 9 V 3 ROG).

691 Da die in den Raumordnungsplänen aufgestellten Ziele der Raumordnung die Gemeinden gem. § 4 I ROG, § 1 IV BauGB binden, sind diese ebenfalls zu beteiligen. Die **Beteiligung der Gemeinden** dient dem Schutz und der Effizienz der gemeindlichen Planung und damit der Sicherung ihrer kommunalen **Planungshoheit**. Deshalb muss das Mitwirkungsverfahren effektiv ausgestaltet sein.[1250] Für die Aufstellung von Zielen der Raumordnung bedarf es allerdings keines Einvernehmens mit den betroffenen Gemeinden.[1251] Eine Verletzung des Beteiligungsrechts der Gemeinden führt zur Nichtigkeit der Ziele der Raumordnung, bei deren Aufstellung die betroffenen Gemeinden nicht ordnungsgemäß beteiligt worden sind. Die kommunalen Bauleitplanungen gehören bei der Aufstellung von Regionalplänen zum abwägungsrelevanten Material. In die Abwägung eingestellt werden können und müssen aber nur solche gemeindlichen Belange, welche die Gemeinden nach ordnungsgemäßer Beteiligung während der Aufstellung des Regionalplans geltend gemacht haben und die dem Planungsträger deshalb als abwägungsrelevantes Material bekannt sind bzw. bekannt sein müssen. Der Planungsträger ist nicht verpflichtet, unabhängig von den im Zuge der Erarbeitung eines Raumordnungsprogramms eingegangenen Stellungnahmen und Einwendungen von Amts wegen nach mögli-

1249 siehe dazu Runkel in Bielenberg/Runkel/Spannowsky, ROG, 2019, § 3 Rn. 153.
1250 BVerwG NVwZ 1993, 167 (168); Oebbecke in FS Hoppe, 2000, S. 239 (245).
1251 Steinberg/Steinwachs NVwZ 2004, 530 (534).

cherweise betroffenen kommunalen Belangen zu forschen und diese in die Abwägung einzustellen.[1252]

692 Der Pflicht, bei der Aufstellung von Zielen der Raumordnung die Gemeinden zu beteiligen, korrespondiert eine **Obliegenheit** der Gemeinden, zu einer umfassenden Ermittlung und Sammlung des einschlägigen Abwägungsmaterials beizutragen. Eine Gemeinde, die es versäumt, im Rahmen des Beteiligungsverfahrens auf einen ihr Gebiet betreffenden abwägungserheblichen Sachverhalt aufmerksam zu machen, kann später kein Abwägungsdefizit geltend machen.[1253] Bei der Aufstellung von Raumordnungsplänen werden in unterschiedlichem Umfang auch Beiräte beteiligt, die die relevanten gesellschaftlichen, kulturellen, wirtschaftlichen, sozialen und religiösen Gruppen und Institutionen repräsentieren sollen. Dementsprechend werden regelmäßig kommunale Spitzenverbände, berufsständische Kammern, Arbeitgeberverbände und Gewerkschaften, Kirchen, regionale Planungsgemeinschaften etc. beteiligt. Zumeist haben Beiräte eine lediglich beratende Funktion. Ist die Anhörung beendet, beginnt die dritte Planungsphase, das Aufstellungsverfahren, das mit dem verbindlichen Aufstellungsbeschluss abschließen kann.

8. Bekanntmachung und Bereithaltung von Raumordnungsplänen

693 Soweit der Raumordnungsplan nicht als Gesetz oder Rechtsverordnung verkündet wird, ist er oder seine Genehmigung oder der Beschluss über ihn gem. § 10 I ROG öffentlich bekanntzumachen; mit der Bekanntmachung wird der Raumordnungsplan nach § 10 I ROG wirksam. Sonderregelungen gelten für Raumordnungspläne des Bundes nach § 17 III ROG. Auf diese finden die §§ 8 und 10 ROG nach § 17 V 1 ROG keine Anwendung. Raumordnungspläne nach § 17 III ROG sind im Bundesanzeiger bekannt zu machen; sie treten mit der Bekanntmachung in Kraft. Gegenstand der öffentlichen Bekanntmachung eines Raumordnungsplans sind die zeichnerischen und textlichen Teile des Plans, nicht dagegen die dem Raumordnungsplan beizufügenden Unterlagen, insbesondere die Begründung nach § 7 V ROG und die zusammenfassende Erklärung nach § 10 III ROG. Diese beizufügenden Unterlagen sind nicht Bestandteil der Rechtsnorm; sie dienen vielmehr der Erläuterung und gegebenenfalls der Auslegung der Festlegung des Raumordnungsplans.[1254] Im Falle der Beteiligung von Nachbarstaaten nach § 9 IV ROG werden gem. § 10 IV ROG die in § 10 II-III ROG genannten Informationen der dort zuständigen Behörde übermittelt.

694 Dem Raumordnungsplan ist gem. § 10 III ROG eine **zusammenfassende Erklärung** beizufügen über die Art und Weise, wie die Umweltbelange und die Ergebnisse der Öffentlichkeits- und Behördenbeteiligung in dem Aufstellungsverfahren berücksichtigt wurden, und aus welchen Gründen der Plan nach Abwägung mit den geprüften in Betracht kommenden anderweitigen Planungsmöglichkeiten gewählt wurde, sowie über die im Rahmen der Überwachung der Auswirkungen auf die Umwelt nach § 8 IV 1 ROG durchzuführenden Maßnahmen. Nach § 11 IV Nr. 1 ROG kann ein Mangel im Beteiligungsverfahren, der darin besteht, dass der Umweltbericht in wesentlichen Punkten unvollständig ist, dadurch geheilt werden, dass diese Punkte in der zusammenfassenden Darstellung abgehandelt werden. Die zusammenfassende Darstellung ist nach Abschluss des Planungsverfahrens zu erstellen.[1255] Zwischen der zusammenfassenden Erklärung und der Planbegründung gibt es Überschneidungen. Denn wie die Umweltbelange und die Ergebnisse der Beteiligung im Verfahren und bei der Abwägung berücksichtigt worden sind, ist auch ein zentraler Gegenstand der Planbegründung. Deswegen kann die zusammenfassende Erklärung auch in die Planbegründung integriert werden. Dies wird landesrechtlich verschiedentlich sogar vorgeschrieben. Ob und inwieweit die zusammenfassende Erklärung vom Planungsträger verbindlich beschlossen werden muss oder als Geschäft der laufenden Verwaltung von der planenden Stelle erstellt werden kann, ist umstritten.[1256]

695 Gem. § 10 II 1 ROG ist der Raumordnungsplan mit der Begründung und, wenn über die Annahme des Raumordnungsplans nicht durch Gesetz entschieden wird, einer Rechtsbehelfs-

---

1252 OVG Greifswald NuR 2002, 558.

1253 OVG Brandenburg DVBl. 2004, 256.

1254 Reitzig in Bielenberg/Runkel/Spannowsky, ROG, 2022, § 10 Rn. 58.

1255 Schumacher in Schumacher/Werk/Albrecht, ROG, 2020, § 10 Rn. 41 unter Verweis auf Art. 9 I SUP-Richtlinie.

1256 bejahend Faßbender in Kment, ROG, 2019, § 10 Rn. 33; ablehnend Runkel in Spannowsky/Runkel/Goppel, ROG, 2018, § 11 Rn. 22.

belehrung sowie im Falle einer durchgeführten Umweltprüfung mit der zusammenfassenden Erklärung nach § 10 III ROG und der Aufstellung der Überwachungsmaßnahmen nach § 8 IV 1 ROG im **Internet** zu veröffentlichen. Zusätzlich ist gem. § 10 II 2 ROG eine Einsichtnahme an einem oder mehreren Orten zu gewähren. Wenn das Landesrecht keine Bestimmungen zum Ort der Einsichtnahme trifft, wird er von der planaufstellenden Stelle bestimmt (§ 10 II 3 ROG). In der Bekanntmachung oder in der Verkündung des Raumordnungsplans ist gem. § 10 II 4 ROG auf die Veröffentlichung unter Angabe der Internetseite oder Internetadresse sowie auf die Möglichkeiten zur Einsichtnahme hinzuweisen. Einsicht in den bereitgehaltenen Raumordnungsplan kann jedermann beanspruchen. Für die Einsichtnahme muss kein bestimmtes Interesse glaubhaft gemacht werden.[1257] Die **Bereithaltungspflicht** gilt auf unbestimmte Dauer solange der Raumordnungsplan wirksam ist.[1258] Die Zeiten für eine Einsichtnahme müssen angemessen ausgestaltet werden. Grundsätzlich reicht es aus, anstelle der Originalurkunde eine beglaubigte Abschrift des Raumordnungsplans zur Einsicht für die Öffentlichkeit bereitzuhalten.[1259]

9. Planerhaltung (§ 11 ROG)

Raumordnungspläne, die gegen höherrangiges Recht verstoßen, sind grundsätzlich unwirksam.[1260] Allerdings gelten gem. § 11 ROG zur Planerhaltung verschiedene Unbeachtlichkeitsregeln.[1261] Die Systematik des § 11 ROG orientiert sich an den Planerhaltungsvorschriften des BauGB.[1262] Der Gesetzgeber hat mit dem **ROGÄndG 2023** verschiedene Änderungen und Ergänzungen des § 11 ROG beschlossen. Der Stärkung des Planerhalts dient insbesondere die Ausweitung von Planerhaltungsnormen durch eine Ergänzung des § 11 III ROG. Werden in einem Raumordnungsplan Vorranggebiete mit Ausschlusswirkung oder Teile dieser Gebiete fehlerhaft festgelegt, soll der Raumordnungsplan danach zukünftig im Übrigen wirksam bleiben, sofern die Grundzüge der Planung nicht berührt sind und der vorrangigen Nutzung oder Funktion substanziell Raum verschafft wird. Aufgehoben hat der Gesetzgeber mit dem ROGÄndG 2023 außerdem § 11 II Nr. 1 ROG aF Für die Rechtswirksamkeit eines Regionalplans war nach dieser bisherigen Bestimmung auch unbeachtlich, wenn § 13 II 1 ROG hinsichtlich des Entwickelns des Regionalplans aus dem Raumordnungsplan für das Landesgebiet verletzt worden war, ohne dass hierbei die sich aus dem Raumordnungsplan für das Landesgebiet ergebende geordnete räumliche Entwicklung beeinträchtigt worden war. Die aufgehobene Planerhaltungsvorschrift des § 11 II Nr. 1 ROG aF hatte zur Folge, dass auf Ebene eines Regionalplans Festlegungen trotz eines Verstoßes gegen das Entwicklungsgebot nach § 13 II 1 ROG wirksam sein konnten, auch wenn sie von einem landesweiten Raumordnungsplan abweichen oder diesem widersprechen. Dies führte nach Einschätzung des Gesetzgebers bei nachfolgenden raumbedeutsamen Planungen und Maßnahmen, bei denen die Ziele der Raumordnung nach § 4 I 1 ROG zu beachten sind, zwangsläufig zu einem unauflösbaren Konflikt, weil § 11 I Nr. 2 ROG die Existenz sich widersprechender Zielfestlegungen eines landesweiten Raumordnungsplans einerseits und des daraus (an sich) zu entwickelnden regionalen Raumordnungsplans andererseits ermöglichte. Dies galt insbesondere für die Bauleitplanung im Hinblick auf die Bindung an die Ziele der Raumordnung nach § 1 IV BauGB, weil die Gemeinden sowohl Ziele des landesweiten Plans als auch Ziele des Regionalplans zu beachten haben und bei sich widersprechenden Zielfestlegungen keine Anpassung an beide Ziele vornehmen können.[1263] 696

a) Beachtlichkeit von Verfahrens- und Formfehlern. Eine Verletzung von Verfahrens- und Formvorschriften des ROG ist für die Rechtswirksamkeit eines Raumordnungsplans nur beachtlich, wenn die Vorschriften des § 9 ROG über die Beteiligung verletzt worden sind (§ 11 I Nr. 1 ROG). Dabei ist nach § 11 I Nr. 1 ROG unbeachtlich, wenn einzelne Personen oder öffentliche Stellen nicht beteiligt worden sind oder eine grenzüberschreitende Beteiligung fehlerhaft erfolgte, die entsprechenden Belange jedoch unerheblich waren oder in der Ent- 697

1257 Reitzig in Bielenberg/Runkel/Spannowsky, ROG, 2022, § 10 Rn. 69.
1258 Reitzig in Bielenberg/Runkel/Spannowsky, ROG, 2022, § 10 Rn. 72.
1259 Reitzig in Bielenberg/Runkel/Spannowsky, ROG, 2022, § 10 Rn. 74.
1260 BVerwG NVwZ 2002, 869; Hager in Kment, ROG, 2019, § 11 Rn. 19.
1261 zu europarechtlichen Fragen im Zusammenhang mit der Planerhaltung siehe Kment DÖV 2006, 462 ff.
1262 dazu im Einzelnen Hager in Kment, ROG, 2019, § 11 Rn. 9 ff.
1263 siehe dazu die Gesetzesbegründung BT-Drs. 20/4823, S. 25.

scheidung berücksichtigt worden sind. Eine Verletzung von Verfahrens- oder Formvorschriften des ROG ist für die Rechtswirksamkeit eines Raumordnungsplans auch beachtlich, wenn die Vorschriften des § 7 V und des § 9 II ROG über die Begründung des Raumordnungsplans sowie seiner Entwürfe verletzt worden sind. Dabei ist unbeachtlich, wenn die Begründung unvollständig ist (§ 11 I Nr. 2 ROG). Schließlich ist eine Verletzung von Verfahrens- und Formvorschriften des ROG für die Rechtswirksamkeit des Raumordnungsplans beachtlich, wenn der mit der Bekanntmachung (§ 10 ROG) verfolgte Hinweiszweck nicht erreicht wurde (§ 11 I Nr. 3 ROG). Für die Rechtswirksamkeit eines Regionalplans ist es unbeachtlich, wenn der Regionalplan aus einem Raumordnungsplan für das Landesgebiet entwickelt worden ist, dessen Unwirksamkeit wegen Verletzung von Verfahrens- oder Formvorschriften sich nach Bekanntmachung oder Verkündung des Regionalplans herausstellt (§ 11 II ROG).

698 **b) Beachtlichkeit von Abwägungsmängeln.** Für die Abwägung nach § 7 II ROG ist gem. § 11 III 1 ROG die **Sach- und Rechtlage** im Zeitpunkt der Beschlussfassung über den Raumordnungsplan maßgebend. Spätere tatsächliche und rechtliche Änderungen sind unerheblich für die Rechtmäßigkeit des beschlossenen Plans. Der Entscheidungszeitpunkt der Beschlussfassung ist sowohl für den Abwägungsvorgang als auch für das Abwägungsergebnis maßgebend. Teilweise wird allerdings für das Abwägungsergebnis eine Ausnahme für solche Fälle gemacht, in denen sich nach der Beschlussfassung abwägungsbeachtliche Belange grundlegend in einer Weise verändern, die zu einem völlig verfehlten Abwägungsergebnis führen. Es wird insoweit von einer fortdauernden Prüfungspflicht ausgegangen.[1264] Mängel im Abwägungsvorgang sind nur erheblich, wenn sie offensichtlich und auf das Abwägungsergebnis von Einfluss gewesen sind (§ 11 III 2 ROG).

699 Werden in einem Raumordnungsplan einzelne **Vorranggebiete mit Ausschlusswirkung** oder Teile dieser Gebiete fehlerhaft festgelegt, bleibt der Raumordnungsplan im Übrigen wirksam, sofern die Grundzüge der Planung nicht berührt sind und der vorrangigen Nutzung oder Funktion substanziell Raum verschafft wird (§ 11 III 3 ROG). Diese seit 2023 neue Planerhaltungsvorschrift ist insoweit unklar, als weder dem Wortlaut noch der Begründung eindeutig entnommen werden kann, ob die Unwirksamkeit auf die Festlegung des Vorranggebiets oder auf die Festlegung der Ausschlusswirkung begrenzt werden oder sich auf beide Festlegungen beziehen soll. Deshalb war vom Umweltrechtsausschuss des Deutschen Anwaltvereins eine Klarstellung empfohlen worden. Der Gesetzgeber ist dieser Empfehlung nicht gefolgt. Es ist im Übrigen zweifelhaft, ob bei der Festlegung von Vorranggebieten mit Ausschlusswirkung für das Plangebiet nicht stets auch die Grundzüge der Planung berührt sind, wenn sich die Festlegung dieses Raumordnungsziels als fehlerhaft erweist. Die Grundzüge der Planung ergeben sich aus der den Festlegungen des Raumordnungsplans zugrundeliegenden und in ihnen zum Ausdruck kommenden planerischen Konzeption. Ob sie berührt werden, hängt von der jeweiligen Planungssituation ab. Entscheidend ist, ob die Abweichung dem planerischen Gesamtkonzept zuwiderläuft. Die Ausschlusswirkung muss nach § 7 III 4 ROG auch weiterhin auf einem räumlichen Gesamtkonzept beruhen. Wird dieses Gesamtkonzept als abwägungsfehlerhaft von der Rechtsprechung verworfen, dann dürfte zweifelhaft sein, ob es mit den rechtsstaatlichen Anforderungen vereinbar wäre, gleichwohl an der Ausschlusswirkung festzuhalten. Das soll die gesetzliche Neuregelung im Jahr 2023 jedoch gerade ermöglichen.

700 **c) Mängel der Umweltprüfung.** Angesichts der besonderen Bedeutung der Umweltprüfung im Gemeinschaftsrecht hat der Gesetzgeber die Unbeachtlichkeit im Zusammenhang mit Fehlern beim Umweltbericht und bei der Umweltprüfung abgeschwächt. Bei Anwendung des § 8 ROG ist nach § 11 IV ROG ergänzend zu § 11 I – III ROG Folgendes zu beachten: Ein für die Rechtmäßigkeit des Raumordnungsplans beachtlicher Mangel des nach § 9 II ROG bei der Beteiligung beizufügenden **Umweltberichts** (§ 8 I ROG) besteht, wenn dieser in wesentlichen Punkten unvollständig ist und diese Punkte nicht Bestandteil der zusammenfassenden Erklärung nach § 10 III ROG sind. Im Wesentlichen unvollständig ist ein Umweltbericht, wenn er überhaupt nicht vorliegt und wenn er nur Leerformeln oder nur allgemeine Floskeln enthält. Unbeachtlich soll es hingegen sein, wenn der Umweltbericht einzelne, nicht abwägungsrelevante Punkte, so zB lediglich geringfügige Betroffenheiten, makelbehaftete Belange oder aber Interessen bzw. Belange nicht aufführt, die auf der in Rede stehenden Planungsebene nicht abwägungsrelevant sind. Wird der beachtliche, aber im Umweltbericht fehlenden Belang später dann in der zusammenfassenden Erklärung nach § 10 III ROG aufgeführt, dann

[1264] BVerwG NVwZ 1996, 374; kritisch dazu Hager in Kment, ROG, 2019, § 11 Rn. 86.

ist der Mangel des Umweltberichts unbeachtlich. Die Vollständigkeit der zusammenfassenden Erklärung soll in diesem Sinne einen Mangel des zuvor vorgelegten Umweltberichts heilen. Unterbleibt nach § 8 II ROG eine Umweltprüfung, gilt die **Vorprüfung** des Einzelfalls als ordnungsgemäß durchgeführt, wenn sie entsprechend den Vorgaben von § 8 II ROG durchgeführt worden und ihr Ergebnis nachvollziehbar ist. Dabei ist es nach § 11 IV Nr. 2 ROG unbeachtlich, wenn einzelne öffentliche Stellen nicht beteiligt worden sind. Anderenfalls besteht ein für die Rechtswirksamkeit des Raumordnungsplans beachtlicher Mangel.

d) Geltendmachung von Verfahrens- und Formmängeln. Gem. § 11 V 1 ROG werden bestimmte Verfahrens- und Formmängel unbeachtlich, wenn sie nicht innerhalb eines Jahres seit Bekanntmachung des Raumordnungsplans gegenüber der zuständigen Stelle unter Darlegung des die Verletzung begründenden Sachverhalts geltend gemacht worden sind. Zu innerhalb der Jahresfrist geltend zu machenden Form- und Verfahrensmängeln zählen eine nach § 11 I Nr. 1 und 2 ROG beachtliche Verletzung der dort bezeichneten Verfahrens- und Formvorschriften, nach § 11 III ROG beachtliche Mängel des Abwägungsvorgangs und eine nach § 11 IV ROG beachtliche Verletzung der Vorschriften über die Umweltprüfung. 701

e) Ergänzendes Verfahren. Der Raumordnungsplan kann durch ein ergänzendes Verfahren zur Behebung von Fehlern nach § 11 VI ROG rückwirkend in Kraft gesetzt werden.[1265] Für das ergänzende Verfahren sieht das ROG keine speziellen Regeln vor. Mit dem ergänzenden Verfahren kann der Plangeber seinen Plan nachträglich nachbessern. Das Planverfahren wird dazu an der mit einem Planungsmangel behafteten Stelle fortgesetzt. Die von dem Fehler unberührten Verfahrensschritte bleiben dabei unangetastet. 702

10. Rechtsschutz gegen Raumordnungspläne

Rechtsschutz gegen Raumordnungspläne begehren seit jeher vor allem Gemeinden, die insbesondere über die Beachtenspflicht des § 1 IV BauGB durch die in Raumordnungsplänen aufgestellten Ziele der Raumordnung in ihrer Planungshoheit beeinträchtigt werden können. In zunehmendem Maße ist der Rechtsschutz gegen Raumordnungspläne jedoch auch für Personen des Privatrechts von Bedeutung, weil ihre Bindung an die Raumordnungsziele in der Vergangenheit erheblich verstärkt wurden, vor allem durch § 35 III 2, 3 BauGB und § 4 I Nr. 2, III Nr. 2 ROG.[1266] 703

a) Verwaltungsgerichtliche Normenkontrolle. Rechtsschutz gegenüber rechtswidrigen Raumordnungsplänen können private Personen und Gemeinden grundsätzlich im Wege einer verwaltungsgerichtlichen Normenkontrolle nach § 47 VwGO erreichen. Voraussetzung für ein solches verwaltungsgerichtliches Normenkontrollverfahren gegen einen Raumordnungsplan ist es allerdings, dass in dem jeweiligen Bundesland von der Möglichkeit des § 47 I Nr. 2 VwGO Gebrauch gemacht worden ist, eine verwaltungsgerichtliche Normenkontrolle gegen untergesetzliche Rechtsvorschriften zu eröffnen. Die meisten Bundesländer haben entsprechende Regelungen erlassen (vgl. § 4 BaWüAG VwGO; Art. 5 Satz 1 BayAG VwGO; Art. 7 I Brem AGV WGO; § 15 I HessAG VwGO; § 13 MeVoGOrgG; § 7 NdsVwGG; § 109a JustizG NRW; § 4 1 RhPfAG VwGO, § 18 SaarlAG VwGO; Art. 4, § 24 I SächsJG, § 10 SaAnAG VwGO; § 5 SchlHAG VwGO, § 4 ThürAG VwGO). Keine solche Regelung gibt es in Berlin, Brandenburg, Hamburg. 704

Die verwaltungsgerichtliche Normenkontrolle ermöglicht eine Überprüfung von Raumordnungsplänen allerdings nur insoweit, als diese im Range unter dem Landesgesetz stehende Rechtsvorschriften sind. Deshalb scheiden diejenigen Raumordnungspläne als Gegenstand einer verwaltungsgerichtlichen Normenkontrolle aus, die als **förmliches Gesetz** ergehen.[1267] 705

1265 dazu Jobs UPR 2016, 493; Klinger LKV 2016, 111.

1266 Kritisch zu einem „nicht unbedenklichen Verschwimmen der Grenzen raumordnerischer und bauleitplanerischer Aufgabenwahrnehmung" Erbguth DVBl. 2017, 817 (818 f.); Schubert in Kment, ROG, 2019, Einf. C Rn. 6; zum Rechtsschutz gegen Raumordnungspläne siehe Schubert in Kment, ROG, 2019, Einf. C, Rn. 1 ff.; Runkel in Bielenberg/Runkel/Spannowsky, ROG, 2020, § 4 Rn. 496 ff.; Uechtritz ZUR 2017, 479; Goppel in Spannowsky/Runkel/Goppel, ROG, 2018, § 4 Rn. 82 ff.; Beckmann NWVBL 2021, 181; Beckmann NWVBL 2024, 53.

1267 Siehe aber auch BVerwG ZfBR 2003, 476, wonach in Ausnahmefällen – es ging in dem Verfahren um ein durch Gesetz geänderte Norm einer landesrechtlichen Rechtsverordnung – auch ein formelles Gesetz eine im Range unter dem Landesgesetz stehende Rechtsvorschrift iS des § 47 I Nr. 2 VwGO sein kann.

Bei den übrigen Raumordnungsplänen handelt es sich demgegenüber zumeist um Rechtsverordnungen, um Satzungen oder aber um untergesetzliche hoheitliche Maßnahmen eigener Art, die nach ganz überwiegender Auffassung in den Anwendungsbereich des § 47 I Nr. 2 VwGO fallen.[1268] Begründet ist ein zulässiger Normenkontrollantrag gegen Ziele der Raumordnung eines Raumordnungsplans, wenn die Ziele der Raumordnung mit höherrangigem Recht unvereinbar sind, wenn sie dementsprechend an beachtlichen, nicht geheilten Verfahrensmängeln leiden oder mit materiell-rechtlichen Anforderungen, insbesondere an eine rechtsstaatliche Abwägung unvereinbar sind. Dabei ist allerdings die ausführliche Regelung zur **Planerhaltung** in § 11 ROG zu beachten. Sie dient einer sachgerechten Ausbalancierung der in der Vergangenheit erweiterten Rechtsschutzmöglichkeiten einerseits und schützenswerten Belangen der Planerhaltung und des Investitionsschutzes andererseits.[1269]

706 Die in einem Regionalplan enthaltenen **Ziele der Raumordnung** sind Rechtsvorschriften iSd § 47 I Nr. 2 VwGO. Sie können vom Zieladressaten zum Gegenstand einer verwaltungsgerichtlichen Normenkontrolle gemacht werden, auch wenn der Landesgesetzgeber für den Regionalplan keine Rechtssatzform vorgibt.[1270] **Raumordnungsgrundsätze** sind dagegen nach Ansicht des BVerwG keine Rechtsvorschriften iSd § 47 I Nr. 2 VwGO.[1271] Ob diese Ansicht überzeugend ist, kann man mit guten Gründen bezweifeln. Denn auch Grundsätze der Raumordnung lösen verbindliche Pflichten, nämlich Berücksichtigungspflichten aus; auch die raumplanerische Festlegung von Grundsätzen der Raumordnung muss auf einer hinreichenden planerischen Abwägung beruhen. Werden Grundsätze der Raumordnung nicht in Gesetzen, sondern in untergesetzlichen Regelwerken formuliert, gibt es insoweit keinen überzeugenden Grund, sie nicht als untergesetzliche Rechtsvorschrift einzuordnen. § 47 I Nr. 2 VwGO setzt nach Ansicht des BVerwG nicht voraus, dass alle in einem Raumordnungsplan enthaltenen Einzelregelungen ein und dieselbe Rechtsqualität aufweisen. Vielmehr ist für jede Regelung gesondert zu prüfen, ob sie den Kriterien genügt, die für eine Rechtsvorschrift unabdingbar sind. Es kommt daher für die Zulässigkeit einer verwaltungsgerichtlichen Normenkontrolle gegen Ziele der Raumordnung eines Raumordnungsplans nicht darauf an, ob der Plan insgesamt als untergesetzliche Rechtsvorschrift angesehen werden kann.[1272] Raumordnungsgrundsätze in einem nicht förmlich als Rechtsnorm beschlossenen oder für verbindlich erklärten Regionalplan sind nach der Rechtsprechung keine im Range unter dem Landesgesetz stehenden Rechtsvorschriften.[1273] Das gilt insbesondere auch für die Festlegung von **Vorbehaltsgebieten** iSv § 7 III 2 Nr. 3 ROG, die als Gewichtungsvorgaben auf Abwägungs- oder Ermessensentscheidungen einwirken, jedoch anders als Ziele der Raumordnung im Rahmen der Abwägung durch öffentliche oder private Belange von höherem Gewicht überwunden werden dürfen. Gewichtungsvorgaben, die die Festlegung eines Vorbehaltsgebiets von sonstigen Grundsätzen der Raumordnung unterscheiden, rechtfertigten es nicht, Vorbehaltsgebiete als untergesetzliche Rechtsvorschrift iSd § 47 I Nr. 2 VwGO zu qualifizieren.[1274] Das BVerwG begründet diese Ansicht damit, dass eine Festlegung, den im Raumordnungsplan bestimmten Funktionen oder Nutzungen bei der Abwägung ein besonderes Gewicht beizumessen, zwar eine Rechtspflicht sei. Ob sich der zu berücksichtigende Grundsatz im Rahmen der Abwägung gegen andere Belange durchsetzt, hänge aber von der konkreten Planungssituation ab. Dies gelte auch, wenn der Planungsträger verpflichtet werde, einen bestimmten Belang in der Abwägung nicht nur zu berücksichtigen, sondern ihm ein besonderes Gewicht beizumessen. Auch das besondere Gewicht lasse sich nicht abstrakt im Voraus bestimmen. Ob der raumbedeutsamen Funktion oder Nutzung in einem Vorbehaltsgebiet der Vorrang gegenüber anderen Belangen zukomme, hänge somit stets von der konkreten Planungssituation ab. Wegen dieser Abwägungsoffenheit fehle es dem Vorbehaltsgebiet an der Verbindlichkeit, die es rechtfertige und erfordere, den Begriff der Rechtsvorschrift iSd § 47 I Nr. 2 VwGO auf planerische Festlegungen zu er-

---

1268 Kment NVwZ 2003, 1047 (1048).

1269 Spannowsky in Spannowsky/Runkel/Goppel, ROG, 2018, § 11 Rn. 6.

1270 BVerwG NuR 2004, 362; BayVGH UPR 2004, 458; Beckmann NWVBL 2021, 181; Battis Öffentliches Baurecht und Raumordnungsrecht, 2022, Rn. 100.

1271 BVerwG BauR 2009, 1570; aA Goppel in Spannowsky/Runkel/ Goppel, ROG, 2018, § 4 Rn. 102; VGH München Urt. v. 22.1.2009 – 4 N 08.708, juris.

1272 BVerwG NuR 2004, 362 (363); Hendler NuR 2004, 485.

1273 BVerwG ZfBR 2009, 684; OVG Magdeburg ZfBR 2010, 271.

1274 BVerwG NVwZ 2009, 1226; VGH Kassel Beschl. v. 14.7.2020 – 4 C 2108/15 N, juris Rn. 39.

strecken, die nicht förmlich als Rechtsnorm beschlossen oder für verbindlich erklärt worden seien.[1275]

Diese Ansicht ist, wie schon erwähnt, nicht zweifelsfrei. Eine Regelung, die ihrem Adressaten eine verbindliche Rechtspflicht auferlegt, nämlich bestimmten Funktionen oder Nutzungen bei der Abwägung ein besonderes Gewicht beizumessen, ist eine Rechtsvorschrift. Wird sie nicht vom Gesetzgeber beschlossen, sondern in eine Rechtsquelle unterhalb des Gesetzes aufgenommen, bestehen keine überzeugenden Gründe, sie nicht als untergesetzliche Rechtsvorschrift einzuordnen. Dass die Berücksichtigungspflicht und ggfls. auch Gewichtungsvorgabe eine Abwägung fordert und ermöglicht, spricht nicht gegen die Einordnung als Rechtsvorschrift. Optimierungsgebote des Gesetzgebers sind völlig unstreitig ebenfalls Rechtsvorschriften. Sind sie in verbindlichen Rechtsquellen unterhalb des Gesetzes enthalten, lassen sie sich als untergesetzliche Rechtsvorschriften einordnen. Dass bei gesetzlichen Berücksichtigungspflichten und Gewichtungsvorgaben erst unter Berücksichtigung der Umstände des jeweiligen Einzelfalls entschieden werden kann und dass insoweit eine Abwägungsoffenheit besteht, ändert allerdings nichts daran, dass die Planadressaten in einer Weise verpflichtet werden, die es nahelegt, auch einer solchen Planvorgabe die Eigenschaft einer Rechtsvorschrift zu attestieren. Auch eine Unterscheidung zwischen Bindungswirkungen und Rechtswirkungen von Zielen der Raumordnung, rechtfertigt es nicht, planerischen Grundsätzen der Raumordnung die Rechtsqualität von untergesetzlichen Rechtsvorschriften abzusprechen. Mit Blick auf den Rechtsschutz gegen Erfordernisse der Raumordnung wird erläutert, von Rechtswirkungen könne nur dann gesprochen werden, wenn der Adressat der Wirkungen Träger eigener Rechte sei, in die durch Erfordernisse der Raumordnung eingegriffen werde. Daran fehle es jedoch den öffentlichen Stellen als den hauptsächlichen Adressaten raumordnerischer Bindungswirkungen regelmäßig.[1276] Dies mag bei der Frage, ob Erfordernisse der Raumordnung, insbesondere Ziele der Raumordnung Rechte verletzen können. Bei den sogenannten Bindungswirkungen der Erfordernisse der Raumordnung handelt es sich jedoch durchaus um Rechtswirkungen, seien es Pflichten zur Beachtung oder Anpassung oder zur Berücksichtigung bzw. zur besonderen Gewichtung bestimmter Belange. Letztlich beruht die unterschiedliche Einordnung von Zielen und Grundsätzen der Raumordnung hinsichtlich ihrer Einordnung als untergesetzliche Rechtsvorschrift iSd § 47 II Nr. 1 VwGO auf einer angenommenen kategorialen Unterscheidung einer strikten Bindung an Raumordnungsziele und der bloßen Berücksichtigung von Grundsätzen der Raumordnung, die allerdings angesichts dessen, dass im Ergebnis angesichts der Abstraktheit und des Rahmencharakters der meisten Ziele der Raumordnung Konkretisierungsspielräume bestehen, die dem Adressaten Raum für eigene planerische Abwägung eröffnen und in ihrer Tragweite letztlich einer gestalterischen Abwägung sogar nahekommen können zunehmend verschwimmt.[1277] 707

Ziele der Raumordnung enthalten zwar Festlegungen, die von der Bauleitplanung als verbindliche Vorgaben hingenommen werden müssen und nicht im Wege der Abwägung überwunden werden können. Unter Beachtung dieser Maßgaben kann die Gemeinde allerdings die in einem Ziel der Raumordnung enthaltenen Vorgaben zielkonform ausgestalten und Wahlmöglichkeiten ausschöpfen, die ihr dabei zu Gebote stehen.[1278] Insoweit treffen Raumordnungsziele als landes- oder regionalplanerische Letztentscheidungen zwar eine auf der landes- oder regionalplanerischen Ebene nicht mehr ergänzungsbedürftige Aussage und sind insoweit nicht nur eine Abwägungsdirektive für die nachgeordneten Planungsträger. Das bedeutet jedoch gerade nicht, dass der gesamte Inhalt einer Planaussage, die als Ziel der Raumordnung einzuordnen ist, in diesem Sinne eine abschließend abgewogene, keiner weiteren Abwägung mehr zugängliche Festlegung sein muss. Ganz im Gegenteil unterscheidet zB das OVG Münster zwischen einem in diesem Sinne abschließend abgewogenen und damit auch zwingend zu 708

[1275] BVerwG Beschl. v. 15.6.2009 – 4 BN 10.09, juris Rn. 10; VGH Kassel Beschl. v. 14.7.2020 – 4 C 2108/15 N, juris Rn. 39; VGH Kassel Urt. v. 17.3.2011 – 4 C 883/10.N, juris Rn. 25; kritisch dazu Beckmann NWVBL 2024, 53 ff.

[1276] Runkel in Bielenberg/Runkel/Spannowsky, ROG, 2020, § 4 Rn. 496.

[1277] Durner in Kment, ROG, 2019, § 4 Rn. 62 mit Verweis auf BVerwG Urt. v. 4.4.2012 – 4 C 8/09, juris Rn. 298; BVerwG Urt. v. 6.4.2017 – 4 A 16/16, juris Rn. 103 zu der grundsätzlich „kategorialen" Unterschiedlichkeit von Zielen und Grundsätzen der Raumordnung; Beckmann NWVBL 2024, 53.

[1278] VGH Mannheim Urt. v. 12.10.2021 – 8 S 48/19, juris Rn. 37; VGH Mannheim Urt. v. 27.11.2018 – 8 S 286/17 –, juris Rn. 106; Urt. v. 1.7.2020 – 8 S 2280/18, juris Rn. 72; OVG Münster Urt. v. 29.9.2021 – 7 D 47/19.NE, juris Rn, 62.

beachtenden **Zielkern** und einem **Zielrahmen**, der dem Adressaten des Ziels der Raumordnung Raum für Konkretisierung und weitere Abwägung ebenenspezifisch belässt.[1279] Insoweit ist es mit dem kategorialen Unterschied zwischen Zielen der Raumordnung und Grundsätzen der Raumordnung, der es rechtfertigen soll Ziele der Raumordnung unabhängig von der Rechtsform des Raumordnungsplans stets als untergesetzliche Rechtvorschrift anzuerkennen, Raumordnungsgrundsätzen und insbesondere Gewichtungsvorgaben, wie der Festlegung eines Vorbehaltsgebiets, eine solche Einordnung trotz der mit ihnen einhergehenden Berücksichtigungspflichten zu verweigern, nicht allzu weit her.[1280]

709 Der Umstand, dass ein Raumordnungsplan nicht nur Ziele, sondern auch Grundsätze der Raumordnung enthält, die keine Rechtsvorschriften sein sollen, soweit sie nicht förmlich als Rechtsverordnung oder Satzung beschlossen oder für verbindlich erklärt worden sind, steht der Statthaftigkeit eines Normenkontrollantrags gegen den Plan nicht entgegen. Die Frage, ob der Antragsteller nur seine Rechte verletzende Ziele der Raumordnung oder den Regionalplan insgesamt angreifen kann, betrifft die **Teilbarkeit des Plans**, die im Rahmen der Antragsbefugnis zu prüfen ist.[1281]

710 Antragsbefugt sind gem. § 47 II 1 VwGO grundsätzlich natürliche und juristische Personen und Behörden. Gemeinden können in ihrer Funktion als Behörde oder als juristische Person antragsbefugt sein.[1282] Nach der Rechtsprechung des BVerwG kann sich eine Kommune weder zum Kontrolleur anderer staatlicher Behörden in Bezug auf die Wahrung des objektiven öffentlichen Rechts aufschwingen noch als Sachwalterin von Rechten Dritter bzw. des Gemeinwohls Belange ihrer Bürger vertreten.[1283] Raumordnungspläne beeinträchtigen die gemeindliche **Planungshoheit** regelmäßig nur, wenn sie eine **hinreichend konkrete örtliche Planung nachhaltig stören**.[1284] Eine gemeindliche Planung ist aber nicht erst dann hinreichend konkretisiert, wenn sie das Stadium eines verbindlichen Bauleitplans erreicht hat. Vielmehr können auch auf andere Weise dokumentierte örtliche Planungsvorstellungen Bedeutung erlangen.[1285] Außenbereichstypische Darstellungen eines Flächennutzungsplans reichen dazu allerdings nicht.[1286] Darüber hinaus kann die Planungshoheit beeinträchtigt sein, wenn **wesentliche Teile des Gemeindegebiets einer durchsetzbaren Planung der Gemeinde entzogen** werden.[1287] Teilweise wird darüber hinausgehend eine Beschwerdebefugnis bereits für den Fall bejaht, dass bestimmte Ziele der Raumordnung für bestehende Planungen einer Gemeinde negativ wirken[1288] bzw. sich an eine bestimmte Gemeinde richten.[1289] Einschränkungen der Planungshoheit dürfen weder willkürlich noch unverhältnismäßig sein. Es ist deshalb erforderlich, dass ein überörtlicher Plangeber den für seine Ausweisungen erheblichen Sachverhalt zutreffend und vollständig ermittelt und die rechtlichen Belange und Interessen der Beteiligten bei der Entscheidung umfassend und nachvollziehbar abwägt.[1290]

711 Nach § 2 II 2 BauGB können sich **benachbarte Gemeinden** bei der Abstimmung ihrer Bauleitpläne auch auf die ihnen durch Ziele der Raumordnung zugewiesenen Funktionen sowie auf **Auswirkungen auf ihre zentralen Versorgungsbereiche** berufen. Damit soll insbesondere das **zentralörtliche Gliederungsprinzip** zu einem wehrfähigen Recht der Kommunen ausgestaltet werden. Sie sollen ihre nach dem zentralörtlichen Gliederungsprinzip ausgerichtete Planung gegen eine ihre zentralörtliche Funktion beeinträchtigende Planung

---

[1279] OVG Münster Urt. v. 3.5.2022 – 11 D 135/20.NE, juris Rn. 191 ff.; Schink UPR 2012, 369; BayVerfGH Entsch. v. 15.7.2002 – Vf. 10-VII-00, juris Rn. 89; Durner in Kment, ROG, 2019, § 4 Rn. 62; Runkel in Bielenberg/Runkel/Spannowsky, ROG, 2019, § 3 Rn. 17, 74.

[1280] Beckmann NuR 2023, 289 (294).

[1281] OVG Magdeburg Urt. v. 17.5.2017 – 2 K 26/15, juris Rn. 43.

[1282] Beckmann NWVBL 2021, 181 (183); Kment DÖV 2003, 349 (350).

[1283] BVerwG ZfB 2022, 207; OVG Saarlouis Urt. v. 20.6.2023 – 2 C 251/21, juris Rn. 76.

[1284] BVerwG Urt. v. 23.6.2022 – 7 C 1/21 –, juris Rn. 11; BVerwGE 127, 259 Rn. 31 mwN; VerfGH NRW NVwZ 2003, 202; kritisch dazu Kment DÖV 2003, 349 (351 ff.).

[1285] VerfGH NRW NVwZ 2003, 202 (203).

[1286] VerfGH NRW NWVBL 1992, 242.

[1287] siehe zB BVerwG Urt. v. 23.6.2022 – 7 C 1/21, juris Rn. 11; BVerwG UPR 1999, 146, 147; NRW VerfGH NVwZ 2003, 202; BVerwG BauR 95, 354 (35); Oebbecke in FS für Hoppe, 2000, S. 239 (246).

[1288] VerfGH NRW NWVBL 1995, 126 (128); VerfGH NRW NWVBL 1997, 333 (335).

[1289] VerfGH NRW NWVBL 1997, 333 (33).

[1290] VerfGH NRW OVGE 40, 310 (317 f.).

verteidigen können.[1291] Das BVerwG hat anerkannt, dass ein auf § 2 II 2 ROG gestützter Abwehranspruch nicht einmal eine durch ein Ziel der Raumordnung zugewiesene zentralörtliche Funktion voraussetzt. Ausreichend für einen solchen Abwehranspruch kann es vielmehr sein, dass solche zentralörtlichen Funktionen von der Gemeinde tatsächlich wahrgenommen werden.[1292] Für eine auf § 2 II 2, 1. Alt. BauGB gestützte Antragsbefugnis aus dem raumordnungsrechtlichen Funktionsschutz reicht es aus, dass die Gemeinde sowohl substantiiert geltend macht, dass ihr durch ein Ziel der Raumordnung eine bestimmte Funktion zugewiesen ist, als auch die Möglichkeit darlegt, dass diese Funktion durch den Bebauungsplan oder dessen Anwendung in mehr als nur geringfügiger Weise nachteilig betroffen werden kann.[1293]

Der **Behördenbegriff**, der sich nach § 1 IV VwVfG richtet, umfasst alle staatlichen und kommunalen Verwaltungsbehörden einschließlich der Behörden anderer Körperschaften des öffentlichen Rechts.[1294] Soweit eine Gemeinde einen Normenkontrollantrag als juristische Person stellt, setzt ihre Antragsbefugnis gemäß § 47 II 1 VwGO voraus, dass sie geltend macht, durch eine untergesetzliche Rechtsvorschrift in ihren Rechten verletzt zu sein oder in absehbarer Zeit verletzt zu werden. Eine Rechtsverletzung im Sinne dieser Bestimmung scheidet grundsätzlich aus, wenn die Regelung, die den Angriffsgegenstand bildet, nicht die Qualität einer Rechtsnorm hat.[1295] Als Behörde kann eine Kommune die gerichtliche Prüfung von Rechtsvorschriften verlangen, ohne einen Nachteil iS des § 47 II 1 VwGO darlegen zu müssen.[1296] Normenkontrollanträge können insbesondere, aber nicht ausschließlich, von Behörden erhoben werden, die unmittelbar mit der von ihnen angegriffenen Norm befasst sind. Sie können sich auf ein aus ihrer Aufgabenstellung resultierendes Interesse an der Überprüfung der objektiven Rechtslage berufen. Eine solche Interessenlage besteht insbesondere dann, wenn die Behörde die streitige Norm bei der Erfüllung ihrer Aufgaben zu beachten hat.[1297] Das BVerwG führt dazu aus, dass eine Gemeinde die Prüfung der Gültigkeit einer von ihr zwar nicht erlassenen, aber in ihrem Gebiet geltenden Rechtsvorschrift iS des 47 I Nr. 2 VwGO stets beantragen könne, wenn sie die Vorschrift als Behörde zu beachten habe. Ihre Antragsbefugnis sei nicht davon abhängig, dass die zu beachtende Rechtsvorschrift die Gemeinde in ihrem Recht auf Selbstverwaltung konkret beeinträchtige.[1298] Behörden können die gerichtliche Prüfung von Rechtsvorschriften somit verlangen, ohne einen Nachteil iS des § 47 II 1 VwGO darlegen zu müssen. Auch eine Behörde ist aber nicht schlechthin, sondern nur dann antragsbefugt, wenn ihr ein Rechtsschutzinteresse zur Seite steht. Das ist schon immer dann gegeben, wenn sie mit der Ausführung der von ihr beanstandeten Norm befasst ist, ohne selbst über die Norm verfügen – insbesondere sie aufheben oder ändern – zu können. Für die Antragsbefugnis der Gemeinde als Behörde ist es insoweit ausreichend, dass die angegriffene Norm im Gemeindegebiet gilt und von ihr bei der Wahrnehmung der eigenen oder übertragenen Angelegenheiten zu beachten ist. Rechtliche Bindungen dieser Art können auch aufgrund überörtlicher Vorschriften bestehen, welche die Gemeinde bei ihren Planungen berücksichtigen muss. Nur eine in diesem Sinne weite Auslegung entspricht dem Zweck des behördlichen Antragsrechts, mit dem eine allgemeinverbindliche Klärung der Gültigkeit von untergesetzlichen Normen erreicht werden soll. Das Rechtsschutzinteresse kann auch dann gegeben sein, wenn eine Gemeinde lediglich mittelbar von einer Zielfestlegung betroffen ist, so zB wenn sie nicht selbst als Zentraler Ort bestimmt wurde und die Ausweisung einer anderen Gemeinde die wesentliche Ursache der Nichtberücksichtigung war. 712

Gemeinden können, sofern sie ein Normenkontrollverfahren nicht als Behörde, sondern als juristische Person des öffentlichen Rechts betreiben, sich gegenüber einem Raumordnungsplan darauf berufen, dass bei der Aufstellung von Zielen der Raumordnung des Plans ihre Pla- 713

[1291] Battis in BKL, BauGB, 2022, § 2 Rn. 24; Uechtritz in Spannowsky/Uechtritz, BauGB, 2023, § 2 Rn. 47; OVG Berlin-Brandenburg ZfBR 2017, 364; VGH Mannheim Urt. v. 27.9.2007 – 3S 2875/06, juris Rn. 25 ff.

[1292] BVerwG Urt. v. 29.4.2010 – 4 CN 3/08, juris.

[1293] OVG Bautzen Urt. v. 6.6.2018 – 1 C 21/16, juris Rn. 55.

[1294] Hoppe in Eyermann, VwGO, 2022, § 47 Rn. 33.

[1295] BVerwG Beschl. v. 1.7.2005 – 4 BN 26/05, juris Rn. 6.

[1296] BVerwG Beschl. v. 1.7.2005 – 4 BN 26/05, juris Rn. 6; OVG Berlin-Brandenburg Urt. v. 10.4.2019 – OVG 10 A 6.16, juris Rn. 43; OVG Berlin-Brandenburg Beschl. v. 6.5.2016 – OVG 10 S 16.15, juris Rn. 38; Beckmann NWVBL 2021, 181 (182).

[1297] Hoppe in Eyermann, VwGO, 2022, § 47 Rn. 33; BVerwGE 81, 307 (310).

[1298] BVerwGE 81, 307 (310).

nungsbelange im Rahmen der nach § 7 II 1 ROG erforderlichen Abwägung nicht hinreichend berücksichtigt worden sind. Es kommt dementsprechend nicht (mehr) darauf an, dass durch den angegriffenen Raumordnungsplan bereits hinreichend konkretisierte Planungsvorstellungen der Gemeinde betroffen werden.[1299] Den Normenkontrollantrag kann nach § 47 II 1 VwGO jede natürliche oder juristische Person, die geltend macht, durch die Rechtsvorschrift oder deren Anwendung in ihren Rechten verletzt zu sein oder in absehbarer Zeit verletzt zu werden, sowie jede Behörde innerhalb eines Jahres nach Bekanntmachung der Rechtsvorschrift stellen. Die **Frist** beginnt nicht zu laufen, wenn eine Bekanntmachung der Rechtsvorschrift nicht nachweisbar ist; keinen Einfluss auf den Fristbeginn soll es haben, wenn die Bekanntmachung nicht ordnungsgemäß war, die Norm also noch nicht wirksam geworden ist.[1300] Ziele der Raumordnung, die einer Gemeinde eine bestimmte, den Standortwettbewerb mit anderen Gemeinden begünstigende Funktion zuweisen, sind als subjektive gemeindliche Abwehrrechte im gerichtlichen Verfahren unabhängig davon verteidigungsfähig, ob sie als Ausfluss des kommunalen Selbstverwaltungsrechts nach Art. 28 II 1 GG eingestuft werden können. Einer Gemeinde ist es rechtlich nicht verwehrt, sich erstmals im gerichtlichen Verfahren auf einen raumordnungsrechtlichen Funktionsschutz zu berufen; § 2 II 1 BauGB enthält keine Präklusionsregelung.[1301]

714 Die Antragsbefugnis von **Personen des Privatrechts** wird zumeist mit der Begründung abgelehnt, Raumordnungspläne entfalteten keine unmittelbare rechtliche Außenwirkung ihnen gegenüber und könnten sie deshalb nicht in ihren subjektiven öffentlichen Rechten verletzen.[1302] Die seit 1998 verstärkte Planbindung Privater spricht jedoch dafür, ihnen die Antragsbefugnis einzuräumen, wenn Ziele der Raumordnung in dem angegriffenen Raumordnungsplan ihnen gegenüber beachtlich sind.[1303] Das gilt insbesondere für die Steuerung privater Vorhaben auf der Grundlage des § 35 III 3 BauGB. Denn in diesem Zusammenhang werden Raumordnungsziele mit der Absicht aufgestellt, bestimmte private Vorhaben, etwa die Errichtung von Windenergieanlagen, in bestimmten Planbereichen zu konzentrieren und in anderen Bereichen auszuschließen. Derartige Ausschlüsse einer ansonsten zulässigen Nutzung sind in hohem Maße grundrechtsrelevant. Daran ändert nichts, dass Raumordnungsziele grundsätzlich lediglich mittelbare Wirkung haben sollen, weil sie als Teil der öffentlichen Belange rechtliche Bindungswirkung für die Bürger entfalten. Nach der Rechtsprechung des BVerwG hat § 35 III 2 BauGB sich zu einer echten Raumordnungsklausel entwickelt, die nachfolgende Planungsträger bindet. Schon der Wortlaut des § 35 III 2 Halbs. 1 BauGB streite dafür, dass kein Raum für eine nachvollziehende Abwägung mit den Zielen der Raumordnung bestehe, soweit Ziele der Raumordnung festgesetzt worden seien. Mit der Anordnung, auch private Belange bei der Zielfestlegung abzuwägen und die Öffentlichkeit zu beteiligen, stünden frühere rechtliche Bedenken einem solchen Verständnis nicht mehr entgegen. Mit der Festsetzung eines Ziels der Raumordnung werde bewirkt, dass der Bau eines raumbedeutsamen Vorhabens, das im Widerspruch zu diesem Ziel steht, unzulässig ist. Eine Abwägung scheide insoweit aus. Die Festlegung eines Ziels der Raumordnung beschränke damit für ein Grundstück im Außenbereich die generell mit ihm verbundenen Nutzungsbefugnisse und wirke als Inhalts- und Schrankenbestimmung des Eigentums.[1304] Dass § 35 BauGB nur in beschränktem Umfang Nutzungsmöglichkeiten eröffnet, steht dem nach der Rechtsprechung des BVerwG nicht entgegen. Dass das Eigentum an einem Außenbereichsgrundstück schwächer ausgestaltet sei als das Eigentum an Grundstücken im bauplanerischen Innenbereich, führe nicht dazu, dass der jeweilige Eigentümer eine Veränderung seiner baulichen Möglichkeiten durch die Ausweisung eines Ziels der Raumordnung nicht gerichtlich überprüfen lassen könne. Die Antragsbefugnis eines Privatklägers setze nicht voraus, dass er als betroffener Grundeigentümer darlege, auf seinen Grundflächen in absehbarer Zukunft raumbedeutsame Vorhaben verwirklichen zu wollen, die Zielen der Raumordnung voraussichtlich widersprechen würden. Denn die Rechtsverletzung durch eine rechtswidrige Ausgestaltung der Eigentümerbefugnisse trete mit der Zielfestlegung auch

1299 Schubert in Kment, ROG, 2019, C Rn. 15; Schenke/Schenke in Kopp/Schenke, VwGO, 2023, § 47 Rn. 79; Kment Rechtsschutz im Hinblick auf Raumordnungspläne, S. 284.

1300 BVerwG NVwZ 2004, 1122.

1301 OVG Bautzen Urt. v. 6.6.2018 – 1 C 21/16, juris Rn. 57, 61.

1302 OVG Bautzen Urt. v. 9.2.2023 – 1 C 27/22, juris Rn. 32; BVerwG ZfBR 2003, 476 (479); Kment NVwZ 2003, 1047 (1049); OVG Bautzen LKV 2003, 333 und dazu Maslaton LKV 2003, 318.

1303 OVG Magdeburg ZfBR 2010, 167; Loibl UPR 2004, 419 (421).

1304 BVerwG Urt. v. 16.4.2015 – 4 CN 6/14, juris Rn. 11.

dann ein, wenn sie von dem jeweiligen Eigentümer zunächst nicht wahrgenommen werde, weil er ein zielwidriges Vorhaben einstweilen nicht beabsichtige.[1305]

Für den **Rechtsschutz eines privaten Eigentümers**, der sich gegen Beeinträchtigungen durch ein Ziel der Raumordnung wendet, ist von Bedeutung, ob sein Grundstück innerhalb des Geltungsbereichs des von ihm angegriffenen Ziels der Raumordnung oder aber in dessen Nachbarschaft liegt.[1306] Wird der Grundstückseigentümer durch Ziele der Raumordnung, etwa durch die Festlegung eines Vorranggebiets, unmittelbar in seinem Grundeigentum betroffen, dann kann er eine Rechtswidrigkeit des Ziels der Raumordnung umfassend rügen. Ist der Grundeigentümer hingegen lediglich mittelbar betroffen, weil sein Grundstück sich außerhalb des Geltungsbereichs des Ziels der Raumordnung befindet, dann kann er sich lediglich auf das Abwägungsgebot des § 7 II 1 ROG stützen. Er muss dann vortragen (können), dass bei der Aufstellung des Ziels der Raumordnung seine Eigentümerbelange nicht hinreichend berücksichtigt worden sind. Nach § 7 II 1 ROG sind die öffentlichen und privaten Belange, soweit sie auf der jeweiligen Planungsebene erkennbar von Bedeutung sind, gegeneinander und untereinander abzuwägen, soweit sie auf der jeweiligen Planungsebene erkennbar und von Bedeutung sind. Daraus lässt sich eine drittschützende Wirkung ableiten.[1307] Bei der Prüfung der Möglichkeit einer Rechtsverletzung durch das **Abwägungsgebot** auf der Ebene der Regionalplanung sind jedoch die Unterschiede der materiellen und verfahrensmäßigen Anforderungen an Raumordnungsplänen und Bauleitplänen zu berücksichtigen. Raumordnungspläne bedürfen nämlich regelmäßig einer weiteren Konkretisierung und sind insoweit kein Ersatz für die Bauleitplanung und die Fachplanung. Die planerische Abwägung ist auf der Ebene der Raumordnungsplanung deshalb grundsätzlich grobmaschiger, insbesondere auch was die Berücksichtigung privater Belange angeht. Eine pauschalierende Berücksichtigung betroffener privater Belange ist daher regelmäßig jedenfalls dann ausreichend, wenn die Planaussagen auf eine Umsetzung durch die Bauleitplanung oder die Fachplanung angelegt sind. Darüberhinausgehende individuelle Betroffenheiten sind nur zu berücksichtigen, soweit sie auf der Ebene der Regionalplanung erkennbar und von Bedeutung sind.[1308] 715

Ein Raumordnungsplan, der im Laufe des Normenkontrollverfahrens außer Kraft tritt, kann weiterhin durch das Normenkontrollgericht überprüft werden, wenn ein berechtigtes Interesse des Antragstellers daran besteht.[1309] 716

Nach § 9 II 4 ROG ist in der Bekanntmachung unter Angabe einer angemessenen Frist, die zumindest der Veröffentlichungsfrist entspricht und drei Monate nicht übersteigen soll, darauf hinzuweisen, dass Stellungnahmen abgegeben werden können, dass die die Stellungnahmen elektronisch übermittelt werden sollen und dass mit Ablauf der Frist alle Stellungnahmen ausgeschlossen sind, die nicht auf besonderen privatrechtlichen Titeln beruhen. Die Vorschrift regelt eine **materielle Präklusion**, dh dass in einem Klageverfahren keine Einwendungen erhoben werden können, die nicht bereits im Verfahren zur Aufstellung des Raumordnungsplans fristgerecht geltend gemacht worden sind.[1310] Der Ausschluss verspätet vorgebrachter Stellungnahmen ist mit dem ROG 2017 eingeführt worden. Die materielle Präklusion bezieht sich aber ausschließlich auf Einwendungen im Verfahren zur Beteiligung der Öffentlichkeit. Für **Behörden**, die nach § 47 II 1 VwGO einen Normenkontrollantrag stellen, scheidet eine materielle Präklusion aus, weil sie nach § 47 II 1 VwGO nicht geltend machen müssen, durch die beanstandete Rechtsvorschrift oder deren Anwendung in ihren Rechten verletzt zu sein oder in absehbarer Zeit verletzt zu werden. Da zwischen **Einwendungen einer Kommune** im Rahmen der Öffentlichkeitsbeteiligung und ihrer **Stellungnahme im Rahmen der Behördenbeteiligung** mit Blick auf eine mögliche Präklusion zu differenzieren ist, kann es im Einzelfall entscheidend sein, zu klären, ob die von einer Gemeinde vorgetragenen Bedenken im Planverfahren als Stellungnahme im Rahmen der Behördenbeteiligung oder als Einwendung die Gemeinde im Rahmen der Öffentlichkeitsbeteiligung einzuordnen ist. Einwendungen im Rahmen der Öffentlichkeitsbeteiligung und Stellungnahmen im Rahmen der Behördenanhö- 717

1305 BVerwG Urt. v. 16.4.2015 – 4 CN 6/14, juris Rn. 14.

1306 Erbguth NVwZ 2017, 683; Uechtritz ZUR 2017, 479; Schubert in Kment, ROG, 2019, Einf. Rechtschutz C, Rn. 17 ff.

1307 OVG Magdeburg ZfBR 2010, 167; BVerwG NVwZ 2007, 229; Kment NVwZ 2003, 1047 (1053).

1308 BVerwG Beschl. v. 24.3.2016 – 4 BN 42.15, juris Rn. 9; OVG Magdeburg ZfBR 2010, 167 (168); OVG Lüneburg NuR 2010, 125.

1309 OVG Lüneburg BauR 2010, 1043.

1310 Schubert in Kment, ROG, 2019, § 9 Rn. 70.

rung müssen nicht notwendig in getrennten Schriftstücken erfolgen.[1311] Erhebt eine Gebietskörperschaft Einwendungen, so muss sie aber deutlich machen, welche ihrer eigenen Rechtspositionen sie als gefährdet ansieht; sie muss zudem die von ihr befürchteten Beeinträchtigungen darlegen. Es muss erkennbar werden, dass es sich auch um Betroffeneneinwendungen handelt und nicht ausschließlich um Rügen als zuständiger Fachbehörde, die die ihr kraft gesetzlicher Zuständigkeitszuweisung anvertrauten öffentlichen Belange zu wahren hat.[1312] Für eine „schlichte" Behördenstellungnahme und gegen eine Einwendung der Kommune kann auch sprechen, dass das Schreiben der Kommune nicht von einem gesetzlich bestimmten gesetzlichen Vertreter der Kommune, sondern von einem Fachgebietsleiter unterschrieben worden ist.[1313] Unabhängig davon bezieht sich die Ausschlusswirkung des § 9 II 4 ROG aber lediglich auf verspätet vorgebrachte Inhalte von Stellungnahmen, die einerseits ebenenspezifisch relevant sind und die andererseits die planende Stelle weder kannte noch kennen musste.[1314]

718 In der Vergangenheit konnten **Umweltvereinigungen** Raumordnungspläne nicht verwaltungsgerichtlich überprüfen lassen. In den Anwendungsbereich des UmwRG fielen lediglich Entscheidungen über die Zulässigkeit konkreter Vorhaben, nicht jedoch SUP-pflichtige Pläne, insbesondere Raumordnungspläne. Nach § 1 I 1 Nr. 4 HS 1 UmwRG fallen aber in den Anwendungsbereich des UmwRG auch Raumordnungspläne, für die nach Anl. 5 zum UVPG oder nach landesrechtlichen Vorschriften eine Pflicht zur Durchführung einer Strategischen Umweltprüfung bestehen kann. Ausgenommen sind davon gemäß § 48 S. 2 UVPG Raumordnungspläne, die Flächen für die Windenergienutzung oder für den Abbau von Rohstoffen ausweisen. Für diese Tatbestände wird auf die Möglichkeit des Rechtsschutzes gegen nachfolgende Entscheidungsebenen verwiesen, etwa auf entsprechende Bauleitpläne bzw. Vorhaben, Zulassungen.[1315] Dies betrifft in jedem Fall fachliche Teilpläne zur Windenergienutzung und zum Abbau von Rohstoffen gemäß § 7 I 3 ROG, wohl aber auch die entsprechenden Festlegungen umfassenden Raumordnungsplänen.[1316] Für die Umweltverbandsklagen gegen Raumordnungspläne sieht der Gesetzgeber keine gesonderten Rechtsmittel vor; vielmehr können die Umweltverbände grundsätzlich die Klagen erheben, die nach der VwGO allgemein vorgesehen sind. Nach § 2 I UmwRG müssen die Umweltvereinigungen geltend machen, dass die Raumordnungspläne umweltbezogenen Rechtsvorschriften widersprechen. Eine Aufhebung des Raumordnungsplans kann nach § 4 UmwRG verlangt werden, wenn eine Umweltprüfung oder eine **Öffentlichkeitsbeteiligung unterblieben** ist. Ist eine Gestaltungs- oder Leistungsklage oder ein Antrag nach § 47 I VwGO nicht statthaft, ist § 47 VwGO nach § 7 II 2 UmwRG entsprechend anzuwenden. Bei länderübergreifenden Plänen und Programmen ist gem. § 7 II 3 UmwRG das Oberverwaltungsgericht örtlich zuständig, in dessen Bezirk die Behörde, die die Entscheidung über die Annahme des Plans oder Programms getroffen hat, ihren Sitz hat. Für die Klagen von Umweltverbänden gegen Raumordnungspläne sieht der Gesetzgeber nach § 7 II 1 UmwRG eine **Zuständigkeit** des OVG/VGH im ersten Rechtszug vor. Dies gilt auch dann, wenn es sich bei der Klage nicht um eine Normenkontrollklage handelt. Voraussetzung für den Erfolg der Klage ist es, dass der Umweltverband geltend macht, dass der Raumordnungsplan rechtswidrig ist und dass der Umweltverband durch den Raumordnungsplan in seinem **satzungsgemäßen Aufgabenbereich** der Förderung der Ziele des Umweltschutzes berührt wird. Schließlich muss der Umweltverband auch zu **Beteiligung im Planverfahren berechtigt** gewesen sein und sich hierbei in der Sache gemäß den geltenden Rechtsvorschriften geäußert hat oder hingegen dieser Vorschriften keine Gelegenheit zur Äußerung hatte.

719 § 2 I 2 UmwRG beschränkt die **Klagebefugnis der Umweltverbände** gegen Raumordnungspläne auf die Rüge einer **Verletzung umweltbezogener Rechtsvorschriften**. Umweltbezogene Rechtsvorschriften iS des § 2 IV 1 Nr. 2 UmwRG sind nicht allein die materiellrechtlichen Bestimmungen iS des § 1 IV UmwRG, sondern darüber hinaus auch diejenigen Normen des Verfahrensrechts, denen die Funktion zukommt, die Anwendung dieser umwelt-

---

[1311] BVerwG NVwZ 2005, 813 (815).
[1312] OVG Münster Beschl. v. 29.8.2005 – 11 A 4823/03, juris Rn. 12.
[1313] OVG Münster Beschl. v. 29.8.2005 – 11 A 4823/03, juris Rn. 12.
[1314] Runkel in Spannowsky/Runkel/Goppel, ROG, 2018, § 9 Rn. 44.
[1315] BT-Drs. 18/9526, 49; dazu Runkel in Bielenberg/Runkel/Spannowsky, ROG, 2020, § 4 Rn. 526a. Zur Anpassung an die Aarhus-Konvention und an die Rechtsprechung des EuGH und des BVerwG ist eine weitere Novelle des UmwRG beabsichtigt, für die ein Kabinettsbeschluss vom 22.8.2024 vorliegt.
[1316] Runkel in Bielenberg/Runkel/Spannowsky, ROG, 2020, § 4 Rn. 526a.

bezogenen Bestimmungen des materiellen Rechts zu effektuieren.[1317] Hat eine Umweltvereinigung iSd § 4 III 1 Nr. 2 UmwRG in einem Verfahren nach § 1 I 1 Nr. 4 UmwRG Gelegenheit zur Äußerung gehabt, ist sie gem. § 7 III 1 UmwRG im Verfahren über den Rechtsbehelf nach § 7 II UmwRG mit allen Einwendungen ausgeschlossen, die sie im Verfahren nach § 1 I 1 Nr. 4 UmwRG nicht oder nach den geltenden Rechtsvorschriften nicht rechtzeitig geltend gemacht hat, aber hätte geltend machen können. § 7 III 1 UmwRG enthält eine **eigenständige Präklusionsvorschrift**, die der Präklusionsregelung des §§ 9 II 4 ROG vorgeht.[1318]

Für Klagen von Umweltvereinigungen gegen Raumordnungspläne nach dem UmwRG enthält § 5 UmwRG eine spezielle **Missbrauchsklausel**. Einwendungen, die eine Umweltvereinigungen erstmals im Rechtsbehelfsverfahren erhebt, bleiben danach unberücksichtigt, wenn die erstmalige Geltendmachung im Rechtsbehelfsverfahren missbräuchlich oder unredlich ist. Die Nichtbeteiligung der Umweltvereinigung im Anhörungsverfahren lässt ohne Hinzutreten weiterer Umstände allerdings nicht den Schluss zu, dass die erstmalige Geltendmachung von Einwendungen im gerichtlichen Verfahren missbräuchlich oder unredlich iSd § 5 UmwRG ist.[1319] Der Missbrauchsklausel korrespondieren Unterstützungsobliegenheiten der Umweltvereinigungen. So sollen nach dem UmwRG anerkannte Vereinigungen die zuständige Behörde nach § 18 I 3 UVPG in einer dem Umweltschutz dienenden Weise unterstützen (siehe auch § 10 IIIa BImSchG). Die Schwelle des Missbrauchsvorwurfs soll mit dem Vorwurf, diese Obliegenheit missachtet zu haben, womöglich abgesenkt werden. Das dürfte jedoch nur bedingt erfolgversprechend sein. Jedenfalls dürfte eine extensive Auslegung der Missbrauchsklausel trotz der Rechtsprechung des EuGH, auf der sie letztlich beruht, schnell in den Verdacht einer Unionsrechtswidrigkeit geraten.[1320] 720

Neben der verwaltungsgerichtlichen Normenkontrolle kommt sowohl für die Gemeinden als auch für Privatpersonen eine verwaltungsgerichtliche **Inzidentkontrolle** in Betracht. Eine solche ist immer dann denkbar, wenn sich die betroffene Gemeinde oder die betroffene Privatperson gegen eine Verwaltungsmaßnahme wehren, deren Rechtmäßigkeit von der Gültigkeit des Raumordnungsplanes abhängt. In einem solchen Fall prüft das angerufene Verwaltungsgericht die Rechtmäßigkeit des Raumordnungsplanes als Vorfrage. 721

b) Anfechtungsklage. Nicht zulässig sind hingegen Anfechtungsklagen gem. § 42 I VwGO gegen Raumordnungspläne. Denn bei den Raumordnungsplänen handelt es sich nicht um Verwaltungsakte. Die Anfechtungsklage kann auch nicht auf die Aufhebung der Genehmigung eines Raumordnungsplans gerichtet werden, weil diese Genehmigung gegenüber den Gemeinden lediglich einen unselbständigen Teil des Planungsverfahrens darstellt.[1321] 722

c) Feststellungsklage. In Betracht kommt außerdem eine allgemeine Feststellungsklage iS § 43 VwGO, bezogen auf konkrete Ziele der Raumordnung. Das ist insbesondere in den Ländern von Bedeutung, in denen die Möglichkeit einer verwaltungsgerichtlichen Normenkontrolle nicht eröffnet ist. Dazu gehören Hamburg und Berlin. Die begehrte Feststellung betrifft nicht die Rechtmäßigkeit des Plans insgesamt, sondern die auf der Grundlage des Plans zwischen dem Plangeber und dem Planunterworfenen bestehende Rechtspflicht. Feststellungsfähig ist insoweit lediglich ein konkretes Rechtsverhältnis. Ein solches liegt vor, wenn der Raumordnungsplan nicht nur allgemeine, auf weitere raumordnerische Konkretisierung angelegte Aussagen enthält, sondern inhaltlich bereits so gestimmt ist, dass sich daraus Pflichten für die Planadressaten ergeben.[1322] Zulässig ist eine allgemeine Feststellungsklage nach § 43 I VwGO außerdem nur, wenn auch ein **berechtigtes Interesse** an der alsbaldigen Feststellung besteht. 723

1317 OVG Lüneburg Urt. v. 25.10.2018 – 12 LB 118/16, juris Rn. 149.

1318 Runkel in Bielenberg/Runkel/Spannowsky, ROG, 2020, § 4 Rn. 526 b; Schubert in Kment, ROG, 2019, Teil 1 C Rn. 68.

1319 OVG Münster Urt. v. 21.2.2022 – 11 D 171/20.AK, juris Rn. 58; BVerwG Urt. v. 29.6.2017 – 3 A 1.16, juris, Rn. 24; OVG Münster Urt. v. 4.9.2017 – 11 D 14/14.AK, juris Rn. 158 ff. Der Kabinettsbeschluss vom 22.8.2024 zur Änderung des UmwRG sieht vor, § 5 UmwRG mit einem Satz 2 zur Definition des Missbrauchs zu ergänzen.

1320 Kritisch daher mit Recht Franzius in Schink/Reidt/Mtschang, UVPG/UmwRG, 2023, § 5 UmwRG Rn. 6; siehe auch OVG Hamburg ZUR 2019, 37 (39); Schlacke UPR 2016, 478 (485) M BVerwG NVwZ 2017, 627.

1321 Weidemann Gerichtlicher Rechtsschutz der Gemeinden gegen regionale Raumordnungspläne, 1983, S. 68 f; Koch/Hendler, Baurecht, Raumordnungs- und Landesplanungsrecht, 2009, § 9 Rn. 18.

1322 Halama Durchsetzung und Abwehr von Zielen der Raumordnung und Landesplanung auf der Gemeindeebene, S. 201 (208).

Diese Voraussetzung kann für Gemeinden zB dann erfüllt sein, wenn sie einen Beschluss nach § 2 I 2 BauGB zur Aufstellung eines Bebauungsplanes gefasst hat und ihre planerischen Vorstellungen mit dem Raumordnungsplan kollidieren.[1323]

724 Nach § 9 II 4 Nr. 3 ROG sind mit Ablauf der Einwendungsfrist alle Stellungnahmen ausgeschlossen, die nicht auf besonderen privatrechtlichen Titeln beruhen. Damit reagiert der Gesetzgeber darauf, dass nach der Rechtsprechung des BVerwG der Grundeigentümer seine Klagebefugnis auf Art. 14 I GG stützen kann, ohne erläutern zu müssen, ob und inwieweit er auf dem Grundstück in absehbarer Zeit konkret raumbedeutsame Vorhaben realisieren möchte.[1324] Die Präklusion tritt nur dann ein, wenn das Beteiligungsverfahren ordnungsgemäß durchgeführt worden ist und wenn in der Bekanntmachung nach § 9 II 3 ROG auf die Präklusion hingewiesen worden ist. Präkludieren können im Übrigen auch nur die Stellungnahmen, die fristgerecht hätten abgegeben werden können.

725 **d) Kommunale Verfassungsbeschwerde.** Für die Gemeinden kommt neben dem Rechtsschutz vor den Verwaltungsgerichten außerdem der Weg zu den Verfassungsgerichten in Betracht. Vor dem BVerfG können Gemeinden im Wege der kommunalen Verfassungsbeschwerde Rechtsschutz erreichen, wenn sie behaupten können, dass der von ihnen angegriffene Raumordnungsplan ihr Selbstverwaltungsrecht im Sinne von Art. 28 II 1 GG verletzt.[1325] Eine kommunale Verfassungsbeschwerde nach Art. 93 I Nr. 4 b GG ist nur zulässig, wenn es sich bei dem beanstandeten Raumordnungsplan um ein Gesetz handelt. Der **Gesetzesbegriff** wird hier jedoch im materiellen Sinne verstanden, so dass dazu alle vom Staat erlassenen Rechtsnormen zählen, die Außenwirkung gegenüber Gemeinden entfalten.[1326] Eine kommunale Verfassungsbeschwerde ist dagegen nicht zulässig, wenn der Raumordnungsplan als Satzung einer juristischen Person des öffentlichen Rechts erlassen worden ist.[1327] Zu beachten ist außerdem die **Subsidiaritätsklausel** des Art. 93 I Nr. 4 b GG in Verbindung mit § 91 2 BVerfGG. Danach ist eine kommunale Verfassungsbeschwerde beim BVerfG unzulässig, wenn das Landesrecht den Gemeinden die Möglichkeit eröffnet, ein Verfahren wegen Verletzung ihres Selbstverwaltungsrechts vor dem Landesverfassungsgericht einzuleiten. Diese Möglichkeit besteht zB in den Bundesländern Baden-Württemberg, Nordrhein-Westfalen und Rheinland-Pfalz. In Bayern können Gemeinden die Verletzung ihres durch Art. 11 II BayVerf gewährleisteten Selbstverwaltungsrechts vor dem Verfassungsgerichtshof im Wege einer Popularklage geltend machen.[1328]

726 Zu bedenken ist allerdings, dass der Rechtsschutz gegen Raumordnungspläne bei den Landesverfassungsgerichten wegen eines eingeschränkten, gegenüber dem verwaltungsgerichtlichen Rechtsschutz verengten Prüfungsmaßstab inneffektiv sein kann. So konnte der VerfGH NRW den von ihm anvisierten, „lückenlosen Rechtsschutz für die Gemeinden“ angesichts des ihm zur Verfügung stehenden Prüfungsmaßstabs kaum sicherstellen. Zu den eingeschränkten Prüfungsmaßstäben des VerfGH NRW wird erläutert, die verfassungsgerichtliche Überprüfung der Regionalpläne sei grundsätzlich auf die Frage einer Verletzung des Verfassungsrechts beschränkt und könne daher nicht den Umfang an Rechtsschutz vermitteln, der von dem, in seinen Prüfungsmaßstäben insoweit nicht beschränkten OVG Münster im Verfahren nach § 47 I Nr. 2 VwGO gewährt werden könnte.[1329] Eine verfassungsgerichtliche Überprüfung könne die

---

[1323] Koch/Hendler Baurecht, Raumordnungs- und Landesplanungsrecht, 2009, § 9 Rn. 21; Halama Durchsetzung und Abwehr von Zielen der Raumordnung und Landesplanung auf der Gemeindeebene, S. 201 (209).

[1324] Schubert in Kment, ROG, 2019, Einf. C, Rn. 28 unter Verweis auf BT-Drs. 18/1432, 7 dort auch zu der Frage, ob, wie der Gesetzgeber annimmt, eine solche materielle Präklusionsregelung mit EU-Recht übereinstimmt.

[1325] BVerfGE 76, 107 (114).

[1326] BVerfGE 76, 107 (114).

[1327] siehe dazu Runkel in Bielenberg/Runkel/Spannowsky, ROG, 2020, § 4 Rn. 539.

[1328] dazu Koch/Hendler Baurecht, Raumordnungs- und Landesplanungsrecht, 2009, § 9 Rn. 13 f.; zur Kommunalverfassungsbeschwerde gegen Raumordnungspläne vor dem VerfGH NRW siehe VerfGH NRW OVGE 40, 310; Kment NWVBL 2003, 455; Hoppe in FS für den VerfGH NRW, S. 377 ff. auch mit zahlreichen weiteren Nachweisen zur Rechtsprechung des VerfGH NRW und insbesondere zu den eingeschränkten Kontrollmaßstäben des VerfGH NRW bei der verfassungsgerichtlichen Kontrolle von Raumordnungsplänen; dazu auch Dietlein NWVBL 1992, 1; Beckmann StuGR 1990, 87; Runkel in Bielenberg/Runkel/Spannowsky, ROG, 2020, § 4 Rn. 543.

[1329] Bertrams Die verfassungsgerichtliche Kontrolle der Planung in FS für Hoppe, 2000, 975 (982); Beckmann NWVBL 2024, 53 (58).

Rechtmäßigkeitsprüfung nicht auf einfach-rechtliche, insbesondere fachplanungsrechtliche Vorschriften, zB solche des LPlG, oder gar auf Verwaltungsvorschriften, wie zB solchen des Abstandserlasses NRW, als Prüfungsmaßstab erstrecken. Eine derart umfassende Prüfungskompetenz habe der VerfGH NRW zu Recht abgelehnt.[1330]

Dass eine kommunale Verfassungsbeschwerde gleichwohl im Einzelfall Erfolg haben kann, mag am Beispiel einer regionalplanerischen Vorranggebietsfestlegung Erwähnung finden. Die Festlegung eines Vorranggebiets für die Nutzung der Windenergie als Ziel der Raumordnung in einem Regionalplan kann nämlich nach der Rechtsprechung des VerfGH NRW ein ungerechtfertigter Eingriff in die kommunale Planungshoheit sein. Ein solcher Eingriff liege vor, wenn die Festlegung eine hinreichend konkrete und rechtmäßige örtliche Planung nachhaltig störe oder wenn sie wesentliche Teile des Gemeindegebiets einer gemeindlichen Planung entziehe. Eine kommunale Konzentrationszonenplanung sei allerdings unter dem Gesichtspunkt des Schutzes der Planungshoheit nur dann wehrfähig, wenn sie jedenfalls nicht offensichtlich die an eine solche Planung nach § 35 III 3 BauGB zu stellenden Anforderungen verfehle. Einschränkungen der gemeindlichen Planungshoheit durch eine überörtliche Planung seien verfassungsrechtlich nur gerechtfertigt, wenn sie das Verhältnismäßigkeitsprinzip und das Willkürverbot wahrten. Der im Wege der Abwägung herzustellende verhältnismäßige Ausgleich der berührten Belange setze voraus, dass der Planungsträger den erheblichen Sachverhalt zutreffend und vollständig ermittele und anhand dieses Sachverhalts die für die Planung sprechenden überörtlichen Belange einerseits und die beeinträchtigten gemeindlichen Belange andererseits umfassend und in nachvollziehbarer Weise abgewogen habe. Soweit hierbei über Wertungen und Prognosen zu befinden sei, sei die verfassungsrechtliche Prüfung in Anwendung des Willkürverbots jedoch darauf beschränkt, ob diese Einschätzungen und Entscheidungen auf unsachgemäßen Erwägungen beruhen oder sonst offensichtlich fehlerhaft seien.[1331] 727

Nicht unbedingt erleichtert wird der Rechtschutz im Wege einer kommunalen Verfassungsbeschwerde gegen Raumordnungspläne auch dadurch, dass die Dichte und Intensität der verfassungsgerichtlichen Prüfung bereichsspezifisch variieren soll. Dem Gesetzgeber und auch dem verantwortlichen Planungsträger räume der VerfGH einen unterschiedlich weiten Einschätzungsspielraum ein.[1332] 728

11. Planungsgebot

Der Bundesgesetzgeber hat durch das **ROGÄndG 2023** in § 13 Ia ROG bundesrechtlich ein Planungsgebot für Ziele der Raumordnung eingeführt, die in den **Bundesraumordnungsplänen** nach § 17 ROG festgelegt sind. Ausweislich der Gesetzesbegründung[1333] soll mit dieser Neuregelung eine wirksame Umsetzung von Raumordnungsplänen des Bundes nach dem Vorbild des § 1 IV BauGB geregelt werden. Mit „anpassen" ist eine aktive, über § 4 I ROG hinausgehende Anpassungspflicht durch eine sofortige Prüfung nach Inkrafttreten der Raumordnungspläne des Bundes und erforderlichenfalls eine möglichst kurzfristige Änderung bzw. Anpassung des landesweiten oder regionalen Raumordnungsplans gemeint. In der Gesetzesbegründung wird ausdrücklich darauf hingewiesen, dass es nicht ausreicht, die Ziele der Raumordnung von Raumordnungsplänen des Bundes erst im Rahmen einer etwaigen von der Landesplanung oder der Regionalplanung unabhängig davon später beabsichtigten Planänderung zu beachten. 729

Dem ROG ist eine einheitliche, übergeordnete Bundesraumordnung im Ausgangspunkt fremd. Aus dem in Art. 20 I GG verankerten **Gebot bundesfreundlichen Verhaltens** resultiert die Verpflichtung zur Rücksichtnahme konkret betroffener Belange von Bund und Ländern. Dabei ist die verfassungsrechtlich verankerte Kompetenzordnung zu beachten; eine Kompetenzübertragung vom Bund auf die Länder und umgekehrt ist unzulässig. Die grundsätzliche Zielbeachtungspflicht (§ 4 I ROG) erfährt im Verhältnis zwischen Bund und Ländern eine besondere Ausgestaltung, die zu einer Einschränkung der Zielbindung im Bereich der Fachplanungen des Bundes führte. Zu den raumbedeutsamen Planungen und Maßnahmen iSd 730

1330 Bertrams in FS für Hoppe, 2000, 982; siehe auch Dietlein, Kommunale Verfassungsbeschwerden vor dem Verfassungsgerichtshof, in FS zum 50-jährigen Bestehen des Verfassungsgerichtshofs, 2002, 117 (123).

1331 VerfGH NRW NWVBL 2021, 326.

1332 Heusch in Heusch/Schönenbroicher, Landesverfassung NRW, 2020, Art. 75 Rn. 103; VerfGH NRW NWVBL 2009, 474 (476); Beckmann NWVBL 2024, 53 (58).

1333 BT-Drs. 20/4823, S. 26; dazu Kment NuR 2023, 731.

§ 5 I 1 ROG zählen entsprechend § 3 I Nr. 6 ROG auch Raumordnungspläne des Bundes (§ 3 I Nr. 7 ROG). Eine Zielbindungsverpflichtung ergibt sich aus der raumordnungsrechtlichen Hierarchie des Bundesraumordnungsrechts über der Landesraumordnung unmittelbar. Die eingeschränkte Beachtenspflicht der Ziele der Landesraumordnung durch den Bund iSv § 5 I-III ROG, die diesen hierarchischen Vorrang im Licht der verfassungsrechtlich vorgegebenen Kompetenzordnung erst verfassungsgemäß macht, erfährt über § 5 IV ROG eine Entsprechung im Verhältnis für raumbedeutsame Planungen der Länder zur Bundesraumordnung iSv § 17 II ROG. In dieses kompetenzrechtlich austarierte Gefüge greift § 13 Ia 2 ROG substantiell ein, soweit eine aktive Anpassungspflicht der Raumordnungspläne der Länder und Regionen begründet wird. Bauleitpläne, die der Anpassungspflicht nach § 1 IV BauGB nicht entsprechen, sind nichtig.[1334]

731 Gleiches dürfte auch für Raumordnungspläne gelten, die der Anpassungspflicht des § 13 Ia ROG nicht entsprechen. Das führt zu neuen Unwirksamkeitsrisiken. Daher stellt sich zu der Neuregelung durch das ROGÄndG 2023 die Frage der Planungshierarchie im Verhältnis der landesweiten Raumplanung und zu den Regionalplänen. Inwieweit darf zur Anpassung an Ziele der Raumordnung eines Bundesraumordnungsplans von einer noch nicht angepassten Landesplanung durch den Regionalplan abgewichen werden? Lässt sich hinreichend sicher feststellen, ob und inwieweit ein noch nicht an Ziele der Raumordnung eines Bundesraumordnungsplans angepasster landesweiter Raumordnungsplan noch wirksam ist? Zur Anpassungspflicht der Bauleitplanung wird die Auffassung vertreten, dass eine Anpassung erst in angemessener Zeit erforderlich ist. Erst wenn diese Zeit überschritten wird, werden die Bauleitpläne nichtig.[1335] Wenn Entsprechendes für die Landesplanung und für Regionalpläne gelten soll, dann stellt sich die weitere Frage, welcher Zeitraum für eine Anpassung für einen landesweiten Raumordnungsplan und/oder für einen Regionalplan angemessen ist. Insoweit bringt § 13 Ia ROG einige neue Rechtsrisiken mit sich. Sie kommen noch zu den Rechtsrisiken hinzu, die sich schon daraus ergeben, dass auch die Wirksamkeit des Bundesraumordnungsplans, an dessen Ziele sich die Landes- und Regionalplanung anzupassen hat, in Frage stehen kann.[1336]

732 Einige Bundesländer sehen über die Anpassungspflicht nach § 1 IV BauGB hinaus ausdrücklich ein Planungsgebot vor. Nach § 35 I LPlG NW kann die Landesregierung verlangen, dass die Gemeinden ihre Bauleitpläne den Zielen der Raumordnung anpassen. Nach § 35 II 1 LPlG NW kann die Landesregierung verlangen, dass die Gemeinden Bauleitpläne aufstellen, wenn dies zur Verwirklichung von Planungen mit hervorragender Bedeutung für die überörtliche Wirtschaftsstruktur oder allgemeine Landesentwicklung erforderlich ist; die betroffenen Flächen müssen auf der Grundlage eines Landesentwicklungsplans in Regionalplänen dargestellt sein. Vor der Entscheidung der Landesregierung ist den betroffenen Regionalräten und Gemeinden Gelegenheit zur Stellungnahme zu geben. Ein **landesrechtliches Planungsgebot** ist von besonderer Bedeutung, soweit sich die Anpassungspflicht des § 1 IV BauGB auf eine **Erstplanungspflicht** erstreckt. Das BVerwG hat zur Erstplanungspflicht der Gemeinden entschieden, dass sowohl § 1 III BauGB als auch § 1 IV BauGB eine gemeindliche Erstplanungspflicht begründen können.[1337] § 1 III BauGB kann Rechtsgrundlage einer gemeindlichen Erstplanungspflicht im unbeplanten Innenbereich sein. Das Planungsermessen der Gemeinde verdichtet sich zur strikten Planungspflicht, wenn qualifizierte städtebauliche Gründe von besonderem Gewicht vorliegen. Das interkommunale Abstimmungsgebot kann einen qualifizierten städtebaulichen Handlungsbedarf begründen. § 1 IV BauGB begründet eine gemeindliche Erstplanungspflicht, wenn die Verwirklichung von Zielen der Raumordnung bei Fortschreiten einer „planlosen" städtebaulichen Entwicklung auf unüberwindbare tatsächliche oder rechtliche Hindernisse stoßen oder wesentlich erschwert würde. Planungsgebote müssen allerdings so bestimmt sein, dass der Adressat erkennen kann, was von ihm gefordert wird. Sie müssen ferner die Grenzen einhalten, die das kommunale Selbstverwaltungsrecht zieht (Art. 28 II 1 GG), soweit die Gemeinden Adressat des Planungsgebots sind. Sie dürfen das **Planungsermessen der Gemeinde** inhaltlich nur in dem Umfang beschränken, in dem dies zur Verwirklichung der Planungsziele geboten ist. Maßstab ist der **Grundsatz der Verhältnismäßigkeit** in allen seinen Erscheinungsformen. Das gilt auch für den **Zeit-**

[1334] Battis in BKL, BauGB, 2022, § 1 Rn. 42.

[1335] VGH Kassel NVwZ-RR 2010, 47; Battis in BKL, BauGB, 2022, § 1 Rn. 39.

[1336] siehe insoweit zum Bundesraumordnungsplan Hochwasser Beckmann BauR 2021, 1748; Kümper UPR 2023, 1; Kümper NuR 2023, 731; Kümper VerwArch 2024, 54.

[1337] BVerwG DVBl. 2004, 239; VGH Kassel BauR 2010, 878; siehe auch Battis in BKL, BauGB, 2022, § 1 Rn. 39; Runkel in EZBK, BauGB, 2017, § 1 Rn. 65 b.

punkt, in dem das Planungsgebot erlassen wird. Es müssen dringende städtebauliche Gründe vorliegen. Setzt das Planungsgebot eine **Frist zur Befolgung**, muss diese nach den Umständen des konkreten Falls angemessen sein. Enthält das Planungsgebot in seinem verfügenden Teil verbindliche Planungsvorgaben, müssen diese ihrerseits rechtmäßig sein.[1338]

12. Untersagung raumbedeutsamer Planungen und Maßnahmen (§ 12 ROG)

Die Ziele der Raumordnung sollen einerseits über die Beachtenspflichten für städtebauliche Planungen und Fachplanungen und andererseits über ihre mittelbare Beachtlichkeit bei der Zulassung raumbedeutsamer Planungen und Maßnahmen durchgesetzt werden. Um den zuständigen Behörden ein Eingreifen für den Fall drohender raumordnungswidriger Planungen und Maßnahmen zu ermöglichen, schafft der Bundesgesetzgeber eine Möglichkeit zur Untersagung derartiger raumordnungswidriger Planungen und Maßnahmen.[1339] Der Erlass einer Untersagungsverfügung steht im **Ermessen** der zuständigen Raumordnungsbehörde.[1340] 733

Die Raumordnungsbehörde kann raumbedeutsame Planungen und Maßnahmen sowie die Entscheidung über deren Zulässigkeit gegenüber den in § 4 ROG genannten öffentlichen Stellen befristet untersagen, wenn sich ein Raumordnungsplan in Aufstellung befindet und wenn zu befürchten ist, dass die Planung oder Maßnahme die Verwirklichung der vorgesehenen Ziele der Raumordnung unmöglich machen oder wesentlich erschweren würde. Die Dauer der Untersagung beträgt bis zu zwei Jahre. Die Untersagung kann um ein weiteres Jahr verlängert werden (§ 12 II ROG). 734

Nicht eindeutig geregelt ist, wann sich ein Raumordnungsplan in Aufstellung befindet. Der in Aufstellung befindliche Raumordnungsplan muss ein Verfahrensstadium erreicht haben, das über reine Vorbereitungsmaßnahmen hinausgeht.[1341] Fraglich ist, welche verfahrensrechtlichen Schritte dafür notwendig sind. Nicht erforderlich dürfte es sein, dass der Plan bereits ein Verfahrensstadium erreicht hat, das der Gesetzgeber in seiner Legaldefinition des § 3 I Nr. 4a ROG fordert, wonach es sich dabei um Ziele der Raumordnung handelt, die nach Durchführung des Beteiligungsverfahrens nach § 9 II ROG in einem die Ergebnisse der Beteiligung berücksichtigenden Planentwurf enthalten sind und als solche den Verfahrensbeteiligten zur Kenntnis gegeben wurden. Grundsätzlich hängt die Einordnung als in Aufstellung befindliches Planverfahren nicht von der Durchführung eines Beteiligungsverfahrens und auch nicht von einem gesetzlich gar nicht zwingend erforderlichen Aufstellungsbeschluss ab. Da jedoch eine Untersagung nur mit einer Unvereinbarkeit einer raumbedeutsamen Planung oder Maßnahme mit dem in Aufstellung befindlichen Plan gerechtfertigt werden kann, bedarf es einer hinreichenden inhaltlichen Konkretisierung eines Planentwurfs und einer Befassung bzw. Beschlussfassung des Planungsträgers dazu, ohne dass mangels Beteiligungsverfahren und Umweltprüfung bereits eine Prognose erforderlich wäre, dass der in Aufstellung befindliche Plan mit dem vorgesehenen Inhalt letztlich auch vom Planungsträger beschlossen wird. 735

Rechtsbehelfe gegen eine Untersagung haben keine aufschiebende Wirkung (§ 12 III ROG). 736

Raumbedeutsame Planungen und Maßnahmen, die von der Bindungswirkung des § 4 ROG erfasst werden, können zeitlich unbefristet (§ 12 I ROG) oder auch befristet (§ 12 II ROG) untersagt werden (§ 12 ROG). Der Vorschrift kommt tragende Bedeutung für die Durchsetzbarkeit der übergeordneten Planung gegenüber örtlichen oder fachlichen Planungen und Maßnahmen und damit für die Umsetzung des ROG insgesamt zu. Rechtsbehelfe gegen eine Untersagung haben keine aufschiebende Wirkung (§ 12 III ROG). Hierdurch wird sichergestellt, dass die verbindlichen Festlegungen der Raumordnung tatsächlich beachtet werden. Die Untersagung kann unbefristet geschehen, wenn Ziele der Raumordnung entgegenstehen. Die Planungen und Maßnahmen verstoßen dann gegen die Beachtenspflicht des § 4 I ROG und sind damit materiell rechtswidrig. Entsprechendes gilt für solche juristische Personen des Privatrechts, deren raumbedeutsame Planungen und Maßnahmen der Beachtenspflicht nach § 4 ROG unterliegen.[1342] Die Untersagung kann befristet erfolgen, wenn zu befürchten ist, dass die Verwirklichung in Aufstellung, Änderung, Ergänzung oder Aufhebung befindlicher Ziele 737

[1338] BVerwG DVBl. 2004, 239 (246); zur Erstreckung des Planungsgebotes auf den Erlass einer Veränderungssperre und die Beantragung einer Zurückstellung siehe VGH BW ZfBR 2005, 483.

[1339] Näher dazu Schmitz in Bielenberg/Runkel/Spannowsky, ROG, 2022, § 12 Rn. 1; Schoen Landesplanerische Untersagung, 1999, S. 1 ff.; ders. UPR 2000, 138 ff.

[1340] Schmitz in Bielenberg/Runkel/Spannowsky, ROG, 2022, § 12 Rn. 83.

[1341] Hager in Kment, ROG, 2019, § 12 Rn. 45.

[1342] Bundesregierung, Gesetzentwurf zum BauROG 1998, S. 86.

der Raumordnung unmöglich gemacht oder wesentlich erschwert werden würde (§ 12 II ROG). Die befristete Untersagung kann sich auch auf behördliche Entscheidungen über die Zulässigkeit raumbedeutsamer Maßnahmen von Personen des Privatrechts erstrecken (§§ 12 II, 4 ROG). Dies kann auch privilegierte Vorhaben nach § 35 I iV mit III 3 BauGB betreffen.

738 **Adressat einer Untersagungsverfügung** sind die § 4 ROG genannten öffentlichen Stellen. Hinzu kommen Personen des Privatrechts, soweit sie Ziele der Raumordnung zu beachten haben, deren Schutz die Untersagung dienen soll.[1343] In welchem Zeitraum eine raumbedeutsame Planung oder Maßnahme untersagt werden darf, ergibt sich unmittelbar aus § 12 I ROG nicht. Zwar kann der Sinn und Zweck der Untersagungsmöglichkeit dafür sprechen, diese möglichst frühzeitig zu nutzen. Reine **Planungsideen** oder **Vorarbeiten** dürften jedoch nicht hinreichend konkret sein, um bereits eine Untersagung zu rechtfertigen. Andererseits kann es aus Sicht der Raumordnungsbehörde sinnvoll sein, die Frist für die Dauer der Untersagung von zwei Jahren nach § 12 II 3 ROG möglichst spät in Lauf zu setzen.[1344]

739 **Mängel des Planungsverfahrens** oder der zu sichernden Planung stehen einer Untersagung nicht entgegen, sofern sie im Laufe des weiteren Verfahrens noch geheilt werden können.[1345] Mit der befristeten Untersagung wird nicht abschließend über die Rechtmäßigkeit der untersagten Planung, Maßnahme oder Zulassung entschieden. Vielmehr wird die Durchführung des Vorhabens nur vorübergehend verhindert. Die befristete Untersagung übernimmt insoweit Funktionen ähnlich der Veränderungssperre und der Zurückstellung.

740 Die Untersagungsmöglichkeit beginnt in der Regel, sobald für das Vorhaben das Stadium der Vorbereitungen und Voruntersuchungen verlassen wird und eine zumindest faktische Änderung der landesplanerischen Situation droht.[1346] Sie endet, sobald eine Planung Rechtsverbindlichkeit erlangt hat. Danach kommt nur noch ein von dem landesplanerischen Untersagungsverfahren unabhängiges Anpassungsverfahren für die Planung in Betracht. Wird für eine raumbedeutsame Maßnahme eine behördliche Zulassung erteilt, dann steht diese Zulassung, wenn sie wirksam ist, einer Untersagung auch dann entgegen, wenn sie im Widerspruch zu Zielen der Raumordnung erteilt worden ist. Vor einer Untersagung müsste deshalb zunächst die Genehmigung nach allgemeinem Verfahrensrecht aufgehoben werden.[1347] Das gilt auch für die befristete Untersagung, wenn neue Ziele der Raumordnung erst nach deren behördlicher Zulassung aufgestellt worden sind.

741 Gegen eine Untersagung raumordnungswidriger Maßnahmen und Planungen können Widerspruch, soweit landesrechtlich vorgesehen, und Anfechtungsklage erhoben werden, wenn es sich bei der Untersagungsverfügung um einen Verwaltungsakt handelt.[1348] An der für einen Verwaltungsakt nach § 35 VwVfG erforderlichen Außenwirkung kann es fehlen, wenn die für die Untersagung nach Landesrecht zuständige Behörde eine raumordnungswidrige Maßnahme oder Planung einer anderen Landesbehörde untersagt. Widerspruch und Anfechtungsklage gegen eine Untersagung haben gem. § 12 III ROG keine aufschiebende Wirkung. Eine landesplanerische Untersagung kann nicht durch betroffene Dritte mit der Verpflichtungsklage oder einer allgemeinen Leistungsklage erzwungen werden. Eine Untersagung erledigt sich nicht schon deshalb, weil dem jeweiligen Vorhaben ein in Aufstellung befindliches Ziel der Raumordnung bereits als unbenannter öffentlicher Belang iSd § 35 III 1 BauGB entgegensteht.[1349]

13. Raumordnerische Zusammenarbeit

742 Die raumordnerische Zusammenarbeit wird als Aufgabe der Raumordnung ausdrücklich bereits in § 1 I 1 ROG erwähnt. Damit soll der wachsenden Bedeutung der Zusammenarbeit neben dem klassischen Instrument der Raumordnungspläne Rechnung getragen werden.[1350]

1343 Schmitz in Bielenberg/Runkel/Spannowsky, ROG, 2022, § 12 Rn. 22.

1344 Schmitz in Bielenberg/Runkel/Spannowsky, ROG, 2022, § 12 Rn. 31.

1345 OVG Weimar Beschl. v. 23.10.2017 – 1 EO 589/17, juris Rn. 7 ff.

1346 Schmitz in Bielenberg/Runkel/Spannowsky, ROG, 2022, § 12 Rn. 30 ff; Schoen, Landesplanerische Untersagung, 1993, S. 25 ff.

1347 Schoen Landesplanerische Untersagung, 1993, S. 33 ff.; aA für öffentliche Stellen Schmitz in Bielenberg/Runkel/Spannowsky, ROG, 2022, § 12 Rn. 33 ff.

1348 OVG Münster Urt. v. 3.5.2022 – 11 D 135/20.NE, juris Rn. 164.

1349 OVG Weimar Beschl. v. 5.8.2020 – 1 EO 320/20, juris Rn. 43.

1350 dazu Spannowsky Der Vertrag im Raumordnungsrecht in FS für Krautzberger, 2008, S. 217 ff.; ders. ZfBR 2010, 431; Wemdzio UPR 2009, 132 zu Einbeziehungsmöglichkeiten eines potenziellen Investors von Offshore – Windenergieanlagen bei der Raumordnungsplanung mittels öffentlich-rechtlichem Vertrag.

Gem. § 14 I 1 ROG sollen die Träger der Landes- und Regionalplanung zur Vorbereitung oder Verwirklichung von Raumordnungsplänen oder von sonstigen raumbedeutsamen Planungen und Maßnahmen mit den hierfür maßgeblichen öffentlichen Stellen und Personen des Privatrechts einschließlich Nichtregierungsorganisationen und der Wirtschaft zusammenarbeiten oder auf die Zusammenarbeit dieser Stellen und Personen hinwirken. Die Zusammenarbeit nach § 14 I 1 ROG kann sowohl zur Entwicklung einer Region als auch im Hinblick auf regionen- oder grenzüberschreitende Belange erfolgen. Die Zusammenarbeit von Gemeinden zur Stärkung teilräumlicher Entwicklungen (interkommunale Zusammenarbeit) ist nach § 13 I 2, 2. HS ROG zu unterstützen. Formelle und informelle Formen der Zusammenarbeit nach § 14 I ROG können gem. § 14 II 1 ROG zB vertragliche Vereinbarungen sein, insbesondere zur Koordinierung oder Verwirklichung von raumordnerischen Entwicklungskonzepten und zur Vorbereitung oder Verwirklichung von Raumordnungsplänen.[1351] Hinzu kommen Maßnahmen wie regionale Entwicklungskonzepte, überregionale, regionale und interkommunale Netzwerke und Kooperationsstrukturen, regionale Foren und Aktionsprogramme zu aktuellen Handlungsanforderungen. Außerdem kann die Zusammenarbeit mit der Durchführung einer Raumbeobachtung und Bereitstellung der Ergebnisse für regionale und kommunale Träger sowie für Träger der Fachplanung im Hinblick auf raumbedeutsame Planungen und Maßnahmen, sowie durch eine Beratung dieser Träger gepflegt werden. Bei vertraglichen Vereinbarungen im Sinne von § 14 II 1 Nr. 1 ROG kann Gegenstand der Vereinbarung auch die Übernahme von Kosten sein, die dem Träger der Landes- oder Regionalplanung bei der im Interesse des Vertragspartners liegenden Vorbereitung oder Verwirklichung von Raumordnungsplänen entstehen (§ 14 II 2 ROG).

Rechtliche Grenzen des landesplanerischen Vertrags ergeben sich ua aus dessen **Rechtsnatur**. Für öffentlich-rechtliche Verträge sind die §§ 54 ff. VwVfG zu beachten. Zu beachten ist außerdem das grundsätzlich bestehende Verbot an den Träger der Landes- und Regionalplanung, sich vor der planerischen Abwägung zur Aufstellung oder Änderung eines bestimmten Plans zu verpflichten.[1352] Umstritten ist, ob landesplanerische Vereinbarungen auch planersetzende Wirkungen haben können, in dem mit ihnen Ziele der Raumordnung vertraglich vereinbart werden[1353] Vertragspartner einer solchen landesplanerischen Vereinbarung können die Aufgabenträger der Landes- und Regionalplanung, Kommunen, aber auch Private sein. Im konkreten Fall richtet sich der Kreis der Vertragspartner nach dem jeweiligen Vertragsgegenstand. 743

Vertragliche Regelungen in der räumlichen Planung sind vor allem als **städtebauliche Verträge** in der Bauleitplanung bekannt (§ 11 BauGB). Sie begleiten dort vor allem den vorhabenbezogenen Bebauungsplan (§ 12 BauGB) und andere städtebauliche Satzungen. Die vertraglichen Regelungen können dort die Bauleitplanung nicht ersetzen, aber begleitende Regelungen treffen, die vor allem der Vorbereitung und Durchführung der Planung sowie der Kostenübernahme dienen. Die vertraglichen Regelungen dürfen nicht den Kern der Abwägungsentscheidung betreffen und auch nicht gegen das Koppelungsverbot verstoßen. Die vertraglichen Leistungen müssen den Gesamtumständen nach angemessen sein. Nichtige Verträge unterliegen der Rückabwicklung. In § 14 II 1 Nr. 1 ROG ist die Grundlage für einen raumordnerischen Vertrag geschaffen. Danach können vertragliche Vereinbarungen, insbesondere zur Koordinierung oder Verwirklichung von raumordnerischen Entwicklungskonzepten und zur Vorbereitung oder Verwirklichung von Raumordnungsplänen getroffen werden. Die Verträge können ua der Verwirklichung von regionalen Entwicklungskonzepten dienen, durch die raumbedeutsame Planungen und Maßnahmen vorgeschlagen und aufeinander abgestimmt werden. 744

Landesplanerische Vereinbarungen können allerdings die förmlichen Verfahren der Raumordnung nicht ersetzen, sondern nur begleitend die **Vorbereitung** und **Verwirklichung** der **Raumordnungspläne** unterstützen. Der eigentliche Kern der regionalen Planungsentscheidung kann durch den Vertrag nicht ersetzt werden. Vor allem können landesplanerische Ver- 745

1351 dazu Tyczewski BauR 2021, 152; zum Abschluss einer öffentlich-rechtlichen Vereinbarung der schulnutzenden Umlandgemeinden über die Generalsanierung einer Schule siehe VGH Mannheim Urt. v. 6.12.2022 – 9 S 3232/21, juris.

1352 Dazu und zu den Ausnahmen von diesem Verbot Grotefels/Lorenz UPR 2001, 328 (330); Spannowsky ZfBR 2010, 429; siehe auch OVG Münster Urt. v. 30.9.2009 – 10 A 1676/08, juris, Rn. 61.

1353 bejahend Spannowsky Verwirklichung von Raumordnungsplänen durch vertragliche Vereinbarungen, 1999, 11 ff., 52; aA Grotefels/Lorenz UPR 2001, 328 (330).

einbarungen nicht Ziele der Raumplanung begründen, die nach § 3 I Nr. 2 ROG verbindliche Vorgaben in Form von räumlich und sachlich bestimmten oder bestimmbaren, vom Träger der Landes- oder Regionalplanung abschließend abgewogenen textlichen oder zeichnerischen Festlegungen in Raumordnungsplänen zur Entwicklung, Ordnung und Sicherung des Raumes beinhalten. Nur Festlegungen in Raumordnungsplänen für das gesamte Land oder in Plänen für Teilräume des Landes (Regionalplänen, § 3 I Nr. 7 ROG) können die Ziele der Raumordnung bestimmen. Die Festlegung der Ziele der Raumordnung ist daher auf die traditionelle Ausweisung in Raumordnungsplänen des Landes oder in Regionalplänen begrenzt.

746 Vertragliche Vereinbarungen müssen den Kern der planerischen Gestaltungsfreiheit wahren und dürfen keine **subjektiven Abwägungssperren**[1354] erzeugen. Zulässig dürfte es aber sein, städtebauliche und regionale Planungen nicht nur hinsichtlich ihrer Vorbereitung und Durchführung zu begleiten, sondern etwa auf der Grundlage zunächst einmal unverbindlicher regionaler Entwicklungskonzepte auch in die Zukunft hineinwirkende Bindungen aufzunehmen, von denen nur unter den Grundsätzen einer qualifizierten Abwägung abgewichen werden kann.[1355]Stüer DVBl. 1977, 1; BVerfGE 82, 310; BVerfGE 86, 90.

747 Landesplanerische Verträge können die förmlichen Verfahren der Raumordnung nicht ersetzen, sondern nur begleitend die **Vorbereitung** und **Verwirklichung** der **Raumordnungspläne** unterstützen. Der eigentliche Kern der regionalen Planungsentscheidung kann durch den Vertrag nicht ersetzt werden. Vor allem können landesplanerische Verträge nicht Ziele der Raumplanung begründen, die nach § 3 I Nr. 2 ROG verbindliche Vorgaben in Form von räumlich und sachlich bestimmten oder bestimmbaren, vom Träger der Landes- oder Regionalplanung abschließend abgewogenen textlichen oder zeichnerischen Festlegungen in Raumordnungsplänen zur Entwicklung, Ordnung und Sicherung des Raumes beinhalten. Nur Festlegungen in Raumordnungsplänen für das gesamte Land oder in Plänen für Teilräume des Landes (Regionalplänen, § 3 I Nr. 7 ROG) können die Ziele der Raumordnung bestimmen. Die Festlegung der Ziele der Raumordnung ist daher auf die traditionelle Ausweisung in Raumordnungsplänen des Landes oder in Regionalplänen begrenzt.

14. Raumverträglichkeitsprüfung

748 Als besonders wichtiges Instrument zur Sicherung der Raumverträglichkeit raumbedeutsamer Planungen und Maßnahmen regelte § 15 ROG bis 2023 das Raumordnungsverfahren. Das Raumordnungsverfahren wurde noch durch Art. 5 des Gesetzes zur Beschleunigung von Investitionen vom 3.12.2020 geändert.[1356] Wesentlicher Inhalt der Änderung im Jahre 2020 waren die Digitalisierung des Raumordnungsverfahrens, die bessere Verzahnung von Raumordnungsverfahren und nachfolgendem Zulassungsverfahren und die Umstellung der Verfahrenseinleitung in der Weise, dass die Raumverträglichkeit von raumbedeutsamen Planungen und Maßnahmen im Regelfall nur noch auf Antrag des Vorhabenträgers erfolgen sollte. § 15 ROG ist unter der neuen Überschrift „Raumverträglichkeitsprüfung" in Anlehnung an den bis dahin geltenden § 15 ROG durch das ROGÄndG 2023 neu gefasst worden. Die Grundstruktur der bislang geltenden Regelung soll beibehalten werden.[1357] Abgeschafft wurde jedoch das Erfordernis einer Umweltverträglichkeitsprüfung im Raumordnungsverfahren bzw. heute in der Raumverträglichkeitsprüfung.

749 **a) Gegenstand der Raumverträglichkeitsprüfung.** Nach § 15 I 1 ROG prüft die nach Landesrecht zuständige Raumordnungsbehörde (zuständige Raumordnungsbehörde) in einem besonderen Verfahren die Raumverträglichkeit raumbedeutsamer Planungen und Maßnahmen im Sinne von § 1 ROV. Gegenstand der Raumverträglichkeitsprüfung sind 1. die Prüfung der raumbedeutsamen Auswirkungen der Planung oder Maßnahme unter überörtlichen Gesichtspunkten, insbesondere die Übereinstimmung mit den Erfordernissen der Raumordnung und die Abstimmung mit anderen raumbedeutsamen Planungen und Maßnahmen, 2. die Prüfung der ernsthaft in Betracht kommenden Standort- oder Trassenalternativen und 3. die überschlägige Prüfung der Auswirkungen des Vorhabens auf die Schutzgüter nach § 2 I UVPG unter Berücksichtigung der Kriterien nach Anlage 3 des UVPG.

1354 BVerwGE 45, 309.

1355

1356 dazu Schmitz/Lehrian ZfBR 2023, 221.

1357 Gesetzesbegründung BT-Drs. 20/4823, S. 28; sieh dazu Kment EuRUP 2024, 38.

750 **Prüfungsmaßstab** der Raumverträglichkeitsprüfung sind die Erfordernisse der Raumordnung. Dementsprechend stellt die zuständige Raumordnungsbehörde fest, ob das geplante Vorhaben mit den Zielen der Raumordnung übereinstimmen. Außerdem nimmt die zuständige Raumordnungsbehörde zur Bedeutung von Grundsätzen der Raumordnung im Sinne von § 3 I Nr. 3 ROG Stellung, die bei der Entscheidung über das Vorhaben zu berücksichtigen sind. Nicht zuletzt gehören sonstige Erfordernisse der Raumordnung im Sinne von § 3 I Nr. 4 ROG zum Gegenstand der Raumverträglichkeitsprüfung. Dabei bezieht sich der Prüfungsmaßstab der Raumverträglichkeitsprüfung auf überörtliche Gesichtspunkte, die für Erfordernisse der Raumordnung relevant sind.

751 Nach § 15 I 2 Nr. 1 ROG zählt auch die **Abstimmung mit anderen raumbedeutsamen Planungen und Maßnahmen** zum Gegenstand der Raumverträglichkeitsprüfung. Die Abstimmung mit anderen raumbedeutsamen Planungen und Maßnahmen ist Teil der Prüfung der raumbedeutsamen Auswirkungen der Planung oder Maßnahme unter überörtlichen Gesichtspunkten und ergänzte nach§ 15 I 2 Nr. 1 ROG in diesem Zusammenhang die Prüfung der Übereinstimmung mit den Erfordernissen der Raumordnung. Was genau Gegenstand dieser Abstimmung sein soll, erschließt sich aus dem Gesetz nicht ohne weiteres. Geprüft werden kann, welche raumbedeutsamen Auswirkungen die Planung oder Maßnahme auf andere raumbedeutsame Planungen und Maßnahmen hat, um mittelbar daraus Erkenntnisse zu gewinnen, ob die Planung oder Maßnahme zu raumbedeutsamen Auswirkungen auf solche anderen Planungen oder Maßnahmen hat, die entweder zur Genehmigungsunfähigkeit des Vorhabens führen oder im Rahmen einer planerischen Abwägung zu berücksichtigen sind.

752 Durch die Verpflichtung zur Prüfung ernsthaft in Betracht kommender **Standort- oder Trassenalternativen**, die durch eine Änderung des § 15 I 3 ROG aF durch die ROG-Novelle 2017 in das Gesetz aufgenommen worden ist, soll ausweislich der Gesetzesbegründung dem Ziel der Bundesregierung Rechnung getragen werden, die Akzeptanz von Großvorhaben zu verbessern. Die Erfahrung mit aktuellen Großprojekten zeige, dass es auch deshalb an der Akzeptanz für diese Projekte mangele, weil im Vorfeld keine Diskussion von Alternativen stattfinde. Die neugeregelte Prüfung von ernsthaft in Betracht kommenden Standort- und Trassenalternativen – hierzu gehörten allerdings weder Scheinalternativen noch die Nullvariante – setze in der Regel, aber nicht notwendigerweise die Vorlage von Unterlagen über Alternativen durch den Vorhabenträger voraus. Damit werde in weiten Bereichen die schon bisher übliche Praxis nachgezeichnet. Auch für die Verwaltungsbehörden führe die nunmehr geregelte Alternativenprüfung zu keiner nennenswerten Mehrbelastung. Sollte die Prüfung in Einzelfällen nicht schon der bisherigen Praxis entsprechen, sondern tatsächlich erstmalig vorgenommen werden, werde eine zusätzliche Kostenbelastung der Raumordnungsbehörde dadurch kompensiert, dass im Gegenzug nachfolgende Zulassungsverfahren entlastet und die Vorhaben insgesamt aufgrund der erhöhten Akzeptanz bei frühzeitige und umfassende Beteiligung der Öffentlichkeit leichter durchgesetzt werden könnten.[1358]

753 Die Raumverträglichkeitsprüfung hat ebenso wie das bisherige Raumordnungsverfahren den Charakter einer vorgelagerten Prüfung, mit der Nutzungskonflikte möglichst frühzeitig erkannt werden sollen. Nach Einschätzung des Gesetzgebers ging die bisherige Praxis des Raumordnungsverfahrens bei der Prüfung von Umweltbelangen zum Teil über eine **Prüftiefe** hinaus, die diesem vorgelagerten Verfahren angemessen gewesen wäre. § 15 I 2 Nr. 3 ROG bestimmt deshalb nunmehr, dass die Prüfung von Umweltauswirkungen in der Raumverträglichkeitsprüfung nur soweit erfolgt, wie diese auf der vorgelagerten Ebene nach **überschlägiger Prüfung** und unter Berücksichtigung der in Anlage 3 UVPG genannten Kriterien erkennbar sind.[1359]

754 **b) Verfahrensablauf.** Der Verfahrensablauf der Raumverträglichkeitsprüfung ist in § 15 I 3-8, II-IV ROG nicht sehr übersichtlich geregelt. Der Vorhabenträger kann nach § 15 IV 1 ROG die Durchführung einer Raumverträglichkeitsprüfung bei der zuständigen Raumordnungsbehörde beantragen. Stellt der Vorhabenträger keinen Antrag zeigt er dies nach § 15 IV 2 ROG der zuständigen Raumordnungsbehörde vor Einleitung eines Zulassungsverfahrens oder, sofern dies gesetzlich vorgesehen ist, eines Verfahrens zur Bestimmung der Planung und Linienführung an. Der **Anzeige** sind gem. § 15 IV 3 ROG die für die Raumverträglichkeitsprüfung erforderlichen Unterlagen nach § 15 II 1 ROG beizufügen. Die zuständige Raumordnungsbehörde soll die Raumverträglichkeitsprüfung nach § 15 IV 4 ROG einleiten, wenn sie

[1358] Gesetzesbegründung BT-Drs. 18/108 83, S. 54.
[1359] Gesetzesbegründung BT-Drs. 20/4823, S. 26.

erwartet, dass das Vorhaben zu raumbedeutsamen Konflikten mit den Erfordernissen der Raumordnung oder mit anderen raumbedeutsamen Planungen und Maßnahmen führen wird. Die zuständige Raumordnungsbehörde teilt ihre Entscheidung über die Einleitung der Prüfung dem Vorhabenträger gem. § 15 IV 5 ROG innerhalb von vier Wochen nach dessen Anzeige mit. Bei raumbedeutsamen Planungen und Maßnahmen von öffentlichen Stellen des Bundes, von anderen öffentlichen Stellen, die im Auftrag des Bundes tätig sind, sowie von Personen des Privatrechts nach § 5 I ROG trifft die zuständige Raumordnungsbehörde § 15 IV 6 ROG die Entscheidung über die Einleitung der Prüfung im Benehmen mit dieser Stelle oder Person.

755 Der Vorhabenträger legt der zuständigen Raumordnungsbehörde nach § 15 II 1 ROG die **Verfahrensunterlagen** vor, die notwendig sind, um eine Bewertung der raumbedeutsamen Auswirkungen des Vorhabens zu ermöglichen. Dies gilt sowohl für den Fall, dass der Vorhabenträger nach § 15 IV 1 ROG beantragt, als auch für den Fall, dass er einen solchen Antrag nicht stellt und stattdessen bei der zuständigen Raumordnungsbehörde den Verzicht auf einen solchen Antrag nach § 15 IV 2 anzeigt. Die Verfahrensunterlagen müssen die zuständige Raumordnungsbehörde in die Lage versetzen, die raumbedeutsamen Auswirkungen des Vorhabens zu prüfen. Hierzu gehören auch geeignete Angaben entsprechend der Anlage 2 UVPG zu den Merkmalen des Vorhabens und des Standorts sowie zu den möglichen erheblichen Umweltauswirkungen des Vorhabens. Die Verfahrensunterlagen sollen gem. § 15 II 2 ROG in einem verkehrsüblichen **elektronischen Format** eingereicht werden.

756 Innerhalb eines Monats nach Eingang der Verfahrensunterlagen prüft die zuständige Raumordnungsbehörde nach § 15 II 3 ROG deren **Vollständigkeit** und fordert den Vorhabenträger bei Bedarf unter genauer Bezeichnung der noch erforderlichen Unterlagen oder Daten zur Vervollständigung auf. Fordert die Raumordnungsbehörde den Vorhabenträger zur **Vervollständigung der Unterlagen** auf, hat sie, soweit möglich, gem. § 15 II 4 ROG die Raumverträglichkeitsprüfung vor der Vervollständigung zu beginnen. Fordert die Raumordnungsbehörde den Vorhabenträger nicht innerhalb der Frist nach § 15 II 3 ROG zur Vervollständigung der Verfahrensunterlagen auf, beginnt die Frist des § 15 I 3 ROG am Tag des Eingangs der Verfahrensunterlagen § 15 II 1 ROG.

757 Die zuständige Raumordnungsbehörde beteiligt nach § 15 III 1 ROG frühzeitig die **Öffentlichkeit** und die in ihren Belangen berührten **öffentlichen Stellen**. Sie hat gem. § 15 III 2 ROG die Verfahrensunterlagen für die Dauer von mindestens einem Monat im Internet zu veröffentlichen. Der Vorhabenträger hat § 15 III 3 ROG Anspruch darauf, dass seine **Betriebs- und Geschäftsgeheimn**isse nicht unbefugt offenbart werden. Bestehen Anhaltspunkte dafür, dass eine Bekanntgabe der Angaben nach § 15 II 1 ROG für die Interessen des Bundes oder eines Landes nachteilig sein kann oder dass diese Angaben nach einem Gesetz oder ihrem Wesen nach geheim gehalten werden müssen, kann die zuständige Raumordnungsbehörde die Vorlage einer aus sich heraus verständlichen und zusammenhängenden Darstellung verlangen, die den Inhalt der Unterlagen ohne Preisgabe des Geheimnisses beschreibt. Internetseite oder Internetadresse und Dauer der Veröffentlichung sind gem. § 15 III 5 ROG mindestens eine Woche vor Beginn der Veröffentlichung öffentlich bekannt zu machen. In der **Bekanntmachung** ist gem. § 15 III 6 ROG unter Angabe einer angemessenen Frist, die zumindest der Veröffentlichungsfrist entspricht, darauf hinzuweisen, dass Stellungnahmen abgegeben werden können und dass die Übermittlung elektronisch erfolgen soll. Zusätzlich zur **Veröffentlichung im Internet** ist gem. § 15 III 7 ROG eine oder sind mehrere andere leicht zu erreichende, auch **analoge Zugangsmöglichkeiten** zur Verfügung zu stellen, soweit dies nach Feststellung der zuständigen Raumordnungsbehörde angemessen und zumutbar ist. In der Bekanntmachung ist § 15 III 8 ROG auf diese Zugangsmöglichkeiten hinzuweisen. Bei raumbedeutsamen Planungen und Maßnahmen nach § 15 II 6 ROG erfolgt die Entscheidung darüber, ob und in welchem Umfang die Öffentlichkeit einbezogen wird, gem. § 15 III 9 ROG im Einvernehmen mit den dort genannten Stellen. Bei raumbedeutsamen Planungen und Maßnahmen, die erhebliche Auswirkungen auf Nachbarstaaten haben können, erfolgt die Beteiligung der betroffenen Nachbarstaaten nach den Grundsätzen der Gegenseitigkeit und Gleichwertigkeit (§ 15 III 10 ROG).

758 Die Raumverträglichkeitsprüfung endet gem. § 15 I 3 ROG innerhalb einer **Frist** von sechs Monaten nach Vorliegen der vollständigen Verfahrensunterlagen. Der **Abschluss der Raumverträglichkeitsprüfung** nach 6 Monaten wird gesetzlich unabhängig davon bestimmt, ob die Raumordnungsbehörde dem Vorhabenträger eine gutachterliche **Stellungnahme** nach § 15 I 4 ROG übermittelt. Die Frist, die der zuständige Raumordnungsbehörde zur Prüfung der Raumverträglichkeit gesetzlich eingeräumt wird, beginnt mit dem Zeitpunkt des Vorliegens der vollständigen Verfahrensunterlagen bei der Raumordnungsbehörde. Nach § 15 I 5 ROG endet die Raumverträglichkeitsprüfung in jedem Fall innerhalb der Frist von 6 Monaten nach § 15 I 3 ROG, auch, wenn die Raumordnungsbehörde dem Vorhabenträger bis dahin noch keine Stellungnahme übermittelt hat. In diesem Fall kann die Zulassungsbehörde das Zulassungsverfahren auf **Antrag des Vorhabenträgers** nach § 15 I 5 ROG einleiten; die Raumordnungsbehörde kann etwaige Erkenntnisse aus der Raumverträglichkeitsprüfung im Rahmen der fachrechtlichen Behördenbeteiligung einbringen. Mit der Regelung in § 15 I 5 ROG sollen Verzögerungen im Genehmigungsverfahren auch für den Fall ausgeschlossen werden, dass die Raumordnungsbehörde keine Stellungnahme übermittelt. Zugleich soll damit sichergestellt werden, dass etwaige ausnahmsweise Verzögerungen bei der Prüfung durch die Raumordnungsbehörde nicht zulasten des Vorhabenträgers gehen.[1360]

Der Vorhabenträger kann § 15 I 6 ROG zudem, sofern dies gesetzlich vorgesehen ist, das **Verfahren zur Bestimmung der Planung und Linienführung** beantragen. Übermittelt die Raumordnungsbehörde ihre gutachterliche Stellungnahme nicht fristgerecht, kann der Vorhabenträger § 15 I 7 ROG beantragen, dass die Raumordnungsbehörde die Raumverträglichkeitsprüfung abweichend von § 15 I 3 und 5 ROG weiterführt. In diesen Fällen kann der Vorhabenträger gem. § 15 I 8 ROG im weiteren Verlauf jederzeit einen Antrag auf Zulassung des Vorhabens oder auf Durchführung des Verfahrens zur Bestimmung der Planung und Linienführung stellen; mit einem solchen Antrag endet zugleich die Raumverträglichkeitsprüfung. 759

c) Rechtswirkungen der Raumverträglichkeitsprüfung. Die Raumordnungsbehörde übermittelt gem. § 15 I 4 ROG dem Vorhabenträger das Ergebnis ihrer Prüfung in Form einer gutachterlichen Stellungnahme. Die **gutachterliche Stellungnahme** ist ein sonstiges Erfordernis der Raumordnung nach § 3 I 1 Nr. 4 ROG, welches gem. § 4 I 1 ROG zu berücksichtigen ist. Der Raumverträglichkeitsprüfung hat keine unmittelbare Rechtswirkung; es wird auch keine verbindliche Entscheidung über die Zulässigkeit eines Vorhabens getroffen.[1361] 760

Hält der Vorhabenträger nach Abschluss der Raumverträglichkeitsprüfung an der Realisierung seines Vorhabens fest, soll er zeitnah gem. § 15 V 1 ROG die Durchführung des hierfür erforderlichen Zulassungsverfahrens oder, sofern es gesetzlich vorgesehen ist, des Verfahrens zur Bestimmung der Planung und Linienführung beantragen. Im Zuge der **Antragstellung** übermittelt der Vorhabenträger gem. § 15 V 2 ROG der Zulassungsbehörde die Unterlagen, die Gegenstand der Raumverträglichkeitsprüfung waren, sowie im Falle ihres Vorliegens die gutachterliche Stellungnahme in einem verkehrsüblichen elektronischen Format. Im Zulassungsverfahren soll die Prüfung gem. § 15 V 3 ROG die auf Belange beschränkt werden, die nicht Gegenstand der Raumverträglichkeitsprüfung waren, jedoch bleibt die Prüfung der Umweltauswirkungen im Rahmen der UVP nach dem UVPG und nach Maßgabe des Fachrechts im Rahmen des Zulassungsverfahrens unberührt. Die Zulassungsbehörde bezieht die gutachterliche Stellungnahme der zuständigen Raumordnungsbehörde auf der Grundlage des § 4 I 1 iV § 3 I Nr. 4 ROG nach Maßgabe des Fachrechts in ihre Entscheidung ein. Wird das Vorhaben abschnittsweise zugelassen, können die Raumverträglichkeitsprüfung sowie das Zulassungsverfahren oder, sofern es gesetzlich vorgesehen ist, das Verfahren zur Bestimmung der Planung und Linienführung insoweit aufeinander abgestimmt werden (§ 15 V 5 ROG). 761

d) Rechtsschutz. Das Ergebnis der Raumverträglichkeitsprüfung kann gem. § 15 VI ROG nur im Rahmen des Rechtsbehelfsverfahrens gegen die nachfolgende Zulassungsentscheidung überprüft werden. Schon nach bislang überwiegender Ansicht handelt es sich bei der Feststellung des Ergebnisses des Raumordnungsverfahrens nicht um einen anfechtbaren Verwaltungsakt[1362] soweit nicht das Landesrecht ausdrücklich eine Regelung durch Verwaltungsakt vorsieht.[1363] Eine inhaltliche Überprüfung des Ergebnisses des Raumordnungsverfahrens kann erst im Rahmen des Rechtsschutzes gegen die Zulassungsentscheidung oder, wenn eine solche nicht vorgesehen ist, im Rahmen einer gerichtlichen Entscheidung über einen Unterlassungs- oder Folgenbeseitigungsanspruch erfolgen.[1364] Die nach dem Immissionsschutzrecht zuständige 762

1360 Gesetzesbegründung BT-Drs. 20/4823, S. 26 f.

1361 Kment EuRUP 2024, 38.

1362 Kment EuRUP 2024, 38; BVerwG NVwZ-RR 1996, 67; Dietz in Kment, ROG, 2019, § 15 Rn. 22; Blümel/Pfaff VerwArch 1997, 353 (380).

1363 vgl. § 14 BaWüLPlG für Freileitungen, dazu BVerwGE 80, 201 ff.; VGH Mannheim NVwZ 1998, 416 ff.

1364 Happ Rechts- und Vollzugsfragen des Raumordnungsverfahrens, 1999, S. 205 ff.

Behörde ist berechtigt, ein als erforderlich angesehenes Raumordnungsverfahren abzuwarten, um dessen Ergebnis bei ihrer Entscheidung, zB hinsichtlich der Beachtung der Raumordnungsklausel des § 35 III 2 BauGB, zu berücksichtigen.[1365]

763 **e) Länderklausel.** In den Ländern Berlin, Bremen und Hamburg gelten § 15 I-6 ROG nur, wenn das Landesrecht eine Raumverträglichkeitsprüfung vorsieht (§ 15 VII ROG). Schaffen diese Länder allein oder gemeinsam mit anderen Ländern Rechtsgrundlagen für die Raumverträglichkeitsprüfung, findet § 15 I – VI ROG gem. § 15 VII ROG Anwendung.

764 **f) Beschleunigte Raumverträglichkeitsprüfung.** § 16 ROG regelt die beschleunigte Raumverträglichkeitsprüfung. Bei der Prüfung der Raumverträglichkeit raumbedeutsamer Planungen und Maßnahmen kann nach § 16 I 1 ROG, soweit keine anderen Rechtsvorschriften entgegenstehen, auf die Beteiligung einzelner öffentlicher Stellen nach § 15 III 1 und 10 ROG verzichtet werden, wenn die raumbedeutsamen Auswirkungen dieser Planungen und Maßnahmen gering sind oder wenn für die Prüfung der Raumverträglichkeit erforderliche Stellungnahmen schon in einem anderen Verfahren abgegeben wurden. Das kann das kann zB dann der Fall sein, wenn das Vorhaben einem Ziel der Raumordnung entspricht oder widerspricht.[1366] Die Frist nach § 15 I 3 ROG beträgt bei der beschleunigten Raumverträglichkeitsprüfung gem. § 16 I 2 ROG grundsätzlich drei Monate.

765 **g) Vorhaben.** Für welche Vorhaben ein Raumordnungsverfahren durchzuführen ist, regelt die Raumordnungsverordnung. Gem. § 1 1 ROV erfolgt die Durchführung einer Raumverträglichkeitsprüfung nur auf Grundlage eines Antrags nach § 15 IV 1 ROG oder auf Grundlage einer Entscheidung nach § 15 IV 4 ROG für die dort im Einzelnen aufgeführten Planungen und Maßnahmen, wenn sie im Einzelfall raumbedeutsam sind und überörtliche Bedeutung haben. Die Befugnis der für die Raumordnung zuständigen Landesbehörden, bei weiteren raumbedeutsamen Planungen und Maßnahmen von überörtlicher Bedeutung nach landesrechtlichen Vorschriften eine Raumverträglichkeitsprüfung durchzuführen, bleibt nach § 1 S. 2 ROV unberührt.

766 **h) Raumverträglichkeitsprüfung und Umweltverträglichkeitsprüfung.** Gem. § 49 S. 1 UVPG erfolgt in der Raumverträglichkeitsprüfung die Prüfung der Umweltauswirkungen nur nach Maßgabe des Raumordnungsgesetzes. Die Umweltverträglichkeitsprüfung im nachfolgenden behördlichen Verfahren, das der Zulassungsentscheidung dient, umfasst gem. § 49 S. 2 UVPG eine vertiefte Prüfung der in der Raumverträglichkeitsprüfung nur überschlägig geprüften Umweltauswirkungen. § 49 UVPG ist vom Gesetzgeber im Rahmen des **ROGÄndG 2023** mit dem Ziel geändert worden, Doppelprüfungen möglichst zu vermeiden.[1367] In der Raumverträglichkeitsprüfung nach § 15 ROG sollen Umweltbelange nur noch insoweit berücksichtigt werden, als diese auf der vorgelagerten Ebene der Raumverträglichkeitsprüfung nach überschlägiger Prüfung der Auswirkungen des Vorhabens auf die Schutzgüter nach § 2 I UVPG unter Berücksichtigung der in Anl. 3 des UVPG genannten Kriterien erkennbar sind. Im Verfahren der Raumverträglichkeitsprüfung solle es keine Umweltverträglichkeitsprüfung nach dem UVPG mehr geben. Der Verzicht auf die UVP dient der Vermeidung von Doppelprüfungen und damit der Verfahrensbeschleunigung.[1368] In der Gesetzesbegründung wird darauf hingewiesen, dass die UVP keine Zulassungsentscheidung iSd UVP-RL ist, mit der ein bestimmtes Projekt im Sinne der UVP-RL genehmigt wird, und auch kein vorbereitender Schritt im Rahmen dieser Entscheidung ist. Vielmehr handele es sich bei der Raumverträglichkeitsprüfung nur um eine gutachterliche Stellungnahme der zuständige Raumordnungsbehörde. Das Ergebnis der Raumverträglichkeitsprüfung sei lediglich im Rahmen von behördlichen Ermessensentscheidungen oder als Abwägungsmaterial bei Entscheidungen mit planerischem Einschlag zu berücksichtigen und könne daher im Rahmen dieser Entscheidungen auch „überwunden" werden.[1369] Da die Umweltauswirkungen des Vorhabens in der Raumverträglichkeitsprüfung nur noch überschlägig geprüft werden, könne dieser Prüfung nicht mehr die volle abschließende Wirkung zukommen, die für sie als Bestandteil des bisherigen Raumordnungsverfahrens vorgesehen sei. Deshalb stelle § 49 S. 2 UVPG klar, dass die UVP in einem

---

1365 BVerwG ZfBR 2009, 57, die Entscheidung dürfte auch für die Raumverträglichkeitsprüfung beachtlich bleiben.

1366 Albrecht in Schumacher/Werk/Albrecht, ROG 2020, § 16 Rn. 14; BVerwG Urt. v. 09.11.2006 – 4 A 2001,06, juris Rn. 30; BVerwG Urt. v. 13.06.2006 – 4 A 1073/04, juris Rn. 60.

1367 Dazu Schmitz/Lehrian ZfBR 2023, 221 (222).

1368 Gesetzesbegründung BT-Drs. 20/4823, S. 31.

1369 BT-Drs. 20/4823, S. 31.

nachfolgenden Zulassungsverfahren, soweit erforderlich, auch eine vertiefte Prüfung denn der Raumverträglichkeit nur überschlägig geprüften Umweltauswirkungen umfasst.[1370] Ob mit dieser Reform die gewünschte Verfahrenserleichterung und Beschleunigung gelingt, erscheint zweifelhaft, weil sie nichts daran ändert, dass die Umweltfolgen der raumbedeutsamen Planung oder Maßnahmen sowohl bei der Raumverträglichkeitsprüfung als auch bei der Zulassung des Vorhabens geprüft und ggfls. abgeschichtet werden müssen. Eine effektive Beschleunigung wäre vielleicht eher mit einem weitreichenden Verzicht auf die Durchführung einer Raumverträglichkeitsprüfung erreichbar. Möglicherweise könnte die Funktion der Raumverträglichkeitsprüfung auch durch das Rechtsinstituts eines Vorbescheids ersetzt werden, mit dem eine verbindliche Prüfung der Vereinbarkeit eines Vorhabens mit Erfordernissen dort ermöglicht werden könnte, wo es sinnvoll erscheint, die damit verbundenen Rechtsfragen vor dem eigentlichen Zulassungsverfahren verbindlich abzuschichten.

i) Absehen von einer Raumverträglichkeitsprüfung. Von der Durchführung eines Raumordnungsverfahrens kann gem. § 16 II 1 ROG bei Planungen und Maßnahmen abgesehen werden, für die sichergestellt ist, dass ihre Raumverträglichkeit anderweitig geprüft wird; die Landesregierungen können gemäß § 16 II 2 ROG durch Rechtsverordnung regeln, welche Fälle in die Durchführung eines Raumordnungsverfahrens erübrigen. 767

15. Zielbekanntgabeverfahren

Um den Gemeinden eine Orientierung an den Zielen der Raumordnung zu erleichtern, sehen einige Landesplanungsgesetze das Instrument eines landesplanerischen Gutachtens bzw. ein Zielbekanntgabeverfahren vor. So schreibt etwa § 34 I LPlG NRW vor, dass die Gemeinde bei Beginn ihrer Arbeiten zur Aufstellung oder Änderung eines Bauleitplans unter allgemeinen Angaben ihrer Planungsabsichten bei der Bezirksplanungsbehörde anzufragen hat, welche Ziele für den Planbereich bestehen. Äußert sich die Bezirksplanungsbehörde nicht innerhalb von zwei Monaten auf die Anfrage der Gemeinde, so kann die Gemeinde gem. § 34 II LPlG NRW davon ausgehen, dass landesplanerische Bedenken nicht erhoben werden. Eine Erörterung der Planungsabsichten der Gemeinde findet nach § 34 III 1 LPlG NRW statt, wenn die Regionalplanungsbehörde oder die Gemeinde dieses für geboten hält. Kommt keine Einigung zustande, befindet die Regionalplanungsbehörde gem. § 34 III 2 LPlG NRW im Einvernehmen mit dem Regionalrat über die nicht ausgeräumten Bedenken. Landesgesetzlich geregelte Zielbekanntgabeverfahren führen allerdings nicht dazu, dass die dafür zuständigen Behörden berechtigt wären, Festlegungen eines Raumordnungsplans über deren räumliche und sachliche Aussage hinaus mit Zielqualität weiter zu konkretisieren. Das Zielbekanntgabeverfahren führt insoweit nicht zu einer spezifischen Auslegungskompetenz der Behörde.[1371] 768

16. Aufbau und Aufgaben der Landesplanung

Die Aufgaben der Landesplanung werden in den Bundesländern auf der Grundlage des jeweiligen Landesplanungsgesetzes von Landesplanungs- bzw. Landesraumordnungsbehörden erfüllt. Regelmäßig folgt der Aufbau der Landesplanungsbehörden dem allgemeinen Verwaltungsaufbau des jeweiligen Bundeslandes, der entweder zwei- oder dreistufig ist. Die Flächenländer verfügen zumeist über einen dreistufigen Verwaltungsaufbau, in Brandenburg, Mecklenburg-Vorpommern, Schleswig-Holstein und dem Saarland fehlt allerdings eine Mittelinstanz. Außerdem haben verschiedene Bundesländer, die über einen dreistufigen Verwaltungsaufbau verfügen, auf eine Untere Landesplanungsbehörde verzichtet und somit eine zweistufige Landesplanung, bestehend aus einer hochstufigen Landesplanung und einer Regionalplanung eingerichtet. Das gilt für Nordrhein-Westfalen und Hessen. Die Funktionen einer Obersten Landesplanungs- oder Raumordnungsbehörde nimmt in den Ländern entweder der Ministerpräsident bzw. die Ministerpräsidentin oder der nach Landesrecht für die Raumordnung zuständige Minister bzw. die zuständige Ministerin wahr. Dabei kann die Zuständigkeit für die Raumordnung im Innenministerium, im Wirtschaftsministerium oder aber auch im Umweltministerium angesiedelt sein. Im Bereich der Obersten Raumordnungsbehörde sind neben Aufsichts- und Beratungsfunktionen die Aufgaben der hochstufigen Landesplanung angesiedelt, 769

1370 BT-Drs. 20/4823, S. 31.

1371 Runkel in Bielenberg/Runkel/Spannowsky, ROG, 2019, § 3 Rn. 43.

innerhalb derer der für das Landesgebiet geltende Raumordnungsplan zu erarbeiten ist. Für die Träger der Regionalplanung sind unterschiedliche Organisationsmodelle verwirklicht.

770 Die **Regionalplanung** konkretisiert die Ziele der Raumordnung für die Regionen. Bei den Regionen handelt es sich um Teilräume des jeweiligen Bundeslandes, wobei sich diese auf den Bereich der Regierungsbezirke oder aber auch auf den von Landkreisen beziehen kann. Die Regionalplanung bildet das Bindeglied zwischen der hochstufigen Landesplanung und der gemeindlichen Bauleitplanung.

VII. Raumordnung des Bundes

1. Raumordnungsplanung des Bundes

771 Abschnitt 3 des ROG regelt die Raumordnung des Bundes im Gesamtstaat einschließlich der gesamtstaatlich relevanten Raumordnung in der ausschließlichen Wirtschaftszone.[1372] Der Abschnitt enthält Regelungen zu Raumordnungsplänen für die deutsche ausschließliche Wirtschaftszone und für den Gesamtraum, für die Beteiligung bei der Aufstellung von Raumordnungsplänen des Bundes, zur Zielabweichung bei Raumordnungsplänen des Bundes, sowie zur Untersagung raumbedeutsamer Planungen und Maßnahmen bei Raumordnungsplänen des Bundes. Des Weiteren sieht der dritte Abschnitt des ROG eine Ermächtigung zum Erlass von Rechtsverordnungen vor (§ 21 ROG), regelt die Zuständigkeiten des Bundesamtes für Bauwesen und Raumordnung (§ 22 ROG) und schafft die Grundlagen für den Beirat für Raumentwicklung (§ 23 ROG).

772 **a) Raumordnungspläne für die Deutsche ausschließliche Wirtschaftszone und für den Gesamtraum.** Arten und Inhalte von Raumordnungsplänen für die deutsche ausschließliche Wirtschaftszone und für den Gesamtraum bestimmt § 17 ROG. Nach § 17 I 1 ROG stellt das Bundesministerium für Wohnen, Stadtentwicklung und Bauwesen im Einvernehmen mit den fachlich betroffenen Bundesministerien für die deutsche ausschließliche Wirtschaftszone einen Raumordnungsplan als Rechtsverordnung auf. Der Raumordnungsplan soll unter Berücksichtigung etwaiger Wechselwirkungen zwischen Land und Meer sowie unter Berücksichtigung von Sicherheitsaspekten Festlegungen treffen zur Gewährleistung der Sicherheit und Leichtigkeit des Schiffsverkehrs, zu weiteren wirtschaftlichen Nutzungen, zu wissenschaftlichen Nutzungen sowie zum Schutz und zur Verbesserung der Meeresumwelt. Das Bundesamt für Seeschifffahrt und Hydrographie führt gemäß § 17 I 3 ROG mit Zustimmung des Bundesministeriums für Wohnen, Stadtentwicklung und Bauwesen die vorbereitenden Verfahrensschritte zur Aufstellung des Raumordnungsplans durch. Das Bundesministerium für Wohnen, Stadtentwicklung und Bauwesen arbeitet mit den angrenzenden Staaten und Ländern zusammen, um die Abstimmung und Kohärenz des Raumordnungsplans mit den Raumplanungen der angrenzenden Staaten und Länder sicherzustellen (§ 17 I 4 ROG).

773 Das Bundesministerium für Wohnen, Stadtentwicklung und Bauwesen kann gem. § 17 II 1 ROG im Einvernehmen mit den fachlich betroffenen Bundesministerien **länderübergreifende Raumordnungspläne** für den Hochwasserschutz sowie zu Standortkonzepten für Häfen und Flughäfen als Grundlage für ihre verkehrliche Anbindung im Rahmen der Bundesverkehrswegeplanung als Rechtsverordnung aufstellen. Voraussetzung dafür ist nach § 17 II 2 ROG, dass dies für die räumliche Entwicklung und Ordnung des Bundesgebietes unter nationalen oder europäischen Gesichtspunkten erforderlich ist. Die Beratungs- und Unterrichtungspflicht nach § 24 I und IV ROG ist nach § 17 II 3 ROG zu beachten. Das Bundesamt für Bauwesen und Raumordnung führt mit Zustimmung des Bundesministeriums für Wohnen, Stadtentwicklung und Bauwesen nach § 17 II 4 ROG die vorbereitenden Verfahrensschritte zur Aufstellung der Raumordnungspläne durch. Das Bundesministerium für Wohnen, Stadtentwicklung und Bauwesen beteiligt gem. § 17 II 5 ROG bei der Planaufstellung die Bundesministerien und stellt das Benehmen mit den Ländern und den angrenzenden Staaten her.

774 Das Bundesministerium für Wohnen, Stadtentwicklung und Bauwesen kann gem. § 17 III 1 ROG im Einvernehmen mit den fachlich betroffenen Bundesministerien für die räumliche Entwicklung des Bundesgebietes einzelne **Grundsätze der Raumordnung** nach § 2 II ROG durch Grundsätze in einem Raumordnungsplan konkretisieren. Die Beratungs- und Unterrichtungspflicht nach § 24 I und IV ROG ist auch insoweit zu beachten. Das Bundesamt für Bauwesen und Raumordnung führt mit Zustimmung des Bundesministeriums für Wohnen,

1372 Zur Raumordnungsplanung des Bundes Kümper VerwArch 2024, 54.

Stadtentwicklung und Bauwesen die vorbereitenden Verfahrensschritte zur Aufstellung des Raumordnungsplans durch. Das Bundesministerium für Wohnen, Stadtentwicklung und Bauwesen beteiligt bei der Planaufstellung die Bundesministerien und stellt das Benehmen mit den Ländern und den angrenzenden Staaten her (§ 17 III 3 und 4 ROG). Auf den Raumordnungsplan nach § 17 III ROG findet § 8 ROG keine Anwendung (§ 17 VIII ROG).

Zur Vorbereitung oder Verwirklichung von Raumordnungsplänen nach den § 17 I und II ROG kann der Träger der Bundesraumordnung gem. § 17 IV 1 ROG entsprechend § 14 I und II 1 Nr. 1 ROG vertragliche **Vereinbarungen** treffen; Gegenstand dieser Vereinbarungen kann auch die Übernahme von Kosten sein, die dem Träger der Bundesraumordnung bei der im Interesse des Vertragspartners liegenden Vorbereitung oder Verwirklichung von Raumordnungsplänen entstehen. 775

Mit der Möglichkeit des zuständigen Bundesministeriums, unter Beteiligung der Länder die Grundsätze des § 2 ROG durch Grundsätze in Raumordnungspläne zu konkretisieren, soll die Raumordnung im Bereich der Entwicklung des Bundesgebietes gestärkt werden. Die Rechtswirkung dieser planerischen Grundsätze der Raumordnung liegt darin, dass sie gem. § 4 ROG bei nachfolgenden Abwägungs- und Ermessenentscheidungen über raumbedeutsame Planungen und Maßnahmen zu berücksichtigen sind. 776

Raumordnungspläne des Bundes müssen länderübergreifend angelegt sein. Sie dürfen inhaltlich nicht einem Gesamtplan mit den Festlegungen nach § 13 S. 5 ROG entsprechen. Sollen Festlegungen eines Raumordnungsplan des Bundes auch öffentliche Stellen der Länder strikt durch Ziele der Raumordnung binden, dann bedarf es dafür einer besonderen Rechtfertigung. Der Raumordnungsplan des Bundes muss mit seinen bindenden Festlegungen aus nationalen oder europäischen Gründen für die räumliche Entwicklung und Ordnung des Bundesgebiets erforderlich sein.[1373] 777

b) Beteiligung bei der Aufstellung von Raumordnungsplänen des Bundes. Bei der Aufstellung der Raumordnungspläne nach § 17 I und II ROG findet § 9 II 3 ROG mit der Maßgabe Anwendung, dass die öffentliche Bekanntmachung auf der Internetseite und im Verkündungsblatt der auslegenden Behörde erfolgt (§ 18 I 1 ROG). Auf Raumordnungspläne nach § 17 III ROG findet § 9 I und IV ROG keine Anwendung; § 9 II und III ROG findet mit der Maßgabe Anwendung, dass die Beteiligung auf in ihren Belangen berührte öffentliche Stellen beschränkt werden kann. Das Erfordernis der Veröffentlichung einer Rechtsbehelfsbelehrung nach § 10 II 1 ROG findet gem. § 18 II 1 ROG auf die Raumordnungspläne des Bundes nach § 17 ROG keine Anwendung. Raumordnungspläne des Bundes nach § 17 III ROG sind gem. § 18 II 2 ROG im Bundesanzeiger bekannt zu machen; § 10 I, III und IV ROG findet auf diese Pläne keine Anwendung. 778

c) Zielabweichung bei Raumordnungsplänen des Bundes. Nach § 19 S. 1 ROG gilt hinsichtlich der Zielabweichung bei Raumordnungsplänen aus Bundes § 6 II ROG mit der Maßgabe, dass über den Antrag auf Zielabweichung bei Raumordnungsplänen nach § 17 I ROG das Bundesamt für Seeschifffahrt und Hydrographie und bei Raumordnungspläne nach § 17 II ROG das Bundesamt für Bauwesen und Raumordnung entscheidet. Wird über den Antrag auf Zielabweichung im Zulassungsverfahren über eine raumbedeutsame Planung oder Maßnahme oder in einem anderen Verfahren entschieden, ist das Benehmen mit dem Bundesministerium für Wohnen, Stadtentwicklung und Bauwesen erforderlich. 779

d) Anpassung an Ziele der Raumordnung in Bundesraumordnungsplänen. Nach § 13 Ia ROG sind Raumordnungspläne auch den Zielen der Raumordnung anzupassen, die in Bundesraumordnungsplänen nach § 17 ROG festgelegt sind. Die Bindungswirkung des § 4 I ROG bleibt nach § 11 Ia 2 ROG unberührt. Mit § 11 Ia ROG soll eine wirksame Umsetzung von Raumordnungsplänen des Bundes nach dem Vorbild des § 1 IV BauGB geregelt werden. Anpassen bedeutet nach der Gesetzesbegründung eine aktive, über § 4 I ROG hinausgehende Anpassungspflicht des in § 4 I ROG genannten Adressatenkreises durch eine sofortige Prüfung nach Inkrafttreten des Raumordnungsplans des Bundes und erforderlichenfalls möglichst kurzfristige Änderung beziehungsweise Anpassung der landesweiten und regionalen Raumordnungspläne. Nicht ausreichend soll eine Beachtung der Ziele erst im Rahmen einer etwaigen von der Landes- oder Regionalplanung unabhängig davon später beabsichtigten Planänderung sein.[1374] 780

1373 Runkel in Bielenberg/Runkel/Spannowsky, ROG, 2022, § 17 Rn. 2.
1374 BT-Drs. 20/4823, S. 25; dazu Kümper NuR 2023, 1371.

781 **e) Bundesraumordnungsplan für den Hochwasserschutz.** Gestützt auf die Ermächtigungsgrundlage des § 17 II 1 ROG ist im Jahr 2021 ein länderübergreifende Raumordnungsplan des Bundesministeriums des Innern, für Bau und Heimat (BMI) für den Hochwasserschutz in Kraft getreten. Angesichts der großen Hochwasserschäden in den letzten beiden Jahrzehnten und angesichts des aufgrund des Klimawandels größer werdenden Hochwasserrisikos – häufigere Starkregenereignisse, Meeresspiegelanstieg etc. – bedurfte es nach Ansicht der Bundesregierung eines verbesserten Hochwasserschutzes in Deutschland. Hochwasservorsorge zählt angesichts der wiederkehrenden Extremereignisse in der Tat zu den wichtigsten Aufgaben der Raumordnung.[1375] Ob es dazu allerdings eines Bundesraumordnungsplans bedarf, ob dieser einschließlich der in ihm formulierten Erfordernisse der Raumordnung erforderlich und somit von der Ermächtigungsgrundlage des § 17 II ROG gedeckt ist, kann man bezweifeln.[1376]

782 **Ziel des Bundesraumordnungsplans** ist es, das Hochwasserrisiko in Deutschland für Siedlungs- und Verkehrsflächen zu verringern. Der Plan soll eine bessere Steuerung und Koordinierung des Hochwasserschutzes durch eine bundesweite Harmonisierung raumplanerischer Standards bewirken. Außerdem sollen unterschiedliche Empfindlichkeiten und Schutzwürdigkeiten von Raumnutzungen durch die Anwendung eines risikobasierten Ansatzes sowie grenzüberschreitende Aspekte des Ober- und Unterliegerschutzes durch einen auf die gesamte Flussgebietseinheit bezogenen Ansatz auch in der Raumplanung und durch einen besseren Schutz kritischer Infrastruktur stärker berücksichtigt werden.

783 Im ersten Teil legt der Raumordnungsplan des Bundes allgemeine Ziele und Grundsätze der Raumordnung zum **Hochwasserrisikomanagement** (verpflichtende Prüfung von Hochwasserrisiken auf der Grundlage eines risikobasierten Ansatzes/Berücksichtigung wasserwirtschaftlicher Er-kenntnisse und volkswirtschaftlicher Auswirkungen vergangenen Extremhochwasser), zu Klimawandel und -anpassung (verpflichtende Prüfung der Auswirkungen des Klimawandels im Hinblick auf Hochwasserereignisse und Überprüfung und Anpassung raumbedeutsamer Planungen und Maßnahmen zum Hochwasserschutz) und zur grenzüberschreitenden Abstimmung fest. Der zweite Teil des Raumordnungsplans enthält **Festlegungen zum Hochwasserschutz** bei oberirdischen Gewässern. Dazu schreibt der Plan unter anderem vor, dass hinter Hochwasserschutzanlagen der Raum, der aus wasserwirtschaftlicher Sicht für eine später notwendige Verstärkung der Hochwasserschutzanlagen erforderlich sein wird, von entgegenstehenden Nutzungen und Funktionen freizuhalten ist und dass auch der aus wasserwirtschaftlicher Sicht erforderliche Raum für Deichrückverlegungen von entgegenstehenden Nutzungen und Funktionen freizuhalten ist (Ziel II.1.2). Der Plan verpflichtet außerdem dazu, bei raumbedeutsamen Planungen und Maßnahmen das natürliche Wasserversickerungs- und Wasserrückhaltevermögen des Bodens, soweit es hochwassermindernd wirkt und Daten über das Wasserhaltevermögen des Bodens bei öffentlichen Stellen verfügbar sind, zu erhalten (Ziel II.1.3). Der Plan enthält außerdem ergänzende Festlegungen für Überschwemmungsgebiete nach § 76 II und III WHG und für Risikogebiete außerhalb von Überschwemmungsgebieten nach § 78b WHG. II.2.1. So sollen Überschwemmungsgebiete nach § 76 I WHG, die noch nicht wasserrechtlich vorläufig gesichert wurden, auf geeignete Weise durch die Raumplanung gesichert werden. In Überschwemmungsgebieten nach § 76 I WHG sollen Siedlungen und raumbedeutsame bauliche Anlagen entsprechend den Regelungen der §§ 78, 78a WHG nicht erweitert oder neu geplant, ausgewiesen oder errichtet werden (Grundsätze II.2.1 und II.2.2). In Überschwemmungsgebieten nach § 76 Abs. 1 WHG dürfen bestimmte, im Einzelnen aufgelistete Infrastrukturen und Anlagen, sofern sie raumbedeutsam sind, weder geplant noch zugelassen werden, es sei denn, sie können nach § 78 Abs. V, VI oder VII oder § 78a II WHG zugelassen werden (Ziel II.2.3). Auch In Risikogebieten außerhalb von Überschwemmungsgebieten nach § 78b WHG sollen im Einzelnen aufgeführte Infrastrukturen und Anlagen, sofern sie raumbedeutsam sind, weder geplant noch zugelassen werden, es sei denn, sie erfüllen die Voraussetzungen des § 78b I 2 WHG (Grundsatz II.3).

784 Der dritte Teil des Plans formuliert Ziele und Grundsätze der Raumordnung zum Schutz vor Meeresüberflutungen. Dazu ist der Raum, der für eine aus wasserwirtschaftlicher Sicht später notwendig werdende, rechtlich mögliche Verstärkung von technischen Anlagen zum Schutz vor Meeresüberflutungen erforderlich sein wird, binnenseitig von entgegenstehenden Nutzungen und Funktionen freizuhalten (Ziel III. 1). Seewärts der Schutzanlagen gelegenes Vor-

[1375] Beckmann BauR 2021, 1748.
[1376] Dazu näher Beckmann BauR 2021, 1748; Kümper UPR 2023, 1.

land ist ebenfalls von entgegenstehenden Nutzungen freizuhalten, soweit es Teil des geltenden wasserwirtschaftlichen Überflutungsschutzkonzeptes ist (Ziel III.2). Raumbedeutsame Planungen und Maßnahmen, die den Schutz vor Meeresüberflutungen nicht nur unerheblich beeinträchtigen, sollen weder geplant noch zugelassen werden (Grundsatz III. 3). Siedlungen sollen nur in ausreichend geschützten Küstengebieten weiterentwickelt werden (Grundsatz III. 4). Zu weiteren Erfordernissen des Raumordnungsplans sei auf den Plan selbst verwiesen.

Es ist zweifelhaft, ob der Raumordnungsplan des Bundes zum Hochwasserschutz von der Ermächtigungsgrundlage des § 17 II ROG gedeckt wird, ob und ggfls. inwieweit es sich bei dem der Rechtsverordnung vom 19.08.2021 beigefügten Regelwerk überhaupt um einen Raumordnungsplan handelt, ob die Bezeichnung verschiedener Planaussagen als Ziel oder Grundsatz der Raumordnung zutreffend ist und ob einzelne der als Ziele der Raumordnung bezeichneten Planaussagen nicht zuletzt angesichts ihrer unmittelbaren Geltung für private Vorhabenträger hinreichend bestimmt sind.[1377] § 17 II 1 ROG räumt dem Bund eine Planungskompetenz für die Aufstellung eines Bundesraumordnungsplans zum Hochwasserschutz nur ein, wenn und soweit es sich dabei um einen länderübergreifenden Raumordnungsplan handelt. Fraglich ist, was in diesem Sinne unter einem länderübergreifenden Raumordnungsplan zu verstehen ist. Unstreitig dürfte sein, dass länderübergreifend solche Pläne sind, die Hochwasserschutzprobleme planerisch bewältigen, die sich bei Flusssystemen stellen, weil und soweit sie mehrere Bundesländer durchfließen. Ein länderübergreifender Raumordnungsplan des Bundes für den Hochwasserschutz ist insoweit zulässig, wenn er jeweils spezifische Hochwasserprobleme länderübergreifender Flusssysteme, wie etwa von Rhein, Main, Donau, Weser, Ems, Elbe und Oder, jeweils mit ihren Nebenflüssen und Wassereinzugsbereichen, bewältigt.[1378] Zweifelhaft ist hingegen, ob eine bundesweite Vereinheitlichung von Anforderungen der Hochwasserschutzvorsorge, wie sie der Verordnungsgeber als zentralen Gesichtspunkt seines Planungskonzepts in der Präambel des Plans angibt, in diesem Sinne auch einen länderübergreifenden Raumordnungsplan des Bundes rechtfertigen kann.[1379] Dagegen spricht, dass eine abstrakt-generelle Standardisierung von Anforderungen an die Hochwasserschutzvorsorge durch ein untergesetzliches Regelwerk, das sich nicht auf eine raumbezogene Planung einschließlich der dafür erforderlichen planerischen Abwägung bezieht, das insbesondere glaubt, mit Zielen der Raumordnung unabhängig von konkreten Plangegebenheiten vor Ort eine solche Standardisierung von Anforderungen erreichen zu können, kein länderübergreifender Raumordnungsplan, sondern nur ein untergesetzliches Regelwerk ist, das mit Geltungsanspruch für das gesamte Bundesgebiet Anforderungen des WHG und des ROG nachschärft. Für die Wiederholung von Verbotsregelungen und Ausnahmetatbeständen und auch für die Verschärfung solcher Verbotstatbestände des Wasserrechts fehlt es dem Plangeber jedoch an der Regelungskompetenz.[1380] Für solche Regelungen wäre ein Raumordnungsplan des Bundes iSv § 17 II 2 ROG nicht erforderlich. Die Erforderlichkeit eines Raumordnungsplans des Bundes zum vorbeugenden Hochwasserschutz ist selbst für ein einzelne länderübergreifende Flusssysteme keineswegs selbstverständlich, sondern jeweils sorgfältig zu begründen, insbesondere durch einen Vergleich der für dieses konkrete Flusssystem bereits durch die Länder gesicherten und der für einen effektiven Hochwasserschutz erforderlichen Flächen.[1381] Für die bundesweit Geltung beanspruchende Planung des Bundes fehlt es jedoch an einem solchen Vergleich. Es spricht deshalb Überwiegendes dafür, dass es sich bei dem Raumordnungsplan des Bundes für den Hochwasserschutz gar nicht um einen Raumordnungsplan im Sinne von § 17 II 1 ROG handelt. Selbst wenn man dies anders sehen würde, spräche viel dafür, dass dem Plan nicht pauschal die nach § 17 II 2 ROG verlangte Erforderlichkeit bescheinigt werden könnte.[1382] 785

[1377] dazu Beckmann BauR 2021, 1748.

[1378] Beckmann BauR 2021, 1748 (1759); Runkel in Spannowsky/Runkel/Goppel, 2018, § 17 Rn. 38.

[1379] in diesem Sinne Spannowsky ZfBR 2020, 523 (531).

[1380] Beckmann BauR 2021, 1748 (1759), kritisch dazu auch Runkel in Bielenberg/Runkel/Spannowsky, ROG, 2022, § 17 Rn. 91.

[1381] Runkel in Spannowsky/Runkel/Goppel ROG, 2018, § 17 Rn. 43; ders. in Bielenberg/Runkel/Spannowsky, ROG, 2022, § 17 Rn. 23: „Hohe Erforderlichkeitshürde".

[1382] Beckmann BauR 2021, 1748 (1759).

2. Zuständigkeiten des Bundesamtes für Bauwesen und Raumordnung

786 Nach § 22 I 1 ROG führt das Bundesamt für Bauwesen und Raumordnung ein Informationssystem zur räumlichen Entwicklung im Bundesgebiet und in den angrenzenden Gebieten. Das Bundesministerium für Wohnen, Stadtentwicklung und Bauwesen stellt den Ländern die Ergebnisse des Informationssystems nach § 22 I 2 ROG zur Verfügung. Das Bundesamt für Bauwesen und Raumordnung erstattet dem Bundesministerium Wohnen, Stadtentwicklung und Bauwesen zur Vorlage an den Deutschen Bundestag in regelmäßigen Abständen Berichte, insbesondere über die bei der räumlichen Entwicklung des Bundesgebietes zugrunde zu legenden Tatsachen (Bestandsaufnahme, Entwicklungstendenzen), die im Rahmen der angestrebten räumlichen Entwicklung durchgeführten und beabsichtigten raumbedeutsamen Planungen und Maßnahmen, die räumliche Verteilung der raumbedeutsamen Planungen und Maßnahmen des Bundes und der Europäischen Union im Bundesgebiet und deren Wirkung sowie über die Auswirkungen der europäischen Integration auf die räumliche Entwicklung des Bundesgebietes. Die Berichte können sich nach § 22 II 2 ROG auf fachliche und teilräumliche Aspekte beschränken.

3. Beirat für Raumentwicklung

787 § 23 ROG regelt die Rechtsgrundlagen für den Beirat für Raumentwicklung. Nach § 23 I ROG hat der Beirat für Raumentwicklung die Aufgabe, das Bundesministerium für Wohnen, Stadtentwicklung und Bauwesen in Grundsatzfragen der räumlichen Entwicklung zu beraten. Das Bundesministerium für Wohnen, Stadtentwicklung und Bauwesen beruft gemäß § 23 II ROG Vertretern aus der Wissenschaft und der Praxis aus Bereichen mit relevanten Bezügen zur räumlichen Entwicklung des Bundesgebiets. Auf ein Benehmen mit zuständigen Spitzenverbänden, dass vor der Änderung des § 22 ROG durch das ROGÄndG 2023 für die Berufung in den Beirat vorausgesetzt wurde, hat der Gesetzgeber mit der Begründung verzichtet, in der Praxis würden die Mitglieder des Beirats für Raumordnung nicht im Benehmen mit den zuständigen Spitzenverbänden berufen, da diese mangels Bestimmtheit des Begriffs nicht eindeutig bestimmbar seien und zudem nicht alle Verbände im Beirat vertreten sein könnten.[1383]

788 Zuständigkeiten des Bundesamtes für Bauwesen und Raumordnung regelt § 25 ROG. Das Amt führt nach § 25 I 1 ROG ein Informationssystem zur räumlichen Entwicklung im Bundesgebiet und in den angrenzenden Gebieten. Das Bundesministerium für Verkehr, Bau und Stadtentwicklung stellt den Ländern die Ergebnisse dieses Informationssystems zur Verfügung. Außerdem erstattet das Bundesamt für Bauwesen und Raumordnung dem Bundesministerium für Verkehr, Bau und Stadtentwicklung zur Vorlage an den Bundestag Berichte, insbesondere über die bei der räumlichen Entwicklung des Bundesgebiets zugrunde liegenden Tatsachen (Bestandaufnahme, Entwicklungstendenzen), über die im Rahmen der angestrebten räumlichen Entwicklung durchgeführten und beabsichtigten raumbedeutsamen Planungen und Maßnahmen, über die räumliche Verteilung der raumbedeutsamen Planungen und Maßnahmen des Bundes und der Europäischen Union im Bundesgebiet und deren Wirkung und über die Auswirkungen der europäischen Integration auf die räumliche Entwicklung im Bundesgebiet.

4. Zusammenarbeit von Bund und Ländern

789 Nach § 24 I ROG sollen grundsätzliche Angelegenheiten der Raumordnung vom Bundesministerium für Wohnen, Stadtentwicklung und Bauwesen und den für Raumordnung zuständigen obersten Landesbehörden in der Raumentwicklungsministerkonferenz gemeinsam beraten werden. Bund und Länder können im Rahmen der Raumentwicklungsministerkonferenz nach § 24 II ROG Leitbilder für die räumliche Entwicklung des Bundesgebietes oder von über die Länder hinausgreifenden Zusammenhängen entwickeln. Nach § 24 III 1 ROG beteiligt sich der Bund in Zusammenarbeit mit den Ländern an einer Politik des räumlichen Zusammenhalts in der Europäischen Union und im größeren europäischen Raum. Bund und Länder wirken gem. § 24 III 2 ROG im Bereich der Raumordnung eng zusammen. Nach § 24 IV ROG sind Bund und Länder verpflichtet, sich gegenseitig die Auskünfte zu erteilen, die zur Durchführung der Aufgaben der Raumordnung notwendig sind.

1383 BT-Drs. 20/4823, S. 30.

5. Beteiligung bei der Aufstellung von Raumordnungsplänen der Nachbarstaaten

Wird die Durchführung eines in einem Nachbarstaat vorgesehenen Raumordnungsplans voraussichtlich erhebliche Auswirkungen auf das angrenzende Plangebiet in der Bundesrepublik Deutschland haben, so ersucht gem. § 25 I ROG diejenige deutsche Stelle, an deren Plangebiet der ausländische Raumordnungsplan angrenzt und die für einen gleichartigen Raumordnungsplan in Deutschland zuständig wäre, die zuständige Behörde des Nachbarstaates um Unterlagen über den Raumordnungsplan, insbesondere um eine Beschreibung des Planinhalts und um Angaben über grenzüberschreitende Auswirkungen des Plans. Hält die deutsche Stelle nach § 25 I ROG eine Beteiligung für erforderlich, so teilt sie gem. § 25 II 1 ROG dies der zuständigen Behörde des Nachbarstaates mit und ersucht, soweit erforderlich, um weitere Angaben zum Raumordnungsplan. Sodann unterrichtet sie die in ihren Belangen berührten öffentlichen Stellen und die Öffentlichkeit, gibt ihnen Gelegenheit zur Einsichtnahme in die Unterlagen und weist, sofern sie nicht die Abgabe einer einheitlichen Stellungnahme für angezeigt hält, darauf hin, welcher Behörde des Nachbarstaates innerhalb welcher Frist eine Stellungnahme zugeleitet werden kann. Die deutsche Stelle nach § 25 I ROG gibt der zuständigen Behörde des Nachbarstaates zudem alle ihr vorliegenden Informationen, die für die Aufstellung des Raumordnungsplans bedeutsam sein können (§ 25 II 2 und 3 ROG). Grenzt das Plangebiet eines ausländischen Raumordnungsplans an die deutsche ausschließliche Wirtschaftszone an, so ist im Hinblick auf die dortigen Auswirkungen die für das Beteiligungsverfahren zuständige deutsche Stelle das Bundesministerium für Wohnen, Stadtentwicklung und Bauwesen (§ 25 III ROG). 790

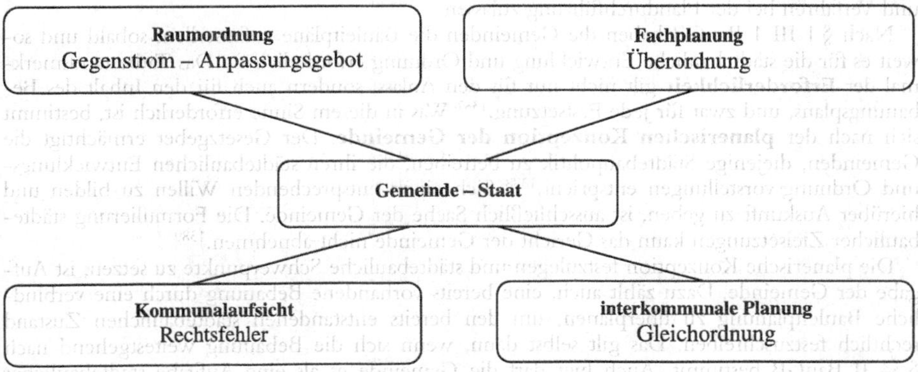

3. Teil. Inhalt und Rechtsnatur der Bauleitpläne

Das BauGB hält ein reichhaltiges Bündel von Planungsinstrumenten bereit.[1384] Hierzu gehören die Plangestaltung, Plansicherung, Planverwirklichung, Planvorbereitung, Planbegleitung und Plankoordinierung. 791

Hauptinstrumente der **Bauleitplanung** sind der **Flächennutzungsplan** als vorbereitender Bauleitplan (§§ 5–7 BauGB) und der **Bebauungsplan** als verbindlicher Bauleitplan (§§ 8–13 BauGB). Beide Planungen sind aufeinander bezogen und ergeben ein System kommunaler Bauleitplanung, das der Vorbereitung und Leitung der baulichen und sonstigen Nutzung der Grundstücke dient (§ 1 I BauGB). 792

[1384] Zur Entstehungsgeschichte des BauGB siehe Arbeitskreis für Umweltrecht NVwZ 1987, 395; Bielenberg/Krautzberger DVBl. 1985, 1281; Bielenberg/Krautzberger/Söfker DVBl. 1987, 122; Stelkens BauR 1986, 390; Zentralinstitut für Raumplanung DVBl. 1985, 36; nach einem Kabinettsbeschluss vom 4.9.2024 sollen die einleitenden Bestimmungen des BauGB zur Vereinfachung neu formuliert werden, ohne jedoch insoweit das System substantuell zu ändern.

793 Die Gemeinden haben nach § 1 III BauGB Bauleitpläne aufzustellen, sobald und soweit es erforderlich ist. Die Planungsbefugnis der Gemeinden steht daher unter den Vorbehalt der städtebaulichen Erforderlichkeit.[1385] Die Bauleitpläne sollen eine nachhaltige städtebauliche Entwicklung, die die sozialen, wirtschaftlichen und umweltschützenden Anforderungen auch in Verantwortung gegenüber künftigen Generationen miteinander in Einklang bringt, und eine dem Wohl der Allgemeinheit dienende sozialgerechte Bodennutzung unter Berücksichtigung der Wohnbedürfnisse der Bevölkerung gewährleisten. Sie sollen dazu beitragen, eine menschenwürdige Umwelt zu sichern, die natürlichen Lebensgrundlagen zu schützen und zu entwickeln sowie den Klimaschutz und die Klimaanpassung, insbesondere auch in der Stadtentwicklung, zu fördern, sowie die städtebauliche Gestalt und das Orts- und Landschaftsbild baukulturell zu erhalten und zu entwickeln. Hierzu soll die städtebauliche Entwicklung vorrangig durch Maßnahmen der Innenentwicklung erfolgen. Die nachhaltige städtebauliche Entwicklung zielt auf eine langfristig ausgewogene Flächennutzungsplanung, die das Gesamtsystem der Stadt einschließlich der städtischen Umwelt dauerhaft funktionsfähig macht. Dies schließt sowohl eine sparsame und schonende Inanspruchnahme neuer Flächen für bauliche und infrastrukturelle Maßnahmen (§ 1 a II 1 BauGB),[1386] die Aufbereitung und Wiedernutzung brachgefallener oder ungenutzter Bau- und Infrastrukturflächen als auch die Offenhaltung geeigneter Entwicklungsflächen für nachfolgende Generationen ein. Die Förderung Kosten sparenden Bauens wird maßgeblich durch die festgelegte städtebauliche Struktur bestimmt. Sie beginnt mit der Ausweisung geeigneter, in die vorhandenen städtebaulichen Strukturen gut eingebundener Bau- und Infrastrukturflächen, deren gegenseitiger Zuordnung und Erreichbarkeit auf kurzen Wegen, der sparsamen Erschließung der Bauflächen und reicht bis zur Festsetzung von Bau- und Erschließungsstrukturen, die einen rationellen Einsatz wirtschaftlicher Methoden und Verfahren bei der Plandurchführung zulassen.

794 Nach § 1 III 1 BauGB haben die Gemeinden die Bauleitpläne aufzustellen, sobald und soweit es für die städtebauliche Entwicklung und Ordnung erforderlich ist. Das Tatbestandsmerkmal der **Erforderlichkeit** gilt nicht nur für den Anlass, sondern auch für den Inhalt des Bebauungsplans, und zwar für jede Festsetzung.[1387] Was in diesem Sinne erforderlich ist, bestimmt sich nach der **planerischen Konzeption der Gemeinde**. Der Gesetzgeber ermächtigt die Gemeinden, diejenige Städtebaupolitik zu betreiben, die ihren städtebaulichen Entwicklungs- und Ordnungsvorstellungen entspricht.[1388] Sich einen entsprechenden Willen zu bilden und hierüber Auskunft zu geben, ist ausschließlich Sache der Gemeinde. Die Formulierung städtebaulicher Zielsetzungen kann das Gericht der Gemeinde nicht abnehmen.[1389]

795 Die planerische Konzeption festzulegen und städtebauliche Schwerpunkte zu setzen, ist Aufgabe der Gemeinde. Dazu zählt auch, eine bereits vorhandene Bebauung durch eine verbindliche Bauleitplanung zu überplanen, um den bereits entstandenen städtebaulichen Zustand rechtlich festzuschreiben. Das gilt selbst dann, wenn sich die Bebauung weitestgehend nach § 34 II BauGB bestimmt. Auch hier darf die Gemeinde es als eine Aufgabe städtebaulicher Ordnung ansehen, ein **faktisches Baugebiet** nunmehr rechtlich zu ordnen und damit städtebaulich „festzuschreiben".[1390] Ob und in welchem Umfang eine Bauleitplanung erforderlich ist, obliegt grundsätzlich der freien Entscheidung der Gemeinde. Es besteht insoweit ein weites Ermessen, das sich einer rechtlichen Kontrolle weitgehend entzieht.[1391] Die sich aus § 1 III BauGB ergebende Befugnis und ggf. Verpflichtung zur Bauleitplanung sind objektiv-rechtlicher Natur, dh die Gemeinden werden im öffentlichen Interesse an einer geordneten städtebaulichen Entwicklung und nicht im individuellen Interesse Einzelner tätig. Folglich bestimmt § 1 III 2 BauGB, dass auf die Aufstellung, Änderung, Ergänzung und Aufhebung von Bauleitplänen **kein Anspruch** besteht. Ein subjektives Recht auf eine bestimmte Bauleitplanung ist

---

[1385] BVerwG ZfBR 2008, 182. Zur Erforderlichkeit einer kommunalen Entlastungsstraße OVG Lüneburg NuR 2008, 805; Ziekow VerwArch. 2006, 115. Auch ein privater Bauwunsch kann Veranlassung für eine Bauleitplanung geben, so OVG Münster Urt. v. 21.2.2008 – 7 D 6/07.NE – Trinkwassergewinnung.

[1386] Zur Flächensparsamkeit in der Bauleitplanung Wächter DVBl. 2009, 997; Schröer NZBau 2009, 768. Zum Flächenrecycling als Instrument einer nachhaltigen Stadtentwicklung Tomerius NuR 2005, 14.

[1387] BVerwGE 120, 239.

[1388] VGH Mannheim Urt. v. 5.7.2023 – 3 S 4259/20, juris Rn. 21; OVG Münster Urt. v. 1.4.2022 – 10 D 3/20, juris Rn. 37; BVerwGE 153, 16.

[1389] BVerwG BRS 88 Nr 2 (2020); BVerwG ZfBR 2017, 151.

[1390] BVerwG NVwZ-RR 1997, 83.

[1391] BVerwG Beschl. v. 14.8.1995 – 4 NB 21.95, juris.

gesetzlich ausgeschlossen.[1392] Auch ein subjektives Recht auf Unterlassung einer bestimmten Bauleitplanung kann durch Vertrag oder Zusage nicht begründet werden.[1393] Ebenso wenig wie ein subjektives Recht auf Schaffung oder Beibehaltung einer Bauleitplanung mit einem bestimmten Inhalt begründet werden kann, kann rechtswirksam zugesagt werden, eine bestimmte Bebauungsplanung nicht zu ändern.[1394] Die städtebaulichen Gründe können sich aus allen abwägungserheblichen Belangen im Sinne von § 1 VI BauGB ergeben.[1395]

Ein Bebauungsplan kann auch dann „erforderlich" iSd § 1 III BauGB sein, wenn er nicht 796 „notwendig" oder unabweisbar ist. Die Gemeinde darf im Rahmen ihrer Planung auch einem erst zukünftig auftretenden Bedarf entsprechen.[1396] Die Realisierung der Planung darf aber nicht etwa wegen mangelnder Verkaufsbereitschaft des Eigentümers[1397] oder wegen bestehender rechtlicher Hindernisse[1398] dauerhaft scheitern.[1399] Ein Bebauungsplan ist nicht erforderlich iS des § 1 III BauGB, wenn für das geschaffene, in der Tendenz überdimensionierte Baurecht kein hinreichender Bedarf besteht und die Planung deshalb nicht auf Verwirklichung in angemessener Zeit angelegt ist.[1400] Die Prognose, ob der Realisierung des Bebauungsplans dauerhafte Hindernisse tatsächlicher oder rechtlicher Art entgegenstehen, verlangt nach der Rechtsprechung des BVerwG keine letzte Gewissheit, dass der Vollzug der Regelung unter allen Umständen ausgeschlossen sein wird, sondern die von den konkreten Einzelfallumständen abhängige Prüfung, ob nach der Planbegründung die Annahme gerechtfertigt ist, dass der Bebauungsplan bzw. einzelne seiner Festsetzungen realistischerweise umgesetzt werden können. Dabei ist, so das BVerwG, nicht zuletzt die Art der in Rede stehenden Festsetzungen von Bedeutung. Flächenfestsetzungen trügen in aller Regel schon dadurch die Vollzugswahrscheinlichkeit in sich, dass die Zulässigkeit neuer Vorhaben (§ 29 I BauGB) an ihnen zu messen sei (§ 30 BauGB) und sich so zumindest langfristig ein Gebietswandel einstellen werde. Deswegen könnten und müssten unter Umständen auch auf längere Dauer andere als die festgesetzten Nutzungen hingenommen werden.[1401] Vor diesem Hintergrund lasse sich nur unter Würdigung der jeweiligen Umstände des Einzelfalls beurteilen, ob angesichts von Bekundungen des Nutzungsberechtigten davon auszugehen sei, dass die Verwirklichung der Festsetzung auf Dauer ausgeschlossen erscheine. Allein der Wille eines Berechtigten, die Realisierung einer bestimmten Festsetzung zu verhindern, führe regelmäßig nicht zur Rechtswidrigkeit dieser Festsetzung[1402] An die Erforderlichkeit der Bauleitplanung ist auch insoweit **kein strenger Maßstab** anzulegen.

Beispiel: Die Erforderlichkeit der Planung eines kommunalen Parkhauses iS des § 1 III BauGB setzt nicht voraus, dass ein entsprechender Parkraumbedarf durch eine **Bedarfsanalyse** nachgewiesen ist. Ob für die konkrete Planung (einschließlich Dimensionierung) ein Bedarf besteht, ist nicht auf der Ebene des § 1 III 1 BauGB zu klären, sondern im Rahmen der Abwägung zu ermitteln und zu gewichten.[1403]

§ 1 III 1 BauGB ist verletzt, wenn ein Bebauungsplan, der aus tatsächlichen oder Rechts- 797 gründen auf Dauer oder auf unabsehbare Zeit der Vollzugsfähigkeit entbehrt, die Aufgabe der verbindlichen Bauleitplanung nicht zu erfüllen vermag.[1404] Damit wird der Gemeinde bei ihrer

---

1392 BVerwG NordÖR 2004, 284.

1393 OVG Münster Urt. v. 21.2.2008 – 7 D 6/07.NE, juris.

1394 OVG Münster ZfBR 2008, 280.

1395 Einzelfälle: OVG Münster Urt. v. 26.7.2007 – 10 D 58/05.NE, juris; OVG Koblenz BauR 2006, 417; VGH München ZfBR 2006, 52; OVG Lüneburg Urt. v. 28.3.2006 – 9 KN 34/03, juris.

1396 OVG Schleswig NordÖR 2009, 376.

1397 OVG Lüneburg NVwZ-RR 2009, 714.

1398 VGH Kassel ZUR 2009, 504; VGH Kassel BauR 2009, 766.

1399 OVG Greifswald Urt. v. 3.9.2008 – 3 K 9/07.

1400 BVerwG Beschl. v. 6.12.2022 – 4 Bn 23/22, juris; NVwZ 2015, 689; VGH München ZfBR 2006, 595 im Anschluss an BVerwGE 92, 8.

1401 BVerwG Beschl. v. 6.12.2022 – 4 Bn 23/22, juris Rn. 10; BVerwGE 150, 101 Rn. 14 mwN.

1402 BVerwG Beschl. v. 6.12.2022 – 4 Bn 23/22, juris Rn. 10; BVerwGE 156, 336 Rn. 10; BauR 2022, 1024 Rn. 4.

1403 OVG Greifswald Urt. v. 28.2.2023 – 3 K 489/20, juris Rn. 67; siehe zur Entbehrlichkeit einer solchen Bedarfsanalyse auch BVerwG Beschl. v. 14.8.1995 – 4 NB 21.95, juris Rn. 3; Urt. v. 19.9.2002 – 4 CN 1.02, juris Rn. 33; OVG Münster Beschl. v. 19.12.2022 – 10 A 2374/21, juris Rn. 8; VGH München Urt. v. 2.6.2022 – 1 N 19.144, juris Rn. 21; OVG Weimar Urt. v. 2.2.2003 – 1 N 290/99, Rn. 50, juris; VGH Kassel Urt. v. 25.2.2004 – 9 N 3123/01, juris Rn. 27.

1404 OVG Münster Urt. v. 1.4.2022 – 10 D 3/20–, juris Rn. 37.

Bauleitplanung aber nur eine erste, wenn auch strikt bindende Schranke, die nur grobe und einigermaßen offensichtliche Missgriffe ausschließen soll. Sie betrifft die generelle Erforderlichkeit der Planung, nicht hingegen die Einzelheiten einer konkreten planerischen Lösung. Dafür ist das Abwägungsgebot maßgeblich, das im Hinblick auf gerichtliche Kontrolldichte, Fehlerunbeachtlichkeit und heranzuziehende Erkenntnisquellen abweichenden Maßstäben unterliegt. Deswegen kann die Abgewogenheit einer Bauleitplanung und ihrer Festsetzungen nicht bereits zum Maßstab für deren städtebauliche Erforderlichkeit gemacht werden.[1405]

798 So kann die Ausweisung umfangreicher neuer Gewerbe- und Industriegebiete, die über den aktuellen Bedarf der planenden Gemeinde hinausgehen, hinreichend städtebaulich gerechtfertigt sein, wenn sie auf bindenden Vorgaben eines Ziels der Raumordnung beruht.[1406] Die Erforderlichkeit eines Bebauungsplans iS des § 1 III BauGB wird auch nicht dadurch in Frage gestellt, dass die zuständigen Baurechtsbehörden von der zwangsweisen **Durchsetzung einer Festsetzung** bei schon bebauten Grundstücken nur unter Berücksichtigung der jeweiligen entgegenstehenden Belange im Einzelfall Gebrauch machen. Ein Bebauungsplan verletzt § 1 III 1 BauGB, wenn er aus tatsächlichen oder rechtlichen Gründen auf Dauer oder auf unabsehbare Zeit vollzugsunfähig ist.[1407]

Beispiel: Setzt der Bebauungsplan eine private Grundstücksnutzung fest, die nach Art und Umfang im zentralen Planbereich in Widerspruch zur privat ausgeübten baulichen Nutzung steht, ohne den betroffenen Eigentümern wirtschaftliche Vorteile zu bieten, müssen konkrete Anhaltspunkte dafür vorliegen, dass in absehbarer Zeit die bisherige bauliche Nutzung aufgegeben und die plangemäße Nutzung realisiert wird. Ist die Nutzungsänderung mit erheblichem Aufwand verbunden (etwa zur Beseitigung des Baubestandes und von Altlasten) gehören dazu auch Angaben zur Finanzierbarkeit. Diese für die Beurteilung der städtebaulichen Erforderlichkeit maßgeblichen Anhaltspunkte zur tatsächlichen Realisierbarkeit der neu festgesetzten privaten Nutzung gehören auch zum Abwägungsmaterial, das vom Plangeber zu berücksichtigen ist.[1408]

799 § 1 III BauGB kann Rechtsgrundlage einer gemeindlichen **Erstplanungspflicht** im unbeplanten Innenbereich sein. Das Planungsermessen der Gemeinde verdichtet sich zur strikten Planungspflicht, wenn qualifizierte städtebauliche Gründe von besonderem Gewicht vorliegen.[1409] Auch das **interkommunale Abstimmungsgebot** kann einen qualifizierten städtebaulichen Handlungsbedarf begründen. § 1 IV BauGB begründet eine gemeindliche Erstplanungspflicht, wenn die Verwirklichung von Zielen der Raumordnung bei Fortschreiten einer „planlosen" städtebaulichen Entwicklung auf unüberwindbare tatsächliche oder rechtliche Hindernisse stoßen oder wesentlich erschwert würde.[1410] Die eine Erstplanungspflicht auslösenden Tatbestände des § 1 III und 4 BauGB stehen infolge ihrer unterschiedlichen Zweckrichtung nicht in einem Rangverhältnis; sie können jeweils allein oder nebeneinander zur Anwendung kommen. Die Durchsetzung einer gemeindlichen Planungspflicht aus § 1 III BauGB mit den Mitteln der Kommunalaufsicht ist mit Bundesrecht vereinbar.[1411]

800 Die Gemeinde soll ganz bewusst **Städtebaupolitik** betreiben. Einer „Bedarfsanalyse" bedarf es dazu nicht. Auch besteht auf die Aufstellung von Bauleitplänen und städtebaulichen Satzungen nach § 1 III 2 BauGB kein Anspruch. Ebenso wenig lässt sich etwa aus der **Eigentumsgarantie** in Art. 14 I GG ein Anspruch auf Aufrechterhaltung eines unwirksamen Bebauungsplans herleiten.[1412] Hinsichtlich der Erforderlichkeit der Planung wird sich die Gemeinde

---

1405 VGH Mannheim Urt. v. 5.7.2023 – 3 S 4259/20, juris Rn. 20: BVerwG Urt. v. 27.3.2013 – 4 C 13.11 juris, Rn. 9; Beschl. v. 11.5.1999 – 4 BN 15.99, juris Rn. 4; VGH Mannheim Urt. v. 18.4.2018 – 5 S 2105/15, juris Rn. 127; OVG Münster Urt. v. 30.5.2017 – 2 D 27/15.NE, juris Rn. 5.

1406 OVG Münster NuR 2008, 811.

1407 BVerwG BRS 71 Nr. 3 (2007): keine enteignungsrechtliche Vorwirkung eines Bebauungsplanes.

1408 VGH Mannheim NVwZ-RR 2007, 229 im Anschluss an VGH Mannheim Urt. v. 25.10.1996 – 5 S. 1040/95, juris zur Überplanung des Geländes einer Stahlbaufabrik mit einer privaten Grünfläche.

1409 BVerwG NVwZ 2004, 220; BVerwG Beschl. v. 26.8.2019 – 4 BN 1/19, juris Rn. 15; OVG Münster Urt. v. 11.6.2021 – 11 D 106/19.NE, juris Rn. 38; OVG Schleswig Beschl. v. 31.3.2020 – 1 MR 2/20, juris Rn. 25; Scheidler UPR 2019, 494; Kümper UPR 2018, 201; ders. ZUR 2023, 205.

1410 BVerwG Beschl. v. 26.8.2019 – 4 BN 1/19, juris Rn. 15; VGH Kassel BauR 2010, 878; siehe dazu Kümper DÖV 2017, 1030 (1034); ders., ZfBR 2018, 119 (124); Ingold Erstplanungspflichten im System des Planungsrechts, 2007, S. 233.

1411 BVerwG NVwZ 2004, 220; Spannowsky ZfBR 2022, 639.

1412 BVerwG NVwZ-RR 1994, 235.

in aller Regel von ihren eigenen städtebaulichen Vorstellungen leiten lassen. Sie kann ein Planungserfordernis aber auch aus den **Zielen der Raumordnung** ableiten.[1413] Das in § 1 BauGB enthaltene Grundprinzip der städtebaulichen Ordnung wird dabei in mehrfacher Weise ausdifferenziert: Bauleitpläne sind dann erforderlich, wenn sie nach der planerischen Konzeption der Gemeinde als erforderlich anzusehen sind. Diese Konzeption festzulegen und städtebauliche Schwerpunkte zu setzen, ist Aufgabe der Gemeinde. Dazu zählt auch, eine bereits vorhandene Bebauung durch eine verbindliche Bauleitplanung zu überplanen, um den bereits entstandenen städtebaulichen Zustand rechtlich festzuschreiben. Das gilt selbst dann, wenn sich die Bebauung weitestgehend nach § 34 II BauGB bestimmt. Auch hier darf die Gemeinde es als eine Aufgabe städtebaulicher Ordnung ansehen, ein faktisches Baugebiet nunmehr rechtlich zu ordnen und damit städtebaulich festzuschreiben.[1414] Die Gemeinde hat allerdings bei der Aufstellung der Bauleitpläne eine weitgehende Entscheidungsbefugnis. So ist die Gemeinde bei ihrer Bauleitplanung nicht gehalten, eine bisherige potenzielle Bebaubarkeit aufrechtzuerhalten. Sie kann den bisherigen Bestand festschreiben[1415] oder ihn sogar planerisch zurückführen.[1416]

Hinweis: Die Erforderlichkeit eines Bebauungsplans im Sine des § 1 III BauGB wird nicht dadurch in Frage gestellt, dass die zuständige Baurechtsbehörde von der zwangsweisen Durchsetzung einer Festsetzung bei schon bebauten Grundstücken nur unter Berücksichtigung der jeweiligen entgegenstehenden Belange im Einzelfall Gebrauch macht. Die ein Grundstück betreffenden Festsetzungen verstoßen nicht allein deshalb gegen § 1 III BauGB, weil auf anderen Grundstücken gleichartige Festsetzungen nicht oder noch nicht verwirklicht sind.[1417]

Hinweis: § 1 III 1 BauGB eröffnet den Gemeinden die Möglichkeit, im Rahmen der Selbstverwaltung das Festsetzungsinstrumentarium des § 9 BauGB für eine eigene „**Verkehrspolitik**" zu nutzen. Besteht ein städtebauliches Erfordernis für die Aufstellung eines Bebauungsplans, sind die Gemeinden nicht gehindert, durch geeignete Festsetzungen einer künftigen Fachplanung Raum zu verschaffen. Planerische Vorstellungen, die an vorhandene städtische – straßenseitige – Verkehrsinfrastruktur anknüpfen und darauf zielen, in künftiger Zusammenarbeit mit einem Eisenbahnunternehmen einen zentralen Verkehrsknotenpunkt für Straße und Schiene zu entwickeln, sind Ausdruck kommunaler „Verkehrspolitik".[1418]

Wenn die Gemeinde in einem Bebauungsplan eine öffentliche Verkehrsfläche festsetzt, die nach der planerischen Konzeption die Verkehrsbedeutung einer klassifizierten Straße haben soll, darf sie diese nicht als Gemeindestraße, sondern muss sie in die richtige Straßengruppe einstufen und dies auch in der Bauleitplanung zum Ausdruck bringen. Denn bei der Einordnung der Straße in die richtige Straßengruppe handelt es sich um eine gebundene Entscheidung, die auch für die planende Gemeinde zu beachten ist.[1419] Die Frage, ob eine Gemeindestraße oder eine klassifizierte Straße geplant wird, ist im Normenkontrollverfahren voll überprüfbar.[1420] Die ausdrückliche **Zustimmung des Baulastträgers** zu dem Straßenbauvorhaben ist daher unabdingbare Voraussetzung für die Verwirklichung und damit für die Erforderlichkeit der Planung nach § 1 Abs. 3 Satz 1 BauGB, da andernfalls rechtliche Hindernisse der Planumsetzung entgegenstehen.[1421] 801

1413 BVerwG Beschl. v. 1.6.1994 – 4 NB 21.94, juris.

1414 BVerwG NVwZ-RR 1997, 83.

1415 BVerwG BauR 2006, 491.

1416 Dazu wurde sie auch durch die Vorgabe des inzwischen durch das BauROG aufgehobenen § 1 BauGB-MaßnG nicht verpflichtet, wonach im Rahmen der Bauleitplanung einem besonderen Wohnbedürfnis der Bevölkerung Rechnung zu tragen sei, so BVerwG NVwZ-RR 1997, 83.

1417 BVerwG NVwZ 2003, 749.

1418 VGH Mannheim Urt. v. 5.7.2023 – 3 S 4259/20, juris Rn. 21; BVerwG ZfBR 2010, 376; Beschl. v. 15.8.2007 – 4 BN 30.07, juris; Urt. v. 28.1.1999 – 4 CN 5.98, juris Rn. 18; Beschl. v. 22.4.1997 – 4 BN 1.97, juris Rn. 3; VGH Mannheim Urt. v. 14.9.2001 – 5 S 2869/99, juris Rn. 45; Urt. v. 25.4.2007 – 5 S 2243/05, juris Rn. 91; Urt. v. 30.04.2004 – 8 S 1374/03, juris Rn. 22.

1419 VGH Mannheim Urt. v. 5.7.2023 – 3 S 4259/20, juris Rn. 21.

1420 VGH Mannheim Urt. v. 5.7.2023 – 3 S 4259/20, juris Rn. 21; Urt. v. 25.4.2007 – 5 S 2243/05, juris Rn. 93 (96).

1421 VGH Mannheim Urt. v. 5.7.2023 – 3 S 4259/20, juris Rn. 21; Urt. v. 9.2.2010 – 3 S 3064/07, juris Rn. 65.

802 Der **festgesetzte Ausschluss einzelner Nutzungen** eines Gewerbegebiets ist bereits dann iS des § 1 III 1 BauGB städtebaulich gerechtfertigt, wenn sich die Gemeinde im Rahmen ihrer durch Planungsziele konkretisierten städtebaulichen Entwicklungs- und Ordnungsvorstellungen hält und den Festsetzungen in Bezug auf diese Ziele Förderpotential zukommt. Den Ausschluss sämtlicher Nutzungen, die die städtebauliche Zielsetzung in gleicher Weise gefährden, fordert § 1 III 1 BauGB nicht. Dem Kriterium der Erforderlichkeit kommt in der gemeindlichen Bauleitplanung dieselbe Funktion zu wie demjenigen der Planrechtfertigung im Planfeststellungsrecht, nämlich die Planung, die ihre Rechtfertigung nicht in sich selbst trägt, im Hinblick auf die damit verbundenen Rechtseinwirkungen in Einklang mit den gesetzlich zulässigen Planungszielen zu bringen und auf diese Weise grundsätzlich zu rechtfertigen. Welche Planungsziele in der Bauleitplanung zulässig sind, hat der Bundesgesetzgeber in § 1 III 1 BauGB geregelt. Hiernach haben die Gemeinden die Bauleitpläne aufzustellen, sobald und soweit dies für die städtebauliche Entwicklung und Ordnung erforderlich ist. Was in diesem Sinne erforderlich ist, bestimmt sich nach der planerischen Konzeption der Gemeinde. Der Gesetzgeber ermächtigt die Gemeinden, diejenige Städtebaupolitik zu betreiben, die ihren städtebaulichen Entwicklungs- und Ordnungsvorstellungen entspricht. Nicht erforderlich iS des § 1 III 1 BauGB sind ua Pläne, die einer positiven städtebaulichen Planungskonzeption entbehren und ersichtlich der Förderung von Zielen dienen, für deren Verwirklichung die Planungsinstrumente des BauGB nicht bestimmt sind.[1422]

803 Zu den **landwirtschaftlichen Belangen** iS des § 1 VIb BauGB können auch die spezifischen Belange eines landwirtschaftlichen Betriebs gehören, namentlich zu befürchtende Einschränkungen des Bestandes und seiner Entwicklungsmöglichkeiten durch heranrückende Bebauung. Der Inhaber eines Schafhaltungsbetriebs kann ua Belange der Landwirtschaft (§ 1 VI Nr. 8 Buchst. b BauGB) für sich reklamieren. Zu ihnen können auch die spezifischen Belange eines landwirtschaftlichen Betriebs gehören, namentlich zu befürchtende Einschränkungen des Bestandes und seiner Entwicklungsmöglichkeiten durch eine heranrückende Bebauung.[1423] Ob sie in der konkreten Planungssituation Berücksichtigung finden müssen oder nicht abwägungsbeachtlich sind, insbesondere weil sie geringwertig, nicht schutzwürdig oder für die Gemeinde bei der Entscheidung über den Plan nicht erkennbar sind,[1424] beurteilt sich nach den jeweiligen Umständen des Einzelfalls.[1425]

804 Wird die militärische Nutzung eines Kasernengeländes aufgegeben, hat dessen Bebauung grundsätzlich keine prägende Kraft hinsichtlich der Art der baulichen Nutzung, so dass sie mangels organischer Siedlungsstruktur einen Ortsteil im Sinne von § 34 I 1 BauGB nicht bilden kann.[1426] Die frühere, inzwischen aufgegebene militärische Nutzung vermittelte dem Gebiet nicht die für einen Ortsteil notwendige organische Siedlungsstruktur. Für das Vorliegen eines Ortsteils ist nicht erforderlich, dass die Bebauung einem bestimmten städtebaulichen Ordnungsbild entspricht, eine bestimmte städtebauliche Ordnung verkörpert oder als eine städtebauliche Einheit in Erscheinung tritt.[1427] Der innere Grund für die Rechtsfolge des § 34 BauGB liegt darin, die nach der Siedlungsstruktur angemessene Fortentwicklung der Bebauung zuzulassen.[1428] Die Norm verlangt damit eine Fragestellung, die in die Zukunft weist.[1429] Diese teleologische Auslegung muss der Funktion des § 34 I BauGB im Sinne eines Planersatzes Rechnung tragen, der – im Gegensatz zu dem rein äußerlich und faktisch zu bestimmenden Begriff des Bebauungszusammenhangs – auch eine rechtliche Komponente hat, die in Beziehung zur Planungshoheit der Gemeinde steht.[1430] Denn eine tatsächlich beendete bauliche Nutzung verliert ihre den Rahmen mitbestimmende Kraft, wenn sie endgültig aufgegeben worden ist und nach der Verkehrsauffassung mit ihr nicht mehr gerechnet wird, während es auf die Frage eines fortbestehenden Bestandsschutzes nicht ankommt.[1431] Nach der Aufgabe der militärischen Nutzung fehlt hinsichtlich der Art der baulichen Nut-

[1422] BVerwG NVwZ 2016, 704.
[1423] Söfker in EZBK, BauGB, 2021, § 1 Rn. 162; allgemein dazu BVerwG DVBl. 1971, 746.
[1424] BVerwGE 140, 41.
[1425] BVerwG ZfBR 2016, 156.
[1426] BVerwG NVwZ 2017, 412; Kümmel NVwZ 2017, 414.
[1427] BVerwGE 31, 22.
[1428] BVerwG NVwZ 1993, 985; BVerwGE 152, 275.
[1429] BVerwG NVwZ 1986, 1014; Manssen BauR 2008, 31 (32).
[1430] BVerwG NVwZ 1999, 527.
[1431] BVerwG BauR 1988, 574.

zung eine Siedlungsstruktur, welche mit der künftigen Bebauung „fortentwickelt" werden konnte und die als Planersatz geeignet gewesen wäre, die künftige Bebauung zu lenken.[1432] Die Annahme, dass einzelne Gebäude eines Kasernengeländes Bestandteil eines von einer zivil genutzten Umgebungsbebauung gebildeten Ortsteils sein können,[1433] führt nicht dazu, dass eine außerhalb der Ortslage errichtete und später aufgegebene Kaserne einen Ortsteil bildet. Allerdings können von bereits abgerissenen Gebäuden noch prägende Wirkungen ausgehen[1434] ebenso wie bereits eingestellte Nutzungen noch eine prägende Wirkung behalten können. Maßgeblich ist insoweit, ob die Verkehrsanschauung mit einem Wiederaufbau oder der Wiederaufnahme einer gleichartigen Nutzung rechnet.[1435]

Einer Bebauung kann auch dann die **organische Siedlungsstruktur** fehlen, wenn sie zwar **805**
hinsichtlich der Art der baulichen Nutzung einen ausreichenden Rahmen für die Fortentwicklung vorgibt, aber das Maß der baulichen Nutzung, die überbaubare Grundstücksfläche sowie die Baufläche, nicht einmal ansatzweise eine Regelmäßigkeit erkennen lassen. Die Anforderung einer organischen Siedlungsstruktur schließen das ein, was in Entgegensetzung zur unerwünschten Splittersiedlung dem inneren Grund für die Rechtsfolge des § 34 I 1 BauGB entspricht, nämlich die nach der Siedlungsstruktur angemessene Fortentwicklung der Bebauung innerhalb des gegebenen Bereichs. Während unter einem Ortsteil jeder Bebauungszusammenhang zu verstehen ist, der nach der Zahl der vorhandenen Bauten ein gewisses Gewicht besitzt und Ausdruck einer organischen Siedlungsstruktur ist, ist eine Splittersiedlung eine bloße Anhäufung von Gebäuden.[1436] Hieraus folgt, dass einer Bebauung nach tatrichterlicher Würdigung auch dann die organische Siedlungsstruktur fehlen kann, wenn sie zwar hinsichtlich der Art der baulichen Nutzung einen ausreichenden Rahmen für die Fortentwicklung vorgibt, aber das Maß der baulichen Nutzung, die überbaubare Grundstücksfläche sowie die Bauweise, nicht einmal ansatzweise eine Regelmäßigkeit erkennen lassen.[1437]

Nach § 1 III 1 BauGB haben die Gemeinden Bauleitpläne aufzustellen, sobald und soweit **806**
dies für die städtebauliche Entwicklung und Ordnung erforderlich ist. Gegen dieses Gebot verstößt ein Bebauungsplan, der aus tatsächlichen oder Rechtsgründen der Vollzugsfähigkeit entbehrt. Daher ist ein Bebauungsplan unwirksam, dessen Verwirklichung im Zeitpunkt seines In-Kraft-Tretens dauerhafte Hindernisse tatsächlicher oder rechtlicher Art entgegenstehen würden.[1438] Allein der Wille eines Grundstückseigentümers, die Realisierung einer bestimmten Festsetzung zu verhindern, ist indes regelmäßig nicht geeignet, diese Festsetzung außer Kraft treten zu lassen.[1439] Insbesondere Flächenfestsetzungen tragen in aller Regel schon dadurch eine Vollzugswahrscheinlichkeit in sich, dass die Zulässigkeit neuer Vorhaben (§ 29 I BauGB) an ihnen zu messen ist (§ 30 BauGB) und sich so zumindest langfristig ein Gebietswandel einstellen wird. Dabei können und müssen unter Umständen auf längere Dauer andere als die festgesetzten Nutzungen hingenommen werden.[1440]

Nicht als Verstoß gegen § 1 II 1 BauGB zu beanstanden ist es, bei der Ausweisung aktueller **807**
Baugebiete bereits den Erschließungsbedarf von der Gemeinde angedachter künftiger Baugebiete zu berücksichtigen und planerisch abzusichern, selbst wenn diese in absehbarer Zeit noch nicht benötigt werden oder mit Blick auf die aktuellen Eigentumsverhältnisse nicht verwirklicht werden können. Welcher Grad an Wahrscheinlichkeit und welche zeitliche Nähe des künftigen Erschließungsbedarfs dabei welche Eingriffe in das Eigentum der gegenwärtig Planunterworfenen rechtfertigt, ist eine Frage der Abwägung.[1441] Zwar kann eine Planung als unzulässige „**Vorratsplanung**" gegen § 1 III 1 BauGB verstoßen, wenn ihre Verwirklichung in absehbarer Zeit entweder unmöglich ist oder aber von der Gemeinde nicht ernsthaft angestrebt wird. Andererseits ist die Gemeinde gehalten, vorausschauend zu planen und insbesondere

---

1432 Ebenso zu militärischen Konversionsflächen VGH Mannheim ZfBR 2006, 784; Uechtritz BauR 1996, 485 (488); Wallraven-Lindl/Strunz UPR 1997, 94 (98); Bell LKV 2006, 102 (104); Blechschmidt in EZBK, BauGB, § 37, 2023, Rn. 38a.

1433 BVerwG NVwZ 2003, 211.

1434 BVerwGE 75, 34.

1435 BVerwG NVwZ 2017, 412; Stüer/Stüer DVBl. 2018, 294; Muckel JA 2017, 479; Kümmel NVwZ 2017, 414; BVerwGE 68, 360; BauR 2009, 1564.

1436 BVerwG BayVBl. 2014, 477; BVerwGE 31, 22.

1437 BVerwG BRS 83 Nr. 77 (2015).

1438 BVerwGE 115, 77.

1439 BVerwG BRS 66 Nr. 54.

1440 BVerwGE 42, 30 (38); BVerwGE 150, 101 Rn. 14.

1441 OVG Lüneburg ZfBR 2023, 479.

auch die Möglichkeiten einer städtebaulich sinnvollen künftigen Anschlussplanung nicht unnötig zu beschränken.[1442]

808 Bei der Abwägung der Eigentümerbelange waren in dem vom BVerwG entschiedenen Fall die überplanten Flächen nicht als unbeplanter Innenbereich nach § 34 I 1 BauGB einzustellen. § 34 I 1 BauGB regelt bauplanungsrechtliche Anforderungen an Vorhaben innerhalb der im Zusammenhang bebauten Ortsteile. Die Tatbestandsmerkmale „im Zusammenhang bebaut" und „Ortsteil" gehen dabei nicht ineinander auf, die Vorschrift fordert vielmehr das kumulative Vorliegen beider Merkmale.[1443] Das überplante Gelände bildete in dem entschiedenen Fall im maßgebenden Zeitpunkt keinen Ortsteil.[1444]

809 Nicht erforderlich sind Bauleitpläne, die einer positiven **Planungskonzeption** entbehren und ersichtlich der Förderung von Zielen dienen, für deren Verwirklichung die Planungsinstrumente des BauGB nicht bestimmt sind.[1445] Eine planerische Festsetzung darf nicht lediglich privaten Interessen dienen oder nur vorgeschoben sein, um eine in Wahrheit auf bloße **Verhinderung** gerichtete Planung zu verdecken.[1446] Verfolgt eine Gemeinde mit der Festsetzung einer Fläche für die Landwirtschaft maßgeblich auch landschaftspflegerische und kleinklimatologische Zwecke, so liegt allein darin noch keine sog. Negativplanung, die – weil lediglich „vorgeschoben" – nach § 1 III BauGB unzulässig wäre.[1447] Festsetzungen als „**Negativplanung**" sind nur dann unzulässig, wenn sie nicht dem planerischen Willen der Gemeinde entsprechen, sondern nur vorgeschoben sind, um eine andere Nutzung zu verhindern. Davon kann bei einem Bebauungsplan, in dem sowohl Bauflächen als auch Bereiche, die als Grünflächen von einer Bebauung freizuhalten sind, festgesetzt werden, keine Rede sein.[1448] Erforderlich kann auch eine bauleitplanerische Regelung sein,[1449] die es der Gemeinde im Vorgriff auf künftige Entwicklungen ermöglichen soll, einer Bedarfslage gerecht zu werden, die sich zwar noch nicht konkret abzeichnet, aber bei vorausschauender Betrachtung in absehbarer Zeit erwartet werden kann. Unzulässig ist hingegen ein Bebauungsplan, der aus zwingenden Gründen nicht vollzogen werden kann oder der auf unabsehbare Zeit aus tatsächlichen Gründen nicht verwirklicht werden kann.[1450] Städtebauliche Gründe können sich nur aus öffentlichen Belangen, nicht ausschließlich aus privaten Interessen ergeben.[1451]

810 Die Gemeinde darf eine vorhandene Bebauung selbst dann durch eine verbindliche Bauleitplanung überplanen, wenn es ihr lediglich darum geht, ein faktisches Baugebiet nach § 34 II BauGB rechtlich zu ordnen und damit städtebaulich festzuschreiben.[1452] Festsetzungen in einem Bebauungsplan sind nur dann als eine unzulässige „**Negativplanung**" und damit wegen Verstoßes gegen § 1 III BauGB unwirksam, wenn sie nicht dem planerischen Willen der Gemeinde entsprechen, sondern nur vorgeschoben sind. Liegt ihr Hauptzweck hingegen in der Verhinderung bestimmter städtebaulich relevanter Nutzungen, beeinträchtigt dies die Wirksamkeit des Bebauungsplans nicht.[1453] Erforderlich ist ein Bauleitplan allerdings nicht, wenn er wegen bestehender rechtlicher Hindernisse nicht verwirklicht werden kann.[1454]

811 Bauleitpläne iS des § 1 III 1 BauGB sind **nicht erforderlich**, wenn sie einer positiven Planungskonzeption entbehren und ersichtlich der Förderung von Zielen dienen, für deren Verwirklichung die Planungsinstrumente des BauGB nicht bestimmt sind. Hiervon ist auszugehen, wenn eine Planung lediglich dazu dient, private Interessen zu befriedigen. Eine Planung, die durch

---

[1442] OVG Lüneburg ZfBR 2023, 479; BVerwGE 120, 239; OVG Lüneburg NuR 2005, 116.

[1443] BVerwG NVwZ 2012, 1631; BVerwGE 152, 275 Rn. 11.

[1444] BVerwG NVwZ 2017, 413, Muckel JA 2017, 479, Kümmel NVwZ 2017, 414.

[1445] VGH Mannheim Urt. v. 5.7.2023 – 3 S 4259/20, juris Rn. 20;

[1446] BVerwG NVwZ 1999, 1338, insbesondere zum Zusammenhang zwischen § 1 III BauGB und § 1 V BauNVO.

[1447] BVerwG NVwZ 1999, 878.

[1448] BVerwG BauR 2012, 838 (LS).

[1449] Beispielsweise der Ausschluss von Einzelhandelsbetrieben und Vergnügungsstätten in einem Gewerbegebiet, um dort Flächen für die Ansiedlung von produzierendem Gewerbe vorzuhalten.

[1450] BVerwG ZfBR 2000, 275; BVerwG NVwZ-RR 1998, 162.

[1451] Etwa die Sicherung der Nutzungsstruktur eines Gewerbegebiets durch Ausschluss von Einzelhandelsbetrieben, Vergnügungsstätten und Gaststätten gemäß § 1 V BauNVO, BVerwG ZfBR 1999, 279.

[1452] OVG Berlin-Brandenburg Urt. v. 22.4.2010 – 2 A 17.08, juris.

[1453] OVG Bautzen BauR 2010, 256; zur Unzulässigkeit einer reinen Negativplanung siehe auch BVerwG Beschl. v. 23.8.2023 – 4 BN 18/23, juris; Beschl. v 25.4. 2023 – 4 CN 9.21, juris Rn. 32; Beschl. v. 14.10.2022 – 4 BN 12/22, juris Rn. 9; ZfBR 2021, 561; BVerwGE 156, 1 Rn. 19.

[1454] VGH Kassel IBR 2010, 532.

hinreichende städtebauliche Gründe getragen und deshalb iS des § 1 III 1 BauGB erforderlich ist, kann auch privaten Interessen dienen und durch private Interessenträger angestoßen sein.[1455] Eine Gemeinde darf mit ihrer Bauleitplanung verschiedene, teilweise gegenläufige Ziele verfolgen. Zu beanstanden ist eine derartige Planung nur dann, wenn der Widerspruch zwischen einzelnen Planungszielen so gravierend ist, dass die Erreichung eines Planungsziels durch einem anderen Zielen dienende Festsetzungen wesentlich erschwert oder sogar unmöglich gemacht wird.[1456]

Die städtebauliche Erforderlichkeit einer Planung wird nicht dadurch in Frage gestellt, dass die Gemeinde **private Interessen von Investoren** oder die Vermarktungssituation zum Anlass einer Bauleitplanung nimmt, sofern sie damit eigene städtebauliche Ziele verfolgt.[1457] Die Ausweisung eines Vorhabens erweist sich auch nicht deshalb als unzulässige **Gefälligkeitsplanung**, weil sie maßgeblich auf die Initiative des Vorhabenträgers zurückgeht.[1458] Soll der Zweck der Sicherung und Erhaltung des Erholungsgebietscharakters gerade durch die Bewahrung des Waldes, mithin seiner forstwirtschaftlichen Nutzung erreicht werden, ist die Festsetzung der Fläche für die Forstwirtschaft in ihrer positiven Zielrichtung keinesfalls ein vorgeschobenes Mittel zur Verfolgung zweckfremder Ziele.[1459] 812

Hinweis: Einer Ortsgemeinde steht die Planungshoheit auch für ein Gelände zu, auf dem die Verbandsgemeinde eine öffentliche Einrichtung betreibt.[1460]

Inhaltlich besteht die Aufgabe der Bauleitplanung in der Vorbereitung und Leitung einer geordneten städtebaulichen Entwicklung (**Entwicklungsprinzip**), instrumentell wird das Entwicklungsprinzip durch den Flächennutzungsplan und den Bebauungsplan realisiert (**Planmäßigkeitsprinzip**), modal erfolgt die Aufstellung der Bauleitplanung an den gesetzlichen Instrumenten und Verfahren (**Kodifikationsprinzip**). 813

Der für das gesamte Gemeindegebiet geltende Flächennutzungsplan und der für Teile der Gemeinde verbindliche Bebauungsplan haben insbesondere im Verfahren der Aufstellung **Gemeinsamkeiten**, weisen aber auch **Unterschiede** auf, die sich aus der unterschiedlichen Rechtsnatur beider Pläne und daraus ergeben, dass der Flächennutzungsplan **Grobstrukturen** für die gesamte Gemeindeentwicklung enthält, während der Bebauungsplan **feinkörnige Festsetzungen** für die konkrete Grundstücksnutzung beinhaltet, 814

Neben dem Flächennutzungsplan und den Bebauungsplänen können weitere **informelle Pläne** wie städtebauliche Rahmenpläne oder Stadtteilpläne treten, in denen die Gemeinde beabsichtigte Planungskonzepte darstellt. Diese zusätzlichen Gestaltungsmittel haben zwar keine rechtliche Bindungswirkung; sie dienen in einer Zwischenstufe vor allem der (internen) Konkretisierung gemeindlicher Planungsvorstellungen. Dabei handelt es sich z.B um **Einzelhandelskonzepte** oder um **Verkehrskonzepte**,[1461] oder um Entwicklungskonzepte zur Steuerung der **Intensivtierhaltung.** Städtebauliche Entwicklungskonzepte können zB dazu dienen, Maßnahmen des Stadtumbaus (§ 171a II 2 BauGB) oder der Sozialen Stadt (§ 171e IV BauGB) zu planen und vorzubereiten. Auch im städtebaulichen Sanierungsrecht spielen sie eine erhebliche Rolle Nach § 1 VI Nr. 11 BauGB sind die Ergebnisse eines von der Gemeinde beschlossenen städtebaulichen Entwicklungskonzepts oder einer von ihr beschlossenen sonstigen städtebaulichen Planung bei Aufstellung der Bauleitpläne zu berücksichtigen. Damit soll der beschriebenen Bedeutung der informellen Planungen und der städtebaulichen Entwicklungskonzepte Rechnung getragen werden. Durch die Erwähnung der Rahmenplanung in § 140 Nr. 4 BauGB will der Gesetzgeber unterstreichen, dass auch solche informellen Pläne im Planungsprozess wichtige Hilfs- und Gestaltungsmittel sein können.[1462] 815

1455 BVerwG ZfBR 2010, 272.

1456 VGH München KommunalPraxis BY 2010, 399.

1457 OVG Münster BauR 2010, 1730; BVerwG Beschl. v. 20.7.2010 – 4 BN 29/10, BeckRS 2010, 51736.

1458 OVG Koblenz BauR 2010, 661.

1459 OVG Münster Beschl. v. 8.7.2010 – 7 A 1235/09, BeckRS 2010, 51958.

1460 OVG Koblenz BauR 2010, 1726.

1461 Battis in BKL, BauGB, 2022, § 1 Rn 78; siehe auch OVG Lüneburg BauR 2020, 469; OVG Münster NVwZ-RR 2018, 642; BVerwGE 133, 98; BVerwGE 146, 137; OVG Koblenz ZfBR 2017, 808/810; Steinke Standortgerechte Einzelhandelssteuerung durch den Einsatz regionaler Einzelhandels- und Zentrenkonzepte, 2018.

1462 BVerwG Beschl. v. 9.9.1988 – 4 NB 26.88, juris; zur Einführung einer kommunalen Verkehrsplanung Kment Gutachten DJT 2020, D 29; siehe auch VG Augsburg Urt. v. 19.7.2023 – Au 4 K 23.199, juris Rn. 34; VGH Mannheim ZfBR 2023, 693, BVerwG Beschl. v. 8.2.2022 – 4 B 25/21, juris zur Bedeutung informeller Planungen als städtebauliche Maßnahme zur Begründung eines Vorkaufsrechts.

I. Flächennutzungsplan

816 Aufgabe der Bauleitplanung ist es nach § 1 I BauGB, die bauliche und sonstige Nutzung der Grundstücke in der Gemeinde nach Maßgabe dieses Gesetzbuchs vorzubereiten und zu leiten. Bauleitpläne sind nach § 1 II BauGB der Flächennutzungsplan (vorbereitender Bauleitplan) und der Bebauungsplan (verbindlicher Bauleitplan). Die Gemeinden haben die Bauleitpläne nach § 1 IV BauGB aufzustellen, sobald und soweit es für die städtebauliche Entwicklung und Ordnung erforderlich ist. Im Flächennutzungsplan ist für das ganze Gemeindegebiet die sich aus der beabsichtigten städtebaulichen Entwicklung ergebende Art der Bodennutzung nach den voraussehbaren Bedürfnissen der Gemeinde in den Grundzügen darzustellen (§ 5 I 1 BauGB).[1463] Der Flächennutzungsplan ist gem. § 1 IV BauGB den Zielen der Raumordnung anzupassen.

1. Aufgaben des Flächennutzungsplans

817 Der Flächennutzungsplan hat für die Bauleitplanung der Gemeinden verschiedene **zentrale Funktionen**, eine die rechtsverbindlichen Festsetzungen der Bebauungspläne vorbereitende Funktion, eine gesamtplanerisch koordinierte und integrierende Funktion für die nachfolgenden Bebauungspläne und die an ihn nach Maßgabe des § 7 BauGB anzupassenden Fachplanungen und eine Scharnierfunktion zur Raumordnung, in dem die Gemeinde im Flächennutzungsplan nach § 1 IV BauGB die Bauleitplanung an die Ziele der Raumordnung aus Bundesraumordnungsplänen und aus der Landes- und Regionalplanung anpasst sowie die Bindungswirkungen der Erfordernisse der Raumordnung nach § 3 I ROG umsetzt.[1464] Nicht zuletzt beeinflusst der Flächennutzungsplan die planungsrechtliche Zulässigkeit von Vorhaben im Außenbereich, soweit nach § 35 III Nr. 1 BauGB eine Beeinträchtigung öffentlicher Belange insbesondere dann vorliegt, wenn das Vorhaben den Darstellungen des Flächennutzungsplans widerspricht, was nach § 35 II BauGB dazu führt, dass nicht nach § 35 I BauGB privilegierte Vorhaben planungsrechtlich unzulässig sind, und auch für privilegierte Vorhaben nach § 35 I BauGB zur planungsrechtlichen Unzulässigkeit führen kann, wenn sich im Rahmen der Abwägung, die erforderlich ist, um festzustellen, ob dem privilegierten Vorhaben öffentliche Belange entgegenstehen, unter Berücksichtigung auch der Darstellungen des Flächennutzungsplans herausstellt, dass die gegen das Vorhaben sprechenden öffentlichen Belange den für das privilegierte Vorhaben sprechenden Belange trotz deren Privilegierung überwiegen.[1465] Nicht zuletzt kann der Flächennutzungsplan für den Außenbereich nach § 35 III 3 BauGB die Funktion übernehmen, die Ansiedlung privilegierter Nutzungen auf bestimmte Gebiete in der Gemeinde zu konzentrieren, wobei allerdings diese Möglichkeiten durch den seit Juli 2023 geltenden § 249 I BauGB eingeschränkt worden sind, weil danach § 35 III 3 BauGB auf die für den Klimaschutz und die Energiewende so wichtigen Anlagen nach § 35 I Nr. 5 BauGB, die der Erforschung, Entwicklung oder Nutzung der Windenergie dienen, nicht anzuwenden ist.[1466]

818 Im Flächennutzungsplan ist nach § 5 I 1 BauGB für das ganze Gemeindegebiet die sich aus der beabsichtigten städtebaulichen Entwicklung ergebende Art der Bodennutzung nach den voraussehbaren Bedürfnissen der Gemeinde in den Grundzügen darzustellen. Nach § 1 V 1 BauGB sollen die Bauleitpläne eine **nachhaltige städtebauliche Entwicklung**, die die sozialen, wirtschaftlichen und umweltschützenden Anforderungen auch in Verantwortung gegenüber künftigen Generationen miteinander in Einklang bringt, und eine dem Wohl der Allge-

---

[1463] Zu Inhalt und Regelungstiefe des Flächennutzungsplans Graf BauR 2004, 1552; zum Rechtsschutz gegen Flächennutzungspläne nach dem UmwRG Decker VBLBW 2018, 441; zum regionalen Flächennutzungsplan Grotefels/Lahme BauR 2009, 365.

[1464] Schiller in Bracher/Reidt/Schiller, Bauplanungsrecht, 2022, Rn. 8.15.

[1465] Zu der nach § 35 I BauGB geforderten nachvollziehenden Abwägung BVerwG NVwZ 2002 476; NVwZ 2002, 1112; NVwZ 2013, 1011 Rn. 24; zur vollen gerichtlichen Überprüfbarkeit dieser Abwägung BVerwG NVwZ 2002, 476; NVwZ 2002, 1113; NVwZ 2017, 160 Rn. 25 ff; zur nachvollziehenden Abwägung als dogmatischen Begriff Sauthoff in FS für Ramsauer, 2023, 115.

[1466] Zur Neuordnung des Planungsrechts zur Ausweisung von Windenergiegebieten Meurers UPR 2023, 41; Spannowsky ZfBR 2023, 18; Winkler/Zeccola/Löffler EuRUP 2023, 76; Jaenicke ZUR 2023, 291; Kment NVwZ 2023, 959; Scheidler DVP 2023, 267; zu Aspekten des Arten- und Naturschutzes in diesem Zusammenhang Christiansen/Michaelis EuRUP 2023, 107.

meinheit dienende sozialgerechte Bodennutzung unter Berücksichtigung der Wohnbedürfnisse der Bevölkerung gewährleisten. Die Bauleitpläne sollen nach § 1 V 2 BauGB dazu beitragen, eine **menschenwürdige Umwelt** zu sichern, die natürlichen Lebensgrundlagen zu schützen und zu entwickeln sowie den **Klimaschutz** und die **Klimaanpassung**, insbesondere auch in der Stadtentwicklung, zu fördern, sowie die städtebauliche Gestalt und das **Orts- und Landschaftsbild** baukulturell zu erhalten und zu entwickeln. Hierzu soll die städtebauliche Entwicklung nach § 1 V 3 BauGB vorrangig durch Maßnahmen der Innenentwicklung erfolgen. In dem zweistufigen System der Bauleitplanung übernimmt der Flächennutzungsplan die koordinierende und integrierende Funktion der gemeindlichen Bauleitplanung.[1467] Soweit es für die städtebauliche Entwicklung und Ordnung nach § 1 III BauGB erforderlich ist, entwickelt die Gemeinde aus dem Flächennutzungsplan gem. § 8 II 1 BauGB die Bebauungspläne, mit deren Hilfe die Darstellungen des Flächennutzungsplans gem. § 8 I 1 BauGB in rechtsverbindliche Festsetzungen umgesetzt werden und die damit auch nach § 8 I 2 BauGB die Grundlage für weitere zum Vollzug des BauGB erforderliche Maßnahmen bilden.[1468]

§ 1 VI Nr. 11 BauGB bestimmt, dass die Ergebnisse von der Gemeinde beschlossenen städtebaulichen Entwicklungskonzeptes oder einer von ihr beschlossenen sonstigen städtebaulichen. 819
Als ausdrücklich erwähnter Abwägungsbelang für das Bauleitplanverfahren soll damit die „**informelle Planung**" einbezogen werden, soweit eine solche vorhanden ist. Die Gemeinden haben die Möglichkeit, für ihre städtebauliche Entwicklung sogenannte **Entwicklungskonzepte** oder für einzelne Stadtteile **Stadtteilpläne** bzw. für sachliche Teilbereiche (zB für die Verkehrsplanung oder Zentrenkonzepte für den Einzelhandel) zu beschließen.[1469] Solche Konzepte oder Stadtteilpläne sind ressortübergreifende, koordinierende Planungen der städtebaulichen Entwicklung, die einzelne Ressortplanungen, zB für den öffentlichen Nahverkehrs oder für schulische oder sonstige Bildungseinrichtungen, für den Naturschutz, etc. aufeinander abstimmen.[1470] Entwicklungskonzepte und Stadtteilpläne sind zwar nicht außenverbindlich,[1471] müssen trotzdem bei der Aufstellung, Änderung, Ergänzung oder Aufhebung im Rahmen der planerischen Abwägung berücksichtigt werden.[1472] Die Berücksichtigungspflicht nach § 1 VI Nr. 11 BauGB besteht nur, wenn die Entwicklungskonzepte oder Stadtteilpläne auch vom Gemeinderat beschlossen und öffentlich bekanntgemacht worden sind.[1473] Einer Umweltprüfung bedarf es nicht.[1474]

Das Gebot der Berücksichtigung informeller Pläne bei der Bauleitplanung ist allerdings nicht 820
mit dem Entwicklungsgebot des § 8 II 1 BauGB, wonach der Bebauungsplan aus dem Flächennutzungsplan zu entwickeln ist, gleichzusetzen. Informelle Planungen der Gemeinde sind lediglich in der Abwägung zu berücksichtigen. Sie müssen daher nicht vorweg oder parallel mit der Bauleitplanung geändert werden. Eine strikte Bindung an derartige Planungen kommt auch deshalb nicht in Betracht, weil für informelle Pläne im Gegensatz zur Bauleitplanung kein förmliches Planverfahren vorgeschrieben ist. Es würde daher den Erfordernissen rechtsstaatlicher Planungen, die hinter den Verfahrensförmlichkeiten der Bauleitplanung stehen, widersprechen, wenn Planungen, die ohne Einhaltung derartiger Verfahrensanforderungen zu Stande gekommen sind, die Bauleitplanverfahren hinsichtlich der Planungsergebnisse überwindbare Vorgaben setzen würden. Vielmehr sollen die Ergebnisse informeller Planungen lediglich entsprechend ihrer Aussagekraft und ihrem aktuellen Gewicht Eingang in den Abwägungsprozess finden.

1467 BVerwG NVwZ 2019, 313 Rn. 25; NVwZ 1988, 54; NVwZ 2000, 1045; NVwZ 2006, 87; Kment in Jarass/Kment, BauGB, 2022, § 5 Rn. 1; Schiller in Bracher/Reidt/Schiller, Bauplanungsrecht, 2022, Rn. 8.1.

1468 BVerwG NVwZ 2007, 825.

1469 BVerwG NVwZ 2009, 1103 Rn. 25; BVerwG ZfBR 2013, 573 Rn. 19.

1470 Kment in Jarass/Kment, BauGB, 2022, § 1 Rn. 69.

1471 BVerwG NVwZ 1989, 661; NVwZ 2009, 1103 Rn. 25; Kment in Jarass/Kment, BauGB, 2022, § 1 Rn. 69; Battis in BKL, BauGB, 2022, § 1 Rn. 81.

1472 BVerwG NVwZ 2016, 704 Rn. 13; ZfBR 2013, 573 Rn. 19; NVwZ 2013, 1157 Rn. 11; ZfBR 2010, 70.

1473 Battis in BKL, BauGB, 2022, § 1 Rn. 84; Kment in Jarass/Kment, BauGB, 2022, § 1 Rn. 70

1474 Kment in Jarass/Kment, BauGB, 2022, § 1 Rn. 70.

2. Form und Begründung des Flächennutzungsplans

821 Die **Rechtnatur** des Flächennutzungsplans ist nicht ganz eindeutig. Der Flächennutzungsplan gilt nicht als **untergesetzliche Rechtsnorm**; der Flächennutzungsplan wird insbesondere nicht als Satzung erlassen.[1475] Überwiegend wird der Flächennutzungsplan als Planungsinstrument eigener Art eingeordnet.[1476] Der Gesetzgeber schreibt in § 10 I BauGB die Satzungsform nur für Bebauungspläne vor. Anders als § 10 III 3 BauGB für den Bebauungsplan sieht § 6 V 1 BauGB für den Flächennutzungsplan nicht vor, dass in der Bekanntmachung der Genehmigung darauf hinzuweisen ist, wo der Flächennutzungsplan eingesehen werden kann. Das ist nach Ansicht des BVerwG ein zusätzlicher Hinweis darauf, dass es sich bei dem Flächennutzungsplan nicht um eine Rechtsnorm handelt.[1477] Der Flächennutzungsplan wird auch materiell-rechtlich nicht als Rechtsnorm oder Rechtssatz angesehen. Der Flächennutzungsplan enthält jedoch keine verbindlichen Regelungen. Im Unterschied zum Bebauungsplan ist er kein allgemein rechtsverbindlicher, sondern nur ein vorbereitender Bauleitplan. Die Darstellung von Bauflächen oder Baugebieten im Flächennutzungsplan führen für sich genommen nicht zu Bauland bzw. zur planungsrechtlichen Zulässigkeit von Vorhaben.[1478] Nur Bebauungspläne enthalten verbindliche „Festsetzungen", während der Flächennutzungsplan lediglich „Darstellungen" enthält, die „grobmaschiger" als Festsetzungen bleiben. Die regelmäßig fehlende Parzellenschärfe verleiht den Flächennutzungsplänen in räumlicher Hinsicht einen geringeren Grad an Verlässlichkeit.[1479] Allerdings unterliegen Darstellungen von Konzentrationsflächen für die nach § 35 I Nr. 2 bis 6 BauGB privilegierten Außenbereichsvorhaben im Flächennutzungsplan in entsprechender Anwendung des § 47 I Nr. 1 VwGO der verwaltungsgerichtlichen Normenkontrolle.[1480] Im Übrigen aber gilt: Unmittelbarer Rechtsschutz von Individualklägern gegen einen Flächennutzungsplan oder einzelne Darstellungen eines Flächennutzungsplans ist grundsätzlich nicht zulässig, und zwar weder in einem Normenkontrollverfahren noch im Wege einer Feststellungsklage nach § 43 I VwGO oder einer allgemeinen Leistungsklage.[1481]

822 Einige Vorschriften über die Ausarbeitung der Bauleitpläne und die Darstellung des Planinhalts enthält die aufgrund einer Ermächtigungsgrundlage des BauGB (§ 9a Nr. 4 BauGB) erlassene **Planzeichenverordnung** (PlanZV). Die Anforderungen der PlanZV sind für die Gemeinden nicht verpflichtend, ihre Anwendung wird jedoch zur Sicherung hinreichend bestimmter Planinhalte empfohlen.[1482] Nach § 1 I 1 PlanZV sind als Unterlagen für Bauleitpläne Karten zu verwenden, die in Genauigkeit und Vollständigkeit den Zustand des Plangebiets in einem für den Planinhalt ausreichenden Grade erkennen lassen (**Planunterlagen**). Die **Maßstäbe** sind nach § 1 I 2 PlanZV so zu wählen, dass der Inhalt der Bauleitpläne eindeutig dargestellt oder festgesetzt werden kann. Als **Planzeichen** in den Bauleitplänen sollen die in der Anlage zur PlanZV enthaltenen Planzeichen verwendet werden. Dies gilt auch insbesondere für Kennzeichnungen, nachrichtliche Übernahmen und Vermerke (§ 2 I PlanZV). Die in der Anlage enthaltenen Planzeichen können ergänzt werden, soweit dies zur eindeutigen Darstellung des Planinhalts erforderlich ist. Soweit Darstellungen des Planinhalts erforderlich sind, für die in der Anlage keine oder keine ausreichenden Planzeichen enthalten sind, können Planzeichen verwendet werden, die sinngemäß aus den angegebenen Planzeichen entwickelt worden sind (§ 2 II PlanZV). Nach § 2 IV PlanZV sollen die verwendeten Planzeichen im Bauleitplan erklärt werden. Eine Verletzung von Vorschriften gem. § 2 I bis IV PlanZV ist nach § 2 V PlanZV unbeachtlich, wenn die Darstellung, Festsetzung, Kennzeichnung, nachrichtliche

---

[1475] BVerwG NVwZ 1991, 262; Hoppe in Eyermann, VwGO, 2022, § 47 Rn. 19; Schiller in Bracher/Reidt/Schiller, Bauplanungsrecht, 2022, Rn. 8.12.

[1476] Schiller in Bracher/Reidt/Schiller, Bauplanungsrecht, 2022, Rn. 8.13; Bönker in HBG, Öffentliches Baurecht, 2024, § 5 Rn. 116.

[1477] BVerwG NVwZ 1991, 262, 263.

[1478] Schiller in Bracher/Reidt/Schiller, Bauplanungsrecht, 2022, Rn. 8.12.

[1479] BVerwG NVwZ 1991, 262, 263; Panzer/Schoch in Schoch/Schneider, VwGO, 2016, § 47 Rn. 18.

[1480] OVG Magdeburg Beschl. v. 15.2.2022 – 2 L 5/22, juris Rn. 7; BVerwG NVwZ 1984, 367; NVwZ 1991, 262; BVerwG NVwZ 2013, 519; NVwZ 2013, 1011; Hoppe in Eyermann, VwGO, 2022, § 47 Rn. 19; Schiller in Bracher/Reidt/Schiller, Bauplanungsrecht, 2022, Rn. 8.12; zum Rechtschutz gegen Flächennutzungspläne ausführlicher Schenke NVwZ 2007, 134 ff.

[1481] OVG Magdeburg Beschl. v. 15.2.2022 – 2 L 5/22, juris Rn. 7.

[1482] Zur nicht bestehenden Bindungswirkung siehe BVerwG NVwZ-RR 2001, 422; zur Empfehlung ihrer Anwendung für den Regelfall Reidt in BKL, BauGB, 2022, § 9a Rn. 3.

Übernahme oder der Vermerk hinreichend deutlich erkennbar ist. Aus § 2 V PlanzV folgt nach Ansicht des BVerwG, dass die Gemeinde bei der Aufstellung von Bebauungsplänen nicht strikt an die Planzeichen der PlanZV gebunden ist. Weicht sie von der Darstellungsart der PlanZV ab, so wird hierdurch allein die Bestimmtheit ihrer Darstellungen nicht in Frage gestellt, wenn der Inhalt der Festsetzung gleichwohl hinreichend deutlich erkennbar ist.[1483]

Der Flächennutzungsplan besteht aus textlichen und zeichnerischen Darstellungen; die Begründung ist nicht Teil des Flächennutzungsplans, sondern diesem nach § 5 V BauGB beizufügen. Eine zeichnerische Kartendarstellung wird aus Gründen der Planklarheit stets für erforderlich gehalten.[1484] Die Anforderungen an eine **hinreichende Bestimmtheit** des Planinhalts sind zwar aufgrund des fehlenden Rechtsnormcharakters geringer als an Festsetzungen eines Bebauungsplans. Gleichwohl kann die Wirksamkeit der Darstellungen auch an dem Bestimmtheitsgrundsatz scheitern. 823

Beispiel: Sieht die Planung mehrere sich überlagernde Nutzungen für eine Fläche vor, muss sich das Verhältnis dieser Nutzungen zueinander aus dem Flächennutzungsplan mit seinen textlichen Darstellungen und seiner Begründung mit der gebotenen Eindeutigkeit ergeben. Ist dies nicht der Fall, liegt ein durch §§ 214, 215 BauGB nicht heilbarer Fehler vor.[1485]

Nach § 5 V BauGB ist dem Flächennutzungsplan eine **Begründung** mit den Angaben nach § 2a BauGB beizufügen. Nach § 2 a S. 1 BauGB hat die Gemeinde schon im Aufstellungsverfahren dem Entwurf des Bauleitplans eine Begründung beizufügen. In ihr sind entsprechend dem Stand des Verfahrens 1. die Ziele, Zwecke und wesentlichen Auswirkungen des Bauleitplans und 2. in dem Umweltbericht nach der Anlage 1 des BauGB die auf Grund der Umweltprüfung nach § 2 IV BauGB ermittelten und bewerteten Belange des Umweltschutzes darzulegen. Der **Umweltbericht** bildet nach § 2a S. 3 BauGB einen gesonderten Teil der Begründung. Dem wirksamen Flächennutzungsplan ist nach § 6a I 1 BauGB eine zusammenfassende Erklärung beizufügen über die Art und Weise, wie die Umweltbelange und die Ergebnisse der Öffentlichkeits- und Behördenbeteiligung in dem Flächennutzungsplan berücksichtigt wurden, und über die Gründe, aus denen der Plan nach Abwägung mit den geprüften, in Betracht kommenden anderweitigen Planungsmöglichkeiten gewählt wurde. Der wirksame Flächennutzungsplan mit der Begründung und der **zusammenfassenden Erklärung** soll nach § 6a II BauGB ergänzend auch in das Internet eingestellt und über ein zentrales Internetportal des Landes zugänglich gemacht werden. 824

Begründungen dürfen im Laufe des Planungsverfahrens ergänzt und konkretisiert werden. Die endgültige Begründung des Plans kann und muss gegebenenfalls auch gegenüber der Begründung des Planentwurfs fortgeschrieben werden, wenn sich während der Auslegung neue Gesichtspunkte oder Gewichtungen eines Problems ergeben haben.[1486] 825

Mängel der Begründung sind grundsätzlich nach § 214 I 1 Nr. 3 BauGB beachtlich. Dabei ist es jedoch unbeachtlich, wenn die Begründung des Flächennutzungsplans unvollständig ist; abweichend davon ist eine Verletzung von Vorschriften zum Umweltbericht nur dann unbeachtlich, wenn die Begründung hierzu nur in unwesentlichen Punkten unvollständig ist. Eine unvollständige Begründung kann jedoch mit Blick auf die Möglichkeit eines Abwägungsdefizits Bedeutung erlangen.[1487] Die Begründung ist insoweit zwar nicht Bestandteil des Flächennutzungsplans, hat jedoch wesentliche Bedeutung als Dokument der Abwägung vor allem bei der gerichtlichen Kontrolle des Flächennutzungsplans. Bei der Aufstellung der Bauleitpläne sind die öffentlichen und privaten Belange nach § 1 VII BauGB gegeneinander und untereinander gerecht abzuwägen. Dabei sind die in § 1 V BauGB enthaltenen Planungsleitlinien und -grundsätze zu berücksichtigen. Für die Kontrolle des Abwägungsgebots, das wesentliches Element jeder rechtsstaatlichen Planung ist,[1488] hat die Begründung zum Flächennutzungsplan eine wichtige Funktion. Die wesentlichen Abwägungselemente, die für die Darstellungen des Flächennutzungsplans maßgeblich gewesen sind, sollen sich aus der Begründung ergeben. Dies 826

1483 BVerwG NVwZ-RR 2001, 422.

1484 Söfker in EZBK, BauGB, § 5 Rn. 19; Otto in Schrödter, BauGB, 2019, § 5 Rn. 24; Kment in Jarass/Kment, BauGB, 2022, § Rn. 8.

1485 VG Göttingen Beschl. v. 12.7.2019 – 2 B 89/19, juris Rn. 27; OVG Lüneburg, Urt. v. 18.02.2019 – 12 KN 152/17, juris Rn.52 f.)

1486 Beckmann DVBl. 2022, 809 (812).

1487 Beckmann NWVBL 2021, 181 (185).

1488 BVerwGE 34, 301; BVerwGE 45, 309; BVerwGE 59, 87.

setzt in der Regel eine sorgfältige Sachverhaltsdarstellung voraus. Belange, die nach Lage der Dinge in die Abwägung einzustellen sind und danach zum Abwägungsmaterial gehören (§ 2 III BauGB),[1489] sind in die Begründung aufzunehmen. Außerdem sollte die Konzeption, die dem Flächennutzungsplan zu Grunde liegt, in der Begründung beschrieben werden.

Hinweis: Im Hinblick auf eine mögliche gerichtliche Kontrolle des Flächennutzungsplans ist eine möglichst lückenlose Dokumentation der Abwägung empfehlenswert. Die wesentlichen Elemente der Abwägung sollten in die Begründung aufgenommen werden. Dabei sind zunächst alle Belange zu beschreiben, die nach Lage der Dinge in die Abwägung einzustellen sind. Ebenso wichtig ist die Beschreibung der Zielkonzeption, die der Flächennutzungsplanung zu Grunde liegt. Die Gemeinde ist dabei durchaus in der Lage, sich über entgegenstehende Belange hinwegzusetzen, wenn die wesentlichen Gründe der Abwägung in der Begründung dokumentiert werden.

827 Der Flächennutzungsplan darf bei der Darstellung der Art der Bodennutzung nicht über die **Grundzüge** hinausgehen. Ein Flächennutzungsplan darf grundsätzlich nicht derart detaillierte Darstellungen enthalten, dass für eine planerische Entwicklung im Bebauungsplanverfahren kein Raum mehr bleibt.[1490] Welche Darstellungen zu den Grundzügen der Art der Bodennutzung gehören, hängt nicht von dem Grad ihrer Bestimmtheit, sondern davon ab, ob sie den Bezug zur jeweiligen städtebaulichen Konzeption „für das ganze Gemeindegebiet" (§ 5 V 1 BauGB) wahren. Unter dieser Voraussetzung können auch Grenzwerte für Geruchsimmissionen festgelegt werden.[1491] Will die Gemeinde die städtebauliche Entwicklung im Außenbereich mittels Bauleitplanung steuern, darf sie sich grundsätzlich auf den Flächennutzungsplan beschränken. Der Flächennutzungsplan darf für den Außenbereich nicht aufgrund des Bestimmtheitsgrades seiner Darstellungen faktisch an die Stelle eines Bebauungsplans treten. Auch im Flächennutzungsplan genau festgelegte Immissionsgrenzwerte unterliegen der nachvollziehenden Abwägung.[1492] Das eröffnet auch gewisse Freiräume.

Beispiel: Auf der Ebene des Flächennutzungsplans ist eine Differenzierung zwischen bebaubaren Grundstücksteilen und privaten Gartenflächen (§ 5 II Nr. 5 BauGB) entbehrlich.[1493]

3. Geltungsbereich des Flächennutzungsplans

828 Nach § 5 I 1 BauGB erstreckt sich der Flächennutzungsplan grundsätzlich auf das gesamte Gemeindegebiet. Es handelt sich bei ihm um ein gesamträumliches, grundsätzlich flächendeckendes Planungskonzept für das gesamte Gemeindegebiet.[1494]

829 Aus dem Flächennutzungsplan können nach § 5 I 2 BauGB jedoch Flächen und sonstige Darstellungen ausgenommen werden, wenn dadurch die nach § 5 I 1 BauGB darzustellenden Grundzüge nicht berührt werden und die Gemeinde beabsichtigt, die Darstellung zu einem späteren Zeitpunkt vorzunehmen; in der Begründung sind die Gründe hierfür darzulegen. Damit soll erreicht werden, dass die Aufstellung oder Änderung des Flächennutzungsplans sich nicht unnötig verzögert, wenn für bestimmte Flächen oder Darstellungen noch Untersuchungs- und Klärungsbedarf besteht, während der Plan im Übrigen beschlossen werden kann. Keinesfalls darf die Inanspruchnahme dieser Ausnahmeregelung dazu führen, dass erkennbare **Konflikte** ausgespart werden und unbewältigt bleiben.[1495] Die Gemeinde ist zur Planervollständigung durch Planergänzung verpflichtet, sobald die Hinderungsgründe für einen flächendeckenden Flächennutzungsplan entfallen sind. Ausgenommen werden können einzelne Darstellungen, § 5 I 2 BauGB ermöglicht hingegen keine abschnittsweise Flächennutzungsplanung. Teilflächennutzungspläne können nach § 5 II b BauGB nur für die dort genannten Zwecke des § 35 III 3 BauGB und des § 249 II BauGB aufgestellt werden.[1496]

1489 BVerwGE 59, 87.
1490 OVG Münster BauR 2010, 426.
1491 Riemer Rechtliche Bewertung von Geruchsimmissionen, Diss. 2008.
1492 BVerwG NVwZ 2006, 87.
1493 OVG Koblenz DVBl. 2012, 1304.
1494 BVerwG NVwZ 2003, 733 (735 f.).
1495 Kment in Jarass/Kment, BauGB, 2022, § 5 Rn. 3.
1496 Schiller in Bracher/Reidt/Schiller, Bauplanungsrecht, 2022, Rn. 8.4; BVerwGE 124, 132.

Nicht nur die planende Gemeinde kann Flächen von ihrem Flächennutzungsplan ausnehmen; vielmehr kann die höhere Verwaltungsbehörde nach § 6 III BauGB räumliche oder sachliche Teile des Flächennutzungsplans von der Genehmigung ausnehmen, wenn Versagungsgründe nicht ausgeräumt werden können. Die Genehmigung eines Flächennutzungsplans darf nach § 6 II BauGB nur versagt werden, wenn der Flächennutzungsplan nicht ordnungsgemäß zustande gekommen ist oder dem BauGB, den auf Grund des BauGB erlassenen oder sonstigen Rechtsvorschriften widerspricht. Nach § 6 IV 1 BauGB kann die höhere Verwaltungsbehörde räumliche und sachliche Teile des Flächennutzungsplans auch vorweg genehmigen. 830

Voraussetzung einer Genehmigung nach § 6 III BauGB ist die **Teilbarkeit des Flächennutzungsplans**. Das wiederum erfordert, dass die herausgenommenen Bereiche räumlich eindeutig bestimmbar und von den zu genehmigenden Flächen abgrenzbar sind.[1497] Außerdem dürfen die Darstellungen mit den übrigen Darstellungen nicht in einem untrennbaren Regelungszusammenhang stehen; die ausgenommenen Teile des Flächennutzungsplans dürfen sich auf den übrigen Inhalt nicht auswirken.[1498] Hierbei ist zu prüfen, ob die für sich genommen unbedenklichen Darstellungen noch eine sinnvolle städtebauliche Ordnung im Planbereich gewährleisten und die nach § 5 I 1 BauGB unabdingbaren Grundzüge der Planung erkennbar bleiben. Daran fehlt es, wenn die Herausnahme einzelner Darstellungen das Planungskonzept in seinem Kerngehalt trifft, so dass nur noch ein „Planungstorso" übrig bliebe. Die Herausnahme von Teilen des Flächennutzungsplans darf nicht dazu führen, dass ein tragfähiges Bodennutzungskonzept für die geordnete städtebauliche Entwicklung der Gemeinde nicht mehr besteht.[1499] Maßgeblich soll sein, ob die Gemeinde auch einen Plan bzw. eine Planänderung mit einem auf den fehlerfreien Teil beschränkten Inhalt beschlossen hätte. 831

Bebauungspläne sind nach § 8 II 1 BauGB aus dem Flächennutzungsplan zu entwickeln. Ein Flächennutzungsplan ist nach § 8 II 2 BauGB jedoch nicht erforderlich, wenn der Bebauungsplan ausreicht, um die städtebauliche Entwicklung zu ordnen. 832

a) Sachliche Teilflächennutzungspläne. Für Darstellungen des Flächennutzungsplans mit den Rechtswirkungen des § 35 III 3 BauGB können sachliche Teilflächennutzungspläne aufgestellt werden (§ 5 IIb BauGB).[1500] Durch § 5 IIb BauGB werden die Gemeinden ermächtigt, sachliche Teilflächennutzungspläne aufzustellen, die rechtlich auch bei einem bestehenden Flächennutzungsplan als eigenständige Pläne aufgestellt werden können. In diesem Fall ist aber das Verhältnis zum bestehenden Flächennutzungsplan insbesondere dann klarzustellen, wenn dieser ebenfalls Flächen für Nutzungen nach § 35 I Nr. 2 bis 6 BauGB darstellt. Teilflächennutzungspläne können auch für einen **Teil des Gemeindegebiets** aufgestellt werden. Die Ausschlusswirkung bezieht sich dann nur auf diesen Teil. Durch die Darstellung von entsprechenden Flächen im Teilflächennutzungsplan als „Konzentrationszonen" können die Gemeinden die Zulässigkeit von einzelnen nach § 35 I Nr. 2 bis 6 BauGB privilegierten Vorhaben in ihrem Gemeindegebiet steuern. Bei der Darstellung von „Konzentrationszonen" im Flächennutzungsplan kann es sich empfehlen, unter Berücksichtigung der (nachrichtlich übernommenen) Grundnutzung (in aller Regel „Fläche für die Landwirtschaft") die „Konzentrationszone" als zusätzliche Nutzungsmöglichkeit darzustellen (überlagernde Darstellung). Die Voraussetzungen von § 35 III 3 BauGB liegen ua vor, wenn die Gemeinde auf der Grundlage einer Untersuchung des gesamten Gemeindegebietes ein schlüssiges Plankonzept für die Ausweisung von „Konzentrationszonen" bzw. Sondergebieten in einem sachlichen Teilflächennutzungsplan erarbeitet hat. In der Begründung ist darzustellen, welche Zielsetzungen und Kriterien für die Abgrenzung der „Konzentrationszone" bzw. des Sondergebietes maßgebend waren. 833

Ein Teilflächennutzungsplan kann, soweit er die Ausschlusswirkung nach § 35 III 3 BauGB zur Folge hat, in analoger Anwendung von § 47 I Nr. 1 VwGO statthafter Gegenstand einer Normenkontrolle sein, weil seine entsprechenden Darstellungen unmittelbar die Zulässigkeit von nach § 35 I BauGB privilegierten Nutzungen steuern.[1501] 834

Nach einem Referentenentwurf des Bundesministeriums für Wirtschaft und Klimaschutz, 835
des Bundesministeriums für Wohnen, Stadtentwicklung und Bauwesen und des Bundesminis-

[1497] OVG Koblenz ZfBR 2020, 677; OVG Lüneburg ZfBR 2001, 208.

[1498] OVG Koblenz ZfBR 2020, 677; BVerwG NVwZ 1985, 487.

[1499] OVG Koblenz ZfBR 2020, 677; NVwZ-RR 2005, 647.

[1500] Kley Der Teilflächennutzungsplan Diss. 2009. Zur Aufstellung eines sachlichen Teilflächennutzungsplans zur Steuerung immissionsträchtiger Tierhaltung Groß AUR 2006, 83.

[1501] VGH München ZfB 2021, 209; NVwZ 2003, 1280; OVG Koblenz BauR 2018, 972; OVG Saarlouis NuR 2010, 743.

teriums für Umwelt, Naturschutz, nukleare Sicherheit und Verbraucherschutz zur Umsetzung der Richtlinie (EU) 2023/2413 im Bereich Windenergie an Land und Solarenergie mit Stand vom 2.4.2024 ist geplant, in einem § 5 II b BauGB zu bestimmen, dass für die Zwecke des § 35 III 3, des § 249 II, des § 249a I und des § 249b I und des § 249c I BauGB sachliche Teilflächennutzungspläne aufgestellt werden können und zwar auch für Teile des Gemeindegebiets.

836 **b) Räumliche Teilflächennutzungspläne.** Neben dem sachlichen Teilflächennutzungsplan besteht nach § 5 II b BauGB auch die Möglichkeit eines räumlichen Teilflächennutzungsplans. Danach können Flächennutzungspläne „für die Zwecke des § 35 III 3 BauGB" auch für Teile des Gemeindegebiets aufgestellt werden. Das bedeutet allerdings, dass Teile des Gebiets über die Regelung des § 5 I 2 BauGB hinaus aus der Flächennutzungsplanung ausgenommen werden könnten.[1502] Die Regelung bezieht sich auf das Darstellungsprivileg, das eine Steuerung von nach § 35 I Nr. 2 bis 6 BauGB privilegierten Vorhaben ermöglicht. Die gemeindlichen und regionalen Planungsträger können die genannten privilegierten Vorhaben auf bestimmte Standorte konzentrieren und für andere Teile des Plangebietes ausschließen. Das setzt nach der Rechtsprechung des BVerwG allerdings ein in sich geschlossenes Gesamtkonzept für das Plangebiet voraus. Privilegierte Vorhaben konnten nach diesem Darstellungsprivileg nur dann gesteuert werden, wenn das gesamte Plangebiet nach Ausschluss- und Abwägungskriterien lückenlos überprüft worden ist. Fehler der Ausschluss- oder Abwägungskriterien führen dazu, dass die Ausschlusswirkung ausbleibt.[1503] Zudem muss nach wie vor eine substanzielle Nutzung der privilegierten Vorhaben gewährleistet sein. § 5 II b BauGB ermöglicht, die Darstellungen auf einen Teil des Planungsraums zu beschränken. Dies hat für die kommunalen Planungsträger den Vorteil, dass eine Überprüfung des Gesamtraumes auf der Grundlage von Ausschluss- und Abwägungskriterien nicht erforderlich ist und die Rechtssicherheit der Planung gestärkt wird.[1504] So kann die planende Gemeinde sich etwa darauf beschränken, in aus ihrer Sicht besonders schutzwürdigen Bereichen des Planungsraumes die privilegierten Vorhaben auszuschließen – allerdings mit der Folge, dass diese in den übrigen Teilen des Planungsraumes weiterhin zulässig sind. Aus der Sicht der planenden Gemeinden ist hierdurch eine begrüßenswerte Vereinfachung eingetreten, weil die planerischen Vorstellungen auch dann für einen Teilbereich des Gemeindegebietes verwirklicht werden können, wenn nicht der gesamte Planungsraum lückenlos durch Ausschluss- und Abwägungskriterien planerisch abgeprüft worden ist. Allerdings müssen auch die auf einen räumlichen Teilbereich des Planungsraums beschränkten Darstellungen sicherstellen, dass eine substanzielle Nutzung der durch den Gesetzgeber nach § 35 I Nr. 2 bis 6 BauGB privilegierten Vorhaben im Plangebiet gewährleistet ist.[1505] Dies kann dadurch geschehen, dass im Flächennutzungsplan Vorranggebiet, Vorranggebiete mit Ausschlusswirkung oder Vorbehaltsgebiete ausgewiesen werden[1506] oder in anderen (nicht in die Planung einbezogenen) Bereichen des Flächennutzungsplans ausreichende Flächen für die privilegierte Nutzung zur Verfügung stehen. Nach § 249 I BauGB gilt § 35 III 3 BauGB allerdings für Windenergieanlagen nicht, so dass ein Teilflächennutzungsplan für die Zwecke einer Konzentrationszonenplanung für Windenergieanlage iSd des § 35 III 3 BauGB nicht in Betracht kommt.

837 **c) Gemeinsamer Flächennutzungsplan.** Benachbarte Gemeinden sollen nach § 204 I BauGB einen gemeinsamen Flächennutzungsplan aufstellen, wenn ihre städtebauliche Entwicklung wesentlich durch gemeinsame Voraussetzungen und Bedürfnisse bestimmt wird oder ein gemeinsamer Flächennutzungsplan einen gerechten Ausgleich der verschiedenen Belange ermöglicht. Ein gemeinsamer Flächennutzungsplan soll insbesondere aufgestellt werden, wenn die Ziele der Raumordnung oder wenn Einrichtungen und Anlagen des öffentlichen Verkehrs, sonstige Erschließungsanlagen sowie Gemeinbedarfs- oder sonstige Folgeeinrichtungen eine gemeinsame Planung erfordern. Der gemeinsame Flächennutzungsplan kann von den beteiligten Gemeinden nur gemeinsam aufgehoben, geändert oder ergänzt werden; die Gemeinden können vereinbaren, dass sich die Bindung nur auf bestimmte räumliche oder sachliche Teilbereiche erstreckt. Ist eine gemeinsame Planung nur für räumliche oder sachliche Teilbereiche

[1502] Schiller in Bracher/Reidt/Schiller, Bauplanungsrecht, 2022, Rn. 8.8.
[1503] BVerwG NVwZ 2003, 733; NVwZ 2003, 738.
[1504] Stüer/Stüer DVBl. 2010, 1540.
[1505] Stüer/Stüer NuR 2004, 341.
[1506] Stüer/Vildomec BauR 1998, 427. Zu Entschädigungspflichten Stüer ZfBR 2004, 338.

erforderlich, genügt anstelle eines gemeinsamen Flächennutzungsplans eine Vereinbarung der beteiligten Gemeinden über bestimmte Darstellungen in ihren Flächennutzungsplänen. Sind die Voraussetzungen für eine gemeinsame Planung nach Satz 1 und 4 entfallen oder ist ihr Zweck erreicht, können die beteiligten Gemeinden den Flächennutzungsplan für ihr Gemeindegebiet ändern oder ergänzen; vor Einleitung des Bauleitplanverfahrens ist die Zustimmung der höheren Verwaltungsbehörde erforderlich.

Der gemeinsame Flächennutzungsplan ist kein einheitlicher Plan; vielmehr handelt es sich 838
um wechselseitig mit Bindungswirkungen für die beteiligten Gemeinden verbundene Pläne, dh um eine abgestimmte Planung mehrerer Gemeinden.[1507] Die beteiligten Gemeinden bleiben für ihr eigenes Gemeindegebiet allein zuständig und verantwortlich. In gesetzessystematischer Hinsicht ist der gemeinsame Flächennutzungsplan Teil eines abgestuften Regelungssystems von Modifizierungen der gemeindlichen Zuständigkeiten bei der Erfüllung von Aufgaben nach dem BauGB. Zu diesem Regelungssystem gehören neben dem gemeinsamen Flächennutzungsplan die Übertragung von Aufgaben an eine andere Gebietskörperschaft (§ 203 BauGB), die Bildung von Planungsverbänden nach § 205 BauGB und die gemeinsame Aufgabenerledigung nach Landesgesetzen über kommunale Zusammenarbeit.[1508]

d) Der regionale Flächennutzungsplan. § 13 I ROG verpflichtet die Länder, einen 839
Raumordnungsplan für das Landesgebiet (landesweiter Raumordnungsplan) und Raumordnungspläne für die Teilräume der Länder (Regionalpläne) aufzustellen. In den Ländern Berlin, Bremen und Hamburg kann nach § 13 I 2 ROG ein Flächennutzungsplan nach § 5 BauGB die Funktion des landesweiten Raumordnungsplans übernehmen. Nach § 13 Abs. 1a ROG sind landesweite Raumordnungspläne und Regionalpläne den Zielen der Raumordnung anzupassen, die in den Bundesraumordnungsplänen nach § 17 festgelegt sind. Die Regionalpläne sind gem. § 13 II 1 ROG aus dem Raumordnungsplan für das Landesgebiet zu entwickeln. Die Flächennutzungspläne und die Ergebnisse der von den Gemeinden beschlossenen sonstigen städtebaulichen Planungen sind entsprechend § 1 III ROG in der Abwägung nach § 7 II ROG zu berücksichtigen (§ 13 II 2 ROG). Die Pflicht nach § 13 I 1 Nr. 2 ROG, Regionalpläne aufzustellen, gilt gemäß § 13 I 3 ROG nicht für die Länder Berlin, Bremen, Hamburg und Saarland.

Ist eine Planung angesichts bestehender Verflechtungen, insbesondere in einem verdichteten 840
Raum, über die Grenzen eines Landes hinaus erforderlich, soll gem. § 13 III ROG eine gemeinsame Regionalplanung erwogen werden. Erfolgt die Regionalplanung durch Zusammenschluss von Gemeinden und Gemeindeverbänden zu regionalen Planungsgemeinschaften, kann ein Regionalplan zugleich die Funktion eines gemeinsamen Flächennutzungsplans nach § 204 BauGB übernehmen (§ 13 IV 1 ROG), wenn er den §§ 7-13 ROG und den Vorschriften des BauGB entspricht (regionaler Flächennutzungsplan). In einem gemeinsamen Flächennutzungsplan nach § 13 IV 1 ROG sind sowohl die Festlegungen im Sinne von § 13 V ROG und des §§ 7 III und IV ROG als auch die Darstellungen iS des § 5 BauGB zu kennzeichnen; Ziele und Grundsätze der Raumordnung sind als solche zu kennzeichnen (§ 13 IV ROG).

4. Darstellungsmöglichkeiten des Flächennutzungsplans

Der Flächennutzungsplan enthält **Darstellungen**, **Kennzeichnungen** und **nachrichtliche** 841
Übernahmen. Im Flächennutzungsplan ist nach § 5 I 1 BauGB für das ganze Gemeindegebiet die sich aus der beabsichtigten städtebaulichen Entwicklung ergebende Art der Bodennutzung nach den voraussehbaren Bedürfnissen der Gemeinde in den Grundzügen darzustellen. Aus dem Begriff der Grundzüge ergeben sich keine starren, von der jeweiligen planerischen Konzeption der Gemeinde unabhängigen Grenzen für Inhalt, Regelungstiefe und Parzellenschärfe des Flächennutzungsplans. So können **parzellenscharfe Darstellungen**, zB von Flächenbegrenzungen oder Trassenverläufen, erforderlich sein, um die Grundzüge der Planung mit der gebotenen Bestimmtheit darzustellen. Auch konkrete inhaltliche Planaussagen können zu den „Grundzügen" gehören. Das gilt auch für die Festlegung von Werten, die – wie hier – die Emissionen bestimmter Betriebe begrenzen sollen und auf diese Weise die zulässige Art der Bodennutzung im Plangebiet regeln.[1509]

1507 Kment in Jarass/Kment, BauGB, 2022, § 204 Rn. 2
1508 BVerwG NVwZ 2008, 423, 425.
1509 BVerwG NVwZ 2006, 87 (89).

842 Die Befugnis der Gemeinde, in den Flächennutzungsplan ins Einzelne gehende Darstellungen aufzunehmen, ergibt sich aus dem Katalog des § 5 II BauGB. Zulässig sind danach auch Planaussagen, die nicht wesentlich weniger konkret als Festsetzungen in einem Bebauungsplan sind. Die Gemeinde ist bei der Darstellung der für die Bebauung vorgesehenen Flächen nicht auf die Darstellung von Bauflächen und Baugebieten beschränkt; sie kann auch das allgemeine Maß der baulichen Nutzung im Flächennutzungsplan darstellen. Im Flächennutzungsplan können auch die Grund- und Geschossflächenzahl, die Zahl der Vollgeschosse und die Höhe baulicher Anlagen dargestellt werden. Gemäß § 5 II Nr. 6 BauGB kann die Gemeinde Flächen für Nutzungsbeschränkungen oder für Vorkehrungen zum Schutz gegen schädliche Umwelteinwirkungen iSd BImSchG darstellen. **Emissions- und Immissionsgrenzwerte** sind zwar keine Vorkehrungen iSv § 9 I Nr. 24 BauGB noch von § 5 II Nr. 6 BauGB. Flächen, auf denen die Emissionen von Betrieben bestimmte Grenzwerte nicht überschreiten dürfen, können jedoch als Flächen für Nutzungsbeschränkungen, dh als Flächen, auf denen Nutzungsbeschränkungen notwendig sind.[1510]

843 Wenn die Gemeinde von ihrer Möglichkeit Gebrauch macht, in den Flächennutzungsplan auch über den nicht abschließenden Katalog des § 5 II BauGB hinausgehende Darstellungen aufzunehmen, werden ihre Darstellungsmöglichkeiten durch § 9 I BauGB begrenzt. Planaussagen, die nicht Gegenstand einer zulässigen Festsetzung in einem Bebauungsplan werden können, sind auch im Flächennutzungsplan unzulässig.[1511] Welche Darstellungen noch zu den Grundzügen der Art der Bodennutzung gehören, hängt nicht von dem Grad ihrer Bestimmtheit, sondern davon ab, ob sie den Bezug zur jeweiligen städtebaulichen Konzeption für das ganze Gemeindegebiet wahren. Dazu gehört es in der Regel, die einzelnen Bauflächen und die von Bebauung freizuhaltenden Gebiete einander zuzuordnen. Die für einzelne Flächen vorgesehene Art der Bodennutzung muss sich in ein Konzept für das gesamte Gemeindegebiet einfügen. Darstellungen gehören ungeachtet ihres Bestimmtheitsgrades zu den Grundzügen der Art der Bodennutzung, wenn sie der Bewältigung eines Nutzungskonflikts dienen, der eine über die unmittelbar betroffenen Flächen hinausgehende Bedeutung für das dem Flächennutzungsplan zu Grunde liegende gesamträumliche Entwicklungskonzept der Gemeinde hat. Die Gemeinde kann somit nicht jeden beliebigen Nutzungskonflikt zum Gegenstand ihres Entwicklungskonzepts machen und dadurch ins Einzelne gehende Darstellungen auf der Ebene des Flächennutzungsplans rechtfertigen. Sind jedoch detaillierte und konkrete Darstellungen erforderlich, um einen Nutzungskonflikt von grundlegender Bedeutung für ihre gesamträumliche Entwicklung planerisch zu bewältigen, kann der Flächennutzungsplan seiner Aufgabe nur gerecht werden, wenn auch derartige Darstellungen zulässig sind.[1512]

844 Zu den nicht in § 5 II BauGB aufgeführten Darstellungsmöglichkeiten gehört die **Darstellung von Vorranggebieten** mit Ausschlusswirkungen für andere Flächen im Plangebiet, die bislang vorwiegend Gewinnungsbetriebe für Bodenschätze und Windenergieanlagen zum Gegenstand hatten.

845 Aus dem Flächennutzungsplan können nach § 5 I 2 BauGB Flächen und sonstige Darstellungen ausgenommen werden, wenn dadurch die nach § 5 I 1 BauGB darzustellenden Grundzüge nicht berührt werden und die Gemeinde beabsichtigt, die Darstellung zu einem späteren Zeitpunkt vorzunehmen; in der Begründung sind die Gründe hierfür darzulegen. Im Flächennutzungsplan sind die raumrelevanten Maßnahmen, Vorhaben und Absichten der Gemeinde in zeichnerischer und ggf. textlicher Form in dem Sinne dargestellt, dass sie lediglich verwaltungsinterne Bindungen, grundsätzlich jedoch keine unmittelbaren Außenwirkungen gegenüber dem Bürger entfalten. Die Darstellungen des Flächennutzungsplans sind auslegungsfähig, wobei insbesondere der dem Flächennutzungsplan beizufügende Begründung eine herangezogen werden kann.[1513]

846 **a) Art der baulichen Nutzung.** Im Flächennutzungsplan können nach § 5 II Nr. 1 BauGB die für die Bebauung vorgesehenen Flächen nach der allgemeinen Art ihrer baulichen Nutzung (**Bauflächen**), nach der besonderen Art ihrer baulichen Nutzung (**Baugebiete**) sowie nach dem allgemeinen Maß der baulichen Nutzung dargestellt werden; Bauflächen, für die eine zentrale Abwasserbeseitigung nicht vorgesehen ist, sind zu kennzeichnen. Die Teile des Ge-

1510 BVerwG NVwZ 2006, 87 (89).
1511 BVerwG NVwZ 2006, 87 (89).
1512 BVerwG NVwZ 2006, 87.
1513 BVerwG NVwZ 2013, 1011; Schübel-Pfister JuS 2013, 990, Bringewat NVwZ 2013, 984.

meindegebiets, die der Flächennutzungsplan weder als Bauflächen noch als Baugebiete darstellt, sind für eine Bebauung auf der Grundlage eines Bebauungsplans nicht vorgesehen; ihre Bebaubarkeit hängt davon ab, ob die Voraussetzungen der §§ 34, 35 BauGB vorliegen.

Der Flächennutzungsplan kann sich auf die Darstellung von **Bauflächen** (Wohnbauflächen [W], gemischte Bauflächen [M], gewerbliche Bauflächen [G] und Sonderbauflächen [S] (§ 1 I BauNVO) beschränken oder auch Aussagen zu **Baugebieten** (§ 1 II BauNVO) enthalten. Die BauNVO unterscheidet zwischen Kleinsiedlungsgebieten (WS), reinen Wohngebieten (WR), allgemeinen Wohngebieten (WA), besonderen Wohngebieten (WB), Dorfgebieten (MD) Mischgebieten (MI), Urbanen Gebieten (MU) Kerngebieten (MK), Gewerbegebieten (GE), Industriegebieten (GI) und Sondergebieten (SO). Die Baugebiete beziehen sich auf die im Flächennutzungsplan dargestellten oder Bebauungsplan konkret festgesetzten Gebiete. Diese können allerdings iS der BauNVO über den räumlichen Gegenstand des jeweiligen Bebauungsplans hinausgehen und auch benachbarte Gebiete umfassen, die eine gleiche Gebietsstruktur aufweisen. Dies kann für die Frage eine Rolle spielen, ob die Einrichtungen einen Bezug zu dem jeweiligen Baugebiet haben.[1514] Der Gemeinde steht über den abschließenden Katalog des § 9 BauGB kein bauplanungsrechtliches „Festsetzungsfindungsrecht“ zu.[1515] Auch die möglichen Darstellungen über Bauflächen sind insoweit abschließend geregelt.[1516] Die rechtliche Bedeutung der einzelnen Baugebiete, welche Nutzungen in ihnen allgemein oder ausnahmsweise zulässig sind, ergibts ich für die einzelnen Gebietstypen aus den §§ 2 ff. BauNVO. 847

In welchem Umfang und mit welchem Inhalt solche Darstellungen Bestandteil des Flächennutzungsplans werden, richtet sich nach den konkreten Einzelfallumständen und den (autonomen) Planungsvorstellungen der Gemeinde, die allerdings durch das Abwägungsgebot rechtlich gebunden sind. Bei der Darstellung einer **Sonderbaufläche** (§ 1 I Nr. 4 BauNVO) im Flächennutzungsplan muss allerdings deren allgemeine Zweckbestimmung angegeben werden. Die Darstellung einer Sonderbaufläche mit dem Zusatz „großflächiger Einzelhandel“ genügt den Anforderungen des § 5 I und II BauGB.[1517] Zur Darstellung der sich aus der beabsichtigten städtebaulichen Entwicklung ergebenden Art der Bodennutzung reicht die Darstellung einer Sonderbaufläche ohne weitere Zweckbestimmung nicht aus. Zwar ist weder in der BauNVO (§ 1 I Nr. 4 BauNVO) noch in der Planzeichenverordnung (Anlage zur PlanzV Nr. 1.4) ausdrücklich vorgeschrieben, dass bei der Darstellung einer Sonderbaufläche im Flächennutzungsplan ihre Zweckbestimmung anzugeben sei. Eine Darstellung „inhaltsleerer“ Sonderbauflächen ist jedoch mit § 5 I 1 BauGB unvereinbar, weil sie keine Aussage über die beabsichtigte städtebauliche Entwicklung enthält, sondern nur zum Ausdruck bringt, dass keine Wohnbauflächen und gemischte oder gewerbliche Bauflächen vorgesehen sind. Ihr kann nicht entnommen werden, was die Gemeinde positiv planen will. Auch wenn der Flächennutzungsplan seinem Wesen nach nur ein vorbereitender Bauleitplan (§ 1 II BauGB) und insofern „grobmaschiger“ ist als ein Bebauungsplan, der gem. § 8 I 1 BauGB die rechtsverbindlichen Festsetzungen für die städtebauliche Ordnung enthält,[1518] so müssen seine Darstellungen doch so bestimmt und eindeutig sein, dass sie einen ausreichenden Rahmen für Konkretisierungen in einem Bebauungsplan und für Planungen anderer Planungsträger bilden können. Dies ist bei der Darstellung einer Sonderbaufläche ohne nähere Zweckbestimmung nicht der Fall.[1519] 848

Nach einem Referentenentwurf des Bundesministeriums für Wirtschaft und Klimaschutz, des Bundesministeriums für Wohnen, Stadtentwicklung und Bauwesen und des Bundesministeriums für Umwelt, Naturschutz, nukleare Sicherheit und Verbraucherschutz zur Umsetzung der Richtlinie (EU) 2023/2413 im Bereich Windenergie an Land und Solarenergie mit Stand vom 2.4.2024 ist geplant, in § 249a BauGB **Beschleunigungsgebiete für Windenergie an Land** und in § 249 b BauGB **Sonderregelungen für Solarenergiegebiete** einzuführen. Windenergiegebiete iSd § 2 Nr. 1WindBG sind nach dem Gesetzentwurf im Flächennutzungsplan zusätzlich als Beschleunigungsgebiete darzustellen. Die Darstellung soll aber ausgeschlossen bleiben, soweit ein Beschleunigungsgebiet in einem Natura 2000-Gebiet, in einem Naturschutzgebiet, einem Nationalpark oder in der Kern- und Pflegezone eines Biosphärenreservats iSd BNatSchG oder in einem Gebiet mit bedeutendem Vorkommen einer oder mehrerer 849

1514 OVG Schleswig NordÖR 1998, 398; BVerwG NJW 1998, 3792.
1515 OVG Münster Urt. v. 22.11.2022 – 2 D 348/21.NE, juris Rn. 59; BVerwG NJW 1993, 2695.
1516 Söfker in EZBK, BauGB § 1 BauNVO Rn. 4; Kment in Jarass/Kment, BauGB, 2022, § 5 Rn. 15.
1517 BVerwGE 95, 123.
1518 BVerwGE 48, 70.
1519 BVerwGE 95, 123.

durch den Ausbau der Windenergie betroffener Arten, das auf Grundlage von vorhandenen Daten zu bekannten Artvorkommen oder zu besonders geeigneten Lebensräumen ermittelt werden kann, liegt. Im Falle möglicher negativer Umweltauswirkungen sind nach dem Gesetzentwurf geeignete Regeln für wirksame Minderungsmaßnahmen für die Errichtung und den Betrieb von Anlagen und ihrem Netzanschluss darzustellen, um diese Auswirkungen zu vermeiden oder, falls dies nicht möglich ist, erheblich zu verringern. Abweichend von dem UVPG sind Umweltauswirkungen nur Auswirkungen auf die Erhaltungsziele iS des § 7 I Nr. 9 BNatSchG, besonders geschützte Arten nach § 7 II Nr. 13 BNatSchG und die Bewirtschaftungsziele iS des § 27 WHG.[1520] In den Beschleunigungsgebieten sollen nach dem Gesetzentwurf in den §§ 6b, 6 c WindBG **Genehmigungserleichterungen** gelten. Wird die Errichtung und der Betrieb oder die Änderung der Lage, der Beschaffenheit oder des Betriebs einer Windenergieanlage an Land und der dazugehörigen Nebenanlagen iSd § 3 Nr. 15a EEG in einem Beschleunigungsgebiet für Windenergie an Land beantragt, soll nach § 6b I des Gesetzentwurfs im Zulassungsverfahren abweichend von den Vorschriften des UVPG keine UVP, abweichend von § 34 I BNatSchG keine Prüfung in Bezug auf Natura 2000-Gebiete, abweichend von § 44 I BNatSchG keine artenschutzrechtliche Prüfung und abweichend von § 27 WHG keine Prüfung der dort genannten Bewirtschaftungsziele durchgeführt werden, sofern Maßnahmen nach § 6b II, III oder IV WindBG durchgeführt werden. Vergleichbare Erleichterungen sollen auch für Beschleunigungsgebiete für Solaranlagen gelten.

850 **b) Maß der baulichen Nutzung.** Die Gemeinde kann im Flächennutzungsplan nach § 5 II Nr. 1 BauGB auch das Maß der baulichen Nutzung darstellen. Wird im Flächennutzungsplan das allgemeine Maß der baulichen Nutzung dargestellt, genügt nach § 16 I BauNVO die Angabe der Geschossflächenzahl, der Baumassenzahl oder der Höhe baulicher Anlagen. Auch die Zahl der Vollgeschosse kann im Flächennutzungsplan dargestellt werden.[1521] Planaussagen zur Bauweise und zur überbaubaren Grundstücksfläche enthalten Flächennutzungspläne, weil sie nicht zu den Grundzügen der Bodennutzung zählen.[1522]

851 **c) Ausstattung des Gemeindegebiets.** Im Flächennutzungsplan kann nach § 5 II Nr. 2 BauGB auch die Ausstattung des Gemeindegebiets mit verschiedenen Anlagen, Einrichtungen und Maßnahmen dargestellt werden. Dazu zählen Anlagen und Einrichtungen zur Versorgung mit Gütern und Dienstleistungen des öffentlichen und privaten Bereichs, insbesondere mit der Allgemeinheit dienenden baulichen Anlagen und Einrichtungen des Gemeinbedarfs, wie mit Schulen und Kirchen sowie mit sonstigen kirchlichen, sozialen, gesundheitlichen und kulturellen Zwecken dienenden Gebäuden und Einrichtungen, sowie mit Flächen für Sport- und Spielanlagen (§ 5 II Nr. 2 a BauGB). Hinzu kommen Anlagen, Einrichtungen und sonstigen Maßnahmen, die dem Klimawandel entgegenwirken, insbesondere zur dezentralen und zentralen Erzeugung, Verteilung, Nutzung oder Speicherung von Strom, Wärme oder Kälte aus erneuerbaren Energien oder Kraft-Wärme-Kopplung (§ 5 II Nr. 2 b BauGB). Auch Anlagen, Einrichtungen und sonstigen Maßnahmen, die der Anpassung an den Klimawandel dienen, können im Flächennutzungsplan dargestellt werden (§ 5 II Nr. 2 c BauGB). Schließlich kann nach § 5 II Nr. 2 d BauGB auch die Ausstattung des Gemeindegebiets mit zentralen Versorgungsbereichen dargestellt werden (§ 5 II Nr. 2 d BauGB).

852 Bei den **Anlagen und Einrichtungen zur Versorgung** im Sinne von § 5 II Nr. 2 a BauGB kann es sich um solche **Daseinsvorsorge** handeln, die der Deckung des Gemeinbedarfs dienen; sie können aber auch der Versorgung mit Gütern und privaten Dienstleistungen dienen. Nicht entscheidend ist auch, ob die Anlagen und Einrichtungen sich in öffentlicher oder privater Trägerschaft. Neben den der Allgemeinheit dienenden baulichen Anlagen und Einrichtungen, wie zB Schulen, Kirchen, Museen, kommen auch Infrastruktureinrichtungen wie private Jugendzentren, freie Bildungsstätten oder Ärztehäuser in Betracht.

853 Nach § 5 II Nr. 2b BauGB können auch Anlagen, Einrichtungen und sonstigen Maßnahmen, die dem **Klimawandel** entgegenwirken, insbesondere zur dezentralen und zentralen Erzeugung, Verteilung, Nutzung oder Speicherung von Strom, Wärme oder Kälte aus erneuerbaren Energien oder Kraft-Wärme-Kopplung im Flächennutzungsplan dargestellt wer-

1520 Dazu Riese/Brennecke UPR 2024, 1; Sailer/Deutinger EuRUP 2024, 70; Hendrischke/Drewing EuRUP 2024, 86.

1521 BVerwG NVwZ 2006, 87 (89).

1522 Kment in Jarass/Kment, BauGB, 2022, § 5 Rn. 17.

den.[1523] Den Erfordernissen des Klimaschutzes soll nach § 1a V 1 BauGB sowohl durch Maßnahmen, die dem Klimawandel entgegenwirken, als auch durch solche, die der Anpassung an den Klimawandel dienen, Rechnung getragen werden. Der Grundsatz nach § 1a V 1 BauGB ist nach § 1 V 2 BauGB in der Abwägung nach § 1 VII BauGB zu berücksichtigen. Welche Anlagen in diesem Sinne dem Klimawandel entgegenwirken, ergibt sich aus dem Gesetz nicht abschließend. Die dezentralen und zentralen Anlagen zur Erzeugung, Verteilung, Nutzung oder Speicherung von Strom, Wärme oder Kälte aus erneuerbaren Energien oder Kraft-Wärme-Kopplung werden lediglich beispielhaft aufgeführt. Insofern können auch Fachgesetze (zB EEG, GEG und KWKG) mit ihren Einordnungen zu berücksichtigen sein.[1524] Für entsprechende Darstellungen im Flächennutzungsplan sind Klimaschutz- und Energiekonzepte hilfreich, wenn nicht gar unabdingbar.[1525]

§ 13 I 1 KSG verlangt, dass sämtliche Träger öffentlicher Aufgaben bei ihren Planungen und Entscheidungen den Zweck des KSG und die zu seiner Erfüllung festgelegten Ziele zu berücksichtigen haben. Im Wesentlichen unbestritten löst § 13 I KSG zwar keine strikte Beachtenspflicht aus und führt auch nicht zu einem grundsätzlichen (absoluten) Vorrang des Klimaschutzes. Klimaschutzbelange können daher bei der planerischen Abwägung und auch bei nachvollziehenden Abwägungen zur Auslegung unbestimmter Rechtsbegriffe sowie im Rahmen von Ermessensentscheidungen zugunsten anderer Belange auch zurückgestellt werden, wenn deren Gewichtigkeit den Klimabelang überwiegt. Von der Rechtsprechung wird dazu die Ansicht vertreten, öffentliche Interessen könnten der Zulassung von Anlagen der erneuerbaren Energien als wesentlicher Teil des Klimaschutzes nur dann entgegenstehen, wenn sie mit einem dem Art. 20a GG vergleichbaren verfassungsrechtlichen Rang gesetzlich verankert bzw. gesetzlich geschützt seien oder einen gleichwertigen Rang besäßen.[1526] Aus dem Klimaschutzgebot des Art. 20a GG kein absoluter und auch kein relativer Vorrang für den Klimaschutz unabhängig von der Abwägung im konkreten Fall ergibt, sondern dass sowohl § 13 I 1 als auch Art. 20a GG (lediglich) erwarten, dass der Klimaschutz hinreichend Berücksichtigung findet, wobei das BVerfG allerdings klargestellt hat, dass mit zunehmenden Folgen des Klimawandels der Belang an Gewicht gewinnt. Die Zurückstellung des Klimaschutzbelang hinter gegenläufige Belange lässt sich grundsätzlich allerdings nicht damit rechtfertigen, dass der Beitrag eines bestimmten Vorhabens an den weltweiten Folgen des Klimawandels nur gering sei. Mit einer solchen Argumentation ließe sich Klimaschutz kaum erfolgreich bewirken, weil die weltweiten Folgen des Klimawandels naturgemäß von zahllosen Einzelvorhaben verursacht werden. 854

Neben ökologischen Folgen müssen nach § 1 S. 2 KSG aber auch soziale und ökonomische Folgen berücksichtigt werden. Noch nicht abschließend geklärt ist, ob der Schutz des Klimas über § 13 oder über Art. 20 a GG als Optimierungsgebot verstanden werden darf.[1527] Eine Berücksichtigung globaler Klimafolgen bei der Zulassung von Einzelvorhaben oder im Rahmen der Planung könnte möglicherweise am besten über ein der Vorsorge entsprechendes Minimierungs- oder Optimierungsgebot bewirkt werden. 855

Nicht zuletzt muss natürlich auch die Bauleitplanung der Gemeinden die Klimafolgen der Planung hinreichend berücksichtigen.[1528] Der Klimaschutz ist im BauGB verschiedentlich angesprochen. Eine Klimaschutzklausel enthalten § 1 V und § 1 a V BauGB. Nach § 1 V 1 856

1523 Zur zunehmenden Bedeutung planungsrechtlicher Instrumente der Raumordnung und der Bauleitplanung für den Klimaschutz siehe Sauthoff Raumordnung und Bauleitplanung, in Rodi, Handbuch Klimaschutzrecht, 2022, S.257 ff.; Sauthoff ZUR 2021, 140; zur Klimaanpassung in der Regionalplanung siehe Köck ZUR 2023, 266; siehe auch Beckmann NuR 2023, 289; zur Berücksichtigung des Klimawandels in der Bauleitplanung Queitsch UPR 2023, 201; zum Klimaschutz in der Bundesfernstraßenplanung Knauff VerwArch 2023, 161; siehe auch Marschall ZfBR 2024, 6; zum Klimaanpassungsgesetz Fellenberg/Dingemann/Römling NVwZ 2024, 281; Köck/Neubauer/Dahm, NVwZ 2024, 296; Erbguth EuRUP 2024, 3.

1524 Söfker in EZBK, BauGB, § 5 Rn. 9a ff.; Kment in Jarass/Kment, BauGB, 2022 § 5 Rn. 20.

1525 Mitschang in BKL, BauGB, 2022, § 5 Rn. 17a; Battis/Krautzberger/Mitschang/Reidt/Stüer NVwZ 2011, 897 (899).

1526 VGH Mannheim Beschl. v. 10.11.2022 – 10 S 1312/22, juris Rn. 56; OVG Münster Beschl. v. 04.08.2022 – 22 A 488/20, juris Rn. 57.

1527 Ablehnend zur Bauleitplanung siehe OVG Berlin-Brandenburg Beschl. v. 25.1.2022 – OVG 10 S 17/21, juris Rn. 48; Dirnberger in Jäde/Dirnberger, BauGB, 2018, § 1 a Rn. 33; aA unter Verweis auf § 13 II KSG Schlacke/Römling DVBl. 2021, 144, 150.

1528 Dazu Erbguth DVBl. 2022, 1001; Sauthoff KlimaR 2022, 11; Kersten Baurecht, in Schoch, Besonderes Verwaltungsrecht, 2018, Kap. 3 Rn. 27; Dombert ThürVBl 2022, 225.

BauGB sollen die Bauleitpläne eine nachhaltige städtebauliche Entwicklung, die die sozialen, wirtschaftlichen und umweltschützenden Anforderungen auch in Verantwortung gegenüber künftigen Generationen miteinander in Einklang bringt, und eine dem Wohl der Allgemeinheit dienende sozialgerechte Bodennutzung unter Berücksichtigung der Wohnbedürfnisse der Bevölkerung gewährleisten. Sie sollen gem. § 1a V 2 BauGB dazu beitragen, eine menschenwürdige Umwelt zu sichern, die natürlichen Lebensgrundlagen zu schützen und zu entwickeln sowie den Klimaschutz und die Klimaanpassung, insbesondere auch in der Stadtentwicklung, zu fördern, sowie die städtebauliche Gestalt und das Orts- und Landschaftsbild baukulturell zu erhalten und zu entwickeln. Ergänzend schreibt § 1a V 1 BauGB vor, dass den Erfordernissen des Klimaschutzes sowohl durch Maßnahmen, die dem Klimawandel entgegenwirken, als auch durch solche, die der Anpassung an den Klimawandel dienen, Rechnung getragen werden soll. Dieser Grundsatz ist nach § 1a V 2 BauGB in der Abwägung nach § 1 VII BauGB zu berücksichtigen. Wesentliche Instrumente im Rahmen der städtebaulichen Klimaanpassung sind neben den städtebaulichen Entwicklungskonzepten insbesondere Vulnerabilitätsanalysen, kommunale Klimaanpassungskonzepte sowie Innenentwicklungskonzepte iSd § 176a BauGB, welche als städtebauliche Entwicklungskonzepte oder sonstige städtebauliche Planung von den Gemeinden beschlossen werden können und dann auch zum Abwägungsmaterial für die kommunale Bauleitplanung gehören.[1529] In Betracht kommen auch Landschafts- und Grünordnungspläne.[1530]

857 Das KAnG sieht mit vorsorgenden Klimaanpassungsstrategien sowie Klimaanpassungskonzepten zwei Instrumente vor, zu deren Erarbeitung im Falle der vorsorgenden Klimaanpassungsstrategien der Bund und die Länder und im Falle der Klimaanpassungskonzepte insbesondere die Kommunen aufgerufen sind. Die vorsorgenden Anpassungsstrategien sind den bestehenden Planungen mit Bezug zur Klimaanpassung, vor allem auch der Raumplanung und der Bauleitplanung und der Hochwassermanagementplanung, vorgelagert, müssen bei diesen Planungen berücksichtigt werden.[1531]

858 § 5 I Nr. 2 Nr. 2 b BauGB ermöglicht die Darstellung von Klimaschutz – und Energiekonzepten im Flächennutzungsplan. Der Bebauungsplan kann aus städtebaulichen Gründen auch Festsetzungen für den Klimaschutz enthalten. So können nach § 9 I 1 Nr. 12 BauGB Versorgungsflächen, einschließlich der Flächen für Anlagen und Einrichtungen zur dezentralen und zentralen Erzeugung, Verteilung, Nutzung oder Speicherung von Strom, Wärme oder Kälte aus erneuerbaren Energien oder Kraft-Wärme-Kopplung festgesetzt wer-den. Außerdem können nach § 9 I Nr. 23 b) BauGB Gebiete festgelegt werden, in denen bei der Errichtung von Gebäuden oder bestimmten sonstigen baulichen Anlagen bestimmte bauliche und sonstige technische Maßnahmen für die Erzeugung, Nutzung oder Speicherung von Strom, Wärme oder Kälte aus erneuerbaren Energien oder Kraft-Wärme-Kopplung getroffen werden müssen.

859 Als baurechtliches, wenn auch nicht planungsrechtliches Schlüsselinstrument für den Klimaschutz gilt außerdem die Außenbereichsprivilegierung des § 35 I BauGB.[1532] Privilegiert zulässig sind im Außenbereich bauliche Anlagen zur Erforschung, Entwicklung oder Nutzung der Wind- oder Wasserenergie (Nr. 5), der energetischen Nutzung von Biomasse (Nr. 6) und der Nutzung von Solarenergie im Zusammenhang mit Gebäuden (Nr. 8) im Außenbereich. Für privilegierte Vorhaben gilt nicht das für sonstige Vorhaben zu beachtende Bauverbot mit Ausnahmevorbehalt des § 35 II BauGB. Bauplanungsrechtlich sind sie daher zulässig, wenn ihnen die in § 35 III BauGB genannten öffentlichen Belange nicht entgegenstehen. Bei der Gewichtung des Interesses an einer Windenergieanlage hat die Genehmigungsbehörde zB neben der grundsätzlichen Privilegierung von Windenergieanlagen im Außenbereich auch die Bedeutung höherer Anlagen für die effektive Nutzung der Windenergie und damit auch den besonderen Stellenwert zu berücksichtigen, der der Windenergie für die Sicherung der Energieversorgung und den Klimaschutz zukommt.[1533]

860 Nach § 5 II Nr. 2 c) BauGB kann der Flächennutzungsplan auch Darstellungen mit Anlagen, Einrichtungen und sonstigen Maßnahmen, die der **Anpassung an den Klimawandel** dienen, können im Flächennutzungsplan dargestellt werden (§ 5 II Nr. 2 c BauGB).[1534]

[1529] Marschall ZfBR 2024, 6.

[1530] Albrecht ZUR 2023, 273 (275); Marschall ZfBR 2024, 6.

[1531] Fellenberg/Dingemann/Römling NVwZ 2024, 281 (283).

[1532] Kloepfer/Durner Umweltrecht, 2021, § 6 Rn. 45.

[1533] VG Braunschweig Urt. v. 11.5.2022 – 2 A 100/19, juris Rn. 43.

[1534] Planungs- und Rechtsinstrumente zur Klimaanpassung durch urbanes Grün beschreibt Marschall ZfBR 2024, 6; zum Klimaanpassungsgesetz siehe Fellenberg/Dingemann/Römling NVwZ 2024, 281;

Nach § 2 Nr. 1 KAnG ist Klimaanpassung die Ausrichtung an den aktuellen oder erwarteten Auswirkungen des Klimawandels. Alle Träger öffentlicher Aufgaben haben nach § 8 I 1 KAnG bei ihren Planungen und Entscheidungen das Ziel der Klimaanpassung nach § 1 KAnG fachübergreifend und integriert zu berücksichtigen. Dabei sind nach § 8 I 2 KAngG sowohl die bereits eingetretenen als auch die zukünftig zu erwartenden Auswirkungen des Klimawandels zu berücksichtigen. Dazu gehören insbesondere die Überflutung oder Überschwemmung bei Starkregen, Sturzfluten oder Hochwasser, das Absinken des Grundwasserspiegels oder Verstärkung von Trockenheit oder Niedrigwasser, die Bodenerosion und die Erzeugung oder Verstärkung eines lokalen Wärmeinsel-Effekts. Dabei ist nach § 8 I 3 KAnG zu berücksichtigen, dass Versickerungs-, Speicher- und Verdunstungsflächen im Rahmen einer wassersensiblen Entwicklung so weit wie möglich erhalten werden. 861

Soweit Planungen und Entscheidungen der Träger öffentlicher Aufgaben nach der Maßgabe von Fachgesetzen oder anerkannten Regeln der Technik erfolgen, die der Zielsetzung von § 8 I KAnG entsprechen, ist § 8 I KAnG durch die Anwendung dieser Fachgesetze oder anerkannten Regeln der Technik Rechnung getragen (§ 8 II KAnG). 862

Träger öffentlicher Aufgaben sollen nach § 8 III 1 KAnG darauf hinwirken, dass bereits versiegelte Böden, deren Versiegelung dauerhaft nicht mehr für die Nutzung der Böden notwendig ist, im Rahmen von Maßnahmen in ihrem Verantwortungsbereich in den natürlichen Funktionen des Bodens nach § 2 II 2 Nr. 1 BBodSchG, soweit es erforderlich und zumutbar ist, wiederhergestellt und entsiegelt werden. Das BNatSchG, die BKompV sowie entsprechende Vorschriften der Länder, § 5 BBodSchG und § 55 II WHG bleiben unberührt (§ 8 III 3 KAnG). 863

Die Länder bestimmen nach § 12 I 1 KAnG im Rahmen der Grenzen des Art. 28 II GG diejenigen öffentlichen Stellen, die für die Gebiete der Gemeinden und Kreise jeweils ein **Klimaanpassungskonzept** – soweit nicht bereits vorhanden – aufstellen. Dabei können sie nach § 12 I 2 KAnG bestimmen, dass für das Gebiet einer Gemeinde unterhalb einer von den Ländern zu bestimmenden Größe kein Klimaanpassungskonzept aufgestellt werden muss, solange dieses Gebiet durch ein Klimaanpassungskonzept für das Gebiet eines Kreises abgedeckt ist. Länder, die von§ 12 I 2 KAnG keinen Gebrauch machen, können § 12 I 3 KAnG bestimmen, dass für das Gebiet von Kreisen kein Klimaanpassungskonzept aufgestellt werden muss. 864

Ziel von Klimaanpassungskonzepten ist nach § 12 II 1 KAnG die Entwicklung eines planmäßigen Vorgehens zur Klimaanpassung der jeweiligen Gebietskörperschaft unter Berücksichtigung bestehender Klimaanpassungsprozesse und Klimaanpassungsaktivitäten, das in einen auf die örtlichen Gegebenheiten bezogenen Maßnahmenkatalog zur Umsetzung des Klimaanpassungskonzepts mündet. Der **Maßnahmenkatalog** sollte nach § 12 II 2 KAnG möglichst auch Maßnahmen enthalten, mit denen Vorsorge insbesondere in extremen Hitzelagen, bei extremer Dürre und bei Starkregen getroffen werden kann, sowie solche Maßnahmen, die die Eigenvorsorge der Bürgerinnen und Bürger erhöhen. Klimaanpassungskonzepte sollen nach § 12 III KAnG auf einer **Klimarisikoanalyse** im Sinne einer Feststellung von potentiellen prioritären Risiken und sehr dringlichen Handlungserfordernissen (**Betroffenheitsanalyse**) oder vergleichbaren Entscheidungsgrundlagen beruhen. 865

Die Länder bestimmen nach § 12 IV KAnG die wesentlichen Inhalte der Klimaanpassungskonzepte und darüber hinaus, ob und in welcher Form Klimaanpassungskonzepte einer Beteiligung der Öffentlichkeit, einer Berichterstattung über die Umsetzung ihres Maßnahmenkatalogs und einer Fortschreibung bedürfen. Bei der Aufstellung von Klimaanpassungskonzepten sind gem. § 12 V KAnG die Klimarisikoanalysen und Klimaanpassungskonzepte für Gebietskörperschaften, an die die juristische Person angrenzt oder in denen sie sich befindet, zu berücksichtigen. In Klimaanpassungskonzepten sind gem. § 12 VI 1 KAnG relevante Planungen und sonstige Grundlagen – wie bestehende Hitzeaktionspläne, Starkregen- und Hochwassergefahrenkarten, Freiraumkonzepte sowie Landschafts- und Grünordnungspläne – zu berücksichtigen. Es soll nach § 12 VI 2 KAnGg identifiziert werden, welche Lücken bezüglich der Klimaanpassung in der bisherigen Planung für das Gebiet der Gemeinde, des Kreises oder des anhand 866

Operhalsky ImS 2024, 9; zur Klimaanpassung in der Regionalplanung siehe Köck ZUR 2023, 266; zum ursprünglichen Entwurf des KAnG kritisch Beckmann KlimaRZ 2023, 151; zur Klimaanpassung in der Bauleitplanung ausführlich Hilbert ZUR 2023, 259; ders. DVBl. 2022, 1409; Albrecht ZUR 2023, 273; Arndt UPR 2020, 481; Queitsch UPR 2023, 201; Schink UPR 2020, 500; zur Klimaanpassung im Städtebaurecht Sinder EurUP 2022, 378 (381 ff.); zum Hochwasserschutz als spezielle Klimaanpassungsmaßnahme durch die Raumplanung Wagner ZUR 2023, 283.

anderer Kriterien festgelegten Gebiets bestehen; in den Klimaanpassungskonzepten sollen Maßnahmen zur Schließung dieser Lücken festgelegt werden. Bestehende Konzepte, die Aufgabenbereiche der Klimaanpassung behandeln, können als Bestandteil eines Klimaanpassungskonzepts nach § 12 VI 3 KAnG geführt werden, soweit sie nach Ermessen der für die Konzepterstellung zuständigen öffentlichen Stellen hinreichend aktuell sind.

867 In § 5 II Nr. 2 d) BauGB ist vorgesehen, dass im Flächennutzungsplan auch die Ausstattung des Gemeindegebiets mit **zentralen Versorgungsbereichen** dargestellt werden kann. Damit soll insbesondere erreicht werden, dass Gemeinden ihren informellen Einzelhandels- und Zentrenkonzepten ein stärkeres rechtliches Gewicht geben und dabei zugleich die Koordinierungs- und Steuerungsfunktion des Flächennutzungsplans nutzen. Die Darstellung ist nicht auf bereits bestehende zentrale Versorgungsbereiche beschränkt, sondern erfasst auch die noch zu entwickelnden Zentren. Hier liegt ein gewisser Unterschied zu § 34 III BauGB, der prinzipiell an vorhandenen zentralörtlichen Versorgungsbereichen ausgerichtet ist. Die Neuregelung unterstützt die Bebauungspläne der Gemeinden, mit der die planungsrechtlichen Voraussetzungen für zentrale Versorgungsbereiche geschaffen werden, und Bebauungspläne, mit denen im Sinne der sog. planerischen Feinsteuerung zur Erhaltung und Entwicklung zentraler Versorgungsbereiche beigetragen wird. Auch kann die Darstellung zentraler Versorgungsbereiche im Flächennutzungsplan die Prüfung nach dem Vorhandensein von zentralen Versorgungsbereichen erleichtern – auch bei Anwendung des § 34 III BauGB.

868 Zentrale Versorgungsbereiche spielen in unterschiedlichen Regelungszusammenhängen des BauGB eine wichtige Rolle (§ 2 II 2, § 34 III, § 1 VI Nr. 4 und in § 9 II 2a BauGB). Mit der Erhaltung und Entwicklung von zentralen Versorgungsbereichen die Urbanität der Städte und ihre Innenentwicklung gestärkt werden. Außerdem soll eine wohnortnahe Versorgung befördert werden, der angesichts einer älter und immobiler werdenden Bevölkerung eine hohe Bedeutung zukommt.[1535]

869 Der Flächennutzungsplan kann über Darstellungen nach § 5 II Nr. 2 d BauGB auf der Grundlage eines gemeindlichen Einzelhandels- und Zentrenkonzepts den innerstädtischen Einzelhandel steuern. Die Darstellung von zentralen Versorgungsbereichen im Flächennutzungsplan wirkt sich allerdings nicht unmittelbar auf die planungsrechtliche Zulässigkeit nach § 34 III BauGB aus; der Flächennutzungsplan kann jedoch zur tatsächlichen Entwicklung eines zentralen Versorgungsbereichs und zur Beurteilung ihres Vorhandenseins beitragen. Das **Gebot der Konfliktbewältigung** kann es erforderlich machen, Bauflächen oder Baugebiete im Flächennutzungsplan darzustellen, mit denen die Grundlage für Einzelhandelsbetriebe gelegt wird, die später die Funktion des zentralen Versorgungsbereichs sicherstellen sollen.[1536]

Hinweis: Die Ermittlung der konkret zentrenschädlichen Sortimente ist bei einem zum Schutz eines Zentrums erfolgten Einzelhandelsausschlusses regelmäßig im Rahmen der Erstellung des Zentrenkonzepts zu ermitteln. Diese Anforderung auch an das Planaufstellungsverfahren und die Planbegründung zu stellen, ist hingegen nicht gerechtfertigt.[1537] Ein **städtebauliches Zentrenkonzept**, mit dem ua eine wohnungsnahe Versorgung gesichert werden soll, ist allerdings nicht „vernünftigerweise geboten“, wenn es anderenorts in der Nachbarschaft von Wohnquartieren Einzelhandel zulässt, hier hingegen auch nicht großflächigen ausschließt, obwohl sich zum Zeitpunkt des Satzungsbeschlusses ausreichend verlässlich absehen lässt, dass alsbald ein Wohngebiet anschließen wird.[1538]

870 **d) Verkehrsflächen**. Nach § 2 II Nr. 3 BauGB können im Flächennutzungsplan auch Flächen für den überörtlichen Verkehr und für die örtlichen Hauptverkehrszüge dargestellt werden. Mit Ausnahme der gesondert aufgeführten Wasserflächen für den Schiffsverkehr, die in § 2 II Nr. 7 BauGB gesondert aufgeführt sind, betrifft diese Darstellungsmöglichkeit grundsätzlich alle Verkehrswege. Hierzu gehören Bundes-, Land- oder Ortsstraßen, Bahnhöfe, Raststätten und Flugplätze oder Flughäfen, Straßenbahn-, U-Bahn- und S-Bahn-Trassen. Die Darstellungsmöglichkeit dient Belangen der entsprechenden Fachplanungsträger, die sich nach § 7 BauGB an den Flächennutzungsplan anzupassen haben. Soweit sich der Flächennutzungsplan auf die Darstellung von Grundzügen beschränkt, sind allerdings nur städtebaulich bedeutsame

---

[1535] Mitschang in BKL, BauGB 2022, § 5 Rn 17e.
[1536] Kment in Jarass/Kment, BauGB, 2022, § 5 Rn. 22.
[1537] BVerwG NVwZ 2013, 1157.
[1538] OVG Lüneburg BauR 2013, 904; BVerwG NVwZ 2009, 1228 zum Ausschluss von Einzelhandelsbetrieben.

Verkehrsflächen Gegenstand der Darstellungen. Nicht zu verwechseln sind die Darstellungen des Flächennutzungsplans von Flächen für den überörtlichen Verkehr mit der nachrichtlichen Übernahme von festgesetzten Planungen und Nutzungen der Fachplanung. § 5 IV 1 BauGB sieht dazu vor, dass Planungen und sonstige Nutzungsregelungen, die nach anderen gesetzlichen Vorschriften festgesetzt sind, sowie nach Landesrecht denkmalgeschützte Mehrheiten von baulichen Anlagen nachrichtlich übernommen werden sollen. Sind derartige Festsetzungen in Aussicht genommen, sollen sie im Flächennutzungsplan vermerkt werden (§ 5 IV 2 BauGB).

e) Flächen für Versorgungsanlagen. Nach § 2 II Nr. 4 BauGB können im Flächennutzungsplan auch Flächen für Versorgungsanlagen, für die Abfallentsorgung und Abwasserbeseitigung, für Ablagerungen sowie für Hauptversorgungs- und Hauptabwasserleitungen dargestellt werden. Ermöglicht werden eine Darstellung öffentlicher Ver- und Entsorgungsanlagen; unerheblich ist es jedoch, ob der Betreiber privat- oder öffentlich-rechtlich organisiert ist. Nach § 35 III 3 BauGB kann die Gemeinde für die genannten Versorgungsanlagen und für Anlagen zur Nutzung regenerativer Energien Konzentrationsflächen ausweisen und damit die Errichtung solcher Anlagen auf den Grundlagen einer planerischen Konzeption räumlich steuern. Für Windenergieanlagen sind jedoch nach § 249 BauGB Sonderregeln zu beachten.[1539] **871**

Die Darstellung von Flächen für die Abfallentsorgung bezieht sich auf Flächen, die für die Errichtung und den Betrieb von **Abfallentsorgungsanlagen** genutzt werden können. Die Errichtung und der Betrieb von Anlagen, in denen eine Entsorgung von Abfällen durchgeführt wird, sowie die wesentliche Änderung einer solchen Anlage oder ihres Betriebes bedürfen nach § 35 I KrWG der Genehmigung nach dem BImSchG; die Errichtung und der Betrieb von Deponien sowie die wesentliche Änderung einer solchen Anlage oder ihres Betriebes bedürfen nach § 35 II 1 KrWG der Planfeststellung bzw. nach § 35 III iVm § 74 VI VwVfG einer Plangenehmigung. Auch bei den Deponien handelt es sich um eine Abfallentsorgungsanlage.[1540] Kapitel 8 des Anhangs zur 4. BImSchV listet die Anlagen zur Verwertung und Beseitigung von Abfällen und sonstigen Stoffen auf, die einer immissionsschutzrechtlichen Genehmigung bedürfen. Der Katalog enthält auch Verwertungsanlagen.[1541] **872**

Unter den Voraussetzungen des § 38 S. 1 BauGB gelten die §§ 29–37 BauGB über die planungsrechtliche Zulässigkeit von Vorhaben nicht für die Errichtung und den Betrieb öffentlich zugänglicher Abfallbeseitigungsanlagen, auch wenn sie immissionsschutzrechtlich genehmigt werden.[1542] Liegen die Voraussetzungen des § 38 BauGB nicht vor, weil es sich um eine nicht öffentlich zugängliche Abfallbeseitigungsanlage oder um eine Abfallverwertungsanlage handelt, gelten die §§ 29–37 BauGB ohne Einschränkungen. Im Außenbereich sind Abfallentsorgungsanlagen nach § 35 I Nr. 4 BauGB privilegierte Vorhaben, wenn sie aufgrund der nachteiligen Auswirkungen auf die Umgebung nur im Außenbereich ausgeführt werden sollen. Dies wird z. B. für eine Klärschlammtrocknungsanlage angenommen, für Bauschuttrecyclinganlagen und für Sammelstellen für Gartenabfälle jedoch abgelehnt.[1543] **873**

Für die Beurteilung, ob der Gegenstand der Genehmigung eine Abfallbeseitigungsanlage im Sinne von § 38 BauGB oder eine dieser Vorschrift nicht unterfallende Abfallverwertungsanlage ist, sind die Regelungen des Kreislaufwirtschaftsrechts und die hierzu ergangene Rechtsprechung des EuGH und des BVerwG maßgeblich.[1544] Voraussetzung für diese Privilegierung immissionsschutzrechtlich genehmigter Abfallbeseitigungsanlagen ist allerdings, dass die Gemeinde im Verfahren beteiligt wird und dass städtebauliche Belange berücksichtigt werden. Auch der Abwägungsvorbehalt des § 38 I 1 Halbs. 2 BauGB führt nicht zu einer Änderung des Rechtscharakters der immissionsschutzrechtlichen Genehmigung. Sie wird nicht zu einer (umfassen- **874**

1539 Mitschang in BKL, BauGB, 2022, § 5 Rn. 19.

1540 Beckmann in Landmann/Rohmer Umweltrecht II, § 36 KrWG, 2023, Rn. 2; zum Begriff der Abfallentsorgungsanlage iSv § 4 I 1 BImSchG und insbesondere dazu, dass sich der Begriff auch auf Verwertungsanlagen bezieht siehe OVG Berlin-Brandenburg Urt. v. 26.1.2011 – 11 A 3.09, juris Rn. 69; Würtenberger in Schmehl/Klement, KrWG, 2019, § 35 Rn. 12.

1541 Beckmann in Landmann/Rohmer Umweltrecht II, § 36 KrWG, 2023, Rn. 3.

1542 Beckmann in Landmann/Rohmer Umweltrecht II, § 36 KrWG, 2023, Rn. 37; Dippel AbfallR 2020, 57, 64.

1543 Fellenberg/Schiller in Jarass/Petersen, KrWG, 2022, § 35 Rn. 49.

1544 Fellenberg/Schiller in Jarass/Petersen, KrWG, 2022, § 35 Rn. 49; a. A. Versteyl/Grunow in Schink/Versteyl, KrWG, 2016, § 35 Rn. 23); siehe dazu auch Beckmann in Landmann/Rohmer Umweltrecht II, § 36 KrWG, 2023, Rn. 37; Dippel AbfallR 2020, 57.

den) planerischen Abwägungsentscheidung, sondern bleibt grundsätzlich eine gebundene Entscheidung, die um ein planerisches Element angereichert ist, so dass in einem Teilbereich eine Abwägung stattzufinden hat, während Fragen des Bedarfs und planerische Alternativen, beispielsweise hinsichtlich des Standorts der Anlage, unerheblich sind.[1545]

875 Soweit § 38 S. 1 BauGB öffentlich zugängliche Abfallbeseitigungsanlagen privilegiert, scheidet Eine eigenständige Regelungsbefugnis der Gemeinde dazu aus. Sie kann aber durch die Darstellung derartiger Flächen im Flächennutzungsplan – sinnvollerweise in Abstimmung mit den für die Abfallbeseitigung zuständigen Trägern öffentlicher Belange – eine Standortsicherung betreiben im Flächennutzungsplan befördern. Nichts anderes gilt im Zusammenhang mit der Darstellung von Flächen für die Abwasserbeseitigung. Soweit die zuständige Planfeststellungs- oder Genehmigungsbehörde bei der Entscheidung über den Planfeststellungs- oder Genehmigungsantrag auch städtebauliche Belange zu berücksichtigen hat oder bei der abfallrechtlichen Planfeststellung oder Plangenehmigung zumutbare Alternativen zu berücksichtigen hat, dürft eine Darstellung von Flächen für Abfallentsorgungsanlagen im Flächennutzungsplan eine erhebliche Rolle spielen können.[1546]

876 Die Möglichkeit, im Flächennutzungsplan auch Ablagerungen, bei denen es sich um Vorhaben iSd § 29 I BauGB handelt, darzustellen, stellt sicher, dass auch Flächen für die Ablagerung solcher Stoffe, die nicht dem KrWG unterliegen, oder auf gewerblichen Lagerplätzen, insbesondere in gewerblichen Bauflächen gelagert werden sollen, im Flächennutzungsplan gesichert werden können.[1547] Das betrifft zB Abfälle, die unmittelbar beim Aufsuchen, Gewinnen und Aufbereiten sowie bei der damit zusammenhängenden Lagerung von Bodenschätzen in Betrieben anfallen, die der Bergaufsicht unterstehen und die nach Bergrecht unter Bergaufsicht entsorgt werden (§ 2 II Nr. 7 KrWG)[1548] oder enthält eine Ausnahmeregelung für Böden am Ursprungsort, einschließlich nicht ausgehobener kontaminierter Böden und dauerhaft mit dem Grund und Boden verbundener Bauwerke (§ 2 II Nr. 10 KrWG). Nicht zuletzt hat der EuGH entschieden, dass nicht jedes ausgehobene Bodenmaterial, das durch eine Baumaßnahme erzeugt wird und nicht wieder vor Ort eingebaut werden kann, sondern extern verwendet werden muss, Abfall ist. Vielmehr gelte, wenn der Erzeuger schon vor dem Aushub die Qualität des Bodenmaterials bestimmt und eine dazu passende umweltgerechte und rechtmäßige Verwendung organisiere, sei das ausgehobene Bodenmaterial kein Abfall, weil es an einer Entledigung fehle. Ausgehobenes Bodenmaterial könne als Nebenprodukt und somit als Nicht-Abfall qualifiziert werden, wenn das ausgehobene Bodenmaterial die Nebenprodukt-Voraussetzungen erfülle.[1549]

877 **f) Grünflächen.** § 2 II Nr. 5 BauGB ermöglicht außerdem eine Darstellung von Grünflächen, wie Parkanlagen, Dauerkleingärten, Sport-, Spiel-, Zelt- und Badeplätze, Friedhöfe im Flächennutzungsplan. Gemeint sind damit Grünflächen, die in bebaute Gebiete eingegliedert oder ihnen zugeordnet sind und daher unmittelbar städtebauliche Bedeutung haben und die der Naherholung der Bewohner, der Verbesserung des Kleinklimas oder der Auflockerung und Gliederung der Bebauung dienen sollen und insoweit stärker als die Flächen für Landwirtschaft oder den Wald, die in § 2 II Nr. 9 BauGB gesondert aufgeführt sind, öffentlichen Interessen dienen.[1550]

878 Aus § 5 II Nr. 5 BauGB ergibt sich, dass die Darstellung einer Grünfläche im Flächennutzungsplan näher konkretisiert werden kann. Im Bebauungsplan hingegen muss sie näher kon-

---

[1545] BVerwG Beschl. v. 28.6.2007 – 7 B 4.07, juris; OVG Lüneburg Urt. v. 22.1.2009 – 12 KS 288/07, juris Rn. 34 f.; OVG Weimar Beschl. v. 22.2.2006, ZUR 2006, 479; VGH Mannheim Urt. v. 16.6.1999, NVwZ-RR 1999, 298.

[1546] Zur Erforderlichkeit einer Wahrung der Belange des Städtebaus bei der Zulassung privilegierter Abfallentsorgungsanlagen Dippel AbfallR 2020, 57 (64); Reidt in BKL, BauGB, 2022, § 38 Rn. 17; VGH München NVwZ-RR 2014, 36; BVerwG Beschl. v. 28.6.2007 – 7 B 4/07, juris Rn. 9; OVG Lüneburg NVwZ-RR 2009, 556; zur Alternativenprüfung OVG Münster Beschl. v. 29.12.2021 – 20 B 1690/21, juris Rn. 73; VGH München Urt. v. 15.3.2021 – 8 A 18.40041, juris Rn. 54; BVerwG NVwZ 2018, 1799; BVerwGE 133, 239 Rn. 131; VGH München Beschl. v. 14.6.2017 – 8 ZB 16.955, juris Rn. 16.

[1547] Mitschang in BKL, BauGB, 2022, § 5 Rn 17.

[1548] Zu Grundlagen der Abfallentsorgung im Bergbau siehe Frenz UPR 2021, 201; ders. AbfallR 2018, 129; Kropp AbfallR 2018, 50,

[1549] EuGH ZUR 2023, 99 mit Anmerkungen von Franßen/Homann.

[1550] Mitschang in BKL, BauGB, 2022, § 5 Rn. 20.

kretisiert werden, wenn die zulässige Nutzung über eine lediglich begrünte Anlage hinausgehen soll.[1551]

Eine Bebauung, die nicht unmittelbar der Zweckbestimmung einer näher konkretisierten Grünfläche dient, widerspricht der Darstellung des Flächennutzungsplans, da die Grünfläche außerhalb ihrer eigentlichen Zweckbestimmung grundsätzlich von Bebauung freizuhalten ist.[1552] 879

g) Flächen für Nutzungsbeschränkungen zum Schutz der Umwelt. Nach § 5 II Nr. 6 BauGB können auch Flächen für Nutzungsbeschränkungen oder für Vorkehrungen zum Schutz gegen schädliche Umwelteinwirkungen BImSchG im Flächennutzungsplan dargestellt werden. Die Darstellung von Flächen für derartige Nutzungsbeschränkungen und Vorkehrungen gibt den Gemeinden die Möglichkeit, sich abzeichnende Umweltkonflikte einer in Aussicht genommenen Flächennutzung schon auf der Ebene des Flächennutzungsplans anzugehen, in dem etwa nutzungsbeschränkende für emittierende Betriebe auf der einen Seite oder aber auch nutzungsbeschränkende Vorgaben für immissionsbetroffene Flächen vorgesehen werden.[1553] **Emissions- und Immissionsgrenzwerte** sind zwar keine Vorkehrungen im Sinne von § 5 II Nr. 6 BauGB. Flächen, auf denen die Emissionen von Betrieben bestimmte Grenzwerte nicht überschreiten dürfen, können jedoch als „Flächen für Nutzungsbeschränkungen", dh als Flächen, auf denen Nutzungsbeschränkungen notwendig sind, dargestellt werden.[1554] 880

Vorkehrungen iSv § 5 II Nr. 6 BauGB sind selbständig vorgesehene Nutzungsarten überlagernde Darstellungen, wonach es aus Gründen des Immissionsschutzes bestimmter Schutzmaßnahmen bedarf. **Nutzungsbeschränkungen** überlagern andere Darstellungen, insbesondere gewerbliche Bauflächen, in dem dort bestimmte emittierende Nutzungen ausgeschlossen oder begrenzt werden, oder Wohnbauflächen, in dem dort besondere immissionssensible Nutzungen eingeschränkt werden.[1555] 881

Die Darstellungen des Flächennutzungsplans müssen die Nutzungsbeschränkungen oder Vorkehrungen zum Schutz gegen schädliche Umwelteinwirkungen och nicht konkret benennen. Eine Konkretisierung der Anforderungen kann dem Bebauungsplan oder auch dem Zulassungsverfahren überlassen werden. Hinreichende Erkenntnisse zu den konkreten Auswirkungen der dargestellten Nutzungsmöglichkeiten liegen bei der Aufstellung des Flächennutzungsplans zumeist noch nicht vor.[1556] 882

h) Wasserflächen. Eine weitere Darstellungsmöglichkeit sieht § 2 II Nr. 7 BauGB vor für Wasserflächen, Häfen und die für die Wasserwirtschaft vorgesehenen Flächen sowie die Flächen, die im Interesse des Hochwasserschutzes und der Regelung des Wasserabflusses freizuhalten sind. Wasserflächen sind Seen, Teiche, Flüsse, Bäche und Gräben, letztlich alle oberirdischen Gewässer iSv § 3 Nr. 1 WHG. Dazu gehören das ständig oder zeitweilig in Betten fließende oder stehende oder aus Quellen wild abfließende Wasser. Auch natürliche und künstliche Wasserstraßen wie Kanäle sind Wasserflächen in diesem Sinne; diese gehören nicht zu den Verkehrsflächen nach § 5 Abs. 2 Nr. 3. Die Darstellung im Flächennutzungsplan setzt allerdings eine städtebauliche Relevanz voraus. Das gilt für die Darstellung vorhandener Wasserflächen, die im Übrigen unproblematisch ist, und für noch geplante Wasserflächen, bei deren Darstellung im Flächennutzungsplan vor allem auch wasserrechtliche Vorschriften zu beachten sind.[1557] 883

Bei der Darstellung von **Häfen** im Flächennutzungsplan und der Festsetzung eines Sondergebiets für einen Hafen im Bebauungsplan, kann sich die Frage stellen, welche Bedeutung das Bauplanungsrecht einerseits und das Fachplanungsrecht andererseits hat. Für den wasserseitigen Ausbau eines Hafens bedarf es eines Gewässerausbaus, der § 68 I bzw. II WHG der Planfeststellung bzw. der Plangenehmigung nach dem WHG bedarf. Unter einem Gewässerausbau ist nach § 67 II 1 WHG die Herstellung, die Beseitigung und die wesentliche Umgestaltung eines Gewässers oder seiner Ufer zu verstehen. Für die Errichtung eines neuen Hafenbeckens kann insoweit das Planungsrecht nicht mit den Mitteln der Bauleitplanung geschaffen werden. An- 884

[1551] BVerwG ZfBR 1955, 222; BVerwGE 42, 5.
[1552] BVerwG ZfBR 1995, 222.
[1553] Schiller in Bracher/Reidt/Schiller, Bauplanungsrecht, 2022, Rn. 8.49.
[1554] BVerwG NVwZ 2006, 87.
[1555] Schiller in Bracher/Reidt/Schiller, Bauplanungsrecht, 2022, Rn. 8.49.
[1556] Schiller in Bracher/Reidt/Schiller, Bauplanungsrecht, 2022, Rn. 8.51.
[1557] Schrödter/Otto in Schrödter, BauGB, 2019, § 5 Rn. 53.

dererseits kann mit einem Planfeststellungsbeschluss oder einer Plangenehmigung kein Baurecht für die landseitigen Hafenanlagen (zB für Lagerhallen, Lagerplätze, Silos etc.) geschaffen werden.[1558]

885 Belange des Küsten- oder Hochwasserschutzes und der Hochwasservorsorge, insbesondere die Vermeidung und Verringerung von Hochwasserschäden, sind nach § 1 VI Nr. 12 BauGB bei der planerischen Abwägung für die Aufstellung von Bauleitplänen zu berücksichtigen. Zu den Flächen, die für den **Hochwasserschutz** freizuhalten sind, gehören Flächen für Deiche oder Dämme, ggfls. auch Flächen für Gräben, Kanäle, Vorfluter, Hochwasserabflussgebiete, etc. Der Hochwasserschutz ist allerdings in erster Linie im WHG geregelt.[1559] Der Raumordnungsplan des Bundes zum Hochwasserschutz ist deshalb komplementär zum Regelungsregime des WHG konzipiert und nimmt weitgehend Bezug auf die Regelungssystematik des WHG.[1560] **Hochwasserrisiken** definiert der Gesetzgeber in § 73 I 2 WHG als die Kombination der Wahrscheinlichkeit des Eintritts eines Hochwasserereignisses mit den möglichen nachteiligen Hochwasserfolgen für die menschliche Gesundheit, die Umwelt, das Kulturerbe, wirtschaftliche Tätigkeiten und erhebliche Sachwerte. § 73 I 1 WHG verpflichtet die zuständigen Behörden, Hochwasserrisiken zu bewerten und Gebiete mit einem signifikanten Hochwasserrisiko zu bestimmen.

886 Nach § 74 I WHG sind die zuständigen Behörden verpflichtet, **Gefahren- und Risikokarten** für die von ihnen bestimmten Risikogebiete zu erstellen. Nach § 75 I WHG stellen die zuständigen Behörden für die Risikogebiete auf der Grundlage der Gefahren- und Risikokarten **Risikomanagementpläne** auf. Diese dienen nach § 75 II 1 WHG dazu, die nachteiligen Folgen, die an oberirdischen Gewässern mindestens von einem Hochwasser mit mittlerer Wahrscheinlichkeit und beim Schutz von Küstengebieten mindestens von einem Extremereignis ausgehen, zu verringern, soweit dies möglich und verhältnismäßig ist. Die Pläne legen gem. § 75 II 2 WHG für die Risikogebiete angemessene Ziele für das Risikomanagement fest, insbesondere zur Verringerung möglicher nachteiliger Hochwasserfolgen und, soweit erforderlich, für nichtbauliche Maßnahmen der Hochwasservorsorge und für die Verminderung der Hochwasserwahrscheinlichkeit. § 76 WHG enthält außerdem noch Regelungen für Überschwemmungsgebiete an oberirdischen Gewässern. Überschwemmungsgebiete müssen nach § 77 I 1 WHG in ihrer Funktion als Rückhalteflächen erhalten werden. Soweit überwiegende Gründe des Wohls der Allgemeinheit dem entgegenstehen, sind rechtzeitig gem. § 77 I 2 WHG die notwendigen Ausgleichsmaßnahmen zu treffen. Das können auch Maßnahmen mit dem Ziel des Küstenschutzes oder des Schutzes vor Hochwasser sein, die zum Zweck des Ausgleichs künftiger Verluste an Rückhalteflächen getroffen werden oder zugleich als Ausgleichs- oder Ersatzmaßnahme nach § 15 II BNatSchG dienen oder nach § 16 I BNatSchG anzuerkennen sind.

887 Nach § 78 I 1 WHG ist in **festgesetzten Überschwemmungsgebieten** die Ausweisung neuer Baugebiete im Außenbereich in Bauleitplänen oder in sonstigen Satzungen nach dem Baugesetzbuch untersagt. Das gilt nicht, wenn die Ausweisung ausschließlich der Verbesserung des Hochwasserschutzes dient, sowie für Bauleitpläne für Häfen und Werften. Die zuständige Behörde kann nach § 78 II WHG die Ausweisung neuer Baugebiete ausnahmsweise zulassen, wenn ein Fall des dort aufgeführten Katalogs vorliegt. Dieses auf Außenbereichsgrundstücke bezogene **Planungsverbot** gilt auch für die Darstellung von neuen Bauflächen und Baugebieten im Flächennutzungsplan.[1561]

888 In festgesetzten Überschwemmungsgebieten hat die Gemeinde nach § 78 III 1 WHG bei der Aufstellung, Änderung oder Ergänzung von Bauleitplänen für die Gebiete, die nach § 30 I und II BauGB oder § 34 BauGB zu beurteilen sind, in der Abwägung nach § 1 VII BauGB insbesondere die Vermeidung nachteiliger Auswirkungen auf Oberlieger und Unterlieger, die Vermeidung einer Beeinträchtigung des bestehenden Hochwasserschutzes und die hochwasser-

---

[1558] BVerwG NVwZ 2015, 1070; OVG Münster ZUR 2011, 385; siehe aber auch OVG Lüneburg ZUR 2015, 374, wonach „äußerstenfalls" neben dem Hafenbecken, den Kaianlagen, Molen und Liegeplätzen auch die auf der Mole bzw. den äußeren Hafenbegrenzungen vorhandenen Hafen- und Verkehrsanlagen unter Umständen auch eine Gepäckabfertigung für den vom Hafen ausgehenden Inselverkehr vom Fachplanungsvorbehalt erfasst und damit für entsprechende bauleitplanerische Festsetzungen gesperrt sein könnte.

[1559] Zur Hochwasserschutzvorsorge in Bezug auf Niederschlagswasser und Starkregen nach dem WHG und den Landeswassergesetzen Spannowsky ZfBR 2020, 523; zu rechtlichen und raumplanerischen Aspekten des Hochwasserschutzes und zu nachhaltiger Wasserversorgung Spannowsky UPR 2023, 59.

[1560] Siehe dazu Beckmann BauR 2021, 1748.

[1561] Schrödter/Otto in Schrödter, BauGB, 2019, § 5 Rn. 54; Mitschang ZfBR 2018, 329; Wagner/Wahlhäuser DVBl. 2018, 473; Wagner UPR 2017, 361.

angepasste Errichtung von Bauvorhaben zu berücksichtigen. Nach § 78 IV 1 WHG ist in festgesetzten Überschwemmungsgebieten grundsätzlich die Errichtung oder Erweiterung baulicher Anlagen nach den §§ 30, 33, 34 und 35 BauGB untersagt. Das gilt nicht für Maßnahmen des Gewässerausbaus, des Baus von Deichen und Dämmen, der Gewässer- und Deichunterhaltung und des Hochwasserschutzes sowie des Messwesens. Weitere Ausnahmen von dem Bauverbot lässt § 78 V WHG zu.

§ 78 b WHG regelt außerdem noch die Kategorie von **Risikogebieten**. Dabei handelt es sich um Gebiete außerhalb von Überschwemmungsgebieten, für die nach § 74 II WHG Gefahrenkarten zu erstellen sind und die nicht nach § 76 II oder III WHG als Überschwemmungsgebiete festgesetzt sind oder vorläufig gesichert sind; dies gilt nicht für Gebiete, die überwiegend von den Gezeiten beeinflusst sind, soweit durch Landesrecht nichts anderes bestimmt ist. Für Risikogebiete außerhalb von Überschwemmungsgebieten gilt nach § 78 b I Nr. 1 WHG, dass bei der Ausweisung neuer Baugebiete im Außenbereich sowie bei der Aufstellung, Änderung oder Ergänzung von Bauleitplänen für nach § 30 I und II BauGB oder nach § 34 BauGB zu beurteilende Gebiete insbesondere der Schutz von Leben und Gesundheit und die Vermeidung erheblicher Sachschäden in der Abwägung nach § 1 VII BauGB zu berücksichtigen sind. außerhalb der von § 78 b I Nr. 1 WHG erfassten Gebiete sollen bauliche Anlagen nur in einer dem jeweiligen Hochwasserrisiko angepassten Bauweise nach den allgemein anerkannten Regeln der Technik errichtet oder wesentlich erweitert werden, soweit eine solche Bauweise nach Art und Funktion der Anlage technisch möglich ist; bei den Anforderungen an die Bauweise sollen auch die Lage des betroffenen Grundstücks und die Höhe des möglichen Schadens angemessen berücksichtigt werden. 889

Festgesetzte Überschwemmungsgebiete, Risikogebiete außerhalb von Überschwemmungsgebieten iSv § 78b I WHG sowie Hochwasserentstehungsgebiete iSd § 78d I WHG sollen nach § 5 IVa BauGB nachrichtlich übernommen werden. Noch nicht festgesetzte Überschwemmungsgebiete sowie als Risikogebiete bestimmte Gebiete sollen im Flächennutzungsplan vermerkt werden. 890

i) Flächen für Aufschüttungen, Abgrabungen. § 2 II Nr. 8 BauGB berechtigt zu Darstellungen von Flächen für Aufschüttungen, Abgrabungen oder für die Gewinnung von Steinen, Erden und anderen Bodenschätzen. Aufschüttungen sind für eine längere Zeitdauer bestimmte, selbstständige, dh nicht mit einer Gebäudeerrichtung verbundene künstliche Veränderung der natürlich gegebenen oder vorgefundenen Erdoberfläche durch Erhöhung des Bodenniveaus (zB Abraumhalden, Auffüllung von Grundstücken, aber auch Anschüttungen an Grundstücke).[1562] **Abgrabungen** sind für eine längere Zeitdauer bestimmte, selbstständige, wiederum nicht mit einer Bauausführung verbundene, künstliche Veränderungen der natürlich gegebenen oder vorgefundenen Erdoberfläche durch Senkung des Bodenniveaus (zB Sand-, Lehm-, Ton- oder Kiesgruben, Steinbrüche).[1563] 891

Nicht jede noch so kleine Aufschüttung oder Abgrabung ist für die städtebauliche Entwicklung und Ordnung iSv § 1 III BauGB von Bedeutung. Für die Darstellung von Flächen für Aufschüttungen und Abgrabungen bzw. für Festsetzungen dazu im Bebauungsplan kommen vor allem Aufschüttungen und Abgrabungen größeren Umfangs in Betracht, deren planungsrechtliche Zulässigkeit sich gem. § 29 I BauGB nach den §§ 30-37 BauGB richtet. Ob eine Aufschüttung größeren Umfangs ist, hängt von ihren Auswirkungen auf städtebauliche Belange und vor allem auch von ihrer Größe sowie von der konkreten Situation ab, in der die Erdbewegungen stattfinden sollen. Wenn eine Aufschüttung eine Grundfläche von 30 qm, eine Höhe von 2 m bzw. eine Tiefe von 1 m oder mehr umfasst, kann nach Ansicht des OVG Münster schon häufig von einer Aufschüttung größeren Umfangs ausgegangen werden.[1564] Tagebauvorhaben des Bergbaus sollen in aller Regel Abgrabungen oder Gewinnungsbetriebe von Steinen in diesem Sinne sein.[1565] Von einem größeren Umfang in diesem Sinne kann bei aber nicht erst bei einer Größenordnung eines Gewinnungsvorhabens von mehr als 25 ha und bei Halden bei einem Flächenbedarf von mehr als 10 ha gesprochen werden, die zu einer UVP-Pflicht des Gewinnungsvorhabens führen können.[1566] einer Gemeinden können insoweit nach Maßgabe des § 1 III BauGB und des § 1 VI BauGB aus Gründen der geordneten städtebau- 892

1562 Söfker in EZBK, BauGB, 2022, § 5 Rn. 50.
1563 Söfker in EZBK, BauGB, 2022, § 5 Rn. 50.
1564 OVG Münster Beschl. v. 18.12.2017 – 2 B 1369/17, BeckRS 2017, 137651.
1565 BVerwG ZfBR 2001, 347; Kappes in Kühne/von Hammerstein ua BBergG, 2023, Anh § 48 Rn. 21.
1566 Siehe dazu Kappes in Kühne/von Hammerstein ua, BBergG, 2023, Anh § 48 Rn. 21.

lichen Entwicklung durch Festsetzungen eines Bebauungsplans die Zulässigkeit eines bergbaulichen Vorhabens, das den Vorhabenbegriff des § 29 BauGB erfüllt, beschränken. Dies gilt nach der Rechtsprechung des BVerwG auch dann, wenn für die Gewinnung der Bodenschätze bereits ein einfacher (fakultativer) Rahmenbetriebsplan und ein Hauptbetriebsplan zugelassen ist. Etwas anderes gilt, wenn das Gewinnungsvorhaben bergrechtlich planfestgestellt ist und insoweit von der Privilegierung des § 38 BauGB profitiert.[1567]

893 Für die Frage, ob die Darstellung von Flächen für die Gewinnung von Steinen, Erden und anderen Bodenschätzen aus städtebaulichen Gründen erforderlich ist, kann auch entscheidend sein, ob eine untertägige oder übertägige Gewinnung geplant ist vorgesehen ist. Denn beim untertägigen Abbau kann ggfls. eine Kennzeichnung nach § 5 III Nr. 2 BauGB ausreichen, wenn dieser Abbau nicht Auswirkungen und Konflikten an der Tagesoberfläche führt, die durch die Bauleitplanung planerisch gelöst werden müssen. Bewältigung erfordern. Eine solches Planungserfordernis kann sich bei einer untertägigen Gewinnung von Bodenschätzen schon aus den an der Tagesoberfläche benötigten Betriebsanlagen ergeben, für die im Flächennutzungsplan besondere Darstellungen nach § 5 Abs. 2 notwendig werden.[1568]

894 **j) Flächen für Landwirtschaft und Wald.** Nicht zuletzt eröffnet § 2 II Nr. 9 die Möglichkeit, im Flächennutzungsplan Flächen für die Landwirtschaft und den Wald darzustellen. Belange der Land- und Forstwirtschaft sind nach § 1 VI Nr. 8 b BauGB bei der planerischen Abwägung zu berücksichtigen. Landwirtschaftlich, als Wald oder für Wohnzwecke genutzte Flächen sollen nach § 1a II 2 BauGB nur im notwendigen Umfang umgenutzt werden.

895 **Landwirtschaft** iS des BauGB ist nach § 201 BauGB insbesondere der Ackerbau, die Wiesen- und Weidewirtschaft einschließlich Tierhaltung, soweit das Futter überwiegend auf den zum landwirtschaftlichen Betrieb gehörenden, landwirtschaftlich genutzten Flächen erzeugt werden kann, die gartenbauliche Erzeugung, der Erwerbsobstbau, der Weinbau, die berufsmäßige Imkerei und die berufsmäßige Binnenfischerei. Die Darstellungen im Flächennutzungsplan zur Landwirtschaft können sich auf einzelne Zweige der so umschriebenen Landwirtschaft beziehen oder beschränken, wenn es dafür hinreichende städtebauliche Gründe gibt.[1569] Zulässig ist es auch die Darstellung von Flächen für die Landwirtschaft und den Wald zu kombinieren.

896 **Wald** iS des BWaldG ist nach § 2 I 1BWaldG jede mit Forstpflanzen bestockte Grundfläche. Als Wald gelten auch kahlgeschlagene oder verlichtete Grundflächen, Waldwege, Waldeinteilungs- und Sicherungsstreifen, Waldblößen und Lichtungen, Waldwiesen, Wildäsungsplätze, Holzlagerplätze sowie weitere mit dem Wald verbundene und ihm dienende Flächen (§ 2 I 2 BWaldG). Flächen für die Landwirtschaft und den Wald können im Flächennutzungsplan nicht nur dargestellt werden, wenn sie die Merkmale der genannten Legaldefinitionen bereits erfüllen; sie könne vielmehr auch als planerisch gewollte, jedoch noch nicht realisierte Nutzung im Flächennutzungsplan dargestellt werden, wenn es dafür hinreichende städtebauliche Erfordernisse gibt, die die mit einer solchen Darstellung grundsätzlich verbundenen Beeinträchtigungen für den Grundeigentümer rechtfertigen können.[1570]

897 **k) Flächen für Boden- und Naturschutz.** Schließlich können nach § 2 II Nr. 10 BauGB auch Flächen für Maßnahmen zum Schutz, zur Pflege und zur Entwicklung von Boden, Natur und Landschaft im Flächennutzungsplan dargestellt werden. Darstellungen von Maßnahmen, die aus den Flächendarstellungen abgeleitet werden können, sind nicht zulässig, weil diese dem Bebauungsplan nach § 9 I Nr. 20 vorbehalten sind.[1571] Darstellungen von Flächen für Maßnahmen zum Schutz, zur Pflege und zur Entwicklung von Natur und Landschaft ermöglichen es den Gemeinden, nach eigenem planerischen Ermessen Flächen für landschaftsschützende Maßnahmen darzustellen, die zum Ausgleich von geplanten baulichen Eingriffen in Natur und Landschaft erforderlich sind. Dazu muss der Zustand von Natur und Landschaft im Gemeindegebiet ermittelt und bewertet werden, wie dies auch für den Grundlagenteil eines Landschaftsplans nach § 9 III 1 Nr. 1 und 3 BNatSchG und für den Umweltbericht nach § 2 IV BauGB erforderlich ist.[1572]

1567 Kappes in Kühne/von Hammerstein ua, BBergG, 2023, Anh § 48 Rn. 22; Kühne DVBl. 2007, 832.

1568 Söfker in EZBK, BauGB, 2018, § 5 Rn. 51.

1569 Söfker in EZBK, BauGB, 2018, § 5 Rn. 54.

1570 Mitschang in BKL, BauGB, 2022, § 5 Rn. 31; zum Schutz der Wälder durch den Landesentwicklungsplan NRW beim beschleunigten Ausbau erneuerbarer Energien Beckmann NuR 2023, 520.

1571 Kment in Jarass/Kment, BauGB, 2022, § 5 Rn. 30; Mitschang in BKL, BauGB, 2022, § 5 Rn. 33.

1572 Mitschang in BKL, BauGB, 2022, § 5 Rn. 33.

Nach § 11 III BNatSchG sind die in den Landschaftsplänen für die örtliche Ebene konkretisierten Ziele, Erfordernisse und Maßnahmen des Naturschutzes und der Landschaftspflege in der Abwägung nach § 1 VII BauGB zu berücksichtigen; sie können als Darstellungen oder Festsetzungen nach den §§ 5 und 9 BauGB in die Bauleitpläne aufgenommen werden. § 9 III 2 BNatSchG verlangt dazu, dass auf die Verwertbarkeit der Darstellungen der Landschaftsplanung für die Raumordnungspläne und Bauleitpläne Rücksicht zu nehmen ist. **898**

Für den **Bodenschutz** gilt § 1a II 1 BauGB: Mit Grund und Boden soll sparsam und schonend umgegangen werden; dabei sind zur Verringerung der zusätzlichen Inanspruchnahme von Flächen für bauliche Nutzungen die Möglichkeiten der Entwicklung der Gemeinde insbesondere durch Wiedernutzbarmachung von Flächen, Nachverdichtung und andere Maßnahmen zur Innenentwicklung zu nutzen sowie Bodenversiegelungen auf das notwendige Maß zu begrenzen. **899**

l) Flächen zum Eingriffsausgleich. Weitere Darstellungsmöglichkeiten ergeben sich aus § 5 II a BauGB. Danach können im Flächennutzungsplan den Flächen, auf denen Eingriffe in Natur und Landschaft zu erwarten sind, Flächen zum Ausgleich iS des § 1 a III BauGB ganz oder teilweise zugeordnet werden. Entsprechende Festsetzungsmöglichkeiten ergeben sich auf der Ebene des Bebauungsplans für Flächen oder Maßnahmen für einen derartigen Ausgleich in § 9 I a BauGB. Durch die naturschutzrechtlichen Darstellungsmöglichkeiten im Flächennutzungsplan und die entsprechenden, sich auch auf konkrete Maßnahmen beziehenden Festsetzungsmöglichkeiten im Bebauungsplan sollen die Ergebnisse der Abwägung umweltschützender Belange planerisch umgesetzt werden. Diese – allerdings nicht zwingend wahrzunehmende – Möglichkeit der Zuordnung einer Ausgleichsfläche zu einer Baufläche liegt im planerischen Ermessen und soll den Gemeinden die Möglichkeit eröffnen, ein auf dem Flächennutzungsplan aufbauendes Bebauungsplanverfahren zu entlasten. Mit der Zuordnung gem. § 9 I a) 2 BauGB wird den Gemeinden die Möglichkeit eröffnet, schon auf der Planungsstufe eine Strukturierung zur Umsetzung der festgesetzten naturschutzbezogenen Ausgleichsmaßnahmen vorzunehmen. Die Zuordnung muss inhaltlich hinreichend bestimmt sein.[1573] Ist die Zuordnung von Beeinträchtigungen und der erforderliche Ausgleich schon auf der Flächennutzungsplanebene entschieden, kann auf diese Entscheidung im Bebauungsplanverfahren zurückgegriffen werden und dieses insoweit entlasten. Sinnvoll erscheint eine Zuordnung bereits auf der Ebene des Flächennutzungsplans beispielsweise dann, wenn eine vorzeitige Realisierung des „Ausgleichs"-Bebauungsplans iS einer zeitlichen Abkoppelung beabsichtigt ist, um hierdurch die Zuordnung von Beeinträchtigungen und Ausgleich auch ohne sofortige Realisierung des Bebauungsplans, der die Beeinträchtigung zulässt, im Flächennutzungsplan planerisch als Vorgabe für die späteren Bebauungsplanverfahren festzuschreiben. Eine frühere Zuordnung auf der Ebene des Flächennutzungsplans wird dabei jedoch nicht immer möglich sein, weil die Auswirkungen der vorgesehenen Bebauung vielfach nicht konkret absehbar sind. Ein Verzicht auf eine Zuordnung von Eingriffs- und Ausgleichsflächen zueinander bereits auf der Ebene des Flächennutzungsplans schließt daher einen bebauungsplanübergreifenden Ausgleich und damit einen weiteren „Ausgleichs"-Bebauungsplan und eine entsprechende Refinanzierung nicht aus. Im Übrigen können naturschutzrechtliche Ausgleichserfordernisse auch durch die Darstellung von Grünflächen (§ 5 II Nr. 5 BauGB), Wasserflächen (§ 5 II Nr. 7 BauGB), Flächen für die Landwirtschaft und Wald (§ 5 II Nr. 9 BauGB) oder Flächen für Maßnahmen zum Schutz, zur Pflege und zur Entwicklung von Boden, Natur und Landschaft (§ 5 II Nr. 10 BauGB) planerisch dargestellt werden. Zudem sind Überlagerungen mit anderen Darstellungen zulässig.[1574] **900**

5. Kennzeichnungserfordernisse

Im Flächennutzungsplan sollen Flächen gekennzeichnet werden, bei deren Bebauung besondere bauliche Vorkehrungen gegen äußere Einwirkungen oder bei denen besondere bauliche **Sicherungsmaßnahmen** gegen Naturgewalten erforderlich sind, unter denen der **Bergbau** umgeht oder die für den Abbau von Mineralien bestimmt sind, deren Böden erheblich mit umweltgefährdenden Stoffen (**Altlasten** und **Altablagerungen**) belastet sind. Die Kennzeichnungen richten sich an die Gemeinde selbst aber auch an die Öffentlichkeit. Kennzeichnungen beeinflussen nicht die planungsrechtliche Nutzbarkeit von Flächen, die Nutzung ist auch nicht **901**

[1573] OVG Münster Urt. v. 14.12.2012 – 2 D 100/11.NE, juris.
[1574] Bundesregierung Gesetzentwurf zum BauROG 1998, S. 48.

angesichts der möglichen Gefährdungen nicht unzulässig, geben jedoch Hinweise auf mögliche Beeinträchtigungen, Gefahren oder Risiken einer plankonformen Nutzung, Sie dienen insoweit dem Schutz künftiger baulicher oder sonstiger Nutzungen.[1575]

902 Zur Kennzeichnungspflicht nach § 9 V BauGB wird erläutert, dass Kennzeichnungen im Gegensatz zu Festsetzungen, die normativ verbindliche Regelungen enthielten, komme Kennzeichnungen nur eine Hinweis- und Warnfunktion zu. Eine unterliege damit auch nicht dem Abwägungsgebot.[1576] Die Verletzung einer Kennzeichnungspflicht führe daher grds. nicht zur Unwirksamkeit des Bebauungsplans, da entsprechende Maßnahmen wie die Höhenfestsetzung zum Hochwasserschutz dem Baugenehmigungsverfahren vorbehalten bleiben könnten.[1577] Die Gemeinde muss sich allerdings vor Aufnahme solcher Kennzeichnungen im Rahmen der planerischen Abwägung vergewissern, ob die Gefahren durch bauliche oder technische Maßnahmen überhaupt beseitigt werden können oder ob die in Aussicht genommen Flächendarstellung wegen der Besorgnisse unterbleiben muss, weil die in Aussicht genommene Nutzung angesichts erkennbarer Gefahren schlicht nicht in Frage kommen kann. Unterläuft der Gemeinde dabei ein Abwägungsfehler und kommt dem zu kennzeichnenden Belang Drittschutz zu, so kann sich daraus ein Amtshaftungsansprüche gegen die Gemeinde ergeben.[1578]

903 Kennzeichnungen unterscheiden sich von Darstellungen dadurch, dass sie nicht die Nutzbarkeit von Flächen darstellen, sondern Hinweise auf nachteilige Einwirkungen geben, die sich aus einer früheren, einer aktuellen oder zukünftigen Nutzung unter oder in der Nachbarschaft der Flächen ergeben können.[1579] Von nachrichtlichen Übernahmen und Vermerken nach § 5 IV BauGB unterscheiden sich die Kennzeichnungen dadurch, dass nachrichtliche Übernahmen und Vermerke nicht auf mögliche Umweltbeeinträchtigungen plankonformer Nutzungen aufmerksam machen, sondern auf Planungen und sonstige Nutzungsregelungen hinweisen, die nach anderen gesetzlichen Vorschriften festgesetzt sind bzw. festgesetzt werden sollen.

904 Die Kennzeichnungspflicht nach § 5 III Nr. 3 BauGB für Flächen, in denen sich umweltgefährdende Stoffe befinden, trägt der besonderen Verantwortung Rechnung, die den Gemeinden im Hinblick auf die Zusammenstellung des Abwägungsmaterials und die Ermittlung der betroffenen Belange obliegt (§ 2 III BauGB).[1580] Dies gilt vor allem für altlastenverdächtige oder vergleichbare Standorte, bei denen die Belastungen nach Art, Beschaffenheit oder Menge umweltgefährdend sind. Hier hat die Gemeinde ggf. durch eine Gefährdungsabschätzung zu ermitteln, in welchem Umfang Gesundheits-[1581], Boden-, Luft- oder Wassergefährdungen bestehen und welche Auswirkungen dies für die Nutzungsmöglichkeiten des Bodens hat. Die Kennzeichnungspflicht hat einerseits für die Gemeinde selbst eine interne Signalwirkung im Hinblick auf die planerische Ausweisung solcher Standorte in der Bauleitplanung. Die Schutz- und Warnfunktion richtet sich andererseits aber auch an die Allgemeinheit, die auf solche umweltgefährdenden Belastungen hingewiesen wird. Die sachgerechte Bewältigung der Altlastenproblematik in der Bauleitplanung stellt über das Abwägungsgebot eine Rechtspflicht dar, bei deren Verletzung sich Amtshaftungsansprüche ergeben können.[1582]

905 Zugleich eröffnet das Gesetz einen weiten Spielraum, in welchem Umfang die planende Gemeinde von den Darstellungsmöglichkeiten Gebrauch macht. Dies gilt auch im Hinblick auf die **Feinkörnigkeit** der **Planung.**[1583] Das BauGB überlässt es der eigenverantwortlichen gemeindlichen Selbstverwaltung, ob sie im Flächennutzungsplan bereits konkrete Nutzungsformen vor-

---

1575 Mitschang in BKL, BauGB, 2022, § 5 Rn. 36; zu Kennzeichnungspflichten bei Altlasten Troidl NuR 2023, 749.

1576 VG Würzburg Urt. v. 24.7.2018 – W 4 K 17.1429, juris.

1577 VG Würzburg Urt. v. 24.7.2018 – W 4 K 17.1429, juris Rn. 25; VGH Mannheim DÖV 1972, 821 f.; OVG Koblenz NVwZ 1986, 56.

1578 BGH NJW 1991, 2701; Mitschang in BKL, BauGB, 2022, § 5 Rn. 37a.

1579 Mitschang in BKL, BauGB, 2022, § 5 Rn. 36.

1580 Zum Einfluss der Neuregelungen auf das Abwägungsgebot Erbguth JZ 2006, 484.

1581 Zur verbesserten Einbringung von Gesundheitsbelangen Welteke/Sierig/Hornberg Immissionsschutz, 2007, 18.

1582 BGHZ 106, 323 – Bielefeld-Brake; NJW 1990, 381; NJW 1990, 1038 – Dortmund-Dorstfeld-Süd; BauR 1991, 428 – Dinslaken; BGHZ 116, 215. Zu Amtshaftungsansprüchen gegen die Baugenehmigungsbehörde BGH NVwZ 1998, 1329; zur Verantwortung von Kommunen nach § 4 III 1 BBodSchG bei der Bauleitplanung Beckmann/Schulz UPR 2017, 331; zur Staatshaftung wegen mangelnder Umweltprüfungen Kümper DVBl. 2015, 869.

1583 BVerwGE 69, 30.

gibt oder für die Aufstellung der Bebauungspläne und die nachfolgenden Genehmigungsverfahren noch Spielräume lässt. Die Darstellungsschärfe kann dabei auch innerhalb eines Flächennutzungsplans unterschiedlich sein, je nachdem, wie konkret bereits die Nutzungsabsichten erkennbar werden und die gemeindlichen Planungsvorstellungen Gestalt gewonnen haben.

6. Nachrichtliche Übernahme

Neben den Darstellungen und Kennzeichnungen sollen Planungen und sonstige Nutzungsregelungen, die nach anderen gesetzlichen Vorschriften festgesetzt sind, wie nach Landesrecht denkmalgeschützte Mehrheiten von baulichen Anlagen nach § 5 IV BauGB nachrichtlich übernommen werden. Das dient der Funktion des Flächennutzungsplans, die geplante Bodennutzung für das gesamte Gemeindegebiet darzustellen, unabhängig davon, auf welchen Gesetzen und auf wessen Planungskompetenz sie beruht. In Betracht kommen insbesondere nachrichtliche Übernahmen von nach § 38 BauGB privilegierten Fachplanungen, Festsetzungen nach dem LuftVG und Nutzungsregelungen nach dem Wasser- sowie dem Natur- und Landschaftsschutzrecht. Sind solche Festsetzungen noch nicht getroffen, sondern erst beabsichtigt, sollen sie vermerkt werden. Die Soll-Vorschrift ist im Regelfall verpflichtend.[1584] 906

Festgesetzt iSv § 5 IV BauGB sind Planungen und sonstige Nutzungsregelungen, wenn sie mit Außenwirkung rechtsverbindlich sind. Insoweit gehören Planungen mit Innenwirkung, einzelne Genehmigungen, Erlaubnisse und auch Planungen und Nutzungsregelungen nach dem BauGB, zB Umlegungsgebiete, Sanierungsgebiete, Entwicklungsbereiche und Stadtumbaugebiete, nicht zu den nachrichtlich zu übernehmenden, festgesetzten **Fremdplanungen**.[1585] 907

Festgesetzte Überschwemmungsgebiete iS des § 76 II WHG sollen nachrichtlich übernommen werden. Noch nicht festgesetzte Überschwemmungsgebiete iS des § 76 III WHG sowie als Risikogebiete iS des § 73 I 1 WHG bestimmte Flächen sollen im Flächennutzungsplan vermerkt werden (§ 5 IV a BauGB).[1586] Soweit ein Flächennutzungsplan nicht bereits erstmalig oder vollständig neu aufgestellt wird, eignet sich hierzu am besten der Zeitpunkt einer deklaratorischen Neubekanntmachung. Die Gemeinde soll bei einer solchen Gelegenheit die entsprechenden Gebiete in den Flächennutzungsplan nachrichtlich übernehmen bzw. sie vermerken (§ 246 a BauGB). Für sich genommen ändert diese Maßnahme den Inhalt des Flächennutzungsplans als vorbereitenden Bauleitplan nicht. Sie ist deshalb nicht Gegenstand eines Bauleitplanverfahrens und löst damit auch keine Verfahrens- oder Abwägungspflichten aus. Diese durch die Hochwasserschutznovelle 2005 eingeführten Regelungen tragen dazu bei, die Bevölkerung in den betroffenen Gebieten vor den Gefahren des Hochwasserschutzes zu warnen. Zugleich ergibt sich für die Bauleitplanung ein grundsätzliches Verbot der Ausweisung von neuen Baugebieten in diesen Bereichen (§ 78 I 1 Nr. 1 WHG). Dieses darf die Gemeinde nur unter den Voraussetzungen des § 78 II WHG überwinden.[1587] Zu eigenen Ermittlungen sind die Gemeinden allerdings nicht verpflichtet. Dies ist vielmehr die Aufgabe der Wasserbehörden. Diese sind vielmehr verpflichtet, den Gemeinden die entsprechenden Unterlagen im Rahmen der Behördenbeteiligung im Bauleitplanverfahren zur Verfügung zu stellen. Die nachrichtliche Übernahme- bzw. Kennzeichnungspflichten stellen die betroffene Bevölkerung auch nicht von den allgemeinen Sorgfaltspflichten und einer eigenen Mitwirkung bei den Vorsorge- und Schadensbegrenzungsmaßnahmen frei (§ 5 II WHG). Auch die am Bau Beteiligten können sich nicht etwa mit Hinweis auf eine nicht erfolgte Kennzeichnung der Überschwemmungsgebiete oder überschwemmungsgefährdeter Gebiete von einer eigenen Haftung generell frei zeichnen. Nachrichtliche Übernahmen können über ihren engeren Hinweisbereich weiter gehende Wirkungen auslösen. 908

Beispiel: Zwar handelt es sich bei den Planzeichen „§ 32 – Biotope“ und „NSG (geplant)“ um eine „nachrichtliche Übernahme“ bzw. einen „Vermerk“ im Sinne von § 5 IV BauGB und damit um Kennzeichnungen, die keine Darstellungen iS des § 35 III BauGB sind. Ist das Flurstück jedoch als „Grünfläche“ dargestellt, steht dies einer Wohnbebauung entgegen.[1588]

1584 Mitschang in BKL, BauGB, 2022, § 5 Rn. 44.
1585 Söfker in EZBK, BauGB, 2018, § 5 Rn. 69.
1586 Jekel ZUR 2005, 393; Hünnekens/Arnold BauR 2006, 1232.
1587 BVerwGE 149, 373; Stüer/Garbrock NVwZ 2014, 1377; Ruttloff NVwZ 2014, 1381, Kerkmann UPR 2014, 328, Sparwasser VBlBW 2014, 430.
1588 OVG Berlin-Brandenburg Urt. v. 14.11.2012 – OVG 2 B 3.11, BeckRS 2012, 60070.

7. Bindungswirkungen des Flächennutzungsplans

909 Der Flächennutzungsplan ist zwar keine Rechtsnorm, gleichwohl führt er für verschiedene Planadressaten zu einer Bindungswirkung. Diese betreffen die planaufstellende Gemeinde selbst, sonstige öffentliche Planungsträger und im begrenzten Umfang auch die Bürger.[1589]

910 **a) Selbstbindung der Gemeinde.** Für die Aufstellung der Bebauungspläne gibt der Flächennutzungsplan den rechtlichen Rahmen, der durch das **Entwicklungsgebot** in § 8 II 1 BauGB festgelegt wird. Der Flächennutzungsplan führt dementsprechend zu einer Selbstbindung der Gemeinde. Ggf. ist parallel zur Aufstellung eines Bebauungsplans der Flächennutzungsplan zu ändern **(Parallelverfahren)**. Der Bebauungsplan kann vor dem Flächennutzungsplan bekannt gemacht werden, wenn nach dem Stand der Planungsarbeiten anzunehmen ist, dass der Bebauungsplan aus den künftigen Darstellungen des Flächennutzungsplans entwickelt sein wird (§ 8 IV 2 BauGB).

911 Ein Bebauungsplan kann nach § 8 IV 1 BauGB jedoch aufgestellt, geändert, ergänzt oder aufgehoben werden, bevor der Flächennutzungsplan aufgestellt ist, wenn dringende Gründe es erfordern und wenn der Bebauungsplan der beabsichtigten städtebaulichen Entwicklung des Gemeindegebiets nicht entgegenstehen wird (**vorzeitiger Bebauungsplan**). Gilt bei Gebiets- oder Bestandsänderungen von Gemeinden oder anderen Veränderungen der Zuständigkeit für die Aufstellung von Flächennutzungsplänen ein Flächennutzungsplan fort, kann ein vorzeitiger Bebauungsplan auch aufgestellt werden, bevor der Flächennutzungsplan ergänzt oder geändert ist.[1590]

912 Ein Bebauungsplan für die Wiedernutzbarmachung von Flächen, die Nachverdichtung oder andere Maßnahmen der Innenentwicklung (**Bebauungsplan der Innenentwicklung**) kann nach § 13a I 1 BauGB im beschleunigten Verfahren aufgestellt werden. Im beschleunigten Verfahren kann nach § 13 II Nr. 2 BauGB ein Bebauungsplan, der von Darstellungen des Flächennutzungsplans abweicht, auch aufgestellt werden, bevor der Flächennutzungsplan geändert oder ergänzt ist; die geordnete städtebauliche Entwicklung des Gemeindegebiets darf nicht beeinträchtigt werden; der Flächennutzungsplan ist im Wege der Berichtigung anzupassen. Der Begriff der Innenentwicklung ist allerdings europarechtskonform restriktiv auszulegen.[1591] Ob eine diesseits der äußeren Grenzen der Ortslage belegene Freifläche dem Siedlungsbereich zuzuordnen ist und folglich im Wege des beschleunigten Verfahrens nach § 13a BauGB überplant werden kann, entscheidet sich nach der Verkehrsauffassung unter Beachtung siedlungsstruktureller Gegebenheiten. § 13a BauGB umfasst über eine quantitative Vermehrung baulicher Nutzungsmöglichkeiten hinaus auch eine qualitative Entwicklung des Siedlungsbereichs, etwa durch Einbeziehung und Bewahrung von Grünflächen.[1592]

913 Die Darstellungen des Flächennutzungsplans haben Auswirkungen auf den **Bodenmarkt**. Die Ausweisung als Wohnbaufläche bringt für Acker- oder Weidelandflächen eine Qualitätssteigerung als Bauerwartungsland. Allerdings sind dabei jeweils die Einzelfallumstände zu berücksichtigen. Eine im Außenbereich gelegene Fläche kann im Wertermittlungsverfahren auch dann nicht als Bauerwartungsland angesehen und mit dem Verkehrswert bewertet werden, wenn die Gemeinde zwar ihr Einvernehmen zu einem Wohnbauvorhaben erteilt hat, ein (positiver) Bauvorbescheid jedoch nicht ergeht.[1593] Für öffentliche Planungsträger, die im Aufstellungs- oder Änderungsverfahren nach den §§ 4 oder 13 BauGB beteiligt worden sind, enthält § 7 S. 1 BauGB insoweit eine **Anpassungspflicht**, als sie dem Plan nicht widersprochen haben. Der Widerspruch ist bis zum Beschluss der Gemeinde einzulegen (§ 7 S. 2 BauGB). Für die Rechtzeitigkeit des Widerspruchs des Trägers öffentlicher Belange ist der Zeitpunkt des Ratsbeschlusses der Gemeinde über den Flächennutzungsplan maßgeblich. Nach diesem Zeitpunkt ist eine Änderung des Flächennutzungsplans im laufenden Verfahren ohne erneute Be-

---

1589 Schiller in Bracher/Reidt/Schiller, Bauplanungsrecht, 2022, Rn. 8.14.

1590 Zum vorzeitigen Bebauungsplan Herzer UPR 2023, 49.

1591 OVG Berlin-Brandenburg Urt. v. 21.09.2023 – OVG 10 A 13.19, juris Rn. 37; siehe auch EuGH NVwZ-RR 2013, 503; zur Unvereinbarkeit des § 13 b BauGB mit der SUP Richtlinie BVerwG Städte- und Gemeinderat 2023, Nr 10, 30-31

1592 BVerwG NVwZ 2023, 1498; zum unterschiedlichen Gewicht des Flächennutzungsplans für privilegierte und nicht privilegierte Vorhaben Mitschang/Reidt, BauGB, 2022, § 35 Rn. 74; siehe auch OVG Münster BauR 2016, 1447 (1448).

1593 VGH München KommunalPraxis BY 2009, 312.

schlussfassung des Rates nicht mehr möglich. Der öffentliche Planungsträger hat allerdings die Möglichkeit, bei einer Veränderung der Sachlage nachträglich zu widersprechen. Nach § 34 IV 1 Nr. 2 BauGB kann die Gemeinde durch Satzung bebaute Bereiche im Außenbereich als im Zusammenhang bebaute Ortsteile festlegen, wenn die Flächen im Flächennutzungsplan als Bauflächen dargestellt sind. Eine solche **Entwicklungssatzung** setzt daher eine entsprechende Darstellung im Flächennutzungsplan voraus.

b) Bindungswirkungen im Außenbereich. Im Gegensatz zum nicht beplanten Innenbe- 914
reich, bei dem die Darstellungen des Flächennutzungsplans der Zulässigkeit eines im Übrigen § 34 BauGB entsprechenden Vorhabens nicht entgegenstehen, kommt dem Flächennutzungsplan im Außenbereich Bedeutung als öffentlicher Belang zu. Privilegierte Vorhaben können an den Darstellungen des Flächennutzungsplans scheitern, wenn sie eine konkrete standortbezogene Aussage beinhalten und ein solches Gewicht haben, dass sie als öffentliche Belange der Zulässigkeit des Vorhabens entgegenstehen (§ 35 I BauGB).[1594] Gegenüber nichtprivilegierten Außenbereichsvorhaben nach § 35 II BauGB sind die Darstellungen des Flächennutzungsplans als beeinträchtigte öffentliche Belange regelmäßig beachtlich (§ 35 III BauGB), wenn das Vorhaben diesen widerspricht. Ein Flächennutzungsplan kann zwar im Rahmen der Prüfung sonstiger öffentlicher Belange im negativen Sinne beachtlich sein. Er ist jedoch – abgesehen von § 35 III 3 BauGB – ungeeignet, die einem Vorhaben etwa entgegenstehenden materiellen öffentlichen Belange wirksam auszuräumen.[1595] Derartige öffentliche Belange, die gem. § 35 III BauGB kraft Gesetzes einem Vorhaben entgegenstehen, sollen nur durch eine die wechselseitigen öffentlichen und privaten Interessen berücksichtigende verbindliche Bauleitplanung überwunden werden können. Der Flächennutzungsplan trifft als nur vorbereitender Bauleitplan (§ 1 II BauGB) lediglich eine Aussage über die allgemeinen planerischen Vorstellungen der Gemeinde, normiert indes nicht, in welcher Art und Weise im Einzelnen gebaut werden soll. Dies unter Abwägung der berührten Belange und in Übereinstimmung mit der BauNVO festzulegen, ist erst Aufgabe des Bebauungsplans.[1596]

Allerdings bestehen für bestimmte nicht privilegierte Vorhaben im Außenbereich nach **§ 35** 915
IV BauGB Teilprivilegierungsmöglichkeiten in dem Sinne, dass ihnen der Widerspruch zu den Darstellungen des Flächennutzungsplans nicht entgegengehalten werden kann. Solche Teilprivilegierungen sind etwa für die Änderung der bisherigen Nutzung eines landwirtschaftlichen Zwecken dienenden Gebäudes unter den Voraussetzungen des § 35 IV Nr. 1 BauGB gegeben. Weitere Teilprivilegierungsmöglichkeiten sind bei Ersatzbauten für ein Wohngebäude (§ 35 IV Nr. 2 BauGB) oder ein zerstörtes Gebäude (§ 35 IV Nr. 3 BauGB), der Änderung oder Nutzungsänderung bei erhaltenswerten Gebäuden (§ 35 IV Nr. 4 BauGB), der Erweiterung von Wohngebäuden (§ 35 IV Nr. 5 BauGB) und bei der Erweiterung von gewerblichen Betrieben im Außenbereich (§ 35 IV Nr. 6 BauGB) gegeben. Nach § **35 VI BauGB** kann die Gemeinde für bebaute Bereiche im Außenbereich, die nicht überwiegend landwirtschaftlich geprägt sind und in denen eine Wohnbebauung von einigem Gewicht vorhanden ist, durch **Außenbereichssatzung** bestimmen, dass Wohnzwecken dienenden Vorhaben iS des § 35 II BauGB nicht entgegengehalten werden kann, dass sie einer Darstellung im Flächennutzungsplan über Flächen für die Landwirtschaft oder den Wald widersprechen oder die Entstehung oder Verfestigung einer Splittersiedlung befürchten lassen.

Der Flächennutzungsplan kann auch gewisse Vorentscheidungen treffen, auf den der betrof- 916
fene Grundstückseigentümer in einem beschränkten Umfang in dem Sinne vertrauen darf, dass diese Vorentscheidungen bei der weiteren Bauleitplanung in die Abwägung einzustellen sind.

Beispiel: Weicht der Bebauungsplan von der Standortzuweisung einer Biogasanlage im Flächennutzungsplan ab, kann der betroffene Grundeigentümer in seinem Anspruch auf gerechte Abwägung (§ 1 VII BauGB) verletzt und im Verfahren der Normenkontrolle (§ 47 VwGO) antragsbefugt sein.

c) Bindungswirkung für öffentliche Planungsträger. Öffentliche Planungsträger, die 917
nach § 4 oder § 13 BauGB beteiligt worden sind, haben ihre Planungen dem Flächennutzungsplan insoweit anzupassen, als sie diesem Plan nicht widersprochen haben. Die Anpassungspflicht nach § 7 BauGB ist mit dem Entwicklungsgebot des § 8 II 1 BauGB vergleichbar; sie

---

1594 BVerwGE 77, 300.
1595 BVerwG NJW 1969, 68; Beschl. v. 5.6.1975 – 4 B 43.75, juris; ZfBR 1985, 141.
1596 BVerwG Beschl. v. 17.3.1992 – 4 B 56.92, juris.

lässt ebenfalls Raum für eine Konkretisierung und Präzisierung der offener als Festsetzungen formulierten Darstellungen des Flächennutzungsplans.[1597] Das ergibt sich aus § 5 I 1 BauGB. Danach ist im Flächennutzungsplan für das ganze Gemeindegebiet die sich aus der beabsichtigten städtebaulichen Entwicklung ergebende Art der Bodennutzung nach den voraussehbaren Bedürfnissen der Gemeinde in den Grundzügen darzustellen. Die Darstellungen dürfen einerseits zwar hinter den Grundzügen nicht zurückbleiben. Der Flächennutzungsplan darf andererseits aber nicht über eine Darstellung der Art der Bodennutzung in den Grundzügen hinausgehen; eine weitergehende Planungsbefugnis kommt der Gemeinde auf der Ebene des Flächennutzungsplans nicht zu.[1598] Das lässt Raum auch mit Blick auf die Bindung anderer Planungsträger an den Flächennutzungsplan nach § 7 BauGB.

II. Bebauungsplan

918 Der in der Regel für einen Teil des Gemeindegebiets aufgestellte Bebauungsplan enthält für den Bürger unmittelbar verbindliche Festsetzungen (§§ 8 I, 9 BauGB). Er umfasst zumeist mehrere Grundstücke, kann aber auch für nur ein (größeres) Grundstück aufgestellt werden. Besondere Bestimmungen über die Größe und Begrenzung des Plangebiets bestehen nicht. Auch eine Einzelplanung für ein konkretes Projekt ist daher nicht ausgeschlossen, wenn hierdurch die Gesamtkonzeption der städtebaulichen Ordnung nicht leidet.[1599] Für die Änderung eines bereits bestehenden Bebauungsplans gilt nichts anderes.[1600] Festsetzungen müssen ausreichend bestimmt sein. Welches Maß an Konkretisierung bauplanerische Festsetzungen haben müssen, hängt wesentlich von der Art der jeweiligen Festsetzung, von den Planungszielen und insbesondere auch von den örtlichen Verhältnissen ab.[1601]

919 Auch können die Festsetzungen auf ein einzelnes Grundstück beschränkt werden („**Briefmarkenbebauungsplan**").[1602] Allein der Umstand, dass sich ein Bebauungsplan räumlich nur auf wenige Grundstücke oder nur auf ein einziges Grundstück erstreckt, ist noch kein hinreichender Grund für die Unwirksamkeit des Planes.[1603] Das gilt selbst dann, wenn die Gemeinde erst aus Anlass eines konkreten Bauantrags mit der Aufstellung des Bebauungsplans reagiert und dabei auch mit bezweckt, die künftig vom Eigentümer gewollten Nutzungen zu verhindern.[1604] Die Bauleitplanung muss allerdings durch entsprechende städtebauliche Gründe gerechtfertigt sein und der städtebaulichen Entwicklung und Ordnung dienen (§ 1 III BauGB). Auch muss eine „Atomisierung" des Gemeindegebietes vermieden werden. Wenn die Gemeinde beabsichtigt, einen Teilbereich des Gemeindegebietes einer bestimmten baulichen Nutzung zuzuführen, so bedeutet dies zugleich, dass andere Nutzungen ausgeschlossen sind. Derartige negative Zielvorstellungen sind nicht von vornherein illegitim. Sie können sogar den Hauptzweck einer konkreten Planung bilden. Die Gemeinde darf mit den Mitteln, die ihr insbesondere das BauGB und die BauNVO zur Verfügung stellen, grundsätzlich auch städtebauliche Ziele verfolgen, die mehr auf Bewahrung als auf Veränderung der vorhandenen Situation zielen.[1605] An einer städtebaulichen Rechtfertigung würde es etwa fehlen, wenn die Planung nur im privaten Interesse eines bestimmten Grundstückseigentümers erfolgen würde, um diesem einen Vorteil zu ermöglichen.[1606] Ob gemessen an diesen Grundsätzen Individualinteressen ein unzulässiges Übergewicht erhalten, ist eine Frage des Einzelfalls.[1607]

1597 Schiller in Bracher/Reidt/Schiller, Bauplanungsrecht, 2022, Rn. 8.16.

1598 BVerwG NVwZ 2006, 87

1599 BVerwGE 45, 309; BVerwG DVBl. 1987, 1273; ZfBR 1994, 101.

1600 Zum Bebauungsplan durch Gesetz OVG Hamburg BauR 2005, 1965.

1601 OVG Münster BauR 2013, 1966.

1602 BVerwG ZfBR 1994, 101; zur Abwägungsfehlerhaftigkeit der Planung eines Einzelstandorts für eine Wohnbebauung, der durch nahe Verkehrswege massiv immissionsbelastet ist (Überschreitung der Orientierungswerte der DIN 18005 zur Nachtzeit um 14 bzw. 16 dB(A) siehe OVG Greifswald Urt. v. 22.11.2022 – 3 K 124/20 OVG, juris Rn. 59; siehe auch VGH München BayVBl. 2023, III = juris Rn. 18.

1603 BVerwG NJW 1969, 1076; aA allerdings OVG Münster NWVBL 1998, 439, wonach ein Bebauungsplan, der neben einer Straßenfläche ein von 2 m bis 0 m breiten Grundstückszipfel als reines Wohngebiet festsetzt, für die städtebauliche Entwicklung und Ordnung nicht erforderlich ist.

1604 BVerwG NVwZ-RR 1993, 456.

1605 BVerwG DVBl. 1991, 455.

1606 Battis in BKL, BauGB, 2022, § 1 Rn. 26a; Reidt in /Bracher/Reidt/Schiller, Bauplanungsrecht, 2022, Rn. 93.

1607 BVerwG ZfBR 1994, 100.

Im Gegensatz zum Flächennutzungsplan wird der Bebauungsplan als **Satzung** beschlossen (§ 10 I BauGB). Er regelt über die eher grobkörnigen Darstellungen der Grundzüge der städtebaulichen Ordnung im Flächennutzungsplan hinaus die **parzellenscharfe Nutzung** des Bodens und ist Grundlage für die entsprechend seinen Festsetzungen zu erteilende Baugenehmigung (§ 30 BauGB), Ausnahmen und Befreiungen nach § 31 I und II BauGB oder auch die städtebaulichen Vollzugsinstrumente des Bau-, Pflanz-, Entsiegelungs-, Modernisierungs- und Instandsetzungsgebotes (§§ 172 bis 175 BauGB) oder die Enteignung (§ 85 I Nr. 1 BauGB). Der Bebauungsplan bildet damit die Grundlage für weitere zum Vollzug des BauGB erforderliche Maßnahmen (§ 8 I 2 BauGB). Nach § 1 III 2, VIII BauGB besteht auf die Aufstellung, Änderung, Ergänzung und Aufhebung von Bauleitplänen und städtebaulichen Satzungen **kein Rechtsanspruch**. Der Gesetzgeber stellt damit klar, dass der in den §§ 1 ff. BauGB begründeten (objektiven) Planungspflicht der Gemeinde nicht auch ein subjektiver öffentlich-rechtlicher Anspruch des Bürgers entspricht. Auch ein Anspruch auf Fortführung eines eingeleiteten Planungsverfahrens besteht nicht. Durch das Nichtbefolgen von gemeindlichen Planungspflichten können daher subjektive Rechte der Grundstückseigentümer oder sonstiger Interessierter nicht iS des § 113 I 1 VwGO verletzt sein.[1608] 920

Auch ein **Rechtsanspruch auf Erschließung** besteht nach § 123 III BauGB grundsätzlich nicht. Nach ständiger Rechtsprechung des BVerwG kann sich aber auch außerhalb der in § 124 BauGB vorgesehenen Ausnahme die gemeindliche Erschließungsaufgabe ausnahmsweise nach Treu und Glauben zu einer mit einem korrespondierenden Anspruch verbundenen Erschließungspflicht verdichten (§ 123 BauGB iVm § 242 BGB). Dies ist der Fall, wenn sich die Gemeinde nach Erlass eines qualifizierten Bebauungsplans entschließt, den Plan zwar nicht aufzuheben, aber von der Durchführung der Erschließung abzusehen.[1609] Eine Erschließung ist gesichert, wenn die Erschließungsanlage im Zeitpunkt der Ingebrauchnahme des Bauwerks funktionstüchtig angelegt ist. Der Begriff der Erschließung stellt insoweit auf das durch die Nutzung des fertig gestellten Vorhabens verursachte Verkehrsaufkommen ab. Nach der Rechtsprechung des BVerwG kommt es darauf an, dass eine ausreichende Erschließung bis zur Herstellung des Bauwerks und spätestens bis zur Gebrauchsabnahme hergestellt ist.[1610] Mit der Sicherung einer ausreichenden Erschließung als Voraussetzung für die Zulässigkeit baulicher Anlagen soll gewährleistet werden, dass die Grundstücke für Kraftfahrzeuge, besonders auch solche der Polizei, der Feuerwehr, des Rettungswesens und der Ver- und Entsorgung, erreichbar sind. Darüber hinaus soll sichergestellt werden, dass der Gemeinde nicht als Folge der Genehmigung von Vorhaben unangemessene Erschließungsaufgaben aufgedrängt werden. Die Mindestanforderungen richten sich nach dem jeweiligen Vorhaben.[1611] Zum bundesrechtlichen Begriff der gesicherten Erschließung gehört ihre Sicherung in rechtlicher Hinsicht. Die Erschließung muss auf Dauer zur Verfügung stehen. Einer besonderen rechtlichen Sicherung bedarf es nur dann nicht, wenn das Baugrundstück eine unmittelbare Zufahrt zum öffentlichen Wegenetz besitzt. Fehlt diese, so muss die Zugänglichkeit abgesichert sein. Aus der Notwendigkeit, die Erschließung auf Dauer zu sichern, folgt, dass eine rein schuldrechtliche Vereinbarung des Bauherrn mit einem privaten Nachbarn nicht ausreicht. Dagegen bestehen aus bundesrechtlicher Sicht keine Bedenken, eine gesicherte Zufahrt vor allem dann anzunehmen, wenn die Zufahrt zum öffentlichen Straßennetz öffentlich-rechtlich, zB durch Baulast, gesichert ist.[1612] Zur Erschließung gehört die Möglichkeit des Heranfahrens und Betretens des Grundstücks von einer öffentlichen Verkehrsfläche aus. Auch Wohnwege erfüllen diese Funktion.[1613] Die Erschließung durch einen Privatweg ist allerdings nur dann gegeben, wenn eine durch Baulast oder dinglich gesicherte Vereinbarung mit dem Eigentümer des Weges vorliegt. Das gilt auch für eine Gemeinde. Widersetzt sich die Gemeinde, muss der Vorhabenträger ihr 921

1608 BVerwGE 62, 243; BVerwGE 64, 325; DVBl. 1982, 1096; Battis in BKL, BauGB, 2022, § 1Rn. 31; Reidt in Bracher/Reidt/Schiller, Bauplanungsrecht, 2022, Rn. 631; VG Würzburg Urt. v. 13.7.2023 – W 5 K 22.1363, juris.

1609 BVerwG Beschl. v. 15.6.2022 – 9 B 32.21, juris Rn. 4 mwN; OVG Berlin-Brandenburg Beschl. v. 23.8.2023 – OVG 10 N 86/21, juris.

1610 OVG Greifswald Urt. v. 10.5.2023 – 5 K 448/21, juris Rn. 73; BVerwG Urt. v. 30.8.1985 – 4 C 48.81, juris Rn. 17 f., 20.

1611 OVG Greifswald Urt. v. 10.5.2023 – 5 K 448/21, juris Rn. 73.

1612 BVerwG BRS 57 Nr 104 (1995).

1613 Zum Begriff der Erschließung im BauGB Reidt in BKL, BauGB, 2022, Vorb zu §§ 123-135 BauGB Rn. 6; Schiller in Bracher/Reidt/Schiller, Bauplanungsrecht, 2022, Rn. 18.50 ff.

gegenüber vor Erteilung der Baugenehmigung einen Nutzungsanspruch durchsetzen.[1614] Für Feuerwehrfahrzeuge sind mindestens 4, 20 m Zufahrten erforderlich.[1615]

922 Nach der Rechtsprechung des BVerwG ist die Gemeinde zwar grundsätzlich auch bei bestehendem Bebauungsplan nicht zur **selbstständigen Erschließung** eines Grundstücks verpflichtet. Hat die Gemeinde einen rechtsverbindlichen Bebauungsplan aufgestellt, so kann sie sich dem Angebot eines Erschließungswilligen, selbst die Erschließung durchzuführen, nicht entziehen, ohne selbst erschließungspflichtig zu werden (§ 124 BauGB).[1616] Um im Anwendungsbereich des § 30 BauGB den Nachweis zu führen, dass die Erschließung gesichert ist, kommt es nicht ausschlaggebend darauf an, dass die Gemeinde bereits Erschließungsmaßnahmen ergriffen oder der Bauinteressent die Erschließungsaufgabe vertraglich übernommen hat. Vielmehr genügt es, dass der Gemeinde ein zumutbares Erschließungsangebot vorgelegen hat. Ein solches Angebot hat eine Ersetzungsfunktion. Schon mit seiner Hilfe kann sich der Bauherr die Möglichkeit verschaffen, das Genehmigungshindernis der fehlenden Erschließung zu überwinden.[1617] Ist die Gemeinde aus diesen Gründen zur Erschließung verpflichtet, so darf von der Gemeinde erwartet werden, dass sie sich rechtstreu verhält und das ihr Mögliche unternimmt, um ihrer Pflicht nachzukommen.[1618] Aus dieser Rechtsprechung des BVerwG kann jedoch nicht zugleich auch ein Anspruch auf Aufstellung eines Bebauungsplans oder einer städtebaulichen Satzung abgeleitet werden.[1619] Durch den dem Abwägungsgebot des § 1 VII BauGB entsprechenden Bebauungsplan werden iS des Art. 14 I 2 GG Inhalt und Schranken des Eigentums bestimmt. Ihm gegenüber muss daher die Berufung auf die Eigentumsgewährleistung versagt bleiben, wenn der Bebauungsplan auch im Hinblick auf das Eigentum des Planbetroffenen dem Abwägungsgebot entspricht.[1620] Auch im nicht beplanten Innenbereich muss als Voraussetzung für die planungsrechtliche Zulässigkeit von Vorhaben die Erschließung gesichert sein. Die Erschließung eines Vorhabens ist durch eine vorhandene Straße gesichert, wenn diese den durch das Vorhaben ausgelösten Verkehr im Regelfall bewältigen kann. Die „Spitzenzeiten des Verkehrs" können deshalb nur dann vernachlässigt werden, wenn sie die Ausnahme bleiben, wenn also der zur Überlastung der Straße führende Verkehr nur gelegentlich oder zwar täglich, aber nur kurzfristig, stattfindet.[1621]

1. Bauliche Anlagen

923 Die Festsetzungsmöglichkeiten im Bebauungsplan gem. § 9 BauGB beziehen sich auf bauliche oder sonstige Anlagen. Denn nur für bodenrechtlich relevante Vorhaben hat der Bundesgesetzgeber nach Art. 72, 74 I Nr. 18 GG die konkurrierende Gesetzgebungskompetenz.[1622] Darunter fallen bauliche Anlagen,[1623] die bodenrechtliche Bedeutung haben. Es muss sich dabei um Anlagen handeln, die in einer auf Dauer gedachten Weise künstlich mit dem Erdboden verbunden sind und städtebauliche Relevanz haben.[1624] Denn eine baugenehmigungspflichtige Maßnahme ist nur dann ein Vorhaben iS des § 29 BauGB, wenn sie bodenrechtlich (bauplanungsrechtlich) relevant ist. Eine solche Relevanz setzt voraus, dass das Vorhaben auch tatsächlich Gegenstand bauplanerischer Festsetzungen nach § 9 I BauGB sein kann.[1625] Lediglich auf landesrechtlicher Grundlage angeordnete Regelungen erfüllen die bodenrechtlichen Regelungen in den §§ 29 ff. BauGB nicht. Die Beschränkung der Festsetzungsmöglichkeiten auf städtebauliche Gegenstände bringt § 9 BauGB dadurch zum Ausdruck, dass im Bebauungsplan (nur) aus städtebaulichen Gründen Festsetzungen getroffen werden können. Eine sachliche Ände-

[1614] OVG Schleswig BauR 2009, 952.
[1615] OVG Lüneburg Urt. v. 7.5.2009 – 9 LB 329/06, juris; NVwZ-RR 2001, 53.
[1616] BVerwG NJW 1975, 402; BVerwGE 64, 186; BauR 1988, 180, § 124 III 2 BauGB; Schrader BWGZ 2008, 228.
[1617] BVerwG NVwZ 1993, 1101.
[1618] BVerwGE 94, 100.
[1619] BVerwG DVBl. 1977, 529.
[1620] BVerwG NJW 1975, 841.
[1621] BVerwG NVwZ 1997, 389.
[1622] BVerfGE 3, 407 – Gutachten Bodenrecht.
[1623] Zum Begriff der baulichen Anlage BVerwG BauR 1972, 100; BVerwGE 44, 59; BauR 1977, 253.
[1624] VG Düsseldorf Beschl. v. 17.5.2023 – 2 28 L 1135/23, juris Rn. 15; VG Gelsenkirchen Beschl. v. 10.9.2021 – 5 L 995/21, juris, Rn. 18; BVerwGE 91, 234; NVwZ 1994, 1010; NVwZ 1995, 897.
[1625] BVerwGE 91, 234; NVwZ 1994, 1010.

rung enthält der Hinweis auf die städtebaulichen Gründe allerdings nicht, da diese Begrenzung sich bereits aus der Kompetenz des Bundes für Regelungen im Bereich des Bodenrechts (Art. 74 I Nr. 18 GG) ergibt. Der entsprechende Hinweis auf die städtebaulichen Gründe ist daher lediglich zur Klarstellung eingefügt.[1626] Auch in § 29 I BauGB wird diese Begrenzung auf städtebauliche Belange deutlich. Danach gelten für Vorhaben, die die Errichtung, Änderung oder Nutzungsänderung von baulichen Anlagen zum Inhalt haben, und für Aufschüttungen und Abgrabungen größeren Umfangs sowie für Ausschachtungen und Ablagerungen einschließlich Lagerstätten die §§ 30 bis 37 BauGB.

Der Begriff der baulichen Anlage ist nach der Rechtsprechung ein im Verhältnis zum Landesrecht eigenständiger Begriff, der sich vom Landesbaurecht deutlich unterscheidet.[1627] Er setzt sich aus zwei Elementen zusammen: dem Begriff des Bauens und dem Begriff der bodenrechtlichen Relevanz. Diese Einschränkung ergibt sich aus der auf das Bodenrecht begrenzten Kompetenz des Bundesgesetzgebers. So gesehen erscheinen die Begriffe der baulichen Anlage auf bundesrechtlicher und landesrechtlicher Grundlage wie sich teilweise überschneidende Kreise.[1628] Ein Vorhaben kann daher sowohl den bundesrechtlichen als auch landesrechtlichen Begriff der baulichen Anlage umfassen. Es sind aber auch Vorhaben denkbar, die sich lediglich auf Anlagen bundesrechtlicher Art, aber auch Anlagen landesrechtlicher Art beziehen. Wegen der bundesrechtlichen Kompetenzen ist der Landesgesetzgeber nicht befugt, den §§ 30 bis 35 BauGB weitere (einschränkende) bodenrechtliche Regelungen hinzuzufügen.[1629] Ebenso wenig ist der Landesgesetzgeber berechtigt, die bodenrechtlich relevanten baulichen Anlagen von den planungsrechtlichen Zulässigkeitsanforderungen der §§ 30 bis 36 BauGB zu befreien.[1630] Zum bundesrechtlichen Begriff einer baulichen Anlage gehört in der Regel, dass das Vorhaben Gegenstand bauplanerischer Festsetzungen nach § 9 I BauGB sein kann. Denn die bauplanungsrechtliche Relevanz liegt vor, wenn das Vorhaben geeignet ist, ein Bedürfnis nach einer seine Zulässigkeit regelnden verbindlichen Bauleitplanung hervorzurufen.[1631] Eine über die der genehmigten Nutzungsart eigene Variationsbreite hinausgehende Veränderung und damit eine nach § 29 BauGB beachtliche Nutzungsänderung ist auch dann gegeben, wenn die neue Nutzung gegenüber der bisherigen unter den Voraussetzungen des § 1 IX BauNVO einer gesonderten Festsetzung durch einen Bebauungsplan unterworfen werden könnte. Nutzungsänderungen innerhalb der zulässigen Variationsbreite unterfallen dem Bestandsschutz.[1632] Aus dieser Sicht hat das BVerwG etwa für Werbeanlagen[1633] oder Abgrabungen[1634] die städtebauliche Relevanz angenommen,[1635] diese aber etwa für Dachgauben im konkreten Fall abgelehnt.[1636] Eine (nur) durch landesrechtliches Bauordnungsrecht regelbare Maßnahme unterfällt dabei auch dann nicht dem bundesrechtlichen Begriff des Bauvorhabens iS des § 29 BauGB, wenn diese landesrechtliche Regelung über § 9 IV BauGB in den Bebauungsplan aufgenommen ist oder aufgenommen werden könnte. Auch Nutzungsänderungen unterfallen dem Begriff des Vorhabens nach § 29 BauGB, wenn der Vorgang bodenrechtlich relevant sein kann und aus diesem Grunde die Genehmigungsfrage neu aufwirft.[1637] Dies setzt voraus, dass die jeder Art von Nutzung eigene Variationsbreite verlassen wird und durch die Veränderung bodenrechtliche Belange, wie sie in § 1 VI BauGB beispielhaft erwähnt werden, möglicherweise berührt werden. Ob derartige Belange tatsächlich berührt sind, ist nicht entscheidend. Dies ist erst im Verfahren der Baugenehmigung zu klären. Was sich innerhalb der Breite üblicher Nutzungen hält und damit als bereits genehmigt gelten kann, muss nach den jeweiligen Einzelfallumständen 924

1626 Bundesregierung, Gesetzentwurf zum BauROG, S. 48.

1627 BVerwGE 39, 154.

1628 BVerwGE 44, 59.

1629 BVerwGE 55, 272.

1630 BVerwGE 20, 12.

1631 BVerwG NVwZ 1994, 1010.

1632 OVG Koblenz NVwZ-RR 2013, 994; OVG Berlin-Brandenburg Beschl. v. 26.10.2012 – OVG 10 S 35.12, juris; OVG Münster NVwZ-RR 2005, 695.

1633 BVerwG NVwZ 1993, 985; BVerwGE 91, 234; NVwZ 1995, 897; Schulte BauR 1993, 139.

1634 BVerwG ZfBR 1990, 302.

1635 Zum abschließenden Charakter der bodenrechtlichen Anforderungen an Abgrabungen BVerwG NVwZ 1989, 49.

1636 BVerwG NVwZ 1994, 1010.

1637 BVerwG NJW 1977, 1932; NJW 1981, 1224; NVwZ 1989, 667; NVwZ 1989, 666; NVwZ-RR 1989, 340; NVwZ 1989, 666; NVwZ 1991, 264; NVwZ-RR 1993, 545.

beurteilt werden.[1638] Diese Bandbreite ist aber zB überschritten, wenn bei einem großflächigen Einzelhandelsbetrieb, der mit einem bestimmten Sortiment genehmigt worden ist, ein vollständiger Austausch des Warenangebotes stattfindet und statt eines Bau-, Hobby- oder Gartencenters ein Sonderpostenmarkt eingerichtet wird.[1639] Auch die Umnutzung einer Grenzgarage als Bürogebäude stellt eine planungsrechtlich bedeutsame Nutzungsänderung dar.[1640] Eine Nutzungsänderung kann auch bei einer nur teilweisen Änderung der bestehenden Nutzung gegeben sein.[1641] Ein (einheitliches) Vorhaben kann sich dabei auf eine oder mehrere bauliche Anlagen beziehen.[1642] Dies hängt vom Willen des Antragstellers ab. Nach der Rechtsprechung des BVerwG enthält die BauNVO keinen eigenen Anlagenbegriff. Sie knüpft an den bundesgesetzlichen Begriff der „baulichen und sonstigen Anlage" in § 29 I BauGB an.[1643]

925 Eine **Nutzungsänderung** liegt vor, sobald die jeder Nutzung eigene tatsächliche Variationsbreite überschritten wird und der neuen Nutzung unter städtebaulichen Gesichtspunkten eine andere Qualität zukommt. Ein derartiger Qualitätsunterschied kann zwischen dem ehemaligen Lagerplatz eines Bauunternehmens und der neuen Nutzung bestehen, die den Platz nicht nur als Lagerfläche, sondern auch als Sammel- und Umschlagplatz sowie als Verkaufsstätte für gebrauchte Maschinen, Kraftfahrzeuge und Fahrzeugteile in Anspruch nehmen will. Denn bauplanungsrechtlich relevante Belange des Umweltschutzes und des Verkehrs können durch die beiden Nutzungsarten in unterschiedlicher Weise betroffen sein.[1644]

926 Auch die **Weiterentwicklung eines Gewerbebetriebes** kann es mit einer Änderung oder Nutzungsänderung im Sinne von § 29 BauGB verbunden sein. Für die Umwandlung beispielsweise einer Gastwirtschaft mit Tanzsaal in eine Diskothek ist diese Frage ohne weiteres zu bejahen. Als kerngebietstypische Vergnügungsstätte unterliegt eine Diskothek einer anderen planungsrechtlichen Bewertung als eine Gaststätte mit Tanzsaal. Eine derartige Änderung ist durch den Bestandsschutz nicht gedeckt. Der Grundsatz, dass der Bestandsschutz einer Gaststätte mit Tanzsaal ihre Umwandlung in eine Diskothek nicht rechtfertigen kann, wird auch nicht dadurch in Frage gestellt, dass es in der Praxis eine „schleichende" Entwicklung geben mag, in der die Abgrenzung zwischen „Tanzsaal" und „Diskothek" schwierig sein kann. Eine Nutzungsintensivierung reicht allerdings allein nicht aus, um den Vorhabenbegriff einer Nutzungsänderung iS des § 29 I BauGB zu erfüllen; vielmehr sind im öffentlichen Baurecht objektive Kriterien entscheidend.[1645] Im Fall der Änderung einer baulichen Anlage nach § 29 BauGB ist Gegenstand der bebauungsrechtlichen Prüfung das Gesamtvorhaben in seiner geänderten Gestalt. Das bedeutet indes nicht, dass eine zuvor erteilte Baugenehmigung ohne weiteres gegenstandslos geworden sein muss, weil teilweise abweichend von ihr gebaut worden ist. Eine die Änderung gestattende Genehmigung muss sich deshalb nicht stets auf alle bebauungsrechtlichen Voraussetzungen der Zulässigkeit des Gesamtvorhabens erstrecken.[1646]

927 Auch **Aufschüttungen** und **Befestigungen des Geländes** sowie die **Errichtung von Geländestützmauern** erfüllen den bundesrechtlichen Begriff einer baulichen Anlage. In der **Umwandlung eines Stellplatzes** für Lastkraftwagen und Lastzüge in gewerbliche Abstellflächen für Wohnwagen liegt eine Nutzungsänderung, durch die bodenrechtliche Belange iS von § 1 V BauGB neu berührt werden. Davon zu unterscheiden ist der Begriff der **Bebauung** iS von § 34 I BauGB, der nur solche baulichen Anlagen umfasst, die optisch wahrnehmbar sind und die ein gewisses Gewicht haben, das geeignet ist, ein Gebiet als Ortsteil mit einem bestimmten Charakter zu prägen.[1647] Dazu zählen etwa freie Flächen, die einer Bebauung entzogen sind, wie Sportplätze und Reitplätze, aber auch Wohnwagenabstellplätze nicht.[1648]

[1638] BVerwG Beschl. v. 3.8.1995 – 4 B 155.95, juris.
[1639] OVG Münster Urt. v. 29.3.1999 – 10 B 417/99, juris.
[1640] OVG Berlin DWW 1999, 134.
[1641] BVerwG Beschl. v. 22.12.1992 – 4 B 251.92, juris.
[1642] BVerwG NVwZ-RR 1992, 345.
[1643] So BVerwG DVBl. 1997, 568.
[1644] BVerwG NVwZ-RR 2000, 758.
[1645] BVerwG BRS 64 (2001) Nr. 73; BVerwG DVBl. 1999, 244.
[1646] BVerwG NVwZ 2000, 1047; NVwZ 1998, 58. Zur nachträglichen Anpassung eines Bebauungsplans an eine bauliche Anlage Hübner BauR 2008, 608.
[1647] BVerwG BauR 1993, 300.
[1648] BVerwG BauR 1993, 303.

Die **Landesbauordnungen** ordneten früher durchweg für alle bodenrechtlich relevanten Vorhaben eine Genehmigungs-, Zustimmungs- oder Anzeigepflicht an. Landesrechtliche Freistellungen von der Genehmigungspflicht waren nur in Fällen von geringfügiger Bedeutung vorgesehen. Die Bauordnungen der Länder halten zwar an dem Grundsatz der Genehmigungsbedürftigkeit baulicher Vorhaben fest. Eine Genehmigungsbedürftigkeit entfällt nur, wenn in der jeweiligen BauO ausdrücklich etwas anderes bestimmt ist.[1649] Die geltenden LBauO sehen jedoch vielfach auch in städtebaulich relevanten Bereichen **Freistellungen** vor. Teilweise ist lediglich ein vereinfachtes Baugenehmigungsverfahren oder eine Anzeige erforderlich; teilweise ist nur eine Benachrichtigung vorgesehen. Freigestellt werden etwa bestimmte Vorhaben im Geltungsbereich eines Bebauungsplans, aber teilweise auch Außenbereichsvorhaben, die einer land- oder forstwirtschaftlichen Nutzung dienen. Zur Sicherung gemeindlicher Rechte sehen die neuen LBauO teilweise vor, dass die Gemeinde, bei der die Bauunterlagen einzureichen sind, innerhalb einer bestimmten Frist ein Genehmigungsverfahren einleiten kann. Die Bauaufsichtsbehörden behalten zudem die Befugnis, im Wege der repressiven Kontrolle gegen Bauvorhaben, die den öffentlich-rechtlichen Vorschriften widersprechen, durch Stilllegung der Bauarbeiten und ggf. durch Abbruchordnung einzuschreiten.[1650] 928

Das Baugenehmigungsverfahren der Länder war früher von dem Grundsatz der allumfassenden **präventiven Kontrolle** geprägt. Das Bauen war vom Grundsatz her generell verboten, wenn es nicht durch förmliche Baugenehmigung zugelassen wurde. Nach der früheren Fassung des § 29 BauGB war die Anwendung der §§ 30 bis 37 BauGB davon abhängig, dass für das zu beurteilende Vorhaben ein landesrechtliches Genehmigungs-, Zustimmungs- oder Anzeigeverfahren angeordnet war. Der Rückzug des Landesrechts aus einer präventiven Kontrolle führte daher dazu, dass in diesem Umfang auch die materiellen städtebaulichen Belange der §§ 29 ff. BauGB nicht mehr durch ein förmliches Baugenehmigungsverfahren gesichert waren. Denn die **repressiven Kontrollmöglichkeiten** der Bauaufsicht waren nach der früheren Fassung des § 29 BauGB nicht Anknüpfungspunkt der planungsrechtlichen Zulässigkeit nach den §§ 30 bis 37 BauGB. Mit dem teilweisen Abschied des Landesgesetzgebers von einer präventiven Kontrolle bestehen allerdings für die Bauaufsichtsbehörden weiterhin Möglichkeiten einer repressiven Kontrolle. Das BVerwG hatte allerdings den Landesgesetzgeber im Wyhl-Urteil[1651] nach der damaligen Fassung des § 29 BauGB für verpflichtet gehalten, Vorhaben von einiger bodenrechtlicher Bedeutung einem präventiven Genehmigungs-, Anzeige- oder Zustimmungsverfahren zu unterstellen. Denn ordnete der Landesgesetzgeber ein derartiges Verfahren nicht an, waren nach dem Wortlaut des damaligen § 29 BauGB auch die planungsrechtlichen Zulässigkeitsanforderungen nach den §§ 30 bis 37 BauGB nicht anwendbar. Aus dieser Sicht konnten verschiedene landesrechtliche Freistellungsregelungen verfassungsrechtlich bedenklich erscheinen, weil sie die Einhaltung der städtebaulichen Vorhaben in den §§ 29 ff. BauGB nicht durch ein präventives Genehmigungsverfahren sicherstellten und die Freistellung auch oberhalb einer traditionell geduldeten Geringfügigkeitsschwelle ermöglicht haben. 929

Die **präventive Kontrolle** der planungs- und bauordnungsrechtlichen Zulässigkeit eines Vorhabens durch ein vorgeschaltetes Genehmigungsverfahren wird vor allem mit dem Ziel gerechtfertigt, nicht dem Gesetz entsprechende Vorhaben zu verhindern. Eine repressive Kontrolle durch nachträgliches Einschreiten komme zu spät und könne die Beachtung der bauplanungs- und bauordnungsrechtlichen Vorschriften nicht ausreichend gewährleisten. Eine präventive Kontrolle durch ein förmliches Genehmigungsverfahren sei daher auch aus rechtsstaatlichen Gründen, aber auch zum Schutz des Bauherrn, vielleicht auch des Nachbarn und der planenden Gemeinde, erforderlich. Anderenfalls bestehe auch die Gefahr, dass der Bauherr Investitionen tätige, die sich im Nachhinein als nutzlos erweisen. Die Einschränkung der präventiven Kontrolle begründen die Befürworter mit einem Abbau staatlicher Kontrolle und Bürokratie. Eine vorhergehende Kontrolle erschwere Investitionen und führe zu einer Aufblähung des Verwaltungsverfahrens, die nicht erforderlich sei. Das Rechtsbewusstsein der Bevölkerung werde zudem sicherstellen, dass mit der Ausführung eines Bauvorhabens nur begonnen werde, wenn es materiell legal sei. Auswüchsen könne mit repressiven Stilllegungsverfügungen und ggf. Abbruchanordnungen entgegengewirkt werden. 930

1649 Otto Bauordnungsrecht, 2023, § 7 Rn. 15; Kersten Bauordnungsrecht in Schoch/Eifert, Besonderes Verwaltungsrecht, 2023, Kap. 3 Rn. 405; Hellermann Öffentliches Baurecht, in Dietlein/Hellermann, Öffentliches Recht in NRW, 2022, § 4 Rn. 264.

1650 Kersten Bauordnungsrecht in Schoch/Eifert, Besonderes Verwaltungsrecht, 2023, Kap. 3 Rn. 408.

1651 BVerwGE 72, 300.

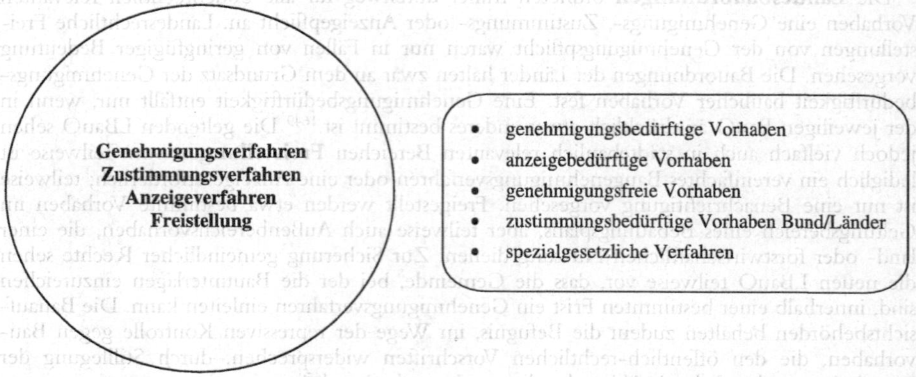

931 Der Bundesgesetzgeber hat auf die verstärkten Freistellungstendenzen in den Landesbauordnungen durch eine Änderung des § 29 BauGB reagiert. Nach der geltenden Fassung sind die §§ 30 bis 37 BauGB für städtebaulich relevante Vorhaben anwendbar unabhängig davon, ob ein Genehmigungs-, Zustimmungs- oder Anzeigeverfahren auf landesrechtlicher Grundlage stattfindet. Die Vorschriften des Bauordnungsrechts und andere öffentlich-rechtliche Vorschriften bleiben nach § 29 II BauGB unberührt. Hierdurch ist sichergestellt, dass die planungsrechtlichen Zulässigkeitsanforderungen der §§ 30 bis 37 BauGB für alle städtebaulich relevanten Vorhaben gelten, auch wenn der Landesgesetzgeber ein förmliches Zulassungs- oder Anzeigeverfahren nicht angeordnet hat. Zugleich sind die Länder nicht mehr verpflichtet, für städtebaulich relevante Vorhaben ein förmliches Verfahren anzuordnen, um damit die Anwendung der planungsrechtlichen Zulässigkeitsvorschriften in den §§ 30 bis 37 BauGB sicherzustellen.

932 Der Bundesgesetzgeber wäre zwar nicht daran gehindert, durch eine entsprechende Fassung des BauGB vorzuschreiben, dass und in welchen Fällen ein bauaufsichtliches Verfahren stattfinden muss.[1652] Diesen Weg ist der Bundesgesetzgeber aber nicht gegangen. Er hat es vielmehr den Ländern freigestellt, ob und in welchen Fällen sie ein präventives Zulassungsverfahren anordnen und ob sie dabei ein volles Genehmigungs- oder nur ein Zustimmungs- oder Anzeigeverfahren vorsehen. Auch Mischformen zwischen diesen präventiven Kontrollverfahren können die Länder anordnen. Die Geltung der planungsrechtlichen Zulässigkeitsanforderungen in den §§ 30 bis 37 BauGB wird durch das Vorhandensein oder Fehlen landesrechtlicher Regelungen über eine Präventivkontrolle allerdings nicht berührt.

933 Schon nach dem bisherigen Recht änderte die landesrechtlich angeordnete Freistellung von der Baugenehmigung nichts daran, dass der Bebauungsplan als **kommunales Satzungsrecht** unmittelbar gilt. Auch bauliche Anlagen, die keiner bauaufsichtlichen Genehmigung, Zustimmung oder Anzeige bedürfen, sind daher im Geltungsbereich eines Bebauungsplans unzulässig, wenn sie die Verwirklichung des Plans verhindern oder wesentlich erschweren oder dem Gebietscharakter widersprechen.[1653] Denn ein Bebauungsplan bedarf keiner „Geltungsvermittlung". Als gemeindliche Satzung (§ 10 I BauGB) enthält er die rechtsverbindlichen Festsetzungen für die städtebauliche Ordnung (§ 8 I 1 BauGB); er muss nicht noch zusätzlich für verbindlich erklärt werden. § 29 I BauGB bringt im Hinblick auf Bebauungspläne lediglich zum Ausdruck, dass die Lage eines Grundstücks im Geltungsbereich eines Bebauungsplans zur Anwendung des § 30 BauGB – im Gegensatz namentlich zu § 34 BauGB oder § 35 BauGB – führt.[1654] Festsetzungen in Bebauungsplänen wirken nicht nur in positiver Richtung, dh zulassend, sondern auch in negativer Richtung, dh ausschließend. Dies gilt vor allem für Festsetzungen, mit denen auf der Grundlage des § 9 I BauGB und der Vorschriften der BauNVO die zulässigen Nutzungen im Plangebiet festgelegt werden. Mit der Festsetzung einer bestimmten Nutzungsart für einen Planbereich werden zwangsläufig dort zugleich andere Nutzungsarten untersagt. Allerdings gibt es auch Nutzungsarten, die im Bebauungsplan zwar nicht (positiv) vorgesehen, aber dennoch durch ihn nicht ausgeschlossen werden, weil sie unbedenklich sind.

1652 BVerwGE 72, 300.
1653 BVerwG NVwZ 1997, 899.
1654 BVerwGE 25, 243.

Durch die Festsetzung bestimmter Nutzungen sind andere Nutzungen aber dann ausgeschlossen, wenn sie die Verwirklichung des Plans verhindern oder wesentlich erschweren oder wenn sie dem Gebietscharakter widersprechen, indem sie die den Planfestsetzungen entsprechende Situation mehr als nur geringfügig verschlechtern.[1655] So ist etwa die Nutzung eines bauaufsichtlich genehmigungsfreien Stellplatzes rechtswidrig und kann untersagt werden, wenn im Bebauungsplan nach § 12 VI BauNVO festgesetzt ist, dass Stellplätze unzulässig sind.

Zwar waren früher regelmäßig nur solche Vorhaben von einer bauaufsichtlichen Genehmigung freigestellt worden, welche die Verwirklichung eines Bebauungsplans nicht verhindern oder wesentlich erschweren konnten. Insoweit hat sich die Lage allerdings durch die Zulassung baugenehmigungsfreier Vorhaben in den Landesbauordnungen verändert. Entscheidend ist jedoch, dass die **städtebauliche Relevanz** eines Vorhabens zum Bundesrecht gehört und nicht durch die unterschiedlichen Landesgesetzgeber geregelt werden kann.[1656] Städtebaulich relevant ist eine bauliche Anlage dann, wenn sie geeignet ist, ein Bedürfnis nach einer ihre Zulässigkeit regelnden verbindlichen Bauleitplanung hervorzurufen.[1657] 934

Beispiel Festzelt: Das Aufstellen eines Festzeltes ist als Errichtung einer baulichen Anlage iS des § 29 I BauGB zu werten. Es handelt sich bei dem Festzelt um eine Anlage baulicher Natur, die städtebauliche Relevanz entfaltet. Insbesondere kann ihm nicht das Merkmal der Dauerhaftigkeit abgesprochen werden, weil es nur vorübergehend aufgestellt und anschließend wieder abmontiert wird. Für die Frage der Dauerhaftigkeit gilt nämlich kein fester Zeitraum. Die Bedeutung der Dauerhaftigkeit ergibt sich vielmehr im Zusammenspiel mit der notwendigen städtebaulichen Relevanz der Anlage.[1658]

Beispiel Werbeanlage: Ob eine Werbeanlage eine bauliche Anlage im Sinne von § 29 I BauGB ist, ist unabhängig von ihrer Art der Verbindung mit dem Erdboden, konstruktiven Beschaffenheit oder Größe danach zu beurteilen, ob sie städtebauliche Relevanz hat. Eine solche ist anzunehmen, wenn die Anlage gerade in ihrer gedachten Häufung das Bedürfnis nach einer ihre Zulässigkeit regelnden verbindlichen Planung hervorruft. Dies ist dann der Fall, wenn Belange erfasst und berührt werden, welche im Hinblick auf das grundsätzliche Gebot des § 1 III BauGB in Verbindung mit § 1 V BauGB auch städtebauliche Betrachtung und Ordnung verlangen. Hierzu zählt auch das **Ortsbild** der Gemeinde. Handelt es sich bei solchen Anlagen nicht um Werbung an der Stätte der Leistung, liegt eine eigenständige gewerbliche Hauptnutzung vor. Ist danach die Größe einer Werbetafel nicht allein maßgeblich – im einem vom BVerwG entschiedenen Fall betrug sie 2,73 m² – sind Werbetafeln, die DIN A 2 Format nicht überschreiten ohne bodenrechtliche Relevanz.[1659]

2. Festsetzungsmöglichkeiten

Der Bebauungsplan enthält Festsetzungen, Kennzeichnungen, nachrichtliche Übernahmen und Vermerke. Nach § 8 I 1 BauGB bestimmt der Bebauungsplan die rechtsverbindlichen Festsetzungen für die städtebauliche Ordnung. Der Bebauungsplan bildet nach § 8 1 2 BauGB die Grundlage für weitere, zum Vollzug dieses Gesetzbuchs erforderliche Maßnahmen. 935

Für den Bebauungsplan sieht § 9 BauGB einen umfangreichen **Katalog** an Festsetzungsmöglichkeiten aus Zeichnung, Farbe, Schrift und Text vor, die dem konkreten Inhalt des Bebauungsplans entsprechen. Die Festsetzungsmöglichkeiten sind iS eines numerus clausus abschließend in § 9 BauGB und der ergänzend heranzuziehenden BauNVO aufgeführt. Festsetzungen, die in § 9 BauGB und der BauNVO keine Rechtsgrundlage finden, sind unzulässig.[1660] Die Gemeinde verfügt nicht über ein „Festsetzungsfindungsrecht; ein solches ergibt sich auch nicht aus der Kombination einzelner Festsetzungsoptionen.[1661] Besonderheiten gelten jedoch gem. § 12 III BauGB für den **vorhabenbezogenen Bebauungsplan.** 936

[1655] BVerwGE 42, 30; BRS 28 Nr. 138.
[1656] BVerwG BRS 23 Nr. 129.
[1657] BVerwGE 91, 234.
[1658] VG Gelsenkirchen Beschl. v. 10.9.2021 – 5 L 995/21, juris.
[1659] VG Göttingen Urt. v. 4.9.2018 – 2 A 101/16, juris Rn. 29; BVerwG Urt. v. 3.12.1992, – 4 C 27/91, juris Rn. 15 ff., 24 ff.
[1660] BVerwG NJW 1993, 2695 (2696); NVwZ-RR 1998, 483 (484).
[1661] BVerwG NVwZ 1995, 696 (697); Kment in Jarass/Kment, BauGB, 2022, § 9 Rn. 2.

937 Das BauGB schließt die Überlagerung von Festsetzungen für einzelne Grundstücke nach mehreren der in § 9 I BauGB aufgeführten Festsetzungsbefugnisse nicht aus.[1662] § 9 I BauGB bestimmt jedoch, dass die jeweiligen Festsetzungen (nur) aus **städtebaulichen Gründen** getroffen werden können. Der Festsetzungskatalog des § 9 I BauGB entfaltet **keine Sperrwirkung** des Inhalts, dass ein Sachverhalt, der mit den Instrumenten des Bauplanungsrechts geregelt werden kann, einer bauordnungsrechtlichen Regelung, die sich im Ergebnis wie eine bauplanungsrechtliche Festsetzung auswirkt, nicht zugänglich sei.[1663]

938 **a) Ermächtigungsgrundlage der BauNVO.** Angesichts der hohen praktischen Bedeutung der BauNVO, ihrer hohen Grundrechtsrelevanz für das Grundeigentum, aber auch für gesunde Wohn- und Arbeitsverhältnisse, insbesondere mit Blick auf die verschiedenen Gebietstypen der BauNVO, für die Gewerbefreiheit und die Ansiedlung von Industrie und Gewerbe und nicht zuletzt auch für das verfassungsrechtlich verbürgte Selbstverwaltungsrecht der Gemeinden[1664] könnte sich die Frage stellen, ob der Gesetzgeber das Bundesministerium für Wohnen, Stadtentwicklung und Bauwesen durch § 9a I BauGB in derart weitreichender Weise ermächtigen darf, mit Zustimmung des Bundesrates durch Rechtsverordnung Vorschriften zu erlassen über Darstellungen und Festsetzungen in den Bauleitplänen über die Art der baulichen Nutzung, das Maß der baulichen Nutzung und seine Berechnung, die Bauweise sowie die überbaubaren und die nicht überbaubaren Grundstücksflächen, die in den Baugebieten zulässigen baulichen und sonstigen Anlagen, die Zulässigkeit der Festsetzung nach Maßgabe des § 9 III BauGB über verschiedenartige Baugebiete oder verschiedenartige in den Baugebieten zulässige bauliche und sonstige Anlagen. Zweifel können sich weniger aus der Besorgnis ergeben, dass diese Ermächtigung nicht hinreichend bestimmt ist, sondern eher daraus, dass Verfassungsgrundsatz des Vorbehalts des Gesetzes fordert, dass der Gesetzgeber die entscheidenden Grundlagen des zu regelnden Rechtsbereichs, die den Freiheits- und Gleichheitsbereich des Bürgers wesentlich betreffen, selbst festlegt und dies nicht dem Handeln der Verwaltung überlässt.[1665]

939 Nach Art. 80 I GG kann die Bundesregierung durch Gesetz ermächtigt werden, Rechtsverordnungen zu erlassen. Dabei müssen aber Inhalt, Zweck und Ausmaß der erteilten Ermächtigung im Gesetz bestimmt werden. Der Grad der jeweils zu fordernden Bestimmtheit einer Regelung hängt auch von der Intensität der Auswirkungen der Regelung für die Betroffenen ab. Je schwerwiegender die Auswirkungen sind, desto höhere Anforderungen werden an die Bestimmtheit der Ermächtigung zu stellen sein. Insoweit berührt sich das Bestimmtheitsgebot mit dem Verfassungsgrundsatz vom **Vorbehalt des Gesetzes**, der fordert, dass der Gesetzgeber die entscheidenden Grundlagen des zu regelnden Rechtsbereichs, die den Freiheits- und Gleichheitsbereich des Bürgers wesentlich betreffen, selbst festlegt und dies nicht dem Handeln der Verwaltung überlässt. Damit soll gewährleistet werden, dass Entscheidungen von besonderer Tragweite aus einem Verfahren hervorgehen, das der Öffentlichkeit Gelegenheit bietet, ihre Auffassungen auszubilden und zu vertreten, und das die Volksvertretung dazu anhält, Notwendigkeit und Ausmaß von Grundrechtseingriffen in öffentlicher Debatte zu klären.[1666] Das könnte auch für die BauNVO gelten. Dass die nach Art. 80 I 2 GG gebotene Regelung durch den Gesetzgeber fehlt, kann möglicherweise auch nicht durch die in § 9a I BauGB vorgesehene Beteiligung des Bundestags an den Verordnungen des zuständigen Bundesministeriums kompensiert werden, weil diese das fehlende Gesetzgebungsverfahren und seine Legitimationswirkung nicht ersetzen kann.[1667] Der besonders hohen Bedeutung der Vorschriften der BauNVO könnte eine bloße Beteiligung des Bundestags nicht gerecht werden. Die schlichte Parlamentsbeteiligung kann ein Gesetzgebungsverfahren, dessen besondere Öffentlichkeitsfunktion gerade ein gewichtiger Grund für die Anwendung des Grundsatzes des Gesetzesvorbehalts.

940 Gegenstand der BauNVO ist einerseits der materielle Rahmen, den die Gemeinden bei der Aufstellung ihrer Bauleitpläne zu beachten haben; andererseits bestimmt die BauNVO die Zulässigkeit von Vorhaben in den festgesetzten Baugebieten und über § 34 II BauGB auch im

---

[1662] BVerwG ZfBR 2008, 592.

[1663] BVerwG BRS 85 Nr. 118 (2017).

[1664] Zur hohen praktischen Bedeutung der BauNVO Petz in König/Roeser/Stock, BauNVO, 2023, Einl. Rn 2 zur Relevanz für den Immissionschutz Einl. 45.

[1665] BVerfG Beschl. v. 24.3.2021 – 1 BvR 2656/18, juris Rn. 259; BVerfGE 56, 1 (13); BVerfGE 141, 143 (170) Rn. 59; 147, 253 (309 f.) Rn. 116;150, 1 (Rn. 99 ff., 199 ff.) mwN

[1666] BVerfG Beschl. v. 24.3.2021 – 1 BvR 2656/18, juris Rn. 259 ff.

[1667] BVerfG Beschl. v. 24.3.2021 – 1 BvR 2656/18, juris Rn. 265.

unbeplanten Innenbereich.[1668] Die BauNVO betrifft insoweit unmittelbar vor allem die planenden Gemeinden; die grundrechtsrelevanten Folgen ihrer Bauleitplanung ergeben sich insoweit vornehmlich nicht aus der BauNVO, sondern aus der diese beachtenden Bauleitplanung der Gemeinden. Die Berechtigung zur Planung ergibt sich aus dem Selbstverwaltungsrecht und aus den Ermächtigungsnormen zur Wahrnehmung der Planungskompetenz. Insoweit mag die Verordnungsbefugnis des § 9a BauGB noch mit dem Vorbehalt des Gesetzes vereinbar sein.

b) Verschiedene Bebauungsplanarten. Das Gesetz unterscheidet zwischen einem **qualifizierten** (§ 8 I BauGB) und einem **einfachen Bebauungsplan** (§ 8 III BauG). Hinzu kommt der **vorhabenbezogene Bebauungsplan** (§ 8 II, 12 BauGB). Der qualifizierte Bebauungsplan enthält die Mindestfestsetzungen nach § 30 I BauGB über die Art und das Maß der baulichen Nutzung, die überbaubaren Grundstücksflächen und die örtlichen Verkehrsflächen. Im Geltungsbereich eines qualifizierten Bebauungsplans ist nach § 30 I BauGB ein Vorhaben zulässig, wenn es diesen Festsetzungen nicht widerspricht und die Erschließung gesichert ist. Ein Bebauungsplan, der diese Mindestfestsetzungen nicht enthält, ist ein einfacher Bebauungsplan nach § 30 III BauGB. Für die planungsrechtliche Zulässigkeit von Vorhaben im Geltungsbereich eines solchen einfachen Bebauungsplans ist ergänzend neben den Festsetzungen des Plans eine Beurteilung nach § 34 BauGB bzw. § 35 BauGB vorzunehmen. Auch ein einfacher Bebauungsplan ist danach ein vollwirksamer Bebauungsplan mit Rechtsnormqualität. Qualifizierter und einfacher Bebauungsplan unterscheiden sich allerdings nach dem Inhalt der Satzung in dem Sinne, dass der qualifizierte Bebauungsplan seinem Inhalt nach die Mindestfestsetzungen des § 30 I BauGB enthält und hierdurch zugleich die Anwendung der §§ 34, 35 BauGB ausschließt. Im Geltungsbereich eines vorhabenbezogenen Bebauungsplans nach § 12 BauGB ist ein Vorhaben gem. § 12 II BauGB zulässig, wenn es dem Bebauungsplan nicht widerspricht und die Erschließung gesichert ist. 941

Hinweis: Mit der Erwähnung des einfachen Bebauungsplans in § 30 III BauGB wollte der Gesetzgeber hervorheben, dass nicht nur der qualifizierte Bebauungsplan als planungsrechtliches Instrument zur Verfügung steht. Die Gemeinde hat dabei die Wahl zwischen diesen verschiedenen Formen. Der einfache Bebauungsplan wird sich als Planungsinstrument vor allem dort eignen, wo etwa in bereits bebauten Ortsteilen lediglich in einzelnen Festsetzungsbereichen Ergänzungen zu einer Beurteilung nach § 34 BauGB sinnvoll sind. Die Gemeinde setzt zB in einem einfachen Bebauungsplan lediglich die Verkehrsflächen fest, während Festsetzungen über Art und Maß der baulichen Nutzung fehlen. Neuplanungen, etwa zur Festsetzung und Erschließung von Wohn- oder Gewerbegebieten, sollten demgegenüber in der Form eines qualifizierten Bebauungsplans vorgenommen werden.

c) Hinreichende Bestimmtheit der Festsetzungen. Das Gebot hinreichender Bestimmtheit von Rechtsnormen gilt auch für die zeichnerischen und textlichen Festsetzungen in Bebauungsplänen; es ergibt sich aus dem Rechtsstaatsprinzip in Art. 20 III GG.[1669] Das erforderliche Maß der Konkretisierung von Festsetzungen eines Bebauungsplans richtet sich danach, was nach den Verhältnissen des Einzelfalls (Planungsziele, örtliche Verhältnisse) für die städtebauliche Entwicklung und Ordnung erforderlich ist und dem Gebot gerechter Abwägung der konkret berührten privaten und öffentlichen Belange entspricht. Ob eine einzelne Formulierung eines Bebauungsplans dem Bestimmtheitserfordernis genügt, ist eine Frage der Auslegung des Plans im Einzelfall.[1670] 942

§ 9 BauGB fordert nicht, dass die jeweiligen Nummern, auf die die einzelne Festsetzung gestützt werden kann, im Bebauungsplan bezeichnet sind.[1671] Für die zeichnerischen Festsetzungsmittel ist die auf Grund des § 9a Nr. 4 BauGB erlassene **Planzeichenverordnung** zu beachten. In ihr sind die einzelnen bei der Planaufstellung zu verwendenden Planzeichen aufgeführt. Nur soweit die Planzeichenverordnung keine Planzeichen enthält, ist die Gemeinde bei der Verwendung von Planzeichen frei, wobei durch eine entsprechende Erläuterung für Klarheit zu sorgen ist. Das Rechtsstaatsprinzip verlangt die hinreichende Bestimmtheit der 943

1668 Fickert/Fieseler BauNVO, 2023, Einf. S. 1.

1669 OVG Saarlouis Beschl. v. 25.1.2024 – 2 C 186/22, juris Rn. 109.

1670 OVG Saarlouis Beschl. v. 25.1.2024 – 2 C 186/22, juris Rn. 109; BVerwG Beschl. v. 24.1.1995 – 4 NB 3/95, juris, Rn. 3; OVG Saarlouis Urt. v. 27.1.2022 – 2 C 289/20, juris, Rn. 37.

1671 BVerwG NVwZ 1999, 984.

Festsetzung des Bebauungsplans, damit der Betroffene die Rechtslage erkennen und sich auf sie einstellen kann.[1672] Der Gemeinde steht es allerdings frei, welcher Mittel sie sich bedient, um dem Bestimmtheitsgebot zu genügen. Aus § 2 PlanzV folgt, dass sie nicht strikt an die Planzeichen gebunden ist, die in der Anlage 4 zu dieser Verordnung enthalten sind. Abweichungen sind zulässig, wenn der Inhalt der Festsetzung gleichwohl hinreichend deutlich erkennbar ist.[1673] Die Gemeinde hat die Wahl zwischen zeichnerischen Festsetzungen und textlichen Beschreibungen und kann auch beide Elemente miteinander kombinieren.[1674] Weicht sie von der Darstellungsart der PlanzV ab, so wird hierdurch allein die Bestimmtheit nicht in Frage gestellt, wenn der Inhalt der Festsetzung gleichwohl hinreichend deutlich erkennbar ist. Maßgeblich ist, ob der mit der PlanzV verfolgte Zweck sich auch mit dem von der Gemeinde gewählten Mittel erreichen lässt.[1675] Der von der PlanzV verfolgte Zweck muss allerdings mit dem von der Gemeinde gewählten Mittel erreichbar sein. Der Inhalt der Festsetzung muss zudem hinreichend deutlich erkennbar sein.[1676]

Beispiel: Die Abgrenzung von privaten und öffentlichen Grünflächen kann auch durch Auslegung des Bebauungsplans unter Berücksichtigung des Planzeichens nach Nr. 13.2.1 PlanzV ermittelt werden.[1677]

Beispiel: Um dem Bestimmtheitsgebot zu genügen, kann eine Höhenfestsetzung nach § 18 I BauNVO auf Bezugspunkte im Geltungsbereich des Bebauungsplans abstellen, die bestimmt oder bestimmbar sind. So entspricht etwa insbesondere die Festsetzung der Höhenlage eines bestimmten Punkts einer vorhandenen Verkehrsfläche als unterer Bezugspunkt dem Bestimmtheitsgebot, wenn eine erhebliche Veränderung nicht zu erwarten ist.[1678]

944 Mit den Festsetzungen des Bebauungsplans wird der Inhalt des Grundeigentums festgelegt.[1679] Die Planaussagen müssen eindeutig, verständlich und klar sein. Dies gebietet der Bestimmtheitsgrundsatz. Unklarheiten und Missverständnisse sowie nicht eindeutige Festsetzungen führen zur Unwirksamkeit dieser Festsetzungen und können die Unwirksamkeit des gesamten Planes nach sich ziehen.[1680] Der VGH München erläutert dazu, die Festsetzungen eines Bebauungsplans müssten als Rechtsnorm im materiellen Sinn den aus dem Rechtsstaatsgebot (Art. 20 III GG) abzuleitenden Geboten der Bestimmtheit und Normenklarheit entsprechen. Ein Verstoß gegen das Gebot der Normenklarheit führe zur Unwirksamkeit der betreffenden Festsetzung, ohne dass es auf § 214, § 215 BauGB ankomme. Speziell für Bebauungspläne folge die Notwendigkeit hinreichender Bestimmtheit sowohl für zeichnerische als auch für textliche Festsetzungen daraus, dass die Festsetzungen gemäß Art. 14 I 2 GG Inhalt und Schranken des grundrechtlich geschützten Eigentums unmittelbar berühren und ausgestalten würden. Die von den Festsetzungen des Bebauungsplans Betroffenen müssten deshalb wissen, welche Nutzungen auf den Grundstücken zulässig seien. Der planenden Gemeinde steht es dabei frei, zu entscheiden, welcher Mittel sie sich bediene, um dem Bestimmtheitsgebot zu genügen. Sie habe die Wahl zwischen zeichnerischer Festsetzung und textlicher Beschreibung; sie könne auch beide Elemente kombinieren. Entscheidend sei nur, dass hinreichend klar sei, welche Regelungen mit welchem Inhalt normative Geltung beanspruchten. Es sei ausreichend, wenn der Inhalt des Bebauungsplans durch Auslegung ermittelt werden könne, wobei die Interpretation nicht

---

[1672] VGH Mannheim BauR 2008, 1191.

[1673] OVG Münster Beschl. v. 2.6.2010 – 7 A 295/09, juris; BVerwGE 85, 289; BRS 64 Nr. 78. Zur Auslegung der Festsetzungen von Trauf- und Firsthöhe in einem Bebauungsplan OVG Münster Urt. v. 3.5.2010 – 7 A 1942/08, juris zu einem Mehrfamilienhaus in nicht überbaubarer Grundstücksfläche.

[1674] BVerwGE 50, 114.

[1675] BVerwG NVwZ 1994, 684; NVwZ-RR 1997, 515.

[1676] BVerwG BRS 58 (1996), 89.

[1677] BVerwG BauR 1995, 662; NVwZ-RR 1997, 515.

[1678] OVG Saarlouis Beschl. v. 25.1.2024 – 2 C 186/22, juris Rn. 109; OVG Münster Urt. v. 15.11.2017 – 7 D 8/16.NE, juris, Rn. 21 f. mwN; VGH München Urt. v. 15.6.2021 – 15 N 20.1650, juris, Rn. 36 f.; siehe auch OVG Magdeburg Urt. v. 6.12.2023 – 2 K 77/22, juris Rn. 88; VGH Mannheim DÖV 2024, 344 = juris Rn. 67.

[1679] BVerfGE 70, 35; BVerwGE 92, 231.

[1680] Krüger BauR 1989, 589 mwN; OVG Münster BauR 1992, 60 zur Veränderung der Geländeoberfläche durch Abgrabung; OLG Hamm NVwZ 1998, 995 für eine Wegeverbindung, deren Art im Bebauungsplan nicht angegeben ist.

durch den formalen Wortlaut beschränkt werde.[1681] § 18 I BauNVO konkretisiere dies für Höhenfestsetzungen gemäß § 16 II Nr. 4 BauNVO dahingehend, dass die erforderlichen Bezugspunkte zu bestimmen seien. Aus Gründen der Bestimmtheit und Vollziehbarkeit müsse es sich um eindeutig bestimmte oder bestimmbare feste Bezugspunkte handeln.[1682]

Beispiel: Eine Festsetzung zur **Höhe** der baulichen Anlagen ist unbestimmt, wenn die als Grundlage für die Festlegung der dafür maßgeblichen Bezugspunkte herangezogenen Verkehrsflächen im Zeitpunkt des Satzungsbeschlusses weder fertiggestellt sind, noch der Bebauungsplan die Höhenlage dieser Verkehrsflächen festsetzt oder die Ausbauplanung bereits abgeschlossen ist.[1683]

Für die Bestimmtheit einer eher rechtstechnischen Festsetzung wie diejenige der Gebäude- 945
höhen ist entscheidend, dass diese Festsetzung bei der Planamwendung nach den Verhältnissen des Einzelfalls absehbar praktikabel ist.[1684] Fehler der Bestimmtheit können allerdings in einem **ergänzenden Verfahren** geheilt werden.[1685] Ob Festsetzungen eines Bebauungsplans über das Maß der baulichen Nutzung und über die überbaubaren Grundstücksflächen **drittschützend** sind, hängt vom Willen der Gemeinde als Planungsträger ab.[1686]

Beispiel: Die Gemeinde setzt im Bebauungsplan Höhen fest, ohne Bezugspunkte für deren Bemessung anzugeben. Vorsicht ist hier besonders bei Grundstücken in Hanglage geboten. Die Höhe baulicher Anlagen kann im Verhältnis zur Oberkante von Erschließungsanlagen festgesetzt werden, ohne deren Höhe durch Angaben über NN festzulegen.[1687] Bei der Gliederung des Baugebietes bleibt unklar, ob Vergnügungsstätten insgesamt ausgeschlossen werden sollen oder sich der Ausschluss nur auf einzelne Unterarten der Vergnügungsstätten bezieht. Es bestehen Widersprüche zwischen den Festsetzungen in der Planurkunde und der Begründung, etwa wenn nach den textlichen Festsetzungen ein großflächiger Einzelhandelsbetrieb mit einer Geschossfläche von 5000 m² zugelassen wird, die Begründung jedoch nur eine Geschossfläche von 2500 m² in die Abwägung einstellt (Abwägungsdivergenz).[1688] Das Rechtsstaatsgebot verlangt die inhaltliche Identität der anzuwendenden Rechtsnorm mit dem Beschluss des Normgebers. Abweichungen von Satzungsbeschluss und Bekanntmachung führen daher zur Planunwirksamkeit.[1689]

Beispiel: Legt die Begründung eines Bebauungsplans, durch den ein Sondergebiet Photovoltaikanlage festgesetzt wird, im Rahmen der Abwägungsentscheidung hinsichtlich der möglichen Auswirkungen auf ein angrenzendes Wohngebiet die technischen Einzelheiten wie Größe, Höhe und Aufstellwinkel der vorgesehenen Anlage zugrunde, ohne diese Parameter festzusetzen, so kann darin ein Abwägungsfehler liegen, weil der Inhalt des Plans nicht von einer darauf ausgerichteten Abwägungsentscheidung getragen ist.[1690]

Der aus Art. 20 III GG herzuleitende Bestimmtheitsgrundsatz einer Norm schließt die Ver- 946
wendung sog. **unbestimmter Rechtsbegriffe** nicht aus. Ein Verstoß gegen den Bestimmtheitsgrundsatz liegt nur dann vor, wenn es wegen der Unbestimmtheit der verwendeten Begriffe nicht mehr möglich ist, objektive Kriterien zu gewinnen und wenn eine willkürliche Handhabung der Rechtsvorschrift durch Behörden und Gerichte zu erwarten ist. Die Auslegungsbedürftigkeit einer Vorschrift lässt demgegenüber nicht die rechtsstaatlich gebotene Be-

---

1681 VGH München Urt. v. 26.5.2023 – 9 N 19.699, juris Rn. 35; Urt. v. 7.3.2023 – 1 N 20.331, juris Rn. 19 mwN; siehe auch OVG Lüneburg BauR 2022, 1746: „Eine Höhenfestsetzung in einem Bebauungsplan (§ 16 II Nr. 4, § 18 I BauNVO), die als unteren Bezugspunkt die nächstgelegene öffentliche Verkehrsfläche und als oberen Bezugspunkt die Traufhöhe bezeichnet, ist hinreichend bestimmt."; OVG Lüneburg BauR 2022, 443; Urt. v. 2.6.2022 – 1 LB 109/20, juris Rn. 38; zum Verstoß gegen den Bestimmtheitsgrundsatz als sog. Ewigkeitsmangel OVG Schleswig Urt. v. 22.11.2021 – 1 KN 13/16, juris Rn. 77.

1682 VGH München Urt. v. 26.5.2023 – 9 N 19.699, juris Rn. 35; Urt. v. 26.9.2022 – 15 N 21.3023, juris Rn. 43; Urt. v. 23.6.2020 – 1 N 17.972, juris Rn. 18.

1683 OVG Münster BauR 2012, 1080.

1684 OVG Münster BauR 2013, 1966.

1685 BVerwG NVwZ-RR 2006, 589 – zur Klarstellung eines unbestimmten Verwaltungsaktes; OVG Lüneburg Urt. v. 23.1.2007 – 2 LA 692.06, juris.

1686 BVerwG ZfBR 1996, 104.

1687 OVG Lüneburg ZfBR 2008, 493.

1688 BVerwG NVwZ 2004, 856.

1689 OVG Saarlouis BRS 76 Nr. 200 (2010).

1690 VGH Kassel BauR 2011, 472.

stimmtheit entfallen.[1691] Das Ausmaß der geforderten Bestimmtheit lässt sich nicht allgemein festlegen. In erster Linie ist die Eigenart des zu regelnden Sachgebiets maßgebend.[1692] Der Normgeber ist zwar gehalten, seine Vorschriften so bestimmt zu fassen, wie dies nach der Eigenart des zu ordnenden Lebenssachverhalts mit Rücksicht auf den Normzweck möglich ist.[1693] Er verfügt aber dabei über einen Gestaltungsspielraum, der sich nicht nur auf die inhaltlichen Regelungen, sondern auch den Konkretisierungsgrad der jeweiligen Festsetzungen bezieht. Insgesamt genügt es, wenn die Betroffenen die Rechtslage anhand objektiver Kriterien erkennen und ihr Verhalten danach einrichten können.[1694] Der Satzungsgeber muss vor dem Hintergrund dieser Gestaltungsmöglichkeiten in der Lage sein, die Geltung seiner Regelungen positiv iS eines anzuwendenden Katalogs wie auch negativ iS des Ausschlusses eines Katalogs zu bestimmen. Auch den **Geltungsbereich** seiner Norm kann er dahingehend fassen, dass er von einem größeren Bereich Teilgebiete ausnimmt (negative Bestimmung des Geltungsbereichs) oder auch umgekehrt die Gebiete des Anwendungsbereichs unmittelbar benennt (positive Bestimmung des Geltungsbereichs). Aus solchen unterschiedlichen Formulierungstechniken ein unterschiedliches Anforderungsprofil an die Bestimmtheit der jeweils verwendeten Begriffe zu stellen, wäre nicht sachgerecht.[1695] Die Festsetzung des räumlichen Geltungsbereichs des Bebauungsplans muss allerdings ebenso wie die inhaltlichen Festsetzungen bestimmbar sein. Die Bestimmtheit des Plans kann sich auch aus einer Zusammenschau von planerischer Zielsetzung und Plan ergeben. In Fällen offenbarer Unrichtigkeiten kann ein Bebauungsplan berichtigt werden; dies ist auf der Planurkunde zu vermerken.[1696]

947 Hinsichtlich des Maßes der erforderlichen **Konkretisierung** ist zwischen **Flächennutzungsplan** und **Bebauungsplan** zu unterscheiden. Während der Flächennutzungsplan sich mit einer allgemeinen Aussage begnügen kann, müssen die Festsetzungen des Bebauungsplans konkreter sein. Die vom Bebauungsplan Betroffenen müssen ua vorhersehen können, welche Nutzungen auf ihren Grundstücken zulässig sind und welchen Einwirkungen ihre Grundstücke ausgesetzt werden können. Das jeweilige Maß der Konkretisierung hängt dabei wesentlich von der Art der Festsetzungen, von den Planungszielen und den Einzelfallumständen ab. Bauplanerische Festsetzungen können im Einzelfall auch mit unbestimmten Rechtsbegriffen getroffen werden, ohne gegen den Bestimmtheitsgrundsatz zu verstoßen. Das gilt vor allem dann, wenn sich der Inhalt der Festsetzungen unter Berücksichtigung der örtlichen Verhältnisse und des erkennbaren Willens des Normgebers erschließen lässt.[1697] Das Maß der Konkretisierung richtet sich dabei danach, was nach den Verhältnissen des Einzelfalls (Planungsziele, örtliche Verhältnisse) für die städtebauliche Entwicklung und Ordnung erforderlich ist und dem Gebot gerechter Abwägung der konkret berührten privaten und öffentlichen Belange entspricht.[1698]

948 An den **Bestimmtheitsgrundsatz** sind jedoch **keine überspannten Anforderungen** zu stellen. Vor allem kann ein im Bebauungsplan eröffneter Rahmen im Baugenehmigungsverfahren konkretisiert werden.

Beispiel Grünfläche: Ein Bebauungsplan, der in der Nachbarschaft eines allgemeinen Wohngebietes eine Grünfläche (§ 9 I Nr. 15 BauGB) festsetzt, genügt den Bestimmtheitsanforderungen, wenn er eine Sportanlage oder einen Spielplatz ermöglichen soll.[1699] Es darf dann allerdings nur eine der Wohnnutzung verträgliche Sportausübung stattfinden.

949 Die Zulässigkeit konkreter Vorhaben in den Baugebieten beurteilt sich vor dem Hintergrund der jeweiligen Zweckbestimmung der Baugebiete nach Einzelfallgesichtspunkten.[1700]

1691 BVerfGE 63, 312.

1692 BayVerfGH Entsch. v. 14.6.2023 – Vf-VII-18, juris Rn. 133; VG Stade Urt. v. 23.8.2023 – 1 A 1181/20, juris Rn. 119 zur hinreichenden Bestimmtheit einer Bodenabbaugenehmigung; OVG Lüneburg Beschl. v. 6.11.2012 – 12 ME 189/12, juris; BVerwG Beschl. v. 20.5.2014 – 4 B 21.14, juris; BVerfGE 49, 168.

1693 BVerfGE 59, 104.

1694 BVerwG NVwZ 1994, 1099.

1695 BVerwG NVwZ 1994, 1099.

1696 OVG Schleswig NordÖR 2009, 376.

1697 BVerwG ZfBR 1995, 149.

1698 BVerwG DVBl. 1988, 845.

1699 BVerwG NVwZ 1998, 1179; BVerwGE 81, 197.

1700 BVerwG NVwZ 1999, 425.

Beispiel Friedhofsfläche: Der Verwendungszweck der Festsetzung einer Friedhofsfläche muss im Einzelnen soweit konkretisiert sein, wie es für die städtebauliche Entwicklung erforderlich ist. Fehlt es daran, ist die Festsetzung allerdings nicht unwirksam, sondern es sind lediglich Nutzungszwecke mit Nutzungskonflikten ausgeschlossen.[1701] Ob die jeweilige Formulierung eines Bebauungsplans dem Bestimmtheitserfordernis genügt, ist daher in aller Regel eine Frage der Auslegung des Plans im Einzelfall.[1702]

Beispiel Parkanlage: Die Gemeinde setzt im Bebauungsplan „Grünfläche" fest. Dies kann dem Bestimmtheitsgebot entsprechen. Der Begriff „Parkanlage" ist nicht auf die „öffentliche" Parkanlage beschränkt. Auch eine privat angelegte gärtnerische Fläche kann als „private" Grünfläche mit der Bezeichnung „Parkanlage" festgesetzt werden, sofern hierfür ein städtebaulicher Grund vorliegt.[1703]

Ausreichend bestimmt ist auch die Ausweisung als **„Gemeinbedarfsfläche"** mit dem Zusatz „Schule und Anlagen für soziale und sportliche Zwecke".[1704] Unverträglichkeiten mit Nachbarnutzungen können durch das in § 15 BauNVO niedergelegte Gebot der nachbarlichen Rücksichtnahme vermieden werden.[1705] Die Festsetzung einer Fläche für den Gemeinbedarf ohne konkretisierenden Zusatz ist allerdings nicht unbedenklich, weil ohne festgesetzte nähere Zweckbestimmung eine Bandbreite höchst unterschiedlicher Vorhaben des Gemeinbedarfs zugelassen würde.[1706] 950

d) Funktionslosigkeit von Festsetzungen. Nach ständiger Rechtsprechung ist eine Festsetzung nur dann funktionslos, wenn die Verhältnisse, auf die sie sich bezieht, in ihrer tatsächlichen Entwicklung einen Zustand erreicht haben, der die Verwirklichung der Festsetzung auf unabsehbare Zeit ausschließt, und dies in einem Grad erkennbar ist, der einem etwa dennoch in die Fortgeltung der Festsetzungen gesetzten Vertrauen die Schutzwürdigkeit nimmt.[1707] Bloße Zweifel an der Verwirklichungsfähigkeit einer Festsetzung reichen dafür nicht aus. Sie tritt wegen nachträglicher Funktionslosigkeit nur dann außer Kraft, wenn offenkundig ist, dass sie als Instrument für die Steuerung der städtebaulichen Entwicklung nicht mehr tauglich ist.[1708] 951

e) Katalog der Festsetzungsmöglichkeiten. Die Festsetzungsmöglichkeiten sind in § 9 BauGB geregelt. Die Gemeinde muss sich dabei an den Katalog des § 9 BauGB und die Vorgaben der BauNVO halten. § 9 BauGB und die BauNVO regeln den festsetzungsfähigen Inhalt eines Bebauungsplans einschließlich der festsetzungsfähigen Gebietstypen abschließend. Die Festsetzungen des Bebauungsplans bedürfen vor dem Hintergrund der Eigentumsgarantie in Art. 14 I 2 GG einer verfassungsrechtlichen Rechtfertigung. Dies gilt nicht nur in inhaltlicher, sondern auch in formaler Hinsicht. Die einzelnen Festsetzungen bedürfen einer gesetzlichen Ermächtigung. Diese Ermächtigungen ergeben sich für den abschließenden Festsetzungskatalog aus § 9 BauGB und in der auf § 9 a BauGB zurückgehenden BauNVO. Weicht die Gemeinde von den darin niedergelegten Festsetzungsmöglichkeiten ab, so ist die von diesem Fehler betroffene Festsetzung wegen Verstoßes gegen den bauplanungsrechtlichen Typenzwang unwirksam.[1709] 952

Beispiel: Bei einem völligen Ausschluss der Verwendung luftverunreinigender Stoffe sind an die Abwägungsentscheidung des Satzungsgebers erhöhte Anforderungen zu stellen. Er hat dann zu prüfen, ob nicht eine Beschränkung der Düngung mit Schweinegülle ausreicht, um die angestrebten Ziele zu erreichen. Ein Verbot, zwei- bis viermal jährlich Gülle auszubringen, kann in einem Bebauungsplan nicht festgesetzt werden.[1710]

1701 OVG Münster, Urt. v. 17.2.2012 – 2 D 50/10.NE, juris.

1702 BVerwG ZfBR 1990, 99.

1703 BVerwG ZfBR 2011, 776.

1704 Es kann aber für solche Flächen auch das Maß der baulichen Nutzung festgesetzt werden, BVerwG NVwZ 2006, 84.

1705 BVerwG NVwZ 1989, 658.

1706 OVG Münster Urt. v. 19.7.2011 – 10 D 131/08.NE, juris zur Verweisung auf DIN-Normen in einem Bebauungsplan.

1707 OVG Münster Beschl. v. 2.8.2023 – 10 A 2902/21, juris Rn. 6; Urt. v. 29.4.2021 – 10 D 8/17.NE, juris Rn. 52; BVerwG Urt. v. 29.4.1977 – IV C 39.75, juris Rn. 35.

1708 OVG Münster Beschl. v. 2.8.2023 – 10 A 2902/21, juris Rn. 6; dazu auch grundlegend Berkemeier Geltungsverlust oder Unanwendbarkeit von Plänen aufgrund von Funktionslosigkeit, 2019.

1709 BVerwG ZfBR 1995, 143.

1710 VGH München KommunalPraxis BY 2010, 427; BVerwG NVwZ 1995, 696.

953 Im Bebauungsplan können nach § 9 I Nr. 1 BauGB Art und Maß der baulichen Nutzung festgesetzt werden. Für die Festsetzung der Art der baulichen Nutzung sind die Bauflächen und Baugebiete nach den §§ 1 bis 15 BauNVO maßgeblich. Die BauNVO enthält zehn Baugebiete, die sich nach der Art der Nutzung voneinander unterscheiden. Außerdem bestehen nach § 1 V bis X BauNVO Gliederungsmöglichkeiten. Nach § 9 I Nr. 2 BauGB können die Bauweise, die überbaubaren und nicht überbaubaren Grundstücksflächen sowie die Stellung der baulichen Anlagen festgesetzt werden.

954 Der Katalog der Festsetzungsmöglichkeiten im Bebauungsplan ist um eine Regelung in § 9 I Nr. 2a BauGB 2007 ergänzt worden. Danach kann ein **vom Bauordnungsrecht abweichendes Maß der Tiefe der Abstandsflächen** festgesetzt werden.[1711] Die Regelung war veranlasst durch die Änderung des Abstandsflächenrechts in zahlreichen Landesbauordnungen.[1712] Hierdurch wurde die Abstandsflächentiefe von 1,0 H auf 0,4 H gesenkt. Diese Regelung zielte ausschließlich auf einen bauordnungsrechtlich zu sichernden Mindeststandard und verfolgte keine städtebaulichen Nebenziele (mehr). Die Reichweite des Nachbarschutzes wird durch die Mindestabstände der Landesbauordnungen danach nicht mehr abschließend beschrieben. Aber auch dann, wenn das bauordnungsrechtliche Abstandsflächenrecht nur noch gefahrenabwehrrechtlichen Zwecken dient, sollen die Gemeinden im Bebauungsplan aus städtebaulichen Gründen entsprechende Festsetzungsmöglichkeiten haben. Die im Bebauungsplan festgesetzten Abstandstiefen gehen dann dem Abstandsflächenrecht der Landesbauordnungen vor.[1713] Auch kann sich aus den Festsetzungen des Bebauungsplans ein entsprechender Nachbarschutz ergeben. § 9 I Nr. 2 a BauGB erlaubt daher auch die Festsetzung einer geringeren Tiefe der Abstandfläche als nach der BauO NRW vorgesehen. Dies bedarf jedoch einer besonderen städtebaulichen Rechtfertigung und muss auch in der Abwägung besonders geprüft werden.[1714]

955 Die Ermächtigung des § 9 I Nr. 2a BauGB bezieht sich aber nur auf das Maß für die Tiefe der Abstandsfläche, alle übrigen Elemente der Abstandsfestlegung bestimmen sich ausschließlich nach dem jeweils maßgeblichen Landesrecht. Ausschließlich das Landesrecht bestimmt unter anderem, ob überhaupt Abstandsflächen erforderlich sind, gegenüber welchen Anlagen Abstandsflächen freigehalten werden müssen und ob und gegebenenfalls inwieweit bestimmte Gebäude in den Abstandsflächen ohne eigene Abstandsflächen zulässig sind.[1715]

Hinweis: Hinsichtlich der von der **Baumasse eines Gebäudes** ausgehenden räumlichen Wirkungen auf die Nachbargrundstücke ist ein Nachbarschutz auf der Grundlage des in § 34 I BauGB enthaltenen Rücksichtnahmegebots nicht schlechthin ausgeschlossen, wenn die landesrechtlichen Abstandsbestimmungen eingehalten sind. Allerdings ist in diesen Fällen das Rücksichtnahmegebot aus tatsächlichen Gründen nur in **Ausnahmefällen** verletzt.[1716] Das OVG Berlin-Brandenburg ist der Ansicht, dass die Tatsache, dass ein Vorhaben die bauordnungsrechtlichen Abstandsflächen einhält, in der Regel ein zuverlässiges Anzeichen dafür sei, dass die durch das Abstandsflächenrecht geschützten Belange der Belichtung, Besonnung und Belüftung sowie der Begrenzung der Einsichtnahmemöglichkeiten nicht in einer Nachbarrechte verletzenden Weise beeinträchtigt werden. Das schließe zwar nicht aus, dass das bauplanungsrechtliche Rücksichtnahmegebot auch bei Einhaltung der landesrechtlichen Abstandsflächenvorschriften verletzt sein könne. Seine Verletzung setze aber voraus, dass in qualifizierter und individualisierter Weise auf schutzwürdige Interessen eines Dritten keine Rücksicht genom-

[1711] Zur Prüfung der Abstandsflächen bei Nutzungsänderungen Wolff BauR 2009, 1096; zum „Überlappen" von Abstandsflächen auf Nachbargrundstücken Wiggers NJW-Spezial 2009, 764. Zur Verkürzung von Abstandsflächen durch Bebauungspläne Schröer NZBau 2008, 243. Zur Anwendung des Abstandsflächenrechts auf städtische Wohnquartiere Held ZfBR 2007, 539.

[1712] Schulte BauR 2007, 1514. Zur Abstandsregelung in Bayern Boeddinghaus BauR 2007, 641; ders. BauR 2008, 35; Dziallas ÖffBauR 2005, 25; Maaß VBLBW 2007, 412. Zum Abstandsflächenrecht in der Rechtsprechung des OVG Koblenz Meier LKRZ 2007, 457. Zu Abständen und Abstandsflächen bei diffuser Bebauung Boeddinghaus BauR 2008, 1249.

[1713] OVG Bautzen Beschl. v. 12.10.2010 – 1 B 249/10, juris; zur Erschließungswirkung bei durchlaufenden Grundstücken im Falle einer satzungsrechtlichen Tiefenbegrenzung Dossmann ZMR 2006, 972; zur Tiefenbegrenzung in der Beitragssatzung Sauthoff NVwZ 2005, 743; Thielmann KStZ 2005, 11.

[1714] OVG Münster Urt. v. 20.11.2009 – 7 D 124/08.NE, juris zur städtebaulichen Rechtfertigung eines Bebauungsplans, der Voraussetzungen für einen Moscheebau mitsamt sozialen Räumen sowie Einzelhandelsfläche schaffen soll; BVerwG NVwZ 2009, 1103; OVG Münster NVwZ-RR 2010, 308.

[1715] OVG Berlin-Brandenburg Urt. v. 15.12.2022- OVG 2 A 4/22, juris Rn. 42.

[1716] OVG Saarlouis BauR 2007, 1616 (LS).

men worden sei Von solchen besonderen Ausnahmefällen abgesehen könne ein Nachbar nicht verlangen, ein Grundstück nicht oder nur so zu bebauen, dass er keine dahingehenden Einschränkungen erfahre. Für die Annahme einer Verletzung des bauplanungsrechtlichen Rücksichtnahmegebotes genüge es nicht, wenn ein Vorhaben die Situation für den Nachbarn nachteilig verändere.[1717]

Bei Zulassung einer **Abweichung** von einer dem Nachbarschutz dienenden Vorschrift des Bauordnungsrechts wird der Nachbar bei jedem Verstoß gegen die Vorschrift verletzt. Ob eine Abweichung von den Abstandsflächenvorschriften zugelassen werden kann, beurteilt sich aufgrund einer Abwägung zwischen den nachbarlichen Interessen einerseits und überwiegenden Interessen des Bauherrn oder öffentlicher Belange andererseits. Die Abweichung setzt Gründe von ausreichendem Gewicht voraus, durch die sich das Vorhaben vom Regelfall unterscheidet und die die Einbuße an Belichtung und Lüftung sowie eine Verringerung der freien Flächen des Baugrundstücks im konkreten Fall als vertretbar erscheinen lassen.[1718] Die Abweichung von Abstandsflächenvorschriften kann auch mit dem städtebaulichen Konzept eines fortgeltenden Baulinienplans begründet werden.[1719] Ergibt sich von einem Bauvorhaben aus die Möglichkeit der Einsichtnahme in ein Nachbargrundstück, so verletzt dies in aller Regel nicht das Gebot der Rücksichtnahme, weil dies in bebauten innerörtlichen Bereichen nicht unüblich ist.[1720] Die Einhaltung der Abstandsvorschriften gibt vielmehr einen Anhaltspunkt für die Wahrung des Gebots der Rücksichtnahme, ersetzt aber dessen Prüfung im Einzelfall nicht. Die Schaffung von Einsichtsmöglichkeiten kann sich daher bei schwerwiegenden Umständen als rücksichtslos erweisen.[1721] 956

Beispiel Dachterrasse: Eine Dachterrasse verletzt nicht schon deshalb das Gebot der Rücksichtnahme, weil sie eine „Rundumsicht" auf Nachbargrundstücke ermöglicht. Eine Verletzung kann vielmehr erst dann angenommen werden, wenn die Abstände so gering sind, dass nicht mehr zumutbare Einsichtsmöglichkeiten auf Nachbargrundstücke eröffnet werden.[1722]

Festsetzungen von geringeren als den gesetzlich vorgegebenen Regelabstandsflächen im Bebauungsplan unterliegen erhöhten Abwägungserfordernissen.[1723] Ist in einem Bebauungsplan **geschlossene Bauweise** festgesetzt, kann dieser Festsetzung nachbarschützende Wirkung zukommen, weil ein Bauherr, der sich nicht an die geschlossene Bauweise hält, dem angrenzenden Nachbarn unter Umständen den Anspruch auf Grenzbebauung nimmt. Festsetzungen zur geschlossenen Bauweise und zur überbaubaren Grundstücksfläche sind in der Regel im Zusammenhang zu sehen, weil sie regelmäßig nur zusammen eine vernünftige Steuerung der Bodennutzung ermöglichen.[1724] Festsetzungen eines Bebauungsplans müssen nicht nahtlos ineinandergreifen; sie müssen aber so aufeinander abgestimmt sein, dass das, was eine Festsetzung zulässt, nicht nach einer anderen zu einem wesentlichen Teil unzulässig ist. Nicht ausreichend aufeinander abgestimmte Festsetzungen sind nicht erforderlich (§ 1 III 1 BauGB).[1725] Bei einer 957

1717 OVG Berlin-Brandenburg Beschl. v. 30.3.2020 – OVG 10 S 30.19, juris Rn. 4; Beschl. v. 18.7.2018 – OVG 10 S 68.17, juris Rn. 14 mwN; Beschl. v. 27.11 – OVG 10 S 57.17, juris Rn. 13; siehe auch VGH München Urt. v. 18.2.2020 – 1 N 17.2215, juris Rn. 22; zu kollidierende Abstandsvorschriften und den Auswirkungen auf den Nachbarschutz Bachmann NJW-Spezial 2023, 428.

1718 VGH München BauR 2007, 1858 zur Verkürzung der Abstandsfläche in einem historischen Ortskern.

1719 VGH München NVwZ-RR 2007, 578 zur Abweichung von Abstandsflächenvorschriften.

1720 OVG Münster NVwZ-RR 2007, 580. Zu den Abstandsregelungen des Bauordnungsrechts OVG Münster Urt. v. 18.10.2007 – 7 A 2135/06, juris; OVG Münster Beschl. v. 12.11.2007 – 7 B 1354/07, juris, zur Nichteinhaltung von Abstandsflächen.

1721 OVG Bremen NordÖR 2012, 401; BVerwG NVwZ 1999, 879.

1722 OVG Magdeburg BauR 2006, 1943. Zur Genehmigungsfähigkeit von Dachterrassen Troidl BayVBl. 2007, 295; Weitere Einzelfälle: VGH München NVwZ-RR 2006, 312 – Erweiterung einer Gaststätte um einen Freisitz im Blockinnenbereich; OVG Lüneburg ZfBR 2006, 595zur Geruchsbelästigung durch Imbissstand; OVG Brandenburg Beschl. v. 22.7.2005 – 10 S 2.05, juris zu einem Schulerweiterungsbau und Nachbarschutz; VGH München Urt. v. 28.9.2007 – 26 B 06.765, juris zu einer Tankstellenanlage mit Shop im allgemeinen Wohngebiet; VGH München Beschl. v. 24.4.2006 – 25 ZB 05.274 – kleine Freischankfläche auf der Hofseite einer Gaststätte mit lediglich zwölf Sitzplätze zulässig.

1723 OVG Greifswald NVwZ-RR 2006, 673.

1724 VGH München Beschl. v. 20.3.2006 – 25 CS 05.3180, juris.

1725 VGH München BauR 2009, 1626.

abstandsflächenrechtlich relevanten Änderung eines Gebäudes ist eine Gesamtprüfung der abstandsflächenrechtlichen Zulässigkeit dann erforderlich, wenn bei der Errichtung des Gebäudes in abstandsflächenrechtlich relevanter Weise von der Baugenehmigung abgewichen wurde.[1726] Die gegen Abstandsflächenrecht verstoßende Errichtung eines Gebäudes an der Grundstücksgrenze oder mit einem für das Einhalten der Abstandsfläche auf dem Baugrundstück zu geringen Grenzabstand hat nicht zur Folge, dass die Abstandsfläche (teilweise) auf dem Nachbargrundstück liegt und dort von Gebäuden und gebäudeähnlichen Anlagen freigehalten werden muss sowie nicht auf die auf dem Nachbargrundstück erforderlichen Abstandsflächen angerechnet werden darf.[1727]

958 Außerdem bestehen zahlreiche weitere Festsetzungsmöglichkeiten etwa für die **Größe, Breite und Tiefe der Baugrundstücke** (§ 9 I Nr. 3 BauGB). Hiermit soll den Ortsgesetzgebern die Möglichkeit eröffnet werden, einer zu großen Verdichtung der Wohnbebauung entgegenzuwirken, nicht zuletzt um dadurch eine gewachsene Struktur – wie etwa ein Villenviertel – zu bewahren.[1728] Die Festsetzung einer Mindestgröße des Grundstücks begrenzt mittelbar dessen Teilbarkeit. Die Festsetzung der **Mindestgröße** eines Grundstücks muss nicht durch besondere städtebauliche Gründe gerechtfertigt sein. Es reicht vielmehr, dass die Festsetzung der jeweiligen Mindestgröße durch städtebauliche Gründe gerechtfertigt ist und dem Abwägungsgebot entspricht.[1729] Mit der Größe des Baugrundstücks kann die jeweilige Fläche festgesetzt werden, unabhängig von der Tiefe und Breite des Grundstücks und unabhängig von seiner näheren Belegenheit. Dabei ist allerdings von den vorhandenen Grundstücksgrößen auszugehen, die durch den Bebauungsplan nicht anders festgelegt werden können. Sie können durch die Festsetzung einer Mindestgröße zwar beabsichtigt sein, sind jedoch nicht selbst Regelungsgegenstand der bauplanerischen Festsetzung.[1730] Zudem ist bei der Festsetzung einer Mindestgröße von Baugrundstücken im Rahmen der planerischen Abwägung einerseits die Privatnützigkeit des Eigentums zu berücksichtigen. Andererseits kann zu den öffentlichen Belangen, welche den privaten Interessen entgegengesetzt werden dürfen, auch das politische Interesse der Gemeinde etwa an einer gewerblichen Ansiedlung gehören.[1731]

959 Zudem können Flächen für **Nebenanlagen** (§ 9 I Nr. 4 BauGB) festgesetzt werden. damit wird den Gemeinden ermöglicht, eine gezielte Ausweisung solcher Flächen zur Errichtung von Nebenanlagen, die durch die Hauptanlagen gerade nicht überbaut werden dürfen.[1732]

Beispiel Carport: Kennt das Landesrecht den Begriff des überdachten Stellplatzes und ergibt sich aus dem Landesrecht, dass der Begriff „Carport“[1733] einen überdachten Stellplatz bezeichnet, kann auch der Begriff „Carport“ verwandt werden, um die Anlage zu beschreiben, die auf nach § 9 I Nr. 4 BauGB festgesetzten Flächen zulässig ist.[1734] Eine planerische Vorbelastung kann es rechtfertigen, einen Carport in der am weitesten straßenabgewandten Ecke des Baugrundstücks zu positionieren.[1735]

1726 VGH München UPR 2009, 360 zu einem abweichend von der Genehmigung errichteten Gebäudes.

1727 VGH München NVwZ-RR 2009, 628, Klarstellung zu VGH München BayVBl. 2002, 499.

1728 OVG Koblenz Urt. v. 28.2.2020 – 8 C 10585/19, juris Rn. 22.

1729 OVG Lüneburg NVwZ-RR 1998, 551 für eine Mindestgrundstücksgröße von 2.500 qm im Landschaftsschutzgebiet.

1730 OVG Greifswald Urt. v. 16.8.2022 – 3 K 476/19, juris Rn. 43

1731 BVerwG BauR 1993, 56.

1732 VGH Mannheim Urt. v. 12.7.2023 – 5 S 3193/21, juris Rn 80.

1733 VGH Mannheim Urt. v. 29.7.2021 – 5 S 1214/18, juris Rn. 67: „Stellplätze iSd § 9 I Nr. 4 BauGB sind nach dem Landesrecht BW stets nicht überdacht. Überdachte Stellplätze, die dem Abstellen von Kraftfahrzeugen dienen, sind Carports. Diese sind als Garagen iS des § 2 VIII 2 BauO BW einzustufen.“; VGH Mannheim Urt. v. 22.11.2022 – 2 D 248/21.NE, juris 97; OVG Bautzen Beschl. v. 30.1.2006 – 1 B 17/05, juris zur Beseitigung eines Carports; VGH München, Urt. v. 15.12.2005 – 1 B 03.144, juris. Zu Carports auf nicht überbaubaren Grundstücksflächen und in Abstandsflächen Dageförde Grundeigentum 2005, 1234. Zu Carports in unbebaubaren Vorgärten Sarnighausen BauR 2006, 46.

1734 BVerwG BauR 2004, 1266.

1735 OVG Lüneburg BauR 2011, 1699.

960 Auch können **Gemeinbedarfsflächen** sowie Flächen für Sport- und Spielanlagen (§ 9 I Nr. 5 BauGB) festgesetzt werden.[1736] § 9 I Nr. 5 BauGB ermächtigt die Gemeinde, durch Standortvorsorge die gemeindliche Infrastruktur zu gestalten und auf diese Weise eine auf die örtlichen Verhältnisse zugeschnittene Infrastrukturpolitik zu betreiben.[1737] Die Festsetzung des Grundstücks eines Privaten als Fläche für den Gemeinbedarf in einem Bebauungsplan setzt eine Rechtfertigung durch entsprechende Gemeinwohlgründe voraus.[1738] Die Festsetzung von Gemeinbedarfsflächen ist abwägungsfehlerhaft, wenn dafür im Rahmen der planerischen Konzeption gleich geeignete Grundstücke der öffentlichen Hand zur Verfügung stehen.[1739]

Beispiel Postfiliale: Die bauplanungsrechtliche Zulässigkeit einer Postfiliale, in der die zur Grundversorgung erforderlichen Postdienstleistungen (sog. Universaldienst) erbracht werden, kann auch nach der Privatisierung der Deutschen Bundespost im Zuge der Postreform II durch Festsetzung einer Gemeinbedarfsfläche (§ 9 I Nr. 5 BauGB) mit der Zweckbestimmung „Post" geregelt werden. Auf einer „Gemeinbedarfsfläche Post" ist eine weitere („postfremde") gewerbliche Nutzung (postspezifisches Angebot von Papier- und Schreibwaren) zulässig, wenn sie in einem inneren Zusammenhang mit den Post-Universaldienstleistungen steht und im Verhältnis zu diesen von untergeordneter Bedeutung bleibt.[1740] Nach der Privatisierung der Deutschen Bundespost können „Flächen für den Gemeinbedarf" nach § 9 I Nr. 5 BauGB für die Grundversorgung mit Postdienstleistungen (Universaldienst im Sinne von §§ 11 ff. PostG) festgesetzt werden. Die kommunale Bauleitplanung darf sich dem Strukturwandel im Postwesen nicht verschließen. Das Interesse der Deutschen Post AG an einer wirtschaftlichen Nutzung ihres Grundeigentums sowie die Rahmenbedingungen der privatwirtschaftlichen Erbringung von Postdienstleistungen sind bei der planerischen Abwägung zu berücksichtigen.[1741] Eine Fläche kann zugleich als Gemeinbedarfsfläche (Festplatz) und als Grünfläche bzw. Verkehrsfläche besonderer Zweckbestimmung festgesetzt werden, sofern beide Nutzungen nicht in Konkurrenz stehen sondern zu unterschiedlichen Zeiten ausgeübt werden.

961 Bei der Festsetzung eines **Festplatzes** und eines **Kinderspielplatzes** neben einem allgemeinen Wohngebiet dürfen nicht von vornherein unzumutbaren Beeinträchtigungen für die Anwohner in das nachfolgende Genehmigungsverfahren verschoben werden.[1742] Ein in sehr enger räumlicher Zuordnung zu einem benachbarten Wohnhaus errichtetes Multifunktionsfeld, dessen bestimmungsgemäße Nutzung sich wegen seiner konstruktionsbedingten Besonderheiten (Holzumrandung, die sich im Bereich der Torlinie bis in eine Höhe von ca. 4 m Höhe erstreckt, stählerne Fußballtore) sehr lärmintensiv auswirkt, kann für die Nachbarn unzumutbar sein, zumal wenn die Anlage in ihrer konkreten Ausgestaltung verglichen mit der Nutzung typischer Bolzplätze zu einem erheblichen „Mehr" an Lärmbeeinträchtigungen für die Nachbarschaft führt, das zur Verwirklichung des Zieles, Kindern, Jugendlichen und Heranwachsenden eine Ballspielmöglichkeit zur Verfügung zu stellen, nicht erforderlich ist. Zur Beurteilung der Rücksichtslosigkeit eines Multifunktionsfeldes, das ganz überwiegend zum Bolzen genutzt wird, ist die Einholung von Lärmgutachten jedenfalls dann nicht erforderlich, wenn ein Gutachten allenfalls einen groben Anhalt für die Bestimmung von Zumutbarkeitsgrenzen geben, nicht aber entscheidend zur Beurteilung beitragen kann, ob die von der Anlage in ihrer konkreten, verglichen mit einem üblichen Bolzplatz zu einem nicht zwecknotwendigen „Mehr" an Lärmereignissen führenden Ausgestaltung bei bestimmungsgemäßer Nutzung ausgehenden Geräusche insbesondere angesichts ihrer Häufigkeit, Impulshaltigkeit und Unregelmäßigkeit den in enger räumlicher Nähe zur Anlage wohnenden Klägern zumutbar sind.[1743]

1736 Zugleich können dabei Maßfestsetzungen erfolgen, BVerwG NVwZ 2006, 84. Zur Grunderwerbsteuer bei Gemeinbedarfsflächen Bruschke UVR 2009, 113. Zur Grunderwerbsteuer beim Erwerb unerschlossener Grundstücke Wagner ZfIR 2008, 341. Zur Entwicklung des Grunderwerbsteuerrechts Gottwald MittBayNot 2007, 460.

1737 VGH München Urt. v. 15.11.2022 – 1 N 19.1117, juris Rn. 20; BVerwGE 121, 192.

1738 Zu den Anforderungen an die Widmung eines Stadtparks als öffentliche Einrichtung OVG Weimar DVBl. 2011, 1048.

1739 BVerwG NVwZ 2002, 1506. Zum notwendigen Umfang der Abwägung bei der Festsetzung eines Grüngürtels durch Bebauungsplan BVerfG NVwZ-RR 2003, 727.

1740 BVerwG NVwZ 2004, 1355; VGH München ZfBR 2003, 577.

1741 BVerwG NVwZ 2004, 1352.

1742 OVG Münster BauR 2011, 639.

1743 OVG Saarlouis NVwZ-RR 2011, 855.

Die Frage, ob vom Betrieb eines Kinderspielplatzes herrührende Geräuscheinwirkungen über den Rahmen des Üblichen hinausgehen und damit nicht als Regelfall der Nutzung im Sinne von § 22 I a BImSchG zu verstehen sind, kann nur auf der Grundlage einer abwägenden, die Umstände des konkreten Falles berücksichtigenden Beurteilung beantwortet werden.[1744]

Beispiel (Doppel)-Festsetzung: Ist eine Festsetzung dahingehend auszulegen, dass ein urbanes Gebiet alternativ zu der ausgewiesenen Gemeinbedarfsfläche festgesetzt worden ist, um dem Grundstückseigentümer die zulässigen Nutzungen eines urbanen Gebiets, insbesondere Gewerbe und Wohnen, zu ermöglichen, ist die ausgewiesene Gemeinbedarfsfläche nicht erforderlich im Sinn von § 1 III 1 BauGB, wenn sie der Vollzugsfähigkeit entbehrt, weil nach der für den konkreten Einzelfall zu treffenden Prognose davon auszugehen ist, dass mit einer Umsetzung der Planung für öffentliche, kulturelle oder soziale Zwecke für die Grundstücke auf unabsehbare Zeit nicht zu rechnen ist.[1745]

962 Die Festsetzung einer Fläche für den Gemeinbedarf vermag den Grundeigentümern benachbarter Wohngebiete desselben Bebauungsplangebiets kraft Bundesrechts – auch unter dem Gesichtspunkt des sog. Gebietserhaltungsanspruchs – keinen Nachbarschutz zu vermitteln. Eine fehlerhafte Befreiung von einer solchen Festsetzung kann daher, wenn der Plangeber nicht selbst Drittschutz vorsieht, einen nachbarlichen Abwehranspruch nur nach Maßgabe des Rücksichtnahmegebots begründen.[1746]

963 Auch kann die **höchstzulässige Zahl der Wohnungen in Wohngebäuden** festgesetzt werden (§ 9 I Nr. 6 BauGB). Dies kann nicht nur gebäudebezogen durch eine absolute Zahl erfolgen, sondern auch grundstücksbezogen nach der Grundstücksfläche durch eine Verhältniszahl (zB je angefangene 100 qm Grundstücksfläche maximal eine Wohnung).[1747] Wohngebäude im Sinn dieser Vorschrift ist auch ein gemischt genutztes Gebäude, wenn die Wohnnutzung im Verhältnis zu den anderen Nutzungen nicht nur von untergeordneter Bedeutung ist.[1748] Es können nur die Anzahl der Wohnungen in Wohngebäuden festgesetzt werden, nicht hingegen auch die Größe der Wohnungen und deren Lage in bestimmten Geschossen des Gebäudes.[1749]

Beispiel Wohnflächenbegrenzung im Bebauungsplan: Eine textliche Festsetzung, nach welcher die Wohnfläche der zweiten Wohnung (von maximal zwei pro Wohngebäude zulässigen Wohnungen) maximal 70 m^2 betragen darf, ist nicht von einer hinreichenden Ermächtigungsgrundlage, insbesondere nicht von § 9 I Nr. 6 BauGB, getragen.[1750] Eine solche Festsetzung führt zur Unwirksamkeit des Bebauungsplans insgesamt, wenn das Gericht mit der Annahme einer nur teilweisen Unwirksamkeit bzw. mit einer nur teilweisen Außervollzugsetzung in die kommunale Planungshoheit der Gemeinde eingreift, ohne dass dies von deren im Planungsverfahren zum Ausdruck gekommenen Willen (sicher) gedeckt wäre.

964 § 9 I Nr. 6 BauGB bietet auch die Grundlage für die Festsetzung einer sog. **Zweitwohnungsklausel**, wonach in einem Gebäude höchstens zwei Wohnungen errichtet werden dürfen.[1751] Die Wohnungszahl ist dabei kein Kriterium des Maßes der baulichen Nutzung (§ 16 BauNVO), sondern kann als Ausdruck der Art der baulichen Nutzung bodenrechtliche Relevanz haben.[1752] Die Zweitwohnungsklausel kann daher den Gebietscharakter etwa iS einer Bebauung vorwiegend mit Zweifamilienwohnhäusern bestimmen. An der Erhaltung oder Schaffung eines solchen Gebietscharakters können die Planbetroffenen ein berechtigtes Interesse haben, sodass sich aus solchen Festsetzungen auch ein **Nachbarschutz** ergeben kann. Der Ortsgesetzgeber ist daher bodenrechtlich nicht gehindert, der entsprechenden planerischen

[1744] BVerwG Beschl. v. 5.6.2013 – 7 B 1.13, juris zu Lärmauswirkungen einer Seilbahn auf einen Kinderspielplatz und zur Auslegung von § 22 Ia BImSchG.

[1745] VGH München Urt. v. 15.11.2022, juris Rn. 22.

[1746] VGH Mannheim NVwZ 2019, 495

[1747] BVerwG Beschl. v. 26.1.2005 – 4 BN 4.05, juris zur Festsetzung der höchstzulässigen Zahl der Wohnungen im Verhältnis zur Grundstücksfläche.

[1748] VGH München BauR 2006, 1188.

[1749] OVG Münster Urt. v. 16.12.2005 – 7 D 48/04.NE, juris.

[1750] OVG Münster Urt. v. 22.11.2022 – 2 D 348/21.NE, juris Rn. 58, 62; Urt. v. 10.5.2022 – 2 D 109/20.NE, juris Rn. 56 f. mwN.

[1751] BVerwG Beschl. v. 9.10.1991 – 4 B 137.91, juris zu einer Nachbarklage wegen Verletzung der in einem Bebauungsplan enthaltenen Zweitwohnungsklausel (Begrenzung auf zwei Wohnungen je Wohngebäude); NVwZ 1993, 1100; BVerwGE 89, 69.

[1752] BVerwGE 89, 69.

Festsetzung drittschützende Wirkung beizulegen. Er darf die Zweitwohnungsklausel aber auch ausschließlich objektiv-rechtlich ausgestalten.[1753]

Die Festsetzungen zur **höchstzulässigen Wohnungszahl** müssen allerdings durch **städtebauliche Gründe** gerechtfertigt sein. So ist die Festsetzung der höchstzulässigen Zahl von Wohnungen in Wohngebäuden etwa auch in einer ökologisch wertvollen Hanglage zulässig, um in einer aufgelockerten Bebauung die Erschließung des Gebietes dem entsprechend geringen Verkehrsaufkommen anzupassen und die Zahl der erforderlichen Einstellplätze gering zu halten.[1754] Denn auch Belange der Verkehrserschließung oder ökologische Gesichtspunkte, die in einem Plangebiet gegeben sind, können eine Festsetzung nach § 9 I Nr. 6 BauGB rechtfertigen. Es sind Faktoren, denen nach den konkreten Verhältnissen des Plangebietes besondere städtebauliche Bedeutung zukommen kann. Offen ist dabei, ob mit diesen Festsetzungen nur die Zwecke der Förderung familiengerechter Wohnungen und die vorerwähnten städtebaulichen Zwecke verfolgt werden dürfen[1755] oder die Klausel auch dazu dienen kann, andere Ziele, wie die Regelung der Wohnungsdichte und die Sicherung eines bestimmten Wohnniveaus, zu erreichen.[1756] Die Festsetzungen müssen jedenfalls durch städtebauliche Gründe gerechtfertigt sein.[1757] Es kann sich um Gründe handeln, die gerade die festgesetzte Beschränkung der baulichen Ausnutzbarkeit der betroffenen Grundstücke rechtfertigen. Auch externe, außerhalb des Plangebietes liegende Gründe können die Wohnungsklausel rechtfertigen.[1758] 965

Die höchstzulässige Zahl von Wohnungen in Wohngebäuden nach § 9 I Nr. 6 BauGB kann nicht nur durch eine absolute Zahl, sondern auch durch eine **Verhältniszahl** festgesetzt werden[1759] Es sind aber auch Festsetzungen möglich, die für eine bestimmte Fläche für unterschiedliche Zeiten zwei verschiedene Nutzungen vorsehen (zB öffentliche Grünfläche – Bolzplatz / Festplatz).[1760] Ferner sind die Gemeinden gem. §§ 1 III iVm 9 I Nr. 11 BauGB grundsätzlich befugt, durch bauplanerische Festsetzungen im Rahmen der Selbstverwaltung eine gemeindliche „Verkehrspolitik" zu betreiben.[1761] § 9 BauGB fordert aber nicht, dass im Bebauungsplan die jeweilige Nummer bezeichnet wird, auf die sich die Festsetzung stützt.[1762] 966

Festgesetzt werden können auch Flächen für sozialen oder entsprechenden Wohnungsbau (§ 9 I Nr. 7 BauGB) oder Wohnungen von **Personengruppen mit besonderem Wohnbedarf** (§ 9 I Nr. 8 BauGB). Einzelne Flächen iS von § 9 I Nr. 8 BauGB sind Flächen für Personengruppen mit besonderem Wohnbedarf, die in eine durch Bebauungsplan geplante oder bereits vorhandene Bebauung mit einem anderen Nutzungszweck eingestreut sind und wegen ihrer geringen Größe ungeeignet sind, das Entstehen einseitiger Bevölkerungsstrukturen zu begünstigen. Vor diesem rechtspolitischen Hintergrund der Vorschrift sind „einzelne Flächen" iS von § 9 I Nr. 8 BauGB Flächen, die – gleichsam als Enklaven – in eine geplante oder bereits vorhandene Bebauung mit einem anderen Nutzungszweck eingestreut und wegen ihrer geringen Größe ungeeignet sind, eine „Ghetto-Bildung" für Personengruppen mit besonderem Wohnbedarf zu bewirken. Regelmäßig wird es sich um kleine Flächen innerhalb eines überwiegend in anderer Weise ausgewiesenen Bebauungsplans handeln. Festsetzungen nach § 9 I Nr. 8 BauGB können aber auch der alleinige Inhalt eines Bebauungsplans mit einem sehr kleinen Geltungsbereich **(„Briefmarkenbebauungsplan")** sein, wenn seine Umgebung durch weitere Bebauungspläne in anderer Weise beplant oder nach § 34 BauGB baulich nutzbar ist. Der „besondere Wohnbedarf" von Personengruppen iS von § 9 I Nr. 8 BauGB muss in baulichen Besonderheiten der Wohngebäude zum Ausdruck kommen. Ein geringes Einkommen begründet allein keinen „besonderen Wohnbedarf" iS dieser Vorschrift. Für eine nach der Ein- 967

1753 BVerwG NVwZ 1993, 1100; Beschl. v. 9.10.1991 – 4 B 137.91, juris.

1754 BVerwG BauR 1995, 65.

1755 OVG Münster BRS 55 (1993), Nr. 39.

1756 Offengelassen von BVerwG ZfBR 1995, 143.

1757 Zur vergleichbaren Vorschrift des § 1 IX BauNVO BVerwGE 77, 317.

1758 BVerwG NVwZ-RR 1997, 517.

1759 So BVerwG NVwZ 1999, 206 für die Festsetzung von einer Wohnung je angefangene 100 qm Grundstücksfläche, aA OVG Lüneburg NVwZ-RR 1997, 518. Eine Wohnungsklausel kann durch Umstände gerechtfertigt werden, die innerhalb oder außerhalb des Plangebiets ihre Ursache haben, BVerwG BRS 58 (1996), 83.

1760 BVerwG BRS 58 (1996), 89.

1761 BVerwG NVwZ-RR 1998, 217. Zu § 9 I Nr. 15: BVerwG BRS 58 (1996), 89; NVwZ 1998, 1179.

1762 BVerwG NVwZ 1999, 984; zu einem einfachen Bebauungsplan zur Wohnraumversorgung siehe Mitschang UPR 2021, 206.

kommenshöhe gestaffelte Sozialpolitik ist § 9 I Nr. 8 BauGB nicht bestimmt. Nicht etwa eine allgemeine Wohnungsnot, die freilich einkommensschwache Bürger am härtesten trifft, ist Regelungsgegenstand von Festsetzungen nach § 9 I Nr. 8 BauGB, sondern der besondere Wohnbedarf einzelner Personengruppen, der unabhängig von ihr besteht. Festsetzungen nach § 9 I Nr. 8 BauGB müssen nur die begünstigte Personengruppe mit einem besonderen Wohnbedarf bezeichnen. Die jeweiligen baulichen Besonderheiten müssen nicht im Bebauungsplan festgesetzt werden.[1763]

968 Eine im Hinblick auf eine Festsetzung gemäß § 9 I Nr. 8 BauGB in Betracht gezogene städtebauliche Maßnahme, zB in Form der Aufstellung oder Änderung eines Bebauungsplans, kann grundsätzlich iS des § 25 I 1 Nr. 2 BauGB sicherungsfähig sein. Die Gemeinde muss aber eine solche städtebauliche Maßnahme im Zeitpunkt des Beschlusses über die Satzung für bestimmte Grundstücke ernsthaft und auch mit einem gewissen Grad an Verbindlichkeit ins Auge fassen, will sie ein Vorkaufsrecht für diese Grundstücke festlegen.[1764]

969 Festgesetzt werden können auch **Flächen für besondere Nutzungszwecke** (§ 9 I Nr. 9 BauGB), **freizuhaltende Flächen** (§ 9 I Nr. 10 BauGB), die **Verkehrsflächen** sowie Verkehrsflächen besonderer Zweckbestimmung, wie Fußgängerbereiche, Flächen für das Parken von Fahrzeugen, Flächen für das Abstellen von Fahrrädern sowie den Anschluss anderer Flächen an die Verkehrsflächen; die Flächen können auch als öffentliche oder private Flächen festgesetzt werden (§ 9 I Nr. 11 BauGB). Wie bei § 9 I Nr. 6 BauGB 1987 ist auch bei § 9 I Nr. 9 BauGB durch das BauROG 1998 das Erfordernis der „besonderen städtebaulichen Gründe" gestrichen worden. Eine inhaltliche Änderung ist damit allerdings nicht verbunden. Festsetzungen des besonderen Nutzungszwecks von Flächen nach § 9 I Nr. 9 BauGB müssen durch städtebauliche Gründe gerechtfertigt sein (§ 9 I HS 1 BauGB).

970 Im Hinblick auf ihre einschneidenden Folgen ist eine Festsetzung nach § 9 I Nr. 10 BauGB nur dann verhältnismäßig, wenn für den Ausschluss jeglicher Bebauung gewichtige Belange sprechen und diese die entgegenstehenden Eigentumsbelange überwiegen.[1765] Die Festsetzung einer von Bebauung freizuhaltenden Fläche iS des § 9 I Nr. 10 BauGB zur Sicherung der Verkehrserschließung eines künftigen Baugebiets ist nicht erforderlich iS des § 1 III BauGB, wenn völlig unbestimmt ist, ob, wann und in welchem Umfang das Baugebiet seinerseits durch einen Bebauungsplan ausgewiesen wird.[1766] Festsetzungen von Flächen, die von Bebauung zu halten sind, müssen verhältnismäßig sein.[1767] Wenn durch eine bauplanerische Festsetzung nach § 9 I Nr. 10 BauGB die Errichtung größerer privilegierter landwirtschaftlicher Gebäude auf einer ortsrandnahen Außenbereichsfläche, die vom Bebauungsplan als Fläche für die Landwirtschaft ausgewiesen ist, ausgeschlossen werden soll, müssen hierfür wichtige öffentliche Belange sprechen. Ein Orts- oder Landschaftsbild ohne nachvollziehbare Besonderheiten reicht für eine solche Regelung nicht aus.[1768]

971 Nach § 9 I Nr. 11 BauGB können Verkehrsflächen sowie Verkehrsflächen besonderer Zweckbestimmung, wie Fußgängerbereiche, Flächen für das Parken von Fahrzeugen, Flächen für Ladeinfrastruktur elektrisch betriebener Fahrzeuge, Flächen für das Abstellen von Fahrrädern sowie den Anschluss anderer Flächen an die Verkehrsflächen festgesetzt werden; die Flächen können auch als öffentliche oder private Flächen festgesetzt werden. Nach § 9 I Nr. 11, 2. HS BauGB können **private Verkehrsflächen** festgesetzt werden, wenn auf diesen kein öffentlicher Verkehr stattfindet bzw. stattfinden soll.[1769] Dies kommt insbesondere für Verkehrsflächen in Betracht, die keine Verbindungsfunktion haben, sondern ausschließlich der Erschließung einiger weniger anliegender Grundstücke dienen. Die Zulässigkeit dieser Festsetzung bedarf allerdings sorgfältiger Prüfung. Soll die Straße der Erschließung mehrerer selbständig zu nutzender Flächen dienen, so ist in der Regel die Festsetzung einer öffentlichen Verkehrsfläche geboten, damit die Inanspruchnahme des Straßengrundstücks notfalls im Enteignungsverfahren durchgesetzt werden kann. Die Festsetzung einer privaten Verkehrsfläche wird regelmäßig nur in Betracht kommen, wenn der Eigentümer des Straßengrundstücks ein eigenes Interesse an

---

1763 BVerwGE 91, 318.

1764 OVG Münster Beschl. v. 30.9.2022 – 10 A 2396/21, juris Rn. 12; siehe auch VGH Mannheim BauR 2020, 85.

1765 VGH München ZfBR 2006, 691; BVerwG NVwZ 1996, 894.

1766 VGH München Urt. v. 6.7.2005 – 2 N 02.1114, juris.

1767 VGH München ZfBR 2006, 691.

1768 OVG Koblenz NVwZ-RR 2011, 311.

1769 OVG Greifswald Urt. v. 16.8.2022 – 3 K 476/19 OVG, juris Rn. 68.

der Herstellung der Erschließungsanlage hat, diesem keine anderweitigen Nutzungsmöglichkeiten der Fläche verbleiben wie dies bei einer Festsetzung nach § 9 I Nr. 21 BauGB der Fall ist, ein öffentliches Interesse an einer öffentlichen Nutzung aber nicht besteht.[1770]

Beispiel: Die Festsetzung einer **öffentlichen Verkehrsfläche**, mit der die Gemeinde das städtebauliche Ziel verfolgt, eine Straße, die in ihrem bisherigen Verlauf mehrere Engstellen aufweist, in einer ortsüblichen Breite auszubauen und im Bereich der gemeindlichen Grundstücke abzurücken und nach Osten zu verlegen, um einen Vorplatzbereich übersichtlicher und verkehrssicherer zu gestalten, kann für die städtebauliche Entwicklung und Ordnung nach § 1 III 1 BauGB erforderlich sein.[1771]

§ 9 I Nr. 11 BauGB ermöglicht keine Bebauungsplanfestsetzungen zur Lenkung des Verkehrs.[1772] Setzt eine Gemeinde in einem Bebauungsplan eine öffentliche Verkehrsfläche fest, die nach der planerischen Konzeption die **Verkehrsbedeutung einer klassifizierten** Straße haben soll, darf sie diese nicht als Gemeindestraße planen, sondern muss sie entsprechend den Einstufungskriterien des Landesstraßengesetzes bzw. des Bundesfernstraßengesetzes in die richtige Straßengruppe einstufen und dies auch in der Bauleitplanung zum Ausdruck bringen.[1773] Plant die Gemeinde eine klassifizierte Straße im Wege eines planfeststellungsersetzenden Bebauungsplans, bedarf es der Zustimmung des künftigen Baulastträgers.[1774] 972

Nach § 45 Ib 1 Nr. 5 Alt. 2 StVO treffen die Straßenverkehrsbehörden die notwendigen Anordnungen zur Unterstützung einer geordneten städtebaulichen Entwicklung. Sie erfüllen insofern nicht ordnungsrechtliche Verkehrsaufgaben, sondern unterstützen planende.[1775] Voraussetzung für eine verkehrsregelnde Maßnahme nach § 45 Ib 1 Nr. 5 Alt. 2 StVO ist ihre Notwendigkeit zur Unterstützung einer geordneten städtebaulichen Entwicklung. Dies erfordert zunächst ein tragfähiges städtebauliches Verkehrskonzept der Gemeinde, zumindest im Sinne einer allgemeinen Zielvorgabe. Denn nur in diesem Fall kann die straßenverkehrsrechtliche Anordnung ihre insoweit dienende Funktion entfalten.[1776] Das **kommunale Verkehrskonzept** muss hinreichend konkret die verkehrsmäßigen Planungen in einem bestimmten räumlichen Bereich darstellen, die aus Gründen der geordneten städtebaulichen Entwicklung für erforderlich oder zweckmäßig gehalten werden und von den für die Willensbildung in der Gemeinde zuständigen Organen beschlossen worden sind. Soweit durch die Veränderung der bestehenden Verkehrssituation Straßenzüge entlastet und Verkehrsströme umgelenkt werden sollen, muss das gemeindliche Planungskonzept den Erfordernissen planerischer Abwägung genügen und insbesondere darlegen, weshalb bestimmte Straßenzüge entlastet und welche neuen Straßenzüge in für dortige Anwohner zumutbarer Weise belastet werden sollen und können. Außerdem muss das kommunale Verkehrskonzept auch auf substantiellen Erwägungen zu der Frage beruhen, ob die betroffenen Straßenzüge im Einzelnen und in ihrer Gesamtheit den jeweiligen straßenverkehrsrechtlichen Anforderungen genügen.[1777] 973

Ein Verkehrsteilnehmer kann als eine Verletzung seiner Rechte auf dem Verwaltungsrechtsweg beanstanden, die rechtssatzmäßigen Voraussetzungen für eine auch ihn treffende Verkehrsbeschränkung nach § 45 I StVO seien nicht gegeben. Was die behördliche Ermessensausübung betrifft, kann er allerdings nur verlangen, dass seine eigenen Interessen ohne Rechtsfehler abgewogen werden mit den Interessen der Allgemeinheit und anderer Betroffener, die für die Einführung der Verkehrsbeschränkung sprechen.[1778] Verkehrsteilnehmer ist dabei nicht nur derjenige, der sich im Straßenverkehr bewegt, sondern auch der Halter eines 974

1770 OVG Greifswald Urt. v. 16.8.2022 – 3 K 476/19 OVG, juris Rn. 68; Bracher in Bracher/Reidt/Schiller, Bauplanungsrecht, 2021, Rn. 305.

1771 VGH München Urt. v. 19.11.2021 – 1 N 17.673, juris Rn. 19.

1772 VGH Mannheim NVwZ 2023, 1096

1773 VGH Mannheim Urt. v. 5.7.2023 – 3 S 4259/20, juris 21.

1774 VGH Mannheim Urt. v. 5.7.2023 – 3 S 4259/20, juris.

1775 VG Aachen Urt. v. 23.5.2023 – 10 K 1742/21, juris Rn. 43.

1776 VG Aachen Urt. v. 23.5.2023 – 10 K 1742/21, juris Rn. 44.

1777 VG Aachen Urt. v. 23.5.2023 – 10 K 1742/21, juris Rn. 48; zu den Voraussetzungen der Anordnung einer Bewohnerparkzone aufgrund erheblichen Parkraummangels nach § Ib 1 Nr. 2a StVO VG Leipzig Urt. v. 24.3. 2023 – 1 K 641/22, juris Rn. 87; VGH Mannheim NJW 2023, 536; OVG Münster NJW 2022, 3660; OVG Bautzen SächsVBl 2023, 166; OVG Hamburg NJW 2022, 486.

1778 OVG Münster Beschl. v. 7.2.2023 – 8 A 2916/21, juris Rn. 9; OVG Münster Beschl. v. 29.9.2021 – 8 B 188/21, juris Rn. 6.

am Straßenrand geparkten Fahrzeugs, solange er Inhaber der tatsächlichen Gewalt über das Fahrzeug ist.

Beispiel: Ein seit Jahrzehnten bestehender Arkadengang kann durch die Festsetzung als öffentliche Verkehrsfläche besonderer Zweckbestimmung (Gehweg) nach § 9 I Nr. 11 BauGB gegen eine Überbauung gesichert werden.[1779] Danach können in Bebauungsplänen aus städtebaulichen Gründen ua Fußgängerbereiche als Verkehrsflächen besonderer Zweckbestimmung festgesetzt werden. Eine solche Festsetzung kommt – in Abgrenzung von der nach § 9 I Nr. 21 BauGB bestehenden Möglichkeit, Geh- und Fahrrechte zu begründen – dann in Betracht, wenn die Benutzung der zu belastenden Flächen so intensiv ist, dass der Eigentümer von einer eigenen Nutzung weitgehend ausgeschlossen wird.[1780]

975 Die Planung muss, soweit sie gemäß § 9 I Nr. 11 BauGB öffentliche Verkehrsflächen besonderer Zweckbestimmung (Fußweg) auf privaten Grundstücken festsetzt, ein **Mindestmaß an Lastengleichheit** zwischen allen betroffenen Eigentümern gewährleisten.[1781] Das Abwägungsgebot erfordert nicht nur ein Abwägen der öffentlichen mit den betroffenen privaten Belangen, sondern auch der privaten Belange untereinander. Die privaten Belange dürfen nicht ohne sachliche Rechtfertigung ungleich behandelt werden. Bei der planerischen Festsetzung von Verkehrsflächen müssen daher die beteiligten privaten Rechtsträger möglichst gleich belastet werden. Dies gilt auch für die Beschränkung der baulichen Nutzbarkeit. Eine Festsetzung, die als Folge des für die Verkehrsfläche gewählten Standortes die bauliche Nutzbarkeit nur bestimmter Grundstücke empfindlich beschneidet, entspricht den Anforderungen einer gerechten Abwägung grundsätzlich nur, wenn für die Anordnung der Anlage gerade an dieser Stelle sachlich einleuchtende Gründe bestehen, wenn etwa die natürlichen Geländeverhältnisse die planerische Lösung mehr oder minder vorzeichnen.[1782]

976 Die Fläche eines nach § 9 I Nr. 11 BauGB festgesetzten Fußgängerbereichs ist bei der von § 13a I 2 BauGB geforderten Ermittlung der zulässigen Grundfläche iS des § 19 II BauNVO nicht zu berücksichtigen. Setzt ein Bebauungsplan eine zulässige Grundfläche für ein oder mehrere Baugrundstücke iS des § 19 II BauNVO fest, findet § 13a I 3 BauGB keine Anwendung mit der Folge, dass die voraussichtliche Versiegelung auf anderen Grundstücken bei der Ermittlung der Flächeninanspruchnahme außer Betracht bleibt.[1783]

977 Nach § 9 I Nr. 12 BauGB können im Bebauungsplan **Versorgungsflächen**, einschließlich der Flächen für Anlagen und Einrichtungen zur dezentralen und zentralen Erzeugung, Verteilung, Nutzung oder Speicherung von Strom, Wärme oder Kälte aus erneuerbaren Energien oder Kraft-Wärme-Kopplung festgesetzt werden. Die Versorgungsflächen beziehen sich auf Anlagen für die Versorgung der Bevölkerung mit Strom, Wasser, Gas und Fernwärme. Hierzu gehören etwa **Heizkraftwerke** oder **Windenergieanlagen**. Die Art der Anlage ist im Bebauungsplan präzise zu bestimmen; durch die Festsetzung von Flächen nach § 9 I Nr. 12 BauGB können Versorgungsanlagen in allen Baugebieten errichtet werden, wobei allerdings auf die Gebietsverträglichkeit besonders zu achten ist.[1784] Private Windenergieanlagen können als untergeordnete Nebenanlagen nach § 14 I 1 BauNVO in einem Bebauungsplangebiet zulässig sein, wenn sie der Eigenart des Gebietes nicht widersprechen.[1785] Dabei ist auf den jeweiligen Baugebietstyp und die örtlichen Verhältnisse abzustellen. In einem locker bebauten Gebiet wird sich eine Windenergieanlage als Nebenanlage eher rechtfertigen lassen als etwa in einem relativ dicht bebauten Reihenhausgebiet. Im Außenbereich sind Windenergieanlagen, wenn sie der Landwirtschaft dienen, nach § 35 I Nr. 1 BauGB, im Übrigen nach § 35 I Nr. 5 BauGB privilegiert. Es bleibt dann allerdings der gemeindlichen oder regionalen Planungsentscheidung überlassen, ob, wo und in welchem Umfang Windenergieanlagen im Außenbereich gehäuft

---

1779 OVG Münster Urt. v. 26.2.2009 – 10 D 31/07.NE, juris.

1780 OVG Münster Urt. v. 26.2.2009 – 10 D 31/07.NE, juris Rn. 41.

1781 OVG Magdeburg Urt. v. 4.12.2019 – 2 K 23/18, juris Rn. 66; OVG Münster, Urt. v. 12.12.2005 – 10 D 64/03.NW, juris Rn. 29; VGH München Urt. v. 30.11.2006 – 26 N 03.586, juris Rn. 26; OVG Magdeburg Urt. v. 18.5.2016 – 2 K 116/14, juris Rn. 45.

1782 OVG Magdeburg Urt. v. 4.12.2019 – 2 K 23/18, juris Rn. 66.

1783 BVerwG ZfBR 2017, 355.

1784 Kment in Jarass/Kment, BauGB, 2022, § 9 Rn. 79; Mitschang/Reidt in BKL, BauGB, 2022, § 9 Rn. 79.

1785 Veelken BauR 1993, 149.

errichtet werden sollen.[1786] Auch ein **Holzlagerplatz** ist nicht deshalb nach § 35 I Nr. 3 BauGB im Außenbereich privilegiert, weil sein Standort an einem Gewässer ökologische und ökonomische Vorteile bietet.[1787]

Ohne besondere Festsetzung sind Versorgungsanlagen als gewerbliche oder öffentliche Be- 978
triebe in Gewerbe- oder Industriegebieten gem. §§ 8 II Nr. 1, 9 II 2 Nr. 1 BauNVO zulässig. Außerdem können der Ver- oder Entsorgung dienende Nebenanlagen gem. § 14 II BauNVO als Ausnahme in allen Baugebieten zugelassen werden. Weiter können gem. § 14 III BauNVO untergeordnete Anlagen zur Nutzung solarer Strahlungsenergie in, an oder auf Dach- und Außenwandflächen oder Kraft-Wärme-Kopplungsanlagen innerhalb von Gebäuden als Nebenanlagen iSd des § 14 I 1 BauNVO zugelassen werden, wenn die erzeugte Energie vollständig oder überwiegend in das öffentliche Netz eingespeist wird.

Belange des Klimaschutzes sind bei der Aufstellung von Bauleitplänen in besonderer 979
Weise zu berücksichtigen.[1788] Die Bauleitpläne sollen nach § 1 V 1 BauGB eine nachhaltige städtebauliche Entwicklung, die die sozialen, wirtschaftlichen und umweltschützenden Anforderungen auch in Verantwortung gegenüber künftigen Generationen miteinander in Einklang bringt, und eine dem Wohl der Allgemeinheit dienende sozialgerechte Bodennutzung unter Berücksichtigung der Wohnbedürfnisse der Bevölkerung gewährleisten. Sie sollen gem. § 1 V 2 BauGB dazu beitragen, eine menschenwürdige Umwelt zu sichern, die natürlichen Lebensgrundlagen zu schützen und zu entwickeln sowie den Klimaschutz und die Klimaanpassung, insbesondere auch in der Stadtentwicklung, zu fördern, sowie die städtebauliche Gestalt und das Orts- und Landschaftsbild baukulturell zu erhalten und zu entwickeln. Hierzu soll die städtebauliche Entwicklung nach § 1V 3 BauGB vorrangig durch Maßnahmen der Innenentwicklung erfolgen. Maßnahmen, die dem Klimawandel entgegenwirken, sind insbesondere die planungsrechtliche Absicherung und Unterstützung des Einsatzes erneuerbarer Energien sowie übergreifende Maßnahmen wie zB die Umsetzung eines Konzepts der „Stadt der kurzen Wege". Hierdurch soll das Verkehrsaufkommen und damit der dadurch verursachte CO_2-Ausstoß gering gehalten werden. Als Maßnahmen zur Anpassung an den Klimawandel kommen zB Kaltluftschneisen in Betracht, die als von der Bebauung freizuhaltende Flächen (§ 9 I Nr. 10) festgesetzt werden.[1789] Ein von der Gemeinde beschlossenes Klimaschutz- oder Energiekonzept kann für die Abwägung, etwa für die Energieversorgung und die Verteilung von Nahwärme, von erheblicher Bedeutung sein.[1790]

Im Bebauungsplan festgesetzt werden können auch Flächen zur Führung von **oberirdi-** 980
schen oder unterirdischen Versorgungsanlagen und -leitungen (§ 9 I Nr. 13 BauGB). § 9 I Nr. 13 BauGB stellt insbesondere im Hinblick auf Telekommunikationsanlagen und -leitungen klar, dass auch Festsetzungen möglich sind, nach denen nur oberirdische oder nur unterirdische Anlagen oder Leitungen zulässig sind. Diese Festsetzungsmöglichkeit ergänzt die Festsetzungsmöglichkeit nach § 9 I Nr. 12 BauGB insoweit als die auf den nach § 9 I Nr. 12 BauGB festgesetzten Flächen errichteten Versorgungsanlagen Verteilungsnetze benötigen, zB Hochspannungs-, Gas-, Wasser- oder Fernwärmeleitungen und ergänzende Versorgunganlagen, wie Schächte, Tunnel oder Kanäle, um ihre Versorgungsfunktion ausfüllen zu können. Die Gemeinde kann daher im Bebauungsplan kann daher im Bebauungsplan gem. § 9 I Nr. 13 BauGB festsetzen, welchen Platz diese ober- oder unterirdischen Versorgungsanlagen und -leitungen im Plangebiet finden sollen.[1791]

Im Bebauungsplan können ferner festgesetzt werden Flächen für **Abfall- und Abwasser-** 981
beseitigung, einschließlich der **Rückhaltung und Versickerung von Niederschlagswasser**, sowie für **Ablagerungen** (§ 9 I Nr. 14 BauGB). Damit können insbesondere Darstellungen des Flächennutzungsplans nach § 5 II Nr. 4 BauGB konkretisiert und verbindlich festgesetzt werden. Die Zulässigkeit solcher Anlagen als gewerbliche Betriebe in den dafür in Frage

---

[1786] BVerwG NVwZ 1994, 288.

[1787] BVerwG UPR 1996, 153.

[1788] Zur Berücksichtigung des Klimawandels in der Bauleitplanung Queitsch UPR 2023, 201; Marschall ZfBR 2024, 6; Hilbert ZUR 2023, 259; ders. DVBl. 2022, 1409; Albrecht ZUR 2023, 273; Arndt UPR 2020, 481; Schink UPR 2020, 500; Sinder EurUP 2022, 378 (381 ff.); Köck/Neubauer/Dahm, NVwZ 2024, 296; Guckelberger NuR 2024, 289; Wagner UPR 2024, 88.

[1789] Gesetzentwurf zur BauGB-Klimanovelle, S. 8.

[1790] Zur Bedeutung von Klimaschutz und Energiekonzepten Mitschang ZfBR 2010, 534.

[1791] Kment in Jarass/Kment, BauGB, 2022, § 9 Rn. 80.

kommenden Baugebieten nach der BauNVO wird dadurch nicht eingeschränkt, sofern sie nicht ohnehin nach § 38 BauGB privilegiert sind.[1792]

982 Die Festsetzung von **Flächen für die Abfallbeseitigung** dürfte keine allzu große praktische Bedeutung haben. Sie gilt nicht Anlagen der Abfallverwertung, die als Gewerbebetriebe in Industriegebieten und in hierfür ausgewiesenen Sondergebieten (§§ 9 und 11 Abs. 2 BauNVO) zulässig sind.[1793] Im Einzelfall können immissionsschutzrechtlich genehmigungsbedürftige Abfallbehandlungsanlagen auch in einem Gewerbegebiet zulässig sein.

Beispiel Abfallbehandlungsanlagen im Gewerbegebiet: Anlagen zur Behandlung und Lagerung von gefährlichen und nicht gefährlichen Bauabfällen (insbes. Bauschutt, Baumischabfälle, Boden), die gem. § 4 BImSchG iVm § 1 der 4. BImSchV und Nrn. 8.12.1.2 bzw. 8.12.2 und Nrn. 8.11.2.4 bzw. 8.11.2.2, jeweils Spalte 2 des Anhangs 1 zur 4. BImSchV, im vereinfachten Verfahren gem. § 19 BImSchG genehmigungsbedürftig sind, wohnt typischerweise ein konkretes Störpotential inne. Gemäß § 4 I 1 BImSchG bedürfen die Errichtung und der Betrieb gewerblicher Anlagen, die aufgrund ihrer Beschaffenheit oder ihres Betriebs in besonderem Maße geeignet sind, ua schädliche Umwelteinwirkungen hervorzurufen, sowie von ortsfesten Abfallentsorgungsanlagen zur Lagerung oder Behandlung von Abfällen einer Genehmigung. Abfallentsorgungsanlagen werden den übrigen genehmigungsbedürftigen Anlagen nach dem BImSchG danach zwar gleichgestellt, ohne die Genehmigungsbedürftigkeit ausdrücklich von einem Umweltgefährdungspotential abhängig zu machen. Bei verständiger Auslegung ist nach Ansicht des OVG Berlin-Brandenburg davon auszugehen, dass der Verordnungsgeber der 4. BImSchV auch insoweit mit konstitutiver Wirkung unter Berücksichtigung des Umweltgefährdungspotenzials über die Genehmigungsbedürftigkeit entscheidet. Dies habe er mit den die Genehmigungsbedürftigkeit begründenden Tatbeständen und Schwellenwerten des Anhangs 1 der 4. BImSchV getan. Daraus folge zugleich, dass der Betrieb derartiger Abfalllagerungs- und -behandlungsanlagen in einem Gewerbegebiet regelmäßig ein erhebliches bauplanungsrechtliches Konfliktpotential in sich berge.[1794]

983 Für Abfallbeseitigungsanlagen, für die Flächen nach § 9 I Nr. 14 BauGB Flächen festgesetzt werden können, gilt unter den Voraussetzungen des § 38 BauGB eine Privilegierung, die dazu führt, dass sich die planungsrechtliche Zulässigkeit dieser Vorhaben nicht nach den Festsetzungen eines Bebauungsplans richtet. Etwas anderes gilt jedoch für Abfallbeseitigungsanlagen, die nicht öffentlich zugänglich sind. **Öffentlich zugängliche Abfallbeseitigungsanlagen** sind dadurch gekennzeichnet, dass der Kreis der Anlieferer anders als bei betriebseigenen Anlagen nicht von vornherein begrenzt ist.[1795] Als nicht öffentlich zugänglich sind also nur solche Anlagen anzusehen, die als betriebseigene Anlagen ausschließlich der Eigenversorgung dienen, also keinen anderen Erzeugern oder Besitzern von Abfällen offenstehen.[1796] Für diese gilt die Privilegierung gem. § 38 S. 2 BauGB nicht, so dass eine Sicherung von Flächen nach § 9 I Nr. 14 BauGB sinnvoll sein kann.

984 Für die Beurteilung, ob der Gegenstand der Genehmigung eine Abfallbeseitigungsanlage im Sinne von § 38 BauGB oder eine dieser Vorschrift nicht unterfallende Abfallverwertungsanlage ist,[1797] sind die Regelungen des Kreislaufwirtschaftsrechts und die hierzu ergangene Rechtsprechung des EuGH und des BVerwG maßgeblich. Diese Vorschriften und auch die Rechtsprechung dazu beziehen sich zwar nicht auf die rechtliche Einordnung von Anlagen[1798] als Abfallverwertungs- oder Abfallbeseitigungsanlagen, sondern auf die rechtliche Beurteilung des Abfalls (Abfall zur Verwertung oder zur Beseitigung) und den Zweck des Entsorgungsvorgangs.

[1792] Mitschang/Reidt in BKL, BauGB 2022, § 9 Rn. 77.

[1793] Söfker in EZBK, BauGB, 2021, § 9 Rn. 117.

[1794] OVG Berlin-Brandneburg Urt. v. 28.4.2022 – OVG 11 A 18/20, juris Rn. 47; VGH Mannheim Urt. v. 17.6.1999 – 10 S 44/99, juris, Rn. 17; Zulässigkeit einer Lagerhalle für nicht gefährliche Abfälle im Gewerbegebiet VG Göttingen AbfallR 2022, 127; VGH München Beschl. v. 8.2.2022 – 22 B 21.496, juris; OVG Münster ZUR 2008, 97.

[1795] Beckmann in Landmann/Rohmer, Umweltrecht II, 2023, § 35 KrWG OVG Weimar ThürVBl. 2006, 152.

[1796] OVG Lüneburg Urt. v. 22.1.2009 – 12 KS 288/07, juris Rn. 37)

[1797] Fellenberg/Schiller in Jarass/Petersen, KrWG, 2022, § 35 Rn. 49; aA Versteyl/Grunow in Schink/Versteyl, KrWG, 2016, § 35 Rn. 23; siehe auch OVG Berlin-Brandenburg Urt. v. 28.04.2022 – OVG 11 A 18/20, juris Rn. 37.

[1798] Dippel AbfallR 2020, 57 (65).

Daraus lässt sich jedoch die gemäß § 38 BauGB erforderliche rechtliche Einordnung der Anlage ableiten. Wird in einer Anlage überwiegend Abfall zur Beseitigung verbrannt, so handelt es sich um eine Abfallbeseitigungsanlage im Sinne von § 38 BauGB. Wird dort dagegen überwiegend Abfall zu Verwertung verbrannt bzw. energetisch verwertet, so ist die Anlage als Abfallverwertungsanlage einzuordnen.[1799] Dazu wird insbesondere auch auf § 28 I 1 KrWG verwiesen. Aus § 28 I 1 iVm § 3 XXVI 1 und § 3 XXIII KrWG ergebe sich, dass eine Abfallbeseitigungsanlage eine Anlage oder Einrichtung ist, in der ein Behandeln, Lagern oder Ablagern von Abfällen zum Zweck der Beseitigung erfolgt, also nicht mit dem Hauptergebnis oder dem Hauptzweck, sie innerhalb der Anlage oder in der weiteren Wirtschaft einem sinnvollen Zweck zuzuführen.[1800] Zu Recht wird kritisiert, dass die Verwendung des Begriffs „Abfallbeseitigungsanlagen" in § 38 S. 1 BauGB dazu führt, dass der Anwendungsbereich der Privilegierung mit Blick darauf, dass immissionsschutzrechtlich genehmigungsbedürftige Müllverbrennungsanlagen stark eingeschränkt ist, da solche Anlagen nicht mehr zwingend als Abfallbeseitigungsanlagen eingeordnet werden müssen.[1801] Das erweist sich als nicht mehr sachgerecht und führt dazu, dass die Wirkungen des § 38 BauGB in der Praxis der Genehmigungsverfahren nach dem BImSchG so gut wie nicht mehr zum Tragen kommen würden. Denn das Verständnis von dem, was eine „typische Abfallbeseitigungsanlage" sei, habe sich mittlerweile gewandelt. Die vom Gesetzgeber des BauROG im Jahr 1996 noch als „klassische Abfallbeseitigungsanlage" bezeichnete Müllverbrennungsanlage entspreche diesem Bild heute nicht mehr. In den Genehmigungen solcher Anlagen sei die Festlegung des Anlagenzwecks (Verwertung oder Beseitigung) nicht vorgesehen; wie sich aus der Beschreibung des Anlagentyps in Anhang 1 der 4. BImSchV, Nr. 8.1 ergebe, würden Müllverbrennungsanlagen heute auch nicht mehr mit dem Hauptzweck betrieben, Abfall zu beseitigen. Im Vordergrund stehe vielmehr die Funktion als (Heiz-)Kraftwerk. Erst recht gelte das für industrielle Feuerungsanlagen zur Erzeugung von Prozessdampf und Strom unter Einsatz auch von Abfällen aus der öffentlichen Entsorgung als Brennstoff. Auch diese Anlagen seien regelmäßig Verwertungsanlagen.[1802]

Abwasser ist gem. § 54 I Nr. 1 und 2 WHG das durch häuslichen, gewerblichen, landwirtschaftlichen oder sonstigen Gebrauch in seinen Eigenschaften veränderte Wasser und das bei Trockenwetter damit zusammen abfließende Wasser (Schmutzwasser) sowie das von Niederschlägen aus dem Bereich von bebauten oder befestigten Flächen gesammelt abfließende Wasser (Niederschlagswasser). Die Abwasserbeseitigung umfasst gem. § 54 II 1 WHG „das Sammeln, Fortleiten, Behandeln, Einleiten, Versickern, Verregnen und Verrieseln von Abwasser sowie das Entwässern von Klärschlamm in Zusammenhang mit der Abwasserbeseitigung. Festgesetzt werden können nach § 9 I Nr. 14 BauGB zB Flächen für Kläranlagen und Abwassersammel- und -rückhaltebecken. Für öffentliche Abwasserbeseitigungsanlagen sieht das Landesrecht ggf. Planfeststellungen vor. Sind diese Planungen überörtlich, können sie nach § 38 BauGB privilegiert sein. In Zeiten von Klimawandel und Klimaanpassung spielen Festsetzungen nach § 9 I Nr. 14 BauGB insbesondere für die **Rückhaltung und Versickerung von Niederschlagswasser** eine erhebliche Rolle. Ein Bebauungsplan, der die Oberflächen- und Schmutzwasserentwässerung nur unzureichend berücksichtigt, kann unwirksam sein.[1803] 985

§ 9 Abs. 1 Nr. 15 BauGB ermöglicht die Festsetzung von **öffentlichen und privaten Grünflächen**, wie Parkanlagen, Dauerkleingärten, Sport-, Spiel-, Zelt- und Badeplätzen, Friedhöfen und Dauerkleingärten.[1804] Die Festsetzung einer Grünfläche gemäß § 9 I Nr. 15 BauGB setzt eine eigene städtebauliche Funktion und Zweckbestimmung dieser Fläche voraus; außerdem sind wegen der mit der Festsetzung verbundenen Einschränkungen für die Nutzbarkeit des Grundstücks 986

1799 OVG Schleswig Urt. v. 2.2.2010 – 1 KS 4/07, juris Rn. 16; Dippel AbfallR 2020, 57 (65); aA. Andrea Versteyl AbfallR 2007, 120 (128); siehe auch OVG Münster Urt. v. 24.9.2014 – 20 A 2013/12, juris Rn. 37 im Zusammenhang mit der Ablagerung von Abfällen auf einem Grundstück zu Zwecken einer stofflichen Verwertung.

1800 VG Potsdam Urt. v. 21.10.2022 – 14 K 2060/18, juris Rn. 34; Dippel AbfallR 2020, 57 (65); siehe auch BVerwG Urt. v. 26.4.2007 – 7 C 7.06, juris Rn. 8 mwN; OVG Berlin-Brandneburg Urt. v. 28.4.2022 – OVG 11 A 18/20, juris Rn. 37.

1801 Dippel AbfallR 2020, 57 (65).

1802 Dippel AbfallR 2020, 57 (65 ff.).

1803 ZfBR 2012, 473; Mitschang/Reidt in BKL, BauGB 2022, § 9 Rn. 79; VGH München Urt. v. 11.2.2014 – 1 N 10.2264, BeckRS 2014, 47679; Beschl. v. 10.10.2016 – 1 NE 16.1765, BeckRS 2016, 53468; Urt. v. 28.11.2019 – 1 N 16.1370, BeckRS 2018, 32418.

1804 BVerwG Beschl. v. 19.5.1992 – 4 B 106.92, juris.

die betroffenen Eigentumsbelange zu berücksichtigen. Bei der Festsetzung freizuhaltender Flächen muss die Gemeinde die damit verfolgten Belange des Gemeinwohls und die schutzwürdigen Interessen der Eigentümer unter Beachtung des Grundsatzes der Verhältnismäßigkeit und des Gleichheitssatzes im Rahmen der Abwägung in ein ausgewogenes Verhältnis bringen.[1805] Mit der Festsetzung privater Grünflächen gem. § 9 I Nr. 15 BauGB soll die Anlage und Unterhaltung einer begrünten Fläche ermöglicht werden.[1806] Die Festsetzung einer öffentlichen Grünfläche dient anders als eine Baugebietsfestsetzung nicht aus sich heraus dem Schutz nachbarlicher Interessen; Anhaltspunkte für eine Nachbarinteressen dienende Funktion ergeben sich auch nicht aus der Funktion der Grünfläche als Bereich der Naherholung für die Öffentlichkeit.[1807]

Beispiel Inanspruchnahme eines Privatgrundstücks als öffentliche Grünfläche: Entwickelt eine Gemeinde mit einem Erschließungsträger ein Baugebiet und weicht der Erschließungsträger bei der Teilung der Grundstücke von den Vorgaben des Bebauungsplans ab, kann es dem Gebot einer gerechten Abwägung entsprechen, wenn die Gemeinde zum Ausgleich eines entstandenen Kompensationsdefizits und zur Verbesserung der Wohnqualität eine im Eigentum des Erschließungsträgers stehende, bislang unbeplante Außenbereichsfläche als öffentliche Grünfläche festsetzt.[1808]

987 Grünflächen iS des § 9 I Nr. 15 BauGB sind Flächen, die grundsätzlich frei von fester Bebauung, insbesondere geschlossenen Gebäuden sind, und durch naturbelassene oder angelegte, mit Pflanzen bewachsene oder zumindest dem Aufenthalt im Freien dienende Flächen geprägt werden. Ist für eine solche Grünfläche eine Zweckbestimmung festgesetzt, darf der spezielle Nutzungszweck die Grenzen der Nutzungsart „Grünfläche" nicht überschreiten.[1809] Wird eine Grünfläche festgesetzt, so stehen dem bauliche Anlagen von untergeordneter Bedeutung nicht entgegen.[1810] Der planerische Zugriff der Gemeinde auf im privaten Eigentum stehende Grundstücke bedeutet nicht, dass etwa Gemeinbedarfsflächen oder öffentliche Grünflächen nur unter den Voraussetzungen festgesetzt werden dürfen, an die die §§ 85 ff. BauGB eine Enteignung knüpfen.[1811] Die Festsetzung einer privaten Grünfläche (§ 9 I Nr. 15 BauGB) mit der Konkretisierung „Gärten" und diese überlagernde flächen- und maßnahmenbezogene Festsetzungen nach § 9 I Nr. 20 1. und 2. Alt. BauGB, die als Maßnahmen ua eine „dauerhafte Erhaltung und Entwicklung des waldartigen altholzreichen Charakters" der privaten Grünflächen vorsehen, die die Nutzbarkeit der Gärten ausschließen, sind miteinander nicht vereinbar. Eine planerische Festsetzung als „private" Grünfläche ist unzulässig, wenn damit unter Aufhebung der Privatnützigkeit des Eigentums insgesamt nur fremdnützige Zielsetzungen verfolgt werden.[1812] Von einer nur untergeordneten Bedeutung der Bebauung, die mit der Festsetzung einer **„öffentlichen Grünfläche"** gemäß § 9 I Nr. 15 BauGB vereinbar ist, kann allerdings bei Sport- und Spielanlagen ab einem bestimmten Umfang nicht mehr ausgegangen werden.[1813]

Hinweis: Will die Gemeinde den Bestand eines Kleingartengeländes durch eine Festsetzung gemäß § 9 I Nr. 15 BauGB als Flächen für Dauerkleingärten sichern, setzt dies die Klärung voraus, ob ein Kleingarten nach § 1 BKleingG vorliegt. Der Abwägungsfehler ist allerdings ohne Belang, wenn es sich tatsächlich um eine Kleingartenanlage handelt.[1814] § 3 II BKleingG beschränkt die maximale Grundfläche einer Gartenlaube auf 24 qm unabhängig von ihrem Standort in der Kleingartenanlage. „Doppellauben" mit einer Grundfläche von 48 qm sind nach dem BKleingG unzulässig.[1815]

[1805] BVerfG NVwZ 2003, 727.

[1806] OVG Koblenz ZfBR 2012, 779; BVerwGE 42, 5.

[1807] OVG Münster Beschl. v. 19.6.2023 ä- 7 A 110/22, juris Rn. 8, 13.

[1808] OVG Lüneburg Urt. v. 7.9.2023 – 1 KN 69/21, juris Rn. 39.

[1809] OVG Münster BauR 2012, 1750; BVerwG BauR 2013, 199 zur Qualifizierung von baulichen Anlagen im Rahmen der festgesetzten Zweckbestimmung einer Grünfläche.

[1810] BVerwG BauR 2013, 199.

[1811] BVerwG BauR 2012, 1197.

[1812] OVG Saarlouis Urt. v. 26.2.2013 – 2 C 424/11, ZfBR 2013, 696. Zur Wirksamkeit von großflächigen Festsetzungen privater Grünflächen (§ 9 I Nr. 15 BauGB) in einem Bereich rückwärtiger Hausgärten OVG Koblenz ZfBR 2012, 779.

[1813] BVerwG BRS 85 Nr. 2 (2017).

[1814] OVG Greifswald NordÖR 2009, 357; BGHZ 156, 71; NJW-RR 2004, 227; BGH NuR 2004, 626; OVG Berlin-Brandenburg BauR 2010, 120.

[1815] OVG Münster BauR 2010, 906.

Nach § 9 I Nr. 16 BauGB kann der Bebauungsplan auch Festsetzungen bestimmen für die **Wasserflächen** und die Flächen für die Wasserwirtschaft (lit a), für die Flächen für **Hochwasserschutzanlagen** und für die **Regelung des Wasserabflusses** (lit. b) für Gebiete, in denen bei der Errichtung baulicher Anlagen bestimmte bauliche oder technische Maßnahmen getroffen werden müssen, die der Vermeidung oder Verringerung von Hochwasserschäden einschließlich Schäden durch Starkregen dienen (lit. c), sowie die Art dieser Maßnahmen und für die Flächen, die auf einem Baugrundstück für die natürliche Versickerung von Wasser aus Niederschlägen freigehalten werden müssen, um insbesondere Hochwasserschäden, einschließlich Schäden durch Starkregen, vorzubeugen (lit. d).[1816] 988

Nach § 9 I Nr. 17 BauGB können auch Flächen für **Aufschüttungen**, **Abgrabungen** oder für die **Gewinnung von Steinen, Erden und anderen Bodenschätzen** festgesetzt werden. **Aufschüttungen** sind für eine längere Zeitdauer bestimmte, selbstständige, dh nicht mit einer Gebäudeerrichtung verbundene künstliche Veränderung der natürlich gegebenen oder vorgefundenen Erdoberfläche durch Erhöhung des Bodenniveaus (zB Abraumhalden, Auffüllung von Grundstücken, aber auch Anschüttungen an Grundstücke). **Abgrabungen** sind für eine längere Zeitdauer bestimmte, selbstständige, wiederum nicht mit einer Bauausführung verbundene, künstliche Veränderungen der natürlich gegebenen oder vorgefundenen Erdoberfläche durch Senkung des Bodenniveaus (zB Sand-, Lehm-, Ton- oder Kiesgruben, Steinbrüche). Abgrabungen sind in aller Regel Vorhaben zur Gewinnung von Bodenschätzen. 989

Für die Zulassung eines Betriebes zur **Gewinnung von Bodenschätzen** kommt es darauf an, ob es sich bei dem Vorkommen um grundeigene Bodenschätze im Sinne von § 3 IV BBergG, für deren Gewinnung bergrechtliche Betriebsplanzulassungen erforderlich wären, oder um Grundeigentümerbodenschätze handelt, auf die das Bundesberggesetz nicht anwendbar ist.[1817] Für den Kies- und Sandabbau ist insoweit entscheidend, dass auch Quarz und Quarzit zu den grundeigenen Bodenschätzen nach § 3 IV Nr. 1 BBergG zählen, soweit sie sich zur Herstellung von feuerfesten Erzeugnissen oder Ferrosilizium eignen, wobei es allein auf eine entsprechende Eignung und nicht darauf ankommt, ob das Material tatsächlich in einer Weise verwendet wird, die diese speziellen Eigenschaften nicht nutzt, bzw. ob eine entsprechende Verwendungsabsicht überhaupt besteht.[1818] Handelt es sich um Grundeigentümerbodenschätze, dh um Bodenschätze, die weder bergfrei noch grundeigen iSd BBergG sind und daher nicht in den Anwendungsbereich des BBergG fallen, dann gilt im Ausgangspunkt für die Genehmigung solcher Vorhaben das jeweilige Landesrecht. In einigen Bundesländern gelten dafür spezielle Abgrabungsgesetze und Abgrabungsverordnungen. In den übrigen Bundesländern bedarf es für Abgrabungsvorhaben unterschiedlicher Genehmigungen.[1819] 990

Die genannten Vorhaben werden zumeist im Außenbereich angesiedelt und sind dort anzutreffen und sind dort nach § 35 Abs. 1 Nr. 4 privilegiert. Mit einer Festsetzung nach § 9 I Nr. 17 BauGB können andere, ebenfalls durch § 35 BauGB privilegierte auf den Flächen ausgeschlossen werden; eine § 35 III 3 BauGB entsprechende Ausschlusswirkung haben solche Festsetzungen nicht.[1820] 991

Nach § 9 I Nr. 18 BauGB können im Bebauungsplan Flächen für **Landwirtschaft und Wald** festgesetzt werden. Belange der Land- und Forstwirtschaft sind nach § 1 VI Nr. 8 b BauGB bei der planerischen Abwägung zu berücksichtigen. Landwirtschaftlich, als Wald oder für Wohnzwecke genutzte Flächen sollen nach § 1a II 2 BauGB nur im notwendigen Umfang 992

1816 Zu raumplanerischen Aspekten des Hochwasserschutzes siehe Spannowsky UPR 2023, 59; Riese/Brennecke UWP 2023, 15.

1817 zur einführenden Übersicht siehe Gaentzsch NVwZ 1998, 889; zu den Rechten des Grundstückseigentümers bei der Gewinnung von Bodenschätzen nach dem BBergG siehe Beckmann AUR 2012, 1 ff.; von Weschpfennig Strukturen des Bergrechts, 2022, S. 67 ff.; zu der sich aus dem Bergwerkseigentum und aus bergrechtlichen Bewilligungen ergebenden Rechtsstellung siehe Brückner DVBl. 2024, 396 ff.; siehe auch Beckmann ZfB 2024 (Heft 4); zur Nachsorgeverantwortung für TagebauBeckmann, UPR 2024 (in Vorbereitung).

1818 VGH Kassel Urt. v. 17.2.2021 – 2 A 698/16, juris Rn. 45; BVerwG Urt. v. 30.3.2017 – 7 C 17/15, juris Rn. 14; BVerwGE 85, 223, 229; NVwZ-RR 1997, 605; BT-Drs. 8/1315 S. 70 f.; OVG Koblenz Urt. v. 5.10.2010 – 1 A 10689/10, juris Rn. 51; OVG Lüneburg Urt. v. 18.12.1985 – 7 A 2/85, juris, bestätigt durch BVerwG Urt. v. 16.3.1989 – 4 C 25.86, juris; Gaentzsch NVwZ 1998, 889.

1819 Siehe dazu den Überblick bei Keimey0er/Gailhofer/Westphal/Sanden/Schomerus/Teßmer Recht der Rohstoffgewinnung, 2019, S. 202 ff.; von Weschpfennig Strukturen des Bergrechts, 2022, S. 83 ff.

1820 Kment in Jarass/Kment, BauGB, 2022, § 9 Rn. 68.

umgenutzt werden. Landwirtschaft und Wald sind im Außenbereich, einschließlich der dafür erforderlichen Wohn- oder Betriebsgebäude sind als privilegierte Vorhaben nach § 35 I BauGB ohne Planung zulässig. Setzt die Gemeinde in einem Bebauungsplan gleichwohl Flächen für die Landwirtschaft oder für Wald fest, bedarf es dafür einer Planrechtfertigung nach § 1 III 1 BauGB. Die städtebauliche Erforderlichkeit für die Festsetzung von Wald oder Landwirtschaft kann sich angesichts ihrer Bedeutung für die Klimaverbesserung oder für die Naherholung ergeben. Die Festsetzung nach Nr. 18b setzt voraus, dass Wald vorhanden ist oder sich nach den Festsetzungen des Bebauungsplans jedenfalls entwickeln kann.[1821] Durch eine Festsetzung nach § 9 I Nr. 18 BauGB wird die Zulässigkeit aller nicht mit den Funktionen der Landwirtschaft oder von Wald verbundenen und ihnen dienenden Vorhaben ausgeschlossen.[1822] Die Festsetzung von Flächen für Landwirtschaft und Forst ist für den Ausgleich eines Eingriffs in Natur und Landschaft nicht hinreichend; sie muss ggfls. mit ökologisch orientierten Festsetzungen überlagernd ergänzt werden, wobei allerdings zu vermeiden ist, dass dadurch solche ökologischen Festsetzungen Belange der Landwirtschaft und des Wald nach § 1 VI 2 Nr. 8b BauGB zu kurz getan wird.[1823]

993 **Landwirtschaft** iS des BauGB ist nach § 201 BauGB insbesondere der Ackerbau, die Wiesen- und Weidewirtschaft einschließlich Tierhaltung, soweit das Futter überwiegend auf den zum landwirtschaftlichen Betrieb gehörenden, landwirtschaftlich genutzten Flächen erzeugt werden kann, die gartenbauliche Erzeugung, der Erwerbsobstbau, der Weinbau, die berufsmäßige Imkerei und die berufsmäßige Binnenfischerei. Die Festsetzungen des Bebauungsplans können sich auf einzelne Zweige der so umschriebenen Landwirtschaft beziehen oder beschränken, wenn es dafür hinreichende städtebauliche Gründe gibt. Beide Festsetzungsmöglichkeiten können aber auch miteinander kombiniert werden.[1824]

994 **Wald** iS des BWaldG ist nach § 2 I 1 BWaldG jede mit Forstpflanzen bestockte Grundfläche. Als Wald gelten auch kahlgeschlagene oder verlichtete Grundflächen, Waldwege, Waldeinteilungs- und Sicherungsstreifen, Waldblößen und Lichtungen, Waldwiesen, Wildäsungsplätze, Holzlagerplätze sowie weitere mit dem Wald verbundene und ihm dienende Flächen (§ 2 I 2 BWaldG).

995 § 9 I Nr. 18 BauGB ermächtigt nicht dazu, im Bebauungsplan von jeglicher Bebauung freizuhaltende Flächen festzusetzen.[1825] Rechtsgrundlage dafür ist vielmehr § 9 I Nr. 10 BauGB. Die Freihaltung des Außenbereichs von Gebäuden kann ein wesentliches Mittel zur Förderung der Land- und Forstwirtschaft sowie zur Erhaltung landwirtschaftlicher Nutzflächen und des Waldes sein.[1826] Eine solche Festsetzung kann deshalb erforderlich sein, wenn der Außenbereich bereits schon erheblich zersiedelt ist und eine Ablehnung weiterer Gebäude daher schwierig würde.[1827] Ob eine Festsetzung nach § 9 I Nr. 18 BauGB als eine solche nach § 9 I Nr. 10 BauGB zu werten ist, ist eine Auslegungsfrage. Wird sie bejaht, ist weiter zu prüfen, ob die Festsetzung mit diesem Regelungsgegenstand auch Gegenstand der Abwägung war. Insoweit kann es auch darauf ankommen, ob der Planungsträger mit der Festsetzung von Bebauung freizuhaltender Flächen auch die sich aus § 40 BauGB ergebenden Folgen – insbesondere die Möglichkeit, einem Übernahmeanspruch nach § 40 II 1 BauGB ausgesetzt zu sein – zumindest hat in Kauf nehmen wollen, oder ob er die formal auf § 9 I Nr. 18 BauGB gestützte Festsetzung nur für den Fall getroffen hat, dass allenfalls Entschädigungsansprüche nach § 42 BauGB in Betracht kommen könnten.[1828] Die Festsetzung einer Fläche als „Fläche für Forstwirtschaft" ist nicht zu beanstanden, weil es sich lediglich um eine Falschbezeichnung für „Wald" handelt.[1829] Auf der Grundlage des § 9 I Nr. 18 Buchst. b BauGB können in einem ausgewiesenen Waldgebiet nur Flächen für bauliche Nutzungen festgesetzt werden, die mit den Funktionen des Waldes (Nutz-, Schutz-, Erholungsfunktion) verbunden sind und ihnen dienen. Wohn-

---

[1821] Mitschang/Reidt in BKL, BauGB, 2022, § 9 Rn. 100.

[1822] BVerwG NuR 2012, 56 ff.; VGH Mannheim NuR 1994, 448; OVG Weimar BauR 2012, 1205 (1207); Mitschang/Reidt in BKL, BauGB, 2022, § 9 Rn. 101.

[1823] Mitschang/Reidt in BKL, BauGB, 2022, § 9 Rn. 104.

[1824] Mitschang/Reidt in BKL, BauGB, 2022, § 9 Rn. 101.

[1825] BVerwGE 40, 258; VGH München BauR 2000, 1836.

[1826] OVG Münster Urt. v. 23.5.2019 – 2 D 39.18, BeckRS 2019, 16169 Rn. 23.

[1827] OVG Lüneburg BauR 2011, 1131 (1134 f.); Mitschang/Reidt in BKL, BauGB, 2022, § 9 Rn. 103.

[1828] BVerwG NuR 2004, 310.

[1829] OVG Bautzen BauR 2010, 256; nachgehend BVerwG Beschl. v. 6.7.2010 – 4 BN 1.10, juris zum Einfluss unzutreffender Erwägungen auf das Abwägungsergebnis.

und Wochenendhausnutzungen erfüllen diese Voraussetzungen nicht. Sie können auch nicht nach § 1 X BauNVO (direkt oder analog) zugelassen werden.[1830] Auf der Grundlage des § 9 I Nr. 18 Buchst. b BauGB können in einem ausgewiesenen Waldgebiet nur Flächen für bauliche Nutzungen festgesetzt werden, die mit den Funktionen des Waldes (Nutz- Schutz- Erholungsfunktion) verbunden sind und ihnen dienen. Wohn- und Wochenendhausnutzungen erfüllen diese Voraussetzungen nicht. Sie können auch nicht nach § 1 X BauNVO (direkt oder analog) zugelassen werden.[1831] Die Festsetzung einer Fläche als „Laubmischwald" findet in § 9 I Nr. 18 Buchst. b BauGB keine Rechtsgrundlage. Auf Flächen für die Landwirtschaft oder Wald nach § 9 I Nr. 18 BauGB können wegen der Sperrwirkung des § 9 I Nr. 25 BauGB keine landschaftspflegerischen Maßnahmen festgesetzt werden.[1832] Eine unwirksame Festsetzung als „Wald" kann nicht in eine Festsetzung als „private Grünfläche" umgedeutet werden.[1833]

Die **Umstrukturierung** der **Landwirtschaft** von Intensivlandwirtschaft zu biologischem Landbau, zum Anbau von nachwachsenden Rohstoffen,[1834] zu Weidewirtschaft und Forstwirtschaft soll nach Ansicht des OVG Münster nicht Inhalt von Maßnahmen zum Schutz, zur Pflege und zur Entwicklung von Natur und Landschaft iS von § 5 II Nr. 10 BauGB oder § 9 I Nr. 20 BauGB sein können.[1835] Die Festsetzung dient dazu, die so ausgewiesenen Flächen für eine landwirtschaftliche Nutzung zu sichern und damit zugleich landwirtschaftsfremde Nutzungen auszuschließen. Die Vorschrift allein ermächtigt nicht zum Ausschluss baulicher Anlagen, die der Landwirtschaft dienen. Denn zur landwirtschaftlichen Nutzung gehören nicht nur nicht-bauliche Nutzungen, sondern grundsätzlich auch bauliche Nutzungen, die der Landwirtschaft dienen. 996

Weitergehende Möglichkeiten ergeben sich aber aus § 9 I Nr. 10 BauGB. Nach dieser Vorschrift kann auch für **Flächen für die Landwirtschaft** festgesetzt werden, dass sie von Bebauung freizuhalten sind. Eine solche Festsetzung schließt bauliche Anlagen aus, die iS von § 35 I Nr. 1 BauGB einem landwirtschaftlichen Betrieb dienen.[1836] Soll daher die bisherige landwirtschaftliche Nutzung einer Fläche unter Ausschluss jeglicher Bebauung – auch solcher, die landwirtschaftlichen Zwecken dient – gesichert werden, so bedarf es außer einer Festsetzung nach § 9 I Nr. 18 BauGB der Festsetzung einer von Bebauung freizuhaltenden Fläche gem. § 9 I Nr. 10 BauGB.[1837] § 9 I Nr. 18 a BauGB ermächtigt die Gemeinden dazu, im Bebauungsplan „die Flächen für die Landwirtschaft" festzusetzen. Ein Bebauungsplan kann sich nach Maßgabe städtebaulicher Gründe auf Festsetzungen zum Schutz, zur Pflege und zur Entwicklung der Landschaft beschränken.[1838] Die Festsetzung einer Fläche für die Landwirtschaft nach § 9 I Nr. 18 a BauGB[1839] sagt als solche über die Zulässigkeit oder Unzulässigkeit baulicher Anlagen, die einem landwirtschaftlichen Betrieb dienen, weder positiv zulassend noch negativ ausschließend etwas Abschließendes aus.[1840] 997

Nach § 9 I Nr. 19 BauGB können Flächen für **Anlagen zur Kleintierhaltung** wie Ausstellungs- und Zuchtanlagen, Zwinger, Koppeln und dergleichen festgesetzt werden. Kleintiere in diesem Sinne sind zB Hunde, Katzen, Hühner, Ziegen, Schweine, Gänse, Tauben, etc.,[1841] nicht jedoch gefährliche Tiere, wie zB Raubkatzen.[1842] Neben dem Halten der Tiere sind auf den festgesetzten Flächen die erforderlichen Stallungen zulässig Fehlt die Festsetzung nach Abs. 1 Nr. 19, richtet sich die Zulässigkeit der Kleintierhaltung nach § 14 I 2 BauNVO. Außer den in den §§ 2 bis 13 BauNVO genannten Anlagen sind nach § 14 I 1 BauNVO auch untergeordnete Nebenanlagen und Einrichtungen zulässig, die dem Nutzungszweck der in dem Baugebiet gelegenen Grundstücke oder des Baugebiets selbst dienen und die seiner Eigenart 998

1830 BVerwG NVwZ 2012, 318.

1831 BVerwG NVwZ 2012, 318; Franz Otto DVP 2012, 343.

1832 BVerwG NVwZ 2015, 157.

1833 BVerwG BBB 2014, Nr. 11, 69; VGH München Urt. v. 7.2.2013 – 1 N 11.1854, juris.

1834 Zum gezielten Abbau und Zukauf nachwachsender Rohstoffe und deren Vergütungsfähigkeit nach § 8 EEG Ekardt/Richter ZNEZ 2007, 291.

1835 OVG Münster BauR 1998, 303.

1836 BVerwG NVwZ 1999, 984; NVwZ 1999, 878.

1837 BVerwG NVwZ 1999, 878; NVwZ 1999, 984.

1838 BVerwG NVwZ-RR 1999, 423; NVwZ 1991, 62.

1839 Ziegler AUR 2008, 121.

1840 BVerwG NVwZ 1999, 984.

1841 BVerwG, BauR 1999, 732/732; BauR 2000, 73/73.

1842 BVerwG, NVwZ 1984, 467.

nicht widersprechen. Soweit nicht bereits in den Baugebieten nach der BauNVO Einrichtungen und Anlagen für die Tierhaltung, einschließlich der Kleintiererhaltungszucht, zulässig sind, gehören nach § 14 I 2 BauNVO zu den untergeordneten Nebenanlagen und Einrichtungen auch solche für die Kleintierhaltung.

Beispiel Taubenschlag im Mischgebiet: Ob sich eine Kleintieranlage in Form einer Taubenzucht (bzw. eines Taubenhauses) im Sinne einer (untergeordneten) Nebenanlage noch als Freizeitbetätigung im Rahmen einer Wohnnutzung hält, hängt auch von der Verkehrsüblichkeit ab, die lokal oder regional unterschiedlich sein kann. Ein Grundstück ist von Taubenschlägen bzw. Taubenzüchtung mitgeprägt, wenn in der Umgebung 4 Taubenzüchter ansässig sind. Damit liegt eine erhebliche Vorbelastung des Grundstücks in diesem Sinne vor. Selbst wenn es sich bei dem Taubenschlag nach Art und Umfang nicht mehr um eine Nebenlage, sondern bereits um eine (gewerbliche) „Hauptanlage" handeln sollte, kann dies gemäß § 6 II Nr. 4 BauNVO in einem durch Bebauungsplan ausgewiesenen Mischgebiet zulässig sein.[1843]

999 Nach § 9 I Nr. 20 BauGB können die Gemeinden im Bebauungsplan auch **Flächen oder Maßnahmen zum Schutz, zur Pflege und zur Entwicklung von Boden, Natur und Landschaft** festsetzen. Festsetzungen zu bestimmten Maßnahmen werden könne überlagernd zu weiteren Festsetzungen getroffen werden,[1844] während Festsetzungen zu Flächen zum Schutz, zur Pflege oder zur Entwicklung von Natur und Landschaft entweder selbstständig oder überlagernd möglich sind.[1845] Festsetzungen gem. § 9 I Nr. 20 BauGB können Flächen in privatem Eigentum und solche im öffentlichen Eigentum betreffen.[1846] Die Gemeinde kann sich mit ihrem Bebauungsplan auf die Festsetzung von Flächen nach § 9 I Nr. 20 BauGB beschränken, soweit dies ihrer positiven planerischen Konzeption entspricht und keine reine **Negativplanung** ist.[1847] Der Zweck ist in der Begründung zum Bebauungsplan anzugeben.

1000 Mit den festsetzbaren Maßnahmen sind aktive Maßnahmen zum Schutz, zur Pflege und Entwicklung von Boden, Natur und Landschaft und zum Ausschluss einer Festsetzung von passiven Maßnahmen in Form von Geldzahlungen gemeint.[1848] Oftmals werden Festsetzungen zu Flächen mit Festsetzungen zu Maßnahmen überlagert. Soweit die Flächen und Maßnahmen nur zum Schutz, zur Pflege und zur Entwicklung von Boden, Natur und Landschaft festgesetzt werden können, geht es zwar um naturschutzfachliche Anliegen, es muss jedoch der für die Bauleitplanung notwendige städtebauliche Bezug beachtet werden. Die Festsetzungen müssen dabei den Anforderungen an die notwendige Bestimmtheit oder jedenfalls Bestimmbarkeit ausreichend Rechnung tragen.[1849]

1001 Hinsichtlich der Festsetzungen zum Schutz des Bodens gilt § 1a II BauGB. Mit Grund und Boden soll danach sparsam und schonend umgegangen werden; dabei sind zur Verringerung der zusätzlichen Inanspruchnahme von Flächen für bauliche Nutzungen die Möglichkeiten der Entwicklung der Gemeinde insbesondere durch Wiedernutzbarmachung von Flächen, Nachverdichtung und andere Maßnahmen zur Innenentwicklung zu nutzen sowie Bodenversiegelungen auf das notwendige Maß zu begrenzen. Außerdem sind die Bestimmungen des BBodSchG zu beachten

1002 Ein wesentlicher Anwendungsbereich für Festsetzungen nach § 9 I Nr. 20 BauGB ist der Eingriffsausgleich nach § 1a II BauGB,[1850] die Integration von Landschaftsplänen in die Bauleitplanung, insbesondere soweit Landschafts- und Grünordnungspläne eigenständig aufgestellt werden und die Umsetzung von boden-, naturschutz- und landschaftsbezogenen Zielsetzungen zur städtebaulichen Entwicklung.

1003 Mit der Hilfe der Festsetzung von Flächen zum Schutz, zur Pflege und zur Entwicklung von Boden, Natur und Landschaft kann die Gemeinde unabhängig von Vorschriften des Naturschutzrechts flächenbezogene Regelungen zu treffen. Eine Pflicht der Grundstückseigentümer zur Umsetzung der im Bebauungsplan vorgesehenen Maßnahmen besteht allerdings

---

[1843] VG Düsseldorf Urt. v. 18.10.2007 – 9 K 4526/06, juris Rn. 27 ff.

[1844] Zur Zulässigkeit von Überlagerungen BVerwG ZfBR 2008, 592.

[1845] OVG Lüneburg ZfBR 2010, 474 (475); Mitschang/Reidt in BKL, BauGB, 2022, § 9 Rn. 108.

[1846] BVerwG NVwZ-RR 1999, 426; OVG Saarlouis NuR 2010, 743.

[1847] BVerwG NVwZ-RR 1998, 423; NVwZ 1991, 62; Mitschang/Reidt in BKL, BauGB, 2022, § 9 Rn. 108.

[1848] VGH München Urt. v. 28. 11. 2019 – 2 N 17.2338, BeckRS 2019, 34567 Rn. 29.

[1849] OVG Saarlouis ZfBR 2013, 696 zur Anbringung von Fledermauskästen.

[1850] OVG Saarlouis BauR 2012, 540.

nicht.[1851] Ein wichtiger Anwendungsfall sind Ausgleichsmaßnahmen für durch den Bebauungsplan zugelassene Eingriffe in Natur und Landschaft. Die Festsetzung von Flächen zum Schutz, zur Pflege und zur Entwicklung von Boden, Natur und Landschaft kann einen **Übernahmeanspruch** nach § 40 I 1 Nr. 14, II BauGB auslösen.

Die Festsetzung von Flächen oder Maßnahmen nach § 9 I 1 Nr. 20 BauGB kann ebenso **1004**
wie etwa Festsetzungen nach Nrn. 16, 18 und 25 eine doppelte Funktion haben: Neben die eigentliche städtebauliche Zielsetzung kann der **naturschutzrechtlich begründete Zweck** hinzutreten, vermeidbare Beeinträchtigungen von Natur und Landschaft auszuschließen und unvermeidbare Beeinträchtigungen auszugleichen (§ 19 II BNatSchG). Diese Doppelfunktion wird in § 1 a III 1 BauGB vorausgesetzt.[1852] Ein Bebauungsplan, der Flächen und Maßnahmen zum Schutz, zur Pflege und zur Entwicklung von Natur und Landschaft (§ 9 I Nr. 20 BauGB) festsetzt, ist nur dann erforderlich iS des § 1 III BauGB, wenn sein Inhalt zulässig und seine Vollzugsfähigkeit dauerhaft gesichert ist.[1853] Festsetzungen nach § 9 I Nr. 20 und II Nr. 2 BauGB können einander überlagern. Auf § 9 I Nr. 20 BauGB kann die Festsetzung gestützt werden, weite Landschaftsteile auch von privilegierter Bebauung freizuhalten, um Tourismus und Erholung zu fördern.[1854] Für die Rechtmäßigkeit einer Festsetzung nach §§ 9 I Nr. 20, 9 I a) BauGB kommt es auf eine kurzfristige Umsetzbarkeit der Ausgleichsmaßnahmen nicht an. Es genügt, wenn ein zeitlicher Zusammenhang der Umsetzung mit der Vornahme von Eingriffen im Plangebiet gewahrt ist.[1855]

Auch können mit **Geh-, Fahr- und Leitungsrechten** zugunsten der Allgemeinheit, eines **1005**
Erschließungsträgers oder eines beschränkten Personenkreises **zu belastende Flächen (**§ 9 I Nr. 21 BauGB) festgesetzt werden. Diese Festsetzung wird benötigt, wenn Wege oder Ver- und Entsorgungsleitungen über Privatgrundstücke geführt werden müssen und wenn für die Begünstigten die entsprechenden Nutzungsrechte noch nicht wirksam begründet wurden. Dabei ist das Interesse des Eigentümers an der ungeschmälerten Nutzung seines Eigentums gegen das städtebauliche Interesse, zu dessen Verwirklichung ein Geh-, Fahr- oder Leitungsrecht erforderlich erscheint, abzuwägen. Die Festsetzung bewirkt noch keine Duldungspflichten des Grundstückseigentümers, sondern schafft erst eine Voraussetzung, um das Grundstück zur Begründung eines solchen Rechts notfalls im Enteignungswege in Anspruch nehmen zu können (§ 85 I Nr. 1, § 86 I Nr. 1, § 87 BauGB).[1856] Die Festsetzung einer öffentlichen Verkehrsfläche ist die Alternative zur Festsetzung einer mit einem Geh-, Fahr- und Leitungsrecht zu belastenden Fläche, um die Erschließung eines Grundstücks bauplanungsrechtlich zu sichern. Die letztgenannte Möglichkeit stellt im Verhältnis zur Festsetzung einer öffentlichen Verkehrsfläche regelmäßig eine minder schwere Belastung des Eigentums dar, weshalb vor der Festsetzung einer öffentlichen Verkehrsfläche von der Gemeinde zu prüfen ist, ob nicht eine Belastung der Fläche mit einem Geh-, Fahr- und Leitungsrecht ausreicht.[1857] Zu Lasten des Grundstückseigentümers darf keine Festsetzung getroffen werden, die ihm keinen Raum für eine eigene Verwendung der belasteten Fläche belässt. Wenn dem Grundstückseigentümer kein eigenes Nutzungsrecht mehr verbleiben soll, muss die Fläche als Verkehrsfläche festgesetzt werden.[1858]

Das Nutzungsrecht kann über Baulasten und beschränkt persönliche Dienstbarkeiten oder **1006**
Grunddienstbarkeiten gesichert werden. Die Festsetzung muss hinreichend bestimmt sein; dazu muss die Fläche genau bestimmt sein, die in Anspruch genommen wird. Auch die vorgesehene Art der Inanspruchnahme und die Begünstigten der Rechtemüssen festgelegt sein.[1859] Der Grundstückseigentümer kann für die Einräumung des Nutzungsrechts eine Entschädigung verlangen. Sind im Bebauungsplan Flächen festgesetzt, die mit Geh-, Fahr- und Leitungsrechten zu belasten sind, kann der Eigentümer nach § 41 I 1 BauGB unter den Voraussetzungen des § 40 II BauGB verlangen, dass an diesen Flächen einschließlich der für die Leitungsführungen

---

1851 Mitschang/Reidt in BKL, BauGB, 2022, § 9 Rn. 114.
1852 BVerwG NVwZ 2002, 202.
1853 OVG Saarlouis NuR2010, 743.
1854 OVG Lüneburg ZfBR 2010, 474; VGH Mannheim BauR 2010, 2159.
1855 OVG Münster BauR 2013, 1966.
1856 OVG Berlin-Brandenburg Urt. v. 22.4.2010 – 2 A 17.08, BeckRS 2010, 50060. Zu Gestaltungsfestsetzungen im Bebauungsplan Jeromin LKRZ 2010, 87.
1857 OVG Münster Urt. v. 7.4.2011 – 2 D 37/09.NE, juris.
1858 Spannowsky in BeckOK BauGB, 2013, § 9 Rn. 84.
1859 Spannowsky in BeckOK BauGB, 2023, § 9 Rn. 84.

erforderlichen Schutzstreifen das Recht zugunsten des in § 44 I und II BauGB Bezeichneten gegen Entschädigung begründet wird.

1007 Außerdem können nach § 9 I Nr. 22 BauGB Flächen für Gemeinschaftsanlagen für bestimmte räumliche Bereiche wie Kinderspielplätze, Freizeiteinrichtungen, Stellplätze und Garagen festgesetzt werden. Gemeinschaftsanlagen sind **private Anlagen**, die einem begrenzten Kreis von Grundstückseigentümern gehören, die durch die gemeinsame Errichtung und Unterhaltung einer Verpflichtung aus gesetzlichen Vorschriften nachkommen.[1860] Als Beispiele für solche Gemeinschaftsanlagen enthält § 9 I Nr. 22 BauGB eine nicht abschließende Aufzählung verschiedener Arten (von planungsrechtlicher Bedeutung sind besonders die Gemeinschaftsgaragen und Gemeinschaftsstellplätze sowie Kinderspielplätze). Die Festsetzung ist nur auf solche Anlagen beschränkt, die aufgrund von gesetzlichen Vorschriften (insbesondere des Bauordnungsrechts, aber auch des Naturschutz-, Wasserschutz- und Immissionsschutzrechts) erforderlich sind. Die Festsetzung im Bebauungsplan begründet keine Herstellungspflicht für Gemeinschaftsanlagen; sie ergibt sich vielmehr aus landesrechtlich bestimmten Zulässigkeitsvoraussetzung für das Vorhaben. Die Festlegungsmöglichkeit bezieht sich insoweit auf Gemeinschaftsanlagen, für die aufgrund entsprechender Vorschriften ein Erfordernis besteht und bei denen eine Herstellung auf dem Baugrundstück selbst nicht möglich ist oder auch durch den Bebauungsplan ausgeschlossen wird.[1861]

1008 Nach § 9 I Nr. 23a BauGB können auch Flächen für **Gemeinschaftsanlagen** sowie Gebiete festgesetzt werden, in denen zum Schutz vor schädlichen Umwelteinwirkungen iSd BImSchG bestimmte luftverunreinigende Stoffe nicht oder nur beschränkt verwendet werden dürfen. Mit dieser Festsetzungsmöglichkeit können bestimmte Heizstoffe (zB Kohle, Heizöl) und die Verwendung anderer luftverunreinigender Stoffe in gewerblichen oder industriellen Anlagen ausgeschlossen werden. Die Festsetzungsmöglichkeit dient auch einem vorsorgenden Immissionsschutz und konkretisiert die in § 1 V 2 BauGB definierte Aufgabe der Bauleitplanung, eine menschenwürdige Umwelt zu sichern und den Klimaschutz zu fördern. Zu berücksichtigen sind dabei, abschließende Regelungen des Immissionsschutzrechts, die nicht zugleich oder zusätzlich Gegenstand von Festsetzung nach § 9 I Nr. 23 BauGB gemacht werden können. Der Gemeinde ist es insbesondere verwehrt, die Verwendung fossiler Brennstoffe in Anlagen zu untersagen, die dem TEHG unterliegen. Eine solche Festsetzung widerspricht dem Regelungskonzept des Treibhausgas-Emissionshandelsgesetz, das der Regelung in § 5 II BImSchG zugrunde liegt und auch bei der Auslegung der Ermächtigung in § 9 I Nr. 23 a BauGB zu beachten ist.[1862] Eine Festsetzung nach § 9 I Nr. 23 BauGB ist auch nicht zulässig, um die Verwendung bestimmter Energiearten aus Gründen auszuschließen, die Grundlage für Vorschriften des Energiefachrechts zur Energieeffizienz und zur Energieeinsparung sind. Auch kommt eine Festsetzung nach § 9 I Nr. 23 BauGB nicht in Betracht kommen, um Energieversorgungsträgern Wettbewerbsvorteile, etwa einen weiteren Abnehmerkreis, zu verschaffen.[1863] Ergänzend zur Festsetzung nach § 9 I Nr. 23a BauGB besteht die Möglichkeit zu weiteren immissionsschutzbezogenen Festsetzungen, insbesondere nach § 9 I Nr. 24 BauGB, § 1 IV-IX BauNVO. Hinzu kommen die sich aus den Baugebietsvorschriften der BauNVO ergebenden Beschränkungen hinsichtlich der Wahrung des Gebietscharakters einschließlich der in dem jeweiligen Baugebiet zulässigen Betriebe nach ihrem Störgrad.

1009 § 9 Abs. 1 Nr. 23 b BauGB ermöglicht die Festsetzung von Gebieten, in denen bei der Errichtung von Gebäuden und bestimmten sonstigen baulichen Anlagen bestimmte bauliche und sonstige technische Maßnahmen für die Erzeugung, Nutzung oder Speicherung von Strom, Wärme oder Kälte aus erneuerbaren Energien und aus **Kraft-Wärme-Kopplung** getroffen werden müssen. Damit sind Festsetzungen möglich, die zu Maßnahmen verpflichten, die dem Einsatz erneuerbarer Energien oder der Kraft-Wärme-Kopplung dienen. Es werden nicht nur Gebäude, sondern auch bestimmte bauliche Anlagen und auch einzelne bauliche Maßnahmen wie etwa die Installation von Anlagen und Einrichtungen zur Nutzung regenerativer Energien von den Festsetzungsmöglichkeiten erfasst. Die Festsetzungen können zugleich der Umsetzung der Vorgaben des EEG WärmeG dienen, aber auch unter Berücksichtigung der wirtschaftli-

---

1860 BVerwG NVwZ 1989, 663; Mitschang/Reidt in BKL, BauGB, 2022, § 9 Rn. 123.
1861 Mitschang/Reidt in BKL, BauGB, 2022, § 9 Rn. 124.
1862 BVerwG BauR 2018, 625; Söfker in EZBK, BauGB, 2021, § 9 Rn. 188.
1863 Söfker in EZBK, BauGB, 2021, § 9 Rn. 187.

chen Zumutbarkeit und der Verhältnismäßigkeit[1864] darüber hinausgehen. So können die Festsetzungen etwa darauf gerichtet sein, Lärmschutzwälle oder Lärmschutzwände mit Photovoltaikanlagen zu kombinieren.[1865] Neben den Festsetzungsmöglichkeiten nach § 9 I Nr. 23b BauGB sind das Energiefachrecht (§§ 34–45 GEG) und der kommunalrechtliche Anschluss- und Benutzungszwang anwendbar. Mit Festsetzungen iSd § 9 I Nr. 23 b BauGB entstehen energierechtliche Vorgaben, die zwingend zu beachten sind, die ggfls. über Nebenbestimmungen zur Zulassung durchgesetzt werden müssen. Eine Pflicht zur Nutzung der vorgesehenen Maßnahmen, die dem Einsatz erneuerbarer Energien und der Kraft-Wärme-Kopplung dienen, besteht.

§ 9 I Nr. 23 BauGB ermächtigt die Gemeinden zwar, entsprechend dem Vorsorgeprinzip des § 5 Nr. 2 BImSchG vorbeugenden Immissionsschutz zu betreiben, nicht aber dazu, eigene technische Anforderungen an Heizanlagen hinsichtlich der Abgasverluste und von Schadstoffkonzentrationen zu stellen.[1866] **1010**

Festgesetzt werden können auch Gebiete, in denen bei der Errichtung, Änderung oder Nutzungsänderung von nach Art, Maß oder Nutzungsintensität zu bestimmenden Gebäuden oder sonstigen baulichen Anlagen in der Nachbarschaft von Betriebsbereichen nach § 3 Va BImSchG bestimmte bauliche und sonstige technische Maßnahmen, die der Vermeidung oder Minderung der Folgen von **Störfällen** dienen, getroffen werden müssen (§ 9 I Nr. 23 c BauGB). Die Regelung steht in inhaltlichem Zusammenhang zu § 3 Va BImSchG. Befinden sich bestimmte Gebäude oder sonstige bauliche Anlagen in der Nachbarschaft von Betriebsbereichen iSv § 3 Abs. 5a BImSchG, kann nach § 9 I Nr. 23 c BauGB ein Gebiet festgesetzt werden, in dem bei der Errichtung, Änderung oder Nutzungsänderung konkreter Schutzobjekte bestimmte bauliche und sonstige technische Maßnahmen, die der Vermeidung oder Minderung der Folgen von Störfällen dienen, ergriffen werden können. Die Gebäude und baulichen Anlagen können nach verschiedenen Kriterien (Art, Maß oder Nutzungsintensität) bestimmt werden, mit denen ihre Schutzbedürftigkeit vor Störfällen festgestellt werden kann. **1011**

Nach § 9 I Nr. 24 BauGB können von der Bebauung freizuhaltenden Schutzflächen und ihre Nutzung, die Flächen für besondere Anlagen und Vorkehrungen zum Schutz vor schädlichen Umwelteinwirkungen und sonstigen Gefahren iSd BImSchG sowie die zum Schutz vor solchen Einwirkungen oder zur Vermeidung oder Minderung solcher Einwirkungen zu treffenden baulichen und sonstigen technischen Vorkehrungen, einschließlich von Maßnahmen zum Schutz vor schädlichen Umwelteinwirkungen durch Geräusche, wobei die Vorgaben des Immissionsschutzrechts unberührt bleiben, festgesetzt werden. § 9 I Nr. 24 BauGB gestattet als Ermächtigungsnorm grundsätzlich auch Festsetzungen über die Anordnung von (Aufenthalts-)Räumen im Gebäudeinnern, um angemessenen Lärmschutz zu gewährleisten. **1012**

Nach der Rechtsprechung des BVerwG[1867] können gemäß § 9 I Nr. 24 BauGB in einem Bebauungsplan ua Maßnahmen des passiven Schallschutzes festgesetzt werden, wie etwa der Einbau von Doppel- bzw. Schallschutzfenstern oder die immissionshemmende Ausführung von Außenwänden eines Gebäudes.[1868] Das BVerwG hat § 9 I Nr. 24 BauGB als Rechtsgrundlage angeführt, wenn in dicht besiedelten Gebieten die Einhaltung der nach dem Trennungsgrundsatz (§ 50 BImSchG) erforderlichen Abstände ausscheidet und durch geeignete bauliche und technische Vorkehrungen dafür zu sorgen ist, dass keine ungesunden Wohnverhältnisse entstehen. In diesem Zusammenhang hat das BVerwG es im Ergebnis mit dem Gebot gerechter Abwägung als vereinbar angesehen, Wohngebäude an der lärmzugewandten Seite des Gebietes auch deutlich über den einschlägigen Orientierungswerten liegenden Außenpegeln auszusetzen, wenn im Innern der Gebäude durch die Anordnung der Räume und die Verwendung schallschützender Außenbauteile angemessener Lärmschutz gewährleistet wird. Diese Ausführungen sind im Schrifttum[1869] zu Recht als Beleg dafür angesehen worden, dass Festsetzungen über die Anordnung von (Aufenthalts-)Räumen auf § 9 I Nr. 24 Alt. 3 BauGB als Rechtsgrundlage gestützt werden können.[1870] **1013**

1864 Ausschuss für Verkehr, Bau- und Stadtentwicklung, Beschlussempfehlung und Bericht v. 29.6.2011, BT-Drs. 17/6357, S. 9.

1865 Gesetzentwurf zur BauGB-Klimanovelle, S. 9.

1866 OVG Münster UPR 1997, 338; VGH Mannheim UPR 1998, 237.

1867 BVerwGE 80, 184 (186).

1868 BVerwGE 108, 248; ZfBR 2012, 578; BVerwGE 128, 238 Rn. 14 f.

1869 Mitschang/Reidt in BKL, BauGB, 2022, § 9 Rn. 144; Spannowsky in Spannowsky/Uechtritz, BauGB, § 9 Rn. 105.

1870 BVerwG ZfBR 2015, 579.

1014 Außerdem können im Bebauungsplan aus Immissionsschutzgründen von Bebauung freizuhaltende **Schutzflächen** und Flächen für besondere Anlagen und Vorkehrungen zum Schutz gegen **schädliche Umwelteinwirkungen** oder sonstiger Gefahren iS des BImSchG sowie die zum Schutz vor solchen Einwirkungen zur Vermeidung oder Minderung solcher Einwirkungen zu treffenden baulichen und sonstigen technischen Vorkehrungen einschließlich von Maßnahmen zum Schutz vor schädlichen Umwelteinwirkungen durch Geräusche, wobei die Vorgaben des Immissionsschutzrechts unberührt bleiben.

1015 § 9 I Nr. 24 BauGB ermächtigt nur zur Festsetzung baulicher oder technischer Maßnahmen, nicht zur **Festsetzung von Emissions- und Immissionsgrenzwerten.**[1871] Die Festsetzung einer Fläche für Lärmschutzanlagen (§ 9 I Nr. 24 BauGB) im Hinblick auf eine noch nicht planfestgestellte Umgehungsstraße auf der Grundlage der Stellungnahme einer Fachbehörde ist dann nicht erforderlich iS des § 1 III BauGB, wenn der Gemeinde eine Lärmschutzberechnung der Fachbehörde nicht vorliegt und sich nach dem Planungsstand im Zeitpunkt des Abwägungsvorgangs noch Veränderungen der für die Notwendigkeit und den Umfang der Schallschutzmaßnahmen maßgebenden Parameter (Verlauf und Höhenlage der Trasse) ergeben können.[1872] Die Gemeinde hat auch im Bereich der Schallschutzmaßnahmen einen Abwägungsspielraum.[1873] Die **Orientierungswerte** der DIN 18005-1 können zur Bestimmung der zumutbaren Lärmbelastung in einer Kleingartenanlage im Rahmen einer gerechten Abwägung als Orientierungshilfe herangezogen werden. Je weiter der dort empfohlene Orientierungswert von 55 dB(A) überschritten wird, desto mehr hat die Gemeinde die baulichen und technischen Möglichkeiten auszuschöpfen, die ihr zu Gebote stehen, um die Auswirkungen zu verhindern.[1874]

Beispiel: Weist ein Bebauungsplan ein Wohngebiet aus, das durch vorhandene Verkehrswege Lärmbelastungen ausgesetzt wird, die an den Gebietsrändern deutlich über den Orientierungswerten der DIN 18005 liegen, ist es nicht von vornherein abwägungsfehlerhaft, auf aktiven Schallschutz durch Lärmschutzwälle oder -wände zu verzichten. Es kann etwa bei dicht besiedelten Räumen abwägungsfehlerfrei sein, eine Minderung der Immissionen durch eine Kombination von passivem Schallschutz, Stellung und Gestaltung von Gebäuden sowie Anordnung der Wohn- und Schlafräume zu erreichen.[1875] Von den in der DIN 18005 für die städtebauliche Planung angeführten Orientierungswerten, die keine Grenzwerte sind, kann abgewichen werden, wenn die Abweichung mit dem bauleitplanerischen Abwägungsgebot vereinbar ist. Auch eine Überschreitung des Orientierungswerts für Wohngebiete um 5 dB(A) kann das Ergebnis einer gerechten Abwägung sein.[1876] Die Konfliktbewältigung kann auch durch Festsetzungen erfolgen, wonach Aufenthaltsräume mit den notwendigen Fenstern nur in den der Straße abgewandten Gebäudeteilen errichtet werden dürfen und ein Schallschutz mit entsprechenden Anforderungen an das Schalldämmmaß nach DIN 4109 zu gewährleisten ist.[1877]

1016 Sollen **Lärmemissionskontingente** in einem Bebauungsplan gem. § 1 IV 1 Nr. 2 BauNVO iVm der DIN 45691 – Geräuschkontingentierung, Ausgabe.12.2006 – festgesetzt werden, muss das Baugebiet tatsächlich intern anhand der zulässigen Schallleistungspegel in einzelne Teilbereiche gegliedert werden. Daran fehlt es regelmäßig, wenn für das gesamte Baugebiet ein einheitliches Emissionskontingent festgesetzt wird. Will die Gemeinde mit einem Angebotsbebauungsplan eine konkrete Gewerbeansiedlung ermöglichen, muss sie daher der Emissionskontingentierung in der Regel dieses Vorhaben und seinen konkreten Zuschnitt zugrunde legen. Die Lärmemissionskontingentierung ist prinzipiell ausnahmefeindlich und verlangt regelmäßig eine abschließende Bewältigung des planbedingten Lärmkonflikts schon auf der Planungsebene.[1878] Als Instrument zur Beschränkung betrieblicher Emissionen findet die

[1871] BVerwG BauR 2007, 856; zur Nachverdichtung und zur Innenentwicklung beabsichtigt die Bundesregierung eine Einführung einer Ermächtigungsgrundlage in der BauNVO für die Festsetzung von Emissionskontingenten und die Einführung einer Ermächtigungsgrundlage für die Gemeinden zur Feststzung von Immissionsrichtwerten für Lärmpegel.

[1872] VGH München UPR 2007, 355 zu einer Fläche für Lärmschutzanlagen gem. § 9 I Nr. 24 BauGB.

[1873] OVG Münster Urt. v. 28.6.2007 – 7 D 89/06.NE, juris.

[1874] BVerwG ZfBR 2015, 784.

[1875] BVerwG NVwZ 2007, 831.

[1876] BVerwG BRS 71 Nr 49 (2007).

[1877] OVG Berlin-Brandenburg BauR 2010, 506.

[1878] OVG Münster BauR 2013, 1408; OVG Koblenz BauR 2012, 1198.

Vergabe von Lärmemissionskontingenten auch bei der Ausweisung von Sondergebieten Anwendung. Bei der Emissionskontingentierung geht es darum, aus Gründen des Lärmschutzes und der gerechten Verteilung von Nutzungsoptionen das Emissionsverhalten der in dem Sondergebiet zulässigen Anlagen zu lenken.

Die Festsetzung, zur Einhaltung der **Mischgebietsrichtwerte** der TA Lärm den erforderlichen Lärmschutz für schutzbedürftige Räume gegenüber Immissionen angrenzender Betriebe **„durch passive Maßnahmen am Gebäude"** sicherzustellen, ist unwirksam; eine Regelung dieses Inhalts lässt sich weder über Außenpegel nach Nr. 6.1 TA Lärm noch über Innenpegel nach Nr. 6.2 TA Lärm, sondern allenfalls über die Anordnung von Lärmpegelbereichen nach Nr. 5 der DIN 4109 (Schutz gegen Außenlärm) verwirklichen.[1879] Bloße **Hinweise** zum Schallschutz in der Bebauungsplanbegründung sind nicht geeignet, eine erhebliche Verkehrslärmproblematik zu lösen. Enthält ein Bebauungsplan keine Festsetzungen zum passiven Lärmschutz, sind Verfügungen der Baurechtsbehörde gegenüber dem Bauherrn, bestimmte Schallschutzvorkehrungen zu treffen, mangels Rechtsgrundlage unzulässig, sofern die Schwelle zur Gesundheitsgefährdung nicht überschritten wird[1880] oder sich solche Anordnungen nicht auf Rechtsregeln oder das Gebot der nachbarlichen Rücksichtnahme gründen können. 1017

Anders als Nr. 6.7 TA Lärm enthält die Sportanlagenlärmschutzverordnung (18. BImSchV) keine Regelung für Gemengelagen, in denen bauliche Nutzungen von unterschiedlicher Qualität und Schutzwürdigkeit zusammentreffen. Gleichwohl können Vorbelastungen in einer Gemengelage von Wohnen und Sportanlage zu einer Verringerung des Schutzanspruchs des Wohnens führen. Aus dem gewachsenen Nebeneinander konfliktträchtiger Nutzungen folgt grundsätzlich, dass sich das regelhaft vorgegebene Zumutbarkeitsmaß verändert. Dem Ausgleich der widerstreitenden Interessen dient die Bildung eines Mittelwerts, die auch im Bereich der 18. BImSchV anerkannt ist, wobei jedoch der Mittelwert nicht das arithmetische Mittel zweier Richtwerte ist. Vielmehr müssen zu seiner Ermittlung die Umstände des Einzelfalls berücksichtigt werden.[1881] 1018

Durch den in § 9 I Nr. 24 BauGB enthaltenen Hinweis auf „sonstige Gefahren" soll die **Störanfälligkeit von Anlagen** berücksichtigt werden, zB im Hinblick auf Explosionsgefahren von industriellen Anlagen. Insofern besteht ein Zusammenhang dieser Regelung mit der Richtlinie 96/82/EG des Rates vom 9.12.1996 zur Beherrschung der Gefahren bei schweren Unfällen mit gefährlichen Stoffen – Seveso-II-Richtlinie –.[1882] Diese durch das EAG Bau 2004 vorgenommene Ergänzung hat insbesondere für die erste der vier Festsetzungsalternativen, der Festsetzung von Schutzflächen, (klarstellende) Bedeutung.[1883] Dabei kann auf DIN-Vorschriften als Grundlage für die Festsetzungen oder das Orientierungswerte für das nachgelagerte Baugenehmigungsverfahren verwiesen werden.[1884] Bestimmt erst eine in den textlichen Festsetzungen eines Bebauungsplans in Bezug genommene DIN-Vorschrift, unter welchen Voraussetzungen bauliche Anlagen im Plangebiet zulässig sind, ist den rechtsstaatlichen Anforderungen an die Verkündung von Rechtsnormen genügt, wenn die Gemeinde sicherstellt, dass die Betroffenen von der DIN-Vorschrift verlässlich und in zumutbarer Weise Kenntnis erlangen können.[1885] Es empfiehlt sich, die Vorschriften in der Gemeinde bereitzuhalten. Die Anforderungen können auch nachträglich im ergänzenden Verfahren dadurch bewirkt werden, dass die DIN-Vorschrift bei der Verwaltungsstelle, bei der auch der Bebauungsplan eingesehen werden kann, zur Einsicht bereit gehalten und hierauf in der Bebauungsplanurkunde hingewiesen wird.[1886] 1019

[1879] VGH Mannheim DÖV 2011, 206.

[1880] VGH Mannheim BauR 2010, 1809. Zum Lärmschutz gegen Ziel- und Quellverkehr durch immissionswirksame flächenbezogene Schallleistungspegel OVG Weimar Urt. v. 18.11.2009 – 1 N 570/08, juris.

[1881] BVerwG NVwZ 2022, 1464 = juris 16; dazu Hellriegel/Artmann BauR 2024, 702.

[1882] ABl. EG Nr. L 10 S. 13.

[1883] EAG Bau 2004 Mustererlass 2004.

[1884] OVG Münster Urt. v. 23.10.2008 – 7 D 90/07.NE, juris. Zur Ausweisung der Freilandfläche eines Gartenbaubetriebs als private Grünfläche sowie zur Festsetzung eines Sondergebiets für betriebsbezogenes Wohnen neben einem Sondergebiet Gartenbau VGH Mannheim ZfBR 2009, 74 zur Ausweisung der Freilandfläche eines Gartenbaubetriebs als private Grünfläche; VGH München BauR 2008, 2009.

[1885] BVerwG ZfBR 2010, 689; OVG Münster BauR 2010, 1038; NWVBL 2011, 141 zu einer unwirksamen textlichen Festsetzung zur Verkaufsflächenbeschränkung.

[1886] OVG Münster BRS 78 Nr. 48 (2011) zur unzulässigen Beschränkung auf einen Einzelhandelsbetrieb mit bestimmtem Sortiment; Urt. v. 19.7.2011 – 10 D 131/08.NE, juris zur Verweisung auf DIN-Normen in einem Bebauungsplan; OVG Koblenz BauR 2011, 1699; OVG Münster BauR 2011, 1292.

1020 Festgesetzt werden können für einzelne Flächen oder für ein Bebauungsplangebiet oder Teile davon sowie für Teile baulicher Anlagen mit Ausnahme der für landwirtschaftliche Nutzungen oder Wald festgesetzten Flächen a) das Anpflanzen von Bäumen, Sträuchern und sonstigen Bepflanzungen, b) Bindungen für Bepflanzungen und für die Erhaltung von Bäumen, Sträuchern und sonstigen Bepflanzungen sowie von Gewässern; auch **Anpflanzungen** und die **Bindung für die Erhaltung von Bepflanzungen** (§ 9 I Nr. 25 BauGB). § 9 I Nr. 25 ermöglicht in einem Bebauungsplan das Anpflanzen und Erhalten von Bäumen, Sträuchern und sonstigen Bepflanzungen festzuschreiben. Klimatische Auswirkungen können sich vor allem in der globalen Betrachtung ergeben.[1887] Zu den Pflichten, die sich aus einer auf § 9 I Nr. 25 Buchst. b BauGB gestützten Erhaltungsfestsetzung ergeben, können im Fall des Verlusts des geschützten Grüns auch Ersatzpflanzungen gehören.[1888] Außerdem können die für die Straßenherstellung erforderlichen Flächen außerhalb der Verkehrsflächen (§ 9 I Nr. 26 BauGB) festgesetzt werden. Gemäß § 9 I Nr. 25 b) BauGB können aus städtebaulichen Gründen in einem Bebauungsplan Bindungen für Bepflanzungen und für die Erhaltung von Bäumen, Sträuchern und sonstigen Bepflanzungen sowie von Gewässern festgesetzt werden. Die Festsetzung von Flächen für Straßenböschungen nach § 9 I Nr. 26 BauGB[1889] setzt nicht voraus, dass der betroffene Grundeigentümer mit der Festsetzung einverstanden ist. Derartige Festsetzungen begründen allerdings noch keine unmittelbare Duldungspflicht der betroffenen Grundeigentümer.[1890] Für diese bundesrechtlich vorgesehene Festsetzungsbefugnis ist es ohne Belang, ob und gegebenenfalls in welcher Form die Bäume oder Gewässer dem Bauordnungsrecht oder dem Landeswasserrecht unterfallen. Eine derartige Verknüpfung sieht die Regelung nicht vor. Geht es der Gemeinde im Plangebiet allein um die standortbezogene Sicherung einer grundstücksübergreifenden Netzstruktur von Gehölzen, reicht es aus, die strukturellen Elemente dieser Netzstruktur zu ermitteln, ohne im Detail jeden einzelnen Vegetationsbestand zu kartieren. Es kann auch das Anpflanzen bestimmter Arten von Bäumen, Sträuchern und sonstiger Pflanzen sowie ein bestimmtes Mischungsverhältnis und eine bestimmte Dichte der Anpflanzung festgesetzt werden Anpflanzgebote können wegen ihrer Auswirkungen auf die Eigentumsgarantie allerdings nur dann verhältnismäßig sein, wenn sie im Zusammenhang mit genehmigungs- oder anzeigepflichtigen baulichen Grundstücksveränderungen stehen.[1891]

1021 Nach § 41 II BauGB ist dem Eigentümer eine angemessene Entschädigung in Geld zu leisten, wenn und soweit infolge dieser Festsetzungen (1) besondere Aufwendungen notwendig sind, die über das bei ordnungsgemäßer Bewirtschaftung erforderliche Maß hinausgehen, oder (2) eine wesentliche Wertminderung des Grundstücks eintritt. Aus dem Zusammenhang dieser beiden Regelungen wird deutlich, dass der Eigentümer zu Aufwendungen verpflichtet ist. Er hat also die Pflicht, die Bäume etc. und die Gewässer zu erhalten und das hierfür Notwendige zu unternehmen. Diese Verpflichtung kann im Einzelfall über das bei ordnungsgemäßer Bewirtschaftung erforderliche Maß hinausgehen. Dies mag auch die Reparatur oder das erneute Einsetzen einer das Versickern des Wassers hindernden Folie in einem Teich einschließen.[1892] Derartige Festsetzungen können auch im Zusammenhang mit der Ausweisung von Baugebieten als Kompensationsmaßnahmen erfolgen. Sie sind dann entschädigungslos hinzunehmen, wenn sie auf einer sachgerechten Abwägung im Rahmen des naturschutzrechtlichen Ausgleichs nach § 1 a III BauGB beruhen.[1893] Zu den Pflichten, die sich aus einer auf § 9 I Nr. 25 Buchst. b BauGB gestützten Erhaltungsfestsetzung ergeben, können im Fall des Verlusts des geschützten Grüns auch **Ersatzpflanzungen** gehören. Beim Pflanzgebot nach § 178 BauGB wird kein Unterschied zwischen der Anpflanzfestsetzung gemäß § 9 I Nr. 25a BauGB und der Erhaltungsfestsetzung gemäß § 9 I Nr. 25b BauGB gemacht. Aus der nicht differenzierten Verweisung folgt, dass auch § 9 I Nr. 25b BauGB die Festsetzung von Erhaltungspflichten zulässt, die über die Bestandssicherung hinausgehen und im Wege des Pflanzgebotes nach § 178 BauGB durchgesetzt werden können.[1894]

[1887] Zu Baum- und Grünschutzsatzungen Schickedanz ZMR 2013, 327.
[1888] BVerwG NVwZ 2015, 158.
[1889] Zur Festsetzung von Straßenböschungen im Bebauungsplan Dazert BauR 2009, 1091.
[1890] BVerwG BauR 2009, 1855.
[1891] OVG Lüneburg Urt. v. 6.4.2006 – 9 KN 267/03, juris zu Neuanpflanzungsgebot für gärtnerisch bereits gestaltete Grundstücke.
[1892] BVerwG Beschl. v. 15.4.2003 – 4 BN 12.03, juris zu Festsetzungen nach § 9 I Nr. 25 b BauGB.
[1893] Stüer/Stüer NuR 2004, 341.
[1894] BVerwG NVwZ 2015, 159.

Mit der Festsetzung im Bebauungsplan wird nicht automatisch eine entsprechende Duldungspflicht des Eigentümers begründet. Es bedarf vielmehr einer entsprechenden Umsetzung. 1022

Beispiel: Der Grundstückseigentümer, auf deren Grundstück ohne vertragliche oder dingliche Sicherung ein Kanal verläuft, ist nicht allein deshalb zur Duldung der Leitung verpflichtet, weil diese im Bebauungsplan zeichnerisch festgesetzt ist.[1895]

§ 9 I Nr. 26 BauGB ermöglicht Festsetzungen von Flächen für Aufschüttungen, Abgrabungen und Stützmauern, soweit sie zur **Herstellung des Straßenkörpers** erforderlich sind. Wenn für den Straßenbau Böschungen als Aufschüttung oder Abgrabung angelegt oder Stützmauern erforderlich sind, werden solche Flächen zumeist als Verkehrsflächen nach § 9 I Nr. 11 BauGB festgesetzt. Gem. § 40 I Nr. 5 BauGB ist eine solche Festsetzung wegen der damit verbundenen Vermögensnachteile entschädigungspflichtig. Eine Festsetzung nach § 9 I Nr. 11 BauGB ist erforderlich, wenn die Anlage von Böschungen auf einem privaten Grundstück zu unverhältnismäßigen oder gleichheitswidrigen Beeinträchtigungen führen würde. In Ausnahmefällen kann es allerdings ausreichen, die dafür benötigten Grundstücksflächen nicht zu enteignen, sondern lediglich Festsetzungen nach § 9 I Nr. 26 BauGB vorzusehen. Das kann zB dann vorzugswürdig sein, wenn die Ausnutzbarkeit eines Grundstücks, auch von dessen Größe abhängt.[1896] Die Festsetzung von Aufschüttungen, Abgrabungen und Stützmauern zur Herstellung eines Straßenkörpers in einem Bebauungsplan genügt jedoch nicht dem Grundsatz der Bestimmtheit, wenn sie unter den Vorbehalt einer erst bei der Durchführung des Bebauungsplans festzustellenden Erforderlichkeit gestellt ist.[1897] Eine Festsetzung nach § 9 I Nr. 26 BauGB setzt nicht voraus, dass der betroffene Grundstückseigentümer mit ihr einverstanden ist; aus einer solchen Festsetzung ergibt sich für den Grundstückseigentümer noch keine Rechtspflicht, die Errichtung und Unterhaltung einer Aufschüttungs- oder Abgrabungsmaßnahme durch den Straßenbaulastträger zu dulden.[1898] Das setzt vielmehr entweder eine Vereinbarung oder eine Enteignung voraus.[1899] 1023

f) Eingriffsausgleich. Bei Eingriffen in Belange des Naturschutzes und der Landschaftspflege hat die Gemeinde Erwägungen darüber anzustellen, ob und wie sich etwaige Eingriffsfolgen sachgemäß bewältigen lassen. Trägt die Gemeinde diesen Pflichten nicht hinreichend Rechnung, liegt hierin ein Ermittlungsdefizit.[1900] Flächen oder Maßnahmen zum Ausgleich iS des § 1a III BauGB können gem. § 9 Ia 1 BauGB auf den Grundstücken, auf denen Eingriffe in Natur und Landschaft zu erwarten sind, oder an anderer Stelle sowohl im sonstigen Geltungsbereich des Bebauungsplans als auch in einem anderen Bebauungsplan festgesetzt werden. Die Flächen oder Maßnahmen zum Ausgleich an anderer Stelle können gem. § 9 Ia 1 BauGB den Grundstücken, auf denen Eingriffe zu erwarten sind, ganz oder teilweise zugeordnet werden; dies gilt auch für Maßnahmen auf von der Gemeinde bereitgestellten Flächen. § 9 Ia BauGB eröffnet den Gemeinden die Möglichkeit, neben dem eigentlichen Eingriffs-Bebauungsplan einen zweiten Ausgleichsbebauungsplan aufzustellen. Die Ermächtigung zur Festsetzung von Ausgleichsmaßnahmen nach § 9 Ia BauGB bezieht sich nur auf solche Eingriffe, die aufgrund eines Bebauungsplanes oder einer Einbeziehungssatzung zu erwarten sind und nicht bereits vor Inkrafttreten der Satzung und unabhängig hiervon erfolgt sind.[1901] 1024

§ 9 Ia BauGB steht im inhaltlichen Zusammenhang nicht nur zu § 1 a III 3 BauGB, sondern auch zu § 135 a BauGB und § 200 a S. 2 BauGB. Soweit Maßnahmen zum Ausgleich an anderer Stelle den Grundstücken nach § 9 Ia BauGB zugeordnet sind, soll die Gemeinde diese gem. § 135a II 1 BauGB anstelle und auf Kosten der Vorhabenträger oder der Eigentümer der Grundstücke durchführen und auch die hierfür erforderlichen Flächen bereitstellen, sofern dies nicht auf andere Weise gesichert ist. Die Maßnahmen zum Ausgleich können nach § 135a II 2 BauGB bereits vor den Baumaßnahmen und der Zuordnung durchgeführt werden. Nach 1025

1895 VGH München NVwZ-RR 2007, 158.

1896 Mitschang/Reidt in BKL, BauGB, 2022, § 9 Rn. 157.

1897 VGH Mannheim BauR 2020, 588.

1898 VGH Mannheim BauR 2020, 588 (597); BVerwGE 134, 355.

1899 OVG Koblenz Urt. v. 6. 10. 2011 – 1 C 11322/10, BeckRS 2012, 47024 Rn. 48; Mitschang/Reidt in BKL, BauGB 2022, § 9 Rn. 158

1900 OVG Bremen BauR 2023, 187; VGH Mannheim NVwZ-RR 2022, 850.

1901 OVG Koblenz NVwZ-RR 2018, 482; zu Eingriffsbewältigung und Klimaschutz Schink UPR 2023, 207.

§ 200a 1 BauGB umfassen Darstellungen für Flächen zum Ausgleich und Festsetzungen für Flächen oder Maßnahmen zum Ausgleich iS § 1a III BauGB auch Ersatzmaßnahmen. Ein unmittelbarer räumlicher Zusammenhang zwischen Eingriff und Ausgleich ist nach § 200a 2 BauGB nicht erforderlich, soweit dies mit einer geordneten städtebaulichen Entwicklung und den Zielen der Raumordnung sowie des Naturschutzes und der Landschaftspflege vereinbar ist.

1026 Werden ein Eingriffs- und ein Ausgleichsbebauungsplan gemeinsam aufgestellt, beruhen sie auf einer übereinstimmenden, gemeinsamen Abwägung mit der Folge, dass der eine Bebauungsplan in der Regel inhaltlich nur rechtmäßig sein kann, wenn es auch der andere ist.[1902] Das Abwägungsgebot verlangt in diesem Zusammenhang von der Gemeinde die Prüfung, ob die für den Ausgleich vorgesehenen Flächen für diesen Zweck verfügbar sind oder aber zumindest hinreichend sicher verfügbar gemacht werden können. Der Ausgleichsbebauungsplan kann bereits vor dem Eingriffsbebauungsplan aufgestellt werden, sodass ein Flächen- oder Maßnahmenvorrat als „Öko-Konto" angelegt werden kann, auf das bei einem Eingriffsbebauungsplan zurückgegriffen werden kann.[1903] Nicht zulässig ist es allerdings, den Eingriffsbebauungsplan vor dem Ausgleichsbebauungsplan aufzustellen. Ist nämlich ein Ausgleich nach dem Ergebnis der Abwägung erforderlich, wäre der Eingriffsbebauungsplan ohne die notwendigen Ausgleichsflächen oder -maßnahmen unwirksam. Da der Ausgleich nach § 1a III 1 BauGB abwägungsrelevant ist, muss die Gemeinde nicht nur über das Ob und Wieviel, sondern auch über das Wie und Was des Ausgleichs abwägend zu entscheiden, wobei es entscheidend auf die konkrete örtliche oder regionale Situation ankommt.[1904]

1027 Nach § 9 Ia 2 Hs. 2 BauGB kann der Ausgleich auch auf von Ausgleichsflächen und -maßnahmen von der Gemeinde bereitgestellte Flächen zur Verfügung gestellt werden. Über diese Flächen muss die Gemeinde hinreichend sicher und dauerhaft verfügen können. Sie muss deshalb entweder Eigentümerin oder ein dinglich oder durch Baulast gesichertes Nutzungsrecht haben. Die Flächen können auch auf dem Gebiet anderer Gemeinden liegen, Nicht zuletzt können die Gemeinden den erforderlichen Ausgleich für Eingriffe in Natur und Landschaft durch einen Bebauungsplan nach § 11I 2 Nr. 2BauGB auch über einen städtebaulichen Vertrag bewerkstelligen.

1028 **g) Festsetzungen auf Zeit.** Im Bebauungsplan kann in besonderen Fällen festgesetzt werden, dass bestimmte der in ihm festgesetzten baulichen und sonstigen Nutzungen und Anlagen nur (1) für einen bestimmten Zeitraum zulässig oder (2) bis zum Eintritt bestimmter Umstände zulässig oder unzulässig sind. Die Folgenutzung soll festgesetzt werden **(§ 9 II BauGB)**. Die durch das EAG Bau 2004 eingeführten Festsetzungsmöglichkeiten sind Teil des **Baurechts auf Zeit**. In der Regel werden sich derart begrenzte Baurechte nur im Zusammenhang mit städtebaulichen Verträgen (§ 11 BauGB) oder mit einem vorhabenbezogenen Bebauungsplan (§ 12 BauGB) in Verbindung mit einem Durchführungsvertrag umsetzen lassen.

1029 **h) Festsetzungen zugunsten zentraler Versorgungsbereiche.** Festsetzungen können nach § 9 II a BauGB auch zugunsten zentraler Versorgungsbereiche getroffen werden.[1905] Für im Zusammenhang bebaute Ortsteile kann zur Erhaltung oder Entwicklung zentraler Versorgungsbereiche, auch im Interesse einer verbrauchernahen Versorgung der Bevölkerung und der Innenentwicklung der Gemeinden, in einem Bebauungsplan festgesetzt werden, dass nur bestimmte Arten der nach § 34 I und II BauGB zulässigen baulichen Nutzungen zulässig oder nicht zulässig sind oder nur ausnahmsweise zugelassen werden können; die Festsetzungen können für Teile des räumlichen Geltungsbereichs des Bebauungsplans unterschiedlich getroffen werden. Dabei ist insbesondere ein hierauf bezogenes städtebauliches Entwicklungskonzept iS des § 1 VI Nr. 11 BauGB zu berücksichtigen, das Aussagen über die zu erhaltenden oder zu entwickelnden zentralen Versorgungsbereiche der Gemeinde oder eines Gemeindeteils enthält. In den zu erhaltenden oder zu entwickelnden zentralen Versorgungsbereichen sollen die pla-

---

1902 Tophoven NVwZ 2004, 1052 ff.; Mitschang/Reidt in BKL, BauGB, 2022, § 9 Rn. 160.

1903 VGH Mannheim NuR 2015, 647; OVG Lüneburg NVwZ-RR 2009, 830; Mitschang/Reidt in BKL, BauGB, 2022, § 9 Rn. 160; zur notwendigen Bestimmtheit und Grundstücksbezogenheit der Zuordnung und zur Gewichtung der Eingriffe und der zugeordneten Ausgleichs- und Ersatzmaßnahmen siehe VGH München Urt. v. 12.3.2018 – 9 B 15.1679, BeckRS 2018, 6912 Rn. 24; OVG Münster BauR 2013, 1966 (1973); VGH Mannheim ZfBR 2006, 359 (363).

1904 Mitschang/Reidt in BKL, BauGB, 2022, § 9 Rn. 160.

1905 Klinge BauR 2008, 770; Reidt BauR 2007, 2001; Sparwasser VBlBW 2007, 281; Stüer ZfBR 2006, 747.

nungsrechtlichen Voraussetzungen für Vorhaben, die diesen Versorgungsbereichen dienen, nach § 30 oder § 34 BauGB vorhanden oder durch einen Bebauungsplan, dessen Aufstellung förmlich eingeleitet ist, vorgesehen sein.

Festsetzungen nach § 9 II a BauGB können auch den **Einzelhandel** planerisch steuern. 1030
Grundlegende Voraussetzung für die städtebauliche Rechtfertigung eines Ausschlusses von Einzelhandelsbetrieben nach § 9 II a BauGB ist allerdings die Zweckgerichtetheit dieser Festsetzung. Sie darf ausschließlich zur Erhaltung oder zur Entwicklung zentraler Versorgungsbereiche erfolgen. Außerdem muss das Plangebiet innerhalb eines im Zusammenhang bebauten Ortsteils iS des § 34 BauGB liegen.[1906] Die Stärkung der zentralen Versorgungsbereiche im Gemeindegebiet ist grundsätzlich ein tragfähiges städtebauliches Ziel, das den Ausschluss von Einzelhandelsbetrieben mit nahversorgungs- und zentrenrelevanten Sortimenten an anderer Stelle rechtfertigen kann.[1907] Das OVG Münster erläutert dazu, mit Hilfe der Bauleitplanung könnten nicht nur bereits eingeleitete Entwicklungen gesteuert, sondern städtebauliche Ziele für die Zukunft festgelegt und aktiv auf eine Änderung des städtebaulichen Status Quo hingewirkt werden. Sofern es ein Konzept gebe, anhand dessen die Einzelhandelsentwicklung im gesamten Gemeindegebiet in diesem Sinne nachvollziehbar und widerspruchsfrei geordnet werden könne, sei jedenfalls auf der Ebene eines Bebauungsplans, der dieses Konzept für einen bestimmten Bereich durch den Ausschluss von Einzelhandelsbetrieben mit bestimmten Sortimenten umsetze, keine weitere Differenzierung der ausgeschlossenen Sortimente danach erforderlich, ob sie für einen Vertrieb in den zentralen Versorgungsbereichen, die gestärkt werden sollten, konkret geeignet wären.[1908] Eine **belastbare Prognose** in dem Sinne, dass durch die Zulassung von Einzelhandelsbetrieben mit nahversorgungs- und zentrenrelevanten Sortimenten im Plangebiet eine Beeinträchtigung der zentralen Versorgungsbereiche der Gemeinde tatsächlich eintreten werde, sei nach der Rechtsprechung des BVerwG nicht Voraussetzung für einen auf der Grundlage des § 9 IIa BauGB festgesetzten Ausschluss von Einzelhandelsbetrieben mit entsprechenden Sortimenten zur Erhaltung und Entwicklung zentraler Versorgungsbereiche. Das mit der Vorschrift eingeführte Planungsinstrument diene nicht nur dazu, zu verhindern, dass zentrale Versorgungsbereiche ihren Versorgungsauftrag generell oder hinsichtlich einzelner Branchen nicht mehr in substantieller Weise wahrnehmen könnten, sondern auch als Mittel, um im Rahmen des den Gemeinden eingeräumten planerischen Gestaltungsspielraums die Attraktivität ihrer zentralen Versorgungsbereiche zu steigern oder jedenfalls im Status quo zu erhalten. Schließlich könne eine Festsetzung nach § 9 IIa BauGB auch bezwecken, zentrale Versorgungsbereiche, die ihre Funktion verloren hätten, wieder zu entwickeln.[1909]

Schädliche Auswirkungen auf einen **zentralen Versorgungsbereich** sind auch dann zu 1031
erwarten, wenn schon vorhandene Einzelhandelsbetriebe den Versorgungsbereich schädigen und die Schädigung durch einen neu hinzutretenden Einzelhandelsbetrieb verstärkt wird.[1910] Bei der Entscheidung, ob von einem Vorhaben schädliche Auswirkungen auf zentrale Versorgungsbereiche zu erwarten sind, sind diejenigen Auswirkungen zugrunde zu legen, die typischerweise von einem Betrieb der zur Genehmigung gestellten Art an der betreffenden Stelle ausgehen. Sind im Einzugsbereich eines zentralen Versorgungsbereichs in räumlicher Nähe an anderer Stelle bereits Einzelhandelsbetriebe vorhanden, dürfen diese bei der Gesamtbetrachtung nicht unberücksichtigt bleiben.[1911] Schädliche Auswirkungen iSd § 34 III BauGB können sich daraus ergeben, dass das geplante Vorhaben zusammen mit bereits vorhandenen Betrieben eine Beeinträchtigung des geschützten zentralen Versorgungsbereichs bewirkt. Denn ein gerade noch unbedenkliches Nebeneinander von Einzelhandelsbetrieben an einem nicht integrierten Standort in räumlicher Nähe zum Versorgungsbereich kann durch das Hinzutreten eines weiteren Vorhabens in eine städtebaulich beachtliche Schädigung der Funktionsfähigkeit des Versorgungsbereichs umschlagen.[1912] Von schädlichen Auswirkungen kann aber auch dann gesprochen werden, wenn schon vorhandene Einzelhandelsbetriebe den zentralen Versorgungsbereich

---

[1906] OVG Münster Urt. v. 4.3.2022 – 1 D 107/19.NE, juris Rn. 24.

[1907] OVG Münster Urt. v. 4.3.2022 – 1 D 107/19.NE, juris Rn. 32.

[1908] OVG Münster Urt. v. 4.3.2022 – 1 D 107/19.NE, juris Rn. 32.

[1909] OVG Münster Urt. v. 4.3.2022 – 1 D 107/19.NE, juris Rn. 33; BVerwG Beschl. v. 15.5.2013 – 4 BN 1.13, juris, Rn. 11, und vom 14.2.2013 – 4 B 44.12, juris, Rn. 4; OVG Münster Urt. v. 21.9.2020 – 10 D 59/18.NE, juris, Rn. 64; v. 15.11.2017 – 7 A 2048/15, juris, Rn. 42, 6.7

[1910] BVerwG NVwZ 2017, 1067.

[1911] BVerwGE 136, 18.

[1912] BVerwGE 136, 10.

schädigen, also nicht mehr gerade noch unbedenklich sind, und die Schädigung durch den neu hinzutretenden Einzelhandelsbetrieb verstärkt wird.[1913] Ziel des § 34 III BauGB ist die Vermeidung städtebaulich nachteiliger Auswirkungen auf zentrale Versorgungsbereiche.[1914] Solche Auswirkungen sind nicht nur dann anzunehmen, wenn zentrale Versorgungsbereiche ihren Versorgungsauftrag generell oder hinsichtlich einzelner Branchen nicht mehr in substantieller Weise wahrnehmen können,[1915] sondern auch dann, wenn geschädigte Versorgungsbereiche durch die Zulassung weiterer, bei isolierter Betrachtung jeweils unbedenklicher Vorhaben einen vollständigen Funktionsverlust erleiden können. Aber auch dann, wenn kein vollständiger Funktionsverlust droht, wird ein schon geschädigter zentraler Versorgungsbereich von § 34 III BauGB geschützt, nämlich insoweit, als ihm eine „Erholung" nicht durch die Zulassung von Vorhaben erschwert oder unmöglich gemacht werden soll, welche die Schädigung verstärken. Der rechtliche Ansatz, dass die Intensivierung einer bereits gegenwärtigen Gefährdung der Funktionsfähigkeit eines zentralen Versorgungsbereichs als schädliche Auswirkungen zu würdigen ist, ist ebenfalls in der Rechtsprechung anerkannt.[1916]

1032 Dass der Gesetzgeber auch auf ein **städtebauliches Entwicklungskonzept** abhebt, das zwar für die Steuerung des Einzelhandels nicht zwingend ist, aber vom Gesetzgeber empfohlen wird, hat seinen Grund: Im nicht beplanten Innenbereich ist grundsätzlich nur das Vorhandene bedeutsam – das, was man vor Ort sehen kann. Pläne und Konzepte sind bei der Beurteilung des Einfügens in die Eigenart der näheren Umgebung im Allgemeinen nicht von Belang.[1917] Die Erhaltung und Entwicklung zentraler Versorgungsbereiche im Sinne der §§ 1 VI Nr. 4, 9 II a BauGB umfasst nicht nur den Schutz bereits bestehender, sondern auch erst noch zu entwickelnder zentraler Versorgungsbereiche. Die Gemeinde kann diese Zielsetzungen auch miteinander kombinieren, um bestimmte zentrale Versorgungsbereiche in ihrem Bestand und ihren (Weiter-) Entwicklungsmöglichkeiten zu schützen (§ 5 II Nr. 2 d BauGB). Plant die Gemeinde Nutzungsbeschränkungen zum Zwecke des Schutzes zentraler Versorgungsbereiche, muss sie ein städtebauliches Konzept entwickeln, das der gerichtlichen Überprüfung auf Nachvollziehbarkeit und Widerspruchsfreiheit unterliegt. Der zu schützende zentrale Versorgungsbereich muss dabei potenziell geeignet sein, die ihm zugewiesenen Funktionen wahrzunehmen. Werden vorhandene Nutzungen mit dem Planungsinstrument des § 9 II a BauGB auf den **passiven Bestandsschutz** gesetzt, ist zu prüfen, ob ihnen durch räumlich begrenzte Sonderregelungen für ihren Standort auch für die Zukunft Entwicklungsmöglichkeiten zugestanden werden sollen. Soweit der **Ausschluss von Einzelhandel** mit bestimmten Sortimenten nicht in den ausgeübten Bestand des Grundeigentums eingreift, kann bei der Abwägung berücksichtigt werden, dass den betroffenen Grundeigentümern lediglich bestimmte nicht uneingeschränkt gesicherte Nutzungschancen genommen werden.[1918] Will die auf der Grundlage von § 9 II a BauGB planende Gemeinde den Erhalt derartiger Nutzungschancen im Interesse des Schutzes zentraler Versorgungsbereiche zurücksetzen, ist sie anders als in den Fällen des § 34 III BauGB nicht an den Maßstab der zu erwartenden schädlichen Auswirkungen gebunden.[1919] § 9 II a BauGB ermöglicht der Gemeinde eine im Vergleich zu den Ausschlusstatbeständen des § 34 III BauGB weitergehende Steuerung des Einzelhandels in ihrem Gebiet. Für die Frage, ob die Ansiedlung eines ausgeschlossenen Einzelhandelsbetriebs im geschützten zentralen Versorgungsbereich überhaupt in Betracht kommt, ist nicht die an peripherer Lage mögliche optimale Ausgestaltung des Betriebs maßgeblich, vielmehr ist darauf abzustellen, ob ein vergleichbares Sortiment unter den besonderen Bedingungen des zentralen Versorgungsbereichs dort angeboten werden kann.[1920] Vergleichbar den Regelungen in § 1 V und IX BauNVO für Baugebiete lässt sich im unbeplanten Innenbereich über Festsetzungen nach § 9 IIa BauGB die

1913 Söfker in EZBKL, BauGB, § 34 Rn. 86g.
1914 BT-Drs. 15/2250 S. 54.
1915 BVerwGE 129, 307.
1916 BVerwG NVwZ 2017, 1067; NVwZ 2009, 779 zur Erweiterung eines Lebensmitteldiscountmarktes zu einem großflächigen Einzelhandelsbetrieb im unbeplanten Innenbereich.
1917 So zur früheren Rechtslage im Hinblick auf die Raumordnung BVerwG NVwZ 1994, 285.
1918 OVG Schleswig Urt. v. 2.3.2023 – 1 KN 19/18, juris Rn. 60.
1919 OVG Schleswig Urt. v. 2.3.2023 – 1 KN 19/18, juris Rn. 60; OVG Münster BauR 2011, 789; Zur Bedeutung der zentralen Versorgungsbereiche für die Einzelhandelsansiedlung Flauger/Grumme FWW 2010, 162.
1920 OVG Koblenz DÖV 2013, 489. Zu Parallelen bei der Kontingentierung von Einzelhandel und Lärmschutz Höhn DVBl. 2012, 74.

Einzelhandelsnutzung steuern. Die Festsetzung von **Sortimentsbeschränkungen** für den Einzelhandel ist zulässig, wenn sie marktüblichen Gegebenheiten entspricht. Mit Blick auf den Zweck von Festsetzungen nach § 9 IIa BauGB, zentrale Versorgungsbereiche zu erhalten oder zu entwickeln, handelt es sich bei einer solchen Sortimentsbeschränkung um keine (unzulässige) Negativplanung.[1921] Soll eine Sortimentsbeschränkung durch eine **Veränderungssperre** gesichert werden, ist es erforderlich, aber auch ausreichend, wenn die Gemeinde bereits positive Vorstellungen darüber hat, welche Sortimente künftig im Plangebiet zulässig oder unzulässig oder nur ausnahmsweise zulässig sein sollen. Das erfordert regelmäßig eine entsprechende **Sortimentsliste**, die im Laufe des Planverfahrens weiter konkretisiert oder modifiziert werden kann, sowie den Bezug zu einem zu schützenden zentralen Versorgungsbereich. Dazu kann auch auf ein bereits vorliegendes Einzelhandelskonzept zurückgegriffen werden.[1922]

Mit dem Ziel der Innenentwicklung können in einem Bebauungsplan nach § 9 II a BauGB **1033** keine Festsetzungen jenseits des Zwecks der Erhaltung oder Entwicklung zentraler Versorgungsbereiche gerechtfertigt werden.[1923] Eine Veränderungssperre und eine Zurückstellung nach § 15 I 1 BauGB zur Sicherung eines Bebauungsplans nach § 9 II a) BauGB verlangt keine erhöhte Konkretisierung der Planungsabsicht und ist auch im zentralen Versorgungsbereich selbst anwendbar.[1924] Ein Bebauungsplan auf der Grundlage des § 9 II a BauGB ist unwirksam, wenn für die Festlegung und Abgrenzung des zu schützenden oder erst noch zu entwickelnden zentralen Versorgungsbereichs eine nachvollziehbare städtebauliche Begründung fehlt.[1925] Der Ausschluss von Einzelhandelsnutzungen muss durch hinreichend gewichtige städtebauliche Allgemeinwohlbelange gerechtfertigt sein. Dies gilt in gleicher Weise für den Einzelhandelsausschluss durch einen Bebauungsplan, der nur Festsetzungen nach § 9 II 2 a BauGB enthält.[1926]

Ein nach § 9 II a BauGB erlassener Bebauungsplan kann auch Unterarten von Nutzungen iS **1034** des § 1 IX BauNVO ausschließen.[1927] Nach § 1 IX BauNVO können einzelne Einzelhandelsbranchen aus den Einzelhandelsbetrieben in einem Gewerbegebiet nach § 8 II Nr. 1 BauNVO oder in einem Mischgebiet nach § 6 II Nr. 3 BauNVO ausgeschlossen werden. Die dabei herangezogenen Abgrenzungskriterien müssen marktüblichen Gegebenheiten entsprechen. Einzelne Branchen können im Mischgebiet auch ausnahmsweise mit einer Verkaufsflächenbegrenzung zugelassen werden, wenn damit ein bestimmter Anlagentyp bezeichnet wird.[1928] Die Änderung eines Bebauungsplans mit dem Ziel, Einzelhandel mit zentren- und nahversorgungsrelevanten Sortimenten auszuschließen, ist ohne eine umfassende Bestandsaufnahme des im Plangebiet vorhandenen Einzelhandels abwägungsfehlerhaft. Die „Wegplanung" bestehender Nutzungen bedarf einer besonders sorgfältigen Prüfung und Begründung und setzt regelmäßig voraus, dass sich der Plangeber mit der Möglichkeit einer Festsetzung nach § 1 X BauNVO auseinandersetzt.[1929]

§ 34 III BauGB schließt bereits einen Teil dieser Lücke, indem von Innenbereichsvorhaben **1035** keine schädlichen Auswirkungen auf zentrale Versorgungsbereiche in der Gemeinde oder in anderen Gemeinden zu erwarten sein dürfen. Durch Festsetzungen nach § 9 II a BauGB werden die planerischen Möglichkeiten der Gemeinden darüber hinaus gestärkt. Sie können auch durch einen einfachen Bebauungsplan steuernd auf die Entwicklung der zentralen Versorgungsbereiche Einfluss nehmen. Soweit dabei Planungen der Gemeinden eine Rolle spielen

---

1921 BVerwG NVwZ 2023, 618; OVG Schleswig Urt. v. 2.3.2023 – 1 KN 19/18, juris Rn. 60.

1922 BVerwG NVwZ 2023, 618.

1923 VGH Mannheim VBlBW 2013, 297; zur Stärkung der Innenentwicklung durch die Städtebaurechts-Novelle 2013 Bunzel ZfBR 2013, 211.

1924 OVG Münster ZfBR 2012, 459.

1925 OVG Münster DÖV 2012, 737 (LS), Tünnesen-Harmes NVwZ 2012, 1298.

1926 BVerwG ZfBR 2013, 781 zu Anforderungen an die Rechtfertigung eines Einzelhandelsausschlusses durch einen Bebauungsplan.

1927 OVG Koblenz DVBl. 2009, 1393; 1011dort auch zu den schädlichen Auswirkungen auf einen zentralen Versorgungsbereich iS des § 34 III BauGB durch die Erweiterung eines Lebensmitteldiscountmarkts; Klinge BauR 2008, 770.

1928 OVG Bremen BRS 76 Nr 44 (2010); BVerwG NVwZ 2009, 1228; BVerwG NVwZ 2009, 1103; NVwZ 2005, 324; zur Verkaufsflächenbegrenzung über Sondergebietsfestsetzungen Bischopink ZfBR 2010, 223.

1929 OVG Münster Urt. v. 18.5.2010 – 10 D 92/08.NE, juris zu Einzelhandelsausschluss mit nahversorgungs- und zentrenrelevanten Sortimenten. Zum bauplanungsrechtlichen Schutz von Nahversorgungsbereichen Jahn ThürVBl 2010, 198.

sollen, empfiehlt es sich, diese in einem städtebaulichen Entwicklungskonzept niederzulegen, das Aussagen über die zu erhaltenden oder zu entwickelnden zentralen Versorgungsbereiche der Gemeinde oder eines Gemeindeteils enthält. Berücksichtigt werden können dabei in der Regel nur bereits vorhandene oder beabsichtigte Vorhaben, für die bereits Baurecht in Bebauungsplänen besteht oder für die ein förmliches Planverfahren eingeleitet worden ist.[1930] Das städtebauliche Entwicklungskonzept ist dabei nicht nur für Festsetzungen nach § 9 II a BauGB, sondern auch im nicht beplanten Innenbereich bei Vorhaben im Anwendungsbereich des § 34 III BauGB von Bedeutung. Die Festsetzungsmöglichkeiten nach § 9 II a BauGB haben daher Vorbildcharakter auch für den nicht beplanten Innenbereich.

1036 **i) Steuerung der Ansiedlung von Vergnügungsstätten.** Für im Zusammenhang bebaute Ortsteile nach § 34 BauGB kann in einem Bebauungsplan, auch für Teile des räumlichen Geltungsbereichs des Bebauungsplans, festgesetzt werden, dass Vergnügungsstätten oder bestimmte Arten von Vergnügungsstätten zulässig oder nicht zulässig sind oder nur ausnahmsweise zugelassen werden können, um (1) eine Beeinträchtigung von Wohnnutzungen oder anderen schutzbedürftigen Anlagen wie Kirchen, Schulen und Kindertagesstätten oder (2) eine Beeinträchtigung der sich aus der vorhandenen Nutzung ergebenden städtebaulichen Funktion des Gebiets, insbesondere durch eine städtebaulich nachteilige Häufung von Vergnügungsstätten, zu verhindern (§ 9 II b BauGB). Vergnügungsstätten sind eine wirtschafts- und gewerberechtlich besondere Art von Gewerbebetrieben. Eine allgemeingültige Definition des Begriffs gibt es nicht. Dazu gehören Gewerbebetriebe, bei denen die kommerzielle Unterhaltung der Besucher oder Kunden im Vordergrund steht, nicht aber die Geselligkeit oder kulturelle Aspekte.[1931] Zu den Vergnügungsstätte zählen Spielhallen, Spielcasinos, Spielbanken und Wettbüros, Diskotheken und Nachtlokalen, wie Varietés, Kabaretts, Nacht- und Tanzbars, nicht hingegen reine Wettannahmestellen, die Annahmestellen für Lotto und Toto gleichgestellt werden und nicht unter den Begriff der Vergnügungsstätte fallen.[1932] Die BauNVO versteht Vergnügungsstätten als eigenständige Art der Nutzung in den Baugebietskatalogen (§ 4a III Nr. 2, § 5 III, § 6 II Nr. 8 und III, § 7 II Nr. 2, § 8 II Nr. 3 BauNVO); zulässig sind sie in den festgesetzten Baugebieten daher nur, wenn sie entweder als ausnahmsweise zulässige Nutzungsart oder als allgemein zulässige Nutzungsart in dem jeweiligen Baugebietskatalog aufgeführt sind.

1037 Im Jahr 2021 gab es in Deutschland rund 5.100 steuerpflichtige Spielhallen und Betriebe mit Spielautomaten, die mehr als 22.000 Euro steuerpflichtigen Jahresumsatz erwirtschafteten. Die Zahl der steuerpflichtigen Spielhallen und Betriebe mit Spielautomaten in Deutschland war damit im Vergleich zum Vorjahr erneut gesunken. Gleichwohl sind sie für die Bauleitplanung und das Bauordnungsrecht weiterhin von Bedeutung.[1933] Mit § 9 II b BauGB sollten die Möglichkeiten der Gemeinden erweitert werden, die Ansiedlung von Vergnügungsstätten, insbesondere von Spielhallen, auszuschließen.[1934] Die Regelung lehnt sich an § 9 II a BauGB. Danach kann die Gemeinde für im Zusammenhang bebaute Ortsteile in einem Bebauungsplan, auch für Teile des räumlichen Geltungsbereichs des Bebauungsplans, festsetzen, dass Vergnügungsstätten oder bestimmte Arten von Vergnügungsstätten zulässig oder nicht zulässig sind oder nur ausnahmsweise zugelassen werden können. Die Festsetzung soll eine Beeinträchtigung von Wohnnutzungen oder andere schutzbedürftige Anlagen wie Kirchen, Schulen und Kindertagesstätten oder eine Beeinträchtigung der sich aus der vorhandenen Nutzung ergebenden städtebaulichen Funktion des Gebiets oder eine städtebaulich nachteilige Häufung von Vergnügungsstätten verhindern. Der Bebauungsplan kann im vereinfachten Verfahren aufgestellt werden (§ 13 BauGB). Ein Bebauungsplan nach § 9 II b BauGB kann nicht nur für Gebiete nach § 34 I BauGB sondern auch für Gebiete nach § 34 II BauGB, der hinsichtlich der Art der baulichen Nutzung auf die BauNVO verweist, aufgestellt werden. Eine sachgerechte Anwendung von § 9 IIb BauGB wird durch ein Vergnügungsstättenkonzept erleichtert.[1935]

[1930] So bereits BVerwGE 79, 318.

[1931] Stühler BauR 2013, 685 ff.; Mitschang/Reidt in BKL, BauGB, 2022, § 9 Rn. 189.

[1932] VGH München NVwZ-RR 2015, 774; VGH Mannheim BauR 2018, 1989; OVG Hamburg BauR 2016, 2038.

[1933] Battis/Mitschlang/Reidt NVwZ 2013, 961 (963 f).

[1934] OVG Lüneburg ZfBR 2021, 72 (74); VGH Mannheim BauR 2020, 1145.

[1935] Ausführlich dazu Mitschang/Reidt in BKL, BauGB, 2022, § 9 Rn. 207; Mitschang UPR 2011, 281; zum Störfallschutz in Bauleitplanung und Baugenehmigungsverfahren Moench/Hennig DVBl. 2009, 807; Reidt/Schiller BauR 2012, 1722; zum Störfallschutz in der Bauleitplanung auch Grüner DVBl. 2014, 908.

j) Vermeidung oder Verringerung der Folgen von Störfällen. Für im Zusammenhang bebaute Ortsteile nach § 34 BauGB und für Gebiete nach § 30 BauGB in der Nachbarschaft von Betriebsbereichen nach § 3 Va BImSchG kann zur Vermeidung oder Verringerung der Folgen von Störfällen für bestimmte Nutzungen, Arten von Nutzungen oder für nach Art, Maß oder Nutzungsintensität zu bestimmende Gebäude oder sonstige bauliche Anlagen in einem Bebauungsplan festgesetzt werden, dass diese zulässig, nicht zulässig oder nur ausnahmsweise zulässig sind; die Festsetzungen können für Teile des räumlichen Geltungsbereichs des Bebauungsplans unterschiedlich getroffen werden (§ 9 II c BauGB).[1936] 1038

Ein **Störfall** ist nach § 2 Nr. 7 StörfallV ein Ereignis, das unmittelbar oder später innerhalb oder außerhalb des Betriebsbereichs zu einer ernsten Gefahr oder zu Sachschäden nach Anhang VI Teil 1 Ziffer I Nr. 4 führt. Eine **ernste Gefahr** im störfallrechtlichen Sinne ist nach § Nr. 8 StörfallV eine Gefahr, bei der a) das Leben von Menschen bedroht wird oder schwerwiegende Gesundheitsbeeinträchtigungen von Menschen zu befürchten sind, b) die Gesundheit einer großen Zahl von Menschen beeinträchtigt werden kann oder c) die Umwelt, insbesondere Tiere und Pflanzen, der Boden, das Wasser, die Atmosphäre sowie Kultur- oder sonstige Sachgüter geschädigt werden können, falls durch eine Veränderung ihres Bestandes oder ihrer Nutzbarkeit das Gemeinwohl beeinträchtigt würde. 1039

Ein **Betriebsbereich** ist nach § 3 Va BImSchG der gesamte unter der Aufsicht eines Betreibers stehende Bereich, in dem gefährliche Stoffe iS des Art. 3 Nr. 10 der Störfall-Richtlinie 2012/18/EU in einer oder mehreren Anlagen einschließlich gemeinsamer oder verbundener Infrastrukturen oder Tätigkeiten auch bei Lagerung iSd Art. 3 Nr. 16 Störfall-Richtlinie in den in Art. 3 Nr. 2 oder Nr. 3 der Richtlinie bezeichneten Mengen tatsächlich vorhanden oder vorgesehen sind oder vorhanden sein werden, soweit vernünftigerweise vorhersehbar ist, dass die genannten gefährlichen Stoffe bei außer Kontrolle geratenen Prozessen anfallen. 1040

Festsetzungsmöglichkeiten nach § 9 IIc BauGB bestehen nur in der Nachbarschaft zu Betriebsbereichen nach § 3 Va BImSchG. Dazu muss das Bebauungsplangebiet sich zumindest teilweise innerhalb des angemessenen Sicherheitsabstands nach § 3 Vc BImSchG oder, wenn dieser nicht bekannt ist, innerhalb des zu erwartenden möglichen Abstands befinden. Ansonsten kann von den Planmöglichkeiten des § 9 IIc BauGB kein Gebrauch gemacht werden. Außerdem muss das Plangebiet entweder in einem im Zusammenhang bebauten Ortsteil (§ 34 I und II BauGB) oder im Geltungsbereich einer Satzung nach § 34 IV BauGB liegen oder im Geltungsbereich eines einfachen oder auch qualifizierten Bebauungsplans (§ 30 I und III BauGB) liegen. 1041

Den Gemeinden ermöglicht § 9 IIc BauGB, für bestimmte Nutzungen, Arten von Nutzungen oder für nach Art, Maß oder Nutzungsintensität zu bestimmende Gebäude (Schutzobjekte) Festsetzungen zu ihrer Zulässigkeit, ausnahmsweisen Zulässigkeit oder Nichtzulässigkeit zu treffen. 1042

k) Bebauungsplan zur Wohnraumversorgung. In Anlehnung an die Festsetzungen für Bebauungspläne nach § 9 IIa, IIb BauGB ist durch das Baulandmobilisierungsgesetz 2021 mit dem **sektoralen Bebauungsplan** in § 9 IId BauGB für die Gemeinden eine zusätzliche Möglichkeit geschaffen worden, zum Ausbau bezahlbaren Wohnraums in den Städten beizutragen. Dazu können die Gemeinden für im Zusammenhang bebaute Ortsteile nach § 34 BauGB in einem Bebauungsplan festsetzen, dass (1) insbesondere nur Wohngebäude errichtet werden dürfen, (2) Flächen, auf denen nur Gebäude errichtet werden dürfen, bei denen einzelne oder alle Wohnungen die baulichen Voraussetzungen für eine Förderung mit Mitteln der sozialen Wohnraumförderung erfüllen, oder (3) Flächen, auf denen nur Gebäude errichtet werden dürfen, bei denen sich ein Vorhabenträger hinsichtlich einzelner oder aller Wohnungen dazu verpflichtet, die zum Zeitpunkt der Verpflichtung geltenden Förderbedingungen der sozialen Wohnraumförderung, insbesondere die Miet- und Belegungsbindung, einzuhalten und die Einhaltung dieser Verpflichtung in geeigneter Weise sichergestellt wird.[1937] Ergänzend können eine oder mehrere der folgenden Festsetzungen getroffen werden: (1) das Maß der baulichen Nutzung; (2) die Bauweise, die überbaubaren und die nicht überbaubaren Grundstücksflächen 1043

[1936] Siehe dazu näher Uechtritz BauR 2020, 738; Arndt BauR 2017, 1129.

[1937] Dazu Wienhues/Kühn DVBl. 2023, 908; Steuerung der Wohnraumvorsorge und des Freiraumschutzes durch das Bauplanungsrecht auch Külpmann ZUR 2022, 81; Zur Flexibilisierung der Bauleitplanung durch sektorale Bebauungspläne Scheidler UPR 2022, 201; Reidt BauR 2021, 38; Mitschang UPR 2021, 206; Mock VBlBW 2021, 397.

sowie die Stellung der baulichen Anlagen; (3) vom Bauordnungsrecht abweichende Maße der Tiefe der Abstandsflächen; (4) Mindestmaße für die Größe, Breite und Tiefe der Baugrundstücke; (5) Höchstmaße für die Größe, Breite und Tiefe der Wohnbaugrundstücke, aus Gründen des sparsamen und schonenden Umgangs mit Grund und Boden. Die Festsetzungen nach den Sätzen 1 und 2 können für Teile des räumlichen Geltungsbereichs des Bebauungsplans getroffen werden. Die Festsetzungen nach den Sätzen 1 bis 3 können für Teile des räumlichen Geltungsbereichs des Bebauungsplans oder für Geschosse, Ebenen oder sonstige Teile baulicher Anlagen unterschiedlich getroffen werden. Die Regelung ist bis zum Ablauf des **31.12.2024** (förmliche Einleitung)/2026 (Satzungsbeschluss) befristet worden, um überprüfen zu können, ob der Bebauungsplan nach § 9 IId BauGB ein geeignetes Mittel zur Sicherung bzw. Schaffung bezahlbaren Wohnraums sein kann.

1044 Der **sektorale Bebauungsplan** soll dabei helfen, auch in Innenstädten mehr **bezahlbare Wohnungen** zu bauen. Wohnen iS des Planungsrechts ist durch eine auf Dauer angelegte Häuslichkeit, Eigengestaltung der Haushaltsführung und des häuslichen Wirkungskreises sowie Freiwilligkeit des Aufenthalts gekennzeichnet.[1938] In Großstädten entstehen neue Wohnungen häufig im unbeplanten Innenbereich. Hier haben Grundstückseigentümer grundsätzlich bereits Baurecht, also einen Anspruch auf eine Baugenehmigung, wenn sich das Vorhaben in die nähere Umgebung einfügt. Diese Baurechte werden in Innenstadtlagen von Ballungszentren oft dazu genutzt, hochpreisigen Wohnraum zu schaffen. Um den Kommunen dazu bessere Handlungsoptionen zu geben, sieht das Baulandmobilisierungsgesetzes 2021 die Einführung eines sektoralen Bebauungsplans vor. Mit diesem Bebauungsplantyp, dem sogenannten sektoralen Bebauungsplan „Wohnraumversorgung" (§ 9 IId BauGB), erhalten die Gemeinden ein neues Planungsinstrument. Damit kann im unbeplanten Innenbereich ein Plan speziell nur für den Wohnungsbau aufgestellt werden. So soll auch die Entstehung sozial geförderten Wohnraums unterstützt werden. Weil der Bebauungsplan thematisch („sektoral") auf den Wohnungsbau begrenzt ist, kann seine Aufstellung erleichtert und verkürzt werden.

1045 Alle Festsetzungen nach § 9 IId 1 BauGB zielen auf die Ausweisung von „Flächen" und nicht auf Baugebiete iSd BauNVO ab. Deshalb sind die Bestimmungen zu den Baugebieten § 31 I BauGB zu Ausnahmen nicht anwendbar; die Gewährung eines Dispenses nach § 31 II BauGB bleibt hingegen möglich.[1939] Ergänzende Festsetzungen zum Maß der baulichen Nutzung, zur Bauweise oder sonstigen städtebaulich relevanten Aspekten können gem. § 9 IId 2 BauGB – im Unterschied zu § 9 IIa, IIb und IIc BauGB in den Bebauungsplan aufgenommen werden.

1046 Der Bebauungsplan nach § 9 IId BauGB ist ein **einfacher Bebauungsplan** iSd § 30 III BauGB; dementsprechend Als einfacher Bebauungsplan bestimmt er die planungsrechtliche Zulässigkeit eines Vorhabens nicht abschließend; vielmehr muss zu deren Beurteilung § 34 BauGB ergänzend herangezogen werden. Für den Bebauungsplan nach § 9 IId BauGB gelten die allgemeinen Anforderungen an Bebauungspläne. Der Bebauungsplan muss insoweit nach § 1 III 1 BauGB städtebaulich erforderlich und hierbei gem. § 1 III 1 Hs. 2 BauGB insbesondere auch den Wohnungsbau in den Blick nehmen. Für den Bebauungsplan gilt natürlich auch das Abwägungsgebot des § 1 VII BauGB, auf dessen Grundlage unter anderem die Wohnbedürfnisse der Bevölkerung gem. § 1 VI Nr. 3 BauGB und auch die Eigentumsinteressen von Vorhabenträgern zu berücksichtigen sind.[1940]

1047 Fraglich ist, welche Bedeutung ein Bebauungsplan zur Wohnraumversorgung nach § 9 IId BauGB für die planungsrechtliche Zulässigkeit von Vorhaben hat, insbesondere ob nur die Wohnnutzung und ihre Beschränkung auf den sozial geförderten Wohnbau geregelt wird und dementsprechend andere Nutzungen nach § 34 I und II BauGB im Plangebiet zulässig bleiben oder ob der Bebauungsplan zur Wohnraumversorgung nach § 9 IId BauGB andere Zulässigkeitstatbestände ausschließt.[1941]

1048 **l) Ergänzende Festsetzungsmöglichkeiten.** Ergänzende Festsetzungsmöglichkeiten bestehen hinsichtlich der Höhenlage (§ 9 III 1 BauGB), der geschossweisen Differenzierung (§ 9 III BauGB) oder im Hinblick auf landesrechtlich begründete Festsetzungsmöglichkeiten (§ 9 IV

[1938] Külpmann ZUR 2022, 81 (82).
[1939] Kment in Jarass/Kment, BauGB, 2022, § 9 Rn. 71 h.
[1940] Külpmann ZUR 2022, 81 (85).
[1941] Siehe dazu Külpmann ZUR 2022, 81 (85); Uechtritz BauR 2021, 1227 (1231); Reibling ZfBR 2021, 228 (231); Mitschang UPR 2021, 206; Mock VBLBW 2021, 397 (400).

BauGB). Nach § 9 III 2 BauGB können Festsetzungen nach § 9 I BauGB für übereinander liegende Geschosse und Ebenen und sonstige Teile baulicher Anlagen gesondert getroffen werden. Dies gilt auch, soweit Geschosse, Ebenen und sonstige Teile baulicher Anlagen unterhalb der Geländeoberfläche vorgesehen sind. Die Festsetzungen sind aus städtebaulichen Gründen zulässig (§ 9 I HS 1 BauGB). Festsetzungen zur Höhenlage können städtebaulich insbesondere dann erforderlich sein, wenn die natürliche Geländeoberfläche starke Unterschiede aufweist oder durch Baumaßnahmen erheblich verändert wird und wenn die Höhenlage für den Vollzug der im Bebauungsplan vorgesehenen Nutzungen, auch im Verhältnis zu den benachbarten Grundstücken, von Bedeutung ist.[1942]

m) Festsetzungsmöglichkeiten für Sondergebiete. Größere Festsetzungsfreiheiten bestehen bei der Ausweisung von Sondergebieten.[1943] Die Gemeinde ist dabei auch befugt, einen Begriff aus dem Katalog der in den Baugebieten nach den §§ 2 bis 10 BauNVO zulässigen Nutzungen zu verwenden und ihn entsprechend der besonderen Zweckbestimmung des Sondergebietes zur Konkretisierung der von ihr verfolgten Planungsabsichten einzusetzen und abzuwandeln.[1944] Der Inhalt der Festsetzungen muss durch Auslegung des Satzungsrechts ermittelt werden. Die Gemeinde wird jedoch auch bei der Festsetzung eines Sondergebietes nicht von dem Erfordernis entbunden, die jeweils betroffenen Belange in die Abwägung einzustellen und die zur Wahrung **städtebaulicher Belange** erforderlichen Festsetzungen zu treffen. Daraus ergeben sich auch im Sondergebiet Mindestanforderungen an die Bestimmtheit der Festsetzungen. Das OVG Münster hat dazu folgende Grundsätze aufgestellt:[1945] Entschließt sich die Gemeinde bei Festsetzungen zur Art der baulichen Anlage dazu, es nicht bei der Anwendung der sich für den jeweiligen Baugebietstyp aus der BauNVO ergebenden Zulässigkeitskriterien zu belassen, muss der Plan selbst sicherstellen, dass die konkret zulässigen Vorhaben hinreichend bestimmt feststellbar sind. Bei der Festsetzung eines Sondergebiets für großflächigen Einzelhandel können sowohl die Art als auch die Verkaufsfläche der zulässigen Sortimente mit Festlegungen zum **„Kernsortiment"** und **„Randsortiment"** näher eingegrenzt werden. Randsortiment sind nur solche Warengruppen, die einem bestimmten Kernsortiment als Hauptsortiment sachlich zugeordnet und hinsichtlich des Angebotsumfangs deutlich untergeordnet sind. Die Festsetzung eines Sondergebiets „Einrichtungswarenhaus" kann mangels Bestimmtheit den Ausschluss von zentrenschädlichen Wirkungen der zulässigen Nutzung nicht sicherstellen. Einem „Einrichtungswarenhaus" fehlt nicht anders als sog. Fachmärkten mit einer breit angelegten Angebotspalette, die alles unter einem Dach anbieten, ein rechtfertigender Grund für eine Besserstellung bei der Prüfung nach § 11 III BauGB. Die Bauleitplanung muss vielmehr – so das OVG Münster – durch geeignete Festsetzungen sicherstellen, dass die städtebaulichen und infrastrukturellen Belange in § 11 III BauNVO auch bei der Ausweisung eines Einrichtungswarenhauses gewahrt werden. 1049

n) Bindung an den Katalog der Baugebietstypen. In den §§ 2 bis 10 BauNVO werden der planenden Gemeinde bestimmte Baugebietstypen zur Verfügung gestellt. An diesen Katalog ist die Gemeinde – abgesehen von den Sondergebieten und dem vorhabenbezogenen Bebauungsplan – grundsätzlich gebunden. Nutzungen, die dem Gebietscharakter der BauNVO widersprechen, sind in dem jeweiligen Gebiet grundsätzlich unzulässig.[1946] Gegen den Typenzwang verstößt etwa ein Bebauungsplan, der ausschließlich zu Wohnzwecken dienende Gebäude, landwirtschaftliche Gebäude und gewerbliche Betriebsstätten nebeneinander für zulässig 1050

[1942] Söfker in EZBK, BauGB, 2021, § 9 Rn. 246.

[1943] Das Sondergebiet weicht von den Baugebietstypen der §§ 2 bis 10 BauNVO wesentlich ab. Es sind dabei nicht die konkreten Festsetzungen des Sondergebietes mit den nach § 1 V bis X BauNVO möglichen Veränderungen zu vergleichen, sondern diese Festsetzungen mit den jeweiligen abstrakten Zweckbestimmungen des Baugebietstyps, BVerwG NVwZ-RR 1998, 416.

[1944] BVerwG NVwZ-RR 1999, 224: „nicht störende Anlagen und Einrichtungen" im straßenparallelen Randbereich des Hochschulgebietes.

[1945] OVG Münster NVwZ 1999, 79 – IKEA. Zur Bestimmtheit von Festsetzungen auch Urt. v. 19.3.1998 – 10 A 6435/96, juris zum Nachbarschutz gegen die Zustimmung zur Errichtung einer Sammelstelle für Laborabfälle.

[1946] OVG Greifswald Urt. v. 26.4.2023 – 3 K 149/15, juris Rn. 56; OVG Bautzen Urt. v. 15.12.2022 – 1 C 41/20, juris Rn. 27; BVerwG Beschl. v. 27.6.2018 – 4 B 107.17, juris Rn. 7; OVG Münster Urt. v. 10.5.2022 – 2 D 109/20.NE, juris Rn. 51; BVerwG NVwZ-RR 1998, 540 zur Prostitutionsausübung im Wohngebäude; zum Typenzwang für Festsetzungsmöglichkeiten VGH München BayVBl. 2023, 121; Urt. v. 19.10.2020 – 9 N 15.2158, juris Rn. 35; NuR 2022, 71 = juris Rn. 23.

erklärt.[1947] Der Typenzwang bedeutet allerdings nicht, dass in den Bebauungsplänen regelmäßig oder vorrangig Baugebiete entsprechend den Baugebietstypen der BauNVO festgesetzt werden müssen, sondern, dass sich die gemeindliche Bauleitplanung gem. Art. 14 I 2 GG des gesetzlich zur Verfügung gestellten Instrumentariums bedienen muss. Verboten sind Festsetzungen im Bebauungsplan, zu denen die Gemeinde nicht durch § 9 BauGB oder durch die BauNVO ermächtigt wird.[1948] Die Zulässigkeit eines Vorhabens innerhalb eines Baugebiets der BauNVO bestimmt sich nicht allein nach der Einordnung des Vorhabens in eine bestimmte Begriffskategorie, sondern auch nach der Zweckbestimmung des jeweiligen Baugebiets.[1949] Auch bei der Festsetzung von Sondergebieten ist der Typenzwang der Baunutzungsverordnung zu beachten. Weil die Gemeinde nicht das Recht hat, neue Baugebiete zu „erfinden", müssen sich sonstige Sondergebiete iSd § 11 BauNVO von den Baugebieten der §§ 2 bis 10 BauNVO wesentlich unterscheiden. Ein wesentlicher Unterschied zu den genannten Baugebieten besteht, wenn ein Festsetzungsgehalt gewollt ist, der sich keinem der in den §§ 2 ff. BauNVO geregelten Gebietstypen zuordnen und sich deshalb sachgerecht auch mit einer der auf sie gestützten Festsetzung nicht erreichen lässt.[1950] Ob dies der Fall ist, ermittelt sich anhand eines Vergleichs der Zweckbestimmung des konkreten Sondergebiets mit den (abstrakten) allgemeinen Zweckbestimmungen der normierten Baugebiete, wie sie in den jeweils ersten Absätzen der §§ 2 bis 10 BauNVO umrissen sind. Dabei verdeutlichen die in § 11 II 2 BauNVO aufgeführten Beispiele, was einen wesentlichen Unterschied ausmachen kann.

1051 **o) Kombination von Festsetzungsmöglichkeiten.** Die in § 9 BauGB zur Verfügung gestellten **Festsetzungsmöglichkeiten**, die in der BauNVO eine weitere Konkretisierung und Ausfächerung erfahren haben, können allerdings auch **kombiniert** werden. So ist etwa durch § 9 I Nr. 3 BauGB dem Ortsgesetzgeber die Möglichkeit eröffnet worden, einer zu großen Verdichtung der Wohnbebauung entgegenzuwirken. Dieses vom Bundesgesetzgeber gebilligte Ziel wird durch Festsetzungen ergänzt, welche die Art und das Maß der baulichen Nutzung, die Bauweise, die überbaubaren und nicht überbaubaren Grundstücksflächen und die Stellung der baulichen Anlagen betreffen (§ 9 I Nr. 1 und 2 BauGB). Danach kann die Gemeinde durch planerische Festsetzungen zunächst Baugebiete typisierend bestimmen, die in der BauNVO im Einzelnen modellhaft und typenmäßig vorgezeichnet sind. Sie kann darüber hinaus gem. § 1 IV BauNVO in diesen Gebieten situationsgerechte Differenzierungen vornehmen.[1951] Die Gemeinde kann ferner durch eine Kombination von Gebietstyp und dem zugeordneten Maß der baulichen Nutzung, durch die Zahl der Vollgeschosse, durch die Grundflächenzahl und die Geschossflächenzahl eine bestimmte Verdichtung erreichen oder verhindern. Sie darf dies allerdings nur in Grenzen.[1952] Auch kann nach § 9 I Nr. 6 BauGB die Zahl der Wohnungen je Wohngebäude festgelegt werden. Die Gemeinde hat dabei zu beachten, dass sie hinsichtlich der **Art** der baulichen Nutzung an die Vorgaben der BauNVO gebunden ist. Sie darf nicht der Art nach abweichende Baugebiete selbst schaffen. Ein **Typenerfindungsrecht** hinsichtlich der Baugebiete steht der Gemeinde nicht zu. Die Differenzierungsmöglichkeiten nach § 1 IV bis IX BauGB betreffen die Gliederung nach der Art der Nutzung, nicht eine Gliederung nach dem Maß der Nutzung. Die Gliederungsmöglichkeiten bestehen nur für die Baugebiete nach den §§ 4–9 BauNVO, nicht für Sondergebiete nach den §§ 10 und 11 BauGB.

1052 **Unterschiedliche Festsetzungen** für ein und dieselbe Fläche scheiden als wirksamer Beitrag zur Ordnung der baulichen oder sonstigen Nutzung nur dann aus, wenn sie sich gegenseitig ausschließen[1953] und wenn sie nicht als Baurecht auf Zeit zulässig sind. Konkurrieren Festsetzungen über die überbaubare Grundstücksfläche mit Festsetzungen, die einer vollen Ausnutzung dieser Fläche entgegenstehen, so liegt hierin nicht zwangsläufig ein unauflöslicher Widerspruch. Die Festsetzung des Maßes der baulichen Nutzung (zB Grundflächenzahl oder zulässige Grundfläche) und die Festsetzung der überbaubaren Grundstücksfläche sind jede für

[1947] VGH Mannheim NuR 1999, 43.
[1948] BVerwG BauR 1998, 515.
[1949] BVerwG NVwZ-RR 1997, 9, so für einen wegen seiner Größe oder seiner Arbeitsweise mit der Zweckbestimmung des Wohngebiets nicht zu vereinbarenden Gartenbaubetrieb.
[1950] OVG Greifswald Urt. v. 26.4.2023 – 3 K 149/15, juris Rn. 56; BVerwG Urt. v. 11.7.2013 – 4 CN 7.12, juris Rn. 12.
[1951] BVerwGE 77, 308; BVerwGE 77, 317; BVerwGE 88, 268.
[1952] Die Orientierungswerte des § 17 BauNVO BVerwG NVwZ 1990, 362.
[1953] BVerwG ZfBR 2002, 597; NVwZ 1995, 692 zur Planbestimmtheit und notwendiges Maß der Konkretisierung der Festsetzungen.

sich anzuwenden und jeweils nur im Rahmen der anderen ausnutzbar.[1954] Gegenüber der Festsetzung von Baugrenzen oder Baulinien sind auch andere Festsetzungen nicht ohne Weiteres nach- oder untergeordnet. Ob Festsetzungen, die nicht von vornherein unverträglich sind, kumulativ gelten oder in einem bestimmten Rangverhältnis zueinander stehen, ist durch Auslegung zu ermitteln.[1955]

Während die Gemeinde hinsichtlich der Artfestsetzungen an die Modelle und Typen der 1053
BauNVO gebunden ist, bestehen hinsichtlich der **Festsetzung des Maßes** der baulichen Nutzung nach den §§ 16–21 a BauNVO diese Bindungen nicht. Zwar sind für die Gemeinde auch hier bestimmte Obergrenzen verbindlich (§ 17 BauNVO). Die Festsetzungsmöglichkeiten haben hier aber eine größere Variationsbreite als bei der Festsetzung der Art der Nutzung.[1956] Bei einem **vorhabenbezogenen Bebauungsplan** entfallen auch diese Bindungen, soweit städtebauliche Grundsätze gewahrt sind (§ 12 III 2 BauGB). Nach § 9 I Nr. 5 BauGB kann für einzelne Flächen oder für ein Bebauungsplangebiet oder Teile davon sowie für Teile baulicher Anlagen mit Ausnahme der für landwirtschaftliche Nutzung und Wald festgesetzten Flächen das Anpflanzen von Bäumen, Sträuchern und sonstigen Bepflanzungen sowie Bindungen für Bepflanzungen und für die Erhaltung von Bäumen, Sträuchern und sonstigen Bepflanzungen sowie von Gewässern festgesetzt werden. Eine flächenmäßige Anknüpfung, die den Anforderungen des § 9 I Nr. 25 b BauGB genügt, ist – neben konkreter Flächenkennzeichnung durch zeichnerische Mittel – insbesondere auch dann vorhanden, wenn die Festsetzung in einem Baugebiet pauschal für die nicht überbaubaren Grundstücksflächen getroffen wird. Einer weiteren Präzisierung bedarf es nicht.[1957]

Die der planenden Gemeinde in § 9 BauGB iV mit der BauNVO zur Verfügung gestellten 1054
Festsetzungsmöglichkeiten sind abschließend. Ein bauplanungsrechtliches **Festsetzungserfindungsrecht** steht der Gemeinde daher nicht zu. Dies gilt auch für das sog. **Weilheimer Einheimischenmodell**, das eine „Überfremdung" des Gemeindegebietes durch auswärtige Grundstückserwerber und einen durch deren Finanzkraft bewirkten übermäßigen Anstieg der Grundstückspreise zum Nachteil der Einheimischen vermeiden will.[1958] Diese Einflussnahme kann nicht durch Festsetzungen geschehen, weil der Katalog des § 9 BauGB keine Möglichkeiten bereitstellt, durch Festsetzungen auf den ausschließlichen Grundstückserwerb von Einheimischen Einfluss zu nehmen. Hierfür kommt nur eine vertragliche Regelung mit dem Grundstücksveräußerer und Begünstigten der Bauleitplanung in Betracht (§ 11 Nr. 2 BauGB).[1959] Die Gemeinde kann die Aufstellung eines Bebauungsplans davon abhängig machen, dass die Grundstückseigentümer ihr ein befristetes, notariell beurkundetes Verkaufsangebot für ihre Grundstücke machen und eine entsprechende Auflassungsvormerkung bewilligen. Die Gemeinde darf das Kaufangebot nur annehmen, wenn ein Grundstückseigentümer nach Abschluss der Planung an einen Käufer aus dem nichtbegünstigten Personenkreis veräußert. Die Gemeinde kann auch vor der Ausweisung von Bauland Verträge schließen, mit denen Grundstückseigentümer sich verpflichten, Verträge über die Grundstücke nur mit Zustimmung der Gemeinde abzuschließen, in denen ein Höchstpreis für Baugrundstücke festgelegt wird. Regelmäßig werden solche Verträge mit Bauverpflichtungen und Veräußerungsverbot verbunden.

Nicht zulässig ist es, ein Einheimischenmodell so zu gestalten, dass Bewerbende ohne Orts- 1055
bezug schon von vornherein von der Bewerbung ausgeschlossen werden.[1960] Privatrechtliche städtebauliche Verträge, mit denen Grundstücke zur Deckung des Wohnbedarfs an Ortsansäs-

---

[1954] BVerwG ZfBR 2002, 597; BauR 1999, 1435.

[1955] BVerwG ZfBR 2002, 597.

[1956] BVerwGE 92, 231.

[1957] BVerwG NVwZ-RR 1996, 629.

[1958] Zu Risiken für Einheimischenmodelle Birk Städtebauliche Verträge, 2022, Rn. 460 ff.; Burmeister Praxishandbuch Städtebauliche Verträge, 2019, Rn. 126 ff; Bunzel ua Städtebauliche Verträge, 2013, 147 ff.;

[1959] BVerwGE 92, 56 – Weilheimer Einheimischenmodell; VGH München BayVBl. 1999, 399; Grziwotz NJW 1993, 2665; Roithmaier MittBayNot. 1990, 295. Eine vertragliche Bindung auf 20 Jahre wird für angemessen angesehen, OLG München NJW 1998, 1962. Derartige Modelle verstoßen nicht gegen das Koppelungsverbot, so BGH NJW 1999, 208.

[1960] VG Sigmaringen Beschl. v. 22.5.2023 – 14 K 704/23, juris Rn. 54; Urt. v. 17.10.2022 – 7 K 98/21, juris; zu rechtliche Vorgaben für Verfahren zur Vergabe kommunaler Baugrundstücke siehe auch Köster KommJur 2023, 121; zu kommunalen Vergaben von Erbbaurechten unter den Anforderungen des Vergabe-, Beihilfe- und Gemeindehaushaltsrechts Tomerius ZfBR 2023, 140.

sige veräußert werden, unterliegen – jedenfalls bei Vertragsschluss vor Ablauf der Umsetzungsfrist für die EG-Richtlinie vom 5.4.1993 über missbräuchliche Klauseln in Verbraucherverträgen am 31.12.1994 – nicht der Inhaltskontrolle nach den bisherigen §§ 9 bis 11 AGBG, sondern sind an dem in § 11 II BauGB geregelten Gebot angemessener Vertragsgestaltung zu messen. Das Gebot angemessener Vertragsgestaltung ermöglicht nicht nur eine Kontrolle des vertraglichen Austauschverhältnisses, sondern auch eine Überprüfung der einzelnen Vertragsklauseln. Hierbei erlangen – unter Berücksichtigung der besonderen Interessenlage bei Einheimischenmodellen – auch die den zivilrechtlichen Regelungen zugrunde liegenden Wertungen Bedeutung. Es ist jedoch – weitergehend als nach dem Recht der Allgemeinen Geschäftsbedingungen – eine Kompensation von Vertragsklauseln, die für sich genommen unangemessen sind, durch vorteilhafte Bestimmungen im Übrigen Vertrag möglich.

1056 Unter der Förderung und Sicherung der mit der Bauleitplanung verfolgten Ziele ist durch die **Städtebaurechtsnovelle 2017** neben der Deckung des Wohnbedarfs von Bevölkerungsgruppen mit besonderen Wohnraumversorgungsproblemen auch der Erwerb angemessenen Wohnraums durch einkommensschwächere oder wenig begüterte Personen der örtlichen Bevölkerung erwähnt (§ 11 I 2 Nr. 2 BauGB) – und zwar unabhängig davon, ob es sich um die ortsansässige Bevölkerung handelt.[1961] Der Gesetzgeber hat damit auf die Einschränkungen reagiert, die der EuGH zur Ausgestaltung von Einheimischenmodellen aufgestellt hat.[1962]

1057 Die bauplanerische Festsetzung darf gem. §§ 10 II 2, 6 II BauGB nicht gegen sonstige Rechtsvorschriften verstoßen. Zu derartigen Rechtsvorschriften gehören auch Regelungen des **Bauordnungsrechts** als Teil des zu beachtenden materiellen Rechts.[1963] Allerdings tritt eine im Hinblick auf bauplanerische Festsetzungen zu beachtende Kollision mit Vorschriften des Bauordnungsrechts nur dann ein, wenn sich dieses einen zwingenden Charakter beilegt. Das ist zum einen dann nicht der Fall, wenn das Bauordnungsrecht selbst den Vorrang bauplanerischer Festsetzungen ausdrücklich anerkennt. Zum anderen scheidet eine Kollision mit bauplanerischen Festsetzungen dann aus, wenn das Bauordnungsrecht sich selbst einen zwingenden Charakter nicht oder nur eingeschränkt beimisst.[1964]

1058 **p) Festsetzungen zum Landesrecht.** Nach § 9 IV BauGB können die Länder durch Rechtsvorschriften bestimmen, dass auf Landesrecht beruhende Regelungen in den Bebauungsplan als Festsetzungen aufgenommen werden können und inwieweit auf diese Festsetzungen die Vorschriften des BauGB anzuwenden sind.[1965] Unter die landesrechtlichen Festsetzungsmöglichkeiten nach § 9 IV BauGB fallen etwa die mit einem Bebauungsplan verbundenen **Gestaltungssatzungen** oder die Festsetzung von Denkmalbereichen in einem Bebauungsplan.[1966] § 9 IV BauGB ermöglicht den Gemeinden, in den Bebauungsplan Regelungen nicht planungsrechtlicher, sondern gestalterischer Art aufzunehmen,[1967] die sie anderenfalls zB durch eine Gestaltungssatzung treffen müsste. Die Gemeinde muss nicht zunächst die örtliche Gestaltungsvorschrift als Satzung beschließen, um sie danach als Festsetzung in den Bebauungsplan aufzunehmen. Nicht zulässig ist es hingegen, einen Bebauungsplan ausschließlich über die äußere Gestaltung baulicher Anlagen zu beschließen; § 9 IV BauGB ermöglicht insoweit nur ergänzende bauordnungsrechtliche Gestaltungsbestimmungen zu städtebaulichen Festsetzungen eines Bebauungsplans.[1968] Gemeinden haben insoweit keine Wahlfreiheit zwischen Bebauungsplan und Gestaltungssatzung.[1969] In einem Normenkontrollverfahren gegen einen Bebauungsplan unterliegt die Prüfung der Antragsbefugnis hinsichtlich der aufgenommenen baugestal-

---

[1961] Beschlussempfehlung und Bericht des Ausschusses vom 8.3.2017 (Drs. 18/11439), S 19.

[1962] EuGH DVBl. 2013, 1041 m. Anm. Krautzberger ZfIR 2013, 473; Stüer/Garbrock DVBl. 2013, 1044, 1134; BVerwGE 92, 56 – Weilheimer Einheimischenmodell.

[1963] BVerwG NVwZ 1990, 361.

[1964] BVerwG Beschl. v. 23.10.1990 – 4 B 130.90, juris; NVwZ 1994, 1010.

[1965] Zu bauplanungsrechtlichen Regelungen im Gewande bauordnungsrechtlicher Vorschriften Haaß NVwZ 2008, 252; zum Rechtsschutz einer Umweltvereinigung gegen eine aufgrund einer örtlichen Baumschutzsatzung erteilten Fällgenehmigung VGH Kassel NVwZ 2022, 1477.

[1966] Zum Rechtsschutz gegen Gestaltungssatzungen OVG Schleswig Urt. v. 1.12.2022 – 1 KN 2/17, juris.

[1967] Mitschang/Reidt in BKL, BauGB, 2022, § 9 Rn. 220; Kment in Jarass/Kment, BauGB 2022, § 9 Rn. 98.

[1968] VGH München NVwZ-RR 2019, 933; Spieß in Jäde/Dirnberger, BauGB/BauNVO, 2022, § 9 BauGB Rn. 122.

[1969] Spieß in Jäde/Dirnberger, BauGB/BauNVO, 2022, § 9 BauGB Rn. 122.

terischen Festsetzungen einer eigenständigen rechtlichen Beurteilung.[1970] Dass örtliche Gestaltungsvorschriften, auch wenn sie verfahrensrechtlich in einen Bebauungsplan aufgenommen werden, vom Bebauungsplan zu trennende, grundsätzlich dem Bauordnungsrecht zugehörige Rechtsnormen bleiben, hat auch Konsequenzen für eine eventuelle Funktionslosigkeit. Eine etwaige Funktionslosigkeit der Festsetzung zur im Plangebiet zulässigen Art der baulichen Nutzung hat zB nicht zur Folge, dass die mit der örtlichen Bauvorschrift zur Gestaltung verfolgte Zielsetzung offenkundig auch in Zukunft nicht mehr erreicht werden könnte, mit der Folge, dass auch diese funktionslos geworden sein könnte.[1971]

Die Länder können bestimmen, ob sich das Aufstellungsverfahren hinsichtlich dieser Fest- **1059**
setzungsmöglichkeiten nach Landesrecht richtet oder ob auch insoweit das Verfahren für die Aufstellung eines Bebauungsplans anzuwenden ist. Damit kann das Landesrecht den bundesgesetzlich abschließenden Katalog des § 9 I BauGB erweitern. Der Landesgesetzgeber ist hierzu aber nicht verpflichtet. Die zusätzlichen Festsetzungen können sich etwa auf Vorschriften des Bauordnungsrechts, der Denkmalpflege, des Landschafts- und Naturschutzrechts oder des Straßenrechts beziehen. Diese Festsetzungen nach § 9 IV BauGB unterliegen zwar den allgemeinen verfahrensrechtlichen Vorschriften für die Aufstellung von Bebauungsplänen, nicht aber ohne weiteres den inhaltlichen Anforderungen des BauGB.

Zwar können die Länder gem. § 9 IV BauGB bestimmen, inwieweit für diese Festsetzungen **1060**
die Vorschriften des BauGB anzuwenden sind. Die Aufnahme in den Bebauungsplan lässt jedoch den landesrechtlichen Charakter dieser Regelungen als Normen des Bauordnungsrechts unberührt. Materiell-rechtliche Rechtsgrundlage für Festsetzungen nach § 9 IV BauGB ist allein das Landesrecht. Sofern durch solche Rechtsvorschriften nicht etwas anderes bestimmt ist, richtet sich deshalb der zulässige Inhalt dieser Festsetzungen nach Auffassung des BVerwG nicht nach den Vorschriften des BauGB. Das soll auch für das planungsrechtliche **Abwägungsgebot** gelten.[1972] Es können sich allerdings aus dem Rechtsstaats- und Demokratiegebot Mindestanforderungen für das kommunale Satzungsrecht auch auf dieser Grundlage ergeben. Beim Erlass örtlicher Bauvorschriften hat die Gemeinde wie bei der Aufstellung von Bebauungsplänen die von der beabsichtigten Regelung berührten öffentlichen und privaten Belange gegen- und untereinander gerecht abzuwägen.[1973] Die Verpflichtung der Gemeinde zu einer Abwägung der öffentlichen und privaten Belange ergibt sich auch angesichts der Nichtgeltung des planungsrechtlichen Abwägungsgebots aus dem Umstand, dass mit den von ihr erlassenen örtlichen Bauvorschriften Inhalt und Schranken des Eigentums geregelt werden und hierbei die Interessen der Allgemeinheit sowie die privaten Interessen des Einzelnen in ein ausgewogenes Verhältnis gebracht werden müssen.[1974]

Nach Maßgabe des Landesrechts können solche satzungsrechtlichen Festsetzungen auch der **1061**
Fachaufsicht unterworfen sein. Nimmt eine Gemeinde in den Bebauungsplan solche Festsetzungen auf, so ist eine **Normenkontrolle** gegen diese Festsetzungen nur zulässig, wenn das Landesrecht eine entsprechende Kontrollmöglichkeit eröffnet. Fehlt es daran, so unterliegen solche Regelungen aber ggf. einer Inzidentkontrolle.[1975] Nach § 9 IV BauGB ist der Landesgesetzgeber zusätzlich berechtigt, die Verfahrensvorschriften für die Aufstellung und Änderung von Bauleitplänen für den Fall anzuordnen, dass eine nur landesrechtlich vorgesehene und in einem Bebauungsplan bereits aufgenommene Festsetzung geändert werden soll.[1976] Gestalterische Festsetzungen sind nur dann zu **begründen**, wenn sie zu den wesentlichen satzungsrechtlichen Regelungen gehören.[1977] Im Übrigen ist – soweit Bundesrecht Anwendung findet – § 214 III 2 BauGB zu beachten. Ein offensichtlicher Mangel im Abwägungsvorgang setzt voraus, dass konkrete Umstände auf einen solchen Mangel hindeuten. Er liegt nicht schon dann vor, wenn Planbegründung und Aufstellungsvorgänge keinen ausdrücklichen Hinweis darauf enthalten, dass sich der Plangeber mit bestimmten Umständen abwägend befasst

---

1970 OVG Koblenz BauR 2016, 1859.
1971 OVG Lüneburg Beschl. v. 5.5.2021 – 1 LA 39/21, juris Rn. 9.
1972 BVerwG NVwZ 1995, 899; ZfBR 2005, 562.
1973 VGH Mannheim BauR 2007, 358; Spieß in Jäde/Dirnberger, BauGB/BauNVO, 2022, § 9 BauGB Rn. 123.
1974 VGH Mannheim BauR 2007, 358.
1975 OVG Saarlouis NVwZ 1983, 42.
1976 BVerwG BauR 1992, 43.
1977 BVerwG NJW 1971, 1626; NVwZ-RR 1993, 286; NVwZ 1995, 899; OVG Lüneburg BRS 39 Nr. 132.

hat.[1978] Offensichtlich im Sinne diese Vorschrift ist ein Mangel in der Abwägung, wenn er sich aus den Materialien des Planaufstellungsverfahrens ergibt und die „äußere" Seite der Abwägung betrifft, indem er auf objektiv fassbaren Sachumständen beruht. Eine Ergebnisrelevanz des Abwägungsfehlers ist gegeben, wenn die konkrete Möglichkeit besteht, dass die planende Stelle eine andere Entscheidung getroffen hätte, wobei in dem Zusammenhang die lediglich abstrakte Möglichkeit einer anderen Entscheidung nicht genügt.[1979]

1062 Die Gemeinde ist bei der Aufstellung von Bebauungsplänen nicht strikt an die Planzeichen der **PlanZV** gebunden. Weicht sie von der PlanZV ab, so wird hierdurch allein die Bestimmtheit nicht in Frage gestellt, wenn der Inhalt der Festsetzung hinreichend deutlich erkennbar ist. § 2 V PlanZV ist auch dann anwendbar, wenn sich eine Gemeinde für die räumliche Abgrenzung der Festsetzung über das Maß der baulichen Nutzung – insbesondere die Zahl der Vollgeschosse – nicht des Planzeichens gemäß Nr. 15.14 der Anlage zu § 2 I 1 PlanZV (Perlenschnur), sondern der ebenfalls eine Begrenzung enthaltenden Baugrenzen oder Baulinien bedient.[1980]

1063 Das Landesrecht kann dabei auch eine sog. **dynamische Verweisung** in dem Sinne ermöglichen, dass die auf Landesrecht beruhenden gemeindlichen Satzungen auf den jeweiligen Geltungsbereich des Bebauungsplans Bezug nehmen.[1981] So wird etwa der Geltungsbereich einer auf Landesrecht beruhenden **Baumschutzsatzung** mit der Formulierung „innerhalb des Geltungsbereichs der Bebauungspläne und der im Zusammenhang bebauten Ortsteile" hinreichend bestimmt umschrieben. Es verändert sich zwar hierdurch der räumliche Geltungsbereich der Baumschutzsatzung mit der Änderung des Bestandes der Bebauungspläne oder mit der tatsächlichen Veränderung der im Zusammenhang bebauten Ortsteile.[1982] Dies führt jedoch nicht zur mangelnden Bestimmtheit, da sich der Geltungsbereich im jeweiligen Zeitpunkt der Anwendung der Satzung eindeutig bestimmen lässt. Verfassungsrechtlich geboten ist nicht eine Bestimmtheit um jeden Preis, sondern eine auch unter Berücksichtigung der praktischen Handhabung[1983] in der Weise ausreichende Bestimmtheit, die eine willkürliche Behandlung durch Behörden oder Gerichte ausschließt. Eine gewisse Großzügigkeit ist vor allem dann am Platz, wenn eine konkretere Bestimmung einen unverhältnismäßigen Verwaltungsaufwand hervorrufen würde und aus dieser Sicht nicht vertretbar erscheint. Die metergenaue kartografische Darstellung einer Satzung ist nicht erforderlich. Dasselbe gilt für eine verbale Kartierung, die alle im Gebiet liegenden Grundstücke im Einzelnen ausweist oder die Grenzen des Plangebietes exakt durch die einzelnen Parzellengrenzen beschreibt. Die Formel „Bestimmtheit geht vor Verwaltungsbequemlichkeit" fordert daher nicht, an die Exaktheit der Festsetzungen des Geltungsbereichs überspannte Anforderungen zu stellen, zumal durch eine exaktere Beschreibung der Grenzen vielfach bei den Betroffenen mehr Verwirrung als Klarheit geschaffen werden könnte. Wenn sich hinsichtlich eines Randbereichs oder einzelner Baumstandorte nicht zweifelsfrei klären lässt, ob sie noch vom räumlichen Geltungsbereich einer Baumschutzsatzung erfasst sind, mag es angebracht sein, je nach den Umständen des Einzelfalls von der Verhängung eines Bußgeldes wegen einer Ordnungswidrigkeit bei Satzungsverstößen abzusehen. Solche möglichen vereinzelten Zweifelsfälle rechtfertigen es jedoch nach Auffassung des BVerwG nicht, die Satzung auch in dem ganz überwiegend zweifelsfreien Anwendungsbereich außer Acht zu lassen.[1984] Eine Satzung ist, wie jede andere Rechtsnorm auch, der **Auslegung** zugänglich. Ergeben sich aus dem veröffentlichten Text einer Satzung trotz einzelner Ungenauigkeiten keine Zweifel an ihrem räumlichen Geltungsbereich, so berühren solche redaktionellen Fehler die Gültigkeit der Satzung nicht. Bestehen nur Zweifel, ob einzelne Flurstücke – zB im Randbereich – in den Geltungsbereich der Satzung einbezogen sind oder nicht, so muss da-

[1978] BVerwG ZfBR 1992, 139; NVwZ 1995, 899.

[1979] OVG Saarlouis ZNER 2008, 101.

[1980] BVerwG NVwZ-RR 2001, 422.

[1981] Zur dynamischen Verweisung auf das Verwaltungsverfahrensrecht BVerwG NVwZ 2005, 699; zu den Anforderungen an die Verkündung bei einer Verweisung einer Festsetzung des Bebauungsplans auf eine DIN-Vorschrift, OVG Schleswig Urt. v. 16.6.2020 – 1 KN 18/15, juris Rn. 27; siehe auch VG Gelsenkirchen Beschl. v. 6.2.2023 – 6 L 144/23, juris: kein Schutz subjektiver Rechte durch eine Baumschutzsatzung; zu kommunalen Satzungen als Instrument grüner Stadtplanung Vornholt KlimaRZ 2023, 226.

[1982] Zu Ausnahmen von einer Baumschutzsatzung gegen Erstpflanzung oder Erstzahlung Franz Otto NuR 2009, 245.

[1983] BVerfGE 49, 89.

[1984] BVerwG NVwZ 1994, 1099.

runter nicht die Gültigkeit der Satzung insgesamt leiden, sondern die Satzung kann wegen der insoweit bestehenden Unbestimmtheit teilunwirksam sein.[1985]

1064 Im Gegensatz zu einer dynamischen Verweisung des Landesrechts auf das Bauplanungsrecht besteht diese Möglichkeit im Verhältnis **verschiedener Fassungen der BauNVO** nicht. Denn durch die Änderung der BauNVO wird die durch einen vorher bereits erlassenen Bebauungsplan geschaffene Rechtslage nicht geändert. Allenfalls kann eine Neufassung der BauNVO als Auslegungshilfe für eine ältere Fassung der BauNVO Bedeutung erlangen.[1986] Entscheidend ist, wie die ältere Fassung der BauNVO bei Erlass des Bebauungsplans von der Gemeinde verstanden wurde und verstanden werden musste.

1065 Das Rechtsstaatsprinzip gebietet, dass förmlich gesetzte Rechtsnormen verkündet werden, wobei Verkündung bedeutet, dass die Rechtsnormen der Öffentlichkeit in einer Weise förmlich zugänglich gemacht werden, dass die Betroffenen sich verlässlich Kenntnis von ihrem Inhalt verschaffen können. Verweist eine Festsetzung des Bebauungsplans auf eine DIN-Vorschrift und ergibt sich erst aus dieser Vorschrift, unter welchen Voraussetzungen ein Vorhaben planungsrechtlich zulässig ist, muss der Plangeber sicherstellen, dass die Planbetroffenen sich auch vom Inhalt der DIN-Vorschrift verlässlich Kenntnis verschaffen können.[1987]

1066 Eine **Baumschutzsatzung** ist in den Bereichen unwirksam, in denen sie die im **Stadtgebiet** befindlichen Waldbestände unter Schutz stellt. Eine solche Teilunwirksamkeit führt aber nicht zur Gesamtunwirksamkeit der Baumschutzsatzung.[1988] Steht dem Investor ein baurechtlich einklagbarer Anspruch auf Erteilung einer Baugenehmigung zu, so kann die Behörde die Erteilung der Genehmigung nicht mit Hinweis auf eine Baumschutzsatzung verbieten.[1989] Verhindert aber ein auf öffentlichem Straßengrund stehender Baum die Zufahrt, sind als bauliche Maßnahmen weder ein Stellplatz noch eine Garage zulässig, auch wenn diese notwendig sind.[1990] Geht von einem durch Baumschutzsatzung geschützten Baum wegen eines Fäulnisbefalls eine Gefahr aus, ist auch ein betroffener Nachbar berechtigt, einen Antrag auf Fällen des Baumes zu stellen. Die Behörde kann dann aber regelmäßig durch notwendige Beobachtungen und Untersuchungen dem Anspruch des Nachbarn Rechnung tragen.[1991] Eine Baumschutzsatzung darf nicht in dem Sinne angewandt werden, dass in jedem Fall der Entfernung eines der Satzung unterfallenden Baumes immer eine **Ersatzpflanzung** vorzunehmen ist.[1992] Die Entscheidung über die Anordnung einer Ersatzpflanzung erfordert vielmehr eine abwägende Einzelfallprüfung unter Würdigung der von dem betroffenen Baum nach seinem Zustand, Alter und Standort ausgehenden Wohlfahrtswirkungen einerseits und den mit der Unterschutzstellung verbundenen Belastungen für den privaten Eigentümer andererseits. Die Anordnung einer Ersatzpflanzung kann im Falle der Entfernung eines kranken und Gefahren hervorrufenden Baumes nicht allein damit gerechtfertigt werden, dass auch ein solcher Baum noch einen Beitrag zu dem ökologischen Gesamtpotenzial leiste.[1993] Die in den Baumschutzsatzungen enthaltenen Verbote und Gebote kann die Gemeinde nicht durch Verwaltungsakt durchsetzen oder sich durch Satzung eine Befugnis dazu verschaffen. Die Verpflichtung zu Ersatzpflanzungen wird vielmehr nach Maßgabe des Landesrechts durch die Naturschutzbehörde umgesetzt.[1994] Die Angemessenheit einer Ersatzpflanzung beurteilt sich nicht nur nach der Bedeutung der Bäume für das Landschaftsbild sondern auch nach ihrer Bedeutung für den Naturhaushalt. Bei dieser Sichtweise kann es in bestimmten Fällen nicht ausreichend sein, wenn die beseitigten Bäume (nur) im Verhältnis 1:1 ersetzt werden; denn die Neuanpflanzung kommt nicht nur ästhetisch sondern mehr noch unter dem Gesichtspunkt des ökologischen Ausgleichs dem gefällten Baum (zunächst) nicht gleich. Dementsprechend kann es – unabhängig von der Beeinträchtigung des Landschaftsbildes – durchaus zulässig sein, als Ersatz für die gefällten Bäume ein

1985 BVerwG NVwZ 1994, 684; Urt. v. 1.2.1994 – 4 NB 44.93, juris.
1986 BVerwG NVwZ 1996, 893.
1987 OVG Schleswig Urt. v. 16.6.2020 – 1 KN 18/15, juris Rn. 27.
1988 VGH Mannheim Urt. v. 17.9.1998 – 3 S 1208, juris.
1989 VG Halle IBR 1998, 545.
1990 VGH Mannheim VGHBW RSpDienst 1998 Beilage 12 B 6.
1991 OVG Saarlouis RdL 1999, 107.
1992 Zur Erteilung einer Baumfällgenehmigung bei gleichzeitiger Anordnung einer Ersatzpflanzung und Ersatzzahlung Franz Otto DWW 2008, 268.
1993 OVG Münster NVwZ-RR 1999, 239.
1994 OVG Lüneburg NVwZ 1999, 84.

Mehrfaches an neu anzupflanzenden Bäumen zu verlangen.[1995] **Mehrkosten** für Bauwerke, die durch die Erhaltung von Naturdenkmalen entstehen, sind im Rahmen der Zumutbarkeit vom Bauherrn zu tragen.[1996] Auch muss der Grundstückseigentümer die Beeinträchtigung seines Eigentums durch vom Nachbargrundstück hinüber wachsende Wurzeln dulden, soweit das Verbot der örtlichen Baumschutzsatzung reicht.[1997] Die Erfüllung des Beseitigungsanspruchs und damit auch dessen Zwangsvollstreckung sind deshalb im Urteilstenor in sachgerechter Weise von der notwendigen Genehmigung nach der Baumschutzsatzung abhängig zu machen.[1998]

1067 In einem Bebauungsplan können auch für landwirtschaftlich genutzte Grundstücke **baumschützende Festsetzungen** gemäß § 9 I Nr. 25 b BauGB getroffen werden, wenn dadurch die uneingeschränkte landwirtschaftliche Nutzung des Grundstücks nicht beeinträchtigt wird und wenn die Festsetzung über die städtebauliche Zielsetzung hinaus auch noch andere planerische Zwecke verfolgt, die ebenfalls in § 9 I BauGB begründet sind und dort auch für landwirtschaftlich genutzte Grundstücke getroffen werden können.[1999] Die Festsetzung einer Fläche für die Erhaltung von Bäumen (§ 9 I Nr. 25 b BauGB) steht der Beseitigung solcher Bäume nicht entgegen, die nicht erhaltensfähig sind oder für deren Erhaltung außer Verhältnis zum Schutzzweck der Festsetzung stehende Maßnahmen erforderlich wären.[2000] Für naturschutzrechtliche Genehmigungen einschließlich der Befreiung von kommunalen Baumschutzsatzungen ist im Zusammenhang mit Unterhaltungsarbeiten an Eisenbahnanlagen das Eisenbahn-Bundesamt zuständig. Die örtliche Ordnungsbehörde darf aufgrund einer Notkompetenz ungenehmigte Arbeiten vorläufig stilllegen.[2001] Wird durch den Blütenstaub eines Baumes bei einem Grundstücksnutzer eine Allergie ausgelöst oder spürbar verstärkt, liegt eine Gefahr im Sinne einer Baumschutzsatzung vor. Zum Nachweis ist ein hinreichend aussagekräftiges und substantiiertes, in der Regel auf entsprechenden Allergietests beruhendes ärztliches Attest oder Gutachten vorzulegen.[2002] Der in einer BaumSchV verwandte Begriff des Obstbaumes ist kein unbestimmter Rechtsbegriff, der einer Auslegung durch das Gericht zugänglich wäre. Vielmehr handelt es sich um eine naturwissenschaftliche Bezeichnung, die auch keinen Bewertungsspielraum lässt.[2003] Die **Zuwiderhandlung** gegen eine Baumschutzsatzung setzt keine eigenhändige Tätigkeit voraus. Tatbeteiligter kann deshalb auch sein, wer sich bewusst und gewollt an einer Zusammenkunft, die das ungenehmigte Fällen geschützter Bäume bezweckt, beteiligt und die Täter in ihrem Tatentschluss bestärkt.[2004]

1068 Eine Baumschutzsatzung, welche die Feststellung der Voraussetzungen für Ausnahmen von ihren generellen Verboten an eine Abwägung öffentlicher und privater Interessen seitens der Grundstückseigentümer bzw. Nutzungsberechtigten knüpft, ist nach Auffassung des OVG Münster nichtig. Die Baumschutzsatzung gilt in ihrer Vorgängerfassung fort, wenn der gegenteilige Wille des Satzungsgebers nicht in einem besonderen Abwägungsprozess Ausdruck gefunden hat.[2005] Restbestände einer früheren zusammenhängenden Waldfläche können dabei Bestandteil einer zum Wohnbereich gehörenden Parkanlage iS des § 1 II LFoG NRW sein.[2006]

3. Kennzeichnungspflichten

1069 Neben den Festsetzungen sollen gem. § 9 V BauGB im Bebauungsplan auch bestimmte Flächen gekennzeichnet werden. Dazu zählen Flächen, bei deren Bebauung besondere bauliche Vorkehrungen gegen äußere Einwirkungen oder bei denen besondere bauliche Sicherungs-

---

1995 OVG Magdeburg NVwZ-RR 2011, 440 zur Anordnung von Ersatzpflanzungen; dort auch zur Zulässigkeit einer naturschutzrechtlichen Anordnung, Ersatzpflanzungen für beseitigte Obstbäume vorzunehmen.

1996 VG Gießen Beschl. v. 27.9.1999 – 1 E 1099/98, juris zu Mehrkosten von ca. 15.000 Euro für den Erhalt einer ca. 120 bis 150 Jahre alten Eiche.

1997 OLG Hamm Urt. v. 30.11.1991 – 5 U 163/92, juris.

1998 OLG Hamm Urt. v. 20.5.1999 – 5 U 32/99, juris.

1999 ObLG München NuR 2003, 135.

2000 OVG Münster Urt. v. 11.1.2002 – 7a D 129/00.NE.

2001 VG Köln NuR 2002, 116.

2002 OVG Münster UPR 2003, 276.

2003 VG Berlin UPR 2001, 400 (LS); Urt. v. 30.5.2001 – 1 A 123.98, juris für einen Haselnussbaum und einen Walnussbaum.

2004 KG Berlin NStZ 2004, 18.

2005 Für das Bauplanungsrecht siehe BVerwGE 85, 289.

2006 OVG Münster NVwZ-RR 2001, 731.

maßnahmen gegen Naturgewalten erforderlich sind, unter denen der Bergbau umgeht oder die für den Abbau von Mineralien bestimmt sind oder deren Böden erheblich mit umweltgefährdenden Stoffen belastet sind. Die Kennzeichnungspflichten für den Bebauungsplan entsprechen den Kennzeichnungspflichten gem. § 5 III BauGB für den Flächennutzungsplan. Kennzeichnungen sind keine verbindlichen Festsetzungen; sie bestimmen insoweit auch nicht die planungsrechtliche Zulässigkeit von Vorhaben im Plangebiet: Ihr Fehlen berührt die Wirksamkeit des Bebauungsplans nicht. Das Fehlen einer Kennzeichnung kann jedoch Indiz für einen **Abwägungsmangel** sein, wenn die Gemeinde sich bei ihrer planerischen Abwägung nicht hinreichend mit den entsprechenden Gefahren auseinandergesetzt hat.

Im Bebauungsplan müssen nicht nur Flächen für die für baulichen Nutzungen, sondern 1070
sämtliche Flächen gekennzeichnet werden, wenn sie erheblich mit umweltgefährdenden Stoffen belastet sind. Insoweit muss die entsprechenden Ermittlungen anstellen; sie muss dazu erkennbaren Anhaltspunkten nachgehen.[2007] Grundsätzlich gilt, dass jeder Bebauungsplan die von ihm geschaffenen oder ihm sonst zurechenbaren Konflikte zu lösen hat.[2008] Dies schließt aber eine Verlagerung von Problemlösungen aus dem Bauleitplanverfahren auf nachfolgendes Verwaltungshandeln nicht zwingend aus.[2009] Von einer abschließenden Konfliktbewältigung im Bebauungsplan darf der Plangeber Abstand nehmen, wenn die Durchführung der als notwendig erkannten Konfliktlösungsmaßnahmen außerhalb des Planungsverfahrens auf der Stufe der Verwirklichung der Planung sichergestellt ist. Ob die **Konfliktbewältigung** durch späteres Verwaltungshandeln gesichert oder wenigstens wahrscheinlich ist, hat die Gemeinde dabei prognostisch zu beurteilen, weil es um den Eintritt zukünftiger Ereignisse geht.[2010] Die Grenzen zulässiger Konfliktverlagerung sind indes überschritten, wenn bereits im Planungsstadium absehbar ist, dass sich der offengelassene Interessenkonflikt auch in einem nachfolgenden Verfahren nicht sachgerecht lösen. Soll zB eine Fläche, unter der der Bergbau umgeht, überplant werden, kann hinsichtlich der Stabilität des Baugrundes die Konfliktlösung grundsätzlich nach den von der Rechtsprechung entwickelten Grundsätzen auf nachfolgendes Verwaltungshandeln verlagert werden.[2011] Ob die Konfliktbewältigung durch späteres Verwaltungshandeln gesichert oder wenigstens wahrscheinlich ist, hat die Gemeinde dabei prognostisch zu beurteilen, weil es um den Eintritt zukünftiger Ereignisse geht.[2012]

4. Nachrichtliche Übernahme

Neben den Darstellungs- und Kennzeichnungsmöglichkeiten sollen nach anderen gesetz- 1071
lichen Vorschriften getroffene Festsetzungen, gemeindliche Regelungen zum Anschluss- und Benutzungszwang sowie Denkmäler nach Landesrecht sollen in den Bebauungsplan nachrichtlich übernommen werden, soweit sie zu seinem Verständnis oder für die städtebauliche Beurteilung von Baugesuchen notwendig oder zweckmäßig sind. (§ 9 VI BauGB). Noch nicht getroffene, sondern lediglich beabsichtigte Festsetzungen müssen genauso wenig übernommen werden wie Festsetzungen, die keine verbindliche Außenwirkung, sondern allein programmatischer Natur sind.[2013] Gemeint sind insbesondere Festsetzungen in Natur- und Landschaftsschutzgebieten, in Wasserschutzgebieten, Lärmschutzzonen, etc. Da es sich bei § 9 VI BauGB um eine Soll-Pflicht handelt, steht die nachrichtliche Übernahme der nach anderen gesetzlichen Vorschriften getroffene Festsetzungen nicht im freien Ermessen der Gemeinde. Soweit sie zu seinem Verständnis oder für die städtebauliche Beurteilung von Baugesuchen notwendig oder zweckmäßig sind, ist die Gemeinde jedenfalls im Regelfall zu einer nachrichtlichen Übernahme in den Bebauungsplan verpflichtet. Die Notwendigkeit, auch gemeindliche Rege-

---

[2007] Mitschang/Reidt in BKL, BauGB, 2022, § 9 Rn. 222; BGH UPR 1992, 438.

[2008] BVerwGE 147, 379; OVG Münster Urt. v. 22.2.2022 – 2 D 202/21.NE, juris Rn. 111 f.; OVG Münster Urt. v. 22.6.2023 – 2 D 347/21.NE, juris Rn. 190: VGH Mannheim Urt. v. 24.7.2019 – 5 S 2405/17, juris Rn. 37 ff., mwN; OVG Münster Beschl. v. 22.4.2022 – 10 B 362/22.NE, juris Rn. 26; Scheidler ZfBR 2023, 127; Söfker in EZBK, BauGB, 2022, § 1 Rn. 190 ff.; Rieger in Schrödter, BauGB, 2019, § 1 Rn. 621 ff.; Battis in BKL, BauGB, 2022, § 1 Rn. 115 ff.

[2009] BVerwG Beschl. v. 19.1.2022 – 4 BN 47/21, juris Rn. 15; Scheidler ZfBR 2023, 127.

[2010] OVG Münster Beschl. v. 23.11.2023 – 2 B 677/23.NE, juris Rn52; OVG Münster Beschl. v. 13.12.2021 – 2 B 1481/21.NE, juris Rn. 46 f. mwN.

[2011] OVG Münster BauR 2017, 1634.

[2012] OVG Münster Beschl. v. 23.11.2023 – 2 B 677/23.NE, juris Rn. 52.

[2013] Mitschang/Reidt in BKL, BauGB, 2022, § 9 Rn. 227, 228.

lungen zum **Anschluss- und Benutzungszwang** nachrichtlich zu übernehmen, wurde im Zuge der Klimaschutznovelle 2011 in das Gesetz aufgenommen. Dabei kann es sich zB um Anschluss- und Benutzungszwang an Verteilnetze zur öffentlichen Fernwärme handeln. Nach § 16 EEWärmeG können die Gemeinden und Gemeindeverbände von einer Bestimmung nach Landesrecht, die sie zur Begründung eines Anschluss- und Benutzungszwangs an ein Netz der öffentlichen Fernwärme- oder Fernkälteversorgung ermächtigt, auch zum Zwecke des Klima- und Ressourcenschutzes Gebrauch machen.

1072 **Festgesetzte Überschwemmungsgebiete** iS des §76 WHG sollen nachrichtlich übernommen werden. Festgesetzte Überschwemmungsgebiete iSd § 76 II WHG, **Risikogebiete** außerhalb von Überschwemmungsgebieten iSd § 78b I WHG sowie **Hochwasserentstehungsgebiete** iSd § 78d I WHG sollen nachrichtlich übernommen werden. Noch nicht festgesetzte Überschwemmungsgebiete iS des § 76 III WHG sowie als Risikogebiete iS des § 73 I 1 WHG bestimmte Gebiete sollen im Bebauungsplan vermerkt werden (§ 9 VI a BauGB). Diese Regelungen eingeführten Regelungen tragen dazu bei, die Bevölkerung in den betroffenen Gebieten vor den Gefahren des Hochwassers zu warnen.[2014] Zugleich ergibt sich für die Bauleitplanung ein grundsätzliches Verbot der Ausweisung von neuen Baugebieten in diesen Bereichen (§ 78 I 1 WHG). Dieses darf die Gemeinde nur unter den Voraussetzungen des § 78 II WHG überwinden. Die nachrichtlichen Übernahme- bzw. Kennzeichnungspflichten stellen die betroffene Bevölkerung allerdings nicht von einer eigenen Mitwirkung bei den Vorsorge- und Schadensbegrenzungsmaßnahmen frei. Nach § 5 II WHG ist jede Person, die durch Hochwasser betroffen sein kann, im Rahmen des ihr Möglichen und Zumutbaren verpflichtet, geeignete Vorsorgemaßnahmen zum Schutz vor nachteiligen Hochwasserfolgen und zur Schadensminderung zu treffen, insbesondere die Nutzung von Grundstücken den möglichen nachteiligen Folgen für Mensch, Umwelt oder Sachwerte durch Hochwasser anzupassen. Auch die am Bau Beteiligten können sich nicht etwa mit Hinweis auf eine nicht erfolgte Kennzeichnung der Überschwemmungsgebiete oder überschwemmungsgefährdeter Gebiete von einer eigenen Haftung generell frei zeichnen.

1073 § 9 VI BauGB ist durch die **BauGB-Klimanovelle 2011** dahingehend erweitert worden, dass auch gemeindliche Regelungen zum Anschluss- und Benutzungszwang nachrichtlich in den Bebauungsplan übernommen werden können. Die Vorschrift knüpft an entsprechende Regelungen zum **Anschluss- und Benutzungszwang** in § 16 EEWärmeG an. Danach können die Gemeinden und Gemeindeverbände von einer Bestimmung nach Landesrecht, die sie zur Begründung eines Anschluss- und Benutzungszwangs an ein Netz der öffentlichen Fernwärme- oder Fernkälteversorgung ermächtigt, auch zum Zwecke des Klima- und Ressourcenschutzes Gebrauch machen. Durch diese nachrichtliche Übernahme sollen die Bürger und sonstigen Planbetroffenen über das bestehende kommunale Satzungsrecht informiert werden.[2015]

5. Bebauungsplanbegründung

1074 Dem Bebauungsplan ist nach § 9 VIII BauGB eine **Begründung** mit den Angaben nach § 2 a BauGB beizufügen. In der Begründung sind die Ziele, Zwecke und wesentlichen Auswirkungen des Bebauungsplans darzulegen. Auch der Umweltbericht nach § 2 a BauGB ist Teil der Begründung. Ebenso wie die Begründung für den Flächennutzungsplan hat auch die Begründung für den Bebauungsplan eine wichtige Funktion, die mit dem **Abwägungsgebot** in Zusammenhang steht. Die Begründung ist zwar nicht Bestandteil des Bebauungsplans, sie soll aber die wesentlichen Elemente der **Abwägung** erkennen lassen und über die Zusammenstellung des Abwägungsmaterials sowie die Gewichtung und Bewertung der Belange (§ 2 III BauGB) Auskunft geben. Fehlt die Begründung, ist der Bebauungsplan nicht rechtswirksam.[2016] Dasselbe gilt für einen lediglich formelhaften Begründungstext, der nicht durch einen Rückgriff auf die Materialien oder Ratsprotokolle angereichert werden kann.[2017] Die Pflicht, einem Bebauungsplan eine Begründung beizufügen (§ 9 VIII BauGB), gilt auch für Ände-

---

[2014] Zum Hochwasserschutz in der Bauleitplanung Wagner ZUR 2023, 283; Faßbender NuR 2023, 658; zur Berücksichtigung des Klimawandels in der Bauleitplanung Queitsch UPR 2023, 201; Y. Franßen UPR 2023, 129; Spannowsky UPR 2023, 59.

[2015] Zum Anschluss- und Benutzungszwang für kommunale Wärmenetze Köster NWVBl 2023, 353; zur Auslegung einer Klimasatzung BVerwG Beschl. v. 24.1.2019 – 10 BN 2/18, juris.

[2016] BVerwG NVwZ 1990, 364.

[2017] BVerwG NVwZ-RR 1995, 360.

rungspläne.[2018] Die Begründung kann sich auf die zentralen Regelungen des Bebauungsplans beschränken.[2019] Die Begründungspflicht soll dabei als zwingende Verfahrensvorschrift sicherstellen, dass städtebauliche Rechtfertigung und Erforderlichkeit sowie die Grundlagen der Abwägung jedenfalls in ihren zentralen Punkten dargestellt werden, um eine effektive Rechtskontrolle des Plans zu ermöglichen.[2020] Daneben soll die Begründung die Festsetzungen des Plans verdeutlichen und Hilfe für ihre Auslegung sein.[2021] Die Bebauungsplanbegründung kann allerdings die textlichen oder zeichnerischen Festsetzungen nicht ändern. Auch ist eine Bebauungsplanbegründung, die in den planerischen Festsetzungen keinen Ausdruck gefunden hat, nicht geeignet, die Eigenart eines Baugebiets iSv § 15 I 1 BauNVO zu prägen.[2022]

Beispiel: Ist die Bebauungsplanfestsetzung zur zulässigen Vollgeschosszahl eindeutig, kommt es auf den Inhalt der Bebauungsplanbegründung ebenso wenig an wie auf die Rechtslage vor Inkrafttreten des Bebauungsplans.[2023]

Ein **völliges Fehlen** der Begründung lässt sich nicht durch einen Rückgriff auf Materialien oder Ratsprotokolle ausgleichen.[2024] Auch erlaubt die planerische Abwägung der privaten und öffentlichen Belange der Gemeinde nicht, sich über zwingendes Recht hinwegzusetzen und dessen Vorgaben einfach „wegzuwägen“. Was der Abwägung zugänglich ist und was als striktes Recht bei der Planung zu beachten ist, mag zuweilen schwierig zu ermitteln sein. Auf eine Abgrenzung der Art der rechtlichen Vorgaben kommt es spätestens an, wenn die Folge einer Rechtsverletzung zu klären ist.[2025] Strikte Beachtung verdienen die Bindungen, die sich aus dem Festsetzungskatalog des § 9 BauGB oder aus § 1 IV BauGB ableiten lassen.[2026] 1075

Ist die **Begründung unvollständig**, so ist dies nach § 214 I 1 Nr. 3 BauGB für die Rechts- 1076
wirksamkeit des Bebauungsplans unbeachtlich. Fehlen in der Begründung für die Abwägung wesentliche Gesichtspunkte, so kann darin aber ein Abwägungsfehler offenbar werden, der auf die Rechtswirksamkeit des Bebauungsplans durchschlägt. Das gilt vor allem für den Umweltbericht, dessen Unvollständigkeit nur dann unbeachtlich ist, wenn die Begründung nur in unwesentlichen Punkten unvollständig ist. Von der Planung berührte, nicht zutreffend ermittelte oder bewertete Belange betreffen bereits dann „wesentliche Punkte“, wenn diese Punkte in der konkreten Planungssituation abwägungsbeachtlich waren.[2027] Mängel im Abwägungsvorgang sind allerdings nach § 214 III 2 BauGB nur erheblich, wenn sie offensichtlich und auf das Abwägungsergebnis von Einfluss gewesen sind.[2028] Der Planverfasser sollte daher auf die möglichst vollständige Ermittlung der abwägungserheblichen Belange Bedacht nehmen und die Zusammenstellung des Abwägungsmaterials wie auch die Gewichtung und Bewertung der Belange (§ 2 III BauGB) in der Begründung dokumentieren. Anderenfalls besteht die Gefahr, dass der Bebauungsplan in der gerichtlichen Kontrolle auf Grund festgestellter Abwägungsfehler aufgehoben wird. Sind wesentliche Abwägungselemente nicht dokumentiert, besteht die Gefahr, dass solche Teile der Abwägung in der gerichtlichen Kontrolle ausfallen und der Bebauungsplan daher auf Grund von Abwägungsfehlern für unwirksam erklärt wird. Vor allem hinsichtlich der Vollständigkeit des Umweltberichts ist erhöhte Aufmerksamkeit am Platz. Eine Verletzung von Vorschriften in Bezug auf den Umweltbericht ist nur dann unbeachtlich, wenn die Begründung hierzu nur in unwesentlichen Punkten unvollständig ist (§ 214 I 1 Nr. 3 BauGB).

Aus dem Rechtsstaatsgebot folgt nach Auffassung des BVerwG keine förmliche Begrün- 1077
dungspflicht für die Aufnahme **gestalterischer Festsetzungen** in einen Bebauungsplan. Die für Bebauungspläne einfach-gesetzlich durch § 9 VIII BauGB angeordnete Begründungspflicht dient vor allem dem Zweck, die Überprüfung der Abwägung durch die Gemeinde zu erleich-

2018 OVG Koblenz Urt. v. 10.6.2009 – 8 C 11307/08, juris.
2019 BVerwG NVwZ 1995, 899.
2020 BVerwG DVBl. 1971, 759.
2021 BVerwGE 79, 200.
2022 OVG Hamburg BauR 2009, 1867.
2023 OVG Münster Beschl. v. 24.2.2009 – 7 A 2091/08, juris.
2024 BVerwG NVwZ 1990, 364.
2025 Etwa bei § 214 I Nr. 2 BauGB siehe BVerwG NVwZ 1999, 1336.
2026 BVerwG DVBl. 1999, 1293.
2027 BVerwG NVwZ 2008, 899.
2028 BVerwGE 75, 214; DVBl. 1992, 1435; einschränkend NVwZ 1995, 899; OVG Münster BauR 2006, 1707.

tern.[2029] Sie darf sich jedoch auf die zentralen Regelungen des Bebauungsplans beschränken und muss nicht etwa zu jeder möglicherweise einmal strittig werdenden Frage Ausführungen enthalten.[2030] Da die Begründung zudem vor allem der besseren Verständlichkeit des Plans dient, stellt ein Verstoß gegen die Begründungspflicht nur eine Verletzung von Verfahrens- und Formvorschriften dar und kann deshalb nach § 214 I 1 Nr. 2 BauGB unbeachtlich sein.[2031] Nicht alle Satzungen, mit der die grundgesetzlich gewährleistete Baufreiheit berührt wird, bedürfen einer förmlichen Begründung.[2032] Die Gründe für eine gem. § 9 IV BauGB in einen Bebauungsplan aufgenommene gestalterische Festsetzung, die sich als eine unbedeutende Ergänzung der übrigen bodenrechtlichen Festsetzungen darstellt, sind in erheblich geringerem Maße ausdrücklich festzuhalten, als die Gründe für den Erlass einer selbstständigen Satzung, die sich auf gestalterische Regelungen beschränkt. Da sich sogar die durch § 9 VIII BauGB gesetzlich vorgeschriebene Begründung auf die Erläuterung der wesentlichen Plankonzeption beschränken darf,[2033] lässt sich die Forderung, jede auch noch so unbedeutende Regelung des Eigentums iS von Art. 14 I 2 GG im Einzelnen zu erläutern, nicht aus dem Rechtsstaatsprinzip oder aus anderen Grundsätzen des Verfassungsrechts begründen.

III. Gemeinsamkeiten und Unterschiede von Flächennutzungsplan und Bebauungsplan

1078 Als Stufen der kommunalen Bauleitplanung haben Flächennutzungsplan und Bebauungsplan zahlreiche Gemeinsamkeiten, weisen aber auch Unterschiede auf, die sich aus den unterschiedlichen Zielen und dem unterschiedlichen Konkretisierungsgrad dieser beiden Handlungsformen städtebaulicher Planung ergeben. Der **Flächennutzungsplan** ist ein kommunales **Planungsprogramm**, das grundsätzlich und abgesehen von § 35 III 3 BauGB gegenüber dem Bürger keine unmittelbaren Rechtswirkungen erzeugt, jedoch behördenintern verbindlich ist und nach § 7 BauGB Anpassungspflichten für öffentliche Planungsträger auslöst. Der **Bebauungsplan** wird gem. § 10 I BauGB als **Satzung** erlassen und kann nach § 47 I VwGO mit der Normenkontrolle angefochten werden.[2034] Bereits das BauROG 1998 hat den Flächennutzungsplan als Hauptinstrument und Leitplan für die städtebauliche Entwicklung gestärkt. Dies ergibt sich vor allem daraus, dass die Bebauungspläne nicht mehr in dem vormals gegebenen Umfang der Genehmigungs- bzw. Anzeigepflicht unterliegen. Ist die aufsichtliche Kontrolle aber mehr als bisher auf den Flächennutzungsplan gerichtet und ist der aus dem Flächennutzungsplan entwickelte Bebauungsplan von einer Genehmigung freigestellt, wird der Flächennutzungsplan zu einem Hauptinstrument der städtebaulichen Planung. Zugleich werden die Gemeinden mehr als bisher hinsichtlich ihrer Bebauungsplanung in die Eigenverantwortung entlassen, wenn dabei die Grundzüge der städtebaulichen Planung des Flächennutzungsplans gewahrt werden.[2035] Der Flächennutzungsplan gibt daher das wesentliche Entscheidungsprogramm für die städtebauliche Ordnung vor. Aus diesem Entscheidungsprogramm sind die Bebauungspläne zu entwickeln. Die in den Darstellungen eines Flächennutzungsplans zum Ausdruck kommende planerische Entscheidung einer Gemeinde, mit der Ausweisung von Flächen für privilegierte Nutzungen nach § 35 I Nr. 2 bis 6 BauGB die Rechtswirkungen des § 35 III 3 BauGB an Orten außerhalb der ausgewiesenen Flächen eintreten zu lassen, kann in analoger Anwendung des § 47 I Nr. 1 VwGO mit der verwaltungsgerichtlichen Normenkontrolle angegriffen werden.[2036]

2029 BVerwGE 74, 47.

2030 BVerwG DVBl. 1971, 759.

2031 BVerwGE 74, 47.

2032 BVerfG DVBl. 1987, 465; BVerwGE 78, 23; DVBl. 1993, 116.

2033 BVerwGE 74, 47.

2034 BVerwG BauR 1976, 175.

2035 Die weitgehende Freistellung der Bebauungspläne führt jedoch nach Auffassung des OVG Münster nicht dazu, die Anforderungen an die Kontrolle der Flächennutzungspläne im Genehmigungsverfahren zu steigern, OVG Münster BauR 2000, 62.

2036 VGH München Urt. v. 27.9.2023 – 9 N 17.1119, juris Rn. 14; BVerwG Urt. v. 13.12.2018 – 4 CN 3.18, juris Rn. 11 f.; VGH München Urt. v. 4.3.2021 – 15 N 20.468, juris Rn. 22; VGH Mannheim Urt. v. 4.2.2021 – 5 S 305/19, juris Rn. 28.

1. Entwicklungsgebot

Für das Verhältnis von Flächennutzungsplan und Bebauungsplan gilt das Entwicklungsgebot des § 8 II 1 BauGB. Danach sind Bebauungspläne aus dem Flächennutzungsplan zu entwickeln. Das Gesetz geht damit idealtypisch von einer Stufenfolge der Planung aus, bei der zunächst der Flächennutzungsplan aufgestellt wird und daraus der Bebauungsplan entwickelt wird. In der Planungspraxis wird jedoch vielfach der Bebauungsplan zeitparallel mit der Aufstellung bzw. Änderung des Flächennutzungsplans aufgestellt oder geändert. Dieses **Parallelverfahren** ist in § 8 III 1 BauGB ausdrücklich anerkannt, indem dort ausgeführt wird, dass mit der Aufstellung, Änderung, Ergänzung oder Aufhebung eines Bebauungsplans gleichzeitig auch der Flächennutzungsplan aufgestellt, geändert oder ergänzt werden kann. Der Bebauungsplan kann dabei vor dem Flächennutzungsplan bekannt gemacht werden, wenn nach dem Stand der Planungsarbeiten anzunehmen ist, dass der Bebauungsplan aus den künftigen Darstellungen des Flächennutzungsplans entwickelt sein wird (§ 8 III 2 BauGB), Kennzeichnend für ein Parallelverfahren iS des § 8 III 1 BauGB ist danach, dass eine **inhaltliche Abstimmung** zwischen den beiden Planentwürfen gewollt ist und die einzelnen Abschnitte beider Planverfahren zeitlich und im jeweiligen Fortgang iS einer inhaltlichen Abstimmung aufeinander bezogen sind. Der Gesetzgeber hat dem in § 8 III BauGB enthaltenen Gebot mindestens gleichzeitiger Bekanntmachung der Genehmigungen – so das BVerwG – erkennbar kein solches Gewicht beigemessen, dass es unverzichtbare Wirksamkeitsvoraussetzung des Bebauungsplans wäre. Für den Gesetzgeber war bei dieser Frage nicht die Einhaltung von Verfahrensvorschriften bei der Aufstellung des Flächennutzungsplans das Entscheidende, sondern die inhaltliche Fehlerlosigkeit des Flächennutzungsplans. Verstößt ein Bebauungsplan nicht gegen dieses Gebot, so ist die Einhaltung der diesem Anliegen nur instrumentell dienenden Verfahrensvorschriften zweitrangig; ihre Verletzung berührt nach Maßgabe der §§ 214, 215 BauGB die Wirksamkeit des Bebauungsplans nicht.[2037] Der Flächennutzungsplan lässt aufgrund seiner geringeren Detailschärfe Gestaltungsspielräume offen, die von der gemeindlichen Bebauungsplanung ausgefüllt werden dürfen. Vorausgesetzt, dass die Grundzüge des Flächennutzungsplans unangetastet bleiben, gestattet das Entwicklungsgebot des § 8 II 1 BauGB auch **Abweichungen**. Stimmen Festsetzungen mit den Darstellungen des Flächennutzungsplans nicht vollständig überein, bedeutet das nicht ohne weiteres einen Verstoß gegen das Entwicklungsgebot. Ob den Anforderungen des § 8 II 1 BauGB genügt ist, hängt davon ab, ob die Konzeption, die ihm zugrunde liegt, in sich schlüssig bleibt.[2038] Das Entwicklungsgebot verlangt nicht die strikte Übernahme der im Flächennutzungsplan enthaltenen Planung in den Bebauungsplan; vielmehr genügt es, wenn die im Flächennutzungsplan dargestellte Grundkonzeption der Gemeinde im Bebauungsplan planerisch fortentwickelt, auch wenn er etwa bezüglich der Art oder des Maßes der baulichen Nutzung oder hinsichtlich der räumlichen Grenzen geringfügig abweicht.[2039] Abweichungen eines Bebauungsplans vom Flächennutzungsplan sind allerdings nicht vom Begriff des „Entwickelns" gedeckt, wenn das Verhältnis der gemischten Flächen zu den im Flächennutzungsplan ausgewiesenen gewerblichen Flächen quantitativ nicht unerheblich verändert wird und die im Bebauungsplan zum Ausdruck kommende Verschiebung der Gewichte der Mischgebiete einerseits und der Gewerbegebiete andererseits der Grundkonzeption des Flächennutzungsplans widerspricht.[2040] 1079

Hinweis: § 1 II BauNVO zwingt die Gemeinde nicht, auf Flächen, die im Flächennutzungsplan als gemischte Bauflächen (M) dargestellt sind, lediglich Dorfgebiete (MD), Mischgebiete (MI) und Kerngebiete (MK) festzusetzen. Zudem ist ein Verstoß gegen das Entwicklungsgebot unbeachtlich, wenn die städtebauliche Entwicklung gewahrt ist (§ 214 II Nr. 2 BauGB).[2041]

Bebauungspläne bedürfen allerdings einer eigenständigen Rechtfertigung, die regelmäßig nicht allein aus den Darstellungen des Flächennutzungsplans abgeleitet werden kann. Die verbindliche Entscheidung über die planungsrechtliche Zulässigkeit von Vorhaben muss vielmehr durch konkrete Festsetzungen im Bebauungsplan oder im jeweiligen fachplanerischen Planfest- 1080

2037 BVerwG UPR 1985, 339.
2038 BVerwG BauR 2004, 1264.
2039 OVG Berlin-Brandenburg, Urt. v. 4.12.2009 – 2 A 23.08, juris.
2040 VGH Kassel BauR 2010, 1531.
2041 VGH Kassel NuR 2012, 644.

stellungsverfahren fallen.[2042] Für das Fachplanungsrecht hat das BVerwG eine **Planrechtfertigung** dann angenommen, wenn das jeweilige Vorhaben **vernünftigerweise geboten** ist.[2043] Soll etwa auf der Grundlage eines Planfeststellungsbeschlusses enteignet werden, so muss die Planrechtfertigung auch vor dem Eigentumsrecht betroffener Grundstückseigentümer (Art. 14 GG) standhalten. In einem solchen Fall müssen die mit dem Vorhaben verfolgten öffentlichen Interessen generell geeignet sein, etwa entgegenstehende Eigentumsrechte zu überwinden.[2044] Die Anforderungen an die Rechtfertigung der Planung steigen dabei mit den Auswirkungen auf betroffene Belange. Zudem muss berücksichtigt werden, dass der Bebauungsplan den einzelnen Grundstückseigentümer zwar unmittelbar in seinem Rechtskreis betreffen kann,[2045] jedoch nicht unmittelbar enteignend wirkt,[2046] sondern der Umsetzung in einem Nachfolgeverfahren bedarf. Es ist daher eine entsprechende **Lastenverteilung** auch im Hinblick auf die Planrechtfertigung zwischen Bebauungsplan und ggf. nachfolgendem Enteignungsverfahren möglich.[2047] Die Planrechtfertigung ist objektiv und nicht nach den Vorstellungen der Beteiligten zu beurteilen. Sie ist daher weder Gegenstand der planerischen Abwägung noch unterliegt sie einer anderweitigen Beurteilungsprärogative der planenden Verwaltung.[2048] Bebauungspläne sind dabei so aus dem Flächennutzungsplan zu entwickeln, dass „durch ihre Festsetzungen die zu Grunde liegenden Darstellungen des Flächennutzungsplans konkreter ausgestaltet und damit zugleich verdeutlicht werden".[2049] Dabei können die Festsetzungen des Bebauungsplans von den Darstellungen des Flächennutzungsplans abweichen, wenn hierdurch die Grundkonzeption des Flächennutzungsplans nicht beeinträchtigt wird und der Bebauungsplan als schlüssige Fortentwicklung bzw. Konkretisierung der Grundkonzeption des Flächennutzungsplans erscheint.[2050] Dabei wird der durch das Entwicklungsgebot eröffnete Rahmen eingehalten, wenn die im Bebauungsplan ausgewiesene Nutzung der im Flächennutzungsplan dargestellten Nutzung artverwandt ist und sich die Abweichung aus der konkreteren Planungsstufe rechtfertigt.[2051]

Beispiel: Die Gemeinde möchte ein Kerngebiet ausweisen und dabei auch eine im Flächennutzungsplan als Mischgebiet dargestellte Fläche einbeziehen. Auch ohne Änderung des Flächennutzungsplans kann eine solche Festsetzung dem Entwicklungsgebot entsprechen, wenn die Abweichung von den Darstellungen des Flächennutzungsplans die Grundzüge der Planung nicht beeinträchtigt, zumal es sich um eine artverwandte Nutzung handelt (gemischte Baufläche). Aus Vorsorgegründen sollte allerdings geprüft werden, ob nicht mit der Aufstellung des Bebauungsplans der Flächennutzungsplan in einem Parallelverfahren geändert wird.

1081 Die Rechtsprechung hat dabei die **Anforderungen** an das **Entwicklungsgebot gelockert**. Während ältere Entscheidungen zu einer eher strikten Einhaltung des Entwicklungsgebotes Anlass gaben, verweist das BVerwG schon seit längerer Zeit auf **gemeindliche Freiräume**, die bei der Konkretisierung der Darstellungen des Flächennutzungsplans im Bebauungsplan bestehen. Bebauungspläne sind danach aus dem Flächennutzungsplan in der Weise zu entwickeln, dass durch ihre Festsetzungen die zu Grunde liegenden Darstellungen des Flächennutzungsplans konkreter ausgestaltet werden.[2052]

[2042] BVerwG NVwZ 1993, 565.

[2043] OVG Lüneburg NordÖR 2016, 436; OVG Münster Urt. v. 14.2.2012 – 20 D 85/09, BeckRS 2012, 50010; Beschl. v. 28.8.2014 – 20 A 1923/11, juris Rn. 76; BVerwGE 128, 358, Rn. 45 f.; BVerwGE 48, 56; BVerwGE 71, 166; BVerwGE 72, 282; Beckmann in Beckmann/Kment, UVPG/UmwRG, 2023, § 65 UVPG Rn. 43.

[2044] BVerwGE 71, 166; BVerwGE 72, 282; zu Eigentumsschutz und enteignungsrechtlicher Vorwirkung der abfallrechtlichen Planfeststellung Beckmann UPR 2023, 121.

[2045] BVerfGE 70, 35.

[2046] BVerfGE 74, 264 – Boxberg; BVerwGE 71, 108; BauR 1991, 299; DVBl. 1999, 701 zur Zulässigkeit einer städtebaulichen Enteignung zur Errichtung einer Waldorfschule durch einen privaten Verein.

[2047] Näher zum Enteignungsverfahren Beckmann in Redeker/Uechtritz Anwaltshandbuch für Verwaltungsverfahren 2020, 440 ff.

[2048] BVerwGE 84, 31; BVerwGE 84, 123.

[2049] BVerwGE 48, 70; NJW 1979, 1516.

[2050] BVerwGE 56, 283.

[2051] VGH Mannheim VGHBW RSprDienst 1998, Beilage 12 B 7.

[2052] VGH München Beschl. v. 1.12.2022 – 2 N 21.530, juris Rn. 16; VGH München Beschl. v. 22.6.2022 – 9 NE 22.705, juris Rn. 29; BVerwG NVwZ-RR 2003, 408; NJW 1979, 1516.

Beispiel: Das Gebot, Bebauungspläne aus dem Flächennutzungsplan zu entwickeln, gilt gemäß § 8 II 2 BauGB nicht für Bebauungspläne, deren Inhalt sich darauf beschränkt, regionalplanerische Vorranggebiete für Windkraftanlagen iS des § 1 IV BauGB etwa durch Begrenzung der Anlagenhöhe oder der Festlegung der Standorte einzelner Anlagen zu konkretisieren, und zwar unabhängig davon, ob ein Flächennutzungsplan vorliegt und welche Aussagen er trifft.[2053]

Der Flächennutzungsplan lässt aufgrund seiner geringeren Detailschärfe Gestaltungsspielräume offen, die von der gemeindlichen Bebauungsplanung ausgefüllt werden dürfen. Bleiben die Grundzüge des Flächennutzungsplans unangetastet, gestattet das Entwicklungsgebot des § 8 II 1 BauGB auch Abweichungen. Stimmen die Festsetzungen mit den Darstellungen des Flächennutzungsplans nicht vollständig überein, so liegt darin nicht ohne weiteres einen Verstoß gegen das Entwicklungsgebot. Ob den Anforderungen des § 8 II 1 BauGB genügt ist, hängt davon ab, ob die Konzeption, die ihm zugrunde liegt, in sich schlüssig bleibt. § 2 III und IV BauGB gelten ausnahmslos. Die planende Gemeinde soll von äußeren Zwängen bei der Aufstellung, Änderung, Ergänzung und Aufhebung von Bauleitplänen freigehalten werden.[2054] 1082

Beispiel: Die Grenzen des Entwicklungsgebots des § 8 II 1 BauGB sind gewahrt, wenn in einem Bebauungsplan „Flächen zum Schutz, zur Pflege und zur Entwicklung von Boden, Natur und Landschaft" iS des § 9 I Nr. 20 BauGB festgesetzt wurden, die im Flächennutzungsplan als „Wald" iS des § 5 II Nr. 9 b BauGB[2055] dargestellt sind.[2056]

Nach § 214 II Nr. 2 BauGB ist die **Verletzung** des **Entwicklungsgebotes** des § 8 II 1 BauGB **unbeachtlich**, wenn die sich aus dem Flächennutzungsplan ergebende geordnete städtebauliche Entwicklung nicht beeinträchtigt ist.[2057] Was die geordnete städtebauliche Entwicklung angeht, muss die planerische Konzeption des Flächennutzungsplans für den größeren Raum, dh für das gesamte Gemeindegebiet oder einen über das Bebauungsplangebiet hinausreichenden Ortsteil in den Blick genommen werden. Die Darstellung von Konzentrationszonen unter Ausschluss einer solchen Nutzung auf anderen Flächen kann nur auf Grundlage eines gesamträumlichen Konzepts für das ganze Gemeindegebiet erfolgen. Dieses auf das gesamte Gebiet der Gemeinde bezogene Konzept wird in Frage gestellt, wenn eine Konzentrationszone zu einem wesentlichen Teil beschränkt wird, auch wenn dieser Teil bezogen auf das Gemeindegebiet flächenmäßig von relativ geringer Bedeutung ist.[2058] 1083

Die Frage, ob ein Bebauungsplan nach § 8 II 1 BauGB aus dem Flächennutzungsplan entwickelt ist, beurteilt sich nach der planerischen Konzeption für den engeren Bereich des Bebauungsplans. Für die Frage hingegen, ob durch den nicht aus dem Flächennutzungsplan entwickelten Bebauungsplan iS des § 214 II BauGB die sich aus dem Flächennutzungsplan ergebende geordnete städtebauliche Entwicklung beeinträchtigt wird, ist die planerische Konzeption des Flächennutzungsplans für den größeren Raum, in der Regel das gesamte Gemeindegebiet, maßgebend.[2059] Der Anwendungsbereich der Unbeachtlichkeitsvorschrift des § 214 II Nr. 2 BauGB beschränkt sich nicht auf den Fall der Missachtung der Anforderungen des Entwicklungsgebots bei wirksamer Darstellung des Flächennutzungsplans. Die Vorschrift greift vielmehr auch dann, wenn mangels wirksamer Darstellung des Flächennutzungsplans für einen Teilbereich ein Entwickeln des Bebauungsplans, der diesen Teilbereich betrifft, unmöglich ist.[2060] Aus der Unbeachtlichkeitsvorschrift des § 214 II BauGB hat das BVerwG für das Entwicklungsgebot daher abgeleitet,[2061] dass durch das Verfahren eine inhaltliche Abstimmung zwischen beiden Plänen gewährleistet sein muss. Nicht die formale Zeitfolge, sondern die materielle Abstimmung und inhaltliche Fehlerlosigkeit ist dafür das Entscheidende. Bei Wahrung 1084

2053 VGH Mannheim NVwZ-RR 2006, 522.

2054 BVerwG BauR 2004, 1264.

2055 Zur Errichtung von (privaten) Bestattungswäldern in NRW Köster/Schulz DÖV 2008, 362.

2056 BVerwG NVwZ-RR 2003, 406.

2057 Dazu OVG Berlin-Brandenburg Urt. v. 4.11.2022 – OVG 2 A 9.19, juris Rn. 50.

2058 OVG Berlin-Brandenburg Urt. v. 15.12.2022 – OVG 2 A 4/22, juris Rn. 57; OVG Münster Urt. v. 12.2.2004 – 7a D 134/02.NE, juris Rn. 37; OVG Koblenz Beschl. v. 11.3.2004 – 8 A 10189/04, juris Rn. 10.

2059 BVerwG ZfBR 1999, 223.

2060 Dazu OVG Berlin-Brandneburg Urt. v. 4.11.2022 – OVG 2 A 9.19, juris Rn. 51; VGH Mannheim Urt. v. 2.3.1993 – 5 S 2091/92, juris Rn. 36; OVG Lüneburg Urt. v. 9.6.2016 – 12 KN 187/15, juris Rn. 53.

2061 BVerwG NVwZ 1985, 485.

dieser Grundsätze können einzelne Verfahrensschritte des Bebauungsplans durchaus zeitlich vorrangig zum Flächennutzungsplan durchgeführt werden.

Beispiel: Die Gemeinde stellt einen Bebauungsplan auf, der im Bereich der Innenstadt ein Kerngebiet ausweist. Der Flächennutzungsplan stellt ein Mischgebiet dar und soll daher in einem Parallelverfahren geändert werden. Der Bebauungsplan wird nicht dadurch rechtswidrig, dass der Beschluss für die Aufstellung des Bebauungsplans schon gefasst worden ist, während der Flächennutzungsplan-Änderungsbeschluss erst in einer späteren Ratssitzung gefasst wird. Dasselbe gilt etwa für den Beschluss zur öffentlichen Auslegung, wenn eine inhaltliche Abstimmung der Planung gewährleistet ist.

1085 Nach § 8 II 2 BauGB kann der Bebauungsplan ohne Flächennutzungsplan aufgestellt werden, wenn der Bebauungsplan ausreicht, um die städtebauliche Entwicklung zu ordnen. Ein solcher **selbstständiger Bebauungsplan** ist jedoch die Ausnahme.

1086 § 8 IV 1 BauGB erlaubt die **vorzeitige Aufstellung, Änderung oder Ergänzung eines Bebauungsplans**, wenn **dringende Gründe** es erfordern und wenn der Bebauungsplan der beabsichtigten städtebaulichen Entwicklung des Gemeindegebietes nicht entgegensteht.[2062] Ob dringende Gründe (§ 8 IV 1 BauGB) die Aufstellung eines Bebauungsplans vor der Aufstellung eines Flächennutzungsplans erfordern, ist nach den konkreten **städtebaulichen Erfordernissen** des Einzelfalls zu beurteilen. Dabei ist maßgebend, ob eine geordnete städtebauliche Entwicklung eher durch das Warten auf den Flächennutzungsplan für das ganze Gemeindegebiet als durch eine vorzeitige verbindliche Teilplanung gefährdet wird.[2063] Maßgebend sind neben übergeordneten Planungsvorgaben auch die städtebaulichen Absichten der Gemeinde für das gesamte Gemeindegebiet, soweit sie in Beschlüssen der Vertretungskörperschaft (Rat, Ausschüsse) ihren Ausdruck gefunden haben.[2064] Fehler in der Beurteilung der Voraussetzungen für die Aufstellung eines vorzeitigen Bebauungsplans sind allerdings in der gerichtlichen Kontrolle nach § 214 II Nr. 3 BauGB unbeachtlich. Hierdurch soll sichergestellt werden, dass der Bebauungsplan nicht an einer Fehlbeurteilung der Voraussetzungen durch die Gemeinde in der gerichtlichen Kontrolle scheitert. Das Eingreifen der Unbeachtlichkeitsvorschrift des § 214 II Nr. 3 BauGB setzt dabei nicht voraus, dass die Gemeinde sich ausdrücklich und im Einzelnen mit den Anforderungen an die Aufstellung eines vorzeitigen Bebauungsplans auseinandergesetzt hat.[2065]

1087 Gilt bei **Gebiets- oder Bestandsänderungen** von Gemeinden oder anderen Veränderungen der Zuständigkeit für die Aufstellung von Flächennutzungsplänen ein Flächennutzungsplan fort (§ 204 II BauGB), kann ein **vorzeitiger Bebauungsplan** auch aufgestellt werden, bevor der Flächennutzungsplan ergänzt oder geändert worden ist. Es bedarf hierzu jedoch auch dringender Gründe, wie sich aus der Bezugnahme auf § 8 IV 1 BauGB ergibt. Nach der Unbeachtlichkeitsregelung in § 214 II Nr. 1 BauGB ist es für die Rechtswirksamkeit des Bebauungsplans allerdings unbeachtlich, wenn das Vorliegen dringender Gründe für die Aufstellung eines vorzeitigen Bebauungsplans nicht richtig beurteilt worden ist. Nach dieser Unbeachtlichkeitsvorschrift soll der Bebauungsplan nicht daran scheitern, dass die Gemeinde im Aufstellungsverfahren zu Unrecht das Vorliegen der dringenden Gründe angenommen hat. Ein vorzeitiger Bebauungsplan kann auch aufgestellt werden, wenn ein Flächennutzungsplan zwar existiert, aber unwirksam ist, und zwar unabhängig davon, ob die Gemeinde den Flächennutzungsplan als gültig angesehen hat. Entscheidend ist dann allein, dass die gesetzlichen Voraussetzungen für einen vorzeitigen Bebauungsplan vorliegen.[2066]

Beispiel: Die Gemeinde stellt einen Bebauungsplan auf der Grundlage eines Flächennutzungsplans auf, der sich auf Grund eines Verfahrensfehlers als unwirksam erweist. Auch wenn die Gemeinde die Unwirksamkeit des Flächennutzungsplans kannte, kann der Bebauungsplan wirksam sein, wenn dringende Gründe für seine vorzeitige Aufstellung gegeben waren. Dies ist nach objektiven Kriterien zu entscheiden. Ein Beurteilungsspielraum steht der Gemeinde nicht zu, sodass es auch nicht der eigenständigen Bewertung der besonderen Dringlichkeit durch die Gemeinde bedarf.

2062 zum vorzeitigen Bebauungsplan nach § 8 IV BauGB Herzer UPR 2023, 49.
2063 BVerwG BauR 1985, 282.
2064 OVG Magdeburg KommJur 2014, 32.
2065 BVerwG NVwZ 1985, 745; NVwZ-RR 1995, 360.
2066 BVerwG DVBl. 1992, 574.

Grundsätzlich bleibt bei einer Gebietsveränderung ein für einen Gebietsteil bestehender Bebauungsplan wirksam. Mangels besonderer bundesgesetzlicher Regelung, § 204 II BauGB betrifft nur Flächennutzungspläne, gilt, dass das BauGB der Fortgeltung eines wirksamen Bebauungsplans nach einer Gebietsänderung nicht entgegensteht, sofern dieser dadurch nicht unbrauchbar oder als Interessenabwägung nicht mehr vertretbar erscheint.[2067] Allerdings ist der Landesgesetzgeber zu eigenen Regelungen berechtigt.[2068]

2. Baurecht auf Zeit

Nach § 9 II 1 BauGB kann im Bebauungsplan in besonderen Fällen festgesetzt werden, dass bestimmte der in ihm festgesetzten baulichen und sonstigen Nutzungen und Anlagen nur für einen bestimmten Zeitraum zulässig oder bis zum Eintritt bestimmter Umstände zulässig oder unzulässig sind. Die Folgenutzung soll gem. § 9 II 2 BauGB festgesetzt werden. Auch bei den städtebaulichen Verträgen hat der Gesetzgeber dem Baurecht auf Zeit einen eigenständigen Platz zugewiesen (§ 11 I 1 Nr. 2 BauGB). Wegen der verfassungsrechtlichen Problematik einer Begrenzung von Baurechten sieht der Gesetzgeber vor allem vertragliche Vereinbarungen als Möglichkeit, Nutzungen nur für einen bestimmten Zeitraum zuzulassen und zugleich entsprechende Rückbauverpflichtungen zu begründen.[2069] Vergleichbare Verpflichtungen sieht § 35 V 2 BauGB in den **Rückbauverpflichtungen** für privilegierte Außenbereichsvorhaben nach § 35 I Nr. 2 bis 6 BauGB zu. Für derartige Vorhaben ist eine Verpflichtungserklärung abzugeben, das Vorhaben nach dauerhafter Aufgabe der zulässigen Nutzung zurückzubauen und Bodenversiegelungen zu beseitigen. Dies soll durch Baulast oder in vergleichbarer Weise sichergestellt werden. 1088

Die Festsetzungsmöglichkeit nach § 9 II BauGB wird ergänzt durch die Erweiterung des nicht abschließenden Katalogs **städtebaulicher Verträge** des § 11 BauGB. Damit kann die Gemeinde ergänzend zur Festsetzung die Einhaltung der Festsetzung auch aufgrund vertraglicher Ansprüche durchsetzen. Auf der anderen Seite schafft die Festsetzung die Möglichkeit, die vertraglichen Pflichten auch für den Fall der Insolvenz oder der Rechtsnachfolge abzusichern. Bedingte und/oder befristete Festsetzungen können „in besonderen Fällen" erfolgen, dh erforderlich ist eine besondere städtebauliche Situation und eine entsprechende städtebauliche Begründung. Die Bezeichnungen „bestimmte Zeiträume" und „bestimmte Umstände" bedeuten, dass diese im Bebauungsplan zu bestimmen und festzusetzen sind. 1089

Der Anwendungsbereich des § 9 II BauGB erstreckt sich auf den gesamten in § 9 I BauGB enthaltenen Festsetzungskatalog.[2070] Dem Wortlaut des § 9 II BauGB lässt sich nach Auffassung des BVerwG die Voraussetzung einer außergewöhnlichen städtebaulichen Situation nicht entnehmen. Mit der Einfügung des § 9 II BauGB im Jahre 2004 habe der Gesetzgeber dem Bedürfnis nach Festsetzung von Zwischennutzungen entsprechen wollen. Den Gemeinden hätte die Möglichkeit gegeben werden sollen, unterschiedlichen städtebaulichen Situationen und Erfordernissen flexibel Rechnung zu tragen. Hiernach müsse ein spezifisches Erfordernis der städtebaulichen Ordnung und Entwicklung gemäß § 1 III 1 BauGB vorliegen, sodass die jeweilige Aufgabe der planerischen Ordnung der Bodennutzung etwa mit einer Bedingung oder Befristung besser zu lösen sei als mit einer Festsetzung ohne eine solche Einschränkung.[2071] Ein Verständnis des Begriffs „in besonderen Fällen" iS des Erfordernisses einer „außergewöhnlichen städtebaulichen Situation" begegne Bedenken, weil dies der gesetzgeberischen Intention einer Flexibilisierung zu wenig Raum ließe.[2072] Regelmäßig genüge es, wenn die bedingte Festsetzung durch städtebauliche Gründe ausreichend gerechtfertigt und damit im Sinne von § 1 III 1 BauGB erforderlich sei.[2073] Dies gilt jedenfalls für die hier vorliegende auflösend bedingte Festsetzung einer Verkehrsfläche. 1090

2067 OVG Lüneburg NdsVBl. 2023, 70; für den Flächennutzungsplan vor Inkrafttreten des § 204 BauGB BVerwGE 45, 25.

2068 OVG Lüneburg NdsVBl. 2023, 70; BVerwGE 45, 25.

2069 Zum (Wohn-)Baurecht auf Zeit als neues Instrument der Baulandmobilisierung Parzefall NVwZ 2020, 26; Zum Verhältnis der Eigentumsgarantie zum Baurecht auf Zeit Lege, ZJS 2012, 44.

2070 BVerwG NVwZ 2017, 1769; BauR 2011, 803 Rn. 4.

2071 BVerwG NVwZ 2017, 1769; OVG Münster BauR 2013,1408 (1413).

2072 BVerwG NVwZ 2017, 1769; VGH Mannheim Urt. v. 23.9.2015 – 3 S 1078/14, juris Rn. 93.

2073 BVerwG NVwZ 2017, 1769; VGH München BRS 76 Nr. 92.

1091 Die Festsetzungen sollen mit der Festsetzung der **Folgenutzung** verbunden werden, um zugleich sicherzustellen, dass der Bebauungsplan auch die planungsrechtlichen Grundlagen für die weitere städtebauliche Entwicklung erhält. Wird eine Folgenutzung festgesetzt, muss sie Bestandteil des gesamten Bebauungsplanverfahrens (einschließlich Umweltprüfung) und der abschließenden Abwägung sein. Durch die Festsetzungsmöglichkeiten nach § 9 II BauGB kann im Bebauungsplan eine Befristung oder eine Bedingung einer Festsetzung vorgesehen werden. Als **Beispiele** können genannt werden:

– Festsetzung einer befristeten Nutzung als **Zwischennutzung** bei von vornherein zeitlich befristeten Nutzungen (zB Zweckbauten) sowie Festsetzung der Anschlussnutzung, um nachteilige städtebauliche Entwicklungen nach Aufgabe der Zwischennutzung zu vermeiden oder die planungsrechtliche Grundlage für nachfolgende Nutzungen zu schaffen,
– Festsetzung von Maßnahmen, die für die Verwirklichung einer im Bebauungsplan vorgesehenen Nutzung **zeitlich vorhergehend** erforderlich sind (zB Errichtung von Lärmschutzwällen und -wänden vor Aufnahme der schutzbedürftigen Wohnnutzung),
– Festsetzung von Ereignissen, die zur Unzulässigkeit einer Nutzung führen.

Beispiel: Es soll eine Fläche auf Dauer zu einem Naherholungsgebiet entwickelt werden. Bis das entsprechende Bebauungsplanverfahren einen bestimmten Stand erreicht hat, wird auflösend bedingt eine andere Nutzung zugelassen.

1092 Auch im Rahmen eines **städtebaulichen Vertrages** kommen entsprechende Sicherungsmaßnahmen in Betracht. Die vertraglichen Regelungen müssen allerdings angemessen sein (§ 11 II 1 BauGB). Ein Baurecht auf Zeit verbunden mit entsprechenden Rückbauverpflichtungen ist daher nur zulässig, wenn sie den städtebaulichen Leitbildern entsprechen.[2074]

1093 Das Baurecht auf Zeit hat zudem auch einen **verfassungsrechtlichen Hintergrund**.[2075] Auf die planerischen Ausweisungen muss sich der Planbetroffene grundsätzlich für einen überschaubaren Zeitraum verlassen können. Wer sich auf den Fortbestand des Baurechts einstellt, der ist bei einem berechtigten Vertrauen in den Fortbestand der Planung schutzwürdig.[2076] Die Änderung der planerischen Ausweisung kann daher bei einem berechtigten Vertrauen in den Fortbestand der Planungskonzeption nur unter den Voraussetzungen des qualifizierten Abwägungsgebotes geändert werden.[2077]

1094 Die Festsetzung eines aufschiebend bedingten Baurechts (§ 9 II 1 Nr. 2 BauGB) ist in aller Regel dann unwirksam, wenn die Bedingung dergestalt mit einer Befristung kombiniert wird, dass die Bedingung nur bis zu einem bestimmten Zeitpunkt eintreten kann, ohne dass gleichzeitig eine Folgenutzung für den Fall des nicht fristgerechten Bedingungseintritts festgesetzt wird.[2078] Bedingte Festsetzungen nach § 9 II 1 Nr. 2 BauGB unterliegen besonderen Bestimmtheitsanforderungen. Überdies sind sie nur in einer außergewöhnlichen städtebaulichen Situation zulässig. Beispiele für danach zulässige Bedingungen sind die absehbare Freistellung von planbetroffenen Bahnflächen gemäß § 23 AEG oder die Realisierung bodenschutzrechtskonformer Zustände im Plangebiet durch Erstellung eines Sanierungsplans nach § 13 BBodSchG.[2079] Einer Gemeinde ist es nicht verwehrt, im Rahmen ihrer städtebaulich motivierten Zielvorstellungen bereits vorhandene – legale oder auch zunächst ohne hinreichende Legalisierung entstandene – Nutzungen planungsrechtlich abzusichern und hinsichtlich der künftigen Weiterentwicklung zu steuern. Sie darf es als eine Aufgabe städtebaulicher Ordnung ansehen, ein faktisches Baugebiet nunmehr rechtlich zu ordnen und damit städtebaulich „festzuschreiben" und dadurch Rechtssicherheit für solche Grundstücke zu schaffen, deren Bebaubarkeit fraglich ist. Eine Befristung oder Bedingung in einem Bebauungsplan nach § 9 II

[2074] Siehe auch BGH NVwZ 2023, 539: Bei einem Verkauf von Bauland an einen privaten Käufer im Rahmen eines städtebaulichen Vertrages zu einem marktgerechten Preis stellt sich die Vereinbarung eines Wiederkaufsrechts der Gemeinde für den Fall, dass der Käufer das Grundstück nicht innerhalb von acht Jahren mit einem Wohngebäude bebaut oder ohne Zustimmung der Gemeinde unbebaut weiterveräußert, selbst dann nicht als unangemessen iSv § 11 II 1 BauGB dar, wenn eine Ausübungsfrist für das Wiederkaufsrecht nicht vereinbart ist und dieses somit innerhalb der in § 462 Satz 1 BGB geregelten Frist von 30 Jahren ausgeübt werden kann.

[2075] BVerfG NJW 1999, 2877; BVerfGE 102, 1; Stüer/Thorand NJW 2000, 3232.

[2076] BVerfGE 82, 310; BVerfGE 86, 90.

[2077] Stüer DVBl. 1977, 1.

[2078] OVG Münster BauR 2011, 1943 – Baurecht auf Zeit.

[2079] OVG Münster Gemeindehaushalt 2011, 236.

BauGB bedarf einer außergewöhnlichen städtebaulichen Situation. Auch und gerade bei der Festsetzung von Nutzungen, deren Zulässigkeit von Bedingungen abhängig ist, ist das verfassungsrechtliche Bestimmtheitsgebot (Art. 20 III GG) zu beachten. Die „Aufgabe des Gartens durch den derzeitigen Nutzer" als Bedingung für einen Wechsel der zulässigen Art der baulichen Nutzung genügt den Bestimmtheitsanforderungen nicht.[2080]

Ein „besonderer Fall" im Sinne von § 9 II 1 Nr. 2 BauGB meint eine außergewöhnliche städtebauliche Situation, in der sich die jeweilige Aufgabe der planerischen Ordnung der Bodennutzung besser mit einer Bedingung lösen lässt.[2081] Zwar bedarf eine Festsetzung nach § 9 II 1 BauGB in besonderem Maße der Rechtfertigung durch städtebauliche Gründe. Ein städtebauliches Bedürfnis nach einer zeitlichen Staffelung von baulichen Anlagen besteht jedoch dort, wo eine bestimmte Anlage zunächst verwirklicht sein muss, bevor etwa aus Immissionsschutzgründen weitere Anlagen folgen können.[2082] 1095

3. Planungsverbände

Gemeinden und sonstige öffentliche Planungsträger können sich zu einem Planungsverband zusammenschließen, um eine gemeinsame, zusammengefasste Bauleitplanung zu erstellen (§ 205 I 1 BauGB). Der Planungsverband tritt gem. § 205 I 2 BauGB nach Maßgabe seiner Satzung für die Bauleitplanung und ihre Durchführung an die Stelle der Gemeinden. Das im Rechtsstaatsprinzip (Art. 20 Abs. 3 GG) wurzelnde Bestimmtheitsgebot verlangt allerdings dann, wenn sich das Verbandsgebiet nur auf einen Teil der Gebiete der beteiligten Gemeinden erstrecken soll, eine eindeutige Bestimmung, auf welcher Fläche der Zweckverband Kompetenzen wahrnehmen kann und darf.[2083] Ein gemeinsamer gebietsübergreifender Bebauungsplan zweier Gemeinden kann nur durch einen Planungsverband nach § 205 I BauGB oder einen dem Planungsverband in der Organisationsform gleichwertigen Zusammenschluss im Sinne von § 205 VI BauGB erlassen werden.[2084] Gemäß § 205 VI BauGB wird ein Zusammenschluss nach dem Zweckverbandsrecht oder durch besondere Landesgesetze durch diese Vorschriften nicht ausgeschlossen. Der Bundesgesetzgeber lässt dem Landesrecht damit einen Bereich, in dem dieses eigene Vorschriften zur Übertragung der Zuständigkeit für die Bauleitplanung vorsehen kann. Dieser Spielraum des Landesgesetzgebers ist nach der Rechtsprechung des BVerwG begrenzt. Regelungen des Landesrechts über Zusammenschlüsse nach dem Zweckverbandsrecht oder durch besondere Landesgesetze würden durch § 205 I BauGB nur dann nicht verdrängt, wenn sie in gleicher Weise die Gewähr für den wirksamen Vollzug des materiellen Städtebaurechts böten. Für Zusammenschlüsse, die an die Stelle von Planungsverbänden nach § 205 I BauGB treten sollen, setze dies voraus, dass sie dieselben Entscheidungsstrukturen wie „echte" Verbände aufweisen und dem Planungsverband gegenüber gleichwertig sein würde.[2085] Eine gemeinsame Bauleitplanung ohne einen Planungsverband oder einen gleichwertigen Zusammenschluss ist in § 204 I BauGB nur für den Flächennutzungsplan vorgesehen. Eine analoge Anwendung dieser Vorschrift scheidet aber schon angesichts der unterschiedlichen Rechtsqualität und Funktion von Flächennutzungsplan und Bebauungsplan aus. 1096

Kommt ein Zusammenschluss nach § 205 I nicht freiwillig zustande, können die Beteiligten auf Antrag eines Planungsträgers zu einem Planungsverband zusammengeschlossen werden, wenn dies zum Wohl der Allgemeinheit dringend geboten ist. Ist der Zusammenschluss aus Gründen der Raumordnung geboten, kann den Antrag auch die für die Landesplanung nach Landesrecht zuständige Stelle stellen. Über den Antrag entscheidet die Landesregierung. Sind Planungsträger verschiedener Länder beteiligt, erfolgt der Zusammenschluss nach Vereinbarung zwischen den beteiligten Landesregierungen. Sollen der Bund oder eine bundesunmittelbare Körperschaft oder Anstalt an dem Planungsverband beteiligt werden, erfolgt der Zusammenschluss nach Vereinbarung zwischen der Bundesregierung und der Landesregierung, sofern die beteiligte Behörde des Bundes oder der bundesunmittelbaren Körperschaft oder Anstalt dem Zusammenschluss durch die Landesregierung widerspricht (§ 205 II BauGB). 1097

[2080] OVG Magdeburg NVwZ-RR 2011, 469; BVerwG ZfBR 1996, 223.

[2081] OVG Münster BauR 2013, 1408.

[2082] VGH Kassel NuR 2012, 644.

[2083] OVG Lüneburg NVwZ-RR 2022, 472.

[2084] BVerwG BauR 2023, 1217; BVerwG NVwZ 2019, 415.

[2085] BVerwG BauR 2023, 1217; Runkel in EZBK, BauGB, 2022, § 205 Rn. 91; Schmidt-Eichstaedt in Brügelmann, BauGB, 2022, § 205 Rn. 171, 187 f.

1098 Satzungen, mit denen sich Gemeinden zu einem Planungsverband nach § 205 I BauGB zusammenschließen, sind nach den Vorschriften **öffentlich bekannt zu machen**, die das Landes- und Kommunalrecht für die Veröffentlichung gemeindlicher Satzungen normiert hat.[2086] Die wirksame Gründung eines Zweckverbandes, dem Aufgaben der Bauleitplanung übertragen werden, setzt voraus, dass die Gründungssatzung Regelungen enthält, die einen wirksamen Vollzug des Städtebaurechts gewährleisten und die gemeindliche (Letzt-)Verantwortung für das städtebauliche Geschehen wahren.[2087] Kommt eine Einigung über die Satzung oder über den Plan unter den Mitgliedern nicht zustande, stellt die zuständige Landesbehörde eine Satzung oder einen Plan auf und legt sie dem Planungsverband zur Beschlussfassung vor. Einigen sich die Mitglieder über diese Satzung oder diesen Plan nicht, setzt die Landesregierung die Satzung oder den Plan fest (§ 205 III 1 u. 2 BauGB).

1099 Dem Planungsverband können gem. § 205 IV BauGB nach Maßgabe der Satzung die Aufgaben der Gemeinde, die ihr nach BauGB obliegen, übertragen werden. Der Planungsverband ist gem. § 205 V 1 BauGb aufzulösen, wenn die Voraussetzungen für den Zusammenschluss entfallen sind oder der Zweck der gemeinsamen Planung erreicht ist.

1100 Ein gemeinsamer Bebauungsplan zweier Gemeinden, der mit Wirkung für das Gebiet des jeweils anderen beschlossen worden ist, ist unwirksam, sofern die Gemeinden nicht einen Planungsverband oder einen sonstigen gesetzlich zugelassenen Zusammenschluss gebildet haben (§ 205 BauGB).[2088]

4. Merkmale von Flächennutzungsplan und Bebauungsplan (Überblick)

1101 Die Merkmale von Flächennutzungsplan und Bebauungsplan lassen sich in Stichworten wie folgt beschreiben:

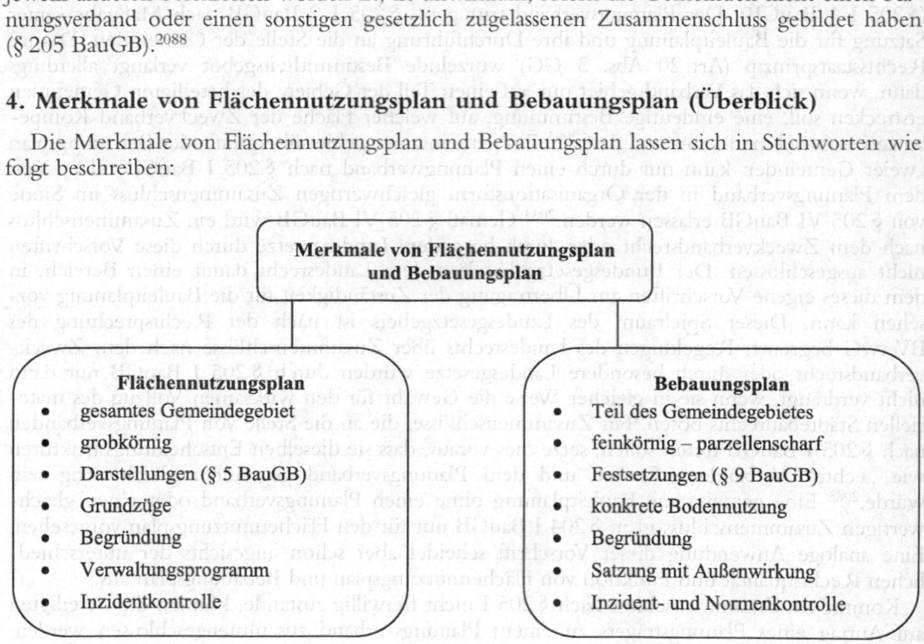

IV. Darstellungs- und Festsetzungsmöglichkeiten nach der BauNVO

1102 Die Darstellungs- und Festsetzungsmöglichkeiten hinsichtlich der **Art und des Maßes der baulichen Nutzung** sowie der **Bauweise** und der **überbaubaren** sowie der **nicht überbaubaren Grundstücksflächen** sind im Einzelnen in der **BauNVO** geregelt. Im **Flächennutzungsplan** können gem. § 1 I BauNVO die für die Bebauung vorgesehenen Flächen nach der allgemeinen Art ihrer baulichen Nutzung (Bauflächen) dargestellt werden als Wohnbauflächen (W), gemischte Bauflächen (M), gewerbliche Bauflächen (G) und Sonderbauflächen (S). Den Bauflächen sind insgesamt 12 Baugebiete zugeordnet, die nach der besonderen Art ihrer baulichen Nutzung untergliedert sind. Die für die Bebauung vorgesehenen Flächen können gem. § 1 II BauNVO nach der besonderen Art ihrer baulichen Nutzung (Baugebiete) im Flächen-

[2086] OVG Münster DVBl. 2018, 106; BVerwG DVBl. 2019, 109.
[2087] BVerwG DVBl. 2019, 109.
[2088] OVG Weimar Urt. v. 21.8.2001 – 1 KO 1240/97, juris.

nutzungsplan dargestellt werden als 1. Kleinsiedlungsgebiete (WS), 2. reine Wohngebiete (WR), 3. allgemeine Wohngebiete (WA), 4. besondere Wohngebiete (WB), 5. Dorfgebiete (MD), 6. dörfliche Wohngebiete (MDW), 7. Mischgebiete (MI), 8. urbane Gebiete (MU), 9. Kerngebiete (MK), 10. Gewerbegebiete (GE), 11. Industriegebiete (GI), 12. Sondergebiete (SO). Den Kurzbezeichnungen sind Planzeichen iSd § 9a Nr. 4 BauGB iVm der PlanZV zugeordnet. Im Flächennutzungsplan können somit entweder nur Bauflächen oder nur Baugebiete oder aber auch Bauflächen und Baugebiete nebeneinander dargestellt werden. Maßgeblich für den konkreten Inhalt des Flächennutzungsplans sind allein die jeweiligen städtebaulichen Erfordernisse iSv § 1 III BauGB.[2089]

Im **Bebauungsplan** können die in § 1 II BauNVO bezeichneten Baugebiete gem. § 1 III 1 BauNVO festgesetzt werden. Durch die Festsetzung werden die Vorschriften der §§ 2 bis 14 BauNVO nach § 1 III 2 BauNVO Bestandteil des Bebauungsplans, soweit nicht auf Grund § 1 IV – X BauNVO etwas anderes bestimmt wird. Bei Festsetzung von Sondergebieten finden die Vorschriften über besondere Festsetzungen nach § 1 IV-X BauNVO keine Anwendung; besondere Festsetzungen über die Art der Nutzung können nach den §§ 10 und 11 BauNVO getroffen werden (§ 1 III 3 BauNVO). 1103

Die für die **Baugebiete** geltenden Vorschriften der **§§ 2 bis 11 BauNVO** sind dabei nach einer **einheitlichen Struktur** aufgebaut: Abs. 1 der Vorschrift enthält jeweils die allgemeine Zweckbestimmung des Baugebietes.[2090] In Abs. 2 der Vorschrift werden jeweils die in diesem Gebiet allgemein zulässigen Nutzungen aufgeführt (Regelbestimmung). Abs. 3 der Vorschrift enthält jeweils die ausnahmsweise zulässigen Nutzungen (Ausnahmebestimmung). Mit diesem Regelungstatbestand in dem jeweiligen Abs. 3 knüpft die Vorschrift an § 31 I BauGB an, wonach von den Festsetzungen des Bebauungsplans solche Ausnahmen zugelassen werden können, die in dem Bebauungsplan nach Art und Umfang ausdrücklich vorgesehen sind. Bei der Prüfung der Zulässigkeit einer ausnahmsweise vorgesehenen Nutzung ist jeweils zu fragen, ob der Gebietscharakter, insbesondere hinsichtlich des Störungsgrades und der Andersartigkeit der beabsichtigten Nutzung, gewahrt wird oder Art und Umfang der Nutzung den Gebietstyp des jeweiligen Baugebietes oder benachbarte Nutzungen beeinträchtigen. 1104

Beispiel: In die Prüfung der Ausnahmetatbestände sind die Einzelfallumstände, die sich aus der konkreten örtlichen Situation und der Umgebung ergeben, einzubeziehen. So kann etwa eine Tankstelle am Rande eines allgemeinen Wohngebietes nach § 4 III Nr. 1 BauNVO zugelassen werden, während sie im inneren Bereich des Wohngebietes wegen des Verkehrsaufkommens und der von dem Tankstellenbetrieb ausgehenden Geräusche und anderen Immissionen unzulässig sein kann.

Die Gemeinde ist verpflichtet, Baugebietstypen nach dem wahren Gebietscharakter festzusetzen und einen **„Etikettenschwindel“** zu vermeiden.[2091] Widerspricht die beabsichtigte Nutzung den Festsetzungen des Bebauungsplans und ist sie auch nach der BauNVO nicht ausnahmsweise zulässig, so kann nach § 31 II BauGB von ihr befreit werden, wenn die Grundzüge der Planung nicht berührt werden und (1) Gründe des Wohls der Allgemeinheit die Befreiung erfordern, (2) die Abweichung städtebaulich vertretbar ist oder (3) die Durchführung des Bebauungsplans zu einer offenbar nicht beabsichtigten Härte führen würde und wenn die Abweichung auch unter Würdigung nachbarlicher Interessen mit den öffentlichen Belangen vereinbar ist. Die Anwendung dieser Vorschrift setzt zunächst voraus, dass die Grundzüge der Planung nicht berührt werden. Sind diese allerdings nicht berührt, ist eine Befreiung § 31 II BauGB 1998 nicht auf einen **atypischen Sachverhalt** beschränkt, der nur dann nicht gegeben ist, wenn die Gründe, die für eine Befreiung streiten, nicht für jedes oder für nahezu jedes Grund- 1105

[2089] Roeser in König/Roeser/Stock, BauNVO, 2022, § 1 Rn. 10.

[2090] Diese muss auch bei Festsetzungen nach § 1 V, VIII und IX BauNVO gewahrt sein, so BVerwG BRS 58 Nr. 23 (1996).

[2091] OVG Lüneburg Urt. v. 15.6.2023 – 1 KN 122/21, juris Rn. 21; OVG Greifswald NordÖR 2008, 415 (LS); Etikettenschwindel kann auch der Bauherr begehen, siehe dazu OVG Lüneburg Beschl. v. 17.10.2023 – 1 LA 55/23, juris: Besteht der begründete Verdacht, dass der Bauherr ein anderes als das genehmigte Vorhaben verwirklichen will (sog. „Etikettenschwindel"), darf die Bauaufsichtsbehörde Bauvorlagen nachfordern, um den Verdacht auszuräumen oder zu erhärten; siehe auch OVG Münster Urt. v. 14.9.2023 – 2 A 577/21, juris Rn. 111; OVG Berlin-Brandenburg Beschl. v. 28.8.2023 – OVG 10 N 17/21, juris Rn. 7.

stück im Planbereich gegeben sind.[2092] Die Grenze für mehrere Befreiungen ist jedoch dann erreicht, wenn es sich umso viele zu regelnde Fälle handelt, dass ein Planungserfordernis nach § 1 III BauGB besteht und damit die Grundzüge der Planung betroffen sind. Es bestehen allerdings hier gemeindliche Planungsspielräume, die nur bei eindeutiger Widerlegbarkeit und offensichtlicher Fehlerhaftigkeit überschritten sind.

Beispiel: Wird in einem Bebauungsplan für ein Neubaugebiet im Hinblick auf bereits bestehende Lärmbeeinträchtigungen und ein deswegen zu erwartendes Überschreiten der Orientierungswerte der DIN 18005 für reine Wohngebiete (nur) ein allgemeines Wohngebiet festgesetzt, so stellt dies nicht notwendig einen „Etikettenschwindel" dar oder entbehrt sonst der nötigen städtebaulichen Rechtfertigung iS des § 1 III 2 BauGB. Auch ein Überschreiten der Orientierungswerte der DIN 18005 um 5 dB(A) kann durchaus das Ergebnis einer gerechten Abwägung im Hinblick auf die Wahrung gesunder Wohn- und Arbeitsverhältnisse iS des § 1 VI 1 Nr. 1 BauGB sein.[2093]

1106 Für besondere Wohngebieten (Besondere Wohngebiete (WB), Dorfgebiete (MD), dörfliche Wohngebiete (MDW), Mischgebiete (MI), urbane Gebiete (MU)) sowie für Kerngebieten sieht § 1 IV BauNVO Möglichkeiten gliedernder Festsetzungen vor. Für die in den §§ 4 bis 9 BauNVO bezeichneten Baugebiete können danach im Bebauungsplan für das jeweilige Baugebiet Festsetzungen getroffen werden, die das Baugebiet 1. nach der Art der zulässigen Nutzung, 2. nach der Art der Betriebe und Anlagen und deren besonderen Bedürfnissen und Eigenschaften gliedern. Die Festsetzungen nach § 1 IV 1 BauNVO können auch für mehrere Gewerbegebiete einer Gemeinde im Verhältnis zueinander getroffen werden; dies gilt auch für Industriegebiete (§ 1 IV 2 BauNVO).

1107 Die BauNVO typisiert die im Flächennutzungsplan darstellungsfähigen und im Bebauungsplan festsetzungsfähigen Baugebiete, sieht aber ergänzend dazu ein gestaffeltes System von **Differenzierungs- und Gliederungsmöglichkeiten** im Sinne einer planerischen Feinsteuerung vor.[2094] Im Bebauungsplan kann nach § 1 V BauNVO festgesetzt werden, dass bestimmte Arten von Nutzungen, die nach den §§ 2 bis 9 sowie 13 und 13a BauNVO allgemein zulässig sind, nicht zulässig sind oder nur ausnahmsweise zugelassen werden können, sofern die allgemeine Zweckbestimmung des Baugebiets gewahrt bleibt. Im Bebauungsplan kann nach § 1 VI BauNVO auch festgesetzt werden, dass alle oder einzelne Ausnahmen, die in den Baugebieten nach den §§ 2 bis 9 BauNVO vorgesehen sind, 1. nicht Bestandteil des Bebauungsplans werden oder 2. in dem Baugebiet allgemein zulässig sind, sofern die allgemeine Zweckbestimmung des Baugebiets gewahrt bleibt. In Bebauungsplänen für Baugebiete nach den §§ 4 bis 9 BauNVO kann, wenn besondere städtebauliche Gründe dies rechtfertigen (§ 9 III BauGB), festgesetzt werden, dass in bestimmten Geschossen, Ebenen oder sonstigen Teilen baulicher Anlagen 1. nur einzelne oder mehrere der in dem Baugebiet allgemein zulässigen Nutzungen zulässig sind, 2. einzelne oder mehrere der in dem Baugebiet allgemein zulässigen Nutzungen unzulässig sind oder als Ausnahme zugelassen werden können oder 3. alle oder einzelne Ausnahmen, die in den Baugebieten nach den §§ 4 bis 9 BauGB vorgesehen sind, nicht zulässig oder, sofern die allgemeine Zweckbestimmung des Baugebiets gewahrt bleibt, allgemein zulässig sind (§ 1 VII BauNVO). Wenn besondere städtebauliche Gründe dies rechtfertigen, kann im Bebauungsplan bei Anwendung von § 1 V bis VIII BauNVO festgesetzt werden, dass nur bestimmte Arten der in den Baugebieten allgemein oder ausnahmsweise zulässigen baulichen oder sonstigen Anlagen zulässig oder nicht zulässig sind oder nur ausnahmsweise zugelassen werden können (§ 1 IX BauNVO). Wären bei Festsetzung eines Baugebiets nach den §§ 2 bis 9 BauNVO in überwiegend bebauten Gebieten bestimmte vorhandene bauliche und sonstige Anlagen unzulässig, kann im Bebauungsplan nach § 1 X 1 BauNVO festgesetzt werden, dass Erweiterungen, Änderungen, Nutzungsänderungen und Erneuerungen dieser Anlagen allgemein zulässig sind oder ausnahmsweise zugelassen werden können. Im Bebauungsplan können nähere Bestimmungen über die Zulässigkeit getroffen werden. Die allgemeine Zweckbestimmung des Baugebiets muss in seinen übrigen Teilen gewahrt bleiben (§ 1 X 2 bis 3 BauNVO).

[2092] BVerwG NVwZ 1990, 556.

[2093] OVG Münster NVwZ-RR 2010, 263; BVerwG NVwZ 1991, 881. Zu den Anhaltspunkten, die für die Annahme eines sog. „Etikettenschwindels" sprechen können OVG Koblenz Urt. v. 21.10.2009 – 1 C 10150/09, juris.

[2094] Roeser in König/Roeser/Stock, BauNVO, 2022, § 1 Rn. 3.

Die Baugebietsbeschreibungen in der BauNVO durch die Bezugnahme des Plangebers Bestandteil des Bebauungsplans.[2095] Dies gilt für die in Abs. 2 der BauNVO jeweils beschriebenen, regelmäßig zulässigen Vorhaben ebenso wie für die Ausnahmeregelungen in Abs. 3 der BauNVO. Der BauNVO liegt der Gedanke der **Typisierung** in dem Sinne zu Grunde, dass verschiedene Arten der baulichen und sonstigen Nutzung jeweils zu einem Nutzungstypus zusammengefasst werden. Dies hat auch für die planende Gemeinde, die an diese Typisierung gebunden ist, eine wichtige Steuerungsfunktion. Festsetzungen, die in § 9 BauGB und in der auf § 9 a BauGB beruhenden BauNVO nicht vorgezeichnet sind, können von der planenden Gemeinde nicht getroffen werden. Die Gemeinde ist auch nicht in der Lage, eigene Typen von Nutzungsarten außerhalb des Katalogs der Festsetzungsmöglichkeiten des § 9 BauGB und der BauNVO zu schaffen oder diese Wirkung durch eine Kombination von den vorgesehenen Festsetzungen mit einem neuen, darüber hinausgehenden Inhalt zu bewirken.[2096] Auch wird die BauNVO vom BVerwG als eine sachverständige Konkretisierung moderner Planungsrechtsgrundsätze bezeichnet.[2097] 1108

Grundsätzlich kann die Gemeinde selbst entscheiden, ob und inwieweit ihre Festsetzungen im Bebauungsplan auch dem Schutz Dritter dienen.[2098] Für die Festsetzung von Baugebieten gilt dies allerdings nicht; sie hat grundsätzlich **nachbarschützende Funktion**. Derselbe Nachbarschutz besteht im unbeplanten **Innenbereich** allerdings nur, wenn die Eigenart der näheren Umgebung einem der Baugebiete der BauNVO entspricht.[2099] Im Übrigen lassen sich die Grundsätze auf den unbeplanten Innenbereich nicht übertragen.[2100] Der die Erhaltung der Gebietsart betreffende Nachbarschutz wird allerdings durch die wechselseitige Prägung der benachbarten Grundstücke begrenzt und muss daher keineswegs alle Grundstücke in der Umgebung erfassen.[2101] Die Festsetzung von Baugebieten durch einen Bebauungsplan hat nachbarschützende Funktion zugunsten der Grundstückseigentümer im jeweiligen Baugebiet. Dieser bauplanungsrechtliche Nachbarschutz beruht auf dem Gedanken des wechselseitigen Austauschverhältnisses bzw. einer rechtlichen „**Schicksalsgemeinschaft**".[2102] Weil und soweit der Eigentümer eines Grundstücks in dessen Ausnutzung öffentlich-rechtlichen Beschränkungen unterworfen ist, kann er deren Beachtung grundsätzlich auch im Verhältnis zum Nachbarn durchsetzen.[2103] 1109

Nach § 31 II Nr. 2 BauGB kann allerdings von den Festsetzungen des Bebauungsplans befreit werden, wenn die Grundzüge der Planung nicht berührt werden, die Abweichung städtebaulich vertretbar und auch unter Würdigung nachbarlicher Interessen mit den öffentlichen Belangen vereinbar ist. Wird von einer nachbarschützenden Festsetzung eines Bebauungsplans befreit, führt jedoch jeder Fehler bei der Anwendung des § 31 II BauGB zur Aufhebung der Baugenehmigung.[2104] 1110

Diese Grundsätze lassen sich auf den Schutz von Nachbarn, deren Grundstücke in demselben faktischen Baugebiet nach § 34 II BauGB liegen, übertragen.[2105] Auch der nachbarliche Anspruch auf Wahrung eines bestimmten Baugebietes kann sowohl im Innenbereich als auch im Außenbereich verwirken.[2106] Dies gilt insbesondere für Rechtsbeeinträchtigungen, die keine spürbare eigene Rechtsverletzung beinhalten.[2107] Die Festsetzung eines Gewerbegebietes ver- 1111

[2095] Roeser in König/Roeser/Stock, BauNVO, 2022, § 1 Rn. 2.

[2096] BVerwGE 68, 360; BRS 47, Nr. 63; DVBl. 1995, 515.

[2097] BVerwG NVwZ 1994, 285.

[2098] BVerwG BauR 1981, 354; Roeser in König/Roeser/Stock, BauNVO, 2022, § 1 Rn. 40.

[2099] BVerwG Beschl. v. 27.9.2007 – 4 B 36.07, juris; NVwZ 1996, 379; NJW 1994, 1546.

[2100] BVerwG ZfBR 1998, 166; es entspreche dem Gedanken des wechselseitigen Austauschverhältnisses im Bauplanungsrecht, so das OVG Weimar UPR 1997, 156, dass derjenige, der die mit der jeweiligen Gebietsfestsetzung verbundenen Beschränkungen der baulichen Ausnutzbarkeit der Grundstücke selbst nicht einhält, sich nicht mit der Begründung gegen das Vorhaben eines Dritten wenden kann, dieses sei seiner Art nach in dem jeweiligen Baugebiet nicht zulässig.

[2101] BVerwG NVwZ-RR 1999, 105.

[2102] Roeser in König/Roeser/Stock, BauNVO, 2022, § 1 Rn. 40.

[2103] BVerwGE 82, 61 (75); BVerwGE 94, 151 (155 ff.), BVerwGE 101, 364 (375 ff.); BVerwGE 162, 363 Rn. 15.

[2104] VGH Mannheim Beschl. v. 1.8.2023 – 3 S 2683/22, juris Rn. 25.

[2105] BVerwG BRS 88 Nr. 110 (2020); BauR 2012, 1218; BauR 2013, 934; Roeser in König/Roeser/Stock, BauNVO, 2022, § 1 Rn 40.

[2106] BVerwG NVwZ-RR 1998, 711.

[2107] BVerwG NVwZ-RR 1997, 522.

leiht nach der Rechtsprechung des OVG Lüneburg dem Nachbarn auch dann keinen Schutz gegen eine Baugenehmigung für einen großflächigen Einzelhandelsbetrieb nach § 11 III BauNVO, wenn die (unterstellt rechtswidrige) Genehmigung nicht zu Einschränkungen der gewerblichen Nutzbarkeit der benachbarten Grundstücke im Plangebiet führt.[2108] Sogenannte **Wagenburgen** sind nach Auffassung des OVG Berlin in keinem der in der BauNVO genannten Baugebiete zulässig. Überlässt eine Behörde in einem nicht beplanten Innenbereich ein landeseigenes Grundstück einer sog. Wagenburg, die faktisch eine baurechtsfreie Ernklave bildet, kann dem Eigentümer eines Nachbargrundstücks wegen Verletzung des Rücksichtnahmegebotes ein Anspruch auf Beseitigung zustehen.[2109] Vorhaben im Außenbereich müssen auf das Interesse eines Landwirts, seinen Betrieb in den Außenbereich hinein zu erweitern, keine Rücksicht nehmen, wenn das Erweiterungsinteresse vage und unrealistisch ist.[2110]

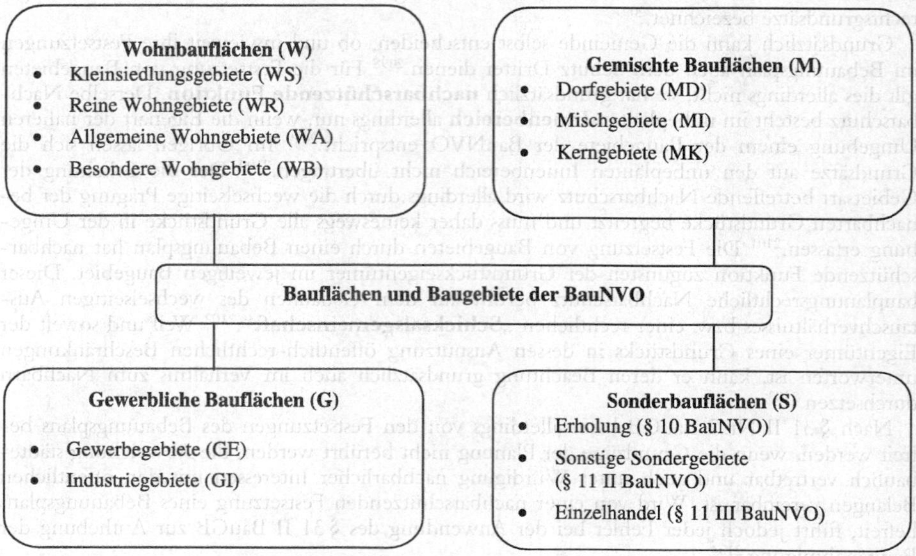

1. Die Baugebiete der BauNVO

1112 **a) Kleinsiedlungsgebiete.** Sie dienen nach § 2 I BauNVO vorwiegend der Unterbringung von Kleinsiedlungen einschließlich Wohngebäuden mit entsprechenden Nutzgärten und landwirtschaftlichen Nebenerwerbsstellen. Typisch für den Gebietscharakter ist das Wohnen iVm einer nebenberuflichen intensiven Gartenbaunutzung und oftmals einer Kleintierhaltung. Seit dem Entstehen der Kleinsiedlungen Anfang der 1930er Jahre ist diese Baugebietsart zu einem festen Bestandteil der städtebaulichen Ordnung insbesondere in ländlich geprägten Gemeinden geworden. Die Besonderheiten des Gebiets erklären sich aus dem sozialpolitischen Anliegen, insbesondere den Bevölkerungskreisen mit geringem Einkommen durch Eigentum an Haus und Garten ein Verbundenheitsgefühl zu vermitteln und durch Bodenständigkeit in Notzeiten eine Krisenfestigkeit zu erreichen.[2111] Zulässig sind Kleinsiedlungen einschließlich Wohngebäuden mit entsprechenden Nutzgärten, landwirtschaftliche Nebenerwerbsstellen und Gartenbaubetriebe. Außerdem sind die der Versorgung des Gebietes dienenden Läden, Schank- und Speisewirtschaften sowie nicht störende Handwerksbetriebe zulässig (§ 2 II BauNVO). Handwerksbetriebe sind dabei Gewerbebetriebe, die handwerksmäßig geführt werden und vollständig oder doch wesentlich in der Anlage A zur HandwerksO aufgeführt sind. Nicht zulässig sind

[2108] OVG Lüneburg NVwZ 1997, 1012.
[2109] OVG Berlin NVwZ 1998, 978; zur Beseitigungsanordnung für eine Wagenburg OVG Lüneburg NVwZ-RR 2005, 93.
[2110] BVerwG NVwZ-RR 2001, 82.
[2111] Fickert/Fieseler BauNVO, 2023, § 2 Rn. 1.

Fabrik- oder Industriebetriebe.[2112] Ausnahmsweise können sonstige Wohngebäude mit nicht mehr als zwei Wohnungen, Anlagen für kirchliche, kulturelle, soziale, gesundheitliche und sportliche Zwecke, Tankstellen sowie nicht störende Gewerbegebiete zugelassen werden (§ 2 III BauNVO). Dabei ist jeweils zu fragen, ob die ausnahmsweise zulässigen Nutzungen noch den Gebietscharakter des Kleinsiedlungsgebietes wahren oder ihn durch Andersartigkeit und Typenfremdheit sprengen. Hinsichtlich der **Störanfälligkeit** ist das Kleinsiedlungsgebiet dem allgemeinen Wohngebiet weitgehend angenähert, wobei allerdings die von der gebietstypischen Nutzung (auch der Kleintierhaltung) ausgehenden Störungen von der Nachbarschaft hinzunehmen sind.[2113]

Kleinsiedlungsgebiete dienen vorwiegend der Unterbringung von Kleinsiedlungen ein- **1113**
schließlich Wohngebäuden mit entsprechenden Nutzgärten und landwirtschaftlichen Nebenerwerbsstellen. Die Siedlerstelle und die Nutzgärten sollen nach Größe, Bodenbeschaffenheit und Einrichtung dazu bestimmt und geeignet sein, dem Kleinsiedler durch Selbstversorgung aus vorwiegend gartenbaumäßiger Nutzung des Landes eine fühlbare Ergänzung seines sonstigen Einkommens zu bieten. Ist diese Nutzungsstruktur durchgängig nicht mehr vorhanden und hat sie sich zu einem reinen oder allgemeinen Wohngebiet entwickelt, sind entgegenstehende Festsetzungen des Bebauungsplans wegen **Funktionslosigkeit** außer Kraft getreten.[2114] Die Festsetzung eines Kleinsiedlungsgebiets ist funktionslos geworden, wenn das Gebiet bereits zuvor aus reinen Wohngebäuden bestanden hat und entsprechend der Genehmigungspraxis auch nach Erlass des Bebauungsplans nur reine Wohnnutzung zugelassen worden ist. Mit einer Verwirklichung der Festsetzung eines Kleinsiedlungsgebiets ist nicht mehr zu rechnen, wenn für die verbleibenden, noch unbebauten Grundstücke im Plangebiet eine Ansiedlung mit Kleinsiedlerstellen nicht zu erwarten ist, da aufgrund der gesellschaftlichen Entwicklungen keine Nachfrage zur Selbstversorgung mit Nahrungsmitteln im Sinn einer Kleinsiedlungsstelle mehr besteht.[2115] Als weicher Übergang zwischen landwirtschaftlichen Nutzungen und einem Wohngebiet eignet sich das Kleinsiedlungsgebiet nicht, wenn sich der Planungswille in Wahrheit auf ein reines oder allgemeines Wohngebiet richtet.[2116]

Eine **Nebenerwerbsstelle** unterscheidet sich von einer Kleinsiedlerstelle regelmäßig nur in- **1114**
soweit, als sie über eine zusätzliche Landzugabe im Kleinsiedlungsgebiet verfügt und der Kleinsiedler vorwiegend Gartennutzung und Kleintierhaltung ausübt; das bedeutet, dass auch bei der Nutzung als Nebenerwerbsstelle die Selbstversorgung, die den Charakter der Baugebietsform „Kleinsiedlungsgebiet" bestimmt, weiterhin im Vordergrund stehen muss. Die von einer Nebenerwerbsstelle ausgehende zusätzliche Bewirtschaftung von Flächen außerhalb des Kleinsiedlungsgebiets ist für die Erhaltung dieser Nutzungsform unschädlich, solange nicht durch den Umfang der Bewirtschaftung die Schwelle zum Nebenerwerbsbetrieb überschritten wird. Die Festsetzung einer Baugrenze hat ausnahmsweise nachbarschützende Wirkung, wenn sie nach der Bebauungsplanbegründung neben ihrer städtebaulichen Ordnungsfunktion im Interesse der Entzerrung eines vom Rat erkannten Nutzungskonflikts zwischen vorhandener emissionsträchtiger Tierhaltung und störempfindlichem Wohnen größere Abstände zwischen den Stallungen und den Wohngebäuden sicherstellen soll als das Landesrecht sie mit den Bestimmungen des § 6 BauO NRW gewährleistet.[2117]

Soweit in einem Kleinsiedlungsgebiet Anlagen für soziale Zwecke als Ausnahme zugelassen **1115**
werden können, gilt nach § 246 XI 1 BauGB, § 31 I BauGB mit der Maßgabe, dass Anlagen für soziale Zwecke, die der Unterbringung und weiteren Versorgung von **Flüchtlingen** und Asylbegehrenden dienen, dort bis zum Ablauf des 31.12.2027 in der Regel zugelassen werden sollen.

2112 BVerwGE 17, 230.

2113 OVG Lüneburg NVwZ-RR 2002, 98 (99); Stock in König/Roeser/Stock, BauNVO, 2022, § 2 Rn. 5, dort auch zu dem nach verschiedenen Regelwerken (TA Lärm, DIN 18005, Sportanlagenlärmschutz V und VerkehrslärmschutzV) geltenden, im Wesentlichen dem für ein allgemeines Wohngebiet entsprechenden Lärmschutz für Kleinsiedlungsgebiete.

2114 OVG Münster Beschl. v. 2.8.2023 – 10 A 2902/21, juris Rn. 6; VGH München Beschl. v. 13.8.2018 – 2 ZB 16.492, BeckRS 2018, 20033 Rn. 6 f.; BVerwG NVwZ 2004, 1244; Stock in König/Roeser/Stock, BauNVO, 2022, § 2 Rn. 1a.

2115 VGH München Beschl. v. 13.8.2018 – 2 ZB 16.492, BeckRS 2018, 20033 Rn. 6 f.

2116 OVG Lüneburg NVwZ-RR 2002, 98 (100 f.).

2117 OVG Münster BauR 2013, 1239.

1116 **b) Reine Wohngebiete.** Sie dienen nach § 3 I BauNVO dem Wohnen. Der Begriff des Wohnens ist durch eine auf Dauer angelegte Häuslichkeit, Eigengestaltung der Haushaltsführung und des häuslichen Wirkungskreises sowie Freiwilligkeit des Aufenthalts gekennzeichnet. Diese Kriterien dienen insbesondere auch der Abgrenzung von anderen Nutzungsformen, etwa der Unterbringung unter gleichzeitiger Betreuung, der bloßen Schlafstätte oder anderer Einrichtungen, die dann nicht als Wohngebäude, sondern als soziale Einrichtungen einzustufen sind. Maßgeblich für die Erfüllung des Wohnbegriffs ist das Nutzungskonzept und seine grundsätzliche Verwirklichung, nicht das individuelle und mehr oder weniger spontane Verhalten einzelner Bewohner.[2118] Der Aufenthalt in Ferienwohnungen ist kein Wohnen im Sinne der BauNVO. Zulässig sind außerdem Wohngebäude und Anlagen zur **Kinderbetreuung**, die den Bedürfnissen der Bewohner des Gebiets dienen (§ 3 II BauNVO).[2119] Der bauplanungsrechtliche Begriff des Wohnens erstreckt sich nicht den Aufenthalt von Personen, die der Vollstreckung einer freiheitsentziehenden Maßregel (§§ 63 ff. StGB) unterliegen, weil die **„Unterbringung“** die für das Wohnen vorausgesetzte Freiwilligkeit des Aufenthalts fehlt. Dies gilt auch während einer auf landesrechtlicher Grundlage zum Zwecke des sog. Probewohnens gewährten Beurlaubung vom Maßregelvollzug.[2120]

1117 Als **Ausnahme** können **Läden** und **nicht störende Handwerksbetriebe**, die zur Deckung des täglichen Bedarfs für die Bewohner des Gebietes dienen, sowie **kleinere Betriebe des Beherbergungsgewerbes** und sonstige **Anlagen für soziale Zwecke** sowie den Bedürfnissen der Bewohner des Gebiets **dienende Anlagen für kirchliche, kulturelle, gesundheitliche und sportliche Zwecke** zugelassen werden. Zu den nach § 3 II sowie den §§ 2, 4 bis 7 BauNVO zulässigen Wohngebäuden gehören auch solche, die ganz oder teilweise der Betreuung und Pflege ihrer Bewohner dienen (§ 3 IV BauNVO).

1118 Als Ausnahmen iSd § 31 I BauGB können auch **Nebenanlagen** iSd § 14 II BauNVO auch im reinen Wohngebiet zulässig sein. Gem. § 14 II 1 BauNVO können **infrastrukturelle Nebenanlagen** der Daseinsvorsorge zugelassen werden, die in jedem Baugebiet benötigt werden, außerdem nach § 14 II 2 BauNVO auch **fernmeldetechnische Nebenanlagen** wie Mobilfunk-Basisstationen.[2121] Als Ausnahmen kommen ferner **Anlagen für erneuerbare Energien** infrage (§ 14 II 2 BauNVO). Liegen keine städtebaulichen Gründe gegen das Vorhaben vor, besteht für eine ablehnende Ermessensentscheidung kein Raum.[2122]

1119 § 3 BauNVO ist auch für den **unbeplanten Innenbereich** beachtlich. Entspricht die Eigenart der näheren Umgebung innerhalb des im Zusammenhang bebauten Ortsteils einem reinen Wohngebiet, beurteilt sich die Zulässigkeit des Vorhabens gem. § 34 II BauGB nach seiner Art allein danach, ob es nach § 3 BauNVO allgemein zulässig wäre. Nach § 34 II 2 Hs. 2 BauGB ist auf die § 3 III BauNVO ausnahmsweise zulässigen Vorhaben § 31 I BauGB, im Übrigen § 31 II BauGB entsprechend anwendbar.

1120 Mit der Festsetzung eines reinen Wohngebiets fällt zugleich eine Entscheidung für das höchstzulässige **Maß der baulichen Nutzung**. § 17 II BauNVO sieht dafür die Grundflächenzahl (GRZ) 0,4 und die[2123]Geschossflächenzahl (GFZ) 1, 2 vor. Überschreitungen sind unter den Voraussetzungen des § 17 II BauNVO zulässig und nach § 17 III BauNVO für überdachte Stellplätze und Garagen nach § 21a III BauNVO möglich. Ermöglicht wird darüber eine lockerere, aber auch eine verdichtete Bebauung im reinen Wohngebiet. Eine Beschränkung auf bestimmte Wohnformen enthält § 3 BauNVO nicht, sodass grundsätzlich alle Formen des Wohnens, auch große Wohnanlagen oder Hochhäuser, erfasst werden.[2124] Milieuschutz dahingehend, den Charakter eines reinen Wohngebietes als Ein- oder Zweifamilienhausgebiet zu bewahren, vermitteln § 15 I 1, § 3 BauNVO nicht; die Gemeinde kann jedoch nach § 9 I Nr. 6 BauGB entsprechende Festsetzungen in den Bebauungsplan aufnehmen.[2125]

2118 OVG Koblenz NVwZ-RR 2019, 403; dort auch zu den heute anzutreffenden Wohnformen älterer Menschen; BVerwG ZfBR 2017, 269; NVwZ 1996, 893.

2119 BVerwG NVwZ 2018, 824.

2120 OVG Berlin-Brandenburg LKV 2022, 323.

2121 BVerwG NVwZ 2012, 579; Jung ZfBR 2001, 24 (28); das gilt aber nur Bebauungspläne, auf welche die BauNVO 1990 oder eine spätere Fassung vor der Novelle 2021 anzuwenden ist: BVerwG NVwZ 2000, 680; Stock in König/Roeser/Stock, BauNVO, 2022, § 3 Rn. 49.

2122 Stock in König/Roeser/Stock, BauNVO, 2022, § 3 Rn. 49.

2123 Hornmann in BeckOK BauNVO, 2023, § 3 Rn. 10.

2124 OVG Lüneburg NVwZ 2023, 1024, juris Rn. 8.

2125 OVG Lüneburg NVwZ 2023, 1024, juris Rn. 8

Bei der Festsetzung reiner Wohngebiete kann die Gemeinde die ihr eingeräumten Möglichkeiten einer **planerischen Feinsteuerung** nach § 1 V, VI und VIII–X BauNVO nutzen.[2126] 1121

Der Begriff des **kleinen Beherbergungsbetriebes** nach § 3 III Nr. 1 BauNVO ist baugebietstypisch und bezogen auf das konkrete Baugebiet auszulegen. Dabei ist die Anzahl der Betten eine wichtige, aber nicht allein entscheidende Messgröße. Maßgebend sind die Auswirkungen der gesamten Einrichtung auf das Baugebiet. Es ist auf die Erscheinungs- und Betriebsform und auf die Art und Weise der Betriebsführung abzustellen.[2127] Die Vermietung möblierter Gastzimmer an Messegäste ist bauplanungsrechtlich als Beherbergung (§§ 3 III Nr. 1, 4 III Nr. 1 BauNVO) und nicht als Nutzung für Wohnzwecke (§§ 3 I, 4 I BauNVO) einzustufen.[2128] Nach § 3 III 2 BauNVO können auch Anlagen für soziale Zwecke sowie den Bedürfnissen der Bewohner des Gebiets dienende Anlagen für kirchliche, kulturelle, gesundheitliche und sportliche Zwecke ausnahmsweise zugelassen werden. Bei der Entscheidung über die Ausnahmen ist jeweils zu fragen, ob das Vorhaben nach Art und Umfang und insbesondere auch hinsichtlich seines Störungsgrades noch mit dem Gebietstyp des reinen Wohngebietes vereinbar ist. Dies gilt auch für die Tierhaltung. 1122

Beispiel Ferienappartements: Der Betrieb des Beherbergungsgewerbes mit insgesamt 21 Betten in einem ruhig gelegenen und aufgelockert bebauten reinen Wohngebiet ist nicht „klein" iSd § 3 III BauNVO.[2129]

§ 3 IV BauNVO bestimmt, dass zu den nach § 3 II BauNVO sowie den §§ 2, 4 bis § 7 BauNVO zulässigen Wohngebäuden auch solche gehören, die ganz oder teilweise der Betreuung und Pflege ihrer Bewohner dienen. In reinen Wohngebieten sind daher auch **Altenheime und Altenpflegeheime** zulässig.[2130] § 3 II und IV BauNVO, nach denen zu den Wohngebäuden auch solche gehören, die ganz oder teilweise der Betreuung und Pflege ihrer Bewohner dienen, ist allerdings nicht mehr anwendbar, wenn der Klinikcharakter der Einrichtung im Vordergrund steht.[2131] § 3 IV BauNVO schließt aber nicht aus, mehrere Wohngebäude zu einem Gesamtbaukörper mit mehr als zwei Wohnungen aneinanderzufügen.[2132] 1123

Beispiel Hospiz: Auch ein Hospiz kann in einem reinen Wohngebiet gebietsverträglich sein. Das VG Gelsenkirchen erläutert zu einem Hospiz mit acht Bewohnerplätzen, es handele es sich im Vergleich mit üblichen Anlagen für soziale und gesundheitliche Zwecke um eine relativ kleine Anlage. Daran ändere auch die Anzahl von 15 Mitarbeitern nichts. Die Auswirkungen des Hospizbetriebes auf die nähere Umgebung seien typischerweise als gering einzustufen. Da Gegenstand des Hospizbetriebes die Sterbebegleitung schwer erkrankter Menschen sei, sei weder von einer lärmintensiven Nutzung der Außenflächen noch von relevanten Auswirkungen der Versorgung und des Aufenthalts der Bewohner in den Räumlichkeiten des Hospizes auszugehen.[2133]

Unterkünfte für Asylbewerber sind im reinen Wohngebiet als Einrichtung für soziale Zwecke nach § 3 III Nr. 2 BauNVO ausnahmsweise zulässig. § 3 III Nr. 2 BauNVO setzt nicht voraus, dass die jeweilige ausnahmsweise zulässige Anlage für soziale Zwecke den Bedürfnissen des Gebiets dienen muss.[2134] Soweit in einem reinen Wohngebiet nach § II BauNVO ausnahmsweise auch Anlagen für soziale Zwecke zugelassen werden können, gilt nach § 246 XI 1 BauGB die Vorschrift des § 31 I BauGB mit der Maßgabe, dass Anlagen für soziale Zwecke, die der Unterbringung und weiteren Versorgung von Flüchtlingen und Asylbegehrenden dienen, dort bis zum Ablauf des 31.12.2027 in der Regel zugelassen werden sollen. Mit der Formulierung „in der Regel" in § 246 XI 1 BauGB hat der Gesetzgeber zum Ausdruck gebracht, dass ein Widerspruch zur Zweckbestimmung des jeweiligen Baugebiets grundsätzlich nicht be- 1124

2126 Stock in König/Roeser/Stock, BauNVO, 2022, § 3 Rn. 14.
2127 VGH Kassel NVwZ-RR 2007, 308.
2128 OVG Münster NVwZ-RR 2008, 20.
2129 VG Karlsruhe Beschl. v. 18.7.2022 – 2 K 399/22, juris Rn. 36.
2130 A.A. zur früheren Rechtslage VGH Mannheim NVwZ 1989, 2278.
2131 OVG Saarlouis Urt. v. 26.1.2006 – 2 R 9/05, juris.
2132 OVG Hamburg BauR 2010, 1191.
2133 VG Gelsenkirchen Urt. v. 20.8.2021 – 6 K 3356/18, juris Rn. 62.
2134 OVG Münster Beschl. v. 19.7.2019 – 10 A 1802/18, juris Rn. 8.

steht, die genannten Anlagen für soziale Zwecke vielmehr regelmäßig als gebietsverträglich zu beurteilen sind.[2135]

Beispiel: Die städtebauliche Erforderlichkeit iSd § 1 III BauGB liegt vor, wenn sich aus einem Entwurf für ein Unterbringungskonzept für Flüchtlinge und Obdachlose in der Gemeinde die Erwägung ergibt, dass eine Anlage, in der in der Regel einzelne Männer mit Fluchterfahrung und männliche Obdachlose untergebracht würden, durch einen für Familien mit Kindern geeigneten Neubau zu ersetzen sei.[2136]

1125 Zulässig sind nach § 3 II Nr. 2 BauNVO auch **Anlagen zur Kinderbetreuung**, die den Bedürfnissen der Bewohner des Gebiets dienen.[2137]

Beispiel: In einem besonders geschützten Wohngebiet sind allerdings nur kleine Kindertageseinrichtung zulässig, die bereits aufgrund ihres Typs mit der Wohnnutzung verträglich sind.[2138] Eine in einem solchen Gebiet mit zweigeschossiger offener Bebauung betriebene Kindertageseinrichtung, in der nicht mehr als 22 Kinder gleichzeitig betreut werden, ist der Art nach eine in diesem Gebiet allgemein zulässige „kleine" Kindertageseinrichtung. Eine Kindertageseinrichtung, die nicht über eine Außenspielfläche verfügt, wird nicht allein deshalb als Nutzungstyp eigener Art anzusehen sein.[2139]

1126 Der von **Kindertagesstätten** ausgehende **Lärm** ist als typische Begleiterscheinung kindlichen Verhaltens von den Bewohnern von Wohngebieten grundsätzlich hinzunehmen. Das gilt nicht nur für Geräuscheinwirkungen von Kindertageseinrichtungen selbst, sondern regelmäßig auch für den mit solchen Einrichtungen verbundenen Verkehr.[2140] Diese Duldungspflicht besteht erst recht, wenn das Vorhaben in einer Umgebung mit Elementen eines auf ein höheres Maß an Unruhe angelegten Baugebietstyps entstehen soll. Das Rücksichtnahmegebot ist nicht allein deshalb verletzt, weil eine Kindertagesstätte die Orientierungswerte der TA Lärm möglicherweise nicht einhält. Bei Lärmbelästigungen, die von Kindertagesstätten ausgehen, kann nicht auf die in technischen Regelwerken wie der TA Lärm festgelegten Immissionsrichtwerte abgestellt werden, da diese keine brauchbare Orientierungshilfe für die Beurteilung der Zumutbarkeit der von Kindern ausgehenden Geräusche bieten. Erforderlich ist vielmehr eine wertende Gesamtbetrachtung des konkreten Einzelfalls. Diese Bewertung erfolgt unter Berücksichtigung der durch die Gebietsart und die tatsächlichen Verhältnisse bestimmten Schutzwürdigkeit und Schutzbedürftigkeit der Beteiligten, ihrer wechselseitigen Interessen und der Intensität auftretender Nachteile.[2141] Die **Nachbarverträglichkeit einer Kinderkrippe** (Kindertagesstätte für Kleinkinder zwischen 1 und 3 oder 4 Jahre) beurteilt sich in erster Linie nicht nach der Einhaltung von Orientierungswerten. Maßgeblich sind vielmehr insbesondere die Grundstückssituation sowie die in der BauNVO getroffene Wertung, wonach Kindertagesstätten als Anlagen für soziale Zwecke je nach Größe auch in einem allgemeinen Wohngebiet zulässig sein können. Der die TA Lärm kennzeichnende Trennungsgedanke gilt hier nicht.[2142] Die mit der Benutzung eines Spielplatzes für die nähere Umgebung unvermeidbar verbundenen Auswirkungen vorwiegend Geräusche sind ortsüblich und sozialadäquat.[2143] Nur im Ausnahmefall können Spielplätze oder die dort errichteten Spielgeräte nach § 15 I BauNVO unzulässig sein, wenn von ihnen Belästigungen oder Störungen ausgehen, die in der Umgebung unzumutbar sind.

[2135] OVG Münster Beschl. v. 19.7.2019 – 10 A 1802/18, juris Rn. 8; Beschl. v. 16.6.2017 – 7 B 132/17, juris Rn. 5; OVG Hamburg Beschl. v. 14.4.2016 – 2 Bs 29/16, juris, Rn. 28; VGH München Beschl. v. 4.7.2018 – 9 ZB 17.1984, juris, Rn. 6; Beschl. v. 21.3.2016 – 2 ZB 14.1201, juris, Rn. 4.

[2136] OVG Schleswig Beschl. v. 18.6.2019 – 1 MR 1/9, juris Rn. 26.

[2137] Siehe auch OVG Hamburg Beschl. v. 30.3.2021 – 2 Bs 23/11, juris Rn. 29; zur Sozialadäquanz von Grundschullärm OVG Lüneburg Urt. v. 5.10.2023 – 1 KN 16/21, juris Rn. 32..

[2138] OVG Hamburg BauR 2009, 1627; Macht DÖV 2009, 657.

[2139] OVG Hamburg BauR 2009, 1627.

[2140] OVG Münster Beschl. v. 1.12.2020 – 10 B 1745/20, juris Rn. 13.

[2141] OVG Weimar DVBl. 2011, 1314 m. Anm. Durinke LKV 2011, 430.

[2142] OVG Lüneburg NVwZ-RR 2011, 185.

[2143] OVG Saarlouis Beschl. v. 28.9.2023 – 2 B 99/23, juris Rn. 10.

Auch **Altglascontainer** können in einem reinen Wohngebiet zulässig sein.[2144] Es handelt sich dabei um ortsfeste, nicht genehmigungsbedürftige Einrichtungen iSv § 3 V Nr. 1 BImSchG, deren Immissionen an den Vorgaben des § 22 BImSchG zu messen sind. Die dort geregelten Vorgaben sind auch für Ansprüche nach § 906 BGB maßgeblich.[2145] Wertstoffsammelbehälter sind als untergeordnete Nebenanlagen im Sinne von § 14 I BauNVO sozialadäquat und in reinen Wohngebieten grundsätzlich zulässig, sofern sie nach Standort und Dimensionierung zur Sammlung der in einem solchen Gebiet anfallenden „Wertstoffe" dienen. Von solchen Anlagen ausgehende, nach den Vorschriften des Immissionsschutzrechts hinzunehmende Immissionen sind auch aus städtebaulicher Sicht zumutbar.[2146] 1127

Hat eine Gemeinde den Standort einer im Rahmen des Dualen Systems betriebenen Wertstoffsammelanlage verbindlich bestimmt und gestattet sie deren Betrieb auf gemeindeeigenem Grundstück, so ist sie bei von dieser Anlage ausgehenden Lärmemissionen neben dem Betreiber der Anlage als mittelbare Störerin anzusehen. Ein der Wiederverwertung von Verpackungsabfällen dienender Altglascontainer ist als **sozialadäquate Einrichtung**[2147] grundsätzlich in allen Siedlungsgebieten zulässig. Die Zumutbarkeit einer solchen Wertstoffsammelanlage ist deshalb nicht davon abhängig, dass ein bestimmter Lärmwert oder Abstände zur Wohnbebauung eingehalten werden. Allerdings sind bei der Einzelbeurteilung die Gebietsart, die tatsächliche Schutzwürdigkeit und Schutzbedürftigkeit, die soziale Adäquanz und die allgemeine Akzeptanz zu berücksichtigen.[2148] Sie erfordert eine wertende Gesamtbetrachtung iS einer Güterabwägung.[2149] Angesichts der allgemeinen Akzeptanz des Dualen Systems können nur besondere Belästigungen, die etwa durch Fehlverhalten der Benutzer verursacht werden, zu Abwehransprüchen führen.[2150] Die konkrete Standortentscheidung darf daher einen Missbrauch nicht offensichtlich begünstigen.[2151] Die Errichtung einer Anlage zur Sammlung von Wertstoffen in einem allgemeinen Wohngebiet ist bauplanungsrechtlich zulässig, wenn es sich um eine Nebenanlage handelt, die dem Nutzungszweck des Baugebiets dient und der jeweiligen Eigenart des Baugebiets nicht widerspricht. Im Gegensatz zum Fachplanungsrecht mit seiner aus dem Abwägungsgebot als Ausprägung des Verhältnismäßigkeitsgrundsatzes eröffneten Alternativenprüfung ist die bebauungsrechtliche Prüfung an den Bauwunsch des Bauherrn gebunden. Er allein bestimmt das Vorhaben, dessen Zulässigkeit in dem vom Bauordnungsrecht bestimmten Verfahren zu prüfen ist. Maßgeblich ist allein die Intensität der Belastungen der Nachbarschaft im konkreten Fall. Ergibt die Prüfung, dass die Belastungen an dem vom Bauherrn gewählten Standort für den Nachbarn im Sinne von § 15 I 2 BauNVO zumutbar sind, so muss er die bauliche Anlage auch dann hinnehmen, wenn es einen besser geeigneten Alternativstandort gibt.[2152] 1128

Hinsichtlich der **Störanfälligkeit** des reinen Wohngebietes soll Sorge dafür getragen werden, dass das Gebiet von allen Störungen und Immissionen freigehalten wird, die das Wohnen stören, beeinträchtigen oder erheblich belästigen können. Der Maßstab für die allgemeine oder ausnahmsweise Zulässigkeit von Nutzungen und Anlagen ist daher aus der zu gewährleistenden **Wohnruhe** und der diese voraussetzenden Störungsfreiheit des reinen Wohngebietes zu gewinnen.[2153] Das reine Wohngebiet genießt den höchsten Schutz vor Störungen durch andere Nutzungen. 1129

Hinweis: Aus dem Gebot der möglichsten störungsfreiheien Wohnens ergeben sich für die Gemeinde bei der Planung von reinen Wohngebieten besondere Sorgfaltspflichten. Es muss sichergestellt sein, dass störende Einwirkungen auf das Gebiet von außen, aber auch durch unverträgliche Nutzungen innerhalb des Gebietes – etwa durch die Zuordnung der Parkplätze oder der Straßen – vermieden werden. Ggf. sind entsprechende Schutzmaßnahmen und Vor-

---

2144 BVerwG NVwZ 1999, 298; VGH Kassel DVBl. 2000, 207. Zum Aufstellungsort von Müllcontainern im Außenbereich BVerwG NVwZ 2000, 71. Zur Zulässigkeit eines Taubenhauses als Nebenanlage in einem allgemeinen Wohngebiet BVerwG BauR 1990, 732; BauR 2000, 73.

2145 BVerwGE 79, 254; BGHZ 111, 63.

2146 BVerwG Beschl. v. 10.10.1997 – 7 B 331.97, juris.

2147 BVerwG Beschl. v. 10.10.1997 – 7 B 331.97, juris; NVwZ 1996, 1001.

2148 VGH Kassel DVBl. 2000, 207.

2149 Hierzu BVerwG NJW 1988, 2396; DVBl. 1992, 1234.

2150 BVerwG NVwZ 1996, 1001; OVG Münster, Urt. v. 18.12.1996 – 21 A 7534/95 –.

2151 VGH München BayVBl. 1996, 243.

2152 BVerwG BauR 2011, 629.

2153 Fickert/Fieseler BauNVO, 2023, § 3 Rn. 2.

kehrungen nach § 9 I Nr. 24 BauGB vorzusehen. Auch ist der **Trennungsgrundsatz** zu beachten, wonach die dem Wohnen dienenden Gebiete und störende gewerblich-industrielle Nutzungen nicht auf engem Raum nebeneinander ausgewiesen werden dürfen.[2154] Vergleichbare Anforderungen stellt das reine Wohngebiet auch an die Baugenehmigungsbehörden, die bei Erteilung der Baugenehmigung den Gebietscharakter einer möglichst störungsfreien Wohnnutzung wahren müssen. Die Vorschriften über die zulässigen oder unzulässigen Nutzungen im reinen Wohngebiet dienen auch dem **Nachbarschutz**.

1130 Die besondere Schutzbedürftigkeit des reinen Wohngebiets schlägt sich auch in den Regelwerken des **Lärmschutzes** nieder. Die Immissionsrichtwerte der 18. BImSchV (SportanlagenlärmschutzV) weisen dem reinen Wohngebiet gegenüber den nicht nach § 4 BImSchG genehmigungsbedürftigen Sportanlagen ein Schutzniveau zu, das um 5 db(A) höher liegt als jenes für Kleinsiedlungsgebiete und allgemeine Wohngebiete. § 2 I Nr. 2 der 16. BImSchV (VerkehrslärmschutzV) sieht für den Bau und die wesentliche Änderung von öffentlichen Straßen und Schienenwegen allerdings einheitliche Immissionsgrenzwerte für die Wohngebiete nach den §§ 2–4 BauNVO vor.. Die Immissionsrichtwerte der auf bestimmte Vorhaben anwendbaren TA Lärm betragen in reinen Wohngebieten 50 dB(A) tags und 35 dB(A) nachts.[2155]

1131 Auch in einem reinen Wohngebiet ist die Errichtung eines **Altenwohn- und Pflegeheims** durch Ausweisung einer Gemeinbedarfsfläche nach § 9 I Nr. 5 BauGB zulässig. Dabei hat die planende Gemeinde zwar zu bedenken, dass die Ausweisung eines solchen Vorhabens ggf. zu einer Minderung des Wohnwertes führen kann. Dies schließt die Ausweisung eines Altenwohn- und Pflegeheims in einem reinen Wohngebiet nicht aus.[2156] Pflegeeinrichtungen sind regelmäßig Anlagen für soziale Zwecke im Sinne von § 3 III Nr. 2 BauNVO. Die Räumlichkeiten eines ambulanten Pflegedienstes sind, jedenfalls wenn die Pflegeleistungen nicht lediglich außer Haus, sondern auch in der Station erbracht werden, keine Anlage für Verwaltungszwecke, die in einem reinen Wohngebiet nicht zulässig wäre.[2157]

1132 Der Betrieb einer gewerblich betriebenen **Kunstgalerie** mit einem überörtlich oder gar international tätigen Kunsthandel dient nicht den „Wohnbedürfnissen" in einem reinen Wohngebiet oder einem besonders geschützten Wohngebiet, in dem jegliche Art gewerblicher und handwerklicher Betriebe, Läden und Wirtschaften ausgeschlossen ist. Die Grundzüge der Planung (§ 31 I BauGB) können auch durch mögliche Vorbild- und Folgewirkungen betroffen sein.[2158]

1133 **Mobilfunkanlagen** können als fernmeldetechnische Nebenanlagen auch in einem **reinen Wohngebiet** als **Ausnahme** zugelassen werden. Nach § 14 II 1 BauNVO können die der Versorgung der Baugebiete mit Elektrizität, Gas, Wärme und Wasser sowie zur Ableitung von Abwasser dienenden Nebenanlagen können in den Baugebieten als Ausnahme zugelassen werden, auch soweit für sie im Bebauungsplan keine besonderen Flächen festgesetzt sind. Nach § 14 II 2 BauNVO gilt dies auch für fernmeldetechnische Nebenanlagen.[2159]

1134 Eine Mobilfunkstation mit mehr als einem Antennenmast auf dem Dach eines Wohnhauses führt im reinen Wohngebiet im Regelfall vor allem wegen der optischen Auswirkungen zu einer Veränderung des Gebietscharakters und berührt die Grundzüge der Planung.[2160] Gründe des Wohls der Allgemeinheit (§ 31 II Nr. 1 BauGB) erfordern eine Befreiung von der Festsetzung eines reinen Wohngebiets für eine Mobilfunkanlage nicht, wenn die Mitbenutzung einer außerhalb des Wohngebiets stehenden Anlage möglich ist. Bei der Errichtung und dem Betrieb einer Mobilfunkanlage handelt es sich um eine selbständige, auf Dauer angelegte und auf Gewinnerzielung gerichtete Tätigkeit, die regelmäßig nicht auf die Grundstücke im Baugebiet

---

[2154] OVG Münster ZfBR 2022, 678; BVerwGE 50, 49; Stock in König/Roeser/Stock, BauNVO, 2022, § 3 Rn. 13; Scheidler ZfBR 2023, 127 (128).

[2155] Stock in König/Roeser/Stock, BauNVO, 2022, § 3 Rn. 10a.

[2156] BVerwG Beschl. v. 27.1.1994 – 4 NB 1.94, juris.

[2157] BVerwG ZfBR 2009, 691.

[2158] OVG Hamburg DVBl. 2010, 733.

[2159] VG Köln Beschl. v. 25.2.2021 – 2 L 215/21, juris Rn. 12 auch zur rechtlichen Einordnung eines ca. 30 m hohen Mobilfunkmastes (nebst Steigleiter und Technikschränken) im Netz der Deutschen Telekom als fernmeldetechnische Nebenanlage im Sinne von § 14 II 2 BauNVO; BVerwG BRS 79 Nr. 90 (2012); Zur Einordnung von Mobilfunkanlagen als fernmeldetechnische Nebenanlagen iS von § 14 II 2 BauNVO auch OVG Koblenz NVwZ-RR 2010, 555 m. Anm. de Witt DVBl. 2010, 661.

[2160] OVG Münster UPR 2009, 349.

begrenzt ist und daher in einem reinen Wohngebiet unzulässig ist.[2161] Bei Einhaltung der Grenzwerte der 26. BImSchV sind auch die nachbarlichen Belange gewahrt.[2162] Fehlen gewichtige schützenswerte Interessen an der Versagung der Befreiung, tritt eine Ermessensreduzierung auf null ein. Das „Unbehagen" der Anwohner stellt kein solches Interesse dar.[2163]

Eine **„einfache" UMTS-Station** kann in einem reinen oder allgemeinen Wohngebiet nach § 14 II 2 BauNVO als Ausnahme zugelassen werden.[2164] Das gilt auch für einen Mobilfunkmast.[2165] Eine **Standortplanung für Anlagen des Mobilfunks** ist den Gemeinden nicht grundsätzlich verwehrt, wenn hierfür ein rechtfertigender städtebaulicher Anlass besteht. Eine Mobilfunksendeanlage, die bezogen auf das gesamte infrastrukturelle Versorgungsnetz eine untergeordnete Funktion hat, ist eine fernmeldetechnische Nebenanlage im Sinne von § 14 II 2 BauNVO.[2166] Die Gemeinde ist allerdings auch berechtigt, in einem Standortkonzept „aus Gründen des vorbeugenden Gesundheitsschutzes" das Aufstellen von Mobilfunkanlagen in bestimmten Teilen des Gemeindegebietes zu untersagen.[2167] 1135

c) Allgemeine Wohngebiete. Sie dienen vorwiegend dem Wohnen (§ 4 I BauNVO). Von den reinen Wohngebieten unterscheiden sie sich dadurch, dass dort das Wohnen zum einzigen Merkmal der allgemein zulässigen Nutzungen gehört, während beim allgemeinen Wohngebiet auch andere, das Wohnen nicht störende Nutzungen das Bild prägen. Zulässig sind im allgemeinen Wohngebiet Wohngebäude, die der Versorgung des Gebietes dienenden Läden, Schank- und Speisewirtschaften,[2168] nicht störende Handwerksbetriebe sowie Anlagen für kirchliche, kulturelle, soziale, gesundheitliche und sportliche Zwecke (§ 4 II BauNVO). Dabei ist auf den Gebietscharakter des allgemeinen Wohngebietes abzustellen. 1136

Das Tatbestandsmerkmal „der Versorgung des Gebiets dienen" soll die Zulassung gebietsunverträglicher störender Nutzungen verhindern und trägt zugleich zum Zweck eines allgemeinen Wohngebiets bei. Ein solches Gebiet dient nach § 4 Abs. 1 BauNVO vorwiegend dem Wohnen. Die Nutzungen nach § 4 Abs. 2 Nr. 2 und 3 BauNVO sind der Wohnnutzung zugeordnet, damit im Wohngebiet selbst eine Versorgungsinfrastruktur entstehen kann, mit der sich die Grundbedürfnisse der dortigen Bevölkerung befriedigen ließen.[2169] Bei der Frage, welche Anlagen iS des § 4 II Nr. 2 BauNVO „der Versorgung des Gebiets dienen", ist auf die Gegebenheiten in dem Zeitpunkt abzustellen, für den die Frage zu entscheiden ist. Absehbare künftige Entwicklungen sind zu berücksichtigen. Für die Gebietsbezogenheit einer Anlage kommt es maßgeblich auf objektive Kriterien an. Der von § 4 II Nr. 2 BauNVO geforderte **Gebietsbezug** ist gegeben, wenn die Anlage eine Größe hat, die erwarten lässt, dass ihre Kapazität in einem erheblichen Umfang von Bewohnern aus dem umgebenden Gebiet ausgelastet werden wird. Eine Nutzungsintensivierung allein ist keine Nutzungsänderung.[2170] Aus der Einbeziehung „nicht störender" Handwerks- bzw. Gewerbebetriebe in den Nutzungskatalog des § 4 BauNVO lässt sich nicht ableiten, dass der Verordnungsgeber das Erfordernis der Gebietsverträglichkeit auf Handwerks- und Gewerbebetriebe beschränken wollte.[2171] 1137

Der **Gebietscharakter** eines allgemeinen Wohngebietes bleibt trotz eines Ausschlusses aller Nutzungen nach § 4 III BauNVO, der dem Immissionsschutz dient, und der nur ausnahmswei- 1138

2161 OVG Münster Beschl. v. 28.9.2009 – 10 A 331/08, juris zur Unvereinbarkeit einer Funkstation mit einem 30 m hohen Stahlgittermast mit 5 m hohem Aufsatzrohr mit nachbarlichen Belangen.

2162 Zur schützenden Vorsorge durch gemeindliche Bauleitplanung Budzinski NuR 2008, 535.

2163 VG Karlsruhe Urt. v. 21.4.2004 – 10 K 2980/03, juris zur Zulässigkeit einer Mobilfunkanlage in einem reinen Wohngebiet.

2164 OVG Lüneburg BauR 2010, 210; BauR 2005, 975. Zur planerischen Steuerung von Mobilfunkanlagen Spannowsky ZfBR 2008, 446; Herkner BauR 2008, 624. Zu UMTS-Mobilfunkanlagen Hitpaß ZMR 2007, 340.

2165 VGH Mannheim NVwZ-RR 2010, 554. Zur Einordnung von Mobilfunkanlagen als fernmeldetechnische Nebenanlagen iS von § 14 II 2 BauNVO OVG Koblenz NVwZ-RR 2010, 555 m. Anm. de Witt DVBl. 2010, 661.

2166 BVerwG NVwZ 2012, 579.

2167 BVerwG NVwZ 2013, 304, Kraus, KommunalPraxis BY 2013, 32, Koch NVwZ 2013, 251.

2168 Zur planungsrechtlichen Zulässigkeit von Biergärten im allgemeinen Wohngebiet BVerwG Beschl. v. 8.7.2020 – 4 B 44/19, juris; Beschl. v. 7.6.2019 – 8 B 36/18, juris; zum Rücksichtnahmegebot bei der Genehmigung eines Biergartens OVG Münster Beschl. v. 28.9.2023 – 2 B 754/23, juris.

2169 VG Bremen NVwZ-RR 2023, 654.

2170 BVerwG DVBl. 1999, 244 mit kritischer Anm. Schmaltz.

2171 BVerwG NVwZ 2008, 786; BVerwGE 116, 155.

sen Zulässigkeit der grundsätzlich allgemein zulässigen Nutzungen nach § 4 II Nr. 3 BauNVO mit Blick auf die allgemein zugelassenen Nutzungen nach § 4 II Nr. 2 BauNVO gewahrt.[2172] Bei einem vollständigen Ausschluss der nach § 4 II Nr. 2 und 3 BauNVO allgemein zulässigen Nutzungen in einem Bebauungsplan bleibt die allgemeine Zweckbestimmung eines allgemeinen Wohngebiets nicht gewahrt.[2173] Nach der Rechtsprechung des BVerwG ergeben sich aus den jeweiligen Absätzen 1 der Baugebietsvorschriften (§§ 2 ff. BauNVO) die allgemeinen Zweckbestimmungen der Baugebiete. Das allgemeine Wohngebiet dient nach § 4 I BauNVO vorwiegend dem Wohnen. Näheres ergibt sich aus § 4 II BauNVO. Zulässig sind nach § 4 II Nr. 1 BauNVO Wohngebäude, die, wie sich aus dem Zusammenhang mit § 4 I BauNVO ergibt, im Gebiet zahlenmäßig überwiegen und den Wohncharakter des Gebiets auch unter Berücksichtigung der anderen zulässigen Anlagen erkennbar prägen müssen. Außerdem sind nach § 4 II Nr. 2 BauNVO 1977 die der Versorgung des Gebiets dienenden Läden, Schank- und Speisewirtschaften sowie nicht störenden Handwerksbetriebe und nach § 4 II Nr. 3 BauNVO 1977 Anlagen für kirchliche, kulturelle, soziale und gesundheitliche Zwecke zulässig. Die Nutzungen nach § 4 II Nr. 2 und 3 BauNVO 1977 sind der Wohnnutzung zugeordnet, damit im Wohngebiet selbst eine Versorgungsinfrastruktur bereitgestellt werden kann, mit der sich die Grundbedürfnisse der Bevölkerung befriedigen lassen. Nicht Ausdruck der allgemeinen Zweckbestimmung eines allgemeinen Wohngebiets sind wegen ihres Ausnahmecharakters die Nutzungen nach § 4 III BauNVO 1977. Sie vertragen sich zwar mit den Nutzungen nach § 4 II BauNVO 1977, gehören aber nach der Vorstellung des Verordnungsgebers nicht zur gebietsinternen Infrastrukturausstattung. Durch den Schwerpunkt der Wohnnutzung unterscheidet sich das allgemeine Wohngebiet von einem Mischgebiet (§ 6 BauNVO), für das eine Gleichwertigkeit und Gleichgewichtigkeit von Wohnen und den sonstigen in § 6 II BauNVO bezeichneten Nutzungen kennzeichnend ist, und durch die Zuordnung wohnaffiner Nutzungen von einem reinen Wohngebiet nach § 3 BauNVO 1977, das ausschließlich dem Wohnen dient.[2174]

1139 Ob eine **Gaststätte** iS des § 4 II Nr. 2 BauNVO der Versorgung des Gebietes dient, ist vom verbraucherbezogenen Einzugsbereich her zu bestimmen. Nicht entscheidend sind dagegen – auch bei kleineren Landgemeinden – das Gemeindegebiet oder Ortsteile der Gemeinde. Ein verbrauchernaher Einzugsbereich liegt nicht vor, wenn die Gaststätte auf Besucher ausgerichtet ist, die üblicherweise mit dem Kraftfahrzeug anreisen, oder wenn die Gaststätte im Hinblick auf ihre Größe auf Besucher aus einer größeren Umgebung angewiesen ist.[2175] Insoweit sind auch die demografischen und sozialen Gegebenheiten in der Umgebung von Bedeutung.[2176] Die bauaufsichtliche Genehmigung einer Schankwirtschaft in einem allgemeinen Wohngebiet kann unzulässig sein, wenn dort bereits eine Häufung von gastronomischen Betrieben gegeben ist. Zum Begriff „Schank- und Speisewirtschaft" gehören auch Betriebe, in denen nur Getränke ausgegeben werden, da im städtebaulichen Planungsrecht die Unterscheidung zwischen Schankwirtschaften einerseits und Schank- und Speisewirtschaften andererseits keine rechtliche Bedeutung hat. Allein der Umstand, dass nach Inbetriebnahme einer Gaststätte Lärmstörungen für die Anwohner auftreten,[2177] macht diese im allgemeinen Wohngebiet planungsrechtlich nicht unzulässig. Gegen solche Unzuträglichkeiten ist gegebenenfalls gaststättenrechtlich einzuschreiten.[2178]

1140 Eine **Schank- und Speisewirtschaft**, die im Sinne von § 4 II Nr. 2 BauNVO der Versorgung eines allgemeinen Wohngebiets dient, kann gegen das **Gebot der Rücksichtnahme** verstoßen.[2179] Maßstab für die Beurteilung von Gaststättengeräuschen als schädliche Umwelt-

[2172] OVG Münster Beschl. v. 17.11.2022 – 2 B 140/21.NE, juris Rn. 22.

[2173] BVerwG NVwZ 2017, 1761.

[2174] BVerwGE 159, 322; BVerwGE 133, 377 Rn. 9; BVerwGE 79, 309 (311).

[2175] BVerwG NVwZ 1999, 186; BauR 1999, 228. Zum Rechtsschutz gegen eine Gaststätte im nicht beplanten Innenbereich VG Leipzig LKV 1998, 499; zum Rücksichtnahmegebot für einen Biergartenbetrieb OVG Münster Beschl. v. 28.9.2023 – 2 B 754/23, juris; zur Zulässigkeit eines Getränkemarkts und zum Begriff „Laden" OVG Münster Beschl. v. 31.7.1998 – 10 B 966/98, juris; VG Leipzig LKV 1998, 499.

[2176] Zu den Voraussetzungen eines Getränkemarktes als Laden zur Versorgung des Gebietes nach § 4 II Nr. 2 BauNVO OVG Münster Beschl. v. 31.7.1998 – 10 B 966/98, juris.

[2177] Zur Anwendbarkeit der TA Lärm auf eine Gaststätte mit Innen- und Außenbetrieb BVerwG ZfBR 2010, 696.

[2178] OVG Koblenz NVwZ-RR 2011, 968, dort zugleich zur Situation einer Massierung von Schank- und Speisewirtschaften in einem Straßenabschnitt von 170 m.

[2179] OVG Münster Beschl. v. 28.9.2023 – 2 B 754/23, juris; BVerwG BRS 88 Nr. 111 (2020).

einwirkungen ist grundsätzlich die TA Lärm; sie ist auf Gaststätten als nicht genehmigungsbedürftige Anlagen iSv § 22 BImSchG grundsätzlich anwendbar.[2180] Eine Schank- und Speisewirtschaft, die im Sinne von § 4 II Nr. 2 BauNVO der Versorgung eines allgemeinen Wohngebiets dient, ist zwar nicht generell gebietsunverträglich, kann aber nach Maßgabe der Einzelfallumstände.

Beispiel: Eine Schank- und Speisewirtschaft, die keinen nennenswerten Bezug zu der Wohnnutzung in der Umgebung aufweist, kann in einem allgemeinen Wohngebiet nicht nach § 4 II Nr. 2 BauNVO zugelassen werden.[2181]

Beispiel Ausschank an Heimspieltagen: Die Aufstellung einer Tresenschankanlage zum Ausschank alkoholischer Getränke an Heimspieltagen einer Fußballbundesligamannschaft ist aufgrund einer fehlenden gebietsversorgenden Funktion der Schankwirtschaft in einem allgemeinen Wohngebiet unzulässig.[2182]

Das jeweilige Vorhaben muss sich dem Baugebiet auch funktional zuordnen lassen. Ist etwa ein Schnellrestaurant nicht auf das Wohngebiet, sondern auf die Zielgruppe eines in einiger Entfernung liegenden Kerngebiets ausgerichtet, so handelt es sich nicht um eine wohngebietstypische Nutzung. Sind in einem als allgemeines Wohngebiet festgesetzten Gebiet tatsächlich nur bauliche Nutzungen vorhanden, die auch in einem reinen Wohngebiet zugelassen werden könnten, so bleiben die in § 4 BauNVO aufgeführten Nutzungen gleichwohl grundsätzlich zulässig.[2183] Der Begriff der Anlagen für gesundheitliche Zwecke iS von § 4 II Nr. 3 BauNVO ist auf Gemeinbedarfsanlagen iS von § 5 II 2 BauGB[2184] mit einer besonderen öffentlichen Aufgabe[2185] beschränkt. **Arztpraxen** werden von diesem Begriff daher nicht erfasst. Ihre Zulässigkeit richtet sich vielmehr nach § 13 BauNVO.[2186] Bei der bauplanungsrechtlichen Abgrenzung einer Schank- und Speisewirtschaft von einer Vergnügungsstätte kommt es entscheidend darauf an, ob bei wertender Gesamtbetrachtung die Einrichtung von ihrem Gesamterscheinungsbild und ihrer Angebotspalette her den Charakter einer Vergnügungsstätte hat. Nicht entscheidend ist dabei die konkrete Bezeichnung der Einrichtung oder deren eindeutige Zuordnung zu einer der unstreitig als Vergnügungsstätten zu wertenden Betriebe wie Diskotheken, Nachtclubs, Nachtbars etc.[2187] 1141

Zum Begriff des **Wohnens** im Sinne von § 4 I BauNVO gehört eine auf Dauer angelegte Häuslichkeit, die Eigengestaltung der Haushaltsführung und des häuslichen Wirkungskreises sowie die Freiwilligkeit des Aufenthalts.[2188] Wohnen bedeutet die auf eine gewisse Dauer angelegte Nutzungsform des selbstbestimmt geführten Lebens „in den eigenen vier Wänden", die keinem anderen in der BauNVO vorgesehenen Nutzungszweck, insbesondere keinem Erwerbszweck, dient. Veranstaltungen eines Swinger-Clubs (Partnertreff)[2189] werden vom Begriff des „Wohnens" im Sinne von § 4 I BauNVO nicht erfasst,[2190] wohl aber ein Wohn- und Pflegezentrum.[2191] Auch ein „betreutes Wohnen"[2192] in einem „Wohnstift" gehört zum Wohnen.[2193] 1142

2180 VG Düsseldorf Beschl. v. 16.11.2023 – 3 L 2798/23, juris; OVG Münster Beschl. v. 4.2.2022 – 4 B 1642/20, juris Rn. 9 ff. mwN.

2181 BVerwG ZfBR 1993, 145.

2182 VG Bremen NVwZ 2023, 654.

2183 BVerwG ZfBR 1996, 52. BVerwG UPR 1995, 397: Die Wohnungsprostitution stellt regelmäßig eine störende gewerbliche Nutzung dar und ist daher in einem Wohngebiet unzulässig.

2184 BVerwG DVBl. 1994, 1139.

2185 So für das Verwaltungsgebäude einer Berufsgenossenschaft als Gemeinbedarfsfläche BVerwG BauR 1998, 515.

2186 BVerwG UPR 1997, 152. Ein Fahrschulraum kann in einem WA nicht gemäß § 13 BauNVO zugelassen werden, so OVG Münster BauR 1996, 681. Zur Einordnung von Lohnsteuerhilfevereinen als freiberufliche Tätigkeit iS des § 13 BauNVO BVerwG NVwZ-RR 1997, 398.

2187 VGH Kassel DÖV 2012, 530 zu Vergnügungsstätte in Abgrenzung zu Schank- und Speisewirtschaften.

2188 BVerwG NVwZ 1996, 893.

2189 Stühler GewArch. 2006, 20.

2190 BVerwG BRS 67 Nr. 70 (2004).

2191 OVG Münster BauR 2006, 1707.

2192 Zur Abgrenzung von „betreutem Wohnen" und einer Anlage des Gemeinbedarfs mit der Zweckbestimmung „Alteneinrichtung der freien Wohlfahrtspflege" OVG Hamburg NVwZ-RR 2009, 321.

2193 VGH München NVwZ-RR 2007 zu betreutem Wohnen in einem Wohnstift.

1143 Ein **Seniorenhotel** mit 81 Betten und angeschlossener Tagespflege sowie Anteilen von betreutem Wohnen soll hingegen in einem allgemeinen Wohngebiet als überdimensioniert und nicht mehr gebietsverträglich einzuordnen sein.[2194] Entscheidend sei, so das OVG Weimar, das genehmigte Nutzungskonzept und seine grundsätzliche Verwirklichung und nicht etwa das individuelle und mehr oder weniger spontane Verhalten einzelner Bewohner. Kein Wohnen liege vor, wenn nach dem konkreten Betriebskonzept der Betreuungsaspekt das Vorhaben bauplanungsrechtlich präge, die bloße fremdbestimmte Unterbringung und Behandlung überwiegen würde, namentlich, wenn der betreute Bewohner seine nähere Umgebung nicht wenigstens in einem Mindestmaß wohnartig selbst gestalten könne.[2195] Die Einrichtung von Zimmern oder Appartements mit persönlichem Mobiliar – als eine auf Dauer angelegte Nutzung – sei sowohl nach dem allgemeinen Sprachgebrauch als auch nach bauplanungsrechtlichem Verständnis im Regelfall als eine auf Dauer angelegte Wohnnutzung anzusehen.

1144 Unter dem Begriff der **sozialen Adäquanz** werden Verhaltensweisen oder Zustände beschrieben, die sich im Rahmen des menschlichen Zusammenlebens für den Einzelnen nachteilig auswirken, jedoch von der Bevölkerung insgesamt akzeptiert werden, weil sie sich in den Grenzen des sozial Üblichen und Tolerierbaren halten. Nach diesen Maßstäben sind beispielsweise Kinderspielplätze oder eine Kinderkrippe für Kleinkinder bis zu 3 Jahren auch im reinen Wohngebiet als sozialadäquate Ergänzung der Wohnbebauung grundsätzlich zulässig.[2196] Die Nutzung von Wohnungen zu Ferienzwecken entspricht dem Begriff des Wohnens; in einem allgemeinen Wohngebiet können Ferienwohnungen ausnahmsweise nach § 4 II Nr. 2 BauNVO zulässig sein.[2197]

1145 Die Errichtung eines **Behindertenwohnheims** ist selbst in einem allgemeinen Wohngebiet zulässig und die Unterbringung von geistig Behinderten gegenüber der Nachbarschaft nicht rücksichtslos.[2198] Lebensäußerungen, etwa Rufe, psychisch erkrankter Bewohner sind in einem allgemeinen Wohngebiet hinzunehmen, solange diese – insbesondere in der Nachtzeit – kein unerträgliches Ausmaß annehmen.[2199] Auch Einrichtungen zur Verhütung von Zahnerkrankungen (Gruppenprophylaxe) für **Kindergartengruppen** sind als Annex zu einer Zahnarztpraxis sowie als Anlagen für gesundheitliche Zwecke in einem allgemeinen Wohngebiet zulässig.[2200] Ein Gebiet, in dem das Wohnen als Nutzung zwar überwiegt, dem Aufenthalt in **Ferienwohnungen** aber ein das Gebiet mitprägender Anteil zukommen soll, unterscheidet sich im Sinne von § 11 I BauNVO wesentlich von einem allgemeinen Wohngebiet. Der Begriff des Wohnens im Sinne von § 3 I BauNVO ist durch eine auf Dauer angelegte Häuslichkeit, Eigengestaltung der Haushaltsführung und des häuslichen Wirkungskreises sowie Freiwilligkeit des Aufenthalts gekennzeichnet. Diese Kriterien müssen diejenigen erfüllen, denen die Unterkunft als Heimstätte dient. Maßgeblich für die Erfüllung des Wohnbegriffs sind das Nutzungskonzept und seine grundsätzliche Verwirklichung. Bei der Fremdenbeherbergung, die in Ferienappartements angeboten werden soll, fehlt es an einer Häuslichkeit, die auf Dauer angelegt ist. Denn die Gäste halten sich nach dem Nutzungskonzept und seiner typischen Verwirklichung jeweils allenfalls wenige Wochen in diesen Räumlichkeiten auf.[2201] Ein **Dialysezentrum**, für das ein An- und Abfahrtsverkehr mit 96 bzw. 82 Fahrbewegungen täglich von Montag bis Samstag unter Nutzung einer Wohngebietsstraße sowie weitere LKW-Fahrbewegungen und die Nutzung zusätzlich vorhandener elf Parkplätze genehmigt sind, ist in einem Wohngebiet nicht ge-

---

2194 OVG Weimar NVwZ-RR 2023, 840.

2195 OVG Weimar NVwZ-RR 2023, 840; OVG Münster Beschl. v. 29.8.2022 – 2 B 542/22, juris.

2196 OVG Saarlouis Beschl. v. 28.9.2023 – 2 B 99/23, juris Rn. 10; ZfBR 2009, 366; zu Grenzen der Zumutbarkeit VG Bremen Urt. v. 17.5.2023 – 1 K 22/17, juris.

2197 Siehe auch OVG Greifswald Urt. v. 24.4.2023 – 3 K 151/18, juris Rn. 66: „Die Einstufung eines Baugebiets als faktisches Allgemeines Wohngebiet iS d. § 34 II BauGB iV m. § 4 BauNVO ist trotz des Vorhandenseins genehmigter Ferienwohnungen mit dem Gebietstyp des Allgemeinen Wohngebiets vereinbar, wenn man diese Nutzung als Ausnahme iS d. § 4 Abs. 3 Nr. 2 BauNVO (sonstige nicht störende Gewerbebetriebe) einstuft.

2198 OVG Lüneburg NVwZ-RR 2023, 14 zur Zulässigkeit eines sozialtherapeutischen Zentrums zur Unterbringung von Menschen mit Behinderungen als Regelnutzung im allgemeinen Wohngebiet; OVG Koblenz BauR 2009, 136.

2199 OVG Lüneburg NVwZ-RR 2023, 14

2200 VGH Kassel BRS 74 Nr. 82 (2009) zu Räumen für freiberuflich Tätige im unbeplanten Innenbereich.

2201 BVerwG NVwZ 2018, 828; NVwZ 1996, 893; NVwZ 2017, 723 Rn. 7.

bietsverträglich.[2202] Ein Imbiss, dessen Angebot typischerweise darauf ausgerichtet ist, ein begrenztes Sortiment schnell zuzubereitender Speisen während der gesamten Öffnungszeit vorzuhalten, ist keine der Gebietsversorgung dienende Schank- und Speisewirtschaft iS des § 4 II Nr. 2 BauNVO 1990.[2203] Ein **Stundenhotel**, das nach dem Betriebskonzept durchgängig Tag und Nacht mit zeitlich in Stundenblöcken gestaffelter Nutzungsdauer zur Verfügung steht, verträgt sich nicht mit der Zweckbestimmung eines allgemeinen Wohngebiets.[2204]

Das die Zulässigkeit von Anlagen im allgemeinen Wohngebiet einschränkende Kriterium **1146** der **Gebietsverträglichkeit** bezieht sich nicht nur auf die Ausnahmetatbestände des § 4 III BauNVO, sondern gilt auch für die nach § 4 II Nr. 3 BauNVO regelhaft zulässigen Anlagen und Nutzungen. Das Vorhaben darf – bezogen auf den Gebietscharakter des allgemeinen Wohngebiets – nicht störend wirken.[2205] Eine gebietsunübliche Störung kann auch vorliegen, wenn die jeweils geltenden immissionsschutzrechtlichen Lärmwerte eingehalten werden. Die **16. BImSchV** kann als Orientierungshilfe für die Beurteilung von **Verkehrslärm auf Privatstraßen** herangezogen werden, wenn die zu erwartenden Verkehrsbewegungen sich nicht von denjenigen unterscheiden, die zu erwarten wären, wenn der angegriffene Bebauungsplan eine öffentliche Straße festgesetzt hätte. Straßenbauliche und verkehrslenkende Maßnahmen sind Instrumente, mit denen sich Verkehrslärm reduzieren lässt. Da sie für eine Festsetzung nach § 9 I BauGB nicht zur Verfügung stehen, dürfen sie einem späteren Verwaltungsverfahren vorbehalten bleiben, wenn dessen Durchführung gesichert oder wenigstens wahrscheinlich ist.[2206] Die den Baugebieten der §§ 2 bis 9 BauNVO allgemein (regelhaft) zugewiesenen Nutzungsarten sind ebenso wie die Vorhaben, die ausnahmsweise zugelassen werden können, unzulässig, wenn sie den jeweiligen Gebietscharakter gefährden und deshalb gebietsunverträglich sind. Das gilt auch für „Anlagen für gesundheitliche Zwecke".

Beispiel Dialysezentrum: Ein Dialysezentrum in einem allgemeinen Wohngebiet ist gebietsunverträglich, wenn es wegen seines räumlichen Umfangs und der Größe seines betrieblichen Einzugsbereichs, der Art der Betriebsvorgänge und der Intensität des Zu- und Abgangsverkehrs generell (typischerweise) geeignet ist, den Gebietscharakter zu stören.[2207]

Ein privater **Bootslagerplatz** ist als Nebenanlage in einem reinen und allgemeinen Wohn- **1147** gebiet grundsätzlich seiner Art nach unzulässig, da er dem primären Wohnzweck der in einem solchen Baugebiet gelegenen Grundstücke sowie der diesem Nutzungszweck entsprechenden Bebauung nicht dienend zu- und untergeordnet ist. Eine **Suchtberatungsstelle** ist in einem allgemeinen Wohngebiet als Anlage für soziale Zwecke allgemein zulässig ist; einen Gebietsbezug fordert § 4 Abs. 2 Nr. 3 BauNVO für solche Anlagen nicht.[2208]

Einem Nachbarn soll daher grundsätzlich ein Abwehrrecht in Gestalt eines **Gebietserhal-** **1148** **tungsanspruchs** zustehen.[2209] Ein Grundstückseigentümer kann mit dem Gebietserhaltungsanspruch in drei **Fallkonstellationen** ein Vorhaben abwehren, nämlich erstens wenn es nach der Art der baulichen Nutzung weder allgemein noch ausnahmsweise zulässig ist, zweitens wenn es zwar allgemein oder ausnahmsweise zulässig, aber nicht gebietsverträglich ist und drittens wenn es zwar als Ausnahme zulässig ist, aber das Regel-Ausnahme-Verhältnis beseitigt.[2210]

[2202] OVG Weimar NVwZ-RR 2013, 17 zu einem Dialysezentrum im Wohngebiet.

[2203] OVG Saarlouis BauR 2013, 442 zum Imbiss als Gebietsversorger.

[2204] BVerwG BauR 2013, 1996.

[2205] Zur planungsrechtlichen Zulässigkeit eines islamischen Betsaals im Allgemeinen Wohngebiet BVerwG BauR 2011, 623; Troidl BauR 2012, 183, dort zugleich zum Spannungsverhältnis zwischen öffentlichem Baurecht und Religionsfreiheit; ders. DVBl. 2012, 925, dort auch zur Frage, ob Glocken lauter läuten dürfen als Muezzine rufen können. Zur Offenheit des Bauplanungsrechts gegenüber anderen Kulturen Guckelberger AL 2012, 159. Zur Errichtung einer Moschee im Gewerbegebiet Böhm/Hagebölling LKRZ 2012, 431; Gaudernack Muslimische Kultstätten im öffentlichen Baurecht. Der Bau von Moscheen im Spannungsfeld von Religionsfreiheit und einfachem Recht, Diss. jur. 2011.

[2206] BVerwG BauR 2017, 1972.

[2207] BVerwG NVwZ 2008, 786 m. Anm. Helmut Redeker IBR 2008, 417; BVerwGE 116, 155; OVG Weimar, Urt. v. 30.8.2007 – 1 KO 330/06 – für ein Dialysezentrum mit 33 Behandlungsplätzen und Zwei-Schicht-Betrieb von 6.00 bis 18.00 Uhr an sechs Tagen in der Woche.

[2208] OVG Lüneburg NVwZ-RR 2023, 313.

[2209] VGH Mannheim DVBl. 2011, 1182 für die der Lagerung eines 8,9 m langen, 2,7 m breiten und einschließlich Kiel 3,0 m hohen Segelbootes auf einem nicht am Bodenseeufer gelegenen Wohngrundstück.

[2210] OVG Münster Beschl. v. 28.8.2023 – OVG 10 N 17/21, juris Rn. 16.

1149 Die in einem Wohngebiet einzuhaltenden **Lärmgrenzwerte** sind im Einzelfall zu bestimmen. Dabei ist ggf. ein Sachverständigengutachten über die künftige Entwicklung einzuholen. Es ist dem Gericht allerdings nicht verwehrt, bei seiner Entscheidung Gutachten zu berücksichtigen, die nicht von ihm, sondern von einem der Verfahrensbeteiligten eingeholt worden sind. Ob das Gericht es mit dem Gutachtenmaterial bewenden lassen darf, das ihm vorliegt, oder verpflichtet ist, noch einen weiteren Sachverständigen einzuschalten,[2211] hängt von der Überzeugungskraft der gutachterlichen Äußerung ab.[2212]

Beispiel Muezzin: Der Gebetsruf des Muezzins für das Freitagsgebet mittels eines Lautsprechers ist von der Religionsausübungsfreiheit nach Art. 4 I und II GG geschützt. Diese Wertentscheidung des Grundgesetzes wirkt in das einfache Recht und damit auch in die Beurteilung der Erheblichkeit einer Belästigung nach dem Immissionsschutzrecht hinein. Allein die fremdländische Herkunft des Gebetsrufs sowie das damit möglicherweise bei einzelnen Personen verbundene Unbehagen bieten daher regelmäßig keine zureichenden Gründe, das Geräusch des lautsprecherverstärkten Gebetsrufs als erheblich belästigend zu bewerten. Die negative Religionsfreiheit (Art. 4 I und II GG, Art. 140 GG iV m. Art. 136 IV WRV) vermittelt grundsätzlich kein Recht darauf, von fremden Glaubensbekundungen, kultischen Handlungen und religiösen Symbolen verschont zu bleiben.[2213]

1150 Von den Anlagen für kirchliche, kulturelle, soziale, gesundheitliche und sportliche Zwecke (§§ 3 III Nr. 2, 4 II Nr. 3 BauNVO) werden nur die in § 5 II Nr. 2 BauGB beschriebenen **Gemeinbedarfsanlagen** erfasst.[2214] Ein **Schwimmbad**, das zwar der sportlichen Betätigung dienen soll, aber nur zur Benutzung durch die Bewohner des auf demselben Grundstück befindlichen Wohnhauses und deren persönliche Gäste bestimmt und beschränkt ist, fällt daher nicht in den Begriff einer Anlage für sportliche Zwecke. Während ein etwa in ein Kellergeschoss eingebautes Schwimmbad als unselbständiger Teil des Wohnhauses angesehen werden kann,[2215] ist ein selbständiges, größeres Gebäude mit dieser Nutzung in einem allgemeinen oder reinen Wohngebiet unzulässig, wenn es wegen seiner Größe über den Charakter einer Nebenanlage nach § 14 BauGB hinausgeht.[2216] Ein Kinder- und Jugendhaus ist eine Anlage für kulturelle bzw. soziale Zwecke (§ 4 II Nr. 3 BauNVO). Anders als bei einer kerngebietstypischen Diskothek, die vordergründig der kommerziellen Unterhaltung dient und die regelmäßig erst am späten Abend von den Gästen aufgesucht wird, ist der Träger verpflichtet, ein Kinder- und Jugendhaus unter Beachtung der kommunalen Jugendhilfe zu betreiben.[2217] **Bordell- und Wohnungsprostitution** sind als gewerbliche Betätigung in Wohngebieten weder allgemein noch ausnahmsweise zulässig;[2218] daran hat das Prostitutionsgesetz vom 20.12.2001 (BGBl. I 3983) nichts geändert.[2219] Die Wohnungsprostitution ist dadurch gekennzeichnet, dass die Prostituierte in der Wohnung, in der sie dauerhaft wohnt, der Prostitution nachgeht.[2220] Fehlt für das Gebäude, in dem ein Bordell betrieben wird, eine entsprechende Baugenehmigung, muss die Behörde grundsätzlich die Nutzung des Gebäudes als Bordell untersagen.[2221] Auch

---

[2211] BVerwG Beschl. v. 26.1.2006 – 9 B 22.05, juris; NJW 1986, 2268; NVwZ-RR 1996, 359.

[2212] BVerwG BauR 2004, 1907; NJW 1980, 900; NVwZ 1982, 309.

[2213] OVG Münster Urt. v. 20.9.2020 – 8 A 1161/18, juris.

[2214] BVerwGE 102, 351.

[2215] Fickert/Fieseler BauNVO, 2023, § 14 BauNVO Rn. 21; Stock in König/Roeser/Stock, BauNVO, 2022, § 14 Rn. 26.

[2216] BVerwG NVwZ 2004, 1244; Urt. v. 28.4.2004 – 4 C 12.03, juris zum Begriff der untergeordneten Nebenanlage im Sinne von § 14 Abs. 1 Satz 1 BauNVO.

[2217] OVG Bautzen Beschl. v. 11.5.2010 – 1 A 4/09, juris zur Zulässigkeit eines Kinder- und Jugendhauses im allgemeinen Wohngebiet. Zur Vorbelastung in einem Ferienhausgebiet VGH München Beschl. v. 29.3.2010 – 15 CS 09.2235, juris.

[2218] Schröer NZBau 2009, 166.

[2219] BVerwG NVwZ 2022, 416; OVG Koblenz BauR 2004, 644; OVG Bautzen BauR 2010, 1637 – bordellartiger Betrieb im allgemeinen Wohngebiet oder Mischgebiet; OVG Münster Beschl. v. 9.2.2010 – 10 A 471/09, juris zur Wohnungsprostitution im Mischgebiet; Stühler BauR 2010, 1013; zur Zu- oder Unzulässigkeit von prostitutiven baulichen Vorhaben, insbesondere von sog. Wohnungsbordellen in allgemeinen und reinen Wohngebieten Stühler GewArch 2022, 9.

[2220] OVG Magdeburg NVwZ-RR 2023, 528.

[2221] Zur Prognose über den weiteren Betrieb OVG Koblenz NVwZ-RR 2007, 308 m. Anm. Haurand DVP 2007, 211 – bordellartige Nutzung im Mischgebiet. Auch in einem Gewerbegebiet kann eine Bordellnutzung unzulässig sein, VGH München Beschl. v.13.2.2008 – 15 ZB 07.2200, juris.

die längerfristige Duldung[2222] einer rechtswidrigen Nutzung eines Gebäudes schließt dies nicht aus.[2223]

Einzelhandelsnutzungen sind im allgemeinen Wohngebiet als **„Nachbarschaftsläden"** zulässig. Es handelt sich dabei um Geschäfte, die der verbrauchernahen Versorgung eines Wohngebietes dienen und deren Verkaufsflächen-Obergrenze für einen SB-Lebensmittelmarkt bei 800 m² liegt.[2224] Diese einschränkende Größenbegrenzung gilt auch für Mischgebiete.[2225] Das BVerwG geht offenbar im Mischgebiet von höheren Flächengrößen aus.[2226] Ob ein Laden oder Verkaufsbetrieb iS des § 4 II Nr. 2 BauNVO der Versorgung des Gebiets dient, ist anhand objektiver Kriterien unter Berücksichtigung des Betriebskonzepts typisierend zu ermitteln. Objektive Kriterien hierfür sind Größe, sonstige Beschaffenheit und Zuschnitt des Betriebs, Erfordernisse einer wirtschaftlich tragfähigen Ausnutzung, die örtlichen Gegebenheiten, insbesondere die demografischen und sozialen Verhältnisse im Gebiet sowie die typischen Verhaltensweisen in der Bevölkerung. Ein Lebensmittelmarkt mit 800 m² Verkaufsfläche ist in einem allgemeinen Wohngebiet mit nur ca. 500 Einwohnern im fußläufigen Einzugsbereich planungsrechtlich nicht zulässig.[2227] 1151

Zu den Anlagen für gesundheitliche und soziale Zwecke gehören etwa **Altenpflegeheime** oder auch **Wohnheime** für geistig Behinderte,[2228] Kindergärten, Kindertagesstätten oder Jugendfreizeitheime.[2229] Das Abwägungsgebot ist nicht verletzt, wenn sich die Gemeinde mit den privaten Eigentümerinteressen benachbarter Wohnanwesen, von etwaigen Geräusch- oder Geruchsimmissionen sowie von Belästigungen im Rahmen der Wechselbeziehungen zwischen Anwohnern und künftigen Heimbewohnern verschont zu bleiben, auseinandergesetzt und auch unter Berücksichtigung von Alternativstandorten an den Festsetzungen festgehalten hat. Die Errichtung eines Behindertenwohnheims ist selbst in einem allgemeinen Wohngebiet zulässig und die Unterbringung von geistig Behinderten gegenüber der Nachbarschaft nicht rücksichtslos.[2230] Sowohl in einem reinen als auch in einem allgemeinen Wohngebiet ist die Errichtung eines **Kinderspielplatzes** grundsätzlich zulässig.[2231] Denn Kinderspielplätze gehören in die unmittelbare Nähe der Wohnbebauung (§ 1 VI Nr. 3 BauGB).[2232] Die mit ihrer bestimmungsgemäßen Nutzung typischerweise verbundenen Geräusche sind, soweit sie Folge der natürlichen Lebensäußerungen von Kindern sind, ortsüblich, sozial adäquat und daher auch in einem reinen Wohngebiet hinzunehmen. Sie sind mit dem Ruhebedürfnis der Anwohner regelmäßig vereinbar.[2233] Nur im Ausnahmefall können Spielplätze oder die dort errichteten Spielgeräte nach § 15I BauNVO unzulässig sein, wenn von ihnen Belästigungen oder Störungen ausgehen, die in der Umgebung unzumutbar sind. Geräuscheinwirkungen, die von Kindertageseinrichtungen, Kinderspielplätzen und ähnlichen Einrichtungen wie beispielsweise Ballspielplätzen durch Kinder hervorgerufen werden, sind nach § 22 Ia 1 BImSchG im Regelfall keine schädliche Umwelteinwirkung. Bei der Beurteilung der Geräuscheinwirkungen dürfen gem. § 22 Ia 2 BImSchG Immissionsgrenz- und -richtwerte nicht herangezogen werden. 1152

Auch **Bolzplätze** sind – unter dem Vorbehalt einer Beurteilung nach dem Gebot der nachbarlichen Rücksichtnahme in § 15 I BauNVO – neben reinen Wohngebieten nicht generell 1153

[2222] VGH München Urt. v. 28.10.2008 – 2 B 05.3342,. juris.

[2223] OVG Berlin-Brandenburg Beschl. v.2.3.2007 – 2 S 53.06, juris zur Untersagung der Nutzung eines Gebäudes als Bordell.

[2224] BVerwG DVBl. 1987, 1006; NVwZ 2006, 452; NVwZ 2006, 455.

[2225] BVerwG Beschl. v. 17.1.1995 – 4 B 1.95, juris.

[2226] BVerwG Beschl. v. 17.1.1995 – 4 B 1.95, juris.

[2227] OVG Münster Beschl. v. 6.7.2012 – 10 B 725/12, juris zum Neubau eines sogenannten Lebensmittel-Nahrungsmarktes in einem allgemeinen Wohngebiet.

[2228] OVG Münster ZfBR 1986, 197.

[2229] Zum Nachbarschutz gegen einen Spielplatz VG Ansbach Beschl. v. 6.7.2023 – AN 9 S 23.1215, juris; zu Grenzen der Zumutbarkeit des Lärms von einem Basketballfeld auf einem Schulhof VG Bremen Urt. v. 17.5.2023 – 1 K 22/17, juris.

[2230] OVG Koblenz LKRZ 2008, 477.

[2231] OVG Saarlouis Beschl. v. 28.9.2023 – 2 B 99/23, juris Rn. 10; BVerwG BauR 1992, 338.

[2232] VGH München Beschl. v. 18.9.2008 – 1 ZB 6.2294, juris; OVG Koblenz NVwZ-RR 2008, 598; BVerwGE 79, 200; OVG Koblenz NVwZ 1989, 674.

[2233] VGH Mannheim DVBl. 2008, 1001; BVerwG NJW 1992, 1779; Beschl. v. 29.5.1989 – 4 B 26.89, juris; VGH Mannheim VBlBW 1986, 26; BRS 47 Nr. 105; zu einer Nachbarklage gegen ein grundstücksnah errichtetes Kletterhaus eines Kindergartens OVG Münster Beschl. v. 20.11.2023 – 7 B 916/23, juris.

unzulässig.[2234] Zwar können Bolzplätze nicht in jeder Hinsicht den Kinderspielplätzen gleichgestellt werden, die vor allem den kleineren und heranwachsenden Kindern dienen. Bolzplätze werden demgegenüber vor allem von Jugendlichen und jungen Erwachsenen für spielerische und sportliche Betätigung genutzt, woraus eine größere Lärmbelästigung für die Umgebung entstehen kann. Bolzplätze müssen aber wie Anlagen für sportliche Zwecke behandelt werden, die im allgemeinen Wohngebiet grundsätzlich (§ 4 II Nr. 3 BauNVO) und im reinen Wohngebiet ausnahmsweise (§ 3 II Nr. 2 BauNVO) zulässig sind. Wenn daher ausnahmsweise sogar ein Sportplatz neben einem reinen Wohngebiet festgesetzt werden darf,[2235] so ist auch ein Bolzplatz neben einem reinen Wohngebiet nicht generell unzulässig.[2236] Allerdings kann das Nebeneinander von Wohnungen und Bolzplatznutzung zu Problemen führen, die eine Zulassung des Bolzplatzes entweder ganz ausschließen oder zumindest Auflagen zum Schutz der Nachbarschaft erforderlich machen können.[2237]

Beispiel: Auf Grund einer entsprechenden Ausweisung im Bebauungsplan wird in einem allgemeinen Wohngebiet ein Kinderspielplatz eingerichtet. Die Nachbarn beschweren sich über den Spielplatzlärm und verlangen, dass die Gemeinde den Kinderspielplatz nur an bestimmten Tageszeiten freigibt. Gegen eine übliche Nutzung eines Kinderspielplatzes sind Nachbareinwendungen jedoch grundsätzlich unbegründet. Geräuscheinwirkungen, die von Kindertageseinrichtungen, Kinderspielplätzen und ähnlichen Einrichtungen wie beispielsweise Ballspielplätzen durch Kinder hervorgerufen werden, sind im Regelfall auch keine schädliche Umwelteinwirkung. Bei der Beurteilung der Geräuscheinwirkungen dürfen Immissionsgrenz- und -richtwerte nicht herangezogen werden (§ 22 Ia BImSchG).

1154 Auch Anlagen für **kirchliche Zwecke** sind im allgemeinen Wohngebiet grundsätzlich zulässig. Das gilt auch im Hinblick auf den zu kirchlichen Einrichtungen üblicherweise zu erwartenden Besucherverkehr[2238] und das **liturgische Glockengeläut** zu den kirchlichen Veranstaltungen.[2239] In einem allgemeinen Wohngebiet kann allerdings ein Anspruch auf Unterlassung eines liturgischen Glockengeläuts bestehen,[2240] wenn dessen Beurteilungspegel den Immissionsrichtwert von 55 dB(A) tagsüber überschreitet, wobei auch ein angemessener Geldausgleich für bestimmte Maßnahmen des passiven Schallschutzes möglich ist.[2241] Dabei wird auch ein Betroffener, der sich im Grenzbereich von rechtmäßig geplanten Nutzungen verschiedener Qualität als erster ansiedelt, mit der späteren emittierenden Nutzung im angrenzenden Bereich regelmäßig rechnen und kann nicht einen allgemeinen Vorrang für sich beanspruchen.[2242] Eine atypische Besonderheit kann allerdings gegeben sein, wenn die Wohnsituation wegen ihrer besonders ruhigen Lage durch Lärm in tatsächlicher Hinsicht wenig vorbelastet ist.[2243] Die Frage, ob und inwieweit der Glockenerlass der Evangelischen Landeskirche in Württemberg vom 21.9.1967 eine Verpflichtung begründet, mit dem morgendlichen Gebetsläuten nicht vor 7:00 Uhr zu beginnen, ist eine innerkirchliche Angelegenheit.[2244]

1155 Die für Verkaufsstellen für **Bäckerwaren** nach § 3 I 2 LadschlG eröffnete Möglichkeit, die Ladenöffnungszeit an Werktagen auf 5.30 Uhr vorzuverlegen, befreit den Betreiber nicht von der Einhaltung des § 22 I BImSchG in Verbindung mit den Immissionsrichtwerten der TA Lärm.[2245] Gehören auf Grund eines „integrativen Gesamtkonzepts" mehrere in räumlichem Zusammenhang stehende gastronomische Betriebe zu einem **„Einkaufs- und Erlebniscenter"**, ist die lärmschutzrechtliche Zulässigkeit der Gesamtanlage, die sich unmittelbar nach der TA Lärm bemisst, auf der Grundlage des insgesamt erzeugten (Summen-) Pegels zu würdigen.

[2234] BVerwG BauR 1992, 340.
[2235] BVerwGE 88, 143; BVerwGE 81, 197.
[2236] BVerwG DVBl. 1992, 1110.
[2237] BVerwG BauR 1992, 340; OVG Münster ZfBR 1999, 230.
[2238] Zur Zulässigkeit eines Betsaals und einer Koranschule BVerwG ZfBR 1992, 184.
[2239] BVerwGE 68, 62; VG Stade NVwZ 1989, 497; BVerwG NVwZ 1997, 142; OVG Hamburg UPR 1992, 240 – Zeitschlagen Kirchenglocken; Huber JA 2005, 119.
[2240] Dazu grundlegend BVerwGE 68, 62; DVBl. 1992, 1234.
[2241] VGH München BayVBl. 2003, 241.
[2242] BGH NJW 2001, 3119.
[2243] VGH München BayVBl. 1994, 721.
[2244] BVerwG Beschl. v. 19.2.2013 – 7 B 38.12, juris.
[2245] OVG Münster BauR 2002, 1221; im Zusammenhang mit dem Sonn- und Feiertagsschutz BVerwGE 90, 337; OVG Münster NJW 1983, 2209; NJW 1987, 2603.

Die Überschreitung des zulässigen Richtwerts für ein Mischgebiet durch den Lärm einer Gaststätte kann einer Sperrzeitverkürzung auch dann entgegenstehen, wenn der Straßenverkehrslärm die zulässigen Richtwerte in gleicher Weise oder sogar noch deutlicher als die von dem Gaststättenbetrieb ausgehende Lärmbelastung übersteigt.[2246] Steht ein Gebäude nahezu zwei Jahre lang leer, kann der Schutzanspruch entsprechend vermindert sein.[2247]

Fremdwerbeanlagen können als sonstige nicht störende Gewerbebetriebe im Sinne von 1156
§ 4 III Nr. 2 BauNVO in einem allgemeinen Wohngebiet ausnahmsweise zulässig sein.[2248] Ein Seminargebäude zur Nutzung als Schulungszentrum und Fortbildungsstandort sowie zur Repräsentanz der Deutschen Bundesbank ist ein Gebäude der öffentlichen Verwaltung.[2249]

Auch **Gartenbaubetriebe** können in einem allgemeinen Wohngebiet untergebracht wer- 1157
den (§ 4 III Nr. 4 BauNVO). Der Begriff des Gartenbaubetriebs wird in der BauNVO als ein eigenständiger städtebaulicher Nutzungsbegriff verstanden. Ein Gartenbaubetrieb, der wegen seiner Größe oder seiner Arbeitsweise mit der Zweckbestimmung des Wohngebiets nicht vereinbar ist, fällt allerdings nicht unter § 4 III Nr. 4 BauNVO.[2250] Unerheblich dafür ist, dass der Gartenbaubetrieb zugleich Landwirtschaft iS des § 201 BauGB sein kann.[2251] Ein Gartenbaubetrieb iS von § 4 III Nr. 4 BauNVO besitzt typischerweise eine geringe Betriebsfläche. Dies folgt einerseits schon aus der Anknüpfung an den Begriff des Gartens, der regelmäßig kleiner ist als landwirtschaftlich genutzte Felder. Im Grundsatz ist davon auszugehen ist, dass sich bei einem in einem allgemeinen Wohngebiet noch zulässigen Gartenbaubetrieb der gesamte Betrieb, also auch seine Nutzflächen einschließlich möglicherweise vorhandener Gewächshäuser und Verkaufseinrichtungen, innerhalb des Wohngebiets befindet; zusätzliche Betriebsflächen, die außerhalb des Plangebiets im Außenbereich liegen, können allerdings im Einzelfall auch unschädlich sein.[2252] Damit unterscheidet sie sich von der für landwirtschaftliche Betriebe geltenden Regelung des § 5 II Nr. 1 BauNVO, der nur die Wirtschaftsstelle, den „Hof", im Baugebiet für zulässig erklärt. Dabei mag es für die Annahme eines Gartenbaubetriebes unschädlich sein, wenn zusätzliche Betriebsflächen außerhalb des Plangebiets im Außenbereich liegen. Erreichen diese Flächen jedoch die Größe eines normalen landwirtschaftlichen Betriebes oder stellen sie sogar allein die Nutzfläche des Betriebes dar, so kommt dem Betriebsgrundstück innerhalb des Wohngebiets mehr oder weniger nur noch die Funktion einer Wirtschaftsstelle zu. Von einem Gartenbaubetrieb innerhalb des Wohngebiets kann dann nicht mehr gesprochen werden.[2253]

Auch eine **maßvolle Tierhaltung** ist in einem allgemeinen Wohngebiet zulässig. Während 1158
in Wohngebieten mit städtischem Gepräge eine emissionsträchtige Tierhaltung regelmäßig unzulässig ist, kann in Baugebieten mit dörflichem Charakter eine gewisse Geruchs- und Lärmbelästigung durch eine Hobbytierhaltung zulässig sein.[2254] Die Haltung von Schweinen in einem allgemeinen Wohngebiet führt typischerweise zu Geräusch- und Geruchsbelästigungen, die in Wohngebieten nicht üblich sind.[2255] Auch die Haltung von Pferden widerspricht grundsätzlich der Eigenart eines allgemeinen Wohngebiets.[2256] Das Halten eines Pferdes und eines Esels kann allerdings nach der besonderen Lage des Einzelfalls der Eigenart eines allgemeinen

---

2246 VGH Mannheim NVwZ-RR 2003, 745. Zur Berücksichtigung von Lärmimmissionen bei der Zulassung von Gaststätten Wehser LKV 2008, 59.

2247 VGH Mannheim DÖV 2004, 175.

2248 OVG Münster Beschl. v. 14.9.2023 – 10 A 467/22, juris Rn. 11; Beschl. v. 5.3.2021 – 10 A 3317/20, juris Rn. 10 f.

2249 OVG Berlin-Brandenburg Beschl. v. 28.8.2023 – OVG 10 N 17/21, juris Rn. 18.

2250 BVerwG NVwZ-RR 1997, 9. Derartige Anlagen sind allerdings im Außenbereich nach § 35 I Nr. 2 BauGB privilegiert; Stock in König/Roeser/Stock, BauNVO, 2022, § 4 Rn. 82.

2251 BVerwG NVwZ 1993, 561.

2252 VG Ansbach Urt. v. 10.3.2023 – AN 9 K 23.336, juris Rn. 35; BVerwG Beschl. v. 15.7.1996 – 4 NB 23/96, BeckRS 1996, 22192.

2253 BVerwG NVwZ-RR 1997, 9.

2254 OVG Münster Beschl. v. 4.10.2023 – 8 B 833/23, juris; OVG Koblenz Urt. v. 30.4.2010 – 1 A 11294/09, juris zur Pferdehaltung in einem allgemeinen Wohngebiet dörflicher Prägung. Zur Bienenhaltung Stollenwerk VR 2010, 18 (Killerbienen).

2255 VG Gelsenkirchen Beschl. v. 1.9.2022 – 9 L 608/22, juris Rn. 56; zur Hundezucht im allgemeinen Wohngebiet VG Ansbach Urt. v. 28.4.2022 – AN 3 K 20.02638, juris.

2256 VGH Mannheim BauR 2013, 2001 auch zur Pferdehaltung in einem allgemeinen Wohngebiet; VBlBW 2004, 181; zur Zumutbarkeit von Geruchsbelastungen von 15 % der Jahresstunden im allgemeinen Wohngebiet OVG Münster Beschl. v. 21.11.2022 – 10 B 1000/22.NE, juris.

Wohngebiets nicht widersprechen.[2257] Zu den Grenzen zulässiger Pferde- und Hundehaltung im allgemeinen Wohngebiet und zur Berücksichtigung tierschutzrechtlicher Gesichtspunkte bei der Baugenehmigung für einen Stall.[2258] Das Gebot der Rücksichtnahme ist verletzt, wenn sich die Baugenehmigung für einen auf die Unterbringung von sechs Pferden ausgerichteten Stall nicht zur Emissionsträchtigkeit der Pferdehaltung verhält und die in einem reinen Wohngebiet liegende nachbarliche Wohnbebauung 40 m von dem Stallgebäude entfernt ist.[2259] Das Halten von Großtieren in einem allgemeinen Wohngebiet ist mit dem Gebietscharakter nicht vereinbar und daher unzulässig.[2260] Ein Taubenschlag für 39 Brieftauben kann eine im allgemeinen Wohngebiet zulässige Nebenanlage sein.[2261] Ehemalige landwirtschaftliche Betriebe, die von Nichtlandwirten zur Hobbytier- und Lagerhaltung genutzt werden, rechnen nicht zu den in einem allgemeinen Wohngebiet nach § 4 II und III BauNVO zulässigen Nutzungen. Derartige Anlagen können die nähere Umgebung prägen oder als Fremdkörper unbeachtlich sein.[2262]

Hinweis: Bei der Aufstellung eines Bebauungsplans kann ein Konflikt zwischen bestehender landwirtschaftlicher Pferdehaltung und heranrückender Wohnbebauung nicht anhand der „Geruchsfahnenbegehungen an Rinderställen" gelöst werden.[2263]

1159 Durch die Ausrichtung auf die **Gebietsversorgung** soll sichergestellt werden, dass die Schank- und Speisewirtschaft nur in einem ins Gewicht fallenden Umfang von einem Personenkreis aufgesucht wird, der die mit einem Gaststättenbetrieb ohnehin verknüpften nachteiligen Folgen für die Anwohner in der Umgebung der Betriebsstätte nicht noch dadurch erhöht, dass er durch An- und Abfahrtverkehr Unruhe erzeugt, die von einem Wohngebiet ferngehalten werden soll. Besucher, die unter Berücksichtigung der topographischen Verhältnisse und der sonstigen örtlichen Gegebenheiten realistischerweise auf die Benutzung eines Kraftfahrzeuges angewiesen sind, wenn sie die Gaststätte in Anspruch nehmen wollen, gehören demnach nicht zu der Zielgruppe, deren Versorgung § 4 II Nr. 2 BauNVO vornehmlich ermöglichen will. Das nach dieser Vorschrift maßgebliche Gebiet reicht danach nur so weit, wie bei typisierender Betrachtung überhaupt die Möglichkeit besteht, die Schank- und Speisewirtschaft ggf. auch ohne Kraftfahrzeug zu erreichen.[2264] Einer **Schank- und Speisewirtschaft**, die im Sinne von § 4 II Nr. 2 BauNVO der Versorgung eines allgemeinen Wohngebiets dient, kann nicht entgegengehalten werden, sie sei wegen der von ihrem Betrieb ausgehenden Störungen gebietsunverträglich.[2265] Eine Schank- und Speisewirtschaft, die im Sinne von § 4 II Nr. 2 BauNVO der Versorgung eines allgemeinen Wohngebiets dient, ist daher nicht generell gebietsunverträglich[2266], kann aber nach Maßgabe der Einzelfallumstände[2267] gegen das Gebot der Rücksichtnahme verstoßen.[2268]

1160 Ausnahmsweise können im allgemeinen Wohngebiet Betriebe des Beherbergungsgewerbes, sonstige nicht störende Gewerbebetriebe, Anlagen für Verwaltungen, Gartenbaubetriebe und Tankstellen zugelassen werden (§ 4 III BauNVO). So kann etwa ein kleines Hotel-Restaurant, das der Bewirtung von Gästen aus der näheren Umgebung dient, ebenso zugelassen werden wie ein kleinerer Gewerbebetrieb oder eine Tankstelle, die etwa wegen ihrer Randlage die Wohnnutzung nicht stört. Ein Steinmetzbetrieb,[2269] eine Tischlerei oder eine Schlosserei mit entsprechendem Maschinenpark sind demgegenüber unzulässig. Ein Gewerbebetrieb kann da-

---

[2257] VGH München BauR 2010, 193.

[2258] OVG Lüneburg BauR 2009, 210 zur Tierhaltung im allgemeinen Wohngebiet.

[2259] OVG Münster Urt. v. 4.9.2008 – 7 A 2358/07, juris.

[2260] OVG Saarlouis BauR 2009, 1185.

[2261] OVG Lüneburg RdL 2010, 5 zur Taubenhaltung in ehemaliger Bergbausiedlung.

[2262] BVerwG BauR 2011, 91 zur Prägewirkung ehemaliger landwirtschaftlicher Betriebe; NVwZ 1990, 755.

[2263] VGH München RdL 2011, 278 zur Geruchsfahnenbegehung bei Rinderställen, nachgehend BVerwG BRS 78 Nr. 27 (2011).

[2264] OVG Berlin-Brandenburg Beschl. v. 18.9.2012 – OVG 10 N 9.11, juris; BVerwG NJW 1998, 3792.

[2265] BVerwG UPR 2019, 315.

[2266] BVerwG NVwZ 2020, 404 zur Zulässigkeit einer Schank- und Speisewirtschaft im allgemeinen Wohngebiet

[2267] BVerwG NVwZ 2017, 1204.

[2268] BVerwG BRS 88 Nr. 111 (2020) m. Anm. Klepper, IBR 2020, 548 zur Außengastronomiefläche im allgemeinen Wohngebiet.

[2269] OVG Weimar BauR 2006, 483.

bei zu einem „störenden" iS von § 4 III Nr. 2 BauNVO auch durch den mit ihm typischerweise verbundenen Zu- und Abgangsverkehr werden.[2270] Die Haltung von **Pferden** widerspricht der Eigenart eines allgemeinen Wohngebiets.[2271] Am äußersten Rand eines Wohngebietes kann das im Einzelfall das anders sein.[2272]

Durch die BauNVO 1990 sind auch **Anlagen** für **sportliche Zwecke**[2273] in den Katalog der allgemein zulässigen Nutzungen aufgenommen worden.[2274] Es zählt hierzu der **„Sportplatz um die Ecke"** und eine „wohnnahe Sportanlage", die der Versorgung der Bevölkerung des Wohngebietes dient. Darunter sind kleinere Sportplätze und Anlagen zu verstehen, die sich in das Wohnumfeld einfügen und deren Einzugsbereich sich auf die Wohnumgebung beschränkt. Ggf. ist durch Lärmschutzmaßnahmen oder sonstige Schutzvorkehrungen nach § 9 I Nr. 24 BauGB sicherzustellen, dass das Gebot der nachbarlichen Rücksichtnahme nicht verletzt wird.[2275] Auch nach § 4 II Nr. 3 BauNVO sind im allgemeinen Wohngebiet nicht Sportanlagen jedweder Art allgemein zulässig. Vielmehr müssen sie nach Art und Umfang der Eigenart des Gebietes entsprechen und dürfen die allgemeine Zweckbestimmung des Gebietes, vorwiegend dem Wohnen zu dienen (§ 4 I BauNVO), nicht gefährden.[2276] Vereinsheime von Gesangvereinen, die als Anlagen für kulturelle Zwecke in allgemeinen Wohngebieten zur Regelbebauung gehören, gewinnen auch dann nicht den Charakter gebietsfremder Vergnügungsstätten, wenn sie vereinzelt zur Durchführung öffentlich zugänglicher Live-Musik-Veranstaltungen genutzt werden.[2277] In allgemeinen Wohngebieten und Mischgebieten sind bordellartige Betriebe grundsätzlich planungsrechtlich unzulässig.[2278] 1161

Ein Lärmimmissionsabwehranspruch für die Tageszeit bis 20.00 Uhr und die Ruhezeiten steht dem Nachbarn nur bei Verletzung des Gebotes der nachbarlichen Rücksichtnahme zu.[2279] Dabei ist die bauliche Nutzung in der Umgebung von Bedeutung, soweit die dort zugelassenen Nutzungen auf die Immissionssituation des betroffenen Grundstücks Einfluss haben können.[2280] Für das Training und Rennen auf einer **Kartbahn** ist ein Zuschlag wegen besonderer Lästigkeit gerechtfertigt, der sich aus dem Motorenlärm mit ständig wechselnden Frequenzen und Schallpegeln aus Beschleunigungs- und Abbremsvorgängen er- 1162

[2270] BVerwG NVwZ 1991, 267.

[2271] VGH Mannheim Urt. v. 16.5.1990 – 3 S 218/90, juris; OVG Saarlouis BRS 48 Nr. 52, OVG Lüneburg BRS 39 Nr. 62; OVG Lüneburg BauR 2009, 210.

[2272] VGH München Beschl. v. 22.8.2008 – 15 ZB 08.613, juris; OVG Münster Urt. v. 4.9.2008 – 7 A 2358/07, juris.

[2273] Zu Fragen von Sport und Bauleitplanung Fickert/Fieseler, BauNVO, 2023, Vorbem §§ 2-9, Rn. 113 ff; Reidt in Bracher/Reidt/Schiller, Bauplanungsrecht, 2022, Rn. 11, 384 ff.; Scheidler ZfBR 2023, 127; Hesselbarth ZUR 2018, 451.

[2274] Zur Zulässigkeit von Sportanlagen im Einwirkungsbereich einer benachbarten Wohnnutzung VG Bremen Urt. v. 17.5.2023 – 1 K 22/17, juris; VGH München Beschl. v. 18.11.2022 – 22 ZB 22.799, juris; VGH München Urt. v. 19.10.2020 – 9 N 15.2158, juris; BGH NJW 1983, 751; BVerwG UPR 1985, 372; NVwZ 1987, 493; NVwZ 1989, 659; BRS 48 (1988), Nr. 141 (S.357); UPR 1990, 267; BauR 1990, 73; BVerwGE 88, 143; DVBl. 1992, 62; BauR 1991, 569; BauR 1991, 717.

[2275] BVerwG NJW 1989, 1291.

[2276] BVerwG NVwZ 1991, 982. Zu den bau- und immissionsschutzrechtlichen Problemen beim Sportstättenbau in Wohngebieten Stüer DVBl. 1992, 816.

[2277] OVG Koblenz BauR 2003, 1187, dort auch zur Frage, wann Lärmimmissionen derartiger Veranstaltungen die nach den einschlägigen technischen Regelwerken vorgesehenen Orientierungswerte für seltene Ereignisse überschreiten dürfen.

[2278] OVG Berlin BauR 2004, 134. Zur Abgrenzung eines bordellartigen Betriebes von der Wohnungsprostitution VGH Mannheim GewArch. 2003, 496; von Feldmann Grundeigentum 2007, 1422; Schröer NZBau 2009, 166. Zur Zulässigkeit von Mobilfunkanlagen als nicht störende Gewerbebetriebe VG Gießen NVwZ-RR 2003. 196. Auch eine hobbymäßige Hundezucht kann im Wohngebiet zulässig sein, so OVG Münster Beschl. v. 18.12.2002 – 7 B 1823/02, juris. Zur Zulässigkeit eines Bestattungsinstituts mit Trauerhalle in einem Allgemeinen Wohngebiet OVG Weimar UPR 2003, 451; Biermann DVP 2006, 246. Zur Unzulässigkeit einer unmittelbar am Vorderlieger-Grundstück entlangführenden Erschließungsanlage für eine intensive rückwärtige Bebauung OVG Münster Beschl. v. 10.10.2002 – 7 B 1822/02, juris zur Unzumutbarkeit einer Hinterland-Bebauung.

[2279] Zum Immissionsabwehranspruch BVerwGE 88, 210, 880; BVerwGE 81, 197; zum Gebot der Rücksichtnahme bei einer vorhabenbedingten Zunahme des Verkehrslärms OVG Münster Beschl. v. 10.11.2023 – 10 A 1316/23, juris Rn. 9.

[2280] VGH Mannheim UPR 2003, 76.

gibt.[2281] Die zumutbare Obergrenze der Lärmimmissionen aus dem Betrieb einer **Skate- und Ballspielanlage** kann oberhalb des Immissionswertes von 52 dB(A) liegen, wenn ungewöhnlich umfangreiche Anstrengungen unternommen werden, um eine Verträglichkeit und Ordnungsmäßigkeit des Anlagenbetriebs sicherzustellen, und auch dann, wenn die Nachbarn bei Erwerb ihres Grundstücks und bei dessen Bebauung Kenntnis von der planerischen Festsetzung einer Ballspielanlage oder eines Bolzplatzes auf dem angrenzenden Gelände hatten bzw. haben konnten.[2282]

Hinweis: Die Überplanung überwiegend unbebauter, in Bahnhofsnähe liegender und teilweise an ein Gewerbegebiet angrenzender Innenbereichsflächen als allgemeines Wohngebiet kann zulässig sein, wenn die Wohnverträglichkeit durch passive Schallschutzvorkehrungen gegen Schienenlärm gewährleistet ist, bestehende Gewerbebetriebe in ihrer bestandsgeschützten Weiterführung durch passive Lärmschutzauflagen gegen Gewerbelärm zuverlässig geschützt werden und das Gewerbegebiet zur Vermeidung künftiger Nutzungskonflikte zusätzlich in ein eingeschränktes Gewerbegebiet herabgestuft wird.[2283]

1163 **Mobilfunksendeanlagen** können als nicht störende Gewerbebetriebe in einem allgemeinen Wohngebiet nach § 4 III Nr. 2 BauNVO ausnahmsweise zulässig sein.[2284] Bei der Ermessensentscheidung über die Erteilung einer Ausnahme ist neben der Wertung des Verordnungsgebers in § 14 II 2 BauNVO zu berücksichtigen, dass der Nutzungszweck des Wohngebiets als Regelfall erhalten bleiben und der gewerbliche Nutzungszweck der Mobilfunkstation den Charakter einer Ausnahmeerscheinung in dem betroffenen Gebiet behalten muss.[2285] Betroffene Nachbarn können die Veränderung des Gebietscharakters durch die auch optischen Auswirkungen einer solchen Station erfolgreich geltend machen.[2286] Die **gesundheitlichen Auswirkungen**[2287] einer elektromagnetischen Strahlung beurteilen sich nach den §§ 3 I, 22 I 1 Nr. 1 BImSchG in Verbindung mit der 26. BImSchV.[2288] Hierdurch wird auch den nach Art. 2 II 1 GG einzuhaltenden Anforderungen an den staatlichen Schutz der menschlichen Gesundheit entsprochen. Eine kompetente eigenständige Risikobewertung durch die Gerichte kann nur auf der Grundlage entsprechender fachwissenschaftlicher Forschungsergebnisse erfolgen.[2289] Nach dem gegenwärtigen Kenntnisstand sind bei Einhaltung der 26. BImSchV keine schädlichen Umwelteinwirkungen durch Sendeanlagen für den Mobilfunk oder vergleichbare Anlagen zu erwarten.[2290] Eine Mobilfunksendeanlage, die auf dem Dach eines Wohngebäudes angebracht wird, kann als sonstiger nicht störender Gewerbebetrieb im Sinne von § 4 III Nr. 2 BauNVO in einem Allgemeinen Wohngebiet ausnahmsweise zulässig sein.[2291] Die Überprü-

---

2281 VGH Mannheim NVwZ 2003, 365.

2282 VGH Mannheim NVwZ-RR 2002, 643; BVerwG NVwZ 1992, 884: förmlicher Erlass einer Benutzungsordnung, Ausschluss der Nutzung durch Personen über 14 Jahren, Verbot der Verwendung von Skateboards, Einzäunung, Schließdienst, Kontrollen, Aufklärungsgespräche, Hinweisschild.

2283 VGH Mannheim Urt. v. 19.10.2011 – 3 S 942/10, juris; zum Nachbarschutz gegen Mobilfunkanlagen im Außenbereich wegen schädlicher Umwelteinwirkungen OVG Münster Beschl. v. 27.3.2023 – 2 A 1797/22, juris; zu bauordnungsrechtlichen Anforderungen an Mobilfunkanlagen Kraus BayVBl. 2023, 441; zur Nachbarklage gegen Standortbescheinigung für ortsfeste Funkanlage (Mobilfunk); zur Nachbarklage gegen eine Standortbescheinigung für ortsfeste Funkanlagen (Mobilfunk) VGH München Beschl. v. 24.5.2022 – 22 CS 22.711, juris.

2284 OVG Münster Beschl. v. 12.5.2021 – / B 369/21, juris; OVG Saarlouis LKRZ 2007, 69 – Mobilfunkbasisstation im allgemeinen Wohngebiet. Zur Steuerung von innerörtlichen Mobilfunknetzen durch die kommunale Bauleitplanung Nomberger/Thum BayVBl. 1997, 353.

2285 Allagier AUR 2006, 196; Herkner BauR 2006, 1399; Seebauer BayVBl. 2007, 357. Zur Gebietsverträglichkeit einer Mobilfunkstation in der Nachbarschaft von Baudenkmalen OVG Lüneburg DVBl. 2009, 1395 – Mobilfunkstation. Zur Zulassung einer Mobilfunkanlage als nicht störende gewerbliche Nutzung. OVG Münster Beschl. v. 26.9.2008 – 10 A 2599/07, juris; z Zu Mobilfunkanlagen und zum Gesundheitsschutz Schidlowski/Duikers BauR 2007,1513.

2286 OVG Münster NVwZ-RR 2005, 608.

2287 Zur verbesserten Einbringung von Gesundheitsbelangen Welteke/Sierig/Hornberg Immissionsschutz 2007, 18.

2288 BVerfG NJW 1997, 2509; VG Gießen NVwZ-RR 2003, 196.

2289 BVerfG NJW 2002, 1638.

2290 VGH München NVwZ 1998, 419; OVG Bautzen DÖV 1998, 431; VGH Mannheim NVwZ 1998, 416; VGH Kassel NVwZ 2000, 694.

2291 VG Gera Beschl. v. 27.10.2003 – 4 E 1283/03 GE, juris.

fung einer Anzeige nach § 7 der 26. BImSchV stellt eine dem Betreiber zurechenbare gebührenpflichtige Amtshandlung nach § 1 I Nr. 1 GebG NRW dar.[2292]

Die Anforderungen zum Schutz der Allgemeinheit und der Nachbarschaft vor schädlichen Umwelteinwirkungen und zur Vorsorge gegen schädliche Umwelteinwirkungen durch **elektromagnetische Felder** werden durch die 26. BImSchV rechtsverbindlich konkretisiert.[2293] Bei Einhaltung der Grenzwerte der 26. BImSchV sind in der Regel keine Gefahren für die menschliche Gesundheit zu befürchten.[2294] Die Grenzwerte der 26. BImSchV sind verfassungsgemäß.[2295] Aus dem Minimierungsgebot des § 4 II 1 26. BImSchV kann das Erfordernis eines Mindestabstands zwischen Höchstspannungsfreileitung und Bebauung nicht abgeleitet werden. Das Minimierungsgebot ist auf eine möglichst schonende Ausführung des Vorhabens am vorgesehenen Standort ausgerichtet. Die Anforderungen des § 22 I Nr. 1 BImSchG und des § 3 II 1 der 26. BImSchV dienen dem allgemeinen öffentlichen Interesse und dem Schutz Betroffener, aber nicht dem Schutz von Gemeinden als Träger kommunaler Selbstverwaltung. Zwar ist das Interesse an jeglicher Verschonung von elektromagnetischen Feldern ein abwägungserheblicher Belang. Gesundheitsbelange der Bevölkerung oder der Allgemeinheit sind aber keine Belange, die eine Gemeinde geltend machen könnte.[2296] 1164

Eine Mobilfunkanlage kann unter den Voraussetzungen einer **Befreiung** nach § 31 II BauGB planungsrechtlich zulässig sein.[2297] Diese kommt allerdings nicht in Betracht, wenn ein öffentlicher Belang mit erheblichem Gewicht der Verwirklichung der Mobilfunkanlage am vorgesehenen Standort entgegensteht.[2298] Eine Beachtung der objektiv-rechtlichen Voraussetzungen für die Erteilung von Befreiungen nach § 31 II BauGB kann von Nachbarn nicht beansprucht werden. Ob die nachbarlichen Belange bei der Erteilung der Befreiung nach § 31 Abs. 2 BauGB fehlerfrei gewürdigt wurden, bemisst sich allein nach den zum Gebot der Rücksichtnahme entwickelten Maßstäben abzustellen.[2299] Die Erfüllung der Anzeigepflicht des Betreibers einer Hochfrequenzanlage nach § 7 I der 26. BImSchV ist keine Rechtmäßigkeitsvoraussetzung der Plangenehmigung für diese Anlage. Der Fortgang der Forschung als solcher reicht nicht aus, um einmal gewonnene Erkenntnisse und darauf beruhende Grenzwertfestsetzungen des Verordnungsgebers als überholt und nicht mehr bindend anzusehen. Der Belang, von wirtschaftlichen Nachteilen verschont zu bleiben, die Folge objektiv nicht begründbarer Immissionsbefürchtungen sind, ist in der Abwägung nicht schutzwürdig.[2300] 1165

Die aus Art. 2 II 1 GG folgende **staatliche Schutzpflicht** für Leben und körperliche Unversehrtheit gebietet nicht, alle nur denkbaren Schutzmaßnahmen zu treffen. Deren Verletzung kann vielmehr nur festgestellt werden, wenn die öffentliche Gewalt Schutzvorkehrungen überhaupt nicht getroffen hat oder die getroffenen Maßnahmen gänzlich ungeeignet oder völlig unzulänglich sind, das gebotene Schutzziel zu erreichen oder erheblich dahinter zurückbleiben.[2301] Liegen noch keine verlässlichen wissenschaftlichen Erkenntnisse über komplexe Gefährdungslagen – wie hier die schädlichen Wirkungen hochfrequenter elektromagnetischer Felder – vor, verlangt die staatliche Schutzpflicht auch von den Gerichten nicht, ungesicherten wissenschaftlichen Erkenntnissen mit Hilfe des Prozessrechts durch Beweisaufnahmen zur Durchsetzung zu verhelfen. Es ist vielmehr Sache des Verordnungsgebers, den Erkenntnisfortschritt der Wissenschaft mit geeigneten Mitteln nach allen Seiten zu beobachten und zu bewerten, um gegebenenfalls weiter gehende Schutzmaßnahmen treffen zu können. Art. 14 I GG schützt zwar die Nutzbarkeit des Eigentums und die diesbezügliche Verfügungsfreiheit. Ho- 1166

2292 OVG Münster DVBl. 2003, 1080 (LS). Zur planerischen Steuerung von Mobilfunkanlagen Spannowsky ZfBR 2008, 446; Herkner BauR 2008, 624.

2293 BVerwGE 148, 353 Rn. 49 ff.

2294 VG Düsseldorf KommJur 2023, 20.

2295 BVerwG Urt. v. 12.11.2020 – 4 A 13/18, juris Rn. 44 mwN; VG Düsseldorf KommJur 2023, 20; Uechtritz NVwZ 2013, 906.

2296 BVerwG Urt. v. 4.4.2019 – 4 A 6.18, juris zu einer Gemeindeklage gegen Höchstspannungsleitung.

2297 BVerwG BauR 2004, 1124; OVG Koblenz ZfBR 2003, 184; VG Gießen NVwZ-RR 2003, 196.

2298 VGH Kassel NVwZ-RR 2007, 237.

2299 VG Neustadt Beschl. v. 6.6.2023 – 5 K 1042/22.NW, juris; OVG Koblenz Beschl. v. 30.11.2021 – 8 B 11271/21.OVG, juris.

2300 BVerwG NVwZ 2004, 613.

2301 BVerfG NJW 2002, 1638.

heitlich bewirkte Minderungen des Marktwertes eines Vermögensgutes berühren daher in der Regel nicht den Schutzbereich des Eigentumsrechts.[2302]

1167 Der Einhaltung der in **Gesetzen** oder **Rechtsverordnungen** iS des § 906 I 2 BGB festgelegten Grenz- oder Richtwerte kommt **Indizwirkung** dahingehend zu, dass eine nur unwesentliche Beeinträchtigung vorliegt. Es ist dann Sache des Betroffenen, Beeinträchtigten, Umstände darzulegen und zu beweisen, die diese Indizwirkung erschüttern. Bei einer von einer Mobilsendeanlage ausgehenden Beeinträchtigung durch elektromagnetische Felder, die die Grenzwerte der 26. BImSchV einhalten, muss der Beeinträchtigte zur Erschütterung dieser Indizwirkung darlegen und ggf. beweisen, dass ein wirtschaftlich begründeter Zweifel an der Richtigkeit der festgelegten Grenzwerte und ein fundierter Verdacht einer Gesundheitsgefährdung besteht.[2303]

1168 Die aus Art. 2 II 1 GG abzuleitende staatliche **Schutzpflicht** gebietet nicht, alle nur denkbaren Schutzmaßnahmen zu treffen. Deren Verletzung kann vielmehr nur festgestellt werden, wenn die öffentliche Gewalt Schutzvorkehrungen überhaupt nicht getroffen hat oder die getroffenen Maßnahmen gänzlich ungeeignet oder völlig unzulänglich sind, das gebotene Schutzziel zu erreichen oder erheblich dahinter zurückbleiben.[2304] Liegen noch keine verlässlichen wissenschaftlichen Erkenntnisse über komplexe Gefährdungslagen – wie über die schädlichen Wirkungen hochfrequenter elektromagnetischer Felder – vor, verlangt die staatliche Schutzpflicht auch von den Gerichten nicht, ungesicherten wissenschaftlichen Erkenntnissen mit Hilfe des Prozessrechts durch Beweisaufnahmen zur Durchsetzung zu verhelfen. Es ist vielmehr Sache des Verordnungsgebers, den Erkenntnisfortschritt der Wissenschaft mit geeigneten Mitteln nach allen Seiten zu beobachten und zu bewerten, um gegebenenfalls weiter gehende Schutzmaßnahmen treffen zu können. Auch das Eigentumsrecht ist in solchen Fällen nicht verletzt. Art. 14 I GG schützt zwar die Nutzbarkeit des Eigentums und die diesbezügliche Verfügungsfreiheit. Hoheitlich bewirkte Minderungen des Marktwertes eines Vermögensgutes berühren in der Regel nicht den Schutzbereich des Eigentumsrechts.[2305]

1169 Der Verordnungsgeber ist **verfassungsrechtlich** nicht verpflichtet, die geltenden Grenzwerte zum Schutz vor Immissionen zu verschärfen, über deren gesundheitsschädliche Wirkungen keine verlässlichen wissenschaftlichen Erkenntnisse vorliegen. Eine Pflicht des Staates zur Vorsorge gegen rein hypothetische Gefährdungen besteht nicht. Die geltenden Grenzwerte könnten nur dann verfassungsrechtlich beanstandet werden, wenn erkennbar ist, dass sie die menschliche Gesundheit völlig unzureichend schützen. Es ist allein eine politische Entscheidung des Verordnungsgebers, ob er Vorsorgemaßnahmen in einer solchen Situation der Ungewissheit sozusagen „ins Blaue hinein" ergreifen will. Das Gericht muss auch nicht eine eigene Risikoabschätzung ggf. auf der Grundlage einer Beweisaufnahme durchführen. Es ist vielmehr Sache des Verordnungsgebers, den Erkenntnisfortschritt der Wissenschaft mit geeigneten Mitteln nach allen Seiten zu beobachten und zu bewerten, um gegebenenfalls weiter gehende Schutzmaßnahmen treffen zu können. Zum angemessenen Erfahrungs- und Anpassungsspielraum des Verordnungsgebers bei komplexen Gefährdungslagen, über die noch keine verlässlichen wissenschaftlichen Erkenntnisse vorliegen.[2306]

1170 **Schädliche Umwelteinwirkungen** durch Mobilfunkanlagen sind nach dem derzeitigen Stand der Wissenschaft nicht nachweisbar, wenn die in 26. BImSchV enthaltenen Grenzwerte eingehalten werden.[2307] Die 26. BImSchV ist mit dem GG vereinbar, auch wenn sie keine Vorsorgeanforderungen an Hochfrequenzanlagen zur Berücksichtigung athermischer Wirkungen enthält. Bislang gibt es keinen wissenschaftlich eindeutigen Nachweis für eine schädliche Wirkung von gepulster Hochfrequenzstrahlung. Die Untersuchungen über die Wirkung von

---

2302 BVerfGE 105, 252.

2303 BGH NJW 2004, 1317 zur Indizwirkung von Richtwerten. Zur verbesserten Einbringung von Gesundheitsbelangen Welteke/Sierig/Hornberg Immissionsschutz 2007, 18.

2304 BVerfGE 79, 174.

2305 BVerfG NVwZ 2007, 805; NJW 2002, 1638; BVerfGE 105, 252; NVwZ 2005, 1176; NVwZ 2006, 683.

2306 VGH München Beschl. v. 16.5.2023 – 22 ZB 22.1468, juris Rn. 16; OVG Münster Beschl. v. 27.3.2023 – 2 A 1797/22, juris; BVerwG NVwZ 2021, 1615; VGH München Beschl. v. 24.5.2022 – 22 CS 22.711, juris Rn. 30 bis 44.

2307 OVG Lüneburg NVwZ 2001, 456; VGH Kassel NVwZ 2000, 694; OVG Bautzen BauR 1998, 1226; VGH München NVwZ 1998, 419.

Handys können dabei nicht auf Mobilfunkanlagen übertragen werden.[2308] Den § 22 I BImSchG zu entnehmenden Anforderungen des Nachbarschutzes gegenüber elektrischen und magnetischen Feldern einer Hochspannungsfreileitung wird bei Beachtung der Grenzwertempfehlung der Internationalen Kommission zum Schutz vor nichtionisierenden Strahlen genügt. Bei Einhaltung der Grenzwerte besteht in der Regel keine Gefahr. Auch aus der staatlichen Schutzpflicht nach Art. 2 II 1 GG ergeben sich keine weitergehenden Anforderungen. Vorbelastungen prägen in ihrem Einwirkungsbereich liegende Grundstücke und mindern im Grundsatz ihre Schutzwürdigkeit. Eine Grenze der Berücksichtigung von Vorbelastungen wird erst durch rechtswidrige Eigentums- und Gesundheitsbeeinträchtigungen gezogen.[2309]

Wohnen in einem **Mehrfamilienwohnhaus** stellt ohne entsprechende planerische Festset- **1171**
zungen keine bauplanungsrechtlich relevante (Unter-)art der baulichen Nutzung im Vergleich zum Wohnen in einem Einfamilienwohnhaus dar. Von Seiten einer in einem reinen Wohngebiet gelegenen villenartigen Bebauung besteht daher kein Abwehranspruch gegen eine heranrückende Bebauung mit einem Mehrparteienapartmenthaus. In beiden Fällen handelt es um Wohnen iS des §§ 1 II, 3 BauNVO.[2310] **Strafvollzugseinrichtungen** dienen nach bauplanungsrechtlichen Maßstäben weder dem Wohnen noch sozialen Zwecken; sie sind in einem reinen oder allgemeinen Wohngebiet allenfalls im Wege der Befreiung nach § 34 II BauGB iV m. § 31 II BauGB genehmigungsfähig.[2311]

Ausnahmen nach § 4 III Nr. 3 BauNVO sind nicht zulässig, wenn eine **„Anlage für Ver- 1172**
waltungen“ den Gebietscharakter des allgemeinen Wohngebietes gefährdet und damit gebietsunverträglich ist. Das ist der Fall, wenn das Vorhaben bezogen auf den Gebietscharakter des allgemeinen Wohngebietes auf Grund seiner typischen Nutzungsweise störend wirkt. Die Gebietsunverträglichkeit beurteilt sich für das Allgemeine Wohngebiet nach § 4 BauNVO in erster Linie nach dem Kriterium der gebietsüblichen Störung. Entscheidend ist dafür nicht, ob etwa die immissionsschutzrechtlichen Lärmwerte eingehalten werden.[2312] Ein **Feuerwehrgerätehaus** ist eine Anlage für Verwaltungen im Sinne von § 4 III Nr. 3 BauNVO. Ein Feuerwehrgerätehaus, das nach Größe und Ausstattung maßgeblich auch dem effektiven Brandschutz in der näheren Umgebung dient, ist im allgemeinen Wohngebiet gebietsverträglich.[2313]

d) Besondere Wohngebiete. Gem. § 4a I 1 BauNVO sind besondere Wohngebiete über- **1173**
wiegend bebaute Gebiete, die aufgrund ausgeübter Wohnnutzung und vorhandener sonstiger in § 4a II BauNVO genannter Anlagen eine besondere Eigenart aufweisen und in denen unter Berücksichtigung dieser Eigenart die Wohnnutzung erhalten und fortentwickelt werden soll. Besondere Wohngebiete dienen vorwiegend dem Wohnen; sie dienen auch der Unterbringung von Gewerbebetrieben und sonstigen Anlagen im Sinne der § 4a II und III BauNVO, soweit diese Betriebe und Anlagen nach der besonderen Eigenart des Gebiets mit der Wohnnutzung vereinbar sind. Die Grundstücke in einem besonderen Wohngebiet müssen Wohnbedürfnissen dienen. Welche Nutzungen dort neben der Wohnnutzung zulässig sind, ist abstrakt-generell zu bestimmen. Dabei sind die in einem reinen Wohngebiet nach § 3 BauNVO zulässigen Nutzungen zu berücksichtigen. Mit der Festsetzung eines besonderen Wohngebiets können andere erhaltungsorientierte Festsetzungen im Bebauungsplan, eine Erhaltungssatzung nach § 172 BauGB und die Festlegung eines landesrechtlichen Denkmalbereichs verbunden werden.[2314]

Ein besonderes Wohngebiet kann nur durch einen Bebauungsplan festgesetzt werden und **1174**
besteht daher nicht im nicht beplanten Innenbereich.[2315] Mit der Ausweisung eines besonderen Wohngebietes soll zum einen der Tendenz zur Verdrängung von Wohnungen der innerstädtischen Gebiete durch Betriebe des tertiären Sektors, insbesondere durch Dienstleistungsbetriebe, entgegengewirkt werden. Zum anderen soll die Abwanderung der Wohnbevölkerung aus solchen Gebieten, die vielfach schlechte Wohnverhältnisse, eine überalterte Bausubstanz

---

2308 VG München DVBl. 2001, 408.

2309 BVerwG NVwZ 2010, 1486, m. Anm. Naujoks DVBl. 2010, 1450; Greinacher NuR 2011, 39 zum Neubau einer 110-/380-kV-Hochspannungsfreileitung; BVerwG NVwZ 2010, 1486.

2310 VGH Kassel NVwZ-RR 2013, 261: Villenartige Bebauung gegen Mehrfamilienhaus.

2311 OVG Bautzen DÖV 2012, 570: Wohnheim für Behinderte in eine Wohnstätte des Jugendstrafvollzugs; BVerwG NVwZ 2005, 1186.

2312 BVerwG NVwZ 2002, 1118 zu einem Zustellstützpunkt der Post im allgemeinen Wohngebiet.

2313 BVerwG NVwZ 2022, 1383.

2314 Stock in König/Roeser/Stock, BauNVO, 2022, § 4a Rn. 1.

2315 VGH Mannheim UPR 2007, 459; BVerwG NVwZ 1993, 1100; Stock in König/Roeser/Stock, BauNVO, 2022, § 4a Rn. 3.

und unzureichende Verkehrsverhältnisse aufweisen, in Stadtrandgebiete oder das Umland verhindert werden. Die Gebiete weisen oft die typische mehrgeschossige Blockrandbebauung in überwiegend geschlossener Bauweise auf.[2316] Sie sind zumeist mit kleineren Gewerbebetrieben durchsetzt und wegen des ungünstigen Wohnumfeldes von einer Umschichtung dieser Gebiete durch Nachrücken sozial schwächerer Bevölkerungsgruppen wie Gastarbeiter oder Personen im Rentenalter oder auch kinderreiche Familien geprägt. Durch die Ausweisung eines besonderen Wohngebietes soll die Wohnnutzung erhalten und fortentwickelt werden.[2317] Besondere Wohngebiete dürfen nur **überwiegend bebauten Gebieten** festgesetzt werden; ausreichend ist eine bauliche Nutzung der Mehrzahl der Baugrundstücke, zumindest bei annähernd gleich großen Grundstücken.[2318] Maßgeblich ist vielmehr, dass jedenfalls die Anzahl der bebauten Grundstücke überwiegt. Unschädlich ist es, wenn auf Grundstücken üblicher Größe einzelne Baulücken vorhanden sind. Ausreichend soll es sein, dass das Gebiet insgesamt als überwiegend bebaut wirkt.[2319] Die Ausweisung eines besonderen Wohngebiets setzt außerdem voraus, dass das Gebiet nach seinen tatsächlichen städtebaulichen Verhältnissen eine besondere Eigenart aufweist, die sich durch eine Nutzungsmischung aus ausgeübter Wohnnutzung und Betrieben sowie Anlagen nach § 4a II BauNVO auszeichnet.[2320]

1175 Zulässig sind nach § 4 a II BauNVO Wohngebäude, Läden, Betriebe des Beherbergungsgewerbes, Schank- und Speisewirtschaften, sonstige Gewerbebetriebe, Geschäfts- und Bürogebäude sowie Anlagen für kirchliche, kulturelle, soziale, gesundheitliche und sportliche Zwecke. Ausnahmsweise können nach § 4 a III BauNVO Anlagen für zentrale Einrichtungen der Verwaltung, Vergnügungsstätten, soweit sie nicht wegen ihrer Zweckbestimmung oder ihres Umfangs nur in Kerngebieten allgemein zulässig sind, sowie Tankstellen zugelassen werden.

1176 Die ausnahmsweise **Zulässigkeit** von **Vergnügungsstätten** im besonderen Wohngebiet ist durch die BauNVO 1990 eingeführt worden (§ 4 a III Nr. 2 BauNVO). Die Vorschrift hatte damit Modellcharakter für einen von der kerngebietstypischen Vergnügungsstätte zu unterscheidenden kleineren Typ der WB-Vergnügungsstätte, auf die an anderen Stellen der BauNVO verwiesen wird. Als kerngebietstypisch sind solche Vergnügungsstätten anzusehen, die als zentrale Dienstleistungsbetriebe einen größeren Einzugsbereich haben und für ein größeres und allgemeines Publikum erreichbar sein sollen.[2321] Erstmals enthält die BauNVO 1990 eine besondere Art der Vergnügungsstätten in dem Sinne, dass diese Nutzungen nur in den Gebieten allgemein oder ausnahmsweise zulässig sind, in denen die BauNVO dies ausdrücklich anordnet. In den anderen Gebieten (zB im allgemeinen Wohngebiet) ist eine Vergnügungsstätte auch nicht als sonstiger Gewerbebetrieb zulässig.[2322]

1177 Einige Beispielsfälle aus der Rechtsprechung des BVerwG für kerngebietstypische Vergnügungsstätten fasst das OVG Koblenz zusammen: Eine Striptease-Bar mit 60 Sitzplätzen in Verbindung mit einem Spielcasino sei kerngebietstypisch. Ein Spielcasino mit einer Fläche von 54 m² und Spielmöglichkeiten für 12 Besucher sowie einer dazugehörigen Casino-Bar, in der sich höchstens 20 Besucher aufhalten könnten, sei hingegen nicht kerngebietstypisch angesehen. Die Flächengröße eines Betriebs sei insoweit zwar ein Kriterium zur Unterscheidung von kerngebietstypischen und nicht kerngebietstypischen Vergnügungsstätten.[2323] Bei Spielhallen könne man nicht auf einen Schwellenwert von 100 m² abstellen. Hinsichtlich eines solchen Schwellenwertes sei zu berücksichtigen, dass sich der von der Rechtsprechung entwickelte Flächenmaßstab an den Vorgaben der Verordnung über Spielgeräte und andere Spiele mit Ge-

[2316] Fickert/Fieseler, BauNVO, 2023, § 4a Rn. 3.
[2317] Stock in König/Roeser/Stock, BauNVO, 2022, § 4a Rn. 1.
[2318] Stock in König/Roeser/Stock, BauNVO, 2022, § 4a Rn. 4.
[2319] Wahlhäuser in Bönker/Bischopink, BauNVO, 2024, § 4a Rn. 17.
[2320] Fickert/Fieseler, BauNVO, 2023, § 4a Rn. 6, 13; Wahlhäuser in Bönker/Bischopink, BauNVO, 2024, § 4a R. 20.
[2321] Zu den Kriterien für die Kerngebietstypik eines als Vergnügungsstätte einzustufenden Wettbüros OVG Koblenz GewArch 2023, 476.
[2322] Stüer DVBl. 1990, 469. Besondere Festsetzungsmöglichkeiten für den Geschosswohnungsbau und einen bestimmten Anteil der Nutzung zu Wohnzwecken enthält § 4 a IV BauNVO. Die Gemeinde kann danach festsetzen, dass oberhalb eines bestimmten Geschosses nur Wohnungen zulässig sind (Nr. 1) oder in Gebäuden ein bestimmter Anteil der zulässigen Geschossfläche oder eine bestimmte Größe der Geschossfläche für Wohnungen zu verwenden ist (Nr. 2).
[2323] OVG Koblenz GewArch 2023, 476 unter Verweis auf VGH München Beschl. v. 22.10.2019 – 9 ZB 15.2637, juris Rn. 6.

winnmöglichkeit orientiere, die in § 3 II 1 vorsehe, dass in Spielhallen je 12 m² Grundfläche höchstens ein Geld- oder Warenspielgerät aufgestellt werden dürfe.[2324] Angesichts der Tatsache, dass diese flächenmäßige Beschränkung auf Wettbüros keine Anwendung finde, werde man für derartige Vergnügungsstätten eher eine geringere Fläche für die Annahme der Kerngebietstypik ausreichen lassen müssen. Letztendlich sei aber eine Einzelfallbetrachtung unter Berücksichtigung weiterer einschlägiger Kriterien vorzunehmen.[2325]

In besonderen Wohngebieten besteht durch die Festsetzung von Wohnungen oberhalb eines bestimmten Geschosses (§ 4 a IV Nr. 1 BauNVO), aber auch durch die Festsetzung eines Anteils oder der Größe der Geschossfläche für Wohnungen (Nr.2) die Möglichkeit, das Wohnen zu fördern und andere Nutzungen zurückzudrängen.[2326] Eine **Kindertageseinrichtung** ist in einem besonderen Wohngebiet nur zulässig, wenn es sich um eine „kleine" Einrichtung handelt, die bereits aufgrund ihres Typs mit der Wohnnutzung verträglich ist.[2327] 1178

Da es sich um bereits überwiegend bebaute Gebiete handelt, hängt der **Grad** der **Störanfälligkeit** wesentlich von der vorhandenen Bebauung und Nutzung ab.[2328] Wegen der vielfach vorhandenen Nutzungsmischung wird das Duldungspotenzial der Wohnnachbarschaft höher sein als im allgemeinen Wohngebiet und sich dem Mischgebiet annähern. Für den Lärmschutz sieht die TA Lärm keinen speziellen Immissionsrichtwert für Besondere Wohngebiete vor (Nr. 6.1 TA Lärm), sondern verlangt nach Nr. 6.6 S. 2 TA Lärm für im Bebauungsplan festgesetzte Gebiete eine Beurteilung nach Nr. 6.1 entsprechend der Schutzbedürftigkeit. In einem besonderen Wohngebiet ist der Schutz der Wohnruhe im Vergleich zum allgemeinen Wohngebiet tendenziell gemindert.[2329] Charakteristisch für ein nach § 4 a I BauNVO festgesetztes besonderes Wohngebiet sind tatsächliche Verhältnisse, die eine anderweitige Festsetzung des Gebiets, beispielsweise als allgemeines Wohngebiet, gerade nicht erlauben. Mithin kommt auch eine regelmäßige Gleichsetzung eines besonderen Wohngebiets mit einem allgemeinen Wohngebiet hinsichtlich der Beurteilung von zumutbaren Lärmbelastungen ebenso wenig in Betracht wie eine generalisierende Behandlung eines derartigen Gebiets als Mischgebiet. Die gerichtliche Überprüfung von Lärmrichtwerten, die von der Genehmigungsbehörde anlagenbezogen für ein bestimmtes Vorhaben festgelegt worden sind, muss vielmehr der Beurteilung des jeweiligen Einzelfalles vorbehalten bleiben.[2330] Die Bauleitplanung hat hier nach dem Grundsatz des **Verbesserungsgebotes** möglichst dazu beizutragen, dass die Wohnverhältnisse verbessert und das Emissionsverhalten störender Nutzungen reduziert wird. Allerdings ist die Bauleitplanung nicht ganz allgemein auf das Verbesserungsgebot verpflichtet.[2331] 1179

Hinweis: Die Ausweisung eines besonderen Wohngebietes setzt das Vorliegen der Tatbestandsmerkmale in § 4 a I 1 BauNVO voraus und ist vor allem in Citywohnbereichen und innerstädtischen Wohngebieten sinnvoll, die iS der Förderung der Wohnnutzung fortentwickelt werden sollen. Dies stellt an die Planung solcher Gebiete erhebliche Anforderungen. Dabei ist durch Planung darauf hinzuwirken, dass die Wohnnutzung ihren Platz als Hauptnutzung eines besonderen Wohngebietes einnehmen kann.

Die Festsetzung eines besonderen Wohngebietes ist nicht gerechtfertigt, wenn die vorhandene Wohnbebauung so dominiert, dass sich das Gebiet nach seiner Nutzungsstruktur von einem allgemeinen Wohngebiet nicht oder nur unwesentlich unterscheidet. Gleiches gilt, wenn Gewerbebetriebe nicht oder nur in geringer Anzahl ohne nennenswerten Einfluss auf die Eigenart des Gebietes vorhanden sind. Darüber hinaus verstößt eine Gliederung, die mitprägende gewerbliche Nutzungen vollständig ausschließt oder unzumutbar einschränkt, gegen die allgemeine Zweckbestimmung des besonderen Wohngebiets.[2332] 1180

[2324] VGH Mannheim BauR 2021, 931.
[2325] OVG Koblenz GewArch 2023, 476
[2326] Fickert/Fieseler, BauNVO, 2023, § 4 a Rn. 59 ff.
[2327] OVG Hamburg BauR 2009 zu einer Kindertageseinrichtung in einem reinen Wohngebiet.
[2328] Fickert/Fieseler, BauNVO, 2023, § 4a Rn. 35.
[2329] VG Hannover KommJur 2023, 333; VG Karlsruhe Beschl. v. 13.7.2023 – 2 K 712/23, juris Rn. 61; Hornmann in Spannowsky/Hornmann/Kämper, BeckOK BauNVO, 2023, § 4a, Rn. 95; Stock in EZBK 2023, BauNVO, § 4a, Rn. 46.
[2330] BVerwG NVwZ 1991, 881; Beschl. v. 24.1.1992 – 4 B 228.91, juris.
[2331] BVerwG NVwZ 1990, 263; BVerwGE 84, 322.
[2332] OVG Lüneburg DVBl. 2000, 1882.

1181 Im nicht beplanten Innenbereich findet § 4 a BauNVO auch bei einer einheitlichen Gebietsstruktur iS des § 34 II BauGB keine Anwendung. Planerische Absichten der Gemeinde iS des 4 a BauNVO sind einer Wahrnehmung regelmäßig nicht zugänglich. Eine entsprechende Planungskonzeption ist aber für die Anwendbarkeit des § 4 a BauNVO Voraussetzung.[2333]

1182 **e) Dorfgebiete.** Sie dienen nach § 5 I 1 BauNVO der Unterbringung der Wirtschaftsstellen land- und forstwirtschaftlicher Betriebe, dem Wohnen und der Unterbringung von nicht wesentlich störenden Gewerbebetrieben sowie von der Versorgung der Bewohner des Gebietes dienenden Handwerksbetrieben. Auf die Belange der land- und forstwirtschaftlichen Betriebe einschließlich ihrer Entwicklungsmöglichkeiten ist nach § 5 I 2 BauNVO vorrangig Rücksicht zu nehmen. Durch die Erweiterung der Zweckbestimmung auch im Hinblick auf die Unterbringung von nicht störenden Gewerbebetrieben sowie von der Versorgung des Gebietes dienenden Handwerksbetrieben trägt die BauNVO 1990 der Tatsache Rechnung, dass das Dorfgebiet seit je her neben dem Wohnen auch der Versorgung und dem Erwerb seiner Bewohner dient. Gewerbliche Anlagen, von deren Nutzung typischerweise keine wesentlichen, über das im Dorfgebiet auch sonst Übliche hinausgehenden Immissionen für die Nachbarschaft zu erwarten sind, sind als sonstige Gewerbebetriebe iS des § 5 II Nr. 6 BauNVO unabhängig davon zulässig, ob es sich um einen Gewerbebetrieb handelt, der dorfgebietstypisch ist oder zur Zweckbestimmung des Dorfgebiets einen funktionellen Zusammenhang aufweist.[2334]

1183 Bei der Prüfung, ob ein Betrieb zu den nicht wesentlich störenden, insbesondere wohnverträglichen Gewerbebetrieben iSv § 5 I, II Nr. 6 BauNVO zählt, ist in der Regel von einer typisierenden Betrachtungsweise auszugehen, die allerdings nicht weiterführt, wenn der Betrieb zu einer Branche gehört, bei der die üblichen Betriebsformen hinsichtlich des Störgrads vom nicht wesentlich störenden bis zum störenden oder gar bis zum erheblich belästigenden Betrieb reichen.[2335] Beim Dorfgebiet gem. § 5 BauNVO handelt es sich um ein **„ländliches Mischgebiet"**,[2336] dessen Charakter grundsätzlich nicht von einem bestimmten prozentualen Mischverhältnis der zulässigen Nutzungsarten abhängt. Eine sich in gewissen Grenzen haltende Zunahme der Wohnbebauung in einem Dorfgebiet führt für sich gesehen noch nicht zu einer rechtlichen Änderung seines Gebietscharakters. Das gilt insbesondere dann, wenn noch landwirtschaftliche Betriebe vorhanden sind, die der näheren Umgebung ein dörfliches Gepräge geben.[2337]

1184 § 5 BauNVO ist durch das Baulandmobilisierungsgesetz nicht geändert worden; dem Dorfgebiet ist aber in § 5a BauNVO der Gebietstyp eines dörflichen Wohngebiets an die Seite gestellt worden. Dörfliche Wohngebiete dienen dem Wohnen sowie der Unterbringung von land- und forstwirtschaftlichen Nebenerwerbsstellen und nicht wesentlich störenden Gewerbebetrieben. Die Nutzungsmischung muss nicht gleichgewichtig sein (§ 5a I BauNVO).

1185 § 5 I 2 BauNVO, wonach auf die Belange der land- und forstwirtschaftlichen Betriebe einschließlich ihrer Entwicklungsmöglichkeiten vorrangig Rücksicht zu nehmen ist, soll sicherstellen, dass durch eine vorrangige Rücksichtnahme anderer Nutzungen die Standortsicherung der land- und forstwirtschaftlichen Betriebe gewährleistet ist. Die Festsetzung eines Dorfgebietes ermöglicht innerhalb des Gemeindegebietes einen harmonischen Übergang von Baugebieten mit städtischem Charakter zum Außenbereich. Auch können historisch gewachsene dörfliche Strukturen erhalten und bei einem Übergewicht lediglich einzelner Nutzungsarten oder schwacher Strukturen verbessert werden. Diese Rücksichtnahme auf landwirtschaftliche Nutzungen gilt vor allem für andere Nutzungen, die sich durch die landwirtschaftliche Nutzung beeinträchtigt fühlen. Landwirtschaftliche Betriebe im Dorfgebiet sind daher nicht als „latente Störer" anzusehen.[2338] Vielmehr haben die anderen Nutzungen auf die landwirtschaftliche Nutzung Rücksicht zu nehmen. Ist die Grundstücksnutzung mit einer spezifischen gegenseitigen Pflicht zur Rücksichtnahme belastet, führt dies nicht nur zu Pflichten desjenigen, der Immissionen verursacht, sondern auch desjenigen, der sich den Wirkungen solcher Immissionen aussetzt. So ist etwa in Dorfgebieten auf die Belange landwirtschaftlicher Betriebe vorrangig

---

2333 BVerwG DÖV 1993, 621.

2334 BVerwG UPR 1996, 72.

2335 VGH München Beschl. v. 27.10.2022 – 15 ZB 22.1776, juris 14; Urt. v. 27.9.2021 – 15 B 20.828, juris Rn. 35 mwN.

2336 BVerwG UPR 1996, 112; Roeser in König/Roeser/Stock, BauNVO, 2022, § 5 Rn. 1; Fickert/Fieseler, BauNVO, 2023, § 5 Rn. 1.2.

2337 BVerwG BRS 58 (1996), Nr. 67.

2338 VG Weimar ThürVBl. 1999, 22; OVG Lüneburg RdL 1999, 90.

Rücksicht zu nehmen (§ 5 I 2 BauNVO) mit der Folge, dass das Wohnen vor landwirtschaftstypischen Störungen und Belästigungen wie Tiergeräuschen und -gerüchen oder Maschinenlärm weniger geschützt wird als in anderen Baugebieten.[2339] § 5 I 2 BauNVO enthält eine **Vorrangklausel** zugunsten land- und forstwirtschaftlicher Betriebe, die allerdings nicht bedeutet, dass die Zahl dieser Betriebe überwiegen muss.[2340] Funktionslos und damit unwirksam wird die Festsetzung eines Dorfgebietes, wenn in diesem Gebiet nur noch Wohnhäuser und keine Wirtschaftsstellen land- oder forstwirtschaftlicher Betriebe (mehr) vorhanden sind und auch mit ihrer Einrichtung auf unabsehbare Zeit erkennbar nicht mehr gerechnet werden kann, weil es keine Fläche mehr gibt, auf der sich eine solche Wirtschaftsstelle sinnvoll realisieren ließe.[2341]

Zulässig sind nach § 5 II BauNVO Wirtschaftsstellen land- und forstwirtschaftlicher Betriebe **1186**
und die dazugehörigen Wohnungen und Wohngebäude, Kleinsiedlungen und landwirtschaftliche Nebenerwerbsstellen, sonstige Wohngebäude, Betriebe zur Be- und Verarbeitung und Sammlung land- und forstwirtschaftlicher Erzeugnisse, Einzelhandelsbetriebe, Schank- und Speisewirtschaften sowie Betriebe des Beherbergungswesens, sonstige Gewerbebetriebe, Anlagen für örtliche Verwaltungen sowie für kirchliche, kulturelle, soziale, gesundheitliche und sportliche Zwecke, Gartenbaubetriebe und Tankstellen. Ausnahmsweise können nach § 5 III BauNVO Vergnügungsstätten iS des § 4 a III Nr. 2 BauNVO zugelassen werden.

Im Dorfgebiet sind **Schank- und Speisewirtschaften** sowie Beherbergungsbetriebe **1187**
grundsätzlich auch dann zulässig, wenn sie nicht der Versorgung des Gebiets dienen, sofern sie nicht im Einzelfall (etwa wegen ihres Umfangs) der Eigenart des jeweiligen Baugebiets widersprechen (§ 15 I 1 BauNVO)[2342] Die Störungen müssen in diesem Fall über den Charakter eines Dorf- oder auch Mischgebietes hinausgehen. Auch die Festsetzung eines Dorfgebietes muss städtebaulich motiviert sein; es darf vom Plangeber nicht in Wahrheit ein anderer Gebietscharakter gewollt sein.[2343] Aus der besonderen Erwähnung von **Lagerhäusern** und **Lagerplätzen** in den §§ 8 und 9 BauNVO kann nicht geschlossen werden, dass sie nur in Gewerbe- und Industriegebieten zulässig sein können. Die planungsrechtliche Zulässigkeit von Lagerhäusern und -plätzen in einem anderen Baugebiet hängt davon ab, ob sie mit der Zweckbestimmung dieses anderen Baugebiets vereinbar sind. Der Lagerplatz eines kleinen Bauunternehmens kann in einem Dorfgebiet zulässig sein, auch wenn er vom Betriebssitz räumlich getrennt ist.[2344]

Der **Begriff** der **Landwirtschaft** umfasst nach § 201 BauGB insbesondere den Ackerbau, **1188**
die Wiesen- und Weidewirtschaft einschließlich Tierhaltung, soweit das Futter überwiegend auf den zum landwirtschaftlichen Betrieb gehörenden, landwirtschaftlich genutzten Flächen erzeugt werden kann,[2345] die gartenbauliche Erzeugung, den Erwerbsobstbau, den Weinbau, die berufsmäßige Imkerei und die berufsmäßige Binnenfischerei. Wirtschaftsstellen landwirtschaftlicher Betriebe unterscheiden sich von gewerblichen Betrieben durch die eigene Bodenertragsnutzung und die eigene, durch Bodenbewirtschaftung oder durch Gütertausch mittelbar gewonnene Futtergrundlage für die **Tierhaltung**. Werden die Wirtschaftsgebäude dagegen ausschließlich zur Tierintensivhaltung genutzt – die Acker- und Weideflächen sind verpachtet oder veräußert – oder geht die Tierintensivhaltung überhaupt nicht auf einen herkömmlichen landwirtschaftlichen Betrieb zurück, so handelt es sich nicht um eine Wirtschaftsstelle

---

2339 VGH Mannheim NVwZ-RR 2011, 39; OVG Bautzen Urt. v. 10.4.2017 – 1 A 92/12, BeckRS 2017, 114680; zum Nachbarschutz in einem faktischen Dorfgebiet BVerwG NVwZ 2019, 1456; zum Nachbarschutz bei heranrückender Wohnbebauung an einen tierhaltenden Betrieb im Dorfgebiet OVG Lüneburg ZfBR 2022, 803.

2340 Scheidler BauR 2022, 175; Roeser in König/Roeser/Stock, BauNVO, 2022, § 5 Rn. 4.

2341 BVerwG NVwZ 2001, 1055; BVerwGE 133, 377; VGH München Beschl. v. 23.2.2021 – 15 CS 21.403, BeckRS 2021, 2805.

2342 BVerwG UPR 1996, 112.

2343 So für eine beabsichtigte ausschließliche Wohnnutzung OVG Münster, Urt. v. 16.9.2002 – 7a D 118/00.NE, juris: „ Ein Bebauungsplan ist in der Regel nicht im Sinne von § 1 Abs 3 BauGB erforderlich, wenn er ein Dorfgebiet gemäß § 5 BauNVO ausweist, obwohl die Gemeinde nur eine Wohnbebauung bezweckt; auch eine bäuerliche Nutzung darf nicht ausgeschlossen werden, so VGH Kassel NVwZ-RR 2003, 417.

2344 BVerwG NVwZ 2002, 730. Zur Gliederung eines faktischen Dorfgebietes OVG Münster BauR 2003, 7; siehe auch VGH München Beschl. v. 27.10.2022 – 15 ZB 22,1776, juris.

2345 Roeser in König/Roeser/Stock, BauNVO, 2022, § 5 Rn. 12.

eines landwirtschaftlichen Betriebes, sondern um einen Gewerbebetrieb. Der Umstand, dass ein Betrieb mit Intensivtierhaltung eine gemäß § 4 I BImSchG immissionsschutzrechtlich genehmigungsbedürftige Anlage ist, bedeutet nicht, dass er im Dorfgebiet generell unzulässig ist. Die Zulässigkeit der Anlagen in den Baugebieten ist nach § 15 III BauNVO nicht allein nach den verfahrensrechtlichen Einordnungen des BImSchG und der BImSchV. Allerdings geben die Wertungen des Verordnungsgebers mit den Zuordnungen der 4. BImSchV durchaus Anhaltspunkte für die Beurteilung der Gebietsverträglichkeit eines solchen Gewerbebetriebs.[2346]

1189 Nach der Definition in der Rechtsprechung des BVerwG besteht das Wesen eines landwirtschaftlichen Betriebs darin, die drei Produktionsfaktoren Boden, Betriebsmittel und menschliche Arbeit zu einer „Produktionseinheit" zusammenzufassen und diese planmäßig unter sachkundiger Leitung zum Zwecke der Gewinnerzielung einzusetzen.[2347] Auch die **Pensionstierhaltung** fällt unter den Begriff der Landwirtschaft. Nach wie vor ist allerdings ein Bezug zur unmittelbaren Bodenertragsnutzung erforderlich. Die damit verbundene enge Auslegung des Begriffs der Landwirtschaft hat gute Gründe. Sie liegen in der vom Gesetz in § 35 I Nr. 1 BauGB gewollten Privilegierung. Nur die langfristige, auf eine unmittelbare Bodenertragsnutzung angewiesene gewerbliche Tätigkeit kann es städtebaulich rechtfertigen, einen Eingriff in die Landwirtschaft des Außenbereichs ohne konkrete Planung der Gemeinde kraft Gesetzes hinzunehmen.[2348] Allerdings hat das EAG Bau 2004 den Begriff der **Landwirtschaft** in § 201 BauGB insoweit erweitert, als an die Stelle einer konkreten Betrachtung der Bodenertragsnutzung eine **abstrakte Betrachtung** treten kann. Sind Flächen für einen entsprechenden Bodenertrag vorhanden und werden sie auch landwirtschaftlich genutzt, dann ist unschädlich, dass der Betriebsinhaber tatsächlich den überwiegenden Teil des benötigten Futters nicht auf den Flächen erwirtschaftet, sondern anderweitig bezieht. Mit dieser abstrakten Betrachtung wollte der Gesetzgeber den Veränderungen in der Landwirtschaft Rechnung tragen. Da heute auch in flächenbezogenen Tierhaltungen das erzeugte Futter vor der Verfütterung verarbeitet wird, wurde die Definition der Landwirtschaft diesen geänderten landwirtschaftlichen Produktionsbedingungen angepasst. Voraussetzung ist jedoch weiterhin, dass zu dem landwirtschaftlichen Betrieb genügend Flächen gehören, auf denen der überwiegende Futteranteil erzeugt werden kann. Der landwirtschaftliche Betrieb muss – wie bisher – nach den von der Rechtsprechung des BVerwG[2349] entwickelten Grundsätzen ein auf Dauer und zwar für Generationen gedachtes und auch lebensfähiges Unternehmen sein. Im Regelfall muss die bewirtschaftete Fläche überwiegend im Eigentum des Landwirts stehen oder zumindest langfristig gepachtet sein. Auch Sammelstellen für landwirtschaftliche Erzeugnisse sind im Dorfgebiet zulässig. § 5 II Nr. 4 BauNVO enthält keinerlei Hinweis darauf, dass ein lokaler oder konkreter innerer (funktionaler) Zusammenhang der Sammelstelle für landwirtschaftliche Erzeugnisse mit anderen Vorhaben oder Betrieben „im Dorf" gegeben sein muss. Für eine derartige einschränkende Auslegung gibt auch § 5 I BauNVO keinen Anhalt.[2350]

Beispiel: Entschließt sich eine Gemeinde, den Bestand an landwirtschaftlicher Tierhaltung und gewisse Erweiterungsmöglichkeiten landwirtschaftlicher Betriebe in einem Dorfgebiet durch einen Bebauungsplan abzusichern und will sie zugleich Konfliktsituationen mit einer heranrückenden Wohnbebauung vermeiden, trifft sie bei der Zusammenstellung des Abwägungsmaterials eine Ermittlungspflicht betreffend die Zumutbarkeit von Geruchsimmissionen. Die Abschätzung von Geruchsimmissionen kann sich dabei an der VDI-Richtlinie 3471 „Emissionsminderung Tierhaltung – Schweine" orientieren.[2351]

Beispiel Mutterkuhhaltung: Ein Geschäftsmodell, das sich dadurch auszeichnet, dass Rinder einer Mutterkuhhaltung einem Dritten als Weideinhaber für die Zeit von April bis Dezember des Jahres überlassen werden und dafür ein Entgelt bezahlt wird, die Tiere bei dem Weideinha-

---

2346 Roeser in König/Roeser/Stock, BauNVO, 2022, § 5 Rn. 14.

2347 VGH München Beschl. v. 8.9.2008 – 1 ZB 07.1736, juris. Zur planungsrechtlichen Unzulässigkeit einer Ziegenhaltung VGH München Beschl. v. 14.3.2008 – 9 ZB 07.1126, juris.

2348 BVerwG Beschl. v. 25.10.1996 – 4 B 191.96, juris: Landwirtschaftsbegriff umfasst nicht gewerbliche Hundezuchtanlage; ein Hundezuchtbetrieb kann auch in einem Gewerbegebiet zulässig sein.

2349 BVerwG BRS 40 Nr. 76.

2350 BVerwG BRS 58 (1996), Nr. 68.

2351 OVG Münster Urt. v. 22.3.2011 – 2 A 371/09, juris.

ber geführt werden und diesem die Zahlungsansprüche und Fördermittel zustehen und das Futter für die übrige Zeit auf den Flächen des Weideinhabers erzeugt und anderweitig kompensiert wird, ist keine Landwirtschaft iS des § 201 BauGB.[2352]

Auch innerhalb der landwirtschaftlichen Nutzung sind verschiedene **Nutzungstypen** zu unterscheiden, deren Wechsel eine Nutzungsänderung darstellen kann. Der Übergang von emissionsarmer Rinderhaltung zur weit emissionsträchtigeren Intensiv-Schweinehaltung stellt eine genehmigungspflichtige Nutzungsänderung dar. Bodenrechtlich relevant ist eine Änderung der Nutzungsweise dann, wenn sie für die Nachbarschaft erhöhte Belastungen mit sich bringt.[2353] Wird eine bauaufsichtliche Genehmigung für eine die Tierhaltung einschließende landwirtschaftliche Nutzung erteilt, so ist damit nicht jede beliebige Art der Tierhaltung legalisiert. Die Anforderungen, die zu stellen sind, differieren, je nachdem, ob die Stallungen zB ausschließlich oder vornehmlich für die Rinder- oder Schafhaltung bestimmt oder allein der Schweinemast – etwa im Flüssigmistverfahren – vorbehalten sind.[2354] Vom Schutz, den § 5 I 2 BauNVO landwirtschaftlichen Betrieben vermittelt, nicht mit umfasst sind Betriebserweiterungen und -umstellungen, die mit erhöhten, der Nachbarschaft nicht zumutbaren Immissionsbelastungen verbunden sind. Die Zukunftsperspektive, die der Landwirtschaft in einem Dorfgebiet eröffnet wird, besteht nicht darin, durch betriebliche Veränderungen zu beliebiger Zeit zulasten der Nachbarschaft eine Verschlechterung der Immissionsverhältnisse herbeiführen zu dürfen. Auf der Grundlage der ausgeübten, bereits vorhandenen Nutzung soll vielmehr die weitere betriebliche Entwicklung dem Druck entzogen wird, der sonst in Gebieten mit gemischter Struktur von konkurrierenden Nutzungen ausgehen und in einem allgemeinen Verdrängungsprozess seinen sichtbaren Niederschlag finden kann.[2355] Für die Annahme eines Dorfgebietes reicht es aus, dass **Wirtschaftsstellen landwirtschaftlicher Betriebe** neben Wohngebäuden und Gewerbe- oder Handwerksbetrieben noch vorhanden sind und das Gebiet damit dörflich prägen. Veränderungen, die zwischen Erteilung des Bauscheins und Einlegung des nachbarlichen Rechtsbehelfs eintreten, dürfen nicht zum Nachteil des Bauherrn berücksichtigt werden.[2356] Der Begriff des landwirtschaftlichen Betriebs in § 5 I 2 Nr. 1 BauNVO umfasst auch Nebenerwerbsbetriebe.[2357] **1190**

Einem Wohnungsbauvorhaben in einem faktischen Dorfgebiet kann eine Verletzung des Rücksichtnahmegebots entgegengesetzt werden, sofern die beabsichtige Wohnnutzung unzumutbaren Belästigungen oder Störungen etwa eines landwirtschaftlichen Betriebes[2358] ausgesetzt wird. Die in der VDI-Richtlinie 3471[2359] enthaltenen technischen Regeln sind eine geeignete Orientierungshilfe für die Beurteilung von Geruchsimmissionen aus landwirtschaftlicher Tierhaltung.[2360] Das Interesse eines Landwirts, sich Entwicklungsmöglichkeiten offen zu halten, genügen nicht, um von anderen Bauvorhaben Rücksichtnahme iS des § 15 BauNVO einzufordern.[2361] Unzumutbare Lärmbeeinträchtigungen können auch von einem Gourmetrestaurant ausgehen.[2362] Einen gewissen Publikums- und Lieferverkehr[2363] muss die Wohnnachbarschaft allerdings hinnehmen. Ein gemeindliches Pilger- und Begegnungszentrum, das primär als Anlaufstätte für Marienpilger und als Veranstaltungsraum für ortsansässige Vereine dienen soll, ist in einem Dorfgebiet als Anlage für kulturelle und/oder soziale Zwecke iSv § 5 II Nr. 7 BauNVO zulässig.[2364] **1191**

2352 VG Cottbus Urt. v. 23.09.2020 – 3 K 418/18, BeckRS 2020, 25083.

2353 BVerwG NVwZ 1993, 1184.

2354 Zu den immissionsschutzrechtlichen Problemen der landwirtschaftlichen und gewerblichen Tierhaltung Scheidler AUR 2007, 295; ders. DVBl. 2007, 936.

2355 BVerwG DVBl. 1993, 652.

2356 OVG Lüneburg NuR 2006, 57.

2357 BVerwG NVwZ 2023, 1576.

2358 VGH München Urt. v. 29.11.2007 – 26 N 05.3254, juris.

2359 VGH München Beschl. v. 24.11.2008 – 1 ZB 08.1462, juris; Beschl. v. 2.10.2008 – 15 ZB 08.2098, juris; VGH München Beschl. v. 14.11.2008 – 1 ZB 6.561, juris; VGH München Beschl. v. 21.1.2008 – 1 ZB 05.1454, 1 ZB 05.1456, juris.

2360 Riemer Rechtliche Bewertung von Geruchsimmissionen, Diss. 2008.

2361 OVG Schleswig NordÖR 2008, 416; VGH München Beschl. v. 1.4.2008 – 15 CS 8.310, juris.

2362 VGH München Beschl. v. 8.7.2008 – 15 CS 08.1358, juris.

2363 VGH München Beschl. v. 30.10.2008 – 9 ZB 7.1463, juris.

2364 OVG Münster BauR 2012, 602.

1192 Was Forstwirtschaft iSv § 5 BauNVO ist, definiert weder die BauNVO noch das BauGB. Forstwirtschaft umfasst Bewirtschaftung, planmäßigen Anbau, Pflege und Abschlag von Hoch-, Mittel- oder Niederwald zum Zwecke der Holzgewinnung.[2365]

1193 Die **Grenzwerte für die Zumutbarkeit von Belastungen** in Dorfgebieten iS des § 5 BauNVO sind – solange gesetzliche oder andere, rechtlich konkretisierende Festlegungen fehlen – von den Behörden und Gerichten anhand einer umfassenden Würdigung aller Umstände des Einzelfalls und insbesondere der speziellen Schutzwürdigkeit des jeweiligen Baugebiets zu bestimmen. Selbst wenn hinsichtlich einzelner Beeinträchtigungsarten **technische Regelwerke** vorhanden sind (zB DIN-Normen oder VDI-Richtlinien), bieten diese im Rahmen der gebotenen Einzelfallprüfung nur eine Orientierungshilfe oder einen groben Anhalt. Unzulässig ist in jedem Falle eine nur schematische Anwendung bestimmter Mittelungspegel oder Grenzwerte. Diese Grundsätze hat das BVerwG für den Bereich der Lärm- und Abgasbelastungen wiederholt ausgesprochen.[2366] Sie haben auch für Geruchsbelastungen ihre Gültigkeit. Wenn es für die Rinderhaltung keine Regelwerke gibt, welche der Verwaltungspraxis und den Gerichten eine gewisse Orientierung geben könnten, kann das Gericht dem nicht durch eigene Orientierungswerte begegnen. Es muss vielmehr bei einer auf den Einzelfall ausgerichteten Beurteilung verbleiben.[2367] Aus dem Gebietscharakter der betroffenen Umgebung lassen sich auch für den Lärmschutz keine starren Erheblichkeitsgrenzen ableiten. Hundegebell soll aber zB in dörflich geprägten Gebieten eher zur ortsüblichen Geräuschkulisse zählen als in reinen Wohngebieten.[2368]

1194 Die **Geruchsimmissions-Richtlinie** ist weder Rechtsnorm, noch kommt ihr die Qualität einer normkonkretisierenden Verwaltungsvorschrift zu. Sie ist ein technisches Regelwerk, das für die Beurteilung der Zumutbarkeit von Gerüchen nicht rechtssatzartig, insbesondere nicht im Sinne einer Grenzwertregelung, sondern lediglich in ihrer Bedeutung eines antizipierten generellen Sachverständigengutachtens[2369] als Orientierungshilfe herangezogen werden darf.[2370] Auch ihre Auslegung ist deshalb nicht Rechtsanwendung, sondern auf der Grundlage des in der Richtlinie zusammengefassten sachverständigen Wissens Tatsachenfeststellung. Maßgeblich für die Bestimmung der Zumutbarkeitsgrenze bleiben die konkreten Umstände des Einzelfalls, die einer umfassenden Würdigung zu unterziehen sind.

Beispiel: Maßgeblich für die Frage, ob Pferdehaltung für benachbarte Wohnbebauung zu unzumutbaren Belästigungen führt oder dieser noch zugemutet werden kann, sind die Umstände des Einzelfalls.[2371] Dabei kommt es insbesondere auf die Zahl der Tiere, den Zuschnitt der Grundstücke, die Stellung der Wohngebäude sowie darauf an, ob auf das Wohngrundstück unabhängig von der Pferdehaltung Immissionen einwirken und dieses damit schon in gewisser Weise vorgeprägt ist.[2372] Ein Milchvieh-Laufstall mit Güllebehälter kann im Dorfgebiet wegen seiner Geruchsimmissionen für eine in Hauptwindrichtung liegende Wohnbebauung problematisch sein[2373]

Hinweis: Wohnhäuser in einem faktischen Dorfgebiet mit intensiver landwirtschaftlicher Prägung müssen ggf. auch Geruchsimmissionen in mehr als 15 % der Jahresstunden (Berechnung nach GIRL) als noch zumutbar hinnehmen. Dies gilt insbesondere für das dem emittierenden landwirtschaftlichen Betrieb zugehörige Wohnhaus.[2374]

1195 Hinsichtlich seiner **Störanfälligkeit** ist das Dorfgebiet etwa mit dem Mischgebiet vergleichbar. Der Schutz des Wohnens ist grundsätzlich geringer als in einem Wohngebiet. Auch müssen Immissionen durch dorfgebietstypische Nutzungen, etwa der Kleintierhaltung oder land-

---

2365 Roeser in König/Roeser/Stock, BauNVO, 2022, § 5 Rn. 16.
2366 BVerwG NVwZ 1991, 881 mwN.
2367 BVerwG NVwZ-RR 1995, 6.
2368 OVG Münster Beschl. v. 4.10.2023 – 8 B 833/23, juris Rn. 35; OVG Greifswald Beschl. v. 10.1.2022 – 1 M 495/21, juris Rn. 22.
2369 BVerwG Beschl. v. 4.12.2018 – 4 B 3.18, BeckRS 2018, 34308, Rn. 8; BVerwG BRS 83 Nr. 43 (2015) Rn. 5.
2370 BVerwG NVwZ 2023, 928; Beschl. v. 4.12.2018 – 4 B 3.18, BeckRS 2018, 34308, Rn. 8; BVerwGE 159, 187 Rn. 12 mwN.
2371 OVG Münster BauR 2013, 63.
2372 OVG Lüneburg NuR 2006, 57.
2373 VGH München Beschl. v. 1.3.2012 – 15 ZB 10.390, juris.
2374 VGH Mannheim NVwZ-RR 2009, 715; Lang AUR 2008, 49.

wirtschaftlicher sowie forstwirtschaftlicher Betriebsstätten, hingenommen werden, solange sie das zumutbare Maß nicht überschreiten. Städtisch geprägte Wohnvorstellungen müssen daher an das dörfliche Leben angepasst werden. Besteht für das Gebiet kein Bebauungsplan und ist das im nicht beplanten Innenbereich liegende Vorhaben nach § 34 I BauGB zu beurteilen, so gelten besondere Grundsätze: In einem **faktischen Dorfgebiet** kann sich ein Landwirt nicht erfolgreich mit dem Argument zur Wehr setzen, durch eine Wohnnutzung in der Nachbarschaft werde ihm für die Zukunft die Möglichkeit abgeschnitten, seinen Betrieb zu erweitern oder umzustellen. In einer Innenbereichslage, die durch ein Nebeneinander von landwirtschaftlichen Betrieben samt dazugehörigen Wohnungen bzw. Wohngebäuden gekennzeichnet ist, lässt § 34 I BauGB es nicht zu, dass sich die landwirtschaftlichen Betriebe gegen konkurrierende Wohnnutzung abschotten. § 34 I BauGB bietet keine Handhabe, überkommene Strukturen festzuschreiben. Der Gedanke der strikten Wahrung eines Mindestmaßes an qualitativer und quantitativer Mischung, wie er etwa § 6 BauNVO zu Grunde liegt, ist § 34 I BauGB fremd.[2375] Die Gebietsregelungen der BauNVO sind dann anzuwenden, wenn das Gebiet iS des § 34 II BauGB einheitlich strukturiert ist. Die Einordnung eines Gebietes als faktisches Dorfgebiet nach § 34 II BauGB setzt dabei nicht voraus, dass den dort vorhandenen Wirtschaftsstellen land- oder forstwirtschaftlicher Betriebe ein zahlenmäßiges oder sonstiges Übergewicht zukommt.[2376] Ein Fuhrunternehmen mit einem größeren Fuhrpark ist kein „nicht wesentlich störender Gewerbebetrieb" iSv § 5 I 1 BauNVO und daher im Dorfgebiet planungsrechtlich unzulässig.[2377] Auch ein Gehege für Geparden ist in einem Dorfgebiet weder nach § 5 II BauNVO noch nach § 14 I BauNVO allgemein oder ausnahmsweise zulässig.[2378]

Hinweis: Bei der Prüfung, ob ein Betrieb zu den nicht wesentlich störenden, wohnverträglichen Gewerbebetrieben im Sinne von § 5 I BauNVO zählt, verbietet sich die an sich gebotene typisierende Betrachtungsweise dann, wenn der Betrieb zu einer Branche gehört, bei der die üblichen Betriebsformen hinsichtlich des Störgrades eine vom nicht wesentlich störenden bis zum störenden oder gar bis zum erheblich belästigenden Betrieb reichende Bandbreite aufweisen.[2379]

Die Gemeinde kann ein Dorfgebiet auch nach § 1 IV BauNVO gliedern. Dass die Festset- 1196
zungen keine gleichmäßige Durchmischung der Nutzungen erlauben, sondern eine Zonung vorsehen, ist mit dem Charakter eines Dorfgebietes grundsätzlich vereinbar.[2380] Abweichendes kann gelten, wenn die für das Wohnen und die für die Landwirtschaft vorgesehenen Teilflächen soweit auseinander entfernt liegen, dass sie sich wechselseitig nicht mehr beeinflussen, mit der Folge, dass nicht mehr von einem gegliederten Baugebiet gesprochen werden kann.[2381] In der Mitte eines in aufgelockerter Struktur bebauten Dorfes darf sich die Gemeinde darauf beschränken, die Gliederung des Dorfgebietes in der Weise vorzunehmen, dass nur ein Teil desselben mit bestimmten, in dem Gebiet zulässigen Nutzungen überplant wird, sofern dieser Teil und das weiterhin faktisch vorhandene Dorfgebiet in der Planumgebung eine Einheit darstellen und in dieser Einheit die allgemeine Zweckbestimmung eines Dorfgebietes wahren. Die Absicht einer betrieblichen Weiterentwicklung bzw. Erweiterung (Schweinemast) ist erst abwägungsbeachtlich, wenn konkrete Erweiterungsanträge gestellt sind oder bei realistischer Betrachtung der Verhältnisse des jeweiligen Betriebs Betriebserweiterungen nahe liegen. Das Interesse eines Landwirts, sich alle Entwicklungsmöglichkeiten offen zu halten, oder unklare bzw. unverbindliche Absichtserklärungen reichen nicht aus.[2382] Der Landwirt hat keinen Anspruch darauf, dass sich seine Erweiterungsabsichten in jedem Fall gegen die Planungen eines allgemeinen Wohn- und eines Mischgebietes durchsetzen und die Gemeinde dabei das hinter dem

---

[2375] BVerwG DVBl. 1993, 652.

[2376] VGH Mannheim RdL 1999, 62. Zum Abwehranspruch im Außenbereich OVG Greifswald NordÖR 1999, 360.

[2377] VGH München Beschl. v. 29.3.2010 – 14 ZB 09.2187, juris: Fuhrpark mit 10 Lkws, zwei Baggern, zwei Minibaggern und zwei Radladern.

[2378] OVG Lüneburg DVBl. 2010, 128.

[2379] VGH München KommunalPraxis BY 2007, 65 zur Bauschlosserei im faktischen Dorfgebiet; VGH Mannheim BRS 65 Nr. 65; BVerwG NVwZ-RR 1999, 364.

[2380] OVG Lüneburg ZfBR 2023, 686; BVerwG NVwZ-RR 1990, 171.

[2381] OVG Lüneburg ZfBR 2023, 686.

[2382] OVG Schleswig NordÖR 2006, 359.

Stand der Technik zurückbleibende Aufstallungsniveau zugrunde legt.[2383] Durch Bebauungsplan kann eine Gemeinde ein Dorfgebiet festsetzen, um eine schleichende Umwandlung in ein Wohngebiet zu verhindern, sofern im Planbereich noch landwirtschaftliche Nebenerwerbsbetriebe vorhanden sind.[2384]

1197 **f) Dörfliche Wohngebiete.** Zur Erleichterung des Zusammenlebens auf dem Land ist mit § 5a BauNVO 2021 eine neue Gebietskategorie eingefügt worden.[2385] Hierbei handelt es sich um das Dörfliche Wohngebiet, das seiner Konzeption nach unter anderem dem Wohnen und der Unterbringung von land- und forstwirtschaftlichen **Nebenerwerbsstellen** einschließlich der entsprechenden dazugehörigen Wohnungen und Wohngebäuden dient. Dörfliche Wohngebiete dienen nach § 5a I 1 BauNVO dem Wohnen sowie der Unterbringung von land- und forstwirtschaftlichen Nebenerwerbsstellen und nicht wesentlich störenden Gewerbebetrieben. Die Nutzungsmischung muss nach §5a I 2 BauNVO nicht gleichgewichtig sein. Zulässig sind nach § 5a II BauNVO 1. Wohngebäude, 2. Wirtschaftsstellen land- und forstwirtschaftlicher Nebenerwerbsbetriebe und die dazugehörigen Wohnungen und Wohngebäude, 3. Kleinsiedlungen einschließlich Wohngebäude mit entsprechenden Nutzgärten, 4. nicht gewerbliche Einrichtungen und Anlagen für die Tierhaltung, 5. die der Versorgung des Gebiets dienenden Läden sowie Schank- und Speisewirtschaften, 6. Betriebe des Beherbergungsgewerbes, 7. sonstige Gewerbebetriebe, 8. Anlagen für örtliche Verwaltungen sowie für kirchliche, kulturelle, soziale, gesundheitliche und sportliche Zwecke. Ausnahmsweise können nach § 5a III BauNVO zugelassen werden 1. Wirtschaftsstellen land- und forstwirtschaftlicher Betriebe und die dazugehörigen Wohnungen und Wohngebäude, 2. Gartenbaubetriebe, 3. Tankstellen. Der neue Gebietstyp soll dem Strukturwandel in der Landwirtschaft Rechnung tragen und stärker von der Wohnnutzung geprägt sein. Der Gesetzgeber erhofft sich eine Entschärfung von Immissionskonflikten und eine Baulandmobilisierung durch ein einvernehmliches Nebeneinander von Wohnnutzung und insbesondere landwirtschaftlicher Nebenerwerbsnutzung.[2386]

1198 Der Schwerpunkt des dörflichen Wohngebiets soll auf einer Nutzungsmischung zwischen Wohnen und landwirtschaftlichen Nutzungen liegen. Diese sollen jedoch grundsätzlich nur als landwirtschaftliche Nebenerwerbsbetriebe zulässig sein und daher nicht die Oberhand gewinnen. Nebenerwerbsstellen sind land- und forstwirtschaftliche Nebenerwerbsbetriebe gemeint, von denen der Gesetzgeber offenbar annimmt, dass von ihnen weniger Gerüche und Lärm als von einem Vollerwerbsbetrieb ausgehen, so dass sich solche Betriebe besser mit einer benachbarten Wohnnutzung vertragen.[2387] Nur ausnahmsweise sollen landwirtschaftliche **Vollerwerbsbetriebe** zulässig sein. Das Dorfgebiet als „ländliches Mischgebiet"[2388] soll daher sozusagen eine Verwandte mit stärkerer wohnlicher Prägung erhalten. Durch eine Ergänzung der Planzeichenverordnung ist ein neues Planzeichen für die „Dörflichen Wohngebiete – MDW" (§ 5a BauNVO) hinzugefügt worden. Der Gebietscharakter des Dörflichen Wohngebiets bewegt sich dem des allgemeinen Wohngebiets, dem des Dorfgebiets und dem des Mischgebiets. Im Unterschied zum allgemeinen Wohngebiet sind landwirtschaftliche Nebenerwerbsbetriebe allgemein und landwirtschaftliche Haupterwerbsbetriebe ausnahmsweise zulässig. Im Vergleich zum Dorfgebiet fehlt die Rücksichtnahmeklausel zum Schutz der Landwirtschaft und anders als im Mischgebiet muss die Nutzungsmischung nicht gleichgewichtig sein.[2389]

1199 **g) Mischgebiete.** Sie dienen nach § 6 I BauNVO vorwiegend dem Wohnen und der Unterbringung von Gewerbebetrieben, die das Wohnen nicht wesentlich stören.[2390] Wohnen und gewerbliche Nutzung finden somit im Mischgebiet nebeneinander statt. Die Gleichrangigkeit und Gleichwertigkeit beider Nutzungen sollen dabei weniger durch eine flächenmäßige oder zahlenmäßige Quotierung erreicht werden, als durch ein ausgewogenes Verhältnis hinsichtlich des Störungsgrades, der wechselseitigen Verträglichkeit und der Vielfalt der Wohn- und Ge-

[2383] OVG Lüneburg BauR 2004, 716; VGH München, Urt. v. 29.9.2006 – 26 N 01.1038, juris.

[2384] VGH Kassel ZfBR 2005, 386; VGH München, Urt. v. 12.1.2007 – 1 N 06.2486, juri; zum Baugebietstyp Dörfliches Wohngebiet nach § 5a BauNVO siehe Scheidler KommunalPraxis BY 2023, 173.

[2385] Zum Gesetzentwurf der Bundesregierung Krautzberger/Stüer ZfBR 2021, 33.

[2386] Decker in Jäde/Dirnberger, BauGB/BauNVO, 2022, § 5a BauNVO Rn. 1; Sinder VerwArch 34 (2021), 157 (175); Battis/Mitschang/Reidt NVwZ 2021, 905 (910).

[2387] Kritisch Decker in Jäde/Dirnberger, BauGB/BauNVO, 2022, § 5a BauNVO Rn 6; Otto ZfBR 2021, 626 (628).

[2388] BVerwG NwZ-RR 1996, 428.

[2389] Decker in Jäde/Dirnberger, BauGB/BauNVO, 2022, § 5a BauNVO Rn. 3.

[2390] Zur Charakterisierung eines Mischgebiets BVerwG NVwZ-RR 1997, 463.

werbenutzungen. Zugleich ist auf ein ausgewogenes quantitatives und qualitatives Mischungsverhältnis der Wohnnutzung und der gewerblichen Nutzung hinzuwirken.

Hinsichtlich des **Störungsgrades** ist der Wohnnachbarschaft mehr zuzumuten als in einem **Wohngebiet**. Andererseits haben die gewerblichen Betriebe mehr Rücksicht auf die Wohnnachbarschaft zu nehmen als in einem Gewerbegebiet. Dabei folgt aus der typisierenden Betrachtungsweise, dass in einem durch Bebauungsplan ausgewiesenen Mischgebiet grundsätzlich auf jedem Baugrundstück die nach dem Katalog des § 6 BauNVO zulässigen Nutzungen in Betracht gezogen werden müssen. Allerdings kann im Einzelfall nach § 15 I BauNVO über das **Gebot der nachbarlichen Rücksichtnahme** eine an sich in einem Mischgebiet zulässige Nutzung unzulässig sein. Eine Erhöhung der vorhandenen Belastung führt nicht automatisch zur Unzulässigkeit einer Nutzung im Mischgebiet. Auch in einem Mischgebiet, das bislang einen eher ruhigen Charakter besaß, muss jedermann mit gebietstypischen Störungen rechnen.[2391] Ein Mischgebiet dient nach § 6 I BauNVO der Unterbringung von Gewerbebetrieben, die das Wohnen nicht wesentlich stören; es ist gekennzeichnet durch eine wechselseitige Verträglichkeit von Wohnen und Gewerbe.[2392] Dabei ist im Ausgangspunkt auf eine – eingeschränkte – typisierende Betrachtung abzustellen. Ein konkreter Betrieb ist unzulässig, wenn Betriebe seines Typs bei funktionsgerechter Nutzung üblicherweise für die Umgebung **unzumutbare Störungen** hervorrufen können.[2393] Bei entsprechenden Festsetzungen gestattet der Bebauungsplan damit nur die Ansiedlung solcher Gewerbebetriebe, die das Wohnen selbst innerhalb des festgesetzten Gebietes nicht wesentlich stören. Solche Gewerbebetriebe können aber auch die Nutzung eines in einiger Entfernung gelegenen Wohngrundstücks nicht wesentlich stören. In einer derartigen Lage kann der Betroffene den Schutzanspruch eines Außenbereichsgrundstücks für sich geltend machen. Nach der TA-Lärm dürfte im Grundsatz alles dafür sprechen, dass er damit nur den Schutz eines Dorfgebietes (60 dBA tags, 45 dBA nachts) beanspruchen kann,[2394] der dem eines Mischgebiets entspricht.[2395] 1200

Beispiel: Eine kleinere Kraftfahrzeugreparaturwerkstatt ohne Karosseriereparatur und ohne größeren Maschinenpark kann als nicht störender Gewerbebetrieb im Mischgebiet allgemein zulässig sein.[2396] In der Nachbarschaft eines Krankenhauses oder einer vergleichbaren schutzbedürftigen Nutzung kann sich jedoch gem. § 15 BauNVO die Unzulässigkeit eines solchen Gewerbebetriebes ergeben.[2397] Auch Selbstbedienungs-Autowaschanlagen oder Bauunternehmen, können in einem Mischgebiet zulässig sein, wenn sie aufgrund ihres Störpotentials nicht zu wesentlichen Störungen des Wohnens führen.[2398]

Allgemein zulässig sind nach § 6 II BauNVO Wohngebäude, Geschäfts- und Bürogebäude, Einzelhandelsbetriebe, Schank- und Speisewirtschaften sowie Betriebe des Beherbergungsgewerbes, sonstige Gewerbebetriebe, Anlagen für Verwaltungen sowie für kirchliche, kulturelle, soziale, gesundheitliche und sportliche Zwecke, Gartenbaubetriebe, Tankstellen sowie Vergnügungsstätten iS des § 4 a III Nr. 2 BauNVO in den Teilen des Gebietes, die überwiegend durch gewerbliche Nutzungen geprägt sind. Ausnahmsweise können nach § 6 III BauNVO im Mischgebiet Vergnügungsstätten iS des § 4 a III Nr. 2 BauNVO auch außerhalb der überwiegend durch gewerbliche Nutzung geprägten Bereiche zugelassen werden. Für die Zulässigkeit einer Vergnügungsstätte verweist § 6 II Nr. 8 BauNVO auf einen Gebietsteil, der überwiegend durch gewerbliche Nutzung geprägt wird. Dagegen nimmt die Vorschrift nicht auf die unmittelbare Nachbarbebauung Bezug. Der Verordnungsgeber hat erkennbar davon abgesehen, einen derart engen räumlichen Bereich als maßgeblich zu bestimmen.[2399] Die nach § 6 II Nr. 8 BauNVO vorzunehmende Beurteilung, ob ein Gebietsteil eines Mischgebietes überwiegend durch gewerbliche Nutzung geprägt ist, erfordert eine wertende Gesamtbetrachtung, die sich nicht in einer rein rechnerischen (quantitativen) Betrachtungsweise erschöpft. Der Bereich 1201

2391 BVerwG Beschl. v. 17.1.1995 – 4 B 1.95, juris.

2392 BVerwGE 79, 309 (312).

2393 BVerwG ZfBR 2018, 685.

2394 BVerwG NVwZ 2018, 336; NVwZ 2018, 332.

2395 BVerwG ZfBR 2020, 778.

2396 BVerwG BauR 1975, 396.

2397 BVerwGE 55, 369.

2398 OVG Münster Beschl. v. 18.6.2010 – 7 A 896/09, juris zu Kfz.-Werkstätten, Selbstbedienungs-Autowaschanlagen oder Bauunternehmen in Mischgebieten, im Anschluss an BVerwG BRS 63 Nr. 190.

2399 BVerwG Beschl. v. 14.10.1993 – 4 B 176.93, juris.

muss so weit gezogen werden, wie sich die geplante Vergnügungsstätte in städtebaulich relevanter Weise auswirken kann.[2400] Das ausgewogene **Mischungsverhältnis** zwischen Wohnen und nicht wesentlich störenden Gewerbebetrieben[2401] kann bei einem größeren Hotelneubau aus den Fugen geraten.[2402] Auch die Ausübung von Prostitution in sogenannten Terminwohnungen ist im Mischgebiet bauplanungsrechtlich unzulässig.[2403] Die Festsetzung eines Mischgebietes darf allerdings nicht lediglich dazu dienen, einen bestehenden Konflikt zwischen Wohnen und Gewerbe „auf dem Papier" dadurch aufzulösen, dass eine bestehende Wohnnutzung mit um 5 dB(A) höheren Belastungswerten versehen wird, obwohl in Wahrheit eine Mischung von Wohnen und Gewerbe in diesem Bereich nicht angestrebt wird, sondern Ziel der Planung weiterhin die Beibehaltung der Wohnnutzung ist.[2404] Durch eine Beschränkung einer der beiden Hauptnutzungsarten, die das Gesetz für das Mischgebiet vorsieht, nämlich das Wohnen, auf den vorhandenen Bestand, kann diese Nutzungsart im Verhältnis zur gewerblichen Nutzung derartig unterrepräsentiert sein, dass der Charakter eines Mischgebiets nicht mehr gewahrt ist.[2405]

1202 **Gewerbebetriebe** sind in einem Mischgebiet zulässig, wenn sie das Wohnen nicht wesentlich stören. Dabei ist von einer typisierenden Betrachtung auszugehen, die nach Maßgabe des konkreten Einzelfalls zu modifizieren ist.[2406] Der Betrieb ist unzulässig, wenn von Betrieben seines Typs bei funktionsgerechter Nutzung üblicherweise für die Umgebung in diesem Sinne unzumutbare Störungen ausgehen können; auf das Maß der konkret hervorgerufenen oder in Aussicht genommenen Störungen kommt es grundsätzlich nicht an. Eine typisierende Betrachtungsweise scheidet allerdings aus, wenn der zur Beurteilung stehende Betrieb zu einer Branche gehört, deren übliche Betriebsformen hinsichtlich des Störgrades eine große Bandbreite aufweisen, die von nicht wesentlich störend bis störend oder sogar erheblich belästigend reichen kann. Ist mithin ein Betrieb einer Gruppe von Gewerbebetrieben zuzurechnen, die hinsichtlich ihrer Mischgebietsverträglichkeit zu wesentlichen Störungen führen können, aber nicht zwangsläufig führen müssen, wäre eine abstrahierende Bewertung des konkreten Betriebs nicht sachgerecht. Ob solche Betriebe in einem Mischgebiet zugelassen werden können, hängt dann von ihrer jeweiligen Betriebsstruktur ab. Maßgeblich ist, ob sich die Störwirkungen, die die konkrete Anlage bei funktionsgerechter Nutzung erwarten lässt, innerhalb des Rahmens halten, der durch die Gebietseigenart vorgegeben ist.[2407]

1203 Die planungsrechtliche Zulässigkeit von unselbstständigen Nebenanlagen richtet sich dabei nach der des Betriebes, dem sie dienen soll.[2408] Die im (großen) immissionsschutzrechtlichen Genehmigungsverfahren nach den §§ 4 ff. BImSchG i.V. mit der 4. BImSchV genehmigungsbedürftigen Anlagen sind in einem Mischgebiet regelmäßig unzulässig, weil der von solchen Anlagen ausgehende Störungsgrad den Verträglichkeitsrahmen eines Mischgebietes überschreitet. Nur als untergeordnete Nebenanlagen zu nicht wesentlich störenden Gewerbebetrieben können solche BImSchG-Anlagen ausnahmsweise zulässig sein.

Beispiel: Genehmigungsbedürftige Feuerungsanlagen oder nach § 38 BauGB genehmigungsbedürftige Müllverbrennungsanlagen können als Nebenanlagen von Gewerbebetrieben oder Krankenhäusern in einem Mischgebiet zulässig sein.

1204 **Bauunternehmen** als Gewerbebetriebe sind hinsichtlich ihrer Mischgebietsverträglichkeit der Gruppe von Betrieben zuzurechnen, die ihrer Art nach zu wesentlichen Störungen führen können, aber nicht zwangsläufig führen müssen. Ob sie in einem Mischgebiet zugelassen werden können, hängt von ihrer jeweiligen Betriebsstruktur ab. Je nach der Größe und dem Umfang des Betriebes, der technischen und personellen Ausstattung, der Betriebsweise und der

---

2400 BVerwG BauR 2005, 1886 zu Vergnügungsstätten im Mischgebiet.

2401 Zum Schaustellerbetrieb im Mischgebiet VGH München Beschl. v. 11.9.2008 – 14 ZB 7.2056, juris.

2402 VGH München BauR 2008, 1556 m. Anm. Jung BauR 2008, 1548.

2403 VGH München BauR 2008, 1851.

2404 VGH München UPR 2022, 500; Zu der Frage, wann eine Mischgebietsfestsetzung eine lediglich vorgeschobene Planung zur Herabsenkung des Lärmschutzniveaus im Plangebiet (sog. „Etikettenschwindel") darstellt OVG Koblenz BauR 2011, 1701.

2405 VGH München UPR 2022, 500.

2406 OVG Magdeburg Beschl. v. 14.9.2023 – 2 L 100/21, juris Rn. 75.

2407 OVG Magdeburg Beschl. v. 14.9.2023 – 2 L 100/21, juris Rn. 75.

2408 BVerwG NVwZ-RR 1992, 402; BRS 58 Nr. 76 (1996).

Gestaltung der Arbeitsabläufe kann dies unterschiedlich zu beurteilen sein. Maßgeblich ist, ob sich die Störwirkungen, die die konkrete Anlage bei funktionsgerechter Nutzung erwarten lässt, innerhalb des Rahmens halten, der durch die Gebietseigenart vorgegeben ist.[2409]

1205 Bei den einem (kleinen) immissionsschutzrechtlichen Genehmigungsverfahren nach § 19 BImSchG unterliegenden Anlagen bedarf es einer Prüfung im Einzelfall, ob diese (noch) mischgebietsverträglich sind. Außer den in der 4. BImSchV aufgeführten Anlagen gehören zu den wesentlich störenden Gewerbebetrieben, die im Mischgebiet im Regelfall unzulässig sind, etwa Holz verarbeitende Betriebe mit maschineller Ausrüstung, ferner größere Transportunternehmen, Bauunternehmen mit einem größeren Kfz- und Maschinenpark, größere gewerbliche Lager und Handlungen für Brennstoffe sowie Lagerplätze für Straßenbaustoffe, Schrott, tierische Abfälle und für andere durch Lärm, Staub oder Gerüche belastende Stoffe.[2410] Ob eine Selbstbedienungs-Autowaschanlage als das Wohnen nicht wesentlich störender Gewerbebetrieb im Mischgebiet nach § 6 I BauNVO zulässig ist, hat das BVerwG einer Einzelfallbeurteilung überlassen, die an der konkreten Betriebsgestaltung und Gebietssituation auszurichten ist.[2411]

Hinweis: In bereits bestehenden Gemengelagen besteht die durch § 1 X BauNVO geschaffene Möglichkeit, für vorhandene, an sich in einem Mischgebiet unzulässige Gewerbebetriebe besondere Festsetzungen zu treffen, um eine Standortsicherung bzw. betriebswirtschaftlich erforderliche Erweiterungsmöglichkeiten zu schaffen. Hierdurch kann die Gemeinde die weitere Entwicklung solcher Gemengelagen iS des Verbesserungsgebotes etwa in Kombination mit entsprechenden Schutzvorkehrungen steuern, statt sie unbewältigt in die Zukunft zu verschieben.[2412] Allerdings ist die Bauleitplanung nicht ganz allgemein auf das Verbesserungsgebot verpflichtet.[2413] Auch im Zulassungsverfahren sind die Besonderheiten der Gemengelagen zu berücksichtigen. Für ein in einer Gemengelage zwischen Wohnbebauung und gewerblicher Nutzung befindendes Bauvorhaben[2414] ist daher nur die Einhaltung der Immissionsrichtwerte der TA Lärm für ein Mischgebiet sicherzustellen.[2415]

1206 Auch **Einzelhandelsnutzungen** sind im Mischgebiet zulässig. Allerdings gelten auch hier die Einschränkungen des § 11 III BauNVO. Im allgemeinen Wohngebiet sind kleinere Einzelhandelsgeschäfte als **Nachbarschaftsläden** zulässig. Es handelt sich dabei um Geschäfte, die der verbrauchernahen Versorgung eines Wohngebietes dienen und deren Verkaufsflächen-Obergrenze für einen SB-Lebensmittelmarkt bei 800 m² liegt.[2416] Das gilt auch für Mischgebiete.[2417]

1207 Nicht kerngebietstypische **Vergnügungsstätten** sind in einem Mischgebiet nach § 6 II Nr. 4 BauNVO im überwiegend durch gewerbliche Nutzung geprägten Teil des Mischgebiets zulässig. Die Beurteilung, ob ein Gebietsteil überwiegend durch gewerbliche Nutzung geprägt ist, erfordert eine wertende Gesamtbetrachtung, die sich nicht in einer rein rechnerischen (quantitativen) Betrachtungsweise erschöpft. Ein überwiegend durch gewerbliche Nutzung geprägter Gebietsteil ist bei einem Vorherrschen gewerblicher Nutzungen gegeben. Der Gebietsteil muss sich in seiner Gesamtheit als zum größeren Teil gewerblich genutzt darstellen.[2418]

1208 Der Begriff der Vergnügungsstätte ist weder im BauGB noch in der BauNVO definiert. Er wird als ein für jedermann oder für bestimmte Personenkreise zugänglicher Ort beschrieben, an dem Einrichtungen betrieben werden oder Veranstaltungen stattfinden, die der kommerziellen Unterhaltung der Besucher oder Kunden dienen.[2419] Hinsichtlich der Intensität dieser Auswirkungen ist zwischen den auf Kerngebiete beschränkten (kerngebietstypischen) und den sonstigen Vergnügungsstätten zu unterscheiden (vgl. § 4a Abs. 3 Nr. 2 BauNVO). Kerngebietstypisch sind Vergnügungsstätten, die als zentrale Dienstleistungsbetriebe einen größeren Ein-

---

2409 BVerwG BauR 2004, 645.
2410 Fickert/Fieseler § 6 Rn. 12.2.
2411 BVerwG NVwZ-RR 1999, 107.
2412 Fickert/Fieseler § 6 Rn. 12.2.
2413 BVerwG NVwZ 1990, 263.
2414 VGH München Urt. v. 14.8.2008 – 14 B 6.1181, juris.
2415 OVG Bautzen Beschl. v. 4.6.2008 – 1 B 143/08, juris zu Nachbarschutz bei lärmbelasteten Bauvorhaben.
2416 BVerwG DVBl. 1987, 1006; NVwZ 2006, 452; Maidowski/Schulte BauR 2009, 1380.
2417 BVerwG Beschl. v. 17.1. 1995 – 4 B 1.95, juris.
2418 OVG Weimar NVwZ-RR 2023, 394; BVerwG UPR 1994, 262.
2419 OVG Weimar NVwZ-RR 2023, 394.

zugsbereich haben und für ein größeres und allgemeines Publikum erreichbar sein sollen.[2420] Eine Striptease-Bar mit 60 Sitzplätzen in Verbindung mit einem Spielcasino ist in einem Mischgebiet nicht zulässig, weil sie für ein Kerngebiet kennzeichnend ist.[2421] Ein Spielcasino mit einer Fläche von 54 m² und Spielmöglichkeiten für 12 Besucher sowie einer dazugehörigen Casino-Bar, in der sich höchstens 20 Besucher aufhalten können, ist hingegen nicht kerngebietstypisch.[2422] Die Flächengröße eines Betriebs ist insoweit zwar ein Kriterium zur Unterscheidung von kerngebietstypischen und nicht kerngebietstypischen Vergnügungsstätten.[2423] Eine Schankwirtschaft dient der Verabreichung von Getränken; dort sind allenfalls gelegentliche Tanzveranstaltungen zulässig. Wird der Gaststättenbetrieb durch die Möglichkeit zum Tanz (mit-) geprägt, ist er als Vergnügungsstätte einzuordnen.[2424] Eine Vergnügungsstätte ist kerngebietstypisch, wenn sie einen größeren Einzugsbereich hat, für ein größeres und allgemeines Publikum erreichbar sein soll und nicht nur der Entspannung und Freizeitbetätigung in einem begrenzten Stadtteil dient, wie etwa das Vorstadtkino oder das kleine Tanzcafé. Für die Einordnung als **kerngebietstypisch** kommt es weder darauf an, inwieweit die (maximalen) Öffnungszeiten gegenwärtig ausgenutzt werden, noch darauf, welche Störwirkungen durch den Einzugsbereich bzw. das Kommen und Gehen von Besuchern der Gaststätte konkret entstehen. Die planungsrechtliche Beurteilung erfolgt typisierend; entscheidend ist, ob die Nutzung ihrer Art nach geeignet ist, das Wohnen wesentlich zu stören, oder ob dies regelmäßig (typischerweise) nicht der Fall ist. Die Erheblichkeit einer Störung ist folglich danach zu prüfen, was die angefochtene Genehmigung an Nutzung hergibt.[2425]

1209 Die nach § 6 II Nr. 8 BauNVO in den gewerblich geprägten Teilen des Mischgebiets allgemein zulässigen, nicht kerngebietstypischen Vergnügungsstätten sind in den übrigen, stärker der Wohnnutzung dienenden Teilen des Mischgebiets nach § 6 III BauNVO ausnahmsweise zulässig. Die **Ermessensentscheidung** über die **Zulassung einer Ausnahme** für die Ansiedlung einer Vergnügungsstätte in dem nicht überwiegend durch gewerbliche Nutzung geprägten Teil eines Mischgebiets setzt eine Einzelfallbetrachtung unter Berücksichtigung der für und gegen das Vorhaben sprechenden städtebaulichen Gesichtspunkte sowie des Ausnahmecharakters eines solchen Vorhabens voraus.[2426] Zu den dabei zu berücksichtigenden Umständen gehört die Tatsache, dass den entsprechenden Vorhaben nur ein Ausnahmecharakter zukommt und sie gerade nicht zur Prägung des jeweiligen Gebietes beitragen sollen. Insoweit bedarf es einer Einzelfallbetrachtung unter Berücksichtigung der für und gegen das Vorhaben sprechenden städtebaulichen Gesichtspunkte sowie unter Beachtung des Ausnahmecharakters des entsprechenden Vorhabens. Der Schutz der Wohnnutzung stellt im Rahmen dieser Abwägung einen Gesichtspunkt dar, der mit besonderem Gewicht bei der Ermessensentscheidung zu berücksichtigen ist, dem aber nicht bereits im Regelfall und damit abgesehen von atypischen Ausnahmefällen der Vorrang eingeräumt werden kann.[2427]

1210 Ob ein sog. **Wohnungsbordell** im Mischgebiet zulässig ist, hängt von dem Ergebnis einer Einzelfallprüfung ab. Wohnungsbordelle können sich vom typischen Betrieb eines Bordells dadurch unterscheiden, dass sie keine Außenwerbung betreiben und von außen gar nicht als prostitutiver Betrieb wahrnehmbar sind und Laufkundschaft ausgeschlossen bleibt An der Beurteilung prostitutiver Betriebe auf der Grundlage der eingeschränkten Typisierungslehre haben weder das Prostitutionsgesetz noch das Prostituiertenschutzgesetz etwas geändert.[2428]

1211 Das erforderliche **quantitative Mischungsverhältnis** ist in einem Mischgebiet nur gewahrt, wenn sowohl die Wohnnutzung als auch die gewerbliche Nutzung ihr eigenes Gewicht haben. Die Eigenart des Mischgebiets als Baugebietstyp wird gem. § 6 I BauNVO dadurch ge-

---

[2420] OVG Koblenz GewArch 2023, 476; BVerwGE 68, 207; Fickert/Fieseler, BauNVO, 2023, § 4a Rn. 23.1; Stock in EZBK, § 4a BauNVO Rn. 71.

[2421] BVerwGE 68, 207.

[2422] BVerwG GewArch 1986, 400

[2423] OVG Koblenz GewArch 2023, 476, VGH München Beschl. v. 22.10.2019 – 9 ZB 15.2637, juris Rn. 6.

[2424] Zur Anwendbarkeit der TA-Lärm auf eine Gaststätte mit Innen- und Außenbetrieb BVerwG BauR 2010, 2070.

[2425] OVG Schleswig NordÖR 2009, 472.

[2426] OVG Koblenz GewArch 2023, 476.

[2427] OVG Koblenz GewArch 2023, 476; DVBl. 2022, 996; OVG Münster Urt. v. 17.8.2020 – 2 A 691/17, juris Rn. 70.

[2428] BVerwG NVwZ 2022, 416

kennzeichnet, dass es sowohl dem Wohnen als auch der Unterbringung von Gewerbebetrieben dient, die das Wohnen nicht wesentlich stören. Der Verordnungsgeber hat die beiden Hauptnutzungsarten nicht in ein Rangverhältnis zueinander gestellt. Vielmehr ist das Mischgebiet nach seiner typischen Eigenart für Wohnen und nichtstörendes Gewerbe gleichermaßen offen. Die Nutzungen des Mischgebiets zum Wohnen und zur Unterbringung nicht wesentlich störender Gewerbebetriebe stehen als gleichwertige Funktionen nebeneinander. Das Verhältnis der beiden Nutzungsarten ist weder nach der Fläche noch nach Anteilen zu bestimmen.[2429] Dieses gleichwertige Nebeneinander zweier Nutzungsarten setzt zum einen wechselseitige Rücksichtnahme der einen Nutzung auf die andere und deren Bedürfnisse voraus. Es bedeutet zum anderen aber auch, dass keine der Nutzungsarten ein deutliches Übergewicht über die andere gewinnen darf.[2430] Das Mischgebiet darf deshalb nicht in ein allgemeines Wohngebiet oder Gewerbegebiet „umkippen".[2431] Neue Wohnbauvorhaben sind in einem Mischgebiet, in dem eine gleichwertige Durchmischung von Wohnen und das Wohnen nicht wesentlich störendem Gewerbe fehlt, auch dann nach § 15 Abs 1 S 1 BauNVO unzulässig, wenn sie lediglich ein bestehendes Wohngebäude ersetzen.[2432] Emittierende Betriebe in der Nachbarschaft eines Mischgebiets haben einen Anspruch auf Erhalt des Gebietscharakters, wenn das Mischgebiet gerade auch in ihrem Interesse als Puffer zu nahegelegener Wohnbebauung festgesetzt wurde.[2433]

Beispiel: In einem Mischgebiet sind bereits neben einigen Wohnhäusern vier kleinere Einzelhandelsgeschäfte vorhanden. Dem ansiedlungswilligen Einzelhandelsbetrieb könnte über § 15 BauNVO entgegengehalten werden, dass das Hinzutreten einer weiteren Einzelhandelsnutzung den Gebietscharakter eines Mischgebietes verändert.

Hinweis: Bei Ausweisung eines Mischgebietes in baulich vorgeprägter Umgebung sollte die Gemeinde zunächst eine genaue Bestandsaufnahme iS einer Planungsanalyse vornehmen und prüfen, ob die in einem Mischgebiet zulässigen Nutzungen insgesamt in den Plan aufgenommen werden sollten oder der Nutzungskatalog nach § 1 V bis IX BauNVO eingeschränkt werden sollte. Dabei kommen insbesondere Nutzungseinschränkungen für Einzelhandelsbetriebe oder Vergnügungsstätten in Betracht. Auch kann das Instrument einer horizontalen oder vertikalen Gliederung nach § 1 IV, V und VII BauNVO genutzt werden.

Hinweis: Hebt eine Gemeinde die Gewerbegebietsfestsetzung auf einem bestimmten Grundstück ersatzlos auf, so begründet es einen Bewertungsfehler iSv § 2 III iVm § 214 I 1 Nr. 1 BauGB, wenn sie im Rahmen der Abwägung lediglich Erwägungen zur (fehlenden) Entschädigungspflicht für Eingriffe in die ausgeübte Nutzung (§ 43 III BauGB) anstellt, das darüber hinausgehende Interesse des Grundstückseigentümers an der Verwertung des Gewerbegrundstücks aber unberücksichtigt lässt.[2434] Die Inanspruchnahme von Teilen eines (bisherigen) Baugrundstücks als Gemeinbedarfsfläche zugunsten eines angrenzenden städtischen Betriebshofs kann nicht allein mit Hinweis auf die Behandlung des betroffenen Grundstücks im Umlegungsverfahren gerechtfertigt werden.[2435] Ein Bebauungsplan, der eine öffentliche Grünfläche auf einem Privatgrundstück festsetzt, ist abwägungsfehlerhaft, wenn die bisherigen Bebauungsmöglichkeiten nicht berücksichtigt wurden.[2436]

Die in der Darstellung einer **gemischten Baufläche** mit darin **eingestreuten Gemeinbedarfsflächen**[2437] zum Ausdruck kommende, auf eine Mischung von Wohnen, Gewerbe und Infrastruktureinrichtungen gerichtete Grundkonzeption eines Flächennutzungsplans wird durch die Festsetzung einer einzelnen in diesem Plan für Gemeinbedarfseinrichtungen vorgesehenen Fläche als Kerngebiet nicht berührt.[2438] In Fällen eines **faktischen Mischgebietes** gelten 1212

[2429] BVerwGE 40, 94; BVerwGE 79, 309; ZfBR 1997, 51.

[2430] BVerwGE 68, 207; NVwZ 1986, 643.

[2431] BVerwGE 79, 309.

[2432] OVG Lüneburg NVwZ 2023, 938.

[2433] OVG Lüneburg NVwZ 2023, 938; zum Anspruch auf die Wahrung der Gebietsart eines Mischgebiets auch OVG Münster Beschl. v. 17.11.2021 – 10 B 1663/21, juris; VGH München UPR 2022, 500.

[2434] VGH Mannheim BauR 2011, 1291.

[2435] VGH Mannheim Urt. v. 19.10.2010 – 3 S 1666/08, juris.

[2436] OVG Magdeburg Urt. v. 14.10.2010 – 2 K 91/09, juris.

[2437] Zur Festsetzung einer Gemeinbedarfsfläche für die Erfordernisse für Gottesdienst und Seelsorge (§ 1 V 2 Nr. 6 BauGB) VGH Mannheim NVwZ-RR 1999, 625.

[2438] VGH Mannheim ZfBR 2000, 55.

keine anderen Anforderungen an die gebotene Durchmischung als bei einer unmittelbaren Anwendung des § 6 BauNVO. Entspricht daher die Umgebung einem Mischgebiet, so beurteilt sich die planungsrechtliche Zulässigkeit von Vorhaben der Art nach über die Verweisungsvorschrift in § 34 II BauGB nach § 6 BauNVO. Auch in einem solchen faktischen Mischgebiet muss ein entsprechendes Mischungsverhältnis vorhanden sein und durch neue Vorhaben gewahrt werden. § 34 II BauGB hat dabei grundsätzlich nachbarschützende Qualität.[2439] Der Nachbar hat daher auf die Bewahrung der Gebietsart einen Schutzanspruch, der über das Rücksichtnahmegebot hinausgeht.[2440] Allgemein zulässig in einem Mischgebiet sind nach § 6 II Nr. 3 BauNVO auch Schank- und Speisewirtschaften. Auch ein Gastronomiebetrieb, der fast ausschließlich größeren Gesellschaften zur Verfügung stehen soll, fällt unter den Begriff der „Schank- und Speisewirtschaft" iS von § 6 II Nr. 3 BauNVO. Denn auch in einem solchen Betrieb werden Getränke und zubereitete Speisen zum Verzehr an Ort und Stelle verabreicht (§ 1 I Nrn. 1 und 2 GaststättenG). § 6 II Nr. 3 BauNVO enthält für das Mischgebiet weder eine Größenbeschränkung noch eine Beschränkung auf die Versorgungsfunktion für das Gebiet, wie dies gem. § 2 II Nr. 2 und § 4 II Nr. 2 BauNVO für Kleinsiedlungsgebiete und allgemeine Wohngebiete bestimmt ist. Beschränkungen wegen der Größe oder wegen der besonderen Art des gastronomischen Betriebes können sich allenfalls im Einzelfall bei der Zulassung eines bestimmten Betriebes – also im Baugenehmigungsverfahren – gem. § 15 I 1 BauNVO ergeben.[2441]

1213 Auch größere **Sportanlagen**, die über die in einem Wohngebiet zulässigen wohnnahen Sportanlagen hinausgehen, sind in einem Mischgebiet zulässig, wenn das Gebot der Rücksichtnahme auf benachbarte Wohnnutzungen gewahrt ist. Dabei muss neben den Lärmbeeinträchtigungen durch den Sportbetrieb selbst ggf. auch der Verkehrslärm durch zu- und abfahrende Fahrzeuge berücksichtigt werden.[2442]

Hinweis: Die planende Gemeinde hat bei der Ausweisung solcher Flächen für Sportanlagen in einem Mischgebiet darauf zu achten, dass der Sportlärm insbesondere die Wohnnachbarschaft nicht unzumutbar beeinträchtigt. Dies gilt auch für die Anordnung von Nebenanlagen und die Ausweisung von Stellplätzen sowie die Erschließung der Sportanlage. Ggf. ist durch Schutzauflagen Vorsorge gegen unzumutbare Lärmbeeinträchtigungen zu treffen. In kritischen Fällen sollte zunächst ein Schallschutzgutachten eingeholt werden, dessen Ergebnisse in die Bauleitplanung einzustellen sind.

1214 Die Festsetzung eines Mischgebiets ist städtebaulich nicht erforderlich, wenn der Plangeber das gesetzlich vorgesehene gleichberechtigte Miteinander von Wohnen und Gewerbe gar nicht anstrebt oder eine solche Durchmischung wegen der vorhandenen Bebauung faktisch nicht zu erreichen ist ("Etikettenschwindel").[2443] Nicht erforderlich und damit unzulässig ist eine Bebauungsplanung, die vorgeschobene Zwecke verfolgt, etwa ein in Wahrheit nicht gewolltes Mischgebiet ausweist, um das Immissionsschutzniveau abzusenken (sog. Etikettenschwindel).[2444] In einem Mischgebiet ist eine typisierende Betrachtungsweise grundsätzlich sachgerecht, um eine klarere Unterscheidung der ihrer „Art" nach in diesem Gebiet unzulässigen Vorhaben von den zulässigen Vorhaben zu ermöglichen. Die Grenze zulässiger Typisierung wird erreicht, wenn das Vorhaben nach seiner baulichen Konzeption von vornherein nur Immissionen in einem Maße verursachen kann, das in einem Mischgebiet – allgemein – zumutbar und (verlässlich) zulässig ist, weil das Wohnen nicht (mehr) wesentlich gestört wird.[2445] Ein konkreter Betrieb ist als baunutzungsrechtlich **unverträglich** einzustufen, wenn Betriebe seines Typs bei funktionsgerechter Nutzung üblicherweise für die Umgebung in diesem Sinne unzumutbare Störungen hervorrufen können; auf das Maß der konkret hervorgerufenen oder in Aussicht genommenen Störungen kommt es grundsätzlich nicht an. Eine typisierende Betrachtungsweise verbietet sich, wenn der zur Beurteilung anstehende Betrieb zu einer Branche gehört, deren übliche Betriebsformen hinsichtlich des Störgrades eine große Bandbreite aufweisen, die

---

2439 BVerwG NJW 1994, 1546.

2440 BVerwG ZfBR 1997, 51.

2441 BVerwG Beschl. v. 27.12.1995 – 4 NB 33.95, juris. Zum Rechtsschutz der Nachbarn gegen Sperrzeitverkürzungen VG Düsseldorf, DWW 1998.

2442 BGH NJW 1983, 751; BVerwGE 81, 197.

2443 VGH Mannheim ZfBR 2013, 692.

2444 OVG Berlin-Brandenburg Urt. v. 9.5.2012 – OVG 2 A 17.10, juris.

2445 OVG Schleswig NordÖR 2012, 518.

von nicht wesentlich störend bis störend oder sogar erheblich belästigend reichen kann. Von einer **atypischen Fallgestaltung** ist auszugehen, wenn der jeweilige Betrieb nach seiner Art und Betriebsweise von dem Erscheinungsbild seines Betriebstypus abweicht, von daher die sonst üblichen Störungen von vornherein nicht befürchten lässt, und damit seine sonst nicht gegebene Gebietsverträglichkeit dauerhaft und zuverlässig sichergestellt ist.[2446]

Soweit die Festsetzungsmöglichkeiten des § 6 BauNVO nicht reichen, können diese nicht **1215** durch **Sondergebietsfestsetzungen** nach § 10 BauNVO ergänzt oder modifiziert werden, um so ein Mischgebiet eigener Art zu schaffen. Weder § 10 BauNVO noch § 11 BauNVO dürfen dazu benutzt werden, Mischgebiete eigener Art festzusetzen. Die Vorschriften sind keine Auffangtatbestände für Fälle, in denen Differenzierungen im Nutzungsartenkatalog eines Baugebietes nach § 1 IV bis IX BauNVO unzulässig wären, weil sie die allgemeine Zweckbestimmung des Baugebietes sprengen würden.[2447] Wird allerdings (zulässigerweise) ein Sondergebiet mit einem besonderen Zweck iS der §§ 10 oder 11 BauNVO festgesetzt, so können darin auch Festsetzungen einbezogen werden, die in einem Mischgebiet zulässig wären.[2448]

Beispiel: Die Gemeinde setzt ein Sondergebiet Freizeit und Segelsport fest, das der Erholung dienen soll. Zugleich wird das Sondergebiet untergliedert und für Teilgebiete wie Freizeitzentrum oder Läden und Gaststätten besondere Regelungen hinsichtlich der Zulässigkeit bestimmter Anlagen getroffen. Soweit diese Anlagen mit der Hauptnutzung in Zusammenhang stehen, wird nicht ein Mischgebiet besonderer Art unter Umgehung der § 1 IV bis IX, § 6 BauNVO festgesetzt.

Ein Mischgebiet dient nach § 6 I BauNVO der Unterbringung von Gewerbebetrieben, die **1216** das Wohnen nicht wesentlich stören; es ist gekennzeichnet durch eine **wechselseitige Verträglichkeit** von Wohnen und Gewerbe.[2449] Dabei ist im Ausgangspunkt auf eine – eingeschränkte – **typisierende Betrachtung** abzustellen. Ein konkreter Betrieb ist unzulässig, wenn Betriebe seines Typs bei funktionsgerechter Nutzung üblicherweise für die Umgebung unzumutbare Störungen hervorrufen können.[2450] Bei entsprechenden Festsetzungen gestattet ein Bebauungsplan damit nur die Ansiedlung solcher Gewerbebetriebe, die das Wohnen selbst innerhalb des festgesetzten Gebietes nicht wesentlich stören. Solche Gewerbebetriebe können aber auch die Nutzung eines in einiger Entfernung gelegenen Wohngrundstücks nicht wesentlich stören. In einer derartigen Lage kann der Betroffene den Schutzanspruch eines Außenbereichsgrundstücks für sich geltend machen. Nach der TA-Lärm dürfte im Grundsatz alles dafür sprechen, dass er damit nur den Schutz eines Dorfgebietes (60 dBA tags, 45 dBA nachts) beanspruchen kann,[2451] der dem eines Mischgebiets entspricht.[2452]

§ 34 II BauGB setzt voraus, dass die Eigenart der näheren Umgebung einem der Baugebiete **1217** nach der BauNVO entspricht. Im **Mischgebiet** sind nach § 6 II Nr. 3 BauNVO Einzelhandelsbetriebe allgemein zulässig. Dies umfasst schon nach dem Wortlaut auch großflächige Einzelhandelsbetriebe, also solche, deren Verkaufsfläche 800 m² oder mehr beträgt.[2453] Befindet sich ein großflächiger Einzelhandelsbetrieb in der näheren Umgebung, kann deren Eigenart einem Mischgebiet im Sinne von § 6 BauNVO entsprechen, wenn dieser Betrieb nicht nach § 11 III 1 BauNVO nur in einem Kerngebiet oder einem festgesetzten Sondergebiet zulässig wäre.[2454] Denn in diesem Fall ist der Betrieb in einem Mischgebiet (allgemein) zulässig im Sinne von § 6 II Nr. 3 BauNVO. Nach § 11 III 3 BauNVO sind (schädliche) Auswirkungen iS des Satzes 2 und des Satzes 1 Nr. 2 in der Regel anzunehmen, wenn die Geschossfläche des großflächigen Einzelhandelsbetriebs 1 200 m² überschreitet. Diese Regel gilt nach § 11 III 4 Alt. 2 BauNVO ua nicht, wenn Anhaltspunkte dafür bestehen, dass Auswirkungen bei mehr als 1 200 m² Geschossfläche nicht vorliegen; dabei sind insbesondere die Gliederung und

---

2446 BVerwG ZfBR 2018, 685.
2447 BVerwGE 67, 23.
2448 BVerwG Beschl. v. 1.12.1994 – 4 NB 29.94, juris.
2449 BVerwGE 79, 309 (312).
2450 BVerwG ZfBR 2018, 685 mwN.
2451 BVerwG NVwZ 2018, 336; NVwZ 2018, 332.
2452 BVerwG ZfBR 2020, 778.
2453 OVG Münster NVwZ-RR 2014, 453 (455 ff.); Söfker in EZBK, BauGB, § 6 BauNVO Rn. 24; Roeser in König/Roeser/Stock, BauNVO, § 6 Rn. 10; Hornmann in Spannowsky/Hornmann/Kämper, BeckOK BauNVO, § 6 Rn. 41; zum Begriff der Großflächigkeit BVerwGE 124, 364 (367).
2454 OVG Münster Urt. v. 29.9.2016 – 10 A 1574/14, juris.

Größe der Gemeinde und ihrer Ortsteile, die Sicherung der verbrauchernahen Versorgung der Bevölkerung und das Warenangebot des Betriebs zu berücksichtigen.[2455]

1218 Ob Festsetzungen zum **Maß der baulichen Nutzung** auch darauf gerichtet sind, dem **Schutz des Nachbarn** zu dienen, hängt vom Willen der Gemeinde als Plangeber ab.[2456] Wollte der Plangeber die Planbetroffenen mit den Festsetzungen über das Maß der baulichen Nutzung in ein wechselseitiges nachbarliches Austauschverhältnis einbinden, sind diese Festsetzungen nachbarschützend. Dies gilt auch, wenn der Plangeber die nachbarschützende Wirkung im Zeitpunkt der Planaufstellung nicht in seinen Willen aufgenommen hatte. Der baurechtliche Nachbarschutz beruht auf dem Gedanken des wechselseitigen Austauschverhältnisses, in dem der nachbarliche Interessenkonflikt durch Merkmale der Zuordnung, der Verträglichkeit und der Abstimmung benachbarter Nutzungen geregelt und ausgeglichen ist.[2457] Dieser Gedanke prägt nicht nur die Anerkennung der drittschützenden Wirkung von Festsetzungen über die Art der baulichen Nutzung,[2458] sondern kann auch eine nachbarschützende Wirkung von Festsetzungen über das Maß der baulichen Nutzung rechtfertigen.[2459] Stehen solche Festsetzungen nach der Konzeption des Plangebers in einem wechselseitigen, die Planbetroffenen zu einer rechtlichen Schicksalsgemeinschaft verbindenden Austauschverhältnis, kommt ihnen nach ihrem objektiven Gehalt Schutzfunktion zugunsten der an dem Austauschverhältnis beteiligten Grundstückseigentümern zu. Daraus folgt unmittelbar, dass der einzelne Eigentümer die Maßfestsetzungen aus einer eigenen Rechtsposition heraus auch klageweise verteidigen kann.[2460] Ein Nachbar ist unter dem Gesichtspunkt der unzulässigen Rechtsausübung nur gehindert, einen Verstoß gegen nachbarschützende Vorschriften geltend zu machen, wenn er in vergleichbarer Weise, dh etwa im selben Umfang, gegen diese Vorschriften verstoßen hat.[2461]

1219 **h) Urbane Gebiete.** Um eine stärkere Mischung unterschiedlicher Nutzungen zu ermöglichen, können nach § 6a BauNVO Urbane Gebiet ausgewiesen werden, die dem Wohnen sowie der Unterbringung von Gewerbebetrieben und sozialen, kulturellen und anderen Einrichtungen dienen, welche die Wohnnutzung nicht wesentlich stören.[2462] An der Schnittstelle von Städtebaurecht und Immissionsschutzrecht soll den Kommunen hiermit zur Erleichterung des Bauens in stark verdichteten städtischen Gebieten mehr Flexibilität eingeräumt werden, ohne dabei das grundsätzlich hohe Lärmschutzniveau zu verlassen. Parallel dazu ist die Technische Anleitung zum Schutz gegen Lärm geändert worden.[2463] Die Nutzungsmischung muss nicht gleichgewichtig sein. Hierdurch soll den Kommunen eine Möglichkeit zur Verfügung gestellt werden, um planerisch eine nutzungsgemischte **„Stadt der kurzen Wege"** zu verwirklichen. Die neue Gebietskategorie erlaubt eine räumliche Nähe von wichtigen Funktionen, wie Wohnen, Arbeiten, Versorgung, Bildung, Kultur und Sport, und sieht eine im Vergleich zum Mischgebiet breiter angelegte Nutzungsmischung vor. Damit soll auch Verkehr vermieden bzw. reduziert und die Entstehung eines lebendigen öffentlichen Raums gefördert werden. Unterstützt wird dies durch eine höhere Obergrenze für das Maß der baulichen Nutzung (§ 17 I BauNVO) sowie durch besondere Festsetzungsmöglichkeiten zur Anordnung von Wohnnutzungen innerhalb eines Gebäudes und das Verhältnis von Wohn- und gewerblichen Nutzungen in Gebäuden.[2464] Das Wohnen ist – stärker als im Mischgebiet – mit einer Pflicht zur Duldung

---

2455 BVerwG NVwZ 2020, 322; Schröer/Kümmel NVwZ 2020, 325; BVerwGE 124, 364 (373).

2456 BVerwG NVwZ 1996, 888.

2457 BVerwGE 101, 364 (375).

2458 BVerwG NVwZ 1996, 170; NVwZ 2000, 1054.

2459 BVerwG NVwZ 1996, 170.

2460 BVerwGE 101, 364 (376).

2461 BVerwG NVwZ 2018, 1808; Mehde BauR 2019, 434; Rubel DVBl. 2020, 533; Brenz DVP 2021, 108; Johlen IBR 2019, 42; Muckel JA 2019, 239; Hufen JuS 2019, 509; Ramsauer JuS 2020, 385; Faßbender NJW 2019, 2132; Schröer/Kümmel NVwZ 2018, 1775; Heinemann NVwZ 2018, 1811; Kiefer NVwZ 2019, 1340; Schwemer NVwZ 2019, 1371; Andrick ZAP 2019, 765; OVG Lüneburg BRS 62 Nr. 190; VGH Mannheim NVwZ-RR 2011, 4; VGH München NJW-Spezial 2011, 269.

2462 Zur Gebietskategorie des Urbanen Gebiets Schink NVwZ 2017, 1641; Schmidt-Eichstaedt DVBl. 2016, 950; Wienhues NordÖR 2017, 313.

2463 Gesetzentwurf der Bundesregierung. Entwurf eines Gesetzes zur Umsetzung der Richtlinie 2014/52/EU im Städtebaurecht und zur Stärkung des neuen Zusammenlebens in der Stadt, v. 23.1.2017 (Drs. 18/10942) (BauGBÄndG 2017), S. 2.

2464 Muster-Einführungserlass zum Gesetz zur Umsetzung der Richtlinie 2014/52/EU im Städtebaurecht und zur Stärkung des neuen Zusammenlebens in der Stadt und zu weiteren Änderungen des BauGB.

der Störungen durch andere Nutzungsarten „belastet", wobei der Anteil dieser anderen Nutzungen den des Wohnens übersteigen kann und umgekehrt. Die 18. BImSchV – Sportanlagenlärmschutzverordnung und die TA Lärm sehen entsprechend Immissionsrichtwerte von tags 63 dB(A) (gegenüber 60 dB(A) im Mischgebiet) sowie nachts 45 dB(A) (wie im Mischgebiet) vor. Dies soll dazu beitragen, eine Mischung von Nutzungen auch in verdichteten städtischen Bereichen zu ermöglichen und einer Verdrängung von nicht wesentlich störenden, aber „lauteren" Nutzungen, wie Gewerbe oder Sportausübung, an die Stadtränder entgegenzuwirken.

Allgemein zulässig sind (1) Wohngebäude, (2) Geschäfts- und Bürogebäude, (3) Einzel- 1220
handelsbetriebe, Schank- und Speisewirtschaften sowie Betriebe des Beherbergungsgewerbes, (4). sonstige Gewerbebetriebe, (5) Anlagen für Verwaltungen sowie für kirchliche, soziale, gesundheitliche und sportliche Zwecke (§ 6a II BauNVO).[2465] **Ausnahmsweise** können nach § 6a III BauNVO zugelassen werden (1) Vergnügungsstätten, soweit sie nicht wegen ihrer Zweckbestimmung oder ihres Umfangs nur in Kerngebieten allgemein zulässig sind, und (2) Tankstelle. Für urbane Gebiete oder Teile solcher Gebiete kann nach § 6a IV BauNVO festgesetzt werden, dass in Gebäuden (1) im Erdgeschoss an der Straßenseite eine Wohnnutzung nicht oder nur ausnahmsweise zulässig ist, (2) oberhalb eines im Bebauungsplan bestimmten Geschosses nur Wohnungen zulässig sind, (3) ein im Bebauungsplan bestimmter Anteil der zulässigen Geschossfläche oder eine im Bebauungsplan bestimmte Größe der Geschossfläche für Wohnnutzungen Nutzungen zu verwenden ist oder (4) ein im Bebauungsplan bestimmter Anteil der zulässigen Geschossfläche oder eine im Bebauungsplan bestimmte Größe der Geschossfläche für gewerbliche Nutzungen zu verwenden ist.[2466]

Das Urbane Gebiet soll die Konzentration des Städtebaus auf die **Innenentwicklung** 1221
fördern und dazu einen Beitrag leisten, die Flächenneuinanspruchnahme (Siedlungs- und Verkehrsflächen) auf 30 ha pro Tag zu begrenzen. Die Nachverdichtung gerade von Innenstadtlagen und die Umnutzung ehemaliger Gewerbe- und Industriebereiche begleitet von einer Durchmischung mit Wohnnutzungen birgt jedoch ein erhebliches Konfliktpotenzial. Hier soll vor allem den planenden Städten ein größerer städtebaulicher Handlungsspielraum gegeben werden, ohne dabei das grundsätzlich hohe Lärmschutzniveau zu vernachlässigen. Das Urbane Gebiet ist dabei für die Fortentwicklung eines nutzungsgemischten Bestandes, nicht für Neuplanungen „auf der grünen Wiese" gedacht.

In innerstädtischen Gebieten soll die Möglichkeit gestärkt werden, durch entsprechende Pla- 1222
nungen die nutzungsgemischte Stadt der kurzen Wege zu verwirklichen. Zugleich soll mit einer Geschossflächenzahl von 3,0 eine Bebauungsdichte wie im Kerngebiet ermöglicht werden (§ 17 I BauNVO), die wesentlich über das Mischgebiet mit einer Geschossflächenzahl von 1,2 hinausgeht. In derartigen Gebieten wird vielleicht auch das Gebot der nachbarlichen Rücksichtnahme neu zu justieren sein. Auch das neu hinzutretende Wohnen dürfte daher einer erhöhten Duldungslast unterliegen, wie dies traditionell unter dem Begriff **„Mittelwert-Rechtsprechung"**[2467] aus **Gemengelagen** bekannt ist.[2468] Rücken auf engem Raum unterschiedliche Nutzungen zusammen, so sind die beteiligten Nutzungen mit einem verminderten Ein-

---

2465 Muster-Einführungserlass zum Gesetz zur Umsetzung der Richtlinie 2014/52/EU im Städtebaurecht und zur Stärkung des neuen Zusammenlebens in der Stadt und zu weiteren Änderungen des BauGB.

2466 Beschlussempfehlung und Bericht des Ausschusses für Umwelt, Naturschutz, Bau und Reaktorsicherheit (16. Ausschuss) vom 8.3.2017 (Drs. 18/11439), S. 19 führen dazu aus: Ziel der Schaffung der neuen Baugebietskategorie „urbane Gebiete" ist es, die Flexibilität der Kommunen bei der Mischung verschiedener Nutzungen zu erhöhen. Deshalb sieht auch die geplante Änderung der TA Lärm für das urbane Gebiet um 3 dB(A) höhere Werte als für das Mischgebiet vor. Die Ergänzung des § 9 I Nr. 24 BauGB weist auf eine nach geltender Rechtslage bereits bestehende Möglichkeit der Gemeinden hin, innerhalb der immissionsschutzrechtlichen Richtwerte (zusätzlich) passive Schallschutzmaßnahmen festzusetzen. Als Ergebnis einer planerischen Abwägung ist es möglich, durch entsprechende Festsetzungen einen über das Immissionsschutzrecht (TA Lärm-Richtwerte für das urbane Gebiet) hinausgehenden Innenraumlärmschutz zu ermöglichen. Bei der Festsetzung eines urbanen Gebiets besteht für die Kommunen – insbesondere, wenn die erwarteten Lärmwerte oberhalb der für ein Mischgebiet geltenden Werte liegen – Anlass dazu, sich in der bauleitplanerischen Abwägung mit der Frage möglicher Festsetzungen ua nach § 9 I N. 24 BauGB auseinanderzusetzen. Die Vorgaben des Immissionsschutzrechts, insbesondere der Grundsatz aktiven Schallschutzes, bleiben davon unberührt. Doppelbuchstabe aa übernimmt inhaltlich unverändert den Änderungsbefehl aus dem Regierungsentwurf."

2467 BVerwGE 50, 49 – Tunnelofen.

2468 Siehe dazu BVerwG ZfBR 2023, 676 (677).

wirkungspotenzial der gewerblichen Nutzungen und einer erhöhten Duldungslast für schutzbedürftige Wohnnutzung in einer Schicksalsgemeinschaft verbunden. Gewiss wird hier wohl auch auf die Rechtsprechung noch ein unbeackertes Entscheidungsfeld zukommen. Die PlanZ-VO hat entsprechende Planzeichen erhalten (Nr. 1.2.3 PlanZV). Allerdings wird das Urbane Gebiet vor allem für dicht besiedelte Großstädte in städtebaulichen Umbruchsituationen zu einem Begriff werden. Kleinere Städte oder ländliche Gemeinden sind mit derartigen Handlungsoptionen weniger angesprochen.

1223 Die **Nutzungsmischung** muss **nicht gleichwertig** sein.[2469] Daraus folgt indes nicht, dass in einem Bebauungsplan nur eine der nach § 6a II BauNVO allgemein zulässigen Nutzungen (zB Wohngebäude) als allein zulässige Nutzung festgesetzt werden kann; vielmehr ist das Vorhandensein einer Nutzungsmischung nach § 6a I 1 BauNVO ein charakteristisches Merkmal des urbanen Gebiets.[2470] § 34 II BauGB ist auf Urbane Gebiete nach § 6a BauNVO nicht anzuwenden (§ 245c III BauGB).[2471] Wird in einem Urbanen Gebiet neben einer überwiegend gewollten Wohnnutzung auch nicht wesentlich störendes Gewerbe vorgesehen, widerspricht dies nicht dem Nutzungskatalog des § 6a BauNVO.[2472]

1224 Unabhängig von der Frage, ob die Festsetzung eines urbanen Gebiets bei kleineren (und mittleren) Kommunen nur ausnahmsweise in Betracht kommt, muss die Gemeinde bei Erlass einer Veränderungssperre ein Mindestmaß an konkreten Planungsvorstellungen erkennen lassen. Ist etwa der Erhalt von dörflichen Strukturen und die planerische Neuordnung von städtischen Struktur bzw. einer städtischen Gemengelage geplant, muss ein auf die Schaffung urbaner Strukturen bezogene Planungswille erkennbar sein.[2473] Die Regelung über faktische Baugebiete des § 34 II BauGB ist auf das urbanen Gebiet nicht anzuwenden (§ 245c Abs 3 BauGB). § 245c III BauGB bestimmt, dass § 34 II BauGB, also die Regelung über faktische Baugebiete, auf die mit der Städtebaurechtsnovelle 2017 in die BauNVO neu eingeführte Baugebietskategorie des urbanen Gebiets (§ 6a BauNVO) keine Anwendung findet.[2474] Daher scheidet eine Genehmigungsfähigkeit der Nutzung eines Gebäudes zu Wohnzwecken gemäß § 34 II BauGB iVm § 6 II Nr. 1 BauNVO von vornherein aus.

1225 Auch in einer erheblich mit **Lärm vorbelasteten Umgebung** ist die Ausweisung von **Wohn- und urbanen Gebieten** möglich, wenn dafür entsprechend gewichtige städtebauliche Gründe vorliegen und jedenfalls im Gebäudeinneren zumutbare Lärmwerte erreicht werden.[2475] Das gilt selbst dann, wenn die Außenlärmpegel teilweise die Gesundheitsgefährdungsschwelle überschreiten. Dass auch im Inneren des Baugebiets die Außenlärmpegel die Lärmrichtwerte der DIN 18005 nachts überschritten werden und dass ein Schlafen bei gekippten Fenstern trotz baulichen Schallschutzes, der die Unterschreitung der Gesundheitsgefährdungsgrenze sicherstellt, teils nicht möglich ist, schließt eine Abwägungsgerechtigkeit der Planung nicht in jedem Fall aus. Die Unterteilung einer zusammenhängenden Fläche in Gebiete mit gleichem Baugebietstyp, aber unterschiedlichen Bezeichnungen und ggf. auch unterschied-

---

[2469] Dazu VGH Kassel BauR 2023, 1206.

[2470] Beschlussempfehlung und Bericht des Ausschusses für Umwelt, Naturschutz, Bau und Reaktorsicherheit (16. Ausschuss) vom 8.3.2017 (Drs. 18/11439), S. 19, S. 21.

[2471] Im Zusammenhang mit der Verabschiedung des Gesetzes hat der Deutsche Bundestag auf Empfehlung des federführenden Ausschusses (Beschlussempfehlung und Bericht des Ausschusses für Umwelt, Naturschutz, Bau und Reaktorsicherheit (16. Ausschuss) vom 8.3.2017 (Drs. 18/11439), S. 19) folgende Entschließung verabschiedet: „Der Deutsche Bundestag begrüßt, (1) dass mit der Novelle des BauGB die Möglichkeiten der Kommunen erweitert werden, lebendige nutzungsgemischte Quartiere und zusätzlichen Wohnraum zu schaffen. Die neue Baugebietskategorie „Urbane Gebiete" soll es den Kommunen ermöglichen, das Bauen in stark verdichteten städtischen Gebieten zu erleichtern. Ziel ist es, zu einer „nutzungsgemischten Stadt der kurzen Wege" beizutragen. Hierzu ist auch eine höhere Bebauungsdichte vorgesehen. Um insbesondere in innerstädtischen Lagen die Grundlagen für eine stärkere Verdichtung und Nutzungsmischung zu schaffen und um die Errichtung von Wohnraum in diesen Lagen zu fördern, sollen mit der Änderung der TA Lärm auch die Immissionsrichtwerte für urbane Gebiete gegenüber den Kern-, Dorf- und Mischgebieten in angemessenem Umfang um 3 dB(A) erhöht werden. (2) die Klarstellung in § 9 I Nr. 24 BauGB, mit der die nach geltender Rechtslage bestehenden Möglichkeiten der Gemeinden, innerhalb der immissionsschutzrechtlichen Richtwerte (zusätzlich) passive Schallschutzmaßnahmen festzusetzen, bekräftigt werden."

[2472] VGH Kassel BauR 2023, 1206.

[2473] VGH München Beschl. v. 11.5.2020 – 2 NE 20.333.

[2474] Reidt in BKL, BauGB, 2022, § 245c Rn. 4; Söfker/Hellriegel in EZBK, BauGB, 2020, § 34 Rn. 79a.

[2475] BVerwGE 128, 238.

lichen Detailfestsetzungen steht der Annahme nur eines Baugebiets nicht entgegen (§ 1 IV 1 BauNVO).[2476]

i) Kerngebiete. Sie dienen nach § 7 I BauNVO vorwiegend der Unterbringung von Handelsbetrieben sowie von zentralen Einrichtungen der Wirtschaft, der Verwaltung und der Kultur. Die genannten Nutzungen müssen in einem Kerngebiet ein Übergewicht gegenüber anderweitigen Nutzungen haben.[2477] Die Festsetzung eines Kerngebiets ist rechtswidrig, wenn eine unbeschränkte Festsetzung von Wohnungen erfolgt.[2478] Es handelt sich dabei zumeist um die Innenstädte der Großstädte,[2479] aber auch um Zentren von Stadtbezirken oder von kleineren und mittleren Städten. Das Kerngebiet ist Kristallisationspunkt für das Wirtschaftsleben, für Dienstleistungsbetriebe und Einrichtungen aller Art sowie den wachsenden Freizeitbedarf. Zugleich soll aber durch entsprechende planerische Festsetzungen den häufig zu beobachtenden Mangelerscheinungen nach Büro- und Geschäftsschluss und insbesondere einer Verödung der Innenstädte entgegengewirkt werden. Ein attraktives Wohnumfeld leistet hierzu einen wichtigen Beitrag. Auch für gewachsene Zentren eingemeindeter Städte kommt die Festsetzung eines Kerngebietes in Betracht. Andererseits benötigt nicht jede Gemeinde ein eigenes Kerngebiet. Vor allem in kleineren Gemeinden reicht die Festsetzung eines Mischgebietes aus. Die Ausweisung eines Kerngebiets ist nicht auf das eigentliche Ortszentrum begrenzt.[2480] 1226

Das Wohnen ist in Kerngebieten in unterschiedlichem Umfang zulässig. § 7 II Nr. 6 BauNVO ermöglicht Wohnungen, die mit den im Kerngebiet ansässigen Betrieben korrespondieren. § 7 II Nr. 7 BauNVO betrifft sonstige Wohnungen, die von der Gemeinde zugelassen werden. Ausnahmsweise können Wohnungen nach § 7 III Nr. 2 BauNVO festgesetzt werden. § 7 IV 1 BauNVO ermöglicht die Festsetzung von Wohnnutzungen als Ausnahme für Teile eines Kerngebietes bei Rechtfertigung durch besondere städtebauliche Gründe und bei räumlicher Beschränkung der Wohnnutzung.[2481] 1227

Allgemein zulässig sind in einem Kerngebiet nach § 7 II BauNVO Geschäfts-, Büro- und Verwaltungsgebäude, Einzelhandelsbetriebe, Schank- und Speisewirtschaften, Betriebe des Beherbergungsgewerbes und Vergnügungsstätten, sonstige nicht störende Gewerbebetriebe, Anlagen für kirchliche, kulturelle, soziale, gesundheitliche und sportliche Zwecke, Tankstellen im Zusammenhang mit Parkhäusern und Großgaragen, Wohnungen für Aufsichts- und Bereitschaftspersonen sowie für Betriebsinhaber und Betriebsleiter sowie sonstige Wohnungen nach Maßgabe von Festsetzungen des Bebauungsplans.[2482] Sofern der Bebauungsplan keine wirksamen Festsetzungen enthält, die etwas Abweichendes bestimmen, schließt die Festsetzung eines Kerngebiets auch die Zulassung von Anlagen der Fremdwerbung mit ein (§ 7 II Nr. 3 BauNVO).[2483] **Ausnahmsweise** können nach § 7 III BauNVO in Kerngebieten Tankstellen auch ohne eine Verbindung mit Parkhäusern oder Großgaragen oder sonstige Wohnungen zugelassen werden. § 7 III Nr. 2 BauNVO stellt keine selbstständige Grundlage für planerische Festsetzungen dar, sondern regelt, nach welchen Maßstäben die Baubehörden Vorhaben nach der Art der baulichen Nutzung zu beurteilen haben.[2484] 1228

§ 7 IV BauNVO ermöglicht bei Rechtfertigung durch besondere städtebauliche Gründe auch Festsetzungen zugunsten von Wohnungen in bestimmten Geschossen oder in einem bestimmten Anteil. Die Ermächtigung in § 7 IV 1 BauNVO, für Teile eines Kerngebiets festzusetzen, dass nur Wohnnutzung zulässig ist, schließt die Befugnis, im Bebauungsplan Ausnahmen hiervon zuzulassen, ein. Gegen das Gebot der Wahrung der allgemeinen Zweckbestimmung eines Kerngebietes verstößt eine Festsetzung, nach der Wohnungen im gesamten Kerngebiet allgemein zulässig sind. Eine allgemeine Wohnnutzung gehört nicht zu den kerngebietstypi- 1229

2476 OVG Lüneburg BauR 2020, 946.

2477 OVG Münster Beschl. v. 16.1.2021 – 7 D 231/21.NE, juris Rn. 22; BauR 2019, 1563.

2478 OVG Münster Beschl. v. 16.1.2021 – 7 D 231/21.NE, juris Rn. 28.

2479 Zu neuen Wegen zur Stärkung der Innenstädte Schröer NZBau 2006, 161.

2480 VGH München Beschl. v. 8.4.2021 – 2 ZB 20.102, juris Rn. 5.

2481 Zur Zulässigkeit des Wohnens in Kerngebieten gem. § 7 II bis IV BauNVO Christian-W. Otto ZfBR 2013, 125, dort auch zu den typischen Fehlern bei Festsetzungen; OVG Münster Urt. v. 18.12.2009 – 7 D 62/08.NE, juris.

2482 Anlauf NL-BzAR 2007, 218.

2483 BVerwG NVwZ 1995, 899.

2484 OVG Münster Beschl. v. 16.1.2021 – 7 D 231/21.NE, juris Rn. 30.

schen Funktionen, eine gleichberechtigte Wohnnutzung widerspricht daher der Prägung eines Kerngebiets und damit dessen Zweckbestimmung.[2485]

Hinweis: Die allgemeine Zweckbestimmung eines Kerngebiets nach § 7 I BauNVO ist nicht mehr gewahrt, wenn bei zulässiger viergeschossiger Bebauung ab dem ersten Obergeschoss allgemein und überall Wohnen zulässig ist.[2486] Auch für ein Parkhaus im Kerngebiet gilt, dass „unzumutbare Belästigungen" nicht schon bei Einhaltung der TA-Lärm-Werte ausgeschlossen sind, wenn es in einem „Blockinnenbereich" errichtet werden soll.[2487]

Hinweis: Im Interesse einer **Revitalisierung der Innenstädte** können die nach § 7 IV BauNVO bestehenden Möglichkeiten genutzt werden, für Teile des Kerngebietes in Obergeschossen ausschließlich Wohnnutzung zuzulassen oder im Bebauungsplan den Anteil oder die Größe der einer Wohnnutzung vorbehaltenen Geschossfläche festzusetzen. Diese Festsetzungen bedürfen allerdings der besonderen städtebaulichen Rechtfertigung und Begründung. Zugleich darf der Gesamtcharakter des Kerngebietes nicht beeinträchtigt werden.[2488]

1230 Der **Störungsgrad** hat sich an dem im Kerngebiet zulässigen Mischungsverhältnis unterschiedlicher Nutzungen zu orientieren. Er wird im Bereich zwischen den im Gewerbegebiet bzw. in einem Mischgebiet zulässigen Störungen liegen. Die Bewohner müssen die in einem Kerngebiet unvermeidlichen Störungen insbesondere durch Geschäftslärm aber auch Verkehrslärm in größerem Umfang als in einem Wohngebiet in Kauf nehmen. Eine ambulante Einrichtung der **Drogenhilfe** ist als Anlage für soziale und (oder) gesundheitliche Zwecke iS des § 7 II Nr. 4 BauNVO in einem Kerngebiet allgemein zulässig, auch wenn der Bebauungsplan Festsetzungen gemäß § 7 II Nr. 7 BauNVO über die allgemeine Zulässigkeit von Wohnungen in dem Gebiet trifft.[2489] **Wettbüros** (auch für Pferderennen)[2490] fallen unter den Begriff der „Vergnügungsstätte". In einem Kerngebiet kann die Ansiedlung eines weiteren Wettbüros wegen der schon vorzufindenden Anzahl derartiger Anlagen der Eigenart des Baugebiets widersprechen.[2491] Auch in kleineren Gemeinden ist die Festsetzung eines Kerngebietes nicht grundsätzlich ausgeschlossen.[2492] Eine Gaststätte mit regelmäßigen Tanzveranstaltungen im 23-Stunden-Betrieb für bis zu 200 Personen, einem großen Gastraum, über 100 Sitzplätzen sowie einer auf 106 dB(A) eingepegelten Beschallungsanlage hat den Charakter einer **kerngebietstypischen Vergnügungsstätte**.[2493] Die beabsichtigte Nutzungsänderung in einen **bordellartigen Betrieb** in der Form eines Laufhauses mit 48 Zimmern gehört zu den in einem Kerngebiet allgemein zulässigen Nutzungen, da es entweder als Vergnügungsstätte (§ 7 II Nr. 2 BauNVO) oder als sonstiger nicht wesentlich störender Gewerbebetrieb (§ 7 II Nr. 3 BauNVO) anzusehen ist.[2494] Eine kommunale Sperrbezirksverordnung kann derartige Nutzungen jedoch in verfassungsrechtlich zulässiger Weise ausschließen.[2495] In einem faktischen Sondergebiet iS des § 34 II BauGB in Verbindung mit § 11 III Nr. 1 BauNVO ist eine kerngebietstypische Vergnügungsstätte plangebietswidrig, denn ein Einkaufszentrum stellt eine räumliche Konzentration von Einzelhandels-, Handwerks- und Dienstleistungsbetrieben verschiedener Branchen- und Größenordnungen dar.[2496] Eine Erhöhung der zulässigen Immissionsbelas-

[2485] OVG Bautzen BauR 2005, 1062.

[2486] OVG Münster DVBl. 2010, 264.

[2487] OVG Lüneburg DVBl. 2009, 1530.

[2488] Zu neuen Wegen zur Stärkung der Innenstädte Schröer NZBau 2006, 161.

[2489] BVerwG NVwZ-RR 2001, 217 – mindestens 25 v.H. der Geschossfläche. Auch in einem Misch- oder Kerngebiet kann eine Heroin-Ambulanz nach §§ 6 II Nr. 5, 7 II Nr. 4 BauNVO zulässig sein, so VGH Kassel ZfBR 2003, 488. Auch eine ehemals militärische Liegenschaft kann einen nicht beplanten Innenbereich darstellen, so BVerwG DVBl. 2002, 1479 mit Anm. Krane 1484.

[2490] Tuttlewski/Lange ZfWG 2009, 163.

[2491] VGH Kassel NVwZ-RR 2009, 143 zu einem Wettbüro im Kerngebiet.

[2492] OVG Greifswald NordÖR 2008, 243. zur Frage, unter welchen Voraussetzungen die Festsetzung eines Sondergebiets (§ 11 BauNVO) in Abgrenzung zum Kerngebiet (§ 7 BauNVO) zulässig ist BVerwG Beschl. v. 4.6.2008 – 4 BN 7.08, juris.

[2493] Zur Anwendbarkeit der TA Lärm auf eine Gaststätte mit Innen- und Außenbetrieb BVerwG ZfBR 2010, 696.

[2494] OVG Berlin-Brandenburg Urt. v. 7.6.2012 – OVG 2 B 18.11, juris; BVerwG Beschl. v. 26.4.2013 – 4 B 45.12, juris.

[2495] BVerfG NVwZ 2009, 905; Stühler BauR 2010, 1013.

[2496] OVG Berlin-Brandenburg ZfBR 2008, 487.

tung ist dann nicht abwägungsrelevant, wenn damit nach Lage der Dinge gerechnet werden muss. Kerngebiete dienen generell nicht dem Wohnen, sondern nur nach Maßgabe entsprechender (abgewogener) Festsetzungen eines Bebauungsplans (§ 7 I, II Nr. 7 BauNVO). Mit „sonstigen" Wohnungen in § 7 II Nr. 7 BauNVO sind Wohnungen ohne die Zweckbindung der § 7 II Nr. 6 BauNVO gemeint. Eine textliche Festsetzung, die das Wohnen in nahezu allen Kerngebieten umfangreich ermöglicht, führt zur Unwirksamkeit des Bebauungsplans.[2497]

Bei der Festsetzung von Kerngebieten bestehen umfangreiche **Gliederungs- und Differenzierungsmöglichkeiten** nach § 1 IV bis IX BauNVO. Die horizontale Gliederung nach 1231
der Art der zulässigen Nutzung und nach der Art der Betriebe und Anlagen und deren besonderen Bedürfnissen und Eigenschaften gem. § 1 IV BauNVO ermöglicht insbesondere in Großstädten, Nutzungen einer bestimmten Art zu bündeln und verwandte oder zusammenhängende Betriebsformen wie Verwaltungszentren, Bankenzentren, Vergnügungsviertel oder Einkaufszentren planerisch auszubilden und in ihrer Entwicklung zu unterstützen. Auch Fußgängerbereiche können durch eine entsprechend eingeschränkte Kerngebietsausweisung auf eine geschäftliche Nutzung in Kombination mit einer Wohnnutzung in den oberen Geschossebenen ausgerichtet werden. Eine Festsetzung, wonach im **Kerngebiet Wohnungen** allgemein und überall zulässig sind, verstößt nach Ansicht des OVG Münster gegen § 1 VI Nr. 2 BauNVO, weil dadurch die allgemeine Zweckbestimmung des Kerngebietes nicht gewahrt ist.[2498] Bei Gliederung eines Baugebietsteils nach § 1 VI Nr. 2 iVm § 1 VIII BauNVO ist für die Frage, ob die allgemeine Zweckbestimmung gewahrt ist, grundsätzlich auf das gesamte „Baugebiet" nach § 1 II BauNVO abzustellen.[2499] Durch eine vertikale Gliederung nach § 1 VII BauNVO kann für einzelne Geschosse oder Ebenen, die beispielsweise an einer Fußgängerzone liegen, eine Konzentration der Einzelhandelsnutzung erreicht werden, um den Publikumsverkehr zusammenzufassen. Zugleich können etwa Vergnügungsstätten auf andere Geschossebenen verwiesen werden. Diese vertikale Gliederung kann sowohl für Geschosse und Ebenen oberhalb als auch unterhalb des Erdgeschosses (etwa bei Fußgängerpassagen) vorgesehen werden.[2500]

Hinweis: Die Gemeinde wird bei der Festsetzung eines Kerngebietes von den Gliederungsmöglichkeiten nach § 1 IV bis IX BauNVO auch Gebrauch machen, wenn ein Ausschluss von Spielhallen oder anderen kerngebietstypischen Vergnügungsstätten oder auch eine Beschränkung der Einzelhandelsnutzung sinnvoll erscheint. Dies bedarf allerdings jeweils besonderer städtebaulicher Gründe, die in der Begründung des Bebauungsplans niedergelegt werden sollten.[2501]

Hinweis: Liegt ein Investitionsvorhaben im Geltungsbereich eines Bebauungsplanes, der Festsetzungen über die Art der baulichen Nutzung (Baugebiete) enthält, so beurteilt sich die Frage, ob eine begünstigte Investition in einem Kerngebiet nach § 3 I 1 Nr. 4 b InvZulG 1999 vorliegt, anhand der Festsetzungen im Bebauungsplan.[2502]

j) Gewerbegebiete. Sie dienen nach § 8 I BauNVO vorwiegend der Unterbringung von 1232
nicht erheblich belästigenden Gewerbebetrieben. Vom Industriegebiet unterscheidet sich das Gewerbegebiet dadurch, dass das Industriegebiet ausschließlich der Unterbringung von störenden Gewerbebetrieben dient, während das Gewerbegebiet vorwiegend der nicht so stark störenden gewerblichen Nutzung dient. Dabei ist der im Industriegebiet mögliche Störungsgrad höher als in einem Gewerbegebiet. Im Gegensatz zum Mischgebiet ist im Gewerbegebiet die Wohnnutzung – abgesehen von betriebsbezogenen Wohnungen – nicht zulässig. Auch bestehen im Gewerbegebiet im Vergleich zum Mischgebiet nach Maßgabe des § 15 BauNVO intensivere gewerbliche Bebauungsmöglichkeiten. Der Störungsgrad ist gesteigert und das Duldungspotenzial der Wohnnutzung entsprechend erhöht. In einem Bebauungsplan können daher Nutzungen verhindert werden, durch die das Plangebiet besonders beeinträchtigt wird.[2503]

2497 OVG Münster Urt. v. 18.12.2009 – 7 D 62/08.NE, juris; BVerwG NVwZ 2009, 1289 zur Änderung eines reinen zu einem allgemeinen Wohngebiet; OVG Münster DVBl. 2007, 129.
2498 OVG Münster BauR 1998, 294 auch zur Überplanung eines faktischen Mischgebiets.
2499 VGH Mannheim NVwZ-RR 2012, 11.
2500 BVerwG NVwZ 1997, 896.
2501 BVerwG Beschl. v. 5.1.1995 – 4 B 270.94, juris.
2502 OVG Magdeburg Beschl. v. 22.7.2008 – 3 L 5/07, juris.
2503 OVG Koblenz LKRZ 2009, 37 für den Ausschluss von Bordellbetrieben in Gewerbegebieten.

1233 Allgemein zulässig sind nach § 8 II BauNVO in einem Gewerbegebiet Gewerbebetriebe aller Art, Lagerhäuser, Lagerplätze und öffentliche Betriebe, Geschäfts-, Büro- und Verwaltungsgebäude, Tankstellen und Anlagen für sportliche Zwecke. Die planungsrechtliche Zulässigkeit „unselbständiger" Anlagenteile richtet sich auch dann nach derjenigen des Hauptbetriebs, wenn dieser in einem Gewerbegebiet liegt und die ihm dienenden Anlagenteile in einem „eingeschränkten" Gewerbegebiet vorgesehen sind.[2504] **Bordelle** können als Unterart eines Gewerbebetriebes im Sinne von § 8 II Nr. 1 BauNVO in einem durch Bebauungsplan festgesetzten Gewerbegebiet über § 9 I Nr. 1 BauGB iVm § 1 IX BauNVO ausgeschlossen werden. Eine Konzentration von Bordellbetrieben wie auch von Vergnügungsstätten kann zu einer Gebietsabwertung (**Trading-down-Effekt**) führen, so dass eine Besorgnis berechtigt sein kann, dass die Ansiedlung weiterer Bordelle oder Vergnügungsstätten dazu führt, dass andere Nutzungen, die die nähere Umgebung prägen, abzuwandern oder verdrängt zu werden drohen.[2505] Städtebaulich unbeachtlich sind hingegen andere milieutypische Begleiterscheinungen von Bordellen, wie Belästigungen durch alkoholisierte oder unzufriedene Kunden, organisierte Kriminalität, Menschen- und Drogenhandel, ausbeutender Zuhälterei, Straftaten gegen die sexuelle Selbstbestimmung, Verstößen gegen das Waffenrecht und Gewaltkriminalität bis hin zu Tötungsdelikten. Solchen Gefahren, die in keinem Baugebiet hingenommen werden können, ist mit ordnungsrechtlichen Mitteln zu begegnen.[2506] Die Möglichkeit eines Trading-down-Effekt setzt allerdings nach außen in Erscheinung tretende Bordelle oder bordellartige Betrieben voraus.[2507]

1234 **Ausnahmsweise** können nach § 8 III BauNVO Wohnungen für Aufsichts- und Bereitschaftspersonen sowie für Betriebsinhaber und Betriebsleiter, die dem Gewerbebetrieb zugeordnet sind und ihm gegenüber in Grundfläche und Baumasse untergeordnet sind, Anlagen für kirchliche, kulturelle, soziale und gesundheitliche Zwecke sowie Vergnügungsstätten zugelassen werde.

Beispiel: Eine **Kleinanlieferstelle**, die der Annahme von **Abfällen** aus Privathaushalten in haushaltsüblichen Mengen sowie der Annahme von Elektroaltgeräten dient, kann als nicht erheblich belästigender Gewerbebetrieb oder als öffentlicher Betrieb iS des § 8 II Nr. 1 BauNVO in einem Gewerbegebiet bauplanungsrechtlich zulässig sein.[2508] Ein Krematorium mit einem Raum für eine Einäscherungszeremonie ist nicht in einem Gewerbegebiet allgemein zulässig (§ 8 VIII 2 Nr. 1 BauNVO). Es kann als Anlage für kulturelle Zwecke ausnahmsweise zulässig sein (§ 8 III Nr. 2 BauNVO).[2509] Der Begriff ist nicht auf traditionelle Erscheinungsformen in den Bereichen der Kunst, Wissenschaft und Bildung beschränkt.[2510] Eine Tank- und Rastanlage kann in einem Gewerbe- oder Industriegebiet zulässig sein. Bei der wesentlichen Änderung einer Straße muss ermittelt werden, für welche Wohnbebauung eine Überschreitung der Lärmgrenzwerte zu erwarten ist. Eine Verwaltungsvereinbarung oder eine Zustimmung der Straßenbaubehörde ist allerdings kein geeignetes Instrument, Probleme des Verkehrslärms zu lösen.[2511]

1235 Für die Beurteilung der Frage, ob ein Gewerbebetrieb zu den „das Wohnen nicht wesentlich störenden Gewerbebetrieben" im Sinne von § 6 I BauNVO gehört, ist in der Regel von einer (begrenzt) typisierenden Betrachtungsweise auszugehen. Diese verbietet sich hingegen bei dem Betrieb einer Branche, bei der die üblichen Betriebsformen hinsichtlich des Störgrades eine Bandbreite vom nicht wesentlich störenden bis zum störenden oder gar bis zum erheblich belästigenden Betrieb aufweist. Bei solchen Vorhaben sind der Zulässigkeitsprüfung stets die

---

2504 VGH Mannheim NVwZ-RR 2012, 485; im Anschluss an BVerwG NVwZ-RR 1992, 402.

2505 OVG Bautzen GewArch 2022, 477; VGH München Beschl. v. 4.12.2017 – 1 ZB 16.1233, juris Rn. 6; OVG Koblenz Beschl. v. 27.8.2009 – 8 A 10480/09, juris Rn. 14.

2506 OVG Bautzen GewArch 2022, 477.

2507 OVG Bautzen GewArch 2022, 477; BVerwG Beschl. v. 27.6.2023 – 4 BN 38/22, juris.

2508 OVG Münster ZUR 2008, 97.

2509 BVerwG NVwZ 2006, 457; Beschl. v. 27.4.2007 – 7 B 2.07, juris zur Verwendung von Eingefäßurnen aus biologisch abbaubaren Rohstoffen im Krematorium; OVG Münster Beschl. v. 15.8.2007– 7 B 554/07, juris.

2510 OVG Münster ZfBR 2011, 172: Krematorium mit Abschiedsraum im Gewerbegebiet, im Anschluss an BVerwG NVwZ 2006, 457. Zur Ansiedlung von Krematorien Kniep BWGZ 2010, 272. Zum nicht erheblich störenden Wildzerlegungsbetrieb VGH München Beschl. v. 25.10.2010 – 15 CS 10.2347, juris.

2511 VGH Kassel BauR 2010, 252.

konkreten Verhältnisse des Betriebs zu Grunde zu legen. Überschreiten die bei der Nutzung einer Anlage entstehenden Immissionen bei regelmäßigem Betrieb die für die Nachbarschaft maßgebliche Zumutbarkeitsgrenze, dann genügt es nicht, in der Baugenehmigung den maßgeblichen Immissionsrichtwert als Grenzwert festzulegen; vielmehr muss die genehmigte Nutzung schon in der Baugenehmigung durch konkrete Regelungen eingeschränkt werden.[2512] Wegen ihres zu hohen Störungsgrades sind die im großen immissionsschutzrechtlichen Genehmigungsverfahren nach § 4 BImSchG i.V. mit § 2 der 4. BImSchV genehmigungsbedürftigen Anlagen ebenso wie im Mischgebiet in aller Regel nicht zulässig. Solche Betriebe sind vielmehr grundsätzlich in das Industriegebiet verwiesen. Dagegen sind die in Spalte 2 des Anh. der 4. BImSchV aufgeführten Arten von Anlagen grundsätzlich im Gewerbegebiet zulässig. Auch nach § 4 BImSchG genehmigungsbedürftige Anlagen können im Einzelfall in einem Gewerbegebiet zugelassen werden, wenn nachgewiesen ist, dass Standort und Betriebsweise nach dem Stand der Technik in einem Gewerbegebiet verträglich sind.[2513] Dabei ist die Zweckbestimmung des Gewerbegebietes zu berücksichtigen, das hinsichtlich des zulässigen Störungsgrades zwischen dem Mischgebiet und dem Industriegebiet liegt. Erhebliche Nachteile und Belästigungen für die Umgebung sollen dabei vermieden werden. Auch diese Prüfung wird sich zunächst an den typischen Merkmalen der jeweiligen Nutzung ausrichten.[2514] Sodann erfolgt ggf. eine Einzelfallprüfung, bei der die Besonderheiten der Anlage, aber auch des jeweiligen Standortes berücksichtigt werden können. In welchem Umfang bereits im Rahmen der Bauleitplanung künftige Nutzungskonflikte zu ermitteln sind, beurteilt sich nach den jeweiligen Einzelfallumständen.

Beispiel: Bei der Ausweisung eines Gewerbegebiets kann auf die Einholung eines speziellen Schallgutachtens im Planaufstellungsverfahren verzichtet werden, wenn durch eine Gliederung nach dem Abstanderlass hinreichend sichergestellt ist, dass bei der Umsetzung des Bebauungsplans voraussichtlich keine unüberwindbaren immissionsschutzrechtlichen Probleme auftreten werden.[2515]

Ausgangspunkt einer **typisierenden Betrachtung** des Störverhaltens von Gewerbebetrieben iS des § 9 I BauNVO ist die Frage, ob ein Betrieb der betreffenden Branche „erfahrungsgemäß" geeignet ist, mehr als nicht erheblich zu belästigen. Ob es solche „Erfahrungen" gibt, ist keine Rechts-, sondern eine Tatsachenfrage. Ebenso ist es eine – zumal einzelfallbezogene – Tatsachenfrage, ob eine atypische Fallgestaltung vorliegt, die sich dadurch auszeichnet, dass der jeweilige Betrieb nach seiner Art und Betriebsweise von dem Erscheinungsbild seines Betriebstypus abweicht, von daher die sonst üblichen Störungen von vornherein nicht befürchten lässt und damit seine sonst nicht gegebene Gebietsverträglichkeit dauerhaft und zuverlässig sichergestellt ist.[2516] Ein **Zwischenlager für radioaktive Abfälle** aus kerntechnischen Anlagen weist ein Gefahrenpotential auf, das den im Gewerbegebiet zulässigen Störgrad typischerweise überschreitet. Diese Gefahreneinschätzung kann den einschlägigen atom- und strahlenschutzrechtlichen Vorschriften entnommen werden und kommt auch in § 35 I Nr. 7 BauGB zum Ausdruck.[2517] 1236

Für das **Wohnen** im bauordnungsrechtlichen wie im bauplanungsrechtlichen Sinn ist eine auf Dauer angelegte Haushaltsführung kennzeichnend. Hiervon ist die Unterbringung in einer Unterkunft zu unterscheiden. Auch Prostituierte, die sich ganztägig in einem Bordell aufhalten, erfüllen damit nicht den traditionellen Begriff des Wohnens.[2518] Ein Bordell gehört vielmehr zu den „Gewerbebetrieben aller Art" (§ 8 II BauNVO) und nicht zu den „Vergnügungsstätten".[2519] Das städtebauliche Ziel, in einem Planbereich die bisherige hochwertige Gebiets- 1237

[2512] OVG Magdeburg Urt. v. 12.7.2007– 2 L 176/02, juris.

[2513] Siehe zur bauplanungsrechtlichen Zulässigkeit atypischer Gewebebetrieb Henke NJW-Spezial 2023, 172.

[2514] BVerwG ZfBR 2018, 685 (687); OVG Münster BeckRS2021, BECKRS Jahr 168; Henke NJW-Spezial 2023, 172.

[2515] OVG Münster ZfBR 2009, 583; Schrader BWGZ 2009, 860.

[2516] BVerwG NVwZ 2022, 893; BVerwG Beschl. v. 26.3.2019 – 4 BN 21.19, juris; ZfBR 2018, 685.

[2517] BVerwG NVwZ 2022, 893.

[2518] VGH München Beschl. v. 2.5.2006 – 2 BV 05.1739, juris; von Feldmann Grundeigentum 2007, 1422; Schröer NZBau 2009, 166.

[2519] OVG Hamburg BauR 2009, 1867. Zur Frage, unter welchen Voraussetzungen ein Bordellbetrieb in einem Gewerbegebiet im Einzelfall unzulässig ist, weil er angesichts bereits vorhandener oder genehmigter Betriebe des Prostitutionsgewerbes der Eigenart des Baugebietes „nach Anzahl" widerspricht OVG Koblenz DVBl. 2009, 1395.

struktur zu erhalten und zu stärken, indem das Gebiet weiterhin vor allem dem produzierenden und verarbeitenden Gewerbe vorbehalten bleibt, kann mit dem Instrumentarium bauplanerischer Festsetzungen erreicht werden. Grundsätzlich ist es möglich, die Nutzungsstruktur eines bereits bebauten Gebietes durch bauplanerische Festsetzungen in städtebaulich relevanter Weise günstig zu beeinflussen. Der vollständige Ausschluss von Vergnügungsstätten[2520] in einem Gewerbegebiet und der vollständige Ausschluss von Bordellen und bordellartigen Betrieben im Industrie- und Gewerbegebiet kann im Wege der Gliederung der jeweiligen Gebiete (bezüglich der Vergnügungsstätten gemäß § 1 V BauNVO, im Übrigen gemäß § 1 IX BauNVO) erreicht werden.[2521] Ein solches Ziel, das mit dem genannten bauplanerischen Instrumentarium gesichert werden kann, ist auch durch eine Veränderungssperre sicherungsfähig.[2522] Die Verhinderung eines trading-down-Effekts ist ein besonderer städtebaulicher Grund, der den Ausschluss von Vergnügungsstätten nach § 1 IX BauNVO rechtfertigen kann.[2523] Solche städtebaulichen Missstände beurteilen sich nicht nach der Zahl vorhandener störender Betriebe, sondern sind vom jeweiligen Einzelfall abhängig.[2524]

1238 **Einzelhandelsbetriebe** gehören zwar auch zu den Gewerbebetrieben aller Art. Die Zulässigkeit der Einzelhandelsnutzung ist jedoch bei großflächigen Einzelhandelsbetrieben oder Einkaufszentren durch § 11 III BauNVO beschränkt.[2525] Es gelten dabei allerdings die jeweiligen Fassungen der BauNVO, auf deren Grundlage der Bebauungsplan erlassen worden ist. Die BauNVO 1962 enthielt keine Einschränkungen für Einzelhandelsbetriebe in Gewerbegebieten. Nach § 11 III BauNVO 1968 waren Einkaufszentren und Verbrauchermärkte, die außerhalb von Kerngebieten errichtet werden sollen und die nach Lage, Umfang und Zweckbestimmung vorwiegend der übergemeindlichen Versorgung dienen sollen, als Sondergebiete darzustellen und festzusetzen. § 11 III BauNVO brachte sodann eine (widerlegliche) Vermutungsgrenze von 1.500 m² Geschossfläche, die durch die BauNVO 1987 auf 1.200 m² gesenkt wurde. Diese Regelung wurde in die BauNVO 1990 übernommen. Großflächige Einzelhandelsbetriebe im Sinne von § 11 III 1 Nr. 2 BauNVO stellen einen eigenständigen Anlagentyp iSv § 1 IX BauNVO dar, und zwar unabhängig davon, ob von ihnen die in der Vorschrift beschriebenen Wirkungen ausgehen oder nicht. § 1 IX BauNVO gestattet – über § 1 V BauNVO hinausgehend –, einzelne Unterarten von Nutzungen, welche die Baunutzungsverordnung selbst nicht angeführt hat, mit planerischen Festsetzungen zu erfassen.[2526] Differenzierungen nach § 1 IX BauNVO dürfen sich indes nur auf bestimmte Anlagentypen beziehen. Zulässige Differenzierungskriterien können sowohl Gattungsbezeichnungen und ähnliche typisierende Beschreibungen, aber auch auf die Größe einer Anlage bezogene Kriterien wie zB die Verkaufs- oder Geschossfläche sein. Die gewählten Kriterien müssen eine ausreichende Abgrenzung von anderen Anlagentypen gewährleisten und sich auf einen Anlagentyp beziehen, der in der sozialen und ökonomischen Realität bereits vorhanden ist.[2527] Einzelhandelsbetriebe, die im Sinne von § 11 III 1 Nr. 2 BauNVO großflächig sind, stellen einen solchen eigenständigen Anlagentyp dar,[2528] und zwar unabhängig davon, ob von ihnen die in § 11 III 1 Nr. 2 BauNVO beschriebenen Wirkungen ausgehen oder nicht. Nur im letzteren Fall macht der Ausschluss großflächigen Einzelhandels im festgesetzten Gewerbegebiet im Übrigen Sinn. Da großflächige Einzelhandelsbetriebe mit den Wirkungen des § 11 III 1 Nr. 2 BauNVO außer in Kerngebieten nur in für sie festgesetzten Sondergebieten zulässig sind, müssen sie im Gewerbegebiet nicht ausgeschlossen werden; sie sind dort ohne Weiteres unzulässig. Wählt eine Gemeinde die Verkaufsfläche als Differenzierungskriterium, so sind Betriebe, die diese Fläche über- bzw. unterschreiten, nicht schon allein deshalb eine eigenständige Anlagenart. Vielmehr muss die Gemeinde darlegen, warum Betriebe unter bzw. über den von ihr festgesetzten Größen generell oder doch jedenfalls unter Berücksichtigung der besonderen örtlichen Verhältnisse einem bestimm-

---

[2520] Zum Glücksspielstaatsvertrag und den Ausführungsgesetzen der Länder Kneer BWGZ 2013, 103, dort auch zu den Auswirkungen auf die kommunale Planungshoheit.

[2521] Von Feldmann Grundeigentum 2007, 1422; Schröer NZBau 2009, 166.

[2522] VGH Kassel ZfBR 2004, 390.

[2523] OVG Bautzen GewArch 2022, 477; VGH München, Beschl. v. 4.12.2017 – 1 ZB 16.1233, juris Rn. 6; OVG Koblenz Beschl. v. 27.8.2009 – 8 A 10480/09, juris Rn. 14.

[2524] BVerwG ZfBR 2008, 799.

[2525] Zur Großflächigkeit und Agglomeration von Einzelhandelsbetrieben Schröer NJW 2009, 1729.

[2526] BVerwGE 77, 317.

[2527] BVerwG ZfBR 2014, 574 Rn. 10 mwN.

[2528] BVerwG Urt. v. 22.5.1987 – 4 C 77.84, juris Rn. 25.

ten Anlagentyp entsprechen.[2529] Ist in einer als überbaubar ausgewiesenen Grundstücksfläche die Art der baulichen Nutzung nicht festgesetzt worden, ist ein Einkaufszentrum auch dann unzulässig, wenn es damals sowohl in einem Gewerbegebiet (§ 8 BauNVO 1962) als auch in einem Industriegebiet (§ 9 BauNVO 1962) zulässig gewesen wäre.[2530]

Hinweis: Für ältere Bebauungspläne empfiehlt sich ggf. eine Umstellung auf die neue Fassung der BauNVO, um sicherzustellen, dass großflächige Einzelhandelsbetriebe mit nachteiligen städtebaulichen oder infrastrukturellen Auswirkungen nur in Kerngebieten oder dafür ausgewiesenen Sondergebieten zulässig sind. Auch kann unterhalb der Vermutungsgrenze in § 11 III BauNVO die Einzelhandelsnutzung nach § 1 V bzw. IX BauNVO beschränkt oder ganz ausgeschlossen werden, wenn besondere städtebauliche Gründe dies rechtfertigen.

Anlagen für **sportliche Zwecke** sind seit der BauNVO 1990 in einem Gewerbegebiet 1239
allgemein zulässig (§ 8 II 4 BauGB). Die Regelung hat allerdings keine rückwirkende Kraft, sodass es für Gewerbegebiete, die auf Grund einer älteren Fassung der BauNVO ausgewiesen worden sind, bei der bisherigen Regelung verbleibt. Danach konnten in Gewerbegebieten ausnahmsweise Anlagen für sportliche Zwecke zugelassen werden (§ 8 III BauNVO 1962).

Hinweis: Will die planende Gemeinde in einem Gewerbegebiet Anlagen für sportliche Zwecke verhindern, so kann sie diese Nutzung bei entsprechenden besonderen städtebaulichen Gründen nach § 1 IX BauNVO ausschließen.

Ausnahmsweise ist im Gewerbegebiet das **betriebsbezogene Wohnen** zulässig (§ 8 III 1240
Nr. 1 BauNVO). Durch die BauNVO 1990 ist dabei klargestellt, dass die Wohnungen dem Gewerbebetrieb zugeordnet sein müssen und ihm gegenüber in Grundfläche und Baumasse nur untergeordnete Bedeutung haben dürfen.[2531] Der Verordnungsgeber hat damit auf Fehlentwicklungen reagiert, bei denen die Betriebswohnung als die Hauptsache erschien, während der Gewerbebetrieb nur untergeordnete Bedeutung hatte. Für die Zulassung einer betriebsbezogenen Wohnung ist es erforderlich, dass die dort lebenden Personen wegen der Art des Betriebes oder zur Wartung von Betriebseinrichtungen oder aus Sicherheitsgründen ständig erreichbar sein müssen, und deswegen das Wohnen solcher Personen nahe dem Betrieb erforderlich ist. Für Betriebsleiter und Betriebsinhaber können wegen ihrer engen Bindungen an den Betrieb Wohnungen auf oder nahe dem Betriebsgrundstück auch dann zulässig sein, wenn der Betrieb ihre ständige Einsatzbereitschaft nicht zwingend erfordert; aber auch dann muss ihr Wohnen auf oder nahe dem Betriebsgrundstück mit Rücksicht auf Art und Größe des Betriebes aus betrieblichen Gründen objektiv sinnvoll sein.[2532] Keine betriebsbezogenen Gründe sind zB die mit dem Arbeiten und Wohnen „unter einem Dach" verbundenen Vorteile oder die günstigen Wohnkosten in Gewerbegebieten.[2533] Allein der Umstand, dass der Bewohner in einem arbeitsrechtlichen Verhältnis zu dem vermietenden gewerblich tätigen Unternehmen steht, vermag eine Wohnnutzung nicht in eine gewerbliche Nutzung zu verwandeln.[2534]

Beispiel: Ein Architekt errichtet in einem Gewerbegebiet wegen der dort niedrigen Bodenpreise ein Wohnhaus, in dem er zugleich auch sein Büro einrichtet. Gegenüber heranrückenden Gewerbebetrieben beruft er sich auf den Schutz seiner Betriebswohnung. Die BauNVO 1990 will erreichen, dass Kollisionen unterschiedlicher Nutzungen auf Fälle beschränkt bleiben, in denen die gewerbliche Nutzung im Vordergrund steht und nicht wegen der genehmigten hohen Zahl an Betriebswohnungen das Gewerbegebiet am Ende in ein Mischgebiet „umkippt". Auch ist ein Umwandeln von Betriebswohnungen in frei verfügbare Wohnungen aus diesen Gründen unzulässig. Für die Beschränkung der ausnahmsweisen Zulässigkeit von Betriebswohnungen im Gewerbegebiet auf eine Wohnung pro

---

[2529] BVerwG ZfBR 2020, 675; BVerwGE 77, 317; NVwZ 1987, 1076; NVwZ-RR 1999, 9; BauR 2009, 1102 (1103).

[2530] OVG Saarlouis BRS 76 Nr 200 (2010).

[2531] OVG Münster Beschl. v. 27.1.1999 – 3 B 101/96, juris.

[2532] VG Augsburg Urt. v. 15.3.2023 – Au 4 K 22,879, juris Rn. 42; BVerwG Beschl. v. 22.6.1999 – 4 B 46.99, juris Rn. 5 f.; Söfker in EZBK, BauGB, 2022, § 8 BauNVO Rn. 37.

[2533] Stock in König/Roeser/Stock, BauNVO, 2022, § 8 Rn. 45.

[2534] VG Augsburg Urt. v. 15.3.2023 – Au 4 K 22,879, juris Rn. 42; VGH München Urt. v. 16.2.2015 – 1 B 13.648 juris Rn. 25.

Grundstück[2535] oder eine Festsetzung im Bebauungsplan, dass betriebsbezogene Wohnungen nur innerhalb der Betriebsgebäude eingerichtet oder angebaut werden dürfen, gibt es allerdings keine Rechtsgrundlage.[2536]

1241 „Wohnartige" freiberufliche **„Lofts"** in einem ehemaligen Fabrikgebäude widersprechen der Eigenart eines nicht eingeschränkten Gewerbegebiets.[2537] Die Nutzung einer Ferienwohnung fällt regelmäßig nicht unter den Begriff des „Wohnens".[2538] Aus dem Gebietserhaltungsanspruch kann sich ein Anspruch auf Einschreiten gegen eine solche Nutzung in einem Sondergebiet „Hafenbezogenes Wohnen" ergeben.[2539] Die allgemeine Zulassung von **Betriebswohnungen** in Industrie- oder Gewerbegebieten begegnet in der Regel Bedenken im Hinblick auf die Wahrung der allgemeinen Zweckbestimmung dieser Gebietstypen.[2540] Die Umwandlung von Betriebswohnungen nach § 8 III Nr. 1 BauNVO in allgemeine Wohnungen ist eine Nutzungsänderung iS des § 29 I BauGB.[2541] Im Gewerbegebiet muss eine Wohnung für **Bereitschaftspersonen** allerdings nicht aus betrieblichen Gründen unabdingbar sein, um nach § 8 III Nr. 1 BauNVO ausnahmsweise zugelassen werden zu können. Es genügt, wenn die Betriebswohnung im Gewerbegebiet objektiv sinnvoll ist.[2542] Die Erreichbarkeit der Bereitschaftspersonen außerhalb der Betriebszeiten auch durch Mobiltelefon oder Anrufumleitung ist deshalb nicht allein schon ein Grund, der die betriebliche Erforderlichkeit der Wohnung auf dem Betriebsgrundstück ausschließt. Im Gewerbegebiet sind nur solche Gewerbebetriebe aller Art zulässig, die im Einklang mit der von der BauNVO vorausgesetzten typischen Funktion dieses Gebietes stehen und nicht anderen Baugebieten ausdrücklich oder nach ihrer allgemeinen Zweckbestimmung zugewiesen sind. Beherbergungsbetriebe, in denen gewohnt wird oder die wohnähnlich genutzt werden, sind im Gewerbegebiet unzulässig.[2543]

1242 Im Gegensatz zu den Baugebieten der §§ 2 bis 7 BauNVO, die vornehmlich oder zumindest auch zum **Wohnen** bestimmt sind, dienen Gewerbegebiete und Industriegebiete in erster Linie der Unterbringung von gewerblichen Betrieben. In ihnen soll nicht gewohnt werden. Dies bestätigen § 8 III Nr. 1 und § 9 III Nr. 1 BauNVO, nach denen nur ausnahmsweise, gleichsam als notwendige Ergänzung der gewerblichen Nutzung, Wohnungen für Aufsichts- und Bereitschaftspersonen sowie für Betriebsinhaber und -leiter zugelassen werden können. Ebenso wenig dient das Gewerbegebiet der Erholung. Die BauNVO sieht für diesen Zweck die Feststellung von Sondergebieten nach den §§ 10 und 11 II BauNVO vor. Ferner können Vorhaben mit dieser Zweckbestimmung mit dem Charakter von Baugebieten vereinbar sein, in denen weitgehend störungsfrei gewohnt werden darf. Allgemein gilt, dass Nutzungen, die nach dem Leitbild einer geordneten städtebaulichen Entwicklung den für ein Gewerbegebiet oder ein Industriegebiet typischen Nachteilen oder Belästigungen nicht ausgesetzt werden sollen, in diesem Gebiet nicht zulässig sind. Denn Bauleitpläne sollen im Rahmen einer geordneten städtebaulichen Entwicklung gem. § 1 V 2 BauGB auch dazu beitragen, eine menschenwürdige Umwelt zu sichern.[2544] Daraus folgt, dass entgegen dem Wortlaut des § 8 II Nr. 1 BauNVO nur solche „Gewerbebetriebe aller Art" im Gewerbegebiet zulässig sind, die im Einklang mit der von der BauNVO vorausgesetzten typischen Funktion dieses Gebietes stehen und nicht anderen Baugebieten ausdrücklich oder nach ihrer allgemeinen Zweckbestimmung zugewiesen sind.[2545]

1243 Auch für **betriebsbezogene Wohnungen** gelten grundsätzlich die Immissionsrichtwerte, die in einem Gewerbegebiet oder einem Industriegebiet zulässig sind. Allerdings können sich über das in § 15 I BauNVO niedergelegte Rücksichtnahmegebot Einschränkungen der gewerblichen Nutzung nur ergeben, soweit dies für den Gewerbebetrieb zumutbar ist. So sollte bei der Anordnung der Betriebsanlagen einem möglichst optimalen Schallschutz für einen in

---

2535 OVG Münster NuR 2008, 811.
2536 OVG Münster ZfBR 2009, 583; Schrader BWGZ 2009, 860.
2537 VGH München DVBl. 2008, 598.
2538 OVG Greifswald NordÖR 2008, 169 zu Ferienwohnungen im allgemeinen Wohngebiet; BVerwG NJW 1982, 2512; NVwZ 1989, 1060.
2539 OVG Lüneburg BauR 2008, 2022.
2540 VGH München GewArch 2008, 412 (LS).
2541 OVG Münster DVBl. 2008, 733.
2542 BVerwG NVwZ 1999, 1335; NVwZ 1984, 511.
2543 BVerwG DVBl. 1992, 1433.
2544 BVerwGE 68, 207.
2545 BVerwG DVBl. 1992, 1433.

der Nachbarschaft wohnenden Betriebsinhaber Rechnung getragen werden.[2546] Betriebsbezogene Wohnungen müssen sich im Übrigen mit einer höheren Immissionsbelastung abfinden.[2547] Das betriebsbezogene Wohnen muss in einem Gewerbegebiet die Ausnahme bleiben. Es wäre planungsrechtlich nicht zulässig, in einem Gewerbegebiet oder in Teilen eines Gewerbegebietes das Wohnen zur allgemein zulässigen Nutzung zu erklären. Dies wäre mit dem Gebietscharakter des Gewerbegebietes nicht vereinbar. Eine Baugenehmigung zur Errichtung eines Betriebsinhaberwohnhauses erlischt mit der **Betriebseinstellung**. Eine Verpflichtung zum Einschreiten besteht allerdings dann nicht, wenn eine über lange Jahre betriebsbezogene Wohnnutzung durch **Insolvenz** illegal wird, der Nutzerin wegen ihres Alters ein Auszug nicht zugemutet werden soll, die fortgeführte Nutzung keine unmittelbar nachteiligen Auswirkungen auf den Gebietscharakter hat und sich eine gebietsgerechte Nachnutzung konkret abzeichnet.[2548]

Auch Anlagen für **kirchliche, soziale und gesundheitliche Zwecke** (§ 8 III Nr. 2 1244 BauNVO) müssen mit der Zweckbestimmung eines Gewerbegebietes vereinbar sein.[2549] Da im Gewerbegebiet nicht gewohnt werden soll, sind in ihm ein Seniorenpflegeheim typischerweise wegen der wohnähnlichen Unterbringung der betreuten Personen unzulässig.[2550] Auch ein Krematorium mit einem Raum für eine Einäscherungszeremonie ist im Gewerbegebiet grundsätzlich unzulässig.[2551] Das gilt auch für ein als Gemeinbedarfsanlage betriebenes **Krematorium** mit Abschiedsraum. Es verträgt sich nicht mit der Zweckbestimmung eines Gewerbegebiets und kann daher nicht im Wege der Ausnahme gem. § 31 I BauGB zugelassen werden. Zur Bewältigung der gegenläufigen Nutzungskonflikte, die mit der Ansiedlung eines Krematoriums mit Abschiedsraum verbunden sind, bedarf es einer Planung iSd § 1 III 1 BauGB.[2552] Bei den Gebäuden einer Hochschule handelt es sich um Anlagen für kulturelle Zwecke, die in einem Gewerbegebiet gem. § 8 III Nr. 2 BauNVO jedenfalls ausnahmsweise zulässig sind.[2553]

Nach § 1 IV bis IX BauNVO bestehen für Gewerbegebiete zahlreiche **Gliederungs-** und 1245 **Differenzierungsmöglichkeiten**, die in der Praxis genutzt werden und sicherstellen, dass unverträgliche Nutzungskonflikte insbesondere auch im Verhältnis zu angrenzenden anderen Nutzungen ausgeschlossen oder doch auf ein erträgliches Maß reduziert werden. Gewerbegebiete können dabei so gegliedert werden, dass interne Beeinträchtigungen der Nutzungen vermieden werden und ein umfassender Schutz der in den Gebieten arbeitenden und ggf. wohnenden Bevölkerung gewährleistet ist. Zugleich kann durch eine Gliederung des Gewerbegebietes ein Schutz benachbarter Wohn- und Mischgebiete erreicht werden. Zum Schutz der Umgebung kann auch ein sog. eingeschränktes Gewerbegebiet planungsrechtlich ausgewiesen werden, dessen Nutzungen hinsichtlich ihres zulässigen Störungsgrades zwischen einem Mischgebiet und einem Gewerbegebiet liegen.[2554] In einem eingeschränkten Gewerbegebiet kann aber die Wohnnutzung auch ganz ausgeschlossen werden.[2555]

Beispiel: Die Festsetzung eines Gewerbegebiets zur Ansiedlung oder Erweiterung eines nach Spalte 1 der 4. BImSchV genehmigungspflichtigen Betriebs kann erforderlich sein, wenn durch die Inanspruchnahme der gesamten Gewerbegebietsfläche sichergestellt ist, dass innerhalb des festgesetzten Gewerbegebiets eine andere zulässige Nutzung nicht gestört werden wird.[2556]

Bei einer Gliederung nach § 1 IV 1 Nr. 2 BauNVO muss die Zweckbestimmung des jeweiligen Baugebiets gewahrt bleiben.[2557] Das BVerwG erläutert dazu, zwar treffe es durchaus zu, 1246 dass nicht jeder Ausschluss bestimmter Nutzungen zum Wegfall des Gebietscharakters führe,

---

[2546] BVerwGE 84, 322.

[2547] VGH Kassel Urt. v. 9.4.2019 – 3 C 1453/16 N, juris Rn. 65; BVerwG Urt. v. 16.03.1984 – 4 C 50/80, juris.

[2548] OVG Münster DVBl. 2009, 1193.

[2549] Zur bauplanungsrechtlichen Zulässigkeit einer Moschee in einem Gewerbegebiet, für das der Bebauungsplan ein Zu- und Ausfahrtverbot zur angrenzenden Wohnstraße festgesetzt hat OVG Koblenz BauR 2009, 1785.

[2550] BVerwG NVwZ 2002, 1384.

[2551] BVerwG NVwZ 2006, 457.

[2552] BVerwG NVwZ 2012, 825, Muckel JA 2012, 558; Wolf von der Wense NdsVBl 2013, 8, Schmidt am Busch NVwZ 2012, 82.

[2553] VGH Mannheim BauR 2013, 203; VGH München NVwZ-RR 2011, 514.

[2554] BVerwG NVwZ 1987, 970.

[2555] Zum Ausschluss von Einzelhandelsnutzungen OVG Münster NVwZ 1989, 679.

[2556] OVG Greifswald Urt. v. 19.3.2008 – 3 K 8/07, juris.

[2557] BVerwG NVwZ 2021, 1141.

wie § 1 V BauNVO zeige. Während aber § 1 V BauNVO es der Gemeinde gestatte, allgemein zulässige Arten von Nutzungen als nicht zulässig festzusetzen, erlaube § 1 IV 1 Nr. 2 und Satz 2 BauNVO nur, ein Baugebiet intern oder extern zu gliedern. Die Anforderungen an eine Gliederung nach § 1 IV 1 Nr. 2 BauNVO könnten es zwar erschweren, Immissionskonflikte zwischen gewerblichen Nutzungen und schutzbedürftiger Wohnbebauung durch Lärmemissionskontingente zu lösen. Es sei aber Sache des Bundesgesetz- und -verordnungsgebers zu entscheiden, ob er praktische Schwierigkeiten zum Anlass nehme, eine andere Ermächtigungsgrundlage für die Festsetzung von Lärmemissionskontingenten zu schaffen.[2558]

1247 Besondere Anforderungen an die gemeindliche Planung stellen sich bei vorhandenen **Gemengelagen**. Hier gilt es, durch eine verbesserte Zuordnung der Nutzungen, Schutzauflagen und eine Entzerrung unverträglicher Nutzungen zu einer Konfliktreduzierung beizutragen.[2559] Nach § 50 BImSchG sind bei raumbedeutsamen Planungen und damit auch bei der Bauleitplanung die für eine bestimmte Nutzung vorgesehenen Flächen einander so zuzuordnen, dass ua durch schädliche Umwelteinwirkungen hervorgerufene Auswirkungen auf die ausschließlich oder überwiegend dem Wohnen dienenden Gebiete sowie auf sonstige schutzbedürftige Gebiete, insbesondere öffentlich genutzte Gebiete, wichtige Verkehrswege, Freizeitgebiete und unter dem Gesichtspunkt des Naturschutzes besonders wertvolle oder besonders empfindliche Gebiete und öffentlich genutzte Gebäude, so weit wie möglich vermieden werden. Eine Bauleitplanung ist regelmäßig verfehlt, wenn sie unter Verstoß gegen den Trennungsgrundsatz dem Wohnen dienende Gebiete anderen Gebieten so zuordnet, dass schädliche Umwelteinwirkungen auf die Wohngebiete nicht soweit wie möglich vermieden werden.[2560] Allerdings ist das Trennungsgebot des § 50 BImSchG nicht strikt einzuhalten.[2561] Es müssen jedoch die Festsetzungsmöglichkeiten nach § 9 BauGB sowie der BauNVO in die Abwägung einbezogen werden. Der Bebauungsplan muss dabei nicht alle vorgefundenen Konflikte städtebaulicher Art lösen. Er darf aber die vorhandenen Konflikte nicht verfestigen oder gar verschärfen.[2562] Bei der Frage eines zulässigen Konflikttransfers kommt dem in § 15 I 2 BauNVO enthaltenen Rücksichtnahmegebot eine besondere Bedeutung zu. Es führt dazu, dass ein Bebauungsplan nicht schon deshalb als unwirksam angesehen werden muss, weil er selbst noch keine Lösung für bestimmte Konfliktsituationen enthält.[2563]

1248 **Vergnügungsstätten** sind im Gewerbegebiet nach § 8 III Nr. 3 BauNVO ausnahmsweise zulässig. Es bedarf hier jeweils der Prüfung im Einzelfall, ob eine solche Nutzung städtebauliche Konflikte aufwirft oder die Vergnügungsstätte nach ihrer Art und ihrem Umfang an dem gewählten Standort bedenkenfrei ist. Ausnahmsweise zulässig sind in einem Gewerbegebiet nicht nur kleinere Vergnügungsstätten (§ 4 a III Nr. 2 BauNVO), sondern auch kerngebietstypische Vergnügungsstätten. So kann etwa eine Großdiskothek im Gewerbegebiet bei entsprechender Anbindung an den Straßenverkehr planungsrechtlich unbedenklich und damit zulässig sein.[2564] Bei der Auslegung des Merkmals „untergeordnete Bedeutung" kann bei einem Gewerbegebiet nicht darauf abgestellt werden, ob die Spielhalle kerngebietstypisch ist.[2565] Eine Vergnügungsstätte iSd § 8 III Nr. 3 BauNVO, um die es sich bei einer Spielhalle handelt, ist in einem Gewerbegebiet zulässig, wenn sie gebietsverträglich ist. Das (faktische) Gewerbegebiet hat mit der ausnahmsweisen Zulässigkeit von auch sonst nur im Kerngebiet zulässigen Vergnügungsstätten gleichsam eine Auffangfunktion. Bei einem etwa nur 1 ha großen Gewerbegebiet kann eine Spielhallenerweiterung von 270 qm auf 610 qm aufgrund dieses Umfangs und mit damit einhergehenden Ausstrahlungswirkung das Gewerbegebiet in einer Weise dominieren, die mit dem besonderen Charakter dieses Baugebiets nach § 15 I 1 BauNVO nicht mehr vereinbar ist.[2566]

[2558] VGH München BayVBl. 2023, 121; BVerwG NVwZ 2021, 1141.

[2559] BVerwGE 50, 49.

[2560] Scheidler ZfBR 2023, 127 (128).

[2561] VGH München Urt. v. 12.2.2020 – 15 N 19.389, juris Rn. 17.

[2562] OVG Magdeburg NVwZ-RR 2008, 768.

[2563] OVG Münster Urt. v. 3.11.2022 – 7 D 269/20.NE, juris Rn. 51; OVG Magdeburg NVwZ-RR 2021, 103; 130; Scheidler ZfBR 2023, 127 (128).

[2564] Auch ein Multiplex-Kino gehört zu den kerngebietstypischen Vergnügungsstätten, so VG Gera ThürVBl. 1999, 69.

[2565] VGH München ZfBR 2011, 50. Der Betrieb einer Spielhalle von 6.00 Uhr bis 5.00 Uhr kann für die benachbarte Wohnbebauung unzumutbar sein.

[2566] VGH Mannheim BauR 2013, 203; VGH München NVwZ-RR 2011, 514.

Hinweis: Will die Gemeinde Vergnügungsstätten oder bestimmte Unterarten von Vergnügungsstätten wie Spielhallen ausschließen, so ist dies nach § 1 V bzw. IX BauNVO bei Vorliegen besonderer städtebaulicher Gründe, die in der Begründung zum Bebauungsplan zu dokumentieren sind, möglich. Will eine Gemeinde einer in einem Gewerbegebiet Bestandschutz genießenden Wohnnutzung bei der von ihr beabsichtigten Verbesserung der Ansiedlungsmöglichkeiten für Diskotheken ein Schutzniveau wie in einem Mischgebiet zubilligen, ist das Abwägungsergebnis fehlerhaft, wenn es hinter dieser eigenen Vorgabe zurückbleibt. Ob Diskotheken als kerngebietstypische Vergnügungsstätten anzusehen sind, beurteilt sich nach ihrer Größe und Ausstattung.[2567] Eine Veranstaltungshalle für 999 Personen kann als kerngebietstypische Vergnügungsstätte einzustufen sein.[2568]

Für **Aufnahmeeinrichtungen, Gemeinschaftsunterkünfte oder sonstige Unterkünfte für Flüchtlinge oder Asylbegehrende** gelten nach § 246 BauGB Sonderregelungen, von denen nach § 246 XIIIa BauGB nur Gebrauch gemacht werden darf, soweit dringend benötigte Unterkünfte im Gebiet der Gemeinde, in der sie entstehen sollen, nicht oder nicht rechtzeitig bereitgestellt werden können. Bis zum Ablauf des 31. Dezember 2027 kann nach § 246 X 1 BauGB in Gewerbegebieten (auch in Verbindung mit § 34 II BauGB) für Aufnahmeeinrichtungen, Gemeinschaftsunterkünfte oder sonstige Unterkünfte für **Flüchtlinge oder Asylbegehrende** von den Festsetzungen des Bebauungsplans befreit werden, wenn an dem Standort Anlagen für soziale Zwecke als Ausnahme zugelassen werden können oder allgemein zulässig sind und die Abweichung auch unter Würdigung nachbarlicher Interessen mit öffentlichen Belangen vereinbar ist. Mit der Regelung wollte der Gesetzgeber die unter § 246 X BauGB fallenden Anlagen in Gewerbegebieten ermöglichen, obwohl die Rechtsprechung wohnähnliche Aufnahmeeinrichtungen und Gemeinschaftsunterkünfte für Flüchtlinge oder Asylbewerber vielfach nicht als Anlagen für soziale Zwecke angesehen hat, die in Gewerbegebieten als Ausnahme zugelassen werden könnten, weil sie als gewerbegebietsunverträglich eingestuft wurden.[2569] Dem Gesetzgeber ging es darum, Asylbewerberunterkünfte von Gesetzes wegen als gewerbegebietsverträglich einzustufen. Hieraus folgt, dass es sich bei einer Unterkunft, die im Wege der Befreiung über § 246 X 1 BauGB in einem Gewerbegebiet zugelassen wird, in der Regel um keine gebietsfremde Nutzung handelt. Liegt ein festgesetztes oder faktisches Gewerbegebiet vor, dann wirkt sich die Zulassung von Unterkünften für Flüchtlinge oder Asylbegehrende in der Regel nicht auf den Gebietscharakter aus.[2570] 1249

Soweit in den Baugebieten nach den §§ 2 bis 8 BauNVO (auch in Verbindung mit § 34 II BauNVO) Anlagen für soziale Zwecke als Ausnahme zugelassen werden können, gilt § 31 I BauGB nach § 246 XI 1 BauGB mit der Maßgabe, dass Anlagen für soziale Zwecke, die der Unterbringung und weiteren Versorgung von Flüchtlingen und Asylbegehrenden dienen, dort bis zum Ablauf des 31.12.2027 in der Regel zugelassen werden sollen. Bis zum Ablauf des 31.12.2027 kann nach § 246 XII 1 BauGB für die auf längstens drei Jahre zu befristende 1. Errichtung mobiler Unterkünfte für Flüchtlinge oder Asylbegehrende, 2. Nutzungsänderung zulässigerweise errichteter baulicher Anlagen in Gewerbe- und Industriegebieten sowie in Sondergebieten nach den §§ 8 bis 11 BauNVO (auch in Verbindung mit § 34 II BauNVO) in Aufnahmeeinrichtungen, Gemeinschaftsunterkünfte oder sonstige Unterkünfte für Flüchtlinge oder Asylbegehrende von den Festsetzungen des Bebauungsplans befreit werden, wenn die Befreiung auch unter Würdigung nachbarlicher Interessen mit den öffentlichen Belangen vereinbar ist. Die in § 246 XII 1 BauGB genannte Frist von drei Jahren kann bei Vorliegen der dort genannten Befreiungsvoraussetzungen um weitere drei Jahre verlängert werden, längstens jedoch bis zum Ablauf des 31.12.2030. Sofern die Frist bereits abgelaufen ist, gilt nach § 246 XII 3 die Vorschrift des § 246 XII 1 BauGB auch für die auf drei Jahre, längstens jedoch bis zum Ablauf des 31.12.2030 zu befristende Fortsetzung der zuvor ausgeübten Nutzung einer bestehenden baulichen Anlage entsprechend. 1250

[2567] VGH Mannheim DVBl. 2011, 239. Zur planungsrechtlichen Steuerung und Genehmigung von Spielhallen Lieber VBlBW 2011, 6; Stüer ZfWG 2010, 386; Kraus KommunalPraxis 2010, 376; Schröer NZBau 2010, 743; Brandenburg/Brunner BauR 2010, 1851. Zur Betriebszeitenbeschränkung für eine Tanzdiskothek in einem allgemeinen Wohngebiet, für die eine Baugenehmigung zum Betrieb einer Schankwirtschaft vorliegt OVG Bautzen BauR 2010, 946.

[2568] OVG Münster Beschl. v. 15.4.2011 – 7 B 1263/10, juris.

[2569] BVerwG ZfBR 2019, 158.

[2570] BVerwG ZfBR 2019, 158.

1251 Soweit auch bei Anwendung von § 246 VIII-XIII BauGB dringend benötigte Unterkunftsmöglichkeiten im Gebiet der Gemeinde, in der sie entstehen sollen, nicht oder nicht rechtzeitig bereitgestellt werden können, kann nach § 246 XIV 1 BauGB bei Aufnahmeeinrichtungen, Gemeinschaftsunterkünften oder sonstigen Unterkünften für Flüchtlinge oder Asylbegehrende bis zum Ablauf des 31.12.2027 von den Vorschriften des BauGB oder den aufgrund des BauGB erlassenen Vorschriften in erforderlichem Umfang abgewichen werden. Zuständig ist für die **Abweichungsentscheidung** nach § 246 XIV 2 BauGB die höhere Verwaltungsbehörde. Die Gemeinde ist anzuhören; diese Anhörung tritt auch an die Stelle des in § 14 II 2 BauGB vorgesehenen Einvernehmens (§ 246 XIV 3 BauGB). Diese Regelung findet keine Anwendung, wenn Vorhabenträger die Gemeinde oder in deren Auftrag ein Dritter ist (§ 246 XIV 4 BauGB). Die Abweichungsentscheidung der höheren Verwaltungsbehörde stellt gegenüber der Gemeinde, auf deren Gebiet die Gemeinschaftsunterkunft errichtet werden soll, einen Verwaltungsakt dar. Der Widerspruch der Gemeinde gegen eine solche Abweichungsentscheidung entfaltet keine aufschiebende Wirkung. Die Abweichungsentscheidung ist eine behördliche Verfahrenshandlung im Sinne von § 44a VwGO.[2571]

1252 **Nachbarn** können sich gegen ein **„Umkippen"** eines Gewerbegebietes etwa in ein Industriegebiet selbst dann wehren, wenn sie durch das einzelne hinzukommende Vorhaben nicht tatsächlich betroffen werden. Denn der Eigentümer eines Grundstücks im durch Bebauungsplan festgesetzten Gewerbegebiet hat einen Abwehranspruch gegen die Genehmigung eines iS des § 8 I BauNVO – seiner Art nach – erheblich belästigenden und daher nur in einem Industriegebiet nach § 9 BauNVO allgemein zulässigen Gewerbebetriebs. Darauf, ob die von dem Gewerbebetrieb ausgehenden Belästigungen unzumutbar iS des § 15 I 2 BauNVO oder erheblich iS des § 5 I Nr. 1 BImSchG sind, kommt es – anders als bei Abwehransprüchen von Betroffenen außerhalb des Gebiets – für den Schutz des Gebiets vor einer „schleichenden Umwandlung" nicht an.[2572] Der Nachbarschutz kann auch in umgekehrter Richtung bestehen.

Beispiel: Rückt eine Wohnbebauung an einen vorhandenen Schreinerei- und Sägewerksbetrieb heran und werden hierdurch Belastung an der Schwelle zur Gesundheitsgefährdung hervorgerufen, so kann dies einen Abwehranspruch des Betriebes auslösen.[2573]

1253 Das Interesse an auch lärmintensiveren Entwicklungsmöglichkeiten für ein gewerblich genutztes Grundstück wird durch die Erweiterung des Gewerbegebiets dann nicht in abwägungsbeachtlicher Weise betroffen, wenn sich die planbedingt ermöglichte Zusatzbelastung als geringfügig erweist. Die Zusatzbelastung durch die Erweiterung eines Gewerbegebiets ist dann bloß geringfügig (irrelevant), wenn durch eine Geräuschkontingentierung sichergestellt ist, dass die von der Erweiterungsfläche ausgehenden Lärmemissionen die Immissionsrichtwerte an den maßgeblichen Immissionsorten um 6 dB(A) unterschreiten.[2574] Soll auf einer Fläche, die bisher als Gewerbegebiet ausgewiesen war, durch Bauleitplanung ein Mischgebiet festgesetzt werden, so sind in die Abwägung die Belange der betroffenen Grundstückseigentümer sowohl im Hinblick auf ihr abstraktes Interesse an der Beibehaltung der bestehenden Planungssituation als auch einzelfallbezogen durch die Berücksichtigung der tatsächlich (zulässigerweise) ausgeübten und der in absehbarer Zeit hinreichend konkret beabsichtigten Planung einzustellen. Ist tatsächlich bereits ein Mischgebiet vorhanden, so kommt den Interessen der betroffenen Grundstückseigentümer an der Beibehaltung der formalen Ausweisung als Gewerbegebiet regelmäßig nur geringes Gewicht bei.[2575] Der allgemeine Wunsch, Gewerbegebiete im Gemeindegebiet ausschließlich produzierenden und verarbeitenden Betrieben vorzubehalten, ist keine hinreichende städtebauliche Rechtfertigung dafür, jede beliebige andere an sich zulässige Nutzung auszuschließen.[2576]

1254 **k) Industriegebiete.** Sie dienen nach § 9 I BauNVO ausschließlich der Unterbringung von Gewerbebetrieben, und zwar vorwiegend solcher Betriebe, die in anderen Baugebieten unzulässig sind. Industriegebiete werden regelmäßig das flächenintensive störende Großgewerbe auf-

2571 VG Schwerin Beschl. v. 29.8.2023 – 2 B 1269/23 SN, juris Rn. 13 ff.; Scheidler NVwZ 2016, 744 (747).

2572 BVerwG NVwZ 2000, 679.

2573 VGH München KommunalPraxis BY 2008, 387; zur verbesserten Einbringung von Gesundheitsbelangen Welteke/Sierig/Hornberg Immissionsschutz 2007, 18.

2574 OVG Koblenz NVwZ-RR 2021, 1049.

2575 VGH Kassel ZfBR 2013, 586.

2576 OVG Münster NVwZ-RR 2013, 403.

nehmen. Hierzu gehören die im (großen) immissionsschutzrechtlichen Genehmigungsverfahren nach § 4 BImSchG i.V. mit § 2 der 4. BImSchV genehmigungsbedürftigen Anlagen, die im Mischgebiet grundsätzlich nicht zulässig sind und auch im Gewerbegebiet nur auf Grund einer Einzelfallprüfung zugelassen werden können. Auch (nur) baurechtlich genehmigte Betriebe können im Einzelfall industriegebietspflichtig sein und so den Gebietscharakter mitprägen.[2577] Orientierungswerte für die Obergrenzen des Maßes der baulichen Nutzung (§ 17 S. 1 BauNVO) betragen bei der Grundflächenzahl (GRZ) 0,8, bei der Geschossflächenzahl (GFZ) 2, 4 und bei der Baumassenzahl (BMZ) 10,0.

§ 9 I BauNVO bestimmt keine Obergrenzen für das Maß der zulässigen Immissionen.[2578] **1255**
Solche können sich aber aus dem Anlagenzulassungsrecht, aus dem Rücksichtnahmegebot, aus einzelnen Regelwerken und nicht zuletzt aus den Gliederungsmöglichkeiten nach § 1 IVX BauNVO ergeben.[2579] Für die zulässigen Lärmimmissionen und Luftbelastungen können die TA Lärm und die TA Luft als **antizipierte Sachverständigengutachten**[2580] bzw. **normkonkretisierendes Verwaltungshandeln**[2581] von Bedeutung sein. Im Rahmen der Bauleitplanung kann die TA Lärm zur Bestimmung der Zumutbarkeit der Geräuschimmissionen des Zu- und Abfahrtsverkehrs herangezogen werden. Lärmschutzbelange sind grundsätzlich dann in die Abwägung einzubeziehen, wenn die Lärmbelastung infolge des Bebauungsplans ansteigt. Auch eine planbedingte **Zunahme des Verkehrslärms** gehört grundsätzlich zu den abwägungsrelevanten Belangen bei der Aufstellung eines Bebauungsplans.[2582] Ist der Lärmzuwachs völlig geringfügig oder wirkt er sich nur unwesentlich auf ein Grundstück aus, muss er nicht in die Abwägung eingestellt werden.[2583] Die Lärmgrenzwerte der Verkehrslärmschutzverordnung (16. BImSchV), auf die Nr. 7.4 II der TA Lärm verweist, haben in der bauleitplanerischen Abwägung die Funktion von **Orientierungswerten**, von denen nach der konkreten Planungssituation abgewichen werden darf.[2584]

„Industrie" bedeutet gewerbliche Massenerzeugung bzw. „industriell" großgewerbliche **1256**
Produktion oder Verarbeitung. Industriebetriebe sind eine Teilmenge der Gewerbebetriebe. Industriebetriebe sind durch Produktions- oder Verarbeitungsprozesse gekennzeichnet. In Abgrenzung zum produzierenden und verarbeitenden Gewerbe werden in Industriebetrieben große Mengen an Stoffen verarbeitet. Dies ist zumeist mit einem entsprechenden Störungsgrad verbunden. Hinweise zur Unterscheidung zwischen Industrie und Gewerbe gibt die BauNVO. Gewerbegebiete dienen vorwiegend der Unterbringung von nicht erheblich belästigenden Gewerbebetrieben (§ 8 BauNVO).[2585] In Industriegebieten sollen solche Gewerbebetriebe untergebracht werden, die in anderen Baugebieten unzulässig sind (§ 9 BauNVO). Gewerbe- und Industriebetriebe unterscheiden sich danach im Ausmaß der Belästigung. Welche Gewerbebetriebe den erheblich belästigenden Betrieben zugerechnet werden, benennt die BauNVO nicht. Was unter dem Begriff einer erheblichen Belästigung zu verstehen ist, wird in der BauNVO ebenfalls nicht definiert. Es ist dabei zu unterscheiden zwischen Belästigung und schädlicher Wirkung. Eine Belästigung setzt unterhalb der Schwelle einer schädigenden Wirkung ein. Die Übergänge zwischen Belästigung und schädigender Wirkung können fließend sein. Es kann bestimmte Wirkfaktoren geben, die belästigend sind, aber noch nicht schädigen (zB visuelle Wirkfaktoren). Andere Wirkfaktoren können Schäden hervorrufen ohne belästi-

---

2577 OVG Münster BauR 2022, 869.

2578 Dazu Schiller in Bracher/Reidt/Schiller, Bauplanungsrecht, 2022, Rn. 18.470.

2579 Schiller in Bracher/Reidt/Schiller, Bauplanungsrecht, 2022, Rn. 18.470.

2580 BVerwGE 55, 250.

2581 Zur normenkonkretisierenden Funktion der TA Lärm VG Hannover Beschl. v. 13.10.2023 – 12 B 1365/23, juris Rn. 35; OVG Bautzen Beschl. v. 18.9.2023 – 1 B 90/23, juris Rn. 21; BVerwG Urt. v. 29.11.2012 – 4 C 8.11, juris Rn. 18 mwN; BVerwG NVwZ 1988, 824; zur normenkonkretisierenden Funktion der TA Luft VGH München ZfB 2023, 121; der Prüfungen der Stickstoffauswirkungen ergänzend zur TA Luft heranziehbare LAI-Leitfaden 2012 ist hingegen keine normkonkretisierende Verwaltungsvorschrift, siehe BVerwG NVwZ-RR 2023, 95; BVerwGE 171, 140 Rn. 21 f.

2582 VGH München Urt. v. 26.6.2023 – 15 N 22.1975, juris Rn. 21.

2583 VGH München Urt. v. 26.6.2023 – 15 N 22.1975, juris Rn. 21.

2584 BVerwG NVwZ 2008, 426; Geschwindigkeitsbegrenzung aus Gründen des Lärmschutzes OVG Münster Beschl. v. 27.10.2023 – 8 B 688, juris.

2585 Zur planungsrechtlichen Zulässigkeit einer Krypta in einem Industriegebiet BVerwG BauR 2011, 623; Troidl BauR 2012, 183, dort zugleich zum Spannungsverhältnis zwischen öffentlichem Baurecht und Religionsfreiheit.

gend zu wirken (zB Erschütterungen). Typische Faktoren, die von der Belästigung bis zur Schädigung wirken können, sind etwa Lärm-, Geruchs- und Staubemissionen. Werden mit den jeweiligen Anlagen typischerweise Werte überschritten, die einen erheblichen Störungsgrad hervorrufen, sind derartige Anlagen in ein Industriegebiet verwiesen. Anhaltspunkte dafür können sich etwa aus einem erheblichen Geruchspotenzial der verwendeten Stoffe zB bei der Abfallverwertung oder Lärmimmissionen von mehr als 65 dB(A) ergeben.[2586]

1257 Eine Konkretisierung des Begriffs **„erhebliche Belästigung"** ist über das **BImSchG** möglich, das den Schutz vor schädlichen Umwelteinwirkungen (= Gefahren, erhebliche Nachteile und erhebliche Belästigungen) bezweckt. Das BImSchG unterscheidet zwischen genehmigungspflichtigen und nicht genehmigungspflichtigen Anlagen. Eine ausdrückliche Abgrenzung zwischen Gewerbe- und Industriebetrieben wird allerdings auch im BImSchG nicht vorgenommen. Genehmigungspflichtig sind solche Anlagen, die auf Grund ihrer Beschaffenheit und ihres Betriebes in besonderem Maße geeignet sind, die Allgemeinheit oder die Nachbarschaft zu gefährden, erheblich zu beeinträchtigen oder erheblich zu belästigen. Genehmigungspflichtige Anlagen verfügen demnach über das Potenzial „erheblich belästigend" zu wirken und sind demzufolge grundsätzlich als Industrieanlagen einzustufen. Aus der Tatsache niedriger Schadstoffemissionen allein kann die Zuordnung zu einem Gewerbegebiet nicht abgeleitet werden. Vielmehr kommt es bei der Einordnung auch auf den typischen Charakter der jeweiligen Anlage an. Denn auch ein Atomkraftwerk muss trotz einer erheblichen Schadensvorsorge als Industrieanlage eingestuft werden. Sie wird von der Elektrizitätswirtschaft betrieben, die allgemein dem Industrie- und nicht dem Gewerbezweig zugerechnet wird.

1258 Auch dem **Abstandserlass NRW** können indirekte Hinweise auf den Charakter einer Anlage entnommen werden: Je größer der geforderte Abstand ist, desto größer ist auch das Emissionspotenzial bzw. das mögliche Ausmaß der erheblichen Belästigung. Der Erlass trägt dabei dem Umstand Rechnung, dass es bei emittierenden Anlagen trotz Maßnahmen zur Emissionsminderung zu erheblichen Belästigungen kommen kann, wenn der Abstand zwischen Emissionsquelle und schutzbedürftigen Gebieten nicht groß genug gewählt wurde.[2587] Unter Berücksichtigung der konkreten Betriebsverhältnisse und des Zuschnitts des jeweiligen Betriebs ist dabei eine typisierende Abschätzung vorzunehmen.[2588] Der Abstandserlass beruht auf einschlägigen Verwaltungsvorschriften des Bundes (TA Lärm und TA Luft) und des Landes (zB Geruchsimmissionsrichtlinie – GIRL) und berücksichtigt natürlich bundes- und landesgesetzliche Anforderungen, zB solchen des Störfallrechts. Der Abstandserlass gilt gemäß Ziffer 3.2 nicht für Planfeststellungsverfahren und sonstige öffentlich-rechtliche Zulassungsverfahren; er schließt es nach seinem Sinn und Zweck nicht aus, dass im Einzelfall auch geringere Abstände als im Erlass vorgesehen zugelassen werden können.[2589]

1259 Eine weitere Differenzierung der nach dem BImSchG genehmigungspflichtigen Anlagen wird durch die **Störfallverordnung (12. BImSchV)** vorgenommen. Der Störfallverordnung unterliegen Anlagen, in denen Stoffe vorhanden sind oder bei einer Störung entstehen können, die eine **ernste Gefahr** hervorrufen können. Stoffbeispiele aus Anhang II der Störfallverordnung hierfür sind brennbare Gase und explosionsfähige Gemische. Soweit solche Anlagen in anderen Baugebieten unzulässig sind, kommt ihre Ansiedlung in einem Industriegebiet in Betracht. In der Störfallverordnung werden darüber hinaus an ausgewiesene Anlagentypen weitergehende Sicherheitsanforderungen gestellt. Die in Anhang I der Störfallverordnung genannten Anlagen besitzen alle Merkmale, die im Allgemeinen Industriebetrieben zugeschrieben werden. Dies sind insbesondere die Merkmale der Nutzung chemischer oder physikalischer Prozesse, Erzeugung oder Be- bzw. Verarbeitung von Massenprodukten, hohe Anlagendurchsätze. Die jeweiligen Anlagen werden daher grundsätzlich als Industriebetrieb einzustufen sein. Allerdings kommt auch die Ansiedlung eines Störfallbetriebs in einem Gewerbegebiet in Betracht, wenn von der Anlage im **Normalbetrieb** keine erheblichen Belästigungen ausgehen.[2590] Grundsätz-

[2586] Zur Steuerung von Industrievorhaben durch Landes- und Regionalplanung Schink I+E 2011, 211. Zur planerischen Steuerung von Industrievorhaben durch Bauleitplanung Kuschnerus BauR 2011, 602; ders., BauR 2011, 761.

[2587] BVerwG ZfBR 2001, 287.

[2588] OVG Bautzen DÖV 2013, 162; BVerwG BauR 1986, 414.

[2589] VG Düsseldorf KommJur 2023, 20; OVG Münster Urt. v. 6.9.2013 – 11 D 118/10.AK, juris Rn. 148 ff., und v. 24.8.2016 – 11 D 2/14.AK, juris Rn. 250 ff

[2590] VGH Mannheim Urt. v. 22.2.2022 – 6 S 1251/20, juris Rn. 45 zu einem Sprengstofflager im Gewerbegebiet.

lich kommt es für die Zuordnung eines Bauvorhabens zu einem Plangebiet nicht auf den „Störfall" an, also nicht auf ein folgenschweres Ereignis wie beispielsweise einen Brand oder eine Explosion, sondern auf den Regelbetrieb an. Denn grundsätzlich findet die Zuordnung zu einem bestimmten Plangebiet, beispielsweise zu einem Gewerbegebiet für nicht erheblich belästigende Gewerbebetriebe oder zu einem Industriegebiet für solche Betriebe, die in anderen Baugebieten unzulässig sind nach dem Regelfall und nicht dem Störfall statt. Ein Betrieb ist als baunutzungsrechtlich unverträglich einzustufen, wenn Betriebe seines Typs bei funktionsgerechter Nutzung üblicherweise für die Umgebung in diesem Sinne unzumutbare Störungen hervorrufen können; auf das Maß der konkret hervorgerufenen oder in Aussicht genommenen Störungen kommt es grundsätzlich nicht an.[2591] Störfallbetriebe, die der 12. BImSchV unterliegen, sind als Gewerbebetriebe in einem Gewerbe- oder Industriegebiet grundsätzlich zulässig.[2592]

Bei der Festsetzung eines Gewerbe- oder Industriegebiets können allerdings zusätzliche Festsetzungen notwendig werden, um eine hinreichende Vorsorge gegen Auswirkungen schwerer Unfälle in Betriebsbereichen nach § 3 Va BImSchG, § 1 StörfallV auf schutzbedürftige Gebiete iSd § 50 S. 1 BImSchG zu treffen. Um ausreichende Schutzabstände zwischen Störfallbetrieben und Wohnbereichen, öffentlich genutzten Gebieten, Verkehrswegen oder öffentlich genutzten Gebäuden zu sichern, kann das Gewerbegebiet nach § 1 IV 1 Nr. 2 BauNVO nach dem Emissionsverhalten der Störfallbetriebe gegliedert werden. Gliederungskriterien können dabei die Art und die Menge gefährlicher Stoffe iSd StörfallV sowie die auf Gefahrstoffarten und -mengen bezogenen Abstandsklassen der Empfehlungen der Kommission für Anlagensicherheit für Achtungsabstände im Rahmen der Bauleitplanung (KAS-18, S. 21: typisierende Richtwerte) sein. Auch können nach § 1 IX BauNVO bestimmte Anlagen ausgeschlossen oder für ausnahmsweise zulassungsfähig erklärt werden, die Betriebsbereiche iSd StörfallV bilden oder Teil solcher Betriebsbereiche sind.[2593] 1260

Soll ein Bebauungsplan die Errichtung und den Betrieb eines Störfallbetriebs ermöglichen und befinden sich in der Nähe der hierfür vorgesehenen Fläche schutzbedürftige Nutzungen, darf die Gemeinde die Lösung eines daraus entstehenden Nutzungskonflikts nur dann in das immissionsschutzrechtliche Genehmigungsverfahren verweisen, wenn dieser Konflikt dort bei vorausschauender Betrachtung sachgerecht gelöst werden kann.[2594] Beruft sich ein Nachbar zur Begründung einer Anfechtungsklage gegen eine Genehmigung auf unzureichende Vorkehrungen zum Schutz vor einem (§ 3 Abs. 1 der 12. BImSchV) bzw. in einem Störfall (§ 3 Abs. 3 der 12. BImSchV), muss nicht nur eine dahingehende Pflichtverletzung, sondern auch konkret aufgezeigt werden, ob bzw. inwieweit der Nachbar überhaupt betroffen ist und dies von Rechts wegen nicht hinzunehmen hat.[2595] 1261

Allgemein zulässig sind in einem Industriegebiet nach § 9 II BauNVO **Gewerbebetriebe aller Art**, Lagerhäuser, Lagerplätze und öffentliche Betriebe sowie Tankstellen. Als Gewerbebetrieb aller Art sind in Industriegebieten auch solche Gewerbebetriebe zulässig, die den Störgrad von Gewerbebetrieben nicht erreichen, die ausschließlich im Industriegebiet zulässig wären. Vielmehr können auch nicht erheblich störende Betriebe im Industriegebiet angesiedelt werden dürfen. Dazu können zB auch **Photovoltaik-Anlagen** gehören.[2596] Zwar können auch Hotels als Gewerbebetriebe aller Art angesehen werden. Mit dem Hauptzweck eines Industriegebiets, nämlich störende Gewerbebetriebe unterzubringen, sind aber nur solche Nutzungen ohne weiteres vereinbar, die nicht störungsempfindlich sind. Ein Beherbergungsbetrieb 1262

2591 VGH Mannheim Urt. v. 22.2.2022 – 6 S 1251/20, juris Rn. 46; BVerwG ZfBR 2018, 685.

2592 VGH Mannheim Urt. v. 22.2.2022 – 6 S 1251/20, juris Rn 47; Stock, in: König/Roeser/Stock, BauNVO, 2022, § 8 Rn. 14 c und § 9 Rn. 14; Pützenbacher, in: Bönker/Bischopink, BauNVO, 2024, § 9 Rn. 26.

2593 Stock, in: König/Roeser/Stock, BauNVO, 2022, § 8 Rn. 14 c; Reidt/Schiller BauR 2012, 1722 (1726 ff.); Mitschang UPR 2011, 342 (346); Zur Rücksichtslosigkeit einer für ein wechselndes Publikum von bis zu 800 Personen ausgelegten Veranstaltungshalle in unmittelbarer Nachbarschaft zu Störfallbetrieben siehe VG Gelsenkirchen Urt. v. 23.2.2021 – 9 K 2942/16, juris Rn. 70 ff.

2594 BVerwG NVwZ 2010, 1246; zur Vorinstanz OVG Münster DVBl. 2009, 1385 m. Anm. Goppel DVBl. 2009, 1592; Appel UPR 2011, 161; Stüer DVBl. 2010, 333; Versteyl NuR 2009, 819; Hellriegel NuR 2010, 98; Stüer UPR 2010, 288; Vollmer IR 2011, 2; Frenz WiVerw 2010, 75; Klinger ZUR 2009, 602. Zum Störfallbetrieb in der Bauleitplanung Berkemann ZfBR 2010, 18; Hellriegel/Schmitt NuR 2010, 98.

2595 OVG Lüneburg ZNER 2023, 257.

2596 Kröninger BauR 2023, 1325.

ist bei typisierender Betrachtung jedoch störungsempfindlich. Ein Hotel oder eine Pension dienen in erster Linie der Übernachtung und häufig auch der Erholung seiner Nutzer, ggf. nicht nur im Rahmen eines Kurzzeitaufenthalts, sondern für einen längeren Zeitraum. Demnach darf der Beherbergungsbetrieb regelhaft nicht unzumutbaren Störungen und Belästigungen ausgesetzt sein. Diese Anforderung steht grundsätzlich im Widerspruch zu dem Hauptzweck eines Industriegebiets, störende Gewerbebetriebe unterzubringen. Daher ist ein typischer Beherbergungsbetrieb in Industriegebieten in der Regel nicht gebietsverträglich, es sei denn, der Betrieb selbst oder das festgesetzte Industriegebiet weisen Besonderheiten auf, die im konkreten Einzelfall die Annahme der Gebietsverträglichkeit rechtfertigen können.[2597] Auch wenn grundsätzlich Gewerbebetriebe aller Art im Industriegebiet zulässig sind, kann sich im Einzelfall ihre Unzulässigkeit natürlich aus § 15 I BauNVO ergeben.[2598]

1263 **Ausnahmsweise** können nach § 9 III BauNVO für Aufsichts- und Bereitschaftspersonen sowie für Betriebsinhaber und Betriebsleiter Wohnungen, die dem Gewerbebetrieb zugeordnet sind und ihm gegenüber in Grundfläche und Baumasse untergeordnet sind, sowie Anlagen für kirchliche, kulturelle, soziale, gesundheitliche und sportliche Zwecke zugelassen werden. Für die Zulässigkeit des betrieblichen Wohnens gelten damit vom Ausgangspunkt her die gleichen Grundsätze wie im Gewerbegebiet. Allerdings muss im Industriegebiet noch sorgfältiger als im Gewerbegebiet geprüft werden, ob es zu Konflikten mit der industriellen Nutzung kommen kann. An die Notwendigkeit des betrieblichen Wohnens sind daher beim Industriegebiet wegen des größeren Störungsgrades der industriellen Nutzung im Vergleich zum Gewerbegebiet noch höhere Anforderungen zu stellen. Geschäfts-, Büro- und Verwaltungsgebäude sind – anders als in Gewerbegebieten gem. § 8 II Nr. 2 BauNVO – in Industriegebieten als selbstständige Anlagen nicht zulässig – wohl aber als Bestandteil von Gewerbebetrieben. Das gilt auch für Beherbergungsbetriebe.[2599] Auch durch einschränkende Festsetzungen muss der Baugebietstyp eines Industriegebietes gewahrt werden. Es darf durch die Einschränkungen in Wahrheit ein anderer Gebietstyp entstehen.

Beispiel: Für die Festsetzung eines **eingeschränkten Industriegebiets** in der Weise, dass generell die Orientierungswerte eines Gewerbegebiets als Immissionsgrenzwerte vorgeschrieben werden, fehlt es an einer Rechtsgrundlage.[2600] Die Einrichtung einer **Begräbnisstätte** für Gemeindepriester mit 10 Grabplätzen innerhalb einer bestehenden syrisch-orthodoxen Kirche in einem Industriegebiet ist mit der typischen Zweckbestimmung dieses Baugebiets regelmäßig nicht vereinbar und widerspricht regelmäßig auch der konkreten Gebietseigenart.[2601]

1264 **Kerngebietstypische Vergnügungsstätten** sind in Industriegebieten gemäß § 9 BauNVO unzulässig. Eine Befreiung nach § 31 II Nr. 2 BauGB kommt nicht in Betracht, weil die Abweichung von der festgesetzten Nutzungsart städtebaulich nicht vertretbar wäre. Dies folgt aus der Unvereinbarkeit einer Diskothek mit der typischen Funktion eines Industriegebiets, wie sie sich auch aus der Neuregelung in der BauNVO 1990 ergibt.[2602]

1265 Wegen des hohen Störungsgrades von Industriebetrieben besteht ein Rechtsanspruch darauf, dass **nicht** in ihrem **Einwirkungsbereich störungsempfindliche Nutzungen** zugelassen werden, die zu Nutzungseinschränkungen führen. Allerdings können weitere störungsempfindliche Nutzungen zu einer stärkeren Rücksichtnahmepflicht der bereits vorhandenen industriellen Nutzung führen. Auch kann sich ein Industriebetrieb gegen eine gemeindliche Planung wenden, die störungsempfindliche Nutzungen zu nahe an ein ausgewiesenes Industriegebiet heranführt und hierdurch (mittelbar) die industriellen Nutzungsmöglichkeiten beeinträchtigt.

1266 Die Gemeinden haben bei der Aufstellung von Bebauungsplänen in der Nachbarschaft von ausgewiesenen Industriegebieten auf eine angemessene Trennung von immissionsempfindli-

---

[2597] OVG Hamburg ZfBR 2022, 462.

[2598] Schiller in Bracher/Reidt/Schiller, Bauplanungsrecht, 2022, Rn. 18.470.

[2599] VGH Mannheim Beschl. v. 30.7.2009 – 5 S 973/09, juris.

[2600] VGH München GewArch 2008, 412 (LS).

[2601] VGH Mannheim BauR 2010, 882.

[2602] BVerwG NVwZ 2000, 1054. Eine Wohnnutzung ist in einem Industriegebiet nur ausnahmsweise bei einer funktionalen Zuordnung zum Industriebetrieb zulässig, so OVG Saarlouis, Beschl. v. 14.3.2002 – 1 Q 11/03, juris – Betriebsleiterwohnung. Zur Unzulässigkeit eines Vorhabens, bei dem die Wohnnutzung im Vordergrund steht OVG Münster ZfBR 2003, 171; sieh auch VG Augsburg Urt. v. 15.3.2023 – Au 4 K 22.879, juris Rn. 42, zu Betriebswohnungen im Gewerbegebiet.

chen Baugebieten und Industriegebieten zu achten. Diese Trennung von unverträglichen Nutzungen gehört zu einem elementaren Planungsgrundsatz, dessen Verletzung zur Unwirksamkeit der Bauleitplanung führt.[2603] Gemäß § 50 Satz 1 BImSchG sind bei raumbedeutsamen Planungen und Maßnahmen die für eine bestimmte Nutzung vorgesehenen Flächen einander so zuzuordnen, dass schädliche Umwelteinwirkungen und von schweren Unfällen iSd Art. 3 Nr. 13 der Richtlinie 2012/18/EU in Betriebsbereichen hervorgerufene Auswirkungen auf die ausschließlich oder überwiegend dem Wohnen dienenden Gebiete sowie auf sonstige schutzbedürftige Gebiete, insbesondere öffentlich genutzte Gebiete, wichtige Verkehrswege, Freizeitgebiete und unter dem Gesichtspunkt des Naturschutzes besonders wertvolle oder besonders empfindliche Gebiete und öffentlich genutzte Gebäude, so weit wie möglich vermieden werden. Bei raumbedeutsamen Planungen und Maßnahmen in Gebieten, in denen die in Rechtsverordnungen nach § 48a I BImSchG festgelegten Immissionsgrenzwerte und Zielwerte nicht überschritten werden, ist bei der Abwägung der betroffenen Belange die Erhaltung der bestmöglichen Luftqualität als Belang zu berücksichtigen (§ 50 S. 2 BImSchG). § 50 BImSchG enthält einen Planungsgrundsatz in der Form eines Optimierungsgebots.[2604] Ob sich auf Vorgaben des Abstandserlasses Nordrhein-Westfalen Nachbarrechte ergeben können, ist zweifelhaft.[2605]

Welche Anforderungen das Trennungsgebot nach § 50 Satz 1 BImSchG an die planerische **1267** Bewältigung eines Zusammentreffens von **Störfallbetrieben** und schutzbedürftigen Nutzungen stellt und welche Bedeutung der Einhaltung von Abständen in diesem Rahmen zukommt, ist in der Rechtsprechung des EuGH und des BVerwG geklärt. Danach hängt es von den Umständen des Einzelfalls ab, wann ein angemessener Abstand eingehalten wird.[2606] Zu den bei der Bestimmung des angemessenen Abstands zu berücksichtigenden störfallspezifischen Faktoren können die Art der jeweiligen gefährlichen Stoffe, die Wahrscheinlichkeit eines schweren Unfalls in einem unter die Richtlinie fallenden Betrieb sowie die Folgen eines etwaigen Unfalls für die menschliche Gesundheit und die Umwelt, die Art der Tätigkeit der neuen Ansiedlung oder die Intensität ihrer öffentlichen Nutzung und die Leichtigkeit gehören, mit der Notfallkräfte bei einem Unfall eingreifen können. Auch technische Maßnahmen, sei es im Betriebsbereich oder außerhalb, zur Verminderung des Unfallrisikos oder zur weiteren Begrenzung möglicher Unfallfolgen können zu berücksichtigen sein.[2607]

Wird der angemessene Abstand zu einem Störfallbetrieb durch eine hinzutretende schutz- **1268** bedürftige Nutzung unterschritten, so folgt aus Art. 13 II a Seveso-III-RL bzw. § 50 Satz 1 BImSchG nicht, dass die Neuansiedlung der schutzbedürftigen Nutzung zwingend zu untersagen ist. Die Vorschriften begründen nach der Rechtsprechung des BVerwG kein striktes Verschlechterungsverbot. Vielmehr hat die zuständige Behörde unter diesen Umständen zu prüfen, ob ein Unterschreiten des angemessenen Abstands im Einzelfall vertretbar ist. Dies kommt nach Ansicht des BVerwG in Betracht, wenn im Einzelfall hinreichend gewichtige andere, also nicht störfallspezifische, insbesondere soziale, ökologische und wirtschaftliche Belange für die Zulassung des Vorhabens streiten. Aus der 12. BImSchV ergibt sich kein Gebot zur Einhaltung eines bestimmten Abstands zwischen einem Störfallbetrieb und einer schutzbedürftigen Nutzung.[2608] Bei der Prüfung, ob in Bezug auf alle in Betracht zu ziehenden gefährlichen Stoffe eine Unterschreitung von verallgemeinernd empfohlenen standardisierten Achtungsabständen im Rahmen einer Risikobewertung vertretbar erscheint, kann bei der Einzelfallabwägung auch die Wahrscheinlichkeit eingestellt werden, mit der mit der Handhabung des jeweiligen Stoffes zu rechnen ist. Davon ist das Oberverwaltungsgericht ausgegangen. Damit setzt sich die Beschwerdebegründung nicht auseinander.[2609]

[2603] BVerwGE 34, 301; BVerwGE 45, 309; BVerwGE 50, 49.

[2604] OVG Bautzen Beschl. v. 18.9.2023 – 1 B 90/23, juris Rn. 46; BVerwG ZfBR 2005, 71; Urt. v. 22.3.1985 – 4 C 73.82, juris Rn. 8.

[2605] OVG Münster Beschl. v. 23.12.2021 – 7 B 1753/21, juris Rn. 10 unter Verweis auf BVerwG BauR 2020, 679.

[2606] BVerwG ZUR 2023, 612 (613); EuGH Urt. v. 15.9.2011 – EUGH -C5310 C-53/10 Mücksch – Rn. 44, 50; BVerwGE 145, 290 Rn. 16.

[2607] BVerwG ZUR 2023, 612 (613).

[2608] BVerwG ZUR 2023, 612 (613).

[2609] BVerwG ZUR 2023, 612 (613).

1269 In kritischen Lagen kann ggfls. der Planungs- und **Abstandserlass NRW**[2610] als Orientierungshilfe zu Grunde gelegt werden oder ggf. in Ergänzung dazu ein Sachverständigengutachten über die zu erwartenden Immissionskonflikte eingeholt werden. Die Regelungen des Bebauungsplans müssen jedoch eindeutig sein.

1270 Zur Vermeidung von Konflikten können wie beim Gewerbegebiet die **Gliederungs-** und **Differenzierungsmöglichkeiten** nach § 1 IV bis IX BauNVO genutzt werden. Hiervon wird die Gemeinde etwa Gebrauch machen, um die im Industriegebiet zulässigen Gewerbebetriebe nach Art, Umfang, Bedürfnissen, Eigenschaften und Immissionsauswirkungen zu gliedern. Dabei kann die Gliederung sowohl dem Schutz benachbarter Baugebiete gelten als auch auf eine interne Differenzierung und Schonung bestimmter Teilnutzungen gerichtet sein. Die normative Zweckbestimmung eines Industriegebiets wird aber verfehlt, wenn Gewerbebetriebe ab einem gewissen Störgrad im gesamten Plangebiet durch die Festsetzung von Lärmemissionskontingenten ausgeschlossen werden.[2611] Wird ein durch Bebauungsplan ausgewiesenes Industriegebiet in Teilgebiete mit verschieden hohen **Emissionskontingenten** gegliedert, ist die Gliederung nur von § 1 IV 1 Nr. 2 BauNVO gedeckt, wenn ein Teilgebiet von einer Emissionsbeschränkung ausgenommen wird.[2612]In konkreten Ausnahmefällen können Industrieanlagen auch im Industriegebiet einmal wegen ihrer baulichen Dimensionen unzulässig sein. Geht es um die optische Auswirkungen, die von Industriebauten wegen ihrer baulichen Dimensionen auf andere Grundstücke in einem Industriegebiet und die dort befindliche Bebauung ausgehen, kommt eine Rücksichtslosigkeit wegen erdrückender Wirkung – wenn überhaupt – nur in absoluten Extremfällen in Betracht.[2613]

1271 Es ist mit § 9 I BauGB nicht vereinbar, ein **eingeschränktes Industriegebiet** in der Weise festzusetzen, dass in ihm nur die bei Inkrafttreten des Bebauungsplans bestehenden Anlagen nach § 9 II BauNVO sowie deren Änderungen und Erweiterungen im Rahmen des Bestandsschutzes zulässig sind, im Übrigen aber nur nicht erheblich belästigende Gewerbebetriebe iS des § 8 II BauNVO.[2614] Das Planungsziel, den bestehenden Betrieben die Entwicklungsmöglichkeit zum Industriebetrieb offen zu halten, ist dadurch zu erreichen, dass der Plangeber – evtl. begrenzt auf bestimmte Flächen – ein uneingeschränktes Industriegebiet festsetzt, soweit das der Trennungsgrundsatz nach den besonderen örtlichen Verhältnissen zulässt. Vor allem muss durch das städtebauliche Instrumentarium des § 1 IV bis X BauNVO die allgemeine Zweckbestimmung des Baugebietes erhalten bleiben.[2615] Das setzt voraus, dass die für den jeweiligen Gebietstyp vorgesehene Hauptnutzung überwiegend zulässig bleibt.

Beispiel: Unzulässig wären etwa Festsetzungen des Bebauungsplans: Industriegebiet (GI-[e]) eingeschränkt nach § 9 BauNVO. Zulässig nach § 9 II BauNVO sind zum Zeitpunkt des Inkrafttretens des Bebauungsplans bestehende Anlagen und deren Änderungen und Erweiterungen im Rahmen des Bestandsschutzes. Im Übrigen sind nicht erheblich belästigende Gewerbebetriebe iS des § 8 II BauNVO zulässig. Einzelhandelsbetriebe aller Art sind ausgeschlossen.[2616]

1272 Besondere Anforderungen an die Bauleitplanung stellen vorhandene **Gemengelagen**, die zwischen industrieller Nutzung und Wohnnutzung entstanden sind. Hier sollte die Planung durch entsprechende Reduzierung der Konfliktsituation und ggf. durch **Schutzauflagen** zu einer Verbesserung der vorgefundenen Situation beitragen. Eine Gemengelage kann nach der Rechtsprechung des Bundesverwaltungsgerichts und in entsprechender Anwendung von Nr. 6.7 TA Lärm die Anhebung der in Anwendung des gegenseitigen Gebots der Rücksicht-

---

2610 RdErl. des Umweltministeriums NRW vom 6.6.2007; ausführlicher dazu Reidt in Bracher/Reidt/Schiller, Bauplanungsrecht, 2022, Rn. 11.378; Abstände zwischen Industrie- bzw. Gewerbegebieten und Wohngebieten im Rahmen der Bauleitplanung und sonstige für den Immissionsschutz bedeutsame Abstände (Abstandserlass), siehe auch OVG Münster Urt. v. 2.3.2023 – 2 D 157/21.NE, juris Rn. 101; Beschl. v. 23.7.2004 – 10a B 1009/04.NE, juris Rn. 13 ff.,; zur Unanwendbarkeit des Abstandserlasses, der für raumbedeutsame Planungen und Maßnahmen iSv § 50 BImSchG in Bauleitplanverfahren bestimmt ist, auf Genehmigungsverfahren nach dem BImSchG VG Freiburg Urt. v. 8.12.2023 – 10 K 3127/20, juris Rn. 105.

2611 OVG Bautzen SächsVBl 2022, 228; BVerwG NVwZ 2019, 655.

2612 BVerwG NVwZ 2019, 655; zur Festsetzung von Emissionskontingenten für Lärm in Gewerbe- und Industriegebieten nach §§ 8, 9 BauNVO siehe Menke NVwZ 2022, 444.

2613 OVG Münster Beschl. v. 8.12.2020 – 10 B 1122/20.NE, juris Rn. 20.

2614 BVerwG NVwZ 1994, 292.

2615 BVerwG NVwZ 1987, 970; BRS 58 Nr. 23 (1996).

2616 BVerwG NVwZ 1994, 292.

nahme anzulegenden Schallimmissionsrichtwerte auf einen Zwischenwert erforderlich machen, der die Richtwerte für Dorf-, Misch- und Kerngebiete (60 db(A) tags, 45 dB(A)) nicht überschreiten darf.[2617]

Beispiel: Die Ausweisung eines Allgemeinen Wohngebiets neben einem bestehenden Gewerbebetrieb und einem dahinter liegenden Industriegebiet kann abwägungsfehlerfrei sein, wenn durch aktiven Lärmschutz (Lärmschutzwall und Lärmschutzwand) und durch zumutbaren passiven Lärmschutz im Plangebiet (ua Verbot zu öffnender Aufenthaltsraumfenster in Dachgeschossen der vordersten Gebäudereihe) sichergestellt ist, dass der maßgebliche Industriegroßbetrieb – auch bei einer „worst-case-Betrachtung – in seiner aktuellen Betriebsführung nicht beeinträchtigt wird und ihm ausreichender Erweiterungsspielraum verbleibt (Lärmreserve von 1 dB(A)) und die Lärmbilanz mittels Austausch emissionsintensiver Altanlagen gegen leisere, dem Stand der Technik entsprechende Neuanlagen verbessert wird.[2618]

l) Sondergebiete. Sie sind in §§ 10 und 11 BauNVO geregelt. Als Sondergebiete, die der **1273** **Erholung** dienen, werden in § 10 I BauNVO insbesondere Wochenendhausgebiete, Ferienhausgebiete und Campingplatzgebiete genannt. Für Sondergebiete, die der Erholung dienen, sind nach § 10 II BauNVO die Zweckbestimmung und die Art der Nutzung darzustellen und festzusetzen. Im Bebauungsplan kann festgesetzt werden, dass bestimmte, der Eigenart des Gebietes entsprechende Anlagen und Einrichtungen zur Versorgung des Gebietes und für sportliche Zwecke allgemein zulässig sind oder ausnahmsweise zugelassen werden können. Gerade die Belange der Freizeit und Erholung haben in der Gesellschaft einen beachtlichen Stellenwert. Der Verordnungsgeber stellt daher in § 10 BauNVO den Gemeinden ein Planungsinstrumentarium zur Verfügung, mit dem diesen Interessen breiter Bevölkerungskreise Rechnung getragen werden kann, zugleich aber sichergestellt ist, dass die Belange des Natur- und Landschaftsschutzes sowie des Umweltschutzes nicht auf der Strecke bleiben. Der Bebauungsplan kann in einem Sondergebiet nach § 10 I BauNVO allerdings nicht beliebige Nutzungsarten aus den Baugebieten der §§ 2 bis 9 BauNVO zulassen, sondern nur solche Nutzungen, die innerhalb der allgemeinen Zweckbestimmung Erholung liegen, sowie bestimmte der Eigenart des Gebietes entsprechende Anlagen und Einrichtungen zur Versorgung des Gebietes und für sportliche Zwecke (§ 10 II 2 BauNVO). Hiernach ist die Festsetzung eines Sondergebietes etwa mit der Bezeichnung Freizeitwohnen und Segelsport grundsätzlich zulässig.[2619]

Soweit der Bebauungsplan das **Sondergebiet untergliedert** und für Teilgebiete wie ein **1274** Freizeitzentrum oder Läden und Gaststätten besondere Regelungen hinsichtlich der Zulässigkeit bestimmter Anlagen trifft, stellt dies auch nicht die Festsetzungen eines Mischgebietes besonderer Art unter Umgehung der Vorschriften des § 1 IV bis IX BauNVO dar. Solange sich die zulässigen Nutzungsarten der Zweckbestimmung der Erholung ohne weiteres zu- oder unterordnen lassen, bleibt der Charakter eines Sondergebietes Freizeitwohnen und Segelsport gewahrt. Denn ein Sondergebiet, das der Erholung dient, muss nicht auf solche Anlagen beschränkt sein, die zB auch bevorzugt in einem Kurgebiet anzutreffen sind, zumal die individuellen Vorstellungen der Menschen über Erholung immer mehr variieren. Es ist auch für die BauNVO nicht untypisch, dass bestimmte Nutzungsarten in verschiedenen Baugebieten zulässig sind. Daraus kann nicht der Schluss gezogen werden, dass dann jeweils das andere Baugebiet hätte festgesetzt werden müssen. Vielmehr ist insoweit die gewollte Gesamtprägung des Gebietes für die Gebietsfestsetzung entscheidend. Die BauNVO stellt dabei mit den Wochenendhausgebieten, den Ferienhausgebieten sowie den Campingplatzgebieten drei Planungsformen von Gebieten mit Erholungsfunktionen bereit.

In **Wochenendhausgebieten** sind nach § 10 III BauNVO Wochenendhäuser als Einzelhäu- **1275** ser zulässig. Im Bebauungsplan kann dabei festgelegt werden, dass Wohnhäuser nur als Hausgruppen zugelassen werden können. Die zulässige Grundfläche der Wochenendhäuser ist im Bebauungsplan, begrenzt nach der besonderen Eigenart des Gebietes, unter Berücksichtigung der landschaftlichen Gegebenheiten festzulegen. Der Charakter eines Wochenendhausgebiets ist

---

[2617] VG Münster Urt. v. 14.11.2023 – 2 K 2959/20, juris Rn. 73; BVerwG Beschl. v. 12.9.2007 – 7 B 24.07, juris, Rn. 4 f.; OVG Münster Beschl. v. 17.1.2012 – 8 A 1710/10, juris, Rn. 5, OVG Berlin-Brandenburg Urt. v. 13.1.2022 – OVG 11 B 1.18, juris Rn. 35; Anwendung der 18. BImSchV bei der Überplanung einer Gemengelage aus Sportanlagen und Wohnbebauung BVerwG NVwZ 2022, 1464.

[2618] VGH Mannheim DÖV 2009, 1010. Zur Berücksichtigung des Lärmschutzes bei städtebaulichen Planungen Mitschang ZfBR 2009, 538.

[2619] BVerwG Beschl. v. 1.12.1994 – 4 NB 29.94, juris.

über den tatsächlichen Umfang der Wohnnutzung hinaus wesentlich dadurch geprägt, dass die vorhandenen Gebäude nach außen hin den Eindruck vermitteln, einer bloß vorübergehenden Wohnnutzung auf beschränktem Raum zu dienen. Für die Beurteilung der Funktionslosigkeit eines Bebauungsplans ist nur auf solche von seinen Festsetzungen abweichende Vorhaben abzustellen, die von der zuständigen Behörde genehmigt oder offenkundig geduldet sind.[2620] Bei der zulässigen Grundfläche der Wochenendhäuser nach § 10 BauNVO werden im Unterschied zur Grundfläche aller baulichen Anlagen im Sinne von § 16 BauNVO nur solche Gebäudeteile erfasst, die sich nach ihrem äußeren Eindruck als integrierter Bestandteil des Wochenendhauses darstellen.[2621] Eine Festsetzung, wonach die zulässige Grundfläche von Wochenendhäusern unter Anrechnung der Dachvorsprünge und Terrassen zu ermitteln ist, ist mit § 9 I Nr. 1 BauGB und § 10 III 3 BauNVO nicht vereinbar.[2622] Bei der im Rahmen des § 10 BauNVO geforderten Prüfung, ob ein Wochenendhausgebiet trotz bestandssichernder Festsetzungen von Wohnnutzungen sein Gepräge wahrt, bleiben Wochenendhäuser außer Betracht, die wegen ihrer atypischen Größe das Gebiet als Wochenendhausgebiet nicht prägen können.[2623] § 10 II 1 BauNVO ermöglicht es, in einem Sondergebiet, das der Erholung dient, vorhandene gebietsfremde Bauvorhaben wie etwa Wohngebäude durch Festsetzungen zu sichern, wenn es sich mit dem Gepräge als Gebiet zu Erholungszwecken verträgt.[2624]

Hinweis: Ein Wochenendhausgebiet entsteht aus der Fehlentwicklung einer Kleingartenanlage nur, wenn dessen Merkmale das Gebiet dauerhaft so prägen, dass eine Wiederherstellung des Kleingartencharakters erkennbar nicht ernstlich mehr erwartet werden kann.[2625] Ein faktisches Sondergebiet Wochenendhäuser iSv § 34 I iVm II BauGB und § 10 BauNVO kommt nur in Betracht, wenn die Wochenendhausbebauung sich als ein typisches Wochenendhausgebiet darstellt, das auf Grund einer entsprechenden Bauleitplanung entstanden ist. Dabei kommt es auch auf die Grundflächen der Gebäude an.[2626]

1276 In **Ferienhausgebieten** sind nach § 10 IV BauNVO Ferienhäuser zulässig, die auf Grund ihrer Lage, Größe, Ausstattung, Erschließung und Versorgung für den Erholungsaufenthalt geeignet und dazu bestimmt sind, überwiegend und auf Dauer einem wechselnden Personenkreis zur Erholung zu dienen. Im Bebauungsplan kann die Grundfläche der Ferienhäuser, begrenzt nach der besonderen Eigenart des Gebietes, unter Berücksichtigung der landschaftlichen Gegebenheiten festgesetzt werden. In **Campingplatzgebieten** sind nach § 10 IV BauNVO Campingplätze und Zeltplätze zulässig. In Ferienhausgebieten können auch Schullandheime und Erholungseinrichtungen von Unternehmen untergebracht werden.[2627] Im Unterschied zu Wochenendhäusern können Ferienhäuser durchaus auf eine Dauernutzung, wengleich von sich ablösenden Besuchern, ausgerichtet sein, was die Anforderungen an die Erschließung tendenziell im Vergleich zu Wochenendhausgebieten tendenziell erhöht.[2628]

1277 Die **Störanfälligkeit** dieser **Sondergebiete mit Erholungsfunktion** richtet sich nach der jeweiligen Zweckbestimmung des Gebietes. Wochenendhausgebiete können dem reinen Wohngebiet gleichgestellt werden. Ein höherer Störungsgrad ist für Ferienhausgebiete, Campingplatzgebiete und für Mischformen anzusetzen, wobei als Orientierungswert der zulässige Störungsgrad im allgemeinen Wohngebiet herangezogen werden kann. Gebiete, in denen neben dem Freizeitwohnen die Ausübung unterschiedlicher Sport- und Freizeitbetätigungen auf Fußball-, Tennis- oder Bolzplätzen sowie in Reitschulen möglich ist, sind hinsichtlich der Störanfälligkeit den Mischgebieten gleichzustellen. Der öffentlich-rechtliche Nachbarschutz hängt von der jeweiligen Störanfälligkeit dieser Sondergebiete ab.

[2620] OVG Münster Beschl. v. 2.8.2023 – 10 A 2902/21, juris Rn. 6; Urt. v. 29.4.2021 – 10 D 8/17, juris Rn. 52.

[2621] OVG Koblenz BauR 2012, 903.

[2622] OVG Greifswald Urt. v. 18.4.2012 – 3 L 3/08, juris; siehe auch VGH München Urt. v. 7.9.2021 – 1 N 18.870, juris.

[2623] BVerwG NVwZ 2015, 301; BVerwGE 147, 138 Rn. 19.

[2624] BVerwG NVwZ 2014, 72; siehe dazu auch Schiller in Bracher/Reidt/Schiller, Bauplanungsrecht, 2022, Rn. 18.492.

[2625] OVG Berlin-Brandenburg Urt. v. 15.10.2008 – 2 A 5.08, juris.

[2626] OVG Greifswald Urt. v. 20.3.2012 – 3 L 12/08, juris; aA VGH München Beschl. v. 16.8.2011 – 1 ZB 10.2244, juris.

[2627] Schiller in Bracher/Reidt/Schiller, Bauplanungsrecht, 2022, Rn. 18.498.

[2628] Schiller in Bracher/Reidt/Schiller, Bauplanungsrecht, 2022, Rn. 18.499.

Soll in bisherigen Erholungsgebieten nach § 10 BauNVO auch Wohnnutzung zugelassen werden, kann die Gemeinde nach Maßgabe von § 12 I bis VI BauGB einen **vorhabenbezogenen Bebauungsplan** aufstellen, der insbesondere die Zulässigkeit von baulichen Anlagen zu Wohnzwecken in diesen Gebieten regelt.[2629] Erholungssondergebiete nach § 10 BauNVO sind konzeptionell für das Erholungswohnen vorgesehen. Durch § 12 VII BauGB soll eine klarstellende Regelung geschaffen werden mit dem Ziel, sich mit der Thematik des Dauerwohnens in bisherigen Erholungssondergebieten planerisch auf diesem Wege auseinandersetzen zu können. Die Aufstellung eines vorhabenbezogenen Bebauungsplans nach § 12 BauGB kann eine Möglichkeit sein, um in einem bisherigen Erholungssondergebiet oder einem Teil davon Wohnnutzung zuzulassen. Im Bereich des Vorhaben- und Erschließungsplans ist die Gemeinde bei der Bestimmung der Zulässigkeit von Vorhaben nicht an den Festsetzungskatalog nach § 9 BauGB und nach der auf Grund von § 9 a BauGB erlassenen Verordnung gebunden (§ 12 III 2 BauGB). 1278

Hinweis: Im Bebauungsplan, der ein Sondergebiet für die Erholung festsetzt, muss eine eindeutige Zweckbestimmung und die Art der Nutzung angeben werden. Sondergebiete ohne eindeutige Zweckbestimmung oder ohne die Angabe der Nutzungsart genügen dem Bestimmtheitsgrundsatz nicht. Für die Darstellung im Flächennutzungsplan genügt demgegenüber die Angabe der Zweckbestimmung „Sonderbaufläche für Erholungszwecke".

Auch die Planung von Sondergebieten unterliegt dem **Abwägungsgebot**. Dies stellt an die Gemeinden besonders im Hinblick auf die Belange des Natur- und Landschaftsschutzes, des Gebotes des sparsamen Flächenverbrauchs (§ 1 a II 1 BauGB),[2630] die Belange des Umweltschutzes im Rahmen der Umweltprüfung und ggf. im Hinblick auf nachbarliche Belange (Verkehrsaufkommen, Lärmschutz) erhebliche Anforderungen. Bei der Planung von Erholungsgebieten sollte die Gemeinde prüfen, ob die Ausweisung eines Sondergebietes erforderlich ist und ob der vorgesehene Standort die vorgenannten Abwägungsbelange berücksichtigt. In Bade-, Kur- und Fremdenverkehrsgemeinden wird sich etwa die Frage stellen, ob die Ausweisung isoliert gelegener Sondergebiete für die Erholung zu rechtfertigen ist oder ob nicht eine Integration oder Angliederung dieser Nutzungen an bestehende Erholungseinrichtungen möglich ist. Außerdem scheiden Standorte aus, die in Naturschutzgebieten nach § 23 BNatSchG[2631] oder in geschützten Landschaftsbestandteilen nach § 29 BNatSchG liegen. Bedenklich sind auch Erholungssondergebiete, die einen erheblichen Flächenverbrauch der Landschaft erfordern, unwirtschaftliche Aufwendungen für Erschließungsmaßnahmen nach sich ziehen, deren Ver- und Entsorgung im weitesten Sinne Probleme aufwerfen oder die eine Gefährdung des Bodens oder des Grundwassers darstellen. 1279

m) Sonstige Sondergebiete. Als sonstige Sondergebiete sind gem. § 11 I BauNVO solche Gebiete darzustellen und festzusetzen, die sich von den Baugebieten nach den §§ 2 bis 10 BauNVO wesentlich unterscheiden. Auch bei der Festsetzung von Sondergebieten ist der Typenzwang der BauNVO zu beachten. Weil die Gemeinde nicht das Recht hat, neue Baugebiete zu „erfinden", müssen sich sonstige Sondergebiete iSd § 11 BauNVO von den Baugebieten der §§ 2 bis 10 BauNVO wesentlich unterscheiden.[2632] Sondergebietsfestsetzungen dürfen nicht zu einer Umgehung des grundsätzlichen Typenzwangs der BauNVO als Ausfluss einer sachgerechten Inhaltsbestimmung des Eigentums im Sinne von Art. 14 I 2 GG führen.[2633] Wesentlicher ist der Unterschied zu den genannten Baugebieten, wenn ein Festsetzungsgehalt gewollt ist, der sich keinem der in den §§ 2 ff. BauNVO geregelten Gebietstypen zuordnen und sich deshalb sachgerecht auch mit einer der auf sie gestützten Festsetzung nicht erreichen lässt. Ob dies der Fall ist, ermittelt sich anhand eines Vergleichs der Zweckbestimmung des konkreten Sondergebiets mit den (abstrakten) allgemeinen Zweckbestimmungen der normierten Baugebiete, wie sie in den jeweils ersten Absätzen der §§ 2 bis 10 BauNVO umrissen sind.[2634] Durch die Zulassung bzw. Beschränkung näher bezeichneter Nutzungen muss das Sonderge- 1280

2629 OVG Lüneburg NVwZ-RR 2022, 750; OVG Lüneburg BauR 2022, 205.

2630 Zur Flächensparsamkeit in der Bauleitplanung Wächter DVBl. 2009, 997; Schröer NZBau 2009, 768.

2631 Zum Schutz von Randzonen und Einwirkungsbereichen OVG Hamburg NordÖR 1998, 443.

2632 OVG Münster ZfBR 2022, 678; OVG Lüneburg Urt. v. 8.9.2021 – 1 KN 150/19, juris Rn. 75; BVerwG BauR 2022, 603.

2633 OVG Münster ZfBR 2022, 678.

2634 OVG Greifswald Urt. v. 26.4.2023 – 3 K 149/15, juris Rn. 56; BVerwG Urt. v. 11.7.2013 – 4 CN 7.12, juris Rn. 12.

biet so umschrieben werden, dass es auf diese Weise seine besondere Eigenart erhält. Ein Sondergebiet mit der einzig zulässigen Nutzung Dauerwohnen unterscheidet sich in diesem Sinne nicht wesentlich von einem reinen Wohngebiet iS des § 3 BauNVO; ein Sondergebiet, in dem allein die Nutzung „Betriebswohnen" ist hingegen hinreichend abweichend von den Baugebietstypen der BauNVO.[2635] Bei hinreichenden städtebaulichen Gründen können Nutzungsbegriffe der BauNVO abgewandelt und „maßgeschneiderte" Arten von Nutzungen geschaffen werden, die in anderen Baugebieten nicht zulässig wären.[2636] Mit der Möglichkeit zur Festsetzung eines Sondergebietes wird die Gemeinde nicht befugt, die Zulässigkeit der Nutzung anhand anderer als in § 9 BauGB genannte Kriterien festzulegen; ihr steht auch insoweit kein Festsetzungserfindungsrecht zu.[2637]

1281 Die nach § 11 II BauNVO erforderliche Unterscheidung eines sonstigen Sondergebiets von den Baugebieten nach §§ 2 bis 10 BauNVO kann nach Ansicht des OVG Münster auch darin bestehen, dass durch die Festsetzung eines Sondergebiets die planungsrechtlichen Voraussetzungen für einen bestimmten Gewerbebetrieb geschaffen werden sollen, der aus Sicht des Plangebers relevante Besonderheiten aufweist. Die Zweckbestimmung und die Funktion eines solchen betriebstypbezogenen Sondergebiets ergeben sich dann aus der gewünschten Art der Nutzung, die zwar als einzelne Nutzung auch in den Baugebieten nach §§ 2 bis 9 BauNVO zulässig sein kann, jedoch wegen ihrer prägenden Wirkung die Sondergebietsfestsetzung rechtfertigt und eine Festsetzung nach §§ 8 oder 9 BauNVO letztlich ausschließt.[2638]

1282 Für sonstige Sondergebiete sind die Zweckbestimmung und die Arten der Nutzung darzustellen. Die Beschränkung der **Zahl zulässiger Vorhaben** in einem Sondergebiet (§ 11 I BauNVO) ist mangels Rechtsgrundlage unwirksam.[2639] § 11 II 1 Fall 2 BauNVO lässt es zu, die höchstzulässige **Verkaufsfläche** für die Grundstücke in einem Bebauungsplan in der Form festzusetzen, dass die maximale Verkaufsfläche für jeweils einzelne Grundstücke festgelegt wird, sofern dadurch die Ansiedlung bestimmter Einzelhandelsbetriebstypen und damit die Art der (baulichen) Nutzung im Sondergebiet geregelt werden soll.[2640] Flächen von Notausgängen zählen bei der Berechnung zur Feststellung der Großflächigkeit eines Einzelhandelsbetriebs nicht zur Verkaufsfläche.[2641] Die BauNVO enthält dabei lediglich eine Rahmenvorschrift, die den gemeindlichen Planungsträger ermächtigt, bei Vorliegen der Voraussetzungen des § 11 I BauNVO ein Sondergebiet festzusetzen. Für sonstige Sondergebiete sind nach § 11 II BauNVO die Zweckbestimmung und die Art der Nutzung im Flächennutzungsplan darzustellen und im Bebauungsplan festzusetzen. Ein wesentlicher Unterschied zu den Baugebieten nach den §§ 2 bis 10 BauNVO besteht, wenn ein Festsetzungsgehalt gewollt ist, der sich keinem der vorgenannten Gebietstypen zuordnen lässt und sich deshalb sachgerecht auch mit einer auf sie gestützten Festsetzung nicht erreichen lässt. Die allgemeine Zweckbestimmung eines Baugebietes ist dabei das entscheidende Kriterium hierfür. Zu vergleichen sind die konkreten Festsetzungen des Sondergebiets mit der jeweiligen „abstrakten" allgemeinen Zweckbestimmung des Baugebietstyps. Können die mit der Planung verbundenen Zielsetzungen mit der allgemeinen Zweckbestimmung der anderen Baugebiete nicht in Deckung gebracht werden, unterscheiden sie sich von ihnen wesentlich. Die Festsetzung eines Sondergebietes scheidet allerdings aus, wenn die planerische Zielsetzung der Gemeinde durch Festsetzung eines Baugebiets nach §§ 2 bis 10 BauNVO in Kombination mit den Gestaltungsmöglichkeiten des § 1 V und IX BauNVO verwirklicht werden kann.[2642]

Beispiel: Die Gemeinde setzt nach § 11 I und II BauNVO ein Sondergebiet „**Stellplätze**" fest.[2643] In einem Sondergebiet „**Autobahn-Rastanlage**" können gemäß § 11 II 1 BauNVO neben Nutzungen wie etwa durch Tankstellen und sonstige Kfz-Dienstleistungen, Gaststätten,

[2635] OVG Lüneburg ZfBR 2022, 576.
[2636] VGH München Urt. v. 28.6.2022 – 2 N 20.757, juris Rn. 13.
[2637] OVG Lüneburg DVBl. 2022, 1103; ZfBR 2022, 160; BVerwG NVwZ 1995, 351; siehe aber auch Schiller in Bracher/Reidt/Schiller, Bauplanungsrecht, 2022 Rn. 18.534.
[2638] OVG Münster ZfBR 2022, 678; siehe auch OVG Lüneburg ZfBR 2022, 267 zur Zulässigkeit eines Sondergebiets, das lediglich der Unterbringung der Betriebsanlagen eines Unterzweiges einer bestimmten Branche dient.
[2639] BVerwG NVwZ 2022, 1057, 1058.
[2640] BVerwG NVwZ 2020, 399.
[2641] BVerwG NVwZ 2020, 83.
[2642] BVerwG BauR 2014, 1745 (1746).
[2643] BVerwG NVwZ 1991, 778.

Beherbergungsbetriebe und Verkaufsstätten auch Spielhallen zugelassen werden, wenn nach den Umständen zu erwarten ist, dass sie primär der „Versorgung“ der Autobahnbenutzer während eines Rastaufenthaltes dienen und nicht vorwiegend gezielt von Kunden aus der Umgebung angefahren werden.[2644]

In einem auf der Grundlage des § 11 BauNVO festgesetzten Sondergebiet kann die Gemeinde die Art der baulichen Nutzung über die Möglichkeiten hinaus, die § 1 IV 1 Nr. 2 und IX BauNVO eröffnen, konkretisieren und zu diesem Zweck die Merkmale bestimmen, die ihr am besten geeignet erscheinen, um das von ihr verfolgte Planungsziel zu erreichen.[2645] Für den Flächennutzungsplan sollen derartige Differenzierungsmöglichkeiten allerdings nicht bestehen.[2646] Die Art der Nutzung in einem „Sondergebiet für **landwirtschaftliche Betriebe einschließlich Tierzucht und Tierhaltung**“ darf unter Rückgriff auf die VDI-Richtlinie 3471 so festgesetzt werden, dass mit Hilfe der in dieser Richtlinie vorgesehenen Punktregelung und eines festen Abstandsmaßes die höchstzulässige Tierzahl bestimmt wird. Wenn städtebauliche Gründe dies rechtfertigen, darf die Gemeinde im Wege der Bauleitplanung unterhalb der durch § 3 I BImSchG bestimmten Erheblichkeitsschwelle eigenständig gebietsbezogen das Maß hinnehmbarer (Geruchs-)Beeinträchtigungen nach den Maßstäben des Vorsorgegrundsatzes steuern.[2647] 1283

Im Gegensatz zum Flächennutzungsplan sind im Bebauungsplan auch der **Störungsgrad** der Anlagen und Nutzungen sowie in der Regel das allgemeine Maß der baulichen Nutzung durch Angabe der Geschossflächenzahl (GFZ) festzusetzen. Dies gebietet der Bestimmtheitsgrundsatz. 1284

Als sonstige Sondergebiete kommen insbesondere in Betracht: 1285

- Gebiete für den Fremdenverkehr, wie Kurgebiete und Gebiete für die Fremdenbeherbergung,
- Ladengebiete,
- Gebiete für Einkaufszentren und großflächige Handelsbetriebe,
- Gebiete für Messen, Ausstellungen und Kongresse,
- Hochschulgebiete,
- Klinikgebiete,
- Hafengebiete,
- Gebiete für Anlagen, die der Erforschung, Entwicklung oder Nutzung erneuerbarer Energien, wie Wind- und Sonnenenergie, dienen.

Es handelt sich dabei um Gebiete, die sich hinsichtlich der zulässigen Nutzungen von den **anderen Baugebieten wesentlich unterscheiden**. Es ist dabei in der Regel eine ausdrückliche Festsetzung der Zweckbestimmung eines Sondergebietes im Bebauungsplan geboten. Ergänzend kann der Gesamtzusammenhang der Festsetzungen sowie die Begründung des Bebauungsplans herangezogen werden.[2648] Will etwa die Gemeinde eine Fläche für Kliniken und Sanatorien unter Ausschluss der nach § 4 II BauNVO sonst zulässigen Nutzungen reservieren, so stellt die Festsetzung eines allgemeinen Wohngebietes kein hierfür taugliches Mittel dar. Ein solches Ziel kann nur durch die Ausweisung eines Sondergebietes mit entsprechender Zweckbestimmung erreicht werden (§ 11 II BauNVO). Ein Bebauungsplan, der der Verwirklichung einer solchen Konzeption dient, ist erforderlich iS des § 1 III BauGB.[2649] Ein **Sondergebiet für infrastrukturelle Vorhaben und Maßnahmen** unterscheidet sich iS des § 11 I BauNVO wesentlich von einem **Kerngebiet**, wenn es sich bei einer wertenden Betrachtung von dessen 1286

2644 VGH Mannheim BauR 2007, 1195. Zur Zulässigkeit eines Sondergebietes „Wohnen mit Pferden“ in der Nachbarschaft eines Schweinehaltungsbetriebes im Außenbereich OVG Lüneburg BauR 2009, 697.

2645 Die Zweckbestimmung des jeweiligen Sondergebietes muss allerdings konkret festgesetzt sein, so OVG Koblenz DVBl. 2003, 82.

2646 OVG Lüneburg DVBl. 2003, 1471. Die Ausschlusswirkung des § 35 III 3 BauGB kann allerdings auch Darstellungen in Flächennutzungsplänen zukommen, die vor dem In-Kraft-Treten der Vorschrift (= Satz 4 aF) am 1.1.1997 erlassen worden sind, BVerwG NVwZ 2004, 343.

2647 BVerwG BauR 2002, 1348. In einem Mischgebiet kann das Halten von mehr als einem Hund (Riesenschnauzer) im Freien bauplanungsrechtlich unzulässig sein, so VGH Mannheim NVwZ-RR 2003, 724; zu § 11 BauNVO als tauglicher Ermächtigungsgrundlage für ein Sondergebiet „Steuerung von Tierhaltungsanlagen“, in dem Immissionszielwerte für Gerüche festgesetzt werden, siehe BVerwG ZfBR 2022, 259.

2648 BVerwGE 67, 23; NVwZ-RR 1993, 456.

2649 BVerwG Beschl. v. 20.7.1993 – 4 B 115.93, juris.

allgemeiner Zweckbestimmung, zentrale Funktionen innerhalb des städtebaulichen Ordnungsgefüges zu erfüllen, deutlich abhebt. Welche Anforderungen an die Zentralität der in § 7 I BauNVO genannten Betriebe und Einrichtungen zu stellen sind, hängt von der Struktur und der Größe der jeweiligen Gemeinde ab. Die in § 11 II 1 BauNVO normierte Verpflichtung zur Festsetzung der Zweckbestimmung eines Sondergebiets verbietet nicht, verschiedene Nutzungsarten nebeneinander festzusetzen. Eine Kombination verschiedener Nutzungen ist jedenfalls dann unbedenklich, wenn sich deren Verträglichkeit aus den Regelungen der BauNVO zur Art der baulichen Nutzung herleiten lässt.[2650] Ein Baugebiet, in dem ausschließlich **Pflegeheime**, betreutes Wohnen, Gemeinschaftsräume und Sozialstationen zulässig sein sollen, ist als **Sondergebiet** festzusetzen. Ein Bebauungsplan, der die bauliche Erweiterung eines **Seniorenzentrums** zum Ziel hat, aber auf den Erweiterungsflächen keine Bauräume festsetzt, ist nicht erforderlich und verletzt das Abwägungsgebot.[2651]

1287 Für sonstige Sondergebiete sind die Zweckbestimmung und die Art der Nutzung darzustellen und festzusetzen (§ 11 II BauNVO). Als sonstige Sondergebiete kommen insbesondere in Betracht Gebiete für den **Fremdenverkehr**, wie Kurgebiete und Gebiete für die Fremdenbeherbergung „auch mit einer Mischung von Fremdenbeherbergung oder Ferienwohnungen einerseits sowie Dauerwohnen andererseits" (§ 11 II 2 BauNVO). Das BVerwG hat unter der Geltung einer früheren Fassung de BauNVO die Festsetzung eines Sondergebiets für möglich angesehen, die mit dem Dauerwohnen und Ferienwohnungen kombiniert waren. Dauerwohnungen und Ferienwohnungen sind danach jedenfalls nicht unvereinbar, wenn diese Nutzungen in einem räumlich-funktionalen Zusammenhang stehen, etwa unter einem Dach ausgeübt werden. Aus § 10 IV BauNVO folgt nichts anderes. Die im Jahre 1977 geschaffene Vorschrift bietet eine Rechtsgrundlage für die Festsetzung von Ferienhausgebieten, beabsichtigte aber nicht, die schon damals bekannte Vermietung von Ferienwohnungen in gewachsenen Wohnlagen zu untersagen und Sondergebieten für die Erholung vorzubehalten.[2652] Der Aufenthalt in **Ferienwohnungen** ist kein Wohnen im Sinne der BauNVO. Das dauernde Wohnen und die Nutzung von Ferienwohnungen können jedenfalls dann grundsätzlich in einem sonstigen Sondergebiet kombiniert werden, wenn die Nutzungen in einem Gebäude stattfinden. § 10 I und IV4 BauNVO steht dem nicht entgegen. Kombiniert die Gemeinde das dauernde Wohnen und die Nutzung von Ferienwohnungen, muss sie städtebaulichen Störpotenzialen im Rahmen der Abwägung Rechnung tragen.[2653] Ein Gebiet, in dem das Wohnen als Nutzung zwar überwiegt, dem Aufenthalt in Ferienwohnungen aber ein das Gebiet mitprägender Anteil zukommen soll, unterscheidet sich im Sinne von § 11 I BauNVO wesentlich von einem allgemeinen Wohngebiet. Der Begriff des Wohnens im Sinne von § 3 I BauNVO ist durch eine auf Dauer angelegte Häuslichkeit, Eigengestaltung der Haushaltsführung und des häuslichen Wirkungskreises sowie Freiwilligkeit des Aufenthalts gekennzeichnet. Diese Kriterien müssen diejenigen erfüllen, denen die Unterkunft als Heimstätte dient. Maßgeblich für die Erfüllung des Wohnbegriffs sind das Nutzungskonzept und seine grundsätzliche Verwirklichung. Bei der Fremdenbeherbergung, die hier in Ferienappartements angeboten werden soll, fehlt es an einer Häuslichkeit, die auf Dauer angelegt ist. Denn die Gäste halten sich nach dem Nutzungskonzept und seiner typischen Verwirklichung jeweils allenfalls wenige Wochen in diesen Räumlichkeiten auf.[2654]

1288 **n) Steuerung des Einzelhandels.** Nach § 11 III 1 BauNVO sind 1. Einkaufszentren, 2. großflächige Einzelhandelsbetriebe, die sich nach Art, Lage oder Umfang auf die Verwirklichung der Ziele der Raumordnung und Landesplanung oder auf die städtebauliche Entwicklung und Ordnung nicht nur unwesentlich auswirken können und 3. sonstige großflächige Handelsbetriebe, die im Hinblick auf den Verkauf an letzte Verbraucher und auf die Auswirkungen den in § 11 III 1 Nr. 2 BauNVO bezeichneten Einzelhandelsbetrieben vergleichbar sind, außer in Kerngebieten nur in für sie festgesetzten Sondergebieten zulässig. Auswirkungen iSv § 11 III Nr. 2 und 3 BauNVO sind insbesondere schädliche Umwelteinwirkungen iS des § 3 BImSchG sowie Auswirkungen auf die infrastrukturelle Ausstattung, auf den Verkehr, auf die Versorgung der Bevölkerung im Einzugsbereich der in § 11 III 1 BauNVO bezeichneten

2650 BVerwG NVwZ 2010, 40.
2651 VGH München BauR 2010, 191.
2652 BVerwG NVwZ 2018, 828.
2653 BVerwG NVwZ 2018, 824.
2654 BVerwG NVwZ 2018, 828; NVwZ 1996, 893; NVwZ 2017, 723 Rn. 7.

Betriebe, auf die Entwicklung zentraler Versorgungsbereiche in der Gemeinde oder in anderen Gemeinden, auf das Orts- und Landschaftsbild und auf den Naturhaushalt. Auswirkungen iS des § 11 III 2 BauNVO sind bei Betrieben nach § 11 III 1 BauNVO in der Regel anzunehmen, wenn die Geschossfläche 1 200 m² überschreitet. Diese Regel des § 11 III 3 BauNVO gilt nicht, wenn Anhaltspunkte dafür bestehen, dass Auswirkungen bereits bei weniger als 1 200 m² Geschossfläche vorliegen oder bei mehr als 1 200 m² Geschossfläche nicht vorliegen; dabei sind in Bezug auf die in Satz 2 bezeichneten Auswirkungen insbesondere die Gliederung und Größe der Gemeinde und ihrer Ortsteile, die Sicherung der verbrauchernahen Versorgung der Bevölkerung und das Warenangebot des Betriebs zu berücksichtigen (§ 11 III 4 BauNVO).

§ 11 III 1 BauNVO ist Ausdruck der Erkenntnis, dass Einkaufszentren und großflächige **1289** Einzelhandelsbetriebe unter den dort genannten Voraussetzungen regelmäßig geeignet sind, Nachbargemeinden in so gewichtiger Weise zu beeinträchtigen, dass sie ohne eine förmliche Planung, die dem Abstimmungsgebot des § 2 Abs. 2 BauGB gerecht wird, nicht zugelassen werden dürfen.[2655] § 11 III BauNVO erfasst Betriebe, die entgegen dem **städtebaulichen Leitbild**, durch die Standorte des Einzelhandels eine funktionsnahe Beziehung zum Wohnen herstellen, an wohnungsfernen, verkehrlich schlecht oder nur mit dem Auto erreichbaren Standorten auf großer Fläche ein Warenangebot für den privaten Bedarf der Allgemeinheit bereithalten. Er zielt darauf ab, den Einzelhandel an den Standorten zu sichern, die in das städtebauliche Ordnungssystem funktionsgerecht eingebunden sind. Dass auf diese Weise die Wirtschaftsstruktur in den zentralen Versorgungsbereichen gestärkt wird, ist nicht Selbstzweck. Der Schutz der mittelständischen Wirtschaft dient nicht als Mittel dafür, bestimmte Wettbewerbsverhältnisse zu stabilisieren. Vielmehr soll sichergestellt werden, dass durch die Ansiedlung von Einzelhandelsbetrieben an peripheren Standorten nicht die wirtschaftliche Existenz derjenigen Betriebe bedroht oder gar vernichtet wird, die eine verbrauchernahe Versorgung gewährleisten.[2656]

§ 11 III 1 BauNVO ist eine Sonderregelung für die planungsrechtliche Zulässigkeit von Ein- **1290** kaufszentren, großflächigen Einzelhandelsbetrieben und sonstigen großflächigen Handelsbetrieben in den Baugebieten. § 11 III 1 BauNVO bestimmt, dass die dort bezeichneten großflächigen Betriebe nur in Kerngebieten (§ 7) oder in für solche Betriebe ausdrücklich ausgewiesenen Sondergebieten zulässig sind. Ohne diese Spezialregelung wären auch große Einzelhandelsbetriebe überall dort zulässig, wo Gewerbebetriebe angesiedelt werden können.[2657] Ist ein Einzelhandelsbetrieb nach § 11 III BauNVO an einem Standort nicht zulässig, kann die Gemeinde einen Bebauungsplan aufstellen, der die Ansiedlung des Einzelhandelsbetriebs ermöglicht. Die Gemeinde kann dazu Sondergebiete nach § 11 II BauNVO als Ladengebiete, Gebiete für Einkaufszenten und großflächige Handelsbetriebe planen oder ein Kerngebiet festsetzen, mit dem ebenfalls die bauplanungsrechtlichen Grundlagen für großflächige Einzelhandelsbetriebe geschaffen werden können. Nicht zuletzt kann ein Vorhaben- und Erschließungsplan gem. § 12 BauGB einen nach § 11 III BauNVO in den Baugebieten nicht zulässigen Einzelhandelsbetriebe ermöglichen.[2658]

Von einem **Einkaufszentrum** spricht man, wenn eine räumliche Konzentration von Ein- **1291** zelhandelsbetrieben verschiedener Art und Größe – zumeist in Kombination mit verschiedenartigen Dienstleistungsbetrieben – vorliegt, die entweder einheitlich geplant ist oder sich doch in anderer Weise als „gewachsen" darstellt. Zumeist handelt es sich um einen einheitlich geplanten, finanzierten, gebauten und verwalteten Gebäudekomplex. Es kann aber auch eine nicht von vornherein als solche geplante und organisierte Zusammenfassung von Einzelhandels- und Dienstleistungsbetrieben ein Einkaufszentrum sein, zusätzlich zu der erforderlichen räumlichen Konzentration hinzu kommt, dass die einzelnen Betriebe aus der Sicht der Kunden als aufeinander bezogen, als durch ein gemeinsames Konzept und durch Kooperation miteinander verbunden in Erscheinung treten, etwa durch organisatorische oder betriebliche Gemeinsamkeiten, wie zB durch gemeinsame Werbung unter einer verbindenden Sammelbezeichnung. Nur durch solche äußerlich erkennbaren Merkmale ergibt sich die für die Anwendung

[2655] VGH Mannheim Beschl. v. 07.11.2023 – 5 S 1164/23, juris Rn. 21; OVG Lüneburg ZfBR 2023, 469; Zimmermann NVwZ 2023, 400; BVerwG Urt. v. 1.8.2002 – 4 C 5.01, juris Rn. 27 f; Beschl. v. 22.12.2009 – 4 B 25.09, juris Rn. 6.

[2656] VGH München Beschl. v. 27.6.2007 – 15 CS 07.406, juris.

[2657] Schiller in Bracher/Reidt/Schiller, Bauplanungsrecht, 2022, Rn. 18.530.

[2658] Söfker in EZBK, 2022, § 11 BauNVO Rn. 42.

des § 11 III 1 Nr. 1 BauNVO notwendige planvolle Zusammenfassung mehrerer Betriebe zu einem „Zentrum" und zugleich die erforderliche Abgrenzung zu einer beliebigen Häufung von jeweils für sich planungsrechtlich zulässigen Läden auf mehr oder weniger engem Raum.[2659] Die BauNVO sieht zwar keine Mindestgröße für ein Einkaufszentrum vor. Gleichwohl wird von der Rechtsprechung mit Blick auf die Zweckbestimmung eines Einkaufszentrums eine Gröoße vorausgesetzt, die deutlich über die von großflächigen Einzelhandelsbetrieben nach § 11 III 1 Nr. 2 BauNVO hinausgeht.[2660] Ob ein Einkaufszentrum iSd § 11 III 1 Nr. 1 BauNVO vorliegt, ist im Einzelfall durch eine wertende Gesamtbetrachtung zu ermitteln.[2661]

1292 Der Begriff der **Großflächigkeit** dient dazu, in typisierender Weise unabhängig von regionalen oder lokalen Besonderheiten bundesweit den Betriebstyp festzuschreiben, der von den in den §§ 2 bis 9 BauNVO bezeichneten Gebieten ferngehalten werden soll. Das Merkmal wird mit Hilfe der Größe der **Verkaufsfläche** bestimmt.[2662] Verkaufsfläche ist diejenige Fläche, auf der Waren präsentiert und gekauft werden können. Dazu zählen auch die Flächen des Windfangs und des Kassenvorraums (einschließlich eines Bereichs zum Einpacken der Ware und Entsorgen des Verpackungsmaterials), ebenso die Bereiche, die vom Kunden zwar aus betrieblichen und hygienischen Gründen nicht betreten werden dürfen, in denen aber die Ware für ihn sichtbar ausliegt und in dem das Personal die Ware zerkleinert, abwiegt und abpackt. Die Schwelle zur Großflächigkeit wird bei einer Verkaufsfläche von **800 qm** überschritten.[2663] Eine überdachte Fläche zum Abstellen von Einkaufswagen außerhalb des Gebäudes eines Lebensmittelmarktes ist nicht Teil der Verkaufsfläche.[2664]

1293 Auch im **Außenbereich** ergeben sich entsprechende Beschränkungen. Die Zulassung eines Außenbereichsvorhabens kann am öffentlichen Belang des **Planungserfordernisses** scheitern. Ein solches Erfordernis liegt vor, wenn das Vorhaben einen **Koordinierungsbedarf** auslöst, dem nicht das Konditionalprogramm des § 35 BauGB, sondern nur eine Abwägung im Rahmen einer förmlichen Planung angemessen Rechnung zu tragen vermag. Besteht im Verhältnis benachbarter Gemeinden ein **qualifizierter Abstimmungsbedarf** iS des § 2 II BauGB, so ist dies ein starkes Anzeichen dafür, dass die in § 35 III BauGB aufgeführten Zulassungsschranken nicht ausreichen, um ohne Abwägung im Rahmen einer förmlichen Planung eine Entscheidung über die Zulässigkeit des beabsichtigten Vorhabens treffen zu können. Das Erfordernis einer förmlichen Planung gehört zu den nicht benannten öffentlichen Belangen. Dieser öffentliche Belang bringt zum Ausdruck, dass die in § 35 BauGB enthaltenen Vorgaben nicht ausreichen, um eine Entscheidung über die Zulässigkeit des beabsichtigten Vorhabens treffen zu können. Von einem qualifizierten Abstimmungsbedarf ist dann auszugehen, wenn das Vorhaben die in § 11 III 1 BauNVO bezeichneten Merkmale aufweist.[2665] Das im Außenbereich zu verwirklichende Vorhaben kann eine Konfliktlage mit so hoher Intensität für die berührten öffentlichen und privaten Belange auslösen, dass es die in § 35 BauGB vorausgesetzte Entscheidungsfähigkeit des Zulassungsverfahrens übersteigt. Ein derartiges Koordinierungsbedürfnis ist zu bejahen, wenn die durch das Vorhaben berührten öffentlichen und pri-

---

2659 VG Freiburg Beschl. v. 5.7.2023 – 13 K 1387/23b, juris Rn. 47; BVerwG Urt. v. 27.4.1990 – 4 C 16.87, juris Rn. 21; BVerwG Beschl. v. 15.2.1995 – 4 B 84.94, juris Rn. 4; v. 18.12.2012 – 4 B 3.12, juris Rn. 3 und vom 16.10.2013 – 4 B 29.13, juris Rn. 6; VGH München Beschl. v. 16.11.2022 – 9 ZB 22.1256, juris Rn. 12 und v. 26.4.2021 – 1 ZB 20.698, juris Rn. 10; OVG Lüneburg Urt. v. 9.7.2020 – 1 LB 79/18, juris Rn. 32.

2660 VG Freiburg Beschl. v. 5.7.2023 – 13 K 1387/23b, juris Rn. 47; VGH München Beschl. v. 16.11.2022 – 9 ZB 22.1256, juris Rn. 16; OVG Koblenz, Urt. v. 03.11.2011 – 1 A 10270/11, juris Rn. 54; Köpfler in BeckOK BauNVO, 2023, § 11 Rn. 34.1.

2661 BVerwG Beschl. v. 16.10.2013 – 4 B 29.13, juris Rn. 6; VGH München Beschl. v. 16.11.2022 – 9 ZB 22.1256, juris Rn. 14.

2662 Zum Begriff der Verkaufsfläche Michallik BauR 2020, 198; zur Berechnung der Verkaufsfläche auch OVG Koblenz BauR 2023, 49.

2663 BVerwG Beschl. v. 16.5.2023 – 4 B 20/22, juris Rn. 9; OVG Berlin-BrandenburgB, Urt. v. 16.3.2023 – OVG 10 B 12.18 juris Rn. 32; OVG Koblenz BauR 2023, 49 (50); Bischopink in Bönker/Bischopink, 2024, § 11 Rn. 105 ff.; Köpfler in BeckOK BauNVO, 2023, § 11 Rn. 36 ff.; Söfker in EZBK, BauGB, 2022, § 11 BauNVO Rn. 53 ff.; Schimpfermann/Stühler in Fickert/Fieseler, BauNVO, 2023, § 11 Rn. 19.3; Schiller in Bracher/Reidt/Schiller, Bauplanungsrecht, 2022, Rn. 18.546; Decker in Jäde/Dirnberger, BauGB/BauNVO, 2022, § 11 BauNVO Rn. 16.

2664 BVerwG NVwZ 2017, 640.

2665 OVG Lüneburg ZfBR 2023, 469; BVerwG BauR 2010, 269; NVwZ 2003, 86.

vaten Belange einen in erster Linie planerischen Ausgleich erfordern, der seinerseits Gegenstand einer abwägenden Entscheidung zu sein hat. Eine in diesem Sinne „abwägende" Entscheidung ist nach dem Gesetz weder der Genehmigungsbehörde noch der Gemeinde im Rahmen des § 36 I BauGB zugestanden. Sie kann allein in einem Bauleitplanverfahren getroffen werden.[2666] Es kommt weder für das Eingreifen der Regelvermutung nach § 11 III 3 BauNVO noch für deren Widerlegung darauf an, ob der Einzelhandelsbetrieb von vornherein in der nun zu beurteilenden Größe errichtet oder ob ein bestehender Betrieb nachträglich erweitert werden soll.[2667]

Das in § 11 III BauNVO zum Ausdruck kommende Planungserfordernis dient auch dem **1294** **Schutz von Nachbargemeinden**. Diese können beanspruchen, dass ein Vorhaben nicht zugelassen wird, solange dem Planungserfordernis nicht genüge getan ist. Erst eine wirksame Planung ermöglicht die Zulassung der in § 11 III BauNVO genannten Vorhaben. Missachtet eine Gemeinde diese auch zum Schutz der Nachbargemeinden geschaffene Sperre, verletzt sie damit zugleich Rechte der Nachbargemeinden, die im Einwirkungsbereich des Vorhabens liegen und mit unmittelbaren Auswirkungen gewichtiger Art auf ihre Versorgungs- und Infrastruktur, ihre zentralen Versorgungsbereiche oder die ihnen durch Ziele der Raumordnung zugewiesenen Funktionen rechnen müssen. Letzteres ist jedenfalls für die unmittelbaren Nachbargemeinden aufgrund der Vermutungswirkung des § 11 III BauNVO stets anzunehmen.[2668]

Soweit nach § 11 III 1 BauNVO Einkaufszentren, großflächige Einzelhandelsbetriebe, die **1295** sich nach Art, Lage oder Um-fang auf die Verwirklichung der Ziele der Raumordnung und Landesplanung oder auf die städtebauliche Entwicklung und Ordnung nicht nur unwesentlich auswirken können und sonstige großflächige Handelsbetriebe, die im Hinblick auf den Verkauf an letzte Verbraucher und auf die Auswirkungen den in § 11 III 1 Nr. 2 BauNVO bezeichneten Einzelhandelsbetrieben vergleichbar sind, außer in Kerngebieten nur in für sie festgesetzten Sondergebieten zulässig sind, muss bei einer entsprechenden Planung der Gemeinde berücksichtigt werden, dass die Möglichkeiten zur Ausweisung von Kerngebieten und Sondergebieten für eine Handelsnutzung durch Ziele der Raumordnung eingeschränkt sein können. Nach Nr. 6.5-2 LEP NRW dürfen Kerngebiete und Sondergebiete für Vorhaben iS des § 11 Abs. 3 BauNVO mit zentrenrelevanten Kernsortimenten nur **in bestehenden zentralen Versorgungsbereichen** sowie in neu geplanten zentralen Versorgungsbereichen in städtebaulich integrierten Lagen, die aufgrund ihrer räumlichen Zuordnung sowie ihrer verkehrsmäßigen Anbindung für die Versorgung der Bevölkerung zentrale Funktionen des kurz-, mittel- oder langfristigen Bedarfs erfüllen sollen, dargestellt und festgesetzt werden.[2669] Ein zentraler Versorgungsbereich in diesem Sinne ist ein räumlich abgrenzbarer Bereich, dem aufgrund vorhandener oder erst noch zu entwickelnder Einzelhandelsnutzungen, häufig ergänzt durch diverse Dienstleistungsangebote und Gastronomiebetriebe, eine Versorgungsfunktion über den unmittelbaren Nahbereich hinaus zukommt oder zukommen soll. Zentral ist in diesem Zusammenhang nicht geografisch im Sinne einer Innenstadtlage oder Ortsmitte, sondern funktional zu verstehen. Der zentrale Versorgungsbereich hat nach Lage, Art und Zweckbestimmung die Versorgung des Gemeindegebiets oder eines Teils davon mit einem auf seinen Einzugsbereich abgestimmten Spektrum an Waren des kurz-, mittel- oder langfristigen Bedarfs sicherzustellen. Voraussetzung ist nach der Rechtsprechung außerdem eine integrierte, für die zu versorgende Bevölkerung nicht nur mit dem Auto günstig zu erreichende Lage. Isolierte Standorte mit einzelnen Einzelhandelsbetrieben bilden danach keinen zentralen Versorgungsbereich, auch wenn sie über einen weiten Einzugsbereich verfügen und eine beachtliche Versorgungsfunktion erfüllen mögen.[2670]

o) Nahversorger. Seine frühere Einzelhandelsrechtsprechung hat das BVerwG fortentwi- **1296** ckelt und insbesondere Schwelle der Verkaufsfläche als Abgrenzung großflächiger Einzelhandels betriebe zu Nahversorgern bzw. Nachbarschaftsläden von früher 700 qm auf **800 qm** angehoben und der Praxis hierdurch handhabbare Maßstäbe für die Abgrenzung der Großflächigkeit

2666 BVerwG BauR 2005, 832.

2667 BVerwG NVwZ 2006, 340.

2668 OVG Lüneburg ZfBR 2023, 469; OVG Greifswald NVwZ-RR 2000, 559; VGH München GewArch 1991, 314.

2669 Zur Wirksamkeit dieses Ziels der Raumordnung OVG Münster BauR 2023, 1064; BRS 88 Nr. 4 (2020); BauR 2019, 1085.

2670 OVG Münster BauR 2023, 1064; BVerwG NVwZ 2010, 590; OVG Münster Urt. v. 5.6.2018 – 2 A 2529/16, juris, Rn. 73.

von Handelsbetrieben gegeben.[2671] Mehrere Einzelhandelsbetriebe sind grundsätzlich für sich zu betrachten sind und hinsichtlich der Flächen nicht als ein Betrieb zusammenzurechnen. Ausnahmen gelten insoweit für Einkaufszentren, die einen einheitlich geplanten, finanzierten, gebauten und auch nach außen als Einheit erscheinenden Gebäudekomplex darstellen.[2672] Funktionszusammenhänge mehrerer Betriebe können nur dann zu einer einheitlichen Betrachtung der verschiedenen Einzelhandelsnutzungen führen, wenn sie bei strengen Maßstäben ausnahmsweise als funktionale Einheit erscheinen, etwa wenn untergeordnete Einzelhandelsnutzungen unter einem Dach lediglich formal aus einem Einzelhandelsbetrieb ausgegliedert werden, in Wahrheit aber als Teil eines entsprechenden Gesamtkonzeptes erscheinen.

1297 Die BauNVO unterwirft Einzelhandelsnutzungen nur dann dem Regelungssystem des § 11 III BauNVO, wenn es sich um einen großflächigen Einzelhandelsbetrieb handelt. Ist der Einzelhandelsbetrieb großflächig, so erfordert das Regelungssystem des § 11 III BauNVO eine Prüfung, ob von dem Vorhaben **schädliche Auswirkungen** auf die in der Vorschrift benannten städtebaulichen oder infrastrukturellen Belange ausgehen. Hierfür ist eine **Vermutungsgrenze von 1.200 qm Geschossfläche** aufgestellt. Wird sie unterschritten, ist das Einzelhandelsvorhaben grundsätzlich zulässig. Wird sie überschritten, geht der Verordnungsgeber grundsätzlich von schädlichen städtebaulichen oder infrastrukturellen Auswirkungen aus mit der Folge, dass das Einzelhandelsvorhaben planungsrechtlich unzulässig ist. Vorhaben, die nicht großflächig sind, fallen aus der weiteren Prüfungssystematik des § 11 III BauNVO heraus mit der Folge, dass auch vom Prinzip her schädliche Einzelhandelsnutzungen, welche die Vermutungsgrenze von 1.200 qm Geschossfläche überschreiten, nicht an § 11 III BauNVO gemessen werden und daher planungsrechtlich zulässig sind. Je weiter daher die Grenze zur Großflächigkeit eines Betriebes zahlenmäßig nach oben geht, in desto größerem Maße werden Einzelhandelsbetriebe von dem Prüfraster des § 11 III BauNVO freigestellt. Denn nicht großflächige Betriebe sind auch dann planungsrechtlich zulässig, wenn sie nach den Maßstäben des § 11 III BauNVO schädliche Auswirkungen auf städtebauliche oder infrastrukturelle Belange haben. Aber auch unterhalb dieser Grenze kann ein Einzelhandelsbetrieb mit einer Nutzfläche von höchstens 400 qm als „kleiner Nachbarschaftsladen" oder **„Convenience-Store"**[2673] ein festsetzungsfähiger Anlagentyp im Sinne vom § 1 IX BauNVO sein.[2674]

1298 Eine textliche Festsetzung, nach der Einzelhandel im Plangebiet grundsätzlich ausgeschlossen und nur in einem bestimmten Bereich ausnahmsweise mit einer **Verkaufsfläche von maximal 300 qm** zulässig sein soll, ist nicht durch § 9 I Nr. 1 BauGB iVm § 1 IX BauNVO gedeckt. Denn mit der Bestimmung dieser maximalen Verkaufsfläche ist in der Regel kein Anlagentyp bezeichnet, den es in der sozialen und ökonomischen Realität generell gibt.[2675] Eine grundsätzlich unzulässige gebietsbezogene Verkaufsflächenbeschränkung kann planerhaltend als grundstücksbezogene Regelung ausgelegt werden, wenn die absolute Verkaufsfläche einem Grundstück mit einer bestimmten Grundstücksgröße zuzuordnen ist.[2676] Eine solche Zuordnung ist möglich, wenn es in dem Sondergebiet nur ein Grundstück gibt, auf dem Vorhaben der bestimmten Art errichtet werden können und sollen; ein solcher Fall liegt nahe, wenn das jeweilige Sondergebiet ausschließlich oder doch im Wesentlichen aus einem Grundstück besteht.[2677] Die Bezeichnungen **„Hartwaren"**, **„Gesundheit"** und **„Textil"** sind hinreichend auslegungsfähige Begriffe, die den beabsichtigten Handelsgegenstand eines großflächigen Einzelhandelsbetriebs oder Einkaufszentrums ausreichend umreißen und deren Verwendung nicht nur Nichtigkeit eines hierauf bezogenen Bauvorbescheides wegen Unbestimmtheit führt.[2678]

[2671] BVerwG Beschl. v. 16.5.2023 – 4 B 20/22, juris Rn. 9; BVerwG NVwZ 2006, 452, Vorinstanz VGH Mannheim ZfBR 2005, 78; BVerwG NVwZ 2006, 455; dazu Decker in Jäde/Dirnberger, BauGB/BauNVO, § 11 BauNVO, 2022 Rn. 18.

[2672] BVerwG NVwZ 2003, 86.

[2673] Zum Ausschluss zentrenrelevanten Einzelhandels ab einer Verkaufsfläche von 400 m² OVG Koblenz DÖV 2013, 654

[2674] BVerwG NVwZ 2005, 324.

[2675] OVG Münster Urt. v. 20.11.2009 – 7 D 124/08.NE, juris; zur Unzulässigkeit baugebietsbezogener Verkaufsflächenbegrenzungen siehe auch BVerwG Beschl. v. 9.2.2011 – 4 BN 43.10, juris Rn. 6 ff. mwN; VGH München Urt. v. 2.6.2023 – 15 N 22.1268, juris Rn. 17: Zimmermann NVwZ 2023, 400 (402).

[2676] OVG Berlin-Brandenburg Urt. v. 27.1.2023 – OVG 10 A 9.19, juris Rn. 82.

[2677] OVG Berlin-Brandenburg Urt. v. 27.1.2023 – OVG 10 A 9.19, juris Rn. 82; BVerwG NVwZ 2020, 399; BVerwG NVwZ 2022, 1057.

[2678] VGH Kassel ZfBR 2009, 596.

Dabei können bei besonderen Fallgestaltungen auch von **nicht großflächigen Einzelhandelsbetrieben** schädliche Auswirkungen auf einen **zentralen Versorgungsbereich** zu erwarten sein. Dabei sind alle relevanten Umstände der konkreten städtebaulichen Situation zu berücksichtigen.[2679]

In die Verkaufsfläche einzurechnen sind neben der eigentlichen Ladenfläche auch der Windfang, der Kassenraum, der Kassenvorraum (einschließlich eines Bereichs zum Einpacken der Ware und Entsorgen des Verpackungsmaterials), die Fleischtheken und sonstige Theken sowie der nicht integrierte Lagerraum (Lager mit Verkauf durch Zugang von Kunden).[2680] Auch ein Backshop und ein Schreibwarengeschäft können unter besonderen Voraussetzungen in die einheitliche Verkaufsfläche eingerechnet werden.[2681] **Freiflächen** gehören zwar in der Regel nicht zur Verkaufsfläche eines Einzelhandelsbetriebs, doch soll etwas anderes gelten, wenn solche Flächen in erheblichem zeitlichen Umfang unmittelbar dem Verkauf dienen, also auf ihnen Waren angeboten oder präsentiert werden.[2682] Bei baulichen und betrieblichen Gegebenheiten von Nutzungen in mehreren Baukörpern handelt es sich grundsätzlich um selbständige bauliche Einheiten. Auch unterschiedliche Nutzungen innerhalb eines Baukörpers sind grundsätzlich als selbständig zu betrachten, vor allem, wenn sie selbständig öffnen und schließen können und auch über eigenständige Nebenräume einschließlich der Sozialräume verfügen. Gleichwohl können mehrere Einzelhandelsgeschäfte unter einem Dach unter dem Blickwinkel einer funktionalen Einheit zusammenzurechnen sein, wenn es sich der Sache nach um die Ausgliederung der Betriebsteile handelt, die typischerweise in einem Einzelhandelsgeschäft einheitlich sind. Dann werden sie auch von der Verkehrsanschauung im Sinne einer Summation der Verkaufsflächen als Einheit angesehen.[2683] Eine derartige Betrachtung ist im Hinblick auf eine teleologische Auslegung des § 11 III BauNVO geboten. Dies gilt vor allem für Nutzungen, bei denen es sich um untergeordnete Ausgliederungen einer eigentlich als Einheit empfundenen Ausgliederung handelt. Ein in einem allgemeinen Wohngebiet zulässiger Laden mit einer vergleichsweise hohen Stellplatzzahl, bei dessen Betrieb erst durch massiven aktiven Lärmschutz die Lärmimmissionsschutzrichtwerte (gerade noch) eingehalten werden, dient vor dem Zweck der Beschränkung auf den Gebietsbezug in § 4 II Nr. 2 BauNVO nicht mehr der Gebietsversorgung.[2684] **1299**

§ 11 II 1 BauNVO lässt es auch zu, die höchstzulässige Verkaufsfläche für die Grundstücke im Bebauungsplan in der Form festzusetzen, dass die maximalen Verkaufsflächen jeweils für einzelne Grundstücke festgelegt werden, sofern dadurch die Ansiedlung bestimmter Einzelhandelsbetriebstypen und damit die Art der Nutzung im Sondergebiet geregelt werden soll.[2685] **1300**

Einzelne Einzelhandelsgeschäfte sind danach in aller Regel nur dann als Einheit zu betrachten, wenn sie ein **Einkaufszentrum** darstellen. Eine Zusammenrechnung der Einzelhandelsflächen über den Gesichtspunkt des Funktionszusammenhangs kann nur in streng begrenzten Ausnahmefällen angenommen werden. Ein Getränkemarkt und ein Discounter sind daher vom Grundsatz auch dann gesondert zu betrachten, wenn sie sich in zwei aneinander gebauten Gebäuden befinden und ein einheitlicher Parkplatz für beide Vorhaben genutzt werden kann. Im Gegensatz zu den vom OVG Frankfurt/Oder entschiedenen Fällen konnte daher auch aufgrund der bindenden tatsächlichen Feststellungen des OVG Münster ein funktionaler Zusammenhang, aus dem sich die Notwendigkeit einer einheitlichen Betrachtung ergab, nicht angenommen werden. Da es sich um ein Vorhaben im nicht beplanten Innenbereich handelte, stand für das OVG Münster auch eine Prüfung nach dem neuen § 34 III BauGB an. Danach dürfen von Vorhaben im nicht beplanten Innenbereich keine schädlichen Auswirkungen auf zentrale Versorgungsbereiche in der Gemeinde oder in anderen Gemeinden zu erwarten sein. Derartige Auswirkungen hatte das OVG Münster verneint. Auch diese Ausführungen hat das BVerwG nicht beanstandet. Die **Verkaufsflächen** baulich und funktionell eigenständiger Betriebe können grundsätzlich **nicht zusammengerechnet** werden. Ist innerhalb eines Gebäudes die Betriebsfläche baulich in mehrere selbständig nutzbare betriebliche Einheiten unterteilt, bilden diese Einheiten gleichwohl einen Einzelhandelsbetrieb iS des § 11 III 1 Nr. 2 BauNVO, **1301**

2679 OVG Münster DVBl. 2009, 1184.

2680 BVerwG NVwZ 2006, 452.

2681 BVerwG NVwZ 2006, 455; OVG Frankfurt ZfBR 2005, 292; Birk VBlBW 2006, 289; Schütz UPR 2006, 169; Jeromi BauR 2006, 619.

2682 OVG Münster Urt. v. 30.3.2022 – 10 A 668/19, juris Rn. 105.

2683 Haaß NJW Spezial 2009, 12.

2684 OVG Greifswald NordÖR 2013, 303.

2685 OVG Münster BauR 2022, 1149; BVerwG BauR 2020, 215 mwN.

wenn die Gesamtfläche durch einen Einzelhandelsbetrieb als „Hauptbetrieb" geprägt wird und auf den baulich abgetrennten Flächen zu dessen Warenangebot als „Nebenleistung" ein Warenangebot hinzutritt, das in einem inneren Zusammenhang mit der „Hauptleistung" steht, diese jedoch nur abrundet und von untergeordneter Bedeutung bleibt. Bei der Ermittlung des Rahmens ist hinsichtlich der Art der baulichen Nutzung grundsätzlich auf die Nutzungstypen abzustellen, die die BauNVO umschreibt. Die in § 11 III 1 Nr. 2 BauNVO enthaltene besondere Nutzungsart „großflächiger Einzelhandel" ist eine solche typisierte Nutzungsart. Ist ein großflächiger Einzelhandelsbetrieb iS des § 11 III 1 Nr. 2 BauNVO in der näheren Umgebung bereits vorhanden, so hält ein Vorhaben, das die Merkmale dieser Nutzungsart aufweist, diesen Rahmen ein.[2686] Bei der Aufstellung eines Bebauungsplans, der die Errichtung eines Einkaufszentrums innerhalb eines zentralen Versorgungsbereichs ermöglichen soll, stellen Umsatzumverteilungen zulasten des dort vorhandenen Einzelhandels einen abwägungserheblichen Belang dar, wenn sie städtebaulich erhebliche Auswirkungen wie Leerstände in größerem Umfang, Trading-Down-Effekte oder die Verödung einzelner Straßenzüge besorgen lassen. Die im Rahmen des interkommunalen Abstimmungsgebots von der Rechtsprechung herangezogene Schwelle eines Kaufkraftabflusses von 10% kann allenfalls als Anhalt für die Abwägungserheblichkeit der Umsatzumverteilung innerhalb eines Versorgungsbereichs dienen.[2687]

1302 Die **Vermutungsregel** in § 11 III BauNVO kann bei einer atypischen Fallgestaltung im Einzelfall widerlegt werden.[2688] Nach § 11 III 4 Halbs. 1 BauNVO gilt die Regel des § 11 III 3 BauNVO nicht, wenn Anhaltspunkte dafür bestehen, dass Auswirkungen bei mehr als 1 200 qm Geschossfläche nicht vorliegen; dabei sind in Bezug auf die in § 11 III 2 BauNVO bezeichneten Auswirkungen gemäß § 11 III 4 Halbs. 2 BauNVO insbesondere die Gliederung und die Größe der Gemeinde und ihrer Ortsteile, die Sicherung der verbrauchernahen Versorgung der Bevölkerung und das Warenangebot des Betriebs zu berücksichtigen. Entsprechende Abweichungen von der typischen Fallgestaltung können nach der Rechtsprechung des BVerwG auf der betrieblichen Seite darin bestehen, dass der Betrieb beschränkt ist auf ein eingeschränktes Warensortiment, auf Artikel, die üblicherweise in Verbindung mit handwerklichen Dienstleistungen angeboten werden, auf solche, die in einer gewissen Beziehung zu gewerblichen Nutzungen stehen (Baustoffhandel, Büromöbelhandel) oder aus sonstigen Gründen einen großen Flächenbedarf aufweisen. Auf der städtebaulichen Seite können nach Ansicht des BVerwG Abweichungen von der dem § 11 III 3 BauNVO zugrunde liegenden typischen Situation zB darin gesehen werden, dass der Einzugsbereich des Betriebs im Warenangebot bisher unterversorgt ist, dass zentrale Versorgungsbereiche an anderem Standort des Einzugsgebiets nicht geplant sind, oder dass der Betrieb in zentraler und für die Wohnbevölkerung allgemein gut erreichbarer Lage errichtet werden soll.[2689] Ob die Vermutung widerlegt werden kann, hängt maßgeblich davon ab, welche Waren angeboten werden, auf welchen Einzugsbereich der Betrieb angelegt ist und in welchem Umfang zusätzlicher Verkehr hervorgerufen wird. Entscheidend ist, so das BVerwG, ob der Betrieb über den Nahbereich hinauswirkt und dadurch, dass er unter Gefährdung funktionsgerecht gewachsener städtebaulicher Strukturen weiträumig Kaufkraft abzieht, auch in weiter entfernten Wohngebieten die Gefahr heraufbeschwört, dass Geschäfte schließen, auf die insbesondere nicht motorisierte Bevölkerungsgruppen angewiesen sind. Nachteilige Wirkungen dieser Art werden noch verstärkt, wenn der Betrieb in erheblichem Umfang zusätzlichen gebietsfremden Verkehr auslöst. Je deutlicher die Regelgrenze von 1 200 qm Geschossfläche überschritten ist, mit desto größerem Gewicht kommt die Vermutungswirkung des § 11 III 3 BauNVO zum Tragen. Dabei kann allerdings die jeweilige Siedlungsstruktur nicht außer Betracht bleiben. Je größer die Gemeinde oder der Ortsteil ist, in dem der Einzelhandelsbetrieb angesiedelt werden soll, desto eher ist die Annahme gerechtfertigt, dass sich die potentiellen negativen städtebaulichen Folgen relativieren. Erforderlich ist somit, dass aufgrund konkreter Anhaltspunkte die Annahme gerechtfertigt erscheint, im betreffenden Fall handele es sich um ein Vorhaben, das aufgrund seiner betrieblichen Eigenheiten oder/und der besonderen städtebaulichen Situation nicht zu dem Betriebstyp gerechnet werden kann, den der Verordnungsgeber dem § 11 III 3 BauNVO zugrunde gelegt hat.[2690]

2686 OVG Münster IBR 2014, 307.

2687 OVG Koblenz BauR 2013, 1406, dort auch zur städtebaulichen Verträglichkeit eines Einkaufszentrums, das sich zum überwiegenden Teil als Folgenutzung eines aufgegebenen Warenhauses darstellt.

2688 BVerwG ZfBR 2021, 762.

2689 BVerwG ZfBR 2021, 762; BVerwGE 68, 342 (346); BVerwGE 124, 364 (372).

2690 BVerwG ZfBR 2021, 762.

Hinweis: Eine regionalplanerische Regelung, wonach mehrere nicht großflächige Einzelhandelsbetriebe bei räumlicher Konzentration und raumordnerischen Wirkungen wie bei einem (regionalbedeutsamen) großflächigen Einzelhandelsbetrieb bzw. Einkaufszentrum als Agglomeration anzusehen sind, mit der Folge, dass die für Einzelhandelsgroßprojekte geltenden Ziele auch auf Agglomerationssachverhalte anzuwenden sind, kann ein wirksames Ziel der Raumordnung iSd § 3 I Nr. 2 ROG darstellen, das eine Gemeinde bei der Aufstellung eines Bebauungsplans gem. § 1 IV BauGB zu beachten hat.[2691]

p) Einkaufszentren, großflächige Einzelhandelsbetriebe. § 11 III BauNVO will vor allem eine kritische Prüfung bei Einzelhandelseinrichtungen mit **zentrenrelevanten Sortimenten** erreichen.[2692] Als **Sortiment** wird die Gesamtheit der von dem Handelsbetrieb angebotenen Waren und Warensorten verstanden. Zu dem Warenangebot gehört ein nach dem Charakter des Handelsbetriebs abgestuftes Sortiment an Dienstleistungen. Der typische Charakter des Betriebs wird von seinem **Kernsortiment** (zB Möbel, Nahrungsmittel, Getränke usw., Kleineisenwaren, Werkzeuge oder Bauartikel) bestimmt. Das **Randsortiment** dient der Ergänzung des Angebots und muss sich dem Kernsortiment deutlich unterordnen.[2693] Die Sortimentsbreite ist die Vielfalt der angebotenen Warengruppen; die Sortimentstiefe wird durch die Auswahl innerhalb der Warengruppen bestimmt. Zentrenrelevante Sortimente zeichnen sich dadurch aus, dass sie zB viele Innenstadtbesucher anziehen, einen geringen Flächenanspruch haben, häufig im Zusammenhang mit anderen Innenstadtnutzungen nachgefragt werden und überwiegend ohne Pkw transportiert werden können.[2694] Bei zentrenrelevanten Sortimenten sind negative Auswirkungen auf die Zentrenstruktur, insbesondere auf die Innenstadtentwicklung zu erwarten, wenn sie überdimensioniert an nicht integrierten Standorten angesiedelt werden. Nahversorgungsrelevante Sortimente sind vor allem die Waren des täglichen Bedarfs, insbesondere für die Grundversorgung an Lebensmitteln.[2695] 1303

Als **zentrenrelevante Sortimentsgruppen** gelten Bücher/Zeitschriften/Papier/Schreibwaren/Büroorganisation, Kunst/Antiquitäten, Baby-/Kinderartikel, Bekleidung, Lederwaren, Schuhe, Unterhaltungselektronik/Computer, Elektrohaushaltswaren, Foto/Optik, Einrichtungszubehör (ohne Möbel), Haus- und Heimtextilien, Bastelartikel, Kunstgewerbe, Musikalienhandel, Uhren/Schmuck, Spielwaren und Sportartikel. Als **nahversorgungs- ggf. auch zentrenrelevante Sortimentsgruppen** werden eingestuft: Lebensmittel, Getränke sowie Drogerie, Kosmetik und Haushaltswaren. **In der Regel zentrenrelevante Sortimente** sind Teppich (ohne Teppichboden), Blumen, Campingartikel, Fahrräder und Zubehör, Mofas, Tiere, Tiernahrung und Zooartikel. 1304

§ 11 III BauNVO ist anwendbar auf **Einkaufszentren**, **großflächige Einzelhandelsbetriebe** mit den in § 11 III BauNVO beschriebenen negativen Auswirkungen und **vergleichbare großflächige Handelsbetriebe**. Die BauNVO sieht für derartige Betriebe eine widerlegliche **Vermutungsgrenze** eine Geschossfläche von 1.200 m² vor. Einzelhandelseinrichtungen mit solchen negativen Auswirkungen sind grundsätzlich nur in geplanten Kerngebieten und in eigens für sie ausgewiesenen Sondergebieten oder in nicht beplanten Innenbereichen zulässig, die hinsichtlich der in der Umgebung vorhandenen Nutzungsart einem Kerngebiet oder einem Sondergebiet gleichzustellen sind. Bei diffuser Umgebungsprägung ist eine solche Einzelhandelsnutzung nur zulässig, wenn in der Umgebung bereits eine vergleichbare Nutzung vorhanden ist, die den Umgebungsrahmen entsprechend prägt. Eine besondere Prüfung ist danach erforderlich bei 1305

- der Errichtung und Erweiterung von Einkaufszentren, großflächigen Einzelhandelsbetrieben und sonstigen großflächigen Handelsbetrieben,
- der Erweiterung bestehender Einzelhandelsbetriebe zu großflächigen Einzelhandelsbetrieben,
- der Umwandlung eines Großhandelsbetriebes ganz oder teilweise zu einem großflächigen Einzelhandelsbetrieb im Wege der Nutzungsänderung,

[2691] BVerwG NVwZ 2012, 315; Jahn ThürVBl 2012, 97.

[2692] VGH München Beschl. v. 27.6.2007 – 15 CS 07.406, juris. Zum Ausschluss des zentrenrelevanten Einzelhandels Janning ZfBR 2009, 437.

[2693] Zum Begriff des Randsortiments OVG Münster BauR 2023, 1064; Beschl. v. 26.1.2000 – 7 B 2023/99, juris, Rn. 19.

[2694] Zu neuen Wegen zur Stärkung der Innenstädte Schröer NZBau 2006, 161.

[2695] Zum Rückbau von Lebensmittelmärkten Grziwotz KommJur 2009, 175.

– der Änderung einer in der Baugenehmigung festgeschriebenen Branche oder eines festgeschriebenen Warensortiments durch Nutzungsänderung,
– der Nutzungsänderung von vorhandenen Gebäuden zu großflächigen Einzelhandelsbetrieben und
– der Errichtung von mehreren jeweils nicht großflächigen Einzelhandelsbetrieben in räumlicher Nähe und zeitlichem Zusammenhang (Agglomeration).

1306 Ein **Einkaufszentrum** iS des § 11 III 1 Nr. 1 BauNVO setzt im Regelfall einen (von vornherein) einheitlich geplanten, finanzierten, gebauten und verwalteten Gebäudekomplex mit mehreren Einzelhandelsbetrieben verschiedener Art und Größe – zumeist verbunden mit Dienstleistungsbetrieben – voraus. Sollen mehrere Betriebe ohne eine solche Planung ein Einkaufszentrum im Rechtssinne darstellen, so ist hierfür außer ihrer engen räumlichen Konzentration ein Mindestmaß an äußerlich in Erscheinung tretender gemeinsamer Organisation und Kooperation erforderlich, welche die Ansammlung mehrerer Betriebe zu einem planvoll gewachsenen und aufeinander bezogenen Ganzen werden lässt.[2696] Nicht notwendig für die Annahme eines Einkaufszentrums ist ein von vorneherein einheitlich geplanter, finanzierter, gebauter und verwalteter Gebäudekomplex. Ein zeitlich versetztes Zusammenwachsen mehrerer Betriebe zu einem Einkaufszentrum setzt neben einer räumlichen Konzentration voraus, dass die einzelnen Betriebe ein Mindestmaß an äußerlich in Erscheinung tretender gemeinsamer Organisation und/oder Kooperation aufweisen, die sie als planvoll aufeinander bezogenes Ganzes erscheinen lassen. Aufgrund des Regelungszusammenhangs und des dem § 11 III BauNVO zugrunde liegenden Ziels des Verordnungsgebers, letztlich der Sicherstellung einer verbrauchernahen Versorgung durch Einzelhandelsbetriebe im zentralen Siedlungsraum, ist auf das äußere Erscheinungsbild und die Wahrnehmung eines „Zentrums" durch die Kunden abzustellen. Entscheidend ist mithin, ob die jeweils konkrete Ansammlung von Läden vom Kunden als Einkaufszentrum empfunden wird, aus dessen Sicht als durch ein gemeinsames Konzept und durch Kooperation miteinander verbunden in Erscheinung tritt und dadurch eine besondere Anziehungskraft auf Käufer ausübt.[2697]

1307 In Übereinstimmung mit dem allgemeinen **Sprachgebrauch** ist ein Einkaufszentrum im Rechtssinne daher nur dann anzunehmen, wenn eine **räumliche Konzentration** von Einzelhandelsbetrieben verschiedener Art und Größe vorliegt, die entweder einheitlich geplant ist oder sich doch in anderer Weise als gewachsen darstellt. Diese Zusammenfassung kann in organisatorischen oder betrieblichen Gemeinsamkeiten, wie etwa in gemeinsamer Werbung oder einer verbindenden Sammelbezeichnung, zum Ausdruck kommen. Nur durch solche äußerlich erkennbaren Merkmale ergibt sich für die Anwendung mehrerer Betriebe zu einem Zentrum zugleich die erforderliche Abgrenzung zu einer beliebigen Häufung von jeweils für sich planungsrechtlich zulässigen Einzelhandelsbetrieben auf mehr oder weniger engem Raum. Handelt es sich iS dieser Abgrenzungskriterien um ein Einkaufszentrum, so ist eine solche Einrichtung nur in einem Kerngebiet oder in einem Sondergebiet „Einkaufszentrum" zulässig. Der Prüfung von zusätzlichen negativen Auswirkungen (§ 11 III 2 bis 4 BauNVO) bedarf es in diesen Fällen nicht.

1308 Zu den Einkaufszentren gehören auch die sog. **Factory-Outlet-Center**. Es handelt sich dabei um einen Direktverkauf zumeist hochwertiger Waren unter Umgehung des Großhandels.[2698] Die Waren werden entweder von einer Fabrik oder von mehreren Produzenten direkt vermarktet. Bei der Planung und Genehmigung solcher Zentren sind städtebauliche und auch nachbargemeindliche Belange zu berücksichtigen. **Beschränkungen** der sog. Factory-Outlet-Center bereits durch die **Landesplanung** sind auf der Grundlage des Landesplanungsrechts durchaus zulässig.[2699]

2696 VG Freiburg Beschl. v. 5.7.2023 – 13 K 1387/23b, juris Rn. 47; VGH München Beschl. v. 16.11.2022 – 9 ZB 22.1256, juris Rn. 16; BVerwG BauR 1990, 573; BauR 2007, 2023; Jahn ThürVBl 2008, 103; siehe auch schon Hoppe/Beckmann DÖV 1989, 290.

2697 OVG Saarlouis BauR 2009, 856, m. Anm. Zabel IBR 2009, 234 –, bejaht für sieben Einzelhandelsgeschäfte auf einem Grundstück mit einer Verkaufsfläche von 3.642 qm, sich ergänzendem Sortiment und gemeinsamer Binnenerschließung.

2698 BVerwG NVwZ 2003, 86; NVwZ 1999, 101.

2699 OVG Lüneburg ZfBR 2005, 809. Zur Einzelhandelssteuerung durch die Regionalplanung Sparwasser VBlBW 2008, 171.

Beispiel: Gehen die städtebaulichen Auswirkungen von Hersteller-Direktverkaufszentren insbesondere wegen der Größe dieser Betriebe, der Zentrenrelevanz ihres Kernsortiments und der Reichweite ihres Einzugsbereichs über die Auswirkungen der üblichen Formen des großflächigen Einzelhandels hinaus, kann es gerechtfertigt sein, sie landesplanerisch einer im Vergleich zum sonstigen großflächigen Einzelhandel strengeren Sonderregelung zu unterwerfen und nur in Oberzentren an städtebaulich integrierten Standorten zuzulassen.[2700] Ein Bebauungsplan für ein Hersteller-Direktverkaufszentrum, der sich eine Ausnahmeregelung im Landes-Raumordnungsprogramm für ein Vorhaben dieser Art zunutze macht, kann nicht im Wege der Normenkontrolle von einer um den Standort konkurrierenden Nachbargemeinde unter Berufung auf die Niederlassungsfreiheit und ein laufendes Vertragsverletzungsverfahren zu Fall gebracht werden. Die Festsetzung nur eines einzigen Hersteller-Direktverkaufszentrums in einem entsprechenden Sondergebiet kann zulässig sein.[2701]

Die **Regelvermutung** in § 11 III 1 BauNVO kann nicht in der Weise „ausgehebelt" werden, dass die tatsächlichen Auswirkungen eines großflächigen Einzelhandelsbetriebs, deren Vorliegen kraft rechtlicher Anordnung vermutet wird, zum Gegenstand einer richterlichen Beweisaufnahme gemacht werden. Die großflächigen Einzelhandelsbetriebe, die vom Typ her, dh im Regelfall, die Auswirkungen haben, die § 11 III 2 BauNVO beispielhaft benennt, sind bei Überschreitung einer Geschossfläche von 1.200 qm in Folge der Regelvermutung außerhalb von Kern- und Sondergebieten unzulässig. Im Grundsatz auf der gleichen Ebene liegt die typisierende Umschreibung der Nutzungsarten in den Baugebieten der §§ 2 bis 9 BauNVO. Die Vermutungsregel in § 11 III 3 BauNVO hat zwar auch den Zweck, Genehmigungsbehörden und Verwaltungsgerichte nach Art einer Beweiserleichterung im Einzelfall von schwierigen Ermittlungen bei der Überprüfung der Auswirkungen eines großflächigen Einzelhandelsbetriebes zu entlasten. Darin erschöpft sich ihre rechtliche Bedeutung jedoch nicht. In ihrem Anwendungsbereich stellt die Vermutungsregel eine Zulässigkeitsschranke auf, die für Genehmigungsbehörden und Gerichte gleichermaßen verbindlich ist.[2702] 1309

Ein großflächiger **Baumarkt**, dessen Warenangebot die Bereiche des Bau-, Elektro-, Sanitärinstallations-, Maler- und Kunsthandwerks sowie Haushaltswaren umfasst, ist typischerweise geeignet, negative städtebauliche Auswirkungen iS des § 11 III 2 BauNVO nach sich zu ziehen. Bestehen im Falle eines derartigen Baumarktes keine Anhaltspunkte iS des § 11 III 4 BauNVO für das Vorliegen einer atypischen Situation, greift die Vermutungsregel des § 11 III 3 BauNVO mit der Folge, dass der Betrieb bauplanungsrechtlich auf ein Kern- oder Sondergebiet zu verweisen ist.[2703] Auch Einzelhandel mit innenstadtrelevanten Sortimenten kann eine gemäß § 1 IX BauNVO typisierbare Nutzungsunterart sein, wobei teils auf Branchen, teils auf Warengruppen abgestellt werden kann.[2704] Auch eine Festsetzung, wonach Einzelhandelsbetriebe mit Waren für den täglichen Bedarf (Sortiment; Nahrung und Genussmittel, Gebrauchskosmetik, Putz- und Waschmittel, Schreibwaren, saisonbedingte Geschenkartikel, Hausrat und Zeitschriften), soweit es sich um SB-Märkte handelt, ausgeschlossen sind, ist in einem Kerngebiet zulässig.[2705] 1310

Unterlässt die Gemeinde die gebotenen **Ermittlungen** zu den Auswirkungen auf Infrastruktur und Städtebau, ist der Bebauungsplan unwirksam. Er kann allerdings in der Regel durch Anreicherung des Abwägungsmaterials nach § 214 IV BauGB in einem ergänzenden Verfahren geheilt werden.[2706] Ein Fabrik-Verkaufs-Zentrum (Factory-Outlet-Center) ist ein Einkaufszentrum iSv § 11 III Nr. 1 BauNVO. Bei einer stufenweisen Verwirklichung eines solchen Vorhabens sind die späteren Bauabschnitte rechtlich als Änderung der bestehenden und nicht als Neuerrichtung einer selbstständigen Anlage zu werten. Nachbargemeinden können eine Genehmigung für ein FOC mit der Begründung anfechten, das Vorhaben führe zu unmittelbaren 1311

[2700] BVerwG NVwZ 2006, 932; OVG Berlin-Brandenburg DVBl. 2006, 1123; VGH Kassel NVwZ-RR 2007, 298; allerdings auch BVerwG NVwZ 2006, 458; OVG Münster BauR 2005, 1577.

[2701] OVG Lüneburg UPR 2012, 320; nachgehend BVerwG BRS 79 Nr. 72 (2012).

[2702] BVerwG ZfBR 2002, 805. Zur Festsetzung der höchstzulässigen Einzelhandels-Verkaufsfläche in einem Sondergebiet OVG Koblenz NVwZ-RR 2003, 93.

[2703] OVG Weimar, Urt. v. 21.8.2001 – 1 KO 1240/97, juris; VGH München, Urt. v. 14.1.2003 – 14 CS 02.2395, juris zur erfolglosen Nachbarklage eines Einzelhändlers gegen Baugenehmigung für SB-Warenhaus.

[2704] VGH Kassel ZfBR 2003, 163.

[2705] VGH Kassel IBR 2004, 280.

[2706] A.A. VGH München GewArch. 1999, 432; Stüer/Rude ZfBR 2000, 85.

Auswirkungen gewichtiger Art auf ihre städtebauliche Entwicklung und Ordnung und verstoße daher gegen § 2 II BauGB. Das gilt unabhängig davon, ob die Genehmigung auf §§ 30, 33 oder 35 BauGB beruht. Befürchtet die Nachbargemeinde eine Schädigung der städtebaulichen Situation ihrer Innenstadt, kommt es für eine Verletzung des § 2 II BauGB entscheidend auf die durch das Vorhaben bewirkte Umsatzumverteilung zu Lasten des innerstädtischen Einzelhandels sowie die Möglichkeit und Zumutbarkeit von Anpassungsmaßnahmen an.[2707]

1312 Dabei stellt das materielle Abstimmungsgebot zwischen den Gemeinden einen Unterfall des **Abwägungsgebots** des § 1 VII BauGB dar, sodass Verstöße gegen das materielle interkommunale Abstimmungsgebot Abwägungsfehler sind. Ergebnisrelevanz liegt vor, wenn nach den Umständen des Einzelfalls die konkrete Möglichkeit besteht, dass ohne den Mangel im Planungsvorgang die Planung anders ausgefallen wäre.[2708] Eine Nachbargemeinde kann sich auch gegen eine Einzelgenehmigung auf Grund eines weder formal noch materiell abgestimmten Bebauungsplans wenden, wenn in qualifizierter Weise durch den Vorhabenträger auf den Inhalt des Bebauungsplans der planenden Gemeinde Einfluss genommen worden ist und sich dies als „Weichenstellung" in Richtung auf die Zulassungsentscheidung darstellt.[2709]

1313 Befürchtet die **Nachbargemeinde** eine Schädigung der städtebaulichen Situation ihrer Innenstadt, kommt es für die Verletzung des Gebotes der interkommunalen Abstimmung entscheidend auf die durch das Vorhaben bewirkte Umsatzverteilung zulasten des innerstädtischen Einzelhandels sowie die Möglichkeit und Zumutbarkeit von Anpassungsmaßnahmen an.[2710] Allein der Verweis auf eine Einschätzung politischer Kreise, dass von Factory-Outlet-Centern städtebauliche Gefahren ausgehen, reicht für die Zulässigkeit einer interkommunalen Nachbarklage allerdings nicht aus, weil pauschale Bewertungen oder politische Vorstellungen die rechtlich gebotene, einzelfallbezogene Betrachtung nicht ersetzen können. Der Nachweis entsprechender Beeinträchtigungen kann allerdings dadurch erschwert sein, dass neben dem Factory-Outlet-Center auch andere Fremdfaktoren die städtebauliche Ordnung der Nachbargemeinde stören.[2711] Nachbargemeinden haben bei der Aufstellung von Bauleitplänen im Rahmen der interkommunalen Abwägung den Anspruch auf Abwägung ihrer berechtigten kommunalen Belange. Dabei können sich die Nachbargemeinden auch auf die ihnen durch die Ziele der Raumordnung zugewiesenen Funktionen sowie auf Auswirkungen auf ihre zentralen Versorgungsbereiche berufen (§ 2 II BauGB). Diese durch das EAG Bau 2004 bewirkte Ergänzung sollen neben die interkommunalen Belange auch die Belange der Raumordnung sowie die Belange der zentralörtlichen Versorgung zum Bestandteil der nachbargemeindlichen Wehrfähigkeit werden.

1314 Die weiteren in § 11 III BauNVO erwähnten **Einzelhandelsbetriebe** und vergleichbaren Handelsbetriebe unterfallen der Sonderregelung des § 11 III BauNVO nur, wenn sie **großflächige Einrichtungen** sind, von denen die in § 11 III BauNVO bezeichneten nachteiligen Auswirkungen ausgehen. Einzelhandelsbetriebe sind Betriebe, die ausschließlich oder überwiegend an letzte Verbraucher verkaufen. Die Großflächigkeit beginnt dort, wo üblicherweise die der wohnungsnahen Versorgung dienenden Einzelhandelsbetriebe ihre Obergrenze findet. Zu den großflächigen Einzelhandelsbetrieben gehören insbesondere Verbrauchermärkte, Warenhäuser, Kaufhäuser, Selbstbedienungswarenhäuser, Supermärkte, Factory-Outlet-Center und auch Fachmärkte wie Möbelmärkte, Baumärkte, Auto- und Gartencenter, Hobby und Do-it-yourself-Center u. dgl. mit mehr als 1 000 m² Verkaufsfläche. Damit wird eine Vielzahl von Handelsbetrieben erfasst, die nach der Art ihrer Nutzung – soweit sie nicht großflächig sind – auch im Mischgebiet, Dorfgebiet oder Kerngebiet zulässig sind. Bei der Entscheidung, ob es sich um einen großflächigen Betrieb handelt, muss zunächst die Verkaufsfläche ermittelt werden. Ist der Betrieb danach großflächig, schließt sich die Prüfung der nachteiligen Auswirkungen iS des § 11 III BauNVO an. Merkmale wie aggressive Preispolitik, Tendenz zum Verkauf größerer Mengen oder Angebot auch von Lebensmitteln sind keine begrifflichen Voraussetzungen für das Vorliegen eines Verbrauchermarktes, sondern Beschreibungen von Erscheinungsformen großflächiger Einzelhandelsbetriebe, deren Auswirkungen häufig städtebauliche Bedeutung gewinnen.[2712]

2707 OVG Koblenz NVwZ 1999, 435.

2708 VGH München GewArch. 1999, 432. Zur interkommunalen Abstimmung bei der Ausweisung eines Sondergebietes für großflächigen Einzelhandel VG Potsdam BauR 1999, 1146.

2709 OVG Weimar ZfBR 1999, 173.

2710 OVG Koblenz UPR 1999, 154; VG Neustadt NVwZ 1999, 101.

2711 OVG Frankfurt (Oder) NVwZ 1999, 434; Otting DVBl. 1999, 595.

2712 BVerwG NVwZ 1987, 50.

Mit dem Merkmal der **Großflächigkeit** unterscheidet die BauNVO Einzelhandelsbetriebe, die wegen ihres angestrebten größeren Einzugsbereichs – wenn nicht in Sondergebiete – in Kerngebiete gehören, von den Läden und Einzelhandelsbetrieben der wohnungsnahen Versorgung der Bevölkerung, die in die ausschließlich, überwiegend oder zumindest auch dem Wohnen dienenden Gebiete gehören und dort typischerweise auch zu finden sind. Folglich beginnt die Großflächigkeit dort, wo üblicherweise die Größe solcher der wohnungsnahen Versorgung dienender Einzelhandelsbetriebe, gelegentlich auch Nachbarschaftsläden genannt, ihre Obergrenze findet.[2713] Sie ist vom BVerwG bei **800 qm Verkaufsfläche** angenommen worden. Dabei ist die Frage eines großflächigen Einzelhandelsbetriebes für eine kleine Gemeinde nicht anders zu beantworten als für eine Großstadt und dort nicht anders für den Ortsteil A als für den Ortsteil B. Bei der Berechnung der Verkaufsfläche sind auch die Thekenbereiche, die vom Kunden nicht betreten werden dürfen, der Kassenvorraum (einschließlich eines Bereichs zum Einpacken der Ware und Entsorgen des Verpackungsmaterials) sowie ein Windfang einzubeziehen. Da der Typus des der wohnungsnahen Versorgung dienenden Einzelhandelsbetriebs häufig nicht mehr allein anhand der Großflächigkeit bestimmt werden kann, kommt dem Gesichtspunkt der Auswirkungen in § 11 III BauNVO erhöhte Bedeutung zu.[2714] 1315

Ob es sich um einen einzigen oder um mehrere Betriebe handelt, bestimmt sich nach baulichen und betrieblich-funktionellen Gesichtspunkten. Ein Einzelhandelsbetrieb ist nur dann als selbstständig anzusehen, wenn er unabhängig von anderen Betrieben genutzt werden kann und deshalb als eigenständiges Vorhaben genehmigungsfähig wäre. Dies ist bei einem Betrieb zu bejahen, der über einen eigenen Eingang, eine eigene Anlieferung und eigene Personalräume verfügt.[2715] Ist innerhalb eines Gebäudes die Betriebsfläche baulich in mehrere selbstständig nutzbare betriebliche Einheiten unterteilt, bilden diese Einheiten gleichwohl einen Einzelhandelsbetrieb iS des § 11 III BauNVO wenn die Gesamtfläche durch einen Einzelhandelsbetrieb als Hauptbetrieb geprägt wird und auf den baulich abgetrennten Flächen zu dessen Warenangebot als Nebenleistung ein Warenangebot hinzutritt, das in einem inneren Zusammenhang mit der Hauptleistung steht, diese jedoch nur abrundet und von untergeordneter Bedeutung bleibt.[2716] 1316

Die Verkaufsfläche des Einzelvorhabens bleibt daher auch maßgebend, wenn dieses in räumlicher Nähe anderer Einzelhandelsbetriebe errichtet werden soll, diese aber insgesamt den Begriff des geplanten oder faktischen Einkaufszentrums (§ 11 III 1 Nr. 1 BauNVO) nicht erfüllen. Denn § 11 III 1 Nr. 2 BauNVO deckt nicht die summierende Betrachtungsweise der Verkaufsflächen von nebeneinanderliegenden Einzelhandelsbetrieben[2717] zur Großflächigkeit. Der Begriff der Funktionseinheit ist – jedenfalls seitdem jeweils mehrere Discounter bzw. Einzelhandelsbetriebe als direkte Konkurrenten die räumliche Nähe suchen – ungeeignet, die Agglomeration von Einzelhandelsbetrieben zum Zwecke der Sortimentsergänzung zu erklären und eine Addition der Verkaufsflächen zur Großflächigkeit iS des § 11 III 1 Nr. 2 BauNVO zu rechtfertigen. Etwas anderes kann nur dann ausnahmsweise gelten, wenn ein einheitliches, an sich großflächiges Einzelhandelskonzept[2718] unter dem Aspekt der Umgehung in kleinteilige Fachmärkte zerlegt wird.[2719] 1317

Die Festsetzung einer baugebietsbezogenen, **vorhabenunabhängigen Verkaufsflächenobergrenze** zur Steuerung des Einzelhandels in einem Sondergebiet ist mangels Rechtsgrundlage allerdings unzulässig. Die Verkaufsfläche darf nicht über mehrere Grundstücke hinweg nach dem „Windhundprinzip" verteilt werden.[2720] Dies schließt die Festsetzung einer Verkaufsflächenhöchstgrenze für ein einzelnes Grundstück nicht aus. 1318

2713 BVerwG NVwZ 1987, 1076.

2714 BVerwG NVwZ 2006, 452.

2715 BVerwG DVBl. 2006, NVwZ 2006, 452.

2716 BVerwGE 124, 376. Zur Großflächigkeit und Agglomeration von Einzelhandelsbetrieben Schröer NJW 2009, 1729; Maidowski/Schulte BauR 2009, 1380.

2717 BVerwG BRS 48 Nr. 37.

2718 OVG Münster Urt. v. 25.10.2007 – 7 A 1059/06, juris.

2719 OVG Münster ZfBR 2005, 572.

2720 OVG Münster Urt. v. 20.11.2009 – 7 D 124/08.NE, juris; Zimmermann NVwZ 2023, 400 (402); zur Unzulässigkeit baugebietsbezogener Verkaufsflächenbegrenzungen siehe auch BVerwG Beschl. v. 9.2.2011 – 4 BN 43.10, juris Rn. 6 ff. mwN; VGH München Urt. v. 2.6.2023 – 15 N 22.1268, juris Rn. 17; BVerwG NVwZ 2008, 902; Hentschel NVwZ 2008, 1201, Jahn ThürVBl 2008, 244; Schmidt-Eichstaedt BauR 2009, 755.

1319 Die Begriffe der Zentren- oder Innenstadtrelevanz von Einzelhandelssortimenten erlauben keine eindeutige Abgrenzung der hierunter zu fassenden **Sortimente**. Eine allgemein verbindliche Definition dieser Begriffe gibt es nicht.[2721] Die Festsetzung von Obergrenzen für Gesamt- und Sortimentsverkaufsflächen in einem gegliederten Sondergebiet für großflächigen Einzelhandel ist daher mangels einer Rechtsgrundlage unwirksam, wenn sich die Obergrenzen nur baugebietsbezogen auswirken, eine Aussage über Art und Umfang der je Baugrundstück zulässigen Einzelhandelsvorhaben hingegen nicht treffen.[2722] Die Ausweisung eines Sondergebiets für mehrere Fachmärkte, deren maximale Verkaufsfläche jeweils konkret festgesetzt ist, begegnet keinen Bedenken, wenn die für das gesamte Sondergebiet festgesetzte Verkaufsflächen-Obergrenze lediglich die Summe der für die einzelnen Betriebe festgesetzten Obergrenzen wiedergibt. Auch können Sortiments-Festsetzungen für „Aktionsware" und „Textilien im Niedrigpreissegment" erfolgen.[2723]

1320 § 11 III 2 BauNVO nennt beispielhaft als **negative Auswirkungen** schädliche Umwelteinwirkungen, Auswirkungen auf die infrastrukturelle Ausstattung, auf den Verkehr, auf die Versorgung der Bevölkerung, auf die Entwicklung zentraler Versorgungsbereiche in der Gemeinde oder in anderen Gemeinden, auf das Orts- und Landschaftsbild und auf den Naturhaushalt. **Schädliche Umwelteinwirkungen** können sich vor allem durch einwirkende Immissionen wie etwa starker Zu- und Abfahrtsverkehr oder eine Zunahme von Lärm- und Abgasbelastungen in Wohnstraßen ergeben. Auswirkungen auf die **infrastrukturelle Ausstattung** liegen insbesondere vor, wenn die ordnungsgemäße straßenmäßige Anbindung des Vorhabens nicht gewährleistet ist bzw. das vorhandene Verkehrsnetz nach seiner Konzeption und Leistungsfähigkeit zB mit Einrichtungen des öffentlichen Personennahverkehrs nicht auf das Vorhaben ausgerichtet ist. Auswirkungen auf den **Verkehr** sind anzunehmen, wenn vorhandene Verkehrseinrichtungen durch den vom Vorhaben zusätzlich ausgehenden Verkehr überlastet bzw. ihrer bestimmungsgemäßen Nutzung entzogen werden oder wenn Verkehrsbehinderungen auftreten, etwa weil Wohnstraßen zu Durchgangsstraßen werden. Auswirkungen auf die **Versorgung der Bevölkerung** können dadurch entstehen, dass durch neue Kaufkraftbindung an anderen Standorten Umsatzeinbußen und Geschäftsaufgaben drohen.[2724] Anhaltspunkte insbesondere für eine Gefährdung der Nahversorgung können sich daraus ergeben, dass die nur einmal umsetzbare Kaufkraft der Bevölkerung im Einzugsbereich des Betriebes und der vorhandenen Verkaufsflächen je Einwohner unter Berücksichtigung der Sortimentsverteilung und der Flächenproduktivität gegenübergestellt wird. Auswirkungen auf die **Entwicklung zentraler Versorgungsbereiche** können sich in der Gemeinde oder in anderen Gemeinden insbesondere auf das Stadtzentrum oder die Neben- und Grundversorgungszentren in den Stadtteilen aber auch auf Ortszentren ergeben. Dies gilt vor allem dann, wenn in diesen Zentren oder Ortsteilen öffentliche Mittel gebunden sind. Auswirkungen auf das **Orts- und Landschaftsbild** bestehen vor allem, wenn sich das Vorhaben nicht in den vorhandenen städtebaulichen oder landschaftlichen Rahmen einfügt.

1321 Bei der Beurteilung der Auswirkungen auf zentrale Versorgungsbereiche in der Gemeinde oder in anderen Gemeinden sind die **Ziele der Raumordnung** zu beachten und die **Grundsätze** und **sonstigen Erfordernisse der Raumordnung** zu berücksichtigen. Die Einzelhandelsentwicklung soll der **zentralörtlichen Gliederung** entsprechen, die ein Netz funktional miteinander verbundener Gemeinden darstellt. Einzelhandelseinrichtungen sollen den Siedlungsschwerpunkten räumlich zugeordnet sein. Kriterien dafür sind die Vermeidung einer isolierten Lage am Rande eines Siedlungsschwerpunktes, die Sicherung einer siedlungsräumlichen Konzentration und eine möglichst ausgewogene und bedarfsgerechte Versorgung der Bevölkerung. Als weitere **Grundsätze der Raumordnung** können etwa zu berücksichtigen sein: Die Entwicklung der räumlichen Struktur entsprechend den Erfordernissen des Umweltschutzes und den infrastrukturellen, wirtschaftlichen, sozialen und kulturellen Erfordernissen, eine sparsame und schonende Inanspruchnahme der Naturgüter (§ 1 a II 1 BauGB)[2725] und der Grundsatz der Nachhaltigkeit (§ 1 V 1 BauGB), Strukturverbesserungen in Verdichtungsgebieten und

---

[2721] OVG Koblenz BauR 2008, 136; OVG Münster Urt. v. 11.12.2006 – 7 A 964/05, juris.

[2722] VGH Mannheim DÖV 2009, 917; BVerwG NVwZ 2008, 902; Hentschel NVwZ 2008, 1201, Jahn ThürVBl 2008, 244.

[2723] OVG Münster Urt. v. 29.5.2009 – 7 D 51/08.NE, juris.

[2724] Zum Ausschluss des zentrenrelevanten Einzelhandels Janning ZfBR 2009, 437.

[2725] Zur Flächensparsamkeit in der Bauleitplanung Wächter DVBl. 2009, 997; Schröer NZBau 2009, 768.

die Entwicklung des ländlich strukturierten Raumes entsprechend der jeweiligen Tragfähigkeit sowie funktionsgerechte Verkehrsverbindungen, dh Haltepunkte des öffentlichen Personennahverkehrs an den Einzelhandelsstandaorten. Hinzu treten folgende **Grundsätze**: Vorrang der Innenentwicklung vor der Außenentwicklung, kurzwegige Anbindung an den öffentlichen Personennahverkehr und die Integration in die Stadtentwicklungsplanung. Dabei wird besonderer Wert auch auf die **Kooperation der Gemeinden** untereinander und auf die Eignung für die interkommunale Zusammenarbeit gelegt.

Will eine Gemeinde einen Bebauungsplan mit dem Inhalt eines Einzelhandels-Sondergebietes aufstellen, ist eine **interkommunale Abstimmung** erforderlich, wenn Auswirkungen gewichtiger Art auf die Planung der Nachbargemeinde nicht ausgeschlossen werden können. Dies gilt auch dann, wenn die Nachbargemeinde noch nicht über entgegenstehende Bebauungspläne verfügt oder entsprechende Aufstellungsbeschlüsse gefasst hat. Insofern gehen die Rechte der Nachbargemeinde auf die interkommunale Abstimmung über die Mitwirkungs- und Abwehrrechte der Nachbargemeinde gegenüber Maßnahmen der privilegierten Fachplanung hinaus.[2726] Die Widerlegung der Regelvermutung erfordert eine Einzelfallbetrachtung. Dabei kann die jeweilige Nutzungsart eine besondere Rolle spielen. 1322

Als Grundlage für konkrete Planungsvorhaben wird den Gemeinden empfohlen, ein gemeindliches **Einzelhandelskonzept** aufzustellen, in dem die Entwicklungsziele für den Einzelhandel dargelegt sind. Ein schlüssiges und widerspruchsfreies Planungskonzept zur Steuerung des Einzelhandels muss allerdings nicht zwingend auf einem gesondert beschlossenen umfassenden Entwicklungskonzept oder einer städtebaulichen Planung iS des § 1 VI Nr. 11 BauGB beruhen.[2727] Welche Anforderungen an die Darlegung schädlicher Auswirkungen eines Einzelhandelsvorhabens auf das Zentrum zu stellen sind und welche Ermittlungen eine Gemeinde insofern anzustellen hat, ist dabei einzelfallabhängig.[2728] Auch wird empfohlen, wegen der besonderen Bedeutung der zentrenrelevanten Einzelhandelsflächen bereits im Flächennutzungsplan Kerngebiete und nicht lediglich gemischte Bauflächen darzustellen. Bei der Darstellung von Sondergebieten sollte bereits die Geschossflächenzahl angegeben werden. Kerngebiete sollten im Bebauungsplan nur ausgewiesen werden, wenn neben den Einzelhandelsflächen iS von § 11 III BauNVO auch andere kerngebietstypische Einrichtungen vorgesehen sind. Ansonsten sind im Bebauungsplan Sondergebiete mit einer speziellen Zweckbestimmung und konkreten Festsetzungen auszuweisen. Einzelhandel in sonstigen Baugebieten ist nur beschränkt zulässig. Hier können sich zusätzliche (einschränkende) Festsetzungen nach § 1 IV bis IX BauNVO empfehlen. Der Planungsträger kann sich zur städtebaulichen Rechtfertigung von Einzelhandelsausschlüssen in einem Bebauungsplan zum Zwecke der Stärkung oder des Schutzes von Versorgungszentren daher auf kommunale Planungskonzepte beziehen. Ob es einer Präzisierung durch Rückgriff auf sog. Sortimentslisten bedarf, ist eine Einzelfallfrage. In einem auf der Grundlage des § 11 BauNVO festgesetzten Sondergebiet kann die Gemeinde die Art der baulichen Nutzung über die Möglichkeiten hinaus, die § 1 IV bis IX BauNVO eröffnen, konkretisieren und zu diesem Zweck die Merkmale bestimmen, die ihr am besten geeignet erscheinen, um das von ihr verfolgte Planungsziel zu erreichen.[2729] Zu berücksichtigen sind bei großflächigen Einzelhandelsbetrieben insbesondere die Verkaufsfläche des Vorhabens im Vergleich zu den im Versorgungsbereich vorhandenen Verkaufsflächen derselben Branche, die voraussichtliche Umsatzumverteilung, die Entfernung zwischen dem Vorhaben und dem betroffenen zentralen Versorgungsbereich, eine etwaige „Vorschädigung" des Versorgungsbereichs oder die Gefährdung eines vorhandenen „Magnetbetriebs", der maßgebliche Bedeutung für die Funktionsfähigkeit des zentralen Versorgungsbereichs hat.[2730] Ein das **Zentrenkonzept**[2731] bzw. Gewerbeflächenkonzept einer Gemeinde umsetzender Bebauungsplan ist dabei nicht schon dann abwägungsfehlerhaft, wenn die Gemeinde zuvor von diesem Konzept in Einzelfällen abgewichen ist.[2732] Ein Bebauungsplan, mit dem das Zentren- bzw. Gewerbekonzept einer Gemeinde umgesetzt wird, ist nicht schon dann abwägungsfehlerhaft, wenn die Gemeinde zuvor von die- 1323

2726 BVerwGE 40, 323; BVerwGE 84, 210.

2727 OVG Koblenz ZfBR 2013, 483; OVG Koblenz BauR 2008, 136; ZfBR 2011, 570.

2728 OVG Koblenz ZfBR 2013, 483; BVerwG ZfBR 2009, 686.

2729 BVerwG ZfBR 2013, 279.

2730 BVerwG ZfBR 2012, 254.

2731 Zur Umsetzung von Einzelhandels- und Zentrenkonzepten mit den Mitteln der Bauleitplanung Bischopink BauR 2007, 825.

2732 VGH Mannheim BauR 2007, 1937.

sem Konzept abgewichen ist. Allerdings ist das Gewicht des Konzepts als abwägungsbeachtlicher Belang (§ 1 VI Nr. 11 BauGB) umso geringer, je häufiger und umfangreicher das Konzept bereits durchbrochen worden ist.[2733]

1324 In bereits beplanten Gebieten ist nach den verschiedenen **Fassungen der BauNVO** zu unterscheiden. Bei Bebauungsplänen, denen die **BauNVO 1968** zu Grunde liegt, ist ein großflächiger Einzelhandelsbetrieb in einem ausgewiesenen Gewerbegebiet nur unzulässig, wenn **übergemeindliche Versorgungsstrukturen** betroffen sind. Ob Einkaufszentren und Verbrauchermärkte vorwiegend der übergemeindlichen Versorgung dienen sollen, ist im Hinblick auf Lage, Umfang und Zweckbestimmung des Unternehmens nach objektiven Kriterien zu bestimmen. Unternehmerische Zielsetzungen des Betreibers oder Rentabilitätserwägungen sind dazu nicht geeignet. Vorwiegend bedeutet, dass mehr als die Hälfte des zu erwartenden Umsatzes von außerhalb der Gemeinde kommt. Dabei ist auf objektive Kriterien abzustellen. Beide Umsatzanteile müssen auf Grund einer Analyse prognostiziert werden.[2734] Der Begriff des Verbrauchermarkts iS des § 11 III BauNVO 1968[2735] beschränkt sich allerdings nicht auf großflächige Einzelhandelsbetriebe mit einem hauptsächlich auf Lebensmittel und verwandte Waren ausgerichteten oder mit einem insgesamt warenhausähnlichen Sortiment. Auch ein so genannter Fachmarkt kann ein Verbrauchermarkt sein.[2736] Bei Bebauungsplänen, die unter Geltung von § **11 III BauNVO 1977** bzw. **1987** aufgestellt worden sind, gilt die Vermutungsgrenze von 1.500 m^2 bzw. 1.200 m^2 Geschossfläche. Diese Vermutungsgrenze kann im Einzelfall widerlegt werden, wenn nachgewiesen ist, dass trotz Überschreitung der Grenze nachteilige Auswirkungen iS des § 11 III BauNVO nicht bestehen oder trotz Unterschreitung der Grenze das Vorhaben bereits nachteilige Auswirkungen auf städtebauliche oder infrastrukturelle Belange hat. In kritischen Fällen wird eine Stellungnahme der Industrie- und Handelskammer als Trägerin öffentlicher Belange sowie ggf. ergänzend ein Fachgutachten eingeholt werden müssen.

1325 Dem Verlust der inneren Homogenität eines **Mischgebietes** kann nach § 15 BauNVO entgegengewirkt werden, wie das BVerwG entschieden hat.[2737] Das Gericht hatte dabei zu klären, ob ein **weiterer** (kleiner) **SB-Discountladen** mit einer Verkaufsfläche von ca. 800 m^2 in einem ausgewiesenen Mischgebiet auch dann zulässig ist, wenn damit die Einzelhandelsnutzung gegenüber der Wohnnutzung ein deutliches Übergewicht erhält. Das BVerwG hat hier zur Sicherung der inneren Homogenität eines Mischgebietes – also zur **Erhaltung** der **inneren Ausgewogenheit** und des quantitativen und qualitativen Mischungsverhältnisses zwischen Wohnnutzung und nicht störender gewerblicher Nutzung – aus § 15 I BauNVO das Verbot des „Umkippens" eines solchen Baugebietes abgeleitet und die Versagung der Genehmigung bestätigt.

1326 Handlungsbedarf kann sich insbesondere bei **älteren Bebauungsplänen** (BauNVO 1962/1968/1977) ergeben, die von der Gemeinde durch ein Planänderungsverfahren auf das neue Recht umgestellt werden können. Die Umstellung setzt eine Abwägung der betroffenen Belange voraus, wobei auch die Interessen des Gewerbe treibenden Grundstückseigentümers an einer Ansiedlung oder einer Erweiterung eines großflächigen Einzelhandelsbetriebes zu berücksichtigen sind.

Beispiel: Die Gemeinde will einen alten Bebauungsplan auf das neue Recht umstellen und ändert den Plan, ohne die Belange auch des Grundstückseigentümers in die Abwägung einzustellen und in der Begründung zu erwähnen.

1327 Daneben bietet § **1 V** und **IX BauNVO** ausreichende **Möglichkeiten**, auch unterhalb der Vermutungsgrenze des § 11 III BauNVO **Fehlentwicklungen entgegenzusteuern** und auch nicht großflächige Nachbarschaftsläden mit einer Verkaufsfläche unter 800 m^2 aus besonderen städtebaulichen Gründen auszuschließen. Es ist grundsätzlich zulässig, auf der Grundlage des § 1 V BauNVO einen völligen Ausschluss von Einzelhandelsbetrieben in einem Gewerbegebiet mit dem Ziel der Freihaltung von Flächen für das produzierende Gewerbe festzusetzen. Für die Abweichung von den nach der BauNVO vorgegebenen Gebietstypen bedarf es in allen Fällen

---

2733 BVerwG NVwZ 2009, 1103.

2734 BVerwG NVwZ-RR 1990, 229.

2735 Zur Abgrenzung der Begriffe „Verbrauchermarkt" und „Einkaufszentrum" OVG Greifswald UPR 2009, 359.

2736 BVerwG NVwZ 2003, 1387 mit Anmerkung Nickel IBR 2004, 97.

2737 BVerwGE 79, 309.

einer städtebaulichen Begründung, die sich aus der jeweiligen konkreten Planungssituation ergeben muss und die Abweichung rechtfertigt. Der vollständige Ausschluss einer Nutzungsart durch Gegenausnahmen für bestimmte Arten von Anlagen der betreffenden Nutzungsart kann wieder ein Stück zurückgenommen werden, wenn die Gemeinde darlegt, warum das von ihr gewählte Abgrenzungskriterium marktüblichen Gegebenheiten entspricht und die Feindifferenzierung durch besondere städtebauliche Gründe gerechtfertigt ist.[2738] Sollen **Einzelhandelsnutzungen** in einem Baugebiet dabei insgesamt ausgeschlossen sein, so ist dies bei Vorliegen städtebaulicher Gründe nach § 1 V BauNVO möglich.[2739] Soll die Einzelhandelsnutzung auf eine bestimmte Größe beschränkt werden, so gibt § 1 IX BauNVO hierzu die rechtliche Grundlage, wenn spezielle, gerade diesen Ausschluss tragenden städtebaulichen Gründe dies rechtfertigen. Entsprechend ist zu verfahren, wenn die Gemeinde beabsichtigt, die Einzelhandelsnutzung in einem Baugebiet ganz oder in einer bestimmten Größenordnung nur ausnahmsweise zuzulassen. Auch ist es der Gemeinde gestattet, „zentrumsbildende" Nutzungsarten, die in der innerstädtischen Kernzone nicht oder nur geringfügig vertreten sind, in anderen Gemeindegebieten mit dem Ziel auszuschließen, eventuelle Neuansiedlungen zwecks Steigerung oder Erhaltung der Attraktivität dem Zentrum zuzuführen.[2740] Einzelhandelsbetriebe können auf der Grundlage des § 1 V BauNVO im **Mischgebiet** ausgeschlossen werden, auch wenn der vollständige Ausschluss durch „Gegenausnahmen" für bestimmte Arten von Einzelhandelsbetrieben wieder ein Stück zurückgenommen wird. Die **Stärkung der Zentren** durch Konzentration von Einzelhandelsnutzungen in Stadtbezirks- und Ortsteilzentren ist ein Ziel, das den Ausschluss von Einzelhandelsbetrieben in nicht zentralen Lagen städtebaulich rechtfertigen kann. Der Gemeinde ist es gestattet, **„zentrumsbildende" Nutzungsarten**, die in den Zentren bisher nicht oder nur in geringem Umfang vertreten sind, in anderen Gemeindegebieten mit dem Ziel auszuschließen, eventuelle Neuansiedlungen den Zentren zuzuführen, um deren Attraktivität zu steigern oder zu erhalten. Sofern ein Gesamtkonzept in der Lage ist, die Einzelhandelsentwicklung im gesamten Stadtgebiet nachvollziehbar und widerspruchsfrei zu ordnen, bedarf es jedenfalls auf der Ebene eines Bebauungsplans, der dieses Konzept für einen bestimmten Bereich umsetzt, keiner weiteren Differenzierung unter dem Gesichtspunkt der Zentreneignung.[2741]

Beispiel: Die Gemeinde möchte in einem Mischgebiet die Einzelhandelsnutzung generell ausschließen, um die Einzelhandelsentwicklung auf ein benachbartes Kerngebiet zu konzentrieren. Ein solcher Ausschluss ist nach § 1 V BauNVO möglich. Will die Gemeinde in einem Misch- oder Gewerbegebiet nur eine bestimmte Größenordnung des Einzelhandels zulassen oder den Einzelhandel auf den Verkauf der im Gebiet selbst hergestellten Waren von Handwerksbetrieben beschränken, so enthält § 1 IX BauNVO hierfür die rechtliche Grundlage.[2742] § 1 V BauNVO bietet daher Differenzierungs- und Ausschlussmöglichkeiten zwischen verschiedenen Nutzungsmöglichkeiten. § 1 IX BauNVO gibt die Möglichkeit der Differenzierung oder des Ausschlusses innerhalb einer Nutzungsart.

Hinweis: In einem Sondergebiet für großflächigen Einzelhandel darf die Gemeinde nach Quadratmetergrenzen bestimmte Regelungen über die **höchstzulässige Verkaufsfläche** treffen. Dabei kann sie – innerhalb der sich aus § 1 II und VI BauNVO ergebenden Grenzen – die im Sondergebiet maximal zulässige Verkaufsfläche ohne Bindung an vorgegebene Anlagetypen selbst bestimmen.[2743]

Hinweis: Welche **Ermittlungen** eine Gemeinde für den Ausschluss von Einzelhandel vornehmen muss, hängt von der jeweiligen Planungssituation und insbesondere davon ab, welche städtebaulichen Ziele den Ausschluss des Einzelhandels rechtfertigen sollen.[2744]

Die Gemeinde hat bei den **Ausschluss- und Differenzierungsmöglichkeiten** iS einer gewissen **Typenkonkretisierungsmöglichkeit** ein bestimmtes Maß an eigenem **Gestaltungsfreiraum**, der durch § 1 IV bis IX BauNVO eingeräumt, allerdings durch das Abwä- **1328**

[2738] BVerwG BauR 2013, 1811.
[2739] BVerwG ZfBR 1999, 279.
[2740] BVerwG ZfBR 2005, 187.
[2741] BVerwG NVwZ 2009, 1228; Füßer/Lau BauR 2009, 1829.
[2742] BVerwG ZfBR 1990, 27.
[2743] BVerwG BauR 1990, 569.
[2744] BVerwG ZfBR 2009, 686.

gungsgebot rechtlich gebunden ist. So kann die Gemeinde in einem Gewerbegebiet den nicht auf Eigenproduktion beruhenden Einzelhandel ausschließen, während sie den Verkauf am Ort hergestellter Waren zulässt. Bereits nach § 1 V BauNVO können einzelne der unter einer Nummer einer Bauvorschrift der BauNVO zusammengefassten Nutzungen im Bebauungsplan ausgeschlossen werden.[2745] Ein Ausschluss von Einzelhandelsbetrieben ist daher schon nach § 1 V BauNVO möglich. Weitergehende Differenzierungen etwa im Hinblick auf Beschränkungen der Geschoss- oder Verkaufsfläche können nach § 1 IX BauNVO vorgenommen werden. Die Planungsfreiheit der Gemeinde ist lediglich dadurch begrenzt, dass sich die Differenzierungen auf bestimmte Anlagentypen beziehen müssen. Eine Planung konkreter einzelner Projekte ist über § 1 IX BauNVO nicht zulässig.[2746] Es ist dabei zulässig, den nicht auf Eigenproduktion beruhenden Einzelhandel auszuschließen, jedoch Mischformen zwischen Einzelhandel und sonstigen gewerblichen Nutzungsformen zuzulassen.[2747] Die Typenkonkretisierung kann sich auch auf die Festsetzung einer bestimmten Verkaufsflächengröße beziehen, die innerhalb des Baugebietes allgemein oder ausnahmsweise zulässig ist.

Beispiel: Die Gemeinde setzt im Bebauungsplan fest, dass in einem Sondergebiet ein großflächiger Einzelhandelsbetrieb bis zu einer Verkaufsfläche von 3.000 m^2 zulässig ist. Aus den textlichen Festsetzungen ergibt sich, dass mit der Verkaufsfläche die dem Kunden für Verkaufszwecke zugängliche Fläche gemeint ist. Eine solche Festsetzung ist, wenn sie sich durch städtebauliche oder infrastrukturelle Gründe rechtfertigt, zulässig.

1329 Von der städtebaulichen Erheblichkeit der Verkaufsflächengröße von Handelsbetrieben geht auch die BauNVO aus, selbst wenn der Begriff der **Verkaufsfläche** dort nicht ausdrücklich erwähnt ist. So beantwortet sich etwa die Frage, ob ein Betrieb iS des § 11 III 1 Nr. 2 oder 3 BauNVO ein großflächiger Betrieb ist, nach dem Umfang seiner Verkaufsfläche. Der Verordnungsgeber hat dabei im Rahmen der Vermutungsregelung in § 11 III 3 und 4 BauNVO auf der Basis von Erfahrungswerten des Handels auf ein bestimmtes durchschnittliches Verhältnis von insgesamt vorhandener Geschossfläche zu dem typischerweise für Verkaufszwecke zur Verfügung stehenden Teil dieser Fläche, nämlich 2/3 der Geschossfläche, abgestellt. Die dieser Regelung zu Grunde liegende Vorstellung hindert nicht, hiervon abweichende besondere Verhältnisse in bestimmten Einzelhandelsbetrieben zu berücksichtigen.[2748] In einem Gewerbegebiet kann auch die Zulässigkeit von Einzelhandelsbetrieben bestimmter Branchen ausgeschlossen werden, sofern die Differenzierung marktüblichen Gegebenheiten entspricht.[2749]

1330 Die Abgrenzung der Verkaufsfläche kann sich dabei an den in Kreisen der Handels- und Absatzwirtschaft entwickelten Merkmalen orientieren und alle zum Zwecke des Verkaufs den Kunden zugänglichen Flächen – einschließlich der Gänge, Treppen, Kassenzonen, Standflächen für Einrichtungsgegenstände, Schaufenster und Freiflächen – als Verkaufsfläche berücksichtigen.[2750] Im Bebauungsplan können dabei für die Zulässigkeit von Lager- und Verkaufsnutzung unterschiedliche Festsetzungen getroffen werden. Die Gemeinde kann dabei in den Baugebieten Differenzierungen treffen, die den Marktüblichkeiten entsprechen.

Beispiel: Will die Gemeinde, die Einzelhandel in einem Gewerbegebiet ausschließt, den werkstattgebundenen Verkauf von Handwerks- oder Gewerbebetrieben in einer deutlichen Unterordnung des Betriebsteils Verkaufsstelle zum Gesamtbetrieb ausnahmsweise zulassen, kann sie das abstrakte Merkmal der Unterordnung mit einer absoluten Obergröße von 50 qm Verkaufsfläche präzisieren.[2751]

1331 Beschränkungen oder der Ausschluss einer nach dem Baugebietscharakter zulässigen Einzelhandelsnutzung bedürfen allerdings der städtebaulichen Begründung und eines schlüssigen, in sich widerspruchsfreien städtebaulichen Konzepts, dessen Verwirklichung nicht erkennbar ausgeschlossen sein darf.[2752] Solche Regelungen in der Bauleitplanung unterliegen einem gesteigerten Begründungs- und Rechtfertigungszwang. Einschränkungen der Geschoss- oder Ver-

[2745] BVerwG NVwZ-RR 1990, 229; BVerwGE 77, 308; ZfBR 1999, 279.
[2746] BVerwGE 77, 317.
[2747] BVerwG NVwZ-RR 1990, 229.
[2748] BVerwG BauR 1990, 569.
[2749] BVerwG DVBl. 1998, 1301.
[2750] BVerwG BauR 1990, 569.
[2751] OVG Münster UPR 2007, 160.
[2752] VGH Kassel ZfBR 2007, 357.

kaufsfläche unterhalb der Vermutungsgrenze des § 11 III BauNVO sind danach nur zulässig, wenn solche speziellen Gesichtspunkte dies rechtfertigen. Werden durch die Änderung eines Bebauungsplans in einem festgesetzten Gewerbegebiet Einzelhandelsnutzungen ausgeschlossen, kann die Änderung im vereinfachten Verfahren nach § 13 BauGB erfolgen. Will die Gemeinde zum Schutz des produzierenden und artverwandten Gewerbes bestimmte Nutzungen wie etwa den Einzelhandel in einem Gewerbegebiet ausschließen, kann sie sich auf den Ausschluss solcher Nutzungen beschränken, zu deren Regelung aktueller Handlungsbedarf besteht.[2753]

Ein **Einzelhandelsausschluss** in **Gewerbe- oder Industriegebieten** ist städtebaulich gerechtfertigt, wenn dadurch ein Flächenverbrauch durch Einzelhandel verhindert und gewerbliche Bauflächen für das produzierende und verarbeitende Gewerbe reserviert werden sollen. Soll bei der Änderung eines Bebauungsplans dieser auf eine **neuere Fassung** der **BauNVO umgestellt** werden, muss dies in den textlichen Festsetzungen bzw. in der Planzeichnung des Änderungsplans hinreichend deutlich zum Ausdruck kommen. Beschränken sich die Festsetzungen zum Maß der baulichen Nutzung für ein Industriegebiet auf die Festsetzung einer Grundflächenzahl, entspricht dies nicht den Anforderungen in § 16 II 2 und III BauNVO 1968.[2754] **1332**

Festsetzungen auf der Grundlage des § 1 IX BauNVO müssen dem Erfordernis genügen, bestimmte Anlagentypen zu umschreiben. Die „besonderen städtebaulichen Gründe" im Sinne von § 1 IX BauNVO müssen auf die durch die jeweiligen örtlichen Verhältnisse bedingten Strukturen zugeschnitten sein. Eine auf § 1 V und IX BauNVO gestützte Planung muss mit Argumenten begründet werden, die sich aus der jeweiligen konkreten Planungssituation ergeben und geeignet sind, die jeweilige Abweichung von den in den §§ 2 bis 10 BauNVO vorgegebene Gebietstypen zu tragen. Die Festsetzungen müssen sich aber in den Baugebieten, auf die § 1 V und IX BauNVO anwendbar ist, immer auf Arten oder Unterarten der baulichen Nutzung beziehen. Die durch Bebauungsplan erfolgte Festsetzung einer betriebsunabhängigen absoluten Verkaufsflächenobergrenze zur Einzelhandelssteuerung in einem Gewerbegebiet ist mangels Rechtsgrundlage unzulässig.[2755] Zudem müssen die Festsetzungen auch im Sondergebiet bestimmt genug sein. **1333**

Beispiel: Ein Bebauungsplan, der ein Sondergebiet für Fachmärkte mit maximal 3.000 qm Verkaufsfläche „für nicht citytypische Sortimente" ausweist, ist wegen Unbestimmtheit der Festsetzung unwirksam.[2756]

Als ein zur Konkretisierung geeignetes Mittel kommen auch **Sortimentsbeschränkungen** in Betracht, sofern die Differenzierung marktüblichen Gegebenheiten entspricht[2757] und die Belange der Eigentümer angemessen berücksichtigt sind.[2758] Es kann dabei auf Listen in Einzelhandelserlassen oder sonstige Orientierungshilfen zurückgegriffen werden, wenn dadurch bestimmte Arten von Anlagen iS des § 1 IX BauNVO zutreffend gekennzeichnet werden.[2759] Es gibt allerdings im BauGB oder in der BauNVO keine Legaldefinition dafür, wann sich ein Warensortiment als „zentrenrelevant" erweist. Sollen zum Schutz etwa des Innenstadtbereichs bestimmte Warensortimente an nicht integrierten Standorten ausgeschlossen werden, bedarf es einer individuellen Betrachtung der jeweiligen örtlichen Situation. Dies gilt umso mehr, wenn jeglicher Handel mit den angeführten Sortimenten ausgeschlossen werden soll.[2760] Die besonderen städtebaulichen Gründe, die es gemäß § 1 IX BauNVO rechtfertigen, in einem dezentralen Gewerbe- und Mischgebiet Einzelhandelsbetriebe mit zentrenrelevanten Sortimenten auszuschließen, müssen auf der Grundlage der relevanten örtlichen Gegebenheiten bestimmt werden.[2761] Planungsrechtlich bewirkte Beschränkungen der Standorte von Einzelhandelsbetrieben aus Gründen der Stadtentwicklung und des Verbraucherschutzes sind grundsätzlich zulässig und stehen nicht im Widerspruch zu Unionsrecht.[2762] **1334**

2753 OVG Münster, Urt. v. 7.5.2007 – 7 D 24/06.NE, juris.

2754 OVG Münster NVwZ-RR 2008, 13.

2755 OVG Münster BauR 2008, 320; Schlarmann/Krappel DVBl. 2008, 1473.

2756 OVG Münster NVwZ 2007, 727; Uechtritz NVwZ 2007, 660.

2757 BVerwG ZfBR 2008, 72; ZfBR 2005, 187.

2758 BVerwG BauR 2006, 491.

2759 BVerwG ZfBR 2002, 597; BVerfG NJW 2002, 2308 nicht zur Entscheidung angenommen. Zur Gliederung eines Mischgebietes VGH München Urt. v. 27.2.2003 – 14 N 99.2020, juris.

2760 OVG Münster BauR 2002, 1746.

2761 VGH Mannheim BauR 2008, 633.

2762 BVerwG NVwZ 2013, 1085, EuGH, Urt. v. 24.3.2011 – C-400/08, juris.

1335 Ob von einem Einzelhandelsvorhaben **schädliche Auswirkungen** auf **zentrale Versorgungsbereiche** zu erwarten sind, kann nur unter Berücksichtigung aller relevanten Umstände der konkreten städtebaulichen Situation prognostiziert werden. Neben der Verkaufsfläche können dabei auch ein qualitativer Vergleich des vorhandenen mit dem geplanten Angebot und – insbesondere wenn es um die Zulässigkeit großflächiger Einzelhandelsbetriebe geht – die zu erwartende Umsatzumverteilung von Bedeutung sein.[2763]

1336 Wenn Einzelhandel mit ausgewählten Warensortimenten im Hinblick auf seine **„Zentrenschädlichkeit“** ausgeschlossen werden soll, bedarf es daher konkreter Angaben dazu, weshalb jegliche Form von Einzelhandel der besagten Art. – würde er im betroffenen Baugebiet angesiedelt – die gewachsenen Einzelhandelsstrukturen in den Zentren der Gemeinde unabhängig von der Art. und dem Umfang des jeweiligen Warenangebots schädigen würde.[2764] Es ist außerdem zu prüfen, welche Sortimente unter Berücksichtigung der örtlichen Besonderheiten als innenstadtrelevant einzustufen sind. Sollen in einem Sondergebiet für großflächigen Einzelhandel und Gewerbe zentren- und nahversorgungsrelevante Sortimente ausgeschlossen werden, bedarf es einer individuellen Betrachtung der jeweiligen örtlichen Situation. Die bloße Übernahme der Anlage eines Einzelhandelserlasses[2765] als textliche Festsetzung ohne Untersuchung des vorhandenen Angebotsbestands genügt diesen Anforderungen nicht.[2766]

Beispiel: Es kann ein Abwägungsdefizit vorliegen, wenn die Gemeinde bei der Abwägungsentscheidung sämtliche Sortimente, wie sie in Richtlinien zur Beurteilung von geplanten Einzelhandelsgroßprojekten bezeichnet werden, als zentrenrelevant bezeichnet sind, übernommen hat, ohne dass zuvor genauere, konkret auf ihr Gemeindegebiet bezogene Erhebungen zur Innenstadtrelevanz und Zentrenschädlichkeit der einzelnen Sortimente durchgeführt wurden.[2767]

1337 Die Ansiedlung von Einzelhandelsbetrieben muss das **Gebot der nachbarlichen Rücksichtnahme** wahren. Der großflächige Einzelhandelsbetrieb begründet allerdings allein aufgrund seiner allgemeinen Betriebsart und -größe noch keine Konfliktlage, die bei einem Aufeinandertreffen mit einer Wohnnutzung zwingend zu einem Verzicht auf den Standort führen muss; es kommt stets maßgeblich auf die örtlichen Gegebenheiten an.[2768]

1338 **q) Vergnügungsstätten und Spielhallen.** Der Begriff der Vergnügungsstätte ist weder im BauGB noch in der BauNVO definiert. Eine Vergnügungsstätte im Sinne der BauNVO ist eine besondere Art von Gewerbebetrieb, die in unterschiedlicher Weise unter Ansprache oder Ausnutzung des Geselligkeitsbedürfnisses, des Spiel- oder Sexualtriebs einer bestimmten auf Gewinnerzielung gerichteten kommerziellen Freizeitgestaltung gewidmet und daher durch die Gelegenheit zur Zerstreuung und einen Amüsierbetrieb gekennzeichnet ist.[2769] Die Abgrenzung von anderen Nutzungen kann im Einzelfall schwierig sein, soweit dazu ein „typisches Gepräge“ einer bestimmten Nutzung bewertet werden muss.

1339 Zur Abgrenzung einer Schank- und Gaststätte von einer Vergnügungsstätte wird zB auf das bauplanungsrechtlich relevante typische Gepräge von Schank- und Speisewirtschaften verwiesen.[2770] Zur Bestimmung dieses Gepräges wird auf § 1 GastG zurückgegriffen, wonach eine Schank- und Speisewirtschaft maßgeblich dadurch geprägt wird, dass Getränke und zubereitete Speisen in einer jedermann oder bestimmten Personenkreisen zugänglichen Betriebsstätte zum Verzehr an Ort und Stelle verabreicht werden; dagegen gehörten Musik und Tanz nach diesem gaststättenrechtlichen Ansatz im Grundsatz nicht zum typischen Gepräge einer Gaststätte. Andererseits gehe der Charakter einer Schank- und Speisewirtschaft in städtebaulicher Hinsicht aber nicht ohne weiteres verloren, wenn dort über die Verabreichung von Speisen und Geträn-

---

2763 OVG Münster BauR 2008, 320.

2764 Zur Einzelhandelssteuerung in der Regionalplanung Sparwasser VBlBW 2008, 171.

2765 Einzelhandelserlass des Wirtschaftsministeriums BW vom 21.2.2001 (GABl. S. 290).

2766 VGH Mannheim NVwZ-RR 2005, 685.

2767 OVG Magdeburg Urt. v. 17.8.2006 – 2 K 50/04, juris zum Ausschluss von Warensortimenten im Gewerbegebiet.

2768 OVG Magdeburg BauR 2006, 2107.

2769 OVG Berlin-Brandenburg Beschl. v. 28.7.2023 – 10 N 67.19, juris Rn. 7; VG Karlsruhe Beschl. v 22.6.2023 – 2 K 506/23, juris Rn. 29 zur Abgrenzung einer Schank- und Speisewirtschaft von einer Vergnügungsstätte; VGH München Beschl. v. 18.3.2019 – 15 ZB 18.690, juris Rn. 22; OVG Lüneburg Beschl. v. 18.9.2020 – 1 ME 22/20, juris Rn. 11; OVG Münster Urt. v. 13.12.2017 – 7 A 880/16, juris Rn. 45.

2770 VGH Mannheim Urt. v. 28.11.2019 – 5 S 1790/17, juris mwN; VG Karlsruhe Beschl. v. 22.6.2023 – 2 K 506/23, juris Rn. 29.

ken zum Verzehr an Ort und Stelle hinaus auch die Möglichkeit zum „Amüsement" in Form von Musik und Tanz geboten wird. Entscheidend sei, ob diese Betätigungen dem Betrieb ein eigenes gaststättenfremdes Gepräge geben und ob der Charakter der Schank- und Speisewirtschaft dahinter zurücktrete.[2771]

Beispiel Wettbüro: Bietet ein Wettbüro „Live-Wetten" an, handelt es sich um eine Vergnügungsstätte. Die Abgrenzung einer Vergnügungsstätte zu einer nicht gesetzlich definierten Wettannahmestelle als (sonstigen) Gewerbebetrieb richtet sich maßgeblich danach, ob die in Frage stehende Nutzung einen Anreiz zum Verweilen und zur Platzierung weiterer Wetten bietet.[2772]

Beispiel Bordell: Bordelle und bordellartige Betriebe sind hingegen keine Vergnügungsstätten, sondern als Gewerbebetriebe zu einzuordnen.[2773]

Städtebauliche Nutzungskonflikte treten auch bei Vergnügungsstätten auf, wobei insbesondere die Spielhallen zu gemeindlicher Kritik und Gegenmaßnahmen geführt haben.[2774] **1340**

Die planungsrechtliche Zulässigkeit der Vergnügungsstätten ist an den unterschiedlichen Gebietskategorien der BauNVO ausgerichtet. Die BauNVO 1990 hat dabei die Vergnügungsstätten aus dem allgemeinen Anlagen- und Betriebstyp der Gewerbebetriebe herausgenommen und eine eigenständige Nutzungsform der Vergnügungsstätten eingeführt. Zugleich ist hierdurch bewirkt worden, dass die Vergnügungsstätten, wenn sie in dem Katalog der zulässigen Nutzungen der einzelnen Gebietsarten nicht erwähnt sind, nicht sozusagen über den Umweg einer gewerblichen Nutzung zulässig sind. Die BauNVO 1990, die erstmals einen numerus clausus der Vergnügungsstätten enthält, unterscheidet zwei Formen solcher Nutzungen:[2775] **1341**

- **Kerngebietstypische Vergnügungsstätten** haben als zentrale Dienstleistungsbetriebe einen über ein Stadtviertel hinausreichenden größeren Einzugsbereich und sind für ein größeres, allgemeines Publikum zu erreichen.[2776] Sie sind grundsätzlich nur im Kerngebiet allgemein (§ 7 II Nr. 2 BauNVO) und im Gewerbegebiet (§ 8 III 3 BauNVO) ausnahmsweise zulässig.
- **Mischgebietsverträgliche Vergnügungsstätten (WB-Vergnügungsstätten)** iS des § 4 III Nr. 2 BauNVO haben einen geringeren Einzugsbereich und eine geringere Größe. Sie sind allgemein in solchen Teilen des Mischgebietes, die überwiegend durch gewerbliche Struktur geprägt sind (§ 6 II Nr. 8 BauNVO), im Übrigen ausnahmsweise in besonderen Wohngebieten (§ 4 a III Nr. 2 BauNVO), im Dorfgebiet (§ 5 III BauNVO), in den übrigen Teilen des Mischgebietes mit nicht überwiegend gewerblicher Struktur (§ 6 III BauNVO) und im Gewerbegebiet (§ 8 III Nr. 3 BauNVO) zulässig.

In Kleinsiedlungsgebieten (§ 2 BauNVO), reinen und allgemeinen Wohngebieten (§§ 3 und 4 BauNVO) und in Industriegebieten (§ 9 BauNVO) sind Vergnügungsstätten unzulässig. Außerdem ist nach § 15 I BauNVO das Gebot der nachbarlichen Rücksichtnahme zu beachten. **1342**

Beispiel: Die Errichtung einer Spielhalle mit einer Nutzfläche von 790 m² im Kerngebiet einer mittelgroßen Stadt kann daher wegen Verstoßes gegen das Gebot der nachbarlichen Rücksichtnahme unzulässig sein.[2777]

Die überwiegende Prägung durch gewerbliche Nutzungen im Mischgebiet iS des § 6 II Nr. 8 BauNVO setzt allerdings nicht voraus, dass der prozentuale Anteil der jeweils grundstücksbezogen ermittelten, gewerblich genutzten Geschossflächen gegenüber dem Anteil der Wohnnutzung dienenden Geschossflächen rechnerisch ein Übergewicht hat. Dazu ist eine Gesamtbetrachtung erforderlich, in die auch weitere gebietsprägende Faktoren einzubeziehen sind. Dabei kann auch von Bedeutung sein, in welchem Maße die Erdgeschossebene gewerb- **1343**

[2771] VG Karlsruhe Beschl. v 22.6.2023 – 2 K 506/23, juris Rn. 29; VGH Mannheim Urt. v. 28.11.2019 – 5 S 1790/17, juris mwN Stock in EZBK, BauGB, 2022, § 4 BauNVO Rn. 60.

[2772] OVG Berlin Beschl. v. 28.7.2023 – OVG 10 N 67.19, juris Rn.7, 22.

[2773] OVG Lüneburg Beschl. v. 30.6.2023 – 1 LA 112/22, juris Rn. 11; BVerwG ZfBR 2014, 574; ZfBR 2016, 150.

[2774] Zur planungsrechtlichen Zulässigkeit von Spielhallen Jahn LKV 1992, 41; Kempen DZWiR 1995, 361; Kniep GewArch. 1983, 149; Odenthal GewArch. 1992, 261; Schlemminger/Winterstein NVwZ 1988, 1078; Schönleiter GewArch. 1988, 113; Stüer StuGR 1989, 8.

[2775] OVG Weimar Urt. v. 18.10.2022 – 1 KO 775/18, juris Rn. 32.

[2776] OVG Weimar Urt. v. 18.10.2022 – 1 KO 775/18, juris Rn. 35; BVerwG NVwZ 1986, 643; VG Gera ThürVBl. 1999, 69.

[2777] BVerwG NVwZ 1991, 1078. Zu Sportwettbüros als Vergnügungsstätten Rausch DÖV 2009, 667.

lich genutzt ist und inwieweit die gewerbliche Nutzung bis in die Obergeschosse reicht.[2778] Die nach § 6 II Nr. 8 BauNVO vorzunehmende Beurteilung, ob ein Gebietsteil eines Mischgebietes überwiegend durch gewerbliche Nutzung geprägt ist, erfordert eine wertende Gesamtbetrachtung, die sich nicht in einer rein rechnerischen (quantitativen) Betrachtungsweise erschöpft. Der Bereich muss so weit gezogen werden, wie sich die geplante Vergnügungsstätte in städtebaulich relevanter Weise auswirken kann.[2779]

1344 Für im Zusammenhang bebaute Ortsteile (§ 34 BauGB) kann in einem Bebauungsplan, auch für Teile des räumlichen Geltungsbereichs des Bebauungsplans, festgesetzt werden, dass Vergnügungsstätten oder bestimmte Arten von Vergnügungsstätten zulässig oder nicht zulässig sind oder nur ausnahmsweise zugelassen werden können, um eine Beeinträchtigung von Wohnnutzungen oder anderen schutzbedürftigen Anlagen wie Kirchen, Schulen und Kindertagesstätten oder eine Beeinträchtigung der sich aus der vorhandenen Nutzung ergebenden städtebaulichen Funktion des Gebiets, insbesondere durch eine städtebaulich nachteilige Häufung von Vergnügungsstätten, zu verhindern (§ 9 IIb BauGB). Die Vorschrift greift eine Regelung in § 2 a BauGB-MaßnG zu Vergnügungsstättensatzungen in Innenbereichslagen wieder auf, die durch das BauROG 1998 aufgehobenen worden ist. Die Vergnügungsstättensatzung wurde als einfacher Bebauungsplan mit frühzeitiger und förmlicher Öffentlichkeitsbeteiligung und Behördenbeteiligung aufgestellt (§ 2 a BauGB-MaßnG).[2780] § 9 II b BauGB ermöglicht seit seiner Einführung 2013 einen sog. Vergnügungsstättenbebauungsplan und eröffnet den Gemeinden eine zusätzliche städtebauliche Steuerungsmöglichkeit.[2781] Es handelt sich um einen einfachen Bebauungsplan, der auf § IIb BauGB gestützte Festsetzungen enthält.

1345 Auch im **nicht beplanten Innenbereich** kann bei der Beurteilung der planungsrechtlichen Zulässigkeit eines Vorhabens nach § 34 I BauGB nicht sozusagen rechtssatzartig auf die jeweils neueste Fassung der BauNVO zurückgegriffen werden. Denn nicht die Wertung des Verordnungsgebers, sondern die des Gesetzgebers ist bei einer unterschiedlich geprägten Umgebung nach § 34 I BauGB entscheidend.[2782] Zwar verweist § 34 II BauGB hinsichtlich der Art der baulichen Nutzung auf die Regeln der jeweils geltenden BauNVO, wenn die Eigenart der näheren Umgebung einem der in ihr bezeichneten Baugebiete entspricht. Fehlt es jedoch an dieser Voraussetzung, so kann auf die geänderte BauNVO weder bei vorher erlassenem Satzungsrecht der Gemeinde noch im nicht beplanten Innenbereich nach § 34 I BauGB unmittelbar zurückgegriffen werden. Allerdings sieht das BVerwG die BauNVO grundsätzlich als sachverständige Konkretisierung moderner Planungsgrundsätze an. Die Novellierung der BauNVO hinsichtlich der Vergnügungsstätten unterstreicht dabei lediglich die besondere städtebauliche Bedeutung, die den Vergnügungsstätten zukommt. Auch die zuvor geltende Fassung der BauNVO ist daher von dem Leitbild einer eigenständigen Nutzungsart der Vergnügungsstätten ausgegangen. Die Neufassung der BauNVO ist also lediglich Ausdruck einer Entwicklung, die bereits zuvor eingeleitet worden ist.[2783] Es entspricht daher – so das BVerwG – einem allgemeinen städtebaulichen Erfahrungssatz, dass sich Vergnügungsstätten, zumindest wenn sie in einem Gebiet gehäuft vorhanden sind, negativ auf ihre Umgebung auswirken, indem sie den sog. trading-down-Effekt auslösen.[2784]

1346 Die **Abgrenzung** der **kerngebietstypischen** von der **mischgebietsverträglichen (WB-) Vergnügungsstätte** ist nach dem Grad des Einzugsbereichs und ihren Auswirkungen zu beurteilen. Kerngebiete nach § 7 BauNVO haben innerhalb des städtebaulichen Ordnungsgefüges zentrale Funktionen. Das Wohnen tritt dort zurück, sowohl nach Umfang und Gewicht gegenüber den anderen Nutzungen als auch in dem, was ihm im Hinblick auf die Standortanforderungen und die Auswirkungen der zentralen Kerngebietsnutzungen an passiver Rücksichtnahme zuzumuten ist. Kerngebietstypische Vergnügungsstätten haben einen größeren Einzugsbereich und sollen für ein größeres und allgemeines Publikum erreichbar sein.[2785] Es sind also

---

2778 BVerwG BBauBl.1994, 492.

2779 BVerwG ZfBR 2005, 699.

2780 Hoppenberg/de Witt, in: Hoppenberg/de Witt, Handbuch des öffentlichen Baurechts, 2021, Rn. 2064.

2781 Mitschang/Reidt in BKL, BauGB, 2022, § 9 Rn. 188; OVG Lüneburg ZfBR 2021, 72 (74); VGH Mannheim BauR 2020, 1145; Stühler BauR 2016, 200 ff.

2782 BVerwGE 32, 31; DVBl. 1995, 515.

2783 BVerwG DVBl. 1995, 515.

2784 BVerwG BRS 55 Nr. 42.

2785 VG Gera ThürVBl. 1999, 69.

typischerweise nicht Vergnügungsstätten, die nur der Entspannung und Freizeitbetätigung in einem begrenzten Stadtteil oder Stadtviertel dienen, wie etwa das Vorstadtkino oder das kleine Tanzcafé. Die im Kerngebiet in begrenztem Umfang zulässige Wohnnutzung hat nach dem Konzept der BauNVO im Vergleich zu einem Wohngebiet ein Mehr an Beeinträchtigungen der Wohnruhe hinzunehmen. Dies gilt besonders für die typischerweise von zentralen innerstädtischen Funktionen auch in den Abend- und Nachtstunden ausgehenden Beeinträchtigungen. Der hinzunehmende Störungsgrad ist daher im Vergleich zur Wohnnutzung in Gebieten, die vorwiegend oder – im Verhältnis zur gewerblichen Nutzung wie im Mischgebiet – gleichrangig dem Wohnen dienen, in einem Kerngebiet höher. Ähnliches gilt für besondere Wohngebiete iS des § 4 a BauNVO, die als im Allgemeinen innerstädtische Wohngebiete nach ihrer besonderen Eigenart in Ansätzen kerngebietsähnlichen Charakter haben und in denen deshalb Vergnügungsstätten im Einzelfall als Ausnahme zugelassen werden können.[2786] Aus der Rechtsprechung des BVerwG ergeben sich Beispiele für eine Einordnung der Vergnügungsstätten. entnehmen. Eine Striptease-Bar mit 60 Sitzplätzen in Verbindung mit einem Spielcasino ist danach kerngebietstypisch, ein Spielcasino mit einer Fläche von 54 m² und Spielmöglichkeiten für 12 Besucher sowie einer dazugehörigen Casino-Bar, in der sich höchstens 20 Besucher aufhalten können, soll hingegen nicht kerngebietstypisch sein. Die Flächengröße eines Betriebs soll ein Kriterium zur Unterscheidung von kerngebietstypischen und nicht kerngebietstypischen Vergnügungsstätten sein können, aber nicht bei allen Vergnügungsstätten gleichermaßen anwendbar sein.[2787] Kennzeichnende Merkmale sind zB bei einer Diskothek neben der Raumgröße, die Größe der Tanzfläche und die Zahl der Besucherplätze. Außerdem können der mit jeder Vergnügungsstätte typischerweise verbundene Zu- und Abgangsverkehr und die damit ausgelösten Geräusch- und sonstigen Immissionen als weitere Merkmale geeignet sein, eine Vergnügungsstätte als kerngebietstypisch zu qualifizieren.[2788]

Beispiel: Eine **Spielhalle** mit einer Nutzfläche von 127 qm, in der nach der SpielVO[2789] die Aufstellung von zehn Geldspielgeräten gewerberechtlich zulässig ist, gehört in der Regel zu den kerngebietstypischen Vergnügungsstätten, die in einem Mischgebiet nicht zulässig sind.[2790]

An dieser grundsätzlichen Systematik orientiert sich auch die Zulässigkeit von **Spielhallen**, 1347
bei denen kerngebietstypische und WB-Spielhallen zu unterscheiden sind.

- **Kerngebietstypische Spielhallen** haben als zentraler Dienstleistungsbetrieb einen größeren Einzugsbereich und sind für ein größeres und allgemeines Publikum erreichbar. Sie haben eine Größenordnung von mehr als 100 m² Nutzfläche, mehr als 20 Spielemöglichkeiten (davon mehr als 6 Geldspielgeräte), mehr als 40 Besucherplätze und eine längere Öffnungszeit als 22.00 Uhr. Solche kerngebietstypischen Spielhallen sind nur in ausgewiesenen Kerngebieten oder in nicht beplanten Innenbereichen mit Kerngebietsstruktur allgemein oder in Gewerbegebieten ausnahmsweise zulässig.[2791]
- **Mischgebietsverträgliche Spielhallen** (WB-Spielhallen) unterhalb dieser Grenze sind in den überwiegend gewerblich geprägten Mischgebieten allgemein zulässig. Es handelt sich dabei um Betriebe mit einer Nutzfläche von ca.100 m² und nicht mehr als 20 Spielemöglichkeiten (davon nicht mehr als 6 Geldspielmöglichkeiten). Die Öffnungszeiten sind regelmäßig auf 22.00 Uhr bzw. ausnahmsweise auf 23.00 Uhr begrenzt.
- **Kleinere (wohngebietsverträgliche) Spielhallen**[2792] mit nicht mehr als 50 m² Nutzfläche und höchstens 10 Spielemöglichkeiten (davon höchstens 2 bis 3 Geldspielgeräten) werden in der BauNVO 1990 nicht mehr erwähnt. Sie sind als isolierte Spielhallen im allgemeinen Wohngebiet daher im Gegensatz zur bisherigen Rechtslage unter Geltung der früheren Fas-

---

2786 BVerwGE 68, 207; NVwZ 1986, 643; VGH Mannheim NVwZ 1990, 86, wonach ein Spielkasino mit 2 Spieltischen für Roulette mit jeweils 15 Plätzen in einem Spielraum von 47 m² zuzüglich mehrerer Nebenräume keine kerngebietstypische Vergnügungsstätte ist.

2787 OVG Koblenz Urt. v. 5.7.2023 – 8 A 11042.OVG, juris Rn. 51; VGH München Beschl. v. 22.10.2019 – 9 ZB 15.2637, juris Rn. 6.

2788 OVG Weimar Urt. v. 18.10.2022 – 1 KO 775/18, juris Rn. 35.

2789 SpielVO v. 18.7.2016 (BGBl. I 2016, S. 1666).

2790 VGH Mannheim BauR 2007, 1373; NVwZ-RR 1992, 465; DÖV 2003, 642; NVwZ-RR 1993, 122.

2791 OVG Koblenz GewArch 2023, 476; BVerwG NVwZ 1989, 50; ZfBR 1990, 245; ZfBR 1993, 35.

2792 VGH Mannheim NVwZ 1990, 86.

sungen der BauNVO nicht mehr zulässig.[2793] Allerdings könnten Anlagen in einer solchen Größenordnung als untergeordneter Teil eines Gaststätten-, Restaurant- oder Hotelbetriebes wohngebietsverträglich und damit im Wohngebiet zulässig sein. Denn nach § 3 der Spielverordnung dürfen in Schank- und Speisewirtschaften bis zu zwei Geldspielgeräte aufgestellt werden.[2794]

1348 Die Zulässigkeit von Vergnügungsstätten ist in der BauNVO 1990 **abschließend geregelt**. Ihre Zulässigkeit als „sonstige Gewerbebetriebe" kommt daneben – so das BVerwG – nicht mehr in Betracht.[2795] Die BauNVO 1990 hat die Zulässigkeit von Vergnügungsstätten in den Baugebieten gegenüber dem vorher geltenden Recht eingeschränkt und grundlegend neu geregelt. Es war gerade eines der wesentlichen Ziele der Neuregelung, die Vergnügungsstätten iS einer abschließenden Regelung den Baugebieten zuzuordnen. Das bedeutet aber zugleich, dass Vergnügungsstätten nicht mehr daneben als sonstige Gewerbebetriebe beurteilt und zugelassen werden können.[2796] Die BauNVO bringt dieses Regelungsziel dadurch zum Ausdruck, dass sie in den §§ 4 a III Nr. 2, 5 III, 6 II Nr. 8 und III, 7 II Nr. 2 und 8 III Nr. 3 BauNVO 1990 eine detaillierte Regelung über die regelmäßig bzw. ausnahmsweise Zulässigkeit von Vergnügungsstätten nunmehr durchgehend als besondere Nutzungsart erfasst und sie zugleich – abweichend von der bisherigen Rechtsprechung des BVerwG[2797] – aus dem allgemeinen Begriff der Gewerbebetriebe herausnimmt.[2798] In einem allgemeinen Wohngebiet gem. § 4 BauNVO, in dem Vergnügungsstätten weder regelmäßig noch ausnahmsweise zulässig sind, kann daher eine Spielhalle auch nicht als sonstiger nicht störender Gewerbebetrieb über § 4 III Nr. 2 BauNVO ausnahmsweise zugelassen werden.[2799] Auch fallen die Vergnügungsstätten nicht mehr unter den Begriff der Gewerbebetriebe aller Art, die gem. § 8 II Nr. 1 BauNVO in einem Gewerbegebiet allgemein zulässig sind, wobei dies sowohl für die kerngebietstypischen als auch nicht kerngebietstypischen Vergnügungsstätten gilt. Andererseits können die Vergnügungsstätten in einem Gewerbegebiet nunmehr nach § 8 III Nr. 3 BauNVO ausnahmsweise zugelassen werden. Die Vorschrift gibt zwar im Regelfall keinen Rechtsanspruch auf die Erteilung der Baugenehmigung, sondern nur einen Anspruch auf eine ermessensfehlerfreie Entscheidung über den Bauantrag. Auf ihrer Grundlage können auch kerngebietstypische Vergnügungsstätten in einem Gewerbegebiet ausnahmsweise zulässig sein.[2800] Ob eine Spielhalle, die mit einer Gaststätte eine betriebliche Einheit bildet, bereits als kerngebietstypisch zu beurteilen ist, hängt von den jeweiligen Einzelfallumständen ab. Dabei kann die durch die Betriebseinheit bewirkte größere Attraktivität der Spielhalle von Bedeutung sein.[2801] Vergnügungsstätten in einem Gebäude bilden nicht notwendigerweise eine Einheit, so etwa, wenn die beiden Vorhaben getrennt voneinander betrieben werden und keine unmittelbare räumliche Verbindung haben.[2802] Ob die Spielhallen gewerberechtlich eine Einheit bilden, ist dafür unerheblich.[2803] Eine einheitliche Beurteilung ist jedoch vorzunehmen, wenn die Vorhaben unmittelbar räumlich verbunden sind.

Beispiel: Ein Teil einer bestehenden Gaststätte soll als Spielhalle mit ca. 90 m² umgebaut werden. Ein Bereich von ca. 50 m² Grundfläche soll als Gaststätte erhalten bleiben. Ist die Spielhalle durch einen unmittelbaren Zugang mit der Gaststätte verbunden und entsteht hierdurch eine betriebliche Einheit, so ist die Frage der kerngebietstypischen Nutzung unter Einbeziehung des Gaststättenteils zu beantworten. Dabei kann sich ergeben, dass die Spielhalle trotz ihrer Verbindung mit einer Gaststätte nur der Entspannung und Freizeitbetätigung in einem begrenzten Stadtteil dient, also nicht kerngebietstypisch ist. Ebenso kann die Spielhalle aber durch die Gaststätte derart in ihrer Attraktivität gesteigert werden, dass sie infolge der Betriebseinheit als

---

2793 BVerwG NVwZ 1991, 266.
2794 BVerwG DVBl. 1993, 125.
2795 BVerwG Urt. v. 20.8.1992 – 4 C 57.89, juris Rn. 14; VGH München Beschl. v. 12.9.2023 – 15 ZB 22.2528, juris Rn. 12.
2796 BR-Drs. 354/89.
2797 BVerwGE 68, 207; BVerwGE 68, 213.
2798 BVerwG ZfBR 1993, 33.
2799 BVerwG NVwZ 1991, 266.
2800 BVerwG ZfBR 1993, 33.
2801 BVerwG DVBl. 1993, 125.
2802 Zu Mehrfachspielhallen Stühler BauR 2009, 54.
2803 BVerwG NVwZ 1990, 760.

zentraler Dienstleistungsbetrieb mit einem größeren Einzugsbereich für ein größeres und allgemeines Publikum zu gelten hat und deshalb grundsätzlich nur in einem Kerngebiet zugelassen werden darf.[2804]

Der Betrieb von **Spielgeräten** in Spielhallen oder einem ähnlichen Unternehmen bedarf nach § 33 i GewO der **gewerberechtlichen Zulassung.** Die Erlaubnis ist für Geldspielgeräte, aber auch Unterhaltungsspiele ohne Gewinnmöglichkeiten erforderlich, wenn die Geräte in Spielhallen oder in vergleichbaren überwiegend mit Spielgeräten bestückten Unternehmen betrieben werden sollen. Die Erlaubnis ist nach § 33 i II GewO zu versagen, wenn die gesetzlichen Anforderungen der §§ 33 c II oder 33 d III GewO nicht eingehalten werden, die Räume wegen ihrer Beschaffenheit oder Lage den polizeilichen Anforderungen nicht genügen oder aus Gründen des Jugendschutzes, der übermäßigen Ausnutzung eines Spieltriebs oder wegen schädlicher Umwelteinwirkungen eine Versagung erforderlich erscheint. Bei der gewerberechtlichen Beurteilung von **Spielhallen** ist zudem die SpielV zu beachten.[2805] Benachbarte Betriebsstätten können nur dann als selbstständig erlaubnisfähige Spielhallen angesehen werden, wenn sie räumlich so getrennt sind, dass bei natürlicher Betrachtungsweise die Sonderung der einzelnen Betriebsstätte optisch in Erscheinung tritt und die Betriebsfähigkeit jeder Betriebsstätte nicht durch die Schließung der anderen Betriebsstätten beeinträchtigt wird.[2806] An der danach erforderlichen **optischen Sonderung** der einzelnen Betriebsstätten fehlt es, wenn es sich um nebeneinander gelegene Spielkabinen handelt, die zu einem hinter sämtlichen Kabinen entlangführenden Aufsichtsgang offen sind.[2807] Die Spielhallen sind dann auch planungsrechtlich als Einheit zu betrachten. Demgegenüber handelt es sich um getrennte Spielhallen, wenn beide Hallen räumlich und optisch voneinander getrennt sind, allerdings von einer Aufsichtskabine her überwacht werden können. Hier dürfte auch die Überwachung durch eine Aufsichtsperson genügen.[2808] Zudem ist bei der Nutzung als Spielhalle das Bauordnungsrecht einzuhalten, wozu auch die Erfüllung der **Stellplatzpflicht** gehört.[2809] Eine Spielhalle oder andere Vergnügungsstätte kann daher schon deshalb bauordnungsrechtlich unzulässig sein, weil die dafür vorgesehenen rückwärtigen Kunden-Stellplätze in einem bisher ungestörten Wohngartenbereich mit gepflegten und ruhigen Erholungsmöglichkeiten vor allem abends trotz innerstädtischer Lage zu unzumutbaren Belästigungen für die betroffenen Nachbarn führen können.[2810] In einer bauplanungsrechtlich als ein Vorhaben zu wertenden Vergnügungsstätte können mehrere gewerberechtlich selbstständige Spielhallen iS von § 33 i GewO untergebracht sein. Wird die Raumaufteilung einer Vergnügungsstätte in mehrere gewerberechtliche Spielhallen geändert, um die Spielhallen den Anforderungen der Spielverordnung anzupassen, so genießt der Umbau regelmäßig Bestandsschutz, wenn sich der Nutzungsumfang gegenüber dem bisherigen Zustand nicht erhöht. Wenn in einer baurechtlich als ein Vorhaben zu wertenden Vergnügungsstätte gleichwohl mehrere gewerberechtlich selbstständige Spielhallen untergebracht sein können, so beruht dies darauf, dass eine selbstständige Spielhalle iS von § 33 i GewO keine bauliche Abgeschlossenheit erfordert. Es reicht vielmehr aus, wenn eine Spielhalle von anderen Spielhallen optisch abgesondert ist und wenn die Betriebsfähigkeit der einen Spielhalle nicht durch die Schließung der anderen beeinträchtigt wird.[2811] 1349

Die Anforderungen der Zulässigkeitsmaßstäbe der jeweiligen Baugebiete sind nicht nur bei der Errichtung von Gebäuden, sondern auch bei **Nutzungsänderungen** zu beachten, bei denen sich die planungsrechtliche Frage neu stellt. Ist etwa die Änderung der Benutzung einer baulichen Anlage als Nutzungsänderung iS von § 29 I BauGB einzustufen, so liegt keine Fortführung der bisher ausgeübten Nutzung iS des § 14 III BauGB vor. So ist etwa die Umwandlung eines Kinos in eine Spielhalle eine planungsrechtlich bedeutsame Nutzungsänderung,[2812] die nach den vorgenannten Maßstäben zu beurteilen ist. Dabei kommt ein Bestandsschutz für Nutzungsänderungen, die mit Festsetzungen eines inzwischen rechtsverbindlichen Bebauungs- 1350

2804 BVerwG DVBl. 1993, 125.
2805 BVerwG NVwZ 1989, 51.
2806 BVerwGE 70, 180.
2807 BVerwG NVwZ-RR 1989, 538.
2808 BVerwG DÖV 1991, 76.
2809 Ziegler DÖV 1984, 831.
2810 OVG Lüneburg BauR 1992, 55 zur Stellplatzberechnung.
2811 BVerwG BauR 1996, 674.
2812 BVerwG NVwZ 1989, 666.

plans unvereinbar sind, nicht (mehr) in Betracht, sobald die jeder Nutzung eigene tatsächliche Variationsbreite überschritten wird und der neuen Nutzung unter städtebaulichen Gesichtspunkten eine andere Qualität zukommt.[2813] Neu aufgeworfen wird die Genehmigungsfrage immer dann, wenn für die neue Nutzung andere Vorschriften gelten als für die alte Nutzung, aber auch dann, wenn sich die Zulässigkeit der neuen Nutzung nach derselben Vorschrift bestimmt, nach dieser Vorschrift aber anders zu beurteilen ist als die frühere Nutzung. Bodenrechtlich relevant ist eine Nutzungsänderung auch dann, wenn sie für die Nachbarschaft erhöhte Belastungen mit sich bringt.[2814] Auch die Nutzungsänderung einer Diskothek in eine Spielhalle ist daher nach dem jeweiligen Planungsrecht im Zeitpunkt der Genehmigung zu beurteilen.[2815] Dasselbe gilt für die Nutzungsänderung, die in der Aufstellung von Gewinnspielgeräten (Glücksspielautomaten) in einem Snooker-Billardsalon liegt.[2816] Nutzungsänderungen sind dabei ua auch dann gegeben, wenn ein Wechsel von einem **Spartenbetrieb** in einen anderen Spartenbetrieb vorliegt, also etwa von einer anderen Vergnügungsstätte in eine Spielhalle gewechselt wird. Denn eine Spielhalle unterscheidet sich als eigenständige Unterarten von anderen Kategorien von Vergnügungsstätten, zu denen ua auch Billardsalons und ähnliche Einrichtungen gehören, obwohl das Element der Unterhaltung, Entspannung und angenehmen Freizeitgestaltung bei allen diesen Spartenbetrieben im Vordergrund steht.[2817] Beiden Unterarten ist gemeinsam, dass sie als solche Gegenstand selbstständiger Festsetzungen sein können.[2818]

1351 Erweist sich ein beantragtes Vorhaben danach als zulässig, etwa weil das Grundstück, für das eine Nutzungsänderung beantragt wird, im Bebauungsplan als Kerngebiet ausgewiesen ist oder es sich um eine mischgebietsverträgliche Spielhalle im Mischgebiet mit überwiegend gewerblicher Struktur handelt, stellt sich die Frage, in welchem Umfang die Gemeinde durch **planerische Ausweisungen** den **Ausschluss** solcher Vorhaben bewirken kann. Vergnügungsstätten können durch die Ausweisung von Baugebieten verhindert werden. Ein nicht beplanter Innenbereich, der unterschiedliche Nutzungsstrukturen aufweist und vielleicht in den Bereich eines Mischgebietes hineinragt, könnte zu einem allgemeinen Wohngebiet entwickelt werden, wenn dies nach Lage der Dinge angezeigt ist. Dann sind **Spielhallen**, die eine echte Kerngebietsnutzung oder Mischgebietsnutzung darstellen, ausgeschlossen.

1352 Bei Wahrung des Gebietscharakters können **Einschränkungen** auch nach **§ 1 V BauNVO** oder – wenn besondere städtebauliche Gründe dies rechtfertigen[2819] – nach **§ 1 IX BauNVO** erfolgen. Nach § 1 V BauNVO kann im Bebauungsplan festgesetzt werden, dass bestimmte Arten von Nutzungen, die nach der BauNVO im Baugebiet allgemein zulässig sind, nicht zulässig sind oder nur ausnahmsweise zugelassen werden können, sofern die allgemeine Zweckbestimmung des Baugebietes gewahrt bleibt.[2820] Wenn besondere städtebauliche Gründe dies rechtfertigen, kann im Bebauungsplan nach § 1 IX BauNVO bei Anwendung des § 1 V bis VIII BauNVO festgesetzt werden, dass nur bestimmte Arten der in den Baugebieten allgemein oder ausnahmsweise zulässigen baulichen oder sonstigen Anlagen zulässig oder nicht zulässig sind oder nur ausnahmsweise zugelassen werden können. Die jeweiligen Festsetzungen müssen jedoch die allgemeine Zweckbestimmung des Gebietes wahren und dürfen die Typenkonformität der Ausweisung mit den Baugebietstypen der BauNVO nicht beeinträchtigen. Jedes der in den §§ 4 bis 9 BauNVO bezeichneten Baugebiete dient einer auf den Gebietstypus zugeschnittenen und insofern allgemeinen Zweckbestimmung. Das ergibt sich aus dem systematischen Aufbau der einzelnen Vorschriften, die den jeweiligen Baugebietstypus festlegen. Auch § 1 IV bis IX BauNVO setzt dies voraus. In § 1 V, VI Nr. 2 und VII Nr. 3 BauNVO werden die jeweiligen differenzierenden Festsetzungen unter den ausdrücklichen Vorbehalt gestellt, dass die allgemeine Zweckbestimmung des Gebietes gewahrt bleiben muss. Diese allgemeine Zweckbestimmung darf durch die planerischen Festsetzungen nicht verloren gehen. Anderenfalls würde die Pflicht des § 1 III 1 BauNVO verletzt, im Bebauungsplan ein in § 1 II BauNVO bezeichnetes Baugebiet festzusetzen. Dies ist so selbstverständlich, dass der Verordnungsgeber diese Voraussetzung bei den von ihm in § 1 IV bis IX BauNVO eröffneten

2813 BVerwG NVwZ 1989, 667; DVBl. 1993, 652.
2814 BVerwG BRS 56 (1994), Nr. 164.
2815 BVerwG NVwZ 1991, 264; zum Übergangsheim VGH Mannheim VBlBW 1999, 217.
2816 BVerwG Beschl. v. 19.12.1994 – 4 B 260.94, juris.
2817 BVerwG NVwZ-RR 1993, 65.
2818 BVerwGE 77, 308; Beschl. v. 19.12.1994 – 4 B 260.94, juris.
2819 BVerwGE 77, 308.
2820 BVerwG BRS 58 Nr. 23 (1996); ZfBR 1999, 279.

Möglichkeiten, besondere Festsetzungen vorzusehen, nicht stets ausdrücklich hervorgehoben hat.[2821]

Der **Unterschied** zwischen den Einschränkungs- oder Ausschlussmöglichkeiten nach **§ 1 V und IX BauNVO** liegt nach der Rechtsprechung des BVerwG in der Breite der beabsichtigten Nutzungsregelung. Soll eine in der BauNVO erwähnte Nutzungsart insgesamt ausgeschlossen werden, so bietet hierzu § 1 V BauNVO bei Vorliegen städtebaulicher Gründe die Möglichkeit. Nach § 1 V BauNVO können dabei auch einzelne der unter einer Nummer einer Baugebietsvorschrift der BauNVO zusammengefassten Nutzungen ausgeschlossen werden.[2822] Soll lediglich eine Unterart der Nutzung ausgeschlossen werden, bietet hierfür § 1 IX BauNVO die Rechtsgrundlage. 1353

Beispiel: Die Gemeinde möchte Vergnügungsstätten insgesamt ausschließen. Ein solcher Ausschluss kann nach § 1 V BauNVO erfolgen. Will die Gemeinde demgegenüber nur die Spielhallen insgesamt ausschließen oder etwa im Kerngebiet bestimmte Beschränkungen in der Größe von Vergnügungsstätten festschreiben, so ist § 1 IX BauNVO anzuwenden.[2823] § 1 IX BauNVO gestattet – so das BVerwG – über § 1 V BauNVO hinausgehend, einzelne Unterarten von Nutzungen mit planerischen Festsetzungen zu erfassen. Festsetzungen, die auf die Größe von Anlagen abstellen (wie etwa die Verkaufsfläche von Handelsbetrieben), sind jedoch nur zulässig, wenn dadurch bestimmte Arten von baulichen Anlagen oder sonstigen Anlagen (Anlagetypen) – ggf. auch unter Berücksichtigung der besonderen Verhältnisse der Gemeinde – zutreffend gekennzeichnet werden. Mit der erforderlichen Rechtfertigung durch besondere städtebauliche Gründe nach § 1 IV BauNVO sind solche Festsetzungen nicht notwendig von erschwerten Voraussetzungen abhängig. Vielmehr ist hiernach erforderlich, aber auch ausreichend, dass es spezielle städtebauliche Gründe gerade für die gegenüber § 1 V BauNVO noch feinere Ausdifferenzierung der zulässigen Nutzung gibt.[2824]

Die Gliederung setzt allerdings voraus, dass spezielle **städtebauliche Gründe** einen solchen **Ausschluss** rechtfertigen. Einerseits sind die Gemeinden nicht in der Lage, eine eigene Spielhallenpolitik zu betreiben. Andererseits ist gerade bei der Nutzung der Einschränkungsmöglichkeiten in § 1 V und IX BauNVO gemeindliche Begründungs-Fantasie und nicht selten Wagemut gefragt, um die Struktur der Innenstädte zu bewahren und ein Absinken ganzer Geschäfts- und Wohnviertel zu verhindern.[2825] Sind ausreichende städtebauliche Gründe dargelegt, so ist ein Begründungsüberschuss in dem Sinne, dass daneben noch weitere Gesichtspunkte angeführt worden sind, regelmäßig unschädlich.[2826] So kann es einer legitimen städtebaulichen Zielsetzung entsprechen, wenn Spielhallen in einem Bebauungsplan mit der Begründung ausgeschlossen werden, sie seien geeignet, den bisherigen Charakter eines Stadtteilkerns mit seinem gehobenen und zentralen Versorgungsgebiet negativ zu beeinflussen.[2827] Städtebaulich erhebliche Gründe für einen Ausschluss von Spielhallen können auch aus dem befürchteten Attraktivitätsverlust eines durch Einzelhandel geprägten Gebietes,[2828] dem Bestreben nach Sicherung eines vielfältigen Angebotes an Geschäften[2829] sowie der Verhinderung eines sog. **trading-down-Effekts**[2830] abgeleitet werden. Mit einer derartigen Begründung können daher auch in Kerngebieten Spielhallen oder andere Vergnügungsstätten ausgeschlossen werden.[2831] Der Einwand, dass die Gefahr eines „trading-down-Effekts“ für sämtliche Kerngebiete der Städte bestehe und deshalb für sich alleine kein „besonderer“ Grund sein könne, greift nach Auffassung des BVerwG nicht durch. Zum einen sind die Kerngebiete in den verschiedenen Städten keineswegs gleich, sondern haben zumeist durch die jeweiligen örtlichen Verhältnisse 1354

2821 BVerwG BRS 58 Nr. 23 (1996).

2822 BVerwGE 77, 308; BVerwGE 77, 317.

2823 BVerwGE 77, 317; VGH Mannheim BauR 2007, 1373 zu einer kerngebietstypischen Spielhalle im Mischgebiet; im Anschluss an VGH Mannheim NVwZ-RR 1992, 465; DÖV 2003, 642; NVwZ-RR 1993, 122.

2824 BVerwGE 77, 317.

2825 Zur Stärkung der Innenstädte Schröer NZBau 2006, 161.

2826 BVerwG DVBl. 1992, 32.

2827 BVerwG Beschl. v. 5.1.1995 – 4 B 270.94, juris.

2828 BVerwGE 77, 317.

2829 BverwG DÖV 1992, 30.

2830 VGH München Urt. V. 28.7.2023 – 9 N 20.2183, juris Rn. 27; BVerwG BRS 55 (1993) Nr. 42.

2831 BVerwGE 77, 308.

bedingte besondere Strukturen, auf die dann auch die „besonderen städtebaulichen Gründe" zugeschnitten sein müssen. Zum anderen entfällt die „Besonderheit" eines städtebaulichen Grundes in einer bestimmten Gemeinde nicht dadurch, dass er dem Grundsatz nach auch in anderen Gemeinden vorliegen kann.[2832] In den Rahmen solcher städtebaulicher Gründe fügt sich auch die Befürchtung ein, Spielhallen könnten den bisherigen Charakter eines Stadtteilkerns mit seinem gehobenen zentralen Versorgungsgebiet negativ beeinflussen.[2833] Die Frage, ab wann von einem trading-down-Effekt auszugehen ist, lässt sich allerdings nicht allgemein, etwa durch Angabe einer bestimmten Anzahl solcher Vergnügungsstätten, sondern nur mit Blick auf die Umstände des konkreten Einzelfalls beantworten. Die Verhinderung solcher städtebaulicher Nachteile stellt einen besonderen städtebaulichen Grund iSd § 1 IX BauNVO dar, der den Ausschluss von Vergnügungsstätten rechtfertigen kann. Dies beurteilt sich nicht nach quantitativen Faktoren.[2834] Beeinträchtigungen durch einen solchen Effekt müssen für die Rechtfertigung einer Bauleitplanung auch noch nicht vorliegen. Vielmehr kann schon im Vorfeld vorsorgend ein Bebauungsplan aufgestellt werden, um den befürchteten negativen Entwicklungen zu begegnen.[2835]

1355 Gegenüber Vergnügungsstätten können vor allem im Hinblick auf Lärmauswirkungen **nachbarliche Abwehransprüche** bestehen, vor allem, wenn das Gebot der **nachbarlichen Rücksichtnahme** verletzt ist. Dabei ist der jeweilige Gebietscharakter von Bedeutung. Anlagen, die hinsichtlich ihrer Störungen mit Vergnügungsstätten vergleichbar sind, können entsprechend einzuordnen sein.

Beispiel: Eine Festhalle, die der Betreiber nur für geschlossene Veranstaltungen zur Verfügung stellt, ist bei entsprechenden Auswirkungen einer der Allgemeinheit zugänglichen Vergnügungsstätte vergleichbar. Die benachbarte Wohnbevölkerung hat in beiden Fällen einen vergleichbaren Schutzanspruch.[2836]

1356 **r) Werbeanlagen.** Bei der Zulässigkeit von Werbeanlagen sind planungsrechtliche und bauordnungsrechtlich-gestalterische Elemente zu unterscheiden. Die planungsrechtliche Zulässigkeit von Werbeanlagen beurteilt sich nach den §§ 29 ff. BauGB.[2837] Diese gelten nach § 29 I BauGB ua für Vorhaben, welche die Errichtung, Änderung oder Nutzungsänderung von baulichen Anlagen zum Inhalt haben. Darunter fallen auch Werbeanlagen, wenn sie in einer auf Dauer gedachten Weise künstlich mit dem Erdboden verbunden sind und städtebauliche Relevanz haben.[2838] Auf welche Weise die Werbetafel mit dem Boden verbunden ist, ist unerheblich. Auch eine Befestigung der Werbeanlagen an einer Hauswand genügt.

1357 § 10 I LBauO NRW definiert Werbeanlagen bauordnungsrechtlich als Anlagen der Außenwerbung. Dazu zählen alle ortsfesten Einrichtungen, die der Ankündigung oder Anpreisung oder als Hinweis auf Gewerbe oder Beruf dienen und vom öffentlichen Verkehrsraum aus sichtbar sind. Hierzu zählen insbesondere Schilder, Beschriftungen, Bemalungen, Lichtwerbungen, Schaukästen sowie für Zettelanschläge und Bogenanschläge oder für Lichtwerbung bestimmte Säulen, Tafeln und Flächen. Für Werbeanlagen, die bauliche Anlagen sind, gelten nach § 10 II LBauO NRW die in der BauO an bauliche Anlagen gestellten Anforderungen. Werbeanlagen, die keine baulichen Anlagen sind, dürfen weder bauliche Anlagen noch das Straßen-, Orts- und Landschaftsbild verunstalten oder die Sicherheit und Leichtigkeit des Verkehrs gefährden. Eine Verunstaltung liegt auch vor, wenn durch Werbeanlagen der Ausblick auf begrünte Flächen verdeckt oder die einheitliche Gestaltung und die architektonische Gliederung baulicher Anlagen gestört wird. Der Betrieb von Werbeanlagen darf nicht zu schädlichen Umwelteinwirkungen führen. Die störende Häufung von Werbeanlagen ist unzulässig (§ 10 II BauO NRW). Außerhalb der im Zusammenhang bebauten Ortsteile sind Werbeanlagen nach § 10 III 1 BauO NRW unzulässig. Ausgenommen sind, soweit in anderen Vorschriften nichts

---

[2832] BVerwG BRS 55 (1993) Nr 42.

[2833] BVerwG Beschl. v. 5.1.1995 – 4 B 270.94, juris.

[2834] BVerwG DVBl. 2008, 1461.

[2835] VGH München Urt. v. 28.7.2023 – 9 N 20.2183, juris Rn. 27; Beschl. v. 12.4.2021 – 9 ZB 19.1612, juris Rn. 11; Beschl. v. 18.4.2017 – 9 ZB 15.1846, juris Rn. 10; OVG Münster Urt. v. 17.8.2020 – 2 A 691/17, juris Rn. 81 ff.

[2836] BVerwG ZfBR 2007, 270 m. Anm. Gallois IBR 2007, 338.

[2837] Dzialas NZBau 2009, 436.

[2838] BVerwGE 91, 234. Zur Zulässigkeit von Werbetafeln außerhalb von überbaubaren Grundstücksflächen VGH München UPR 1999, 115.

anderes bestimmt ist, 1. Werbeanlagen an der Stätte der Leistung, 2. einzelne Hinweiszeichen an Verkehrsstraßen und Wegabzweigungen, die im Interesse des Verkehrs auf außerhalb der Ortsdurchfahrten liegende Betriebe oder versteckt liegende Stätten aufmerksam machen, 3. Schilder, die Inhaber und Art gewerblicher Betriebe kennzeichnen (Hinweisschilder), wenn sie vor Ortsdurchfahrten auf einer Tafel zusammengefasst sind, 4. Werbeanlagen an und auf Flugplätzen, Sportanlagen und Versammlungsstätten, soweit sie nicht in die freie Landschaft wirken, und 5. Werbeanlagen auf Ausstellungs- und Messegeländen (§ 10 III BauO NRW). In Kleinsiedlungsgebieten, Dorfgebieten, reinen und allgemeinen Wohngebieten sind Werbeanlagen nur zulässig an der Stätte der Leistung sowie Anlagen für amtliche Mitteilungen und zur Unterrichtung der Bevölkerung über kirchliche, kulturelle, politische, sportliche und ähnliche Veranstaltungen, die jeweils freie Fläche dieser Anlagen darf auch für andere Werbung verwendet werden. In reinen Wohngebieten darf an der Stätte der Leistung nur mit Hinweisschildern geworben werden (§ 10 IV BauO NRW).

Bei den Werbeanlagen ist zwischen **Eigen- und Fremdwerbung** zu unterscheiden. Während die Eigenwerbung am Ort der Leistung in angemessenem Umfang grundsätzlich zulässig 1358
ist, ist die Fremdwerbung als gewerbliche Nutzung nur in dem Umfang gestattet, wie in dem jeweiligen Baugebiet eine gewerbliche Nutzung zulässig ist. Fremdwerbung ist daher im reinen Wohngebiet ausnahmslos und im allgemeinen Wohngebiet regelmäßig ausgeschlossen.[2839] Werbeanlagen, die sowohl der Eigenwerbung als auch der Fremdwerbung dienen, sind Fremdwerbeanlagen dar, wenn der Zweck der Fremdwerbung überwiegt.[2840] Die Zulassung von Werbeanlagen an der **„Stätte der Leistung"** stellt den grundrechtlich gewährleisteten Anspruch des eingerichteten und ausgeübten Gewerbebetriebs auf „Kontakt nach Außen" sicher. Stätte der Leistung ist ein Ort, wo nicht nur eine Leistung erbracht wird, sondern auch direkt von einem potenziellen Abnehmer nachgefragt werden kann.[2841] Für die Frage, ob sich eine Werbeanlage an der „Stätte der Leistung" befindet, ist auf die Tätigkeit abzustellen, die der Werbung Treibende ausübt und nicht auf das Produkt, für das er wirbt (Werbezeichen an Mietwohnungen).[2842] Rechtsgrundlagen für den bauplanungsrechtlichen Ausschluss der Werbeanlagen für Fremdwerbung sind § 9 I Nr. 1 BauGB iVm § 1 IX BauNVO und § 1 V BauNVO.[2843] Werbeanlagen für Fremdwerbung sind ein eigenständiger Anlagentyp, eine Unterart eines Gewerbebetriebs.[2844] Gründe für den Ausschluss von Werbeanlagen für Fremdwerbung können in den Bemühungen einer Gemeinde gesehen werden, ihren Innenstadtbereich zu sanieren und seine Attraktivität zu steigern oder eine angemessene städtebauliche Gestaltung eines Mischgebiets im Ortskern entlang einer stark befahrenen Durchgangsstraße zu erreichen.[2845] Bauordnungsrechtlich können Fremdwerbeanlagen als sonstige nicht störende Gewerbebetriebe im Sinne von § 4 III Nr. 2 BauNVO in einem (faktischen) allgemeinen Wohngebiet ausnahmsweise zulässig sein und müssen im Rahmen von § 10 IV 1 BauO NRW der Einordnung der näheren Umgebung als allgemeines Wohngebiet nicht zwingend entgegenstehen.[2846]

Besteht ein qualifizierter **Bebauungsplan**, so richtet sich die Zulässigkeit von Werbeanlagen 1359
nach den Festsetzungen des Bebauungsplans (§ 30 I BauGB). Die Werbeanlage, die als Außenwerbung der Fremdwerbung dient, kann daher als gewerbliche Nutzung über bauplanerische Festsetzungen nach den §§ 2 ff. BauNVO entweder zugelassen oder ausgeschlossen werden. Die Gemeinde kann hierzu auch die Möglichkeiten des § 1 V bis IX BauNVO nutzen. Hinsichtlich der Zulässigkeit von Werbeanlagen muss nach den verschiedenen Baugebieten der BauNVO unterschieden werden. Im reinen Wohngebiet etwa ist eine Fremdwerbung ausnahmslos, im allgemeinen Wohngebiet regelmäßig unzulässig. Ist in einem Baugebiet eine gewerbliche Nutzung nicht oder nur ausnahmsweise zulässig, so gilt dies auch für die Außenwerbung als Fremdwerbung. Ob die Werbeanlage als bauliche Anlage in ihrer konkreten Ge-

---

[2839] OVG Münster BRS 70 Nr 139 (2006) im Anschluss an BVerwG BRS 16 Nr. 75; BVerwGE 40, 94.

[2840] OVG Koblenz Beschl. v. 9.5.2023 – 1 A 10188/23, juris Rn. 30.

[2841] OVG Münster ZfBR 2006, 487.

[2842] OVG Greifswald NordÖR 2007, 458; OVG Weimar BauR 2004, 1932.

[2843] VG Freiburg Urt. v. 18.4.2023 – 3 K 1796/22, juris Rn. 21; VGH Mannheim Urt. v. 21.07.2022 – 5 S 1940/20, juris Rn. 66.

[2844] VG Freiburg Urt. v. 18.4.2023 – 3 K 1796/22, juris Rn. 24; VGH Mannheim Beschl. v. 24.1.2017 – 8 S 2081/16, juris Rn. 8; Urt. v. 21.7.2022 – 5 S 1940/20, juris Rn. 66.

[2845] VG Freiburg Urt. v. 18.4.2023 – 3 K 1796/22, juris Rn. 27.

[2846] OVG Münster Beschl. v. 14.9.2023 – 10 A 467/22, juris Rn. 11; Beschl. v. 5.3.2021 – 10 A 3317/20, juris Rn. 10 f.

staltung einen bestimmten Umfang besitzt, bestimmte optische und damit werbewirksame Aufmerksamkeit auf sich zieht oder bautechnisch letztlich geringfügig ist, berührt den Charakter der Anlage als selbstständig zu beurteilende Hauptnutzung nicht.[2847]

1360 Wenn der Bebauungsplan keine wirksamen entgegenstehenden Festsetzungen enthält, schließt die Festsetzung eines **Kerngebietes** die Zulassung von Anlagen zur **Eigen- und Fremdwerbung** mit ein (§ 7 II Nr. 3 BauNVO).[2848] Zwar können auch Anlagen der Fremdwerbung, die in einem bestimmten Baugebiet ihrer Art nach grundsätzlich zulässig sind, unter dem Vorbehalt des § 15 I 1 BauNVO stehen und deshalb im Einzelfall unzulässig sein. Die Zulässigkeit solcher Werbeanlagen in einem Kerngebiet setzt nicht voraus, dass nach Zweckbestimmung und Größe bereits vergleichbare Anlagen in dem Baugebiet vorhanden sind. Vielmehr folgt aus dem Fehlen von Maßfestsetzungen, die der Zulassung einer baulichen Anlage entgegenstehen, dass diese auch nach dem Maß ihrer baulichen Nutzung grundsätzlich zulässig ist, weil sie insoweit den Festsetzungen des Bebauungsplans nicht widerspricht. Werbetafeln sind einer Beurteilung nach den üblichen Maßfestsetzungen – wie GRZ, GFZ oder Anzahl der Vollgeschosse – praktisch entzogen. Das führt jedoch nicht dazu, dass Werbeanlagen nur dann zulässig sind, wenn im Baugebiet bereits nach Zweckbestimmung (Eigen- oder Fremdwerbung) und Größe vergleichbare Werbeanlagen vorhanden sind. Vielmehr folgt aus dem Fehlen von Maßfestsetzungen, die der Zulassung einer baulichen Anlage entgegenstehen, dass diese (auch) nach dem Maß ihrer baulichen Nutzung grundsätzlich zulässig ist, weil sie insoweit den Festsetzungen des Bebauungsplans nicht widerspricht. Hinsichtlich des **Maßes** der Nutzung ist § 15 I 1 BauNVO nicht anwendbar. Ist die Werbeanlage daher im Hinblick auf die Art der Nutzung in dem Bebauungsplangebiet planungsrechtlich zulässig, so können aus § 15 I 1 BauNVO keine Einschränkungen hinsichtlich des Maßes der Nutzung abgeleitet werden.[2849] Denn § 15 I 1 BauNVO betrifft lediglich die Art der baulichen Nutzung. Er ist im Hinblick auf das Maß der im Bebauungsplan festgesetzten Nutzung grundsätzlich nicht anwendbar. Großflächige Werbetafeln für wechselnde Plakatwerbung sind im Geltungsbereich qualifizierter Bebauungspläne mit ausgewiesenem Kerngebiet daher regelmäßig zulässig. Allerdings können sich aus landesrechtlich begründeten Gestaltungssatzungen Einschränkungen ergeben.[2850]

1361 Im **nicht beplanten Innenbereich** beurteilt sich die planungsrechtliche Zulässigkeit von Werbeanlagen danach, ob sich das Vorhaben nach § 34 I BauGB in die Eigenart der näheren Umgebung einfügt.[2851] Eine Werbeanlage der Außenwerbung, die bauliche Anlage iS des § 29 I BauGB ist und eine Fremdwerbung zum Gegenstand hat, ist als eigenständige Hauptnutzung gem. § 34 I BauGB unzulässig, wenn sie den Rahmen der näheren Umgebung überschreitet und bodenrechtlich relevante Spannungen begründet oder erhöht werden.[2852] Bei der Frage, ob sich die Werbeanlage hinsichtlich des Maßes der baulichen Nutzung in die Eigenart der näheren Umgebung einfügt, sind nicht nur Werbeanlagen, sondern alle vorhandenen baulichen Anlagen, insbesondere auch Gebäude, zu berücksichtigen. Der Fremdwerbung dienende Anlagen der Außenwerbung fügen sich daher nach dem Maß der baulichen Nutzung ein, wenn sie die bei den vorhandenen Gebäuden üblichen Maße einhalten und wenn sich auch ihre Flächengröße im Rahmen der Flächengröße der in der näheren Umgebung vorhandenen Bauteile anderer baulicher Anlagen hält.[2853] Der Fremdwerbung dienende Anlagen der Außenwerbung sind in solchen Fällen daher unabhängig von der Größe ihrer Ansichtsfläche ihrer Art nach in einem durch Gewerbebetriebe geprägten zusammenhängend bebauten Ortsteil nach § 34 BauGB zulässig.[2854]

1362 Als sonstige Vorhaben sind Werbeanlagen im **Außenbereich** unzulässig, wenn und soweit sie öffentliche Belange nach § 35 III 1 BauGB nachteilig berühren.[2855] Im Außenbereich können Werbeanlagen auch gegen § 33 I 1 Nr. 3 StVO verstoßen. Nach dieser Vorschrift ist außerhalb geschlossener Ortschaften Werbung durch Bild, Schrift, Licht oder Ton verboten, wenn dadurch am Verkehr Teilnehmende in einer den Verkehr gefährdenden oder erschwerenden

2847 BVerwGE 91, 234.
2848 BVerwG NVwZ 1995, 899.
2849 BVerwG NVwZ 1995, 899.
2850 Zu den Eigentümerbelangen bei einer Gestaltungssatzung OVG Koblenz NVwZ-RR 2009, 258.
2851 BVerwGE 55, 369.
2852 BVerwGE 91, 234; NVwZ 1993, 985.
2853 BVerwG NVwZ 1995, 897.
2854 Für eine Werbetafel im Euroformat 3,80 m x 2,70 m BVerwG DVBl. 1995, 749.
2855 VG Augsburg Urt. v. 2.8.2023 – Au 4 K 23.385, juris Rn. 31.

Weise abgelenkt oder belästigt werden können. Dabei reicht im Hinblick auf den hohen Rang der Schutzgüter Leib und Leben eine abstrakte Gefahr ohne Nachweis konkret entstandener Verkehrsgefahren oder -unfälle und damit die jedenfalls nicht entfernte Möglichkeit einer verkehrsgefährdenden Ablenkung und Beeinflussung der Verkehrsteilnehmer aus.[2856] Der VGH München führt dazu aus, für eine **konkrete Gefährdung des Straßenverkehrs im bauordnungsrechtlichen Sinne** sei nicht die überwiegende oder hohe Wahrscheinlichkeit erforderlich, dass durch die Werbeanlage ein Verkehrsunfall verursacht oder der Verkehr in seinem Ablauf behindert werde. Vielmehr sei anerkannt, dass die Sicherheit und Leichtigkeit des öffentlichen Verkehrs durch eine bauliche Anlage bereits dann konkret gefährdet werde, wenn nach den Erfahrungen des täglichen Lebens mit hinreichender oder – anders ausgedrückt – „bloßer“ Wahrscheinlichkeit ein Verkehrsunfall oder doch eine Verkehrsbehinderung in überschaubarer Zukunft zu erwarten sei.[2857]

Planungsrechtlich zulässige Werbeanlagen können auch wegen ihrer verunstaltenden Wirkung oder auf Grund anderer **landesrechtlicher Regelungen** unzulässig sein.[2858] Dazu sehen die Landesbauordnungen Ermächtigungsgrundlagen für den Erlass von **Werbesatzungen** vor. Nach § 88 Abs. 1 ThürBO zB kann eine Gemeinde durch Satzung Bestimmungen über die Zulässigkeit und Gestaltung von Werbeanlagen erlassen, um den städtebaulichen und architektonischen Besonderheiten eines Teils des Gemeindegebietes gerecht zu werden und diese zu bewahren.[2859] Eine solche Werbesatzung setzt kein zu schützendes **homogenes Stadtbild** voraus. Vielmehr reicht es aus, wenn sich gestalterisch erhaltenswerte Gebiete aneinanderreihen und so eine Gesamtheit bilden, die wiederum den Geltungsbereich der Satzung umfasst. Das OVG Weimar hält es dazu für erforderlich, dass die Gemeinde aufgrund der jeweiligen konkreten örtlichen Situation entscheidet, welches der im Gesetz ausdrücklich genannten Ziele sie verfolgt. Die städtebauliche Gestaltungsabsicht muss an die Besonderheiten des zu schützenden Gebietes anknüpfen. Die Gemeinde muss eine Idee oder ein Konzept für die Ausgestaltung des konkreten Ortsteils haben und die örtliche Bauvorschrift folgerichtig daraus ableiten.[2860] Die baugestalterischen Anforderungen müssen sozusagen „maßgeschneidert“ für das jeweilige Gebiet sein. Nicht ausreichend ist es demgegenüber, wenn die Gemeinde mit den Festsetzungen lediglich gestalterische Absichten verfolgt, die für das restliche Gemeindegebiet in gleicher Weise zum Anlass für eine ähnliche Regelung genommen werden könnten. Je umfassender der Geltungsbereich der Satzung ist, desto höhere Anforderungen sind daran zu stellen, dass die den Satzungsbestimmungen zu Grunde liegenden Erwägungen auch tatsächlich auf alle betroffenen Ortsteile zutreffen. 1363

Ein generelles Verbot der Fremdwerbung an der „Stätte der Leistung“, für die geworben werden soll, ist mit der **Eigentumsgarantie** in Art. 14 GG nicht vereinbar. Das generelle Verbot bestimmter Werbeanlagen in bestimmten Baugebieten muss eine Entsprechung in einem Mindestmaß an Einheitlichkeit des Baugebietscharakters finden.[2861] Ein generelles Verbot großflächiger Werbetafeln ist daher im Mischgebiet unzulässig. Das gilt grundsätzlich auch für Kerngebiete, weil auch sie durch eine Vielzahl unterschiedlicher Nutzungen, zu denen auch gewerbliche Nutzungen gehören, gekennzeichnet sind. Die erforderliche Einheitlichkeit kann allerdings auch durch eine städtebaulich bedeutsame Prägung eines bestimmten Teilgebietes einer Gemeinde bewirkt sein. Dabei können die Besonderheiten bestimmter Bauten, Straßen, Plätze oder Ortsteile von geschichtlicher, künstlerischer oder städtebaulicher Bedeutung sowie von Bau- und Naturdenkmälern durch die planende Gemeinde berücksichtigt werden. Aus solchen Umständen kann sich eine besondere Schutzwürdigkeit eines Baugebietes ergeben, die von der Gemeinde durch entsprechende Festsetzungen aufgegriffen werden kann.[2862] 1364

Mit den **BauO der Länder** können dabei auch erleichterte Voraussetzungen gelten in Fällen, in denen die Werbeanlage an der Stätte der Leistung angebracht ist. Die Zulässigkeit einer Leuchtreklame an der Stätte der Leistung ist daher nicht davon abhängig, ob im maßgebenden 1365

2856 VG Augsburg Urt. v. 2.8.2023 – Au 4 K 23.385, juris Rn. 32; VGH München Beschl. v. 30.4.2015 – 11 ZB 14.2563, juris Rn. 9 f; OVG Bautzen Beschl. v. 8.1.2015 – 1 A 744.12, juris Rn. 26.

2857 VGH München Beschl. v. 4.5.2023 – 2 ZB 22.2530, juris Rn. 4.

2858 BVerwG DVBl. 1995, 749; NVwZ 1995, 899; zu Voraussetzungen der Wirksamkeit einer gemeindlichen Werbesatzung OVG Weimar Urt. v. 14.8.2023 – 1 KO 788/21, juris.

2859 Werbesatzung OVG Weimar Urt. v. 14.8.2023 – 1 KO 788/21, juris Rn. 30.

2860 OVG Weimar Urt. v. 14.8.2023 – 1 KO 788/21, juris Rn. 33; OVG Lüneburg Urt. v. 12.7.2011 – 1 KN 197/09, juris Rn. 67; BRS 46 Nr. 120.

2861 BVerwGE 40, 94.

2862 BverwG NVwZ 1995, 899.

Gebiet bereits eine solche Werbeanlage vorhanden ist oder sie erstmals errichtet werden soll.[2863] Eine landesrechtliche Vorschrift, die aus Gründen der Verunstaltungsabwehr Anlagen der Außenwerbung außerhalb der im Zusammenhang bebauten Ortsteile grundsätzlich für unzulässig erklärt, ist dem Bauordnungsrecht zuzuordnen. Sie greift nicht in die Gesetzgebungszuständigkeit des Bundes für das Bodenrecht (Art. 74 I Nr. 18 GG) über.[2864]

1366 **s) Stellplätze und Garagen** sind nach § 12 I BauNVO in allen Baugebieten zulässig, soweit sich aus § 12 II bis VI BauNVO nichts anderes ergibt. Gegenstand des § 12 BauNVO ist allein die bodenrechtliche Relevanz des ruhenden Verkehrs. Es geht um Stellplätze und Garagen auf den privaten Baugrundstücken, und zwar sowohl um Anlagen, bei denen es sich um die Hauptanlage des Grundstücks handelt und um Anlagen, die ähnlich einer Nebenanlage anderen Grundstücksnutzungen zugeordnet sind und deren städtebauliche Erforderlichkeit sich aus dem Stellplatzbedarf der Hauptnutzung des jeweiligen Baugrundstücks ableitet.[2865] § 12 BauNVO regelt die Zulässigkeit der Art der baulichen Nutzung, stellt insoweit auch keine Anforderung an die Zulässigkeit solcher Anlagen auf den Baugrundstücken. Solche ergeben sich aber aus den Landesbauordnungen, die bestimmen, ob und unter welchen Voraussetzungen eine Pflicht zur Herstellung von Stellplätzen besteht, wann und wo die Herstellungspflicht zu erfüllen ist und unter welchen Voraussetzungen die Herstellung von Stellplätzen und Garagen durch Zahlung eines Geldbetrages abgelöst werden kann. Standortfestsetzungen können jedoch nach § 9 I Nr. 4 BauGB getroffen werden. Außerdem können Flächen für die räumliche Zusammenfassung von Stellplätzen und Garagen zugunsten bestimmter Grundstücke (Gemeinschaftsanlagen) nach § 9 I Nr. 22 BauGB festgesetzt werden.

1367 Für bestimmte Baugebiete beschränkt § 12 II und III BauNVO die Zulässigkeit von Stellplätzen und Garagen zugunsten der Wohnruhe und der Wahrung des Gebietscharakters.[2866] In Kleinsiedlungsgebieten, reinen Wohngebieten und allgemeinen Wohngebieten sowie Sondergebieten, die der Erholung dienen, sind Stellplätze und Garagen nach § 12 II BauNVO nur für den durch die zugelassene Nutzung verursachten Bedarf zulässig. Unzulässig sind nach § 12 III BauNVO Stellplätze und Garagen für Lastkraftwagen und Kraftomnibusse sowie für Anhänger dieser Kraftfahrzeuge in reinen Wohngebieten und Stellplätze und Garagen für Kraftfahrzeuge mit einem Eigengewicht über 3,5 Tonnen sowie für Anhänger dieser Kraftfahrzeuge in Kleinsiedlungsgebieten und allgemeinen Wohngebieten. Unter den Voraussetzungen des § 12 IV bis VI BauNVO kann der Bebauungsplan aus besonderen städtebaulichen Gründen Sonderregelungen schaffen. Außerdem gelten neben den planungsrechtlichen Zulässigkeitsanforderungen, wie sie sich aus § 12 BauNVO ggf. i.V. mit den Festsetzungen des Bebauungsplans ergeben, die landesrechtlichen Vorschriften über die Ablösung von Stellplatzverpflichtungen sowie über die Verpflichtung zur Herstellung von Stellplätzen und Garagen außerhalb der im Bebauungsplan festgesetzten Bereiche (§ 12 VII BauNVO).

1368 Die Zufahrt zu einer Garage ist bauplanungsrechtlich dieser zuzuordnen und deshalb gem. § 12 II BauNVO ohne besondere Festsetzung in einem allgemeinen Wohngebiet unzulässig, wenn die Garage nicht nur für den durch die zugelassene Nutzung verursachten Bedarf bestimmt ist.[2867] Fehlentwicklungen aufgrund des Störpotentials von Stellplätzen,[2868] Garagen[2869] kann im Planbereich über § 15 BauNVO und im nicht beplanten Innenbereich über das Gebot des Sich-Einfügens in § 34 BauGB begegnet werden.[2870] Der Begriff des Bedarfs in § 12 II BauNVO ist gebietsbezogen zu verstehen. Die Art der Rechtsbeziehung zwischen dem Eigentümer der Stellplatzanlage und ihren Nutzern ist dabei ohne Belang.[2871] Die Genehmigung

2863 BVerwG BRS 57 Nr 176 (1995).

2864 BVerwG NVwZ 2008, 311; Einzelfälle: OVG Lüneburg BauR 2008, 636 zu einer Höhenbegrenzung einer Werbeanlage für Schnellrestaurant in unmittelbarer Nähe zu einer Autobahnauffahrt; BVerwG BRS 58 Nr. 41; OVG Berlin-Brandenburg BauR 2006, 1121.

2865 BVerwG NVwZ 2011, 436; NVwZ 1991, 778; Stock in König/Roeser/Stock, BauNVO, 2022, § 12 Rn. 2.

2866 OVG Magdeburg BauR 2005, 1813.

2867 BVerwG ZfBR 1996, 57.

2868 OVG Münster DVBl. 2008, 1463.

2869 Zur Grenzgarage VGH München Beschl. v. 14.10.2008 – 2 CS 08.2132, juris. Zur Tiefgarage VGH München Urt. v. 2.5.2008 – 2 BV 7.2879, 2 BV 7.2880, juris. Zum Lagerplatz für Metallschrott VGH München ZUR 2007, 537.

2870 OVG Hamburg NordÖR 2008, 404.

2871 OVG Münster Beschl. v. 17.1.2011 – 7 B 1506/10, juris.

eines Vorhabens ohne die erforderlichen Stellplätze kann im Einzelfall gegen das nachbarschützende Gebot der Rücksichtnahme verstoßen, wenn dies zu Beeinträchtigungen führt, die für den Nachbarn unzumutbar sind.[2872] § 12 BauNVO enthält eine Exklusivregelung für Parkplätze auf Privatgrundstücken. Jedenfalls bei § 12 I BauNVO kommt es zur Beurteilung ihrer bauplanungsrechtlichen Zulässigkeit nicht auf ihre „Gebietsverträglichkeit" (Größe der Flächen) an.[2873] Die Größe oder die Anordnung vorhandener Stellplätze ist kein geeignetes Kriterium dafür, ob sich eine geplante Stellplatzanlage nach der Art der baulichen Nutzung nach § 34 I BauGB in die Eigenart der näheren Umgebung einfügt. § 12 I BauNVO gilt nicht nur für Stellplätze, die als Nebenanlagen einer Hauptnutzung zugeordnet sind, sondern auch für Stellplätze, die keine funktionale Zuordnung zu einer Hauptnutzung aufweisen.[2874] Der Stellplatzbedarf im Sinn des § 12 II BauNVO ist gebietsbezogen zu verstehen und nicht allein auf das Grundstück gerichtet, auf dem die Stellplätze errichtet werden sollen. Auswirkungen von Stellplätzen sind von den Nachbarn nur dann nicht hinzunehmen, wenn von ihnen eine besondere Störung ausgeht.[2875] Das Gebot der Rücksichtnahme gilt bei der Anlage von Stellplätzen sowohl in bauordnungs- wie bauplanungsrechtlicher Hinsicht.[2876] § 21 a BauNVO enthält eine eingeschränkte Anrechnungsregelung für Stellplätze, Garagen und Gemeinschaftsanlagen. Garagengeschosse oder ihre Baumasse sind in sonst anders genutzten Gebäuden auf die Zahl der zugelassenen Vollgeschosse nicht anzurechnen, wenn der Bebauungsplan dies festsetzt oder als Ausnahme vorsieht. Die Privilegierungszwecke des § 21 a IV Nr. 3 BauNVO und § 21 a V BauNVO sind nicht identisch.[2877] § 21 a BauNVO ist eine Spezialvorschrift zu § 17 BauNVO, wobei zur städtebaulichen Rechtfertigung der Anrechnung eine konkrete verkehrsorientierte Zielrichtung vorgegeben wird.[2878]

Beispiel: Ein Platz wird nicht dadurch zum Stellplatz nach § 12 BauNVO, dass ein Boot auf einem Bootsanhänger auf das entsprechende Grundstück transportiert werden und der Anhänger mit dem Boot den Winter über auf dem Grundstück der Beigeladenen stehen bleiben soll. Ein Bootslagerplatz hält sich nicht im Rahmen einer Wohnnutzung, wenn das auf ihm abzustellende Boot nicht auf dem Wohngrundstück selbst oder einem unmittelbar an das Grundstück angrenzenden Gewässer zum bestimmungsgemäßen Einsatz kommen wird.[2879]

§ 9 I Nr. 4 BauGB bedingt für die planerische Festsetzung privatnütziger Stellplätze eine zweifache Prüfung der Erforderlichkeit. Zum einen muss die Nebenanlage nach anderen Vorschriften erforderlich sein. Hierzu zählt § 12 BauNVO, aber auch das bauordnungsrechtliche Stellplatzrecht der Länder. Zum anderen bedarf es der planerischen Abwägung iS des § 1 VII BauGB und zugleich der damit verbundenen Prüfung der Erforderlichkeit in einem weiteren Sinne. Dabei sind auch Gesichtspunkte eines „Bestandsschutzes" und die „Geeignetheit" von Flächen als abwägungserheblich zu berücksichtigen. Der Ortsgesetzgeber wird insbesondere durch das Bundesrecht nicht gehindert, für Stellplätze mit Hilfe der Festsetzungen eines Bebauungsplans bestimmte Standorte festzulegen oder auszuschließen.[2880] 1369

Ein **öffentlicher Parkplatz** als tatsächlich öffentliche Verkehrsfläche ist baurechtlich wie eine Stellplatzanlage zu behandeln. Ob ein solcher öffentlicher Parkplatz die Anforderungen des Rücksichtnahmegebots aus § 34 I BauGB erfüllt, kann nur auf Grund einer einzelfallbezogenen Bewertung aller seiner Auswirkungen beurteilt werden.[2881] Zwar ist grundsätzlich davon 1370

[2872] VGH Mannheim NVwZ-RR 2008, 600; VGH Kassel BRS 66 Nr. 190; OVG Bremen BauR 2003, 509; OVG Münster BauR 1999, 237; OVG Lüneburg BauR 1997, 983. VGH München Beschl. v.12.7.2007 – 15 ZB 06.3088, juris für 16 Stellplätze und 12 Garagen.

[2873] OVG Lüneburg ZfBR 2011, 492; BVerwG NVwZ 2011, 436.

[2874] BVerwG NVwZ 2011, 436.

[2875] OVG Bautzen BauR 2010, 948 (LS), m. Anm. Gallois IBR 2010, 360.

[2876] OVG Greifswald NordÖR 2010,444.

[2877] BVerwG ZfBR 2011, 779.

[2878] OVG Koblenz BauR 2011, 970.

[2879] BVerwG BauR 2011, 1789.

[2880] BVerwG NVwZ 1986, 120; Beschl. v. 28.1.1992 – 4 B 21.92, juris.

[2881] OVG Greifswald BauR 2005, 1889; VGH München Beschl. v. 21.2.2005 – 2 CS 04.2721, juris; Einzelfälle: VGH München Beschl. v. 11.7.2005 – 2 CS 05.1374, juris; VGH München Urt. v. 13.11.2006 – 26 N 01.1575, juris zur Festsetzung von Stellplätzen in einem Allg. Wohngebiet, die dem Bedarf eines gastronomischen Betriebs in einem benachbarten faktischen Mischgebiet dienen; Urt. v. 13.2.2006 – 14 B 04.1331, juris; VGH München Beschl. v. 3.8.2005 – 15 CS 05.1676, juris: keine nachbarschützende Wirkung von Festsetzungen von Baugrenzen und Flächen für Garagen.

auszugehen, dass Stellplätze, deren Zahl dem durch die zugelassene Nutzung verursachten Bedarf entspricht (§ 12 II BauNVO), in einem allgemeinen Wohngebiet keine unzumutbaren Störungen hervorrufen. Das Planungsrecht begründet jedoch keine allgemeine Duldungspflicht. Vielmehr bedarf es in jedem Einzelfall einer Abwägung zwischen dem öffentlichen Interesse an der Entlastung der öffentlichen Verkehrsflächen vom ruhenden Verkehr und den privaten Belangen der Nachbarn.[2882] Stellplätze können vor allem in Ruhebereichen unzumutbar sein. Die TA Lärm kann nicht schematisch angewendet werden, weil Parkplatzlärm sich durch spezifische Merkmale auszeichnet.[2883] Es ist zulässig, wenn der Bauherr seinen privaten Bedarf an Garagen und Einstellplätzen auf seinem Grundstück deckt. Etwas anderes kann sich allerdings aus der Lage des gewählten Aufstellungsortes, die Zahl und die Lage der Garagen und Einstellplätze ergeben. Grundsätzlich sollen Garagen und Einstellplätze zur Straße orientiert ausgelegt werden.[2884]

Beispiel: Auf einem Grundstück in der Nähe einer Geschäftsbank in der Innenstadt sollen 50 Parkplätze errichtet werden. Der Nachbar wendet ein, sein Grundstück und die anschließende Umgebung seien durch Wohnbebauung geprägt. Die Nutzung des gesamten Grundstücks für Parkplätze verstoße deshalb gegen das Gebot der nachbarlichen Rücksichtnahme. Die Zufahrt zu einer großen Tiefgarage mit 380 Pkw-Stellplätzen ist bauplanungsrechtlich dieser zuzuordnen und deshalb gem. § 12 II BauNVO ohne besondere Festsetzung in einem allgemeinen Wohngebiet unzulässig, wenn die Garage nicht nur für den durch die zugelassene Nutzung verursachten Bedarf bestimmt ist.[2885]

Beispiel: Eine in der Vergangenheit bauaufsichtlich genehmigte gewerbliche Nutzung, die in einem faktischen allgemeinen Wohngebiet einen Fremdkörper bildet,[2886] ist keine zugelassene Nutzung iS des § 12 II BauNVO, sofern sie aktuell nicht wenigstens im Wege der Befreiung gemäß § 31 II BauGB zugelassen werden könnte.[2887] Wird andererseits in einem Bebauungsplan, der die Errichtung einer **Moschee** ermöglicht, die Stellplatzproblematik nicht abschließend gelöst, bedeutet dies nicht zwangsläufig, dass der Bebauungsplan städtebaulich nicht gerechtfertigt oder aber abwägungsfehlerhaft wäre.[2888]

Hinweis: Ein Bebauungsplan trifft mit der Gestattung von Stellplätzen oder Garagen keine Aussage darüber, welche bebauungsrechtlichen Anforderungen an die Bebaubarkeit eines Grundstücks mit baulichen (Haupt-)Anlagen zu stellen sind.[2889]

1371 Auch in einem Wohngebiet kann die Nutzung eines Grundstücks ausschließlich als **Garagengrundstück** zulässig sein, wenn der Nutzungsumfang den durch § 12 II BauNVO gezogenen Rahmen nicht übersteigt. Hierfür sind die Rechtsbeziehungen des Eigentümers des Garagengrundstücks zu den Nutzern der Garagen nicht von ausschlaggebender Bedeutung. Der Verhinderung einer Massierung von Garagen wird dadurch bewirkt, dass Stellplätze und Garagen nach § 12 II BauNVO in Kleinsiedlungsgebieten, reinen Wohngebieten und allgemeinen Wohngebieten sowie Sondergebieten, die der Erholung dienen, nur für den jeweiligen Bedarf des Gebietes zulässig sind. Auch eine Nutzung, die **bestandskräftig genehmigt** worden ist und daher weiter ausgeübt werden darf, ist vom Begriff der **„zugelassenen Nutzung"** in § 12 II BauNVO umfasst.[2890]

1372 **Nachbarn** haben die von den Stellplätzen einer rechtlich zulässigen Wohnbebauung ausgehenden Emissionen im Regelfall hinzunehmen. Besondere örtliche Verhältnisse können aber auch zu dem Ergebnis führen, dass die Errichtung von Stellplätzen auf dem Baugrundstück nicht oder nur mit Einschränkungen zulässig ist. Dabei ist der in § 12 II BauNVO enthaltenen Grundentscheidung Rechnung zu tragen. Dies entbindet das Gericht jedoch nicht von der Prüfung, ob im Einzelfall unzumutbare Beeinträchtigungen zu erwarten sind. Die besonderen Umstände des Einzelfalls können es erforderlich machen, die Beeinträchtigung der Nachbar-

---

2882 BVerwG Beschl. v. 14.2.1992 – 4 B 81.91, juris.
2883 OVG Magdeburg BauR 2005, 1813.
2884 OVG Lüneburg NdsVBl 2007, 199; VGH München Beschl. v. 15.9.2008 – 15 CS 8.2123, juris.
2885 BVerwG ZfBR 1996, 57.
2886 BVerwGE 84, 322.
2887 OVG Koblenz BauR 2006, 75.
2888 OVG Münster Urt. v. 20.11.2009 – 7 D 124/08.NE, juris.
2889 BVerwG NVwZ 2009, 1374.
2890 BVerwG NVwZ 2007, 585.

schaft auf das ihr entsprechend der Eigenart des Gebiets zumutbare Maß zu mindern. Hierfür kommen beispielsweise die bauliche Gestaltung der Stellplätze und ihrer Zufahrt, eine Anordnung, die eine Massierung vermeidet, der Verzicht auf Stellplätze zugunsten einer Tiefgarage oder Lärmschutzmaßnahmen an der Grundstücksgrenze in Betracht. Im Übrigen müssen selbst notwendige Stellplätze nach allgemeinen bauordnungsrechtlichen Grundsätzen nicht auf dem Baugrundstück selbst errichtet werden.[2891] In welchem Maß die Umgebung schutzwürdig ist, lässt sich bei vorhabenbedingten Verkehrsgeräuschen, ebenso wie bei sonstigen Immissionen, nicht unabhängig von etwaigen Vorbelastungen bewerten. Faktische Vorbelastungen können dazu führen, dass die Pflicht zur gegenseitigen Rücksichtnahme sich vermindert und Beeinträchtigungen in weitergehendem Maße zumutbar sind, als sie sonst in dem betreffenden Baugebiet hinzunehmen wären. Ist bereits eine Vielzahl ebenerdiger Stellplätze vorhanden und wird ein Teil davon durch ein Parkhaus ersetzt mit der Folge, dass sich der Geräuschpegel am Tag voraussichtlich sogar verringert, wird ein benachbartes Grundstück durch die Nutzung des Parkhauses keinen unzumutbaren Belästigungen oder Störungen im Sinne von § 15 II 1, 1. Alt. BauNVO ausgesetzt.[2892] Für die Zumutbarkeit von Geräuschbeeinträchtigungen, die durch den Zu- und Abgangsverkehr zu einer Anlage hervorgerufen werden, bieten die Regelungen der TA Lärm und die VDI-Richtlinie 2058 Blatt 1 brauchbare Anhaltspunkte.[2893] Bei der Prüfung, ob im nicht beplanten Innenbereich **Carports** außerhalb der überbaubaren Grundstücksflächen bodenrechtliche Spannungen hervorrufen, sind die städtebaulichen Folgen ihrer Zulassung entsprechend den Maßstäben des § 23 V BauNVO zu prüfen.[2894] Ob das **Gebot der Rücksichtnahme** durch die Anordnung von Stellplätzen im rückwärtigen Grundstücksbereich verletzt ist, beurteilt sich in erster Linie nach den Festsetzungen eines für diesen Bereich geltenden Bebauungsplans. Erlaubt der Bebauungsplan ohne anderweitige Regelungen für den ruhenden Verkehr eine Bebauung bis an die rückwärtige Grundstücksgrenze heran, ist damit auch die Entstehung der notwendigen Stellplätze im rückwärtigen Bereich im Plan angelegt.[2895]

Die auf Landesrecht beruhende Anordnung einer **Stellplatzpflicht** stellt eine zulässige **Inhalts- und Schrankenbestimmung** des Eigentums iS des Art. 14 I 2 GG dar.[2896] Die Stellplatzpflicht dient dem Zweck, die durch die fortschreitende Motorisierung entstandene Belastung des fließenden Straßenverkehrs durch Schaffung von Einstellplätzen und Garagen herabzumindern. Sie geht davon aus, dass die öffentlichen Straßen und Wege dem fließenden Verkehr dienen und nicht dazu bestimmt sind, in großem Umfang auch den ruhenden Verkehr aufzunehmen. Die Stellplatzverpflichtung kann sich dabei nicht nur im Falle der Neuerrichtung baulicher Anlagen, sondern auch bei deren Änderung oder im Falle der Nutzungsänderung konkretisieren. Denn jedenfalls bei einer wesentlichen Änderung der bisherigen Nutzung ist das Interesse des Bauherrn, dass die Baubehörde die Erteilung einer Baugenehmigung nicht von einem Ausgleich des Stellplatzbestandes aus der Vergangenheit abhängig macht, nicht besonders schützenswert.[2897] **1373**

Hinweis: Die Gemeinde kann die Anlage von Garagen und Stellplätzen im Bebauungsplan regeln und dabei den Besonderheiten der jeweiligen Situation Rechnung tragen. So kann die Gemeinde etwa die Anlage von Garagen und Stellplätzen in Vorgartenbereichen generell ausschließen, jedoch bei Eckgrundstücken zulassen. Dies gilt vor allem dann, wenn sich für die Eigentümer von Eckgrundstücken besondere Härten zeigen.[2898]

Einige Bauordnungen der Länder bestimmen auch Voraussetzungen, bei deren Vorliegen eine Stellplatzpflicht entfällt.[2899] **1374**

2891 BVerwG NVwZ 2003, 1516; BVerwGE 94, 151.

2892 OVG Magdeburg Beschl. v. 2.2.2007 – 2 M 348/06, juris.

2893 OVG Magdeburg Beschl. v. 2.2.2007 – 2 M 348/06, juris, dort zugleich zur Schallausbreitungsrechnung. Zur Berücksichtigung von Verkehrsgeräuschen im Zusammenhang mit dem Betrieb der genehmigten Anlage (Zu- und Abgangsverkehr) OVG Lüneburg NVwZ-RR 2011, 677.

2894 OVG Münster BauR 2008, 1853.

2895 OVG Münster Urt. v. 21.6.2023 – 2 A 1226/19, juris Rn. 142; OVG Lüneburg NVwZ-RR 2023, 224; ZfBR 2021, 451; BauR 2022, 743; VGH München Beschl. v. 16.5.2022 – 9 ZB 21.2927, juris Rn. 9; siehe auch Otto Öffentliches Baurecht II, 2022, § 5 Rn. 50.

2896 BVerwGE 2, 122.

2897 BVerwG NVwZ 1993, 169.

2898 OVG Münster Urt. v. 20.4.1999 – 10a D 170/98.NE, juris.

2899 Überblick zu den Landesregelungen bei Otto Öffentliches Baurecht II, 2022, § 5 Rn. 46.

1375 **t) Gebäude und Räume für freie Berufe.** Nach § 13 BauNVO sind für die Berufsausübung freiberuflich Tätiger und solcher Gewerbetreibender, die ihren Beruf in ähnlicher Art ausüben, in den Baugebieten nach den §§ 2 bis 4 BauNVO Räume und in den Baugebieten nach den §§ 4 a bis 9 BauNVO auch Gebäude zulässig.[2900] In Kleinsiedlungsgebieten, reinen Wohngebieten und allgemeinen Wohngebieten sind Räume für freiberuflich Tätige zulässig. In besonderen Wohngebieten, Dorfgebieten, Mischgebieten, Kerngebieten, Gewerbegebieten und Industriegebieten sind für solche Nutzungen Gebäude zulässig. Kennzeichnend für ein Gebäude iS der BauNVO ist, dass es selbstständig benutzbar ist.[2901] § 13 BauNVO enthält nach Regelungszweck und Regelungsinhalt eine Sonderregelung, die auf die Ausübung freier Berufe zugeschnitten und deshalb nicht verallgemeinerungsfähig ist.[2902] Bei der Nutzung von „Räumen" durch freie oder ähnliche Berufe gemäß § 13 BauNVO darf der Charakter des Plangebiets nicht verloren gehen. Dabei darf nur auf Räume abgestellt werden, die zum dauernden Aufenthalt von Menschen geeignet sind und entsprechend genutzt werden.[2903] Die Zulässigkeit der Nutzung von Räumen für die Berufsausübung freier oder ähnlicher Berufe setzt nicht voraus, dass in der jeweiligen Nutzungseinheit (Wohnung) nebeneinander gearbeitet und gewohnt wird.

1376 Die Berufsausübung freiberuflich Tätiger und solcher Gewerbetreibender, die ihren Beruf in ähnlicher Weise ausüben, ist dadurch gekennzeichnet, dass in unabhängiger Stellung Dienstleistungen angeboten werden, die vorwiegend auf individuellen geistigen Leistungen oder sonstigen persönlichen Fertigkeiten beruhen und in der Regel, aber nicht zwingend in unabhängiger Stellung einem unbegrenzten Personenkreis angeboten werden. Weder die wirtschaftliche Selbständigkeit noch die Rechtsform ist für den Nutzungsbegriff der freien Berufe iS des § 13 BauNVO von Bedeutung, da auch die Tätigkeit von angestellten Freiberuflern keine andere städtebauliche Zuordnung gebietet.[2904] Betriebe oder Betriebsteile des Handels, des Handwerks oder der Industrie gehören ebenso wenig zu den freien Berufen wie Geschäftsstellen von Innungen.[2905] Im Zusammenhang mit § 13 BauNVO sind Betriebe als Einheit zu werten. Die Anwendbarkeit dieser Vorschrift kann deshalb nicht dadurch erreicht werden, dass aus einem Betrieb ein Betriebsteil räumlich-organisatorisch ausgegliedert wird. Wer Leitungs- und Verwaltungsfunktionen für den eigenen Handelsbetrieb und gegenüber dessen Kundschaft wahrnimmt, übt nicht iS des § 13 BauNVO einen Beruf in ähnlicher Art wie ein freiberuflich Tätiger aus.[2906] Die zentrale Verwaltung der Angelegenheiten von Lohnsteuerhilfevereinen, bei der eine persönliche Beratungstätigkeit nicht ausgeübt wird, ist daher keine freiberufliche oder freiberufsähnliche Tätigkeit, für die gem. § 13 BauNVO Räume in einem Wohngebiet allgemein zulässig wären.[2907]

Beispiel: Eine freiberufliche oder freiberufsähnliche Tätigkeit nach § 13 BauNVO setzt nicht zwingend voraus, dass diese Tätigkeit auf der Grundlage einer besonders qualifizierten Ausbildung betrieben wird. Gleichwohl bedarf es eines gewissen, nicht allgemeingültig definierbaren Standards an individueller – namentlich geistiger oder schöpferischer – Qualifikation der Tätigkeit, um den Anwendungsbereich dieser Vorschrift zu eröffnen. Einer Tätigkeit im Bereich der kosmetischen Fußpflege, die auf der Grundlage einer Ausbildung mit einer Dauer von wenigen Tagen erbracht wird, fehlt das erforderliche Mindestmaß an individueller Qualifikation der Dienstleistung. Deklariert der genehmigte Bauantrag höher qualifizierte Dienstleistungen, obwohl aus den Bauvorlagen darauf zu schließen ist, dass diese Dienstleistungen ausbildungsgemäß faktisch nicht erbracht werden können, kann ein sog. Etikettenschwindel vorliegen, der zu einem nachbarlichen Abwehrrecht gegen die Baugenehmigung nach den Grundsätzen des Gebietsgewährleistungsanspruchs führt.[2908]

2900 Zur Einordnung von Lohnsteuerhilfevereinen als freiberufliche Tätigkeit iS des § 13 BauNVO BVerwG NVwZ-RR 1997, 398. Ein Fahrschulraum kann in einem allgemeinen Wohngebiet nicht gemäß § 13 BauNVO zugelassen werden, so OVG Münster BauR 1996, 681.

2901 BVerwG NVwZ 1996, 787.

2902 BVerwG NVwZ 2008, 786 im Anschluss BVerwGE 116, 155.

2903 OVG Lüneburg NVwZ-RR 2008, 22; BVerwG NVwZ 2001, 1284.

2904 VGH Kassel NVwZ-RR 2021, 561.

2905 BVerwGE 68, 324.

2906 BVerwG Beschl. v. 28.2.1990 – 4 B 172.89, juris.

2907 BVerwG BauR 1996, 816.

2908 OVG Münster NVwZ-RR 2012, 132; siehe auch OVG Saarlouis ZfBR 2023, 591, wonach eine Betätigung als selbständiger Werbegrafiker (Medien-Design-Agentur) grundsätzlich den nach § 13 BauNVO auch im reinen Wohngebiet privilegierten freiberuflichen und artverwandten Tätigkeiten zugerechnet werden kann.

Eine freiberufliche oder freiberufsähnliche Tätigkeit kann auch dann vorliegen, wenn sich der Berufsträger der Mithilfe fachlich vorgebildeter Arbeitskräfte bedient.[2909] Dabei wird aber vorausgesetzt, dass der Freiberufler aufgrund eigener Fachkenntnisse leitend und eigenverantwortlich tätig ist. Das soll dann der Fall sein, wenn seine Funktion über die Festlegung der Grundzüge der Organisation und der dienstlichen Aufsicht hinaus durch Planung, Überwachung und Kompetenz zur Entscheidung in Zweifelsfällen gekennzeichnet und seine Teilnahme an der praktischen Arbeit in ausreichendem Maße gewährleistet ist. Bei pflegerischen Berufen wir dazu vorausgesetzt, dass der Berufsträger aufgrund seiner Fachkenntnisse durch regelmäßige und eingehende Kontrolle maßgeblich auf die Pflegetätigkeit der Mitarbeiter bei jedem einzelnen Patienten Einfluss nimmt, so dass die Leistung den „Stempel seiner Persönlichkeit" trägt.[2910] **1377**

Auch ein begrenzter Publikumsverkehr schließt die Privilegierung nicht von vornherein aus.[2911] Die für die Baugebiete nach den §§ 2 bis 4 BauNVO geltende Beschränkung freiberuflicher oder vergleichbarer Nutzungen auf **„Räume"** gewährleistet, dass diese Nutzungen dort nur in einem Umfang zugelassen werden können, bei dem typischerweise keine gebietsunverträglichen Störungen durch vorhabenbezogenen Kraftfahrzeugverkehr eintreten.[2912] Ein nach § 13 BauNVO zulässiger Pflegedienst umfasst nicht auch zugleich die außerhäusliche Pflege.[2913] Die Regel, dass die nach § 13 BauNVO in Wohngebieten zulässigen **Räume** für die **Berufsausübung freiberuflich Tätiger** insgesamt nicht größer sein dürfen als eine Wohnung,[2914] ist nicht rechtssatzartig anzuwenden, sondern hat als „Faustregel" nur eine widerlegbare indizielle Aussagekraft.[2915] Mit § 13 BauNVO ist es allerdings nicht vereinbar, wenn in einem Mehrfamilienhaus in einem allgemeinen Wohngebiet mehrere Büros jeweils deutlich größer sind als die größte, schon sehr großzügig dimensionierte Wohnung.[2916] Durch Übernahme einer Baulast, nach der die Nutzung eines reinen Bürogebäudes untrennbar mit der Nutzung eines auf dem Grundstück weiter vorhandenen Wohngebäudes verbunden werden soll, wird aus dem Bürogebäude kein „Wohngebäude" iS des § 4 II Nr. 1 BauNVO. Die Einstufung als freiberufliche Tätigkeit im Sinne der BauNVO hängt nicht von der jeweils gewählten Rechtsform ab.[2917] **1378**

Einen **Verstoß gegen** § 13 BauNVO kann ein **Nachbar** grundsätzlich unabhängig davon abwehren, ob er durch die freiberufliche oder gewerbliche Nutzung unzumutbar beeinträchtigt wird.[2918] Es muss jedoch eine Beeinträchtigung nachbarlicher Interessen vorliegen. Denn das subjektive Rechtsschutzsystem in § 42 II VwGO fordert, dass konkrete eigene Belange iS rechtlich geschützter Interessen des Klägers betroffen sind.[2919] Im Einzelfall kann sich ein Abwehranspruch aus dem sich aus § 15 I 2 BauNVO anzuleitenden Gebot der Rücksichtnahme ergeben. Durch die Benutzung bedarfsgerechter Pkw-Stellplätze für die freiberufliche Tätigkeit ausgelöste Immissionen gehören auch in Wohngebieten zu den dort von der Nachbarschaft in aller Regel hinzunehmenden „Alltagserscheinungen". Sie rechtfertigen daher im Regelfall nicht die Annahme einer Verletzung des Gebots nachbarlicher Rücksichtnahme.[2920] **1379**

u) Nebenanlagen. Nach § 14 I 1 BauNVO sind auch untergeordnete Nebenanlagen und Einrichtungen zulässig, die dem Nutzungszweck der in dem Baugebiet gelegenen Grundstücke oder des Baugebiets selbst dienen und die seiner Eigenart nicht widersprechen. Nach § 14 I 3 BauNVO kann im Bebauungsplan die Zulässigkeit der Nebenanlagen und Einrichtungen eingeschränkt oder ausgeschlossen werden. Nebenanlagen nach § 14 BauNVO müssen dem **Hauptzweck** der jeweiligen Nutzung **untergeordnet** sein.[2921] Nebenanlagen können nur **1380**

2909 VGH Mannheim NVwZ-RR 2023, 473.

2910 VGH Mannheim NVwZ-RR 2023, 473.

2911 OVG Saarlouis ZfBR 2023, 591; VGH München Beschl. v. 19.8.2022 – 15 ZB 22.1400, juris.

2912 OVG Münster NVwZ-RR 2006, 237.

2913 OVG Münster Beschl. v. 7.7.2010 – 7 A 1277/09, juris.

2914 BVerwG NJW 1986, 1004.

2915 BVerwG ZfBR 2001, 491.

2916 OVG Münster BauR 2003, 217. Eine private Arbeitsvermittlung ist den freien Berufen gleichzustellen, so OVG Lüneburg GewArch. 2002, 345.

2917 VGH Mannheim ESVGH 56, 59.

2918 BVerwG UPR 1996, 113; BVerwG NJW 1994, 1546.

2919 OVG Saarlouis ZfBR 2023, 591 zum Nachbarschutz gegen freiberufliche Tätigkeit im reinen Wohngebiet.

2920 OVG Saarlouis ZfBR 2923, 591; Beschl. v. 24.1.2022 – 2 B 264/21, juris.

2921 BVerwG NJW 1977, 2090.

Anlagen sein, die nicht Bestandteil des (Haupt-) Gebäudes sind. Zur Abgrenzung einer Nebenanlage vom Teil einer Hauptanlage können funktionelle und räumliche Gesichtspunkte herangezogen werden. Von dieser Abgrenzung zu unterscheiden ist die Frage, ob eine Nebenanlage untergeordnet ist.[2922] Die Frage der Unterordnung einer Nebenanlage gem. §14 I BauNVO bestimmt sich nicht im Verhältnis Nebenanlage zur Grundstücksgröße, sondern im Verhältnis Nebenanlage zur Hauptanlage. Demgemäß darf die Nebenanlage im Verhältnis zur Hauptanlage nach ihren Abmessungen nicht gleichwertig erscheinen oder jene gar optisch verdrängen.[2923]

1381 So kann etwa ein **Gartenschwimmbecken** oder eine kleinere Schwimmhalle in einem Reinen oder Allgemeinen Wohngebiet als Nebenanlage zulässig sein. Eine große Schwimmhalle mit Sauna und WC sprengt jedoch diesen Rahmen und ist daher planungsrechtlich unzulässig. Denn ein Nebengebäude, das nach Größe und äußerer Erscheinungsform eher einem weiteren Wohngebäude gleicht, erfüllt unter dem Gesichtspunkt des Gesamteindrucks nicht das Merkmal der Unterordnung.[2924] Nach Auffassung des BVerwG ist § 14 BauNVO den Regelungen über die Art der baulichen Nutzung zuzurechnen mit der Folge, dass sich der Abwehranspruch des Nachbarn als **Gebietserhaltungsanspruch**[2925] auf die Einhaltung des untergeordneten Charakters der Nebenanlage beziehen kann.[2926] Etwas anderes dürfte gelten, wenn die jeweilige Anlage für die Wahrung des Gebietscharakters keine nennenswerte Bedeutung hat. Auch eine große Wasser- und Badelandschaft ist keine in einem Wohngebiet nach § 14 I 1 BauNVO zulässige untergeordnete Nebenanlage. Gegenüber einer solchen Anlage steht dem Nachbarn auf Grund des Gebietswahrunganspruchs ein nachbarliches Abwehrrecht zu.[2927]

1382 Nebenanlagen können nur Anlagen sein, die nicht Bestandteil des (Haupt-)Gebäudes sind. Eine bestehende bauliche Verbindung führt aber nicht zwingend dazu, dass insgesamt nur eine einzige bauliche Anlage vorliegt. Die Voraussetzung, nicht Bestandteil des Hauptgebäudes zu sein, kann auch bei einer Anlage erfüllt sein, die an die Hauptanlage angebaut ist, nämlich indem durch die Bauweise, die Gestaltung des Zugangs oder auf andere Weise die auf eine Nebenanlage beschränkte Funktion deutlich hervortritt.[2928] Zur Abgrenzung einer Nebenanlage vom Teil einer Hauptanlage können funktionelle und räumliche Gesichtspunkte herangezogen werden. Von dieser Abgrenzung zu unterscheiden ist die Frage, ob eine Nebenanlage untergeordnet ist. Funktionelle Gesichtspunkte führen nicht zu einer anderen Einordnung. In welchem Verhältnis räumliche und funktionelle Gesichtspunkte bei der Abgrenzung zwischen einem Teil einer Hauptanlage und einer Nebenanlage stehen, hat der Senat bisher nicht geklärt. Einer abschließenden Entscheidung bedarf es hier nicht. Die genehmigte Nutzung als Abstellraum kann gegenüber der Wohnnutzung eine Nebenanlage sein. Dies gibt indes nicht den Ausschlag. Denn die Funktion als Nebenanlage findet in der baulichen Gestaltung keinen Ausdruck, der Raum ist vielmehr einem Aufenthaltsraum mindestens deutlich angenähert. Zudem kann auch ein Abstellraum je nach gelagerten Gegenständen (etwa: Lebensmittel, Winterkleidung, Spielsachen) funktionell der Wohnnutzung zugeordnet sein. Dem entspricht es, dass aus den Genehmigungsunterlagen eine ursprüngliche Planung als „Allzweckraum" hervorgeht.[2929]

1383 Zu den untergeordneten Nebenanlagen können in einem allgemeinen Wohngebiet etwa Müllcontainer, aber auch Schwimmbecken, Fahnenstangen oder Antennenanlagen gehören.[2930] Nebenanlage kann auch eine Umzäunung sein, die baulich nicht selbstständig, sondern vielmehr an die Hauptanlage angebaut wird und damit als deren bauliche Erweiterung erscheint.[2931] Die Errichtung einer Anlage zur Sammlung von Wertstoffen in einem allgemeinen

---

2922 BVerwG ZfBR 2018, 265.

2923 VGH München Beschl. v. 3.8.2023 – 2 ZB 22.1401, juris Rn. 10.

2924 BVerwG NVwZ 2004, 1244; Urt. v. 28.4.2004 – 4 C 12.03, juris; Lange DVP 2008, 418.

2925 BVerwG NJW 1994, 1546; Marschke Der Gebietserhaltungsanspruch Diss. 2009; Konrad JA 2006, 59; Decker JA 2007, 328.

2926 BVerwG NVwZ 2004, 1244; Urt. v. 28.4.2004 – 4 C 12.03, juris.

2927 OVG Münster Beschl. v. 6.6.2007– 7 B 695/07, juris.

2928 OVG Greifswald NordÖR 2022, 565; BVerwG Urt. v. 14.12.2017 – 4 C 9.16, juris Rn. 8, 10.

2929 BVerwG BauR 2018, 647.

2930 BVerwG Beschl. v. 20.6.1988 – 4 B 91.88, juris. So kann allerdings ein „Wertstoffhandel" mit Sammelcontainern für Glas, Papier und Metall in einem reinen Wohngebiet unzulässig sein, so BVerwG NVwZ 1996, 1001.

2931 OVG Schleswig Urt. v. 9.6.2022 – 1 KN 11/18, juris Rn. 59.

Wohngebiet ist bauplanungsrechtlich zulässig, wenn es sich um eine Nebenanlage handelt, die dem Nutzungszweck des Baugebiets dient und der jeweiligen Eigenart des Baugebiets nicht widerspricht.[2932] Die Nebenanlagen müssen allerdings in ihrem räumlichen und gegenständlichen Erscheinungsbild der primären Nutzung des Grundstücks im Baugebiet dienen und entsprechend zu- und untergeordnet sein.[2933]

Soweit nicht bereits in den Baugebieten nach der BauNVO Einrichtungen und **Anlagen für die Tierhaltung**, einschließlich der Kleintiererhaltungszucht, zulässig sind, gehören gem. § 14 I 2 BauNVO zu den untergeordneten Nebenanlagen und Einrichtungen iS des Satzes 1 auch solche für die Kleintierhaltung. Darunter sind solche Kleintiere zu verstehen, deren Haltung in den Baugebieten typischerweise üblich (und ungefährlich) ist und – soweit es um Wohngebiete geht – typischerweise einer im Rahmen der Wohnnutzung liegenden Freizeitbetätigung dient.[2934] Dazu zählen etwa Hundezwinger[2935] für einige Hunde, nicht jedoch Käfige für Großtiere[2936] oder Raubtiere, von denen dem Menschen Gefahren für Leib und Leben drohen.[2937] Die Zucht von Hühnern dient nicht mehr dem Wohnen. Hinsichtlich der Haltung ist maßgebend, ob die Kleintierhaltung auch im Hinblick auf ihr Ausmaß den Rahmen der für eine Wohnnutzung typischen Freizeitbetätigung nicht sprengt. Dieses Ausmaß wird spätestens dann überschritten, wenn mehr als zwanzig Hühner mit mehreren Hähnen gehalten werden.[2938] 1384

Zu den untergeordneten Nebenanlagen und Einrichtungen iSd § 14 I 1 BauNVO gehören gem. § 14 I 3 BauNVO auch **Anlagen zur Erzeugung von Strom oder Wärme aus erneuerbaren Energien**. 1385

Ein auf dem Boden ruhendes Holzgestell, in dem 6 Bienenstöcke untergebracht werden können, stellt ein Vorhaben iS des § 29 I BauGB dar. Eine solche Nebenanlage nach § 14 I BauNVO kann noch der Eigenart eines allgemeinen Wohngebietes entsprechen.[2939] Die Einordnung einer untergeordneten baulichen Anlage wie etwa einer **Brennholzlagerung** auf einem bisher baufreien Grundstück in einem Wohngebiet als Nebenanlage (§ 14 I 1 BauNVO) erfordert nicht, dass sich die zugehörige „Hauptanlage" (Wohngebäude) auf demselben Grundstück befindet. Lässt sich die notwendige funktionale und räumlich-gegenständliche Unterordnung feststellen, so kann auch der Nutzungszweck benachbarter Grundstücke den notwendigen Anknüpfungspunkt im Sinne der Vorschrift darstellen.[2940] 1386

Nebenanlagen können nur Anlagen sein, die nicht Bestandteil des (Haupt-)Gebäudes sind. Zur Abgrenzung einer Nebenanlage vom Teil einer **Hauptanlage** können funktionelle und räumliche Gesichtspunkte herangezogen werden. Von dieser Abgrenzung zu unterscheiden ist die Frage, ob eine Nebenanlage untergeordnet ist.[2941] Zu den Wesensmerkmalen einer untergeordneten Nebenanlage gehört, dass die Anlage sowohl in ihrer Funktion als auch räumlich-gegenständlich dem primären Nutzungszweck der in dem Baugebiet gelegenen Grundstücke (oder des Baugebiets selbst) sowie der diesem Nutzungszweck entsprechenden Bebauung dienend zu- und untergeordnet ist. Für die räumlich-gegenständliche Unterordnung sind optische Kriterien maßgeblich.[2942] Eine Anlage ist allerdings keine Nebenanlage, weil sie Teil der Hauptanlage ist. Dafür ist in räumlicher Hinsicht maßgeblich, ob das Vorhaben ein eigenständiges Gebäude ist,[2943] es in das Hauptgebäude integriert[2944] oder mit ihm konstruktiv verbunden ist.[2945] Jedenfalls im Regelfall wird eine Nebenanlage baulich selbständig sein,[2946] während 1387

[2932] BVerwG BauR 2011, 629.
[2933] BVerwG Urt. v. 17.12.1976 – IV C 6.75, juris; BVerwGE 67, 23.
[2934] BVerwG NVwZ 1984, 647; NVwZ-RR 1994, 309.
[2935] BVerwG Beschl. v. 21.6.1991 – 4 B 44.91, juris; Franke DVP 2005, 77.
[2936] BVerwG NVwZ 1984, 647.
[2937] BVerwG Beschl. v. 21.6.1991 – 4 B 44.91, juris.
[2938] OVG Koblenz Beschl. v. 2.10.2006 – 8 B 11048/06, juris.
[2939] OVG Lüneburg BauR 2005, 1363.
[2940] OVG Saarlouis BauR 2013, 566.
[2941] BVerwG ZfBR 2005, 698.
[2942] Arnold in Bönker/Bischopink, BauNVO, 2024, § 14 Rn. 18; Stock in König/Roeser/Stock, BauNVO, 2022, § 14 Rn. 18, welche die Nebenanlage als „Anhängsel" erscheinen lassen.
[2943] BVerwG NVwZ 2004, 1244.
[2944] BVerwG NVwZ-RR 1994, 428.
[2945] BVerwG ZfBR 2005, 698.
[2946] Fickert/Fieseler, BauNVO, 2023, § 14 Rn. 9; OVG Münster Beschl. v. 16.5.2011 – 2 B 385/11, juris.

ein an ein Wohnhaus angebauter Raum als Erweiterung der Hauptanlage keine Nebenanlage ist.[2947] Zwar sind auch Nebenanlagen denkbar, die an die Hauptanlage angebaut sind.[2948] In solchen Fällen muss aber durch die Bauweise, die Gestaltung des Zugangs oder auf andere Weise die auf eine Nebenanlage beschränkte Funktion deutlich hervortreten.[2949]

1388 Auch **Antennenanlagen** gehören grundsätzlich zu den im allgemeinen Wohngebiet zulässigen Nebenanlagen. Wo die Grenze des im Interesse der Informationsfreiheit noch Hinzunehmenden bei Antennen- oder Satellitenanlagen verläuft, ist nach Maßgabe von Größe und Anzahl der Antennenanlagen im Verhältnis zu dem jeweiligen örtlichen Umfeld zu bestimmen. Nicht nur eine Rundfunk- und Fernsehantenne, sondern auch die Antenne eines Amateurfunkers dient grundsätzlich dem Nutzungszweck eines Wohngrundstücks. Eine Mobilfunk-Sende- und Empfangsanlage, die nicht nur dem Nutzungszweck des Baugebiets, sondern der Versorgung des gesamten Stadtgebiets sowie mehrerer Gemeinden in der Umgebung dient, ist keine Nebenanlage iS des § 14 I 1 BauNVO. § 14 II BauNVO 1962, 1968 und 1977 ist nicht auf fernmeldetechnische Nebenanlagen anwendbar.[2950] Für die Frage, ob eine Amateurfunkantenne der Eigenart des Baugebiets iS von § 14 I 1 BauNVO widerspricht, kommt es auf den Einzelfall an,[2951] wobei allerdings die Ergebnisse von Meinungsumfragen unter der Bevölkerung nicht den Ausschlag geben.[2952] Bei dem Begehren eines ausländischen Mieters, eine Parabolantenne für den Empfang von Heimatprogrammen anzubringen, ist zwischen dem Eigentumsgrundrecht (Art. 14 I 1 GG) des Vermieters und der Informationsfreiheit (Art. 5 I 1 GG) des ausländischen Mieters abzuwägen. Dieser muss allerdings aufzeigen, dass und auf welche Art auf diesen Sendern tatsächlich Programme mit Bezug zu Kultur und Glauben der jeweiligen Religionen oder Weltanschauungen ausgestrahlt wird.[2953]

Beispiel: Der Eigentümer eines zweistöckigen Reihenhauses mit relativ kleiner Freifläche beabsichtigt, einen ca.17 m hohen und mit seinen Tragekonstruktionen 5 m breiten Funkantennenmasten zu errichten, der die umgebenden Häuser um das Doppelte überragt und nahezu die gesamte Breite des Hausgartens einnimmt. Eine solche Anlage ist auch vor dem Hintergrund der Meinungs- und Informationsfreiheit in Art. 5 I GG jedenfalls dann unzulässig, wenn sie von den unmittelbar benachbarten Hausgärten aus als gleichsam über den Köpfen schwebend erscheint und einen bedrohlichen Effekt hervorruft.[2954]

1389 Eine **Sonnenschutzanlage**, die die Terrasse einer Gaststätte überdeckt und aus statischen Gründen nicht nur an einer Hauswand befestigt ist, sondern darüber hinaus von im Erdboden verankerten Pfosten getragen wird, ist rechtlich nicht als untergeordnete Nebenanlage nach § 14 I BauNVO einzustufen. Die eine Zulassung auf den nicht überbaubaren Grundstücksflächen erleichternde Regelung in § 23 V 1 BauNVO ist daher nicht anwendbar. Nebenanlagen im Sinne von § 23 V 1 BauNVO können nur Anlagen sein, die nicht Bestandteil des (Haupt-)Gebäudes sind.[2955] Eine **Würstchenbude** mit 6 qm Grundfläche ist in einem durch Bebauungsplan festgesetzten Sondergebiet „Bau- und Heimwerkermarkt mit Gartencenter“ als untergeordnete Nebenanlage nach § 14 I 1 BauNVO zulässig.[2956]

1390 Eine **Mauer**, die zu einer erheblichen Veränderung der ansonsten offenen Siedlungsstruktur und der durch Weiträumigkeit und durch maßvolle Einfriedungen geprägten Siedlungsweise beiträgt, stellt keine zulässige Nebenanlage nach § 14 I BauNVO dar. Gegen die rechtswidrige Zulassung einer Nebenanlage nach § 14 BauNVO kann der Nachbar einen Gebietserhaltungsanspruch geltend machen.[2957] Die Festsetzung einer **Stellplatzfläche** als Nebenanlage gem. § 9 I Nr. 4 BauGB erfordert eine hinreichende Sicherung ihrer Zuordnung zu den entsprechenden Hauptanlagen in einem überschaubaren Zeitraum.[2958]

2947 Arnold in Bönker/Bischopink, BauNVO, 2024, § 14 Rn. 17.
2948 Blechschmidt in EZBK, BauGB, 2019, § 23 BauNVO Rn. 49.
2949 BVerwG NVwZ 2018, 123.
2950 BVerwG VBlBW 2000, 146.
2951 BVerwG Beschl. v. 23.6.1993 – 4 B 7.93, juris.
2952 BVerwG NVwZ-RR 1994, 309.
2953 BVerfG Beschl. v. 26.9.2011 – 1 BvR 916/07, juris; NJW 1994, 1147.
2954 BVerfG NJW 1992, 2412; BVerwG NVwZ 1992, 475.
2955 BVerwG ZfBR 2005, 698.
2956 OVG Münster DVBl. 2009, 798.
2957 BVerwG ZfBR 2005, 806; OVG Münster BauR 2005, 1431; BVerwG NVwZ 2004, 1244.
2958 OVG Lüneburg NVwZ-RR 2007, 456.

Die **zulässige Grundfläche** (§§ 16 II Nr. 1, 19 BauNVO) muss für alle Anlagen, die bei der Ermittlung der Grundfläche mitzurechnen sind, festgesetzt werden. Eine Festsetzung nur für die „Hauptanlagen" – und nicht auch für die nach § 19 IV 1 BauNVO mitzurechnenden „Nebenanlagen" – ist nicht von der Ermächtigungsgrundlage gedeckt.[2959] Eine bis auf die Nachbargrenze reichende Garage kann auch dann abstandsrechtlich privilegiert sein, wenn sie baulich und funktional mit dem Hauptgebäude verbunden ist. Sind die baulichen Maßvorgaben und die eingeschränkten Benutzungsmöglichkeiten des landesrechtlichen Grenzgaragenprivilegs eingehalten, so ist von einem rechtlich „verselbständigungsfähigen Baukörper" auszugehen.[2960] In einem Bebauungsplan kann eine absolute Größe der zulässigen Grundfläche der baulichen Anlagen eines Baugrundstücks festgesetzt werden (§ 16 II Nr. 1 BauNVO).[2961] 1391

Wenn im Bebauungsplan nichts anderes festgesetzt ist, können nach § 23 V 1 BauNVO auf den nicht überbaubaren Grundstücksflächen Nebenanlagen iS des § 14 BauNVO zugelassen werden. § 23 V 1 BauNVO ermöglicht es jedoch nicht, Nebenanlagen iS des § 14 BauNVO auf einer im Bebauungsplan festgesetzten privaten oder öffentlichen Grünfläche zuzulassen.[2962] 3.§ 23 V 1 BauNVO ermöglicht auch nicht die Zulassung von Fremdwerbeanlagen.[2963] 1392

In den Baugebieten nach den §§ 2 bis 11BauNVO sind gem. § 14 Ia BauNVO **Nebenanlagen**, die der öffentlichen Versorgung mit **Telekommunikationsdienstleistungen** dienen, zulässig; § 14 I 4 BauNVO gilt entsprechend. Zu den Nebenanlagen, die der öffentlichen Versorgung mit Telekommunikationsdienstleistungen dienen, gehören untergeordnete Bestandteile eines baugebietsübergreifenden Telekommunikationssystems, wie Empfangs- und Sendeanlagen des Mobilfunks, Breitbandverteilungsanlagen, kleinere eingeschossige Fernmeldegebäude und sonstige Nebenanlagen, wie Fernmeldetürme und Antennenträger, Masten, Schächte und kleinere Anlagen (zB Transformatorenhäuschen und Verteilerstationen). Hauptanlagen der Telekommunikation fallen nicht unter § 14 Ia BauNVO.[2964] Mit dieser ergänzenden Regelung soll der flächendeckende **Ausbau des Mobilfunknetzes** befördert werden.[2965] Mobilfunksendeanlagen sind grundsätzlich keine baugrundstücks- und baugebietsbezogene Nebenanlagen iSv § 14 I 1 BauNVO; sie werden nämlich zumeist allenfalls in geringerem Umfang dem Nutzungszweck eines Baugebiets oder Baugrundstücks dienend genutzt. Das steht jedoch ihrer Einstufung als Nebenanlage iSv § 14 II 2 BauNVO nicht entgegen.[2966] Mit dem durch das Baulandmobilisierungsgesetz eingefügten § 14 Ia BauNVO sind in den Baugebieten nach §§ 2-11 BauNVO Nebenanlagen, die der öffentlichen Versorgung mit Telekommunikationsleistungen dienen, allgemein zulässig, unabhängig davon, ob die jeweilige Anlage die Grenze des Baugebiets überschreitet.[2967] § 14 Ia BauNVO ist in verschiedener Hinsicht von erheblicher Bedeutung. In reinen Wohngebieten sind Mobilfunkanlagen aufgrund nunmehr allgemein zulässig. Auch in Kleinsiedlungsgebieten und in allgemeinen Wohngebieten führt die Vorschrift zu einer allgemeinen Zulässigkeit, während die Anlagen dort bisher nur als Ausnahmen zulassungsfähig waren. In Sondergebieten nach den §§ 10 und 11 BauNVO erleichtert § 14 Ia BauNVO die Unterbringung von Anlagen für Telekommunikationsleistungen, soweit Gewerbebetriebe dort nicht allgemein zulässig sind.[2968] 1393

Im Wege der planerischen **Feinsteuerung** kann die allgemeine Zulässigkeit von Mobilfunkanlagen und anderen Nebenanlagen, die der öffentlichen Versorgung mit Telekommunikationsdienstleistungen dienen, im Bebauungsplan eingeschränkt oder ausgeschlossen werden (§ 14 Ia iVm § 14 I 4 BauNVO). Gemeinden können zB aus Gründen des vorsorgenden Gesundheitsschutzes und der Gestaltung des Ortsbildes Mobilfunkanlagen im reinen Wohngebiet ausschließen, wenn und soweit die Versorgung mit Mobilfunkleistungen von anderen Stand- 1394

[2959] VGH München NVwZ-RR 2007, 447 m. Hinw. auf das Ziel des Bodenschutzes, BR-Drs. 354/89 S. 35; NVwZ-RR 2007, 79.

[2960] OVG Saarlouis NVwZ-RR 2007, 455.

[2961] OVG Hamburg DVBl. 2010, 1252.

[2962] OVG Münster Beschl. v. 20.9.2023 – 10 A 204/22, juris Rn. 7.

[2963] OVG Koblenz Beschl. v. 9.5.2023 – 1 A 10188/23, juris Rn. 28.

[2964] Stock in König/Roeser/Stock, BauNVO, 2022, Rn. 36 d.

[2965] Fickert/Fieseler BauNVO, 2023, § 14 Rn. 576; Battis/Mitschang/Reidt NVwZ 2021, 905; Uechtritz BauR 2021, 1385.

[2966] Decker in Jäde/Dirnberger, BauGB/BauNVO, 2022, § 14 BauNVO Rn. 11.

[2967] Uechtritz BauR 2021, 1385 (1396); Decker in Jäde/Dirnberger, BauGB/BauNVO, 2022, § 14 Rn. 16.

[2968] Stock in König/Roeser/Stock, BauNVO, 2022, Rn. 36 h.

orten im Gemeindegebiet zu sichern ist. Nicht berechtigt sind die Gemeinden jedoch, anstelle des Bundesgesetz- oder Verordnungsgebers im Plangebiet andere, insbesondere auch niedrigere Grenzwerte festzusetzen.[2969] Die Rechtsprechung geht davon aus, dass bei Einhaltung der in Anhang I zu § 2 der 26. BImSchV festgesetzten Grenzwerte eine Gesundheitsgefährdung nicht zu befürchten ist.[2970]

1395 Die der **Versorgung der Baugebiete** mit Elektrizität, Gas, Wärme und Wasser sowie zur Ableitung von Abwasser dienenden **Nebenanlagen** können nach § 14 II 1 BauNVO in den Baugebieten als **Ausnahme** zugelassen werden, auch soweit für sie im Bebauungsplan keine besonderen Flächen festgesetzt sind. Dies gilt auch für fernmeldetechnische Nebenanlagen sowie für Anlagen für erneuerbare Energien, soweit nicht § 14 I 1 BauNVO oder § 14 Ia BauNVO Anwendung findet. § 14 II BauNVO bezieht sich wie § 14 Ia BauNVO auf Nebenanlagen der öffentlichen Infrastruktur, die sich nicht unbedingt an den Grenzen von Baugebieten orientieren, während sich § 14 I BauNVO sich auf solche Nebenanlagen beschränkt, deren Funktion sich auf das einzelne Baugrundstück oder speziell auf das konkrete Baugebiet bezieht.[2971] Nebenanlagen sind zB Leitungen und Leitungsmasten, Schächte, Verteilerstationen, Sammler mit Pumpanlagen, Verstärkerkästen, Transformatorenhäuschen, etc., nicht aber die Elektrizitäts- und Gaswerke, Wasser- und Klärwerke selbst. Flächen und Trassen für Nebenanlagen iSd § 14 II 1 BauNVO können gezielt und abschließend nach § 9 I Nr. 12–14 BauGB festgesetzt werden.[2972] § 14 II BauNVO schafft insbesondere für öffentliche Betriebe der Daseinsvorsorge und Gewerbebetriebe, die im öffentlichen Interesse liegende wichtige Infrastrukturaufgaben erfüllen, verbesserte Ansiedlungsmöglichkeiten. Nach § 14 II 2 BauNVO können auch fernmeldetechnische Nebenanlagen sowie für Anlagen für erneuerbare Energien in den Baugebieten als Ausnahme zugelassen werden, soweit nicht § 14 I 1 oder Ia BauNVO Anwendung findet. Die Ausnahme greift insoweit nur subsidiär ein, wenn die Anlage weder als Hauptanlage noch als untergeordnete Nebenanlage zulässig ist oder zugelassen werden kann.

1396 Soweit baulich untergeordnete **Anlagen zur Nutzung solarer Strahlungsenergie** in, an oder auf Dach- und Außenwandflächen oder **Kraft-Wärme-Kopplungsanlagen** innerhalb von Gebäuden nicht bereits nach den §§ 2 bis 13 BauNVO zulässig sind, gelten sie nach § 14 III 1 BauNVO auch dann als Nebenanlagen iSd § 14 I 1 BauNVO, wenn die erzeugte Energie vollständig oder überwiegend in das öffentliche Netz eingespeist wird. In Gewerbe-, Industrie- und sonstigen Sondergebieten gilt dies nach § 14 III 2 BauNVO auch für sonstige baulich untergeordnete Anlagen zur Nutzung solarer Strahlungsenergie. § 14 III BauNVO ändert als speziellere Regelung die Zulässigkeitsvoraussetzungen des § 14 I 1 BauNVO, indem er „netzeinspeisende" Photovoltaik-, Solarthermie- und Kraft-Wärme-Kopplungsanlagen unter bestimmten Voraussetzungen von dem Erfordernis der funktionellen Unterordnung befreit. Die Bestimmung bewirkt, dass solche Anlagen bei überwiegender Einspeisung der Energie in ein öffentliches Netz gewerbliche Nutzungen sind, die nicht in allen Baugebieten allgemein zulässig sind, als Nebenanlagen iSv BauNVO zugelassen werden können. § 14 III BauNVO soll sicherstellen, dass die dezentralen Anlagen zur Nutzung von Energie in allen Baugebieten trotz fehlender funktioneller Unterordnung allgemein zulässig sind. § 14 III BauNVO ist subsidiär anzuwenden, wenn die Anlage nicht bereits nach den §§ 2 bis 13 BauNVO zulässig ist und auch eine Zulässigkeit nach § 14 I 1 BauNVO ausscheidet. **Solare Strahlungsenergie** ist die durch Nutzung der Solarstrahlung technisch nutzbar gemachte Wärme oder der durch Nutzung der Solarstrahlung erzeugte Strom (§ 3 II Nr. 3 GEG). **Kraft-Wärme-Kopplungsanlagen** sind ortsfeste technische Anlagen, in denen die eingesetzte Energie gleichzeitig in elektrische Energie und in Nutzwärme umgewandelt wird (vgl. § 2 Nr. 13 und 14 KWKG).

1397 In einem Gebiet nach § 11 II BauNVO für Anlagen, die der Nutzung solarer Strahlungsenergie dienen, sind gem. § 14 IV 1 BauNVO Anlagen zur **Herstellung oder Speicherung von Wasserstoff** zulässig, wenn die Voraussetzungen entsprechend § 249a IV BauGB gegeben

---

[2969] BVerwGE 144, 82; Schiller in Bracher/Reidt/Schiller, Bauplanungsrecht, 2022, Rn. 18.123; aA Uechtritz VerwArch 2010, 505 ff.; zu den Befürchtungen, dass von Mobilfunksendeanlagen Gesundheitsbeeinträchtigungen ausgehen können siehe Fickert/Fieseler, BauNVO, 2023, § 4 Rn. 126.

[2970] BVerfG NJW 2002, 1638; NVwZ 2007, 805; BVerwG ZfBR 2011, 573; näher dazu Fickert/Fieseler, BauNVO, 2023, § 4 Rn. 126 ff.

[2971] Stock in König/Roeser/Stock, BauNVO, 2022, Rn. 37.

[2972] Stock in König/Roeser/Stock, BauNVO, 2022, Rn. 40

sind. In Gewerbe- und Industriegebieten gilt dies gem. § 14 IV 2 BauNVO entsprechend, wenn dort eine Anlage, die der Nutzung solarer Strahlungsenergie dient und die keine Nebenanlage im Sinne dieser Vorschrift ist, tatsächlich vorhanden ist. § 14 I 4 BauNVO gilt entsprechend. Diese im Jahr 2023 eingefügte Regelung steht in engem Zusammenhang mit den Sonderregelungen für Vorhaben zur Herstellung oder Speicherung von Wasserstoff aus erneuerbaren Energien in § 249a BauGB, mit denen der Gesetzgeber einen Privilegierungstatbestand für Vorhaben zur Herstellung oder Speicherung von Wasserstoff aus erneuerbaren Energien im Außenbereich, wenn das Vorhaben in einem räumlich-funktionalen Zusammenhang zu einer Windenergieanlage steht. § 14 IV BauNVO ergänzt diese Privilegierung für Sondergebiete nach § 11 II BauNVO für Anlagen, die der Nutzung von Sonnenenergie dienen. § 14 IV BauNVO ermöglicht das Hinzutreten von Anlagen zur Herstellung oder Speicherung von Wasserstoff in bestimmten Sondergebieten nach § 11 II BauNVO und in Gewerbe- und Industriegebieten. Soweit § 14 IV BauNVO auf die Voraussetzungen des § 249 a IV BauGB verweist, setzt die Zulässigkeit von Anlagen zur Herstellung oder Speicherung von Wasserstoff voraus, dass 1. durch technische Vorkehrungen sichergestellt ist, dass der Wasserstoff ausschließlich aus dem Strom der in § 249 I, II oder III BauGB genannten Anlage oder ergänzend dazu aus dem Strom sonstiger Anlagen zur Nutzung erneuerbarer Energien erzeugt wird, dass 2. die Größe der Grundfläche der zum Vorhaben gehörenden baulichen Anlagen 100 Quadratmeter und der Höhenunterschied zwischen der Geländeoberfläche im Mittel und dem höchsten Punkt der baulichen Anlagen 3,5 Meter nicht überschreitet, und dass 3. die in § 249 I, II oder III BauGB genannte Anlage oder die sonstigen Anlagen zur Nutzung erneuerbarer Energien nach § 249 IV Nr. 1 BauGB nicht bereits mit einem anderen Vorhaben zur Herstellung oder Speicherung von Wasserstoff verbunden sind und dass 4. die Kapazität des Wasserstoffspeichers, sofern das Vorhaben einen solchen umfasst, die in der Spalte 4 zu der Zeile 2.44 der Stoffliste in Anhang I der Störfall-Verordnung genannte Mengenschwelle für Wasserstoff nicht erreicht.

2. Gliederungs- und Ausschlussmöglichkeiten nach § 1 IV bis IX BauNVO

§ 1 IV bis IX BauNVO gibt der planenden Gemeinde umfangreiche Gliederungs- und Ausschlussmöglichkeiten iS einer planerischen Modifizierung und **Feinsteuerung** an die Hand, mit denen die Nutzungen differenziert und den speziellen örtlichen Verhältnissen angepasst werden können. Dieses Instrumentarium ist für die Gemeinde wichtig, um Fehlentwicklungen entgegenzusteuern, die bei einer Übernahme der Typenbeschreibungen der BauNVO in den Baugebieten auftreten können. Außerdem bedarf etwa die Überplanung einer Gemengelage mit einer Durchmischung von Wohn- und Gewerbenutzung eines speziellen Handlungsinstrumentariums, das den Besonderheiten der jeweiligen Immissionssituation gerecht wird. Diese Planungsmöglichkeiten werden in § 1 IV bis IX BauNVO bereitgestellt. Die differenzierenden Festsetzungsmöglichkeiten können sich jedoch – im Gegensatz zu der in § 1 X BauNVO getroffenen Regelung – stets nur auf bestimmte Arten der in dem Baugebiet allgemein oder ausnahmsweise zulässigen Arten oder Nutzungen beziehen. Entsprechend dem abstrakten Normcharakter des Bebauungsplans und seiner Funktion als Instrument der städtebaulichen Entwicklung und Ordnung können mit den Festsetzungen des § 1 IV bis IX BauNVO nur objektiv bestimmbare Typen von Anlagen erfasst werden. Für die Umschreibung des Anlagetyps kann die Gemeinde zwar auf besondere in ihrem Bereich vorherrschende Verhältnisse abstellen. Eine Planung konkreter einzelner Vorhaben ist jedoch auch mit den **Differenzierungsmöglichkeiten** des § 1 IV bis IX BauNVO nicht gestattet.[2973] 1398

Vor diesem Hintergrund hat die Gemeinde kein bauplanerisches **Festsetzungserfindungsrecht.**[2974] Vielmehr besteht für bauplanungsrechtliche Festsetzungen ein **Typenzwang.**[2975] Durch den Bebauungsplan bestimmt die Gemeinde Inhalt und Schranken des Eigentums der im Planbereich gelegenen Grundstücke. Hierfür bedarf sie gem. Art. 14 I 2 GG einer gesetzlichen Grundlage, die sich in § 9 BauGB und ergänzend in der gem. § 9 a V BauGB erlassenen BauNVO findet. Durch sie wird der festsetzungsfähige Inhalt eines Bebauungsplans abschlie- 1399

[2973] BVerwGE 77, 317; UPR 1989, 435; DVBl. 1990, 1108; NVwZ 1994, 292.

[2974] OVG Greifswald Urt. v. 24.10.2023 – 3 K 431/16, juris Rn. 42; Urt. v. 16.8.2022 – 3 K 476/19, juris Rn. 42; OVG Lüneburg BauR 2022, 1329; ZfBR 2022, 160; BVerwG NVwZ 1995, 351.

[2975] OVG Greifswald Urt. v. 24.10.2023 – 3 K 431/16, juris Rn. 42; Urt. v. 16.8.2022 – 3 K 476/19 OVG, juris Rn. 42; BVerwG NJW 1994, 1546.

ßend geregelt.[2976] Weicht die Gemeinde bei der Aufstellung von Bebauungsplänen von den Vorgaben in § 9 BauGB oder der BauNVO ab, so ist die von diesem Fehler betroffene Festsetzung wegen Verstoßes gegen den bauplanungsrechtlichen Typenzwang, durch den die Beachtung des Gesetzesvorbehalts des Art. 14 I 2 GG gewährleistet wird, unwirksam. Dies gilt unabhängig von der Frage, ob das mit der Planung verfolgte Ziel materiell-rechtlich zulässig wäre und möglicherweise sogar auf andere Weise realisiert werden könnte.

1400 Die Kombination verschiedener zulässiger Festsetzungen darf auch nicht zur Folge haben, dass auf diese Weise neue Festsetzungstypen entstehen, die von den Vorgaben des abschließenden Festsetzungskatalogs inhaltlich abweichen.[2977] Werden in einem Bebauungsplan mehrere Festsetzungen aufgenommen, so sind sie bauplanungsrechtlich nicht stärker miteinander verbunden oder verknüpft, als dass jede dieser Festsetzungen für sich genommen mit dem für sie maßgeblichen Festsetzungsinhalt eingehalten werden muss. Weitergehende Ziele kann der Plangeber mit dem bloßen Mittel der Festsetzungskombination nicht erreichen.[2978] Auch bei der planungsrechtlichen Beurteilung im nicht beplanten Innenbereich ist auf die Typisierungen der Nutzungsarten der BauNVO abzustellen.[2979] Denn die BauNVO stellt vom Grundsatz her eine sachverständige Konkretisierung moderner Planungsgrundsätze dar.[2980]

1401 **a) Gliederungsmöglichkeiten nach § 1 IV BauNVO.** Die Gliederungsmöglichkeiten nach § 1 IV 1 BauNVO beziehen sich auf die Art der zulässigen Nutzung und deren Betriebe und Anlagen. Nach dieser Vorschrift können für die in den §§ 4 bis 9 BauNVO bezeichneten Baugebiete im Bebauungsplan Festsetzungen getroffen werden, die das Baugebiet nach der Art der zulässigen Nutzung, nach der Art der Betriebe und Anlagen und deren besonderen Bedürfnissen und Eigenschaften gliedern. Die Festsetzungen können dabei auch für mehrere Gewerbegebiete einer Gemeinde im Verhältnis zueinander getroffen werden. Dies gilt auch für Industriegebiete (§ 1 IV 2 BauNVO). Die Gliederungsmöglichkeiten nach § 1 IV 1 Nr. 1 und 2 BauNVO bestehen allerdings nur in allgemeinen Wohngebieten (§ 4 BauNVO), besonderen Wohngebieten (§ 4 a BauNVO), Dorfgebieten (§ 5 BauNVO), Mischgebieten (§ 6 BauNVO), Kerngebieten (§ 7 BauNVO), Gewerbegebieten (§ 8 BauNVO) und Industriegebieten (§ 9 BauNVO). In Kleinsiedlungsgebieten (§ 2 BauNVO), reinen Wohngebieten (§ 3 BauNVO) und Sondergebieten (§§ 10, 11 BauNVO)[2981] bestehen die Gliederungsmöglichkeiten nach der Art der zulässigen Nutzung sowie der Art der Betriebe und Anlagen und deren besonderen Bedürfnissen und Eigenschaften gem. § 1 IV 1 Nr. 1 und 2 BauNVO nicht. Die Gliederung des Gebietes erfolgt in der Regel gebietsintern in dem Sinne, dass etwa in einzelnen Teilgebieten die Nutzung ausgeschlossen wird, sie aber in anderen Teilen zulässig ist. Ein Ausschluss einer oder mehrerer Arten von Nutzungen aus dem gesamten Baugebiet kann nur nach § 1 V BauNVO erfolgen.[2982] Außerdem muss die allgemeine Zweckbestimmung des Gebietes gewahrt werden.[2983] Dies setzt den Gliederungsmöglichkeiten Grenzen.

Beispiele: Ein Gewerbegebiet ohne Gewerbebetriebe entspricht dem Gebietscharakter eines Gewerbegebietes nicht mehr. Ein Dorfgebiet ohne Wirtschaftsstellen land- oder forstwirtschaftlicher Betriebe hätte seinen Charakter eingebüßt. Wird ein Industriegebiet durch Festsetzung von Emissionskontingenten gegliedert, so ist die Zwecksetzung des Gebiets nicht gewahrt, wenn im gesamten Gebiet die Absenkung eines Nachtwerts erfolgt.[2984]

1402 Auch bei Festsetzungen in einem Bebauungsplan, die ein Baugebiet gem. § 1 IV BauNVO gliedern, muss die **allgemeine Zweckbestimmung** des Baugebietes gewahrt bleiben.[2985] Jedes Baugebiet dient einer auf den Gebietstypus zugeschnittenen und insofern allgemeinen Zweckbestimmung. Die allgemeine Zweckbestimmung darf durch die planerischen Festsetzungen nicht verloren gehen, da anderenfalls die Pflicht des § 1 III 1 BauNVO verletzt wird, im Bebauungsplan ein in § 1 III 1 BauNVO bezeichnetes Baugebiet festzusetzen. Das Baugebiet

2976 BVerwG DVBl. 1992, 32.
2977 BVerwG Beschl. v. 5.7.1991 – 4 NB 22.91, juris.
2978 BverwG ZfBR 1995, 143.
2979 BVerwGE 68, 360.
2980 BVerwG NVwZ 1994, 285; DVBl. 1995, 515.
2981 BVerwG DVBl. 1993, 1098.
2982 BVerwG ZfBR 1999, 279.
2983 BVerwG NVwZ 1990, 171.
2984 OVG Koblenz Urt. v. 13.1.2024 – 8 C 10495/22, juris Rn. 63.
2985 BVerwG BRS 58 Nr. 23 (1996).

muss bei einer Gesamtbetrachtung noch seinen Gebietscharakter wahren. Das Baugebiet muss sich nicht mit dem Plangebiet decken.[2986]

Es ist zwar zulässig, aus einem Teilgebiet auch eine „Hauptnutzung" eines Baugebietes auszuschließen – aber nur, wenn die noch verbleibende Nutzung die allgemeine Zweckbestimmung des Baugebietes unberührt lässt. Die Gliederung nach § 1 IV BauNVO kann als Zielsetzung verfolgen,[2987] 1403

– einen innergebietlichen Nachbarschutz zu gewährleisten,
– benachbarte Gebiete vor gebietsübergreifenden Immissionen zu schützen,
– vorhandene oder geplante Infrastruktureinrichtungen besser ausnutzen zu können,
– sich ergänzende Nutzungen zusammenzufassen und an bestimmter Stelle zu konzentrieren.

Beispiel: In Teilen eines Kerngebietes können bei entsprechender städtebaulicher Rechtfertigung die Vergnügungsstätten konzentriert, in anderen Bereichen dagegen ausgeschlossen werden. Die Gliederung kann dabei nach der Art der zulässigen Nutzung (Vergnügungsstätten) oder nach der Art der Betriebe und Anlagen (Spielhallen) erfolgen. In Gewerbegebieten können in der gegliederten Randzone etwa zur schützenswerten Nachbarschaft die weniger störenden Nutzungsarten, Betriebe (Handwerksbetriebe) oder Anlagen (Büro- oder Verwaltungsgebäude, Sozialräume) festgesetzt werden.

Dabei kann auch nach den besonderen Bedürfnissen wie Standortbindungen, Verkehrsanschlüssen, besonderen Schutzbedürftigkeiten oder Flächenbedarf sowie nach besonderen Eigenschaften wie Umweltverträglichkeit, Emissionsverhalten oder Störungsgrad gegliedert werden. So können etwa in einem Baugebiet einzelne Emissionsarten generell ausgeschlossen oder begrenzt werden. Die **Grenzziehung zum Einzelgenehmigungsverfahren** und zu den Aufgaben der Umweltämter ist allerdings nicht immer einfach. Denn es kann nicht die Aufgabe der Gemeinde sein, im Rahmen der Bauleitplanung bereits das immissionsschutzrechtliche Einzelgenehmigungsverfahren vorwegzunehmen.[2988] Auch wäre die Gemeinde überfordert, wenn sie in der Bauleitplanung den jeweiligen Stand der Technik fortschreiben sollte.[2989] 1404

Aus § 1 IV 1 Nr. 2 BauNVO ergibt sich nicht, dass Festsetzungen, die das Baugebiet unter anderem nach der Art der Betriebe und Anlagen gliedern, allgemein nicht für atypische Betriebe und Anlagen gelten. Es stellt keinen Widerspruch dar, Betrieben oder Anlagen die in der planerischen Festsetzung vorausgesetzten artspezifischen Merkmale zuzuerkennen und sie dennoch aufgrund von Besonderheiten als atypisch zu bewerten. Gemäß § 1 IV 1 Nr. 2 BauNVO können im Bebauungsplan für bestimmte Baugebiete Festsetzungen getroffen werden, die das Baugebiet unter anderem nach der Art der Betriebe und Anlagen gliedern. Enthält ein Bebauungsplan eine derartige Gliederung, ist zu prüfen, ob ein Vorhaben den entsprechenden Festsetzungen des Bebauungsplans nicht widerspricht (§ 30 I BauGB). Widerspricht danach ein Vorhaben diesen Festsetzungen, können von den Festsetzungen solche Ausnahmen zugelassen werden, die in dem Bebauungsplan nach Art und Umfang ausdrücklich vorgesehen sind (§ 31 I BauGB).[2990] Wird ein durch Bebauungsplan ausgewiesenes Industriegebiet in Teilgebiete mit verschieden hohen Emissionskontingenten gegliedert, ist die Gliederung nur von § 1 IV 1 Nr. 2 BauNVO gedeckt, wenn ein Teilgebiet von einer Emissionsbeschränkung ausgenommen wird.[2991] 1405

Die bei der Planung auftretenden Interessenkonflikte dürfen nicht unbewältigt bleiben. Besondere Bedeutung hat das BVerwG dem Gebot der Problem- und Konfliktbewältigung bei straßenrechtlichen und anderen fachplanungsrechtlichen Planfeststellungsbeschlüssen beigemessen,[2992] die zu einer abschließenden und alle sonstigen Genehmigungen einschließenden Entscheidung über die Zulässigkeit des Vorhabens führen. Auch hat das BVerwG seit dem Flachglas-Urteil[2993] aus § 50 BImSchG den **Trennungsgrundsatz** entwickelt, dh die räumliche 1406

[2986] BVerwG NVwZ 1990, 171.
[2987] Fickert/Fieseler BauNVO, 2023, § 1 Rn. 182.
[2988] BVerwGE 69, 30.
[2989] Von Holleben UPR 1983, 76; BVerwG ZfBR 1992, 86.
[2990] BVerwG Beschl. v. 31.3.2015 – 7 B 28.14, juris; zum Gebot der Konfliktbewältigung in der Bauleitplanung OVG Münster Beschl. v. 23.11.2023 – 2 B 677/23.NE, juris Rn. 50; BVerwGE 147, 379; OVG Münster Urt. v. 22.2.2022 – 2 D 202/21.NE, juris Rn. 111 f.
[2991] BVerwG NVwZ 2019, 655.
[2992] BVerwGE 48, 56; BVerwGE 51, 15.
[2993] BVerwGE 45, 309.

Trennung von Wohnnutzung und emittierendem Gewerbe gefordert.[2994] Die Gliederungsmöglichkeit nach den besonderen Eigenschaften der Betriebe und Anlagen nach § 1 IV 1 Nr. 2 BauNVO dient in besonderem Maß dem Umwelt- und Immissionsschutz. Hierbei können Betriebe und Anlagen etwa nach ihren notwendigen Schutzabständen zu Wohngebieten gegliedert werden, wie sie in den ministeriellen Abstandserlassen zu den Abständen zwischen Industrie- und Gewerbebetrieben und Wohngebieten im Rahmen der Bauleitplanung niedergelegt sind. Auch wenn eine Anlage gemäß § 8 BauNVO wegen ihrer geringen Immissionsbelastung atypisch und damit gewerbegebietsverträglich ist, muss sie einer modifizierenden bzw. einschränkenden Festsetzung gemäß § 1 IV 1 Nr. 2 BauNVO genügen.[2995]

Beispiel: Die Planung eines allgemeinen Wohngebiets in der unmittelbaren Nachbarschaft eines emissionsträchtigen landwirtschaftlichen Betriebs kann sich als Verstoß gegen das Gebot gerechter Abwägung darstellen.[2996]

1407 Der **Grundsatz der Konfliktbewältigung** darf aber nicht überspannt werden. Es spricht nach Auffassung des BVerwG Einiges dafür, dass es nicht Aufgabe der Bauleitplanung ist, Entscheidungen zu treffen, die nach den Bestimmungen des BImSchG oder des AtG dem jeweiligen Genehmigungsverfahren, Vorbescheidsverfahren oder Anordnungsverfahren vorbehalten sind. Eine zu starke Verfeinerung der planerischen Aussagen würde das Planverfahren übermäßig – ggf. bis zur Grenze, an der die Aufstellung eines Bebauungsplans scheitern muss – belasten. Auch könnten die Ratsmitglieder, die für die Abwägung des Planes verantwortlich sind, überfordert werden, wenn sie bereits im Bebauungsplan Festsetzungen treffen müssten, die den Regelungen entsprechen, die Fachbehörden auf der Grundlage umfangreicher wissenschaftlicher Erhebungen und Begutachtungen im Rahmen des Genehmigungsverfahrens nach dem BImSchG oder nach den maßgeblichen Fachgesetzen zu treffen haben. Darüber hinaus wirft die Festschreibung immissionsschutzrechtlicher Bestimmungen im Bebauungsplan die Frage auf, ob und unter welchen Voraussetzungen die für die Genehmigung nach § 4 BImSchG zuständige Behörde im Genehmigungs- oder Anhörungsverfahren höhere als die im Bebauungsplan festgesetzten immissionsschutzrechtlichen Anforderungen treffen darf. Eine solche Festschreibung der Emissionswerte kann der Anwendung des BImSchG – und zwar zulasten der Bürger – entgegenstehen. Insbesondere kann es nicht Aufgabe der Bauleitplanung sein, Änderungen des Standes der Technik fortlaufend durch Änderungen des Bebauungsplans umzusetzen.[2997]

1408 Die Gemeinde kann neben den Baugebietsausweisungen und den Gliederungsmöglichkeiten (§ 1 BauNVO) auch die Festsetzungsmöglichkeiten nach § 9 I Nr. 23 und 24 BauGB nutzen. So kann die Gemeinde Gebiete ausweisen, in denen zum Schutz vor schädlichen Umwelteinwirkungen iS des BImSchG bestimmte luftverunreinigende Stoffe nicht oder nur beschränkt verwendet werden dürfen oder in denen bei der Errichtung von Gebäuden bestimmte bauliche Maßnahmen für den Einsatz erneuerbarer Energien wie insbesondere Solarenergie getroffen werden müssen (§ 9 I Nr. 23 BauGB). Emissionskontingente nach der DIN 45691 sind dabei geeignet, das Emissionsverhalten als Eigenschaft von Betrieben und Anlagen iSd § 1 IV 1 Nr. 2 BauNVO zu kennzeichnen.[2998] Sie legen allerdings nur das Ziel des Immissionsschutzes fest, enthalten aber keine Aussage über die konkret zu treffenden Maßnahmen.[2999] Dem Tatbestandsmerkmal des Gliederns iS des § 1 IV 1 Nr. 2 BauNVO wird nur Rechnung getragen, wenn das Baugebiet in einzelne Teilgebiete mit verschieden hohen Emissionskontingenten zer-

---

2994 BVerwG NVwZ 2020, 809; ZfBR 2015, 579, zum im Außenbereich nicht für einzelne Wohnnutzungen geltenden Trennungsgebot OVG Lüneburg Urt. v. 5.10.2023 – 1 KN 66/20, juris Rn. 73.

2995 OVG Münster BauR 2009, 1560.

2996 BVerwG ZfBR 2000, 353. Zur Unwirksamkeit eines Bebauungsplans wegen fehlerhafter Abwägung des Gefahrenpotenzials, das aus dem Zusammentreffen eines Messeparkplatzes (5.200 Stellplätze) und einer Erdgasröhrenspeicheranlage herrührt, OVG Münster BauR 2003, 1182.

2997 BVerwGE 69, 30 – Reuter-Kraftwerk.

2998 OVG Greifswald Urt. v. 26.4.2023 – 3 K 149/15, juris Rn. 60; VGH München Urt. v. 14.3.2022 – 9 N 19.1989, juris Rn. 21; BVerwG Urt. v. 18.2.2021 – 4 CN 5.19, juris Rn. 12; Urt. v. 7.12.2017 – 4 CN 7.16, juris Rn. 8; VGH München Urt. v. 19.10.2020 – 9 N 15.2158, juris Rn. 36.

2999 VGH München Urt. v. 14.3.2022 – 9 N 19.1989, juris Rn. 24; BVerwG Urt. v. 7.12.2017 – 4 CN 7.16, juris Rn. 19 mwN; Urt. v. 19.10.2020 – 9 N 15.2158, juris Rn. 38; Urt. v. 15.6.2021 – 15 N 20.398, juris Rn. 33; OVG Münster Urt. v. 2.3.2020 – 10 A 1136/18, juris Rn. 71 ff.

legt wird.[3000] Nach § 1 IV 2 BauNVO können die Festsetzungen nach Satz 1 für mehrere Gewerbegebiete oder Industriegebiete einer Gemeinde auch im Verhältnis zueinander getroffen werden, was allerdings keine kombinierte Gliederung hinsichtlich dieser beiden Gebietstypen ermöglicht.[3001] Trotz einer solchen Kontingentierung muss es zumindest einem Teilgebiet möglich bleiben, dass sich dort entsprechend der allgemeinen Zweckbestimmung eines solchen Gebiets nicht erheblich belästigende Betriebe aller Art ansiedeln können.[3002]

Eine Regelung, nach der Lärmemissionskontingente in einem Baugebiet frei zwischen den kontingentierten Teilflächen umverteilt werden können, ist von § 1 IV 1 BauNVO nicht gedeckt.[3003] § 1 IV 1 Nr. 2 BauNVO erlaubt eine „Gliederung" eines Baugebiets, ua nach bestimmten Eigenschaften der Betriebe und Anlagen wie deren Lärmverhalten. Gliederung in diesem Sinne ist die konkrete Zuweisung bestimmter Nutzungen zu bestimmten Flächen. Von einer solchen kann bei der in der DIN 45691 vorgesehenen Summation, bei der der ein bestimmtes Emissionskontingent in Anspruch nehmende Betrieb noch auf der kontingentierten Fläche verortet ist, noch gesprochen werden. Eine betriebsübergreifende Umverteilungsmöglichkeit löste das zulässige Lärmverhalten des Betriebes jedoch von dessen räumlicher Verortung und machte die vom Plangeber vorgesehene Zonung des Plangebiets zur Verhandlungsmasse der ansässigen Grundeigentümer oder zum Gegenstand eines „Windhundrennens". Von einer Gebietsgliederung kann dann nicht mehr gesprochen werden.[3004] 1409

Nach § 9 I Nr. 24 BauGB können die von der Bebauung freizuhaltenden Schutzflächen und ihre Nutzung, die Flächen für besondere Anlagen und Vorkehrungen zum Schutz vor schädlichen Umwelteinwirkungen und sonstigen Gefahren iS des BImSchG sowie die zum Schutz vor solchen Einwirkungen oder zur Vermeidung oder Minderung solcher Einwirkungen zu treffenden baulichen und sonstigen technischen Vorkehrungen festgesetzt werden. Allerdings sind diese Festsetzungsmöglichkeiten nicht unbegrenzt. So können **Emissions- und Immissionswerte** nicht festgesetzt werden. Denn solche Grenzwerte sind keine baulichen oder sonstigen technischen Vorkehrungen iS von § 9 I Nr. 24 BauGB.[3005] Vorkehrungen zum Schutz vor schädlichen Umwelteinwirkungen nach § 9 I Nr. 24 BauGB können deshalb nur bauliche oder technische Maßnahmen sein. Die Gemeinde kann konkrete technische Vorkehrungen wie etwa eine **Lärmschutzwand** oder **Schallschutzfenster** festsetzen und dabei vorschreiben, dass durch diese technischen Maßnahmen bestimmte gebietsbezogene Richtwerte einzuhalten sind.[3006] Unzulässig wäre es jedoch, auf die Festsetzung konkreter Maßnahmen zu verzichten und die Festsetzung von Grenzwerten allenfalls mit beispielhaft erwähnten Maßnahmen zu verbinden. 1410

Eine reine Zielvorgabe, welche die Auswahl der Mittel den Planbetroffenen überlässt, ist nach Auffassung des BVerwG aus der engen Fassung des § 9 I Nr. 24 BauGB nicht ableitbar. Es müssen daher bei der Festsetzung eines gebietsbezogenen Grenzwertes zugleich auch die technischen Vorkehrungen des aktiven oder passiven Schallschutzes festgesetzt werden, mit denen dieses Ziel erreicht werden kann. Eine planerische Zurückhaltung,[3007] die es dem Bauwilligen selbst überlässt, die Zielvorgaben durch selbst gewählte Vorkehrungen zu treffen, findet in § 9 I Nr. 24 BauGB keine Grundlage. 1411

Beispiel: Hat der Plangeber in Fällen einer planerische Zurückhaltung prognostisch zu beurteilen, ob die Bewältigung dieses Nutzungskonfliktes im Rahmen eines nachfolgenden Baugenehmigungsverfahrens gesichert oder wenigstens wahrscheinlich ist,[3008] muss er seiner Prognose diejenigen baulichen Nutzungen zu Grunde legen, die bei einer vollständigen Aus-

---

[3000] OVG Münster Urt. v. 22.6.2023 – 2 D 347/21.NE, juris Rn. 155; VGH München Urt. v. 14.3.2022 – 9 N 19.1989, juris Rn. 21; BVerwG Urt. v. 7.12.2017 – 4 CN 7.16, juris Rn. 15; OVG Münster Urt. v. 10.11.2021 – 7 D 28/19.NE, juris Rn. 47.

[3001] VGH München Urt. v. 14.3.2022 – 9 N 19.1989, juris Rn. 21; Urt. v. 15.6.2021 – 15 N 20.385, juris Rn. 34.

[3002] VGH München Urt. v. 14.3.2022 – 9 N 19.1989, juris Rn. 22; BVerwGE 161, 53; Beschl. v. 20.2.2021 – 4 BN 37.21, juris Rn. 9 mwN zum Industriegebiet.

[3003] OVG Lüneburg Urt. v. 5.10.2023 – 1 KN 66/20, juris Rn. 22.

[3004] OVG Lüneburg Urt. v. 5.10.2023 – 1 KN 66/20, Rn. 24; OVG Münster Beschl. v. 1.7.2013 – 2 B 520/13.NE, juris Rn. 47 ff.; OVG Schleswig BauR 2017, 202.

[3005] VGH München Urt. v. 14.3.2022 – 9 N 19.1989, juris Rn. 24; Menke NVwZ 2022, 444 (445).

[3006] OVG Koblenz BauR 2021, 1415; BVerwG ZfBR 2015, 579; NVwZ 1990, 60.

[3007] BVerwG NVwZ 1990, 459.

[3008] BVerwG BRS 56 Nr. 6.

nutzung der im Bebauungsplan getroffenen Festsetzungen möglich sind. Erkennt der Plangeber im Bebauungsplanverfahren einer an das Plangebiet angrenzenden Wohnbebauung ausdrücklich den Schutzanspruch eines reinen Wohngebietes zu, muss er sicherstellen, dass dieser Schutzanspruch auch bei einer vollständigen Ausnutzung der Planfestsetzungen gewahrt werden kann.[3009]

1412 Das BVerwG begründet dies mit folgender Überlegung: Je konkreter die Regelungen des Bebauungsplans hinsichtlich des Lärmschutzes sind, umso besser sind sie geeignet, mögliche städtebauliche Konflikte schon im Planungsstadium zu vermeiden oder zu mindern. Das bedeutet zwar nicht, dass sämtliche Konflikte bereits im Bebauungsplan gelöst werden müssen. Ebenso wenig lässt sich aber aus dem Rechtsstaatsgebot ein generelles Verbot planerischer Konfliktlösungen durch die Festsetzung von bestimmten baulichen oder sonstigen technischen Maßnahmen herleiten. Sie können einer effektiven Planung, einer größeren Praktikabilität und einer höheren Rechtssicherheit und damit letztlich ebenfalls dem Rechtsstaatsprinzip dienen. Wenn der Gesetzgeber der planenden Gemeinde daher nicht die Möglichkeit einräumen wollte, Immissionskonflikte durch bloße Zielfestsetzungen, sondern nur durch Festsetzung baulicher oder sonstiger technischer Vorkehrungen zu lösen, so ist dies verfassungsrechtlich nicht zu beanstanden.[3010] Allerdings können im Bebauungsplan Emissionsgrenzwerte als Eigenschaften von zugelassenen Betrieben festgesetzt werden.

Beispiel: Bei der Erschließung eines neuen Gewerbe- oder Industriegebietes kann neben der Festsetzung der jeweils zulässigen Betriebe auch ein Emissionsgrenzwert für diese Betriebe festgesetzt werden, um zu erreichen, dass ein über das BImSchG hinausgehender Immissionsschutz erreicht wird.

1413 Mit der Festsetzung von **Lärmemissionskontingenten** im Bebauungsplan werden zwei Zielsetzungen verfolgt: Mit ihnen soll einerseits sichergestellt werden, dass in den angrenzenden Wohngebieten die Immissionsrichtwerte der TA Lärm eingehalten werden. Zum anderen sollen „Lärmrechte" im Geltungsbereich eines Bebauungsplans verteilt und so ein „Windhundrennen" vermieden.[3011] Ohne eine entsprechende Festsetzung ist dieses Ziel nicht immer sichergestellt. Lärmemissionskontingente unterliegen in materieller Hinsicht besonderen Rechtmäßigkeitsanforderungen, die vor allem die Ermächtigungsgrundlage und die Abwägung nach § 1 VII BauGB betreffen, aber auch mit dem Bestimmtheitsgebot und der städtebaulichen Erforderlichkeit aus § 1 III 1 BauGB zusammenhängen.[3012] Für eine Lärmkontingentierung kommen verschiedene Instrumente bzw. Methoden in Frage. Unterschieden werden einfache, flächenbezogene Schallleistungspegel und immissionswirksame flächenbezogene **Schallleistungspegel.**[3013] § 1 IV 1 BauNVO ermöglicht eine sog. „interne", § 1 IV 2 BauNVO eine sog. „externe" Gliederung eines Gewerbegebiets.[3014] Beide Vorschriften erlauben allerdings nur eine Gliederung eines Gewerbegebiets und nur Festsetzungen, die das Gewerbegebiet nach der Art der zulässigen Nutzung und nach der Art der Betriebe und Anlagen und deren besonderen Bedürfnissen und Eigenschaften gliedern. § 1 IV BauNVO berechtigt dementsprechend nicht zur Festsetzung eines einheitlichen Emissionskontingents für das gesamte Plangebiet, weil es dann an der erforderlichen Gliederung fehlen würde. Außerdem ermöglicht es § 1 IV BauNVO nicht, eine oder mehrere Arten von Nutzungen aus dem gesamten Baugebiet auszuschließen; für eine solche Festsetzung steht nur § 1 V BauNVO zur Verfügung. Wenn von § 1 V BauNVO kein Gebrauch gemacht wird, muss es deshalb in einem intern gegliederten Baugebiet ein Teilgebiet ohne Emissionsbeschränkungen oder zumindest ein Teilgebiet geben, das

---

3009 OVG Münster NVwZ-RR 2006, 94.

3010 BVerwG NVwZ 1994, 1009.

3011 Zu Festsetzung von Emissionskontingenten für Lärm in Gewerbe- und Industriegebieten nach §§ 8, 9 BauNVO siehe Menke NVwZ 2022, 444; Vietmeier BauR 2018, 766; zu den Festsetzungsmöglichkeiten nach § 1 IV-X BauNVO und deren Verhältnis zu speziellen gesetzlichen Festsetzungsmöglichkeiten zur Art der baulichen Nutzung sieh Spannowsky ZfBR 2018, 447.

3012 OVG Münster Urt. v. 22.6.2023 – 2 D 347/21.NE, juris Rn. 146; Urt. v. 30.1.2018 – 2 D 102/14. NE, juris Rn. 154 ff.; Beschl. v. 1.7.2013 – 2 B 599/12.NE, juris Rn. 47 ff.; zu den Auswirkungen der neueren Rechtsprechung auf die Geräusch- und Emissionskontingentierung in der Bauleitplanung siehe auch Tegeder UPR 2023, 285.

3013 Zu den Unterschieden Schiller in Bracher/Reidt/Schiller, Bauplanungsrecht, 2022, Rn. 18.583.

3014 Menke NVwZ 2022, 444 (445).

mit Emissionskontingenten belegt ist, die jeden nach § 8 BauNVO zulässigen Betrieb ermöglichen.[3015]

Einfache flächenbezogene Schallleistungspegel können als Gliederung des Baugebiets nach dem Emissionsverhalten den der Betriebe und Anlagen auf § 1 IV 1 Nr. 2 BauNVO 1990 gestützt werden.[3016] Im Emissionsverhalten eines Betriebs oder einer Anlage, ausgedrückt in einer Schallabstrahlung pro m², wird eine Eigenschaft von Betrieben und Anlagen iSv § 1 IV Nr. 2 BauNVO gesehen.[3017] Mit der Festsetzung einfacher flächenbezogener Schallleistungspegel wird nur ein bestimmter Schallleistungspegel festgesetzt, der pro Flächeneinheit emittiert werden darf. Damit werden die mit einer schutzbedürftigen Nutzung als verträglich angesehenen Emissionen auf Teilflächen verteilt, um zu verhindern, dass bereits der erste sich ansiedelnde Betrieb das Gesamtlärmkontingent ganz oder weitgehend ausschöpft. Verhindert wird damit also ein „Windhundrennen". Weil jedoch die Ansiedlung der Schallquellen nicht genau bestimmt wird und Immissionsorte bei der Bestimmung der konkret zulässigen Emissionen keine Rolle spielen, ist damit eine Überschreitung von Immissionsrichtwerten im Genehmigungsverfahren nicht per se ausgeschlossen, sodass im Zweifel ein entsprechender Nachweis nach dem im Genehmigungsverfahren geltenden Regelwerk zu führen ist.[3018] Einfache flächenbezogene Schallleistungspegel unterliegen gegenüber immissionswirksamen flächenbezogenen Schallleistungspegeln geringeren Anforderungen. Da es nicht auf die Immissionswirksamkeit ankommt, bedarf es zur Ermittlung der im Ausgangspunkt zulässigen Ausnutzung der Bauflächen keiner Berücksichtigung konkreter Immissionsorte und insoweit auch keiner Ausbreitungsberechnung. Dementsprechend muss auch nicht auf eine bestimmte Berechnungsmethode festgelegt werden; maßgeblich ist allein die festgesetzte Schallemission pro Flächeneinheit.[3019] 1414

Immissionswirksame flächenbezogene Schallleistungspegel berücksichtigen demgegenüber die Lage konkreter Immissionsorte in der Nachbarschaft. Sie stellen sicher, dass bei ihrer Einhaltung unabhängig von der konkreten Lage der Schallquelle eine Überschreitung von Immissionsrichtwerten nicht stattfindet. Aufgrund der Immissionswirksamkeit bedarf es der Festlegung der Berechnungsmethode zur Schallausbreitung, um das konkrete Immissionskontingent plankonform bestimmen zu können.[3020] Auf der Grundlage des § 1 IV 1 Nr. 2 BauNVO können Emissionsgrenzwerte nach dem Modell der sog. immissionswirksamen flächenbezogenen Schallleistungspegel anhand der Methodik der DIN 45691 (Geräuschkontingentierung) festgesetzt werden. Die DIN 45961 stellt ein standardisiertes Verfahren für die Ermittlung und Berechnung von Emissionskontingenten für Lärm zur Verfügung. Seit ihrer Einführung hat sie sich in der Planungspraxis als Berechnungsverfahren für die Festsetzung von Emissionskontingenten im Bebauungsplan durchgesetzt. Das setzt aber voraus, dass die Immissionsgrenzwerte das Emissionsverhalten jedes einzelnen Betriebes und jeder einzelnen Anlage in dem betreffenden Gebiet verbindlich regeln. Ein **Summenpegel** für mehrere Betriebe oder Anlagen ist hingegen unzulässig, weil mit ihm keine Nutzungsart, insbesondere nicht das Emissionsverhalten als Eigenschaft von Anlagen und Betrieben festgesetzt, sondern nur ein Immissionsgeschehen gekennzeichnet wird, das von unterschiedlichen Betrieben und Anlagen gemeinsam bestimmt wird und deshalb für das Emissionsverhalten einer bestimmten Anlage für sich genommen letztlich unbeachtlich ist.[3021] Soll das Emissionspotenzial von Betrieben und damit die Nutzungsart über eine Emissionskontingentierung gesteuert werden, muss dies mit städtebaulichem Grund gebietsadäquat und konzeptionell stimmig geplant werden.[3022] Der Bebauungsplan muss dazu nötigenfalls unter Einbeziehung der Planbegründung hinreichend eindeutig bestimmen, welche Bezugsfläche für die Umrechnung der betrieblichen Schallleistung in den flächenbezogenen Schallleistungspegel zugrunde zu legen ist und nach welchem Regel- 1415

[3015] BVerwG Urt. v. 07.12.2017 – 4 CN 7/16, juris Rn. 15; Urt. v. 29.06.2021 – 4 CN 8/19, juris Rn. 8 ff.; Menke NVwZ 2022, 444 (445).

[3016] OVG Lüneburg NuR 2022, 654; BVerwG NVwZ 1991, 881.

[3017] Menke NVwZ 2022, 444 (445); BVerwG NVwZ 2021, 1141; NVwZ 2018, 499.

[3018] OVG Lüneburg NuR 2022, 654.

[3019] OVG Lüneburg NuR 2022, 654.

[3020] OVG Lüneburg NuR 2022, 654; BauR 2015, 61.

[3021] VGH München Urt. v. 7.2.2023 – 1 N 19.22.04, juris Rn. 28.

[3022] OVG Münster Urt. v. 22.6.2023 – 2 D 347/21.NE, juris Rn. 149; BVerwG Urt. v. 7.12.2017 – 4 CN 7.16, juris Rn. 15; Beschl. v. 9.3.2015 – 4 BN 26.14, juris Rn. 5; OVG Münster Urt. v. 30.1.2018 – 2 D 102/14.NE, juris Rn. 158; v. 21.6.2016 – 2 D 56/14.NE, juris Rn. 87.

werk die Schallausbreitungsberechnung des zur Genehmigung gestellten Vorhabens zu erfolgen hat. Nur so kann der Bebauungsplan die letztendliche Konfliktlösung im Genehmigungsverfahren über die Lärmemissionskontingentierung hinreichend steuern.[3023] Innerhalb dieser Grenzen ist der Plangeber bei der Festlegung der Emissionskontingente und der mit ihr in Gewerbe- und Industriegebieten – nicht aber ohne Weiteres wegen der Gestaltungsfreiheit aus § 11 I und II BauNVO in Sondergebieten (vgl. dazu auch Nr. 4.3 der DIN 45691) – obligatorisch einhergehenden Gebietsgliederung weitgehend frei. Die Emissionskontingentierung muss aber der jeweiligen konkreten Planungssituation entsprechen und dieser schlüssig Rechnung tragen. Ist ein Angebotsbebauungsplan konkret auf die Ansiedlung eines bestimmten gewerblichen oder industriellen Vorhabens ausgerichtet, muss die Emissionskontingentierung in der Regel dieses Vorhaben und sein voraussichtliches Emissionspotential abbilden, um seiner Steuerungsaufgabe für das Genehmigungsverfahren nachkommen zu können und seinen städtebaulichen Zweck nicht zu verfehlen. Die konkrete Strukturierung der Lärmemissionskontingente bedarf dann einer weitergehenden nachvollziehbaren städtebaulichen Begründung; eine allein nach mathematischen Grundsätzen vorgenommene Gebietsgliederung reicht nicht aus.[3024] Außerdem muss eine auf § 1 IV 1 Nr. 2 BauNVO gestützte Lärmemissionskontingentierung das Baugebiet grundsätzlich tatsächlich intern anhand der zulässigen Schallleistungspegel in einzelne Teilgebiete oder Teilflächen gliedern. Die Festsetzung eines einheitlichen Emissionskontingents für das gesamte Baugebiet ist von der Ermächtigungsgrundlage des § 1 IV 1 Nr. 2 BauNVO nicht gedeckt. Die Vorschrift ermöglicht eine räumliche Zuteilung von Emissionsrechten, nicht aber deren das gesamte Baugebiet erfassende Beschränkung.[3025] Selbst für den Fall, dass sich im Plangebiet mit hinreichender Wahrscheinlichkeit nur ein einziger Betrieb niederlassen wird oder dass die Größe des Plangebietes offenkundig lediglich die Etablierung eines einzigen Betriebs zulässt, ist es mit dem Wortlaut und der Zielsetzung des § 1 IV 1 Nr. 2 BauNVO als Festsetzungsermächtigung nicht vereinbar, von dem Erfordernis der Festsetzung von Teilflächen mit unterschiedlichen Emissionskontingenten zur internen Gliederung eines festgesetzten Gewerbegebiets ausnahmsweise abzusehen.[3026] Festsetzungen iSd § 1 IV 1 Nr. 2 BauNVO können gemäß § 1 IV 2 BauNVO auch bezogen auf mehrere Gewerbegebiete einer Gemeinde im Verhältnis zueinander getroffen werden. Das dient dem Bedürfnis nach einer Gesamtgliederung ua der Gewerbegebiete im Gemeindegebiet und ermöglicht der Gemeinde, die im Gewerbegebiet zulässigen Anlagen auf verschiedene, voneinander getrennte Bereiche gleichsam zu verteilen. Voraussetzung dafür ist allerdings zur Wahrung der nach § 8 I BauNVO geltenden Zweckbestimmung, dass mindestens ein weiteres Gewerbegebiet im Gemeindegebiet vorhanden ist und dass mindestens in einem Gebiet oder in allen Gewerbegebieten einer Gemeinde im Ergebnis alle gewerblichen Nutzungen, so wie sie in § 8 BauNVO vorgesehen sind, allgemein zulässig sind, mithin, dass (mindestens) ein Gewerbegebiet vorhanden ist, in welchem keine Emissionsbeschränkungen gelten.[3027] Die Wirksamkeit einer baugebietsübergreifenden Gliederung hängt außerdem davon ab, dass ihr auch ein darauf gerichteter Wille der Gemeinde zugrunde liegt, der sich aus dem Bebauungsplan selbst oder seiner Begründung ableiten lässt.[3028]

1416 Demgegenüber hat das BVerwG die Festsetzung von sog. **Zaunwerten** (= Immissionsgrenzwerte, die an einem bestimmten Punkt durch alle lärmemittierenden Betriebe gemeinsam

---

3023 OVG Münster Urt. v. 22.6.2023 – 2 D 347/21.NE, juris Rn. 150; Urt. v. 9.11.2012 – 2 D 63/11.NE, juris Rn. 169; VGH München Urt. v. 13.6.2023 – 1 N 20.2761, juris Rn. 16 zur Mehrdeutigkeit und damit zur fehlenden Bestimmtheit des zur Festlegung des flächenbezogenen Schallleistungspegels verwendeten Begriffs „Grundfläche".

3024 OVG Münster Urt. v. 22.6.2023 – 2 D 347/21.NE, juris Rn. 153; Urt. v. 17.8.2020 – 2 D 25/18.NE, juris Rn. 91.

3025 OVG Münster Urt. v. 22.6.2023 – 2 D 347/21.NE, juris Rn. 156; BVerwG Urt. v. 7.12.2017 – 4 CN 7.16, juris Rn. 15; Beschl. v. 9.3.2015 – 4 BN 26.14, juris Rn. 5 f.

3026 VGH München DÖV 2023, 221.

3027 Siehe auch VGH München DVBl. 2023, 613: „Allein der Umstand, dass ein Bebauungsplan für ein ausgewiesenes Industriegebiet keine von Lärmimmissionskontingenten freie Fläche festsetzt, führt dazu, dass § 1 IV 1 Nr. 2 BauNVO entsprechende emissionsbeschränkende Festsetzungen nicht abdeckt; Decker in Jäde/Dirnberger, BauGB/BauNVO, 2022, § 1 BauNVO Rn. 41; Söfker in EZBK, BauGB, 2022, § 1 BauNVO Rn. 62b; Menke NVwZ 2022, 444.

3028 OVG Münster Urt. v. 22.6.2023 – 2 D 347/21.NE, juris Rn. 157; BVerwG Urt. v. 7.12.2017 – 4 CN 7.16, juris Rn. 17; Beschl. v. 9.3.2015 – 4 BN 26.14, juris Rn. 6.

eingehalten werden müssen) in einem Sondergebiet als Lärmimmissionsgrenzwerte für eine Gesamtheit von unterschiedlichen Nutzungen für unzulässig erklärt.[3029] Die Gemeinde hatte in einem Bebauungsplan für das Gebiet einer Freilichtbühne ein Sondergebiet ausgewiesen und einen Beurteilungspegel festgesetzt, der an den Rändern nicht überschritten werden durfte.[3030] Für eine solche Festsetzung von Zaunwerten fehlt nach Auffassung des BVerwG die rechtliche Grundlage. Zu den in § 9 I Nr. 24 BauGB genannten Vorkehrungen zum Schutz gegen schädliche Umwelteinwirkungen zählen nur bauliche oder sonstige technische Maßnahmen, nicht aber Emissions- oder Immissionsgrenzwerte.[3031] Die nach § 9 I Nr. 24 BauGB zulässigen immissionsschutzbezogenen Festsetzungen müssen dahingehend hinreichend bestimmt sein, dass ihnen die konkret zu treffenden Maßnahmen entnommen werden können. Dabei kann auf DIN-Vorschriften verwiesen werden.[3032] So können Festsetzungen zum passiven Lärmschutz nach § 9 I Nr. 24 BauGB inhaltlich auf Regelungen der DIN 4109 verweisen.[3033] Die Gliederungsmöglichkeiten nach § 1 IV 1 BauNVO, wonach die in den §§ 4 bis 9 BauNVO bezeichneten Baugebiete nach der Art der Nutzung oder der Art der Betriebe und Anlagen und deren besonderen Bedürfnissen und Eigenschaften gegliedert werden können, gelten nicht für Sondergebiete. Für Sondergebiete können daher nur besondere Festsetzungen über die Art der Nutzung getroffen werden, nicht aber besondere Eigenschaften der Betriebe oder Anlagen.[3034] Die Festsetzung von Zaunwerten als Summenpegel stellt im Übrigen nach Auffassung des BVerwG nicht die Festsetzung einer Nutzungsart dar. Die gebietsüberschreitende Festsetzung eines Summenpegels für eine Gesamtheit von unterschiedlichen Nutzungen in mehreren Sondergebieten kann aber nicht auf § 11 II 1 BauNVO i.V. mit § 1 III 3 BauNVO gestützt werden.[3035] Auch die nachträgliche fiktive Umrechnung eines Zaunwertes in einen im Bebauungsplan nicht festgesetzten flächenbezogenen Schallleistungspegel ist nicht zulässig.[3036] Die Frage, ob die Bildung von Summenpegeln für alle Lärmquellen unter Einschluss des Gewerbelärms für die Abwägung erforderlich ist, lässt sich dabei nicht in generalisierbarer Weise beantworten. Maßgeblich sind die tatrichterlich zu würdigenden Umstände des Einzelfalls. Dabei kann auch eine Rolle spielen, welche Festsetzungen der Bebauungsplan zur Begrenzung des Gewerbelärms trifft.[3037] Festsetzungen in einem Bebauungsplan, die auf eine Steuerung von Immissionsauswirkungen in einem Gewerbegebiet abzielen, sind unzulässig, wenn mit ihnen nur ein Immissions-Summenpegel, nicht aber die Art der zulässigen Anlagen bestimmt wird.[3038] Die Festsetzung von Lärmemissionskontingenten in materieller Hinsicht unterliegt besonderen Rechtmäßigkeitsanforderungen, die vor allem die Ermächtigungsgrundlage und die Abwägung nach § 1 VII BauGB betreffen, aber auch mit dem Bestimmtheitsgebot und der städtebaulichen Erforderlichkeit aus § 1 III 1 BauGB verzahnt sind.[3039]

Auch eine unmittelbare Festsetzung von Immissionswerten am Immissionsort ist wegen fehlender rechtlicher Grundlage unzulässig. Bestimmte **Grenzwerte**, die zum Schutz der Nachbarschaft vor schädlichen Umwelteinwirkungen durch Geräusche nicht überschritten werden dürfen, sind – abgesehen vom Verkehrslärmschutz durch die Verkehrslärmschutzverordnung (16. BImSchV) und der Sportanlagenlärmschutzverordnung (18 BImSchV)- normativ nicht festgelegt. Selbst technische Regelwerke wie die DIN 18 005 – Schallschutz im Städtebau – oder die VDI-Richtlinie 2058 enthalten nur Orientierungswerte oder Richtwerte für die Zumutbarkeit von Lärmbelastungen.[3040] Demgemäß hat das BVerwG für den Bereich des Lärmschutzes ausgesprochen, dass die nach § 41 BImSchG zu beachtende Grenze des Zumutbaren 1417

[3029] BVerwG Urt. v. 7.1.2017 – 4 CN 7.16, BVerwGE 161, 53; BVerwG ZfBR 2014, 148; Fickert/Fieseler BauNVO, 2023, § 1 Rn. 146; Schiller in Bracher/Reidt/Schiller, Bauplanungsrecht, 2022, Rn. 18.578; Menke NVwZ 2022, 444.

[3030] BVerwG DVBl. 1993, 1098; BVerwG NVwZ 2000, 815.

[3031] BVerwG DVBl. 1989, 1050; es ist beabsichtigt, eine entsprechende Ermäßigungsgrundlage im Rahmen der BauGB-Novelle 2024/2025 zu schaffen.

[3032] OVG Münster Urt. v. 23.10.2008 – 7 D 90/07.NE, juris.

[3033] VGH Mannheim DVBl. 2012, 186.

[3034] Mayen NVwZ 1991, 842.

[3035] BVerwG DVBl. 1993, 1098.

[3036] OVG Bautzen SächsVBl 1999, 134.

[3037] BVerwG Beschl. v. 15.7.2010 – 4 BN 25.10, juris.

[3038] OVG Münster BauR 2010, 1188; BVerwG NVwZ 2010, 590; BVerwG NVwZ 2000, 815.

[3039] OVG Münster Beschl. v. 1.7.2013 – 2 B 520/13.NE, juris.

[3040] VGH München Urt. v. 21.6.2023 – 8 A 21.40036, juris Rn. 72; OVG Münster Beschl. v. 14.6.2012 – 2 B 379/12.NE, juris Rn. 18; BVerwG BauR 1997, 290; BauR 1999, 152.

von den Behörden und Gerichten anhand einer umfassenden Würdigung aller Umstände des Einzelfalls und insbesondere der speziellen Schutzwürdigkeit des jeweiligen Baugebiets zu bestimmen sei.[3041] Dies gilt auch für die Bauleitplanung. Die Ermittlung eines Grenzwertes wird dabei vom BVerwG als das Ergebnis einer Einzelfallprüfung verstanden, bei der insbesondere die durch die Gebietsart und die tatsächlichen Verhältnisse bestimmte Schutzwürdigkeit und Schutzbedürftigkeit zu berücksichtigen sind. Die Schutzwürdigkeit wird dabei vor allem durch den jeweiligen Gebietscharakter und durch eine planerische oder tatsächliche Vorbelastung bestimmt.[3042] Auch die Art des Lärms – etwa der Lärm von Gewerbebetrieben im Unterschied zum Lärm des Straßenverkehrs – kann von Bedeutung sein. Im Rahmen dieser richterlichen Bewertung kann auch die DIN 18005 – Schallschutz im Städtebau – als Orientierungshilfe oder als grober Anhalt[3043] herangezogen werden. Solche Berechnungen, Messungen und Bewertungen von Geräuschen mit Hilfe technischer Regelwerke sind als Orientierungswerte und Anhaltspunkte für die richterliche Beurteilung von Bedeutung. Unzulässig wäre nach Auffassung des BVerwG nur eine schematische Anwendung bestimmter Mittelungspegel oder Grenzwerte. Auch eine Überschreitung der Orientierungswerte der DIN 18 005 für Wohngebiete um 5 dB(A) kann das Ergebnis einer gerechten Interessenbewertung sein.[3044] Je weiter die Orientierungswerte der DIN 18005 – 1 überschritten werden, desto gewichtiger müssen die für die Planung sprechenden städtebaulichen Gründe sein und umso mehr hat die Gemeinde die baulichen und technischen Möglichkeiten auszuschöpfen, die ihr zu Gebote stehen, um diese Auswirkungen zu verhindern.[3045] Das Gericht kann die Verwaltung zudem regelmäßig nicht zu bestimmten Grenzwerten verpflichten, sondern muss den Abwägungsspielraum der Verwaltung beachten. Unter der Voraussetzung einer im Übrigen begründeten Klage kann die Verwaltung dann lediglich zu einer Neubescheidung verpflichtet werden.[3046] Diese zur Fachplanung entwickelten Grundsätze haben auch für die Bauleitplanung vor allem dann Bedeutung, wenn ein Wohngebiet oder eine sonst schutzwürdige Nutzung an eine Straße heran gebaut werden soll.

1418 In der Bauleitplanung dienen die Immissionsrichtwerte der DIN 18005-1 als nicht schematisch anzuwendende Orientierungshilfe für die Zumutbarkeit von Geräuschimmissionen. In der Regel sind die Anforderungen an gesunde Wohnverhältnisse gewahrt, wenn tags 60 dB(A) und nachts 45 dB(A) unterschritten werden.[3047] Bewegen die Überschreitungen der Orientierungswerte sich im Bereich von 8 bis 13 dB(A), sind sie außerhalb des üblichen Abwägungsspielraums von 5 dB(A).[3048] Eine Abwägung ist fehlerhaft, wenn das Schallschutzkonzept mit Fehlern behaftet ist, die dazu führen, dass die allgemeinen Anforderungen an gesunde Wohnverhältnisse nicht berücksichtigt werden. Zur Konkretisierung ist eine Berechnung der Schallminderung durch Schallschutzwände verschiedener Höhen unter Berücksichtigung des Abstandes der benachbarten festgesetzten Wohnbebauung und der dort vorgesehenen drei Obergeschosse erforderlich.[3049] Wird ein neues Wohngebiet geschaffen, ist die Planung insbesondere auch darauf auszurichten, dass in dem betreffenden Gebiet ein den berechtigten Wohnerwartungen und Wohngewohnheiten entsprechendes Wohnen gewährleistet ist. Dieses erfasst sowohl das Leben innerhalb der Gebäude als auch die angemessene Nutzung der Außenwohnbereiche wie Balkone, Terrassen, Hausgärten, Kinderspielplätze und sonstiger Grün- und Freiflächen. Daher kann es im Ergebnis mit dem Gebot gerechter Abwägung vereinbar sein, Wohngebäude an der lärmzugewandten Seite des Gebiets auch deutlich über den Orientierungswerten liegenden Außenpegeln auszusetzen, wenn jedenfalls im Innern der Gebäude durch die Anordnung der Räume und die Verwendung schallschützender Außenbauteile angemessener Lärmschutz gewährleistet wird.[3050] Der Fortbestand einer geplanten **Riegelbebauung** muss hinreichend

---

3041 BVerwGE 77, 285; DVBl. 1991, 442.
3042 BVerwGE 84, 31; DVBl. 1991, 442.
3043 BVerwGE 81, 197.
3044 BVerwG DVBl. 1991, 442.
3045 OVG Koblenz Urt. v. 7.12.2022 – 8 C 10074/22.OVG, juris Rn. 89.
3046 BVerwG NVwZ 1998, 513; auch UPR 2000, 71; NVwZ-RR 1999, 725.
3047 OVG Münster Beschl. v. 14.6.2012 – 2 B 379/12.NE, juris.
3048 VGH Kassel NuR 2012, 644.
3049 VGH Kassel NuR 2012, 644.
3050 VGH Kassel NuR 2012, 644. Zur Zumutbarkeit von Lärmimmissionen infolge der Errichtung eines Schnellrestaurants mit Drive-in-Spur für die Nachbarschaft OVG Münster BauR 2012, 1223, nachgehend BVerwG ZfBR 2013, 265.

öffentlich-rechtlich oder privat-rechtlich gesichert sein. Zwar können Baulasten grundsätzlich auch zu Verpflichtungen nach Bauplanungsrecht begründet werden. Fraglich ist aber bereits, ob eine so weitreichende Verpflichtung wie die Verpflichtung zur Bauerhaltung und gegebenenfalls Wiederherstellung eines zerstörten Gebäudes Inhalt einer Baulasterklärung sein kann. Unabhängig hiervon wäre auch im Falle der rechtlichen Zulässigkeit entsprechender Baulasten oder privat-rechtlicher Verpflichtungen der Bestand der Gebäude nicht effektiv gesichert. Im Falle des Abrisses eines Gebäudes oder Zerstörung durch Brand bestünde zwar eine Pflicht zur Wiedererrichtung. Die Wiedererrichtung ist aber dann, wenn die Grundstückseigentümer finanziell nicht leistungsfähig oder bauunwillig sind, nicht sichergestellt.[3051]

Die Lärmbeeinträchtigung iS des § 3 I BImSchG ist eine letztlich nicht in jeder Hinsicht messbare Größe. Störungen durch Geräusche werden durch eine **Vielzahl von Faktoren** bestimmt. Aus ihnen setzt sich der Eindruck einer Lärmbelästigung zusammen. Es handelt sich neben physikalischen Faktoren vor allem um soziale, sozio-psychische und medizinisch-physiologische Komponenten.[3052] Auch die bekannten technischen Regelwerke wie DIN-Normen, VDI-Richtlinien und Technische Anleitungen können diese Komponenten nur unzureichend erfassen. Aus diesem Grunde können die genannten Regelwerke für den Einzelfall nur Orientierungswerte enthalten.[3053] Die Beurteilung kann von ihnen abweichen, wenn dafür im Einzelfall Gründe bestehen.[3054] Rechtliche Relevanz erhalten die vom Deutschen Institut für Normung erarbeiteten Normen im Bereich des technischen Sicherheitsrechts nicht, weil sie eigenständige Geltungskraft besitzen, sondern nur, soweit sie die Tatbestandsmerkmale von Regeln der Technik erfüllen, die der Gesetzgeber in seinen Regelungswillen einbezieht. Werden sie vom Gesetzgeber aufgegriffen, so nehmen sie an der normativen Wirkung in der Weise teil, dass die materielle Rechtsvorschrift durch sie näher konkretisiert wird.[3055] Verweist der Gesetzgeber auf die Regeln der Technik, werden diese nicht ihrerseits zu Rechtsnormen. Welche anerkannten Regeln der Technik bestehen, wie sie anzuwenden sind und ob sie ihre Aufgabe erfüllen können, ist im Einzelfall zu klären.[3056] Bestimmt erst eine in den textlichen Festsetzungen eines Bebauungsplans in Bezug genommene DIN-Vorschrift, unter welchen Voraussetzungen bauliche Anlagen im Plangebiet zulässig sind, ist den rechtsstaatlichen Anforderungen an die Verkündung von Rechtsnormen genügt, wenn die Gemeinde sicherstellt, dass die Betroffenen von der DIN-Vorschrift verlässlich und in zumutbarer Weise Kenntnis erlangen können.[3057] Es empfiehlt sich, die Vorschriften in der Gemeinde bereitzuhalten. Genügt der Bebauungsplan diesen Anforderungen an die Bestimmtheit der Festsetzungen nicht, kann der Verkündungsfehler ggf. durch Ergänzung des Normtextes, erneute Ausfertigung und erneute Bekanntmachung des Bebauungsplans geheilt werden; einer erneuten Offenlage, Abwägung und eines erneuten Ratsbeschlusses bedarf es nur, wenn sich der Inhalt der Festsetzungen ändert.[3058] 1419

b) Abstandserlass. Eine wirksame Möglichkeit, Gewerbe- und Industriegebiete nach besonderen Eigenschaften zu gliedern und einen ausreichenden Schutz der benachbarten Wohnbebauung sicherzustellen, besteht in der Orientierung an dem Abstandserlass des Landes NRW.[3059] Dabei handelt es sich um eine verwaltungsinterne Weisung der obersten Immissionsschutzbehörde an die nachgeordneten Behörden; der Abstandserlass ist weder für Gemeinden 1420

[3051] VGH Kassel NuR 2012, 644.

[3052] BVerwGE 84, 31.

[3053] BVerwGE 81, 197; NVwZ 1991, 881; Beschl. v. 24.1.1992 – 4 B 228.91, juris; NVwZ-RR 1995, 6.

[3054] BVerwG ZfBR 1997, 51.

[3055] So BVerwG BauR 1997, 290 für die Bezugnahme auf die DIN 4261 Teil 1 und 2 – Kleinkläranlagen in § 18 b WHG.

[3056] BVerwG Beschl. v. 3.9.2003 – 7 B 6.03, juris.

[3057] BVerwG ZfBR 2010, 689; OVG Münster BauR 2010, 1038; Urt. v. 4.10.2010 – 10 D 30/08.NE – Bahnhofsgelände, Gatz, jurisPR-BVerwG 19/2010 Anm. 5.

[3058] OVG Koblenz NVwZ-RR 2009, 673, im Anschluss ZfBR 2007, 57.

[3059] Runderlass des Umweltministeriums NRW vom 6.6.2007; ausführlicher dazu Reidt in Bracher/Reidt/Schiller, Bauplanungsrecht, 2022, Rn. 11.378; siehe auch OVG Münster Urt. v. 2.3.2023 – 2 D 157/21.NE, juris Rn. 101; Beschl. v. 23.7.2004 – 10a B 1009/04.NE, juris Rn. 13 ff.; zur Unanwendbarkeit des Abstandserlasses, der für raumbedeutsame Planungen und Maßnahmen iSv § 50 BImSchG in Bauleitplanverfahren bestimmt ist, auf Genehmigungsverfahren nach dem BImSchG VG Freiburg Urt. v. 8.12.2023 – 10 K 3127/20, juris Rn. 105.

noch für Gerichte verbindlich.[3060] Er verweist auf das Gebot der Beteiligung der für den Umweltschutz zuständigen Träger öffentlicher Belange an der Bauleitplanung. Die Fachbehörden sollen im Rahmen ihrer Beteiligung die Gemeinden beraten und mit ihnen konstruktiv zusammenarbeiten. Der Erlass richtet sich an die Stellen, die als Träger öffentlicher Belange die Aufgaben des Immissionsschutzes wahrnehmen. Er ist eine Handlungsanleitung zur sicheren Rechtspraxis aus Sicht der obersten Immissionsschutzbehörde. Die in der Abstandsliste aufgeführten Abstände sind zur Anwendung bei raumbedeutsamen Planungen und Maßnahmen iS von § 50 BImSchG in Bauleitplanverfahren bestimmt. Sie gelten nicht in Genehmigungsverfahren nach dem BImSchG, in Genehmigungs- und Planfeststellungsverfahren nach KrWG sowie in sonstigen Planfeststellungs- und Baugenehmigungsverfahren. Außerdem berücksichtigen sie nur den bestimmungsgemäßen Betrieb von Anlagen. Der Erlass und seine Anlagen beruhen auf einschlägigen Verwaltungsvorschriften des Bundes (TA Luft, TA Lärm) und landesrechtlichen Regelungen (zB der Geruchsimmissions-Richtlinie – GIRL). Sie berücksichtigen ferner die einschlägigen VDI-Richtlinien und DIN-Normen. Die Abstandsliste wurde auf der Basis des Anhangs der 4. BImSchV aufgestellt. Es ist dabei nicht Aufgabe der Fachbehörden, die verschiedenen Belange mit den Erfordernissen des Umweltschutzes in Einklang zu bringen. Die von den Umweltämtern vorgetragenen Belange kann die Gemeinde auch zurückstellen, wenn andere Belange überwiegen. Die endgültige Entscheidung ist von den umweltrechtlichen Fachbehörden zu respektieren, wenn die Planung abwägungsgerecht ist. Die Fachbehörde hat dann im Rahmen ihrer Aufgabenstellung an der Umsetzung mitzuwirken.

1421 Die dem Abstandserlass beigefügte **Abstandsliste** kann der Vereinheitlichung der Stellungnahme der Umweltbehörde dienen. Bei Einhaltung der angegebenen Abstände wird vermutet, dass Gefahren, erhebliche Nachteile oder erhebliche Belästigungen durch Luftverunreinigungen oder Geräusche bei einem bestimmungsgemäßen Betrieb der Anlage entsprechend dem Stand der Technik vermieden werden. In die Bewertung sind zugleich Erkenntnisse aus der TA Lärm, der TA Luft sowie der einschlägigen VDI-Richtlinien und DIN-Normen eingegangen. Der Abstandserlass ist auf Neuplanungen zugeschnitten. Bei der Planung von **Gemengelagen** sind die in der Liste enthaltenen Abstände zu modifizieren. Vor allem können aus der Abstandsliste keine Rückschlüsse auf vorhandene Immissionssituationen gezogen werden. Ob bei einer vorgegebenen Situation durch Industrie- oder Gewerbebetriebe Gefahren, erhebliche Nachteile oder erhebliche Belästigungen in der Umgebung auftreten, muss im Einzelfall anhand der immissionsschutzrechtlichen Vorschriften (zB BImSchG, TA Luft, TA Lärm) geprüft werden. Eine Abstandsunterschreitung allein rechtfertigt daher nicht ein Einschreiten der Überwachungsbehörde nach den immissionsschutzrechtlichen Vorschriften.[3061] Der Abstandserlass soll dazu dienen, den am Planungsverfahren unter dem Gesichtspunkt des Immissionsschutzes beteiligten TÖB eine einheitliche Grundlage für fachliche Stellungnahmen zu Bauleitplänen im Hinblick auf die notwendigen Abstände zu geben. Zu diesem Zweck werden in der Anlage 1 Schutzabstände bekannt gemacht (Abstandsliste). Die TÖB sollen diese Liste nach Maßgabe der Nummern 2.2, 2.3, 2.4 und 2.5 dieses RdErl. bei der Beteiligung im Bauleitplanverfahren anwenden. Zusätzlich sind dem Abstandserlass ergänzende Hinweise beigefügt. Sie betreffen immissionsschutzrelevante Anlagen, die nicht in die Abstandsliste aufgenommen worden sind (Anlage 2), und Anlagen, die im Außenbereich errichtet werden sollen (Anlage 3) sowie Anlagen zur elektrischen Energieweiterleitung oder Nachrichtenübertragung, bei denen Schutzabstände aus Immissionsschutzgründen festgelegt worden sind (Anlage 4).

1422 Der **TA Lärm** kommt eine im gerichtlichen Verfahren zu beachtende Bindungswirkung zu, soweit sie für Geräusche den unbestimmten Rechtsbegriff der schädlichen Umwelteinwirkungen iSd § 3 I BImSchG konkretisiert.[3062] Die normative Konkretisierung des gesetzlichen Maßstabs für die Schädlichkeit von Geräuschen ist insoweit abschließend, als sie bestimmte Gebietsarten und Tageszeiten entsprechend ihrer Schutzbedürftigkeit bestimmten Immissionsschutzrichtwerten zuordnet und das Verfahren der Ermittlung und Beurteilung der Geräuschimmissionen vorschreibt.[3063] Normkonkretisierende Verwaltungsvorschriften, wie die TA Lärm, die derart an die bei ihrem Erlass bestehenden Erkenntnisse in Wissenschaft und Technik anknüpfen, verlieren ihre rechtliche Außenwirkung, soweit die ihnen zugrundeliegenden Annahmen

[3060] Fickert/Fieseler BauNVO, 2023, § 1 Rn. 68.
[3061] OVG Greifswald NordÖR 1998, 396.
[3062] VG Ansbach Beschl. v. 27.7.2023 – AN 3 S 23.1132, juris Rn. 47; VGH München Beschl. v. 16.4.2019 – 15 CE 18.2652, juris Rn. 26 mwN.
[3063] BVerwGE 129, 209 Rn. 12; BVerwGE 145, 145 Rn. 18.

durch weitere gesicherte Erkenntnisfortschritte in Wissenschaft und Technik überholt sind.[3064] Das Regelungskonzept der TA Lärm lässt aber für eine einzelfallbezogene tatrichterliche Würdigung insofern Raum, als es insbesondere durch Kann-Vorschriften und Bewertungsspannen Spielräume eröffnet.[3065] Grenzen gewerblich, industriell oder hinsichtlich ihrer Geräuschauswirkungen vergleichbar genutzte Gebiete und zum Wohnen dienende Gebiete aneinander (Gemengelage), können nach Nr. 6.7 I 1 TA Lärm die für die zum Wohnen dienenden Gebiete geltenden Immissionsrichtwerte auf einen geeigneten Zwischenwert der für die aneinandergrenzenden Gebietskategorien geltenden Werte erhöht werden, soweit dies nach der gegenseitigen Pflicht zur Rücksichtnahme erforderlich ist. Die Immissionsrichtwerte für Kern-, Dorf- und Mischgebiete sollen dabei nach Nr. 6.7 I 2 TA Lärm nicht überschritten werden. Für die Höhe des Zwischenwertes ist nach Nr. 6.7 II 1 TA Lärm die konkrete Schutzwürdigkeit des betroffenen Gebietes maßgeblich. Wesentliche Kriterien sind gemäß Nr. 6.7 II 2 TA Lärm die Prägung des Einwirkungsgebiets durch den Umfang der Wohnbebauung einerseits und durch Gewerbe- und Industriegebiete andererseits, die Ortsüblichkeit eines Geräusches und die Frage, welche der unverträglichen Nutzungen zuerst verwirklicht wurde. Liegt ein Gebiet mit erhöhter Schutzwürdigkeit nur in einer Richtung zur Anlage, so ist dem nach Nr. 6.7 II 3 TA Lärm durch die Anordnung der Anlage auf dem Betriebsgrundstück und die Nutzung von Abschirmungsmöglichkeiten Rechnung zu tragen.[3066] Die Würdigung, ob aufgrund solcher und weiterer Gesichtspunkte der Herkömmlichkeit und der sozialen Adäquanz der Geräuschimmissionen eine ergänzende Prüfung im Sonderfall durchzuführen ist, ist Aufgabe der Tatsachengerichte.[3067]

Eine **Alternativenprüfung** sieht die TA Lärm auch im Fall einer Sonderfallprüfung nicht **1423**
vor. Die baurechtliche Prüfung – im Gegensatz zum Planfeststellungsrecht mit seiner aus dem Abwägungsgebot als Ausprägung des Verhältnismäßigkeitsprinzips und dem Europarecht[3068] gebotenen Alternativenprüfung[3069] – ist an das aus dem Bauantrag ersichtliche Vorhaben gebunden. Verletzt das Vorhaben an dem gewählten Standort keine Nachbarrechte, kann es nicht durch einen Hinweis auf einen vermeintlich besser geeigneten Alternativstandort zu Fall gebracht werden.[3070] Nach Nr. 1 II c) TA Lärm sind nicht genehmigungsbedürftige landwirtschaftliche Anlagen wegen der besonderen Privilegierung der Landwirtschaft vom Anwendungsbereich der TA Lärm ausgenommen.[3071]

Zur Reichweite seiner Geltung führt der Abstandserlas aus: Die sich durch die Abstandsre- **1424**
gelung ergebenden Zwischenzonen sind nicht als „von der Bebauung freizuhaltende Schutzflächen", zB iS von § 9 I Nr. 24 BauGB anzusehen; vielmehr kann innerhalb dieser Abstände eine weniger schutzbedürftige Nutzung als im Wohngebiet oder eine nicht bzw. nicht wesentlich störende gewerbliche oder vergleichbare Nutzung vorgesehen werden. Der Abstand ist zu messen an der geringsten Entfernung zwischen der Umrisslinie der emittierenden Anlage und der Begrenzungslinie von Wohngebieten. Unter Umrisslinie ist die Linie im Grundriss (Vertikalprojektion) der Anlage zu verstehen, die ringsum die Emissionsquellen (zB Schornsteine, Auslässe, Tankfelder, Klärbecken, schallabstrahlende Wände oder Öffnungen) umfasst. Bei mehreren Anlagen auf einem Werksgelände ist für die Bemessung des notwendigen Abstandes regelmäßig die Anlagenart mit dem größten erforderlichen Abstand gemäß Abstandsliste maßgebend. Geringfügige Unterschreitungen der Abstände sind akzeptabel. Der in der Liste angegebene Abstand ergibt sich bei den mit (*) gekennzeichneten Anlagearten aus-schließlich oder weit überwiegend aus Gründen des Lärmschutzes und basiert auf den Geräuschimmissionsrichtwerten zum Schutz reiner Wohngebiete. Der Abstand darf daher um eine Abstandsklasse

---

3064 BVerwG Beschl. v. 30.12.2022 – 7 B 15/22, juris Rn. 7 und 10; OVG Berlin-Brandenburg Urt. v. 11.5.2023 – 3a 31/23, juris Rn. 28.

3065 BVerwG UPR 2014, 313 Rn. 6.

3066 OVG Bautzen Beschl. v. 18.9.2023 – 1 B 90/23, juris Rn. 30.

3067 BVerwG UPR 2014, 313 Rn. 9; siehe auch BVerwGE 129, 209 Rn. 31 zur Vergabe eines Impulszuschlags.

3068 Dies gilt vor allem für die Anforderungen der FFH-RL, der Vogelschutz-RL, der WRRL und der UVP-RL

3069 BVerwGE 71, 166 (171 f.).

3070 BVerwG Beschl. v. 15.9.2020 – 4 B 46.19, juris; NVwZ-RR 1998, 357.

3071 VG Hannover Beschl. v. 13.10.2023 – 12 B 1365/23, juris Rn. 35; VGH München Beschl. v. 21.1.2022 – 1 CS 21.2866, juris Rn. 18; aA VG Augsburg Beschl. v. 13.6.2018 – Au 5 S 18.80, juris Rn. 61.

verringert werden, wenn es sich bei dem zu schützenden Gebiet um ein allgemeines oder besonderes Wohngebiet oder ein Kleinsiedlungsgebiet handelt. Bei Anwendung der Abstandsliste zur Festsetzung der Abstände zwischen Industrie- oder Gewerbe-gebieten einerseits und Misch-, Kern- oder Dorfgebieten andererseits können bei mit (*) gekennzeichneten Betriebsarten die Abstände der übernächsten Abstandsklasse zugrunde gelegt werden. Die im Anhang aufgeführte Abstandsliste ist in **sieben Abstandsklassen** untergliedert, deren Schutzabstände von 1.500 m (Abstandsklasse I) bis zu 100 m (Abstandsklasse VII) reichen. Zur Abstandsklasse I rechnen etwa Kraftwerke mit Feuerungsanlagen für den Einsatz von festen, flüssigen oder gasförmigen Brennstoffen, soweit die Feuerungswärmeleistung 900 MW übersteigt, Anlagen zur Trockendestillation insbesondere von Kokereien und Gaswerken, integrierte Hüttenwerke, Anlagen zur Gewinnung von Roheisen und zur unmittelbaren Weitverarbeitung zu Rohstahl von Stahlwerken einschließlich Stranggießanlagen sowie Mineralölraffinerien. 1.000 m Abstand ist ua für Anlagen zur Vergasung oder Verflüssigung von Kohle oder bituminösem, Schiefer, Anlagen zur Herstellung von Formstücken unter Verwendung von Zement oder anderen Bindemitteln durch Stampfen, Rütteln oder Vibrieren mit einer Produktionsleistung von 1 t oder mehr je Stunde im Freien, Anlagen zum Rösten, Schmelzen und Sintern von Erzen. Kraftwerke und Feuerungsanlagen für den Einsatz von Brennstoffen mit einer Feuerungswärmeleistung von mehr als 150 MW bis 900 MW sollen einen Abstand von 700 m aufweisen (Abstandsklasse III). Heizkraftwerke mit einer geringeren Leistung und Biomassekraftwerke sollen einen Abstand von mindestens 500 m haben (Abstandsklasse IV). Zahlreiche Anlagen sind in der Abstandsklasse V aufgeführt und sollen daher einen Mindestabstand von 300 m haben, gefolgt von Anlagen, die in der Abstandsklasse VI einen Abstand von 200 m aufweisen sollen. In der Abstandsklasse VII sind Anlagen genannt, die von der Wohnbebauung einen Abstand von 100 m haben sollten. Es zählen dazu zB Anlagen Verbrennungsmotorenanlagen für den Einsatz von Altöl oder Deponiegas mit einer Feuerungswärmeleistung von weniger als 1 MW, Anlagen zur Behandlung von Altautos mit einer Durchsatzleistung von 5 Altautos oder mehr je Woche, Betriebe zur Herstellung von Fertiggerichten (Kantinendienste, Catering-Betriebe) sowie Schlossereien, Drehereien, Schweißereien oder Schleifereien aber auch Tischlereien, Schreinereien, Steinsägereien, Tapetenfabriken oder Kraftfahrzeug-Reparaturwerkstätten. Diese in der Abstandsliste aufgeführten Schutzabstände sind zur Anwendung im Bauleitplanverfahren bestimmt. Nach den vorliegenden Erfahrungswerten ist davon auszugehen, dass bei Einhaltung der angegebenen Abstände Gefahren, erhebliche Nachteile oder erhebliche Belästigungen durch Luftverunreinigungen oder Geräusche bei bestimmungsgemäßem Betrieb der entsprechenden Anlage bei der benachbarten Wohnbebauung nicht entstehen, wenn die Anlage dem Stand der Technik entsprechend betrieben wird.

Beispiel: Die Gemeinde will in der Nachbarschaft eines Wohngebietes ein Gewerbegebiet ausweisen. Durch die Gliederung des Baugebietes nach den Abstandsklassen der Abstandsliste kann erreicht werden, dass ein ausreichender Schutzabstand zur Wohnbebauung besteht. In einer Zone von 100 bis 200 m von der Wohnbebauung werden daher nur Betriebe und Betriebsarten der Abstandsklasse VII der Abstandsliste zugelassen, in einer Abstandszone von 200 bis 300 m die Betriebe und Betriebsarten der Abstandsklasse VI der Abstandsliste, in einer Zone von 300 bis 500 m Betriebe und Betriebsarten der Abstandsklasse V der Abstandsliste.

1425 Die **Abstandsliste** kann sowohl für die **bauplanungsrechtliche Ausweisung** von Industrie- und Gewerbegebieten als auch von reinen und allgemeinen Wohngebieten und Kleinsiedlungsgebieten herangezogen werden. Zum Schutz von Mischgebieten, Kerngebieten und Dorfgebieten sind im Abstandserlass bestimmte Betriebsarten gekennzeichnet, bei denen die Abstände der übernächsten Abstandsklasse zu Grunde gelegt werden können. Je nach baulicher Nutzung sind die besonderen Wohngebiete entweder wie Wohngebiete oder wie gemischt genutzte Gebiete zu behandeln.

1426 Die Abstandsliste bietet sowohl bei der Festsetzung von Industrie- und Gewerbegebieten als auch bei der Festsetzung von Wohngebieten in der Nachbarschaft gewerblicher oder industrieller Nutzung eine **Orientierungsgrundlage**. Es ist dabei nach dem Regel-Ausnahmeprinzip zu verfahren. Bei Wahrung der in der Abstandsliste ausgewiesenen Schutzabstände besteht die Vermutung, dass es zu unverträglichen Beeinträchtigungen zwischen gewerblicher Nutzung und Wohnnutzung nicht kommt. Soll der Schutzabstand unterschritten werden, so besteht eine Ausnahmemöglichkeit nach § 31 I BauGB, wenn im Einzelfall nachgewiesen wird, dass etwa durch besondere technische Maßnahmen oder im Hinblick auf die Besonderheiten der Einzelsituation eine Beeinträchtigung ausgeschlossen ist. Hierzu wird die Einholung eines Immissionsprognosegutachtens empfohlen. Diese Ausnahmeregelungen des Springens in die nächste Abstandsklasse bei nachgewiesenem Immissionsschutz kann die Gemeinde nach § 31 I BauGB in die Festsetzungen aufnehmen.

Beispiel: Die Gemeinde gliedert ein Gewerbegebiet entsprechend der Abstandsliste und setzt fest, dass ausnahmsweise die Betriebe und Betriebsarten der nächst kleineren Abstandsklasse mit dem höheren Störungsgrad zulässig sind, wenn im Einzelfall eine Nichtbeeinträchtigung der benachbarten Wohnbebauung nachgewiesen wird. Die Immissionsprognose soll dabei die zum Zeitpunkt der Planung absehbare Entwicklung des Betriebes berücksichtigen. Eine Prognose zur Einhaltung von Immissionsrichtwerten ist allerdings abwägungsfehlerhaft, wenn die Einhaltung der Prognosegrundlagen nicht durch die Festsetzungen des Bebauungsplanes oder auf andere Weise gesichert ist.[3072]

Der Abstandserlass ist auch bei der **Planung neuer Wohngebiete** in der **Nachbarschaft** 1427 **von** bereits bestehenden **Gewerbe- oder Industriegebieten** anwendbar. Sollen Wohngebiete in der Nachbarschaft von bereits bestehenden Gewerbe- oder Industriegebieten ausgewiesen werden und ist der sich aus der Abstandsliste ergebende Schutzabstand zwischen der gewerblichen Nutzung und dem Wohngebiet unterschritten, so empfiehlt sich die Einholung eines Immissionsgutachtens, um sicherzustellen, dass es nicht zu unverträglichen Konflikten zwischen Wohn- und Gewerbenutzung kommt. Dem Gutachten ist die für die jeweilige Nutzung ungünstigste Emissionssituation in dem Industrie- oder Gewerbegebiet unter Berücksichtigung der zum Zeitpunkt der Planung absehbaren Entwicklung der Betriebe zugrunde zu legen. Bei älteren Bebauungsplänen, die noch vor der konkreten Ausformung des Trennungsgrundsatzes durch die Rechtsprechung aufgestellt worden sind, spricht einiges dafür, iS der Planerhaltung den Grundsatz der Trennung unverträglicher Nutzungen von Wohnen und Gewerbe nicht in voller Strenge anzuwenden. Demnach als gültig anzusehende Pläne sind jedoch ggf. heutigen Umweltschutzanforderungen durch eine eingeschränkte Handhabung gem. § 15 BauNVO anzupassen. Im Rahmen des Baugenehmigungsverfahrens kann es in solchen Fällen erforderlich werden, durch Schutzauflagen strengere Lärmrichtwerte für Gewerbebetriebe in der Nachbarschaft zu Wohnnutzungen vorzuschreiben.[3073] Der **Trennungsgrundsatz** des § 50 BImSchG für die Überplanung einer schon bestehenden Gemengelage zwischen Gewerbe und Wohnen beansprucht allerdings **keine strikte Geltung**. Er lässt Ausnahmen zu, wenn das Nebeneinander von Gewerbe und Wohnen bereits seit längerer Zeit und offenbar ohne größere Probleme bestanden hat.[3074] Der Trennungsgrundsatz gestattet Ausnahmen, wenn sichergestellt werden kann, dass von der projektierten Nutzung im Plangebiet nur unerhebliche Immissionen ausgehen und im Einzelfall besondere städtebauliche Gründe von besonderem Gewicht hinzutreten, die es rechtfertigen, eine planerische Vorsorge durch räumliche Trennung zurücktreten zu lassen.[3075] Vom Trennungsgrundsatz gem. § 50 S. 1 Alt. 1 BImSchG sind Ausnahmen zulässig, wenn sichergestellt werden kann, dass von der projektierten Nutzung im Plangebiet nur unerhebliche Immissionen ausgehen, und wenn im Einzelfall städtebauliche Gründe von besonderem Gewicht hinzutreten, die es rechtfertigen, eine planerische Vorsorge durch räumliche Trennung zurücktreten zu lassen.[3076] Ein Heranplanen eines Wohngebiets an ein Gewerbegebiet verletzt nicht den Trennungsgrundsatz des § 50 BImSchG, wenn einerseits die maßgeblichen Immissionswerte im Wohngebiet mittels der festgesetzten Lärmschutzvorkehrungen eingehalten werden können und andererseits den Betrieben im Gewerbegebiet durch die Planung keine weitergehende Rücksichtnahme auf die heranrückende Wohnbebauung abverlangt wird als diejenige, die diese schon bisher aufgrund der bestehenden Umgebungsbebauung üben mussten.[3077]

Beispiel: Das vormals industriell genutzte Hafengebiet soll teilweise zu einem Büro-, Dienstleistungs- und Kommunikationszentrum umgestaltet werden. Es ist dann nicht unvereinbar mit dem Abwägungsgebot und dem darin enthaltenen Gebot der Konfliktbewältigung, durch die Festsetzung von Kerngebietsflächen die – an bauliche Lärmschutzvorkehrungen gebundene –

3072 OVG Greifswald NordÖR 2008, 415.
3073 VGH München ZfBR 1992, 141.
3074 BVerwG Beschl. v. 13.5.2004 – 4 BN 15.04, BeckRS 2004, 22804; NVwZ 1992, 663.
3075 BVerwG BauR 2013, 1072.
3076 BVerwG NVwZ 2012, 1338 (1343).
3077 OVG Koblenz Urt. v. 15.11.2012 – 1 C 10412/12, BeckRS 2013, 45418.

ausnahmsweise Zulassung von Wohnnutzung an dem durch Straßenverkehrslärm und Hafenlärm hoch belasteten Hafenrand zu ermöglichen, um im Interesse an der Schaffung eines urbanen Lebensraumes die Standortvorteile eines Wohnens in zentraler Lage am Elbufer mit Blick auf den Elbstrom und den Hamburger Hafen für solche Interessenten nutzbar zu machen, die hierfür eine hohe – aber noch unterhalb der Grenze der Gesundheitsgefährdung liegende – Lärmbelastung in Kauf nehmen wollen.[3078]

1428 Die Bewältigung eines Konflikts zwischen Gewerbe und Wohnen kann abwägungsfehlerfrei auch dadurch geschehen, dass den durch Betriebslärm über die Gebietsrichtwerte hinaus betroffenen nächstgelegenen Wohngebäuden im Bebauungsplan **zumutbare passive Lärmschutzmaßnahmen** auferlegt werden. Dieser Rechtssatz ist verallgemeinerungsfähig.[3079] Eine Konfliktbewältigung auf der Grundlage des Rücksichtnahmegebots (§ 15 I BauNVO) setzt voraus, dass der Bebauungsplan für sie noch offen ist. Ein infolge der Anwendung der §§ 214, 215 BauGB als wirksam zu behandelnder Bebauungsplan ist für die Konfliktbewältigung im Genehmigungsverfahren auch dann noch offen, wenn eine planerische Bewältigung des Konflikts rechtlich geboten war, tatsächlich aber nicht stattgefunden hat.[3080]

1429 Der Abstandserlass will Orientierungshilfen für die Beurteilung von **Nutzungskonflikten** auf der Ebene der Bauleitplanung geben. Nicht anwendbar ist die Abstandsliste im Genehmigungsverfahren. Dies gilt sowohl für die Baugenehmigung als auch die immissionsschutzrechtliche Genehmigung oder die Planfeststellung. Auf der konkreten Zulassungsstufe ist vielmehr eine individuelle Beurteilung der jeweiligen Nutzungskonflikte vorzunehmen. So haben die Fachbehörden etwa im Baugenehmigungsverfahren anhand der Antragsunterlagen zu prüfen, ob Gefahren, erhebliche Nachteile oder erhebliche Belästigungen für die Allgemeinheit oder für die Nachbarschaft zu erwarten sind und ggf. durch Auflagen vermieden werden können. Soweit die Bauvorlagen nicht ausreichen, um eine exakte Vorausberechnung der von der geplanten Anlage zu erwartenden Emissionen vornehmen zu können, werden sich die Beurteilung der voraussichtlichen Immissionssituation und die heraus zu ziehenden Schlussfolgerungen auf Erfahrungswerte mit bestimmten Anlagearten iS einer typisierenden Betrachtung stützen. Die Abstandsliste bietet hier lediglich einen Anhalt, der eine konkrete Einzelfallbeurteilung nicht ersetzen kann. Auch bei Unterschreitung der Abstände kann daher das Einzelvorhaben ggf. mit entsprechenden Auflagen durchaus zulässig sein. Auch in Planfeststellungsverfahren des Fachplanungsrechts ist im jeweiligen Einzelfall zu prüfen, ob das beantragte Vorhaben zu Gefahren, erheblichen Nachteilen oder erheblichen Belästigungen für die Allgemeinheit oder die Nachbarschaft führt.

1430 In überwiegend bebauten Bereichen mit vorhandenen oder zu erwartenden Immissionskonflikten zwischen Nutzungen, die schädliche Umwelteinwirkungen hervorrufen, und Wohnbebauung **(Gemengelagen)** kann die Anwendung des Abstandserlasses auf Schwierigkeiten stoßen.[3081] Es handelt sich um Konfliktsituationen bei einer kleinräumigen Mischung unterschiedlicher Nutzungen **(Kleingemengelagen)**, beim Aneinander grenzen unterschiedlicher Nutzungen **(Nahtstellen)** oder bei einer Nachbarschaft unterschiedlicher großflächiger Nutzungen **(Großgemengelagen)**. Auf solche Gemengelagen lassen sich die Grundsätze für die Neuplanung von Wohn- oder Gewerbegebieten mit dem Gebot der Einhaltung ausreichender Schutzabstände nicht lückenlos anwenden. Die Planungsgrundsätze sind vielmehr orientiert am Gebot der nachbarlichen Rücksichtnahme und am Verbesserungsgebot zu modifizieren. Die Planung soll in diesen Fällen dazu beitragen, dass bestehende Konflikte möglichst gelöst, jedenfalls aber gemildert und keine neuen Konfliktsituationen geschaffen werden.[3082]

Hinweis: Bei einem Aneinanderstoßen von Wohnnutzung an industrielle Nutzung könnte die Gemeinde etwa das Industriegebiet an der Nahtstelle zum Wohngebiet nach § 1 IV BauNVO dahin gehend gliedern, dass nur Verwaltungs- oder Bürogebäude zulässig sind. Auch könnten

[3078] OVG Hamburg UPR 2005, 456.

[3079] BVerwG ZfBR 2012, 578; Zabel IBR 2013,108.

[3080] BVerwG NVwZ 2014, 69; zur besonderen Bedeutung des in § 15 I 2 BauNVO enthaltenen Rücksichtnahmegebots für die Frage eines zulässigen Konflikttransfers siehe Scheidler ZfBR 2023, 129 (128).

[3081] Menke Bauleitplanung in städtebaulichen Gemengelagen 1984; ders. UPR 1985, 111; ders. NuR 1985, 137; von Holleben GewArch. 1978, 41; Ritter NVwZ 1984, 609; Stich Planen und Bauen in immissionsbelasteten Gemengelagen 1983; Stüer StuGR 1989, 6; Ziegler ZfBR 1984, 110; Zoubek 1984, 249.

[3082] BVerwGE 50, 49 – Tunnelofen; BVerwGE 84, 322; BauR 1992, 344; Fickert/Fieseler BauNVO 2023, § 1 Rn. 79.

damit gem. § 9 I Nr. 24 BauGB Festsetzungen für den Schallschutz kombiniert werden. Gerade bei gewachsenen städtebaulichen Strukturen in Gemengelagen können in aller Regel örtlich vorhandene, aber nicht ausreichende Schutzabstände nicht vergrößert werden. Daher wird sich die Bauleitplanung zur Gewährleistung eines wirksamen Immissionsschutzes vorwiegend auf Maßnahmen des aktiven oder passiven Immissionsschutzes konzentrieren.

Auch in Gemengelagen ist die Gemeinde allerdings nicht von dem Gebot einer sachgerechten **Konfliktbewältigung** freigestellt.[3083] Ganz im Gegenteil stellt etwa die Planung eines sonstigen Sondergebiets für einen atypischen Industriebetrieb in unmittelbarer Nachbarschaft zu einem Wohngebiet auch in einer schon seit Jahrzehnten bestehenden Gemengelage gesteigerte Anforderungen an die Abwägung der widerstreitenden Belange. Dem Gebot der gegenseitigen Rücksichtnahme kommt dabei besonderes Gewicht zu.[3084] Die gesteigerten Abwägungsanforderungen der Überplanung einer Gemengelage aus gewerblich-industrieller Nutzung und Wohnbebauung schließen eine in Teilen auch weitgehende Konfliktverlagerung in ein nachfolgendes (immissionsschutzrechtliches) Genehmigungsverfahren – insbesondere im Hinblick auf Vorkehrungen gegen unzumutbare Luftschadstoffbelastungen – nicht aus. Maßgeblich ist, dass die Konfliktlösung durch die planerischen Festsetzungen hinreichend vorgesteuert wird.[3085] 1431

Beispiel: Überplant die Gemeinde eine vorhandene Gemengelage aus Gewerbebetrieben und Wohnbebauung, so hat sie zur Ermittlung der abwägungserheblichen Belange eine sorgfältige Bestandsaufnahme durchzuführen, mit der sie die genehmigten Nutzungen und die zulässigen (Lärm-)Emissionen der Betriebe nachvollziehbar ermittelt. Bei der Abwägung sind auch die privaten Interessen der Betriebsinhaber am Fortbestand bestehender baulicher Nutzungsrechte und -möglichkeiten zu berücksichtigen, die bislang auf Grund der Prägung der näheren Umgebung als faktisches uneingeschränktes Gewerbegebiet gegeben waren. Allein die Gliederung von Gewerbegebieten nach Abstandsklassen des Abstandserlasses NRW ist zur Bewältigung der Konflikte zwischen Wohnen und Gewerbe ungeeignet, wenn die in der Abstandsliste angegebenen Abstände zu Wohngebieten gar nicht eingehalten oder deutlich unterschritten werden. In einem derartigen Fall ist das in § 15 BauNVO enthaltene Gebot der Rücksichtnahme zur nachgelagerten Konfliktlösung im späteren Baugenehmigungsverfahren ungeeignet, weil es nur eine „Nachsteuerung"[3086] im Einzelfall ermöglichen soll.[3087] Bei einer Bauleitplanung können auch Nutzungen aufgrund einer **bestandskräftigen Genehmigung** überplant werden, wenn sie der städtebaulichen Ordnungsvorstellung des Plangebers für das Baugebiet widersprechen. Allerdings sind dann daraus entstehende Nutzungskonflikte zu bewältigen.[3088]

Der in § 50 BImSchG angelegte **Grundsatz der Trennung** unverträglicher Nutzungen ist für die Neuplanung gedacht. Bei raumbedeutsamen Planungen und Maßnahmen sind danach die für eine bestimmte Nutzung vorgesehenen Flächen einander so zuzuordnen, dass schädliche Umwelteinwirkungen und die Folgen schwerer Unfälle auf die ausschließlich oder überwiegend dem Wohnen dienenden Gebiete sowie auf sonstige schutzbedürftige Gebiete soweit wie möglich vermieden werden.[3089] 1432

Beispiel: Die Gemeinde plant ein neues Wohngebiet in der Nähe eines bestehenden Gewerbegebietes. Eine Gemeinde kann durch ihre Bauleitplanung nur gebietsbezogen steuern, ob gewisse Nachteile oder Belästigungen im Sinne von § 3 BImSchG erheblich sind. Durch textliche Festsetzungen im Bebauungsplan nach § 9 I Nr. 24 BauGB kann das Schutzniveau im Falle von Neuplanungen nicht mit Wirkung für das Immissionsschutzrecht gegenüber einer gebietsbezogen zu ermittelnden Zumutbarkeitsschwelle abgesenkt werden. Bei solchen Festsetzungen hat sich die Gemeinde am Schutzmodell des BImSchG auszurichten und kann es nicht im Wege der Abwägung überwinden.[3090]

3083 Zur bauleitplanerischen Konfliktbewältigung bei Gemengelagen aus Wohnbebauung und lärmträchtiger Nutzung Scheidler ZfBR 2023, 127; BVerwG ZfBR 2022, 676; OVG Münster ZfBR 2022, 678.

3084 OVG Münster ZfBR 2022, 678 = juris Rn. 99.

3085 OVG Münster ZfBR 2022, 678 = juris Rn. 115.

3086 OVG Magdeburg BauR 2006, 2107; OVG Schleswig NuR 2006, 467.

3087 OVG Münster DVBl. 2006, 1059.

3088 OVG Hamburg DVBl. 2009, 1057.

3089 OVG Münster ZfBR 2022, 678; zum Trennungsgebot als Mittel der Konfliktbewältigung Scheidler ZfBR 2023, 127 (128).

3090 OVG Münster Urt. v. 13.9.2007 – 7 D 91/06.NE, juris.

1433 § 50 BImSchG enthält zwar kein generelles Verbot, Gewerbegebiete unmittelbar neben Wohngebieten zu planen.[3091] Eine Bauleitplanung ist jedoch regelmäßig verfehlt, wenn sie unter Verstoß gegen den Trennungsgrundsatz des § 50 BImSchG dem Wohnen dienende Gebiete anderen Gebieten so zuordnet, dass schädliche Umwelteinwirkungen auf die Wohngebiete nicht soweit wie möglich vermieden werden. Der Trennungsgrundsatz beansprucht nicht nur im Verhältnis von Wohngebieten zu Gewerbe- und Industriegebieten Geltung, sondern auch bei einem Nebeneinander von Wohngebieten und landwirtschaftlichen Nutzflächen. Der Grundsatz der zweckmäßigen Zuordnung von unverträglichen Nutzungen ist ein wesentliches Element geordneter städtebaulicher Entwicklung und damit ein elementares Prinzip städtebaulicher Planung. Anders als bei einer durch ein bereits vorhandenes Nebeneinander konflikträchtiger Nutzungen geprägten Gemengelage darf die Gemeinde deshalb nicht ohne zwingenden Grund selbst die Voraussetzungen für die Berücksichtigung von Vorbelastungen dadurch schaffen, dass sie in einen durch ein erhöhtes Immissionspotenzial gekennzeichneten Bereich ein störempfindliches Wohngebiet hineinplant und damit aus einem Wohngebiet in immissionsschutzrechtlicher Hinsicht in Wahrheit ein Dorf- oder Mischgebiet macht.[3092] § 15 I BauNVO bietet keine Handhabe, um eine festsetzungsadäquate landwirtschaftliche Nutzung zum Zwecke der Konfliktbewältigung mit einem angrenzenden allgemeinen Wohngebiet für den Regelfall zu verhindern.[3093] Bei der Planung neuer Wohngebiete ist auch für eine entsprechende Anwendung von § 41 II BImSchG mit entsprechend höheren Grenzwerten und einer Beschränkung auf passiven Schallschutz kein Raum. Diese Vorschrift zielt darauf ab, im Interesse eines noch finanzierbaren öffentlichen Verkehrsnetzes und damit letztlich im Gemeinwohninteresse vorhandener Wohnbebauung nachteiligere Lärmbelastungen zuzumuten, als dies gegenüber anderen Lärmquellen der Fall ist.[3094]

Beispiel: Weist ein Bebauungsplan neue Wohngebiete aus, die auf Grund vorhandener Straßen Lärmbelastungen ausgesetzt sind, die tags und nachts mehr als 10 dB (A) über den Orientierungswerten der DIN 18005 liegen, sind gesunde Wohnverhältnisse nicht schon dann gewahrt, wenn die neue Wohnbebauung passiv geschützt wird.

1434 Bei **vorhandenen Gemengelagen** eröffnen sich dem Plangeber demgegenüber größere Entscheidungsspielräume. Hier kann die Planung auf der Grundlage der vorhandenen Konfliktlage und der tatsächlichen oder plangegebenen Vorbelastung[3095] eine an sachgerechten Planungsgrundsätzen ausgerichtete Neubewertung vornehmen. Ausgangspunkt ist die sorgfältige Bewertung der vorgefundenen Kollisionslage, die am Maßstab der gegenseitigen Rücksichtnahme[3096] einzuschätzen ist. Dabei ist eine **Mittelwertbildung**[3097] nach dem Grundsatz möglich, dass Vorbelastungen[3098] als schutzmindernder Faktor berücksichtigt werden dürfen.[3099] Das gewachsene Nebeneinander konfliktträchtiger Nutzungen hat grundsätzlich zur Folge, dass sich das regelhaft vorgegebene Zumutbarkeitsmaß verändert. Der Ausgleich der widerstreitenden Interessen schlägt sich in der sog. Mittelwert-Rechtsprechung nieder. Der Mittelwert ist nicht das arithmetische Mittel zweier Richtwerte und darf nicht mit einer bloßen rechnerischen Interpolation verwechselt werden. Zu seiner Ermittlung ist eine wertende, gewichtende Betrachtung der Umstände des Einzelfalls anzustellen.[3100] Im Wege einer **Feinsteuerung** können Überschreitungen des Mittelwerts nach Maßgabe der Umstände des Einzelfalls den lärmbetroffenen Anwohnern zumutbar sein.[3101] Die Gemeinde kann auf dieser Grundlage die bauliche und sonstige Nutzung des Gebietes auch in eine andere Richtung lenken und bereits vorhandene fremde Elemente absichern.[3102] Auch bei der Genehmigung von Einzelbauvorhaben

[3091] OVG Lüneburg Urt. v. 28.3.2006 – 9 KN 34/03, juris.
[3092] BVerwG BRS 70 Nr. 15 (2006).
[3093] OVG Berlin-Brandenburg BRS 70 Nr 14 (2006); Otto DVP 2007, 79.
[3094] OVG Münster Urt. v. 16.12.2005 – 7 D 48/04.NE.
[3095] BVerwG NVwZ 1999, 539 m. Anm. Stüer, DVBl. 2012, 1104; NVwZ-RR 2001, 653; NJW 1976, 1760; Koch NVwZ 2000, 490; Koch/Maaß NuR 2000, 69; Beaucamp JA 2000, 929.
[3096] BVerwG NJW 1978, 62; BVerwG NJW 1978, 2564; Scheidler ZfBR 2023, 127 (128).
[3097] BVerwG ZfBR 2022, 676 (677); OVG Berlin-Brandenburg ZNER 2022, 160; BVerwGE 50, 49.
[3098] BVerwG NVwZ 1995, 907; NVwZ-RR 2001, 653.
[3099] So auch BVerwG NVwZ 2001, 1167.
[3100] BVerwG ZfBR 2023, 676 (677).
[3101] BVerwG ZfBR 2022, 676.
[3102] Zu den Gestaltungsmöglichkeiten aber auch Abwägungserfordernissen BVerwG NVwZ 2001, 1167.

dürfen für die Beurteilung von Verkehrslärm im Fall von Gemengelagen und Vorbelastungen Zwischenwerte gebildet werden.[3103] Die äußerste Grenze des Abwägungsspielraums bildet aber auch hier der Grundsatz, dass bei der Ausweisung von Wohnnutzung wohnverträgliche Verhältnisse gewährleistet sein müssen. Bei der Bewertung der zeitlichen Priorität im Rahmen der Zwischenwertbildung kann ausschlaggebend sein, welchen rechtlichen Status die Nutzungen wann erlangt haben und ob in der Vergangenheit die Rechtsmittel gegen das Entstehen unverträglicher Nutzungen ausgeschöpft wurden. Die Bewandtnis der zeitlichen Priorität kann solchermaßen durch den schieren Zeitablauf beim Nebeneinander der widerstreitenden Nutzungen sowie durch andere Umstände relativiert werden.[3104]

Die gesteigerten Abwägungsanforderungen der Überplanung einer Gemengelage aus ge- **1435**
werblich-industrieller Nutzung und Wohnbebauung schließen eine Konfliktverlagerung in ein nachfolgendes (immissionsschutzrechtliches) Genehmigungsverfahren nicht aus. Maßgeblich ist, dass die Konfliktlösung durch die planerischen Festsetzungen hinreichend vorgesteuert wird.[3105] Eine Konfliktbewältigung auf der Grundlage des Rücksichtnahmegebots setzt voraus, dass der Bebauungsplan für sie noch offen ist. Das ist nicht der Fall, wenn der Nutzungskonflikt von der Gemeinde im Bebauungsplan abgewogen und geregelt worden ist. Eine Konfliktbewältigung auf der Grundlage des Rücksichtnahmegebots ist auch dann nicht mehr möglich, wenn die Festsetzungen des Bebauungsplans so konkret sind, dass ein Ausgleich der durch die Planung aufgeworfenen Nutzungskonflikte im Baugenehmigungsverfahren auf deren Korrektur hinausliefe; je konkreter die Festsetzungen, umso geringer ist der Spielraum für die Anwendung des § 15 I BauNVO.[3106]

Auch bei einer Anlagenänderung besteht ein Anspruch auf Schutzmaßnahmen demgemäß **1436**
nur, wenn sie erhebliche Immissionen hervorruft und gerade in dieser Erhöhung eine zusätzliche, billigerweise nicht zuzumutende Belastung liegt. Inwieweit eine von der zu ändernden Anlage ausgehende plangegebene Vorbelastung vorhanden ist, muss nach den Gegebenheiten des Einzelfalls bestimmt werden,[3107] wobei im Falle einer wenn auch nicht unzumutbaren, so doch beträchtlichen **Vorbelastung** eine besondere Empfindlichkeit gegenüber einer auch nur geringen Zunahme von Immissionen gegeben sein kann.[3108]

In kritischen Fällen empfiehlt sich die Einholung eines **Immissionsschutzgutachtens**, das als **1437**
Grundlage der Gliederung des Baugebietes und für Schallschutzmaßnahmen dienen kann. Lassen sich die Emissionen des Betriebes mit verhältnismäßigem Kostenaufwand verringern und an den jeweiligen Stand der Technik anpassen, darf dem Betrieb durch die zuständigen Umweltämter eine Verbesserung der Emissionssituation aufgegeben werden. Das Immissionsschutzgutachten soll die dafür erforderlichen Maßnahmen und die technischen Möglichkeiten zu ihrer Verwirklichung aufzeigen. Die Gemeinde wird die Ergebnisse dieses Gutachtens in ihrer Bauleitplanung berücksichtigen. Ist die vorhandene Emissionssituation in dem Gewerbe- oder Industriegebiet günstiger, als sie bei voller Ausschöpfung der planungsrechtlichen Zulässigkeit wäre, ist grundsätzlich von der Ausschöpfung dieses Rahmens auszugehen. Allerdings könnte die Gemeinde durch entsprechende Gliederungen und Differenzierungen des Bebauungsplans den gegenwärtigen Emissionsstand festschreiben, um die benachbarte Wohnbebauung auch in Zukunft zu schützen. Eine solche Festschreibung auf den gegenwärtigen Emissionsstand kann dem Gewerbe- bzw. Industriebetrieb bei entsprechender Abwägung der Belange in der Bauleitplanung über das Gebot der nachbarlichen Rücksichtnahme zumutbar sein.[3109] Derartige Flächen können auch Gegenstand eines Bebauungsplans der Innenentwicklung sein (§ 13 a BauGB).

Das BVerwG stellt dabei auf die jeweilige **Vorbelastung** und den **Grundsatz der Zumut-** **1438**
barkeit ab. Zur Zumutbarkeit von Verkehrsgeräuschen hat das BVerwG[3110] solche Verkehrs-

---

3103 OVG Berlin-Brandenburg Beschl. v. 28.1.2010 – 10 S 31.09, juris.

3104 OVG Münster BauR 2013, 1078.

3105 BVerwG Beschl. v. 19.1.2022 – 4 BN 47/21, juris Rn. 15; OVG Münster ZfBR 2022, 678; Scheidler ZfBR 2023, 127.

3106 Scheidler ZfBR 2023, 127 (128); BVerwG ZfBR 2014, 57.

3107 Siehe dazu OVG Bautzen Urt. v. 21.8.2023 – 1 A 585/21, juris 78; OVG Lüneburg; ZUR 2020, 549; BVerwG NVwZ-RR 2001, 653.

3108 BVerwG NJW 1980, 2368.

3109 BVerwGE 50, 49.

3110 BVerwGE 56, 110; siehe auch OVG Münster Urt. v. 1.4.2020 – 10 D 2/18, juris Rn. 79; Urt. v. 11.6.2023 – 2 D 347/21.NE, juris Rn. 80; zur sog. enteignungsrechtlichen Zumutbarkeitsschwelle siehe OVG Münster Urt. v. 19.4.2023 – 11 A 1227/17, juris Rn. 113.

geräusche iS des § 74 II VwVfG (vormals § 9 II LuftVG) als erheblich bezeichnet, die der jeweiligen Umgebung mit Rücksicht auf deren durch die Gebietsart und die konkreten tatsächlichen Verhältnisse bestimmte Schutzbedürftigkeit und Schutzwürdigkeit nicht mehr zugemutet werden können. Für die Gebietsart ist dabei von der bauplanungsrechtlich geprägten Situation der Grundstücke auszugehen. Für die tatsächlichen Verhältnisse spielen insbesondere die Geräuschvorbelastung und die plangegebene Vorbelastung eine wesentliche Rolle. Nach diesen Kriterien – so das BVerwG – ist ein Grundstück gegenüber einem Planvorhaben umso schutzwürdiger, je mehr es nach der Gebietsart berechtigterweise Schutz vor Immissionen erwarten kann und je weniger es durch Störfaktoren vorbelastet ist. Das führt nicht nur zu handgreiflichen Unterschieden der Schutzwürdigkeit von etwa einerseits Wohngebieten und andererseits Industriegebieten, sondern ebenso auch in der Schutzwürdigkeit verschiedener Wohngebiete. Ein Wohngebiet beispielsweise, das in städtischen Ballungsräumen unter der situationsbedingten Einwirkung benachbarter Kerngebiete, Industriegebiete oder Gewerbegebiete oder von Verkehrswegen ohnehin einer objektiv hohen Geräuschbelastung ausgesetzt ist, kann nicht den Schutz in Anspruch nehmen, der einem nicht derart vorbelasteten Wohngebiet zuzubilligen ist.[3111]

1439 Eine Lärmzunahme von weniger als 3 dB(A) kann als nachteilige Wirkung iSv § 75 II 2 VwVfG nur ausnahmsweise dann erheblich sein, wenn der Beurteilungspegel die sog. enteignungsrechtliche Zumutbarkeitsschwelle übersteigt. Diese Zumutbarkeitsschwelle beginnt nach der (früheren) Rechtsprechung des BVerwG in Wohngebieten bei Beurteilungspegeln von etwa 70 dB(A) tags/60 dB(A) nachts, teilweise werden (bzw. wurden) aber für Kern-, Dorf- und Mischgebiete auch höhere Werte von 72 dB(A) tags/62 dB(A) nachts für zulässig gehalten. Nach neuerer Rechtsprechung des BVerwG dürfte die grundrechtliche Zumutbarkeitsschwelle aber mit Blick auf Eigentums- und vorsorgenden Gesundheitsschutz und der im Jahr 2010 im Rahmen des „Nationalen Verkehrslärmschutzpakets II" erfolgten Absenkung der Immissionsgrenz- bzw. Auslösewerte um 3 dB(A), in allgemeinen Wohngebieten bei 67 dB(A) tags und 57 dB(A) nachts und in Kern-, Dorf- und Mischgebieten bei 69 dB(A) tags und 59 dB(A) nachts anzusetzen sein.[3112]

1440 § 1 IV 2 BauNVO enthält für **Gewerbe-** und **Industriegebiete** eine **Sonderregelung**, die eine Gliederung der verschiedenen Gewerbe- und Industriegebiete der Gemeinde in ihrem Verhältnis zueinander ermöglicht. Dies lässt eine Verteilung der in den Gebieten zulässigen Nutzungen, Betriebe und Anlagen auf verschiedene GE- bzw. GI-Gebiete zu. Dabei sind auch Überschneidungen möglich. Eine solche Gliederung ist offenbar auch dann möglich, wenn in der Bilanz der Baugebiete der Katalog der nach der BauNVO in einem GI- oder GE-Gebiet allgemein bzw. ausnahmsweise zulässigen Nutzungen eingeschränkt wird. Nicht in jeder Gemeinde ist ein uneingeschränktes Industriegebiet möglich. Gleichwohl muss die Gemeinde in der Lage sein, die Gliederungsmöglichkeiten des § 1 IV BauNVO bei der Aufstellung von Bebauungsplänen zu nutzen und – wo geboten – ein durch entsprechende Schutzabstände, Gliederungen und Schutzauflagen verträgliches Nebeneinander von Wohnen und Gewerbe sicherzustellen. Für den **Ausschluss von Nutzungsarten** oder ihre **Umwandlung in Ausnahmen** gibt § 1 V BauNVO eine Rechtsgrundlage. Nach dieser Vorschrift kann im Bebauungsplan festgesetzt werden, dass bestimmte Arten von Nutzungen, die nach den §§ 2, 4 bis 9 und 13 BauNVO allgemein zulässig sind, nicht zulässig sind oder nur ausnahmsweise zugelassen werden können, sofern die allgemeine Zweckbestimmung des Baugebietes gewahrt bleibt.[3113] Die Vorschrift ermöglicht daher, bestimmte nach der BauNVO im Baugebiet allgemein zulässigen Nutzungen ganz auszuschließen oder nur ausnahmsweise zu ermöglichen. Ausgenommen von diesen Ausschlussmöglichkeiten sind die reinen Wohngebiete (§ 3 BauNVO) und die Sondergebiete (§§ 10 bis 11 BauNVO) sowie die in allen Baugebieten zulässigen Stellplätze und Garagen, nicht jedoch die Räume für freie Berufe (§ 13 BauNVO),[3114] die in die Ausschluss- oder Ausnahmeregelungsmöglichkeiten des § 1 V BauNVO einbezogen sind.

3111 BVerwGE 56, 110.

3112 OVG Münster Urt. v. 19.4.2023 – 11 A 1227/17, juris Rn. 115; zur früheren Rechtsprechung des BVerwG Urt. v. 7.3.2007 – 9 C 2.06 juris, Rn. 29, mwN, zur neueren Rechtsprechung BVerwG Urt. v. 8.9.2016 – 3 A 5.15 juris, Rn. 36; BVerwG DVBl. 2018, 1426 (1430).

3113 BVerwG BRS 58 Nr. 23 (1996); ZfBR 1999, 279.

3114 VGH Kassel DÖV 1992, 500.

Beispiel: Die Gemeinde möchte in einem Kerngebiet Spielhallen ausschließen oder in einem Wohngebiet auch Nachbarschaftsläden nur ausnahmsweise zulassen, weil die Versorgungseinrichtungen in dem benachbarten, für die Wohnbevölkerung gut erreichbaren Ortszentrum gestärkt werden sollen.

c) DIN 18005 Schallschutz im Städtebau. Als Orientierungshilfe kann in der Bauleitplanung auch die DIN 18005 Schallschutz im Städtebau herangezogen werden.[3115] Die DIN 18005 „Schallschutz im Städtebau – Grundlagen und Hinweise für die Planung" sowie das zugehörige Beiblatt 1 „Schalltechnische Orientierungswerte für die Städtebauliche Planung" wurden im Juli 2023 aktualisiert. Die DIN 18005 gibt Hinweise zur Berücksichtigung des Schallschutzes bei der städtebaulichen Planung und richtet sich an Gemeinden, Städteplaner, Architekten und Bauaufsichtsbehörden. Im Beiblatt 1 sind als Zielvorstellung für die städtebauliche Planung schalltechnische Orientierungswerte angegeben. **Technische Regelwerke** wie DIN-Normen haben nicht aus sich heraus eine Verbindlichkeit. Sie sind nur beachtlich, wenn der Gesetz- oder Verordnungsgeber sie unmittelbar in sein Regelwerk aufgenommen hat. Im Übrigen lassen sich aus DIN-Normen nur allgemeine Orientierungshilfen[3116] ableiten. Hierzu will die DIN 18005 Schallschutz im Städtebau einen Beitrag leisten. Sie bezieht sich auf das Abwägungsgebot in der Bauleitplanung und den in § 50 BImSchG niedergelegten Trennungsgrundsatz. Bei allen Neuplanungen einschließlich der heranrückenden Bebauung sowie bei Überplanungen von Gebieten ohne wesentliche Vorbelastung ist danach ein vorbeugender Schallschutz anzustreben. Bei der Überplanung von Gebieten mit Vorbelastung gelte es, die vorhandene Situation zu verbessern und bestehende schädliche Schalleinwirkungen soweit wie möglich zu verringern bzw. zusätzliche nicht entstehen zu lassen. Erste Stufe einer sachgerechten Schallschutzprognose ist die schalltechnische Bestandsaufnahme bzw. Prognose. Hierfür gibt es verschiedene Verfahren mit unterschiedlichen Richtlinien für verschiedene Anwendungsbereiche. 1441

Welche Lärmbelastung einem Wohngebiet unterhalb der Grenze zu Gesundheitsgefahren zugemutet werden darf, richtet sich nach den Umständen des Einzelfalls; die **Orientierungswerte** der DIN 18005-1 „Schallschutz im Städtebau" können zur Bestimmung der zumutbaren Lärmbelastung eines Wohngebiets im Rahmen einer gerechten Abwägung lediglich als Orientierungshilfe herangezogen werden. Je weiter die Orientierungswerte der DIN 18005 überschritten werden, desto gewichtiger müssen allerdings die für die Planung sprechenden städtebaulichen Gründe sein und umso mehr hat die Gemeinde die baulichen und technischen Möglichkeiten auszuschöpfen, die ihr zu Gebote stehen, um diese Auswirkungen zu verhindern. Dass bei der Ausweisung neuer Baugebiete in einem bislang praktisch unbebauten Bereich die Grenzen gerechter Abwägung in der Regel überschritten sind, wenn Wohnnutzung auch am Rand des Gebiets zugelassen wird, obwohl dort die Orientierungswerte um 10 dB(A) und mehr überschritten werden, folgt daraus nicht. Jedenfalls wenn im Innern der Gebäude durch die Anordnung der Räume und die Verwendung schallschützender Außenbauteile angemessener Lärmschutz gewährleistet wird, kann es im Ergebnis mit dem Gebot gerechter Abwägung vereinbar sein, Wohngebäude an der lärmzugewandten Seite des Gebiets auch deutlich über den Orientierungswerten liegenden Außenpegeln auszusetzen. Eine derartige planerische Konzeption wird in der DIN 18005 selbst als Möglichkeit näher dargestellt (Nr. 5.5 und 5.6) und daher (noch) als Teil einer guten fachlicher Praxis angesehen werden kann. Dies zeigt zugleich, dass ein derartiges Planungsergebnis nicht von vornherein unter Hinweis auf die eine planende Gemeinde ohnehin rechtlich nicht bindende DIN 18005[3117] als rechtlich unzulässig eingestuft werden kann. Vielmehr können für eine derartige Lösung im Einzelfall gewichtige städtebauliche Belange sprechen. Insbesondere kann in die Abwägung eingestellt werden, dass durch eine geschlossene Riegelbebauung die rückwärtigen Flächen derselben Grundstücke und gegebenenfalls weitere Grundstücke wirksam abgeschirmt werden. Allerdings ist bei derartigen Festsetzungen zugleich in besonderer Weise darauf zu achten, dass auf der straßenabgewandten Seite der Grundstücke geeignete geschützte Außenwohnbereiche geschaffen werden können. Mit einer derartigen Lösung macht die Gemeinde von den ihr im Bauplanungsrecht gegebenen Festsetzungsmöglichkeiten, die bei der Fachplanung für linienförmige Infrastrukturmaßnahmen im Allgemeinen nicht zur Verfügung stehen, in differenzierter Form sachgerechten Gebrauch.[3118] 1442

3115 Näher dazu Fickert/Fieseler BauNVO, 2023, § 1 Rn. 18 ff.
3116 OVG Münster Urt. v. 28.6.2007 – 7 D 89/06.NE, juris; Urt. v. 10.7.2007 – 7 D 43/06.NE, juris.
3117 BVerwG BRS 67 Nr. 29.
3118 BVerwG NVwZ 2007, 831.

1443 Für den Schallschutz in der städtebaulichen Planung wird die DIN 18005 Teil 1 mit dem zugehörigen Beiblatt 1 zur Anwendung empfohlen. Die in ihr enthaltenen Belastungsmaßnahmen und Berechnungsverfahren sind mit anderen Normen und Richtlinien abgestimmt. Die DIN 18005 berücksichtigt lärmrelevante Einflüsse für ein fortgeschrittenes Stadium, einer detaillierten Planung, in dem Einzelheiten der Nutzung und des Verkehrs sowie die baulichen Gegebenheiten bereits festliegen. In Anlage 1 der DIN 18005 ist ein vereinfachtes Berechnungsverfahren für Lärmimmissionen dargestellt, das aber in der Praxis zumeist keine Rolle mehr spielt. Überschreiten die nach diesem Schätzverfahren ermittelten Werte die in der Anlage 2 angegebenen Orientierungswerte nach Beiblatt 1 zur DIN 18005 – Teil 1 oder weichen die tatsächlichen Eingangsdaten wesentlich ab, wird eine detaillierte Prüfung empfohlen. In der Anlage 2 zur DIN 18005 werden folgende schalltechnische Orientierungswerte angegeben: Für reine Wohngebiete (WR), Wochenendhausgebiete und Ferienhausgebiete 50 dB(A) tags/40 bzw. 35 dB(A) nachts, für allgemeine Wohngebiete (WA), Kleinsiedlungsgebiete (WS) und Campingplatzgebiete 55 dB(A) tags/45 bzw. 40 dB(A) nachts, für Friedhöfe, Kleingartenanlagen und Parkanlagen 55 dB(A) tags/nachts, für besondere Wohngebiete (WB) 60 dB(A) tags/45 bzw. 40 dB(A) nachts, für Dorfgebiete (MD) und Mischgebiete (MI) 50 dB(A) tags/50 bzw. 45 dB(A) nachts sowie für Kerngebiete (MK) und Gewerbegebiete (GE) 65 dB(A) tags/55 dB (A) bzw. 50 dB(A) nachts. Für sonstige Sondergebiete bestimmt sich die Schutzbedürftigkeit nach der jeweiligen Nutzungsart.

1444 Es ist dem Bereich der Tatsachenfeststellungen und nicht der Rechtsanwendung zuzuordnen, wenn ein Gericht ein technisches Regelwerk auslegt und hieraus im Einzelnen Folgerungen für den konkreten Fall zieht.[3119] Bestimmt erst eine in den **textlichen Festsetzungen** eines Bebauungsplans in Bezug genommene **DIN-Vorschrift**, unter welchen Voraussetzungen bauliche Anlagen im Plangebiet zulässig sind, ist den rechtsstaatlichen Anforderungen an die Verkündung von Rechtsnormen genügt, wenn die Gemeinde sicherstellt, dass die Betroffenen von der DIN-Vorschrift verlässlich und in zumutbarer Weise Kenntnis erlangen können.[3120] Es empfiehlt sich, die Vorschriften in der Gemeinde bereitzuhalten. Genügt der Bebauungsplan diesen Anforderungen an die Bestimmtheit der Festsetzungen nicht, kann der Verkündungsfehler ggf. durch Ergänzung des Normtextes, erneute Ausfertigung und erneute Bekanntmachung des Bebauungsplans geheilt werden; einer erneuten Offenlage, Abwägung und eines erneuten Ratsbeschlusses bedarf es nur, wenn sich der Inhalt der Festsetzungen ändert.[3121] Die planende Gemeinde muss für den Fall, dass eine Festsetzung des Bebauungsplans auf eine DIN-Vorschrift verweist und sich erst aus dieser Vorschrift ergibt, unter welchen Voraussetzungen ein Vorhaben planungsrechtlich zulässig ist, sicherstellen, dass die Planbetroffenen auch vom Inhalt der DIN-Vorschrift verlässlich und in zumutbarer Weise Kenntnis erlangen können; Ausnahmen für den Fall, dass sich der vom Bebauungsplan betroffene Personenkreis signifikant anders zusammensetzt als derjenige, der in einer Vielzahl von Bebauungsplänen planunterworfen ist, scheiden schon aus Gründen der Rechtssicherheit aus.[3122]

1445 **d) Gliederungsmöglichkeiten nach § 1 V und IX BauNVO.** Im Bebauungsplan kann nach § 1 V BauNVO festgesetzt werden, dass bestimmte Arten von Nutzungen, die nach den §§ 2 bis 9 sowie 13 und 13a BauNVO allgemein zulässig sind, nicht zulässig sind oder nur ausnahmsweise zugelassen werden können, sofern die allgemeine Zweckbestimmung des Baugebiets gewahrt bleibt. In beiden Varianten bedarf es einer städtebaulichen Begründung der Gemeinde. Von erheblicher Praxisrelevanz ist die Möglichkeit einer Gliederung nach § 1 V BauNVO für den Ausschluss von Handwerksbetrieben im Gewerbegebiet , für den Ausschluss von Spielhallen im Kerngebiet und für den Ausschluss von großflächigen Einzelhandelsbetrieben im Gewerbegebiet.[3123]

1446 Der Ausschluss einzelner in den Baugebieten allgemein oder ausnahmsweise zulässiger Nutzungen steht nicht im planerischen Belieben der Gemeinde. Von planerischem Belieben kann aber nach Auffassung des BVerwG bereits dann keine Rede mehr sein, wenn die Gemeinde mit der Planung städtebauliche Ziele verfolgt und Festsetzungen trifft, die der Verwirklichung

3119 BVerwG Beschl. v. 25.5.2005 – 9 B 41.04, juris.

3120 VGH Kassel Beschl. v. 26.10.2023 – 4 C 2447/20.N, juris Rn. 51; OVG Saarlouis Beschl. v. 10.10.2023 – 2 C 133/22, juris Rn. 15; BVerwG ZfBR 2010, 689; OVG Münster BauR 2010, 1038; NWVBL 2011, 141.

3121 OVG Koblenz NVwZ-RR 2009, 673; ZfBR 2007, 57.

3122 BVerwG BauR 2014, 503.

3123 Spannowsky in BeckOK BauNVO, 2023, Rn. 215.1.

dieser Ziele dienen. Die Gemeinde betreibt bereits dann städtebauliche Planung, wenn sie sich im Rahmen ihrer durch Planungsziele konkretisierten eigenen städtebaulichen Entwicklungs- und Ordnungsvorstellungen hält und den Festsetzungen in Bezug auf diese Ziele Förderpotential zukommt. Mehr ist nach Ansicht des BVerwG grundsätzlich nicht zu verlangen. Auf eine vollständige Verwirklichung des Planungsziels kommt es nicht an, die Zweck-Mittel-Relation ist nicht notwendigerweise kongruent. Folglich ist es im Hinblick auf § 1 III 1 BauGB nicht zu beanstanden, wenn die Gemeinde im Hinblick auf ein von ihr formuliertes planerisches Ziel nur solche Festsetzungen trifft, für die in der gegebenen Planungssituation Anlass besteht, weitergehende, aber ebenfalls der Zielverwirklichung dienende Festsetzungen jedoch unterlässt, weil sie hierfür aktuell keinen Handlungsbedarf sieht.[3124]

Beispiel: In einem Kerngebiet, das vorwiegend der Unterbringung von Handelsbetrieben sowie der zentralen Einrichtungen der Wirtschaft, der Verwaltung und der Kultur dient, dürfen nicht die Einzelhandelsbetriebe, Schank- und Speisewirtschaften insgesamt ausgeschlossen werden. Allerdings kann eine interne Gliederung eines Kerngebietes dahin gehend erfolgen, dass in Teilbereichen des Kerngebietes ein solcher Nutzungsausschluss etwa für ein Banken- und Verwaltungsviertel festgesetzt wird, während in anderen Teilen des Kerngebietes die vorgenannten Nutzungen zulässig bleiben.

§ 1 V BauNVO gilt gemäß § 1 III 3 BauNVO nicht für Sondergebiete nach §§ 10, 11 BauNVO. Mit der BauNVO 2017 ist der Geltungsbereich von § 1 V BauNVO nunmehr noch auf § 13a BauNVO und damit auf Ferienwohnungen ausgedehnt. Nicht anwendbar ist § 1 V BauNVO auf Stellplätze und Garagen, die in allen Baugebieten generell zulässig sind, sowie auf die in § 14 BauNVO geregelten Nebenanlagen. Die Ausschlussmöglichkeiten des müssen sich nicht auf alle in einer Nummer einer Baugebietsvorschrift zusammengefasste Nutzungen erstrecken („**Nummerndogma**"). Der **Ausschluss** kann auch auf eine **einzelne Nutzungsart** der in einer Nummer erwähnten Nutzungen beschränkt werden.[3125] **1447**

Beispiel: In einem Mischgebiet können etwa Einzelhandelsbetriebe, die dort nach § 6 I Nr. 3 BauNVO allgemein zulässig sind, in den Katalog der ausnahmsweise zulässigen Nutzungen verwiesen werden,[3126] während es hinsichtlich der ebenfalls in § 6 I Nr. 3 BauNVO erwähnten Schank- und Speisewirtschaften sowie Betrieben des Beherbergungswesens bei der allgemeinen Zulässigkeitsregelung verbleibt.

Wenn besondere städtebauliche Gründe dies rechtfertigen, kann nach § 1 IX BauNVO im Bebauungsplan bei Anwendung der § 1 V-VIII BauNVO festgesetzt werden, dass nur bestimmte Arten der in den Baugebieten allgemein oder ausnahmsweise zulässigen baulichen oder sonstigen Anlagen zulässig oder nicht zulässig sind oder nur ausnahmsweise zugelassen werden können. **1448**

Hinweis: Es empfiehlt sich, die städtebaulichen Gründe etwa für den Ausschluss von Nachbarschaftsläden im allgemeinen Wohngebiet in der Begründung zum Bebauungsplan im Einzelnen darzulegen. Anderenfalls besteht die Gefahr, dass diese Gründe bei gerichtlichen Auseinandersetzungen nicht genügend belegt werden können und diese Festsetzung oder sogar der gesamte Bebauungsplan für unwirksam erklärt wird, wenn die Abwägung nicht nachvollziehbar ist.

Der umfassende Ausschluss einzelner Nutzungsarten findet bereits in § 1 V BauNVO seine rechtliche Grundlage. Der Anwendung des § 1 IX BauNVO bedarf es daher nicht, wenn in einem Baugebiet eine Nutzungsart insgesamt ausgeschlossen werden soll.[3127] Eine städtebauliche Begründung, die den Ausschluss einzelner Nutzungen nach § 1 IX BauNVO rechtfertigt, wird in aller Regel auch den generellen Ausschluss der Nutzungsarten nach § 1 V BauNVO tragen.[3128] Der Ausschluss bestimmter Nutzungen nach § 1 V BauNVO im Bebauungsplan kann dabei wirksam sein, obwohl er nicht allein aus städtebaulichen Gründen erfolgt ist, wenn allein die angegebenen städtebaulichen Gründe eine tragfähige Grundlage für die Festsetzung **1449**

3124 BVerwGE 153, 16; Bönker in Bönker/Bischopink, BauNVO, 2024, § 1 Rn. 119.

3125 BVerwG NVwZ 1987, 1072; NVwZ 1987, 1074.

3126 Zum generellen Ausschluss von Einzelhandelsbetrieben BVerwG ZfBR 2013, 781; Beschl. v. 3.5.1993 – 4 NB 13.93, juris.

3127 So für den Ausschluss der Einzelhandelsnutzung BVerwG Beschl. v. 3.5.1993 – 4 NB 13.93, juris.

3128 BVerwG Beschl. v. 3.5.1993 – 4 NB 13.93, juris.

darstellen.[3129] Schließt eine Gemeinde in einem Gewerbegebiet nach § 1 V BauNVO Einzelhandelsbetriebe, Schank- und Speisewirtschaften sowie nicht kerngebietstypische Vergnügungsstätten nachträglich aus, um das produzierende Gewerbe zu stärken, so fordert § 1 III BauGB nicht den Nachweis, dass diese Nutzungsarten ohne die Beschränkung an anderen Standorten gefährdet sind.[3130]

1450 § 1 V BauNVO ermächtigt die Gemeinde allerdings nicht, außerhalb der in § 1 II BauNVO genannten Gebietstypen **andere Gebietstypen** zu entwickeln. Deshalb darf eine Gemeinde etwa in einem Bebauungsplan, der ein allgemeines Wohngebiet festsetzt, nicht alle Nutzungen nach § 4 II Nrn. 2 und 3 und III BauNVO ausschließen.[3131] Schließt die Gemeinde in einem Gewerbegebiet nach § 1 V BauNVO Einzelhandelsbetriebe,[3132] Schank- und Speisewirtschaften sowie nicht kerngebietstypische Vergnügungsstätten[3133] nachträglich aus, um das produzierende Gewerbe zu stärken, fordert § 1 III BauGB nicht den Nachweis, dass diese Nutzungsarten ohne die Beschränkung an anderen Standorten gefährdet sind.[3134] Ein Nutzungsausschluss nach § 1 V BauNVO[3135] kann mit einer Festsetzung nach § 1 X BauNVO[3136] kombiniert werden.[3137] Die Unzulässigkeit bestimmter Anlagen iS des § 1 X 1 BauNVO kann sich auch daraus ergeben, dass die Gemeinde von den Ausschlussmöglichkeiten nach § 1 V und VI BauNVO Gebrauch gemacht hat.[3138]

1451 **Gliederungsregelungen** können die Zulassung einzelner Unterarten von Einzelhandelsnutzungen im **Ausnahmewege** auch ohne Verstoß gegen den Bestimmtheitsgrundsatz davon abhängig machen, dass von diesen „keine negativen städtebaulichen Auswirkungen zu erwarten sein dürfen."[3139] Eine vertikale Gliederung in einem reinen Wohngebiet ist unzulässig. Auch eine vom landesrechtlichen Geschossbegriff abweichende Begriffsbestimmung ist im Rahmen einer geschossweisen Gliederung nach § 20 BauNVO unzulässig.[3140] Auch für Festsetzungen in einem Bebauungsplan, dass bestimmte bauliche Anlagen nur ausnahmsweise zulässig sind, wenn sie nicht zu einer merkbaren Erhöhung der Immissionen (Lärm, Gerüche) führen und sonstige öffentliche Belange nicht entgegenstehen, gibt es keine Rechtsgrundlage.[3141]

1452 Die Gemeinden dürfen in einem Bebauungsplan, mit dem sie gemäß § 11 II BauNVO ein Sondergebiet für einen großflächigen Handelsbetrieb festsetzen, Quadratmetergrenzen für die höchstzulässige Verkaufsfläche festsetzen.[3142] Diese Rechtsprechung ist auf Einkaufszentren unabhängig davon übertragbar, ob in ihnen nur ein Handelsbetrieb oder mehrere Handelsbetriebe zulässig sind. Denn Einkaufszentren sind in § 11 II 2, III 1 Nr. 1 BauNVO genannt und bilden damit eine von sonstigen großflächigen Einzelhandelsbetrieben zu unterscheidende eigenständige Kategorie. Neben der Festsetzung von Höchstverkaufsflächen lässt die Senatsrechtsprechung auch die Festsetzung einer Mindestverkaufsfläche oder Mindestverkaufsflächen für bestimmte Sortimente zu.[3143]

1453 Dabei handelt es sich – ungeachtet der mit ihr bezweckten Größenbegrenzung – um eine Vorschrift über die Art der baulichen Nutzung.[3144] Der Verordnungsgeber hat in § 11 II und III BauNVO mit der Bestimmung über Sondergebiete für großflächige Einzelhandelsbetriebe ein Baugebiet besonderer Art mit einem bestimmten Typ der baulichen Nutzung festgelegt.

3129 BVerwG BauR 1991, 713.

3130 BVerwG ZfBR 1999, 279.

3131 BVerwG NVwZ 1999, 1340.

3132 Zur Beschränkung der Geschossfläche von großflächigen Einzelhandelsbetrieben in Gewerbegebieten OVG Lüneburg BauR 1999, 1436.

3133 Ein Jugendzentrum ist keine Vergnügungsstätte iS der BauNVO, so VGH Mannheim BauR 1999, 1278. Zur Zumutbarkeit von Lichtimmissionen, die durch die Verglasung eines Wintergartens verursacht werden, im Rahmen des § 15 I BauNVO BVerwG BauR 1999, 1279.

3134 BVerwGE 34, 301; BVerwGE 88, 35; BVerwGE 92, 8.

3135 Ausschluss von Einzelhandelsbetrieben im Gewerbegebiet.

3136 Ausnahmsweise Zulässigkeit der Erweiterung von bestehenden Einzelhandelsbetrieben in räumlichem Zusammenhang mit vorhandenen Betriebsanlagen von Gewerbebetrieben.

3137 BVerwG ZfBR 1999, 279.

3138 BVerwG UPR 1999, 352; VGH München BauR 1999, 873.

3139 OVG Münster Urt. v. 22.4.1999 – 10a D 138/98.NE, juris.

3140 OVG Lüneburg BauR 2000, 71.

3141 OVG Münster ZfBR 2007, 351.

3142 BVerwG NVwZ 1990, 1071; BVerwGE 131, 86, Rn. 16; NVwZ 2010, 782.

3143 BVerwG DVBl. 2020, 1206; aA OVG Münster DVBl. 2015, 1325.

3144 OVG Lüneburg Urt. v. 7.7.2022 – 1 KN 165/19, juris Rn. 33.

Diese Nutzungsart bestimmt sich nach der Größe der Verkaufsfläche.[3145] Hieran kann die Gemeinde anknüpfen, wenn sie in einem Bebauungsplan für ein Sondergebiet Verkaufsflächengrenzen für Einzelhandelsgroßbetriebe festsetzt. Damit fächert die Gemeinde in Fortführung des vom Verordnungsgeber geschaffenen Konzepts einer nach der Betriebsgröße abgegrenzten besonderen Nutzungsart „großflächiger Einzelhandel" diese Art der Nutzung weiter auf. Diese Rechtsprechung lässt sich auf die Festsetzung einer Verkaufsfläche verbunden mit einer Begrenzung der Verkaufsfläche für Randsortimente übertragen.[3146] Die Zulässigkeit der von der Gemeinde für Sondergebiete getroffenen Festsetzungen über die Art der baulichen Nutzung findet ihre Grundlage in den §§ 10, 11 BauNVO. Dies gilt auch für Größenbegrenzungen der Verkaufsfläche in einem Sondergebiet für großflächigen Einzelhandel. Die im Bebauungsplan insoweit festgesetzte Grenze muss nicht einen bestimmten Anlagentyp als Unterart einer der in der Baunutzungsverordnung genannten Nutzungsarten repräsentieren. Vielmehr bildet die Gemeinde in einem von ihr zulässigerweise festgesetzten Sondergebiet selbst den Anlagentyp durch die von ihr bestimmte Größenbegrenzung. Allerdings muss die von der Gemeinde getroffene Bestimmung über eine höchstzulässige Verkaufsfläche der Sache nach städtebaulich begründet sein und den Anforderungen des Abwägungsgebotes genügen; willkürliche Verkaufsflächengrenzen darf die Gemeinde im Bebauungsplan nicht ziehen.[3147] **Sortimentsbezogene Beschränkungen** in der **Verkaufsfläche** sind zulässig, wenn sie sich auf die Art der Nutzung beziehen.[3148] Eine vorhabenunabhängige Verkaufsflächenkontingentierung, die sich auf das Baugebiet bezieht, ist hingegen grundsätzlich unzulässig.[3149] Für eine gebietsbezogene Festsetzung einer Verkaufsflächenobergrenze fehlt eine Rechtsgrundlage. Die BauNVO regelt die Fälle, in denen der Satzungsgeber ermächtigt wird, Nutzungsanteile in Form von Quoten festzulegen, abschließend in den §§ 4a IV Nr. 2, 6a IV Nr. 3, Nr. 4 und 7 IV 1 Nr. 2 BauNVO. Diese Ermächtigungen regeln abschließend Sonderfälle, die auf andere Festsetzungen nicht übertragbar sind und deshalb bei der Festsetzung von Verkaufsflächenbeschränkungen keine Anwendung finden.[3150]

Eine Beschränkung der Zahl zulässiger Vorhaben in einem sonstigen Sondergebiet (§ 11 I 1454
BauNVO) ist mangels Rechtsgrundlage unwirksam. § 11 II 1 BauNVO lässt es zu, die höchstzulässige Verkaufsfläche für die Grundstücke in einem Bebauungsplan in der Form festzusetzen, dass die maximale Verkaufsfläche für jeweils einzelne Grundstücke festgelegt wird, sofern dadurch die Ansiedlung bestimmter Einzelhandelsbetriebstypen und damit die Art der Nutzung im Sondergebiet geregelt werden soll.[3151] Hat eine Gemeinde ohne Rechtsgrundlage und damit unwirksam in einem Sondergebiet die Anzahl von kern- bzw. sondergebietstypischen Einzelhandelsvorhaben beschränkt, hat sie diese Festsetzung aber mit einer Verkaufsflächenbegrenzung gekoppelt und besteht die als Sondergebiet ausgewiesene Fläche nur aus einem vorhabengeeigneten Grundstück, bleibt die Festsetzung als grundstücksbezogene Verkaufsflächenbegrenzung aufrechterhalten, sofern nach den Grundsätzen der Teilunwirksamkeit bauplanungsrechtlicher Festsetzungen die verbleibende Regelung zur Gewährleistung einer sinnvollen städtebaulichen Ordnung geeignet ist und zudem davon auszugehen ist, dass die Gemeinde die so verbleibende „Rest-Festsetzung" auch ohne die unwirksame zahlenmäßige Beschränkung erlassen hätte.[3152]

e) Umkehr des Regel-Ausnahme-Verhältnisses. Ergänzend zu § 1 V BauNVO, der Dif- 1455
ferenzierungsmöglichkeiten für die im jeweiligen Abs. 2 der Baugebietsvorschriften als allgemein zulässig aufgeführten Nutzungen vorsieht, ergänzt § 1 VI BauNVO die Differenzierungsmöglichkeiten für die in den Abs. 3 der Baugebietsvorschriften geregelten ausnahmsweise

---

[3145] OVG Lüneburg Urt. v. 7.7.2022 – 1 KN 165/19, juris Rn. 33; BVerwG BauR 1987, 528.

[3146] OVG Lüneburg Urt. v. 7.7.2022 – 1 KN 165/19, juris Rn. 33; BVerwG NVwZ 1990, 1071; zur Zulässigkeit einer Begrenzung von Randsortimenten auf der Grundlage von § 1 IX BauNVO BVerwG Urt. v. 27.3.2013 – 4 CN 7.11, juris Rn. 22.

[3147] OVG Lüneburg Urt. v. 7.7.2022 – 1 KN 165/19, juris Rn. 34; BVerwG Urt. v. 27.4.1990 – 4 C 36.87, juris Rn. 30; Beschl. v. 15.12.2021 – 4 B 12.21, juris Rn. 4; zu Verkaufsflächenbegrenzungen in Bebauungsplänen siehe auch Fricke ZfBR 2019, 534; zu Rechtsfragen der Einzelhandelssteuerung siehe Arndt/Heyn UPR 2020, 281; Zimmermann NVwZ 2023, 400.

[3148] VGH München Urt. v. 25.10.2005 – 2 N 04.2476.

[3149] BVerwG DVBl. 2008, 981; BauR 2013, 1812.

[3150] Fricke DVBl. 2020, 1209.

[3151] BVerwG NVwZ 2020, 399 mit Anm. v. Giesecke/Krupp NVwZ 2020, 403 und mit Anm. Fricke DVBl. 2020, 1209.

[3152] VGH München DÖV 2021, 601; BVerwGE 166, 378

zulässigen Nutzungen. § 1 VI BauNVO gibt die Grundlage für den **Ausschluss von Ausnahmen** und die **Umwandlung in allgemein zulässige Nutzungen**. Nach § 1 VI BauNVO kann festgesetzt werden, dass alle oder einzelne Ausnahmen, die in den Baugebieten nach den §§ 2 bis 9 BauNVO vorgesehen sind, (1) nicht Bestandteil des Bebauungsplans werden oder (2) in dem Baugebiet allgemein zulässig sind, sofern die allgemeine Zweckbestimmung des Baugebietes gewahrt bleibt.[3153] Die Vorschrift ermöglicht den Ausschluss von Ausnahmen, die in den jeweiligen Abs. 3 der Baugebietsregelungen der BauNVO aufgeführt sind. Einzelne nach der BauNVO ausnahmsweise zugelassene Nutzungen können jedoch im Bebauungsplan zu regelmäßig zulässigen Nutzungen erklärt werden.

Beispiel: In einem reinen Wohngebiet (Atriumhausbebauung oder Villenviertel) können nicht störende Handwerksbetriebe, die nach § 3 II Nr. 1 BauNVO zu den allgemein zulässigen Nutzungen gehören, auch ausnahmsweise ausgeschlossen werden. In einem Gewerbegebiet können die nach § 8 III 2 BauNVO ausnahmsweise zulässigen Vergnügungsstätten zu den allgemein zulässigen Nutzungsarten erklärt werden. Die Regelungen bedürfen jedoch der städtebaulichen Begründung und müssen den Gebietscharakter und die Zweckbestimmung des Baugebietes wahren.

Beispiel Beherbergungsbetrieb im allgemeinen Wohngebiet: Nach § 1 VI Nr. 1 BauNVO kann bestimmt werden, dass in einem allgemeinen Wohngebiet Beherbergungsbetriebe mit Ausnahme von Ferienwohnungen nicht Bestandteil des Bebauungsplans werden.[3154]

Während es für eine Festsetzung, wonach Ausnahmen nicht Bestandteil des Bebauungsplans werden, nicht auf die Wahrung der allgemeinen Zweckbestimmung als zu beachtende Voraussetzung ankommt, muss bei Festsetzungen, wonach Ausnahmen als allgemein zulässige Nutzungen gelten sollen, die Wahrung der allgemeinen Zweckbestimmung geprüft werden. Der Grund für diese Differenzierung ergibt sich daraus, dass die allgemeine Zweckbestimmung eines Baugebiets im Wesentlichen durch die dort allgemein zulässigen Nutzungsarten bestimmt wird, so dass in aller Regel der Ausschluss einzelner oder sogar sämtlicher Ausnahmen die Zweckbestimmung des Baugebiets nicht berührt.[3155]

Die Vorschriften über Stellplätze und Garagen (§ 12) sowie zu Gebäuden und Räumen für freie Berufe (§ 13) enthalten keine Ausnahmen iSv § 1 VI BauNVO, so dass insoweit kein Anwendungsbedarf besteht.[3156]

1456 **f) Vertikale Gliederung.** Eine vertikale Gliederung wird durch § 1 VII BauNVO ermöglicht. Nach dieser Vorschrift kann für die Baugebiete nach den §§ 4 bis 9 BauNVO bei Rechtfertigung durch besondere städtebauliche Gründe[3157] festgesetzt werden, dass in bestimmten Geschossen, Ebenen oder sonstigen Teilen baulicher Anlagen.

(1) nur einzelne oder mehrere der in dem Baugebiet allgemein zulässigen Nutzungen zulässig sind,
(2 einzelne oder mehrere der in dem Baugebiet allgemein zulässigen Nutzungen unzulässig sind oder als Ausnahme zugelassen werden können oder
(3) alle oder einzelne Ausnahmen, die in den Baugebieten nach den §§ 4 bis 9 BauNVO vorgesehen sind, nicht zulässig oder, sofern die allgemeine Zweckbestimmung des Baugebietes gewahrt bleibt, allgemein zulässig sind.

1457 Die Vorschrift ermöglicht damit eine vertikale Gliederung durch **schichtenweise Festsetzungen** und ergänzt § 9 III BauGB, wonach im Bebauungsplan Festsetzungen für übereinander liegende Geschosse und Ebenen und sonstige Teile baulicher Anlagen gesondert getroffen werden können; § 9a Nr. 3 BauGB iVm § 9 III 2 BauGB ermächtigt den Verordnungsgeber zu entsprechenden Regelungen in der BauNVO. In Kleinsiedlungsgebieten und reinen Wohngebieten besteht allerdings für eine solche Gliederung kein Bedürfnis. Für Sondergebiete enthalten die §§ 10 und 11 BauNVO besondere Festsetzungsmöglichkeiten. Da die vertikale Gliederung zu nicht unerheblichen Beeinträchtigungen der Nutzungsbefugnisse führen kann, sind solche Festsetzungen besonders zu begründen. Dabei hat die Gemeinde auch Mehraufwendungen oder Rentabilitätsüberlegungen in die Abwägung einzustellen und diese gegen die städtebaulichen Gründe abzuwägen.

3153 BVerwG BRS 58 Nr. 23 (1996).
3154 VGH Kassel NVwZ-RR 2020, 622.
3155 Roeser in König/Roeser/Stock, BauNVO, 2022, § 1 Rn. 75.
3156 Roeser in König/Roeser/Stock, BauNVO, 2022, § 1 Rn. 73.
3157 BVerwG NVwZ 1997, 896.

Beispiel: Besondere städtebauliche Gründe können etwa vorliegen, wenn die Erdgeschossnutzung einer Fußgängerzone im Innenstadtbereich Einzelhandelsbetrieben, sonstigen Läden oder Schank- und Speisewirtschaften vorbehalten bleibt oder in Mischgebieten die Vergnügungsstätten in die Obergeschossebenen verwiesen werden.

Der Baugebietskatalog kann dabei auf nur einzelne oder mehrere allgemein zulässige Nutzungen beschränkt werden, wobei der Positivkatalog zugleich den Ausschluss der nicht erwähnten Nutzungen beinhaltet (§ 1 VII Nr. 1 BauNVO). Durch Negativregelungen können im Baugebiet allgemein zulässige Nutzungen ganz ausgeschlossen oder in Ausnahmen umgewandelt werden (§ 1 VII Nr. 2 BauNVO). Auch können Ausnahmen ausgeschlossen oder in eine allgemeine Zulässigkeit umgewandelt werden (§ 1 VII Nr. 3 BauNVO). 1458

Eine **durchgängige vertikale (geschossweise) Gliederung** von Nutzungsarten kann im nicht beplanten Innenbereich bei unterschiedlich geprägter Umgebung auf der Grundlage von § 34 II BauGB, § 15 BauNVO daher nicht erreicht werden. Eine solche besondere Gliederung setzt vielmehr einen Bebauungsplan gem. § 9 III BauGB, § 1 VII BauNVO voraus.[3158] 1459

Festsetzungen von vertikalen Gliederungen gem. § 1 VII BauNVO bedürfen darüber hinaus einer **besonderen städtebaulichen Begründung**, die speziell auf eine nach Geschossen, Ebenen oder sonstigen Teilen baulicher Anlagen geordnete Verteilung bestimmter Nutzungsarten auf den einzelnen Grundstücken ausgerichtet ist und die damit verbundene qualifizierte Einschränkung der Eigentümerbefugnisse zu rechtfertigen vermag.[3159] Das „Besondere" der städtebaulichen Gründe gegenüber § 1 V BauNVO besteht nur darin, dass es gerade Gründe für die noch feinere Ausdifferenzierung geben muss. Das Planungsziel der Erhaltung einer gewachsenen Mischstruktur und die Verhinderung des Verödens eines Stadtbereichs ist dabei grundsätzlich geeignet, als besonderer städtebaulicher Grund iS des § 1 VII BauNVO die Festsetzung einer ausschließlichen Wohnnutzung oberhalb eines bestimmten Geschosses zu tragen. Dagegen rechtfertigt das Ziel der „Bereitstellung von stadtnahem Wohnraum" für sich allein eine geschossweise Festsetzung von Wohnnutzung in einem Mischgebiet nach § 1 VII BauNVO nicht.[3160] Bei solchen Festsetzungen ist jeweils das Gebot der nachbarlichen Rücksichtnahme zu beachten. Begrenzt ein Bebauungsplan die Anzahl der Wohnungen je Baugrundstück, so kann – auch wenn die Festsetzungen keine drittschützende Wirkung haben – Nachbarschutz in entsprechender Anwendung des § 15 BauNVO gegeben sein.[3161] 1460

g) Beschränkung auf Teile des Baugebietes. Nach § 1 VIII BauNVO können die Gliederungs- und Ausschlussmöglichkeiten des § 1 IV bis VII BauNVO auf Teile des Baugebietes beschränkt werden. Die Vorschrift ermöglicht daher eine innere Differenzierung der Baugebiete, wobei allerdings Einzelfallregelungen im Hinblick auf das Abwägungsgebot und den Gleichbehandlungsgrundsatz vermieden werden sollten. Die Beschränkung sollte eine im Verhältnis zur Planung ausreichende Grundstücksfläche und einen größeren Kreis von Betroffenen erfassen. Auch diese Beschränkungen sind nur aus städtebaulichen Gründen zulässig, die in der Bebauungsplanbegründung dargelegt werden sollten. 1461

h) Weitere Differenzierung nach der Anlagenart. Eine im Vergleich zu § 1 V BauNVO feingliedrigere Differenzierung der Nutzungsmöglichkeiten bietet § 1 IX BauNVO.[3162] Danach kann bei Rechtfertigung durch besondere städtebauliche Gründe im Bebauungsplan bei Anwendung von § 1 V bis VIII BauNVO festgesetzt werden, dass nur bestimmte Arten der in den Baugebieten allgemein oder ausnahmsweise zulässigen baulichen oder sonstigen Anlagen zulässig oder nicht zulässig sind oder nur ausnahmsweise zugelassen werden können. Die Regelung ermöglicht damit, die Gliederungs- und Differenzierungsmöglichkeiten auf einzelne Nutzungsarten zu beziehen, die sich als Teile von in den Baugebietsvorschriften der BauNVO erwähnten Nutzungen darstellen. § 1 IX BauNVO gestattet damit, über § 1 V BauGB hinausgehend, auch einzelne Unterarten von Nutzungen sowie Anlagen mit planerischen Festsetzungen nach § 1 V bis VIII BauNVO zu erfassen.[3163] 1462

Festsetzungen, die auf die **Größe** von Anlagen abstellen (etwa Verkaufsfläche von Handelsbetrieben), sind jedoch nur zulässig, wenn dadurch bestimmte Arten von baulichen Anlagen 1463

3158 BVerwG BauR 1990, 326.
3159 BVerwG NVwZ 1997, 896.
3160 BVerwG DVBl. 1991, 1153.
3161 BVerwG ZfBR 1992, 79.
3162 OVG Bautzen Urt. v. 15.12.2022 – 1 C 41/20, juris Rn. 31.
3163 BVerwGE 77, 308; BVerwGE 77, 317.

oder sonstigen Anlagen (Anlagetypen) – ggf. auch unter Berücksichtigung der besonderen Verhältnisse der Gemeinde – zutreffend gekennzeichnet werden.[3164] Mit der erforderlichen Rechtfertigung durch besondere städtebauliche Gründe nach § 1 IX BauNVO sind Festsetzungen nicht notwendig von erschwerten Voraussetzungen abhängig. Vielmehr ist hiernach erforderlich, aber auch ausreichend, dass es spezielle städtebauliche Gründe gerade für die gegenüber § 1 V BauNVO noch feinere Ausdifferenzierung der zulässigen Nutzung gibt.[3165] Das Besondere der städtebaulichen Gründe muss daher nicht darin bestehen, dass sie ein größeres oder zusätzliches Gewicht haben. Vielmehr ist mit besonderen städtebaulichen Gründen gemeint, dass es spezielle Gründe gerade für diese Beschränkung der baulichen Ausnutzbarkeit der betroffenen Grundstücke geben muss. Auch Gründe der straßenverkehrsmäßigen Erschließung oder ökologische Gesichtspunkte, die in einem Plangebiet gegeben sind, können daher weitere Ausdifferenzierungen iS von § 1 IX BauNVO rechtfertigen. Es sind Faktoren, denen nach den konkreten Verhältnissen in einem Plangebiet besondere städtebauliche Bedeutung zukommen kann.[3166] Dabei muss es sich allerdings um Festsetzungen für einen eigenen Anlagentyp handeln – also eine Gruppe von Anlagen, die von anderen Anlagen deutlich unterschieden werden können. Zudem bedarf die Prägung eines solchen Anlagentyps in der gemeindlichen Bauleitplanung einer besonderen Begründung. Der Bebauungsplan bzw. dessen Begründung[3167] muss dabei erkennen lassen, dass mit den Festsetzungen ein bestimmter Typ von baulichen und sonstigen Anlagen erfasst wird. Für die Umschreibung und Abgrenzung des Typs der Anlage kann die Gemeinde dabei zwar auf besondere, in ihrem Bereich vorherrschende Verhältnisse abstellen. Eine Planung konkreter Einzelprojekte ist ihr aber auch nach § 1 IX BauNVO nicht gestattet. Den Einsatz dieser städtebaulichen Steuerungsinstrumente stellt das BVerwG zudem unter das Abwägungs- und Begründungsgebot: Die Begrenzung der höchstzulässigen Verkaufsfläche trägt die Umschreibung eines Typs von baulichen Anlagen nicht gleichsam in sich selbst. Vielmehr muss die Gemeinde darlegen, warum Betriebe unter bzw. über einer bestimmten Größe generell oder doch jedenfalls unter Berücksichtigung der besonderen örtlichen Verhältnisse eine bestimmte Art von baulichen Anlagen darstellen. Diese Erläuterung der vom planerischen Zugriff erfassten Anlagen ist nicht gleichzusetzen mit den nach § 1 IX BauNVO erforderlichen besonderen städtebaulichen Gründen. Es bedarf vielmehr einer eigenständigen Begründung dafür, warum Anlagen einer bestimmten Größe eine bestimmte Art von Anlagen sind.[3168]

Beispiel: Die Gemeinde lässt in den unmittelbar an das Ortszentrum anschließenden Wohngebieten Einzelhandelsnutzungen nur bis zu einer Verkaufsfläche von 300 m² allgemein und bis zu einer Verkaufsfläche von 500 m² ausnahmsweise zu. Für solche Festsetzungen unterliegt die Gemeinde einem doppelten Rechtfertigungs- und Begründungszwang. Sie muss zunächst den Anlagentyp einer Einzelhandelsnutzung mit der Verkaufsflächenbegrenzung von 300 m² bzw. 500 m² von anderen Formen der Einzelhandelsnutzung abgrenzen und begründen, warum die vorgenannten Größenbegrenzungen einen besonderen Anlagentyp der Einzelhandelsbetriebe darstellen. Sodann sind die besonderen städtebaulichen Gründe für die in den umliegenden Wohngebieten vorgenommenen Ausschluss- bzw. Begrenzungsregelungen darzulegen. Erweisen sich die Begründungen in der einen oder anderen Richtung nicht als tragfähig, ist die vorgenommene Differenzierung unwirksam, was ggf. zur Unwirksamkeit der gesamten Festsetzung oder sogar des gesamten Bebauungsplans führen kann.

1464 § 1 IX BauNVO gestattet eine gegenüber § 1 V BauNVO[3169] noch **feinere Differenzierung** nach **Anlagenmerkmalen**. Einzelne Unterarten von Nutzungen nach § 1 IX BauNVO können auch durch die Beschreibung von Ausstattungsmerkmalen einer Anlage zutreffend bezeichnet werden.[3170] Bemühungen einer Gemeinde, ihren Innenstadtbereich zu sanieren und seine Attraktivität zu steigern, stellen besondere städtebauliche Gründe iS des § 1 IX BauNVO

[3164] Zu Möglichkeiten und Grenzen der Steuerung von Einzelhandelszentren durch Verkaufsflächenobergrenzen Zimmermann NVwZ 2023, 400.

[3165] BVerwGE 77, 317.

[3166] So zu § 9 I Nr. 6 BauGB BVerwG BauR 1995, 65.

[3167] BVerwGE 77, 317.

[3168] BVerwGE 77, 317.

[3169] OVG Berlin-Brandenburg Urt. v. 19.3.2008 – 2 A 3.08, juris; BVerfG NVwZ 2008, 78; BVerwG NVwZ 1997, 683; NVwZ 1992, 879; NVwZ-RR 1990, 122.

[3170] OVG Saarlouis BRS 73 Nr. 113 (2008).

dar, die den Ausschluss von Werbeanlagen für Fremdwerbung auch in Misch- und Kerngebieten rechtfertigen können.[3171] Für die Ermittlung eines Anlagentyps im Sinne von § 1 IX BauNVO ist das Gemeindegebiet oder ein städtebaulich abgrenzbares Teilgebiet mit besonderen örtlichen Verhältnissen zu untersuchen. Begrifflich setzt ein Anlagentyp voraus, dass diese Art der baulichen Nutzung nicht nur an einem einzelnen Standort vorhanden ist, wobei es innerhalb des Anlagentyps eine Variationsbreite geben kann.[3172] Die Gliederungsmöglichkeiten des § 1 IV bis IX BauNVO lassen es nicht zu, im Mischgebiet eine Beschränkung des Wohnnutzungsanteils auf einen bestimmten Prozentsatz der Geschossfläche oder eine Beschränkung der Wohnungen auf zwei Wohneinheiten je Gebäude festzusetzen.[3173] § 1 IX BauNVO gestattet – über § 1 V BauNVO hinausgehend -, einzelne Unterarten von Nutzungen, welche die BauNVO selbst nicht angeführt hat, mit planerischen Festsetzungen zu erfassen. Während bereits nach § 1 V BauNVO einzelne der unter einer Nummer einer Baugebietsvorschrift der BauNVO zusammengefassten Nutzungen im Bebauungsplan ausgeschlossen werden können, können nach § 1 IX BauNVO weitergehende Differenzierungen vorgenommen werden. Ziel des § 1 IX BauNVO ist es mithin, die allgemeinen Differenzierungsmöglichkeiten der Baugebietstypen nochmals einer „Feingliederung" unterwerfen zu können, falls sich hierfür besondere städtebauliche Gründe ergeben, um die Vielfalt der Nutzungsarten im Plangebiet zu mindern. Die Planungsfreiheit der Gemeinden ist lediglich dadurch begrenzt, dass sich die Differenzierungen auf bestimmte Anlagentypen beziehen müssen, die es in der sozialen und ökonomischen Realität bereits gibt. Bordelle oder bordellähnliche Betriebe stellen Unterarten eines Gewerbebetriebes iSv § 8 II Nr. 1 BauNVO dar. Sie können folglich in einem durch Bebauungsplan festgesetzten Gewerbegebiet über § 9 I Nr. 1 BauGB iVm § 1 IX BauNVO ausgeschlossen werden.[3174]

Bei der Änderung eines nach § 173 III 1 BBauG 1960 übergeleiteten Bebauungsplans[3175] 1465
kann die Art der baulichen Nutzung auch ohne Festsetzung eines Baugebietes iS von § 1 II BauNVO nach Maßgabe des § 1 IX BauNVO eingeschränkt werden. Die Gemeinde darf aber bei der Änderung übergeleiteter Bebauungspläne keine von den Baugebietstypen des § 1 II BauNVO abweichenden Baugebiete festsetzen. Sie kann jedoch zur Beschreibung von Gebieten, in denen sie gem. § 1 IX BauNVO Einschränkungen festsetzt, abweichende (deklaratorische) Gebietsbezeichnungen verwenden.[3176]

i) Bestandsorientierte Planungen. Wären bei Festsetzung eines Baugebiets nach den §§ 2 1466
bis 9 BauNVO in überwiegend bebauten Gebieten bestimmte vorhandene bauliche und sonstige Anlagen unzulässig, kann nach § 1 X 1 BauNVO im Bebauungsplan festgesetzt werden, dass Erweiterungen, Änderungen, Nutzungsänderungen und Erneuerungen dieser Anlagen allgemein zulässig sind oder ausnahmsweise zugelassen werden können. Im Bebauungsplan können nach § 1 X 2 BauNVO nähere Bestimmungen über die Zulässigkeit getroffen werden. Die allgemeine Zweckbestimmung des Baugebiets muss in seinen übrigen Teilen gewahrt bleiben (§ 1 X 3 BauNVO).

§ 1 X BauNVO ermöglicht die **Festsetzung von Fremdkörpern**[3177] aus Gründen einer 1467
bestandsorientierten Planung.[3178] Die Baugebietstypen der BauNVO lassen sich besonders in gewachsenen städtischen Strukturen, in Gemengelagen[3179] oder in sanierungsbedürftigen Gebieten nicht immer vollständig verwirklichen. Es bedarf vielmehr in solchen Gebieten häufig der Berücksichtigung des vorhandenen Bestandes und der Tatsache, dass sich durch die unterschiedlichen Nutzungen auf engem Raum Fremdkörpersituationen und Gemengelagen entwickelt haben, die durch planerische Festsetzungen nicht in einem Schlage lösbar sind. Vielfach erscheint eine Änderung der gewachsenen Struktur durch eine künstlich aufgesetzte Orientierung an einem Baugebietstyp der BauNVO auch nicht sinnvoll. Für solche Fälle bietet § 1 X BauNVO erweiterte Festsetzungsmöglichkeiten iS bestandsorientierter Planungen. Im

---

3171 VGH Mannheim VBlBW 2008, 445; BVerwGE 91, 23.

3172 OVG Greifswald NVwZ-RR 2008, 447.

3173 So BVerwG BauR 1991, 169.

3174 BVerwG ZfBR 2014, 574; BVerwGE 77, 317; BVerwGE 77, 308 und BVerwG NVwZ 2009, 1228; Beschl. v. 27.7.1998 – 4 BN 31.98 -Buchholz 406.12 § 1 BauNVO Nr. 25; BVerwGE 68, 213.

3175 BVerwGE 108, 190.

3176 BVerwG DVBl. 1992, 32.

3177 BVerwGE 84, 322.

3178 BVerwG ZfBR 1999, 279; VGH München NVwZ-RR 2000, 79.

3179 BVerwGE 50, 49.

Bebauungsplan können nähere Bestimmungen über die Zulässigkeit getroffen werden. Die allgemeine Zweckbestimmung des Baugebietes muss in seinen übrigen Teilen dabei gewahrt bleiben (§ 1 X 2, 3 BauNVO). Von der Ausnahmeermächtigung für baugebietswidrige Vorhaben nach § 1 X BauNVO kann auch dann Gebrauch gemacht werden, wenn die vorhandene bauliche Anlage bereits vor der Festsetzung baugebietswidrig war, jedoch Bestandsschutz aufgrund einer bestandskräftigen Baugenehmigung genießt. Die Anwendung des § 1 X BauNVO verlangt nicht die gleichzeitige Festsetzung eines Baugebiets.[3180] Bei dem erweiterten Bestandsschutz nach § 1 X BauNVO muss sich aus den textlichen oder zeichnerischen Festsetzungen des Bebauungsplans allerdings ergeben, auf welche konkret vorhandenen Anlagen sich der Bestandsschutz beziehen soll.[3181]

1468 § 1 X BauNVO setzt voraus, dass die Anlage, zu deren Absicherung erweiternde bestandssichernde Festsetzungen getroffen werden, innerhalb des Baugebiets **keine die städtebauliche Situation beherrschende Größe** aufweist.[3182] Anderenfalls käme den nach den Baugebietsfestsetzungen nach §§ 2 ff BauNVO allgemein zulässigen Anlagen keine prägende Wirkung mehr zu, sodass diese Festsetzungen weitgehend leerzulaufen drohten.[3183] § 1 X BauNVO ermöglicht nur Sonderregelungen für solche bauliche Anlagen, die im Verhältnis zur Größe des Baugebiets kleinere „Einsprengsel" von geringem Flächenumfang darstellen.[3184] Es darf sich bei den von einer „Fremdkörperfestsetzung" betroffenen Anlagen nur um einzelne Objekte handeln, die auch flächenmäßig im Verhältnis zum gesamten Baugebiet lediglich von geringer Ausdehnung sind. Die Bereiche mit Sonderregelungen nach § 1 X BauNVO dürfen nur einen untergeordneten Prozentanteil des gesamten Baugebiets einnehmen.[3185] Dies gilt auch für die Änderung oder Ergänzung von Bebauungsplänen (§ 1 X 4 BauNVO). Der noch zulässige Wert für das Größenverhältnis zwischen einer nach § 1 X BauNVO zu sichernden Anlage und dem Baugebiet, in dem sie liegt, lässt sich nach Ansicht des OVG Hamburg nicht abstrakt numerisch, sondern nur durch eine wertende Betrachtung der tatsächlichen Verhältnisse im Einzelfall bestimmen. Die Anlage darf lediglich eine Größe aufweisen, mit der sie das Baugebiet nicht derart dominieren kann, dass ein andersartiges Baugebiet festzusetzen wäre.[3186]

1469 Die durch die BauNVO 1990 eingeführte Regelung dient einer **bestandsorientierten Planung**, der Unterstützung der Innenentwicklung und der Absicherung von Investitionen insbesondere an vorhandenen Gewerbebetrieben und soll zugleich dem Planungsziel des § 1 V 2 Nr. 4 BauGB dienen, vorhandene Ortsteile zu erhalten, zu erneuern und fortzuentwickeln. Nutzungen, die durch die Überplanung solcher Gebiete mit der Festsetzung eines Baugebietes nach der BauNVO ggf. unzulässig werden, sollen bei entsprechender **Rechtfertigung durch städtebauliche Gründe** im Bebauungsplan für allgemein oder für ausnahmsweise zulässig erklärt werden können.[3187] § 1 X BauNVO ist auch dann anwendbar, wenn die Anlage in dem betreffenden Baugebiet unzulässig ist, weil sie einer Nutzung zuzurechnen ist, die dort einem Nutzungsausschluss nach § 1 V BauNVO unterliegt.[3188] Die Festsetzungsmöglichkeiten in § 1 X BauNVO sind **anlagen-** und damit **einzelfallbezogen**.

Beispiel: Die Gemeinde setzt für einen Bereich, der von Wohnbebauung geprägt ist, in dem sich aber eine (störende) Schreinerei mit größerem Maschinenpark befindet, ein allgemeines Wohngebiet fest, um der Wohnnutzung in der künftigen Entwicklung des Gebietes einen Vorrang einzuräumen. Zugleich könnte der Schreinerei, die in einem solchen allgemeinen Wohngebiet nach § 4 II und III BauNVO unzulässig wäre, durch eine bestandssichernde Festsetzung nach § 1 X BauNVO der Verbleib gesichert werden. Die Festsetzungen könnten sich auch auf Betriebserweiterungen beziehen. Dabei sollte jedoch möglichst etwa durch Schallschutzmaß-

[3180] OVG Koblenz DVBl. 2007, 1050.
[3181] OVG Münster NVwZ-RR 2008, 13.
[3182] VGH München NVwZ-RR 2024, 177 = juris Rn. 17.
[3183] VGH München Urt. v. 8.8.2023 – 1 N 20.2600, juris Rn. 17.
[3184] VGH München Urt. v. 8.8.2023 – 1 N 20.2600, juris Rn. 17; OVG Hamburg NordÖR 2020, 125; VGH München NVwZ-RR 2017, 953; OVG Münster BauR 2015, 1618; OVG Lüneburg BauR 2002, 906; OVG Münster NuR 2008, 811; VGH München NVwZ-RR 2017, 953.
[3185] VGH München Urt. v. 8.8.2023 – 1 N 20.2600, juris Rn. 17; NVwZ-RR 2017, 953; OVG Münster BauR 2015, 1618; OVG Lüneburg BauR 2002, 906.
[3186] OVG Hamburg NordÖR 2020, 125.
[3187] Zur Überplanung durch Ausschluss weiterer Bebauung VGH Kassel Urt. v. 30.11.1998 – 4 N 3576/89, juris.
[3188] BVerwG ZfBR 1999, 279.

nahmen (Schirmbebauung) eine Verbesserung der Konfliktsituation zur benachbarten Wohnbebauung erreicht werden. Die Abwägung, ob in einem Wohngebiet Lärm zumutbar ist, der die Orientierungswerte der DIN 18005 von 10 dB(A) und mehr überschreitet, ist allerdings fehlerhaft, wenn als lärmmindernd solche Baukörper berücksichtigt werden, deren tatsächliche Errichtung nicht sichergestellt ist.[3189] Die Festsetzung eines eingeschränkten kleinen Gewerbegebiets bei gleichzeitiger Zulassung der „Erweiterung, Änderung und Erneuerung vorhandener baurechtlich genehmigter landwirtschaftlicher Anlagen" verstößt gegen die allgemeine Zweckbestimmung des Gebiets und ist auch von § 1 X BauNVO nicht gedeckt, wenn nahezu alle vorhandenen Anlagen im Gebiet (nur) zu landwirtschaftlichen Zwecken baurechtlich genehmigt sind.[3190]

Hinweis: Der erweiterte Bestandsschutz im Bebauungsplanverfahren nach § 1 X BauNVO ermöglicht zur Sicherung des vorhandenen Bestandes die (anlagenbezogene) Zulassung einer gebietsfremden Nutzung, bietet aber keine Handhabe zur Korrektur der Festsetzungen eines Bebauungsplans hinsichtlich des Maßes der baulichen Nutzung und der überbaubaren Grundstücksflächen.[3191]

Bei einer Fremdkörperfestsetzung nach § 1 X BauNVO handelt es sich um eine **anlagenbezogene Festsetzung** im Sinne einer **Einzelfallregelung**. Die Festsetzungen müssen sich auf 1470
konkret vorhandene Anlagen beziehen.[3192] Von der Regelung kann auch dann Gebrauch gemacht werden, wenn die Anlage bereits vor dem Erlass oder der Änderung des Bebauungsplans nicht (mehr) hätte genehmigt werden können; das gilt jedenfalls, wenn sie aufgrund einer bestandskräftigen Baugenehmigung Bestandsschutz genießt.[3193] § 1 X BauNVO ermöglicht zur Sicherung des vorhandenen Bestandes die (anlagenbezogene) Zulassung einer gebietsfremden Nutzung, bietet aber keine Handhabe zur Korrektur der Festsetzungen eines Bebauungsplans hinsichtlich des Maßes der baulichen Nutzung und der überbaubaren Grundstücksflächen[3194] und räumt der Gemeinde auch kein eigenständiges Anlagenerfindungsrecht ein.[3195] § 1 X BauNVO bezieht sich auf Nutzungsformen, die in der Beschreibung der Baugebiete in der BauNVO weder zu dem allgemein noch zu dem ausnahmsweise zulässigen Nutzungskatalog zählen. Die Vorschrift schafft somit die Rechtsgrundlage für die **planungsrechtliche Zulassung** eines **Fremdkörpers**, der in dem festgesetzten andersartigen Baugebiet unzulässig wäre. Fremdkörper in diesem Sinne sind zumeist singuläre Anlagen (Unikate), die in einem auffälligen Kontrast zu der sie umgebenden im Wesentlichen homogenen Bebauung stehen und die ihre Umgebung nicht prägen oder mit ihr eine Einheit bilden.[3196]

Umstritten ist, ob § 1 X BauNVO voraussetzt, dass die durch die Festsetzung legalisierte 1471
Anlage zum Zeitpunkt der Aufstellung des Bebauungsplans bzw. bei dessen Änderung Bestandsschutz genießt.[3197] Der VGH München führt dazu aus, zwar sei die Frage, ob von § 1 X BauNVO Gebrauch gemacht werden darf, wenn das Vorhaben nicht von einer Genehmigung gedeckt oder auch zu keinem Zeitpunkt genehmigungsfähig gewesen ist, umstritten und höchstrichterlich noch nicht geklärt. Allerdings seien nach dem Wortlaut der Regelungen lediglich Erweiterungen, Nutzungsänderungen und Erneuerungen der entsprechenden Anlagen allgemein zulässig oder können ausnahmsweise zugelassen werden. Dagegen lässt es § 1 X BauNVO nicht zu, dass vorhandene bauliche oder sonstige Anlagen erstmalig (durch die Planung) zugelassen werden oder im Wege einer Ausnahme nach § 31 II BauGB zulässig werden können. Aus der Tatsache, dass die Bestimmung den Fall der erstmaligen bauplanungsrechtlichen Zulässigkeit aufgrund einer Festsetzung nach § 1 X BauNVO nicht nenne, ergebe sich, dass die Anlage, die von der Fremdkörperfestsetzung erfasst sei, bereits zulässigerweise bestehe, weil die Anlage beispielsweise durch eine Genehmigung gedeckt sei.[3198] Außerdem folg dies

---

[3189] OVG Münster ZfBR 2009, 482.
[3190] VGH Mannheim BauR 2012, 1833.
[3191] VGH Mannheim DÖV 2009, 378.
[3192] OVG Magdeburg NVwZ-RR 2008, 768.
[3193] BVerwG NVwZ 2008, 214.
[3194] VGH Mannheim VBlBW 2009, 146.
[3195] VGH Mannheim BauR 2008, 1566.
[3196] BVerwGE 55, 369; BVerwGE 84, 322.
[3197] Bejahend VGH München Urt. v. 8.8.2023 – 1 N 20.2600, juris Rn. 19.
[3198] VGH München Urt. v. 8.8.2023 – 1 N 20.2600, juris Rn. 20; OVG Greifswald Urt. v. 19.12.2018 – 3 K 499/15, juris Rn. 38 ff; VGH Kassel BauR 2016, 1870; OVG Lüneburg NVwZ-RR 2004, 817.

aus dem Zweck der Regelung. Nach der Begründung der Verordnung sollten nach § 1 X BauNVO Festsetzungen zulässig sein, die die Zulässigkeit von Vorhaben im Zusammenhang mit den vorhandenen Nutzungen bestimmten, um einen situationsgerechten, erweiterten Bestandsschutz für bauliche „Fremdkörper" zu ermöglichen.[3199] Mit Festsetzungen nach § 1 X BauNVO solle verhindert werden, dass diese – passiven Bestandsschutz genießenden – Anlagen durch die Planung auf diesen passiven Bestandsschutz beschränkt würden. In diesem Sinn ermögliche § 1 X BauNVO eine am geschützten Bestand orientierte Planung und schaffe insbesondere für Gewerbebetriebe Planungs- und Investitionssicherheit. Vorhandenen Nutzungen, die sonst mit den Möglichkeiten vorliebnehmen müssten, die ihnen im Rahmen des herkömmlichen Bestandsschutzes verbleiben und sich im Wesentlichen in Reparatur- und Erhaltungsmaßnahmen erschöpfen, würden auf diese Weise Entwicklungschancen offengehalten, selbst wenn sie dem Gebietscharakter an sich fremd sind. Eine solche Bestandssicherung im Sinn der Erweiterung des Bestandsschutzes werte der Normgeber als berechtigtes planerisches Anliegen.[3200]

1472 Auszusondern sind nach Auffassung des BVerwG zum einen solche baulichen Anlagen, die von ihrem quantitativen Erscheinungsbild (Ausdehnung, Höhe und Zahl) nicht die Kraft haben, die Eigenart der näheren Umgebung zu beeinflussen, die der Betrachter also nicht oder nur am Rande wahrnimmt. Zum anderen können auch solche Anlagen aus der Bestimmung der Eigenart der näheren Umgebung auszusondern sein, die zwar quantitativ die Erheblichkeitsschwelle überschreiten, aber nach ihrer Qualität völlig aus dem Rahmen der sonst in der näheren Umgebung anzutreffenden Bebauung herausfallen. Das wird – so das BVerwG – namentlich dann anzunehmen sein, wenn eine singuläre Anlage in einem auffälligen Kontrast zur übrigen Bebauung steht. In Betracht kommen insbesondere solche bauliche Anlagen, die nach ihrer auch äußerlich erkennbaren Zweckbestimmung in der näheren Umgebung einzigartig sind. Sie erlangen die Stellung eines Unikats umso eher, je einheitlicher die nähere Umgebung im Übrigen baulich genutzt ist. Trotz ihrer deutlich in Erscheinung tretenden Größe und ihres nicht zu übersehenden Gewichts in der näheren Umgebung bestimmen sie nicht deren Eigenart, weil sie wegen ihrer mehr oder weniger ausgeprägten, vom übrigen Charakter der Umgebung abweichenden Struktur gleichsam isoliert dastehen.

1473 Gegenstand und Gehalt der Regelung des § 1 X BauNVO sind so mit § 34 III a BauGB vergleichbar, wonach im nicht beplanten Innenbereich vom Erfordernis des Einfügens in die Eigenart der näheren Umgebung nach 34 I 1 BauGB im Einzelfall abgewichen werden kann, wenn die Abweichung der Erweiterung, Änderung, Nutzungsänderung oder Erneuerung eines zulässigerweise errichteten Gewerbe- oder Handwerksbetriebs dient, **städtebaulich vertretbar** ist und (3) auch unter Würdigung nachbarlicher Interessen mit den öffentlichen Belangen vereinbar ist (§ 34 III a BauGB). Die Überschreitung des in der Umgebung vorgezeichneten Rahmens ist danach vor allem von dem Merkmal der städtebaulichen Vertretbarkeit abhängig.

1474 Das BVerwG verweist zu dieser Möglichkeit der städtebaulichen Eingliederung von Fremdkörpern in eine andersartige Umgebung auf die Planungsleitlinien des § 1 V BauGB und das Abwägungsgebot des § 1 VII BauGB, das in diesen Fällen besondere Bedeutung hat. Was nicht durch Bauleitplanung planbar ist und was den städtebaulichen Grundsätzen des § 1 BauGB nicht entspricht, ist auch nicht städtebaulich vertretbar. Eine absolute Grenze liegt deshalb nach Auffassung des BVerwG darin, dass die Erweiterung eines den Rahmen der Umgebung sprengenden Gewerbebetriebes ausgeschlossen ist, wenn von dem (veränderten) Betrieb Emissionen ausgehen würden, die der Nachbarschaft nicht zumutbar wären, die also – erstmalig oder weiterhin – beispielsweise ein Einschreiten der Gewerbeaufsicht rechtfertigen würden.[3201]

1475 Mit diesen Grundsätzen der städtebaulichen Vertretbarkeit sind zugleich die **Grenzen** für die **bestandsorientierten Planungsmöglichkeiten** in § 1 X BauGB umschrieben. Die Sicherung des gewerblichen Bestandes ist nur in dem Umfang zulässig, wie die Festsetzungen zu einem noch auskömmlichen Nebeneinander von Gewerbe und Wohnen beitragen und sicherstellen, dass die schutzbedürftigen Nutzungen einen nach Lage der Dinge und insbesondere unter Berücksichtigung der Vorbelastung ausreichenden Schutz erhalten.

[3199] vgl. BR-Drs. 354/89, S. 24 f.

[3200] VGH München Urt. v. 8.8.2023 – 1 N 20.2600, juris Rn. 23; aA Söfker in EZBK, BauNVO, 2022, § 1 Rn. 108 mwN.

[3201] BVerwGE 84, 322.

Die Festsetzungsmöglichkeit nach § 1 X 1 BauNVO verfolgt in Ausführung der gesetzlichen Vorgabe des § 1 V 2 Nr. 4 BauGB im Wesentlichen das städtebauliche Anliegen, für eine erhöhte Planungs- und Investitionssicherheit zu sorgen und eine Erweiterung bereits vorhandener Nutzung zu ermöglichen. Das städtebauliche Anliegen kann nach Auffassung des Verordnungsgebers dadurch gefördert werden, dass die Gemeinde durch ihre Planung jene vorhandenen baulichen Anlagen an ihrem Standort planungsrechtlich sichert, die bei typisierender Betrachtungsweise nunmehr „an sich" unzulässig sind und daher zwar kraft passiven Bestandsschutzes nicht beseitigt, jedoch aufgrund neuer Rechtslage nicht erweitert werden können. Die Gemeinde soll allerdings gehindert sein, diese Möglichkeit gleichsam wahllos für eine bauliche Anlage vorzusehen. Aus diesem Grunde wird sie in ihrer planerischen Möglichkeit durch die Voraussetzung begrenzt, dass sich ihre Planung auf ein „überwiegend bebautes Gebiet" zu beziehen hat. Maßgebend ist mithin eine gesamträumliche Betrachtung des beplanten Gebietes. Ob das Übergewicht der bereits vorhandenen Bebauung sich nach der Mehrzahl der im Plangebiet belegenen und bebauten Grundstücke richtet und ob hierzu ein optischer Eindruck maßgebend zu sein hat, mag zweifelhaft sein. § 1 X 1 BauNVO stellt nicht entscheidend auf die einzelnen Grundstücke ab, sondern auf einen Gesamtzusammenhang.[3202] 1476

Eine sachgerechte Abwägungsentscheidung, die dazu führt, dass legal bestehende Betriebe auf den Bestandsschutz gesetzt werden, setzt nach Ansicht des OVG Münster im Regelfall voraus, dass sich der Plangeber mit der Frage auseinandersetzt, ob und in welchem Umfang der Bebauungsplan mit Festsetzungen nach § 1 X BauNVO der herausgehobenen Stellung privaten Eigentums in Form eines erweiterten Bestandsschutzes Rechnung tragen kann und soll.[3203] 1477

j) Verkehrslärmschutz. Der Schutz vor Verkehrslärm spielt bei dem Bau und der Benutzung von Straßen, Schienenwegen und auch für den Flugverkehr eine zentrale Rolle.[3204] So fühlen sich 76 Prozent der deutschen Bevölkerung vom Straßenverkehrslärm gestört oder belästigt, 43 Prozent vom Flugverkehrslärm, 34 Prozent beim Schienenverkehrslärm. Das ist das Ergebnis einer repräsentativen Umfrage des Umweltbundesamts mit etwa 2.000 Teilnehmerinnen und Teilnehmern zum „Umweltbewusstsein in Deutschland 2020".[3205] Angemahnt wird eine grundlegende Überarbeitung des als „auffällig inkonsistent" geltenden Rechts des Lärmschutzes. Sektoral unterschiedliche Grenzwerte und einseitige Privilegierungen bei Überschreitung der ohnehin abgesenkten Grenzwerte ließen sich nur schwer nachvollziehen; sie erzeugten Disbalancen bei der Lärmbekämpfung. Deshalb sollten in allen Planungs- und Genehmigungsverfahren einheitliche, abgestimmte Regeln gelten und einseitige Privilegierungen, etwa zugunsten des Straßenverkehrs, aufgehoben werden. Auf dieser Basis könnt, quasi im Gegenzug, erwogen werden, Lärmschutzwerte gerade bei Wohnnutzungen in Großstädten moderat zu lockern, wenn die „wahre" Gesamtlärmbelastung vollständig ermittelt und regelmäßig überwacht werde und parallel Lärmsanierungsmaßnahmen lärmträchtiger Altanlagen sowie die Ausschöpfung des passiven Lärmschutzes forciert würden.[3206] 1478

Für den **Flugverkehr** gilt dazu das FluglärmG. Zweck des FluglärmG ist es, in der Umgebung von Flugplätzen bauliche Nutzungsbeschränkungen und baulichen Schallschutz zum Schutz der Allgemeinheit und der Nachbarschaft vor Gefahren, erheblichen Nachteilen und erheblichen Belästigungen durch Fluglärm sicherzustellen (§ 1 FlugLärmG). In der Umgebung von Flugplätzen werden nach § 2 I FlugLärmG Lärmschutzbereiche eingerichtet, die das Gebiet in Schutzzonen außerhalb des Flugplatzgeländes umfassen. Der Lärmschutzbereich eines 1479

[3202] BVerwG ZfBR 2002, 687.

[3203] OVG Münster Beschl. v. 18.1.2021- 10 A 1243/20, juris Rn. 20.

[3204] Siehe zum Verkehrslärmschutz bei Straßen Springe in Kodal, Straßenrecht, 2021, Kap. 32 Rn. 140 ff; Fickert/Fieseler BauNVO, 2023, § 1 Rn. 15 ff.; zum Lärmschutz gegenüber Anlagen der Deutschen Bahn siehe Metzler UPR 2016, 440; zum nachträglichen Lärmschutz an Eisenbahnstrecken OVG Münster Beschl. v. 26.1.2023 – 11 A 3607/20, juris Rn. 73, 96; zum Lärmschutz in der Verkehrswegeplanung siehe Storost DVBl. 2013, 281; zum Lärmschutz in der Planung siehe Halama/Stüer NVwZ 2003, 137;

[3205] Pressemitteilung des Umweltbundesamts vom 21.7.2022; siehe dazu auch Kment Die nachhaltige Stadt der Zukunft, DJT 2020/2022, D 22, D 64, der die gesetzliche Regelung einer verbindlichen kommunalen Verkehrsplanung empfiehlt und verworrene Strukturen des deutschen Lärmschutzrechts beklagt; siehe auch Kment Die nachhaltige Stadt der Zukunft – Welche Neuregelungen empfehlen sich zu Verkehr, Umweltschutz und Wohnen?, NJW 2022, Beilage zum DJT, 48; zur Planung der Verkehrswende siehe Steiner ZUR 2023, 221, wonach ein urbaner Verkehrsplan die Lärmschutzpläne, Luftreinhaltepläne, Nahverkehrspläne und sonstigen informellen kommunalen Planungen mit Verkehrsbezug in sich aufnehmen sollte.

[3206] Kment NJW 2022 Beilage zum DJT 48 (51).

Flugplatzes wird nach dem Maße der Lärmbelastung in zwei Schutzzonen für den Tag und eine Schutzzone für die Nacht gegliedert. Schutzzonen sind jeweils diejenigen Gebiete, in denen der durch Fluglärm hervorgerufene äquivalente Dauerschallpegel L(tief)Aeq sowie bei der Nacht-Schutzzone auch der fluglärmbedingte Maximalpegel L(tief)Amax die nachfolgend in § 2 II FlugLärmG genannten Werte übersteigt, wobei die Häufigkeit aus dem Mittelwert über die sechs verkehrsreichsten Monate des Prognosejahres bestimmt wird.[3207]

1480 Der Verkehrslärmschutz ist im Wesentlich in den §§ 41 ff. BImSchG und der Verkehrslärmschutzverordnung geregelt; er bezieht sich, wie sich auch aus § 42 I BImSchG ergibt, auf **bauliche Anlagen**, die entweder schon vorhanden oder doch zumindest planerisch konkretisiert sind.[3208] Bei dem Bau oder der wesentlichen Änderung öffentlicher Straßen sowie von Eisenbahnen, Magnetschwebebahnen und Straßenbahnen ist nach § 41 I BImSchG unbeschadet des § 50 BImSchG sicherzustellen, dass durch diese keine schädlichen Umwelteinwirkungen durch Verkehrsgeräusche hervorgerufen werden können, die nach dem Stand der Technik vermeidbar sind. Das gilt nach § 41 II BImSchG allerdings nicht, soweit die Kosten der Schutzmaßnahme außer Verhältnis zu dem angestrebten Schutzzweck stehen würden. Werden im Falle des § 41 BImSchG die in der Rechtsverordnung nach § 43 I 1 Nr. 1 BImSchG festgelegten **Immissionsgrenzwerte** überschritten, hat der Eigentümer einer betroffenen baulichen Anlage gegen den Träger der Baulast einen Anspruch auf **angemessene Entschädigung** in Geld, es sei denn, dass die Beeinträchtigung wegen der besonderen Benutzung der Anlage zumutbar ist. Dies gilt auch bei baulichen Anlagen, die bei Auslegung der Pläne im Planfeststellungsverfahren oder bei Auslegung des Entwurfs der Bauleitpläne mit ausgewiesener Wegeplanung bauaufsichtlich genehmigt waren (§ 42 I BImSchG). Die Entschädigung ist nach § 42 II BImSchG zu leisten für **Schallschutzmaßnahmen** an den baulichen Anlagen in Höhe der erbrachten notwendigen Aufwendungen, soweit sich diese im Rahmen der Rechtsverordnung nach § 43 I 1 Nr. 3 BImSchG halten. Vorschriften, die weitergehende Entschädigungen gewähren, bleiben unberührt (§ 42 II BImSchG). Kommt zwischen dem Träger der Baulast und dem Betroffenen keine Einigung über die Entschädigung zustande, setzt die nach Landesrecht zuständige Behörde auf Antrag eines der Beteiligten die Entschädigung durch schriftlichen Bescheid fest. Im Übrigen gelten für das Verfahren die Enteignungsgesetze der Länder entsprechend (§ 42 III BImSchG). Einzelheiten dazu regelt die auf der Grundlage von § 43 I BImSchG erlassene Verkehrslärmschutzverordnung.

1481 Verkehrslärmschutz muss vor allem auch durch den **Trennungsgrundsatz** des § 50 BImSchG gesichert werden. Bei raumbedeutsamen Planungen und Maßnahmen sind danach die für eine bestimmte Nutzung vorgesehenen Flächen einander so zuzuordnen, dass schädliche Umwelteinwirkungen und von schweren Unfällen iSd Art. 3 Nr. 13 der Richtlinie 2012/18/EU in Betriebsbereichen hervorgerufene Auswirkungen auf die ausschließlich oder überwiegend dem Wohnen dienenden Gebiete sowie auf sonstige schutzbedürftige Gebiete, insbesondere öffentlich genutzte Gebiete, wichtige Verkehrswege, Freizeitgebiete und unter dem Gesichtspunkt des Naturschutzes besonders wertvolle oder besonders empfindliche Gebiete und öffentlich genutzte Gebäude, so weit wie möglich vermieden werden. Straßen und Schienenwege müssen danach so trassiert werden, dass schädliche Umwelteinwirkungen so weit wie möglich vermieden werden.[3209]

1482 Abwägend heranzuziehen sind bei der Bauleitplanung gem. § 2 IV 6 BauGB iVm § 1 VI Nr. 7 g BauGB auch **Lärmkarten** im Sinne von § 47 c BImSchG und **Lärmaktionspläne** gem. § 47 d BImSchG.[3210] Die Lärmminderungsplanung ist im 6. Teil des BImSchG geregelt, der nach § 47a S. 1 BImSchG für den **Umgebungslärm** gilt, dem Menschen insbesondere in bebauten Gebieten, in öffentlichen Parks oder anderen ruhigen Gebieten eines Ballungsraums, in ruhigen Gebieten auf dem Land, in der Umgebung von Schulgebäuden, Krankenhäusern

[3207] Siehe zu einem Überblick zum FlugLärmG Schwenk/Giemulla Handbuch des Luftverkehrsrechts, 2019, Kap. 19 Rn. 43 ff.; zum FlugLärmG und zu seinen untergesetzlichen Regelungen in der Anwendung siehe Bock NVwZ 2020, 277; zu gesetzgeberischen Handlungsspielräumen zur Stärkung des aktiven Schallschutzes im Luftverkehrsrecht Schlacke/Schnittker/Römling, UPR 2021, 403; Emmer UPR 2019, 401; Schütte/Keimeyer UPR 2017, 406; näher zur Regelungssystematik des § 2 FluglärmG Reidt/Fellenberg in Landmann/Rohmer, 2008, Rn 7 ff.

[3208] BVerwG NVwZ 2023, 1090; NVwZ 2012, 46; Jarass BImSchG, 2022, § 41 Rn. 36; Durinke in Appel/Ohms/Saurer, BImSchG, 2021, § 41 Rn. 83.

[3209] Springe in Kodal, Straßenrecht, 2021, Kap. 32 Rn. 142 ff.

[3210] Reidt in Bracher/Reidt/Schiller, Bauplanungsrecht, 2022, Rn. 11.297.

und anderen lärmempfindlichen Gebäuden und Gebieten ausgesetzt sind. Er gilt nicht für Lärm, der von der davon betroffenen Person selbst oder durch Tätigkeiten innerhalb von Wohnungen verursacht wird, für Nachbarschaftslärm, Lärm am Arbeitsplatz, in Verkehrsmitteln oder Lärm, der auf militärische Tätigkeiten in militärischen Gebieten zurückzuführen ist. Umgebungslärm sind nach § 47 b Nr. 1 BImSchG belästigende oder gesundheitsschädliche Geräusche im Freien, die durch Aktivitäten von Menschen verursacht werden, einschließlich des Lärms, der von Verkehrsmitteln, Straßenverkehr, Eisenbahnverkehr, Flugverkehr sowie Geländen für industrielle Tätigkeiten ausgeht. Ballungsraum ist nach § 47b Nr. 2 BImSchG ein Gebiet mit einer Einwohnerzahl von über 100 000 und einer Bevölkerungsdichte von mehr als 1 000 Einwohnern pro Quadratkilometer. Auf einer ersten Stufe der Lärmminderungsplanung werden in einer Art Bestandserhebung für Ballungsräume, Hauptverkehrsstraßen, Haupteisenbahnstrecken und Großflughäfen Lärmkarten ausgearbeitet. Konkretisierungen der Pflicht des § 47c BImSchG finden sich in der 34.BImSchV „Hinweise zur Lärmkartierung" hat zudem der LAI idF vom 27.1.2022 erlassen. Eine Begriffsdefinition dazu findet sich in Art.3 lit.r RL 2002/49: „Karte zur Gesamtbewertung der auf verschiedene Lärmquellen zurückzuführenden Lärmbelastung in einem bestimmten Gebiet oder für die Gesamtprognosen für ein solches Gebiet". Auf der Grundlage dieser Bestandserhebung folgt die Aufstellung von Lärmaktionsplänen. Mit den Lärmaktionsplänen sollen Lärmprobleme und Lärmauswirkungen angegangen werden; zu diesem Zweck haben die Lärmaktionspläne bestimmte Maßnahmen vorzusehen, mit denen eine Lärmminderung an den jeweiligen Lärmquellen bzw. die Verhinderung eines weiteren Lärmanstiegs erreicht werden soll. Die wichtigsten in Betracht zu ziehenden Maßnahmen sind im von § 47d II BImSchG in Bezug genommenen Anhang V Nr. 2 der Umgebungslärmrichtlinie beispielhaft angeführt. Dazu zählen Verkehrsplanung, Raumordnung, auf die Geräuschquelle ausgerichtete technische Maßnahmen, Wahl von Quellen mit geringerer Lärmentwicklung, Verringerung der Schallübertragung und Verordnungsrechtliche oder wirtschaftliche Maßnahmen oder Anreize.[3211] Die erstellten Lärmaktionspläne sind gem. gem. § 47 d V BImSchG zu überprüfen und ggf. zu überarbeiten, wenn es zu bedeutsamen Veränderungen der Lärmsituation in den betroffenen Bereichen kommt (**Anlassüberprüfung**). Darüber hinaus sind die Pläne spätestens fünf Jahre nach der Aufstellung zu überprüfen und (entsprechend Art.8 V RL 2002/49) ggf. zu überarbeiten (**5-Jahres-Überprüfung**). Eine Aufstellung von Lärmaktionsplänen oder deren Überarbeitung ist gem. § 47 d I 1 BImSchG geboten, wenn solche Pläne zur Bewältigung von „Lärmproblemen und Lärmauswirkungen notwendig sind, dh ein Bedarf nach einem abgestimmten planerischen Vorgehen besteht, nicht jedoch allein deshalb weil eine Lärmkarte erstellt wurde.[3212] Lärmaktionspläne bedürfen gem. § 35 I Nr. 2 UVPG iVm Anl.5 Nr.2.1 zum UVPG einer Strategischen Umweltprüfung, wenn sie iSd § 35 III UVPG einen (verbindlichen) Rahmen für Entscheidungen über die Zulässigkeit von UVP-pflichtigen oder UVP-vorprüfungspflichtigen Vorhaben setzen. Das kann wegen der Wirkung von Lärmaktionsplänen der Fall sein.[3213] Die wichtigsten Planungen für die ein Lärmaktionsplan in diesem Sinne einen Rahmen setzen kann, sind die straßenrechtliche Fachplanung und die Bauleitplanung.[3214] Lärmaktionspläne sind ein der Verwaltungsvorschrift ähnliches Verwaltungsinternum; sie sind weder eine (außenwirksame) Rechtsvorschrift, noch ein Verwaltungsakt,[3215] haben aber normähnliche Wirkung wie ein Flächennutzungs- oder Regionalplan.[3216] Gebunden werden durch Lärmaktionspläne alle Behörden und alle Träger öffentlicher Verwaltung. Insbesondere sind sie im Rahmen von Ermessensentscheidungen zu berücksichtigen, aber auch bei gebundenen Entscheidungen, sofern deren Voraussetzungen das zulassen.[3217] Bei planungsrechtlichen Festlegungen besteht eine Pflicht zur Berücksichtigung im Rahmen der Abwä-

---

3211 Siehe dazu Sparwasser/Engel NVwZ 2020, 1513; Enderle UPR 2019, 255; Berkemann I+E 2018, 130; zur Bindungswirkung eines Lärmaktionsplans Röckinghausen I+E 2014, 230; zur Lärmminderungsplanung und ihre Auswirkung auf Handwerk, Gewerbe und Industrie Scheidler GewArch 2019, 217; zur Klagebefugnis eines Lärmbetroffenen gegen einen Lärmaktionsplan Kment NVwZ 2021, 894.

3212 Jarass in Jarass BImSchG, 2022, § 47 d Rn. 4.

3213 Leidinger in Beckmann/Kment, UVPG/UmwRG, 2023, Anlage 5, Rn. 38; Jarass BImSchG, 2022, § 47 d Rn. 13.

3214 Leidinger in Beckmann/Kment, UVPG/UmwRG, 2023, Anlage 5, Rn. 38.

3215 BVerwG NVwZ 2020, 891; Jarass BImSchG, 2022, § 47 d Rn. 19.

3216 Sparwasser/Engel NVwZ 2020, 1513 (1514).

3217 Jarass BImSchG, 2022, § 47 d Rn. 16.

gung.[3218] Das OVG Münster führt dazu aus, nach § 47d VI iVm § 47 VI 1 BImSchG seien die Maßnahmen, die Lärmaktionspläne festlegen, durch Anordnungen oder sonstige Entscheidungen der zuständigen Träger öffentlicher Verwaltung nach dem BImSchG oder nach anderen Rechtsvorschriften durchzusetzen. Ob und inwieweit hierbei die Pflicht der Behörde zur Ermessensausübung in Einzelfällen entfalle, sei bislang nicht abschließend geklärt. Aber auch soweit in der Rechtsprechung eine Bindung des Ermessens an den Lärmaktionsplan bejaht werde, liege dem die Annahme zu Grunde, dass die Lärmaktionsplanung den fachrechtlichen Ermessensspielraum nicht ohne Weiteres überlagere. Voraussetzung für den Eintritt der Bindungswirkung sei jedenfalls einerseits die Wirksamkeit des Lärmaktionsplans und der dort getroffenen Festlegungen sowie andererseits die Erfüllung der fachrechtlichen Eingriffsvoraussetzungen. Eine Bindung an die Vorgaben eines Lärmaktionsplans im Rahmen einer nachfolgenden, grundsätzlich in das Ermessen der Fachbehörde gestellten Umsetzungsentscheidung komme daher von vornherein allenfalls dann in Betracht, wenn der Lärmaktionsplan verfahrensordnungsgemäß zustande gekommen sei und hinreichend bestimmte, dem Grundsatz der Verhältnismäßigkeit genügende Festlegungen enthalte.[3219]

1483 Die Pflicht der zuständigen Behörden, nach Maßgabe des § 47 c BImSchG Lärmkarten auszuarbeiten, ist eine verbindliche Rechtspflicht;[3220] sie ist jedoch nach umstrittener Ansicht nicht einklagbar. § 47 c BImSchG räumt keine subjektiven Rechte für Bürgern ein. Lärmkarten dienen vielmehr lediglich dazu, anhand von Lärmindizes eine umfassende Darstellung und Prognose des Lärms vorzunehmen und eine Informationsquelle für die Bürger zu schaffen. Ein Anspruch auf Ausarbeitung von Karten besteht nicht.[3221] Das BVerwG geht davon aus, dass sich aus den §§ 47 a ff. BImSchG nur Pflichten der zuständigen Behörden zur Erarbeitung von Lärmkarten und zur Aufstellung von Lärmaktionsplänen, jedoch keine Schutzansprüche einzelner Immissionsbetroffener ergeben.[3222]

1484 Das BVerwG führt dazu aus, nach seiner ständigen Rechtsprechung gewährten die §§ 47a ff. BImSchG, die der Umsetzung der Umgebungslärmrichtlinie dienten, einzelnen Immissionsbetroffenen keine Schutzansprüche, sondern begründeten lediglich Pflichten der zuständigen Behörde zur Erarbeitung von Lärmkarten und Aufstellung von Lärmaktionsplänen.[3223] Nach § 47d Abs. 6 iVm § 47 Abs. 6 Satz 2 BImSchG sind planungsrechtliche Festlegungen in den Plänen von den zuständigen Planungsträgern bei ihren Planungen zu berücksichtigen. Daraus folgt nur, dass die in einem Lärmaktionsplan enthaltenen Festlegungen als objektive Belange der Lärmbetroffenheit in die fachplanerische Abwägung einzustellen sind. Dass Teile des Lärmaktionsplans damit zum Abwägungsmaterial gehören, verleiht lärmbetroffenen Dritten aber keine subjektive Rechtsposition im Zusammenhang mit der Lärmaktionsplanung. Ein subjektiv-rechtlicher Anspruch auf Überprüfung und Änderung des Lärmaktionsplans folge auch nicht aus Unionsrecht. Eine Klagebefugnis könne weder unmittelbar aus der Umgebungslärmrichtlinie hergeleitet werden noch sei eine richtlinienkonforme Auslegung von § 47d BImSchG geboten. Nach der Rechtsprechung des EuGH könnten sich unmittelbar betroffene Einzelne auf unbedingte und hinreichend genaue Bestimmungen einer Richtlinie berufen. Eine Regelung sei in diesem Sinne unbedingt, wenn sie eine Verpflichtung begründe, die

---

3218 Sparwasser/Engel NVwZ 2020, 1513 (1514); Berkemann I+E 2018, 130; zur Frage, ob und inwieweit für den Fall, dass die maßgeblichen Orientierungswerte der 16. BImSchV bzw. der Lärmschutz-Richtlinien-StV überschritten bei der von der Straßenverkehrsbehörde zu treffenden Ermessensentscheidung über straßenverkehrsrechtliche Maßnahmen, ein Lärmaktionsplan zu berücksichtigen ist, siehe VG Düsseldorf Beschl. v. 30.5.2023, juris Rn. 49; Cancik in Landmann/Rohmer, Umweltrecht, 2022, § 47d BImSchG Rn. 29 a mwN,

3219 OVG Münster NVwZ-RR 2022, 506, juris Rn. 32.

3220 Berkemann I+E 2018, 130.

3221 Scheidler GewArch 2019, 217 (218).

3222 BVerwG NVwZ 2013, 642; Hansmann/Cancik in Landmann/Rohmer Umweltrecht II § 47 c Rn. 4; Repkewitz VBlBW 2006, 413; Kröner UPR 2013, 89; BVerwG NVwZ 2020, 891, = juris Rn. 17; VG Bremen Urt. v. 12.5.2022 – 5 K 1925/20, juris Rn. 25, wonach die sich aus einem Lärmaktionsplan ergebenden Beurteilungspegel keine Schutzansprüche einzelner Immissionsbetroffener vermitteln; zu den Klagemöglichkeiten im Zusammenhang mit der Lärmaktionsplanung siehe auch Altehenger NuR 2022, 466.

3223 BVerwG NVwZ 2020, 891, = juris Rn. 17; Urt. v. 14.4.2010 – 9 A 43.08, juris Rn. 46; NVwZ 2013, 645; BVerwGE 150, 294 Rn. 22; NVwZ 2015, 656; Beschl. v. 31.5.2018 – 4 B 7.18, juris Rn. 27; Beschl. v. 7. 1.2019 – 7 B 16.18 juris Rn. 12.

weder an eine Bedingung geknüpft sei noch zu ihrer Erfüllung oder Wirksamkeit einer Maßnahme der Unionsorgane oder der Mitgliedstaaten bedürfe. Sei den Mitgliedstaaten bei der Erfüllung einer solchen Verpflichtung Ermessen eingeräumt, müsse sich die gerichtliche Kontrolle auch auf die Frage erstrecken, ob die Behörden die der Ausübung dieses Ermessens gesetzten Grenzen nicht überschritten hätten.[3224] Der Umgebungslärmrichtlinie sei eine diesen Anforderungen genügende Bestimmung nicht zu entnehmen.

Nach anderer Ansicht kann jedoch durchaus ein klagbarer Anspruch auf Aufstellung eines 1485
Luftreinhalteaktions- und eines Lärmaktionsplans sowie auf Umsetzung und Durchsetzung der dort vorgesehenen gesundheitsschützenden Maßnahmen bestehen. Nur ein Anspruch auf Aufnahme konkreter Maßnahmen in den Plan bestehe auf Grund des weiten Planungsermessens grundsätzlich nicht.[3225] Aus § 7 der 34. BImSchV kann sich jedoch ein Anspruch auf Zugang zu erstellten Plänen ergeben.[3226]

Der Verkehrslärmschutz spielt nicht nur allgemein als Abwägungsbelang bei der Bauleitpla- 1486
nung eine Rolle. Vielmehr gilt es ihn insbesondere auch dann zu berücksichtigen, wenn ein Bebauungsplan Grundlage für den Bau einer Straße ist. In welchem Umfang dies möglich ist und der Bebauungsplan ein straßenrechtliches Planfeststellungsverfahren ersetzen kann, bestimmt einerseits für Bundesfernstraßen § 17 b II 1 FStrG und anderseits das jeweilige Landesstraßenrecht. Eine Ersetzungsmöglichkeit besteht grundsätzlich gilt auch im Falle einer **isolierten Straßenplanung**, dh wenn der Bebauungsplan trotz der der Möglichkeit eines fachplanerisch vorgesehenen Planfeststellungsverfahren eine isolierte Planung für den Bau der Straße zum Gegenstand hat und dieser sich darin erschöpft.[3227] Aus § 9 I Nr. 11 BauGB, wonach Verkehrsflächen Inhalt einer planerischen Festsetzung sein können, ergibt sich jedoch nicht, dass im Wege eines Bebauungsplans jedwede Art von Straße unbeschränkt von der Gemeinde geplant werden kann.[3228] Problemlos möglich ist eine Straßenplanung durch einen **planfeststellungsersetzenden Bebauungsplan** bei Straßen, bei denen die Gemeinde nicht nur Planungsträgerin ist, sondern auch Trägerin der Straßenbaulast sein wird. Nach dem jeweiligen Landesrecht kann darüber hinaus die Möglichkeit bestehen, auch Landes- oder Kreisstraßen mit Hilfe eines Bebauungsplans durch die Gemeinde zu planen. Ein planfeststellungsersetzender Bebauungsplan scheidet nicht schon dann aus, wenn ein Vorhaben zugleich auch überörtliche Bedeutung hat. Ausschlaggebend ist allein, ob die Planung (jedenfalls auch) städtebauliche Zielsetzungen, dh **örtliche Anknüpfungspunkte** hat.[3229]

Ein planfeststellungsersetzender Bebauungsplan nach § 9 I Nr. 11 BauGB stellt keine echte 1487
Angebotsplanung dar, sondern ist nicht zuletzt wegen der Finanzierungsverantwortung auf Realisierung durch den entsprechenden Baulastträger angelegt. Die Gemeinde muss sich daher darüber im Klaren sein und es auch in der Planung zum Ausdruck bringen, zu welcher Straßengruppe die geplante Straße gehören soll. Das ist nicht erst im Rahmen der bauleitplanerischen Abwägung, sondern schon für die Planrechtfertigung von Bedeutung. Eine Gemeinde darf, wenn sie in einem Bebauungsplan eine öffentliche Verkehrsfläche festsetzt, die nach der planerischen Konzeption die Verkehrsbedeutung einer klassifizierten Straße haben soll, diese nicht als Gemeindestraße planen, sondern muss sie entsprechend den Einstufungskriterien des Landesstraßengesetzes bzw. des Bundesfernstraßengesetzes in die richtige Straßengruppe einstufen und dies auch in der Bauleitplanung zum Ausdruck bringen. Bei der Einordnung der

---

3224 BVerwG NVwZ 2020, 891, = juris Rn. 18 mit Verweis auf EuGH NVwZ 2008, 984; NVwZ 2019, 1587.

3225 Sparwasser/Engel NVwZ 2020, 1513 (1519); Cancik ZUR 2007, 169 (172); Berkemann, UVP-Report 2008, 152 (155); OVG Bautzen UPR 2012, 197

3226 Jarass BImSchG, 2022, § 47 c Rn. 18.

3227 OVG Schleswig Urt. v. 5.5.2022 – 1 KN 3/18, juris Rn. 38; grundlegend BVerwGE 38, 152; BVerwGE 80, 184; NVwZ 1990, 256; Pokorni in Müller/Schulz, FStrG, 2022, § 17 b Rn. 20; Dürr in Kodal, Straßenrecht, 2021, Kap. 37 Rn. 66; Stüer DÖV 1990, 217; zur Ersetzung der Planfeststellung für Verkehrsanlagen durch Bebauungsplan siehe auch Beckmann UPR 2017, 41.

3228 Siehe dazu VGH Mannheim ZfBR 2023, 797; BVerwG NVwZ 2009, 182; BVerwGE 120, 239; VGH Kassel BauR 2011, 85; Schiller in Bracher/Reidt/Schiller, Bauplanungsrecht, 2022, Rn. 7.38.

3229 OVG Magdeburg Urt. v. 25.11.2021 – 2 K 34/20, juris Rn. 54; OVG Lüneburg Urt. v. 25.11.2009 – 1 KN 141/07, juris Rn. 120; Dürr in Kodal, Straßenrecht, 2021 Kap. 37 Rn. 66; Beckmann Die Ersetzung der Planfeststellung für Verkehrsanlagen durch Bebauungsplan, in: Tagungsband „Schnittfelder von Bauleitplanung und raumbezogenen Fachplanungen – Fach- und Rechtsfragen in der Planungspraxis“ der TU Berlin, Berlin 2017, 21

Straße in die richtige Straßengruppe handelt es sich um eine gebundene Entscheidung; sie steht also nicht im planerischen Ermessen der Gemeinde.[3230] Den Gemeinde steht auch keine Auffangzuständigkeit für aus ihrer Sicht notwendige, vom an sich zuständigen Straßenbaulastträger jedoch nicht durchgeführte Straßenbaumaßnahme zu. Die ausdrückliche Zustimmung des Baulastträgers zu dem Straßenbauvorhaben ist daher Voraussetzung für die Verwirklichung und damit für die Erforderlichkeit der Planung nach § 1 III 1 BauGB.[3231] Der planfeststellungsersetzende Bebauungsplan ist an den Festsetzungskatalog des § 9 BauGB gebunden. Reichen diese nicht aus, bedarf es eines ergänzenden Planfeststellungsbeschlusses.[3232]

1488 Welches **Ausmaß an Verkehrslärm**, der mit einer durch Bebauungsplan festgelegten öffentlichen Straße verbunden ist, der Eigentümer eines (Anlieger-) Grundstücks hinzunehmen hat, ist eine Frage der Inhalts- und Schrankenbestimmung des Eigentums (Art. 14 I 2 GG); der Bebauungsplan bewirkt keine Enteignung (Art. 14 III GG) im verfassungsrechtlichen Sinn; er hat, anders als eine straßenrechtliche Planfeststellung, auch keine enteignungsrechtliche Vorwirkung.[3233] Auch eine verfassungswidrige Inhaltsbestimmung stellt nicht zugleich einen „enteignenden Eingriff" im verfassungsrechtlichen Sinn dar, der zur Anwendung von Art. 14 III GG führte.[3234] Die sich aus Art. 2 II 1 GG und Art. 14 I 1 GG ergebenden Schutzpflichten erfordern auch die Ergreifung von Maßnahmen zum Schutz vor gesundheitsschädigenden und gesundheitsgefährdenden Auswirkungen von Lärm.[3235] Für den Schutz vor Verkehrslärm enthalten die §§ 41, 42 BImSchG als Sonderregelung zu § 74 II 2 und 3 VwVfG ein eigenes Schutzkonzept. Zunächst ist im Rahmen der planerischen Abwägung durch die Wahl der konkreten Trasse und deren Gestaltung die Beeinträchtigung benachbarter schutzwürdiger Nutzungen durch Verkehrslärm nach Möglichkeit auszuschließen oder zu mindern (§ 50 S. 1 BImSchG). § 50 S. 1 BImSchG enthält eine Abwägungsdirektive, die in der Abwägung überwunden werden kann. Erheblich sind die Einwirkungen, welche die Grenze des Zumutbaren überschreiten. Die maßgebliche Zumutbarkeitsschwelle wird durch die Grenzwerte der 16. BImSchV definiert. Hat sich die Gemeinde abwägungsfehlerfrei für eine planerische Lösung entschieden, bei der nach ihrer Prognose ihre Planung mit erheblichen Belästigungen durch Verkehrslärm auf benachbarte schutzbedürftige Nutzungen einwirken wird, sind auf der zweiten Stufe des Schutzkonzeptes dem Vorhabenträger gemäß § 41 I BImSchG geeignete Maßnahmen des aktiven Schallschutzes aufzuerlegen, die sicherstellen, dass die Grenzwerte der 16. BImSchV eingehalten werden. Es kann nur dann auf Maßnahmen des aktiven Schallschutzes verzichtet werden, wenn deren Kosten unverhältnismäßig hoch wären (§ 41 II BImSchG). Ist der Aufwand unverhältnismäßig, sind schrittweise Abschläge vorzunehmen, um so die mit gerade noch verhältnismäßigem Aufwand zu leistende maximale Verbesserung der Lärmsituation zu ermitteln. In Baugebieten sind dem durch die Maßnahme insgesamt erreichbaren Schutz der Nachbar-

[3230] VGH Mannheim ZfBR 2023, 797; Pokorni in Müller/Schulz, FStrG, 2022, § 17b Rn. 20; BVerwG Urt. v. 18.10.1985 – 4 C 21/80, juris Rn. 30.

[3231] VGH Mannheim ZfBR 2023, 797.

[3232] OVG Schleswig Urt. v. 5.5.2022 – 1 KN 3/18, juris Rn. 39; Schiller in Bracher/Reidt/Schiller, Bauplanungsrecht, 2022, Rn. 7.38; siehe auch § 17 II 2 FStrG für die Bundesfernstraßen; zu den Festsetzungsmöglichkeiten bei Straßenplanung durch Bebauungsplan Beckmann Die Ersetzung der Planfeststellung für Verkehrsanlagen durch Bebauungsplan, in: Tagungsband „Schnittfelder von Bauleitplanung und raumbezogenen Fachplanungen – Fach- und Rechtsfragen in der Planungspraxis" der TU Berlin, Berlin 2017, 21, 24 ff.).

[3233] BVerfGE 72, 66; BVerfGE 74, 264 Boxberg; zur enteignungsrechtlichen Vorwirkung von Planfeststellungsbeschlüssen Beckmann UPR 2023, 121; die h.M. setzt jeweils eine spezielle gesetzliche Regelung zur enteignungsrechtlichen Vorwirkung voraus, sodass allein die Gestaltungswirkung des § 75 I 2 VwVfG eine enteignungsrechtliche Vorwirkung nicht legitimiert, siehe dazu Neumann/Külpmann in Stelkens/Bonk/Sachs, VwVfG, 2023, § 75 Rn. 26; Wysk in Kopp/Ramsauer, VwVfG, 2023, § 75 Rn. 20; BGH NVwZ 2004, 377, 379; VGH Mannheim Beschl. v. 23.8.2010 – 1 S 975/10, juris Rn. 53; OVG Münster Beschl. v. 24.1.2008 – 20 B 1789/07, juris Rn. 16; Deutsch in Mann/Sennekamp/Uechtritz, VwVfG, 2019, § 75 Rn. 101; Huck in Huck/Müller, VwVfG, 2020, § 75 Rn. 12; Beckmann in Beckmann/Kment, UVPG/UmwRG, 2023, § 67 UVPG Rn. 66; für Bebauungspläne haben auch das BVerfG und das BVerwG eine enteignungsrechtliche Vorwirkung abgelehnt, BVerfG Nichtannahmebeschl. v. 08.7.2009 – 1 BvR 2187/07, juris Rn. 9; BVerwG NVwZ 1991, 873.

[3234] BVerfGE 58, 300; BVerfGE 52, 1.

[3235] OVG Münster Urt. v. 18.9.2023 – 8 A 2519/18, juris Rn. 154 mit Verweis auf BVerfG Beschl. v. 20.2.2008 – 1 BvR 2722/06, juris Rn. 66, 78 zum Fluglärm und zum Verkehrslärm BVerfG Beschl. v. 30.11.1988 – 1 BvR 1301/84, juris Rn. 57, 80 ff., BVerwG Urt. v. 21.3.1996 – 4 C 9.95, juris Rn. 35 ff.

schaft grundsätzlich die hierfür insgesamt aufzuwendenden Kosten gegenüberzustellen und zu bewerten. Können im Einzelfall die Grenzwerte nach der 16. BImSchV auch durch Maßnahmen des aktiven Schallschutzes nicht eingehalten werden, muss entschädigt werden. Dabei handelt es sich jedoch nicht um eine Enteignungsentschädigung, sondern einen Ausgleich für eine sonst unverhältnismäßige Inhalts- und Schrankenbestimmung des Eigentums.[3236]

Mit Erlass der **16. BImSchV** ist der Verordnungsgeber dem ihm durch § 43 I 1 Nr. 1 BImSchG erteilten Regelungsauftrag nachgekommen und hat den Verkehrslärmschutz für den Bau oder die wesentliche Änderung von öffentlichen Straßen sowie von Schienenwegen auf eine neue rechtliche Basis gestellt.[3237] Dieser Lückenschluss war von der Rechtsprechung angemahnt worden.[3238] War früher eine Einzelfallbeurteilung nach dem in vielen Bereichen unscharfen Maßstab der Zumutbarkeit erforderlich,[3239] so kann nunmehr im Bereich der Lärmvorsorge bei der Planung von Straßen und Schienenwegen auf die Immissionsgrenzwerte in § 2 der 16. BImSchV zurückgegriffen werden.[3240] Außerdem ist durch ein der 16. BImSchV beigefügtes Berechnungsverfahren[3241] sichergestellt, dass die Berechnung der Beurteilungspegel an Straßen nach einheitlichen Maßstäben und Berechnungsmethoden erfolgt.[3242] Der Beurteilungspegel für Geräusche ist nach § 3 der 16. BImSchV auch dann grundsätzlich zu berechnen und nicht zu messen, wenn Vorhaben bereits verwirklicht sind und daher einer Messung an sich zugänglich wären.[3243] **1489**

Durchgreifende Zweifel, dass die Verkehrslärmschutzverordnung (16. BImSchV) und die RLS-90 den gesetzlich vorgesehenen (§§ 41 ff. BImSchG) oder grundrechtlich (Art. 14, 2 II GG) gebotenen Schutz vor Straßenverkehrslärm nicht gewährleisten, bestanden bislang nicht.[3244] Ob die fehlende Berücksichtigung von Spitzenpegeln bei der Berechnung des nächtlichen Beurteilungspegels mit den Anforderungen des Art. 2 II 1 GG nicht mehr vereinbar ist, hat das BVerfG unlängst problematisiert, aber nicht entschieden. Das hänge davon ab, ob es evident sei, dass eine fehlende Berücksichtigung von Spitzenpegeln bei der Berechnung des nächtlichen Beurteilungspegels zum Schutz der Gesundheit aufgrund neuer Erkenntnisse oder einer veränderten Situation untragbar geworden sei. Das sei zunächst von den Verwaltungsgerichten zu klären.[3245] **1490**

Die Verordnung gilt für den Neubau oder die **wesentliche Änderung von öffentlichen Straßen** und von **Schienenwegen**. Für Straßenbaumaßnahmen ist die Änderung dabei nach § 1 II der 16. BImSchV wesentlich, wenn (1) eine Straße um einen oder mehrere durchgehende Fahrstreifen für den Kfz-Verkehr erweitert wird, (2) durch einen erheblichen baulichen Eingriff der Beurteilungspegel um mindestens 3 dB(A) oder auf mindestens 70 dB(A) am Tage oder mindestens 60 dB(A) in der Nacht erhöht wird oder (3) der Beurteilungspegel bereits vor der Änderung bei 70 dB(A) tags oder 60 dB(A) nachts lag und durch einen erheblichen baulichen Eingriff weiter erhöht wird.[3246] Die letztgenannte Schwelle findet auf Gewerbegebiete keine Anwendung. **1491**

Der **notwendige Kausalzusammenhang** zwischen dem baulichen Eingriff und der Lärmsteigerung liegt vor, wenn die Beeinträchtigung typischer Weise mit dem Bau oder der Änderung der **Straße** oder deren Betrieb verbunden ist und nach ihrer Art als Folgewirkung der **1492**

3236 Neumann/Külpmann in Stelkens/Bonk/Sachs, VwVfG, 2023, § 74 Rn. 179 ff.

3237 BVerwG Urt. v. 23.11.2022 – 7 A 9721, juris Rn. 22; BVerwG NVwZ 2011, 177 m. Anm. Stüer DVBl. 2011, 39.

3238 BVerwG NJW 1981, 2137; BVerwGE 77, 285; BVerwGE 84, 31; BVerfGE 79, 174; BGHZ 97, 361.

3239 BVerwGE 51, 6; BVerwGE 51, 15; BVerwGE 61, 295; BVerwGE 74, 234; DVBl. 1987, 1273; NVwZ 1988, 363; NVwZ 1989, 151; DVBl. 1991, 810; DVBl. 1991, 442; BVerwGE 87, 332.

3240 OVG Koblenz NJW 2023, 1832; BVerwG Urt. v. 22.12.1993 – 11 C 45/92, juris Rn. 30; OVG Koblenz Urt. v. 4.4.2019 – 7 A 11622/18.OVG, BeckRS 2019, 24621, Rn. 28; VGH München Beschl. v. 6.7.2020 – 11 ZB 18.1840, BeckRS 2020, 16892 Rn. 25.

3241 Anlage 1 zu § 3 16. BImSchV.

3242 Das Berechnungsverfahren ist verfassungsrechtlich unbedenklich, so BVerwG DVBl. 1997, 831; UPR 1997, 470.

3243 BVerwGE 84, 31.

3244 BVerwG NVwZ 2011, 177, m. Anm. Stüer DVBl. 2011, 39.

3245 BVerfG Beschl. v. 20.1.2022 – 1 BvR 1377/21, juris Rn. 7.

3246 Siehe dazu im Zusammenhang mit der Lärmsanierung eines Busbahnhofs VG Koblenz Urt. v. 21.7.2022 – 4 K 46.22, juris Rn. 29.

Straße nicht außerhalb aller Erfahrung liegt, insbesondere nicht ganz überwiegend durch andere Umstände bedingt ist.[3247] Bei der Errichtung eines Buswendeplatzes im Zusammenhang mit einer Änderung des Konzeptes des Öffentlichen Personennahverkehrs kann ein Kausalzusammenhang zwischen dem baulichen Eingriff und der Lärmsteigerung angenommen werden.[3248] Aus § 41 I BImSchG folgt, dass bei einem **Zusammentreffen mehrerer Vorhaben** dem Grundsatz nach jedes Vorhaben im Hinblick auf die Lärmbelastung getrennt zu betrachten ist. Die Einbeziehung schädlicher Umwelteinwirkungen anderer Vorhaben widerspräche dem Wortlaut des § 41 I BImSchG und der Notwendigkeit eines adäquaten Ursachenzusammenhangs sowie der gebotenen der Zurechnung von Lärmverantwortlichkeiten.[3249] Eine Summationsbetrachtung kann daher nach der Rechtsprechung des BVerwG allenfalls dann sachgerecht sein, wenn ein Vorhaben zu einem zwingenden Anpassungsbedarf an einem schon vorhandenen Verkehrsweg führt oder wenn mittelbare Lärmbelastungen durch eine andere Lärmquelle absehbar und maßgeblich auf die Realisierung des geplanten Vorhabens zurückzuführen sind.[3250] Beides setzt nach Ansicht des BVerwG zudem voraus, dass das weitere Vorhaben in sachlicher und zeitlicher Hinsicht hinreichend konkretisiert ist, damit die von ihm ausgehenden Lärmemissionen mit in die Betrachtung einbezogen werden können.

Hinweis: Die Maßeinheit dB(A) ist logarithmisch aufgebaut. Eine Erhöhung des Lautstärkenpegels um jeweils 10 dB(A) entspricht in etwa einer Verdoppelung der subjektiv empfundenen Lautstärke. Umgekehrt bewirkt eine Verminderung des Lautstärkenpegels um 10 dB(A), dass der Lärm nur noch halb so laut empfunden wird. Ein schwankender Lärmpegel, wie ihn der Straßenverkehr verursacht, wird in einen sog. Mittelungspegel übersetzt (auch energieäquivalenter Dauerschallpegel genannt). Er berücksichtigt die kurzfristig auftretenden hohen Pegelspitzen – etwa bei Vorbeifahrt eines LKW – besonders stark. Die Pegeldifferenz von 3 dB(A) ist vom menschlichen Ohr gerade wahrnehmbar. Eine Verdoppelung der Verkehrsmenge bewirkt eine Erhöhung um 3 dB(A), eine Halbierung der Verkehrsmenge eine Pegelminderung um 3 dB(A). Eine Erhöhung des Lärmpegels um 5 dB(A) tritt ein, wenn die Verkehrsstärke einer Straße bei sonst gleichen Bedingungen auf das Dreifache, eine Verdoppelung des Lärmpegels (= Pegelerhöhung vom 10 dB[A]), wenn die Verkehrsstärke auf das Zehnfache anwächst.[3251]

1493 Bei **Schienenwegen** liegt eine wesentliche Änderung nach § 1 II Nr. 1 der 16. BImSchV vor, wenn der Schienenweg um ein oder mehrere durchgehende Gleise baulich erweitert wird oder wenn nach § 1 II Nr. 2 der 16. BImSchV durch einen erheblichen baulichen Eingriff der Beurteilungspegel des von dem zu ändernden Verkehrsweg ausgehenden Verkehrslärms um mindestens 3 dB(A) oder auf mindestens 70 dB(A) am Tage oder mindestens 60 dB(A) in der Nacht erhöht wird. Ein baulicher Eingriff in diesem Sinne ist nur dann erheblich, wenn in die Substanz des Schienenwegs, dh der Gleisanlage mit ihrem Unter- und Überbau einschließlich der Oberleitung, eingegriffen wird, soweit es sich nicht lediglich um Erhaltungs- und Unterhaltungsmaßnahmen oder um kleinere Baumaßnahmen handelt.[3252]

Beispiel Schallschutzwände: Die Errichtung von 5 Schallschutzwänden zur Lärmsanierung an den vorhandenen Trassen ist kein erheblicher baulicher Eingriff in die Substanz der Schienenwege. Gegenstand des Vorhabens ist die Errichtung von insgesamt fünf Schallschutzwänden zur Lärmsanierung parallel zu den Gleisanlagen ist kein erheblicher baulicher Eingriff, wenn und soweit durch die Lärmsanierung weder die bestehenden Trassen noch die Gleisanlage oder die Oberleitung verändert werden.[3253]

1494 Planung verbindet sich aus Gründen des Gesundheits- und Eigentumsschutzes (Art. 2, 14 GG), der Wahrung der Belange der kommunalen Selbstverwaltung (Art. 28 II GG) und rechts-

---

3247 VG Koblenz Urt. v. 21.7.2022 – 4 K 46/22, juris Rn. 30; BVerwG NVwZ 2005, 331 (333).

3248 VG Koblenz Urt. v. 21.7.2022 – 4 K 46/22, juris Rn. 32.

3249 BVerwG Urt. v. 24.8.2023 – 7 A 1/22, juris Rn. 33; BVerwGE 123, 23 (33); NVwZ 2014, 1454; BVerwGE 124, 334 (339).

3250 BVerwG Urt. v. 24.8.2023 – 7 A 1/22, juris Rn. 33.

3251 Stüer VR 1986, 195, 200.

3252 OVG Münster Urt. v. 20.6.2022 – 11 D 29/21.AK, juris Rn. 87; BVerwGE 111, 108; Urt. v. 20.5.1998 – 11 C 3.97, juris, Rn. 25 f.

3253 OVG Münster Urt. v. 20.6.2022 – 11 D 29/21.AK, juris Rn. 8 unter Verweis auf BVerwGE 97, 367 zur Lärmsanierung durch Planfeststellung einer Lärmschutzwand an einer bestehenden Fernstraße.

staatlich-demokratischen Gründen (Art. 20 III GG) notwendigerweise mit dem **Abwägungsgebot.**[3254] Autonome Planung muss sich durch Abwägung legitimieren.[3255] Die rechtlichen Anforderungen an die Bewältigung des Lärmschutzes stellen sich daher als Abwägungs- und Rechtsschutzpyramide dar. In die Abwägung sind alle Belange einzustellen, die mehr als geringfügig, in ihrem Eintritt wahrscheinlich, schutzwürdig und erkennbar sind.[3256] Bereits Betroffenheiten im Bereich der Hörbarkeitsschwelle von 2 bis 3 dB(A)[3257] sind daher in die Abwägung einzustellen, selbst wenn der einfach-rechtliche Richt- oder Grenzwert nicht erreicht wird und auch keinerlei Gesundheitsgefahr besteht. Lärm ist daher ein Abwägungsfaktor unabhängig davon, ob die Werte der Regelwerke erreicht oder gar überschritten werden. Der Abwägung wesentlich ist es allerdings, dass Belange auch überwunden und zurückgestellt werden können.[3258] Werden die Richtwerte der jeweiligen Rechtsverordnungen erreicht, können sich daraus erhöhte Abwägungserfordernisse ergeben. Hier entwickeln sich die Richtwerte der Regelwerke zu Abwägungsdirektiven.[3259] Auch treten Planungsalternativen stärker in den Vordergrund.[3260] Bei Überschreiten der Lärmgrenzwerte etwa der 16. BImSchV bestehen nach § 41 I und II BImSchG Rechtsansprüche auf Einhaltung der Werte ggf. auch Schutzmaßnahmen[3261] oder auf Entschädigung[3262] vergleichbar dem Schutzauflagensystem in § 74 II 2 und 3 VwVfG.[3263] Derartige Rechte sind nur nach Maßgabe der normierten Regelungen einschränkbar und lösen entsprechende Schutzauflagen- oder Entschädigungsansprüche aus. Ist die 1495
Höhe des Schadens noch nicht abschließend absehbar, kann über den Anspruch in der Planfeststellung dem Grunde nach entschieden werden.[3264] Die Regelungen des Planfeststellungsbeschlusses sind dabei allerdings vorrangig und nach dem Grundsatz des Vorrangs des Primärrechtsschutzes abschließend.[3265] Wird die Schwelle zur **Gesundheitsgefahr** überschritten, muss die Planung zwingend einen Ausgleich schaffen. Sie hat die Belastungen entweder durch planerische Maßnahmen zu verringern, durch eine Umplanung die Voraussetzungen für eine Enteignung und damit eine Entschädigung zu schaffen oder in anderer Weise einen entschädigungsrechtlichen Ausgleich zu gewähren. Eine Gesundheitsgefahren herbeiführende oder fortschreibende Planung würde an den verfassungsrechtlichen Erfordernissen eines ausreichenden Gesundheitsschutzes und auch der Eigentumsgarantie scheitern. Der Plangeber kann daher das Lärmschutzinteresse nicht ohne Weiteres im Wege der Abwägung unberücksichtigt lassen. Diese Zumutbarkeitsschwelle beginnt nach der (früheren) Rechtsprechung des BVerwG in Wohngebieten bei Beurteilungspegeln von etwa 70 dB(A) tags/60 dB(A) nachts,[3266] teilweise werden (bzw. wurden) aber für Kern-, Dorf- und Mischgebiete auch höhere Werte von 72 dB (A) tags/62 dB(A) nachts für zulässig gehalten.[3267] Nach neuerer Rechtsprechung des BVerwG dürfte die grundrechtliche Zumutbarkeitsschwelle aber mit Blick auf Eigentums- und vorsorgenden Gesundheitsschutz und der im Jahr 2010 im Rahmen des „Nationalen Verkehrslärmschutzpakets II" erfolgten Absenkung der Immissionsgrenz- bzw. Auslösewerte um 3 dB(A), in allgemeinen Wohngebieten bei 67 dB(A) tags und 57 dB(A) nachts und in Kern-, Dorf- und

---

3254 BVerwG NVwZ 2001, 1160; NVwZ 1999, 1222; VGH München Urt. v. 2.6.2006 – 1 N 03.1546, juris zur geringeren Schutzwürdigkeit von Eigentümerbelangen in einem Wochenendhausgebiet.

3255 BVerwG DVBl. 1970, 414.

3256 BVerwG DVBl. 1980, 233.

3257 So BVerwG NJW 1992, 2844; OVG Münster Urt. v. 28.6.2007, juris zu Lärmimmissionen bei einer Zunahme des Straßenverkehrs um 50%; OVG Münster Urt. v. 10.7.2007 – 7 D 43/06.NE, juris; VGH Mannheim BauR 2006, 570; OVG Bautzen BauR 2010, 826; zur Frage der Festsetzung von lärmintensiven Arbeiten im Bebauungsplan Seidler/Dziallas NZBau 2010, 424.

3258 BVerwGE 34, 301.

3259 BVerwG NVwZ 2001, 1160; NVwZ 1999, 1222.

3260 BVerwG NVwZ 2001, 1154; NVwZ 1996, 788; NVwZ-RR 1999, 629; aber auch bei schweren Betroffenheiten haben Alternativplanungen keinen absoluten Vorrang, BVerwG NVwZ-RR 1999, 164.

3261 BVerwG NVwZ 2000, 560; BVerwG NVwZ 1996, 901.

3262 BVerwG NVwZ 2000, 435; NVwZ 1995, 907.

3263 Grundlegend BVerwG NJW 1975, 1373; NVwZ 1995, 907; NVwZ 1998, 1071; NVwZ 1998, 1070; NVwZ 2001, 78.

3264 BVerwG NVwZ-RR 2001, 653.

3265 OVG Lüneburg DVBl. 2001, 1307; BVerwGE 58, 154; BVerwG NJW 1987, 2884. Zum Vorrang des Anspruchs auf Planergänzung gegenüber einem Entschädigungsanspruch BGH DVBl. 1999, 603.

3266 BVerwG Urt. v. 7.3.2007 – 9 C 2.06 juris, Rn. 29, mwN.

3267 BVerwG Urt. v. 8.9.2016 – 3 A 5.15, juris, Rn. 36.

Mischgebieten bei 69 dB(A) tags und 59 dB(A) nachts anzusetzen sein.[3268] Auf der anderen Seite bestehen allerdings unterhalb der Gesundheitsgefahr nach Maßgabe der Normvorgaben planerische Abwägungsspielräume,[3269] bei denen auch prognostische Elemente wirksam werden können.[3270] Auch **spürbare** Wertminderungen hat der Betroffene bei Einhaltung des Abwägungsgebotes hinzunehmen.[3271] Man wird es daher einem Planungsträger wohl nicht automatisch als Abwägungsfehler anlasten können, wenn er den Lärm, der nicht in unmittelbarem Zusammenhang mit seinem Vorhaben steht, als für die Standortentscheidung letztlich nicht allein ausschlaggebend behandelt, solange die jeweiligen Betroffenheiten zutreffend ermittelt und in die Abwägung eingestellt worden sind.[3272] Bei Belastungen von mehr als 70 dB (A) ist daher abwägend zu prüfen, ob Erhöhungen überhaupt hingenommen werden können, auch wenn sie rechnerisch nur marginal sind.[3273] Eine Bauleitplanung, die eine bereits vorhandene Lärmbelastung in gesundheitsschädlichem Ausmaß (mind. 70 dB(A) tagsüber und 60 dB(A) nachts) weiter erhöht, entspricht nur dann dem im Abwägungsgebot verankerten Gebot der Konfliktbewältigung, wenn sie die zusätzliche Verkehrslärmerhöhung durch entsprechende Maßnahmen, zB des aktiven und passiven Schallschutzes, kompensiert. Ob sich die Lärmzunahme im hörbaren bzw. geringfügigen Bereich bewegt, ist dann nicht entscheidend.[3274]

1495 Das in der Verkehrslärmschutzverordnung geregelte **System des Verkehrslärmschutzes** stellt sich in **vier Stufen** wie folgt dar:

- Bei raumbedeutsamen Planungen und Maßnahmen sind die für eine bestimmte Nutzung vorgesehenen Flächen nach § 50 BImSchG so zuzuordnen, dass schädliche Umwelteinwirkungen auf die ausschließlich oder überwiegend dem Wohnen dienenden Gebiete sowie auf sonstige schutzbedürftige Gebiete soweit wie möglich vermieden werden **(immissionsschutzrechtlicher Planungsgrundsatz – Trennungsgrundsatz)**.
- Bei dem Bau oder der wesentlichen Änderung öffentlicher Straßen sowie von Eisenbahnen und Straßenbahnen ist nach § 41 I BImSchG sicherzustellen, dass von diesen keine schädlichen Umwelteinwirkungen durch Verkehrsgeräusche hervorgerufen werden können, die nach dem Stand der Technik vermeidbar sind **(Vermeidungsgebot – aktiver Schallschutz)**.
- Das Vermeidungsgebot gilt nicht, soweit die Kosten der Schutzmaßnahmen außer Verhältnis zu dem angestrebten Schutzzweck stehen **(Kosten-Nutzen-Bilanz)**.
- Werden die Immissionsgrenzwerte überschritten, hat der Eigentümer einer betreffenden baulichen Anlage gegen den Träger der Baulast einen Anspruch auf angemessene Entschädigung in Geld, es sei denn, dass die Beeinträchtigung wegen der besonderen Benutzung der Anlage zumutbar ist **(passiver Schallschutz)**.[3275] Die Entschädigung ist zu leisten für Schallschutzmaßnahmen an den baulichen Anlagen in Höhe der zu erbringenden notwendigen Aufwendungen, soweit sich diese im Rahmen der Verkehrslärmschutzverordnung halten.

1496 Lärmbeeinträchtigungen durch Verkehrsanlagen sind nach § 50 BImSchG möglichst zu vermeiden. Die Planung von Verkehrsanlagen ist daher nach Möglichkeit so auszurichten, dass schutzbedürftige Gebiete, die dem Wohnen dienen, nur in dem erforderlichen Maß von Verkehrslärm betroffen werden. Hier besteht allerdings ein erheblicher Abwägungsspielraum.[3276]

[3268] OVG Münster Urt. v. 19.4.2023 – 11 A 1227/17, juris Rn. 115; BVerwG DVBl. 2018, 1426 (1430) = juris, Rn. 86 f., mwN.

[3269] BVerwG NVwZ 2001, 673; NVwZ-RR 2001, 360; NVwZ-RR 1999, 720.

[3270] BVerwG NVwZ 2001, 429, 430. Die abschließende Entscheidung muss allerdings grundsätzlich in der Planfeststellung selbst erfolgen. Ein Auflagenvorbehalt ist nur unter den Voraussetzungen des § 74 III VwVfG zulässig, BVerwG NVwZ 2001, 429.

[3271] BVerwG NVwZ-RR 1999, 556; OVG Schleswig-Holstein NordÖR 2007, 367.

[3272] BVerwG NVwZ 2001, 673; Halama/Stüer NVwZ 2003, 137; Halama VBlBW 2006, 132.

[3273] OVG Münster BauR 2008, 1667; zur Zurechenbarkeit der durch Zu- und Abgangsverkehr einer öffentlichen Straße verursachten Geräuschimmissionen zu einer baurechtlich genehmigten Gaststättennutzung und Beurteilungsmaßstab von Verkehrslärm auf öffentlichen Straßen (Nr. 7.4 TA Lärm); VGH München Urt. v. 30.7.2008 – 15 B 8.265, juris.

[3274] VGH Mannheim DVBl. 2011, 580.

[3275] Zum Schutz vor gewerblichen Immissionen durch passiven Schallschutz Heilshorn NVwZ 2009, 137.

[3276] BVerwG NVwZ 1999, 1222.

könnten jedoch den Immissionsgrenzwerten des § 2 I der 16. BImSchV entnommen werden.[3297] Denn die Immissionsgrenzwerte bringen ganz allgemein die Wertung des Normgebers zum Ausdruck, von welcher Schwelle an eine nicht mehr hinzunehmende Beeinträchtigung der jeweiligen Gebietsfunktion, zumindest auch dem Wohnen zu dienen, anzunehmen ist. Eine Unterschreitung der Immissionsgrenzwerte der Verkehrslärmschutzverordnung sei danach jedenfalls ein Indiz dafür, dass die Lärmbelastung auch die Zumutbarkeitsschwelle in straßenverkehrsrechtlicher Hinsicht nicht erreiche. Umgekehrt komme bei einer Überschreitung dieser Immissionsgrenzwerte eine zur fehlerfreien Ermessensausübung verpflichtende Überschreitung der straßenverkehrsrechtlichen Zumutbarkeitsschwelle in Betracht.[3298] Die Orientierung an den Lärmwerten des § 2 I der 16. BImSchV sei aber nur dann aussagekräftig, wenn zur Ermittlung der Lärmbelastung das nach dieser Verordnung vorgesehene Berechnungsverfahren angewendet werde.[3299] Auf eine Festsetzung oder Berücksichtigung niedrigerer Grenzwerte besteht kein Anspruch; dafür ist angesichts der normkonkretisierenden Regelungen in der 16. BImSchV kein Raum.[3300]

Steht ein erheblicher baulicher Eingriff in einen Verkehrsweg in **engem konzeptionellen** 1502
und **räumlichen Zusammenhang** mit einem bereits planfestgestellten oder während des Prognosezeitraums absehbaren Weiterbau dieses Verkehrsweges, so ist die durch den Eingriff bewirkte Erhöhung des Beurteilungspegels des von dem zu ändernden Verkehrsweg ausgehenden Verkehrslärms nach § 1 II der 16. BImSchV zu ermitteln aus der Differenz der im maßgeblichen Prognosezeitpunkt zu erwartenden Beurteilungspegel am Immissionsort für den Zustand ohne und für den Zustand mit der Gesamtplanung. Das gilt auch dann, wenn der Weiterbau teilweise ohne den baulichen Eingriff durchgeführt werden könnte. Ein erheblicher baulicher Eingriff iS des § 1 II 1 Nr. 2 der 16. BImSchV setzt eine bauliche Änderung voraus, die in die Substanz des Verkehrswegs eingreift und über eine bloße Erhaltungsmaßnahme hinausgeht, indem sie die Funktionsfähigkeit der Straße steigert.[3301]

Anspruchsberechtigt sind grundsätzlich die **Grundstückseigentümer**, nicht schuldrecht- 1503
lich Berechtigte. In der Frage der Entschädigung für Schallschutzmaßnahmen gibt es keine rechtliche Verpflichtung, den Kreis der Anspruchsberechtigten über die Regelung in § 42 I 1 BImSchG hinaus zu erweitern, wenn als Folge einer gemeindlichen Planung der Verkehr auf vorhandenen Straßen außerhalb des Plangebiets zunimmt und dort das vorhandene Lärmniveau über das zumutbare Maß hinaus erhöht. Hier wie dort sind nur die Eigentümer zu entschädigen. Die Interessen von **Nießbrauchern**, **Mietern** oder **Pächtern** sind dadurch gewahrt, dass sie den anspruchsberechtigten Eigentümer über ihre Sonderbeziehungen zu Schutzmaßnahmen zwingen können.[3302]

Sind von dem Lärmzuwachs ausgewiesene Baugebiete betroffen, können **Gemeinden** ihr 1504
Interesse an der Bewahrung der in der Bauleitplanung zum Ausdruck gekommenen städtebaulichen Ordnung vor nachhaltigen Störungen als eigenen abwägungserheblichen Belang geltend machen. Die für die Einhaltung der Immissionsgrenzwerte der 16. BImSchV maßgebenden Beurteilungspegel sind für jeden Verkehrsweg gesondert zu berechnen. **Mehrere rechtlich selbständige Straßen** können, auch wenn für ihren Bau gemäß § 78 I VwVfG nur ein Planfeststellungsverfahren stattfindet, nicht als ein Verkehrsweg im Sinne der 16. BImSchV angesehen werden.[3303]

3297 BVerwG Urt. v. 22.12.1993 – 11 C 45.92, juris Rn. 26 (30); OVG Koblenz Urt. v. 4.4.2019 – 7 A 11622/18.OVG, BeckRS 2019, 24621, Rn. 25 ff.; VGH München Beschl. v. 27.2.2015 – 11 ZB 14.309, juris Rn. 18.; Beschl. v. 6.7.2020 – 11 ZB 18.1840, BeckRS 2020, 16892 Rn. 25.

3298 OVG Koblenz Urt. v. 8.12.2022 – 7 A 10620/21, juris Rn. 21; Urt. v. 4.4.2019 – 7 A 11622/18. OVG, BeckRS 2019, 24621, Rn. 28; VGH München Urt. v. 21.3.2012 – 11 B 10.1657, juris Rn. 28; v. 12.4.2016 – 11 B 15.2180, juris Rn. 22.

3299 OVG Koblenz Urt. v. 8.12.2022 – 7 A 10620/21, juris Rn. 21; Urt. v. 4.4.2019 – 7 A 11622/18. OVG, BeckRS 2019, 24621 Rn. 28; OVG Münster Urt. v. 28.3.2018 – 8 A 1247/16, juris Rn. 36 ff. OVG Schleswig Urt. v. 9.11.2017 – 2 LB 22/13, juris Rn. 107; OVG Bremen Beschl. v. 11.2.2016 – 1 B 241/15, juris Rn. 21 (26).

3300 OVG Münster Urt. v. 20.6.2022 – 11 D 29/11, juris Rn. 1; Urt. v. 29.8.2002 – 11 D 90/96.AK, juris, Rn. 34.

3301 BVerwG Urt. v. 24.8.2023 – 7 A 1/22, juris Rn. 33; BVerwG NVwZ 2006, 331; NVwZ 1995, 907.

3302 BVerwG ZfBR 2006, 583.

3303 BVerwG NVwZ 2005, 274.

1505 Zu den privaten Belangen, die im Rahmen der Abwägung zu berücksichtigen sind, gehört auch das Interesse, vor vermehrten **Lärmimmissionen** bewahrt zu bleiben. Ob dieses Interesse gewichtig genug ist, um abwägungsbeachtlich zu sein, hängt von der aus Pegelangaben ablesbaren Intensität der zusätzlichen Lärmbelastung ab, die sich wiederum nicht losgelöst davon beurteilen lässt, in welchem Umfang sich die Verkehrsmenge verändert. Die Schwelle der Abwägungsrelevanz lässt sich bei Verkehrslärmerhöhungen nicht allein durch einen Vergleich von Lärmwerten markieren. Selbst eine Lärmzunahme, die, bezogen auf einen rechnerisch ermittelten Dauerschallpegel, für das menschliche Ohr kaum hörbar ist, kann zum Abwägungsmaterial gehören. Daraus lässt sich indes nicht im Umkehrschluss folgern, dass Lärmerhöhungen oberhalb der Hörbarkeitsschwelle stets als Abwägungsposten zu berücksichtigen sind. Eine Lärmverdoppelung kann je nachdem, welche Rolle die Vorbelastung spielt und wie schutzwürdig das jeweilige Gebiet ist, ein Indikator für eine mehr als geringfügige Betroffenheit sein; regelhafte Schlüsse lässt sie indes nicht zu.[3304]

Schallschutz

	DIN 18005 Teil 1 Schallschutz im Städtebau		VerkehrslärmschutzVO (16. BImSchV)		Sportanlagenlärmschutzverordnung (18. BImSchV)			Technische Anleitung zum Schutz gegen Lärm (TA Lärm 1998)	
Gebiete der BauNVO	Höchstwerte in dB(A) tags/nachts		Immissionsrichtwerte in dB(A) [3305]tags/nachts		Immissionsrichtwerte in dB(A) tags/nachts/ Ruhezeit			Immissionsrichtwerte in dB(A) tags/nachts	
WR	50	35[3306] 40[3307]	59	49	50[3308]	45[3309]	35[3310]	50	35
WA	55	40–45	59	49	55	50	40	55	40
WS	55	40–45	59	49	55	50	40	55	40
WB	60	40–45							
Wochenendhaus	50	35–40							
Ferienhaus	50	35–40							
Camping	55	40–45							
Wohnungen mit der Anlage baulich verbunden					40		30		
MD	60	45–50			60	55	45	60	45
MI	60	45–50			60	55	45	60	45
MK	65	50–55			60	55	45	60	45
GE	65	50–55			65	60	50	65	50
GI	70		70		70			70	
SO	45–65	35–65	57	47	45	45	35	45	35
soweit schutzbedürftig			Krankenhäuser, Schulen, Kur- und Altenheime		Kurgebiete, Krankenhäuser, Pflegeanstalten			Kurgebiete, Krankenhäuser, Pflegeanstalten	
Friedhöfe, Parkanlagen, Kleingärten	55								

[3304] BVerwG BauR 2004, 1132.

[3305] Beim Neubau und einer wesentlichen Änderung von Straßen, für die Schiene ein Aufschlag von 5 dB(A).

[3306] Industrie-, Gewerbe- und Freizeitlärm.

[3307] Gebietslärm.

[3308] Tags 6 – 22 Uhr (sonntags 7 – 22 Uhr).

[3309] Ruhezeiten: 6-8 Uhr (sonntags 7-9 Uhr), 20-22 Uhr (sonntags 13-15/20-22 Uhr).

[3310] Nachts: 22 – 6 Uhr (sonntags 22 – 7 Uhr).

Beispiel: Zur verkehrsmäßigen Entlastung der Innenstadt soll eine Umgehungsstraße gebaut werden. Diese führt unmittelbar an einem an der Ortsrandlage gelegenen Wohngebiet vorbei. Die Immissionsgrenzwerte der Verkehrslärmschutzverordnung könnten nur eingehalten werden, wenn in dem ca.1,50 m breiten Streifen zwischen der Straße und den Wohngebäuden eine 5 m hohe Lärmschutzwand errichtet würde. Auch wenn eine solche Maßnahme kostenmäßig vertretbar ist, könnte von ihr im Hinblick auf die nachteiligen städtebaulichen Auswirkungen Abstand genommen werden. Denn die Lärmschutzwand würde dazu führen, dass die vorderen Hauseingänge versperrt würden. Es ist dann durch Maßnahmen des passiven Schallschutzes ein ausreichender Verkehrslärmschutz sicherzustellen.[3311]

Bereits vor Geltung der 16. BImSchV hatte das BVerwG klargestellt, dass bei der Würdi- 1506
gung, welches Maß von Straßenlärm dem Eigentümer eines Wohngrundstücks entschädigungslos zugemutet werden kann, die **Wertentscheidung des BImSchG** für den Schutz von Wohngebieten vor schädlichen Umwelteinwirkungen zu beachten ist. Diese Wertentscheidung schließt es grundsätzlich aus, eine unzumutbare Beeinträchtigung nur ganz ausnahmsweise, bei besonders schweren Einwirkungen, anzunehmen. Die zu leistende Entschädigung besteht dabei grundsätzlich in einem Geldausgleich für notwendige Schallschutzeinrichtungen auf dem betroffenen Grundstück. Eine Entschädigung für eingetretenen Minderwert des Grundstücks kommt erst in Betracht, wenn Schutzeinrichtungen keine wirksame Abhilfe versprechen oder unverhältnismäßige Aufwendungen erfordern. Dieser Anspruch setzt voraus, dass die zugelassene Nutzung des Straßengrundstücks die vorgegebene Grundstückssituation nachhaltig verändert und dadurch das benachbarte Wohneigentum schwer und unerträglich trifft.[3312]

Der **Begriff des Wohnens** umfasst seinem Gegenstand nach sowohl das Leben innerhalb 1507
der Gebäude als auch die angemessene Nutzung der Außenwohnbereiche wie Balkone, Terrassen, Hausgärten, Kinderspielplätze und sonstige Grün- und Freiflächen. Die Qualität des zu schützenden Wohnens wird bestimmt durch die mit der Eigenart des Wohngebiets berechtigterweise verbundenen Wohnerwartungen und Wohngewohnheiten. Für Wohngebiete, die nicht einer durch andere Störfaktoren verursachten Geräuschvorbelastung ausgesetzt sind und deren Schutzwürdigkeit deshalb nicht nach den aufgezeigten Gesichtspunkten eingeschränkt ist, setzt die angemessene Befriedigung der Wohnbedürfnisse insbesondere voraus, dass innerhalb der Gebäude eine durch Außengeräusche nicht beeinträchtigte Entfaltung des Lebens der Bewohner möglich ist. Dazu gehört – vornehmlich am Tage und in den Abendstunden – die Möglichkeit einer ungestörten Kommunikation im weitesten Sinne unter Einschluss der Mediennutzung (Telefon, Rundfunk, Fernsehen) und – für die Nacht – die Möglichkeit des störungsfreien Schlafens.[3313] Dabei ist für diese Anforderungen nicht abzustellen auf die Nutzung der Gebäude nur bei geschlossenen Fenstern und Türen. Zu den schützenswerten Wohnbedürfnissen in einem nicht durch Störfaktoren nachteilig vorbelasteten Wohngebiet gehört vielmehr das übliche Wohnverhalten und damit die Möglichkeit des Wohnens und Schlafens auch bei (gelegentlich) geöffneten Fenstern.[3314]

Eine **Änderung der Straße** iS des § 41 I BImSchG verlangt einen inneren Bezug der be- 1508
absichtigten Maßnahme zu der bereits vorhandenen Verkehrsfunktion der Straße. Die Änderung der Straße muss sich daher auf ihre Leistungsfähigkeit beziehen. Dazu ist erforderlich, dass die vorgesehene Maßnahme zu einer vermehrten Aufnahme des Straßenverkehrs führt. Denn in der beabsichtigten Steigerung der Leistungsfähigkeit einer Straße als aufnehmender Verkehrsweg liegt der gesetzgeberische Grund, auch bei einer Änderung sicherzustellen, dass durch diese keine nach dem Stand der Technik vermeidbaren schädlichen Umwelteinwirkungen durch Verkehrsgeräusche hervorgerufen werden.

Beispiel: An einer bestehenden Straße wird eine Schallschutzwand errichtet. Durch die Schallreflexionen werden die auf der anderen Straßenseite wohnenden Straßenanlieger mehr als bisher beeinträchtigt. Es handelt sich nicht um eine Änderung der Straße iS des § 41 I BImSchG. Auch ein Rückgriff auf die allgemeine Regelung über Schutzauflagen in § 74 II 2

[3311] Zu Fragen der Stadtbildpflege BVerwG Beschl. v. 11.3.1999 – 11 B 4.99, juris zur Höhe einer Schallschutzwand. Wegen ihrer gebäudeähnlichen Wirkung sind auf Lärmschutzwände die landesrechtlichen Abstandsregelungen für Gebäude anwendbar, so OVG Münster Beschl. v. 2.2.1999 – 10 B 2558/98, juris.

[3312] BGHZ 64, 220; BGHZ 97, 361.

[3313] BVerwG NVwZ 2007, 2219.

[3314] BVerwGE 51, 15.

VwVfG ist ausgeschlossen. Entscheidet sich die planende Behörde zu einer Lärmsanierung, so unterliegt sie hierbei dem verfassungsrechtlichen Gebot der Gleichbehandlung. Dieses Gebot lässt ihr allerdings einen nicht unerheblichen Spielraum. Sofern sie aus vernünftigen Gründen zu sachgerechten Entscheidungen gelangt, ist dies rechtlich nicht zu beanstanden. Das Gebot der Gleichbehandlung würde aber verletzt, wenn die staatliche Maßnahme, die zum Vorteil des einen bestimmt ist, ohne nachvollziehbaren Grund dem anderen zusätzliche Nachteile aufbürdet.[3315] Der Bau von Abbiegespuren in der Anschlussstelle an eine Bundesautobahn ist allerdings in der Regel keine „wesentliche Änderung" der vorhandenen Straße nach § 1 II Nr. 1 der 16. BImSchV.[3316]

1509 Werden die maßgeblichen **Lärmgrenzwerte** überschritten, so kommt es für die Rechtmäßigkeit der Planung darauf an, ob trotz **Schutzauflagen** die vorgesehene Ausgewogenheit der Planung als solche berührt wird. Genügt eine Schutzauflage dem Abwägungsgebot, weil die planende Behörde Schallschutzbelange Betroffener wegen der Gewichtigkeit der für die Planung in ihrer konkreten Ausgestaltung sprechenden Belange zurückgestellt hat und zurückstellen durfte, so besteht kein subjektiver Anspruch des Betroffenen auf Planaufhebung.[3317] Das Gericht kann die Verwaltung regelmäßig nicht zu bestimmten Grenzwerten verpflichten, sondern muss den Abwägungsspielraum der Verwaltung beachten. Unter der Voraussetzung einer im Übrigen begründeten Klage kann die Verwaltung dann lediglich zu einer Neubescheidung verpflichtet werden.[3318]

1510 § 2 I der 16. BImSchV schreibt für Neubau- und Änderungsplanungen der vorgenannten Art die Einhaltung von Immissionsgrenzwerten vor, wobei hinsichtlich der **Schutzbedürftigkeit** zwischen **vier verschiedenen Nutzungsarten differenziert** wird: Krankenhäuser, Schulen, Kurheime und Altenheime: 57 dB(A) tags/47 dB(A) nachts; reine und allgemeine Wohngebiete und Kleinsiedlungsgebiete: 59 dB(A) tags/49 dB(A) nachts; Kerngebiete, Dorfgebiete und Mischgebiete 64 dB(A) tags/54 dB(A) nachts; Gewerbegebiete 69 dB(A) tags/59 dB (A) nachts. Die Anlagen- und Gebietsart ergibt sich dabei in beplanten Gebieten aus den Festsetzungen des Bebauungsplans. Die Schutzbedürftigkeit von Anlagen und Gebieten, für die der Bebauungsplan keine Festsetzungen enthält oder die im nicht beplanten Innenbereich oder Außenbereich liegen, ist unter entsprechender Anwendung des in § 2 I 16. BImSchV enthaltenen Beurteilungsschemas zu bestimmen. Für die Beurteilung der Schutzbedürftigkeit von baulichen Anlagen im Außenbereich scheidet der für reine und allgemeine Wohngebiete sowie Kleinsiedlungsgebiete geltende Immissionsgrenzwert allerdings aus (§ 2 II der 16. BImSchV). Ob ein Gebiet oder eine Anlage unter Lärmschutzgesichtspunkten schutzbedürftig ist, beurteilt sich danach, ob die Art der Nutzung Lärmschutz verlangt oder ob Verkehrslärm die Art der Nutzung beeinträchtigen kann.[3319] Nach § 3 I BImSchG sind Schutzobjekte sowohl die Allgemeinheit als auch die Nachbarschaft. § 43 I 1 Nr. 1 BImSchG als Ermächtigungsgrundlage für die 16. BImSchV stellt auf den Schutz der Nachbarschaft ab. Im Gegensatz zur Allgemeinheit ist die Nachbarschaft iS des BImSchG ein konkretisierbarer Personenkreis, der mit einer gewissen Regelmäßigkeit bestimmten Immissionen ausgesetzt ist oder – bezogen auf Verkehrslärm – sich im Einwirkungsbereich von Straßen und Schienenwegen ständig aufhält. Der Außenbereich als solcher ist kein schutzbedürftiges Gebiet iS der 16. BImSchV.[3320]

1511 Ein **Außenbereichsgrundstück** hat etwa den Schutz, den die Wohnnutzung im Mischgebiet haben würde. Weitergehende Ansprüche sind im Außenbereich nicht begründet. Das gilt auch für Außenbereichsgrundstücke in einer idyllischen.[3321] Dabei muss berücksichtigt werden: § 42 II BImSchG und § 74 II 3 VwVfG eröffnen keinen gesetzlichen Anspruch auf einen Ausgleich aller Vermögensnachteile, die eine Straßenplanung auslöst. Nicht jede Wertminderung eines Grundstücks, die auf ein staatliches Verhalten zurückzuführen ist, begründet iS des Art. 14

[3315] BVerwG NVwZ 1995, 907.

[3316] OVG Münster Urt. v. 19.9.2001 – 11 D 90/96.AK, juris; BVerwGE 101, 1.

[3317] BVerwGE 56, 110; BVerwGE 71, 150; BVerwGE 84, 31; NVwZ-RR 1990, 454; DVBl. 1993, 155; NVwZ 1994, 691.

[3318] BVerwG NVwZ 1998, 513; NVwZ-RR 1999, 725; UPR 2000, 71.

[3319] BVerwG NVwZ 1992, 885.

[3320] BVerwG NuR 1998, 221.

[3321] OVG Berlin-Brandenburg Urt. v. 19.3.2008 – 2 A 3.08, juris; BVerfG NVwZ 2008, 780; OVG Berlin Urt. v. 11.10.2007 – 2 A 7.06, juris; BVerwG NVwZ 1997, 683; NVwZ 1992, 879; NVwZ-RR 1990, 122.

I 1 GG eine Pflicht zu einem finanziellen Ausgleich. Bei einem im Außenbereich gelegenen Grundstück muss der Eigentümer damit rechnen, dass außerhalb seines Grundstücks öffentliche Verkehrswege gebaut werden. Das Gesetz räumt ihm hiergegen einen Vertrauensschutz nicht ein. Fehlt es an einer gesicherten Rechtsposition des Grundeigentümers, schließt dies selbstverständlich nicht aus, dass die Planfeststellungsbehörde im Rahmen der Abwägung der öffentlichen und privaten Belange Wertminderungen zu bedenken hat, die das Vorhaben auslösen wird. Aber dies hindert nicht, diese Bedenken durch gegenläufige öffentliche Belange zu überwinden, ohne dass dies gleichzeitig eine Pflicht zum finanziellen Ausgleich begründet. Insbesondere erklärt es der Gesetzgeber für rechtlich zumutbar, dass ein Grundeigentümer eine Lärmbeeinträchtigung hinzunehmen hat, die unterhalb der Grenzwerte liegt, die durch die 16. BImSchV festgesetzt sind.[3322]

Der nach § 41 BImSchG und der 16. BImSchV gebotene Schutz der Nachbarschaft vor schädlichen Umwelteinwirkungen durch Verkehrsgeräusche ist durch Maßnahmen des aktiven Lärmschutzes **nur in den räumlichen Grenzen der jeweiligen Planung** zu gewährleisten. Dabei kommt es allein auf den Lärm an, der von dem geplanten oder zu ändernden Verkehrsweg ausgeht und im Bereich der baulichen Maßnahme entsteht.[3323] Allerdings sind auch betroffene Belange **außerhalb des unmittelbaren Einwirkungsbereichs der Straße** in die Abwägung einzustellen, können jedoch in der Ausgleichsentscheidung durchaus auch überwunden werden. Eine solche Überwindung ist dann nicht mehr ohne weiteres möglich, wenn die Belastungen bereits die Schwelle der Gesundheitsgefahren erreicht oder überschreitet. Hier muss die Planung nach einem entsprechenden Ausgleich etwa durch Maßnahmen des aktiven oder des passiven Schallschutzes suchen. Auch könnte es sich in derartigen Fällen empfehlen, ein Lärmsanierungsprogramm aufzulegen, in das der Einwirkungsbereich des Straßenbaus einbezogen wird. Der Eigentümer eines im Außenbereich gelegenen Grundstücks muss damit rechnen, dass in der Nähe zu seinem Grundstück öffentliche Verkehrswege geplant werden. Deshalb gilt hier der Trennungsgrundsatz auch nicht uneingeschränkt,[3324] stellt allerdings unterhalb der in § 41 BImSchG bezeichneten Lärmschwelle eine Abwägungsdirektive dar.[3325] Dient eine im Außenbereich gelegene bauliche Anlage nicht mehr dem Wohnen und ist dies auf absehbare Zeit auch nicht mehr möglich, hat diese Anlage nicht den Schutz einer Wohnnutzung nach § 2 II 2 der 16. BImSchV.[3326] 1512

Das BVerwG hat zur Anwendung und Auslegung der 16. BImSchV folgende Grundsätze aufgestellt:[3327] Die in § 2 I der 16. BImSchV vorgenommene Stufung der Immissionsgrenzwerte in vier **Schutzkategorien** ist für die gemeindliche Bauleitplanung **nicht abschließend**. Auch andere Gebiete können nach § 2 II 2 der 16. BImSchV im Rahmen der Bauleitplanung entsprechend schutzbedürftig sein. Dabei kann sich die Schutzbedürftigkeit maßgeblich nach einer in einem derartigen Gebiet stattfindenden **Wohnnutzung** bestimmen. Jedoch ist eine Wohnnutzung keine Voraussetzung dafür, die Schutzbedürftigkeit eines bestimmten Gebietes überhaupt zu begründen. Ob ein Gebiet oder eine Anlage unter Verkehrslärmschutzgesichtspunkten schutzbedürftig ist, bestimmt sich danach, ob die Art der Nutzung Lärmschutz verlangt.[3328] 1513

Mit diesen Aussagen öffnet das BVerwG den Katalog der vier Schutzkategorien in § 2 I der 16. BImSchV auch für andere Gebiete und Anlagen, die zwar nicht ausdrücklich in dem Nutzungskatalog genannt sind, jedoch eine **vergleichbare Schutzbedürftigkeit** für sich beanspruchen können. Abgeleitet wird diese Öffnung aus der Gleichstellungsklausel in § 2 II der 16. BImSchV, wonach sonstige im Bebauungsplan festgesetzte Anlagen und Gebiete oder solche, für die der Bebauungsplan keine Festsetzungen enthält, sowie Nutzungen im nicht beplanten Innenbereich und im Außenbereich entsprechend der Schutzbedürftigkeit zu beurteilen sind. 1514

3322 BVerwG NJW 1997, 142.
3323 OVG Lüneburg NVwZ 2001, 99; BVerwG NVwZ 1996, 1003.
3324 VGH München NVwZ-RR 2001, 579.
3325 BVerwG NVwZ 2001, 1160; BVerwGE 108, 248; NVwZ 1999, 1222.
3326 VGH Mannheim DVBl. 2001, 405.
3327 BVerwG NJW 1992, 2844; NVwZ 1993, 268; NVwZ 1992, 885; Stüer DVBl. 1992, 547.
3328 BVerwG NVwZ 1992, 885; NVwZ 1993, 268.

Beispiel: Der Bebauungsplan weist neben einem Kleingartengebiet eine neue Gemeindestraße aus. Auch ein Kleingartengebiet, das zugleich der Erholung dient, kann grundsätzlich gegen Verkehrslärm entsprechend dem Tagesimmissionswert für ein Dorfgebiet schutzbedürftig sein, obwohl es in der 16. BImSchV als schutzwürdige Gebietsart nicht eigens erwähnt ist.

1515 Das BVerwG verweist in diesem Zusammenhang auf die Ermächtigungsgrundlage in § 43 I 1 Nr. 1 BImSchG, der auf den Schutz der Nachbarschaft abstellt. Es handelt sich dabei um einen konkretisierbaren Personenkreis, der mit einer gewissen Regelmäßigkeit bestimmten Immissionen ausgesetzt ist oder – bezogen auf den Verkehrslärm – sich im Einwirkungsbereich von Straßen und Schienenwegen aufhält. Bei einer Wohnbebauung ist der Schutz nicht auf den Innenwohnbereich beschränkt. Auch der sog. Außenwohnbereich ist grundsätzlich – wenn auch nicht in gleichem Maße wie der Innenwohnbereich – schutzwürdig.[3329] Dies gilt ebenso für **Kleingärten**, die zugleich der Freizeitnutzung und Erholung dienen.[3330] Hoffnung gibt das BVerwG auch den **Gemeinden**, deren Einrichtungen durch Lärmeinwirkungen betroffenen sind. Ebenso wie ein privater Grundstückseigentümer kann danach die Gemeinde als Trägerin solcher **kommunalen Einrichtungen** nach Maßgabe der 16. BImSchV Schutz vor unzumutbaren Lärmeinwirkungen verlangen.[3331]

1516 § 3 der 16. BImSchV schreibt die **Berechnung** des Beurteilungspegels für Straßen und nicht die Messung der Schallemissionen und -immissionen vor. Daher sind Messergebnisse grundsätzlich nicht geeignet, zur Beurteilung von Lärmschutzansprüchen herangezogen zu werden. Sie können allenfalls zur Plausibilitätskontrolle einer Berechnung des bei der Annahme eines bestimmten durchschnittlichen Verkehrsaufkommens voraussichtlich entstehenden Lärmpegels dienen. Sie sind dagegen nicht geeignet, Fehler bei der Erstellung der Verkehrsprognose selbst aufzuzeigen.[3332] Diese kann gerichtlich nur daraufhin überprüft werden, ob sie mit Hilfe einer geeigneten fachspezifischen Methode erstellt worden ist, ob der zugrundeliegende Sachverhalt zutreffend ermittelt und das Ergebnis einleuchtend begründet worden ist.[3333] Den Berechnungen ist die realistischerweise zu erwartende Verkehrsbelastung zugrunde zu legen.[3334] Bei (bebauungs-)planbedingtem Verkehrslärm sind die Immissionen einzubeziehen, die bei vollständiger Ausnutzung der Planfestsetzungen unter Berücksichtigung der konkreten Situation des Plangebiets zu erwarten sind.[3335] Eine gesetzliche Vorgabe, nach welchen **Methoden** eine Verkehrsprognose im Einzelnen zu erstellen ist, gibt es nicht. Nach der Rechtsprechung des BVerwG ist eine Verkehrsprognose mit den zu ihrer Zeit verfügbaren Erkenntnismitteln unter Beachtung der dafür erheblichen Umstände sachgerecht, dh methodisch fachgerecht zu erstellen. Die Überprüfungsbefugnis des Gerichts erstreckt sich allein darauf, ob eine geeignete fachspezifische Methode gewählt wurde, ob die Prognose nicht auf unrealistischen Annahmen beruht und ob das Prognoseergebnis einleuchtend begründet worden ist.[3336] Wird im Rahmen einer Verkehrsprognose für die Berechnung des zukünftigen Verkehrsaufkommens auf die aus den Strukturdaten ableitbare wirtschaftliche Gesamtentwicklung eines bestimmten Raumes und nicht auf einzelne Unternehmen und Vorhaben abgestellt, ist es methodisch grundsätzlich nicht zu beanstanden, die Eröffnung einer neuen Produktionsstätte als ein bei den Strukturdaten eingerechnetes Ereignis zu betrachten.[3337] Ob eine Verkehrsprognose für die sich im Rahmen der Verträglichkeitsprüfung konkret stellenden Fragen hinreichend belastbare Aussagen enthält, ist es eine Frage des jeweiligen Einzelfalls.[3338]

1517 Das BVerwG unterscheidet zwischen notwendigen **Lärmschutzmaßnahmen** nach Maßgabe der 16. BImSchV und der vorgelagerten Frage, welche **Auswirkungen der Planung** in die Abwägung einzustellen sind.[3339] Bei der Änderung öffentlicher Straßen sind Lärmschutz-

---

[3329] BVerwGE 51, 15; BVerwGE 87, 332 – Flughafen München II.

[3330] BVerfGE 52, 1; BVerwG BauR 1983, 566.

[3331] BVerwGE 51, 6; BVerfGE 52, 226; BVerwGE 56, 110.

[3332] BVerwG NVwZ 2010, 1151; VGH München Beschl. v. 10.1.2022 – 8 CE 21.2499, juris Rn. 28.

[3333] VGH München Beschl. v. 10.1.2022 – 8 CE 21.2499, juris Rn. 28; BVerwG NVwZ 2021, 1696.

[3334] VGH München Beschl. v. 10.1.2022 – 8 CE 21.2499, juris Rn. 28; BVerwGE 164, 127.

[3335] VGH München Beschl. v. 10.1.2022 – 8 CE 21.2499, juris Rn. 28; OVG Lüneburg Urt. v. 8.9.2021 – 1 KN 150/19, juris Rn. 86; OVG Koblenz BauR 2021, 659.

[3336] BVerwG Beschl. v. 15.3.2013 – 9 B 30.12, juris.

[3337] BVerwG NVwZ 2013, 147.

[3338] BVerwG DVBl. 2014, 237, Stüer DVBl. 2014, 241.

[3339] BVerwG NJW 1992, 2844; ZfBR 1999, 223 für die Abwägungsbeachtlichkeit der Verkehrsimmissionen, die durch die Erweiterung eines reinen Wohngebietes um 32 Wohnungen verursacht werden; BVerwG NVwZ-RR 2000, 146.

maßnahmen nach 16. BImSchV nur vorzusehen, wenn diese Änderung in dem Sinne wesentlich ist, dass eine Straße einen zusätzlichen Fahrstreifen erhält, sich der Verkehrslärm um mindestens 3 dB(A) oder auf mindestens 70 dB(A) tags/60 dB(A) nachts erhöht oder bereits in dieser Größenordnung liegt und durch einen erheblichen baulichen Eingriff weiter erhöht wird. Für in diesem Sinne nicht wesentliche Änderungen bestehender Straßen ist die 16. BImSchV nicht anwendbar.

Diese Einschränkung des Anwendungsbereichs der 16. BImSchV bewirkt jedoch nicht zu- **1518**
gleich auch eine entsprechende Beschränkung des Abwägungsmaterials (§ 2 III BauGB). Auch Lärmeinwirkungen, die unterhalb der wesentlichen Änderung iS des § 1 II der 16. BImSchV liegen, können im Einzelfall abwägungserheblich sein. Ob eine planbedingte Zunahme des Verkehrslärms zum notwendigen **Abwägungsmaterial** gehört,[3340] richtet sich vielmehr nach den Umständen des Einzelfalls.[3341] Eine Regel dahingehend, dass bereits die Erhöhung des Dauerschallpegels um ein bestimmtes Maß oder nur das Erreichen der in § 1 II der 16. BImSchV genannten Schallpegel die Abwägungserheblichkeit begründet, lässt sich nicht aufstellen. Bei Vorliegen besonderer Gegebenheiten kann das Interesse von Anwohnern an der Vermeidung einer Verkehrszunahme selbst dann zum notwendigen Abwägungsmaterial gehören, wenn die damit verbundene Lärmzunahme – bezogen auf einen rechnerisch ermittelten Dauerschallpegel – für das menschliche Ohr kaum wahrnehmbar ist. Selbst eine solche Lärmzunahme kann zum bauplanungsrechtlich relevanten Abwägungsmaterial gehören. Die Frage, unter welchen Voraussetzungen Immissionen, die ein Grundstück treffen, nicht mehr als unmittelbar durch die Festsetzung ausgelöst gewertet und deshalb auch dem Bebauungsplan und der ihm vorangehenden Abwägung nicht mehr zugeordnet werden können, lässt sich nicht grundsätzlich, sondern nur unter maßgeblicher Berücksichtigung der jeweiligen konkreten Situation und des von der Planung verfolgten konkreten Planungsziels beantworten. Eine Mischung von baulichen Nutzungen widerspricht dann den städtebaulichen Vorstellungen des Verordnungsgebers, wenn die Nutzungen jeweils die allgemeine Zweckbestimmung eines Baugebiets charakterisieren und sich darin nicht decken oder überschneiden.[3342] Bei der Zusammenstellung des Abwägungsmaterials sind alle durch die Planung betroffenen Belange zu berücksichtigen, deren Eintritt wahrscheinlich und die mehr als geringfügig, schutzwürdig und erkennbar sind.[3343] Belange, die in diesem Filter hängen bleiben – also geringfügig, nicht schutzwürdig, in ihrem Eingriff nicht wahrscheinlich oder nicht erkennbar sind, sich dem Planer also nicht aufdrängen –, brauchen in die Abwägung nicht eingestellt zu werden und fallen auch bei der von der Planung zu leistenden Konfliktbewältigung und der nachvollziehenden gerichtlichen Kontrolle aus. Dies bedeutet jedoch nicht, dass eine Erhöhung des Verkehrsaufkommens erst dann zum Bestandteil der Abwägung wird, wenn sie Maßnahmen des Lärmschutzes auslöst. Das kann auch eine Zunahme des Verkehrs im Bereich der Hörbarkeitsschwelle sein.[3344] Nicht jede zu erwartende auch nur **geringfügige Zunahme des Verkehrslärms** durch die Planung eines neuen Baugebiets gehört allerdings zum notwendigen Abwägungsmaterial.[3345] Vielmehr kommt es dann darauf an, ob das Vertrauen auf den Fortbestand einer bestimmten Verkehrslage noch als schutzwürdiges Interesse angesehen werden kann.[3346]

Auch ein **Verkehrsaufkommen**, das unter der in § 1 II der 16. BImSchV festgelegten **1519**
Schwelle einer erheblichen Änderung liegt und eine Erhöhung des Beurteilungspegels von weniger als 3 dB(A) bewirkt, kann ein **beachtlicher Belang** sein und daher zum Abwägungsmaterial gehören (§ 2 III BauGB). Insoweit verweist das BVerwG auf eine Einzelfallbeurteilung, bei der etwa die absolute Steigerung des Verkehrsaufkommens oder die bisherige Schutzwürdigkeit der betroffenen Nachbarnutzung von Bedeutung sein können.[3347]

3340 BVerwGE 59, 87.

3341 BVerwG NJW 1992, 2844; OVG Münster Urt. v. 28.8.2007 – 7 D 28/06.NE, juris verneint bei einer unterstellten Zunahme des Verkehrsaufkommens um 16 %, mithin einer Erhöhung des Lärmpegels um 0,65 dB(A).

3342 BVerwG BauR 2018, 1724.

3343 BVerwGE 59, 87; BRS 74 Nr. 45 (2009).

3344 Stüer DVBl. 1992, 547.

3345 BVerwG ZfBR 1996, 109; NVwZ 1994, 683.

3346 BVerwG ZfBR 1996, 109; Halama/Stüer NVwZ 2003, 137; Halama VBlBW 2006, 132.

3347 Stüer DVBl. 1992, 547.

Beispiel: Bei der Planung eines Ferienhausgebietes ist auch die umgebende Nachbarbebauung zu berücksichtigen. So kann etwa eine erhebliche Steigerung des Verkehrsaufkommens wegen der Auswirkungen auf die Nachbarschaft als Abwägungsmaterial bedeutsam sein, obwohl sich die Verkehrsimmissionen lediglich um ca. 1,5 dB(A) erhöhen und daher (knapp) unterhalb der Hörbarkeitsschwelle von 2 dB(A) liegen.[3348] Immissionen sind daher nicht erst dann in die Abwägung einzubeziehen, wenn sie dem Betroffenen nicht mehr zumutbar sind und, weil sie durch Schutzvorkehrungen nicht vermieden werden können, durch Geldzahlungen ausgeglichen werden müssen.[3349] Eine Einzelfallbeurteilung ist auch im Hinblick auf die jeweiligen Folgen von Lärmschutzmaßnahmen geboten. Vermeidet etwa ein vorgesehener Lärmschutzwall zwar nachteilige Lärmeinwirkungen und ist er iS des § 41 BImSchG ausreichend, dann können gleichwohl andere Folgen, die mit den durchgeführten Lärmschutzmaßnahmen verbunden sind, abwägungserheblich sein. Die Beachtung des § 41 BImSchG dispensiert also nicht von dem Gebot, andere, sich ggf. aufdrängende Folgen zu ermitteln und über ihre Erheblichkeit im Rahmen der Gesamtplanung abwägend nachzudenken. Kann daher eine effektive Lärmminderung nicht ohne neue nachteilige Folgen erreicht werden, dann muss – nach Maßgabe weiterer Umstände – der beabsichtigte aktive Lärmschutz oder ggf. die Planung insgesamt unterbleiben. Auch die Planung einer Lärmschutzwand steht unter diesem Vorbehalt.[3350] Die Herstellung eines Lärmschutzwalles auf benachbarten Grundstücken verletzt allerdings weder das Eigentumsrecht des Bewohners des benachbarten Grundstücks noch das Gebot der Rücksichtnahme.[3351]

1520 Nicht jede zu erwartende auch nur **geringfügige Zunahme des Verkehrslärms** durch die Planung eines neuen Baugebiets gehört allerdings zum notwendigen Abwägungsmaterial (§ 2 III BauGB).[3352] Da jede Bauleitplanung dazu führen kann, dass sich die verkehrliche Situation in anderen Bereichen verändert, aber nicht jeder von ihr Betroffene – auch wenn sein Grundstück möglicherweise kilometerweit entfernt liegt – ein abwägungsbeachtliches Interesse an der Beibehaltung des bisherigen Zustandes hat, verbietet es sich, die Abwägungserheblichkeit immer schon dann anzunehmen, wenn die Ausweisung eines neuen Baugebiets zu einer Verstärkung des Verkehrs führt. Vielmehr kommt es dann darauf an, ob das Vertrauen auf den Fortbestand einer bestimmten Verkehrslage noch als schutzwürdiges Interesse angesehen werden kann.[3353]

1521 Zugleich hat sich das BVerwG gegen die in der Praxis nicht selten anzutreffende Vorstellung ausgesprochen, dass in der Planung nur der auf dem jeweiligen **Betriebsgrundstück** erzeugte Lärm zu berücksichtigen sei, während eine durch die Ausweisung bewirkte Erhöhung des **Verkehrslärms auf der Straße** unbeachtet bleiben könne. Die Hinweise des BVerwG werden daher vor allem für die Planung und Genehmigung gewerblicher und industrieller Vorhaben den Blick dafür schärfen, dass auch die Umweltauswirkungen in der Umgebung einschließlich etwaiger Mehrbelastungen des öffentlichen Verkehrssystems in eine ganzheitliche Betrachtung eingestellt werden müssen. Gleichwohl muss das Einzelvorhaben bei einem solchen planerischen Vorgehen nicht scheitern, wenn es auf die Umgebung die gebotene Rücksicht nimmt, am Gebot der möglichsten Schonung schutzbedürftiger Nutzungen orientiert ist und auch im Übrigen dem Abwägungsgebot genügt. So gesehen ist die Einhaltung der Immissionsgrenzwerte des § 2 der 16. BImSchV nicht der erste Planungsschritt, sondern stellt sich in einem zweiten Schritt als zusätzliches Sicherungsinstrumentarium dar, schädliche Umwelteinwirkungen zum Schutze der Nachbarschaft in Grenzen zu halten. Dabei entspricht es auch im Straßenbau einem allgemeinen Planungsgrundsatz, schädliche Umwelteinwirkungen aus Gründen der Vorsorge nach Möglichkeit ganz zu vermeiden und solche Konflikte erst gar nicht entstehen zu lassen, statt sie erst im Nachhinein durch Schutzmaßnahmen zu mildern. Diesem Vorrang der Konfliktvermeidung vor der Konfliktreduzierung entspricht eine weite Fassung des Abwägungsmaterials, zu dem auch nachteilig betroffene Belange rechnen, die sich zwar etwa im Hinblick auf die Erhöhung des Verkehrsaufkommens für den einzelnen belastend auswir-

3348 So BVerwG NJW 1992, 2844.

3349 VGH München NVwZ-RR 1998, 719.

3350 BVerwG NVwZ 1995, 907.

3351 OVG Koblenz BauR 2007, 154 – keine erdrückende Wirkung für einen 5 m hohen Lärmschutzwall in 3 m Entfernung von der Grundstücksgrenze.

3352 BVerwG ZfBR 1996, 109 im Anschluss an BVerwG NVwZ 1994, 683.

3353 BVerwG ZfBR 1996, 109.

ken, die Schwelle der wesentlichen Änderung einer Straße iS des § 1 II der 16. BImSchV aber nicht erreichen.

Bebauungspläne nach § 9 BauGB können nach § 17 b VIII 1 FStrG die fernstraßenrechtliche **Planfeststellung** ersetzen, haben aber nicht die gleichen Rechtswirkungen (zB Konzentrationswirkung und enteignungsrechtliche Vorwirkung). Vor Fertigstellung einer festgestellten Maßnahme können Planfeststellungsbeschlüsse nicht durch Bebauungspläne geändert werden. Regelungen, die nicht nach § 9 BauGB in einem Bebauungsplan festgesetzt werden können, sind ggf. in einer (ergänzenden) Planfeststellung zu treffen. Auch in den Fällen, in denen – abgesehen von Ergänzungen – über die in einem Bebauungsplan bereits festgesetzten Verkehrsflächen hinaus weitere Verkehrsflächen benötigt werden, ist insoweit die Planfeststellung zusätzlich durchzuführen. Zum besseren Verständnis der Auswirkungen für die Beteiligten kann es zweckmäßig sein, Festsetzungen des Bebauungsplans in die Planunterlagen zu übernehmen. 1522

Beispiel: Im Bebauungsplan ist eine Verkehrsfläche von 6 m Breite mit einseitigem Gehweg festgesetzt worden. Durch die Planfeststellung soll nunmehr eine Verkehrsfläche mit 12 m Breite festgestellt werden. Die Planfeststellung ist für die Mehrbreite durchzuführen.

Enthält ein Bebauungsplan Festsetzungen für eine Bundesfernstraße, die mit der Planung der Straßenbaubehörde nicht übereinstimmen, und ist das Einvernehmen mit der Gemeinde über die Änderung nicht zu erzielen, so ist für den Abschnitt der Abweichung die Planfeststellung durchzuführen. In diesem Verfahren ist ein bestmöglicher Ausgleich zwischen den Interessen der Gemeinde im Hinblick auf die Festsetzung des Bebauungsplans und den Erfordernissen des weiträumigen Verkehrs anzustreben. 1523

Wird infolge einer abweichenden Planfeststellung ein rechtsverbindlicher Bebauungsplan geändert, ergänzt oder aufgehoben und neu aufgestellt, so hat der Träger der Straßenbaulast der Gemeinde die dadurch entstehenden Kosten zu erstatten. Das Gleiche gilt für etwaige Entschädigungen, welche die Gemeinde infolge der Umplanung Dritten zu gewähren hat (§ 38 S. 2 BauGB iVm § 37 III BauGB. 1524

Auch wenn sich das Grundeigentum in der **Hand der planenden Gemeinde** befindet, muss der Gesichtspunkt, die Wohnbevölkerung vor schädlichen Verkehrslärmbeeinträchtigungen zu bewahren, in die Abwägung eingestellt werden. Übereignet die Gemeinde die ihr gehörigen Flächen, so ist die Eigentümerposition des Erwerbers in ihrer Wehrfähigkeit nicht deshalb eingeschränkt, weil sie von einer Voreigentümerin abgeleitet ist, die als Trägerin der Planung keine Normenkontrolle gegen ihren eigenen Bebauungsplan einleiten könnte.[3354] 1525

Für die **Straßenplanung durch Bebauungsplan** hat das BVerwG folgende Grundsätze aufgestellt: Ist der Bau einer öffentlichen Straße Gegenstand eines Bebauungsplans, so braucht die Gemeinde Vorkehrungen, die dem passiven Schallschutz für vorhandene bauliche Anlagen dienen, nach § 9 I Nr. 24 BauGB nur dann zu treffen, wenn Festsetzungen dieser Art im Bebauungsplan ausnahmsweise erforderlich sind (§ 1 III BauGB). § 42 BImSchG ist auch ohne eine auf der Grundlage des § 43 I 1 Nr. 3 BImSchG erlassene Rechtsverordnung anwendbar. Maßnahmen des passiven Schallschutzes erfüllen die gebotenen Schutzanforderungen, wenn sie Innenpegel gewährleisten, die verkehrslärmbedingte Kommunikations- oder Schlafstörungen ausschließen.[3355] Nach § 9 I Nr. 24 BauGB können im Bebauungsplan die zum Schutz vor schädlichen Umwelteinwirkungen oder zur Vermeidung oder Minderung solcher Einwirkungen zu treffenden baulichen und sonstigen technischen Vorkehrungen festgesetzt werden. Darunter fällt auch der Einbau von Schallschutzfenstern und von sonstigen Maßnahmen des passiven Schallschutzes.[3356] § 9 I Nr. 24 BauGB erschöpft sich darin, eine Festsetzungsmöglichkeit zu eröffnen. Eine allgemeine Verpflichtung, hiervon auch tatsächlich Gebrauch zu machen, begründet die Vorschrift nicht. Ob Festsetzungen auf der Grundlage des § 9 I Nr. 24 BauGB erforderlich sind, beurteilt sich vielmehr nach § 1 III BauGB. Danach unterliegt die Gemeinde einer Planungspflicht, soweit die städtebauliche Entwicklung und Ordnung dies erfordert. Was in diesem Sinne notwendig ist, hängt von der konkreten Situation, in die hinein geplant wird, und von der jeweiligen planerischen Konzeption der Gemeinde ab.[3357] Es kann geboten sein, in einem Bebauungsplan, der den Bau einer öffentlichen Straße zum Gegenstand hat, Festset- 1526

3354 BVerwG ZfBR 2002, 493.

3355 BVerwG NJW 1995, 2572.

3356 BVerwGE 80, 184.

3357 BVerwG DVBl. 1971, 759. Zur Kombination von aktiven und passiven Schallschutzmaßnahmen OVG Münster NWVBL 1998, 359.

zungen zu treffen, die dem passiven Schallschutz für vorhandene bauliche Anlagen dienen. Die Gemeinde kann ein mit erheblichen Lärmimmissionen verbundenes Verkehrsvorhaben nicht planen, ohne dass sie in Anwendung der §§ 41 ff. BImSchG ein geeignetes Lärmschutzkonzept entwickelt, das für den Fall, dass der aktive Lärmschutz aus den in § 41 II BImSchG genannten Gründen versagt, Maßnahmen des passiven Schallschutzes mit einschließt. Muss sich ihr nach ihren planerischen Zielsetzungen die Notwendigkeit aufdrängen, selbst dafür Sorge zu tragen, dass dieses Konzept durchgesetzt wird, so muss sie sich durch Festsetzungen im Bebauungsplan die Instrumente schaffen, derer sie bedarf, um ihre Vorstellungen zu verwirklichen. Die Eigentümer lärmbelasteter Grundstücke werden durch die Aufwendungsersatzregelung des § 42 BImSchG zwar begünstigt. Das ändert aber nichts daran, dass der Einbau von Schallschutzfenstern oder die Durchführung sonstiger Maßnahmen des passiven Lärmschutzes nicht „über ihren Kopf hinweg" möglich ist. Die Gemeinde ist auf die Mitwirkungsbereitschaft der Eigentümer angewiesen. Im Normalfall sind Vollzugsprobleme freilich schon deshalb nicht zu erwarten, weil es im ureigensten Interesse der von Verkehrsimmissionen betroffenen Grundeigentümer liegt, etwaige Schutzmöglichkeiten, die ihnen das Recht in dieser Hinsicht bietet, auch tatsächlich zu nutzen. Nur dann, wenn etwa zum Schutz einer Vielzahl von Mietern oder Pächtern oder zum Schutz besonders lärmempfindlicher Nutzungen (zB Krankenhäuser oder Kurheime) nicht allein auf das Eigeninteresse als Triebfeder für die gebotenen Ausführungshandlungen abgestellt werden kann, hat die Gemeinde dem passiven Schallschutz durch Vorkehrungen im Bebauungsplan Rechnung zu tragen und notfalls mit Hilfe von Baugeboten auf der Grundlage des § 176 I Nr. 2 BauGB Nachdruck zu verleihen.[3358] Eine Verpflichtung, im Bebauungsplan weitergehende Vorkehrungen des passiven Schallschutzes für vorhandene Gebäude zu treffen, folgt auch nicht aus den §§ 41 ff. BImSchG. Nach Maßgabe des § 41 BImSchG hat der Planungsträger zwar beim Straßenbau sicherzustellen, dass durch die Straße keine schädlichen Umwelteinwirkungen durch Verkehrsgeräusche hervorgerufen werden können, die nach dem Stand der Technik vermeidbar sind. Diese Regelung, der die Gemeinde im Bauleitplanverfahren durch eine entsprechende Festsetzung im Bebauungsplan Geltung zu verschaffen hat, bezieht sich jedoch ausschließlich auf den aktiven Lärmschutz. In Bezug auf den passiven Schallschutz an vorhandenen baulichen Anlagen lässt es § 42 BImSchG mit der Bestimmung bewenden, dass der betreffende Eigentümer vom Träger der Baulast den Ersatz für Schallschutzmaßnahmen erbrachte notwendige Aufwendungen beanspruchen kann. Ein solcher gesetzlicher Erstattungsanspruch, der voraussetzt, dass der Berechtigte selbst Maßnahmen des passiven Schallschutzes an der baulichen Anlage ergreift, kann aber nicht Gegenstand einer Festsetzung nach § 9 I Nr. 24 BauGB sein.[3359] Eine Pflicht, als notwendig erachtete Maßnahmen des passiven Schallschutzes nach § 9 I Nr. 24 BauGB festzusetzen, lässt sich auch nicht aus dem in § 1 VII BauGB normierten Abwägungsgebot ableiten.[3360]

1527 Der Bebauungsplan ersetzt nach § 17 b VIII 1 FStrG einen Planfeststellungsbeschluss und auch die Plangenehmigung, wenn das Vorhaben planfeststellungspflichtig ist.[3361] Die für die straßenrechtliche Planfeststellung entwickelten Maßstäbe[3362] gelten bei der Straßenplanung durch Bebauungsplan entsprechend.[3363] Eine **isolierte Straßenplanung** soll aber nicht Gegenstand eines **vorhabenbezogenen Bebauungsplans** sein können.[3364] Mängel eines isolierten Straßenbebauungsplans wie die fehlerhafte Bezeichnung eines Sonderbaugebiets können grundsätzlich im **vereinfachten Änderungsverfahren** nach § 13 BauGB behoben werden.[3365] Wird eine Ergänzung notwendig oder soll von Festsetzungen des Bebauungsplans abgewichen werden, so ist gem. § 17 b VIII 2 FStrG die Planfeststellung insoweit zusätzlich durchzuführen. In diesen Fällen gelten die §§ 40, 43 I, II, IV und V sowie § 44 I bis IV BauGB.

3358 BVerwG NJW 1995, 2572.
3359 BVerwG NVwZ 1989, 251; NJW 1995, 2572.
3360 BVerwG NJW 1995, 2572.
3361 Zu den Grenzen der gemeindlichen Eigenverantwortung für die Straßenplanung BVerwG DVBl. 2000, 215.
3362 BVerwG NVwZ 1996, 788; NVwZ-RR 1998, 292; NVwZ 2000, 560.
3363 BVerwG ZfBR 1995, 269, 271; NVwZ 1996, 901; Beschl. v. 22.12.2004 – 4 B 75.04, juris.
3364 VGH München NVwZ-RR 2006, 381; Dziallas NZBau 2006, 227.
3365 VGH München KommunalPraxis BY 2006, 342.

Ein Bebauungsplan verletzt § 1 III 1 BauGB, wenn er aus tatsächlichen oder rechtlichen Gründen auf unabsehbare Zeit[3366] nicht vollzugsfähig ist.[3367] Für eine die Straßenplanung ersetzende Bauleitplanung (§ 17 b VIII FStrG) ist dabei entsprechend § 17 c Nr. 1 FStrG ein Zeitraum von etwa 10 Jahren zugrunde zu legen.[3368] Eine Gemeinde, die ein Straßenbauvorhaben plant, muss bei der Ermittlung der Gesamtlärmbelastung nur solche Lärmimmissionen eines vorhandenen Gewerbebetriebes berücksichtigen, die sich im Rahmen des immissionsschutzrechtlich zulässigen Maßes halten. Liegen zu einem Gutachtenthema bereits empirische Daten vor, darf der Gutachter diese verwerten und seinem Gutachten zugrunde legen.[3369] Der Planungsträger ist bei der Prüfung der Umweltverträglichkeit nicht verpflichtet, die Variantenprüfung bis zuletzt offen zu halten und alle schon einmal erwogenen Alternativen gleichermaßen detailliert und umfassend zu untersuchen. Der Sachverhalt muss nur soweit aufgeklärt werden, wie dies für eine sachgerechte Entscheidung und eine zweckmäßige Gestaltung des Verfahrens erforderlich ist.[3370] Sollen die Verkehrsverhältnisse im Gemeindegebiet verbessert werden, kann eine Gemeinde im Wege der isolierten Straßenplanung durch Bebauungsplan auch eine Bundesstraße und deren Anschluss an eine Bundesautobahn überplanen, wenn dies nicht auf den Widerstand der Straßenbaubehörden stößt.[3371] 1528

§ 1 III BauGB eröffnet den Gemeinden die Möglichkeit, im Rahmen der Selbstverwaltung das Festsetzungsinstrumentarium des § 9 BauGB für eine eigene „Verkehrspolitik" zu nutzen.[3372] Ausdruck einer solchen kommunalen „Verkehrspolitik" sind insbesondere planerische Vorstellungen, die in Anknüpfung an vorhandene städtische Straßeninfrastruktur das Ziel einer bestimmten Lenkung innerörtlicher sowie das Gemeindegebiet berührender überörtlicher Verkehrsströme verfolgen.[3373] 1529

Die Planung einer Straße muss jeweils nach ihrer **Klassifizierung** erfolgen.[3374] Nach ihr bestimmt sich auch die für die Planung zuständige Behörde. Die Gemeinde muss sich darüber im Klaren sein und es auch in der Planung zum Ausdruck bringen, zu welcher Straßengruppe die geplante Straße gehören soll. Das ist nicht erst im Rahmen der bauleitplanerischen Abwägung (mit Blick auf einzuhaltende Anbauverbote oder -beschränkungen), sondern schon für die Planrechtfertigung von Bedeutung.[3375] Wenn ine Gemeinde in einem Bebauungsplan eine öffentliche Verkehrsfläche festsetzt, die nach der planerischen Konzeption die Verkehrsbedeutung einer klassifizierten Straße haben soll, darf sie diese nicht als Gemeindestraße planen, sondern muss sie entsprechend den Einstufungskriterien des Landesstraßengesetzes bzw. des Bundesfernstraßengesetzes in die richtige Straßengruppe einstufen und dies auch in der Bauleitplanung zum Ausdruck bringen.[3376] Die Frage, ob eine Gemeindestraße oder eine klassifizierte Straße geplant wird, ist im Normenkontrollverfahren voll überprüfbar. Die ausdrückliche Zustimmung des Baulastträgers zu dem Straßenbauvorhaben ist unabdingbare Voraussetzung für die Verwirklichung und damit für die Erforderlichkeit der Planung nach § 1 III 1 BauGB, da andernfalls rechtliche Hindernisse der Planumsetzung entgegenstehen.[3377] 1530

Es kann zulässig sein, dass eine Gemeinde durch Bebauungsplan eine Umfahrungsstraße zur Entlastung der Ortsdurchfahrt einer Bundesstraße in Abstimmung mit dem Landkreis als Kreis- 1531

3366 OVG Magdeburg NVwZ-RR 2008, 768.

3367 So etwa, wenn die Abstandsvorschriften die Ausnutzung der Festsetzungen des Bebauungsplans ausschließen, so OVG Lüneburg BRS 73 Nr. 18 (2008).

3368 BVerwG BRS 71 Nr. 3 (2007).

3369 VGH Mannheim DÖV 2010, 529.

3370 VGH München BauR 2010, 946.

3371 OVG Lüneburg BauR 2010, 876.

3372 Zur Erforderlichkeit eines Bebauungsplanes, der ua die Ersetzung eines beschrankten Bahnübergangs im Zuge einer wichtigen Verkehrsverbindung durch eine Unterquerung der Bahnstrecke auf einer geänderten Trasse ermöglichen soll, OVG Lüneburg ZfBR 2011, 690.

3373 OVG Koblenz LKRZ 2011, 191; BVerwG BauR 1999, 1128; BVerwGE 134, 308; BauR 2010, 871; dort auch zu den Anforderungen an die Untersuchung und Bewertung von Verkehrsführungsvarianten und zur Abwägung privater Lärmschutzbelange bei Überplanung eines bisherigen Wirtschaftswegs als Ortskernentlastungsstraße; Dort auch zu den Anforderungen an die städtebauliche Erforderlichkeit eines Bebauungsplans.

3374 VGH Mannheim NVwZ-RR 2024, 6 = juris Rn. 21.

3375 VGH Mannheim NVwZ-RR 2024, 6 = juris Rn. 21.

3376 VGH Mannheim NVwZ-RR 2024, 6 = juris Rn. 21.

3377 VGH Mannheim NVwZ-RR 2024, 6 = juris Rn. 21.

straße plant.[3378] Ist eine **Fernstraßenplanung** aus dem **Bedarfsplan** des Bundes für die Bundesfernstraße (teilweise) herausgenommen worden, hindert dies eine Gemeinde nicht, im Wege des planfeststellungsersetzenden Bebauungsplans ihrerseits einen überörtlichen Straßenzug etwa als Kreisstraße zu planen, der hinsichtlich der örtlichen Belange die städtebaulichen Zielsetzungen erfüllen kann, die von der Bundesfernstraße auch abgedeckt werden sollten. Bei der abwägenden Berücksichtigung des Entlastungseffekts eines Straßenbauvorhabens können auch künftigen Verkehrserhöhungen in Rechnung gestellt werden. Bei der Festsetzung einer Straße durch Bebauungsplan (§ 9 I Nr. 11 BauGB) gehört der Verkehrslärmschutz als ein wichtiger Teilaspekt des Immissionsschutzes zu den abwägungsrelevanten Belangen.[3379] Die Einhaltung der Grenzwerte der 22. BImSchV stellt keine Rechtmäßigkeitsvoraussetzung für die Planung eines Straßenausbaus in einem Bebauungsplan dar.[3380] Bei der planerischen Abwägung der Lärmbelastung darf in Bezug auf die (neben der 16. BImSchV) heranzuziehenden Orientierungswerte der DIN 18005 auch eine planerische Vorbelastung durch den Vorgängerbebauungsplan in Ansatz gebracht werden; insoweit bedarf es jedenfalls dann keiner ausdrücklichen Rechtfertigung in der Begründung zum Bebauungsplan, wenn bereits aus den (auch textlichen) Festsetzungen des Bebauungsplans hervorgeht, dass der Plangeber die Wohngebäude und Außenwohnbereiche nach Möglichkeit schützen wollte.[3381] Eine Gemeinde kann neben einer neuen Straßentrasse auch dann **Flächen für Lärmschutzwälle** ausweisen, wenn diese unter dem Aspekt der Lärmvorsorge dazu dienen sollen, künftige Wohnbaugebiete vor Verkehrslärm zu schützen.[3382] Das Heranrücken eines Lärmschutzwalles mit zusätzlicher Wand an eine denkmalgeschützte Villa ist mit dem angemessenen Umgebungsschutz nicht ohne Weiteres unvereinbar.[3383]

1532 Ein **planfeststellungsersetzender Bebauungsplan**, der die Trasse einer Landesstraße festsetzt, ist grundsätzlich nicht erforderlich im Sinne von § 1 III BauGB, wenn die Verwirklichung des Vorhabens innerhalb eines Zeitraums von etwa zehn Jahren nach In-Kraft-Treten des Plans ausgeschlossen erscheint.[3384] Das Tatbestandsmerkmal der Erforderlichkeit gilt nicht nur für den Anlass, sondern auch für den Inhalt des Bebauungsplans, und zwar für jede Festsetzung.[3385] Die **Zehn-Jahres-Frist** des Straßenrechts ist allerdings nicht als strikte Grenze für den Prognosezeitraum, innerhalb dessen die Realisierung des Straßenbauvorhabens nicht ausgeschlossen sein darf, sondern als Orientierungshilfe zu verstehen, die je nach den Umständen des Einzelfalles ein maßvolles Hinausschieben des Zeithorizonts zulässt.

1533 § 1 III BauGB schließt einen Bebauungsplan nicht grundsätzlich aus, der durch eine **isolierte Straßenplanung** die Erschließung für eine zunächst nur im Flächennutzungsplan dargestellte Vorbehaltsfläche ermöglichen soll. Eine Abschnittsbildung bei einer isolierten Straßenplanung nach § 9 I Nr. 11 BauGB ist zulässig, wenn hinreichend gesichert ist, dass die Planung nur im Zusammenhang mit der angestrebten Gesamtplanung verwirklicht werden wird.[3386] Die Anwendung der §§ 41 und 42 BImSchG sowie der 16. BImSchV auf die Planung des Baus einer Straße durch Bebauungsplan ist nicht deshalb ausgeschlossen, weil es sich um eine Stichstraße handelt, durch die ein Gewerbegebiet mit nur einem dort anzusiedelnden Gewerbebe-

[3378] VGH Mannheim NuR 2007, 685.

[3379] OVG Koblenz ZfBR 2009, 596.

[3380] OVG Koblenz LKRZ 2011, 191, dort auch zur Abgrenzung zwischen (unzulässiger) Festsetzung der Einrichtung einer so genannten „Tempo-30-Zone" und (zulässigem) textlichem Hinweis auf eine in der nachfolgenden Ausbauplanung beabsichtigte Sicherstellung einer maximalen Fahrgeschwindigkeit von 30 km/h; BVerwG BauR 1999, 1128; BVerwGE 134, 308; BauR 2010, 871; und zu den Anforderungen an die Untersuchung von Verkehrsführungsvarianten und zur Abwägung privater Lärmschutzbelange bei Überplanung eines bisherigen Wirtschaftswegs als Ortskernentlastungsstraße.

[3381] OVG Lüneburg ZfBR 2011, 690, dort auch zur Frage, ob sich eine weitere, nach dem Ergebnis einer Beweisaufnahme im Planungsverfahren von keiner Seite angesprochene Trassenalternative (Kombination von Tieferlegung der Bahnstrecke mit entsprechend höhenreduzierter Straßenüberführung) zur näheren Überprüfung aufdrängen musste.

[3382] OVG Münster Urt. v. 29.5.2009 – 7 D 50/08.NE, juris.

[3383] OVG Lüneburg ZfBR 2011, 690.

[3384] OVG Münster BauR 2015, 1612; BVerwG Beschl. v. 22.7.2010 – 4 B 22.10, juris, Rn. 11; NVwZ 2004, 856; BRS 71 Nr. 3 (2007) – keine enteignungsrechtliche Vorwirkung eines Bebauungsplanes, m. Hinw. auf eine entsprechende Frist in § 17 IV FStrG, § 75 IV VwVfG, § 39 I StrWG NRW sowie ZfBR 1999, 219; BVerwG NVwZ 2002, 1509; BVerwG NVwZ 2003, 742 mit Anmerkung Hönig – Regionaler Grünzug.

[3385] BVerwG NVwZ 2001, 560 mit Anm. Uechtritz.

[3386] BVerwG BauR 2003, 209; NVwZ 2004, 1237.

trieb erschlossen wird.[3387] Bundesrechtlich ist der Gemeinderat im Zusammenhang mit dem Satzungsbeschluss nicht gehindert, die Prüfung einer näher umschriebenen Feststellung einem anderen Gemeindeorgan zu übertragen und von dem Ergebnis dieser Prüfung die Bekanntmachung des beschlossenen Bebauungsplanes abhängig zu machen. Das gilt nicht, wenn die Prüfung und die Bewertung des Prüfungsergebnisses sachgerecht nur im Rahmen der planerischen Abwägung stattfinden kann. Eine Abschnittsbildung bei einer isolierten Straßenplanung nach § 9 I Nr. 11 BauGB ist zulässig, wenn hinreichend gesichert ist, dass die Planung nur im Zusammenhang mit der angestrebten Gesamtplanung verwirklicht werden wird.

In ihrer Eigenschaft als Trägerin der Straßenbaulast, als Straßenverkehrs-, Bauleitplanungs- 1534
und ggf. Bauordnungsbehörde sowie als Eigentümerin von Liegenschaften und als Gesellschafter von Versorgungs- und Nahverkehrsbehörden kann der Gemeinde bei der stärkeren Öffnung des Straßenverkehrs eine wichtige Bedeutung zukommen. Dazu gehören Ladestationen für Elektroautos oder Pedelecs. Es könnte sich empfehlen, hierzu auf Gemeindeebene integrierte Konzepte aufzustellen, die Ladestationen und Sonderparkplätze und verkehrslenkende Maßnahmen umfassen.[3388] Werden bei einer Straßenplanung landwirtschaftliche Betriebsflächen nicht mit dem gebotenen Gewicht in die Abwägung eingestellt, kann dies zur Unwirksamkeit eines Bebauungsplanes führen.[3389]

Im Rahmen des Bebauungsplans kann die Gemeinde die **naturschutzrechtlichen Instru-** 1535
mente des § 1 a III BauGB nutzen. Sie kann dazu auch städtebauliche Verträge nach § 11 BauGB abschießen oder sonstige geeignete Maßnahmen treffen. Auch eine naturschutzrechtliche Ausgleichs- oder Ersatzmaßnahme kann dadurch umgesetzt werden, dass die Maßnahmen im Verfahren der Planaufstellung näher beschrieben werden und sich die Gemeinde zur Durchführung der Maßnahmen auf eigenen Grundstücken verpflichtet.[3390] Für die Bewertung der Planung als (reiner) Negativplanung sind allein die objektiven Umstände einschließlich des erklärten Willens des Gemeinderats, nicht aber die inneren Vorstellungen der jeweiligen Mitglieder des Gemeinderats maßgebend.[3391]

Ersetzt die **Bauleitplanung** die **Fachplanung**, muss sie gleichwohl deren **grundsätzlichen** 1536
Vorrang beachten (§ 38 BauGB). Soweit eine Gemeinde nach Landesrecht auch Landes- oder Kreisstraßen gem. § 9 I Nr. 11 BauGB zulässigerweise zum Gegenstand der Festsetzung in einem Bebauungsplan macht, darf sie dem Straßenbaulastträger eine von diesem nicht gewünschte Straßenplanung nicht aufdrängen.[3392] Ein Bebauungsplan kann zwar nach § 17 b II FStrG einen Planfeststellungsbeschluss ersetzen. Der Bebauungsplan hat aber dann keine enteignungsrechtliche Vorwirkung derart, dass mit ihm wie mit der fernstraßenrechtlichen Planfeststellung gem. § 19 I 3 FStrG über die Zulässigkeit der Enteignung verbindlich entschieden wäre.[3393] Auch ein Bebauungsplan für eine öffentliche Verkehrsfläche (§ 9 I Nr. 11 BauGB) hat keine enteignungsrechtliche Vorwirkung. Allerdings ist eine solche Festsetzung abwägungsfehlerhaft[3394], wenn dafür im Rahmen der planerischen Konzeption der Gemeinde gleichgeeignete Grundstücke der öffentlichen Hand zur Verfügung stehen.[3395] Es gibt keinen Planungsgrundsatz, aus dem sich das generelle Verbot ableiten lässt, Straßen, die auch der Aufnahme des überregionalen Verkehrs dienen, in Wohngebieten festzusetzen. Die Grenze der Zulässigkeit solcher Planungen ist erst dann überschritten, wenn sich die mit dem Vorhaben verbundenen Immissionsbelastungen nicht durch Schutz- oder Ausgleichsmaßnahmen auf ein zumutbares

---

3387 BVerwG NVwZ 2001, 433.

3388 Hanke KommunalPraxis spezial 2013, 47.

3389 VGH Kassel DVBl. 2011, 1311 m. Anm. Weitz DVBl. 2011, 1311.

3390 BVerwGE 117, 58; die Fläche war zugleich Gegenstand der (überörtlichen) Regionalplanung; zur Anpassung an die Regionalplanung BVerwG NVwZ 2003, 742 mit Anmerkung Hönig – Regionaler Grünzug.

3391 VGH Mannheim NuR 2002, 750. Zur Überplanung eines Kernkraftwerksgeländes, das als Ganzes frühestens im Jahr 2028 für eine andere Nutzung frei wird.

3392 BVerwGE 108, 248.

3393 BVerwG NVwZ 1998, 845. Auch bei der Festsetzung etwa eines Regenrückhaltebeckens hat der Bebauungsplan keine enteigungsrechtlichen Vorwirkungen, so BVerwG NVwZ-RR 1998, 483; BVerwG Beschl. v. 14.6.2007 – 4 BN 21.07 –. Zur enteignenden Vorwirkung des Planfeststellungsbeschlusses BVerwG UPR 1999, 274.

3394 OVG Koblenz Urt. v. 31.7.2008 – 1 C 10193/08, juris.

3395 BVerwG BRS 71 Nr. 3 (2007).

Maß beschränken lassen.[3396] Die Gemeinde ist nicht daran gehindert, in den Bebauungsplan auch technische Detailregelungen und -aussagen aufzunehmen, die ebenso gut in einem ergänzenden straßenrechtlichen Planfeststellungsverfahren hätten geregelt werden können. Planerische Zurückhaltung braucht sich die Gemeinde bei der Straßenplanung durch Bebauungsplan nicht aufzuerlegen. Einer **ergänzenden straßenrechtlichen Planfeststellung** bedarf es nur dann, wenn der Bebauungsplan keine abschließenden Festsetzungen trifft und noch ein regelungsbedürftiger Überhang besteht. Der Gemeinde ist es aber unbenommen, mit ihrer Planung soweit wie möglich Vorsorge dafür zu treffen, dass dieser Fall erst gar nicht eintritt.[3397]

1537 **Ausgleichs- und Ersatzmaßnahmen** können in einem öffentlich-rechtlichen Vertrag auch dann geregelt werden, wenn der Bebauungsplan einen Planfeststellungsbeschluss für eine Straßenplanung ersetzt.[3398] Der Planungsträger hat zwar nach § 20 IV BNatSchG im Rahmen einer Fachplanung die erforderlichen Maßnahmen im Fachplan oder in einem Bebauungsplan, der Bestandteil des Fachplans ist, in Text und Karte darzustellen. Die naturschutzrechtliche Konfliktbewältigung kann auch durch einen städtebaulichen Vertrag gesichert werden.[3399] Entscheidet sich die Gemeinde, die vorgesehene Ausgleichs- und Ersatzmaßnahme nicht gemäß § 1 III 2 und 3 BauGB mit der Verbindlichkeit einer Festsetzung durch Bebauungsplan auszustatten, sondern diese gemäß § 1a III 4 BauGB aufgrund eines städtebaulichen Vertrags oder durch sonstige geeignete Maßnahmen auf von der Gemeinde bereit gestellten Flächen durchzuführen, muss ihre Realisierung in vergleichbarer Weise wie eine Festsetzung von Ausgleichsmaßnahmen gesichert sein.[3400] Außerdem muss die gewählte Form der Sicherung für die Durchführung der vorgesehenen Ausgleichs- und Ersatzmaßnahmen grundsätzlich im Zeitpunkt des Satzungsbeschlusses vorliegen.[3401] Auch bei einer isolierten Straßenplanung sind **Artenschutzfragen** nicht abschließend, sondern nur im Rahmen des § 1 III BauGB zu prüfen, so dass sich die Möglichkeit von Befreiungen und Ausnahmen nicht allein nach dem im Zeitpunkt des Satzungsbeschlusses geltenden Recht beurteilt, sondern sich auch aus (absehbarem) künftigen Recht ergeben kann.[3402]

1538 Eine Straßenplanung darf auch dann, wenn sie durch einen Bebauungsplan erfolgt, in Abschnitte „zerlegt" werden, wenn dies aus planerischen Gründen gerechtfertigt erscheint und dem jeweiligen Abschnitt eine eigene Verkehrsbedeutung zukommt. Weiter muss sich die Prognose stellen lassen, dass der Verwirklichung des Gesamtvorhabens in den Folgeabschnitten keine unüberwindlichen Hindernisse entgegenstehen. Eine **Verkehrsprognose** unterliegt nur einer eingeschränkten gerichtlichen Kontrolle dahingehend, ob sie auf realistischen Aufnahmen beruht, methodisch einwandfrei erarbeitet worden ist und ob das Prognoseergebnis einleuchtend begründet worden ist. Die Wahl der richtigen Erhebungsart und des Prognosezeitraums liegt im Ermessen der Behörde. Der in der Praxis für den sog. Prognosehorizont angewandte Zeitraum von 10 bis 15 Jahren ist weder als strikter Richtwert noch als Mindestwert zu verstehen. Eine tragfähige Prognose kann auch auf der rechnerischen Aktualisierung „alter" Zahlen beruhen.[3403] Verkehrsprognosen können neben projektbezogenen Untersuchungen grundsätzlich auch durch die in der Straßenplanung gebräuchlichen Modell- und Trendprognosen gewonnen werden.[3404]

1539 Es ist regelmäßig nicht zu beanstanden, dass die Verkehrsprognose für ein fernstraßenrechtliches Straßenbauvorhaben auf der Grundlage der laufend aktualisierten bundesweiten Strukturdaten und Matrizes erstellt wird. Es bestehen keine tragfähigen Anhaltspunkte dafür, dass der

---

[3396] OVG Berlin-Brandenburg Urt. v. 18.1.2006 – 2 A 7.05, juris; BVerwG ZfBR 1995, 269 (271); BVerwG NVwZ 1996, 901; Beschl. v. 22.12.2004 – 4 B 75.04, juris.

[3397] BVerwG NVwZ 1999, 989.

[3398] BVerwG NVwZ-RR 1999, 426; zur zunehmenden Bedeutung von natur- und artenschutzrechtlichen Verträgen bei der Bauleitplanung siehe Birk Städtebauliche Verträge, 2022, S. 330; Burmeister Praxishandbuch Städtebauliche Verträge, 2019, Rn. 149 ff.; siehe auch OVG Bautzen Urt. v. 14.7.2021 – 1 C 4/20, juris Rn. 73.

[3399] BVerwG NVwZ-RR 1999, 426 für die Darstellungen in einem landschaftspflegerischen Begleitplan/Grünordnungsplan.

[3400] OVG Bautzen Urt. v. 14.7.2021 – 1 C 4/20, juris Rn. 73; Mitschang BauR 2003, 183 (191).

[3401] OVG Bautzen Urt. v. 14.7.2021 – 1 C 4/20, juris Rn. 74; OVG NRW Urt. v. 5.12.2017 – 10 D 97/15.NE, juris Rn. 32.

[3402] OVG Lüneburg ZfBR 2011, 690, dort auch zum Ausgleich von Eingriffen, wenn eine (teilweise abweichende) Straßentrasse bereits in einem Vorgängerbebauungsplan festgesetzt war.

[3403] OVG Schleswig NordÖR 2010, 450. Zu Musikern als Emittenten ZMR 2010, 657.

[3404] BVerwG NVwZ 2003, 216.

sogenannte primär induzierte Verkehr, dh der durch das Straßenbauvorhaben selbst hervorgerufene zusätzliche Verkehr ohne Verkehrsverlagerungen und Verkehrsumlenkungen, in den Grundlagen der Bundesverkehrswegeplanung nicht hinreichend berücksichtigt wäre. Erweisen sich die Angriffe gegen Tatsachenermittlung, Methodik und Plausibilität der Ergebnisse einer Verkehrsprognose nicht als durchgreifend, besteht kein Anlass, an der Richtigkeit der Verkehrsprognose allein deswegen zu zweifeln, weil die einzelnen Rechenvorgänge dem Verkehrsgutachten nicht zu entnehmen sind.[3405]

Nach § 3 S. 1 der 16. BImSchV wird der maßgebliche Beurteilungspegel für Straßen nach der Anlage 1 der Verordnung berechnet. Zu den Faktoren, die den Verkehrslärm beeinflussen, gehört danach auch die Beschaffenheit der Straßenoberfläche (Tabelle B zur Anlage 1 des § 3 der 16. BImSchV). Nach der Bewertung des Verordnungsgebers ergibt sich aus den unterschiedlichen Korrekturwerten für die verschiedenen Straßenoberflächen im Ergebnis eine einheitliche Lärmbelastung, die Grundlage für die Bestimmung der Immissionsgrenzwerte nach § 2 der 16. BImSchV ist.[3406] Im Einklang mit der Anlage 1 der 16. BImSchV dürfen auch projektbezogene Untersuchungsergebnisse herangezogen werden, die eine Korrektur der Werte der 16. BImSchV zur Folge haben. Vorhabenträger und Planfeststellungsbehörde sind nicht an allgemeine Durchschnittswerte gebunden, wenn konkrete Untersuchungen den örtlichen Besonderheiten der zu erwartenden Verkehrsstruktur und anderen Faktoren Rechnung tragen.[3407] Vor diesem Hintergrund hat das BVerwG die lärmmindernde Berücksichtigung des sog. **Flüsterasphalts** oder offenporigen Asphalts (OPA) abgesegnet und dazu ausgeführt: Die Regelung in der 16. BImSchV in Verbindung mit den RLS 90[3408] über die höchste zu Grunde zu legende Geschwindigkeit ist mit höherrangigem Recht vereinbar. Dabei darf ein Abzug von 2 dB(A) nach der Fußnote zur Tabelle B der Anlage 1 zu § 3 der 16. BImSchV für die Verwendung des lärmmindernden Straßenbelags „Splittmastixasphalt, 0/8 und 0/10 ohne Absplittung" berücksichtigt werden.[3409] Die Verwendung eines lärmmindernden Straßenbelags, dessen dauerhafte Eignung der Vorhabenträger belegen kann, rechtfertigt bei der Lärmprognose einen Abschlag nach § 3 iV mit der Tabelle B der Anlage I der 16. BImSchV („Flüsterasphalt"). Bei einer lärmtechnischen Berechnung dürfen planfestgestellte Geschwindigkeitsbeschränkungen berücksichtigt werden, auch wenn tatsächlich höhere Fahrgeschwindigkeiten erzielt werden können. Eine durch den vorhandenen Verkehrslärm bewirkte Vorbelastung und die durch den Bau oder die wesentliche Änderung einer öffentlichen Straße entstehende zusätzliche Lärmbeeinträchtigung dürfen zu keiner gesundheitsgefährdenden Gesamtbelastung führen.[3410] Die Verwendung offenporigen Asphalts hat allerdings nicht die Qualität einer Standardmaßnahme, sondern kommt von vornherein lediglich in Ausnahmefällen für Außerortsstraßen und Innerortsstraßen mit Fahrabläufen, die Außerortsstraßen entsprechen, in Betracht, wenn anderenfalls bautechnisch aufwändige Schallschutzmaßnahmen ergriffen werden müssten.[3411] Der Flüsterasphalt entfaltet seine Wirkungen allerdings wohl erst ab Fahrzeuggeschwindigkeiten von mindestens 60 km/h.[3412] 1540

Eine bereits vorhandene Verkehrslärm-Vorbelastung und die durch den Bau oder durch die wesentliche Änderung einer öffentlichen Straße entstehende zusätzliche Lärmbeeinträchtigung dürfen allerdings in der Gesamtbelastung nicht zu einer Gesundheitsgefährdung führen.[3413] Bei der Gesamtbewertung darf eine durch die Entlastungswirkung eintretende geringere Verkehrsbelastung auf einer vorhandenen Bundesstraße berücksichtigt werden.[3414] Die für den Schutz 1541

[3405] BVerwG NVwZ 2011, 177 m. Anm. Stüer DVBl. 2011, 39.

[3406] BVerwG Beschl. v. 3.5.2002 – 4 B 2.02, juris.

[3407] BVerwG NVwZ 2001, 1154; NVwZ 1996, 1003.

[3408] OVG Münster Urt. v. 28.6.2007 – 7 D 89/06.NE, juris; OVG Münster Urt. v. 10.7.2007 – 7 D 43/06.NE, juris.

[3409] BVerwG NVwZ 2001, 1154.

[3410] OVG Münster Urt. v. 19.9.2001 – 11 D 90/96.AK, juris; BVerwGE 101, 1, nachgehend BVerwG Beschl. v. 3.5.2002 – 4 B 1.02, juris.

[3411] OVG Berlin-Brandenburg Urt. v. 18.1.2006 – 2 A 7.05, juris; BVerwG ZfBR 1995, 269, 271; BVerwG NVwZ 1996, 901; Beschl. v. 22.12.2004 – 4 B 75.04, juris.

[3412] Zu lärmminderndem Straßenbelag im innerstädtischen Gebiet bei km/h = 50, zur Bestimmtheit einer Festsetzung und zum erforderlichen Maß der planungsrechtlichen und finanziellen Absicherung einer im Rahmen der Planung vorausgesetzten, aber noch nicht bestehenden Straße VGH München Urt. v. 8.11.2011 – 15 N 11.781, juris.

[3413] BVerwGE 101, 1.

[3414] BVerwG NVwZ 2001, 1154.

von Wohngebäuden bestehenden Richt- und Grenzwerte lassen sich nicht auf Stallgebäude übertragen, weil es für Vieh, insbesondere für Milchkühe, keine in Fachkreisen anerkannten Grenz- oder Zumutbarkeitswerte gibt.[3415]

1542 Die Verkehrslärmschutzverordnung gilt nur für den Straßen- und Schienenverkehr, nicht jedoch für **gewerbliche Anlagen**. Diese beurteilen sich nach den durchweg niedrigeren Zumutbarkeitsgrundsätzen, die in der Nachbarschaft von gewerblichen Betrieben gelten. Auch der **Zu- und Abfahrtsverkehr** zu einem gewerblichen Betrieb ist nicht an der Verkehrslärmschutzverordnung zu messen. Das Immissionsschutzrecht ordnet die Geräusche des An- und Abfahrtsverkehrs, auch soweit er auf öffentlichen Straßen stattfindet, der Anlage zu, durch deren Nutzung sie verursacht werden, solange sie vom übrigen Straßenverkehr noch unterscheidbar sind. Daraus folgt zugleich, dass für die Bewertung der Lästigkeit dieser Immissionen die besonderen Grenzwerte, die § 2 der 16. BImSchV beim Bau oder der wesentlichen Änderung öffentlicher Straßen vorsieht, weder unmittelbar noch mittelbar maßgeblich sind. Denn die auf § 43 I 1 Nr. 1 BImSchG gestützte Verkehrslärmschutzverordnung trägt lediglich den Besonderheiten des Verkehrslärmschutzes an öffentlichen Straßen Rechnung.[3416]

1543 Bei einer Straßenplanung muss die Gemeinde vor dem Hintergrund des § 41 II BImSchG klären, ob hinreichend gewichtige Verkehrsbelange ihre Verkehrsplanung trotz des von ihr dadurch ausgelösten Lärmkonflikts rechtfertigen. Es muss dann sichergestellt sein, dass die Betroffenen durch Maßnahmen des passiven Lärmschutzes vor unzumutbaren Lärmbeeinträchtigungen bewahrt werden. Das gilt auch für eine bereits vorhandene Bebauung an der Straße. In diesem Fall haben die betroffenen Anlieger einen Anspruch auf Erstattung der Kosten für die Durchführung der erforderlichen (passiven) Schutzmaßnahmen am Gebäude sowie gegebenenfalls einen Anspruch auf angemessenen Ausgleich für die Beeinträchtigung der Nutzung ihres Außenwohnbereichs.[3417]

1544 Lärmbetroffene dürfen nicht ohne **vorgängige Prüfung aktiven Lärmschutzes** auf passiven Lärmschutz verwiesen werden. Daraus folgt aber kein Anspruch auf Unterlassung des Vorhabens, wenn sich die Einhaltung der Grenzwerte allein durch zumutbare aktive Lärmschutzmaßnahmen nicht erreichen lässt. Festsetzungen im Bebauungsplan zum passiven Schallschutz, der für die betroffenen Grundstückseigentümer Entschädigungsansprüche begründet, sind dann nicht erforderlich.[3418] Lassen Maßnahmen des aktiven Schallschutzes keine spürbare Lärmminderung erwarten, obwohl ihre Kosten weit über die Aufwendungen für passiven Schallschutz hinausgehen,[3419] so kann schon aus diesem Grunde von aktivem Lärmschutz abgesehen werden. Unter den in §§ 41, 42 BImSchG genannten Voraussetzungen ist der Einbau von **Schallschutzfenstern** zumutbar. Für einen weitergehenden Anspruch auf Lärmschutz bei geöffneten Fenstern gibt es keine Rechtsgrundlage.[3420] **Schallschutzwände** haben im innerstädtischen Bereich zudem oft nur eine reduzierte Abschirmwirkung.[3421]

1545 Wird infolge einer **abweichenden Planfeststellung** ein rechtsverbindlicher Bebauungsplan geändert, ergänzt oder aufgehoben und neu aufgestellt, hat der Träger der Straßenbaulast der Gemeinde die dadurch entstehenden Kosten zu erstatten. Das Gleiche gilt für etwaige Entschädigungen, welche die Gemeinde infolge der Umplanung Dritten zu gewähren hat (§ 38 2 BauGB i.V. mit § 37 III BauGB). Erklärungen der Beteiligten zu den Kosten sollen in der Niederschrift über den Erörterungstermin aufgenommen werden.

1546 Wird durch **Bauleitplanung** in die Nähe einer vorhandenen **Straße** eine schutzbedürftige **Wohnbebauung** ausgewiesen, lässt sich nicht aus dem Schutzauflagengebot des § 75 II 2 VwVfG ein Anspruch der Wohneigentümer auf aktiven Schallschutz ableiten. Von dem durch den Bebauungsplan ausgewiesenen Wohngebiet gehen keine nachteiligen Wirkungen aus, sondern es handelt sich im Gegenteil gerade um das Schutzobjekt einer Planung. In einem solchen Fall scheidet eine **analoge Anwendung** des für das Fachplanungsrecht geltenden **Planergän-**

[3415] BVerwG Urt. v. 12.4.2000 – 11 A 24.98, juris.

[3416] BVerwG Beschl. v. 23.7.1992 – 7 B 103.92, juris.

[3417] BVerwG ZUR 2007, 205 zur Entschädigung für Maßnahmen des passiven Schallschutzes bei Straßenplanung durch Bebauungsplan.

[3418] OVG Schleswig-Holstein NordÖR 2007, 367.

[3419] BVerwGE 108, 248.

[3420] VGH Mannheim NuR 2007, 685, dort auch zum Korrekturwert im Hinblick auf den anteiligen LKW-Verkehr.

[3421] VG Dresden LKV 2006, 231; Beschl. v. 24.5.2005 – 3 K 1031/04, juris; BVerwG NJW 1997, 142; BVerwG NVwZ 2004, 1237; OVG Bautzen UPR 2006, 162.

zungsanspruchs nach § 75 II 2 VwVfG[3422] schon vom rechtlichen Ansatz her aus. Abgesehen davon, dass ein Wohngebiet nicht durch einen Planfeststellungsbeschluss geplant werden kann, wäre die Vorschrift auch bei einer Planung durch Planfeststellungsbeschluss nicht unmittelbar anwendbar, weil § 75 II 2 VwVfG voraussetzt, dass (nicht voraussehbare) nachteilige Wirkungen von dem geplanten Vorhaben ausgehen, nicht umgekehrt, dass das geplante Vorhaben nachteiligen Auswirkungen durch Verkehrsanlagen ausgesetzt ist.

Anders als für den Bau und die wesentliche Änderung von öffentlichen Straßen hat der Ge- 1547
setzgeber für **Festsetzungen in Bebauungsplänen**, die dem **Schutz vor von vorhandenen Straßen ausgehenden Verkehrsgeräuschen** dienen (§ 9 I Nr. 24 BauGB), weder bestimmte Immissionsgrenzwerte festgesetzt noch bestimmt, wie etwaige den Festsetzungen zugrunde liegende Beurteilungspegel zu ermitteln sind. Die Auswahl eines Berechnungsverfahrens bleibt deshalb der Gemeinde überlassen. Das gilt auch für die Frage, ob bei der Berechnung der Beurteilungspegel der in den „Richtlinien für den Lärmschutz an Straßen (RLS-90)"[3423] enthaltene LKW-Anteil auf Gemeindestraßen zugrunde gelegt werden kann. Bei diesem Wert handelt es sich um einen pauschalierten Erfahrungswert.[3424]

Wird allerdings der Grundsatz der **Konfliktbewältigung** bei der Bauleitplanung nicht aus- 1548
reichend beachtet und ein Wohngebiet ohne den erforderlichen Schallschutz direkt neben einer lärmintensiven Straße geplant, so kann der Bebauungsplan auf Grund eines Abwägungsfehlers unwirksam sein. Denn es entspricht einem allgemeinen Abwägungsgrundsatz, ein schutzbedürftiges Wohngebiet nicht unzumutbaren Lärmbelastungen einer bestehenden Straße auszusetzen. Folge dieses Abwägungsmangels kann die Unwirksamkeit des Bebauungsplans sein. Nach Auffassung des BVerwG folgt daraus aber nicht eine Stärkung, sondern eine Schwächung der Rechtsposition der Wohneigentümer. Denn mit der Unwirksamkeit des Bebauungsplans besteht auch ein Baurecht nach § 30 I BauGB nicht mehr. Ist das Plangebiet allerdings auf der Grundlage bestandskräftiger Baugenehmigungen bereits bebaut, so wird dadurch zwar die Rechtmäßigkeit der baulichen Nutzung des Grundstücks nicht mehr berührt. Ein Rechtsanspruch auf eine bestimmte Planung und auf die Realisierung bestimmter Schutzmaßnahmen, die der Bebauungsplan sogar im Falle seiner Wirksamkeit nicht vorgesehen hat, besteht aber grundsätzlich nicht (§ 1 III 2 BauGB). Zwar können die entstandenen Verhältnisse eine städtebauliche Neuordnung durch eine neue Bauleitplanung erfordern. Auch dann besteht jedoch lediglich eine objektive Rechtspflicht der Gemeinde, einen neuen Bebauungsplan aufzustellen. In welcher Weise die Gemeinde die entstandenen Konflikte löst, liegt aber in ihrer planerischen Entscheidungsfreiheit. Der Bürger hat – so das BVerwG – grundsätzlich keinen Rechtsanspruch auf bestimmte Schutzvorkehrungen.[3425] Auch aus einem allgemeinen **Folgenbeseitigungsanspruch** ergebe sich ein solcher Schutzanspruch auf die Anordnung nachträglicher Lärmschutzmaßnahmen nicht. Denn der Anspruch setze einen hoheitlichen Eingriff voraus.[3426] Daran fehle es, wenn die benachbarten Grundstückseigentümer sich nach Lage der Dinge auf die vorhandene Straße hätten einstellen müssen und das durch Bebauungsplan ausgewiesene Wohneigentum entsprechend vorbelastet sei.

Ist Schallschutz erforderlich, so müssen die dadurch verursachten **Kosten** vom Träger der 1549
Maßnahme getragen werden. Dies gilt auch dann, wenn aus technischen Gründen Maßnahmen ergriffen werden, die über das rechtlich gebotene Maß hinausgehen. Die betroffenen Grundstückseigentümer können dann nicht zur Mitfinanzierung der Kosten herangezogen werden.[3427]

3422 BVerwG NVwZ 2004, 618; zum Anspruch auf nachträglichen aktiven Lärmschutz für ein Wohngebäude an der Autobahn siehe OVG Münster Urt. v. 19.4.2023 – 11 A 1227/17, juris Rn. 95: „Ein Anspruch auf nachträglichen Lärmschutz gemäß § 75 II 2 VwVfG setzt nicht voraus, dass der Betroffene zum Zeitpunkt der Planfeststellung Eigentümer des lärmbetroffenen Grundstücks gewesen ist. Die Frage, ob ein solcher Schutzanspruch besteht, betrifft das zu schützende Objekt und nicht die Frage, in wessen Eigentum sich das Grundstück sowie ein darauf befindliches oder verfestigt geplantes Schutzobjekt zum Zeitpunkt des Erlasses des Planfeststellungsbeschlusses befand."

3423 OVG Münster Urt. v. 28.6.2007 – 7 D 89/06.NE, juris; OVG Münster Urt. v. 10.7.2007 – 7 D 43/06.NE, juris; Halama VBlBW 2006, 132.

3424 BVerwG BauR 2005, 830.

3425 BVerwG Beschl. v. 30.3.1995 – 4 B 48.95, juris.

3426 BVerwGE 94, 100.

3427 BVerwG NVwZ 1995, 907.

Beispiel: Durch den Bau einer neuen Umgehungsstraße werden Schallschutzmaßnahmen erforderlich. Diese bewirken eine Verringerung der Lärmeinwirkungen unterhalb der Grenzwerte der 16. BImSchV und verbessern zugleich die bisherige Lärmsituation. Gleichwohl können die Anlieger nicht zur Finanzierung der Maßnahmen des aktiven oder passiven Schallschutzes herangezogen werden. Auch haben die Anlieger eines neuen Weges keinen Rechtsanspruch darauf, dass zu ihren Gunsten ein Sichtschutz angelegt wird.[3428]

1550 Die **Kosten für Lärmschutzmaßnahmen** können auf die Anlieger als Teil der **Erschließungskosten** umgelegt werden, wenn die Maßnahmen im Zusammenhang mit Erschließungsanlagen erforderlich werden (§ 127 II Nr. 5 BauGB). Voraussetzung dafür ist, dass die Lärmschutzmaßnahmen von der Gemeinde in Erfüllung ihrer Erschließungslast nach § 123 I BauGB durchgeführt werden.[3429] Wird eine Lärmschutzanlage von einem Vorhabenträger errichtet, zählen ihre Kosten zum beitragsfähigen Erschließungsaufwand der Gemeinde. Bei Lärmschutzmaßnahmen für überörtliche Straßen hat der Träger der Straßenbaulast nach § 41 BImSchG notwendige Anlagen zum Lärmschutz zu errichten. Sie dann ebenfalls kein beitragsfähiger Erschließungsaufwand der Gemeinde. Beim Ausbau einer Gemeindestraße, kann die Gemeinde hingegen die Kosten auch für Immissionsschutzanlagen abrechnen.[3430]

1551 Zur **Abrechnung** dieser Kosten hat das BVerwG folgende Grundsätze aufgestellt: Im Zusammenhang mit der Verteilung des für die erstmalige Herstellung einer beitragsfähigen Lärmschutzanlage entstandenen umlagefähigen Erschließungsaufwands ist grundsätzlich kein Raum für die Anordnung eines sog. Artzuschlags. Die Entscheidung eines Ortsgesetzgebers, die Anzahl der geschützten Vollgeschosse zum maßgebenden Faktor für die Verteilung des für die erstmalige Herstellung einer beitragsfähigen Lärmschutzanlage entstandenen umlagefähigen Aufwands zu machen und damit im Ergebnis alle erschlossenen Grundstücke von einer Belastung mit Beitragsbeträgen auszuschließen, bei denen kein Geschoss eine Schallpegelminderung von mindestens 3 dB(A) erfährt, entspricht bundesrechtlichen Anforderungen. So werden etwa durch einen Wall zum Schutz vor Straßenlärm (§ 127 II Nr. 5 BauGB) gem. § 131 II 1 BauGB die Grundstücke erschlossen, die durch die Anlage eine Schallpegelminderung von mindestens 3 dB(A) erfahren.[3431] Bundesrecht verlangt im Rahmen einer satzungsmäßigen Regelung für die Verteilung des für die erstmalige Herstellung einer beitragsfähigen Lärmschutzanlage entstandenen umlagefähigen Aufwands keine Differenzierung nach dem Umfang der Fläche eines geschützten Vollgeschosses, die eine Lärmpegelminderung von mindestens 3 dB(A) erfährt oder der nächst höheren Schallpegelminderungsgruppe angehört. Grundstücke, auf denen ausschließlich Garagen oder Stellplätze gebaut werden dürfen, werden nicht durch eine beitragsfähige Lärmschutzanlage iS des § 131 I 1 BauGB erschlossen.[3432]

1552 Ist eine Straßenplanung durch Bebauungsplan rechtswidrig, so steht eine **Rückabwicklung** der Planung an. Ein Grundstückseigentümer muss Beeinträchtigungen, die eine Straße durch ihre bestimmungsmäßige Nutzung auslöst, nur dann hinnehmen, wenn für die Herstellung der Straße und die bestimmungsgemäße Nutzung eine ausreichende Rechtsgrundlage gegeben ist. Dabei ist allerdings zwischen der Straßenplanung und der straßenrechtlichen Widmung zu unterscheiden. Ein Rechtssatz, dass es gegen den Schwarzbau der öffentlichen Hand nur einen vorbeugenden Rechtsschutz gibt, besteht nicht. Die straßenrechtliche Widmung ist kein Vollzugsakt der isolierten Straßenplanung und schließt daher einen bestehenden Folgenbeseitigungsanspruch nicht aus. Allerdings ist dieser darauf begrenzt, den rechtswidrigen Eingriff in die subjektive Rechtsstellung zu beseitigen.[3433] Der durch die Straße Betroffene hat einen Anspruch auf Abwehr nur in der Reichweite der Verletzung eigener Rechte. Aus diesen Grundsätzen kann geschlossen werden, dass ein Planbetroffener auch dann nur einen eingeschränkten Anspruch auf Änderung der Planung in der Reichweite der eigenen Rechtsverletzung hat, wenn sich der Nichteintritt von Annahmen im Rahmen eines Monitoring herausstellt.

1553 Der **Grad der Schutzbedürftigkeit** eines Gebäudes gegenüber Verkehrslärm bestimmt sich nach der Eigenart des zu schützenden Gebiets, wobei die 16. BImSchV rechtssatzmäßig

---

3428 BVerwG NVwZ 2000 435.

3429 VGH München Urt. v. 11. 12. 2015 – 6 N 14.1743, BeckRS 2016, 40047; NVwZ-RR 2015, 597; Reidt in BKL, BauGB, 2022, § 127 Rn. 37.

3430 Reidt in BKL, BauGB, 2022, § 127 Rn. 37.

3431 BVerwGE 80, 99; BauR 1995, 826.

3432 BVerwG ZfBR 1996, 60.

3433 BVerwG NVwZ 1994, 275.

bestimmten Gebietsarten gestaffelt nach dem Grad der Schutzbedürftigkeit Immissionsgrenzwerte zuordnet. Für **niedrigere Grenzwerte** ist angesichts dieser normkonkretisierenden Regelungen kein Raum.[3434]

Ist im Bereich eines an eine Bundesstraße angrenzenden allgemeinen Wohngebiets oder eines Mischgebiets in Folge einer Straßenplanung Lärm oberhalb der Grenzwerte der 16. BImSchV zu erwarten, ist in die Abwägung der durch den Bebauungsplan betroffenen Belange einzustellen, wie die Betroffenheit der Nachbarn durch Anordnung von aktivem oder passivem Lärmschutz ausgeglichen werden kann. Kommt nur passiver Lärmschutz in Betracht, kann für eine rechtsfehlerfreie Abwägung die objektiv bezogene Untersuchung erforderlich sein, ob für im Lärmpegelbereich VII der DIN 4109 gelegene Gebäude passiver Lärmschutz technisch und rechtlich möglich ist.[3435] 1554

Die durchzuführenden Maßnahmen des **passiven Schallschutzes** sind in der **Verkehrswege-Schallschutzmaßnahmenverordnung** (24. BImSchV) bestimmt. Die Verordnung legt Art und Umfang der zum Schutz vor schädlichen Umwelteinwirkungen durch Verkehrsgeräusche notwendigen Schallschutzmaßnahmen für schutzbedürftige Räume in baulichen Anlagen fest. Die 24. BImSchV bezieht sich auf den Bau oder die wesentliche Änderung von Straßen und damit auf den Anwendungsbereich der 16. BImSchV sowie den Bau oder die wesentliche Änderung von Verkehrswegen der Magnetschwebebahnen nach § 2 der Magnetschwebebahn-LärmschutzVO. Schallschutzmaßnahmen iS der 24. BImSchV sind bauliche Verbesserungen an Umfassungsbauteilen schutzbedürftiger Räume, die die Einwirkungen durch Verkehrslärm mindern. 1555

Zu den Schallschutzmaßnahmen gehören auch der Einbau von **Lüftungseinrichtungen** in Räumen, die überwiegend zum Schlafen benutzt werden, und in schutzbedürftigen Räumen mit Sauerstoff verbrauchender Energiequelle (§ 2 I der 24. BImSchV). Die Schalldämmung von Umfassungsbauteilen ist so zu verbessern, dass die gesamte Außenfläche des Raumes die in der Anlage 1 bestimmten Schalldämm-Maße nicht unterschreitet. Ist eine Verbesserung notwendig, soll die Verbesserung beim einzelnen Umfassungsbauteil mindestens 5 Dezibel betragen. Die Verfahren zur Berechnung der erforderlichen und zu verbessernden Schalldämm-Maße sind in der Anlage zur 24. BImSchV festgelegt. Dabei wird auf Normblätter der DIN 4109 und 52210 Teil 5 verwiesen (§§ 3 II, 4 der 24. BImSchV).[3436] 1556

Eine **„Lärmschutzgarantie"**, die über das in § 41 BImSchG verlangte Lärmschutzniveau hinausgeht, kann nicht durch ein planerisches Ermessen gerechtfertigt werden. Hat sich die Planfeststellungsbehörde auf das Lärmschutzniveau der genannten Vorschrift festgelegt und werden diese Werte nach den zutreffenden Berechnungen nicht erreicht, fehlt es an Auswirkungen der Planung, die im Entscheidungszeitpunkt gewiss oder prognostisch sicher abschätzbar sind. Das allgemeine Risiko einer fehlerhaften Prognose ist kein Fall der Unmöglichkeit einer abschließenden Entscheidung.[3437] Hierzu gehören auch solche Auswirkungen, deren zukünftiger Eintritt zwar theoretisch denkbar ist, sich aber mangels besonderer Anhaltspunkte nicht konkret absehen lässt.[3438] In einem Planfeststellungsbeschluss kann der Vorhabenträger zugunsten der Anwohner für den Fall verpflichtet werden, dass die im Planfeststellungsbeschluss vorgesehenen Lärmschutzmaßnahmen nicht ausreichen sollten, durch zusätzliche Maßnahmen, gegebenenfalls auch im Wege eines ergänzenden Planfeststellungsverfahrens, die Einhaltung der in der lärmtechnischen Berechnung genannten Pegelwerte bzw. der Immissionsgrenzwerte sicherzustellen. Der Planfeststellungsbeschluss kann damit den Anwohnern eine vom Vorhabenträger einzulösende Lärmschutzgarantie geben.[3439] 1557

k) Sportlärm. Im Bereich des Sportanlagenlärmschutzes gilt die SportanlagenlärmschutzVO (18. BImSchV). Sie gilt für die Errichtung, die Beschaffenheit und den Betrieb von Sportanlagen, soweit sie zum Zweck der Sportausübung betrieben werden und einer Geneh- 1558

[3434] OVG Münster Urt. v. 19.9.2001 – 11 D 90/96.AK, juris; BVerwGE 101, 1; Beschl. v. 3.5.2002 – 4 B 1.02, juris.

[3435] OVG Münster NVwZ-RR 2002, 831.

[3436] Zur Zulässigkeit eines (pauschalen) Verweises auf die 24. BImSchV hinsichtlich Art und Umfang der notwendigen Lärmschutzmaßnahmen in einem Planfeststellungsbeschluss OVG Schleswig Urt. v. 28.9.2023 – 4 K 3/21, juris Rn. 129; BVerwG Urt. v. 13.5.2009 – 9 A 72.07, juris Rn. 67.

[3437] OVG Lüneburg DVBl. 2001, 1307.

[3438] BVerwG NVwZ 2001, 429.

[3439] BVerwG NVwZ 2011, 177= juris Rn. 110

migung nach § 4 BImSchG nicht bedürfen.[3440] Unter Sportanlagen werden ortsfeste Einrichtungen iS des § 3 V Nr. 1 BImSchG verstanden, die zur Sportausübung bestimmt sind. Zu Sportanlagen zählen auch Einrichtungen, die mit der Sportanlage in einem engen räumlichen und betrieblichen Zusammenhang stehen. Zur Nutzungsdauer gehören dabei auch die Zeiten des An- und Abfahrtverkehrs sowie des Zu- und Abgangs (§ 1 III der 18. BImSchV). Bolz- und Basketballplätze, die speziell für Kinder bestimmt sind und dadurch gekennzeichnet sind, dass sie nicht dem organisierten Freizeitsport dienen und wegen ihrer sozialen Funktion regelmäßig wohngebietsnah sein müssen, fallen nicht hierunter, sodass Geräuschimmissionen, die von der bestimmungsgemäßen Nutzung von solchen Plätzen ausgehen, auch nicht unmittelbar an den Immissionsrichtwerten der 18. BImSchV zu messen sind.[3441] Nach der Rechtsprechung des BVerwG steht dies jedoch einer entsprechenden Heranziehung der 18. BImSchV bei der Beurteilung des von Schulsportplätzen ausgehenden Lärms im Einzelfall nicht entgegen. Danach bietet es sich an, die von solchen Anlagen ausgehenden Geräuschimmissionen mangels geeigneterer Vorschriften nach dem in der Sportanlagenlärmschutzverordnung festgelegten Ermittlungs- und Messverfahren zu bestimmen, das der Besonderheit der bei Sport und Spiel auftretenden Geräusche Rechnung trägt.[3442]

1559 Die aufgrund des § 23 I BImSchG erlassene 18. BImSchV gilt für die **Bauleitplanung** nicht unmittelbar; vielmehr stellt sie zum Schutz der Allgemeinheit und der Nachbarschaft vor schädlichen Umwelteinwirkungen Anforderungen an die Errichtung und den Betrieb immissionsschutzrechtlich nicht genehmigungsbedürftiger Anlagen iSv § 22 BImSchG, wozu auch Sportanlagen gehören (vgl. § 3 V Nr. 1 und 3 BImSchG). Die 18. BImSchV macht dazu verbindliche Vorgaben für den Fall, dass die Anlage einer anderen als immissionsschutzrechtlichen, zB einer baurechtlichen Genehmigung bedarf und genehmigt wird bzw. – falls sie keiner Genehmigung bedarf – dass nach Maßgabe der §§ 24, 25 BImSchG über aufsichtsbehördliche Maßnahmen zu entscheiden ist. Mittelbar ist die 18. BImSchV jedoch auch für die Erforderlichkeit der Bauleitplanung von Bedeutung, weil die Gemeinde keinen Bebauungsplan aufstellen darf, der an der fehlenden Einhaltung der für Sportanlagen geltenden immissionsschutzrechtlichen Anforderungen scheitern müsste.[3443] Ein solcher Fall ist allerdings nur gegeben, wenn keine Möglichkeit besteht, die Anforderungen der 18. BImSchV durch Auflagen oder Nebenbestimmungen im Baugenehmigungsverfahren oder durch angemessene Beschränkungen des Sportbetriebs einzuhalten.[3444] Die Immissionsrichtwerte der 18. BImSchV wirken in der Abwägung des § 1 VII BauGB insoweit aus, als die Schutzwürdigkeit der Wohnbebauung entsprechend den Anforderungen der Verordnung bei der Abwägung nicht verkannt und falsch beurteilt werden darf.

1560 Handelt es sich bei den Sportanlagen um nicht genehmigungsbedürftige Anlagen des Immissionsschutzrechts, dann gilt für sie § 22 BImSchG. Geräuschimmissionen nicht genehmigungsbedürftiger Anlagen sind gegenüber Nachbarn rücksichtslos und unzumutbar, wenn sie schädliche Umwelteinwirkungen iSd § 22 I 1 iVm § 3 I BImSchG verursachen. Wann Geräusche als schädliche Umwelteinwirkung anzusehen sind, dh als Immissionen, die nach Art, Ausmaß oder Dauer geeignet sind, Gefahren, erhebliche Nachteile oder erhebliche Belästigungen für die Allgemeinheit oder die Nachbarschaft herbeizuführen, ist anhand einschlägiger technischer Regelwerke zu beurteilen. Solange für die Ermittlung und Bewertung der auf Wohngrundstücke einwirkenden Geräusche rechtlich keine bestimmten Mess- und Berechnungsverfahren sowie Lärmwerte vorgegeben sind, bleibt es der tatrichterlichen Würdigung vorbehalten, unter Berücksichtigung der einzelnen Schallereignisse, ihres Schallpegels und ihrer Eigenart (Dauer, Häufigkeit, Impulshaltigkeit) und ihres Zusammenwirkens die Erheblichkeit der Lärmbelästigung zu beurteilen. Die Zumutbarkeitsgrenze ist aufgrund einer umfassenden Wür-

---

3440 VG Bremen Urt. v. 17.5.2023 – 1 K 22/17, juris Rn. 30; Zur Anpassung der 18. BImSchV an den Baugebietstypus „Urbane Gebiete" Scheidler UPR 2017, 475; zur 2. Verordnung zur Änderung der 18. BImSchV Hesselbarth UPR 2017, 479; zu Lärmproblemen bei der Modernisierung von Sportanlagen Deutsch/Tusch BauR 2009, 1840.

3441 VG Bremen Urt. v. 17.5.2023 – 1 K 22/17, juris Rn. 30; BVerwG Beschl. v. 11.2.2003 – 7 B 88.02, juris.

3442 VG Bremen Urt. v. 17.5.2023 – 1 K 22/17, juris Rn. 30; BVerwG Beschl. v. 11.2.2003 – 7 B 88.02, juris Rn. 6.

3443 OVG Berlin-Brandenburg Urt. v. 28.11.2019 – OVG 2 A 9.16, juris Rn. 24.

3444 BVerwG ZfBR 2022, 676; OVG Berlin-Brandenburg Urt. v. 28.11.2019 – OVG 2 A 9.16, juris; BVerwG Urt. v. 12.8.1999 – 4 CN 4.98, juris Rn. 22 ff.; Scheidler ZfBR 2023, 127 (130).

digung aller Umstände des Einzelfalls und insbesondere der speziellen Schutzwürdigkeit des jeweiligen Baugebiets zu bestimmen.[3445]

Nach § 2 der 18. BImSchV sind Sportanlagen so zu errichten und zu betreiben, dass die in 1561
der VO genannten Immissionsrichtwerte unter Einrechnung der Geräuschimmissionen anderer Sportanlagen nicht überschritten werden. Die Immissionsrichtwerte betragen nach § 2 II der 18. BImSchV außerhalb von Gebäuden:

in Gewerbegebieten	dB(A)
tags außerhalb der Ruhezeiten	65
tags innerhalb der Ruhezeiten	60
Nachts	50
in Kerngebieten, Dorfgebieten und Mischgebieten	
tags außerhalb der Ruhezeiten	60
tags innerhalb der Ruhezeiten	55
Nachts	45
in allgemeinen Wohngebieten und Kleinsiedlungsgebieten	
tags außerhalb der Ruhezeiten	55
tags innerhalb der Ruhezeiten	50
Nachts	40
in reinen Wohngebieten	
tags außerhalb der Ruhezeiten	50
tags innerhalb der Ruhezeiten	45
Nachts	35
in Kurgebieten, für Krankenhäuser und Pflegeanstalten	
tags außerhalb der Ruhezeiten	45
tags innerhalb der Ruhezeiten	45
Nachts	35

Anders als Nr. 6.7 TA Lärm enthält die 18. BImSchV keine Regelung für sog. **Gemenge-** 1562
lagen, in denen bauliche Nutzungen von unterschiedlicher Qualität und Schutzwürdigkeit zusammentreffen. Faktische Vorbelastungen in einer Gemengelage von Wohnen und Sportanlage können nach der Rechtsprechung des BVerwG gleichwohl zu einer Verringerung des Schutzanspruchs des Wohnens führen. Das gewachsene Nebeneinander konfliktträchtiger Nutzungen hat danach grundsätzlich zur Folge, dass sich das regelhaft vorgegebene Zumutbarkeitsmaß verändert.[3446] Der Ausgleich der widerstreitenden Interessen schlägt sich in der sog. Mittelwert-Rechtsprechung nieder, die auch im Bereich der 18. BImSchV gilt. Der Mittelwert ist dabei nicht das arithmetische Mittel zweier Richtwerte und darf nicht mit einer bloßen rechnerischen Interpolation verwechselt werden. Zu seiner Ermittlung ist nach der Rechtsprechung des BVerwG eine wertende, gewichtende Betrachtung der Umstände des Einzelfalls anzustellen.[3447]

Die in § 2 II der 18. BImSchV festgelegten Immissionsrichtwerte sind nach der Rechtspre- 1563
chung gebietsbezogen und insoweit Ausdruck einer typisierenden Betrachtungsweise des Verordnungsgebers. Sie beruhen auf einer abstrakt-generellen Abwägung der in einem Baugebiet miteinander konkurrierenden Nutzungsinteressen und bestimmen das Maß zumutbarer Lärmimmissionen und damit die Schutzwürdigkeit der Nachbarschaft nach der allgemeinen Zweckbestimmung des Baugebiets, nach dem Gebietscharakter insgesamt. Zur Bewältigung solcher atypischen Fälle ist das Richtwertsystem daher nur bedingt geeignet. Der **Richtwertcharakter** der Erheblichkeitsschwellen lässt innerhalb einer gewissen Bandbreite Raum für Abweichungen zu.[3448] Diese Offenheit schlägt sich nicht nur in der Mittelwert-Rechtsprechung. Der Mittelwert wird zwar anhand der konkreten Schutzwürdigkeit des betroffenen Gebiets festgelegt. Er beruht aber, so das BVerwG, gleichfalls auf einer gebietsbezogenen Typisierung. Um den Besonderheiten eines bestehenden Nebeneinanders von Sportanlagen und schutzwürdiger Wohnbebauung hinreichend Rechnung zu tragen, sei die Anwendung des Mittelwerts daher einer

3445 VG Bremen Urt. v. 17.5.2023 – 1 K 22/17, juris Rn. 26 zur Zumutbarkeit des Lärms von einer Basketballanlage auf einem Schulplatz.

3446 BVerwG ZfBR 2022, 676 (677); BVerwGE 50, 49; BVerwGE 98; 235; BVerwGE 109, 314.

3447 BVerwG ZfBR 2022, 676 (677).

3448 BVerwG ZfBR 2022, 676 (677); Beschl. v. 6. 2. 2003 – 4 BN 5.03, juris.

die konkrete Situation in den Blick nehmenden ergänzenden Abwägung im Sinne einer Feinsteuerung durch die Gemeinde zu unterziehen. Das könne dazu führen, dass auch weitere Überschreitungen des Mittelwerts hinzunehmen seien oder der Mittelwert – wie schon der Immissionsrichtwert nicht ausgeschöpft werden dürfe.[3449]

1564 In einem durch das Vorhandensein eines Sportplatzes vorbelastet entstandenen Wohngebiet trifft den Bauwilligen zudem eine Obliegenheit, durch Platzierung des Gebäudes auf dem Grundstück, Grundrissgestaltung und andere ihm mögliche und zumutbare Maßnahmen der **„architektonischen Selbsthilfe"**[3450] seinerseits die gebotene Rücksicht darauf zu nehmen, dass die Wohnnutzung nicht unzumutbaren Lärmbelästigungen von Seiten der Sportplatznutzung ausgesetzt wird. Der Betreiber eines Sportplatzes etwa kann nicht darauf vertrauen, dass er nur deshalb von Auflagen zum Schutz heranrückender Wohnbebauung vor Lärm verschont bleibt, weil der Sportplatz zuerst entstanden ist.[3451] Den Betreiberpflichten unterliegt übrigens auch die öffentliche Hand, wenn sie eine Sportanlage als öffentliche Einrichtung betreibt.[3452]

1565 Die **Gebiete** richten sich nach den **Festsetzungen des Bebauungsplans**. Sonstige im Bebauungsplan festgesetzte Gebiete sind entsprechend ihrer Schutzbedürftigkeit zu behandeln (§ 2 VI der 18. BImSchV). Bei Abweichungen der Planausweisungen von der tatsächlichen Bebauung ist die tatsächliche bauliche Nutzung unter Berücksichtigung der vorgesehenen baulichen Nutzung zu Grunde zu legen (§ 2 VI der 18. BImSchV). Die Frage, ob eine genehmigte Überlassung der „regionalen Sportanlage an einen überregionalen Verein" eine **gebietsuntypische Nutzung** hervorruft, hängt von den Umständen des Einzelfalls ab und ist einer rechtsgrundsätzlichen Klärung nicht zugänglich.[3453]

1566 Werden bei **Geräuschübertragungen innerhalb von Gebäuden** in Aufenthaltsräumen von Wohnungen, die baulich, aber nicht betrieblich mit der Sportanlage verbunden sind, von der Sportanlage verursachte Geräuschimmissionen mit einem Beurteilungspegel von mehr als 35 dB(A) tags oder 25 dB(A) nachts festgestellt, hat der Betreiber der Sportanlage nach § 2 III der 18. BImSchV Maßnahmen zu treffen, welche die Einhaltung der vorgenannten Immissionsgrenzwerte sicherstellen. Dies gilt unabhängig von der Lage der Wohnung in einem der in § 2 II der 18. BImSchV genannten Gebiete. Einzelne kurzzeitige Geräuschspitzen sollen die Immissionsrichtwerte nach § 2 II Sportanlagenlärmschutzverordnung tags um nicht mehr als 30 dB(A) sowie nachts um nicht mehr als 20 dB(A) überschreiten (§ 2 IV der 18. BImSchV). Ferner sollen einzelne kurzzeitige Geräuschspitzen die Geräuschinnenpegel des § 2 IV der 18. BImSchV um nicht mehr als 10 dB(A) überschreiten. Die Tagwerte werden nach § 2 V der 18. BImSchV in der Zeit zwischen 6.00 Uhr und 22.00 Uhr an Werktagen und 7.00 Uhr und 22.00 Uhr an Sonn- und Feiertagen festgelegt. Die Ruhezeiten beziehen sich jeweils auf die ersten und letzten beiden Stunden der Immissionsrichtwerte tagsüber. Außerdem gehört die Zeit zwischen 13.00 Uhr und 15.00 Uhr sonn- und feiertags zur Ruhezeit. Die sonn- und feiertägliche Ruhezeit ist nur zu berücksichtigen, wenn die Nutzungsdauer der Sportanlage an Sonn- und Feiertagen in der Zeit von 9.00 Uhr bis 20.00 Uhr mindestens vier Stunden beträgt (§ 2 V der 18. BImSchV).

1567 Zur Einhaltung der Immissionsrichtwerte hat der Betreiber nach § 3 der 18. BImSchV insbesondere

- an Lautsprecheranlagen und ähnlichen Einrichtungen technische Maßnahmen, wie die dezentrale Aufstellung von Lautsprechern und der Einbau von Schallpegelbegrenzern, zu treffen,
- technische und bauliche Schallschutzmaßnahmen, wie die Verwendung lärmgeminderter oder Lärm mindernder Ballfangzäune, Bodenbeläge, Schallschutzwände und -wälle, zu treffen,
- Vorkehrungen zu treffen, dass Zuschauer keine übermäßig lärmerzeugenden Instrumente wie pyrotechnische Gegenstände oder druckgasbetriebene Lärmfanfaren verwenden, und

---

3449 BVerwG ZfBR 2022, 676 (677); Scheidler ZfBR 2023, 127 (131).

3450 BVerwG NVwZ 2000, 1050; BVerwG NVwZ 2013, 372, Rappen BauR 2013, 874, David DVBl. 2013, 373, Kerkhoff IBR 2013, 239, Kümmel NZBau 2013, 220, Reidt UPR 2013, 166, Fricke ZfBR 2013, 627.

3451 BVerwG NVwZ 2000, 1050.

3452 BVerwG NVwZ 2003, 346.

3453 BVerwG Beschl. v. 14.3.2013 – 4 B 43.12, juris.

– An- und Abfahrtswege und Parkplätze durch Maßnahmen betrieblicher und organisatorischer Art so zu gestalten, dass schädliche Umwelteinwirkungen durch Geräusche auf ein Mindestmaß beschränkt werden.

Nach § 5 I der 18. BImSchV soll die zuständige Behörde von **Nebenbestimmungen** zu erforderlichen Zulassungsentscheidungen und **Anordnungen** zur Durchführung dieser Verordnung absehen, wenn die von der Sportanlage ausgehenden Geräusche durch ständig vorherrschende Fremdgeräusche nach Nr. 1.4 des Anhangs überlagert werden. Die zuständige Behörde kann gem. § 5 II der 18. BImSchV zur Erfüllung der Pflichten nach § 2 der 18. BImSchV außer der Festsetzung von Nebenbestimmungen zu erforderlichen Zulassungsentscheidungen oder der Anordnung von Maßnahmen nach § 3 für Sportanlagen **Betriebszeiten** (ausgenommen für Freibäder von 7.00 Uhr bis 22.00 Uhr) festsetzen; hierbei sind der Schutz der Nachbarschaft und der Allgemeinheit sowie die Gewährleistung einer sinnvollen Sportausübung auf der Anlage gegeneinander abzuwägen. Davon soll die zuständige Behörde gem. § 5 III 1 der 18. BImSchV jedoch absehen, soweit der Betrieb einer Sportanlage dem Schulsport oder der Durchführung von Sportstudiengängen an Hochschulen dient. Dient die Anlage auch der allgemeinen Sportausübung, sind gem. § 5 III 1 der 18. BImSchV bei der Ermittlung der Geräuschimmissionen die dem Schulsport oder der Durchführung von Sportstudiengängen an Hochschulen zuzurechnenden Teilzeiten nach Nr. 1.3.2.3 des Anhangs außer Betracht zu lassen; die Beurteilungszeit wird um die dem Schulsport oder der Durchführung von Sportstudiengängen an Hochschulen tatsächlich zuzurechnenden Teilzeiten verringert. § 5 II der 18. BImSchV ist keine allgemeine Öffnungsklausel für Überschreitungen der Immissionsrichtwerte in Freibädern in den Ruhezeiten. Die dort geregelte Privilegierung von Freibädern erschöpft sich nach Ansicht des BVerwG darin, die Anordnung von Betriebszeiten in der Zeit von 7.00 bis 22.00 Uhr auszuschließen.[3454] 1568

Die zuständige Behörde soll nach § 5 V der 18. BImSchV von einer Festsetzung von Betriebszeiten absehen, wenn infolge des Betriebs einer oder mehrerer Sportanlagen **bei seltenen Ereignissen** nach Nr. 1.5 des Anhangs der 18. BImSchV Überschreitungen der Immissionsrichtwerte nach § 2 II der 18. BImSchV 1. die Geräuschimmissionen außerhalb von Gebäuden die Immissionsrichtwerte nach § 2 II der 18. BImSchV um nicht mehr als 10 dB(A), keinesfalls aber die folgenden Höchstwerte überschreiten: tags außerhalb der Ruhezeiten 70 dB(A), tags innerhalb der Ruhezeiten 65 dB(A), nachts 55 dB(A) und 2. einzelne kurzzeitige Geräuschspitzen die nach Nr. 1 für seltene Ereignisse geltenden Immissionsrichtwerte tags um nicht mehr als 20 dB(A) und nachts um nicht mehr als 10 dB(A) überschreiten. Bei den für seltene Ereignisse vorgesehenen Lärmwerten handelt es sich um strikte Grenzwerte. Die Vorschrift ermöglicht keine Erhöhung der zumutbaren Spitzenpegel bei seltenen Ereignissen, sondern das Absehen von der Festsetzung von Betriebszeiten bei Einhaltung dieser Grenzwerte.[3455] 1569

Die 18. BImSchV enthält für ihren Anwendungsbereich verbindliche Regelungen der **nachbarlichen Zumutbarkeit**. § 3 der 18. BImSchV schließt daher als normative Festlegung der Zumutbarkeitsschwelle iS des § 3 I BImSchG grundsätzlich die Beurteilung aus, dass Lärmimmissionen, welche die festgelegten Immissionsrichtwerte unterschreiten, im Einzelfall gleichwohl als erheblich eingestuft werden.[3456] Die normative Konkretisierung des gesetzlichen Maßstabs für die Zumutbarkeit von Sportlärm ist jedenfalls insoweit abschließend, als sie bestimmten Gebietsarten und Tageszeiten entsprechend ihrer Schutzbedürftigkeit bestimmte Immissionsrichtwerte zuordnet, Grenzwerte für kurzzeitige Geräuschspitzen festlegt und das Verfahren der Ermittlung und Beurteilung der Geräuschimmissionen vorschreibt. Die 18. BImSchV zielt darauf, die bisherige einzelfallbezogene Beurteilung anhand unbestimmter Rechtsbegriffe durch ein differenziertes Regelungssystem zu ersetzen, das auf der Grundlage allgemein gültiger Immissionsrichtwerte und Beurteilungsgrundsätze eine interessengerechte und gleichmäßige Bewertung der belästigenden Wirkung von Sportlärm ermöglicht.[3457] Eine solche typisierende Regelung ist dem Normgeber nicht verwehrt. Die verbindliche Festlegung von Immissionsrichtwerten und Beurteilungsgrundsätzen, die auf abstrakt-genereller Abwägung der widerstreitenden Interessen beruhen, dient der Rechtssicherheit in einem Bereich, der in besonderem Maße von Wertungen geprägt und daher höchst unterschiedlicher Beurteilung im Einzelfall ausgesetzt ist. Die Abweichung von den normierten Maßstäben und Grundsätzen 1570

3454 BVerwG ZfBR 2022, 676 (677).
3455 VGH Mannheim BauR 2020, 1918.
3456 BVerwG NVwZ 1995, 993.
3457 Begründung des Regierungsentwurfs BR-Drs. 17/91, S. 33 ff.

im Einzelfall wäre mit dem Normzweck, eine gleichmäßige Rechtsanwendung sicherzustellen, unvereinbar. Für eine einzelfallbezogene Beurteilung der Zumutbarkeitsschwelle auf Grund tatrichterlicher Würdigung lässt das normative Regelungskonzept nur insoweit Raum, als die 18. BImSchV durch Verweis auf weitergehende Vorschriften generell (§ 4 der 18. BImSchV) oder durch Sollvorschriften für atypisch gelagerte Fälle Abweichungen zulässt.[3458] Bei der Beurteilung des Sportlärms ist zwischen den verschiedenen Spiel- und Sportstätten hinsichtlich ihrer Größe und Art, aber auch nach der Störungsempfindlichkeit der einzelnen Baugebiete zu differenzieren. Im reinen und allgemeinen Wohngebiet etwa ist die Errichtung eines **Kinderspielplatzes** allgemein zulässig. Die mit einer bestimmungsgemäßen Nutzung eines solchen Kinderspielplatzes verbundenen Beeinträchtigungen sind von den Nachbarn grundsätzlich hinzunehmen.[3459] Geräuscheinwirkungen, die von Kindertageseinrichtungen, Kinderspielplätzen und ähnlichen Einrichtungen wie beispielsweise Ballspielplätzen durch Kinder hervorgerufen werden, sind gem. § 22 Ia 1 BImSchG im Regelfall keine schädliche Umwelteinwirkung. Bei der Beurteilung der Geräuscheinwirkungen dürfen Immissionsgrenz- und -richtwerte gem. § 22 Ia 2 BImSchG nicht herangezogen werden. Nachbarn haben auch in Wohngebieten regelmäßig nicht nur Geräuscheinwirkungen von Kindertagesstätten iSv § 22 Ia BImSchG, sondern auch den mit solchen Einrichtungen verbundenen Verkehr hinzunehmen.[3460] Nur im Ausnahmefall können Spielplätze oder die dort errichteten Spielgeräte nach § 15 I BauNVO unzulässig sein, wenn von ihnen Belästigungen oder Störungen ausgehen, die in der Umgebung unzumutbar sind. Eine Verletzung des Gebots der Rücksichtnahme ist dabei ausschließlich am Maßstab des genehmigten Vorhabens zu prüfen und eine missbräuchliche, dh von der Genehmigung nicht gedeckte Nutzung hat bei der Frage der Verletzung der Nachbarrechte durch die angefochtene Baugenehmigung außen vor zu bleiben.[3461] Soweit es um Lärm von Schulhöfen geht, ist allerdings zur Sozialadäquanz des Pausenlärms zu bedenken, dass die Wertung des § 22 Ia BImSchG nur für Kinderlärm (bis 14 Jahre) auch für Schulhöfe heranzuziehen ist.[3462]

1571 Auch **Bolzplätze** dürfen – unter dem Vorbehalt einer Beurteilung nach § 15 I BauNVO – neben reinen Wohngebieten zugelassen werden. Denn Bolzplätze sind zumindest im allgemeinen Wohngebiet, an die reine Wohngebiete typischerweise angrenzen dürfen, nicht allgemein unzulässig. Zwar wird man Bolzplätze nicht in jeder Hinsicht mit Kinderspielplätzen gleichsetzen können. Bolzplätze dienen nicht nur Kindern, sondern auch und vor allem der spielerischen und sportlichen Betätigung Jugendlicher und junger Erwachsener. Aus diesem Grund und wegen der von Bolzplätzen ausgehenden stärkeren Auswirkungen auf ihre Umgebung unterscheiden sie sich von den Kinderspielplätzen und erfordern deshalb eine andere bauplanungsrechtliche Beurteilung. Sie müssen aber jedenfalls wie Anlagen für sportliche Zwecke behandelt werden, die allgemein (§ 4 II Nr. 3 BauNVO) oder zumindest ausnahmsweise (§ 3 III Nr. 2 BauNVO – in einem reinen Wohngebiet) unter dem Vorbehalt des § 15 I BauNVO in einem allgemeinen Wohngebiet zulässig sind und als Bestandteil dieses Baugebietes im Grundsatz auch an ein reines Wohngebiet angrenzen können. Auch ein **Sportplatz** und ein reines Wohngebiet dürfen in einem Bebauungsplan nebeneinander festgesetzt werden.[3463] Das gilt in gleicher Weise auch für Bolzplätze. Das Nebeneinander von Wohnen und Bolzplatznutzung kann aber im Einzelfall zu Problemen führen, welche die Zulassung eines Bolzplatzes entweder ganz ausschließen oder zumindest Auflagen zum Schutz der Nachbarschaft erforderlich machen können.[3464]

1572 Der in der **VDI-Richtlinie 3770** genannte **Emissionskennwert** von 101 dB(A) für **Bolzplätze** ist schon nach dem eigenen Anspruch der Richtlinie nicht als Ausgangspunkt für die Ermittlung der Lärmbelastung von Nachbargrundstücken eines genehmigten Bolzplatzes geeignet. In der Richtlinie geht es nämlich nicht ausschließlich darum, die von einem Bolzplatz ausgehenden Immissionen im Rahmen einer vorsorgenden bauleitplanerischen Abwägung

[3458] BVerwG NVwZ 1995, 993.

[3459] OVG Lüneburg Urt. v. 5.10.2023 – 1 KN 16/21, juris Rn. 32 zur Sozialadäquanz von Grundschullärm; BauR 2020, 1269; OVG Münster BauR 2020, 1453; BVerwG BauR 1992, 338.

[3460] OVG Münster Beschl. v. 9.5.2023 – 10 A 1823/21, juris Rn. 7.

[3461] OVG Saarlouis Beschl. v. 28.9.2023 – 2 B 99/23, juris Rn. 10; OVG Lüneburg Beschl. v. 29.6.2006 – 9 LA 113/04, juris.

[3462] VGH München Beschl. v. 4.10.2022 – 1 CS 22.1610, juris Rn. 11.

[3463] BVerwGE 81, 197.

[3464] BVerwG ZfBR 1992, 143; OVG Münster ZfBR 1999, 230.

angemessen zu erfassen. Ein in Bausachen erfahrenes Tatsachengericht ist in der Regel in der Lage zu beurteilen, ob bestimmte tatsächliche Annahmen des beauftragten Gutachters zutreffen oder nicht.[3465]

Allerdings sind auch nach § 4 II Nr. 3 BauNVO 1990 im **allgemeinen Wohngebiet** nicht 1573
Sportanlagen jedweder Art allgemein zulässig. Vielmehr müssen sie nach Art und Umfang der Eigenart des Gebietes entsprechen und dürfen die allgemeine Zweckbestimmung des Gebietes, vorwiegend dem Wohnen zu dienen (§ 4 I BauNVO), nicht gefährden.[3466] Die § 18. BImSchV hat für die **Bauleitplanung** nur mittelbar rechtliche Bedeutung.[3467] Die Gemeinde darf keinen Bebauungsplan aufstellen, der nicht vollzugsfähig und damit iS des § 1 III BauGB nicht erforderlich ist, weil seine Verwirklichung an den immissionsschutzrechtlichen Anforderungen der 18. BImSchV scheitern müsste.[3468] Bei der planerischen Abwägung gem. § 1 VII BauGB muss die Gemeinde die Schutzbedürftigkeit des Einwirkungsbereichs der Sportanlage entsprechend den Anforderungen der Verordnung zutreffend ermitteln. Sie darf nahe liegende und verhältnismäßige Möglichkeiten einer Sportlärmbeeinträchtigung benachbarter Gebiete unterhalb der Immissionsrichtwerte nicht unberücksichtigt lassen.[3469] In einem unbeplanten allgemeinen Wohngebiet ist ein Wohnbauvorhaben in unmittelbarer Nachbarschaft eines vorhandenen Sportplatzes unzulässig, wenn es sich Sportlärmimmissionen aussetzt, die nach der Eigenart des Gebiets in diesem unzumutbar sind (§ 15 I 2 BauNVO). Dabei kann von Bedeutung sein, dass der im Zusammenhang bebaute Ortsteil, zu dem das Baugrundstück gehört, nach dem Sportplatz entstanden und an diesen herangerückt ist. Die Lärmvorbelastung des Wohnbaugrundstücks kann sich dann Schutz mindernd dahin auswirken, dass nicht die Richtwerte des § 2 II Nr. 3 der 18. BImSchV maßgebend sind, sondern darüber liegende Werte. Zugleich kann die unzureichende Ermittlung und Bewertung der Lärmvorbelastung eines Plangebiets kann erheblicher Verstoß gegen das Gebot der Ermittlung und zutreffenden Bewertung der abwägungsbeachtlichen Belange nach § 2 III iVm § 214 I Nr. 1 BauGB sein.[3470]

Werden die in § 2 II Nr. 2 der 18. BImSchV für Kern-, Dorf- und Mischgebiete festgelegten 1574
Richtwerte nicht überschritten, so sind regelmäßig gesunde Wohnverhältnisse iS des § 34 I 2 BauGB gewahrt. In einem durch das Vorhandensein eines Sportplatzes vorbelastet entstandenen Wohngebiet trifft den Bauwilligen eine Obliegenheit, durch Platzierung des Gebäudes auf dem Grundstück, Grundrissgestaltung und andere ihm mögliche und zumutbare Maßnahmen der **„architektonischen Selbsthilfe"**[3471] seinerseits die gebotene Rücksicht darauf zu nehmen, dass die Wohnnutzung nicht unzumutbaren Lärmbelästigungen von Seiten der Sportplatznutzung ausgesetzt wird.[3472]

Setzt ein Bebauungsplan in der Nachbarschaft zur Wohnbebauung eine Sportanlage fest, 1575
muss gewährleistet sein, dass die immissionsschutzrechtlichen Anforderungen eingehalten werden können und die Wohnbebauung keinen höheren als den zulässigen Lärmbelastungen ausgesetzt wird. Umgekehrt hat die Ausweisung eines Wohngebietes neben einer Sportanlage den in der 18. BImSchV enthaltenen Wertungen Rechnung zu tragen. § 5 V der 18. BImSchV hält eine Überschreitung des für allgemeine Wohngebiete geltenden Grenzwertes von 50 dB (A) tags innerhalb der Ruhezeiten um bis zu 10 dB(A) auf den für Gewerbegebiete maßgeblichen Wert von 60 dB(A) bei seltenen Ereignissen im Sinne der Nr. 1.5 des Anhangs für zumutbar. Werden die durch Nr. 1.5 des Anhangs gezogenen Grenzen eingehalten, kann es das Ergebnis einer gerechten Abwägung sein, wenn das weitergehende Ruhebedürfnis der Bewohner des Wohngebietes zurückgestellt wird.[3473] Die 18. BImSchV kann auch dann als Orientierungshilfe für die Beurteilung der Zumutbarkeit von Lärmimmissionen durch ein öffentliches **Freibad** herangezogen werden, wenn ein allgemeines Wohngebiet an ein bestehendes Freibad

3465 BVerwG IBR 2003, 697, für Annahmen zur Impulshaltigkeit von Ballgeräuschen, die nach Gutachteransicht einen Impulszuschlag nach Ziff. 1.3.3 des Anhangs der 18. BImSchV rechtfertigen.

3466 BVerwG DÖV 1992, 76.

3467 BVerwG ZfBR 2022, 676 (677).

3468 BVerwG NVwZ 2000, 550.

3469 BVerwG NVwZ 2000, 550.

3470 OVG Koblenz BauR 2011, 1701.

3471 BVerwG NVwZ 2000, 1050; BVerwG NVwZ 2013, 372; Rappen BauR 2013, 874; David DVBl. 2013, 373; Kerkhoff, IBR 2013, 239; Kümmel NZBau 2013, 220; Reidt UPR 2013, 166; Fricke ZfBR 2013, 627.

3472 BVerwG NVwZ 2000, 1050.

3473 BVerwG ZfBR 2004, 566; NVwZ 1991, 881.

herangeplant wird.[3474] Bei der Überplanung einer Gemengelage aus Wohnbebauung und Sportanlage darf zur Bewältigung des Nutzungskonflikts unter Rückgriff auf die Immissionsrichtwerte der 18. BImSchV ein Mittelwert gebildet werden. Im Wege einer Feinsteuerung können Überschreitungen des Mittelwerts nach Maßgabe der Umstände des Einzelfalls den lärmbetroffenen Anwohnern zumutbar sein.[3475]

1576 Das **Bauplanungsrecht** regelt die Nutzbarkeit der Grundstücke in **öffentlich-rechtlicher Beziehung** auf der Grundlage objektiver Umstände und Gegebenheiten mit dem Ziel einer möglichst dauerhaften städtebaulichen Ordnung und Entwicklung. Dementsprechend stellt das baurechtliche Rücksichtnahmegebot **nicht „personenbezogen"** auf die Eigentumsverhältnisse oder die Nutzungsberechtigten zu einem bestimmten Zeitpunkt ab. Daraus ergibt sich nicht nur, dass die persönlichen Verhältnisse einzelner Eigentümer oder Nutzer, wie zB besondere Empfindlichkeiten oder der Gesundheitszustand, bei der Bewertung von Lärmimmissionen im Rahmen des baurechtlichen **Rücksichtnahmegebots** keine Rolle spielen. Vielmehr schließt das Abheben auf eine durchschnittliche Empfindlichkeit gegenüber Sportlärmbeeinträchtigungen es auch aus, dass das bei objektiver Betrachtung maßgebliche Lärmschutzniveau auf das Maß gesenkt wird, das ein Bauwilliger nach seiner persönlichen Einstellung bereit ist hinzunehmen. Das gilt auch umgekehrt für Gewerbebetriebe: Das Maß der baurechtlich gebotenen Rücksichtnahme erhöht sich daher nicht wegen der besonderen Empfindlichkeit eines Betriebs Umwelteinwirkungen gegenüber.[3476]

1577 Weicht die tatsächliche Nutzung von der im Bebauungsplan festgesetzten baulichen Nutzung ab, richtet sich die Schutzwürdigkeit nicht bereits dann nach der tatsächlichen Nutzung (§ 2 VI 3 der 18. BImSchV), wenn diese in eine andere Gebietsklasse gem. § 2 II der 18. BImSchV fällt als die festgesetzte Nutzung. Der Begriff der erheblichen Abweichung iS des § 2 VI 3 der 18. BImSchV ist nach qualitativen städtebaulichen Merkmalen zu bestimmen.[3477] Maßstab für die Überprüfung einer Baugenehmigung ist bei einer funktionalen Einheit verschiedener Anlagenteile die Wirkung der Anlage auf das Nachbargrundstück insgesamt. Betroffenheiten, die zum planerischen Abwägungsprogramm gehören und sich als typische planbedingte Folge darstellen, können nicht mehr Gegenstand einer Nach- und Feinsteuerung des allgemeinen Rücksichtnahmegebotes sein.[3478]

1578 Ein Bebauungsplan, der in Nachbarschaft zueinander ein **reines Wohngebiet** und einen Sportplatz festsetzt, muss nicht wegen der mit dem Sport verbundenen Geräusche abwägungsfehlerhaft sein. Beide Nutzungen sind in einer solchen plangegebenen Situation mit einer Pflicht zur gegenseitigen Rücksichtnahme belastet. Es gibt keinen Rechtssatz, dass Sportplätze in Wohnnähe für den Vereinssport oder die Allgemeinheit überhaupt nicht oder nicht zu Tageszeiten besonderen Ruhebedürfnisses nutzbar sind oder dass auf ihnen zu Tageszeiten besonderen Ruhebedürfnisses nicht Fußball gespielt werden darf. Maßgebend sind vielmehr die konkreten Gegebenheiten des Einzelfalls.

1579 Bei Anlagen für den **Profisport** geht es zwar nicht um die Förderung der sozialen und gesundheitlichen Funktion aktiven Sports für die Bevölkerung, immerhin aber um die Förderung einer – wie die großen Zuschauerzahlen gerade im Profisport zeigen – ebenfalls sozialadäquaten und von breiten Bevölkerungskreisen akzeptierten Form der Freizeitgestaltung. Hinzu kommt, dass es für die Belastung der vom Sportlärm betroffenen Wohnnutzung im Grunde gleich ist, ob ein bestimmter Lärmpegel durch Profi- oder Amateursport ausgelöst wird.[3479]

1580 Die einzelnen den Lärmschutz betreffenden Regelwerke sind zumeist nur an bestimmten Schallquellen ausgerichtet. So betrifft etwa die 16. BImSchV den Verkehrslärm beim Bau oder der wesentlichen Änderung von öffentlichen Straßen und Schienenwegen der Eisenbahnen und Straßenbahnen oder die 18. BImSchV die Errichtung, die Beschaffenheit und den Betrieb von Sportanlagen. Eine summierende Betrachtung verkehrs- oder sportlärmübergreifender Lärmquellen ist in den Regelwerken nicht vorgesehen. Diese spartenorientierte Sicht wird in der Bauleitplanung allerdings überwunden. Hier gehen über das Abwägungsgebot die verschiedenen Lärmquellen in eine summierende Betrachtung ein.[3480]

3474 VGH Mannheim VBlBW 2004, 383.
3475 BVerwG ZfBR 2022, 676.
3476 OVG Lüneburg NVwZ-RR 2011, 889.
3477 BVerwG NVwZ 2000, 550.
3478 OVG Münster BauR 2000, 81 für den Ballfangzaun eines Bolzplatzes.
3479 BVerwG Beschl. v. 16.12.1992 – 4 B 202.92, juris.
3480 Halama/Stüer NVwZ 2003, 137.

Bilden mehrere in einem räumlichen Zusammenhang stehende, aber organisatorisch selbständige **Freizeitanlagen** einschließlich einer Sporthalle eine konzeptionelle Einheit im Sinne eines „Freizeitbereichs", ist eine einheitliche (summative) Beurteilung der von diesen Anlagen ausgehenden Geräuschimmissionen nach den Bestimmungen der Freizeitlärm-Richtlinie der LAI mit Stand vom 6.3.2015 zulässig.[3481] Verschiedenartigen Anlagen zuzuordnende sog. seltene Ereignisse, bei denen ausnahmsweise Richtwertüberschreitungen erlaubt sind, dürfen nicht ohne weiteres kumulativ zugelassen werden. Vielmehr muss sich die Festsetzung der zulässigen Zahl solcher Ereignisse unter Berücksichtigung der gebotenen gegenseitigen Rücksichtnahme an den tatsächlichen Verhältnissen des Einzelfalls ausrichten. Die Sportanlagenlärmschutzverordnung (18. BImSchV) über **seltene Ereignisse** hat eine indizielle Aussagekraft für die Bewertung der Lärmimmissionen von Veranstaltungen, die nur an höchstens 18 Kalendertagen stattfinden.[3482] Bei der Beurteilung von Geräuschimmissionen aus Freizeitanlagen muss der in Nr. 6.9 TA Lärm und Nr. 1.6 des Anhangs zur 18. BImSchV vorgesehene Messabschlag nicht berücksichtigt werden.[3483] Lärmimmissionen, die von einer Tierpension ausgehen, sind anhand der TA Lärm zu bewerten. Der Anwendungsbereich der Freizeitlärmrichtlinie erstreckt sich darauf nicht.[3484] 1581

Die Immissionsrichtwerte der 18. BImSchV sind auf Geräuschimmissionen, die von der bestimmungsgemäßen Nutzung von Ballspielplätzen und ähnlichen Anlagen für Kinder ausgehen, nicht unmittelbar anwendbar.[3485] Die 18. BImSchV gilt gemäß § 1 I der 18. BImschV nur für die Errichtung, die Beschaffenheit und den Betrieb von Sportanlagen, soweit sie zum Zwecke der Sportausübung betrieben werden und einer Genehmigung nach § 4 BImSchG nicht bedürfen. Sportanlagen sind nach der Legaldefinition des § 1 II der 18. BImSchV ortsfeste Einrichtungen iSd § 3 V Nr. 1 BImSchG, die zur Sportausübung bestimmt sind. Bolz- und Basketballplätze, die speziell für Kinder bestimmt sind und dadurch gekennzeichnet sind, dass sie nicht dem organisierten Freizeitsport dienen und wegen ihrer sozialen Funktion regelmäßig wohngebietsnah sein müssen, fallen nicht hierunter, sodass Geräuschimmissionen, die von der bestimmungsgemäßen Nutzung von solchen Plätzen ausgehen, auch nicht unmittelbar an den Immissionsrichtwerten der 18. BImSchV zu messen sind.[3486] Andererseits steht der Ausschluss einer unmittelbaren Anwendung der 18. BImSchV auf kindgerechte Ballspielplätze und vergleichbare Anlagen ihrer entsprechenden Heranziehung im Einzelfall nicht von vornherein entgegen. Es bietet sich namentlich an, die von solchen Anlagen ausgehenden Geräuschimmissionen mangels geeigneterer Vorschriften nach dem in der 18. BImSchV festgelegten Ermittlungs- und Messverfahren zu bestimmen, das der Besonderheit der bei Sport und Spiel auftretenden Geräusche Rechnung trägt.[3487] Die Beurteilung der Zumutbarkeit von Geräuschen, die von Anlagen der hier in Rede stehenden Art ausgehen, muss jedoch wegen deren Atypik und Vielgestaltigkeit weitgehend der tatrichterlichen Wertung im Einzelfall vorbehalten bleiben. Diese richtet sich insbesondere nach der durch die Gebietsart und die tatsächlichen Verhältnisse bestimmten Schutzwürdigkeit und Schutzbedürftigkeit; dabei sind wertende Elemente wie Herkömmlichkeit, soziale Adäquanz und allgemeine Akzeptanz mitbestimmend. Die normkonkretisierende Funktion der Immissionsrichtwerte der 18. BImSchV, eine interessengerechte, gleichmäßige Bewertung der belästigenden Wirkung von Sportlärm zu ermöglichen und damit ein Höchstmaß an Rechtssicherheit zu erreichen, kann die individuelle Würdigung bei den aus der Sicht der Verordnung atypischen Spiel- und Freizeitanlagen für Kinder nicht ersetzen.[3488] 1582

3481 Siehe dazu zB auch den RdErl. d. Ministeriums für Umwelt und Naturschutz, Landwirtschaft und Verbraucherschutz zur Messung, Beurteilung und Verminderung von Geräuschimmissionen bei Freizeitanlagen – V-5 – 8827.5 – (V Nr.) v. 23.10.2006, zuletzt geändert am 13.4.2016, MBl. NRW 2016, S. 239; dazu OVG Münster Beschl. v. 15.12.2023 – 10 B 645/23, juris Rn. 15; zur Anwendbarkeit des Freizeitlärmerlasses NRW anstelle der TA Lärm OVG Münster Urt. v. 16.12.2014 – 7 A 2623/13, Rn. 42, juris.

3482 VGH Mannheim BauR 2008, 1573; VGH München Beschl. v.16.8.2007 – 15 ZB 07.370, juris Rn. 32; OVG Saarlouis Beschl. v. 2.9.2023 – 2 B 99/23, juris Rn. 9.

3483 BVerwG NVwZ 2001, 11167.

3484 OVG Münster NVwZ-RR 2008, 450.

3485 VG Bremen Urt. v. 17.5.2023 – 1 K 22/17, juris Rn. 30; BVerwG NVwZ 2003, 751; zur Sozialadäquanz von Grundschullärm OVG Lüneburg Urt. v. 5.10.2023 – 1 KN 16/21, juris

3486 VG Bremen Urt. v. 17.5.2023 – 1 K 22/17, juris Rn. 30; OVG Berlin-Brandenburg Urt. v. 11.11.2010 – 11 B 24.08, juris Rn. 22.

3487 VG Bremen Urt. v. 17.5.2023 – 1 K 22/17, juris Rn. 31.

3488 BVerwG NVwZ 2003, 450; BVerwGE 81, 197; BVerwGE 90, 163; BR-Drucks 17/91, S. 35.

1583 Die zuständige Immissionsschutzbehörde ist befugt, auch gegenüber einer Gemeinde den beim Betrieb ihrer kommunalen Einrichtung einzuhaltenden Immissionsrichtwert anzuordnen.[3489]

1584 **l) Lichtimmissionen**. Die 18. BImSchV enthält konkrete Vorgaben für die rechtliche Beurteilung des Nutzungskonflikts zwischen Sportanlagen und Nachbargrundstücken. Soweit Lichtquellen in aller Regel entweder über einen Lichtmast oder durch eine Verbindung mit einer baulichen Anlage mit dem Erdboden verbunden sind, handelt es sich bei ihnen um ortsfeste Einrichtungen, die Anlagen im immissionsschutzrechtlichen Sinne sind.[3490] Auf Lichtanlagen, die nicht Teil einer immissionsschutzrechtlich genehmigungsbedürftigen Hauptanlage sind, finden grundsätzlich die Pflichten des § 22 I 1 BImSchG Anwendung.[3491] Für Anlagen, die nicht gewerblichen Zwecken dienen und nicht im Rahmen wirtschaftlicher Unternehmungen Verwendung finden, gilt die Verpflichtung des § 22 I 1 BImSchG allerdings nur, soweit sie auf die Verhinderung oder Beschränkung von schädlichen Umwelteinwirkungen durch Luftverunreinigungen, Geräusche oder von Funkanlagen ausgehende nichtionisierende Strahlen gerichtet ist. Aber selbst für nicht gewerblichen Zwecken dienende Anlagen bleiben Lichtimmissionen durchaus genehmigungsrelevant. Sie können zB im Rahmen des baurechtlichen Rücksichtnahmegebots beachtlich bleiben.[3492] Rechtsverbindliche Vorschriften zur näheren Bestimmung der immissionsschutzrechtlichen Erheblichkeitsschwelle bei Lichtimmissionen fehlen.[3493] Als sachverständige Entscheidungshilfe wird in NRW auf den Gemeinsamen Runderlass „Lichtimmissionen, Messung, Beurteilung und Verminderung" des Ministeriums für Klimaschutz, Umwelt, Landwirtschaft, Natur- und Verbraucherschutz und des Ministeriums für Bauen, Wohnen, Stadtentwicklung und Verkehr vom 11.12.2014 zurückgegriffen.[3494] Der Erlass bestimmt Erheblichkeitsschwellen für Menschen und Tiere. Hinweise oder Leitlinien zur Beurteilung der Auswirkungen von Lichtimmissionen auf Pflanzen gibt es nicht.[3495] In rechtlicher Hinsicht beurteilt sich auch die Zumutbarkeit von Lichtimmissionen nach der tatsächlichen und rechtlichen Schutzwürdigkeit und Schutzbedürftigkeit, wobei wertende Elemente wie Herkömmlichkeit, soziale Adäquanz und allgemeine Akzeptanz in eine wertende Gesamtbeurteilung im Sinne einer Güterabwägung einbeziehen sind.[3496] Die rechtliche Schutzwürdigkeit von Nachbarn knüpft an die bauplanungsrechtliche Einstufung des Immissionsorts an. Nach § 22 I 1 Nr. 1 BImSchG ist der Anlagenbetreiber verpflichtet, schädliche Umwelteinwirkungen nach dem Stand der Technik zu vermeiden. Schädliche Umwelteinwirkungen sind nach § 3 I BImSchG Immissionen, die nach Art, Ausmaß oder Dauer geeignet sind, Gefahren, erhebliche Nachteile oder erhebliche Belästigungen für die Allgemeinheit oder die Nachbarschaft herbeizuführen. Zu klären ist deshalb, ob und unter welchen Umständen Lichtimmissio-

---

[3489] BVerwG NVwZ 2003, 246. Zu weiteren Einzelfällen VGH München Beschl. v. 26.7.2006 – 1 CE 06.1937, juris zu Filmvorführungen im Freien; VGH München Urt. v. 4.11.2005 – 6 B 01.350, juris; OVG Lüneburg NordÖR 2006, 88 zum Nebeneinander von Wohn- und Festplatznutzung; VGH München Beschl. v. 1.2.2006 – 1 CE 04.734, 1 CE 04.791, juris zur Rücksichtslosigkeit eines Gaststättenbetriebs.

[3490] Huggins I+E 2020, 10 (11); siehe auch Jarass BImSchG, 2022, § 3 Rn. 75.

[3491] Huggins I+E 2020, 10 (12).

[3492] VGH Mannheim Urt. v. 18.11.2010 – 5 S 2112/09, juris Rn. 38; zur Ausweisung von Lichtschutzgebieten als Instrument zur Reduktion von Lichtimmissionen Borchers/Schomerus NuR 2015, 614 (617).

[3493] Wissenschaftliche Dienste des Deutschen Bundestags, Sachstandsbericht: Lichtverschmutzung. Rechtliche Regelungen zur Beschränkung von Beleuchtung in Deutschland und ausgewählten europäischen Staaten, Januar 2019, S. 5; VG München Urt. v. 15.3.2019 – M 19 K 17.4863, BeckRS 2018, 34074, Rn. 27.

[3494] MinBl. NRW 2015 S. 26; das VG Sigmaringen Urt. v. 28.3.2023 – 4 K 577/21, juris Rn. 26, verweist zur Beurteilung der Erheblichkeitsschwelle der hinzunehmenden Lichtimmissionen von Straßenlaternen auf Hinweise zur Messung, Beurteilung und Minderung von Lichtimmissionen der Bund/Länder-Arbeitsgemeinschaft für Immissionsschutz vom 13. September 2012 (LAI-Hinweise) als sachverständige Entscheidungshilfe; siehe auch VGH München Beschl. v. 24.7.2019 – 22 ZB 19.132, juris Rn. 13; VG Koblenz Urt. v. 23.11.2009 – 4 K 473.09.KO, juris Rn. 21; VG Düsseldorf Urt. v. 18.3.2008 – 16 K 3722.07, juris Rn. 14.

[3495] Heilshorn/Sparwasser in Landmann/Rohmer, Umweltrecht, 2017, § 22 BImSchG Rn. 27; VGH Mannheim Urt. v. 18.11.2010 – 5 S 2112/09, juris Rn. 39; zu einem selbständigen Beweisverfahren im Verwaltungsprozess wegen Lichtimmissionen einer kommunalen Beleuchtungseinrichtung VGH Kassel Beschl. v. 20.7.2023 – 9 E 809/22, juris Rn. 17.

[3496] OVG Münster Urt. v. 15.3.2007 – 10 A 998/06, juris, Rn. 71; Wissenschaftliche Dienste des Deutschen Bundestags, Sachstandsbericht: Lichtverschmutzung. Rechtliche Regelungen zur Beschränkung von Beleuchtung in Deutschland und ausgewählten europäischen Staaten, Januar 2019, S. 5.

nen einer entsprechenden Lichtinstallation Gefahren, Nachteile oder Belästigungen hervorrufen, die im Sinne der genannten Vorschrift auch erheblich sind. Eine Gefahr liegt vor, wenn die Immissionen mit hinreichender Wahrscheinlichkeit den Eintritt eines Schadens verursachen. Ein Schaden ist jede erhebliche Beeinträchtigung eines Rechtsguts. Geschütztes Rechtsgut ist neben der Nachbarschaft auch die Allgemeinheit, wo-runter neben Personen auch Tiere und Pflanzen sowie die Artenvielfalt zählen.[3497] Bei Lichtimmissionen wird eine Gefahr angenommen, wenn diese eine Verbotsnorm zu verletzen drohen. Dies soll insbesondere für die Verletzung der artenschutzrechtlichen Verbote des § 44 I BNatSchG oder bei einem Verstoß gegen § 33 I BNatSchG gelten.[3498] Wenn und soweit keine zwingenden naturschutzrechtlichen Verbote in Rede stehen, kommt es hinsichtlich möglicher Nachteile und Belästigungen durch Lichtimmissionen darauf an, ob diese Nachteile oder Belästigungen erheblich sind. Was unter erheblich in diesem Zusammenhang zu verstehen ist, ist allerdings nicht abschließend geklärt. Erforderlich soll eine Abwägung sein, die zwischen den Anforderungen des Umweltschutzes und möglichen Industrieförderzwecken oder anderen öffentlichen Belangen, die für das Vorhaben sprechen, eine Gesamtabwägung vornimmt.[3499]

Nach der Rechtsprechung des BVerwG muss außerdem auf die soziale Adäquanz der Im- 1585
missionen abgestellt werden.[3500] Ob sich diese Rechtsprechung zu Geräuschimmissionen auch auf Lichtimmissionen übertragen lässt, wird jedoch zu Recht bezweifelt,[3501] weil Kriterien der Sozialadäquanz keine Beeinträchtigungen von Natur und Umwelt durch Lichtimmissionen relativieren können. Entscheidender als eine Sozialadäquanz der Lichtimmission sollen deshalb Schutzwürdigkeit und Schutzbedürftigkeit des betroffenen Gebiets sein, unabhängig davon, ob sich diese aus dem erforderlichen Schutz von Menschen oder von Natur und Umwelt ergeben.[3502] Ein auf Gebietstypen der BauNVO abstellender Maßstab hilft mit Blick auf nachteilig betroffene Naturschutzbelange nicht weiter, weil und soweit die BauNVO einen verhältnismäßigen Ausgleich unterschiedlicher menschlicher Interessen bezweckt, nicht jedoch auf den erforderlichen Naturschutz abstellt.[3503] Abgestellt werden sollte stattdessen auf die jeweilige Eigenart des betroffenen Gebiets, ins-besondere darauf, ob und inwieweit das Gebiet dem Rückzugs- und Ruhebedürfnis von Menschen oder von Tierarten dient.[3504] Insoweit kann auf eine pauschalierte Empfindlichkeit des Schutzguts, etwa eines Habitats oder von bestimmten Tieren abgestellt werden. Die Schutzinteressen sind mit Nutzungsinteressen im jeweiligen Gebiet abzuwägen. Eine solche Abwägung soll insbesondere dann zu Ungunsten des Lichtemittenten ausfallen, wenn dieser an der konkreten Emission kein Interesse hat, weil die Lichtimmission für den Beleuchtungszweck nicht erforderlich ist.[3505] Bei besonders empfindlichen Tieren und Pflanzen soll es bei der Prüfung, ob ihre Beeinträchtigung ein erheblicher Nachteil oder gar ein Schaden ist, im Regelfall auf eine Güterabwägung ankommen.[3506] Da es an einer Konkretisierung der Schädlichkeitsschwelle durch eine Rechtsverordnung fehlt, bedarf es aber grundsätzlich insoweit einer Einzelfallentscheidung zur Feststellung der Erheblichkeit einer Beeinträchtigung durch Lichtimmissionen.[3507] Dabei ist das Gebot der Rück-

---

3497 Huggins I+E 2020, 10 (12); Jarass BImSchG, 2022, § 3 Rn. 31; Kloepfer Umweltrecht, 2016, § 15 Rn. 204.

3498 Huggins/Schlacke Schutz von Arten vor Glas und Licht, 2019, S. 165; Huggins I+E 2020, 10 (13).

3499 Huggins/Schlacke Schutz von Arten vor Glas und Licht, 2019, S. 146; Huggins I+E 2020, 10 (14).

3500 BVerwG NJW 1988, 2396, 2397; kritisch dazu Huggins I+E 2020, 10 (14).

3501 Huggins I+E 2020, 10 (14).

3502 LAI, Hinweise zur Messung, Beurteilung und Minderung von Lichtimmissionen, 2012, S. 3; Huggins I+E 2020, 10 (14) unter Verweis auf BVerwG ZfBR 2010, 792; NVwZ 1992, 886; Jarass BImSchG, 2022, § 3 Rn. 62; siehe auch OVG Münster NVwZ-RR 2016, 849.

3503 siehe dazu die Hinweise über die schädliche Einwirkung von Beleuchtungsanlagen auf Tiere – insbesondere auf Vögel und Insekten – und Vorschläge zu deren Minderung, in: LAI, Hinweise zur Messung, Beurteilung und Minderung von Lichtimmissionen, Anhang 1.

3504 Huggins I+E 2020, 10 (15); siehe auch Dietlein in Landmann/Rohmer, Umweltrecht, 2014, § 5 BImSchG Rn. 69.

3505 Huggins I+E 2020, 10 (15).

3506 Dietlein in Landmann/Rohmer, Umweltrecht, 2014, § 5 BImSchG Rn. 69.

3507 OVG Münster Urt. v. 15.3.2007 – 10 A 998/06, juris Rn. 73; VG Aachen Urt. v. 28.8.2012 – 3 K 2277/10, juris Rn. 54; Thiel in Landmann/Rohmer, Umweltrecht, § 3 BImSchG, 2017, Rn. 46; Gemeinsamer Runderlass des Umweltministeriums und des Bauministeriums NRW vom 1.12.2014, Nr. 1; Huggins I+E 2020, 10 (15).

sichtnahme zu beachten.[3508] Das Gebot der (nachbarlichen) Rücksichtnahme[3509] ist allerdings kein generelles Rechtsprinzip des öffentlichen Baurechts und verkörpert auch keine allgemeine Härteregelung, die über den speziellen Vorschriften des Städtebaurechts steht. Es ist vielmehr Bestandteil einzelner gesetzlicher Vorschriften des Baurechts und als solches etwa in den Tatbestandsmerkmalen des § 35 III 1 Nr. 3 und § 34 I 1 BauGB aber auch in § 17 BauNVO enthalten.[3510]

3. Zusammenwirken von Lärmquellen

1586 Besondere Belastungen ergeben sich vielfach durch das Zusammenwirken verschiedener Lärmquellen etwa von Straße, Eisenbahn, Gewerbebetrieb, Sportanlage und Fluglärm. Die Regelwerke sind allerdings nicht durch eine umfassende Betrachtung geprägt, sondern gelten jeweils nur für eine bestimmte Sparte des Lärms.[3511] Beurteilungspegel für Sportanlagen nach der 18. BImSchV bezieht sich zwar nicht nur auf die einzelne Sportanlage, sondern auch auf Summenpegel. Aber es sind nur andere Sportanlagen einzubeziehen, während andere Lärmquellen wie etwa Gewerbelärm oder Straßenlärm außer Betracht bleiben. Selbst andere Freizeitanlagen werden bei der Beurteilung des Sportlärms regelmäßig nicht berücksichtigt. Die Richtwerte der TA Lärm beziehen sich wiederum jeweils ausschließlich auf Gewerbelärm. Diese TA Lärm dient dem Schutz der Allgemeinheit und der Nachbarschaft vor schädlichen Umwelteinwirkungen durch Geräusche sowie der Vorsorge gegen schädliche Umwelteinwirkungen durch Geräusche. Sie gilt für Anlagen, die als genehmigungsbedürftige oder nicht genehmigungsbedürftige Anlagen den Anforderungen des Zweiten Teils des BImSchG unterliegen. Von vornherein ausgeblendet sind bei der TA Lärm Sportanlagen, die der Sportanlagenlärmschutzverordnung (18. BImSchV) unterliegen, sonstige nicht genehmigungsbedürftige Freizeitanlagen sowie Freiluftgaststätten, nicht genehmigungsbedürftige landwirtschaftliche Anlagen, Schießplätze, auf denen mit Waffen ab Kaliber 20 mm geschossen wird, Tagebaue und die zum Betrieb eines Tagebaus erforderlichen Anlagen, Baustellen, Seehafenumschlagsanlagen und Anlagen für soziale Zwecke. Auch den Lärm von Eisenbahnen oder Flugzeugen blendet die TA Lärm aus. Dahinter steht die Vorstellung, dass Anlagen mit einem besonderen Profil jeweils eine Sonderbehandlung in den einzelnen Regelwerken erfahren. Es gibt insoweit keinen gesamthaften Lärmschutz in den Regelwerken. Diese beziehen sich nur jeweils sektoral auf bestimmte Lärmanlagen. Allerdings können verschiedene Lärmquellen in ihrem Zusammenwirken in der Abwägung zu berücksichtigen sein. Dabei ist auch Lärm unterhalb der einschlägigen Grenzwerte grundsätzlich abwägungserheblich.[3512] Abweichend von dem Grundsatz, dass die Beurteilungspegel für jeden Verkehrsweg gesondert zu berechnen sind, kann die Bildung eines Summenpegels auch dann geboten sein, wenn der neue oder der zu ändernde Verkehrsweg im Zusammenwirken mit vorhandenen Vorbelastungen anderer Verkehrswege insgesamt zu einer Lärmbelästigung führt, die mit Gesundheitsgefahren oder einem Eingriff in die Substanz des Eigentums verbunden ist.[3513]

1587 **a) Ausgangsbasis.** Bilden mehrere in einem räumlichen Zusammenhang stehende, aber organisatorisch selbständige Freizeitanlagen einschließlich einer Sporthalle eine konzeptionelle Einheit im Sinne eines „Freizeitbereichs", ist nach Auffassung des BVerwG eine einheitliche (summative) Beurteilung der von diesen Anlagen ausgehenden Geräuschimmissionen nach den Bestimmungen der Freizeitlärm-Richtlinie durchaus zulässig. Das gilt allerdings nur für verschiedene, nach einem einheitlichen Konzept betriebene Freizeitanlagen, nicht aber auch für den Lärm anderer Anlagen, die nicht mit der Freizeitnutzung im unmittelbaren Zusammen-

---

[3508] VG Köln Urt. v. 4.7.2022 – 8 K 2199/20, juris Rn. 65.

[3509] Grundlegend BVerwG NJW 1978, 62; NJW 1978, 2564.

[3510] BVerwG Beschl. v. 5.12.2019 – 4 B 22.19, juris; BVerwGE 159, 187 Rn. 10.

[3511] Halama/Stüer NVwZ 2003, 137; Halama VBlBW 2006, 132; kritisch dazu Kment NJW 2022 Beilage zum DJT 48 (51); Kricke/Blasius BauR 2018, 754; zum Reformbedarf siehe schon Jarass DVBl. 1995, 592; Berkemann ZUR 2016, 522; Storost UPR 2015, 126;

[3512] OVG Saarlouis Beschl. v. 10.10.2023 – 2 C 133/22, juris Rn. 12; BVerwG NVwZ 2011, 567: Deshalb können zB auch in einem wasserrechtlichen Planfeststellungsbeschluss, mit dem eine Nassauskiesung zugelassen wird, Auflagen zur Reduzierung von Lärm, der die Grenzwerte der TA Lärm nicht überschreitet, getroffen werden.

[3513] BVerwG NuR 2010, 646; ZfBR 2011, 165.

hang stehen. Bei unterschiedlichen Schallquellen kann daher nicht ohne Weiteres zusammengerechnet und saldiert werden.[3514]

Das ist auch beim **Straßenlärm** nicht anders. § 2 I Nr. 4 BImSchG verweist hierzu auf das besondere Regelungssystem in §§ 41 bis 43 BImSchG. Nach § 41 I BImSchG ist beim Bau oder der wesentlichen Änderung öffentlicher Straßen sowie von Eisenbahnen, Magnetschwebebahnen und Straßenbahnen unbeschadet des § 50 BImSchG sicherzustellen, dass durch diese keine schädlichen Umwelteinwirkungen durch Verkehrsgeräusche hervorgerufen werden können, die nach dem Stand der Technik vermeidbar sind. Das gilt nach § 41 II BImSchG nicht, soweit die Kosten der Schutzmaßnahme außer Verhältnis zu dem angestrebten Schutzzweck stehen. Welche Schwellenwerte im Einzelnen einzuhalten sind, führt das Gesetz selbst nicht aus. Auch zum Straßenlärm überlässt der Gesetzgeber daher dem Verordnungsgeber die Einzelheiten. Die auf der Grundlage des § 43 BImSchG erlassene Rechtsverordnung enthält ebenfalls ein schon aus anderen Regelwerken vertrautes Wertsystem, das an die unterschiedliche Baugebietseinteilung der BauNVO anknüpft – zwar in etwas anderer Weise als beim Sportlärm, aber vom Ansatz her vergleichbar. Die Werte der 16. BImSchV liegen höher als die Werte der TA Lärm und der 18. BImSchV. Die TA Lärm geht von Orientierungswerten von 55/35 dB(A) tags/nachts aus. Für den Straßenverkehrslärm liegt die Schwelle nach der 16. BImSchV demgegenüber für Wohngebiete bei 59/49 dB(A) tags/nachts. 1588

Beim Bau oder der **wesentlichen Änderung einer Straße** ist nach § 41 BImSchG sicherzustellen, dass durch dieses Vorhaben keine schädlichen Umwelteinwirkungen durch Verkehrsgeräusche hervorgerufen werden können, die nach dem Stand der Technik vermeidbar sind. Die Vorschrift ist strikt vorhabenbezogen. Maßgeblich ist ausschließlich der Beurteilungspegel des von dem zu bauenden oder zu ändernden Verkehrsweg ausgehenden Verkehrslärms.[3515] Eine bauliche **Erweiterung** einer Straße **um einen durchgehenden Fahrstreifen** für den Kraftfahrzeugverkehr im Sinne von § 1 II 1 Nr. 1 der 16. BImSchV liegt vor, wenn auf der gesamten Länge des Vorhabens ein bisher nicht den konstruktiven Anforderungen für einen Fahrstreifen entsprechender Standstreifen durch bauliche Maßnahmen ertüchtigt wird.[3516] Auch der Verordnungsgeber hat das so verstanden und in § 1 der 16. BImSchV die Ermittlung des Beurteilungspegels auf den Neubau einer Straße oder deren wesentliche Änderung durch einen Verkehrsträger ausgerichtet. Für einen Summenpegel unter Berücksichtigung anderer Lärmquellen ist nach der 16. BImSchV kein Platz. Andere Straßen oder gar ganz andere Anlagen wie Gewerbebetriebe, Sportplätze oder der Flugbetrieb werden in der 16. BImSchV ausgeblendet.[3517] Das gilt auch für den Schienenlärm. 1589

b) Außen- und Innenpegel. Die Regelwerke zum Gewerbe-, Straßen-, Eisenbahn- und Sportlärm stellen auf Außenpegel ab. Das geht allerdings nicht bei Fluglärm, weil ein Schutz der Außenwohnbereiche nur durch eine Verminderung des Flug- und Bodenlärms, zumeist aber nicht durch Schallschutzwände oder andere Maßnahmen des aktiven Schallschutzes gelingen wird. Für den Regelfall bleibt daher wohl nur ein passiver Lärmschutz an den jeweiligen Schutzobjekten, der das Gebäudeinnere betrifft. Und diese Möglichkeiten, einen störungsfreien Schlaf zu gewährleisten, sind dann bei einem Außenpegel, der nachts irgendwo zwischen 60 und 65 dB(A) liegt, erschöpft. Dasselbe gilt für Tagwerte zwischen 70 und 75 dB(A). 1590

c) Politisch bestimmte Richtwerte nach sozialer Akzeptanz. Die einzelnen Regelwerke sind allerdings nicht auf eine summierende Gesamtbetrachtung aller Lärmquellen angelegt, sondern beziehen sich nur auf eine segmentierende Betrachtung nach einzelnen Lärmquellen. Warum das so ist und was dies eigentlich rechtfertigt, erschließt sich aus den Regelwerken nicht. Die Regelwerke beruhen allerdings nicht auf Naturgesetzlichkeiten, sondern sind das Ergebnis politischer Kompromisse. Der Verordnungsgeber könnte die Schwellenwerte senken. Das würde dem Gesundheitsschutz dienen, aber die jeweiligen Vorhaben mit zusätzlichen Kosten belasten. Werden die Werte angehoben, würde dies die Vorhaben finanziell entlasten, ginge aber auf Kosten des Gesundheitsschutzes, zumindest aber des allgemeinen Wohlbefindens. Es ist daher ein angemessener Interessenausgleich zwischen den Interessen des jeweiligen Vorhabens und den schutzbedürftigen Belangen der Wohnbevölkerung erforderlich. 1591

3514 BVerwG NVwZ 2001, 1167; offen gelassen von OVG Münster Urt. v. 19.4.2023 – 11 A 1227/17, juris Rn. 145.

3515 BVerwG IR 2011, 214.

3516 BVerwG NVwZ 2019, 1597; Schenk NVwZ 2019, 1804; BVerwG LKV 2002, 275.

3517 BVerwG NVwZ 1996, 1003.

Diesen Ausgleich hat der Gesetz- und Verordnungsgeber zu leisten (Art. 14 I 2 GG). Bei Sportanlagen geht der Verordnungsgeber gegenüber dem Gewerbelärm von einem größeren Maß an zumutbarer Lärmbelastung aus. Vor allem beim Breitensport ergeben sich hier soziale Komponenten, die in die Bewertung einfließen. Denn Sport wird zumeist in der Freizeit ausgeübt. Will man den Sport unterstützen, so müssen die Werte vor allem abends und an Wochenenden und damit in Zeiten gelockert werden, in denen auf der anderen Seite aber auch das allgemeine Ruhebedürfnis besonders groß ist. Diesen Konflikt zwischen Sport und Wohnen hat der Normgeber aus seiner Sicht interessengerecht zu lösen versucht.[3518] Die Werte in den Regelwerken sind daher das Ergebnis von finanziellen Machbarkeiten und von politischen Abwägungsentscheidungen. Der Schienenlärm etwa stieß früher auf eine höhere Akzeptanz.[3519] Dies hat der Verordnungsgeber flugs mit einem gegenüber dem Straßenlärm um 5 dB (A) höheren Schienenbonus umgesetzt. Die Regelwerke legen daher ein unterschiedliches Schutzniveau fest. Außerdem sind die Lärmbetrachtungen auf das jeweilige Vorhaben bzw. die jeweilige Anlage bezogen und damit sektoral und nicht an summierenden gesamthaften Bewertungen aller Lärmquellen ausgerichtet.

1592 **d) Einfachrechtliche und verfassungsrechtliche Zumutbarkeit.** Die fragmentarische Betrachtung ist für den Lärmbetroffenen allerdings vor allem dann problematisch, wenn die einzelnen Lärmquellen zwar die für sie geltenden Regelwerke einhalten, die Gesamtlärmbelastung sich aber zu einem Wert summiert, der in den Bereich der Gefährdung reicht. Denn die Gesamtbelastung aller Lärmquellen ist vielfach höher als es auf dem Papier der Richtlinien steht. Bei einer derartigen Summierung der verschiedenen Lärmquellen bieten die Regelwerke keine Handhabe dafür, den Gesamtlärmpegel wirksam unter Kontrolle zu halten. Der auf bestimmte Lärmquellen eingeschränkte Blick der Regelwerke könnte zu der Vermutung führen, dass dem Gesamtlärmniveau auch in der Planung keine Grenzen gesetzt sind. Die verfassungsrechtliche Zumutbarkeitsschwelle bezeichnet jedoch eine äußerste Grenze, die auch der Gesetzgeber nicht überschreiten darf. Lärmschutz ist danach zu gewähren, wenn gegenüber den berechtigten Wohnerwartungen die Schwelle der Gesundheitsgefährdung überschritten wird. Das Recht auf körperliche Unversehrtheit sowie das Eigentumsgrundrecht schützen den Einzelnen nicht nur als subjektive Abwehrrechte gegen staatliche Eingriffe. Aus dem objektivrechtlichen Gehalt dieser Grundrechte folgt auch die Pflicht der staatlichen Organe, sich schützend und fördernd vor die entsprechenden Rechtsgüter zu stellen und sie insbesondere vor rechtswidrigen Eingriffen von Seiten anderer zu bewahren.[3520] Die sich aus Art. 2 II 1 GG und Art. 14 I 1 GG ergebenden Schutzpflichten erfordern auch Maßnahmen zum Schutz vor gesundheitsschädigenden und gesundheitsgefährdenden Auswirkungen von Lärm.[3521] Gesetzgeber und Verwaltung haben bei der Erfüllung dieser Schutzpflichten unterschiedlich weite Einschätzungs-, Wertungs- und Gestaltungsbereiche, die, was vor allem den gesetzgeberischen Ermessensspielraum angeht es auch ermöglichen, konkurrierende öffentliche und private Belange zu berücksichtigen.[3522] Eine Schutzpflichtverletzung kann bestehen, wenn Schutzvorkehrungen überhaupt nicht getroffen worden sind, wenn die getroffenen Regelungen und Maßnahmen offensichtlich ungeeignet oder völlig unzulänglich sind, wenn sie erheblich hinter dem Schutzziel zurückbleiben oder wenn sie auf einer unzureichenden Tatsachenermittlung oder unvertretbaren Einschätzungen beruhen.[3523] Zum Fluglärm erläutert das BVerfG, aus der Schutzpflicht des Art. 2 II 1 GG folge auch eine Überprüfungs- und Nachbesserungspflicht des Gesetzgebers. Habe dieser eine Entscheidung getroffen, deren Grundlage durch neue, im Zeitpunkt des Gesetzeserlasses noch nicht abzusehende Entwicklungen entscheidend in Frage gestellt werde, könne er von Verfassungs wegen gehalten sein, zu überprüfen, ob die ursprüngliche Entscheidung auch unter den veränderten Umständen aufrechtzuerhalten sei. Die

[3518] Koch/Maaß NuR 2000, 69.

[3519] Schulte ZUR 2002, 195.

[3520] OVG Münster Urt. v. 28.9.2023 – 8 A 2519/18, juris Rn. 152; BVerwG Urt. v. 28.10.1998 – 11 A 3.98, juris Rn. 47.

[3521] OVG Münster Urt. v. 28.9.2023 – 8 A 2519/18, juris Rn. 154; für Fluglärm BVerfG Beschl. v. 20.2.2008 – 1 BvR 2722/06, juris Rn. 66, 78; für Verkehrslärm BVerfG Beschl. v. 30.11.1988 – 1 BvR 1301/84, juris Rn. 57, 80 ff., BVerwG Urt. v. 21.3.1996 – 4 C 9.95, juris Rn. 35 ff.

[3522] OVG Münster Urt. v. 28.9.2023 – 8 A 2519/18, juris Rn. 156; BVerfG Beschl. v. 30.11.1988 – 1 BvR 1301/84, juris Rn. 82.

[3523] BVerfG Beschl. v. 15.3.2018 – 2 BvR 1371/13, juris Rn. 32 mwN; OVG Münster Urt. v. 28.9.2023 – 8 A 2519/18, juris Rn. 158.

Rechtsprechung des BVerG, dass neue wissenschaftliche Erkenntnisse einer Planungs- oder Zulassungsentscheidung in der Regel erst dann zugrunde zu legen seien, wenn sie sich in der wissenschaftlichen Diskussion durchgesetzt hätten, habe das BVerfG nicht beanstandet. Es sei in erster Linie Aufgabe des Normgebers, den Erkenntnisfortschritt der Wissenschaft mit geeigneten Mitteln nach allen Seiten zu beobachten und zu bewerten, um gegebenenfalls weitergehende Schutzmaßnahmen treffen zu können. Eine Verletzung seiner Nachbesserungspflicht könne gerichtlich erst festgestellt werden, wenn evident sei, dass eine ursprünglich rechtmäßige Regelung zum Schutz der Gesundheit aufgrund neuer Erkenntnisse oder einer veränderten Situation untragbar geworden sei.[3524]

Wo genau die Grenze verläuft, bei deren Überschreiten grundrechtliche Schutzpflichten 1593 einsetzen, die Schwelle zur Gesundheitsgefahr durch Außenlärmimmissionen bzw. einer dadurch bewirkten Eigentumsverletzung also überschritten wird, ist nicht abschließend geklärt. Zumeist wird sie für Wohngebiete an einem äquivalenten Dauerschallpegel von etwa 70 dB(A) tags und 60 dB(A) nachts festgemacht,[3525] teilweise wurden aber auch für Kern-, Dorf- und Mischgebiete etwas höhere Werte (72 dB(A) tags und 62 dB(A) nachts) für zulässig gehalten.[3526] Das OVG Münster weist allerdings auf die Angreifbarkeit einer solchen Differenzierung nach Baugebieten mit Blick darauf hin, dass die Werte von 70/60 dB(A) nicht nur im Eigentumsschutz, sondern auch im vorsorgenden Gesundheitsschutz verankert werden.[3527] Bei Geräuschen jedenfalls, die in hohem Maße durch Pegelausschläge infolge von Schreien, Rufen, Grölen etc. gekennzeichnet und deshalb in besonderer Weise geeignet sind, den nächtlichen Schlaf zu stören, sieht das OVG Münster keine tragfähige Begründung dafür, die Grenze der Gesundheitsgefahr erst bei einem – auf gemittelten Werten beruhenden – Beurteilungspegel oberhalb von 60 dB(A) nachts anzusetzen.[3528]

Eine Zumutbarkeitsgrenze kann aber auch dem einfachen Immissionsschutzrecht entnom- 1594 men werden. Das BImSchG macht es sich neben dem Schutz vor erheblichen Belästigungen vor allem auch zum Ziel, vor Gefahren zu schützen. Der Gesetzgeber zeichnet damit einfachgesetzlich das nach, was die Verfassung vorgibt. Er unterlässt es aber, die Gefahrenschwelle etwa in dB(A)-Werten genau festzuschreiben. Dies überlässt er dem Verordnungsgeber und der Rechtsprechung. Das hat seinen Grund. Denn wo genau die Grenze zwischen den noch zumutbaren Beeinträchtigungen und einer Gesundheitsgefahr verläuft, hängt wesentlich von den Erkenntnissen der jeweiligen Fachwissenschaften ab und ist damit auch einem Wandel unterworfen. Die einfachgesetzliche Zumutbarkeitsschwelle knüpft an die Baugebietstypen an. Gibt es keinen Bebauungsplan, beurteilt sich die Frage nach der Zumutbarkeitsschwelle nach § 34 II BauGB bzw. nach der Eigenart der näheren Umgebung iSd § 34 Abs. 1 BauGB. Noch nicht vollständig geklärt ist, ob die Zumutbarkeitsschwelle in urbanen Gebieten iSv § 6a BauNVO höher liegen kann als in sonstigen, auch dem Wohnen dienenden Gebieten. Nach dem Rechtsgedanken des § 245c III BauGB, der für Baugebiete nach § 6a BauNVO die Regelung über faktische Baugebiete in § 34 II BauGB ausschließt, kommt es nach Ansicht des OVG Münster zur Bestimmung grundrechtlicher Zumutbarkeitsschwellen nicht in Betracht, ein faktisches urbanes Gebiet anzunehmen. Unabhängig davon wäre, so das OVG Münster, eine solche Annahme mit der im Gesundheitsschutz verankerten staatlichen Schutzpflicht mit Blick darauf, dass auch in urbanen Gebieten nach § 6a I 1 BauNVO nur solche Einrichtungen zulässig sind, die die Wohnnutzung nicht wesentlich stören, kaum zu vereinbaren.[3529]

Grundrechtliche Pflichten zum Lärmschutz sind in erster Linie im Rahmen einer ggfls. ver- 1595 fassungskonformen Auslegung der die Planung und Zulassung materiell-rechtlich bestimmenden Vorschriften des Umwelt- und Planungsrechts. Davon zu trennen ist die Frage, ob und inwieweit sich Lärmbetroffene zur Begründung einer Abwehrklage unmittelbar auf Grund-

---

3524 BVerfG Beschl. v. 20.1.2022 – 1 BvR 1377/21, juris Rn. 8; BVerfG Beschl. v. 15.3.2018 – 2 BvR 1371/13, juris Rn. 40 ff.

3525 OVG Münster Urt. v. 28.9.2023 – 8 A 2519/18, juris Rn. 162; BVerwG Beschl. v. 15.7.2022 – 7 B 16.21, juris Rn. 13 f.; Urt. v. 13.5.2009 – 9 A 72.07, juris Rn. 69; Urt. v. 19.12.2017 – 7 A 7.17, juris Rn. 46.

3526 BVerwG Urt. v. 8.8.2016 – 3 A 5.15, juris Rn. 36 unter Hinweis auf Rechtsprechung des BGH zur enteignungsrechtlichen Zumutbarkeitsschwelle.

3527 OVG Münster Urt. v. 28.9.2023 – 8 A 2519/18, juris Rn. 168; BVerwG Beschl. v. 25.4.2018 – 9 A 16.16, juris Rn. 86.

3528 OVG Münster Urt. v. 28.9.2023 – 8 A 2519/18, juris Rn. 169.

3529 OVG Münster Urt. v. 28.9.2023 – 8 A 2519/18, juris Rn. 190.

rechte berufen können. Weitgehend unbestritten ist, dass zur Begründung einer Nachbarrechtsverletzung im Regelfall nicht allein auf das Eigentumsgrundrecht verwiesen werden kann, weil der Gesetzgeber nachbarliche Abwehrrechte im Baurecht verfassungskonform ausgestaltet und insofern unter Einschluss der Grundsätze des nachbarschützenden Rücksichtnahmegebots ein geschlossenes System des nachbarlichen Drittschutzes bereitgestellt hat.[3530] Nach Ansicht des VG München liegt es nicht fern, diese Annahme auch auf das Grundrecht des Art. 2 II 1 GG zu übertragen, soweit und solange der Gesetzgeber den Nachbarschutz in einem den grundrechtlichen Schutzpflichten aus Art. 2 II 1 GG genügenden Schutzniveau hinreichend ausgestaltet hat und dem Nichteigentümer über §§ 24, 25 BImSchG ein effektiver Rechtsschutz über die Geltendmachung von Ansprüchen auf immissionsschutzrechtliches Einschreiten zusteht.[3531]

1596 Das Immissionsschutzrecht regelt nur den anlagenbezogenen Lärmschutz. Eine grundrechtliche Pflicht zum Einschreiten gegen Störungen der Nachtruhe entweder durch eine Polizeiverordnung oder durch Einzelverfügungen kann sich auch für die Ordnungsbehörden ergeben.

Beispiel: Wenn festgestellt ist, dass es auf einem städtischen Platz in warmen Nächten typischerweise in sehr erheblicher Anzahl zu von Flaschen verursachte Lärmimmissionen, zB Klirren von Flaschen, Rollen von Flaschen über das Pflaster, Umfallen von Flaschen, Geräusche durch Flaschensammler, kommt und dass hierdurch Anwohner in ihrer Nachtruhe erheblich gestört werden, begründet bereits das Mitführen von Glasflaschen eine abstrakte Gefahr für das polizeiliche Schutzgut der körperlichen Unversehrtheit nach Art. 2 II 1 GG.[3532]

1597 **e) Tag- und Nachtwerte.** Bei der Bestimmung der Schwelle zur Gesundheitsgefahr muss zwischen Tag- und Nachtwerten unterschieden werden. Bei den Nachtwerten geht es vor allem um die Gewährleistung eines **gesunden Schlafs** und die Verhinderung von Schlafstörungen. Medizinische Untersuchungen haben ergeben, dass die Aufweckschwelle bei 60 dB(A) liegt. Bei einer derartigen Lärmbelastung wacht der Schlafende auf. Wiederholt sich dieser Vorgang mehrfach in der Nacht, kann dies zu Gesundheitsbeeinträchtigungen führen. Bei einem Lärmpegel von 40 dB(A) kommt es zwar nicht zwingend zu einem Aufwachen. Es findet aber in der Regel kein ungestörter Tiefschlaf mehr statt. Der Schlaf ist kein gleichförmiges Kontinuum. Er vollzieht sich vielmehr in verschiedenen Phasen. Die Tiefschlafphasen sind dabei von besonderer Wichtigkeit. Kommt es nicht zu einem Tiefschlaf, werden vegetative Prozesse gestört, ohne dass dies von dem Betroffenen unmittelbar wahrgenommen wird. Die Beeinträchtigungen verfehlen aber ihre Wirkung nicht. Nächtliche Störungen oberhalb eines Dauerschallpegels von 40 dB(A) können daher zu Gesundheitsschäden führen, ohne dass es der Betroffene überhaupt merkt. Durch passive Schallschutzmaßnahmen an Gebäuden können bei geschlossenen Fenstern etwa 20 bis 25 dB(A) erreicht werden. Bei gelegentlich geöffneten Fenstern liegt die Dämmung bei etwa 15 dB(A). Ein Außenschallpegel von 60 dB(A) nachts lässt sich daher durch Maßnahmen des passiven Schallschutzes auf 40 bis 45 dB(A) Innenschallpegel verringern.

1598 Bei der Bemessung der **Tagwerte** ist davon auszugehen, dass heute ein vielfältiger Kommunikationsprozess einer multimedialen, vernetzten Welt stattfindet. Diese Kommunikation ist bei äquivalenten Dauerschallpegeln von 50 dB(A) gefährdet. Man kann daher annehmen, dass dieser Wert eine gewisse Indikatorfunktion für die Außenschallpegel hat. Bei Dämmwerten von 20 bis 25 dB(A) bei geschlossenen Fenstern und 15 dB(A) bei gelegentlich geöffneten Fenstern ergeben sich daraus rechnerisch Außenschallpegel von 70 dB(A) tagsüber, die durch gelegentlich geöffnete Fenster auf einen Innenschallpegel von 55 dB(A) verringert werden. Bei geschlossenen Fenstern lässt sich sogar bei einer Außenschallbelastung von 75 dB(A) noch ein äquivalenter Dauerschallpegel von 50 dB(A) in den Innenräumen erreichen.

1599 **f) Gesundheitsgefahren und einfachrechtliche Zumutbarkeitsschwelle.** Auch unterhalb der Schwelle von Gesundheitsgefahren sind die Betroffenen einer Lärmbelastung nicht schutzlos ausgeliefert.[3533] Dies wird durch ein abgestuftes System von Abwägungserfordernissen und von Richt- und Grenzwerten erreicht: Planung verbindet sich aus Gründen des Gesundheits- und Eigentumsschutzes (Art. 2, 14 GG), der Wahrung der Belange der kommunalen

3530 Zusammenfassend dazu VGH München Beschl. v. 1.4.2022 – 15 CS 22.642, juris Rn. 38.
3531 VGH München Beschl. v. 1.4.2022 – 15 CS 22.642, juris Rn. 38.
3532 VGH Mannheim Urt. v. 3.8.2023 – 1 S 1718/22, juris Rn. 129.
3533 BVerwG NJW 1999, 592, 1221; NVwZ 2000, 435.

Selbstverwaltung (Art. 28 II GG) und rechtsstaatlich-demokratischen Gründen (Art. 20 III GG) notwendigerweise mit dem Abwägungsgebot.[3534] Autonome Planung muss sich daher durch Abwägung legitimieren.[3535] In die Abwägung sind aber alle Belange einzustellen, die mehr als geringfügig, in ihrem Eintritt wahrscheinlich, schutzwürdig und erkennbar sind.[3536] Bereits Betroffenheiten im Bereich der Hörbarkeitsschwelle von 2 bis 3 dB(A)[3537] sind daher in die Abwägung einzustellen, selbst wenn der einfach-rechtliche Richt- oder Grenzwert nicht erreicht wird und auch keinerlei Gesundheitsgefahr besteht. Lärm ist daher ein Abwägungsfaktor unabhängig davon, ob die Werte der Regelwerke erreicht oder gar überschritten werden. Der Abwägung wesentlich ist es allerdings, dass Belange auch überwunden und zurückgestellt werden können. Werden die Richtwerte der jeweiligen Rechtsverordnungen erreicht, können sich daraus erhöhte Abwägungserfordernisse ergeben. Hier entwickeln sich die Richtwerte der Regelwerke zu Abwägungsdirektiven.[3538] Auch treten Planungsalternativen stärker in den Vordergrund.[3539] Bei Überschreiten der Lärmgrenzwerte etwa der 16. BImSchV bestehen nach § 41 I und II BImSchG Rechtsansprüche auf Einhaltung der Werte ggf. auch Schutzmaßnahmen oder auf Entschädigung vergleichbar dem Schutzauflagensystem in § 74 II 2 und 3 VwVfG.[3540] Derartige Rechte sind nur nach Maßgabe der normierten Regelungen einschränkbar und lösen entsprechende Schutzauflagen- oder Entschädigungsansprüche aus.[3541] Wird die Schwelle zur Gesundheitsgefahr überschritten, so muss auch die Planung zwingend einen entsprechenden Ausgleich schaffen. Sie hat die Belastungen entweder durch planerische Maßnahmen zu reduzieren, durch eine Umplanung die Voraussetzungen für eine Enteignung und damit eine Entschädigung zu schaffen oder in anderer Weise einen entschädigungsrechtlichen Ausgleich zu gewähren. Eine Gesundheitsgefahren herbeiführende oder fortschreibende Planung würde an den verfassungsrechtlichen Erfordernissen eines ausreichenden Gesundheitsschutzes und auch an der Eigentumsgarantie scheitern. Der Plangeber kann daher das Lärmschutzinteresse nicht risikolos wegwerten. Auf der anderen Seite besteht allerdings unterhalb der Gesundheitsgefahr nach Maßgabe der Normvorgaben ein planerischer Abwägungsspielraum,[3542] bei dem auch prognostische Elemente wirksam werden können.[3543]

Auch spürbare **Wertminderungen** hat der Betroffene bei Einhaltung des Abwägungsgebotes hinzunehmen.[3544] Eine Schutzgewähr besteht insoweit nur nach Maßgabe des einschlägigen Rechts. Unter dem Gesichtspunkt der Wertminderung kommt ein Abwehranspruch nur dann in Betracht, wenn die Wertminderung die Folge einer dem Betroffenen unzumutbaren Beeinträchtigung der Nutzungsmöglichkeiten der baulichen Anlage ist.[3545] Art. 14 I GG gebietet nicht, jede Wertminderung auszugleichen, die einem staatlichen Verhalten zugerechnet werden kann; solange ein Grundstück nutzbar bleibt und die Wertminderung nicht eine unzumutbare Höhe erreicht, sind solche vom Eigentümer grundsätzlich hinzunehmen.[3546] Allerdings ist zwischen einem Anspruch auf Ersatz der Wertminderung und einem Anspruch auf angemessene Berücksichtigung solcher Wertminderungen bei einer planerischen Abwägung zu unterscheiden. 1600

[3534] BVerwG NVwZ 1999, 1222; NVwZ 2001, 1160.

[3535] BVerwG DVBl. 1970, 414.

[3536] BVerwG NJW 1980, 1061; BRS 74 Nr. 45 (2009).

[3537] BVerwG NJW 1992, 2844.

[3538] BVerwG NVwZ 2001, 1160.

[3539] BVerwG NVwZ 2001, 1154; NVwZ 1996, 788; NVwZ-RR 1999, 629; Urt. v. 25.10.2001 – 11 A 30.00, juris. Aber auch bei schweren Betroffenheiten haben Alternativplanungen keinen absoluten Vorrang, BVerwG NVwZ-RR 1999, 164.

[3540] Grundlegend BVerwG NJW 1975, 1373; NVwZ 1995, 907; NVwZ 1998, 1071; NVwZ 1998, 1070; NVwZ 2001, 78; Michler VerwArch. 1999, 21.

[3541] Über den Anspruch ist in der Planfeststellung dem Grunde nach zu entscheiden, BVerwG NVwZ-RR 2001, 653. Zum Vorrang des Primärrechtsschutzes OVG Lüneburg NordÖR 2001, 444; BVerwG NJW 1980, 1063; NJW 1987, 2884. Zum Vorrang des Anspruchs auf Planergänzung gegenüber einem Entschädigungsanspruch BGH DVBl. 1999, 603.

[3542] BVerwG NVwZ 2001, 673; NVwZ-RR 1999, 720; NVwZ-RR 2001, 360.

[3543] BVerwG NVwZ 2001, 429.

[3544] BVerwG NVwZ-RR 1999, 556.

[3545] OVG Münster Urt. v. 27.10.2023 – 22 D 271/21.AK, juris Rn. 103; zu Wertminderungen von Grundstücken als abwägungsrelevanter Belang im Planfeststellungsverfahren Beckmann BauR 2021 768.

[3546] VGH München Beschl. v. 16.5.2023 – 8 ZB 22.2586, juris Rn. 26; BVerwG DVBl. 2018, 187.

Beispiel Rohrleitungsanlage: Wertverluste, die maßgeblich durch das Vorhandensein einer Rohrleitungsanlage zum Transport von gasförmigem, nicht verflüssigtem Kohlenmonoxid in der Nähe von Grundstücken hervorgerufen werden oder, soweit die Rohrleitungsanlage in Grundstücken verläuft, im Enteignungs-/Entschädigungsverfahren nicht auszugleichen sind, sind als solche nicht abwägungserheblich.[3547]

1601 **g) Lärmschutz und Immissionsschutz.** Das vorgenannte Stufensystem von qualitativ unterschiedlichen Betroffenheiten bei der planerischen Abwägungs- und dem Rechtsschutz ist auch im Immissionsschutzrecht angelegt. Dem BImSchG liegt die Konzeption zu Grunde, Gefahren und erheblichen Belästigungen zu begegnen. Der Gesundheitsschutz erfolgt nach dem polizeirechtlichen Modell der Gefahrenabwehr. Der Gesetzgeber möchte es aber erkennbar mit dem Gesundheitsschutz nicht bewenden lassen, sondern will auch im Vorfeld dieser schweren Beeinträchtigungen einen Lärmschutz gewähren. Der Gesetz- und Verordnungsgeber unterlässt es aber in verschiedenen Bereichen, in schematisierender oder mathematisierender Weise einen Abstand zwischen beiden Schwellen festzulegen. Damit unterliegt auch die Erheblichkeitsschwelle einer gewissen Schwankungsbreite und die untergesetzlichen Regelungsgeber haben einen entsprechenden Spielraum. Der Gesetzgeber dürfte es aber wohl von seiner Grundkonzeption her nicht akzeptieren, wenn die unterschiedlichen Lärmquellen der Gefahrenschwelle sich derart nähern, dass sie ineinander übergehen oder die Planung Zustände herstellt oder fortschreibt, die für die berechtigten Wohnerwartungen Gesundheitsgefahren hervorrufen.

4. Maß der baulichen Nutzung gem. §§ 16–21 a BauNVO

1602 Die Darstellungen des Flächennutzungsplans und die Festsetzungen des Bebauungsplans enthalten neben Regelungen über die Art der baulichen Nutzung auch Bestimmungen über das Maß der baulichen Nutzung. Das Maß der baulichen Nutzung wird bestimmt durch Festsetzungen der Grundflächenzahl oder der Größe der Grundfläche für bauliche Anlagen, die Geschossflächenzahl oder die Größe der Geschossfläche, der Baumassenzahl oder der Baumasse, der Zahl der Vollgeschosse oder der Höhe der baulichen Anlagen. Festsetzungen zum Maß der baulichen Nutzung können, abgesehen von einigen Ausnahmen, nicht in Abhängigkeit von der Art der baulichen Nutzung in der BauNVO bestimmt werden.[3548]

1603 **a) Maßangaben.** Gem. § 5 II Nr. 1 Hs 1 BauGB können im Flächennutzungsplan die für die Bebauung vorgesehenen Flächen unter anderem nach dem allgemeinen Maß der baulichen Nutzung dargestellt werden. § 5 II Nr. 1 Hs 1 BauGB schreibt nicht vor, dass es sich in diesem Fall um eine Darstellung nach der besonderen Art der baulichen Nutzung, dh um eine Baugebietsdarstellung und nicht lediglich um eine Bauflächendarstellung handelt.[3549] Die **Maßangaben im Bauleitplan** finden in **§ 16 BauNVO** ihre Grundlage: Wird im **Flächennutzungsplan** das allgemeine Maß der baulichen Nutzung dargestellt, genügt die Angabe der Geschossflächenzahl, der Baumassenzahl oder die Höhe der baulichen Anlagen (§ 16 I BauNVO). Die BauNVO stellt der Gemeinde dabei frei, ob und in welchem Umfang der Flächennutzungsplan bereits Aussagen zum Maß der baulichen Nutzung trifft. So enthalten die Flächennutzungspläne in vielen Gemeinden keine Maßangaben – wohl vor allem deshalb, weil solche Vorgaben bei der Aufstellung der Bebauungspläne im Hinblick auf das Entwicklungsgebot zu große Bindungen auferlegen, die erst durch ein parallel durchgeführtes Flächennutzungsplan-Änderungsverfahren wieder beseitigt werden können.[3550] Bereits im Flächennutzungsplan können jedoch im Einzelfall Aussagen zum allgemeinen Maß der baulichen Nutzung zweckmäßig sein, etwa um bereits die Grundzüge der Bebauungsdichte darzustellen und entsprechende Vorgaben für die Bebauungspläne zu geben.[3551] Auch können sich in solchen Maßangaben die Grundsätze

---

[3547] OVG Münster NVwZ-RR 2021, 568= juris Rn. 699.

[3548] OVG Lüneburg BauR 2022, 205; BauR 2019, 1279; OVG Münster Urt. v. 1.9.2016 – 10 D 23/15. NE, juris Rn. 70 ff. mwN.

[3549] Petz in König/Roeser/Stock, BauNVO, 2022, § 16 Rn. 9.

[3550] Petz in König/Roeser/Stock, BauNVO, 2022, § 16 Rn. 16.

[3551] In der Vergangenheit wurden von den Gemeinden auch Höhenbegrenzungen im Rahmen einer Konzentrationszonenplanung nach § 35 III 2 BauGB in Flächennutzungsplänen vorgesehen, siehe dazu BVerwGE 146, 40; nach § 4 I 4 WindBG sind allerdings Flächen, die in Plänen ausgewiesen werden, die nach dem 01.02.2023 wirksam geworden sind und Bestimmungen zur Höhe baulicher Anlagen enthalten, auf den Flächenbeitragswert, der erreicht werden muss, nicht mehr anzurechnen.

der Raumordnung konkretisieren. Ob so verfahren wird, ist der eigenverantwortlichen Bauleitplanung der Gemeinde vorbehalten. Rechtliche Zwänge übt die BauNVO insoweit nicht aus. Allerdings gilt auch für eine Darstellung des Nutzungsmaßes das Erfordernis einer städtebaulichen Erforderlichkeit nach § 1 III 1 BauGB.[3552] Die Gemeinde dürfen bei der Darstellung des „allgemeinen" Nutzungsmaßes auch die übrigen, in § 16 II BauNVO genannten Maßbestimmungsfaktoren entsprechend nutzen.[3553]

Konkretere Regelungen zum Maß der baulichen Nutzung sind für den **Bebauungsplan** 1604
vorgesehen. Nach § 16 II BauNVO kann im Bebauungsplan das Maß der baulichen Nutzung bestimmt werden durch die Festsetzung

- der Grundflächenzahl oder der Größe der Grundflächen der baulichen Anlagen,
- der Geschossflächenzahl oder der Größe der Geschossfläche, der Baumassenzahl oder der Baumasse,
- der Zahl der Vollgeschosse,
- der Höhe der baulichen Anlagen.

Die Wahl der Bestimmungsfaktoren ist dabei – soweit die Regelungen eindeutig bestimmt 1605
sind – der Gemeinde überlassen. Allerdings schreibt § 16 III BauNVO für das Maß der baulichen Nutzung im Bebauungsplan **Mindestfestsetzungen** vor. Danach ist bei der Festsetzung des Maßes der baulichen Nutzung festzusetzen

- stets die Grundflächenzahl oder die Größe der Grundfläche der baulichen Anlagen,
- die Zahl der Vollgeschosse oder die Höhe baulicher Anlagen, wenn ohne ihre Festsetzung öffentliche Belange, insbesondere das Orts- und Landschaftsbild, beeinträchtigt werden können.

Bei der Festsetzung des Maßes der baulichen Nutzung darf auf die Festsetzung der Grund- 1606
flächenzahl oder der Größe der Grundfläche der baulichen Anlagen auch dann nicht verzichtet werden, wenn eine Versorgungsfläche ausgewiesen wird.[3554] Für die Festsetzung sollen gem. § 2 I 1 PlanZV die unter Nr. 2 der Anlage zur PlanZV aufgeführten Zeichen verwendet werden, wobei diese Zeichen zumeist in einer sog. Nutzungsschablone zusammengefasst werden. Festsetzungen zum Maß der baulichen Nutzung gehören zu den Festsetzungen, die ein Bebauungsplan nach § 30 I BauGB „mindestens" enthalten muss, um für seinen Geltungsbereich als sog. qualifizierter Bebauungsplan die bauplanungsrechtliche Zulässigkeit von Vorhaben abschließend zu regeln; sie werden zumeist zusammen mit Festsetzungen zur Nutzungsart durch Ausweisung eines bestimmten Baugebiets vorgesehen, können aber auch im Zusammenhang mit anderen Regelungen zur Nutzungsart, wie der Festsetzung einer Fläche für Gemeinbedarf (§ 9 I Nr. 5 BauGB), getroffen werden.[3555] Ebenso ist eine „isolierte" Festsetzung in einem einfachen Bebauungsplan (§ 30 III BauGB) zulässig. Eine Ausnahme gilt für **vorhabenbezogene Bebauungspläne** nach § 12 III 2 BauGB, wonach auch die Maßregelungen der §§ 16 f. BauNVO nicht zwingend angewandt werden müssen; sie können jedoch als Orientierungswerte für eine sachgerechte Abwägung insbesondere zum Belang der gesunden Wohn- und Arbeitsverhältnisse herangezogen werden.[3556] Die Aufzählung der Maßbestimmungsfaktoren in § 16 II BauNVO ist abschließend; die Gemeinden dürfen deshalb nur die dort aufgezählten Kriterien zur Festsetzung des Nutzungsmaßes verwenden. Sie dürfen weder eigene Faktoren hinzuerfinden noch den zur Verfügung stehenden Faktoren durch Zusätze oder andere Modifikationen einen anderen als den in den §§ 18–21 BauNVO festgelegten Inhalt geben.[3557]

Von der Ermächtigung des § 16 II Nr. 1 BauNVO nicht gedeckt ist eine Festsetzung des 1607
Maßes der zulässigen baulichen Nutzung, bei der die Größe der absolut anlagebezogenen zulässigen Grundfläche mit der Bezugsgröße des „Baugrundstücks" als „Bezugsgröße" verbunden und im Textteil ausdrücklich auf dieses bezogen wird.[3558] Die Festsetzung des zulässigen Maßes der baulichen Nutzung in einem Bebauungsplan muss das zulässige **Nutzungsmaß** abschlie-

---

[3552] Petz in König/Roeser/Stock, BauNVO, 2022, § 16 Rn. 10.
[3553] Petz in König/Roeser/Stock, BauNVO, 2022, § 16 Rn. 11.
[3554] VGH München Urt. v. 5.4.2022 – 1 N 20.1594, juris Rn. 28.
[3555] BVerwG NVwZ 2006, 84; Petz in König/Roeser/Stock, BauNVO, 2022, § 16 Rn. 18.
[3556] Jaeger in BeckOK BauNVO, 2023, § 16 Rn. 3; BVerwG NVwZ 2003, 98; aA Franßen NVwZ 2016, 120 f., wonach die Obergrenzen des § 17 BauNVO auch für vorhabenbezogene Bebauungspläne verbindlich sein sollen.
[3557] Petz in König/Roeser/Stock, BauNVO, 2022, § 16 Rn. 22.
[3558] OVG Lüneburg NVwZ-RR 2009, 630.

ßend bestimmen und daher auch Vorgaben für die **Höhenentwicklung** der zugelassenen baulichen Anlagen (Gebäude) enthalten. Die Festsetzung allein einer maximalen Größe der Grundfläche für Gebäude etwa mit 200 qm genügt diesen Anforderungen nicht.[3559] § 16 II Nr. 1 BauNVO erlaubt auch eine grundstücksbezogene Festsetzung, die je Baugrundstück eine bestimmte Größe der Grundflächen der baulichen Anlagen zulässt.[3560] **Festsetzungen zu Verkaufsflächen** sind keine Regelungen zum Maß der baulichen Nutzung, weil sie sich keiner der dafür nach § 16 Abs. 2 BauNVO zulässigen Größen bedienen.[3561]

1608 Das **Maß der baulichen Nutzung** kann nicht nur für Baugebiete iS der BauNVO, sondern auch für Flächen festgesetzt werden, deren Art der baulichen Nutzung auf der Grundlage von § 9 I BauGB bestimmt wird.[3562] Die **Festsetzung** der **Grundflächenzahl (GRZ)** oder alternativ dazu der **Grundfläche (GR)** der baulichen Anlage ist danach bei der Maßfestsetzung unverzichtbar. Ist die Grundflächenzahl oder die Größe der Grundfläche der baulichen Anlagen nicht angeordnet, ist der Bebauungsplan nach Auffassung des BVerwG unwirksam. Bei der Bestimmung des Maßes der baulichen Nutzung darf auf die Festsetzung der Grundflächenzahl oder der Größe der Grundfläche der baulichen Anlagen nach § 16 III Nr. 1 BauNVO auch dann nicht verzichtet werden, wenn die überbaubare Grundstücksfläche gem. § 23 BauNVO festgesetzt wird.[3563] Denn die unterschiedliche Zielsetzung einer Festsetzung nach § 16 III Nr. 1 BauNVO einerseits und einer Festsetzung der überbaubaren Fläche nach § 23 BauNVO andererseits verpflichtet die Gemeinde, die öffentlichen und privaten Belange jeweils unterschiedlich abzuwägen. Aus diesem Grunde kann, mag auch das Ergebnis ähnlich sein, nicht die eine Festsetzungsweise durch die andere ersetzt werden.[3564] Die Größe der Grundfläche iS des § 16 III Nr. 1 BauGB kann allerdings auch durch eine ausdrückliche Bezugnahme auf die festgesetzte überbaubare Grundstücksfläche bestimmt werden.[3565] Die Berechnung der Grundfläche wird in § 19 IV BauNVO geregelt. Sie weicht von den Nutzungsmöglichkeiten ab, die im Falle der Festsetzung einer überbaubaren Fläche bestehen. Während Nebenanlagen nach § 14 BauNVO auf die Berechnung der Grundfläche anzurechnen sind, ist dies – wie § 23 V BauNVO verdeutlicht – bei festgesetzten Baugrenzen oder Baulinien gerade nicht der Fall. Auch die städtebauliche Zielsetzung kann jeweils eine andere sein. Die Festsetzung einer Grundflächenzahl oder der Größe einer Grundfläche regelt nicht, an welcher Stelle des Baugrundstücks die bauliche Nutzung zugelassen werden soll. Maßgebend ist hier in erster Linie der Gesichtspunkt, eine übermäßige Nutzung zugunsten des Bodenschutzes insgesamt zu vermeiden. Hingegen regeln Festsetzungen der Baugrenzen die Art und Weise einer beabsichtigten offenen oder geschlossenen Bauweise. Hierfür sind nicht in erster Linie Erwägungen des Bodenschutzes maßgebend. Diese unterschiedliche Zielsetzung verpflichtet die Gemeinde, die öffentlichen und privaten Belange jeweils unterschiedlich abzuwägen. **Baugrenzen** müssen in einem Bebauungsplan nicht so festgesetzt werden, dass sie dem Grundeigentümer die volle Ausschöpfung der festgesetzten Grundflächenzahl ermöglichen.[3566] Ob eine Baugrenze nachbarschützend ist, hängt vom Willen der Gemeinde als Planungsträger bzw. von ihrer konkreten objektiven Funktion ab. Dabei ist eine nachbarschützende Funktion umso eher anzunehmen, je größer die Wohndichte und je näher der Bezug zur Wohnqualität im Plangebiet ist.[3567] Die Festsetzung der **Zahl der Vollgeschosse** (Z) oder der **Höhe der baulichen Anlagen** (H) ist nach Maßgabe der Prüfungskriterien der BauNVO in die pflichtgemäße Regelungskompetenz der Gemeinde gestellt. Die Zahl der Vollgeschosse oder die Höhe der baulichen Anlagen muss festgesetzt werden, wenn durch die Höhe der geplanten baulichen Anlagen öffentliche Belange negativ berührt sein können und deshalb die Entscheidung über die Verteilung des Nutzungsmaßes hinsichtlich der „Höhenentwicklung" nicht der Zulässigkeitsprüfung des einzelnen Vorhabens überlassen werden kann.[3568]

3559 OVG Lüneburg NVwZ-RR 2009, 630.
3560 BVerwG NVwZ 2012, 1404.
3561 OVG Münster BauR 2022, 1149; BVerwG Urt. v. 25.1.2022 – 4 CN 5.20, juris.
3562 BVerwG NVwZ 2006, 84; OVG Münster BauR 2005, 1753.
3563 BVerwG UPR 1996, 153.
3564 BVerwG NVwZ 2003, 98; VGH München Urt. v. 4.4.2006 – 1 N 04.1661, juris.
3565 OVG Münster BRS 60 (1998) Nr. 36.
3566 BVerwG Beschl. v. 19.12.2007 – 4 BN 53.07, juris.
3567 OVG Bremen Beschl. v. 19.7.2011 – 1 B 128/11, juris; BVerwG NVwZ 1996, 888.
3568 Petz in König/Roeser/Stock, BauNVO, 2022, § 16 Rn. 27; siehe auch OVG Saarlouis BRS 74 Nr. 88; OVG Lüneburg BRS 76 Nr. 49.

Beispiel: Festsetzungen der Zahl der Vollgeschosse oder Höhenbegrenzungen können etwa aus Gründen der Beeinträchtigung des Orts- und Landschaftsbildes erforderlich sein. In Industrie- oder Gewerbegebieten ist dabei die Festsetzung der Zahl der Vollgeschosse häufig nicht angebracht. Stattdessen kann vielfach gerade bei großen Industriebauten, Kühltürmen oder vergleichbaren Anlagen auf die Festsetzung der Höhe der baulichen Anlage nicht verzichtet werden.

Hinweis: Die in § 19 IV 1 BauNVO enthaltene, bodenschutzrechtlich motivierte verbindliche Anrechnungsvorgabe für die dort genannten, neben den Hauptanlagen zusätzlich den Boden versiegelnden Baumaßnahmen insbesondere durch die Errichtung von Nebenanlagen (§ 14 BauNVO) und Garagen ist auf die Festsetzung der Größe der Grundfläche der baulichen Anlagen nach § 16 II Nr. 1 2. Alt. BauNVO ebenfalls anzuwenden. Für einen pauschalen generellen Ausschluss der Anrechnungsbestimmungen des § 19 IV 1 BauNVO gibt es keine gesetzliche Ermächtigungsgrundlage.[3569]

Die Gemeinde muss beim Ausgleich zu erwartender **Eingriffe in Natur und Landschaft** 1609 die im Baugebiet zulässige **Versiegelung** berücksichtigen. Daher sind der nach § 19 I BauNVO zulässigen Grundfläche auch die Überschreitungen nach § 19 IV 2 BauNVO hinzuzurechnen.[3570]

Ob eine Überschreitung der Obergrenzen des § 17 I BauNVO für das Maß der baulichen 1610 Nutzung städtebaulich erforderlich iS des § 17 III BauNVO ist, beurteilt sich nach dem mit der jeweiligen Planung verfolgten städtebaulichen Konzept und danach, ob eine vom städtebaulichen Standard abweichende städtebauliche Aufgabe zu lösen ist **(städtebauliche Ausnahmesituation)**. Der Zweck, in einem innerstädtischen und durch den öffentlichen Personennahverkehr gut erschlossenen Gewerbe- und Industriegebiet unter Ergänzung und Erneuerung der vorhandenen Infrastruktur und Bebauung für vorhandene Betriebe mit vielen Arbeitsplätzen Entwicklungsmöglichkeiten zu sichern und Ansiedlungsmöglichkeiten für neue Betriebe zu schaffen, reicht zur Begründung der städtebaulichen Erforderlichkeit einer Überschreitung der Obergrenzen für das Maß der baulichen Nutzung (§ 17 III BauNVO) im Bebauungsplan aus. Die Gemeinde darf durch ihre Bauleitplanung die bauliche Nutzbarkeit von Grundstücken ändern und dabei auch die privaten Nutzungsmöglichkeiten einschränken oder gar aufheben. Die privaten Eigentümerinteressen müssen allerdings in der nach § 1 VI BauGB gebotenen Abwägung als wichtige Belange berücksichtigt werden.[3571]

Hinweis: Soweit die Landesbauordnung bei der Bestimmung des **Vollgeschosses** auf eine bestimmte lichte Höhe von Räumen abstellt, ist grundsätzlich das Maß zwischen der Oberkante des fertigen Fußbodens und der Unterkante der fertigen Decke maßgebend. Dies gilt nicht, wenn eine Reduzierung der Raumhöhe durch Veränderung der Decke mittels Verkleidens oder Abhängens weder technisch bedingt noch durch eine zweckmäßige Gestaltung oder die beabsichtigte Nutzung nahegelegt wird, sondern erkennbar allein in der Absicht gewählt wird, durch eine derartige Gestaltung die Vollgeschosszahl zu manipulieren.[3572]

Die **Festsetzung** von **Höchstwerten** kann mit der Festsetzung von **Mindestwerten** verbunden werden. 1611 Nach § 16 IV 1 BauNVO kann bei der Festsetzung des Höchstmaßes für die Geschossflächenzahl oder die Größe der Geschossfläche, für die Zahl der Vollgeschosse und die Höhe baulicher Anlagen im Bebauungsplan zugleich ein Mindestmaß festgesetzt werden. Die Zahl der Vollgeschosse und die Höhe baulicher Anlagen können auch als zwingend festgesetzt werden (§ 16 IV 2 BauNVO). Die Gemeinde hat durch diese Maßfestsetzungsmöglichkeiten einen Spielraum, den sie je nach ihren Planungsvorstellungen und den örtlichen Gegebenheiten nutzen kann. Es obliegt dabei der gemeindlichen Entscheidungsfreiheit, ob sie etwa die Zahl der Vollgeschosse zwingend festschreibt, um dadurch einen einheitlichen Charakter eines Baugebietes sicherzustellen, oder ob sie den vielfach unterschiedlichen Bauwünschen der Eigentümer mehr Raum lässt. Dabei kann im Interesse eines einheitlichen Innenstadtbildes oder eines einheitlichen Charakters einer Neubausiedlung die zwingende Festsetzung der Geschosszahlen sinnvoll sein, während in anderen Baugebieten durch eine stärkere Rahmen-

---

3569 OVG Lüneburg NVwZ-RR 2009, 630.

3570 OVG Lüneburg BauR 2004, 716.

3571 BVerwG NVwZ 2001, 560 mit Anm. Uechtritz. Zu Höchstmaßen nach § 16 BauNVO OVG Münster Urt. v. 4.11.2002 – 7a D 35/00.NE, juris.

3572 OVG Greifswald LKV 2008, 421.

bildung eine größere Vielfalt der städtebaulichen Gestaltung erreicht wird. Je weitreichendere Vorgaben die Gemeinde für das Maß der baulichen Nutzung festsetzt, umso mehr muss sich die Regelung vor der Eigentumsgarantie in Art. 14 GG legitimieren, weil zwingende Maßfestsetzungen die Eigentumsbefugnisse beeinträchtigen und – wegen der finanziellen Auswirkungen – eine besondere Härte darstellen können. Umstritten ist, ob Mindestmaße und zwingende Maße auch im Flächennutzungsplan dargestellt werden können. Dagegen wird eingewandt, dass der Wortlaut des § 16 IV BauNVO nur die Festsetzung, nicht aber die Darstellung des Nutzungsmaßes vorsieht.[3573]

1612 Planerische Gestaltungsbefugnisse werden den Gemeinden auch durch die Möglichkeiten des § 16 V BauNVO eingeräumt, im Bebauungsplan das **Maß** der **baulichen Nutzung** für Teile des Baugebietes, für einzelne Grundstücke oder Grundstücksteile und für Teile baulicher Anlagen **unterschiedlich festzusetzen**. Die Festsetzungen können dabei oberhalb und unterhalb der Geländeoberfläche getroffen werden. Auch durch die Festsetzung von **Ausnahmen** in § 16 VI BauNVO haben die Gemeinden einen weitreichenden Gestaltungsspielraum, die Maßfestsetzungen den örtlichen Gegebenheiten anzupassen und ihre Planungsvorstellungen umzusetzen. Die Festsetzungen zur **Gebäudehöhe** sind nicht hinreichend bestimmt, wenn die natürliche Geländeoberfläche als unterer Bezugspunkt nach § 18 I BauNVO in einem natürlichen Gelände mit erheblichen Höhenunterschieden von mehr als einem Meter unzureichend ist.[3574]

1613 Im **nicht beplanten Innenbereich** kann zwar auch ganz allgemein auf die Begriffsmerkmale des Maßes der baulichen Nutzung der BauNVO zurückgegriffen werden. Bedeutsam für das Einfügen nach dem Maß der baulichen Nutzung sind jedoch solche Maße, die nach außen wahrnehmbar in Erscheinung treten und anhand derer sich die vorhandenen Gebäude in der näheren Umgebung leicht in Beziehung zueinander setzen lassen.[3575] Ihre absolute Größe nach Grundfläche, Geschosszahl und Höhe, bei offener Bebauung zusätzlich auch ihr Verhältnis zur Freifläche, prägen das Bild der maßgeblichen Umgebung und sind deshalb vorrangig als Bezugsgrößen zur Ermittlung des Maßes der baulichen Nutzung heranzuziehen.[3576] Das bedeutet allerdings nicht, dass die Grundflächen- oder Geschossflächenzahl für das Einfügen nach dem Maß der baulichen Nutzung iSv § 34 I 1 BauGB stets von vornherein keine Rolle spielt. Ihre zumindest unterstützende Heranziehung soll aber von der jeweiligen konkreten Situation abhängen.[3577] Das bedeutet aber nicht, dass die Maßbestimmungsfaktoren des § 16 II BauNVO – unterschiedslos und mit allen Berechnungsregeln der BauNVO – wie Festsetzungen eines Bebauungsplans rechtssatzartig heranzuziehen wären. Die Vorschriften der BauNVO können – von den Sonderregelungen des § 34 II und III BauGB abgesehen – im unbeplanten Innenbereich lediglich als Auslegungshilfe berücksichtigt werden.[3578] Maßgeblich bleibt vielmehr die konkrete Betrachtung. Im nicht beplanten Innenbereich prägt die Umgebung in erster Linie durch das nach außen erkennbare Erscheinungsbild, das sich deshalb vorrangig als Bezugsgröße zur Ermittlung des zulässigen Maßes der baulichen Nutzung im Innenbereich anbietet. Damit treten die absolute Größe nach Grundfläche, Geschosszahl und Höhe der umgebenden Gebäude als Bestimmungsfaktoren für das Maß der baulichen Nutzung in den Vordergrund. Hierdurch ist eine Berücksichtigung anderer Maßfaktoren nicht ausgeschlossen. Soweit sie eine prägende Wirkung auf das Baugrundstück haben, sind auch sie zur Beurteilung der Frage, ob sich das Vorhaben einfügt, heranzuziehen.

1614 Die relativen Maßstäbe der Grundflächen- und Geschossflächenzahl werden allerdings vielfach nur eine untergeordnete Bedeutung haben. So wird sich der Ausbau eines bereits vorhandenen **Dachgeschosses** zu Wohnzwecken ohne größere von außen erkennbare bauliche Umgestaltung in die Eigenart der näheren Umgebung einfügen, weil das Gebäude in seinen Ausmaßen unverändert bleibt. Zwar ist die mit einem Dachgeschossausbau verbundene Nutzungsänderung nach denselben Kriterien wie ein Neubauvorhaben zu beurteilen.[3579] Regelmäßig wird aber der Rahmen der maßgeblichen Bebauung im Hinblick auf das Nutzungsmaß auch

---

3573 Petz in König/Roeser/Stock, BauNVO, 2022, § 16 Rn. 13; aA Söfker in EZBK, 2016, § 16 Rn. 23, der zumindest die Darstellung von Unter- und Obergrenzen für zulässig hält.

3574 BVerwG Beschl. v. 23.8.2017 – 4 BN 14.17, juris; OVG Münster BauR 2017, 842.

3575 VGH München Urt. v. 22.5.2023 – 1 N 17.817, juris Rn. 23.

3576 VGH München Urt. v. 22.5.2023 – 1 N 17.817, juris Rn. 23; BVerwGE 157, 1.

3577 VGH München Urt. v. 22.5.2023 – 1 N 17.817, juris Rn. 23; BVerwG NVwZ 2014, 1246; BVerwGE 95, 277.

3578 BVerwGE 32, 31; BVerwGE 32, 173.

3579 BVerwGE 47, 185.

durch das bereits vorhandene Dachgeschoss bestimmt. Denn Dachgeschosse, die sich von ihren baulichen Ausmaßen her zum Ausbau für Wohnzwecke eignen, bieten sich nach der Verkehrsauffassung als mögliche Erweiterungsfläche für die in dem Gebäude ausgeübte Nutzung an. Als Möglichkeit ist die Nutzung entsprechend dimensionierter Dachgeschosse, für die es nur innerer Ausbaumaßnahmen bedarf, in der Eigenart einer durch Gebäude mit vorhandenen Dachgeschossen geprägten näheren Umgebung von vornherein angelegt.[3580] Bei einem Dachgeschossausbau ist es daher für das Einfügen nach dem Maß der baulichen Nutzung grundsätzlich unerheblich, ob der Ausbau nach landesrechtlichen Berechnungsregeln zu einem weiteren Vollgeschoss führt, ohne dass dies als solches von außen wahrnehmbar ist.[3581] Insoweit gilt auch für das Einfügen im Hinblick auf die Anzahl der Vollgeschosse, dass es auf die von außen wahrnehmbare Erscheinung des Gebäudes im Verhältnis zu seiner Umgebungsbebauung und nicht auf das Ergebnis komplizierter Berechnungen ankommt. Entscheidend ist allein, ob sich das Gebäude als solches, insbesondere nach seiner Grundfläche, Geschosszahl und Höhe, in die Eigenart der näheren Umgebung einfügt.[3582] So wird sich in aller Regel ein **Dachgeschossausbau** in eine Umgebung, die durch Häuser mit ausgebautem Dachgeschoss geprägt ist, auch dann nach dem Maß seiner baulichen Nutzung einfügen, wenn die vorhandenen Dachgeschosse (geringfügig) unter der Grenze für ein Vollgeschoss liegen, das hinzukommende Dachgeschoss diese Grenze jedoch (geringfügig) überschreitet. Der aus der vorhandenen Bebauung zu gewinnende Maßstab ist notwendig grob und ungenau und kann exakte Festsetzungen eines Bebauungsplans nicht ersetzen.[3583] Ein Wohnbauvorhaben fügt sich in eine durch gewerbliche Nutzung mit Lärmbelästigung und Wohnnutzung geprägte Umgebung ein, wenn es nicht stärkeren – iS eines „Mittelwertes" zumutbaren – Belastungen ausgesetzt sein wird als die bereits vorhandene Wohnbebauung.[3584] Der Mittelwert ist der Sache nach aber nicht das arithmetische Mittel zweier Richtwerte und darf nicht mit einer bloßen rechnerischen Interpolation verwechselt werden; vielmehr handelt es sich um einen „Zwischenwert" für die Bestimmung der Zumutbarkeit.[3585]

Die BauNVO unterscheidet zwischen der Art und dem Maß der baulichen Nutzung. Differenzierungen hinsichtlich der Art der baulichen Nutzung können nach § 1 IV–X BauNVO vorgenommen werden. Es muss sich dann allerdings jeweils um eine Artdifferenzierung handeln, wobei die Gemeinde **kein Typenerfindungsrecht** hat. Differenzierungen hinsichtlich des Maßes der baulichen Nutzung sind nach § 16 BauNVO möglich, wobei vom Grundsatz her die Höchstwerte des § 17 BauNVO zu beachten sind. Das bedeutet zugleich, dass der Ortsgesetzgeber im Rahmen seines planerischen Ermessens aus städtebaulichen Gründen auch niedrigere Ausnutzungszahlen festsetzen darf. Die Differenzierungsmöglichkeiten nach § 1 V–IX BauNVO hinsichtlich der Art der baulichen Nutzung und der Festsetzungen zum Maß der baulichen Nutzung nach § 16 BauNVO schließen sich gegenseitig nicht aus. Bei der Festsetzung des Maßes der baulichen Nutzung ist die Gemeinde sogar in gewisser Hinsicht freier als bei der Differenzierung nach der Art der baulichen Nutzung. Während Artdifferenzierungen nach § 1 V–IX BauNVO dem Typenzwang unterliegen und der Ortsgesetzgeber durch die Regelungen über die Baugebiete der BauNVO sozusagen auf bestimmte Gebietstypen und Modelle festgelegt wird, ist die Gemeinde bei Einsatz des in § 16 BauNVO aufgeführten Instrumentariums frei darin, in welchem Umfang sie Maßfestsetzungen in einen Bebauungsplan aufnimmt. Die Gemeinde ist hier auch im Gegensatz zu den Festsetzungsmöglichkeiten in § 1 BauNVO nicht auf bestimmte, von der BauNVO vorgegebene Gebietstypen festgelegt.[3586] So schließt die Möglichkeit, durch Regelungen über die höchstzulässige Verkaufsfläche großflächiger Einzelhandelsbetriebe die Art der baulichen Nutzung in einem Sondergebiet näher zu bestimmen,[3587] die Festsetzung des Maßes der baulichen Nutzung mit Hilfe der hierfür in § 16 II BauNVO zugelassenen Parameter nicht aus. Auf der anderen Seite ließe sich eine Verringerung der Geschoss- und Grundflächenzahl auf der Grundlage des § 1 IX BauNVO nicht erreichen, weil die Regelungen des § 1 V ff. BauGB nach Wortlaut und 1615

[3580] BVerwG NVwZ 1994, 294; NVwZ 1994, 1006.; auch die Zahl der Wohneinheiten ist kein Bestimmungsmerkmal des Sicheinfügens, so VG München Urt. v. 28.4.1998 – M 1 K 97.2995, juris.

[3581] BVerwG BauR 1996, 826; VGH Kassel ZfBR1998, 324.

[3582] BVerwG NVwZ-RR 1997, 519.

[3583] BVerwG BauR 1996, 826.

[3584] BVerwG NVwZ-RR 1998, 357.

[3585] BVerwG BRS 85 Nr. 136.

[3586] BVerwG Beschl. v. 3.5.1993 – 4 NB 13.93, juris.

[3587] BVerwG DVBl. 1990, 1108.

Sinn als Unterscheidungsmittel hinsichtlich des Maßes der baulichen Nutzung nicht bestimmt und geeignet sind.[3588]

1616 Bisherige Obergrenzen des § 17 BauNVO wurden durch das **Baulandmobilisierungsgesetz** 2021 zu Orientierungswerten. Im Interesse der Flexibilisierung der Festsetzungen zum Maß der baulichen Nutzung wurde durch die BauGB-Novelle 2021 eine Änderung der BauNVO vorgenommen worden. Die bisher geltenden Maßobergrenzen nach § 17 BauNVO wurden zu Orientierungswerte umgestaltet.[3589] Dadurch sollen Nachverdichtungen erleichtert und flexibel planerisch umgesetzt werden können, soweit dies städtebaulich erforderlich ist. Hierdurch sollen insbesondere die Festsetzungsmöglichkeiten zur Erleichterung von Dachaufstockungen und -ausbauten sowie zur Flexibilisierung bei den Abstandsflächen erweitert werden. Allerdings müssen städtebauliche Grundsätze gewahrt werden, wie das BVerwG zum vorhabenbezogenen Bebauungsplan nach § 12 BauGB bereits entschieden hat.[3590] Diese Änderung soll ebenfalls der Mobilisierung von Bauland dienen, weil dadurch etwa Nachverdichtungen erleichtert und flexibel planerisch umgesetzt werden können, soweit dies städtebaulich erforderlich ist. Hierdurch sollen insbesondere die Festsetzungsmöglichkeiten zur Erleichterung von Dachaufstockungen und -ausbauten sowie zur Flexibilisierung bei den Abstandsflächen erweitert werden. Die Neuregelungen gelten allerdings nicht für **Bebauungspläne**, die auf der Grundlage der bisherigen Fassung der BauNVO aufgestellt worden sind. Insofern sind durch die Neuregelung im Baulandmobilisierungsgesetz 2021 für den Bereich der Bebauungspläne zwei verschiedene Rechtsregime geschaffen worden. Für die übrigen Bereiche der planungsrechtlichen Zulässigkeit von Vorhaben im Innen- und Außenbereich (§§ 34, 35 BauGB) sind demgegenüber die Neuregelungen unmittelbar anzuwenden.

1617 Für **Bebauungspläne**, die auf der Grundlage des § 17 BauNVO 1990 aufgestellt worden sind, gilt: Mit diesen Regelungen enthielt § 17 BauNVO einen für die **gemeindliche Planung** verbindlichen Rahmen, der bei der Bauleitplanung einzuhalten war. Zudem konnten nach § 17 III BauNVO in bestimmten Gebieten die Obergrenzen überschritten werden, wenn städtebauliche Gründe dies erfordern und sonstige öffentliche Belange nicht entgegenstehen. Dabei können sich die städtebaulichen Gründe auch aus der in informellen Planungen konkretisierten Konzeption der Gemeinde für ihre städtebauliche Entwicklung und Ordnung ergeben. Bisher setzte die Überschreitung der Obergrenzen eine **städtebauliche Ausnahmesituation** voraus,[3591] was nach der Neuregelung durch das BauGB 2021 nicht mehr erforderlich ist. Satzungen über einen **Vorhaben- und Erschließungsplan** sind allerdings nicht unmittelbar und strikt an die Vorschriften der BauNVO gebunden. Die BauNVO besitzt lediglich eine **Leitlinien- und Orientierungsfunktion** bei der Konkretisierung der Anforderungen an eine geordnete städtebauliche Entwicklung, denen Vorhaben- und Erschließungspläne unterliegen. Eine Überschreitung der in § 17 I BauNVO festgelegten Obergrenzen der Grundflächenzahl führt daher nicht schematisch und zwangsläufig zu einer Beeinträchtigung der allgemeinen Anforderungen an gesunde Wohn- und Arbeitsverhältnisse.[3592] Die Obergrenzen des § 17 BauNVO knüpfen nur an die relativen Festsetzungsalternativen des § 16 BauNVO an, richten sich ausschließlich an die planende Gemeinde und gelten daher nicht für den **Bauherrn** im Baugenehmigungsverfahren.[3593]

Hinweis: Es kann einen Ermittlungsfehler darstellen, wenn der Gemeinderat nicht erkennt dass die mittelbar (unter Berechnung nach der GRZ und der Gebäudehöhe) festgesetzte GFZ die Obergrenze von 1,2 nach § 17 I BauNVO für Wohn- und Mischgebiete nicht unerheblich überschreitet, und er sich demgemäß nicht mit der Frage auseinandersetzt, ob die Voraussetzungen einer Ausnahme nach § 17 II BauNVO vorliegen und ob er bejahendenfalls von dieser Ausnahmemöglichkeit Gebrauch machen will.[3594]

1618 **b) Grundflächenzahl.** Sie ist in § 19 I BauNVO definiert und sie gibt an, wie viel m² Grundfläche je m² Grundstücksfläche iS des § 19 III BauNVO zulässig ist. **Zulässige Grundfläche** ist gem. § 19 II BauNVO der nach § 19 I BauNVO errechnete Anteil des Baugrund-

3588 BVerwG Beschl. v. 3.5.1993 – 4 NB 13.93, juris.
3589 Dazu Petz in König/Roeser/Stock, BauNVO, 2022, § 16 Rn. 12a.
3590 BVerwGE 116, 296.
3591 BVerwG DVBl. 2000, 800.
3592 BVerwG NVwZ 2003, 98.
3593 OVG Lüneburg NVwZ-RR 2009, 630.
3594 VGH Mannheim Urt. v. 19.10.2011 – 3 S 942/10, juris.

stücks, der von baulichen Anlagen überdeckt werden darf. Für die Ermittlung der zulässigen Grundfläche ist die Fläche des Baugrundstücks maßgebend, die im Bauland und hinter der im Bebauungsplan festgesetzten Straßenbegrenzungslinie liegt. § 19 II BauNVO erfasst für die Errechnung der zulässigen Grundfläche die „**Hauptanlagen**"; § 19 IV BauNVO hingegen „**Nebenanlagen**" im weiteren Sinne.[3595] Soweit bauliche Anlagen Bestandteil der von § 19 II BauNVO erfassten „Hauptanlagen" sind, sind sie unter § 19 II BauNVO zu berücksichtigen. Nebenanlagensind hingegen nur Anlagen, die nicht Bestandteil des (Haupt-)Gebäudes sind. Zu den Wesensmerkmalen einer untergeordneten Nebenanlage gehört, dass die Anlage sowohl in ihrer Funktion als auch räumlich-gegenständlich dem primären Nutzungszweck der in dem Baugebiet gelegenen Grundstücke oder des Baugebiets selbst sowie der diesem Nutzungszweck entsprechenden Bebauung dienend zu- und untergeordnet ist.[3596]

Ist eine **Straßenbegrenzungslinie** nicht festgesetzt, so ist die Fläche des Baugrundstücks 1619
maßgebend, die hinter der tatsächlichen Straßengrenze liegt oder die im Bebauungsplan als maßgebend für die Ermittlung der zulässigen Grundfläche festgesetzt ist (§ 19 III BauNVO).

Beispiel: Die Gemeinde ändert den Bebauungsplan dahin, dass ein Teil des bisherigen Baugrundstücks gem. § 9 I Nr. 15 BauGB als private Grünfläche[3597] festgesetzt wird. Ist die Änderung wirksam, rechnet die festgesetzte private Grünfläche bei der Ermittlung der zulässigen Grundfläche nicht mehr mit. Das Baugrundstück ist daher bei gleicher Grundflächenzahl und Größe nur noch in einem geringeren Umfang bebaubar. Die Planänderung bedarf daher der besonderen Begründung und Interessenabwägung.

§ 19 IV BauNVO enthält aus Gründen des Umweltschutzes eine sog. **Versiegelungsklausel**. 1620
Sie besagt, dass bei der Ermittlung der Grundfläche die Grundflächen von Garagen und Stellplätzen mit ihren Zufahrten, Nebenanlagen iS des § 14 BauNVO sowie bauliche Anlagen unterhalb der Geländeoberfläche, durch die das Baugrundstück lediglich unterbaut wird, mitzurechnen sind. Hierdurch soll erreicht werden, dass die Versiegelung des Bodens bei der Ermittlung der Grundflächenzahl berücksichtigt wird. § 19 IV 2 bis 4 BauNVO enthält dazu eine allerdings recht komplizierte Anrechnungs- und Überschreitungsregelung: Die zulässige Grundfläche darf danach durch die Grundflächen der vorgenannten Anlagen bis zu 50 % überschritten werden, höchstens jedoch bis zu einer Grundflächenzahl von 0,8. Weitere Überschreitungen in geringfügigem Ausmaß können zugelassen werden. Im Bebauungsplan können abweichende Bestimmungen getroffen werden. Die Vorschrift schließt mit einer Einzelfallregelung, nach der, soweit der Bebauungsplan nichts anderes festsetzt, von der Einhaltung der sich aus § 19 IV 2 BauNVO ergebenden Grenzen (1) bei Überschreitungen mit geringfügigen Auswirkungen auf die natürliche Funktion des Bodens oder (2) wenn die Einhaltung der Grenzen zu einer wesentlichen Erschwerung der zweckentsprechenden Grundstücksnutzung führen würde, abgesehen werden kann. § 19 IV 1 Nr. 1 BauNVO stellt klar, dass alle Zufahrten und Rangierflächen, welche zur Benutzung von Abstellplätzen erforderlich sind, bei der Bemessung der versiegelten Grundfläche mitgezählt werden müssen. Ist nahezu eine Vollversiegelung gegeben, ist das auch mit § 19 IV Sätze 2 ff. BauNVO nicht zu rechtfertigen. Die planungsrechtliche Zulässigkeit einer baulichen Anlage beurteilt sich nur dann nach Maßgabe derjenigen Vorschriften, die für den Hauptbetrieb gelten, wenn die Anlage räumlich und funktional in den Betriebsprozess eingegliedert und damit Teil des Gesamtbetriebes ist.[3598] Die Versiegelungsklausel erfasst damit alle baulichen Anlagen, soweit sie nicht bereits Hauptanlagen sind, wie Balkone, Loggien, Terrassen, aber auch Garagen und deren Zuwegungen. Durch diese Nebenanlagen darf die zulässige Grundfläche bis zu 50 %, höchstens jedoch bis zu einer Kappungsgrenze einer Grundflächenzahl von 0,8 überschritten werden. Neben einer Bagatellklausel kann die Gemeinde im Bebauungsplan für Sonderfälle eine abweichende Regelung festsetzen. Zudem besteht für die Baugenehmigungsbehörde eine Ermessensklausel, um Härtefälle zu vermeiden. Soweit der Bebauungsplan nichts anderes festsetzt, kann im Einzelfall gem. § 19 IV 4 BauNVO von der Einhaltung der sich aus Satz 2 ergebenden Grenzen abgesehen werden bei Überschreitungen mit geringfügigen Auswirkungen auf die natürlichen

---

[3595] VG Hannover Urt. v. 26.11.2019 – 4 A 12592/17, juris Rn. 36.

[3596] VG Hannover Urt. v. 26.11.2019 – 4 A 12592/17, juris Rn. 36; BVerwG Urt. v. 14.12. 2017 – 4 C 9/16, juris Rn. 9, juris.

[3597] Zur Festsetzung einer privaten und öffentlichen Grünfläche OVG Münster NVwZ 1999, 561.

[3598] OVG Lüneburg BauR 2005, 1967 – Nicht mehr gegeben für einen LKW-Abstellplatz, der einem Sand- und Kiesabbau in einer Entfernung von mehreren km dient.

Funktionen des Bodens oder wenn die Einhaltung der Grenzen zu einer wesentlichen Erschwerung der zweckentsprechenden Grundstücksnutzung führen würde. Die nach § 19 IV 4 Nr. 1 BauNVO erforderliche geringe Auswirkung auf die natürlichen Funktionen des Bodens kann gegeben sein, wenn die baulichen Anlagen den Boden nicht oder nur unwesentlich versiegeln.[3599]

1621 **c) Geschossflächenzahl.** Die Berechnung der Geschossfläche ist in § 20 BauNVO (Vollgeschosse, Geschossflächenzahl, zulässige Geschosse) geregelt. Nach § 20 I BauNVO gelten als **Vollgeschosse** Geschosse, die nach landesrechtlichen Vorschriften Vollgeschosse sind oder auf ihre Zahl angerechnet werden.[3600] Umstritten ist, ob jeweils die landesrechtliche Begriffsbestimmung, die zum Zeitpunkt der Beurteilung des Vorhabens oder die Definition zum Zeitpunkt des Inkrafttretens des Bebauungsplans gilt.[3601] Der Begriff des Vollgeschosses ist für den Maßbestimmungsfaktor Zahl der Vollgeschosse (Z) gemäß § 16 II Nr. 3 BauGB, für die Ermittlung der Geschossfläche nach § 20 III 1 BauNVO und der Baumasse nach § 21 II BauNVO relevant. Nach § 21a I BauNVO werden **Garagengeschosse** nicht auf die Zahl der Vollgeschosse angerechnet. Ein Geschoss wird als Teil eines Gebäudes von den in einer Ebene liegenden und in der Regel horizontal miteinander verbundenen Räumen und deren Decken gebildet. Eine bestimmte Art der Gebäudekonstruktion ist nicht erforderlich, um von einem Geschoss sprechen zu können. Bauliche Anlagen, die keine Gebäude sind, haben aber keine Geschosse.[3602] Die Einordnung als Vollgeschoss setzt voraus, dass das Geschoss entweder vollständig oder zumindest in einem bestimmten Umfang über der Geländeoberfläche liegt. Das erforderliche Maß wird in den Bauordnungen unterschiedlich bestimmt. Nach oben muss ein Geschoss zumindest teilweise durch eine Decke oder das Dach des Gebäudes abgeschlossen sein. Ein Geschoss muss außerdem über einem bestimmten Anteil seiner Grundfläche eine bestimmte Mindesthöhe einhalten, um als Vollgeschoss gelten zu können, wobei für die Ermittlung der Grundfläche auf die Außenmaße abzustellen ist. Der Flächenanteil, über dem die Mindesthöhe eingehalten sein muss, ist im Landesrecht unterschiedlich geregelt.[3603]

1622 Ein **Dachgeschoss** ist nur dann ein Vollgeschoss, wenn es nach Maßgabe des jeweiligen Landesrechts[3604] die für die Aufenthaltsräume notwendige Höhe von 2,30 m (§ 46 IV Musterbauordnung – MBO) über mehr als 2/3 (NW 3/4) seiner Grundfläche aufweist.[3605] Die maßgebende Fußbodengrundfläche bemisst sich dabei im Allgemeinen nach den Außenmaßen der Gebäudeumfassungswände. Die maßgebende Fläche in Höhe von 2,30 m über der Fußbodenoberkante wird durch die Schnittkante einer gedachten Ebene mit der Oberkante der Dachhaut ermittelt. Liegt diese Verhältniszahl unter 2/3 bzw.3/4 (NW), so handelt es sich bei dem Dachgeschoss nicht um ein Vollgeschoss. Das Dachgeschoss wird erst zum Vollgeschoss, wenn diese Verhältniszahl überschritten wird. Der Plangeber kann auf der Grundlage des § 9 I Nr. 1 BauGB nicht festsetzen, dass ein weiteres **Vollgeschoss** im Dachgeschoss liegen muss. Die Festsetzung über die Zahl der Vollgeschosse „+ 1 DG", dh „Zahl der Vollgeschosse sowie ein Vollgeschoss im Dachraum als Höchstgrenze", ist ebenso wie die Festsetzung „+ 1 HG", dh „Zahl der Vollgeschosse sowie ein Vollgeschoss als Hanggeschoss als Höchstgrenze", mangels

---

3599 OVG Schleswig Beschl. v. 26.1.2023 – 1 LA 103/19, juris Rn. 11.

3600 Zur Berechnung der Zahl der Vollgeschosse bei versetzten Ebenen innerhalb eines Gebäudes OVG Münster BauR 1992, 60.

3601 Für die Maßgeblichkeit des Zeitpunkts der Beurteilung Petz in König/Roeser/Stock, BauNVO, 2022, § 20 Rn. 7; VGH Kassel BRS 42 Nr. 113; VG Ansbach Urt. v. 7.12.2011 – AN 18 K 10.02567, BeckRS 2012, 46742; Uechtritz BauR 1986, 172; aA OVG Münster Beschl. v. 3.5.2018 – 10 A 2937/15, juris Rn. 25: „statische und keine dynamische Verweisung auf Bauordnungsrecht; maßgebend ist grundsätzlich die Rechtslage, die dem Satzungsbeschluss, gegebenenfalls seiner Bekanntmachung zugrunde liegt."; OVG Koblenz BauR 2021, 665; VGH Mannheim NVwZ-RR 1999, 558; OVG Berlin DVBl. 1989, 1065; OVG Saarlouis BRS 46 Nr. 100; ausführlich dazu Fickert/Fieseler, BauNVO, 2023, § 20 Rn. 3 ff.; siehe auch Gronemeyer BauR 2021, 780;

3602 Petz in König/Roeser/Stock, BauNVO, 2022, § 20 Rn. 10.

3603 Petz in König/Roeser/Stock, BauNVO, 2022, § 20 Rn. 16.

3604 Der VGH Mannheim hält die in § 20 BauNVO für die Bestimmung eines Vollgeschosses enthaltene Verweisung für „statisch" mit der Folge, dass auf den im Zeitpunkt seiner Inkraftsetzung geltenden Vollgeschossbegriff nach Landesrecht abzustellen ist. VGH Mannheim NVwZ-RR 1999, 538.

3605 Laumann Grundeigentum 1991, 761. Bei der Berechnung der Geschossflächenzahl gem. § 20 II BauNVO in Dachgeschossen ist die Zweite Berechnungsverordnung entsprechend anzuwenden, so VGH Kassel UPR 1999, 117.

Ermächtigungsgrundlage ungültig.[3606] Ermächtigungsgrundlage für eine solche Festsetzung könnte nur § 9 I Nr. 1 i.V. mit § 16 BauNVO sein. Gem. § 16 II Nr. 3 BauNVO wird das Maß der baulichen Nutzung ua durch die Zahl der Vollgeschosse bestimmt. Eine Aussage darüber, wo und wie diese Vollgeschosse anzuordnen sind – etwa als Kellergeschoss oder ganz oder teilweise im Dachraum –, enthält die BauNVO nicht. Bei einem ausgebauten Dachgeschoss in einem **Einfamilienhaus** kommt es nicht allein darauf an, welche lichte Höhe für Aufenthaltsräume im Dachgeschoss baurechtlich noch zulässig wäre und hätte errichtet werden können (zB 2,30 m oder 2,00 m oder 1,90 m), sondern Ausgangspunkt ist die Frage, welche lichte Höhe die als Aufenthaltsraum genutzten oder nutzbaren Räumlichkeiten im Dachgeschoss tatsächlich aufweisen und ob diese konkrete Höhe über zwei Drittel der Grundfläche des Dachgeschosses vorhanden ist.[3607]

Die Festsetzung **„ID"**, wonach das **zweite Vollgeschoss** nur im Dachgeschoss errichtet werden darf, ist allerdings, wenn sie lediglich gestalterische Bedeutung hat, nach Maßgabe des Landesrechts zulässig.[3608] Nach § 16 II Nr. 4 BauNVO kann die Höhe der baulichen Anlage festgesetzt werden. Diese Festsetzung kann auch nach § 16 IV BauNVO zwingend erfolgen. Wenn daher auch der Dachraum eines Gebäudes mit geneigtem Dach die Größe eines Vollgeschosses haben soll, ist diese Gewährung nur durch Festsetzung einer um ein Geschoss erhöhten Zahl der Vollgeschosse bei gleichzeitiger Festsetzung der maximalen Gebäudehöhe (Trauf- und Firsthöhe) möglich. Voraussetzung für diese Regelung ist allerdings, dass durch örtliche Bauvorschrift über die Gestaltung die Errichtung eines Gebäudes mit geneigtem Dach[3609] vorgeschrieben wird. Die Wahl der festzusetzenden Gebäudehöhen soll sicherstellen, dass das weitere Vollgeschoss eben nur im Dachraum des geneigten Daches errichtet werden kann. Die mangels Ermächtigungsgrundlage rechtswidrige Festsetzung über die Zahl der Vollgeschosse kann zur Gesamtunwirksamkeit des Bebauungsplans führen.[3610] Ob der Fehler zu einer Gesamtunwirksamkeit des Plans führt oder er sich nur auf den fehlerhaften Teil der Festsetzungen bezieht, hängt davon ab, ob das städtebauliche Konzept bei Wegfall der Festsetzung noch eine eigenständige, davon unabhängige Bedeutung entfalten kann und die teilweise Fortgeltung des Plans dem im Planverfahren zum Ausdruck gekommenen Willen der Gemeinde entspricht.[3611] Auch die Festsetzung einer Dachgeschossnutzung dürfte als Vollgeschoss als Ausnahme nach § 31 I BauGB unzulässig sein, da es hierfür an einer Rechtsgrundlage fehlt. Es sollte daher bei der Festsetzung von Ausnahmen nach § 31 I BauGB durch Festsetzung der Gebäudehöhen entsprechend verfahren werden. 1623

Nach § 16 II Nr. 2 BauNVO kann im Bebauungsplan das Maß der baulichen Nutzung unter anderem durch Festsetzung der Geschossflächenzahl bestimmt werden. Die **Geschossflächenzahl** gibt nach § 20 II BauNVO an, wieviel m² Geschossfläche je m² Grundstücksfläche iS des § 19 III BauNVO[3612] zulässig sind. Die Geschossfläche ist nach den Außenmaßen der Gebäude in allen Vollgeschossen zu ermitteln (§ 20 III 1 BauNVO). Durch § 20 III BauNVO soll der Dachgeschoss- und Kellerausbau zu Wohnzwecken erleichtert werden. Die Regelung gilt allerdings nur für Bebauungspläne, die auf Grund der BauNVO 1990 aufgestellt werden, nicht jedoch für Bebauungspläne nach altem Recht. Der Gemeinde ist zugleich durch § 20 III 2 BauNVO die Möglichkeit eingeräumt, im Bebauungsplan festzusetzen, dass die Flächen von Aufenthaltsräumen in anderen Geschossen einschließlich der zu ihnen gehörenden Treppenräume und einschließlich ihrer Umfassungswände ganz oder teilweise mitzurechnen oder ausnahmsweise nicht mitzurechnen sind. Damit kann die Gemeinde auch für ältere Bebauungspläne die Regelungen der BauNVO 1990 anwenden (§ 25 c II BauNVO) oder umgekehrt für neu aufzustellende Bebauungspläne es bei der früher geltenden Regelung belassen, wonach die Aufenthaltsräume in anderen, Nicht-Vollgeschossen bei der Berechnung der Geschossfläche mitzurechnen sind. Eine Festsetzung im Bebauungsplan, nach der in den festgesetzten Gebieten bei der Berechnung der Geschossflächenzahl (GFZ) sämtliche Flächen aller oberirdischen 1624

[3606] BVerwG NVwZ 1997, 896; OVG Münster UPR 1994, 359; Urt. v. 25.6.1998 – 10a D 159/95.NE – ID, juris; OVG Saarlouis BRS 59 (1997), Nr. 19.

[3607] OVG Weimar LKV 2011, 281.

[3608] OVG Münster Urt. v. 25.6.1998 – 10a D 159/95.NE, juris.

[3609] Also Sattel-, Walm- oder Mansardendach.

[3610] BVerwG NVwZ 1997, 896; OVG Münster UPR 1994, 359.

[3611] BVerwG NVwZ 1997, 896.

[3612] Zum Baugrundstück iS des § 19 BauNVO OVG Schleswig Beschl. v. 11.4.2018 – 1 MB 2/18, juris Rn. 5; Kuchler NuR 2005, 164.

Geschosse anzurechnen sind, ist mangels Ermächtigungsgrundlage unwirksam. Die Festsetzung geht über die Ermächtigung des § 20 III 2 BauNVO hinaus, weil sie pauschal und ohne Einschränkungen sämtliche Geschossflächen aller oberirdischen Geschosse einbezieht, also auch die nicht für Aufenthaltsräume und ihre Umfassungswände bestimmten Flächen von Geschossen, die nicht Vollgeschosse sind.[3613] Im nicht beplanten Innenbereich und im Außenbereich ist § 20 III BauNVO unmittelbar anzuwenden, sodass bei der Berechnung der Geschossfläche Flächen von Aufenthaltsräumen in anderen als Vollgeschossen nicht mitzurechnen sind.[3614]

Beispiel: Ein an den Außenwänden eines Gebäudes angebrachter Vollwärmeschutz ist bei der Ermittlung der Geschossfläche nach § 20 II 1 BauNVO mitzurechnen.[3615] Die Festsetzung eines **Sondergebiets**, in dem neben der Bebauung zu Erholungszwecken Wohnnutzung über einen vorhandenen Bestand hinaus (ausnahmsweise) zulässig ist, ist unwirksam. Eine Anordnung der Anrechnung der Flächen von Wasserbecken sowie anderen Anlagen ohne Überdachung steht mit § 20 III 1 BauNVO nicht im Einklang. Ein Gebot, die Flächen sämtlicher Räume in Nicht-Vollgeschossen in Ansatz zu bringen, ist mit § 20 III 2 BauNVO nicht vereinbar. Ein Satzungsbefehl, die Flächen von Nebenanlagen in die Berechnung der Geschossfläche einzubeziehen, verstößt gegen § 20 IV BauNVO.[3616]

1625 Bei der Ermittlung der Geschossfläche bleiben nach § 20 IV BauNVO **Nebenanlagen** (§ 14 BauNVO), Balkone, Loggien, Terrassen sowie bauliche Anlagen, soweit sie nach Landesrecht in den Abstandsflächen zulässig sind oder zugelassen werden können, unberücksichtigt.[3617] In räumlicher Hinsicht ist nach der Rechtsprechung des BVerwG maßgeblich, ob das Vorhaben ein eigenständiges Gebäude ist, es in das Hauptgebäude integriert oder mit ihm konstruktiv verbunden ist; regelmäßig wird eine Nebenanlage baulich selbständig sein, während ein an ein Wohnhaus angebauter Raum im Regelfall als Erweiterung der Hauptanlage anzusehen ist. Zwar seien auch Nebenanlagen denkbar, die an die Hauptanlage angebaut sind; in solchen Fällen müsse aber durch die Bauweise, die Gestaltung des Zugangs oder auf andere Weise die auf eine Nebenanlage beschränkte Funktion deutlich hervortreten.[3618] Die Festsetzung der höchstzulässigen Zahl der Vollgeschosse im Bebauungsplan kann nachbarschützend sein. Auch die Festsetzung, dass nur zwei Wohnungen pro Wohngebäude zulässig sind, kann nachbarschützende Wirkungen entfalten.[3619] Bei Verstößen gegen solche nachbarschützenden Planfestsetzungen ist nach Auffassung des OVG Münster keine tatsächlich spürbare Beeinträchtigung erforderlich, um ein Abwehrrecht zu begründen. Wird der Nachbar jedoch überhaupt nicht oder nur geringfügig beeinträchtigt, so dürfte ein Abwehranspruch mangels eigener Betroffenheit ausscheiden.

Beispiel: Ein Nachbar wendet sich dagegen, dass dem Bauherrn ein Dispens von der Festsetzung des Bebauungsplans erteilt worden ist, wonach eine bestimmte Geschossflächenzahl nicht überschritten werden soll. Selbst wenn sich aus den Aufstellungsakten nachweisen lässt, dass diese Festsetzung nach dem Willen des Rates im Interesse der Nachbarn vorgenommen worden ist, setzt der Erfolg der Nachbarklage eine tatsächliche Beeinträchtigung durch die Überschreitung der Geschossflächenzahl voraus. Anderenfalls wird auch bei nachbarschützenden Festsetzungen ein Nachbaranspruch nicht vermittelt.[3620]

1626 Die Zulassung einer **Verdichtung**, die den **Höchstwert der Geschossflächenzahl** für reine Wohngebiete von 1,2 ohne rechtfertigenden Ausnahmegrund deutlich überschreitet, kann nach Auffassung des VGH Kassel einer Umstrukturierung des gesamten Wohngebietes Vorschub leisten. Wird der Charakter eines Wohngebietes in Frage gestellt und das Baugebiet durch ein Bauvorhaben in Unruhe gebracht, so werden damit zugleich nachbarliche Belange verletzt, die sich bei rechtmäßiger Abwägung bei einer Überplanung des Baugebietes durch-

---

3613 OVG Münster Urt. v. 19.8.2022 – 10 D 9/20.NE, juris Rn. 42.

3614 VGH München ZfBR 1992, 91.

3615 BVerwG NVwZ 2006, 1065.

3616 BVerwG NVwZ 2014, 72.

3617 Zu einer Sauna in einem eigenständigen Gebäude als Nebenanlage siehe VGH München Beschl. v. 24.1.2024 – 9 ZB 22.2015, juris Rn. 8; siehe auch VGH Mannheim VGHBW RSprDienst 1999, Beilage 5 B 4-5.

3618 BVerwG ZfBR 2018, 265.

3619 OVG Münster BauR 1992, 60; zur Zweitwohnungsklausel auch BVerwG ZfBR 1996, 52.

3620 BVerwGE 67, 334; BVerwGE 68, 58; NVwZ 1985, 652; BVerwGE 82, 343; UPR 1992, 269; DVBl. 1985, 121.

setzen müssen. Dies stellt zugleich einen Verstoß gegen das Gebot der nachbarlichen Rücksichtnahme dar.[3621]

Die **räumliche Bezugsgröße** für die zulässige Grundfläche sowie für die Grundflächen- und die Geschossflächenzahl ist das **Baugrundstück**. Als Baugrundstück ist grundsätzlich das Grundstück im grundbuchrechtlichen Sinne zu verstehen. Davon ist abzuweichen, wenn bei Verwendung des grundbuchrechtlichen Begriffs die Gefahr entstände, dass der Sinn einer bestimmten bodenrechtlichen Regelung handgreiflich verfehlt würde (§ 19 II BauGB).[3622] 1627

d) Baumassenzahl. Nach § 16 II Nr. 2 BauNVO kann das Maß der baulichen Nutzung unter anderem durch Festsetzung einer Baumassenzahl (BMZ) oder der Baumasse (BM) bestimmt werden. Für Gewerbegebiete, Industriegebiete und Sondergebiete kann die Baumassenzahl oder die Baumasse als Maßangabe festgesetzt werden (§ 17 I BauNVO). Die Baumassenzahl gibt nach § 21 BauNVO an, wieviel Kubikmeter Baumasse je m^2 Grundstücksfläche iS des § 19 III BauNVO zulässig sind. Die Baumasse ist nach den Außenmaßen der Gebäude vom Fußboden des untersten Vollgeschosses bis zur Decke des obersten Vollgeschosses zu ermitteln (§ 21 II 1 BauNVO). Die Baumasse von Aufenthaltsräumen in anderen Geschossen einschließlich der zu ihnen gehörenden Treppenräume sowie einschließlich ihrer Umfassungswände und Decken ist mitzurechnen. Bei baulichen Anlagen, bei denen eine Berechnung der Baumasse nach § 21 II 1 BauNVO nicht möglich ist, ist die tatsächliche Baumasse zu ermitteln. Bauliche Anlagen und Gebäudeteile iS des § 20 IV (Loggien, Terrassen etc.) bleiben bei der Ermittlung der Baumasse unberücksichtigt (§ 21 III BauNVO). Ist im Bebauungsplan die Höhe baulicher Anlagen nicht festgesetzt, darf bei Gebäuden, die Geschosse von mehr als 3,50 m Höhe haben, eine Baumassenzahl, die das Dreieinhalbfache der zulässigen Geschossflächenzahl beträgt, nicht überschritten werden (§ 21 IV BauNVO). Die Festsetzung der Baumasse oder der Baumassenzahl ermöglicht i.V. mit der erforderlichen Grundflächenzahl bzw. Grundfläche eine von der Zahl der Vollgeschosse und deren Höhe unabhängige genaue Maßangabe besonders in Fällen der gewerblich-industriellen Bebauung. 1628

Beispiel: Im Industriegebiet ist die zulässige Baumassenzahl auf BMZ = 5,0 festgesetzt. Bei einem 8.000 m^2 großen Grundstück beträgt die zulässige Baumasse 5 x 8000 = 40 000 m^3. Dies entspricht einer gedachten 5 m hohen Bebauung verteilt über das ganze Baugrundstück. Diese Baumasse kann – wenn nicht durch weitere Festsetzungen Einschränkungen erfolgen – beliebig über das Grundstück verteilt werden, wobei die Gebäudehöhe von dem Umfang der bebauten Grundfläche abhängt. Eine 10 m hohe Halle dürfte daher die Hälfte der Grundstücksfläche in Anspruch nehmen.

e) Höhe der baulichen Anlage. Als weiteres Mittel der Maßfestsetzung kann die Höhe einer baulichen Anlage im Bebauungsplan festgesetzt werden. Dabei sind die erforderlichen Höhenbezugspunkte zu bestimmen (§ 18 I BauNVO). Es muss sich um eindeutig bestimmte oder bestimmbare feste Bezugspunkte handeln; das gilt auch für die verwendeten Begriffe. Für eine Höhenfestsetzung nach § 16 Abs. 2 Nr. 4 BauNVO sind ein unterer und ein oberer Bezugspunkt erforderlich.[3623] Der obere Bezugspunkt muss geeignet sein, das mit der Festsetzung verfolgte städtebauliche Planungsziel, die Höhe baulicher Anlagen zu beschränken, zu sichern. Die Anlage zur Planzeichenverordnung führt in Nr. 2.8 Traufhöhe, Firsthöhe, Oberkante baulicher Anlagen oder von Teilen solcher Anlagen, Höhe über NN und Gehweg als Beispiele für (obere und untere) Bezugspunkte auf. Ist die Höhe baulicher Anlagen als zwingend festgesetzt, können geringfügige Abweichungen zugelassen werden. Als untere Bezugspunkte können etwa die mittlere Höhe des Meeresspiegels (m über NN) oder die Höhenlage einer anbaufähigen Verkehrsanlage gewählt werden. Als obere Bezugspunkte eignen sich etwa die Firsthöhe (FH), die Traufhöhe (TH)[3624] oder die Oberkante der baulichen Anlage. Eine Festsetzung zur 1629

[3621] VGH Kassel BauR 2000, 1845.

[3622] BVerwG ZfBR 2001, 421.

[3623] BVerwG ZfBR 2023, 794; Söfker in EZBK, BauGB, Stand Februar 2023, § 18 BauNVO Rn. 3; Schilder in Bönker/Bischopink, BauNVO, 2024, § 18 Rn. 2.

[3624] Siehe dazu BVerwG ZfBR 2023, 794: „Der Begriff der Traufhöhe iSd Nr. 2.8 der Anlage zur Planzeichenverordnung bezeichnet die Höhe des Schnittpunkts der Außenfläche des aufgehenden Mauerwerks mit der Dachhaut (sog. Traufpunkt) über dem unteren Höhenbezugspunkt"; aA Petz in König/Roeser/Stock, BauNVO, 2022, § 18 Rn. 5; zur hinreichenden Bestimmtheit eines unteren Bezugspunkts der nächstgelegenen öffentlichen Verkehrsfläche OVG Lüneburg Urt. v. 1.9.2022 – 1 LB 13/21, juris Rn. 18; siehe auch VGH Mannheim ZfBR 2023, 102; OVG Münster Urt. v. 4.3.2022 – 10 D 11/20.NE, juris Rn. 28.

Gebäudehöhe ist nicht hinreichend bestimmt, wenn die natürliche Geländeoberfläche als unterer Bezugspunkt nach § 18 I BauNVO festgesetzt wird, diese aber in einem natürlichen Gelände mit erheblichen Höhenunterschieden von mehr als einem Meter unzureichend bestimmbar ist.[3625]

Beispiel Höhenbegrenzung einer Lärmschutzwand: Soweit der Bebauungsplan keine Festsetzung zur maximal zulässigen Höhe für die Errichtung einer Lärmschutzwand vorsieht und deren Höhe die festgesetzte Mindesthöhe von 6,0 m deutlich übersteigen kann, ist dies kein Problem der Bestimmtheit der Festsetzung, sondern betrifft die Frage nach einer hinreichenden planerischen Abwägung, weil eine Überschreitung der Mindesthöhe die Nutzung der angrenzenden Grundstücke, etwa durch Schattenwurf, stärker negativ beeinflussen könnte.[3626]

1630 **f) Höchstwerte/Orientierungswerte.** § 17 I BauNVO legt für die Bestimmung des Maßes der baulichen Nutzung Obergrenzen als Orientierungswerte fest. Sie betragen bei:

Orientierungswerte des Maßes der baulichen Nutzung (§ 17 BauNVO)

	Grundflächenzahl GRZ	Geschossflächenzahl GFZ	Baumassenzahl BMZ
Kleinsiedlungsgebieten (WS)	0,2	0,4	–
reinen Wohngebieten (WR)	0,4	1,2	–
allgemeinen Wohngebieten (WA)	0,4	1,2	–
Ferienhausgebieten	0,4	1,2	–
besonderen Wohngebieten (WB)	0,6	1,6	–
Dorfgebieten (MD)	0,6	1,2	–
dörflichen Wohngebieten	0,6	1,2	–
Mischgebieten (MI)	0,6	1,2	–
Kerngebieten (MK)	1,0	3,0	–
Gewerbegebieten (GE)	0,8	2,4	–
Industriegebieten (GI)	0,8	2,4	–
sonstigen Sondergebieten	0,8	2,4	10,0
Wochenendhausgebieten	0,2	0,2	–

1631 Bis zum Inkrafttreten des Baulandmobilisierungsgesetzes am 23.6.2021 legte § 17 BauNVO abgestufte Obergrenzen fest, die die Gemeinde grundsätzlich zu beachten hatte, wenn sie das Nutzungsmaß im Flächennutzungsplan darstellte oder in einem Bebauungsplan festsetzte. Mit dem Baulandmobilisierungsgesetz wurden die bisherigen Obergrenzen in „Orientierungswerte für Obergrenzen" umgewandelt. Mit der Umwandlung der Obergrenzen in Orientierungswerte ist der Sinn der bis dahin in § 17 II 1 BauNVO geregelten Voraussetzungen, unter denen die bisher grundsätzlich vorbildlichen Obergrenzen überschritten werden durften, entfallen; § 17 II BauNVO wurde deshalb durch das Baulandmobilisierungsgesetz gestrichen. Die im bisherigen § 17 II 2 BauNVO enthaltene Sonderregelung für Wochenendhausgebiete und Ferienhausgebiete, in denen die Obergrenzen nicht überschritten werden durften, wurde in den neuen § 17 S. 2 BauNVO übernommen. Mit der Umwandlung der Obergrenzen in Orientierungswerte verfolgt der Gesetzgeber das Ziel, den Gemeinden bei der Ausweisung von Bauland größere Gestaltungsmöglichkeiten zu geben. Nach der früheren Regelung war die Einhaltung der Obergrenzen der Regelfall; ein Überschreiten dieser Obergrenzen stellte eine städtebaulich begründungsbedürftige Ausnahme dar. Die seit 2021 geltende Rechtslage soll es den Gemeinden ermöglichen, anhand ihrer städtebaulichen Planung oder der vorhandenen Bestandssituation auch regelhaft höhere Werte für die Bestimmung des Maßes der baulichen Nutzung festzulegen.[3627] Für Bauleitpläne, die vor dem Inkrafttreten des Baulandmobilisierungsgesetzes am 23.6.2021 (erstmals) öffentlich ausgelegt wurden, bleiben die bisherigen Fassungen des § 17 BauNVO maßgeblich.

1632 Die bisherigen Obergrenzen des § 17 I BauNVO können danach in Bauleitplänen, die am 23.6.2021 (erstmals) öffentlich ausgelegt wurden, nach § 17 II BauNVO überschritten werden, wenn

– besondere städtebauliche Gründe dies erfordern,
– die Überschreitungen durch Umstände ausgeglichen sind oder durch Maßnahmen ausgeglichen werden, durch die sichergestellt ist, dass die allgemeinen Anforderungen an gesunde

[3625] BVerwG Beschl. v. 23.8.2017 – 4 BN 14.17, juris; OVG Münster BauR 2017, 842.
[3626] OVG Münster Urt. v. 19.8.2022 – 10 D 9/20.NE, juris Rn. 63.
[3627] Petz in König/Roeser/Stock, BauNVO, 2022, § 17 Rn. 3.

Wohn- und Arbeitsverhältnisse nicht beeinträchtigt, nachteilige Auswirkungen auf die Umwelt vermieden und die Bedürfnisse des Verkehrs befriedigt werden, und
– sonstige öffentliche Belange nicht entgegenstehen.

Für die Überschreitung der (ehemaligen) Obergrenzen bei der Festsetzung des Maßes der baulichen Nutzung bedurfte es § 17 II BauNVO einer besonderen städtebaulichen Rechtfertigung. Die Umsetzung besonderer, qualifizierter planerischer Lösungen und städtebaulicher Ideen konnte als besonderer städtebaulicher Grund iS des § 17 II BauNVO anerkennungswürdig sein.[3628] Es reichte dazu bereits aus, dass die Überschreitung vernünftigerweise geboten ist.[3629] Außerdem wird ein entsprechender Ausgleich der Überschreitung geboten sein und ebenfalls gefordert, dass sonstige öffentliche Belange nicht entgegenstehen. 1633

Besonders in Innenstadtlagen, aber auch bei sonst gewachsenen städtebaulichen Strukturen liegt die Dichte der Bebauung vielfach über den Obergrenzen bzw. Orientierungswerten des § 17 I BauNVO. Der Ersatz oder die durchgreifende Erneuerung der Gebäudesubstanz würde in diesen Fällen auf Schwierigkeiten stoßen, weil Neubaumaßnahmen oder einem Neubau gleichkommende Gebäudesanierungsmaßnahmen die Obergrenzen des § 17 I BauNVO einhalten müssten, wenn nicht der Bebauungsplan in besonders begründeten Ausnahmefällen nach § 17 II BauNVO höhere Obergrenzen festsetzt. Hier gewährt § 17 III BauNVO für am 1.8.1962 überwiegend bebaute Gebiete die Möglichkeit, im Bebauungsplan die Obergrenzen des § 17 I BauNVO zu überschreiten, wenn städtebauliche Gründe dies erfordern und sonstige öffentliche Belange nicht entgegenstehen. Die Vorschrift dient dem Ausgleich der besonderen Interessen von Eigentümern bereits intensiv bebauter Grundstücke und dem Allgemeininteresse an der Erhaltung der Regelsätze für die Bebauungsdichte in den einzelnen Baugebieten. Indem sie eine Überschreitung der Höchstwerte des § 17 I BauNVO in besonderen Fällen im Interesse der Eigentümer bebauter Grundstücke zulässt, ermöglicht sie eine den Anforderungen des Art. 14 I 2 GG genügende Bauleitplanung durch die Gemeinde.[3630] **Überschreitungen** der Obergrenze des Maßes der baulichen Nutzung sind nach § 17 III BauNVO 1990 nur zulässig, wenn ua städtebauliche Gründe dies „erfordern". Gegenüber der früheren Fassung in § 17 IX BauNVO 1977 („rechtfertigen") sind die inhaltlichen Anforderungen damit erhöht worden. Die Überschreitung muss ähnlich wie in § 31 II Nr. 1 BauGB „vernünftigerweise geboten sein".[3631] Die Überschreitung muss zudem durch Umstände ausgeglichen sein oder durch entsprechende Maßnahmen ausgeglichen werden (§ 17 II Nr. 2, III 2 BauNVO). Diese zusätzlichen Anforderungen, die durch die BauNVO 1990 eingeführt worden sind, stellen die Gemeinden vor einige Abwägungs- und Begründungsprobleme. 1634

Hat die Gemeinde allerdings bei der Überplanung eines im Jahre 1962 bereits überwiegend bebauten Gebietes übersehen, dass eine Überschreitung der Höchstwerte des Maßes der baulichen Nutzung gem. § 17 III BauNVO zulässig ist, so kann der Bebauungsplan an einem Abwägungsmangel leiden. Die Gemeinde hat dabei einen Spielraum, ob sie das bisherige Nutzungsmaß unter Beachtung der Vorhaben in § 17 III BauNVO weiterhin zulässt oder ob sie einschränkende Festsetzungen trifft. Eine Pflicht, das vorhandene Nutzungsmaß festzuschreiben, besteht für den Satzungsgeber nicht. Eine Einschränkung der bisherigen Nutzungsmöglichkeiten kann allerdings Entschädigungsansprüche nach § 42 BauGB auslösen. Hat der Plangeber das Maß der baulichen Nutzung durch einen fehlerfreien Bebauungsplan reduziert, so kann eine vorhandene Überbauung nur dann eine unbeabsichtigte Härte iS von § 31 II BauGB darstellen, wenn sie im Einzelfall unbeachtlich geblieben ist. Denn grundsätzlich ist es der Gemeinde nicht verwehrt, in solchen Fällen eine Ausdünnung der vorhandenen Bebauung zu planen.[3632] 1635

g) Nachbarschutz. Grundsätzlich ist durch Auslegung zu ermitteln, ob und inwieweit Regelungen des Bauplanungsrechts Nachbarschutz einräumen. Die Gemeinden dürfen, abgesehen von Festsetzungen über die Art der baulichen Nutzung, die schon kraft Bundesrechts nachbarschützende Wirkung haben, grundsätzlich im Rahmen ihres planerischen Ermessens 1636

[3628] BVerwG Beschl. v. 26.1.1994 – 4 NB 42.93, juris.
[3629] VGH Mannheim VGHBW RSprDienst 1999, Beilage 2 B 1-2.
[3630] BVerwG BauR 1993, 688.
[3631] BVerwG NVwZ 1997, 903; BVerwGE 48, 56.
[3632] Zur Überplanung bereits bebauter und beplanter Bereiche VGH Kassel Urt. v. 30.11.1998 – 4 N 3576/89, juris.

entscheiden, ob ihre Festsetzungen im Bebauungsplan nachbarschützend sind.[3633] Bebauungspläne dienen mit Rücksicht auf ihre städtebauliche Ordnungsfunktion für das Plangebiet vor allem öffentlichen Interessen; ihre Festsetzungen werden daher in erster Linie aus städtebaulichen Gründen getroffen werden.[3634] Ob Festsetzungen über das Maß der baulichen Nutzung auch dem Nachbarschutz dienen, hängt vom Planungswillen der Gemeinden ab. Sie dienen dem Nachbarschutz, wenn sie wechselseitige Beschränkungen oder Begünstigungen für die einbezogenen Grundstücke zur Folge haben.[3635] Der Nachbarschutz des Bauplanungsrechts beruht nach der Rechtsprechung des BVerwG auf dem Gedanken des wechselseitigen Austauschverhältnisses, in dem der nachbarliche Interessenkonflikt durch Merkmale der Zuordnung, der Verträglichkeit und der Abstimmung benachbarter Nutzungen geregelt und ausgeglichen ist.[3636] Das gilt nicht nur für die Anerkennung der drittschützenden Wirkung von Festsetzungen über die Art der baulichen Nutzung, sondern auch für Festsetzungen über das Maß der baulichen Nutzung.[3637] Wollte der Plangeber die Planbetroffenen mit den Festsetzungen über das Maß der baulichen Nutzung in ein wechselseitiges nachbarliches Austauschverhältnis einbinden, sind diese Festsetzungen nachbarschützend. Dies gilt auch, wenn der Plangeber die nachbarschützende Wirkung im Zeitpunkt der Planaufstellung nicht in seinen Willen aufgenommen hatte.[3638] Daraus folgt, dass auch einzelne Eigentümer die Maßfestsetzungen aus einer eigenen Rechtsposition heraus gegenüber dem Nachbarn durchsetzen können.[3639]

1637 Nicht jede Festsetzung zum Maß der baulichen Nutzung vermittelt in diesem Sinne Nachbarschutz. Zumeist lassen solche Festsetzungen den Gebietscharakter unberührt und haben regelmäßig nur Auswirkungen auf das Baugrundstück und die unmittelbar anschließenden Nachbargrundstücke, weshalb zum Schutz des Nachbarn das drittschützende Rücksichtnahmegebot grundsätzlich ausreichen soll.[3640] Im unbeplanten Innenbereich ist eine drittschützende Wirkung des Maßes der baulichen Nutzung nicht anzunehmen.[3641]

5. Bauweise und überbaubare Grundstücksfläche

1638 Neben Art und Maß der baulichen Nutzung können im Bebauungsplan auch die Bauweise sowie die überbaubaren und die nicht überbaubaren Grundstücksflächen festgesetzt werden. Da § 5 BauGB für den Inhalt des Flächennutzungsplans den Begriff der „Bauweise" nicht aufgreift, kommt eine Darstellung der Bauweise im Flächennutzungsplan nicht in Betracht.[3642] Eine Festsetzung der Bauweise muss nicht einheitlich für das Baugebiet getroffen werden; sie kann vielmehr auch grundstücksbezogen oder, wenn die Grundstücksgrenzen noch nicht feststehen, bereichsbezogen erfolgen. Die Festsetzung einer geschlossenen Bauweise nur für ein Baugrundstück ist allerdings wegen mangelnder Vollziehbarkeit unwirksam.[3643]

1639 Nach § 22 I BauNVO kann im Bebauungsplan die Bauweise als offene oder geschlossene Bauweise festgesetzt werden. § 1 III BauGB setzt voraus, dass die Festsetzung der Bauweise städtebaulich erforderlich ist.[3644] Mit der Festsetzung einer Bauweise kann die Gemeinde verschiedene städtebauliche Zwecke verfolgen, etwa solchen einer Gestaltung des Orts- und Straßenbildes oder spezifischer Wohnbedürfnisse, des Nachbarschutz, des Immissionsschutzes, des örtlichen Klimaschutzes und des sparsameren Energieverbrauchs.[3645] Die Gemeinde kann auch von der Festsetzung der Bauweise im Bebauungsplan absehen. Das kann sinnvoll oder geboten

---

[3633] OVG Weimar Beschl. v. 29.7.2021 – 1 EO 201/21, BeckRS 2021, 36535 Rn. 17; OVG Münster Beschl. v. 19.3.3021 – 7 B 1812/20, juris Rn. 4; BVerwG Urt. v. 16.9.1993 – 4 C 28.91, juris, Rn. 11.

[3634] OVG Weimar Beschl. v. 29.7.2021 – 1 EO 201/21, BeckRS 2021, 36535 Rn. 17.

[3635] OVG Weimar Beschl. v. 29.7.2021 – 1 EO 201/21, BeckRS 2021, 36535 Rn. 18; OVG Hamburg Beschl. v. 25.6.2019 – 2 Bs 100/19, juris Rn 28; BVerwG NVwZ 2018, 1808; Beschl. v. 19.10.1995 – 4 B 215.95, juris Rn. 3.

[3636] BVerwGE 101, 364 (375).

[3637] BVerwG NVwZ 2018, 1808; BVerwGE 101, 364 (374); NVwZ 2000, 1054.

[3638] BVerwG NVwZ 2018, 1808.

[3639] OVG Weimar Beschl. v. 29.7.2021 – 1 EO 201/21, BeckRS 2021, 36535 Rn. 18.

[3640] OVG Saarlouis ZfBR 2023, 591; OVG Münster Beschl. v. 25.2.2022 – 7 B 1842/21, juris Rn. 8.

[3641] OVG Münster Beschl. v. 2.11.2021 – 2 B 1523/21, juris Rn. 7.

[3642] Hornmann in BeckOK BauNVO, Stand: 15.10.2023, § 22 Rn. 3.

[3643] Dirnberger in Jäde/Dirnberger, BauGB/BauNVO, 2022, § 22 BauNVO Rn. 14; Hornmann in BeckOK BauNVO, Stand: 15.10.2023, § 22 Rn. 15; OVG Berlin-Brandenburg NVwZ-RR 2009, 51.

[3644] Schilder in Bönker/Bischopink, BauNVO, 2024, § 22 Rn. 36.

[3645] Hornmann in BeckOK BauNVO, 2023, § 22 Rn. 14.

sein, wenn sie Baulinien und Baugrenzen nach § 23 II und III BauNVO festsetzt. Verzichtet die Gemeinde auf die Festsetzung einer Bauweise, greift die abstandsflächenrechtliche Grundregel der Bauordnungen der Länder, wonach vor den Außenwänden der Gebäude Abstandsflächen einzuhalten sind, die regelmäßig auf dem Baugrundstück liegen müssen.[3646]

In der **offenen Bauweise** werden die Gebäude mit seitlichem Grenzabstand als Einzelhäuser, Doppelhäuser oder Hausgruppen errichtet. Die Bedeutung des Begriffs der offenen Bauweise erschöpft sich in der Einhaltung von Grenzabständen oder dem (teilweisen) Verzicht hierauf und beinhaltet keine Aussage über die Anzahl von Wohneinheiten oder Gebäuden auf ein und demselben Grundstück.[3647] Wenn eine offene Bauweise festgesetzt ist, bestimmt sich das Maß des seitlichen Grenzabstandes nach den entsprechenden Bestimmungen der Bauordnungen der Länder über die Abstandsflächentiefe. Bestimmt ein Bebauungsplan im Zusammenhang mit der Festsetzung einer offenen Bauweise, dass „der Bauwich 3 m nicht unterschreiten darf“, so liegt hierin keine selbstständige bauplanungsrechtliche Festsetzung eines bestimmten seitlichen Grenzabstands.[3648] Die Frage, ob ein seitlicher Grenzabstand einzuhalten und wie dieser zu bemessen ist, beantwortete sich insoweit nach Bauordnungsrecht. Bei **Eckgrundstücken** ist im Regelfall für die Beurteilung einer Grundstücksgrenze als „seitliche“ iSd § 22 III BauNVO die Sichtweise von allen an das Grundstück angrenzenden öffentlichen Verkehrsflächen maßgeblich.[3649] Ausnahmen kommen nur dann ernstlich in Betracht, wenn der Bebauungsplan deutliche Indizien für das Gegenteil enthält. **Einzelhäuser** sind dabei allseitig freistehende Gebäude und haben an beiden seitlichen sowie an der rückwärtigen Nachbargrenze die nach Landesrecht erforderlichen Abstände einzuhalten. **Doppelhäuser** sind zwei selbstständig nutzbare, an einer gemeinsamen Gebäudetrennwand aneinandergebaute, im Übrigen jedoch freistehende Gebäude. Sie können auf einem oder zwei aneinander grenzenden Grundstücken stehen. **Hausgruppen** bestehen aus mindestens drei selbstständig nutzbaren Gebäuden, die an den Gebäudetrennwänden aneinandergebaut sind. Die Länge dieser Hausformen darf höchstens 50 m betragen. 1640

Ist ein **unbeplanter Innenbereich** in offener Bauweise bebaut, weil dort nur Einzelhäuser, Doppelhäuser und Hausgruppen im Sinne von § 22 Abs. 2 BauNVO den maßgeblichen Rahmen bilden, so fügt sich ein grenzständiges Vorhaben im Sinne von § 34 I BauGB grundsätzlich nicht nach der Bauweise ein, das unter Beseitigung eines bestehenden Doppelhauses grenzständig errichtet wird, ohne mit dem verbleibenden Gebäudeteil ein Doppelhaus zu bilden. Ein solches Vorhaben verstößt gegenüber dem Eigentümer der bisher bestehenden Doppelhaushälfte grundsätzlich gegen das drittschützende Gebot der Rücksichtnahme.[3650] Darf innerhalb eines im Zusammenhang bebauten Ortsteils ein Grundstück gem. § 34 I BauGB nur in geschlossener Bauweise bebaut werden, so darf nach Landesbauordnungsrecht nicht die Einhaltung von seitlichen Abständen verlangt werden. Die planungsrechtlichen Regelungen zur Bauweise haben hier Vorrang.[3651] 1641

Im Bebauungsplan können Flächen festgesetzt werden, auf denen nur Einzelhäuser, nur Doppelhäuser, nur Hausgruppen oder nur zwei dieser Hausgruppen zulässig sind (§ 22 II BauNVO). Im Bebauungsplan können damit in offener Bauweise Einzelhäuser, Doppelhäuser und Hausgruppen festgesetzt werden. Durch diese Regelungen haben die Gemeinden in der Festsetzung der Bauweise einen Planungsspielraum, von dem sie nach Maßgabe der örtlichen Besonderheiten und eigener Planungsvorstellungen Gebrauch machen können. 1642

Ein **Doppelhaus** iS des § 22 II BauNVO ist eine bauliche Anlage, die dadurch entsteht, dass zwei Gebäude auf benachbarten Grundstücken durch Aneinanderbauen an der gemeinsamen Grundstücksgrenze zu einer Einheit zusammengefügt werden.[3652] Unter einem Doppelhaus iS des § 22 II BauNVO ist eine Einheit aus zwei Gebäuden zu verstehen, die an der gemeinsamen 1643

3646 Hornmann in BeckOK BauNVO, 2023, § 22 Rn. 20.

3647 OVG Lüneburg Beschl. v. 29.8.2023 – 1 ME 85/23, BeckRS 2023, 22624.

3648 VGH Mannheim NVwZ-RR 2012, 500.

3649 OVG Lüneburg NVwZ-RR 2022, 527.

3650 BVerwG NVwZ 2014, 370.

3651 BVerwG NVwZ 1994, 1008; siehe auch VGH München Beschl. v. 8.4.2022 – 15 ZB 22.269, juris Rn. 8: „Das (unveränderte) Vorhandensein einer Traufgasse zwischen einem alten und einem geplanten neuen Wohngebäude an der Grundstücksgrenze steht der Annahme nicht entgegen, dass die Eigenart der näheren Umgebung (§ 34 I 1 BauGB) durch eine geschlossene Bauweise geprägt ist.“

3652 VGH Mannheim Beschl. v. 4.10.2007 – 8 S 1447/07, juris zum Begriff des Doppelhauses; BVerwG NVwZ 2000, 1055; VGH Mannheim NVwZ-RR 1995, 490; siehe auch Schilder in Bönker/Bischopink, BauNVO 2024, § 22 Rn. 21.

Grundstücksgrenze aneinander gebaut sind, und dass das Erfordernis der baulichen Einheit nur erfüllt ist, wenn die beiden Gebäude in wechselseitig verträglicher und abgestimmter Weise aneinander gebaut werden.[3653] Ob zwei grenzständig errichtete Baukörper ein Doppelhaus bilden, lässt sich weder abstrakt-generell noch mathematisch-prozentual bestimmen.[3654] Es bedarf einer Würdigung des Einzelfalls unter Betrachtung quantitativer und qualitativer Gesichtspunkte. Wenn bei zwei an der gemeinsamen Grundstücksgrenze aneinandergebauten Gebäuden mehr als die Hälfte einer Grenzwand frei steht, fehlt es in aller Regel schon in quantitativer Hinsicht an der ein Doppelhaus im Sinn von § 22 II 1 BauNVO kennzeichnenden wechselseitigen Abstimmung. Wenn durch eine Bebauungsplanänderung, welche die Nachverdichtung einer in offener Bauweise (§ 22 I BauNVO) errichteten Wohnbebauung bezweckt, auch die einseitige Erhöhung aneinander gebauter eingeschossiger Gebäude um ein zweites Vollgeschoss ermöglicht werden soll und diese hierdurch ihre Eigenschaft als Doppelhaus im Sinn von § 22 II 1 BauNVO verlieren, muss die Gemeinde für die betroffenen Grundstücke eine diese Art der Bebauung ermöglichende besondere (abweichende) Bauweise (§ 22 IV 1 BauNVO) festsetzen.[3655] Zwei teilweise aneinander gebaute zweigeschossige Wohnhäuser können selbst bei einem 3,90 m tiefen Versatz in quantitativer und qualitativer Hinsicht eine bauliche Einheit und damit ein Doppelhaus im Sinn von § 22 II BauNVO bilden.[3656] Die Ermächtigung der Gemeinde in § 22 IV 1 BauNVO, eine von der offenen Bauweise abweichende Bauweise festzusetzen, umfasst die Befugnis, die planerische Grundlage für jeweils einseitig grenzständige Gebäude zu schaffen, die kein Doppelhaus bilden.[3657] Ob zwei grenzständig errichtete Baukörper ein Doppelhaus bilden, lässt sich weder abstrakt-generell noch mathematisch-prozentual, sondern nur einzelfallbezogen unter Betrachtung quantitativer und qualitativer Gesichtspunkte bestimmen.[3658] Für den Begriff der Hausgruppe gelten diese Grundsätze entsprechend. Das in § 34 I BauGB enthaltene Gebot der **Rücksichtnahme** kann auch verletzt sein, wenn landesrechtliche Vorschriften über Abstandsflächen gewahrt sind.[3659] Für die Begriffe der Hausgruppe und des Doppelhauses kommt es allein auf die wechselseitige Verträglichkeit der grenzständigen Gebäude an. Bestehende oder fehlende Bebauungsmöglichkeiten sind danach unbeachtlich,[3660] ebenso die Größe der jeweiligen Grundstücke. Dabei ist die Länge der einseitig grenzständigen Bebauung in den Blick zu nehmen.[3661] Das Verhältnis der Länge der einseitigen Grenzbebauung zur verbleibenden unbebauten Grenze ist dagegen für die Verträglichkeit der Gebäude nicht von Bedeutung.[3662] Die in diesem Zusammenhang angeführten bauordnungsrechtlichen Vorschriften können die Einschätzung lediglich illustrieren.[3663]

1644 Das Erfordernis der baulichen Einheit ist nur erfüllt, wenn die beiden Gebäude in wechselseitig verträglicher und abgestimmter Weise aneinandergebaut werden.[3664] Insoweit ist die planerische Festsetzung von Doppelhäusern in der offenen Bauweise nachbarschützend. Kein Doppelhaus entsteht, wenn ein Gebäude gegen das andere so stark versetzt wird, dass es den Rahmen einer wechselseitigen Grenzbebauung überschreitet, den Eindruck eines einseitigen Grenzanbaus vermittelt und dadurch einen neuen Bodennutzungskonflikt auslöst. Nicht erforderlich ist, dass die Doppelhaushälften gleichzeitig oder deckungsgleich (spiegelbildlich) errichtet werden. Das Erfordernis einer baulichen Einheit im Sinne eines Gesamtbaukörpers schließt auch nicht aus, dass die ein Doppelhaus bildenden Gebäude an der gemeinsamen Grundstücksgrenze zueinander versetzt oder gestaffelt aneinandergebaut werden.[3665] Eine als **Nebenge-**

[3653] BVerwG Beschl. v. 17.8.2011 – 4 B 25.11, juris; BVerwG NVwZ 2000, 1055.

[3654] BVerwG NVwZ 2015, 1769; BeckRS 2016, 43173.

[3655] VGH München KommunalPraxis BY 2011, 201.

[3656] VGH München Beschl. v. 31.1.2011 – 1 ZB 08.2498, juris; BVerwG NVwZ 2000, 1055; siehe auch OVG Münster Beschl. v. 21.7.2023 – 7 A 1764/22, juris Rn. 6: „Der Doppelhauscharakter wird auch dann gewahrt, wenn die Proportionen der Doppelhaushälften zueinander lediglich umgekehrt werden."

[3657] BVerwG BauR 2018, 215.

[3658] BVerwG NVwZ 2015, 1769; BVerwGE 110, 355 (360).

[3659] BVerwG BRS 83 Nr. 116 (2015).

[3660] BVerwG BauR 2015, 1309.

[3661] BVerwGE 110, 355 (361).

[3662] BVerwG BRS 83 Nr. 116 (2015).

[3663] BVerwG RdL 2016, 199; Scheidler VR 2018, 325.

[3664] BVerwG BauR 2016, 790.

[3665] BVerwG NVwZ 2000, 1055; zur geschlossenen Bauweise nach § 22 I BauNVO OVG Münster BauR 2003, 1185.

bäude errichtete **Garage** entfaltet regelmäßig und auch hier keine sich auf das Wohngebäude erstreckende prägende Wirkung und stellt den Doppelhauscharakter nicht in Frage.[3666] Abweichungen von der Festsetzung können als offene oder geschlossene Bauweise im Bebauungsplan festgesetzt werden. Bei abwägungsgerechter Berücksichtigung des städtebaulichen Belangs der allgemeinen Anforderungen an gesunde Wohn- und Arbeitsverhältnisse iSv § 1 VI Nr. 1 BauGB kann die planende Gemeinde die Unterschreitung des bauordnungsrechtlich erforderlichen Abstandes zwischen einem Gebäude im Plangebiet und einem benachbarten, an das Plangebiet angrenzenden Gebäude nicht allein damit rechtfertigen, dass das Nachbargebäude den Abstand selbst nicht einhält. Dies gilt vor allem dann, wenn es sich nicht um einen einseitigen Rechtsverstoß des Nachbarn handelt.[3667] In einem unbeplanten Gebiet können sowohl die offene, halboffene als auch die geschlossene Bauweise zulässig sein.[3668]

Hinweis: Die Hausform als Doppelhaus erfordert nicht, dass sämtliche parallel zur gemeinsamen Grundstücksgrenze verlaufenden Gebäudeaußenwände an der dem Doppelhausnachbarn zugewandten Seite eines Hauses an der Grenze errichtet werden. Eine bauliche Anlage verliert daher nicht den Charakter eines Doppelhauses, wenn Gebäudeteile mit einem Rücksprung zur gemeinsamen Grundstücksgrenze errichtet werden, solange die beiden Gebäude noch zu einem wesentlichen Teil aneinandergebaut sind.[3669] Jeder Eigentümer ist bei der Bebauung seines Grundstücks gehalten, für eine ausreichende Belichtung auf seinem eigenen Grundstück zu sorgen. Diese Verpflichtung lässt sich nicht im Wege einer Forderung nach „Rücksichtnahme" und einer eingeschränkten baulichen Nutzbarkeit seines Grundstücks auf den Nachbarn verlagern.[3670]

Jede **Doppelhaushälfte** ist grundsätzlich für sich genommen ein „Gebäude" im bauplanungsrechtlichen Sinn. Abzustellen ist insoweit auf die selbstständige Benutzbarkeit der baulichen Anlagen. Andererseits ist das Doppelhaus eine Hausform, die gem. § 22 II 1 BauNVO in offener Bauweise unter Einhaltung seitlicher Grenzabstände errichtet wird. Anknüpfungspunkt für dieses Erfordernis ist nicht das einzelne Gebäude, sondern die bauliche Einheit; denn nur als „Gesamtanlage" wird das Doppelhaus „mit seitlichem Grenzabstand" errichtet. Ob die „Gesamtanlage" aus einer oder mehreren selbstständig nutzbaren Einheiten besteht, ist für das aus der Bauweise abzuleitende Abstandserfordernis demgegenüber grundsätzlich ohne Bedeutung.[3671] Ein Doppelhaus im Sinne der bauplanungsrechtlichen Vorschriften über die Bauweise entsteht nur dann, wenn zwei Gebäude derart zusammengebaut werden, dass sie einen Gesamtbaukörper bilden und die beiden „Haushälften" in wechselseitig verträglicher und abgestimmter Weise aneinander gebaut werden. In dem System der offenen Bauweise, das durch seitliche Grenzabstände zu den benachbarten Grundstücken gekennzeichnet ist, ordnet sich ein aus zwei Gebäuden zusammengefügter Baukörper nur ein und kann somit als Doppelhaus gelten, wenn das Abstandsgebot an der gemeinsamen Grundstücksgrenze auf der Grundlage der Gegenseitigkeit überwunden wird.[3672] 1645

Die Kombination verschiedener einzelner Festsetzungen darf allerdings nicht zur Folge haben, dass auf diese Weise neue Festsetzungen mit eigenen Baugebietstypen entstehen. Dies wäre mit dem abschließenden Katalog der Festsetzungsmöglichkeiten in § 9 BauGB und in der BauNVO nicht vereinbar. So können nach § 22 II 3 BauNVO iV mit § 9 I Nr. 2 BauGB Einzelhäuser festgesetzt werden. Diese Festsetzung enthält keine Konkretisierung des Maßes der baulichen Nutzung, sondern steht im Zusammenhang mit der Regelung der Bauweise. Diese betrifft allein die Anordnung der Gebäude auf einem Baugrundstück im Verhältnis zu den Nachbargrundstücken und dabei insbesondere zu den seitlichen Grundstücksgrenzen. Die ausschließliche Zulassung von Einzelhäusern enthält keine Aussage über die Anzahl der zulässigen Gebäude auf einem Grundstück. Soweit sie die erforderlichen seitlichen Grenzabstände einhalten, dürfen auf einem Baugrundstück auch mehrere Einzelhäuser errichtet werden. Will die 1646

[3666] OVG Münster Beschl. v. 31.10.2023 – 7 A 843/23, juris Rn. 4; siehe auch OVG Münster Beschl. v. 19.9.2023 – 10 B 591/23 Anfechtung einer Baugenehmigung wegen Verlustes des Doppelhauscharakters durch rückwärtigen Anbau.

[3667] OVG Greifswald NordÖR 2013, 211.

[3668] OVG Bautzen BauR 2010,1637.

[3669] VGH Mannheim ZfBR 2009, 805.

[3670] OVG Saarlouis Beschl. v. 8.12.2010 – 2 B 308/10, juris.

[3671] BVerwG ZfBR 2013, 581.

[3672] BVerwG ZfBR 2012, 478.

Gemeinde erreichen, dass die Baugrundstücke entsprechend groß sind, so kann sie nach § 9 I Nr. 3 BauGB auch Mindestmaße für Baugrundstücke festsetzen. Die Festsetzung von Grundstücksmindestgrößen hat den Bezugspunkt des Baugrundstücks. Hierunter ist eine Fläche zu verstehen, auf der nach bauplanungsrechtlichen Vorschriften eine oder mehrere bauliche Anlagen nach städtebaulichen Grundsätzen zulässig sind. Der Begriff des Baugrundstücks ist daher flächen- und nicht grundstücksbezogen. Durch die Kombination der Festsetzung von Mindestgrößen eines Baugrundstücks, von Einzelhäusern und einer Zweitwohnungsklausel (§ 9 I Nr. 6 BauGB) kann nicht erreicht werden, dass auf Baugrundstücken einer bestimmten Mindestgröße jeweils nur ein einziges Wohngebäude mit höchstens zwei Wohnungen zugelassen werden kann.[3673]

1647 **Nachbarschützende Wirkung** entfaltet nicht nur eine planerische Festsetzung einer Doppelhausbebauung in der offenen Bauweise. Auch im unbeplanten Innenbereich hat der Doppelhausnachbar ein Abwehrrecht gegen die Zulassung eines Vorhabens, durch das ein bestehendes Doppelhaus seine Eigenschaft als Doppelhaus im Rechtssinne verliert.[3674] Ist ein unbeplanter Innenbereich in offener Bauweise bebaut, weil dort nur Einzelhäuser, Doppelhäuser und Hausgruppen im Sinne von § 22 II BauNVO den maßgeblichen Rahmen bilden, so fügt sich ein grenzständiges Vorhaben im Sinne von § 34 I BauGB grundsätzlich nicht nach der Bauweise ein, das unter Beseitigung eines bestehenden Doppelhauses grenzständig errichtet wird, ohne mit dem verbleibenden Gebäudeteil ein Doppelhaus zu bilden. Ein solches Vorhaben verstößt gegenüber dem Eigentümer der bisher bestehenden Doppelhaushälfte grundsätzlich gegen das drittschützende Gebot der Rücksichtnahme.[3675] Wenn ein Vorhaben jedoch gerade nicht ohne seitlichen Abstand zur Grenze des Grundstücksnachbarns verwirklicht werden soll, lässt sich aus der Doppelhausrechtsprechung des Bundesverwaltungsgerichts nach Ansicht des OVG Münster nichts ableiten. Das zwischen den Eigentümern zweier aneinander gebauter Doppelhaushälften bestehende Austauschverhältnis könne durch die Bebauung eines der beiden Grundstücke mit seitlichem Abstand zur gemeinsamen Grundstücksgrenze aufgehoben werden, ohne hierdurch subjektive Rechte des jeweiligen Nachbarn zu verletzen. Der Eigentümer eines Grundstücks im unbeplanten Innenbereich sei, so das OVG Münster, grundsätzlich nicht dadurch in eigenen Rechten verletzt, dass die Bebauung auf einem Nachbargrundstück nicht der in der offenen Bauweise zulässigen Hausform entspreche, die in der näheren Umgebung der Grundstücke ausschließlich vorhanden seien, sondern in einer anderen in der offenen Bauweise zulässigen Hausform erfolge. Aus dem einmal durch die Errichtung eines Doppelhauses auf zwei Grundstücken begründeten Austauschverhältnis ergebe sich für den Grenznachbarn jedenfalls dann kein subjektives Recht auf Fortbestehen dieser ursprünglichen baulichen Situation, wenn seine Doppelhaushälfte im Bestand geschützt und künftige bauliche Veränderungen seiner (ehemaligen) Doppelhaushälfte durch eine Baulast gesichert seien.[3676]

1648 In der **geschlossenen Bauweise** werden die Gebäude nach § 23 III BauNVO ohne seitlichen Grenzabstand errichtet, es sei denn, dass die vorhandene Bebauung eine Abweichung erfordert. Ziel einer geschlossenen Bauweise ist es, einen durchgehenden Baukörper entlang der öffentlichen Verkehrsfläche zu schaffen. Gegenüber der offenen Bauweise ist die bauliche Dichte deutlich höher sowie die Belichtung und Belüftung der Gebäude und Grundstücke schlechter.[3677] Die geschlossene Bauweise gilt nur für Gebäude oder bauliche Anlagen, die Wirkungen wie Gebäude haben. Umstritten ist, ob § 22 III BauNVO auf alle baulichen Anlagen und damit auch auf Werbeanlagen für Fremdwerbung, die eine Hauptnutzung sind, anwendbar ist.[3678] Das Bauplanungsrecht hat dabei einen Vorrang, den das jeweilige Landesrecht in den Abstandsregelungen der Bauordnungen wahren muss. So ist zumeist eine Abstandsfläche nach der LBauO nicht erforderlich, wenn nach dem Bauplanungsrecht an die Grenze gebaut werden muss.[3679] Dabei regelt § 22 III HS. 2 BauNVO nur, wann ein Gebäude bei festgesetzter geschlossener Bauweise ausnahmsweise nicht ohne seitlichen Grenzabstand zu errichten ist.

[3673] BVerwG ZfBR 1995, 143.
[3674] OVG Münster BauR 2012, 1100, nachgehend BVerwG Beschl. v. 12.7.2012 – 4 B 19.12, juris; BVerwG NVwZ 2000, 1055.
[3675] BVerwG NVwZ 2014, 370.
[3676] OVG Münster Beschl. v. 7.2.2022 – 10 B 1764/21, juris Rn. 15 ff.
[3677] Schilder in Bönker/Bischopink, BauNVO, 2024, § 22 Rn. 38.
[3678] Bejahend Hornmann in BeckOK BauNVO, 2023, § 22 Rn. 30; aA VGH München KommunalPraxis BY 2005, 392.
[3679] BVerwG NVwZ 1990, 361; ZfBR 2014, 257.

Welcher Abstand in einem solchen Fall einzuhalten ist, richtet sich allein nach dem jeweiligen Bauordnungsrecht.[3680]

Ob und inwieweit der Festsetzung einer geschlossenen Bauweise **Nachbarschutz** zukommt, ist noch nicht abschließend geklärt. Bei der Zielrichtung, eine geschlossene Gebäudefront zu erreichen, dürfte es regelmäßig um städtebauliche, nicht nachbarbezogene Belange gehen. Allerdings wird darauf hingewiesen, dass die geschlossene Bauweise zugleich einen gegenseitigen Verzicht auf die bauordnungsrechtlichen Abstände bedeute, so dass ein nachbarliches Austauschverhältnis entstehe. Mit der Erteilung einer Baugenehmigung für ein Gebäude, das trotz geschlossener Bauweise einen Grenzabstand einhalte, werde dieses Austauschverhältnis gestört. Dem Nachbarn drohe der Verlust der Möglichkeit, auf seinem Grundstück an die Grenze zu bauen. Deshalb sei jedenfalls in Konstellationen, in denen die Bauaufsichtsbehörde bei einer Bebauung des Nachbargrundstückes ein Abweichen von der geschlossenen Bauweise im Sinne von § 22 III BauNVO fordern könne, die nachbarschützende Wirkung der geschlossenen Bauweise zu bejahen.[3681] 1649

Gestaltungsmöglichkeiten werden der Gemeinde auch durch § 22 IV BauNVO eingeräumt.[3682] wonach eine von § 22 I BauNVO abweichende Bauweise festgesetzt werden darf. Dabei kann auch festgesetzt werden, inwieweit an die vorderen, rückwärtigen und seitlichen Grundstücksgrenzen herangebaut werden darf oder muss.[3683] Die Ermächtigung der Gemeinde in § 22 IV 1 BauNVO, eine von der offenen Bauweise abweichende Bauweise festzusetzen, umfasst die Befugnis, die planerische Grundlage für jeweils einseitig grenzständige Gebäude zu schaffen, die kein Doppelhaus bilden.[3684] Eine auf der Grundlage des § 22 IV BauNVO im Bebauungsplan festgesetzte abweichende Bauweise muss allerdings hinreichend bestimmt sein[3685] und im normativen Teil des Bebauungsplanes selbst erfolgen.[3686] Eine abweichende Bauweise iSv § 22 IV BauNVO kann auch durch Festsetzungen zur überbaubaren Grundstücksfläche iSv § 23 BauNVO[3687] oder durch eine Kombination der vorgegebenen zwingenden Höhe und der Baulinie festgesetzt werden, aus denen sich die Lage und Größe des Baukörpers eindeutig ergibt.[3688] Im Rahmen einer Festsetzung von Grenzabständen auf der Grundlage von § 22 IV BauNVO kann wegen des hierbei bestehenden weiten planerischen Ermessens der Gemeinde auch die Erteilung von Ausnahmen nach § 31 I BauGB vorgesehen werden.[3689] 1650

Hinweis: Regelungen in einem Bebauungsplan, die zu Abweichungen von den Anforderungen der bauordnungsrechtlichen Abstandsflächenvorschriften führen, sind hinsichtlich der seitlichen Grundstücksgrenzen nur in Form von Festsetzungen zur Bauweise (§ 22 BauNVO) zulässig.[3690]

Ist nach planungsrechtlichen Vorschriften ein Gebäude an sich in geschlossener Bauweise ohne seitlichen Grenzabstand zu errichten, so kann nach landesrechtlichem Bauordnungsrecht abweichend eine Abstandsfläche wegen eines auf dem Nachbargrundstück vorhandenen Gebäudes nur insoweit verlangt oder gestattet werden, als hierfür eine planungsrechtliche Rechtfertigung gegeben ist. Diese besteht, wenn die Abweichung nach § 22 III BauNVO oder im Rahmen des § 34 I BauGB wegen des nachbarschützenden Rücksichtnahmegebotes erforderlich ist.[3691] Welcher Abstand in einem solchen Fall einzuhalten ist, bestimmt sich nach dem jeweiligen Landesrecht. 1651

[3680] BVerwG BauR 1993, 304.

[3681] Schilder in Bönker/Bischopink, BauNVO, 2024, § 22 Rn. 38; VGH München Beschl. v. 20.6.2023 – 2 ZB 22.231, juris Rn. 7; BVerwG Urt. v. 5.12.2013 – 4 C 5.12, juris Rn. 22; VGH München Beschl. v. 20.3.2006 – 25 CS 05.3180, BeckRS 2009, 36393.

[3682] VGH Mannheim Urt. v. 9.12.2005 – 5 S 274/05, BeckRS 2006, 24291.

[3683] Zur Abweichung von der festgesetzten geschlossenen Bauweise bei einem Lichthof VGH Kassel ZfBR 2009, 805.

[3684] BVerwG NVwZ 2018, 176; kritisch dazu Petz in König/Roeser/Stock, BauNVO, 2022, § 22 Rn. 31.

[3685] BVerwG ZfBR 2006, 63.

[3686] OVG Lüneburg BauR 2008, 1353; VGH Mannheim BWVBl 1995, 434.

[3687] OVG Münster Urt. v. 13.11.2009 – 10 D 87/07.NE, BeckRS 2009, 41950.

[3688] OVG Münster DÖV 2009, 421 – für die Errichtung eines 88 m hohen Bürogebäudes auf einem Hochbunker aus dem 2. Weltkrieg.

[3689] VGH Mannheim DÖV 2011, 702.

[3690] VGH München Urt. v. 4.4.2006 – 1 N 04.1661, juris.

[3691] BVerwG ZfBR 1995, 158.

Beispiel: Eine Abweichung von der bauplanungsrechtlich vorgeschriebenen geschlossenen Bauweise kann etwa dann gegeben sein, wenn im Grenzbereich ein Gebäude vorhanden ist, das zur Sicherung gesunder Wohnverhältnisse einen entsprechenden Gebäudeabstand erfordert. Auch kann die Einhaltung eines Grenzabstandes geboten sein, wenn auf dem Nachbargrundstück wegen eines rückwärtigen Gebäudes nicht an die Grenze gebaut werden kann und daher die geschlossene Bauweise auf den beiden benachbarten Grundstücken nicht durchgeführt werden kann.[3692] Das Landesrecht muss die Freistellung von der bauplanungsrechtlich vorgeschriebenen Bauweise allerdings jeweils planungsrechtlich rechtfertigen.

1652 Der als abweichende Bauweise erfolgten Festsetzung „Reihenhäuser mit einer zulässigen Länge von mehr als 50 m" kommt nachbarschützende Wirkung zu.[3693]

1653 **Überbaubare Grundstücksflächen** können im Bebauungsplan durch die Festsetzung von **Baulinien**, **Baugrenzen** oder **Bebauungstiefen** bestimmt werden (§ 23 I BauNVO); im Flächennutzungsplan können sie hingegen nicht dargestellt werden.[3694] Festsetzungen zur überbaubaren Grundstücksfläche gelten nicht nur für Gebäude im bauordnungsrechtlichen Sinne, sondern generell für bauliche Anlagen im bauplanungsrechtlichen Sinn.[3695] Die überbaubare Grundstücksfläche ist auch Kriterium für die Beurteilung der planungsrechtlichen Zulässigkeit eines Vorhabens im unbeplanten Innenbereich gemäß § 34 BauGB. § 23 BauNVO wird deshalb zur näheren Bestimmung der Anforderungen, die sich aus dem Einfügungsgebot (§ 34 I 1 BauGB) hinsichtlich der überbaubaren Grundstücksfläche ergeben, herangezogen.[3696] Während die Festsetzung der zulässigen Grundfläche oder Grundflächenzahl in erster Linie dazu dient, eine übermäßige Nutzung des Grundstücks zugunsten des Bodenschutzes zu vermeiden, regelt die Festsetzung zur überbaubaren Grundstücksfläche mit einer anderen städtebaulichen Zielsetzung den räumlich beschränkten Teilbereich des Grundstücks, auf dem die baulichen Anlagen errichtet werden dürfen.[3697]

1654 Ist eine **Baulinie** festgesetzt, so muss an dieser Linie gebaut werden. Ist eine **Baugrenze** festgesetzt, so dürfen Gebäude und Gebäudeteile diese Grenze nicht überschreiten. Der Bebauungsplan kann auch eine **Bebauungstiefe** festsetzen, die von der tatsächlichen Straßengrenze ab zu ermitteln ist, sofern im Bebauungsplan nichts anderes festgesetzt ist. Ein Vor- oder Zurücktreten von Gebäudeteilen in geringfügigem Ausmaß kann zugelassen werden. Auch können im Bebauungsplan Ausnahmen von der Einhaltung der Baulinie, der Baugrenze und der Bebauungstiefe vorgesehen werden (§ 23 II, III und IV BauNVO). Wird in einem Bebauungsplan eine Baugrenze nach § 23 III BauNVO unmittelbar an der Grundstücksgrenze festgesetzt, darf nach planungsrechtlichen Vorschriften an die Grenze gebaut werden. Eine Abstandsfläche vor Außenwänden ist dann nicht erforderlich.[3698] Auf nicht überbaubaren Grundstücksflächen können Nebenanlagen nach § 14 BauNVO zugelassen werden. Das Gleiche gilt für bauliche Anlagen, soweit sie nach Landesrecht in den Abstandsflächen zulässig sind oder zugelassen werden können (§ 23 V BauNVO). Das öffentliche Interesse an begrünten Vorgartenflächen ist ein im Rahmen der Ermessensentscheidung gemäß § 23 V BauNVO berücksichtigungsfähiger städtebaulicher Belang.[3699] Ebenso wenig wie § 23 V BauNVO einer auf bestimmte Nebenanlagen oder bestimmte bauliche Anlagen begrenzten Zulassungspraxis entgegensteht,[3700] verbietet die Vorschrift, bei der Ausübung des Ermessens zwischen Nebenanlagen und den von Satz 2 erfassten baulichen Anlagen zu differenzieren.[3701]

1655 **Baugrenzen** (§ 23 III BauNVO) müssen im Bebauungsplan nicht so festgesetzt werden, dass sie die volle oder eine weitgehende Ausschöpfung der im Bebauungsplan festgesetzten

---

3692 BVerwG ZfBR 1995, 158.

3693 OVG Lüneburg ZfBR 2021, 770.

3694 Petz in König/Roeser/Stock, BauNVO, 2022, § 23 Rn 10;

3695 VGH München Urt. v. 23.7.2019 – 1 N 16.2190, BeckRS 2019, 15910, Rn 7; BVerwG NVwZ 2002, 90.

3696 BVerwG NVwZ 2014, 1246; BRS 84 Nr. 74; Petz in König/Roeser/Stock, BauNVO, 2022, § 23 Rn. 8.

3697 VGH München Urt. v. 23.7.2019 – 1 N 16.2190, BeckRS 2019, 15910, Rn. 17; BVerwG NVwZ 1996, 894.

3698 OVG Hamburg DVBl. 2010, 524.

3699 OVG Münster Urt. v. 3.5.2010 – 7 A 1942/08, juris.

3700 Zur Baugenehmigungspflicht für Mobilfunkanlagen Kraus BayVBl. 2023, 441; Kuhfuss KommunalPraxis BY 2020, 342; zum Rechtsschutz gegen Mobilfunkanlagen Budziski NVwZ 2022, 1486.

3701 BVerwG ZfBR 2010, 694.

(höchst-)zulässigen Grundflächenzahl (§ 19 BauNVO) gestatten.[3702] Auf nicht überbaubaren Grundstücksflächen nach § 23 V 2 BauNVO können Stellplätze als Nebenanlagen zugelassen werden. Die Entscheidung liegt allerdings im Ermessen der Bauaufsichtsbehörden.[3703] Aus der Zulassung von Nebenanlagen an bestimmten Flächen kann nicht geschlossen werden, dass Nebenanlagen auf allen anderen Flächen unzulässig sind.[3704]

Hinweis: Festsetzungen zur überbaubaren Grundstücksfläche bedürfen wie alle anderen Festsetzungen des Bebauungsplans einer städtebaulichen Rechtfertigung. Sie müssen in einem weiteren Sinne „vernünftigerweise geboten“ sein[3705] und unterliegen dem Abwägungsgebot. Die Abwägungselemente sollten in der Begründung zum Bebauungsplan dargelegt werden.

Ist im Bebauungsplan eine Baugrenze festgestellt, so dürfen nicht nur Gebäude und Gebäudeteile, sondern auch alle anderen baulichen Anlagen wie etwa **Werbeanlagen** diese grundsätzlich nicht überschreiten. § 23 III 1 BauNVO ist nicht nur auf Gebäude und Gebäudeteile, sondern auf alle baulichen Anlagen anzuwenden.[3706] § 23 BauNVO ist aus der Zielsetzung des § 9 I Nr. 2 BauGB auszulegen. Danach ist die Festsetzung von Baugrenzen geeignet, die von der Gemeinde gewünschte „offene Bauweise“ zu unterstreichen. Dieses Ziel würde unterlaufen, wenn eine bauliche Anlage, welche bauplanerisch weder „Gebäude“ noch „Nebenanlage“ ist, als Hauptnutzung „vor der Baugrenze“ ohne weiteres zulässig wäre.[3707] Ob eine Baugrenze nachbarschützend ist, hängt vom Willen der Gemeinde als Planungsträger bzw. von ihrer konkreten objektiven Funktion ab. Dabei ist eine nachbarschützende Funktion umso eher anzunehmen, je größer die Wohndichte und je näher der Bezug zur Wohnqualität im Plangebiet ist.[3708] Eine planerische Festsetzung, die eine Baugrenze für bis zu 12 m hohe bauliche Anlagen in einem Gewerbegebiet auf einer Grundstücksgrenze festsetzt, die zugleich die Baugebietsgrenze zu einem Wohngebiet gemäß § 4 BauNVO darstellt, und die in diesem Wohngebiet bis zu dreigeschossige Baukörper in einem Abstand von 4,5 bis 7 m zu dieser Grenze festsetzt, ist in ihrem Ergebnis abwägungsfehlerhaft.[3709] 1656

Die Festsetzung einer **Baulinie** durch den Ortsgesetzgeber (§ 23 II BauNVO) muss städtebaulich motiviert sein (§ 1 III BauGB). Mehr wird allerdings auch nicht verlangt.[3710] Der Verordnungsgeber der BauNVO bestimmt ausdrücklich, ob für eine Festsetzung „besondere städtebauliche Gründe“ erforderlich sind. § 23 BauNVO enthält eine etwa §§ 1 IX oder 17 III 1 BauNVO vergleichbare Regelung nicht.[3711] Nach § 34 I 1 BauGB ist ein Vorhaben innerhalb der im Zusammenhang bebauten Ortsteile zulässig, wenn es sich auch nach der „Grundstücksfläche, die überbaut werden soll", in die Eigenart der näheren Umgebung einfügt.[3712] In der Rechsprechung des BVerwG ist geklärt, dass es insoweit auf die konkrete Größe der Grundfläche des in Frage stehenden Vorhabens und auch auf seine räumliche Lage innerhalb der vorhandenen Bebauung, also auf den Standort des Vorhabens ankommt. Ob eine rückwärtige Bebauung eines Grundstücks zulässig ist, hängt im Wesentlichen davon ab, in welchem Umfang die den Maßstab bildenden umliegenden Grundstücke eine rückwärtige Bebauung aufweisen. Zur näheren Konkretisierung kann insofern auf die Begriffsbestimmungen in § 23 BauNVO zur „überbaubaren Grundstücksfläche“, die wiederum gemäß § 23 IV BauNVO 1657

3702 BVerwG ZfBR 1999, 353.

3703 OVG Berlin UPR 1999, 320.

3704 BVerwG NVwZ 1999, 1066; VGH Mannheim VGHBW RSprDienst 1999, Beilage 5 B 4–5 – Grenzbebauung.

3705 BVerwGE 48, 56; BVerwGE 51, 15; BVerwGE 56, 110.

3706 BVerwG NVwZ 2002, 90. So auch VGH Mannheim BRS 60 Nr. 132; Petz in König/Roeser/Stock, BauNVO, 2022, § 23 Rn. 4; Sarnighausen UPR 1994, 330, aA VGH München UPR 1999, 115.

3707 BVerwG NVwZ 2002, 90.

3708 OVG Bremen Beschl. v. 19.7.2011 – 1 B 128/11, BeckRS 2011, 52984; BVerwG NVwZ 1996, 888.

3709 OVG Hamburg ZfBR 2012, 48.

3710 BVerwG ZfBR 2002, 583; es gilt der allgemeine Maßstab der städtebaulichen Erforderlichkeit, siehe Petz in König/Roeser/Stock, § 23 BauNVO Rn. 18.

3711 BVerwG BauR 2002, 1358; NVwZ 2002, 90. Zur fehlenden nachbarschützenden Wirkung einer seitlichen Baugrenze VGH Mannheim Beschl. v. 19.2.2003 – 5 S 5/03, juris; zum Begrünungsgebot für Vorgartenflächen OVG Berlin Urt. v. 7.3.2003 – 2 B 1.97, juris.

3712 BVerwG DVBl. 1978, 815.

auch durch Festsetzung der Bautiefe bestimmt werden kann, zurückgegriffen werden.[3713] Nach § 23 IV 2 BauNVO ist die Bebauungstiefe von der **tatsächlichen Straßengrenze** aus zu ermitteln. „Tatsächliche Straßengrenze" ist die Grenze der als Erschließungsanlage gewählten öffentlichen Straße. Ein Privatweg oder eine private Grundstückszufahrt zu einer solchen „Erschließungsstraße", auch wenn diese Zuwegung ggf. ausreichend ist, um die von § 34 I 1 BauGB geforderte Erschließung zu sichern, reicht nicht aus. Andernfalls hätte es ein Bauherr in der Hand, allein durch die Trassierung einer inneren Erschließung eines Grundstücks das städtebauliche Merkmal der überbaubaren Grundstücksfläche zu bestimmen.[3714]

1658 Bei dem Merkmal der **überbaubaren Grundstücksfläche** iS von § 23 BauNVO stellt das Städtebaurecht Anforderungen an die räumliche Lage der Baukörper auf den Grundstücken. Aus der als Vergleichsmaßstab heranzuziehenden Umgebungsbebauung können sich Beschränkungen in Form faktischer Baulinien (§ 23 II BauNVO) oder Baugrenzen (§ 23 III BauNVO) ergeben. Dabei ist hinsichtlich so genannter faktischer rückwärtiger Baugrenzen entsprechend dem Rechtsgedanken des § 23 IV 2 BauNVO die vorhandene Bebauungstiefe von der tatsächlichen Grenze der jeweils als Erschließungsanlage gewählten öffentlichen Straße aus zu ermitteln.[3715] Bei der überbaubaren Grundstücksfläche ist die vorhandene Bebauungstiefe von der tatsächlichen Grenze der jeweils als Erschließungsanlage gewählten öffentlichen Straße aus zu ermitteln, wobei die Bautiefe dem jeweiligen Straßenverlauf folgt und gegebenenfalls entsprechend von Straßengrenzen gebildeten Kurven und Winkeln verspringt (§ 23 IV 2 BauNVO). Dabei sind in der Regel nur die jeweils für das Vorhaben als Zuwegung zum Grundstück dienenden Straßen und dabei die Straßenseite, der das Vorhaben zugeordnet ist, beachtlich.[3716]

1659 Nach § 23 II 2 BauNVO kann von der Bauaufsichtsbehörde zugelassen werden, dass Teile einer baulichen Anlage gegenüber einer Baulinie in geringfügigem Ausmaß vor- oder zurücktreten, diese also überschreiten oder hinter ihr zurückbleiben. § 23 III 2 und IV 1BauNVO iVm § 23 III 2 BauNVO geben eine entsprechende Befugnis für Vorhaben, die eine Baugrenze oder eine Bebauungstiefe einhalten müssen. Der **Abweichungsvorbehalt** ist jeweils auf ein Vortreten von Anlageteilen in geringfügigem Ausmaß beschränkt.[3717] Nach § 248 S. 1 BauGB sind in Gebieten mit Bebauungsplänen oder Satzungen nach § 34 IV 1 Nr. 2 oder 3 BauGB bei Maßnahmen an bestehenden Gebäuden zum Zwecke der Energieeinsparung geringfügige Abweichungen von dem festgesetzten Maß der baulichen Nutzung, der Bauweise und der überbaubaren Grundstücksfläche zulässig, soweit dies mit nachbarlichen Interessen und baukulturellen Belangen vereinbar ist. Das gilt nach § 248 S. 2 BauGB entsprechend für **Anlagen zur Nutzung solarer Strahlungsenergie** in, an und auf Dach- und Außenwandflächen. In den im Zusammenhang bebauten Ortsteilen gelten diese Regelungen nach § 248 S. 3 BauGB entsprechend für Abweichungen vom Erfordernis des Einfügens in die Eigenart der näheren Umgebung.

1660 Rechtsgrundlage für eine Festsetzung in einem Bebauungsplan, wonach Gebäude als Nebenanlagen iSv § 14 BauNVO auf den nicht überbaubaren Grundstücksflächen unzulässig sind, ist § 23 V 1 BauNVO. Die Vorschrift ist eine abschließende Regelung für die Zulassung von Nebenanlagen iSv § 14 BauNVO auf den nicht überbaubaren Grundstücksflächen.[3718] § 23 V 1 BauNVO ermöglicht es nicht, Nebenanlagen iSd § 14 BauNVO auf einer im Bebauungsplan festgesetzten privaten oder öffentlichen Grünfläche zuzulassen. § 23 V 1 BauNVO könnte hier nur dann eingreifen, wenn (auch) die von den Vorhaben in Anspruch genommene Fläche als allgemeines Wohngebiet ausgewiesen, aber aufgrund der Festsetzung von Baulinien, Baugrenzen oder Bebauungstiefen nach § 23 I 1 BauNVO nicht überbaubar wäre.[3719] Die Verhinderung einer übermäßigen **Verdichtung** der Bebauung gehört zu den städtebaulichen Zwecken, welche die Festsetzung von Baugrenzen rechtfertigen können. Baugrenzen dürfen auch gezogen werden, um der Überlastung oder einer zusätzlichen Belastung eines der Erschließung des

---

[3713] BVerwG BauR 2019, 1889; ZfBR 2009, 693; BRS 84 Nr. 74 (2016).

[3714] BVerwG BauR 2002, 1358; OVG Saarlouis Urt. v. 27.5.2014 – 2 A 2/14, juris Rn. 42; BVerwG Beschl. v. 6.11.1997 – 4 B 172.97 – Buchholz 406.11 § 34 BauGB Nr. 188 Rn. 7.

[3715] OVG Saarlouis BauR 2006, 570.

[3716] VG Saarlouis BauR 2011, 1372.

[3717] Petz in König/Roeser/Stock, BauNVO, 2022, § 23 Rn. 22.

[3718] BVerwG NVwZ 2013, 1014; OVG Koblenz Beschl. v. 9.5.2023 – 1 A 10188/23, juris Rn. 28: „Die Zulassung von Fremdwerbeanlagen ermöglicht § 23 V 1 BauNVO nicht."

[3719] OVG Münster Beschl. v. 20.9.2023 – 10 A 204/22, juris Rn. 7 ff.

Baugebiets dienenden öffentlichen Verkehrsweges zu begegnen.[3720] Die nachbarschützende Wirkung von Festsetzungen zur überbaubaren Grundstücksfläche durch Baulinien und Baugrenzen hängt ab vom Willen der Gemeinde als Plangeber. Ein „objektivierter" planerischer Wille kann zB anhand des im Bebauungsplan zum Ausdruck gekommenen Planungskonzepts ermittelt werden.[3721] § 23 V 1 BauNVO greift nur ein, wenn die von eventuellen Nebenanlagen in Anspruch genommene Grundfläche als reines Wohngebiet ausgewiesen, aber aufgrund der Festsetzung von Baulinien, Baugrenzen oder Bebauungstiefen nach § 23 I 1 BauNVO nicht überbaubar ist.[3722] § 23 V 2 BauNVO erlaubt es, im Gebiet eines Bebauungsplans auf den nicht überbaubaren Grundstücksflächen bauliche Anlagen nach Ermessen zuzulassen, soweit diese nach dem Landesrecht in den Abstandsflächen zulässig sind oder zugelassen werden können. Die Vorschrift steht nach der Rechtsprechung des BVerwG einer auf bestimmte Nebenanlagen oder bestimmte bauliche Anlagen begrenzten Zulassungspraxis nicht entgegen.[3723]

V. Bebauungsplan der Innenentwicklung (§ 13a BauGB)

Durch das Gesetz zur Erleichterung von Planungsvorhaben für die Innenentwicklung vom 21.12.2007[3724] wurden die Anforderungen an die Umweltprüfung in der Bauleitplanung gelockert. Für Bebauungspläne der Innenentwicklung sollte das Planverfahren vereinfacht und unter näher geregelten Voraussetzungen auf eine Umweltprüfung verpflichtet werden. Damit sollte vor allem auch der zu hohe Flächenverbrauch zugunsten einer stärkeren Innenentwicklung verringert und zugleich die Realisierung wichtiger Planungsvorhaben beschleunigt werden.[3725] Ergänzend dazu wurde im Rahmen der Städtebaurechtsnovelle 2017 Möglichkeiten zur behutsamen Planung im angrenzenden Außenbereich (§ 13b BauGB geschaffen. Während der Verzicht auf die Umweltprüfung für den Bebauungsplan der Innenentwicklung bislang unbeanstandet blieb,[3726] hielt das BVerwG § 13b BauGB für unvereinbar mit Art. 3 I und V SUP-RL, weil der von § 13b BauGB ermöglichte Zugriff auf Außenbereichsflächen auch bei einer flächenmäßig begrenzten Wohnbebauung in der Nachbarschaft zu einem im Zusammenhang bebauten Ortsteil nicht ausschließt, dass mittels des beschleunigten Verfahrens Bebauungspläne erlassen werden können, die voraussichtlich erhebliche Umweltauswirkungen haben werden und damit einer Umweltprüfung unterzogen werden müssen.[3727] 1661

§ 13 b BauGB ist durch das Gesetz für die Wärmeplanung und zur Dekarbonisierung der Wärmenetze vom 20.12.2023 (BGBl. I Nr. 394) mit Wirkung vom 1.1.2024 aufgehoben worden. Nach § 215a BauGB gilt Folgendes: Bebauungsplanverfahren nach § 13b BauGB in der bis zum Ablauf des 22.6.2021 oder bis zum Ablauf des 31.12.2023 geltenden Fassung, die vor Ablauf des 31.12.2022 förmlich eingeleitet wurden, können nach Maßgabe des § 215a III BauGB im beschleunigten Verfahren in entsprechender Anwendung des § 13a BauGB abgeschlossen werden, wenn der Satzungsbeschluss nach § 10 I BauGB bis zum Ablauf der 31.12.2024 gefasst wird. Sollen Bebauungspläne, die im Verfahren nach § 13b BauGB in der bis zum Ablauf des 22.6.2021 oder bis zum Ablauf des 31.12.2023 geltenden Fassung aufgestellt wurden, durch ein ergänzendes Verfahren gemäß § 214 IV BauGB in Kraft gesetzt werden, kann § 13a BauGB nach Maßgabe des § 215a III BauGB entsprechend angewendet werden. Der Satzungsbeschluss nach § 10 I BauGB ist bis zum Ablauf des 31.12.2024 zu fassen. Auf Bebauungspläne, deren Aufstellung nach § 215a I BauGB abgeschlossen worden ist oder die im ergänzenden Verfahren nach § 215a II BauGB in Kraft gesetzt worden sind, sind die 1662

3720 BVerwG Beschl. v. 7.12.2017 – 4 BN 37.17, BeckRS 2017, 139343; BVerwG BRS 85 Nr. 48 (2017).

3721 BVerwG Beschl. v. 11.6.2019 – 4 B 5.19, BeckRS 2019, 15504.

3722 BVerwG BRS 85 Nr. 67 (2017).

3723 BVerwG Beschl. v. 14.3.2018 – 4 B 5.18 mit Hinweis auf BVerwG BauR 2010, 2069 Rn. 4 f.; König in König/Roeser/Stock, BauNVO, § 23 Rn. 34.

3724 BGBl. I 3316.

3725 Kment in Jarass/Kment, BauGB, 2022, § 13a Rn. 1 unter Verweis auf BT-Drs. 16/2496.

3726 BVerwG NVwZ 2020, 1686 =, juris Rn. 30; NVwZ 2015, 161; EuGH, Urt. v. 18.4.2013 – C-463/11 [ECLI:EU:C:2013:247], Rn. 39; Kment in Jarass/Kment, BauGB, 2022, § 13a Rn. 1.

3727 BVerwG NVwZ 2023, 1652 mit Anmerkung Schröer, NVwZ 2023, 1654; zu den Konsequenzen des Urteils für gemäß § 13b BauGB erlassene Bebauungs- und „berichtigte" Flächennutzungspläne sowie auf dieser Grundlage ergangene Verwaltungsakte siehe § 215a BauGB und zuvor Kukk ZfBR 2023, 735; Kerkmann/Saame BauR 2024, 20.

Bestimmungen der §§ 214 und 215 BauGB zur Planerhaltung entsprechend anzuwenden (§ 215a IV BauGB).

1. Anwendungsbereich (§ 13 a I 1 BauGB)

1663 Nach § 13a I 1 BauGB ist ein **beschleunigtes Verfahren** für Bebauungspläne der Innenentwicklung vorgesehen. Die Formulierung des Regierungsentwurfs, wonach bereits solche Bebauungspläne in Betracht kommen, die der Innenentwicklung „dienen", wurde aufgegeben. Darunter hätte man auch Fälle einer Außenentwicklung verstehen können, etwa wegen einer Betriebsverlagerung „nach außen", die zwar der Innenentwicklung „dienen" mag, aber im Kern doch eine Außenentwicklung darstellt. Der Begriff der Innentwicklung wird als städtebaufachlicher Begriff vorausgesetzt und gesetzlich nicht definiert.[3728]

1664 Die in § 13a I 1 BauGB genannten Beispiele der Wiedernutzbarmachung von Flächen, der Nachverdichtung oder anderer vergleichbarer Maßnahmen knüpfen an die Begriffsbestimmung in § 1 a II 1 BauGB an. Bebauungspläne der Innenentwicklung erfassen daher insbesondere Bebauungspläne zur Erhaltung, Erneuerung, Fortentwicklung, Anpassung und dem Umbau vorhandener Ortsteile (§ 1 VI Nr. 4 BauGB) und zur Umnutzung von Flächen. Das Gesetz zielt auf Gebiete, die im Zusammenhang bebaute Ortsteile iS des § 34 BauGB darstellen und auf innerhalb des Siedlungsbereichs befindliche brachgefallene Flächen oder Flächen, die aus anderen Gründen einer neuen Nutzung zugeführt werden sollen. Es bezieht sich aber auch auf Außenbereiche im Innenbereich,[3729] also Flächen, die zwar selbst zum Außenbereich rechnen, aber von einer baulichen Nutzung umgeben sind. Auch Abrundungsflächen, die räumlich in den Außenbereich hineinragen, können allerdings in sehr begrenztem Umfang Gegenstand eines Bebauungsplans der Innenentwicklung sein.[3730] Ein Bebauungsplan der Innenentwicklung kann auch für eine Außenbereichsinsel im Innenbereich aufgestellt werden.[3731] Isoliert in den Außenbereich vorstoßende Flächen können demgegenüber nicht im vereinfachten Verfahren des § 13 a BauGB beplant werden.

Beispiel: Tauglicher städtebaulicher Anknüpfungspunkt für die Aufstellung eines Bebauungsplan der Innenentwicklung nach § 13 a BauGB, der eine gegenüber dem „normalen" Bauleitplanverfahren erleichterte und beschleunigte Aufstellung von Bebauungsplänen ermöglicht, ist auch das Bestreben der Gemeinde nach einer „Wiedernutzbarmachung" von brach gefallenen Flächen in bebauter Ortslage, etwa eines aufgegebenen Betriebsstandorts eines Bau- und eines Speditionsunternehmens. Dabei bietet sich für räumlich begrenzte Flächen, die künftig von einem Bauherrn für ein bestimmtes Bauvorhaben benutzt werden sollen, die zulässige Kombination mit einem über die allgemein bloße Angebotsplanung hinaus eine Realisierungspflicht begründenden vorhabenbezogenen Bebauungsplan (§ 12 BauGB) an.[3732] Auch die Umnutzung einer öffentlichen Grünfläche in eine bauliche Nutzung kann eine „andere Maßnahme der Innenentwicklung" darstellen, die nach § 13 a I 1 BauGB die Aufstellung eines Bebauungsplans im beschleunigten Verfahren ermöglicht.[3733]

1665 Der **Begriff der Innenentwicklung** ist der Schlüssel zur Anwendung des beschleunigten Verfahrens nach § 13a I 1 BauGB. Es kommt daher nicht darauf an, wie die Gemeinde die von ihr mit dem Bebauungsplan beabsichtigten Maßnahmen bezeichnet. Das Tatbestandsmerkmal der Innenentwicklung ist der Oberbegriff. Es ist Voraussetzung sowohl für die in § 13a I 1 BauGB beispielhaft genannten Maßnahmen der Wiedernutzbarmachung und Nachverdichtung von Flächen als auch für andere, nicht konkretisierte Maßnahmen.[3734] Mit diesem Tatbestandsmerkmal beschränkt § 13a I 1 BauGB seinen räumlichen Anwendungsbereich.

1666 Der Gesetzgeber knüpft mit § 13a I 1 BauGB an die ältere **Bodenschutzklausel** des § 1a II 1 BauGB an, wonach mit Grund und Boden sparsam und schonend umgegangen werden soll

3728 Jachmann/Mitschang BauR 2009, 913.

3729 BVerwG DVBl. 1993, 641.

3730 Zu vom Ansatz her vergleichbaren Fragestellungen bei Abrundungssatzungen im nicht beplanten Innenbereich BVerwG DVBl. 1990, 1112; UPR 1994, 394.

3731 BVerwG NVwZ 2023, 1498 mit Anmerkung Loscher NVwZ 2023, 1500; OVG Münster BauR 2021, 474: OVG Koblenz Urt. v. 24.2.2010 – 1 C 10852/09, juris.

3732 OVG Saarlouis BauR 2011, 1373.

3733 VGH Mannheim NuR 2011, 659; BVerwG NVwZ 1993, 468.

3734 BVerwGE 153, 174 Rn. 21; NVwZ 2020, 1686; ZfBR 2017, 680.

und dabei zur Verringerung der zusätzlichen Inanspruchnahme von Flächen für bauliche Nutzungen die Möglichkeiten der Entwicklung der Gemeinde insbesondere durch Maßnahmen der Innenentwicklung zu nutzen sowie Bodenversiegelungen auf das notwendige Maß zu begrenzen sind. Er grenzt Bebauungspläne der Innenentwicklung von Bebauungsplänen ab, die gezielt Flächen außerhalb der Ortslagen einer Bebauung zuführen, und will mit § 13a I BauGB Planungen fördern, die der Erhaltung, Erneuerung, Fortentwicklung, Anpassung und dem Umbau vorhandener Ortsteile dienen (§ 1 VI Nr. 4 BauGB). Als Gebiete, die für Bebauungspläne der Innenentwicklung in Betracht kommen, nennt er beispielhaft die im Zusammenhang bebauten Ortsteile iS des § 34 I BauGB, innerhalb des Siedlungsbereichs befindliche brachgefallene Flächen sowie innerhalb des Siedlungsbereichs befindliche Gebiete mit einem Bebauungsplan, der infolge notwendiger Anpassungsmaßnahmen geändert oder durch einen neuen Bebauungsplan abgelöst werden soll.[3735]

Der Begriff des Siedlungsbereichs ist nicht identisch mit dem Begriff des im Zusammenhang **1667** bebauten Ortsteils iSd § 34 BauGB, sondern eigenständig auszulegen.[3736] Auch eine Fläche, die ihrer Größe nach als Außenbereich zu bewerten ist, kann für eine Innenentwicklung in Frage kommen. Mindestvoraussetzung ist die Belegenheit innerhalb der Grenzen der Ortslage; die Fläche muss – abgesehen von einzelnen Baulücken – von Bebauung umgeben sein. Außerdem muss sich die Fläche bei wertender Betrachtung nach der Verkehrsauffassung unter Beachtung siedlungsstruktureller Gegebenheiten zur Überplanung im beschleunigten Verfahren anbieten. Als Kriterien dafür werden zB die Größe der Fläche, absolut oder im Verhältnis zu den umgebenden Siedlungsbereichen, ein etwaiger funktionaler Bezug zu diesen sowie der Zuschnitt der Fläche genannt.[3737]

Nach Auffassung des BVerwG rechtfertigt die Belegenheit einer Freifläche innerhalb der **1668** Ortslage nicht immer deren Zuordnung zum Siedlungsbereich. Vielmehr sei eine wertende Betrachtung nach der Verkehrsauffassung unter Beachtung siedlungsstruktureller Gegebenheiten geboten, um festzustellen, ob sich eine solche Freifläche zur Überplanung im beschleunigten Verfahren anbiete. Dabei seien je nach den Gegebenheiten des Einzelfalles verschiedene Kriterien heranzuziehen. So könne schon wegen der Größe der Freifläche, sei sie absolut, sei sie relativ zum umgebenden Siedlungsbereich, der Eindruck der Zugehörigkeit zum Siedlungsbereich fehlen und dieser unterbrochen werden, weil die Überplanung und die grundsätzliche Eröffnung der Bebaubarkeit nicht mehr als zwanglose Fortsetzung der Nutzung der umliegenden Bereiche erscheine und sich nicht mehr aufdränge. Von Bedeutung könne auch sein, ob die einbezogene Freifläche in einem besonderen funktionalen Zusammenhang mit dem sonstigen Plangebiet stehe, oder ob dessen Zuschnitt, gerade in Bezug auf die Einbeziehung der Freifläche, als nicht nachvollziehbar oder gar willkürlich erscheine. Eine frühere und nachwirkende bauliche Nutzung könne eine besondere inhaltliche Nähe zum Siedlungsbereich indizieren. Das Fehlen einer solchen Nutzung, mit der wegen der Versiegelung des Bodens eine geringere Schutzwürdigkeit der Flächen einhergehe, stehe der Zugehörigkeit zum Siedlungsbereich allerdings nicht entgegen. Denn anderenfalls wäre, so das BVerwG, die Einbeziehung von sogenannten Außenbereichsinseln, die der Gesetzgeber grundsätzlich dem Siedlungsbereich zugeordnet wissen wolle, nur in einem eher beschränkten Maße möglich.[3738] Ohne Belang für die Bestimmung des räumlichen Anwendungsbereichs des § 13a BauGB seien in diesem Zusammenhang die möglichen Umweltauswirkungen des Bebauungsplans. Die hierauf bezogenen Prüfungen seien in § 13a I 2 Nr. 2, S. 4 und 5 BauGB normiert. Schließlich seien die Ausdehnung des Siedlungsbereichs und damit die räumlichen Grenzen für ein Vorgehen im beschleunigten Verfahren nach § 13a BauGB einheitlich für alle Arten der Innenentwicklung zu bestimmen. Zwar sei die Maßnahme der Innenentwicklung der Oberbegriff; sie gehe aber über die gesetzlichen Beispiele der Wiedernutzbarmachung und der Nachverdichtung hinaus. Das beziehe sich aber allein auf die inhaltlichen Regelungsmöglichkeiten der Planung im beschleunigten Verfahren. Hiernach entscheide sich etwa, ob immer eine zusätzliche Mobilisierung von Bauflächen erforderlich sei oder ob sich der Bebau-

[3735] BT-Drs. 16/2496 S. 12 zu Nr. 8; siehe dazu OVG Lüneburg Urt. v. 7.3.2024 – 1 KN 171/21, juris Rn. 17.

[3736] OVG Lüneburg Urt. v. 7.3.2024 – 1 KN 171/21, juris Rn. 17; OVG Saarlouis Beschl. v. 25.1.2024 – 2 C 186/22, juris Rn. 57.

[3737] OVG Lüneburg Urt. v. 7.3.2024 – 1 KN 171/21, juris Rn. 17; BVerwG NVwZ 2023, 1498 = juris Rn. 15 ff.

[3738] BVerwG NVwZ 2023, 1498 = juris Rn. 19 ff

ungsplan auch mit der Überplanung eines gegebenen Bestands begnügen könne. Diesen Überlegungen liege aber auf der ersten Stufe die räumliche Umgrenzung des tauglichen Plangebiets voraus, die nach generalisierenden Maßstäben und nicht in Abhängigkeit von den geplanten Maßnahmen und Festsetzungen zu erfolgen habe.[3739]

1669 Der Begriff der Innenentwicklung beschränkt sich nach Ansicht des BVerwG auch nicht auf eine quantitative Vermehrung baulicher Nutzungsmöglichkeiten; er habe nicht nur die Beseitigung von „Baulücken" jeglicher Art im Blick. Vielmehr solle § 13a BauGB in einem weiten Sinne eine Planung fördern, die der Erhaltung, Erneuerung, Fortentwicklung, Anpassung und dem Umbau vorhandener Ortsteile diene. § 13a BauGB umfasse in Einklang mit dem städtebaulichen Begriff der „doppelten Innenentwicklung" auch eine qualitative Entwicklung des Siedlungsbereichs, etwa durch Einbeziehung und Bewahrung von Grünflächen, nicht zuletzt aus stadtklimatischen Gründen.[3740]

1670 Liegen die tatbestandlichen Voraussetzungen des § 13a BauGB vor, kann die planende Gemeinde – auch wenn sie ihre Verfahrenswahl vordergründig auf § 13b BauGB gestützt hat – jedenfalls dann von den in § 13a II BauGB vorgesehenen Verfahrens- und materiell-rechtlichen Erleichterungen Gebrauch machen, wenn sie deutlich gemacht hat, dass sie die in Rede stehende Fläche gerade wegen ihres stark siedlungsgeprägten Charakters für eine Bebauung ausgewählt hat. Jedenfalls in diesen Fällen steht der Anwendung nicht das eine „Umdeutung" von nach § 13 BauGB behandelten Änderungsbebauungsplänen in Bebauungspläne nach § 13a BauGB hindernde Erfordernis eines auf eine Innenentwicklung gerichteten Willensaktes der Gemeinde entgegen.[3741] Insoweit kann ausnahmsweise auch ein vollständiger Verzicht auf den Eingriffsausgleich im Rahmen der Bebauungsplanaufstellung, der in der Regel einen Fehler im Abwägungsergebnis zur Folge hat, rechtmäßig sein, wenn nämlich der Verzicht auf einer unzulässigen Anwendung des § 13b BauGB aF iVm § 13 Abs. 2 Nr. 4 BauGB beruht, jedoch die Voraussetzungen für eine unmittelbare Anwendung des § 13a BauGB vorlagen und die Gemeinde der Sache nach eine Innenentwicklung betreiben wollte.[3742]

1671 Mit dem **beschleunigten Verfahren** und den damit verbundenen **Verfahrenserleichterungen** will der Gesetzgeber einen Anreiz dafür schaffen, dass die Gemeinden von einer Neuinanspruchnahme von Flächen durch Überplanung und Zersiedlung des Außenbereichs absehen und darauf verzichten, den äußeren Umgriff vorhandener Siedlungsbereiche zu erweitern.[3743] Innenentwicklung ist daher nur innerhalb des Siedlungsbereichs zulässig; das gilt ausweislich der Gesetzesbegründung auch für die Änderung oder Anpassung von Bebauungspläne.[3744] Dabei richtet sich die Abgrenzung von Innen- und Außenentwicklung grundsätzlich nach den tatsächlichen Verhältnissen und nicht nach dem planungsrechtlichen Status der Fläche.[3745] Eine Pflicht zur Anwendung des § 13a BauGB besteht nicht; die Gemeinde kann daher wählen, ob sie statt des beschleunigten Verfahrens des § 13a BauGB ihren Bebauungsplan im „normalen" Planaufstellungsverfahrens beschließt.[3746]

1672 Die beiden in § 13a I 1 BauGB ausdrücklich genannten Fälle der Innenentwicklung, die **Wiedernutzbarmachung** von Flächen und die **Nachverdichtung**, knüpfen jeweils an eine bauliche Inanspruchnahme an.[3747] Nach § 1a II 1 BauGB sind zur Verringerung der zusätzlichen Inanspruchnahme von Flächen für bauliche Nutzungen die Möglichkeiten der Innenentwicklung zu nutzen. § 1a II 4 BauGB verlangt vor der Umwandlung von landwirtschaftlich oder als Wald genutzten Flächen, dass Ermittlungen zu den Möglichkeiten der Innenentwicklung angestellt werden, zu denen insbesondere Brachflächen zählen können. Die Wiedernutzbarmachung einer Fläche als Maßnahme der Innenentwicklung nach § 13a I 1 BauGB ist erst ausgeschlossen, wenn eine ehemals dem Siedlungsbereich angehörende, baulich in Anspruch genommene Fläche diese Zugehörigkeit wieder verloren hat.[3748] Hierzu genügt es nicht, dass die Fläche von aufstehender Bebauung beräumt und oberflächlich entsiegelt wird. Solange die

---

[3739] BVerwG NVwZ 2023, 1498 = juris Rn. 21 ff.
[3740] BVerwG NVwZ 2023, 1498 = juris Rn. 28.
[3741] OVG Lüneburg Urt. v. 7.3.2024 – 1 KN 171/21, juris Rn. 19.
[3742] OVG Lüneburg Urt. v. 7.3.2024 – 1 KN 171/21, juris Rn. 16.
[3743] BVerwGE 153, 174 Rn. 24; NVwZ 2020, 1686.
[3744] BT-Drs. 16/2496 S. 12; BVerwGE 153, 174 Rn. 22 ff.; NVwZ 2020, 1686.
[3745] BVerwG NVwZ 2020, 1686 = juris Rn. 24 ff.
[3746] Kment in Jarass/Kment, BauGB, 2022, § 13 a Rn. 1.
[3747] BVerwG NVwZ 2020, 1686 = juris Rn. 28.
[3748] BVerwG NVwZ 2020, 1758.

Fläche aufgrund unterirdisch verbleibender Gebäudereste, sonstiger Versiegelungen oder nachhaltiger Veränderungen der Bodenstruktur einer natürlichen Vegetationsentwicklung nicht oder nur sehr eingeschränkt zur Verfügung steht, wirkt die ehemalige bauliche Inanspruchnahme fort.[3749]

Diese Auslegung ist auch mit **Unionsrecht** vereinbar. Mit § 13a I 2 Nr. 1 BauGB hat der 1673
nationale Gesetzgeber von der zweiten Variante des Art. 3 V 1 SUP-RL Gebrauch gemacht und abstrakt-generell festgelegt, dass bestimmte Pläne ausnahmsweise im beschleunigten Verfahren und damit nach § 13a II Nr. 1 iVm § 13 III 1 BauGB ohne Umweltprüfung nach § 2 IV BauGB erlassen werden können.[3750] Eine solche abstrakt-generelle Regelung ist zulässig, weil es denkbar ist, dass eine besondere Art von Plan, die bestimmte qualitative Voraussetzungen erfüllt, a priori voraussichtlich keine erheblichen Umweltauswirkungen hat, weil ein solcher Plan den einschlägigen Kriterien des Anhangs II der Richtlinie entspricht.[3751] Das trifft im Zusammenwirken mit den weiteren Vorgaben in § 13a I 2 Nr. 1, Satz 4 und 5 BauGB insbesondere auf solche Bebauungspläne zu, die der Wiedernutzbarmachung von Flächen dienen, deren vormalige bauliche Inanspruchnahme noch fortwirkt, und so einen zusätzlichen Flächenverbrauch sowie weitere Eingriffe in Natur und Landschaft vermeiden.[3752]

Ob eine tatsächlich vorbelastete **Brachfläche** weiterhin dem Siedlungsbereich angehört, be- 1674
stimmt die Verkehrsauffassung. Diese wird von Planungen der Gemeinde beeinflusst. Beabsichtigt die Gemeinde die Renaturierung von Flächen, wird sich recht bald die Verkehrsauffassung bilden können, die Grenze des Siedlungsbereichs habe sich zurückgebildet. Stellt die Gemeinde dagegen im Zusammenhang mit dem Rückbau von Gebäuden einen Bebauungsplan für die Wiedernutzung auf, ist dies ein starkes Indiz, dass sich die Grenzen des Siedlungsbereichs nicht verschieben.

Zur Bestimmung der **Verkehrsauffassung** kann allerdings nicht an die Rechtsprechung des 1675
BVerwG zum Erhalt des Bebauungszusammenhangs im unbeplanten Innenbereich nach § 34 BauGB[3753] angeknüpft werden, wonach eine bereits beseitigte Bebauung bzw. eine eingestellte Nutzung den Charakter eines Gebiets fortwirkend prägen kann, solange mit einer erneuten Bebauung bzw. der Wiederaufnahme der Nutzung gerechnet werden kann. Denn die Reichweite des Siedlungsbereichs des § 13a I 1 BauGB kann nicht nach den Maßstäben beantwortet werden, welche die Bebaubarkeit einzelner Grundstücke zum Gegenstand haben. Entscheidend ist vielmehr, ob sich eine Verkehrsauffassung dahingehend gebildet hat, dass der jeweilige Siedlungsbereich dauerhaft überhaupt keiner Bebauung mehr zugänglich sein wird. Erst in einem solchen Fall verliert eine gemeindliche Planung ihre indizielle Wirkung.[3754]

Der Gesetzgeber will mit § 13a I BauGB Planungen fördern, die der Erhaltung, Erneue- 1676
rung, Fortentwicklung, Anpassung und dem Umbau vorhandener Ortsteile dienen.[3755] Als Gebiete, die für Bebauungspläne der Innenentwicklung in Betracht kommen, nennt er beispielhaft die im Zusammenhang bebauten Ortsteile iSd § 34 I BauGB, innerhalb des Siedlungsbereichs befindliche brachgefallene Flächen sowie innerhalb des Siedlungsbereichs befindliche Gebiete mit einem Bebauungsplan, der infolge notwendiger Anpassungsmaßnahmen geändert oder durch einen neuen Bebauungsplan abgelöst werden soll.[3756] In § 13a I 1 BauGB hat diese gesetzgeberische Intention durch die Nennung der Wiedernutzbarmachung von Flächen und der Nachverdichtung als spezielle Maßnahmen der Innenentwicklung beispielhaft ihren Niederschlag gefunden. Darüber hinaus werden aber auch **„andere Maßnahmen der Innenentwicklung"** genannt. Innenentwicklung ist deshalb der **Oberbegriff**,[3757] der die Anwendung des beschleunigten Verfahrens eröffnet. Hieraus folgt, dass es für die Anwendbarkeit des beschleunigten Verfahrens gemäß § 13a I 1 BauGB nicht darauf ankommt, wie die Gemeinde die von ihr mit dem Bebauungsplan beabsichtigten Maßnahmen bezeichnet, sondern allein darauf, ob sie mit diesem Innenentwicklung iSd Vorschrift betreibt. Mit dem Tatbestandsmerkmal der

---

3749 BT-Drs. 16/2496 S. 1, 9 und 15.

3750 BT-Drs. 16/2496 S. 13.

3751 BVerwG NVwZ 2020, 1686 =, juris Rn. 30; NVwZ 2015, 161; EuGH DVBl. 2013, 777 mit Anm. Stüer/Gabrock; Battis in BKL, BauGB, 2022, § 13a Rn. 3

3752 BVerwGE 153, 174 Rn. 24; NVwZ 2020, 1686 = juris Rn. 30.

3753 BVerwG ZfBR 1980, 294; NVwZ 1993, 985; grundlegend BVerwG DVBl. 1978, 815.

3754 BVerwG NVwZ 2020, 1686; NVwZ 2020, 1758.

3755 § 1 VI Nr. 4 BauGB.

3756 BVerwGE 153, 174 Rn. 24 mit Verweis auf BT-Drs. 16/2496 S. 12 zu Nr. 8.

3757 BVerwG ZfBR 2017, 680; BVerwGE 153, 174 Rn. 22 mwN.

Innenentwicklung beschränkt § 13a I 1 BauGB seinen räumlichen Anwendungsbereich. Innenentwicklung ist nur innerhalb des Siedlungsbereichs zulässig, die äußeren Grenzen des Siedlungsbereichs dürfen durch den Bebauungsplan nicht in den Außenbereich erweitert werden.[3758]

1677 Der Bebauungsplan der Innenentwicklung ist im Übrigen ein **vollwertiger Bebauungsplan** iSv § 10 I BauGB, auf den § 1 III bis VI und § 9 BauGB Anwendung finden.[3759] Vor diesem Hintergrund ist es nicht zu beanstanden, wenn ein Bebauungsplan der Innenentwicklung Regelungen zum Maß der baulichen Nutzung enthält, bestimmte Nutzungen auf der Grundlage des § 1 V und IX BauNVO ausschließt oder mit Erhaltungsregelungen iSv § 172 I 1 Nr. 1 BauGB verknüpft wird.[3760]

1678 In einen Bebauungsplan der Innenentwicklung (§ 13a BauGB) dürfen keine **Außenbereichsflächen** einbezogen werden, die jenseits der äußeren Grenzen eines Siedlungsbereichs liegen. Der **Begriff der Innenentwicklung** ist nicht legaldefiniert, sondern wird vom Gesetzgeber als städtebaufachlicher Terminus vorausgesetzt.[3761] Seine Interpretation durch die Gemeinde unterliegt der uneingeschränkten gerichtlichen Kontrolle. Einen **Beurteilungsspielraum** hat die Gemeinde nicht. Denn der Begriff der Innenentwicklung ist nicht wegen hoher Komplexität oder besonderer Dynamik der geregelten Materie so vage und seine Konkretisierung so schwierig, dass die richterliche Kontrolle an die Funktionsgrenzen der Rechtsprechung stößt und deshalb der Gemeinde ein begrenzter Entscheidungsfreiraum zuzubilligen wäre.[3762] Vielmehr gilt auch hier der Grundsatz, dass die Konkretisierung auslegungsbedürftiger Rechtsbegriffe Sache der Gerichte ist, welche die Rechtsanwendung der Verwaltung uneingeschränkt nachzuprüfen haben. Mit dem Tatbestandsmerkmal der Innenentwicklung beschränkt § 13a I 1 BauGB seinen räumlichen Anwendungsbereich. Überplant werden dürfen Flächen, die von einem Siedlungsbereich mit dem Gewicht eines im Zusammenhang bebauten Ortsteils umschlossen werden. Die äußeren Grenzen des Siedlungsbereichs dürfen durch den Bebauungsplan nicht in den Außenbereich hinein erweitert werden.

1679 Nach § 13a I 1 BauGB kann ein Bebauungsplan für die Wiedernutzbarmachung von Flächen, die Nachverdichtung oder andere Maßnahmen der Innenentwicklung (Bebauungsplan der Innenentwicklung) im beschleunigten Verfahren aufgestellt werden. Dies gilt entsprechend für die Änderung und Ergänzung eines Bebauungsplans (§ 13a IV BauGB). Die Abgrenzung von Innen- und Außenentwicklung richtet sich grundsätzlich nach den tatsächlichen Verhältnissen und nicht nach dem planungsrechtlichen Status der Flächen.[3763] Mit § 13a I 1 BauGB knüpft der Gesetzgeber an die ältere Bodenschutzklausel des § 1a II 1 BauGB an, wonach mit Grund und Boden sparsam und schonend umgegangen werden soll und dabei zur Verringerung der zusätzlichen Inanspruchnahme von Flächen für bauliche Nutzungen die Möglichkeiten der Entwicklung der Gemeinde insbesondere durch Maßnahmen der Innenentwicklung zu nutzen sowie Bodenversiegelungen auf das notwendige Maß zu begrenzen sind. Er grenzt Bebauungspläne der Innenentwicklung von Bebauungsplänen ab, die gezielt Flächen außerhalb der Ortslagen einer Bebauung zuführen, und will mit § 13a I BauGB Planungen fördern, die der Erhaltung, Erneuerung, Fortentwicklung, Anpassung und dem Umbau vorhandener Ortsteile dienen (§ 1 VI Nr. 4 BauGB). Als Gebiete, die für Bebauungspläne der Innenentwicklung in Betracht kommen, nennt er beispielhaft die im Zusammenhang bebauten Ortsteile iS des § 34 I BauGB, innerhalb des Siedlungsbereichs befindliche brachgefallene Flächen sowie innerhalb des Siedlungsbereichs befindliche Gebiete mit einem Bebauungsplan, der infolge notwendiger Anpassungsmaßnahmen geändert oder durch einen neuen Bebauungsplan abgelöst werden soll.[3764] Mit dem beschleunigten Verfahren und den damit verbundenen Verfahrenserleichterungen, ua dem Verzicht auf die Durchführung einer Umweltprüfung (§ 13a II Nr. 1 iVm § 13 III 1 BauGB) sowie der Eingriffs-Ausgleich-Fiktion des § 13a II Nr. 4 BauGB für die Fälle des § 13a I 2 Nr. 1 BauGB, will der Gesetzgeber einen Anreiz dafür setzen, dass die Gemeinden von einer Neuinanspruchnahme von Flä-

---

3758 BVerwG Urt. v. 25.6.2020 – 4 CN 5/18, juris Rn. 28 mwN; VGH Kassel Urt. v. 24.11.2020 – 3 C 2071/18.N, BeckRS 2020, 40634.

3759 BVerwG ZfBR 2017, 680 (681); Kment in Jarass/Kment, BauGB, 2022, § 13a Rn. 1.

3760 BVerwG BauR 2017, 1632.

3761 Krautzberger in EZBK, BauGB, 2022, § 13a Rn. 24.

3762 BVerfGE 84, 34 (50).

3763 BVerwG ZfBR 2020, 850 Rn. 24; VGH Kassel ZfBR 2017, 156 Rn. 28 f.; Kment in Jarass/Kment, BauGB, 2022, § 13a Rn. 2; Battis in BKL, BauGB, 2022, § 13a Rn. 4.

3764 BT-Drs. 16/2496 S. 12 zu Nr. 8.

chen durch Überplanung und Zersiedlung des Außenbereichs absehen[3765] und darauf verzichten, den äußeren Umgriff vorhandener Siedlungsbereiche zu erweitern.[3766]

Diese gesetzgeberische Intention hat in § 13a I 1 BauGB durch die Nennung der **Wiedernutzbarmachung** von Flächen und der **Nachverdichtung** als **spezielle Maßnahmen der Innenentwicklung** beispielhaft ihren Niederschlag gefunden. Darüber hinaus werden aber auch „andere Maßnahmen der Innenentwicklung" genannt. „Innenentwicklung" ist deshalb der Oberbegriff,[3767] der die Anwendung des beschleunigten Verfahrens eröffnet. Für die Anwendbarkeit des beschleunigten Verfahrens gemäß § 13a I 1 BauGB kommt es daher nicht darauf an, wie die Gemeinde die von ihr mit dem Bebauungsplan beabsichtigten Maßnahmen bezeichnet, sondern allein darauf, ob sie damit „Innenentwicklung" im Sinne dieser Vorschrift betreibt.[3768] Mit dem Tatbestandsmerkmal der Innenentwicklung beschränkt § 13a I 1 BauGB seinen räumlichen Anwendungsbereich. Innenentwicklung ist nur innerhalb des Siedlungsbereichs zulässig; das gilt ausweislich der Gesetzesbegründung auch für die Änderung oder Anpassung von Bebauungsplänen.[3769] Überplant werden dürfen Flächen, die von einem Siedlungsbereich mit dem Gewicht eines im Zusammenhang bebauten Ortsteils umschlossen werden. Die äußeren Grenzen des Siedlungsbereichs dürfen durch den Bebauungsplan nicht in den Außenbereich erweitert werden.[3770] Die Grenzen des Siedlungsbereichs werden nicht durch Planung bestimmt; die Planung findet diese in der jeweiligen Örtlichkeit vor. Dass es für die Bestimmung der Grenzen des Siedlungsbereichs auf die tatsächlichen Verhältnisse ankommt, zeigen – neben den in der Gesetzesbegründung beschriebenen Anwendungsfällen – die gesetzlichen Beispielsfälle der Wiedernutzbarmachung von Flächen und der Nachverdichtung, die an einen ehemals oder aktuell noch vorhandenen Baubestand anknüpfen. Darin kommt zum Ausdruck, dass für die Innenentwicklung auf solche Flächen zugegriffen werden soll, die bereits baulich in Anspruch genommen wurden und ihre bodenrechtliche Schutzwürdigkeit durch die damit einhergehende Versiegelung jedenfalls teilweise schon verloren haben. Für dieses enge Verständnis streitet auch die Entstehungsgeschichte der Norm. Nach dem Gesetzentwurf der Bundesregierung sollte das beschleunigte Verfahren für einen Bebauungsplan gelten, der „der Innenentwicklung dient".[3771] Im Gesetzgebungsverfahren ist der Wortlaut geändert worden, um sicherzustellen, dass nicht auch solche Bebauungspläne als Pläne der Innenentwicklung gelten, die Bauland im bisherigen Außenbereich ausweisen und sich damit mittelbar positiv auf die Innenentwicklung auswirken.[3772] 1680

Eine Auslegung des Begriffs Innenentwicklung, die an die tatsächlichen Verhältnisse anknüpft, steht mit **Unionsrecht** im Einklang.[3773] Mit § 13a I 2 Nr. 1 BauGB hat der nationale Gesetzgeber von der zweiten Variante des Art. 3 V 1 der Plan-UP-RL 2001/42/EG des Europäischen Parlaments und des Rates vom 27.6.2001 über die Prüfung der Umweltauswirkungen bestimmter Pläne und Programme[3774] Gebrauch gemacht und abstrakt-generell festgelegt, dass bestimmte Pläne ausnahmsweise im beschleunigten Verfahren und damit nach § 13a II Nr. 1 iVm § 13 III 1 BauGB ohne Umweltprüfung nach § 2 IV BauGB erlassen werden können.[3775] Eine solche abstrakte Regelung ist zulässig, weil es denkbar ist, dass eine besondere Art von Plan, die bestimmte qualitative Voraussetzungen erfüllt, a priori voraussichtlich keine erheblichen Umweltauswirkungen hat, da die Voraussetzungen gewährleisten, dass ein solcher Plan den einschlägigen Kriterien des Anhangs II der Richtlinie entspricht.[3776] Das mit Bebauungsplänen der Innenentwicklung verfolgte Ziel, die Flächeninanspruchnahme zu begrenzen und Eingriffe in Natur und Landschaft zu vermeiden, rechtfertigt auch die Eingriffs-Ausgleichs- 1681

3765 Söfker in Mitschang, Innenentwicklung – Fach- und Rechtsfragen der Umsetzung, 2014, 191.
3766 BVerwGE 153, 174 Rn. 24.
3767 zutreffend Krautzberger in EZBK, BauGB, 2022, § 13a Rn. 30.
3768 BVerwG ZfBR 2017, 680.
3769 BT-Drs. 16/2496 S. 12.
3770 BVerwGE 153, 174 Rn. 22 f.
3771 BT-Drs. 16/2496 S. 5.
3772 BT-Drs. 16/3308 S. 17.
3773 Zum Erfordernis einer unionsrechtskonformen Auslegung dieses Berichts siehe OVG Berlin-Brandenburg Urt. v. 21.9.2023 – OVG 10 A 13.19, juris Rn. 37.
3774 ABl. L 197/30 vom 21.7.2001.
3775 BT-Drs. 16/2496 S. 13.
3776 BVerwG NVwZ 2015, 161; EuGH Urt. v. 18.4.2013 – C-463/11 – Rn. 39.

Fiktion des § 13a II Nr. 4 BauGB für die Fälle des Absatzes 1 Satz 2 Nr. 1.[3777] Mit diesem Ziel leistet der Bebauungsplan der Innenentwicklung zugleich einen Beitrag zur Förderung der nachhaltigen Entwicklung iS des Anhangs II Nr. 1 Spiegelstrich 3 der SUP-Richtlinie.[3778] Für den Flächenverbrauch und die Eingriffsqualität ist aber unerheblich, ob eine unbebaute Fläche bereits überplant ist oder nicht. Insbesondere rechtfertigt der Umstand, dass ein Gebiet schon einmal überplant worden ist, nicht den Schluss, dass bei einer Inanspruchnahme der Flächen nicht (mehr) mit erheblichen Umweltauswirkungen zu rechnen ist. Das gilt erst recht dann, wenn – wie hier – die erste Überplanung ohne Umweltprüfung erfolgt ist.

1682 Nach § 1 VIII iVm § 2 IV BauGB hat die Gemeinde im Verfahren zur Änderung eines Bebauungsplans für die Belange des Umweltschutzes nach § 1 VI Nr. 7 und § 1a BauGB eine Umweltprüfung durchzuführen. Gemäß § 2a Satz 2 Nr. 2 BauGB ist ferner ein Umweltbericht zu erstellen, in dem die voraussichtlich erheblichen Umweltauswirkungen beschrieben und bewertet werden. Der Umweltbericht ist zusammen mit dem Entwurf des Bebauungsplans nach § 3 II 1 BauGB öffentlich auszulegen und gemäß § 9 VIII BauGB der Begründung beizufügen. Gegen diese Vorschriften hat die Antragsgegnerin verstoßen, weil sie weder eine Umweltprüfung vorgenommen noch einen Umweltbericht erstellt hat. Der Fehler ist nach § 214 I 1 Nr. 3 BauGB beachtlich.[3779] Daran ändert § 214 IIa Nr. 1 BauGB aF nichts. Die Norm ist durch Art. 1 Nr. 30 des Gesetzes zur Stärkung der Innenentwicklung in den Städten und Gemeinden und weiteren Fortentwicklung des Städtebaurechts vom 11.6.2013[3780] mit Wirkung zum 20.9.2013 aufgehoben worden; sie war bereits vorher nicht (mehr) anwendbar, weil sie mit Unionsrecht unvereinbar war.[3781]

1683 Die Anforderungen des **Rechtsstaatsprinzips** an die Verkündung von Normen stehen einer Verweisung auf nicht öffentlich zugängliche **technische Vorschriften** in den textlichen Festsetzungen eines Bebauungsplans nicht von vornherein entgegen.[3782] Verweist eine Festsetzung auf eine solche Vorschrift und ergibt sich erst aus dieser Vorschrift, unter welchen Voraussetzungen ein Vorhaben planungsrechtlich zulässig ist, muss der Plangeber aber sicherstellen, dass die Planbetroffenen sich auch vom Inhalt der jeweiligen technischen Vorschrift verlässlich und in zumutbarer Weise Kenntnis verschaffen können. Den rechtsstaatlichen Anforderungen genügt die Gemeinde, wenn sie die in Bezug genommene Vorschrift bei der Verwaltungsstelle, bei der auch der Bebauungsplan eingesehen werden kann, zur Einsicht bereithält und hierauf in der Bebauungsplanurkunde hinweist.[3783] Ebenso genügt ein entsprechender Hinweis in der ortsüblichen Bekanntmachung, weil dieser in gleicher Weise wie der Hinweis in der Bebauungsplanurkunde geeignet ist, die Planbetroffenen über die Möglichkeit und den Ort der Einsicht in die technische Vorschrift zu informieren.[3784] Für die Bekanntmachung eines Bebauungsplans genügt es, wenn in der Bekanntmachung darauf hingewiesen wird, wo der Plan eingesehen werden kann (§ 10 III 3 BauGB). Warum für nicht öffentlich zugängliche technische Vorschriften, auf die der Plan verweist, anderes gelten sollte, ist nicht ersichtlich.[3785]

1684 Für Bebauungspläne der Innenentwicklung im beschleunigten Verfahren nach § 13a BauGB gelten keine besonderen Anforderungen an die städtebauliche Erforderlichkeit nach § 1 III 1 BauGB. § 13a III 1 Nr. 1 BauGB genügt im Fall des § 13a I 2 Nr. 1 BauGB jedenfalls dann den Anforderungen des Art. 3 VII Plan-UP-RL, wenn sich die Gründe für ein Absehen von der Umweltprüfung für die abstrakt-generelle Regelung aus den Gesetzgebungsmaterialien ergeben und für den konkreten Bebauungsplan aus den ausgelegten Unterlagen.[3786]

1685 Ein Bebauungsplan, dessen Verwirklichung im Zeitpunkt seines Inkrafttretens **dauerhafte Hindernisse** tatsächlicher oder rechtlicher Art entgegenstehen,[3787] ist wegen Verstoßes gegen § 1 III 1 BauGB nichtig, weil er die Aufgabe einer verbindlichen Bauleitplanung nicht zu

---

[3777] BT-Drs. 16/2496 S. 15.
[3778] BVerwGE 153, 174 Rn. 24; BT-Drs. 16/2496 S. 1.
[3779] BVerwGE 153, 174 Rn. 29.
[3780] BGBl. I S. 1548.
[3781] EuGH BRS 80 Nr. 1 Rn. 44; BVerwGE 153, 174 Rn. 27.
[3782] BVerwG NVwZ 2010, 1567.
[3783] BVerwG NVwZ 2010, 1567; NVwZ 2017, 166.
[3784] Reidt in Bracher/Reidt/Schiller, Bauplanungsrecht, 2022, Rn. 919; Ziegler DVBl. 2016, 551 (555); offen gelassen in BVerwG NVwZ 2017, 166.
[3785] BVerwG NVwZ 2020, 1686.
[3786] BVerwG NVwZ 2015, 161.
[3787] BVerwGE 115, 77 (85).

erfüllen vermag.[3788] § 1 III 1 BauGB setzt der Bauleitplanung eine erste, strikt bindende Schranke, die allerdings lediglich grobe und einigermaßen offensichtliche Missgriffe ausschließt.[3789] Die Frage, aus welchen tatsächlichen oder rechtlichen Gründen mit der Realisierung einer planerischen Festsetzung auf absehbare Zeit nicht zu rechnen ist, beurteilt sich nach den Umständen des Einzelfalls. Der Wortlaut des § 13a BauGB bietet für höhere Anforderungen an die Erforderlichkeit eines Bauleitplans im Sinne von § 1 III 1 BauGB keinen Anhalt.[3790] § 13a III 1 Nr. 1 BauGB ordnet im Fall des § 13a I 2 Nr. 1 BauGB die **ortsübliche Bekanntmachung** an, dass der Bebauungsplan im beschleunigten Verfahren ohne Durchführung einer Umweltprüfung nach § 2 IV BauGB aufgestellt werden soll. Nur in den Fällen des Absatzes 1 Satz 2 Nr. 2 fordert der nationale Gesetzgeber die Bekanntmachung der wesentlichen Gründe für die Wahl dieses Verfahrens.[3791]

Liegt kein **Plan** oder **Programm** nach Art. 3 II und III Plan-UP-RL vor, so befinden nach Art. 3 IV Plan-UP-RL die Mitgliedstaaten darüber, ob Pläne oder Programme, durch die der Rahmen für die künftige Genehmigung von Projekten gesetzt wird, voraussichtlich erhebliche Umweltauswirkungen haben und daher nach Art. 3 I iVm Art. 4 bis 9 Plan-UP-RL einer Umweltprüfung unterzogen werden. Die Maßstäbe für die Entscheidung regelt Art. 3 V Plan-UP-RL. Danach bestimmen die Mitgliedstaaten entweder durch Einzelfallprüfung oder durch Festlegung von Arten von Plänen und Programmen oder durch eine Kombination dieser beiden Ansätze, ob die Pläne oder Programme voraussichtlich erhebliche Umweltauswirkungen haben. Zu diesem Zweck berücksichtigen sie nach Art. 3 V 2 Plan-UP-RL in jedem Fall die einschlägigen Kriterien des Anhangs II, um sicherzustellen, dass Pläne und Programme, die voraussichtlich erhebliche Umweltauswirkungen haben, von dieser Richtlinie erfasst werden.[3792] **1686**

Mit § 13a I 2 Nr. 1 BauGB hat der nationale Gesetzgeber von der zweiten Variante des Art. 3 V 1 Variante 2 Plan-UP-RL Gebrauch gemacht und abstrakt-generell festgelegt, dass bestimmte Pläne im beschleunigten Verfahren und damit nach § 13a II Nr. 1 iVm § 13 III 1 BauGB ohne Umweltprüfung nach § 2 IV BauGB erlassen werden können.[3793] Eine solche abstrakte Regelung ist zulässig, weil es denkbar ist, dass eine besondere Art von Plan, die bestimmte qualitative Voraussetzungen erfüllt, a priori voraussichtlich keine erheblichen Umweltauswirkungen haben kann und ein solcher Plan den einschlägigen Kriterien des Anhangs II der Richtlinie entsprechen kann.[3794] **1687**

Nach Art. 3 VII Plan-UP-RL sorgen die Mitgliedstaaten dafür, dass die nach Art. 3 V Plan-UP-RL getroffenen Schlussfolgerungen, einschließlich der Gründe für die Entscheidung, keine Umweltprüfung gemäß den Art. 4 bis 9 vorzuschreiben, der Öffentlichkeit zugänglich gemacht werden. Was Gegenstand der **Hinweispflicht** ist, hängt davon ab, wie der Mitgliedstaat von seiner Befugnis aus Art. 3 V 1 Plan-UP-RL Gebrauch macht. Trifft er die Bestimmung wie im Fall des § 13a I 2 Nr. 1 BauGB abstrakt-generell auf der Ebene des Gesetzes, so trifft auch die Hinweispflicht insoweit den Gesetzgeber. Dieser hat entsprechend Art. 3 V 2 Plan-UP-RL in der Begründung zu § 13a I 2 Nr. 1 BauGB, gegliedert nach den Kriterien des Anhangs II der Plan-UP-RL, dargelegt, aus welchen Gründen er in diesen Fällen keine Umweltprüfung nach Art. 4 bis 9 Plan-UP-RL vorgeschrieben hat.[3795] Die Richtlinie fordert allenfalls, dass der Öffentlichkeit die maßgeblichen Schlussfolgerungen einschließlich ihrer Gründe „zugänglich" gemacht werden. Wie der Vergleich mit dem Wortlaut des Art. 9 Plan-UP-RL zeigt, muss ein solches Zugänglich-Machen nicht stets durch Bekanntgabe erfolgen,[3796] sondern kann ebenso im Wege der öffentlichen Auslegung erreicht werden. Hiervon ging auch der Gesetzgeber aus.[3797] **1688**

3788 BVerwGE 116, 144 (147); BRS 71 Nr. 3 Rn. 4.

3789 BVerwGE 146, 137 Rn. 9.

3790 OVG Koblenz Urt. v. 7.12.2011 – 1 C 10352/11, juris Rn. 53; OVG Saarlouis Urt. v. 26.2.2013 – 2 C 424/11, juris Rn. 37; VGH Mannheim NVwZ-RR 2014, 171 Rn. 45; OVG Münster Urt. v. 12.2.2014 – 2 D 13/14.NE, juris Rn. 69.

3791 BVerwG NVwZ 2015, 161.

3792 BVerwG NVwZ 2015, 161.

3793 BT-Drucks 16/2496 S. 13.

3794 BVerwG NVwZ 2015, 161; EuGH DVBl. 2013, 777 m. Anm. Stüer/Garbrock DVBl. 2013, 778.

3795 Robl Das beschleunigte Verfahren für Bebauungspläne der Innenentwicklung, 2010, S. 426.

3796 VGH Mannheim NVwZ-RR 2013, 833 (835); Kment DVBl. 2007, 1275 (1277 f.).

3797 BVerwG NVwZ 2015, 161.

2. Flächenbegrenzungen

1689 Ein Bebauungsplan darf im beschleunigten Verfahren nur aufgestellt werden, wenn in ihm eine zulässige Grundfläche iS des § 19 II BauNVO oder eine Größe der Grundfläche von insgesamt weniger als 20.000 m^2 festgesetzt wird (§ 13 a I 2 Nr. 1 BauGB). Dabei sind die Grundflächen mehrerer Bebauungspläne, die in einem engen sachlichen, räumlichen und zeitlichen Zusammenhang aufgestellt werden, zusammenzurechnen. Bei der Berechnung der Grundfläche ist auf die gesamte überbaubare Fläche abzustellen, nicht nur auf die durch die Planung erstmalig überbaubare.[3798] Bei großflächigeren Bebauungsplänen (Grundfläche von 20.000 m^2 bis weniger als 70.000 m^2) kann das beschleunigte Verfahren des § 13 a BauGB auch angewendet werden, wenn eine Vorprüfung des Einzelfalls[3799] zu dem Ergebnis führt, dass keine erheblichen Umweltauswirkungen zu erwarten sind (§ 13 a I 2 Nr. 2 BauGB). Die Vorprüfung im Einzelfall ist auf der Grundlage der Anlage 2 des BauGB durchzuführen. Maßgeblich ist die zulässige Grundfläche. Das Plangebiet wird entsprechend größer zugeschnitten sein. Ist in einem Bebauungsplan weder eine zulässige Grundfläche noch eine Größe der Grundfläche festgesetzt, so ist die Fläche maßgeblich, die bei Durchführung des Bebauungsplans voraussichtlich versiegelt wird (§ 13 a I 3 BauGB).[3800] Die überschlägige Vorprüfung dient nicht einer abschließenden Bewertung möglicher Umweltfolgen; Gutachten müssen dazu nicht zwingend beigezogen werden.[3801]

1690 In beiden Fällen ist nach § 13 I 4 BauGB das beschleunigte Verfahren ausgeschlossen, wenn durch den Bebauungsplan die Zulässigkeit von Vorhaben begründet wird, die einer **Pflicht zur Durchführung einer UVP** nach dem UVPG oder nach Landesrecht unterliegen. Durch den Ausschluss dieser Pläne wird den europarechtlichen Vorgaben der Plan-UP-RL Rechnung getragen. Sollen im Bebauungsplan Vorhaben ausgewiesen werden, die ggf. auch nach einer Vorprüfung UVP-pflichtig sind, so ist eine Umweltprüfung erforderlich und das vereinfachte Verfahren ausgeschlossen.

1691 Das vereinfachte Verfahren nach § 13 a BauGB ist daher nicht möglich, wenn der Bebauungsplan erkennbar ein UVP-pflichtiges Vorhaben nach der Anlage 1 zum UVPG „Liste der UVP-pflichtigen Vorhaben" ausweisen soll. Hierzu zählen neben den UVP-pflichtigen Einzelvorhaben die in Nr. 18 der Anlage 1 zum UVPG genannten Bauvorhaben: Bau eines Feriendorfes, eines Hotelkomplexes (Nr. 18.1), großer Campingplätze (Nr. 18.2), eines Freizeitparks (Nr. 18.3), eines Parkplatzes (Nr. 18.4), einer Industriezone (Nr. 18.5), eines Einkaufszentrums (Nr. 18.6), eines Städtebauprojekts (Nr. 18.7) sowie eines UVP-pflichtigen Vorhabens in sonstigen Gebieten (Nr. 18.7). Dies setzt den Schwellenwerten des § 13 a I BauGB entsprechende Grenzen. Fällt das Vorhaben in die Gruppe der UVP-vorprüfungspflichtigen Vorhaben, ist eine Vorprüfung durchzuführen. Ergibt diese Vorprüfung erhebliche nachteilige Umweltauswirkungen, so ist der Bebauungsplan im üblichen Aufstellungsverfahren einschließlich frühzeitiger Öffentlichkeits- und Behördenbeteiligung sowie Umweltprüfung durchzuführen. Eine Planaufstellung im vereinfachten Verfahren nach § 13 a BauGB ist dann ausgeschlossen.[3802] Das beschleunigte Verfahren ist auch ausgeschlossen, wenn Anhaltspunkte für eine Beeinträchtigung der in § 1 VI Nr. 7 b BauGB genannten Schutzgüter oder dafür bestehen, dass bei der Planung Pflichten zur Vermeidung oder Begrenzung der Auswirkungen von **schweren Unfällen** nach § 50 1 BImSchG zu beachten sind (Seveso III-RL iVm der 12. BImSchV – Störfallverordnung). Durch einen Angebotsbebauungsplan wird aber nach Ansicht des VGH Kassel keine Zulässigkeit von Vorhaben begründet, die einer Pflicht zur Durchführung einer Umweltverträglichkeitsprüfung nach dem UVPG unterliegen.[3803]

1692 Die Anlage 2 zum BauGB enthält mit teilweise ähnlichen Formulierungen wie die Anlage 2 zum UVPG „Angaben des Vorhabenträgers zur Vorbereitung der Vorprüfung" Kriterien für die Vorprüfung, die sich in Merkmale des Bebauungsplans (Nr. 1) und dessen mögliche Auswirkungen und der voraussichtlich betroffenen Gebiete (Nr. 2) gliedern. Detailliert werden dabei verschiedene Gebiete mit einem besonderen Schutzbedürfnis aufgezählt (Anlage 2 Nr. 2.6 zum BauGB). Die Betroffenheit der erwähnten Gebiete wird zu einem erhöhten Rechtferti-

---

3798 OVG Lüneburg, ZfBR 2020, 582; Battis in BKL, BauGB, 2022, § 13a Rn. 5.
3799 Zum Screening im beschleunigten Verfahren nach § 13 a BauGB Schwarz LKV 2008, 12.
3800 Krautzberger/Stüer DVBl. 2007, 160.
3801 OVG Schleswig Urt. v. 26.1.2018 – 1 MR 9/17, juris; Battis in BKL, BauGB, 2022, § 13a Rn. 8.
3802 Krautzberger/Stüer DVBl. 2007, 160.
3803 VGH Kassel ZfBR 2021, 178.

gungszwang führen. Allerdings besteht bei einer Betroffenheit derartiger Gebiete kein generelles Verbot zur Anwendung des vereinfachten Verfahrens nach § 13 a BauGB. Vielmehr zeigt das Beispiel der Gebiete mit hoher Bevölkerungsdichte, insbesondere Zentrale Orte und Siedlungsschwerpunkte in verdichteten Räumen iS des § 2 II Nr. 2 und 5 ROG 1998 (Anlage 2 Nr. 2.6.8 zum BauGB), dass auch hier ein vereinfachtes Verfahren möglich ist. Allerdings sind bei entsprechenden Gebietsbetroffenheiten die besonderen gesetzlichen Zielsetzungen des ROG zu berücksichtigen. Die einzelnen Kriterien sind bei der Vorprüfung abzuarbeiten. Geschieht dies nicht, kann die unzutreffende Annahme, der Bebauungsplan der Innenentwicklung werde voraussichtlich nicht mit erheblichen Umweltauswirkungen verbunden sein, zur Fehlerhaftigkeit des Bebauungsplans führen.

Die einzelnen Kriterien sind in Anlehnung an den Anhang II der Plan-UP-RL (Kriterien für die Bestimmung der voraussichtlichen Erheblichkeit von Umweltauswirkungen iS des Art. 3 V der Plan-UP-RL) entwickelt, die wie folgt lauten: „(1) Merkmale der Pläne und Programme, insbesondere in Bezug auf das Ausmaß, in dem der Plan oder das Programm für Projekte und andere Tätigkeiten in Bezug auf Standort, Größe und Betriebsbedingungen oder durch die Inanspruchnahme von Ressourcen einen Rahmen setzt; das Ausmaß, in dem der Plan oder das Programm andere Pläne und Programme — einschließlich solcher in einer Planungs- oder Programmhierarchie — beeinflusst; die Bedeutung des Plans oder des Programms für die Einbeziehung der Umwelterwägungen, insbesondere im Hinblick auf die Förderung der nachhaltigen Entwicklung; die für den Plan oder das Programm relevanten Umweltprobleme; die Bedeutung des Plans oder Programms für die Durchführung der Umweltvorschriften der Gemeinschaft (zB Pläne und Programme betreffend die Abfallwirtschaft oder den Gewässerschutz). (2) Merkmale der Auswirkungen und der voraussichtlich betroffenen Gebiete, insbesondere in Bezug auf die Wahrscheinlichkeit, Dauer, Häufigkeit und Umkehrbarkeit der Auswirkungen; den kumulativen Charakter der Auswirkungen; den grenzüberschreitenden Charakter der Auswirkungen; die Risiken für die menschliche Gesundheit oder die Umwelt (zB bei Unfällen); den Umfang und die räumliche Ausdehnung der Auswirkungen (geographisches Gebiet und Anzahl der voraussichtlich betroffenen Personen); die Bedeutung und die Sensibilität des voraussichtlich betroffenen Gebiets aufgrund folgender Faktoren: besondere natürliche Merkmale oder kulturelles Erbe, Überschreitung der Umweltqualitätsnormen oder der Grenzwerte, intensive Bodennutzung; die Auswirkungen auf Gebiete oder Landschaften, deren Status als national, gemeinschaftlich oder international geschützt anerkannt ist." Diese Kriterien, die teilweise in ihrer Formulierung über die Anlage 2 zum BauGB hinausgehen, sollten von der Gemeinde sicherheitshalber ergänzend abgearbeitet werden, um an der Europarechtskonformität der Prüfung keinen Zweifel aufkommen zu lassen. 1693

3. Verfahren

Im beschleunigten Verfahren gelten nach § 13 a II Nr. 1 BauGB die Vorschriften des vereinfachten Verfahrens nach § 13 II und III 1 BauGB entsprechend. Von einer frühzeitigen Unterrichtung und Erörterung nach §§ 3 I, 4 I BauGB kann abgesehen werden. Es muss also lediglich vom Grundsatz her eine förmliche Öffentlichkeits- und Behördenbeteiligung nach §§ 3 II, 4 II BauGB stattfinden. Statt der förmlichen Öffentlichkeits- und Behördenbeteiligung kann wahlweise auch eine Beteiligung der betroffenen Öffentlichkeit[3804] und der Behörden erfolgen. Im vereinfachten Verfahren wird von einer Umweltprüfung nach § 2 IV BauGB, von dem Umweltbericht nach § 2 a BauGB und von der Angabe nach § 3 II 2 BauGB, welche Arten umweltbezogener Informationen verfügbar sind, abgesehen. Auch ein Monitoring ist nicht erforderlich.[3805] Für Bebauungspläne der Innenentwicklung im beschleunigten Verfahren nach § 13 a BauGB gelten keine besonderen Anforderungen an die städtebauliche Erforderlichkeit nach § 1 III 1 BauGB.[3806] 1694

Bei der Aufstellung eines Bebauungsplans der Innenentwicklung im beschleunigten Verfahren ist gem. § 13a III 1 Nr. 1 BauGB ortsüblich bekanntzumachen, dass der Bebauungsplan im beschleunigten Verfahren aufgestellt werden soll und dass von der Durchführung einer Umweltprüfung abgesehen wird. Dies umfasst auch die wesentlichen Gründe für dieses Vorgehen, 1695

3804 BVerwGE 59, 87.
3805 Krautzberger/Stüer DVBl. 2007, 160.
3806 BVerwG ZfBR 2014, 765.

wenn ein Fall des § 13a I 2 Nr. 2 BauGB mit Vorprüfung vorliegt.[3807] Weitere Hinweise zur Öffentlichkeitsbeteiligung sind gem. § 13a III 1 Nr. 2 BauGB zu geben, wo sich die Öffentlichkeit über die allgemeinen Ziele und Zwecke sowie die wesentlichen Auswirkungen der Planung unterrichten kann und dass sich die Öffentlichkeit innerhalb einer bestimmten Frist zur Planung äußern kann, sofern keine frühzeitige Unterrichtung und Erörterung iSd § 3 I BauGB stattfindet. Gem. § 13a III 2 BauGB kann die öffentliche Bekanntmachung mit dem Aufstellungsbeschluss nach § 2 I 2 BauGB verbunden werden. Dies ist in den Fällen des § 13a I 2 Nr. 2 BauGB anders, da erst nach der Vorprüfung des Einzelfalls feststeht, ob überhaupt ein Bebauungsplan der Innenentwicklung Gegenstand des Verfahrens ist; deshalb wird die ortsübliche Bekanntmachung gem. § 13a III 3 BauGB auf den Zeitpunkt nach Abschluss der Vorprüfung verschoben.

1696 Für Verstöße gegen § 13a BauGB enthält § 214 II a BauGB eigene **Unbeachtlichkeitsregeln**; die speziellen Regeln für den Bebauungsplan der Innenentwicklung werden zusätzlich durch § 214 IV BauGB und § 215 I 2 BauGB ergänzt.[3808] Die Wahl des beschleunigten Verfahrens anstelle des Regelverfahrens unter Missachtung der tatbestandlichen Voraussetzungen des § 13a BauGB zählt nicht zu den beachtlichen Fehlern nach § 214 BauGB. Sie führt aber zu gemäß § 214 I 1 Nr. 3 BauGB beachtlichen Folgefehlern, weil in Folge dessen weder eine Umweltprüfung vorgenommen (§ 2 IV BauGB) noch ein Umweltbericht (§ 2a Satz 2 Nr. 2 BauGB) erstellt wird, der einen (gesonderten) Teil der Begründung (§ 2a Satz 3, § 9 VIII BauGB) bildet und als solcher zudem nach § 3 II 1 BauGB mit dem Entwurf öffentlich auszulegen ist. Eine etwaige Verletzung dieser Verfahrensvorschriften ist aber nach § 215 I Nr. 1 BauGB unbeachtlich, wenn keine entsprechende Rüge innerhalb der Jahresfrist erfolgt.[3809]

1697 Der Bebauungsplan der Innenentwicklung kann mit einem **vorhabenbezogenen Bebauungsplan** kombiniert werden.[3810] Die Regelung des § 13 a I 1 BauGB, mit der der Gesetzgeber allgemein die Verringerung der Flächeninanspruchnahme durch Bauvorhaben im Wege einer Stärkung der Innenentwicklung durch vereinfachte Planungsverfahren gewährleisten wollte, eröffnet die gegenüber dem „normalen" Bauleitplanverfahren erleichterte und beschleunigte Aufstellung von Bebauungsplänen ausdrücklich auch für die „Wiedernutzbarmachung" von insbesondere brach gefallenen Flächen in bebauter Ortslage. Dabei bietet sich für räumlich begrenzte Flächen, die künftig von einem Bauherrn für ein bestimmtes Bauvorhaben benutzt werden sollen, die zulässige Kombination mit einem über die allgemeine bloße Angebotsplanung hinaus eine Realisierungspflicht begründenden vorhabenbezogenen Bebauungsplan nach § 12 BauGB an.[3811]

1698 Das vereinfachte Verfahren nach § 13 BauGB und das beschleunigte Verfahren nach § 13a BauGB unterscheiden sich nach Verfahrensanforderungen und -zweck in einer Weise, die einer Umdeutung eines im vereinfachten Verfahren verfahrensfehlerhaft aufgestellten Bebauungsplans in einen im beschleunigten Verfahren aufgestellten Bebauungsplan der Innenentwicklung entgegensteht.[3812]

4. Formelle und materielle Erleichterungen

1699 Die Sonderregelungen des beschleunigten Verfahrens erklären sich aus dem Anliegen des Gesetzgebers, die Innenentwicklung gegenüber einer Außenentwicklung zu privilegieren. Die Bodenschutzklausel gehört bislang nicht zu den die städtebauliche Praxis prägenden Regelungen und zu Konflikten scheint sie auch nicht zu führen, da die Vorschrift offenbar keinen Widerhall in Rechtsstreitigkeiten findet. Einen wirklichen Anreiz, statt auf **Außen- auf Innenentwicklung** zu setzen, enthält das räumliche Planungsrecht ebenso wenig wie andere Rahmenbedingungen (von der Steuergesetzgebung bis zum Ladenschluss), so dass gerade auch im gemeindenachbarlichen Wettbewerb die Schonung des Außenbereichs nicht selten zweiter Sie-

---

[3807] BVerwG NVwZ 2015, 161 Rn. 8 ff; Beschl. v. 21.12.2016 – 4 BN 14/16, BeckRS 1016, 112186, Rn. 12.

[3808] Kment in Jarass/Kment, BauGB, § 13a Rn. 7.

[3809] VGH München Beschl. v. 22.1.2024 – 1 ZB 22.52, juris Rn. 10.

[3810] VGH München Urt. v. 25.2.2011 – 1 N 09/1068, juris; Urt. v. 3.3.2011 – 2N 09/3058, juris; OVG Saarlouis Beschl. v. 4.4.2011 – 2 B 20/11, BeckRS 2011, 49496; Battis in BKL, BauGB, 2022, § 13a Rn. 2a.

[3811] OVG Saarlouis NVwZ-RR 2013, 17.

[3812] BVerwG Beschl. v. 21.12.2016 – 4 BN 14.16, BeckRS 2016, 112186.

ger bleibt. § 13 a BauGB ist auf einen stärkeren Anreiz für Investoren ausgerichtet, im Innenbereich rascher und kostengünstiger zum Baurecht zu kommen. Die speziellen Rechtsfolgen im Einzelnen sind:[3813]

- **Keine Umweltprüfung** und keine Anwendung der hieran anknüpfenden Regelungen – von der Auslegung der Umwelt relevanten Informationen über die zusammenfassende Erklärung bis hin zum Monitoring[3814] (§§ 13 a II Nr. 1, 13 III 1 BauGB).
- Die **naturschutzrechtliche Eingriffsregelung** mit ihrer **Kompensationsverpflichtung** wird in den Fällen des § 13 a I 2 Nr. 1 BauGB (Grundfläche bis 20.000 m^2) nicht angewendet (§ 13 a II Nr. 4 BauGB). Es bleibt allerdings bei der Beachtung des Naturschutzes in der Abwägung (§ 1 VI Nr. 7 a BauGB). Es entfällt aber die Kompensationspflicht als sich an die Abwägung stellende spezifische Aufgabe aus der naturschutzrechtlichen Eingriffsregelung der §§ 14, 15 BNatSchG. Auch entfällt damit die Rechtsgrundlage für eine Kostenüberwälzung evtl. von der Gemeinde angestrebter Ausgleichsmaßnahmen nach §§ 1 a III 2 bis 4, 135 a bis 135 c BauGB. Das hat – zu dem im beschleunigten Verfahren beachtlichen § 1 a III 6 BauGB – das BVerwG so entschieden.[3815] Der Standard der Abwägung im Hinblick auf die Umweltbelange ist dadurch allerdings nicht verändert. Weist eine Gemeinde im beschleunigten Verfahren auf Flächen, die zuvor aufgrund von § 1a III BauGB in Verbindung mit § 9 I Nr. 20 oder § 9 I Nr. 25 a oder b BauGB festgesetzt wurden, Bauflächen aus, muss sie trotz der nach § 13 a 2 Nr. 4 BauGB geltenden grundsätzlichen Freistellung von der Eingriffsregelung an anderer Stelle einen Ausgleich iSv § 1a III BauGB schaffen.[3816]
- Weicht ein Bebauungsplan – in den Grenzen einer geordneten städtebaulichen Entwicklung – vom Flächennutzungsplan ab, wird nicht nach § 8 II BauGB verfahren (Parallelverfahren und der Fragen nach Umweltprüfung und Eingriffsregelung für den Flächennutzungsplan). Der Flächennutzungsplan gilt vielmehr als geändert; er ist im Wege der Berichtigung anzupassen (§ 13 a II Nr. 2 BauGB). Die Änderung des Flächennutzungsplans ist auszufertigen und anschließend bekannt zu machen (§ 6 V, VI, 10 III 2 BauGB).[3817]

Die Gemeinde ist allerdings nicht verpflichtet, das vereinfachte Verfahren nach § 13 a BauGB durchzuführen. Sie kann die Pläne der Innenentwicklung auch im bisherigen Verfahren aufstellen und damit das bisherige Recht der **Umweltprüfung** und der naturschutzrechtlichen Eingriffsregelung in vollem Umfang anwenden.[3818] Hierdurch ist es auch möglich, die gesamten **Kompensationsregelungen** einschließlich einer Kostenregelung nach §§ 135 a bis 135 c BauGB weiterhin anzuwenden. Davon unberührt bleiben die Gestaltungsmöglichkeiten der Gemeinden aus städtebaulichen Verträgen. Die naturschutzrechtliche Eingriffsregelung als solche kann allerdings nicht vertraglich übergestülpt werden, dh eine generelle Annahme der Ausgleichpflicht wie sie § 18 BNatSchG, vorsieht ist beim beschleunigten Verfahren gerade entfallen. Das müssen die Gemeinden bei der Entscheidung für ein Verfahren nach § 13 a BauGB bedenken. Aber in einem städtebaulichen Vertrag können Regelungen zur Umsetzung der legitimen kommunalpolitischen städtebaulichen Aufgaben und Ziele der Gemeinden getroffen werden (§ 11 I 2 Nr. 2 BauGB). Die Rechtfertigung beziehen diese Regelungen dann aus der allgemeinen Kompetenz der Gemeinde, eigene städtebauliche Ziele zu verwirklichen.[3819] Der Vertragspartner könnte sich in derartigen Fällen auch nicht auf die Nichtigkeit des Vertrages berufen,[3820] weil nicht die naturschutzrechtlichen Kompensationsmaßnahmen Inhalt solcher städtebaulicher Verträge sind, sondern ein kommunales Konzept zB über Mindeststandards an Grünflächen ua Folgemaßnahmen wegen baulicher Vorhaben. Die Streichung der naturschutzrechtlichen Kompensationsregelung kann nicht dazu führen, dass zugleich auch die konzeptionellen planerischen Gestaltungsmöglichkeiten der Städte und Gemeinden über Bord geworfen werden. 1700

[3813] Krautzberger/Stüer DVBl. 2007, 160.

[3814] Dazu Stüer/Sailer BauR 2004, 1392.

[3815] BVerwG NVwZ 2007, 223.

[3816] VGH Mannheim Urt. v. 9.9.2020 – 5 S 734/18, BeckRS 2020, 23721, Rn. 80.

[3817] Krautzberger/Stüer DVBl. 2007, 160.

[3818] Kment in Jarass/Kment, BauGB, 2022, § 13 a Rn. 1.

[3819] Zu diesem Modell der Konkretisierung städtebaulicher Ziele durch die Gemeinde BVerwGE 92, 56 – Weilheimer Einheimischenmodell.

[3820] BVerwG NVwZ 2000, 1285; BGHZ 153, 93; BVerwG NVwZ 2009, 1109; Stüer/König ZfBR 2000, 524; Grziwotz ZfIR 2009, 470.

1701 Nach § 13 a II Nr. 3 BauGB soll im beschleunigten Verfahren „einem Bedarf an Investitionen zur Erhaltung, Sicherung und Schaffung von Arbeitsplätzen, zur Versorgung der Bevölkerung mit Wohnraum oder zur Verwirklichung von Infrastrukturvorhaben in der Abwägung in angemessener Weise Rechnung getragen" werden. Die Regelung wird für entbehrlich gehalten, weil sie weder zusätzliche Anwendungsvoraussetzungen noch Verfahrenserleichterungen zum Gegenstand hat.[3821]

1702 Wird der Bebauungsplan der Innenentwicklung im vereinfachten Verfahren des § 13 a BauGB geändert, ist der **Flächennutzungsplan** im Wege der Berichtigung anzupassen. Auch im Parallelverfahren einer Änderung von Flächennutzungsplan und der Aufstellung eines Bebauungsplans nach § 13 a BauGB ist eine Umweltprüfung auf der Ebene des Flächennutzungsplans nicht erforderlich. Wird der Flächennutzungsplan demgegenüber ohne gleichzeitiges Verfahren nach § 13 a BauGB geändert oder neu aufgestellt, ist eine Umweltprüfung erforderlich. Die Verfahrenserleichterungen des § 13 a BauGB beziehen sich auf den Flächennutzungsplan daher nur in der Reichweite dieser Vorschrift, wenn also zugleich ein Bebauungsplan der Innenentwicklung nach § 13 a BauGB aufgestellt wird. Auch bei der Neuaufstellung eines Flächennutzungsplans ist daher die Umweltprüfung auf dieser Ebene weiterhin durchzuführen. Erleichterungen sieht § 13 a BauGB nur für den Fall der Aufstellung eines Bebauungsplans vor, dessen Inhalt sozusagen auf die Ebene des Flächennutzungsplans zurückwirkt. Eine automatische Änderung des Flächennutzungsplans im vereinfachten Verfahren eines Bebauungsplans der Innenentwicklung nach § 13 a BauGB ist allerdings nur möglich, wenn die Vorgaben der Raumordnung eingehalten werden. Von den Zielen der Raumordnung darf die sich ergebende Änderungsnotwendigkeit des Flächennutzungsplans daher nicht abweichen (§ 1 IV BauGB). Das gilt auch für andere zwingende Bindungen, die sich etwa aus dem Recht der privilegierten Fachplanung ergeben (§ 38 BauGB).

1703 Das beschleunigte Verfahren gemäß § 13 a BauGB ist nicht nach dessen § 13 a I 4 BauGB wegen Unterlassen einer UVP ausgeschlossen, wenn es sich hinsichtlich etwaiger UVP-pflichtiger Gewerbeansiedlungen lediglich um eine ohne konkrete planerischen Festsetzungen handelt, deren nähere Prüfung einem künftigen Genehmigungsverfahren vorbehalten bleiben kann.[3822] Ein Verstoß gegen § 13 a III 1 Nr. 1 BauGB ist bei unionsrechtskonformer Auslegung von § 214 a II Nr. 2 BauGB nur dann für die Rechtswirksamkeit des Bebauungsplans unbeachtlich, wenn die Gründe für das Absehen von der Umweltprüfung der Öffentlichkeit in anderer Weise entsprechend dem Regelungsziel des Art. 3 VII der Plan-UP-RL 2001/42/EG zugänglich gemacht worden sind.[3823] § 13 a III 1 Nr. 1 BauGB genügt im Fall des § 13 a I 2 Nr. 1 BauGB jedenfalls dann den Anforderungen des Art. 3 VII Plan-UP-RL, wenn sich die Gründe für ein Absehen von der Umweltprüfung für die abstrakt-generelle Regelung aus den Gesetzgebungsmaterialien ergeben und für den konkreten Bebauungsplan aus den ausgelegten Unterlagen.[3824] Durch die Einführung der beschleunigten Verfahren für die Aufstellung von Bebauungsplänen hat der Bundesgesetzgeber von der durch Art. 3 III der Plan-UP-RL aus dem Jahr 2001 (EGRL 42/2001) eröffneten Möglichkeit, die Bodennutzung kleiner Gebiete auf lokaler Ebene von Erfordernis der Umweltprüfung auszunehmen, Gebrauch gemacht. § 13 a BauGB ergänzt insoweit den § 13 BauGB durch die Einführung einer differenzierten Umsetzung der Anforderungen an Umweltprüfungen für Bebauungspläne der Innenentwicklung. Diese Pläne werden nach § 13 a I BauGB von der durch das EAG Bau in § 2 IV BauGB über den § 4 UVPG hinausgehend eingeführten generellen Umweltprüfungspflicht für Bebauungspläne ausgenommen und insoweit auch mit Blick auf die naturschutzrechtliche Ausgleichspflicht privilegiert (§§ 13 a I 2 Nr. 2, II Nr. 4, 1 a III 5 BauGB 2007) beziehungsweise in bestimmten Fällen zunächst nur noch einer Vorprüfung im Einzelfall unterworfen. Die Aufstellung eines Bebauungsplans der Innenentwicklung nach dem § 13 a I 1 BauGB ist für nicht qualifiziert beplante Gebiete nicht zwingend auf eine Überplanung von Flächen beschränkt, die nach der bodenrechtlichen Vorgabe des § 34 I 1 BauGB der im Zusammenhang bebauten Ortslage zuzurechnen sind. In Ortsrandbereichen oder bei Vorliegen so genannter weiträumig von Bebauung umschlossener „Außenbereichsinseln" können grundsätzlich auch solche Flächen überplant werden, die von einem Bebauungszusammenhang nicht mehr erfasst und da-

---

[3821] Kment in Jarass/Kment, BauGB, 2022, § 13 a Rn. 5.
[3822] OVG Koblenz BauR 2011, 1701.
[3823] VGH Mannheim NVwZ-RR 2013, 833.
[3824] BVerwG ZfBR 2014, 765.

her nach der Systematik der §§ 34, 35 BauGB im Umkehrschluss dem Außenbereich im Sinne der letztgenannten Bestimmung zuzurechnen sind. Gerade in Übergangszonen von Innen- und Außenbereich, in denen die Beurteilung der Zugehörigkeit bisher baulich genutzter Grundstücke einer gewissen faktischen „Deutungsbreite" zugänglich ist, ist es zur Ausräumung von Zweifeln durchaus sinnvoll, diese Bereiche durch eine Festlegung im Wege der Bauleitplanung eindeutig und im Falle des Vorliegens der sonstigen Verfahrensvoraussetzungen gegebenenfalls im Wege der „Innenentwicklung" eindeutig der – dann beplanten – Ortslage zuzuordnen.[3825]

VI. Beschleunigtes Verfahren bei Außenbereichsflächen

§ 13b BauGB sah zur Einbeziehung von Außenbereichsflächen in das beschleunigte Verfahren vor, dass bis zum Ablauf des 31. Dezember 2022 § 13a BauGB entsprechend für Bebauungspläne mit einer Grundfläche iS des § 13a I 2 BauGB von weniger als 10 000 Quadratmetern gilt, durch die die Zulässigkeit von Wohnnutzungen auf Flächen begründet wird, die sich an im Zusammenhang bebaute Ortsteile anschließen. Das Verfahren zur Aufstellung eines Bebauungsplans nach § 13b S. 1 BauGB konnte nach § 13 b S. 2 BauGB nur bis zum Ablauf des 31.12.2022 förmlich eingeleitet werden; der Satzungsbeschluss nach § 10 I BauGB war bis zum Ablauf des 31.12.2024 zu fassen. Mit Urteil vom 18.7.2023 hat das BVerwG § 13 b BauGB wegen dessen Unvereinbarkeit mit der SUP-Richtlinie für unanwendbar erklärt.[3826] Der Gesetzgeber hat das Urteil zum Anlass genommen, § 13 b mit dem Gesetz für die Wärmeplanung und zur Dekarbonisierung der Wärmenetze vom 20.12.2023 aufzuheben und durch einen neuen § 215 a BauGB zu ersetzen.[3827] Das Gesetz ist am 01.01.2024 in Kraft getreten. 1704

1. Aufgehobene Regelung des § 13 b BauGB

Zur Erleichterung des Wohnungsbaus konnte im **nicht beplanten Innenbereich** bei Nutzungsänderungen sämtlicher baulicher Anlagen zu Wohnzwecken vom Erfordernis des Einfügens abgesehen werden (§ 34 III a BauGB). Dies galt nur bei Nutzungsänderungen von Gewerbe- und Handwerksbetrieben zu Wohnzwecken (§ 34 III a BauGB). Des Weiteren konnten nach§ 13b BauGB bis zum 31.12.2022 Bebauungspläne mit einer Grundfläche von weniger als 10.000 Quadratmetern, durch die die Zulässigkeit von Wohnnutzungen auf Flächen begründet wird, die sich an im Zusammenhang bebaute Ortsteile anschließen, im beschleunigten Verfahren aufgestellt werden. Das Verfahren zur Aufstellung eines solchen Bebauungsplans konnte nur bis zum 31.12.2022 förmlich eingeleitet werden; der Satzungsbeschluss nach § 10 I BauGB musste bis zum 31.12.2024 gefasst werden. 1705

Die Gemeinde konnte das Verfahren unter den Voraussetzungen des § 13b BauGB bei jedem Bebauungsplan anwenden, also auch bei einfachen Bebauungsplänen (§ 30 III BauGB) oder vorhabenbezogenen Bebauungsplänen (§ 30 II BauGB). Ob die Gemeinde das „Normalverfahren" oder das beschleunigte Verfahren nach § 13b BauGB wählt, oblag im Rahmen der Vorgaben des § 13b BauGB ihrem Ermessen. Einer Begründung, welches Verfahren die Gemeinde wählt, bedurfte es nicht. Ein Vorhabenträger hatte keinen Anspruch darauf, dass die Gemeinde ein für ihn ggf. kostengünstigeres Verfahren nach § 13b BauGB durchführt. Der Bebauungsplan nach § 13b BauGB kam – wenn er selbst die Zulässigkeit von Wohnnutzungen begründet – für alle nach § 9 BauGB und nach der BauNVO zulässigen Festsetzungen in Betracht. 1706

Da § 13a BauGB für entsprechend anwendbar erklärt wurde, entfiel insbesondere die **Umweltprüfung**; denn die Bebauungspläne der Innenentwicklung bedürfen keiner förmlichen Umweltprüfung. Das rechtspolitische Ziel, das mit § 13a BauGB angestrebt wurde, war die Begünstigung einer Entwicklung des Gemeindegebiets „nach innen", dh von Bebauungsplänen zugunsten der Innenentwicklung, weil sie unter Umweltgesichtspunkten idR günstiger zu beurteilen sind als solche der Außenentwicklung. Für die Außenentwicklung iS des § 13b BauGB konnte diese Begründung nicht herangezogen werden, wobei die behutsame Außenentwicklung, namentlich die Arrondierung des Gemeindegebiets, größere und ggf. ungünstiger zu beurteilende Neuplanungen vermeiden helfen konnte. 1707

[3825] OVG Saarlouis NVwZ-RR 2013, 15 (LS).
[3826] BVerwG NVwZ 2023, 1652.
[3827] Art 3 des Gesetzes BGBl, 2023 I Nr. 394 vom 20.12.2023, Bl. 27.

1708 Die Befürworter des § 13 b BauGB beriefen sich zur Rechtfertigung der Vereinbarkeit der Regelung auf ein EuGH-Urteil vom 21.12.2016[3828] und die dort enthaltene Auslegung der „kleinen Gebiete auf lokaler Ebene", bei denen die Mitgliedstaaten nach Art. 3 V der Plan-UP-RL 2001/42 bestimmen können, dass mit keinen erheblichen Auswirkungen auf die Umwelt zu rechnen ist und die deshalb von einer Umweltprüfung freigestellt werden können.[3829]

1709 Der Anwendungsbereich für die Aufstellung eines Bebauungsplans iSd § 13b BauGB wurde vom Gesetz in mehrfacher Hinsicht auf bestimmte Fälle eingegrenzt: Er kam nur für Bebauungspläne mit einer Grundfläche iSd § 13a I 2 BauGB von weniger als 10 000 m² in Betracht. Die Flächen mussten sich an im Zusammenhang bebaute Ortsteile, also beplante oder nicht beplante Innenbereiche anschließen.

1710 Bebauungspläne nach § 13b BauGB konnten im beschleunigten Verfahren nach § 13a BauGB aufgestellt werden. Die Sonderregelungen sind im Wesentlichen in § 13a II und III BauGB geregelt. Die Vorschriften über das vereinfachte Verfahren nach § 13 II und III 1 BauGB waren entsprechend anwendbar; der Öffentlichkeit war die Möglichkeit zu geben, sich frühzeitig über die beabsichtigte Planung zu informieren, wenn auf die frühzeitige Öffentlichkeitsbeteiligung nach § 3 I BauGB verzichtet wird. Ein Bebauungsplan konnte auch aufgestellt, geändert oder ergänzt werden, bevor der Flächennutzungsplan geändert oder ergänzt ist. Einem dringenden Bedarf an Investitionen zur Erhaltung, Sicherung und Schaffung von Arbeitsplätzen, zur Versorgung der Bevölkerung mit Wohnraum oder zur Verwirklichung von Infrastrukturvorhaben sollte in der Abwägung in angemessener Weise Rechnung getragen werden. Die Erforderlichkeit eines Ausgleichs im Sinne der Eingriffsregelung nach dem BNatSchG (§ 1a III 5 BauGB) entfiel. Aus der Anwendung des vereinfachten Verfahrens nach § 13 BauGB ergab sich, dass eine Begründung der Zulässigkeit von UVP-pflichtigen Vorhaben (§ 13 I 1 Nr. 1 BauGB) nicht zulässig sein sollte. Es durften keine Anhaltspunkte für die Beeinträchtigung der in § 1 VI BauGB genannten Schutzgüter vorliegen (FHH- und Vogelschutz-Gebiete), weiterhin durften keine Anhaltspunkte dafür bestehen, dass bei der Planung Pflichten zur Vermeidung oder Begrenzung der Auswirkungen von schweren Unfällen nach § 50 BImSchG zu beachten waren (§ 13a I 5 BauGB). Für die Anforderungen an die planerische Abwägung gelten uneingeschränkt die allgemeinen Bestimmungen.

1711 Wie beim beschleunigten Verfahren nach § 13 a BauGB sind neben den allgemeinen Hinweispflichten besondere **Hinweispflichten** zu beachten.

1712 Auch im Rahmen des beschleunigten Verfahrens nach § 13b BauGB waren die Belange nach § 1 VI BauGB und damit auch die Umweltbelange nach § 1 VI Nr. 7 BauGB zu ermitteln, inhaltlich zu prüfen und gegeneinander und untereinander gerecht abzuwägen (§ 1 VII BauGB). Entbehrlich war lediglich die Erstellung eines förmlichen Umweltberichts. Entsprechendes galt für städtebauliche Prämissen, wie z. B. den Vorrang der Innenentwicklung vor der Außenentwicklung (Bodenschutzklausel des § 1a II 1, § 1 V 3 BauGB).

2. Außerkrafttreten des § 13 b BauGB

1713 Mit Art. 3 Nr. 5 des Gesetzes für die Wärmeplanung und zur Dekarbonisierung der Wärmenetze vom 20.12.2023[3830] wurde § 13 b BauGB aufgehoben. Für die Beendigung von Bebauungsplanverfahren und eines ergänzenden Verfahrens für Bebauungspläne nach § 13b in der bis zum Ablauf des 22.6.2021 oder bis zum Ablauf des 31.12.2023 geltenden Fassung wurde stattdessen § 215a BauGB in das BauGB aufgenommen. Die Aufhebung des § 13 b BauGB zog die Konsequenz aus dem Urteil des BVerwG vom 18.7.2023, mit § 13 b BauGB wegen einer Unvereinbarkeit mit der SUP-Richtlinie für unanwendbar erklärt wurde.[3831] Ganz überraschend war das Urteil des BVerwG nicht, waren doch schon einige Jahre zuvor bei der Einführung des § 13 b BauGB Zweifel an der Unionsrechtskonformität der Regelung laut geworden.[3832]

[3828] EuGH DVBl. 2017, 836 m. Anm. Krautzberger/Stüer.

[3829] EuGH DVBl. 2017, 836, Rn. 50, 53 bis 55; siehe Bundesvereinigung der kommunalen Spitzenverbände, Stellungnahme gegenüber dem Ausschuss für Umwelt, Naturschutz, Bau und Reaktorsicherheit v. 13.2.2017, Ausschuss-Drs. 18(16)523-A zur Anhörung am 15.2.2017.

[3830] BGBl 2023 I vom 20.12.2023 Nr. 394.

[3831] BVerwG NVwZ 2023, 1652.

[3832] Grotefels UPR 2018, 321 (328); Arndt/Mitschang ZfBR 2017, 737 (748); Kment in Jarass/Kment, BauGB, 2022, § 13b Rn. 1; aA Krautzberger in EZBK, § 13 b Rn. 10; Schiller in Bracher/Reidt/Schiller, Bauplanungsrecht, 2022, Rn. 12.45.

a) Unionsrechtswidrigkeit des § 13b BauGB. Zur Begründung seines Urteils erläuterte das BVerwG unter anderem, bei der Umsetzung der SUP-Richtlinie sei den Mitgliedstaaten zwar ein Ermessensspielraum eingeräumt. Dieses Ermessen sei jedoch eingeschränkt. In der Sache müssten die Mitgliedstaaten sicherstellen, dass sämtliche Pläne und Programme, die voraussichtlich erhebliche Umweltauswirkungen haben werden, einer Umweltprüfung unterzogen werden. Während die Erreichung des in Art. 3 I SUP-Richtlinie normierten Ziels strikt vorgegeben sei, könnten die Mitgliedstaaten bei den Modalitäten, mit denen dieses Ziel erreicht werden solle, eine Auswahl unter den in der Richtlinie aufgezählten Varianten treffen. Wenn durch die in Art. 3 V SUP-Richtlinie genannten Mechanismen gewährleistet sein solle, dass kein Plan, der voraussichtlich erhebliche Umweltauswirkungen habe, der Umweltprüfung entzogen werde, seien für die Artfestlegung strenge Maßstäbe zu beachten. Diese seien nur dann gewahrt, wenn angesichts der nach Maßgabe der einschlägigen Kriterien nach Art. 3 V 2 SUP-Richtlinie iV m. Anhang II der Richtlinie für die Art des Plans geltenden qualitativen Voraussetzungen davon auszugehen sei, dass erhebliche Umweltauswirkungen von vornherein nicht eintreten. Bei der Artfestlegung müsse danach durch die Umschreibung der Voraussetzungen gewährleistet sein, dass für jeden möglichen Einzelfall erhebliche Umweltauswirkungen durch den Plan ausgeschlossen seien. Eine Artfestlegung, mit der das Ziel des Art. 3 Abs. 1 SUP-Richtlinie lediglich im Wege einer typisierenden bzw. pauschalierenden Betrachtungsweise, dh im Allgemeinen und regelhaft, aber zugleich verbunden mit der Hinnahme von Ausnahmen, erreicht werde, sei unzulänglich.[3833] 1714

Mit diesen Anforderungen sei § 13b BauGB nicht vereinbar. Der Gesetzgeber habe sich dafür entschieden, gemäß Art. 3 V 1 Alt. 2 SUP-Richtlinie bestimmte Arten von Plänen festzulegen. Diese seien im Wesentlichen durch eine quantitative (Grundflächenbegrenzung) und zwei qualitative (Beschränkung auf Wohnnutzung sowie Anschluss der überplanten, im Außenbereich gelegenen Fläche an im Zusammenhang bebaute Ortsteile) Voraussetzungen gekennzeichnet. Das sei jedoch unzureichend. Denn bei den so umschriebenen Plänen könnten erhebliche Umweltauswirkungen nicht in jedem Fall ausgeschlossen werden. Der von § 13b BauGB ermöglichte Zugriff auf Außenbereichsflächen schließe auch bei einer flächenmäßig begrenzten Wohnbebauung in der Nachbarschaft zu einem im Zusammenhang bebauten Ortsteil nicht aus, dass mittels des beschleunigten Verfahrens Bebauungspläne erlassen werden könnten, die voraussichtlich erhebliche Umweltauswirkungen haben würden. Das gelte schon wegen der ganz unterschiedlichen bisherigen Nutzung der potenziell betroffenen Flächen und der Bandbreite ihrer ökologischen Wertigkeit (vgl. Anhang II der SUP-Richtlinie Nr. 1 Spiegelstrich 1, 3 und 4). Der Umstand, dass sich die überplanbaren Außenbereichsflächen an einen bebauten Ortsteil anschließen müssten, führe auf kein anderes Ergebnis. Das folge schon daraus, dass die bereits vorhandene Bebauung nichts über die umweltrelevanten Eigenschaften der sich anschließenden Außenbereichsflächen aussage. Auf eine vermeintliche Prägung durch die benachbarte Bebauung und einen damit einhergehenden Verlust der Schutzwürdigkeit könne nicht abgestellt werden. Zudem könnten gerade besonders schützenswerte Flächen im Außenbereich die Grenze für eine Siedlungstätigkeit markieren. Anders als im Rahmen der von § 13a BauGB privilegierten Innenentwicklung lasse sich für eine von § 13b BauGB ermöglichte Außenentwicklung daher gerade keine Art von Plänen und Programmen definieren, die a priori voraussichtlich keine erheblichen Umweltauswirkungen hätten. Das gelte selbst dann, wenn es sich nur um eine kleine Fläche iSv Art. 3 Abs. 3 SUP-Richtlinie handelt.[3834] 1715

Die Kollision von nationalem mit Unionsrecht sei nach den Grundsätzen zum Anwendungsvorrang des Unionsrechts aufzulösen. Bei einem Konflikt zwischen dem Unionsrecht und dem nationalen Recht sei es Sache des nationalen Gerichts, das innerstaatliche Gesetz unter voller Ausschöpfung des Beurteilungsspielraums, den ihm das nationale Recht einräume, in Übereinstimmung mit den Anforderungen des Unionsrechts auszulegen und anzuwenden; soweit eine solche unionsrechtskonforme Auslegung nicht möglich sei, dürfe es entgegenstehende innerstaatliche Vorschriften nicht anwenden. Eine hiernach vorrangige unionsrechtskonforme Auslegung des § 13b BauGB scheidet jedoch nach Ansicht des BVerwG aus. Es sei nicht Sache des Gerichts, eine eindeutige gesetzliche Regelung contra legem durch eine anderslautende zu ersetzen, um das gesetzgeberische Ziel einer Verfahrenserleichterung zu verwirklichen. Wegen der Unanwendbarkeit des § 13b BauGB gehe der Verweis in Satz 1 auf § 13a BauGB ins Leere. Das gelte insgesamt und betreffe nicht nur § 13a II Nr. 1 iVm § 13 III 1 BauGB. Das beschleu- 1716

[3833] BVerwG NVwZ 2023, 1652, Rn. 12.
[3834] BVerwG NVwZ 2023, 1652, Rn. 15.

nigte Verfahren zeichne sich gerade durch den Verzicht auf eine Umweltprüfung aus. Die übrigen in § 13a II BauGB vorgesehenen verfahrens- und materiell-rechtlichen Modifikationen knüpften daran als begleitende Regelungen an und seien Teil eines Vereinfachungs- und Beschleunigungskonzepts für Bebauungspläne der Innenentwicklung. Die Wahl des beschleunigten Verfahrens gemäß § 13b Satz 1 iVm § 13a II Nr. 1, § 13 III 1 BauGB statt des gebotenen Regelverfahrens führe dazu, dass eine Umweltprüfung unterbleibe und dass auch kein nach § 2a Satz 2 Nr. 2 BauGB notwendiger Umweltbericht verfasst, als Teil der Begründung (§ 2a Satz 3 BauGB) nach § 3 II 1 BauGB mit dem Entwurf öffentlich ausgelegt und nach § 9 VIII BauGB der Begründung beizufügen worden sei. Hierin liege ein gemäß § 214 I 1 Nr. 3 BauGB beachtlicher Verfahrensfehler.[3835]

1717 **b) Konsequenzen der Unionsrechtswidrigkeit des § 13 b BauGB.** Das Bundesministerium für Wohnen, Stadtentwicklung und Bauwesen wies in einer Stellungnahme zur Urteilsbegründung des BVerwG mit vorläufigen Handlungsempfehlungen für die Planungspraxis darauf hin, das BVerwG habe in der Begründung des Urteils vom 18.7.2023 klargestellt, dass § 215 BauGB auch für § 13b-Bebauungspläne anwendbar sei. Das bedeute, Bestandspläne nach § 13b BauGB, die nicht innerhalb der Jahresfrist angegriffen worden seien, litten nicht an einem beachtlichen Fehler und könnten daher Grundlage für Genehmigungsentscheidungen bleibe. Für nach § 13b BauGB begonnene Bebauungsplanverfahren und für innerhalb der Jahresfrist des § 215 BauGB gerügte § 13b-Bestandspläne werde das Bundesministerium für Wohnen, Stadtentwicklung und Bauwesen kurzfristig eine gesetzliche Regelung vorschlagen, mittels derer diese Verfahren europarechtskonform zu Ende geführt bzw. die Pläne im ergänzenden Verfahren geheilt werden könnten.[3836]

3. § 215 a BauGB

1718 § 215a BauGB regelt die Möglichkeit der Beendigung von Bebauungsplanverfahren und eines ergänzenden Verfahrens für Bebauungspläne nach § 13b in der bis zum Ablauf des 22.6.2021 oder bis zum Ablauf des 31.12.2023 geltenden Fassung.

1719 Nach § 215a I BauGB können Bebauungsplanverfahren nach § 13b BauGB in der bis zum Ablauf des 22.6.2021 oder bis zum Ablauf des 31.12.2023 geltenden Fassung, die vor Ablauf des 31.12.2022 förmlich eingeleitet wurden, nach Maßgabe des § 215a III BauGB im beschleunigten Verfahren in entsprechender Anwendung des § 13a BauGB abgeschlossen werden, wenn der Satzungsbeschluss nach § 10 I BauGB bis zum Ablauf des 31.12.2024 gefasst wird.

1720 Sollen Bebauungspläne, die im Verfahren nach § 13b BauGB in der bis zum Ablauf des 22.6.2021 oder bis zum Ablauf des 31.12.2023 geltenden Fassung aufgestellt wurden, durch ein ergänzendes Verfahren gemäß § 214 IV BauGB in Kraft gesetzt werden, kann § 13a BauGB nach Maßgabe des § 215a III BauGB entsprechend angewendet werden. Der Satzungsbeschluss nach § 10 I BauGB ist bis zum Ablauf des 31.12.2024 zu fassen.

1721 § 13a II Nr. 1 BauGB iVm § 13 III 1 BauGB sowie § 13a II Nr. 4 BauGB können nach § 215a III 1 BauGB nur dann entsprechend angewendet werden, wenn die Gemeinde auf Grund einer Vorprüfung des Einzelfalls entsprechend § 13a I 2 Nr. 2 BauGB zu der Einschätzung gelangt, dass der Bebauungsplan voraussichtlich keine erheblichen Umweltauswirkungen hat, die nach § 2 IV 4 BauGB in der Abwägung zu berücksichtigen wären oder die als Beeinträchtigungen des Landschaftsbildes oder der Leistungs- und Funktionsfähigkeit des Naturhaushalts entsprechend § 1a III BauGB auszugleichen wären. Die Behörden und sonstigen Träger öffentlicher Belange, deren Aufgabenbereiche durch die Planung berührt werden können, sind nach § 215a III 2 BauGB an der Vorprüfung des Einzelfalls zu beteiligen. Wird das Verfahren nach § 215a I oder II BauGB nach Abschluss der Vorprüfung des Einzelfalls ohne Durchführung einer Umweltprüfung nach § 2 IV BauGB fortgesetzt, hat die Gemeinde dies gem. § 215a III 3 BauGB einschließlich der hierfür wesentlichen Gründe ortsüblich bekanntzumachen.

[3835] BVerwG NVwZ 2023, 1652, Rn. 16 ff.

[3836] Zu Konsequenzen für die Planungs- und Vollzugspraxis siehe auch Kermann/Saame BauR 2024, 20 und Kukk ZBR 2023, 735, die allerdings den neuen § 215a BauGB bei ihren Überlegungen noch nicht berücksichtigen konnte; siehe auch den Gesetzesantrag des Freistaats Bayern zur Änderung des § 13 b BauGB vom 21.9.2023 BR-Drs. 473/23; Entschließungsantrag der CDU/CSU-Bundestagsfraktion zur Reaktivierung des § 13 b BauGB in einer unionsrechtskonformen Fassung, BT-Drs. 20/9351; Änderungsantrag der Fraktionen SPD, BÜNDNIS 90/DIE GRÜNEN und FDP Ausschuss-Drs. 20(24)194,

Auf Bebauungspläne, deren Aufstellung nach § 215a I BauGB abgeschlossen worden ist oder die im ergänzenden Verfahren nach § 215a II BauGB 2 in Kraft gesetzt worden sind, sind die Bestimmungen der §§ 214 und 215 BauGB zur Planerhaltung entsprechend anzuwenden (§ 215a IV BauGB). 1722

4. Teil. Umweltprüfung in der Bauleitplanung

Für die Belange des Umweltschutzes nach § 1 VI Nr. 7 und § 1a BauGB wird gem. § 2 IV 1 BauGB eine Umweltprüfung durchgeführt, in der die voraussichtlichen erheblichen Umweltauswirkungen ermittelt werden und in einem Umweltbericht beschrieben und bewertet werden; die Anlage 1 zu diesem Gesetzbuch ist anzuwenden. Die Gemeinde legt dazu gem. § 2 IV 2 BauGB für jeden Bauleitplan fest, in welchem Umfang und Detaillierungsgrad die Ermittlung der Belange für die Abwägung erforderlich ist. Die Umweltprüfung bezieht sich nach gem. § 2 IV 3 BauGB auf das, was nach gegenwärtigem Wissensstand und allgemein anerkannten Prüfmethoden sowie nach Inhalt und Detaillierungsgrad des Bauleitplans angemessenerweise verlangt werden kann.[3837] Das Ergebnis der Umweltprüfung ist gem. § 2 IV 4 BauGB in der Abwägung zu berücksichtigen. Wird eine Umweltprüfung für das Plangebiet oder für Teile davon in einem Raumordnungs-, Flächennutzungs- oder Bebauungsplanverfahren durchgeführt, soll die Umweltprüfung in einem zeitlich nachfolgend oder gleichzeitig durchgeführten Bauleitplanverfahren auf zusätzliche oder andere erhebliche Umweltauswirkungen beschränkt werden (§ 2 IV 5 BauGB). Liegen Landschaftspläne oder sonstige Pläne nach § 1 VI Nr. 7 g BauGB vor, sind deren Bestandsaufnahmen und Bewertungen nach § 2 IV 6 BauGB in der Umweltprüfung heranzuziehen. Der für die Umweltprüfung erforderliche Umweltbericht bildet nach § 2a S. 3 BauGB einen gesonderten Teil der Begründung. § 2 IV BauGB konkretisiert die allgemeinen Vorgaben des § 2 III BauGB für die planungsrelevanten Umweltbelange entsprechend den Anforderungen der Plan-UP und der Projekt-UVP-Richtlinie.[3838] 1723

I. Grundlagen

Umweltprüfungen iSd UVPG sind nach § 2 X UVPG Umweltverträglichkeitsprüfungen und Strategische Umweltprüfungen. Strategische Umweltprüfungen (SUP) sind nach § 33 UVPG unselbständige Teile behördlicher Verfahren zur Aufstellung oder Änderung von Plänen und Programmen. Umweltprüfungen iSv § 2 IV 1 BauGB sind ausschließlich strategische Umweltprüfungen im vorgenannten Sinne. Werden Bebauungspläne iSd § 2 VI Nr. 3 UVPG, insbesondere bei Vorhaben nach Anlage 1 Nr. 18.1 bis 18.9 UVPG aufgestellt, geändert oder ergänzt, so wird die Umweltverträglichkeitsprüfung einschließlich der Vorprüfung als Umweltprüfung nach den Vorschriften des Baugesetzbuchs durchgeführt. Eine nach diesem Gesetz vorgeschriebene Vorprüfung entfällt, wenn für den aufzustellenden Bebauungsplan eine Umweltprüfung nach den Vorschriften des BauGB durchgeführt wird (§ 50 I UVPG). Besteht für die Aufstellung, Änderung oder Ergänzung eines Bauleitplans nach dem UVPG eine Verpflichtung zur Durchführung einer Strategischen Umweltprüfung, wird hierfür nach § 50 II UVPG unbeschadet der §§ 13, 13a BauGB eine Umweltprüfung einschließlich der Überwachung nach den Vorschriften des Baugesetzbuchs durchgeführt. Wird die Umweltverträglichkeitsprüfung in einem Aufstellungsverfahren für einen Bebauungsplan und in einem nachfolgenden Zulassungsverfahren durchgeführt, soll die Umweltverträglichkeitsprüfung nach § 50 III UVPG im nachfolgenden Zulassungsverfahren auf zusätzliche oder andere erhebliche Umweltauswirkungen des Vorhabens beschränkt werden.[3839] Die Anwendung des § 50 III UVPG auf der Vorhabenzulassungsebene setzt voraus, dass eine Umweltverträglichkeitsprüfung auf Planebene ordnungsgemäß durchgeführt worden ist; nur insoweit tritt auf der Zulassungsebene ein Ent- 1724

[3837] OVG Berlin-Brandenburg Beschl. v. 25.1.2023 – OVG 10 S 17/21, juris Rn. 45; OVG Schleswig Beschl. v. 7.7.2023 – 1 MR 9/20, juris Rn. 62; Krautzberger/Kment in EZBK, BauGB, 2022, § 2 Rn. 517; Battis in BKL, BauGB, 2022, § 2 Rn. 11.

[3838] Bönker in HBG, Öffentliches Baurecht, 2024, § 5 Rn. 270 unter Verweis auf BT-Drs. 15/2250, 118; zur Umweltprüfung in der Bauleitplanung auch Appel/Stark Umweltschutz im Bauplanungsrecht, in Koch/Hofmann/Reese, Handbuch Umweltrecht, 2024, § 15 Rn. 132 ff.

[3839] siehe zu § 50 UVPG im Einzelnen Wagner in Beckmann/Kment, UVPG/UmwRG, 2023, § 50 Rn. 1 ff.

lastungseffekt ein.[3840] Die Umweltprüfung für Bauleitpläne richtet sich insoweit ausschließlich nach dem BauGB und nicht nach dem UVPG.[3841]

1. Umsetzung europäischer Richtlinien

1725 Mit der Einführung der Umweltprüfung in der Bauleitplanung im Artikelgesetz 2001 und dem EAG Bau 2004 hat der Gesetzgeber den europarechtlichen Vorgaben der UVP-RL und der Plan-UP-RL Rechnung getragen. Die Plan-UP-RL besteht aus 15 Artikeln und 2 Anhängen. Vorangestellt sind 20 Erwägungsgründe. Art. 1 „Ziele" enthält die Zielsetzung der Richtlinie, durch die Einführung einer Umweltprüfung dazu beizutragen, dass Umwelterwägungen bei der Ausarbeitung und Annahme von Plänen und Programmen einbezogen werden. Art. 2 „Begriffsbestimmungen" bezeichnet näher, was im Sinne der Richtlinie unter „Pläne und Programme", „Politiken", „Umweltprüfung", „Umweltbericht" und „Öffentlichkeit" zu verstehen ist. Art. 3 Plan-UP-RL regelt den „Geltungsbereich" der Richtlinie. Art. 3 II legt fest, welche Pläne und Programme potentiell so umweltgefährdend sind, dass sie zwingend einer Umweltprüfung nach der Richtlinie zu unterziehen sind, während Art. 3 III und IV „weichere" Screening-Bestimmungen für nur unter Umständen prüfungspflichtige Pläne und Programme enthalten. Art. 3 V regelt in Verbindung mit Anhang II die Frage, auf welche Weise die Mitgliedstaaten im nationalen Recht für die unter III und IV fallenden Pläne und Programme festlegen bzw. ermitteln können, ob erhebliche Umweltauswirkungen zu befürchten sind. Die Kriterien des Anhang II müssen hierbei in jedem Fall berücksichtigt werden. In den Artikeln 4 bis 9 ist das eigentliche Verfahren, die „Umweltprüfung", geregelt. Kern des Verfahrens ist die Erstellung eines „Umweltberichts" (Art. 5 Plan-UP-RL), in dem die Umweltauswirkungen ermittelt, beschrieben und bewertet werden müssen. Anhang I legt fest, welche Informationen zu diesem Zweck vorzulegen sind, ua die Nullvarianten- und Alternativenprüfung. Dem Anhang I der Plan-UP-RL kommt in inhaltlich-methodischer Hinsicht besondere Bedeutung zu, weil hier die Inhalte von Umweltberichten Rahmen setzend vorgegeben werden.[3842] Die Öffentlichkeits- und Behördenbeteiligung ist im Wesentlichen in den Art. 6 „Konsultationen" und Art. 7 „Grenzüberschreitende Behördenbeteiligung" geregelt. Art. 10 regelt die Überwachung („Monitoring") der Umweltauswirkungen bei der Durchführung der Programme und Pläne durch die Mitgliedstaaten und in Art. 11 wird das Verhältnis der Richtlinie zu anderen Rechtsakten der EU, insbesondere zur UVP-Richtlinie, festgelegt. Deren Anforderungen müssen zwar gleichwohl erfüllt werden (Absatz 1). Es wird aber die Möglichkeit eingeräumt, koordinierte oder gemeinsame Verfahren zur Erfüllung der einschlägigen Rechtsvorschriften vorzusehen, um Mehrfachprüfungen zu vermeiden (Absatz 2). Nach Art. 12 tauschen die Mitgliedstaaten und die Kommission Informationen über die Anwendung der Richtlinie aus. Art. 13 enthält Bestimmungen zur Umsetzung der Richtlinie und ferner eine Bestimmung, gemäß der die Mitgliedstaaten der Kommission eine Liste von Typen von Plänen und Programmen übermitteln, die sie aufgrund der Richtlinie einer Umweltprüfung unterziehen.

1726 Die Plan-UP-RL zielt darauf ab, im Hinblick auf die Förderung einer nachhaltigen Entwicklung zu einem hohen Umweltschutzniveau beizutragen, in dem für bestimmte Pläne und Programme, die voraussichtlich erhebliche Umweltauswirkungen haben, eine Umweltprüfung durchgeführt wird.[3843] Die Richtlinie betrifft das Verfahren der Aufstellung von Plänen und Programmen und soll dazu beitragen, dass die Umwelterwägungen bei deren Ausarbeitung einbezogen werden. Ziel ist eine Umweltprüfung mit umfassender Öffentlichkeitsbeteiligung schon auf der räumlichen Planungsebene und nicht erst bei der Projekt-Zulassung, bei der das Instrument der UVP für bestimmte Vorhaben bereits besteht. Nach Art. 3 der Plan-UP-RL unterliegen der Verpflichtung zur Durchführung einer Umweltprüfung grundsätzlich Pläne und Programme ua im Bereich der Bodennutzung und der Raumordnung, die einen Rahmen für die künftige Genehmigung von Projekten setzen, die in den Anhängen I und II der Projekt-UVP-RL aufgeführt sind sowie Pläne und Programme, die gemäß der Fauna-Flora-Habitat-Richtlinie zu prüfen sind.

[3840] OVG Lüneburg NVwZ-RR 2022, 133.

[3841] Bönker in HBG, Öffentliches Baurecht, 2024, § 5 Rn. 275.

[3842] Jacoby UVP-Report 2001, S. 28.

[3843] Battis NuR 1995, 448; Jarass DÖV 1999, 661; Spannowsky UPR 2000, 201; Schink UPR 2000, 127; Ginzky UPR 2002, 47; Krautzberger DVBl. 2002, 285.

1727 Weitere Anforderungen an die Öffentlichkeitsbeteiligung ergeben sich aus der **Århus-Konvention** und der **EU-Öffentlichkeitsbeteiligungs-Richtlinie.**[3844] Ziel dieser Richtlinie ist es, zur Erfüllung der Pflichten aus der Århus-Konvention zu einer verbesserten Öffentlichkeitsbeteiligung und erweiterten gerichtlichen Rechtsschutzmöglichkeiten der Öffentlichkeit beizutragen. Zu diesem Zweck stellen die Mitgliedstaaten sicher, dass die Öffentlichkeit frühzeitig und in effektiver Weise die Möglichkeit erhält, sich an der Vorbereitung und Änderung oder Überarbeitung der Pläne oder Programme zu beteiligen. Die Öffentlichkeit ist durch öffentliche Bekanntmachung oder auf einem anderen geeigneten Weg, wie durch elektronische Medien, soweit diese zur Verfügung stehen, über Vorschläge für solche Pläne und Programme bzw. für deren Änderung oder Überarbeitung zu unterrichten (Art. 2 der Öffentlichkeitsbeteiligungs-Richtlinie).

1728 Zudem sind die **Klagerechte** erweitert worden. Die Mitgliedstaaten stellen nach Art. 10 a der UVP-RL sicher, dass Mitglieder der betroffenen Öffentlichkeit, die ein ausreichendes Interesse haben oder (alternativ) eine Rechtsverletzung geltend machen, Zugang zu einem Überprüfungsverfahren vor einem Gericht oder einer anderen auf gesetzlicher Grundlage geschaffenen unabhängigen und unparteiischen Stelle haben, um die materiell-rechtliche und verfahrensrechtliche Rechtmäßigkeit von Entscheidungen, Handlungen oder Unterlassungen anzufechten. Die Mitgliedstaaten bestimmen zwar in diesem Rahmen, was als ausreichendes Interesse und als Rechtsverletzung gilt. Das Interesse der Nichtregierungsorganisationen wie der anerkannten Verbände ist jedoch als ausreichend für entsprechende Klagerechte anzusehen (Art. 10 a Projekt-UVP-RL idF der Öffentlichkeitsbeteiligungs-Richtlinie).[3845]

2. Umsetzungskonzept des EAG Bau 2004

1729 Das EAG Bau 2004 setzt die EU-rechtlichen Vorgaben der Plan-UP-RL für den Bereich des Städtebaurechts in das BauGB, das ROG und das UVPG um.[3846] Die Umsetzung der Plan-UP-RL in das Fachplanungsrecht und das UVPG mit Ausnahme der Bauleitplanung ist Gegenstand der Regelungen des SUPG. Mit der Einführung einer generellen Umweltprüfung (UP) als regelmäßigem Bestandteil des Aufstellungsverfahrens wird die Vorgehensweise zur Zusammenstellung des umweltrelevanten Abwägungsmaterials in der Bauleitplanung einheitlich und vollständig im BauGB geregelt. Die Umweltprüfung entspricht im Wesentlichen dem, was bereits nach früherer Rechtslage für eine systematische und rechtssichere Erfassung der Umweltbelange in der Bauleitplanung vorzunehmen war, um die Grundlage für eine sachgerechte Abwägung vorzubereiten. Die voraussichtlichen erheblichen Umweltauswirkungen der Planung sind zu ermitteln und in einem als Umweltbericht bezeichneten Teil der Begründung zu beschreiben und zu bewerten. Die Öffentlichkeit und die Behörden werden im Rahmen des Aufstellungsverfahrens für den Bauleitplan beteiligt und die Ergebnisse der Beteiligung in der Abwägung berücksichtigt. Da damit der Umweltbericht an allen wesentlichen Abschnitten des Bauleitplanverfahrens teilzunehmen hat, ist er nach Abschluss des Scopings nach § 4 I BauGB zu erstellen.[3847]

1730 Das mit dem EAG Bau 2004 verfolgte Konzept setzt die vor allem mit dem Bau- und Raumordnungsgesetz (BauROG 1998) eingeleitete programmatische Öffnung des Rechts der Bauleitplanung für die umweltrechtlichen Vorgaben des Gemeinschaftsrechts fort. Dabei ist – in Abkehr von einer ausschließlich am Wortlaut der Richtlinie haftenden Übernahme der gemeinschaftsrechtlichen Einzelvorgaben – eine europarechtskonforme Umsetzung der Richtlinie vorgenommen worden, die das Recht der Bauleitplanung mit den europäischen Vorgaben strukturell harmonisiert. Die Umweltprüfung ist in die bestehenden Verfahrensschritte der Bauleitplanung integriert worden, indem sie als Regelverfahren für grundsätzlich alle Bauleit-

3844 Richtlinie 2003/35/EG des Europäischen Parlamentes und des Rates vom 26.5.2003 die Beteiligung der Öffentlichkeit bei der Ausarbeitung bestimmter umweltbezogener Pläne und Programme und zur Änderung der UVP-Richtlinie 85/337/EWG und 96/61/EG des Rates in Bezug auf die Öffentlichkeitsbeteiligung und den Zugang zu Gerichten, ABl. vom 25.6.2003, Nr. L 156, S. 17.

3845 Die Öffentlichkeitsbeteiligungs-Richtlinie war bis zum 25.6.2005 in nationales Recht umzusetzen.

3846 Schubert NuR 2005, 369; Schrödter LKV 2008, 109.

3847 Krautzberger UPR 2004, 241; Krautzberger/Stüer BauR 2003, 1301; Kraft UPR 2004, 331; Mitschang ZfBR 2004, 653; Schliepkorte/Tünnemann ZfBR 2004, 645; Schmidt-Eichstaedt ZfBR 2005, 751; Schrödter NordÖR 2004, 317; Steinkemper VBlBW 2004, 401; Stüer/Upmeier ZfBR 2003, 214; Uechtritz BauR 2005, 1859.

pläne ausgestaltet worden ist und als einheitliches Trägerverfahren die bauplanungsrechtlich relevanten umwelt- und naturschutzrechtlichen Aspekte zusammenführt.[3848]

1731 Die Plan-UP-RL gibt vor, dass alle Pläne und Programme auf lokaler Ebene, die voraussichtlich erhebliche Umweltauswirkungen verursachen, einer Umweltprüfung unterzogen werden müssen. Das EAG Bau 2004 hat eine grundsätzliche Pflicht zur Umweltprüfung bei allen Bauleitplänen eingeführt und ist damit über die Erfordernisse der Plan-UP-RL hinausgegangen. Denn diese gewährt den Mitgliedstaaten bei Plänen und Programmen mit nur lokaler Bedeutung, zu der auch die Bebauungspläne rechnen könnten, einen Ermessensspielraum bei der Anordnung der UP-Pflicht (Art. 3 III Plan-UP-RL). Eine grundsätzliche UP-Pflicht aller Bebauungspläne hat den Vorteil, dass kein kompliziertes Vorprüfungs- und Auswahlverfahren stattfinden muss, wie es §§ 33 ff. UVPG für die strategische UVP vorsieht. Die Umweltprüfung soll das Bauleitplanverfahren nicht erschweren, sondern die ohnehin für die Abwägung nach § 1 VII BauGB erforderlichen umweltschützenden Belange erfassen und die Prüfung dadurch in der Tendenz eher optimieren.

1732 Eine **Veränderung** des **materiellen Gewichts** der Umweltbelange für die Abwägungsentscheidung ist mit der Umweltprüfung nicht verbunden. Die Umweltprüfung enthält keine inhaltlichen Vorgaben, sie stellt ein **Verfahrenselement** dar.[3849] Die ausführlichere Regelung der Verfahrensanforderungen im Hinblick auf die Umweltbelange gegenüber den sozialen und wirtschaftlichen Belangen soll dazu beitragen, dass auch in dieser Hinsicht die Abwägungsentscheidung auf einer ausreichenden Informationsgrundlage erfolgt und Ermittlungsdefiziten vorgebeugt wird.

1733 Der **Umfang des** Umweltberichts ist an die jeweilige Bedeutung der Planung anzupassen. Der Katalog der abwägungserheblichen Belange ist hinsichtlich der Umweltbelange in § 1 VI Nr. 7 BauGB präzisiert worden. § 1 a BauGB enthält ergänzende Vorschriften zum Umweltschutz, die insbesondere nach Ermittlung des einschlägigen Materials in der Umweltprüfung zu beachten sind. § 2 IV BauGB ist die Grundnorm der Umweltprüfung. Die Umweltprüfung wird in den zentralen Arbeitsschritten Ermittlung, Beschreibung und Bewertung definiert. Zur Prüfung im Einzelnen wird auf die Anlage 1 zum BauGB verwiesen, während die Grundsatznorm bereits die gesetzlichen Vorgaben enthält, um eine sachgerechte Abwägungsentscheidung vorzubereiten. § 2 a BauGB enthält Anforderungen an die Begründung von Bauleitplänen, wobei der Umweltbericht einen wesentlichen Bestandteil der Begründung bildet. Die Ergebnisse der Ermittlung und Bewertung werden in einem eigenen Abschnitt der Begründung dargestellt. Die einzelnen in den Umweltbericht aufzunehmenden Angaben ergeben sich aus der Anlage 1 zum BauGB, die ähnlich dem bisherigen § 2 a BauGB für Aufbau und Gliederung des Umweltberichts eine Orientierung bilden. Die Umweltprüfung ist in das Aufstellungsverfahren integriert und regelmäßiger Bestandteil des Planungsprozesses. Hierdurch soll eine rechtssichere und handhabbare Anwendung ermöglicht werden.

1734 Bei Umweltprüfungen auf verschiedenen Ebenen der Bauleitplanung kann durch eine **Abschichtung** innerhalb der Umweltprüfung vermieden werden, dass Belange unnötig doppelt geprüft werden. So müssen Belange, die auf der Ebene der Raumordnung geprüft werden, beim Flächennutzungsplan nicht nochmals abgearbeitet werden. Der Flächennutzugsplan hat wiederum eine abschichtende Wirkung für die Bebauungspläne. Die Ergebnisse der Prüfung in den vorangehenden Planungsstufen können daher übernommen werden. Es besteht aber auch die Möglichkeit, Teile der Umweltprüfung in eine nachfolgende Ebene weiterzureichen, wenn dort die Abarbeitung der Umweltprüfung geleistet werden kann. Dies ist allerdings nur in dem Umfang zulässig, wie die nachfolgenden Planungs- oder Zulassungsstufen eine sachgerechte Prüfung gewährleisten. Die Grundsätze von Konfliktbewältigung und Konflikttransfer sind hier anwendbar.[3850]

1735 Die Umweltprüfungspflicht erfasst nach Art. 3 II der Plan-UP-RL alle **Programme und Pläne** ua auf den Gebieten **Raumordnung** und **Bodennutzung** mit entsprechenden Auswirkungen für nachfolgende Zulassungsentscheidungen. Darunter fallen vom Grundsatz her auch bestimmte Teile der Landesplanung und die Gebietsentwicklungsplanung. Wenn daher verschiedene Ebenen der Umweltprüfungspflicht unterliegen, dann ist die Umweltprüfung ge-

---

[3848] Bönker in HBG, Öffentliches Baurecht, 2024, § 5 Rn. 273; Battis in BKL, BauGB, 2022, § 2 Rn 6; zu den Vorarbeiten Pietzcker Gutachten zum Umsetzungsbedarf der Plan-UP-RL der EG im BauGB vom 30.4.2002; Pietzcker/Fiedler DVBl. 2002, 929.

[3849] Bönker in HBG, Öffentliches Baurecht, 2024, § 5 Rn. 290.

[3850] BVerwG DVBl. 1984, 343; BVerwGE 104, 68; BVerwGE 104, 353; BVerwGE 117, 58.

stuft vorzunehmen. Die höheren Planungsstufen werden sich in der Regel mit einer Grobprüfung begnügen können, die mit dem Konkretisierungsgrad der weiteren Planungsstufen an Detailschärfe gewinnt. Bei der Verteilung der Umweltprüfung in der Bauleitplanung kann entsprechend verfahren werden. Im Flächennutzungsplan werden die Gesamtstrukturen der gemeindlichen Entwicklung dargestellt. Der Bebauungsplan enthält konkrete Festsetzungen für die einzelnen Grundstücke. Die Detailschärfe der Umweltprüfung kann dem unterschiedlichen Konkretisierungsgrad dieser städtebaulichen Pläne angepasst werden.

Auch die **Behörden- und Öffentlichkeitsbeteiligung** ist entsprechend gestuft. Dies wird **1736** aus den unterschiedlichen Regelungen in Art. 6 Plan-UP-RL und Art. 6 Projekt-UVP-RL deutlich. Auf der hochstufigen Ebene der Landesplanung ist eine umfassende Behörden- und Öffentlichkeitsbeteiligung nicht erforderlich. Vielmehr kann die Beteiligung hier etwa auf Zivilgesellschaften[3851] und damit auf eine Öffentlichkeit und Behörden beschränkt werden, die der hochstufigen Planung angemessen ist. Der Mitgliedstaat hat hier entsprechende Bestimmungs- und Konkretisierungsmöglichkeiten, die dem Charakter der hochstufigen Planung gerecht werden.[3852]

Bei der **Regionalplanung** ist die allgemeine Öffentlichkeit nach § 9 ROG in einem förm- **1737** lichen Offenlageverfahren zu beteiligen. Der Projektbezug der Pläne ist auf dieser Ebene bereits größer. Zudem spricht auch das aus der Eigentumsgarantie folgende Gebot, den betroffenen Eigentümern vor einer bindenden Wirkung des Darstellungsprivilegs in § 35 III BauGB Gelegenheit zur Stellungnahme zu gewähren,[3853] für eine Ausweitung der allgemeinen Öffentlichkeitsbeteiligung im Sinne einer Bürgerbeteiligung auf die Ebene der Regionalplanung. Die Beteiligung kann durch Offenlage der Pläne in den einzelnen Gemeinden durchgeführt werden.

Die **Projekt-UVP** der UVP-RL wird durch die Plan-UP-RL um eine **Umweltprüfung** **1738** für **Pläne und Programme** ergänzt, die Rahmen setzende Wirkungen für nachfolgende Zulassungsentscheidungen haben. Die bisherige UVP ist in der gesetzlichen Neuregelung zu einer Umweltprüfung umgestaltet worden. Nunmehr ist die Aufstellung von Bauleitplänen – abgesehen von den bestandswahrenden Bebauungsplänen[3854] – grundsätzlich UP-pflichtig.

Mit der Umsetzung der Plan-UP-RL konnte an die bereits erfolgte Umsetzung der Projekt- **1739** UVP-RL angeknüpft werden. Zwar sind die Vorgaben der beiden Richtlinien nicht ganz deckungsgleich. Das EAG Bau 2004 verknüpft aber beide Richtlinien zu einer einheitlichen Umweltprüfung. In diese Umweltprüfung sind auch andere naturschutzrechtliche Vorgaben einzustellen, soweit sie sich auf das Bauleitverfahren beziehen, wie beispielsweise Vorgaben der FFH-Richtlinie, der Vogelschutz-Richtlinie und der Seveso-III-Richtlinie. (iVm der 12. BImSchV – Störfallverordnung) Durch diese Verknüpfung kann vermieden werden, dass einzelne Umweltbelange an verschiedenen Stellen und gegebenenfalls doppelt geprüft oder gar neue zusätzliche Prüfverfahren erfolgen müssen, was die Bauleitplanung entsprechend belastet hätte. Vielmehr trägt eine einheitliche Umweltprüfung zur Vereinfachung der Bauleitplanung und einer nachfolgenden Zulassungsentscheidung bei.

Die allgemeine Aufzählung der abwägungserheblichen Belange wird durch Vorschriften zum **1740** Umweltschutz ergänzt. § 1 a BauGB ist ganz auf Umweltbelange zugeschnitten, wobei zwischen der abwägungsdirigierten **Eingriffsregelung** nach dem BNatSchG in der Bauleitplanung (§ 1 a I bis III BauGB) einerseits und der strikt bindenden Sonderregelung für Gebiete mit gemeinschaftlicher Bedeutung und Vogelschutzgebiete in den §§ 31 bis 34 BNatSchG (§ 1 a IV BauGB) andererseits unterschieden wird. Die früheren Regelungen in § 1 a III BauGB 1998 sind dabei in das aktuelle Recht übernommen worden. Der Naturschutz in der Bauleitplanung, der auf dem Abarbeiten der Eingriffsregelung in den §§ 14 bis 17 BNatSchG einerseits und den Abwägungsmöglichkeiten andererseits besteht, ist hierdurch unverändert in das geltende Recht übernommen worden und hat in § 1 a III BauGB seinen Standort.

[3851] Auch bei der Erarbeitung der Europäischen Grundrechtscharta und der Europäischen Verfassung sind die Zivilgesellschaften beteiligt worden, dazu Stüer/von Arnim DVBl. 2003, 245.

[3852] Stüer UPR 2003, 97.

[3853] BVerwG NVwZ 2002, 476; NVwZ 2003, 738 Stüer/Stüer NuR 2004, 341.

[3854] Es handelt sich vor allem um Planänderungen nach § 13 BauGB, durch die keine UVP-pflichtigen oder vorprüfungspflichtigen Vorhaben mit erheblichen Umweltauswirkungen ausgewiesen werden sollen, oder Bebauungspläne, die ohne erhebliche Änderung der planungsrechtlichen Zulässigkeit im bisher nicht beplanten Innenbereich aufgestellt werden.

1741 Die Belange des Umweltschutzes, einschließlich des Naturschutzes und der Landschaftspflege (§ 1 VI Nr. 7 BauGB), sind Gegenstand einer Umweltprüfung, in der die voraussichtlichen erheblichen Umweltauswirkungen ermittelt, beschrieben und bewertet werden (§ 2 IV BauGB). Nach wie vor bildet der Umweltbericht als Bestandteil der Begründung das zentrale Dokument, das Auskunft über die Umweltbelange und deren Bewertung gibt. Die früher in § 2 a BauGB enthaltenen EU-rechtlich vorgegebenen Prüfungsmaßstäbe sind – umgestellt auf die Umweltprüfung – in der durch die Städtebaurechtsnovelle 2017 neu gefassten Anlage 1 zum BauGB aufgeführt. Der Detaillierungsgrad der Prüfung bestimmt sich nach den betroffenen Umweltbelangen (§ 2 IV 2 BauGB). Diesen hat die Gemeinde jeweils festzulegen.

1742 Die **Neuaufstellung** des **Flächennutzungsplans** ist grundsätzlich UP-pflichtig, selbst soweit Projekte der Anlage 1 Nr. 18 des UVPG dort nicht dargestellt werden. Bebauungspläne sind nur UVP-pflichtig, wenn sie nicht in dem Sonderverfahren des § 13 a BauGB als Bebauungsplan der Innenentwicklung aufgestellt werden oder es sich um Bebauungspläne für bisherige Innenbereichslagen handelt, in denen die Planung die Eigenart der näheren Umgebung planerisch nicht wesentlich verändert wird (§ 13 I BauGB). Auch bei einer Änderung des Flächennutzungsplans oder Bebauungsplans kann die Gemeinde das vereinfachte Verfahren nach § 13 BauGB anwenden, wenn die Grundzüge der Planung nicht beeinträchtigt werden, kein UVP-pflichtiges Vorhaben nach Anlage 1 Nr. 18 des UVPG ausgewiesen werden soll und auch die Schutzgüter der FFH- und Vogelschutzgebiete nicht betroffen sind. Es kann dann auf eine Umweltprüfung nach § 2 IV BauGB und auch auf eine frühzeitige Öffentlichkeitsbeteiligung (§ 3 I BauGB) verzichtet werden. Allerdings ist der betroffenen Öffentlichkeit Gelegenheit zur Stellungnahme innerhalb angemessener Frist zu geben oder eine Auslegung nach § 3 II BauGB durchzuführen. Dasselbe gilt für die Behördenbeteiligung. Das vereinfachte Verfahren nach §§ 13 und 13 a BauGB beschränkt sich daher auf Planungen, die keine UVP-pflichtigen Vorhaben ausweisen und die keine erheblichen Auswirkungen auf Habitate und Vogelschutzgebiete haben. Es kann dann auf eine Umweltprüfung verzichtet werden. Die in ihren abwägungserheblichen Belangen betroffene Öffentlichkeit und die betroffenen Behörden sind allerdings zu beteiligen. Diese Möglichkeiten eines vereinfachten Verfahrens ergeben sich daraus, dass die Umweltprüfung grundsätzlich alle Bauleitpläne erfasst, während die UVP nur für Vorhaben erforderlich ist, die nach der Anlage 1 zum UVPG „Liste der UVP-pflichtigen Vorhaben" zwingend UVP-pflichtig sind oder einer Vorprüfungspflicht unterliegen. Eine Umweltprüfung ist in diesen Fällen dann erforderlich, wenn eine Vorprüfung ergibt, dass Umweltbelange erheblich beeinträchtigt werden. Fraglich ist, unter welchen Voraussetzungen für die Rechtswirksamkeit der Änderung eines Bebauungsplans beachtlich ist, dass die Gemeinde das vereinfachte Verfahren angewendet und deshalb eine Umweltprüfung nicht durchgeführt und einen Umweltbericht nicht erstellt hat, wenn die Änderung des Bebauungsplans entgegen ihrer Auffassung die Grundzüge der Planung berührt.[3855] Es könnte Einiges dafür sprechen, einen solchen Fehler in entsprechender Anwendung des § 214 II a Nr. 3 BauGB für unbeachtlich anzusehen, wenn die Gründe für die Nichtdurchführung der Umweltprüfung nachvollziehbar dargelegt worden sind oder der Verfahrensfehler keine Auswirkungen auf das Planungsergebnis hatte.

1743 Der Umweltbericht muss bereits vor Durchführung der förmlichen Öffentlichkeitsbeteiligung fertig gestellt sein. Eine Änderung des Umweltberichts während des Planaufstellungsverfahrens ruft daher das Erfordernis einer erneuten Offenlage nach § 3 II BauGB oder einer vergleichbaren Öffentlichkeits- und Behördenbeteiligung nach § 13 II Nr. 2 und 3 BauGB (§ 4 a III BauGB) hervor, wenn sich daraus Änderungen der Planungen ergeben oder die Begründung sich in ihren elementaren Bestandteilen ändert.

1744 Auf eine Umweltprüfung kann bei **Änderungen oder Ergänzungen eines Bauleitplans** verzichtet werden, wenn die Grundzüge der Planung nicht berührt werden oder die Planaufstellung in bisherigen nicht beplanten Innenbereichen nach § 34 BauGB die Eigenart der näheren Umgebung nicht verändert (§ 13 BauGB). Dies gilt allerdings nur unter der Voraussetzung, dass keine Vorhaben ausgewiesen werden, für die nach der Anlage 1 zum UVPG eine UVP oder eine Vorprüfung durchzuführen ist, keine Beeinträchtigungen gemeinschaftsrechtlicher Schutzgebiete bestehen und offensichtlich keine erheblichen Umweltauswirkungen zu erwarten sind (§ 13 BauGB). Ein Beispiel für solche Bestands wahrenden Pläne wäre etwa eine Planänderung, mit der ein Ausschluss von Vergnügungsstätten beabsichtigt ist. Eine Umweltprüfung entfällt auch bei Innenbereichs- oder Außenbereichssatzungen. Allerdings dürfen diese

[3855] BVerwG Beschl. v. 20.11.2008 – 4 BN 20.08, juris zum vereinfachten Verfahren trotz UVP-Pflicht.

Satzungen keine Vorhaben zulassen, für die eine Pflicht zur UVP oder zur Vorprüfung nach Anlage 1 des UVPG besteht. Auch die Entwicklungsbereichssatzung nach § 165 BauGB und die Sanierungssatzung nach § 142 BauGB sind nicht umweltprüfungspflichtig, weil sie keine Baurechte schaffen, sondern diese lediglich vorbereiten oder sichern.

3. Integration der Umweltprüfung in das Planaufstellungsverfahren

a) Grundpflicht der Umweltprüfung. Grundnorm der Umweltprüfung in der Bauleitplanung ist § 2 IV BauGB. Danach gilt Folgendes: Für die Belange des Umweltschutzes nach § 1 VI Nr. 7 und § 1a BauGB wird nach § 2 IV 1 BauGB eine Umweltprüfung durchgeführt, in der die voraussichtlichen erheblichen Umweltauswirkungen ermittelt werden und in einem Umweltbericht beschrieben und bewertet werden; die Anlage 1 zum BauGB ist anzuwenden. Die Gemeinde legt dazu für jeden Bauleitplan fest, in welchem Umfang und Detaillierungsgrad die Ermittlung der Belange für die Abwägung erforderlich ist. Die Umweltprüfung bezieht sich auf das, was nach gegenwärtigem Wissensstand und allgemein anerkannten Prüfmethoden sowie nach Inhalt und Detaillierungsgrad des Bauleitplans angemessenerweise verlangt werden kann. Das Ergebnis der Umweltprüfung ist in der Abwägung zu berücksichtigen. Wird eine Umweltprüfung für das Plangebiet oder für Teile davon in einem Raumordnungs-, Flächennutzungs- oder Bebauungsplanverfahren durchgeführt, soll die Umweltprüfung in einem zeitlich nachfolgend oder gleichzeitig durchgeführten Bauleitplanverfahren auf zusätzliche oder andere erhebliche Umweltauswirkungen beschränkt werden. Liegen Landschaftspläne oder sonstige Pläne nach § 1 VI Nr. 7 g vor, sind deren Bestandsaufnahmen und Bewertungen in der Umweltprüfung heranzuziehen. 1745

Kernpunkte des Aufstellungsverfahrens sind die Verpflichtung zur Erarbeitung eines **Umweltberichts** nach § 2a S. 1 Nr. 2 BauGB und die frühzeitige und förmliche Beteiligung der Öffentlichkeit (§ 3 BauGB) und die frühzeitige und die förmliche Behördenbeteiligung (§ 4 BauGB). Die frühzeitigen Beteiligungsstufen sind allerdings bei Bebauungsplänen der Innenentwicklung nach § 13 a BauGB und bei der vereinfachten Planänderung nach § 13 BauGB nicht erforderlich. Hier sind nur noch eine förmliche Öffentlichkeits- und Behördenbeteiligung durchzuführen. 1746

Bei der **Öffentlichkeitsbeteiligung** wird zwischen der frühzeitigen (§ 3 I BauGB) und der förmlichen Öffentlichkeitsbeteiligung (§ 3 II BauGB) unterschieden. Die frühzeitige Öffentlichkeitsbeteiligung ist nicht mit einem Scoping-Verfahren angereichert worden. Es ist deshalb nicht erforderlich, bereits bei der frühzeitigen Bürgerbeteiligung Informationen im Hinblick auf den erforderlichen Umfang und den Detaillierungsgrad der Umweltprüfung zu geben.[3856] Von einer frühzeitigen Öffentlichkeitsbeteiligung kann abgesehen werden, wenn sich die beabsichtigte Planung nicht oder nur unwesentlich auf städtebauliche Belange auswirkt oder die Unterrichtung und Erörterung bereits auf anderer Grundlage erfolgt sind. 1747

Bei der **förmlichen Öffentlichkeitsbeteiligung** nach § 3 II BauGB sind auch wesentliche, bereits vorliegende umweltbezogene Stellungnahmen auszulegen. Dazu gehören insbesondere auch umweltrelevante Stellungnahmen von Behörden, die von diesen im Rahmen der frühzeitigen Behördenbeteiligung abgegeben worden sind. Auf die Art der verfügbaren Informationen ist bereits in der Bekanntmachung hinzuweisen. Die Gemeinde muss daher grundsätzlich alle verfügbaren umweltrelevanten Informationen der Öffentlichkeit zur Verfügung stellen. Damit ist die planende Gemeinde auf dem Weg zu einer **gläsernen Verwaltung**, wie dies im angloamerikanischen Rechtskreis bereits in größerem Umfang verwirklicht ist. 1748

§ 4 BauGB führt als zusätzlichen Verfahrensschritt eine **frühzeitige Behördenbeteiligung** ein (§ 4 I BauGB). Entsprechend den Vorgaben der Plan-UP-RL erhalten die Behörden auch Gelegenheit zur Äußerung im Hinblick auf den Umfang und Detaillierungsgrad der Umweltprüfung. Die frühzeitige Behördenbeteiligung geht insoweit weiter als die frühzeitige Öffentlichkeitsbeteiligung, die sich nicht auf den Untersuchungsrahmen und den Detaillierungsgrad der Umweltprüfung beziehen muss. Auch nicht unter den Behördenbegriff fallende Träger öffentlicher Belange können wie bisher in der Behördenbeteiligung mitwirken. Dies betrifft etwa die Kirchen, Kammern oder eigenständige kommunale Wirtschaftsbetriebe oder andere öffentliche Versorgungsträger. Die Naturschutzvereinigungen erhalten im Rahmen der Öffent- 1749

[3856] Art. 5 IV UP-Richtlinie sieht vor, dass die Behörden bei der Festlegung des Umfangs und Detaillierungsgrades der in den Umweltbericht aufzunehmenden Informationen zu konsultieren sind. Für die Öffentlichkeit ist dies nicht angeordnet.

lichkeitsbeteiligung Gelegenheit zur Stellungnahme. Bei umfangreicheren Planvorhaben könnte es sich empfehlen, zunächst in der frühzeitigen Behördenbeteiligung den Untersuchungsrahmen und Detaillierungsgrad der Umweltprüfung abzustimmen (§ 4 I BauGB) und im Anschluss daran die frühzeitige Öffentlichkeitsbeteiligung (§ 3 I BauGB) durchzuführen. Die **förmliche Behördenbeteiligung** erfolgt zu dem ausgearbeiteten Planentwurf. Hier ergeben sich gegenüber den bisherigen Regelungen keine Änderungen.

1750 Die beiden Stufen der Öffentlichkeits- und Behördenbeteiligung können jeweils parallel durchgeführt werden (§ 4 a II BauGB). Durch dieses **Parallelverfahren** soll eine Verfahrensstraffung ermöglicht werden.

1751 **b) Vereinfachte Änderung.** § 4 a III BauGB gestattet eine vereinfachte Änderung der Bauleitplanung im Planverfahren. Wird der Entwurf des Bauleitplans nach dem Verfahren nach § 3 II oder § 4 II BauGB geändert oder ergänzt, ist er erneut gem. § 4a III 1 BauGB nach § 3 II BauGB im Internet zu veröffentlichen und sind die Stellungnahmen erneut einzuholen, es sei denn, die Änderung oder Ergänzung führt offensichtlich nicht zu einer erstmaligen oder stärkeren Berührung von Belangen. Ist der Entwurf des Bauleitplans erneut zu veröffentlichen, ist in Bezug auf die Änderung oder Ergänzung und ihre möglichen Auswirkungen Gelegenheit zur Stellungnahme zu geben; hierauf ist in der erneuten Bekanntmachung nach § 3 II 4 BauGB hinzuweisen. Die Dauer der Veröffentlichungsfrist im Internet und der Frist zur Stellungnahme soll angemessen verkürzt werden. Werden durch die Änderung oder Ergänzung des Entwurfs des Bauleitplans die Grundzüge der Planung nicht berührt, soll die Einholung der Stellungnahmen auf die von der Änderung oder Ergänzung betroffene Öffentlichkeit sowie die berührten Behörden und sonstigen Träger öffentlicher Belange beschränkt werden, es sei denn, diese Beschränkung führt nach Einschätzung der Gemeinde zu einer längeren Verfahrensdauer (§ 4a III BauGB).

1752 §§ 13 und 13 a BauGB gestatten einen Verzicht auf die frühzeitigen Beteiligungsstufen. Bei einem **Bebauungsplan der Innenentwicklung** kann unter den Voraussetzungen des § 13 a BauGB auf eine frühzeitige Beteiligung verzichtet werden. Dasselbe gilt für eine **vereinfachte Änderung** von Bauleitplänen. Werden durch die Änderung oder Ergänzung eines Bauleitplans dessen Grundzüge geändert, so muss eine erneute Offenlage für einen Monat erfolgen. Werden die Grundzüge der Planung nicht berührt oder wird durch die Aufstellung eines Bebauungsplans im nicht beplanten Innenbereich der sich aus der vorhandenen Umgebung ergebende Zulässigkeitsmaßstab nicht wesentlich verändert, kann die Gemeinde das vereinfachte Verfahren nach § 13 BauGB anwenden. Die Verfahrensvereinfachungen gelten auch für einen Bebauungsplan der Innenentwicklung nach § 13 a BauGB. Die geplanten Vorhaben dürfen nicht einer Pflicht zur UVP oder UVP-Vorprüfung mit dem Ergebnis einer UVP-Pflicht unterliegen (Anlage 1 zum UVPG „Liste der UVP-pflichtigen Vorhaben"). Auch Belange des Habitat- oder Vogelschutzes dürfen nicht beeinträchtigt sein. Im vereinfachten Verfahren kann von einer frühzeitigen Unterrichtung der Öffentlichkeit und der Behörden (§§ 3, 4 BauGB) abgesehen werden. Der betroffenen Öffentlichkeit sowie den Behörden muss innerhalb angemessener Frist die Möglichkeit der Stellungnahme gegeben werden. Ein vereinfachtes Verfahren setzt daher voraus, dass die Betroffenen individuell zu ermitteln sind. Anderenfalls ist eine erneute Öffentlichkeits- und Behördenbeteiligung nach den §§ 3 II, 4 II BauGB durchzuführen. Allerdings kann in diesen Fällen auf eine Umweltprüfung, einen Umweltbericht und auch auf das Monitoring verzichtet werden (§§ 13 III, 13 a II BauGB). Für die Anwendung des vereinfachten Verfahrens nach § 13 BauGB ist grundsätzlich Voraussetzung, dass der Plan zum Zeitpunkt des Verfahrens wirksam ist.[3857] Eine rückwirkende Inkraftsetzung im ergänzenden Verfahren gem. § 214 IV BauGB kann in Anwendung von § 13 BauGB allerdings auch erfolgen, wenn die Voraussetzungen dieser Vorschrift vorliegen.

1753 **c) Vereinfachtes Verfahren ohne Umweltprüfung.** Werden durch die Änderung oder Ergänzung eines Bauleitplans die Grundzüge der Planung nicht berührt oder wird durch die Aufstellung eines Bebauungsplans in einem Gebiet nach § 34 BauGB der sich aus der vorhandenen Eigenart der näheren Umgebung ergebende Zulässigkeitsmaßstab nicht wesentlich verändert oder enthält er lediglich Festsetzungen nach § 9 IIa oder IIb BauGB, kann die Gemeinde nach § 13 BauGB das vereinfachte Verfahren anwenden, wenn 1. die Zulässigkeit von Vorhaben, die einer Pflicht zur Durchführung einer Umweltverträglichkeitsprüfung nach Anlage 1 zum Gesetz über die Umweltverträglichkeitsprüfung oder nach Landesrecht unterliegen,

[3857] OVG Koblenz BRS 81 Nr. 23 (2013).

nicht vorbereitet oder begründet wird, 2. keine Anhaltspunkte für eine Beeinträchtigung der in § 1 VI Nr. 7b BauGB genannten Schutzgüter bestehen und 3. keine Anhaltspunkte dafür bestehen, dass bei der Planung Pflichten zur Vermeidung oder Begrenzung der Auswirkungen von schweren Unfällen nach § 50 S. 1 BImSchG zu beachten sind. Im vereinfachten Verfahren wird nach § 13 III 1 BauGB von der Umweltprüfung nach § 2 IV BauGB, von dem Umweltbericht nach § 2a BauGB, von der Angabe nach § 3 II 4 BauGB, welche Arten umweltbezogener Informationen verfügbar sind, sowie von der zusammenfassenden Erklärung nach § 6a I BauGB und § 10a BauGB abgesehen; § 4c BauGB ist nicht anzuwenden. Bei der Beteiligung nach § 13 II Nr. 2 BauGB ist darauf hinzuweisen, dass von einer Umweltprüfung abgesehen wird.

d) Grenzüberschreitende Beteiligung. Bei Bauleitplänen, die erhebliche Auswirkungen auf Nachbarstaaten haben können, sind nach § 4a IV 1 BauGB die Gemeinden und Behörden des Nachbarstaates nach den Grundsätzen der Gegenseitigkeit und Gleichwertigkeit zu unterrichten. Abweichend davon ist bei Bauleitplänen, die erhebliche Umweltauswirkungen auf einen anderen Staat haben können, dieser nach den Vorschriften des Gesetzes über die Umweltverträglichkeitsprüfung zu beteiligen; für die Stellungnahmen der Öffentlichkeit und Behörden des anderen Staates, einschließlich der Rechtsfolgen nicht rechtzeitig abgegebener Stellungnahmen, sind abweichend von den Vorschriften des Gesetzes über die Umweltverträglichkeitsprüfung die Vorschriften dieses Gesetzbuchs entsprechend anzuwenden. Ist bei Bauleitplänen eine grenzüberschreitende Beteiligung erforderlich, ist hierauf bei der Bekanntmachung nach § 3 II 4 BauGB hinzuweisen. 1754

e) Eingeschränkte Präklusion. Stellungnahmen, die im Verfahren der Öffentlichkeits- und Behördenbeteiligung nicht rechtzeitig abgegeben worden sind, können bei der Beschlussfassung über den Bauleitplan unberücksichtigt bleiben, sofern die Gemeinde deren Inhalt nicht kannte und nicht hätte kennen müssen und deren Inhalt für die Rechtmäßigkeit des Bauleitplans nicht von Bedeutung ist. Das gilt für in der Öffentlichkeitsbeteiligung abgegebene Stellungnahmen nur, wenn darauf in der Bekanntmachung nach § 3 II 4 BauGB zur Öffentlichkeitsbeteiligung hingewiesen worden ist (§ 4a V BauGB). 1755

f) Zusammenfassende Erklärung zum Bebauungsplan. Dem in Kraft getretenen Bebauungsplan ist nach § 10a I BauGB eine zusammenfassende Erklärung beizufügen über die Art und Weise, wie die Umweltbelange und die Ergebnisse der Öffentlichkeits- und Behördenbeteiligung in dem Bebauungsplan berücksichtigt wurden, und über die Gründe, aus denen der Plan nach Abwägung mit den geprüften, in Betracht kommenden anderweitigen Planungsmöglichkeiten gewählt wurde. Der in Kraft getretene Bebauungsplan mit der Begründung und der zusammenfassenden Erklärung soll ergänzend auch in das Internet eingestellt und über ein zentrales Internetportal des Landes zugänglich gemacht werden (§ 10a II BauGB). 1756

II. Bestandteile der Umweltprüfung

Die Umweltprüfung ist nach § 2 IV BauGB als Regelverfahren bei allen Flächennutzungs- und Bebauungsplänen durchzuführen.[3858] Sie ist unselbstständiger Teil des Bauleitplanverfahrens.[3859] Das Prüfprogramm wird in § 2 IV BauGB festgelegt. Gegenstand der Umweltprüfung, in der die voraussichtlichen erheblichen Umweltauswirkungen ermittelt werden und in einem Umweltbericht beschrieben und bewertet werden, sind die Umweltbelange (§§ 1 VI Nr. 7, 1 a BauGB). Die Gemeinde legt dazu für jeden Bauleitplan fest, in welchem Umfang und Detaillierungsgrad die Ermittlung der Belange für die Abwägung erforderlich ist. Damit ist ein sog. **Scoping-Verfahren** für die Bauleitplanung verbindlich vorgegeben.[3860] Ein **Screening-Verfahren**, also die Prüfung, ob es einer Umweltprüfung bedarf, ist hingegen für das Regelverfahren nicht erforderlich, weil grundsätzlich für alle Bauleitpläne eine Umweltprüfung vorgesehen ist.[3861] Die Umweltprüfung bezieht sich auf das, was nach gegenwärtigem Wissensstand und allgemein anerkannten Prüfmethoden sowie nach Inhalt und Detaillierungsgrad des Bauleitplans angemessenerweise verlangt werden kann. Auch die Ermittlungstiefe der Umweltprü- 1757

[3858] Kment Öffentliches Baurecht, 2022, § 5 Rn. 17.
[3859] Bönker in HBG, Öffentliches Baurecht, 2024, § 5 Rn. 273.
[3860] Battis in BKL, BauGB, 2022, § 2 Rn 7.
[3861] Battis in BKL, BauGB, 2022, § 2 Rn 7; etwas Anderes gilt jedoch in Ausnahmefällen nach § 13 a BauGB und dem 2024 neu in das BauGB eingeführten § 215a BauGB.

fung richtet sich danach, was von ihr nach den Maßstäben praktischer Vernunft in der konkreten Planungssituation billigerweise verlangt werden kann.[3862] Das BVerwG erläutert speziell zur Berücksichtigungspflicht des § 13 KSG, dass bisher keine Rechtsverordnungen, Verwaltungsvorschriften, Ausführungsvorschriften, Leitfäden, Handreichungen oder Ähnliches existierten, die die Verwaltungsbehörden bei der praktischen Umsetzung ihrer Ermittlungs- und Bewertungspflichten zugrunde legen könnten. Das führe zwar nicht dazu, dass das Berücksichtigungsgebot des § 13 KSG zurzeit nicht handhabbar wäre und keine Anwendung finden würde, sei aber von Bedeutung für die Frage, was die Behörde für eine sachgerechte Erfüllung ihrer Berücksichtigungspflicht leisten müsse. Die Anforderungen dürften dabei nicht überspannt werden, müssten „mit Augenmaß" inhaltlich bestimmt und konkretisiert werden und dürfen der Behörde keinen unzumutbaren Aufwand abverlangen.[3863] Diese Ausführungen des BVerwG sind allerdings eine eher tastende, vorsichtige Bemühung, die nach der Gesetzeslage völlig unklaren Anforderungen an die Berücksichtigung globaler Klimafolgen zu konkretisieren und iS des Verhältnismäßigkeitsgrundsatzes einzugrenzen.

1. Integraler Bestandteil des Aufstellungsverfahrens

1758 Die Umweltprüfung ist integraler Bestandteil des Aufstellungsverfahrens und dient zugleich der Zusammenstellung des Abwägungsmaterials. Bei der Aufstellung der Bauleitpläne sind die Belange, die für die Abwägung von Bedeutung sind (Abwägungsmaterial) zu ermitteln und zu bewerten (§ 2 III BauGB). Diese Grundnorm wird in den Regelungen zur Umweltprüfung näher ausgestaltet. Die Umweltprüfung ist daher Bestandteil des Verfahrens, wie es bei der Zusammenstellung des Abwägungsmaterials üblich ist. Die Einschaltung besonderer Planungsbüros ist daher wie bisher nicht zwingend erforderlich, wenn die Aufgabe in der Gemeinde wie auch die Planung im Übrigen sachgerecht erledigt werden kann. Das Ergebnis der Ermittlung ist anschließend im Umweltbericht darzustellen. **Umfang** und **Detaillierungsgrad** der für den jeweiligen Bauleitplan erforderlichen Ermittlung wird von den Gemeinden selbst im Einzelfall festgelegt. Dabei werden der Gegenstand, das Ausmaß und die Methodik als Grundlagen der Ermittlung jeweils für den planerischen Einzelfall bestimmt. Die Gemeinde muss die Informationen über den erforderlichen Umfang der Ermittlung und die für die Ermittlung bestgeeignete Methode jedoch nicht allein erarbeiten. Vielmehr kann sie auf die Erkenntnisse des **Scoping** in der frühzeitigen Behördenbeteiligung (§ 4 I BauGB) zurückgreifen.

1759 **Gegenstand der Ermittlung** sind die in den §§ 1 VI Nr. 7, 1 a BauGB benannten Belange des Umweltschutzes. Die in § 1 VI Nr. 7 BauGB benannten Belange lassen sich qualitativ in **zwei Kategorien** unterteilen: Die allgemeinen umweltschützenden Belange, wie sie in § 1 VI Nr. 7 a, c bis i BauGB benannt sind und die Erhaltungszielen und der Schutzzweck in Gebieten von gemeinschaftlicher Bedeutung und der Europäischen Vogelschutzgebiete in § 1 VI Nr. 7 b BauGB. Diese bilden sozusagen eine Sonderkategorie und wandern über § 1 a IV BauGB in das naturschutzrechtliche Eingriffssystem für Habitate und Vogelschutzgebiete der §§ 32 bis 37 BNatSchG. Zu den allgemeinen Belangen des Umweltschutzes rechnen a) die Auswirkungen auf Tiere, Pflanzen, Boden, Wasser, Luft, Klima und das Wirkungsgefüge zwischen ihnen sowie die Landschaft und die biologische Vielfalt, b) die Erhaltungsziele und der Schutzzweck der Gebiete von gemeinschaftlicher Bedeutung und der Europäischen Vogelschutzgebiete iS des BNatSchG, c) umweltbezogene Auswirkungen auf den Menschen und seine Gesundheit sowie die Bevölkerung insgesamt, d) umweltbezogene Auswirkungen auf Kulturgüter und sonstige Sachgüter, e) die Vermeidung von Emissionen sowie der sachgerechte Umgang mit Abfällen und Abwässern, f) die Nutzung erneuerbarer Energien sowie die sparsame und effiziente Nutzung von Energie, g) die Darstellungen von Landschaftsplänen sowie von sonstigen Plänen, insbesondere des Wasser-, Abfall- und Immissionsschutzrechts, h) die Erhaltung der bestmöglichen Luftqualität in Gebieten, in denen die durch Rechtsverordnung zur Erfüllung von bindenden Beschlüssen der Europäischen Gemeinschaften festgelegten Immissionsgrenzwerte nicht überschritten werden und i) die Wechselwirkungen zwischen den einzelnen Belangen des Umweltschutzes nach § 1 VI 7 a bis d BauGB. Auch sind unbeschadet des § 50 1 BImSchG die Auswirkungen, die aufgrund der Anfälligkeit der nach dem Bebauungsplan zulässigen Vorhaben für schwere Unfälle oder Katastrophen zu erwarten sind, auf die Belange nach den Buchstaben a bis d und i zu berücksichtigen. Die einzelnen Belange sind in

---

[3862] OVG Münster DÖV 2011, 901 (902).
[3863] BVerwG NVwZ 2022, 1549.

eine Gesamtbetrachtung einzubeziehen. Die Betrachtung bezieht auch positive Auswirkungen auf die Umwelt ein. Die Prüfung ist auch nicht auf naturschutzrechtliche Aspekte beschränkt, sondern bezieht in einem umfassenden Ansatz ebenso auf die Auswirkungen auf den Menschen, die Bevölkerung sowie auf Kultur- und Sachgüter.

Die Umweltprüfung gewährleistet eine auf die Umweltauswirkungen bezogene Prüfung unter Berücksichtigung der jeweiligen Wechselwirkungen. Sie ermöglicht es, die Umweltbelange in gebündelter Form herauszuarbeiten, und trägt dazu bei, eine solide Informationsbasis zu schaffen, da verhindert wird, dass diese Belange in einer atomisierten Betrachtungsweise nicht mit dem Gewicht zur Geltung kommen, das ihnen in Wahrheit bei einer Gesamtschau gebührt.[3864] Das in der Umweltprüfung zu ermittelnde Abwägungsmaterial kann im Hinblick auf die Umweltbelange grundsätzlich dem Katalog des § 1 VI Nr. 7 BauGB entnommen werden. § 1 a BauGB enthält demgegenüber sich aus nationalem und europäischem Recht ergebende besondere Anforderungen an den Umweltschutz. 1760

2. Belange des Naturschutzes

Teil der Umweltprüfung ist auch die Ermittlung des **Eingriffs in Natur und Landschaft**. Im Umweltbericht sind diese Eingriffe zu ermitteln, darzustellen und zu bewerten. Der Umweltbericht ist Gegenstand der Öffentlichkeits- und Behördenbeteiligung. Die naturschutzrechtliche Eingriffsregelung in der Bauleitplanung ist im Übrigen gegenüber der bisherigen Regelung unverändert geblieben. Das Prüfsystem der naturschutzrechtlichen Eingriffsregelungen in den §§ 14 bis 17 BNatSchG ist auch in der Bauleitplanung abzuarbeiten. Die zugelassenen Eingriffe sind allerdings in der Bauleitplanung nicht auf einen vollen Ausgleich verpflichtet, sondern in der gemeindlichen Abwägung verfügbar.[3865] 1761

Die Prüfung der **FFH-Verträglichkeit** der Planung kann zwar verfahrenstechnisch in die Umweltprüfung integriert werden; die FFH-Prüfung kann allerdings im Falle der Unverträglichkeit des geplanten Vorhabens zu dessen grundsätzlicher Unzulässigkeit führen, während die Umweltprüfung die Umweltfolgen der Planung aufzeigt, die entweder eine Unvereinbarkeit der Planung mi zwingenden Planungsleitsätzen belegen können und/oder in der Abwägung berücksichtigt werden müssen. Es empfiehlt sich, die zusätzlichen Anforderungen der FFH- und Vogelschutz-RL[3866] auf der Grundlage der Umweltprüfung abzuarbeiten. Bei der als Umweltprüfung nach § 2 IV BauGB durchzuführenden FFH-Verträglichkeitsprüfung ist nach der Anlage 1 zum BauGB ein Vergleich zwischen dem Umweltzustand ohne Planverwirklichung (Basisszenario) und der voraussichtlichen Entwicklung des Umweltzustands bei Durchführung der Planung maßgeblich.[3867] Die Umweltprüfung liefert für die Erheblichkeits- und Verträglichkeitsprüfung sowie die im Anschluss daran ggf. vorzunehmenden Abwägungsentscheidungen nach § 34 BNatSchG eine gute Grundlage. 1762

Die Offenlegung des Planentwurfs erfolgt im Anschluss an die öffentliche Bekanntmachung. Dem Plan ist der Entwurf einer Begründung beizufügen, der bereits einen **Umweltbericht** enthalten muss. Der Umweltbericht nach § 2 a IV BauGB ist gesonderter Bestandteil der Bebauungsplanbegründung. Er muss eine Darstellung der voraussichtlichen erheblichen Umweltauswirkungen sowie sich anbietende vernünftige Planalternativen enthalten. Damit ist ein objektiver Prüfungsmaßstab vorgegeben. Die Gemeinde darf sich also nicht auf eine eher willkürlich erscheinende Prüfung einiger Alternativen beschränken. Die Planungsalternativen müssen allerdings vernünftigerweise in Betracht kommen.[3868] In den Umweltbericht sind auch Informationen über planrelevante, förmlich festgelegte Ziele des Umweltschutzes einzustellen. Bei der endgültigen Planentscheidung sind der Umweltbericht sowie die Stellungnahmen der beteiligten Behörden und der Öffentlichkeit im Rahmen der Abwägung zu berücksichtigen (§ 2 IV 4 BauGB). Eine umfassende **Alternativenprüfung**, die über die Berücksichtigung von Umweltbelangen hinausgeht, kann nur im Rahmen der Gesamtabwägung stattfinden. 1763

[3864] BVerwG NVwZ 1999, 989.

[3865] BVerwGE 104, 68; BVerwGE 104, 353.

[3866] Erhebliche Eingriffe in faktische Vogelschutzgebiete, die nicht ausreichend in das nationale Schutzsystem umgesetzt worden sind, sind nach Auffassung des BVerwG allerdings nur zur Wahrung von Leib und Leben und im Interesse des Gebietes selbst zulässig, aus wirtschaftlichen Interessen demgegenüber unzulässig, so BVerwG NVwZ 2004, 1114 – Hochmoselbrücke.

[3867] OVG Koblenz Urt. v. 27.5.2020 – 8 C 11400/18.OVG, BeckRS 2020, 25947, Rn. 86.

[3868] Zu einer in gewisser Weise vergleichbaren Prüfung im Fachplanungsrecht BVerwG BVerwGE 48, 56 – B 42.

1764 Die Umweltprüfung kann damit als – allerdings unselbständiges – **Trägerverfahren** auch für die Prüfung nach anderen umweltbezogenen Verfahren wie der naturschutzrechtlichen Eingriffsregelung, der Prüfung nach der FFH-RL und der Vogelschutzrichtlinie sowie der UVP-Richtlinie.[3869] Durch die Ermittlung und Bewertung der Umweltbelange wird zugleich die Grundlage für das Abarbeiten der naturschutzrechtlichen Eingriffsregelung in der Bauleitplanung (§ 1 a III BauGB) sowie der Prüfung des Habitat- und Vogelschutzes (§ 1 a IV BauGB) gelegt. Die Umweltprüfung liefert damit die Grundlage für die erforderlichen Kompensationsmaßnahmen als Bestandteil der naturschutzrechtlichen Eingriffsregelung. Zusätzliche, über die Umweltprüfung hinausgehende Untersuchungen fallen daher nicht mehr an. Auch die ggf. erforderliche Prüfung nach der FFH-RL oder der Vogelschutzrichtlinie kann auf der Grundlage des Umweltberichtes erfolgen. Auch das Ergebnis einer Erheblichkeits- und Verträglichkeitsprüfung ist ggf. im Umweltbericht darzustellen. Die Auswertung des Umweltberichts ist unter Anwendung der für die Prüfung anzuwendenden Regeln (§ 1 a III, IV BauGB) vorzunehmen.

3. Belange des Klimaschutzes

1765 Nicht zuletzt muss die Bauleitplanung der Gemeinden und dementsprechend auch die Umweltprüfung der Bauleitplanung die Klimafolgen der Planung hinreichend berücksichtigen.[3870] Der Klimaschutz ist im BauGB verschiedentlich angesprochen. Eine Klimaschutzklausel enthalten § 1 V und § 1 a V BauGB. Nach § 1 V 1 BauGB sollen die Bauleitpläne eine nachhaltige städtebauliche Entwicklung, die die sozialen, wirtschaftlichen und umweltschützenden Anforderungen auch in Verantwortung gegenüber künftigen Generationen miteinander in Einklang bringt, und eine dem Wohl der Allgemeinheit dienende sozialgerechte Bodennutzung unter Berücksichtigung der Wohnbedürfnis-se der Bevölkerung gewährleisten. Sie sollen gem. § 1 V 2 BauGB dazu beitragen, eine menschenwürdige Umwelt zu sichern, die natürlichen Lebensgrundlagen zu schützen und zu entwickeln sowie den Klimaschutz und die Klimaanpassung, insbesondere auch in der Stadtentwicklung, zu fördern, sowie die städtebauliche Gestalt und das Orts- und Landschaftsbild baukulturell zu erhalten und zu entwickeln. Ergänzend schreibt § 1a V 1 BauGB vor, dass den Erfordernissen des Klimaschutzes sowohl durch Maßnahmen, die dem Klimawandel entgegenwirken, als auch durch solche, die der Anpassung an den Klimawandel dienen, Rechnung getragen werden soll. Dieser Grundsatz ist nach § 1a V 2 BauGB in der Abwägung nach § 1 VII BauGB zu berücksichtigen.

1766 § 5 I Nr. 12 Nr. 2 c und d BauGB ermöglichen die Darstellung von Klimaschutz – und Energiekonzepten im Flächennutzungsplan. Der Bebauungsplan kann aus städtebaulichen Gründen auch Festsetzungen für den Klimaschutz enthalten. So können nach § 9 I Nr. 12 BauGB Versorgungsflächen, einschließlich der Flächen für Anlagen und Einrichtungen zur dezentralen und zentralen Erzeugung, Verteilung, Nutzung oder Speicherung von Strom, Wärme oder Kälte aus erneuerbaren Energien oder Kraft-Wärme-Kopplung festgesetzt werden. Außerdem können nach § 9 I Nr. 23 b) BauGB Gebiete festgelegt werden, in denen bei der Errichtung von Gebäuden oder bestimmten sonstigen baulichen Anlagen bestimmte bauliche und sonstige technische Maßnahmen für die Erzeugung, Nutzung oder Speicherung von Strom, Wärme oder Kälte aus erneuerbaren Energien oder Kraft-Wärme-Kopplung getroffen werden müssen.

4. Anforderungen an den Umweltbericht (Anlage 1 zum BauGB)

1767 Die näheren Anforderungen an den Umweltbericht bestimmen Anlage 1 zu § 2 IV und die §§ 2 a und 4 c BauGB.

1768 Der Umweltbericht nach § 2 IV und § 2a 2 Nr. 2 BauGB hat folgende **Bestandteile**:

1. Eine **Einleitung** mit folgenden Angaben: a) Kurzdarstellung des Inhalts und der wichtigsten Ziele des Bauleitplans, einschließlich der Beschreibung der Festsetzungen des Plans mit Angaben über Standorte, Art und Umfang sowie Bedarf an Grund und Boden der geplanten

---

[3869] Bönker in HBG, Öffentliches Baurecht, 2024, § 5 Rn. 273.

[3870] siehe dazu Beckmann Klimaschutzrecht in Landmann/Rohmer Umweltrecht II, Vorb. KSG, 2023, Rn. 90; Bönker in HBG, Öffentliches Baurecht, 2024, § 5 Rn. 274; Erbguth DVBl. 2022, 1001; Sauthoff KlimaR 2022, 11; Kersten Baurecht, in Schoch, Besonderes Verwaltungsrecht, 2023, Kap. 3 Rn. 27; Dombert ThürVBl 2022, 225; OVG Schleswig Beschl. v. 7.7.2023 – 1 MR 9/20, juris Rn. 60.

Vorhaben; b) Darstellung der in einschlägigen Fachgesetzen und Fachplänen festgelegten Ziele des Umweltschutzes, die für den Bauleitplan von Bedeutung sind, und der Art, wie diese Ziele und die Umweltbelange bei der Aufstellung des Bauleitplans berücksichtigt wurden;

2. eine **Beschreibung und Bewertung der erheblichen Umweltauswirkungen**, die in der Umweltprüfung nach § 2 IV 1 ermittelt wurden; hierzu gehören folgende Angaben: a) eine Bestandsaufnahme der einschlägigen Aspekte des derzeitigen Umweltzustands (**Basisszenario**), einschließlich der Umweltmerkmale der Gebiete, die voraussichtlich erheblich beeinflusst werden, und eine Übersicht über die voraussichtliche Entwicklung des Umweltzustands bei Nichtdurchführung der Planung, soweit diese Entwicklung gegenüber dem Basisszenario mit zumutbarem Aufwand auf der Grundlage der verfügbaren Umweltinformationen und wissenschaftlichen Erkenntnisse abgeschätzt werden kann; b) eine **Prognose** über die Entwicklung des Umweltzustands bei Durchführung der Planung; hierzu sind, soweit möglich, insbesondere die möglichen erheblichen Auswirkungen während der Bau- und Betriebsphase der geplanten Vorhaben auf die Belange nach § 1 VI Nr. 7 Buchstabe a bis i zu beschreiben, unter anderem infolge aa) des Baus und des Vorhandenseins der geplanten Vorhaben, soweit relevant einschließlich Abrissarbeiten, bb) der Nutzung natürlicher Ressourcen, insbesondere Fläche, Boden, Wasser, Tiere, Pflanzen und biologische Vielfalt, wobei soweit möglich die nachhaltige Verfügbarkeit dieser Ressourcen zu berücksichtigen ist, cc) der Art und Menge an Emissionen von Schadstoffen, Lärm, Erschütterungen, Licht, Wärme und Strahlung sowie der Verursachung von Belästigungen, dd) der Art und Menge der erzeugten Abfälle und ihrer Beseitigung und Verwertung, ee) der Risiken für die menschliche Gesundheit. Das kulturelle Erbe oder die Umwelt (zum Beispiel durch Unfälle oder Katastrophen), ff) der Kumulierung mit den Auswirkungen von Vorhaben benachbarter Plangebiet unter Berücksichtigung etwaiger bestehender Umweltprobleme in Bezug auf möglicherweise betroffene Gebiete mit spezieller Umweltrelevanz oder auf die Nutzung von natürlichen Ressourcen, gg) der Auswirkung der geplanten Vorhabens auf das Klima (zum Beispiel Art und Ausmaß der Treibhausgasemissionen) und der Anfälligkeit der geplanten Vorhaben gegenüber den Folgen des Klimawandels, hh) der eingesetzten Techniken und Stoffe; die Beschreibung nach Halbsatz 2 soll sich auf die direkten und die etwaigen indirekten, sekundären, kumulativen, grenzüberschreitenden, kurzfristigen, mittelfristigen und langfristigen, ständigen und vorübergehenden sowie positiven und negative Auswirkungen der geplanten Vorhaben erstrecken; die Beschreibung nach HS 2 soll zudem den auf der Ebene der Europäischen Union oder auf Bundes-, Landes- oder kommunaler Ebene festgelegten Umweltschutzzielen Rechnung tragen; c) eine Beschreibung der geplanten Maßnahmen, mit denen festgestellte erhebliche nachteilige Umweltauswirkungen vermieden, verhindert, verringert oder soweit wie möglich ausgeglichen werden sollen, sowie gegebenenfalls geplante Überwachungsmaßnahmen. In dieser Beschreibung ist zu erläutern, inwieweit erhebliche nachteilige Auswirkungen auf die Umwelt vermieden, verhindert, verringert oder ausgeglichen werden, wobei sowohl die Bauphase als auch die Betriebsphase abzudecken ist; d) in Betracht kommende anderweitige Planungsmöglichkeiten, wobei die Ziele und der räumliche Geltungsbereich des Bauleitplans zu berücksichtigen sind, und die Angabe der wesentlichen Gründe für die getroffene Wahl; e) eine Beschreibung der erheblichen nachteiligen Auswirkungen nach § 1 VI Nr. 7 Buchstabe j); zur Vermeidung von Mehrfachprüfungen können die vorhandenen Ergebnisse anderer rechtlich vorgeschriebener Prüfungen genutzt werden; soweit angemessen, sollte diese Beschreibung der Maßnahmen zur Verhinderung oder Verminderung der erheblichen nachteiligen Auswirkungen solcher Ereignisse auf die Umwelt sowie Einzelheiten in Bezug auf die Bereitschafts- und vorgesehenen Bekämpfungsmaßnahmen für derartige Krisenfälle erfassen;

3. **zusätzliche Angaben**: a) eine Beschreibung der wichtigsten Merkmale der verwendeten technischen Verfahren bei der Umweltprüfung sowie Hinweise auf Schwierigkeiten, die bei der Zusammenstellung der Angaben aufgetreten sind, zum Beispiel technische Lücken oder fehlende Kenntnisse, b) eine Beschreibung der geplanten Maßnahmen zu Überwachung der erheblichen Auswirkungen der Durchführung des Bauleitplans auf die Umwelt, c) eine allgemein verständliche Zusammenfassung der erforderlichen Angaben nach dieser Anlage, d) eine Referenzliste der Quellen, die für die im Bericht enthaltenen Beschreibungen und Bewertungen herangezogen wurden.

1769 Der Umweltbericht besteht danach aus **drei Teilen**: einer **Kurzdarstellung** des Inhalts und der Ziele des Bauleitplans, einer **Beschreibung** und **Bewertung** der **Umweltauswirkungen** und **zusätzlicher Angaben**, zu denen auch entsprechende Informationen über die beabsichtigten Maßnahmen des **Monitoring** gehören. Der Umweltbericht gibt auch Auskunft über die in Betracht kommenden anderweitigen Planungsmöglichkeiten **(Alternativen)**, wobei die Ziele und der räumliche Geltungsbereich des Bauleitplans zu berücksichtigen sind.

1770 Systematisch bezieht sich die Anlage 1 zum BauGB nicht auf die Ermittlung der Umweltbelange, sondern auf den Inhalt des Umweltberichts. Vor allem der Nr. **2 der Anlage** können aber zugleich Hinweise für die Ermittlung der Umweltbelange entnommen werden. Auch gibt der Katalog hinsichtlich der Alternativenprüfung und der Vermeidungs-, Minderungs- und Kompensationsmaßnahmen Direktiven für die Abwägung.

1771 **Nr. 2 a) der Anlage 1 zum BauGB:** Die **Bestandsaufnahme** der einschlägigen Aspekte des derzeitigen Umweltzustandes, einschließlich der Umweltmerkmale der Gebiete, die voraussichtlich erheblich beeinflusst werden, dient dazu, den gegenwärtigen Zustand der Umweltbedingungen zu ermitteln, die vor dem Inkrafttreten des Plans gegeben sind. Dieser Arbeitsschritt ist Voraussetzung dafür, dass anschließend die Umweltauswirkungen der Planung eingeschätzt werden können. Zeitlicher Anknüpfungspunkt ist dabei der Umweltzustand, wie er sich zu Beginn des Aufstellungsverfahrens darstellt; ergeben sich im Verlauf des Verfahrens erhebliche Veränderungen des Umweltzustands, sind auch diese einzubeziehen.

1772 **Nr. 2 b) der Anlage 1 zum BauGB:** Die **Prognose** über die Entwicklung des Umweltzustandes bei Durchführung der Planung und bei Nichtdurchführung der Planung ist ein zentrales Element jeder planerischen Entscheidung, das auch im Hinblick auf andere städtebauliche Belange maßgeblich ist. Dazu sind geeignete fachspezifische Methoden anzuwenden. Der Sachverhalt, auf den sich die Prognose gründet, ist sachgerecht zu ermitteln. Zudem ist die Prognose schlüssig zu begründen.[3871] Dabei muss auch die sog. **Null-Variante** geprüft werden, wenn sie sich aufdrängt. In der Regel kann die Entwicklung der Umwelt ohne die Planung in der Praxis unaufwändig festgestellt werden. Insbesondere, wenn bereits vor Beginn der Planung ein weitgehend gleichbleibender Zustand bestanden hat, wird in der Regel davon ausgegangen werden können, dass dieser sich auch künftig ohne die Planung nicht verändern wird.

1773 **Nr. 2 c) der Anlage 1 zum BauGB:** Bestandteil der Umweltprüfung sind auch **Maßnahmen** zur **Vermeidung**, **Verringerung** und zum **Ausgleich** der nachteiligen Auswirkungen. Das ergibt sich bereits aus dem von der naturschutzrechtlichen Eingriffsregelung bekannten Stufensystem (§§ 14, 15 BNatSchG). Die Planung muss sich daher auch mit möglichen **Schutzmaßnahmen** auseinandersetzen. Eine unmittelbare materielle Verpflichtung, entsprechende Maßnahmen im Rahmen der Planung zu treffen, enthält die Plan-UP-RL nicht. Nr. 2 c der Anlage 1 zum BauGB fordert insofern nur, die aus der planerischen Entscheidung der Gemeinde heraus vorgesehenen Maßnahmen im Umweltbericht zu beschreiben. Im Hinblick auf die Belange des Naturhaushalts und des Landschaftsbildes besteht eine materielle Prüfungspflicht im Rahmen der „naturschutzrechtlichen Eingriffsregelung" nach § 1 a III BauGB. Die Regelungen über die Umweltprüfung erweitern allerdings die Prüfungserfordernisse über die naturschutzrechtliche Eingriffsregelung hinaus auf alle umweltschützenden Belange. Maßnahmen zur Vermeidung, Verringerung und zum Ausgleich nachteiliger Auswirkungen müssen nicht nur auf die naturschutzrechtlichen Belange, sondern auch auf alle umweltschützenden Belange bezogen sein. Das erweitert die Kompensationsregelungen und gibt ihnen vor dem Hintergrund des Nachhaltigkeitsgedankens eine neue Dimension. Die Bauleitplanung ist zwar nicht auf ein bestimmtes Ergebnis verpflichtet, muss aber im Zusammenhang mit der Ausgleichsentscheidung im Hinblick auf die zurückgestellten Belange einen zusätzlichen verfahrensrechtlichen Prüfungsschritt vollziehen, bei dem die Vermeidung, Verminderungen und der Ausgleich in Bezug auf umweltschützende Belange geprüft wird. Dieser verfahrensrechtliche Schritt ist europarechtlich vorgegeben und in der Anlage 1 zum BauGB verbindlich vorgeschrieben. Auch Nr. 2 c der Anlage 1 zum BauGB verpflichtet zu einem solchen Prüfungsschritt im Rahmen der Abwägungsentscheidung.

1774 **Nr. 2 d) der Anlage 1 zum BauGB:** Mit der Prüfung der in Betracht kommenden **anderweitigen Planungsmöglichkeiten**, wobei die Ziele und der räumliche Geltungsbereich des Bauleitplans zu berücksichtigen sind, wird die Verpflichtung zur sog. **„Alternativenprüfung"** ausdrücklich in das BauGB aufgenommen. Bereits durch den Gesetzeswortlaut wird dabei be-

[3871] BVerwGE 75, 214.

tont, dass diese Prüfung sich nur auf die in Betracht kommenden anderweitigen Planungsmöglichkeiten und damit vernünftige Varianten beziehen soll (Art. 5 I der Plan-UP-RL). Der Hinweis auf die Ziele und den räumlichen Geltungsbereich des Plans verdeutlicht zudem, dass es sich dabei in der Praxis um anderweitige Lösungsmöglichkeiten im Rahmen der beabsichtigten Planung und innerhalb des betreffenden Plangebiets handeln wird und nicht etwa grundsätzlich andere Planungen oder völlig andere Standorte in Erwägung gezogen werden müssen.

Bereits mit dem Abwägungsgebot ist eine Prüfung von Planvarianten, um so eine die ver- 1775
schiedenen berührten Belange berücksichtigende Lösung zu erreichen. So ist nach § 3 I BauGB die Öffentlichkeit über „sich wesentlich unterscheidende Lösungen, die für die Neugestaltung oder Entwicklung des Gebiets in Betracht kommen“, zu unterrichten.[3872] Die Anforderungen sind allerdings nicht im Sinne eines Vorrangs dahingehend zu verstehen, dass eine Planung schon deshalb ausscheidet, weil es vielleicht ebenso gut geeignete oder gar besser geeignete Alternativen gibt. Die planende Stelle hat vielmehr einen erheblichen gerichtlich nur sehr eingeschränkt überprüfbaren Entscheidungsspielraum.

Ob ein Umweltbericht in wesentlichen Punkten unvollständig ist, hängt von den Umstän- 1776
den des Einzelfalls ab, insbesondere von der Art des Bauleitplans, seinen Zielen und Inhalten und den in Rede stehenden Umweltauswirkungen.[3873] Eine unwesentliche Lücke im Umweltbericht liegt nach Auffassung des OVG Schleswig jedenfalls dann vor, wenn der Umweltbericht die wesentlichen Aussagen zu allen Gliederungspunkten der Anlage enthält, dabei jedoch in einzelnen Hinsichten keine erschöpfende Darstellung aller benötigten Angaben bietet. Unwesentlich könne, so das OVG Schleswig, eine Unvollständigkeit auch sein, wenn die wichtigsten Angaben im Umweltbericht verzeichnet sind und die fehlenden Informationen der übrigen Begründung entnommen werden könnten.[3874] Maßgeblich ist, ob der Umweltbericht alle wesentlichen Aussagen zu allen Gliederungspunkten der Anlage 1 zum Baugesetzbuch enthält. Ob die Aussagen inhaltlich zutreffen, ist für die Frage der Vollständigkeit unerheblich.[3875]

III. Ermittlung der Umweltbelange

Der Umfang der Ermittlung der von der Planung betroffenen Umweltbelange hängt von 1777
den durch die Planung jeweils betroffenen Belangen ab. Vornehmlich geht es um die Ermittlung nachteiliger Umweltfolgen; letztlich ist es jedoch für die Umweltfolgenprüfung nicht entscheidend, ob es sich um negative oder positive Umweltauswirkungen handelt.[3876] Die Umweltprüfung ist kein wissenschaftlicher Selbstzweck, sondern dient der ordnungsgemäßen Vorbereitung der Abwägungsentscheidung. Der Ermittlungsumfang hängt daher von dem jeweiligen Planungsgegenstand und den hierdurch betroffenen Umweltbelangen ab. Zudem können die allgemeinen planerischen Grundsätze für die Zusammenstellung des Abwägungsmaterials (§§ 2 III, 2 a BauGB) herangezogen werden.[3877]

Die Abgrenzung des Ermittlungsgebiets hängt von der Art des Plans und der hieraus abzu- 1778
leitenden potentiellen Reichweite der Umweltauswirkungen ab.[3878] Sie ist grundsätzlich weder auf das Plangebiet noch auf die Gemarkungsgrenze der planaufstellenden Gemeinde beschränkt. Entscheidend ist die Reichweite der zu erwartenden Umweltauswirkungen der Planung. Die Verpflichtung, eine Bestandsaufnahme des tatsächlichen Umweltzustandes aufzunehmen, gilt nicht nur für das Plangebiet, sondern auch für die Nachbarschaft, soweit diese von der Durchführung des Bebauungsplans erheblich betroffen sein kann.[3879]

3872 Europäische Kommission – Generaldirektion Umwelt, Arbeitshilfe zur Umsetzung der SUP-Richtlinie 2001/42/EG über die Prüfung der Umweltauswirkungen bestimmter Pläne und Programme, Nr. 5.12.

3873 OVG Schleswig Beschl. v. 3.5.2023 – 1 MR 10/20, juris Rn. 28; BVerwG Beschl. v. 30.12.2009 – 4 BN 13.09, juris, Rn. 4 f.

3874 OVG Schleswig Beschl. v. 3.5.2023 – 1 MR 10/20, juris Rn. 28; Stock in EZBK, BauGB, 2022, § 214 Rn. 71d.

3875 OVG Schleswig Beschl. v. 3.5.2023 – 1 MR 10/20, juris Rn. 28; OVG Magdeburg Urt. v. 20.10.2021 – 2 U 52/18, juris, Rn. 105 f.

3876 Kment Öffentliches Baurecht, 2022, § 5 Rn. 26.

3877 Voraussetzungen und Hindernisse beim Zugang zu UVP-Dokumenten und Verfahrensinformationen Kerkemeyer/Odparlik NuR 2016, 529.

3878 Uechtritz in BeckOK BauGB, 2023, § 2 Rn. 78; Schink UPR 2022, 206 (210 f.).

3879 OVG Koblenz BauR 2019, 922; Uechtritz in BeckOK BauGB, 2023, § 2 Rn. 78.

1779 Eine Pflicht zur Ermittlung und Berücksichtigung von **Alternativen** folgt unter Berücksichtigung des jeweiligen Planungsziels schon aus Anl. 1 Nr. 2 d BauGB,[3880] letztlich unabhängig davon aus dem Gebot der Proportionalität der Abwägung und damit aus dem Verhältnismäßigkeitsgrundsatz.[3881] Nach § 3 I 1 BauGB ist die Öffentlichkeit frühzeitig über „sich wesentlich unterscheidende Lösungen", die für die Neugestaltung oder Entwicklung eines Gebiets in Betracht kommen, zu unterrichten. § 2 IV BauGB schreibt hinsichtlich des Inhalts des Umweltberichtes gemäß Anlage 1 zum BauGB vor, dass zur Beschreibung und Bewertung der erheblichen Umweltauswirkungen noch Angaben zu „in Betracht kommenden anderweitigen Planungsmöglichkeiten" gehören (Nr. 2 d). Wegen des den Gemeinden zustehenden Planungsermessens ist eine Bauleitplanung unter dem Gesichtspunkt der Alternativenabwägung aber nur dann fehlerhaft, wenn sich eine andere als die gewählte Lösung unter Berücksichtigung aller abwägungserheblichen Belange als die bessere, weil öffentliche und private Belange schonendere Variante hätte aufdrängen müssen.[3882]

1. Erheblichkeit der Umweltauswirkungen

1780 Die Umweltprüfung muss sich auf die voraussichtlich erheblichen Umweltauswirkungen beziehen. Es können daher solche Umweltauswirkungen bei der Ermittlung und Bewertung außer Betracht bleiben, die von dem Plan nicht betroffen sind oder unterhalb der Erheblichkeitsschwelle liegen. Ein bestimmtes Maß tolerierbarer Umweltauswirkungen durch die Planung kann daher ohne Ermittlung und Bewertung hingenommen werden (Toleranzgrenze). Wo genau diese Erheblichkeitsschwelle liegt, ist weder im BauGB noch im UVPG oder in den Umweltfachgesetzen konkret geregelt[3883] und kann auch nicht allgemeingültig festgelegt werden, sondern hängt vom jeweiligen Einzelfall ab. Der Gemeinde steht insoweit ein planerischer **Einschätzungsspielraum** zu.[3884] Daraus folgt aber nicht, dass die Gemeinde bei ihrer Entscheidung völlig frei ist; Umfang und Detaillierungsgrad bestimmen sich nach der Abwägungserheblichkeit der jeweils betroffenen Belange, die nicht zur Disposition der Gemeinde stehen.[3885] Wenn die zuständige Fachbehörde keine Bedenken gegen die Untersuchungstiefe äußert, mag dies ein Indiz für die hinreichende Untersuchungstiefe sein,[3886] mehr aber auch nicht. Zum Abwägungsmaterial gehören die mehr als geringfügigen, schutzwürdigen und erkennbaren Belange.[3887] Diese Schrankentrias begrenzt auch die Ermittlung der Umweltbelange. Für die Erheblichkeit sind die Auswirkungen der Planung von Bedeutung. Auch die konkreten Umweltbedingungen im Plangebiet spielen für die Erheblichkeit der Umweltauswirkungen eine Rolle. So bestimmen die Ziele und der Regelungsgehalt des jeweiligen Bauleitplans mit seinen planspezifischen Voraussetzungen die Erheblichkeit der Umweltauswirkungen. Hierzu zählen Art, Größe, Standort und Betriebsbedingungen der durch den Plan eröffneten Nutzungen, das zu erwartende Verkehrsaufkommen mit Lärmauswirkungen oder sonstige Immissionen. Zudem spielen die konkreten Umweltbedingungen im Plangebiet eine Rolle. Hierzu zählen die Wertigkeiten, Empfindlichkeiten oder Vorbelastungen der betroffenen Gebiete.

2. Voraussehbarkeit der Umweltauswirkungen

1781 Bei der Ermittlung der Umweltfolgen bedarf es einer **Prognose**; es geht unter anderem um die Einschätzung von Eintrittswahrscheinlichkeiten.[3888] Soweit in diesem Zusammenhang Prognosen über die künftigen Entwicklungen anzustellen sind, müssen der relevante Sachverhalt ordnungsgemäß zusammengestellt, die Begründung plausibel und der Prognoseschluss

---

[3880] OVG Koblenz BauR 2019, 922; Uechtritz in BeckOK BauGB, 2023, § 2 Rn. 78; zu den Grenzen der Alternativenprüfung OVG Koblenz BauR 2013, 1075; Beckmann DVBl. 2022, 809; BVerwG NVwZ 2024, 917.

[3881] OVG Koblenz Urt. v. 26.4.2023 – 8 C 10462/22.OVG, juris Rn. 64.

[3882] OVG Koblenz Urt. v. 26.4.2023 – 8 C 10462/22.OVG, juris Rn. 64; NVwZ-RR 2013, 586; VGH Mannheim NVwZ-RR 2019, 1030; OVG Münster BauR 2022, 1287; siehe auch Beckmann DVBl. 2022, 809.

[3883] Bönker in HBG, Öffentliches Baurecht, 2024, § 5 Rn. 282.

[3884] Battis in BKL, BauGB, 2022, § 2 Rn 9; Uechtritz in BeckOK BauGB, 2023, § 2 Rn. 83.

[3885] Uechtritz in BeckOK BauGB, 2023, § 2 Rn. 83.

[3886] Uechtritz in BeckOK BauGB, 2023, § 2 Rn. 86.

[3887] BVerwG UPR 2014, 353.

[3888] Kment Öffentliches Baurecht, 2022, § 5 Rn. 26.

nachvollziehbar sein. Die Gemeinde hat bei Einhaltung der vorgenannten Anforderungen einen Prognosespielraum, der von den Gerichten nur eingeschränkt überprüft werden kann.

3. Abwägungsbeachtlichkeit der Umweltauswirkungen

Die Umweltprüfung dient der Vorbereitung der Abwägungsentscheidung. Umweltauswirkungen sind daher in dem Umfang zu ermitteln, wie sie für die Abwägung von Bedeutung sind. Belange, die nicht zum Abwägungsmaterial gehören, weil sie etwa nur geringfügig, nicht schutzwürdig oder nicht erkennbar sind, brauchen auch in die Umweltprüfung nicht eingestellt werden. Die Gemeinde legt dazu für jeden Bauleitplan fest, in welchem Umfang und Detaillierungsgrad die Ermittlung der Belange für die Abwägung erforderlich ist. Hierdurch werden die allgemeinen Anforderungen konkretisiert, die sich für die Zusammenstellung des Abwägungsmaterials ergeben. § 2 IV BauGB steht daher mit der Regelung über die Zusammenstellung des Abwägungsmaterials in § 2 III BauGB in enger Verbindung. Für die Ermittlung und die Bewertung der Umweltbelange ergeben sich daher im Hinblick auf die Zusammenstellung des Abwägungsmaterials keine Besonderheiten. Soweit bei der Planaufstellung zwingende, umweltrelevante Planungsleitsätze zu beachten und damit auch einer planerischen Abwägung entzogen sind, sind die Umweltfolgen selbstverständlich auch insoweit im Rahmen der Umweltprüfung zu ermitteln. 1782

An die Ermittlung der Umweltbelange dürfen **keine überzogenen Anforderungen** gestellt werden. Vielmehr wird die Prüfung durch den **Grundsatz der Verhältnismäßigkeit** begrenzt. Die Umweltprüfung ist kein allgemeines Suchverfahren, in dem alle nur erdenklichen Auswirkungen eines Vorhabens auf Umweltgüter und deren Wertigkeit bis in alle Einzelheiten und feinste Verästelungen zu untersuchen wären und gar Antworten auf in der Wissenschaft bisher noch ungeklärte Fragen gefunden werden müssten.[3889] Das Europarecht gibt auch keine Aufschlüsse über Untersuchungsverfahren und Bewertungskriterien. Die Umweltprüfung ersetzt auch nicht fehlende Umweltstandards. Die Tatsache, dass der Gemeinschaftsgesetzgeber die Pflicht und den rechtlichen Rahmen für die Durchführung der Umweltprüfung geschaffen hat, legt nicht schon den Grundstein für eine verbesserte Methodik der Ermittlung und der Bewertung von Umweltauswirkungen. Was auf diesem Felde die Wissenschaft (noch) nicht hergibt, vermag auch eine UVP nicht zu leisten. Von der Behörde kann nicht mehr verlangt werden, als dass sie die Annahmen zugrunde legt, die dem allgemeinen Kenntnisstand und den allgemein anerkannten Prüfmethoden entsprechen. Die Umweltprüfung ist nicht als Suchverfahren konzipiert, das dem Zweck dient, Umweltauswirkungen aufzudecken, die sich der Erfassung mit den herkömmlichen Erkenntnismitteln entziehen.[3890] 1783

4. Abschichtung

Im Anschluss an Art. 4 III Plan-UP-RL lässt § 2 IV 5 BauGB eine abgeschichtete Umweltprüfung zu. Wird eine Umweltprüfung für das Plangebiet oder für Teile davon in einem Raumordnungs-, Flächennutzungs- oder Bebauungsplanverfahren durchgeführt, soll die Umweltprüfung danach in einem zeitlich nachfolgenden oder gleichzeitig durchgeführten Bauleitplanverfahren auf zusätzliche oder andere erheblichen Umweltauswirkungen beschränkt werden. Liegen Landschaftspläne oder sonstige Pläne nach § 1 VI Nr. 7 g BauGB vor, sind deren Bestandsaufnahmen und Bewertungen in der Umweltprüfung heranzuziehen. Die Abschichtung ist dabei sowohl vertikal in der Stufenfolge der Programme und Pläne auf der Ebene des Bundes, des Landes, der Region und der Gemeinde wie auch horizontal etwa zwischen der Bauleitplanung und Fachplänen auf der Ebene der Kreise, Gemeinden und Fachbehörden möglich. Eine Umweltprüfung auf der Ebene der Raumordnungsplanung kann abschichtende Wirkungen für die Flächennutzungsplanung haben. Die integrierte Umweltprüfung auf der Ebene der Flächennutzungsplanung kann wiederum zur Abschichtung auf der Ebene der Bebauungsplanung genutzt werden. Die Abschichtungsregelung kann auch Auswirkungen bei der Aufstellung von höherstufigen Planungen haben, indem die Ergebnisse einer vorgenommenen Umweltprüfung auf der sich anschließenden Stufe berücksichtigt werden. So können für die Neuaufstellung eines Flächennutzungsplans insbesondere aktuelle Umweltprüfungen für Bebauungspläne für das entsprechende Gebiet der Planung genutzt werden. Eine entsprechende 1784

[3889] BVerwG NVwZ 1996, 1016 zur Umweltverträglichkeitsprüfung m. Anm. Stüer DVBl. 2013, 1324.
[3890] BVerwGE 100, 238.

Regelung enthält § 50 III UVPG im Hinblick auf die Abschichtung zwischen Bebauungsplan und nachfolgendem Zulassungsverfahren. Schließlich ergibt sich aus der Abschichtungsregelung im Zusammenhang mit der Maßgeblichkeit von **Umfang** und **Detaillierungsgrad** des betreffenden Plans auch die Möglichkeit, die schwerpunktmäßige Ermittlung bestimmter Umweltauswirkungen einer nachfolgenden Planungsebene oder einem nachfolgenden Zulassungsverfahren zu überlassen, soweit die Prüfung aus fachlicher Sicht dort angemessener erscheint.

1785 Durch die Abschichtung der Umweltprüfung kann dem **unterschiedlichen Konkretisierungsgrad** der Planungen auf den verschiedenen Ebenen Rechnung getragen werden. So können zB immissionsschutzrechtliche Fragen, die nicht auf der Planungsebene geklärt werden können, dem nachfolgenden Zulassungsverfahren überlassen werden. Eine Überlastung höherstufiger Planungsebenen mit – dort nicht sachgerecht durchzuführenden – Detailprüfungen ist ebenso zu vermeiden wie eine unsachgemäße Verschiebung der Prüfung von übergreifenden Auswirkungen auf niedrigere Planungsstufen oder das Zulassungsverfahren. Die Abschichtungsregelung des § 2 IV 5 BauGB will Doppelprüfungen vermeiden und die Verfahren beschleunigen; Abschichtungsmöglichkeiten können allerdings durch den zeitlichen Abstand der Verfahren geringer werden. Voraussetzung einer Abschichtung der Umweltprüfung ist insbesondere, dass sich die tatsächlichen oder rechtlichen Verhältnisse nicht zwischenzeitlich entscheidungserheblich geändert haben.[3891] Auch setzt eine Übernahme der Prüfungsergebnisse voraus, dass eine entsprechende Umweltprüfung im Zusammenhang mit der Aufstellung der Programme und Pläne bereits stattgefunden hat.

1786 In die Abschichtung kann auch die **Umweltfachplanung** einbezogen werden (§ 2 IV 6 BauGB). Dies gilt insbesondere für Landschaftspläne und für Pläne des Wasser-, Abfall- und Immissionsschutzrechts. Allerdings kann eine Aktualisierung besonders dann erforderlich sein, wenn die Umweltprüfung bei Aufstellung dieser Pläne bereits länger zurückliegt.[3892] Die Ergebnisse derartiger Fachplanungen sind in der Abwägung zu berücksichtigen, haben daher einen in der Abwägung verfügbaren und damit zugleich keinen absoluten Stellenwert.

5. Bewertung der Umweltbelange

1787 In einem weiteren Arbeitsschritt ist nach § 2 IV 1 BauGB eine **Bewertung** der ermittelten **Umweltauswirkungen** vorzunehmen. Die Bewertung ist anschließend im Umweltbericht darzustellen.[3893] Bei dem Verfahrensschritt der Bewertung handelt es sich um eine rein umweltbezogene Betrachtung; andere städtebauliche Belange werden erst bei der Berücksichtigung aller Belange in der Abwägung einbezogen. Spezielle Bewertungsmaßstäbe werden von der Plan-UP-RL und daher auch im BauGB nicht vorgegeben. Maßgeblich sind insofern nach allgemeinen planerischen Grundsätzen insbesondere diejenigen Vorschriften des BauGB, welche die Berücksichtigung der umweltschützenden Belange in der planerischen Abwägung zum Gegenstand haben.

1788 Als **Bewertungsmaßstäbe** können daher je nach Lage des Einzelfalls herangezogen werden: umweltbezogene Ziele der Raumordnung nach § 1 IV BauGB, die Vorgaben des § 1 V 2 BauGB, nach dem Bauleitpläne dazu beitragen sollen, eine menschenwürdige Umwelt zu sichern und die natürlichen Lebensgrundlagen zu schützen und zu entwickeln, sowie den Klimaschutz und die Klimaanpassung, insbesondere auch in der Stadtentwicklung, zu fördern,[3894] die Bodenschutzklausel nach § 1 a II BauGB, die naturschutzrechtliche Eingriffsregelung nach § 1 a III BauGB, die Erhaltungsziele und der Schutzzweck von Schutzgebietsausweisungen insbesondere der Gebiete von gemeinschaftlicher Bedeutung und der europäischen Vogelschutzgebiete iS des BNatSchG nach § 1 a IV BauGB, die in einschlägigen Fachgesetzen und Fachplänen festgelegten Ziele des Umweltschutzes, die für den Bauleitplan von Bedeutung sind. Dabei besteht ein Bezug zu den Aussagen in Fachplänen insbesondere des Natur-

---

[3891] Bönker in HBG, Öffentliches Baurecht, 2024, § 5 Rn. 291.

[3892] VGH Kassel NVwZ 2023, 1673= juris Rn. 30.

[3893] Zur abschließenden Bewertung und Berücksichtigung der Umweltfolgen im Wege der Überprüfung des Umweltberichts siehe auch Beckmann in Beckmann/Kment, UVPG/UmwRG, 2023, § 42 UVPG Rn. 1 ff.

[3894] Zum Klimaschutz in der Bauleitplanung Kment Öffentliches Baurecht, 2024 Rn. 274; Erbguth DVBl. 2022, 1001; Sauthoff KlimaR 2022, 11; Kersten Baurecht, in Schoch, Besonderes Verwaltungsrecht, 2023, Kap. 3 Rn. 27; Dombert ThürVBl 2022, 225; OVG Schleswig Beschl. v. 7.7.2023 – 1 MR 9/20, juris Rn. 60.

schutz-, Wasser-, Abfall- und Immissionsschutzrechts nach § 1 VI Nr. 7 g BauGB, der Trennungsgrundsatz des § 50 BImSchG sowie die übrigen immissionsschutzrechtlichen Regelungen und technische Normen. Die Bewertung bezieht sich nach § 2 IV 3 BauGB auf das, was nach gegenwärtigem Wissensstand und allgemein anerkannten Prüfmethoden sowie nach Inhalt und Detaillierungsgrad des Bauleitplans angemessenerweise verlangt werden kann. Damit soll zum Ausdruck gebracht werden, dass für die Zusammenstellung des Abwägungsmaterials keine überzogenene Anforderungen gelten.[3895] Aus den vorgenannten Vorschriften können sich zusätzliche Beachtenspflichten ergeben, die in der Bauleitplanung abzuarbeiten sind.

Beispiel: Eine fehlerhafte FFH-Vorprüfung und eine unzureichende Berücksichtigung der allgemeinen Belange des Naturschutzes, der Landschaftspflege sowie des Bodenschutzes (Flächenverbrauch, Ausgleichsmaßnahmen) können zu einem Abwägungsdefizit und damit zur Unwirksamkeit des Bebauungsplans führen.[3896] Lässt ein Bebauungsplan in einem klimaökologisch sensiblen Gebiet mehrere Ausgestaltungsvarianten zu, die sich in ihren klimatischen Auswirkungen erheblich unterscheiden, so bedarf es einer besonderen planerischen Rechtfertigung, wenn sich die Gemeinde nicht auf die weniger klimaschädliche Ausführung beschränkt.[3897]

IV. Beschreibung der Umweltfolgen im Umweltbericht

Nach § 2 IV 1 BauGB sind die Ergebnisse der Ermittlung und Bewertung im Umweltbericht zu beschreiben (§ 2 a 2 Nr. 2 BauGB). Der Umweltbericht ist ein selbstständiger Bestandteil der Begründung (§ 2 a BauGB) und nimmt in dieser Funktion an dem Aufstellungsverfahren teil. Der Umweltbericht besteht nach der **Anlage zu** §§ 2 IV und 2 a BauGB aus einer Einleitung, einer Beschreibung und Bewertung der Umweltauswirkungen und zusätzlichen Angaben. Die Reihenfolge ist allerdings nicht zwingend. Nr. 1 enthält die einleitenden Angaben, anhand derer sich die Öffentlichkeit und die Behörden über den Rahmen der Planung informieren können. Nach Nr. 2 sind die Ergebnisse der Ermittlung und Bewertung darzustellen. Nr. 3 erfordert als zusätzliche Angaben eine Beschreibung der Methodik, der geplanten Überwachungsmaßnahmen und eine allgemein verständliche Zusammenfassung. Die Ausführungen sollten dabei aus Gründen der Übersichtlichkeit und Verständlichkeit auf das Wesentliche begrenzt werden.[3898] 1789

1. Einleitung

In einer Einleitung ist eine Kurzdarstellung des Inhalts und der wichtigsten Ziele des Bauleitplans, einschließlich der Beschreibung der Festsetzungen des Plans mit Angaben über Standorte, Art und Umfang sowie Bedarf an Grund und Boden der geplanten Vorhaben zu geben. Hierdurch soll der Öffentlichkeit und den Behörden ein Überblick über das Vorhaben vermittelt werden. Ggf. kann ergänzend auch auf andere Teile der Begründung verwiesen werden. Zudem sind die in den einschlägigen Fachgesetzen und Fachplänen festgelegten **Ziele des Umweltschutzes**, die für den Bauleitplan von Bedeutung sind, und die **Art**, wie diese Ziele und die Umweltbelange bei der Aufstellung berücksichtigt wurden, darzustellen. Dabei genügt ein Überblick über die von der Gemeinde anzuwendenden Pläne (§ 1 VI Nr. 7 g BauGB). Eine Gesamtdarstellung des internationalen oder europarechtlichen Umweltrechts ist nicht erforderlich. Allerdings kann ggf. ein Hinweis auf Gebiete von gemeinschaftlicher Bedeutung (FFH-Gebiete) oder Europäische Vogelschutzgebiete erforderlich sein. 1790

2. Beschreibung und Bewertung der Umweltauswirkungen

Hierzu sind Angaben erforderlich über: (a) eine Bestandsaufnahme der einschlägigen Aspekte des derzeitigen Umweltzustands, einschließlich der Umweltmerkmale der Gebiete, die voraussichtlich erheblich beeinflusst werden, (b) eine Prognose über die Entwicklung des 1791

[3895] Bönker in HBG, Öffentliches Baurecht, 2024, § 5 Rn. 286 mit Verweis auf BT-Drs. 15/2250, 119.

[3896] OVG Münster DVBl. 2009, 1385 m. Anm. A. Versteyl NuR 2009, 819; Goppel DVBl. 2009, 1592.

[3897] OVG Koblenz LKRZ 2011, 33.

[3898] So auch die Arbeitshilfe der EU-Kommission – Generaldirektion Umwelt – „Umsetzung der SUP-Richtlinie 2001/42/EG über die Prüfung der Umweltauswirkungen bestimmter Pläne und Programme", 2003, Nr. 5.19.

Umweltzustands bei Durchführung der Planung und bei Nichtdurchführung der Planung, (c) geplanten Maßnahmen zur Vermeidung, Verringerung und zum Ausgleich der nachteiligen Auswirkungen und (d) in Betracht kommenden anderweitigen Planungsmöglichkeiten, wobei die Ziele und der räumliche Geltungsbereich des Bauleitplans zu berücksichtigen sind. Die Beschreibung wertet die Ergebnisse der Umweltprüfung aus. Dabei gehen die Prüfungen von Vermeidungs-, Minderungs- oder Kompensationsmaßnahmen und die Alternativenprüfung über eine einseitige Berücksichtigung von Umweltbelangen hinaus. Die Anforderungen können vielmehr erst im Rahmen der Gesamtabwägung vollständig abgearbeitet werden.

3. Zusätzliche Angaben

1792 Der Umweltbericht enthält zudem die folgenden Angaben: a) Beschreibung der wichtigsten Merkmale der verwendeten technischen Verfahren bei der Umweltprüfung sowie Hinweise auf Schwierigkeiten, die bei der Zusammenstellung der Angaben aufgetreten sind, zum Beispiel technische Lücken oder fehlende Kenntnisse, (b) Beschreibung der geplanten Maßnahmen zur Überwachung der erheblichen Auswirkungen der Durchführung des Bauleitplans auf die Umwelt und (c) eine allgemein verständliche Zusammenfassung der erforderlichen Angaben. Die Beschreibung der **wichtigsten Merkmale** der verwendeten **technischen Verfahren** sowie Hinweise auf Schwierigkeiten bei der Zusammenstellung der Angaben soll die Methodik verdeutlichen, die bei der Ermittlung der Umweltbelange angewendet worden sind. Die Beschreibung der geplanten **Maßnahmen** zur **Überwachung** der erheblichen Umweltauswirkungen verpflichtet die Gemeinde, bereits bei der Aufstellung des Bauleitplans die Grundlagen des beabsichtigten Monitorings offen zu legen. Hierdurch werden die Öffentlichkeit und die Behörden bereits im Planaufstellungsverfahren in das geplante Monitoring-Konzept einbezogen. Die Gemeinde muss daher bereits in der Begründung des Bauleitplans die Grundzüge des geplanten Monitoring darlegen. Die **allgemein verständliche Zusammenfassung** soll vor allem der Öffentlichkeit und den Behörden einen schnellen Zugang zu den wesentlichen Elementen der Planung und deren Einschätzung ermöglichen und damit die Beteiligung vereinfachen. Die Zusammenfassung bezieht sich auf die Umweltbelange und unterscheidet sich hierdurch von der zusammenfassenden Erklärung, die eine Gesamtbewertung des Vorhabens enthält. Während die allgemeinverständliche Zusammenfassung des Umweltberichts am Verfahren der Öffentlichkeits- und Behördenbeteiligung teilnimmt, wird die zusammenfassende Erklärung erst dem Feststellungsbeschluss des Flächennutzungsplans (§ 6 V 2 BauGB) bzw. dem Satzungsbeschluss des Bebauungsplans (§ 10 IV BauGB) beigefügt und nimmt daher nicht an dem Beteiligungsverfahren teil.

1793 § 4 a III 1 BauGB verpflichtet die Gemeinde nicht zur erneuten Auslegung, wenn nach dem Verfahren nach § 3 II BauGB oder § 4 II BauGB nicht der Entwurf des Bebauungsplans selbst, sondern lediglich der Umweltbericht als Bestandteil der Begründung des Bebauungsplan-Entwurfs geändert wird. § 4a III 1 BauGB steht nach Auffassung des BVerwG jedenfalls dann mit Unionsrecht im Einklang, wenn der geänderte Umweltbericht lediglich eine Neubewertung bereits vorhandener Sachinformationen enthält.[3899] Ein erneute Beteiligung der Öffentlichkeit dürfte notwendig werden, wenn im geänderten Umweltbericht neue Auswirkungen der Planung auf bisher nicht in den Blick genommene Schutzgüter geprüft bzw. benannt werden.[3900]

V. Berücksichtigung bei der Entscheidung

1794 Das Ergebnis der Umweltprüfung ist in der Abwägung zu berücksichtigen (§ 2 IV 4 BauGB). Offen ist dabei, ob die Plan-UP-RL lediglich Verfahrensvorschriften enthält oder auch in einem gewissen Umfang auch mittelbar inhaltliche Vorgaben enthält. Das Ergebnis kann sein: Weiterführung des Verfahrens trotz nachteiliger Auswirkungen, weil andere für die Planung rechtlich oder tatsächlich bedeutsame Gesichtspunkte überwiegen oder vorgehen, Änderung oder Ergänzung der Planung oder Einstellung der Planung, weil sie nicht hinnehmbare Umweltbeeinträchtigungen mit sich brächte.

[3899] BVerwG NVwZ 2017, 1764.
[3900] Uechtritz in BeckOK BauGB, 2023, § 2 Rn. 79.

Der UVP-RL hat das BVerwG inhaltliche Auswirkungen abgesprochen, sie lediglich auf verfahrensrechtliche Vorgaben begrenzt und dazu ausgeführt: Die Umweltprüfung ist ein **formales Verfahren**, in dem das umweltbezogene Abwägungsmaterial systematisch ermittelt, beschrieben und bewertet wird. Ihre Ergebnisse haben von sich aus keinen Vorrang vor anderen Belangen, sondern unterliegen wie diese der Abwägung nach § 1 VII BauGB. Das BVerwG hat hierzu im Hinblick auf die UVP ausgeführt: Das Umweltrecht hat – möglicherweise abgesehen von der Klimafolgenprüfung – durch die UVP-RL keine materielle Anreicherung erfahren. Die gemeinschaftsrechtliche Regelung enthält sich materieller Vorgaben. Sie beschränkt sich auf verfahrensrechtliche Anforderungen im Vorfeld der Sachentscheidung, zu der ein Bezug nur insoweit hergestellt wird, als das Ergebnis der UVP zu berücksichtigen ist. Aus ihr gleichwohl materielle Entscheidungskriterien abzuleiten, ist schon deshalb nicht möglich, weil sie keinen Maßstab dafür liefert, welcher Rang den Umweltbelangen im Rahmen der Zulassungsentscheidung zukommt. Insoweit ist sie ergebnisneutral. Die Entscheidungsstruktur der jeweils einschlägigen nationalen Normen bleibt unangetastet. Die UVP-RL verlangt nur, dass die Zulassungsbehörde das Ergebnis der UVP in ihre Erwägungen mit einbezieht, schreibt aber nicht vor, welche Folgerungen sie hieraus zu ziehen hat.[3901] Speziell für das Erfordernis einer hinreichenden Berücksichtigung von Klimafolgen führt das BVerwG aus, dass auch § 13 I 1 KSG nur eine Berücksichtigungspflicht, aber keine gesteigerte Beachtenspflicht formuliere und nicht im Sinne eines Optimierungsgebots zu verstehen sei.[3902] Dem Klimaschutzgebot komme trotz seiner verfassungsrechtlichen Bedeutung kein Vorrang gegenüber anderen Belangen zu; ein solcher lasse sich weder aus Art. 20a GG noch aus § 13 KSG ableiten.[3903] 1795

Es könnte Einiges dafür sprechen, dass diese Konzeption vom Grundsatz her auch für die Umweltprüfung gilt. So ganz sicher ist das allerdings nicht. Denn nach Art. 1 der Plan-UP-RL ist es Ziel der Richtlinie, im Hinblick auf die Förderung einer nachhaltigen Entwicklung ein hohes Umweltschutzniveau sicherzustellen und dazu beizutragen, dass Umwelterwägungen bei der Ausarbeitung und Annahme von Plänen und Programmen einbezogen werden, indem diese Pläne mit erheblichen Umweltauswirkungen einer Umweltprüfung unterzogen werden. Damit werden in der Plan-UP-RL zwar keine materiellen Maßstäbe für die Berücksichtigung von Umweltbelangen vorgegeben. Es ist nach den Vorgaben der Richtlinie aber erforderlich, dass die Ergebnisse der Umweltprüfung in die Abwägung eingehen und dort zu einem für die Umwelt nachhaltigen Ergebnis führen. 1796

VI. Folgen einer fehlerhaften Umweltprüfung

Fehler bei der Umweltprüfung eines Bauleitplans können nach § 214 BauGB unbeachtlich sein. § 214 I 1 Nr. 3 Hs. 3 BauGB enthält eine Unbeachtlichkeitsvorschrift für lediglich unwesentliche Unvollständigkeiten des Umweltberichts. Eine entsprechende Wirkung entfalten § 214 IIa Nr. 3 und Nr. 4 BauGB, deren Anwendung zur Unbeachtlichkeit bestimmter Fehleinschätzungen bei einem Absehen von der Umweltprüfung infolge der Wahl des beschleunigten Verfahrens nach § 13a BauGB führen kann.[3904] Das vollständige Fehlen eines Umweltberichts ist allerdings stets beachtlicher Fehler.[3905] Wenn die besonderen Planerhaltungsregeln nach § 214 I 1 Nr. 3 Hs. 3 und § 214 IIa Nr. 3 und Nr. 4 BauGB nicht eingreifen und somit beachtliche Fehler vorliegen, können diese nach § 215 I BauGB unbeachtlich werden.[3906] Nach § 214 IV BauGB können Mängel der Umweltprüfung auch durch ein ergänzendes Verfahren behoben werden.[3907] 1797

3901 BVerwGE 100, 238; siehe auch Battis in BKL, BauGB, 2022, § 2 Rn 7.; Uechtritz in BeckOK BauGB, 2023, § 2 Rn. 74; OVG Berlin-Brandenburg Beschl. v. 25.12023 – OVG 10 S 17/21, juris Rn. 48.

3902 BVerwGE 175, 312= juris Rn. 85; Schink in Frenz, Klimaschutzrecht, 2022, § 13 KSG Rn. 25; Klinski/Scharlau/von Swieykowski-Trzaska/Keimeyer/Sina NVwZ 2020, 1 (6); Schlacke EurUP 2020, 338 (343, 344); Kment NVwZ 2020, 1537 (1543 f.); Hermes EurUP 2021, 162 (165 f.); Wickel ZUR 2021, 332 (337).

3903 BVerwG NVwZ 2022, 1549= juris Rn. 86

3904 Siehe dazu ausführlicher Kümper ZfBR 2022, 540.

3905 VGH München Urt. v. 4.3. 2021 –2 N 18.916, juris Rn. 16; Kümper ZfBR 2022, 540 (544).

3906 VGH München Urt. v. 13.12.2021 –15 N 20.1649, juris Rn. 24; Urt. v. 18.2.2022 – 1 N 19.160, juris, Rn. 22; VGH Mannheim Urt. v. 18.11.2021 –8 S 2831/19, juris, Rn. 38 f. OVG Greifswald Urt. 27.4.2021 –3 K 428/18, juris Rn. 65 ff.; Kümper ZfBR 2022, 540 (547).

3907 Kümper ZfBR 2022, 540.

5. Teil. Planaufstellungsverfahren

1798 Nach § 1 III BauGB haben die Gemeinden die Bauleitpläne aufzustellen, sobald und soweit es für die **städtebauliche Entwicklung** und **Ordnung** erforderlich ist. Der Flächennutzungsplan und der Bebauungsplan werden nach einem weitgehend gleichen Verfahren aufgestellt. Auf die Aufstellung von Bauleitplänen und städtebaulichen Satzungen besteht kein Anspruch, wie sich aus § 1 III 2 BauGB ergibt. Ein solcher Anspruch kann auch nicht durch Vertrag begründet werden. Der allgemeinen Planungspflicht der Gemeinde entspricht damit **kein subjektives Recht** des Bürgers auf Aufstellung eines Bauleitplans.[3908] Ebenso wenig besteht ein Anspruch auf Fortführung eines eingeleiteten Bauleitplanverfahrens oder ein Anspruch auf Bestand iS einer Nichtänderung oder einer Aufhebung eines rechtswirksamen Flächennutzungs- oder Bebauungsplans.[3909] Auch ein allgemeiner Plangewährleistungsanspruch auf Bestand oder Fortbestand eines Bauleitplans ist nicht anerkannt.[3910] Die Aufstellung der Bauleitpläne liegt vielmehr im pflichtgemäßen Ermessen der Gemeinde, das vom Bürger nicht eingeklagt werden kann.[3911] Eine Ausnahme hiervon ist allenfalls dann vorstellbar, wenn ein Grundstück willkürlich nicht in einen Bebauungsplan einbezogen wird.[3912]

1799 Auch auf die Aufstellung eines vorhabenbezogenen Bebauungsplans besteht kein Rechtsanspruch.[3913] Die Gemeinde hat allerdings auf Antrag des Vorhabenträgers über die Einleitung des Bebauungsplanverfahrens nach pflichtgemäßem Ermessen zu entscheiden (§ 12 II BauGB). Einklagbare Rechtsansprüche ergeben sich daraus jedoch nicht. Die Regelung in § 12 II BauGB erscheint daher mehr als Appellvorschrift an die Gemeinde, sich mit einem Antrag auf Einleitung eines Verfahrens zur Aufstellung eines vorhabenbezogenen Bebauungsplans zu befassen. Dadurch wird die Grundsatzentscheidung des Gesetzgebers in § 1 III 2 BauGB, wonach auf die Aufstellung einer städtebaulichen Satzung kein Rechtsanspruch besteht, jedoch nicht berührt. Die Durchsetzung eines Anspruchs auf Aufstellung eines vorhabenbezogenen Bebauungsplans erscheint auch deshalb aus Investorensicht nicht sinnvoll, weil der Anspruch über die Entscheidung der Verfahrenseinleitung nicht hinausgehen würde und ohnehin ein Anspruch auf Erlass eines vorhabenbezogenen Bebauungsplans nicht durchsetzbar ist.

1800 Die Bauleitplanung kann auch dazu genutzt werden, bisher zulässige Nutzungen zu verhindern. Solche **Negativplanungen** sind nicht schon dann wegen Verstoßes gegen § 1 III BauGB unwirksam, wenn ihr Hauptzweck in der Verhinderung bestimmter städtebaulich relevanter Nutzungen besteht. Sie sind nur dann unzulässig, wenn sie nicht dem planerischen Willen der Gemeinde entsprechen, sondern nur vorgeschoben sind, um eine andere Nutzung zu verhindern.[3914] Wenn die Gemeinde beabsichtigt, einen Teilbereich des Gemeindegebietes einer bestimmten baulichen Nutzung zuzuführen, so bedeutet dies zugleich, dass andere Nutzungen ausgeschlossen sein sollen. Derartige negative Zielvorstellungen sind nach Auffassung des BVerwG nicht von vornherein illegitim. Sie können sogar den Hauptzweck einer konkreten Planung bilden. Die Gemeinde darf mit den Mitteln, die ihr insbesondere das BauGB und die BauNVO zur Verfügung stellen, grundsätzlich auch städtebauliche Ziele verfolgen, die mehr auf Bewahrung als auf Veränderung der vorhandenen Situation zielen.[3915]

[3908] OVG Koblenz Urt. v. 1.3.2023 – 8 C 10166/22, juris Rn 51; BVerwG ZfBR 1992, 226.

[3909] So ausdrücklich § 2 III BauGB, wonach ein Anspruch auf Aufstellung von Bauleitplänen und städtebaulichen Satzungen nicht besteht und auch durch Vertrag nicht begründet werden kann.

[3910] BVerwG UPR 1997, 102; OVG Berlin BauR 1998, 978 für die Umwandlung einer landwirtschaftlich genutzten Fläche von Wohnbauland in Fläche für die Landwirtschaft; zum Fachplanungsrecht BVerwG EurUP 2006, 103.

[3911] BVerwG Beschl. v. 26.1.1994 – 4 NB 42.93, juris.

[3912] OVG Koblenz BauR 2023, 1212; BVerwG BRS 67 Nr. 52; BVerwG BRS 71 Nr. 36; OVG Schleswig Urt. v. 10.5.2007 – 1 KN 9/05, juris, Rn. 33; in Betracht kommt jedoch der Abschluss eines gerichtlichen Vergleichs, in dem sich die Gemeinde verpflichtet, ein ergebnisoffenes Planänderungsverfahren einzuleiten, siehe dazu Dirnberger in Jäde/Dirnberger, BauGB/BauNVO, 2022, § 1 BauGB Rn. 32 unter Verweis auf BVerwG ZfBR 2012, 259.

[3913] OVG Magdeburg Beschl. v. 17.2.2021 – 2 K 18/19, juris Rn. 38.

[3914] BVerwGE 156, 1 Rn. 19 mwN; Urt. v. 25.4.2023 – 4 CN 9.21, juris Rn. 32; Beschl. v. 22.1.2013 – 4 BN 7/13, juris Rn. 3; Beschl. v. 18.1.2012 – 4 BN 25.11, juris Rn. 4; BayVBl. 1999, 410; VGH München Urt. v. 18.2.2022 – 1 N 19.160, juris Rn. 25; Mitschang in BKL, BauGB, 2022, § 15 Rn. 13 u. 14, mwN.

[3915] BVerwG DVBl. 1991, 445.

Beispiele: Verfolgt die Gemeinde mit der Festsetzung einer Fläche für die Landwirtschaft (Streuobstwiese)[3916] maßgeblich auch landschaftspflegerische und klimatologische Zwecke (Kaltluftschneise), so liegt allein darin noch keine unzulässige „Negativplanung"[3917] Eine Negativplanung kann allerdings in der Ausweisung eines Grundstücks als öffentliche Grünfläche dann liegen, wenn die planende Gemeinde in Wirklichkeit eine dieser Festsetzung entsprechende Nutzung nicht beabsichtigt, sondern es ihr nur darum geht, das Grundstück für eine spätere möglicherweise notwendig werdende andere Nutzung – etwa die Anlegung von Stellplätzen und anderen Nebenanlagen für ein Strandbad – vorzuhalten.[3918]

Nach § 1 III 1 BauGB haben die Gemeinden die Bauleitpläne aufzustellen, sobald und soweit dies für die städtebauliche Entwicklung und Ordnung erforderlich ist. Dies bestimmt sich nach der planerischen Konzeption der Gemeinde.[3919] Nicht erforderlich iS des § 1 III 1 BauGB sind allerdings Pläne, die einer positiven Planungskonzeption entbehren und ersichtlich der Förderung von Zielen dienen, für deren Verwirklichung die Planungsinstrumente des BauGB nicht bestimmt sind.[3920] Ungeachtet dieses Verbots einer Negativplanung darf die Gemeinde mit den Mitteln des Bauplanungsrechts städtebauliche Ziele verfolgen, die mehr auf Bewahrung als auf Veränderung der vorhandenen Situation zielen.[3921] Dies schließt die Befugnis ein, Freiräume mit Mitteln der Bauplanung zu erhalten.[3922] 1801

Das Aufstellungsverfahren von Flächennutzungsplan und Bebauungsplan ist weitgehend identisch und gilt auch für ihre Änderung, Ergänzung und Aufhebung. Wesentliche Elemente des Planverfahrens sind die Öffentlichkeitsbeteiligung in § 3 BauGB und die Behördenbeteiligung nach § 4 BauGB, der Beschluss über den Plan sowie ggf. das Genehmigungsverfahren und die Bekanntmachung. Die Vorschriften der Öffentlichkeits- und Behördenbeteiligung sind in den §§ 3, 4, 4 a BauGB zusammengefasst und neben der Bauleitplanung vom Grundsatz her auch für andere städtebauliche Satzungen anwendbar. Soweit das BauGB keine Regelungen enthält, gelten die Verfahrensbestimmungen der Gemeindeordnungen der Länder.[3923] In engem Zusammenhang mit den Verfahrensbestimmungen der §§ 3 ff BauGB stehen die Vorschriften über die Planerhaltung der §§ 214 ff. BauGB, die eine Reihe von Verfahrensfehlern für unbeachtlich oder nur in besonders schwerwiegenden Fällen für beachtlich und durch ein ergänzendes Verfahren für heilbar erklären.[3924] 1802

Das Planaufstellungsverfahren gliedert sich in mehrere **Abschnitte:** 1803

Aufstellungsverfahren

Flächennutzungsplan Bebauungsplan

Aufstellungsbeschluss (§ 2 I BauGB)
ortsübliche Bekanntmachung (§ 2 I BauGB)

vorgezogene Öffentlichkeits- und Behördenbeteiligung
(§§ 3 I, 4 I BauGB)
öffentliche Unterrichtung über die allgemeinen Ziele und Zwecke
der Planung

förmliche Öffentlichkeits- und Behördenbeteiligung
(§§ 3 II, 4 II BauGB)
Offenlegungsbeschluss mit ortsüblicher Bekanntmachung
Dauer: eine Woche
Offenlage einen Monat
Entgegennahme von Stellungnahmen

[3916] Zu deren Schutzwürdigkeit bei der Aufstellung eines Bebauungsplans OVG Lüneburg Urt. v. 21.4.1998 – 1 K 4672/96, juris.
[3917] BVerwG NVwZ 1999, 878; Ziegler AUR 2008, 121.
[3918] VGH Mannheim VGHBW RSprDienst 1998, Beilage 12 B 6.
[3919] BVerwGE 153, 16 Rn. 11.
[3920] BVerwGE 146, 137 Rn. 9 mwN.
[3921] BVerwG NVwZ 1991, 875.
[3922] BVerwG BRS 88 Nr. 35 (2020).
[3923] Bönker in HBG, Öffentliches Baurecht, 2024, § 5 Rn. 246.
[3924] Bönker in HBG, Öffentliches Baurecht, 2024, § 5 Rn. 247.

mit Begründung und Umweltbericht (§§ 5 V, 9 VIII BauGB)
Umweltbericht bei vereinfachten Änderungen und bestandswahrenden
Bebauungsplänen (§ 13 BauGB) und beim Bebauungsplan der
Innenentwicklung (§ 13 a BauGB) nicht erforderlich

Bescheidung der Stellungnahmen
Mitteilung des Ergebnisses
bei wesentlichen Änderungen erneute Offenlage
(§ 4a III BauGB)

Feststellungsbeschluss
Satzungsbeschluss

Vorlage des Flächennutzungsplans mit den nicht
berücksichtigten Anregungen bei der Genehmigungsbehörde (§ 6 BauGB)
Genehmigungsfreiheit bei aus dem Flächennutzungsplan entwickelten Bebauungsplänen
sonst Vorlage des Bebauungsplans mit den nicht
berücksichtigten Anregungen bei der Genehmigungsbehörde (10 II BauGB)

ortsübliche Bekanntmachung

Wirksamwerden (§ 6 V 2 BauGB)
Inkrafttreten § 10 III 4 BauGB,

I. Aufstellungsbeschluss

1804 Das förmliche Planaufstellungsverfahren beginnt mit dem Aufstellungsbeschluss gem. § 2 I BauGB. Die Bauleitpläne sind von der Gemeinde in eigener Verantwortung aufzustellen. Die Bauleitplanung ist als Selbstverwaltungsaufgabe iSd Art. 28 GG regelmäßig Sache der Gemeinde. Abweichend davon sehen die §§ 203 ff. BauGB abweichende Zuständigkeitsregelungen vor. Nach § 203 BauGB kann die Planungshoheit auf andere öffentliche Rechtsträger übertragen werden. § 204 I BauGB eröffnet die Möglichkeit einer **gemeinsame Flächennutzungsplanung** mehrerer Gemeinden. Auf den Bebauungsplan ist § 204 I BauGB nach überwiegender Auffassung nicht entsprechend anwendbar.[3925] Gemeinden und sonstige Planungsträger können sich für eine gemeinsame Bebauungsplanung nach § 205 I BauGB freiwillig zu einem **Planungsverband** zusammenschließen.[3926]

1805 Der Beschluss, einen Bauleitplan aufzustellen, ist **ortsüblich bekanntzumachen** (§ 2 I 2 BauGB). § 27a I 1 VwVfG bestimmt dazu: Ist durch Rechtsvorschrift eine öffentliche oder ortsübliche Bekanntmachung angeordnet, so ist diese dadurch zu bewirken, dass der Inhalt der Bekanntmachung auch auf einer Internetseite der Behörde oder ihres Verwaltungsträgers zugänglich gemacht wird. Soweit durch Rechtsvorschrift nichts anderes bestimmt ist, ist für die Einhaltung einer vorgeschriebenen Frist § 27a I 2 VwVfG die Zugänglichmachung im Internet nach § 27a I 1 VwVfG maßgeblich. Das gilt nach § 27a II VwVfG nicht, wenn eine Zugänglichmachung im Internet, insbesondere aus technischen Gründen, nicht möglich ist. Die ortsübliche und öffentliche Bekanntmachung wird in § 27a I 1 nicht neu definiert, es bleibt vielmehr grundsätzlich dem Ortsrecht oder dem Fachgesetzgeber überlassen, hier passend zu den jeweiligen Gegebenheiten die sonstigen Wirksamkeitsvoraussetzungen solcher Bekanntmachungen festzulegen. Den bestehenden Regelungen zum Bewirken der Bekanntmachung wird in § 27a I 1 VwVfG eine weitere Bekanntmachungsvoraussetzung hinzugefügt.[3927]

1806 Mit dem Aufstellungsbeschluss ist allerdings nur der Beginn des förmlichen Planaufstellungsverfahrens markiert. In der Praxis beginnt das Verfahren zur Aufstellung eines Bebauungsplans mit einer Initiative der Verwaltung, einem Ersuchen aus der Mitte des Rates oder des Planungsausschusses, aber auch auf Grund von entsprechenden Stellungnahmen seitens der Bür-

[3925] OVG Koblenz DVBl. 2004, 261; Bönker in HBG, Öffentliches Baurecht, 2024, § 5 Rn. 252.
[3926] BVerwG BauR 2023, 1217 ff.; NVwZ 2019, 415 ff.; OVG Koblenz NVwZ-RR 2002; Bönker in HBG, Öffentliches Baurecht, 2024, § 5 Rn. 253; VGH Mannheim DÖV 1983, 76.
[3927] Gesetzesbegründung BT-Drs. 20/8299, S. 19.

gerschaft oder im Zusammenhang mit Anfragen von Investoren. Die Gemeindeverwaltung wird diese Stellungnahmen ggf. aufgreifen und erste Vorstellungen für eine mögliche Nutzungskonzeption und die für die Planaufstellung in Betracht kommenden Flächen entwickeln.

Das Bundesrecht enthält dabei keine in sich abgeschlossene und vollständige Regelung der formellen Voraussetzungen für die Gültigkeit der Bauleitpläne. Soweit das Bundesrecht keine Regelungen beinhaltet, bestimmen sich die Verfahrensanforderungen an die Aufstellung eines Bauleitplans nach Landesrecht. Da das BauGB keine abschließende Regelung der formellen Wirksamkeitsvoraussetzungen für Bauleitpläne enthält, richtet sich das bei der Aufstellung von Bauleitplänen einzuhaltende Verfahren im Übrigen nach dem jeweiligen Landesrecht.[3928] So richtet sich die Zuständigkeit des jeweiligen Gemeindeorgans für die einzelnen Verfahrensabschnitte nach der Gemeindeordnung iV mit dem Ortsrecht.[3929] Ziel des BauGB ist es, die bundesrechtlichen Verfahrensvorschriften unter Wahrung rechtsstaatlicher Mindestanforderungen auf das unbedingt Notwendige zu begrenzen.[3930] Ein Planaufstellungsbeschluss unterliegt nicht dem Abwägungsgebot, sondern setzt lediglich voraus, dass die Gemeinde die Absicht hat, ein förmliches Planverfahren durchzuführen und dass die allgemeinen Grundzüge der Planung festliegen.[3931] 1807

Der **Aufstellungsbeschluss** muss den **Planbereich** bezeichnen, jedoch noch keine inhaltlichen Aussagen über die Nutzung des Plangebietes treffen.[3932] Die Bekanntmachung des Aufstellungsbeschlusses muss den Bebauungsplan, auf den sie sich bezieht, so genau bezeichnen, dass den an der Planungsbetroffenen ihre Betroffenheit auch bewusst wird, sie insoweit angestoßen werden, sich um ihre Belange in diesem Zusammenhang zu kümmern.[3933] Die Bezeichnung des Planbereichs muss hinreichend eindeutig für den Bürger erkennbar sein. Dazu reicht in aller Regel eine schlagwortartige Bezeichnung des Planbereichs aus.[3934] Der Flächennutzungsplan wird für das gesamte Gemeindegebiet aufgestellt. Die Änderung und Ergänzung des Flächennutzungsplans sowie die Aufstellung, Änderung, Ergänzung und Aufhebung eines Bebauungsplans betreffen jeweils einen Teil des Gemeindegebietes, wobei die Abgrenzung des Plangebietes im Planungsermessen der Gemeinde steht. Der Geltungsbereich eines Bebauungsplans ist nach Zweckmäßigkeitsgesichtspunkten nach Maßgabe des § 1 III BauGB aufzustellen. Danach haben die Gemeinden die Bauleitpläne aufzustellen, sobald und soweit es für die städtebauliche Entwicklung erforderlich ist. Der Bebauungsplan kann sich auch auf ein einzelnes Grundstück beziehen, ebenso wie er in aller Regel mehrere Grundstücke umfassen wird. Es wird dabei vielfach zweckmäßig sein, sich an den Grenzen der sog. Buchgrundstücke auszurichten. Geboten ist dies allerdings nicht, wenn etwa bei größeren Flurstücken planerische Gesichtspunkte aus der Sicht der Gemeinde für eine andere Grenzziehung des Plangebietes sprechen.[3935] 1808

Die **Bekanntmachung** des Aufstellungsbeschlusses muss der **Anstoß**- und **Hinweisfunktion** in dem Sinne gerecht werden, dass die Öffentlichkeit von der Planungsabsicht für ein bestimmtes Plangebiet Kenntnis nehmen kann und ihr die Möglichkeit eröffnet wird, sich an dem weiteren Planverfahren zu beteiligen.[3936] Die Bekanntmachung ist dabei nach den landesrechtlichen Vorschriften der jeweiligen Gemeindeordnungen und Kommunalverfassungen durchzuführen. Die Form der Bekanntmachung ist zumeist in den Hauptsatzungen der Gemeinden und in landesrechtlich geltenden Bekanntmachungsanordnungen festgelegt. Sind diese unwirksam, kann dies auch die Unwirksamkeit der Bekanntmachung der Bauleitplanung zur Folge haben.[3937] 1809

Der **Aufstellungsbeschluss** ist **bundesrechtlich kein erforderlicher Bestandteil** des Planaufstellungsverfahrens für die Wirksamkeit des Flächennutzungs- bzw. Bebauungsplans (§ 214 I 1 Nr. 1 BauGB).[3938] Auch durch einen fehlenden, etwa nach landesrechtlichen Vor- 1810

[3928] OVG Saarlouis DVP 2013, 82(LS), Otto DVP 2013, 83.
[3929] BVerwGE 19, 164; ZfBR 1985, 48.
[3930] BVerwG NVwZ 1988, 916.
[3931] OVG Berlin-Brandenburg Urt. v. 20.9.2006 – 2 A 10.05, juris.
[3932] OVG Berlin-Brandenburg Urt. v. 27.1.2023 – OVG 10A 9.19, juris Rn. 69.
[3933] Bönker in HBG, Öffentliches Baurecht, 2024, § 5 Rn. 262.
[3934] BVerwG DVBl. 1985, 110; Bönker in HBG, Öffentliches Baurecht, § 5 2024, Rn. 263.
[3935] BVerwG Beschl. v. 30.6.1994 – 4 B 136.94, juris.
[3936] BVerwGE 55, 369 – Harmonie.
[3937] VG Frankfurt (Oder) Urt. v. 28.1.1999 – 7 L 747/98, juris.
[3938] Spieß in Jäde/Dirnberger, BauGB/BauNVO, 2022, § 2 BauGB Rn. 2; BVerwG NVwZ 1988, 916.

schriften unwirksamen oder nicht ordnungsgemäß bekannt gemachten Aufstellungsbeschluss wird der Plan nicht unwirksam. Auch ist ein Bebauungsplan bundesrechtlich nicht etwa deshalb unwirksam, weil Ratsbeschlüsse, die im Verfahren zu seiner Aufstellung vor dem Satzungsbeschluss (§ 10 BauGB) gefasst worden sind, infolge der **Mitwirkung befangener Gemeinderatsmitglieder** landesrechtlich unwirksam sind.[3939] Einige Plansicherungsinstrumente setzen jedoch einen wirksamen und ordnungsgemäß bekanntgemachten Aufstellungsbeschluss voraus.

1811 Das BVerwG unterscheidet hinsichtlich der **Wirksamkeit** des **Flächennutzungsplans** und des **Bebauungsplans** zwischen **bundesrechtlichen** und **landesrechtlichen Anforderungen**. Aus dem Bundesrecht leitet das BVerwG lediglich das Gebot ab, dass der Flächennutzungsplan bzw. der Bebauungsplan durch das nach Landesrecht zuständige Organ festgestellt bzw. als Satzung beschlossen werden muss. Auch muss der Entwurf des Bauleitplans im Rahmen der förmlichen Öffentlichkeitsbeteiligung nach § 3 II BauGB für einen Monat im Internet veröffentlicht werden; die Internetseite oder Internetadresse, unter der die Unterlagen eingesehen werden können, die Dauer der Veröffentlichungsfrist sowie Angaben dazu, welche Arten umweltbezogener Informationen verfügbar sind, sind vor Beginn der Veröffentlichungsfrist ortsüblich bekannt zu machen. Die Bekanntmachung muss dabei in einer Weise erfolgen, die geeignet ist, der an der beabsichtigten Bauleitplanung interessierten Öffentlichkeit sein Interesse an Information und Beteiligung durch Stellungnahmen bewusstzumachen.[3940] Beschlüsse, die dem Feststellungs- bzw. Satzungsbeschluss vorausgehen, sind nach Auffassung des BVerwG[3941] bundesrechtlich nicht erforderlich.[3942] Allerdings könne das Landesrecht ggf. weitere Anforderungen an die Wirksamkeit des Bebauungsplans stellen. Die Planoffenlage dient in der Bauleitplanung der Veröffentlichung der kommunalen Willensbildung. Die Bekanntmachung erfolgt ortsüblich nach Maßgabe des jeweiligen Landes- und Ortsrechts. Die Bekanntmachung hat für die verabschiedeten Pläne eine **Hinweisfunktion** sowie eine **Integrationsfunktion** im Sinne einer besseren Einbindung der Öffentlichkeit und soll darüber hinaus eine Anstoßfunktion erzeugen. Bebauungspläne sind daher (über eine Nummer hinaus) mit einer Kurzbezeichnung zu versehen.[3943] Kommunales Satzungsrecht ist zwar regelmäßig im vollen Wortlaut bekanntzumachen. Für den Flächennutzungsplan und den Bebauungsplan sowie weitere städtebauliche Satzungen ist eine Ersatzverkündung der Genehmigung bzw. des gemeindlichen Satzungsbeschlusses vorgesehen (§§ 5 V, 10 III BauGB). Die Bekanntmachung ist fehlerhaft, wenn der mit ihr verfolgte Hinweiszweck (für die Schlussbekanntmachung) oder die mit ihr verfolgte Anstoßfunktion (für dieVeröffentlichung des Planentwurfs) nicht erreicht werden kann. Bekanntmachungsfehler können als Form- und Verfahrensfehler ggf. auch rückwirkend behoben werden (§ 214 IV BauGB). Die ortsübliche Bekanntmachung nach § 3 II BauGB hat nicht den Zweck, den am Planungsprozess Interessierten jedwede Anstrengung zu ersparen, den Planentwurf ausfindig zu machen. Eigenständige Bemühungen, die den Betroffenen nicht überfordern, dürfen ihm zugemutet werden. Das BauGB setzt voraus, dass die zur Beteiligung aufgerufenen Bürger und sonstigen Interessierten mündig und in der Lage sind, sich in einem Dienstgebäude durch Nachfragen zurechtzufinden. Hat eine nach Veröffentlichung des Planentwurfs im Interneticher vorgenommene Ergänzung einer Festsetzung lediglich klarstellende Bedeutung, so besteht kein Anlass zu einer erneuten Öffentlichkeitsbeteiligung oder einer erneuten Beteiligung von Behörden und Trägern öffentlicher Belange, denn inhaltlich ändert sich am Planentwurf nichts.[3944]

1812 Das BauGB enthält keine in sich abgeschlossene und vollständige Regelung der formellen Voraussetzungen für gültige Bauleitpläne. Bundesrechtlich vorgegeben ist zwar, dass es sich bei der Bauleitplanung um eine Aufgabe der Gemeinde handelt (§ 2 I 1 BauGB). Bundesrechtlich geregelt sind auch einzelne Schritte im Verfahren der Bauleitplanung, wie zB die Öffentlichkeitsbeteiligung, die Beteiligung der Behörden und sonstigen Träger öffentlicher Belange oder die Beschlussfassung über den Bebauungsplan. Für einzelne dieser Verfahrensschritte enthält das Bundesrecht ferner weitere Anforderungen, etwa die Regelungen zur Veröffentlichung des Planentwurfs und deren Dauer und die öffentliche Bekanntmachung über Ort und Dauer der

3939 BVerwGE 79, 200.
3940 OVG Lüneburg Beschl. v. 16.11.2023 – 1 KN 91/21, juris Rn. 19; BVerwGE 69, 344.
3941 BVerwGE 79, 200.
3942 BVerwG ZfBR 2013, 573.
3943 BVerwGE 55, 369 Harmonie.
3944 BVerwG BauR 2017, 1967.

Veröffentlichung (§ 3 II 4 BauGB). Soweit aber das Bundesrecht keine Regelung trifft, bestimmt sich das bei der Aufstellung von Bauleitplänen einzuhaltende Verfahren nach Landes- bzw. Ortsrecht.[3945]

Das **Landesrecht** kann die Frage regeln, ob die bundesrechtlich erforderlichen Bestandteile des Aufstellungsverfahrens kommunalrechtlich wirksam sind. Durch das Landesrecht können jedoch nicht zusätzliche Anforderungen an die Wirksamkeit der Bauleitpläne gestellt werden, die bundesrechtlich nicht bestehen. So kann das Landesrecht regeln, welches Gemeindeorgan für die Verabschiedung des Satzungsbeschlusses zuständig ist und welche Verfahrensanforderungen an die Wirksamkeit eines solchen Satzungsbeschlusses zu stellen sind. Das Landesrecht hat allerdings nicht die Möglichkeit, die Wirksamkeit der Bauleitpläne von zusätzlichen, bundesrechtlich nicht gebotenen Verfahrensschritten oder Beschlüssen abhängig zu machen.[3946] Anders ist dies mit den verfahrensrechtlichen Anforderungen an die Beschlüsse. So sind die Ratsbeschlüsse über die Bauleitplanung grundsätzlich in öffentlicher Sitzung zu fassen. In nicht öffentlicher Sitzung gefasste Beschlüsse, die nach dem BauGB für die Wirksamkeit der Bauleitpläne erforderlich sind, führen zu deren Unwirksamkeit. Dient eine in nichtöffentlicher Sitzung durchgeführte „Vorberatung" des Gemeinderats allerdings lediglich dazu, die Einzelfrage zu klären, wie mit im Bebauungsplanverfahren verspätet eingegangenen Anregungen und Bedenken bei der späteren, in öffentlicher Sitzung stattfindenden Beratung und Beschlussfassung über einen Bebauungsplan umzugehen ist, so liegt bezüglich des in öffentlicher Sitzung gefassten Satzungsbeschlusses noch keine Umgehung des Öffentlichkeitsprinzips vor.[3947] Ein neuer Satzungsbeschluss ist erforderlich, wenn nach dem ersten Satzungsbeschluss eine Ergänzung der Abwägungsentscheidung und eine mehrfache Ergänzung der Begründung des Bebauungsplans erfolgt.[3948] Eine **en bloc Abstimmung** auch über einen Bebauungsplan als Satzung gemeinsam mit Tagesordnungspunkten, die damit in keinem Zusammenhang stehen, stellt sich zumindest dann nicht als abwägungsfehlerhaft dar, wenn der Beschluss, bestimmte Tagungsordnungspunkte im en bloc Verfahren zu behandeln, einstimmig gefasst worden ist.[3949] **1813**

Ein Gemeinderatsmitglied, dessen eigene durch die Bauleitplanung betroffene abwägungserhebliche Belange oder die eines Angehörigen im Rahmen der bauleitplanerischen Abwägung von dem Gemeinderat zu berücksichtigen sind, ist von der Beratung und Beschlussfassung über den Bebauungsplan ausgeschlossen. Das gilt nicht nur dann, wenn das Gemeinderatsmitglied oder sein Angehöriger Eigentümer von durch den Bebauungsplan betroffenen Grundstücken sind, sondern auch dann, wenn die Nutzungsberechtigung an einem Grundstück, die durch die Bauleitplanung berührt wird, auf einem Miet- oder Pachtvertrag beruht.[3950] **1814**

Ob und in welchem Umfang auf die Aufstellung der Bauleitpläne durch **Bürgerbegehren** eingewirkt werden kann, regelt bei Wahrung bundesrechtlicher Vorgaben das jeweilige Landesrecht.[3951] Nach § 26 V Nr. 5 GemO NRW zB ist ein Bürgerbegehren zur Aufstellung, Änderung, Ergänzung und Aufhebung von Bauleitplänen mit Ausnahme der Entscheidung über die Einleitung des Bauleitplanverfahrens unzulässig.[3952] Die in § 26 V 1 Nr. 5 GemO NRW vorgesehene Öffnung der „Entscheidung über die Einleitung des Bauleitplanverfahrens" für Bürgerbegehren unterliegt als (Grund-)Entscheidung über das „Ob" der Planung – bis zum letztendlichen Beschluss des Bebauungsplans als Satzung gemäß § 10 I BauGB – keiner zeitlichen Grenze.[3953] Auch nach § 16g II Nr. 6 GemO SH kann sich ein Bürgerbegehren auch auf die Aufstellung eines Bebauungsplans beziehen.[3954] Danach findet kein Bürgerentscheid statt über Entscheidungen im Rahmen der Bauleitplanung mit Ausnahme des Aufstellungsbeschlusses **1815**

[3945] BVerwGE 79, 200; DVBl. 1971, 757; DVBl. 1982, 1095; DVBl. 1985, 387.

[3946] BVerwG NVwZ 1990, 361, wonach die Gemeinde als Ortsgesetzgeber bei der Bauleitplanung neben bundesrechtlichen Vorschriften auch landesrechtliche Bestimmungen zu beachten hat. Das Landesrecht könne insoweit selbst die Reichweite seiner Regelung bestimmen und subsidiäre Geltung beanspruchen.

[3947] VGH Mannheim DVBl. 2011, 912.

[3948] VGH München Beschl. v. 24.11.2011 – 14 N 10.1240, juris.

[3949] VGH Kassel DÖV 2011, 534.

[3950] OVG Koblenz BauR 2011, 1293 m. Anm. Waldhoff, JuS 2011, 1143; BVerwGE 110, 36.

[3951] Zur Zulässigkeit von Bürgerentscheiden über Bauleitpläne Löbbecke VBlBW 2009, 253. Zu Plebiszit und Bauleitplanung in Berlin Burrak/Stein LKV 2009, 433.

[3952] OVG Münster Beschl. v. 25.9.2020 – 15 A 4306/19, juris Rn. 35.

[3953] OVG Münster Beschl. v. 25.9.2020 – 15 A 4306/19, juris Rn. 35.

[3954] siehe auch VGH München DVBl. 2022, 669.

sowie dessen Änderung, Ergänzung oder Aufhebung. Somit sind nur ausdrücklich als Aufstellungsbeschluss bezeichnete Grundsatzentscheidungen über die Einleitung eines Bauleitplanverfahrens sowie dessen Änderung, Ergänzung oder Aufhebung einem Bürgerbegehren in SH zugänglich. Über den Aufstellungsbeschluss hinausgehende bundesgesetzlich geregelte Verfahrensschritte im Rahmen der Bauleitplanung und die dem Aufstellungsbeschluss nachfolgenden Abwägungsentscheidungen sind von der restriktiv auszulegenden Ausnahme nicht mehr erfasst.[3955] Allerdings ist im Hinblick auf das rechtsstaatlich verfasste Abwägungsgebot sicherzustellen, dass die Entscheidungsbefugnisse des Gemeinderates nicht unzulässig eingeengt werden. Daher ist Bürgerbegehren mit dem Ziel der Änderung eines Bauleitplans dann nicht mit dem Abwägungsgebot des § 1 VII BauGB vereinbar, wenn es auf exakte Vorgaben und eine detaillierte Planung gerichtet ist.[3956] Verfahrensleitende Entscheidungen, wie die Einstellung eines Bebauungsplanverfahrens und die Einleitung eines neuen Planungsprozesses, können auch in Bayern Gegenstand eines Bürgerbegehrens sein.[3957]

1816 Ein vor Einleitung eines förmlichen Bebauungsplanverfahrens eingereichtes initiierendes Bürgerbegehren, das auf einen Planungsverzicht gerichtet ist, zielt – soweit nicht bereits ein Grundsatzbeschluss des Gemeinderats vorliegt und es nicht den Festsetzungen des Flächennutzungsplans oder anderen übergeordneten planerischen Festsetzungen zuwiderläuft – auf eine bürgerentscheidfähige Grundsatzentscheidung zur Gemeindeentwicklung. Im einstweiligen Anordnungsverfahren wird in der Regel mit der vorläufigen Feststellung der Zulässigkeit des Bürgerbegehrens der Anspruch auf Durchführung des Bürgerentscheids hinreichend gesichert. Weitergehende sichernde Anordnungen sind im Einzelfall nur bei einem unmittelbar drohenden treuwidrigen Verhalten der Gemeinde erforderlich, dh zur Verhinderung von Maßnahmen des Bürgermeisters oder des Gemeinderats, die bei objektiver Betrachtung allein dem Zweck dienen, dem Bürgerbegehren, dessen Zulässigkeit vorläufig festgestellt wurde, die Grundlage zu entziehen. Der Umstand, dass ein Bürgerbegehren keine aufschiebende Wirkung hat, schließt die Stellung eines Antrags auf Erlass einer einstweiligen Anordnung mit dem Ziel, die Durchführung eines Bürgerbegehrens bzw. Bürgerentscheids zu sichern, nicht aus. Zulässig ist eine vorläufige gerichtliche Feststellung, dass das Bürgerbegehren zulässig ist. Eine solche gerichtliche Entscheidung ist geeignet, die Position der Antragsteller zu verbessern. Die vorläufige Feststellung der Zulässigkeit eines Bürgerbegehrens kommt jedoch nur dann in Betracht, wenn die Zulässigkeit bereits im einstweiligen Rechtsschutzverfahren mit solcher Wahrscheinlichkeit bejaht werden kann, dass eine gegenteilige Entscheidung im Hauptsacheverfahren praktisch ausgeschlossen werden kann und der mit dem Hauptsacheverfahren verbundene Zeitablauf voraussichtlich eine Erledigung des Bürgerbegehrens zur Folge hätte. Anordnungsgrund und Anordnungsanspruch müssen in einem das übliche Maß der Glaubhaftmachung übersteigenden deutlichen Grad von Offenkundigkeit auf der Hand liegen.[3958]

1817 Ein **wirksamer** und **ordnungsgemäß bekannt gemachter Aufstellungsbeschluss** ist zwar nicht Wirksamkeitsvoraussetzung eines Bauleitplans, jedoch erforderlich für verschiedene **Plansicherungsinstrumente**, mit denen die künftige Bauleitplanung flankierend begleitet werden kann. So bietet erst ein wirksamer Aufstellungsbeschluss die Möglichkeit, mit einer Veränderungssperre nach den §§ 14, 16 BauGB die Planverwirklichung zu sichern. Der Beschluss zur Aufstellung des Bebauungsplans kann mit dem Beschluss zum Erlass einer Veränderungssperre verbunden werden.[3959] Fehlt es an der ortsüblichen Bekanntmachung des Aufstellungsbeschlusses, so wird dieser nicht wirksam, mit der Folge, dass auch eine Veränderungssperre nicht wirksam erlassen werden kann.[3960] Auch die Zurückstellung von Baugesuchen nach § 15 BauGB setzt einen wirksamen und ordnungsgemäßen Aufstellungsbeschluss voraus. Dieser ist auch erforderlich für die Genehmigungsmöglichkeiten bei einer Planreife nach den §§ 33 BauGB. Diese Anforderungen für die Zulässigkeit der Planverwirklichungsinstrumente führen jedoch nicht dazu, dass die Wirksamkeit der Bauleitplanung selbst in verfahrensrecht-

---

[3955] OVG Schleswig Beschl. v. 8.5.2023 – 3 MB 27/22, juris Rn. 10; Beschl. v. 24.1.2014 – 2 MB 2/14, juris Rn. 8.

[3956] VGH München BayVBl. 2009, 245 m. Anm. Thum KommunalPraxis BY 2008, 308; VGH München BayVBl. 2006, 405; BayVBl. 2006, 733.

[3957] VGH München DVBl. 2022, 669.

[3958] VGH Mannheim DVBl. 2011, 1035; VGH Mannheim VBlBW 2010, 311 (313); VBlBW 2011, 26.

[3959] Szechenyi in Jäde/Dirnberger, BauGB/BauNVO, 2022, § 14 BauGB Rn. 4; BVerwG NVwZ 1993, 473; BauR 1989, 432;

[3960] OVG Lüneburg BauR 2020, 450 (452); Mitschang in BKL, BauGB, 2022, § 14 Rn. 6.

licher Hinsicht von weiteren Voraussetzungen abhängig ist. Auch der Grundsatz einer frühzeitigen Öffentlichkeitsbeteiligung ändert daran nichts, weil eine ausreichende Information in der frühzeitigen und förmlichen Öffentlichkeitsbeteiligung nach § 3 BauGB erfolgt. Die Bekanntmachung eines wirksamen Aufstellungsbeschlusses ist hierzu nach Auffassung des BVerwG nicht erforderlich, zumal der Planaufstellungsbeschluss selbst noch keine Aussage über den Inhalt des Bauleitplanes enthalten muss.[3961]

Auch die **Mitwirkung** von **befangenen Ratsmitgliedern** am Aufstellungsbeschluss oder 1818
an anderen Beschlüssen im Vorfeld des eigentlichen Feststellungs- bzw. Satzungsbeschlusses führt nicht zur Unwirksamkeit des Bauleitplans, wenn dieser Mitwirkungsfehler nicht auf die vorgenannten abschließenden Beschlüsse durchschlägt.[3962] So ist etwa ein Bebauungsplan nicht deswegen ungültig, weil an der dem Satzungsbeschluss des Gemeinderates vorangehenden Beschlussfassung in der Mehrheitsfraktion des Rates kommunale Wahlbeamte als stimmberechtigte Fraktionsmitglieder beteiligt gewesen sind.[3963] Zur Begründung verweist das BVerwG auf die Grundsätze des Abwägungsgebotes und auf den Umstand, dass es für die Rechtswirksamkeit der Bauleitpläne auf den Zeitpunkt der abschließenden Ratsbeschlüsse ankommt. Abwägungsvorgänge setzen sich – so das BVerwG[3964] – häufig aus einer Abfolge einzelner Abwägungen zusammen. Das führt aber nicht zu Bedenken, solange kein Anlass für die Annahme besteht, dass sich die Gemeinde vorzeitig festlegt. Bedenklich könnte sogar umgekehrt eine Auslegung des Landesrechtes sein, die aus der ausschließlichen Zuständigkeit des Rates für den Erlass von Satzungen ableitet, dass schon die unzulässige Mitwirkung an lediglich vorbereitenden Ausschusssitzungen oder Vorbesprechungen notwendigerweise zur Unwirksamkeit des später beschlossenen Bebauungsplans führt. Eine geradezu blockierende Handhabung der Befangenheitsvorschriften würde gegen Bundesrecht verstoßen. Verfahrensfehler führen nur dann zur Rechtswidrigkeit des Abwägungsvorgangs, wenn sie sich in diesem Vorgang auch ausgewirkt haben können.[3965] Ob sich ein Mangel im Aufstellungsverfahren auf den Abwägungsvorgang ausgewirkt haben kann, lässt sich daher nur im Einzelfall beurteilen. Für die Abwägung ist allein die Sach- und Rechtslage im Zeitpunkt der Beschlussfassung über die Bauleitplanung maßgebend (§ 214 III 1 BauGB). Dieser Zeitpunkt ist auch für die städtebauliche Rechtfertigung einer Bauleitplanung maßgeblich.

Unzulässige Einwirkungen auf die Planung sind beachtlich, wenn sie zu einer **relevanten** 1819
Verletzung des **Abwägungsgebotes** führen.[3966] Vorbereitende Beschlüsse in Fraktionen sind für das einzelne Ratsmitglied nicht bindend. Denn das freie Mandat geht mit der Bildung von Fraktionen nicht auf diese über, sondern verbleibt bei jedem einzelnen Mandatsträger. Aus diesem Grunde haben Fraktionsbeschlüsse, auch wenn sie die nachfolgende Abstimmung im Rat tatsächlich prägen, rechtlich nur den Charakter einer unverbindlichen Empfehlung. Das schließt die Möglichkeit ein, dass sich ein Ratsmitglied in der Ratssitzung trotz der erwarteten und zumeist geübten Fraktionsdisziplin anders entscheidet.[3967]

Nach **Landesrecht** richtet sich die Frage, welches **Gemeindeorgan** den Planaufstellungs- 1820
beschluss zu fassen und die weiteren verfahrensleitenden Entscheidungen zu treffen hat. Regelmäßig wird hierfür der Rat als das Hauptorgan der Gemeinde zuständig sein.

An den Aufstellungsbeschluss schließt sich die Ausarbeitung des Planentwurfs an. Die Ge- 1821
meinde kann den Planentwurf in der eigenen Verwaltung erarbeiten oder aber nach § 4b BauGB auch ein Planungsbüro mit diesen Planungsarbeiten beauftragen. Die Gemeinde kann nach § 14 I 1 BauGB auch einen **städtebaulichen Vertrag** schließen über die Ausarbeitung der städtebaulichen Planungen sowie erforderlichenfalls auch des Umweltberichts; die Verantwortung der Gemeinde für das gesetzlich vorgesehene Planaufstellungsverfahren bleibt dabei aber unberührt. Der Dritte wird auch nicht beliehen, sondern bleibt Verwaltungshelfer ohne

---

3961 BVerwGE 51, 121; Battis in BKL, BauGB, 2022, § 2 Rn. 4..

3962 VGH Mannheim NuR 2007, 685; OVG Münster BauR 2006, 1707; zum Verbot der Mitwirkung am Planaufstellungsverfahren OVG Koblenz Urt. v. 7.12.2022 – 8 C 10123/22, juris Rn. 42; Urt. v. 31.5.2022 – 1 C 10785/21, juris Rn. 32; VG Karlsruhe Urt. v. 29.6.2023 – 10 K2505/21, juris Rn. 40; OVG Schleswig NVwZ-RR 2021, 198.

3963 BVerwGE 90, 104; NVwZ 1993, 361.

3964 BVerwGE 79, 200.

3965 BVerwGE 79, 200.

3966 BVerwGE 79, 200.

3967 Zu den Fraktionsbildungen BVerfGE 38, 258; BVerfGE 80, 188; BVerwG NJW 1980, 304.

hoheitliche Befugnisse. Im Außenverhältnis zum Bürger und zu Trägern öffentlicher Belange bleibt die Gemeinde als Trägerin der Bauleitplanung verantwortlich.[3968]

1822 Das BauGB regelt nicht, wer als Dritter iSd § 4b BauGB in Frage kommt.[3969] Auch die **Übernahme** eines **Planentwurfs eines Investors** ist unbedenklich, solange die Gemeinde in ihrer Planungsfreiheit hierdurch nicht eingeschränkt wird.[3970] Allerdings wäre die Grenze der zulässigen Mitwirkung eines an der Planung interessierten Investors dann überschritten, wenn die Abwägung durch eine unzulässige Selbstbindung der Gemeinde[3971] oder durch eine sog. **subjektive Abwägungssperre** in eine Schieflage geriete.[3972] § 1 III 2 BauGB verbietet es der Gemeinde auch gegenüber anderen Gebietskörperschaften, sich zur Aufstellung oder Nichtaufstellung eines Bebauungsplans zu verpflichten.[3973] Ein Bebauungsplan ist nach der Rechtsprechung des BVerwG[3974] allerdings nicht schon deswegen abwägungsfehlerhaft, weil die Gemeinde ihn auf der Grundlage eines vom künftigen Bauherrn vorgelegten Projektentwurfs für ein Großvorhaben aufgestellt hat, das im Geltungsbereich des Plans verwirklicht werden soll. Das gilt auch, wenn die Gemeinde weder vom künftigen Bauherrn alternative Projektentwürfe sich hat vorlegen lassen noch solche selbst angefertigt hat. Ein auf der Grundlage eines einzigen Projektentwurfs des künftigen Bauherrn aufgestellter Bebauungsplan ist auch nicht schon deswegen abwägungsfehlerhaft, weil die Gemeinde über die Erforderlichkeit alternativer Projektentwürfe keine selbstständige Entscheidung getroffen hat, obgleich beteiligte Dienststellen oder Gremien der Gemeinde solche Alternativen gefordert haben. Die vorgenannten Umstände können jedoch im Einzelfall auf einen Abwägungsfehler hindeuten. Die Gemeinde ist allerdings nicht gehindert, bereits Vorkehrungen für die Umsetzung der Bauleitplanung zu treffen und ein für die Planverwirklichung benötigtes Grundstück bereits vor Abschluss des Planverfahrens anzukaufen.[3975] Bei der Standortauswahl darf die Gemeinde daher auf Vorarbeiten Dritter zurückgreifen.[3976] Auch die Existenz eines mit einem Investor geschlossenen Rahmenvertrages ist kein Indiz für eine Verkürzung des vom Gesetz geforderten Abwägungsvorganges.[3977]

Beispiel: Die Gemeinde beabsichtigt, in einem Bebauungsplan einen großflächigen Einzelhandelsbetrieb auszuweisen. Der Investor stellt der Gemeinde einen Projektentwurf vor, den diese dem Bebauungsplan zu Grunde legt. Das Abwägungsgebot wäre allerdings verletzt, wenn der Projektträger selbst die von den Bürgern und Trägern öffentlicher Belange vorgebrachten Stellungnahmen nach eigenen Vorstellungen bescheiden und die Gemeinde das Ergebnis dieser Abwägung lediglich ungeprüft übernehmen würde. Hier sind zumindest Leitentscheidungen des Gemeinderates erforderlich, aus denen die Konturen der Abwägungsentscheidung erkennbar werden.[3978]

1823 Der **Alternativenprüfung** kommt allerdings im Hinblick auf eine möglicherweise geringere Belastung des Grundeigentums erhöhte Bedeutung zu.[3979]

3968 Bönker in HBG, Öffentliches Baurecht, 2024, § 5 Rn. 258.

3969 Auch dazu Bönker in HBG, Öffentliches Baurecht, 2024, § 5 Rn. 256, der zur Mediation anmerkt, dass in Fällen, in denen die Gemeinde Aufgaben im Zusammenhang mit Verfahrensschritten der Bauleitplanung von ihr bezahlten oder gesellschaftsrechtlich beherrschten natürlichen oder juristischen Personen, einem Investor oder dem Vorhabenträger nach § 12 BauGB überlässt, die sich in der Praxis die für die Mediation kennzeichnende Neutralität und ein Vermittlungseffekt kaum erzielen lassen würden.

3970 Zur rechtlichen Unbedenklichkeit der alternativlosen Übernahme des Projektentwurfs eines privaten Vorhabenträgers durch die planende Gemeinde siehe bereits Hoppe/Beckmann DVBl. 1987, 1249.

3971 BVerwG ZfBR 2012, 259.

3972 Stüer DVBl. 1995, 649.

3973 BVerwG NVwZ 2006, 458.

3974 BVerwG NVwZ 1988, 351.

3975 VGH Mannheim VGHBW RSprDienst 1998, Beilage 10 B 2-3.

3976 OVG Berlin-Brandenburg Urt. v. 19.3.2008 – 2 A 3.08, juris; BVerfG NVwZ 2008, 780; BVerwG NVwZ 1997, 683; NVwZ 1992, 879; NVwZ-RR 1990, 122.

3977 VGH Mannheim VBlBW 2007, 182.

3978 Stüer DVBl. 1995, 649.

3979 BVerwG Beschl. v. 18.10.2023 – 4 BN 8/23, juris Rn. 9; NVwZ 2002, 1506; zur Alternativenprüfung in der Bauleitplanung VGH München Urt. v. 5.10.2023 – 8 N 23.863, juris Rn. 70 ff.

Beispiel: Kann etwa eine gemeindliche Umgehungsstraße so verschwenkt werden, dass ein Wohngebiet nicht durchschnitten werden muss, ohne dass sich hierdurch neue, vergleichbare Probleme ergeben, sind solche Alternativen in die Abwägung einzustellen und ggf. sogar vorzuziehen.[3980] Ein Verstoß gegen das Abwägungsgebot kann auch darin liegen, dass die Planungsbehörde eine von der Sache her nahe liegende Alternativlösung verworfen hat, durch die die mit der Planung angestrebten Ziele unter geringeren Opfern an entgegenstehenden öffentlichen und privaten Belangen hätten verwirklicht werden können.[3981]

Größere planerische Gestaltungsfreiheit hat die Gemeinde bei der **Konzeptausgestaltung**. 1824
Denn die Auswahl konzeptioneller Mittel zur Bewältigung etwa des vorhandenen oder zu erwartenden Verkehrsaufkommens im Gemeindegebiet ist dem Träger der örtlichen Planungshoheit zugewiesen. Hiergegen gerichtete Angriffe mit der Begründung, andere Konzepte seien tauglicher, sachangemessener, zeitgemäßer oder intelligenter, sind daher grundsätzlich nicht geeignet, die städtebauliche Erforderlichkeit der Planung iS des § 1 III BauGB in Zweifel zu ziehen.[3982]

Die Aufstellung eines Bauleitplans unterliegt dem **Grundsatz der fairen Verfahrensführung**. 1825
Dies setzt Grenzen für politische **Vorabsprachen**, insbesondere aber für sachwidrige Einflussnahmen.[3983] Für die Fachplanung gilt der Grundsatz, dass sich die Planfeststellungsbehörde in ihrer Verfahrensgestaltung keiner Einflussnahme aussetzen darf, die ihr die Freiheit zur eigenen planerischen Gestaltung faktisch nimmt oder weitgehend einschränkt. Besprechungen auf politischer Ebene sind dann zu beanstanden, wenn die verfahrensrechtlich geordneten Entscheidungsebenen nicht mehr getrennt, einseitige Absprachen über die weitere Verfahrensgestaltung getroffen und die Gestaltungsspielräume der planenden Behörde von vornherein durch aktive Einflussnahme sachwidrig eingeengt werden.[3984] Unter Wahrung der kommunalpolitischen Entscheidungsfreiheit dürften für die Bauleitplanung ähnliche Grundsätze gelten.

II. Behördenbeteiligung

Am Bauleitplanverfahren sind Behörden und sonstige Träger öffentlicher Belange zu beteiligen. 1826
Die Vorschriften über die Beteiligung der Öffentlichkeit und der Behörden dienen nach § 4a I BauGB insbesondere der vollständigen und zutreffenden Bewertung der von der Planung berührten Belange und er Information der Öffentlichkeit. Welche Behörden und sonstigen Träger öffentlicher Belange im Bauleitplanverfahren konkret zu beteiligen sind, ergibt sich aus dem BauGB nicht. Träger öffentlicher Belange sind zB Nachbargemeinden, Naturschutz- und Straßenbehörden, Industrie- und Handelskammern, Kirchen sowie Versorgungsunternehmen. Anerkannte Naturschutzverbände fallen hingegen nicht unter § 4 BauGB.[3985] Auch wenn es nach § 214 I 1 Nr. 1 BauGB ausdrücklich unbeachtlich ist, dass einzelne Träger öffentlicher Belange nicht beteiligt werden, wird zu Recht empfohlen, im Zweifel um eine Beteiligung zu bemühen, um eine Vollständigkeit des Abwägungsmaterials zu sichern.[3986] Die Verpflichtung der für das Genehmigungsverfahren zuständigen Behörde, die Einhaltung der Vorschriften zu prüfen, deren Verletzung sich nach den §§ 214 und 215 auf die Rechtswirksamkeit eines Flächennutzungsplans oder einer Satzung nicht auswirkt, bleibt nach § 216 BauGB ohnehin unberührt. **Umweltvereinigungen** können als Teil der Öffentlichkeit nach § 3 und § 4a BauGB Einwendungen im Bebauungsplanverfahren erheben. Sie nehmen insoweit nicht an der Behördenbeteiligung teil.[3987]

Die Beteiligung erfolgt zweistufig in einer **frühzeitigen** und einer **förmlichen Behördenbeteiligung**. 1827
Im Rahmen der frühzeitigen Behördenbeteiligung sind gem. § 4 I 1 BauGB die Behörden und die sonstigen Träger öffentlicher Belange, deren Aufgabenbereich durch die Pla-

[3980] BVerwG NJW 1986, 80.

[3981] BVerwG NVwZ 1997, 914, wonach das naturschutzrechtliche Vermeidungsgebot in § 19 BNatSchG die Planungsbehörde nicht zur Wahl der ökologisch günstigsten Planungsalternative verpflichtet.

[3982] OVG Münster UPR 1998, 240.

[3983] BVerwGE 75, 214 Flughafen München II.

[3984] OVG Saarlouis Urt. v. 20.6.2023 – 2 C 251/21, juris Rn. 94; BVerwGE 75, 214.

[3985] Bönker in HBG, Öffentliches Baurecht, 2024, § 5 Rn. 346.

[3986] Bönker in HBG, Öffentliches Baurecht, 2024, § 5 Rn. 347.

[3987] OVG Berlin-Brandenburg Urt. v. 11.11.2021 -OVG 2 A 22.19, juris Rn. 28; OVG Bautzen Urt. v. 8.5.2019 – 1 C 8/17, Juris Rn. 50; Urt. v. 23.8.2016 – 1 C 11/14, juris Rn. 119; BVerwG Beschl. v. 6.3.2018 – 4 BN 15.17, juris Rn. 9 ff.

nung berührt werden kann, entsprechend § 3 I 1 HS 1 BauGB zu unterrichten und zur Äußerung auch im Hinblick auf den erforderlichen Umfang und Detaillierungsgrad der Umweltprüfung nach § 2 IV BauGB aufzufordern. Im Rahmen der **Umweltprüfung** legt die Gemeinde für jeden Bauleitplan fest, in welchem Umfang und Detaillierungsgrad die Ermittlung der Belange für die Abwägung erforderlich ist (§ 2 IV 2 BauGB). § 4 I BauGB sieht hierzu vor, dass sich die Behördenbeteiligung auf diesen **Untersuchungsrahmen** erstreckt. Bereits im Rahmen der frühzeitigen Behördenbeteiligung muss die Gemeinde daher entsprechende Vorstellungen über die beabsichtigte Planung entwickeln und den Behörden und sonstigen Trägern öffentlicher Belange zur Kenntnis geben. Die Behörden und sonstigen Träger öffentlicher Belange haben sodann die Möglichkeit, in ihren Stellungnahmen zugleich zu dem Umfang und zum Detaillierungsgrad der Umweltprüfung Stellung zu nehmen. § 4 I 2 BauGB bestimmt, dass die Beteiligung nach § 4 I 1 BauGB der Beteiligung nach § 4 II BauGB vorausgeht und nicht wiederholt werden muss, wenn es später zu einer Änderung der Planung kommt.

1828 Ist der Planentwurf ausgearbeitet, folgt die **förmliche Behördenbeteiligung** nach § 4 II BauGB. Die Gemeinde holt nach § 4 II 1 BauGB die Stellungnahme der Behörden und sonstigen Träger öffentlicher Belange, deren Aufgabenbereich durch die Planung berührt werden kann, zum Planentwurf und seiner Begründung ein. Die Bereitstellung der Unterlagen sowie die Mitteilung hierüber sollen elektronisch erfolgen sollen. Dies kann zB über ein Internetportal der Gemeinde oder ein zentrales Internetportal des Landes oder auch durch Übersendung der einschlägigen Unterlagen per Email stattfinden.[3988]

1829 Die Behörden und sonstigen Träger öffentlicher Belange haben ihre Stellungnahmen innerhalb **eines Monats** abzugeben (§ 4 II 3 BauGB). Die Gemeinde soll diese Monatsfrist allerdings bei Vorliegen eines wichtigen Grundes angemessen verlängern. Das Gesetz sieht daher die Monatsfrist als Regelzeit für die Stellungnahme der Träger öffentlicher Belange vor, lässt aber in begründeten Fällen eine angemessene Verlängerung der Stellungnahmefrist zu. Die Frist zur Abgabe von Stellungnahmen darf 30 Tage nicht unterschreiten. Die Stellungnahmen sollen nach § 4 II 4 BauGB wiederum elektronisch übermittelt werden. Die Behörden und Träger öffentlicher Belange sollen sich in ihren Stellungnahmen auf ihren Aufgabenbereich beschränken (§ 4 II 5 BauGB). Über einen Appellcharakter geht die Gesetzesformulierung allerdings nicht hinaus, da mehr als geringfügige, schutzwürdige und erkennbare Belange[3989] auch dann in die Abwägung einzustellen sind, wenn sich der Einwendungsführer nicht auf sie als eigene Belange berufen kann. Die Gemeinde kann daher berechtigte Einwendungen nicht allein deshalb zurückweisen, weil sie von einem Träger vorgebracht werden, dessen Aufgabenbereich nicht durch die Belange betroffen wird.

1830 In ihrer Stellungnahme haben die Träger öffentlicher Belange der Gemeinde auch Aufschluss über von ihnen beabsichtigte oder bereits eingeleitete Planungen und sonstige Maßnahmen sowie deren zeitliche Abwicklung zu geben, die für die städtebauliche Entwicklung und Ordnung des Gebietes bedeutsam sein können (§ 4 II 5 HS 2 BauGB). Die Stellungnahmen der Behörden und sonstigen Träger öffentlicher Belange sind in der Abwägung nach § 1 VII BauGB zu berücksichtigen. Es kann sich allerdings auch um zu beachtende Belange handeln, wenn sich dies aus entsprechenden Regelungen, vor allem Planungsleitsätzen, ergibt. Belange, die von den Trägern öffentlicher Belange nicht innerhalb der Frist des § 4 II 1 BauGB vorgetragen wurden, werden in der Abwägung nicht berücksichtigt, es sei denn, die verspätet vorgebrachten Belange sind der Gemeinde bekannt oder hätten ihr bekannt sein müssen oder sind für die Rechtmäßigkeit der Planung von Bedeutung (§§ 4 VI, 214 III BauGB). Verfügen die Behörden oder Träger öffentlicher Belange über Informationen, die für die Ermittlung und Bewertung des Abwägungsmaterials zweckdienlich sind, haben sie diese Informationen der Gemeinde zur Verfügung zu stellen (§ 4 II 6 BauGB).[3990]

[3988] Ausführlich dazu Decker ZfBR 2018, 325; zu den in § 20 UVPG geregelten zentralen Internetportalen siehe Hagmann in Beckmann/Kment, UVPG/UmwRG, 2023, § 20 UVPG Rn. 1 ff.

[3989] BVerwG UPR 2014, 353.

[3990] Zu Umweltinformationsansprüchen gegen die Gemeinde siehe VGH Mannheim ZfBR 2023, 272: „Das Interesse einer Gemeinde an der Geheimhaltung von Planungsabsichten, um im Zusammenhang mit der Ausweisung von Baugebieten durch den An- und Weiterverkauf von Grundstücken Gewinne zu generieren, ist nicht geschützt."

Behördenbeteiligung § 4 BauGB

möglichst frühzeitige Beteiligung	Monatsfrist (mind. 30 Tage) angemessene Verlängerungsmöglichkeit	• Beschränkung auf eigenen Aufgabenbereich • Hinweis auf Planungsabsichten • eingeschränkte formelle Präklusion

1. Frühzeitige Behördenbeteiligung

Ist die Planung hinreichend konkretisiert, findet entsprechend der frühzeitigen Öffentlich- 1831
keitsbeteiligung nach § 3 I BauGB eine frühzeitige Behördenbeteiligung statt. Das Gesetz zur Stärkung der **Digitalisierung im Bauleitplanverfahren** und zur Änderung weiterer Vorschriften vom 6.7.2023 hat daran nichts geändert.[3991] Die Anforderungen zur frühzeitigen Beteiligung der Behörden und sonstigen Träger öffentlicher Belange gemäß § 4 I BauGB gelten unverändert. Träger öffentlicher Belange konnten auch bisher schon auf elektronischem Wege nach § 4a IV 2 BauGB aF beteiligt werden. Diese Bestimmung ist zwar durch die BauGB-Digitalisierungsnovelle entfallen. § 4 II 2 und 3 BauGB sehen jedoch vor, dass die förmliche Behördenbeteiligung elektronisch erfolgen soll. Insoweit wird es zu Recht für unbedenklich gehalten, auch die frühzeitige Behördenbeteiligung ausschließlich digital durchzuführen.[3992]

Die Behörden und sonstigen Träger öffentlicher Belange, deren Aufgabenbereich durch die 1832
Planung berührt werden kann, sind nach § 4 I 1 BauGB entsprechend § 3 I 1, 1. HS BauGB zu unterrichten. Die Öffentlichkeit ist gem. § 3 I 1, 1. HS BauGB möglichst frühzeitig über die allgemeinen Ziele und Zwecke der Planung, sich wesentlich unterscheidende Lösungen, die für die Neugestaltung oder Entwicklung eines Gebiets in Betracht kommen, und die voraussichtlichen Auswirkungen der Planung öffentlich zu unterrichten; ihr ist Gelegenheit zur Äußerung und Erörterung zu geben. Auch Kinder und Jugendliche sind Teil der Öffentlichkeit. Von der Unterrichtung kann abgesehen werden, wenn (1) ein Bebauungsplan aufgestellt oder aufgehoben wird und sich dies auf das Plangebiet und die Nachbargebiete nicht oder nur unwesentlich auswirkt oder (2) die Unterrichtung und Erörterung bereits zuvor auf anderer Grundlage erfolgt sind. An die Unterrichtung und Erörterung schließt sich das Verfahren nach § 4 II BauGB auch an, wenn die Erörterung zu einer Änderung der Planung führt. Es findet dementsprechend nach Änderung des Planentwurfs keine zweite frühe Beteiligung statt.

Die Behördenbeteiligung dient vorrangig der Festlegung von **Umfang und Detaillie-** 1833
rungsgrad der Umweltprüfung und gehört daher zu deren Ausgangspunkten (Scoping).[3993] Die Behörden und sonstigen Träger öffentlicher Belange, deren Aufgabenbereich durch die Planung berührt werden kann, sind nach § 4 I 1 BauGB zur Äußerung auch im Hinblick auf den erforderlichen Umfang und Detaillierungsgrad der Umweltprüfung nach § 2 IV BauGB aufzufordern. Die Gemeinde legt nach § 2 IV 2 BauGB für jeden Bauleitplan fest, in welchem Umfang und Detaillierungsgrad die Ermittlung der Belange für die Abwägung erforderlich ist. Die Umweltprüfung bezieht sich dabei nach § 2 IV 3 BauGB auf das, was nach gegenwärtigem Wissensstand und allgemein anerkannten Prüfmethoden sowie nach Inhalt und Detaillierungsgrad des Bauleitplans angemessenerweise verlangt werden kann. Hierbei handelt es sich um eine verfahrensrechtliche Vorabprüfung der in der Abwägungsentscheidung zu berücksichtigenden Umweltbelange.[3994] Im Rahmen der frühzeitigen Beteiligung kann das Konzept dargestellt werden, welche Umweltprüfungen auf welcher Ebene für erforderlich gehalten werden und ggf. auf welche Untersuchungen aus vorangegangenen Umweltprüfungen zurückgegriffen werden soll. Die beteiligten Behörden und sonstigen Träger öffentlicher Belange sollen die Gemeinde bei der Festlegung des auf der jeweiligen Planungsebene geeigneten Umfangs und Detaillierungsgrads der Umweltprüfung beraten. Es sind nur die Untersuchungen vorzuschlagen, die im Hinblick auf die erforderlichen Angaben im Umweltbericht tatsächlich erforderlich sind. Belange, die nicht in den Umweltbericht aufzunehmen sind, sind auch nicht zu ermitteln. Bei mehrstufigen Umweltprüfungen kann es aber sinnvoll sein, der Gemeinde auf einer

3991 Arndt/Herzer UPR 2023, 475.
3992 Arndt/Herzer UPR 2023, 475.
3993 Battis in BKL, BauGB, 2022, § 4 Rn. 4.
3994 VGH Mannheim Urt. v. 27.9.2023 – 14 S 891/22, juris Rn. 73; VBlBW 2015, 393 = juris Rn. 70 mwN

vorhergehenden Stufe bereits eine weitergehende Untersuchung zu empfehlen, um insgesamt den Aufwand in Grenzen zu halten. Erkennt die Behörde, dass die Gemeinde zu weitgehende oder auf der jeweiligen Planungsstufe noch nicht erforderliche Untersuchungen vornehmen will, soll sie darauf hinweisen, dass dies nicht erforderlich ist und dies mit Vorschlägen für eine sinnvolle Aufteilung des Gesamtuntersuchungsaufwands verbinden. Die Gemeinde bezieht die Hinweise in die **Festlegung des Untersuchungsumfangs** nach § 2 IV 2 BauGB ein. Eine gesonderte Beschlussfassung ist nicht erforderlich. Wird die Planung geändert, ist keine erneute Durchführung des Scopings erforderlich. Etwas anderes kann wie bei der frühzeitigen Öffentlichkeitsbeteiligung gelten, wenn die Änderungen so umfangreich sind, dass es sich faktisch um eine neue Planung handelt.

1834 Stellungnahmen zum Inhalt der Planung können zweckmäßig sein, sind aber noch nicht zwingend erforderlich. Mängel bei der Durchführung des Scopings führen nicht zu einem nach § 214 I 1 Nr. 2 BauGB beachtlichen Verfahrensfehler. Die Unterrichtung soll einerseits möglichst frühzeitig erfolgen, kann sich aber andererseits auf die Erläuterung der allgemeinen Ziele und Zwecke der Planung, sich wesentlich unterscheidende Lösungen und die voraussichtlichen Auswirkungen der Planung beschränken, soweit dies für die Rückäußerungen der Behörden ausreichend ist. Die frühzeitige Behördenbeteiligung kann bereits erfolgen, wenn Klarheit hinsichtlich der Inhalte besteht, die für die Prognose der Umweltauswirkungen erforderlich sind.

Beispiel: So kann es ausreichen, bei der Ausweisung eines Wohngebiets nur den Geltungsbereich und die zulässige Höhe baulicher Anlagen zu kennen, ggf. noch die voraussichtliche Zahl der Wohneinheiten. Die Beteiligung kann auch bereits vor der Einleitung des Bauleitplanverfahrens erfolgen, um möglicherweise schon vorab Probleme erkennen zu können und die Planung nicht oder in veränderter Form durchzuführen.

1835 Die erste Stufe der **Behördenbeteiligung** soll **möglichst frühzeitig** beginnen (§§ 4 I, 3 I BauGB). Sie darf also nicht erst stattfinden, wenn die Planung so verfestigt ist, dass eine Berücksichtigung der von den Behörden und sonstigen Trägern einzubringenden Belange wegen des vorangeschrittenen Planungsstadiums im Rahmen der Abwägung nicht mehr möglich ist. Das Gesetz schreibt allerdings den genauen Zeitpunkt der Beteiligung der Behörden und sonstigen Träger nicht vor. Dies gilt auch im Verhältnis zur Öffentlichkeitsbeteiligung nach § 3 BauGB. Ob etwa die frühzeitige Behördenbeteiligung vor, nach oder parallel zur (frühzeitigen) Öffentlichkeitsbeteiligung nach § 3 I BauGB stattfindet, legt das BauGB nicht fest.

1836 Die beiden Stufen der Öffentlichkeits- und Behördenbeteiligung können auch jeweils parallel durchgeführt werden, sodass die frühzeitige Behörden- und Öffentlichkeitsbeteiligung als auch die förmliche Behörden- und Öffentlichkeitsbeteiligung zeitgleich stattfinden können (§ 4 a II BauGB). Hierdurch kann das Beteiligungsverfahren erleichtert und beschleunigt werden. Eine **parallele Beteiligung** wird nicht zuletzt auch nur dann in Betracht kommen, wenn nur wenige Träger zu beteiligen sind und voraussichtlich wesentlich neue Erkenntnisse auch nicht erwartet werden können.

1837 Eine frühzeitige Behördenbeteiligung ist nicht erforderlich, wenn von ihr nach Maßgabe des § 3 I BauGB abgesehen werden kann oder wenn ein vereinfachtes Verfahren nach §§ 13, 13 a BauGB durchgeführt wird. Hat etwa bereits eine frühzeitige Behördenbeteiligung stattgefunden oder wird ein Bebauungsplan in einem vereinfachten Verfahren nach § 13 I BauGB aufgestellt oder geändert oder ein Bebauungsplan der Innenentwicklung unter den Voraussetzungen des § 13 a BauGB aufgestellt, geändert oder ergänzt, so bedarf es einer frühzeitigen Öffentlichkeits- oder Behördenbeteiligung nicht (§ 13 II Nr. 1, 13 a II Nr. 1 BauGB). Beim Bebauungsplan der Innenentwicklung ist die Öffentlichkeit jedoch in vergleichbarer Weise zu informieren.

2. Förmliche Behördenbeteiligung

1838 Ist die Planung hinreichend konkretisiert, findet eine förmliche Behördenbeteiligung statt (§ 4 II BauGB).

1839 § 4 II BauGB ist durch das Gesetz zur Stärkung der **Digitalisierung im Bauleitplanverfahren** und zur Änderung weiterer Vorschriften vom 3.7.2023 neu gefasst worden. Zur Umstellung auf ein digitales Regelverfahren wurden neue Sätze 2 und 4 eingefügt. Der neue Satz 2 übernimmt die bisher fakultative Regelung zur Nutzung elektronischer Informationstechnologien aus § 4a IV 2 erster Halbsatz BauGB und sieht deren Nutzung nunmehr obligatorisch vor. Die „Soll-Regelung" drückt nach der Begründung des Gesetzesentwurfs aus, dass hiervon nur in atypischen Ausnahmefällen abgewichen werden kann. Die Gesetzesbegründung nennt dazu als Beispielsfälle den Stromausfall und einen Hacker-Angriff.[3995] Im Übrige sei jedoch davon auszugehen, dass die Gemeinden und die nach § 4 BauGB zu Beteiligenden über eine ausreichende Ausstattung mit der notwendigen Informationstechnik verfügten; ein Mangel hieran stelle keinen Grund für eine Abweichung dar. Die Bekanntmachung nach § 3 II 4 BauGB enthalte Hinweise, die auch für die Beteiligung im Rahmen von § 4 II BauGB von Interesse sein könnten, wie etwa über verfügbare Umweltinformationen. Es bleibe bei dem unveränderten § 4a II BauGB, wonach die Öffentlichkeitsbeteiligung und die Behördenbeteiligung gleichzeitig ablaufen könnten, aber nicht müssten. Werden die Beteiligung nach § 3 II BauGB und diejenige nach § 4 II BauGB gleichzeitig durchgeführt, kann die Benachrichtigung nach § 3 II 3 BauGB mit der Mitteilung nach § 4 II 2 BauGB verbunden werden. Der neue § 4 II 4 BauGB übernimmt die bisherige „Kann"-Regelung aus § 4a IV 2 zweiter Halbsatz BauGB als neue „Soll"-Regelung, die damit regelmäßig zu befolgen ist.[3996]

Die Gemeinde holt nach § 4 II 1 BauGB die Stellungnahmen der Behörden und sonstigen 1840
Träger öffentlicher Belange, deren Aufgabenbereich durch die Planung berührt werden kann, zum Planentwurf und zur Begründung ein. Die Bereitstellung der Unterlagen sowie die Mitteilung hierüber sollen nach § 4 II 2 BauGB elektronisch erfolgen. § 4 II 2 BauGB regelt eine Soll-Pflicht. Die Unterlagen sollen im Regelfall elektronisch bereitgestellt werden, die Mitteilung darüber soll ebenfalls im Regelfall elektronisch stattfinden. Ausnahmsweise kann von der elektronischen Beteiligung abgewichen werden. Einen Anspruch auf eine Übersendung der Unterlagen in analoger Form haben die Träger öffentlicher Belange nach Wegfall des § 4a IV 3 BauGB aF nicht.[3997] Ein Abweichen von der elektronischen Beteiligung soll zB bei einem Hackerangriff oder einem Stromausfall in Betracht kommen, wenn dadurch eine elektronische Bereitstellung nicht möglich ist. Ob eine Abweichung von der elektronischen Beteiligung auch zulässig ist, wenn die zur Verfügung zu stellenden Unterlagen ein so großes Datenvolumen aufweisen, dass dadurch eine elektronische Übermittlung erschwert wird, ist zweifelhaft, soweit es die Möglichkeit gibt, die Unterlagen über ein Datenportal oder per Download von einer Internetseite zugänglich zu machen.[3998] Hinzu kommt, dass die Gemeinden gem. § 3 II 1 BauGB ohnehin verpflichtet sind, die Unterlagen für die Öffentlichkeit im Internet zu veröffentlichen.

Eine ordnungsgemäße Behördenbeteiligung setzt entsprechende Informationen durch die 1841
planende Gemeinde voraus, die durch eine elektronische Bereitstellung des Planentwurfs, des Entwurfs zur Begründung des Flächennutzungsplans oder zur Begründung des Bebauungsplans sowie ggf. durch entsprechende zusätzliche Hinweise sicherzustellen hat, dass eine sachgerechte Stellungnahme der nach § 4 BauGB zu beteiligenden Behörden und sonstigen Träger möglich ist.

Mit der Aufforderung zur Stellungnahme hat die Gemeinde die wesentlichen **Planunter-** 1842
lagen elektronisch den Trägern öffentlicher Belange bereitzustellen. Die Gemeinde ist allerdings nicht verpflichtet, von sich aus und gleichsam unaufgefordert den zu beteiligenden Behörden und sonstigen Trägern öffentlicher Belange, deren Zuständigkeiten berührt sein könnten, sämtliche Planunterlagen elektronisch per Email zu übermitteln. Die Gemeinde hat vielmehr die Träger öffentlicher Belange insoweit zu **unterrichten**, dass diese erkennen können, ob ihre Zuständigkeit berührt wird und ob es angezeigt ist, sich aus diesem Grunde um den Inhalt der beabsichtigten Planung näher zu kümmern. Die Behörden und sonstigen Träger öffentlicher Belange haben auch keinen Vertrauensschutz dahingehend, dass sie sich etwa darauf verlassen könnten, Verfahrensfehler, die nicht offensichtlich sind, noch später geltend machen zu können.[3999] § 4 II 2 BauGB unterscheidet ausdrücklich zwischen der Bereitstellung der Unterlagen und der Mitteilung darüber. Insoweit müssen Unterlagen nicht in einer Nachricht – im Regelfall als E-Mail – gemeinsam mit der Benachrichtigung über die Beteiligung versendet werden. Vielmehr können die elektronische Mitteilung und die elektronische Bereitstellung der Unterlagen separat erfolgen.

Die Behörden und sonstigen Träger öffentlicher Belange haben ihre Stellungnahmen inner- 1843
halb eines Monats abzugeben, wobei jedoch die Frist zur Abgabe von Stellungnahmen 30 Tage nicht unterschritten werden darf, das heißt auch im jeweiligen Februar 30 Tage dauert; die

[3995] BT-Drs. 20/5663 vom 15.2.2023, S. 6.
[3996] BT-Drs. 20/5663 vom 15.2.2023, S. 6.
[3997] Arndt/Herzer UPR 2023, 475 unter Verweis auf BT-Drs. 20/5663 vom 15,2,2023, S. 15.
[3998] Arndt/Herzer UPR 2023, 475.
[3999] So zu § 73 II VwVfG BVerwG NVwZ-RR 1997, 212.

Gemeinde soll diese **Frist** bei Vorliegen eines wichtigen Grundes angemessen verlängern. Die Frist beginnt mit dem Zugang der Aufforderung zur Stellungnahme bei der jeweiligen Behörde bzw. dem jeweiligen Träger; dabei ist der Tag des Zugangs nicht mitzuzählen. Eine Fristsetzung durch die Gemeinde ist zwar üblich, aber gesetzlich nicht vorgeschrieben. Der Zugang der E-Mail in den meisten Fällen noch am Tag des Versendens, in seltenen Fällen – zB bei einem Versand außerhalb der üblichen Geschäftszeiten – spätestens aber am nächsten (Werk-)Tag anzunehmen.[4000]

1844 Die Stellungnahmen sollen **elektronisch** übermittelt werden. In den Stellungnahmen sollen sich die Behörden und sonstigen Träger öffentlicher Belange auf ihren Aufgabenbereich beschränken; sie haben auch Aufschluss über von ihnen beabsichtigte oder bereits eingeleitete Planungen und sonstige Maßnahmen sowie deren zeitliche Abwicklung zu geben, die für die städtebauliche Entwicklung und Ordnung des Gebiets bedeutsam sein können. Verfügen sie über Informationen, die für die Ermittlung und Bewertung des Abwägungsmaterials zweckdienlich sind, haben sie diese Informationen der Gemeinde zur Verfügung zu stellen (§ 4 II BauGB).

1845 Die Behörden und sonstigen Träger öffentlicher Belange haben zwar nach § 4 BauGB Beteiligungsrechte. **Entscheidungsbefugnisse** iS der Steuerung des Bauleitplanverfahrens durch Verweigerung einer Zustimmung oder eines die Gemeinde bindenden Vetorechts kommen ihnen jedoch – abgesehen von ausdrücklichen gesetzlichen Ermächtigungen – nicht zu. Die Belange sind nur dort der Abwägung entzogen und erweisen sich als vorrangig, wo sich dies aus gesetzlichen Regelungen ergibt. Die Stellungnahmen der Behörden und sonstigen Träger öffentlicher Belange sind vom Grundsatz her in der Abwägung nach § 1 VII BauGB zu berücksichtigen. Die Gemeinde wird auch durch das Schweigen eines Trägers öffentlicher Belange nicht von der Ermittlung und Abwägung der erkennbaren oder nach Lage der Dinge sich aufdrängenden Belange befreit.[4001] Dasselbe gilt für zustimmende Stellungnahmen der am Planverfahren beteiligten Fachbehörden und Träger öffentlicher Belange. Die **Gemeinde** wird durch solche Zustimmungserklärungen zu Planentwürfen nicht von ihrer **Verpflichtung** entbunden, sich selbst **Gewissheit** über die **abwägungserheblichen Belange zu verschaffen**. Durch die sich aus dem Abwägungsgebot ergebenden Anforderungen an die Berücksichtigung von Belangen wird die in § 4 a V BauGB enthaltene Ausschlussregelung relativiert, wonach die Gemeinde nicht fristgerecht vorgebrachte Stellungnahmen der Träger öffentlicher Belange nicht berücksichtigen muss. Denn die Berücksichtigung von nicht vorgetragenen Belangen bleibt gleichwohl erforderlich, wenn die Belange der Gemeinde bekannt sind oder ihr hätten bekannt sein müssen oder für die Rechtmäßigkeit der Abwägung von Bedeutung sind (§ 4 a V 1 BauGB). Von der aus dem Abwägungsgebot abzuleitenden Verpflichtung, im Rahmen der Bauleitplanung alle nach Lage der Dinge beachtlichen Belange zu ermitteln und in die Abwägung einzustellen, wird die Gemeinde daher auch durch § 4 a V 1 BauGB nicht freigestellt. Sie kann sich grundsätzlich allerdings auf die von den Fachbehörden abgegebenen Stellungnahmen verlassen, wenn der Gemeinde keine anderweitigen Erkenntnisse vorliegen und ihr solche nach Lage der Dinge auch nicht bekannt sein müssen.

1846 Die von den Behörden und sonstigen Trägern vorgebrachten Belange sind grundsätzlich der Abwägung zugänglich (§ 2 III BauGB), können also von der Gemeinde nach **Abwägung** gegenüber anderen gewichtigeren Belangen zurückgestellt werden. Allerdings kann vor allem das jeweilige Fachrecht einen relativen oder absoluten Vorrang regeln. So sind etwa gesetzliche Planungsleitsätze für die Gemeinde in der Bauleitplanung bindend und nicht durch Abwägung überwindbar. Werden solche Belange von den Trägern vorgebracht, so ergeben sich daraus entsprechende Bindungen, die durch Abwägung nicht überwindbar sind. Derartige Bindungen können sich etwa aus dem Anpassungsgebot an die Ziele der Raumordnung (§ 1 IV BauGB) oder aus gesetzlichen Regelungen des Natur- und Landschaftsschutzes ergeben, wenn das jeweilige Fachrecht einen auch durch Ausnahmeregelungen nicht zu überwindenden Vorrang vorsieht.[4002] Bestehen solche gesetzliche Vorrangregelungen nicht, unterliegen die von den Trägern vorgebrachten Stellungnahmen der bauplanerischen Abwägung.

[4000] Arndt/Herzer UPR 2023, 475.

[4001] BVerwGE 59, 87; BGH NJW 1990, 1038.

[4002] BVerwG NVwZ 2023, 1657 = juris Rn. 40; NVwZ 2000, 1049; selbst dem herausragend wichtigen Klimaschutz kommt kein genereller oder gar absoluter Vorrang in der Abwägung zu, siehe dazu OVG Magdeburg Beschl. v. 21.11.2023 – 2 M 40/23, juris Rn. 52; BVerwGE 175, 312 Rn. 85, 87; Fellenberg in Fellenberg/Guckelberger, Klimaschutzrecht, 2022, § 13 KSG Rn. 21; Kment NVwZ 2020, 1537 (1543 f.); zu Art. 20a GG siehe BVerfGE 157, 30 Rn. 198, 207; BVerwGE 175, 312 Rn. 86.

Ist eine zur ordnungsgemäßen Aufbereitung des Abwägungsmaterials erforderliche **Sachaufklärung** unterblieben, so kann sie im Rahmen eines **ergänzenden Verfahrens** nach § 214 IV BauGB nachgeholt werden.[4003] Erhebliche Mängel bei der Abwägung oder eine Verletzung von Verfahrens- oder Formvorschriften führen nur dann zur Aufhebung des Planfeststellungsbeschlusses oder der Plangenehmigung, wenn sie nicht durch Planergänzung oder durch ein ergänzendes Verfahren behoben werden können. Flächennutzungspläne oder Satzungen können durch ein ergänzendes Verfahren auch rückwirkend in Kraft gesetzt werden (§ 214 IV BauGB). 1847

Beispiele: Die Gemeinde plant im Bereich einer ehemaligen Zeche die Ausweisung einer Wohnsiedlung. Die für die industrielle Nutzung zuständige Bergaufsicht nimmt im Planaufstellungsverfahren keine Stellung. Die Gemeinde ist durch das Schweigen der Behörde nicht von ihrer sich aus dem Abwägungsgebot ergebenden Verpflichtung entbunden, die Bodenbeschaffenheit auf Altlasten untersuchen zu lassen, wenn dafür konkrete Anhaltspunkte bestehen. Allerdings bestehen entsprechende Heilungsmöglichkeiten nach § 214 IV BauGB, wenn der Fehler durch ein ergänzendes Verfahren behoben werden kann. Durch einen Bebauungsplan soll ein neues Einkaufszentrum ausgewiesen werden. Die Industrie- und Handelskammer äußert im Hinblick auf negative Auswirkungen auf die Innenstadt Bedenken und empfiehlt, stattdessen die Geschäftsfläche in der Innenstadt zu erweitern. Die Gemeinde wird durch eine solche Stellungnahme nicht gebunden. Allerdings ist sie abwägungsbeachtlich in dem Sinne, dass sie in die Abwägung eingestellt werden muss. In Zweifelsfällen sollte ein Gutachten zu den infrastrukturellen Auswirkungen des geplanten Einkaufszentrums eingeholt werden.

Ob sich der Träger öffentlicher Belange mit seiner Stellungnahme durchsetzt, hängt, soweit gesetzliche Vorschriften keine Vorrangregelungen enthalten, davon ab, welche Bedeutung die Gemeinde den eingebrachten Belangen berechtigterweise beimisst. Belange müssen in die Abwägung eingestellt werden und setzen sich dort durch, wenn sie von einem derartigen Gewicht sind, dass sie die anderen Interessen, Belange und Planungsvorstellungen überwiegen. Die Stellungnahmen der zu Beteiligenden wirken also aus der Überzeugungskraft der vorgetragenen Argumente, hingegen nicht (allein) deshalb, weil sie von einer bestimmten Behörde oder Stelle vorgetragen worden sind, es sei denn dieser Behörde oder Stelle wird vom Gesetzgeber ein Entscheidungs- oder Beurteilungsspielraum eingeräumt, über den sich die Gemeinde im Rahmen ihrer Abwägung nicht hinwegsetzen darf. 1848

Die Träger öffentlicher Belange können im Rahmen ihrer Zuständigkeiten Entscheidungen treffen, die für die Bauleitplanung verbindlich sind, wenn dies vom Gesetzgeber so vorgesehen ist. Dies gilt etwa für die Ergebnisse der privilegierten Fachplanung nach § 38 BauGB oder für bauliche Maßnahmen des Bundes und der Länder nach § 37 BauGB. Im Rahmen ihrer gesetzlichen Planungsbefugnisse können die Fachbehörden auch gemeindliche Belange überwinden und eigenständiges Planungsrecht setzen, das wiederum von der planenden Gemeinde zu beachten ist. Ob ein derartiger Vorrang der Fachverwaltung besteht, ist den jeweiligen Fachgesetzen zu entnehmen. Diese können einen absoluten oder relativen Vorrang gegenüber der Bauleitplanung für sich beanspruchen, wenn die Fachgesetze dies entsprechend vorsehen und hierdurch nicht in die Planungshoheit der Gemeinde eingegriffen wird. Gemeindliche Planung und Fachplanung sind damit auf Koordination angelegt, die eine gegenseitige Rücksichtnahme und Beachtung der gesetzlich eingeräumten Kompetenzen beinhaltet. 1849

Beispiel: Die für die Straßenplanung zuständige Behörde weist in einem förmlichen Planfeststellungsverfahren eine Bundesautobahn aus. Der straßenrechtliche Planfeststellungsbeschluss ist von der Gemeinde bei der Aufstellung ihrer Bauleitplanung zu beachten und nicht durch gemeindliche Abwägung überwindungsfähig. Allerdings hat die Gemeinde Klagemöglichkeiten, etwa wenn sie durch diese Fachplanung in eigenen (konkreten) Planungen betroffen wird.

3. Unterrichtung durch Behörden nach Abschluss des Verfahrens (§ 4 III BauGB)

Nach Abschluss des Bauleitplanverfahrens haben die Behörden die Gemeinde zu unterrichten, sofern nach ihnen vorliegenden Erkenntnissen die Durchführung des Bauleitplans erhebliche, insbesondere unvorhergesehene nachteilige Auswirkungen auf die Umwelt hat (§ 4 III 1850

4003 Zum früher geltenden Verbot der Nachbesserung im Gerichtsverfahren BVerwG DVBl. 1989, 1105.

BauGB). Diese Informationspflicht besteht nur für Behörden, nicht auch für sonstige Träger öffentlicher Belange. Diesen ist es jedoch nicht untersagt, von sich aus der Gemeinde bei ihnen vorliegende Informationen zur Verfügung zu stellen. Die Informationspflicht dient der nach § 4 c BauGB vorgeschriebenen Überwachung. Entsprechend diesem Zweck sollte sich die Information insbesondere auf unvorhergesehene Auswirkungen beschränken. Vorhergesehene Auswirkungen waren bereits Grundlage der Abwägungsentscheidung. Darüber hinaus würde eine unkommentierte Übermittlung aller denkbaren Informationen die Gemeinden überlasten und damit die Gefahr erhöhen, dass eine Auswertung nicht oder mit falschen Ergebnissen erfolgt. Findet wie bei der Aufstellung eines Bebauungsplans der Innenentwicklung keine Umweltprüfung und kein Monitoring statt, bedarf es auch nicht der Unterrichtungspflicht nach § 4 III BauGB. Die Behörden können jedoch unabhängig davon ihre Erkenntnisse den Gemeinden übermitteln.

III. Öffentlichkeitsbeteiligung

1851 Neben die Beteiligung der Träger öffentlicher Belange nach § 4 BauGB tritt die Öffentlichkeitsbeteiligung nach § 3 BauGB als wesentliches Kernstück der öffentlichen Verfahrensbeteiligung. Die Öffentlichkeitsbeteiligung hat zum Ziel, das gemeindliche Abwägungsmaterial (§ 2 III BauGB) zu verbreitern **(Informationsfunktion)**, die Öffentlichkeit an dem Planungsprozess zu beteiligen **(demokratische Funktion)** und ihre Einwirkungsmöglichkeiten zu verbessern **(Rechtsschutzfunktion)** sowie die Akzeptanz gemeindlicher Planungen zu erhöhen **(Integrationsfunktion)**. Die Öffentlichkeitsbeteiligung gliedert sich in eine **frühzeitige (vorgezogene) Öffentlichkeitsbeteiligung** nach § 3 I BauGB sowie eine **förmliche Öffentlichkeitsbeteiligung** nach § 3 II BauGB.[4004] In der frühzeitigen Öffentlichkeitsbeteiligung werden die Bürger über die Planungsentwürfe und Konzeptionen informiert und erhalten Gelegenheit zur öffentlichen Erörterung und Stellungnahme. Die förmliche Öffentlichkeitsbeteiligung gilt der ausgearbeiteten Planung, die für einen Monat öffentlich ausliegt und zu der von jedermann Stellungnahmen vorgetragen werden können. Die Öffentlichkeitsbeteiligung gem. § 3 BauGB wurde allerdings nicht in Erfüllung einer grundrechtlichen Schutzpflicht erlassen, sondern hat gem. § 1 I BauGB die dem Gemeinwohl dienende Aufgabe, die bauliche und sonstige Nutzung der Grundstücke in der Gemeinde vorzubereiten und zu leiten.[4005] Zudem wird mit den Regelungen über die Öffentlichkeitsbeteiligung eine europarechtliche Verpflichtung aus der Plan-UP-RL umgesetzt. Die bisherige Bürgerbeteiligung ist zur Öffentlichkeitsbeteiligung geworden. Dies dient der Wortanpassung an die Plan-UP-RL, ohne dass damit bereits eine inhaltliche Änderung verbunden ist. Neben der Anpassung an die europarechtliche Terminologie dient die Änderung insbesondere der Klarstellung, dass nicht nur die Bürger im kommunalrechtlichen Sinne, sondern auch Personen aus anderen Gemeinden sowie Naturschutzvereinigungen, die nicht Träger öffentlicher Belange sind, sich – wie bisher – im Rahmen des § 3 BauGB beteiligen können. Die Beteiligung der Öffentlichkeit im Planaufstellungsverfahren wird durch die § 3 BauGB verfassungskonform ausgestaltet. Ein Anspruch auf eine darüber hinausgehende individuelle Verfahrensbeteiligung besteht nicht.[4006]

1852 Die rechtlichen Rahmenbedingungen für die Beteiligung der Öffentlichkeit im Bauleitplanverfahren sind durch das Gesetz zur Stärkung der **Digitalisierung im Bauleitplanverfahren** und zur Änderung weiterer Vorschriften vom 6.7.2023[4007] abgeändert worden. Die Änderungen betreffen die förmliche Beteiligung der Öffentlichkeit nach § 3 II BauGB, nicht jedoch die frühzeitige Beteiligung der Öffentlichkeit nach § 3 I BauGB.[4008]

4004 Bönker in HBG, Öffentliches Baurecht, 2024, § 5 Rn. 320.
4005 BVerwG DVBl. 1982, 1096.
4006 OVG Münster Urt. v. 7.7.2011 – 2 D 137/09.NE, juris.
4007 BGBl. 2023 I Nr. 176 vom 6.7.2023.
4008 Arndt/Herzer UPR 2023, 475.

Öffentlichkeitsbeteiligung § 3 BauGB

frühzeitige § 3 I BauGB	Änderung im Verfahren § 4a III BauGB	förmliche § 3 II BauGB
Beteiligungsform • möglichst frühzeitig • allgemeine Ziele und Zwecke der Planung • sich wesentlich unterscheidende Lösungen • Gelegenheit zur Äußerung und Erörterung	Bekanntmachung • Ortsüblich zuvor • Hinweis auf Arten von Umweltinformationen und Stellungnahmemöglichkeit • Träger benachrichtigen Offenlage 1 Monat Prüfung der Anregungen • Mitteilung Ergebnis • Einsichtsmöglichkeit bei Massenverfahren	Grundzüge betroffen • Begrenzung auf die geänderten Teile • Verkürzte Veröffentlichung Grundzüge nicht betroffen • vereinfachtes Verfahren • verkürzte Veröffentlichung
Verzicht • unwesentliche Auswirkungen des Bebauungsplans • andere planerische Grundlage • frühzeitige Bürgerbeteiligung bereits durchgeführt • Verfahren nach § 13 BauGB • Bebauungsplan der Innenentwicklung (§ 13 a BauGB		

1. Frühzeitige Öffentlichkeitsbeteiligung

Nach § 3 I BauGB sind die Bürger möglichst frühzeitig über die allgemeinen Ziele und Zwecke der Planung, sich wesentlich unterscheidende Lösungen, die für die Neugestaltung oder Entwicklung eines Gebiets in Betracht kommen, und die voraussichtlichen Auswirkungen der Planung öffentlich zu unterrichten. Ihnen ist Gelegenheit zur Äußerung und Erörterung zu geben. Zur Öffentlichkeit zählt jedermann, dh jede natürliche oder juristische Person kann sich an der Information und Anhörung beteiligen. Ein Nachweis eines irgendwie gearteten eigenen Interesses, abwägungserheblicher Belange oder gar eigener Rechte ist nicht erforderlich.[4009] Die Informationen müssen für jeden zugänglich sein, der sich beteiligen möchte. Auch nicht betroffene Bürger aus anderen Gemeinden können an der frühzeitigen Öffentlichkeitsbeteiligung teilnehmen und etwa in dem Erörterungstermin oder auch schriftlich Stellungnahmen vortragen. Auch **Kinder und Jugendliche** sind bei der vorgezogenen Öffentlichkeitsbeteiligung Teil der Öffentlichkeit (§ 3 I 2 BauGB), nicht nur bei der vorgezogenen, sondern auch bei der förmlichen Öffentlichkeitsbeteiligung.[4010] **Umweltvereinigungen** sind ebenfalls Teil der Öffentlichkeit.[4011] 1853

a) Grundsätze. Die frühzeitige (vorgezogene) Öffentlichkeitsbeteiligung umfasst eine öffentliche Unterrichtung, an die sich die Gelegenheit zur Äußerung und Erörterung anschließt. Die frühzeitige Öffentlichkeitsbeteiligung dient dem Ziel, die Öffentlichkeit über die von der Gemeinde beabsichtigten Planungskonzepte und -ziele bereits in einem frühen Stadium zu informieren und ihnen Gelegenheit zu geben, eigene Wünsche und Vorstellungen in den Planungsprozess einzubringen. Im Gegensatz zur förmlichen Öffentlichkeitsbeteiligung soll dies auf eine gesetzlich nicht im Einzelnen festgelegte Weise geschehen. Den Gemeinden stehen insoweit bei der **Verfahrensgestaltung** entsprechende **Spielräume** zur Verfügung.[4012] Das gilt auch hinsichtlich des **Zeitpunkts** der frühzeitigen Öffentlichkeitsbeteiligung. § 214 I 1 Nr. 2 BauGB stellt zudem sicher, dass Fehler in der Durchführung der frühzeitigen Öffentlichkeitsbeteiligung auf die Rechtswirksamkeit der Bauleitplanung keinen 1854

[4009] Zur frühzeitigen Öffentlichkeitsbeteiligung in der Bauleitplanung Berghäuser/Berghäuser NVwZ 2009, 766.

[4010] Zur Öffentlichkeitsbeteiligung und plebiszitären Elementen in der Bauleitplanung Portz in FS Stüer, 2013, 239. Zur elektronischen Beteiligung in der Bauleitplanung Winter in FS Stüer, 2013, 295.

[4011] OVG Berlin-Brandenburg Urt. v. 11.11.2021 – OVG 2 A 22.19, juris Rn. 28.

[4012] Schink in BeckOK BauGB, 2023, § 3 Rn. 36.

Einfluss haben.[4013] Die Gemeinde entscheidet dabei im Rahmen der gesetzlichen Vorgaben selbst über die Art und Weise der Öffentlichkeitsbeteiligung. Auch kann die Gemeinde sich selbst entsprechende Verfahrensrichtlinien für die Durchführung der frühzeitigen Öffentlichkeitsbeteiligung geben.

1855 Die Information der Gemeinde soll sich auf die **öffentliche Unterrichtung** über die allgemeinen **Ziele** und **Zwecke** der **Planung** beziehen sowie sich wesentlich unterscheidende in Betracht kommende Lösungen und die voraussichtlichen **Auswirkungen** der Planung aufzeigen. Wegen des noch frühen Planungsstadiums wird es sich dabei regelmäßig noch nicht um fertige Bauleitpläne handeln. Im Vordergrund der frühzeitigen Öffentlichkeitsbeteiligung werden vielmehr in der Regel zunächst die Analyse des Planungsgebietes und die Angabe der groben Zielkonzeption stehen, die für das Gebiet in Betracht kommt. Da aber zugleich bereits die voraussichtlichen Auswirkungen der Planung aufgezeigt werden sollen, muss die Planung schon ein gewisses Konkretisierungsstadium erreicht haben. Andererseits soll aber die Öffentlichkeitsbeteiligung möglichst frühzeitig erfolgen – also zu einem Zeitpunkt, in dem noch eine Einflussnahme auf den Planungsprozess möglich ist.

1856 In der frühzeitigen Öffentlichkeitsbeteiligung soll auf der Grundlage dieser Informationen **Gelegenheit** zur **Äußerung** und **Unterrichtung** gegeben werden. Dies sollte in geeigneter Weise geschehen, etwa in einer Bürgerversammlung des Stadt- oder Ortsbezirks. Die Unterrichtung der Bürger über diese Veranstaltung kann zB durch Bekanntmachung in den amtlichen Bekanntmachungsblättern und im Aushangkasten der Gemeinde, durch Zeitungsberichte, Plakate, Flugblätter, Hauswurfsendungen, Ausstellungen oder vergleichbare Informationsmittel erfolgen. Bedenken werden gegenüber einer ausschließlich elektronischen Form der frühzeitigen Öffentlichkeitsbeteiligung geltend gemacht. Der Gesetzgeber gehe weiterhin davon aus, dass ein Teil der Öffentlichkeit nicht über einen Internetanschluss verfügt oder diesen aus technischen oder persönlichen Gründen nicht zur Beteiligung nutzen kann. Da sich § 3 I 1 BauGB auf die gesamte Öffentlichkeit beziehe, bedürfe es auch im Rahmen der frühzeitigen Öffentlichkeitsbeteiligung zwingend analoger Beteiligungsformate unabhängig vom Internet, um auch für den genannten Personenkreis eine Beteiligungsmöglichkeit zu gewährleisten. Für die förmliche Öffentlichkeitsbeteiligung sei dies ausdrücklich in § 3 II 2 BauGB bestimmt.[4014]

1857 Die **Anforderungen** an die **frühzeitige Öffentlichkeitsbeteiligung** dürfen **nicht überspannt** werden. So ist zwar auch über sich wesentlich unterscheidende Lösungen, die für die Neugestaltung oder Entwicklung des Gebietes in Betracht kommen, zu unterrichten. Dies gilt aber nur insoweit, als die Gemeinde solche Lösungen bereits selbst erwogen und geprüft hat. Die Gemeinde ist jedoch nicht verpflichtet, bereits in der frühzeitigen Öffentlichkeitsbeteiligung von sich aus **Alternativkonzepte** zu ihrer Planung zu entwickeln oder die von Fachbehörden oder in der Öffentlichkeit erwogenen Alternativlösungen zu prüfen und über die Ergebnisse der Prüfung in der frühzeitigen Öffentlichkeitsbeteiligung zu informieren. Ein auf der Grundlage eines einzigen **Projektentwurfs** des künftigen Bauherrn aufgestellter Bebauungsplan ist auch nicht schon deswegen abwägungsfehlerhaft, weil die Gemeinde über die Erforderlichkeit alternativer Projektentwürfe keine selbstständige Entscheidung getroffen hat, obgleich beteiligte Dienststellen oder Gremien der Gemeinde solche Alternativen gefordert haben.[4015]

1858 Stellungnahmen der Bürger gehen in das weitere Aufstellungsverfahren als abwägungserhebliche Belange ein, wenn sie mehr als geringfügig, schutzwürdig und erkennbar sind.[4016] Sie sind mit dem ihnen zukommenden Gewicht gegenüber den sonstigen Belangen und Planungszielen abzuwägen. Die von den Bürgern mündlich vorgetragenen Äußerungen sollten daher in ihrem wesentlichen Kern schriftlich dokumentiert werden, um sicherzustellen, dass die geltend gemachten Stellungnahmen in das weitere Abwägungsverfahren eingehen.

1859 **b) Verzicht auf frühzeitige Öffentlichkeitsbeteiligung.** Der eigenen gemeindlichen Gestaltungsmöglichkeit im Bereich der frühzeitigen Öffentlichkeitsbeteiligung entspricht, dass nach § 3 I 3 BauGB von einer Unterrichtung und Erörterung abgesehen werden kann, wenn
– ein Bebauungsplan aufgestellt oder aufgehoben wird und sich dies auf das Plangebiet und die Nachbargebiete nur unwesentlich auswirkt oder

---

[4013] BVerwG NVwZ-RR 2003, 172.
[4014] Arndt/Herzer UPR 2023, 475; siehe zur bisherigen Rechtslage Schink in BeckOK BauGB, 2023, § 3 Rn. 36; Will/Ehlert NVwZ 2018, 376 (379); Heyn NWVBL 2021, 187 (188).
[4015] BVerwG NVwZ 1988, 351; DVBl. 1992, 1435.
[4016] BVerwGE 59, 87; BRS 74 Nr. 45 (2009).

– die Unterrichtung und Erörterung bereits zuvor auf anderer planerischer Grundlage erfolgt sind.[4017]

§ 3 I 3 BauGB ermöglicht der Gemeinde ein vereinfachtes Verfahren, verpflichtet sie jedoch nicht dazu, wenn die genannten Voraussetzungen vorliegen.[4018] Außerdem kann nach § 13 BauGB im Falle der Änderung eines Bebauungsplans auf eine frühzeitige Öffentlichkeitsbeteiligung verzichtet werden, wenn die Voraussetzungen für ein **vereinfachtes Verfahren** vorliegen. Werden durch die Änderung oder Ergänzung eines Bauleitplans die Grundzüge der Planung nicht berührt oder wird durch die Aufstellung eines Bebauungsplans in einem Gebiet nach § 34 BauGB der sich aus der vorhandenen Eigenart der näheren Umgebung ergebende Zulässigkeitsmaßstab nicht wesentlich verändert oder enthält er lediglich Festsetzungen nach § 9 IIa oder II 2b BauGB, kann die Gemeinde das vereinfachte Verfahren anwenden, wenn 1. die Zulässigkeit von Vorhaben, die einer Pflicht zur Durchführung einer Umweltverträglichkeitsprüfung nach Anlage 1 zum Gesetz über die Umweltverträglichkeitsprüfung oder nach Landesrecht unterliegen, nicht vorbereitet oder begründet wird, 2. keine Anhaltspunkte für eine Beeinträchtigung der in § 1 VI Nr. 7 Buchstabe b genannten Schutzgüter bestehen und 3. keine Anhaltspunkte dafür bestehen, dass bei der Planung Pflichten zur Vermeidung oder Begrenzung der Auswirkungen von schweren Unfällen nach § 50 Satz 1 BImSchG zu beachten sind. 1860

Weitere Regelungen hierzu enthalten die §§ 34 VI und 35 VI BauGB für Innenbereichs- und Außenbereichssatzungen. Eine frühzeitige Öffentlichkeitsbeteiligung ist danach erforderlich, wenn 1861

- ein Flächennutzungsplan neu aufgestellt wird (§ 3 I BauGB) oder in seinen Grundzügen geändert wird (§ 13 BauGB),
- im Bauleitplan ein UVP-pflichtiges oder vorprüfungspflichtiges Projekt mit erheblichen nachteiligen Umweltauswirkungen nach Anlage I zum UVPG zugelassen werden soll oder Belange des Habitat- oder Vogelschutzes berührt werden (§ 13 BauGB),
- ein Bebauungsplan neu aufgestellt oder aufgehoben wird und sich dies auf das Plangebiet oder die Nachbargebiete mehr als nur unwesentlich auswirkt (§ 3 I 2 Nr. 2 BauGB),
- ein Bebauungsplan geändert oder ergänzt wird und dadurch die Grundzüge der Planung betroffen werden.

Eine frühzeitige Öffentlichkeits- und Behördenbeteiligung ist hingegen nicht erforderlich, wenn 1862

- ein Flächennutzungsplan geändert oder ergänzt werden soll, hierdurch die Grundzüge der Planung nicht berührt werden, die Planänderung oder -ergänzung nicht ein UVP-pflichtiges oder vorprüfungspflichtiges Projekt mit erheblichen nachteiligen Umweltauswirkungen nach Anlage I zum UVPG betrifft, Belange des Habitat- oder Vogelschutzes und Seveso III-Belange nicht berührt werden (§ 13 BauGB),
- ein Bebauungsplan der Innenentwicklung unter den Voraussetzungen des § 13 a BauGB aufgestellt oder geändert wird,
- ein Bebauungsplan neu aufgestellt oder aufgehoben wird und sich dies auf das Plangebiet oder die Nachbargebiete nur unwesentlich auswirkt (§ 3 I 2 Nr. 1 BauGB),
- wenn die Unterrichtung und Erörterung bereits auf anderer planerischer Grundlage stattgefunden hat (§ 3 I 2 Nr. 2 BauGB),
- für einen bisherigen nicht beplanten Innenbereich nach § 34 BauGB ein Bebauungsplan aufgestellt wird, mit dem sich der aus der Eigenart der näheren Umgebung ergebende Zulässigkeitsmaßstab nicht wesentlich geändert wird (§ 13 I BauGB),
- eine Innenbereichssatzung aufgestellt werden soll (§ 34 VI BauGB),
- eine Außenbereichssatzung aufgestellt werden soll (§ 35 VI 5 BauGB).

Die **frühzeitige Öffentlichkeitsbeteiligung** ist daher immer dann **entbehrlich**, wenn bereits eine ausreichende Beteiligung der Öffentlichkeit stattgefunden hat oder ein vereinfachtes Verfahren nach §§ 13, 13 a BauGB durchgeführt wird. Während bei der erstmaligen Aufstellung des **Flächennutzungsplans** eine frühzeitige Öffentlichkeitsbeteiligung durchgeführt werden muss, kann davon bei einer Änderung oder Ergänzung des Flächennutzungsplans oder des 1863

[4017] Allgemein zu fach- und Rechtsfragen bei der Anwendung des vereinfachten Verfahrens Mitschang BauR 2016, 1699 ff.

[4018] Spieß in Jäde/Dirnberger, BauGB/BauNVO, 2022, § 3 BauGB Rn. 8.

Bebauungsplans abgesehen werden, wenn hierdurch die **Grundzüge der Planung** nicht berührt werden (§ 13 I BauGB).[4019] Auch bedarf es keiner frühzeitigen Öffentlichkeitsbeteiligung, wenn ein **Bebauungsplan der Innenentwicklung** unter den Voraussetzungen des § 13 a BauGB aufgestellt wird. Es dürfen allerdings auch keine UVP-pflichtigen oder vorprüfungspflichtigen Vorhaben mit erheblichen nachteiligen Umweltauswirkungen nach Anlage I zum UVPG Gegenstand der Planung sein. Auch Belange des Habitat- oder Vogelschutzes oder Seveso III-Belange dürfen nicht berührt werden. Auf eine frühzeitige Öffentlichkeitsbeteiligung kann daher vor allem bei der Aufstellung oder Änderung von Bebauungsplänen der Innenentwicklung (§ 13 a BauGB) oder bei Änderungen oder Ergänzungen verzichtet werden, die sich auf das Planungskonzept nicht wesentlich auswirken und mit denen keine bedeutsamen Vorhaben ausgewiesen werden sollen. Hier bietet § 13 II Nr. 1 BauGB die Möglichkeit, auf eine frühzeitige Öffentlichkeitsbeteiligung zu verzichten. Der Bebauungsplan darf dabei nicht die städtebaulichen Grundstrukturen ändern, muss in seiner Funktion auf das Plangebiet beschränkt sein und darf dabei im Vergleich zum bisher Zulässigen keine wesentlich anderen Nutzungs- und Bebauungsmöglichkeiten festsetzen.

Beispiel: Die Gemeinde will für einen bisher nicht beplanten, nach § 34 BauGB zu beurteilenden Innenbereich einen Bebauungsplan aufstellen, der neben Hausgruppen auch Einzel- und Doppelhäuser zulässt. Bisher war eine solche Bebauung nur in dem Teil des Gebietes möglich, in dem eine solche Einzel- und Doppelhausbebauung bereits in der Umgebung vorhanden war. Der Flächennutzungsplan weist Wohnbaufläche aus. Hier könnte auf eine frühzeitige Öffentlichkeitsbeteiligung verzichtet werden, da die Grundzüge der Planung nicht betroffen sind und die Zulassung der Einzel- und Doppelhausbebauung nur unwesentliche Auswirkungen auf das Plangebiet und die Nachbargebiete haben dürfte. Die Änderung betrifft zudem keine UVP-pflichtigen oder vorprüfungspflichtigen Vorhaben mit erheblichen nachteiligen Umweltauswirkungen. Es dürfen auch keine Belange des Habitat- oder Vogelschutzes betroffen sein.

1864 Eine frühzeitige Öffentlichkeitsbeteiligung kann ebenso entfallen, wenn die **Unterrichtung bereits auf einer anderen planerischen Grundlage** erfolgt ist (§ 3 I 2 Nr. 2 BauGB). Die andere planerische Grundlage muss in ihrem wesentlichen Inhalt – wie etwa eine städtebauliche Rahmenplanung – dem vorgesehenen Bauleitplan entsprechen. Ein informeller Plan für ausschließlich spezielle Sachbereiche reicht nur aus, wenn auf dieser Grundlage eine sachgerechte Beurteilung der Planungskonzeption möglich ist.

Beispiel: Im Verfahren zur Aufstellung eines Rahmenplans oder Stadtteilkonzeptes sind die Bürger bereits über die Planung eines Bürger- und Freizeitzentrums unterrichtet und in einer Bürgerversammlung zu den vorgestellten Plänen gehört worden. Bei der Aufstellung des Bebauungsplans kann auf eine erneute frühzeitige Öffentlichkeitsbeteiligung verzichtet werden. Ist bereits ein Grünflächen- oder Gestaltungsplan vorgestellt worden, kann auf eine frühzeitige Öffentlichkeitsbeteiligung verzichtet werden, wenn die Planungskonzeption des Bebauungsplans sich nicht wesentlich davon unterscheidet.

1865 Die frühzeitige Öffentlichkeitsbeteiligung muss nicht mehrfach durchgeführt werden. An die Unterrichtung und Erörterung nach § 3 I BauGB schließt sich daher nach § 3 I 4 BauGB die förmliche Öffentlichkeitsbeteiligung nach § 3 II BauGB auch dann an, wenn die Erörterung zu einer Änderung der Planung führt. Im Interesse der beabsichtigten Verfahrensbeschleunigung ist diese Vorschrift weit auszulegen. Eine **zweite frühzeitige Öffentlichkeitsbeteiligung** ist daher auch dann nicht erforderlich, wenn die Änderung nicht von der Öffentlichkeit im Erörterungstermin vorgebracht, sondern von anderer Seite, etwa von Fachbehörden oder planungsinteressierten Investoren, eingebracht worden ist.

2. Förmliche Öffentlichkeitsbeteiligung

1866 Ist die eigentliche Konzeptions- und Planungsphase abgeschlossen und der Bauleitplan vom Grundsatz her beschlussreif fertig gestellt, erfolgt die förmliche Öffentlichkeitsbeteiligung.[4020]

[4019] BVerwG ZfBR 1988, 90; BVerwGE 82, 225; NVwZ 1990, 361; NVwZ-RR 1990, 286; NVwZ 1990, 556; OVG Münster NVwZ 1990, 894.

[4020] Zum Erfordernis eines beschlussfähigen Planentwurfs Bönker in HBG, Öffentliches Baurecht, 2024, § 5 Rn. 318; Battis in BKL, BauGB, 2022, § 3 Rn. 12.

a) Digitalisierung im Bauleitplanverfahren. Durch das Gesetz zur Stärkung der Digitalisierung im Bauleitplanverfahren und zur Änderung anderer Vorschriften am 7.7.2023 sind die rechtlichen Rahmenbedingungen für das Beteiligungsverfahren im Sinne einer verstärkten Digitalisierung verändert worden, insbesondere ist als Regelverfahren eine Veröffentlichung im Internet vorgesehen. Ziel des Gesetzes ist es, Verwaltungs-, Planungs- und Genehmigungsverfahren deutlich zu beschleunigen, damit private und staatliche Investitionen zur Modernisierung des Landes schnell, effizient und zielsicher umgesetzt werden können.[4021] 1867

Das bisherige Verfahrensrecht der öffentlichen Auslegung von Bauleitplanentwürfen behält allerdings noch seine rechtliche Bedeutung, soweit es um die formelle Rechtmäßigkeit vor dem genannten Stichtag in Kraft getretener „alter" Bauleitpläne geht. Außerdem verlangt § 3 II 2 BauGB, dass die Bauleitplanunterlagen von der Gemeinde künftig zusätzlich zur Veröffentlichung im Internet durch eine oder mehrere leicht zu erreichende Zugangsmöglichkeiten zur Verfügung zu stellen sind. Dazu erwähnt der Gesetzgeber in § 3 II 2 BauGB beispielhaft „öffentlich zugängliche Lesegeräte" oder die öffentliche Auslegung.[4022] 1868

Mit dem Gesetz zur Stärkung der Digitalisierung im Bauleitplanverfahren werden Regelungen des befristet geltenden Planungssicherstellungsgesetzes in das Dauerrecht des BauGB übernommen.[4023] Zur Erläuterung der Gesetzesänderungen führt die Gesetzesbegründung aus, die förmliche Beteiligung der Öffentlichkeit im Bauleitplanverfahren habe zukünftig digital zu erfolgen. Die Veröffentlichung der in § 3 II 1 BauGB genannten Unterlagen im Internet trete an die Stelle der bisherigen öffentlichen Auslegung. Bisher seien die auszulegenden Unterlagen nach § 4a IV 1 BauGB zusätzlich zur öffentlichen Auslegung in das Internet einzustellen. Zukünftig seien zusätzlich zu der Veröffentlichung im Internet andere leicht zu erreichende Zugangsmöglichkeiten zur Verfügung zu stellen. Damit solle – auch zur Verwirklichung der in § 4a I BauGB genannten Ziele der Öffentlichkeitsbeteiligung – insbesondere für Personen, die nicht über einen Internetanschluss verfügten oder diesen aus technischen oder persönlichen Gründen nicht zur Beteiligung nutzen könnten, eine Beteiligungsmöglichkeit sichergestellt werden. Zumindest in dieser Legislaturperiode werde eine solche (Ausnahme-)Regelung im Interesse der Gewährleistung einer Teilhabemöglichkeit für möglichst weite Teile der Bevölkerung noch für erforderlich gehalten. Eine Fortentwicklung der Beteiligungsvorschriften des Baugesetzbuchs in Richtung eines vollständig digital zu führenden Verfahrens komme – abhängig von dem Digitalisierungsgrad in allen Teilen der Bevölkerung – perspektivisch in Betracht. Bestehende landesrechtliche Regelungen zur Barrierefreiheit von Informationstechnik für die Träger der öffentlichen Verwaltung, die sich aus jeweiligen Landesgesetzen zur Gleichstellung von Menschen mit Behinderung ergeben würden, blieben unberührt.[4024] Für die Benachrichtigung von der Veröffentlichung des Panentwurfs im Internet gilt keine Mindestfrist vor der Veröffentlichung. Auch über zusätzlich zur Veröffentlichung im Internet leicht zu erreichende Zugangsmöglichkeiten ist zu informieren. Was allerdings in diesem Sinne eine leicht zu erreichende Zugangsmöglichkeit ist, ergibt sich aus dem Gesetz nicht abschließend. Lediglich beispielhaft werden öffentlich zugängliche Lesegeräte und eine öffentliche Auslegung der Unterlagen erwähnt.[4025] 1869

b) Veröffentlichung im Internet. Die Entwürfe der Bauleitpläne sind nach § 3 II 1 BauGB mit der Begründung und den nach Einschätzung der Gemeinde wesentlichen, bereits vorliegenden umweltbezogenen Stellungnahmen für die Dauer eines Monats, mindestens jedoch für die Dauer von 30 Tagen, oder bei Vorliegen eines wichtigen Grundes für die Dauer einer angemessenen längeren Frist im Internet zu veröffentlichen. Nach § 187 II BGB zählt der erste Tag der Veröffentlichung bei der Fristberechnung mit.[4026] Das Ende der Frist ist nach den §§ 188 I, 193 BGB zu berechnen.[4027] Für die ortsübliche Bekanntmachung der Veröffentlichungsfrist genügt es, wenn der erste Tag der Auslegungsfrist datumsmäßig benannt wird und auf die Monatsfrist hingewiesen wird. Die Berechnung der Monatsfrist ist dem Bürger zumut- 1870

4021 Gesetzesbegründung BT-Drs. 20/5663 vom 15.2.2023, S. 2; siehe zu den neuen Verfahrensanforderungen in der Bauleitplanung aufgrund der BauGB-Digitalisierungsnovelle Arndt/Herzer UPR 2023, 475; Bönker in HBG, Öffentliches Baurecht, 2024, § 5 Rn. 320; Kukk BauR 2024, 709.

4022 Siehe dazu Bönker in HBG, Öffentliches Baurecht, 2024, § 5 Rn. 319.

4023 Siehe dazu auch die Änderungen des VwVfG durch das Fünfte Gesetz zur Änderung verwaltungsverfahrensrechtlicher Vorschriften vom 8.12.2023, BGBl. I 2023 Nr. 344.

4024 Gesetzesbegründung BT-Drs. 20/5663 vom 15.2.2023, S. 13.

4025 Kritisch dazu Kükk BauR 2024, 709 (710).

4026 GmSOBG, Urt. v. 6.7.1972 – GmSOBG 2/71 – BVerwGE 40, 363 = BGHZ 59, 396.

4027 Battis in BKL, BauGB, 2022, § 3 Rn. 13.

bar.[4028] Bauleitplanentwürfe müssen aus Sicht des Bundesrechts nicht außerhalb der Ferienzeit veröffentlicht werden.[4029] Welche Konsequenzen Serverausfälle in bestimmten Umfängen während der mindestens 30-tägigen Veröffentlichung im Internet haben, muss in der Rechtsprechung fallbezogen entschieden werden. Ein bloßes Anhängen der Ausfallzeiten an den vorgesehenen Veröffentlichungszeitraum wird nicht für ausreichend gehalten.[4030] Nach Auffassung des OVG Lüneburg sind zeitlich begrenzte zeitlich begrenzte technische Störungen unschädlich, solange sie nicht zu einer unzumutbaren Erschwernis des Zugangs führen und die grundsätzliche Zugriffsmöglichkeit bei der gebotenen Gesamtbetrachtung als gewährleistet anzusehen ist. Beträgt die Dauer der öffentlichen Auslegung sechs Wochen, könne ein drei Tage andauerndes Zugangshindernis zu den im Internet bereitgestellten Unterlagen nach den Gesamtumständen des Einzelfalls unschädlich sein.[4031]

1871 Ein förmlicher Beschluss über die Durchführung der Öffentlichkeitsbeteiligung nach § 3 II BauGB ist bundesrechtlich nicht vorgeschrieben.[4032] Maßgeblich ist insoweit allein der Satzungsbeschluss nach § 10 I BauGB.[4033]

1872 Die Veröffentlichung des Planentwurfs nebst den weiteren Planunterlagen darf nicht so durchgeführt werden, dass Personen in unzulässiger Weise davon abgehalten werden, sich zu der gemeindlichen Planung zu äußern.[4034] Dies ist jedoch der Fall, wenn es für das Absehen von der Äußerung einen nachvollziehbaren und berechtigten Grund gibt. Ein solcher kann nach Auffassung des VGH Mannheim zB darin liegen, dass in einer möglicherweise erforderlichen erneuten Veröffentlichung des Planentwurfs nach § 4 III 2 BauGB eingegangene Einwendungen von Privatpersonen mit deren Namen und Anschriften und uU sogar mit deren Mailadressen veröffentlicht werden, ohne dass hierfür eine Notwendigkeit besteht.[4035] Ein solcher Verstoß gegen § 4 III 2 BauGB ist gemäß § 214 I 1 Nr. 2 Hs. 1 BauGB beachtlich; einer der in § 214 I 1 Nr. 2 Hs. 2 BauGB genannten Unbeachtlichkeitsgründe liegt nicht vor. Unzulässig ist es auch, die Abrufbarkeit der in das Internet eingestellten Planunterlagen ganz oder auch nur teilweise von der Eingabe eines Benutzernamens und eines Passwortes abhängig zu machen.[4036]

1873 Ein Zusatz in der Bekanntmachung, dass Stellungnahmen „schriftlich oder mündlich zur Niederschrift" vorgebracht werden können, soll aber weiterhin unschädlich sein. Maßgeblich sei, so das BVerwG, dass die Stellungnahme textlich festgehalten und insoweit in eine Form gebracht werden müsse, durch die sie dauerhaft dokumentiert werde und mit der auf sie als aktenkundig im Laufe des Verfahrens ohne Schwierigkeiten zurückgegriffen werden könne. In welcher Weise die Stellungnahme „verschriftlicht" und anschließend den Empfänger übermittelt werde – ob als Brief, als Telefax oder etwa in elektronischer Form als E-Mail –, sei damit nicht einschränkend festgelegt.[4037]

1874 Wo im Internet die Unterlagen zu veröffentlichen sind, ergibt sich aus § 3 II 1 BauGB nicht. Dazu gab es bereits vor der Digitalisierungsnovelle des BauGB unterschiedliche Meinungen zu § 4a IV 1 BauGB aF wonach die Gemeinden bereits in der Vergangenheit verpflichtet waren, die Beteiligungsunterlagen zusätzlich in das Internet einzustellen.[4038] In der Gesetzesbegründung zu § 4a IV 1 BauGB aF wurde als ein möglicher digitaler Bereitstellungsort „das Internetportal der Gemeinde" genannt.[4039] Dazu wurde die Ansicht vertreten, dass die Gemeinde

[4028] BVerwG NVwZ 1993, 475.

[4029] BVerwG 6.5.1996 – 4 NB 16.96, Buchholz 406.12 § 1 BauNVO Nr. 22

[4030] Kükk BauR 2024, 709 (711).

[4031] OVG Lüneburg BauR 2024, 465 = juris Rn. 19; Korbmacher in Brügelmann, BauGB, 2023, § 4a Rn. 20a.

[4032] OVG Münster BauR 2022, 1453= juris Rn. 33; OVG Koblenz BauR 2014, 673 = juris Rn. 55; Reidt in BKL, BauGB, 2022, § 10 Rn. 3.

[4033] OVG Münster BauR 2022, 1453= juris Rn. 33; BVerwGE 79, 200 = juris Rn. 22 ff.

[4034] BVerwG NVwZ 2021, 1311= juris Rn. 3; ZfBR 2013, 580 =juris Rn. 7; Urt. v. 10.6.2020 – 4 BN 55.19, juris Rn. 5.

[4035] VGH Mannheim NVwZ-RR 2022, 850= juris Rn. 60.

[4036] VGH München DVBl. 2022, 1337= juris Rn. 24.

[4037] BVerwG NVwZ 2021, 1211= juris Rn. 4; aA OVG Münster BauR 2019, 1410 =juris Rn. 59 ff.; BauR 2021, 181= juris Rn. 54 ff.; zum Begriff der Schriftlichkeit der Stellungnahme im Rahmen der Beteiligung der Öffentlichkeit nach § 3 II BauG siehe Schmidt-Eichstaedt ZfBR 2020, 350.

[4038] Zu dem Meinungsstand Arndt/Herzer UPR 2023, 475.

[4039] BT-Drs. 18/10942 vom 23.1.2017, S. 42; siehe auch OVG Lüneburg Beschl. v. 16.11.2023 – 1 KN 91/21, juris Rn. 19.

für die Plattform stets (mit)verantwortlich zeichnen müsse.[4040] Nach anderer Ansicht sollte sich die Gemeinde auch eines anderen Portals bedienen können, soweit sie hierauf auf ihrer eigenen Website hinreichend deutlich hinweist.[4041] Zutreffend wird angenommen, dass diese Sichtweise auf die Neuregelung in § 3 II 1 BauGB übertragbar sind. Die Unterlagen können danach auch auf Internetseiten veröffentlicht werden, für die die jeweilige Gemeinde keine (Mit-)Verantwortung trägt, zB **zentrale Beteiligungsplattformen** des jeweiligen Landes oder Internetseiten von beauftragen Dritten. Durch die ortsübliche Bekanntmachung über die Veröffentlichung im Internet gem. § 3 II 4 BauGB sei auch bei einer Veröffentlichung auf gemeindefremden Seiten sichergestellt, dass die Unterlagen für die Öffentlichkeit auffindbar seien. Eine Verlinkung von der gemeindlichen Internetseite auf die „Fremdseite" sollte, so die Empfehlung, aus Gründen der Bürgerfreundlichkeit gleichwohl erfolgen.[4042] Die öffentliche Zugänglichkeit müsse bei einer Bereitstellung im Internet stets gewahrt werden. Einschränkungen oder Zugangsbeschränkungen, etwa der Zugang zu den Planunterlagen nur nach vorheriger Anmeldung bzw. Registrierung, seien insoweit nicht zulässig.[4043]

§ 3 II 1 BauGB verlangt, dass die planende Gemeinde die Bekanntmachung und die auszulegenden Unterlagen für die Öffentlichkeit auffindbar und abrufbar zur Verfügung stellt. Der Abruf der Unterlagen muss für den Bürger tatsächlich möglich sein. Zeitweise technische Störungen sind unschädlich, solange sie nicht zu einer unzumutbaren Erschwernis des Zugangs führen und die grundsätzliche Zugriffsmöglichkeit bei der gebotenen Gesamtbetrachtung als gewährleistet anzusehen ist.[4044] Um eine möglichst breite Beteiligung der Öffentlichkeit zu erreichen, sollten die Dokumente barrierefrei zur Verfügung gestellt und Möglichkeiten zum Speichern und Drucken eingeräumt werden.[4045] Außerdem sollte die Veröffentlichung der Beteiligungsunterlagen im Internet als wesentlicher Verfahrensschritt nachvollziehbar dokumentiert werden, wobei die Anforderungen an eine solche Dokumentation nicht höher sein dürften als die für die bislang erforderliche Auslegung der Planunterlagen.[4046] Empfohlen wird dazu ein Aktenvermerk mit Angaben zu den veröffentlichen Unterlagen, zum Zeitpunkt der Veröffentlichung im Internet und zu etwaigen Ausfallzeiten der Internetseite.[4047] 1875

Zusätzlich zur Veröffentlichung der Beteiligungsunterlagen auf einer (geeigneten) Internetseite müssen die Unterlagen sowie die Bekanntmachung über die Veröffentlichung nach § 3 II 5 HS 2 BauGB auch im zentralen Internetportal des Landes bereitgestellt werden. Dort müssen auch die identischen Dokumente zur gleichen Zeit zur Verfügung gestellt werden.[4048] 1876

Erforderlich ist, dass die Entwürfe und Stellungnahmen vollständig und für jedermann in zumutbarer Weise zugänglich sind,[4049] nicht indessen, dass sie in jeder Hinsicht fehlerfrei sind. Das gilt namentlich für die Planbegründung, die in diesem Stadium des Verfahrens der Erläuterung des Planentwurfs dient und die, um später eine zureichende Begründung des endgültig beschlossenen Bauleitplans zu sein, im weiteren Verlauf des Aufstellungsverfahrens noch zu ändern oder zu ergänzen ist, wenn der Plan nach der Auslegung in wesentlichen Punkten geändert oder ergänzt wird oder wenn auch ohne Änderung des Plans Gesichtspunkte hervortreten, deren planerische Bewertung und Behandlung der Begründung bedürfen.[4050] Des Weiteren können auch offensichtliche Unrichtigkeiten klargestellt werden.[4051] Es besteht kein Anlass zu einer erneuten Öffentlichkeitsbeteiligung oder einer erneuten Beteiligung von Be- 1877

[4040] Decker ZfBR 2018, 325(326).

[4041] Korbmacher in Brügelmann, BauGB, 2023, § 3 Rn. 24; OVG Schleswig Urt. v. 22.11.2021 – 1 KN 13/16, juris Rn. 57; in diese Richtung auch Battis in BKL, BauGB, 2022, § 4a Rn. 6.

[4042] Arndt/Herzer UPR 2023, 475.

[4043] Arndt/Herzer UPR 2023, 475 unter Verweis auf VGH München DVBl. 2022.

[4044] OVG Lüneburg Beschl. v. 16.11.2023 – 1 KN 91/21, juris Rn. 19; Korbmacher in Brügelmann, BauGB, 2023, § 4a Rn. 20a.

[4045] Arndt/Herzer UPR 2023, 475.

[4046] Arndt/Herzer UPR 2023, 475; zur Beweislast der Gemeinde bei § 4a IV 1 BauGB aF OVG Schleswig Urt. v.- 22.11.2021 – 1 KN 13/16, juris Rn. 57.

[4047] Arndt/Herzer UPR 2023, 475; Wahlhäuser NWVBL 2017, 405 (408); zu den technischen Problemen einer Einsichtnahme in elekronisch veröffentlichte Planzeichnungen siehe KuKK BauR 2024, 709 (710 f).

[4048] OVG Münster BauR 2019, 1559 zu § 4a IV 1 BauGB aF.

[4049] Krautzberger in EZBK, BauGB, 2022, § 3 Rn. 39.

[4050] Gatz in Berliner Kommentar zum BauGB, 2020, § 3 Rn. 17 S. 13, 14; zum Unterschied zwischen Entwurfsbegründung und Planbegründung siehe BVerwGE 45, 309 (330 f.).

[4051] BVerwG BBB 2020, Nr. 12, 61.

hörden und Trägern öffentlicher Belange, wenn der Entwurf eines Bauleitplans nach der Veröffentlichung in Punkten geändert wird, zu denen die betroffenen Bürger, Behörden und sonstigen Träger öffentlicher Belange zuvor bereits Gelegenheit zur Stellungnahme hatten, die Änderungen auf einem ausdrücklichen Vorschlag eines Betroffenen beruhen und Dritte hierdurch nicht abwägungsrelevant berührt werden. Allerdings ist das Beteiligungsverfahren nicht um seiner selbst willen zu betreiben.[4052] Hat eine nach der Veröffentlichung vorgenommene Ergänzung einer Festsetzung lediglich klarstellende Bedeutung, so besteht kein Anlass zu einer erneuten Öffentlichkeitsbeteiligung oder einer erneuten Beteiligung von Behörden und Trägern öffentlicher Belange; denn inhaltlich ändert sich am Planentwurf nichts.[4053]

Hinweis: Das Veröffentlichung im Internet nach § 3 II 1 BauGB setzt eine fertige Planungskonzeption und Planunterlagen voraus, die Gegenstand des Feststellungs- bzw. Satzungsbeschlusses sein könnten. Es ist daher in der Praxis aus Gründen der Beachtung kommunalverfassungsrechtlicher Anforderungen erforderlich, die der Veröffentlichung zu Grunde liegende Planungskonzeption dem Rat zur Entscheidung und Beschlussfassung vorzulegen. Für die Wirksamkeit des Bauleitplans ist dies jedoch bundesrechtlich nicht erforderlich.

1878 Die Bekanntmachung darf keine Zusätze oder Einschränkungen enthalten, die geeignet sein können, auch nur einzelne an der Bauleitplanung interessierte Bürger von der Erhebung von Stellungnahmen abzuhalten. Die Bekanntmachung darf jedoch mit den Hinweisen versehen werden, dass Stellungnahmen „schriftlich oder zur Niederschrift" vorgetragen werden können und dass sie „die volle Anschrift des Einwenders und gegebenenfalls die genaue Bezeichnung des Grundstücks bzw. des Gebäudes enthalten sollten".[4054]

1879 Nach § 3 II 4 BauGB sind die Internetseite oder Internetadresse, unter der die in Satz 1 genannten Unterlagen eingesehen werden können, die Dauer der Veröffentlichungsfrist sowie Angaben dazu, welche **Arten umweltbezogener Informationen** verfügbar sind, sind vor Beginn der Veröffentlichungsfrist ortsüblich bekannt zu machen. Die Informationen müssen eine erste inhaltliche Einschätzung ermöglichen, welche Umweltbelange im Verfahren behandelt werden.[4055] Die Gemeinden sind danach verpflichtet, die in den vorhandenen Stellungnahmen und Unterlagen behandelten Umweltthemen nach Themenblöcken zusammenzufassen und diese in der Bekanntmachung schlagwortartig zu charakterisieren.[4056] Das Bekanntmachungserfordernis erstreckt sich dabei auch auf solche Arten verfügbarer Umweltinformationen, die in Stellungnahmen enthalten sind, die die Gemeinde für unwesentlich hält und deshalb nicht auszulegen beabsichtigt. Der (bloße) Hinweis auf den Umweltbericht genügt nicht, denn dieser ermöglicht keine inhaltliche Einschätzung darüber, welche Umweltbelange in einer konkreten Planung bisher thematisiert worden sind.[4057] § 3 II 4 BauGB verlangt für die Angabe der Art umweltbezogener Informationen weder einen Hinweis auf deren Beschaffenheit als Gutachten, Stellungnahme oder dergleichen noch einen Hiwneis auf den Autor oder Urheber. Bei der Bildung von Schlagwörtern darf die Gemeinde grundsätzlich sinntragende Begriffe aus dem Titel der jeweiligen Information aufgreifen.[4058]

1880 Ausführungen in einem **Umweltbericht** zum umweltbezogenen Zustand eines Plangebietes sind auch dann umweltbezogene Informationen iSv § 3 II 4 BauGB, wenn der Umweltbericht zu der Einschätzung gelangt, die beabsichtigte Planung wirke sich auf diesen Zustand nicht aus. Das Bekanntmachungserfordernis erstreckt sich auch auf Umweltinformationen, die in Stellungnahmen enthalten sind, welche die Gemeinde für unwesentlich hält.[4059] Die Einschätzungen des Umweltberichts zum gegenwärtigen umweltbezogenen Zustand des Gebietes mit Blick auf einzelne Teilaspekte und seine Einschätzung, der Bebauungsplan wirke sich auf diese Teilaspekte nicht aus, waren verfügbare Umweltinformationen iS des § 3 II 4 BauGB. Ein

4052 BVerwGE 133, 98 Rn. 40; NVwZ 2010, 777.

4053 BVerwG ZfBR 2020, 676; NVwZ 1988, 822 (823), ZfBR 2016, 589 Rn. 4; Urt. v. 31.7.2018 – 4 BN 41.17, juris Rn. 6. OVG Berlin-Brandenburg Beschl. v. 22.6.2011 – OVG 10 A 12.10, juris; BRS 74 Nr. 115; BRS 71 Nr. 118

4054 BVerwG NVwZ-RR 1997, 514.

4055 BVerwG NVwZ 2021, 732; OVG Koblenz ZfBR 2020, 677; Spieß in Jade/Dirnberger, BauGB/BauNVO, 2022, § 3 BauGB Rn. 26.

4056 BVerwGE 147, 206; Schink UPR 2016, 241.

4057 BVerwG NVwZ 2015, 232; Dusch NVwZ 2015, 233, Schindler/Benner NVwZ 2015, 644.

4058 BVerwG NVwZ 2019, 1613 zur Vorgängerregelung.

4059 BVerwG ZfBR 2015, 159 Rn. 11.

solches weites Verständnis entspricht dem weiten Begriff der Umweltinformationen in anderen Rechtsgebieten, wie er etwa in § 2 III UIG Ausdruck gefunden hat[4060] und trägt der von § 3 I 2 BauGB verfolgten Anstoßwirkung Rechnung.[4061]

Unter **Stellungnahmen** sind nicht nur behördliche Stellungnahmen zu verstehen, die im 1881 Rahmen einer Beteiligung nach den §§ 4, 4 a BauGB eingegangen sind. Darunter können auch im Vorfeld eingegangene Zuschriften von Behörden, Verbänden oder Privaten fallen. Auch Stellungnahmen, die im Rahmen der frühzeitigen Beteiligung nach § 4 I BauGB eingegangen sind, können dazu gehören. Entsprechend dem Sinn der Regelung, der Öffentlichkeit eine umfangreiche Informationsmöglichkeit zu bieten, kommt eine Auslegung sinnvoller Weise nur in Betracht, wenn die Stellungnahmen einen Informationsgehalt aufweisen und sich nicht nur auf allgemeine Aussagen oder Proteste beschränken.

Die Gemeinde ist nicht verpflichtet, alle vorhandenen Stellungnahmen im Internet zu ver- 1882 öffentlichen. Die Verpflichtung beschränkt sich auf Stellungnahmen mit **umweltbezogenem Inhalt** und hierbei wiederum nur auf die wesentlichen Stellungnahmen. Die Auswahl trifft die Gemeinde. Die Entscheidung ist nicht selbstständig angreifbar. Die Gemeinde ist nicht verpflichtet, ausschließlich nur wesentliche und ausschließlich nur umweltbezogene Stellungnahmen auszulegen. Sie kann sich zur Vermeidung eines unnötigen Verwaltungsaufwands auch dafür entscheiden, alle Stellungnahmen auszulegen. Gleichwohl ist eine vorherige Durchsicht erforderlich, ob die Stellungnahmen **Betriebsgeheimnisse** oder sonstige den Datenschutzbestimmungen unterliegende Informationen enthalten. Entsprechende Stellungnahmen sind entweder – wenn sie nicht wesentlich sind – von der Veröffentlichung auszunehmen oder hinsichtlich der geschützten Daten unkenntlich zu machen. Dies kann sich jedoch nur auf personenbezogene Daten beziehen. Namen und Adressen der Einwendungsführer werden von dem Datenschutz nicht erfasst.

Das Baugesetzbuch enthält zwar keine speziellen Regelungen zum **Datenschutz** im Zu- 1883 sammenhang mit der Bauleitplanung. Allerdings haben die planenden Gemeinden die allgemeinen datenschutzrechtlichen Bestimmungen zu beachten.[4062] Das betrifft vornehmlich Bestimmungen der Datenschutz-Grundverordnung (DSGVO).[4063] Art. 13 DSGVO bestimmt, dass der Verantwortliche, wenn personenbezogene Daten bei der betroffenen Person erhoben werden, der betroffenen Person zum Zeitpunkt der Erhebung dieser Daten näher bezeichnete Informationen mitteilt. Dieser Informationspflicht ist spätestens bei der Erhebung Rechnung zu tragen. Das spricht dafür, dass bereits die Bekanntmachung der Veröffentlichung des Planentwurfs selbst mit den erforderlichen Hinweisen zu versehen.[4064]

Die Anforderungen des Rechtsstaatsprinzips an die Verkündung von Normen stehen einer 1884 Verweisung auf nicht öffentlich zugängliche **technische Vorschriften** in den textlichen Festsetzungen eines Bebauungsplans nicht von vornherein entgegen.[4065] Verweist eine Festsetzung auf eine solche Vorschrift und ergibt sich daraus, unter welchen Voraussetzungen ein Vorhaben planungsrechtlich zulässig ist, muss der Plangeber sicherstellen, dass die Planbetroffenen sich auch vom Inhalt der jeweiligen technischen Vorschrift verlässlich und in zumutbarer Weise Kenntnis verschaffen können. Für die Bekanntmachung eines Bebauungsplans genügt es, wenn in der Bekanntmachung darauf hingewiesen wird, wo der Plan eingesehen werden kann (§ 10 III 3 BauGB).[4066] Es reicht aus, wenn in der öffentlichen Bekanntmachung des Satzungsbeschlusses darauf hingewiesen wird, dass die im Bebauungsplan in Bezug genommene technische Vorschrift bei der Gemeinde zur Einsichtnahme bereitliegt.[4067] Sind **DIN-Normen**, auf die in einer der Gemeinde vorliegenden umweltbezogenen Stellungnahme Bezug genommen wird, der Stellungnahme nicht beigefügt, so hat es mit deren Auslegung oder Veröffentlichung im Internet auch ohne die DIN-Normen sein Bewenden. § 3 II 1 BauGB verpflichtet die Ge-

---

4060 BVerwGE 130, 223 Rn. 11.

4061 BVerwGE 147, 206 Rn. 19 f.

4062 VGH Mannheim Urt. v. 10.5.2023 – 14 S 396/22, juris Rn. 46.

4063 VGH Mannheim Urt. v. 10.5.2023 – 14 S 396/22, juris Rn. 46; Urt. v. 24.05.2022 – 3 S 1813/19, juris Rn. 53 ff.; Schrödter/Wahlhäuser in Schrödter, BauGB, 2019, § 3 Rn. 12a.

4064 VGH Mannheim Urt. v. 10.5.2023 – 14 S 396/22, juris Rn. 46; zum Datenschutz in der Bauleitplanung siehe auch Pfahl BayVBl. 2020, 145; Spieß in Jäde/Dirnberger, BauGB/BauNVO, 2022, § 3 BauGB Rn. 79.

4065 BVerwG NVwZ 2010, 1567.

4066 BVerwG NVwZ 2020, 1686.

4067 VGH Mannheim VBLBW 2019, 26.

meinde nicht, die Normen zu beschaffen und der Öffentlichkeit anlässlich der Auslegung der Stellungnahme zugänglich zu machen.[4068] Die Gemeinde ist nicht verpflichtet, regelmäßig nicht öffentlich zugängliche Normen zu beschaffen, dh bei dem Verfasser der Stellungnahme nachzufordern oder im Fachhandel käuflich zu erwerben, und der Öffentlichkeit anlässlich der Auslegung der Stellungnahme ergänzend zugänglich zu machen. Die Vorschrift mutet es nach der Rechtsprechung des BVerwG interessierten Mitgliedern der Öffentlichkeit vielmehr zu, sich vom Inhalt der Normen durch eigene Initiative verlässlich Kenntnis zu verschaffen. Gefordert ist die Gemeinde danach nur bei der Verkündung eines Bebauungsplans, wenn sie in den Festsetzungen auf eine DIN-Norm verweist und sich erst aus dieser Norm ergibt, unter welchen Voraussetzungen ein Vorhaben planungsrechtlich zulässig ist.[4069]

1885 In einer Bekanntmachung zur Veröffentlichung des Planentwurfs muss auch auf Stellungnahmen von Ämtern, Behörden und sonstigen Trägern öffentlicher Belange hingewiesen werden. Bei der Frage, welche wesentlichen bereits vorliegenden umweltbezogenen Stellungnahmen öffentlich auszulegen sind, ist den Gemeinden ein **Beurteilungsspielraum** eingeräumt, der nur daraufhin zu überprüfen ist, ob ein offensichtlicher Rechtsmissbrauch vorliegt.[4070] Bereits bei der Bekanntmachung der Veröffentlichung des Entwurfs ist anzugeben, **welche Arten umweltbezogener Informationen** verfügbar sind. Die Bekanntmachung der Arten verfügbarer Umweltinformationen § 3 II 4 BauGB verpflichtet die Gemeinden, die in den vorhandenen Stellungnahmen und Unterlagen behandelten Umweltthemen nach Themenblöcken zusammenzufassen und diese in der **Bekanntmachung** der Veröffentlichung schlagwortartig zu charakterisieren. Dazu erläutert das OVG Münster: Bei der Bildung der Schlagwörter kann die Gemeinde einen formalen Ausgangspunkt wählen und im Grundsatz von der Bezeichnung ausgehen, die der Ersteller einer Information selbst für zutreffend gehalten hat: Sie darf daher einen oder mehrere sinntragende Begriffe aus dem Titel der jeweiligen Information aufgreifen und ist nicht grundsätzlich verpflichtet, vermeintlich bessere oder treffendere Schlagwörter zu vergeben. Denn inhaltlich hinreichend verständliche Titel einzelner Stellungnahmen können die geforderte Anstoßwirkung entfalten, vorausgesetzt, der jeweilige Titel führt nicht offensichtlich und eindeutig in die Irre. Der Begriff der Arten umweltbezogener Informationen verlangt, die Informationen nach ihrem Inhalt zu strukturieren. Darin erschöpft sich das Tatbestandsmerkmal. Die Angabe, umweltbezogene Informationen lägen als Sachverständigengutachten oder Stellungnahmen Privater vor, ist nicht gefordert. Ebenso wenig verlangt § 3 II 2 Halbs. 1 BauGB die Bekanntmachung des Autors oder Urhebers einer Umweltinformation.[4071]

1886 Das Bekanntmachungserfordernis erstreckt sich auch auf solche Arten verfügbarer Umweltinformationen, die in Stellungnahmen enthalten sind, die die Gemeinde für unwesentlich hält und deshalb nicht auszulegen beabsichtigt.[4072] Ausnahmen davon sind grundsätzlich nicht zulässig.[4073] Es empfiehlt sich in der Regel, die Bekanntmachung dazu anhand der Themen des Umweltberichts und etwa bereits vorliegender Gutachten und Stellungnahmen vorzunehmen. Neben dem Plan und seiner Begründung sind auch die wesentlichen umweltbezogenen Stellungnahmen im Internet zu veröffentlichen. Über diesen engen Wortlaut hinaus bezieht sich das Pflicht zur Veröffentlichung nicht nur auf die im Verfahren etwa im Rahmen der frühzeitigen Behörden- und Öffentlichkeitsbeteiligung bereits abgegebenen Stellungnahmen, sondern auch auf weitere verfügbare umweltbezogene Informationen, die für die Planung von Bedeutung sind. Das Veröffentlichungserfordernis bezieht sich daher etwa auch auf Gutachten, auf die in den Festsetzungen oder der Begründung zum Bebauungsplan Bezug genommen wird, wenn ohne Kenntnis des Gutachtens die Betroffenheiten oder die beabsichtigten planerischen Maßnahmen nicht richtig erkannt werden können.[4074] Vorhandene umweltbezogene Informationen können daher nach Themenblöcken zusammengefasst und diese in Form einer schlag-

---

[4068] BVerwG NVwZ 2017, 165; zur Reichweite der Auslegungspflicht im Rahmen der förmlichen Öffentlichkeitsbeteiligung nach § 3 II 1 BauGB am Beispiel von DIN-Normen siehe Arenz UPR 2017, 92.

[4069] BVerwG NVwZ 2017, 165; Beschl. v. 29.7.2010 – 4 BN 21.10 – Buchholz 406.11 § 10 BauGB Nr. 46 Rn. 12; ZfBR 2015, 60 Rn. 3.

[4070] OVG Münster BauR 2022, 1303= juris Rn. 74; Wahlhäuser in Bischopink/Külpmann/Wahlhäuser, Der sachgerechte Bebauungsplan, 2021, Rn. 232; OVG Münster BRS 73 Nr. 39.

[4071] OVG Münster BauR 2022, 1303= juris Rn. 44.

[4072] BVerwG NVwZ 2013, 1413-1416; Schmidt-Eichstaedt BauR 2014, 48; Stüer/Stüer DVBl. 2013, 1324; Uechtritz NVwZ 2014, 1355, Schröer NVwZ 2014, 497, Schink UPR 2014, 3.

[4073] BVerwG NVwZ 2015, 232; BVerwGE 147, 2061321 m. Anm. Stüer/Stüer DVBl. 2014, 1324.

[4074] Zur Bedeutung der Gutachten für die Offenlage BVerwGE 87, 332 München II.

wortartigen Kurzcharakterisierung öffentlich bekannt gemacht werden. Die Gemeinde hat bei der Frage, welche der bereits vorliegenden umweltbezogenen Stellungnahmen „wesentlich" und daher zu veröffentlichen sind, einen Beurteilungsspielraum. Dieser ist gewahrt, wenn der Umweltbericht veröffentlicht wird, in dem aber sämtliche vorhandenen wesentlichen umweltbezogenen Stellungnahmen eingearbeitet sind.[4075] Zu veröffentlichen sind auch umweltbezogene Stellungnahmen von privaten Dritten oder ein von einem Ingenieurbüro vorgelegtes Entwässerungskonzept[4076] mit einem nach Einschätzung der Gemeinde wesentlichen Inhalt.[4077] Die Auslegung eines Gutachtens ist aber dann nicht erforderlich, wenn dem Informationszweck des § 3 II BauGB auch durch andere ausgelegte Unterlagen genügt ist.[4078] Eine blockweise Zusammenfassung bzw. schlagwortartige Charakterisierung der in den vorhandenen Stellungnahmen und Unterlagen behandelten Umweltthemen ist nicht erforderlich.[4079]

c) Weitere Zugangsmöglichkeiten. Zusätzlich zur Veröffentlichung im Internet nach § 3 1887
II 1 BauGB sind gem. § 3 II 2 BauGB eine oder mehrere andere leicht zu erreichende Zugangsmöglichkeiten, etwa durch öffentlich zugängliche Lesegeräte oder durch eine öffentliche Auslegung der in Satz 1 genannten Unterlagen, zur Verfügung zu stellen. Das dient der Wahrung von Beteiligungsmöglichkeiten der Personen, die keinen Zugang zum Internet haben oder die einen solchen aus technischen oder persönlichen Gründen nicht nutzen können. Die Gesetzesbegründung zu § 3 II BauGB erläutert dazu, dass es zumindest „in dieser Legislaturperiode (2022-2024)" noch als notwendig erachtet werde, neben dem Internet anderweitige Zugangsmöglichkeiten anzubieten. Perspektivisch komme jedoch eine vollständige Digitalisierung in Betracht.[4080]

Was „andere leicht zu erreichende Zugangsmöglichkeiten" sind, ergibt sich unmittelbar aus 1888
dem Wortlaut des § 3 II 2 BauGB nicht. Der Gesetzgeber übernahm insoweit eine Begrifflichkeit aus § 3 II 2 PlanSiG. Als Beispiele für leicht zu erreichende Zugangsmöglichkeiten werden dort öffentlich zugängliche Lesegeräte und die Versendung der Beteiligungsunterlagen genannt. Auch In § 3 Abs. 2 Satz 2 BauGB werden andere leicht zu erreichende Zugangsmöglichkeit beispielhaft angeführt. Mit den dort erwähnten, öffentlich zugängliche Lesegeräte sind Tablets, Computer uä gemeint, die von der Gemeinde öffentlich zugänglich zur Verfügung gestellt werden und mit bei Verwendung hinreichend großer Bildschirme die Entwurfsunterlagen eingesehen werden können.

Außerdem kommt weiterhin die **öffentliche Auslegung** der Beteiligungsunterlagen in Pa- 1889
pierform in Betracht. Werden als weitere Zugangsmöglichkeit iSv § 3 II 2 BauGB Planunterlagen weiterhin öffentlich ausgelegt, muss sich die Möglichkeit einer Einsichtnahme nicht auf die gesamten Dienststunden der Gemeindeverwaltung erstrecken; es genügt die Zugänglichmachung während der allgemeinen Zeiten des Publikumsverkehrs.[4081] Auch ist es unschädlich, wenn während der einmonatigen Offenlegung eine Einsichtnahme an einem Tage – etwa an Silvester – oder auch an mehreren Feiertagen[4082] nicht möglich war.[4083] Ebenso zulässig ist die Auslegung während der Ferienzeit.[4084] Die Länge der gesetzlich festgelegten Veröffentlichungs- bzw. als andere leicht zu erreichende Zugangsmöglichkeit auch die Auslegungsfrist stellt für den Gesetzgeber hinreichend sicher, dass individuelle Erschwernisse der Kenntnisnahme angemessen berücksichtigt sind. Gegen eine derartige Beurteilung bestehen auch keine rechtsstaatlichen Bedenken. Die Veröffentlichung muss, wenn sie als andere leicht zu erreichende Zugangsmöglichkeit im Wege der Auslegung von der Gemeinde gewählt wird, in allgemein zugänglichen Räumen erfolgen.[4085] Die Auslegung eines Bebauungsplans nebst Begründung für

---

4075 VGH Mannheim DÖV 2010, 825.

4076 VGH Mannheim Urt. v. 20.9.2010 – 8 S 2801/08, juris.

4077 VGH Mannheim NuR 2011, 369; BVerwGE 134, 308.

4078 OVG Münster NWVBL 1998, 359.

4079 BVerwG Urt. v. 4.4.2019 – 4 A 6.18, juris.

4080 BT-Drs. 20/5663 v. 15.2.2023, S. 13.

4081 BVerwG DÖV 1980, 764 f.

4082 OVG Lüneburg BauR 2009, 1103.

4083 BVerwGE 71, 150.

4084 BVerwG BRS 58 Nr. 23 (1996).

4085 VGH Mannheim VGHBWSpDienst 1999, Beilage 2, B 5; verneint für die Auslage von Unterlagen auf einem Aktenschränkchen in einem nicht frei zugänglichen Dienstzimmer der Gemeinde; bejaht für die Auslegung des Bebauungsplans einer Mitgliedsgemeinde in der Samtgemeindeverwaltung OVG Lüneburg NdsVBl. 1999, 62.

18 Stunden pro Woche ohne Berücksichtigung der Interessen Berufstätiger (etwa durch längere Einsichtszeiten an einem Wochentag) stellt die Untergrenze dessen dar, was noch als zumutbar angesehen werden kann.[4086] Eine strikt zu wahrende Mindestzahl an Wochenstunden, an denen der interessierten Öffentlichkeit die Möglichkeit der Einsichtnahme in den Planentwurf eingeräumt werden muss, ist dem Gesetz bzw. dem Zweck der Auslegung nicht zu entnehmen. Allein maßgeblich ist vielmehr, dass eine angemessene, sich am Zweck der Auslegung orientierende Zeit für eine Einsichtnahme gewahrt ist, wobei auch der Größe der Gemeinde in diesem Zusammenhang eine Bedeutung zukommen kann.[4087] In der öffentlichen Bekanntmachung des Ortes der Auslegung eines Bebauungsplanentwurfs muss der Dienstraum des Verwaltungsgebäudes nicht bezeichnet werden.[4088] Einzelheiten der Bekanntmachung bestimmen sich nach dem jeweiligen Landes- und Ortsrecht. Bezieht sich die Möglichkeit der Einsicht auf die Dienstzeiten, reicht die Einsichtnahmemöglichkeit während der Sprechzeiten der Verwaltung nicht aus.[4089]

1890 Eher theoretisch und allenfalls im Einzelfall wegen des damit verbundenen Aufwands möglich ist ein leicht zu erreichender Zugang natürlich auch durch den **Versand der Unterlagen** in Papierform.[4090] Die Pflicht nach § 3 II 2 BauGB, die Entwurfsunterlagen auch über eine oder mehrere andere leicht zu erreichende Zugangsmöglichkeit zur Verfügung zu stellen, gilt ausnahmslos; sie hat keine Auswirkungen auf die Fristdauer nach § 3 II 1 BauGB. Zwar mögen einzelne Planinteressierte die Unterlagen auf diese von der elektronischen Bereitstellung abweichenden Weise möglicherweise erst nach dem Beginn des Fristlaufs erhalten. Aus dem Gesetz ergibt sich jedoch nicht, dass dadurch ein verzögerter, individuell auf den Erhalt der Unterlagen bezogener Fristbeginn bewirkt wird. Maßgeblich bleibt deshalb auch in diesen Fällen die Fristdauer entsprechend den Angaben in der Bekanntmachung.[4091]

1891 **d) Benachrichtigung zur Veröffentlichung im Internet.** Die nach § 4 II BauGB Beteiligten sollen gem. § 3 II 3 BauGB von der Veröffentlichung im Internet auf elektronischem Weg benachrichtigt werden. Damit soll Verfahrensablauf noch effizienter gestaltet werden. Wenn die Behördenbeteiligung zum Zeitpunkt der förmlichen Öffentlichkeitsbeteiligung bereits abgeschlossen ist, ermöglicht die Benachrichtigung von der Veröffentlichung im Internet, dass die beteiligten Behörden die Öffentlichkeitsbeteiligung doch noch zum Anlass nehmen, den Planentwurf anhand der abgegebenen Stellungnahmen noch einmal zu überprüfen.[4092] Hatten sich Behörden im Rahmen der bereits durchgeführten Behördenbeteiligung nicht geäußert, ändert dies nichts daran, dass sie über die Veröffentlichung im Internet benachrichtigt werden müssen. Nimmt die Behörde daraufhin doch noch Stellung, muss die Gemeinde diese Stellungnahme auch berücksichtigen, kann sie also nicht nach § 4a V BauGB als verspätet außer Acht lassen.[4093] Werden die Behörden parallel zur Öffentlichkeit beteiligt, bedarf es keiner Benachrichtigung nach § 3 II 3 BauGB.[4094]

1892 Für die Öffentlichkeitsbeteiligung bleibt es hingegen bei der **ortsüblichen Bekanntmachung**. Nach § 3 II 4 BauGB sind die Internetseite oder Internetadresse, unter der die genannten Unterlagen eingesehen werden können, die Dauer der Veröffentlichungsfrist sowie Angaben dazu, welche Arten umweltbezogener Informationen verfügbar sind, vor Beginn der Veröffentlichungsfrist ortsüblich bekannt zu machen. In der ortsüblichen Bekanntmachung ist darauf hinzuweisen, 1. dass Stellungnahmen während der Dauer der Veröffentlichungsfrist abgegeben werden können, 2. dass Stellungnahmen elektronisch übermittelt werden sollen, bei Bedarf aber auch auf anderem Weg abgegeben werden können, 3. dass nicht fristgerecht abgegebene Stellungnahmen bei der Beschlussfassung über den Bauleitplan unberücksichtigt bleiben können und 4. welche anderen leicht zu erreichenden Zugangsmöglichkeiten nach Satz 2 bestehen. Der Inhalt der Bekanntmachung ist nach § 3 II 5 BauGB zusätzlich in das Internet ein-

---

[4086] VGH Kassel ZfBR 2013, 586.

[4087] VGH Kassel, Urt. v. 21.2.2013 – 4 C 1431/12.N, juris.

[4088] BVerwG NVwZ 2009, 1103.

[4089] VGH Kassel LKRZ 2009, 380; BVerwGE 79, 200.

[4090] Arndt/Herzer UPR 2023, 475.

[4091] Arndt/Herzer UPR 2023, 475; VGH München DVBl. 2022, 1337 zu § 4a IV BauGB aF

[4092] Battis in BKL, BauGB, 2022, § 3 Rn. 17; Bönker in HBG, Öffentliches Baurecht, 2024, § 5 Rn. 327.

[4093] Spieß in Jäde/Dirnberger BauGB/BauNVO, 2022, § 3 BauGB Rn. 31.

[4094] Spieß in Jäde/Dirnberger BauGB/BauNVO, 2022, § 3 BauGB Rn. 31; Bönker in HBG, Öffentliches Baurecht, 2024, § 5 Rn. 328.

zustellen; die zu veröffentlichenden Unterlagen und der Inhalt der Bekanntmachung sind über ein zentrales Internetportal des Landes zugänglich zu machen. Die Bekanntmachung muss außerdem die Art des Bauleitplanes (Flächennutzungsplan oder Bebauungsplan) erkennen lassen. Zusätze oder Einschränkungen, die geeignet sein könnten, interessierte Bürger von der Abgabe von Stellungnahmen abzuhalten, darf die Bekanntmachung nicht enthalten.[4095] Die Bekanntmachung zur Veröffentlichung des Planentwurfs muss nach § 3 II 2, 2. HS BauGB (nur) den Hinweis enthalten, dass Stellungnahmen während der Auslegungsfrist abgegeben werden können und dass nicht fristgerecht abgegebene Stellungnahmen bei der Beschlussfassung über den Bauleitplan unberücksichtigt bleiben können. Einer ausdrücklichen Information, an wen die Stellungnahmen zu richten sind, bedarf es nicht.[4096]

Die Bekanntmachung zur Auslegung muss nicht mehr generell den Hinweis enthalten, ob im Rahmen der Bauleitplanung eine **UVP (Umweltprüfung)** erfolgt, da grundsätzlich jeder Bauleitplan einer Umweltprüfung bedarf. Etwas anderes gilt für die Aufstellung oder Änderung eines Bauleitplans in vereinfachten Verfahren. Nach § 13 III BauGB ist in diesem Fall darauf hinzuweisen, dass von einer Umweltprüfung abgesehen wird. Ein Unterlassen des Hinweises führt nach § 214 I 1 Nr. 2 BauGB nicht zu einem beachtlichen Verfahrensfehler. Bei einem **Bebauungsplan der Innenentwicklung** bedarf es dieses Hinweises nicht (§ 13 a III Nr. 1 BauGB), da eine Umweltprüfung in diesem Fall nicht erfolgt. 1893

Die Frage der Ortsüblichkeit der Bekanntmachung richtet sich nach Landesrecht, insbesondere nach dem Kommunalrecht. Soweit in einigen Ländern Bekanntmachungen ausschließlich im Internet vorgesehen sind, gilt es zu bedenken, dass das BauGB auch nach der Digitalisierungsnovelle keine ausschließliche Internetbeteiligung vorsieht, so dass die Gemeinden nach § 3 II 5 BauGB nach wie vor verpflichtet sind, den Inhalt der Bekanntmachung zusätzlich in das Internet einzustellen und über ein zentrales Internetportal des Landes zugänglich zu machen. Außerdem verpflichtet § 3 II 2 BauGB, für Personen ohne Internetzugang zwingend anderweitige Zugangsmöglichkeiten zu den Beteiligungsunterlagen zur Verfügung zu stellen und die Abgabe von Stellungnahmen in Papierform zu ermöglichen (§ 3 II 4 Nr. 2 BauGB). Eine reine Internetveröffentlichung ist deshalb nicht ausreichend.[4097] 1894

e) Bekanntmachungszeitpunkt. § 3 II 4 BauGB verlangt eine ortsübliche Bekanntmachung vor Beginn der Veröffentlichungsfrist, dh vor Beginn der Veröffentlichung der Entwurfsunterlagen im Internet, ohne dafür eine bestimmte Frist vorzugeben. Die in § 3 II 2 BauGB aF dazu vorgesehene Wochenfrist ist entfallen. Das dürfte seinen Grund darin haben, dass die Einsicht in die Entwurfsunterlagen im Internet keinen zeitlichen Vorlauf zur Vorbereitung darauf erfordert. Voraussichtlich wird nur vereinzelt eine Einsicht über andere leicht zu erreichende Zugangsmöglichkeiten genommen.[4098] Ob es angesichts dieser bewussten Streichung der Wochenfrist gleichwohl noch geboten ist, einen angemessenen zeitlichen Abstand zwischen der Ankündigung und dem Beginn der Veröffentlichung zu verlangen, um den Betroffenen eine hinreichende Vorbereitung auf das Beteiligungsverfahren zu ermöglichen, ist zweifelhaft.[4099] 1895

f) Abgabe von Stellungnahmen. Stellungnahmen können von jedermann abgegeben werden. Eine Einschränkung des Personenkreises enthält § 3 II 2 BauGB nicht. Auch eine spezifische Betroffenheit ist dafür nicht erforderlich. Das Vorbringen kann sich auf alles erstrecken, was Inhalt der Planunterlagen ist, und kann sich insoweit auf veröffentlichte Gutachten, Stellungnahmen sowie auf die planerischen Darstellungen und Festsetzungen beziehen, sich aber auch auf die vorgesehene Art und Weise des Vollzugs und die entstehenden Kosten und sonstigen Folgewirkungen erstrecken. Es können auch **Sammelstellungnahmen** erhoben werden.[4100] 1896

Nach § 3 II 4 Nr. 1 BauGB ist in der Bekanntmachung darauf hinzuweisen, dass Stellungnahmen während der Dauer der Veröffentlichungsfrist abgegeben werden können. Außerdem ist in der Bekanntmachung darauf hinzuweisen, dass Stellungnahmen elektronisch übermittelt werden sollen, bei Bedarf aber auch auf anderem Weg abgegeben werden können, dh insbe- 1897

4095 BVerwG Urt. v. 27.5.2013 – 4 BN 28.13, juris; BauR 2021, 50 f.; BauR 2021, 1559 f.; Bönker in HBG, Öffentliches Baurecht 2024, § 5 Rn. 324.

4096 OVG Münster Urt. v. 25.10.2022 – 2 D 9/21, juris Rn. 37.

4097 Arndt/Herzer UPR 2023, 475.

4098 Arndt/Herzer UPR 2023, 475

4099 So Bönker in HBG, Öffentliches Baurecht, 2024, § 5 Rn. 326.

4100 BVerwG Beschl. v. 18.12.2012 – 9 B 24.12, BeckRS 2013, 45841.

sondere schriftlich oder auch zur Niederschrift der Gemeindeverwaltung erklärt werden (§ 3 II 4 Nr. 2 BauGB).[4101] Erforderlich ist jedoch, dass die Stellungnahmen schriftlich fixiert werden, damit ihre Berücksichtigung im Planverfahren und bei der Planungsentscheidung sichergestellt ist.[4102] Zulässig ist auch eine Stellungnahme per Email ohne besondere Signatur.[4103]

1898 Eine Pflicht, Stellungnahmen vorzubringen, besteht nicht. Hat es der betroffene Bürger unterlassen, auf eine eigene Betroffenheit oder die sich aus der Planung für ihn ergebenden (nachteiligen) Auswirkungen hinzuweisen, so können solche Belange im weiteren Abwägungsverfahren auf der Strecke bleiben, wenn sie der planenden Gemeinde nicht bekannt sind und sich ihr auch nicht aufdrängen mussten (§§ 3 II 2, 4 a VI, 214 I 1 Nr. 1 BauGB).[4104] Durch die zweigeteilte frühzeitige und förmliche Öffentlichkeitsbeteiligung sind den durch die Planung Betroffenen gegenüber der früheren Rechtslage erweiterte Mitwirkungsrechte erwachsen. Diesen erweiterten Beteiligungsrechten der **Öffentlichkeit** entsprechen **Mitwirkungslasten** in dem Sinne, dass Belange, die in der Öffentlichkeitsbeteiligung nicht vorgetragen werden, in der Abwägung ausfallen können, wenn sie sich der Gemeinde nicht aufdrängen und der Inhalt der Stellungnahme für die Rechtmäßigkeit des Bauleitplans nicht von Bedeutung ist (§ 4 a V 1 BauGB). Für die im Rahmen der Öffentlichkeitsbeteiligung abgegebenen Stellungnahmen gilt dies nur dann, wenn darauf in der Bekanntmachung nach § 3 II 4 BauGB hingewiesen worden ist (§ 4 a V 2 BauGB). Legt ein Grundstückseigentümer über die bloße Tatsache der Eigentumsbetroffenheit keine konkreten Interessenbeeinträchtigungen dar, so kann er in der planerischen Entscheidung auch nur eine entsprechende pauschale Auseinandersetzung mit seinen privaten Belangen erwarten. Im gerichtlichen Verfahren beschränkt sich die Prüfung auf die Frage, ob die planende Stelle das Interesse des Eigentümers abwägungsfrei hinter die für das Vorhaben ins Feld geführten Belange zurückgesetzt hat.

Beispiel: Die Gemeinde plant die Ausweisung einer Straße, die zwischen einem Gewerbebetrieb und einem Wohngebiet verlaufen soll. Hierdurch entfällt ein Waldstück, das zwischen beiden Nutzungen liegt. Der Inhaber des Gewerbebetriebes äußert sich in der Öffentlichkeitsbeteiligung nur dahingehend, er sei nicht bereit, eine für die Straße benötigte kleinere Grundstücksfläche zur Verfügung zu stellen. Im Normenkontrollverfahren wendet er ein, durch den Wegfall des Baumbestandes werde dem Wohngebiet ein Schallschutz genommen, woraus sich für den Gewerbebetrieb die Notwendigkeit ergebe, durch Rücksichtnahme in der betriebsinternen Ablaufplanung auf diese Änderungen zu reagieren. Die Gemeinde kann hier einwenden, dass diese betriebsinternen Auswirkungen weder vorgetragen worden sind noch sich aufdrängen mussten.[4105]

1899 Die Stellungnahmen können innerhalb der Veröffentlichungsfrist geltend gemacht werden. Allerdings sind Einwendungen, die erst nach Ablauf der Offenlegungsfrist bei der Gemeinde eingehen, nicht automatisch präkludiert in dem Sinne, dass sie nicht mehr berücksichtigt werden dürften. Vielmehr hat die Gemeinde alle nach Lage der Dinge beachtlichen Belange in die Abwägung einzustellen. Für die Abwägung ist dabei nach § 214 III 1 BauGB die Sach- und Rechtslage im Zeitpunkt der Beschlussfassung über den Bauleitplan maßgeblich. Alle Informationen, die im Rahmen des Verfahrens bis zu diesem Zeitpunkt die Gemeinde erreichen, müssen danach in die Abwägung eingestellt werden. Treffen diese Informationen jedoch so spät ein, dass sie nicht mehr in der entscheidenden Ratssitzung verarbeitet werden können, dann sind sie im gemeindlichen Abwägungsprozess unbeachtlich und führen nicht dazu, dass die Bauleitplanung etwa wegen eines Abwägungsverfahrens unwirksam ist.

Beispiel: Ein Grundstückseigentümer äußert erst am Tage der abschließenden Ratssitzung aus persönlichen Gründen den Wunsch, sein Grundstück von der vorgesehenen Mischgebietsausweisung auszunehmen und stattdessen eine Wohnbebauung zuzulassen. Die Gemeinde braucht die verspätet vorgetragenen Bauwünsche im Abwägungsverfahren nicht mehr im Einzelnen zu berücksichtigen, da dies aus Zeitgründen nicht möglich ist. Verspätet eingehende Stellungnahmen können auch dann unberücksichtigt bleiben, wenn die Gemeinde deren Inhalt nicht kannte und auch nicht hätte kennen müssen. Hat der Betroffene nicht innerhalb der förmli-

4101 Bönker in HBG, Öffentliches Baurecht, 2024, § 5 Rn. 336.
4102 BVerwG NVwZ 2021, 1311= juris Rn. 4
4103 BVerwG NVwZ 2021, 1311.
4104 BVerwGE 59, 87.
4105 BVerwG NVwZ 1986, 740; UPR 2012, 66.

chen Offenlage Stellung genommen, ist die Normenkontrolle unzulässig (§ 47 II a VwGO). Verfrühte, im Planaufstellungsverfahren erhobene Rügen müssen während der förmlichen Offenlage nochmals erhoben werden.[4106]

1900 Die zum Zeitpunkt des Satzungsbeschlusses gegebene **Sach- und Rechtslage** ist auch für die städtebauliche Rechtfertigung einer Bauleitplanung maßgeblich.[4107] Nach Ablauf der Frist eingehende Stellungnahmen oder anderweitig erhaltene Informationen dürfen jedoch nicht lediglich mit dem Hinweis auf die bereits verstrichene Offenlegungsfrist unbeachtet bleiben. Stellungnahmen, die im Verfahren der Öffentlichkeits- und Behördenbeteiligung nicht rechtzeitig abgegeben worden sind, können nach § 4a V 1 BauGB bei der Beschlussfassung über den Bauleitplan nur dann unberücksichtigt bleiben, sofern die Gemeinde deren Inhalt nicht kannte und nicht hätte kennen müssen und deren Inhalt für die Rechtmäßigkeit des Bauleitplans nicht von Bedeutung ist. Aus der zweiten Voraussetzung, dass nämlich die verspätete Stellungnahme nur dann unberücksichtigt bleibe kann, folgt im Umkehrschluss, dass alle noch abwägungsrelevanten Äußerungen auch noch berücksichtigt werden müssen, Dass für die Abwägung bzw. die Rechtmäßigkeit des Plans irrelevante Stellungnahmen nicht berücksichtigt werden müssen, ist eine Selbstverständlichkeit, die auch ohne gesetzliche Regelung gelten würde. Dementsprechend müssen alle verspätete, aber abwägungsrelevanten Stellungnahmen beim Satzungsbeschluss noch Berücksichtigung finden.

Beispiel: Die Gemeinde weist ein neues Wohngebiet in einem bisher unbebauten Bereich aus. Nach der Offenlegung wird in der Nachbarschaft des geplanten Wohngebietes ein Gewerbebetrieb genehmigt. Dieser erhebt vor der entscheidenden Ratssitzung Bedenken gegen die Ausweisung des Wohngebietes. Die Gemeinde hat die inzwischen erfolgte Ansiedlung des Gewerbebetriebes in ihre Abwägung einzustellen und ggf. entsprechende Schutzauflagen vorzusehen. Diese Ausgleichsmaßnahmen dürfen nicht im Hinblick auf die durch den Planungsstand bewirkte Vorbelastung unterbleiben.

1901 Die während der Veröffentlichungsfrist abgegebenen Stellungnahmen muss die Gemeinde nach § 3 II 6 Hs. 1 BauGB prüfen und dazu entscheiden, ob und ggfls. in welcher Weise sie für den Plan berücksichtigt werden sollen. Nach § 3 II 8 BauGB hat die Gemeinde nicht berücksichtigte Stellungnahmen bei der Vorlage der Bauleitpläne nach § 6 oder § 10 II BauGB mit einer Stellungnahme an die Aufsichtsbehörde zu übergeben. Stellungnahmen, die im Verfahren der Öffentlichkeits- und Behördenbeteiligung nicht rechtzeitig abgegeben worden sind, können bei der Beschlussfassung über den Bauleitplan unberücksichtigt bleiben, sofern die Gemeinde deren Inhalt nicht kannte und nicht hätte kennen müssen und deren Inhalt für die Rechtmäßigkeit des Bauleitplans nicht von Bedeutung ist (§ 4 a VI 1 BauGB). Die Gemeinde hat allerdings zuvor bei der Öffentlichkeitsbeteiligung darauf hinzuweisen (§§ 4 a VI 2 BauGB, 214 I 1 Nr. 1 BauGB). Hieraus ergeben sich entsprechende **Mitwirkungslasten** für die Öffentlichkeit.

1902 Als planende Behörde muss die Gemeinde im Hinblick auf das Abwägungsgebot auch nach Lage der Dinge erforderliche **eigene Ermittlungen** anstellen. Im gerichtlichen Verfahren sind allerdings Nachbesserungen hinsichtlich der Zusammenstellung des Abwägungsmaterials im Bauleitplanverfahren (§ 2 III BauGB) durch das **Gericht** selbst grundsätzlich unzulässig. Erfasst und gewichtet die Gemeinde abwägungserhebliche Belange eines Planbetroffenen nicht oder nur unzulänglich, darf das Gericht diesen Mangel im Abwägungsvorgang nicht durch eigene Ermittlungen und Bewertungen nachbessern. Dieses **Nachbesserungsverbot** gilt beispielsweise für eine nach Landesrecht als erforderlich anzusehende Verkehrsanalyse[4108] oder auch für die Anordnung von Ausgleichsmaßnahmen.[4109] Die plangegebene Vorbelastung eines Grundstücks beeinflusst nicht die Abwägungserheblichkeit der Eigentümerbelange und entbindet deshalb die Gemeinde nicht von der Verpflichtung, diese Belange mit dem ihnen zukommenden Gewicht in die Abwägung einzubeziehen.[4110] Allerdings bestehen ebenso wie im Fachpla-

---

4106 So VGH München Urt. v. 25.5.2011 – 15 N 10.1568, juris zu Festlegungen von Zielen in einem Regionalplan, zu vergleichbaren Erfordernissen bei der Rüge von Form- und Verfahrensgehlern nach Erlass der Rechtsnorm.

4107 VGH München NVwZ-RR 2000, 79.

4108 BVerwG NVwZ 1989, 152.

4109 BVerwG UPR 1989, 227.

4110 BVerwGE 78, 177; ZfBR 1989, 264; BVerwG NVwZ 1991, 362.

nungsrecht auch in der Bauleitplanung Nachbesserungsmöglichkeiten (§ 214 IV BauGB) seitens der planenden Behörde. So ist die Gemeinde auch noch während des Gerichtsverfahrens oder auch nach einer rechtskräftigen gerichtlichen Entscheidung in der Lage, Verfahrensfehler oder inhaltliche Fehler des Bebauungsplans oder der Satzung durch ein ergänzendes Verfahren zu heilen. Der Plan hat aber bis zur Behebung des Mangels keine Rechtswirkungen (§ 47 V 2 VwGO, § 215 I 2).

1903 **g) Mitteilung über das Ergebnis der Prüfung**. Die fristgemäß abgegebenen Stellungnahmen sind nach § 3 II 6 BauGB zu prüfen; das Ergebnis ist mitzuteilen.[4111] Die Einwender sollen die beim Satzungsbeschluss maßgeblichen Abwägungsgrundlagen erfahren, um auf Grund dieser Informationen die Möglichkeiten einer Normenkontrolle zu prüfen. Nach Auffassung des VGH Mannheim ist es nicht Zweck der Mitteilungspflicht, Gelegenheit zu nochmaligem Vorbringen im Bebauungsplanverfahren zu geben. Die Mitteilung müsse daher weder vor Einleitung des Genehmigungsverfahrens noch vor dem Inkrafttreten der Satzung erfolgen. Selbst ihr völliges Fehlen führe nicht zur Unwirksamkeit des Bebauungsplans.[4112] Für eine ordnungsgemäße Prüfung der anlässlich der Offenlegung zu einem Bebauungsplan abgegebenen Stellungnahmen reicht es jedenfalls aus, wenn die einzelnen Stellungnahmen mit ihren abwägungsrelevanten Kernaussagen aufgelistet und ihnen jeweils die Stellungnahmen der Verwaltung gegenübergestellt werden.[4113] Die Zuständigkeit zur abschließenden Prüfung der Stellungnahmen liegt in Niedersachsen nach Auffassung des OVG Lüneburg nicht beim Verwaltungsausschuss, sondern beim Rat der Gemeinde. Ein Satzungsbeschluss des Rates ohne vorherige Bescheidung der Stellungnahmen durch ihn verstoße daher gegen das Abwägungsgebot und sei daher unwirksam.[4114] Derartige auf der Anwendung des Landesrechts beruhende Mängel können jedoch in einem ergänzenden Verfahren geheilt werden. Denn die Heilungsmöglichkeiten in einem ergänzenden Verfahren nach § 214 IV BauGB beziehen sich nicht nur auf die Verletzung bundesrechtlicher Anforderungen, sondern umfassen auch die Heilung von Fehlern, die sich auf Grund von landesrechtlichen Anforderungen ergeben.[4115]

1904 Bundesrecht verlangt auch nicht, dass das Ergebnis der fristgemäß eingegangenen Stellungnahmen zum Entwurf eines Bebauungsplans von der Gemeinde durch **besonderen Beschluss** festgestellt wird. Die Prüfung der zum Entwurf eines Bebauungsplans eingegangenen Stellungnahmen ist Bestandteil der Abwägung gemäß § 1 VI, VII BauGB. Die abschließende Entscheidung darüber ist dem Satzungsbeschluss vorbehalten (§ 10 I, § 214 III 1 BauGB).[4116] Entscheidet der Rat nicht abschließend über die nach § 3 II 4 BauGB vorgebrachten Stellungnahmen der Öffentlichkeit, kann das Abwägungsgebot nach § 1 VII BauGB verletzt sein. Werden die vorgebrachten Anregungen dem Rat vorenthalten oder stellt dieser sie aus anderen Gründen nicht in seine Abwägung ein, liegt ein Ermittlungsfehler und auch ein Gewichtungsfehler im Vorgang der planerischen Abwägung vor.[4117] Die Abwägungsentscheidung des zuständigen Organs des Planungsträgers bei der Flächenauswahl muss im Rahmen der gerichtlichen Kontrolle durch die Begründung bzw. Erläuterung der Planung und die Aufstellungsunterlagen bzw. Verfahrensakten hinreichend dokumentiert und nachvollziehbar sein. Eine ungeprüfte Übernahme der auf der Ebene der Flächennutzungs- oder Bebauungspläne in den Kommunen zum Ausdruck gekommenen Planvorstellungen in das Regionale Raumordnungsprogramm stellt einen Abwägungsfehler dar.[4118]

1905 Für **Massenverfahren** sieht das Gesetz eine vereinfachte Bekanntgabe des Prüfungsergebnisses vor. Haben mehr als 50 Personen Stellungnahmen mit im Wesentlichen gleichem Inhalt vorgebracht, so kann die Mitteilung des Ergebnisses der Prüfung dadurch ersetzt werden, dass diesen Personen Einsicht in das Ergebnis ermöglicht wird. Die Stelle, bei der das Ergebnis der Prüfung während der Dienststunden eingesehen werden kann, ist ortsüblich bekanntzumachen.

4111 Zur Frage, ob und ggf. wann ein Einwender in einem Bebauungsplanverfahren einen Anspruch auf Mitteilung über die Entscheidung des Gemeinderats über die von ihm erhobenen Einwendungen hat und welche Bedeutung einem Verstoß zukommt BVerwG ZfBR 2009, 274.

4112 VGH Mannheim NVwZ-RR 1997, 684; BVerwG NVwZ 2003, 206.

4113 OVG Münster Urt. v. 15.4.2011 – 7 D 68/10.NE, BeckRS 2011, 50512.

4114 OVG Lüneburg NVwZ-RR 1998, 548. Bundesrechtlich ist eine Bescheidung der Anregungen durch den Rat allerdings nicht erforderlich, so BVerwG ZfBR 2000, 197.

4115 BVerwG ZfBR 2000, 197.

4116 BVerwGE 110, 118.

4117 OVG Münster Urt. v. 11.9.2008 – 7 D 74/07.NE, BeckRS 2008, 39423.

4118 OVG Lüneburg BauR 2011, 1300.

Bei der Vorlage der Bauleitpläne im Genehmigungsverfahren nach den §§ 6, 10 II BauGB sind die nicht berücksichtigten Stellungnahmen mit einer Stellungnahme der Gemeinde beizufügen (§ 3 II 5 und 6 BauGB).

Im Zuge der öffentlichen Auslegung des Bebauungsplanentwurfs vorgebrachte Stellungnahmen der Öffentlichkeit sind den zur Entscheidung berufenen **Gemeinderäten** in einer Weise zur Kenntnis zu geben, die sie in die Lage versetzt, sich mit ihnen eingehend auseinanderzusetzen. Hierzu kann es genügen, die einzelnen Einwendungen tabellarisch sozusagen in einer **Abwägungstabelle** zusammengefasst mit ihren Kernaussagen aufzulisten und ihnen jeweils die Stellungnahmen oder Vorschläge der Verwaltung gegenüberzustellen.[4119] Für eine ordnungsgemäße Abwicklung der Prüfung nach § 3 II 4 BauGB reicht es aus, wenn die einzelnen Einwendungen gegen den Plan mit ihren Kernaussagen aufgelistet und ihnen jeweils Stellungnahmen oder Vorschläge der Verwaltung gegenübergestellt werden; dabei kann sich die Auflistung auf das beschränken, was abwägungsrelevant ist.[4120] Den abschließenden Beschluss über den Bebauungsplan muss der Rat selbst treffen. Ein Ausschussbeschluss reicht hierzu nicht. Die Ratsmitglieder sind über die Abwägungsgrundlagen mit entsprechenden Zugriffsmöglichkeiten zu informieren.[4121] Nach der abschließenden Beschlussfassung kann die dem Bebauungsplan beizufügende Begründung ohne einen erneuten Satzungsbeschluss nicht mehr verändert werden.[4122] Hat der Gemeinderat über einen Verhandlungsgegenstand entschieden, kann nicht mehr nachträglich mit Erfolg geltend gemacht werden, die Einberufung zur Sitzung oder die Informationen über den Verhandlungsgegenstand seien zu spät erfolgt. Das gilt jedenfalls dann, wenn keine Anhaltspunkte dafür gegeben sind, dass ein Mitglied des Gemeinderats gerade wegen einer von ihm als zu kurz empfundenen Vorbereitungszeit der Sitzung ferngeblieben ist. Welche Vorlauffrist für die Einberufung des Gemeinderats, die Mitteilung der Verhandlungsgegenstände und die Übersendung der Sitzungsunterlagen angemessen ist, beurteilt sich im Einzelfall maßgeblich nach der Ortsgröße und dem Umfang der Tagesordnung sowie nach der Bedeutung und Schwierigkeit der einzelnen Verhandlungsgegenstände und der anstehenden Entscheidungen. Auch Vorbehandlungen des Beratungsgegenstandes in früheren Sitzungen kommt insoweit Bedeutung zu.[4123] In Fällen, in denen der Inhalt einer Bebauungsplansatzung eine Kombination aus zwei früheren Planentwürfen darstellt, die jeweils ordnungsgemäß ausgelegt waren, ist eine erneute öffentliche Auslegung vor dem Satzungsbeschluss nicht erforderlich.[4124] 1906

Die **Stellungnahmen** müssen mit dem ihnen jeweils zukommenden Gewicht in die **Abwägung** eingehen. Dabei sind alle Belange zu berücksichtigen, die in ihrem Eintritt wahrscheinlich sowie mehr als geringfügig, schutzwürdig und erkennbar sind.[4125] 1907

Es entspricht der Transparenz der Öffentlichkeitsbeteiligung, die eingegangenen **Stellungnahmen öffentlich** zu **behandeln**. Dies erfolgt in einer Ratssitzung, in der üblicherweise zugleich auch die Beschlussfassung über den Flächennutzungsplan oder die Verabschiedung des Bebauungsplans als Satzung ansteht. Die Einzelheiten des dabei zu beachtenden Verfahrens richten sich nach Landesrecht.[4126] Vielfach ist im Landes- und Ortsrecht auch eine Vorberatung in Ausschüssen vorgeschrieben. Das Ergebnis der Prüfung ist den Betroffenen mündlich oder schriftlich mitzuteilen. 1908

Auf die **Mitteilung** des **Ergebnisses** der Prüfung besteht ein **einklagbarer Rechtsanspruch**, nicht jedoch auf die Mitteilung von Einzelgründen, die für diese Entscheidung maßgeblich waren. Allerdings empfiehlt es sich, die Mitteilung auch darauf zu erstrecken. Durch die unterlassene Mitteilung wird allerdings die Rechtmäßigkeit des Bauleitplans nicht in Frage gestellt.[4127] Die **nicht berücksichtigten Stellungnahmen** sind versehen mit einer Stellungnahme der Gemeinde zusammen mit dem beschlossenen Bauleitplan der **höheren Verwaltungsbehörde** im Rahmen des **Genehmigungsverfahrens** nach den §§ 6, 10 II BauGB **vorzulegen**, wenn eine Genehmigung erforderlich ist. 1909

4119 OVG Münster DÖV 2013, 489.

4120 OVG Münster Urt. v. 25.10.2007 – 7 D 129/06.NE, BeckRS 2007, 27778.

4121 OVG Münster BauR 2008, 2014.

4122 OVG Berlin-Brandenburg Urt. v. 19.3.2008 – 2 A 3.08, BeckRS 2008, 34542 m. Hinw. auf BVerfG NVwZ 2008, 780.

4123 VGH Mannheim NuR 2000, 153 im Anschluss an VGH Mannheim VBlBW 1990, 457.

4124 VGH München BauR 2005, 1519.

4125 BVerwGE 59, 87.

4126 BVerwGE 79, 200.

4127 Battis in BKL, BauGB, 2022, § 3 Rn. 17.

1910 **h) Beifügung nicht berücksichtigter Stellungnahmen.** Bei der Vorlage der Bauleitpläne nach § 6 oder § 10 II BauGB sind die nicht berücksichtigten Stellungnahmen mit einer Stellungnahme der Gemeinde beizufügen (§ 3 II 8 BauGB). Hierdurch soll sichergestellt werden, dass eine Kontrolle über eine ausreichende inhaltliche Befassung mit den eingegangenen Stellungnahmen ermöglicht und die höhere Verwaltungsbehörde entsprechend informiert wird.

1911 **i) Hinweis für Umweltvereinigungen.** Bei Flächennutzungsplänen ist nach § 3 III BauGB ergänzend zu dem Hinweis nach § 3 II 4, 2. HS BauGB darauf hinzuweisen, dass eine Vereinigung iS des § 4 III 1 Nr. 2 UmwRG in einem Rechtsbehelfsverfahren nach § 7 II UmwRG gemäß § 7 III 1 UmwRG mit allen Einwendungen ausgeschlossen ist, die sie im Rahmen der Veröffentlichungsfrist nicht oder nicht rechtzeitig geltend gemacht hat, aber hätte geltend machen können.

3. Rechtsstaatliche Ausgangspunkte der Bekanntmachungserfordernisse

1912 Ausgangspunkte der Bekanntmachungserfordernisse für die Bauleitpläne hat das BVerwG bereits im Harmonie-Urteil[4128] formuliert: Die ordnungsgemäße Bekanntmachung des Offenlegungsbeschlusses sei unverzichtbare Voraussetzung für die Wirksamkeit des Bauleitplans. Ohne ordnungsgemäße Bekanntmachung könne ein gültiger Bebauungsplan nicht entstehen. Bekanntmachungen müssten den Bebauungsplan, auf den sie sich beziehen, so bezeichnen, dass die Bekanntmachung geeignet sei, den an der Planung Interessierten dieses Interesse bewusstzumachen. Es reiche für eine Bekanntmachung zur Veröffentlichung des Planentwurfs nach § 3 II BauGB und die Schlussbekanntmachung nach § 10 III 1 BauGB nicht aus, wenn der Bebauungsplan, auf den sie sich beziehen, ausschließlich mit einer Nummer[4129] bezeichnet werde.[4130] Die Bekanntmachungen einerseits nach § 3 II 4 BauGB und andererseits nach § 10 III BauGB hätten allerdings verschiedene Aufgaben.[4131] Die Bekanntmachung im Rahmen der Öffentlichkeitsbeteiligung stehe in enger Beziehung zu der den nachfolgenden Plan tragenden planerischen Abwägung. Sie fordere dazu auf, mit Stellungnahmen zu einer ordnungsgemäß abgewogenen Planung beizutragen, und verschaffe auf diese Weise dem Planungsträger das Abwägungsmaterial, das bei der Beschlussfassung sachgerecht berücksichtigt werden müsse.[4132] Die Schlussbekanntmachung hingegen habe nicht die Ermunterung zur Mitwirkung als Ziel, sondern die Ersatzverkündung einer Rechtsnorm. Mit ihr werde ein Rechtsetzungsverfahren abgeschlossen, dh es werde die auf Grund dieses Verfahrens gesetzte Norm inhaltlich festgelegt, und es werde zugleich – mit dem Anspruch, auf Dauer sicher auffindbar zu sein[4133] – der Abschluss des Rechtsetzungsverfahrens dokumentiert. Mit der Bekanntmachung tritt der Bebauungsplan nach § 10 III 4 BauGB in Kraft.

1913 Diese Unterschiede zwischen den beiden Bekanntmachungen heben aber nicht die Gemeinschaft auf, die sich bereits aus dem Wort „Bekanntmachung" ergibt: Bekanntmachungen haben Adressaten, und was sie wenigstens erreichen müssen, ist, diesen Adressaten bewusst zu machen, dass sie Betroffene dessen sind, was bekannt gemacht wird. In diesem Sinne ist bei

---

[4128] BVerwG NJW 1978, 2564.

[4129] Zur Frage, ob im Zuge der erstmaligen Aufstellung eines Flächennutzungsplans allein die Bezeichnung als Flächennutzungsplanung und die geografischen Angaben über den Planbereich im Zuge der Bekanntmachung von Entwürfen eines Flächennutzungsplans, der die Rechtswirkungen des § 35 III 3 BauGB für sich in Anspruch nimmt, ausreichen, um die Anstoßwirkung nach § 3 II BauGB auszulösen BVerwG BauR 2009, 75.

[4130] Auch BVerwG NVwZ 1989, 661.

[4131] BVerwGE 55, 369.

[4132] Siehe zur Abwägung als Verfahren und zur Abwägung als materielles Recht auch Beckmann BauR 2016, 1417.

[4133] Siehe dazu OVG Saarland NVwZ-RR 2023, 936= juris Rn. 29: „Die (Schluss-)Bekanntmachung des Bebauungsplans nach § 10 III 1 BauGB und die Bekanntmachung des Planentwurfs nach § 3 II 2 BauGB unterliegen unterschiedlichen Anforderungen. Bei der Schlussbekanntmachung des Bebauungsplans wird eine Anstoßfunktion wie bei § 3 II BauGB nicht bezweckt."; siehe auch OVG Münster Beschl. v. 4.8.2022 – 22 A 488/20, juris Rn. 21: „Wegen der unterschiedlichen Zielrichtungen der Offenlagebekanntmachung nach § 3 II BauGB einerseits und der Schlussbekanntmachung nach § 6 V 1 BauGB andererseits kommt eine wechselseitige Übertragung der Anforderungen an die jeweilige Bekanntmachung nicht in Betracht."

jeder Bekanntmachung unerlässlich, dass sie zumindest anstößt.[4134] Die Bekanntmachung zur Veröffentlichung des Planentwurfs nach § 3 II 4 BauGB muss in einer Weise erfolgen, die geeignet ist, dem an der beabsichtigten Bauleitplanung interessierten Bürger sein Interesse an Information und Beteiligung durch Anregung und Bedenken bewusst zu machen und dadurch gemeindliche Öffentlichkeit herzustellen.[4135] In der Bekanntmachung zur Veröffentlichung des Planentwurfs muss das Dienstzimmer, in dem der Planentwurf ausliegt, nicht angegeben werden.[4136] Erfolgt eine Bekanntmachung durch Anschlag an die Bekanntmachungstafel der Gemeinde für die Dauer von mindestens einer Woche und gleichzeitigem Hinweis in der Zeitung, dann ist die Bekanntmachung mit dem Erscheinen des Hinweises in der Zeitung vollzogen.[4137]

Das BVerwG hat auf **Mitwirkungslasten** der Bürger verwiesen, die Bekanntmachung in einem amtlichen Publikationsorgan zu verfolgen.[4138] Wegen dieser besonderen Umstände bei der Planung von Vorhaben trifft den Bürger schon im eigenen Interesse eine – dem besonderen Mitwirkungsrecht im Verwaltungsverfahren korrespondierende – Mitwirkungslast,[4139] der zufolge er sich um Informationen über seine Rechtsbetroffenheit auch seinerseits zu bemühen hat. Mit der im Fachplanungsrecht bestehenden Last, nach Abschluss des Anhörungsverfahrens über das Vorhaben und in Erwartung des anstehenden Planfeststellungsbeschlusses ein amtliches Publikationsorgan (einschließlich der örtlichen Tageszeitungen) zur Kenntnis zu nehmen und sich am Ort der Auslegung über seine Rechtsbetroffenheit zu informieren, wird dem einzelnen Bürger nichts Übermäßiges abverlangt. In jedem Fall muss gewährleistet sein, dass die Bekanntmachung denen, die sie angeht, bewusst macht, dass sie von ihrem Inhalt betroffen sind. Die Anstoßfunktion ist unerlässliches Wesensmerkmal einer jeden Bekanntmachung, die nachteilige Rechtsfolgen für den Betroffenen bewirken kann.[4140] 1914

Für die Bekanntmachung der Veröffentlichung des Planentwurfs genügt die Kennzeichnung des Plangebietes etwa mit einem plakativen Begriff, der an eine geläufige geografische Bezeichnung anknüpft oder in sonst geeigneter Weise den Bürger auf das Plangebiet hinweist. Auch müssen bei dieser Bekanntmachung die einzelnen im Plangebiet liegenden Grundstücke nicht bezeichnet oder in einem Plan kenntlich gemacht werden.[4141] Die Bekanntmachung eines Bebauungsplans durch Anschlag an der Bekanntmachungstafel bzw. Aushang ist allerdings für größere Gemeinden problematisch.[4142] Ist für die Bekanntmachung ein Aushang von mindestens einer Woche vorgeschrieben, tritt der Plan erst nach Ablauf der Frist in Kraft.[4143] Bezieht sich der räumliche Geltungsbereich eines Bebauungsplans samt Ausgleichsflächen auf mehrere, nicht miteinander verbundene, sich über mehrere Gemarkungen des Gemeindegebiets erstreckende Gebiete, muss die Auslegungs- bzw. Schlussbekanntmachung alle Teile des Geltungsbereichs erfassen, um ihre Anstoß- bzw. Bekanntmachungsfunktion zu erfüllen.[4144] Diese Anforderungen gelten allerdings nur dann, wenn der Plangeber den räumlichen Geltungsbereich des Bebauungsplans erweitert, indem er an anderer Stelle Festsetzungen nach § 9 I Nr. 20 BauGB zu Flächen oder Maßnahmen zum Ausgleich trifft. Denn diese verändern als dingliche Zustandsregelungen den rechtlichen Zustand der mit den entsprechenden Festsetzungen belegten Flächen.[4145] 1915

Die Bekanntmachung gem. § 3 II 4 BauGB hat in einer Weise zu erfolgen, die geeignet ist, der an der beabsichtigten Bauleitplanung interessierten Öffentlichkeit ihr Interesse an Informa- 1916

4134 BVerwGE 55, 369.

4135 OVG Münster Urt. v. 25.10.2022 – 2 D 9/21.NE, juris Rn. 37; BVerwG Beschl. v. 7.7.2021 – 4 BN 50.20, juris Rn. 3, mwN.

4136 OVG Lüneburg Urt. v. 5.9.2007 – 1 KN 204/05, BeckRS 2007, 26833; BVerwG BRS 58 Nr. 41; aA VGH Mannheim BauR 2007, 1937.

4137 OVG Münster Beschl. v. 11.7.2007 – 7 A 3851/06, BeckRS 2007, 26098.

4138 BVerwG NVwZ 1987, 578.

4139 BVerwGE 60, 297.

4140 BVerwG NVwZ 1987, 578; BVerwGE 55, 369.

4141 So zum Fachplanungsrecht BVerwGE 71, 150.

4142 Noch für unbedenklich gehalten bei einer Gemeinde mit 22.500 Einwohnern.

4143 OVG Münster BauR 2008, 2014.

4144 OVG Lüneburg DVBl. 2023, 1291= juris Rn. 25; BauR 2021, 1413 = juris Rn. 22 mwN; VGH Kassel BauR 2017, 1962 = juris Rn. 40, 47; OVG Münster BauR 2018, 52 = juris Rn. 22; VGH Mannheim UPR 2021, 240 = juris Rn. 26, 29.

4145 OVG Lüneburg DVBl. 2023, 1291= juris Rn. 25.

tion und Beteiligung durch Stellungnahmen bewusstzumachen und dadurch eine gemeindliche Öffentlichkeit herzustellen.[4146] Die **Anstoßwirkung** der Beschreibung eines Plangebietes wird verfehlt, wenn die Verwendung einer unbekannten Bezeichnung geeignet ist, beim Leser den Eindruck zu erwecken, die Bekanntmachung könne sich auf einen ihn nicht interessierenden Straßenverlauf oder sonstigen Bereich beziehen.[4147] Es genügt allerdings, wenn die Bekanntmachung zur Kennzeichnung des Plangebietes an geläufige geografische Bezeichnungen anknüpft. Häufig wird sich hierfür auch eine schlagwortartige Angabe von geläufigen Namen anbieten, um dem Informationsinteresse des Bürgers genügen zu können. Die Anstoßfunktion ist gewährleistet, wenn der in der Bekanntmachung benutzte Name des Plangebietes allgemein geläufig ist. Dabei wird in aller Regel die Ortsüblichkeit der Namensbenutzung genügen. An den Bekanntheitsgrad des benutzten Namens sind keine strengeren Anforderungen zu stellen, als es die Verständlichkeit für die Bürger gebietet. Bei vorhandenem Namen und dessen hinreichender Bekanntheit ist es daher nicht erforderlich, in der Bekanntmachung der Veröffentlichung des Planentwurfs das Gebiet, auf das sich die Bauleitplanung bezieht, nochmals näher zu umschreiben.[4148] Hat sich das Konzept des offengelegten Planentwurfs gegenüber der frühzeitigen Öffentlichkeitsbeteiligung nach § 3 I BauGB geändert, muss darauf nicht bei der Bekanntmachung nach § 3 II 4 BauGB hingewiesen werden. Wird dieser Bekanntmachung einer Karte des Plangebiets beigefügt, muss diese das Plangebiet nicht parzellenscharf und metergenau wiedergeben.[4149] Bei der Aufstellung eines Bebauungsplans verlangt auch das Eigentumsgrundrecht nicht die individuelle Benachrichtigung eines nicht in der Gemeinde wohnhaften Grundstückseigentümers.[4150]

1917 Werden die **Plangebietsgrenzen** eines im Rahmen der frühzeitigen Öffentlichkeitsbeteiligung nach § 3 I BauGB vorgestellten Planentwurfs vor der Offenlegung nach § 3 II BauGB[4151] **geändert**, bedarf es einer ausdrücklichen Verlautbarung der Änderungen in der Bekanntmachung nach § 3 II 4 BauGB nicht. Entscheidend ist allein, ob die Bekanntmachung der für sie erforderlichen „Anstoßfunktion" genügt.[4152]

IV. Gemeinsame Vorschriften zur Beteiligung (§ 4 a BauGB)

1918 § 4 a BauGB enthält Bestimmungen, die sowohl für die Öffentlichkeitsbeteiligung als auch die Behördenbeteiligung gelten. Diese betreffen die Funktionen der Beteiligung, die Möglichkeit einer parallelen Beteiligung, die erneute Beteiligung nach Änderung der Planung, die grenzüberschreitende Behördenbeteiligung, den Umgang mit verspäteten Stellungnahmen und die Digitalisierung des Bauleitplanverfahrens

1. Funktionen der Beteiligung (§ 4 a I BauGB)

1919 Nach § 4a I BauGB dienen die Vorschriften über die Beteiligung der Behörden und der Öffentlichkeit insbesondere der vollständigen Ermittlung und zutreffenden Bewertung der von der Planung berührten Belange sowie der Information der Öffentlichkeit. In dieser Funktion haben die Öffentlichkeits- und Behördenbeteiligungen daher eine wesentliche Aufgabe bei der Zusammenstellung des Abwägungsmaterials (§ 2 III BauGB). Dies gilt vor allem im Hinblick auf die Erkennbarkeit der betroffenen Belange. Was in den der Öffentlichkeits- und Behördenbeteiligung vorgetragen worden ist, ist für die planende Gemeinde erkennbar. Was nicht vorgetragen ist und ihr auch nicht bekannt war, muss von der Gemeinde nur berücksichtigt werden, wenn es für die Abwägung gleichwohl bedeutsam ist (§ 4 a V BauGB). Die Beteiligungen sollen gewährleisten, dass in die Abwägung an Belangen eingestellt werden kann, was nach Lage der Dinge eingestellt werden muss, um dadurch Abwägungsdefizite zu vermeiden. Im Um-

4146 BVerwG NJW 1985, 1570.

4147 OVG Münster Urt. v. 25.10.2022 – 2 D 9/21.NE, juris Rn. 37; BVerwG Beschl. v. 7.7.2021 – 4 BN 50.20, juris Rn. 3; DVBl. 2010, 1319. Zur Hinweisfunktion der Schlussbekanntmachung OVG Münster Beschl. v. 2.6.2010 – 7 A 295/09, BeckRS 2010, 50147; BVerwGE 85, 289; BVerwG BRS 64 Nr. 78.

4148 Zur Schlussbekanntmachung auch BVerwG NJW 1985, 1569; UPR 1985, 339.

4149 OVG Münster Urt. v. 25.10.2007 – 7 D 129/06.NE, BeckRS 2007, 27778.

4150 OVG Koblenz BauR 2009, 1628; OVG Hamburg ZfBR 2000, 498.

4151 Zu Erfordernissen bei der Auslegung des Planentwurfs VGH Mannheim VBlBW 1999, 178; OVG Lüneburg Nds. Rpfl. 1999, 43; zur Kenntlichmachung von Planänderungen bei der erneuten Auslegung nach § 3 III 1 BauGB VGH München BayVBl. 1999, 213.

4152 OVG Münster NuR 2000, 55.

kehrschluss ist die ordnungsgemäße Durchführung der Beteiligungen ein Indiz dafür, dass alle Belange ermittelt und zutreffend bewertet wurden. Die ordnungsgemäße Durchführung der Beteiligungsverfahren hat daher eine Art **Indizwirkung** für die Vollständigkeit des Abwägungsmaterials. Schließlich bedeutet die Klarstellung auch, dass die Ermittlung und Bewertung des Abwägungsmaterials Teil des Verfahrens ist und damit Fehler nach §§ 214, 215 unbeachtlich werden können.[4153] Nach § 4 a I BauGB dienen die Vorschriften über die Beteiligung der Öffentlichkeit an der Bauleitplanung auch „der Information der Öffentlichkeit".

2. Parallele Beteiligung von Öffentlichkeit und Behörden (§ 4 a II BauGB)

Die Unterrichtung nach § 3 I BauGB kann gem. § 4a II BauGB gleichzeitig mit der Unter- 1920
richtung nach § 4 I BauGB, die Veröffentlichung im Internet nach § 3 II BauGB kann gleichzeitig mit der Einholung der Stellungnahmen nach § 4 II BauGB durchgeführt werden. Dies gilt sowohl für die frühzeitige als auch die förmliche Beteiligung. Die Behörden und sonstigen Träger der öffentlichen Belange sind allerdings nicht schon dann ausreichend beteiligt worden, wenn sie über die Auslegung der Entwürfe der Bauleitpläne nach § 3 II 3 BauGB lediglich benachrichtigt werden.[4154] Aus der Sicht der Behörden und sonstigen Träger öffentlicher Belange wird die Abgabe einer Stellungnahme gelegentlich als Amtshandlung angesehen, die ggf. eine Kostenlast verursacht.[4155] Eine Behördenbeteiligung muss nicht etwa deswegen vorgezogen werden, um zu gewährleisten, dass bei der Auslegung des Bebauungsplans nach § 3 II BauGB umweltbezogene Stellungnahmen, die im Rahmen der Behördenbeteiligung eingegangen sind, mit ausgelegt werden können. Eine parallele Beteiligung der Öffentlichkeit und der Behörden kann insoweit zwar eine beschleunigende Wirkung haben. Sie hat aber den strukturellen Nachteil, dass die Öffentlichkeit die Stellungnahmen der Fachbehörden nicht einbeziehen kann. Umgekehrt können auch die Fachbehörden bei einer früheren oder parallelen Beteiligung der Öffentlichkeit nicht unmittelbar auf die Bedenken aus der Öffentlichkeit eingehen. Das kann wiederum zeitverzögernde Nachfragen der Gemeinde bei Fachbehörden und Trägern öffentlicher Belange zur Folge haben.

3. Änderung der Planung im Aufstellungsverfahren (§ 4 a III BauGB)

Häufig ändert sich der Entwurf des Bauleitplans vor allem hinsichtlich der Begründung des 1921
Bauleitplans im Laufe des Aufstellungsverfahrens. Vielfach werden die Bauleitpläne aufgrund der vorgetragenen Stellungnahmen neu gefasst oder zumindest inhaltlich geändert. Dies kann eine erneute Beratung in den zuständigen Gremien der Gemeinde zur Folge haben. Nicht in allen diesen Fällen ist jedoch eine **erneute Offenlegung** des Bauleitplans erforderlich. Auch kann die Beteiligung der Behörden und sonstigen Träger öffentlicher Belange eingeschränkt sein. § 4a III BauGB enthält dazu gemeinsame Regelungen für die Bauleitpläne. Auch § 4a III BauGB ist im Zusammenhang mit der **Digitalisierungsnovelle des BauGB** geändert worden, wobei die Beschleunigung des Verfahrens im Vordergrund der Änderungen stand.

Vereinfachte Änderung im Planverfahren § 4a III BauGB

Bebauungsplan und Flächennutzungsplan

Grundzüge betroffen		Grundzüge nicht betroffen
Öffentlichkeits- & Behördenbeteiligung (§ 4a III BauGB)	vereinfachtes Verfahren (§ 4a III BauGB) Gelegenheit zur Stellungnahme für:	verneute Offenlage
• **Begrenzung auf die geänderten Teile** • **Auslegung für eine angemessene Frist**	• **betroffene Öffentlichkeit** • **betroffene Behörden**	• **Beschränkung auf geänderte Teile** • **Verkürzung der Offenlage**

4153 EAG Bau 2004-Mustererlass 2004.
4154 BVerwG UPR 1998, 114.
4155 So VG Gera ThürVBl. 1999, 70 zu § 1 I 1 ThürVwKostG.

1922 Wird der Entwurf des Bauleitplans nach dem Verfahren nach § 3 II oder § 4 II BauGB geändert oder ergänzt, ist er gem. § 4a III 1 BauGB erneut nach § 3 II BauGB im Internet zu veröffentlichen und sind die Stellungnahmen erneut einzuholen, es sei denn, die Änderung oder Ergänzung führt offensichtlich nicht zu einer erstmaligen oder stärkeren Berührung von Belangen.

1923 Die nach § 4a III 1 BauGB bestehende Verpflichtung, den Planentwurf mit den seinen normativen Inhalt ausmachenden zeichnerischen und textlichen Festsetzungen erneut auszulegen, wurde nach der bis zur **Digitalisierungsnovelle** 2023 im Grundsatz durch jede Änderung oder Ergänzung des Entwurfs ausgelöst.[4156] Eine erneute Öffentlichkeitsbeteiligung trotz Änderung der Festsetzungen des Bebauungsplans konnte vor dem Hintergrund der Zwecke der Öffentlichkeitsbeteiligung nach der Rechtsprechung nur dann entbehrlich sein, wenn eine nochmalige Gelegenheit zur Stellungnahme eine bloße Förmlichkeit gewesen wäre, die für den mit dem Beteiligungsverfahren verfolgten Zweck nichts hätte erbringen können.[4157] Davon war nach der Rechtsprechung des OVG Münster auszugehen, wenn die Änderungen lediglich klarstellenden Charakter hatten. Dann bestehe kein Anlass zu einer erneuten Öffentlichkeitsbeteiligung oder einer erneuten Beteiligung von Behörden und Trägern öffentlicher Belange. Denn inhaltlich ändere sich am Planentwurf nichts. Entsprechendes gelte, wenn der Entwurf nach der Auslegung in Punkten geändert werde, zu denen die betroffenen Bürger, Behörden und sonstigen Träger öffentlicher Belange zuvor bereits Gelegenheit zur Stellungnahme gehabt hätten, die Änderungen auf einem ausdrücklichen Vorschlag eines Betroffenen beruhten und Dritte hierdurch nicht abwägungsrelevant berührt würden.[4158] Nach der Neufassung des § 4a III BauGB 2023 gilt, dass eine erneute Beteiligung nach einer Änderung des Planentwurfs nicht mehr erforderlich ist, wenn die Änderung oder Ergänzung offensichtlich nicht zu einer erstmaligen oder stärkeren Berührung von Belangen führt. Bei der Gesetzesänderung soll es sich nur um eine Klarstellung der angesichts der dazu ergangenen Rechtsprechung ohnehin schon geltenden Rechtslage handeln.[4159]

1924 Eine erstmalige Berührung von Belangen ist anzunehmen, wenn sich die Änderung oder Ergänzung aufgrund eines bis dahin nicht berücksichtigten Belangs ergibt oder zu einer erstmaligen Betroffenheit von Belangen führt Eine stärkere Berührung von Belangen kann sich durch die Änderung oder Ergänzung einzelner Darstellungen oder Festsetzungen ergeben, auch wenn sich diese nur auf einzelne Grundstücke beziehen.[4160] Wann iS des § 4a III 1 BauGB von einer **Offensichtlichkeit** des Fehlens einer erstmaligen oder stärkeren Berührung von Belangen die Rede sein kann, ergibt sich aus der Neuregelung nicht. Offensichtlich soll alles sein, was auf objektiv erfassbaren Sachumständen beruht. Eine leichte Erkennbarkeit und somit Offensichtlichkeit eines Abwägungsmangels wird angenommen, wenn er ohne ein weiteres Beweisermittlungsverfahren ersichtlich ist, wenn er aus den ohnehin vorliegenden Plan- und Verfahrensunterlagen erkennbar ist. Entscheidend sei, dass ohne weitere Aufklärung erkennbar sein müsse, dass die Änderung oder Ergänzung nicht zu einer erstmaligen oder stärkeren Berührung von Belangen führt. So verstanden, könne angenommen werden, dass sich an der geltenden Rechtslage zur Erforderlichkeit einer erneuten Veröffentlichung, wie in der Gesetzesbegründung angenommen, nichts Grundsätzliches geändert hat.[4161]

1925 Änderungen oder Ergänzungen der Begründung des Umweltberichts führen grundsätzlich nicht zum Erfordernis einer erneuten Veröffentlichung. Für den **Umweltbericht** gilt dies angesichts unionsrechtlicher Vorgaben aber nur dann, wenn sich die Änderung oder Ergänzung nur auf die Neubewertung bereits vorhandener Sachinformationen bezieht.[4162]

4156 OVG Münster BauR 2021, 648= juris Rn. 20; BVerwG ZfBR 2020, 676; BRS 86 Nr. 22; Urt. v. 18.4.2016 – 4 BN 9.16, juris Rn. 4; Urt. v. 21.9.2020 – 10 D 59/18.NE, juris Rn. 53.

4157 OVG Münster BauR 2021, 648= juris Rn. 22; BVerwGE 133, 98 = juris Rn. 40; BRS 76 Nr. 30 = juris Rn. 72; sie dazu ach Decker ZfBR 2016, 440 (441 f.).

4158 OVG Münster BauR 2021, 648; BVerwG NVwZ 1988, 822; ZfBR 2020, 676; BRS 86 Nr. 22; Urt. v. 18.4.2016 – 4 BN 9.16, juris Rn. 5; OVG Münster Urt. v. 21.9.2020 – 10 D 59/18.NE, juris Rn. 55; Beschl. v. 7.2.2019 – 2 D 57/18.NE, juris Rn. 56; DVBl. 2019, 437; Decker ZfBR 2016, 440 (442) mwN.

4159 BT-Drs. 20/7248 v. 14.6.2023, S. 30.

4160 Arndt/Herzer UPR 2023, 475.

4161 Arndt/Herzer UPR 2023, 475 unter Verweis auf BVerwG NJW 1982, 591 (591); NVwZ 1998, 956 (959); NVwZ-RR 2003, 171 (172); ZfBR 2018, 469 (471).

4162 BVerwG ZfBR 2017, 675.

Ist der Entwurf des Bauleitplans erneut zu veröffentlichen, ist gem. § 4a III 2 BauGB in Bezug auf die Änderung oder Ergänzung und ihre möglichen Auswirkungen Gelegenheit zur Stellungnahme zu geben; hierauf ist in der erneuten Bekanntmachung nach § 3 II 4 BauGB hinzuweisen. Nach der Rechtslage vor der Digitalisierungsnovelle 2023 konnte die Gemeinde entscheiden, ob bei einer erneuten Offenlage Stellungnahmen zum gesamten Entwurf oder lediglich zu den geänderten bzw. ergänzten Teilen abgegeben werden durften. Mit der Änderung des § 4a III 2 BauGB im Jahr 2023 dürfen Stellungnahmen nur noch zu den Änderungen und Ergänzungen sowie zu ihren möglichen Auswirkungen abgegeben werden. Die Gemeinde hat insoweit keine Wahlmöglichkeit mehr.[4163] Insoweit spricht Überwiegendes dafür, die Gemeinde für verpflichtet zu halten, die Änderungen, zu denen allein noch einmal Stellung genommen werden kann, auch kenntlich zu machen.[4164] 1926

Nach § 4a III 2 HS 2 BauGB ist in der Bekanntmachung der erneuten Veröffentlichung darauf hinzuweisen, dass Stellungnahmen nur zu den Änderungen und Ergänzungen sowie zu den möglichen Auswirkungen abgegeben werden dürfen. Fraglich ist, was gilt, wenn dieser Hinweis unterbleibt. Dazu wird vertreten, dass Stellungnahmen dann ungehindert zum vollständigen Entwurf abgegeben werden dürfen und von der Gemeinde berücksichtigt werden müssen.[4165] Dagegen spricht allerdings, dass der Gesetzgeber eine solche Möglichkeit ausdrücklich ausgeschlossen hat. Der fehlende Hinweis auf die Rechtslage mag insoweit dazu führen, dass ein Planbetroffener sich vergebens die Mühe macht, über die Änderungen hinaus zu Planentwurf insgesamt Stellung zu nehmen. Eine Pflicht der Gemeinde, diese vom Gesetzgeber ausgeschlossene Stellungnahme noch zu berücksichtigen, besteht nicht. Aber auch in diesem Zusammenhang könnte Vorsicht geboten sein. Werden durch die Stellungnahmen bei einer erneuten Veröffentlichung des Planentwurfs gewichtige Bedenken gegen nicht geänderte Teile des Planentwurfs sichtbar, sollte sich die Gemeinde überlegen, ob sie diese bedenken, wenn sie denn berechtigt sind, tatsächlich bei ihrer abschließenden Abwägung zum Plan anlässlich des Satzungsbeschlusses ausblenden will. Sie muss sich jedenfalls fragen, ob ihr die (berechtigten) Bedenken aus anderer Quelle bereits bekannt waren, ob sie sie hätte kennen können und müssen, ob sie möglicherweise ein eigene Ermittlungspflicht im Rahmen des Untersuchungsgrundsatzes versäumt haben könnte. Und schließlich geht es bei der Abwägung um eine gerechte, dem Grundsatz der Verhältnismäßigkeit verpflichtete Planung. Ist eine gebührende Berücksichtigung der zu Unrecht noch geltend gemachten, aber inhaltlich berechtigten Bedenken möglich, sollten sie auch noch berücksichtigt werden. 1927

Werden durch die Änderung oder Ergänzung des Entwurfs des Bauleitplans die Grundzüge der Planung nicht berührt, kann die Einholung der Stellungnahmen auf die von der Änderung oder Ergänzung betroffene Öffentlichkeit sowie die berührten Behörden und sonstigen Träger öffentlicher Belange beschränkt werden. Wird in der erneuten Bekanntmachung der erneuten Auslegung eines geänderten oder ergänzten Entwurfs eines Bebauungsplans bestimmt, dass Stellungnahmen nur zu den geänderten oder ergänzten Teilen abgegeben werden können, braucht in der Bekanntmachung nur auf die **Arten umweltbezogener Informationen** hingewiesen zu werden, die zu den geänderten oder ergänzten Teilen des Planentwurfs verfügbar sind.[4166] Wird im Verfahren zur Aufstellung eines Bebauungsplans nach der förmlichen Öffentlichkeitsbeteiligung ein Teil des Plangebiets abgetrennt, kann eine erneute Auslegung erforderlich sein, wenn durch die Abtrennung die Frage der Abwägung hinsichtlich des verbleibenden Planteils neu aufgeworfen wird, weil sich dort Festsetzungen wahrscheinlich ändern.[4167] 1928

Eine bereits früher bestehende Äußerungsmöglichkeit zu einer Entwurfsfassung allein reicht nicht aus, um die Verpflichtung zur erneuten öffentlichen Auslegung des Plans entfallen zu lassen. Das Gesetz garantiert mit §§ 3 II, 4a III 1 BauGB, dass die Bürger einmal Gelegenheit haben, zu dem Planentwurf in seiner letzten Fassung Stellung zu nehmen. Hat eine Gemeinde entgegen der Begründung des Planentwurfs eine bestimmte Festsetzung nicht getroffen und fügt sie nach der öffentlichen Auslegung gemäß § 3 II BauGB eine entsprechende Festsetzung 1929

[4163] Arndt/Herzer UPR 2023, 475 unter Verweis auf BT-Drs. 20/5663, S. 15.

[4164] Arndt/Herzer UPR 2023, 475; zur bisherigen Rechtslage OVG Münster BauR 2013, 1807; OVG Schleswig Urt. vom 27.6.1995 – 1 K 9/94, juris, Rn. 24; VGH Mannheim ZfBR 2015, 278 (280); VGH Kassel Urt. v. 18.5.2017 – 4 C 2399/15.N, juris Rn. 62; vgl. VGH München Urt. v. 15.6.2021 – 15 N 20.1650, juris, Rn. 34. Noch aA VGH München Urt. v. 30.11.1998 – 26 N 95.1815, juris, Rn. 26.

[4165] Arndt/Herzer UPR 2023, 475.

[4166] BVerwG NVwZ 2014, 1170; Uechtritz NVwZ 2014, 1355-1357.

[4167] VGH Mannheim DVBl. 2011, 434; VBlBW 2008, 185; BVerwG NVwZ 2009, 1103.

in den Entwurf ein, dann ist dieser nach § 4a III 1 BauGB erneut auszulegen. Hat eine nach öffentlicher Auslegung vorgenommene Ergänzung einer Festsetzung lediglich klarstellende Bedeutung, so besteht kein Anlass zu einer erneuten Öffentlichkeitsbeteiligung oder einer erneuten Beteiligung von Behörden und Träger öffentlicher Belange; denn inhaltlich ändert sich am Planentwurf nichts. Insoweit führt die Änderung oder Ergänzung offensichtlich nicht zu einer erstmaligen oder stärkeren Berührung von Belangen. Entsprechendes gilt, wenn der Entwurf nach der Auslegung in Punkten geändert worden ist, zu denen die betroffenen Bürger, Behörden und sonstigen Träger öffentlicher Belange zuvor bereits Gelegenheit zur Stellungnahme hatten, die Änderungen auf einem ausdrücklichen Vorschlag eines Betroffenen beruhen und Dritte hierdurch nicht abwägungsrelevant berührt werden.[4168]

1930 § 4a III 1 BauGB verpflichtet die Gemeinde nicht zur erneuten Auslegung, wenn nach dem Verfahren nach § 3 II oder § 4 II BauGB nicht der Entwurf des Bebauungsplans selbst, sondern lediglich der **Umweltbericht** als Bestandteil der Begründung des Planentwurfs geändert wird. § 4a III 1 BauGB steht jedenfalls dann mit Unionsrecht im Einklang, wenn der geänderte Umweltbericht lediglich eine Neubewertung bereits vorhandener Sachinformationen enthält. Der Plan ist nach § 4a III 1 BauGB nur dann erneut auszulegen, wenn der Entwurf des Bauleitplans selbst mit den seinen normativen Inhalt ausmachenden zeichnerischen und textlichen Festsetzungen geändert oder ergänzt wird.[4169] Allerdings bestimmt Art. 6 I und II der Plan-UP-RL,[4170] dass der Entwurf des Plans oder Programms und der nach Art. 5 Plan-UP-RL erstellte Umweltbericht den von den Mitgliedstaaten zu bestimmenden Behörden sowie der Öffentlichkeit zugänglich gemacht wird; den Behörden und der Öffentlichkeit ist innerhalb ausreichend bemessener Fristen frühzeitig und effektiv Gelegenheit zu geben, vor der Annahme des Plans zum Entwurf des Plans sowie zum begleitenden Umweltbericht Stellung zu nehmen. Gemäß Art. 8 Plan-UP-RL werden der nach Art. 5 Plan-UP-RL erstellte Umweltbericht und die nach Art. 6 Plan-UP-RL abgegebenen Stellungnahmen bei der Ausarbeitung und vor der Annahme des Plans berücksichtigt. Vom BVerwG[4171] ist der Öffentlichkeitsbeteiligung der Zweck einer die Behörden unterstützenden „Sachverstandspartizipation" zugemessen worden, die den behördlichen Entscheidungsprozess in Umweltangelegenheiten besser und transparenter gestalten[4172] und Vollzugsdefiziten im Bereich des Umweltrechts entgegenwirken soll.[4173] Auch diese unionsrechtlichen Vorschriften fordern aber jedenfalls dann keine weitere Öffentlichkeitsbeteiligung in Gestalt einer erneuten Auslegung der Planunterlagen, wenn der geänderte Umweltbericht lediglich eine Neubewertung bereits vorhandener Sachinformationen enthält.[4174] Eine Kontrollfunktion in dem Sinne, dass die Öffentlichkeit erneut zu beteiligen wäre, um zu überprüfen inwieweit die planende Gemeinde den eingebrachten Stellungnahmen und Bewertungen gefolgt ist, verlangt das Unionsrecht nicht. Gegenteiliges legt auch das Urteil des EuGH nicht nahe.[4175]

1931 Wird der Plan nicht selbst, sondern nur dessen Begründung geändert, gelten diese Anforderungen nicht. Eine erneute Beteiligungsnotwendigkeit ergibt sich nur dann, wenn die Begründung in ihren Grundzügen geändert wird und dadurch in einem völlig anderen Lichte erscheinen. Übliche Ergänzungen, die durch die Reaktion auf in der Öffentlichkeitsbeteiligung erhobene Einwendungen veranlasst sind, führen nicht zu einer erneuten Öffentlichkeitsbeteiligung. Das gilt auch für Änderungen des Plans, mit denen Stellungnahmen der Einwendungsführer Rechnung getragen wird. Durch die Trennung von Regelungen des Plans einerseits und der dafür gegebenen Begründung andererseits hat das BVerwG für die Praxis eine wichtige Klarstellung gegeben.

4168 BVerwG ZfBR 2016, 589.

4169 OVG Lüneburg BauR 2015, 1624; siehe zB auch Krautzberger in EZBK, BauGB, § 4a Rn. 25, Korbmacher in Brügelmann, BauGB, § 4a Rn. 12 f.; Uechtritz BauR 2005, 1859 (1872 f.).

4170 SUP-Richtlinie 2001/42/EG des Europäischen Parlaments und des Rates vom 27.6.2001 über die Prüfung der Umweltauswirkungen bestimmter Pläne und Programme (ABl. L 197 S. 30).

4171 BVerwGE 146, 176 Rn. 24; BVerwGE 152, 10 Rn. 25.

4172 Erwägungsgrund 16 der Richtlinie 2011/92/EU des Europäischen Parlaments und des Rates vom 13.12.2011 über die Umweltverträglichkeitsprüfung bei bestimmten öffentlichen und privaten Projekten – UVP-RL, ABl. L 26 S. 1.

4173 BVerwG UPR 2017, 347; Stüer DVBl. 2017, 1104.

4174 BVerwG ZfBR 2014, 694.

4175 EuGH ZUR 2017, 86; BVerwG UPR 2017, 347; Stüer DVBl. 2017, 1104.

Die Dauer der Veröffentlichungsfrist im Internet und der Frist zur Stellungnahme soll gem. § 4 III 3 BauGB angemessen verkürzt werden. Nach der Digitalisierungsnovelle 2023 steht die **angemessene Verkürzung der Veröffentlichungsfrist** nicht mehr im freien Ermessen der Gemeinde; vielmehr soll sie die Frist verkürzen. Ein Absehen von einer Verkürzung ist nur in atypischen Fällen denkbar, zB bei sehr umfangreichen oder komplexen Änderungen oder Ergänzungen. Bei der Beurteilung der Angemessenheit ist nach Ansicht des OVG Lüneburg idR auf den Horizont eines potentiellen Einwenders abzustellen, der sich bereits anlässlich der ersten Öffentlichkeitsbeteiligung mit dem Planinhalt vertraut gemacht hat. Anderenfalls, so das OVG Lüneburg, stünde die Verkürzungsmöglichkeit im Widerspruch zu § 3 II 1 BauGB, wonach für eine erstmalige Prüfung der Planunterlagen die volle Frist angemessen ist. Abzustellen sei auf den zeitlichen Aufwand, den die Befassung gerade mit den Änderungen der Planung gegenüber dem Ursprungsentwurf verursache. Je geringfügiger diese seien und je deutlicher sie in den ausgelegten Unterlagen gekennzeichnet seien, desto stärker könne die Auslegungsfrist verkürzt werden; zu berücksichtigen sei dabei allerdings, dass den potentiellen Einwendern selbst bei geringem Prüfaufwand eine gewisse Zeitspanne zur Auswahl des Einsichtnahmetermins verbleiben müsse, um möglichen – auch mehrtägigen – Verhinderungen Rechnung zu tragen. Angesichts dessen dürfte eine Zwei-Wochen-Frist als Anhaltspunkt für die Auslegung des Tatbestandsmerkmals „angemessen" herangezogen werden können, dies allerdings unter Einschluss einzelner Feiertage, die bei der Berücksichtigung von Verhinderungszeiten schon „mitgedacht" seien.[4176] Diese Anforderungen können nach der Digitalisierungsnovelle 2023 weiterhin relevant sein, wenn von der Gemeinde eine öffentliche Auslegung als zusätzliche, leicht zu erreichende Zugangsmöglichkeit iSv § 3 II 2 BauGB vorgesehen ist. 1932

Werden durch die Änderung oder Ergänzung des Entwurfs des Bauleitplans die Grundzüge der Planung nicht berührt, soll die Einholung der Stellungnahmen auf die von der Änderung oder Ergänzung betroffene Öffentlichkeit sowie die berührten Behörden und sonstigen Träger öffentlicher Belange beschränkt werden, es sei denn, diese Beschränkung führt nach Einschätzung der Gemeinde zu einer längeren Verfahrensdauer (§ 4a III 4 BauGB). Vor der Digitalisierungsnovelle 2023 stand die Beschränkung der Beteiligung auf die von der Planänderung betroffene Öffentlichkeit sowie auf die berührten Behörden und sonstigen Träger öffentlicher Belange im Ermessen der Gemeinde. Ein Absehen von dieser Beteiligungsbeschränkung ist nach § 4a III 4 BauGB nur noch erlaubt, wenn dies nach der Einschätzung der Gemeinde zu einer längeren Verfahrensdauer führt. Eine längere Verfahrensdauer ist denkbar, wenn schon die Ermittlung des Kreises der betroffenen Öffentlichkeit Schwierigkeiten bereitet, etwa wenn zahlreiche Grundstückseigentümer von einer Änderung oder Ergänzung des Planentwurfs betroffen ist und drittschützende Festsetzungen geändert oder ergänzt werden. Sind insoweit Grundzüge der Planung berührt, kommt eine Einschränkung der Beteiligung ohnehin nicht in Betracht.[4177] 1933

Grundzüge der Planung sind nicht berührt, wenn die Änderung das der bisherigen Planung zugrunde liegende Leitbild nicht verändert, wenn also der planerische Grundgedanke erhalten bleibt. Abweichungen von minderem Gewicht, die die Planungskonzeption des Bebauungsplans unangetastet lassen, berühren die Grundzüge der Planung nicht.[4178] Die Grundzüge der Planung sind auch dann betroffen, wenn die bisherige Planungskonzeption zwar im Kern beibehalten wird, jedoch in einem nicht nur peripheren, sondern den Charakter der Planung kennzeichnenden Bereich zumindest teilweise erheblich anders ausgestaltet wird.[4179] Dabei kommt es auch darauf an, wie weit das Vorhaben rechtlich geschützte nachbarliche Interessen beeinträchtigt.[4180] Wesentlich ist eine Änderung damit vor allem dann, wenn sie das Vorhaben insgesamt zur Disposition stellen kann. Von unwesentlicher Bedeutung ist eine Planänderung dagegen, wenn sie Abwägungsvorgang und Abwägungsergebnis nach Struktur und Inhalt nicht berührt, also die Frage sachgerechter Zielsetzung und Abwägung iS der Gesamtplanung nicht erneut aufwerfen kann. Das wird stets der Fall sein, wenn Umfang und Zweck des Vorhabens 1934

4176 OVG Lüneburg Beschl. v. 16.11.2023 – 1 KN 91/21, juris Rn. 27; Urt. v. 5.10.2023 – 1 KN 66/20, juris Rn. 27; OVG Münster BauR 2013, 1807.

4177 Arndt/Herzer UPR 2023, 475.

4178 OVG Schleswig Urt. v. 9.6.2022 – 1 KN 22/17, juris Rn. 45; BVerwG Urt. v. 29.1.2009 – 4 C 16.07, juris Rn. 21.

4179 BVerwG NVwZ 1990, 361.

4180 So zur wesentlichen Änderung eines planfeststellungsbedürftigen Vorhabens BVerwG NVwZ 1989, 750.

unverändert bleiben und wenn zusätzlich belastende Auswirkungen von einigem Gewicht sowohl auf die Umgebung als auch hinsichtlich der Belange einzelner auszuschließen sind.[4181]

1935 Wird lediglich für einen **Teilbereich** des **Bebauungsplans** eine **Änderung** erforderlich, durch welche die Grundzüge der Planung nicht berührt werden, darf die erneute Auslegung des Entwurfs auf den betroffenen Bereich beschränkt werden, wenn dieser Teilbereich räumlich und funktional vom übrigen Plangebiet abgetrennt werden kann und die dieses Gebiet betreffenden Festsetzungen als eigenständige Planung bestehen bleiben können.[4182] Wird im Verfahren zur Aufstellung eines Bebauungsplans nach erfolgter förmlicher Öffentlichkeitsbeteiligung ein **Teil des Plangebiets abgetrennt**, bedarf es der erneuten Auslegung des ansonsten unverändert gebliebenen Entwurfs des Restplans, wenn sich die Abtrennung des anderen Teilbereichs auf den unveränderten Teilbereich auswirken kann. Das ist auch dann der Fall, wenn durch die Abtrennung die Frage der Abwägung hinsichtlich des verbleibenden Planteils neu aufgeworfen wird. Änderungen der Festsetzungen über die Art der baulichen Nutzung oder Differenzierungen nach § 1 IV bis IX BauNVO berühren nicht stets die Grundzüge der Planung iS des § 13 I BauGB.[4183] Eine erneute Auslegung wegen **Ergänzung der Planbegründung** ist nur erforderlich, wenn eine in wesentlichen Teilen unzureichende Begründung ausgelegt wurde, die Festsetzungen nach der Auslegung geändert wurden oder der Umweltbericht in wesentlichen Punkten ergänzt wurde.[4184] Entschließt sich die Gemeinde, einen Konflikt auf der Ebene der Bauleitplanung zu bewältigen und gibt sie dem entsprechend ein Gutachten in Auftrag, dessen Empfehlungen als textliche Festsetzungen Eingang in den Bebauungsplan finden, bedarf es im Hinblick auf § 4 a III BauGB der erneuten Auslegung des Planentwurfs, wenn die getroffenen textlichen Festsetzungen noch nicht Gegenstand einer Offenlage waren.[4185] Wird der Satzungsbeschluss geändert, ist nach Maßgabe des **Kommunalrechts** eine neue Ratsentscheidung erforderlich. Das gilt auch für Anpassungen, die über reine Berichtigungen hinausgehen.[4186]

4. Grenzüberschreitende Beteiligung (§ 4a IV BauGB)

1936 Für Bauleitplanverfahren, die grenzüberschreitende Auswirkungen haben können, ist zwischen der **Unterrichtungspflicht** nach § 4a IV S. 1 BauGB und der **Beteiligungspflicht** nach § 4 I 2 BauGB iVm dem UVPG zu unterscheiden. Die Vorschrift sieht damit ein **zweistufiges Abstimmungsverfahren** zunächst in Form einer Unterrichtung (§ 4 a V 1 BauGB) und dann in Form von Konsultationen (§ 4 a V 2 BauGB) für solche Bauleitpläne vor, die erhebliche Auswirkungen auf Nachbarstaaten haben können.

1937 Bei Bauleitplänen, die **erhebliche Auswirkungen** auf Nachbarstaaten haben können, sind die Gemeinden und Behörden des Nachbarstaates gem. § 4a IV 1 BauGB nach den Grundsätzen der Gegenseitigkeit und Gleichwertigkeit zu unterrichten. Erhebliche Auswirkungen auf Nachbarstaaten sind zu besorgen, wenn der Vollzug der Planung nach seiner Intensität gewichtige Auswirkungen auf die in § 1 VI Nr. 7, § 1 a BauGB genannten Belange in einem Teilgebiet des Nachbarstaates haben kann und die Planungshoheit einer Nachbargemeinde wegen Verletzung des gemeindenachbarlichen Abstimmungsgebots des § 2 II BauGB verletzt wäre. Erheblich sind somit alle Auswirkungen der Planung, die für die Abwägungsentscheidung relevant sind.[4187] Grenzt das Gebiet weder unmittelbar an das Gebiet eines Nachbarstaates an, noch sind insoweit erhebliche Auswirkungen angesichts einer größeren Entfernung bis zur Staatsgrenze ernsthaft zu erwarten, ist für eine grenzüberschreitende Unterrichtung nach § 4a BauGB kein Raum.[4188] Die Verpflichtung zur Abstimmung gilt allerdings nur unter den Voraussetzungen der Grundsätze der (formellen) Gegenseitigkeit und (materiellen) Gleichwertigkeit, um den deutschen Gemeinden keine einseitigen Abstimmungspflichten ihrer Bauleitpläne ohne Recht auf Beteiligung im umgekehrten Fall einzuräumen.[4189]

4181 So zum straßenrechtlichen Fachplanungsrecht BVerwG NJW 1990, 925.
4182 BVerwG NVwZ-RR 1990, 286.
4183 BVerwG NVwZ 2009, 1103.
4184 OVG Koblenz BauR 2009, 136.
4185 VGH Mannheim DÖV 2009, 505.
4186 OVG Saarlouis NVwZ-RR 2009, 719.
4187 Spannowsky in BeckOK BauGB, 2023, § 4a Rn. 16.
4188 OVG Lüneburg Urt. v. 15.5.2009 – 12 KN 49/07, juris Rn. 19.
4189 Fachkommission „Städtebau" der ARGEBAU, Muster-Einführungserlass zum BauROG, S. 12.

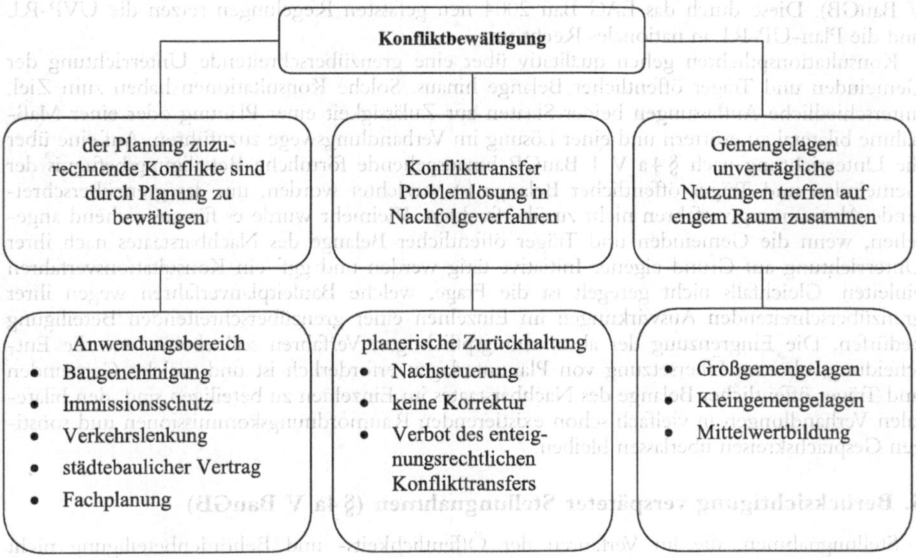

Gemeinden und Träger öffentlicher Belange des Nachbarstaates sind daher über den Inhalt des Planentwurfs in geeigneter Weise so zu informieren, dass eine inhaltliche Auseinandersetzung mit der beabsichtigten Planung möglich ist. Eine Erörterung ist in dieser ersten Phase der Beteiligung hingegen nicht erforderlich. Sie kann jedoch ggf. im Rahmen des Konsultationsverfahrens nach § 4 a V 2 BauGB erfolgen. Adressat der Unterrichtung sind sowohl die von den Auswirkungen der beabsichtigten Bauleitplanung möglicherweise erheblich betroffenen Gemeinden wie auch die möglicherweise erheblich in ihren Aufgabenbereichen betroffenen Träger öffentlicher Belange des Nachbarstaates. Dieser weite Adressatenkreis wurde vorsorglich angesichts der unterschiedlichen Verwaltungsstrukturen in den Nachbarländern gewählt. In Analogie zu § 42 UVPG und nach entsprechender Vereinbarung erscheint es aber sinnvoll, die Gemeinde als zentrale Anlaufstelle im Nachbarstaat auszuwählen, die dann ihrerseits die erhaltenen Informationen an die weiteren in ihrem Aufgabenbereich betroffenen Stellen und Träger öffentlicher Belange weiterleitet. Das Gebot der Gleichwertigkeit verlangt die Vergleichbarkeit der Unterrichtung sowohl hinsichtlich des Zeitpunktes der Information als auch hinsichtlich deren Aussagenumfang und -genauigkeit. Durch diese Einschränkung soll eine nur einseitige Verpflichtung nach deutschem Recht verhindert werden. Zudem soll ein Anreiz für vergleichbare gesetzliche Unterrichtungsregelungen auch in Nachbarstaaten geschaffen werden. Weitere Einzelheiten der Ausgestaltung der gegenseitigen Unterrichtung, insbesondere die Einschaltung der betroffenen Gemeinden des Nachbarstaates als Mittler für die Beteiligung der übrigen Träger öffentlicher Belange des Nachbarstaates, sind bilateralen Absprachen vorbehalten. Bei den Mitgliedstaaten der EU wird – soweit Verfahren nach dem UVPG betroffen sind – hinsichtlich der Behördenbeteiligung infolge der gebotenen Umsetzung der UVP-RL von einer Gegenseitigkeit und Gleichwertigkeit auszugehen sein.[4190] 1938

Abweichend davon ist bei Bauleitplänen, die **erhebliche Umweltauswirkungen** auf einen anderen Staat haben können, dieser nach den Vorschriften des UVPG zu beteiligen. Für die Stellungnahmen der Öffentlichkeit und Behörden des anderen Staates, einschließlich der Rechtsfolgen nicht rechtzeitig abgegebener Stellungnahmen, sind abweichend von den Vorschriften des UVPG die Vorschriften des BauGB entsprechend anzuwenden. Ist bei Bauleitplänen eine grenzüberschreitende Beteiligung nach § 4 IV 2 BauGB erforderlich, ist hierauf bei der Bekanntmachung nach § 3 II 4 BauGB hinzuweisen (§ 4a IV 3 BauGB). Für die Stellungnahmen der Öffentlichkeit und Behörden des anderen Staates, einschließlich der Rechtsfolgen nicht rechtzeitig abgegebener Stellungnahmen, ist das BauGB entsprechend anzuwenden (§ 4 1939

4190 Bundesregierung Gesetzentwurf zum BauROG, S. 46.

V BauGB). Diese durch das EAG Bau 2004 neu gefassten Regelungen setzen die UVP-RL und die Plan-UP-RL in nationales Recht um.

1940 Konsultationspflichten gehen qualitativ über eine grenzüberschreitende Unterrichtung der Gemeinden und Träger öffentlicher Belange hinaus. Solche Konsultationen haben zum Ziel, unterschiedliche Auffassungen beider Staaten zur Zulässigkeit einer Planung oder einer Maßnahme bilateral zu erörtern und einer Lösung im Verhandlungswege zuzuführen. Auf eine über die Unterrichtung nach § 4 a V 1 BauGB hinausgehende förmliche Beteiligungsbefugnis der Gemeinden und Träger öffentlicher Belange ist verzichtet worden, um das grenzüberschreitende Abstimmungsverfahren nicht zu überfrachten. Vielmehr wurde es für ausreichend angesehen, wenn die Gemeinden und Träger öffentlicher Belange des Nachbarstaates nach ihrer Unterrichtung auf Grund eigener Initiative tätig werden und ggf. ein Konsultationsverfahren einleiten. Gleichfalls nicht geregelt ist die Frage, welche Bauleitplanverfahren wegen ihrer grenzüberschreitenden Auswirkungen im Einzelnen einer grenzüberschreitenden Beteiligung bedürfen. Die Eingrenzung der abstimmungspflichtigen Verfahren soll ebenso wie die Entscheidung, ob eine Übersetzung von Planunterlagen erforderlich ist und welche Gemeinden und Träger öffentlicher Belange des Nachbarstaates im Einzelnen zu beteiligen sind, den bilateralen Verhandlungen in vielfach schon existierenden Raumordnungskommissionen und sonstigen Gesprächskreisen überlassen bleiben.

5. Berücksichtigung verspäteter Stellungnahmen (§ 4a V BauGB)

1941 Stellungnahmen, die im Verfahren der Öffentlichkeits- und Behördenbeteiligung nicht rechtzeitig abgegeben worden sind, können bei der Beschlussfassung über den Bauleitplan nach § 4a V 1 BauGB unberücksichtigt bleiben, sofern die Gemeinde deren Inhalt nicht kannte und nicht hätte kennen müssen und deren Inhalt für die Rechtmäßigkeit des Bauleitplans nicht von Bedeutung ist. Das gilt für in der Öffentlichkeitsbeteiligung abgegebene Stellungnahmen nur, wenn darauf in der Bekanntmachung nach § 3 II 4 BauGB zur Öffentlichkeitsbeteiligung hingewiesen worden ist (§ 4a V 2 BauGB). Die Präklusion bestimmter öffentlicher Belange verschiebt sich damit grundsätzlich vom Zeitpunkt der Beschlussfassung (§ 214 III 1 BauGB) auf den Abschluss des Beteiligungsverfahrens.[4191] § 4 a V BauGB dient der Verfahrensbeschleunigung bei der Aufstellung, Änderung oder Ergänzung von Flächennutzungs- und Bebauungsplänen.

1942 Die (auf die Verletzung von Mitwirkungslasten eingeschränkte) **Präklusion** der **Rügemöglichkeiten** ist nur bei entsprechender rechtsstaatlicher Handhabung verfassungsrechtlich unbedenklich.[4192] Dabei muss die Präklusion durch Gründe des öffentlichen Wohls gerechtfertigt sein. Zudem dürfen die Verfahrensrechte der Beteiligten nicht unzulässig verkürzt werden. Der Gesetzgeber stellt dies durch die Regelung sicher, dass Belange im Abwägungsverfahren nur ausfallen dürfen, wenn sie nicht nach Lage der Dinge auch ohne das Vorbringen des beteiligten Trägers bekannt waren oder hätten bekannt sein müssen. § 4a V BauGB knüpft damit an die Rechtsprechung des BVerwG an, wonach die durch die Planung (negativ) betroffenen Belange in die Abwägung nur eingestellt werden müssen, wenn sie mehr als geringfügig, schutzwürdig und für die Gemeinde erkennbar sind.[4193] Die Erkennbarkeit der Belange hängt dabei wesentlich von den Stellungnahmen in der Behördenbeteiligung und der Öffentlichkeitsbeteiligung ab. Für die Gemeinde erkennbar ist in erster Linie, was im Verfahren der Behördenbeteiligung nach § 4 BauGB oder im Verfahren der frühzeitigen und förmlichen Öffentlichkeitsbeteiligung nach § 3 BauGB vorgetragen worden ist. Grundsätzlich kann allerdings eine Kenntnis von verspätet geltend gemachten Belangen auch aus anderen Informationsquellen der Gemeinde folgen.

1943 Voraussetzung für eine Präklusion nach § 4a V BauGB ist, dass eine Stellungnahme nicht rechtzeitig abgegeben worden ist, dh nicht innerhalb einer dafür vom Gesetzgeber gesetzten Frist, sondern später noch vor dem für die Abwägung maßgeblichen Zeitpunkt des Satzungsbeschlusses abgegeben worden ist. Die Folgen einer solchen Verfristung sind allerdings recht begrenzt. Von einer echten Präklusion lässt sich kaum sprechen. Denn die Möglichkeiten, verspätete Stellungnahmen tatsächlich unberücksichtigt zu lassen, sind eher gering. Zu berücksichtigen sind in verspäteten Stellungnahmen vorgetragene Bedenken, wenn die Gemeinde deren

4191 Pflaumer/Runkel BBauBl.1990, 391.
4192 BVerwG NJW 1984, 1250.
4193 BVerwGE 59, 87; UPR 2014, 353.

Inhalt schon aus anderen Quellen kannte oder jedenfalls hätte kennen müssen. Bevor eine Stellungnahme insoweit unberücksichtigt bleiben kann, muss die Gemeinde unter anderem auch prüfen, ob sie auf der Grundlage des für sie geltenden Untersuchungsgrundsatzes den Sachverhalt hätte weiter aufklären können und ggfls. auch müssen. Hinzu kommt, dass § 4a V BauGB für eine Präklusion voraussetzt, dass der Inhalt der verspäteten Stellungnahme für die Rechtmäßigkeit des Bauleitplans nicht von Bedeutung ist. Das bedeutet umgekehrt, dass der Inhalt der verspäteten Stellungnahme trotz Verspätung berücksichtigt werden muss, wenn er für den Plan abwägungsrelevant ist. Damit bringt § 4a V BauGB nur noch zum Ausdruck, was auch ohne diese Vorschrift ohnehin gelten würde. Das nämlich vorgetragene Bedenken nur dann berücksichtigungsfähig sind, wenn sie denn überhaupt Relevantes für die Abwägung zum Gegenstand haben. Das ist aber eine Selbstverständlichkeit. Es wäre im Übrigen auch kaum verständlich, wenn die Gemeinde einen Belang, den sie für abwägungsrelevant hält und von dem sie über eine verspätete Stellungnahme erfährt, unberücksichtigt lässt. Aus welchem Grund sollte sie einen aus ihrer Sicht der Sache nach berechtigten Belang, den sie noch rechtzeitig vor dem für die Abwägung maßgeblichen Zeitpunkt erfährt, unberücksichtigt lassen und damit ein aus ihrer Sicht nicht gerechtes, nicht dem Grundsatz der Verhältnismäßigkeit entsprechendes Abwägungsergebnis sehenden Auges in Kauf nehmen. Eine Sanktionierung der Verspätung durch Nichtbeachtung des verspäteten Einwands ist nicht angezeigt. Wenn eine Berücksichtigung ohne weitere Verzögerung des Planverfahrens möglich ist, kann auch ein solcher Zeitverzug nicht als Rechtfertigung für die Ausblendung eines berechtigten Einwands sprechen.[4194]

Nicht rechtzeitig vorgebrachte Belange in der förmlichen Öffentlichkeitsbeteiligung können **1944**
im Rahmen der Antragsbefugnis zur Unzulässigkeit eines Normenkontrollantrags führen. Denn der Normenkontrollantrag ist nur zulässig, wenn im Rahmen der förmlichen Öffentlichkeitsbeteiligung nach § 3 II BauGB oder der Beteiligung der betroffenen Öffentlichkeit nach § 13 II Nr. 2 und § 13 a II Nr. 1 BauGB Belange vorgetragen worden sind, die eine ausreichende Antragsbefugnis begründen. Werden keine Belange vorgetragen wurden, die zumindest eine Beeinträchtigung des Rechtes auf Abwägung nahelegen, ist der Normenkontrollantrag unzulässig.

Zu berücksichtigen ist allerdings, dass es sich bei nach § 10 I BauGB als gemeindliche Sat- **1945**
zung erlassenen Bebauungsplänen um Rechtsvorschriften des Landesrechts iSd § 1 I 1 Nr. 5 UmwRG handelt und dass eine nach § 3 UmwRG anerkannte **Umweltvereinigung**, ohne eine Verletzung in eigenen Rechten geltend machen zu müssen, Rechtsbehelfe nach Maßgabe der VwGO gegen eine Entscheidung nach § 1 I 1 UmwRG oder deren Unterlassen einlegen kann, wenn sie geltend macht, dass die Entscheidung oder deren Unterlassen Rechtsvorschriften widerspricht, die für die Entscheidung von Bedeutung sein können (§ 2 I 1 Nr. 1 UmwRG), dass sie in ihrem satzungsmäßigen Aufgabenbereich der Förderung der Ziele des Umweltschutzes durch die Entscheidung nach § 1 I 1 UmwRG oder deren Unterlassen berührt ist (§ 2 I 1 Nr. 2 UmwRG) und wenn sie im Falle eines Verfahrens nach § 1 I 1 Nr. 1 bis 2b UmwRG zur Beteiligung berechtigt war (§ 2 I 1 Nr. 3 a UmwRG).[4195]

V. Folgen der fehlerhaften Beteiligung

Werden Behörden und sonstige Träger öffentlicher Belange nicht nach § 4 I BauGB im **1946**
Planaufstellungsverfahren frühzeitig beteiligt, so kann dies zur Unwirksamkeit des Planes führen. Nach § 214 I 1 Nr. 2 BauGB ist eine Verletzung von Verfahrens- und Formvorschriften für die Rechtswirksamkeit der Bauleitplanung ua dann beachtlich, wenn die Vorschriften über die Beteiligung der Behörden und sonstigen Träger öffentlicher Belange nach § 4 II BauGB verletzt worden sind. Dabei ist allerdings unbeachtlich, wenn bei Anwendung der Vorschrift einzelne Personen, Behörden oder sonstige Träger öffentlicher Belange nicht beteiligt worden sind, die entsprechenden Belange jedoch unerheblich waren oder in der Entscheidung berücksichtigt worden sind. Unschädlich ist daher die Nichtbeteiligung einzelner Behörden oder sonstiger Träger – allerdings auch hier mit dem Vorbehalt, dass die verfassungsrechtlich gebotenen Anforderungen an die Abwägung eingehalten worden sind. Sind daher einzelne Behörden

---

[4194] Siehe dazu auch Spannowsky in BeckOK BauGB, 2023, § 4a Rn. 27, der auf den Vorrang des Abwägungsgebots vor einer Verfahrensbeschleunigung und darauf hinweist, dass einer „wirklichen" Präklusion mit Blick auf das Prinzip der Rechtmäßigkeit sowie auf die Grundrechtsbindung der planenden Gemeinde Grenzen gesetzt sind; Battis in BKL, BauGB, 2022, § 4a Rn. 15.

[4195] VGH München Urt. v. 25.9.2023 – 9 BV 22.481, juris Rn. 22.

oder sonstige Träger öffentlicher Belange nicht beteiligt worden, so ist dies nur dann für die Rechtswirksamkeit der Bauleitplanung beachtlich, wenn von diesen Trägern wesentliche Belange vorgebracht werden konnten und die Gemeinde diese Belange in der Abwägung nicht berücksichtigt hat. Dann kann die Nichtbeteiligung einzelner Träger bedeutsame Abwägungsdefizite erzeugen, die zur Teil- oder sogar Gesamtunwirksamkeit der Planung führen können.

1947 Wird trotz mehr als geringfügiger Änderungen des Bebauungsplans weder eine erneute Offenlegung nach § 3 II BauGB noch ein eingeschränktes Beteiligungsverfahren nach den §§ 4 a III BauGB durchgeführt, so führt dies nicht stets zur **Unwirksamkeit** des **gesamten Bebauungsplans**, sondern kann je nach den Umständen des Falles unbeachtlich sein oder auch lediglich eine **Teilunwirksamkeit** bewirken. Denn Mängel, die einzelnen Festsetzungen eines Bebauungsplans anhaften, führen dann nicht zu dessen Gesamtunwirksamkeit, wenn die übrigen Regelungen, Maßnahmen oder Festsetzungen, für sich betrachtet, noch eine sinnvolle städtebauliche Ordnung iS des § 1 III 1 BauGB bewirken können und wenn die Gemeinde nach ihrem im Planungsverfahren zum Ausdruck gekommenen Willen im Zweifel auch eine Satzung dieses eingeschränkten Inhalts beschlossen hätte. Diese Grundsätze sind auch in Fällen anzuwenden, in denen die Unwirksamkeit einer planerischen Festsetzung in Frage steht, die sich aus mehreren Einzelfestsetzungen zusammensetzt.[4196]

Beispiel: Ergeben sich etwa nach der Offenlage Planänderungen, so ist die Nichtbeteiligung des Eigentümers eines außerhalb des Plangebietes gelegenen Grundstücks unschädlich, wenn seine Belange erkennbar berücksichtigt worden sind und eine Einbeziehung des Grundstücks in das Plangebiet nicht erforderlich war.[4197]

1948 Ist zur Änderung die Öffentlichkeitsbeteiligung oder die Behördenbeteiligung nach § 4 a III BauGB nicht ordnungsgemäß durchgeführt, wird dies in der Regel lediglich zur **Teilunwirksamkeit** des Bebauungsplans führen, wenn durch die Änderung die Grundzüge der Planung nicht berührt worden sind[4198] und sich insoweit keine übergreifenden Auswirkungen ergeben. Denn die Unwirksamkeit eines Teils des Bebauungsplans führt dann nicht zur Gesamtunwirksamkeit des Plans, wenn der Rest auch ohne den unwirksamen Teil sinnvoll bleibt **(Grundsatz der Teilbarkeit)** und anzunehmen ist, dass der Plan auch ohne den unwirksamen Teil erlassen worden wäre (Grundsatz des mutmaßlichen Willens des Normgebers).[4199] Nach den allgemeinen Grundsätzen der Teilbarkeit kann die Unwirksamkeit einer Norm als Ganze daher nur angenommen werden, wenn die vom Rechtsfehler unberührten Teile der Norm nicht selbständig weiter bestehen können.[4200]

Beispiel: Enthält ein Bebauungsplan im Randbereich des Plangebietes Planzeichen, wie Linien außerhalb der farbig gekennzeichneten Bauflächen und Verkehrsflächen, die nicht erkennen lassen, welche Festsetzungen damit getroffen werden sollen und ob der Geltungsbereich des Bebauungsplans über die farbig gekennzeichneten Bauflächen und Verkehrsflächen hinausreichen soll, so zieht die möglicherweise den Randbereich betreffende Teilunwirksamkeit des Plans nicht zwangsläufig die Unwirksamkeit des gesamten Bebauungsplans nach sich. Von bloßer Teilunwirksamkeit des Bebauungsplans ist vielfach auszugehen, wenn sich die Unwirksamkeit auf einen räumlichen Teilbereich an der Peripherie des Plangebietes beschränkt. Denn die Gefahr, dass durch eine partielle Zurücknahme des Geltungsbereichs das planerische Geflecht so nachhaltig gestört wird, dass ein bloßer Planungstorso übrig bleibt, der den Anforderungen an eine ausgewogene Planung nicht mehr genügt, ist in Fällen dieser Art vergleichsweise gering.[4201] Regelmäßig erfasst die Unwirksamkeit der Festsetzung des Baugebiets in einem Bebauungsplan wegen ihrer zentralen Bedeutung alle übrigen Festsetzungen des Bebauungsplans. Nach Ansicht des VGH Mannheim kann ein Änderungsbebauungsplan trotz Unwirksamkeit der Änderung der Baugebietsfestsetzung gleichwohl nur

4196 BVerwG Beschl. v. 22.1.2008 – 4 B 5.08, BeckRS 2008, 32124.
4197 OVG Münster NWVBL 1998, 438.
4198 BVerwG DVBl. 1992, 37.
4199 BVerwG DVBl. 1989, 1103; NVwZ 1994, 271; DVBl. 1995, 522.
4200 BVerwG Beschl. v. 6.11.2007 – 4 BN 44.07, BeckRS 2015, 50994 m. Hinw. auf BVerwGE 117, 58; OVG Greifswald NVwZ-RR 2006, 673; VGH München Urt. v. 11.8.2005 – 2 N 03.3286, BeckRS 2005, 17065.
4201 BVerwG NVwZ 1994, 684.

teilunwirksam sein, wenn die bisherige Gebietsausweisung dadurch wieder auflebt, die übrigen Festsetzungen sich auch mit ihr vereinbaren lassen und dies dem mutmaßlichen Willen der Gemeinde entspricht.[4202]

Ist der fehlerhafte Teil von anderen Teilen des Bebauungsplans nicht abtrennbar, so sind auch diese Teile des Bebauungsplans oder der gesamte Bebauungsplan unwirksam, selbst wenn die von der fehlerhaften Festsetzung unmittelbar betroffene Fläche nur gering ist.[4203] Führt dies zur Gesamtunwirksamkeit des Bebauungsplans, ist das Normenkontrollgericht sogar verpflichtet, über einen eingeschränkten Antrag hinauszugehen.[4204] Ob sich die Unwirksamkeit eines Bebauungsplans auf nachfolgende Satzungen zur Änderung dieses Bebauungsplans erstreckt, hängt davon ab, ob und inwieweit sich der **Änderungsbebauungsplan** vom Inhalt seiner Festsetzung her gegenüber dem Ursprungsplan verselbstständigt hat. Werden etwa sämtliche Festsetzungen des Ursprungsplans im Zuge der Änderung durch neue Festsetzungen ersetzt oder erneut in den planerischen Abwägungsprozess einbezogen, so ist letztlich ein eigenständiger Plan entstanden, bei dem ein Fortwirken alter Fehler des Ursprungsplans nicht mehr sachgerecht erscheint. Werden demgegenüber unter dem Fortbestehen der Ursprungsplanung nur einzelne Festsetzungen geändert, so bedeutet dies, dass nicht bezüglich der Gesamtheit der Planung nochmals inhaltlich in den Abwägungsprozess eingetreten werden muss. Dann kann die nunmehr geltende planungsrechtliche Ordnung im Bebauungsplangebiet regelmäßig nur als Einheit der alten und der geänderten Planung angesehen werden. Das schließt dann entsprechend den Grundsätzen der Teilunwirksamkeit eine verbleibende alleinige Gültigkeit der Änderungsplanung aus.[4205] 1949

Verfahrensfehler hinsichtlich der **erneuten Auslegung** des Entwurfs eines Bebauungsplans, die abtrennbare Teilbereiche eines Bebauungsplans betreffen, führen regelmäßig nicht zur Unwirksamkeit des gesamten Bebauungsplans.[4206] Wird ein Bebauungsplan nach der förmlichen Öffentlichkeitsbeteiligung hinsichtlich einzelner Festsetzungen ohne erneute Beteiligung geändert, so liegt eine Begrenzung dieses Verfahrensfehlers auf die von ihm berührten Teile nahe.[4207] Es muss allerdings für eine entsprechende Fehlerbegrenzung nach den tatsächlichen Umständen des Einzelfalls vernünftigerweise ausgeschlossen werden, dass der Bebauungsplan auf Grund seiner Geltung nur in Teilbereichen einen anderen, vom Plangeber nicht gewollten Inhalt bekommt. Das BVerwG wendet dabei die allgemeinen Grundsätze über die teilweise Nichtigkeit von Gesetzen und anderen Rechtsvorschriften an, wie sie sich für Rechtsgeschäfte aus § 139 BGB ergeben. Bei Bebauungsplänen ist hiernach darauf abzustellen, ob der gültige Teil des Plans für sich betrachtet noch eine den Anforderungen des § 1 BauGB gerecht werdende, sinnvolle städtebauliche Ordnung bewirken kann und ob die Gemeinde nach ihrem im Planungsverfahren zum Ausdruck gekommenen Willen im Zweifel auch einen Plan dieses eingeschränkten Inhalts beschlossen hätte.[4208] 1950

Hinweis: Ist der Bebauungsplan nach den vorgenannten Grundsätzen lediglich teilweise unwirksam, so fehlt dem Antragsteller in einem Normenkontrollverfahren die Antragsbefugnis nach § 47 II VwGO, wenn die Teilunwirksamkeit des Bebauungsplans die eigenen Rechte des Antragstellers nicht betrifft, weil seine abwägungserheblichen Belange[4209] hierdurch nicht berührt sind.

Das **Normenkontrollgericht** hat dazu den von ihm ermittelten tatsächlichen oder hypothetischen Willen der Gemeinde zu respektieren. Bei einer nicht teilbaren Gesamtentscheidung ist der Bebauungsplan daher insgesamt für unwirksam zu erklären, wenn sich ein wesentlicher Teil als rechtsfehlerhaft erweist. Beschränkt sich der Fehler demgegenüber auf einen abgrenzbaren Teil des Plans, so kann der übrige Teil nach dem Grundsatz der Planerhaltung durchaus für wirksam erklärt werden. Die hierzu in der Rechtsprechung entwickelten Grundsätze zur Gesamt- und Teilunwirksamkeit eines Bebauungsplans[4210] sind auch auf einen Änderungsbe- 1951

[4202] VGH Mannheim NVwZ-RR 1997, 684.
[4203] BVerwG NVwZ 1994, 272.
[4204] BVerwG BauR 1992, 48; Hoppe DVBl. 1996, 12.
[4205] BVerwG Beschl v. 30.9.1992 – 4 NB 22.92, BeckRS 1992, 31311413.
[4206] BVerwG NVwZ-RR 1990, 286.
[4207] So BVerwG NVwZ 1990, 157.
[4208] BVerwGE 82, 225, m. Hinw. auf BVerwGE 40, 268; DVBl. 1993, 661.
[4209] BVerwG NJW 1999, 592 m. Bespr. Stüer BauR 1999, 1221.
[4210] BVerwG NVwZ 1995, 692; NVwZ 1994, 270.

bauungsplan anzuwenden.[4211] Nach den allgemeinen Grundsätzen der Teilbarkeit kann die Unwirksamkeit bzw. Nichtigkeit einer Norm als Ganze daher nur angenommen werden, wenn die vom Rechtsfehler unberührten Teile der Norm nicht selbständig weiter bestehen können.[4212]

VI. Einschaltung von Dritten

1952 Die Gemeinde kann nach § 4b 1 BauGB insbesondere zur Beschleunigung des Bauleitplanverfahrens die Vorbereitung und Durchführung von Verfahrensschritten nach den §§ 2a bis 4a BauGB einem Dritten übertragen. Die damit angesprochene herkömmliche Beteiligung Privater an den Aufgaben der Gemeinde auf der Grundlage von Werk- bzw. Geschäftsbesorgungsverträgen oder auch eines städtebaulichen Vertrags ist an sich nicht gesondert regelungsbedürftig. § 4b 1 BauGB beschreibt eine Befugnis, die der Gemeinde unzweifelhaft zusteht. Es handelt sich um die Hilfstätigkeit eines nicht mit öffentlich-rechtlichen Befugnissen ausgestatteten Verwaltungshelfers.[4213]

1953 Nach § 4 b 2 BauGB kann die Gemeinde einem Dritten auch die Durchführung einer Mediation oder eines anderen Verfahrens der außergerichtlichen Konfliktbeilegung übertragen. Nach der Gesetzesbegründung handelt es sich hier um eine Klarstellung der bereits zuvor bestehenden Möglichkeit, einen **Projektmittler** einzuschalten. Die gesetzliche Regelung zielt auf drei verschiedene Inhalte ab:

– Die ausdrückliche Erwähnung der Übertragung der Vorbereitung einzelner Verfahrensschritte soll Zweifel an der Zulässigkeit dieser Vorgehensweise ausräumen.
– Es wird die Übertragung der Durchführung bestimmter Verfahrensschritte auf einen Dritten (sog. funktionale Privatisierung) zugelassen.
– Zugleich wird eine Verfahrensbeschleunigung durch „Mediation" durch einen neutralen Projektmittler ermöglicht.

1954 Die **ausdrückliche gesetzliche Verankerung** soll zu einem stärkeren Gebrauch dieses verfahrensbeschleunigenden Instrumentes führen. Zudem wurde darauf verwiesen, dass sich im angloamerikanischen Recht der Einsatz von Projekt- und Verfahrensmittlern weitgehend etabliert habe und dort zur Beschleunigung von Planungsverfahren und zur Senkung der Verfahrenskosten beitrage. Der amerikanische Ansatz, den gesamten Entscheidungsprozess auf einen Projektmittler zu übertragen, konnte schon im Hinblick auf das Erfordernis einer aus Wahlen hervorgehenden Entscheidungslegitimation des Trägers öffentlicher Planungen und im Hinblick auf die kommunale Selbstverwaltung nicht uneingeschränkt übernommen werden. Die Öffentlichkeits- und Behördenbeteiligung können einem Projektmittler nur übertragen werden, wenn gewährleistet ist, dass die hoheitlichen Befugnisse der Gemeinde und damit insbesondere die nach § 1 VII BauGB gebotene Abwägung einschließlich der dafür gebotenen letztverantwortlichen Prüfung und Entscheidung über die vorgebrachten Stellungnahmen der Öffentlichkeit und Stellungnahmen der Träger öffentlicher Belange bei den Gemeinden verbleibt.

1. Beauftragung zur Vorbereitung und Durchführung von Verfahrensschritten

1955 Zuständig für die Aufgabenübertragung auf einen Dritten ist die Gemeinde, die damit einen ihr gesetzlich zugewiesenen Aufgabenbereich (teilweise) übertragen kann. Da sie jedoch weiterhin die Zuständigkeit für das Bauleitplanverfahren insgesamt behält und wohl auch aus rechtsstaatlichen Gründen behalten muss, handelt es sich bei dieser Aufgabenübertragung nicht um eine materielle Privatisierung (zB in Form der Beleihung), sondern um eine sog. funktionale oder formelle Privatisierung. Bei dieser Form der Privatisierung bleibt die Aufgabe weiterhin hoheitlich, ihre Durchführung wird aber teilweise auf einen Privaten übertragen. Im Außenverhältnis zum Bürger und zu den Trägern öffentlicher Belange bleibt die Verantwor-

---

[4211] BVerwG NVwZ 1994, 1009.

[4212] BVerwG Beschl. v. 6.11.2007 – 4 BN 44.07, BeckRS 2015, 50994; BVerwGE 117, 58; OVG Greifswald NVwZ-RR 2006, 673; VGH München Urt. v. 11.8.2005 – 2 N 03.3286, BeckRS 2005, 17065.

[4213] Uechtritz in BeckOK BauGB, 2022, § 4b Rn. 1; aA Reidt in Bracher/Reidt/Schiller, Bauplanungsrecht, 2022, Rn. 11.159, 11.161, der zwischen der Vorbereitung und der Durchführung von Verfahrensschritten unterscheidet, die Durchführung von Verfahrensschritten als hoheitliche Tätigkeit einordnet und § 4b BauGB insoweit als zulässige Ermächtigung zur Beleihung einordnet.

tung bei der Gemeinde. Der von der Gemeinde beauftragte Dritte ist daher ein sog. **Verwaltungshelfer**. Nach § 11 I 2 Nr. 1, HS 2 und 3 BauGB kann Gegenstand auch eines städtebaulichen Vertrags ua die Ausarbeitung der städtebaulichen Planungen sowie erforderlichenfalls des Umweltberichts sein; die Verantwortung der Gemeinde für das gesetzlich vorgesehene Aufstellungsverfahren bleibt dabei jedoch unberührt. Daraus ergibt sich, dass die Gemeinden nicht das gesamte Verfahren „privatisieren" dürfen. So können zwar die Erstellung der Planentwürfe sowie die technische Vorbereitung von Verfahrensschritten nach den §§ 3, 4 BauGB auf den Vertragspartner übertragen werden, nicht aber die förmlichen Beschlüsse (Aufstellungsbeschluss, Auslegungsbeschluss und Beschluss des Bebauungsplans) und die Verkündung des Bebauungsplans.[4214]

Beauftragt werden können etwa Planer, Architekten, Sanierungsträger oder spezialisierte Rechtsanwälte sowie zum Zwecke der Verfahrensunterstützung gegründete Gesellschaften der Gemeinde.[4215] Der Verwaltungshelfer wird dabei im Interesse der Gemeinde an einer zügigen Planung tätig. Die Tätigkeit des Dritten beruht dabei auf einem Auftragsverhältnis privatrechtlicher Natur. Für seine Leistungen kann der Verwaltungshelfer ein angemessenes Entgelt verlangen. Zugleich bietet die Regelung den Vorteil einer personellen Entlastung der Verwaltung und eines Wegfalls beispielsweise dienstrechtlicher Beschränkungen. 1956

Die ständige **Planungspraxis**, dass die Stellungnahmen durch die **Gemeindeverwaltung** oder ein **beauftragtes Planungsbüro** aufbereitet, mit einer Stellungnahme versehen und zum Gegenstand einer Beschlussvorlage für das zuständige Beschlussorgan gemacht werden, ist im Grundsatz rechtlich unbedenklich. Insoweit reicht es aus, wenn dem Beschlussorgan die eingegangenen Stellungnahmen in ihrem wesentlichen Inhalt vorgelegt oder vorgetragen werden. Dabei sind die Inhalte wesentlich, die im Sinne der §§ 1 VII, 2 III BauGB für die Abwägung von Bedeutung sind. Ermittlungsfehler und – je nach den Umständen des Einzelfalls – auch Gewichtungsfehler im Abwägungsvorgang liegen erst vor, wenn dem Rat abwägungserhebliche Inhalte vorenthalten worden sind, oder wenn der Rat die vorgebrachten Anregungen, soweit sie abwägungserheblich waren, aus sonstigen Gründen nicht in seine Abwägung eingestellt hat.[4216] 1957

Bei der **Vorbereitung des Beteiligungsverfahrens** kann auch ein von der Planung begünstigter **Investor** tätig werden.[4217] Entsprechende Regelungen enthalten etwa § 11 I 2 Nr. 1 BauGB für den städtebaulichen Vertrag oder § 12 BauGB für den Vorhaben- und Erschließungsplan, der zwischen Vorhabenträger und Investor abgestimmt sein muss. Allerdings bedarf eine Übertragung nach § 4b BauGB an den Vorhabenträger einer besonderen Sorgfalt, weil dieser ein erhebliches Eigeninteresse an der Ausgestaltung des Planentwurfs hat. Die Gemeinde muss daher bei einer solchen Verfahrenskonstellation besondere Vorsorge treffen, dass die Objektivität der Verfahrensabwicklung gewahrt bleibt und die planerischen Entscheidungen nicht durch unzulässige Vorwegbindungen vorgeprägt ist. Ob die Übertragung der Vorbereitung oder der Durchführung einzelner Verfahrensschritte an den Vorhabenträger nach § 4b BauGB verfahrensrechtlich zulässig ist, beurteilt sich daher nach den Umständen des Einzelfalls.[4218] Zu berücksichtigen ist auch, dass nach § 20 I 1 Nr. 1 VwVfG in einem Verwaltungsverfahren für eine Behörde nicht tätig werden darf, wer selbst Beteiligter ist. Nach § 20 I 2 VwVfG steht dem Beteiligten gleich, wer durch die Tätigkeit oder durch die Entscheidung einen unmittelbaren Vorteil oder Nachteil erlangen kann. Die Bauleitplanung ist zwar kein Verwaltungsverfahren iSv § 9 VwVfG. Es wird jedoch darauf hingewiesen, dass § 20 I Nr. 1 VwVfG einen allgemeinen Rechtsgrundsatz des Verwaltungsverfahrens konkretisiert und insoweit zumindest entsprechend auch auf das Bauleitplanverfahren Anwendung finden kann.[4219] Nimmt man dementsprechend an, dass der Vorhabenträger durch den Bebauungsplan in diesem Sinne einen Vorteil erlangen kann, spricht dies dafür, ihm allenfalls die Durchführung von Vorbereitungs- 1958

4214 BVerwG NVwZ 2006, 336 (338).

4215 Zur vergaberechtskonformen Beauftragung städtebaulicher Gesamtmaßnahmen an Sanierungs- und Entwicklungsträger nach §§ 157, 167 BauGB Mösinger/Morscheid NZBau 2009, 413.

4216 BVerwG ZfBR 2014, 371.

4217 VGH Kassel Urt. v. 25.9.2014 – 4 C 1328/12.N, juris Rn. 109.

4218 VGH Kassel Urt. v. 25.9.2014 – 4 C 1328/12.N, juris Rn. 109; kritisch Reidt in Bracher/Reidt/Schiller, Bauplanungsrecht, 2022, Rn. 11.162, was die Durchführung von Verfahrensschritten angeht.

4219 kritisch Reidt in Bracher/Reidt/Schiller, Bauplanungsrecht, 2022, Rn. 11.162; Schmitz in Stelkens/Bonk/Sachs, VwVfG, 2023, § 20 Rn. 19.

maßnahmen, nicht jedoch die Durchführung nach außen gerichteter Verfahrensschritte zu übertragen.[4220]

2. Mediation und außergerichtliche Konfliktbewältigung

1959 Dritter kann auch ein Mediator sein, der zunächst unabhängig von den Weisungen der Gemeinde und damit von neutraler Warte aus die Verfahrensschritte durchführt und dabei vermittelnd zwischen Gemeinde und den betroffenen Bürgern sowie den Trägern öffentlicher Belange tätig wird.[4221] Ein solcher Mediator kann im Auftrag der Gemeinde handeln und von ihr finanziert werden. Auch bei der Einschaltung eines neutralen Dritten bleibt es allerdings bei der Letztverantwortung der Gemeinde, die das Ergebnis der Behörden- und Öffentlichkeitsbeteiligung in ihren Willen aufnehmen muss, wenn es rechtsstaatlichen Bestand haben soll. Das Mediationsverfahren hat keine unmittelbare normative Bedeutung, bedarf nicht des Einsatzes hoheitlicher Mittel.[4222]

1960 Ein Fehler im Rahmen eines Mediationsverfahrens ist grds. kein beachtlicher Verfahrensfehler iSv § 214 I BauGB. § 214 I BauGB regelt die Beachtlichkeit einer Verletzung von Verfahrens- und Formvorschriften des BauGB. Das BauGB verlangt jedoch nicht, einen Mediator einzuschalten. Es stellt in §4b 2 BauGB lediglich klar, dass Gemeinen einen solchen Mediator beauftragen dürfen. Selbstgewählte Vorgaben für ein nach dem Baugesetzbuch nicht erforderliches Mediationsverfahrens sind keine Verfahrensvorschriften iSd § 214 I BauGB.[4223]

1961 Ist ein Mediator befangen, führt dies auch nicht automatisch zu einem Abwägungsfehler. Die Befangenheit eines Mediators kann zu einem Abwägungsfehler nur führen, wenn die Gemeinde aufgrund der Befangenheit des Mediators bestimmte abwägungserhebliche Belange nicht oder jedenfalls nicht mit dem ihnen objektiv zukommenden Gewicht in die Abwägung einstellt.[4224]

VII. Überwachung (§ 4 c BauGB)

1962 Zur Umsetzung europarechtlicher Vorgaben werden die Gemeinden zudem durch ein Monitoring verpflichtet, die erheblichen Umweltauswirkungen zu überwachen, um insbesondere frühzeitig unvorhergesehene nachteilige Auswirkungen zu ermitteln, um in der Lage zu sein, geeignete Abhilfe zu ergreifen (§ 4 c BauGB). Gegenstand der Überwachung ist nach § 4 c S. 2 BauGB auch die Durchführung von Darstellungen oder Festsetzungen nach § 1a III 2 und von Maßnahmen nach § 1a III 4 BauGB. Sie nutzen dabei die im Umweltbericht nach Nr. 3 b der Anlage 1 des BauGB angegebenen Überwachungsmaßnahmen und die Informationen der Behörden nach § 4 III BauGB. Das Monitoring ist allerdings nicht bei Bebauungsplänen der Innenentwicklung (§ 13 a BauGB) oder bei einer vereinfachten Änderung von Bebauungsplänen nach Maßgabe des § 13 BauGB erforderlich. Zur Entlastung der Gemeinden sollen die beteiligten Behörden verpflichtet werden, die Gemeinden auf unvorhergesehene Auswirkungen des Plans hinzuweisen. Auch bietet offenbar weder das Europarecht noch das deutsche Recht einen Anspruch einzelner Planbetroffener darauf, dass ein Monitoring durchgeführt wird oder die dort gewonnenen Erkenntnisse in Maßnahmen der Bauleitplanung umgesetzt werden. Ganz sicher ist das allerdings inzwischen auch nicht mehr.

1963 Die Plan-UP-RL fordert eine Überwachung der erheblichen Auswirkungen der Pläne und Programme auf die Umwelt. Dieses Monitoring soll unter anderem dazu dienen, möglichst frühzeitig unvorhergesehene negative Auswirkungen zu ermitteln, und die zuständigen Behörden in die Lage zu versetzen, geeignete Abhilfemaßnahmen zu ergreifen. Bereits im Zusammenhang mit der Aufstellung des jeweiligen Bauleitplans sind die Maßnahmen darzustellen und zu beschließen, die zur Überwachung der Umweltauswirkungen geplant sind (Art. 9 I c Plan-UP-RL).

1964 Die Behörden und sonstigen Träger öffentlicher Belange unterrichten die Gemeinden insbesondere über unvorhergesehene nachteilige Auswirkungen der Plandurchführung (§ 4 III BauGB). Hierdurch sollen die Gemeinden zusätzliche Erkenntnisse über die Umwelt erlangen

---

4220 Reidt in Bracher/Reidt/Schiller, Bauplanungsrecht, 2022, Rn. 11.162.

4221 Zur Mediation im öffentlichen Bereich Hehn/Wagner UPR 2013, 1.

4222 Uechtritz in BeckOK BauGB, 2022, § 4b Rn. 9.

4223 BVerwG NVwZ 2006, 458= juris Rn. 4.

4224 BVerwG NVwZ 2006, 458= juris Rn. 5.

und in die Lage versetzt werden, durch geeignete Maßnahmen unvorhergesehenen nachteiligen Umweltauswirkungen zu begegnen. Die Gemeinden nutzen dabei die im Umweltbericht nach der Anlage 1 zum BauGB angegebenen Überwachungsmaßnahmen und die Informationen der Behörden nach § 4 III BauGB.

Das Monitoring ist nach den Vorgaben der Plan-UP-RL Bestandteil der rahmensetzenden Pläne und Programme. Der Sache nach ist es auf die Beobachtung nachteiliger Auswirkungen der Plandurchführung und damit der zugelassenen Projekte gerichtet. § 4c BauGB ist eine rein verfahrensrechtliche Regelung, die keine eigenen materiellen Umweltstandards setzt, sondern die die Überwachung der Einhaltung bestehender Umweltstandards fordert.[4225] Es sollen insbesondere Umweltauswirkungen festgestellt werden, die bei der Beschlussfassung des Plans noch nicht erkennbar und deshalb nicht Gegenstand der planerischen Abwägung waren.[4226] Welche Folgen sich aus dem Monitoring für die Gemeinden und Zulassungsbehörden ergeben, ist in der Plan-UP-RL und in § 4 c BauGB nicht festgelegt. Europarechtlich ist zwar gefordert, dass die zuständigen Stellen in der Lage sein müssen, geeignete Abhilfemaßnahmen zu ergreifen. Mit welchen Instrumenten und auf welche Weise dies geschieht, ist europarechtlich allerdings nicht geregelt. Schwierigkeiten bei der Umsetzung des Monitoring in nationales Recht treten vor allem deshalb auf, weil in Deutschland das Planungs- und Zulassungsrecht unterschieden wird und hierfür nicht selten auch unterschiedliche Behörden zuständig sind. So stellen die Städte und Gemeinden Bauleitpläne auf und sind damit der Plan-UP-RL verpflichtet. Die eigentlichen Zulassungsentscheidungen etwa in Gestalt der Baugenehmigung oder der immissionsschutzrechtlichen Genehmigung unterliegen nicht der Plan-UP-RL, sondern der UVP-Richtlinie. Unklar ist nach den europarechtlichen und nationalen Vorgaben, auf welche Weise nachteilige Auswirkungen, die sich im Monitoring herausstellen, in die Projektzulassungsebene eingebracht werden müssen. 1965

Nach § 4c 2 BauGB nutzen die Gemeinden für das Monitoring die im **Umweltbericht** nach Nr. 3 b der Anlage 1 zum BauGB angegebenen Überwachungsmaßnahmen und die Informationen der Behörden nach § 4 III 3 BauGB. Das Konzept für die Überwachung der Umweltauswirkungen, die aufgrund der Durchführung des Plans entstehen, wird schon im Umweltbericht beschrieben. Der Umweltbericht muss schon als Teil der Planbegründung Maßnahmen zur Überwachung der erheblichen Umweltauswirkungen der Durchführung des Bauleitplans beschreiben (§ 2 IV 1 Nr. 3 b Anlage zu § 2 IV und § 2a BauGB).[4227] Welche Maßnahmen die Gemeinde im Einzelnen zur Umsetzung der Verpflichtung zum Monitoring in der Bauleitplanung trifft, steht in ihrem planerischen Ermessen.[4228] 1966

Nach Abschluss des Verfahrens zur Aufstellung des Bauleitplans müssen die **Fachbehörden** die Gemeinde unterrichten, sofern nach den ihnen vorliegenden Erkenntnissen die Durchführung des Bauleitplans erhebliche, insbesondere unvorhergesehene nachteilige Auswirkungen auf die Umwelt hat. Die Unterrichtungspflicht der Fachbehörden dient einerseits der Verfahrensökonomie. Außerdem soll die Qualität des Monitorings mit Hilfe der Fachkompetenz der Fachbehörden gesichert werden. Sie beruht auf dem Grundgedanken, dass die Umweltfachbehörden durch das Umweltrecht zur Beobachtung der Umweltentwicklung verpflichtet und dafür auch besonders kompetent sind.[4229] 1967

Die Ergebnisse des Monitorings können im Zulassungsverfahren für ein konkretes Vorhaben im Rahmen des § 15 BauNVO als zu beachtende Einschränkung im Einzelfall berücksichtigt werden. Auch können in die immissionsschutzrechtliche Genehmigung nachträgliche Anordnungen nach § 17 II BImSchG aufgenommen werden. Die Anordnungen stehen damit unter dem Vorbehalt der Verhältnismäßigkeit. Vergleichbare Regelungen enthält § 75 II VwVfG, wenn nach Unanfechtbarkeit des Planfeststellungsbeschlusses nicht voraussehbare Wirkungen auf das Recht eines anderen eintreten. Es sind dann entsprechende Schutzauflagen zugunsten Drittbetroffener als Folge eines Planergänzungsanspruch anzuordnen (§ 75 II 2, 3 VwVfG). Sind solche nachträglichen Vorkehrungen oder Anlagen untunlich oder mit dem Vorhaben un- 1968

4225 Schink in BeckOK BauGB, 2021, § 4 c Rn. 1 unter Verweis auf BT-Drs. 15/2250, 47; Krautzberger UPR 2004, 401 (407).

4226 Zu den Zielen des Monitorings siehe auch Schieferdecker in Beckmann/Kment, UVPG/UmwRG, 2023, § 45 UVPG Rn. 14.

4227 Schink in BeckOK BauGB, 2021, § 4 c Rn. 6; Uechtritz BauR 2005, 1859 (1871); Schink UPR 2018, 248 (249 f.).

4228 Battis in BKL, BauGB, 2022, § 4c Rn. 3; Schink in BeckOK BauGB, 2021, § 4 c Rn. 6.

4229 Battis in BKL, BauGB, 2022, § 4c Rn. 4; Schink in BeckOK BauGB, 2021, § 4 c Rn. 7a.

vereinbar, so besteht für den Planbetroffenen ein Anspruch auf eine angemessene Geldentschädigung. Zum anderen können die Gemeinden nach §§ 1 III, VIII, 2 IV BauGB den Plan ändern, ergänzen oder aufheben. Allerdings schreibt die Plan-UP-RL nicht im Einzelnen vor, unter welchen Voraussetzungen eine Planänderung erforderlich ist. Insoweit gilt auch weiterhin das Abwägungsgebot.

1969 Ob ein einzelner Planbetroffener ein Recht auf Durchführung eines Monitorings hat und beanspruchen kann, dass bei unvorhergesehenen Auswirkungen entsprechende Abhilfemaßnahmen durchgeführt werden, ist offen. Auf die Aufstellung von Bauleitplänen und städtebaulichen Satzungen besteht kein Rechtsanspruch. Ein Anspruch kann auch nicht durch Vertrag begründet werden (§ 1 III 2 BauGB). Auf der anderen Seite ist das europarechtliche Richtlinienrecht effektiv umzusetzen. Der Einzelne kann sich darauf auch berufen.

VIII. Beschluss über Bauleitplan

1970 An die Behandlung der Stellungnahmen zum Bauleitplan schließt sich der Beschluss des in der Gemeinde zuständigen Organs über den Flächennutzungsplan bzw. den Bebauungsplan an. Der Bebauungsplan wird dabei als Satzung beschlossen (§ 10 I BauGB). Der Satzungsbeschluss ist bundesrechtlich der einzige notwendige Beschluss der Gemeindevertretung für einen wirksamen Bebauungsplan.[4230] Eine Parallelvorschrift zu § 10 I BauGB für den Flächennutzungsplan enthält das BauGB nicht. Zumeist sieht jedoch das Kommunalverfassungsrecht der Länder eine Beschlussfassung für die Aufstellung oder Änderung des Flächennutzungsplans in seiner endgültigen Fassung vor.[4231]

1. Zuständiges Organ für den Satzungsbeschluss

1971 Das BauGB enthält keine Bestimmungen darüber, welches Organ für den abschließenden Beschluss über den Bauleitplan zuständig ist. Nach dem Kommunalverfassungsrecht wird dies bei Angelegenheiten von grundsätzlicher Bedeutung im Regelfall der Rat der Gemeinde als das Hauptorgan sein.[4232] Ausschüsse sind für die abschließende Beschlussfassung über die Bauleitpläne daher kommunalverfassungsrechtlich nicht legitimiert. Bei den als Satzung zu beschließenden Bebauungsplänen handelt es sich um Rechtsnormen mit der Konsequenz, dass bereits der inhaltsbestimmende Beschluss des Gemeinderats ohne Bedingung und Vorbehalt erfolgt sein muss. Ein unzulässiger Vorbehalt liegt nicht vor, wenn der Gemeinderat zugleich mit der Satzung beschließt, in einem ersten Schritt zunächst nur bezüglich eines Teils des Plangebiets Erschließungsmaßnahmen vorzunehmen.[4233]

2. Gegenstand des Satzungsbeschlusses

1972 Gegenstand des Feststellungs- bzw. Satzungsbeschlusses ist der Planentwurf in der Fassung, die er bei der öffentlichen Auslegung gem. § 3 II BauGB hatte. Dem entscheidenden Gremium müssen die maßgeblichen Beratungsunterlagen zur Verfügung stehen. Bei der Beschlussfassung über einen Bebauungsplan sind die Ratsmitglieder zur Vorbereitung der ihnen obliegenden Abwägung auf die hierfür relevanten Umstände konkret hinzuweisen; sie müssen bei ihrer Abwägungsentscheidung Zugriff auf die entsprechenden Unterlagen haben.[4234] Es ist allerdings nicht abwägungsfehlerhaft, wenn die Gemeindevertretung die in Ausschüssen vorstrukturierte Beschlussempfehlungen ohne ausführliche eigene Plenardebatte beschließt und sich die von den Ausschüssen formulierten Erwägungen zu eigen macht.[4235] Es nicht erforderlich, dass den Ratsmitgliedern sämtliche Stellungnahmen aus der Öffentlichkeits- und Behördenbeteiligung vorgelegt werden; es genügt vielmehr eine **tabellarische Zusammenfassung**, die es den Ratsmitgliedern ermöglicht, sich mit den eingegangenen Stellungnahmen inhaltlich auseinanderzusetzen, ggfls. an die Verwaltung Nachfragen zu richten und Einblick in die voll-

---

[4230] Battis in BKL, BauGB, 2022, § 10 Rn. 3; Bönker in HBG, Öffentliches Baurecht, 2024, § 5 Rn. 369.

[4231] Bönker in HBG, Öffentliches Baurecht, 2024, § 5 Rn. 370.

[4232] Battis in BKL, BauGB, 2022, § 10 Rn. 3.

[4233] VGH Mannheim Urt. v. 10.11.2010 – 5 S 955/09, BeckRS 2010, 56635.

[4234] OVG Münster Beschl. v. 28.5.2010 – 15 A 3230/07, BeckRS 2010, 53209; OVG Koblenz NVwZ-RR 2009, 711; zur Öffentlichkeit von Gemeinderatssitzungen Rabeling NVwZ 2010, 411.

[4235] VGH Kassel NVwZ-RR 2010, 837.

ständigen Stellungnahmen zu verlangen.[4236] Hat ein Gemeinderat über einen Verhandlungsgegenstand entschieden, kann ein Bürger nicht mehr nachträglich mit Erfolg geltend machen, die zur Vorbereitung der Sitzung übersandten Unterlagen seien unvollständig gewesen.[4237] Ein Abwägungsmangel liegt demgegenüber vor, wenn die vorgebrachten Anregungen dem Gemeinderat vorenthalten werden oder dieser sie aus anderen Gründen nicht in seine Abwägung einstellt.[4238] Hat sich der Planbetroffene am Planaufstellungsverfahren nicht beteiligt, so muss die Gemeinde im Rahmen des § 1 VII BauGB nur diejenigen privaten Belange in die Abwägung einstellen, die ihr entweder auf anderem Wege bekannt geworden sind oder die sich ihr aufdrängen mussten. Ein erstmaliger Vortrag im Normenkontrollverfahren kann verspätet sein.[4239] Ist das Entscheidungsgremium über wesentliche Grundlagen nicht informiert, können sich daraus beachtliche Abwägungsmängel ergeben.

Beispiel: Die Verlagerung der Bewältigung eines Konfliktes in das dem Planverfahren nachfolgende Baugenehmigungsverfahren ist abwägungsfehlerhaft, wenn der Gemeinderat über die bereits vorab nach § 33 I BauGB erfolgte Erteilung der Baugenehmigung nicht informiert war und ihm bereits erstellte und bei der Baugenehmigungsbehörde eingereichte Gutachten zum Schallschutz bei Beschlussfassung nicht bekannt gegeben wurden.[4240]

Ist der Entwurf nach dem Beteiligungsverfahren geändert worden, schließt sich ggf. das Verfahren nach § 4 a III BauGB an. Nach Beschlussfassung des Gemeinderates vorgenommene Änderungen des Entwurfs eines Bebauungsplanes, die inhaltlich in den Bereich der planerischen Willensbildung des Gemeinderates eingreifen, bedürfen zu ihrer Wirksamkeit eines **Beitrittsbeschlusses**. Dies gilt auch für Änderungen, die von der Genehmigungsbehörde als rein klarstellend und redaktionell bezeichnet wurden.[4241] In den Beschluss einzubeziehen ist auch die Begründung des Flächennutzungsplans oder die Begründung des Bebauungsplans. In die Begründung werden ggf. Gesichtspunkte eingearbeitet, die sich bei der öffentlichen Planauslegung im Rahmen der förmlichen Öffentlichkeitsbeteiligung ergeben haben. Wird hierdurch allerdings der Planinhalt geändert, so muss sich ggf. nach Maßgabe des § 4 a III BauGB eine erneute förmliche Öffentlichkeitsbeteiligung bzw. Beteiligung der betroffenen Öffentlichkeit anschließen. Ein Satzungsbeschluss gemäß § 10 BauGB kommt nicht dadurch zustande, dass die Gemeindevertretung der Begründung zum Bebauungsplanentwurf zustimmt.[4242] Vielmehr muss die Satzung selbst vom Gemeinderat beschlossen werden. Ein unter inhaltlichen Auflagen genehmigter Plan wird nur wirksam, wenn die Gemeinde den Maßgaben – ggf. nach Durchführung eines erneuten Beteiligungsverfahrens – beitritt und den Bebauungsplan anschließend bekannt macht. Diese Verfahrensschritte können durch die Beschlussfassung über einen Änderungsbebauungsplan und dessen Bekanntmachung nicht ersetzt werden, auch wenn dieser aus Anlass der Änderung anderer Festsetzungen die Auflagen der Genehmigung des Ursprungsbebauungsplans übernimmt.[4243] 1973

a) Öffentlichkeit der Ratssitzung. Auch die Beschlussfassung selbst und das dabei zu beachtende Verfahren richten sich nach dem Kommunalverfassungsrecht der Länder. Das gilt etwa für die Frage der Öffentlichkeit der Ratssitzung. Der Grundsatz der Öffentlichkeit der Sitzungen des Gemeinderates gehört zu den anerkannten Grundsätzen des Kommunalrechts. Danach müssen Satzungen grundsätzlich in öffentlicher Sitzung beschlossen werden. Sonst sind sie ungültig.[4244] Der Grundsatz beruht auf dem Demokratieprinzip des Art. 20 GG, an das auch die Gemeinden gem. Art. 28 I und II GG gebunden sind. Ausnahmen von diesem Öffentlichkeitsgrundsatz sind jedoch zulässig, wenn das öffentliche Wohl oder berechtigte Interessen einzelner den Ausschluss der Öffentlichkeit erfordern. Dabei kann das Kommunalverfassungsrecht der Länder unterschiedliche Regelungen enthalten.[4245] Nach **Landesrecht** 1974

4236 OVG Münster BauR 2013, 896; Reidt in BKL, BauGB, 2022, § 10 Rn. 3.
4237 VGH Mannheim DÖV 2010, 529.
4238 VGH Mannheim VBlBW 2007, 182.
4239 OVG Saarlouis Urt. v. 20.9.2007 – 2 N 9/06, BeckRS 2008, 30845.
4240 OVG Bautzen DVBl. 2006, 464.
4241 OVG Bautzen DVBl. 2006, 464.
4242 VGH Kassel BauR 2004, 1046.
4243 BVerwG IBR 2012, 1132.
4244 VGH Mannheim BauR 2020, 1884; OVG Münster NVwZ 1990, 186; VGH München BayVBl. 2009, 344; Reidt in BKL, BauGB, 2022, § 10 Rn. 4.
4245 BVerwG ZfBR 1995, 149.

bestimmt sich auch das Erfordernis der **Öffentlichkeit der Ratssitzungen**. Der Grundsatz der Öffentlichkeit, der in allen Gemeindeordnungen und Kommunalverfassungen enthalten ist, steht in enger Verbindung mit dem **Demokratiegebot** in Art. 20, 28 I GG, das zu den grundlegenden Staatsorganisationsprinzipien gehört.[4246] Nach dem Verfassungsverständnis des GG kann demokratische Legitimation nur vermittelt werden, wenn die grundlegenden staatlichen Entscheidungen auf eine lückenlose demokratische Legitimationskette zurückgeführt werden können, die vom Bürger zu den staatlichen Funktionsträgern reicht. Das Demokratiegebot unterstellt damit über den Grundsatz der Sitzungsöffentlichkeit das staatliche Handeln der öffentlichen Kontrolle. Zugleich soll durch das Prinzip der Öffentlichkeit der Anschein vermieden werden, dass hinter verschlossenen Türen unsachliche Motive für die getroffene Entscheidung maßgeblich gewesen sein könnten. Die Unterrichtung der Öffentlichkeit ist daher grundsätzlich erst dann ausreichend, wenn sie dem Bürger die Teilnahme als Zuhörer eröffnet. Die Information der Öffentlichkeit über Zeit, Ort und Tagesordnung der Gemeinderatssitzung bestimmt sich nach Landesrecht (Gemeindeordnung, Hauptsatzung, Geschäftsordnung). Auch in einer Schule oder einer Bundeswehrkaserne durchgeführte Ratssitzungen können dem Erfordernis der Sitzungsöffentlichkeit entsprechen, wenn die Öffentlichkeit zugelassen ist.[4247] Für vorberatende Ausschüsse gilt der Grundsatz der Sitzungsöffentlichkeit jedoch nicht in gleichem Maße.[4248] Für die Ratssitzungen darf der Grundsatz der **Sitzungsöffentlichkeit** nach Landesrecht nur dann durchbrochen werden, wenn dies überwiegende schutzwürdige Individual- oder Gemeinwohlinteressen gebieten. Im Rahmen der Aufstellung der Bauleitplanung sind solche Voraussetzungen im Allgemeinen nicht gegeben. Allerdings dürfen persönliche Angelegenheiten eines Einwohners auch dann nicht zum Gegenstand öffentlicher Beratung gemacht werden, wenn der betroffene Einwohner damit einverstanden ist. Denn Zweck der vorgeschriebenen Nichtöffentlichkeit der Beratung in solchen Fällen ist es auch, den Ratsmitgliedern eine objektive und unbeeinflusste Amtsausübung bei solchen Angelegenheiten zu ermöglichen.[4249] Wird gegen einen landesrechtlich normierten Grundsatz der Öffentlichkeit der Ratssitzung verstoßen, so ist der Satzungsbeschluss zum Bebauungsplan rechtswidrig mit der Folge, dass der Bebauungsplan in aller Regel unwirksam oder sogar unwirksam ist.[4250]

1975 **b) Mitwirkungsverbote.** Grundsätzlich darf sich nicht beratend oder entscheidend an der Beschlussfassung beteiligen, wem die Entscheidung selbst oder nahe stehenden Dritten einen unmittelbaren Vor- oder Nachteil bringen kann. Es muss sich dabei um ein individuelles Sonderinteresse handeln; nicht ausreichend ist, dass sich ein Vorteil zB aus der Zugehörigkeit zu einer bestimmten Berufsgruppe ergeben könnte. Beim Flächennutzungsplan kommt eine Befangenheit grundsätzlich nur in Frage, wenn nicht das gesamte Gemeindegebiet, sondern, etwa bei einer Änderung, ein räumlich beschränkter Teil davon betroffen ist.[4251] Beim Bebauungsplan ist von einer Befangenheit zB auszugehen, wenn das Ratsmitglied in dem Änderungsbereich Grundstücke oder grundstücksgleiche Rechte besitzt, die durch die Planung unmittelbar betroffen werden können. Dasselbe gilt für Rechtsinhaber von Grundstücken, die im unmittelbaren Einflussbereich solcher Planänderungen liegen.[4252] Das Ziel des Bebauungsplans, die Bewohner der bestehenden und geplanten Wohngebiete vor Geruchsbelästigung zu schützen und Nutzungskonflikte mit der künftigen Siedlungsentwicklung zu vermeiden, erfasst keinen abgrenzbaren Personenkreis.[4253]

4246 Zum Grundsatz der Sitzungsöffentlichkeit VGH Mannheim ESVGH 19, 209; OVG Münster OVGE 35, 8; OVGE 35, 83.

4247 OVG Münster NVwZ 1990, 186.

4248 VGH München NVwZ-RR 1990, 53.

4249 OVG Koblenz DVBl. 1987, 147.

4250 OVG Münster OVGE 35, 8.

4251 Bönker in HBG, Öffentliches Baurecht, 2024, § 5 Rn. 374.

4252 OVG Münster NVwZ 1984, 667; NVwZ-RR 1988, 112; NVwZ-RR 1989, 113; OVG Lüneburg OVGE 27, 478; NVwZ 1982, 251; ZfBR 1983, 34; VGH Mannheim ESVGH 20, 240; ESVGH 24, 125; ESVGH 31, 156; – ESVGH 34, 230; BWVBl. 1987, 24; NVwZ 1987, 1103; NVwZ-RR 1992, 538; ZfBR 1992, 247; NVwZ-RR 1995, 154; OVG Koblenz NVwZ 1982, 204; NVwZ 1984, 670; NVwZ 1984, 817; NVwZ 1985, 287; NVwZ-RR 1988, 114; NVwZ 1989, 674; NVwZ-RR 1990, 271 = AS 22, 434.

4253 VGH Mannheim ZfBR 2012, 590. Zur Abgrenzung von Individual- und Gruppeninteresse: VGH Mannheim NuR 2010, 736.

Beispiel: Führt ein Bebauungsplan dazu, dass eine bisherige Sackgasse im benachbarten Baugebiet zur Durchgangsstraße wird mit deutlicher Erhöhung der Verkehrsimmissionsbelastung eines Grundstücks, so ist das davon betroffene Ratsmitglied gem. § 22 I Nr. 1 GemO von der Beratung und Beschlussfassung über den Bebauungsplan ausgeschlossen.[4254] Für die Wirksamkeit des Flächennutzungsplans bzw. des Bebauungsplans ist bundesrechtlich lediglich ein ordnungsgemäßer abschließender Beschluss erforderlich. Auf das Vorhandensein oder die Wirksamkeit vorangehender Ratsbeschlüsse, die im Planaufstellungsverfahren nach dem BauGB nicht erforderlich sind, kommt es bundesrechtlich nicht an.[4255] Auch die Frage, ob bereits bei der fehlerhaften Mitwirkung eines Ratsmitgliedes der Beschluss über den Bauleitplan unwirksam ist oder dies erst dann angenommen werden muss, wenn die Stimmabgabe des befangenen Ratsmitgliedes den Ausschlag gegeben hat, beurteilt sich nach Landesrecht.[4256] Schreibt das Landesrecht vor, dass die Befangenheit nur dann erheblich ist, wenn die Stimmabgabe des befangenen Ratsmitgliedes ausschlaggebend war,[4257] so ist die Mitwirkung befangener Ratsmitglieder im Übrigen für die Wirksamkeit der Bauleitpläne ohne Bedeutung. Das BVerwG hat auch Bedenken geäußert, einer Mitwirkung von befangenen Ratsmitgliedern an vorbereitenden Beschlüssen oder informellen Abstimmungsgesprächen nach Landesrecht Bedeutung für die Wirksamkeit der Bauleitpläne beizumessen, wenn ein Einfluss dieser Mitwirkung befangener Ratsmitglieder auf das Abstimmungsverhalten in der Schlussabstimmung nicht belegt werden kann.[4258] Das **befangene Ratsmitglied** ist zwar für das gesamte Planaufstellungsverfahren von der Mitwirkung ausgeschlossen. Für die Wirksamkeit der Bauleitplanung kommt es aber (bundesrechtlich) nur auf den abschließenden Beschluss an.

Dabei können die Kommunalverfassungen anordnen, dass bereits bei der Mitwirkung eines befangenen Ratsmitgliedes unabhängig von der Entscheidungserheblichkeit der Stimmabgabe der Ratsbeschluss unwirksam ist. Nach mehreren Gemeindeordnungen ist ein Ratsbeschluss allerdings nur unwirksam, wenn die Mitwirkung des befangenen Ratsmitgliedes den Ausschlag gegeben hat. Auch kann das Landesrecht vorsehen, dass die Mitwirkung eines wegen Befangenheit Betroffenen nach Beendigung der Abstimmung nur geltend gemacht werden kann, wenn die fehlerhafte Mitwirkung für das Abstimmungsergebnis entscheidend war. Die Gemeinde kann in Anwendung der nach § 214 IV BauGB bestehenden **Heilungsmöglichkeiten** solche Fehler nach Landesrecht beheben und durch Wiederholen des nachfolgenden Verfahrens wirksam in Kraft setzen. Flächennutzungsplan und Bebauungsplan können in solchen Fällen auch mit Rückwirkung erneut in Kraft gesetzt werden (§ 214 IV BauGB).[4259] Auf die Einleitung und Durchführung eines solchen Heilungsverfahrens besteht allerdings kein Rechtsanspruch.[4260] 1976

Hinweis: Nach vergleichbaren Grundsätzen muss beurteilt werden, ob **unwirksame Beschlüsse** eines vorberatenden und empfehlenden **Ausschusses** zur Unwirksamkeit des anschließenden Ratsbeschlusses führen. Haben etwa an einem Beschluss des Planungsausschusses Ratsmitglieder mitgewirkt, die nicht abstimmungsberechtigt waren, und ist deshalb der Ausschussbeschluss unwirksam, so beeinträchtigt dies die Wirksamkeit des abschließenden Ratsbeschlusses nicht, wenn der Ausschussbeschluss lediglich empfehlenden Charakter hat. Räumt das Kommunalverfassungsrecht dem Ausschuss ein Vorberatungs-, Vorschlags- und Empfehlungsrecht ein, so ist es Aufgabe des Ausschusses, davon in einer wirksamen Weise Gebrauch zu machen. Fehlerhafte Beschlussfassungen in den Ausschüssen hindern den Gemeinderat an einer Schlussentscheidung nicht, solange das Kommunalverfassungsrecht der Länder keine ausdrücklich andere Regelung trifft.

Das befangene Ratsmitglied muss seinen Platz im Ratsgremium räumen, darf allerdings bei öffentlichen Ratssitzungen im Zuhörerraum Platz nehmen.[4261] Ein bloßes Abrücken eines Stuhles reicht mithin grundsätzlich nicht aus, um den Erfordernissen des Mitwirkungsverbotes 1977

4254 OVG Koblenz UPR 2013, 393.
4255 BVerwGE 79, 200; OVG Koblenz NVwZ 1989, 674.
4256 § 18 GO BW; Art. 49 GO Bay; § 25 GO Nds; § 31 GO NW; § 22 GO Rh-Pf.; § 27 KSVG.
4257 Etwa Art. 49 III BayGO, § 31 VI GO NW.
4258 BVerwGE 79, 200.
4259 BVerwG NVwZ-RR 1997, 515.
4260 BVerwG UPR 1997, 102.
4261 OVG Münster DVBl. 1978, 150; OVG Koblenz NVwZ 1982, 204.

zu genügen.[4262] Die Effektivität des Mitwirkungsverbotes erfordert danach, dass das ausgeschlossene Ratsmitglied sich bei einer öffentlichen Sitzung in den Zuhörerraum begeben muss, weil erst durch eine solche räumliche Entfernung von seinem Ratssitz die sonst mögliche Einflussnahme hinreichend beseitigt ist. Über die Frage des Vorliegens eines Ausschlussgrundes entscheidet in Zweifelsfällen das Kollegialorgan, also der Gemeinderat oder der Bau- und Planungsausschuss.

1978 Werden Ratsmitglieder zu Unrecht wegen Befangenheit ausgeschlossen, so können sie sich in einem **Kommunalverfassungsstreitverfahren** vor den Verwaltungsgerichten gegen diesen Ausschluss wehren.[4263] Ein Ratsmitglied kann jedoch nicht mit Erfolg rügen, dass ein anderes Ratsmitglied wegen Befangenheit nicht ausgeschlossen worden ist. Denn auf die Nichtmitwirkung eines für befangen gehaltenen Ratsmitglieds besteht kein Rechtsanspruch.[4264] Bei der (erstmaligen) Aufstellung eines **Flächennutzungsplans** besteht ein **Mitwirkungsverbot** regelmäßig nicht.

1979 Bundesrecht steht nicht entgegen, wenn ein Gemeindeorgan, das für die Beschlussfassung über einen Bebauungsplan zuständig ist, die Prüfung einer näher umschriebenen Feststellung einem anderen Gemeindeorgan überträgt und von dem Ergebnis dieser Prüfung die Bekanntmachung des beschlossenen Bebauungsplans abhängig macht. Das gilt nicht, wenn die Prüfung und Bewertung des Prüfungsergebnisses nur im Rahmen der planerischen Abwägung sachgerecht stattfinden können.[4265]

IX. Zusammenfassende Erklärung

1980 Dem wirksamen Flächennutzungsplan (§ 6a I BauGB) und dem in Kraft getretenen Bebauungsplan (§ 10a I BauGB) ist eine zusammenfassende Erklärung beizufügen. In der zusammenfassenden Erklärung ist die Art und Weise darzulegen, wie die Umweltbelange und die Ergebnisse der Öffentlichkeits- und Behördenbeteiligung in dem Bauleitplanung berücksichtigt wurden, und über die Gründe, aus denen der Plan nach Abwägung mit den geprüften, in Betracht kommenden anderweitigen Planungsmöglichkeiten gewählt wurde, zu berichten. Jedermann kann den Flächennutzungsplan und den Bebauungsplan, die Begründung und die zusammenfassende Erklärung einsehen und über deren Inhalt Auskunft verlangen (§§ 6 V 2, 10 III 3 BauGB). Die Regelungen über die zusammenfassende Erklärung entsprechen den Vorgaben der Plan-UP-RL. Mit der zusammenfassenden Erklärung öffnet sich die auf Umweltbelange zugeschnittene Sicht des Umweltberichts in eine Gesamtabwägung, deren Teile die Umweltbelange sind. Die zusammenfassende Erklärung dokumentiert daher die wesentlichen Elemente der Ausgleichsentscheidung, die als letzte Stufe der Abwägung das Vor- und Zurückstellen der betroffenen Belange ausdrückt. Die zusammenfassende Erklärung soll allgemein verständlich sein und die wesentlichen Grundlinien in der Entscheidung zum Ausdruck bringen. Sie kann daher Ähnlichkeiten mit einer **Presseerklärung**, in der die wesentlichen Elemente einer getroffenen Entscheidung für die Öffentlichkeit verdeutlicht werden. Die zusammenfassende Erklärung befasst sich daher nicht mit allen Einzelheiten, sondern will die Gesamtentscheidung in ihren wesentlichen Elementen verständlich erklären. Damit wird zugleich einem Anliegen Rechnung getragen, das durch das europäische Umweltrecht vorgegeben ist.

1981 Die zusammenfassende Erklärung ist **nicht Bestandteil der Begründung** und nimmt auch nicht an dem Verfahren der Öffentlichkeits- und Behördenbeteiligung teil. Sie wird vielmehr erst nach Durchführung dieser Verfahrensschritte verabschiedet. Für die Wirksamkeit der Bauleitpläne ist die zusammenfassende Erklärung nicht entscheidend (§ 214 I BauGB), kann aber für die Abwägung von Bedeutung sein. Ergibt sich weder aus der Begründung noch aus der zusammenfassenden Erklärung, aus welchen Gründen der Plan nach Abwägung mit den geprüften anderweitigen Planungsmöglichkeiten gewählt wurde, deutet dies auf Abwägungsfehler hin, die zur Unwirksamkeit des Planes führen können.

[4262] OVG Koblenz NVwZ 1982, 204. Zu kommunalen Mitwirkungsverboten Röhl Jura 2006, 512.
[4263] Reidt in BKL, BauGB, 2022, § 10 Rn. 6.
[4264] OVG Koblenz NVwZ 1985, 283.
[4265] BVerwGE 117, 58.

X. Genehmigungsverfahren gem. §§ 6, 10 II BauGB

Der **Flächennutzungsplan** bedarf nach § 6 I BauGB der **Genehmigung** der höheren Verwaltungsbehörde.[4266] Die Genehmigung darf nur versagt werden, wenn der Flächennutzungsplan nicht ordnungsgemäß zu Stande gekommen ist oder Rechtsvorschriften widerspricht (§ 6 II BauGB). Die Aufstellung oder Änderung des Flächennutzungsplans bedarf daher einer Genehmigung. Aus § 1 VIII BauGB ergibt sich, dass nicht nur die erstmalige Aufstellung des Plans, sondern auch Änderungen, Ergänzungen und die Aufhebung genehmigungspflichtig sind. Als umfassender Dispositionsplan für das ganze Gemeindegebiet bildet der Flächennutzungsplan die bindende Grundlage für die nachfolgende Entwicklung von Bebauungsplänen durch die Gemeinde und für die Planungen der öffentlichen Planungsträger, soweit sie den Darstellungen des Flächennutzungsplans vor dem abschließenden Beschluss der Gemeinde nicht widersprochen haben (§ 7 BauGB). Der Flächennutzungsplan stellt sich daher als das Hauptinstrument der städtebaulichen Planung dar. Vor diesem Hintergrund rechtfertigt sich das Genehmigungserfordernis in § 6 BauGB. 1982

Während die Aufstellung, Änderung oder Ergänzung des Flächennutzungsplans einer Genehmigung bedürfen, sind **Bebauungspläne** nur unter bestimmten Voraussetzungen genehmigungspflichtig. Selbstständige (§ 8 II 2 BauGB) und vorzeitige (§ 8 IV BauGB) Bebauungspläne unterliegen einem Genehmigungsverfahren durch die höhere Verwaltungsbehörde. Die **weitgehende Freistellung der Bebauungspläne** von der Genehmigungs- und Anzeigepflicht soll allerdings nicht dazu führen, dass strengere Anforderungen an die Genehmigung der Aufstellung des Flächennutzungsplans oder seiner Änderungen geknüpft werden.[4267] Eine Genehmigung des Bebauungsplans nach §§ 10 II 1, 8 III 2 BauGB ist nicht erforderlich, wenn der im Parallelverfahren aufgestellte Flächennutzungsplan zum Zeitpunkt der Bekanntmachung des Bebauungsplans bereits von der höheren Verwaltungsbehörde genehmigt, aber mangels Bekanntmachung der Genehmigung (§ 6 V 1 und 2 BauGB) noch nicht wirksam geworden ist.[4268] 1983

Mitwirkung der Genehmigungsbehörde

Genehmigungserfordernis	Genehmigungsentscheidung
• Flächennutzungsplan: Aufstellung, Änderung oder Ergänzung • Bebauungsplan: nicht aus dem Flächennutzungsplan entwickelt	• Erteilung oder Versagung der Genehmigung innerhalb von 3 Monaten, • Untätigkeit der Genehmigungsbehörde länger als 3 Monate: Fiktionswirkung
Anzeigeerfordernis	
• auf landesrechtlicher Grundlage für nicht genehmigungspflichtige Bebauungspläne • Genehmigungsbehörde kann Verletzungen von Rechtsvorschriften geltend machen oder eine gegenteilige Erklärung abgeben • bei Untätigkeit der Genehmigungsbehörde: Fiktionswirkung	

Bebauungspläne, die aus dem Flächennutzungsplan entwickelt sind, bedürfen grundsätzlich weder einer Genehmigung noch einer Anzeige. Nur Bebauungspläne, die nicht aus dem Flächennutzungsplan entwickelt sind, sowie vorzeitige oder selbständige Bebauungspläne bedürfen einer Genehmigung.[4269] Die Genehmigungspflicht des § 10 II 1 BauGB iVm § 8 III 2 BauGB greift nicht ein, wenn der im Parallelverfahren aufgestellte Flächennutzungsplan zum Zeitpunkt der Bekanntmachung des Bebauungsplans bereits von der höheren Verwaltungsbehörde genehmigt, aber mangels Bekanntmachung der Genehmigung (§ 6 V 1 und 2 BauGB) noch nicht wirksam geworden ist. Denn hier hat die Genehmigungsbehörde die ihr obliegende 1984

4266 Zur Genehmigung von Flächennutzungsplänen Heyn UPR 2019, 365; Scheidler ZfB 2023, 743.
4267 OVG Münster BauR 2000, 62.
4268 BVerwG ZfBR 2008, 687.
4269 Zur Genehmigung von Bauleitplänen siehe Scheidler ZfBR 2023, 743; Reidt in BKL, BauGB, 2022, § 10 Rn. 29 ff.; Schrödter/Kukk, in Schrödter, BauGB, 2019, § 10 Rn. 19 ff.

rechtsaufsichtliche Kontrolle bereits für den vom Planungsträger beschlossenen endgültigen Flächennutzungsplan ausgeübt. Für eine Prüfung auf der Grundlage eines nicht mehr vorhandenen bloßen Planentwurfs ist kein Raum mehr.[4270]

1985 Allerdings können die Länder nach § 246 I a BauGB bestimmen, dass aus dem Flächennutzungsplan entwickelte Bebauungspläne und Innenbereichssatzungen vor ihrem Inkrafttreten der höheren Verwaltungsbehörde anzuzeigen sind, die innerhalb eines Monats zu reagieren hat. Genehmigungspflichtig sind danach Flächennutzungspläne einschließlich ihrer Änderungen und Ergänzungen im vereinfachten Verfahren nach § 13 BauGB, selbstständige Bebauungspläne nach § 8 II 2 BauGB, frühzeitige Bebauungspläne nach § 8 III 2 BauGB und vorzeitige Bebauungspläne (§ 8 IV BauGB). Genehmigungsfrei sind demgegenüber alle (auch vorhabenbezogenen) Bebauungspläne oder auch Bebauungspläne der Innenentwicklung nach § 13 a BauGB, die aus dem Flächennutzungsplan entwickelt worden sind einschließlich ihrer vereinfachten Änderung gem. § 13 BauGB, Satzungen über die Veränderungssperre (§ 16 BauGB) einschließlich der erstmaligen und erneuten Verlängerung (§ 17 I, II BauGB), ein erneuter Beschluss über eine erneute Veränderungssperre (§ 17 III BauGB), Fremdenverkehrssatzungen (§ 22 BauGB), Vorkaufsrechtssatzungen (§ 25 BauGB), Klarstellungssatzungen (§ 34 IV 1 Nr. 1 BauGB), Entwicklungssatzungen (§ 34 IV 1 Nr. 2 BauGB), Ergänzungssatzungen, die aus dem Flächennutzungsplan entwickelt worden sind (§ 34 IV 1 Nr. 3 BauGB), Außenbereichssatzungen (§ 35 VI BauGB), Erschließungsbeitragssatzungen (§ 132 BauGB), Kostenerstattungssatzungen (§ 135 c BauGB), Sanierungssatzungen (§ 143 BauGB), Anpassungsgebietssatzungen (§ 170 BauGB) und Erhaltungssatzungen (§ 172 BauGB).[4271] Die Länder können allerdings für Bebauungspläne, die nicht der Genehmigung bedürfen, sowie Innenbereichs- (§ 34 IV 1 BauGB) und Außenbereichssatzungen (§ 35 VI BauGB) sowie Satzungen über Entwicklungsmaßnahmen (§ 165 BauGB) ein Anzeigeverfahren einführen. Das Genehmigungserfordernis des § 10 II 1 iVm § 8 III 2 BauGB wird nicht ausgelöst, wenn der Bebauungsplan im Parallelverfahren nach § 8 III 1 BauGB aufgestellt und (nur) deshalb vor dem korrespondierenden Flächennutzungsplan (bzw. dessen Änderung) bekannt gemacht worden ist, weil eine Mitgliedsgemeinde der die Flächennutzungsplanung tragenden vereinbarten Verwaltungsgemeinschaft die Genehmigung des Flächennutzungsplans (bzw. dessen Änderung) erst kurz nach der Bekanntmachung des Bebauungsplans bekannt gemacht hat.[4272] Wird die Genehmigung für einen Bebauungsplan nicht erteilt oder mit Auflagen versehen, kann die Gemeinde hiergegen Rechtsschutz nachsuchen.[4273]

Genehmigung §§ 6, 10 BauGB

Bebauungsplan nicht entwickelt	Bebauungsplan entwickelt	Flächennutzungsplan
Genehmigungspflicht Verfahren		Genehmigungspflicht Verfahren
• **Entscheidung 1 Monat** • **Vorweggenehmigung von Teilen**		• **genehmigungsfrei** • **Genehmigungspflicht nach Landesrecht**

1986 Bedarf der Flächennutzungsplan oder der Bebauungsplan der Genehmigung, hat die höhere Verwaltungsbehörde innerhalb von von einem Monat zu entscheiden (§ 6 IV 1 BauGB). Können Versagungsgründe nicht ausgeräumt werden, kann die höhere Verwaltungsbehörde räumliche oder sachliche Teile des Flächennutzungsplans von der Genehmigung ausnehmen (§ 6 III BauGB). Die höhere Verwaltungsbehörde kann räumliche und sachliche Teile des Flächennutzungsplans vorweg genehmigen. Aus wichtigen Gründen kann die Frist auf Antrag von der zuständigen Behörde bis zu weiteren drei Monaten verlängert werden.[4274] Die Gemeinde ist von der Fristverlängerung in Kenntnis zu setzen. Die Genehmigung gilt als erteilt, wenn sie nicht innerhalb der Frist unter Angabe von Gründen abgelehnt wird (§ 6 IV BauGB). Für die

---

4270 BVerwG ZfBR 2008, 687; Scheidler ZfBR 2023, 743.

4271 Fachkommission „Städtebau" der ARGEBAU, Muster-Einführungserlass zum BauROG, S. 16.

4272 VGH Mannheim NuR 2007, 685.

4273 OVG Bautzen BauR 2005, 1062.

4274 OVG Lüneburg ZfBR 2005, 809; VGH München Beschl. v. 27.6.2007 – 15 CS 07.406, BeckRS 2007, 29995.

Genehmigung des Bebauungsplans und die des Flächennutzungsplans gelten einheitliche Grundsätze (§ 10 II BauGB).

Die Genehmigung des Flächennutzungsplans oder des Bebauungsplans setzt einen **förmlichen Antrag** der planenden Gemeinde voraus. Dem auf dem Dienstweg zu übersendenden Antrag sind folgende Unterlagen beizufügen: der formgerechte Flächennutzungsplan/Bebauungsplan in Urschrift mit den erforderlichen Ausfertigungen, die Begründung, die Stellungnahmen der Träger öffentlicher Belange, die (beglaubigten) Niederschriften der Gemeinderatsbeschlüsse zu den einzelnen Verfahrensabschnitten sowie die bei der Abwägung der Belange nicht berücksichtigten Stellungnahmen mit einer Stellungnahme der Gemeinde. Üblicherweise werden die gesamten Verfahrensakten dem Genehmigungs- oder dem ggf. auf landesrechtlicher Grundlage erforderlichen Anzeigevorgang beigefügt. 1987

Die **Länder** können nach § 246 I a BauGB bestimmen, dass Bebauungspläne und Satzungen nach den §§ 34 IV 1, 35 VI, 165 VI BauGB, vor ihrem Inkrafttreten der höheren Verwaltungsbehörde anzuzeigen sind. Dies gilt nicht für Bebauungspläne, die im vereinfachten Verfahren nach § 13 BauGB geändert oder ergänzt worden sind. Die Anzeigepflicht setzt eine entsprechende Regelung auf Länderebene voraus. Die höhere Verwaltungsbehörde hat die Verletzung von Rechtsvorschriften, die eine Versagung der Genehmigung nach § 6 II BauGB rechtfertigen würde, innerhalb eines Monats nach Eingang der Anzeige geltend zu machen. Ist der Bebauungsplan lediglich anzuzeigen, hat die höhere Verwaltungsbehörde die Verletzung von Rechtsvorschriften, die eine Versagung der Genehmigung aus Rechtsgründen rechtfertigen würden, daher innerhalb eines Monats nach Eingang der Anzeige zu rügen. Der Bebauungsplan darf nur in Kraft gesetzt werden, wenn die höhere Verwaltungsbehörde die Verletzung von Rechtsvorschriften nicht rechtzeitig geltend gemacht hat (§ 246 I a BauGB). Das Anzeigeverfahren setzt eine entsprechende landesrechtliche Regelung voraus. 1988

1. Reine Rechtsaufsicht

Da die Befugnis zur Aufstellung von Bauleitplänen zur Planungshoheit der Gemeinden gehört, ist die Genehmigung als reine Rechtsaufsicht, nicht als Fachaufsicht ausgestaltet (§§ 6 II, 10 III BauGB). Die Genehmigung darf daher nur versagt werden, wenn bei der Aufstellung der Bauleitplanung gegen Rechtsvorschriften verstoßen worden ist, nicht bereits dann, wenn sich die Planung aus der Sicht der Genehmigungsbehörde als unzweckmäßig erweist.[4275] Dies setzt dem Genehmigungsverfahren eine auf die Rechtskontrolle beschränkte Grenze. Dem Genehmigungs- bzw. dem auf landesrechtlicher Grundlage ggf. erforderlichen Anzeigeverfahren unterliegt daher die Prüfung, ob die Gemeinde bei Aufstellung, Änderung, Ergänzung oder Aufhebung der Bauleitpläne das dafür gesetzlich vorgeschriebene Verfahren eingehalten hat. Auch kann sich die Prüfung auf die Einhaltung des Abwägungsgebotes (§ 1 VII BauGB) und darauf beziehen, ob die allgemeinen Planungsgrundsätze, Planungsziele und -leitlinien etwa unter Beachtung der Grundsätze des § 1 V BauGB beachtet worden sind. Auch die Anpassung der Bauleitpläne an die Ziele der Raumordnung (§ 1 IV BauGB) gehört zu diesen rechtlichen Anforderungen, die im Genehmigungsverfahren überprüft werden können. Dabei hat die Genehmigungsbehörde aber den planerischen (autonomen) Gestaltungsraum der Gemeinde zu wahren. Soweit kein Rechtsfehler vorliegt, hat die Gemeinde einen Rechtsanspruch auf Erteilung der Genehmigung.[4276] 1989

Die **Kontrolle** des **Abwägungsgebotes** bezieht sich auf den Abwägungsvorgang und das Abwägungsergebnis. Aus Gründen eines fehlerhaften Abwägungsergebnisses darf dabei die Genehmigung nur versagt werden, wenn die Abwägung eindeutig unausgewogen erscheint oder Abwägungsgrundsätze nicht eingehalten sind, auf denen das Abwägungsergebnis beruht. Nicht ausreichend ist etwa für die Versagung der Genehmigung, dass eine andere, ebenfalls in Betracht kommende Lösung nach Auffassung der Genehmigungsbehörde besser ist. Auch darf die Genehmigungsbehörde die autonome Planungsentscheidung der Gemeinde nicht durch eigene Ermessenserwägungen ersetzen. Zudem sind die zwingenden Vorgaben der Raumordnung einzuhalten. 1990

[4275] Scheidler ZfBR 2023, 743, 744; Heyn UPR 2019, 365 (368).
[4276] Bönker in HBG, Öffentliches Baurecht, 2024, § 5 Rn. 379.

Beispiel: Die höhere Verwaltungsbehörde darf einen Flächennutzungsplan, der einem während des Genehmigungs- oder des sich anschließenden gerichtlichen Verfahrens in Kraft getretenen Ziel der Raumordnung widerspricht, nicht genehmigen. Sie darf hierzu auch nicht verpflichtet werden.[4277]

1991 Die **Rechtskontrolle der Genehmigungsbehörde** ist allerdings durch die einschränkenden Wirksamkeitsvoraussetzungen in den **§§ 214, 215 BauGB nicht eingegrenzt**, wie sich aus § 216 BauGB ergibt. Danach bleibt die Verpflichtung der für das Genehmigungsverfahren zuständigen Behörde, die Einhaltung der Vorschriften zu prüfen, deren Verletzung sich nach den §§ 214, 215 BauGB auf die Rechtswirksamkeit eines Flächennutzungsplans oder einer Satzung nicht auswirken, unberührt.[4278] Die einschränkenden Wirksamkeitsvoraussetzungen der §§ 214, 215 BauGB betreffen daher lediglich den Rechtsschutz der Bürger, nicht jedoch die weitergehenden Prüfungsaufgaben der höheren Verwaltungsbehörde in dem Genehmigungs- bzw. auf landesrechtlicher Grundlage erforderlichen Anzeigeverfahren. Daneben können inhaltliche Mängel des Bauleitplans geprüft werden.

Hinweis: Bei bedeutsamen Planungsmaßnahmen wird eine informelle Vorabstimmung auch mit der Genehmigungsbehörde etwa im Rahmen der Beteiligung der Träger öffentlicher Belange zweckmäßig sein. Mögliche Genehmigungsschwierigkeiten können so vielfach frühzeitig erkannt und ggf. ausgeräumt werden. Die Genehmigungsbehörden nehmen ihre Beratungsaufgaben auch bei Klärung von Einzelfragen wahr.

1992 Die Entscheidung über die Erteilung bzw. Versagung der Genehmigung zum Flächennutzungsplan nach § 6 II BauGB oder das Geltendmachen von Versagungsgründen nach § 10 III BauGB im Genehmigungsverfahren oder bei entsprechender landesrechtlicher Grundlage auch im Anzeigeverfahren zum Bebauungsplan ist als Regelung der Kommunalaufsicht für die Gemeinde ein **selbstständiger Verwaltungsakt**, der vor den Verwaltungsgerichten angefochten werden kann. Die Gemeinde kann bei versagter Genehmigung nach erfolglosem Widerspruchsverfahren gegen die höhere Verwaltungsbehörde eine Verpflichtungsklage erheben mit dem Inhalt, die Behörde zur Erteilung der Genehmigung zu verpflichten. Die Klage hat Erfolg, wenn der zur Genehmigung vorgelegte Bauleitplan ordnungsgemäß zu Stande gekommen ist, Rechtsvorschriften nicht widerspricht (§ 6 II BauGB) und die höhere Verwaltungsbehörde zur Genehmigung verpflichtet gewesen wäre. Entsprechendes gilt beim Anzeigeverfahren für einen aus dem gültigen Flächennutzungsplan entwickelten Bebauungsplan (§ 10 III BauGB), wenn das Anzeigeverfahren landesrechtlich angeordnet ist.

Beispiel: Die Gemeinde hat für ein Gebiet in der Nähe eines NATO-Bombenabwurfplatzes einen Bebauungsplan aufgestellt und dort Wohnbebauung ausgewiesen. Die höhere Verwaltungsbehörde versagt hierzu ihre Genehmigung mit der Begründung, dem Bombenabwurfplatz müssten entsprechende Erweiterungsmöglichkeiten zugestanden werden. Der Erfolg der gemeindlichen Verpflichtungsklage auf Erteilung der Genehmigung wird davon abhängen, ob die Wohnbebauung nach dem gegenwärtigen Flugbetrieb ausreichend geschützt ist und welche berechtigten Wünsche auf Erweiterung des Bombenabwurfplatzes in die Abwägung eingestellt werden müssen. Dabei wird auch von Bedeutung sein, welche Belange von dem Betreiber des Platzes im Planaufstellungsverfahren vorgetragen worden sind und ob der Bombenabwurfplatz die Vorrangregelung des § 37 II BauGB für sich in Anspruch nehmen kann.

1993 Im Verhältnis zum Bürger ist das Genehmigungs- und Anzeigeverfahren Teil des Rechtsetzungsverfahrens und hat **keine Außenwirkung**. Rechtsmittel stehen dem Bürger nur gegen den Plan selbst, nicht jedoch gegen die Erteilung oder Versagung der Genehmigung oder entsprechender Rechtsakte im Anzeigeverfahren zu.[4279]

Beispiel: Die höhere Verwaltungsbehörde versagt eine Genehmigung für die Änderung eines Bebauungsplans, der ein großes Freizeit- und Erholungszentrum ausweist. Der Eigentümer, der nach der geänderten Planung bauen möchte, hat keinen Rechtsanspruch darauf, dass eine Genehmigung zu der Planänderung erteilt wird. Die Gemeinde kann demgegenüber gegen die

---

4277 BVerwG NVwZ 2006, 932.

4278 Spieß in Jäde/Dirnberger, BauGB, 2022, § 10 Rn. 8; Bönker in HBG, Öffentliches Baurecht, 2024, § 5 Rn. 381.

4279 Zum Doppelcharakter der Genehmigung Scheidler ZfBR 2023, 743 (744).

höhere Verwaltungsbehörde eine Verpflichtungsklage auf Erteilung der Genehmigung erheben. Der Erfolg der Klage wird davon abhängen, ob bei der Änderung des Bebauungsplans Rechtsvorschriften verletzt worden sind.

Zuständig für die **Erteilung** der **Genehmigung** ist die höhere Verwaltungsbehörde. Dies ist in den meisten Ländern der Regierungspräsident oder die Bezirksregierung, für kreisangehörige Gemeinden auch der Landrat oder Oberkreisdirektor, in den Ländern ohne Mittelinstanz – wie in einigen neuen Bundesländern oder in Niedersachsen – ein Ministerium der Landesregierung oder andere Behörden. Die Länder haben dabei nach § 203 III BauGB die Befugnis, die den höheren Verwaltungsbehörden zugewiesenen Aufgaben auf andere staatliche Behörden, Landkreise oder kreisfreie Gemeinden zu übertragen. Hiervon haben die Länder auch vielfach Gebrauch gemacht.[4280] Eine Aufgabenübertragung auf eine andere Gemeinde durch Rechtsverordnung gemäß § 203 I BauGB ist nicht auf den Fall beschränkt, dass eine Gemeinde wegen mangelnder Verwaltungskraft zur ordnungsgemäßen Erfüllung ihrer Aufgaben nach dem BauGB nicht in der Lage ist. Sie kommt auch bei jedem anderen sachlich anzuerkennenden Bedürfnis in Betracht. Auf diesem Wege übertragen werden kann auch die Aufgabe der Erschließung (§ 123 I BauGB) und die Befugnis zur Erhebung von Erschließungsbeiträgen (§§ 127 ff. BauGB).[4281] 1994

2. Genehmigungsverfahren und Genehmigungsentscheidung

Nach dem Beschluss über den Bauleitplan leitet die Gemeinde im Falle des Genehmigungs- oder Anzeigeerfordernisses den Plan mit den im Aufstellungsverfahren nicht berücksichtigten Stellungnahmen sowie einer Stellungnahme hierzu der höheren Verwaltungsbehörde auf dem Dienstweg zu. Kreisangehörige Gemeinden haben daher den Plan und die Unterlagen über den Kreis vorzulegen. Es ist dabei üblich, sämtliche Verwaltungsvorgänge über die Aufstellung des Bauleitplans der Genehmigungsbehörde zuzuleiten. Wird über die Genehmigung nicht innerhalb von einem Monat entschieden und ist eine Verlängerung der Genehmigungsfrist nicht eingeräumt worden, gilt die Genehmigung als erteilt (§ 6 IV 4 BauGB). Im Falle des landesrechtlich angeordneten Anzeigeverfahrens (§ 246 I a BauGB) ist die Verletzung von Rechtsvorschriften von der Aufsichtsbehörde innerhalb eines Monats geltend zu machen. Für vor dem Inkrafttreten des Digitalisierungsstärkungsgesetzes eingeleitete Verfahren gilt die Überleitungsregelung des § 233 I BauGB, wonach Verfahren nach dem BauGB, die vor dem Inkrafttreten einer Gesetzesänderung förmlich eingeleitet worden sind, nach den bisher geltenden Rechtsvorschriften abgeschlossen werden. Daraus folgt, dass für vor dem 7.7.2023 eingeleitete Verfahren noch die Genehmigungsfrist von drei Monaten gilt.[4282] 1995

Die **Monatsfrist** beginnt mit dem Eingang der vollständigen Planunterlagen und des Genehmigungsantrags bei der höheren Verwaltungsbehörde. Die Frist, die der Antrag für den Dienstweg benötigt, ist dabei nicht mitzurechnen.[4283] Die Frist kann aus wichtigen Gründen von der zuständigen übergeordneten Behörde verlängert werden, in der Regel jedoch nur bis zu drei Monaten (§ 6 IV 2 BauGB). Ein wichtiger Grund für eine Fristverlängerung kann sich aus der Komplexität und dem Umfang der Planung und aus einer übermäßigen Belastung der Genehmigungsbehörde durch zahlreiche gleichzeitig eingereichte Genehmigungsanträge ergeben.[4284] 1996

Entscheidet die Genehmigungsbehörde über den Genehmigungsantrag nicht binnen der Monats-Frist nach § 6 IV 1 BauGB oder binnen der nach § 6 IV 2 BauGB verlängerten Frist nicht, oder begründet sie die ablehnende Entscheidung, die innerhalb dieser Frist ergeht, nicht, so gilt die Genehmigung als erteilt. Die sog. **Fiktionsgenehmigung** teilt die Rechtsnatur einer Genehmigung als Verwaltungsakt. Lehnt die Genehmigungsbehörde die Erteilung der Genehmigung ab, kann durch eine erneute Vorlage dieses Bauleitplans zur Genehmigung die Fiktionsfrist nicht erneut in Lauf gesetzt werden, soweit keine Veränderung der Sach- und Rechtslage eingetreten ist.[4285] 1997

[4280] Reidt in BKL BauGB, 2022 § 6 Rn. 6.

[4281] BVerwG NVwZ 2008, 423; Winkler DVBl. 2008, 596.

[4282] Scheidler ZfBR 2023, 743, (744).

[4283] Scheidler ZfBR 2023, 743, (744).

[4284] BVerwG BauR 2006, 1087; OVG Lüneburg ZfBR 2005, 809; Scheidler ZfBR 2023, 743, (744); Heyn UPR 2019, 365 (371) mwN.

[4285] Scheidler ZfBR 2023, 743, (745).

1998 Der Lauf der Fiktionsfrist nach § 6 IV 1 und 2 BauGB setzt das Vorliegen eines Antrags bei der Genehmigungsbehörde voraus, der vollständig über alle Umstände berichtet, welche die Genehmigungsbehörde in ihre Prüfung der Bauleitplanung auf eine etwaige Rechtsverletzung in formeller oder materieller Beziehung einzustellen hat.[4286]

1999 Wird ein Teil eines Flächennutzungsplans von der Genehmigung nach § 6 III BauGB ausgenommen, bleibt die Gemeinde weiterhin verpflichtet, für das ganze Gemeindegebiet einen Flächennutzungsplan zu verabschieden (§ 5 I BauGB). Kommt die Gemeinde dieser Verpflichtung nicht nach, können ggf. Mittel der Kommunalaufsicht ergriffen werden. In der aufsichtlichen Praxis wird sich dies allerdings kaum durchsetzen lassen. Das Ausnehmen von räumlichen oder sachlichen Teilen setzt voraus, dass der genehmigte Teil auch ohne die ausgenommenen Teile Bestand haben kann. Daran fehlt es, wenn in dem nicht genehmigungsfähigen Teil des Bauleitplans Probleme liegen, die auf den anderen Teil ausstrahlen.

Beispiel: Die Gemeinde legt einen Bebauungsplan vor, der eine Umgestaltung der Innenstadt vorsieht. Zugleich soll eine neue Erschließungsstraße das gesamte Plangebiet durchziehen. Ergeben sich in einem Teilbereich Probleme hinsichtlich der Führung der Straße oder hinsichtlich nicht bewältigter Lärmimmissionen auf ein benachbartes Wohngebiet und hängt davon der Bau der Erschließungsstraße überhaupt ab, so müssen diese Probleme zunächst gelöst werden. Eine Herausnahme eines Teils des Bebauungsplans ist dann nicht zulässig.

2000 Wird allerdings trotz übergreifender Probleme ein Teil des Planes genehmigt und der andere Teil von der Genehmigung nach § 6 III BauGB ausgenommen, so wird der Bauleitplan insgesamt wirksam, wenn für den zunächst ausgenommenen Teil später eine genehmigungsfähige Lösung vorgelegt und daher auch dieser Teil genehmigt wird. Ob sich der zunächst ausgenommene Teil auf den anderen Teil hätte auswirken können, ist dann unerheblich.[4287] Das BVerwG stellt hier darauf ab, dass das Gesamtergebnis der Planung hätte genehmigt werden können. Die Verletzung des Grundsatzes, dass eine Genehmigung unter Herausnahme eines Teilbereichs des Bauleitplans nur dann erteilt werden darf, wenn sich keine übergreifenden Probleme ergeben, wird als reine Ordnungsvorschrift betrachtet, deren Verletzung dann keine Bedeutung hat, wenn der Plan im Ergebnis materiell genehmigungsfähig ist.

Beispiel: Die Genehmigungsbehörde nimmt aus dem Bebauungsplan der Gemeinde zunächst einen Teil der Erschließungsstraße aus, obwohl der Bebauungsplan wegen übergreifender Probleme nicht hätte genehmigt werden dürfen. Im weiteren Planungsverfahren gelingt ohne Auswirkungen auf den bereits vorab genehmigten Teil eine sachgerechte Verkehrsführung, sodass auch der zunächst ausgenommene Teil genehmigt werden kann. Die Genehmigung ist damit insgesamt wirksam geworden, obwohl sie wegen der noch ungelösten Probleme in einem Teilbereich des Plans zunächst schwebend unwirksam war.

2001 Im Rahmen der Genehmigungsentscheidung findet eine **Rechtskontrolle** statt. Zweckmäßigkeitsgesichtspunkte sind nicht zu prüfen. Die Genehmigung eines Bauleitplans darf nicht versagt werden, sondern muss mit einer klarstellenden Maßgabe erteilt werden, wenn das von der planenden Gemeinde Gewollte zwar im Plan keinen Niederschlag gefunden hat, das Planungsziel sich jedoch aus den Aufstellungsvorgängen mit hinreichender Sicherheit erkennen lässt.[4288] Denn aus dem Übermaßverbot kann sich ergeben, dass die Genehmigungsbehörde statt zur Versagung der Genehmigung zu ihrer Erteilung unter Auflagen verpflichtet ist.[4289] Eine solche Verpflichtung besteht namentlich dann, wenn die „Auflage" lediglich in einer Klarstellung des vom Plangeber Gewollten besteht, insbesondere wenn es sich um eine redaktionelle Ergänzung handelt, für die nicht einmal ein Beitrittsbeschluss der Gemeinde erforderlich wäre.[4290]

2002 Nach § 36 I VwVfG kann die Genehmigung mit **Auflagen**, aber auch aufschiebenden **Bedingungen** versehen werden.[4291] Bei einer Auflage ist die Genehmigung zwar sofort wirksam, die Gemeinde ist aber verpflichtet, das in der Auflage beschriebene Tun, Dulden oder Unterlassen vorzunehmen. Bei der aufschiebenden Bedingung ist die Wirksamkeit der Genehmigung

4286 im Einzelnen dazu Heyn, UPR 2019, 365 (368); Scheidler ZfBR 2023, 743, (745).
4287 BVerwG NVwZ 1985, 487; Stüer DVBl. 1985, 469.
4288 BVerwG DVBl. 1988, 532; DVBl. 1988, 532; DVBl. 1988, 532; NVwZ 1996, 381.
4289 BVerwG Beschl. v. 26.7.1972 – 4 B 49.72, juris.
4290 BVerwG NVwZ-RR 1990, 123.
4291 Heyn UPR 2019, 365 (373).

von der Erfüllung der Bedingung abhängig. Solche Bedingungen und Auflagen sind aber nur dann zulässig, wenn sie sich mit der Funktion der Genehmigung als einer im Grundsatz nachträglichen Rechtskontrolle vereinbaren lassen. Genügen etwa die Grundzüge des Bauleitplans den rechtlichen Anforderungen nicht oder weist der Plan schwere formale oder inhaltliche Mängel auf, kann die Genehmigung nur insgesamt versagt werden.

Bei der **Erfüllung** der **Auflage** oder der **aufschiebenden Bedingung** hat die Gemeinde das Verfahren einzuhalten, das für eine entsprechende Planänderung während der Planaufstellung zu beachten wäre. Bei Änderungen oder Ergänzungen des Bauleitplans ist eine erneute förmliche Öffentlichkeitsbeteiligung mit Offenlegung des Planes durchzuführen oder ein eingeschränktes Öffentlichkeitsbeteiligungsverfahren nach § 4 a III BauGB vorzusehen. Soll der Bauleitplan auf Grund der Auflage inhaltlich geändert werden, hat die Gemeinde über die nach der Auflage zu ändernden oder zu ergänzenden Teile einen erneuten Beschluss (**Beitrittsbeschluss**) zu fassen.[4292] Das gilt nicht nur für das Genehmigungs- sondern auch für das Anzeigeverfahren, soweit die Länder dies für aus dem Flächennutzungsplan entwickelte Bebauungspläne nach § 246 I a BauGB eingeführt haben. Insoweit steht das Anzeigeverfahren dem Genehmigungsverfahren gleich.[4293] Ohne einen solchen Beitrittsbeschluss kann der Bauleitplan bei solchen Auflagen oder Bedingungen nicht wirksam werden. Ein vorgezogener Beitrittsbeschluss der Gemeinde ist allerdings zulässig, wenn er sich inhaltlich konkret auf eine bereits erwartete Maßgabe der Genehmigungsbehörde bezieht und wenn er seinerseits dem Abwägungsgebot genügt. Mit dem Abwägungsgebot möglicherweise unvereinbar wäre es jedoch, wenn der Gemeinderat einen vorgezogenen Blanko-Beitrittsbeschluss für alle eventuellen Beanstandungsfälle erteilen würde.[4294] 2003

Wird ein Bebauungsplan mit seinem von der Gemeinde beschlossenen Inhalt nicht genehmigt und ist der unter Auflagen genehmigte Plan von der Gemeinde vor der Bekanntmachung der Genehmigung des Plans so nicht beschlossen worden (**fehlender Beitrittsbeschluss**), so kann ein solcher Bebauungsplan nicht wirksam werden. Die Gemeinde muss sich Maßgaben und Einschränkungen in der Genehmigung, die sich auf den Inhalt des Bebauungsplans beziehen, vielmehr durch einen erneuten Satzungsbeschluss zu eigen machen.[4295] 2004

Bei allerdings nur formellen oder >redaktionellen Änderungen oder Klarstellungen ohne Einfluss auf den Inhalt des Plans in der Genehmigung durch die höhere Verwaltungsbehörde ist kein erneutes Beteiligungsverfahren und auch **kein Beitrittsbeschluss** des Gemeinderates erforderlich.[4296] 2005

Beispiel: Durch die Auflage soll ein von der Gemeinde gewähltes Planzeichen durch die Planzeichen der PlanzeichenVO ersetzt werden.[4297] Gibt die Genehmigungsbehörde der Gemeinde einen bestimmten zeitlichen Rahmen für die Durchführung der Sanierungsmaßnahme vor, so liegt hierin ebenfalls grundsätzlich keine den gemeindlichen Satzungsbeschluss modifizierende Auflage.[4298] Beziehen sich die zu ändernden Festsetzungen aber etwa auf höhere Immissionsschutzauflagen, die einem Gewerbebetrieb zum Schutz der angrenzenden Wohnnachbarschaft auferlegt werden, oder muss etwa die Gliederung eines Gewerbegebietes dem Abstandserlass angepasst werden, so sind dies mehr als geringfügige Änderungen, die – wenn die Grundzüge der Planung nicht betroffen werden – eine eingeschränkte Betroffenenbeteiligung nach den §§ 4 a III BauGB erfordern. Nach Durchführung der Beteiligung sind die eingegangenen Stellungnahmen in die Abwägung einzustellen. Das Ergebnis der Prüfung ist den Beteiligten mitzuteilen. Die Gemeinde hat sodann, wenn sie der Auflage folgen will, auf dieser Grundlage einen Beitrittsbeschluss zu fassen.

Die Genehmigungsbehörde ist allerdings nicht in der Lage, eine unterbliebene oder unvollständige Abwägung durch eigene Ermittlungen und Bewertungen zu ersetzen. Vielmehr ist eine solche Nachbesserung der Gemeinde ggf. einem erneuten Offenlegungs- und Abwä- 2006

4292 BVerwG BauR 2012, 53 f.; BVerwG ZfBR 1987, 101 ff.; Bönker in HBG, Öffentliches Baurecht, 2024, § 5 Rn. 384.

4293 BVerwG NVwZ 1997, 896.

4294 BVerwG NVwZ 1996, 374.

4295 BVerwG NJW 1987, 1346; BVerwGE 85, 289.

4296 BVerwG ZfBR 1989, 264.

4297 Zum Umfang der Bindung der Gemeinde an die PlanzV BVerwG NVwZ-RR 1997, 515.

4298 BVerwG NVwZ-RR 1994, 9.

gungsverfahren vorbehalten (§ 4 a III BauGB).[4299] Die Gemeinde wird von ihrer Verpflichtung, sich im Verfahren zur Aufstellung eines Bebauungsplans selbst Gewissheit über die abwägungserheblichen Belange zu verschaffen, grundsätzlich weder durch zustimmende Stellungnahmen der am Planverfahren beteiligten Fachbehörden oder Träger öffentlicher Belange zum Planentwurf noch durch die Genehmigung des Plans durch die höhere Verwaltungsbehörde entbunden.

2007 Ist die Genehmigung erteilt, so kann sie von der höheren Verwaltungsbehörde nicht nach Bekanntmachung des Plans später wieder zurückgenommen werden.[4300] Die Genehmigung ist Teil des Rechtsetzungsverfahrens und kann daher nicht isoliert von dem Satzungsverfahren betrachtet werden. Die höhere Verwaltungsbehörde ist als Genehmigungsbehörde jedoch berechtigt, in einem Normenkontrollverfahren die Wirksamkeit des Bebauungsplans überprüfen zu lassen (§ 47 II VwGO). Rechtsfehler eines Bauleitplans werden allerdings auch nicht durch die Genehmigung geheilt; auch die Bestandskraft der Genehmigung kann insoweit keine Unangreifbarkeit des Plans bewirken.[4301]

3. Anzeigeverfahren nur nach Maßgabe des Landesrechts

2008 Bebauungspläne, die aus einem Flächennutzungsplan entwickelt worden sind, bedürfen weder einer Genehmigung noch einer Anzeige, wenn nicht das Landesrecht das nach Maßgabe des § 246 I a BauGB vorsieht. Ein Anzeigeverfahren setzt also eine entsprechende landesrechtliche Regelung voraus. Der Unterschied zum Genehmigungsverfahren besteht darin, dass beim Anzeigeverfahren anders als grundsätzlich beim Genehmigungsverfahren eine positive Mitwirkung der höheren Verwaltungsbehörde nicht erforderlich ist. Es genügt vielmehr deren Untätigbleiben gegenüber der Gemeinde, die das Anzeigeverfahren eingeleitet hat. Mit Ablauf der Monatsfrist kann sie den Bebauungsplan nach § 10 III BauGB bekanntmachen und damit in Kraft setzen. Im praktischen Ergebnis entspricht die Regelung des Anzeigeverfahrens daher der Fiktion des Genehmigungsverfahrens, die nach § 6 IV 4 BauGB einem Monat nach Eingang des Genehmigungsantrags bei der höheren Verwaltungsbehörde eintritt. Mit dem Anzeigeverfahren sollte den Gemeinden eine größere Handlungsfreiheit mit dem Ziel der Stärkung der kommunalen Selbstverwaltung eingeräumt werden. Dies konnte im Hinblick auf die Wahrung der Kontrollbefugnisse der höheren Verwaltungsbehörde jedoch nur bedingt gelingen. Auch beim Anzeigeverfahren hat die höhere Verwaltungsbehörde innerhalb eines Monats die Möglichkeit, die Wirksamkeit des angezeigten Bebauungsplans zu prüfen und rechtliche Bedenken mit bindender Wirkung für die Gemeinde geltend zu machen. In der Sache besteht daher zu einem Genehmigungsverfahren, bei dem innerhalb von drei Monaten bei Nichttätigwerden der Genehmigungsbehörde eine Fiktion der Genehmigung eintritt, kein wesentlicher Unterschied. Der Umfang der Rechtskontrolle und die Eingriffsbefugnisse der höheren Verwaltungsbehörde haben sich dadurch nicht geändert. Auch mit dem Anzeigeverfahren ist vielmehr eine uneingeschränkte Rechtskontrolle der höheren Verwaltungsbehörde gegeben.[4302] Dies alles setzt allerdings voraus, dass das Land eine entsprechende Anzeigepflicht für aus dem Flächennutzungsplan entwickelte Bebauungspläne, die nicht genehmigungspflichtig sind, Innenbereichssatzungen nach § 34 IV BauGB, Außenbereichssatzungen nach § 35 VI BauGB oder Entwicklungsbereichssatzungen nach § 165 VI BauGB vorsieht.

2009 Macht die höhere Verwaltungsbehörde rechtzeitig die Verletzung von Rechtsvorschriften geltend, darf der Bebauungsplan nicht durch Schlussbekanntmachung in Kraft gesetzt werden. Die Gemeinde kann im Falle des Anzeigeerfordernisses gegen das Veto der höheren Verwaltungsbehörde Anfechtungsklage erheben, da durch das Geltendmachen von Rechtsverstößen durch die Aufsichtsbehörde die Bekanntmachung und das Inkrafttreten des Bebauungsplans unterbunden wird und die Gemeinde hierdurch bei rechtswidrigem Verhalten der höheren Verwaltungsbehörde in ihren Selbstverwaltungsrechten verletzt ist.

2010 Im Unterschied zur Genehmigung kann das Geltendmachen von Verletzungen von Rechtsvorschriften nicht mit Auflagen, wohl aber mit auflösenden Bedingungen verbunden werden.

4299 BVerwG ZfBR 1989, 264.

4300 VGH München BayVBl. 1982, 654 f.; Bönker in HBG, Öffentliches Baurecht, 2024, § 5 Rn. 381.

4301 Reidt in Battis/Krautzberger/Löhr BauGB § 6 Rn. 5; Bönker in HBG, Öffentliches Baurecht, 2024, § 5 Rn. 381.

4302 Reidt in BKL BauGB, 2022, § 11 Rn. 4.

Beispiel: Die höhere Verwaltungsbehörde erklärt im Anzeigeverfahren, dass der Bebauungsplan für ein durch Verkehrslärm betroffenes Grundstück keine ausreichenden aktiven Schallschutzmaßnahmen vorsieht, die Bedenken aber bei Anordnung eines entsprechenden Schallschutzes entfallen. Hier hat die Gemeinde die Möglichkeit, ggf. nach Durchführung eines eingeschränkten Beteiligungsverfahrens nach den §§ 4 a III BauGB entsprechende Festsetzungen in den Bebauungsplan aufzunehmen und den Plan durch die Schlussbekanntmachung in Kraft zu setzen.[4303]

Der Wegfall der Genehmigungs- und Anzeigepflicht schließt das Einschreiten der **Kommunalaufsichtsbehörde** nicht aus, wenn der Bebauungsplan aus ihrer Sicht rechtswidrig ist. Dies setzt allerdings eine Verletzung zwingender Rechtsvorschriften voraus. Ist etwa ein aus einem Flächennutzungsplan entwickelter Bebauungsplan aus anderen Gründen rechtswidrig, so kann die Kommunalaufsicht dies auf landesrechtlicher Grundlage zum Anlass nehmen, die Entscheidung des Rates aufzuheben.[4304] 2011

XI. Schlussbekanntmachung

Hat die Gemeinde den genehmigten Bauleitplan von der höheren Verwaltungsbehörde mit der erteilten Genehmigung zurückerhalten oder ist ein Genehmigungsverfahren nicht erforderlich, so hat die Gemeinde die Genehmigung, den Beschluss über den Bebauungsplan bzw. nach Maßgabe des Landesrechts (§ 246 I a BauGB) die Durchführung des Anzeigeverfahrens nach den §§ 6 V 1, 10 BauGB öffentlich bekanntzumachen. Das Satzungsrecht muss ordnungsgemäß bekannt gemacht werden. Wird eine Rechtsnorm selbst nicht veröffentlicht, so ist dem Verkündungserfordernis, das für die Entstehung förmlich gesetzter Rechtsnormen unerlässlich ist, nur dann Genüge getan, wenn sich die Betroffenen auf andere Weise verlässlich Kenntnis von ihrem Inhalt verschaffen können.[4305] Die Bekanntmachung eines Bebauungsplans im Wege der Ersatzverkündung muss einen Hinweis zur Identifikation des ausliegenden Bebauungsplans enthalten. Der Hinweis muss nur geeignet sein, das Inkrafttreten neuen Bebauungsrechts in einem näheren Bereich des Gemeindegebiets dem Normadressaten gegenüber bewusst zu machen und denjenigen, der sich über den genauen räumlichen und gegenständlichen Regelungsgehalt des Bebauungsplans informieren will, zu dem richtigen – bei der Gemeinde ausliegenden – Plan zu führen. In der Bekanntmachung ist daher auch darauf hinzuweisen, wo der Bebauungsplan eingesehen werden kann (§ 10 III 3 BauGB). Das Bereithalten des beschlossenen und genehmigten Bebauungsplans zu jedermanns Einsicht bei der in der Bekanntmachung angegebenen Dienststelle ist Teil des sich auf die Rechtsetzung beziehenden zweistufigen Verkündungsverfahrens: Mit der Bekanntmachung und dem Bereithalten des Plans zu jedermanns Einsicht wird der Abschluss eines Rechtsetzungsverfahrens förmlich dokumentiert.[4306] Sieht die Hauptsatzung einer Gemeinde vor, dass amtliche Bekanntmachungen neben einem Anschlag an der Bekanntmachungstafel zugleich auch ein entsprechender Hinweis auf die Bekanntmachung im Internet und in bestimmten Tageszeitungen zu erfolgen hat, so beginnt die ordnungsgemäße Bekanntmachung erst mit der tatsächlichen Veröffentlichung des Hinweises in allen in der Hauptsatzung benannten Medien.[4307] Dabei sind auch die Hinweise nach § 215 BauGB über die Unbeachtlichkeit einer Verletzung von Verfahrens- und Formvorschriften, wenn sie nicht innerhalb eines Jahres mit Inkrafttreten des Plans gerügt werden, sowie ggf. Hinweise auf landesrechtliche Unbeachtlichkeitsregelungen vor allem des Kommunalrechts in die Schlussbekanntmachung aufzunehmen. Der Bebauungsplan ist mit der Begründung zu jedermanns Einsicht bereitzuhalten; über den Inhalt ist auf Verlangen Auskunft zu geben. In der Bekanntmachung ist darauf hinzuweisen, wo der Bebauungsplan eingesehen werden kann. Mit der Bekanntmachung wird der Flächennutzungsplan wirksam (§ 6 V 1 BauGB). Der Bebauungsplan tritt damit in Kraft (§ 10 III 4 BauGB). Die ortsübliche Bekanntmachung kann in amtlichen Bekanntmachungsblättern, Tageszeitungen oder in Form eines Aushangs erfolgen. Die Obliegenheit des Grundstückseigentümers, ortsübliche Bekanntma- 2012

4303 Zur Zulässigkeit von Festsetzungen für Schallschutzmaßnahmen BVerwG, NJW 1987, 2886; NVwZ 1989, 251; DVBl. 1991, 442.

4304 Zum kommunalaufsichtlichen Einschreiten zur Erfüllung von Planungspflichten der Gemeinde BVerwG NVwZ 2004, 220.

4305 OVG Münster Urt. v. 29.3.2011 – 2 D 44/09.NE, BeckRS 2011, 53942.

4306 BVerwG ZfBR 2010, 581. Zur Auslegung von Verordnungsentwürfen in Brandenburg OVG Berlin-Brandenburg Urt. v. 22.4.2010 – 11 A 4.06, BeckRS 2010, 48973.

4307 OVG Münster Urt. v. 12.2.2009 – 7 D 19/08.NE, BeckRS 2009, 32284.

chungen zur Kenntnis zu nehmen, ist nicht unverhältnismäßig oder unzumutbar.[4308] Die Bekanntmachungen können auch in einer Zeitung erfolgen, die nur käuflich zu erwerben ist. Das Rechtsstaatsprinzip verlangt nicht, dass das Bekanntmachungsorgan in einer Auflagenstärke erscheinen muss, die der Zahl der potentiellen Rechtsbetroffenen entspricht. Ausreichend ist eine Auflage, die sich an dem mutmaßlichen Bedarf und Erwerbsinteresse der Rechtsbetroffenen orientiert.[4309] Im Titelblatt eines Amtsblattes können textliche Elemente enthalten sein, die zeichnerische Darstellungen oder Bildaussagen lediglich erläutern oder in sonstiger Weise offenkundig untergeordnet sind.[4310] Das Plangebiet kann nach einer Straße auch dann benannt werden, wenn diese über das Plangebiet erheblich hinausgeht.[4311] Fehler in der Bekanntgabe einer Satzung können auch noch während eines Gerichtsverfahrens geheilt werden.[4312]

2013 Die Bekanntmachung der Genehmigung eines Flächennutzungsplans nach § 6 V 1 BauGB[4313] muss ihren Adressaten den räumlichen Geltungsbereich der Darstellungen hinreichend deutlich machen. Die Bekanntmachung der Genehmigung oder des Beschlusses des Bebauungsplans muss geeignet sein, das Inkrafttreten des neuen Bebauungsrechts in einem näheren Bereich des Gemeindegebiets dem Normadressaten gegenüber bewusst zu machen und denjenigen, der sich über den genauen räumlichen und gegenständlichen Regelungsinhalt des Bebauungsplans unterrichten will, ohne weitere Schwierigkeiten zu dem richtigen – bei der Gemeinde ausliegenden – Plan zu führen. Die Bekanntmachung muss außerdem nach § 10 III 3 BauGB darauf hinweisen, wo der Bebauungsplan eingesehen werden kann.[4314]

2014 Bei der Darstellung von Flächen für Windenergieanlagen nach § 35 I Nr. 5 BauGB mit den Wirkungen des § 35 III 3 BauGB ist räumlicher Geltungsbereich der gesamte Außenbereich der Gemeinde. Denn nach § 35 III 3 BauGB stehen öffentliche Belange einem Vorhaben nach § 35 I Nr. 5 BauGB in der Regel auch dann entgegen, soweit hierfür durch Darstellungen im Flächennutzungsplan eine Ausweisung an anderer Stelle erfolgt ist. Die Gemeinde verfügt so über ein Instrument, das sie in die Lage versetzt, die bauliche Entwicklung im Außenbereich zu steuern.[4315] Im Anwendungsbereich des § 35 III 3 BauGB erfüllt der Flächennutzungsplan mithin eine dem Bebauungsplan vergleichbare Funktion,[4316] die sich auf den gesamten Außenbereich erstreckt. Die Wirkung des § 35 III 3 BauGB tritt allerdings nicht stets ein, wenn eine Gemeinde Flächen für die Windenergie darstellt. Für die Ausschlusswirkung bedarf es vielmehr einer im Flächennutzungsplan zum Ausdruck kommenden planerischen Entscheidung der Gemeinde, die Rechtswirkungen des § 35 III 3 BauGB für Vorhaben außerhalb der ausgewiesenen Konzentrationsflächen eintreten zu lassen. Diese ist im Flächennutzungsplan ausdrücklich darzustellen oder muss in den Darstellungen in sonstiger Weise zum Ausdruck kommen.[4317] § 35 III 3 BauGB ist die gesetzliche Rechtsfolge der Darstellung von Konzentrationszonen. Dies ändert aber nichts daran, dass es Sache der Gemeinde ist zu entscheiden, ob die Darstellung von Flächen für die Windenergie die Wirkung des § 35 III 3 BauGB entfalten soll.[4318]

2015 Das **Normenkontrollgericht** darf die Erklärung als unwirksam allerdings nicht auf die Darstellungen des Flächennutzungsplans insgesamt erstrecken. Denn möglicher Gegenstand einer statthaften Normenkontrolle gemäß § 47 I Nr. 1 VwGO analog ist allein die in den Darstellungen des Flächennutzungsplans zum Ausdruck kommende planerische Entscheidung der Gemeinde, mit der Ausweisung von Flächen für privilegierte Nutzungen nach § 35 I Nr. 2 bis 6 BauGB die Ausschlusswirkung des § 35 III 3 BauGB an Standorten außerhalb der ausgewiesenen Flächen eintreten zu lassen. Nur die Ausschlusswirkung, nicht aber die Ausweisung von Positivflächen entfaltet die einer Rechtsvorschrift vergleichbaren Wirkungen. Deshalb ist der Tenor darauf zu begrenzen.[4319] Den rechtsstaatlichen Anforderungen an die Verkündung eines

---

4308 BVerwG Beschl. v. 8.3.2007 – 9 B 18.06, BeckRS 2007, 22284; NVwZ-RR 1997, 340.
4309 BVerwG NVwZ 2007, 216 m. Anm. H. Redeker IBR 2007, 101.
4310 OVG Berlin-Brandenburg DVP 2007, 79 (LS); Otto DVP 2007, 79.
4311 OVG Bautzen DVBl. 2006, 464.
4312 BVerwG Beschl. v. 19.10.2006 – 9 B 7.06, BeckRS 2006, 27069.
4313 Stock in EZBK, BauGB, § 214 Rn. 85.
4314 BVerwG NVwZ 2023, 667 = juris Rn. 22; BVerwGE 69, 344 (350); BVerwGE 170, 26 Rn. 16 f.; BVerwGE 88, 204 (206); UPR 2011, 24 Rn. 13.
4315 BVerwGE 117, 287.
4316 BVerwGE 128, 382 Rn. 14, 16; BVerwGE 164, 74.
4317 BVerwGE 146, 40.
4318 BVerwGE 137, 74 Rn. 10.
4319 BVerwG ZfBR 2021, 275; BVerwGE 164, 7425.

Bebauungsplans ist allerdings nicht genügt, wenn dessen textliche Festsetzungen auf eine nicht öffentlich zugängliche **DIN-Vorschrift** Bezug nehmen, aber weder die Bekanntmachung noch die Planurkunde auf die Möglichkeit der Einsichtnahme bei der Verwaltungsstelle hinweist, bei der auch der Bebauungsplan eingesehen werden kann.[4320]

Das Rechtsstaatsgebot verlangt die Identität der anzuwendenden Norm und ihres Inhalts mit dem vom Normgeber Beschlossenen (sog. **„Identitätsfunktion"**, „Beurkundungs- und Gewährleistungsfunktion"). Weiteres, insbesondere zu Art und Weise der Prüfung und ihrer Beurkundung, also des (geeigneten) Nachweises, dass diese Identitätsprüfung stattgefunden hat, gibt das Bundesrecht nicht vor.[4321] Der Bebauungsplan ist entsprechend auszufertigen.[4322] Die Ausfertigung von Rechtsnormen ist rechtsstaatlich geboten. Es handelt sich hierbei um ein grundlegendes Element jeglichen Rechtssetzungsverfahrens. Denn zur Rechtsstaatlichkeit gehört, dass Rechtsnormen nicht mit einem anderen als dem vom Normgeber gewollten Inhalt erlassen werden. Dies verlangt die Identität der anzuwendenden Norm und ihres Inhalts mit dem vom Normgeber Beschlossenen.[4323] Das BauGB beschränkt sich hier auf rechtsstaatliche Mindestanforderungen. Die **Ausfertigung**[4324] muss der ortsüblichen Bekanntmachung, nicht jedoch der Genehmigung vorausgehen.[4325] Die Ausfertigung ist ordnungsgemäß, wenn der Bebauungsplan nur aus einem mit Datum gekennzeichneten einheitlichen Dokument (zeichnerischer Plan mit Textteil) besteht und der im (unterschriebenen) Gemeinderatsprotokoll enthaltene Satzungsbeschluss den Bebauungsplan mit Namen und Datum zutreffend wiedergibt. Ein Verweis auf die Planbegründung ist nicht erforderlich.[4326] Für die Ausfertigung eines Bebauungsplanes genügt es allerdings nicht, dass der Bürgermeister das Sitzungsprotokoll mit der Wiedergabe des Beschlusses über den Bebauungsplan unterschreibt.[4327] Die Wirksamkeit einer vor der ortsüblichen Bekanntmachung eines Bebauungsplans erteilten Ausfertigung wird durch einen nach Bekanntmachung nochmals auf dem Plan angebrachten Authentizitätsvermerk nicht berührt.[4328] Auch Änderungen des ausgefertigten Bebauungsplans müssen ausgefertigt werden.[4329] Eine Verkündung von Rechtsnormen ist durch das Rechtsstaatsprinzip gefordert. Hierdurch soll gewährleistet werden, dass die Rechtsvorschriften der Öffentlichkeit in einer Weise förmlich zugänglich gemacht werden, die es den Betroffenen ermöglicht, sich verlässlich Kenntnis von ihrem Inhalt zu verschaffen. Welche Anforderungen im Einzelnen an die Verkündung zu stellen sind, richtet sich nach den jeweils geltenden Rechtsvorschriften. Denn das Rechtsstaatsprinzip enthält keine in allen Einzelheiten eindeutig bestimmten Gebote und Verbote. Es bedarf vielmehr der Konkretisierung je nach den sachlichen Gegebenheiten. Das Rechtsstaatsprinzip schließt bei Rechtsnormen, die nicht nur aus einem textlichen Teil bestehen, sondern auch zeichnerische Darstellungen umfassen, eine Ersatzbekanntmachung nicht aus, wenn hierdurch die Möglichkeit, sich verlässlich Kenntnis vom Norminhalt zu verschaffen, nicht in unzumutbarer Weise erschwert wird.[4330] Gerade bei Planwerken ist auch eine Ersatzbekanntmachung in dem Sinne zulässig, dass auf Einsichtsmöglichkeiten bei der Gemeinde 2016

[4320] BVerwG NVwZ 2017, 166.

[4321] BVerwG ZfBR 2018, 796.

[4322] BVerwG NVwZ 1994, 284; NVwZ 1992, 371.

[4323] OVG Berlin-Brandneburg Urt. v. 1.12.2022 – 2 A 3/21, juris Rn. 23; BVerwG Urt. v. 1.7.2010 – 4 C 4.08, juris Rn. 13.

[4324] Zur Dokumentenbestätigung und archivmäßigen Verwahrung als ungeschriebene Wirksamkeitsvoraussetzung für Bebauungspläne Ziegler NVwZ 2007, 1271.

[4325] BVerwG NVwZ-RR 1996, 630. Zur Ausfertigung sowohl vor und nach der Bekanntmachung BVerwG NVwZ-RR 1999, 161; VGH Mannheim ZfBR 2000, 285. Bundesrecht enthält dazu nur einen allgemeinen Rahmen. Art und Umfang der Verkündung richten sich nach Landesrecht, so BVerwG NuR 1997, 570. Das Landesrecht kann sowohl den Bürgermeister als auch den Gemeindedirektor zur Ausfertigung ermächtigen, BVerwG DVBl. 1998, 891. Redaktionsversehen können durch erneute Bekanntmachung berichtigt werden. Die Ausfertigung hat nach Ansicht des OVG Bautzen SächsVBl. 1998, 59, die Aufgabe, mit öffentlich-rechtlicher Wirkung zu bezeugen, dass der textliche und der zeichnerische Inhalt der Urkunde mit dem Willen des Rechtsetzungsberechtigten übereinstimmt (Identitätsnachweis) und die für die Rechtswirksamkeit maßgeblichen Umstände beachtet sind (Verfahrensnachweis).

[4326] VGH Mannheim DÖV 2009, 544.

[4327] OVG Bautzen UPR 2009, 34.

[4328] BVerwG NVwZ-RR 1999, 161.

[4329] OVG Lüneburg NdsRpfl. 1998, 245.

[4330] BVerfGE 65, 283.

oder anderen Stellen verwiesen wird.[4331] Es reicht insoweit eine Hinweisfunktion aus, die auch dann bestehen kann, wenn sich gewisse Unstimmigkeiten in dem Bekanntmachungstext ergeben.[4332] Der Hinweiszweck einer Bekanntmachung kann nur erfüllt sein, wenn der Plan auch tatsächlich bekannt gemacht worden ist.[4333]

2017 Welche Anforderungen im Einzelnen an die **Ausfertigung** zu stellen sind, richtet sich nach **Landesrecht**. Das gilt auch für die Folgen, die sich aus Fehlern bei der Ausfertigung ergeben.[4334] Das Rechtsstaatsprinzip verlangt zwar, dass eine Rechtsnorm ausgefertigt wird. Bundesrecht bestimmt aber nicht, in welcher Weise dies zu geschehen hat. Es lässt auch hinsichtlich des jeweiligen Normtypus Unterschiede zu. Die Regeln über Art, Inhalt und Umfang der Ausfertigung von Bebauungsplänen gehören daher grundsätzlich dem Landesrecht an.[4335] Bundesrecht wacht also nur darüber, ob das Landesrecht überhaupt eine angemessene Kontrolle der Authentizität und Legalität ermöglicht. Näheres entscheidet abschließend das Landesrecht.[4336] Bundesrecht schließt es auch nicht aus, dass der Plan an dem Tage bekannt gemacht wird, an dem er ausgefertigt worden ist. Die Übereinstimmung von Ausfertigungs- und Bekanntmachungsdatum kann ein Indiz dafür sein, dass die Reihenfolge nicht gewahrt ist.[4337] Bestimmt erst eine in den **textlichen Festsetzungen** eines Bebauungsplans in Bezug genommene **DIN-Vorschrift**, unter welchen Voraussetzungen bauliche Anlagen im Plangebiet zulässig sind, ist den rechtsstaatlichen Anforderungen an die Verkündung von Rechtsnormen genügt, wenn die Gemeinde sicherstellt, dass die Betroffenen von der DIN-Vorschrift verlässlich und in zumutbarer Weise Kenntnis erlangen können.[4338] Es empfiehlt sich, die Vorschriften in der Gemeinde bereitzuhalten. Genügt der Bebauungsplan diesen Anforderungen an die Bestimmtheit der Festsetzungen nicht, kann der Verkündungsfehler ggf. durch Ergänzung des Normtextes, erneute Ausfertigung und erneute Bekanntmachung des Bebauungsplans geheilt werden; einer erneuten Offenlage, Abwägung und eines erneuten Ratsbeschlusses bedarf es nur, wenn sich der Inhalt der Festsetzungen ändert.[4339] Ist die in der Hauptsatzung einer Gemeinde festgelegte Bekanntmachungsform unwirksam, kann bei der Bekanntmachung der Änderung der Hauptsatzung auf eine frühere wirksame Bekanntmachungsform zurückgegriffen werden.[4340] Das Verkündungsgebot des § 10 III 1 BauGB betrifft nur den Bebauungsplan selbst, nicht aber die Begründung und die zusammenfassende Erklärung nach § 10 IV BauGB.[4341] Für die Wirksamkeit der Ausfertigung eines Bebauungsplans reicht es mangels ausdrücklicher weitergehender normativer Vorgaben aus, wenn eine Originalurkunde geschaffen wird, auf welcher der Bürgermeister als Vorsitzender des Rats oder ein von ihm gem. § 68 III 1 GO NRW damit beauftragter Beamter oder Angestellter zeitlich nach dem Satzungsbeschluss des Rats und vor der Verkündung der Satzung schriftlich bestätigt, dass der Rat an einem näher bezeichneten Tag „diesen Bebauungsplan als Satzung beschlossen" hat.[4342] Bei der rückwirkenden Heilung eines Ausfertigungsmangels ist es grundsätzlich nicht erforderlich, das das zuständige Gemeindeorgan in eine erneute Abwägung eintritt.[4343] Im Falle der Bekanntmachung durch Aushang hat die Ausfertigung vor Beginn des Bekanntmachungsaktes zu erfolgen. Eine Ausfertigung vor dem Zeitpunkt, in dem die Bekanntmachung auch bewirkt ist, reicht nicht aus.[4344] Besteht ein Bebauungsplan aus mehreren Teilen, die nicht auf einem Blatt zusammengefasst sind, sind alle Teile mit einem Ausfertigungsvermerk zu versehen.[4345]

2018 Das BauGB enthält zwar eine Reihe von Bestimmungen, die einzelne Schritte im Verfahren der Bauleitplanung betreffen. Es beschränkt sich insoweit jedoch auf das zur Wahrung eines

---

[4331] OVG SächsVBl 2002, 220.
[4332] BVerwG BauR 2005, 434.
[4333] BVerwG NVwZ-RR 2004, 307.
[4334] BVerwG NVwZ-RR 1996, 630.
[4335] BVerwG NVwZ 1992, 371; NVwZ 1994, 1010.
[4336] BVerwG NVwZ 1996, 372; OVG Münster NVwZ 1990, 886.
[4337] BVerwG NVwZ 1999, 878.
[4338] BVerwG ZfBR 2010, 689; OVG Münster BauR 2010, 1038; NWVBL 201, 141.
[4339] OVG Koblenz NVwZ-RR 2009, 673 im Anschluss ZfBR 2007, 57.
[4340] OVG Münster Urt. v. 24.11.2008 – 7 D 109/07.NE, BeckRS 2009, 30493.
[4341] VGH Kassel NVwZ-RR 2010, 837.
[4342] OVG Münster BauR 2013, 896.
[4343] OVG Koblenz NVwZ-RR 2013, 525; im Anschluss an BVerwG ZfBR 2008, 373.
[4344] OVG Greifswald NordÖR 2012, 540.
[4345] OVG Münster BauR 2012, 1075.

rechtsstaatlichen Mindeststandards und der europarechtlichen Vorgaben Notwendige.[4346] Alles Übrige überlässt es dem Landesrecht. Dies gilt auch für das formelle Gültigkeitserfordernis der Ausfertigung. Ob ein Bebauungsplan unter diesem Blickwinkel mangelhaft ist, richtet sich nach dem jeweiligen Landesrecht. Ist die Ausfertigung unterblieben oder fehlerhaft, so liegt hierin ein Verfahrensfehler, der nach § 214 IV BauGB auch rückwirkend geheilt werden kann. Bundesrecht regelt auch nicht, wie und wann ein Bebauungsplan auszufertigen ist. Auch zur Frage, ob ein Bebauungsplan vor oder nach Erteilung der nach § 10 BauGB ggf. erforderlichen Genehmigung ausgefertigt werden muss, fehlt es an bundesrechtlichen Vorgaben. Einer Ausfertigung vor der Genehmigung steht aus bundesrechtlicher Sicht auch nicht etwa die Legalitätsfunktion der Ausfertigung entgegen. Denn es gehört nicht zum Mindeststandard des Rechtsstaatsgebots, die Ausfertigung so auszugestalten, dass sie geeignet ist, die Legalität des Verfahrens zu bestätigen.[4347] Auch aus § 10 III BauGB lassen sich nicht unmittelbar Anforderungen an die Ausfertigung ableiten. Aus dieser Vorschrift ergibt sich lediglich, dass Bebauungspläne im Wege der Ersatzverkündung zu veröffentlichen sind. Dies geschieht in der Weise, dass die Erteilung der Genehmigung der höheren Verwaltungsbehörde bzw. – soweit noch nach Maßgabe des Landesrechts erforderlich – die Durchführung des Anzeigeverfahrens ortsüblich bekannt gemacht wird. Im Übrigen muss der Bebauungsplan zu jedermanns Einsicht bereitgehalten werden.

Ausfertigung und **Bekanntmachung** erfüllen unterschiedliche Funktionen. Durch die **2019** Ausfertigung soll sichergestellt werden, dass der Inhalt des als Satzung beschlossenen Bebauungsplans mit dem Willen des gemeindlichen Beschlussorgans übereinstimmt. Durch die förmliche und amtliche Veröffentlichung dagegen soll es den Normadressaten ermöglicht werden, vom Erlass und vom Inhalt des Bebauungsplans Kenntnis zu nehmen. Nicht zu verkennen ist freilich, dass § 10 III BauGB mittelbar geeignet ist, einen Hinweis auf die zeitliche Abfolge von Ausfertigung und Verkündung zu geben. Die Ausfertigung erweist sich danach als ein Verfahrensschritt, der der Bekanntmachung vorauszugehen hat. Die Verkündung bildet den Schlusspunkt des Rechtsetzungsvorganges, denn sie stellt den für die Hervorbringung der Norm notwendigen letzten Akt dar.[4348] Die Ausfertigung eines Bebauungsplans ist nach Maßgabe des jeweiligen Landesrechts nur dann ordnungsgemäß, wenn die Unterschrift des Bürgermeisters mit einem Datum versehen worden ist.[4349] Denn ohne Angabe des Datums lässt sich nicht verlässlich beurteilen, ob der Bürgermeister seine Unterschrift – wie erforderlich – erst nach Abschluss des Satzungsaufstellungsverfahrens geleistet hat.[4350] Ist die richtige zeitliche Abfolge zwischen Ausfertigung und Bekanntmachung des Bebauungsplanes nicht eingehalten, genügt es für die Heilung, wenn (allein) die Bekanntmachung erneuert wird.[4351]

Nach § 10 III 4 BauGB tritt der Bebauungsplan unbeschadet des Erfordernisses, dass er in **2020** der Folgezeit zu jedermanns Einsicht bereitgehalten wird, mit der Bekanntmachung in Kraft. Der Bebauungsplan kann daher die ihm durch diese Vorschrift vermittelte rechtliche Verbindlichkeit nur erlangen, wenn sämtliche formellen Gültigkeitsbedingungen, die sich aus dem Bundes- oder Landesrecht ergeben, bis zu diesem Zeitpunkt erfüllt sind.[4352]

Ein **Ausfertigungsmangel** kann auch noch nach Jahren gerügt, aber auch geheilt wer- **2021** den.[4353] Dies kann ohne erneute Ratsbefassung durch die Neuausfertigung und anschließende Neubekanntmachung geschehen[4354] und ist ohne Auswirkungen auf den Verfahrensgegenstand auch noch während eines anhängigen Normenkontrollverfahrens möglich.[4355] Ein Rechtssatz des Inhalts, dass die Gültigkeit eines Bebauungsplans, der an einem Ausfertigungsmangel leidet und deshalb nach dem einschlägigen Landesrecht als unwirksam zu behandeln ist, nach Ablauf

---

4346 BVerwGE 79, 200.

4347 BVerwG NVwZ 1994, 1010.

4348 BVerwGE 75, 262.

4349 OVG Lüneburg Urt. v. 5.9.2007 – 1 KN 204/05, BeckRS 2007, 26833; BVerwG BRS 58 Nr. 41.

4350 Zur Ausfertigung eines (planfeststellungsersetzenden) Bebauungsplans, wenn in den textlichen Festsetzungen zur Höhenlage der geplanten Trasse gemäß § 9 II BauGB auf als Anlagen beigefügte „kennzeichnende Querprofile" und „Längenschnitte" verwiesen wird VGH Mannheim NuR 2007, 685.

4351 So für Niedersachsen OVG Lüneburg BauR 2010, 2158. Zur ordnungsgemäßen Ausfertigung von gemeindlichen Satzungen Ziegler DVBl. 2010, 291.

4352 BVerwG NVwZ-RR 1997, 515.

4353 BVerwG NVwZ-RR 1997, 515.

4354 OVG Saarlouis BauR 2013, 1731.

4355 OVG Lüneburg NVwZ-RR 2009, 630.

eines gesetzlich nicht näher bestimmten Zeitraums oder nach Verwirklichung der in ihm enthaltenen Festsetzungen nicht mehr in Frage gestellt werden darf, gibt es nicht. Er lässt sich auch nicht aus dem Gebot der Rechtssicherheit und dem Grundsatz der Verhältnismäßigkeit herleiten. Vielmehr stellt die Unwirksamkeit die übliche, zeitlich unbegrenzte Folge formeller Rechtsverstöße beim Zustandekommen von Normen dar. Solche Mängel lassen sich allerdings nach § 214 IV BauGB als sonstige Verfahrens- oder Formfehler nach Landesrecht beheben.[4356] Ein wegen eines Ausfertigungsmangels unwirksamer Bebauungsplan kann gem. § 214 IV BauGB regelmäßig sogar rückwirkend in Kraft gesetzt werden, solange sich der Planinhalt selbst nicht ändert.[4357] Dies gilt auch dann, wenn der Plan zwischenzeitlich geändert wurde. Waren auch die Änderungen wegen eines Ausfertigungsmangels unwirksam, können sämtliche Satzungsbeschlüsse unter Nachholung der Ausfertigungen rückwirkend in Kraft gesetzt werden.[4358] Die Gemeinde kann das Heilungsverfahren zeitlich parallel mit einer Veränderungssperre nach § 14 BauGB oder einem Antrag auf Zurückstellung eines Bauvorhabens nach § 15 BauGB verbinden.[4359] Auf die Einleitung und Durchführung eines Heilungsverfahrens besteht zudem kein Rechtsanspruch.[4360] Wer sich für die Zulässigkeit eines Vorhabens auf ihm günstige Festsetzungen eines Bebauungsplans beruft, trägt grundsätzlich die Beweislast für dessen Vorhandensein. Die Verletzung der gemeindlichen Pflicht, das Plandokument aufzubewahren und zur Einsicht bereitzuhalten, kann allerdings bis zur Beweislastumkehr führen.

2022 Für die **nachträgliche Inkraftsetzung** eines wegen eines **Ausfertigungsmangels** unwirksamen Bebauungsplans ist auch in aller Regel kein erneuter Satzungsbeschluss gem. § 10 I BauGB und auch keine erneute Abwägung erforderlich.[4361] Hat sich allerdings die Rechtslage seit dem Satzungsbeschluss grundlegend geändert, etwa weil das ursprünglich unbedenkliche Abwägungsergebnis nunmehr als unverhältnismäßig und deshalb nicht mehr haltbar erscheint, steht die vereinfachte Inkraftsetzung des Bebauungsplans ohne ein entsprechend ergänztes Verfahren (§ 214 IV BauGB) nicht zur Verfügung. Verfährt die Gemeinde gleichwohl nach dieser Vorschrift, kommt ein wirksamer Bebauungsplan nicht Zustande. Bei einer derart grundlegenden Veränderung der Verhältnisse steht die Gemeinde vielmehr vor der Entscheidung, ob sie den scheinbar gültigen Bebauungsplan förmlich aufhebt oder ob zur Ordnung der städtebaulichen Entwicklung ein neuer Bebauungsplan aufzustellen ist. In derartigen Fällen ist auch eine rückwirkende Inkraftsetzung des Bebauungsplans nach § 214 IV BauGB nicht möglich.[4362] Das gilt vor allem dann, wenn das damals gefundene Abwägungsergebnis wegen nachträglicher Änderungen in der Sach- oder Rechtslage nicht mehr haltbar ist oder es von Anfang an nicht haltbar war. Wird ein an einem Ausfertigungsmangel leidender Bebauungsplan während eines anhängigen Normenkontrollverfahrens nach Behebung des Mangels nachträglich in Kraft gesetzt, bleibt Verfahrensgegenstand nach wie vor der – inhaltlich unveränderte – Bebauungsplan, auch wenn er nicht mit Rückwirkung in Kraft gesetzt worden ist.[4363]

2023 Ist der **Original-Bebauungsplan verloren**, so führt dies nicht automatisch zur Ungültigkeit oder zum Außerkrafttreten des Bebauungsplans. Der Verlust des Dokuments lässt den Rechtsetzungsakt als solchen grundsätzlich unberührt. Allerdings können sich im Einzelfall Probleme beim **Nachweis** des tatsächlich geltenden Rechts ergeben. Solche Nachweisschwierigkeiten liegen beispielsweise dann nicht vor, wenn den noch vorhandenen Dokumenten ausreichende Feststellungen für die Beurteilung des konkreten Genehmigungsantrages entnommen werden können.[4364] Dabei kann ggf. nach Art und Maß der baulichen Nutzung, der überbaubaren Grundstücksfläche oder der örtlichen Verkehrsfläche unterschieden werden. Wer sich allerdings für die Zulässigkeit eines Vorhabens auf für ihn günstige Festsetzungen eines Bebauungsplans beruft, trägt grundsätzlich die Beweislast für das Vorhandensein des Plans. Die Missachtung organisatorischer Vorkehrungen gegen den Verlust von Planunterlagen auf behördlicher Seite kann allerdings zu einer Beweislastumkehr oder zu Beweiserleichterungen zugunsten des Bauherrn führen. Allerdings ist der Verlust eines Plandokuments kein Grund,

[4356] BVerwG Beschl. v. 6.2.1995 – 4 B 210.94, BeckRS 1995, 31226228.
[4357] BVerwG NVwZ-RR 1997, 515.
[4358] BVerwG UPR 1996, 151.
[4359] BVerwG NVwZ 1993, 471.
[4360] BVerwG UPR 1997, 102.
[4361] Wohl weitergehend OVG Lüneburg ZfBR 1999, 230.
[4362] BVerwG NVwZ-RR 1997, 515.
[4363] BVerwG DVBl. 1999, 800.
[4364] BVerwG NVwZ 1994, 281.

abstrakt die Möglichkeit von Mängeln im Rechtsetzungsverfahren zu unterstellen. Der Frage des rechtsgültigen Zustandekommens des Bebauungsplans hat das Gericht nur nachzugehen, wenn es auf Grund konkreter Umstände begründeten Anlass für die Annahme gibt, der im Wege der Beweiserleichterung „rekonstruierte" Bebauungsplan oder in ihm getroffene Festsetzungen seien fehlerhaft zu Stande gekommen. Im Übrigen hält das BVerwG eine ungefragte Fehlersuche der Gerichte nicht für angezeigt.[4365]

Nach § 6 V 2 BauGB kann jedermann den Flächennutzungsplan und die Begründung einsehen und über deren Inhalt Auskunft verlangen. Auch der Bebauungsplan ist mit Begründung zu jedermanns Einsicht bereitzuhalten. Über den Inhalt ist auf Verlangen Auskunft zu geben. In der Bekanntmachung ist darauf hinzuweisen, wo der Bebauungsplan eingesehen werden kann (§ 10 III 3 BauGB). Die Bekanntmachung der Genehmigung tritt nach § 10 III 5 BauGB an die Stelle der sonst für Satzungen vorgeschriebenen Veröffentlichung. Der Flächennutzungsplan (§ 6 V 3 BauGB) und der Bebauungsplan (§ 10 III BauGB) sind mit der Begründung und der zusammenfassenden Erklärung zu jedermanns Einsicht bereitzuhalten. Dabei ist lediglich die Tatsache der Genehmigung bzw. bei fehlendem Erfordernis eines Genehmigungsverfahrens der Beschluss des Bebauungsplans bekanntzumachen, nicht ist der Bauleitplan mit seinem Inhalt selbst zu veröffentlichen. Die Bekanntmachung ist ein wesentlicher Bestandteil des Rechtsetzungsverfahrens. Ohne eine ordnungsgemäße Schlussbekanntmachung können der Flächennutzungsplan oder der Bebauungsplan nicht wirksam werden. Dabei hat der Gesetzgeber für den Bebauungsplan die Bekanntmachung der Genehmigung bzw. der Durchführung des Anzeigeverfahrens als **Ersatzverkündung** gewählt. Das normale Verfahren der Veröffentlichung von Rechtssätzen wie von gemeindlichen Satzungen im Amtsblatt der Gemeinde oder in Tageszeitungen hätte bei Bebauungsplanverfahren zu Schwierigkeiten geführt, weil etwa eine farbige Abbildung eines Bebauungsplans in den Tageszeitungen oft schwierig und seine Publikation aufwändig sein würde. Als Ersatzverkündung ist ein zweiteiliges Verfahren einzuhalten: Die Erteilung der Genehmigung bzw. der Ratsbeschluss sind ortsüblich bekanntzumachen (§ 6 V 1 BauGB für den Flächennutzungsplan, § 10 III 1 BauGB für den Bebauungsplan) (erster Teil). Der Flächennutzungsplan (§ 6 V 3 BauGB) und der Bebauungsplan (§ 10 III 2 BauGB) sind mit der Begründung und der zusammenfassenden Erklärung zu jedermanns Einsicht bereitzuhalten (zweiter Teil). Dabei ist lediglich die Tatsache der Genehmigung bzw. der Durchführung des Anzeigeverfahrens bekanntzumachen, nicht ist der Bauleitplan mit seinem Inhalt selbst zu veröffentlichen. Die Pläne werden aber zunehmend im Internet bekannt gemacht und damit auch elektronisch der Öffentlichkeit zur Verfügung gestellt. 2024

Durch die **Bekanntmachung** der **Genehmigung** bzw. des Satzungsbeschlusses soll dem hiervon betroffenen Bürger verdeutlicht werden, dass für sein Grundstück eine neue bodenrechtliche Regelung in Kraft getreten ist. Hierfür bedarf es lediglich eines (allgemeinen) Hinweises über das Inkrafttreten. Eine **Anstoßwirkung**, die ggf. nur von einer genaueren Bezeichnung ausgehen kann und zu einer Beteiligung anregen soll, ist dafür nicht erforderlich. Für die Schlussbekanntmachung der Genehmigung eines Bebauungsplans reicht daher eine schlagwortartige **Kennzeichnung** des **Plangebietes**. Dem rechtsstaatlichen Verkündungserfordernis ist ausreichend Rechnung getragen, wenn sich der genaue Geltungsbereich aus dem Gesamtvorgang der Ersatzverkündung einschließlich der ausliegenden Planurkunde ergibt.[4366] Im Übrigen richten sich die Bekanntmachungserfordernisse nach Landes- bzw. Ortsrecht.[4367] Sind Karten oder Pläne einer Verordnung aufgrund einer gesetzlichen Vorschrift bei den von der Verordnung betroffenen „Gemeinden" aufzubewahren und zur Einsichtnahme vorzuhalten, sind diese Anforderungen auch dann erfüllt, wenn die Aufbewahrung und Vorhaltung zur Einsichtnahme bei den Verwaltungsgemeinschaften dieser Gemeinden erfolgt.[4368] 2025

Für die **Bekanntmachung** einer **Sanierungssatzung** gelten besondere Grundsätze:[4369] Erforderlich ist eine Bezeichnung des Sanierungsgebietes, aus der sich ergibt, welche Flächen im Geltungsbereich der Sanierungssatzung liegen, also eine eindeutige Beschreibung des Sanierungsgebietes als Einheit. Der Geltungsbereich der Sanierungssatzung ist auch dann klar um- 2026

4365 BVerwG NVwZ 1997, 890 unter Verweis auf dazu bereits ergangene Entscheidungen; OVG Münster BauR 1996, 824. Zum Erfordernis der Dokumentenbeständigkeit eines Bebauungsplans OVG Schleswig NVwZ-RR 1997, 468.

4366 BVerwG NJW 1985, 1570; UPR 1985, 339.

4367 So zum Fachplanungsrecht BVerwG NuR 1997, 504.

4368 OVG Magdeburg NuR 2007, 45; OVG Lüneburg NuR 2002, 99.

4369 Gaentzsch NJW 1985, 881; Löhr ZfBR 1984, 267.

schrieben, wenn die veröffentlichte Satzung die von ihr betroffenen Grundstücke einzeln aufführt. Denn auch in diesem Fall kann nicht zweifelhaft sein, welche Grundstücke zum förmlich festgelegten Sanierungsgebiet gehören. Die zur Bekanntmachung von Bebauungsplänen ergangene Rechtsprechung kann auf die Bekanntmachung von Sanierungssatzungen, die mit ihrem vollständigen Wortlaut veröffentlicht worden sind, nicht übertragen werden. Bebauungspläne sind im Wege der Ersatzverkündung bekanntzumachen. Sie besteht aus der ortsüblichen Bekanntmachung nach § 10 III 1 BauGB und zusätzlich aus dem Bereithalten des Plans, der Begründung und der zusammenfassenden Erklärung zu jedermanns Einsicht. Die ortsübliche Bekanntmachung muss deshalb einen Hinweis enthalten, der den ausliegenden Plan identifiziert. Nur wenn die öffentliche Bekanntmachung einen Hinweis enthält, der geeignet ist, den Normadressaten zu dem richtigen, bei der Gemeinde ausliegenden Bebauungsplan zu führen, genügt sie den Anforderungen des rechtsstaatlichen Gebots, dass Rechtsnormen zu verkünden sind.[4370] Die Sanierungssatzung wird dagegen vollständig veröffentlicht. Damit entfällt bei ihr die Notwendigkeit, dem Normadressaten durch einen geeigneten Hinweis die Kenntnisnahme der vollständigen Norm zu ermöglichen. Denn er kann aus der die gesamte Satzung umfassenden Bekanntmachung seine Betroffenheit unmittelbar entnehmen.[4371]

2027 Können geltend gemachte Mängel durch **Planänderungen** gegenstandslos werden, ist grundsätzlich ein **Beitrittsbeschluss** erforderlich.[4372] Das gilt vor allem auch dann, wenn die **Genehmigung** unter **Auflagen** oder **Bedingungen** erteilt worden ist. Es empfiehlt sich dann, auch diese Nebenbestimmungen und die dazu erforderlichen Beitrittsbeschlüsse des Rates bekanntzumachen. Der Bürger kann sich auf diese Weise darüber informieren, welche Änderungen der Bauleitplan noch nach Durchführung des Offenlegungsverfahrens und des ersten abschließenden Beschlusses der Gemeindevertretung erhalten hat. **Für** die **Wirksamkeit** des Plans ist ein solcher Hinweis auf Nebenbestimmungen, die der Genehmigung beigefügt waren, allerdings **nicht erforderlich**. Denn ein unter Auflagen genehmigter Bebauungsplan ist nicht deshalb ungültig, weil die Gemeinde nach Erfüllung der Auflagen (sog. Beitrittsbeschluss) die Genehmigung des Bebauungsplans ohne einen Hinweis auf die Auflagen gem. § 10 III BauGB ortsüblich bekannt gemacht hat. Wird ein Bebauungsplan mit Auflagen genehmigt und nimmt die Gemeinde die den Inhalt des Plans betreffenden Auflagen durch ergänzenden Satzungsbeschluss nach § 10 I BauGB in ihren gesetzgeberischen Willen auf, wird bei ordnungsgemäßem Verfahren der ergänzende Satzungsbeschluss auch Gegenstand des Bebauungsplans.[4373]

2028 In der **Bekanntmachung** der Genehmigung eines Bebauungsplans ist darauf hinzuweisen, **wo** der **Bebauungsplan eingesehen** werden kann. Dabei sind die zuständige Behörde, ggf. der Ortsteil und die Anschrift sowie die Dienststunden, in denen der Bebauungsplan eingesehen werden kann, anzugeben. Sind diese Hinweise unvollständig und wird daher der vom Gesetz beabsichtigte Verkündungszweck nicht erreicht, fehlt es an einer ordnungsgemäßen Bekanntmachung. Die Durchführung der Bekanntmachung selbst bestimmt sich dabei nach Landes- bzw. kommunalem Ortsrecht.

Hinweis: Der damalige Einführungserlass zum BauGB für die fünf neuen Bundesländer empfahl folgenden Wortlaut: „Bekanntmachung der Erteilung der Genehmigung eines Flächennutzungsplans der Gemeinde. Der von der Gemeindevertretung in der Sitzung am (Datum) beschlossene Flächennutzungsplan für das Gebiet (hinreichende Gebietsbezeichnung) der Gemeinde wurde mit Verfügung der höheren Verwaltungsbehörde vom (Datum) nach § 6 BauGB genehmigt. Die Erteilung der Genehmigung wird hiermit bekannt gemacht. Jedermann kann den Flächennutzungsplan und die Begründung dazu in der Gemeindeverwaltung in Zimmer (Zimmer-Nr.) während folgender Zeiten (Werktage, Stunden) einsehen und über deren Inhalt Auskunft verlangen. Eine Verletzung der in § 214 I 1 Nr. 1 bis 2 BauGB bezeichneten Verfahrens- und Formvorschriften, die Verletzung des Entwicklungsgebots (§ 214 II BauGB) und beachtlicher Mängel im Abwägungsvorgang (§ 214 III 2 BauGB) ist unbeachtlich, wenn sie nicht innerhalb von zwei Jahren seit Bekanntmachung des Flächennutzungsplans oder der Satzung schriftlich gegenüber der Gemeinde geltend gemacht worden sind. Dabei ist der Sachverhalt, der die Verletzung oder den Mangel begründen soll, darzulegen (§ 215 I BauGB). (Ort, Datum, Siegelabdruck) Gemeinde. Der Bürgermeister/Oberbürgermeister (Unterschrift)."

[4370] BVerwGE 69, 344.
[4371] BVerwG NVwZ-RR 1993, 457.
[4372] BVerwG NVwZ 1997, 896.
[4373] BVerwG NVwZ 1987, 317; Stüer/Rude ZfBR 2000, 85.

Der Flächennutzungsplan und der Bebauungsplan mit Begründung werden in einer **Urschrift** gefertigt, auf der die erforderlichen Verfahrensabschnitte und Unterschriften im Original aufzubringen sind. Von dieser Urschrift sind unter Beachtung des § 33 VwVfG die notwendigen **beglaubigten Abschriften** zu fertigen. Der Bauleitplan mit Begründung besitzt Urkundeneigenschaften. Dies gilt sowohl für die Urschrift als auch für beglaubigte Abschriften. Die **ordnungsgemäße Verkündung** setzt das Vorhandensein einer entsprechend ausgefertigten Planurkunde voraus, wobei der Mangel einer fehlenden **Ausfertigung** des Bebauungsplans zu den heilbaren Verfahrensmängeln nach § 214 IV BauGB gehört. Soll nach der Nachholung der unterbliebenen Ausfertigung eines Bebauungsplans die Satzung durch erneute Bekanntmachung der Genehmigung nunmehr in Kraft gesetzt werden, so bedarf es hierzu grundsätzlich keines erneuten Beschlusses der Gemeinde, selbst wenn zwischen dem Beschluss des Gemeinderates und der Inkraftsetzung des Bebauungsplans ein längerer Zeitraum vergangen ist.[4374] Hat sich jedoch die Planungskonzeption geändert, so ist der Rat erneut zu befassen. Ob ein Beschluss des Gemeinderates bei rückwirkender Inkraftsetzung des Bebauungsplans erforderlich ist,[4375] hat das BVerwG dabei offen gelassen. Ein entsprechendes Erfordernis dürfte aber wegen des Satzungscharakters des Bebauungsplans bestehen. 2029

Auch setzt das **rückwirkende Inkraftsetzen** des Bebauungsplans nach Fehlerbehebung – jedenfalls soweit die Planungskonzeption nicht geändert wird – eine Beteiligung der Bürger oder Träger öffentlicher Belange nicht immer voraus.[4376] Nach § 10 III 4 BauGB tritt der Bebauungsplan mit seiner Bekanntmachung in Kraft. Der Bebauungsplan kann dabei nach § 214 IV BauGB auch rückwirkend in Kraft gesetzt werden.[4377] Denn § 10 III 4 BauGB verwehrt es der Gemeinde allerdings, einen beliebigen Zeitpunkt des Inkrafttretens zu wählen.[4378] Ein inhaltlich korrigierter Bebauungsplan kann daher nicht allgemein rückwirkend in Kraft gesetzt werden. Bebauungspläne mit inhaltlichen Fehlern können nur unter Wiederholung der Verfahrensschritte, die von dem Fehler infiziert worden sind, mit der erneuten Bekanntmachung in Kraft gesetzt werden.[4379] Hier könnte nur eine Rückwirkung für die unveränderten Teile des Plans angeordnet werden, wenn diese von den übrigen Teilen einen trennbaren eigenständigen Inhalt haben. 2030

Der Bebauungsplan soll unmittelbar mit der Verkündung zu jedermanns Einsicht bereitliegen. Der Darlegung eines besonderen Interesses bedarf es zur Begründung des Einsichtsbegehrens nicht. Die Möglichkeit der Einsichtnahme bezieht sich nur auf Zeiten während des allgemeinen Publikumsverkehrs der jeweiligen Gemeindeverwaltung und nicht auf deren Dienstzeiten. Auch ist bei der Bekanntmachung darauf hinzuweisen, wo der Bebauungsplan eingesehen werden kann. Allerdings hat es auf die Rechtswirksamkeit der Bauleitpläne keinen Einfluss, wenn die Einsichtnahme etwa erst zu einem späteren Zeitpunkt erfolgen kann oder nicht während der gesamten Dienststunden möglich ist. Die Öffentlichkeit hat dann einen Rechtsanspruch auf Einsicht und Auskunft.[4380] Die Rechtswirksamkeit des Plans wird hierdurch nicht berührt.[4381] 2031

Hinweis: Die Öffentlichkeit hat zwar keinen Rechtsanspruch auf Aushändigung von Kopien des Bebauungsplans. Es entspricht aber dem Grundsatz der bürgerfreundlichen Verwaltung, dem interessierten Bürger ggf. gegen Kostenerstattung eine Kopie der Planunterlagen zur Verfügung zu stellen.

Der Bebauungsplan tritt mit der Bekanntmachung in Kraft (§ 10 III 4 BauGB). Dabei wird vorausgesetzt, dass zu diesem Zeitpunkt der Plan bereitgehalten wird. Dies schließt die Möglichkeit aus, dass die Gemeinde etwa einen späteren Zeitpunkt des Inkrafttretens bestimmt. Der 2032

4374 BVerwG NVwZ 1990, 258; BVerwGE 56, 283.

4375 OVG Münster NVwZ 1983, 618.

4376 BVerwG NVwZ 1987, 317.

4377 Auch zur Verfassungsmäßigkeit BVerwG NVwZ 1998, 845: Ein rückwirkendes Wirksamwerden des Bebauungsplans sei allerdings ausgeschlossen, wenn sich die Verhältnisse so grundlegend geändert hätten, dass der Bebauungsplan inzwischen einen funktionslosen Inhalt hat oder das ursprünglich unbedenkliche Abwägungsergebnis im Zeitpunkt der Mängelbehebung unverhältnismäßig und deshalb nicht mehr haltbar ist, s. dort auch zur Festsetzung einer Zweitwohnungsklausel im Bebauungsplan.

4378 BVerwGE 101, 58; UPR 1998, 114.

4379 BVerwG UPR 1998, 114; Stüer/Rude ZfBR 2000, 85; BVerwG DVBl. 1998, 42.

4380 BVerwG DVBl. 1981, 99.

4381 BVerwG ZfBR 1987, 105.

Bebauungsplan kann auch mit diesem Zeitpunkt im Normenkontrollverfahren angefochten werden.[4382] Es muss dabei vom Antragsteller nach § 47 II VwGO geltend gemacht werden, durch den Bebauungsplan in seinen Rechten verletzt zu sein. Unter den Voraussetzungen des § 214 IV BauGB kann die Gemeinde den Bauleitplan in einem ergänzenden Verfahren rückwirkend in Kraft setzen. Das gilt allerdings nur, rückwirkend in Kraft gesetzte Plan gegenüber dem ursprünglich bekannt en Plan keine rechtserheblichen Änderungen enthält.

2033 Mit dem Inkrafttreten des rechtsverbindlichen Bebauungsplans tritt ein etwa **vormals geltender Bebauungsplan** oder eine **Veränderungssperre** außer Kraft (§ 17 V BauGB). Da diese Sicherungsfunktion nicht über die Bekanntmachung der Genehmigung des Bebauungsplans hinausreicht, tritt eine Veränderungssperre auch dann außer Kraft, wenn der Bebauungsplan selbst auf Grund von Verfahrens-, Form- oder inhaltlichen Fehlern unwirksam ist.[4383]

2034 Mit dem Beschluss über die Änderung oder Ergänzung des Bauleitplans kann die Gemeinde auch eine **Neubekanntmachung** beschließen. Gerade in Fällen häufiger Änderungen eines Flächennutzungsplans oder eines Bebauungsplans kann eine Neubekanntmachung sinnvoll sein, um den aktuellen Stand in einem übersichtlichen Planwerk festzuhalten. Diese Neubekanntmachung hat allerdings keine konstitutive Wirkung. Bei der Neubekanntmachung des Flächennutzungsplans sind auch die Überschwemmungsgebiete und überschwemmungsgefährdeten Gebiete nach § 5 IVa BauGB nachrichtlich zu übernehmen bzw. zu vermerken (§ 246 a BauGB).

XII. Änderung, Ergänzung oder Aufhebung von Bauleitplänen

2035 Die verfahrensrechtlichen Anforderungen an die Aufstellung eines Bauleitplans sind gem. § 1 VIII BauGB grundsätzlich auch bei der Änderung, Ergänzung oder Aufhebung zu beachten. Es bedarf daher einer Öffentlichkeitsbeteiligung nach § 3 BauGB, einer Behördenbeteiligung nach § 4 BauGB, eines Satzungsbeschlusses nach § 10 BauGB für den Bebauungsplan, ggfls. nach Landesrecht eines Feststellungsbeschlusses für den Flächennutzungsplan sowie eines Genehmigungsverfahrens gem. §§ 6 II, 10 II BauGB. § 13 BauGB sieht jedoch die Möglichkeit eines vereinfachten Verfahrens vor, um bei Änderungen und Ergänzungen von untergeordneter Bedeutung eine Verfahrensbeschleunigung zu erreichen.

1. Grundsätzliche Verfahrensanforderungen

2036 Die Verfahren der Änderung, Ergänzung oder Aufhebung setzen grundsätzlich einen bereits wirksamen Bauleitplan voraus.[4384] Ein unwirksamer Bauleitplan kann nach § 214 IV BauGB durch ein ergänzendes Verfahren zur Behebung von Fehlern auch rückwirkend in Kraft gesetzt werden.[4385] Im vereinfachten Verfahren ist das nach § 13 BauGB nur zulässig, wenn die zu heilenden Mängel keine Grundzüge der Planung berühren und wenn der zu ändernde Plan tatsächlich nur teilnichtig ist.[4386]

2037 Das Verfahren gem. § 1 VIII BauGB ist auch dann durchzuführen, wenn ein Bebauungsplan, der an beachtlichen Fehlern leidet, die nicht behoben werden sollen oder können, aufzuheben ist, um den Rechtsschein seiner Gültigkeit auszuräumen.[4387] Eine **Normverwerfungskompetenz** dahingehend, dass die Gemeinde den von ihr selbst beschlossenen Plan nicht ohne förmliches Aufhebungsverfahren schlicht als unwirksam ansieht und unbeachtlich lässt, steht der Ge-

4382 BVerwG ZfBR 1992, 238.

4383 BVerwG NVwZ 1985, 563; NVwZ 1990, 656.

4384 OVG Koblenz Urt. v. 16. 5. 2013 – 1 C 11004.12, BeckRS 2013, 53656; VGH München BayVBl. 1979, 152; Mitschang in BKL, BauGB, 2022, § 13 Rn. 1; Bönker in HBG, Öffentliches Baurecht, 2024, § 5 Rn. 419.

4385 Reidt in BKL, BauGB, 2022, § 10 Rn. 10; VGH München ZfBR 2008, 374 (376 f.); BGH NVwZ 2013, 167 Rn. 19 mwN; OVG Münster Urt. v. 30.6.2005 –20 A 3988/03, BeckRS 2005, 30843; VGH München Beschl. v. 24.3.2020 –1 ZB 18.69, BeckRS 2020, 9498; Engel NVwZ 2000, 1258 (1259); Schröer NZBau 2007, 630 (631); Schrödter/Kukk in Schrödter, BauGB, 2019, § 10 Rn. 16; aA Külpmann in EZBK, BauGB, 2018, § 10 Rn. 398; Reidt in BKL BauGB, 2022, § 10 Rn. 11.

4386 BVerwG NVwZ 1990, 361 (362); OVG Münster BauR 2017, 1307 (1308); Mitschang in BKL, BauGB, 2022, § 13 Rn. 1.

4387 BVerwG DVBl. 1987, 481; Reidt in BKL, BauGB, 2022, § 10 Rn. 10; Bönker in HBG, Öffentliches Baurecht, 2024, § 5 Rn. 419.

meinde grundsätzlich nicht zu.[4388] Die Rechtsprechung dazu ist aber nicht einheitlich. Grundsätzlich besteht gegenüber einer Normverwerfungskompetenz staatlicher Behörden Skepsis.[4389] Die Grundsätze für die – eingeschränkte – Normverwerfungskompetenz von Behörden gelten auch für die auf Funktionslosigkeit bauplanerischer Festsetzungen beruhende Ungültigkeit von Bebauungsplänen.[4390] Das BVerwG hat die Nichtbeachtung eines Bebauungsplans durch einen staatlichen Planungsträger jedenfalls dann für zulässig gehalten, wenn die Gemeinde behördlichen Hinweisen auf rechtserhebliche Mängel des Bebauungsplans nicht Rechnung trägt und die Nichtigkeit des Plans von einem Gericht inzident festgestellt worden ist.[4391] Die zuständige Bauaufsichtsbehörde darf sich nach Auffassung des OVG Magdeburg erst dann über eine als unwirksam erkannte Veränderungssperre hinwegsetzen, wenn sie die Gemeinde zuvor zur Nichtigkeit der Veränderungssperre angehört und ihr Gelegenheit gegeben hat, die Veränderungssperre aufzuheben.[4392]

Die Änderung oder Ergänzung der Bauleitplanung muss – wie die Aufstellung – aus städtebaulichen Gründen erforderlich sein (§ 1 III, VIII BauGB).[4393] Eine **Neubekanntmachung** eines Flächennutzungsplans ist keine Aufstellung oder Änderung und unterliegt daher nicht den verfahrensrechtlichen Aufstellungsanforderungen des BauGB. 2038

2. Vereinfachtes Verfahren

§ 13 BauGB sieht für die Änderung oder Ergänzung eines Bauleitplans oder anderer städtebaulicher Satzungen unter den in der Vorschrift genannten Voraussetzungen ein vereinfachtes Verfahren vor. Die Systematik der Vorschrift ist etwas unübersichtlich. Zu unterscheiden sind der Anwendungsbereich der Vorschrift (§ 13 I 1 HS 1 BauGB), die Voraussetzungen für die Anwendung des erleichterten Verfahrens (§ 13 I 1 HS 2 BauGB), die Möglichkeiten der Verfahrenserleichterung, die das vereinfachte Verfahren (§ 13 II BauGB) eröffnet, und das Absehen von der Umweltprüfung nach § 13 III BauGB. 2039

a) Anwendungsbereich des § 13 BauGB. Werden durch die Änderung oder Ergänzung eines Bauleitplans die **Grundzüge der Planung** nicht berührt oder wird durch die Aufstellung eines Bebauungsplans in einem **Gebiet nach § 34 BauGB** der sich aus der vorhandenen Eigenart der näheren Umgebung ergebende Zulässigkeitsmaßstab nicht wesentlich verändert oder enthält der Bebauungsplan lediglich Festsetzungen nach § 9 II a oder II b BauGB, kann die Gemeinde das vereinfachte Verfahren anwenden. Der Anwendungsbereich des § 13 BauGB ist insoweit in drei Fallgestaltungen eröffnet. 2040

Grundzüge der Planung. Ob eine Planänderung die Grundzüge der Planung berührt oder nicht, beurteilt sich nach den konkreten Umständen des Einzelfalls, nämlich nach dem im Bebauungsplan zum Ausdruck gebrachten planerischen Wollen. Bezogen auf dieses Wollen darf der Abweichung vom bisherigen Planinhalt keine derartige Bedeutung zukommen, dass die ursprünglich angestrebte städtebauliche Ordnung in beachtlicher Weise beeinträchtigt wird. Es muss angenommen werden können, dass die Abweichung noch im Bereich dessen liegt, was der Plangeber gewollt hat oder gewollt hätte, wenn er die weitere Entwicklung einschließlich des Grundes für die Abweichung gekannt hätte.[4394] Hierunter kann etwa die Änderung eines Reinen Wohngebiets (§ 3 BauNVO) in ein Allgemeines Wohngebiet (§ 4 BauNVO) für den 2041

[4388] Bönker in HBG, Öffentliches Baurecht, 2024, § 5 Rn. 416; aA Reidt in BKL, BauGB, 2022, § 10 Rn. 11.

[4389] ablehnend OVG Münster Urt. v. 30.6.2005 – 20 A 3988/03, juris Rn. 60 ff. mwN; VG Arnsberg BeckRS 2021, 10420, Rn. 26; VGH München Urt. v. 1.4.1982 – 15 N 81 A.1679, juris; BGH NVwZ 2013, 167; Runkel in Bielenberg/Runkel/Spannowsky, ROG, 2020, § 5 Rn. 71; aA OVG Lüneburg NVwZ 2000, 1061 zur Veränderungssperre; offen gelassen von VGH Mannheim NVwZ 2016, 398; siehe dazu auch Reidt in BKL, BauGB, 2022, § 10 Rn. 10.

[4390] OVG Koblenz NVwZ-RR 2013, 747: zur Normverwerfungskompetenz der Bauaufsicht siehe Schröer NZBau 2007, 630; zur Funktionslosigkeit von Bebauungsplänen umfassend Berkemeier Geltungsverlust oder Unanwendbarkeit von Plänen aufgrund von Funktionslosigkeit, Berlin 2019.

[4391] BVerwGE 112, 373 (380 ff.); Durner in Kment, ROG, 2019, § 4 Rn. 73.

[4392] OVG Magdeburg NVwZ-RR 2020, 957; zustimmend Reidt in BKL, BauGB, 2022, § 10 Rn. 11.

[4393] VGH Mannheim ZfBR 1984, 53.

[4394] OVG Münster Urt. v. 8.3.2017 – 10 D 12/16.NE, BeckRS 2017, 108268, Rn. 21; BVerwG Urt. v. 4.8.2009 – 4 CN 4.08, juris Rn. 12; siehe auch OVG Koblenz ZfBR 2016, 791 (792); VGH Kassel ZfBR 2017, 472 Rn. 14; OVG Lüneburg ZfBR 2019, 809 (809); VGH München Urt. v. 16.2.2021 – 15 N 19.923, BeckRS 2021, 2808 Rn. 23.

Bereich von vier Parzellen[4395] oder die Verschiebung einer Bebauungsplangrenze um 5 m fallen.[4396] Es darf sich daher nur um Auswirkungen handeln, die zwar für einzelne Grundstücke von erheblichen Auswirkungen sein mögen, die aber die dem Bebauungsplan insgesamt zu Grunde liegende Konzeption nicht in Frage stellen.[4397]

Beispiel: Die Grundzüge der Planung werden nicht berührt, wenn die Änderung der Nutzungsart lediglich darin besteht, dass statt eines reinen Wohngebiets ein allgemeines Wohngebiet festgesetzt wird, zudem Gartenbaubetriebe, Tankstellen und Schank- und Speisewirtschaften nach der Planung ausgeschlossen sind, und wenn sich die Änderung auf vier am Rande eines 132 Parzellen umfassenden Plangebiets beschränkt. Es handelt sich dann lediglich um eine kleine Randkorrektur, die das ursprüngliche Planungskonzept nicht berührt.[4398]

2042 **Innenbereichslagen.** Neben der Änderung von Bauleitplänen können auch neu aufzustellende Bebauungspläne für bisherige Innenbereichslagen in den Anwendungsbereich des § 13 BauGB fallen, wenn die sich aus der Eigenart der näheren Umgebung ergebende Zulässigkeitsmaßstab nicht wesentlich verändert wird.[4399] Hierzu rechnen zB kleinräumige Strukturen wie etwa der Straßenzug, in dem sich das fragliche Grundstück befindet und die gegenüberliegende Straßenfront,[4400] jedoch keineswegs notwendig alle Grundstücke in der Umgebung, die zu derselben Baugebietskategorie gehören.[4401] Im Fall eines SB-Marktes kann bereits das Verkehrsaufkommen der nächsten Straßenkreuzung nicht unter die Eigenart der näheren Umgebung zu fassen sein.[4402] Die unter den Anwendungsbereich fallenden Pläne bisheriger Innenbereichslagen dienen der **Bestandssicherung**[4403] oder haben einschränkende bzw. ordnende Funktion: Sicherung einer bestehenden Kleingartenanlage durch Bebauungsplan, damit auf dem Gelände nach § 34 BauGB keine anderen Nutzungen verwirklicht werden, Ausschluss von Einzelhandelsansiedlungen an städtebaulich nicht integrierten Standorten, Ausschluss wesentlich störender Gewerbebetriebe in einem faktischen Gewerbegebiet zum Schutz eines angrenzenden Wohngebiets. In den bezeichneten Fällen ergibt sich bereits aus den Tatbestandsmerkmalen „Grundzüge der Planung nicht berührt" und „Eigenart der näheren Umgebung nicht wesentlich verändert", der Rückschluss, dass keine erheblichen Umweltauswirkungen zu erwarten sind.

2043 **Festsetzungen nach § 9 II a oder II b BauGB.** Für im Zusammenhang bebaute Ortsteile (§ 34 BauGB) kann nach § 9 IIa 1 BauGB zur Erhaltung oder Entwicklung **zentraler Versorgungsbereiche**, auch im Interesse einer verbrauchernahen Versorgung der Bevölkerung und der Innenentwicklung der Gemeinden, in einem Bebauungsplan festgesetzt werden, dass nur bestimmte Arten der nach § 34 I und II BauGB zulässigen baulichen Nutzungen zulässig oder nicht zulässig sind oder nur ausnahmsweise zugelassen werden können. Nach § 9 II b 1 BauGB kann für im Zusammenhang bebaute Ortsteile in einem Bebauungsplan, auch für Teile des räumlichen Geltungsbereichs des Bebauungsplans, festgesetzt werden, dass Vergnügungsstätten oder bestimmte Arten von Vergnügungsstätten zulässig oder nicht zulässig sind oder nur ausnahmsweise zugelassen werden können, um eine Beeinträchtigung von Wohnnutzungen oder anderen schutzbedürftigen Anlagen wie Kirchen, Schulen und Kindertagesstätten oder eine Beeinträchtigung der sich aus der vorhandenen Nutzung ergebenden städtebaulichen Funktion des Gebiets, insbesondere durch eine städtebaulich nachteilige Häufung von Vergnügungsstätten, zu verhindern. Wenn der Bebauungsplan nur Festsetzungen auf dieser Grundlage enthält, ist der Anwendungsbereich für eine Änderung des Plans im vereinfachten Verfahren eröffnet.

2044 **b) Anwendungsvoraussetzungen des § 13 BauGB.** Im Anwendungsbereich des § 13 BauGB kommt nach § 13 I 1 HS 2 BauGB die Führung eines vereinfachten Verfahrens in Betracht, wenn die dort genannten Anwendungsvoraussetzungen vorliegen.

[4395] BVerwG NVwZ-RR 2000, 759.

[4396] OVG Münster UPR 1998, 461.

[4397] OVG Münster Urt. v. 27.9.2016 – 2 D 8/15, BeckRS 2016, 55815.

[4398] BVerwG NVwZ-RR 2000, 759.

[4399] Kment in Jarass/Kment, BauGB, 2022, § 13 Rn. 3; Spieß in Jäde/Dirnberger, BauGB/BauNVO, 2022, § 13 BauGB Rn. 12.

[4400] VGH Mannheim Urt. v. 28.8.1990 – 8 S 2800/89, BeckRS 1990, 116808.

[4401] OVG Münster BauR 2016, 621 (621 f.); BVerwG UPR 1999, 26.

[4402] OVG Münster NVwZ 1993, 493.

[4403] Mitschang in BKL, BauGB, 2022, § 13 Rn. 14.

Ein vereinfachtes Verfahren ist nach § 13 I 1 Nr. 1 BauGB nur zulässig, wenn die Zulässigkeit von Vorhaben, die einer **Pflicht zur Durchführung einer UVP** nach Anlage UVPG 1 zum UVPG oder nach Landesrecht unterliegen, nicht vorbereitet oder begründet wird. Von der Umweltprüfung kann nach Art. 3 V Plan-UP-RL abgesehen werden, wenn auf andere Weise sichergestellt ist, dass nachteilige Umweltauswirkungen durch die von der Umweltprüfung befreiten Pläne nicht entstehen können.[4404] Eine Ausnahme von dem Regelverfahren der Umweltprüfung besteht jedoch lediglich im Hinblick auf solche Planungssituationen, die nicht in erster Linie der Schaffung von Baurechten dienen, sondern vorrangig bestandssichernde oder ordnende Funktionen haben. In derartigen Fällen ist nach Auffassung des Gesetzgebers eine förmliche Umweltprüfung nicht erforderlich, da mit den Planungen keine erheblichen Umweltauswirkungen verbunden sind. Ein vereinfachtes Verfahren ist daher auf diejenigen Planungen begrenzt, in denen keine UVP-pflichtigen oder vorprüfungspflichtigen Vorhaben mit erheblichen nachteiligen Umweltauswirkungen zugelassen werden sollen. Dementsprechend dürfen auch nach § 13 I Hs. 2 Nr. 1 BauGB durch die Aufstellung, Änderung oder Ergänzung eines Bauleitplans im vereinfachten Verfahren keine Vorhaben vorbereitet oder begründet werden, die einer Pflicht zur Durchführung einer UVP nach Anlage 1 des UVPG oder nach Landesrecht unterliegen.[4405] 2045

Das betrifft **zwei Fallgestaltungen**, nämlich einerseits Vorhaben, die nach den Merkmalen des UVPG stets einer Verpflichtung zur Durchführung einer UVP unterliegen. Dazu zählen planerische Vorhaben nach Nr. 18.1 bis 18.9 UVPG der Anlage 1 zum UVPG. Erreichen die Vorhaben die in der Anlage 1 für die verschiedenen Projekte angegebenen Schwellenwerte oder liegen sie oberhalb, ist eine UVP erforderlich, so dass ein vereinfachtes Verfahren ausscheidet.[4406] Hinzu kommen Vorhaben, die nach einer Vorprüfung im Einzelfall UVP-pflichtig sind. Das Erfordernis einer UVP ergibt sich insoweit aus der Anlage 1 Spalte 2. zum UVPG. Dies betrifft wiederum planerische Vorhaben nach Nr. 18.1 bis 18.8 der Anlage 1 zum UVPG. 2046

Für das Zulassungsverfahren gilt aber ein anderer materiell-rechtlicher Prüfungsmaßstab als für die Bauleitplanung. Erhebliche nachteilige Umweltauswirkungen auf der Ebene der Bauleitplanung sind nicht erst dann anzunehmen, wenn die nach dem materiellen Zulassungsrecht für ein Vorhaben maßgebliche Schädlichkeitsgrenze überschritten wird und deshalb die Erteilung einer Zulassung abgelehnt werden muss. Umweltauswirkungen sind für die Bauleitplanung vielmehr schon dann erheblich, wenn sie an die Zumutbarkeitsschwelle heranreichen,[4407] und damit abwägungsrelevant sind.[4408] Für diese Fälle kommt es nicht darauf an, ob nach der Anlage 1 nur eine allgemeine Vorprüfung des Einzelfalls erforderlich ist oder ob hierdurch unmittelbar eine UVP-Pflicht begründet wird.[4409] Das vereinfachte Verfahren ist in beiden Fällen ausgeschlossen.[4410] 2047

Weitere Voraussetzung für die Anwendung des vereinfachten Verfahrens ist es nach § 13 I 1 Nr. 2 BauGB, dass keine Anhaltspunkte für eine Beeinträchtigung der in § 1 VI Nr. 7 b BauGB genannten Schutzgüter bestehen. Nach dieser Vorschrift sind bei der Aufstellung der Bauleitpläne die Erhaltungsziele und der Schutzzweck der **Natura 2000-Gebiete** iSd BNatSchG zu berücksichtigen. Liegen Anhaltspunkte für eine solche Beeinträchtigung vor, scheidet der Einsatz des vereinfachten Verfahrens aus. Die Gemeinde muss nach § 34 II BNatSchG prüfen, ob durch den Bebauungsplan Schutzzwecke oder Erhaltungsziele von Natura 2000-Gebieten beeinträchtigt werden könnten. Anders als bei einer Verträglichkeitsprüfung nach § 34 II BNatSchG kommt es für § 13 I 1 Nr. 2 BauGB nicht darauf an, ob „erhebliche" Beeinträchtigungen zu erwarten sind; vielmehr reichen auch geringfügige Beeinträchtigungen aus, um ein vereinfachtes Verfahren auszuschließen.[4411] 2048

4404 EuGH ZUR 2012, 298 Rn. 35 ff.; NVwZ-RR 2013, 503 (503); zum räumlichen Umfang von Ausnahmen von der Umweltprüfungspflicht EuGH Urt. v. 21. 12. 2016 – C – 444/15, BeckRS 2016, 83106 Rn. 20 ff.; BVerwG ZfBR 2014, 765 (766); Mitschang in BKL, BauGB, 2022, § 13 Rn. 2.

4405 Mitschang in BKL, BauGB, 2022, § 13 Rn. 3; Spannowsky ZfBR 2018, 544 (548 ff.).

4406 OVG Berlin-Brandenburg NVwZ-RR 2009, 51 (52); OVG Münster BauR 2017, 1307 (1309); Mitschang in BKL, BauGB, 2022, § 13 Rn. 4.

4407 BVerwG NVwZ 2014, 669 Rn. 37; OVG Münster Urt. v. 19.5.2015 – 10 D 62.12.NE, BeckRS 2015, 47611; ZfBR 2014, 700; VGH München ZUR 2017, 308 (310).

4408 OVG Münster BauR 2016, 772 (773); Urt. v. 30. 10. 2015 – 7 D 28.14.NE, BeckRS 2015, 56343 Rn. 48; ZfBR 2014, 700.

4409 Krautzberger UPR 2007, 170 (173).

4410 Mitschang in BKL, BauGB, 2022, § 13 Rn. 5.

4411 Mitschang in BKL, BauGB, 2022, § 13 Rn. 8.

2049 Außerdem setzt § 13 I 1 Nr. 3 BauGB, voraus, dass keine Anhaltspunkte dafür bestehen, dass bei der Planung Pflichten zur Vermeidung oder Begrenzung der **Auswirkungen von schweren Unfällen** nach § 50 1 BImSchG zu beachten sind. Danach sind bei raumbedeutsamen Planungen und Maßnahmen die für eine bestimmte Nutzung vorgesehenen Flächen einander so zuzuordnen, dass schädliche Umwelteinwirkungen und von schweren Unfällen iSv Art. 3 Nr. 13 EU-Richtlinie 2012/18/EU in Betriebsbereichen hervorgerufene Auswirkungen auf die ausschließlich oder überwiegend dem Wohnen dienenden Gebiete sowie auf sonstige schutzbedürftige Gebiete, insbesondere öffentlich genutzte Gebiete, wichtige Verkehrswege, Freizeitgebiete und unter dem Gesichtspunkt des Naturschutzes besonders wertvolle oder besonders empfindliche Gebiete und öffentlich genutzte Gebäude so weit wie möglich vermieden werden. Sobald der in § 50 1 BImSchG angesprochene Trennungsgrundsatz in die Abwägung eingestellt werden muss, scheidet die Anwendung des vereinfachten Verfahrens aus.[4412]

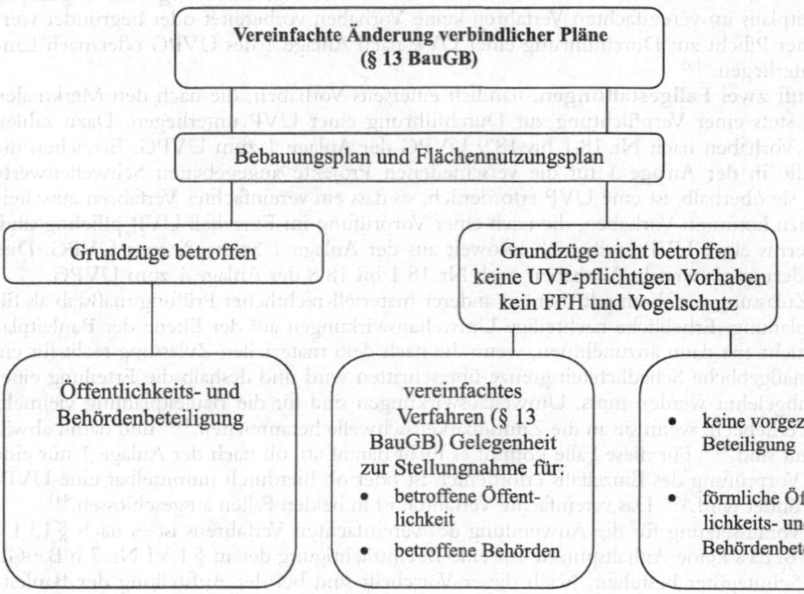

2050 **c) Weitere Möglichkeiten der Anwendbarkeit des vereinfachten Verfahrens**. Die Anwendbarkeit des vereinfachten Verfahrens wird nicht nur in § 13 I BauGB eröffnet. Vielmehr ergeben sich Möglichkeiten der Verfahrenserleichterung auch über weitere Vorschriften. Ein vereinfachtes Verfahren kann insoweit in folgenden Fällen angewendet werden:

- Änderung oder Ergänzung eines Flächennutzungsplans ohne Änderung der Grundzüge (§ 13 BauGB),
- Änderung oder Ergänzung eines Bebauungsplans ohne Änderung der Grundzüge (§ 13 BauGB),
- Aufstellung eines Bebauungsplans im nicht beplanten Innenbereich bei nicht wesentlicher Veränderung des aus der Umgebung hervorgehenden Zulässigkeitsmaßstabes (§ 13 BauGB),
- Aufhebung eines vorhabenbezogenen Bebauungsplans (§ 12 VI 2 BauGB),
- Entwicklungssatzung (§ 34 IV 1 Nr. 2, 34 VI 1 BauGB),
- Ergänzungssatzung (§ 34 IV 1 Nr. 3, VI 1 BauGB),
- Außenbereichssatzung (§ 35 VI 5BauGB) und
- Bebauungsplan der Innenentwicklung nach Maßgabe des § 13 a I 1, II BauGB und
- Bebauungsplan zur behutsamen Erweiterung in den Außenbereich (§ 215a BauGB).

[4412] Jaeger in BeckOK BauGB, 2023, § 13 Rn. 28a.

d) Erleichterungsmöglichkeiten (§ 13 II BauGB). Ist der Anwendungsbereich des erleichterten Verfahrens eröffnet und liegen zudem noch die Anwendungsvoraussetzungen vor, dann bestehen verschiedene Möglichkeiten der Verfahrenserleichterung, die der Gemeinde zur Wahl stehen, deren Anwendung also in ihrem Ermessen steht. 2051

In diesen Fällen kann nach § 13 II 1 Nr. 1 BauGB von der frühzeitigen Unterrichtung und Erörterung nach den §§ 3 I, 4 I BauGB abgesehen werden. Es findet lediglich eine förmliche Öffentlichkeits- und Behördenbeteiligung (§§ 3 II, 4 II BauGB) statt, wobei jeweils an die Stelle der förmlichen Beteiligung Ersatzverfahren treten können. 2052

Nach § 13 II 1 Nr. 2 BauGB kann der betroffenen Öffentlichkeit Gelegenheit zur Stellungnahme innerhalb angemessener Frist gegeben oder wahlweise die Veröffentlichung im Internet nach § 3 II BauGB durchgeführt werden. Wird nach § 13 II 1 Nr. 2 BauGB nur die betroffene Öffentlichkeit beteiligt, gilt nach § 13 II 2 BauGB die Hinweispflicht des § 3 II 4 HS 2 BauGB entsprechend. Danach ist auf Folgendes hinzuweisen: Die Internetseite oder Internetadresse, unter der die Unterlagen eingesehen werden können, die Dauer der Veröffentlichungsfrist sowie Angaben dazu, welche Arten umweltbezogener Informationen verfügbar sind, sind vor Beginn der Veröffentlichungsfrist ortsüblich bekannt zu machen; in der Bekanntmachung ist darauf hinzuweisen, 1. dass Stellungnahmen während der Dauer der Veröffentlichungsfrist abgegeben werden können, 2. dass Stellungnahmen elektronisch übermittelt werden sollen, bei Bedarf aber auch auf anderem Weg abgegeben werden können, 3. dass nicht fristgerecht abgegebene Stellungnahmen bei der Beschlussfassung über den Bauleitplan unberücksichtigt bleiben können und 4. welche anderen leicht zu erreichenden Zugangsmöglichkeiten nach § 3 II 2 BauGB bestehen. 2053

Bei der vereinfachten Öffentlichkeitsbeteiligung ist der betroffenen Öffentlichkeit Gelegenheit zur Stellungnahme innerhalb angemessener Frist zu geben. Es sind nicht nur die Eigentümer, sondern es ist durch die Änderung oder Ergänzung betroffene **Öffentlichkeit** zu beteiligen. Es könnte dabei auf die Begriffsbestimmung in § 2 IX UVPG zurückgegriffen werden.[4413] Betroffene Öffentlichkeit iS des UVPG ist danach jede Person, deren Belange durch die Planung berührt werden. Dazu zählen alle Bürger, deren Belange in die Abwägung einzustellen sind und deren Belange daher zum Abwägungsmaterial gehören (§ 2 III BauGB). Auch Mieter oder andere schuldrechtlich Berechtigte rechnen zu diesem Personenkreis, wenn ihre Belange negativ betroffen sind und mehr als geringfügig, schutzwürdig und erkennbar sind. Aber auch darüber hinaus ist die betroffene Öffentlichkeit zu beteiligen, soweit sie Belange einbringt, die durch die Planung berührt werden. Da sich der Personenkreis dieser allgemeinen Öffentlichkeit gerade bei Planänderungen mit größerer Reichweite nicht exakt abgrenzen lässt, dürfte es sich in diesen Fällen empfehlen, eine förmliche Öffentlichkeitsbeteiligung nach § 3 II BauGB durchzuführen und auf eine eingeschränkte Betroffenenbeteiligung zu verzichten. Diese wird nur dann in Betracht kommen, wenn sich der Kreis der Betroffenen klar abgrenzen lässt und die zu beteiligenden Bürger einfach ermittelt werden können und die Öffentlichkeit im Sinne individueller Bürger durch die Planänderung nicht betroffen wird. 2054

Schließlich besteht dann, wenn der Anwendungsbereich des erleichterten Verfahrens eröffnet ist und die Anwendungsvoraussetzungen vorliegen, für die Gemeinde eine Wahlmöglichkeit. Sie kann entweder den berührten Behörden und sonstigen Trägern öffentlicher Belange Gelegenheit zur Stellungnahme innerhalb angemessener Frist geben oder wahlweise die Beteiligung nach § 4 II BauGB durchführen. 2055

Die genannten Grundsätze gelten für die Änderung oder Ergänzung des Flächennutzungsplans und des Bebauungsplans gleichermaßen. Dies gilt auch für die Änderung oder Ergänzung des Flächennutzungsplans. Das vereinfachte Bauleitplanverfahren wird insbesondere dann in Betracht kommen, wenn eine erneute Änderung oder Ergänzung des Plans bereits kurz nach Durchführung eines förmlichen Bauleitplanverfahrens geboten ist und die nochmalige Durchführung der Verfahrensschritte nach den §§ 3, 4, 4 a BauGB im Hinblick auf die bei der Gemeinde bekannten Stellungnahmen nicht erforderlich erscheint. Allerdings muss der betroffenen Öffentlichkeit und den Behörden sowie sonstigen Trägern öffentlicher Belange in geeigneter Weise Gelegenheit zur Stellungnahme gegeben werden. Der Gemeinde bleibt es in 2056

4413 Art. 1 II UVP-RL: „Die von umweltbezogenen Entscheidungsverfahren gemäß Artikel 2 II UVP-RL betroffene oder wahrscheinlich betroffene Öffentlichkeit oder die Öffentlichkeit mit einem Interesse daran; im Sinne dieser Begriffsbestimmung haben Nichtregierungsorganisationen, die sich für den Umweltschutz einsetzen und alle nach innerstaatlichem Recht geltenden Voraussetzungen erfüllen, ein Interesse."

diesen Fällen allerdings unbenommen, auch im vereinfachten Verfahren nach § 13 BauGB ein förmliches Offenlegungsverfahren nach § 3 II BauGB oder eine Behördenbeteiligung nach § 4 II BauGB durchzuführen. Eine förmliche Öffentlichkeitsbeteiligung kann etwa zweckmäßig sein, wenn der Kreis der möglicherweise betroffenen Öffentlichkeit nicht klar erkennbar ist oder die Planänderung auf eine Vielfalt von öffentlichen Belangen einwirkt, sodass aus diesen Gründen eine förmliche Öffentlichkeitsbeteiligung oder eine erneute umfangreiche Behördenbeteiligung sinnvoll erscheint.

2057 **e) Entbehrlichkeit der Umweltprüfung (§ 13 III BauGB)**. Im vereinfachten Verfahren wird nach § 13 III 1 BauGB von der Umweltprüfung nach § 2 IV BauGB, von dem Umweltbericht nach § 2a BauGB, von der Angabe nach § 3 II 4 BauGB, welche Arten umweltbezogener Informationen verfügbar sind, sowie von der zusammenfassenden Erklärung nach § 6a I BauGB und § 10a I BauGB abgesehen; § 4c BauGB ist nicht anzuwenden. Bei der Beteiligung nach § 13 II Nr. 2 BauGB ist nach § 13 III 2 BauGB darauf hinzuweisen, dass von einer Umweltprüfung abgesehen wird. Dieser Verzicht auf die Umweltprüfung ist konsequent, weil die Anwendung des vereinfachten Verfahrens voraussetzt, dass mit keinen oder nur mit unwesentlichen Auswirkungen auf die Umwelt zu rechnen ist. Insoweit bestehen auch keine Bedenken zur Vereinbarkeit des Verzichts auf die Umweltprüfung mit dem EU-Recht.[4414] Der Wegfall der Umweltprüfung ist die wichtigste Verfahrenserleichterung, die der Gesetzgeber in § 13 BauGB zu bieten hat.[4415] Da die **Öffentlichkeit** davon ausgehen kann, dass für alle Bauleitpläne als Regelverfahren eine Umweltprüfung durchgeführt wird, ist in den Fällen des vereinfachten Verfahrens nach § 13 III 2 BauGB bei der Beteiligung ausdrücklich darauf hinzuweisen, dass von einer Umweltprüfung abgesehen wird.

2058 Das **vereinfachte Änderungsverfahren** nach § 13 BauGB kann auch dann in Betracht kommen, wenn die Befreiungsmöglichkeiten nach § 31 II BauGB nicht greifen. Zwar ist die Befreiung nach § 31 II BauGB nicht auf atypische Sonderfälle beschränkt. Es kann vielmehr auch über den Einzelfall hinaus eine Befreiung erfolgen. Diese findet jedoch ihre Grenze, wenn es sich umso viele Einzelfälle handelt, dass ein Planungserfordernis nach § 1 III BauGB entsteht. Davon ist insbesondere auszugehen, wenn durch die von der Abweichung ausgehende Vorbildwirkung die Grundzüge der Planung betroffen sind.

Beispiel: Mehrere Grundstückseigentümer möchten abweichend von der festgesetzten Eingeschossigkeit dreigeschossig bauen. Die Zulässigkeit eines solchen Vorhabens kann regelmäßig nur durch eine Änderung des Bebauungsplans, nicht jedoch durch eine Befreiung nach § 31 II BauGB ermöglicht werden.[4416] Dies gilt jedenfalls dann, wenn durch die beantragte Abweichung und der von ihr ggf. ausgehenden Vorbildwirkung die Grundzüge der Planung betroffen werden.

2059 Auch **Innenbereichs- und Außenbereichssatzungen** nach den §§ 34 IV, 35 VI BauGB können unter den Voraussetzungen des § 13 BauGB in einem vereinfachten Verfahren aufgestellt werden. Diese Satzungen beziehen sich ohnehin nicht auf umweltprüfungspflichtige oder vorprüfungspflichtige Vorhaben mit erheblichen nachteiligen Umweltauswirkungen, sodass ein zusätzlicher Hinweis auf eine fehlende UVP oder Vorprüfungspflicht in § 13 BauGB nicht erforderlich war. Auch FFH-Gebiete oder Europäische Vogelschutzgebiete sowie Seveso III-Belange dürfen nicht beeinträchtigt sein. Da europarechtlich bedeutsame Umweltauswirkungen von diesen Satzungen voraussetzungsgemäß nicht ausgehen können, ist die Freistellung von der Umweltprüfung auch europarechtlich unproblematisch. Allerdings können sich aus der naturschutzrechtlichen Eingriffsregelung Anforderungen an die Innenbereichs- oder Außenbereichssatzungen ergeben.

2060 Das vereinfachte Verfahren nach § 13 BauGB kann auch dazu genutzt werden, einen erkannten inhaltlichen Rechtsfehler des Bebauungsplans heilend zu beseitigen (§ 214 IV BauGB). Das setzt voraus, dass die vorhandene Rechtswidrigkeit und die vorgesehene Änderung die Grundzüge der Planung nicht berühren können.[4417] § 214 IV BauGB erlaubt nur Randkorrek-

[4414] BVerwG NVwZ 2009, 1289, Rn. 15; Kment in Jarass/Kment, BauGB, 2022, § 13 Rn. 8.

[4415] Mitschang in BKL, BauGB, 2022, § 13 Rn. 2.

[4416] BVerwG NVwZ 1990, 556.

[4417] VGH München Urt. v. 28.7.2023 – 9 N 20.2183, juris Rn. 19; BVerwG, Urt. v. 18.9.2003 – 4 CN 20.02, juris Rn. 34; OVG Magdeburg Beschl. v. 3.5.2023 – 1 MR 10/20, juris Rn. 21 mwN; BVerwG NVwZ 1990, 361.

turen der bisherigen Planung und somit punktuelle Nachbesserung bei ansonsten intakter Gesamtplanung.[4418] In einem vereinfachten Verfahren kann der Bebauungsplan bei solchen Heilungen nach § 214 IV BauGB auch mit Rückwirkung in Kraft gesetzt werden, wenn der Plan inhaltlich unverändert bleibt.

Hinsichtlich der **Beteiligung** hat die Gemeinde ein **Wahlrecht**.[4419] In aller Regel wird eine eingeschränkte Behördenbeteiligung ausreichen, wenn sich der Kreis der durch die Änderung oder Ergänzung betroffenen Behörden und sonstigen Träger ermitteln lässt. Nur wenn die Änderungen oder Ergänzungen einen größeren Kreis von Trägern öffentlicher Belange betreffen, wird eine erneute Behördenbeteiligung nach § 4 II BauGB erforderlich. Nimmt die Gemeinde fehlerhaft an, dass die Grundzüge der Planung nicht betroffen sind und führt sie daher ein eingeschränktes Beteiligungsverfahren hinsichtlich der Bürger oder der Träger öffentlicher Belange durch, so hat dies nach § 214 I 1 Nr. 2 BauGB für die Rechtswirksamkeit des Bauleitplans keinen Einfluss. Die Unbeachtlichkeitsvorschrift findet aber dann keine Anwendung, wenn die Gemeinde die Grundzüge der Planung für betroffen hält, gleichwohl nach dem vereinfachten Verfahren vorgeht. Unbeachtlich ist demgegenüber, wenn die Gemeinde einzelne betroffene Bürger im eingeschränkten Beteiligungsverfahren nach § 13 BauGB nicht beteiligt hat. Dies gilt auch, wenn einzelne Behörden oder sonstige Träger öffentlicher Belange im Beteiligungsverfahren nach § 13 BauGB nicht beteiligt worden sind (§ 214 I 1 Nr. 2 HS 2 BauGB). § 13 BauGB betrifft die Änderung oder Ergänzung eines bereits verabschiedeten Bauleitplans. Änderungen im Aufstellungsverfahren erfolgen hinsichtlich der Öffentlichkeitsbeteiligung und Behördenbeteiligung nach § 4 a III BauGB, der zwar ähnliche Maßstäbe hat, aber im Gegensatz zu früheren Regelungen nicht mehr auf § 13 BauGB verweist. 2061

d) Fortbestehen von Genehmigungspflichten. Auch im vereinfachten Verfahren bleiben allerdings Genehmigungspflichten bestehen. Für den Flächennutzungsplan gilt insoweit § 6 I BauGB, für den Bebauungsplan § 10 II BauGB. 2062

3. Materielle Anforderungen

Auch die vereinfachte Planänderung unterliegt den materiellen Anforderungen des Abwägungsgebots. Bei einer Änderung eines Bebauungsplans ist das Interesse des Planbetroffenen an der Beibehaltung des bisherigen Zustandes nicht nur dann abwägungserheblich, wenn durch die Planänderung ein subjektives öffentliches Recht berührt oder beseitigt wird. Abwägungsrelevant ist vielmehr jedes mehr als geringfügige, schutzwürdige und erkennbare private Interesse am Fortbestehen des Bebauungsplans in seiner früheren Fassung, auch wenn es lediglich auf einer einen Nachbarn nur tatsächlich begünstigenden Festsetzung beruht.[4420] Für die Änderung eines Bebauungsplans gelten keine geringeren Anforderungen an die planerische Abwägung als für die (erstmalige) Aufstellung eines Bebauungsplans. Der Plangeber muss alle relevanten Belange erneut in den Blick nehmen und darf sich nicht darauf beschränken, abwägungsrelevante Belange nur im Hinblick auf solche Teile des zu ändernden Bebauungsplans zu ermitteln und zu betrachten, die gegenüber dem Ursprungsplan Änderungen erfahren.[4421] In der bauleitplanerischen Abwägung sind private Belange, die für die Gemeinde bei der Entscheidung über den Plan allerdings nicht erkennbar waren, nicht abwägungsbeachtlich. Hat es ein Betroffener unterlassen, seine Betroffenheit im Zuge der Öffentlichkeitsbeteiligung vorzutragen, dann ist die Betroffenheit nur abwägungsbeachtlich, wenn sich der Planungsbehörde die Tatsache dieser Betroffenheit aufdrängen musste.[4422] 2063

Beispiel: Das spezielle Interesse an einem rationellen Betrieb einer privaten Einrichtung wie eines privaten Alten- und Pflegeheimes nimmt an dem öffentlichen Interesse der Daseinsvorsorge in Form der Bereitstellung bedarfsgerechter Alten- und Pflegeheimplätze teil und stellt einen öffentlichen Belang iS des § 1 VII BauGB dar.

[4418] OVG Schleswig Beschl. v. 3.5.2023 – 1 MR 10/20, juris Rn. 22.

[4419] Rieger in Schrödter, BauGB, 2019, § 13 Rn. 2; Bönker in HBG, Öffentliches Baurecht, 2024, § 5 Rn. 428

[4420] BVerwG ZfBR 2007, 150.

[4421] OVG Münster Urt. v. 26.7.2007 – 10 D 58/05.NE, BeckRS 2007, 147495.

[4422] BVerwG Beschl. v. 10.7.2006 – 4 BN 19.06, BeckRS 2006, 24486.

2064 Bei einer Änderungsplanung darf die Gemeinde die durch die Erstplanung vorgegebene rechtliche Situation der überplanten Bei einer Änderungsplanung darf die Gemeinde die durch die Erstplanung vorgegebene rechtliche Situation der überplanten Grundstücke nicht ignorieren und muss deshalb das Interesse des Planbetroffenen an der Beibehaltung des bisherigen Zustandes in die Abwägung einstellen.[4423] Diese Anforderungen gelten nach § 1 VIII BauGB auch für die teilweise Aufhebung eines Bebauungsplans. Hiervon ausgehend hat das BVerwG die Abwägungsentscheidung gebilligt, in die planende Gemeinde auch den Gebietsbewahrungsanspruch der Planbetroffenen eingestellt hat.[4424]

2065 Besteht ein Recht zur Bebauung, kommt seiner normativen Entziehung erhebliches Gewicht zu, das sich im Rahmen der Abwägung auswirken muss. Die Frage, ob das betreffende Grundstück insgesamt Baulandqualität besitzt, darf deshalb nicht offenbleiben. Ein (wirksamer) Bebauungsplan bestimmt Inhalt und Schranken des Eigentums im Sinne von Art. 14 I 2 GG. Die Gemeinde darf durch ihre Bauleitplanung die (bauliche) Nutzbarkeit von Grundstücken verändern und dabei auch die privaten Nutzungsmöglichkeiten einschränken oder gar aufheben. Allerdings setzt eine wirksame städtebauliche Planung voraus, dass hinreichend gewichtige städtebaulich beachtliche Allgemeinbelange für sie bestehen.[4425] Diese Allgemeinbelange müssen umso gewichtiger sein, je stärker die Festsetzungen eines Bebauungsplans die Befugnisse des Eigentümers einschränken oder Grundstücke von einer Bebauung ganz ausschließen, denn das durch Art. 14 GG gewährleistete Eigentumsrecht gehört in hervorgehobener Weise zu den von der Bauleitplanung zu berücksichtigenden Belangen.[4426] Es umfasst neben der Substanz des Eigentums auch die Beachtung des verfassungsrechtlichen Grundsatzes der Verhältnismäßigkeit und des allgemeinen Gleichheitssatzes.[4427] Die Beschränkung der Nutzungsmöglichkeiten eines Grundstücks muss daher von der Gemeinde als ein wichtiger Belang privater Eigentümerinteressen in der nach § 1 VII BauGB gebotenen Abwägung der öffentlichen und der privaten Belange beachtet werden.[4428] Im Rahmen der Abwägungsentscheidung nach § 1 VII BauGB hat die Gemeinde folglich die Nachteile einer Planung für Planunterworfene zu berücksichtigen. Besteht ein Recht zur Bebauung, kommt der normativen Entziehung desselben erhebliches Gewicht zu, das sich im Rahmen der Abwägung auswirken muss. Die Frage, ob das betreffende Grundstück insgesamt **Baulandqualität** besitzt, darf deshalb nicht offen bleiben.[4429]

2066 Ob und in welchem Umfang die **Planänderung** darüber hinaus gesteigerten Anforderungen unterliegt, wird unterschiedlich beurteilt. Es könnte Einiges dafür sprechen, die Änderung eines Planes von einer **qualifizierten Gemeinwohlprüfung** abhängig zu machen. Dies gilt jedenfalls dann, wenn sich auf der Grundlage des ursprünglichen Bebauungsplans **Vertrauensschutz** entwickelt hat. Diese Vertrauensschutzgesichtspunkte haben allerdings keinen absoluten Schutz und sind durch entsprechend gewichtige andere Belange überwindbar. Gründe für eine Überplanung können sich etwa aus dem Denkmalschutz, dem Stadtbild, dem Erhalt eines vorhandenen Vegetationsbestandes[4430] oder aus anderen Gesichtspunkten des Städtebaus, des Umweltschutzes oder des Naturschutzes und der Landschaftspflege aber auch aus geänderten Raumanforderungen ergeben. Je nach dem Umfang des durch die Planung ausgelösten Vertrauens kann eine Änderungsplanung einem gesteigerten Verbesserungsgebot, einer erhöhten Begründungspflicht und einer gesteigerten Berücksichtigung von Bestandsschutzgesichtspunkten unterliegen.[4431] Allerdings werden die Möglichkeiten einer Änderungsplanung durch Gesichtspunkte des Vertrauensschutzes nicht von vornherein nur auf bestimmte, etwa besonders schwerwiegende Gründe beschränkt.[4432] Denn die von einem Bebauungsplan betroffenen Grundstückseigentümer werden durch die Bestandskraft der Planung nicht geschützt wie der Adressat eines begünstigenden Verwaltungsakts, der Änderungen nur unter den Voraussetzungen der §§ 48, 49 VwVfG hinnehmen muss. Auch haben die Planbetroffenen keinen rechtlich geschützten Anspruch auf den Fortbestand der ursprünglichen Planung ebenso wenig wie ei-

4423 BVerwG BRS 70 Nr. 18.
4424 BVerwG ZfBR 2016, 589.
4425 BVerwGE 34, 301 (305).
4426 BVerfG NVwZ 2003, 727.
4427 BVerwGE 134, 355 Rn. 16; BRS 76 Nr. 28.
4428 BVerwG NVwZ-RR 1997, 83.
4429 BVerwG ZfBR 2017, 589.
4430 VGH Kassel Urt. v. 30.11.1998 – 4 N 3576/89, BeckRS 1998, 154548.
4431 Stüer DVBl. 1977, 1; Hoppe in FS für Ule, 1987, 75; Grupp DVBl. 1990, 81.
4432 BVerwGE 91, 17.

nen Anspruch auf Änderung eines Bebauungsplans oder einer anderen städtebaulichen Satzung (§ 1 III 2 BauGB).[4433] Allerdings sind die Belange der Planbetroffenen bei der Änderungsplanung mit dem entsprechenden Gewicht einzustellen und abzuwägen. Das Interesse der Planbetroffenen an der Beibehaltung des bisherigen Zustandes ist auch dann abwägungsbeachtlich, wenn es nicht als subjektiv-öffentliches Recht zu verstehen ist, sondern lediglich auf einer einen Nachbarn nur tatsächlich begünstigenden Festsetzung beruht.[4434] Im Falle der Änderungsplanung können daher die abzuwägenden Elemente iS der qualifizierten Abwägung, des gesteigerten Verbesserungsgebots und der erweiterten Begründungspflichten angereichert sein.[4435]

Beispiel: Ein Bebauungsplan soll dahingehend geändert werden, dass erstmals auch eine Bebauung des gärtnerisch genutzten Hintergeländes zulässig sein soll. Das Interesse der Anwohner, den rückwärtigen Bereich der Wohnhäuser als gemeinschaftliche Ruhe- und Erholungszone von Bebauung freizuhalten, muss bei der Abwägung berücksichtigt werden.[4436] Durch die Aufstellung eines Bebauungsplans soll die bisher nach § 34 BauGB bestehende Bebauungsmöglichkeit entschädigungslos entzogen werden. Hier ist das Interesse des Eigentümers an einem Fortbestand der Bebauungsmöglichkeiten mit dem entsprechenden Gewicht in die Abwägung einzustellen. Abwägungsbeachtlich ist nicht nur das Interesse eines Landwirts an der weiteren Ausnutzung des vorhandenen Betriebsbestands, sondern auch das Bedürfnis nach einer künftigen naheliegenden und in der Offenlage vorgetragenen oder sich aufdrängenden Betriebserweiterung.[4437] Es kann abwägungsfehlerhaft sein, einem nach § 34 BauGB bebaubaren Grundstück durch die Festsetzung „private Grünfläche" die Bebaubarkeit zu entziehen, wenn die Festsetzung nicht durch hinreichend gewichtige städtebauliche Gründe gerechtfertigt ist und dem Planbetroffenen nicht an anderer Stelle erweiterte Bebauungsmöglichkeiten zur adäquaten Kompensation der erlittenen Nachteile eingeräumt werden.[4438] Auch die Erhaltung von Sichtbeziehungen aus einer als Teil des Weltkulturerbes denkmalgeschützten historischen Parkanlage kann die Freihaltung einzelner unbebaut gebliebener Grundstücke rechtfertigen.[4439] Jahrzehntelange Nichtausnutzung begünstigender Planfestsetzungen und hinreichend gewichtige Umplanungsabsichten können es rechtfertigen, einen citynahen Geländestreifen von Kern- auf allgemeines Wohngebiet herabzustufen. Der Gleichheitssatz gebietet der planenden Gemeinde, städtebaulich tragfähige Erwägungen für die Entscheidung anzuführen, dass Nachbarn deutlich größere Nutzungsflächen erhalten und zwischen ihnen liegenden, grundsätzlich bebaubaren Flächen ganz wesentlich die Aufgabe zugewiesen wird, die dazu erforderlichen Grünflächen vorzuhalten.[4440]

Auch wenn das BauGB keinen Anspruch auf den Fortbestand eines Bebauungsplans gewährt und Änderungen des Plans nicht ausschließt, gehören die Interessen der Nachbarn an der Beibehaltung des bestehenden Zustandes grundsätzlich zum notwendigen Abwägungsmaterial, wenn eine Planänderung dazu führt, dass Nachbargrundstücke in anderer Weise als bisher genutzt werden dürfen.[4441] Wird ein Bebauungsplan geändert, so ist das Interesse der Planbetroffenen an der Beibehaltung des bisherigen Zustands abwägungserheblich. Zwar gewährt das BauGB keinen Anspruch auf den Fortbestand eines Bebauungsplans. Änderungen sind nicht ausgeschlossen. Die Planbetroffenen besitzen jedoch regelmäßig ein schutzwürdiges Vertrauen darauf, dass die ortsrechtlichen Festsetzungen des Plans nicht ohne Berücksichtigung ihrer Belange geändert werden. Denn der ursprüngliche Bebauungsplan einschließlich sämtlicher Festsetzungen war seinerseits Gegenstand einer wohlabgewogenen Planung. Die bloße Kenntnis von noch im Entwurfsstadium befindlichen Planungen hat nicht etwa zur Folge, dass der Betroffene seine von der Planung betroffenen Interessen verwirkt. Er darf vielmehr eine den gesetzlichen Anforderungen entsprechende Planung erwarten und dementsprechend darauf 2067

4433 OVG Berlin BauR 1998, 978 für die Umwandlung einer landwirtschaftlich genutzten Fläche von Wohnbauland in Fläche für die Landwirtschaft.

4434 BVerwG NVwZ 1993, 468.

4435 BVerwGE 91, 17.

4436 BVerwG NVwZ 1993, 468.

4437 OVG Münster Beschl. v. 14.7.2010 – 2 B 637/10.NE, BeckRS 2010, 51604.

4438 VGH Kassel NVwZ-RR 2010, 837.

4439 OVG Berlin-Brandenburg BauR 2010, 1809. Zur Berücksichtigung des Denkmal-, Kulturgüter- und Welterbeschutzes Hönes NuR 2010, 629; Steinbach Jura 2010, 67.

4440 OVG Lüneburg DVBl. 2011, 1503 (LS).

4441 VGH Mannheim DÖV 2011, 742 (LS); BVerwG NVwZ 1993, 468.

vertrauen, dass seine abwägungsrelevanten Belange mit dem ihnen zukommenden Gewicht in die Abwägung eingestellt werden.[4442] Rückt die Gemeinde von der Plankonzeption nachträglich ab, so reicht es nicht aus, dass die Gemeinde dies in irgendeiner Form zum Ausdruck bringt. Sie hat dann den Bebauungsplan zu ändern oder aufzuheben. Diese Entscheidung ist dem Gemeindeorgan vorbehalten, das den Satzungsbeschluss iS des § 10 I BauGB zu fassen hat. Mündliche Erklärungen von Mitarbeitern des Planungsamtes im Vorfeld eines solchen förmlichen Rechtsaktes sind nicht als Vertrauensgrundlage dafür geeignet, dass der Bebauungsplan ganz oder teilweise unangewendet bleiben werde. Ist ein Bebauungsplan mängelbehaftet, weil eine Verkehrsflächenfestsetzung nicht den Bestimmtheitsanforderungen entspricht, so kann der Plan in einem ergänzenden Verfahren geheilt werden (§ 214 IV BauGB).[4443] Führen bauplanungsrechtliche Festsetzungen – wie die eines über Privatgrundstücke führenden Uferweges – absehbar zu einer planakzessorischen Enteignung (§ 85 I Nr. 1 BauGB), weil die alsbaldige Vollziehung der Planung aus zwingenden städtebaulichen Gründen erforderlich und auch beabsichtigt ist, so handelt es sich nicht mehr nur um eine Angebotsplanung; die enteignungsrechtlichen Folgen sind zumindest überschlägig im Rahmen der Abwägung in den Blick zu nehmen.[4444] Es kann § 1 III BauGB verletzen, wenn die Gemeinde Festsetzungen für Teilbereiche eines Bebauungsplans aus Gründen ändert, die auch für die unveränderten Teilbereiche zutreffen.[4445]

4. Außerkrafttreten eines Bebauungsplans

2068 Ein Bebauungsplan kann durch Aufhebung oder Neuaufstellung eines Bebauungsplans außer Kraft treten. Außerdem können Festsetzungen eines Bebauungsplans wegen Funktionslosigkeit unwirksam werden.[4446] Darüber hinaus kann ein Bebauungsplan in einem Normenkontrollverfahren nach § 47 VwGO vom OVG/VGH für unwirksam erklärt werden.

2069 **a) Aufhebung oder Neuaufstellung eines Bebauungsplans.** Wenn eine Gemeinde einen Bebauungsplan durch einen neuen ersetzt, verliert der bisherige Bebauungsplan seine Gültigkeit, weil über § 10 I BauGB der gewohnheitsrechtlich anerkannte Rechtssatz gilt, dass die spätere Norm die frühere verdrängt. Unerheblich ist, ob ein gerade hierauf zielender Wille der Gemeinde besteht oder als bestehend zu unterstellen ist. Ist die spätere Norm unwirksam, dann gilt der alte Bebauungsplan unverändert fort. Die Gemeinde kann jedoch im Neuaufstellungsverfahren zum Ausdruck bringen, dass sie den bisherigen Bebauungsplan unabhängig von dem neu aufzustellenden Plan aufheben möchte. Ein derart **selbstständiger Aufhebungsbeschluss** muss erkennen lassen, ob er auch dann Bestand haben soll, wenn die neuen Festsetzungen unwirksam sein sollten.[4447] Ein solcher gesonderter Aufhebungsbeschluss ist allerdings nur dann erforderlich, wenn der frühere Bebauungsplan nach dem Willen der Gemeinde auf jeden Fall – also auch bei Unwirksamkeit der Festsetzungen des neuen Bebauungsplans – außer Kraft treten soll. Es liegt also an dem erklärten Willen der Gemeinde, ob der bisherige Bebauungsplan auch dann außer Kraft treten soll, wenn der neue Plan auf Grund eines nicht erkannten Fehlers unwirksam sein sollte. Wird ein ausdrücklicher Aufhebungsbeschluss gleichwohl gefasst, kommt ihm rechtliche Wirkung daher nur dann zu, wenn die Gemeinde hierdurch vermeiden möchte, dass im Falle der Unwirksamkeit der späteren Norm die frühere Norm unverändert fort gilt.[4448]

[4442] OVG Münster Urt. v. 3.1.2011 – 7 D 88/08.NE, BeckRS 2011, 45648.

[4443] BVerwG BRS 66 Nr. 53 (2003).

[4444] OVG Berlin-Brandenburg BauR 2010, 2162.

[4445] OVG Lüneburg NVwZ-RR 2012, 264; dort auch zum Gewicht des Vertrauensschutzes, wenn ein großzügig geplantes und seit 44 Jahren ausschließlich zu Wohnzwecken genutztes reines Wohngebiet mit dem Ziel umgeplant werden soll, dort Einrichtungen iS des § 3 III BauNVO 1990 unterzubringen.

[4446] Grundlegend Berkemeier Zum Geltungsverlust oder zur Unanwendbarkeit von Plänen aufgrund von Funktionslosigkeit, Berlin 2019; Hellriegel/Gutsche BauR 2023, 1878; Scheidler BauR 2020, 550; Scheidler UPR 2017, 201; Berkemann ZfBR 2020, 232; Degenhart BayVBl. 1990, 71; Erhard NVwZ 2006, 1362.

[4447] BVerwGE 85, 289.

[4448] BVerwG Beschl. v. 27.3.2019 – 4 BN 28.19, BeckRS 2018, 17983.

Beispiel: Ein Bebauungsplan setzt auf der Grundlage der BauNVO 1968 ein Gewerbegebiet fest. Die Gemeinde beabsichtigt, die nach dem Plan zulässigen Einzelhandelsnutzungen generell auszuschließen. Will die Gemeinde verhindern, dass bei Unwirksamkeit des Änderungsplanes die bisherigen Planausweisungen unverändert ihre Gültigkeit haben, so könnte durch einen selbstständigen Aufhebungsbeschluss der Wille der Gemeinde zum Ausdruck gebracht werden, den bisherigen Plan auf jeden Fall aufheben zu wollen. Erweist sich dann der neue Bebauungsplan auf Grund eines Fehlers als unwirksam, der nicht zugleich auch den Aufhebungsbeschluss erfasst, so würde der alte Plan aufgehoben sein und an dessen Stelle eine Beurteilung nach § 34 BauGB oder ggf. § 35 BauGB treten. Sind in der Umgebung bisher keine großflächigen Einzelhandelsbetriebe vorhanden, würde die Errichtung eines großflächigen Einzelhandelsbetriebes auch dann unzulässig sein, wenn der neue Bebauungsplan unwirksam wäre.

Ist ein Bebauungsplan inzwischen von der Gemeinde geändert worden, so kann der Antragsteller gleichwohl ein **Rechtsschutzinteresse** an der Feststellung der Unwirksamkeit der vormals geltenden Fassung des Bebauungsplans haben. Die Frage der Gültigkeit der bisherigen Fassung des Bebauungsplans kann etwa Bedeutung für die Gültigkeit der geänderten Fassung des Bebauungsplans haben. Auch kann die Unwirksamkeit der bisherigen Fassung des Bebauungsplans auf die Rechtswirksamkeit des geänderten Bebauungsplans durchschlagen.[4449] Die Änderung des Bebauungsplans schließt auch das Interesse der Gemeinde an der Zurückweisung eines Normenkontrollantrages gegen die bisher geltende Fassung des Bebauungsplans nicht aus. Dies gilt jedenfalls dann, wenn die nach § 47 VI 2 VwGO allgemein verbindliche Unwirksamkeitserklärung der Festsetzungen negative Folgewirkungen für die Gemeinde haben kann. Solche Wirkungen können sich etwa aus geltend gemachten Schadensersatzansprüchen oder aus einem möglichen Genehmigungsanspruch des Antragstellers nach § 34 BauGB ergeben.[4450] 2070

b) Funktionslosigkeit eines Bebauungsplans. Wegen Funktionslosigkeit treten Festsetzungen eines Bebauungsplans außer Kraft, wenn die dem Plan zu Grunde liegenden Verhältnisse der Funktionslosigkeit Verwirklichung des Plans auf unabsehbare Zeit entgegenstehen und das in die Fortgeltung des Bebauungsplans gesetzte Vertrauen nicht schutzwürdig ist.[4451] Ein Außerkrafttreten des Bebauungsplans wegen Funktionslosigkeit kommt insbesondere dann in Betracht, wenn sich die tatsächlichen Verhältnisse nach Aufstellung des Bebauungsplans derart geändert haben, dass mit einer Verwirklichung der Festsetzungen des Bebauungsplans nicht mehr gerechnet werden kann.[4452] Allein die Tatsache, dass eine planerische Festsetzung nicht verwirklicht worden ist, führt noch nicht zu deren Funktionslosigkeit. Denn ein Bebauungsplan wird nicht durch seinen Nichtvollzug gegenstandslos. Das kann auch bei seiner langen, zB über einhundert jährigen Nichtverwirklichung gelten.[4453] Auch die Aufgabe von aktuellen Ausbauabsichten genügt für die Annahme einer Funktionslosigkeit nicht.[4454] Ein Bebauungsplan kann allerdings funktionslos werden, wenn sich die Sach- oder Rechtslage nachträglich so verändert hat, dass ein Planvollzug auf unüberschaubare Zeit ausgeschlossen ist.[4455] Ein Bebauungsplan ist auch nicht bereits deshalb ganz oder teilweise wegen Funktionslosigkeit außer Kraft getreten, weil auf einer Teilfläche eine singuläre planwidrige Nutzung entstanden ist.[4456] Ein formell und materiell rechtswidriges vor Ort vorhandenes Einkaufszentrum muss zwar bei einer Änderung des Bebauungsplans berücksichtigt werden; die Interessen ihrer Betreiber gehören zu den abwägungserheblichen privaten Belangen. Die Gemeinde darf sich aber in den Grenzen des § 1 V bis IX BauNVO über sie hinwegsetzen und kann grundsätzlich auch den Einzelhandel ganz oder teilweise ausschließen. Dabei bleibt die bisherige, durch eine Baugenehmigung abgedeckte Nutzung von der Planänderung unberührt.[4457] Der VGH München 2071

[4449] BVerwG NVwZ 1994, 271.

[4450] BVerwG NVwZ 1994, 270.

[4451] VG Köln Beschl. v. 30.10.2023 – 2 L 1533/23, juris Rn. 6; BVerwG Beschl. v. 9.10.2003 – 4 B 85/03, juris; NJW 1977, 2325; Beschl. v. 22.7.2010 – 4 B 22.10, juris; VGH München Urt. v. 27.2.2020 – 2 B 19.2199, juris Rn. 12 mwN; OVG Berlin-Bbg Urt. v. 22.2.2023 – OVG 10 B 15.18, juris Rn. 46.

[4452] BVerwGE 54, 5.

[4453] VGH Mannheim Urt. v. 23.1.1998 – 8 S 2430/97, BeckRS 2004, 21052; VBLBW 1999, 174.

[4454] OVG Berlin-Brandenburg BauR 2010, 828 (LS).

[4455] BVerwG ZfBR 2010, 787.

[4456] BVerwG NVwZ-RR 2000, 411 – für ein planwidrig errichtetes Einrichtungshaus mit einer Verkaufsfläche von 13.000 qm.

[4457] BVerwG NVwZ-RR 2000, 411.

mahnt dazu, dass Festsetzungen eines Bebauungsplans nur in äußerst seltenen Fällen wegen Funktionslosigkeit außer Kraft treten können. Erst wenn die tatsächlichen Verhältnisse von dem Planinhalt so massiv und so offenkundig abweichen würden, dass der Bebauungsplan insoweit eine städtebauliche Gestaltungsfunktion unmöglich zu erfüllen vermöge, könne von einer Funktionslosigkeit die Rede sein. Angesichts der strengen Anforderungen an das Außerkrafttreten eines Bebauungsplans wegen Funktionslosigkeit genüge es nicht, dass lediglich über längere Zeit von dem Plan abgewichen worden sei und inzwischen Verhältnisse entstanden seien, die den Festsetzungen des Plans nicht entsprächen.[4458]

2072 Eine Festsetzung tritt wegen Funktionslosigkeit außer Kraft, wenn sie nicht mehr geeignet ist, zur städtebaulichen Ordnung iS des § 1 III BauGB im Geltungsbereich des Bebauungsplans einen wirksamen Beitrag zu leisten. Die Planungskonzeption, die einer Festsetzung zugrunde liegt, wird allerdings nicht schon dann sinnlos, wenn sie nicht mehr überall im Plangebiet umgesetzt werden kann. Erst wenn die tatsächlichen Verhältnisse vom Planinhalt so massiv und so offenkundig abweichen, dass der Bebauungsplan insoweit eine städtebauliche Gestaltungsfunktion unmöglich zu erfüllen vermag, kann von einer Funktionslosigkeit die Rede sein. Das setzt voraus, dass die Festsetzung unabhängig davon, ob sie punktuell durchsetzbar ist, bei einer Gesamtbetrachtung die Fähigkeit verloren hat, die städtebauliche Entwicklung noch in einer bestimmten Richtung zu steuern.[4459] Die Annahme einer bereits bei Erlass des Bebauungsplans bestehenden Funktionslosigkeit von Festsetzungen setzt die Feststellung voraus, dass es offenkundig nicht zu einer den Planzielen der Gemeinde entsprechenden Bebauung kommen wird. Allenfalls dann, wenn die tatsächlichen Verhältnisse im Einzelfall vom Planinhalt so massiv und so offensichtlich abweichen, dass der Bebauungsplan die ihm zugedachte städtebauliche Ordnungsfunktion unmöglich zu erfüllen vermag, kann eine Funktionslosigkeit gegeben sein.[4460]

Beispiel: Ein Bebauungsplan kann funktionslos werden, wenn eine von ihm als bebaubar ausgewiesene Fläche durch den Hochwasserabfluss eines Gewässers in ein Überschwemmungsgebiet im Sinne von § 76 I 1 WHG gerät.[4461]

2073 **Beispiel**: Die Festsetzung eines Dorfgebiets in einem Bebauungsplan wird wegen Funktionslosigkeit unwirksam, wenn in dem maßgeblichen Bereich nur noch Wohnhäuser und keine Wirtschaftsstellen land- oder forstwirtschaftlicher Betriebe vorhanden sind und auch mit ihrer Errichtung auf unabsehbare Zeit erkennbar nicht mehr gerechnet werden kann, weil es keine hierfür verfügbaren Flächen mehr gibt.[4462]

2074 Bei der Prüfung der Funktionslosigkeit der Festsetzungen eines Bebauungsplanes kommt es regelmäßig nur auf die Verhältnisse seit dem In-Kraft-Treten des Bebauungsplans an. Die Schutzwürdigkeit des Vertrauens in die Geltung der planerischen Festsetzungen kann erst verloren gehen, wenn sich die weitere bauliche Entwicklung abweichend vom Bebauungsplan vollzieht. Insoweit mag allerdings bei einem planwidrigen Altbestand und bei Fortführung der dem neuen Plan widersprechenden Bebauung schneller ein Zustand eintreten, bei dem mit einer Realisierung des Plans nicht mehr gerechnet werden kann. In erster Linie ist aber auch dann die Entwicklung seit dem In-Kraft-Treten des Bebauungsplans maßgeblich. Der Prüfungsaufwand braucht dabei regelmäßig nicht über das hinauszugehen, was sich aus dem Vorbringen des Klägers bzw. Antragstellers ergibt.[4463]

2075 Ursächlich für das Außerkrafttreten eines Bebauungsplans wegen Funktionslosigkeit kann nur ein in der **tatsächlichen Entwicklung** eingetretener **Zustand** sein, der es auf unabsehbare Zeit ausschließt, die planerische Gesamtkonzeption oder das mit einer Festsetzung verfolgte Planungsziel zu verwirklichen. Allein die Änderung oder Aufgabe planerischer Absichten erfüllt diese im Wandel der tatsächlichen Verhältnisse liegende Voraussetzung noch nicht.[4464] Ob diese Voraussetzungen erfüllt sind, ist für jede Festsetzung gesondert zu prüfen. Dabei

---

4458 VGH München Urt. v. 25.10.2023 – 9 B 22.1461, juris Rn. 37; Külpmann in EZBK, BauNVO, 2023, § 10 Rn. 407 f. mwN.

4459 BVerwG NVwZ 2004, 1244; Urt. v. 28.4.2004 – 4 C 12.03, BeckRS 2004, 23460; BVerwGE 54, 5; NVwZ 2001, 1055; BauR 2004, 1128 – zur Funktionslosigkeit eines übergeleiteten Baulinienplans aus den 20er Jahren, der die vordere/hintere Baugrenze festlegt.

4460 OVG Lüneburg NVwZ-RR 2009, 630.

4461 OVG Münster Urt. v. 22.3.2011 – 2 A 371/09, BeckRS 2011, 50501.

4462 BVerwG NVwZ 2001, 1055.

4463 BVerwG ZfBR 2001, 356; BVerwGE 54, 5.

4464 BVerwG NVwZ-RR 1997, 513.

kommt es nicht auf die Verhältnisse auf nur einzelnen Grundstücken an. Die Planungskonzeption, die einer Festsetzung zu Grunde liegt, wird nicht schon dann sinnlos, wenn sie nicht mehr überall im Plangebiet umgesetzt werden kann. Wird geltend gemacht, eine Festsetzung sei nicht erst nachträglich funktionslos geworden, sondern bereits im Zeitpunkt der Inkraftsetzung des Bebauungsplans funktionslos gewesen, so ist bei der Annahme eines Geltungsmangels Zurückhaltung zu üben. Die Rechtmäßigkeit eines Bebauungsplans lässt sich nicht allein mit dem Hinweis darauf in Frage stellen, dass der Planinhalt mit den tatsächlichen Verhältnissen im Plangebiet nicht (voll) übereinstimmt. Eine Planung, die diese Merkmale aufweist, kann gleichwohl im Einklang mit den Anforderungen des Abwägungsgebots stehen. Ein Grund für das Außerkrafttreten von Festsetzungen kann sich in besonders gelagerten Fällen auch durch eine inzwischen eingetretene Rechtsänderung ergeben.

Beispiel: Durch die Luftqualitätsrahmenrichtlinie 1996 und die Tochterrichtlinie 1999 sind erhöhte Anforderungen an die Schadstoffbelastung eingeführt worden. Ein Bebauungsplan, der mit planfeststellungsersetzender Wirkung eine Bundesstraße ausweist (§ 17 b II FStrG), kann seine Gültigkeit verlieren, wenn ausgeschlossen ist, dass die für den sachgerechten Interessenausgleich aufzustellenden Luftreinhaltepläne und Aktionspläne (§ 22 BImSchV) den Konflikt sachgerecht bewältigen können.[4465]

Die Planung kann sich über die **tatsächlichen Gegebenheiten** hinwegsetzen. So ist es der 2076
Gemeinde nicht verwehrt, auch Ortsteile zu überplanen, die bereits bebaut sind. Macht sie dort von den Möglichkeiten, die das Planungsrecht ihr bietet, Gebrauch, ist sie nicht darauf beschränkt, den vorgefundenen Bestand festzuschreiben.[4466] Ist ein Bebauungsplan zwar nicht funktionslos geworden, sondern über einen langen Zeitraum nicht verwirklicht worden, so kann ihn die Gemeinde unter erleichterten Umständen aufheben. Wird etwa ein Bebauungsplan, der auf einer landwirtschaftlich genutzten Fläche eine Wohnbaufläche ausweist, über drei Jahrzehnte nicht umgesetzt, so sind die Festsetzungen zwar nicht funktionslos geworden. Die Gemeinde hat aber eine weitgehende Planungsfreiheit dahin, die nicht bebauten Bereiche wieder als Fläche für die Landwirtschaft auszuweisen.[4467] Die bloße Änderung der gemeindlichen Planungsabsichten und selbst die Abkehr von der planerischen Grundkonzeption können demgegenüber nicht zur Funktionslosigkeit des entgegenstehenden Bebauungsplans führen.[4468]

Beispiel: Lässt ein Bebauungsplan die Befriedigung auch gesteigerter Stellplatzbedürfnisse an sich zu, kann der Bauherr von den ihm insoweit eingeräumten Nutzungsmöglichkeiten aber keinen Gebrauch machen, weil er bei der Bebauung seines Grundstücks einer anderen Nutzungsart zulässigerweise den Vorzug gegeben hat, so mag unter den in § 31 II BauGB genannten Voraussetzungen für die Schaffung zusätzlichen Garagenraums eine Befreiung in Betracht kommen. Die Gültigkeit des Bebauungsplans bleibt hiervon unberührt.[4469]

Die Änderung der Planungskonzeption einer Gemeinde führt nur dann zur Funktionslosig- 2077
keit des Bebauungsplans, wenn darin eine Entwicklung zum Ausdruck kommt, welche die Verwirklichung des Bebauungsplans generell ausschließt.[4470] Die Funktionslosigkeit einer bauplanerischen Festsetzung beruht grundsätzlich auf der Änderung tatsächlicher Umstände, die der Verwirklichung der ursprünglichen Zielsetzung entgegenstehen. Es ist daher keine Interessenabwägung vorzunehmen. Denn nicht eine Änderung der Planung, sondern ein eingetretener objektiver Umstand ist Grund für die Funktionslosigkeit.[4471] Zudem stellt sich die Frage der Funktionslosigkeit eines Bebauungsplans nur dann, wenn der Plan im Zeitpunkt seines Inkrafttretens wirksam war. Eine anfängliche Funktionslosigkeit von Bebauungsplänen wird vom BVerwG nicht so bezeichnet, in der Sache aber als Geltungsmangel angenommen, wenn der Bebauungsplan oder einzelne seiner Festsetzungen an einem Abwägungsfehler leiden und von Anfang an feststeht, dass mit ihrer Verwirklichung nicht gerechnet werden kann. Ein Planungs-

---

4465 BVerwG NVwZ 2004, 1237; Stüer EurUP 2004, 46. Zu umweltrechtlichen Aktionsplänen in der Bauleitplanung Cancik DVBl. 2008, 546.

4466 BVerwG NVwZ-RR 1997, 512; UPR 1997, 469. Die Planungskonzeption wird danach nicht schon dann sinnlos, wenn sie nicht mehr überall im Plangebiet umgesetzt werden kann.

4467 OVG Berlin UPR 1998, 276.

4468 BVerwG NVwZ-RR 1997, 513; NVwZ-RR 1998, 711.

4469 BVerwG NVwZ-RR 1997, 512.

4470 BVerwG NVwZ 1994, 281.

4471 BVerwG NVwZ-RR 1998, 711.

konzept kann insbesondere nicht solche planerischen Festsetzungen in einem Bebauungsplan rechtfertigen, die von vornherein nicht geeignet sind, dieses Ziel zu fördern.[4472] So kann etwa die festgesetzte Nutzung auf Dauer an ihrer unzureichenden Wirtschaftlichkeit scheitern[4473] oder es können andere nicht ausräumbare Gesichtspunkte einer Verwirklichung des Plans entgegenstehen. Auch solche von Anfang an bestehenden Geltungsmängel können zur Unwirksamkeit des Bebauungsplans oder bestimmter Festsetzungen führen. Das Recht um ist um seiner Ordnungsfunktion willen außer Stande, etwas zu bestimmen, das überhaupt keinen sinnvollen Gegenstand oder keinen denkbaren Adressaten hat oder eine schlechthin nicht zu verwirklichende Regelung trifft. Ist bereits im Zeitpunkt seiner Aufstellung erkennbar, dass der Bebauungsplan wegen bestehender rechtlicher Hindernisse nicht verwirklicht werden kann, verfehlt er seinen städtebaulichen Entwicklungs- und Ordnungsauftrag. Derartige rechtliche Hindernisse können auch in artenschutzrechtlichen Bestimmungen[4474] oder in einer ausgeschlossenen wirtschaftlichen Verwendung[4475] begründet sein. Ein Recht mit derart funktionslosem Inhalt kann daher nicht in Kraft treten und tritt außer Kraft, wenn sich der Mangel der Funktionslosigkeit nachträglich einstellt.

Beispiel: Die Existenz einer rechtswidrig genehmigten Autolackiererei in einem allgemeinen Wohngebiet macht den Bebauungsplan nicht notwendigerweise funktionslos. Denn die Lackiererei wird, selbst wenn sie ein Wohnen auf dem Nachbargrundstück wegen Gesundheitsgefahren ausschließen würde, keinen Zustand schaffen, der eine Verwirklichung des Bebauungsplans auf unabsehbare Zeit ausschließt.[4476] Der von den Festsetzungen des Plans abweichende Zustand steht der späteren Herstellung wohnverträglicher Verhältnisse nicht von vornherein entgegen. So könnte etwa eine rechtswidrig erteilte Baugenehmigung zurückgenommen werden. Auch könnte sich der Betreiber der Lackiererei etwa wegen ihm erteilter Auflagen gem. § 24 BImSchG gezwungen sehen, den Betrieb an einen anderen Standort zu verlegen.[4477]

2078 Auch Bebauungspläne, von denen eine Unwirksamkeit wegen Funktionslosigkeit angenommen wird, sind in dem für die **Aufstellung** geltenden Verfahren **aufzuheben**, um den Anschein der Rechtswirksamkeit zu beseitigen. Beruht die Unwirksamkeit des Bebauungsplans auf einem Form- oder Verfahrensfehler oder auf einem heilbaren Abwägungsfehler, so hat die Gemeinde zu entscheiden, ob sie den Plan, statt ihn aufzuheben, unter Behebung des Fehlers und Wiederholung des nachfolgenden Verfahrens ggf. auch rückwirkend in Kraft setzt.[4478] Die **höhere Verwaltungsbehörde** ist auch als Plangenehmigungsbehörde nicht befugt, die Unwirksamkeit eines von ihr als ungültig erkannten, vormals genehmigten Bebauungsplans selbst verbindlich festzustellen. Ebenso wenig kann sie die rechtswidrig erteilte, inzwischen aber gem. § 10 III BauGB ortsüblich bekannt gemachte Genehmigung des damit in Kraft getretenen Bebauungsplans zurücknehmen.[4479] Die höhere Verwaltungsbehörde ist jedoch in solchen Fällen antragsbefugt, in einem Normenkontrollverfahren die Unwirksamkeit des Bebauungsplans feststellen zu lassen. Wegen Funktionslosigkeit können auch Darstellungen des Flächennutzungsplans außer Kraft treten.[4480] Findet eine Darstellung des Flächennutzungsplans keine Entsprechung mehr in der Wirklichkeit und kann die Wiederaufnahme der Nutzung auch für die Zukunft ausgeschlossen werden, entfällt ihre Aussagekraft.

2079 Die Funktionslosigkeit kann mit einem **Normenkontrollantrag** nach § 47 VwGO geltend gemacht werden. Das hat in diesem Fall die Unwirksamkeit einzelner Festsetzungen auf Grund der eingetreten Funktionslosigkeit festzustellen. Das Gericht ist daher nicht an die Feststellung der Unwirksamkeit des Bebauungsplans gebunden. Ob die damalige Einführung der Zweijahresfrist hier Beschränkungen auferlegt, hat das BVerwG zunächst offen gelassen.[4481] Inzwischen hat das BVerwG die Auffassung vertreten, dass die Jahresfrist für die Erhebung der Normen-

4472 BVerwG BauR 2013, 1402.
4473 BVerwGE 56, 283.
4474 VGH Kassel NuR 2012, 644.
4475 OVG Koblenz, Urt. v. 12.1.2012 – 1 C 10546/11, BeckRS 2012, 215014.
4476 BVerwGE 54, 5; BVerwGE 85, 273.
4477 BVerwG NJW 1996, 1769.
4478 BVerwG NJW 1987, 1344.
4479 BVerwG NJW 1987, 1344.
4480 BVerwG, B. v. 6.9.1993 – 4 B 32.93, BeckRS 1993, 31228466.
4481 BVerwG NVwZ 1999, 986.

kontrolle auch für die Funktionslosigkeit gilt.[4482] Wird ein Bebauungsplan in einem Normenkontrollverfahren nach § 47 VwGO durch Urteil eines OVG/VGH für unwirksam erklärt, ist diese Entscheidung allgemeinverbindlich und die Entscheidungsformel vom Antragsgegner ebenso zu veröffentlichen, wie die Rechtsvorschrift bekanntzumachen wäre (§ 47 VI 2 VwGO). Die Entscheidung wirkt – wenn nicht vom Gericht anders bestimmt – auf den Zeitpunkt des Erlasses des für unwirksam erklärten Bebauungsplans zurück.[4483] Das Normenkontrollgericht stellt allerdings nur deklaratorisch fest, dass der Bebauungsplan unwirksam ist. Dies schließt eine Heilungsmöglichkeit nach § 214 IV BauGB nicht aus.[4484] Vielmehr geht der Gesetzgeber von einer grundsätzlichen Heilungsmöglichkeit des Flächennutzungsplans und unwirksamer städtebaulicher Satzungen aus. Es kann nicht vermutet werden, dass Vorschriften und Pläne, die unter der Federführung eines nationalsozialistisch geprägten Leitungsorgans zustande gekommen sind, nicht den rechtsstaatlichen Überleitungsanforderungen des § 173 III 1 BbauG entsprechen. Allerdings ist es nicht ausgeschlossen, für den Fall eines „non liquet" nach Beweislastgrundsätzen davon auszugehen, dass eine Festsetzung im Zeitpunkt des Inkrafttretens des BBauG 1960 eine unverhältnismäßige, nicht im Einklang mit Art. 14 I GG stehende Inhalts- und Schrankenbestimmung des Eigentums dargestellt habe.[4485]

Ohne einen substantiierten Vortrag des Antragstellers, der die strengen Anforderungen für 2080
das Funktionsloswerden eines Bebauungsplans[4486] im Einzelfall konkretisiert, besteht für das Normenkontrollgericht im Allgemeinen kein Anlass, von sich aus in eine Prüfung etwaiger Funktionslosigkeit eines Bebauungsplans einzutreten.[4487] Die bauplanerische Festsetzung der Art der baulichen Nutzung eines Gebiets als allgemeines Wohngebiet (WA) wird nicht funktionslos, wenn auf den Grundstücken tatsächlich (zunächst) nur Nutzungen verwirklicht werden, die im reinen Wohngebiet zulässig sind.[4488] Auch auf landesrechtlicher Grundlage erlassene Gestaltungsfestsetzungen können allerdings funktionslos werden, wenn die der jeweiligen Festsetzung zu Grunde liegende planerische Konzeption auf Dauer offenbar nicht mehr zu verwirklichen und das in die Fortgeltung gesetzte Vertrauen nicht schutzwürdig ist[4489] Die Festsetzung eines Gewerbegebiets in einem Bebauungsplan muss allerdings nicht deshalb funktionslos sein, weil in einem Teilbereich faktisch ein Einkaufszentrum entstanden ist.[4490]

6. Teil. Planerhaltung

Verstoßen Rechtsnormen, insbesondere auch Satzungen, gegen höherrangige Vorschriften, 2081
sind sie grundsätzlich nichtig. Die Rechtswidrigkeit führt, anders als bei Verwaltungsakten generell zur Nichtigkeit, dh zur dauerhaften Unwirksamkeit.[4491] Davon zu trennen ist die Frage, wer eine solche Rechtswidrigkeit bzw. Unwirksamkeit mit welcher Bindungswirkung feststellen darf. Die Gemeinde und auch die Bauaufsichtsbehörden sind nur in Ausnahmefällen befugt, eine Rechtsnorm bzw. Satzung wegen eines Verstoßes gegen höherrangiges Recht unbeachtet zu lassen.[4492] Allerdings führt nicht jeder Verstoß gegen verfahrensrechtliche oder inhaltliche Anforderungen zur Unwirksamkeit des Bebauungsplans. Vielmehr hat der Gesetzgeber einen numerus clausus der beachtlichen Fehler aufgestellt. Es gibt Fehler, die stets zur Unwirksamkeit des Plans oder der Satzung führen oder lediglich bei form- und fristgerechter Rüge.

4482 BVerwG NVwZ 2013, 1547; Schenke NVwZ 2014, 341.

4483 BGHZ 86, 356; BGHZ 92, 34.

4484 BVerwGE 92, 266.

4485 BVerwG BauR 2017, 1498.

4486 BVerwGE 54, 5.

4487 BVerwG NVwZ 1999, 986.

4488 BVerwG NVwZ 2000, 550.

4489 OVG Münster NVwZ-RR 2000, 412.

4490 OVG Münster BRS 62 (1999), Nr. 80.

4491 BVerwG NVwZ 2015, 1537 Rn. 15; NVwZ 2014, 1022 Rn. 27; Kment in Jarass/Kment, BauGB, 2022, § 214 Rn. 1.

4492 Reidt in BKL, BauGB, 2022, § 10 Rn. 10; VGH München ZfBR 2008, 374 (376 f.); BGH NVwZ 2013, 167 Rn. 19 mwN; OVG Münster Urt. v. 30.6.2005 –20 A 3988/03, BeckRS 2005, 30843; VGH München Beschl. v. 24.3.2020 –1 ZB 18.69, BeckRS 2020, 9498; Engel NVwZ 2000, 1258 (1259); Schröer NZBau 2007, 630 (631); Schrödter/Kukk in Schrödter, BauGB, 2019, § 10 Rn. 16; aA Külpmann in EZBK, BauGB, 2018, § 10 Rn. 398; Reidt in BKL BauGB, 2022, § 10 Rn. 11.

Andere Regelverstöße bleiben demgegenüber für die Wirksamkeit des Plans folgenlos.[4493] Nicht zuletzt bestimmt § 214 IV BauGB im Sinne einer Planerhaltung, dass der Flächennutzungsplan und der Bebauungsplan bzw. städtebauliche Satzungen durch ein ergänzendes Verfahren zur Behebung von Fehlern auch rückwirkend in Kraft gesetzt werden können. Den Gemeinden soll damit eine Wiederholung des gesamten Planverfahrens erspart werden.[4494] Die Planerhaltung dient im Übrigen auch dazu, dass einzelne Fehler nicht notwendigerweise zur Gesamtnichtigkeit eines Plans führen müssen. Vor allem materielle Fehler führen nur zur Nichtigkeit eines Teiles der Satzung bzw. des Flächennutzungsplans, sofern die übrigen, nicht mit dem Fehler behafteten Regelungen für sich eine sinnvolle städtebauliche Ordnung iSd § 1 III 1 HS 1 BauGB und vom Normgeber ohne den nichtigen Teil als gewollt eingestuft werden können. Mängel, die einzelne Festsetzungen eines Bebauungsplans betreffen, bewirken ebenfalls keine Gesamtunwirksamkeit des Plans, wenn die übrigen Regelungen, Maßnahmen oder Festsetzungen, für sich betrachtet, noch eine sinnvolle städtebauliche Ordnung iSd § 1 III 1 BauGB ergeben und wenn die Gemeinde nach ihrem im Planungsverfahren zum Ausdruck gekommenen Willen im Zweifel auch eine Satzung dieses eingeschränkten Inhalts beschlossen hätte.[4495]

I. Fehlerbeachtlichkeit nach § 214 BauGB

2082 § 214 BauGB enthält einen **numerus clausus** beachtlicher Verfahrens- und Formfehler. Für die Wirksamkeit der Bauleitplanung ist danach nur die Einhaltung bestimmter Anforderungen erforderlich. Alle anderen Vorschriften des BauGB, die im Verfahren der Aufstellung, Änderung, Ergänzung oder Aufhebung der Bauleitpläne zu beachten sind, richten sich zwar an die Gemeinde und sind auch bei der Rechtskontrolle im Genehmigungs- bzw. Anzeigeverfahren zu berücksichtigen (§ 216 BauGB). Für die Wirksamkeit der Bauleitpläne spielen die nicht in § 214 BauGB genannten Wirksamkeitsvoraussetzungen im Bereich der Form- und Verfahrensfehler demgegenüber keine Rolle mehr. Daraus folgt, dass die Satzung bzw. der Flächennutzungsplan zwar rechtswidrig, nicht aber nichtig ist und dass der Plan nicht wegen des Mangels durch ein Gericht aufgehoben werden oder unbeachtet bleiben kann.[4496] Dies entlastet die gerichtliche Kontrolle von einer Überprüfung aller möglichen Verstöße, die im Rahmen des Verfahrens vorgekommen sein können, und konzentriert die Prüfung von Form- und Verfahrensfehlern auf die in § 214 BauGB genannten Mängel. § 215 BauGB sieht zudem eine Rügenotwendigkeit für das Geltendmachen der Verletzung bestimmter Vorschriften innerhalb eines Jahres vor (§ 214 I 1 Nr. 1 bis Nr. 3, 214 II BauGB und § 214 III 2). Auch beachtliche Mängel des Abwägungsvorgangs (§ 214 III 2 BauGB) sind nur innerhalb dieser Jahresfrist unter Darlegung des Sachverhalts schriftlich gegenüber der Gemeinde geltend zu machen.

2083 Unabhängig von einer speziellen gesetzlichen Regelung einer Fehlerfolgenbegrenzung führt nicht jeder Verstoß gegen Verfahrensvorschriften für sich genommen zur Aufhebung der Bauleitplanung. Hinzukommen muss vielmehr, dass sich der formelle Mangel auf die Entscheidung in der Sache ausgewirkt haben kann (§ 214 I 1 Nr. 1, III 2 HS 2 BauGB). Der danach erforderliche **Kausalzusammenhang** ist nur gegeben, wenn nach den Umständen des Einzelfalls die konkrete Möglichkeit besteht, dass die planende Gemeinde ohne den Verfahrensfehler anders entschieden hätte.[4497] Eine solche konkrete Möglichkeit einer anderen Sachentscheidung kommt nur dann in Betracht, wenn sich auf Grund erkennbarer und nahe liegender Umstände eine solche Entwicklung abzeichnet.[4498] Allerdings können durch zwingendes Landesrecht zusätzliche Anforderungen an die Wirksamkeit des kommunalen Satzungsrechts in dem Sinne gestellt werden, dass bei einem Verweis des Bundesrechts auf das Landesrecht die danach einzuhaltenden Wirksamkeitsvoraussetzungen zu beachten sind.[4499]

2084 § 214 I und II BauGB macht die Wirksamkeit der Bauleitpläne nur von der Einhaltung bestimmter Verfahrens- oder Formvorschriften abhängig. Die einzelnen Verfahrens- und Form-

[4493] Siehe dazu Scheidler ZfBR 2019, 33; Bönker/Grüner in HBG, Öffentliches Baurecht, 2024, § 17 Rn. 39.
[4494] Scheidler UPR 2018, 496; Bönker/Grüner in HBG, Öffentliches Baurecht, 2024, § 17 Rn. 40.
[4495] BVerwG ZfBR 2016, 789 (790).
[4496] Kment in Jarass/Kment, BauGB, 2022, § 214 Rn. 6.
[4497] BVerwGE 69, 256; BVerwGE 75, 214; BVerwGE 78, 347; VkBl.1995, 210.
[4498] BVerwG Beschl. v. 22.6.1993 – 4 B 257.92, BeckRS 1993, 8528.
[4499] BVerwGE 79, 200.

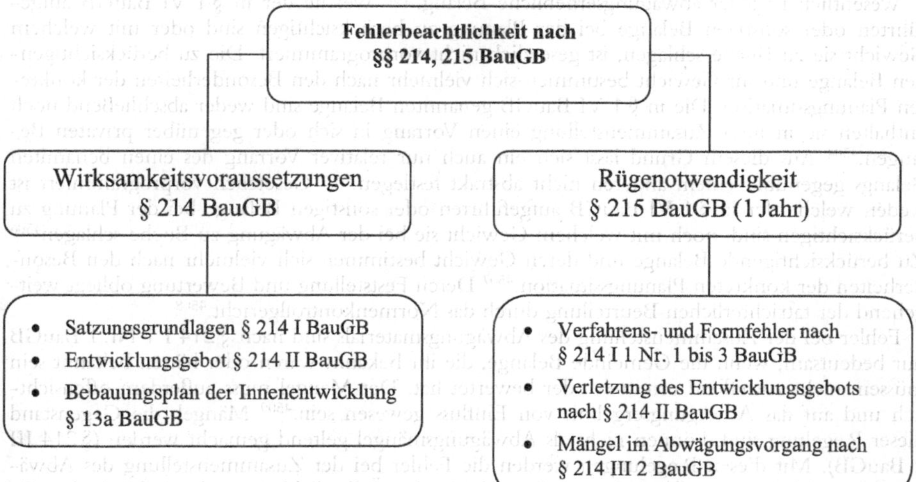

erfordernisse werden dabei zu Gruppen zusammengefasst. Es handelt sich um die Einhaltung von **Mindestanforderungen**:
- der Ermittlung und Bewertung der Belange (§ 214 I 1 Nr. 1 BauGB),
- der förmlichen Öffentlichkeits- und Behördenbeteiligung (§ 214 I 1 Nr. 2 BauGB),
- des Vorhandenseins einer Begründung zum Flächennutzungsplan (§ 5 V BauGB) und zum Bebauungsplan und eines Umweltberichts, der in den für die Abwägung beachtlichen Punkten vollständig ist (§ 9 VIII BauGB, § 214 I 1 Nr. 3 BauGB),
- der Einhaltung des Genehmigungs- und Bekanntmachungsverfahrens[4500] (§ 214 I 1 Nr. 4 BauGB) und
- des Entwicklungsgebots (§ 214 II BauGB).[4501]

Alle anderen Verfahrens- oder Formvorschriften, die das BauGB für die Aufstellung, Änderung, Ergänzung oder Aufhebung von Bauleitplänen enthält, haben auf die Rechtswirksamkeit der Bauleitpläne keinen Einfluss. Das BauGB enthält damit Form- und Verfahrensvorschriften, die zwar iSv Ordnungsvorschriften bei der Aufstellung der Bauleitpläne beachtet werden müssen, die aber sanktionslos bleiben und nicht die Unwirksamkeit der diese (zusätzlichen) Anforderungen nicht einhaltenden Pläne zur Folge haben. 2085

1. Fehlerhafte Zusammenstellung des Abwägungsmaterials (§ 214 I 1 Nr. 1 BauGB)

Bei der Aufstellung der Bauleitpläne sind die Belange, die für die Abwägung von Bedeutung sind (Abwägungsmaterial), zu ermitteln und zu bewerten (§ 2 III BauGB). Nach § 214 I 1 Nr. 1 BauGB liegt ein grundsätzlich beachtlicher Fehler vor, wenn entgegen § 2 III BauGB von der Planung berührten Belange in wesentlichen Punkten nicht zutreffend ermittelt oder bewertet worden sind, die der Gemeinde bekannt waren oder hätten bekannt sein müssen. § 214 I 1 Nr. 1 BauGB betrifft einen Verfahrensfehler, der nach § 214 III 2 BauGB nicht als Mangel der Abwägung geltend gemacht werden kann.[4502] 2086

[4500] Fehler im ggf. landesrechtlich erforderlichen Anzeigeverfahren sind für die Wirksamkeit des Bauleitplans ohne Belang.

[4501] Zum Bebauungsplan der Innenentwicklung ergänzend § 214 II a BauGB. Zur Wirksamkeit von Bauleitplänen bei Fehlen oder Unwirksamkeit von Raumordnungsplänen Schlarmann/Krappel NordÖR 2009, 143.

[4502] OVG Saarlouis Beschl. v. 25.1.2024 – 2 C 186/22, juris Rn. 72; Urt. v. 27.1.2022 – 2 CS 289/20, juris Rn. 25; Battis in BKL, BauGB, 2022, § 214 Rn. 4; OVG Saarlouis BauR 2010, 576; VGH Mannheim NuR 2011, 659 (660); VGH München, ZfBR 2017, 379; aA Erbguth NVwZ 2011, 935.

2087 Wesentlich ist jeder abwägungserhebliche Belang.[4503] Welche der in § 1 VI BauGB aufgeführten oder sonstigen Belange bei der Planung zu berücksichtigen sind oder mit welchem Gewicht sie zu Buche schlagen, ist gesetzlich nicht vorprogrammiert. Die zu berücksichtigenden Belange und ihr Gewicht bestimmen sich vielmehr nach den Besonderheiten der konkreten Planungssituation. Die in § 1 VI BauGB genannten Belange sind weder abschließend noch enthalten sie in ihrer Zusammenstellung einen Vorrang in sich oder gegenüber privaten Belangen.[4504] Aus diesem Grund lässt sich ein auch nur relativer Vorrang des einen benannten Belangs gegenüber einem anderen nicht abstrakt festlegen.[4505] Gesetzlich vorprogrammiert ist weder, welche der in § 1 VI BauGB aufgeführten oder sonstigen Belange bei der Planung zu berücksichtigen sind, noch mit welchem Gewicht sie bei der Abwägung zu Buche schlagen[4506] Zu berücksichtigende Belange und deren Gewicht bestimmen sich vielmehr nach den Besonderheiten der konkreten Planungssituation.[4507] Deren Feststellung und Bewertung obliegt weitgehend der tatrichterlichen Beurteilung durch das Normenkontrollgericht.[4508]

2088 Fehler bei der Zusammenstellung des Abwägungsmaterials sind nach § 214 I 1 Nr. 1 BauGB nur bedeutsam, wenn die Gemeinde Belange, die ihr bekannt waren oder hätten bekannt sein müssen, nicht zutreffend ermittelt oder bewertet hat. Der Mangel muss außerdem offensichtlich und auf das Abwägungsergebnis von Einfluss gewesen sein.[4509] Mängel, die Gegenstand dieser Regelung sind, können nicht als Abwägungsmängel geltend gemacht werden (§ 214 III 2 BauGB). Mit diesen Regelungen werden die Fehler bei der Zusammenstellung des Abwägungsmaterials begrenzt.[4510] Belange, die nicht in der Öffentlichkeits- oder Behördenbeteiligung vorgetragen worden sind und die der Gemeinde auch nicht bekannt waren, sind für die Abwägung nicht beachtlich und führen daher auch nicht zu einem erheblichen Verfahrensfehler. Die Öffentlichkeits- und Behördenbeteiligung wird daher auch im Hinblick auf die Zusammenstellung des Abwägungsmaterials gestärkt. Die Beteiligungsvorschriften dienen insbesondere der vollständigen Ermittlung und zutreffenden Bewertung der von der Planung berührten Belange und der Information der Öffentlichkeit (§ 4 a I BauGB). Stellungnahmen, die im Beteiligungsverfahren nicht rechtzeitig abgegeben worden sind, können bei der Beschlussfassung grundsätzlich unberücksichtigt bleiben (§ 4 a V 1 BauGB). Dies gilt für Belange, deren Inhalt die Gemeinde nicht kannte und nicht kennen konnte und die für die Rechtmäßigkeit des Bauleitplans nicht von Bedeutung sind (§ 4 a V BauGB). Das gilt nach § 4a V 2 BauGB für in der Öffentlichkeitsbeteiligung abgegebene Stellungnahmen nur, wenn darauf in der Bekanntmachung nach § 3 II 4 BauGB zur Öffentlichkeitsbeteiligung hingewiesen worden ist.

2089 § 214 I 1 Nr. 1 BauGB knüpft an diese verfahrensrechtlichen Regelungen im Zusammenhang mit der Aufstellung des Bauleitplans an. Nur wenn die Belange in wesentlichen Punkten nicht zutreffend ermittelt oder bewertet worden sind, können sich daraus beachtliche Fehler ergeben. Zudem muss der Mangel offensichtlich und das Ergebnis des Verfahrens von Einfluss gewesen sein. Mit dem Verweis in § 4 a V BauGB auf die Bedeutung von Fehlern für die Rechtmäßigkeit eines Bauleitplans nimmt die Vorschrift inhaltlich zugleich auf § 214 I 1 Nr. 1 BauGB Bezug. Ein Mangel bei der Ermittlung und Bewertung der Belange bezieht sich im Sinne von § 214 I 1 Nr. 1 BauGB auf einen „wesentlichen Punkt", wenn der nicht berücksichtigte Aspekt im Rahmen der Abwägung nicht vernachlässigt werden konnte.[4511] Der Auffassung, dass seit dem Inkrafttreten des EAG Bau 2004 Fehler bei der Ermittlung und Bewertung des Abwägungsmaterials (§ 2 III BauGB) als Verfahrensfehler zu behandeln sind, einer gesonderten Beurteilung hinsichtlich ihrer Beachtlichkeit (§ 214 I 1 Nr. 1 BauGB) unterliegen und seither insbesondere nicht mehr als Mängel der Abwägung im herkömmlichen Verständnis geltend gemacht werden können (§ 214 III 2 1. Hs BauGB), ist daher nicht zu folgen.[4512] Auf das Abwägungsergebnis von Einfluss gewesen sind Mängel im Abwägungsvorgang jedenfalls dann, wenn sich der

[4503] VGH Kassel NuR 2017, 181; OVG Koblenz BauR 2016, 1859.
[4504] BVerwGE 47, 144 (148).
[4505] BVerwGE 92, 231 (239, 240); NVwZ 1994, 291.
[4506] BVerwG NVwZ 1993, 167.
[4507] BVerwG Beschl. v. 15.11.1989 – 4 NB 28.89, BeckRS 1989, 7004.
[4508] BVerwG ZfBR 2016, 157.
[4509] OVG Münster BauR 2006, 1707.
[4510] BVerwGE 34, 301; BVerwGE 59, 87.
[4511] OVG Münster Urt. v. 28.6.2007 – 7 D 89/06.NE, BeckRS 2007, 26104; OVG Münster Urt. v. 10.7.2007 – 7 D 43/06.NE, BeckRS 2007, 26102.
[4512] OVG Saarlouis Urt. v. 25.6.2009 – 2 C 478/07, BeckRS 2009, 35880.

Planungsträger von einem unzutreffend angenommenen Belang hat leiten lassen und andere Belange, die das Abwägungsergebnis rechtfertigen könnten, weder im Aufstellungsverfahren angesprochen noch sonst ersichtlich sind.[4513] Ein positiver Nachweise eines Einflusses einerseits oder die (wohl stets zu bejahende) abstrakte Möglichkeit, dass ohne den Mangel anders geplant worden wäre, andererseits sind dafür nicht entscheidend.[4514] Auch ein vollständiger Abwägungsausfall ist ein Mangel im Abwägungsvorgang im Sinne der §§ 214, 215 BauGB. Er führt nicht automatisch dazu, dass das Abwägungsergebnis mit einem Mangel behaftet ist.[4515]

In die Abwägung sind nur Belange einzustellen, die mehr als geringfügig, schutzwürdig und erkennbar sind.[4516] Hierfür hat die Beteiligung eine wichtige Funktion. Werden die Belange dort nicht vorgetragen, so sind sie nur dann erheblich, wenn sie offensichtlich sind und sich die Nichteinstellung oder unzutreffende Bewertung der Belange auf das Ergebnis der Abwägung ausgewirkt hat. Diese Unbeachtlichkeit kann auch Belange betreffen, die erst verspätet vorgetragen worden sind und daher nach § 4 a V BauGB unbeachtlich sind. Dies wird vor allem Belange betreffen, die für die Gemeinde nicht erkennbar sind, weil es sich etwa um persönliche Verhältnisse oder Wünsche an die Planung handelt, die nicht offensichtlich für einen Außenstehenden erkennbar sind. Insoweit kann auch ein verspätetes Vorbringen nach Ablauf der Beteiligungsfristen aber vor dem Satzungsbeschluss unter der Voraussetzung des § 4 a V BauGB ausgeschlossen sein. Das gilt auch für die **umweltschützenden Belange**, für deren Ermittlung die Gemeinde den Umfang und Detaillierungsgrad festlegt (§ 2 V BauGB) und die im **Umweltbericht** zusammengestellt und bewertet werden (§ 2 a 2 BauGB). Die Möglichkeiten, verspätete Stellungnahmen tatsächlich unberücksichtigt zu lassen, sind allerdings eher gering. Denn zu berücksichtigen sind auch verspätete Stellungnahmen, wenn die Gemeinde deren Inhalt schon aus anderen Quellen kannte oder jedenfalls hätte kennen müssen. Hinzu kommt, dass § 4a V BauGB für eine Präklusion voraussetzt, dass der Inhalt der verspäteten Stellungnahme für die Rechtmäßigkeit des Bauleitplans nicht von Bedeutung ist. Im Übrigen ist auch fraglich, aus welchem Grund eine Gemeinde einen aus ihrer Sicht der Sache nach berechtigten Belang, den sie zwar verspätet, aber noch rechtzeitig vor dem für die Abwägung maßgeblichen Zeitpunkt erfährt, unberücksichtigt lassen und damit ein aus ihrer Sicht nicht gerechtes, nicht dem Grundsatz der Verhältnismäßigkeit entsprechendes Abwägungsergebnis sehenden Auges in Kauf nehmen sollte. **2090**

Mängel bei der Ermittlung des Abwägungsmaterials können nach § 214 I 1 Nr. 1 BauGB unbeachtlich sein, wenn der Plangeber bei vollständiger Kenntnis der nachträglich bekannt gewordenen Umstände keine andere Entscheidung getroffen hätte.[4517] Im Sinne § 214 I 1 Nr. 1 BauGB offensichtlich sind die dort bezeichneten Mängel im Planaufstellungsverfahren, wenn sie sich aus den Materialien des Planaufstellungsverfahrens ergeben und die „äußere" Seite der Abwägung, also objektiv fassbare Sachumstände, betreffen. Die darüber hinaus geforderte Ergebnisrelevanz eines Gewichtungsfehlers (§ 2 III BauGB) liegt vor, wenn die konkrete Möglichkeit besteht, dass die planende Stelle eine andere Entscheidung getroffen hätte.[4518] **2091**

Beispiel: Ein Bewertungsfehler iSv § 2 III iVm § 214 I 1 Nr. 1 BauGB liegt vor, wenn die Gemeinde bei der Überplanung eines bestehenden faktischen Gewerbegebiets eine im Plangebiet vorhandene selbständige Wohnnutzung nur mit dem Gewicht einer Betriebs(inhaber)wohnung in ihre Abwägung einstellt.[4519]

Mängel, die Gegenstand der Regelung § 214 I 1 Nr. 1 BauGB sind, können nach § 214 III 2 BauGB nicht als Mängel der Abwägung geltend gemacht werden. **2092**

2. Fehler der Öffentlichkeits- und Behördenbeteiligung (§ 214 I 1 Nr. 2 BauGB)

Nach § 214 I 1 Nr. 2 BauGB ist für die Wirksamkeit der Bauleitplanung beachtlich, wenn die Vorschriften über die Öffentlichkeits- und Behördenbeteiligung nach § 3 II, § 4 II, § 4a III, IV 2 und V 2, nach § 13 II 1 Nr. 2 und 3, auch in Verbindung mit § 13a II Nr. 1 und § 13b, **2093**

[4513] BVerwG Beschl. v. 6.7.2010 – 4 BN 1.10, BeckRS 2010, 51150 -.
[4514] OVG Berlin-Brandenburg, Urt. v. 4.12.2009 – 2 A 23.08, BeckRS 2010, 46730.
[4515] BVerwG BauR 2011, 225.
[4516] BVerwG Beschl. v. 8.6.2009 – 4 BN 9.09, BeckRS 2009, 35167.
[4517] OVG Münster Urt. v. 26.2.2009 – 10 D 31/07.NE, BeckRS 2009, 32197
[4518] OVG Saarlouis Urt. v. 25.6.2009 – 2 C 478/07, BeckRS 2009, 35880.
[4519] VGH Mannheim BauR 2011, 1860.

nach § 22 IX 2, § 34 VI 1 sowie § 35 VI 5 BauGB verletzt worden sind; dabei ist unbeachtlich, wenn a) bei Anwendung der Vorschriften einzelne Personen, Behörden oder sonstige Träger öffentlicher Belange nicht beteiligt worden sind, die entsprechenden Belange jedoch unerheblich waren oder in der Entscheidung berücksichtigt worden sind, b) einzelne Angaben dazu, welche Arten umweltbezogener Informationen verfügbar sind, gefehlt haben,[4520] d) bei Vorliegen eines wichtigen Grundes nach § 3 II 1 BauGB nicht für die Dauer einer angemessenen längeren Frist ausgelegt worden ist und die Begründung für die Annahme des Nichtvorliegen seine wichtigen Grundes nachvollziehbar ist, e) bei Anwendung des § 4a IV 1 BauGB der Inhalt der Bekanntmachung und die auszulegenden Unterlagen zwar in das Internet eingestellt, aber nicht über das zentrale Internetportal des Landes zugänglich sind, f) bei Anwendung des § 13 III 2 BauGB die Angabe darüber, dass von einer Umweltprüfung abgesehen wird, unterlassen wurde, oder g) bei Anwendung des § 4a III 4 oder des § 13, auch in Verbindung mit § 13 a II Nr. 1 BauGB, die Voraussetzungen für die Durchführung der Beteiligung nach diesen Vorschriften verkannt worden sind.

2094 Von den Beteiligungsvorschriften sind dabei nur die Regelungen über die förmliche Öffentlichkeits- und Behördenbeteiligung nach den §§ 3 II und 4 II BauGB für die Wirksamkeit der Bauleitpläne von Belang. Fehler bei der frühzeitigen Beteiligung sind demgegenüber sowie entsprechender in § 214 I 1 Nr. 2 BauGB genannter Vorschriften für die Rechtswirksamkeit des Bauleitplans unbeachtlich. Verfahrenserheblich für die Rechtswirksamkeit der Bauleitpläne ist damit (nur noch) die Einhaltung der Anforderungen an die förmliche Öffentlichkeitsbeteiligung nach § 3 II BauGB, also die öffentliche Auslegung der Entwürfe mit Begründung einschließlich – falls erforderlich – Umweltbericht und die rechtzeitige ortsübliche Bekanntmachung der Offenlegung eine Woche vor Offenlegungsbeginn. Dabei ist es nach der Rechtsprechung ausreichend, wenn die Bekanntmachung ihre Anstoßfunktion erfüllt.[4521] Auch ist hinsichtlich der Bekanntmachung das Landesrecht einzuhalten, aus dem sich das Verfahren der Bekanntmachung ergibt. Eine Verkürzung der Bekanntmachungsfrist für die Auslegung des Entwurfs eines Bebauungsplans ist für seine Wirksamkeit unerheblich, wenn die (bekannt gemachte) Dauer der Auslegung so bemessen ist, dass die Mindestfristen des § 3 II 1 und 2 BauGB für Bekanntmachung und Auslegung des Entwurfs insgesamt eingehalten werden.[4522]

2095 Fehler im Rahmen der frühzeitigen Öffentlichkeitsbeteiligung (§ 3 I BauGB) sind unbeachtlich. Selbst wenn überhaupt keine **frühzeitige Öffentlichkeitsbeteiligung** stattgefunden hat, ist dies für die Wirksamkeit der Bauleitpläne ohne Belang. Daneben muss eine förmliche Behördenbeteiligung nach § 4 II BauGB durchgeführt worden sein. Die Nichtbeteiligung einzelner Personen, Behörden oder sonstige Träger öffentlicher Belange ist unbeachtlich, wenn die Belange unerheblich waren oder berücksichtigt worden sind. Beteiligungsfehler, die sich allerdings auf das Ergebnis der Abwägung auswirken, sind bedeutsam. Derartige Mängel im Abwägungsvorgang müssen offensichtlich und auf das Abwägungsergebnis von Einfluss gewesen sein (§ 214 III 3 BauGB). Eine Verletzung von Vorschriften über die Öffentlichkeitsbeteiligung kann gemäß § 214 I Nr. 2 BauGB auch dann unbeachtlich sein, wenn für die Beteiligung nur eine Person in Betracht gekommen wäre.[4523]

2096 Unbeachtlich ist auch die **unvollständige Mitteilung** bei der Bekanntmachung zur öffentlichen Auslegung, welche Arten **umweltbezogener Informationen** verfügbar sind (§ 214 I 1 Nr. 2 BauGB). Das völlige Fehlen derartiger Angaben kann jedoch zu einem beachtlichen Abwägungsfehler führen, wenn der Verstoß gegen diese Vorschrift offensichtlich ist und auf das Abwägungsergebnis von Einfluss gewesen ist (§ 214 III 2 BauGB).[4524] Die Frist für die Auslegung eines geänderten Bebauungsplanentwurfs und die erneute Stellungnahme hierzu dürfen nicht unter Verstoß gegen § 4a III 3 BauGB unangemessen verkürzt werden. Dieser Verfahrensfehler ist nach § 214 I 1 Nr. 2 BauGB beachtlich und gemäß § 215 I BauGB fristgerecht geltend zu machen.[4525]

[4520] OVG Hamburg DVBl. 2016, 1407: Ob lediglich einzelne Angaben fehlen, ist nicht rein numerisch festzustellen, sondern nach der Relevanz für die zugrunde liegende Planung zu gewichten.

[4521] Zur Anstoßfunktion bei der Bekanntmachung der Offenlage eines vorhabenbezogenen Bebauungsplans BVerwG Beschl. v. 17.12.2004 – 4 BN 48.04, BeckRS 2005, 22027.

[4522] BVerwG NVwZ 2003, 1391.

[4523] OVG Münster DVBl. 2010, 990; BVerwG Beschl. v. 20.7.2010 – 4 BN 29/10, BeckRS 2010, 51736.

[4524] OVG Münster BauR 2006, 1707.

[4525] VGH München Urt. v. 26.5.2023 – 9 N 19.699, juris Rn. 29.

Wird ein **Planentwurf nach Durchführung** der **förmlichen Öffentlichkeits- oder Behördenbeteiligung geändert**, so ist grundsätzlich eine erneute förmliche Beteiligung durchzuführen. Allerdings kann nach § 4 a III BauGB eine eingeschränkte Öffentlichkeits- und Behördenbeteiligung durchgeführt werden, wenn die Grundzüge der Planung nicht betroffen sind. Die Einholung der Stellungnahmen kann dann auf die von der Änderung oder Ergänzung betroffene Öffentlichkeit sowie den berührten Behörden und sonstigen Trägern öffentlicher Belange beschränkt werden. § 13 BauGB sieht vergleichbare Beteiligungsregelungen bei der Änderung von Bauleitplänen und Bestands wahrenden Bebauungsplänen im nicht beplanten Innenbereich vor. Werden die Grundzüge nicht berührt und betrifft die Planung kein Vorhaben, das umweltprüfungspflichtig oder vorprüfungspflichtig mit erheblichen nachteiligen Umweltauswirkungen ist und werden auch keine Habitat- oder Vogelschutzbelange betroffen, kann an Stelle der förmlichen Öffentlichkeits- und Behördenbeteiligung ein vereinfachtes Verfahren durchgeführt werden. Dabei ist der betroffenen Öffentlichkeit und den berührten Behörden und sonstigen Trägern öffentlicher Belange Gelegenheit zur Stellungnahme in angemessener Frist zu geben. Hat die Gemeinde fehlerhaft angenommen, dass die Grundzüge der Planung bei der beabsichtigten Änderung nicht betroffen sind und deshalb nur ein vereinfachtes Beteiligungsverfahren durchgeführt, so ist dies für die Rechtswirksamkeit des Bauleitplans nicht beachtlich. Durch diese Unbeachtlichkeitsregelungen soll sichergestellt werden, dass Bauleitpläne nicht deshalb für unwirksam erklärt werden, weil das Gericht in der nachvollziehenden Kontrolle zu der Auffassung gelangt, das vereinfachte Verfahren hätte wegen der Betroffenheit der Grundzüge der Planung nicht gewählt werden dürfen. Im Interesse der Beschleunigung sollten die vereinfachten Verfahren der §§ 4 a III, 13 BauGB von solchen zusätzlichen Verfahrensrisiken entlastet werden. Die Gemeinde kann sich allerdings auf § 214 I 1 Nr. 2 BauGB nicht berufen, wenn sie davon ausgeht, dass die Grundzüge der Planung betroffen sind, sie gleichwohl von den Vereinfachungsmöglichkeiten der §§ 4 a II, 13 BauGB Gebrauch macht.[4526] **2097**

Bedeutsam für die Wirksamkeit der Bauleitplanung ist zwar die Durchführung einer Beteiligung der Träger öffentlicher Belange nach § 4 BauGB. Die **Nichtbeteiligung einzelner Behörden** oder sonstiger Träger öffentlicher Belange ist jedoch unbeachtlich, solange dadurch das Abwägungsgebot gewahrt ist (§ 214 III 2 BauGB). Die interne Unbeachtlichkeitsklausel des § 214 I 1 Nr. 2 BauGB ist entsprechend anzuwenden, wenn die Gemeinde das vereinfachte Verfahren (§ 13 BauGB) angewandt hat, weil sie verkannt hat, dass die Änderung oder Ergänzung eines Bauleitplans die Grundzüge der Planung berührt, und infolge dessen auch die Vorschriften über die Begründung der Bauleitpläne verletzt worden sind; das gilt nur, wenn die Durchführung einer Umweltprüfung nicht gemeinschaftsrechtlich geboten war.[4527] § 214 I 1 Nr. 2 Buchst. a BauGB ist „erst recht" anzuwenden, wenn „einzelne Personen, Behörden oder sonstige Träger öffentlicher Belange" nicht übergangen, sondern fehlerhaft als Träger öffentlicher Belange beteiligt worden sind.[4528] **2098**

Trotz der Beschränkung der Wirksamkeitsvoraussetzungen auf die förmliche Öffentlichkeits- und Behördenbeteiligung sind weiterhin die **rechtsstaatlichen Anforderungen**, die sich aus dem **Abwägungsgebot** ergeben, einzuhalten. Danach sind alle Belange in die Abwägung einzustellen, die mehr als geringfügig, schutzwürdig und erkennbar sind.[4529] Die Zusammenstellung des Abwägungsmaterials (§ 2 III BauGB) hat dabei auch unabhängig von den im Beteiligungsverfahren vorgetragenen Belangen zu geschehen, soweit sich diese Belange als Bestandteil der Abwägung für die Gemeinde aufdrängen. **2099**

Beispiel: Hat die Gemeinde etwa bei der Aufstellung eines Bebauungsplans für ein neues Gewerbegebiet die für die Gewerbeaufsicht zuständige Behörde nicht beteiligt, so wirkt sich dieser formale Beteiligungsmangel noch nicht auf die Wirksamkeit des Bauleitplans aus. Sind aber die Anforderungen an den Immissionsschutz nicht erfüllt oder hätte das Baugebiet im Hinblick auf ein benachbartes Wohngebiet nach § 1 IV BauNVO mit entsprechenden Festsetzungen zum Schutze der betroffenen Bevölkerung gegliedert werden müssen, so ist der Bebauungsplan wegen der Verletzung des Gebotes der Konfliktbewältigung unwirksam – unabhängig davon, dass die Nichtbeteiligung eines Trägers öffentlicher Belange nicht für sich gesehen zur Unwirksamkeit des Bebauungsplans führt.

4526 OVG Koblenz Urt. v. 16.5.2013 – 1 C 11004/12, BeckRS 2013, 53656.
4527 BVerwG NVwZ 2009, 1289. m. Anm. Lohse DÖV 2009, 794.
4528 BVerwG ZfBR 2018, 376; BauR 2004, 975.
4529 BVerwGE 59, 87.

3. Fehlende Begründung – unvollständiger Umweltbericht (§ 214 I 1 Nr. 3 BauGB)

2100 Nach § 214 I 1 Nr. 3 BauGB ist ferner beachtlich, wenn die Vorschriften über die Begründung des Flächennutzungsplans und der Satzung sowie ihrer Entwürfe nach den §§ 2 a, 3 II, 5 I 2 HS 2 und V, § 9 VIII und § 22 X BauGB verletzt worden sind. Dabei ist unbeachtlich, wenn die Begründung des Flächennutzungsplans oder der Satzung oder ihrer Entwürfe unvollständig sind. Der Umweltbericht darf allerdings nur in unwesentlichen Punkten vollständig sein.[4530] Soweit die Begründung in den für die Abwägung wesentlichen Beziehungen unvollständig ist, hat die Gemeinde auf Verlangen Auskunft zu erteilen, wenn ein berechtigtes Interesse an der Auskunftserteilung dargelegt wird (§ 214 I 2 BauGB).[4531] Wurde ein Bebauungsplan im beschleunigten Verfahren nach § 13b BauGB aF ohne Umweltprüfung erlassen, kann hierin ein nach § 214 I 1 Nr. 3 BauGB beachtlicher Verfahrensfehler liegen, der unbeachtlich wird, wenn er nicht innerhalb der Jahresfrist des § 215 I 1 Nr. 1 BauGB geltend gemacht wird.[4532]

2101 Das Gesetz unterscheidet damit zwischen der allgemeinen Begründung des Bauleitplans, die sich auf die Ziele, Zwecke und wesentlichen Auswirkungen des Bauleitplans bezieht (§ 2 a 2 Nr. 1 BauGB) und dem Umweltbericht, in dem die ermittelten und bewerteten Belange des Umweltschutzes darzustellen sind (§ 2 a 2 Nr. 2 BauGB). Die Begründung zum Flächennutzungsplan und zum Bebauungsplan haben wesentliche Funktionen im Aufstellungs- und Abwägungsverfahren. Sie sollen nach Möglichkeit einen Überblick über die vom Plangeber angestellten Überlegungen geben und dabei insbesondere die wesentlichen Abwägungsgesichtspunkte erkennen lassen. Die Begründung hat daher auch für die gerichtliche Kontrolle der Bauleitplanung eine **wichtige Funktion**, weil sie durch die Offenlegung der Begründungen eine nachvollziehende gerichtliche Kontrolle der Einhaltung des Abwägungsgebotes zumindest erleichtert, wenn nicht überhaupt erst ermöglicht. Fehlt daher die Begründung zum Flächennutzungsplan oder zum Bebauungsplan, so muss eine gerichtliche Kontrolle des Abwägungsgebotes in Schwierigkeiten geraten. Eine fehlende Begründung führt daher nach § 214 I 1 Nr. 3 BauGB zur Unwirksamkeit des Bauleitplans. Dies erscheint im Hinblick auf die Grundsätze des Abwägungsgebotes und der gerichtlichen Kontrolle folgerichtig.

2102 Ist die Begründung dagegen (lediglich) unvollständig, so bewirkt dieser Mangel allein nicht die Unwirksamkeit des Bauleitplans. Unvollständig ist eine Begründung dann, wenn entweder zu einer für die Planungskonzeption bedeutsamen Regelung nicht alle tragenden Gesichtspunkte behandelt worden sind oder wenn zu einzelnen auch bedeutsamen Regelungen eine Begründung fehlt.[4533] Die Begründung des Bebauungsplans ist nicht Bestandteil der Satzung nach § 10 I BauGB. Sie ist nicht Planinhalt, sondern nur dem Bebauungsplan gem. § 9 VIII BauGB beizufügen. Die Gemeinde hat gem. § 10 III 2 BauGB spätestens mit Wirksamwerden der Bekanntmachung der Genehmigung den Bebauungsplan mit Begründung und der zusammenfassenden Erklärung zu jedermanns Einsicht bereitzuhalten und über ihren Inhalt auf Verlangen Auskunft zu erteilen. Hiernach kann die Begründung nicht als materiell-rechtlicher Bestandteil des Bebauungsplans angesehen werden.[4534] Begründungsmängel nach § 214 I 1 Nr. 3 BauGB sind dann nicht überwindbar, wenn dem Bebauungsplan eine Begründung überhaupt nicht beigefügt ist oder wenn sich die Begründung formelmäßig in der Wiederholung einer Vorschrift des BauGB oder in der Beschreibung des Planinhalts erschöpft. Denn nach § 2 a 1 Nr. 1 BauGB sind in der Begründung die Ziele und Zwecke der Planung darzulegen.[4535]

2103 Ein solcher Mangel der Unvollständigkeit gewinnt daher Bedeutung, wenn hierdurch zugleich Abwägungsmängel offenbar werden, die auch durch andere Dokumente (Ratsprotokolle, Verwaltungsvorlagen) oder ggf. mündliche Erklärungen der am Aufstellungsverfahren Beteiligten nicht behoben werden können. In solchen Fällen können auch Defizite in der Begründung zu beachtlichen Fehlern führen – aber erst dann, wenn hierdurch die Anforderungen

4530 OVG Schleswig Beschl. v. 3.5.2023 – 1 MR 10/20, juris Rn. 21.
4531 Zur Europarechtskonformität der Planerhaltungsvorschriften Kment AöR 130, 570 (2005)
4532 BVerwG NVwZ 2023, 1652; VG Stuttgart Beschl. v. 12.10.2023 – 2 K 4527/23, juris Rn. 47, dort auch zur Unionsrechtskonformität des § 215 I 1 Nr. 1 BauGB in diesem Zusammenhang.
4533 BVerwG NJW 1986, 2720.
4534 BVerwGE 120, 239.
4535 BVerwG NJW 1986, 2720.

an das Abwägungsgebot nicht mehr gewahrt sind. § 214 I 1 Nr. 3 BauGB entlastet daher von einer formellen umfassenden Aufnahme aller Abwägungsgesichtspunkte in die Begründung, nicht jedoch davon, die Grundsätze des Abwägungsgebotes nach § 1 VII BauGB einzuhalten.

Weitergehende Anforderungen an die Begründung enthält § 214 I 1 Nr. 3 BauGB für den **Umweltbericht**. Hier darf sich die Unvollständigkeit nur auf unwesentliche Punkte beziehen.[4536] Allerdings ist die Vorschrift eingebettet in den Gesamtzusammenhang der Regelungen, die sich auf die Zusammenstellung des Abwägungsmaterials und die Ausgleichsentscheidung beziehen. Zum Umweltbericht gehören nur umweltschützende Belange, die Gegenstand des Abwägungsmaterials sind, die also zu ermitteln und zu bewerten sind (§ 2 III BauGB). Es muss sich daher um Belange handeln, deren Betroffenheit wahrscheinlich und die mehr als geringfügig, schutzwürdig und erkennbar sind. Dabei haben die Öffentlichkeits- und Behördenbeteiligung eine wichtige Funktion (§§ 3, 4 BauGB). Was dort nicht vorgetragen worden ist, ist nur dann erkennbar, wenn es sich dem Planer aufdrängt und geradezu offen auf der Hand liegt. Belange, die nicht rechtzeitig vorgetragen worden sind und die in dem Filter des § 4 a VI, 214 I 1 Nr. 1 BauGB hängen bleiben, sind nicht Gegenstand der Abwägung und können auch nicht nach § 214 I 1 Nr. 3 BauGB für den Umweltbericht beachtlich sein (§ 214 III 2 BauGB). Nur die danach beachtlichen Belange müssen daher im Umweltbericht dargestellt und bewertet werden (§ 2 a 2 BauGB). Zudem gilt auch hier die weitere Einschränkung für die Beachtlichkeit solcher Fehler, die sich aus § 214 III 2 BauGB ergibt. Mängel im Abwägungsvorgang sind danach nur erheblich, wenn sie offensichtlich und auf das Abwägungsergebnis von Einfluss gewesen sind. 2104

Nach § 1 VIII iVm § 2 IV BauGB hat die Gemeinde im Verfahren zur Änderung eines Bebauungsplans für die Belange des Umweltschutzes nach § 1 VI Nr. 7 und § 1a BauGB eine Umweltprüfung durchzuführen. Gemäß § 2a Satz 2 Nr. 2 BauGB ist ferner ein Umweltbericht zu erstellen, in dem die voraussichtlich erheblichen Umweltauswirkungen beschrieben und bewertet werden. Der Umweltbericht ist zusammen mit dem Entwurf des Bebauungsplans nach § 3 II 1 BauGB öffentlich auszulegen und gemäß § 9 VIII BauGB der Begründung beizufügen. Wird hiergegen verstoßen, ist der Fehler nach § 214 I 1 Nr. 3 BauGB beachtlich.[4537] 2105

Ist der **Umweltbericht** daher nicht nur in unwesentlichen Punkten unvollständig, so ist ein solcher Fehler in der Begründung beachtlich, wenn er offensichtlich ist und sich auf das Abwägungsergebnis auswirkt. Allein die **Unvollständigkeit des Umweltberichts** führt daher noch nicht zu einem beachtlichen Fehler. Dies gilt erst dann, wenn sich dieser Fehler auf das Abwägungsergebnis ausgewirkt hat. Bei der Aufstellung der Bauleitpläne wird die Umweltprüfung nach § 50 UVPG im Aufstellungsverfahren als Umweltprüfung nach dem BauGB durchgeführt. Das gilt auch für die UVP, wenn eine solche nach der Anlage 1 zum UVPG „Liste der UVP-pflichtigen Vorhaben" erforderlich ist (vor allem Nr. 18.1 bis 18.9 der Anlage 1). Die Umweltprüfung ist damit vollständig in das Bauleitplanverfahren integriert und erfolgt nicht in einem gesonderten, vom Verfahren der Aufstellung eines Bauleitplans zu unterscheidenden Verfahrensgang. Mit der Ausgestaltung des Verfahrens für die Aufstellung eines Bebauungsplans als Trägerverfahren ist zugleich gesetzlich festgelegt, dass Verfahrensfehler nur insoweit von Bedeutung sind, als sie im Aufstellungsverfahren eines Bauleitplans nach Maßgabe der §§ 214, 215 BauGB beachtlich sind. Verfahrensrechtliche Anforderungen um das Planaufstellungsverfahren herum, deren Nichteinhaltung unabhängig von den Regelungen in § 214, 215 BauGB zu einer Fehlerhaftigkeit des Bauleitplans führen würden, bestehen daher nicht. Wird eine erforderliche Umweltprüfung überhaupt nicht durchgeführt und fehlen wichtige umweltschützende Belange in der Begründung, so ist dieser Fehler beachtlich, wenn er offensichtlich und auf das Abwägungsergebnis von Einfluss gewesen ist. Fehlen lediglich einzelne Belange in der Umweltprüfung, so sind diese Defizite nur dann beachtlich, wenn sie offensichtlich und auf das Abwägungsergebnis von Einfluss gewesen sind. Fehler bei der Zusammenstellung des Abwägungsmaterials wirken sich aber dann nicht aus, wenn dieser Fehler nicht kausal für das Ergebnis der Planungsentscheidung war. Diese vom BVerwG für die Bedeutung der UVP in der Fachplanung entwickelte Kausalitätslehre[4538] kann auf die Bauleitplanung übertragen wer- 2106

[4536] OVG Schleswig Beschl. v. 3.5.2023 – 1 MR 10/20, juris Rn. 21; Zur Unbeachtlichkeit einer aufgrund fehlerhafter Wahl des vereinfachten Verfahrens unterlassenen Umweltprüfung siehe auch Lohse DÖV 2009, 794.

[4537] BVerwGE 153, 174 Rn. 29.

[4538] BVerwGE 100, 238.

den.[4539] Die Übertragbarkeit dieser Rechtsgrundsätze ergibt sich aus § 214 III 2 BauGB. Je gewichtiger die Belangen des Umweltschutzes in der Abwägung allerdings sind, desto eher ist davon auszugehen, dass sich methodische Unzulänglichkeiten bei der Ermittlung, Beschreibung und Bewertung iS des § 3 UVPG auf das Planungsergebnis ausgewirkt haben können.[4540] Eine solche Eingrenzung auf die Verfahrensfehler, die sich auf das Ergebnis ausgewirkt haben können, ist auch europarechtlich zulässig. Denn auch im Gemeinschaftsrecht gilt grundsätzlich das Kausalitätserfordernis: Ein Verfahrensfehler, der sich nicht auf das Ergebnis einer Entscheidung auswirkt, führt jedenfalls nicht zur Nichtigkeit der Verwaltungsmaßnahme.[4541] Ob der Hinweis des EuGH auf die Sanktionsmöglichkeit über einen Amtshaftungsanspruch insoweit hinreichend disziplinierend wirken kann, darf aber bezweifelt werden, da es in vielen Fällen an einem ersatzfähigen Schaden fehlen dürfte, der Verfahrensfehler letztlich also insgesamt sanktionslos bleibt. Begründungsdefizite im Umweltbericht wegen unvollständiger Angaben zu Überwachungsmaßnahmen sind daher unbeachtlich, wenn diese mangels umweltbezogener Abwägungsrelevanz keinen Einfluss auf die Abwägungsentscheidung haben.[4542] Auch das Fehlen einer förmlichen Umweltverträglichkeitsprüfung nach dem UVPG kann im Einzelfall nach Maßgabe des § 214 III 2 BauGB unbeachtlich sein.[4543] Ein nicht weiter erläuterter Hinweis auf die „vorliegenden umweltbezogenen Stellungnahmen zu den in § 1 VI Nr. 7 BauGB genannten Schutzgütern" in der Auslegungsbekanntmachung wird allerdings gelegentlich dem völligen Fehlen der Angaben iS des § 3 II 2 HS 1 BauGB zu den verfügbaren umweltbezogenen Informationen gleich gestellt und soll deshalb ein nach § 214 I 1 Nr. 2 BauGB beachtlicher Verfahrensfehler darstellen.[4544] Das kann aber allenfalls dann gelten, wenn sich der fehlende Hinweis auf das Abwägungsergebnis ausgewirkt hat.

2107 Ist die Begründung zum Bebauungsplan unvollständig, so hat die Gemeinde auf Verlangen den durch den Plan Betroffenen Auskunft zu erteilen (§ 214 I 2 BauGB), wenn ein berechtigtes Interesse dargelegt wird. Die Auskunftspflicht bezieht sich auch darauf, dass die maßgeblichen Unterlagen zur Einsicht vorgelegt werden. Das berechtigte Interesse des Auskunftsanspruchs ist ggf. darzulegen und wird dann gegeben sein, wenn der Antragsteller nachteilig in Belangen betroffen ist, die bei der Abwägung zu berücksichtigen sind.[4545] Der Auskunftsanspruch besteht daher für alle, die in ihren mehr als geringfügigen, schutzwürdigen und erkennbaren Belangen nachteilig betroffen sind. Der Auskunftsanspruch ist daher von vergleichbaren Anforderungen abhängig, wie sie für die Antragsbefugnis im Normenkontrollverfahren (§ 47 II VwGO) gelten.[4546]

4. Fehlen von Beschluss oder Genehmigung – Unzureichende Bekanntmachung (§ 214 I 1 Nr. 4 BauGB)

2108 § 214 I 1 Nr. 4 BauGB nennt als weitere Wirksamkeitsvoraussetzungen das Erfordernis eines abschließenden Beschlusses über den Bauleitplan, die ordnungsgemäße Durchführung des Genehmigungs- oder Anzeigeverfahrens und die wirksame Bekanntmachung. Ist ein Beschluss der Gemeinde über den Flächennutzungsplan oder die Satzung nicht gefasst, eine Genehmigung nicht erteilt oder der mit der Bekanntmachung des Flächennutzungsplans oder der Satzung verfolgte Hinweiszweck nicht erreicht worden, so ist der Bauleitplan nach § 214 I 1 Nr. 4 BauGB unwirksam. Es handelt sich dabei um schwere Mängel, die dem Rügeerfordernis des § 215 I BauGB nicht unterliegen.[4547]

2109 Ein Bauleitplan ist nur bei **wirksamem abschließendem Ratsbeschluss** ordnungsgemäß zu Stande gekommen und damit rechtswirksam. Fehlt ein wirksamer abschließender Ratsbeschluss, so ist der Bauleitplan unwirksam. Die Wirksamkeit des abschließenden Ratsbeschlusses bestimmt sich hinsichtlich der dabei einzuhaltenden verfahrensrechtlichen Anforderungen nach

---

4539 BVerwG NVwZ 2004, 1237.

4540 BVerwG NVwZ 2004, 1237.

4541 EuG Urt. v. 6.7.2000 – Rs. T-62/98 (Volkswagen AG/Kom.) – E 2000, II-2707 u. EuGH Urt. v. 18.9.2003 – Rs.C-338/00 P (Volkswagen AG/Kom.) – WuW 2003, 1207.

4542 OVG Lüneburg ZfBR 2009, 262.

4543 OVG Koblenz ZfBR 2009, 596.

4544 OVG Berlin-Brandenburg DVBl. 2009, 1393.

4545 BVerwGE 59, 87.

4546 BVerwG NJW 1999, 592 m. Bespr. Stüer BauR 1999, 1221.

4547 BVerwG NJW 1985, 3034.

dem Kommunalverfassungsrecht der Länder. Landesrecht bestimmt auch, ob etwa bei der Mitwirkung von befangenen Ratsmitgliedern der Ratsbeschluss in jedem Falle unwirksam ist oder eine solche Folge nur dann eintritt, wenn die Stimme des wegen eines Mitwirkungsverbotes ausgeschlossenen Ratsmitgliedes den Ausschlag gegeben hat.[4548] Der Bundesgesetzgeber hat die Regelung der rechtlichen Konsequenzen, die aus einem Verstoß gegen landesrechtliche Verfahrens- und Formvorschriften zu ziehen sind, dem **Landesgesetzgeber** überlassen. Das gilt auch für die Rechtsfolgen der Mitwirkung eines von der Beschlussfassung ausgeschlossenen Gemeinderatsmitglieds bei der Beratung und Beschlussfassung über einen Bebauungsplan. Es ist eine Frage des Landesrechts, ob dieser Verstoß für den gefassten Beschluss nur dann rechtlich bedeutsam ist, wenn die Mitwirkung des Ausgeschlossenen für das Abstimmungsergebnis ursächlich gewesen ist.[4549] Der Mangel ist allerdings nur dann erheblich, wenn er iS des § 214 III 2 BauGB offensichtlich und auf das Abwägungsergebnis von Einfluss gewesen ist.

Auch **ein nicht ordnungsgemäß durchgeführtes Genehmigungsverfahren** führt nach § 214 I 1 Nr. 4 BauGB zur Unwirksamkeit des Bauleitplans. Fehler in einem ggf. landesrechtlich angeordneten Anzeigeverfahren sind demgegenüber für die Rechtswirksamkeit des Bauleitplans ohne Belang. Fehler in der Schlussbekanntmachung sind dann wirksamkeitserheblich, wenn der mit der Bekanntmachung verfolgte Hinweiszweck nicht erreicht worden ist. Das Gesetz nimmt dabei die vom BVerwG entwickelte Unterscheidung zwischen der Anstoßfunktion einer Bekanntmachung zur förmlichen Öffentlichkeitsbeteiligung[4550] und der Hinweisfunktion einer **Schlussbekanntmachung** auf. Es reicht dabei aus, dass die Schlussbekanntmachung neben einer Nummer das Plangebiet durch einen plakativen Begriff bezeichnet. Außerdem ist bei einem Bebauungsplan in der Bekanntmachung nach § 10 III BauGB darauf hinzuweisen, bei welcher Stelle der Plan, die Begründung und die zusammenfassende Erklärung eingesehen werden kann. Bei derartigen Fehlern kann der Bauleitplan nur durch deren Behebung nach § 214 IV BauGB unter Wiederholung der nachfolgenden Verfahrensschritte auch rückwirkend wirksam werden. 2110

Der von § 214 I 1 Nr. 4 Alt. 3 BauGB vorausgesetzte Hinweiszweck verlangt, dass die Bekanntmachung der Genehmigung oder des Beschlusses des Bebauungsplans geeignet ist, das Inkrafttreten des neuen Bebauungsrechts in einem näheren Bereich des Gemeindegebiets dem Normadressaten gegenüber bewusst zu machen und denjenigen, der sich über den genauen räumlichen und gegenständlichen Regelungsinhalt des Bebauungsplans unterrichten will, ohne weitere Schwierigkeiten zu dem richtigen – bei der Gemeinde ausliegenden – Plan zu führen.[4551] 2111

§ 214 I BauGB erfasst ausschließlich Verfahrens- und Formvorschriften nach dem BauGB, nicht jedoch Verstöße gegen landesrechtliche Verfahrens- und Formvorschriften.[4552] Verstöße gegen Landesrecht sind allerdings nur insoweit beachtlich, als das Landesrecht die Voraussetzungen schafft. Das Landesrecht ist wegen der abschließenden Regelung des Städtebaurechts im BauGB nicht in der Lage, zusätzliche Anforderungen an die Wirksamkeit des Flächennutzungsplans oder der städtebaulichen Satzung zu stellen, die nicht im BauGB angelegt sind. 2112

5. Verstoß gegen Entwicklungsgebot gem. § 214 II BauGB

§ 214 II BauGB fasst die Wirksamkeitsvoraussetzungen zum Entwicklungsgebot des § 8 BauGB zusammen. Dabei soll einerseits sichergestellt werden, dass der Bebauungsplan iS der geordneten **städtebaulichen Entwicklung** aus dem Flächennutzungsplan abgeleitet ist. Andererseits soll vermieden werden, dass jeder Verstoß gegen ein formal verstandenes Entwicklungsgebot zur Unwirksamkeit des Bebauungsplans führt. Die Vorschrift benennt in einem **Negativkatalog** vier Fälle, bei denen **Verstöße gegen** das **Entwicklungsgebot** für die Rechtswirksamkeit des Bebauungsplans **unbeachtlich** sind: 2113

4548 Zu kommunalen Mitwirkungsverboten Röhl Jura 2006, 512; sieh auch Menke Das kommunale Mitwirkungsverbot bei der Bauleitplanung, Münster 1990.

4549 BVerwG NVwZ 1999, 425.

4550 Zur Anstoßfunktion bei der Bekanntmachung der Offenlage eines vorhabenbezogenen Bebauungsplans BVerwG Beschl. v. 17.12.2004 – 4 BN 48.04 – Buchholz 406.11 § 3 BauGB Nr. 11.

4551 BVerwG NVwZ 2023, 667.

4552 BVerwG BRS 64 (2001) Nr. 43.

– Die Anforderungen an die **Aufstellung eines selbstständigen Bebauungsplans** (§ 8 II 2 BauGB) oder an die in § 8 IV BauGB bezeichneten dringenden Gründe für die **Aufstellung eines vorzeitigen Bebauungsplans** sind nicht richtig beurteilt worden.
– Das **Entwicklungsgebot** in § 8 II 1 BauGB ist verletzt worden, ohne dass hierbei die sich aus dem Flächennutzungsplan ergebende geordnete städtebauliche Entwicklung beeinträchtigt worden ist.
– Der Bebauungsplan ist aus einem **Flächennutzungsplan** entwickelt worden, dessen **Unwirksamkeit** wegen Verletzung von Verfahrens- oder Formvorschriften einschließlich des § 6 BauGB sich nach Bekanntmachung des Bebauungsplans herausstellt.
– Im **Parallelverfahren** ist gegen § 8 III BauGB verstoßen worden, ohne dass die geordnete städtebauliche Entwicklung beeinträchtigt worden ist.

2114 **Verstöße** gegen das **Entwicklungsgebot** führen nur dann zur Unwirksamkeit des Bebauungsplans, wenn der **Bebauungsplan** über den formalen Verstoß gegen die Ordnungsvorschrift des § 8 BauGB auch **inhaltlich** die sich aus dem Flächennutzungsplan ergebende **städtebauliche Ordnung** nicht wahrt. Der Anwendungsbereich dieser Vorschriften ist allerdings dadurch eingeschränkt, dass die Rechtsprechung die Anforderungen an das Entwicklungsgebot schon seit Jahren nicht unerheblich gelockert hat. War zunächst vielleicht der Eindruck entstanden, dass der Bebauungsplan aus dem Flächennutzungsplan eher sklavisch entwickelt werden müsse und jede Abweichung die Gefahr eines Verstoßes gegen das Entwicklungsgebot nach sich ziehe, so hat das BVerwG in mehreren Entscheidungen mehr auf die inhaltliche Seite des Entwicklungsgebotes iS der Wahrung einer geordneten städtebaulichen Entwicklung abgestellt. Diese ist vor allem beeinträchtigt, wenn ein über das Gebiet des Bebauungsplans hinausgehender Bereich und die übergeordneten Darstellungen des Flächennutzungsplans betroffen sind.[4553] Die geordnete städtebauliche Entwicklung ist demgegenüber nicht beeinträchtigt, wenn im Bebauungsplan nur von einzelnen Darstellungen des Flächennutzungsplans abgewichen wird, ohne dass sich hierdurch die Gesamtkonzeption ändert oder gravierende Abweichungen vom Flächennutzungsplan zu verzeichnen wären.

Beispiel: Die Gemeinde weist im Bereich der Innenstadt ein Kerngebiet aus und bezieht hierin auch ein Grundstück ein, das im Flächennutzungsplan als Mischgebiet dargestellt ist. Hier dürfte das Entwicklungsgebot eingehalten sein, sodass § 214 II BauGB nicht zur Anwendung gelangt. Wird dagegen ein im Flächennutzungsplan als Grünfläche (§ 9 I Nr. 15 BauGB) dargestellter Bereich zur Größe von 200 m^2 im Bebauungsplan als Fläche für Stellplätze (§ 9 I Nr. 22 BauGB) festgesetzt, könnte möglicherweise das Entwicklungsgebot nach § 8 II BauGB verletzt sein. Wird aber die geordnete städtebauliche Entwicklung nicht beeinträchtigt, so ist der Verstoß gegen das Entwicklungsgebot nach § 214 II Nr. 2 BauGB unbeachtlich. Die Grenzen des Entwicklungsgebots sind ebenfalls gewahrt, wenn in einem Bebauungsplan „Flächen zum Schutz, zur Pflege und zur Entwicklung von Boden, Natur und Landschaft" iS des § 9 I Nr. 20 BauGB festgesetzt wurden, die im Flächennutzungsplan als „Wald" iS des § 5 II Nr. 9 b BauGB dargestellt sind.[4554]

2115 Nach § 214 II Nr. 1 BauGB wirkt sich eine **Fehlbeurteilung** der **Voraussetzungen** für die **Aufstellung** eines **selbstständigen** oder **vorzeitigen Bebauungsplans** nicht auf die Rechtsverbindlichkeit des Bebauungsplans aus.[4555] Dabei setzt die Anwendung dieser Vorschrift nicht voraus, dass die Gemeinde sich ausdrücklich mit den Anforderungen an die Aufstellung eines vorzeitigen Bebauungsplans auseinandergesetzt hat.[4556]

2116 Auch ein **Verstoß gegen** das **Parallelverfahren** nach § 8 III BauGB ist nur beachtlich, wenn hierdurch die geordnete städtebauliche Entwicklung beeinträchtigt worden ist.[4557] Für den Gesetzgeber ist bei dieser Frage nicht die Einhaltung von Verfahrensvorschriften bei der Aufstellung des Flächennutzungsplans das Entscheidende, sondern die inhaltliche Abgestimmtheit mit dem Flächennutzungsplan. Verstößt ein Bebauungsplan nicht gegen dieses Ziel, so ist die Einhaltung der diesem Anliegen nur instrumentell dienenden Verfahrensvorschriften zweitrangig. Ihre Verletzung berührt nach § 214 II Nr. 2 BauGB die Wirksamkeit des Bebauungs-

---

[4553] VG Köln UPR 1982, 135.
[4554] BVerwG NVwZ-RR 2003, 406.
[4555] BVerwGE 66, 116.
[4556] BVerwG NVwZ 1985, 745.
[4557] BVerwG NVwZ 1985, 485.

plans nicht. Dabei hat die Rechtsprechung klargestellt, dass das Parallelverfahren nach § 8 III BauGB nicht iS eines immer zeitgleichen Nebeneinanders von Flächennutzungsplan und Bebauungsplan verstanden werden kann. Der Bebauungsplan kann den Flächennutzungsplan vielmehr auch zeitweise zeitlich „überholen", wenn nur die geordnete städtebauliche Entwicklung hierdurch keinen Schaden nimmt.[4558] Dies gilt auch für das Inkrafttreten des Bebauungsplans vor dem Flächennutzungsplan, wenn sich der Bebauungsplan im Nachhinein als aus dem Flächennutzungsplan entwickelt erweist.[4559] Denn die Unbeachtlichkeitsvorschrift des § 214 II Nr. 4 BauGB erfasst auch den Fall, dass die Genehmigung des Bebauungsplans vor der Genehmigung des Flächennutzungsplans bekannt gemacht worden ist.[4560]

Auch die Entwicklung des Bebauungsplans aus einem Flächennutzungsplan, der sich später auf Grund einer Verletzung von Form- oder Verfahrensvorschriften als unwirksam erweist, ist nach § 214 II Nr. 3 BauGB für die Wirksamkeit des Bebauungsplans unbeachtlich.[4561] Ist der Flächennutzungsplan auf Grund eines nicht erkannten Fehlers unwirksam, so kann der Bebauungsplan bereits als vorzeitiger Bebauungsplan gem. § 8 IV BauGB wirksam sein, ohne dass es einer Heilung bzw. Wirksamkeitsanordnung nach § 214 II Nr. 3 BauGB bedarf. Nach § 8 IV BauGB kann ein Bebauungsplan aufgestellt, geändert, ergänzt oder aufgehoben werden, wenn dringende Gründe es erfordern oder wenn der Bebauungsplan der beabsichtigten städtebaulichen Entwicklung des Gemeindegebietes nicht entgegensteht. Erforderlich ist dazu, dass der Flächennutzungsplan noch nicht aufgestellt worden ist. Auch ein ungültiger Flächennutzungsplan kann dabei die Grundlage für einen vorzeitigen Bebauungsplan bilden.[4562] 2117

Die Frage, ob ein Bebauungsplan nach § 8 II 1 BauGB aus dem Flächennutzungsplan entwickelt ist, beurteilt sich nach der **planerischen Konzeption** für den engeren Bereich des Bebauungsplans. Für die Frage, ob durch den nicht aus dem Flächennutzungsplan entwickelten Bebauungsplan iS des § 214 II BauGB die sich aus dem Flächennutzungsplan ergebende geordnete städtebauliche Entwicklung beeinträchtigt wird, ist die planerische Konzeption des Flächennutzungsplans für den größeren Raum, in der Regel das gesamte Gemeindegebiet, maßgebend. Es ist zu fragen, ob die übergeordneten, über den Bereich des Bebauungsplans hinausgehenden, übergeordneten Darstellungen des Flächennutzungsplans beeinträchtigt werden. Dabei spielt das Gewicht der planerischen Abweichung vom Flächennutzungsplan im Rahmen der Gesamtkonzeption eine Rolle. Maßgeblich ist, ob der Flächennutzungsplan seine Bedeutung als kommunales Steuerungsinstrument der städtebaulichen Entwicklung im Großen und Ganzen behalten oder verloren hat.[4563] 2118

6. Bebauungsplan der Innenentwicklung (§ 214 II a BauGB)

Die Wirksamkeitsvoraussetzungen für den Bebauungsplan der Innenentwicklung nach § 13 a BauGB sind der vereinfachten Änderung von Plänen nach § 13 BauGB weitgehend gleichgestellt.[4564] So war nach der BauGB-Novelle 2007 eine fehlerhafte Beurteilung der Voraussetzungen für den Bebauungsplan der Innenentwicklung bei der Öffentlichkeits- oder Behördenbeteiligung (§ 214 I 1 Nr. 2 BauGB) und beim Entwicklungsgebot (§ 214 II a Nr. 1 BauGB) ebenso unbeachtlich wie ein unterbliebener Hinweis nach § 13 a BauGB (§ 214 II a Nr. 2 BauGB). 214 II a Nr. 1 BauGB ist allerdings inzwischen gestrichen worden.[4565] 2119

Bei einer fehlerhaften Beurteilung des Erfordernisses einer **Umweltprüfung** ist der Gesetzgeber zur Wahrung der europarechtlichen Anforderungen etwas vorsichtiger zu Werke gegangen (§ 214 II a Nr. 3 und 4 BauGB). Gelangt der Plangeber bei der Vorprüfung des Einzelfalls oder bei der Prüfung der Ausschlussgründe für ein vereinfachtes Verfahren wegen der Beeinträchtigung von UVP-Belangen zu einem fehlerhaften Ergebnis, so ist dies unbeachtlich, wenn die Annahmen zwar falsch, aber nachvollziehbar sind. Der Sache nach soll hier die gerichtliche 2120

[4558] BVerwGE 70, 171.
[4559] Battis in BKL § 214 Rn. 14.
[4560] Zur Vorgängervorschrift des § 155 b I 1 Nr. 8 BBauG 1979 BVerwGE 70, 171.
[4561] Zur Vorgängervorschrift des § 155 b I 1 Nr. 7 BBauG 1979 BVerwG NJW 1984, 1775.
[4562] BVerwG DVBl. 1992, 574.
[4563] BVerwG ZfBR 1999, 223.
[4564] Kuchler BauR 2007, 835.
[4565] EuGH DVBl. 2013, 777 mit Anm. Stüer/Garbrock.

Überprüfung auf eine **Plausibilitätskontrolle** zurückgenommen werden.[4566] Hat der Plangeber keine Prüfung durchgeführt oder sind seine Überlegungen nicht wirklich nachvollziehbar, so führt der Fehler einer unzutreffenden Vorprüfung oder einer nicht beachteten UVP-Pflicht zu einem erheblichen Mangel. Nachvollziehbar ist das Ergebnis der Prüfung allerdings wohl nur, wenn der Plangeber die Gründe für das Nichtbestehen einer UVP-Pflicht dargelegt hat. Die Durchführung und das Ergebnis der Vorprüfung sind daher in der Begründung des Bebauungsplans darzulegen (§ 50 UVPG). Nachvollziehbar nach § 214 II a Nr. 3 BauGB ist das Ergebnis der überschlägigen Prüfung, wenn ein die Vorgaben des § 13 a I 2 Nr. 2 BauGB beachtender Entscheidungsprozess belegt und die Argumentation in sich schlüssig ist, auch wenn einzelne Annahmen, die der Begründung der Vorprüfung zugrunde liegen, nicht unumstößlich sind.[4567]

7. Beachtlichkeit von Abwägungsfehlern (§ 214 III BauGB)

2121 In § 214 III BauGB werden Regelungen für die Beachtlichkeit von Abwägungsfehlern getroffen, die systematisch mit dem Abwägungsgebot in § 1 VII BauGB im Zusammenhang stehen. Für die Abwägung ist die Sach- und Rechtslage im Zeitpunkt der Beschlussfassung über den Flächennutzungsplan oder die Satzung maßgebend. Mängel, die Gegenstand der Regelung in § 214 I 1 Nr. 1 BauGB sind, können nicht als Mängel der Abwägung geltend gemacht werden; im Übrigen sind Mängel im Abwägungsvorgang nur erheblich, wenn sie offensichtlich und auf das Abwägungsergebnis von Einfluss gewesen sind.

2122 **a) Maßgeblicher Zeitpunkt.** § 214 III 1 BauGB will mit der Klarstellung, dass für die Abwägung die Sach- und Rechtslage im Zeitpunkt der Beschlussfassung maßgebend ist, erreichen, dass nach der Beschlussfassung eintretende Änderungen sich nicht auf die Wirksamkeit des Bauleitplans auswirken. Insbesondere soll ausgeschlossen werden, dass in der gerichtlichen Kontrolle auf den Zeitpunkt des Inkrafttretens des Flächennutzungsplans oder der städtebaulichen Satzung abgestellt wird und damit auch Umstände beachtlich werden, die zum Zeitpunkt der Beschlussfassung noch nicht eingetreten oder bekannt waren und daher auch regelmäßig nicht berücksichtigt werden konnten.

Beispiel: Die für die Gewerbeaufsicht zuständige Fachbehörde fordert für den Schutz eines Wohngebietes Schutzauflagen, die im Bebauungsplan nach § 9 I Nr. 24 BauGB festgesetzt werden. Nach Beschlussfassung, aber vor Bekanntmachung der Genehmigung wird ein neues Schallschutzgutachten vorgelegt, das höhere Schutzauflagen für erforderlich hält. Hier kann die Gemeinde grundsätzlich darauf verweisen, dass diese Gesichtspunkte bei der abschließenden Beschlussfassung nicht bekannt waren und nicht berücksichtigt werden konnten.

2123 Auch für die Prüfung von Fehlern nach § 214 I 1 Nr. 1 BauGB ist, wie bei den sonstigen Abwägungsfehlern, der Zeitpunkt der Beschlussfassung über die Satzung maßgeblich (§ 214 III 1 BauGB analog).[4568] Dabei ist zwischen dem Abwägungsvorgang und dem Abwägungsergebnis zu unterscheiden.[4569] Hinsichtlich der **Kontrolle** des **Abwägungsvorgangs** ist auf den Zeitpunkt der Beschlussfassung abzustellen. Was der Rat im Zeitpunkt seiner abschließenden Beschlussfassung nicht kannte und nicht kennen musste, brauchte er auch nicht in die Abwägung einzustellen.[4570] Gleichwohl kann ein Bauleitplan wegen einer wesentlichen Änderung des Sachverhalts im Zeitraum zwischen Beschlussfassung und Inkrafttreten unwirksam sein bzw. werden, weil sich das Abwägungsergebnis im Zeitpunkt des Inkrafttretens als unausgewogen darstellt. Solche wesentlichen Änderungen des Sachverhalts auch nach Beschlussfassung können auf das Abwägungsergebnis und damit auf die Wirksamkeit des Bebauungsplans durchschlagen. Es sind dies zumeist Gründe, die bei einem rechtsverbindlichen Bebauungsplan zu dessen Unwirksamkeit wegen Funktionslosigkeit führen. Regelmäßig setzt dies eine längere Zeitspanne zwischen Ratsbeschluss und Bekanntmachung der Genehmigung voraus.

[4566] Zur Plausibilität als richterlichem Kontrollmaßstab siehe Beckmann in Gärditz/Keller/Niesler (Hrsg.), Der Kontrollauftrag der Verwaltungsgerichtsbarkeit, liber amicorum für Max-Jürgen Seibert, Berlin 2020, S. 13; Beckmann Plausibilitätsmaßstäbe rechtsstaatlicher Kontrollverfahren, Rechtstheorie 2022, 335.

[4567] OVG Greifswald NordÖR 2013, 211; OVG Münster UPR 2007, 37.

[4568] VGH Mannheim BauR 2009, 1632; BVerwG NVwZ 2008, 899.

[4569] § 214 III 2 BauGB; siehe zur Abwägung als Verfahren – Abwägung als materielles Recht Beckmann BauR 2016, 1417.

[4570] BVerwG NVwZ 2004, 1237.

Beispiel: Eine Großstadt plant, eine Trabrennbahn zu verlegen und den bisherigen Rennplatz zu einem Erholungsgebiet umzugestalten. Nach abschließender Beschlussfassung über den Bebauungsplan, aber noch vor Inkrafttreten des Plans wird bekannt, dass die Verlagerungspläne in absehbarer Zeit nicht finanzierbar sind und entsprechende Sondierungsgespräche mit der Landesregierung auf Bezuschussung endgültig gescheitert sind. Hier wäre zwar das Abwägungsverfahren fehlerfrei. Das Abwägungsergebnis ist aber im Zeitpunkt des Inkrafttretens des Bebauungsplans nicht mehr zu verwirklichen, sodass der Bebauungsplan bereits mit der Bekanntmachung der Genehmigung nicht umsetzbar ist. Der Plan würde dann wegen eines Fehlers im Abwägungsergebnis nicht in Kraft treten.

Zwar ist für die Abwägung grundsätzlich die Sach- und Rechtslage im Zeitpunkt der Beschlussfassung über den Flächennutzungsplan oder die Satzung maßgebend. Für die Anpassung an die **Ziele der Raumordnung** nach § 1 IV BauGB gilt § 214 III 1 BauGB weder unmittelbar noch entsprechend.[4571] Das Anpassungsgebot gilt vielmehr auch für Ziele der Raumordnung, die erst im Anschluss an den Satzungsbeschluss verbindlich werden. Der Bebauungsplan darf dann, wenn er gegen die Ziele der Raumordnung verstößt, weder genehmigt noch bekannt gemacht werden. 2124

b) Unbeachtlichkeit aufgrund der Verletzung von Mitwirkungslasten. Mängel, die nach § 214 I 1 Nr. 1 BauGB für die Abwägung nicht von Bedeutung sind, können nicht als Mängel der Abwägung geltend gemacht werden (§ 214 III 2 Hs. 1 BauGB). Stellungnahmen, die im Verfahren der Öffentlichkeits- oder Behördenbeteiligung nicht rechtzeitig abgegeben worden sind, können bei der Beschlussfassung über den Bauleitplan unberücksichtigt bleiben, sofern die Gemeinde deren Inhalt nicht kannte und nicht hätte kennen müssen und deren Inhalt für die Rechtmäßigkeit des Bauleitplans nicht von Bedeutung ist (§ 4 a VI 1 BauGB). Nur Belange, die der Gemeinde bekannt waren oder hätten bekannt sein müssen, sind für die Abwägung beachtlich. Zudem ist erforderlich, dass diese Belange in wesentlichen Punkten nicht zutreffend ermittelt oder bewertet worden sind und der Mangel offensichtlich und auf das Ergebnis des Verfahrens von Einfluss gewesen ist (§ 214 I 1 Nr. 1 BauGB). Belange, die an dieser Hürde scheitern, können nicht als Mängel der Abwägung geltend gemacht werden (§ 214 III 2 HS 1 BauGB). Das BauGB geht daher von einer eingeschränkten Präklusion solcher Belange aus, die für die Gemeinde nicht erkennbar waren und daher für die Abwägung nicht beachtlich sind. Die Präklusion geht daher nicht so weit wie im Fachplanungsrecht, für das vielfach eine materielle Präklusion angeordnet ist. Belange, die nicht innerhalb der Einwendungsfristen geltend gemacht worden sind, gehen auch für das Gerichtsverfahren in dem Sinne unter, dass sich der Rechtsträger auf sie nicht mehr berufen kann. In der Bauleitplanung sind Belange nur dann unbeachtlich, wenn sie der Gemeinde nicht bekannt waren und auch nicht hätten bekannt sein müssen. Im Rahmen einer Normenkontrolle kann sich der Antragsteller daher auch dann noch auf Belange berufen, wenn sie von ihm nicht im Rahmen der Offenlage vorgetragen worden sind. Belange, die allerdings für die Gemeinde nicht erkennbar waren und die auch während der Offenlage nicht vorgetragen worden sind, bleiben sowohl bei der Beschlussfassung über den Plan als auch in der Gerichtskontrolle unberücksichtigt. 2125

c) Weitere Mängel im Abwägungsvorgang. Sondervorschriften für die Beachtlichkeit von Mängeln im Abwägungsvorgang enthält § 214 III 2 HS 2 BauGB.[4572] Nach dieser Vorschrift sind Mängel im Abwägungsvorgang nur erheblich, wenn sie offensichtlich und auf das Ergebnis von Einfluss gewesen sind.[4573] **Offensichtlich** sind Mängel dann, wenn sie zur äußeren Seite der Abwägung gehören und sich geradezu aufdrängen. Es sind dies Fehler und Irrtümer, welche „die Zusammenstellung und Aufbereitung des Abwägungsmaterials (§ 2 III BauGB), die Erkenntnis und Einstellung aller wesentlichen Belange in die Abwägung und die Gewichtung der Belange betreffen und die sich etwa aus Akten, Protokollen, aus Entwürfen oder Planbegründungen oder aus sonstigen Unterlagen ergeben“[4574] Offensichtlich ist dagegen nicht, was zur inneren Seite des Abwägungsvorgangs gehört und etwa die Motive oder Vorstellungen der Entscheidungsbeteiligten betrifft.[4575] Ein offensichtlicher Mangel im Abwä- 2126

[4571] BVerwG BRS 70 Nr. 3 (2006).

[4572] Zur Abgrenzung von Mängeln im Abwägungsvorgang und Abwägungsergebnis OVG Lüneburg BauR 2013, 1838.

[4573] OVG Münster Urt. v. 10.7.2007 – 7 D 43/06.NE, BeckRS 2007, 26102.

[4574] BVerwG NJW 1982, 591.

[4575] BVerwGE 64, 33.

gungsvorgang ist dann auf das Abwägungsergebnis von Einfluss gewesen, wenn nach den Umständen des Einzelfalls die konkrete Möglichkeit eines solchen Einflusses besteht.[4576] Was zur äußeren Seite des Abwägungsvorgangs gehört und auf objektiv erfassbaren Sachumständen beruht, ist grundsätzlich beachtlich. Fehler und Irrtümer, die zB die Zusammenstellung und Aufbereitung des Abwägungsmaterials, die Erkenntnis und Einstellung aller wesentlichen Belange in die Abwägung oder die Gewichtung der Belange betreffen und die sich etwa aus Akten, Protokollen, aus der Entwurfs- oder Planbegründung oder aus sonstigen Unterlagen ergeben, sind offensichtlich und daher – wenn sich für ihr Vorliegen Anhaltspunkte ergeben – vom Gericht ggf. auch durch Beweiserhebung aufzuklären. Was dagegen zur inneren Seite des Abwägungsvorgangs gehört, was also die Motive und die etwa fehlenden oder irrigen Vorstellungen der an der Abstimmung beteiligten Mitglieder des Planungsträgers betrifft, gehört iS des § 214 III 2 Hs. 2 BauGB zu den nicht offensichtlichen Mängeln. Diese Mängel lassen die Gültigkeit des Plans unberührt.[4577] Zur inneren Seite des Abwägungsvorgangs gehören auch Vorstellungen des Satzungsgebers, die nicht nach außen hin zum Ausdruck gekommen sind.

2127 Mängel im Abwägungsvorgang sind iS des § 214 III 2 BauGB daher **„auf das Abwägungsergebnis von Einfluss"** gewesen, wenn nach den Umständen des jeweiligen Falles die konkrete Möglichkeit besteht, dass ohne den Mangel die Planung anders ausgefallen wäre.[4578] Es kommt einerseits nicht auf den positiven Nachweis eines Einflusses auf das Abwägungsergebnis an. Auf der anderen Seite genügt aber auch nicht die abstrakte Möglichkeit, dass ohne den Mangel anders geplant worden wäre.[4579]

2128 Der Gesetzgeber hat in § 214 III 2 Hs. 2 BauGB die Beachtlichkeit von Mängeln im Abwägungsvorgang von ihrer Offensichtlichkeit abhängig gemacht. Diese gewollte Einschränkung und Absage an jede Motivforschung haben Grundeigentümer und Gemeinde als Ortsgesetzgeber gleichermaßen hinzunehmen.[4580] Ein Mangel im Abwägungsvorgang ist allerdings nicht schon dann offensichtlich iS von § 214 III 2 BauGB, wenn er sich aus den Aufstellungsunterlagen ergibt.[4581] Für die Annahme, ein Mangel im Abwägungsvorgang sei iS von § 214 III 2 BauGB auf das Abwägungsergebnis **von Einfluss** gewesen, genügt bei einem einstimmigen Ratsbeschluss über einen Bebauungsplan auch nicht die bloße Vermutung, einzelne Ratsmitglieder wären bei Vermeidung des Mangels für eine andere Lösung aufgeschlossen gewesen. Es müssen vielmehr Anhaltspunkte dafür vorliegen, dass Mängel im Abwägungsverfahren auf das Abwägungsergebnis haben durchschlagen können.[4582] Ein offensichtlicher Mangel im Abwägungsvorgang liegt allerdings nicht schon dann vor, wenn Planbegründung und Aufstellungsvorgänge keinen ausdrücklichen Hinweis darauf enthalten, dass sich der Plangeber mit bestimmten Umständen abwägend befasst hat.[4583] Aus dem Fehlen einer entsprechenden Begründung ist daher noch nicht allein auf einen Abwägungsfehler zu schließen.[4584] Ein offensichtlicher Mangel kann vom Gericht vielmehr nur angenommen werden, wenn konkrete Umstände positiv und klar auf einen solchen Mangel hindeuten. Es genügt dagegen nicht, wenn negativ lediglich nicht ausgeschlossen werden kann, dass der Abwägungsvorgang an einem Mangel leidet. Denn nicht jede Lücke in den Aufstellungsvorgängen muss zwangsläufig zulasten der planenden Gemeinde in dem Sinne gehen, dass daraus auf Abwägungsausfälle geschlossen werden muss.[4585] Es muss vielmehr nach den Umständen des Einzelfalls die konkrete Möglichkeit eines solchen Einflusses bestehen, was etwa dann der Fall sein kann, wenn sich anhand der Planunterlagen oder sonst erkennbarer oder nahe liegender Umstände ergibt, dass sich ohne den Fehler im Abwägungsvorgang ein anderes Abwägungsergebnis abgezeichnet hätte.[4586]

2129 Dies gilt auch für **umweltschützende Belange**. Eine bloße Unvollständigkeit des Umweltberichts (§ 214 I 1 Nr. 3 BauGB) führt daher noch nicht automatisch zu einem beachtlichen Verfahrensfehler, sondern erst dann, wenn die Unvollständigkeit des Berichts offen-

---

4576 BVerwGE 41, 67; BVerwGE 45, 309; BVerwGE 64, 33.
4577 BVerwGE 64, 33.
4578 OVG Berlin-Brandenburg Urt. v. 25.5.2012 – OVG 2 A 18.10, BeckRS 2012, 52906.
4579 BVerwG BauR 2004, 1130.
4580 BVerwG Beschl. v. 23.12.1993 – 4 B 212.92, BeckRS 1993, 8526.
4581 BVerwG BauR 1992, 342.
4582 BVerwG BauR 1992, 342.
4583 BVerwG DVBl. 1992, 577.
4584 BVerwG NVwZ 1995, 899; OVG Weimar ThürVGRspr. 1998, 86.
4585 BVerwG BauR 1992, 342; BauR 1992, 344; BVerwGE 45, 309.
4586 BVerwGE 64, 33; BauR 1992, 342.

sichtlich ist und sich das Fehlen von umweltschützenden Belangen im Umweltbericht auf das Abwägungsergebnis ausgewirkt hat. Denn auch die Umweltprüfung ist in das Aufstellungsverfahren der Bauleitpläne integriert und findet nicht in einem gesonderten Verfahren statt (§ 50 UVPG).[4587] Dann aber müssen auch die anderen Filter, mit denen die Zusammenstellung des Abwägungsmaterials und die Beachtlichkeit von Fehlern gesteuert werden, ohne Einschränkungen auch für die Umweltprüfung gelten. Auch eine unrichtige oder in ihrer Begründung defizitäre materielle Rechtsanwendung stellt grundsätzlich keinen Verfahrensfehler dar, sondern ist ein Fehler der materiellen Rechtsanwendung.[4588]

d) Unbeachtliche Verfahrensverstöße. Im Umkehrschluss zu § 214 I BauGB sind ua folgende Verfahrensverstöße unbeachtlich: 2130

- Ein von der Planung berührter Belang ist in für die Planungsentscheidung nur unwesentlichen Punkten nicht zutreffend ermittelt oder bewertet worden (§ 214 I 1 Nr. 1 BauGB).
- Ein nicht zutreffend ermittelter oder bewerteter Belang hat das Ergebnis des Verfahrens nicht beeinflusst oder die nicht zutreffende Ermittlung oder Bewertung eines Belangs ist als Mangel nicht offensichtlich (§ 214 I 1 Nr. 1 BauGB).
- Einzelne Personen, Behörden oder sonstige Träger öffentlicher Belange wurden nicht beteiligt und die entsprechenden Belange waren unerheblich oder sind in der Entscheidung berücksichtigt worden (§ 214 I 1 Nr. 2 HHS 2 BauGB).
- Bei der öffentlichen Bekanntmachung zur förmlichen Öffentlichkeitsbeteiligung nach § 3 II BauGB fehlen nur einzelne Angaben dazu, welche Arten umweltbezogener Informationen verfügbar sind (§ 214 I 1 Nr. 2 Hs. 2 BauGB).
- Im vereinfachten Verfahren nach § 13 BauGB wurde die Angabe nach § 13 III 2 BauGB darüber, dass von einer Umweltprüfung abgesehen wird, unterlassen (§ 214 I 1 Nr. 2 Hs. 1 und 2 BauGB).
- Die Voraussetzungen für die Durchführung der Beteiligung nach den Vorschriften des § 4 a III 4 BauGB oder des § 13 BauGB wurden verkannt (§ 214 I 1 Nr. 2 Hs. 2 BauGB).
- Die Begründung des Flächennutzungsplans oder der Satzung oder ihres Entwurfs – mit Ausnahme des Umweltberichts – ist unvollständig (§ 214 I 1 Nr. 3 Hs. 2 BauGB) oder der Umweltbericht als gesonderter Teil der Begründung ist nur in unwesentlichen Punkten unvollständig (§ 214 I 1 Nr. 3 Hs. 3 BauGB). Unbeachtlich ist die Unvollständigkeit des Umweltberichts etwa, wenn der Umweltbericht zwar nicht ausdrücklich die in den Nrn. 1 und 3 a und c der Anlage 1 zum BauGB genannten Angaben enthält, die Begründung des Flächennutzungsplans oder der Satzung oder ihr Entwurf aber an anderer Stelle vorliegt. Auch fehlende Angaben über die geplanten Maßnahmen zur **Überwachung** der erheblichen Auswirkungen des Bauleitplans auf die Umwelt nach Nummer 3 b der Anlage zu §§ 2 IV, 2 a BauGB sind regelmäßig unbeachtlich, weil sie sich nicht auf das Ergebnis ausgewirkt haben (§ 214 III 2 BauGB).

Zu den in § 214 I 1 BauGB nicht genannten und daher von vornherein **unbeachtlichen Verfahrens- und Formfehlern** gehören insbesondere: 2131

- Fehler bei der Festlegung des Umfangs und Detaillierungsgrades der Ermittlung und Bewertung der Belange des Umweltschutzes durch die Gemeinde nach § 2 IV 2 BauGB,
- Fehler bei der Durchführung der frühzeitigen Öffentlichkeits- und Behördenbeteiligung nach den §§ 3 I sowie 4 I BauGB.

Außerdem sind auch folgende Fehler für die Rechtswirksamkeit des Bauleitplans unbeachtlich: 2132

- Fehler in der zusammenfassenden Erklärung nach den §§ 6 V, 10 IV BauGB.
- Fehler bei der Überwachung der erheblichen Auswirkungen der Durchführung des Bauleitplans auf die Umwelt nach § 4 c BauGB.
- Unbeachtlich für die Rechtswirksamkeit der Bauleitpläne sind außerdem die in § 214 II BauGB genannten Verletzungen des Entwicklungsgebots.

Das BVerwG hat klargestellt, dass die **Beschränkung** der **gerichtlichen Kontrolle** des Abwägungsgebotes in dieser Auslegung **verfassungsgemäß** ist.[4589] Auch die Träger öffentlicher Belange haben keinen Vertrauensschutz dahin gehend, dass sie Verfahrensfehler, die nicht offensichtlich sind, noch später geltend machen können.[4590] 2133

4587 BVerwG NVwZ 2004, 1237.

4588 BVerwG Beschl. v. 27.10.2008 – 9 B 34.08, BeckRS 2008, 40595.

4589 Zu § 155 b II 2 BBauG 1979 = § 214 III 2 BauGB BVerwGE 64, 33.

4590 So zu § 73 II VwVfG BVerwG NVwZ 1997, 212.

2134 Erweist sich ein Bebauungsplan wegen Nichteinhaltung der in § 214 BauGB aufgestellten Anforderungen als unwirksam, so hat die Gemeinde darüber zu befinden, ob sie den Bebauungsplan ggf. mit Rückwirkung heilt oder ein neues Aufstellungsverfahren bzw. Aufhebungsverfahren einleitet (§ 214 IV BauGB). Die Entscheidung über diese in Betracht kommenden Möglichkeiten liegt im pflichtgemäßen Ermessen der Gemeinde. Dieses Ermessen kann sich jedoch zu einer Heilungs- oder Neuaufstellungspflicht verdichten, wenn die Gemeinde durch den unwirksamen Bebauungsplan eine Lage geschaffen hat, die nach einer entsprechenden Heilung ggf. mit Rückwirkung oder nach einer wiederholenden Bauleitplanung verlangt.[4591] Eine Planungspflicht kann auch zum **Schutz gemeindenachbarlicher Interessen** bestehen.[4592] Allerdings ist die Gemeinde dabei auf ein bestimmtes Ergebnis der Bauleitplanung nicht festgelegt. Es liegt vielmehr grundsätzlich in ihrer autonomen Entscheidung, in welcher Weise sie auf die Unwirksamkeit des Bebauungsplans reagiert. Ein allgemeiner Vertrauensschutz der Planbetroffenen in die Rechtswirksamkeit der Bauleitplanung besteht nicht. Die Situation des Planbetroffenen muss sich daher durch die Unwirksamkeit des Bebauungsplans nicht unbedingt verbessern.[4593]

II. Frist zur Geltendmachung – Fehlerbehebung (§§ 215, 214 IV BauGB)

2135 Neben einem numerus clausus der Fehler in § 214 BauGB bestimmt § 215 I BauGB, dass bestimmte Fehler nur auf entsprechende Rüge beachtlich sind. Bei Inkraftsetzung des Flächennutzungsplans und der Satzung ist darauf hinzuweisen (§ 215 II BauGB). Außerdem enthält § 214 IV BauGB Möglichkeiten der Verfahrenswiederholung oder eines ergänzenden Verfahrens bei erkannter Fehlerhaftigkeit der Bauleitpläne.

1. Rügeobliegenheit gem. § 215 I BauGB

2136 Nach § 215 I BauGB ist eine Verletzung der in § 214 I 1 Nr. 1, 2 und 3 BauGB bezeichneten Verfahrens- und Formvorschriften nur beachtlich, wenn sie innerhalb eines Jahres seit Bekanntmachung des Flächennutzungsplans oder der Satzung schriftlich gegenüber der Gemeinde geltend gemacht worden sind. Dasselbe gilt für Verstöße gegen das Entwicklungsgebot (§ 214 II BauGB) sowie Mängel des Abwägungsvorgangs. Der Sachverhalt, der die Verletzung oder den Mangel begründen soll, ist darzulegen (§ 215 I BauGB). § 215 I BauGB verlangt zum Zwecke der Fristwahrung,[4594] dass die Mängel schriftlich gegenüber der Gemeinde geltend gemacht werden. Damit verlangt das Gesetz eine entsprechende **Substantiierung** und **Konkretisierung**. Der Gemeinde soll durch die Darstellung des maßgebenden Sachverhalts ermöglicht werden, auf dieser Grundlage begründeten Anlass zu haben, in die Frage einer Fehlerbehebung einzutreten (§ 214 IV BauGB). Deshalb genügt eine nur pauschale Rüge nicht. Diese hätte für die Gemeinde keinen fördernden Erkenntniswert. Der Gesetzgeber erwartet Mithilfe, nicht aber Destruktion.[4595] Die inhaltlichen Anforderungen an eine ordnungsgemäße Darlegung des die Verletzung einer Verfahrensvorschrift begründenden Sachverhalts iS des § 215 I 1 BauGB sind mit Blick auf deren Funktion zu bestimmen, die Gemeinde mit gezielten Informationen auf den aus Sicht des Antragstellers problematischen Sachverhalt aufmerksam zu machen und ihr so die Prüfung zu ermöglichen, ob der geltend gemachte Fehler tatsächlich besteht und wie er gegebenenfalls behoben werden kann (sog. Anstoßfunktion). Erforderlich ist dazu eine substantiierte und konkretisierte Rüge; pauschale Rügen, allgemein gehaltene Vorhaltungen und andere unbestimmte Äußerungen reichen nicht aus. Die Rüge von Ermittlungs- und Bewertungsfehlern (§ 2 III BauGB) muss zumindest konkret darlegen, welcher Umstand in welcher Hinsicht nicht hinreichend ermittelt oder fehlerhaft bewertet worden sein soll; eine Rüge, die nur pauschal auf die im Bebauungsplanverfahren erhobenen Einwendungen verweist oder diese lediglich wiederholt, wahrt demgegenüber nicht die Frist, weil sie keinen Bezug zur gemeindlichen Abwägungsentscheidung herstellt und so die Anstoßwirkung verfehlt.[4596]

4591 BVerwG ZfBR 1987, 98.

4592 BVerwG NVwZ 2004, 220.

4593 BVerwG Beschl. v. 30.3.1995 – 4 B 48.95, juris.

4594 Überleitungsvorschrift des § 244 II BauGB 1986.

4595 BVerwG NVwZ 1983, 347; NVwZ 1996, 372.

4596 OVG Koblenz NVwZ-RR 2023, 787; BVerwG Beschl. v. 11.9.2019 – 4 BN 17/19, juris, Rn. 6 ff.; Stock in EZBK, 2023, BauGB, § 215 Rn. 34.

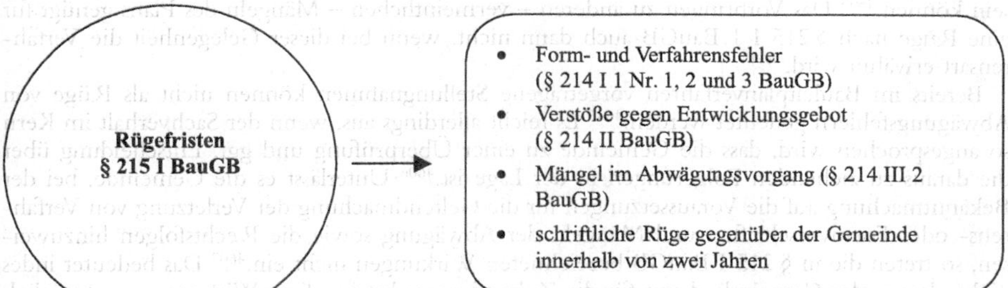

2. Hinweispflicht (§ 215 II BauGB)

Eine heilende Wirkung tritt allerdings nur dann ein, wenn die Gemeinde bei Inkraftsetzung **2137**
des Flächennutzungsplans oder des Bebauungsplans auf die Voraussetzungen für die Geltendmachung von Verfahrens- und Formvorschriften und von Mängeln in der Abwägung sowie die Rechtsfolgen hinweist (§ 215 II BauGB).[4597] Die Anforderungen an den Hinweis nach § 215 II BauGB sind in der Rechtsprechung geklärt. Das BVerwG erläutert dazu: Eine derartige Belehrung darf keinen irreführenden Zusatz haben und darf insbesondere nicht geeignet sein, einen Betroffenen vom rechtzeitigen Geltendmachen von Mängeln abzuhalten. Sie muss die durch die Planung Betroffenen bei Bekanntmachung der Satzung auf ihre Rechte so aufmerksam machen, dass sie diese ungeschmälert wahrnehmen können. Ein Hinweis, der geeignet ist, beim Betroffenen einen rechtserheblichen Irrtum hervorzurufen und ihn davon abzuhalten, gegenüber der Gemeinde einen die Verletzung der in § 215 I BauGB genannten Vorschriften begründenden Sachverhalt geltend zu machen, löst die Unbeachtlichkeit nicht aus.[4598]

Beispiel: Lässt bei einer Konzentrationszonenplanung mit den Wirkungen des § 35 III 3 **2138**
BauGB in einem Flächennutzungsplan die Bekanntmachung der Genehmigung nicht erkennen, dass die Planung eine Ausschlusswirkung für den gesamten Außenbereich erzielen soll, so haben die Eigentümer von Grundstücken außerhalb der Konzentrationszonen keinen Anlass, sich mit der Planung weiter zu befassen und diese auf etwaige Rechtsfehler hin zu überprüfen. Unabhängig von der inhaltlichen Richtigkeit des Hinweistextes als solchem ist die räumliche und sachliche Reichweite der Planung und damit – mittelbar – auch des Hinweises dann nicht hinreichend erkennbar.[4599]

Der Fehler bei der Bezeichnung des Fristbeginns in einem Bebauungsplan führt nicht zur **2139**
Unwirksamkeit der zeitlichen Begrenzung der Rügefrist, sondern dazu, dass für den Betroffenen die sich aus der unrichtigen Bezeichnung ergebende (längere) Rügefrist in Lauf gesetzt wird.[4600]

3. Rügefrist

Die in § 215 I 1 BauGB genannten Rechtsverstöße werden unbeachtlich, wenn sie nicht **2140**
innerhalb eines Jahres seit Bekanntmachung des Flächennutzungsplans oder der Satzung schriftlich gegenüber der Gemeinde – gegenüber dem Gericht genügt nicht[4601] – unter Darlegung des die Verletzung begründenden Sachverhalts geltend gemacht worden sind. Eine ausreichend erhobene Rüge gilt zu Gunsten von jedermann („inter omnes").[4602] Will ein Gericht eine Entscheidung ganz oder teilweise darauf stützen, dass Fehler nach § 215 I 1 BauGB unbeachtlich geworden sind, muss es in Rechnung stellen, dass nur die Gemeinde Kenntnis aller erhobenen Rügen hat, während dem Antragsteller zu seinen Gunsten wirkende Rügen Dritter unbekannt

[4597] BVerwG BauR 2024, 601; NVwZ-RR 1998, 424 für die Widerspruchsbegründung gegen die Erhebung von Straßenausbaubeiträgen.

[4598] BVerwG BauR 2024, 601 = juris Rn. 4; BVerwGE 143, 192 Rn. 15 mwN; BVerwGE 138, 12 Rn. 15; Beschl. vom 31.1.2022 – 4 BN 25.21 – juris Rn. 5.

[4599] BVerwG BauR 2024, 601 = juris Rn. 5; OVG Lüneburg EnWZ 2021, 421 Rn. 53 ff.

[4600] OVG Hamburg DVBl. 2010, 1252.

[4601] BVerwG BauR 2018, 1982.

[4602] BVerwG ZfBR 2001, 418.

sein können.[4603] Das Vorbringen zu anderen – vermeintlichen – Mängeln des Plans genügt für eine Rüge nach § 215 I 1 BauGB auch dann nicht, wenn bei dieser Gelegenheit die Verfahrensart erwähnt wird.[4604]

2141 Bereits im Bauleitplanverfahren vorgetragene Stellungnahmen können nicht als Rüge von Abwägungsfehlern gedeutet werden.[4605] Es reicht allerdings aus, wenn der Sachverhalt im Kern so angesprochen wird, dass die Gemeinde zu einer Überprüfung und ggf. Entscheidung über die daraus zu ziehenden Folgerungen in der Lage ist.[4606] Unterlässt es die Gemeinde, bei der Bekanntmachung auf die Voraussetzungen für die Geltendmachung der Verletzung von Verfahrens- oder Formvorschriften und Mängeln der Abwägung sowie die Rechtsfolgen hinzuweisen, so treten die in § 215 I BauGB bezeichneten Wirkungen nicht ein.[4607] Das bedeutet indes nicht, dass es der Gemeinde damit für die Zukunft verwehrt ist, diese Wirkungen nachträglich herbeizuführen. Der Sinn des § 215 I BauGB ist es, den Bürgern vor Augen zu führen, dass mit der Inkraftsetzung des Bebauungsplans die Verfristung bestimmter Fehler und Mängel droht. Dieser Unterrichtungszweck wird jedenfalls dann nicht verfehlt, wenn eine mangelhafte Bekanntmachung wiederholt und nunmehr mit dem Hinweis auf das Rügeerfordernis verbunden wird. Die Rügefristen werden allerdings nur bei entsprechenden Hinweisen der Gemeinde (§ 215 II BauGB) ausgelöst. Der Hinweis unterliegt – ähnlich einer Rechtsbehelfsbelehrung – strengen Voraussetzungen. Er darf nicht in einer Weise irreführend sein, dass ein Betroffener von der Geltendmachung von Einwendungen abgehalten würde. Insbesondere muss er hinsichtlich der möglichen Rügen vollständig sein.[4608] Die Fristen des § 215 BauGB sind auch im Rahmen einer **Inzidentkontrolle** zu beachten, mit der Folge, dass nach deren Ablauf nicht gerügte Fehler nach Maßgabe dieser Vorschrift unbeachtlich sind.[4609] Für den bei Bekanntmachung eines Bebauungsplans nach § 215 II BauGB erforderlichen Hinweis gelten die Rügefristen, die nach den zum Zeitpunkt der Bekanntmachung geltenden Planerhaltungsvorschriften maßgeblich sind. Ein fehlerhafter Hinweis setzt die Rügefrist nicht in Gang.[4610]

2142 Die einjährige Rügefrist gilt für folgende Fehler:

- Eine nach § 214 I 1 Nr. 1 bis 3 BauGB beachtliche Verletzung der dort bezeichneten Verfahrens- und Formvorschriften (§ 215 I Nr. 1 BauGB).
- Eine unter Berücksichtigung des § 214 II BauGB beachtliche Verletzung der Vorschriften über das Verhältnis des Bebauungsplans und des Flächennutzungsplans (§ 215 I Nr. 2 BauGB).
- Nach § 214 III 2 BauGB beachtliche Mängel des Abwägungsvorgangs, wenn sie nicht innerhalb eines Jahres seit Bekanntmachung des Flächennutzungsplans oder der Satzung schriftlich gegenüber der Gemeinde unter Darlegung des die Verletzung begründenden Sachverhalts geltend gemacht worden sind (§ 215 I Nr. 3 S. 1 BauGB).[4611] Das gilt nach (§ 215 I Nr. 3 S. 2 BauGB, entsprechend, wenn Fehler nach § 214 Absatz 2a beachtlich sind.

2143 Nicht unter die einjährige Rügefrist fallen:

- Eine Verletzung der in § 214 I 1 Nr. 4 BauGB genannten Vorschriften ist immer beachtlich, da in diesen Fällen der Flächennutzungsplan oder die Satzung überhaupt nicht zustande kommt. Das Nichtvorliegen eines wirksamen Feststellungs- bzw. Satzungsbeschlusses, Fehler in einem erforderlichen Genehmigungsverfahren sowie eine fehlerhafte Bekanntmachung können daher nach wie vor auch nach Ablauf der Jahresfrist geltend gemacht werden und sind daher von Amts wegen zu prüfen **(Ewigkeitsfehler)**.

[4603] BVerwG NVwZ 2020, 967.
[4604] BVerwG Beschl. v. 7.5.2020 – 4 BN 13.20, juris.
[4605] OVG Lüneburg NuR 1998, 500.
[4606] VGH Mannheim NVwZ-RR 1998, 614.
[4607] BVerwG BRS 57 Nr. 7 (1995.
[4608] BVerwG BauR 2024, 601 = juris Rn. 5; OVG Weimar Urt. v. 18.11.2009 – 1 N 570/08, BeckRS 2011, 45411; VGH Mannheim ZfBR 2008, 810.
[4609] OVG Bautzen Beschl. v. 11.6.2010 – 1 A 737/08, juris.
[4610] OVG Münster NWVBL 2011, 468.
[4611] Zur Anwendung der Vorschrift des § 215 I Nr. 3 BauGB über das Geltendmachen von Mängeln im Abwägungsvorgang auf einen Bebauungsplan, dessen Aufstellung unter der Geltung des BauGB 1998 beschlossen wurde und der unter der Geltung des BauGB 2004 vor dem Inkrafttreten von dessen Änderung durch das Gesetz zur Erleichterung von Planungsvorhaben für die Innenentwicklung der Städte vom *21.12.2006* (BGBl I S. 3316) in Kraft getreten ist VGH München Urt. v. 19.6.2009 – 1 N 07.1552, BeckRS 2009, 39029.

– Nicht durch Zeitablauf geheilt werden Mängel im **Abwägungsergebnis**, wenn also der Ausgleich zwischen den von der Planung berührten Belangen in einer Weise vorgenommen wird, die zur objektiven Gewichtigkeit einzelner Belange außer Verhältnis steht. Eine solche, schlechthin nicht haltbare Planungsentscheidung verstößt gegen das Abwägungsgebot des § 1 VII BauGB, das als Ausdruck des Rechtsstaatsgebots eine gerechte Abwägung der berührten Interessen verlangt. Ein solcher Plan ist daher aus verfassungsrechtlichen Gründen ungültig. Dabei ist zu berücksichtigen, dass das Abwägungsgebot des § 1 VII BauGB nicht bereits dadurch verletzt ist, dass sich die zur Planung berufene Gemeinde in der Kollision zwischen verschiedenen Belangen für die Bevorzugung des einen und damit notwendig für die Zurückstellung eines anderen Belangs entscheidet. Innerhalb des durch das Abwägungsgebot vorgegebenen Rahmens ist das Vorziehen und Zurücksetzen bestimmter Belange eine wesentliche planerische Entscheidung über die städtebauliche Entwicklung und Ordnung und damit ein Kernstück der kommunalen Planungshoheit.[4612]

Die Rüge ist schriftlich gegenüber der Gemeinde zu erheben und der den Mangel oder Fehler begründende Sachverhalt ist darzulegen. Eine Verletzung von Vorschriften im Sinn von § 215 I BauGB kann „der Gemeinde gegenüber" zwar auch in einem an das Normenkontrollgericht gerichteten, von diesem an die Gemeinde weitergeleiteten Schriftsatz geltend gemacht werden. Zur Wahrung der Frist des § 215 I 1 BauGB muss ein entsprechender Schriftsatz allerdings bei der Gemeinde eingehen.[4613] Die Rüge hat – rechtzeitig ausgebracht – eine zeitlich unbeschränkte **inter-omnes-Wirkung** in dem Sinne, dass sie in jedem Gerichts- oder sonstigen rechtlichen Prüfungsverfahren beachtlich ist. Dies gilt etwa auch für eine fehlende Begründung zum Bebauungsplan, deren Nichtvorliegen sich ohne Rüge nicht auf die Wirksamkeit des Plans auswirkt. Auch der Mangel einer erforderlichen erneuten Auslegung muss fristgerecht gegenüber der Gemeinde geltend gemacht werden. Dem genügt nicht, wenn der Mangel vor Gericht in einem Bauzustimmungsverfahren gerügt worden ist, an dem die Gemeinde nicht beteiligt ist.[4614] Fehler in einem etwa landesrechtlich angeordneten Anzeigeverfahren sind nach § 214 I BauGB für die Wirksamkeit des Plans unbeachtlich. Zur Fristwahrung nach § 215 I Nr. 2 BauGB ist unerheblich, ob der (Normenkontroll-) Antragsteller und ein dritter Rügender ein übereinstimmendes Abwägungsinteresse haben; vielmehr kommt es allein auf den konkreten Mangel der Abwägung an. Ist ein solcher Mangel hinreichend deutlich und fristgemäß geltend gemacht worden, bleibt er auch nach Ablauf der Jahresfrist beachtlich. Die Fehlerrüge wirkt dann allgemein und absolut für jedermann, also nicht nur zugunsten desjenigen, der den Abwägungsmangel ordnungsgemäß geltend gemacht hat. Andere Abwägungsmängel, die sich aus dem von dritter Seite dargelegten Sachverhalt nicht ergeben, werden dagegen mit Fristablauf unbeachtlich.[4615] 2144

Für den Lauf der in § 215 I BauGB bestimmten Rügefrist kommt es – neben dem Hinweis nach § 215 II BauGB – ausschließlich auf die Bekanntmachung des Flächennutzungsplans oder des Bebauungsplans an.[4616] Die einjährige Rügefrist wird nicht dadurch verlängert, dass das Gericht in einem Normenkontrollverfahren antragsgemäß eine Verlängerung der Frist zur Antragsbegründung gewährt.[4617] Vor Ablauf der Rügefrist des § 215 I Nr. 1 BauGB hat das Gericht die von dieser Vorschrift erfassten Verfahrensfehler von Amts wegen zu berücksichtigen. Die Bekanntmachung eines wiederholten Satzungsbeschlusses setzt die Rügefristen des § 215 I BauGB erneut in Lauf.[4618] § 215 I 1 BauGB verlangt eine Substantiierung und Konkretisierung der geltend gemachten Mängel. Der Gemeinde soll durch die Darlegung die Prüfung ermöglicht werden, ob Anlass besteht, in eine Fehlerbehebung einzutreten („Anstoßfunktion" der Rüge). Darüber hinaus wird durch die schriftliche Darlegung der Kreis der präkludierten Rügen bestimmt. Dazu reicht eine nur pauschale Rüge nicht aus.[4619] Art. 11 der 2145

4612 BVerwGE 34, 301.

4613 VGH München NVwZ-RR 2009, 835; VGH Mannheim ZfBR 2008, 810.

4614 OVG Magdeburg Urt. v. 29.4.2005 – 2 K 328/00, BeckRS 2005, 15329.

4615 BVerwG ZfBR 2001, 418; DVBl. 1982, 1095. Dieselben Grundsätze galten auch für die Rüge nach § 244 II 1 BauGB 1987.

4616 VGH Mannheim NuR 2008, 361; BVerwGE 68, 369; NVwZ 1990, 464; NVwZ 1994, 285; NVwZ 2003, 86.

4617 VGH Mannheim NuR 2007, 685.

4618 VGH Mannheim BauR 2002, 1444.

4619 BVerwG ZfBR 2020, 66 Rn. 6/8; Urt. v. 25.9.2019 – 4 BN 13.19, juris Rn. 5/7 mwN.

UVP-RL[4620] steht dem nicht entgegen, da die Richtlinie insoweit nur für UVP-pflichtige Vorhaben Wirkungen entfaltet.[4621] Die in § 215 I 1 BauGB genannten Rechtsverstöße werden unbeachtlich, wenn sie nicht innerhalb eines Jahres seit Bekanntmachung des Flächennutzungsplans oder der Satzung schriftlich gegenüber der Gemeinde – gegenüber dem Gericht genügt nicht[4622] – unter Darlegung des die Verletzung begründenden Sachverhalts geltend gemacht worden sind. Eine ausreichend erhobene Rüge gilt zu Gunsten von jedermann („inter omnes").[4623] Will ein Gericht eine Entscheidung ganz oder teilweise darauf stützen, dass Fehler nach § 215 I 1 BauGB unbeachtlich geworden sind, muss es in Rechnung stellen, dass nur die Gemeinde Kenntnis aller erhobenen Rügen hat, während dem Antragsteller zu seinen Gunsten wirkende Rügen Dritter unbekannt sein können.[4624] Das Vorbringen zu anderen – vermeintlichen – Mängeln des Plans genügt für eine Rüge nach § 215 I 1 BauGB auch dann nicht, wenn bei dieser Gelegenheit die Verfahrensart erwähnt wird.[4625] **Fehler im Bekanntmachungshinweis** nach § 215 II BauGB wirken sich nur bezüglich derjenigen Vorschriftengruppen nach § 215 I BauGB aus, die nicht oder unrichtig oder mit irreführenden Zusätzen benannt sind. Hinsichtlich der zutreffend gekennzeichneten Vorschriftengruppen – etwa der Fehler nach § 214 I 1 Nr. 2 BauGB – bleibt der Hinweis wirksam und löst die Rechtsfolgen des § 215 I BauGB aus.[4626]

2146 Die Rügeerfordernisse haben auch für die gerichtliche Kontrolle der Bebauungspläne im **Normenkontrollverfahren** Bedeutung. Sind die Verfahrensfehler oder Abwägungsfehler nicht schriftlich gegenüber der Gemeinde gerügt worden, ist das Normenkontrollgericht nach Ablauf der Jahresfrist gehindert, diese Fehler von sich aus aufzugreifen und den Bebauungsplan aus diesen Gründen für unwirksam zu erklären. In der Reichweite der Rügeerfordernisse des § 215 I BauGB ist das Normenkontrollgericht daher an einer Fehlerprüfung gehindert, wenn die Fehler nicht innerhalb der Jahresfrist gerügt worden sind. Das gilt auch etwa hinsichtlich der Unvollständigkeit des Umweltberichts. Wird ein derartiger Mangel nicht innerhalb eines Jahres nach Bekanntmachung des Plans geltend gemacht, so ist dieser Fehler unbeachtlich. Es können dann nur noch materielle Abwägungsfehler im Hinblick auf Umweltbelange zur Unwirksamkeit der Planung führen.

2147 Ein Heilungshinweis, der als Zeitpunkt für den Lauf der Rügefrist statt der Bekanntmachung das Inkrafttreten des Bebauungsplans nennt, ist nicht von § 246 II BauGB gedeckt und widerspricht den Vorgaben des § 215 I BauGB. Die unrichtige Bezugnahme auf das Inkrafttreten des Bebauungsplans im Hinweis nach § 215 II BauGB ändert im Ergebnis nichts daran, dass die Frist für das Geltendmachen von Mängeln des Abwägungsvorgangs versäumt wird, wenn die von den Festsetzungen des Bebauungsplans Betroffenen nicht innerhalb der im Hinweis angegebenen Frist von einem Jahr Verstöße iSd § 215 I BauGB rügen.[4627]

2148 Der Gesetzgeber hat mit den Unbeachtlichkeits- und Heilungsregelungen auf die Erfahrung reagiert, dass Bebauungspläne häufig aus formellen Gründen nach Jahren oder Jahrzehnten für ungültig erklärt worden sind, obwohl sich die Bebauung innerhalb ihres räumlichen Geltungsbereichs auf der Grundlage dieser Planung vollzogen hat und die Planbetroffenen darauf vertraut haben, dass solche Pläne auch in Zukunft als Rechtsgrundlage für weitere Vollzugsakte dienen.[4628] Nach diesem Gesetzeszweck ist es grundsätzlich nicht gerechtfertigt, über die von der Heilbarkeit ausgenommenen Fehler hinaus sonstige Verfahrens- und Formfehler aus dem Anwendungsbereich des Gesetzes auszuklammern, etwa weil sie von größerer Tragweite sind als andere Verfahrens- oder Formfehler. Der Gesetzgeber hat insoweit auch nicht zwischen schweren und minder schweren Verfahrens- und Formfehlern unterscheiden wollen. Von daher ist auch die Unvollständigkeit der Begründung[4629] oder

[4620] Richtlinie 2011/92/EU des Europäischen Parlaments und des Rates vom 13.12.2011 über die Umweltverträglichkeitsprüfung bei bestimmten öffentlichen und privaten Projekten (ABl. 2012 L 26 S. 1).

[4621] BVerwG Beschl. v. 7.5.2020 – 4 BN 13.20, juris.

[4622] BVerwG BauR 2018, 1982.

[4623] BVerwG ZfBR 2001, 418.

[4624] BVerwG NVwZ 2020, 967.

[4625] BVerwG Beschl. v. 7.5.2020 – 4 BN 13.20, juris.

[4626] VGH Mannheim DÖV 2009, 1010; ZfBR 2008, 810.

[4627] BVerwG NVwZ 2012, 1404.

[4628] BVerwG NJW 1986, 2720 zur Vorgängervorschrift des § 155 a I BBauG 1979.

[4629] So zu § 155 a 1 BBauG 1976 BVerwGE 74, 47; zur Heilung von Begründungsmängeln auch BVerwG NVwZ 1990, 364.

speziell des Umweltberichts unbeachtlich, wenn der Fehler nicht innerhalb der Jahresfrist gerügt wird.

§ 215 I BauGB verlangt zur **Fristwahrung**, dass Mängel konkretisiert und substantiiert schriftlich gegenüber der Gemeinde geltend gemacht werden. Der Gemeinde soll durch die Darstellung des maßgebenden Sachverhalts ein begründeter Anlass gegeben werden, in die Frage einer Fehlerbehebung einzutreten. Das schließt eine nur pauschale Rüge aus.[4630] Aus der Rüge muss neben der Darstellung des maßgebenden Sachverhalts der Wille deutlich werden, sich für die angestrebte Unwirksamkeitserklärung eines Bebauungsplans auf den konkreten Verfahrensmangel zu berufen; nur bei einer Willenserklärung dieses Inhalts kann überhaupt von einem „Geltendmachen" der Verletzung einer Verfahrens- oder Formvorschrift die Rede sein.[4631] Für die Ausschlussfrist des § 215 I BauGB spielt es keine Rolle, ob die Gemeinde mit der Geltendmachung von Rechtsverstößen rechnen musste oder ihr die gegen die Planung bestehenden Einwände bekannt waren.[4632] Für die Geltendmachung einer Verletzung von Vorschriften iS des § 215 I 1 BauGB ist ausreichend, wenn ein Betroffener mit erkennbarem Rügewillen konkretisiert und substantiiert Einwendungen wiederholt, die er in dieser Weise bereits während der öffentlichen Auslegung (§ 3 II BauGB) geltend gemacht hat. Die Vorschrift verlangt darüber hinaus nicht auch eine argumentativ angereicherte Auseinandersetzung mit den die Abwägungsentscheidung der Gemeinde tragenden Gründen.[4633] Erklärt ein Antragsteller in einem Normenkontrollantrag, er habe im Planaufstellungsverfahren Einwendungen erhoben und diesen Einwendungen sei nicht entsprochen worden, kann dies eine fristwahrende Rüge iS des § 215 I 1 BauGB sein, wenn er zugleich auf einen in Kopie beigefügten Schriftsatz aus dem Aufstellungsverfahren verweist, in dem der Antragsteller konkretisiert und substantiiert die Verletzung einer Vorschrift iS des § 215 I 1 BauGB geltend gemacht hat.[4634] Für die Wahrung der Frist des § 215 I 1 BauGB kommt es, auch wenn die Mängelrüge in einem Normenkontrollverfahren erhoben wird, auf den Zeitpunkt des Eingangs der Rüge bei der Gemeinde an.[4635] Die Frist des § 215 I 2 BauGB wird daher nur gewahrt, wenn das Vorbringen rechtzeitig bei der Gemeinde eingegangen ist. Der Eingang bei Gericht genügt nicht.[4636] Bei der Rüge von Mängeln im Abwägungsvorgang ist es erforderlich, dass die Belange, in deren Behandlung im Plan der Rügende einen Abwägungsfehler erblickt, mit ihrem Tatsachengehalt konkret und substantiiert dargelegt werden. Das erfordert einen Bezug zur Abwägungsentscheidung der Gemeinde. Damit wahrt eine Rüge, die lediglich pauschal auf die im Bebauungsplanverfahren erhobenen Einwendungen verweist, etwa dahingehend, dass alle Rügen aufrechterhalten werden, nicht die Frist des § 215 I 1 BauGB, weil sie keinen Bezug zur gemeindlichen Abwägungsentscheidung herstellt und die Anstoßwirkung verfehlt. Ist im Rügeschreiben der Abwägungsfehler in seinem Tatsachengehalt dagegen konkret dargelegt (bezeichnet), dann kann zur (weiteren) Substantiierung des Tatsachenvortrages auf die in einem Einwendungsschreiben insofern bereits gemachten Ausführungen verwiesen werden; deren Wiederholung im Rügeschreiben bedarf es nicht. Da sich das in Bezug genommene Einwendungsschreiben bei den Bebauungsplanakten befindet, muss es in diesem Fall auch nicht noch einmal gesondert beigefügt werden. 2149

Zu den **Mängeln im Abwägungsvorgang** gehören alle Vorgänge im Zusammenhang mit der Zusammenstellung des Abwägungsmaterials (§ 2 III BauGB), also die Ermittlung und Bewertung der Belange. Fehler in diesem Bereich sind daher nach Ablauf der Jahresfrist unbeachtlich. Allerdings bezieht sich das Rügeerfordernis nur auf Mängel des Abwägungsvorgangs, nicht auf **Mängel im Abwägungsergebnis**. Diese können auch nach Ablauf der Jahresfrist geltend gemacht und vom Normenkontrollgericht ohne entsprechenden Hinweis des Antragstellers geprüft werden. Allerdings dürfte nach der Erweiterung der verfahrensrechtlichen Anforderungen vor allem durch die Umweltprüfung und die damit in Zusammenhang stehenden Prüfungsschritte der Zusammenstellung des Abwägungsmaterials und der Vermeidung, Minderung und des Ausgleichs sowie sonstiger Kompensationsmöglichkeiten in der Ausgleichentscheidung die gerichtliche Kontrolle materieller Fehler nur mit entsprechender Zurückhaltung 2150

4630 BVerwG ZfBR 2012, 261, Emmer IBR 2012, 291.
4631 VGH Mannheim ZfBR 2013, 496; VGH Mannheim BauR 2013, 56.
4632 OVG Münster BauR 2012, 1898; BVerwG ZfBR 2013, 571.
4633 VGH Mannheim NVwZ-RR 2012, 591 (LS).
4634 VGH Mannheim NVwZ-RR 2012, 591.
4635 OVG Münster AbfallR 2012, 139.
4636 BVerwG BauR 2018, 1982.

sachgerecht sein. Wenn im Zusammenhang mit den europarechtlichen Anforderungen einer Umweltprüfung die verfahrensrechtlichen Anforderungen an die Wirksamkeit der Bauleitpläne angereichert worden sind, dann erscheint es sachgerecht, die (materielle) Kontrolle des Abwägungsergebnisses entsprechend zurückzunehmen und hier in die autonome Planungsentscheidung der Gemeinde erst dann einzugreifen, wenn das Ergebnis auf eindeutig widerlegbaren und offensichtlich fehlsamen Annahmen beruht.

2151 Die Unbeachtlichkeitsregelung des § 215 I BauGB erfasst auch keine Verstöße gegen **Vorschriften des materiellen Rechts**. Ändert die Gemeinde einen Bebauungsplan, so ist für die ursprüngliche und die geänderte Fassung jeweils gesondert zu prüfen, welche Abwägungsmängel ggf. wegen Ablaufs der Siebenjahresfrist des § 215 I Nr. 2 BauGB 1998 unbeachtlich sind.[4637] Eine generelle Unbeachtlichkeit auch von offensichtlichen materiellen Abwägungsfehlern stößt ohnehin auf Bedenken im Hinblick auf die rechtsstaatlichen Anforderungen an die Aufstellung von Bauleitplänen. Denn schwere materielle Verstöße etwa gegen das Konfliktbewältigungsgebot oder andere schwere Unausgewogenheiten der Planung können auch dann nicht als unbeachtlich angesehen werden, wenn bestimmte Rügefristen verstrichen sind. Ggf. muss hier die Gemeinde objektivrechtlich zur **Nachbesserung** verpflichtet sein, wenn sie sich auf die Wirksamkeit und die Vollzugsmöglichkeit des Bauleitplans beruft.[4638]

4. Fehlerbehebung gem. § 214 IV BauGB

2152 Nach § 214 IV BauGB können der Flächennutzungsplan oder die Satzung durch ein ergänzendes Verfahren zur Behebung von Fehlern auch rückwirkend in Kraft gesetzt werden.[4639] Die Gemeinde setzt beim ergänzenden Verfahren nach § 214 IV BauGB das von ihr ursprünglich eingeleitete Verfahren an der Stelle fort, an der ihr der zu korrigierende Fehler unterlaufen ist.[4640] Nicht die dem Fehler vorangegangenen (korrekten) Verfahrensschritte, sondern nur die nachfolgenden Schritte müssen wiederholt werden. Dies gilt auch dann, wenn der Fehler einen dem Satzungsbeschluss nachfolgenden Verfahrensabschnitt betrifft. Eines erneuten Gemeinderatsbeschlusses bedarf es in einem solchen Fall regelmäßig selbst dann nicht, wenn sich die Sach- und Rechtslage nachträglich geändert hat, denn gemäß § 214 III 1 BauGB ist die Sach- und Rechtslage im Zeitpunkt der ursprünglichen Beschlussfassung über den Plan maßgebend.[4641] Es entspricht der Billigkeit iSv § 161 II VwGO, der Gemeinde als Normgeberin die Kosten des für erledigt erklärten Normenkontrollverfahrens aufzuerlegen, wenn sie das Vorbringen der Antragsteller zum Anlass genommen hat, gemäß § 214 IV VwGO einen auch von ihr erkannten Verfahrensfehler bei der Aufstellung des angefochtenen Bebauungsplans durch ein ergänzendes Verfahren zu heilen.[4642]

2153 Jedenfalls hinsichtlich der neu durchgeführten Verfahrensschritte bedeutet dies, dass die Rügemöglichkeiten nach § 215 I BauGB durch die erneute Bekanntmachung des Plans insoweit neu eröffnet werden, aber auch entsprechende Obliegenheiten entstehen. Nicht erneut fristgerecht geltend gemachte Mängel sind daher gemäß § 215 I 1 BauGB unbeachtlich geworden.[4643] Im ergänzenden Verfahrens sind grundsätzlich alle beachtlichen Satzungsmängel behebbar. Ausgenommen sind nur Nachbesserungen, die geeignet sind, das planerische Gesamtkonzept in Frage zu stellen, oder die die Grundzüge der Planung berühren.[4644] Wird in einem ergänzenden Verfahren nach § 214 IV BauGB nur die Planbegründung geändert, ist eine erneute Öffentlichkeitsbeteiligung nicht erforderlich.[4645]

4637 BVerwG NVwZ 2019, 1862.

4638 BVerwG UPR 1997, 102.

4639 Kuchler/Spieler KommJur 2006, 51; Rosenkötter NZBau 2008, 372.

4640 OVG Weimar Urt. v. 8.2.2023 – 1 N 588/18, juris Rn. 23.

4641 OVG Weimar Urt. v. 8.2.2023 – 1 N 588/18, juris Rn. 23; BVerwG NVwZ 2010, 777.

4642 OVG Koblenz Beschl. v. 5.4.2024 – 8 C 10879/22.OVG, juris Rn. 8 mit dem Hinweis, dass eine anteilige Belastung der beigeladenen Trägerin des durch den Bebauungsplan ermöglichten Projekts in diesen Fällen nicht in Betracht kommt, weil die Beigeladene nach den Erledigungserklärungen der Hauptbeteiligten keinen Einfluss auf den Gang des Verfahrens mehr hat.

4643 BVerwG ZfBR 2017, 379.

4644 VGH München Urt. v. 28.7.2023 – 9 N 20.2183, juris Rn. 19; BVerwG Urt. v. 18.9.2003 – 4 CN 20.02, juris Rn. 34; Beschl. v. 15.5.2017 – 4 BN 6.17, juris, Rn. 9; OVG Schleswig Beschl. v. 3.5.2023 – 1 MR 10/20, juris Rn. 21 mwN.

4645 OVG Schleswig Urt. v. 26.4.2023 – 3 K 149/15, juris Rn. 53.

Während früher nur **Form- und Verfahrensfehler** rückwirkend geheilt werden konnten, können der Flächennutzungsplan und der Bebauungsplan nunmehr in einem gewissen Umfang auch rückwirkend in Kraft gesetzt werden (§ 214 IV BauGB). Nach wie vor geht der Gesetzgeber von der Möglichkeit aus, dass die Gemeinde einen erkannten Fehler durch ein ergänzendes Verfahren heilen kann. Die Voraussetzungen für eine solche Heilungsmöglichkeit sind allerdings im Gesetz nicht benannt. Fehler im Verfahren aber auch materielle Fehler können mit Wirkung für die Zukunft grundsätzlich geheilt werden. Das ergänzende Verfahren zur Behebung von Verfahrensmängeln bedarf nach den allgemeinen Grundsätzen der **Planerhaltung** im Regelfall nur der Durchführung bzw. Wiederholung jener Verfahrensschritte, deren Fehlen oder Mangelhaftigkeit die Rechtswidrigkeit der ursprünglichen Rechtsakte begründet hat. Dies gilt auch für Ausfertigungsmängel.[4646] Allerdings kann ein Fehler so schwer wiegen, dass eine Reparatur des Bauleitplans nicht möglich erscheint. Nach § 47 V 2 VwGO erklärt das OVG im Normenkontrollverfahren den **Bebauungsplan** (lediglich) für **unwirksam**. Mit dieser einheitlichen Tenorierung ist allerdings nicht zugleich bewirkt, dass alle Fehler eines Planes jedenfalls für die Zukunft in einem ergänzenden Verfahren geheilt werden können. Vielmehr gibt es nach wie vor Fehler, die so schwer wiegen, dass ein ergänzendes Verfahren nicht möglich ist. Dies wird vor allem für schwere Abwägungsfehler gelten, wie sie sich etwa in Verstößen gegen das Konfliktbewältigungsgebot oder in anderen Unausgewogenheiten der Planung darstellen können. Auch der Verstoß gegen unüberwindbare Planungsleitsätze oder Belange des Habitat- oder Vogelschutzes kann im Einzelfall zu Mängeln führen, die durch ein ergänzendes Verfahren nicht behoben werden können. Dies gilt vor allem auch für Planungen, bei denen das ergänzende Verfahren die **Grundzüge** der Planung ändert. Während die Reparatur von Form- und Verfahrensfehlern in aller Regel gelingen kann, ist die Reparatur materieller Fehler daher entsprechend eingeschränkt. Das rückwirkende Inkraftsetzen darf den Plan auch nicht in einer für die Planbetroffenen unzulässigen Weise inhaltlich ändern. Beschränkt sich das ergänzende Verfahren auf die Behebung des Verfahrensfehlers der fehlenden Genehmigung gemäß § 10 I iVm § 8 III BauGB, bleibt der **Zeitpunkt der erstmaligen Bekanntmachung** auch dann maßgebend, wenn die Gemeinde vorsorglich in eine erneute Abwägung eingetreten ist. Das gilt jedenfalls dann, wenn zum Zeitpunkt der ursprünglichen Beschlussfassung die Genehmigungsvoraussetzungen in der Sache zu bejahen sind oder es nach Bekanntmachung des Flächennutzungsplans einer Genehmigung nicht mehr bedarf.[4647] 2154

Beispiel: Die Änderung eines Bebauungsplans von einem reinen zu einem allgemeinen Wohngebiet berührt nicht stets die Grundzüge der Planung.[4648]

Auch ein vom OVG für unwirksam gehaltener Flächennutzungsplan kann durch Beseitigung der Mängel in einem ergänzenden Verfahren rückwirkend geheilt werden, selbst wenn der damalige Plan bereits inzwischen durch einen neueren Flächennutzungsplan außer Kraft getreten ist. Der Inhalt des rückwirkend erlassenen Plans muss allerdings vom Grundsatz her mit dem ursprünglich verabschiedeten Plan identisch sein. Soweit der rückwirkend reparierte Plan von dem Ursprungsplan abweicht, muss aus Gründen des Vertrauensschutzes[4649] sichergestellt werden, dass sich daraus für den Bürger keine Nachteile ergeben, mit denen er nach den Darstellungen des Ursprungsplans nicht zu rechnen hatte. 2155

Die Grenzen für die Rückwirkung von Rechtssätzen, die sich aus dem im Rechtsstaatsprinzip verankerten Gebot des Vertrauensschutzes ergeben, lassen sich dabei nicht mit Hilfe nur eines einzigen Merkmals bestimmen, sondern müssen von Fallgruppe zu Fallgruppe festgelegt werden. Dazu gehört ua, ob der Satzungsregelung in der Vergangenheit gleichartige Regelungsversuche vorangegangen sind und deshalb einem etwaigen Vertrauen der Betroffenen die Schutzwürdigkeit fehlt, namentlich wenn keine neue Steuer erhoben, sondern lediglich der Steuermaßstab geändert wird.[4650] 2156

Nach der Rechtsprechung des BVerwG setzt die Gemeinde beim ergänzenden Verfahren das von ihr ursprünglich eingeleitete Verfahren an der Stelle fort, an der ihr der zu korrigierende Fehler unterlaufen ist; der Plangeber wird hierdurch in das Stadium des Bebauungsplanent- 2157

4646 OVG Bautzen LKV 2012, 411; BVerwG BauR 2008, 1850.

4647 BVerwG Beschl. v. 12.5.2009 – 4 BN 24.08, BeckRS 2009, 34159.

4648 BVerwG NVwZ 2009, 1289.

4649 BVerfG DVBl. 1986, 814; BVerfGE 83, 89.

4650 BVerwG Beschl. v. 31.3.2008 – 9 B 30.07, BeckRS 2008, 34017; BVerfG NVwZ 2010, 313, wie Beschl. v. 7.2.1996 – 8 B 13.96, BeckRS 1996, 31255748.

wurfs zurückversetzt.[4651] Das ergänzende Verfahren wird mit einem neuen – ggf. im Vergleich zum Ursprungsbebauungsplan sogar inhaltsgleichen – Satzungsbeschluss abgeschlossen. Mit einem solchen Satzungsbeschluss entsteht ein neuer und nicht ein geänderter Plan, der Gegenstand eines Normenkontrollverfahrens sein kann.[4652]

2158 Einer Gemeinde sind, wenn sie vor der Entscheidung steht, einen an einem Ausfertigungsmangel leidenden Bebauungsplan zu einem Zeitpunkt in Kraft zu setzen, in dem sich die Situation gegenüber dem Zeitpunkt des Satzungsbeschlusses verändert hat, zwei Möglichkeiten eröffnet. Sie kann ihre ursprüngliche Planung überdenken und verändern; sie kann aber auch das steckengebliebene Bauleitplanungsverfahren nach der Behebung des Ausfertigungsmangels zum Abschluss bringen. § 214 IV BauGB fordert für die nachträgliche Inkraftsetzung eines wegen eines Ausfertigungsmangels ungültigen Bebauungsplans keinen erneuten Satzungsbeschluss gemäß § 10 BauGB und damit auch keine erneute Abwägung.[4653]

2159 Auch kann die ausreichende Sicherung naturschutzrechtlicher Ausgleichsmaßnahmen in einem ergänzenden Verfahren geheilt werden.[4654] Eine nachträgliche Änderung der tatsächlichen oder rechtlichen Verhältnisse steht einer Fehlerbehebung grundsätzlich nicht entgegen. Denn nach § 214 III 1 BauGB ist die Sach- und Rechtslage im Zeitpunkt der (ursprünglichen) Beschlussfassung über den Plan maßgebend. Nur wenn sich die Verhältnisse so grundlegend geändert haben, dass der Bebauungsplan inzwischen einen funktionslosen Inhalt hat oder das ursprünglich unbedenkliche Abwägungsergebnis unhaltbar geworden ist, kommt eine rückwirkende Fehlerbehebung nicht mehr in Betracht.[4655] Verfahrensfehler sind nach § 214 I 1 Nr. 2 HS 2 BauGB auch dann unbeachtlich, wenn die Gemeinde im vereinfachten Verfahren von der Durchführung einer Umweltprüfung nach § 2 IV BauGB und der Anfertigung eines Umweltberichts abgesehen hat.[4656] Soll ein Bebauungsplan mit beachtlichen Abwägungsfehlern durch ein ergänzendes Verfahren erneut in Kraft gesetzt werden, muss eine neue Entscheidung getroffen werden, in der alle im Verfahren abgegebenen Stellungnahmen gegeneinander und untereinander gerecht abgewogen werden.[4657] Die Erforderlichkeit einer Bauleitplanung gem. § 1 III BauGB ist in jedem Verfahren allerding erneut zu prüfen und kann nicht im Rahmen eines Verfahrens nach § 214 IV BauGB sozusagen automatisch aus einer vorhergehenden Planung abgeleitet werden.[4658]

2160 In einem ergänzenden Verfahren können nicht Fehler behoben werden, mit denen die **Grundzüge der Planung** berührt werden. In einem ergänzenden Verfahren können daher nicht größere Teile der ursprünglichen Konzentrationsflächen für Windenergieanlagen gestrichen und so die Ursprungsplanung in wesentlichen Punkten geändert werden.[4659] Allerdings besteht auf die Einleitung und Durchführung eines Heilungsverfahrens kein Rechtsanspruch.[4660] Zuständig für die Durchführung des ergänzenden Verfahrens ist die Gemeinde. Demgegenüber kann das **Gericht**, das einen Mangel im Rahmen einer gerichtlichen Überprüfung entdeckt, den Fehler nicht selbst beheben. Die Fehlerbehebung ist vielmehr der Gemeinde vorbehalten.

2161 Die Fehlerbehebung kann sich dabei auf Satzungsmängel sowohl im Hinblick auf **bundesrechtliche** als auch **landesrechtliche** Anforderungen beziehen. Auch Mängel der Satzung, die auf der Verlegung von Vorschriften des Landesrechts beruhen und nach Landesrecht beachtlich sind, können daher in einem ergänzenden Verfahren behoben werden.[4661] Die Fehlerheilungsmöglichkeiten, von denen § 214 IV BauGB ausgeht, sind dabei zwingendes Recht. Ein Ermessen des Normenkontrollgerichts, die Vorschrift anzuwenden, ist auch dann ausgeschlossen, wenn der Mangel der Satzung auf der Verletzung des Landesrechts be-

---

4651 BVerwG Beschl. v. 4.3.2021 – 4 B 40/20, juris Rn. 4; BVerwGE 152, 379 Rn. 9; BVerwG Beschl. v. 8.3.2010 – 4 BN 42.09, Buchholz 406.11 § 4a BauGB Nr. 1 Rn. 8.

4652 BVerwG Beschl. v. 4.3.2021 – 4 B 40/20, juris Rn. 4; BRS 63 Nr. 60 = juris Rn. 6; BauR 2017, 1677 Rn. 7.

4653 OVG Koblenz BauR 2004, 718.

4654 OVG Münster Urt. v. 28.6.2007 – 7 D 59/06.NE, BeckRS 2007, 26103.

4655 BVerwG ZfBR 2008, 373.

4656 OVG Magdeburg BauR 2009, 957.

4657 OVG Münster UPR 2008, 280.

4658 OVG Koblenz Urt. v. 16.5.2013 – 1 C 11004/12, BeckRS 2013, 53656.

4659 OVG Lüneburg NVwZ-RR 2009, 546.

4660 BVerwG UPR 1997, 102.

4661 BVerwG ZfBR 2000, 197.

ruht.[4662] Eine Gemeinde darf sich in einem ergänzenden Verfahren nicht darauf beschränken, einen rechtskräftig festgestellten Abwägungsfehler zu beseitigen und die hierdurch berührten Belange erneut abzuwägen, wenn die bisherige Abwägung aus einem weiteren Grund fehlerhaft war. Vielmehr muss im ergänzenden Verfahren auch der weitere Abwägungsfehler behoben werden.[4663] Wenn im ergänzenden Verfahren inhaltliche Änderungen des Bebauungsplans vorgenommen werden, die nachteilige Auswirkungen haben können, handelt es sich um abwägungsbeachtliche Änderungen, die der Kritik in einem erneuten Auslegungsverfahren zugänglich bleiben müssen. Auch solche inhaltlichen Änderungen des ursprünglichen Bebauungsplans, die auf der Grundlage bereits ausgelegter, dem Bebauungsplanentwurf lediglich beigefügter Unterlagen vorgenommen werden, lösen eine Pflicht zur erneuten Auslegung aus.[4664] Die Heilung eines Bebauungsplanes iSd § 214 IV BauGB setzt voraus, dass der Fehler behoben und das nachfolgende Verfahren wiederholt wird. Muss der Satzungsbeschluss wiederholt werden, sind eine erneute Genehmigung der höheren Verwaltungsbehörde gemäß § 6 I BauGB und deren Bekanntmachung nach § 6 V 1 BauGB erforderlich. Mit dem – das ergänzende Verfahren abschließenden – Satzungsbeschluss entsteht ein **neuer Plan**, der Gegenstand eines Normenkontrollverfahrens sein kann. Damit entfällt das Rechtsschutzbedürfnis dafür, den ursprünglichen Bebauungsplan noch einer Überprüfung in einem Normenkontrollverfahren unterziehen zu können.[4665]

Die Wirksamkeit des Ursprungsplans (und etwaiger vorangegangener Änderungen) ist als Vorfrage der Wirksamkeit einer Änderung des Plans (inzidenter) zu prüfen, als die Rechtmäßigkeit der beanstandeten Änderung von den **früheren Fassungen des Plans** abhängt.[4666] Besteht zwischen den früheren Fassungen eines Bebauungsplans und der Fassung, die Gegenstand des Normenkontrollverfahrens, ein Rechtmäßigkeitszusammenhang, erfasst die Unwirksamkeit einer vorhergehenden Fassung auch die spätere Fassung. Werden allerdings sämtliche Festsetzungen des Ursprungsplans im Zuge der „Änderung" durch neue Festsetzungen ersetzt oder aber jedenfalls erneut in den planerischen Abwägungsprozess einbezogen, so ist letztlich ein eigenständiger Plan entstanden, bei dem ein Fortwirken alter Fehler des Ursprungsplans nicht mehr sachgerecht erschiene.[4667] Ist ein Bebauungsplan obsolet bzw. funktionslos geworden, kommt eine Fehlerbehebung in einem ergänzenden Verfahren gemäß § 214 IV BauGB nicht mehr in Betracht.[4668] 2162

Wird ein Bebauungsplan nach Behebung eines Ausfertigungsmangels im ergänzenden Verfahren ein weiteres Mal bekannt gemacht, dann löst diese **Bekanntmachung** die Antragsfrist nach § 47 II 1 VwGO erneut aus. Nach § 47 II 1 VwGO in der seit dem 1.1.2007 geltenden Fassung können Normenkontrollanträge gegen Bebauungspläne (§ 47 I Nr. 1 VwGO iVm § 10 I BauGB) nur innerhalb eines Jahres nach Bekanntmachung des Plans gestellt werden. Im Fall einer mehrfachen Bekanntmachung beginnt allerdings nicht mit jeder Bekanntmachung die Antragsfrist von neuem. Die erneute Bekanntmachung nach Abschluss eines ergänzenden Verfahrens zur Behebung eines Ausfertigungsmangels setzt aber die Frist für einen Normenkontrollantrag auch dann erneut in Lauf, wenn der Plan **inhaltlich unverändert** bleibt. Indem § 47 II 1 VwGO auf die Bekanntmachung abstellt, knüpft er die Antragsfrist an den Zeitpunkt an, zu dem der Bebauungsplan mit formellem Geltungsanspruch veröffentlicht worden ist, dh zu dem nach dem Willen des Plangebers der Plan als Satzung entstehen soll. Ob die Bekanntmachung ordnungsgemäß ist, ist ohne Belang. Ausreichend ist eine Handlung des Plangebers, die potenziell Antragsbefugten die Möglichkeit der Kenntnisnahme vom Geltungsanspruch des Plans verschafft.[4669] Erkennt der Plangeber nach einer fristauslösenden Bekanntmachung oder geht er – auch irrtümlich – davon aus, dass die Bekanntmachung nicht den gesetzlichen Anforderungen entspricht oder der Plan mit anderen formellen Fehlern behaftet ist, darf er den Geltungsanspruch nach Fehlerbehebung durch eine weitere Bekanntmachung des inhaltlich unverändert gebliebenen Plans erneuern und das Ziel verfolgen, einen tatsächlich oder vermeintlich unwirksamen Bebauungsplan durch einen wirksamen Bebauungsplan zu er- 2163

4662 BVerwG ZfBR 2000, 197.
4663 BVerwG Beschl. v. 25.11.2008 – 4 BN 15.08, BeckRS 2008, 41397.
4664 BVerwG NVwZ 2010, 777.
4665 BVerwG BauR 2017, 1677.
4666 BVerwGE 110, 193 (199).
4667 BVerwG BauR 2017, 62; BauR 2012, 53.
4668 OVG Lüneburg Urt. v. 2.3.2023 – 1 KN 55/20, juris Rn. 69; BVerwG BauR 2008, 1417.
4669 BVerwG NVwZ 1997, 893; Urt. v. 19.10.2006 – 9 B 7.06, juris Rn. 5.

setzen.[4670] Welche Mängel innerhalb der neuen Frist geltend gemacht werden können, ist eine Frage der Begründetheit. Beim ergänzenden Verfahren setzt die Gemeinde das von ihr ursprünglich eingeleitete Verfahren an der Stelle fort, an der ihr der zu korrigierende Fehler unterlaufen ist. Die bisherigen Verfahrensschritte bleiben unberührt. Sind hierauf bezogene Rügemöglichkeiten nach § 215 I BauGB bereits verfristet, werden sie durch die erneute Bekanntmachung des Plans nicht neu eröffnet.[4671]

2164 Nach § 214 IV BauGB können Fehler auch mit Rückwirkung in einem ergänzenden Verfahren behoben werden. Uneingeschränkt wird dies für die rückwirkende Behebung von Verfahrens- und Formfehlern gelten können, solange sich der Planinhalt nicht ändert. Für materielle Fehler ist die Rückwirkung allerdings durch die Identität des Planinhalts und das Abwägungsgebot begrenzt. Materielle Fehler, die zu einem anderen Planinhalt führen oder den damaligen Plan inhaltlich in einem völlig anderen Lichte erscheinen lassen, können nicht rückwirkend geheilt, sondern nur – wenn es gut geht – für die Zukunft repariert werden. Allerdings könnten diejenigen Teile von der Rückwirkung ausgenommen werden, in denen sich ein Änderungsbedarf ergibt, sodass die übrigen Teile des Plans rückwirkend in Kraft gesetzt werden können, wenn sie von den zu ändernden Teilen getrennt werden können und wenn sich insoweit keine untrennbaren Zusammenhänge im Vergleich zur ursprünglichen Regelung und keine belastenden Auswirkungen für Planbetroffene ergeben.

2165 Wenn ein Bebauungsplan oder eine Satzung zur Änderung eines Bebauungsplans unter Geltung des § 47 VwGO rechtskräftig nicht nur für nicht wirksam, sondern für nichtig erklärt worden ist, darf die Gemeinde eine inhaltsgleiche Satzung nicht gemäß § 214 IV BauGB rückwirkend in Kraft setzen.[4672] Der Bebauungsplan kann dann nur für die Zukunft neu aufgestellt werden. Die Anordnung der Rückwirkung gem. § 214 IV BauGB ist kein Teil des Satzungsbeschlusses, sondern ein Bestandteil des Bekanntmachungsverfahrens. Schlägt die rückwirkende Inkraftsetzung einer Satzung gem. § 214 IV BauGB fehl, ist im Regelfall anzunehmen, dass die Gemeinde jedenfalls eine Inkraftsetzung für die Zukunft gewollt hätte.[4673]

2166 Mit der rückwirkenden Inkraftsetzung eines Bebauungsplanes tritt dieser zu dem Zeitpunkt in Kraft, zu dem er ursprünglich hätte in Kraft treten sollen. Das rückwirkende Inkraftsetzen einer Sanierungssatzung ist auch dann noch zulässig, wenn die Sanierung bereits abgeschlossen und die förmliche Festlegung schon aufgehoben worden ist. Dies darf auch mit der Absicht erfolgen, mit der erneuten Sanierungssatzung für ergangene Ausgleichsbescheide nachträglich eine sichere Grundlage zu schaffen. Das Gesetz will städtebauliche Satzungen nicht daran scheitern lassen, dass sie verfahrensfehlerhaft zustande gekommen sind.[4674] Die rückwirkende Inkraftsetzung eines Bebauungsplans im ergänzenden Verfahren ist allerdings dann nicht mehr möglich, wenn gegenüber dem Zeitpunkt der Beschlussfassung grundlegende Veränderung der Sach- und Rechtslage etwa hinsichtlich der Bindung an die Ziele der Raumordnung eingetreten sind.[4675] Die rückwirkende Anordnung des Inkrafttretens eines Bebauungsplans nach Heilung von Form- oder Verfahrensfehlern stellt sich nicht als eine materielle Planänderung dar, für die eine Öffentlichkeitsbeteiligung geboten wäre.[4676]

2167 Ein Fehler der Satzung führt nicht zu deren Nichtigkeit, sondern nur zu deren schwebender Unwirksamkeit (§ 47 V 2 VwGO).[4677] Für die Reparatur genügt die konkrete Möglichkeit der Fehlerbehebung.[4678] Ein ergänzendes Verfahren ist allerdings dann nicht möglich, wenn der festgestellte Fehler so schwerwiegend ist, dass er die Grundzüge der Planung,[4679] das Grund-

---

[4670] BVerwG DÖV 2010, 616.

[4671] BVerwGE 152, 379.

[4672] BVerwG NVwZ 2006, 329; NVwZ 2006, 329; VGH München Beschl. v. 18.7.2005 – 2 N 01.2705, BeckRS 2005, 16884.

[4673] OVG Münster BauR 2012, 1075; BVerwG BRS 63 Nr. 42.

[4674] BVerwG ZfBR 2010, 789 zur rückwirkenden Inkraftsetzung einer Sanierungssatzung.

[4675] OVG Saarlouis NJOZ 2011, 858 zur Gemeindenachbarklage gegen ein Einkaufszentrum.

[4676] BVerwG ZfBR 2011, 677.

[4677] BVerwG NVwZ 2003, 1259 mit Anmerkung Ell NVwZ 2004, 182.

[4678] BVerwG NVwZ 2000, 815; OVG Münster BRS 60 (1998), Nr. 54. Ein ergänzendes Verfahren ist auch dann nicht ausgeschlossen, wenn ein festgestellter Mangel nur durch eine Änderung des Planinhalts behoben werden kann.

[4679] BVerwG DVBl. 1999, 243; OVG Münster Urt. v. 3.12.1997 – 7a B 1110/97.NE, BeckRS 1997, 16697; NVwZ 1999, 561.

gerüst der Planung[4680] oder den Kern der Abwägungsentscheidung[4681] trifft. Das BVerwG verweist dabei auf seine Rechtsprechung zum ergänzenden Verfahren im Fachplanungsrecht.[4682] Eine Fehlerkorrektur kann sich auch auf die einzelnen Verfahrensschritte beziehen. Dabei ist es unerheblich, ob der behebbare Fehler formeller oder materieller Natur ist. Soll die Satzung jedoch unverändert erlassen werden, so folgt nicht schon aus der materiell-rechtlichen Natur des Fehlers, dass auch die vorangegangenen korrekten Verfahrensschritte wiederholt werden müssen. Ein Verzicht auf die Wiederholung des vorangegangenen Verfahrens wäre allerdings unzulässig, wenn es schon selbst durch den Fehler infiziert ist.[4683]

Der Gesetzgeber hat sich in § 214 IV BauGB für eine grundsätzliche Reparaturmöglichkeit **2168**
in einem ergänzenden Verfahren entschieden.[4684] Das BVerwG hat allerdings Grenzen der Reparaturmöglichkeit aus § 13 BauGB abgeleitet. Weicht das Ergebnis der Planreparatur so weit von der ursprünglichen Planung ab, dass die Grundzüge betroffen sind und es sich sozusagen um einen anderen Plan handelt, werden auch die Möglichkeiten des § 214 IV BauGB überschritten. Die Planung kann dann nur durch eine Neuaufstellung bewirkt werden.[4685] Nicht ausreichend ist es, dass der Mangel das bisherige Abwägungsverfahren in den Grundzügen oder im Kern in dem Sinne betrifft, dass wesentliche Abwägungselemente bei der Erstentscheidung fehlerhaft waren.[4686] Stellt die Gemeinde später fest, dass die nachermittelten Abwägungselemente zu einer grundsätzlich anderen Planung führen, erweist sich das Reparaturverfahren nach § 214 IV BauGB als nicht mehr geeignet. Es hat vielmehr dann eine Neuaufstellung der Planung zu erfolgen.[4687]

Das ergänzende Verfahren erfordert keine Wiederholung des Gesamtverfahrens, sondern er- **2169**
möglicht ggf. auch ein vereinfachtes Verfahren nach § 13 BauGB, in dem die festgestellten Mängel des Planverfahrens behoben werden. So kann der Mangel fehlender Bestimmtheit bauleitplanerischer Festsetzungen in der Regel im vereinfachten Verfahren nach § 13 BauGB dadurch behoben werden, dass die betreffende Festsetzung durch eine andere, den Mangel der Bestimmtheit behebende Festsetzung ersetzt wird. Auch die Korrektur von Festsetzungen, die nicht von einer hinreichenden Rechtsgrundlage gedeckt waren, kann regelmäßig im vereinfachten Verfahren dadurch erfolgen, dass sie durch Festsetzungen ersetzt werden, die in rechtlich unbedenklicher Weise eine zumindest ähnliche Zielsetzung anstreben.[4688] Die Ermächtigung in § 214 IV BauGB, den Bebauungsplan in einem ergänzenden Verfahren auch rückwirkend in Kraft zu setzen, hat keinen Einfluss auf die Frage, wann ein Verfahren iS des § 244 I 2 BauGB abgeschlossen ist. Wird von § 214 IV BauGB Gebrauch gemacht, so werden nicht der Abschluss des Verfahrens, sondern die Rechtsfolgen eines später abgeschlossenen Planaufstellungsverfahrens auf den Zeitpunkt des rückwirkenden Inkrafttretens des Bebauungsplans zurückverlegt.[4689]

In einem ergänzenden Verfahren kann auch eine erneute **Öffentlichkeitsbeteiligung** nach **2170**
§ 3 II BauGB oder eine erneute Behördenbeteiligung nach § 4 II BauGB durchgeführt werden. Da dies aber die ersten für die Rechtswirksamkeit des Bebauungsplans erforderlichen Schritte sind, bestehen aus dieser Sicht zwischen Planänderung und Neuaufstellung in der Praxis vielfach keine greifbaren Unterschiede.[4690] Ist ein Bebauungsplan mangels eines erkennbaren städtebaulichen Konzeptes unwirksam, so kann dieser Mangel nach Auffassung des OVG Münster nicht in einem ergänzenden Verfahren geheilt werden, weil das städtebauliche Konzept die Grundlage der Bauleitplanung bildet.[4691] Wesentliche Konzeptmängel, deren Repara-

---

4680 OVG Münster BRS 60 (1998), Nr. 54; NVwZ 1999, 561.
4681 BVerwG ZfBR 1999, 43.
4682 BVerwG ZfBR 1999, 106.
4683 BVerwG NVwZ 1998, 956.
4684 BVerwG NVwZ 2000, 815.
4685 OVG Münster NWVBl. 1998, 439.
4686 A.A. wohl OVG Münster NVwZ 1999, 79; VGH München DVBl. 1999, 1293; Stüer/Rude ZfBR 2000, 85.
4687 VGH München Beschl. v. 18.7.2005 – 2 N 01.2705, BeckRS 2005, 16884.
4688 OVG Münster UPR 2007, 160.
4689 BVerwG ZfBR 2009, 273.
4690 VGH Mannheim DVBl. 1998, 601; BauR 1998, 976. Zur Fehlerbehebung ferner OVG Koblenz NVwZ-RR 2000, 103; OVG Münster Urt. v. 2.3.1998 – 7a D 95/97.NE, BeckRS 1998, 16997; UPR 1998, 461; NVwZ-RR 1999, 113; NVwZ 1999, 79; BRS 60 (1998), Nr. 54; VGH Mannheim ZfBR 1998, 324; NVwZ-RR 1998, 614.
4691 OVG Münster Urt. v. 2.3.1998 – 7a D 95/97.NE, BeckRS 1998, 16997.

tur nur durch einen Bebauungsplan mit einem wesentlich anderen Inhalt erfolgen kann, können daher nur in einem Neuaufstellungsverfahren behoben werden.

2171 Ein Anspruch auf Beseitigung eines Ausfertigungsmangels und auf eine erneute Bekanntmachung hat das BVerwG abgelehnt. Das gilt für die Aufstellung (§ 1 III 2 BauGB) ebenso wie für die Planänderung oder Planaufhebung (§ 1 VIII BauGB). Die Gemeinde könne in ihrer planerischen Gestaltungsfreiheit wählen, ob sie einem fehlerhaften Plan mit oder ohne Rückwirkung nachträglich Geltung verschafft, einer inhaltlichen veränderten neuen Planung den Vorzug gibt oder es schlicht bei der bisherigen Rechtslage, ggf. also bei der Anwendung der §§ 34 und 35 BauGB, belässt.[4692] Will eine Gemeinde einen unwirksamen Bebauungsplan aufheben, hat sie insbesondere abzuwägen, ob sie den Rechtsschein des Bebauungsplans beseitigen oder den Bebauungsplans durch „Reparatur" retten will. Diese Abwägung setzt eine hinreichende Ermittlung der insoweit zu berücksichtigenden gegenläufigen Belange – Art und Qualität des zur Unwirksamkeit führenden Mangels und das konkrete Gewicht der gegenläufigen privaten Interessen an einer Beibehaltung des Bebauungsplans mit dem fehlgeschlagenen Rechtsschein – voraus.[4693]

2172 Die Heilung kann sich etwa auf **formelle Mängel im Verkündungsvorgang** beziehen,[4694] aber auch andere **Form- und Verfahrensfehler** im Aufstellungsvorgang erfassen. Hierzu zählt etwa die Zusammenstellung des Abwägungsmaterials (§ 214 I 1 Nr. 1 BauGB), die Durchführung einer Öffentlichkeits- und Behördenbeteiligung (§ 214 I 1 Nr. 2 BauGB), das Erfordernis einer Begründung (§ 214 I 1 Nr. 3 BauGB), der Feststellungs- bzw. Satzungsbeschluss, die Genehmigung oder die Bekanntmachung des Flächennutzungsplans oder der Satzung (§ 214 I 1 Nr. 4 BauGB). Derartige Fehler im Verfahren können nach § 214 IV BauGB auch rückwirkend behoben werden. Die Fehlerbehebung kann sich auch auf landesrechtliche Verfahrens- oder Formvorschriften erstrecken. Ist etwa eine Ausfertigung des Bebauungsplans nach Landesrecht fehlerhaft, so kann diese nach § 214 IV BauGB geheilt werden.

2173 Ein schutzwürdiges Vertrauen darauf, dass ein unwirksamer Bauleitplan nicht gem. § 214 IV BauGB erneut erlassen wird, besteht nicht. Ein wegen eines Ausfertigungsmangels unwirksamer Bebauungsplan kann gem. § 214 IV BauGB grundsätzlich auch dann rückwirkend in Kraft gesetzt werden, wenn er inzwischen geändert worden ist. Waren auch die Änderungen wegen eines Ausfertigungsmangels unwirksam, können sämtliche Satzungsbeschlüsse unter Nachholung der Ausfertigungen rückwirkend in Kraft gesetzt werden.[4695] Das muss auch gelten, wenn der ursprüngliche Bauleitplane durch einen anderen Bauleitplan ersetzt worden und daher zwischenzeitlich außer Kraft getreten ist. Nach einer Behebung des im Normenkontrollverfahren festgestellten Mangels in einem ergänzenden Verfahren ist ein Antragsteller nach § 47 II 1 VwGO nicht gehindert, in einem zweiten Normenkontrollverfahren die für nicht durchgreifend angesehenen Rügen erneut zu erheben.[4696]

2174 Verfährt die Gemeinde nach § 214 IV BauGB, so lebt ein zuvor für nichtig erklärte Bebauungsplan als solcher nicht wieder auf. Vielmehr tritt ein neuer Bebauungsplan in Kraft, auch wenn er inhaltlich mit dem alten Plan identisch ist. Selbst wenn die Gemeinde keinen neuen Satzungsbeschluss fasst, unterscheiden sich die Pläne formal zumindest durch den Zeitpunkt ihrer Bekanntmachung.[4697]

2175 Leidet die Abwägung an einem rechtserheblichen Mangel, so kann der Fehler auf der Grundlage des § 214 IV BauGB nur behoben werden, wenn der Planinhalt in dem Sinne unverändert bleibt, dass keine neuen Belastungen für die planbetroffenen entstehen, mit denen sie bei Kenntnis der Unwirksamkeit des Ursprungsplans nicht rechnen mussten.[4698] § 10 III 4 BauGB regelt abschließend, dass der Bebauungsplan mit der Bekanntmachung in Kraft tritt. Diese Regelung verwehrt es der Gemeinde, außer in den Fällen des § 214 IV BauGB, einen anderen Zeitpunkt des Inkrafttretens – sei es in der Zukunft oder in der Vergangenheit – zu bestimmen. Ein hinsichtlich des Zeitpunkts beliebiges rückwirkendes Ändern der Bauleitpläne würde auch dem Wesen der Planung als einem in die Zukunft gerichteten Gestaltungswillen nicht gerecht und dürfte zudem daran scheitern, dass es oft kaum absehbar ist, welche Aus-

---

4692 BVerwG BRS 58 (1996), 6.
4693 OVG Münster Urt. v. 7.8.2006 – 7 D 67/05.NE, BeckRS 2006, 25890.
4694 BVerwG BRS 29 Nr. 14 zu § 12 BauGB; Beschl. v. 3.5.1993 – 4 NB 13.93, BeckRS 2009, 39872.
4695 BVerwG UPR 1996, 151.
4696 BVerwG BRS 69 Nr. 61 (2005).
4697 BVerwGE 92, 266.
4698 BVerwG NVwZ 1997, 893.

wirkungen der rückwirkende Erlass eines inhaltlich geänderten Plans auf das von einem Bebauungsplan erfasste vielfältige Interessengeflecht jeweils haben würde.[4699] Ein inhaltlich korrigierter Bauleitplan mit nachteiligen Auswirkungen für Planbetroffene, mit denen diese nicht rechnen mussten, kann daher nicht in seiner Gesamtheit rückwirkend in Kraft gesetzt werden. Bauleitpläne mit inhaltlichen Fehlern können nur unter Wiederholung der Verfahrensschritte, die von dem Fehler infiziert worden sind, mit der erneuten Bekanntmachung in Kraft gesetzt werden. Allerdings könnte eine Teilrückwirkung angeordnet werden, soweit der Plan mit seiner Ursprungsfassung identisch ist. Die geänderten Teile könnten dann ohne Rückwirkung mit der erneuten Bekanntmachung des Plans in Kraft gesetzt werden. Denn eine Rückwirkung ist aus rechtsstaatlichen Gründen nur ausgeschlossen, soweit der Bürger durch das rückwirkende In-Kraft-Setzen der Bauleitplanung im Nachhinein eine für ihn nachteilige Planausweisung hinnehmen müsste, mit der er auch bei Kenntnis der Unwirksamkeit der Erstplanung nicht rechnen musste, ein schutzwürdiges Vertrauen der Rückwirkung daher nicht entgegensteht. Im Übrigen ist eine Rückwirkung zulässig.

Nach den Grundsätzen des § 214 IV BauGB kann auch der Mangel einer fehlenden Ausfertigung des Bebauungsplans geheilt werden,[4700] der zu den sonstigen Verfahrens- und Formfehlern nach Landesrecht (§ 215 a II BauGB 1998) gehört.[4701] Soll nach der Nachholung der unterbliebenen Ausfertigung eines Bebauungsplans die Satzung durch erneute Bekanntmachung der Genehmigung nunmehr in Kraft gesetzt werden, so bedarf es hierzu grundsätzlich keines erneuten Beschlusses der Gemeindeverwaltung,[4702] wenn das Landesrecht nichts anderes vorschreibt.[4703] **2176**

Im Rahmen des § 214 IV BauGB ist eine erneute Abwägung erforderlich, wenn sich die Sach- oder Rechtslage seit dem früheren Beschluss rechtserheblich verändert hat. Die Gemeinde hat dann in ihrem Rechtsetzungsverfahren innezuhalten. Sie soll nicht ohne eine erneute Sachentscheidung eine Norm in Kraft setzen, deren Rechtsgehalt zweifelhaft geworden sein könnte.[4704] Hinter dieser Auffassung steht der Gedanke, dass zwischen dem planerischen Abwägungsvorgang und dem Abwägungsergebnis, wie es in dem In-Kraft-Setzen eines Norminhaltes zum Ausdruck kommt, ein sachlicher Zusammenhang gewahrt bleiben muss. Dies gilt umso mehr, als sich vielfach die Frage der Rechtmäßigkeit eines verbindlichen Bauleitplanes nicht allein anhand des Inhalts der getroffenen Festsetzungen, sondern danach beurteilen lässt, welche städtebaulichen Probleme iS einer abwägungsbezogenen Konfliktbewältigung gelöst werden sollen (§ 1 VII BauGB). § 214 III 2 BauGB geht von dieser Struktur der Rechtsetzung, wie sie die Rechtsprechung auch zum verbindlichen Bauleitplan entwickelt hat, ausdrücklich aus. Ein derartiges zeitliches und auch sachliches Auseinanderfallen zwischen abwägender Beschlussfassung und Inkraftsetzung des Norminhalts kann auch bei einer nach § 214 IV BauGB an sich zulässigen rückwirkenden Beseitigung von Verfahrens- oder Formfehlern eintreten. Wenn § 214 IV BauGB ein rückwirkendes Inkrafttreten als eine zulässige Rechtsfolge vorsieht, dann bestätigt der Gesetzgeber damit nur klarstellend, was sich ohnedies aus allgemeinen Grundsätzen des Rechtsstaatsprinzips ergibt. Danach ist regelmäßig eine rückwirkende Normsetzung dann bedenkenfrei, wenn die erneute Normsetzung nur dazu dient, eine unklare Rechtslage zu beseitigen, da insoweit ein zu beachtender Vertrauensschutz ohnedies nicht entstanden sein konnte.[4705] Damit hat der Gesetzgeber durch § 214 IV BauGB indes weder entschieden, unter welchen inhaltlichen Voraussetzungen eine Rückwirkung zulässig ist, noch ob eine erneute Abwägungsentscheidung erforderlich ist. Vielmehr gelten insoweit die allgemeinen Grundsätze.[4706] **2177**

Ein wegen eines Ausfertigungsmangels unwirksamer Bebauungsplan kann gem. § 214 IV BauGB grundsätzlich auch dann rückwirkend in Kraft gesetzt werden, wenn er inzwischen geändert worden ist. Waren auch die Änderungen wegen eines Ausfertigungsmangels unwirksam, können sämtliche Satzungsbeschlüsse unter Nachholung der Ausfertigungen rückwirkend in Kraft gesetzt werden. Ist die Gemeinde darauf bedacht, im Rahmen des Fehlerkorrekturver- **2178**

4699 BVerwGE 101, 58; UPR 1998, 114; auch zur Verfassungsmäßigkeit BVerwG NVwZ 1998, 845.
4700 BVerwG DVBl. 1996, 960.
4701 BVerwG NVwZ 1997, 893.
4702 BVerwG NVwZ 1990, 258.
4703 BVerwG NVwZ 1997, 893.
4704 BVerwGE 56, 283.
4705 BVerwGE 66, 116; BVerwGE 75, 262.
4706 BVerwG NVwZ 1993, 361.

fahrens des § 214 IV BauGB Fehler zu vermeiden, die sich ihrerseits als Wirksamkeitshindernis darstellen, so liegt es in ihrem Interesse, sich an folgendes Prüfschema zu halten.[4707] Sie hat für den Fall, dass sich die Sach- oder Rechtslage geändert hat, vor der rückwirkenden Inkraftsetzung des Bebauungsplans hierauf ggf. in zweifacher Weise zu reagieren. Auf einer ersten Stufe hat sie zu prüfen, ob die Änderung der Sach- oder Rechtslage die ursprüngliche Abwägung so grundlegend berühren kann, dass eine neue Sachentscheidung geboten ist. Je nachdem wie diese Prüfung ausfällt, kann sie gehalten sein, auf einer zweiten Stufe in eine erneute Abwägung einzutreten. Geht sie nicht so vor, so ist dies indes nicht bereits für sich genommen ein Grund, der es rechtfertigt, die Gültigkeit des rückwirkend in Kraft gesetzten Bebauungsplans in Frage zu stellen. Denn eine neue Sachentscheidung in diesem Sinne ist nicht bei jeglicher Veränderung abwägungsbeachtlicher Belange erforderlich. Das Vertrauen in die Wirksamkeit der Bauleitplanung kann es rechtfertigen, von einer erneuten Sachentscheidung abzusehen.[4708] Die Gemeinde hat daher die Wahl, ob sie einen Verfahrens- oder Formfehler, der zur Unwirksamkeit des Bebauungsplans führt, nach § 214 IV BauGB behebt oder zum Anlass dafür nimmt, ein neues Bauleitplanverfahren einzuleiten.

2179 § 214 IV BauGB bezieht sich auf den **Flächennutzungsplan** und alle **städtebaulichen Satzungen**, also nicht nur auf den Bebauungsplan. Die Grundsätze der Planerhaltung in § 214 IV BauGB sind auch auf Flächennutzungspläne und Satzungen anzuwenden, die auf der Grundlage früherer Fassungen des BBauG und des BauGB in Kraft treten sind (§§ 233 III BauGB). Die Reparaturmöglichkeiten beziehen sich dabei auch auf Flächennutzungspläne oder auf Satzungen, die auf alter Rechtsgrundlage aufgestellt worden sind. Auch derartige Pläne können daher durch ein ergänzendes Verfahren nach § 214 IV BauGB rückwirkend geheilt werden.

2180 Im **Normenkontrollverfahren** erklärt das OVG die Satzung für unwirksam (§ 47 V 2 VwGO). Durch die Vermeidung der Nichtigkeitserklärung oder auch der Aufhebung der Satzung durch das Gericht soll der Gemeinde oder der sonst zuständigen Behörde die Möglichkeit eingeräumt werden, die festgestellten Mängel der Satzung durch ein ergänzendes Verfahren zu beheben. Wird die Gemeinde nicht tätig, bleibt die Satzung auf Dauer nicht wirksam.[4709] Ob die Gemeinde ein Reparaturverfahren in Aussicht nimmt, ist im Allgemeinen in ihr planerisches Ermessen gestellt.

2181 Ein durch ein ergänzendes Verfahren rückwirkend in Kraft gesetzter Bebauungsplan kann Rechtsgrundlage für eine zuvor ergangene Beseitigungsverfügung sein.[4710] Wird eine Veränderungssperre unter Verstoß gegen § 215 a II BauGB 1998 rückwirkend in Kraft gesetzt, so verhindert dieser Mangel nur das rückwirkende Inkrafttreten der Satzung nicht jedoch ihr Inkrafttreten mit Wirkung „ex nunc".[4711]

5. Überleitungsvorschrift gem. § 233 II BauGB

2182 Nach § 233 II 1 BauGB sind die Regelungen über die Planerhaltung auch auf Flächennutzungspläne und Satzungen entsprechend anzuwenden, die auf der Grundlage bisheriger Fassungen des BauGB in Kraft getreten sind. Die Vorschriften zur Planerhaltung gelten also in der jeweils neusten Fassung auch für die auf der Grundlage bisheriger Fassungen des BauGB in Kraft getretener Flächennutzungspläne und Satzungen. Nach bisherigen BauGB-Regelungen unbeachtliche oder durch Fristablauf unbeachtliche Fehler sind auch weiterhin für die Rechtwirksamkeit des Flächennutzungsplans oder der städtebaulichen Satzung unbeachtlich (§ 233 II 2 BauGB). Außerdem gelten nach § 233 III BauGB die auf der Grundlage der bisherigen Fassungen des BauGB wirksame oder übergeleitete Pläne, Satzungen und Entscheidungen fort. § 233 I 1 BauGB trifft eine Übergangsregelung für Verfahren nach dem BauGB, die vor dem Inkrafttreten „einer" und nicht nur einer bestimmten Änderung des BauGB förmlich eingeleitet worden sind. Die Auswirkungen einer Änderung des Landesplanungsrechts auf laufende Verfahren nach dem BauGB regelt § 233 I BauGB indes nicht.[4712] Nach § 233 II 3 BauGB sind

4707 BVerwG UPR 1995, 441.

4708 BVerwG UPR 1995, 441; DVBl. 1996, 960; NVwZ 1997, 893.

4709 Bundesregierung, Gesetzentwurf zum BauROG, S. 92.

4710 BVerwG ZfBR 2004, 390.

4711 Zur früheren Unterscheidung zwischen Nichtigkeit und Unwirksamkeit BVerwG ZfBR 2002, 77.

4712 BVerwG BRS 70 Nr. 3 (2006) zur Anpassungspflicht von Bauleitplänen an geänderte oder neue Ziele der Raumordnung.

abweichend von den vorgenannten Regelungen für vor dem Inkrafttreten einer Gesetzesänderung in Kraft getretene Flächennutzungspläne und Satzungen, die vor dem Inkrafttreten der Gesetzesänderung geltenden Vorschriften über die Geltendmachung der Verletzung von Verfahrens- und Formvorschriften, von Mängeln der Abwägung und von sonstigen Vorschriften einschließlich ihrer Fristen weiterhin anzuwenden. Für Flächennutzungspläne und Satzungen, die vor dem Inkrafttreten der Gesetzesänderung des EAG Bau 2004 in Kraft gesetzt worden sind, gelten danach insbesondere die alten Fristen zur Geltendmachung von Fehlern einschließlich der Siebenjahresfrist des § 215 I Nr. 2 BauGB 1998. Bedeutung hat § 233 II BauGB insbesondere für Flächennutzungspläne und Satzungen, zu deren Aufstellung ein Verfahren auf der Grundlage früherer Fassungen des BauGB eingeleitet worden ist und das nach einer Neufassung des BauGB nach dem zuvor geltenden Recht zum Abschluss gebracht wird, sowie für vor dem Inkrafttreten einer Gesetzesänderung in Kraft getretene Flächennutzungspläne und Satzungen, bei denen die Rügefrist für Fehler erst nach der Neufassung des BauGB abgelaufen ist. Die auf der Grundlage bisheriger Fassungen des BauGB bereits wirksamen oder übergeleiteten Flächennutzungspläne und Satzungen bleiben davon unberührt und gelten gemäß § 233 III BauGB fort.

Fortwirken können daher auch Bebauungspläne, die bereits vor Inkrafttreten des BBauG 1960 entstanden sind und nach den **damaligen Überleitungsvorschriften** auch unter Geltung des **BBauG 1960** zumeist als einfache Bebauungspläne fort galten. Der Überleitung baurechtlicher Vorschriften und städtebaulicher Pläne gem. § 173 III BBauG 1960 steht dabei nicht entgegen, dass sie zur Zweckbestimmung der Baugebiete Begriffe verwenden, die offen sind für eine sich dem Wandel der Lebensverhältnisse anpassende Auslegung. Bei der Auslegung übergeleiteter Bebauungspläne kann die aktuell geltende BauNVO Anhaltspunkte für die Konkretisierung unbestimmter Rechtsbegriffe bieten, mit denen die Zweckbestimmung eines Baugebiets allgemein festgelegt wird. Auch die in übergeleiteten Bebauungsplänen festgesetzten Baugebiete müssen nach allgemeinen Merkmalen voneinander abgrenzbar sein. Das setzt bei der Bestimmung der in ihnen zulässigen Nutzungen durch Auslegung der Pläne eine typisierende Vorgehensweise und eine Differenzierung nach Nutzungsarten voraus. Der Auslegung eines übergeleiteten Bebauungsplans[4713] dahin, dass in dem festgesetzten Wohngebiet die Nutzung von Gebäuden zur vorübergehenden Unterbringung von Asylbewerbern allgemein zulässig ist, steht Bundesrecht nicht entgegen.[4714] Auch der Auslegung eines übergeleiteten Bebauungsplans dahin, dass in dem festgesetzten Wohngebiet auch eine Betriebskrankenkasse als kleinere, nicht zentrale Anlage der Verwaltung, ein Laden wie auch eine Arztpraxis zulässig sind, steht bundesrechtlich nichts entgegen.[4715] 2183

7. Teil. Abwägungsgebot

Nach § 1 VII BauGB sind bei der Aufstellung der Bauleitpläne die öffentlichen und privaten Belange gegeneinander und untereinander gerecht abzuwägen. Das Abwägungsgebot steuert die Bauleitplanung sowohl verfahrensrechtlich als auch inhaltlich und gibt der im Übrigen autonomen planerischen Entscheidung der Gemeinde zugleich die erforderliche verfassungsrechtliche Grundlage.[4716] 2184

4713 Hamburgischer Baustufenplan von 1952.

4714 BVerwG NVwZ 1999, 981.

4715 BVerwG BauR 1999, 730; BauR 1999, 730 für einen hamburgischen Baustufenplan von 1953.

4716 Battis in BKL, BauGB, 2022, § 1 Rn. 87; Bönker in HBG, Öffentliches Baurecht, 2024, § 7 Rn. 1; Reidt in Bracher/Reidt/Schiller, Bauplanungsrecht, 2022, Rn. 11.167; Köck in Voßkuhle/Eifert/Möllers, Grundlagen des Verwaltungsrechts, 2022, § 36 Rn. 119 ff; Beckmann BauR 2016, 1417; Berkemann Die Entwicklung der Rechtsprechung des Bundesverwaltungsgerichts zum Planungsrecht, in Erbguth/Kluth, Planungsrecht in der gerichtlichen Kontrolle, 2012, Seite 11 ff; Berkemann DVBl. 2013, 1280 ff.; Schulze-Fielitz in FS für Hoppe, 2000, S. 997; Erbguth Die planerische Abwägung und ihre Kontrolle – aus rechtsstaatlicher Sicht, in Erbguth/Kluth, Planungsrecht in der gerichtlichen Kontrolle, 2012, 103; kritisch Lege DÖV 2015, 361; BVerwG Urt. v. 07.10.2021 – 4 A 9/19, juris Rn. 56 f.; OVG Berlin-Brandenburg Urt. v. 12.1.2021 – OVG 10 A 10.13, juris Rn. 111; BVerwG 24.11.2010 – 4 BN 40/10; ZfBR 2014, 495 ff.; BVerwGE 34, 301; siehe dazu auch schon Hoppe BauR 1970, 15; Hoppe DVBl. 2003, 697.

I. Verfassungsrechtliche Grundlagen

2185 Eine Beachtung der Grundsätze des Abwägungsgebotes ist das Kennzeichen jeder rechtsstaatlichen Planung. Sie sind daher als Ausfluss des Rechtsstaatsgebotes in Art. 20 III GG nicht nur für die Bauleitplanung, sondern auch für jede andere staatliche Planung verbindlich.[4717] Das BVerwG hat mit seiner verfassungsrechtlichen Herleitung des Abwägungsgebots bewirkt, dass das Abwägungsgebot grundsätzlich selbst vom Gesetzgeber nicht in Frage gestellt werden kann.[4718] Das Abwägungsgebot dient einem verhältnismäßigen Ausgleich der von einer staatlichen oder kommunalen Planung berührten öffentlichen und privaten Belange. Insoweit wird nach allgemeiner Auffassung durch das Abwägungsgebot der Grundsatz der Verhältnismäßigkeit konkretisiert, der seinerseits aus dem Rechtsstaatsprinzip abgeleitet wird. Das BVerwG nimmt dementsprechend in ständiger Rechtsprechung an, dass das Abwägungsgebot aus dem Wesen einer rechtsstaatlichen Planung folgt, als Ausprägung des Verhältnismäßigkeitsgrundsatzes Verfassungsrang genießt und dementsprechend allgemein für staatliche Planungen gilt. Das bedeutet jedoch nach der Rechtsprechung nicht, dass überall dort, wo das Rechtsstaatsprinzip und der daraus abgeleitete Verhältnismäßigkeitsgrundsatz eine Abwägung fordern, dieses rechtsstaatliche Abwägungsgebot stets die gleichen Konturen hat wie das Abwägungsgebot im Bau- und Fachplanungsrecht.[4719] Das rechtsstaatliche Abwägungsgebot in seiner jeweiligen Ausprägung richtet sich vielmehr nach den gesetzlichen Vorgaben und im Übrigen nach dem rechtsstaatlich für jede Abwägung unabdingbar Gebotenen.[4720] Nach Auffassung des BVerwG kommt es Planungsentscheidungen in der Rechtsform einer untergesetzlichen Rechtsnorm im Grundsatz nur auf das Ergebnis des Rechtsetzungsverfahrens an, also auf die erlassene Vorschrift in ihrer regelnden Wirkung, nicht aber auf die die Rechtsnorm tragenden Motive desjenigen, der an ihrem Erlass mitwirkt.[4721]

2186 Die rechtsstaatliche Verortung des Abwägungsgebots ändert auch nichts daran, dass das offene, gesetzlich weitgehend ungeregelte Abwägungsprogramm staatlicher Planungsentscheidungen zunehmend eingeschränkt wird.[4722] Durch eine Verrechtlichung von Planungsentscheidungen, zB durch Bestimmungen des Naturschutzrechts, des Immissionsschutzrechts, des Störfallrechts und des Wasserrechts, wird die Bedeutung des Abwägungsgebots und die Notwendigkeit, die Offenheit des Entscheidungsprogramms durch eine Abwägungsfehlerlehre zu kompensieren, spürbar geringer. Diese Verrechtlichung führt tendenziell zu einer Einebnung der Unterschiede zwischen Planungsermessen und herkömmlichem Verwaltungsermessen, die sich auch strukturell durch eine Annäherung des Fehlerfolgensystems aufeinander zu entwickeln.[4723] Auch die Rechtsprechung hat ihren Teil zur inhaltlichen Einschränkung oder – vorsichtiger ausgedrückt – Konkretisierung der planerischen Gestaltungsfreiheit durch Anforderungen an die Planrechtfertigung, die Entwicklung zentraler Planungsgrundsätze, wie dem Gebot der Konfliktbewältigung und dem Gebot der Rücksichtnahme sowie durch die dogmatische Figur sog. Optimierungsgebote beigetragen, wobei allerdings häufig unbestimmte Rechtsbegriffe durch kaum weniger offen formulierte Anforderungen konkretisiert werden sollen. Das gilt zB für die Vorgabe, dass eine Planrechtfertigung für Vorhaben vorliegt, wenn es gemessen an den Zielen des Gesetzes „vernünftigerweise geboten" ist oder für die Maßgabe, es sei an Belangen einzustellen, was „nach Lage der Dinge" eingestellt werden müsse.

2187 Die Planung als öffentlich-rechtliche Handlungsform ist durch Besonderheiten gekennzeichnet, die sich von anderen Formen des Verwaltungshandelns unterscheiden.[4724] Planung setzt

---

4717 BVerwG BRS 22 Nr. 3; Urt. v. 11.10.1968 – IV C 55.66, Buchholz, 442.40 § 40 LuftVG Nr. 1; BVerwGE 41, 67; BVerwGE 48, 56 (63); Bönker in HBG, Öffentliches Baurecht, 2024, § 7 Rn. 1.

4718 BVerwG DVBl. 1969, 697; NJW 1982, 591 = juris Rn. 22; Beckmann BauR 2016, 1417.

4719 OVG Lüneburg Beschl. v. 18.12.2015 – 2 ME 193/15, juris Rn. 7.

4720 OVG Lüneburg Beschl. v. 18.12.2015 – 2 ME 193/15, juris Rn. 7; BVerwG Urt. v. 18.12.2014 – 4 C 35/13, juris Rn. 98.

4721 BVerwG Urt. v. 26.6.2014 – 4 C 3/13, juris Rn. 25.

4722 Beckmann BauR 2016, 1417 ff; Beckmann Planfeststellung zwischen Zulassungsverfahren und Planung. Steht die Zukunft der Planfeststellung auf dem Spiel?, in Erbguth/Kluth, Planungsrecht in der gerichtlichen Kontrolle, 2012, 122 (144).

4723 Schübel-Pfister in Eyermann, VwGO, 2022, § 114 Rn. 33 = Rennert in Eyermann, VwGO, 2014, § 11 Rn. 33.

4724 Köck in Voßkuhle/Eifert/Möllers, Grundlagen des Verwaltungsrechts, 2022, § 36 Rn. 1, 12; Schmidt-Aßman in FS für Schlichter, 1995, 3 (4); Erbguth UPR 2020, 281 (282).

einen Gestaltungs- und Bewertungsfreiraum voraus, ohne den die autonome Entscheidung nicht auskommen kann. Zugleich greifen staatliche Planungsmaßnahmen in vielfältiger Hinsicht in private und öffentliche Interessen und Belange ein. Vor allem hat die rechtsstaatlichen Grundsätzen genügende Bauleitplanung auch die Fähigkeit und Berechtigung, auf der Grundlage entsprechender Gesetze privates Eigentum neu zu bewerten und ggf. auch in verfassungsrechtlich geschützte Rechte einzugreifen. In der Bauleitplanung konkretisiert sich daher die dem Gesetzgeber zukommende Inhalts- und Schrankenbestimmung in Art. 14 I 2 GG, die in der gemeindlichen Planungsentscheidung ihre Umsetzung findet. Bauleitplanung kann auch die Grundlage für eine Enteignung nach Art. 14 III GG sein.[4725] Wegen dieser Eingriffs-, Gestaltungs- und Bewertungsbefugnisse bedarf die Bauleitplanung wie jede andere staatliche Planung einer besonderen verfassungsrechtlichen **Legitimation**, die durch das Abwägungsgebot vermittelt wird. Nur bei Beachtung der Grundsätze, die sich aus dem Abwägungsgebot ergeben, hat die Planungsentscheidung der Gemeinde die Kraft zu dieser Neugestaltung. Werden die sich aus dem Abwägungsgebot ergebenden Grundsätze nicht beachtet, ist die Gemeinde auch nicht legitimiert, durch die Bauleitplanung in konkrete Eigentumspositionen einzugreifen und eine ihren Vorstellungen entsprechende Neubewertung vorzunehmen. Das Eigentum hat daher in der Abwägung eine herausgehobene Stellung. Die Planung trägt dabei ihre Rechtfertigung nicht in sich selbst, sondern bedarf zu ihrer Legitimation besonderer Gründe, die es rechtfertigen, andere Belange zurücktreten zu lassen.[4726]

II. Strukturen des Planungsrechts

Der Gesetzgeber trägt diesen Besonderheiten dadurch Rechnung, dass er für die Normen des Planungsrechts eine **besondere Struktur** gewählt hat. Außerdem gibt der Gesetzgeber den planenden Gemeinden (allgemeine) **Planungsziele**, durch Abwägung nicht überwindbare **Planungsleitsätze** und durch Abwägung überwindbare **Planungsleitlinien** (Berücksichtigungsgebote), **Optimierungs-, Vermeidungs-, Minimierungs- und Schonungsgebote** an die Hand. **2188**

1. Konditional- und Finalprogramme

Die Rechtsnormen des Planungsrechts berücksichtigen die eigenverantwortlichen Entscheidungsbefugnisse der Gemeinde dadurch, dass sie zumeist und im Grundsatz final programmiert sind, also (nur) die Zweckrichtung angeben, ohne jedoch das Ergebnis des gemeindlichen Planungsprozesses inhaltlich exakt vorzuschreiben **(Finalprogramm)**. Die sonst üblichen nach dem „Wenn-dann-Schema" gefassten, konditional programmierten Rechtsnormen binden den Rechtsanwender demgegenüber an einen Rechtssatz, unter den der jeweilige Sachverhalt zu subsumieren ist **(Konditionalprogramm)**. Erfüllt der Sachverhalt die Tatbestandsmerkmale der Norm, ergibt sich die vom Gesetzgeber angeordnete Rechtsfolge sozusagen automatisch. Durch die Aufnahme von unbestimmten Rechtsbegriffen und Einräumung von Beurteilungsspielräumen auf der Tatbestandsseite oder Ermessensentscheidungen auf der Rechtsfolgenseite kann der tatsächliche Anwendungsbereich der Konditionalprogramme zwar erweitert werden. Die grundsätzliche Programmierung der Verwaltungsentscheidung wird jedoch dadurch nicht aufgehoben.[4727] Die Normen des Planungsrechts sind demgegenüber überwiegend oder jedenfalls zum Teil final in dem Sinne programmiert, dass zwar das zu erreichende Ziel allgemein festgelegt wird, der Weg der Zielerfüllung demgegenüber der eigenverantwortlichen Planungsentscheidung überlassen wird. **2189**

2. Planungsziele, Planungsleitsätze, Planungsleitlinien und Optimierungsgebote

Die Bauleitpläne sollen eine nachhaltige städtebauliche Entwicklung, die die sozialen, wirtschaftlichen und umweltschützenden Anforderungen auch in Verantwortung gegenüber künftigen Generationen miteinander in Einklang bringt, und eine dem Wohl der Allgemeinheit dienende sozialgerechte Bodennutzung unter Berücksichtigung der Wohnbedürfnisse der Be- **2190**

[4725] Zum Enteignungsverfahren Beckmann in Redeker/Uechtritz, Anwaltshandbuch für Verwaltungsverfahren 2020, 440.

[4726] BVerwGE 48, 56; BVerwGE 66, 133.

[4727] Battis in BKL, BauGB, 2022, § 1 Rn. 88.

völkerung gewährleisten. Sie sollen dazu beitragen, eine menschenwürdige Umwelt zu sichern und die natürlichen Lebensgrundlagen zu schützen und zu entwickeln, sowie den Klimaschutz und die Klimaanpassung, insbesondere auch in der Stadtentwicklung, zu fördern, sowie die städtebauliche Gestalt und das Orts- und Landschaftsbild baukulturell zu erhalten und zu entwickeln.[4728] Hierzu soll die städtebauliche Entwicklung vorrangig durch Maßnahmen der Innenentwicklung erfolgen. Auch können **baukulturelle Belange** Gegenstand eines städtebaulichen Vertrages sein (§ 11 I 2 Nr. 2 BauGB).[4729] **Baukultur** ist mehr als die Einhaltung des städtebaulichen Regelwerkes, des Denkmalschutzes[4730] und auch mehr als die Vermeidung von Verunstaltungen oder von architektonischen Sündenfällen. Baukultur entspringt einem über Architektur und Städtebau hinausgehenden ganzheitlichen Ansatz und betrifft das einzelne Gebäude mit seinen zahlreichen Anforderungen an einen nachhaltigen Umwelt- und Naturschutz ebenso wie die Einbindung des einzelnen Gebäudes in die Umgebung. Auch das UNESCO-Weltkulturerbe, die europäischen Regelwerke und das Verfassungsrecht steuern nach ihren unterschiedlichen Ansätzen wichtige Erkenntnisse zur Begriffsbestimmung bei. Vor diesem Hintergrund muss wohl ein eigenständiger Begriff der nachhaltigen Baukultur entwickelt werden, in den zugleich Aspekte des Städtebaus aber auch funktionale und ästhetische Qualitätsansprüche sowie die Nutzungsansprüche an bauliche Anlagen und private und öffentliche Räume eingehen.[4731]

2191 Der Begriff der „geordneten" städtebaulichen Entwicklung ist bereits durch das BauROG 1998 durch den Begriff „nachhaltige" städtebauliche Entwicklung ersetzt worden. Dadurch soll ähnlich wie im Umweltrecht durch den Begriff „nachhaltige Entwicklung" („sustainable development") die Bedeutung und Querschnittsfunktion und die Langzeitwirkung der städtebaulichen Planung zum Ausdruck gebracht werden.[4732]

2192 Bereits durch die BauGB-Klimanovelle 2011 sind Klimaschutz und Anpassung an den **Klimawandel** in Anknüpfung an den Nachhaltigkeitsgrundsatz in § 1 V BauGB sozusagen als Programmsatz in das städtebauliche Leitbild integriert worden. Die Bauleitpläne sollen danach dazu beitragen, eine menschenwürdige Umwelt zu sichern, die natürlichen Lebensgrundlagen zu schützen und zu entwickeln sowie den Klimaschutz und die Klimaanpassung, insbesondere auch in der Stadtentwicklung, zu fördern, sowie die städtebauliche Gestalt und das Orts- und Landschaftsbild baukulturell zu erhalten und zu entwickeln. Den Erfordernissen des Klimaschutzes soll sowohl durch Maßnahmen, die dem Klimawandel entgegenwirken, als auch durch solche, die der Anpassung an den Klimawandel dienen, Rechnung getragen werden. Der Grundsatz ist in der Abwägung nach § 1 VII BauGB zu berücksichtigen (§ 1 a V BauGB). Die Bauleitplanung der Gemeinden muss die Klimafolgen der Planung hinreichend berücksichtigen.[4733]

2193 Die allgemeinen Ziele der Bauleitplanung werden in § 1 VI BauGB durch verschiedene, zu berücksichtigende **Planungsleitlinien** ergänzt: So soll die Bauleitplanung die allgemeinen Anforderungen an gesunde Wohn- und Arbeitsverhältnisse, die sozialen und kulturellen Bedürfnisse der Bevölkerung, die Erhaltung, Erneuerung und Fortentwicklung vorhandener Ortsteile sowie die Gestaltung des Orts- und Landschaftsbildes, den Denkmalschutz, Belange des Umweltschutzes, des Naturschutzes und der Landschaftspflege, der Wirtschaft, Landwirtschaft, Abfallentsorgung, Abwasserbeseitigung oder auch der Verteidigung berücksichtigen. Nach § 1 a II 1 BauGB soll mit Grund und Boden sparsam und schonend umgegangen wer-

[4728] Zu den Möglichkeiten und Grenzen des kommunalen Klimaschutzes in den neuen Bundesländern Mantel/Elbel LKV 2009, 1. Zum nachhaltigen Landmanagement und Klimaschutz Bückmann UPR 2009, 407.

[4729] Zur Baukultur als Bestandteil einer nachhaltigen städtebaulichen Entwicklung Trapp JZ 2013, 540. Zur Berücksichtigung von baukulturellen Ansätzen im Rahmen von Stadterneuerungsmaßnahmen am Beispiel der Berliner Stadtbauförderung Spangenberger UPR 2013, 170; zur Baukultur als rechtswissenschaftlicher Leitbegriff planerischer Verantwortung Volkert, Diss. jur. 2012.

[4730] Zur Umnutzung denkmalgeschützter Gebäude Plück in FS für Stüer, 2013, 545.

[4731] Zur Baukultur als rechtswissenschaftlichem Leitbegriff und zu konzeptionellen Entwürfen in der Auslegung dieses Begriffs Dolores Volkert, Baukultur, 2012.

[4732] Siehe dazu Reidt BauR 2023, 391; Beckmann AnwBl. 2022, 480; Böhm JZ 2022, 820; Burgi NJW 2022, 2726.

[4733] dazu Erbguth DVBl. 2022, 1001; Sauthoff KlimaR 2022, 11; Kersten Baurecht, in Schoch, Besonderes Verwaltungsrecht, 2023, Kap. 3 Rn. 27; Dombert ThürVBl 2022, 225.

den.[4734] Dabei sind Bodenversiegelungen auf da notwendige Maß zu begrenzen. Der Appell zu einem sparsamen Umgang mit Grund und Boden steht im Zusammenhang mit der Planungsleitlinie in § 1 VI Nr. 2 BauGB, wonach die Eigentumsbildung weiter Kreise der Bevölkerung insbesondere durch die Förderung des kostensparenden Bauens verstärkt werden soll. Die Planungsleitlinien und Planungsgrundsätze konkretisieren die allgemeinen Planungsziele, die durch den Gesetzgeber näher ausgestaltet und der planenden Gemeinde für die Aufstellung der Bauleitpläne an die Hand gegeben werden. Die Aufzählung der Planungsleitlinien und Planungsgrundsätze ist nicht abschließend. Zudem bedarf es einer **Konkretisierung** im Einzelfall, welchem der Belange jeweils der Vorrang einzuräumen ist.[4735] Die Planungsziele in § 1 V 1 BauGB enthalten dabei übergeordnete, allgemeine Leitbegriffe, die durch die in § 1 VI BauGB niedergelegten Planungsleitlinien und Planungsgrundsätze näher konkretisiert werden.

Beispiel: Die **Umwidmungssperrklausel** fordert einen sparsamen Umgang mit Grund und Boden; der sich daraus ergebenden besonderen Abwägungspflicht entspricht die Gemeinde, wenn sie sich in der Begründung des Bebauungsplans mit den besonderen Bedürfnissen des Vorhabens (Flächenbedarf, topografische Voraussetzungen, Eigentumsverhältnisse, Vorbelastung) auseinandersetzt.[4736] Planungskonzeptionen müssen diesem Grundsatz nachvollziehbar Rechnung tragen.[4737]

Hinweis: Das Interesse an der Erhaltung und Fortentwicklung gewachsener städtebaulicher Strukturen kann die städtebauliche Erforderlichkeit einer Planung begründen. Diese wird nicht dadurch in Frage gestellt, dass die Gemeinde private Interessen von Investoren zum Anlass der Planung nimmt. Je länger die zu erhaltenden städtebaulichen Strukturen gewachsen sind und sich die bestehenden Verhältnisse verfestigt haben, umso mehr Gewicht kann dem öffentlichen Interesse an deren Sicherung beizumessen sein.[4738] Eine Gemeinde wird dem Grundsatz des sparsamen und schonenden Umgangs mit Grund und Boden allerdings nicht gerecht, wenn sie ein Neubaugebiet in nicht mehr vertretbarer Weise überdimensioniert.[4739]

Von diesen durch Abwägung ausformbaren und überwindbaren Planungszielen und Pla- **2194**
nungsleitlinien unterscheidet das BVerwG die **Planungsleitsätze**, die für die Planung vorgegeben sind und durch Abwägung nicht überwunden werden können. Einen gesetzlichen Planungsleitsatz enthalten danach nur diejenigen Vorschriften, die bei der Planung strikte Beachtung verlangen und deswegen nicht durch planerische Abwägung überwunden werden können.[4740] Als Beispiel für einen Planungsleitsatz benennt das BVerwG etwa § 1 III 1 FStrG, der zwingend vorschreibt, dass Bundesautobahnen keine höhengleichen Kreuzungen haben dürfen. Ein derartiger Leitsatz eröffnet dem Planer keinerlei Gestaltungsfreiraum. Er kann durch planerische Abwägung daher nicht überwunden werden. Seine Verletzung führt ohne weiteres zur Rechtswidrigkeit der Planung. In diesem Sinne enthält auch § 1 IV BauGB einen zwingenden Planungsleitsatz, wonach Bauleitpläne den **Zielen der Raumordnung** anzupassen sind. Allerdings gilt dieses Anpassungsgebot nur für Ziele der Raumordnung, nicht für Grundsätze. Zudem lassen die Ziele der Raumordnung einen Abwägungsspielraum hinsichtlich der weiteren Konkretisierung der Planung auf der Ebene des Flächennutzungsplans und des Bebauungsplans. Die planerische Abwägung der privaten und öffentlichen Belange erlaubt der Gemeinde nicht, sich über zwingendes Recht hinwegzusetzen. Strikte Beachtung verdienen die Bindungen, die sich aus dem Festsetzungskatalog des § 9 BauGB oder aus § 1 III BauGB ableiten lassen.[4741]

4734 Zur Flächensparsamkeit in der Bauleitplanung Wächter DVBl. 2009, 997; Schröer NZBau 2009, 768. Zum Beitrag der Rechtsprechung zu einem sparsamen Flächenverbrauch Faßbender ZUR 2010, 81; Söfker StG 2010, 183; Quantitative Vorgaben zur Reduzierung des kommunalen Flächenverbrauchs durch Raumordnungsziele Kümper DÖV 2021, 155; zu gesetzlichen Zielen der Raumordnung zur Flächenverbrauchsbegrenzung Köck/Bovet DVBl, 2019, 1501.

4735 Zur Einheitlichkeit der Abwägungsentscheidung in Stadtstaaten Niere NordÖR 2008, 153.

4736 OVG Schleswig NuR 2006, 467.

4737 Zu einer nicht überzeugenden mit einem hohen Flächenverbrauch verbundenen „fingerförmigen" Planungskonzeption OVG Koblenz Urt. v. 12.1.2012 – 1 C 10608/11, BeckRS 2012, 47619.

4738 OVG Münster BauR 2011, 1292 – DIN-Vorschriften.

4739 VGH München Beschl. v. 20.8.2012 – 6 CS 12.970, juris.

4740 BVerwGE 71, 163.

4741 BVerwG ZfBR 1999, 279.

Auch aus dem Fachrecht können sich für die Bauleitplanung nicht durch Abwägung überwindbare Grenzen ergeben. Ob und in welchem Umfang ein solcher Vorrang des Fachrechts besteht, ist den jeweiligen fachrechtlichen Regelungen zu entnehmen.

2195 Kritisiert wird hinsichtlich der Begriffsbildung und Systematik im Zusammenhang mit der abfallrechtlichen Planfeststellung, die Beachtung verbindlicher Vorschriften sei eine Selbstverständlichkeit, so dass dadurch keine eigenständige Prüfungsstufe entstehe. Zu Recht tauche das Kriterium des Planungsleitsatzes in der neueren abfallrechtlichen Rechtsprechung des BVerwG nicht mehr auf und sollte, so die Kritik, möglichst ganz aufgegeben werden.[4742] Letztlich dürfte sich ein Meinungsstreit dazu kaum lohnen. Interessanter ist die Frage, welche einschlägigen Vorschriften im Sinne eines sogenannten Planungsleitsatzes zwingend zu beachten sind und welche Bestimmung im Rahmen einer Abwägung relativiert werden dürfen. Ob eine Vorschrift strikte Beachtung verlangt oder lediglich eine Berücksichtigung im Rahmen der planerischen Abwägung fordert, soll durch Auslegung zu ermitteln sein.[4743]

2196 Von diesen Planungsleitsätzen sind Normen zu unterscheiden, die lediglich eine Berücksichtigung im Rahmen der Bauleitplanung verlangen und durch Abwägung überwindbar sind. Es sind dies Regelungen, die ihrem Inhalt nach selbst nicht mehr als allgemeine Vorgaben für den Planer enthalten und erkennen lassen, dass diese Vorgaben bei der öffentlichen Planung im Konflikt mit anderen Belangen ganz oder zumindest teilweise zurücktreten können. Innerhalb dieser abwägungsunterworfenen Regelungen sind die einfachen Berücksichtigungsgebote und die Optimierungsgebote zu unterscheiden. **Berücksichtigungsgebote** fordern nur eine Berücksichtigung im Wege der Abwägung in dem Sinne, dass die Belange mit dem ihnen zukommenden Gewicht in die Abwägung einzustellen und dort gegen andere ebenfalls zu berücksichtigende Belange abzuwägen sind. **Optimierungsgebote** nehmen hingegen eine Art Mittelposition zwischen Planungsleitsätzen und Berücksichtigungsgeboten ein. Optimierungsgebote verlangen keine strikte Beachtung, wohl aber eine qualifizierte, möglichst weitgehende Berücksichtigung.[4744] Mit einem Optimierungsgebot verlangt der Gesetzgeber eine möglichst weitgehende Berücksichtigung bestimmter Belange.[4745] Optimierungsgebote verschieben die Argumentationslast zugunsten eines hervorgehobenen Belangs. Allerdings sind derartige Optimierungsgebote im Einzelfall zumeist in hohem Maße konkretisierungsbedürftig.[4746] Sie gehören daher nicht zu den Planungsleitsätzen und unterscheiden sich von den einfachen Berücksichtigungsgeboten durch eine qualifizierte Berücksichtigung einzelner Zielsetzungen und Interessen.

2197 Das BVerwG bezeichnet den immissionsschutzrechtlichen Planungsgrundsatz in § 50 BImSchG, wonach schädliche Umwelteinwirkungen soweit wie möglich vermieden werden sollen, als Optimierungsgebot, weil die Vorschrift eine möglichst weitgehende Berücksichtigung von Belangen des Umweltschutzes in der Planung verlangt.[4747] Vielfach handelt es sich dabei aber um **Schonungsgebote**, die auf eine Vermeidung, Verminderung oder Kompensation ausgerichtet sind. So enthält etwa die naturschutzrechtliche Eingriffsregelung in §§ 14–15 BNatSchG ein Schonungs- und Kompensationsgebot. Eingriffe, die zu unvermeidbaren Beeinträchtigungen führen, hat das BVerwG zunächst nicht als der Planung strikt vorgegeben,[4748] sondern als ein durch Planung überwindbares Optimierungsgebot[4749] angesehen. In der Sache handelt es sich aber um ein Schonungs- und Kompensationsgebot, das mit einer entsprechenden Prüfungsfolge der Vermeidung, Minimierung, des Ausgleichs oder der Kompensation in sonstiger Weise verbunden ist. Ebenso wird das in **§ 41 I BImSchG** enthaltene Gebot, beim Bau oder der wesentlichen Änderung öffentlicher Straßen unbeschadet des Vorrangs des § 50 BImSchG sicherzustellen, dass keine schädlichen Umwelteinwirkungen durch Verkehrsgeräusche hervorgerufen werden, die nach dem Stand der Technik vermeidbar sind,

[4742] Mann in Versteyl/Mann/Schomerus, KrWG, 2019, § 36 Rn. 59; Versteyl/Grunow in Schink/Versteyl KrWG, 2016. § 36 Rn. 30.
[4743] Beckmann in Landmann/Rohmer Umweltrecht II, 2023, § 36 Rn. 66; Jarass DVBl. 1998, 1202 (1206).
[4744] Grundlegend Hoppe DVBl. 1992, 853.
[4745] Beckmann in Beckmann/Kment, UVPG/UmwRG, 2023, § 25 UVPG Rn. 144; Grüner UPR 2011, 50.
[4746] Beckmann in Beckmann/Kment, UVPG/UmwRG, 2023, § 25 UVPG Rn. 144.
[4747] BVerwGE 71, 163; ZfBR 1999, 219.
[4748] So aber BVerwG NVwZ 1993, 565.
[4749] BVerwG DVBl. 1990, 1185.

vom BVerwG als Optimierungsgebot bezeichnet.[4750] In der Sache handelt es sich aber auch hier ebenso wie bei der **Bodenschutzklausel** in § 1 a II 1 BauGB, wonach mit Grund und Boden sparsam und schonend umgegangen werden soll[4751] und Bodenversiegelungen auf das notwendige Maß zu begrenzen sind, um ein Schonungsgebot. Ebenso wird das in § 124 I BBergG enthaltene Gebot, bei der Errichtung von öffentlichen Verkehrsanlagen auf die Belange des Bergbaus weitgehend Rücksicht zu nehmen, vom BVerwG als Optimierungsgebot verstanden.[4752]

Der einzelne Grundstückseigentümer hat keinen Rechtsanspruch auf eine bestimmte Planung, sondern nur auf eine Planung, die dem Abwägungsgebot entspricht. Auch muss der Bebauungsplan dem Grundstückseigentümer nicht die Möglichkeit bieten, sein Interesse an der baulichen Nutzung des Grundstücks optimal zu verwirklichen.[4753] Das Abwägungsgebot verlangt lediglich eine gerechte Abwägung der öffentlichen und privaten Belange. Auch können nicht alle in § 1 V, VI BauGB aufgeführten Belange als Optimierungsgebote verstanden werden, wenn der Gesetzgeber ihnen nicht ausdrücklich einen relativen Vorrang einräumt.[4754] Die danach in der Abwägung zu berücksichtigenden Belange sind weder abschließend noch haben sie in der Zusammenstellung der Belange und deren Gewichtung einen abstrakten Vorrang. Die dort erwähnten Belange stehen vielmehr prinzipiell auf einer Ebene und sind daher in der Abwägung überwindbar.[4755] Auch ein relativer, abstrakt zu bestimmender Vorrang besteht bei solchen Belangen nicht. 2198

Das Abwägungsgebot in § 1 VII BauGB hat **drittschützenden Charakter** hinsichtlich solcher privaten Belange, die für die Abwägung erheblich sind. Grundrechte bilden private Abwägungsbelange von besonderem Gewicht.[4756] Nicht alle Belange, die von der Gemeinde objektiv-rechtlich zu beachten sind, weisen allerdings auch subjektive Schutzelemente auf. So kann etwa ein regionales Raumordnungsprogramm nicht ein abwägungsrelevantes, schützenswertes Interesse der Bürger an der Beibehaltung des derzeitigen Zustandes begründen. Insbesondere können Planaussagen eines regionalen Raumordnungsprogramms nicht im Rahmen der nach § 1 VII BauGB gebotenen Abwägung als eigene Belange geltend gemacht und die planende Gemeinde nicht darauf festgelegt werden, ihre Planungen an den landesplanerischen Vorgaben auszurichten. Die Ziele der Raumordnung begründen zwar nach den §§ 4, 5 ROG und § 1 IV BauGB Beachtens- und Anpassungspflichten der in diesen Vorschriften bezeichneten Stellen. Der Einzelne kann aus ihnen aber für sich im Allgemeinen keine Rechte herleiten.[4757] Auch wirtschaftliche Konkurrenz mag iS einer objektiven Bewertung abwägungsbeachtlich sein. Subjektive Abwehrrechte begründen Konkurrenzgesichtspunkte nicht.[4758] Denn sie sind iS subjektiver Rechte nicht schutzwürdig.[4759] 2199

III. Planungsleitlinien gem. § 1 V, VI BauGB

Die verschiedenen Planungsleitlinien in § 1 V BauGB, mit denen die in § 1 VI BauGB enthaltenen Planungsziele näher konkretisiert werden, geben auf einer immer noch recht abstrakten Ebene zu berücksichtigende Belange für die Bauleitplanung vor. Nicht selten bestehen innerhalb des Katalogs der einzelnen Planungsleitlinien sachliche Überschneidungen. Auch enthält sich der Gesetzgeber – im Gegensatz zu den als Optimierungsgeboten ausgestalteten Regeln – bei den Planungsleitlinien einer **Vorrangregelung** für bestimmte Belange.[4760] Der Ausgleich zwischen den unterschiedlichen Belangen hat vielmehr auf Grund einer abwägenden 2200

[4750] BVerwG Beschl. v. 13.7.1989 – 4 NB 20.89, juris.

[4751] Zur Flächensparsamkeit in der Bauleitplanung Wächter DVBl. 2009, 997; Schröer NZBau 2009, 768.

[4752] BVerwG Urt. v. 14.10.1996 – 4 A 35.96, BeckRS 1996, 12554.

[4753] BVerwG NVwZ-RR 1997, 515.

[4754] BVerwGE 47, 144.

[4755] BVerwGE 92, 231.

[4756] BVerwG Beschl. v. 2.8.2007 – 4 BN 29.07, BeckRS 2007, 25530; BVerwG NJW 1999, 592 m. Bespr. Stüer BauR 1999, 1221; BVerwGE 59, 87.

[4757] BVerwG Beschl. v. 24.4.1992 – 4 NB 36.91, BeckRS 1992, 31311471; Beschl. v. 30.8.1994 – 4 NB 31.94, BeckRS 1994, 12924.

[4758] BVerwG NVwZ 1997, 683.

[4759] BVerwG NVwZ 1990, 1866.

[4760] Zur Raumordnung und Landesplanung BVerwGE 90, 329.

Entscheidung der planenden Gemeinde im Einzelfall zu erfolgen.[4761] Nach der Rechtsprechung des BVerwG[4762] handelt es sich bei den in § 1 VI BauGB verwendeten Begriffen um unbestimmte Rechtsbegriffe, die sowohl in ihrer Auslegung als auch in ihrer Anwendung einer **uneingeschränkten Kontrolle** der höheren Verwaltungsbehörde im Genehmigungsverfahren nach § 10 II BauGB und im Gerichtsverfahren unterliegen. Die Ansicht der planenden Gemeinde etwa darüber, was zu den Belangen der Wirtschaft (§ 1 VI Nr. 8 a BauGB) gehört, und ebenso ihre Ansicht, dass eine bestimmte Planung diesen Bedürfnissen diene, genießt nach Auffassung des BVerwG keinerlei Vorzug oder Schutz. Von Beurteilungsspielräumen der Gemeinde könne daher in diesem Zusammenhang keine Rede sein.

2201 Im Unterschied zur Auslegung und Anwendung der Planungsleitlinien gewährt das BVerwG der planenden Gemeinde bei der Zusammenstellung der Belange und der Bewertung und dem Ausgleich der Belange im Rahmen der planerischen Abwägung Freiräume, die nur einer eingeschränkten gerichtlichen Kontrolle zugänglich sind. In der Praxis der Bauleitplanung wird dieser Unterschied zwischen den gerichtlich voll kontrollierbaren Planungsleitlinien und den nur eingeschränkt kontrollierbaren Grundsätzen des Abwägungsgebotes allerdings nicht immer streng durchgehalten. Vor allem hat die Gemeinde die Möglichkeit, die Gewichtung von Belangen vorzunehmen und ihnen in der Abwägung eine eigenständige Bedeutung zuzuweisen. Auch das Austarieren der gegenläufigen Belange ist mit Wertungsspielräumen verbunden, die nur einer eingeschränkten gerichtlichen Kontrolle zugänglich sind. Naturschutzbezogene Bewertungen im Rahmen der Bauleitplanung sind mangels normativer Vorgaben daher bereits dann bei der gerichtlichen Prüfung hinzunehmen, wenn sie naturschutzfachlich vertretbar sind. Der Umfang der für die Bauleitplanung maßgeblichen Ermittlungspflichten bei der Prüfung, ob die Umsetzung des Plans zwangsläufig an artenschutzrechtlichen Hindernissen scheitern muss, wird maßgeblich auch durch den Grundsatz der Verhältnismäßigkeit beeinflusst.[4763]

Hinweis: Die Gemeinden dürfen auch wirtschafts- und arbeitsmarktpolitische Ziele verfolgen, wenn sie mit den ihnen nach dem Gesetz zu Gebote stehenden städtebaulichen Instrumenten, insbesondere mit einer städtebaulichen Entwicklungsmaßnahme und Bebauungsplänen, die Bodennutzung regeln und aktiv steuern. Die Annahme der planenden Gemeinde, man werde über die Bauleitplanung auch Arbeitsplätze schaffen können, ist nur in einem beschränkten Umfang gerichtlich kontrollierbar.[4764]

2202 § 1 V BauGB enthält die **allgemeinen Aufgaben** und **Ziele** der **Bauleitplanung**. Sie geben den aus Art. 14 GG gebotenen Rahmen, der die planende Gemeinde bindet. Die Bauleitpläne sollen danach eine **nachhaltige städtebauliche Entwicklung**, die die sozialen, wirtschaftlichen und umweltschützenden Anforderungen auch in Verantwortung gegenüber künftigen Generationen miteinander in Einklang bringt, und eine dem Wohl der Allgemeinheit dienende sozialgerechte Bodennutzung unter Berücksichtigung der Wohnbedürfnisse der Bevölkerung gewährleisten. Sie sollen gem. § 1 V 2 BauGB dazu beitragen, eine menschenwürdige Umwelt zu sichern, die natürlichen Lebensgrundlagen zu schützen und zu entwickeln sowie den Klimaschutz und die Klimaanpassung, insbesondere auch in der Stadtentwicklung, zu fördern und zur Erfüllung der Klimaschutzziele des Bundes-Klimaschutzgesetzes die Wärme- und Energieversorgung von Gebäuden treibhausgasneutral zu gestalten sowie die städtebauliche Gestalt und das Orts- und Landschaftsbild baukulturell zu erhalten und zu entwickeln. Hierzu soll die städtebauliche Entwicklung nach § 1 V 3 BauGB vorrangig durch Maßnahmen der Innenentwicklung erfolgen.

2203 Deutlich hervorgehoben wird, was „nachhaltige" städtebauliche Entwicklung bedeutet, durch die Ergänzung, dass die sozialen, wirtschaftlichen und umweltschützenden Anforderungen auch in Verantwortung gegenüber künftigen Generationen miteinander in Einklang zu bringen sind. Damit betont der Gesetzgeber, dass mit den Ressourcen sorgsam umzugehen ist. In die planerischen Überlegungen einzubeziehen ist – über die Bodenschutzklausel (§ 1 a II 1 BauGB) und die Frage, welche Fläche für welche Nutzung vorgesehen wird, hinaus – auch, welche Entwicklungen ausgelöst werden, welcher Spielraum für künftige Veränderungen und Ansprüche bleibt. Mit der formalen Gleichstellung aller Belange betont der Gesetzgeber, dass die Belange im Grundsatz gleichwertig und gleichgewichtig sind. Eine unterschiedliche Bewer-

[4761] BVerwGE 34, 301.
[4762] BVerwGE 34, 301; BVerwGE 45, 309; BVerwGE 59, 87.
[4763] OVG Münster ZfBR 2009, 583; Schrader BWGZ 2009, 860.
[4764] BVerwG ZfBR 2001, 287.

tung und das konkrete Gewicht ergeben sich erst aus den Umständen des jeweiligen Planungsfalls.

Welche der in § 1 VI BauGB aufgeführten oder sonstigen Belange bei der Planung zu berücksichtigen sind oder mit welchem Gewicht sie zu Buche schlagen, ist gesetzlich nicht festgelegt. Die zu berücksichtigenden Belange und ihr Gewicht bestimmen sich vielmehr nach den Besonderheiten der konkreten Planungssituation. Es gibt keinen Planungsgrundsatz, nach dem die vorhandene Bebauung eines Gebiets nach Art und Maß bei einer Überplanung weiterhin zugelassen werden muss. Die Gemeinde darf durch ihre Bauleitplanung die (bauliche) Nutzbarkeit von Grundstücken verändern und dabei auch die privaten Nutzungsmöglichkeiten einschränken oder gar aufheben. Einen Planungsgrundsatz, nach dem die vorhandene Bebauung eines Gebiets nach Art und Maß bei einer Überplanung weiterhin zugelassen werden muss, gibt es nicht. Allerdings setzt eine wirksame städtebauliche Planung voraus, dass hinreichend gewichtige, städtebaulich beachtliche Allgemeinbelange für sie bestehen.[4765] 2204

Diese müssen umso gewichtiger sein, je stärker die Festsetzungen eines Bebauungsplans die **Befugnisse des Eigentümers** einschränken oder Grundstücke von einer Bebauung ganz ausschließen, denn das durch Art. 14 GG gewährleistete Eigentumsrecht gehört in hervorgehobener Weise zu den von der Bauleitplanung zu berücksichtigenden Belangen.[4766] Es umfasst neben der Substanz des Eigentums auch die Beachtung des verfassungsrechtlichen Grundsatzes der Verhältnismäßigkeit und des allgemeinen Gleichheitssatzes.[4767] Dass hierbei auch Gesichtspunkte des **Bestandsschutzes** nach Maßgabe des § 35 IV BauGB als abwägungserheblich zu berücksichtigen sind, liegt auf der Hand.[4768] Die Beschränkung der Nutzungsmöglichkeiten eines Grundstücks muss daher von der Gemeinde als ein wichtiger Belang privater Eigentümerinteressen in der nach § 1 VII BauGB gebotenen Abwägung der öffentlichen und der privaten Belange beachtet werden.[4769] Im Rahmen dieser Abwägungsentscheidung hat die Gemeinde folglich die Nachteile einer Planung für Planunterworfene zu berücksichtigen. Schränkt sie bestehende Baurechte ein, hat sie darüber hinaus auch die Tatsache und den möglichen Umfang hierfür zu leistender Entschädigungen nach den §§ 39 ff. BauGB in die Abwägung einzustellen.[4770] 2205

1. Allgemeine Anforderungen an gesunde Wohn- und Arbeitsverhältnisse

Nach § 1 VI Nr. 1 BauGB sind bei der Aufstellung der Bauleitpläne insbesondere die allgemeinen Anforderungen an gesunde Wohn- und Arbeitsverhältnisse[4771] und die Sicherheit der Wohn- und Arbeitsbevölkerung zu berücksichtigen. Mit dieser zentralen Planungsleitlinie soll erreicht werden, dass bei der Bauleitplanung keine städtebaulich bedenklichen **Spannungen** zwischen **Wohnen und Gewerbe** auftreten und vorhandene Nutzungskonflikte iS des **Verbesserungsgebotes** nach Möglichkeit entschärft werden.[4772] Die Vorschrift verweist damit auch auf Problemlagen in Sanierungsgebieten und auf die Regelung in § 136 II BauGB, wonach durch städtebauliche **Sanierungsmaßnahmen** ein Gebiet zur Behebung städtebaulicher Missstände wesentlich verbessert oder umgestaltet wird. **Städtebauliche Missstände** liegen nach § 136 II 2 BauGB vor, wenn das Gebiet nach seiner vorhandenen Bebauung oder nach seiner sonstigen Beschaffenheit den allgemeinen Anforderungen an gesunde Wohn- und Arbeitsverhältnisse oder an die Sicherheit der in ihm wohnenden oder arbeitenden Menschen nicht entspricht oder das Gebiet in der Erfüllung der Aufgaben erheblich beeinträchtigt ist, die ihm nach seiner Lage und Funktion obliegen. § 136 III BauGB enthält sodann Beurteilungsmaßstäbe für städtebauliche Missstände, wobei insbesondere die Wohn- und Arbeitsverhältnisse oder die Sicherheit der in dem Gebiet wohnenden oder arbeitenden Menschen in Bezug auf die Belichtung, Besonnung und Belüftung der Wohnungen und Arbeitsstätten, die bauliche Beschaffenheit von Gebäuden, Wohnungen und Arbeitsstätten, die Zugänglichkeit der Grundstücke, die Auswirkungen einer vorhandenen Mischung von Wohn- und Arbeitsstätten, die 2206

[4765] BVerwGE 34, 301.
[4766] BVerfG NVwZ 2003, 727; BVerwG DVBl. 1971, 746.
[4767] BVerwGE 134, 355 Rn. 16, BRS 76 Nr. 2.
[4768] BVerwG Beschl. v. 28.1.1992 – 4 B 21.92, BeckRS 1992, 31228270.
[4769] BVerwG NVwZ-RR 1997, 83.
[4770] BVerwG ZfBR 2016, 157; BVerwG BRS 76 Nr. 28 Rn. 5; ZfBR 2013, 573.
[4771] Boeddinghaus BauR 2009, 586.
[4772] Zum Verbesserungsgebot BVerwG NVwZ 1990, 263.

Nutzung von bebauten und unbebauten Flächen nach Art, Maß und Zustand, die Einwirkungen, die von Grundstücken, Betrieben, Einrichtungen oder Verkehrsanlagen ausgehen, insbesondere durch Lärm, Verunreinigung und Erschütterungen, sowie die vorhandene Erschließung zu berücksichtigen sind. Auch ist die Funktionsfähigkeit des Gebietes in Bezug auf den fließenden und ruhenden Verkehr, die wirtschaftliche Situation und Entwicklungsfähigkeit des Gebietes unter Berücksichtigung seiner Versorgungsfunktion im Verflechtungsbereich und die infrastrukturelle Erschließung des Gebietes, seine Ausstattung mit Grünflächen, Spiel- und Sportplätzen und mit Anlagen des Gemeinbedarfs, insbesondere unter Berücksichtigung der sozialen und kulturellen Aufgaben dieses Gebietes im Verflechtungsbereich, zu berücksichtigen. Die Bauleitplanung soll sich dabei nicht auf die Sanierung städtebaulicher Missstände beschränken, sondern darüber hinaus ganz allgemein dazu beitragen, dass durch eine entsprechende städtebauliche Planung das Planungsziel einer menschenwürdigen Umwelt nach § 1 V BauGB erreicht wird.

2207 Soweit durch die Ausweisung von Flächen mit **öffentlichen Nutzungsabsichten** Privateigentum in Anspruch genommen werden soll, bedarf es einer besonderen gemeindlichen Abwägung im Hinblick auf den Eingriff in die privatnützigen Funktionen des Eigentums.[4773] Die Gemeinde hat danach dafür Sorge zu tragen, dass bei der Aufstellung eines Bebauungsplans den allgemeinen Anforderungen an gesunde Wohn- und Arbeitsverhältnisse Rechnung getragen wird. Welcher Mittel sie sich allerdings bedient, um dies zu gewährleisten, bleibt ihr überlassen. Anders als im Bereich der Verkehrswegeplanung etwa legt der Gesetzgeber sie nicht auf eine bestimmte technische Norm fest. Ob das Regelwerk, dessen sie sich bedient, zur Erreichung des mit ihm verfolgten Ziels geeignet ist, unterliegt der Einzelfallbeurteilung.[4774]

2. Wohnbedürfnisse der Bevölkerung

2208 **Nach** § 1 VI Nr. 2 BauGB sind die Wohnbedürfnisse der Bevölkerung, insbesondere auch von Familien mit mehreren Kindern, die Schaffung und Unterhaltung sozial stabiler Bewohnerstrukturen, die Eigentumsbildung weiter Kreise der Bevölkerung und die Anforderungen kostensparenden Bauens sowie die Bevölkerungsentwicklung zu berücksichtigen. Diese Planungsleitlinie ist eng mit den nach § 1 VI Nr. 1 BauGB aufgestellten Anforderungen verzahnt. Die Gemeinde soll danach bei der Bauleitplanung die allgemeinen Anforderungen an gesunde Wohn- und Arbeitsverhältnisse[4775] und die Sicherheit der Wohn- und Arbeitsbevölkerung gewährleisten. Auch eine homogene Bewohnerstruktur kann eine städtebaulich sachgerechte Lösung sein und ausgewogenen Wohnverhältnissen in der Gemeinde insgesamt dienen. Die Formulierung deckt sich mit den allgemeinen Förderungsgrundsätzen des § 6 S. 2 Nr. 3 Wohnraumförderungsgesetz.

2209 Nach § 9 I Nr. 6 BauGB kann im Bebauungsplan aus städtebaulichen Gründen die höchstzulässige Zahl der Wohnungen in Wohngebäuden festgesetzt werden. Eine solche Festsetzung dient der Erhaltung und Entwicklung einer bestimmten Eigenart oder städtebaulichen Funktion eines Wohngebiets. Die danach mögliche Festsetzung einer abstrakten Zahl von Wohnungen in Wohngebäuden ist ein Instrument zur allgemeinen Steuerung der Wohn- und Besiedlungsdichte, insbesondere bezüglich der straßenmäßigen Erschließung und der infrastrukturellen Ausstattung des Wohngebiets.[4776] Der Gesetzgeber setzt für eine Festsetzung nach § 9 I Nr. 6 BauGB besondere städtebauliche Gründe voraus. Ein allgemeiner Hinweis auf städtebauliche Planungsziele des § 1 V BauGB, wie etwa die Wohnbedürfnisse der Bevölkerung oder die Eigentumsbildung weiter Kreise der Bevölkerung, ist insoweit nicht ausreichend. Vielmehr muss die Festsetzung durch die spezifische städtebauliche Funktion des Gebiets und eine Abschätzung der städtebaulichen Auswirkungen einer Veränderung in diesem Gebiet, die mit der Festsetzung verhindert werden soll, gerechtfertigt sein.[4777]

2210 Das Erfordernis der Ausweisung zusätzlicher Flächen für den Wohnbedarf wird vor allem dann bestehen, wenn in größerem Umfang neue Arbeitsplätze für Personen ausgewiesen werden sollen, die in der Gemeinde oder der Region eine Wohnung suchen und somit zusätzlich auf den Wohnungsmarkt drängen. Demgegenüber wird sich diese Problematik bei Planungen zur bloßen Umsiedlung von Betrieben oder zur Schaffung von Arbeitsplätzen für bereits orts-

[4773] VGH Mannheim Urt. v. 22.6.1998 – 8 S 1950/97, juris.
[4774] BVerwG NVwZ-RR 2000, 146.
[4775] Boeddinghaus BauR 2009, 586.
[4776] OVG Koblenz BauR 2023, 1212 = juris Rn. 40; BVerwGE 107, 256= juris Rn. 18.
[4777] OVG Koblenz BauR 2023, 1212 = juris Rn. 40.

ansässige Arbeitnehmer nicht stellen.[4778] Zugleich sollen durch die Planungsleitsätze unwirtschaftliche Aufwendungen für die Verkehrsinfrastruktur vermieden werden. Der Grundsatz der angemessenen räumlichen Zuordnung von Wohnen und Gewerbe findet jedoch seine Begrenzung im **Grundsatz der Trennung** zwischen unverträglichen Nutzungen.[4779] Wenn es etwa einem allgemeinen Planungsgrundsatz entspricht, die industrielle Nutzung und die Wohnnutzung nicht auf engem Raum zusammenzuführen, so wird durch diesen Trennungsgrundsatz eine Grenze aufgezeigt, die bei einer funktionsgerechten Zuordnung von Wohn- und Arbeitsstätten nicht überwunden werden darf. Es wird deutlich, dass es sich bei diesen Planungsleitlinien um Grundsätze handelt, die keine absolute Geltung für sich in Anspruch nehmen, sondern auf einen Ausgleich konfligierender Interessen und Belange angelegt sind.

Wann sich der öffentliche Belang der **Wohnbedarfsdeckung** gegenüber anderen öffentlichen und privaten Belangen durchsetzt, ist eine Frage der Abwägung im Einzelfall. Auch sollen bei der Aufstellung der Bauleitpläne einseitige Bevölkerungsstrukturen vermieden werden. Haben sich in dieser Hinsicht städtebauliche Missstände ergeben oder ist die Erhaltung der Zusammensetzung der Wohnbevölkerung planerisch sinnvoll, so stehen hierfür planerische Festsetzungen nach § 9 I Nr. 6 bis 8 BauGB oder die Erhaltungssatzung nach § 172 BauGB zur Verfügung. 2211

Der **Eigentumsbildung weiter Bevölkerungskreise** kann durch Ausweisung von Flächen für Eigenheimwohnungsbau Rechnung getragen werden. Außerdem stellt das BauGB durch Reprivatisierungsbestimmungen[4780] sicher, dass Grundstücksflächen, die von der öffentlichen Hand im Wege der Enteignung oder des Vorkaufsrechts erworben worden sind und nicht mehr benötigt werden, in Privathand zurückgegeben werden. Verpflichtungen zur Beschaffung von Bauland enthält auch § 89 II. WoBauG. Wenn nach § 1 VI Nr. 2 BauGB auch der Bevölkerungsentwicklung Rechnung zu tragen ist, so hat die Gemeinde im Rahmen einer vorausschauenden Planung ausreichende **Wohnbauflächen** bereitzustellen, zugleich aber auch ggf. innerörtliche, örtliche oder regionale Wanderungsgewinne oder -verluste zu berücksichtigen. Durch Raumordnung und Regionalplanung sind entsprechende Bauflächen als Vorgabe der gemeindlichen Bauleitplanung bereitzustellen. In der Begründung zum Bebauungsplan sollte erkennbar werden, dass die Gemeinde einen etwaigen zusätzlichen Wohnbedarf erkannt, grob geschätzt und ihm im Rahmen der Abwägung angemessen Rechnung getragen hat. 2212

3. Soziale und kulturelle Bedürfnisse

Nach § 1 VI Nr. 3 BauGB sind die sozialen und kulturellen Bedürfnisse der Bevölkerung, insbesondere die Bedürfnisse der Familien, der jungen, alten und behinderten Menschen, unterschiedliche Auswirkungen auf Frauen und Männer sowie die Belange des Bildungswesens und von Sport, Freizeit und Erholung zu berücksichtigen. Hierzu gehören Anlagen des Gesundheitswesens, soziale Einrichtungen, Theater, Konzertsäle, Versammlungsräume und kulturelle Begegnungsstätten. Auch durch Altenheime, Kinderheime, Kindergärten,[4781] Gemeinbedarfs- und Grünflächen, Schulen oder andere Einrichtungen des Bildungswesens sowie Sport-, Freizeit- und Erholungseinrichtungen und Flächen für Sport- und Spielanlagen trägt die Gemeinde dieser Planungsleitlinie Rechnung. Die Planung soll dabei sicherstellen, dass diese Einrichtungen einerseits gut erreichbar sind. Andererseits sollen aber unzumutbare Interessenkonflikte zur Wohnnutzung vermieden werden. Dies setzt eine abgestufte Planungskonzeption voraus, die zwischen den sozialen, kulturellen und sportlichen Interessen der Bevölkerung und der störungsempfindlichen Wohnnutzung einen sachgerechten Ausgleich sucht. Einrichtungen, die einen größeren Einzugsbereich haben und mit stärkeren Immissionen verbunden sind, sollten dabei einen von der Wohnbebauung getrennten Standort finden, während Einrichtungen mit einem kleineren Einzugsbereich und geringeren Immissionen in die Wohngebiete integriert bzw. wohngebietsnah angelegt werden sollten. Unterschiedliche Auswirkungen auf Männer und Frauen (**Gender Mainstreaming**) können in der Planung Folgen auf die Übersichtlichkeit bei der Wegeführung, die Vermeidung von Angsträumen, die Nutzungsmischung und auf das Modell einer Stadt der kurzen Wege haben. 2213

[4778] Krautzberger/Runkel DVBl. 1993, 455.

[4779] BVerwG NJW 1975, 70; BVerwGE 50, 49; zum Trennungsgrundsatz des § 50 BImSchG siehe OVG Greifswald Urt. v. 27.2.2024 – 3 K 543/21, juris Rn. 113 BVerwG NVwZ 2012, 1338.

[4780] §§ 89, 169 V BauGB.

[4781] Zum Schutz vor Kinderlärm Böhm LKRZ 2007, 409. OVG Münster Beschl. v. 15.6.2020 – 7 D 24/18 NE, juris Rn. 38; OVG Lüneburg Urt. v. 5.10.2023 – 1 KN 16/21, juris Rn. 32.

4. Ortsteile

2214 Nach § 1 VI Nr. 4 BauGB ist die Erhaltung, Erneuerung, Fortentwicklung, Anpassung und der Umbau vorhandener Ortsteile sowie die Erhaltung und Entwicklung zentraler Versorgungsbereiche zu berücksichtigen. Die Planungsleitlinie bezieht sich vor allem auf die innerörtliche Entwicklung in den Städten und Gemeinden auch in lärmsteigerungsproblematischen Gemengelagen-Situationen. Dabei soll der Gedanke der Innenentwicklung auch vor dem Hintergrund der Bodenschutzklausel (§ 1 a II BauGB) Bedeutung haben. Dem Grundsatz, mit Grund und Boden sparsam umzugehen und daher bisherige Freiflächen nur in dem notwendigen Umfang umzunutzen, entspricht auf der anderen Seite eine Betonung der Innenentwicklung. Vorhandene Ortsteile sollen daher nach Möglichkeit in einem angemessenen Umfang verdichtet werden (**Grundsatz der Nachverdichtung**), vorhandene Gemengelagen in dem gebotenen Umfang entflochten und Bodenversiegelungen auf das notwendige Maß begrenzt werden (§ 1 a II 2 BauGB). Zugleich wird der Stadtumbau (§§ 171 a –171 d BauGB) angesprochen.

2215 § 1 VI Nr. 4 BauGB geht von der Berücksichtigung nicht nur des Erhalts, sondern auch der **Entwicklung zentraler Versorgungsbereiche** aus. Es kommt insoweit nicht einseitig darauf an, ob durch die Verwirklichung eines Plans andere zentrale Versorgungsbereiche so stark beeinträchtigt werden, dass schädliche Auswirkungen zu befürchten sind. Vielmehr darf der Plangeber auch die Entwicklung eines entsprechenden zentralen Versorgungsbereiches schützen.[4782] Zentrale Versorgungsbereiche iS des § 1 VI Nr. 4 BauGB sind räumlich abgrenzbare Bereiche einer Gemeinde, denen auf Grund von Einzelhandelsnutzungen – häufig ergänzt durch diverse Dienstleistungen und gastronomische Angebote – eine besondere Versorgungsfunktion zukommt. Erfasst werden Versorgungsbereiche unterschiedlicher Stufen. Dies können Innenstadtzentren vor allem in Städten mit größerem Einzugsbereich, Nebenzentren in Stadtteilen sowie Grund- und Nahversorgungszentren in Stadt- und Ortsteilen und nichtstädtischen Gemeinden sein.[4783] Die Planung von Versorgungsbereichen hat einen städtebaulichen Bezug, der für die planerische Abwägung regelmäßig erheblich ist, weil sich solche Planungen nicht nur auf das Plangebiet selbst, sondern auch auf andere Versorgungsbereiche derselben Gemeinde oder von Nachbargemeinden auswirken. Die in Versorgungsbereichen unterschiedlicher Stufen angebotenen Leistungen des Einzelhandels und Dienstleistungen können wegen ihrer vielfältigen Funktionen und ihrer spezifischen Versorgungsfunktionen für die verbrauchernahe Versorgung der Bevölkerung Bedeutung für die städtebauliche Entwicklung haben. Die Vorschrift erfasst die Versorgungsbereiche in der jeweiligen planenden Gemeinde wie auch in den Nachbargemeinden; insofern kommt diesem Planungsgrundsatz auch im Zusammenhang mit der gemeindenachbarlichen Abstimmung nach § 2 II BauGB Bedeutung zu.[4784]

5. Denkmalschutz, Orts- und Landschaftsbild

2216 **Nach** § 1 VI Nr. 5 BauGB sollen die Belange der Baukultur, des Denkmalschutzes und der Denkmalpflege, die erhaltenswerten Ortsteile, Straßen und Plätze von geschichtlicher, künstlerischer oder städtebaulicher Bedeutung und die Gestaltung des Orts- und Landschaftsbildes berücksichtigt werden. Die Vorschrift verlangt damit eine Berücksichtigung der Baukultur und der Belange des Denkmalschutzes und der Denkmalpflege sowie der erhaltenswerten Ortsteile, Straßen und Plätze von geschichtlicher, künstlerischer oder städtebaulicher Bedeutung.[4785]

2217 Städtebauliche Planungen und Maßnahmen nehmen wohl am unmittelbarsten auf die **baukulturelle Entwicklung** Einfluss. Die für die Stadtgestalt wichtige Baukultur ist durch das EAG Bau 2004 als Belang in das BauGB aufgenommen worden. Die Regelung hebt den gestalterischen Auftrag der Bauleitplanung für den Innen- und Außenbereich hervor und ver-

---

[4782] OVG Berlin-Brandenburg Urt. v. 27.1.2023 – OVG 10 A9.19, juris Rn. 106; OVG Koblenz Urt. v. 17.4.2013 – 8 C 10859/12, juris Rn. 89.

[4783] VGH Mannheim VBLBW 2023, 150= juris Rn. 108; BVerwG Urt. v. 11.10.2007 – 4 C 7.07, juris Rn. 11; VGH München Urt. v. 17.12.2018 – 15 N 16.2373, juris Rn. 50; VGH Mannheim Urt. v. 7.11.2017 – 5 S 1003/16, juris Rn. 59; Söfker/Runkel in EZBK, BauGB, 2021, § 1 Rn. 130a.

[4784] VGH Mannheim VBlBW 2023, 150 = juris Rn. 109.

[4785] Grundlegend Hartleb/Wurster Denkmalschutz und Erhaltung in Hoppenberg/de Witt, Handbuch des öffentlichen Baurechts, 2022, Rn. 1 ff.; zu Denkmalbelangen bei Förderung der Windenergie Kment/Jurdt NVwZ 2022, 1597; Kulturelles Erbe und raumwirksame Planungen am Beispiel der Planung von Windkraftstandorten siehe auch Hager BauR 2019, 1388.

deutlicht die Bedeutung der allgemeinen Baukultur für eine nachhaltige Entwicklung. Dem liegt die Erwägung zu Grunde, dass die Qualität der gebauten Umwelt als Spiegelbild der Gesellschaft in direktem Zusammenhang mit der Lebens- und Stadtqualität, aber auch mit der Wirtschaftlichkeit und den Standortqualitäten steht.[4786] Damit ist nicht nur eine ästhetische Komponente gemeint. Es sollen alle Aspekte eines qualitätvollen Städtebaus ausbalanciert werden. Das kann sich ua zeigen in der Beachtung des typischen Charakters einer Gemeinde statt Beliebigkeit des Stadtgrundrisses oder der Nutzungsmaximierung, in Dimensionierung, Form und Abfolge der öffentlichen Räume, die zu Benutzung und Aufenthalt einladen, in der Freihaltung barocker Sichtachsen. Es handelt sich letztlich nicht um neue Anforderungen, weil guter Städtebau diese Überlegungen schon immer berücksichtigt hat. Der Gesetzgeber betont die Bedeutung der Qualität und die Verantwortung für die Zukunft auch für den Bereich der Bauleitplanung.

Die Belange des **Denkmalschutzes**, die zugleich auch der landesrechtlichen Gesetzgebung unterliegen, sind danach in die Abwägung einzustellen.[4787] § 1 VI Nr. 5 BauGB stärkt die Beteiligung von Bürgern und von Denkmalbehörden als Träger öffentlicher Belange.[4788] Die Gemeinde ist nicht bloß berechtigt, sondern je nach der konkreten Planungssituation nach Maßgabe des § 1 VI BauGB auch verpflichtet, sich mit diesen Belangen im Wege der Abwägung auseinander zu setzen und diese Belange in Verfolgung städtebaulicher Ziele mit dem Gewicht, das sie ihnen aufgrund der jeweiligen Gegebenheiten beimessen darf, in die Abwägungsentscheidung einzustellen.[4789] Wenn eine Gemeinde verkennt, dass Baulichkeiten, die zur Verwirklichung ihrer planerischen Absicht beseitigt werden müssen, tatsächlich als Einzeldenkmälern oder als Ensemble Denkmalschutz zukommt, hat sie das in die Abwägung einzustellende Material in dieser Hinsicht nicht ausreichend ermittelt, so dass sie die eigentlich zu berücksichtigenden Belange des Denkmalschutzes im Rahmen der Abwägung nicht berücksichtigen kann.[4790] 2218

Denkmalgeschützte Gebäude oder Anlagen können städtebauliche Festsetzungen rechtfertigen, die Art und Maß denkmalrechtlich geschützter Gebäude bestimmen (Festsetzung einer die Erhaltung des Denkmals gewährleistenden Bodennutzung) oder die Maßnahmen des Denkmalschutzes ergänzen, indem sie nutzungsbedingte Beeinträchtigungen von Baudenkmälern oder Denkmalbereichen abwehren oder mindern, zB durch Freihalten von Sichtschneisen oder die Vermeidung einer die Aufgaben des Denkmalschutzes störenden Nutzung in der Umgebung des geschützten Bereichs.[4791] 2219

Soweit der denkmalrechtliche Umgebungsschutz objektiv geboten ist, vermittelt er auch dem Eigentümer des Kulturdenkmals Schutz. Der Eigentümer eines Denkmals kann grundrechtlich verankerten **Drittschutz** gegen benachbarte Anlagen beanspruchen, wenn diese sein Denkmal erheblich beeinträchtigen.[4792] Art. 14 I 2 GG vermittelt einem Denkmaleigentümer die für ein Normenkontrollverfahren erforderliche Antragsbefugnis nach § 47 II VwGO, wenn er geltend machen kann, dass die Planung die Denkmalwürdigkeit seines Denkmals, dh den mit der Unterschutzstellung angestrebten Zweck erheblich beeinträchtigen und daher die von ihm in Erfüllung der ihm auferlegten Erhaltungspflicht getätigten Investitionen in die Denkmalsubstanz nachträglich entwerten kann.[4793] 2220

In der Rechtsprechung des BVerwG ist im Grundsatz ebenfalls geklärt, dass das Denkmalschutzrecht der Länder eine zulässige Regelung über Inhalt und Schranken des Eigentums iS des Art. 14 I 2 GG ist. Es hat zwei grundsätzlich unterschiedliche Schutzsysteme entwickelt. Neben dem konstitutiv wirkenden Eintragungsprinzip besteht das Schutzsystem in der Denkmalwürdigkeit kraft 2221

[4786] Zu den Zusammenhängen zwischen Umweltprüfung, Denkmalschutz und Sozialplan Krautzberger UPR 2009, 361; zu Baukultur und Denkmalpflege auch Krautzberger/Stüer DVBl. 2019, 1160

[4787] Dazu VGH München Beschl. v. 20.7.2023 – 2 NE 23.1159, juris Rn. 22.

[4788] Battis in BKL, BauGB, 2022, § 1 Rn. 62.

[4789] VGH München Beschl. v. 20.7.2023 – 2 NE 23.1159, juris Rn. 22; damit greift sie nicht in den Zuständigkeitsbereich der Fachbehörden über, denen die Aufgaben des Denkmalschutzes obliegen, siehe BVerwG Urt. v. 18.5.2001 – 4 CN 4.00, juris Rn. 12.

[4790] VGH München Beschl. v. 20.7.2023 – 2 NE 23.1159, juris Rn. 22.

[4791] OVG Bautzen Urt. v. 9.3.2023 – 1 C 22/22, juris Rn. 80; BVerwG Urt. v. 18.5.2001 – 4 CN 4.00-, juris Rn. 13; zum denkmalrechtlichen Umgebungsschutz Worch/Schauer SächsVBl 2023, 361.

[4792] BVerwG BRS 85, Nr. 155 (2017); BVerwGE 133, 347; BauR 2011, 657; BauR 2013, 1671; ZfBR 2016, 263.

[4793] VGH Mannheim BauR 2022, 1641= juris Rn. 40; BVerwG BRS 84 Nr. 187.

Gesetzes. Es liegt im Hinblick auf Art. 14 I 2 GG in der Beurteilungskompetenz des Landesgesetzgebers, die Vor- und Nachteile der genannten Schutzsysteme gegeneinander abzuwägen und sich für die Denkmalwürdigkeit kraft Gesetzes zu entscheiden. Das Hamburgische Denkmalschutzgesetz weist keine darüber hinausgehenden Besonderheiten auf.[4794]

Beispiel: Die Gemeinde stellt einen Bebauungsplan für das Ortszentrum auf. Ein altes Fachwerkhaus soll danach einer modernen Bebauung um einen neu gestalteten Marktplatz weichen. Der für den Denkmalschutz zuständige Träger öffentlicher Belange macht keine Einwendungen geltend. Als einige Jahre später die übrige Bebauung durchgeführt ist und der Abriss ansteht, stellt die Denkmalschutzbehörde das Fachwerkhaus unter Denkmalschutz und macht Einwendungen gegen die Verwirklichung der gemeindlichen Planungen geltend. Hier muss die gemeindliche Bauleitplanung, wenn sie auf einer fehlerfreien Abwägung beruht, den Vorrang vor den Belangen des Denkmalschutzes haben. Nur wenn auf Grund einer geänderten Sachlage oder wirklich überzeugender neuer Erkenntnisse eine andere Bewertung angezeigt wäre, kann der Denkmalschutz gegenüber der gemeindlichen Bauleitplanung einen Vorrang für sich beanspruchen.[4795] Beide Bereiche sind auf Harmonisierung angelegt.[4796]

2222 Belange des Denkmalschutzes unterliegen im Rahmen der Inhalts- und Schrankenbestimmung des Eigentums nach Art. 14 I 2 GG der Gestaltungsbefugnis des Landesgesetzgebers. So werden die Regelungen des Denkmalschutzes, auch soweit sie Eigentumsbefugnisse beeinträchtigen, durchweg als zulässige Regelungen über Inhalt und Schranken des Eigentums angesehen.[4797] Die Gestaltungsmöglichkeiten des Gesetzgebers enden allerdings dort, wo die bauliche Anlage nur noch Denkmal ist und die Privatnützigkeit des Eigentums vollständig in den Hintergrund tritt.

Beispiel: Durch die Unterschutzstellung eines Gebäudes unter Denkmalschutz wird der bisherige Wert der baulichen Anlage auf einen Bruchteil gemindert. Soll etwa das Gebäude der Öffentlichkeit als Museum zugänglich sein (Blücher-Museum), verschwindet der eigentliche Wert des Gebäudes hinter der öffentlich-rechtlichen Zweckbestimmung. In die wirtschaftliche Zumutbarkeitsprüfung können Ertragsmöglichkeiten anderer Eigentümer von Teilen einer denkmalgeschützten Gesamtanlage nicht einbezogen werden, sofern ein Ausgleich zwischen den Eigentümern nicht gesichert ist.[4798]

2223 Der Belang des **Orts- und Landschaftsbildes** lenkt den Blick vor allem auf die Stadtgestalt und den landschaftlichen Gesamteindruck, der durch die Bauleitplanung positiv beeinflusst werden soll.[4799] So können etwa Festsetzungen über die Bauweise, die überbaubaren und nicht überbaubaren Grundstücksflächen sowie die Stellung der baulichen Anlagen, die Mindestgröße, die Mindestbreite und Mindesttiefe der Gebäude dazu dienen, das Orts- und Landschaftsbild zu erhalten, zu erneuern oder fortzuentwickeln.[4800]

2224 Die von der Gemeinde bei der Aufstellung von Bauleitplänen nach § 1 VI Nr. 5 BauGB zu berücksichtigenden Belange des Denkmalschutzes und der Denkmalpflege sowie die Gestaltung des Orts- und Landschaftsbildes können es rechtfertigen, Grundstücke, deren Gebäude unter Denkmalschutz stehen, aus städtebaulichen Gründen besonderen **Beschränkungen** zu

---

[4794] BVerwG Beschl. v. 15.11.2017 – 4 B 14.17, BeckRS 2017, 134548 mit Hinweis auf BVerwG DVBl. 1984, 638; NJW 1988, 505, vom 20.5.1994 – 4 B 106.94, BeckRS 2017, 134548.

[4795] Stüer BauR 1989, 251.

[4796] Zur Abbruchgenehmigung im Denkmalrecht der neuen Bundesländer Füßer/Kreuter LKV 2008, 102.

[4797] BVerfG NJW 1999, 2877; Stüer/Thorand NJW 2000, 3737; BVerwG NVwZ 1984, 732; DVBl. 1984, 638; BVerwGE 78, 23; NJW 1988, 505; NJW 1997, 193; RdL 1997, 42 zur Grabungsgenehmigung; BGHZ 99, 24; BGHZ 105, 15; BGHZ 123, 242.

[4798] BVerfG NVwZ 2010, 957.

[4799] Es geht dabei in erster Linie um den ästhetischen Schutz der Landschaft, siehe VG Minden Urt. v. 20.9.2023 – 9 K 5297/21, juris Rn. 220; BVerwG, Urteil vom 15. Mai 1997 – 4 C 23.95 -, juris, Rn. 19,

[4800] Battis in BKL, 2022, § 1 Rn. 62; BGH ZfBR 1992, 285; Überschreiten Beeinträchtigungen des Orts- und Landschaftsbildes durch planfeststellungsbedürftige Vorhaben eine Erheblichkeitsschwelle, können sie der Gemeinde in solchen Fachplanungsverfahren unter dem Blickwinkel des gemeindlichen Selbstgestaltungsrechts eine abwägungsrelevante Position vermitteln, siehe dazu VGH München Urt. v. 21.11.2023 – 8 A 21.40040, juris Rn. 41; BVerwG Urt. v. 10.11.2022 – 4 A 16.20, juris Rn. 54; NuR 2014, 277; NVwZ 2013, 147 = juris Rn. 36.

unterwerfen.[4801] Verursacht das Bauvorhaben bei Berücksichtigung des Gesamterscheinungsbildes des Denkmals keine erhebliche optische Beeinträchtigung, müssen die denkmalschutzrechtlichen Belange hinter den Eigentümerinteressen zurücktreten.[4802] Bei einem Denkmalbereich in Form eines Ensembles von städtebaulicher Bedeutung ist es für die Prüfung der denkmalsschutzrechtlichen Genehmigungsfähigkeit unerlässlich, die Frage einer etwaigen Minderung der Schutzwürdigkeit durch bereits erfolgte Veränderungen nicht nur „kategorienadäquat", sondern auch beschränkt auf die durch die beabsichtigten baulichen Maßnahmen betroffenen Bauteile zu beantworten. Schutzmindernde Vorbelastungen durch andere Bestandteile des Bauwerks sind dabei nicht zu berücksichtigen, solange sie sich nicht auf die von den beabsichtigten Änderungen betroffenen Bauteile auswirken.[4803]

Eine **denkmalbehördliche Unbedenklichkeitserklärung** schließt die erhaltungsrechtliche Unzulässigkeit baulicher Anlagen nicht aus. Während der Denkmalschutz an bestimmte Schutzkategorien zur Bewahrung der historischen Originalsubstanz und an die Erhaltungswürdigkeit eines Gebäudes anknüpft, ist die Vereinbarkeit eines Vorhabens mit einer städtebaulichen Erhaltungsverordnung eine Frage der Erhaltungsziele, bei denen die städtebauliche Gestalt im Vordergrund steht und deren Fortschreibung für die Zukunft.[4804] Die Frage, wann von einer Beeinträchtigung eines Baudenkmals auszugehen ist, beantwortet sich nach dem Urteil eines Sachverständigen auf dem Gebiet des Denkmalschutzes. Eine sachgemäße Einschätzung setzt ein Vertrautsein mit den historischen und baugeschichtlichen Hintergründen des zu schützenden Baudenkmals in seiner Epoche voraus.[4805] 2225

6. Kirchen und Religionsgemeinschaften

Nach § 1 VI Nr. 6 BauGB sind die von den Kirchen und Religionsgemeinschaften des öffentlichen Rechts festgestellten **Erfordernisse für Gottesdienste und Seelsorge** zu berücksichtigen.[4806] Mit der Planungsleitlinie, in der gemeindlichen Bauleitplanung dem Bedarf von Kirchen und Religionsgemeinschaften Rechnung zu tragen, wird die in Art. 140 GG, Art. 137 WRV verfassungsrechtlich garantierte **Kirchenautonomie** in das gemeindliche Planungsrecht einbezogen. Die Feststellung, welche Erfordernisse für Gottesdienst und Seelsorge bestehen, obliegt den Kirchen und Religionsgesellschaften des öffentlichen Rechts in eigener Kompetenz. Die Gemeinde ist hinsichtlich der Feststellung des Bedarfs an die kirchlichen Vorgaben gebunden. Die genaue Festlegung des Standortes oder auch die Beurteilung der Frage, ob sich der Bedarf an dem jeweiligen Standort realisieren lässt, sind jedoch der gemeindlichen Abwägung zugänglich. Den Kirchen und Religionsgemeinschaften wird hierdurch ein verfassungsrechtlich begründeter Vorrang eingeräumt, der auch unter dem Blickwinkel des Gleichbehandlungsgebotes in Art. 3 GG gerechtfertigt ist. Die Vorrangwirkung der nach § 38 BauGB privilegierten Fachplanung kommt den Kirchen und Religionsgemeinschaften allerdings nicht zu.[4807] 2226

Beispiel: In einer Normenkontrollentscheidung des VGH München ging es um einen Bebauungsplan, dessen Festsetzungen dem bereits zuvor beantragten Bau eines Minaretts durch eine muslimische Gemeinde entgegenstanden. Eine Religionsgemeinschaft, die nicht den Status einer öffentlich-rechtlichen Körperschaft hat, sondern als eingetragener Verein privatrechtlich organisiert ist, habe zwar nicht das Recht, ihre Erfordernisse für Gottesdienst und Seelsorge (§ 1 VI Nr. 6 BauGB) selbst und für die gemeindliche Bauleitplanung festzustellen. Die Belange privatrechtlicher Religionsgemeinschaften müssten jedoch als kulturelle Bedürfnisse der Bevölkerung iS von § 1 V 2 Nr. 3 BauGB berücksichtigt werden. Ihren Bauwunsch könne

---

4801 BVerwG ZfBR 2007, 273 zu Denkmalschutz in der Bauleitplanung.
4802 OVG Koblenz BauR 2008, 1492.
4803 OVG Berlin-Brandenburg BauR 2007, 694.
4804 OVG Berlin-Brandenburg ZfBR 2006, 265.
4805 OVG Lüneburg BauR 2005, 1967.
4806 Zur Berücksichtigung kirchlicher Belange in der Bauleitplanung siehe Hoppe/Beckmann DVBl. 1992, 188.
4807 Siehe dazu OVG Koblenz Urt. v. 2.5.2014 – 1 C 10846/13, juris Rn. 40 zur Berücksichtigung des im jüdischen Glauben verankerten Gedankens der Totenruhe im Rahmen der Bauleitplanung; zur autonomen Bedarfsfeststellung der Kirchen siehe auch VGH Mannheim NVwZ-RR 1999, 625; OVG Bremen BRS 38 (1981), 94; Hoppe/Beckmann DVBl. 1992, 188 (191).

die Religionsgemeinschaft zudem (auch) auf Art. 4 I u. II GG stützen.[4808] Die private Religionsausübung ist allerdings an das Bauplanungsrecht gebunden. Das gilt auch für nicht privilegierte Außenbereichsvorhaben.[4809]

7. Belange des Umweltschutzes

2227 § 1 VI Nr. 7 BauGB verpflichtet die Bauleitplanung nach Maßgabe des § 1 a BauGB auf die Berücksichtigung der Belange des Umweltschutzes, einschließlich des Naturschutzes und der Landschaftspflege. Die Bauleitplanung wird damit auf das Ziel der Sicherung der natürlichen Lebensgrundlagen verpflichtet. Die Bedeutung der Bauleitplanung für eine nachhaltige städtebauliche Entwicklung wird bereits in § 1 V 1 BauGB zum Ausdruck gebracht. Danach sollen die Bauleitpläne eine nachhaltige städtebauliche Entwicklung, die die sozialen, wirtschaftlichen und umweltschützenden Anforderungen auch in Verantwortung gegenüber künftigen Generationen miteinander in Einklang bringt, und eine dem Wohl der Allgemeinheit dienende sozialgerechte Bodennutzung unter Berücksichtigung der Wohnbedürfnisse der Bevölkerung gewährleisten. Sie sollen dazu beitragen, eine menschenwürdige Umwelt zu sichern, die natürlichen Lebensgrundlagen zu schützen und zu entwickeln sowie den Klimaschutz und die Klimaanpassung, insbesondere auch in der Stadtentwicklung, zu fördern, sowie die städtebauliche Gestalt und das Orts- und Landschaftsbild baukulturell zu erhalten und zu entwickeln. Hierzu soll die städtebauliche Entwicklung vorrangig durch Maßnahmen der Innenentwicklung erfolgen.[4810]

2228 **a) Nachhaltige Entwicklung.** Die in den §§ 1 V 1, 1 a BauGB enthaltene Fortentwicklung der naturschutzrechtlichen Eingriffsregelung will einen wichtigen Beitrag zur Umsetzung des Nachhaltigkeitsprinzips leisten, wie es bereits in der Habitat Agenda der zweiten Konferenz der Vereinten Nationen über menschliche Siedlungen (Habitat II) vom Juni 1996 in Kapitel II § 29, konkretisiert ist. Eine lediglich nachhaltige Inanspruchnahme von Natur und Landschaft ist eines der Hauptanliegen des modernen Naturschutzes. Auch künftige Generationen sollen Natur und Landschaft in gleichem Maße wie die heutigen Generationen nutzen und genießen können. Nachhaltig ist eine Entwicklung, die den heutigen Bedürfnissen Rechnung trägt, ohne die Bedürfnisse zukünftiger Generationen zu gefährden oder auch nur zu vernachlässigen.[4811] Es geht insoweit auch um eine intergenerationelle Verantwortung.

2229 Eine nachhaltige Entwicklung ist für die Siedlungsentwicklung danach von entscheidender Bedeutung und berücksichtigt die mit dem Erzielen von Wirtschaftswachstum, sozialer Entwicklung und dem Umweltschutz verbundenen Erfordernisse und Notwendigkeiten.[4812] Siedlungen sollen auf eine Weise geplant, entwickelt und verbessert werden, welche die Prinzipien der nachhaltigen Entwicklung und aller ihrer Komponenten voll berücksichtigt, wie in der Agenda 21 und in anderen Resultaten der Konferenz der vereinten Nationen über Umwelt und Entwicklung dargelegt wurde. Eine nachhaltige Siedlungsentwicklung gewährleistet nach der Habitat Agenda wirtschaftliche Entwicklung, Beschäftigungsmöglichkeiten und sozialen Fortschritt im Einklang mit der Umwelt. Die Ersetzung des Wortes „geordnete" städtebauliche Entwicklung durch das Wort „nachhaltige" städtebauliche Entwicklung darf allerdings nicht so verstanden werden, dass die städtebauliche Entwicklung nicht mehr geordnet sein soll. Überhaupt liegt die Gefahr nicht ganz fern, dass die Neuformulierung – so wird von Kritikern vorgetragen – nur einer relativ konturenlosen Forderung nach einer nachhaltigen Städtebaupolitik Rechnung tragen wollte, ohne dass sich hieraus für die Praxis gegenüber der bisherigen

---

[4808] VGH München NVwZ 1997, 1016.

[4809] Schwemer BauR 2008, 1551.

[4810] Zum Generationenvertrag und zur Generationengerechtigkeit siehe Häberle/Kotzur ZRP 2023, 179; zur Nachhaltigkeit als Verfahren Saiger ZfP 2023, 373; Grosche Recht und intertemporale Gerechtigkeit, Der Staat 61, 113,zum Klimaschutz als intertemporalen Freiheitsschutz BVerfG Beschl. v. 24.3.2021 – 1 BvR 2656/18, juris Rn. 117, 183, 192.

[4811] Kerkmann in Schlacke, BNatSchG, 2024, § 1 Rn. 8; siehe auch Wieland ZUR 2016, 473.

[4812] Zu Konturen einer nachhaltigen Stadt Kment Die nachhaltige Stadt der Zukunft, Gutachten D zum DJT 2022, D 15 ff. mit Heinewiesen auch zur „Konturenschwäche des nachhaltigkeitsbegriffs und Verweis auf die Leipzig Charta; siehe auch Kment Die Neujustierung der Nachhaltigkeit, 2019, 7 ff. Die Bundesregierung hat 2021 eine umfassende Weiterentwicklung der Deutschen Nachhaltigkeitsstrategie beschlossen; siehe auch Ekardt Theorie der Nachhaltigkeit, 2023.

Rechtslage erkennbare Änderungen ergeben. Der Nachhaltigkeitsgedanke kommt allerdings auch in gesetzlichen Regelungen zum Ausdruck, die eine weitgehende Schonung von Belangen und im Falle von deren Zurückstellung die Prüfung von Kompensationsmöglichkeiten verlangen.

b) Festsetzungs- und Darstellungsmöglichkeiten. Das BauGB hält zur Umsetzung der in § 1 VI BauGB benannten Belange verschiedene Festsetzungsmöglichkeiten bereit: Nach § 9 I Nr. 3 BauGB können aus Gründen des flächensparenden Wohnens zB Höchstgrenzen von Wohngrundstücken festgesetzt werden. Es können Flächen für Maßnahmen zum Schutz, zur Pflege und zur Entwicklung von Natur und Landschaft ausgewiesen werden (§ 5 I Nr. 10, § 9 I Nr. 20 BauGB). Festgesetzt werden können Flächen der Maßnahmen zum Schutz, zur Pflege und zur Entwicklung von Boden, Natur und Landschaft. Sollten sich in der Praxis Überschneidungen zwischen Festsetzungen nach dem BauGB und solchen nach Landesrecht ergeben, wäre dies für den Vollzug des Bebauungsplans unschädlich.[4813] Städtebaulich nicht begründbare Festsetzungen wie etwa das zweimalige Mähen einer Wiese im Jahr sind aber auf der Grundlage von § 9 I Nr. 20 BauGB nach wie vor nicht zulässig. 2230

Darüber hinaus wird durch die ausdrückliche Erwähnung des **Bodens** bei den Festsetzungsmöglichkeiten nach § 9 I Nr. 20 BauGB entsprechend § 5 II Nr. 10 BauGB der Aspekt des Bodenschutzes aufgegriffen. Damit trägt das BauGB dem Bodenschutz unmittelbar Rechnung und integriert diesen Belang zugleich in die Bauleitplanung der Gemeinden (§ 1 a II 1 BauGB). Bodenschützende Festsetzungen haben den Erhalt oder die Wiederherstellung von Bodenschutzfunktionen zum Ziel. Sie können auch Grundlage späterer Entsiegelungsmaßnahmen nach § 179 BauGB sein.[4814] Gem. § 9 VIII BauGB sind in der Begründung des Bebauungsplans die Auswirkungen der Planung insbesondere auch hinsichtlich der Umwelteinwirkungen darzulegen. Hierzu dient der **Umweltbericht**. **Altlastenverdächtige Standorte** sind im Flächennutzungsplan (§ 5 III Nr. 3 BauGB) und im Bebauungsplan (§ 9 V Nr. 3 BauGB) zu kennzeichnen. In landschaftlich wertvollen Fremdenverkehrsgebieten ist eine Baulandausweisung zu vermeiden (§ 22 BauGB). Die nach § 35 I-IV BauGB zulässigen Vorhaben sind gem. § 35 V 1 BauGB in einer flächensparenden, die Bodenversiegelung auf das notwendige Maß begrenzenden und den Außenbereich schonenden Weise auszuführen. Für Vorhaben nach § 35 I 1 Nr. 2 bis 6, 8 b und Nr. 9 BauGB ist gem. § 35 V 2 BauGB als weitere Zulässigkeitsvoraussetzung eine **Verpflichtungserklärung** abzugeben, das Vorhaben nach dauerhafter Aufgabe der zulässigen Nutzung zurückzubauen und Bodenversiegelungen zu beseitigen. 2231

Bei einer nach § 35 I 1 Nr. 2 bis 6, 8 b und Nr. 9 BauGB zulässigen Nutzungsänderung ist eine **Rückbauverpflichtung** zu übernehmen. Die Rückbauverpflichtung für **Windenergieanlagen** im Außenbereich erstreckt sich auf eine Beseitigung sämtlicher Bodenversiegelungen und umfasst alle ober- und unterirdischen Anlagen und Anlagenteile sowie die für die Anlage erforderliche Infrastruktur, die mit der dauerhaften Nutzungsaufgabe der WEA ihren Nutzen verliert.[4815] Die Baugenehmigungsbehörde soll durch eine Baulast oder in anderer Weise die Einhaltung der Verpflichtung nach § 35 II 2 BauGB sicherstellen. Der Gesetzgeber will mit der Sicherung der Rückbauverpflichtung vermeiden, dass der Allgemeinheit Kosten für den Rückbau aufgebürdet werden, wenn der Anlagenbetreiber nicht willens oder finanziell nicht in der Lage ist, seinen Verpflichtungen nachzukommen. Die Rückbauverpflichtung nach § 35 V 2 BauGB gilt allerdings nur für Anlagen im planungsrechtlichen Außenbereich. Ziel der Rückbauverpflichtung ist der Schutz des Außenbereichs dadurch, dass die Vorhaben nach dauerhafter Aufgabe der zulässigen Nutzung beseitigt und der Boden wieder entsiegelt wird. Damit soll eine Beeinträchtigung der Landschaft durch stillgelegte bzw. aufgegebene Anlagen mit einer zeitlich nur begrenzten Nutzungsdauer verhindert werden. 2232

Der Umweltschutz ist nicht zuletzt auch in § 136 IV 2 Nr. 3 BauGB als **Sanierungsziel** aufgenommen. 2233

Die in einem Flächennutzungsplan enthaltene Darstellung einer **Vorrangfläche für Kompensationsmaßnahmen** (§ 5 II Nr. 10 BauGB) kann einem privilegierten Außenbereichsvorhaben allerdings nur dann entgegengehalten werden, wenn sich der entsprechenden Darstel- 2234

[4813] So die Begründung Bundesregierung, Gesetzentwurf zum BauROG 1998, 48.

[4814] Bundesregierung, Gesetzentwurf zum BauROG 1998, 49.

[4815] Rieger in Schrödter, BauGB, 2019, § 35 Rn. 243; zum Rückbau von Windenergieanlagen siehe Beckmann/Frenz AbfallR 2022, 230 (233 ff); Beckmann Kreislaufwirtschaft und Energiewende – zur Entsorgung von Rotorblattabfällen, in Frenz, Handbuch Kreislaufwirtschaft, 2024, 873 ff.

lung eine konkrete und standortbezogene Planungskonzeption entnehmen lässt.[4816] Spezifische Standortaussagen können zwar auch mit der Darstellung von Flächen nach § 5 II Nr. 10 BauGB getroffen werden.[4817] Nicht jede Darstellung einer solchen Fläche ist jedoch zwangsläufig mit einer konkreten Standortaussage verbunden. Entscheidend ist, in welchem Maße den Darstellungen eine Planungskonzeption zu entnehmen ist, die dem beabsichtigten Vorhaben entgegensteht. Ob und inwieweit der Planungsträger mit der Darstellung in einem Flächennutzungsplan qualifizierte Standortzuweisungen vorgenommen hat, ist das Ergebnis einer Wertung, bei der auf die Verhältnisse des Einzelfalls abzustellen ist.[4818]

2235 **c) Ergänzende Vorschriften zum Umweltschutz (**§ 1a BauGB). Nach § 1a II 1 BauGB soll mit Grund und Boden sparsam und schonend umgegangen werden; dabei sind zur **Verringerung der zusätzlichen Inanspruchnahme von Flächen** für bauliche Nutzungen die Möglichkeiten der Entwicklung der Gemeinde insbesondere durch Wiedernutzbarmachung von Flächen, Nachverdichtung und andere Maßnahmen zur Innenentwicklung zu nutzen sowie Bodenversiegelungen auf das notwendige Maß zu begrenzen. Landwirtschaftlich, als Wald oder für Wohnzwecke genutzte Flächen sollen nur im notwendigen Umfang umgenutzt werden. Die Grundsätze nach § 1a II 1 und 2 BauGB sind in der **Abwägung** nach § 1 VII BauGB zu berücksichtigen. Die Notwendigkeit der **Umwandlung landwirtschaftlich oder als Wald genutzter Flächen** soll begründet werden; dabei sollen Ermittlungen zu den Möglichkeiten der **Innenentwicklung** zugrunde gelegt werden, zu denen insbesondere Brachflächen, Gebäudeleerstand, Baulücken und andere **Nachverdichtungsmöglichkeiten** zählen können (§ 1a II BauGB).[4819]

2236 Das Bodenspargebot des § 1a II 1 BauGB ist kein zwingender Planungsleitsatz. Mit welchem Gewicht die Belange Bodenschutz und Umwidmungsschutz in die planerische Abwägung nach § 1 VII BauGB eingehen, hängt von den tatsächlichen Gegebenheiten und von den ihnen damit gegenübertretenden, also den weiteren zu berücksichtigenden Belangen ab.[4820] Ein Zurückstellen der in § 1a II 1 und 2 BauGB genannten Belange bedarf einer Rechtfertigung, die dem dieser vom Gesetzgeber herausgehobenen Belange Rechnung trägt. Die planende Gemeinde ist nicht verpflichtet, in jedem Baugebiet die maximal mögliche Nachverdichtung zu planen oder eine bislang zulässige Baudichte zu erhalten. Es kann Belange geben, die das Interesse an Bodensparsamkeit überwiegen.[4821]

2237 Die Vermeidung und der Ausgleich voraussichtlich erheblicher Beeinträchtigungen des Landschaftsbildes sowie der Leistungs- und Funktionsfähigkeit des Naturhaushalts in seinen in § 1 VI Nr. 7 a BauGB bezeichneten Bestandteilen (**Eingriffsregelung** nach dem BNatSchG) sind ebenfalls in der **Abwägung** nach § 1 VII BauGB zu berücksichtigen. Der Ausgleich erfolgt durch geeignete Darstellungen und Festsetzungen nach den §§ 5 und 9 BauGB als Flächen oder Maßnahmen zum Ausgleich. Soweit dies mit einer nachhaltigen städtebaulichen Entwicklung und den Zielen der Raumordnung sowie des Naturschutzes und der Landschaftspflege vereinbar ist, können die **Darstellungen und Festsetzungen** auch an anderer Stelle als am Ort des Eingriffs erfolgen. Für Ausgleichsmaßnahmen können aber nur Flächen in Anspruch genommen werden, die sich für diesen Zweck objektiv eignen.[4822] Damit kommen nur solche Flächen in Betracht, die aufwertungsbedürftig und -fähig sind. Die Flächen müssen in einen Zustand versetzt werden können, der sich im Vergleich mit dem früheren als ökologisch höherwertig einstufen lässt. Die festgesetzten Maßnahmen müssen bei prognostischer Betrachtung geeignet sein, die Flächen tatsächlich aufzuwerten.[4823]

2238 Anstelle von Darstellungen und Festsetzungen können auch **vertragliche Vereinbarungen** nach § 11 oder sonstige geeignete Maßnahmen zum Ausgleich auf von der Gemeinde bereitgestellten Flächen getroffen werden. § 15 III BNatSchG entsprechend. Ein Ausgleich ist nicht

[4816] BVerwGE 124, 132.
[4817] Söfker in EZBK, BauGB, 2019, § 35 Rn. 65.
[4818] BVerwG ZfBR 2015, 785.
[4819] Zum Normenkontrollantrag eines Nachbarn gegen Nachverdichtung in innerörtlicher Lage OVG Lüneburg BauR 2022, 1466.
[4820] OVG Lüneburg Urt. v. 14.5.2019 – 1 KN 101/17, juris Rn. 86.
[4821] OVG Lüneburg Urt. v. 14.5.2019 – 1 KN 101/17, juris Rn. 86; BVerwG ZfBR 2008, 689.
[4822] BVerwG ZfBR 2022, 68 = juris Rn. 6.
[4823] BVerwG ZfBR 2022, 68 = juris Rn. 6.

erforderlich, soweit die Eingriffe bereits vor der planerischen Entscheidung erfolgt sind oder zulässig waren (§ 1a III BauGB).[4824]

Soweit ein Gebiet iSd § 1 VI Nr. 7 b BauGB in seinen für die Erhaltungsziele oder den Schutzzweck maßgeblichen Bestandteilen erheblich beeinträchtigt werden kann, sind nach § 1a V 1BauGB die Vorschriften des BNatSchG über die Zulässigkeit und Durchführung von derartigen Eingriffen einschließlich der Einholung der Stellungnahme der Europäischen Kommission anzuwenden (§ 1a IV BauGB). Den Erfordernissen des **Klimaschutzes** soll sowohl durch Maßnahmen, die dem Klimawandel entgegenwirken, als auch durch solche, die der Anpassung an den Klimawandel dienen, Rechnung getragen werden. Der Grundsatz nach § 1a V 1 BauGB ist in der Abwägung nach § 1 VII BauGB zu berücksichtigen (§ 1a V 2 BauGB). Nach der Gesetzesbegründung ergibt sich aus der Vorschrift, dass der Klimaschutz bei der Aufstellung von Bauleitplänen verstärkt zu berücksichtigen ist und eigene Darstellungen und Festsetzungen begründen kann.[4825] 2239

d) Umweltschützende Belange in der Bauleitplanung (Überblick). Bei der Aufstellung der Bauleitpläne sind auch umweltschützende Belange und die Belange des Naturschutzes und der Landschaftspflege zu berücksichtigen. Diese Belange werden zB im BNatSchG, im WHG, im BBodSchG, im BWaldG etc. sowie in den landesgesetzlichen Regelungen konkretisiert.[4826] Die umweltschützenden Belange sind in einem weiten Sinne zu verstehen. Es rechnen hierzu alle Belange, die einen Bezug zu Umweltgütern haben. § 1 VI Nr. 7 BauGB verpflichtet die Gemeinden, im Rahmen der Bauleitplanung in der Abwägung diese verschiedenen umweltschützenden Belange zu berücksichtigen. Durch die gesetzliche Regelung soll den planenden Gemeinden eine Hilfestellung für die Berücksichtigung umweltschützender Belange in der Bauleitplanung gegeben werden. So sind etwa in der Abwägung die Auswirkungen der Planung auf Tiere, Pflanzen, Boden, Wasser, Luft, Klima und das Wirkungsgefüge zwischen ihnen sowie die Landschaft und die biologische Vielfalt zu berücksichtigen. Einen besonderen Stellenwert haben die Erhaltungsziele und der Schutzzweck von Gebieten mit gemeinschaftlicher Bedeutung und der Europäischen Vogelschutzgebiete (§ 1 VI Nr. 7 b BauGB). Die Prüfung dieser Belange vollzieht sich nach den naturschutzrechtlichen Regelungen in § 1 a IV BauGB, §§ 31 bis 34 BNatSchG und sind damit der Abwägung weitgehend entzogen. Ebenso zählen zu den umweltschützenden Belangen die Auswirkungen auf den Menschen und seine Gesundheit sowie die Bevölkerung insgesamt. Hinzu treten umweltbezogene Auswirkungen auf Kulturgüter und sonstige Sachgüter, die Vermeidung von Emissionen sowie der sachgerechte Umgang mit Abfällen und Abwässern, die Nutzung erneuerbarer Energien sowie die sparsame und effiziente Nutzung von Energien. § 1 a BauGB konkretisiert daher Elemente der Abwägung, wie sie in § 1 V und VI BauGB allerdings nicht abschließend niedergelegt sind. Auch die Aufzählung der umweltschützenden Belange in § 1 a BauGB ist nicht abschließend. Es wird jedoch klargestellt, dass sich die Gemeinde mit den erwähnten Belangen auseinandersetzen muss, wenn dazu nach Lage der Dinge Anlass besteht. 2240

e) Gebiets- und Artenschutz. Beispielhaft erwähnt seien die besonders bedeutsamen Anforderungen des naturschutzrechtlichen Gebiets- und Artenschutzes. Nach den Anforderungen der FFH-RL und der Vogelschutz-RL müssen Pläne und Projekte, die erhebliche Auswirkungen für ein Gebiet von gemeinschaftlicher Bedeutung haben können, auf ihre Verträglichkeit (FFH-Verträglichkeitsprüfung) geprüft werden. Maßstab für diese Prüfung ist, ob die Schutz- und Erhaltungsziele der betreffenden Gebiete unter Berücksichtigung von Schutz-, Vermeidung- bzw. Minderungsmaßnahmen erheblich beeinträchtigt werden. Verbleiben auch nach der Verträglichkeitsprüfung Zweifel an der Vereinbarkeit mit den Erhaltungszielen, sind Eingriffe grundsätzlich unzulässig. Sie können dann nur unter den Voraussetzungen einer Abwei- 2241

[4824] Zu den Anforderungen an Vereinbarungen zum Eingriffsausgleich VGH München Urt. v. 5.10.2021 – 14 N 21.1470, juris.

[4825] OVG Schleswig NordÖR 2023, 570 unter Verweis auf BT-Drs. 17/6076, S. 8; zur Festsetzung von „privaten Grünflächen" (§ 9 I Nr. 15 BauGB) in einem Bebauungsplan als „Maßnahme, die der Anpassung an den Klimawandel dient" iSv § 1a V 1 BauGB siehe VGH Mannheim Urt. v. 27.9.2023 – 14 S 891/22, juris.

[4826] Zu den materiellen Anforderungen des Umweltschutzes in der städtebaulichen Planung Appel/Stark in Koch/Hofmann/Reese, Handbuch Umweltrecht, 2024, § 15 Rn. 157 ff; zum landschaftspflegerischen Begleitplan und Grünordnungsplan Gassner DVBl. 1991, 355; Kuschnerus DVBl. 1986, 75; Stich WiVerw. 1992, 145; ders. DVBl. 1992, 257.

chungsprüfung zugelassen werden (§ 34 BNatSchG).[4827] Die artenschutzrechtlichen Bestimmungen des BNatSchG gelten dem Schutz von Tieren und Pflanzen und ihrer Lebensräume. Die Vorschriften erfassen alle Arten des Anhangs IV der FFH-RL sowie alle europäischen Vogelarten; sie gelten anders als der besondere Gebietsschutz flächendeckend. Damit sind die artenschutzrechtlichen Anforderungen für die Bauleitplanung von erheblicher Bedeutung.[4828] Bei der Flächennutzungsplanung sind die Artenschutzbelange im Sinne einer überschlägigen Vorabschätzung zu berücksichtigen, soweit sie auf dieser Ebene und in dem maßgeblichen Planungsmaßstab erkennbar sind. Bebauungspläne bilden die Grundlage für mögliche spätere Unvereinbarkeiten mit artenschutzrechtlichen Verboten, soweit auf ihrer Grundlage Bauvorhaben verwirklicht werden sollen. Deshalb muss schon bei der Aufstellung oder Änderung eines Bebauungsplanes mit Blick auf die Zulässigkeit vorgesehener Einzelvorhaben eine Artenschutzprüfung durchgeführt werden.[4829]

2242 **f) Eingriffsregelung.** Das Verhältnis von naturschutzrechtlicher Eingriffsregelung und Baurecht ist in folgenden Regelungen des BauGB und des BNatSchG geregelt: § 18 I BNatSchG bestimmt das Verhältnis der naturschutzrechtlichen Eingriffsregelung zur Bauleitplanung, § 18 II BNatSchG das Verhältnis der naturschutzrechtlichen Eingriffsregelung zu den Vorschriften über die planungsrechtliche Zulässigkeit von Vorhaben und § 18 III, IV BNatSchG die Beteiligung der Naturschutzbehörden in Zulassungsverfahren. Im BauGB sind demgegenüber die Berücksichtigung der Vermeidung und des Ausgleichs der zu erwartenden Eingriffe in Natur und Landschaft (Eingriffsregelung nach dem BNatSchG in der bauleitplanerischen Abwägung) und die unterschiedlichen Möglichkeiten, den Ausgleich der zu erwartenden Eingriffe in Natur und Landschaft zu verwirklichen (§§ 1 VII, 1 a III BauGB), geregelt. Hinzu kommen verschiedene Vorschriften zur Umsetzung und zum Vollzug der naturschutzrechtlichen Eingriffsregelung: Der Flächennutzungsplan kann entsprechende Darstellungen nach § 5 II a BauGB für Flächen zum Ausgleich zu Flächen, auf denen Eingriffe in Natur und Landschaft zu erwarten sind, enthalten. Der Bebauungsplan kann auf Festsetzungen nach § 9 I a BauGB von Flächen oder Maßnahmen zum Ausgleich auf den Baugrundstücken selbst, im sonstigen Geltungsbereich des Bebauungsplans oder in einem anderen Bebauungsplan einschließlich der Möglichkeit der Zuordnung zu den Grundstücken, auf denen Eingriffe zu erwarten sind, zurückgreifen.[4830]

2243 Nach § 18 II BNatSchG sind auf Vorhaben in Gebieten mit Bebauungsplänen nach § 30 BauGB, während der Planaufstellung nach § 33 BauGB und im Innenbereich nach § 34 BauGB die §§ 14 bis 17 BNatSchG nicht anzuwenden. Für Vorhaben im Außenbereich nach § 35 BauGB sowie für Bebauungspläne, soweit sie eine Planfeststellung ersetzen, bleibt die Geltung der §§ 14 bis 17 BNatSchG unberührt. Vorhaben iSd §18 II BNatSchG sind nur solche, die der Definition des § 29 I BauGB entsprechen.[4831]

2244 Entscheidungen über Vorhaben nach § 35 II und IV BauGB und über die Errichtung von baulichen Anlagen nach § 34 BauGB ergehen nach § 18 III 1 BNatSchG im **Benehmen mit den für Naturschutz und Landschaftspflege zuständigen Behörden**. Äußert sich in den Fällen des § 34 BauGB die für Naturschutz und Landschaftspflege zuständige Behörde nicht binnen eines Monats, kann die für die Entscheidung zuständige Behörde nach § 18 III 2 BNatSchG davon ausgehen, dass Belange des Naturschutzes und der Landschaftspflege von dem Vorhaben nicht berührt werden. Das Benehmen ist nicht erforderlich bei Vorhaben in Gebieten mit Bebauungsplänen und während der Planaufstellung nach den §§ 30 und 33 BauGB sowie in Gebieten mit Satzungen nach § 34 IV 1 Nr. 3 BauGB. Das Benehmen iSv § 18 III BNatSchG erfordert nur, dass die für die Baugenehmigung zuständige Genehmigungsbehörde eine Stellungnahme der unteren Naturschutzbehörde einholt. Das Benehmen erfordert gerade kein Einvernehmen, sondern bedeutet nicht mehr als die gutachterliche Anhörung der anderen Behörde, die dadurch Gelegenheit erhält, sich in das Verfahren einzubringen.[4832]

[4827] Appel/Stark in Koch/Hofmann/Reese, Handbuch Umweltrecht, 2024, § 15 Rn. 191.

[4828] Appel/Stark in Koch/Hofmann/Reese, Handbuch Umweltrecht, 2024, § 15 Rn. 192.

[4829] Appel/Stark in Koch/Hofmann/Reese, Handbuch Umweltrecht, 2024, § 15 Rn. 193.

[4830] Siehe dazu Kerkmann in Schlacke, BNatSchG, 2024, § 18 Rn. 3; Scheidler Die naturschutzrechtliche Eingriffsregelung im Rahmen der Bauleitplanung, ZUR 2019, 145; Appel/Stark in Koch/Hofmann/Reese, Handbuch Umweltrecht, 2024, § 15 Rn. 186

[4831] VG Koblenz NuR 2022, 509; OVG Koblenz Beschl. v. 27.2.2020 – 1 B 10273/20.OVG, n.v., S. 3; Kerkmann in Schlacke, BNatSchG, 2024, § 18 Rn. 18a.

[4832] VGH Mannheim NuR 2023, 774 = juris Rn. 39; Kerkmann in Schlacke, BNatSchG, 2024, § 18 Rn. 22 b.

Die §§ 135 a bis 135 c BauGB dienen dem Vollzug von Festsetzungen in Bebauungsplänen für den Ausgleich der zu erwartenden Maßnahmen.[4833] § 200 a BauGB stellt klar, dass der Ausgleich auch durchgeführte Ersatzmaßnahmen umfasst. § 212 a II BauGB lässt die aufschiebende Wirkung von Widerspruch und Anfechtungsklage gegen die Geltendmachung eines Kostenerstattungsbetrages für die Durchführung von Ausgleichsmaßnahmen entfallen. Die Länder haben keine Möglichkeit, von den naturschutzrechtlichen Regelungen in § 1 a BauGB abzuweichen. § 243 II BauGB enthält ein besonderes Überleitungsrecht für die Berücksichtigung der naturschutzrechtlichen Eingriffsregelung. Ergänzt werden die Regelungen durch die Erweiterung der gesetzlichen Vorkaufsrechte der Gemeinde in § 24 I 1 Nr. 1 BauGB für im Bebauungsplan festgesetzte Flächen für Ausgleichsmaßnahmen iS des § 1 a III BauGB, durch Klarstellungen in den §§ 5, 57, 59, 61 BauGB im Umlegungsrecht und in den §§ 147, 148, 154, 156 im Besonderen Städtebaurecht zu den Flächen und Maßnahmen zum Ausgleich. Weitere Klarstellungen sind in § 1 a III 3 BauGB zur Durchführung des Ausgleichs auf gemeindeeigenen Flächen und auf Grund städtebaulicher Verträge gem. § 11 I 1 Nr. 2 BauGB aufgenommen worden. 2245

g) Nichtanwendbarkeit der Eingriffsregelung für Bebauungspläne der Innenentwicklung (§ 13 a BauGB). Wird unter den Voraussetzungen des § 13 a BauGB ein Bebauungsplan der Innenentwicklung mit einer Grundfläche von **bis zu 20.000 qm** aufgestellt, so gelten nach der etwas verklausulierten Regelung in § 13 a II Nr. 4 BauGB Eingriffe, die auf Grund der Aufstellung des Bebauungsplans zu erwarten sind, als iS des § 1 a III 6 BauGB vor der planerischen Entscheidung erfolgt oder zulässig. In dieser Größenordnung sind daher Bebauungspläne der Innenentwicklung von der unmittelbaren Anwendung der naturschutzrechtlichen Eingriffsregelung ausgenommen.[4834] Nicht anwendbar sind damit auch die § 135 a bis 135 c BauGB über die Pflichten des Vorhabenträgers, die Durchführung durch die Gemeinde, die Kostentragung (§ 135 a BauGB), die Verteilungsmaßstäbe für die Abrechnung (§ 135 b BauGB) und das Satzungsrecht (§ 135 c BauGB). Naturschutzrechtliche Belange sind allerdings gleichwohl Bestandteil der Abwägung (§ 1 VI Nr. 7 BauGB) und behalten in diesem Rahmen ihren bisherigen Stellenwert. Das Abwägungsgebot verpflichtet die Gemeinde, alle nach Lage der Dinge zu berücksichtigenden Belange in die Abwägung einzustellen. Belange des Natur- und Umweltschutzes dürfen davon nicht ausgenommen werden. Werden die Belange des Natur- und Umweltschutzes daher nicht in die gemeindliche Bauleitplanung eingestellt, so liegt ein ggf. beachtlicher Abwägungsfehler vor, wenn es sich um mehr als geringfügige, schutzwürdige und erkennbare Belange handelt. Die Belange stehen auch nach Lage der Dinge zu einer Kompensationsprüfung an. Dies ergibt sich allerdings nicht aus der naturschutzrechtlichen Sonderregelung in § 1 a III BauGB, sondern aus dem Abwägungsgebot, das im Einzelfall verpflichten kann, erforderliche und sachgerechte Kompensationsmöglichkeiten abwägend zu prüfen und in dem gebotenen Umfang einen Ausgleich herbeizuführen. Allerdings ist die planende Gemeinde nur innerhalb des Anwendungsbereichs des § 1 a III BauGB zu einem dort festgelegten Abarbeiten der Eingriffsregelung und zu einer entsprechenden Kompensationsregelung verpflichtet. Unter Geltung (lediglich) der allgemeinen Anforderungen des Abwägungsgebotes ist die Gemeinde freier. Sie kann zwar die betroffenen Belange nicht einfach übergehen. Der fachliche Standard der Abwägung auch im Hinblick auf die natur- und umweltschützenden Belange ist einzuhalten. Verlangen die Eingriffe nach Auffassung der Gemeinde nach einer Kompensation, so besteht bei einem Bebauungsplan der Innenentwicklung zwar nicht die Möglichkeit, das Kompensationsinstrumentarium der §§ 135 a bis 135 c BauGB zu nutzen. Es ist der Gemeinde jedoch nach wie vor nicht verwehrt, entsprechende städtebauliche Ziele zu 2246

[4833] Soweit eine Festsetzung im Bebauungsplan nach § 9 BauGB (auch) als naturschutzrechtliche Ausgleichsmaßnahme. dient bzw. soweit eine solche gemäß § 1a III 2 BauGB durch geeignete Darstellungen und Festsetzungen nach § 9 BauGB als Fläche oder Maßnahme zum Ausgleich im Bebauungsplan festgesetzt ist, ist eine Abrechnung der insofern nach § 135a BauGB erstattungsfähigen Kosten über das Erschließungsbeitragsrecht ausgeschlossen. Für eine ergänzende Deckung von Kosten als Erschließungsaufwand iSd §§ 128, 129 BauGB bleibt jedoch Raum, soweit die Festsetzung nach dem planerischen Willen der Gemeinde nicht insgesamt, sondern nur in Teilen (auch) als naturschutzrechtliche Ausgleichsmaßnahme dient, siehe OVG Münster Urt. v. 7.11.2023 – 15 A 2995, juris Rn. 122; zum Konkurrenzverhältnis von naturschutzrechtlicher Kostenerstattung und Erschließungsbeitragsrecht siehe auch BVerwG ZfBR 2022, 13 = juris Rn 21, 35; zur Kostenerstattung für Ausgleichsmaßnahmen Mitschang ZfBR 2005, 644.

[4834] Siehe aber auch OVG Münster BauR 2022, 732

verfolgen und diese auch außerhalb der vorgenannten gesetzlichen Regelungen in einem städtebaulichen Vertrag umzusetzen.[4835]

2247 **h) Umweltschützende Belange in der Abwägung.** Grundlage der Bodenschutzklausel (§ 1 a II BauGB und der naturschutzrechtlichen Eingriffsregelung (§ 1 a III BauGB) ist der Katalog der umweltschützenden Belange in § 1 VI Nr. 7 BauGB. Dabei wird zwischen den Belangen des Habitat- und Vogelschutzes von gemeinschaftlicher Bedeutung (§ 1 VI Nr. 7 b BauGB), den europarechtlichen Vorgaben zur Erhaltung einer bestmöglichen Luftqualität (§ 1 VI Nr. 7 h BauGB) einerseits und den anderen Belangen des Umweltschutzes unterschieden (§ 1 VI Nr. 7 a, c –g, i BauGB). Während erhebliche Einwirkungen auf Belange des Habitat- und Vogelschutzes das Prüfprogramm der §§ 31 – 34 BNatSchG auslösen und die europarechtlichen Vorgaben zur Luftqualität beachtet werden müssen, sind andere umweltschützende Belange der Abwägung zugänglich (§ 1 a III BauGB). Zu diesen umweltschützenden Belangen in der Abwägung gehören: (a) die Auswirkungen auf Tiere, Pflanzen, Boden, Wasser, Luft, Klima und das Wirkungsgefüge zwischen ihnen sowie die Landschaft und die biologische Vielfalt, (c) umweltbezogene Auswirkungen auf den Menschen und seine Gesundheit sowie die Bevölkerung insgesamt, (d) umweltbezogene Auswirkungen auf Kulturgüter und sonstige Sachgüter, (e) die Vermeidung von Emissionen sowie der sachgerechte Umgang mit Abfällen und Abwässern, (f) die Nutzung erneuerbarer Energien sowie die sparsame und effiziente Nutzung von Energie, (g) die Darstellungen von Landschaftsplänen sowie von sonstigen Plänen, insbesondere des Wasser-, Abfall- und Immissionsschutzrechts, (i) die Wechselwirkungen zwischen den einzelnen Belangen des Umweltschutzes nach § 1 VI Nr. 7 a, c und d BauGB. Mit welcher Ermittlungstiefe und in welchem Umfang die Umweltbelange zu berücksichtigen sind, richtet sich nach der Bedeutung der Belange und dem Umfang der sachgerechten Regelungserfordernisse.

Beispiel: Die Abwasserbeseitigung gehört zu den Belangen, die nach Lage der Dinge regelmäßig in die nach § 1 VII BauGB gebotene Abwägung einzustellen sind und die die Gemeinde schon bei der Planung und nicht erst bei der bauordnungsrechtlichen Prüfung der Zulässigkeit eines Bauvorhabens Gefahrensituationen zu ermitteln und in die planerische Abwägung einzustellen hat.[4836]

2248 Vom Grundsatz her unterliegen die angesprochenen Belange zwar der Abwägung nach § 1 VII BauGB. Die jeweiligen Fachgesetze können jedoch stärkere Bindungen enthalten, die für die planende Gemeinde nicht durch Abwägung überwindbar sind. Die Regelungen können dabei als **Planungsleitsätze** in dem Sinne ausgestaltet sein, dass sie für die Bauleitplanung bindende Vorgaben enthalten und durch Abwägung nicht überwindbar sind. Unberührt von der Integration der umweltschützenden Belange in das Bauleitplanverfahren nach § 1 a II BauGB bleiben fachgesetzlich ermöglichte verbindliche Ausweisungen beispielsweise von Naturschutz- und Landschaftsschutzgebieten des Naturschutzrechts auf der Grundlage des Art. 74 I Nr. 29 GG mit entsprechenden Länderabweichungsmöglichkeiten nach Art. 72 III Nr. 2 GG und Darstellungen von für verbindlich erklärten Abfallplänen des Abfallrechts auf der Grundlage des Art. 74 I Nr. 24 GG. Derartige fachliche Maßnahmen mit einer eigenständigen gesetzlich geregelten Bindungswirkung für den Flächennutzungsplan gem. § 6 II BauGB oder den Bebauungsplan in den §§ 10 II, 6 II BauGB unterliegen nicht der Abwägung im Bauleitplanverfahren.[4837] So ist ein Bebauungsplan, dessen Festsetzungen den Regelungen einer **Landschaftsschutzverordnung** widersprechen,[4838] unwirksam, wenn das Gesetz einen Vorrang dieser Regelungen gegenüber dem Bebauungsplan vorschreibt.[4839] Wegen dieser Vorrangwirkung gegenüber einem Bebauungsplan kann sich der Rechtsschutz eines betroffenen Grundstückseigentümers bereits gegen eine Landschaftsschutzverordnung richten.[4840] Allerdings dürfen die Regelungen des Naturschutzrechts nicht dazu führen, dass einer Gemeinde jede bauliche Weiterentwicklung abgesprochen wird. Ist die Möglichkeit einer Alternativlösung nicht gegeben, so kann ein genereller Verzicht auf die Bebauung einer stadtnahen Fläche, die sich

[4835] BVerwGE 92, 56; BVerwG NVwZ 2000, 1285; BGHZ 153, 93.
[4836] BVerwG Beschl. v. 25.3.2009 – 4 BN 5.09, BeckRS 2009, 33005.
[4837] Stüer DVBl. 1992, 1147.
[4838] BVerwG NVwZ 2000, 1049.
[4839] BVerwG NVwZ 1989, 66; NVwZ 1990, 57; BVerwGE 85, 155; OVG Lüneburg ZfBR 1992, 94.
[4840] Zur Normenkontrolle BVerwG BRS 48 (1988), Nr. 32.

von der Topografie und Lage für eine Bebauung geradezu anbietet, nicht verlangt werden. Der Bebauungsplan muss allerdings in einem solchen Fall detaillierte Festsetzungen enthalten, die eine besondere Rücksichtnahme auf Belange des Natur- und Landschaftsschutzes gewährleistet.[4841] In den Stadtstaaten hat der Landesgesetzgeber mögliche Kollisionen zwischen einem in Gesetzesform erlassenen Bauleitplan und einer konkurrierenden Landschaftsschutzverordnung selbst aufzulösen.[4842]

Verfahren und Inhalt der **Landschaftspläne** sind in § 11 BNatSchG geregelt. Die in den Landschaftsplänen für die örtliche Ebene konkretisierten Ziele, Erfordernisse und Maßnahmen des Naturschutzes und der Landschaftspflege sind danach in der Abwägung nach § 1 VII BauGB zu berücksichtigen und können als Darstellungen oder Festsetzungen nach den §§ 5 und 9 BauGB in die Bauleitpläne aufgenommen werden.[4843] Die Gemeinden sind nach § 1 VI Nr. 7 g BauGB dazu verpflichtet, sich mit den Darstellungen eines Landschaftsplans inhaltlich auseinanderzusetzen. Der Abwägungsprozess wird regelmäßig in der Begründung dokumentiert werden müssen. Das Berücksichtigungsgebot ist allerdings nicht formell, sondern materiell in dem Sinne ausgestaltet, dass die im Landschaftsplan enthaltenen Belange in die Abwägung einzustellen sind. Die Rechtswirksamkeit der Bauleitplanung kann daher nicht lediglich mit dem Hinweis darauf in Frage gestellt werden, dass ein Landschaftsplan nicht vorgelegen habe. Es besteht daher kein Junktim. Das Fehlen einer vorgeschriebenen Landschaftsplanung kann allerdings einen Anhaltspunkt für materielle Abwägungsfehler geben, wenn angesichts einer drohenden besonderen Beeinträchtigung eine ausreichende Berücksichtigung der Belange des Naturschutzes auf Grund eines hierzu zunächst zu erstellenden Landschaftsplans möglich erscheint. Das Abwägungsmaterial (§ 2 III BauGB) kann in derartigen Fällen allerdings auch durch ein Fachgutachten oder einen etwa vorliegenden Entwurf eines Landschaftsplans angereichert werden.[4844] 2249

Landschaftspläne sind nach § 11 II BNatSchG aufzustellen, sobald und soweit dies im Hinblick auf die Erfordernisse und Maßnahmen iSd § 9 III 1 Nr. 4 BNatSchG erforderlich ist, insbesondere weil wesentliche Veränderungen von Natur und Landschaft im Planungsraum eintreten, vorgesehen oder zu erwarten sind. Daneben können **Grünordnungspläne** aufgestellt werden (§ 11 II BNatSchG). Grünordnungspläne enthalten, nicht anders als Landschaftspläne, die für die örtliche Ebene konkretisierten Ziele, Erfordernisse und Maßnahmen des Naturschutzes. Sie unterscheiden sich von Landschaftsplänen dadurch, dass sie sich nicht auf den gesamten Raum der Gemeinde erstrecken, sondern sich wie Bebauungspläne auf Teilräume beschränken.[4845] Die in den Landschaftsplänen für die örtliche Ebene konkretisierten Ziele, Erfordernisse und Maßnahmen des Naturschutzes sind in der Bauleitplanung bei der Abwägung zu berücksichtigen (§ 1 VII BauGB) und können als Darstellungen oder Festsetzungen nach den §§ 5, 9 BauGB in den Flächennutzungsplan und die Bebauungspläne aufgenommen werden. Die Zuständigkeit und das Verfahren zur Aufstellung der Landschaftspläne und Grünordnungspläne sowie deren Durchführung richten sich nach **Landesrecht**. Ob von einer Landschaftsschutzverordnung erfasste Flächen im Flächennutzungsplan als Bauflächen dargestellt werden, ist keine Frage des Widerspruchs zu sonstigen Rechtsvorschriften (§ 6 II 1 BauGB). § 11 I 4 BNatSchG überlässt den Landesgesetzgebern die Möglichkeit, es entweder bei der Abwägungsrelevanz des Inhalts von Landschaftsplänen und Grünordnungsplänen für die Bauleitplanung zu belassen oder ihnen den Rechtscharakter eines zwingend beachtlichen Planungsleitsatzes für die Bauleitplanung einzuräumen.[4846] 2250

Zu den ebenfalls zu berücksichtigenden Plänen des **Wasserrechts** gehören die **Maßnahmenprogramme** des § 82 WHG und die **Bewirtschaftungspläne** des § 83 WHG. Dem Bewirtschaftungsplan kommt keine rechtsverbindliche Außenwirkung zu, er entfaltet aber verwaltungsintern unabhängig davon, ob seine Behördenverbindlichkeit ausdrücklich bestimmt ist, grundsätzlich Bindungswirkung nicht nur für die Wasserbehörden, sondern auch für alle ande- 2251

[4841] BVerwG NVwZ 2000, 1049; OVG Koblenz NVwZ 1988, 371.

[4842] BVerwG UPR 1991, 111.

[4843] Zur Bedeutung der Landschaftspläne für das Bauplanungsrecht Kerkmann in Schlacke, BNatSchG, 2024, § 11 Rn. 13 ff.

[4844] OVG Koblenz UPR 1994, 234; VGH Kassel ZfBR 1988, 236.

[4845] Appel in Frenz/Müggenborg, BNatSchG, 2021, § 11 Rn. 17 f.

[4846] Appel in Frenz/Müggenborg, BNatSchG, 2021, § 11 Rn. 25; siehe dazu auch Mengel in Lütkes/Ewer, BNatSchG, 2018, Rn. 18 mit Hinweisen zu den unterschiedlichen Landesregelungen.

ren Behörden, soweit sie über wasserwirtschaftliche Belange entscheiden.[4847] Die Verbindlichkeit von Maßnahmenprogrammen ist im WHG nicht geregelt. Im Landesrecht wird ganz überwiegend eine reine Behördenverbindlichkeit festgelegt. Die Landeswassergesetze verzichten zumeist auf die Rechtsqualität einer Rechtsnorm, ordnen jedoch an, dass Bewirtschaftungspläne und Maßnahmenprogramme im jeweiligen Bundesland nach ihrer Veröffentlichung für alle staatlichen Behörden und auch für die Gemeinden verbindlich sein sollen.[4848]

2252 Außerdem sind die Vorgaben des **Hochwasserschutzes** zu beachten.[4849] Nach § 78 I 1 WHG ist in **festgesetzten Überschwemmungsgebieten** die Ausweisung neuer Baugebiete im Außenbereich in Bauleitplänen oder in sonstigen Satzungen nach dem BauGB untersagt. Das gilt nicht, wenn die Ausweisung ausschließlich der Verbesserung des Hochwasserschutzes dient, sowie für Bauleitpläne für Häfen und Werften. Die zuständige Behörde kann nach § 78 II WHG die Ausweisung neuer Baugebiete ausnahmsweise zulassen, wenn ein Fall des dort aufgeführten Katalogs vorliegt. In festgesetzten Überschwemmungsgebieten hat die Gemeinde nach § 78 III 1 WHG bei der Aufstellung, Änderung oder Ergänzung von Bauleitplänen für die Gebiete, die nach § 30 I und II BauGB oder § 34 BauGB zu beurteilen sind, in der Abwägung nach § 1 VII BauGB insbesondere die Vermeidung nachteiliger Auswirkungen auf Oberlieger und Unterlieger, die Vermeidung einer Beeinträchtigung des bestehenden Hochwasserschutzes und die hochwasserangepasste Errichtung von Bauvorhaben zu berücksichtigen. Nach § 78 IV 1 WHG ist in festgesetzten Überschwemmungsgebieten grundsätzlich die Errichtung oder Erweiterung baulicher Anlagen nach den §§ 30, 33, 34 und 35 BauGB untersagt. Das gilt nicht für Maßnahmen des Gewässerausbaus, des Baus von Deichen und Dämmen, der Gewässer- und Deichunterhaltung und des Hochwasserschutzes sowie des Messwesens. Weitere Ausnahmen von dem Bauverbot lässt § 78 V WHG zu.[4850]

2253 § 78 b WHG regelt außerdem noch die Kategorie von **Risikogebieten**. Dabei handelt es sich um Gebiete außerhalb von Überschwemmungsgebieten, für die nach § 74 II WHG Gefahrenkarten zu erstellen sind und die nicht nach § 76 II oder III WHG als Überschwemmungsgebiete festgesetzt sind oder vorläufig gesichert sind; dies gilt nicht für Gebiete, die überwiegend von den Gezeiten beeinflusst sind, soweit durch Landesrecht nichts anderes bestimmt ist. Für Risikogebiete außerhalb von Überschwemmungsgebieten gilt nach § 78 b I Nr. 1 WHG, dass bei der Ausweisung neuer Baugebiete im Außenbereich sowie bei der Aufstellung, Änderung oder Ergänzung von Bauleitplänen für nach § 30 I und II BauGB oder nach § 34 BauGB zu beurteilende Gebiete insbesondere der Schutz von Leben und Gesundheit und die Vermeidung erheblicher Sachschäden in der Abwägung nach § 1 VII BauGB zu berücksichtigen sind. Außerhalb der von § 78 b I Nr. 1 WHG erfassten Gebiete sollen bauliche Anlagen nur in einer dem jeweiligen Hochwasserrisiko angepassten Bauweise nach den allgemein anerkannten Regeln der Technik errichtet oder wesentlich erweitert werden, soweit eine solche Bauweise nach Art und Funktion der Anlage technisch möglich ist; bei den Anforderungen an die Bauweise sollen auch die Lage des betroffenen Grund-stücks und die Höhe des möglichen Schadens angemessen berücksichtigt werden.

2254 Seit dem Jahr 2017 enthält das WHG außerdem noch die Gebietskategorie der **Hochwasserentstehungsgebiete**.[4851] Das sind nach § 78 d I WHG Gebiete, in denen bei Starkniederschlägen oder bei Schneeschmelze in kurzer Zeit starke oberirdische Abflüsse entstehen können, die zu einer Hochwassergefahr an oberirdischen Gewässern und damit zu einer erheblichen Gefahr für die öffentliche Sicherheit und Ordnung führen können. Die Länder können nach § 78 d II 1 WHG Kriterien für das Vorliegen eines Hochwasserentstehungsgebietes festlegen. In festgesetzten Hochwasserentstehungsgebieten ist nach § 78 d III 1 WHG zur Vermeidung oder Verringerung von Gefahren durch Hochwasser, das natürliche Wasserversickerungs-

[4847] BVerwG Urt. v. 9.2.2017 – 7 A 2/15, NVwZ-Beilage 2019, 101, Rn. 489.

[4848] Durner in Landmann/Rohmer, Umweltrecht I, § 82 WHG, 2016, Rn. 22.

[4849] Siehe dazu Appel/Stark in Koch/Hofmann/Reese, Handbuch Umweltrecht, 2024, § 15 Rn. 221; Zu Hochwasser und Starkregenereignisse in der Raumplanung und zu Zielen und Grundsätzen des länderübergreifenden Raumordnungsplans für den Hochwasserschutz siehe Beckmann BauR 2021, 1748; zum Bundesraumordnungsplan für den länderübergreifenden Hochwasserschutz Kümper UPR 2023, 1; zu raumplanerischen Aspekten des Hochwasserschutzes siehe auch Spannowsky UPR 2023, 59; zum Hochwasserschutz in Raumordnung und Bauleitplanung J. Wagner ZUR 2023, 283.

[4850] zu weiteren Schutzvorschriften für festgesetzte Überschwemmungsgebiete siehe § 78 a WHG; zu Risikogebieten außer-halb von Überschwemmungsgebieten siehe § 78 b WHG.

[4851] Siehe dazu Spannowsky ZfBR 2020, 520, 522.

und Wasserrückhaltevermögen des Bodens zu erhalten oder zu verbessern, insbesondere durch die Entsiegelung von Böden oder durch die nachhaltige Aufforstung geeigneter Gebiete.

Pläne des Immissionsschutzrechts sind **Luftreinhaltepläne** nach § 47 BImSchG und **Lärmaktionspläne** nach § 47 d BImSchG. Werden die durch eine Rechtsverordnung nach § 48a I BImSchG festgelegten Immissionsgrenzwerte einschließlich festgelegter Toleranzmargen überschritten, hat die zuständige Behörde nach § 47 I 1 BImSchG einen Luftreinhalteplan aufzustellen, welcher die erforderlichen Maßnahmen zur dauerhaften Verminderung von Luftverunreinigungen festlegt und den Anforderungen der Rechtsverordnung entspricht. Die Maßnahmen eines Luftreinhalteplans müssen gem. § 47 I 3 BImSchG geeignet sein, den Zeitraum einer Überschreitung von bereits einzuhaltenden Immissionsgrenzwerten so kurz wie möglich zu halten. Nach § 47 d I 1, 2 BImSchG sind die zuständigen Behörden außerdem verpflichtet, Lärmaktionspläne aufzustellen, mit denen Lärmprobleme und Lärmauswirkungen geregelt werden für Orte in der Nähe der Hauptverkehrsstraßen, der Haupteisenbahnstrecken und der Großflughäfen, und für Ballungsräume. Die Festlegung von Maßnahmen in den Plänen ist in das Ermessen der zuständigen Behörden gestellt, sollte aber auch unter Berücksichtigung der Belastung durch mehrere Lärmquellen insbesondere auf die Prioritäten eingehen, die sich gegebenenfalls aus der Überschreitung relevanter Grenzwerte oder aufgrund anderer Kriterien ergeben, und insbesondere für die wichtigsten Bereiche gelten, wie sie in den Lärmkarten ausgewiesen werden (§ 47 d I 3 BImSchG). Maßnahmen, die Luftreinhaltepläne nach § 47 I-IV BImSchG festlegen, sind nach § 47 VI 1 BImSchG durch Anordnungen oder sonstige Entscheidungen der zuständigen Träger öffentlicher Verwaltung nach diesem Gesetz oder nach anderen Rechtsvorschriften durchzusetzen. Entsprechendes gilt nach § 47 d VI BImSchG für Lärmaktionspläne. Ein Luftreinhalteplan ist ein für die jeweils zuständigen Behörden ein „verbindlicher Handlungsplan". Die vorgesehenen Maßnahmen müssen gem. § 47 VI BImSchG von der dafür zuständigen Behörde auf Grund bzw. im Rahmen der jeweils einschlägigen Rechtsvorschriften umgesetzt werden.[4852] Im Bereich der planungsrechtlichen Festlegungen sind die Vorgaben des Luftreinhalteplans lediglich zu berücksichtigen. Die Vorgaben des Luftreinhalteplans müssen gem. § 47 VI 2 BImSchG bei der Bauleitplanung in den Entscheidungsprozess eingebracht werden und sind mit den übrigen öffentlichen und privaten Belangen abzuwägen, ohne dass die Gemeinde im Ergebnis an sie gebunden wäre. Die Festsetzungen eines Luftreinhalteplans sind allerdings ein gewichtiger Abwägungsbelang.[4853] Sind in den Plänen planungsrechtliche Festlegungen vorgesehen, haben die zuständigen Planungsträger dies nach § 47 VI 2 BImSchG bei ihren Planungen zu berücksichtigen. Die Einhaltung der Grenzwerte der 39. BImSchV ist jedoch keine Rechtmäßigkeitsvoraussetzung für den Erlass eines Bebauungsplans, weil Grenzwertüberschreitungen nach dem System der Luftreinhalteplanung unabhängig von den Immissionsquellen zu vermeiden sind.[4854] Ein Bebauungsplan muss trotz des Gebots der Konfliktbewältigung einen möglicherweise bestehenden Immissionskonflikt nicht selbst lösen, wenn die Konfliktbewältigung auf einer nachfolgenden Stufe, zB dem spezialisierten und verbindlichen Verfahren der Luftreinhalteplanung nach § 47 BImSchG, möglich und sichergestellt ist.[4855] 2255

Ein planungsrechtlich besonders bedeutendes Gebot ergibt sich aus § 50 BImSchG, wonach bei raumbedeutsamen Planungen Flächen einander so zuzuordnen sind, dass schädliche Umwelteinwirkungen auf die ausschließlich oder überwiegend dem Wohnen dienenden Gebiete sowie auf sonstige schutzbedürftige Gebiete soweit wie möglich vermieden werden. Das auch für die Bauleitplanung geltende Gebot der räumlichen Trennung konfligierender Nutzungen als Ausprägung des immissionsschutzrechtlichen Vorsorgeprinzips enthält kein konkretes Schutzniveau, sondern eine Verpflichtung zur funktionalen Trennung verschiedener Nutzungen, auf der auch die Gebietstypik der BauNVO beruht.[4856] 2256

Nach § 30 I KrWG sind die Länder verpflichtet, für ihren Bereich **Abfallwirtschaftspläne** aufzustellen. Die Darstellungen dieser Abfallwirtschaftspläne sind im Rahmen der bauleitplanerischen Abwägung in der Regel als Belange zu berücksichtigen. Eine strikte Bindung ergibt 2257

[4852] BVerwG Urt. v. 28.5.2021 – 7 C 8/20, juris Rn. 40; Jarass BImSchG, 2022, § 47 Rn. 56; zu den Anforderungen an die Fortschreibung eines Luftreinhalteplans BVerwG NVwZ 2021, 1783.

[4853] Jarass BImSchG, 2022, § 47 Rn. 62.

[4854] VGH Mannheim BauR 2022, 1315 = juris Rn. 56.

[4855] VGH Mannheim BauR 2022, 1315 = juris Rn. 56; zur Luftreinhalteplanung siehe auch Min Kim EuRUP 2022, 192.

[4856] Appel/Stark in Koch/Hofmann/Reese, Handbuch Umweltrecht, 2024, § 15 Rn. 199.

sich allerdings für die Ausweisung von Flächen für Abfallbeseitigungsanlagen zur Endablagerung von Abfällen (Deponien) nach § 30 I 3 Nr. 2, IV KrWG. Derartige Verbindlichkeitserklärungen haben Vorrang gegenüber der Bauleitplanung.[4857]

2258 **i) Schutzgebiete nach der FFH-Richtlinie.** Soweit ein Gebiet iS des § 1 VI Nr. b BauGB in seinen für die Erhaltungsziele oder den Schutzzweck maßgeblichen Bestandteilen erheblich beeinträchtigt werden kann, sind nach § 1a IV BauGB die §§ 31 bis 34 BNatSchG über die Zulässigkeit und Durchführung von derartigen Eingriffen einschließlich der Einholung der Stellungnahme der Europäischen Kommission anzuwenden. Sofern der Vollzug eines Bebauungsplans zu erheblichen Beeinträchtigungen der Erhaltungsziele oder des Schutzzwecks eines Natura 2000-Gebiets führen kann, ist gem. § 1a IV BauGB iVm §§ 34 I 2, II, V, 36 BNatSchG im Planaufstellungsverfahren zwingend eine Verträglichkeitsprüfung durchzuführen. Die Abwägung nach § 1 VII BauGB wird durch die danach strikt durchzuführende FFH-Verträglichkeitsprüfung verdrängt mit der Folge, dass die Belange des Natura 2000-Gebietsschutzes nicht nur zu berücksichtigen, sondern zu beachten sind.[4858]

2259 Soweit sich Bauleitplanverfahren unmittelbar auf den räumlichen Geltungsbereich der Schutzgebiete nach der FFH-RL erstrecken sollen, ist schon durch die Schutzgebietsausweisung ein der allgemeinen bauplanerischen Abwägung entzogener Vorrang gegeben. Dies gilt auch für die Überplanung eines zwar noch nicht national unter Schutz gestellten, aber bereits in die sog. Gemeinschaftsliste (Art. 4 V FFH-RL) aufgenommenen Gebietes oder für Beeinträchtigungen auf Grund eines angrenzenden Bebauungsplans. Eine unterlassene Berücksichtigung derartiger Auswirkungen würde daher zu einem Fehler eines solchen Plans führen. Die gerichtliche Anerkennung eines **faktischen Vogelschutzgebiets** kommt im Falle eines abgeschlossenen Gebietsauswahl- und Meldeverfahrens nur noch in Betracht, wenn die Nichteinbeziehung des Gebiets in ein gemeldetes Vogelschutzgebiet auf sachwidrigen Erwägungen beruht; an die Behauptung, die Abgrenzung eines ausgewiesenen Vogelschutzgebiets sei aus ornithologischer Sicht nicht vertretbar, sind besondere und gesteigerte Anforderungen zu stellen.[4859] Mit dem Fortschreiten des mitgliedstaatlichen Auswahl- und Meldeverfahrens steigen die prozessualen Darlegungsanforderungen an die Behauptung, es gebe ein (nicht erklärtes) „faktisches" Vogelschutzgebiet, das eine „Lücke im Netz" schließen soll. Ein Bundesland kann das Bestehen eines faktischen Vogelschutzgebiets aber nicht dadurch ausschließen, dass es sein Gebietsauswahlverfahren für beendet erklärt.[4860] Nach Abschluss des mitgliedstaatlichen Auswahl- und Meldeverfahrens für europäische Vogelschutzgebiete besteht eine widerlegliche Vermutung, dass im Standarddatenbogen, die für die Gebietsauswahl und -meldung wertbestimmenden Vogelarten vollständig und abschließend aufgezählt sind.[4861]

2260 Bei möglicherweise erheblichen Beeinträchtigungen des Habitats ist eine Verträglichkeitsprüfung durchzuführen (§ 34 BNatSchG, Art. 6 III FFH-RL). Ist das Vorhaben im Hinblick auf die Erhaltungsziele nicht verträglich, weil es das Gebiet als Ganzes oder wesentliche Bestandteile des Gebietes beeinträchtigt, ist das Vorhaben grundsätzlich unzulässig. Es kann allerdings beim Vorliegen besonderer Gründe in einem Ausnahmeverfahren zugelassen werden (§ 34 III BNatSchG, Art. 6 IV FFH-RL). Sind solche Gebiete ausgewiesen, kann bei einer nachhaltigen Beeinträchtigung prioritärer Gebiete oder Lebensraumtypen ein Konsultationsverfahren erforderlich sein. Auch sind dann an die Abwägung erhöhte Anforderungen zu stellen § 34 IV BNatSchG, (Art. 6 IV UA 2 FFH-RL). Andere als Gründe des Gebietsschutzes selbst oder zur Wahrung der Gesundheit des Menschen oder der öffentlichen Sicherheit können nur nach einer Stellungnahme der EU-Kommission eingebracht werden. § 1 a IV BauGB stellt klar, dass im Rahmen von Flächennutzungs- und Bebauungsplanverfahren die Erhaltungsziele oder der Schutzzweck von Gebieten mit gemeinschaftlicher Bedeutung und der europäischen Vogelschutzgebiete zu beachten sind.

[4857] Näher dazu Beckmann in Landmann/Rohmer, Umweltrecht II, 2021, § 30 KrWG Rn. 100.

[4858] OVG Koblenz UPR 2020, 388; Möckel in Schlacke, BNatSchG, 2024, § 36 Rn. 18; Lüttgau/Kockler in BeckOK Umweltrecht, 2023, § 36 BNatSchG Rn. 16.

[4859] OVG Koblenz ZNER 2023, 331 = juris Rn. 71; BVerwG Beschl. v. 15.12.2022 – 4 BN 15/22, juris; OVG Münster Urt. v. 1.3.2021 – 8 A 1183/18, juris, Rn. 281; BVerwG Urt. v. 6.4.2017 – 4 A 16/16, juris, Rn. 19; Beschl. v. 15.12.2022 – 4 BN 18/22, juris, Rn. 12 f.; BVerwG NVwZ 2004, 1114 – Hochmoselbrücke; zur nachträglichen Einbeziehung weiterer Vogelarten in den Schutz eines faktischen Vogelschutzgebiets siehe Beckmann NuR 2020, 289.

[4860] BVerwG Beschl. v. 15.12.2022 – 4 BN 15/22, juris Rn. 12.

[4861] BVerwG NVwZ 2022, 803 = juris Rn. 27.

Werden Gebiete von gemeinschaftlicher Bedeutung unverträglich beeinträchtigt, so ist eine Planung trotz des negativen Ergebnisses der Verträglichkeitsprüfung nur zulässig, wenn der hierdurch vorbereitete Eingriff aus zwingenden Gründen des überwiegenden öffentlichen Interesses durchzuführen ist und eine Alternativlösung nicht vorhanden ist. In diesem Fall sind die erforderlichen Kompensationsmaßnahmen zu ergreifen, um sicherzustellen, dass die globale Kohärenz des Biotopverbundsystems geschützt ist. Werden prioritäre Arten oder Lebensraumtypen durch das Vorhaben in Mitleidenschaft gezogen, ist vor Zulassung des Vorhabens eine Stellungnahme der Europäischen Kommission einzuholen. 2261

j) Naturschutzrechtliche Eingriffsregelung. Die naturschutzrechtliche Eingriffsregelung in § 1 a III BauGB wird durch weitere Vorschriften in den §§ 135 a bis 135 c, 200 a BauGB und § 18 BNatSchG ergänzt. Über Kompensationsmaßnahmen für Eingriffe in Natur und Landschaft ist bereits im Bebauungsplan in der Abwägung, also nicht erst im Baugenehmigungsverfahren zu entscheiden.[4862] Eine Verpflichtung zu Kompensationsmaßnahmen über die im Bebauungsplan getroffenen Festsetzungen hinaus besteht nicht. Der Bebauungsplan trifft dazu eine abschließende Regelung. Ein abstrakter Vorrang der Belange des Naturschutzes und der Landschaftspflege vor den in der Bauleitplanung zu berücksichtigenden anderen Belangen kommt im Gesetz nicht zum Ausdruck. Durch § 1 a III 1 BauGB wird dabei deutlich, dass der **Baurechtskompromiss**,[4863] der auf einen Ausgleich zwischen Bauleitplanung und Naturschutz abzielt, fortgeschrieben wird.[4864] Eine materielle Änderung des bereits früher bestehenden Abwägungsmodells naturschutzrechtlicher Belange in der Bauleitplanung ist mit diesem Regelungstransfer in das Bauplanungsrecht nicht verbunden.[4865] Es bleibt daher bei dem Unterschied zwischen der vom Grundsatz strikt bindenden Eingriffsregelung in den §§ 14 bis 17 BNatSchG einerseits und der von Abwägung geprägten Bewältigung der naturschutzrechtlichen Eingriffe in der Bauleitplanung andererseits.[4866] Die Gemeinden sind einerseits verpflichtet, nach dem Prüfungsschema der §§ 14 bis 17 BNatSchG vorzugehen und danach zu prüfen, ob ein Eingriff vorliegt, ob er vermieden oder minimiert werden kann, ob ein Ausgleich erforderlich ist und ob das Vorhaben bei nicht ausgleichbaren Eingriffen an den umweltschützenden Belangen scheitert. Die Prüfung ist andererseits nicht strikt in dem Sinne, dass die in den §§ 14 bis 17 BNatSchG enthaltenen Vorgaben unmittelbar bindend sind, sondern abwägungsdirigiert. Auch § 1 a III BauGB verweist darauf, dass die planende Gemeinde nicht strikt gebunden ist, sondern die dort aufgeführten Belange in der Abwägung zu berücksichtigen hat. 2262

Den Belangen des Naturschutzes und der Landschaftspflege kommt gegenüber den anderen öffentlichen Belangen **kein absoluter Vorrang**, wohl eine herausgehobene Bedeutung zu.[4867] In der Bauleitplanung ist nicht nur darüber zu befinden, ob sich die Eingriffe in Natur und Landschaft im Planbereich überhaupt rechtfertigen lassen, sondern auch darüber, ob und in welchem Umfang für – angesichts vorrangiger städtebaulicher Erfordernisse – unvermeidbare Beeinträchtigungen Ausgleich zu leisten ist.[4868] Das Gesetz verpflichtet die Gemeinde, bei planerischen Eingriffen in Natur und Landschaft ein gesetzlich vorgeprägtes Entscheidungsprogramm abzuarbeiten und über ein Folgenbewältigungsprogramm abwägend zu entscheiden.[4869] Gleichwohl sei es – so das BVerwG – zumindest missverständlich, § 1 a III BauGB als ein Opti- 2263

4862 OVG Münster NVwZ-RR 1999, 113.

4863 Koch in Ramsauer, Die naturschutzrechtliche Eingriffsregelung, 1995, S. 199; Klinge BauR 1995, 289; Schink UPR 1995, 281; ders. NuR 1993, 365; Steinfort VerwArch. 86 (1995), 107; Stollmann UPR 1994, 170; Wagner UPR 1995, 203; Schink UPR 1995, 281 ff.; Matuschak DVBl. 1995, 81.

4864 Scheidler ZfBR 2011, 228.

4865 Bundesregierung, Gesetzentwurf zum BauROG 1998, S. 43.

4866 Aus dem bisher geltenden Recht übernommen ist die Bodenschutzklausel und die Bodenversiegelungsklausel in § 1 a I BauGB. Danach soll mit Grund und Boden sparsam umgegangen werden. Bodenversiegelungen sind auf das notwendige Maß zu begrenzen.

4867 BVerwG NVwZ 1997, 1213.

4868 Integritätsinteresse erweitert um das Kompensationsinteresse; siehe dazu OVG Bremen BauR 2023, 573; OVG Münster BauR 2022, 1016 = juris Rn. 62; VGH Mannheim NVwZ-RR 2022, 334 = juris Rn. 69.

4869 Die Gemeinde ist an die Ergebnisse eines standardisierten Verfahrens zur Eingriffsbewertung nicht gebunden. Das folgt schon aus dem Fehlen eines gesetzlich vorgeschriebenen Bewertungsverfahrens für die Entscheidung nach § 1 a BauGB, zumal es in der Praxis auch verschiedene Bewertungsverfahren gibt, die zu unterschiedlichen Ergebnissen führen könnten. Es ist vielmehr Aufgabe der planenden Gemeinde, in eigener Verantwortung die zu erwartenden Eingriffe in Natur und Landschaft zu bewerten und über Vermeidung, Ausgleichs- und Ersatzmaßnahmen abwägend zu entscheiden, so BVerwG NVwZ 1997, 1215.

mierungsgebot zu bezeichnen. Es werde nicht vorgeschrieben, dass die Belange von Natur- und Landschaftsschutz unabhängig von ihrem Gewicht in der konkreten Situation und dem (Gegen-)Gewicht der anderen Belange zu optimieren seien. Die naturschutzrechtlichen Ermittlungen müssen eine sachgerechte Planungsentscheidung ermöglichen. Eine vollständige Erfassung der betroffenen Tier- und Pflanzenarten ist dazu regelmäßig nicht erforderlich.[4870] Vor allem lässt das BVerwG eine abgeschichtete Bewältigung der naturschutzrechtlichen Ausgleichserfordernisse in verschiedenen Rechtsakten zu. Ein „naturschutzrechtlicher Konflikttransfer" ermöglicht einerseits einen Transfer in Nachfolgeentscheidungen, stößt jedoch dort auf seine Grenzen, wo die Bewältigung der Kompensationserfordernisse in den Nachfolgeverfahren nicht mehr sichergestellt werden kann. Die naturschutzrechtlichen Regelungen erfordern keine optimierende Berücksichtigung der betroffenen Belange, wohl aber eine zusätzliche Befassung mit den zurückgestellten, nachteilig betroffenen naturschutzrechtlichen Belangen. Diese sind in der **Ausgleichsentscheidung** daraufhin zu prüfen, ob eine **Vermeidung** oder **Minderung** im Sinne eines **Schonungsgebotes** unter Wahrung der Planungsziele möglich ist oder ob für die danach zurückzustellenden Belange ein **Ausgleich** oder eine **Kompensation** in sonstiger Weise geschaffen werden kann. Die Prüfung unterliegt allerdings der planerischen Abwägungsentscheidung und ist hinsichtlich des Ergebnisses nicht von vornherein festgelegt.

Beispiel: Ist ein Bebauungsplan mit Eingriffen in Natur und Landschaft verbunden, kann die Hinnahme eines Ausgleichsdefizits abwägungsfehlerfrei sein, wenn dies mit der Unzulänglichkeit rechnerischer Verfahren zur Bewertung von Beeinträchtigungen von Natur und Landschaft und deren Ausgleich betrieben wird.[4871]

2264 Die naturschutzrechtliche **Eingriffsregelung** nach § 1 a III BauGB ist anzuwenden, wenn auf Grund des Bauleitplans Eingriffe in Natur und Landschaft zu erwarten sind (§ 14 BNatSchG). Dies gilt etwa für die erstmalige Zulassung einer baulichen oder sonstigen Nutzung, die durch den Bebauungsplan begründet wird. Auch die Ausweisung einer intensiveren Nutzung gegenüber einer bisherigen Innenbereichslage kann einen Eingriff darstellen. Aber auch die Aufhebung eines Bebauungsplans kann die Grundlage für einen Eingriff im Rechtssinne bewirken, wenn etwa nach dem Bebauungsplan bestehende Nutzungsbeschränkungen aufgehoben werden. Wird allerdings das bereits bisher bestehende Baurecht lediglich in den Bebauungsplan übernommen, sind die naturschutzrechtlichen Regelungen nicht anwendbar (§ 1 a III 6 BauGB).[4872] Bedeutung hat diese Klarstellung etwa für nicht mehr genutzte **Industriebrachen** und **Konversionsstandorte**. Hier ist ein Ausgleich dann nicht erforderlich, wenn anstelle der alten, nicht mehr genutzten Bebauung eine neue Bebauung ohne zusätzliche Beeinträchtigung von Natur und Landschaft treten soll. Das allgemeine naturschutzrechtliche Abwägungsprogramm bleibt allerdings auch bei solchen Bauleitplänen erhalten. Naturschützende Belange sind daher auch in diesen Fällen Gegenstand der Abwägung. § 1a III 6 Var. 2 BauGB ist nach ihrem Sinn und Zweck nicht anwendbar auf die Überplanung von Außenbereichsflächen, wenn ein Baurecht im eigentumsrechtlichen Sinn dort vor der Überplanung nicht bestand und die festgesetzten baulichen Erweiterungs- und Verdichtungsmöglichkeiten, deren Ausgleich der Plangeber anstrebt, neue bzw. zusätzliche Beeinträchtigungen von Natur und Landschaft ermöglichen.[4873]

2265 Auch für die Bauleitplanung ist das systematische Vorgehen in den §§ 14 bis 17 BNatSchG verbindlich. Der Naturschutz muss in der Abwägung der Bauleitplanung entsprechend berücksichtigt werden. Die Prüfung der Zulässigkeit des naturschutzrechtlichen Eingriffs erfolgt nach den §§ 14 bis 17 BNatSchG in einem **vierstufigen System**. Zunächst ist zu fragen, ob die Veränderungen der Gestalt oder Nutzung von Grundflächen und damit der durch die Bauleitpläne zugelassene Realakt die Leistungsfähigkeit des Naturhaushaltes oder das Landschaftsbild erheblich oder nachhaltig beeinträchtigt. Derartige Eingriffe sind sodann nach Möglichkeit zu vermeiden, wobei allerdings die Zielkonzeption der jeweiligen Maßnahme gewahrt werden muss. Danach sind nicht vermeidbare Eingriffe sind zu minimieren. Nicht vermeidbare und

[4870] BVerwG NVwZ-RR 1997, 607. Es kann vielmehr ausreichen, wenn für den Untersuchungsrahmen besonders bedeutsame Repräsentanten an Tier- und Pflanzengruppen festgestellt werden und wenn für die Bewertung des Eingriffs auf bestimmte Indikationsgruppen abgestellt wird.

[4871] BVerwG NVwZ 2008, 216.

[4872] Siehe auch OVG Lüneburg Urt. v. 2.3.2023 – 1 KN 55/20, juris Rn. 71.

[4873] OVG Hamburg ZfBR 2022, 580 = juris Rn. 160.

nicht zu minimierende Eingriffe sind auszugleichen (Ausgleichsmaßnahmen) oder in sonstiger Weise zu kompensieren (Ersatzmaßnahmen). Kann einem erforderlichen Kompensationserfordernis ganz oder teilweise nicht Rechnung getragen werden, erfolgt eine bipolare Abwägung, in die die für das Vorhaben sprechenden Gesichtspunkte und Belange des Natur- und Landschaftsschutzes einzustellen sind (§ 19 III BNatSchG).[4874] Ggf. ist nach Maßgabe des Landesrechts eine weiter gehende Kompensation zu leisten. Geprüft werden diese Schritte idR nach dem sog. **„Huckepackverfahren"** im Rahmen der Planungs- und Zulassungsentscheidung, also zB bei der Aufstellung des Bauleitplans sowie im Baugenehmigungsverfahren oder im immissionsschutzrechtlichen Genehmigungsverfahren. Dabei ist die für den Naturschutz oder die Landschaftspflege zuständige Behörde nach Maßgabe des § 17 I BNatSchG zu beteiligen. Den naturschutzrechtlichen Anforderungen des Vermeidungsgebotes und der Ausgleichspflicht kann die Gemeinde allerdings nur gerecht werden, wenn der zu Grunde liegende Sachverhalt im Einzelnen aufgearbeitet ist und die nach dem Bebauungsplan zugelassenen Eingriffe und ihre Auswirkungen ermittelt sind. Es bedarf daher einer Bestandsaufnahme von Natur und Landschaft in dem Bereich, der von dem Bauleitplan betroffen ist. Es kann dabei ausreichend sein, wenn für den Untersuchungszeitraum besonders bedeutsame Repräsentanten an Tier- und Pflanzengruppen festgestellt werden und für die Bewertung des Eingriffs auf bestimmte Indikatoren abgestellt wird. Die Gemeinden sind dabei nicht an standardisierte Bewertungsverfahren gebunden. Vielmehr ist es Aufgabe der planenden Gemeinde, in eigener Verantwortung die zu erwartenden Eingriffe in Natur und Landschaft zu bewerten und über Vermeidung und Kompensation abwägend zu entscheiden.

Dabei sind neben den zur Überbauung vorgesehenen Grundstücksflächen auch die vorgesehenen örtlichen Verkehrsflächen zu berücksichtigen. Die Intensität auch dieser Erhebung **2266** hängt von der Wertigkeit von Natur und Landschaft im Plangebiet ab. Der Bebauungsplan kann dabei eine gewisse Abstraktionsebene wahren und muss nicht auf parzellenscharfen Erhebungen beruhen. Zudem kann die Gemeinde bei der Ermittlung der Eingriffswirkungen von ihren Erfahrungswerten ausgehen, in welchem Umfang Bauherren Festsetzungen in Bebauungsplänen tatsächlich durch Vorhaben ausnutzen. Denn der Bebauungsplan bietet hier vielfach nur ein Angebot für eine Vielzahl städtebaulicher Nutzungen. Die Gemeinde ist daher bei der Ermittlung der Eingriffswirkungen nicht auf die Berücksichtigung der Maximalausnutzung des Bebauungsplans verpflichtet. Vielmehr kann sie, wenn dazu Anlass besteht, von einer geringeren wahrscheinlichen Eingriffswirkung ausgehen. Die **Ermittlungstiefe** für die Erfassung naturschutzfachlicher Belange in der Bauleitplanung ergibt sich aus dem Abwägungsgebot. Auch die naturschutzrechtliche Eingriffsregelung erfordert keine umfassende Bestandsaufnahme aller von einem Vorhaben betroffenen Tier- und Pflanzenarten. Die Erfassung und Bewertung kann anhand repräsentativer Tier- und Pflanzengruppen, vorgefundener Vegetationsstrukturen sowie vorhandener Literaturangaben erfolgen. Bestehen Anhaltspunkte für das Vorkommen besonders seltener Arten, ist dem dann näher nachzugehen.[4875]

Die Gemeinde hat sodann zu prüfen, ob die beabsichtigten Eingriffe **vermieden** werden **2267** können. Nicht zu vermeidende und nicht zu **minimierende** Eingriffe sind nach Möglichkeit zu **kompensieren**. Dabei ist zunächst zur prüfen, inwieweit zur Verwirklichung der Ziele des Naturschutzes und der Landschaftspflege Kompensationsmaßnahmen erforderlich sind. Darunter sind nicht nur Maßnahmen für eine gleichartige Kompensation der Eingriffsfolgen im räumlichen Zusammenhang mit dem Eingriff, sondern auch Maßnahmen zu verstehen, die traditionell als Ersatzmaßnahmen auf der Grundlage des jeweiligen Landesrechts begriffen werden. § 1 a III BauGB unterscheidet dabei nicht zwischen **Ausgleich** und **Ersatz**. Daher ist die Gemeinde auch nicht auf eine vorrangige Prüfung von Ausgleichsmaßnahmen verpflichtet. Vielmehr kann sie zwischen der Art der Kompensationsmaßnahmen frei wählen. Darstellungen für Flächen zum Ausgleich und Festsetzungen für Flächen oder Maßnahmen zum Ausgleich iS des § 1a III BauGB umfassen auch Ersatzmaßnahmen. Ein unmittelbarer räumlicher Zusammenhang zwischen Eingriff und Ausgleich ist nicht erforderlich, soweit dies mit einer geordneten städtebaulichen Entwicklung und den Zielen der Raumordnung sowie des Naturschutzes und der Landschaftspflege vereinbar ist (§ 200a BauGB). uch ist die Gemeinde hinsichtlich des Umfangs der Kompensationsmaßnahmen nicht an eine volle Kompensation gebunden. Sind Kompensationsmaßnahmen naturschutzfachlich erforderlich, stellt sich für die Gemeinde im Rahmen der **Abwägung** die Frage, ob und in welchem Umfang ggf. darauf verzichtet werden

[4874] BVerwG NVwZ 2007, 581.
[4875] OVG Hamburg NordÖR 2009, 179.

kann. Die Gemeinde muss sich dabei allerdings konkret mit der Frage auseinander setzen, ob der mit der Planung verbundene Eingriff vermieden, minimiert oder ausgeglichen werden kann. Sie hat dabei zu prüfen, mit welchen Maßnahmen vernünftigerweise unter Wahrung einer geordneten städtebaulichen Entwicklung dem Anliegen der naturschutzrechtlichen Eingriffsregelung im Bauleitplan Rechnung getragen werden kann.[4876]

2268 Die naturschutzrechtlichen Belange unterliegen einer **Abwägung** der Gemeinde. Umfang und Art der jeweils gebotenen Kompensation ist von der Gemeinde nach Maßgabe der konkreten örtlichen Situation abzuwägen.[4877] Bei Eingriffen in Belange des Naturschutzes hat die Gemeinde Erwägungen darüber anzustellen, ob und wie sich etwaige Eingriffsfolgen sachgemäß bewältigen lassen. Trägt die Gemeinde diesen Pflichten nicht hinreichend Rechnung, liegt hierin ein Ermittlungsdefizit.[4878] Eine allgemeine Verpflichtung zur vollen Kompensation besteht im Rahmen der Bauleitplanung nicht. Wegen der Bedeutung der umweltschützenden Belange in der Bauleitplanung sind die wesentlichen Gesichtspunkte der Abwägung in der Begründung zum Flächennutzungsplan oder zum Bebauungsplan zu dokumentieren.[4879] Dass es im Einzelfall einer gerechten Abwägung entsprechen kann, von Ausgleichsmaßnahmen abzusehen, ist in Rechtsprechung anerkannt.[4880] Zumindest dann, wenn für Eingriffe auf denselben Flächen bereits zu einem früheren Zeitpunkt Ausgleichsmaßnahmen durchgeführt wurden, das seinerzeit geplante Bauvorhaben aber nicht realisiert wurde, entspricht es einer gerechten Abwägung, unter Verweis auf diesen „Vorabausgleich" von einer erneuten Festsetzung von Maßnahmen abzusehen.[4881]

2269 Nach § 1 a III 5 BauGB ist § 15 III BNatSchG bei der planerischen Abwägung entsprechend anzuwenden. Danach ist bei der Inanspruchnahme von land- oder forstwirtschaftlich genutzten Flächen für Ausgleichs- und Ersatzmaßnahmen auf agrarstrukturelle Belange Rücksicht zu nehmen, insbesondere sind für die **landwirtschaftliche Nutzung** besonders geeignete Böden nur im notwendigen Umfang in Anspruch zu nehmen (§ 15 III 1 BNatSchG). Es ist vorrangig zu prüfen, ob der Ausgleich oder Ersatz auch durch Maßnahmen zur Entsiegelung, durch Maßnahmen zur Wiedervernetzung von Lebensräumen oder durch Bewirtschaftungs- oder Pflegemaßnahmen, die der dauerhaften Aufwertung des Naturhaushalts oder des Landschaftsbildes dienen, erbracht werden kann, um möglichst zu vermeiden, dass Flächen aus der Nutzung genommen werden (§ 15 III 2 BNatSchG). Auch das BVerwG[4882] hatte vor dem Hintergrund der verfassungsrechtlichen Eigentumsgarantie in Art. 14 GG einer existenzgefährdenden Inanspruchnahme landwirtschaftlicher Flächen zugunsten naturschutzrechtlicher Ausgleichs- oder Ersatzmaßnahmen einen Riegel vorgeschoben.

2270 Die Verordnung über die Vermeidung und die Kompensation von Eingriffen in Natur und Landschaft im Zuständigkeitsbereich der Bundesverwaltung (Bundeskompensationsverordnung – **BKompV**) findet Anwendung auf Vorhaben der Bundesverwaltung. Die BKompV bestimmt Näheres zur Vermeidung von Beeinträchtigungen von Natur und Landschaft nach § 15 I 1 BNatSchG, zu Inhalt, Art und Umfang von Ausgleichs- und Ersatzmaßnahmen nach § 15 II BNatSchG sowie zur Höhe der Ersatzzahlung nach § 15 VI BNatSchG.[4883]

2271 **k) Artenschutzrechtliche Verbote.** Auch die artenschutzrechtlichen Verbote müssen von der Gemeinde berücksichtigt werde. Auch wenn nicht die Planung selbst, sondern erst ihr Vollzug zu einem Verstoß gegen die besonderen artenschutzrechtlichen Verbote führen kann, hat die Gemeinde die Grundlagen für eine Beurteilung der Frage, ob ihre Planung an unüberwindbaren artenschutzrechtlichen Hindernissen scheitern könnte, hinreichend zu ermitteln und bewerten. Dies gilt grundsätzlich auch bei einem sogenannten „Angebotsbebauungsplan"

[4876] BVerwG ZfBR 1997, 261; OVG Münster BauR 1997, 607.

[4877] OVG Bremen BauR 2023, 573 = juris Rn. 56; BVerwG Beschl. v. 26.11.2020 – 4 BN 19.20, juris Rn. 6; Zur Eingriffsbewältigung und zum Klimaschutz in der Bauleitplanung Schink UPR 2023, 207; Zum Ausgleich nach dem BauGB und Waldausgleich Schmidt-Eichstaedt LKV 2007, 114.

[4878] OVG Bremen BauR 2023, 573 = juris Rn. 57; VGH Mannheim Urt. v. 24.05.2022 – 3 S 1813/19, juris Rn. 81.

[4879] Zur Sicherung naturschutzrechtlicher Kompensationsmaßnahmen Grziwotz KommJur 2008, 288.

[4880] OVG Lüneburg Urt. v. 2.3.2023 – 1 KN 55/20, juris Rn. 71; BVerwG ZfBR 2008, 180 = juris Rn. 6; Battis in BKL, BauGB, 2022, § 1a Rn. 23; Wagner in EZBK, BauGB, 2022, § 1a Rn. 100.

[4881] OVG Lüneburg Urt. v. 2.3.2023 – 1 KN 55/20, juris Rn. 71

[4882] NVwZ 2010, 66; NVwZ 2010, 44; Stüer DVBl. 2012, 1164.

[4883] Siehe dazu und zu Eingriffsbewältigung und Klimaschutz Schink UPR 2023, 207.

und umso mehr, als dieser vorliegend einen hohen Detaillierungsgrad aufweist.[4884] Daraus folgt allerdings nicht, dass die Gemeinde schon auf der Ebene ihrer Bauleiplanung verpflichtet ist, ein lückenloses Arteninventar zu erstellen.[4885] Ihre Ermittlungspflicht erstreckt sich im Planaufstellungserfahren auf die Frage, ob eine Realisierung des Bebauungsplans wegen artenschutzrechtlicher Verbote ausscheiden muss. Die Gemeinde muss daher prüfen, ob einem plankonformen Vorhaben naturschutzrechtliche Verbote, insbesondere Zugriffsverbote nach § 44 I BNatSchG entgegenstehen. Das setzt voraus, dass eine ausreichende Ermittlung und Bestandsaufnahme der im Planbereich vorhandenen Tierarten einschließlich ihrer Lebensräume sowie Pflanzen durchgeführt werden, die es ermöglichen, die artenschutzrechtlichen Betroffenheiten hinreichend zu bewerten. Die Untersuchungstiefe hängt maßgeblich von den naturräumlichen Gegebenheiten im Einzelfall ab. Dabei kommen als Erkenntnisquellen Bestandserfassungen vor Ort und die Auswertung bereits vorhandener Erkenntnisse und Fachliteratur in Betracht, die sich wechselseitig ergänzen können.[4886]

Gemäß § 44 I Nr. 11 BNatSchG ist es verboten, wild lebenden Tieren der besonders geschützten Arten nachzustellen, sie zu fangen, zu verletzen oder zu töten. Das **Tötungs- und Verletzungsverbot** wird insbesondere im Zusammenhangmit der Errichtung und dem Betrieb von **Windenergieanlagen** problematisiert.[4887] Der Tatbestand des § 44 I Nr. 1 BNatSchG wird erst erfüllt, wenn durch das Vorhaben das Tötungsrisiko für die jeweilige Art signifikant erhöht wird. Für nach § 15 I BNatSchG unvermeidbare Beeinträchtigungen durch Eingriffe in Natur und Landschaft, die nach § 17 III BNatSchG zugelassen oder von einer Behörde durchgeführt werden, sowie für Vorhaben iSd § 18 II 1 BNatSchG gelten nach § 44 V 1 BNatSchG die Zugriffs-, Besitz- und Vermarktungsverbote nach Maßgabe von § 44 V 2 bis 5 BNatSchG. Sind in Anhang IV a der Richtlinie 92/43/EWG aufgeführte Tierarten, europäische Vogelarten oder solche Arten betroffen, die in einer Rechtsverordnung nach § 54 I Nr.2 BNatSchG aufgeführt sind, liegt ein Verstoß gegen das Tötungs- und Verletzungsverbot nicht vor, wenn die Beeinträchtigung durch den Eingriff oder das Vorhaben das Tötungs- und Verletzungsrisiko für Exemplare der betroffenen Arten nicht signifikant erhöht und diese Beeinträchtigung bei Anwendung der gebotenen, fachlich anerkannten Schutzmaßnahmen nicht vermieden werden kann. 2272

l) Betrieb von Windenergieanlagen an Land. Mit der 4. Novelle des BNatSchG hat der Gesetzgeber mit §§ 45 b VI BNatSchG den Prüfungsrahmen konkretisiert. Es wurde ein bundeseinheitlicher Rechtsrahmen für die fachliche Beurteilung einer signifikanten Erhöhung des Tötungs- und Verletzungsrisikos für Exemplare kollisionsgefährdeter Brutvogelarten im Umfeld ihrer Brutplätze durch den Betrieb von WEA geschaffen. Die Regelung greift die bereits aufgrund verschiedener Länderleitfäden angewendete Anknüpfung der Beurteilung des Tötungsrisikos an bestimmte Prüfradien um die WEA auf. Die kollisionsgefährdeten Brutvogelarten sowie die dazugehörigen Prüfradien sind abschließend in Abschnitt 1 der Anlage 1 zum BNatSchG normiert.[4888] Das Tötungsrisiko ist nach § 45 b II BNatSchG signifikant erhöht, wenn zwischen dem Brutplatz einer der genannten Brutvogelarten und einer Windenergieanlage ein Abstand liegt, der geringer ist als der für diese Brutvogelart festgelegte Nahbereich. Liegt zwischen dem Brutplatz und der Windenergieanlage ein Abstand, der größer als der Nahbereich und geringer als der zentrale Prüfbereich ist, so bestehen gem. § 45 b III BNatSchG in der Regel Anhaltspunkte dafür, dass das Tötungs- und Verletzungsrisiko der den Brutplatz nutzenden Exemplare signifikant erhöht ist. Diese Vermutung kann auf Grundlage einer Habitatpotenzialanalyse oder einer auf Verlangen des Vorhabenträgers durchgeführten **Raumnutzungsanalyse** widerlegt werden. Eine **Habitatpotentialanalyse** hat das Ziel, die Raumnutzung von 2273

[4884] OVG Bremen BauR 2023, 573 = juris Rn. 58; zum vorhabenbezogenen Bebauungsplan BayVGH Urt. v. 17.07.2020 – 15 N 19.1377, juris Rn. 32 f.

[4885] OVG Bremen BauR 2023, 573 = juris Rn. 59; OVG Saarlouis Urt. v. 24.6.2021 – 2 C 215/19, juris Rn. 60; VGH München Beschl. v. 31.8.2018 – 9 NE 18.6, juris Rn. 81.

[4886] OVG Bremen BauR 2023, 573 = juris Rn. 59; OVG Saarlouis Urt. v. 24.6.2021 – 2 C 215/19, juris Rn. 60; OVG Schleswig Urt. v. 5.5.2022 – 1 KN 3/18, juris Rn. 62.

[4887] Zum Genehmigungsrahmen für Windenergieanlagen mit Antikollisionssystemen siehe Bader/Deißler NVwZ 2023, 803.

[4888] Siehe dazu Bader/Deißler/Dietrich NVwZ 2023, 803; Schütte/Gerbig in Schlacke BNatSchG, 2024, § 45 b Rn. 1 ff; Bernotat/Ammermann, NVwZ 2023, 972; Christiansen/Michaelis EuRUP 2023, 107; Frank/Rolshoven ZNER 2023, 535; Jaenicke ZUR 2023, 294; Gellermann NuR 2022, 589 Rieger UPR 2022, 453.

Vogelarten insbesondere auf Basis der Lage von Fortpflanzungs- und Ruhestätten, von Habitatstrukturen sowie landschaftsmorphologischen Merkmalen fachgutachtlich einzuschätzen. Die **Raumnutzungsanalyse** basiert auf tatsächlichen Geländebeobachtungen, die entweder auf den Brutplatz der betroffenen Brutvögel ausgerichtet sind oder auf den zukünftigen Anlagenstandort. Die Prognose erfolgt dann anhand tatsächlich beobachteter Flugbewegungen, die ins Verhältnis zu Flugbewegungen im Umfeld gesetzt werden.[4889]

2274 Darüber hinaus kann die signifikante Risikoerhöhung durch fachlich anerkannte Schutzmaßnahmen hinreichend gemindert werden. Außerhalb des zentralen Prüfbereichs, bis zur Grenze des erweiterten Prüfbereichs, wird vermutet, dass das Tötungs- und Verletzungsrisiko nicht signifikant erhöht ist, es sei denn, die Aufenthaltswahrscheinlichkeit dieser Exemplare in dem vom Rotor überstrichenen Bereich der Windenergieanlage ist aufgrund artspezifischer Habitatnutzung oder funktionaler Beziehungen deutlich erhöht und die signifikante Risikoerhöhung, die aus der erhöhten Aufenthaltswahrscheinlichkeit folgt, kann nicht durch **fachlich anerkannte Schutzmaßnahmen** hinreichend verringert werden (§ 45 b IV BNatSchG).[4890] Fachlich anerkannte Schutzmaßnahmen für die in Anlage 1 Abschnitt 1des BNatSchG genannten Brutvogelarten sind insbesondere die in Anlage 1 Abschnitt 2 des BNatSchG genannten Schutzmaßnahmen. Die Anordnung von Schutzmaßnahmen, die die Abschaltung von Windenergieanlagen betreffen, gilt unter Berücksichtigung weiterer Schutzmaßnahmen auch für andere besonders geschützte Arten als unzumutbar, soweit sie einen im Gesetz benannten Jahresenergieertrag verringern (§ 45 b VI 1 und 2 BNatSchG.

2275 Die für Naturschutz und Landschaftspflege zuständigen Behörden können von den Verboten des § 44 BNatSchG im Einzelfall weitere **Ausnahmen** zulassen 1. zur Abwendung ernster land-, forst-, fischerei- oder wasserwirtschaftlicher oder sonstiger ernster wirtschaftlicher Schäden, 2. zum Schutz der natürlich vorkommenden Tier- und Pflanzenwelt, 3. für Zwecke der Forschung, Lehre, Bildung oder Wiederansiedlung oder diesen Zwecken dienende Maßnahmen der Aufzucht oder künstlichen Vermehrung, 4. im Interesse der Gesundheit des Menschen, der öffentlichen Sicherheit, einschließlich der Verteidigung und des Schutzes der Zivilbevölkerung, oder der maßgeblich günstigen Auswirkungen auf die Umwelt oder 5. aus anderen zwingenden Gründen des überwiegenden öffentlichen Interesses einschließlich solcher sozialer oder wirtschaftlicher Art. Eine Ausnahme darf nur zugelassen werden, wenn zumutbare Alternativen nicht gegeben sind und sich der Erhaltungszustand der Populationen einer Art nicht verschlechtert, soweit nicht Art 16 I Richtlinie 92/43/EWG weitergehende Anforderungen enthält. § 45 VII BNatSchG gilt gem. § 45b VIII BNatSchG im Hinblick auf den Betrieb von Windenergieanlagen mit der Maßgabe, dass 1. der Betrieb von Windenergieanlagen im überragenden öffentlichen Interesse liegt und der öffentlichen Sicherheit dient, 2. bei einem Gebiet, das für die Windenergie ausgewiesen ist a) in einem **Raumordnungsplan** oder b) unter Berücksichtigung artenschutzrechtlicher Belange in einem **Flächennutzungsplan**, **Standortalternativen** außerhalb dieses Gebietes in der Regel nicht iSd § 45 VII 2 BNatSchG zumutbar sind, bis gemäß § 5 WindBG festgestellt wurde, dass das jeweilige Land den Flächenbeitragswert nach Anlage 1 Spalte 2 WindBG oder der jeweilige regionale oder kommunale Planungsträger ein daraus abgeleitetes Teilflächenziel erreicht hat, 3. bei einem Standort, der nicht in einem Gebiet, das für die Windenergie ausgewiesen ist, Standortalternativen außerhalb eines Radius von 20 Kilometern nicht nach § 45 VII 2 BNatSchG zumutbar sind, es sei denn, der vorgesehene Standort liegt in einem Natura 2000-Gebiet mit kollisionsgefährdeten oder störungsempfindlichen Vogel- oder Fledermausarten, 4. die Voraussetzungen des § 45 VII 2 BNatSchG hinsichtlich des Erhaltungszustands vorliegen, wenn sich der Zustand der durch das Vorhaben jeweils betroffenen lokalen Population unter Berücksichtigung von Maßnahmen zu dessen Sicherung nicht verschlechtert, 5. die Voraussetzungen des § 45 VII 2 BNatSchG hinsichtlich des Erhaltungszustands auch dann vorliegen, wenn auf Grundlage einer Beobachtung iS des § 6 II BNatSchG zu erwarten ist, dass sich der Zustand der Populationen der betreffenden Art in dem betroffenen Land oder auf Bundesebene unter Berücksichtigung von Maßnahmen zu dessen Sicherung nicht verschlechtert, 6. eine Ausnahme von den Verboten des § 44 I BNatSchG zu erteilen ist, wenn die Voraussetzungen des § 45 VII 1 bis 3 BNatSchG vorliegen. Wird eine Ausnahme nach § 45 VII 1 bis 3 BNatSchG erteilt, dürfen daneben fachlich anerkannte Schutzmaßnahmen für die in Anlage 1 Abschnitt 1 BNatSchG genannten

4889 Bernotat/Ammermann NVwZ 2023, 972 (976).

4890 Zu den anerkannten Schutzmaßnahmen ausführlicher Bader/Deißler/Dietrich NVwZ 2023, 803 (804 ff).

Brutvogelarten, die die Abschaltung von Windenergieanlagen betreffen, unter Berücksichtigung weiterer Schutzmaßnahmen auch für andere besonders geschützte Arten, nur angeordnet werden, soweit sie den Jahresenergieertrag verringern 1. um höchstens 6 Prozent bei Standorten mit einem Gütefaktor iS des § 36 h I 5 EEG von 90 Prozent oder mehr oder 2. im Übrigen um höchstens 4 Prozent. Die Berechnung erfolgt nach Anlage 2 BNatSchG. Dabei werden Investitionskosten für Schutzmaßnahmen ab 17 000 Euro je Megawatt angerechnet (§ 45b IX BNatSchG).

m) Instrumente. Für die Integration der umweltschützenden Belange in das Bauplanungsrecht verweist § 1 a III BauGB auf ein Bündel verschiedener städtebaulicher Instrumente, die von Darstellungen im Flächennutzungsplan über Festsetzungen im Bebauungsplan bis hin zu städtebaulichen Verträgen reichen. Erleichterungen werden der Praxis vor allem auch dadurch angeboten, dass der Ausgleich auch an anderer Stelle als am Ort des Eingriffs erfolgen kann (§ 200a BauGB) und die Gemeinde durch vorgezogene Maßnahmen bereits einen Ausgleich für Eingriffe vorwegnehmen kann, die erst später anstehen. Dadurch können naturschutzrechtliche Ausgleichsmaßnahmen zeitlich und räumlich entzerrt und instrumentell auf eine neue Grundlage gestellt werden. Hierdurch wird eine räumliche und zeitliche Abkoppelung von Beeinträchtigung und Ausgleich ermöglicht,[4891] solange dies mit den Zielen des Naturschutzes vereinbar ist. Die Bevorratung von vorgezogenen Ausgleichs- und Ersatzmaßnahmen mittels **Ökokonten**, Flächenpools oder anderer Maßnahmen, insbesondere die Erfassung, Bewertung oder Buchung vorgezogener Ausgleichs- und Ersatzmaßnahmen in Ökokonten, deren Genehmigungsbedürftigkeit und Handelbarkeit sowie der Übergang der Verantwortung nach § 15 IV BNatSchG auf Dritte, die vorgezogene Ausgleichs- und Ersatzmaßnahmen durchführen, richtet sich gem. § 16 II 1 BNatSchG nach Landesrecht. Für die Bauleitplanung der Gemeinden können sich insbesondere **Flächenpools** anbieten. Dabei handelt es sich um von der Gemeinde geführte und gemeindeeigene Register, auf denen die von ihr vorgesehenen und auf eigene Kosten aufzuwertenden Flächen für spätere planerische Eingriffe vorgehalten werden.[4892] 2276

Nach § 5 II a BauGB können Flächen zum Ausgleich iS des § 1 a III BauGB im Geltungsbereich des **Flächennutzungsplans** den Flächen, auf denen Eingriffe in Natur und Landschaft zu erwarten sind, ganz oder teilweise zugeordnet werden. Als Darstellungen kommen nach § 5 II BauGB insbesondere in Betracht: Grünflächen (§ 5 II Nr. 5 BauGB), Wasserflächen (§ 5 II Nr. 7 BauGB), Flächen für die Landwirtschaft (§ 5 II Nr. 9 a BauGB), Wald (§ 5 II Nr. 9 b BauGB) sowie Flächen für Maßnahmen zum Schutz, zur Pflege und zur Entwicklung von Boden, Natur und Landschaft (§ 5 II Nr. 10 BauGB) und die Zuordnungsdarstellung (§ 5 II a BauGB). Bei Darstellungen für die Landwirtschaft könnte sich eine überlagernde Darstellung nach § 5 II Nr. 10 BauGB als Flächen für Maßnahmen zum Schutz, zur Pflege und zur Entwicklung von Boden, Natur und Landschaft empfehlen. Die Zuordnungsdarstellung nach § 5 II a BauGB soll bereits auf der Ebene des Flächennutzungsplans eine überschlägige Bewertung der zu erwartenden Eingriffe und der erforderlichen Ausgleichsmaßnahmen ermöglichen. Aus den Darstellungen des Flächennutzungsplans kann insbesondere eine Verknüpfung von **Eingriffs- und Ausgleichsbebauungsplan**[4893] abgeleitet werden. Auch können sich aus den Darstellungen bereits Flächen für ein **Ökokonto** ergeben. Für die Rechtswirksamkeit des Bebauungsplans sind allerdings solche Darstellungen auf der Ebene des Flächennutzungsplans nicht erforderlich. Es reicht, dass dies im Bebauungsplan geschieht oder ggf. auch durch vertragliche Vereinbarungen oder Selbstverpflichtungen der Gemeinde geleistet wird.[4894] Soweit Maßnahmen zum Ausgleich an anderer Stelle den Grundstücken nach § 9 Ia BauGB zugeordnet sind, soll die Gemeinde diese gem. § 135a II 1 BauGB anstelle und auf Kosten der Vorhabenträger oder der Eigentümer der Grundstücke durchführen und auch die hierfür erforderlichen Flächen bereitstellen, sofern dies nicht auf andere Weise gesichert ist. Die Maßnahmen zum Ausgleich können bereits vor den Baumaßnahmen und der Zuordnung durchgeführt werden. Die Kosten können Gem. § 135a III 1 BauGB geltend gemacht werden, sobald die Grundstücke, auf denen Eingriffe zu erwarten sind, baulich oder gewerblich genutzt werden dürfen. 2277

Im **Bebauungsplan** können Festsetzungen erfolgen für Grünflächen (§ 9 I Nr. 15 BauGB),[4895] Wasserflächen (§ 9 I Nr. 16 BauGB), Flächen für die Landwirtschaft (§ 9 I Nr. 18 a 2278

[4891] Bundesregierung, Gesetzentwurf zum BauROG 1998, S. 44.
[4892] Siehe dazu Prall in Schlacke, BNatSchG, 2024, § 16 Rn. 23.
[4893] Dazu OVG Münster NVwZ 1999, 561.
[4894] BVerwGE 117, 58.
[4895] OVG Münster NVwZ 1999, 561.

BauGB), Wald (§ 9 I Nr. 18 b BauGB), Flächen oder Maßnahmen zum Schutz, zur Pflege und zur Entwicklung von Natur und Landschaft (§ 9 I Nr. 20 BauGB), das Anpflanzen von Bäumen, Sträuchern und sonstigen Bepflanzungen und Bindungen für Bepflanzungen und für den Erhalt von Bäumen, Sträuchern und sonstigen Bepflanzungen sowie von Gewässern (§ 9 I Nr. 25 BauGB). Die Festsetzungen für die Landwirtschaft (§ 9 I Nr. 18 a BauGB) können mit Festsetzungen für Flächen oder Maßnahmen zum Schutz, zur Pflege und zur Entwicklung von Boden, Natur und Landschaft (§ 9 I Nr. 20 BauGB) kombiniert werden. Durch den Wegfall der Subsidiaritätsklausel können die Festsetzungen in § 9 I Nr. 16 und 20 BauGB auch dann erfolgen, wenn dies auch auf einer anderen Rechtsgrundlage möglich wäre. Die einzelnen Festsetzungen können auch kombiniert werden.[4896] Im Bebauungsplan können Flächen oder Maßnahmen zum Ausgleich naturschutzrechtlicher Eingriffe auf den Grundstücken, auf denen die Eingriffe in Natur und Landschaft zu erwarten sind, oder an anderer Stelle sowohl im sonstigen Geltungsbereich des Bebauungsplans als auch in einem anderen Bebauungsplan festgesetzt werden (§ 9 I a 1 BauGB). Es bestehen danach für die Festsetzungen drei Möglichkeiten: Die Festsetzungen können (1) auf dem Grundstück, auf dem der Eingriff zu erwarten ist, (2) an anderer Stelle im sonstigen Geltungsbereich des Bebauungsplans oder (3) in einem anderen Bebauungsplan (**Ausgleichsbebauungsplan**)[4897] festgesetzt werden.

2279 Die Flächen oder Maßnahmen zum Ausgleich an anderer Stelle können den Grundstücken, auf denen Eingriffe zu erwarten sind, ganz oder teilweise zugeordnet werden. Dies gilt auch für Maßnahmen auf von der Gemeinde bereitgestellten Flächen. Die Zuordnungsmöglichkeit ist damit auch auf Festsetzungen für den Ausgleich in einem anderen Bebauungsplan erweitert worden. Voraussetzung für die Zuordnung von einem Bebauungsplan zum anderen ist jeweils, dass ein Zusammenhang zwischen Beeinträchtigungen und Ausgleich besteht. Dieser kann – soweit vorhanden – aus entsprechenden Darstellungen für Flächen zum Ausgleich im Flächennutzungsplan abgeleitet werden. Die Festsetzungen müssen die allgemeinen Anforderungen des Abwägungsgebotes nach § 1 VI, VII BauGB und im Hinblick auf den Flächennutzungsplan die Erfordernisse des Entwicklungsgebotes in § 8 II BauGB wahren.[4898] Die Zuordnungsfestsetzung dient vor allem auch der Finanzierung. Im Falle des Ausgleichsbebauungsplans erfolgt die Zuordnung über eine Zuordnungsfestsetzung im Eingriffsbebauungsplan, die auf Festsetzungen zum Ausgleich im Ausgleichsbebauungsplan zurückgreift.[4899] Auch kann der **Eingriffsbebauungsplan** auf von der Gemeinde bereitgestellte Flächen (§ 1 a III 4 BauGB) verweisen. Dem Eingriffsbebauungsplan sollte in diesem Fall als Anlage zur Begründung eine Aufstellung der von der Gemeinde in eigener Verantwortung zu leistenden Maßnahmen für den Ausgleich auf die außerhalb des Bebauungsplans liegenden, von der Gemeinde bereitgestellten Flächen beigefügt werden. § 1 a III 4 BauGB setzt bei der Festlegung von Ausgleichsmaßnahmen ein Mindestmaß an rechtlicher Bindung der Gemeinde voraus. Die Gemeinde darf unter Beachtung des Abwägungsgebots Ausgleichsmaßnahmen räumlich vom Eingriffsort trennen. Zur Verwirklichung von Ausgleichsmaßnahmen darf die Gemeinde auf ein bereits beschlossenes, aber noch nicht verwirklichtes Nutzungskonzept zurückgreifen.[4900] Nach § 1 a III 6 BauGB ist ein naturschutzrechtlicher Ausgleich nicht erforderlich, soweit die Eingriffe bereits vor der planerischen Entscheidung erfolgt sind oder zulässig waren. Die Vorschrift gilt auch für alte Bebauungspläne, bei deren Aufstellung die naturschutzrechtliche Eingriffsregelung noch nicht berücksichtigt werden musste.[4901]

2280 Die **Zuordnung** erfolgt in der Regel durch **textliche Darstellungen** oder **Festsetzungen**, mit denen bestimmt wird, welche Ausgleichsmaßnahmen welchen Eingriffen zugeordnet werden. Es sind alle Flächen im Plangebiet zu bezeichnen, auf denen Eingriffe zu erwarten sind, die nach Maßgabe der planerischen Abwägung an Ort und Stelle nicht ausgeglichen werden können. Zu den Flächen, auf denen Eingriffe zu erwarten sind, gehören neben den Bauflächen etwa auch Verkehrsflächen und Flächen für Nebenanlagen wie Stellplätze oder Garagen. Da die Festsetzungen in einem Bebauungsplan regelmäßig „flächenscharf" aber nicht

---

[4896] OVG Münster NVwZ 1999, 561 zu einer Kombination von Festsetzungen nach § 9 I Nr. 15 und 20 BauGB.

[4897] OVG Münster NVwZ 1999, 561; siehe auch OVG Berlin-Brandenburg Urt. v. 7.10.2021 – OVG 2 A 19.19, juris Rn. 43.

[4898] Bundesregierung, Gesetzentwurf zum BauROG, S. 49.

[4899] OVG Münster NVwZ 1999, 561.

[4900] BVerwG NVwZ 2003, 1515.

[4901] BVerwG NVwZ 2003, 1259 mit Anmerkung Ell NVwZ 2004, 182.

grundstücksscharf erfolgen, kann dieser gröbere Maßstab auch im Bereich der Ausgleichsmaßnahmen angewendet werden. Hat sich die Gemeinde hinsichtlich der Durchführung der Ausgleichsmaßnahme auf den vorgesehenen Flächen durch konkrete Zuordnungsfestsetzung und bei Ausgestaltung des Ausgleichs an fachliche Vorgaben der Naturschutzbehörde gebunden, wurde der Ausgleich abwägungsfehlerfrei gesichert.[4902] Zwischen dem Eingriff und der naturschutzrechtlichen Kompensation muss ein funktionaler Zusammenhang bestehen.[4903]

n) Kompensationsraum. Der Ausgleich der zu erwartenden Eingriffe in Natur und Landschaft ist nicht auf das Grundstück oder das Plangebiet beschränkt. Ein unmittelbarer räumlicher Zusammenhang zwischen Eingriff und Ausgleich ist nach §§ 1a III 3, 200a 2 BauGB nicht erforderlich, soweit dies mit einer geordneten städtebaulichen Entwicklung und den Zielen der Raumordnung sowie des Naturschutzes und der Landschaftspflege vereinbar ist. Der Ausgleich kann auch außerhalb des Gemeindegebietes erfolgen, bedarf dann aber der bauplanerischen Mitwirkung der Nachbargemeinde. Die jeweiligen Maßnahmen müssen mit einer geordneten städtebaulichen Entwicklung vereinbar sein. Diese wird durch den Flächennutzungsplan zum Ausdruck gebracht. Die Maßnahmen dürfen daher nicht gegen das Grundkonzept des Flächennutzungsplans verstoßen. Ziele der Raumordnung können gem. § 2 II Nr. 6 ROG Vorgaben für Kompensationsräume an anderer Stelle enthalten. Der Regionalplan kann dazu bestimmen, dass in dem Gebiet unvermeidbare Beeinträchtigungen der Leistungsfähigkeit des Naturhaushaltes oder des Landschaftsbildes an anderer Stelle ausgeglichen, ersetzt oder gemindert werden können. Die Belange des Naturschutzes und der Landschaftspflege können in einem Landschaftsplan gem. § 11 BNatSchG konkretisiert sein, der geeignete Kompensationsflächen darstellt. 2281

o) Ausgleich und Ersatz. Die Unterscheidung zwischen dem am Ort des Eingriffs durchzuführenden Ausgleich und den im Landschaftsraum vorzunehmenden Ersatzmaßnahmen ist durch § 200 a BauGB für die Bauleitplanung aufgegeben worden. Darstellungen für Flächen zum Ausgleich und Festsetzungen für Flächen oder Maßnahmen zum Ausgleich iS des § 1 a III BauGB umfassen danach auch Ersatzmaßnahmen. Ein unmittelbarer räumlicher Zusammenhang zwischen Eingriff und Ausgleich ist nicht erforderlich, soweit dies mit einer geordneten städtebaulichen Entwicklung und den Zielen der Raumordnung sowie des Naturschutzes und der Landschaftspflege vereinbar ist (§ 200 a 2 BauGB). Die nach dem BNatSchG gebotene Differenzierung zwischen Ausgleich und Ersatz ist dadurch für den Anwendungsbereich des BauGB vereinfacht und für die Bauleitplanung in dem planungsrechtlichen Begriff des „Ausgleichs" (Kompensation) zusammengefasst worden. Dem entspricht, dass in § 1 a III BauGB nicht zwischen Ausgleich und Ersatz unterschieden wird, sondern nur noch von einem weiter gefassten planerischen Ausgleich die Rede ist. Hierunter fallen sowohl die Maßnahmen, die im Bereich des Eingriffs durchgeführt werden sollen und daher traditionell als Ausgleich bezeichnet werden, als auch Maßnahmen, die an anderer Stelle im Landschaftsraum festgesetzt werden und traditionell als Ersatz bezeichnet werden. Beide Maßnahmen (Ausgleich und Ersatz) werden daher durch den Begriff des planerischen Ausgleichs, von dem § 1 a III BauGB ausgeht, erfasst.[4904] Durch die veränderte Terminologie will das Gesetz verdeutlichen, dass häufig ein **„planerischer Ausgleich"** aus städtebaulichen Gründen am Ort der erwarteten Beeinträchtigung oder in seiner unmittelbaren Umgebung nicht möglich und damit an anderer Stelle geboten ist **(naturschutzrechtliche Kompensation)**. Beide Fallgestaltungen, der Ausgleich unmittelbar im Bereich des Eingriffs als auch der Ausgleich an anderer Stelle, sollen durch den Begriff des „planerischen Ausgleichs" umfasst werden. Dem entspricht, dass § 200 a BauGB aus bundesrechtlicher Sicht die Unterscheidung zwischen dem Ausgleich und dem Ersatz aufgibt und daher auch Ersatzmaßnahmen als Ausgleichsmaßnahmen iS des Planungsrechts begreift. 2282

Art und Umfang der naturschutzrechtlichen Ausgleichsmaßnahmen sind Gegenstand der **planerischen Abwägung**. Dabei kann die Gemeinde unter Beachtung des Abwägungsgebotes entscheiden, ob und in welchem Umfang ein Ausgleich erforderlich ist und welche Maßnahmen hierzu getroffen werden müssen. Sollen durch einen bauplanerischen Eingriff beeinträchtigte Belange von Natur und Landschaft zugunsten anderer Belange zurückgestellt wer- 2283

[4902] OVG Koblenz LKRZ 2008, 477 zu barrierefreiem Wohnen. Zu Folgen aus der mangelnden Verwirklichung des Ausgleichs bauplanungsbedingter Eingriffe in Natur und Landschaft Kothe VBlBW 2007, 125.

[4903] Hierzu Thum ZUR 2005, 63.

[4904] BVerwG Beschl. v. 26.11.2020 – 4 BN 19/20, juris Rn. 6.

den, bedarf es regelmäßig Erwägungen des Plangebers auch zur Frage, ob im Plangebiet nicht vorgesehene Ausgleichsmaßnahmen zumindest außerhalb des Plangebietes in Betracht zu ziehen sind.[4905] Denn das Abwägungsgebot eröffnet der Gemeinde nicht nur einen Spielraum, sondern beinhaltet vor allem auch das Gebot, die Eingriffsfolgen zu bedenken und das Programm der Eingriffsregelung in den §§ 14 bis 17 BNatSchG im Rahmen der Abwägung abzuarbeiten. Vermeidungsmaßnahmen, die den Eingriff als eine erhebliche Beeinträchtigung von Natur und Landschaft minimieren, sind allerdings örtlich in dem Sinne radiziert, als sie sich zwingend auf das Gebiet eines „Eingriffsbebauungsplans" beziehen müssen. Eine räumliche Entkoppelung vom Eingriffsort, die bei den Ausgleichsmaßnahmen Anlass für die Eröffnung verschiedener Handlungsoptionen ist, kommt nicht in Betracht.[4906]

2284 An eine **Rangfolge** von (vorrangigem) Ausgleich und (nachrangigem) Ersatz ist die Gemeinde anders als nach der Eingriffsregelung in den §§ 14 bis 17 BNatSchG nicht gebunden. Allerdings kann im Rahmen der Abwägung ein Ausgleich an Ort und Stelle oder im unmittelbaren Umfeld des Eingriffs gegenüber einer Kompensation an weit entfernter Stelle Bedeutung gewinnen. Zwar wird ein enger räumlicher Bezug zwischen Eingriff und Ausgleich nicht gefordert. Gleichwohl dürfe es einem effektiven Natur- und Landschaftsschutz förderlich sein, wenn ein **funktionaler Zusammenhang** zwischen Eingriff und Ausgleich hergestellt werden kann. Sind Eingriffe in den Naturhaushalt unvermeidbar und auch nicht an Ort und Stelle ausgleichbar, werden ihre Auswirkungen in der Regel am wirkungsvollsten gemindert, wenn ein Ausgleich in dem beeinträchtigten Bereich oder jedenfalls in der Nähe des Eingriffs erfolgt. Je weiter die Kompensationsfläche entfernt ist, desto mehr gewinnt der Ausgleich die Bedeutung einer lediglich rechnerischen, vom Einzelfall gelösten Kompensierung.[4907] Zwar kann sich die Gemeinde mit einer derartigen Kompensation begnügen. Dies sollte jedoch auf Grund einer nachvollziehbaren Abwägung geschehen, bei der auch die Möglichkeiten räumlich enger am Eingriff liegender Ausgleichsmaßnahmen geprüft worden sind.

2285 Bei der Auswahl geeigneter Flächen hat die Gemeinde zu bedenken, dass eine **Inanspruchnahme privaten Grundeigentums** nur zulässig ist, wenn gleich geeignete Flächen in öffentlicher Hand nicht zur Verfügung stehen.[4908] Denn es wäre ein Verstoß gegen den Grundsatz der Verhältnismäßigkeit, wenn der Plangeber zur Verwirklichung seiner Planung privates Eigentum in Anspruch nimmt, obwohl er über mindestens gleich gut geeignete für die Planung im Übrigen nicht erforderliche Grundstücke verfügt.[4909] Hält der Plangeber es für erstrebenswert, einen naturschutzrechtlichen Ausgleich für planungsbedingte Eingriffe nach Möglichkeit eingriffsnah zu verwirklichen, muss er von der Inanspruchnahme privater Ausgleichsflächen nur absehen, wenn er in ähnlicher Entfernung über geeignete Flächen verfügt, mit denen er den Ausgleich ebenso gut erreichen kann. Ein Zugriff auf öffentliche Flächen ist auch dann nicht sachgerecht, wenn der Betroffene durch die Planung eine Eingriffsmöglichkeit erst erhält und der Ausgleich einem durch die Planung zugelassenen Eingriff dient. Dann wird es dem Grundsatz der sachgerechten Lastenverteilung entsprechen, andere Flächen des Grundeigentümers für den erforderlichen Ausgleich in Anspruch zu nehmen und nicht auf Flächen der öffentlichen Hand zurückzugreifen.[4910] Sind zur Verwirklichung städtebaulicher Ziele Einschränkungen der baulichen Nutzbarkeit notwendig, verlangt Art. 3 I GG ein Mindestmaß an gleichmäßiger Verteilung dieser Lasten auf die betreffenden Grundstücke. Abweichungen von diesem Prinzip der Lastengleichheit bedürfen der Rechtfertigung.[4911]

2286 In der Regel wird eine Festsetzung als **private Grünfläche** genügen. Die Festsetzung als öffentliche Grünfläche ist erst dann erforderlich, wenn aus der Sicht des Plangebers ein Erfordernis besteht, die Fläche auch tatsächlich der Öffentlichkeit zur Verfügung zu stellen. Ggf. kommt auch in Betracht, die Fläche im privaten Eigentum zu belasten und sie mit einem Recht iS des § 9 I Nr. 21 BauGB zugunsten eines beschränkten Personenkreises zu belasten. Die nicht erforderliche

4905 OVG Münster NVwZ-RR 1999, 113.

4906 BVerwG Beschl. v. 26.11.2020 – 4 BN 19/20, juris Rn. 7.

4907 OVG Münster NVwZ 1999, 561.

4908 BVerwG Beschl. v. 14.6.2007 – 4 BN 21.07, BeckRS 2007, 24706; zur planerischen Inanspruchnahme eines Privatgrundstücks als öffentliche Grünfläche siehe OVG Lüneburg NdsVBl. 2024, 43; zum Enteignungsverfahren Beckmann Enteignung, in Redeker/Uechtritz, Anwaltshandbuch Verwaltungsverfahren, 2020, 440 ff.

4909 BVerwG NVwZ 2002, 1506.

4910 OVG Münster NVwZ 1999, 561.

4911 OVG Koblenz ZfBR 2013, 483; OVG Koblenz BauR 2006, 1853.

Festsetzung als öffentliche Grünfläche kann zur Unwirksamkeit des gesamten Bebauungsplans führen, wenn sich ein innerer Zusammenhang mit dem Gesamtkonzept des Bebauungsplans ergibt. Der Fehler kann allerdings nach § 214 IV BauGB durch ein ergänzendes Verfahren behoben werden.[4912] Der Charakter von Grundstücken als öffentliche Grünfläche (§ 9 I Nr. 15 BauGB) beurteilt sich nach der Zugänglichkeit für die Allgemeinheit unabhängig davon, ob sie nach den landesrechtlichen Regelungen öffentliche Grün- und Erholungsanlage sind.[4913]

Nicht alle Eingriffe sind **ausgleichsfähig**. So wird etwa eine in Natur und Landschaft erstmals gebaute Straße im Landschaftsbild regelmäßig dauernde Beeinträchtigungen des zuvor vorhandenen Landschaftsbildes auslösen, die wegen ihrer Intensität nicht wirklich ausgleichsfähig sind. Das versiegelte Straßenbild bleibt bestehen. Dieser dauerhafte Zustand ist zumeist nicht ausgleichsfähig und kann nur durch sonstige Kompensation iS einer Gesamtbilanz aufgefangen werden. Dabei ist es allerdings unschädlich, wenn eine als Ersatz bezeichnete Maßnahme tatsächlich einen Ausgleich darstellt. Die fehlerhafte Bezeichnung konnte das Gericht früher bereits korrigieren und spielt für die Bauleitplanung nach der Neufassung des Gesetzes ohnehin keine Rolle.[4914] Werden Kompensationsmaßnahmen für einen Eingriff in Natur und Landschaft als Gesamtmaßnahme für mehrere Abschnitte einer zu errichtenden Maßnahme geplant, kann es zulässig sein, die Entscheidung über die Kompensationsmaßnahmen für einen einzelnen Abschnitt der Planung des Folgeabschnitts zu überlassen.[4915] 2287

Die für den Ausgleich vorgesehenen Flächen müssen dafür geeignet und insbesondere **aufwertungsfähig und aufwertungsbedürftig** sein. Die Grundstücke müssen durch Ausgleichsmaßnahmen in einen aus der Sicht des Naturschutzes höherwertigen Zustand versetzt werden können.[4916] Lediglich solche Flächen bleiben außer Betracht, die ohnehin schon eine Qualität aufweisen, wie sie nach dem Sinn der Eingriffsregelung herbeigeführt werden soll, um die Folgen des Eingriffs wiedergutzumachen.[4917] Aufwertungsfähig und bedürftig sind danach insbesondere ausgeräumte, artenarme Kulturlandschaften und Flächen, die intensiv für Ackerbau genutzt werden.[4918] 2288

o) Maßnahmen für den Naturschutz. Die Regelungen für die bauleitplanerische Bewältigung der naturschutzrechtlichen Eingriffsfolgen werden durch Vorschriften über die zu treffenden Maßnahmen für den Naturschutz ergänzt.[4919] §§ 135 a bis 135 c BauGB regeln die Pflichten des Vorhabenträgers, die Durchführung durch die Gemeinde und die Kostentragung (§ 135 a BauGB), die Verteilungsmaßstäbe für die Abrechnung (§ 135 b BauGB) und das für die Umsetzung der naturschutzrechtlichen Ausgleichsmaßnahmen erforderliche Satzungsrecht (§ 135 c BauGB). Die Regelungen knüpfen damit an § 1 a III BauGB an. § 135 a I BauGB schreibt für die Durchführung der naturschutzrechtlichen Ausgleichsmaßnahmen das **Verursacherprinzip** vor.[4920] Festgesetzte Maßnahmen zum Ausgleich nach § 1 a III BauGB sind danach vom Vorhabenträger als dem Verursacher durchzuführen. Sind Ausgleichsmaßnahmen an anderer Stelle den Grundstücken zugeordnet, soll die Gemeinde diese anstelle und auf Kosten der Vorhabenträger oder der Eigentümer durchführen, wenn dies nicht auf andere Weise gesichert ist (§ 135 a II 1 BauGB). Dabei kann eine solche Zuordnung nach § 9 I a BauGB an anderer Stelle sowohl im sonstigen Geltungsbereich des Bebauungsplans als auch in einem anderen Bebauungsplan erfolgen.[4921] 2289

4912 So OVG Münster NVwZ 1999, 561.

4913 OVG Berlin-Brandenburg BauR 2010, 1107.

4914 BVerwG Beschl. v. 4.10.1994 – 4 B 196.94, juris.

4915 BVerwG NuR 1995, 139.

4916 OVG Münster NVwZ 1999, 561.

4917 BVerwG NVwZ 1997, 1213.

4918 OVG Münster NVwZ 1999, 561.

4919 Das Gesetz geht dabei von dem Grundsatz aus, dass im Plan festgesetzte Maßnahmen vom Vorhabenträger durchzuführen sind (§ 135 a I BauGB). Die Gemeinde kann die Ausgleichsmaßnahmen aber auch auf Kosten der Vorhabenträger oder Grundstückseigentümer durchführen (§ 135 a II BauGB). Durch die in § 135 b BauGB enthaltenen **Verteilungsmaßstäbe** und den Verweis auf das gemeindliche Satzungsrecht soll den Gemeinden ein vollziehbares Instrumentarium an die Hand gegeben werden. Vor allem ist den Gemeinden zu empfehlen, durch vertragliche Vereinbarungen einen komplizierten Abrechnungsstreit zu umgehen (§§ 1 a III, 11 BauGB).

4920 Mitschang in BKL, BauGB, 2022, § 135a Rn. 2; VGH München BayVBl. 2019, 168.

4921 BVerwG ZfBR 1999, 349.

2290 Durch §§ 1 a, 135 a BauGB werden die Belange des Naturschutzes und der Landschaftspflege im Baurecht gestärkt. § 135 a BauGB bestimmt, dass erforderliche Ausgleichs- und Ersatzmaßnahmen grundsätzlich vom Vorhabenträger durchgeführt oder zumindest bezahlt werden. Damit können die mit baulichen Vorhaben verbundenen Eingriffe in Natur und Landschaft auch dann ausgeglichen oder gemildert werden, wenn die planende Gemeinde selbst die Kosten für Ausgleichs- und Ersatzmaßnahmen nicht aufbringen könnte. Mit dem Sinn von §§ 1 a, 135 a BauGB unvereinbar wäre es jedoch, der Gemeinde die Übernahme der Kosten zu untersagen. Eine freiwillige Kostenübernahme durch die planende Gemeinde – etwa mit dem Ziel, in ihrem Eigentum stehende Grundflächen auch in naturschutzrechtlicher Sicht „baureif" zu machen und sie dann zu einem entsprechend höheren Preis an Bauwillige zu veräußern, kann auch aus Gründen des Natur- und Landschaftsschutzes sinnvoll sein und wird durch das in § 135 a BauGB enthaltene Verursacherprinzip nicht verboten.[4922] Nach § 135 a II 2 BauGB können Maßnahmen zum Ausgleich bereits vor den Baumaßnahmen und der Zuordnung durchgeführt werden. Hierdurch hat die Gemeinde die Möglichkeit, bereits im Vorgriff auf spätere Baugebietsfestsetzungen Maßnahmen zum Ausgleich durchzuführen und diese dann den neuen Baugebieten zuzuordnen. Eine flächenmäßig pauschale Zuordnung von Ausgleichsmaßnahmen zu Eingriffsgrundstücken ist nur zulässig, wenn die Eingriffsgrundstücke hinreichend bestimmbar sind und es sich um Grundstücke mit gleicher Eingriffslage handelt, dh wenn kein wesentlicher Unterschied in der ökologischen Wertigkeit besteht.[4923] Ist ein Bebauungsplan mit Eingriffen in Natur und Landschaft verbunden, kann die Hinnahme eines Ausgleichsdefizits auf der anderen Seite abwägungsfehlerfrei sein, wenn dies mit der Unzulänglichkeit rechnerischer Verfahren zur Bewertung von Beeinträchtigungen von Natur und Landschaft und deren Ausgleich begründet wird.[4924]

2291 Entscheidet sich die Gemeinde, die vorgesehene Ausgleichs- und Ersatzmaßnahme nicht gemäß § 1a III 2 und 3 BauGB mit der Verbindlichkeit einer Festsetzung durch Bebauungsplan auszustatten, sondern diese gemäß § 1a III 4 BauGB durch sonstige geeignete Maßnahmen auf von der Gemeinde bereitgestellte Flächen durchzuführen, muss ihre Realisierung in vergleichbarer Weise wie eine Festsetzung von Ausgleichsmaßnahmen gesichert sein. Die gewählte Form der Sicherung für die Durchführung der vorgesehenen Ausgleichs- und Ersatzmaßnahmen muss grundsätzlich im Zeitpunkt des Satzungsbeschlusses vorliegen.[4925] Anstelle von Darstellungen und Festsetzungen können auch **vertragliche Vereinbarungen** nach § 11 BauGB oder **sonstige geeignete Maßnahmen** zum Ausgleich auf von der Gemeinde bereitgestellten Flächen getroffen werden (§ 1 a III 4 BauGB). Eine „sonstige geeignete Maßnahme" im Sinne dieser Vorschrift ist eine naturschutzrechtliche Ausgleichs- oder Ersatzmaßnahme dann, wenn die planende Gemeinde Eigentümerin der dafür vorgesehenen Grundstücksfläche ist, sie die Maßnahmen im Verfahren der Planaufstellung näher beschrieben, sich zur Durchführung der Maßnahme selbst verpflichtet hat und die Fläche Gegenstand der (überörtlichen) Regionalplanung ist.[4926] Die Gemeinde braucht allerdings nicht tätig zu werden, soweit die Durchführung an anderer Stelle etwa durch einen städtebaulichen Vertrag nach § 11 BauGB gesichert ist. Die Ausgleichsmaßnahmen können bereits vor den Baumaßnahmen und der Zuordnung durchgeführt werden.[4927] Dies ermöglicht eine zeitliche Streckung der Ausgleichsmaßnahmen und die Bildung eines **„Öko-Kontos"**. Die Gemeinde soll daher die Möglichkeit erhalten, im Vorgriff auf spätere Baugebietsfestsetzungen Maßnahmen zum Ausgleich durchzuführen und diese dann den neuen Baugebieten später zuzuordnen. Durch die Möglichkeit einer Anrechnung bereits früher erbrachter Ausgleichsleistungen soll die Kompensation damit auch in zeitlicher Hinsicht flexibilisiert werden. Nach § 135 a III 1 BauGB können die Kosten geltend gemacht werden, sobald die Grundstücke, auf denen Eingriffe zu erwarten sind, baulich oder gewerblich genutzt werden können. Die Gemeinde erhebt zur Deckung ihres Aufwandes für Maßnahmen zum Ausgleich einschließlich der Bereitstellung hierfür erforderlicher Flächen einen Kostenerstattungsbeitrag. Die Erstattungspflicht entsteht mit der Herstellung der Maßnahme zum Ausgleich durch die Gemeinde. Der Betrag ruht als öffentliche Last auf dem Grundstück (§ 135 a III BauGB). Durch diese Regelungen ist eine Angleichung an das Erschließungsbeitragsrecht be-

---

[4922] So zu § 8 a BNatSchG 1993 BVerwG BauR 2000, 1460.
[4923] VGH München BayVBl. 2019, 168; OVG Koblenz Urt. v. 6.11.2013 –8 C 10607/13. juris Rn. 49.
[4924] BVerwG NVwZ 2008, 216.
[4925] VGH München Urt. v. 5.10.2021 – 15 N 21.1470, juris.
[4926] BVerwG BauR 2003, 209.
[4927] BVerwG BauR 2000, 242.

wirkt worden. Dabei sind die landesrechtlichen Vorschriften über kommunale Beiträge einschließlich der Billigkeitsregelungen entsprechend anzuwenden (§ 135 a IV BauGB).[4928]

Naturschutzrechtliche Festsetzungen des Bebauungsplans werden in der Regel in der **Baugenehmigung** oder in anderen Zulassungsentscheidungen umgesetzt, deren Konzentrationswirkung sich auf die Baugenehmigung erstreckt. Soweit der Bauantrag nicht bereits entsprechende Angaben enthält, können die dem naturschutzrechtlichen Ausgleich dienenden Festsetzungen als Auflagen oder andere Nebenbestimmungen Bestandteil der Baugenehmigung werden. Es handelt sich in der Regel um unselbstständige Nebenbestimmungen zur Baugenehmigung, die mit dieser zusammen angefochten und vollzogen werden können. Dies bedeutet zugleich, dass die Umsetzung der Festsetzungen vom Bauherrn oder Eigentümer erst verlangt werden kann, wenn dieser den Bau oder Eingriff durchführt. **Sammelausgleichsmaßnahmen** können allerdings in der Regel nur einheitlich durchgeführt werden. § 135 a II 1 BauGB entkoppelt daher den Vollzug solcher Sammelausgleichsmaßnahmen vom Baugenehmigungsverfahren oder sonstigen Zulassungsverfahren. Die Vorschrift bestimmt, dass solche Festsetzungen für Maßnahmen von der Gemeinde anstelle und auf Kosten des Vorhabenträgers oder Eigentümers der Grundstücke durchgeführt werden soll. Eine solche Verpflichtung der Gemeinde besteht dann, wenn die Durchführung der Maßnahmen nicht auf andere Weise wie etwa durch städtebaulichen Vertrag gesichert ist.[4929] Nach § 135 a II 2 BauGB können die Sammel-Ausgleichsmaßnahmen bereits vor dem (letzten) Eingriff durchgeführt werden. Die Gemeinde hat bei der Festlegung der Verteilungsmaßstäbe Entscheidungsspielräume. Auch bei wesentlich unterschiedlichen Eingriffslagen darf die Gemeinde in ihrer Satzung allein den Verteilungsmaßstab der zulässigen Grundfläche (§ 135 b 2 Nr. 2 BauGB) vorgeben, während die Schwere der zu erwartenden Eingriffe (§ 135 b 2 Nr. 4 BauGB) unberücksichtigt bleibt. § 135 a II BauGB knüpft hinsichtlich der Pflicht zur Kostenerstattung allein an die dingliche Eigentümerstellung an. Maßgeblich ist, wer im Zeitpunkt der Bekanntgabe des Bescheides im Grundbuch als Eigentümerin oder Eigentümer eingetragen ist.[4930] 2292

Beim **„Ökokonto“** werden der Vollzug von Eingriff und Ausgleich auch zeitlich voneinander abgekoppelt.[4931] Es können bereits vor dem Eingriff an anderer Stelle im Gemeindegebiet Maßnahmen im Hinblick auf den künftigen Eingriff verwirklicht werden. Sobald die im Bebauungsplan ausgewiesenen Flächen baulich nutzbar sind, können dann diese Maßnahmen als für den Eingriff zu leistender Ausgleich abgebucht werden. Die Darlegung der künftigen Ausgleichsfunktion kann in der Begründung des Flächennutzungsplans oder des Bebauungsplans erfolgen. Die Bildung eines „Ökokontos“ kann auch in der Form eines vorgezogenen Ausgleichsbebauungsplans oder etwa in einem Landschaftsplan geschehen. § 135 a II 2 BauGB ermöglicht den Vollzug des Ökokontos schon vor der Zuordnung, sodass ein Eingriffsbebauungsplan bereits zu diesem Zeitpunkt noch nicht erforderlich ist. Auch in umgekehrter Richtung kann eine **zeitliche Verbindung** von **Eingriff** und **Ausgleich** geboten sein. Während es im Regelfall genügen mag, die festgesetzten Ausgleichs- und Ersatzmaßnahmen angemessene Zeit nach der Vornahme der Eingriffe abzuschließen, deren Folgen zu kompensieren sie bestimmt sind, steht der Gemeinde lediglich ein engerer zeitlicher Rahmen zur Verfügung, wenn andernfalls die Gefahr besteht, dass der mit der Kompensation verfolgte Zweck verfehlt wird.[4932] 2293

Wird ein **Sammelausgleich** durchgeführt, so hat dies für die planungsrechtliche Zulässigkeit des Einzelvorhabens folgende Auswirkungen: Die Zulässigkeit eines Vorhabens nach den §§ 30 oder 33 BauGB kann nicht deshalb verneint werden, weil die zugeordneten Sammelausgleichsmaßnahmen noch nicht verwirklicht sind. Dies dürfte selbst dann gelten, wenn die Durchführung der Ausgleichsmaßnahmen noch an Rechtsgründen scheitert, etwa weil die Gemeinde noch nicht Eigentümerin der entsprechenden Grundstücksflächen ist oder vertragliche Vereinbarungen[4933] mit dem Eigentümer der Flächen für die Ausgleichsmaßnahmen noch feh- 2294

4928 Rechtsgedanken in den §§ 135 VI und 155 V BauGB.

4929 BVerwGE 84, 236; BVerwGE 92, 56.

4930 OVG Saarlouis Urt. v. 20.8.2008 – 1 A 453/07, BeckRS 2008, 38976 zur Kostenerstattung für Ausgleichsmaßnahmen anlässlich eines Eingriffs in die Natur durch Bebauungsplan; OVG Lüneburg NuR 2008, 714 zu Ausgleichsflächen im Gebiet eines anderen Bundeslandes.

4931 Thum UPR 2006, 289.

4932 BVerwG ZfBR 1999, 349. Zum Ökokonto als Kompensationsmodell Wagner VBlBW 2006, 50. Zur Sächsischen Ökokontoverordnung Funke SächsVBl 2009, 277.

4933 BVerwGE 84, 236; BVerwGE 92, 56.

len. Der Gesetzgeber hat durch die Entkoppelung von Eingriff und Ausgleich bewusst auf solche Abhängigkeiten verzichtet und den Vollzug der Ausgleichsmaßnahmen von den Zulassungsverfahren getrennt. Die Gemeinde soll allerdings diese Sammel-Ausgleichsmaßnahmen auf Kosten der Vorhabenträger oder Eigentümer durchführen, wenn die Durchführung der Maßnahmen nicht auf andere Weise gesichert ist.

2295 Nach § 135 b BauGB sind **Verteilungsmaßstäbe** der Kosten die überbaubare Grundstücksfläche, die zulässige Grundfläche, die zu erwartende Versiegelung oder die Schwere der zu erwartenden Eingriffe. Die Verteilungsmaßstäbe können miteinander verbunden werden. Die näheren Einzelheiten legt die Gemeinde durch Satzung nach § 135 c BauGB fest. Die Wahl der Verteilungsmaßstäbe sollte nach Zweckmäßigkeitsgesichtspunkten erfolgen und sich am Grundsatz der möglichst einfachen Handhabbarkeit ausrichten. Ist die Wertigkeit der Flächen im Plangebiet deutlich unterschiedlich, kann es sich empfehlen, als Verteilungsmaßstab auch die Schwere der zu erwartenden Beeinträchtigungen ganz oder teilweise zu Grunde zu legen. Unberücksichtigt wird dabei bleiben, ob der Bauherr die Baurechte ausschöpft oder durch Befreiungen nach § 31 II BauGB sogar geringfügig überschreitet. Der Gesetzgeber hat sich bewusst für ein möglichst einfaches Verteilungssystem entschieden und dabei gewisse Einzelfallungerechtigkeiten in Kauf genommen.

2296 Das in § 135 c BauGB niedergelegte Satzungsrecht lässt der Gemeinde einen Spielraum, mit welchem **Detaillierungsgrad** sie die Festsetzungen für ausgleichende Maßnahmen festsetzt. Dabei kann die Gemeinde den Grundsatz der planerischen Zurückhaltung berücksichtigen. So kann die Gemeinde etwa für das gesamte Gemeindegebiet Grundsätze iSv Standards für die Ausgestaltung von größeren Ausgleichsmaßnahmen festlegen und in den Festsetzungen des einzelnen Bebauungsplans darauf verweisen.

2297 Für die festzusetzenden Maßnahmen kann auch ein **Landschaftsplan** von Bedeutung sein (§ 1 VI Nr. 7 g BauGB).[4934] Der Landschaftsplan kann einen wichtigen Fachbeitrag geben bei der Ermittlung und Bewertung des vorhandenen Zustandes von Natur und Landschaft im Plangebiet und bei den aus der Sicht des Naturschutzes und der Landschaftspflege für erforderlich gehaltenen Maßnahmen zur Vermeidung oder zum Ausgleich der zu erwartenden Eingriffe. Vorhandene Landschaftspläne sind zu berücksichtigen. Eine Verpflichtung zur vorherigen Aufstellung von Landschaftsplänen ergibt sich aus § 1 VI Nr. 7 g BauGB nicht. Diese kann sich allerdings unabhängig von der Bauleitplanung aus dem Landesrecht ergeben.

2298 **p) Planungsrechtliche Zulässigkeit.** In § 18 BNatSchG wird die Berücksichtigung des Natur- und Landschaftsschutzes bei der planungsrechtlichen Zulässigkeit von Vorhaben sowie die Beteiligung der für Naturschutz und Landschaftspflege zuständigen Behörden geregelt. § 18 I BNatSchG bestimmt das Verhältnis der naturschutzrechtlichen Eingriffsregelung zur Bauleitplanung. § 18 II BNatSchG bestimmt das Verhältnis der naturschutzrechtlichen Eingriffsregelung zu den Vorschriften über die planungsrechtliche Zulässigkeit von Vorhaben. § 18 III BNatSchG regelt die Beteiligung der Naturschutzbehörden im Genehmigungsverfahren. Das BNatSchG unterscheidet die Aufstellung von Bauleitplänen oder von Ergänzungssatzungen nach § 34 IV 1 Nr. 3 BauGB. § 18 I BNatSchG, für die § 1 a III BauGB gilt, und die planungsrechtliche Zulässigkeit von Einzelvorhaben, mit denen naturschutzrechtliche Eingriffe verbunden sind (§ 18 II und III BNatSchG). Für Vorhaben im Geltungsbereich eines Bebauungsplans (§ 30 BauGB), während der Planaufstellung (§ 33 BauGB) und im nicht beplanten Innenbereich (§ 34 BauGB) sind die naturschutzrechtlichen Eingriffsregelungen des BNatSchG nicht anzuwenden (§ 18 I BNatSchG). Für anwendbar erklärt § 18 II 2 BNatSchG demgegenüber die naturschutzrechtlichen Eingriffsregelungen bei Vorhaben im Außenbereich nach § 35 BauGB sowie für Bebauungspläne, die eine Planfeststellung ersetzen. Außerdem ergehen Entscheidungen über Vorhaben im Innenbereich nach § 34 BauGB und im Außenbereich nach § 35 I und IV BauGB im Benehmen mit den für Naturschutz und Landschaftspflege zuständigen Behörden (§ 18 III BNatSchG). Ein die Baugenehmigungsbehörde im Falle der Verweigerung bindendes Einvernehmenserfordernis der für Naturschutz und Landschaftspflege zuständigen Behörden besteht daher nicht. Äußert sich in den Fällen des § 34 BauGB die naturschutzrechtliche Fachbehörde nicht binnen eines Monats, kann die Baugenehmigungsbehörde davon ausgehen, dass Belange des Naturschutzes und der Landschaftspflege von dem Vorhaben nicht berührt werden. Das Benehmen ist nicht erforderlich bei Vorhaben in Gebieten mit Be-

[4934] Thiel UPR 2018, 339.

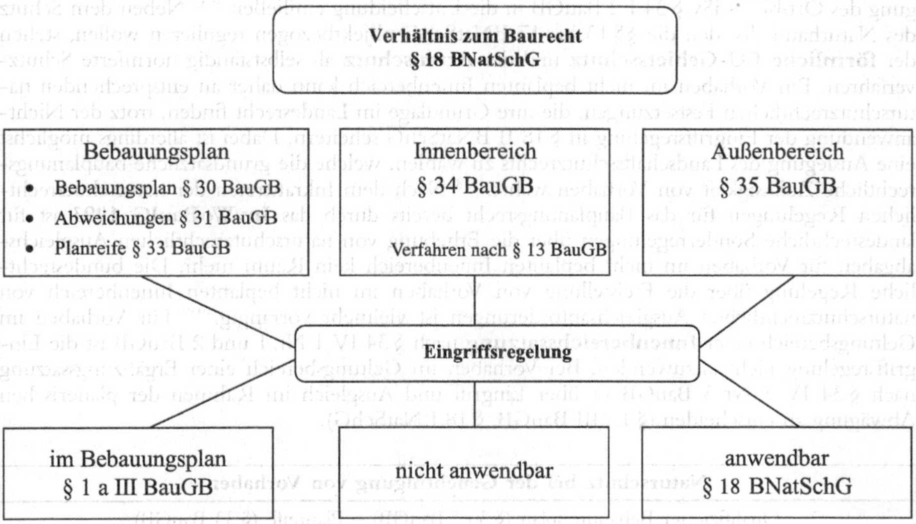

bauungsplänen und während der Planaufstellung nach den §§ 30, 33 BauGB sowie in Gebieten mit einer Ergänzungssatzung nach § 34 IV 1 Nr. 3 BauGB.

2299 Bei Vorhaben im Geltungsbereich eines **qualifizierten Bebauungsplans** wird der naturschutzrechtliche Ausgleichsbedarf im Bebauungsplan abgearbeitet. Die Einzelgenehmigung hat die Festsetzungen des Bebauungsplans entsprechend zu vollziehen. Soweit der Bebauungsplan in der Begründung auf naturschutzrechtliche Maßnahmen verweist, sind diese ebenfalls in der Baugenehmigung ggf. durch Auflagen oder andere Nebenbestimmungen umzusetzen. Nach dem Gebot der Konfliktbewältigung hat der Bebauungsplan zwar die ihm zuzurechnenden Konflikte im Grundsatz auch durch planerische Festsetzungen zu bewältigen. Es besteht allerdings auch die Möglichkeit des Konflikttransfers in Nachfolgeverfahren, wenn diese die Nachsteuerung der Konfliktlage leisten können. Ob derartige Möglichkeiten des Konflikttransfers auch im Bereich der naturschutzrechtlichen Ausgleichsmaßnahmen bestehen, könnte nach dem Wortlaut des § 18 II 1 BNatSchG etwas zweifelhaft erscheinen. Denn danach sind auf Vorhaben in Gebieten mit Bebauungsplänen nach § 30 BauGB die Vorschriften über die Eingriffsregelung nicht anzuwenden. Damit sollte erreicht werden, dass der planerische Ausgleich umweltschützender Belange nach § 1 a III BauGB der strengeren Eingriffs- und Ausgleichsregelung in § 15 BNatSchG vorgeht. Die Möglichkeiten einer naturschutzrechtlichen Nachsteuerung etwa durch die Baugenehmigung ist damit jedoch dann nicht ausgeschlossen sein, wenn der Bebauungsplan einen derartigen Verweis auf das Baugenehmigungsverfahren enthält. Es kann sich dabei allerdings nur um einzelne Vollzugsregelungen handeln, die innerhalb des planerischen Gesamtkonzeptes des Bebauungsplans liegen.[4935]

2300 Vorhaben im Geltungsbereich eines **einfachen Bebauungsplans** nach § 30 III BauGB beurteilen sich hinsichtlich der naturschutzrechtlichen Anforderungen nach den Festsetzungen des Bebauungsplans, soweit der Plan hierzu Aussagen enthält. Die naturschutzrechtliche Eingriffsregelung ist nicht anzuwenden, wenn das Vorhaben im nicht beplanten Innenbereich liegt (§ 18 II 1 BNatSchG), während sie bei einer Außenbereichslage in dem Sinne voll anzuwenden ist, dass eine entsprechende Kompensation zu leisten ist (§ 18 II 2 BNatSchG).

2301 Die naturschutzrechtliche Eingriffs- und Ausgleichsregelung in § 1 a III BauGB gilt zwar nicht für Vorhaben im **nicht beplanten Innenbereich** (§ 18 II BNatSchG). Gleichwohl können sich auch bei derartigen Vorhaben naturschutzrechtliche Anforderungen ergeben. Die Geltung anderer naturschutzrechtlicher Vorschriften (Schutzgebietsanordnungen, der gesetzliche Biotopschutz und der besondere Artenschutz) werden von § 18 II 1 BNatSchG nicht verdrängt.[4936] Außerdem können Belange des Naturschutzes über die Frage des Einfügens in die Eigenart der näheren Umgebung iSv § 34 I 1 BauGB und über das Merkmal der Beeinträchti-

[4935] BVerwGE 104, 68; BVerwGE 104, 353.
[4936] Kerkmann in Schlacke, BNatSchG, 2024, § 18 Rn. 21a.

gung des Ortsbildes iSv § 34 I 2 BauGB in die Entscheidung einfließen.[4937] Neben dem Schutz des Naturhaushalts, den die §§ 13 bis 17 BNatSchG objektbezogen regulieren wollen, stehen der **förmliche EU-Gebietsschutz** und der **Artenschutz** als selbstständig normierte Schutzverfahren. Ein Vorhaben im nicht beplanten Innenbereich kann daher an entsprechenden naturschutzrechtlichen Festsetzungen, die ihre Grundlage im Landesrecht finden, trotz der Nichtanwendung der Eingriffsregelung in § 18 II BNatSchG scheitern. Dabei ist allerdings möglichst eine Auslegung des Landschaftsschutzrechts zu wählen, welche die grundsätzliche bauplanungsrechtliche Zulässigkeit von Vorhaben wahrt.[4938] Nach dem Inkrafttreten der naturschutzrechtlichen Regelungen für das Bauplanungsrecht bereits durch das **InvWoBaulG 1993** ist für landesrechtliche Sonderregelungen über die Erhebung von naturschutzrechtlichen Ausgleichsabgaben für Vorhaben im nicht beplanten Innenbereich kein Raum mehr. Die bundesrechtliche Regelung über die Freistellung von Vorhaben im nicht beplanten Innenbereich von naturschutzrechtlichen Ausgleichsanforderungen ist vielmehr vorrangig.[4939] Für Vorhaben im Geltungsbereich einer **Innenbereichssatzung** nach § 34 IV 1 Nr. 1 und 2 BauGB ist die Eingriffsregelung nicht anzuwenden. Bei Vorhaben im Geltungsbereich einer Ergänzungssatzung nach § 34 IV 1 Nr. 3 BauGB ist über Eingriff und Ausgleich im Rahmen der planerischen Abwägung zu entscheiden (§ 1 a III BauGB, § 18 I NatSchG).

Naturschutz bei der Genehmigung von Vorhaben
Qualifizierter Bebauungsplan (§ 30 I BauGB) – Planreife (§ 33 BauGB) Festsetzungen im Bebauungsplan keine zusätzliche Anwendung der Eingriffsregelung keine Benehmensherstellung mit der für Naturschutz und Landschaftspflege zuständigen Behörde
Vorhabenbezogener Bebauungsplan (§ 30 II BauGB) Regelungen im vorhabenbezogenen Bebauungsplan keine zusätzliche Anwendung der Eingriffsregelung keine Benehmensherstellung mit der für Naturschutz und Landschaftspflege zuständigen Behörde
Bebauungsplan der Innenentwicklung (§ 13 a BauGB) keine Verpflichtung zur naturschutzrechtlichen Kompensation
Einfacher Bebauungsplan (§ 30 III BauGB) Festsetzungen des Bebauungsplans ergänzend: §§ 34 oder 35 BauGB, soweit keine abschließenden naturschutzrechtlichen Festsetzungen
Nicht beplanter Innenbereich § 34 BauGB keine Anwendung der naturschutzrechtlichen Eingriffsregelung Vorhaben muss sich in die Eigenart der näheren Umgebung einfügen Benehmensherstellung mit der für Naturschutz und Landschaftspflege zuständigen Behörde bei Errichtung baulicher Anlagen (nicht bei Nutzungsänderungen) innerhalb eines Monats
Außenbereich (§ 35 BauGB) Volle Anwendung der naturschutzrechtlichen Eingriffsregelung in den §§ 14 bis 17 BNatSchG (§ 18 BNatSchG) Benehmensherstellung mit der für Naturschutz und Landschaftspflege zuständigen Behörde bei privilegierten und teilprivilegierten Außenbereichsvorhaben (§ 35 I und IV BauGB) innerhalb eines Monats

2302 **q) Naturschutz und Enteignung.** Die **naturschutzrechtlichen Eingriffsregelungen** sind vom Grundsatz her zulässige Inhalts- und Schrankenbestimmungen des Eigentums.[4940] Dies gilt jedenfalls dann, wenn die sich aus diesen Regelungen ergebenden Einschränkungen die Verfügungs- und Nutzungsbefugnis des Eigentümers nur in dem Rahmen einschränken,

[4937] Kerkmann in Schlacke BNatSchG, 2024, § 18 Rn. 21a.; zur Enteignung im Zusammenhang mit einem Flurbereinigungsplan OVG Berlin-Brandenburg Urt. v. 30.11.2023 – OVG 70 A 2.18, juris Rn. 22.

[4938] OVG Münster BauR 2000, 62.

[4939] VGH Kassel BRS 60 Nr. 220 (1998).

[4940] OVG Lüneburg Beschl. v. 25.8.2023 – 4 MN 128/22, juris 110.

wie sie auch den Vorstellungen eines vernünftigen Eigentümers entsprechen.[4941] Darunter können auch Einschränkungen etwa der Fischerei- oder Jagdrechte fallen.[4942] Gehen die naturschutzrechtlichen Einschränkungen allerdings über diese Vorstellungen hinaus, kann darin eine Eigentumsbeeinträchtigung liegen, die nur durch eine entsprechende Kompensation verfassungsrechtlich zulässig ist.[4943] Führen Beschränkungen des Eigentums, die sich auf Grund von Vorschriften des BNatSchG, Rechtsvorschriften, die auf Grund des BNatSchG erlassen worden sind oder fortgelten, oder Naturschutzrecht der Länder ergeben, im Einzelfall zu einer unzumutbaren Belastung, der nicht durch andere Maßnahmen, insbesondere durch die Gewährung einer Ausnahme oder Befreiung, abgeholfen werden kann, ist gem. § 68 I BNatSchG eine angemessene Entschädigung zu leisten. Der Anspruch auf Entschädigung nach § 68 I BNatSchG setzt voraus, dass die Beschränkung des Eigentums iS dieser Vorschrift kausal für eine unzumutbare Belastung war. Die Prüfung der Kausalität der Ausweisung eines Naturschutzgebiets für die unzumutbare Belastung iSd § 68 I NatSchG erfolgt ohne Berücksichtigung von naturschutzrechtlichen Gründen.[4944] Naturschutzrechtliche Beschränkungen von Bergwerkseigentum sind in aller Regel im Sinne von § 68 I BNatSchG unzumutbar, wenn die Privatnützigkeit vollständig, ersatz- und übergangslos entfällt.

Beispiel Bergwerkseigentum: Von einer die Entschädigungspflicht ausschließenden Situationsgebundenheit des Bergwerkseigentums ist erst auszugehen, wenn die Untersagung der Gewinnung der Bodenschätze auch unter Beachtung der Bedeutung der Rohstoffgewinnung und der Vielfalt möglicher naturschutzrechtlicher Reaktionsweisen zwingend geboten erscheint. Die Untersagung muss nicht nur als Möglichkeit in der Situation angelegt, sondern dem Bergwerkseigentum gewissermaßen „auf die Stirn geschrieben" sein.[4945]

Die sachgerechte Abwägung der Belange des Naturschutzes und der Landschaftspflege setzt eine entsprechende Ermittlung der Belange voraus. Diese kann durch eine **ökologische Bestandsaufnahme** erfolgen, die zumeist über mindestens eine Vegetationsperiode durchgeführt wird.[4946] Es kann aber auch ausreichend sein, bei der Ermittlung der betroffenen ökologischen Belange auf bereits in anderem Zusammenhang erstellte ökologische Bestandskartierungen oder Literaturangaben zurückzugreifen, wenn sich diese Unterlagen als sachgerecht erweisen.[4947] 2303

r) Rechtsbetroffenheit. Die naturschutzrechtliche Eingriffsregelung wird von der Rechtsprechung als lediglich objektives Recht verstanden, die nicht zugleich Rechte Dritter schützt. So kann die Aufhebung einer Ersatzfläche, die zur Entwicklung von Natur und Landschaft festgesetzt worden war, Rechte des Antragstellers in einem Normenkontrollverfahren nicht unmittelbar verletzen, weil der Natur- und Landschaftsschutz lediglich objektive, dem Einzelnen nicht zugeordnete Ziele des Gemeinwohls verfolgt. 2304

Beispiel: Eine geltend gemachte Rechtsverletzung durch Aufhebung einer zum naturschutzrechtlichen Ausgleich gedachten Ersatzfläche ist als geringwertig und daher unbeachtlich anzusehen, wenn die Anlegung einer in der Ersatzfläche vorgesehenen Streuobstwiese noch nicht erfolgt ist, die Fläche nach wie vor zum Außenbereich gehört, die Entfernung der Ersatzfläche zu dem nächstgelegenen bewohnten Gebäude 35 m beträgt und auf dem zwischen Ersatzfläche und Wohnbaufläche befindlichen Flurstück ohnehin eine landwirtschaftliche Nutzung zulässig ist.[4948]

s) Klima. Nach § 1 VI Nr. 7 a BauGB sind auch die Auswirkungen der städtebaulichen Planung auf das Klima in die planerische Abwägung einzustellen. § 1 V 2 BauGB verpflichtet 2305

4941 OVG Lüneburg Beschl. v. 25.8.2023 – 4 MN 128/22, juris 110; Dasselbe gilt für Naturschutzverordnungen; auch sie bestimmen Inhalt und Schranken des Eigentums iSv Art 14 I 2 GG, siehe BVerwG NVwZ 2019, 882 = juris Rn. 28.

4942 Burrak AUR 2009, 216; BVerwG NVwZ-RR 1994, 57.

4943 BVerwGE 84, 361; NJW 1993, 2949; Beckmann Enteignung in Redeker/Uechtritz, Anwaltshandbuch Verwaltungsverfahren, 2020, 446; vergleichbare Fragestellungen ergeben sich im Denkmalrecht oder bei der Altlastensanierung, BVerfG NJW 1999, 2877; BVerfGE 102, 1; Stüer/Thorand NJW 2000, 3232.

4944 OVG Bautzen NuR 2023, 618 = juris Rn. 37; BVerwG NVwZ 2019, 882.

4945 BVerwG NVwZ 2019, 882.

4946 Zur ökologischen Bauleitplanung Battis NuR 1993, 1; Mitschang ZfBR 1994, 57; Müller NVwZ 1994, 224; Ortloff NVwZ 1985, 698; Schink ZfW 1985, 1; Steffen ZUR 1993, 49.

4947 BVerwG NVwZ 1996, 896.

4948 VGH Kassel BauR 2004, 1044.

die Gemeinden zudem dazu, mit ihren Bauleitplänen den Klimaschutz insbesondere durch eine klimagerechte städtebauliche Entwicklung fördern. Der Gesetzgeber stellt dazu im BauGB einige Instrumente bereit. Dazu gehören Festsetzungen zur passiven Nutzung der Sonnenenergie und zur Verringerung des Energiebedarfs (§ 9 I Nr. 2 BauGB), Verwendungsverbote bzw. -beschränkungen luftverunreinigender Stoffe (§ 9 I Nr. 23 a BauGB), Einsatz erneuerbarer Energien (§ 9 I Nr. 23 b BauGB), CO_2-sparende Energieversorgungskonzepte (§ 9 I Nr. 12, 13 und 21 BauGB), Festsetzungen zum Schutz vor schädlichen Umwelteinwirkungen (§ 9 I Nr. 24 BauGB) sowie städtebauliche Verträge (§ 11 I 2 Nr. 4 BauGB).[4949]

2306 Nach § 13 I 1 KSG müssen Städte und Gemeinden bei der Aufstellung ihrer Bauleitpläne die Aspekte des globalen Klimaschutzes und der Klimaverträglichkeit in der Abwägung berücksichtigen. Mit einem je nach Sachlage vertretbaren Aufwand muss ermittelt werden, welche CO_2-relevanten Auswirkungen die Planung hat und welche Folgen sich daraus für die im KSG festgelegten Klimaschutzziele ergeben. Festsetzungen im Bebauungsplan müssen so ausgestaltet sein, dass sie den im KSG festgelegten Zielen entsprechen.

2307 Gem. § 8 I 1 KAnG haben die Träger öffentlicher Aufgaben und damit auch die Gemeinden bei ihrer Bauleitplanung bei ihren Planungen und Entscheidungen das Ziel der Klimaanpassung nach § 1 KAnG fachübergreifend und integriert zu berücksichtigen. Dabei sind nach § 8 I 2 KAnG sowohl die bereits eingetretenen als auch die zukünftig zu erwartenden Auswirkungen des Klimawandels zu berücksichtigen, insbesondere 1. Überflutung oder Überschwemmung bei Starkregen, Sturzfluten oder Hochwasser, 2. Absinken des Grundwasserspiegels oder Verstärkung von Trockenheit oder Niedrigwasser, 3. Bodenerosion oder 4. Erzeugung oder Verstärkung eines lokalen Wärmeinsel-Effekts. Nach § 8 I 3 KAnG ist zu berücksichtigen, dass Versickerungs-, Speicher- und Verdunstungsflächen im Rahmen einer wassersensiblen Entwicklung so weit wie möglich erhalten werden. Nach § 8 III 1 KAnG sollen Träger öffentlicher Aufgaben darauf hinwirken, dass bereits versiegelte Böden, deren Versiegelung dauerhaft nicht mehr für die Nutzung der Böden notwendig ist, im Rahmen von Maßnahmen in ihrem Verantwortungsbereich in den natürlichen Funktionen des Bodens nach § 2 II Nr. 1 BBodSchG, soweit dies erforderlich und zumutbar ist, wiederhergestellt und entsiegelt werden. Das BNatSchG, die BKompV sowie entsprechende Vorschriften der Länder, § 5 BBodSchG und § 55 II WHG bleiben unberührt.

2308 **t) Überleitungsregelung.** Die Überleitungsregelungen in § 233 BauGB enthalten den allgemeinen Grundsatz, dass Verfahren, die vor dem Inkrafttreten der jeweiligen Neuregelung förmlich eingeleitet worden sind, nach den bisherigen Vorschriften fortgeführt werden. Dies gilt auch für die Berücksichtigung umweltschützender Belange in der Abwägung bei der Aufstellung von Bauleitplänen. Durch das Inkrafttreten des EAG Bau 2004 sind für die Bauleitplanung keine wesentlichen Änderungen in der Eingriffsregelung eingetreten. Für Planverfahren, die vor dem Inkrafttreten des BauROG 1998 förmlich eingeleitet worden sind, gilt grundsätzlich das bisherige Recht. Allerdings besteht die Möglichkeit, einzelne noch nicht begonnene Verfahrensschritte auf das neue Recht umzustellen. Für die naturschutzrechtlichen Anforderungen bestimmt § 243 II BauGB, dass bei Bauleitplanverfahren, die vor dem 1.1.1998 förmlich eingeleitet worden sind, die Eingriffsregelung nach dem BNatSchG aF weiter angewendet werden.

2309 **u) Landesrechtliche Anforderungen.** Die Regelungen des Bauplanungsrechts sind im Bereich des Natur- und Landschaftsschutzes nicht abschließend. Sie können durch **landesgesetzliche Regelungen** ergänzt werden.[4950] So regelt auch § 35 BauGB die Zulässigkeitsvoraussetzungen für Vorhaben im Außenbereich nicht abschließend, sondern kann durch landesgesetzliche Regelungen im nicht bodenrechtlichen Bereich ergänzt werden. Dies gilt insbesondere für das Natur- und Landschaftsschutzrecht, für das der Bundesgesetzgeber nach Art. 74 I Nr. 29 GG zwar die konkurrierende Gesetzgebungszuständigkeit hat. Die Länder können jedoch durch Gesetz – mit Ausnahme der allgemeinen Grundsätze des Naturschutzes, des Artenschutzes oder des Meeresnaturschutzes, für die bundesgesetzliche Regelungen abschließend sind – hiervon abweichende Regelungen treffen (Art. 72 III 1 Nr. 2 GG). Steht etwa ein nicht privilegiertes Vorhaben mit einer Landschaftsschutzverordnung in einer auch durch Ausnahmegenehmigung nicht zu behebenden Weise in Widerspruch, so kann es auf

[4949] Zum Klimaschutz- und Klimafolgenrecht in der Bauleitplanung Appel/Stark in Koch/Hofmann/Reese, Handbuch Umweltrecht, 2024, § 15 Rn. 209.
[4950] OVG Münster BauR 2000, 62.

Grund dieser entgegenstehenden landesrechtlichen Vorgaben auch dann nicht zugelassen werden, wenn es im Übrigen nach dem materiellen Bauplanungsrecht der §§ 29 ff. BauGB[4951] zulässig wäre.[4952]

v) Zoos und Tiergehege. Zusätzliche naturschutzrechtliche Anforderungen können sich auch für Zoos und Tiergehege ergeben[4953] **Zoos** sind nach § 42 Abs. 3 Nr. 1 BNatSchG so zu errichten und zu betreiben, dass bei der Haltung der Tiere den biologischen und den Erhaltungsbedürfnissen der jeweiligen Art Rechnung getragen wird, insbesondere die jeweiligen Gehege nach Lage, Größe und Gestaltung und innerer Einrichtung art- und tiergerecht ausgestaltet sind; nach § 42 Abs. 3 Nr. 7 BNatSchG müssen sich die Zoos beteiligen an Forschungen, die zur Erhaltung der Arten beitragen oder an der Aufzucht in Gefangenschaft, der Bestandserneuerung und der Wiederansiedlung von Arten in ihren Biotopen oder an der Ausbildung in erhaltungsspezifischen Kenntnissen und Fähigkeiten. Die Genehmigung für die Errichtung und den Betrieb eines Zoos darf nach § 42 Abs. 4 S. 1 BNatSchG nur erteilt werden, wenn sichergestellt ist, dass diese Pflichten auch erfüllt werden.[4954] 2310

Nach § 43 III BNatSchG ist die Errichtung, Erweiterung, wesentliche Änderung und der Betrieb von **Tiergehegen** der zuständigen Stelle mindestens einen Monat im Voraus anzuzeigen. Die Behörde hat danach eine Ermächtigungsrundlage, unsachgemäß betriebene Tiergehege zu schließen oder anderweitig gegen eventuelle Missstände bei der Gehegehaltung einzuschreiten. Hierfür schien dem Gesetzgeber allerdings eine Anzeigepflicht ausreichend. § 43 I BNatSchG bestimmt den Anwendungsgegenstand der Vorschrift. § 43 II BNatSchG beschreibt die Pflichten, die an die Errichtung und den Betrieb eines Tiergeheges zu stellen sind. Sollen im Zuge der Einrichtung eines privaten Tiergeheges ohne die erforderliche Waldumwandlungsgenehmigung auch Waldflächen einbezogen werden, so liegt darin wegen der herausgehobenen ökologischen Bedeutung des Waldes eine erhebliche Beeinträchtigung von Naturhaushalt und Landschaftsbild.[4955] Teilweise wird dazu auch auf die für Zoos geltenden Vorschriften Bezug genommen. § 43 III BNatSchG enthält Anzeigepflichten. Hierdurch werden die zuständigen Behörden in die Lage versetzt, die für die Einhaltung der Betreiberpflichten notwendigen Anordnungen zu treffen. § 43 IV BNatSchG nimmt solche Gehege von der Anzeigepflicht aus, bei denen aufgrund der geringen Größe, der geringen Zahl von gehaltenen Exemplaren oder etwa der Anspruchslosigkeit der Haltung in aller Regel von einer geringeren Problematik unter Arten- und Tierschutzgesichtspunkten auszugehen ist. Für die Land-, Forst- und Fischereiwirtschaft gelten nach § 5 BNatSchG besondere Grundsätze **(Landwirtschaftsklausel).**[4956] Von der naturschutzrechtlichen Privilegierung nicht mehr erfasst sind die Tätigkeiten, die über die Bodennutzung als solche hinausgehen.[4957] Die Landwirtschaftsklausel deckt daher nicht die Durchführung baulicher Maßnahmen, mögen diese auch in sachlichem Zusammenhang mit der landwirtschaftlichen Bodennutzung stehen. Ebenso wenig entbindet sie von der Beachtung etwaiger Genehmigungserfordernisse, die sich aus dem Naturschutzrecht oder aus anderen Rechtsvorschriften ergeben.[4958] Ob für naturschutzrechtliche Verbote eine Entschädigung oder eine Ausgleichszahlung geleistet werden muss, hängt von der Intensität des Eingriffs und der Frage ab, ob die Nutzungsmöglichkeiten des Eigentums, wie sie ein vernünftiger Eigentümer für sich in Anspruch nehmen würde, eingeschränkt werden. 2311

[4951] Etwa für ein teilprivilegiertes Außenbereichsvorhaben nach § 35 IV BauGB. Der Umfang der rechtlichen Bindungen ist dabei dem jeweiligen Landesrecht zu entnehmen, so OVG Münster BauR 2000, 62.

[4952] BVerwGE 67, 84; BRS 44 Nr. 80.

[4953] OVG Saarlouis Beschl. v. 14.1.2013 – 2 A 130/12, BeckRS 2013, 45671.

[4954] Zum Artenschutz in Zoos siehe Beckmann DVBl. 2024, 75; dort auch zum Verhältnis des Tierschutzrechts zum Artenschutzrecht; siehe dazu auch Gellermann in Landmann/Rohmer Umweltrecht, 2011, § 37 BNatSchG Rn. 11; OVG Koblenz NuR 2001, 213 (215); VGH Mannheim NuR 2000, 149 (151); OLG Köln NuR 2010, 300; OVG Lüneburg Urt. v. 25.5.2016 – 4 KN 154/13, juris Rn. 49; OLG Hamm Urt. v. 29.05.2017 – 5 U 156/15, BeckRS 2017, 114865, Rn. 82; zum artenschutzbezogenen Populationsmanagement in den Zoos Beckmann DVBl. 2024, 206; Metzger NuR 2024, 382.

[4955] OVG Saarlouis Beschl. v. 14.1.2013 – 2 A 130/12, BeckRS 2013, 45671.

[4956] Zum Tierschutz in der landwirtschaftlichen Nutzung BVerwG Beschl. v. 30.7.1992 – 4 B 145.92, BeckRS 1992, 31322919.

[4957] BVerwG NVwZ 1986, 639.

[4958] BVerwG NVwZ-RR 1992, 467; Beschl. v. 30.7.1992 – 4 B 145.92, BeckRS 1992, 31322919.

8. Immissionsschutz

2312 Nach § 50 S. 1 BImSchG sind bei raumbedeutsamen Planungen und Maßnahmen die für eine bestimmte Nutzung vorgesehenen Flächen einander so zuzuordnen, dass schädliche Umwelteinwirkungen auf die ausschließlich oder überwiegend dem Wohnen dienenden Gebieten, sowie auf sonstige schutzbedürftige Gebiete soweit wie möglich vermieden werden. § 50 enthält als **zentrale Planungsvorschrift** zum Immissionsschutz allgemeine Pflichten für raumbedeutsame Planungen und Maßnahmen. § 50 S. 1 BImSchG dient als eine Abwägungsdirektive mit erhöhtem Gewicht im Sinne eines **Optimierungsgebots** dem Schutz bestimmter Objekte und Nutzungen vor schädlichen Umwelteinwirkungen und damit vor schädlichen Immissionen (immissionsbezogener Schutz) und vor den Auswirkungen schwerer Unfälle bzw. Störfälle (störfallbezogener Schutz). Bei raumbedeutsamen Planungen und Maßnahmen in Gebieten, in denen die in Rechtsverordnungen nach § 48a I BImSchG festgelegten Immissionsgrenzwerte und Zielwerte nicht überschritten werden, ist nach § 50 S. 2 BImSchG bei der Abwägung der betroffenen Belange die Erhaltung der bestmöglichen Luftqualität als Belang zu berücksichtigen.

2313 Die Bewältigung möglicher Nutzungskonflikte durch die Bauleitplanung wird durch verschiedene umfassende Regelungswerke strukturiert und reglementiert. Dazu gehören Verordnungen, wie die 16. BImSchV zum Bau oder zur Änderung von Straßen und Schienenwegen, die 18. BImSchV für Sportanlagen, die 12. BImSchV zu Störfällen und auch die Technischen Anleitungen Lärm und Luft.[4959] Für genehmigungsbedürftige Anlagen nach § 4 ff. BImSchG sind insbesondere die Technische Anleitung zum Schutz gegen Lärm **(TA Lärm)**[4960] und die Technische Anleitung zur Reinhaltung der Luft **(TA Luft)** zu berücksichtigen. Diese Regelwerke werden als **antizipiertes Sachverständigengutachten**[4961] oder **normkonkretisierende Verwaltungsvorschriften**[4962] eingeordnet, die eine im gerichtlichen Verfahren zu beachtende Bindungswirkung besitzen.[4963] Aus dem Fehlen einer ausdrücklichen Ermächtigung als Grundlage dieser Regelwerke folgt nicht, dass die dort festgelegten Immissionsgrenzwerte im Rahmen der gerichtlichen Kontrolle der Entscheidung der Genehmigungsbehörde bedeutungslos wären. Die Werte sind vielmehr für die Beantwortung der Frage, ob Immissionen geeignet sind, Gefahren, erhebliche Nachteile oder erhebliche Belästigungen für die Allgemeinheit oder die Nachbarschaft herbeizuführen, eine geeignete Erkenntnisquelle, weil sie auf den zentral durch die Bundesregierung ermittelten Erkenntnissen und Erfahrungen von Fachleuten verschiedener Fachgebiete beruhen und deswegen als schon die Entscheidung der Genehmigungsbehörde prägendes und insofern antizipiertes Sachverständigengutachten wegen ihres naturwissenschaftlich fundierten fachlichen Aussagegehaltes auch für das kontrollierende Gericht bedeutsam sind. Die Regelwerke können auch bei der Bestimmung der Zumutbarkeit von Immissionen im Nachbarklageverfahren Bedeutung gewinnen. Für die Bauleitplanung enthalten die Verwaltungsvorschriften wichtige Orientierungsmarken, an denen sich die planerischen Festsetzungen ausrichten können. Dabei kann es aber nur um die Grobstrukturen einer **Konfliktbewältigung** gehen. Die Feinabstimmung der Zulässigkeit des einzelnen Vorhabens erfolgt erst im immissionsschutzrechtlichen Genehmigungsverfahren.[4964]

[4959] Siehe dazu Reidt in Bracher/Reidt/Schiller, Bauplanungsrecht, 2022, Rn. 11.378 ff.; dort auch zu den bislang gescheiterten Plänen einer TA Abstand; dazu auch BVerwG ZUR 2023, 612 = juris Rn. 23, wonach die Ermächtigungsgrundlag des § 48 I Nr. 6 BImSchG den Verordnungsgeber nicht zum Erlass einer TA Abstand verpflichtet und der Erlass einer solchen Anleitung ausschließlich öffentlichen Interessen dient, so auch Jarass, BImSchG, 2022, § 48 Rn. 2.

[4960] Zur Bedeutung der TA Lärm für die Bauleitplanung siehe Fricke UPR 2021, 260; Reidt BauR 2020, 204; OVG Berlin-Brandenburg Urt. v. 19.9.2023 – OVG 3a 73/23, juris; BVerwG Beschl. v. 8.11.2017 – 4 B 19.17, juris Rn. 12 mwN; zum Berechnungsverfahren OVG Berlin-Brandenburg Urt. v. 11.5.2023 – OVG 3a A 31.23, juris Rn. 26 ff.

[4961] BVerwGE 55, 250.

[4962] Jarass BImSchG, 2022, § 48 Rn. 52; Eifert Umweltschutzrecht in Schoch/Eifert, Besonderes Verwaltungsrecht, 2023, Kap.5 Rn. 204; BVerwG DVBl. 1988, 539.

[4963] BVerwG NVwZ 2008, 76; BVerwG DVBl. 1985, 397; BVerwGE 77, 285; DVBl. 1989, 371; DVBl. 1991, 442; Jarass BImSchG, 2022, § 48 Rn. 52; Schübel-Pfister in Eyermann, VwGO, 2022, § 114 Rn. 58a; Sachs in Stelkens/Bonk/Sachs, VwVfG, 2023, § 40 Rn. 217

[4964] BVerwG NVwZ 1990, 263.

Der Gehalt normkonkretisierender Verwaltungsvorschriften wie die der **TA Luft** ist allerdings wegen fehlender authentischer Interpretationen des Vorschriftengebers durch Auslegung zu ermitteln. Dabei hat die Entstehungsgeschichte ein besonders Gewicht, da die Vorschriften an die bei ihrem Erlass bestehenden Erkenntnisse in Wissenschaft und Technik anknüpfen.[4965] Die TA Luft legt Immissionswerte fest, bei deren Überschreiten ein Nachteil oder eine Belästigung als erheblich anzusehen ist, und bestimmt außerdem Emissionsgrenzwerte, die den Stand der Technik definieren.[4966] Mit der Neufassung vom 18.8.2021 ist die TA Luft an den aktuellen Stand der Technik angepasst worden. Dazu wurden unionsweite geltende Emissionsgrenzwerte für Industrieanlagen eingefügt und die Geruchsimmissions-Richtlinie integriert. Unmittelbar verbindlich ist die TA Luft für Immissionen und Emissionen genehmigungsbedürftige Anlagen. Grundsätzlich sind die der Gefahrenvorsorge dienenden Emissionsgrenzwerten, anders als die entsprechenden Immissionswerte der TA Luft keine nachbarschützende Wirkung zu. Etwas anderes kann jedoch gelten, wenn es an nachbarschützenden Immissionswerten fehlt.[4967] Die immissionsschutzrechtliche Vorsorgepflicht hat grundsätzlich keinen drittschützenden Charakter. Anderes gilt, wenn in Rechts- und Verwaltungsvorschriften für bestimmte Stoffe keine die Schutz- und Abwehrpflicht konkretisierenden Immissionswerte, sondern nur entsprechende Vorsorgewerte festgelegt sind. Solange für potentiell gesundheitsgefährdende Stoffe keine Immissionswerte bestimmt sind, dienen zur Minimierung des Gesundheitsrisikos erlassene Emissionsgrenzwerte auch dem Schutz eines individualisierbaren Personenkreises im Einwirkungsbereich der Anlage. In diesem Fall können Drittbetroffene die Einhaltung der Vorsorgewerte als Ersatz für die fehlenden Schutzwerte fordern.[4968] **2314**

Die Erheblichkeit von Lärmimmissionen, die durch genehmigungsbedürftige Anlagen verursacht werden, ergibt sich aus den in der **TA Lärm** festgesetzten Grenzwerten. Für die Bauleitplanung ist die TA Lärm jedenfalls mittelbar von Bedeutung. Ob und inwieweit die Gemeinden bei der Bauleitplanung an die TA Lärm gebunden sind, hat das BVerwG offen gelassen; es hat jedoch darauf hingewiesen, dass in der Bauleitplanung auch die Bildung von **Zwischenwerten** zulässig ist und dass insoweit die für die Bestandsbebauung maßgeblichen Immissionsrichtwerte keine strikte Bindungswirkung haben.[4969] **2315**

Im Zuge der Einführung der Baugebietsart „Urbanes Gebiet" in § 6a BauNVO wurde die TA Lärm um Immissionsrichtwerte für das Urbane Gebiet ergänzt. Das Lärmschutzniveau wurde dabei abgesenkt.[4970] Weitere Anhaltspunkte für zumutbare Lärmbelastungen ergeben sich auch aus der VDI-Richtlinie 2058. Nr. 7.4 TA Lärm regelt die Berücksichtigung von **Verkehrsgeräuschen**. Ursprüngliches Leitbild der TA Lärm sind indes gewerbliche und industrielle Anlagen, bei denen die Verkehrsgeräusche zu den Geräuschen einer Anlage hinzutreten. Von diesem Leitbild unterscheidet sich eine Situation maßgeblich, in der es an einer gewerblichen oder industriellen Anlage fehlt, der die Verkehrsgeräusche zuzurechnen sein könnten. Dies könnte Anlass geben, eine **Sonderfallprüfung** nach Nr. 3.2.2 der TA Lärm durchzuführen, die auch bei nicht genehmigungsbedürftigen Anlagen erfolgen kann. Die Würdigung, ob eine solche Sonderfallprüfung nach Nr. 3.2.2 der TA Lärm – etwa im Hinblick auf die zeitliche gedrängte Nutzung der Anlage bei den An- und Abfahrten, die längeren Lärmpausen und die soziale Adäquanz der Geräuschimmissionen – durchzuführen ist oder den Besonderheiten des Lärms (ggf. durch Zuschläge) bei der Berechnung ausreichend Rechnung getragen ist, ist Aufgabe der Tatsachengerichte.[4971] Eine **Alternativenprüfung** sieht die TA Lärm auch im Fall einer Sonderfallprüfung allerding nicht vor. Die baurechtliche Prüfung – im Gegensatz zum Planfeststellungsrecht mit seiner aus dem Abwägungsgebot als Ausprägung des Verhältnismäßig- **2316**

[4965] Zur Berücksichtigung lokaler Gegebenheiten beim Immissionsschutz Scheidler Immissionsschutz 2008, 18; ders. DVBl. 2007, 936.

[4966] Schlacke Umweltrecht, 2023, § 9 Rn. 29.

[4967] VGH München ZUR 2022, 367 = juris Rn. 172; VGH Mannheim ZUR 2023, 552 = juris Rn. 39.

[4968] OVG Münster Urt. v. 9.12.2009 – 8 D 6/08, juris Rn. 77.

[4969] Reidt in Bracher/Reidt/Schiller Bauplanungsrecht, 2022, Rn. 11.386; Reidt BauR 2020, 204 zur Bedeutung der TA Lärm für die Bauleitplanung; BVerwG ZfBR 2019, 480 = juris Rn. 59; zur Zulässigkeit einer Mittelwertbildung bei der Überplanung einer Gemengelage aus Sportanlagen und Wohnbebauung siehe BVerwG NVwZ 2022, 1464.

[4970] Spannowsky ZfBR 2018, 25; kritisch dazu Franßen ZUR 2017, 532 (533).

[4971] BVerwG BRS 85 Nr. 149; UPR 2014, 313 Rn. 9; zur Berücksichtigung lokaler Gegebenheiten beim Immissionsschutz Scheidler DVBl. 2007, 936.

keitsprinzips und dem Europarecht[4972] gebotenen Alternativenprüfung[4973] – ist an das aus dem Bauantrag ersichtliche Vorhaben gebunden. Verletzt das Vorhaben an dem gewählten Standort keine Nachbarrechte, kann es nicht durch einen Hinweis auf einen vermeintlich besser geeigneten Alternativstandort zu Fall gebracht werden.[4974]

2317 Zweck des BImSchG ist es nach § 1 I BImSchG, Menschen, Tiere und Pflanzen, den Boden, das Wasser, die Atmosphäre sowie Kultur- und sonstige Sachgüter vor schädlichen Umwelteinwirkungen zu schützen und dem Entstehen schädlicher Umwelteinwirkungen vorzubeugen. Soweit es sich um genehmigungsbedürftige Anlagen handelt, dient das BImSchG nach § 1 II BImSchG auch der integrierten Vermeidung und Verminderung schädlicher Umwelteinwirkungen durch Emissionen in Luft, Wasser und Boden unter Einbeziehung der Abfallwirtschaft, um ein hohes Schutzniveau für die Umwelt insgesamt zu erreichen, sowie dem Schutz und der Vorsorge gegen Gefahren, erhebliche Nachteile und erhebliche Belästigungen, die auf andere Weise herbeigeführt werden. **Schädliche Umwelteinwirkungen** sind nach § 3 I BImSchG Immissionen, die nach Art, Ausmaß oder Dauer geeignet sind, Gefahren, erhebliche Nachteile oder erhebliche Belästigungen für die Allgemeinheit oder die Nachbarschaft herbeizuführen. **Immissionen** sind auf Menschen, Tiere und Pflanzen, den Boden, das Wasser, die Atmosphäre sowie Kultur- und sonstige Sachgüter einwirkende Luftverunreinigungen, Geräusche, Erschütterungen, Licht, Wärme, Strahlen und ähnliche Umwelteinwirkungen. **Luftverunreinigungen** wiederum sind nach § 1 IV BImSchG Veränderungen der natürlichen Zusammensetzung der Luft, insbesondere durch Rauch, Ruß, Staub, Gase, Aerosole, Dämpfe oder Geruchsstoffe.

2318 **Genehmigungsbedürftige Anlagen** sind nach § 5 I BImSchG so zu errichten und zu betreiben, dass zur Gewährleistung eines hohen Schutzniveaus für die Umwelt insgesamt 1. schädliche Umwelteinwirkungen und sonstige Gefahren, erhebliche Nachteile und erhebliche Belästigungen für die Allgemeinheit und die Nachbarschaft nicht hervorgerufen werden können; 2. Vorsorge gegen schädliche Umwelteinwirkungen und sonstige Gefahren, erhebliche Nachteile und erhebliche Belästigungen getroffen wird, insbesondere durch die dem Stand der Technik entsprechenden Maßnahmen. **Nicht genehmigungsbedürftige Anlagen** sind nach § 22 I 1 BImSchG so zu errichten und zu betreiben, dass 1. schädliche Umwelteinwirkungen verhindert werden, die nach dem Stand der Technik vermeidbar sind, 2. nach dem Stand der Technik unvermeidbare schädliche Umwelteinwirkungen auf ein Mindestmaß beschränkt werden und 3. die beim Betrieb der Anlagen entstehenden Abfälle ordnungsgemäß beseitigt werden können.

2319 Das BImSchG verwendet den Begriff der schädlichen Umwelteinwirkungen in einem doppelten Sinn. Die Gefahrenabwehrpflicht des § 5 I Nr. 1 BImSchG bezieht sich auf konkret schädliche Umwelteinwirkungen, während die Vorsorgepflicht des § 5 I Nr. 2 BImSchG auf potenziell schädliche Umwelteinwirkungen abhebt.[4975] Schädliche Umwelteinwirkungen setzen voraus, dass die Immissionen mit hinreichender Wahrscheinlichkeit zu Beeinträchtigungen führen, die ihrerseits als erheblich einzustufen sind. Die Beeinträchtigungen werden als Gefahren, (erhebliche) Nachteile und (erhebliche) Belästigungen umschrieben.[4976] Als erheblich sind die Beeinträchtigungen grundsätzlich anzusehen, die den Betroffenen, einschließlich der Allgemeinheit, nicht zumutbar sind.[4977] Dabei geht es aber durchweg um die objektive Zumutbarkeit für die von den Immissionen Betroffenen. Schädliche Umwelteinwirkungen liegen nur vor, wenn die Beeinträchtigungen erheblich sind. Bei Gesundheitsschäden ist allerdings die Erheblichkeit immer zu bejahen.

2320 Ein **Gesundheitsschaden** liegt vor, wenn funktionelle oder morphologische Veränderungen des menschlichen Organismus auftreten, die die natürliche Variationsbreite signifikant überschreiten. Wirkungen, die nur mittels psychologischer oder sozialwissenschaftlicher Methoden zu ermitteln sind, stellen lediglich Belästigungen dar. Nicht jede Beeinträchtigung der Gesundheit iwS ist daher schon ein Gesundheitsschaden.[4978] Bei der Beurteilung, ob Immissio-

---

[4972] Dies gilt vor allem für die Anforderungen der FFH-RL, der Vogelschutz-RL, der WRRL und der UVP-RL.

[4973] BVerwGE 71, 166 (171 f.).

[4974] BVerwG Beschl. v. 15.9.2020 – 4 B 46.19, juris; BVerwG NVwZ-RR 1998, 357.

[4975] Jarass BImSchG, 2022, § 5 Rn. 25; BVerwG NVwZ 1984, 371,

[4976] Jarass BImSchG, 2022, § 5 Rn. 25.

[4977] BVerwG NVwZ 1992, 886; NVwZ 2012, 636; VGH Mannheim Urt. v. 25.1.2018 – 10 S 1681/17, juris Rn.31; Jarass BImSchG, 2022, § 3 Rn. 53.

[4978] Jarass BImSchG, 2022, § 5 Rn. 56.

nen zu Gesundheitsbeeinträchtigungen führen können, sind im Rahmen der Würdigung der konkreten Umstände auch dem Betroffenen zumutbare einfache Schutzvorkehrungen zu berücksichtigen.[4979]

Bei Immissionen durch **ultrafeine Partikel** (Nanopartikel)[4980] ist nach der TA Luft aus den Emissionen der Anlage im Wege einer Ausbreitungsrechnung auf die am Einwirkungsort zu erwartende Immissionszusatzbelastung zu schließen. Zudem ist festzustellen, ob dieser Wert in Verbindung mit einer bereits bestehenden Vorbelastung unter einem (normativ) vorgegebenen Grenz- bzw. Beurteilungswert für die Gefahrgeeignetheit bestimmter Immissionen bleibt.[4981] Die Emissionswerte der TA Luft konkretisieren die Anforderungen, die im Regelfall an den Betrieb einer Anlage zu stellen sind. Die Feststellung, Regelungen der TA Luft seien durch gesicherte Erkenntnisfortschritte in Wissenschaft und Technik überholt, setzt einen Vergleich des Erkenntnisstandes bei Erlass der Verwaltungsvorschrift mit dem derzeitigen Stand der Technik voraus, der nicht nur die technische Machbarkeit emissionsbegrenzender Maßnahmen, sondern auch den dafür notwendigen wirtschaftlichen Aufwand erfasst.[4982] 2321

§ 50 S. 1 BImSchG verlangt, dass bei der Bauleitplanung die für eine bestimmte Nutzung vorgesehenen Flächen einander so zuzuordnen, dass schädliche Umwelteinwirkungen und von schweren Unfällen im störfallrechtlichen Sinne in Betriebsbereichen hervorgerufene Auswirkungen auf die schutzbedürftige Nachbarschaft so weit wie möglich vermieden werden. Unbeschadet dieser Vorgabe sind bei der Bauleitplanung nach § 1 VI Nr. 7 j BauGB die Auswirkungen, die aufgrund der Anfälligkeit der nach dem Bebauungsplan zulässigen Vorhaben für schwere Unfälle oder Katastrophen zu erwarten sind, auf die Belange nach § 1 VI a bis d und i BauGB zu berücksichtigen. Zahlreiche immissionsschutzrechtlich genehmigungsbedürftige Anlagen sind Störfallbetriebe. Der **Störfallverordnung** erfasst Betriebsbereiche gemäß § 3 Abs. 5a BImSchG, in denen Stoffe oder Stoffgruppen nach Anhang I der Verordnung im bestimmungsgemäßen Betrieb vorhanden sind. Einbezogen werden immissionsschutzrechtlich genehmigungsbedürftige Anlagen, die ein hohes Gefährdungspotenzial aufweisen, selbst wenn sie nicht zu einem Betriebsbereich gehören. Die Verordnung verlangt von Betreibern der Betriebsbereiche und Anlagen die Erfüllung von nach dem jeweiligen Gefährdungspotenzial abgestuften materiellen und formellen Pflichten. Von entscheidender Bedeutung sind einzuhaltende Abstände. Dazu gibt der Leitfaden der Kommission für Anlagensicherheit beim Bundesumweltministerium „Empfehlungen für Abstände zwischen Betriebsbereichen im Rahmen der Bauleitplanung – Umsetzung des § 50 BImSchG". Dieser sog. KAS-18 kennt zwar keine strikt verbindlichen Anforderungen an die einzuhaltenden Abstände zwischen Betriebsbereichen und schutzbedürftigen Objekten; er enthält jedoch standardisierende Abstandsempfehlungen.[4983] 2322

Besondere **Abwägungserfordernisse** hat das OVG Münster im Anwendungsbereich der StörfallVO angenommen und den Bebauungsplan zum Steinkohlekraftwerk Datteln ua auch wegen Nichtberücksichtigung der Anforderungen der StörfallVO für unwirksam erklärt und dazu ausgeführt, bei dem geplanten Kraftwerk handele es sich um einen Störfallbetrieb. Im Hinblick auf den Störfallschutz enthalte § 50 BImSchG eine gebietsbezogene planerische Abwägungsdirektive. Um dem Trennungsgrundsatz bei einer Neuplanung gerecht zu werden, müsse der Plangeber sowohl den Betriebsbereich als auch die schutzbedürftigen Gebiete sachgerecht ermitteln und dabei die europarechtlichen Anforderungen der Seveso-II-Richtlinie beachten.[4984] Das Gebot der planerischen Konfliktbewältigung sei bei einer Angebotsplanung verletzt, wenn die Lösung der durch die Bauleitplanung aufgeworfenen Probleme nahezu vollständig in ein nachfolgendes immissionsschutzrechtliches Genehmigungsverfahren verlagert werde und dadurch große Teile des Plangebiets hinsichtlich ihrer Umweltauswirkungen überhaupt nicht betrachtet würden.[4985] 2323

[4979] VGH Mannheim DVBl. 2002, 709.

[4980] Rehbinder UPR 2023, 328.

[4981] VGH Mannheim DÖV 2002, 871; VGH Mannheim NVwZ 1996, 297.

[4982] BVerwGE 114, 342 zur Festsetzung eines Emissionsgrenzwertes für Gesamtstaub auf 20 mg/cbm.

[4983] Reidt in Bracher/Reidt/Schiller, Bauplanungsrecht, 2022, Rn. 11.379.

[4984] OVG Münster DVBl. 2009, 1385 m. Anm. A. Versteyl NuR 2009, 819 – Steinkohlekraftwerk Datteln; Goppel DVBl. 2009, 1592; zu diesem Kraftwerk mit Blick auf die Summationsprüfung der FFH-Verträglichkeitsprüfung auch BVerwG NVwZ 2019, 1601; BVerwG Urt. v. 7.12.2023 – 4 CN 6/22, juris.

[4985] OVG Münster DVBl. 2009, 1385; Goppel DVBl. 2009, 1592.

2324 Auch bei der Gewährung von **Nachbarschutz** kommt es auf die jeweiligen **konkreten Betroffenheiten** und deren **Zumutbarkeit** an.[4986] Die Bauleitplanung wäre auch überfordert, wenn bereits alle Einzelheiten des immissionsschutzrechtlichen Konfliktes in entsprechenden Festsetzungen geregelt werden müssten. Hinweise für die Bauleitplanung können auch der **DIN 18 005 Schallschutz im Städtebau** und dem **Abstands- und Planungserlass NRW** entnommen werden. Auch wenn derartige technische Regelwerke keine Rechtsnormen sind und ihnen auch eine unmittelbare gesetzliche Grundlage fehlt,[4987] können sie Anhaltspunkte iS von Orientierungswerten für Festsetzungen im Rahmen der Bauleitplanung geben,[4988] wenn eine schematische Anwendung vermieden wird.[4989]

2325 Bestimmte Grenzwerte, die zum Schutz der Nachbarschaft vor schädlichen Umwelteinwirkungen durch Geräusche nicht überschritten werden dürfen, sind für die Bauleitplanung – abgesehen von der Verkehrslärmschutzverordnung (16. BImSchV), der Sportanlagenlärmschutzverordnung (18. BImSchV) und dem FlugLärmG – normativ nicht festgelegt. Dementsprechend muss jeweils nach den Umständen des Einzelfalls und insbesondere der speziellen Schutzwürdigkeit des jeweiligen Baugebietes entschieden werden, welche Bedeutung dem Immissionsschutz zukommt.[4990] Insoweit kann es auch auf eine vorhandene Vorbelastung ankommen. Welche Bedeutung sie für die Abwägung der Gemeinde haben, wird sich jedoch regelmäßig erst im Zusammenhang mit allen übrigen abwägungserheblichen Faktoren ermitteln lassen.[4991]

2326 Auch die vom **Deutschen Institut für Normung** erarbeiteten Normen im Bereich des technischen Sicherheitsrechts sind nicht unmittelbar geltendes Recht. Denn das **DIN** hat keine Rechtsetzungsbefugnis. Es ist ein eingetragener Verein, der es sich zur satzungsmäßigen Aufgabe gemacht hat, auf ausschließlich gemeinnütziger Basis durch Gemeinschaftsarbeit der interessierten Kreise zum Nutzen der Allgemeinheit Normen zur Rationalisierung, Qualitätssicherung, Sicherheit und Verständigung aufzustellen und zu veröffentlichen. Wie weit er diesem Anspruch im Einzelnen gerecht wird, ist keine Rechtsfrage, sondern eine Frage der praktischen Tauglichkeit der Arbeitsergebnisse für den ihnen zugedachten Zweck. Rechtliche Relevanz erlangen die von ihm erarbeiteten Normen im Bereich des technischen Sicherheitsrechts nicht, weil sie eigenständige Geltungskraft besitzen, sondern nur, soweit sie die Tatbestandsmerkmale von Regeln der Technik erfüllen, die der Gesetzgeber in seinen Regelungswillen aufnimmt. Werden sie vom Gesetzgeber übernommen, so nehmen sie an der normativen Wirkung in der Weise teil, dass die materielle Rechtsvorschrift durch sie näher konkretisiert wird.[4992] Verweist der Gesetzgeber auf die Regeln der Technik, werden diese nicht ihrerseits zu Rechtsnormen. Welche anerkannten Regeln der Technik bestehen, wie sie anzuwenden sind und ob sie ihre Aufgabe erfüllen können, ist im Einzelfall zu klären.[4993] Das Gericht kann die Verwaltung zudem nicht zu **bestimmten Grenzwerten** verpflichten, sondern muss den Abwägungsspielraum der Verwaltung beachten. Unter der Voraussetzung einer im Übrigen begründeten Klage kann die Verwaltung dann lediglich zu einer Neubescheidung verpflichtet werden.[4994]

2327 Die Erfordernisse des Immissions- und Umweltschutzes zur Gefahrenvorsorge sind in besonderer Weise von der technischen Entwicklung abhängig. Der Gesetzgeber trägt dem im BImSchG dadurch Rechnung, dass er im Anlagen- und im Verkehrswegerecht auf den **Stand der Technik** verweist und damit die gesetzlichen Vorgaben an der technischen Entwicklung orientiert, ohne sie ändern zu müssen.[4995] Genehmigungsbedürftige Anlagen sind so zu errichten und zu betreiben, dass zur Gewährleistung eines hohen Schutzniveaus für die Umwelt ins-

---

[4986] OVG Greifswald LKV 1999, 66.

[4987] BVerwGE 77, 285; EuGH NVwZ 1991, 866; NVwZ 1991, 868.

[4988] BVerwGE 81, 197 –

[4989] Siehe auch dazu Reidt in Bracher/Reidt/Schiller, Bauplanungsrecht, 2022, Rn. 11.381 und 11.378.

[4990] BVerwGE 84, 31.

[4991] BVerwG DVBl. 1991, 442.

[4992] So BVerwG BauR 1997, 290, auf DIN-Normen verweisen auch zahlreiche Rechtsverordnungen, so zB die 40. BImSchV und die sog. Mantelverordnung (v. 16.7.1921, BGBl. I S. 2598); siehe dazu Wendenburg Normungsroadmap Circular Economy – Rechtsetzung und Standards in der EU und DE, in FS für Petersen, 2023, S. 1 (13).

[4993] BVerwG Beschl. v. 3.9.2003 – 7 B 6.03, juris.

[4994] BVerwG NVwZ 1998, 513; NVwZ-RR 1999, 725; UPR 2000, 71.

[4995] Jarass BImSchG, 2022, § 3 Rn. 114; Jarass NVwZ 2013, 170; Schink NVwZ 2017, 341; siehe auch Beckmann in Landmann/Rohmer Umweltrecht II, § 36 KrWG, 2023, zu dem inhaltsgleichen Technikstandard des KrWG.

gesamt Vorsorge gegen schädliche Umwelteinwirkungen und sonstige Gefahren, erhebliche Nachteile und erhebliche Belästigungen getroffen wird, insbesondere durch die dem Stand der Technik entsprechenden Maßnahmen. Stand der Technik iS des BImSchG ist der Entwicklungsstand fortschrittlicher Verfahren, Einrichtungen oder Betriebsweisen, der die praktische Eignung einer Maßnahme zur Begrenzung von Emissionen in Luft, Wasser und Boden, zur Gewährleistung der Anlagensicherheit, zur Gewährleistung einer umweltverträglichen Abfallentsorgung oder sonst zur Vermeidung oder Verminderung von Auswirkungen auf die Umwelt zur Erreichung eines allgemein hohen Schutzniveaus für die Umwelt insgesamt gesichert erscheinen lässt. Der Begriffsbestimmung **„Stand der Technik"** des § 3 VI BImSchG ist zu entnehmen, dass mehr gefordert wird, als sich aus den **„anerkannten Regeln der Technik"** ergibt.[4996] Es kommt nicht darauf an, ob sich bestimmte technische Verfahren und Einrichtungen in der Praxis bereits durchgesetzt und allgemeine Anerkennung gefunden haben. Vielmehr reicht es aus, dass die Eignung zur Begrenzung von Emissionen praktisch gesichert ist. Ein wichtiges Indiz hierfür kann sein, dass eine Maßnahme in einem Betrieb bereits mit Erfolg erprobt worden ist. Die Bewährung im Betrieb ist indessen nicht zwingende Voraussetzung. Auch Verfahren, deren praktische Eignung auf Grund anderer Umstände, soweit gesichert ist, dass ihre Anwendung ohne unzumutbares Risiko möglich erscheint, entsprechen dem Stand der Technik. Für den Begriff „Stand der Technik" genügt es nicht, dass die Wissenschaft Lösungen für bestimmte Verfahren erforscht hat. Es muss sich vielmehr um Techniken handeln, die bereits entwickelt sind.[4997]

9. Gewässerschutz

Bei der Aufstellung von Bauleitplänen muss auch der Gewässerschutz hinreichend berücksichtigt werden (§ 1 VI Nr. 7 a BauGB).[4998] Als Gewässer sind alle oberirdischen Gewässer einschließlich der Meere und das Grundwasser geschützt. Eine schädliche Beeinflussung des Gewässers ist dann anzunehmen, wenn sein Gebrauchs- und Verbrauchswert für Menschen, Tiere und Pflanzen herabgesetzt oder das Bild und der Erholungswert des Gewässers beeinträchtigt wird. § 3 Nr. 10 WHG definiert als schädliche Gewässerveränderungen Veränderungen von Gewässereigenschaften, die das Wohl der Allgemeinheit, insbesondere die öffentliche Wasserversorgung, beeinträchtigen oder die nicht den Anforderungen entsprechen, die sich aus dem WHG, aus aufgrund des WHG erlassenen oder sonstigen wasserrechtlichen Vorschriften ergeben. Gewässer sind als solche geschützt, nicht etwa nur hinsichtlich ihrer Benutzbarkeit durch die Menschen. Hinsichtlich der Beurteilung einer möglichen nachteiligen Beeinflussung des Gewässers sind neben wasserwirtschaftlichen vor allem ökologische Aspekte von Belang. Die Erheblichkeit einer physikalischen, biologischen, chemischen oder thermischen Veränderung und damit die Beurteilung einer Beeinflussung des Gewässers hängen ab von der Größe und Tiefe des Gewässers, der Fließgeschwindigkeit und anderen Umständen des Einzelfalls.[4999] 2328

Vor allem steht hier die Sicherung des Grundwassers und die Wahrung des Grundsatzes der **gemeinwohlorientierten Wasserbewirtschaftung** nach § 1 ff. WHG im Vordergrund. Aus den wasserrechtlichen Vorschriften können sich strikt zu beachtende Gebote iS von **Planungsleitsätzen** ergeben. So sind Gebote oder Verbote, die sich aus den Festsetzungen einer Wasserschutzgebietsverordnung nach § 51 WHG ergeben, in der Bauleitplanung als Planungsschranken zu beachten. Sie stellen zwingendes Recht dar, über das die Gemeinde sich nicht hinwegsetzen darf.[5000] Nach § 9 I Nr. 16 BauGB kann die Gemeinde im Bebauungsplan Wasserflächen sowie Flächen für die Wasserwirtschaft, für Hochwasserschutzanlagen und für die Regelung des Wasserabflusses festsetzen. Die Gemeinde kann derartige Festsetzungen zugunsten des Gewässerschutzes in den Bebauungsplan auch dann aufnehmen, wenn solche Festsetzungen Gegenstand wasserwirtschaftlicher Regelungen sein können. Der Bebauungsplan muss sich jedoch auf städtebauliche Aufgaben beschränken. Zur Umsetzung von Maßnahmen zum 2329

[4996] BVerfGE 49, 89.

[4997] BVerwG Beschl. v. 4.8.1992 – 4 B 150.92, juris; zu technischen Normen im Recht Asbeck-Schröder DÖV 1992, 252; Labudek DAR 1995, 489; Murswiek Die staatliche Verantwortung für die Risiken der Technik 1985; Neumann RdE 1996, 40; Roßnagel (Hrsg.) Recht und Technik im Spannungsfeld der Kernenergiekontroverse 1984.

[4998] BVerwG Beschl. v. 28.4.2003 – 4 BN 21.03, BeckRS 2003, 23276 zum Grundwasserschutz in der Bauleitplanung; BVerwG NVwZ-RR 1993, 598.

[4999] Beckmann in Landmann/Rohmer Umweltrecht, 2021, § 15 KrWG Rn. 85.

[5000] §§ 10 II und 6 II BauGB; BVerwG BRS 48, Nr. 32; NVwZ 1989, 662.

Ausgleich können gem. § 9 IV BauGB auf der Grundlage landesrechtlicher Regelungen zusätzliche Festsetzungen zum Schutz des Wassers in den Bebauungsplan aufgenommen werden. Außerdem können nach § 9 VI BauGB zum Schutz des Wassers nach anderen gesetzlichen Vorschriften getroffene Festsetzungen (beispielsweise nach den Wassergesetzen der Länder) nachrichtlich in den Bebauungsplan übernommen werden.

2330 Die Beachtung weitergehender Schutzvorschriften enthebt die Gemeinde nicht der Notwendigkeit, dem Wasserschutz, sofern hierzu Veranlassung besteht, schon im Vorfeld zwingender Ge- oder Verbote im Rahmen der Bauleitplanung als einem Belang Rechnung zu tragen, der mit den übrigen Belangen abzuwägen ist. Wann und in welchem Umfang dieser Belang zu berücksichtigen ist, muss sich etwa nach dem von einer Bebauung ausgehenden Gefährdungspotenzial, der Wasserdurchlässigkeit des Bodens oder des Grundwasserstandes richten. Je handgreiflicher das Interesse daran ist, das Grundwasser vor etwaigen mit einer baulichen Nutzung verbundenen nachteiligen Einwirkungen zu schützen, desto unzweifelhafter ist seine Abwägungsrelevanz. Das Vorhandensein einer Wasserschutzgebietsverordnung kann in dieser Hinsicht als ein Indiz für eine potenzielle Konfliktlage zu werten sein, die es der Gemeinde zwar nicht verwehrt, den fraglichen Bereich unter Zurückstellung des in § 1 VI Nr. 7 a BauGB auch als städtebauliches Anliegen bezeichneten Gewässerschutzes zu überplanen. Gänzlich übergangen werden darf ein solcher Belang wegen der in solchen Fällen gesteigerten Schutzwürdigkeit eines Gewässers jedoch nicht.[5001]

10. Wirtschaft, Energie, Rohstoffvorkommen, Mobilfunk

2331 Nach § 1 VI Nr. 8 BauGB hat die Gemeinde die Belange der Wirtschaft, auch ihrer mittelständischen Struktur im Interesse einer verbrauchernahen Versorgung der Bevölkerung, der Land- und Forstwirtschaft, der Erhaltung, Sicherung und Schaffung von Arbeitsplätzen, des Post- und Telekommunikationswesens, insbesondere des Mobilfunkausbaus, der Versorgung insbesondere mit Energie und Wasser einschließlich der Versorgungssicherheit und der Sicherung von Rohstoffvorkommen zu berücksichtigen.

2332 Zu den Belangen der Wirtschaft gehören ua die Interessen der Allgemeinheit an der Versorgung mit Rohstoffen, Gütern und Dienstleistungen, das Interesse an der Schaffung, Erhaltung und Sicherung von Arbeitsplätzen, die Standortinteressen der Unternehmen, insbesondere an der weiteren Ausnutzung des vorhandenen Bestandes, sowie das Bedürfnis nach Betriebserweiterung und Modernisierung.[5002]

2333 Belange des Mobilfunkausbaus haben 2021 durch das Baulandmobilisierungsgesetz Eingang in die Auflistung des § 1 VI BauGB gefunden. Um den Mobilfunkausbau zu beschleunigen, wurde außerdem eine neue Bestimmung in § 14 I a BauNVO aufgenommen. Nach § 14 I a BauNVO sind Mobilfunkanlagen in allen neu ausgewiesenen Baugebieten nach den §§ 2 bis 13 BauNVO allgemein zulässig, es sei denn, ihre Zulässigkeit wird ausdrücklich im Bebauungsplan ausgeschlossen. In Zeiten des gebotenen Mobilfunkausbaus gehören Funkmasten jedenfalls in Ortsnähe zum Landschaftsbild. Für den aufgeschlossenen Durchschnittsbeobachter sind sie heutzutage eher üblich und umgebungstypisch.[5003] Eine Beschleunigung des Mobilfunkausbaus kann auch bauordnungsrechtlich mit Verfahrenserleichterungen, zB durch Verfahrensfreistellungen von Antennen und Antennenträgern und materiell durch Verringerung der geforderten Abstandsflächen, die Länder befördert werden.[5004]

2334 Durch die Berücksichtigung insbesondere der mittelständischen Struktur soll dem Interesse der Bevölkerung an einer **verbrauchernahen Versorgung** Rechnung getragen werden.[5005] Einkaufszentren, großflächige Einzelhandelsbetriebe und vergleichbare Handelsbetriebe sollen – wie sich aus § 11 III BauNVO ergibt – nur in Kerngebieten oder in für sie besonders ausgewiesenen Sondergebieten angesiedelt werden. Dies schließt Standorte solcher Einzelhandelsbetriebe **„auf der grünen Wiese"** zwar nicht von vornherein aus. Im Hinblick auf die besonderen Erschließungsanforderungen und mögliche nachteilige städtebauliche und infrastrukturelle

---

[5001] BVerwG NVwZ-RR 1993, 598.

[5002] Jarass BImSchG, 2022, § 1 Rn. 71.

[5003] VGH Mannheim NuR 2023, 774 = juris Rn. 43; VGH München Beschl. v. 22.3.2022 – 1 Cs 22.56, juris Rn. 9; zu bauordnungsrechtlichen Fragen des Mobilfunkausbaus Kraus BayVBl. 2023, 441; zum Baulandmobilisierungsgesetz Battis/Reidt/Mitschang NVwZ 2021, 905.

[5004] Siehe auch Petschulat/Jaenicke zur Novellierung der BauO NRW, BauR 2024, 35 (52).

[5005] VGH München Beschl. v. 27.6.2007 – 15 CS 07.406, BeckRS 2007, 29995.

Auswirkungen für die Innenstädte sind städtebaulich integrierte Standorte nach der Wertung des BauGB bei gleichwertiger Geeignetheit nicht integrierten Standorten in der Einzelhandelsversorgung vorzuziehen. Die Berücksichtigung mittelständischer Betriebsformen setzt auch der Größe von Einkaufszentren, großflächigen Einzelhandelsbetrieben und sonstigen großflächigen Handelsbetrieben Grenzen. Der Schutz der verbrauchernahen Versorgung ist auch im nicht beplanten Innenbereich anzustreben (§ 34 III a BauGB).

Hinweis: Die planende Gemeinde hat bei der Planaufstellung vorausschauend zu beurteilen, ob der Umsetzung der Planung unüberwindbare finanzielle Schranken entgegenstehen würden. Dabei kommt ihr ein Einschätzungsspielraum zu, weil die zukünftige Entwicklung der kommunalen Haushaltslage nur schwer absehbar ist und die planerischen Vorstellungen der Gemeinde nicht aus rein fiskalischen Gründen zu stark eingeschränkt werden dürfen. Die Gemeinde muss regelmäßig keine detaillierten Angaben zu ihrer Finanzplanung machen, die eine Verwirklichungsperspektive für den Bebauungsplan in den nächsten Jahren belegt. Auch beim Erlass von Bebauungsplänen hat die Gemeinde die Wirtschaftlichkeit ihres Handelns abwägend zu bedenken. Allerdings reduziert die Verpflichtung zur wirtschaftlichen und sparsamen Haushaltsführung den Abwägungsspielraum der Gemeinde regelmäßig nicht dergestalt auf null, dass sie eine voraussichtlich kostenintensive Planung bei angespannter Haushaltslage beziehungsweise unausgeglichenem Haushalt zwingend zu unterlassen hätte.[5006]

Belange der **Land- und Forstwirtschaft** sind vor allem im Außenbereich zu berücksichtigen und können der Inanspruchnahme von Freiflächen für eine städtebauliche Nutzung entgegenstehen. Flächen für die Landwirtschaft und den Wald können im Flächennutzungsplan gem. § 5 II Nr. 9 BauGB dargestellt und im Bebauungsplan gem. § 9 I Nr. 18 BauGB festgesetzt werden. Auch die Bodenschutzklausel in § 1 a II 1 BauGB, wonach mit Grund und Boden sparsam und schonend umzugehen ist und Bodenversiegelungen auf das notwendige Maß zu begrenzen sind, sowie die Umwidmungssperre in § 1 a II 2 BauGB, wonach landwirtschaftlich, als Wald oder für Wohnzwecke genutzte Flächen nur im notwendigen Umfang für andere Nutzungsarten vorgesehen und in Anspruch genommen werden sollen, dient der Sicherung des Freiraumschutzes[5007] und den Belangen der Land- und Forstwirtschaft. Weitere planungsrechtliche Sicherungsinstrumente enthalten § 35 BauGB, der den Schutz des Außenbereichs vor nichtprivilegierten Nutzungen sicherstellt, und Sondervorschriften in den §§ 100, 135 IV, 136 IV 1 Nr. 2, 145 V, 168 I 2, 169 IV BauGB sowie §§ 187–191 BauGB. Auch durch Ziele der Raumordnung wird dem **Freiraumschutz** und damit den Belangen der Land- und Forstwirtschaft Rechnung getragen. Durch die nach § 1 IV BauGB bestehende Pflicht zur Anpassung an die Ziele der Raumordnung wird sichergestellt, dass diese Vorgaben für die kommunale Bauleitplanung verbindlich sind. Der Begriff des Fernmeldewesens ist an die allgemeine Terminologie der Telekommunikation angepasst und damit in Übereinstimmung mit dem Telekommunikationsgesetz zu verstehen. 2335

Zu den zu berücksichtigenden Belangen zählt auch das Interesse am ungehinderten **Abbau gewinnbarer Bodenschätze**. Der Bericht der Bundesanstalt für Geowissenschaften und Rohstoffe zu Sand und Kies in Deutschland aus Dezember 2022 macht eindringlich darauf aufmerksam, dass die Nachfrage nach landwirtschaftlich nutzbaren Flächen steigt, dass im Außenbereich Ausgleichflächen nicht nur für Rohstoffgewinnungsvorhaben, sondern auch für eine Vielzahl von Infrastrukturvorhaben benötigt werden und dass zunehmend Flächen des Außenbereichs für Anlagen der regenerativen Energie benötigt werden. Flächendruck und Flächenkonkurrenzen führen insoweit nicht nur zu steigenden Preisen für landwirtschaftlich genutzte Grundstücke im Außenbereich, sondern tendenziell auch zu einer abnehmenden Bereitschaft von Landwirten, Grundstücke für Zwecke der Rohstoffgewinnung zu verkaufen.[5008] Dass die Gewinnung von Rohstoffen und die Versorgung des Marktes mit diesen Rohstoffen, insbesondere auch der Abbau von Kies und Sand als Grundstoff für die Bauindustrie gemeinwohldienlich sein kann, ist offenkundig. Von einer gesicherten Versorgung mit Rohstoffen hängen in einer Industriegesellschaft in hohem Maße die Funktionsfähigkeit und die Stabilität der Volkswirtschaft und damit die Existenzgrundlage aller ab. Das begrenzte Vor- 2336

[5006] OVG Münster Gemeindehaushalt 2011, 236.

[5007] Zum Freiraumschutz Appold Freiraumschutz durch räumliche Planung – Rechtliche Möglichkeiten eines landesplanerischen Gesamtkonzepts 1988; ders. DVBl. 1989, 178.

[5008] Elsner Sand und Kies in Deutschland, Bericht herausgegeben von der Bundesanstalt für Geowissenschaften und Rohstoffe, Hannover, 2022, S. 60; näher dazu Beckmann BauR 2024 (in Vorbereitung).

kommen heimischer Rohstoffe gebietet insoweit einen sorgsamen Umgang mit den Bodenschätzen.[5009] Die Bundesregierung weist in ihrer Rohstoffstrategie aus dem Jahre 2020 darauf hin, dass die Rohstoffe am Anfang der industriellen Wertschöpfung stehen. Industriepolitisches Ziel der Bundesregierung sei es, die Wettbewerbsfähigkeit der Industrie zu stärken die Arbeitsplätze in der Industrie zu erhalten. Damit komme der Rohstoffpolitik als Teil der Industriepolitik eine entscheidende Rolle zu.[5010] Heimische Rohstoffe leisten nach Auffassung der Bundesregierung einen wertvollen Beitrag zum alltäglichen Leben und decken auch einen Großteil der jährlich in Deutschland benötigten Rohstoffe, insbesondere der Steine- und Erden-Rohstoffe. Das verringere die Abhängigkeit der deutschen Wirtschaft von den internationalen Rohstoffmärkten und die damit verbundenen Preis- und Lieferrisiken. Gleichzeitig würden durch die lokale Gewinnung von Rohstoffen auch Transporte reduziert, wodurch Schadstoffemissionen des Transports reduziert werden könnten. Sande und Kiese sind nach dem Bericht der Bundesanstalt für Geowissenschaften und Rohstoffe mengenmäßig die wichtigsten mineralischen Rohstoffe. In dem von der Bundesanstalt für Geowissenschaften und Rohstoffe im Dezember 2022 herausgegeben Bericht zu Kiesen und Sanden in Deutschland wird ausdrücklich darauf hingewiesen, dass hochwertige, in ausreichend hoher Reinheit und in konstanter Qualität und Menge lieferbare mineralische Rohstoffe für die deutsche Industrie begehrte und auch unverzichtbare Rohstoffe sind. Aus Gründen der Nachhaltigkeit und wegen niedrigerer Transportkosten würden dabei immer Rohstoffe aus heimischen Lagerstätten bevorzugt.[5011] Der Belang der Rohstoffversorgung spielt natürlich nicht nur in der Bauleitplanung, sondern auch bei der Landes- und Regionalplanung eine zentrale Rolle. Die raumplanerische Steuerung des Rohstoffabbaus ist über Konzentrationszonenplanungen durch die Festlegung von Vorranggebieten mit Ausschlusswirkung, sog. Bereichen zur Sicherung und Abbau oberflächennaher Bodenschätze (BSAB) möglich. Der Landesentwicklungsplan NRW zB verpflichtet die Regionalplanung zur planerischen Sicherung einer ausreichenden Versorgung mit mineralischen Rohstoffen. Dabei ist jedoch zu berücksichtigen, dass der volkswirtschaftlich bedeutsame Abbau von Kies, Sand, Ton und Kalkstein in einem komplexen Spannungsfeld stattfinden muss. Konflikte bestehen insbesondere mit dem Natur- und Landschaftsschutz, dem Siedlungsraum, der Landwirtschaft, der Wasserwirtschaft und der Verkehrsplanung.[5012]

11. Belange des Verkehrs

2337 Nach § 1 VI Nr. 9 BauGB sind die Belange des Personen- und Güterverkehrs und der Mobilität der Bevölkerung, auch im Hinblick auf die Entwicklungen beim Betrieb von Kraftfahrzeugen, etwa der Elektromobilität, einschließlich des öffentlichen Personennahverkehrs und des nicht motorisierten Verkehrs, unter besonderer Berücksichtigung einer auf Vermeidung und Verringerung von Verkehr ausgerichteten städtebaulichen Entwicklung, zu berücksichtigen. Erheblicher Anstrengungen bedarf es insbesondere zur Bewältigung des alltäglichen Verkehrschaos in den Städten und vom Umland in die Stadtzentren, das vor allem durch den nahezu ungebremsten Individualverkehr mit PKW und zunehmend auch durch Zulieferverkehr des Online-Handels in den Wohngebieten geprägt wird. Kurzfristige Lösungen durch mehrspurigen Ausbau von Verkehrstrassen können sich mittelfristig bei einem zunehmenden Verzicht auf die Nutzung privater PKW durchaus als überdimensioniert oder fehlinvestiert erweisen.[5013] Ob

[5009] BVerwGE 132, 261 = juris Rn. 21; BVerwGE 87, 241, 250; siehe dazu auch Elsner, Sand und Kies in Deutschland, Bericht herausgegeben von der Bundesanstalt für Geowissenschaften und Rohstoffe, 2022; zur aktuellen Lage des Bergbaus in Deutschland siehe auch von Weschpfennig Strukturen des Bergrechts, 2022, S. 1 ff.; zu aktuellen Entwicklungen des Bergrechts Beckmann DVBl. 2023, 2023, 449.

[5010] Bundesministerium für Wirtschaft und Energie, Rohstoffstrategie der Bundesregierung, Sicherung einer nachhaltigen Rohstoffversorgung Deutschlands mit nichtenergetischen mineralischen Rohstoffen, Berlin, 2019, S. 2; zur Rohstoffsituation in Deutschland siehe auch den Bericht der Bundes-anstalt für Geowissenschaften und Rohstoffe, Deutschland – Rohstoffsituation 2020, S. 6 ff.

[5011] Elsner Sand und Kies in Deutschland, Bericht herausgegeben von der Bundesanstalt für Geowissenschaften und Rohstoffe, 2022, S. 38 mit ausführlicheren Erläuterungen zu den wichtigsten Verwendungsbereichen.

[5012] Zur Zielfestlegung eines Vorranggebiets für den Abbau oberflächennaher Rohstoffe VGH Mannheim Urt. v. 13.10.2023 – 14 S 237/22, juris Rn. 44.

[5013] Beckmann Die nachhaltige Stadt der Zukunft, AnwBl 2022, 480; Reidt BauR 2023, 391; Böhm JZ 2022, 820; Burgi NJW 2022, 2726.

es zur Bewältigung der Verkehrsprobleme insbesondere in den großen Städten einer neuen **kommunalen Verkehrsplanung** zusätzlich zur Bauleitplanung bedarf, ist umstritten.[5014]

Die differenzierte Aufzählung verkehrlicher Belange in § 1 VI Nr. 9 BauGB ist Ausdruck des 2338
allgemeinen Ziels der Nachhaltigkeit. Es kann verwirklicht werden zB durch Nutzungsmischung und kompakte Zuordnung der Nutzungen zueinander („Stadt der kurzen Wege"), durch Verdichtung in bestehenden Strukturen, durch eine Dimensionierung des Straßennetzes, die keinen Anreiz zu motorisiertem Individualverkehr gibt. So unterliegt etwa die **Dimensionierung** der **Fahrbahn** der planerischen Abwägung.[5015] Im Sinne einer Förderung der Elektromobilität kommt auch die Aufstellung eines Bebauungsplans zur Errichtung einer Abstell- und Ladestation für Elektrobusse in Betracht. Eine Abstell- und Ladestation für Elektrobusse kann gemäß § 9 I Nr. 11 BauGB als Verkehrsfläche besonderer Zweckbestimmung festgesetzt werden; dies schließt die Errichtung der mit Blick auf ihre besondere verkehrliche Zweckbestimmung erforderlichen Nebenanlagen ein. Eine Abstell- und Ladestation für Elektrobusse, deren Benutzung dem städtischen Verkehrsbetrieb vorbehalten und die nicht für den allgemeinen Verkehr gewidmet ist, ist immissionsschutzrechtlich nicht als Teil einer öffentlichen Straße gemäß § 41 I BImSchG, § 1 I der 16. BImSchV, sondern als ortsfeste Anlage iSd § 3 V BImSchG anzusehen. Die Lärmimmissionen sind demzufolge nach Maßgabe der TA Lärm zu beurteilen.[5016]

Belange des **Verkehrs** haben für die Bauleitplanung bereits deshalb eine besondere Bedeu- 2339
tung, weil die planungsrechtliche Zulässigkeit von Vorhaben sowohl im beplanten als auch nicht beplanten Innenbereich, aber auch im Außenbereich, von einer **gesicherten Erschließung** abhängt. Belange des Verkehrs sind für die Bauleitplanung auch deshalb wichtig, weil es zu Konflikten insbesondere mit Wohnnutzungen kommen kann, die ggf. durch entsprechende Schutzauflagen gesichert werden müssen. Für den Neubau von Straßen ist dabei die 16. BImSchV **(Verkehrslärmschutzverordnung)** zu berücksichtigen. Die Bauleitplanung hat dabei auch bestehende Nutzungskonflikte zwischen verkehrlichen und anderen Belangen nach Möglichkeit auszugleichen und – soweit erforderlich – mit den Mitteln der Bauleitplanung Lärmsanierungsmaßnahmen[5017] an Straßen oder anderen Verkehrsanlagen, die ihrer Planungshoheit unterstellt sind, vorzusehen.[5018] Für die Belange des Verkehrs ist die gemeindliche Bauleitplanung jedoch nur insoweit zuständig, als sich nicht ein Vorrang der Fachplanung ergibt.[5019] Dieser Vorrang wird in § 38 BauGB für überörtliche Planungen vor allem auf den Gebieten des Verkehrs-, Wege- und Wasserrechts bei entsprechender Beteiligung der Gemeinden und bei Berücksichtigung städtebaulicher Belange angeordnet. § 38 BauGB regelt damit einen Vorrang der privilegierten Fachplanung in dem Sinne, dass die fachplanungsrechtlichen Regelungen iS einer materiellen Konzentration selbst bestimmen, in welchem Umfang die planungsrechtlichen Vorschriften des BauGB Anwendung finden. Soweit danach ein Vorrang der privilegierten Fachplanung besteht, hat die Gemeinde Fachplanungsentscheidungen ggf. in ihre Bauleitplanung nachrichtlich zu übernehmen.

12. Verteidigung und Zivilschutz

Nach § 1 VI Nr. 10 BauGB sind auch die Belange der Verteidigung und des Zivilschutzes 2340
sowie der Belang der zivilen Anschlussnutzung von Militärliegenschaften zu berücksichtigen. Planungserfordernisse können sich insbesondere auch für Flächen ergeben, auf denen eine militärische Nutzung aufgegeben wird. Wird zB die militärische Nutzung eines Kasernengeländes aufgegeben, hat dessen Bebauung grundsätzlich keine prägende Kraft hinsichtlich der Art der baulichen Nutzung, so dass sie mangels organischer Siedlungsstruktur einen Ortsteil im Sinne von § 34 I 1 BauGB nicht bilden kann.[5020]

Die gemeindliche Bauleitplanung hat dabei insbesondere den spezialgesetzlichen Regelun- 2341
gen über die Belange der Verteidigung und des Schutzes der Zivilbevölkerung im Landbeschaffungsgesetz und im Schutzbereichsgesetz Rechnung zu tragen. Für Vorhaben, die der

---

[5014] Dafür plädiert Kment Gutachten D zum 73. DJT Hamburg 2020/Bonn 2022, 2020, 33 ff; eher skeptisch Burgi NJW 2022, 2726 (2728).

[5015] OVG Bremen NordÖR 2007, 119.

[5016] OVG Lüneburg, Beschl. v. 9.11.2020 – 1 MN 71/20, NVwZ-RR 2021, 198.

[5017] BVerwG NVwZ 2000, 70.

[5018] Fickert BauR 1988, 678; Stüer DVBl. 1992, 547; ders. DVBl. 1992, 1528.

[5019] BVerwG ZfBR 1992, 235.

[5020] BVerwG NVwZ 2017, 412 = juris Rn. 20.

Landesverteidigung, dienstlichen Zwecken des **Bundesgrenzschutzes** oder dem **zivilen Bevölkerungsschutz** dienen, enthält § 37 II BauGB eine Sonderregelung. Macht die besondere öffentliche Zweckbestimmung für bauliche Anlagen des Bundes oder eines Landes erforderlich, von den Vorschriften des BauGB, der BauNVO oder der gemeindlichen Bauleitplanung abzuweichen, oder ist das gemeindliche Einvernehmen nach den §§ 14, 36 BauGB nicht erreicht worden, so entscheidet gem. § 37 I BauGB die höhere Verwaltungsbehörde. Vorhaben mit öffentlicher Zweckbestimmung für bauliche Anlagen des Bundes oder eines Landes sind daher von den planungsrechtlichen Vorschriften des BauGB insoweit privilegiert, als es die öffentliche Zweckbestimmung erfordert. Dabei hat jeweils eine Interessenabwägung zwischen den gemeindlichen Planungsbelangen und der öffentlichen Zwecksetzung stattzufinden. Der Vorrang ist daher nicht absolut, sondern in dem Sinne relativ, dass nur bei einem Überwiegen der öffentlichen Zwecksetzung ein Abweichen von den planungsrechtlichen Vorschriften zulässig ist. Für Vorhaben, die der Landesverteidigung, dienstlichen Zwecken des Bundesgrenzschutzes oder dem zivilen Bevölkerungsschutz dienen, ist nur die Zustimmung der höheren Verwaltungsbehörde erforderlich. Die Gemeinde ist allerdings vorher zu hören. Versagt die höhere Verwaltungsbehörde ihre Zustimmung oder widerspricht die Gemeinde dem beabsichtigten Bauvorhaben, so entscheidet gem. § 37 II 3 BauGB der zuständige Bundesminister im Einvernehmen mit den beteiligten Bundesministern und im Benehmen mit der zuständigen obersten Landesbehörde. Auch bei diesen Vorhaben der Landesverteidigung hat die Gemeinde daher im Anhörungsverfahren Gelegenheit, ihre Planungsvorstellungen in den Entscheidungsprozess einzubringen. Die von ihr geltend gemachten Planungsbelange können nur durch wichtigere Belange der Verteidigung überwunden werden.

Beispiel: Die Bundeswehr beabsichtigt, in einem ehemaligen Bundeswehrdepot Dekontaminationsmittel einzulagern, die im Verteidigungsfall zur Reinigung von kontaminierten Stoffen dienen sollen. Die Gemeinde beruft sich auf die Gefährdung des Trinkwassers und auf Planungsbelange. Die Einlagerung der Dekontaminationsmittel hat gegenüber den gemeindlichen Belangen den Vorrang, wenn Sicherheitsbedenken nicht bestehen und sich etwa eine zentrale Einlagerung gegenüber einer dezentralen Aufbewahrung in vielen Kasernen als vorteilhaft erweist.

2342 Bereits durch das EAG Bau 2004 sind die Belange der Verteidigung und des Zivilschutzes ergänzt worden um die **zivile Anschlussnutzung von Militärliegenschaften**. Die Regelung macht deutlich, dass die Klärung, welche Nutzung einer aufgegebenen oder aufzugebenden Militäranlage folgen soll, nicht dem Bund überlassen ist. Die Gemeinden müssen sich aus ihrer Planungshoheit heraus im eigenen Interesse an der städtebaulichen Entwicklung der Flächen beteiligen. Die Ermöglichung einer zivilen Anschlussnutzung vorrangig vor der Inanspruchnahme von Freiflächen entspricht auch dem Ziel einer nachhaltigen und flächensparenden Siedlungsentwicklung.[5021]

13. Informelle Planungen

2343 Die Bauleitplanung hat auch die Ergebnisse eines von der Gemeinde beschlossenen **städtebaulichen Entwicklungskonzepts** oder einer von ihr beschlossenen städtebaulichen Planung zu berücksichtigen. Damit werden die informellen Planungen zwar nicht in den Rang der förmlichen, verbindlichen Bauleitplanung erhoben. Zugleich wird aber herausgestellt, dass die informellen Planungen abwägungserhebliche Belange beinhalten können.[5022] Soweit diese Planungen von einer Umweltprüfung begleitet worden sind, können deren Ergebnisse in die Bauleitplanung integriert werden. Auch im Rahmen der Stadtumbaumaßnahmen (§§ 171 a bis 171 d BauGB) sowie Maßnahmen der Sozialen Stadt (§ 171 e BauGB) und privater Initiativen zur Stadterneuerung (§ 171 f BauGB) können informelle Planungen wie Stadtteilkonzepte oder Rahmenpläne bedeutsam sein. Der Plan-UP-RL unterliegen solche informellen Planungen

[5021] Zu bauplanungsrechtlichen Fragen der Konversion ehemals militärisch genutzter Flächen siehe Mayer ZfBR 2017, 229; zum Spannungsverhältnis von Denkmalschutz, Eigentumsrechten und Naturschutz bei militärischen Konversionsflächen siehe Wacker NWVBL 2021, 232; zu Reichweite und Grenzen des Rechts auf Umweltinformationen am Beispiel der Revitalisierung von Konversionsflächen siehe Dombert/Penski UPR 2023, 13; VGH Mannheim DVBl. 2023, 606; zur rechtlichen Steuerung der Freiraumentwicklung Spannowsky UPR 2005, 201. Zur lokalen und regionalen Flächenressourcenbewirtschaftung Bovet ZUR 2005, 49.

[5022] Kment in Jarass/Kment, BauGB, 2022, § 1 Rn. 70; BVerwG NVwZ 2016, 704.

nicht, weil sie nicht auf Grund von Rechts- oder Verwaltungsvorschriften aufgestellt werden müssen (Art. 2 a Plan-UP-RL). Auch bei der Steuerung des Einzelhandels oder von Vergnügungsstätten können städtebauliche Entwicklungskonzepte eingesetzt werden.

Nach § 176a I BauGB kann die Gemeinde ein städtebauliches Entwicklungskonzept beschließen, das Aussagen zum räumlichen Geltungsbereich, zu Zielen und zur Umsetzung von Maßnahmen enthält, die der Stärkung der Innenentwicklung dienen. Das städtebauliche Entwicklungskonzept soll nach § 176a II BauGB insbesondere der baulichen Nutzbarmachung auch von im Gemeindegebiet ohne Zusammenhang verteilt liegenden unbebauten oder brachliegenden Grundstücken dienen. Die Gemeinde kann ein städtebauliches Entwicklungskonzept gem. § 176a III BauGB auch zum Bestandteil der Begründung eines Bebauungsplans machen. Es geht dabei um die Reaktivierung von Innenbereichspotenzialflächen. Aufgeführt werden ua Brachflächen, Baulücken oder ungenutzte Grundstücke. Städtebauliche Entwicklungskonzepte sind nicht neu, sondern bereits an verschiedenen Stellen im BauGB angelegt (§ 1 VI Nr. 11 BauGB, für im Zusammenhang bebaute Ortsteile § 9 II a BauGB, für den Stadtumbau § 171 ff. BauGB sowie in § 245 I und 2 BauGB).[5023] 2344

Zur Umsetzung der Maßnahmen zur Innenentwicklung soll die Gemeinde gegebenenfalls auch die bestehenden Instrumente des Besonderen Städtebaurechts – auch in Kombination der einzelnen Instrumente – einsetzen können. In diesem Fall kann das städtebauliche Entwicklungskonzept als Begründungshilfe für die Erforderlichkeit der jeweils anzuwendenden Maßnahmen herangezogen werden. Die Gemeinden bedürfen für die Erarbeitung städtebaulicher Entwicklungskonzepte allerdings keiner weiteren gesetzlichen Regelung. Das können sie als Träger der gemeindlichen Planungshoheit und im Übrigen zB als sonstige städtebauliche Planung auf der Grundlage der bestehenden gesetzlichen Regelungen in § 1 VI Nr. 11 BauGB ohnehin vollziehen. Ein Bebauungsplan, mit dem das Zentren- bzw. Gewerbekonzept einer Gemeinde umgesetzt wird, ist nicht schon dann abwägungsfehlerhaft, wenn die Gemeinde zuvor von diesem Konzept abgewichen ist. Allerdings ist das Gewicht des Konzepts als abwägungsbeachtlicher Belang umso geringer, je häufiger und umfangreicher das Konzept bereits durchbrochen worden ist.[5024] 2345

14. Hochwasserschutz

Die dramatischen Folgen des Klimawandels waren im Jahre 2021 weltweit mit apokalyptischen Bildern von verheerenden Waldbränden und in Deutschland vor allem von zerstörerischen Hochwasserkatastrophen in Rheinland-Pfalz, in Bayern und in Nordrhein-Westfalen unübersehbar. Fast 200 Tote, Hunderte von Verletzten, verheerende Sachschäden und ein Wiederaufbauprogramm für die Hochwasserschäden der Bundesregierung in Höhe von 30 Mrd. Euro verdeutlichen den dringenden Handlungsbedarf zur Verstärkung des Hochwasserschutzes und für Maßnahmen zur Begrenzung des Klimawandels sowie zur Anpassung an den Klimawandel. Auch 2023 standen weite Teile vor allem in Norddeutschland unter Hochwasser. Mit dem Klimawandel steigt insbesondere auch das Hochwasserrisiko an Fließgewässern.[5025] Die Wahrscheinlichkeit extremer Regenfälle soll sich ausweislich einer im August 2021 veröffentlichten Attributionsstudie, mit der sich abschätzen lässt, inwieweit der vom Menschen verursachte Klimawandel für das Auftreten individueller Wetter- oder Klimaextreme verantwortlich ist, durch den Klimawandel um das 1,2 bis 9-Fache erhöht haben. Die Intensität dieser extremen Niederschläge wird sich aufgrund der globalen Erwärmung in Deutschland deutlich erhöhen. Schon nach einer Analyse der Internationalen Kommission zum Schutz des Rheines (IKSR) aus dem Jahre 2001 liegt bei einem Hochwasser, das durchschnittlich nur alle 200 Jahre eintrifft, das Sachschadenspotential allein für den Rhein bei rund 165 Mrd. Euro.[5026] Angesichts gewaltiger Hochwasserschäden schon in den letzten Jahrzehnten besteht insoweit kein 2346

[5023] Krautzberger/Stüer ZfBR 2021, 33; zu den „Leitlinien zum Hamburger Maß" als städtebauliches Entwicklungskonzept iSv § 1 VI Nr. 11 BauGB siehe OVG Hamburg Urt. v. 11.7.2023 – 2 E 4/22.N, juris Rn. 56.

[5024] BVerwG NVwZ 2009, 1103.

[5025] Monitoringbericht des Umweltbundesamts zur Deutschen Anpassungsstrategie an den Klimawandel, 2019, S. 68; auch im September 2024 kam es ua in Bayern, Sachsen, Österreich, Tschechen und Polen zu verheerenden Hochwasserereignissen.

[5026] siehe dazu den Abschlussbericht des Umweltbundesamts „Maßnahmen zur wassersensiblen Stadtentwicklung – Analyse des Standes der Starkregenvorsorge in Deutschland und Ableitung zukünftigen Handlungsbedarfs, Texte 55/2019, S. 37.

Zweifel, dass der Hochwasserschutz verstärkt werden muss. Ein verbesserter Hochwasserschutz als Konsequenz der sog. Jahrhunderthochwasser in den Jahren 2002, 2013 und 2016 war deshalb auch bereits Gegenstand mehrerer Novellen des WHG in den Jahren 1996, 2005, 2009 und 2017. Einem verbesserten Hochwasserschutz durch Instrumente der Raumordnung dient auch der am 1.9.2021 in Kraft getretene länderübergreifende Bundesraumordnungsplan Hochwasserschutz.[5027]

2347 Vorbeugender Hochwasserschutz ist vor allem auch Aufgabe der kommunalen Bauleitplanung.[5028] Nach § 1 VI Nr. 12 BauGB sind „die Belange des Küsten- oder Hochwasserschutzes und der Hochwasservorsorge, insbesondere die Vermeidung und Verringerung von Hochwasserschäden" zu berücksichtigen. Das setzt eine fachlich qualifizierte Ermittlung und Bewertung der im konkreten Planungsfall relevanten Aspekte voraus und erfordert regelmäßig die Einbeziehung der zuständigen Wasserbehörde.[5029] Unabhängig von den in der planerischen Abwägung nicht überwindbaren Einschränkungen der Bauleitplanung in förmlich festgesetzten oder vorläufig gesicherten Überschwemmungsgebieten gem. § 78 I bis III WHG ist der Hochwasserschutz insoweit bei der planerischen Abwägung stets zu berücksichtigen, im Hinblick auf das Erhaltungsgebot des § 77 WHG mit dem Gewicht eines Optimierungsgebots.[5030] Im Flächennutzungsplan kann die Gemeinde gem. § 5 II Nr. 7 BauGB Flächen darstellen, die im Interesse des Hochwasserschutzes und der Regelung des Wasserabflusses freizuhalten sind. Damit können auch Rückhalteflächen nach § 77 WHG, die wasserrechtlich nicht förmlich festgesetzt werden, im Flächennutzungsplan dargestellt werden.[5031] Gem. § 5 IVa BauGB sollen festgesetzte Überschwemmungsgebiete iSd § 76 II WHG, Risikogebiete außerhalb von Überschwemmungsgebieten iSd § 78b IWHG sowie Hochwasserentstehungsgebiete iSd § 78d Abs. 1 WHG nachrichtlich übernommen sowie noch nicht festgesetzte Überschwemmungsgebiete iSd § 76 III WHG und als Risikogebiete iSd § 73 I 1 WHG bestimmte Gebiete im Flächennutzungsplan vermerkt werden. Im Bebauungsplan können gem. § 9 I Nr. 16 BauGB neben Wasserflächen und Flächen für die Wasserwirtschaft auch Flächen für Hochwasserschutzanlagen und für die Regelung des Wasserabflusses festgesetzt werden, außerdem Gebiete, in denen bei der Errichtung baulicher Anlagen bestimmte bauliche oder technische Hochwasserschutzmaßnahmen notwendig werden, und schließlich Flächen, die auf einem Baugrundstück für die Versickerung von Niederschlagswasser freigehalten werden müssen, um insbesondere Hochwasserschäden vorzubeugen. § 9 Abs. 6a BauGB sieht außerdem vor, dass Hochwassergebiete der unterschiedlichen Gebietskategorien im Bebauungsplan nachrichtlich übernommen bzw. vermerkt werden sollen.

15. Flüchtlingsunterbringung

2348 Durch die Flüchtlingsunterbringungs-Novelle 2014 wurde in § 1 VI BauGB der Katalog der städtebaulichen Belange durch eine neue Nr. 13 ergänzt, wonach auch die Belange von Flüchtlingen oder Asylbegehrenden und ihrer Unterbringung bei der Abwägung zu berücksichtigen sind. Die Vorschrift soll sicherstellen, dass die Belange von Flüchtlingen, Asylbegehrenden und insbesondere deren Unterbringung bei der Bauleitplanung verstärkt berücksichtigt werden. Dies hat ua Bedeutung für die Erforderlichkeit entsprechender Bauleitpläne nach § 1 III BauGB. Die Stellungnahme der Bundesregierung weist darauf hin, dass es sich dabei um eine klarstellende Regelung handelt, weil der jetzt ausdrücklich geregelte Belang auch sonst als städ-

[5027] Dazu Beckmann BauR 2021, 1748; Kümper UPR 2023, 1; Wagner ZUR 2023, 283; Kümper NuR 2023, 731; zur Resilienz durch bauliche Hochwasservorsorge Faßbender NuR 2023, 658; zur Staatshaftung bei Hochwasserschäden Shirvani EuRUP 2022, 101; Frenz ZNER 2022, 115.

[5028] Näher zu Belangen des Hochwasserschutzes in der Bauleitplanung Mitschang ZfBR 2018, 329; Köck ZUR 2015, 515; siehe auch Beckmann. BauR 2021, 1748.

[5029] OVG Münster BauR 2017, 666; Hünnekens in Landmann/Rohmer, Umweltrecht, 2020, vor §§ 72 bis 81 WHG Rn. 39.

[5030] Hünnekens in Landmann/Rohmer, Umweltrecht, 2020, Vor §§ 72 bis 81 WHG Rn. 44; VGH München Urt. v. 14.12.2016 –15 N 15.1201, juris Rn. 42; OVG Lüneburg ZfBR 2008, 493; BauR 2008, 1846; Köck ZUR 2015, 515 (521 ff.); Schmitt ZfW 2016, 21 (23 ff.); auch das BVerwG hat ausdrücklich auf die besondere Bedeutung des Hochwasserschutzes in der Bauleitplanung hingewiesen, siehe BVerwGE 121, 283.

[5031] Mitschang/Arndt/Schnorr UPR 2018, 361, 367; Hünnekens in Landmann/Rohmer, Umweltrecht, Stand 2020, vor §§ 72 bis 81 WHG Rn. 40.

tebaulicher Belang bedeutsam gewesen wäre. Das gilt allerdings im Grunde für alle Belange in § 1 VI BauGB. Der Gesetzgeber hat den Katalog aber gleichwohl ergänzt, um für aktuelle und in ihrer Bedeutung wichtig erscheinende Anliegen der Planung in den Gemeinden auch einen Anhalt zu geben. Die Regelung gilt – wie auch die Änderung der Befreiungsvorschrift – unbefristet und hat eine entsprechende Hinweisfunktion.

Der neu aufgenommene Belang stellt auf die Belange von Flüchtlingen allgemein ab und nicht nur auf die Unterbringung der Flüchtlinge. Schon daraus ergibt sich, dass sich aus der städtebaulichen Neuregelung kein Argument für eine Unterbringung der Flüchtlinge ohne Berücksichtigung der geltenden Standards ableiten lässt. Im Gegenteil wäre nach den Belangen des Städtebaus die Planung einer unangemessenen („menschenunwürdigen") Unterbringung unzulässig. Dies gilt entsprechend für die in § 246 VIII bis X BauGB vorgesehenen Regelungen, die städtebaulich gerechtfertigt sein müssen und für die diese Grundsätze daher ebenso gelten. Der Unterbringung von Flüchtlingen oder Asylbegehrenden iS des § 246 IX BauGB dienen nur Vorhaben, mit denen die öffentliche Hand ihre Unterbringungsverantwortung wahrnimmt. Vorhaben privater Bauherrn sind nur begünstigt, wenn sie in Abstimmung mit der öffentlichen Hand errichtet werden oder in zumindest vergleichbarer Weise gesichert ist, dass sie der Wahrnehmung der öffentlichen Aufgabe dienen werden.[5032] § 246 X BauGB ist auf die Nutzungsänderung von baulichen Anlagen anwendbar. Eine Nutzungsänderung unter Anwendung von § 246 X BauGB bedarf nach § 246 XVII BauGB keiner Befristung.[5033] 2349

Mit der namentlichen Erwähnung von Flüchtlingen und Asylbegehrenden werden deren Belange in der gesetzlichen Wertung gestärkt auch mit dem Nebeneffekt, dass das Gebot der nachbarlichen Rücksichtnahme zugleich auch die Unterbringungsinteressen einzubeziehen hat. In welchem Umfang hierdurch eine Einschränkung des nachbarlichen Rücksichtnahmegebotes erfolgt ist, wird wohl abschließend erst durch die Rechtsprechung geklärt werden. Unter Flüchtlingen und Asylbegehrenden sind Ausländer zu verstehen, die in Deutschland einen Asylantrag gestellt haben oder für deren Unterbringung Bund, Länder und Gemeinden aus sonstigen Gründen Verantwortung tragen.[5034] 2350

16. Bodenschutzklausel

Nach § 1 a II 1 BauGB soll mit Grund und Boden sparsam und schonend umgegangen werden. Dabei sind Bodenversiegelungen auf das notwendige Maß zu begrenzen. Durch diese Bodenschutzklausel erlangt der sparsame und schonende Umgang mit Grund und Boden in der Abwägung eine besondere Bedeutung. Die in § 1 a II 1 und 2 BauGB normierten öffentlichen Belange des sparsamen und schonenden Umgangs mit Grund und Boden und der Beschränkung einer „Umwidmung" auf den notwendigen Umfang sind nach § 1 a II 3 BauGB in der Abwägung (§ 1 VII BauGB) zu berücksichtigen. Diese Bodenschutzklausel setzt der Gemeinde im Rahmen der planerischen Abwägung keine strikten, unüberwindbaren Grenzen. Die Belange sind auch nicht generell vorrangig. Ein Zurückstellen bedarf allerdings einer besonderen Rechtfertigung.[5035] Die Erweiterung der Bodenschutzklausel auch auf die Begrenzung der Bodenversiegelung soll sicherstellen, dass die Bauleitplanung Bodenversiegelungen nur in dem erforderlichen Umfang ausweist. Der Vorrang ist zwar relativ in dem Sinne, dass im konkreten Einzelfall ein Bodenverbrauch und die Bodenversiegelung durch höherwertige andere öffentliche Belange gerechtfertigt werden kann. Die Gründe müssen jedoch von entsprechendem Gewicht sein, um die gesetzliche Wertung überwinden zu können.[5036] Ein konkreter aktueller Bauflächenbedarf muss für ein stimmiges städtebauliches Konzept regelmäßig nicht vorliegen. Die Gemeinde darf auch für einen Bedarf planen, der sich erst für die Zukunft abzeichnet. Etwas anderes soll nach Auffassung des OVG Münster angesichts der Bodenschutzklausel des § 1a II BauGB ausnahmsweise dann gelten, wenn für die Ausweisung eines neuen Wohngebiets außerhalb der bestehenden Ortslage in der konkreten Planungssituation offensichtlich absehbar keinerlei Bedarf besteht.[5037] 2351

5032 BVerwG NVwZ 2010, 802.

5033 BVerwG BauR 2018, 951.

5034 Dirnberger in BeckOK BauGB, 2023, § 1 Rn. 131 b; Runkel in EZBK, BauGB, 2017, § 1 Rn. 178e.

5035 BVerwG ZfBR 2008, 689.

5036 OVG Münster BauR 2014, 2031; BVerwG ZfBR 2008, 689.

5037 OVG Münster BauR 2014, 2031.

2352 Ob die Verpflichtung zum sparsamen und schonenden Umfang allerdings in der Vergangenheit hinreichend beachtet worden ist, mag man bezweifeln. Zu Recht wird bemängelt, dass die von § 1a II 1, 2 BauGB angestrebte Reduzierung des Flächenverbrauchs eine „Schwachstelle der Bauleitplanung sei.[5038] Nach Angaben des Statistischen Bundesamts ist die Siedlungs- und Verkehrsfläche in Deutschland im vierjährigen Mittel der Jahre 2018 bis 2021 durchschnittlich um 55 Hektar pro Tag gewachsen. Ziel der Bundesregierung in der deutschen Nachhaltigkeitsstrategie ist es, den durchschnittlichen täglichen Anstieg bis zum Jahr 2030 auf unter 30 Hektar zu begrenzen. Bis 2050 wird eine Flächenkreislaufwirtschaft angestrebt. Das heißt, es sollen dann netto keine weiteren Flächen für Siedlungs- und Verkehrszwecke erschlossen werden.[5039] Im Zeitraum 2000 bis 2008 wurden nach den Angaben in der Deutschen Nachhaltigkeitsstrategie 2021 5.880 Quadratkilometer in Siedlungs- und Verkehrsflächen umgewandelt, was einer Fläche entspricht, die doppelt so groß ist wie das Saarland.[5040]

2353 § 1a II 1 BauGB regelt weder ein Versiegelungsverbot[5041] noch eine Baulandsperre, wonach eine weitere Inanspruchnahme von Flächen nur dann möglich wäre, wenn innerörtliche Entwicklungsmöglichkeiten umfassend ausgeschöpft sind. § 1a II 1 BauGB befördert in Verbindung mit der Bodenschutzgesetzgebung und Art. 20a GG eine bevorzugte Nutzung der der Entwicklungsmöglichkeiten nach innen.

2354 **a) Bodenschutzrecht.** Weitere Vorgaben zum Bodenschutz enthält das BBodSchG. Das Gesetz, das im Kern ein Altlastensanierungsgesetz ist, hat bundeseinheitliche rechtliche Grundlagen zum Schutz der Funktionen des Bodens geschaffen. Dies beinhaltet sowohl den Schutz vor schädlichen Bodenveränderungen als auch die Sanierung von Altlasten. Zugleich sind das KrWG und das BImSchG an das BBodSchG angepasst worden. Der Bodenschutz ist dabei in bestehende Verfahren integriert worden. Vorbeugender Bodenschutz und Altlastensanierung sind dabei zusammengeführt worden. Konkretisiert wird dies durch verschiedene Verpflichtungen zum Schutz des Bodens, durch eine Regelung zur Beseitigung von Bodenversiegelung und durch ein umfassendes Handlungsinstrumentarium zur Abwehr von Gefahren für Mensch und Umwelt, die von Altlasten ausgehen. Auch enthält das BBodSchG Ermächtigungen für den Erlass eines untergesetzlichen Regelwerks in Form einer Bodenschutz- und Altlastenverordnung, in der Anforderungen des Gesetzes konkretisiert werden.[5042]

2355 Mit einer sog. **Mantelverordnung**, dh einer Verordnung der Bundesregierung vom 12.5.2021 zur Einführung einer Ersatzbaustoffverordnung, zur Neufassung der Bundes-Bodenschutz- und Altlastenverordnung und zur Änderung der Deponieverordnung und der Gewerbeabfallverordnung, sind auch die Anforderungen an die nachhaltige Sicherung und Wiederherstellung der Funktionen des Bodens iSd § 1 BBodSchG näher bestimmt bzw. an den aktuellen Stand der Erkenntnisse angepasst worden. Mit der Neufassung der Bundes-Bodenschutz- und Altlastenverordnung ist die seit 1999 im Wesentlichen unveränderte Verordnung an den aktuellen Stand der wissenschaftlichen Erkenntnisse und die im Vollzug gewonnenen Erfahrungen angepasst worden. Darüber hinaus wurde ihr Regelungsbereich auf das Auf- oder Einbringen von Materialien unterhalb oder außerhalb einer durchwurzelbaren Bodenschicht ausgedehnt. Damit wurden die Anforderungen an die Verwertung von Materialien in Verfüllungen von Abgrabungen und Tagebauen erstmalig bundeseinheitlich und rechtsverbindlich festgelegt. Zudem wurde die Verordnung um Aspekte des physikalischen Bodenschutzes, die bodenkundliche Baubegleitung sowie die Gefahrenabwehr von schädlichen Bodenveränderungen auf Grund von Bodenerosion durch Wind erweitert. Die Methoden zur Bestimmung von Schadstoffgehalten wurden aktualisiert. Die Verordnung ist am 1.8.2023, zwei Jahre nach ihrer Verkündung, in Kraft getreten.[5043]

2356 Mit der Einführung der **Ersatzbaustoffverordnung** sind erstmalig bundeseinheitlich und rechtsverbindlich Anforderungen an die Herstellung und den Einbau mineralischer Ersatzbaustoffe festgelegt worden. Mineralische Ersatzbaustoffe im Anwendungsbereich der Verordnung sind ua Recycling-Baustoffe aus Bau- und Abbruchabfällen, Schlacken aus der Metallerzeu-

---

5038 Battis in BKL, BauGB, 2022, § 1a Rn. 3; siehe dazu auch Spannowsky UPR 2013, 201; Schink UPR 2016, 166.

5039 Siehe dazu Die Deutsche Nachhaltigkeitsstrategie, 2021, S. 270.

5040 Deutsche Nachhaltigkeitsstrategie, 2021, S. 271.

5041 Battis in BKL, BauGB, 2022, § 1 Rn. 6.

5042 Siehe dazu die Bundes-Bodenschutz- und Altlastenverordnung vom 9.7.2021 (BGBl. I S. 2598).

5043 Siehe dazu Franßen/Homann AbfallR 2023, 179; AbfallR 2023, 202 ff, Willand/Hoesch ZUR 2023, 84.

gung und Aschen aus thermischen Prozessen. Die Herstellung erfolgt dabei durch Anlagen, in denen die mineralischen Stoffe behandelt, insbesondere sortiert, getrennt, zerkleinert, gesiebt, gereinigt oder abgekühlt werden. Einbauseitig sind technische Bauwerke vor allem im Tiefbau, wie Straßen, Schienenverkehrswege, befestigte Flächen, Leitungsgräben, Lärm- und Sichtschutzwälle betroffen. Die Verordnung gibt zum einen für die jeweiligen Ersatzbaustoffe bzw. deren einzelne Klassen Grenzwerte in Bezug auf bestimmte Schadstoffe vor, deren Einhaltung durch den Hersteller im Rahmen einer Güteüberwachung zu gewährleisten ist. Zum anderen sieht sie an diese Grenzwerte angepasste Einbauweisen vor, die vom Verwender beim Einbau in das technische Bauwerk entsprechend den örtlichen Gegebenheiten zu beachten sind. Damit soll der Eintrag von Schadstoffen durch Sickerwasser in den Boden und das Grundwasser begrenzt und Verunreinigungen ausgeschlossen werden.

Zweck des BBodSchG ist es, nachhaltig die Funktionen des Bodens zu sichern und wieder- 2357
herzustellen. Hierzu sind schädliche Bodenverunreinigungen abzuwehren, der Boden und Altlasten sowie hierdurch verursachte Gewässerverunreinigungen zu sanieren und Vorsorge gegen nachteilige Einwirkungen auf den Boden zu treffen (§ 1 BBodSchG). Der Bodenschutz umfasst somit die Vorsorge und den Schutz gegen schädliche Einwirkungen **(qualitativer Bodenschutz)** und den Schutz vor einem Bodenverbrauch **(quantitativer Bodenschutz)**.[5044] Als Zweck des Gesetzes folgt der quantitative Bodenschutz zwar nicht direkt aus dem Wortlaut des § 1 BBodSchG. Er ist aber in der Begründung des Bundestages ausdrücklich genannt[5045] und hat zudem in der **Entsiegelungsvorschrift** des § 5 BBodSchG seinen Niederschlag gefunden. Soweit die Vorschriften des Baurechts die Befugnisse der Behörden nicht regeln, wird die Bundesregierung durch § 5 S. 1 BBodSchG ermächtigt, nach Anhörung der beteiligten Kreise durch Rechtsverordnung mit Zustimmung des Bundesrates Grundstückseigentümer zu verpflichten, bei dauerhaft nicht mehr genutzten Flächen, deren Versiegelung im Widerspruch zu planungsrechtlichen Festsetzungen steht, den Boden in seiner Leistungsfähigkeit iSd § 1 BBodSchG so weit wie möglich und zumutbar zu erhalten oder wiederherzustellen. Bis zum Inkrafttreten einer Rechtsverordnung nachkönnen durch die nach Landesrecht zuständigen Behörden im Einzelfall gegenüber den Verpflichteten Anordnungen zur Entsiegelung getroffen werden, wenn die in § 5 S. 1 BBodSchG im Übrigen genannten Voraussetzungen vorliegen.

Boden ist nach § 2 I BBodSchG die obere Schicht der Erdkruste, soweit sie Träger der 2358
Bodenfunktionen ist, einschließlich ihrer flüssigen und gasförmigen Bestandteile (Bodenlösung und Bodenluft). Ausgeklammert werden das Grundwasser und Gewässerbetten. Bei dieser Definition des Bodens besteht ein Spannungsverhältnis zu § 1 BBodSchG, der auch die Sanierung von Gewässerverunreinigungen als Gesetzeszweck benennt. Diese Trennung von Boden und Grundwasser ist allerdings vor dem Hintergrund des Nassauskiesungsbeschlusses des BVerfG[5046] konsequent, führt aber dort zu Abgrenzungsschwierigkeiten, wo die verschiedenen Aggregatzustände ineinander übergehen. Die **Funktionen** des Bodens sind in § 2 II BBodSchG beschrieben. Danach erfüllt der Boden, zu dem auch die flüssigen und gasförmigen Bestandteile ohne das Grundwasser gehören, Funktionen als (1) Lebensgrundlage und Lebensraum für Menschen, Tiere, Pflanzen und Bodenorganismen, (2) als Bestandteil des Naturhaushalts, insbesondere mit seinen Wasser- und Nährstoffkreisläufen, (3) als Abbau-, Ausgleichs- und Aufbaumedium für stoffliche Einwirkungen auf Grund der Filter-, Puffer- und Stoffumwandlungseigenschaften, insbesondere auch zum Schutz des Grundwassers, (4) als Archiv der Natur und Kulturgeschichte, (5) als Rohstofflagerstätte, (6) als Fläche für Siedlung und Erholung, (7) als Standort für die land- und forstwirtschaftliche Nutzung sowie (8) als Standort für sonstige wirtschaftliche und öffentliche Nutzungen, Verkehr, Ver- und Entsorgung. Die **Gesetzgebungskompetenz** des Bundes ergibt sich aus Art. 74 I Nr. 18 GG, wobei die Zuständigkeit zur Gesetzgebung auch die Regelung der Ordnungsgewalt in diesem Sachgebiet umfasst.[5047]

Das Gesetz enthält eine Reihe weiterer **Definitionen**. So sind etwa schädliche Bodenver- 2359
änderungen Beeinträchtigungen der Bodenfunktionen, die geeignet sind, Gefahren, erhebliche Nachteile oder erhebliche Belästigungen für den einzelnen oder die Allgemeinheit herbeizuführen (§ 2 III BBodSchG). Zum Schutz der menschlichen Gesundheit und der Bodenfunktionen vor Langzeitrisiken[5048] können Anforderungen zur Vorsorge gegen schädliche Bodenver-

---

5044 Neun NJ 1999, 123; Peine DVBl. 1998, 157.
5045 BT-Drucks. 13/6701, S. 28.
5046 BVerfG NJW 1982, 745.
5047 BVerfGE 3, 407; BVerwGE 84, 247.
5048 Peine DVBl. 1998, 157.

änderungen festgelegt werden.[5049] Der Schutzzweck ist allerdings schon durch die Definition der „schädlichen Bodenveränderung“ auf den Menschen als primäres Schutzobjekt bezogen. Die Bodensanierung knüpft an keinen bestimmten Zeitpunkt in der Vergangenheit an, wie dies zum Beispiel im Westen der 11.6.1972 (AbfG) und im Osten 1.7.1990 (DDR-URG) hätte sein können.[5050] Verdachtsflächen sind Grundstücke, bei denen der Verdacht schädlicher Bodenveränderungen besteht (§ 2 IV BBodSchG). **Altlasten** sind (1) stillgelegte Abfallbeseitigungsanlagen sowie sonstige Grundstücke, auf denen Abfälle behandelt, gelagert oder abgelagert worden sind (Altablagerungen) sowie (2) stillgelegte Anlagen, ausgenommen Anlagen, deren Stilllegung einer Genehmigung nach dem AtG bedarf, und sonstige Grundstücke, auf denen mit umweltgefährdenden Stoffen umgegangen worden ist, soweit die Anlagen oder Grundstücke gewerblichen Zwecken dienten oder im Rahmen wirtschaftlicher Unternehmungen Verwendung fanden (Altstandorte), durch die schädliche Bodenveränderungen oder sonstige Gefahren für den einzelnen oder die Allgemeinheit hervorgerufen werden (§ 2 V BBodSchG). **Altlastenverdächtige Flächen** sind Altablagerungen und Altstandorte, bei denen der Verdacht schädlicher Bodenveränderungen oder sonstiger Gefahren für den einzelnen oder die Allgemeinheit besteht (§ 2 VI BBodSchG).

2360 Das BBodSchG Gesetz findet nach § 3 I BBodSchG auf schädliche Bodenveränderungen und Altlasten nur Anwendung, soweit nicht im Einzelnen aufgelistete speziellere Vorschriften Einwirkungen auf den Boden nicht regeln. Dazu gehören Vorschriften des KrWG über das Aufbringen von Abfällen zur Verwertung als Düngemittel und der hierzu auf der Grundlage des KrWG erlassenen Rechtsverordnungen. Hinzu kommen speziellere Regelungen des KrWG über die Zulassung und den Betrieb von Abfallbeseitigungsanlagen zur Beseitigung von Abfällen sowie über die Stilllegung von Deponien, über die Beförderung gefährlicher Güter, des Düngemittel- und Pflanzenschutzrechts, des Gentechnikgesetzes, des Zweiten Kapitels des Bundeswaldgesetzes und der Forst- und Waldgesetze der Länder, des Flurbereinigungsgesetzes über das Flurbereinigungsgebiet, auch in Verbindung mit dem Landwirtschaftsanpassungsgesetz, über Bau, Änderung, Unterhaltung und Betrieb von Verkehrswegen oder Vorschriften, die den Verkehr regeln, des Bauplanungs- und Bauordnungsrechts, des BBergG und der auf Grund des BBergG erlassenen Rechtsverordnungen über die Errichtung, Führung oder Einstellung eines Betriebes sowie Vorschriften des BImSchG und der auf Grund des BImSchG erlassenen Rechtsverordnungen über die Errichtung und den Betrieb von Anlagen unter Berücksichtigung von § 3 III BBodSchG.

2361 Eine Inanspruchnahme zur **Nachsorge und Sanierung einer Deponie** auf der Grundlage des BBodSchG setzt dessen Anwendbarkeit in Abgrenzung zu den Bestimmungen des KrWG voraus. § 2 Nr. 10 KrWG bestimmt, dass das KrWG nicht anwendbar ist auf Böden am Ursprungsort (Böden in situ), einschließlich nicht ausgehobener, kontaminierter Böden und Bauwerke, die dauerhaft mit dem Grund und Boden verbunden sind. § 2 Nr. 11 KrWG bestimmt außerdem, dass das KrWG nicht anwendbar ist auf kontaminiertes Bodenmaterial und andere natürliche vorkommende Materialien, die bei Bauarbeiten ausgehoben wurden, sofern sichergestellt ist, dass die Materialien in ihrem natürlichen Zustand an dem Ort, an dem sie ausgehoben wurden, für Bauzwecke verwendet werden. Insoweit ist außerhalb des Deponierechts das BBodSchG anzuwenden.[5051] Nach § 3 I Nr. 2 BBodSchG besteht für schädliche Bodenveränderungen ein Anwendungsvorrang der Vorschriften des KrWG über die Zulassung und den Betrieb von Abfallbeseitigungsanlagen zur Beseitigung von Abfällen sowie über die Stilllegung von Deponien. Im Übrigen aber ist das BBodSchG anwendbar, wenn es sich bei der nachzusorgenden Deponie um eine Altlast im Sinne von § 2 V BBodSchG handelt oder wenn von ihr schädliche Bodenveränderungen im Sinne von § 2 III BBodSchG ausgehen. Für die Anforderungen an die Rekultivierung und für sonstige Vorkehrungen zum Schutz des Wohls der Allgemeinheit im Zusammenhang mit der Stilllegung einer Deponie sehen § 40 I, II KrWG spezielle Regelungen vor, die dem BBodSchG vorgehen. Mit dem Erlass des BBodSchG ist im Abfallrecht jedoch eine Rückausnahme für den Anwendungsbereich des BBodSchG aufgenommen worden, wonach für die Erfassung, Untersuchung, Bewertung und Sanierung von Deponien die Vorschriften des BBodSchG gelten, sofern der Verdacht besteht, dass von einer stillgelegten bzw. heute endgültig stillgelegten Deponie schädliche Bodenveränderungen oder

---

5049 BT-Drucks. 13/6701, 1.

5050 Vierhaus NJW 1998, 1262.

5051 Beckmann in Landmann/Rohmer Umweltrecht II, 2019, § 40 KrWG Rn. 56; zur Nachsorge für Tagebau Beckmann UPR 2024 (in Vorbereitung).

sonstige Gefahren für den Einzelnen oder die Allgemeinheit ausgehen. Angesichts des Verweises auf das BBodSchG in § 40 II 2 BBergG muss hinsichtlich der Sanierung und Nachsorge von Deponien danach differenziert werden, ob sie bereits endgültig stillgelegt worden sind, oder ob lediglich ihre beabsichtigte Stilllegung der zuständigen Behörde angezeigt wird und ob es sich um Anforderungen handelt, die zum Schutz des Bodens oder aber zum Schutz anderer Gemeinwohlbelange gestellt werden. Die zeitliche Reichweite der Anordnungsbefugnis nach § 40 II 1 KrWG endet mit der (behördlich festgestellten) endgültigen Stilllegung der Deponie, jedenfalls soweit es sich um schädliche Bodenveränderungen und Altlasten handelt.[5052] Die Anwendbarkeit des BBodSchG ist nach § 40 II 2 KrWG von zwei Voraussetzungen abhängig. Es muss sich einerseits um eine endgültig stillgelegte Deponie handeln. Zum anderen muss hinsichtlich dieser Deponie der Verdacht bestehen, dass von ihr schädliche Bodenveränderungen oder sonstige Gefahren für den Einzelnen oder die Allgemeinheit ausgehen.[5053] Bis zum Abschluss der Nachsorgephase durch eine Feststellung nach § 40 V KrWG ist das KrWG die speziellere Norm darstellt und geht dem BBodSchG insoweit vor; bei der Verweisung in § 40 II 2 KrWG handelt es sich um eine Rechtsfolgen-, nicht um eine Rechtsgrundverweisung.[5054]

Die Ermächtigungsgrundlagen des BBodSchG werden durch **bergrechtliche Vorschriften** 2362
nicht verdrängt, wenn Sanierungsmaßnahmen zur Gefahrenabwehr ohne Bezug auf einen Betriebsplan ergriffen werden sollen. Die Subsidiarität des Bodenschutzrechts zum Bergrecht ist in § 3 I Nr. 10 BBodSchG geregelt. Danach findet das BBodSchG auf schädliche Bodenveränderungen und Altlasten nur insoweit Anwendung, als Vorschriften des BBergG und der aufgrund des BBergG erlassenen Rechtsverordnungen über die Errichtung, Führung oder Einstellung eines Betriebes Einwirkungen auf den Boden nicht regeln. Die Zulassungsvoraussetzungen für bergrechtliche Betriebspläne ergeben sich aus den §§ 55, 48 BBergG. In beiden Vorschriften verwendet der Gesetzgeber eine Vielzahl unbestimmter Rechtsbegriffe, die auch durch Anforderungen des BBodSchG zu konkretisieren sind, so dass die Schutzstandards des Bodenschutzrechts auch bei der bergrechtlichen Betriebsplanzulassung zu berücksichtigen.[5055] Soweit umweltbezogene Anforderungen nicht nach § 55 BBergG berücksichtigt werden müssen, können sie als „überwiegende öffentliche Interessen" iSd § 48 II 1 BBergG beachtlich sein. Anwendbar ist das Bodenschutzrecht auch nach Entlassung des Bergwerks aus der Bergaufsicht nach §§ 69 II, 169 II BBergG und wenn es im Laufe des betriebsplanzugelassenen Bergbaubetriebes zu schädlichen Bodenveränderungen kommt oder Altlasten entdeckt werden, für die das BBergG keine Regelungen trifft.[5056] Schädliche Bodenveränderungen infolge einer Verfüllung von Abfällen lassen sich anhand der in § 55 I Nr. 3, 6, 7 und 9 BBergG normierten Voraussetzungen nicht sachgerecht erfassen, sodass in Ermangelung bergrechtlicher Vorschriften, die die hier in Rede stehenden Einwirkungen auf den Boden regeln, das BBodSchG ist.[5057] Hiernach sind grundsätzlich die dort normierten Ermächtigungsgrundlagen für ein behördliches Handeln heranzuziehen. Geht es um die Abwehr von Gefahren, ist die Generalklausel des § 10 I BBodSchG einschlägig.[5058] Über § 48 II 1 BBergG sind bei der Verwertung von Abfällen durch Verfüllung eines Tagebaus im Rahmen eines bergrechtlichen Betriebsplans Vorschriften des Bodenschutzrechts anwendbar und zwar nicht nur für den Bereich des durchwurzelten oder durchwurzelbaren Bodens und auch nicht beschränkt auf die Verfüllung mit Boden iSv § 2 II BBodSchG.[5059] Dies folgt nach Auffassung des BVerwG aus dem Schutzzweck des BBodSchG, weil auch die unterhalb des durchwurzelbaren Bodens liegende Schicht natürliche Bodenfunktionen erfüllt, insbesondere zum Schutz des Grundwassers (§ 2 II Nr. 1 c BBodSchG).[5060]

5052 Beckmann in Landmann/Rohmer Umweltrecht II, 2019, § 40 KrWG Rn. 60.

5053 Zu den Nachsorgepflichten eines Insolvenzverwalters für eine stillgelegte Deponie siehe BVerwG UPR 2023, 396 = juris Rn. 9.

5054 VGH München Beschl. v. 24.5.2023 – 12 CS 21.2182, juris Rn. 44; BayVBl. 2023, 632; BVerwG Urt. v. 7.11.2018 – 7 C 18.18, BeckRS 2018, 38647;

5055 Erbguth/Schubert in BeckOK Umweltrecht, 2020, § 3 BBodSchG Rn. 18.

5056 Erbguth/Schubert in BeckOK Umweltrecht, 2020, § 3 BBodSchG Rn. 18.

5057 BVerwGE 123, 247 (253, 257).

5058 BVerwG NVwZ 2018, 1647; Hennecken I+E 2018, 229; Rietzler IBR 2019, 43.

5059 BVerwG Urt. v. 22.11.2018 – 7 C 9/17, juris Rn. 19; Dazert AbfallR 2005, 223 (225; AbfallR 2010, 102 (103); Attendorn AbfallR 2006, 167 (168 ff.); Frenz AbfallR 2012, 72 (74); Müggenborg NVwZ 2012, 659 (664); siehe OVG Magdeburg AbfallR 2017, 173.

5060 BVerwG Urt. v. 22.11.2018 – 7 C 9/17, juris Rn. 19.

2363 Keine Subsidiarität des BBodSchG besteht auch gegenüber dem **Wasser- und Naturschutzrecht**, obwohl beide Rechtsbereiche ,wie etwa die Eingriffsregelung in den §§ 13 bis 17 BNatSchG, Bodenschutzregeln enthalten.[5061] Die Regelungen sind folglich nebeneinander anwendbar.[5062] Die parallele Anwendung wurde gewählt, da viele Bodenveränderungen gleichzeitig für das Grundwasser relevant sind, denn in der Regel führen schwerwiegende Bodenkontaminationen wegen des typischen Wirkungspfades (des Sickerwassers) auch zu Grundwasserschädigungen,[5063] und eine Abstimmung mit wasserrechtlichen Regelungen ist daher erforderlich.[5064] Die Grundwassersanierung ist daher – wie bereits zuvor – auf die Ermächtigungsgrundlagen in den Landeswassergesetzen – zum Teil in Verbindung mit den polizeilichen Generalklauseln oder dem Landesbodenschutzgesetz – zu stützen.[5065]

2364 Das Verhältnis zum **Immissionsschutzrecht** ergibt sich aus § 3 I Nr. 11, III BBodSchG. Soweit das Immissionsschutzrecht über die Vorschriften hinsichtlich der Errichtung und des Betriebs von Anlagen Einwirkungen auf den Boden mitregelt, tritt das BBodSchG danach zurück. Für genehmigungsbedürftige Anlagen iSd § 5 BImSchG ist jedoch § 3 III 1 BBodSchG zu beachten, wonach immissionsbedingte schädliche Bodenveränderungen iSd Bodenschutzrechts als schädliche Umwelteinwirkungen iSd § 3 I BImSchG gelten. Nicht immissionsbedingte schädliche Bodenveränderungen gelten als sonstige Gefahren, erhebliche Nachteile oder erhebliche Belästigungen iSd § 5 I BImSchG. Das Bodenschutzrecht gilt deshalb einheitlich auch für immissionsschutzrechtliche Anlagen; es legt die materiellen Maßstäbe dafür fest, inwieweit Bodenbelastungen Gefahren für den Boden begründen; den Umfang der Anforderungen an die Anlagen bzgl. der Abwehr von und der Vorsorge vor schädlichen Umwelteinwirkungen bestimmt allerdings das Immissionsschutzrecht.[5066] Genehmigungsbedürftige Anlagen müssen daher so errichtet und betrieben werden, dass auch schädliche Bodenveränderungen iSd Bodenschutzrechts, unabhängig davon, ob sie immissionsbedingt oder in sonstiger Weise verursacht werden, nicht hervorgerufen werden. Außerdem muss nach § 5 I Nr. 2 BImSchG Vorsorge gegen immissionsbedingte und nicht immissionsbedingte schädliche Bodenveränderungen getroffen werden; auch nach einer Betriebseinstellung dürfen keine schädlichen Bodenveränderungen hervorgerufen werden (§ 5 III Nr. 1 BImSchG iVm § 3 III 1 BBodSchG).

2365 Als eine der zentralen Vorschriften über Grundsätze und Pflichten regelt § 4 BBodSchG die Pflichten zur **Gefahrenabwehr**. Jeder, der auf den Boden einwirkt, hat sich so zu verhalten, dass schädliche Bodenveränderungen nicht hervorgerufen werden (§ 4 I BBodSchG). Der **Grundstückseigentümer** und der **Inhaber der tatsächlichen Gewalt** über ein Grundstück sind verpflichtet, Maßnahmen zur Abwehr der von ihrem Grundstück drohenden schädlichen Bodenveränderungen zu ergreifen (§ 4 II BBodSchG). Der Verursacher einer schädlichen Bodenverunreinigung oder Altlast, der Grundstückseigentümer und der Inhaber der tatsächlichen Gewalt über ein Grundstück sind verpflichtet, den Boden und Altlasten sowie durch schädliche Bodenveränderungen oder Altlasten verursachte Verunreinigungen von Gewässern so zu sanieren, dass dauerhaft keine Gefahren, erhebliche Nachteile oder erhebliche Belästigungen für den einzelnen oder die Allgemeinheit entstehen. Hierzu kommen bei Belastungen durch Schadstoffe neben Dekontaminations- auch Sicherungsmaßnahmen in Betracht, die eine Ausbreitung der Schadstoffe langfristig verhindern. Soweit dies nicht möglich oder unzumutbar ist, sind sonstige Schutz- und Beschränkungsmaßnahmen durchzuführen (§ 4 III BBodSchG). § 4 IV BBodSchG verweist dazu auf das Planungsrecht. Bei Erfüllung der boden- und altlastenbezogenen Pflichten nach § 4 I bis III BBodSchG ist die planungsrechtlich zulässige Nutzung des Grundstücks und das sich daraus ergebende Schutzbedürfnis zu beachten, soweit dies mit dem Schutz der Bodenfunktionen zu vereinbaren ist. Fehlen planungsrechtliche Festsetzungen, bestimmt die Prägung des Gebietes unter Berücksichtigung der absehbaren Entwicklung das Schutzbedürfnis. Die bei der Sanierung von Gewässern zu erfüllenden Anforderungen bestimmen sich nach dem Wasserrecht.

2366 Die Rechtsfrage, wer als Verursacher **Handlungsstörer** ist, beurteilt sich nach den allgemeinen Grundsätzen. Verursacher iSd § 4 III 1 BBodSchG ist jede natürliche oder juristische

---

5061 Kahl/Gärditz Umweltrecht, 2023, § 9 Rn. 18; Kloepfer Umweltrecht, 2016, § 13 Rn. 203 ff.; BR-Drucks 702/96, S. 7.

5062 §§ 4 IV 3 und 7 S. 6 BBodSchG zum Wasserrecht, Vierhaus NJW 1998 1262.

5063 Neun NJ 1999, 123.

5064 BT-Drucks 13/6701, S. 28.

5065 Vierhaus NJW 1998 1262; Neun NJ 1999, 123.

5066 Kahl/Gärditz Umweltrecht, 2023, § 9 Rn. 17.

Person, die an einer Bodenkontamination zumindest mitgewirkt hat. Es handelt sich um eine Verhaltensverantwortlichkeit. Ein Verschulden ist, wie auch sonst im Polizei- und Ordnungsrecht, nicht erforderlich.[5067] Probleme können allerdings bei Altlasten auftreten. Als Verursachung gilt, die Herbeiführung einer Altablagerung oder eines Altstandortes. Die gegenwärtigen gefahren oder Störungen sind folge der Altlast und nicht einer gesonderten Verursachung. Daher ist Verursacher iS des § 4 III BBodSchG, wem die damalige Herbeiführung (heute) als Altlast zugerechnet werden kann. Problematisch kann dies bei alten Altlasten oder Ur-Altlasten werden. Seit dem Inkrafttreten des BBodSchG können stets neue Altlasten entstehen. Infolge des weiten nicht nur einen bestimmten Zeitpunkt der Verursachung umfassenden Altlastenbegriffs werden aber auch weit in der Vergangenheit entstandene Altlasten erfasst. Diese sind dann unter verschiedenen Rechtsregimen entstanden und werden anhand dieser unterteilt.[5068]

Zustandsstörer iS des § 4 III BBodSchG sind der Eigentümer, der Inhaber der tatsächlichen Gewalt und der ehemalige Eigentümer eines aufgegebenen Grundstücks. Neben dem grundbuchmäßigen Grundstückseigentümer trifft als Inhaber der tatsächlichen Gewalt auch Mieter, Pächter, Erbbauberechtigte und Insolvenzverwalter eine Zustandsverantwortung, wobei jedoch nicht an den Besitz im zivilrechtlichen Sinne (§ 854 I BGB), sondern an die tatsächliche unmittelbare Einwirkungsmöglichkeit angeknüpft wird, was zur Folge hat, dass auch der Besitzdiener (§ 855 BGB) zustandsverantwortlich sein kann.[5069] 2367

Etwas anderes gilt nur für Liegenschaften der deutschen und verbündeten Streitkräfte gem. § 23 BBodSchG, für die Beseitigung von Kampfmitteln, die nach § 3 II BBodSchG vom § 4 III BBodSchG ausgenommen sind, und für Liegenschaften der ehemaligen Westgruppe, bei denen Haftungsfreistellungen nach dem UmweltrahmenG zu beachten sind. Die Aufgabe eines Grundstücks gem. § 928 I BGB ist für die öffentlich-rechtliche Haftung unbeachtlich. Damit wird eine Lücke im bisherigen allgemeinen Sicherheits- und Ordnungsrecht geschlossen. Der aufgebende Eigentümer ist nicht identisch mit dem früheren Eigentümer nach § 4 VI BBodSchG. Die Haftung gem. § 4 VI BBodSchG ist eine Pflicht, die den ehemaligen Eigentümer zur Sanierung verpflichtet, wenn er sein Eigentum nach dem 1.3.1999 übertragen hat und die Kontamination kannte oder kennen musste.[5070] 2368

Nach § 4 III 1 BBodSchG ist auch der **Gesamtrechtsnachfolger** des Verursachers einer schädlichen Bodenveränderung oder Altlast zur Sanierung verpflichtet. Die Haftung der Gesamtrechtsnachfolger ist auf Grund einer Initiative des Bundesrates in das Gesetz aufgenommen worden, um einerseits dem Verursacherprinzip stärker Rechnung zu tragen und andererseits um für den Anwendungsbereich dieses Gesetzes den Rechtsstreit zu klären, ob eine Gesamtrechtsnachfolge in die abstrakte Verhaltensverantwortlichkeit stattfindet.[5071] Zu unterscheiden ist die Gesamtrechtsnachfolge von der reinen Rechtsidentität, wie sie durch §§ 190 ff. UmwG möglich ist. Bei einem solchen Formwechsel liegt eine Rechtsidentität vor, die keine neue Haftung eines Gesamtrechtsnachfolgers bewirkt, sondern es bleibt bei der alten Verantwortlichkeit als Verursacher. Die Verantwortlichkeit des Gesamtrechtsnachfolgers für vom Erblasser verursachte schädliche Bodenverunreinigungen ist nach Ansicht des OLG München keine Nachlassverbindlichkeit, sondern eine abstrakte Polizeipflicht, die nicht im zivilrechtlichen Sinne vererbbar ist. § 4 III 1 BBodSchG schafft danach eine gefahrenabwehrrechtliche Haftungsnorm außerhalb des Erbrechts, die unmittelbar gegen den Erben gerichtet ist. Die Behörde kann den Erben gemäß § 10 I BBodSchG, der sich auf die in § 4 BBodSchG genannten Verantwortlichen bezieht, zum Adressaten einer Ordnungsverfügung machen. Die abstrakte Ordnungspflicht, die der Erblasser begründet hat, wird dann in der Person des Erben zum ersten Mal konkret, so dass es sich allenfalls um Erbfall- oder Nachlasskostenschulden handeln kann.[5072] 2369

§ 4 III BBodSchG beansprucht auch für die Zeit vor Inkrafttreten des BBodSchG Geltung. Die Sanierungspflicht des Gesamtrechtsnachfolgers des Verursachers verstößt **nicht** gegen das grundsätzliche **Verbot der Rückwirkung** von Gesetzen. Sie ist normativer Ausdruck eines seit langem anerkannten allgemeinen Grundsatzes des Verwaltungsrechts, wonach öffentlich-rechtliche Pflichten auf den Gesamtrechtsnachfolger übergehen. Bei der abstrakten Polizeipflicht handelt es sich um eine unfertige Verpflichtung, deren wesentliches Merkmal – nämlich 2370

[5067] Giesberts/Hilf in BeckOK Umweltrecht, 2023, § 4 BBodSchG Rn 22.
[5068] Becker DVBl. 1999, 134.
[5069] Kahl/Gärditz Umweltrecht, 2023, § 9 Rn. 26.
[5070] Becker DVBl. 1999, 134; Neun NJ 1999, 123.
[5071] BR-Drucks. 702/96, S. 9.
[5072] OLG München MDR 2021, 1202 = juris Rn. 16.

die Pflicht zur Gefahrenabwehr oder Störungsbeseitigung – im Zeitpunkt der Gesamtrechtsnachfolge bereits angelegt und damit hinreichend bestimmt ist. Diese materielle Verpflichtung geht auf den Gesamtrechtsnachfolger über und wird durch das Hinzutreten weiterer Umstände (Ermessensausübung, Bescheiderlass) konkretisiert. Die Pflicht zur Gefahrenabwehr ist nicht höchstpersönlich und daher gesamtrechtsnachfolgefähig.[5073] Allerdings bezieht sich das Gesetz nicht auf die in ihm benannten **Altfälle**. Eine ausdrückliche Regelung enthält § 4 VI 1 BBodSchG, der die Haftung des Eigentümers auf die Fälle beschränkt, in denen das Eigentum nach dem 1.3.1999 übertragen wurde. Ebenso wird aber auch aus dem grundsätzlichen verfassungsrechtlichen Verbot einer echten Rückwirkung eine Anwendung auf die Altfälle der Gesamtrechtsnachfolge ausgeschlossen. Insoweit bleibt die Rechtslage zumindest für Altfälle nach wie vor unsicher, sodass vorrangig der Zustandsstörer mit einer Inanspruchnahme rechnen muss.[5074] Zur Vermeidung einer verfassungswidrigen Rückwirkung ist nach Auffassung des BGH der Anwendungsbereich des § 4 III BBodSchG dahingehend verfassungskonform zu reduzieren, dass diese Vorschrift eine im Jahr 1926 erfolgte Gesamtrechtsnachfolge nicht erfasst.[5075]

2371 Nach § 4 III 4 BBodSchG besteht eine **Einstandspflicht**. Danach ist zur Sanierung verpflichtet, wer aus handelsrechtlichem oder gesellschaftlichem Grund für eine juristische Person einstehen muss. Durch diese Regelung wollte der Gesetzgeber auf Initiative des Bundesrates eine weitere Lücke im allgemeinen Sicherheits- und Ordnungsrecht für den Bereich des BBodSchG schließen.[5076] Als fremde juristische Person kommt nur ein eingetragener Verein, eine AG, eine GmbH, die KGaA, die eingetragene Genossenschaft, der Versicherungsverein auf Gegenseitigkeit oder die bergrechtliche Gewerkschaft sowie die juristischen Personen des öffentlichen Rechts in Betracht.[5077] Einstandssubjekt können alle natürlichen und rechtsfähigen juristischen Personen, sowie die juristischen Personen des öffentlichen Rechts sein. Die Einstandspflicht entsteht, wenn es einen handelsrechtlichen oder gesellschaftsrechtlichen Rechtsgrund gibt. Es kommen verschiedene Rechtsgründe in Betracht, die eine solche Haftung auslösen können.

2372 Die **Durchgriffshaftung** lässt einen Zugriff auf den oder die Gesellschafter zu (§ 4 III 4 BBodSchG). Diese Haftung ist unabhängig von etwaigen Haftungsbegrenzungen. Die Durchgriffe sind aber nur in sehr eng umschriebenen Ausnahmen zulässig, da sonst die Regel der Haftungsbegrenzung auf die juristische Person umgangen würde. Anerkannte Ausnahmen sind (1) der Rechtsformenmissbrauch, wenn also die juristische Person nur gegründet wurde um Eigentümerin des kontaminierten Grundstücks zu werden, (2) die Sphärenvermischung, wenn das kontaminierte Grundstück der bestehenden Gesellschaft durch einen Gesellschafter im Wissen um die Kontamination übertragen wurde und (3) wenn ein beherrschender Gesellschafter seinen Einfluss zum Erwerb des Grundstücks durch die Gesellschaft genutzt hat. Der Gesellschafter darf aber nicht organschaftlich gehandelt haben. Denn dann wäre er selbst Handlungsstörer.[5078]

2373 Auch die Unterkapitalisierung[5079] kann eine **Durchgriffshaftung** begründen, wenn etwa eine Gesellschaft, die das kontaminierte Grundstück aufnehmen soll, nur mit dem Mindesthaftungskapital gegründet wird oder das altlastenbehaftete Grundstück in einer bestehenden Gesellschaft eingebracht wird, deren Stammkapital auf die gesetzlich vorgeschriebene Mindesthöhe gemindert wird.[5080] In beiden Fällen liegt ein Missbrauch des Gesellschaftsrechts vor, der einen Haftungsdurchgriff auf die Träger der juristischen Person erlaubt.[5081] **Spaltungen** von juristischen Personen regeln sich nach dem UmwG und werden für § 4 III 4 BBodSchG bedeutsam, wenn insbesondere nur ein Teil der neuen Rechtsträger mit den kontaminierten Flächen belastet wird. Als gesellschaftsrechtliche Spaltungsarten kommen die Aufspaltung, die

---

5073 BVerwG NVwZ 2006, 928.

5074 VGH Mannheim VBlBW 2000, 154.

5075 BGH W+B 2017, 35 = juris Rn. 32

5076 BR-Drucks 702/96, S. 10.

5077 Becker DVBl. 1999, 134.

5078 Becker DVBl. 1999, 134.

5079 Zu vergleichbaren Fällen BVerfG NVwZ 2001, 65; BGHZ 60, 102; BGHZ 86, 82; BGHZ 125, 218.

5080 Vierhaus NJW 1998, 1262; zur Durchgriffshaftung nach § 4 III 4 BBodSchG BVerwG Beschl. v. 5.6.2019 – 7 B 21/18, juris Rn. 11; OVG Münster DVBl. 2018, 1086 = juris Rn. 73.

5081 BGH NJW 1993, 1200; BSG NJW 1984, 2117; BSG NJW-RR 1997, 94; OVG Lüneburg MDR 1996, 1024; Westermann ZHR 155 (1991), 223.

Abspaltung und die Ausgliederung in Betracht. Maßgebend für die Einstandspflichten ist der § 133 UmwG und der darin liegende allgemeine Rechtsgedanke. Gem. § 133 UmwG haften alle an der Spaltung beteiligten für die Verbindlichkeiten des übertragenden Rechtsträgers, die vor dem Wirksamwerden der Spaltung begründet worden sind. In direkter Anwendung des § 133 I UmwG muss lediglich der Rechtsgrund der Verbindlichkeit vor der Spaltung vorhanden gewesen sein.[5082] Für Sanierungspflichten muss also eine konkretisierte Sanierungspflicht vor der Spaltung bestanden haben. Lag noch keine Konkretisierung vor, kann in der Aufspaltung ein Missbrauchsvorgang liegen und damit ggf. § 4 III BBodSchG § 133 UmwG analog angewendet werden.[5083] Somit folgt bei Spaltungen eine gemeinschaftliche Haftung aller Beteiligten, wenn die Sanierungspflicht bereits konkretisiert war oder die Spaltung einen Rechtsmissbrauch darstellt. Im Falle einer **Konzernabhängigkeit** eines Unternehmens von einem anderen soll der beherrschende Konzern einstehen, wenn der beherrschte Konzern nicht in der Lage ist, seinen Verpflichtungen nachzukommen.[5084]

Die Einstandspflichten aus **handelsrechtlichem Rechtsgrund** ergeben sich aus den §§ 25 ff. HGB, in denen Erwerber- und Veräußererhaftungen geregelt sind. Für eine Haftung muss die Verbindlichkeit grundsätzlich schon vor dem Übergang begründet worden sein.[5085] Geht nur das kontaminierte Grundstück über, bleibt der Veräußerer in der Haftung, obwohl die Zustandshaftung übergegangen ist. Geht das gesamte Handelsgewerbe ohne das kontaminierte Grundstück über, haften ebenfalls der Veräußerer und der Erwerber. Bei rechtsmissbräuchlicher Übertragung greift daher eine generelle Einstandspflicht. **2374**

Der **Sanierungspflichtige** muss nach § 4 III 2 BBodSchG dem Inhalt nach eine Sanierung iSd § 2 VII BBodSchG durchführen und zusätzlich dafür Sorge tragen, dass keine weiteren Gefahren, erheblichen Nachteile oder erheblichen Belästigungen von dem Boden ausgehen können. Eine Einschränkung dieser umfassenden Sanierungspflicht folgt aber aus § 4 III 3 BBodSchG, wonach die Pflichten bei Unzumutbarkeit oder Unmöglichkeit, auf sonstige Sicherungs- und Beschränkungsmaßnahmen beschränkt werden. Planungsrechtliche und tatsächliche Nutzungen des Grundstücks sind beim Sanierungsumfang zu berücksichtigen (§ 4 IV BBodSchG), wenn dies mit § 2 II Nr. 1 und 2 BBodSchG vereinbar ist. Ein Grundstück für ein Wohn- und Geschäftsnutzung unterliegt daher höheren Anforderungen an die Sanierung als ein Gewerbegrundstück oder ein Grundstück im Außenbereich. Durch § 4 V BBodSchG werden Kontaminierungen, die nach dem 1.3.1999 eingetreten sind, grundsätzlich einer Sanierungspflicht unterworfen. Diese ist allerdings ausgeschlossen, wenn die Beseitigung der Altlast unter der Berücksichtigung der Vorbelastung unverhältnismäßig wäre oder wenn der Verursacher auf Grund einer Genehmigung darauf vertrauen durfte, dass er den Boden belasten dürfe. **2375**

Soweit die Vorschriften des Baurechts die Befugnisse der Behörden nicht regeln, wird die Bundesregierung in § 5 BBodSchG ermächtigt, nach Anhörung der beteiligten Kreise durch Rechtsverordnung mit Zustimmung des Bundesrates Grundstückseigentümer zu verpflichten, bei dauerhaft nicht mehr genutzten Flächen, deren Versiegelung im Widerspruch zu planungsrechtlichen Festsetzungen steht, den Boden in seiner Leistungsfähigkeit so weit wie möglich und zumutbar zu erhalten und wiederherzustellen. Die Ermächtigung der Bundesregierung bezieht sich auch auf Regelungen für das Auf- und Einbringen von Materialien auf oder in den Boden (§ 6 BBodSchG) sowie die Festlegung von Werten und Anforderungen (§ 8 BBodSchG). Es handelt sich dabei um Werte, bei deren Überschreiten unter Berücksichtigung der Bodennutzung eine einzelfallbezogene Prüfung durchzuführen und festzustellen ist, ob eine schädigende Bodenveränderung oder Altlast vorliegt **(Prüfwerte)**, um Werte für Einwirkungen oder Belastungen, bei deren Überschreiten unter Berücksichtigung der jeweiligen Bodennutzung in der Regel von einer schädlichen Bodenveränderung oder Altlast auszugehen ist und Maßnahmen erforderlich sind **(Maßnahmenwerte)** sowie nur um Anforderungen an die Abwehr schädlicher Bodenveränderungen und die Sanierung des Bodens und von Altlasten. Auch ist die Bundesregierung ermächtigt, Vorsorgewerte nach § 7 BBodSchG festzulegen und Vorschriften über zulässige Zusatzbelastungen und Anforderungen zur Vermeidung oder Verminderung von Stoffeinträgen zu erlassen (§ 7 II BBodSchG). Den Grundstückseigentümer und Inhaber der tatsächlichen Gewalt treffen nach § 7 BBodSchG Vorsorgepflichten gegen schädliche Bodenveränderungen, die durch ihre Nutzung auf dem Grundstück oder in dessen Ein- **2376**

[5082] Sagasser/Bula Umwandlungen, S. 215.
[5083] Becker DVBl. 1999, 134.
[5084] BR-Drucks. 702/96, S. 11.
[5085] Becker DVBl. 1999, 134.

wirkungsbereich hervorgerufen werden können Vorsorgemaßnahmen sind geboten, wenn wegen der räumlichen langfristigen oder komplexen Auswirkungen einer Nutzung auf die Bodenfunktionen die Besorgnis einer schädigenden Bodenveränderung besteht.[5086]

2377 Liegen Anhaltspunkte für eine **schädliche Bodenveränderung** vor, veranlasst die zuständige Behörde eine **Gefährdungsabschätzung** und bei hinreichendem Verdacht weitere Untersuchungen. Diese sind ggf. auch von den Pflichtigen zu tragen. Zur Erfüllung der sich aus §§ 4, 7 BBodSchG und aus der Rechtsverordnung ergebenden Pflichten kann die Behörde sonstige **Anordnungen** erlassen. § 9 BBodSchG sieht zur Gefahrenermittlung ein Kaskadenmodell vor. Liegen Anhaltspunkte dafür vor, dass eine schädliche Bodenverunreinigung oder Altlast oder eine hierdurch verursachte Gewässerverunreinigung besteht, sind zunächst die zuständigen Behörden nach § 9 I BBodSchG zur Ermittlung verpflichtet. Bei dieser Amtsermittlung können die potenziell Sanierungspflichtigen nach § 9 II BBodSchG zur Mitwirkung herangezogen werden, sobald konkrete Anhaltspunkte einen hinreichenden Gefahrenverdacht begründen. Die als Störer in Betracht kommenden Personen können verpflichtet werden, nähere Untersuchungen zur Bestätigung oder zur Widerlegung des Gefahrenverdachts durchzuführen. Für die rechtmäßige Anordnung einer bodenschutzrechtlichen Untersuchungsanordnung genügt es, wenn im insoweit maßgeblichen Zeitpunkt ex ante bei Erlass der Behördenentscheidung der durch objektive Faktoren hinreichend gestützte Verdacht eines erheblichen Verursachungsbeitrags des zur Durchführung Verpflichteten besteht.[5087] Für das Vorliegen der Voraussetzungen eines Kostenerstattungsanspruchs nach § 24 I 2 BBodSchG richtet sich die materielle Beweislast nach dem Normbegünstigungsprinzip und liegt deswegen beim Anspruchsteller.[5088] Die jeweils ermittelten Untersuchungsergebnisse sind von den zuständigen Behörden zu bewerten. Sie entscheidet über den Abschluss der Ermittlungen. Das behördliche Handlungsinstrumentarium gegenüber den Verantwortlichen für schädliche Bodenveränderungen oder Altlasten ist dabei im BBodSchG abschließend geregelt. Landesrechtliche Regelungen über eine konstitutive Altlastenfeststellung durch Verwaltungsakt ist durch das Bundesrecht verdrängt worden.[5089]

2378 Bei der Bewertung der Untersuchungsergebnisse sind die **Prüf- und Maßnahmenwerte der BBodSchV** entscheidend. Werden Prüf- oder Maßnahmenwerte unterschritten, liegt keine schädliche Bodenverunreinigung oder Altlast vor. Maßnahmen zur Gefahrenabwehr sind nicht erforderlich. Der Gefahrenverdacht ist widerlegt; die Fläche steht ohne weiteres für künftige Nutzungen zur Verfügung. Werden die Prüfwerte überschritten, indiziert dies das Vorliegen einer schädlichen Bodenveränderung oder Altlast. Allerdings sind nach § 8 I 2 Nr. 1 BBodSchG weitere einzelfallbezogene Prüfungen erforderlich. Wenn Schadstoffe auf Grund von besonderen geologischen Formationen nicht mobil sind oder biologisch nicht wirksam werden, können trotz einer Überschreitung der Prüfwerte keine Gefahren, erhebliche Nachteile oder erhebliche Belästigungen vorliegen. Werden die Maßnahmewerte überschritten, ist im Gegensatz zu Prüfwerten nach § 8 I 2 Nr. 2 BBodSchG regelmäßig ohne weiteres vom Vorliegen schädliche Bodenveränderungen oder Altlasten auszugehen und es sind Gegenmaßnahmen durchzuführen. Der Gefahrenverdacht ist mit der Überschreitung der Maßnahmenwerte regelmäßig gegeben und kann nur bei ganz ungewöhnlichen Umständen widerlegt werden.

2379 Der **dritte Teil des BBodSchG** enthält ergänzende Vorschriften für Altlasten.[5090] Darunter finden sich auch Regelungen über eine Sanierungsuntersuchung und Sanierungsplanung bei Sanierungserfordernissen (§ 12 BBodSchG). Auch in diesem Bereich ist die Bundesregierung zu Rechtsverordnungen ermächtigt. Das Gesetz enthält zudem ein System der behördlichen Überwachung und der Eigenkontrolle (§ 15 BBodSchG) und ermöglicht ergänzende Anordnungen zur Altlastensanierung (§ 16 BBodSchG). Für die **Landwirtschaft** ist der Standard einer guten fachlichen Praxis vorgeschrieben, durch den die Vorsorgepflicht nach § 7 BBodSchG erfüllt wird (§ 17 BBodSchG). Ziel der guten fachlichen Praxis der landwirtschaftlichen Bodennutzung ist die nachhaltige Sicherung der Bodenfruchtbarkeit und Leistungsfähigkeit des Bodens als natürlicher Ressource. Hierzu enthält das Gesetz eine Reihe von Vorgaben, welche die Bodenbewirtschaftung betreffen (§ 17 II BBodSchG). Unterziele sind dann zB die Erhaltung und Verbesserung der Bodenstruktur, die Vermeidung von Bodenverdichtung sowie

[5086] Zum vorsorgenden Bodenschutz siehe auch Martin ZUR 2021, 677.
[5087] VGH Mannheim VBLBW 2020, 76 = juris Rn. 6.
[5088] VGH Mannheim VBLBW 2020, 76 = juris Rn. 11.
[5089] BVerwG NVwZ 2006, 1067.
[5090] Vierhaus NWVBL 2007, 425.

Bodenabträgen oder die Erhaltung der naturbetonten Strukturelemente der Feldflur. Als Handlungsanleitungen werden die standortangepasste Bodenbearbeitung unter Berücksichtigung der Witterung, der sachgerechte Einsatz von Geräten, die standortangepasste Nutzung des Bodens, die sachgerechte Fruchtfolgegestaltung sowie die sachgerechte Zufuhr von organischer Substanz angeführt. Die Regelung erkennt die Risiken, die der Bodenbewirtschaftung drohen, und gibt Mittel, diese zu bewältigen. Ein Zuwiderhandeln ist allerdings nicht sanktioniert. Denn die Behörde kann keine entsprechenden Anordnungen treffen. Auch ist der Verstoß gegen das Gebot der guten fachlichen Praxis keine Ordnungswidrigkeit nach § 26 BBodSchG.[5091]

§ 25 BBodSchG sieht einen **Wertausgleich** vor, wenn durch den Einsatz öffentlicher Mittel 2380
bei Maßnahmen zur Erfüllung des § 4 BBodSchG der Verkehrswert des Grundstücks nicht unwesentlich erhöht wird und der Eigentümer die Kosten hierfür nicht oder nicht vollständig getragen hat. Dabei wird die Differenz aus dem Wert, der sich nach Durchführung der Sanierungsmaßnahme ergibt (Endwert), und dem Wert bei Beginn der Sanierungsmaßnahme (Anfangswert) gebildet (§ 25 II BBodSchG). Der Ausgleichsbetrag wird bei Abschluss der Sicherung oder Sanierung fällig (§ 25 III 1 BBodSchG). Der Ausgleichsbetrag ruht als öffentliche Last auf dem Grundstück. Es wird im Grundbuch dann in der zweiten Abteilung folgender Vermerk eingetragen: Bodenschutzlast. Auf dem Grundstück ruht ein Ausgleichsbetrag nach § 25 BBodSchG als öffentliche Last.

Das BBodSchG wird durch die **Bundes-Bodenschutz- und Altlastenverordnung** 2381
(BBodSchV) ergänzt. Die BBodSchV regelt nähere Anforderungen, insbesondere 1. zur Vorsorge gegen das Entstehen schädlicher Bodenveränderungen, einschließlich Anforderungen an das Auf- oder Einbringen von Materialien auf oder in den Boden sowie Vorsorgewerte und zulässige Zusatzbelastungen, 2. zur Gefahrenabwehr bei Bodenerosion, 3. zur Untersuchung, Bewertung und Sanierung von schädlichen Bodenveränderungen und Altlasten, einschließlich Anforderungen an Sanierungsuntersuchungen und Sanierungsplanung sowie Prüf- und Maßnahmenwerte, 4. an die Vorerkundung, Probennahme und -analyse. Diese Verordnung gilt nicht für 1. den Einbau von mineralischen Ersatzbaustoffen in technische Bauwerke, soweit dieser nach Maßgabe der Ersatzbaustoffverordnung erfolgt, 2. das Auf- oder Einbringen von Baggergut unterhalb oder außerhalb einer durchwurzelbaren Bodenschicht im Deichbau, 3. das Auf- oder Einbringen von Materialien unterhalb oder außerhalb einer durchwurzelbaren Bodenschicht auf Halden oder in Absetzteichen des Bergbaus sowie die Herstellung einer durchwurzelbaren Bodenschicht auf Halden des Kalibergbaus, soweit auf der Halde nicht eine regelmäßige Nutzung durch Park- und Freizeitanlagen geplant ist, 4. das Einbringen von Materialien in bergbauliche Hohlräume gemäß der Versatzverordnung, 5. das Einbringen von Materialien in Anlagen des Bundes gemäß § 9a III AtG, 6. das Auf- oder Einbringen von Materialien nach den Vorschriften des Dünge- und Pflanzenschutzrechts.

Am 16.7.2021 ist die neue BBodSchV verkündet worden; sie ist am 1.8.2023 in Kraft ge- 2382
treten. Mit der Neufassung der BBodSchV werden die Anforderungen an die nachhaltige Sicherung und Wiederherstellung der Funktionen des Bodens iSd BBodSchG näher bestimmt und an den gegenwärtigen Stand der wissenschaftlichen und vollzugspraktischen Erkenntnisse angepasst werden. Die BBodSchV n.F. fasst die Regelung zum Auf- und Einbringen von Materialien neu und erweitert den Anwendungsbereich um den Bereich unterhalb und außerhalb einer durchwurzelbaren Bodenschicht. Sie enthält zudem Regelungen zum physikalischen Bodenschutz, zur bodenkundlichen Baubegleitung und zur Gefahrenabwehr bei Erosion durch Wind.

Anforderungen an das Auf- oder Einbringen von Materialien waren bislang nur in sehr all- 2383
gemeiner Form geregelt. Lediglich das Auf- und Einbringen von Materialien auf oder in eine durchwurzelbare Bodenschicht oder zur Herstellung einer durchwurzelbaren Bodenschicht war normiert. Für die Verwertung in Form der Verfüllung von Abgrabungen und Tagebauen wurden bisher die unter Federführung der Bund/Länder-Arbeitsgemeinschaft Abfall (LAGA) erarbeitete LAGA-Mitteilung 20 „Anforderungen an die stoffliche Verwertung von mineralischen Abfällen – Technische Regeln" zugrunde gelegt. Die §§ 6 bis 8 BBodSchV nF schreiben die Anforderungen an das Auf- und Einbringen von Materialien rechtsverbindlich fest. § 6 BBodSchV nF fasst die Anforderungen an das Auf- oder Einbringen von Materialien zusammen, die sowohl für die durchwurzelbare Bodenschicht als auch unterhalb oder außerhalb der durchwurzelbaren Bodenschicht gelten. § 7 BBodSchV nF regelt die spezifischen Anforderun-

---

[5091] Peine DVBl. 1998, 157.

gen an das Auf- oder Einbringen von Materialien in die durchwurzelbare Bodenschicht. § 8 BBodSchV n.F. bestimmt zusätzlichen Anforderungen an das Auf- und Einbringen von Materialien unterhalb oder außerhalb einer durchwurzelbaren Bodenschicht.

2384 Zur Vorsorge gegen schädliche Bodenveränderungen die BBodSchV n.F. eine Regelvermutung auf wann, eine schädliche Bodenveränderung zu besorgen ist. Neben stofflichen Einträgen können auch **physikalische Einwirkungen** zu schädlichen Bodenveränderungen führen. Übersteigt die Belastung die eigentliche Belastbarkeit des Bodens, kann es in der Folge zu Verdichtungen kommen. Dies wiederum kann zu einer nachhaltigen Beeinträchtigung der natürlichen Bodenfunktionen führen. Dazu enthält die neue BBodSchV eine Erweiterung des Regelkatalogs und erfasst mit § 3 I Nr. 3 BBodSchV auch Aspekte des physikalischen Bodenschutzes. § 4 III BBodSchV n.F. bestimmt ergänzend die zu beachtenden Vorsorgeanforderungen zur Vermeidung und Verminderung von physikalischen Einwirkungen.

2385 Mit der Novellierung der BBodSchV 2021/2023 werden auch rechtsverbindliche Vorgaben zur Durchführung einer **bodenkundlichen Baubegleitung bei größeren Bauvorhaben** eingeführt. Damit soll der Bodenschutz bereits in der Planungs-, Ausschreibungs- und Ausführungsphase sichergestellt werden. Bei Maßnahmen, die die durchwurzelbare Bodenschicht auf mehr als 3000 m² beanspruchen, kann die jeweilige Genehmigungsbehörde nach § 4 V BBodSchV n.F. im Benehmen mit der zuständigen Bodenschutzbehörde eine bodenkundliche Baubegleitung verlangen.

2386 § 9 BBodSchV nF erweitert die frühere Regelung zur Gefahrenabwehr bei Bodenerosion durch Wasser auf durch eine Regelung zur Gefahrenabwehr bei Bodenerosion durch Wind.

2387 Für die Praxis wichtig sind auch die Regelungen über den **Sanierungsplan** und den **Sanierungsvertrag**, die durch die BBodSchV näher ausgestaltet werden. Die grundlegenden Vorgaben sind bereits in den §§ 13 und 14 BBodSchG enthalten, die allerdings nur für Altlasten im technischen Sinne gelten (§ 2 V BBodSchG).

2388 Nach § 13 I 1 BBodSchG soll die zuständige Behörde bei Altlasten, bei denen wegen der Verschiedenartigkeit der nach § 4 BBodSchG erforderlichen Maßnahmen ein abgestimmtes Vorgehen notwendig ist oder von denen auf Grund von Art, Ausbreitung oder Menge der Schadstoffe in besonderem Maße schädliche Bodenveränderungen oder sonstige Gefahren für den einzelnen oder die Allgemeinheit ausgehen, von einem nach § 4 III, V oder VI BBodSchG zur Sanierung Verpflichteten die notwendigen Untersuchungen zur Entscheidung über Art und Umfang der erforderlichen Maßnahmen (**Sanierungsuntersuchungen**) sowie die Vorlage eines **Sanierungsplans** verlangen, der insbesondere 1. eine Zusammenfassung der Gefährdungsabschätzung und der Sanierungsuntersuchungen, 2. Angaben über die bisherige und künftige Nutzung der zu sanierenden Grundstücke, 3. die Darstellung des Sanierungsziels und die hierzu erforderlichen Dekontaminations-, Sicherungs-, Schutz-, Beschränkungs- und Eigenkontrollmaßnahmen sowie die zeitliche Durchführung dieser Maßnahmen enthält.

2389 Die zuständige Behörde kann nach § 13 II BBodSchG verlangen, dass die Sanierungsuntersuchungen sowie der Sanierungsplan von einem **Sachverständigen** nach § 18 BBodSchG erstellt werden. Wer nach § 13 I BBodSchG einen Sanierungsplan vorzulegen hat, hat die nach § 12 BBodSchG Betroffenen nach § 13 III 1 BBodSchG frühzeitig, in geeigneter Weise und unaufgefordert über die geplanten Maßnahmen zu informieren. § 12 S. 2 und 3 BBodSchG gilt nach 3 13 III 2 BBodSchG entsprechend.

2390 Die zuständige Behörde kann den Plan, auch unter Abänderungen oder mit Nebenbestimmungen, nach § 13 VI 1 BBodSchG für verbindlich erklären. Ein für verbindlich erklärter Plan schließt andere die Sanierung betreffende behördliche Entscheidungen mit Ausnahme von Zulassungsentscheidungen für Vorhaben, die nach § 1 iVm Anlage 1 UVPG oder kraft Landesrechts einer Umweltverträglichkeitsprüfung unterliegen, mit ein, soweit sie im Einvernehmen mit der jeweils zuständigen Behörde erlassen und in dem für verbindlich erklärten Plan die miteingeschlossenen Entscheidungen aufgeführt werden (§ 13 VI 2 BBodSchG). Allerdings müssen die zuständigen Behörden ihr Einvernehmen erklären. Dies soll die Sanierungsverfahren beschleunigen,[5092] was allerdings wegen der einzuholenden fachbehördlichen Einvernehmenserklärungen nicht unumstritten ist.[5093] Die Verbindlichkeitserklärung eines Sanierungsplans nach § 13 VI 1 BBodSchG ist eine Entscheidung iS des § 1 I 1 Nr. 5 UmwRG; sie kann nach § 35 II 1 und III UVPG eine einzelfallbezogene Vorprüfung voraussetzen, ob eine **Stra-**

[5092] BT-Drucks. 13/6701, S. 42.
[5093] Vierhaus NJW 1998, 1262.

tegische Umweltprüfung durchzuführen ist.[5094] Das BVerwG erläutert dazu, dass die Verbindlichkeitserklärung Elemente einer Zulassungsentscheidung enthält. Die Erklärung nach § 13 VI 1 BBodSchG sei zwar keine Voraussetzung dafür, Maßnahmen zur Umsetzung kraft Gesetzes bestehender Sanierungsverpflichtungen (vgl. § 4 III BBodSchG) zu ergreifen. Insoweit handele es sich um keine Genehmigung im engeren Sinne, die ein bestehendes präventives Verbot für ein Tätigwerden rechtsgestaltend aufhebe. Jedoch bewirke die Verbindlichkeitserklärung eines Sanierungsplans die Inpflichtnahme des sanierungspflichtigen Antragstellers, bei der Durchführung der Sanierung nicht hinter den nach dem Sanierungsplan vorgesehenen Maßnahmen zurückzubleiben. Zum anderen enthalte sie die fachbehördliche Feststellung, dass die im Plan dargestellten Maßnahmen sachgerecht seien und es bezüglich der konkreten Altlast weitergehender Maßnahmen nicht bedürfe. In diesem Sinne mache sich die zuständige Behörde den Sanierungsplan zu eigen. Dieser erzeuge durch den Akt der Verbindlichkeitserklärung über die bloße Darstellungsfunktion hinaus rechtliche Bindungen.[5095]

Der **Sanierungsplan** kann nach § 14 BBodSchG auch von der Behörde selbst oder durch einen Sachverständigen gem. § 18 BBodSchG erstellt und für verbindlich erklärt werden – allerdings nur unter der Voraussetzung, dass (1) der Plan nicht fristgerecht oder unzureichend eingereicht wurde, (2) ein Verpflichteter nicht oder nicht rechtzeitig herangezogen werden kann oder (3) das Ausmaß der Verunreinigung oder die Anzahl der Verpflichteten ein koordiniertes Vorgehen erfordert.[5096] **2391**

Mit dem Sanierungsplan kann gem. § 13 IV BBodSchG ein **Sanierungsvertrag** eingereicht werden, durch den die Einzelheiten der Sanierung festgelegt und Dritte mit in die Sanierung einbezogen werden können. Der Sanierungspflichtige kann dadurch auch die teilweise sehr hohen Kosten für die Sanierung entsprechend seiner Leistungsfähigkeit verteilen.[5097] Die Einzelheiten dieses Sanierungsvertrags richten sich nach den §§ 54 bis 62 VwVfG.[5098] **2392**

b) Berücksichtigung von Altlasten in der Bauleitplanung. Besondere Ermittlungspflichten kommen den Gemeinden bei der Überplanung altlastenverdächtiger Standorte zu.[5099] Flächen mit umweltgefährdenden Stoffen (Altlasten) sind bei der Bauleitplanung im Hinblick auf die allgemeinen Anforderungen an gesunde Wohn- und Arbeitsverhältnisse (§ 1 VI Nr. 1 BauGB) und Belange des Umweltschutzes (§ 1 VI Nr. 7 BauGB) besonders zu berücksichtigen. Nach § 5 III Nr. 3 BauGB sollen im Flächennutzungsplan für bauliche Nutzungen vorgesehene Flächen, deren Böden erheblich mit umweltgefährdenden Stoffen belastet sind, gekennzeichnet werden. Auch im Bebauungsplan sollen nach § 9 V Nr. 3 BauGB Flächen gekennzeichnet werden, deren Böden erheblich mit umweltgefährdenden Stoffen belastet sind. Die Gemeinde hat daher bei dem Verdacht von Altlasten im Rahmen der Bauleitplanung in eine sorgfältige Überprüfung einzutreten, ob Gefahren für die in § 1 V, VI BauGB bezeichneten Schutzgüter bestehen und welche Folgerungen daraus für die planerischen Darstellungen und Festsetzungen zu ziehen sind. Soweit Schadstoffe bekannt sind, für die in der BBodSchV Prüfwerte, Maßnahmenwerte und Vorsorgewerte gelten, sind diese mit anzugeben. Außerdem hat die Gemeinde nach § 9 II Nr. 2 BauGB die Möglichkeit, die Entstehung von Baurechten auf den gekennzeichneten Grundstücken im Wege einer aufschiebend bedingten Festsetzung von dem Ausgang einer Untersuchung bzw. vom Abschluss der im Bebauungsplan angesprochenen Sanierung abhängig zu machen.[5100] **2393**

Die sich im Rahmen der Bauleitplanung ergebenden Ermittlungs- und Berücksichtigungspflichten bestehen nicht nur zugunsten der Allgemeinheit, sondern auch zugunsten betroffener Bewohner des Plangebietes oder anderer Beteiligter, die in vergleichbarer Weise in den Schutzbereich der sich aus dem Abwägungsgebot ergebenden Pflichten einbezogen sind. So haben die Amtsträger einer Gemeinde gem. Art. 34 GG, § 839 BGB die **Amtspflicht**, bei der Aufstellung von Bebauungsplänen Gesundheitsgefährdungen zu verhindern, die den zukünftigen **2394**

5094 BVerwG NuR 2023, 836 = juris Rn. 16, 21; siehe auch VGH Mannheim ZUR 2022, 48.

5095 BVerwG NuR 2023, 836 = juris Rn. 16.

5096 Zur Frage, ob der bodenschutzrechtliche Sanierungsplan einer strategischen Umweltprüfung bedarf, siehe Mohr UPR 2024, 12.

5097 Vierhaus NJW 1998, 1262.

5098 Erbguth/Stollmann NuR 1999, 127.

5099 Siehe dazu Troidl NuR 2023, 749.

5100 Schrödter/Möller in Schrödter, BauGB, 2019, § 9 Rn. 368.

Bewohnern des Plangebietes aus dessen Bodenbeschaffenheit drohen.[5101] Diese Amtspflichten bestehen auch gegenüber einem Grundstückseigentümer, der nach Aufstellung des Bebauungsplans ein Grundstück mit noch zu errichtendem Wohnhaus erwirbt. Die Haftung wegen einer Verletzung dieser Amtspflicht umfasst dabei auch Vermögensschäden, die der Erwerber dadurch erleidet, dass er im Vertrauen auf eine ordnungsgemäße Planung Wohnungen errichtet oder kauft, die nicht bewohnbar sind.

2395 Aufgabe des Planungsträgers ist es, die **künftige Wohnbevölkerung** vor Umweltbelastungen und Gefahren zu schützen, die von dem Grund und Boden des Plangebietes ausgehen. Für die planende Gemeinde ist bereits bei der Aufstellung des Bebauungsplans erkennbar, dass die Ausweisung eines Wohngebietes, das den allgemeinen Anforderungen an gesunde Wohn- und Arbeitsverhältnisse nicht genügt, über den Kreis der derzeitigen Grundstückseigentümer hinaus auch deren Rechtsnachfolger oder Nutzungsberechtigte nachteilig berühren wird. In diesem Sinne ist mithin die planerische Ausweisung eines Geländes objektbezogen und nicht lediglich personenbezogen.[5102]

2396 Nicht zu dem Kreis der geschützten Dritten zählen diejenigen **Eigentümer**, die überhaupt nicht die Absicht haben, die Grundstücke zu bebauen, bei denen also eine Verantwortlichkeit für die zu errichtenden Bauten von vornherein ausscheidet. Ebenso wenig werden solche Personen geschützt, die zwar an der Verwirklichung einer der Festsetzung des Planes entsprechenden Bebauung wirtschaftlich beteiligt sind, damit jedoch reine Vermögensinteressen verfolgen, ohne zugleich auch eine nach außen gerichtete Verantwortlichkeit zu übernehmen. Der BGH zählt hierzu insbesondere Kreditgeber der Bauträger oder Bauherren, die sich durch Grundpfandrechte an den als Bauland ausgewiesenen Grundstücken absichern lassen.[5103] Ebenso wird das bloße Vermögensinteresse, welches darin besteht, dass ein von Altlasten freies Grundstück einen höheren Marktwert hat als ein belastetes, durch die Pflicht, bei der Bauleitplanung die Anforderungen an gesunde Wohn- und Arbeitsverhältnisse zu berücksichtigen, nicht geschützt.[5104]

2397 Die Berücksichtigung der allgemeinen Anforderungen an gesunde Wohnverhältnisse und der Belange des Umweltschutzes gebietet, dass die Gemeinde schon bei der **Planung** und nicht erst bei der **bauaufsichtlichen Prüfung** der Zulässigkeit eines Bauvorhabens Gefahrensituationen ermittelt und in die planerische Abwägung einstellt, die als Folge der Planung entstehen oder verfestigt werden können. Daher hat die Gemeinde bereits bei der Zusammenstellung des Abwägungsmaterials (§ 2 III BauGB) Gefährdungen aufzuklären, die durch eine Überplanung mit Altlasten behafteter Flächen für die Gesundheit von Menschen oder die Standsicherheit von Bauwerken entstehen können. Eine solche Haftung aus einer Amtspflichtverletzung kommt dabei unabhängig von der Frage in Betracht, ob der Bebauungsplan den sich aus § 1 V und VI BauGB ergebenden Anforderungen entspricht oder wegen eines Verstoßes gegen das Abwägungsgebot § 1 VII BauGB unwirksam ist. Für die **Verschuldensfrage** stellt der BGH auf die Kenntnisse und Einsichten ab, die für die Führung des übernommenen Amtes im Durchschnitt erforderlich sind, nicht auf die Fähigkeiten, über die der Beamte tatsächlich verfügt. Jeder Beamte muss die zur Führung seines Amtes erforderlichen Rechts- und Verwaltungskenntnisse besitzen oder sich verschaffen. Für Mitglieder kommunaler Vertretungskörperschaften gelten keine geringeren Sorgfaltspflichten. Die Mitglieder von Ratsgremien müssen sich daher auf die zur Beratung anstehenden Entscheidungen sorgfältig vorbereiten. Sind sie dazu auf Grund fehlender Sachkunde nicht in der Lage, muss der Rat der Verwaltung, sonstiger Fachbehörden oder ggf. externer Sachverständiger eingeholt werden.

2398 In weiteren Entscheidungen hat der BGH allerdings einer **uferlosen Ausdehnung** der gemeindlichen **Ermittlungspflichten** und Haftungsrisiken Einhalt geboten.[5105] Danach ist die planerische Ausweisung eines ehemaligen Deponiegeländes zu Wohnzwecken als solche nicht rechtswidrig, wenn von der Deponie keine Gesundheitsgefahren ausgehen. Die plangebende Gemeinde kann jedoch verpflichtet sein, das Deponiegelände im Bebauungsplan zu kennzeichnen. Diese Kennzeichnungspflicht hat allerdings nicht den Schutzzweck, den Bauherrn vor

[5101] Zur Amtshaftung wegen der Aufstellung eines nichtigen Bebauungsplans de Witt/Krohn in Hoppenberg/de Witt, Handbuch des öffentlichen Baurechts, 2022, M Rn. 328 ff.; Mitschang/Reidt in BKL, BauGB, 2022, § 9 Rn 224; BGH NJW 1989, 976 – Bielefeld-Brake.

[5102] BGH NJW 1990, 381; NJW 1990, 1038 Dortmund-Dorstfeld; NVwZ 2003, 1285

[5103] BGH NJW 1990, 381.

[5104] BGHZ 121, 65; Stüer BauR 1995, 604.

[5105] BGHZ 113, 367; BGHZ 117, 363; UPR 1992, 439.

finanziellen Mehraufwendungen zu bewahren, die durch den Aushub und Abtransport des Deponiegutes verursacht werden können.[5106]

Beispiel: Die Gemeinde weist auf einer ehemaligen Bauschuttdeponie ein Wohngebiet aus. Nach der Errichtung der Wohnhäuser stellt sich heraus, dass die Grundstücke zwar grundsätzlich für eine Wohnbebauung geeignet sind, jedoch in einzelnen Bereichen nachträglich zusätzliche Aufwendungen für einen Bodenaustausch in einer Tiefe von 30 cm entstehen, um eine Gefährdung durch die orale Aufnahme von Schadstoffen durch spielende Kleinkinder auszuschließen.[5107] Hier hätte zwar eine gemeindliche Pflicht zur Kennzeichnung dieser Altlastenflächen bestanden. Die nachträglichen Aufwendungen hat die Gemeinde jedoch nicht zu ersetzen, weil diese Kennzeichnungspflichten nur zugunsten der Allgemeinheit bestehen.[5108] Ersatzpflichten gegenüber den Erwerbern von Grundstücken und Wohngebäuden bestehen demgegenüber, wenn die Gemeinde ein ehemaliges Zechengelände, das sie von der Bergbaufirma zunächst für eine industrielle Nutzung erworben hat, zu Wohnzwecken beplant und die Grundstücke sodann an private Dritte veräußert, obwohl sich das Gelände erkennbar nicht für eine Wohnbebauung eignete.

Mit der planerischen Festsetzung eines Geländes zur Wohnbebauung erzeugt die Gemeinde 2399
ebenfalls **kein allgemeines Vertrauen** dahin, dass die betroffenen Grundstücke auch für jede gewünschte gärtnerische Nutzung geeignet sind.[5109] Ist etwa die im Bebauungsplan festgesetzte Nutzung verwirklichungsfähig, so hat der Bebauungsplan seine Funktion erfüllt, eine Verlässlichkeitsgrundlage dafür zu bilden, dass keine Flächen im Plangebiet mit Schadstoffen belastet sind, die für die Wohnbevölkerung gesundheitliche Gefahren hervorrufen könnten. Die Amtsträger der Gemeinde haben zwar die Amtspflicht, bei der Aufstellung von Bebauungsplänen Gesundheitsgefährdungen zu verhindern, die den zukünftigen Bewohnern des Plangebietes aus dessen Bodenbeschaffenheit drohen. Der Schutzzweck dieser Amtspflicht beschränkt sich jedoch auf die Verhinderung und die Abwehr solcher Schäden, bei denen eine unmittelbare Beziehung zu der Gesundheitsgefährdung besteht. Die vom Boden ausgehende Gefahr darf nicht zum völligen Ausschluss der Nutzungsmöglichkeit der errichteten oder noch zu errichtenden Wohnungen führen.[5110] Auch ist die Gemeinde nicht zu einer uferlosen Ermittlung und Planung „ins Blaue hinein" verpflichtet. Was die planende Stelle nicht sieht und was sie nach den ihr zur Verfügung stehenden Erkenntnisquellen auch nicht zu sehen braucht, muss von ihr nicht berücksichtigt werden. Überzogene Anforderungen an die Prüfungspflicht dürfen daher nicht gestellt werden.[5111]

Einer Gemeinde obliegen bei der Aufstellung und Verabschiedung eines Bebauungsplans 2400
auch keine Amtspflichten zum Schutz derjenigen **Eigentümer**, deren Grundstücke schon früher bebaut waren und die eine weitere Bebauung nicht beabsichtigen. Daher steht auch dem Erwerber eines derartigen Grundstücks kein Amtshaftungsanspruch[5112] gegen die planende Gemeinde wegen fehlerhafter Bauleitplanung zu.[5113] Ist der Gemeinde bekannt, dass auf dem zu planenden Gebiet eine chemische Fabrik in erheblichem Umfang giftige Substanzen verarbeitet hat, so muss sie dieses Gefährdungspotenzial bei der Beschlussfassung über den Bebauungsplan berücksichtigen und sich im Einzelnen über die Art der damals hergestellten Stoffe und das Risiko, ob mit giftigen Rückständen gerechnet werden muss, vergewissern.[5114]

Eine Haftung der Gemeinde für von ihr nicht beachtete Bodenkontaminationen tritt aller- 2401
dings nur insoweit ein, als die Schäden in den Schutzbereich der bei der Planung wahrzu-

---

5106 Stüer BauR 1995, 604.

5107 Zum Schutz vor Kinderlärm Böhm LKRZ 2007, 409; siehe dazu § 22 I a 1 BImschG, wonach Lärm, der von Einrichtungen für Kinder ausgeht, im Regelfall keine schädliche Umwelteinwirkung ist. Nach § 22 I a 2 BImschG drücken bei der Beurteilung der Geräuscheinwirkungen Immissionsgrenz- und -sichtwerte nicht herangezogen werde; dazu VG Karlsruhe Urt. v. 21.2.2024 – 2 K 1263/23, juris Rn. 31.

5108 So BGHZ 113, 367.

5109 BGH DVBl. 1993, 673.

5110 BGHZ 109, 380; DVBl. 1993, 673.

5111 BGH UPR 1992, 438; UPR 1992, 438.

5112 Zu Amtshaftungsansprüchen Lenk/Niemöller JA 2020, 455; Bielfeldt DÖV 1989, 67; Dörr/Schönfelder NVwZ 1989, 933; Ipsen/Tettinger Altlasten und kommunale Bauleitplanung 1988; Jochum NVwZ 1989, 635; ders. Amtshaftung bei Abwägungs- und Prognosefehlern in der Bauleitplanung 1994; Johlen BauR 1983, 196; Kröner ZfBR 1984, 20; Müller NVwZ 1990, 1028; Osterloh JuS 1993, 780; Schink NJW 1990, 351; ders. DÖV 1988, 529; de Witt/Burmeister NVwZ 1992, 1039; Wurm JA 1992, 1.

5113 BGH NJW 1993, 384.

5114 BGH NJW-RR 1994, 319.

nehmenden, auf die Abwehr von Gesundheitsgefahren gerichteten Amtspflichten fallen. Aufwendungen, die nicht durch die Giftstoffbelastung, sondern wegen mangelnder **Standsicherheit** erforderlich werden, sind auch dann nicht erstattungsfähig, wenn die mangelnde Standfestigkeit darauf beruht, dass in dem Boden Altlasten lagern.[5115] Denn anders als bei Gefahren infolge der Überplanung von Altlasten handelt es sich bei der mangelnden Standsicherheit eines Gebäudes um Gefahren, die vom Bauherrn beherrschbar sind und deshalb zu den Risiken der wirtschaftlichen Nutzbarkeit von Grund und Boden gehören, die jeder Grundstückseigentümer grundsätzlich selbst zu tragen hat.[5116] Die Gemeinden sind allerdings nicht grenzenlos freigestellt. So hat die Gemeinde die Pflicht, bei der Aufstellung von Bebauungsplänen Gefahren für die Sicherheit der Wohn- und Arbeitsbevölkerung[5117] zu vermeiden. In den Schutzbereich dieser Amtspflicht fallen bei vom Bauherrn nicht beherrschbaren Berggefahren dann auch solche Schäden, die auf mangelnder Standsicherheit des Gebäudes infolge von Baugrundrisiken beruhen. Entsprechendes gilt für eine wegen Berggefahren rechtswidrig erteilte Baugenehmigung. Ein schutzwürdiges Vertrauen in die Festsetzungen des Bebauungsplans oder eines von der Gemeinde gebilligten Vorhaben- und Erschließungsplans kann grundsätzlich allerdings erst mit der Bekanntmachung der genehmigten Satzung entstehen. Die Erteilung einer wegen drohender Bergschäden rechtswidrigen Baugenehmigung begründet nur dann eine Haftung, wenn der Genehmigungsbehörde bei Anlegung eines objektiven Sorgfaltsmaßstabes Gefahren für die Standsicherheit des Bauwerks erkennbar waren.[5118]

2402 Ein Rat muss allerdings klären, ob seinen Bedenken zur Eignung von Flächen als Baugrund allein durch ihre vollständige Freihaltung von Bebauung zu begegnen ist oder ob sich diese Bedenken auch mit den nachfolgenden Baugenehmigungsverfahren vorbehaltenen bautechnischen Sicherungsmaßnahmen bei der Bauausführung ausräumen lassen. Ergibt sich aus eingeholten Stellungnahmen, dass etwaigen Unsicherheiten hinsichtlich der Eignung der betroffenen Flächen als Baugrund grundsätzlich auch mit bautechnischen Sicherungsmaßnahmen begegnet werden kann, darf ein Rat die Möglichkeit solcher Maßnahmen bei der Ermittlung der abwägungserheblichen Belange nicht von vorneherein außer Betracht lassen.[5119]

2403 Die gemeindlichen Ermittlungspflichten sind dabei auf die mehr als geringfügigen, schutzwürdigen und erkennbaren Belange begrenzt.[5120] Was die Gemeinde nicht zu kennen braucht, weil es weder in der Öffentlichkeitsbeteiligung noch in der Behördenbeteiligung vorgetragen worden ist und was sich nach Lage der Dinge dem Planer auch nicht aufdrängt, kann bei der Zusammenstellung des Abwägungsmaterials (§ 2 III BauGB) unberücksichtigt bleiben. Für die planende Gemeinde nicht erkennbare Gefahren führen nicht zur Unwirksamkeit des Bebauungsplans und schließen ebenso eine Amtshaftung der Gemeinde aus.[5121] Die Gemeinde muss bei der Aufstellung von Bebauungsplänen einen **vorhandenen Verdacht von Bodenverunreinigungen** soweit aufklären, dass eine abschließende Entscheidung über die geplante Nutzung getroffen werden kann und die geplante Nutzung möglich ist. Die Gemeinde darf die Bewältigung von Folgeproblemen durch vorhandene Altlasten nur dann einem nachfolgenden Verwaltungsverfahren überlassen, wenn sie im Rahmen der Abwägung berechtigterweise davon ausgehen kann, dass die Probleme dort gelöst werden können.[5122]

2404 Eine mit einer zu hohen polyzyklischen Kohlenwasserstoffen (PAK) behaftete Teer- bzw. Asphaltdecke stellt weder eine schädliche Bodenveränderung (§ 2 III BBodSchG) noch eine Altlast (§ 2 V BBodSchG) dar, wenn ausgeschlossen ist, dass Regenwasserdurchsickerungen und damit verbundene vertikale Schadstoffverlagerungen in den darunter liegenden Boden bzw. in Grundwasserleiter möglich sind.[5123]

5115 Zu bergrechtliche Anforderungen an die Standsicherheit bergbaulicher Anlagen Beckmann ZfB 2010, 2047.

5116 BGH UPR 1992, 439; Stüer BauR 1995, 604. Zur Haftung für Bodenkontaminationen im Bereich eines verpachteten Tankstellengrundstücks in den neuen Ländern BGH Urt. v. 14.2.1995 – X ZR 5/93. Zur Haftung für durch die sowjetischen Streitkräfte verursachte sog. Belegungsschäden BGH MDR 1995, 480.

5117 Etwa aus Tagesbrüchen wegen Bergschäden.

5118 BGHZ 142, 259.

5119 OVG Münster Urt. v. 15.3.2013 – 10 D 52/11.NE, BeckRS 2013, 49838.

5120 BVerwGE 59, 87.

5121 BGHZ 113, 367; Krohn in FS für Gelzer, 1991, S. 281.

5122 VGH Mannheim VGHBW RSpDienst 1999, Beilage 9, B 1.

5123 OLG Karlsruhe Justiz 2003, 445. Zu den Anforderungen an die Qualifikation von Sachverständigen als Beauftragten im Sinne von § 209 I BauGB OVG Münster BauR 2002, 1443.

c) Störerauswahl. Zur Sanierung der Altlasten können nach Maßgabe des jeweiligen Landesrechts über die Störerhaftung die Handlungs- und Zustandsstörer herangezogen werden. Sind mehrere Störer verantwortlich, steht die Auswahl des in Anspruch zu nehmenden Störers im Ermessen der zuständigen Behörde.[5124] Hiernach kann die Behörde bei mehreren Störern grundsätzlich einen, mehrere oder auch alle heranziehen.[5125] Eine bestimmte Rangfolge bei der Inanspruchnahme, insbesondere eine Regel, wonach der Verhaltensstörer vor dem Zustandsverantwortlichen heranzuziehen ist, besteht nicht.[5126] Mit Blick auf den Grundsatz der schnellen und wirksamen Gefahrenbeseitigung kann sich die Auswahlentscheidung zwischen mehreren nach § 4 III BBodSchG Sanierungsverantwortlichen daran orientieren, mit wessen Inanspruchnahme eine effektivere und schnellere Sanierung zu erwarten ist.[5127] Es ist unter Ermessensgesichtspunkten nicht zu beanstanden, wenn die Behörde bei der Auswahl des Pflichtigen im Interesse einer möglichst effektiven Gefahrenabwehr diejenige Person heranzieht, die zweifelsfrei als Störer feststeht, gleichzeitig aber solche Personen nicht in Anspruch nimmt, deren Störereigenschaft rechtlich unsicher ist. Muss die Behörde damit rechnen, dass ein Störer erst nach langwierigen rechtlichen Auseinandersetzungen mit unsicherem Ausgang bestimmt werden kann, ist sie berechtigt, derartige Störer im Rahmen ihrer Ermessenserwägungen hintanzustellen.[5128] Bei der Störerauswahl ist der Grundsatz der Verhältnismäßigkeit zu beachten. Eine landesrechtliche Regelung, nach der Eigentümer eines durch Teer- und Mineralöle verunreinigten Grundstücks als des Zustandsverantwortlichen für die Maßnahme zur Beseitigung von Gefahren für das Grundwasser in Anspruch genommen werden kann, wenn er beim Erwerb des Grundstücks von dem ordnungswidrigen Zustand wusste oder doch zumindest Tatsachen kannte, die auf das Vorhandensein eines solchen Zustandes schließen lassen konnten, ist eine – auch unter dem Gesichtspunkt des Grundsatzes der Verhältnismäßigkeit – zulässige Inhalts- und Schrankenbestimmung des Eigentums.[5129] 2405

Der **Eigentümer** und der **Inhaber der tatsächlichen Gewalt** über ein Grundstück sind neben dem **Verursacher** einer schädlichen Bodenverunreinigung zur Sanierung verpflichtet (§ 4 II, III BBodSchG).[5130] Der Erwerber eines von dem früheren Eigentümer durch Chemikalien verunreinigten Grundstücks nimmt das Risiko seiner späteren Heranziehung zur Sanierung des Grundstücks bewusst in Kauf, wenn er die Art der früher auf dem Grundstück erfolgten Produktion sowie die dabei eingesetzten Chemikalien kannte und außerdem Grund zu der Annahme hatte, dass ein Teil dieser Substanzen in das Erdreich gelangt sein könnte.[5131] Der Verdacht einer Bodenverunreinigung durch Altlasten gibt dem Käufer des betroffenen Grundstücks kein Zurückbehaltungsrecht an dem vertraglich vereinbarten Kaufpreis, bis eine gutachterliche Untersuchung durchgeführt worden ist.[5132] 2406

Der **Insolvenzverwalter** kann nach § 4 III 1 BBodSchG als Inhaber der tatsächlichen Gewalt für die Sanierung von massezugehörigen Grundstücken herangezogen werden, die bereits vor der Eröffnung des Insolvenzverfahrens kontaminiert waren.[5133] Eine solche Verpflichtung ist eine Masseverbindlichkeit iS des § 55 I Nr. 1 InsO. Hat der Insolvenzverwalter die kontaminierten Grundstücke aus der Masse freigegeben, darf er nicht mehr nach § 4 III 1 BBodSchG für deren 2407

5124 VGH München Urt. v. 26.9.2023 – 24 B 22.167, juris Rn. 26; Urt. v. 30.1.2018 – 22 B 16.2099, juris Rn. 16; VGH Mannheim Urt. v. 18.12.2012 – 10 S 744/12, juris Rn. 36.

5125 VGH München Urt. v. 26.9.2023 – 24 B 22.167, juris Rn. 26; OVG Münster Urt. v. 20.5.2015 – 16 A 1686/09, juris Rn. 189.

5126 BVerwG Urt. v. 7.8.2013 –7 B 9/13, BeckRS 2013, 54804.

5127 OVG Lüneburg NVwZ-RR 2022, 525.

5128 OVG Lüneburg NVwZ-RR 2022, 525 (526); VGH Mannheim Urt. v. 18.12.2012 – 10 S 744/12, BeckRS 2013, 46848.

5129 BVerwG UPR 1997, 193; UPR 1991, 192 zu Altanlagen in der ehemaligen DDR; zur ordnungsrechtlichen Verantwortung für die Spätfolgen des Bergbaus in den neuen Bundesländern Beckmann UPR 1995, 7.

5130 Zur Kostentragung in Fällen, in denen ein Grundstückseigentümer auf nichtförmliche Aufforderung der Behörde hin sein Grundstück auf Altlasten untersuchen lässt VGH München NVwZ 2002, 365.

5131 VGH Mannheim ZfW 2002, 264.

5132 LG Koblenz ZMR 2002, 53.

5133 OVG Münster ZfB 2016, 296 = juris Rn. 76; zu nicht bestehenden Nachsorgepflichten eines Insolvenzverwalters, der eine Deponie nicht selbst betreibt, sondern sogleich nach Erhalt der Verwaltungs- und Verfügungsbefugnis stilllegt, siehe BVerwG UPR 2023, 396 = juris Rn. 9; VGH München BayVBl. 2023, 50 = juris Rn 25 ff; zur immissionsschutzrechtliche Betreiberhaftung des Insolvenzverwalters VGH Kassel DVBl. 2023, 737 = juris Rn. 5.

Sanierung in Anspruch genommen werden; ebenso wenig ist § 4 III 4 Halbsatz 2 BBodSchG entsprechend anwendbar.[5134] Die an seine Stellung als Betreiber einer Anlage anknüpfenden Pflichten treffen den Insolvenzverwalter persönlich, sind also als Masseverbindlichkeit zu erfüllen. Die Freigabeerklärung des Insolvenzverwalters in Bezug auf Altlasten kann seine Ordnungspflicht entfallen lassen. Die Freigabeerklärung entfaltet jedoch keine Wirkungen auf die Ordnungspflicht des Insolvenzverwalters, wenn sich trotz der Freigabeerklärung an den faktischen Besitzverhältnissen nichts ändert, die Freigabeerklärung also tatsächlich folgenlos bleibt.[5135]

2408 Der **frühere Eigentümer** eines Grundstücks ist zur Sanierung verpflichtet, wenn er sein Eigentum nach dem 1.3.1999 übertragen hat und die schädliche Bodenveränderung oder Altlast hierbei kannte oder kennen musste. Nur bei einem entsprechend begründeten Vertrauen wird der neue Eigentümer weitergehend freigestellt (§ 4 VI BBodSchG). Hat eine Bauträgergesellschaft daher eine Eigentumswohnung vor dem Stichtag veräußert, ist sie nicht vorrangig vor dem Erwerber der Eigentumswohnungen heranzuziehen.[5136] Die Bodenschutzbehörden können sich bei der Ausübung des durch § 9 II BBodSchG in Verbindung mit § 4 III BBodSchG eröffneten Ermessens bei der Störerauswahl vom Verursacherprinzip leiten lassen. Dabei gibt es keinen allgemeinen Rechtssatz, nach dem bei der Störerauswahl immer sicher zu stellen ist, dass bei zwei gleichermaßen zur Gefahrenabwehr geeigneten Störern der Eingriff in die Zivilrechtsordnung immer so gering wie möglich zu halten ist. Es kann allerdings ermessensfehlerhaft sein, wenn die Behörde bei der Störerauswahl ihr bekannte und unstreitige Vereinbarungen zwischen den Störern über den internen Ausgleich völlig unberücksichtigt lässt.[5137] Eine Heranziehung von Zustandsverantwortlichen ist rechtmäßig, auch wenn die zuständige Behörde den von ihr erstrangig zur Sanierung herangezogenen tatsächlichen Verursacher durch langjährige Säumigkeit hat „untertauchen" lassen.[5138] Es kann dann allerdings die Anordnung des Sofortvollzuges unzulässig sein.[5139]

2409 **d) Sanierung – Rekultivierung – Dekontamination**. Die Auslegung sanierungsrechtlicher Verträge zielt auf eine beiderseits interessengerechte Lösung nach der Zielsetzung des Vertrags. Beiderseits interessengerecht ist es, die Verteilung der Sanierungslast an der vorausgehenden Verantwortungsverteilung für die Nutzung der Deponie auszurichten.[5140] Die Beseitigung von in den Boden eingebrachten und planierten Abfällen wird nach Inkrafttreten des BBodSchG nicht mehr auf der Grundlage entsprechender landesrechtlicher Regelungen[5141] angeordnet werden können. Der Bauherr einer bodenschutzrechtlich relevanten Rekultivierungsmaßnahme muss durch die zuständige Behörde in die Störerauswahl einbezogen werden.[5142] Die Inanspruchnahme einer Gemeinde in den neuen Bundesländern zur **Rekultivierung** und Sicherung von stillgelegten **Abfallbeseitigungsanlagen** kann weder unter dem Gesichtspunkt der Rechtsnachfolge noch unter dem Gesichtspunkt der Funktionsnachfolge darauf gestützt werden, dass die Anlage zu DDR-Zeiten vom Rat der Gemeinde betrieben worden ist.[5143]

2410 Für die Anordnung von **Dekontaminationsmaßnahmen** ist auf der Grundlage zeitnaher Messungen der Nachweis einer Grundwasserverunreinigung und einer schädlichen Bodenveränderung oder Altlast erforderlich. Auf die unbedingte Einhaltung einer bestimmten Rangfolge bei der Störerauswahl besteht nach § 4 III 1 BBodSchG sowie nach dem den Befugnisnormen zu Grunde liegenden Effektivitätsgrundsatz kein Anspruch.[5144] Die Sanierungsuntersuchung liefert Grundlagen für die Entscheidung, auf welche Weise der Verpflichtete die mit der Altlast verbundenen Gefahren abwenden soll. Die Anordnung der Sanierungsuntersuchung setzt auf

---

5134 BVerwG NVwZ 2004, 1505 zur Freigabe kontaminierter Grundstücke aus der Insolvenzmasse; Bestätigung von BVerwGE 108, 269; Gantenberg BauR 2005, 182; Seidel DZWIR 2005, 278; Kreft EWiR 2005, 439; Riese NuR 2005, 234; Segner NZI 2005, 54.

5135 BVerwG Beschl. v. 5.10.2005 – 7 B 65/05, BeckRS 2005, 30312.

5136 VGH München NVwZ 2003, 1283.

5137 VGH Mannheim NVwZ 2002, 1260.

5138 VGH München NVwZ 2001, 821.

5139 OVG Greifswald Urt. v. 17.9.2003 – 3 L 196/99, BeckRS 2003, 10822.

5140 OVG Saarlouis AbfallR 2003, 259.

5141 § 12 II ThAbfG.

5142 VG Gera, Urt. v. 8.9.2001 – 2 E 200/01, BeckRS 2001, 31358384.

5143 OVG Weimar NuR 2002, 172. Zur Kostenerstattungspflicht nach Durchführung von Gefahrerforschungsmaßnahmen im Wege der unmittelbaren Ausführung durch die Behörde und zur Verantwortlichkeit einer Gemeinde als früherer Eigentümerin VGH Mannheim ZUR 2002, 227.

5144 VGH München ZfW 2002, 35.

der Grundlage einer Gefährdungsabschätzung voraus, dass die grundsätzliche Notwendigkeit der Sanierung bereits feststeht.[5145] Sollen durch die angeordneten Maßnahmen zur Untersuchung des Bodens oder des Grundwassers auch wesentliche Erkenntnisse über die konkrete Form der Sanierung gewonnen werden, handelt es sich nicht nur um eine bloße Untersuchung zur Gefährdungsabschätzung, sondern um eine Sanierungsuntersuchung. Diese ist nur rechtmäßig, wenn die Voraussetzungen des § 13 I 1 BBodSchG vorliegen und das der Behörde eingeräumte Ermessen fehlerfrei ausgeübt worden ist.[5146]

e) Grenzen der Nachsorgeverantwortung. Das Polizei- und Ordnungsrecht, einschließlich des Bodenschutzrechts und des Wasser-rechts, sieht grundsätzlich keine zeitlichen Grenzen für die ordnungsrechtliche Verantwortung von Gefahrenverursachern und Zustandsverantwortlichen vor. Auch eine **Verjährungsmöglichkeit** der Ordnungspflicht besteht nicht. Der Verjährung unterliegen nämlich nur Ansprüche, nicht aber materielle Polizei- bzw. Ordnungspflichten und die entsprechende Eingriffsbefugnis der zuständigen Behörden, weil sie nicht unter den Begriff des „Anspruchs" im Sinne von § 194 Abs. 1 BGB fallen.[5147] Grundsätzlich kann das Recht der Ordnungsbehörde, aus Gründen der Gefahrenabwehr einzuschreiten, von ihr auch nicht verwirkt werden. Auch verzichten kann die Ordnungsbehörde auf ihre Befugnis zum Einschreiten nicht.[5148] 2411

Einige Unterschiede hinsichtlich des Umfangs der ordnungsrechtlichen Verantwortung einerseits und möglicher zeitlicher Grenzen andererseits bestehen allerdings zwischen der im Ordnungsrecht allgemein geltenden Zustandsverantwortung und der Verhaltensverantwortung. 2412

Die **Zustandsverantwortung** für eine Gefahr für die öffentliche Sicherheit ist sowohl zeitlich als auch dem Umfang nach begrenzt. Zeitlich endet Zustandsverantwortlichkeit grundsätzlich mit der Beendigung des Eigentums bzw. der Inhaberschaft an der tatsächlichen Gewalt über das Grundstück. Besonderheiten können gelten, wenn das Eigentum an einem Grundstück in der Absicht aufgegeben wird, sich der ordnungsrechtlichen Verantwortung zu entziehen (Flucht aus dem Eigentum). Die Veräußerung eines Altlastengrundstücks an eine mittellose Kapitalgesellschaft kann zB in diesem Sinne sittenwidrig sein, wenn die Vertragsparteien die Sanierungslast gezielt auf die öffentliche Hand abwälzen wollen.[5149] Nach § 4 VI 1 BBodSchG bleibt der frühere Eigentümer eines Grundstücks zur Sanierung verpflichtet, wenn er sein Eigentum nach dem 1. März 1999 übertragen hat und die schädliche Bodenveränderung oder Altlast hierbei kannte oder kennen musste. Dies gilt nach § 4 VI 2 BBodSchG allerdings für denjenigen nicht, der beim Erwerb des Grundstücks darauf vertraut hat, dass schädliche Bodenveränderungen oder Altlasten nicht vorhanden sind, und sein Vertrauen unter Berücksichtigung der Umstände des Einzelfalls schutzwürdig ist. 2413

Bekanntlich hat das BVerfG die Zustandsverantwortung in Fällen der Haftung für Altlasten unter dem Gesichtspunkt des Grundsatzes der Verhältnismäßigkeit eingeschränkt. Nach Auffassung des BVerfG begegnet es allerdings keinen verfassungsrechtlichen Bedenken, die Vorschriften über die Zustandsverantwortlichkeit dahingehend auszulegen, dass der Eigentümer eines Grundstücks wegen seiner durch die Sachherrschaft vermittelten Einwirkungsmöglichkeit auf 2414

[5145] VGH München NVwZ 2003, 1137.

[5146] OVG Berlin NVwZ 2001, 582.

[5147] Beckmann UPR 2024 (in Vorbereitung); Beckmann/Wittmann zur „Ewigkeitshaftung" für den Altbergbau und die Verjährung von Bergschadensersatzansprüchen, in: Pielow, Bergrecht im Wandel der Zeit – gestern, heute, morgen, FS für das OLG Hamm, 2020, 134 (139); VGH München Urt. v. 23.9.2023 – 24 B 22.167, juris Rn. 22; OVG Berlin-Brandenburg Beschl. v. 19.7.2018 – 10 S 67.17, juris; BVerwG NVwZ 2008, 684 (685); OVG Münster ZfB 1997, 36; VGH Mannheim NVwZ-RR 1996, 387; OVG Münster NWVBl. 1997, 175; Sachs in Stelkens/Bonk/Sachs, VwVfG, 2023, § 53 Rn. 12 mwN; Hullmann/Zorn zu zeitlichen Grenzen der Altlastenhaftung, NVwZ 2010, 1267; Schink DÖV 1999, 797, 804; Trurnit NVwZ 2001, 1126, 1128; aA Ossenbühl NVwZ 1995, 547; für eine entsprechende Anwendung von Verjährungsvorschriften plädieren auch Dombert NJW 2001, 927, 931; Gärtner UPR 1997, 452; Kothe VerwArch 88 (1997), 456 (486 f.).

[5148] BVerwG Beschl. v. 28.02.2008 – 7 B 12/08, juris Rn. 7; Schoch/Kießling, Polizei- und Ordnungsrecht, in Schoch/Eifert, Besonderes Verwaltungsrecht, 2023, 138; Hullmann/Zorn NVwZ 2010, 1267: „Die Haftung des Störers für schädliche Bodenveränderungen und Altlasten sowie die hieraus resultierenden Grundwasserverunreinigungen ist in zeitlicher Hinsicht nicht begrenzt."; Hellriegel NVwZ 2012, 541.

[5149] Schoch/Kießling Polizei- und Ordnungsrecht, in Schoch/Eifert, Besonderes Verwaltungsrecht, 2023, 141; Dietlein Polizei- und Ordnungsrecht, in Dietlein/Kellermann, Öffentliches Recht in Nordrhein-Westfalen, 2022, § 3 Rn. 97; siehe dazu auch Schröder/Look NdsVBl. 2018, 166.

die gefahrenverursachende Sache verpflichtet werden kann, von dem Grundstück ausgehende Gefahren zu beseitigen, auch wenn er die Gefahrenlage weder verursacht noch verschuldet hat..[5150] Das finanzielle Interesse einer als Verursacher herangezogenen Person, von den Kosten bestimmter Erkundungsmaßnahmen zumindest so lange verschont zu bleiben, bis ihre Verantwortlichkeit sowie die Zweck- und Verhältnismäßigkeit der angeordneten Maßnahmen abschließend geklärt sind, wiegt im vorläufigen Rechtsschutz nicht so schwer, wenn feststeht, dass der Boden eines Grundstücks und das von ihm beeinflusste Grundwasser mit gesundheitsgefährdenden Stoffen durchsetzt ist. Allerdings darf die gesamte wirtschaftliche Existenz des Betroffenen nicht ernstlich gefährdet sein.[5151]

2415 Zu den **Verantwortlichkeiten des Eigentümers** und ihren **Grenzen** hat das BVerfG[5152] folgende Grundsätze aufgestellt: Die gesetzlichen Regelungen über die Zustandsverantwortlichkeit begründen in genereller und abstrakter Weise die Pflicht des Eigentümers, von seinem Grundstück ausgehende Gefahren für die Allgemeinheit zu beseitigen. Diese Vorschriften und die daran anknüpfenden Befugnisse der Behörden bestimmen somit in allgemeiner Form den Inhalt des Grundeigentums. Bei der Inhalts- und Schrankenbestimmung der als Eigentum grundrechtlich geschützten Rechtspositionen hat der Gesetzgeber sowohl der grundgesetzlichen Anerkennung des Privateigentums durch Art. 14 I 1 GG als auch der Sozialpflichtigkeit des Eigentums aus Art. 14 II GG Rechnung zu tragen und dabei die schutzwürdigen Interessen der Beteiligten in einen gerechten Ausgleich und in ein ausgewogenes Verhältnis zu bringen.

2416 Auch wenn die **Zustandsverantwortlichkeit** des Eigentümers als solche mit der Verfassung in Einklang steht, so kann sie aber im Ausmaß dessen, was dem Eigentümer zur Gefahrenabwehr abverlangt werden darf, begrenzt sein. Besondere Bedeutung hat hierbei – so das BVerfG, – der Grundsatz der Verhältnismäßigkeit. Die Belastung des Eigentümers mit den Kosten der Sanierungsmaßnahme ist nicht gerechtfertigt, soweit sie dem Eigentümer nicht zumutbar ist. Zur Bestimmung der Grenze dessen, was einem Eigentümer an Belastungen zugemutet werden darf, kann als Anhaltspunkt der Verkehrswert des Grundstücks nach Durchführung der Sanierung dienen. Eine die Grenzen überschreitende Belastung kann insbesondere dann unzumutbar sein, wenn die Gefahr, die von dem Grundstück ausgeht, aus Naturereignissen, aus der Allgemeinheit zuzurechnenden Ursachen oder von nicht nutzungsberechtigten Dritten herrührt. In diesen Fällen darf die Sanierungsverantwortlichkeit nicht unbegrenzt dem alle Sicherungspflichten einhaltenden Eigentümer zur Last fallen.

2417 Die Belastung des Zustandsverantwortlichen mit Sanierungskosten bis zur Höhe des Verkehrswertes kann ferner in Fällen unzumutbar sein, in denen das zu sanierende Grundstück den wesentlichen Teil des Vermögens des Pflichtigen bildet und die Grundlage seiner privaten Lebensführung einschließlich seiner Familie darstellt. Eine Kostenbelastung, die den Verkehrswert des sanierten Grundstücks übersteigt, kann allerdings zumutbar sein, wenn der Eigentümer das Risiko der entstandenen Gefahr bewusst in Kauf genommen oder in fahrlässiger Weise die Augen vor Risikoumständen verschlossen hat. Denn das freiwillig übernommene Risiko mindert die Schutzwürdigkeit des Eigentümers.[5153] In Fällen, in denen eine Kostenbelastung über den Verkehrswert hinaus an sich zumutbar ist, kann sie nicht auf die gesamte wirtschaftliche Leistungsfähigkeit des Eigentümers bezogen werden. Dem Eigentümer ist nicht zumutbar, unbegrenzt für die Sanierung einzustehen, das heißt auch mit Vermögen, das in keinem rechtlichen oder wirtschaftlichen Zusammenhang mit dem sanierungsbedürftigen Grundstück steht.

2418 Die Begrenzung der Zustandsverantwortung aus Gründen der Verhältnismäßigkeit lässt sich nicht auf die Verhaltensverantwortung übertragen. Zur Gewinnung bergfreier Bodenschätze im Bergbau führt zB das OVG Lüneburg aus, wegen der dem Bergbau eigentümlichen Risiken komme eine Begrenzung der Zustandsverantwortlichkeit des Bergwerkseigentümers im Sinne der verfassungsgerichtlichen Rechtsprechung zur Begrenzung der Zustandsverantwortlichkeit

---

[5150] BVerfGE 102, 1; VGH Mannheim ZfW 2002, 264.

[5151] VGH Mannheim NVwZ-RR 2003, 103. Das etwaige Bestehen von Ausgleichsansprüchen des Antragstellers nach § 24 II BBodSchG führt in der Regel nicht zu einer Reduzierung des Streitwerts.

[5152] BVerfG DVBl. 2000, 1275.

[5153] BVerfGE 102, 1; Keienburg/Wiesendahl in Boldt/Weller ua, BBergG, 2023, § 69 Rn. 29; OLG Hamm ZfB 2002, 216 (221); LG Essen ZfB 2001, 230, 237 f.; OVG Münster ZfB 2006, 61, 67; zur Begrenzung der bodenschutzrechtlichen Haftung durch den Verkehrswert nach Sanierung maßgeblichen Kosten des Zustandsstörers siehe Mohr UPR 2020, 288.

von Eigentümern altlastenbehafteter Grundstücke nicht in Betracht.[5154] Auch das BVerwG hat sich in einer Entscheidung aus dem Jahr 2014 mit Fragen der Verantwortlichkeit für die Behandlung des aus einem stillgelegten Metallerzbergwerk (Meggen) im Sauerland austretenden und in die Lenne eingeleiteten, mit Schwermetallen belasteten Grubenwassers befasst und zur Begrenzung der Haftung unter anderem ausgeführt, angesichts dieser Verantwortlichkeit aus der vorangegangenen gefahrgeneigten Tätigkeit, die sich in einer typisch bergbaubedingten Gefahrenlage niederschlage, komme eine Einschränkung der Haftung nach den Grundsätzen der sogenannten Altlasten-Entscheidung des BVerfG nicht in Betracht. Die dort zur Haftung des Zustandsstörers, der sich durch Einwirkungen jenseits seiner Verantwortungssphäre und mangels eines eigenen aktiven Verursachungsbeitrags selbst in einer Opferrolle befinde, entwickelten Maßstäbe ließen sich auf die bergrechtliche Verhaltensverantwortlichkeit nicht übertragen.[5155]

Begrenzungen der Verhaltensverantwortung können sich jedoch gleichwohl auch für eine Verhaltensverantwortung im jeweiligen Einzelfall aus dem Grundsatz der Verhältnismäßigkeit ergeben. Das ist im Einzelnen allerdings noch keineswegs geklärt; ohne gesetzliche Regelungen dazu lassen sich zeitliche Grenzen einer Verhaltensverantwortung nicht verlässlich in einer abstrakt/generellen Weise bestimmen. Es bedarf vielmehr einer Abwägung im Einzelfall unter Berücksichtigung der Anforderungen des Grundsatzes der Verhältnismäßigkeit, um festzustellen, ob die Fortgeltung einer ordnungsrechtlichen Verantwortung unzumutbar geworden sein könnte. Das BVerwG weist darauf hin, dass die Unverhältnismäßigkeit der Inanspruchnahme eines Verhaltensverantwortlichen sich nicht nach einer starren zeitlichen Grenze begrenzt. Die ordnungsrechtliche Pflicht knüpfe nicht an den Zeitpunkt ihrer Entstehung, sondern an die Notwendigkeit der Gefahrenabwehr an.[5156] Zur Sanierungsverantwortung nach § 10 I 1 BBodSchG wird erläutert, eine Anordnung nach § 10 I BBodSchG könne grundsätzlich auch noch Jahrzehnte nach der Verursachung einer Kontamination verfügt werden. Eine Verjährbarkeit bzw. eine lediglich zeitlich befristetet Sanierungsverantwortlichkeit würde zu einer ungerechtfertigten Privilegierung des Handlungsstörers gegenüber dem Zustandsstörer führen, weil die Haftung des Handlungsstörers regelmäßig auf einem einzigen Ereignis (der gefahrverursachenden Handlung) beruhe, während die des Zustandsstörers an einen bestehenden Zustand anknüpfe und sich insofern juristisch fortwährend erneuere. Auch Verhältnismäßigkeitsgesichtspunkte sprächen regelmäßig nicht gegen die Inanspruchnahme Sanierungspflichtiger für lange zurückliegende Verursachungsbeiträge. Aus dem Grundsatz der Verhältnismäßigkeit lasse sich eben keine starre zeitliche Grenze der Inanspruchnahme eines Verhaltensverantwortlichen entnehmen.[5157] 2419

Von der Rechtsprechung ist jedoch einigen wenigen Einzelfällen entschieden worden, dass in bestimmten Situationen bei der ordnungsrechtlichen Inanspruchnahme der Zeitablauf unter dem Gesichtspunkt der Verhältnismäßigkeit berücksichtigt werden müsse. Das OVG Lüneburg hielt es schon in einem Urteil aus dem Jahre 1994 für rechtlich zweifelhaft, ob § 55 II BBergG (vgl. § 69 II BBergG) es gestatten, den letzten Betreiber eines Bergwerks gleichsam für alle Zeiten mit Sicherungskosten zu belasten. Denn „nach einer gewissen Zeit" dürfte, so das OVG Lüneburg, die Ursächlichkeit des Betriebes bzw. der Stilllegung so sehr in den Hintergrund treten, dass der Zurechnungszusammenhang bei einer wertenden Betrachtungsweise nicht mehr angenommen werden könne.[5158] Das OVG Münster hat dazu in ähnlicher Weise ausgeführt, zwar komme eine Verjährung der Ordnungspflicht nicht in Betracht; das durch das gefahrauslösende Verhalten begründete Näheverhältnis des Störers zur Gefahr erfahre jedoch durch einen Zeitabstand von mehreren Jahrzehnten zumindest eine Lockerung, insbesondere dann, wenn das Risiko von einem früheren Eigentümer in Ausübung seiner Eigentümerbefugnisse geschaffen worden sei.[5159] 2420

5154 OVG Lüneburg Beschl. v. 15.7.2015 – 7 LA 22/13, juris Rn. 9.

5155 BVerwG NVwZ 2015, 742; zur Haftung und zur ordnungsrechtlichen Verantwortung für die Spätfolgen des Bergbaus siehe Beckmann NWVBL 2019, 45.

5156 BVerwG Beschl. v. 28.2.2008 – 7 B 12/08, juris Rn. 7.

5157 Dietlein in BeckOK Umweltrecht, 2020, § 10 BBodSchG Rn. 12.

5158 OVG Lüneburg Urt. v. 15.6.1994 – 7 L 5295/92, juris Rn. 48 mit Anmerkung von Heuvels NVwZ 1995, 972

5159 OVG Münster NWVBL 1996, 175; BVerwG NVwZ 2006, 928, 929, 930 f.; BVerwG NVwZ 2008, 684, 685, wonach eine Inanspruchnahme wegen einer rund 20 Jahre zurückliegenden Verunreinigung jedenfalls ohne Weiteres zu bejahen sein soll; Hullmann/Zorn NVwZ 2010, 1267 (1269).

2421 Das OVG Münster hat unter Berücksichtigung spezieller Umstände des konkreten Falls die Heranziehung des betroffenen Verhaltensstörers als unbillig angesehen. Die gefahrenverursachenden Handlungen lagen bei Erlass der Ordnungsverfügung in dem vom OVG Münster entschiedenen Fall schon 60 Jahre und mehr zurück. Das bedinge zwar nicht die Verjährung der Ordnungspflicht in Anwendung der mangels einschlägiger Sonderbestimmungen allein in Betracht kommenden zivilrechtlichen Bestimmungen über die Verjährung von Ansprüchen. Unter dem Gesichtspunkt der Verhältnismäßigkeit könne jedoch nicht außer Acht gelassen werden, dass die Zeitdauer von mehreren Jahrzehnten seit der Herbeiführung der Gefahr und dem Eigentumswechsel zu einer Verfestigung des Zustandes in dem Sinne geführt habe, dass für den allgemeinen Rechtsverkehr die Umstände, unter denen das Werksgelände seine tatsächliche Beschaffenheit erlangt hat, entscheidend an Bedeutung verloren hätten.[5160]

2422 Eine Haftungsgrenze kann auch nach der Rechtsprechung des BVerwG erreicht sein, wenn das nach dem Verursacherprinzip maßgebliche Zurechnungskriterium nicht mehr trägt.[5161] Bei der Zuordnung von Verantwortungssphären könne unter Umständen der Zeitablauf dazu führen, dass ein zunächst maßgeblicher Verursachungsbeitrag völlig in den Hintergrund trete, nur der jetzt vorfindliche Zustand zu bewerten sei und die Verantwortlichkeit neu, etwa nach Maßgabe des Gemeinlastprinzips der Allgemeinheit, zugewiesen werde. Diese Einschätzung und die Formulierung genereller Vorgaben seien indessen, so das BVerwG, in erster Linie dem Gesetzgeber vorbehalten. Er könne dabei etwa in Rechnung stellen, dass das Bergrecht gem. § 1 Nr. 1 BBergG auch der Sicherung der Rohstoffversorgung diene und der privatnützigen Bergbautätigkeit demnach zugleich ein besonderer öffentlicher Nutzen zukomme.[5162] Das BVerwG hat in seinem Urteil aus dem Jahre 2014 letztlich ausdrücklich offen gelassen, ob und ggfls. ab wann eine ordnungsrechtliche Inanspruchnahme unverhältnismäßig sein könnte. Das Gericht verweist dazu auf den Gesetzgeber, der berechtigt und veranlasst sein könnte, solche Zumutbarkeitsgrenzen in zeitlicher Hinsicht zu regeln. Immerhin schließt das BVerwG eine zeitliche Begrenzung der Nachsorgeverantwortung aus Gründen der Verhältnismäßigkeit auch ohne eine solche gesetzliche Regelung nicht völlig aus. Ausdrücklich merkt das BVerwG dazu an, in der Sache sei die Frage einer über die jetzt überschaubaren Zeiträume hinausgehenden „Ewigkeitshaftung" weiterhin offen.[5163]

2423 Ein bloßer Zeitablauf soll nach in der Rechtswissenschaft vertretener Ansicht allerdings in der Regel kaum ausreichen, um die Inanspruchnahme eines Sanierungsverantwortlichen als unzumutbar zu befinden. Hinzu kommen müsse ein von der zuständigen Behörde geschaffener Tatbestand in Form eines Tuns oder Unterlassens, der bei dem Verantwortlichen ein schutzwürdiges Vertrauen habe entstehen lassen. Dies wäre etwa der Fall, wenn die zuständige Behörde in Kenntnis des vollständigen Schadensbildes erklären würde, dass sie weitere Sanierungsmaßnahmen nicht für geboten halte oder wenn sie nach Durchführung von Sanierungsmaßnahmen die Sanierung eines Grundstücks für vollständig abgeschlossen erklären würde. Weitere Voraussetzung sei aber, dass der Verantwortliche tatsächlich darauf vertraut habe, dass die zuständige Behörde ihn nicht mehr zu Sanierungsmaßnahmen heranziehe und daraufhin Maßnahmen ergriffen oder unterlassen habe, auf Grund derer die verspätete Heranziehung zur Sanierung zu unzumutbaren finanziellen Nachteilen oder sonstigen vergleichbaren Belastungen führe. Wann die Schwelle zur Unzumutbarkeit überschritten sei, lasse sich jedoch nicht pauschal bestimmen.[5164]

2424 Eindeutig abgelehnt hat das BVerwG einen prozeduralen Anspruch auf eine abschließende Entscheidung über eine Haftungsgrenze bereits langfristig vor dem Überschreiten einer solchen zeitlichen Haftungsgrenze.[5165] Soweit es an gesetzlichen Regelungen zu den zeitlichen Grenzen einer noch zumutbaren Nachsorgeverantwortung fehlt und es insoweit auf eine Abwägung der Umstände des jeweiligen Einzelfalls unter Berücksichtigung der Maßstäbe des Verhältnismäßigkeitsgrundsatzes ankommt, lässt sich der Zeitpunkt eines Endes der Nachsorgeverantwortung kaum verlässlich bereits Jahre oder Jahrzehnte vor diesem Zeitpunkt verlässlich bestimmen. Die

5160 OVG Münster NWVBL 1996, 175.

5161 BVerwG NVwZ 2015, 742 (746).

5162 BVerwG NVwZ 2015, 742 (746); BVerfG NVwZ 2014, 211 Rn. 202; BVerwG NVwZ-RR 2009, 153 Rn. 20.

5163 BVerwG NVwZ 2015, 742 (746) = juris Rn. 48.

5164 Hullmann/Zorn NVwZ 2010, 1267, 1270; VGH Mannheim NVwZ-RR 2003, 103, 107.

5165 BVerwG NVwZ 2015, 742 (746) = juris Rn. 48.

zuständige Behörde kann deshalb auch nicht verpflichtet werden, im Wege eines feststellenden Verwaltungsaktes das zeitliche Ende der Nachsorgeverantwortung festzulegen.

Neben der Frage, zu welchem Zeitpunkt aus Gründen der Verhältnismäßigkeit eine Nach- 2425
sorgeverantwortung enden könnte, spielen auch die Zulässigkeit und Verhältnismäßigkeit von **Sicherheitsleistungen** nach Art und Umfang eine erhebliche Rolle.[5166] Werden zur Erfüllung der Verpflichtung aus § 4 III und VI BBodSchG Sicherungsmaßnahmen angeordnet, kann die zuständige Behörde verlangen, dass der Verpflichtete für die Aufrechterhaltung der Sicherungs- und Überwachungsmaßnahmen in der Zukunft Sicherheit leistet. Sicherungsmaßnahmen sind nach § 2 VII Nr. 2 BBodSchG Maßnahmen, die eine Ausbreitung der Schadstoffe langfristig verhindern oder vermindern, ohne sie zu beseitigen. Damit die Kosten solcher Maßnahmen nicht dem Staat zur Last fallen, kann die Behörde im Fall einer Anordnung von Sicherungsmaßnahmen verlangen, dass der Verpflichtete für die Aufrechterhaltung der Sicherungs- und Überwachungsmaßnahmen in der Zukunft Sicherheit leistet.[5167] Die zuständige Behörde darf eine Anordnung nicht treffen, wenn sie auch im Hinblick auf die berechtigten Nutzungsinteressen einzelner unverhältnismäßig wäre (§ 10 I 4 BBodSchG).

f) Kosten der Maßnahmen. Die Kosten der nach § 9 II, § 10 I, §§ 12, 13, 14 Satz 1 Nr. 1, 2426
§ 15 II und § 16 I BBodSchG angeordneten Maßnahmen tragen die zur Durchführung Verpflichteten. Bestätigen im Fall des § 9 II 1 BBodSchG die Untersuchungen den Verdacht nicht oder liegen die Voraussetzungen des § 10 II BBodSchG vor, sind nach § 24 I 2 BBodSchG den zur Untersuchung Herangezogenen die Kosten zu erstatten, wenn sie die den Verdacht begründenden Umstände nicht zu vertreten haben. § 24 I 2 BBodSchG ist entsprechend anzuwenden, wenn das kooperative Handeln des Inhabers einer altlastenverdächtigen Fläche Untersuchungen lediglich nach § 9 I 1 BBodSchG, nicht jedoch nach § 9 II 1 BBodSchG zum Gegenstand hat und die den Altlastenverdacht nicht bestätigenden Untersuchungen auf die Veranlassung einer Auflage zur Baugenehmigung durch die zuständige Gemeinde seitens der für die Durchführung des BBodSchG Behörde zurückzuführen sind.[5168]

Offen geblieben ist nach wie vor, ob diese Vorschrift auch auf die Kosten der Ersatzvor- 2427
nahme anwendbar ist. Die Durchsetzung der Maßnahmen nach §§ 9 II und 10 I BBodSchG im Wege der Verwaltungsvollstreckung erfolgt nämlich grundsätzlich nach den einschlägigen Landesvollstreckungsgesetzen und insoweit könnte dies auch für die der Verwaltung entstehenden Kosten gelten.[5169] Die **Kosten** einer **ohne Untersuchungsanordnung** vom Grundstückseigentümer durchgeführten Bodenuntersuchung, die den durch vorangegangene Erkundungsmaßnahmen begründeten und nicht vom Eigentümer zu vertretenden Verdacht einer schädlichen Bodenveränderung oder einer Altlast nicht bestätigt hat, sind in entsprechender Anwendung des § 24 I 2 BBodSchG erstattungsfähig, wenn die zuständige Behörde die Untersuchung veranlasst und das Untersuchungskonzept gebilligt hat.[5170]

g) Ausgleichsansprüche. Mehrere Verpflichtete haben unabhängig von ihrer Heranzie- 2428
hung einen Ausgleichsanspruch (§ 24 II 1 BBodSchG).[5171] Sofern nichts anderes vereinbart wird, hängt die Verpflichtung zum Ausgleich sowie der Umfang des zu leistenden Ausgleichs

---

5166 zur Sicherheitsleistung für die Erfüllung von Nachsorgepflichten eines Anlagenbetreibers zur Behandlung gefährlicher Abfälle durch Beibringung einer Konzernbürgschaft siehe VGH Mannheim Urt. v. 11.5.2021 – 10 S 709/19, juris; zum Verwaltungsermessen bei Anordnung und Auswahl von Sicherheitsleistungen für Abfallentsorgungsanlagen Beckmann UPR 2020, 121.

5167 Dietlein in BeckOK Umweltrecht, 2020, § 10 BBodSchG Rn. 10, 11.

5168 VG Karlsruhe Urt. v. 16.5.2018 – 5 K 1951/16, juris Rn. 31; BVerwG Urt. v. 17.2.2005 – 7 C 14.04, juris.

5169 VGH München ZUR 2004, 51.

5170 BVerwG NVwZ 2005, 691 zur Kostenerstattung für Bodenerkundungsmaßnahmen.

5171 Siehe dazu Lennartz NVwZ 2018, 1429; keine Schadensersatz- oder Ausgleichsansprüche bestehen gegenüber Mieter wegen schädlicher Bodenveränderungen bei vertragsgemäßer Nutzung des Grundstücks, siehe OLG Hamm Urt. v. 4.5.2016 – 12 U 101/15, ZfIR 2016, 686: „Der Vermieter eines Grundstücks, der sein Grundstück dem Mieter zur Abladung von Materialien zur Verfügung stellt, übernimmt das Risiko, dass durch den vertragsgemäßen Gebrauch auf das Grundstück und seine Substanz eingewirkt wird. Durch die Zahlung des Entgelts sind die durch die vertragsgemäße Nutzung entstehenden Beeinträchtigungen abgegolten. Nutzt der Mieter das Mietobjekt entsprechend der mit dem Vermieter getroffenen Vereinbarungen und kommt es dadurch zu einer schädlichen Bodenveränderung, scheidet ein Ausgleichsanspruch nach § 24 II BBodSchG aus, weil die Verpflichteten (Mieter und Vermieter) „etwas anderes" vereinbart haben.

davon ab, wieweit die Gefahr oder der Schaden vorwiegend von dem einen oder dem anderen Teil verursacht worden ist (§ 24 II 2 BBodSchG). Die für bodenschutzrechtliche Ausgleichsansprüche nach § 24 II 3 BBodSchG grundsätzlich vorgesehene Verjährungsfrist von 3 Jahren berücksichtigt mögliche besondere vertragliche Beziehungen zwischen Ausgleichspflichtigen nicht und wird daher in Fällen, in denen über die sanierte Grundstücksfläche ein Mietverhältnis zwischen den Sanierungspflichtigen bestand, durch die vorrangigen mietrechtlichen Verjährungsvorschriften verdrängt. Ausgleichsansprüche verjähren dann in entsprechender Anwendung des § 548 BGB in der Fassung vom 19.6.2001 bzw. des § 558 BGB aF innerhalb der kurzen sechsmonatigen Frist.[5172] Sinn und Zweck der Regelungen des BBodSchG gebieten es, den Ausgleichsanspruch, bei dem es sich um einen zivilrechtlichen Anspruch handelt, unabhängig von einer behördlichen Verfügung zu gewähren.[5173]

2429 **h) Altlastenklausel.** Verpflichtet sich der Verkäufer in einer Altlastenklausel eines Grundstückskaufvertrags, die Kosten für die Sanierung von Altlasten im Boden (Erdreich, Grundwasser) zu übernehmen, zählen dazu nicht die Kosten für die Beseitigung der kontaminierten Asphalt- und Tragschicht einer Straße. Bauliche Anlagen wie eine Straße unterfallen auch nicht der Legaldefinition des Bodens in § 2 III BBodSchG als obere Schicht der Erdkruste.[5174]

2430 **i) Drittschutz.** Regelungen des BBodSchG können drittschützende Wirkungen entfalten. Vor einem einstweiligen gerichtlichen Rechtsschutz ist allerdings regelmäßig ein Antrag bei der Behörde erforderlich, wenn dies in zeitlicher Hinsicht möglich ist (§§ 80 a III 2, 80 V bis VIII VwGO).[5175] Hierfür fehlt das Rechtsschutzbedürfnis, wenn dem eingelegten Widerspruch bereits kraft Gesetzes aufschiebende Wirkung zukommt.[5176] Weder das Wasserrecht noch das BBodSchG sehen einen Drittschutz gegen eine behauptete Grundwasserverunreinigung zugunsten potentieller Trinkwasserkonsumenten vor. Wegen etwaiger Luftverunreinigungen können sich die Nachbarn eines Sanierungsgrundstücks auf drittschützende Normen des BImSchG berufen.[5177] Bei einer Altlastensanierung können sich aus dem Bodenschutzrecht drittschützende Normen ergeben.[5178] Auch der Eigentümer kann Abwehrrechte haben. Der Anspruch des Eigentümers gegenüber dem hoheitlichen Störer, die zu Beseitigung der Störung notwendigen Maßnahmen zu dulden, unterliegt dabei nicht der Verjährung.[5179]

17. Umwidmungssperre

2431 Nach § 1 a II 3 BauGB sollen landwirtschaftlich, als Wald oder für Wohnzwecke genutzte Flächen nur im notwendigen Umfang für andere Nutzungen vorgesehen und in Anspruch genommen werden. Die Umwidmungssperre dient den Belangen der Land- und Forstwirtschaft, aber auch dem Wohnbedarf der Bevölkerung in Konkurrenz etwa zu einer gewerblichen Nutzung. Die Umwidmung solcher Nutzungen durch die Bauleitplanung bedarf daher einer besonderen Abwägungs- und Begründungspflicht. Soweit diese Belange angesichts des überwiegenden Gewichts der Planung nicht geschont werden können, ist eine Prüfung vorzunehmen, ob ein Ausgleich oder eine Kompensation in sonstiger Weise möglich ist.

18. Gestaltungsfestsetzungen auf landesrechtlicher Grundlage

2432 Die BauO der Länder sehen zumeist vor, dass **örtliche Bauvorschriften** auch als Festsetzungen in den Bebauungsplan oder in einen Vorhaben- und Erschließungsplan aufgenommen werden.[5180] Vielfach findet sich dazu auch der Hinweis im Landesrecht, dass in diesen Fällen die Vorschriften des BauGB über die Aufstellung, Änderung, Ergänzung und Aufhebung der Bebauungspläne einschließlich ihrer Genehmigung und Anzeige (§ 10 BauGB) sowie über die

---

5172 LG Frankenthal NVwZ 2003, 507.
5173 OLG München AbfallR 2017, 240 = juris Rn. 41.
5174 LG Karlsruhe DÖV 2002, 349 zu einer mit hohen PAK-Konzentrationen behafteten Privatstraße.
5175 So für § 4 III BBodSchG und § 5 I Nr. 1, § 222 I Nr. 1 BImSchG in Verbindung mit § 3 I Nr. 1, III BBodSchG VG Gera Beschl. v. 27.8.2003 – 2 E 762/03 GE, juris.
5176 VG Gera Beschl. v. 8.7.2003 – 2 E 609/03 GE, juris.
5177 VG Schleswig NVwZ 2002, 754.
5178 VG Gera Beschl. v. 27.8.2003 – 2 E 762/03 GE, juris.
5179 BVerwG NVwZ 2013, 1292.
5180 Zur Bedeutung der Selbstverwaltungsgarantie bei örtlichen Bauvorschriften Winkler LKRZ 2009, 251.

Wirksamkeitsvoraussetzungen (§§ 214 bis 216 BauGB) anzuwenden sind (so etwa § 89 II 2 BauO NRW). Die Rechtsgrundlage solcher Festsetzungsmöglichkeiten ist § 9 IV BauGB. Danach können die Länder durch Rechtsvorschriften bestimmen, dass auf Landesrecht beruhende Regelungen in den Bebauungsplan als Festsetzungen aufgenommen werden können und inwieweit auf diese Festsetzungen die Vorschriften des BauGB anzuwenden sind.

Der Bundesgesetzgeber hat die Landesgesetzgeber nur ermächtigt, zusätzlich zu den städtebaulichen Festsetzungen gem. § 9 I BauGB bauordnungsrechtliche Festsetzungen in den Bebauungsplan aufzunehmen. Die städtebauliche Planung und die hiermit zusammenhängenden sonstigen Regelungen des Landesrechts sollen in einem Plan zusammengeführt werden können.[5181] Ziel der Regelung sei es, so der VGH München, landesgesetzlich als Rechtsvorschrift vorgesehene Bestimmungen in das Verfahren der Bauleitplanung zu integrieren. Die Bestimmung eröffne den Ländern die Möglichkeit eines zusammengefassten Verfahrens. Der Landesgesetzgeber solle die Möglichkeit erhalten, den bundesgesetzlich abschließenden Katalog des § 9 I BauGB zu erweitern.[5182] Es sollten Festsetzungen in den Bebauungsplan aufgenommen werden können, die in einem sachlichen Zusammenhang mit den Aufgaben des Bebauungsplans stehen. Zweck der Einbeziehungsregelung sei es, ein einheitliches Werk zu schaffen. Das Baugesetzbuch stelle den Bebauungsplan als Rechtsinstitut zur Verfügung, um aus Gründen des Sachzusammenhangs, der planerischen und gestalterischen Koordination und der besseren Übersichtlichkeit zu erreichen, dass all die Regelungen, die für die bauliche oder sonstige Nutzung der Grundstücke in einem Gebiet zu beachten seien, in einem Plan zusammengefasst würden. Auch zugunsten des Bürgers solle ein einheitliches Bebauungsplanverfahren stattfinden.[5183] Örtliche Baugestaltungsvorschriften gehörten nicht zu den zentralen Regelungen eines Bebauungsplans, sondern ergänzten die maßgeblichen bodenrechtlichen Festsetzungen lediglich. 2433

Solche örtlichen Bauvorschriften auf landesrechtlicher Grundlage unterliegen nach Auffassung des BVerwG dem **Abwägungsgebot** des § 1 VII BauGB nur, wenn das Landesrecht dies ausdrücklich bestimmt. Anderenfalls ist das Abwägungsgebot auf solche Festsetzungen nicht anwendbar.[5184] Es stellt sich allerdings die Frage, ob sich nicht aus verfassungsrechtlichen Grundanforderungen die Beachtung des Abwägungsgebotes auch bei Satzungen auf landesrechtlicher Grundlage ergibt. Sonst wäre schließlich auch bei Satzungen auf bundesrechtlicher Grundlage das Ende des verfassungsrechtlich begründeten Abwägungsgebotes eingeleitet.[5185] Auf Landesrecht beruhende Gestaltungsfestsetzungen unterliegen – so das BVerwG weiter – aus bundesrechtlicher Sicht auch nicht einem Begründungszwang. Dies folgt nach Auffassung des BVerwG weder aus § 9 VIII BauGB noch aus dem Rechtsstaatsprinzip.[5186] Im Übrigen ist die Begründungspflicht des § 9 VIII BauGB auf die zentralen Regelungen des Bebauungsplans beschränkt.[5187] 2434

Hinweis: Das Bestreben, für eine gewisse Einheitlichkeit der Dachlandschaft zu sorgen, ist ein vom Gesetz anerkanntes Ziel. Gestaltungssatzungen sind allerdings zu begründen und müssen auf einer sachgerechten Abwägung zwischen den privaten Interessen der Grundstückseigentümer und den Belangen der Allgemeinheit beruhen. Allgemeine Bezeichnungen von Farbtönen und Materialanforderungen können wie unbestimmte Rechtsbegriffe ausgelegt werden. Einer physikalisch eindeutigen Farb- oder Materialbestimmung bedarf es daher nicht.[5188] Ein auf ein Satteldach aufgesetzter verkleinerter Dachaufbau, der zwei eigene sich im First schneidende Dachflächen mit gleicher Dachneigung wie das Hauptdach sowie zwei eigene seitliche Giebelwände aufweist, entspricht seinerseits der Dachform des Satteldachs (sog. Doppeldeckersatteldach).[5189]

5181 VGH München NVwZ-RR 2019, 933 (934) unter Verweis die Gesetzesbegründung, BT-Drs. 7/2496, S. 41).

5182 VGH München NVwZ-RR 2019, 933 (934); BVerwG NVwZ 1994, 1010; NVwZ 1991, 874.

5183 VGH München NVwZ-RR 2019, 933 (934).

5184 BVerwG NVwZ 1995, 899; BauR 1997, 999.

5185 Die Geltung des Abwägungsgebots für Bebauungspläne und andere städtebauliche Satzungen wird unabhängig von § 1 VII BauGB auch aus dem Verfassungsrecht abgeleitet (BVerwGE 34, 301); siehe auch Schrödter/Möller in Schrödter, BauGB, 2019, § 9 Rn. 362.

5186 BVerwG ZfBR 1993, 89; NVwZ 1995, 899.

5187 Zur ungefragten Fehlersuche BVerwG DVBl. 1980, 230.

5188 OVG Koblenz BauR 2008, 2090.

5189 VGH Mannheim NVwZ-RR 2008, 447.

IV. Das Abwägungsgebot (§ 1 VII BauGB)

2435 Nach § 1 VII BauGB sind bei der Aufstellung der Bauleitpläne die öffentlichen und privaten Belange gegeneinander und untereinander gerecht abzuwägen. Das Abwägungsgebot verpflichtet die Gemeinde bei der Aufstellung des Flächennutzungsplans, von Bebauungsplänen und anderen Satzungen nach dem BauGB; die Abwägung ist an den Verhältnismäßigkeitsgrundsatz gebunden.[5190] Allerdings können sich unterschiedliche Anforderungen des Abwägungsgebots mit Blick auf die verschiedenen Planinhalte und auch wegen des unterschiedlichen Planungsmaßstabs ergeben.[5191]

2436 Das Abwägungsgebot verlangt, dass eine Abwägung überhaupt stattfindet, dass in die Abwägung an Belangen eingestellt wird, was nach Lage der Dinge in sie eingestellt werden muss, und dass weder die Bedeutung der betroffenen Belange verkannt noch der Ausgleich zwischen ihnen in einer Weise vorgenommen wird, die zur objektiven Gewichtigkeit einzelner Belange außer Verhältnis steht. Innerhalb des so gezogenen Rahmens wird das Abwägungsgebot nicht verletzt, wenn sich der Planungsträger in der Kollision zwischen verschiedenen Belangen für die Bevorzugung des einen und damit notwendigerweise für die Zurücksetzung des anderen Belangs entscheidet. Die Planungsbefugnis schließt die planerische Gestaltungsfreiheit ein. Innerhalb dieses Rahmens ist das Vorziehen oder Zurücksetzen bestimmter Belange kein nachvollziehbarer Vorgang der Abwägung, sondern eine planerische Entscheidung, die zum Ausdruck bringt, in welcher Weise sich die Entwicklung, Ordnung und Sicherung der Region nach Auffassung des jeweiligen Trägers der Raumplanung vollziehen soll.[5192]

1. Planung und Gestaltungsfreiheit

2437 Das Abwägungsgebot steht mit der in § 2 I 1 BauGB niedergelegten Gestaltungsfreiheit bei der Aufstellung der Bauleitpläne in engem Zusammenhang. Danach sind die Bauleitpläne von den Gemeinden in eigener Verantwortung aufzustellen, sobald und soweit es erforderlich ist. Diese Vorschriften enthalten die Anerkennung der gemeindlichen Planungshoheit, wie sie durch Art. 28 II GG verfassungsrechtlich garantiert ist. Das BVerwG hat daraus folgende vier **Konsequenzen** abgeleitet:[5193] Die Befugnis zur Planung schließt einen mehr oder weniger ausgedehnten Spielraum an Gestaltungsfreiheit ein, weil Planung ohne Gestaltungsfreiheit ein Widerspruch in sich wäre. Diese planerische Gestaltungsfreiheit lässt sich nicht auf einen bestimmten geistig-seelischen Vorgang zurückführen, sondern umfasst verschiedene Elemente des Erkennens, des Wertens und Bewertens sowie des Wollens. In Richtung auf die verwaltungsgerichtliche Kontrolle der Planung ergibt sich aus der Verbindung von Planung und Gestaltungsfreiheit unabweisbar die Beschränkung darauf, ob im Einzelfall die gesetzlichen Grenzen der Gestaltungsfreiheit überschritten sind oder von der Gestaltungsfreiheit in einer der Ermächtigung nicht entsprechenden Weise Gebrauch gemacht worden ist (§ 114 VwGO). Zudem kann die Planungsbeteiligung anderer Behörden in verschiedenartiger Weise und durchaus auch als eine echte Beteiligung an der jeweils bestehenden Gestaltungsfreiheit ausgebildet sein, während sich die Genehmigungsbefugnisse der höheren Verwaltungsbehörde nach den §§ 6, 11 BauGB in einer Rechtskontrolle erschöpfen.[5194]

2438 Die dogmatischen Grundlagen des Abwägungsgebots hat das BVerwG im Jahre 1969 als inhaltliche Begrenzung der planerischen Gestaltungsfreiheit bei staatlichen Planungen, die spiegelbildlich dazu gehörige Abwägungsfehlerlehre als Instrument der gerichtlichen Plankontrolle entwickelt und später zunehmend fortentwickelt.[5195] Die rechtsdogmatische Figur des Abwägungsgebots und die Abwägungsfehlerlehre dienen dazu, eine vielfältige Interessen und Be-

---

5190 BVerwGE 104, 144; Hoppe/Bönker in HBG, Öffentliches Baurecht, 2024, § 7 Rn. 1; Beckmann BauR 2016, 1417; Berkemann DVBl. 2013, 1280.

5191 Söfker in EZBK, BauGB, 2021, § 1 Rn. 182.

5192 VGH Kassel Beschl. v. 14.7.2020 – 4 C 2108/15.N, juris Rn. 51; VGH München Urt. v. 24.6.2020 – 15 N 18.295, juris Rn. 23; Beckmann NWBL 2021, 181 (185).

5193 BVerwGE 34, 301.

5194 Stüer DVBl. 1974, 361.

5195 BVerwGE 34, 301; Beckmann BauR 2016, 1417; siehe zuvor bereits Hoppe DVBl. 1964, 165; zum Urteil des BVerwG vom 12.12.1969 siehe Hoppe BauR 1970, 15 ff.; zum Abwägungsgebot ausführlich auch Hoppe/Bönker in HBG, Öffentliches Baurecht, 2024, § 7 Rn. 1 ff.; Berkemann Die Entwicklung der Rechtsprechung des Bundesverwaltungsgerichts zum Planungsrecht, in: Erbguth/Kluth, Planungsrecht in

lange berührende, gesetzlich jedenfalls damals noch weitgehend ungeregelte Planungsentscheidung so zu systematisieren, dass diese in nachvollziehbarer, wenn auch eingeschränkter Weise gerichtlich überprüft werden kann. Mit der Entwicklung dieser spezifischen Rechtsfigur für Planungsentscheidungen sollte einer tatsächlich oder nur vermeintlich eigenständigen Bedeutung des Planens als öffentlich-rechtlicher Handlungsform und einer rechtlich unterschiedlichen Struktur des Planungsrechts gegenüber anderen verwaltungsrechtlichen Normen Rechnung getragen werden.[5196]

Die zentrale Aussage des Abwägungsgebots in § 1 VII BauGB, dass die von der Planung betroffenen privaten und öffentlichen Belange gegeneinander und untereinander gerecht abzuwägen sind, war in den 1960er Jahren allerdings bereits in § 1 IV 2 BBauG geregelt.[5197] Das Abwägungsgebot ist insoweit keine „Erfindung" des BVerwG. Die Anforderungen des Abwägungsgebots an eine ordnungsgemäße Planung zur gerechten Berücksichtigung betroffener Belange bringen etwas fast Selbstverständliches und im Vergleich zu herkömmlichen Ermessensentscheidungen auch nicht besonders Planungstypisches zum Ausdruck. Auch die vom BVerwG ursprünglich aus § 1 IV 2 BBauG abgeleiteten Maßstäbe des Abwägungsgebots, dass nämlich eine Abwägung überhaupt stattfindet, dass in diese Abwägung an Belangen eingestellt wird, was nach Lage der Dinge in sie eingestellt werden muss und dass weder die Bedeutung der betroffenen öffentlichen und privaten Belange verkannt noch der Ausgleich zwischen ihnen in einer Weise vorgenommen wird, die zur objektiven Gewichtigkeit einzelner Belange außer Verhältnis steht, beruhen nicht auf einer grundlegend neuen Dogmatik. Es handelt sich bei dieser Konkretisierung des gesetzlich auch damals schon geregelten Abwägungsgebots vielmehr um nicht mehr als eine Beschreibung und Analyse des Vorgangs der Entscheidungsfindung, des Erkennens und Bewertens des maß-geblichen Sachverhalts.[5198] 2439

Die Kritik, die Abwägungsfehlerlehre habe sich über die Jahrzehnte zu einer Art Geheimwissenschaft entwickelt, die vom Ideal rechtsstaatlicher Klarheit weit entfernt sei,[5199] bezieht sich zu Recht auf die spätere Weiterentwicklung des Abwägungsgebots durch zahlreiche ergänzende Grundsätze und Untergebote, nicht jedoch auf ihren eher schlichten Ausgangspunkt. Vereinfachend könnte man sagen, dass das Abwägungsgebot rechtsstaatliche Mindestanforderungen an eine vom Gesetzgeber weitgehend nicht determinierte planerische Abwägungsentscheidung formuliert, die jedenfalls im Grundsatz zumindest ähnlich nicht nur für Planungsentscheidungen, sondern auch für andere Ermessensentscheidungen der Verwaltung Geltung beanspruchen können. Insoweit ist es fraglich, ob die große Leistung des BVerwG bei der inhaltlichen Ausgestaltung des Abwägungsgebots tatsächlich darin liegt, das Abwägungsmodell von einer tradierten Ermessensdogmatik entkoppelt zu haben.[5200] Der Wert des Abwägungsgebots und der Abwägungsfehlerlehre ergibt sich vielmehr daraus, dass mit ihnen eine Methodik entwickelt worden ist, die es ermöglicht, Planungsentscheidungen trotz nicht oder weitgehend nicht vorhandener gesetzlicher Vorgaben in einer rationalen, für die Planungsträger und für die Planbetroffenen nachvollziehbaren Weise daraufhin zu überprüfen, ob das Planungsergebnis zur unverhältnismäßigen oder willkürlichen Beeinträchtigung betroffener Belange führt. Das Abwägungsgebot und die spiegelbildlich dazu gehörige Abwägungsfehlerlehre[5201] sind vor allem deshalb entwickelt worden, weil Planungsentscheidungen – anders als Kontrollerlaubnisse und sonstige Zulassungsentscheidungen – nicht auf der Grundlage abschließend formulierter Zulassungsvoraussetzungen im Sinne eines Konditionalprogramms getroffen werden.[5202] 2440

Auch zunehmende rechtliche Anforderungen an die Planung ändern nichts daran, dass den verantwortlichen Planungsträgern ein beachtlicher planerischer Gestaltungsfreiraum bleibt. Angesichts der Weite dieses planerischen Gestaltungsfreiraums war die Entwicklung eines rechts- 2441

---

der gerichtlichen Kontrolle, 2012, 11 ff; Berkemann DVBl. 2013, 1280 ff.; Schulze-Fielitz in FS für Hoppe, 2000, S. 997.

[5196] Beckmann BauR 2016, 1417; kritisch dazu Koch in Koch/Hendler, Baurecht, Raumordnungs- und Landesplanungsrecht, 2015, § 17 Rn. 3 ff.

[5197] Siehe dazu Hoppe DVBl. 1964, 165.

[5198] Beckmann BauR 2016, 1417; in diese Richtung aber bereits Hoppe DVBl. 1964, 165 (169); Berkemann DVBl. 2013, 1280 (1281).

[5199] Lege DÖV 2015, 361.

[5200] so aber Berkemann in Erbguth/Kluth, Planungsrecht in der gerichtlichen Kontrolle, 2012, 12.

[5201] Erbguth Die planerische Abwägung und ihre Kontrolle – aus rechtsstaatlicher Sicht, in Erbguth/Kluth, Planungsrecht in der gerichtlichen Kontrolle, 2012, 103 (109).

[5202] Schübel-Pfister in Eyermann, Kommentar zur VwGO, 2022, § 114 Rn. 33.

dogmatischen Systems der Überprüfung von Planungsentscheidungen erforderlich, das es möglich macht, die planerische Abwägung trotz weitgehend fehlender einfachgesetzlicher Kontrollmaßstäbe nachvollziehbar und jedenfalls im Ausgangspunkt auch kalkulierbar gerichtlich, wenn auch eingeschränkt, daraufhin überprüfen zu können, ob die Planung zu unverhältnismäßigen Beeinträchtigungen betroffener Belange führt. Dies ist dem BVerwG mit der richterrechtlichen Ausgestaltung des Abwägungsgebots gelungen.[5203]

2442 Das BVerwG hat mit seiner verfassungsrechtlichen Herleitung des Abwägungsgebots bewirkt, dass das Abwägungsgebot grundsätzlich selbst vom Gesetzgeber nicht in Frage gestellt werden kann.[5204] Das Abwägungsgebot dient einem verhältnismäßigen Ausgleich der von einer staatlichen Planung berührten öffentlichen und privaten Belange. Insoweit wird nach allgemeiner Auffassung durch das Abwägungsgebot der Grundsatz der Verhältnismäßigkeit konkretisiert, der seinerseits aus dem Rechtsstaatsprinzip abgeleitet wird.[5205] Das BVerwG nimmt dementsprechend in ständiger Rechtsprechung an, dass das Abwägungsgebot aus dem Wesen einer rechtsstaatlichen Planung folgt, als Ausprägung des Verhältnismäßigkeitsgrundsatzes Verfassungsrang genießt und dementsprechend allgemein für staatliche Planungen gilt. Das bedeutet jedoch nach der Rechtsprechung nicht, dass überall dort, wo das Rechtsstaatsprinzip und der daraus abgeleitete Verhältnismäßigkeitsgrundsatz eine Abwägung fordern, dieses rechtsstaatliche Abwägungsgebot stets die gleichen Konturen hat wie das Abwägungsgebot im Bau- und Fachplanungsrecht.[5206] Das rechtsstaatliche Abwägungsgebot in seiner jeweiligen Ausprägung richtet es sich vielmehr nach den gesetzlichen Vorgaben und im Übrigen nach dem rechtsstaatlich für jede Abwägung unabdingbar Gebotenen.[5207] Nach Auffassung des BVerwG kommt es Planungsentscheidungen in der Rechtsform einer untergesetzlichen Rechtsnorm im Grundsatz nur auf das Ergebnis des Rechtsetzungsverfahrens an, also auf die erlassene Vorschrift in ihrer regelnden Wirkung, nicht aber auf die die Rechtsnorm tragenden Motive desjenigen, der an ihrem Erlass mitwirkt.[5208]

2443 Die rechtsstaatliche Verortung des Abwägungsgebots ändert auch nichts daran, dass das offene, gesetzlich weitgehend ungeregelte Abwägungsprogramm staatlicher Planungsentscheidungen zunehmend eingeschränkt wird.[5209] Durch eine Verrechtlichung von Planungsentscheidungen, zB durch Bestimmungen des Naturschutzrechts, des Immissionsschutzrechts, des Störfallrechts und des Wasserrechts, wird die Bedeutung des Abwägungsgebots und die Notwendigkeit, die Offenheit des Entscheidungsprogramms durch eine Abwägungsfehlerlehre zu kompensieren, spürbar geringer. Diese Verrechtlichung führt tendenziell zu einer Einebnung der Unterschiede zwischen Planungsermessen und herkömmlichem Verwaltungsermessen, die sich auch strukturell durch eine Annäherung des Fehlerfolgensystems aufeinander zu entwickeln.[5210] Hinzu kommt, dass für zahlreiche planfeststellungsbedürftige Vorhaben privater Vorhabenträger Zulassungsvoraussetzungen für die Planfeststellung geregelt worden sind, die den planerischen Gestaltungsfreiraum erheblich verengen, so dass auch in diesen Bereichen, zB bei der Planfeststellung nach dem KrWG, dem WHG und dem UVPG die Bedeutung des Abwägungsgebots eher geringer ist.[5211]

2444 Auch die Rechtsprechung hat ihren Teil zur inhaltlichen Einschränkung oder – vorsichtiger ausgedrückt – Konkretisierung der planerischen Gestaltungsfreiheit durch Anforderungen an

---

[5203] Hoppe/Bönker in HBG, Öffentliches Baurecht, 2024, § 7 Rn. 1; Redeker in FS für Scupin, 1983, 861 (874); Ossenbühl DVBl. 1993, 753 (757); kritisch hingegen gegenüber dieser Rechtsprechung Lege DÖV 2015, 361 ff.; früher aber zB bereits Schulze-Fielitz Jura 1992, 201; Koch DVBl. 1983, 1125; Koch DVBl. 1989, 399; Di Fabio in FS für Hoppe, 2000, 75 ff; Durner Konflikte räumlicher Planungen, 2005, 297 ff.

[5204] BVerwG DVBl. 1969, 697; Urt. v. 21.8.1981 – 4 C7 50/80, juris Rn. 22.

[5205] Erbguth Die planerische Abwägung und ihre Kontrolle – aus rechtsstaatlicher Sicht, in Erbguth/Kluth, Planungsrecht in der gerichtlichen Kontrolle, 2012, 103 (112).

[5206] OVG Lüneburg Beschl. v. 18.12.2015 – 2 ME 193/15, juris Rn. 7.

[5207] OVG Lüneburg Beschl. v. 18.12.2015 – 2 ME 193/15, juris Rn. 7; BVerwG Urt. v. 18.12.2014 – 4 C 35/13, juris Rn. 98.

[5208] BVerwG Urt. v. 26.6.2014 – 4 C 3/13, juris Rn. 25.

[5209] Beckmann Planfeststellung zwischen Zulassungsverfahren und Planung. Steht die Zukunft der Planfeststellung auf dem Spiel?, in Erbguth/Kluth, Planungsrecht in der gerichtlichen Kontrolle, 2012, 122 (144).

[5210] Schübel-Pfister in Eyermann, VwGO, 2022, § 114 Rn. 33.

[5211] Bei der bergrechtlichen Planfeststellung besteht sogar überhaupt kein planerischer Gestaltungsfreiraum siehe BVerwG Beschl. v. 6.6.2012 – 7 B 68/11, juris Rn. 6.

die Planrechtfertigung, die Entwicklung zentraler Planungsgrundsätze, wie dem Gebot der Konfliktbewältigung und dem Gebot der Rücksichtnahme sowie durch die dogmatische Figur sog. Optimierungsgebote beigetragen, wobei allerdings häufig unbestimmte Rechtsbegriffe durch kaum weniger offen formulierte Anforderungen konkretisiert werden sollen. Das gilt zB für die Vorgabe, dass eine Planrechtfertigung für Vorhaben vorliegt, wenn es gemessen an den Zielen des Gesetzes „vernünftigerweise geboten" ist oder für die Maßgabe, es sei an Belangen einzustellen, was „nach Lage der Dinge" eingestellt werden müsse.

2. Abwägungsverfahren und Abwägungsergebnis

Die Anforderungen des Abwägungsgebots richten sich nach h.M. grundsätzlich sowohl an den Abwägungsvorgang als auch an das Abwägungsergebnis.[5212] Zum Abwägungsvorgang gehören danach die Zusammenstellung des Abwägungsmaterials sowie die Gewichtung und Einstellung dieser Belange in die Abwägung. Das Abwägungsergebnis ist dagegen der durch die Abwägung gewonnene Norminhalt des Plans.[5213] Das soll allerdings nach Auffassung des BVerwG bei der richterlichen Kontrolle von Planungsentscheidungen in der Rechtsform (untergesetzlicher) Normen nicht gelten. Für deren gerichtliche Überprüfung soll es im Grundsatz allein auf das Ergebnis des Rechtsetzungsverfahrens ankommen, also auf die erlassene Vorschrift in ihrer regelnden Wirkung, nicht aber auf die die Rechtsnorm tragenden Motive desjenigen, der an ihrem Erlass mitwirkt. Der Weg zu einer verwaltungsgerichtlichen Überprüfung des Abwägungsvorgangs sei bei untergesetzlichen Normen nur eröffnet, wenn der Normgeber – wie etwa im Bauplanungsrecht – einer besonders ausgestalteten Bindung an gesetzlich formulierte Abwägungsdirektiven unterliegt. Sind solche nicht vorhanden, kann die Rechtswidrigkeit einer Norm nach Ansicht des BVerwG mit Fehlern im Abwägungsvorgang nicht begründet werden.[5214] 2445

Die Unterscheidung zwischen dem Abwägungsvorgang und dem Abwägungsergebnis im Bau- und Fachplanungsrecht soll signalisieren, dass es einerseits auf die Art und Weise ankommen soll, in der die Planungsentscheidung zustande kommt, dass andererseits aber letztlich entscheidend sein soll, zu welchem Ergebnis die Planungsbehörde bei ihrer Abwägung gefunden hat und ob dieses Ergebnis dem Grundsatz der Verhältnismäßigkeit und einer gebotenen Willkürfreiheit genügt. Insoweit ist die Differenzierung zwischen dem Abwägungsvorgang und im Abwägungsergebnis zunächst einmal nur ein Merkposten im Sinne einer Systematisierung, Rationalisierung und Nachvollziehbarkeit der Abwägungsentscheidung. Abwägungsvorgang und Abwägungsergebnis betreffen die materielle Planungsentscheidung und nicht das Planungsverfahren, das dieser Entscheidung vorangeht.[5215] Das hatte bereits das BVerwG im Flachglas-Urteil aus dem Jahre 1974 klargestellt.[5216] Der Abwägungsvorgang ist somit Teil der eigentlichen Abwägungsentscheidung. Es geht bei der dazu entwickelten Dogmatik darum, die Abwägungsentscheidung in vier Entscheidungsphasen aufzugliedern, die sich auf das Ermitteln der abwägungsrelevanten Belange, das Einstellen dieser Belange in die Abwägung, die Gewichtung der einzelnen Belange und zuletzt auf den Ausgleich konfligierender Belange erstrecken.[5217] Dementsprechend ist es rechtsdogmatisch verfehlt, Mängel des Abwägungsvorgangs als Verfahrensfehler einzuordnen. 2446

Das ändert allerdings nichts daran, dass der Abwägungsvorgang – insoweit ähnlich wie das Verwaltungsverfahren – ebenfalls nur eine dienende Funktion mit Blick auf das Abwägungsergebnis haben soll. Insoweit ist das Verhältnis zwischen dem Abwägungsvorgang und dem Abwägungsergebnis durchaus vergleichbar mit dem Funktionszusammenhang zwischen dem Verwaltungsverfahren und der Verwaltungsentscheidung als Ergebnis dieses Verwaltungsverfahrens. 2447

5212 Dazu bereits Hoppe DVBl. 1964, 165, 169.

5213 VGH Mannheim Urt. v. 13.10.2023 – 14 S 237/22, juris Rn. 49; Spannowsky in Spannowsky/Runkel/Goppel, ROG, 2019; § 11 Rn. 71; Söfker in EZBK, BauGB, 2021, § 1 Rn. 187.

5214 BVerwG Urt. v. 26.6.2014 – 4 C 3/13, juris Rn. 25.

5215 Erbguth Die planerische Abwägung und ihre Kontrolle – aus rechtsstaatlicher Sicht, in Erbguth/Kluth, Planungsrecht in der gerichtlichen Kontrolle, 2012, 103 (114).

5216 BVerwG Urt. v. 5.7.1974 – IV C 50.72, juris Rn. 4; siehe dazu Lege DÖV 2015, 361, 363; Erbguth Die planerische Abwägung und ihre Kontrolle – aus rechtsstaatlicher Sicht, in Erbguth/Kluth, Planungsrecht in der gerichtlichen Kontrolle, 2012, 103 (114).

5217 Hoppe/Bönker in HBG, Öffentliches Baurecht, 2024, § 7 Rn. 32 ff.; Martini/Finkenzeller JuS 2012, 126.

Wenn bei der planerischen Abwägung zwischen den betroffenen Belangen ein Ausgleich vorgenommen worden ist, der zur Gewichtigkeit einzelner Belange nicht außer Verhältnis steht, dann ist die Planungsentscheidung nicht unverhältnismäßig; sie führt nicht zu einer unverhältnismäßigen Beeinträchtigung bestimmter betroffener Belange. Das Abwägungsgebot und die Abwägungsfehlerlehre haben damit ihr Ziel erreicht, dem Planungsträger einerseits den ihm zustehenden planerischen Gestaltungsfreiraum zu belassen, andererseits jedoch sicherzustellen, dass die Planungsentscheidung nicht zu unverhältnismäßigen Beeinträchtigungen bestimmter Belange führt.

2448 Dementsprechend ist es durchaus nachvollziehbar, wenn das BVerwG in der Vergangenheit angenommen hat, dass der Gesetzgeber sich auch darauf beschränken könnte, lediglich das Ergebnis eines Planungsvorgangs einer bestimmten Bindung zu unterwerfen und damit das Ergebnis der Planung bzw. der Abwägung, nicht aber den Planungsvorgang bzw. den Abwägungsvorgang am Abwägungsgebot zu messen.[5218] Widersprüchlich ist diese Erkenntnis allenfalls dazu, dass sich nach der bereits erwähnten Rechtsprechung des BVerwG die Anforderungen des planerischen Abwägungsgebots im Bau- und Fachplanungsrecht sowohl an den Abwägungsvorgang als auch an das Abwägungsergebnis richten und dass das Abwägungsgebot insoweit auch nicht zur Disposition des Gesetzgebers stehen soll.

2449 Was mit Blick auf die notwendige Verhältnismäßigkeit des Abwägungsergebnisses einleuchtet, ist allerdings unter dem Aspekt einer verwaltungsgerichtlichen Überprüfung der Planungsentscheidung hinterfragungsbedürftig. Denn die Beschränkung der gerichtlichen Plankontrolle auf eine Ergebnisüberprüfung der Planungsentscheidung befördert das Risiko, dass das Gericht eigene Planungsüberlegungen, dh seine eigene Abwägung der widerstreitenden Belange der zu überprüfenden Abwägung des Planungsträgers gegenüberstellt und damit die Planungskompetenz des Planungsträgers in Zweifel stellt. Die Behauptung etwa, das Ergebnis einer Planungsentscheidung sei unverhältnismäßig, der Ausgleich zwischen verschiedenen Belangen sei nicht gelungen, kommt jedenfalls einer eigenen Abwägungsentscheidung des Gerichts doch sehr nahe. Die Gewichtung der von der Planung betroffenen Belange in ihrem Verhältnis zueinander ist gerade der Kern der planerischen Gestaltungsfreiheit. Mit der Feststellung, die Belange seien von dem Planungsträger in einer Weise berücksichtigt worden, die zu ihrer objektiven Gewichtigkeit außer Verhältnis stehen, reklamiert die Rechtsprechung die Kompetenz, eine „objektive" Gewichtigkeit von Belangen feststellen zu können. Damit wird jedoch die These, dass die Gewichtung von Belangen eine Kernkompetenz des Planungsträgers ist, die insoweit natürlich auch von der subjektiven Sicht des Planungsträgers geprägt wird, wieder in Zweifel gestellt. Hilfskriterien, wie etwa dass eine Beeinträchtigung von Belangen iS des Rücksichtnahmegebots „schwer und unerträglich" sei, ändern daran letztlich nichts.

2450 Höheren Respekt genießt die Planungszuständigkeit des Planungsträgers dann, wenn sich die gerichtliche Nachprüfung vorrangig darauf konzentriert, ob die Planungsentscheidung auf der Grundlage eines entsprechend den gesetzlichen Verfahrensvorschriften durchgeführten Planungsverfahrens und einer hinreichenden Entscheidungsvorbereitung im Sinne eines ordnungsgemäßen Abwägungsvorgangs ergeht. Damit ist das Stichwort der Richtigkeitsgewähr des ordnungsgemäß geführten Planungsverfahrens und eines ordnungsgemäß durchgeführten Abwägungsvorgangs angesprochen.

2451 Wenn das gesetzlich vorgeschriebene Planungsverfahren durchgeführt worden ist, wenn insbesondere die erforderlichen Planfeststellungsunterlagen erarbeitet, eingereicht und öffentlich ausgelegt worden sind, wenn die Öffentlichkeit und die Behörden ordnungsgemäß beteiligt worden sind, wenn eine hinlängliche Umweltverträglichkeitsuntersuchung vorgelegt und wenn zur Entscheidungsvorbereitung die bei Planfeststellungsverfahren notwendige zusammenfassende Darstellung der Umweltauswirkungen von der Behörde ordnungsgemäß erarbeitet worden ist und gestützt auf diese zusammenfassende Darstellung der Umweltauswirkungen auch eine ordnungsgemäße Bewertung der Umweltauswirkungen stattgefunden hat, dann spricht eben Vieles dafür, dass die auf dieser Basis ergehende Planungsentscheidung in aller Regel auch nicht zu einem unverhältnismäßigen Ergebnis kommt. Damit soll nicht auf eine Ergebniskontrolle vollständig verzichtet werden. Vielmehr soll der Bedeutung des gesetzlich geregelten Planfeststellungsverfahrens einschließlich zusätzlicher Umweltverträglichkeitsprüfungen, Raumverträglichkeitsprüfungen und möglicherweise auch FFH-Verträglichkeitsprüfungen Rechnung getragen werden. Verfahrensfehler sind, wenn man ein ordnungsgemäß durchgeführtes Verfahren als wesentlichen Garanten für ein vertretbares Ergebnis ansieht, in aller Regel nicht unbe-

[5218] BVerwG Urt. v. 5.7.1974 – IV C 50.72, juris Rn. 42.

achtlich. Andererseits vermeidet eine gerichtliche Kontrolle, die sich in erster Linie auf ein ordnungsgemäßes Verfahren und eine ordnungsgemäße Entscheidungsvorbereitung bezieht, die Gefahr, mit einer nachvollziehenden Abwägung von Belangen durch das Gericht die Planungskompetenz des Planungsträgers in Frage zu stellen. Zwar schließt der Anspruch auf eine sachgerechte Abwägung regelmäßig einen Anspruch auf ein bestimmtes Abwägungsergebnis aus, weil eine Planung ohne Gestaltungsfreiheit – wie es das BVerwG in ständiger Rechtsprechung formuliert – ein Widerspruch in sich wäre.[5219] Dieses eingängige Mantra ist allerdings missverständlich. Für den Umfang der Entscheidungsbefugnisse einer Planfeststellung jedenfalls kommt es auf die maßgeblichen Regelungen in den jeweiligen Fachplanungsgesetzen und Verwaltungsverfahrensgesetzen, nicht jedoch auf dogmatische Zuordnungen als Planungsentscheidung oder gar auf die gesetzgeberische Bezeichnung der Zulassung als Planfeststellung an.[5220] Was für das Verhältnis des gesetzlich geregelten Planfeststellungsverfahrens zur Planungsentscheidung gilt, trifft in ähnlicher Weise auch auf das Verhältnis von Abwägungsvorgang und Abwägungsergebnis zu. Ein ordnungsgemäß abgewickelter Abwägungsvorgang spricht für die Vertretbarkeit des Abwägungsergebnisses. Auch insoweit kann auf eine Ergebniskontrolle zwar nicht vollständig verzichtet werden. Es ist aber umgekehrt durchaus zweifelhaft, ob und inwieweit man mit Blick auf eine Ergebniskontrolle Mängel des Abwägungsvorgangs für unbeachtlich erklären kann. Es gibt zusammengefasst systematische Zusammenhänge zwischen bestimmten Verfahrensmängeln des Planungsverfahrens einerseits und der aus dem Abwägungsvorgang und dem Abwägungsergebnis bestehenden Abwägungsentscheidung andererseits. Wenn die Planfeststellungsbehörde die gebotene Öffentlichkeits- oder Behördenbeteiligung unterlässt oder nur unzureichend durchführt, dann dürfte jedenfalls in aller Regel auch ein Abwägungsdefizit des Abwägungsvorgangs vorliegen. Denn ohne eine hinreichende Beteiligung der Öffentlichkeit und der Behörden können die betroffenen Belange kaum sachgerecht ermittelt worden sein. Auch das BVerwG hat darauf hingewiesen, dass mit zunehmendem Gewicht, das den Belangen des Umweltschutzes in der Abwägung zukommt, eher davon auszugehen ist, dass sich methodische Unzulänglichkeiten bei der Ermittlung, Beschreibung und Bewertung der Umweltauswirkungen im Sinne von § 2 Abs. 1 S. 2 UVPG auf das Planungsergebnis ausgewirkt haben könnten.[5221] Gleichwohl ist der Abwägungsvorgang nicht Teil des gesetzlich geregelten Planfeststellungsverfahrens, sondern Teil der insoweit nicht näher geregelten Planfeststellungsentscheidung.

Im Bauplanungsrecht kehrt die Unterscheidung von Abwägungsvorgang und Abwägungsergebnis verschiedentlich wieder, als Unterschied zwischen dem Abstimmen von Plänen und dem Abgestimmtsein dieser Pläne ebenso wie als Unterschied zwischen dem Abwägen von Belangen und dem inhaltlichen Abgewogensein des Plans. Der Abwägungsvorgang betrifft die Zusammenstellung des Abwägungsmaterials (§ 2 III BauGB), die Gewichtung und Einstellung der Belange und die Gesamtabwägung in dem Sinne, dass die gegenläufigen Belange gegeneinander und untereinander zu einem Ausgleich gebracht und dabei bestimmte Belange vorgezogen und andere zurückgestellt werden. Das Abwägungsergebnis ist das Resultat dieses Abwägungsverfahrens und beinhaltet die Gesamtentscheidung, die auf Grund des (fehlerfreien) Abwägungsverfahrens zu Stande kommt. Auch § 214 III 2 BauGB, wonach Mängel im Abwägungsvorgang nur erheblich sind, wenn sie offensichtlich und auf das Abwägungsergebnis von Einfluss gewesen sind, geht von dieser Unterscheidung zwischen Abwägungsverfahren als Vorgang und Abwägungsergebnis als Produkt der Abwägung aus. Sowohl das Abwägungsverfahren als auch das Abwägungsergebnis unterliegen im Genehmigungs- bzw. Anzeigeverfahren nach den §§ 6, 10 II BauGB und in der gerichtlichen Kontrolle der rechtlichen Nachprüfung auf Abwägungsfehler. Allerdings ist die Kontrolle des Abwägungsergebnisses, soweit dabei Wertungen, Erwägungen und Prognosen in Rede stehen, eingeschränkt. Die Kontrolle des Abwägungsverfahrens wird durch § 214 BauGB auf bestimmte Verfahrensfehler begrenzt.[5222] Die nach Maßgabe der vorstehenden Beschränkungen strengere gerichtliche Kontrolle des Abwägungsverfahrens entspricht darüber hinaus einem Kompensationserfordernis, weil das Abwägungsergebnis schon wegen des autonomen (kontrollfreien) Gestaltungsraums der planenden 2452

[5219] BVerwG Urt. v. 27.10.1999 – 11 A 1.99 juris; siehe aber auch schon BVerwGE 34, 301 (304).

[5220] Beckmann Planfeststellung zwischen Zulassungsverfahren und Planung. Steht die Zukunft der Planfeststellung auf dem Spiel?, in Erbguth/Kluth, Planungsrecht in der gerichtlichen Kontrolle, 2012, 122 (134); BVerwG NVwZ 2007, 33.

[5221] BVerwG DVBl. 2005, 386.

[5222] Hoppe in FG BVerwG 1978, 295.

Gemeinde nur einer geringeren gerichtlichen Kontrolle zugänglich ist. Wichtige Grundlage der Abwägung ist die Zusammenstellung des Abwägungsmaterials, die auf der Grundlage einer entsprechenden Bestandsaufnahme erfolgt. Das gilt vor allem, wenn ein vorhandener Bestand überplant werden soll.

Beispiel: Die Überplanung eines teilweise bereits bebauten Gebietes, insbesondere eines vorhandenen Gewerbebetriebes in der Nachbarschaft zu einer bestehenden und nach der Planung zunehmenden Wohnnutzung, erfordert eine erkennbare sorgfältige Bestandsaufnahme des vorhandenen Betriebes und seines Emissionsverhaltens. Um eine verwertbare Grundlage für eine Immissionsprognose zu erhalten, ist es in der Regel unerlässlich, das tatsächlich zulässige Emissionspotenzial zu ermitteln, wie es sich aus der für den jeweiligen Betrieb erteilten Baugenehmigung ergibt. Ohne Einholung eines Immissionsschutzgutachtens zur Vorbereitung der Abwägung kann dann ein Abwägungsdefizit vorliegen.[5223]

3. Private und öffentliche Belange

2453 Nach § 1 VII BauGB sind bei der Aufstellung der Bauleitpläne die öffentlichen und die privaten Belange gegeneinander und untereinander gerecht abzuwägen. Welche einzelnen Belange bei der Abwägung zu berücksichtigen sind, ist im BauGB nicht abschließend geregelt und hängt von den Gegebenheiten des Einzelfalls ab. § 1 VI BauGB enthält einen nicht abschließenden Katalog von Belangen und den Belangen gleichzusetzenden privaten und öffentlichen Interessen. Soweit § 1 VII BauGB vorschreibt, dass die öffentlichen und die privaten Belange gegeneinander und untereinander abzuwägen sind, ist damit gemeint, dass auf allen Ebenen ein verhältnismäßiger und sachgerechter Interessenausgleich herzustellen ist.[5224]

2454 **a) Private Belange.** Der Begriff des privaten Belangs ist weit zu fassen.[5225] Dazu gehört das **zivilrechtliche Eigentum** über das grundrechtlich geschützte Maß hinaus.[5226] Dazu gehört das grundsätzlich zum Eigentum gehörende Recht auf bauliche Nutzung eines Grundstücks, so dass die Einschränkung bestehender **Baurechte** stets ein mit dem besonderen Gewicht des Eigentumsgrundrechts in die Abwägung einzustellender Belang ist.[5227] Zu den berücksichtigungsbedürftigen privaten Belangen zählen auch zivilrechtliche Anwartschaften, dingliche und **obligatorische Rechte**, insbesondere auch Rechte von Mietern Pächtern. Auch das private Interesse daran, dass die sich aus einer bestimmten Wohn- und Verkehrslage ergebenden Vorteile und Vorzüge sind abwägungsrelevant.[5228] Aus der Pflicht zur Berücksichtigung privater belange bei der Abwägung ergibt sich die **drittschützende Funktion** des Abwägungsgebots.[5229] Ein privater Belang, der in der Abwägung zu berücksichtigen ist, wird zwar durch den drittschützenden Charakter des Abwägungsgebots nicht selbst zum subjektiven Recht und sei auch selber nicht wehrfähig in dem Sinne, dass der Private die Durchsetzung seines Belangs – wie bei einem subjektiven Recht – verlangen könnte. Der Private hat aber ein subjektives Recht darauf, dass sein Belang in der Abwägung seinem Gewicht entsprechend berücksichtigt wird. Mit der drittschützenden Funktion des Abwägungsgebots korrespondiert der Rechtsschutz der betroffenen Privaten nach § 42 II VwGO sowie im Rahmen der Normenkontrolle nach § 47 VwGO.[5230]

5223 OVG Berlin-Brandenburg BauR 2010, 120 zur Überplanung eines Gebietes mit heranrückender Wohnbebauung. Zu den Überplanungsmöglichkeiten für eine siedlungsstrukturell unerwünschte Streusiedlung im Wald mit großenteils ungenehmigten Wohn- und Wochenendhäusern unter Wahrung des Baumbestandes OVG Lüneburg BauR 2010, 2158. Zum Bauplanungsrecht als Prüfungspunkt zur Erteilung der immissionsschutzrechtlichen Genehmigung Scheidler ZfBR 2010, 299.

5224 Hoppe/Bönker in HBG, Öffentliches Baurecht, 2024, § 7 Rn. 15.

5225 Hoppe/Bönker in HBG, Öffentliches Baurecht, 2024, § 7 Rn. 6; Blumenberg DVBl. 1989, 86 ff.; Erbguth DVBl. 1986, 1230 ff.

5226 BVerwG BauR 1971, 100 (104); BVerwGE 59, 87 (101).

5227 BVerwG Urt. v. 31.8.2021 – 4 BN 4/21, juris; BVerwGE 156, 336.

5228 Zu Wertminderungen von Grundstücken als abwägungsrelevanter Belang im Planfeststellungsverfahren siehe Beckmann BauR, 2021, 768.

5229 Hoppe/Bönker in HBG, Öffentliches Baurecht, 2024, § 7 Rn. 11; Söfker in EZBK, BauGB, 2021, § 1 Rn. 184; BVerwG BauR 1999, 134; BVerwG NVwZ 2009, 452; VGH München Urt. v. 14.12.2026 – 9 N 11.1887, BeckRS 2016, 110063; Wysk in Wysk, VwGO, 2020, § 42 Rn. 152; Huck in Huck/Müller, VwVfG, 2020, § 74 Rn. 29.

5230 Söfker in EZBK, BauGB, 2021, § 1 Rn. 184.

Wertminderungen von Grundstücken werden von der Rechtsprechung für sich genommen als nicht abwägungsrelevant bei Planungsentscheidungen angesehen. Der Verkehrswert eines Grundstücks bilde lediglich einen Indikator für bestimmte Nutzungsmöglichkeiten eines Grundstücks, der von vielen Faktoren abhänge. In die planerische Abwägung seien keine Wertveränderungen von Grundstücken, sondern nur solche Auswirkungen einzustellen, die von der Planung auch faktisch auf das Grundstück, etwa durch Lärmimmissionen, einwirken und lediglich mittelbar auch Wertverluste zur Folge haben können. Die Grundstückswertminderung an sich sei demgegenüber kein eigenständig zu berücksichtigender Abwägungsbelang.[5231] In einem Urteil vom 16.03.2006 zum Flughafen Berlin Schönefeld führt das BVerwG aber aus, Verkehrswertminderungen, die über den Schutzbereich der Entschädigungsregelung des § 74 II 3 VwVfG hinaus durch ein Planvorhaben ausgelöst würden, seien keineswegs rechtlich irrelevant.[5232] Die Beachtung des § 74 II 3 VwVfG entbinde nämlich nicht von der Pflicht, planbedingte Wertverluste gegebenenfalls als private Belange im Rahmen der planerischen Abwägungsentscheidung zu berücksichtigen. Dem Planungsträger bleibe es zwar unbenommen, solche Wertminderungen nach den zum Abwägungsgebot entwickelten Grundsätzen hinter gegenläufige öffentliche Interessen zurücktreten zu lassen. Wie auch sonst sei es ihm allerdings verwehrt, dabei eine äußerste, durch Abwägung nicht überwindbare Schwelle zu überschreiten. Jenseits dieser Schwelle wäre eine Abwägung, die einen Wertverlust entschädigungslos zumutet, abwägungsdisproportional. Dieses Urteil bezieht sich allerdings auf gutachterlich im Planfeststellungsverfahren ermittelte Verkehrswertminderungen als Folge des von dem Flughafen zu erwartenden Fluglärms, dh auf tatsächlich-faktische Einwirkungen im vorgenannten Sinne, die lediglich mittelbar auch zu Verkehrswertminderungen führen. 2455

b) Öffentliche Belange. Auch der Begriff der öffentlichen Belange ist sehr weit zu verstehen. Er erstreckt sich auf öffentliche Interessen aller Art, die sich auf Art und Intensität der Bodennutzung innerhalb des Planungsraums auswirken und damit bei der planerischen Festlegung einer den Zielen des § 1 BauGB entsprechenden Gestaltung der städtebaulichen Ordnung und Entwicklung von Bedeutung sind.[5233] Öffentliche Interessen sind auch als **Erfordernisse der Raumordnung** berücksichtigungsbedürftig, soweit sie nicht schon als Ziele der Raumordnung Beachtens- und sogar Anpassungspflichten auslösen. In Ausnahmefällen kann sich sogar aus der **Vielzahl inhaltsgleicher privater Belange** das zusätzliche Gewicht eines öffentlichen Belangs ergeben.[5234] Natürlich sind auch die **Umweltfolgen der Planung** und nicht zuletzt die zunehmend an Gewicht gewinnenden Belange des Klimaschutzes, sei es im Sinne einer Vermeidung von Klimafolgen, sei es zur Anpassung an die ohnehni schon nicht mehr zu verhindernden Klimafolgen öffentliche Belange von besonderem Gewicht, soweit sie nicht schon ohnehin über zwingend zu beachtenden Planungsleitsätze geschützt werden. Nicht zuletzt müssen über das Abstimmungsgebot des § 2 II BauGB auch die öffentlichen **Belange von Nachbargemeinden** berücksichtigt werden. 2456

4. Abwägungsfehler

Das Abwägungsgebot verlangt dass – erstens – eine Abwägung überhaupt stattfindet, dass – zweitens – in die Abwägung an Belangen eingestellt wird, was nach Lage der Dinge in sie eingestellt werden muss, und dass – drittens – weder die Bedeutung der betroffenen öffentlichen und privaten Belange verkannt noch der Ausgleich zwischen ihnen in einer Weise vorgenommen wird, die zur objektiven Gewichtigkeit einzelner Belange außer Verhältnis steht. Innerhalb des so gezogenen Rahmens wird das Abwägungsgebot nicht verletzt, wenn sich die zur Planung ermächtigte Stelle in der Kollision zwischen verschiedenen Belangen für die Bevorzugung des einen und damit notwendig für die Zurückstellung eines anderen entscheidet. Die darin liegende Gewichtung der von der Planung berührten öffentlichen und privaten Belange ist ein wesentliches Element der planerischen Gestaltungsfreiheit und als solches der verwaltungsgerichtlichen Kontrolle entzogen. Diese beschränkt sich im Rahmen des Abwägungs- 2457

5231 OVG Magdeburg Urt. v. 17.5.2017 – 2 K 51/15, juris Rn. 87; OVG Saarlouis Urt. v. 19.3.2015 – 2 C 382/13, juris Rn. 151; VGH Mannheim Urt. v. 20.3.2013 – 5 S 1126/11, juris Rn. 43; BVerwG NVwZ 1995, 895.

5232 BVerwG Urt. v. 16.3.2006 – 4 A 1073/04, juris Rn. 408 ff.; NJW 1997, 142.

5233 Hoppe/Bönker in HBG, Öffentliches Baurecht, 2024, § 7 Rn. 7; zur Kritik an der Abwägungsfehlerlehre Koch DVBl. 1983, 1125; di Fabio in FS für Hoppe, 2000, 75 ff.

5234 BVerwGE 125, 116 Rn. 82.

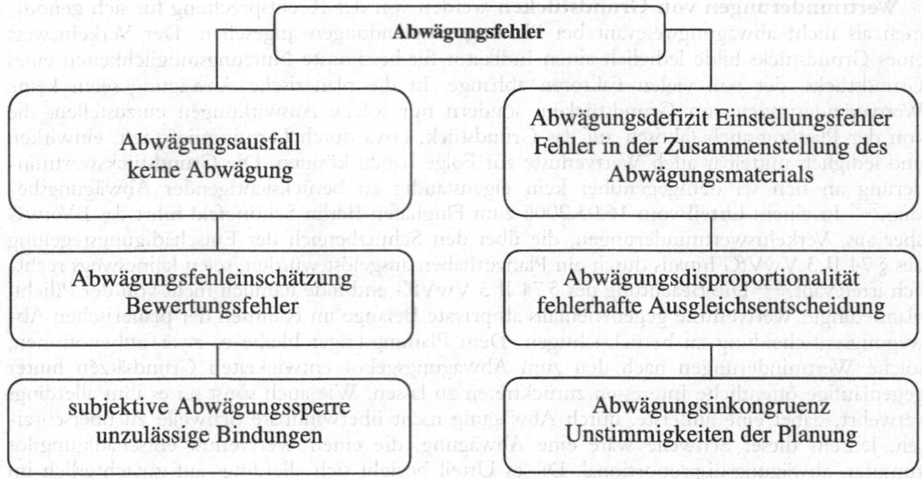

gebots daher auf die Frage, ob die Verwaltungsbehörde die abwägungserheblichen Gesichtspunkte rechtlich und tatsächlich zutreffend bestimmt hat und ob sie – auf der Grundlage des derart zutreffend ermittelten Abwägungsmaterials – die aufgezeigten Grenzen der ihr obliegenden Gewichtung eingehalten hat.[5235]

2458 Bei der gerichtlichen Kontrolle werden folgende Abwägungsfehler geprüft:[5236]

– Das Gebot gerechter Abwägung ist verletzt, wenn eine sachgerechte Abwägung überhaupt nicht stattfindet **(Abwägungsausfall)**.
– Es ist verletzt, wenn in die Abwägung an Belangen nicht eingestellt wird, was nach Lage der Dinge in sie eingestellt werden muss **(Abwägungsdefizit – Einstellungsfehler)**.
– (Abwägungsfehleinschätzung – Bewertungsfehler)
– oder wenn der Ausgleich zwischen den von der Planung betroffenen öffentlichen Belangen in einer Weise vorgenommen wird, die zur objektiven Gewichtigkeit einzelner Belange außer Verhältnis steht **(Abwägungsdisproportionalität)**. Die Ausgleichsentscheidung kann auch fehlerhaft sein, wenn die planende Stelle die ihr geringerwertig erscheinenden Belange ohne weitere **Prüfungsschritte** der Vermeidung, der Verminderung oder des Ausgleichs einfach zurückgestellt hat, obwohl eine entsprechende Prüfung nach Lage der Dinge erforderlich gewesen wäre **(fehlerhafte Ausgleichsentscheidung)**.
– Die Abwägung ist fehlerhaft auch bei unzulässigen Bindungen und einseitigen Festlegungen, die ein ordnungsgemäßes Abwägungsverfahren nicht mehr gestatten **(subjektive Abwägungssperre),**[5237] oder
– bei einem rechtserheblichen Abweichen von Planregelungen und Abwägung **(Abwägungsdivergenz – Abwägungsinkongruenz).**

2459 Die Gemeinde hat dabei einen **Bewertungs- und Abwägungsspielraum.** Ihr ist es in erster Linie aufgetragen, eine planerische Abwägung vorzunehmen und die Vor- und Nachteile der jeweiligen Lösungen gegeneinander und untereinander abzuwägen. Die getroffene Entscheidung ist nicht bereits deshalb fehlerhaft, weil die Gemeinde dabei den einen Belang dem anderen vorzieht.[5238] Denn es ist nicht Aufgabe der Verwaltungsgerichte, durch eigene Ermittlungen ersatzweise zu planen und sich hierbei von den Erwägungen einer besseren Planung leiten zu lassen.[5239]

2460 **a) Abwägungsausfall.** Das Abwägungsgebot des § 1 VII BauGB ist verletzt, wenn eine Abwägung überhaupt nicht stattfindet. Es ist auch verletzt, wenn die Abwägung hinsichtlich

[5235] VG Minden Beschl. v. 27.10.2023 – 9 L 905/23, juris Rn. 56; BVerwG Urt. v. 7.7.1978 – IV C 79.76 ua, juris Rn. 59; Urt. v. 15.10.2020 – 7 A 9.19, juris Rn. 103; Urt. v. 14.3.2018 – 4 A 5.17, juris, Rn. 23.
[5236] BVerwGE 34, 301.
[5237] Stüer DVBl. 1995, 649; BVerwG NVwZ 2006, 458.
[5238] BVerwGE 34, 301; BVerwGE 45, 309; BVerwGE 74, 214.
[5239] BVerwG NVwZ 1995, 901.

rechtlich relevanter Bestandteile defizitär ist. Davon ist insbesondere auszugehen, wenn Belange nicht in die Abwägung eingestellt werden, die nach Lage der Dinge einzustellen sind, die also zum Abwägungsmaterial gehören (§ 2 III BauGB). Ergibt sich aus den Sitzungsprotokollen des Gemeinderates, ein offensichtlicher Abwägungsausfall hinsichtlich bestimmter Belange, so ist die Behauptung, eine ordnungsgemäße Abwägungsentscheidung durch den Gemeinderat habe dennoch stattgefunden, eines Zeugenbeweises durch Vernehmung der Mitglieder des Gemeinderates grundsätzlich nicht zugänglich.[5240] Der Fehler eines Abwägungsausfalls kann etwa darin bestehen, dass die Ermittlung einzelner Belange im Hinblick auf andere als vorrangig erachtete Belange überhaupt nicht erfolgt.

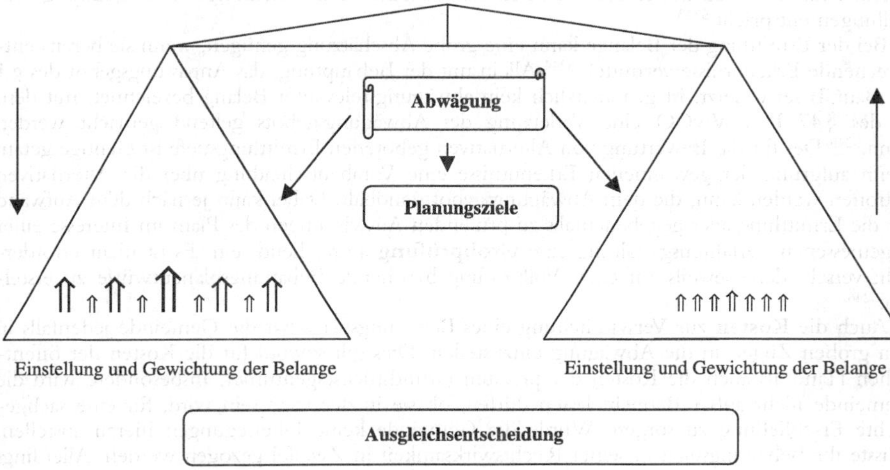

Beispiel: Zur Hochwassersicherung des Rheins soll ein Damm geplant werden. Die Prüfung verschiedener Alternativtrassen wird mit Hinweis auf die besondere Dringlichkeit des Hochwasserschutzes nicht vorgenommen. In der gerichtlichen Prüfung stellt sich jedoch heraus, dass ein ausreichender Schutz gegen ein „hundertjähriges Hochwasser" bereits besteht und für den Deichbau daher kein unaufschiebbarer aktueller Handlungsbedarf gegeben ist. Mögliche Alternativtrassen hätten daher in die Abwägung eingestellt werden müssen, weil ein dringender Handlungsbedarf nicht bestand.

b) Zusammenstellung des Abwägungsmaterials – Einstellungsfehler. Die planende Gemeinde hat die nach Lage der Dinge einzustellenden Belange bei der Abwägung zu ermitteln und zu bewerten (§ 2 III BauGB). Der Begriff „Belang" ist dabei weit auszulegen. Die **öffentlichen Belange** beziehen sich auf alle öffentlichen Interessen, die im Zusammenhang mit der Bodennutzung und mit der städtebaulichen Entwicklung und Ordnung stehen. Wesentliche Anhaltspunkte für öffentliche Belange ergeben sich aus den allgemeinen Planungsleitlinien in § 1 V BauGB und in den weiteren Planungsgrundsätzen und Optimierungsgeboten in den §§ 1 V, 1 a I BauGB. Der **private Belang** ist ebenfalls weit zu fassen und umfasst insbesondere die verfassungsrechtlich geschützten Rechtspositionen wie das Grundeigentum und grundstücksgleiche Rechte, den Bestandsschutz, das Recht am eingerichteten und ausgeübten Gewerbebetrieb sowie dingliche und schuldrechtliche Rechte zur Bodennutzung. Die danach zum Abwägungsmaterial gehörenden privaten Belange beschränken sich nicht auf subjektiv öffentliche Interessen oder auf das, was nach Art. 14 GG oder Art. 2 II GG verfassungsrechtlich gegen einen entschädigungslosen Entzug geschützt ist. Auch verfassungsrechtlich nicht geschützte Interessen, Chancen, Gewinnerwartungen oder Möglichkeiten sind grundsätzlich zu den abwägungsbeachtlichen Interessen zu rechnen. So fallen etwa ungesicherte künftige Markt- und Erwerbschancen in aller Regel aus dem Kreis der abwägungsbeachtlichen privaten Belange heraus.[5241] 2461

[5240] VGH Mannheim NVwZ-RR 2008, 676.

[5241] BVerwG Urt. v. 28.4.1999 – 4 A 24.98, BeckRS 1999, 30435133 zur für die bei dem Neubau einer Kreuzung mögliche Verbesserung der Erreichbarkeit einer Tankstelle.

2462 Eine Betroffenheit kann sich auch daraus ergeben, dass Belange bei nach Lage der Dinge einzustellenden Alternativüberlegungen besonders übervorteilt oder benachteiligt würden. Auch die Beibehaltung des bisherigen Zustandes kann abwägungsrelevant sein.[5242] Bei der Zusammenstellung des Abwägungsmaterials für eine gebotene Alternativenprüfung ist im Verfahren nach § 2 III BauGB zu ermitteln, welche abwägungserheblichen **Alternativen** in Betracht kommen und in welchem Umfang die von der Planung betroffenen Belange durch die jeweilige Alternative berührt werden können. Dabei sind nur solche Alternativen näher zu betrachten, die zur Erreichung des konkreten Planziels geeignet sind. Bei dessen Festlegung hat die Gemeinde ein weites Ermessen. Sie ist nach Maßgabe des § 1 III 1 BauGB ermächtigt, die „Städtebaupolitik" zu betreiben, die ihren städtebaulichen Entwicklungs- und Ordnungsvorstellungen entspricht.[5243]

2463 Bei der Ermittlung der Belange kann eine grobe Abschätzung genügen, wenn sie bereits entsprechende Erkenntnisse vermittelt.[5244] Allein mit der Behauptung, das Anpassungsgebot des § 1 IV BauGB sei verletzt, ist grundsätzlich kein abwägungsrelevanter Belang bezeichnet, mit dem iS des § 47 II 1 VwGO eine Verletzung des Abwägungsgebots geltend gemacht werden kann.[5245] Der für die Bewertung von Alternativen gebotenen Ermittlungstiefe ist Genüge getan, wenn aufgrund der gewonnenen Erkenntnisse eine Vorabentscheidung über die Alternativen getroffen werden kann, die dem Abwägungsgebot standhält. Dabei kann je nach dem Aufwand für die Ermittlung aller gegebenenfalls zu prüfenden Auswirkungen des Plans im Interesse einer angemessenen Verfahrensgestaltung eine **Grobprüfung** ausreichend sein. Es ist nicht erforderlich, verschiedene jeweils auf einer Vollprüfung beruhende Bebauungsplanentwürfe zu erstellen.[5246]

2464 Auch die **Kosten** zur Verwirklichung eines Bebauungsplans hat die Gemeinde jedenfalls in den groben Zügen in die Abwägung einzustellen. Dies gilt sowohl für die Kosten der öffentlichen Hand als auch die Kosten der privaten Grundstückseigentümer. Insbesondere wird die Gemeinde nicht außer Betracht lassen dürfen, ob sie in der Lage sein wird, für eine sachgerechte Erschließung zu sorgen. Würde die Gemeinde keine Überlegungen hierzu anstellen, müsste ihr Bebauungsplan in seiner Rechtswirksamkeit in Zweifel gezogen werden. Allerdings muss die Gemeinde die voraussichtlichen Kosten, die auf den planbetroffenen Grundstückseigentümer bei der Durchführung des Bebauungsplans oder im Zusammenhang mit der Umlegung zukommen werden, nicht detailliert ermitteln.[5247] Ergibt sich erst später, dass die Überlegungen der Gemeinde hinsichtlich der dauernden eigenen Kostenentlastung verfehlt waren, etwa weil der zunächst vorgesehene Erschließungsträger den Vertrag nicht erfüllen konnte, lässt diese tatsächliche Entwicklung, die erst nach dem Zeitpunkt der Beschlussfassung entstand, die Rechtswirksamkeit des Bebauungsplans unberührt. Denn es wäre der erforderlichen Rechtssicherheit eines Bebauungsplans abträglich und entspräche nicht den gesetzlichen Wertungen, wenn sich die Gemeinde unter Hinweis auf einen sog. Motivirrtum einseitig und ohne den ihr möglichen äußeren Rechtsakt von einem rechtswirksam entstandenen Bebauungsplan sollte lösen können.[5248] Auch wasserrechtliche Genehmigungen eines privatrechtlich organisierten Wasserversorgungsunternehmens können bei der Ausweisung die Wasserrechte beeinträchtigender Nutzungen und damit einer Überplanung in einem Bebauungsplan abwägungsbeachtlich sein.[5249] Die bei der Abwägung zu berücksichtigenden Belange tendieren daher eher zur Weite.[5250] Es bedarf allerdings ungeachtet dieser Tendenz zur Ausweitung einer sachgerechten Beschränkung. Denn der Planer kann nicht alles berücksichtigen und auch nicht verpflichtet sein, alles zu berücksichtigen.[5251] Eine sachgerechte Begrenzung des Abwägungsmaterials (§ 2 III BauGB) ist daher erforderlich.

[5242] BVerwG ZfBR 1992, 289.

[5243] BVerwG Beschl. v. 18.10.2023 – 4 BN 8/23, juris Rn. 17; Urt. v. 28.4.2016 – 9 A 9.15, juris, Rn. 169 mwN; VGH München Urt. v. 5.10.2023 – 8 N 23.83, juris Rn. 71; OVG Münster Urt. v. 9.8.2023 – 21 D 53/19, juris Rn. 93.

[5244] OVG Münster ZfBR 2008, 280.

[5245] BVerwG ZfBR 2017, 64.

[5246] BVerwG Beschl. v. 18.10.2023 – 4 BN 8/23, juris Rn. 17.

[5247] BVerwG BauR 2008, 1106.

[5248] BVerwG Beschl. v. 23.12.1993 – 4 B 212.92, juris.

[5249] BVerwG SächsVBl.1995, 98.

[5250] BVerwGE 59, 87.

[5251] BVerwGE 59, 87; NVwZ-RR 1994, 189.

2465 Innerhalb des grundsätzlich weiten Rahmens aller durch die Planung positiv oder negativ betroffenen Interessen wird das Abwägungsmaterial begrenzt durch die **mehr als geringfügigen, schutzwürdigen** und **erkennbaren** Belange **(Schrankentrias)**. Hinzukommen muss eine gewisse Eintrittswahrscheinlichkeit. Interessen, die entweder objektiv geringwertig oder aber – sei es überhaupt, sei es im gegebenen Zusammenhang – nicht schutzwürdig oder nicht erkennbar sind, brauchen in die Abwägung nicht eingestellt zu werden. Insbesondere kann dem Bestand oder dem Fortbestand etwa einer bestimmten Markt- oder Verkehrslage die **Schutzwürdigkeit** fehlen.[5252] Eine Grundstücksnutzung etwa, die nicht genehmigt ist und auch nicht genehmigt werden kann, weil sie dem materiellen Baurecht widerspricht, kann bei der planerischen Abwägung unbeachtlich sein.[5253] Auf baurechtswidrige Nutzungen braucht der Satzungsgeber bei Erlass eines Bebauungsplans daher keine besondere Rücksicht zu nehmen.[5254] Rechtswidrige und zudem strafrechtlich relevante Handlungen Dritter im Umfeld eines Bebauungsplangebiets braucht die planende Gemeinde bei ihrer bauleitplanerischen Abwägung jedenfalls dann nicht in Rechnung zu stellen, wenn derartige Handlungen nicht offenkundige Folge der Planung sind.[5255] Denn einer solchen Nutzung versagt die Rechtsordnung – abgesehen von Sonderfällen wie etwa der Duldung – die rechtliche Anerkennung. Die Unbeachtlichkeit solcher Belange mangels Schutzwürdigkeit kann selbst dann bestehen, wenn offensichtlich ist, dass sich das Planvorhaben nachteilig auf diese Nutzung auswirkt.[5256] Dasselbe kann für das Interesse eines Grundstückseigentümers gelten, dass die Aussicht in eine bisher unbebaute Landschaft nicht durch die Errichtung von in größerer Entfernung errichteten Gewerbebetrieben beeinträchtigt wird. Auch sich daraus ergebende **Wertverluste** des Grundstücks stellen dann keinen in der Abwägung beachtlichen Nachteil dar, wenn sie im Hinblick auf das Planvorhaben nur geringfügig sind.[5257] Die Frage der Wesentlichkeit der Auswirkungen einer Planung auf die engere und weitere Umgebung beurteilt sich grundsätzlich nicht nach dem Umfang einer möglichen Verkehrswertminderung, sondern nach dem Grad der faktischen

---

5252 BVerwGE 59, 87.
5253 BVerwG DVBl. 1994, 344.
5254 OVG Münster Beschl. v. 26.2.2009 – 7 A 229/09, BeckRS 2009, 31982 im Anschluss BVerwG BRS 28 Nr. 6.
5255 OVG Münster Urt. v. 23.10.2008 – 7 D 72/07.NE, BeckRS 2008, 40255.
5256 BVerwG NVwZ 1989, 147; BVerwGE 90, 53; BVerwGE 91, 92.
5257 BVerwG NVwZ 1995, 895.

und unmittelbaren, sozusagen in natura gegebenen Beeinträchtigungen, die durch die angegriffene Norm zugelassen werden. Der **Verkehrswert** ist nur ein Indikator für die gegebenen und erwarteten Nutzungsmöglichkeiten eines Grundstücks. Er hängt von vielen Faktoren, insbesondere auch von der Nutzung der umliegenden Grundstücke, ab. Der den Verkehrswert bestimmende Grundstücksmarkt berücksichtigt dabei auch solche Umstände, die von der planenden Gemeinde nicht berücksichtigt werden können oder müssen. In die Abwägung sind deshalb in solchen Fällen nicht die potenziellen Wertveränderungen von Grundstücken einzustellen, sondern nur die Auswirkungen, die von der geplanten Anlage faktisch ausgehen. Nur wenn diese tatsächlichen Auswirkungen einen Grad erreichen, der ihre planerische Bewältigung im Rahmen der Abwägung erfordert, sind solche Belange abwägungsbeachtlich.

Beispiel: Durch Bebauungsplan wird in etwa 300 m Entfernung eines im Außenbereich liegenden Wohnhauses ein neues Gewerbegebiet ausgewiesen. Das Interesse des Grundstückseigentümers an der Beibehaltung seiner freien Aussicht ist nicht schutzwürdig. Die durch die Ansiedlung der Gewerbebetriebe entstehenden Beeinträchtigungen des Grundstücks sind nur geringfügig, selbst wenn der Wertverlust einen Betrag von 20.000 Euro erreicht.[5258] Etwas anderes kann allerdings ausnahmsweise[5259] gelten, wenn die freie Aussicht durch ein unmittelbar angrenzendes Vorhaben beeinträchtigt wird.[5260] Erreicht eine Wertminderung einen bestimmten Grad, kann dies als Indiz für einen berücksichtigungsfähigen Belang gelten. Ob dies eine mehr als geringfügige und schutzwürdige Betroffenheit signalisiert, ist nach den Einzelfallumständen zu beurteilen.[5261] Die Außenbereichslage eines Grundstücks begründet kein Vertrauen darauf, dass die Umgebung von Bebauung völlig frei gehalten wird. Auch die Beeinträchtigung des Ausblicks ist in der Regel kein abwägungsrelevanter Belang.[5262] Etwas anderes kann unter engen Voraussetzungen nur dann gelten, wenn ein Grundstück, etwa durch einen „außergewöhnlichen Fernblick", in einer Weise geprägt ist, dass es hierdurch als „situationsberechtigt" anzusehen ist.[5263] Auch ein bisher bestehender Seezugang eines **Seegrundstücks** kann ein abwägungserheblicher Belang sein.[5264]

Beispiel: Schütten Anlieger zu Lasten eines Sees, der einem Dritten gehört, Land an, so erhalten sie weder Eigentum an diesen Anschüttungsflächen noch hindert das die Gemeinde aus wasserrechtlicher Sicht, dort für die Allgemeinheit einen Ufersaumweg festzusetzen. Bodenkontaminationen hindern die Anlegung eines solchen Weges nicht schlechthin. Die Einsichtsmöglichkeit in ein Grundstück ist nur in seltenen Fällen ein erheblicher Belang.[5265]

Beispiel: Das Interesse eines Grundstückeigentümers, in Folge der Planung nicht zu Erschließungsbeiträgen herangezogen zu werden, stellt regelmäßig keinen die Ausweisung eines Baugebiets hindernden privaten Belangs dar, ist also nicht abwägungserheblich, sofern die durch die Erschließung erwachsenden Vorteile bei gebotener objektiver Betrachtung in keinem krassen Missverhältnis zu den Belastungen durch die anfallenden Erschließungsbeiträge stehen.[5266] Etwas anderes gilt allerdings dann, wenn ein Bebauungsplan geändert werden soll, der zu einer erheblichen Mehrbelastung von Anwohnern mit Erschließungsbeiträgen führt.

2466 Der einzelne Gewerbetreibende hat keinen Anspruch darauf, dass eine vorhandene **Wettbewerbssituation** nicht verschlechtert wird.[5267] Das Interesse eines Gewerbetreibenden, vor Konkurrenz bewahrt zu bleiben, ist grundsätzlich auch dann nicht schutzwürdig, wenn der Bebauungsplan die Grundlage für die Ansiedlung eines Konkurrenten im Einzugsbereich der eigenen wirtschaftlichen Betätigung, ggf. sogar in der unmittelbaren Nachbarschaft, bildet. Der einzelne Gewerbetreibende hat weder einen Anspruch darauf, dass eine vorhandene Wettbe-

[5258] BVerwG NVwZ 1995, 895.

[5259] OVG Saarlouis, Urt. v. 8.3.2007 – 2 N 4/06, BeckRS 2007, 25081.

[5260] BVerwG NVwZ 1994, 686; VGH München NVwZ-RR 1994, 431; OVG Schleswig NordÖR 2006, 247.

[5261] BVerwG Beschl. v. 2.8.1993 – 4 NB 25.93, BeckRS 1993, 8534.

[5262] OVG Schleswig NuR 2006, 467.

[5263] VGH München Urt. v. 14.7.2006 – 1 N 05.1153, BeckRS 2009, 36471 im Anschluss an BVerwG NVwZ 1995, 895.

[5264] VGH München Urt. v. 30.11.2006 – 26 N 03.586, BeckRS 2009, 40668.

[5265] OVG Lüneburg DVBl. 2011, 1551; BGHZ 67, 152; OVG Berlin-Brandenburg LKV 2010, 524.

[5266] OVG Saarlouis BauR 2011, 1700.

[5267] BVerwG NVwZ 1990, 555.

werbssituation nicht verschlechtert wird, noch ist sein dahin gehendes Interesse schutzwürdig, weil er mit neuer Konkurrenz ständig rechnen muss. Wie aus § 1 III BauGB zu ersehen ist, darf sich die Gemeinde des Mittels der Bauleitplanung nur bedienen, soweit es für die städtebauliche Entwicklung und Ordnung erforderlich ist. Hierzu gehört nicht die Wahrung von individuellen Wettbewerbsinteressen. Denn gegenüber solchen Interessen verhält sich das Bauplanungsrecht neutral.[5268]

Beispiel: Bei der Planung eines neuen Einkaufszentrums in der Innenstadt wird von einem Betreiber eines Tante-Emma-Ladens in einem Vorort der Stadt eine Existenzgefährdung geltend gemacht. Ein Möbelhändler wendet sich dagegen, dass auf der gegenüberliegenden Straßenseite ein weiterer Möbelmarkt entsteht. Die Belange von Konkurrenzunternehmen sind als private Belange nicht schutzwürdig und brauchen daher in dieser Blickrichtung nicht in die Planung eingestellt zu werden.[5269] Allerdings sind städtebauliche oder infrastrukturelle Auswirkungen iS des § 11 III BauNVO zu untersuchen und in die Abwägung einzubeziehen. Diese Belange haben jedoch keinen individuellen Rechtsträger, der sich auf deren Wehrfähigkeit berufen könnte. Schon nach der bisherigen Fassung des § 47 II VwGO fehlte dem Konkurrenten die Antragsbefugnis, da er nicht nachteilig in Belangen betroffen wurde, die iS einer subjektiven Wehrfähigkeit zum Abwägungsmaterial gehörten.[5270]

Bei **nicht schutzwürdigen Belangen** handelt es sich auch um betroffene Interessen, denen eine rechtliche Anerkennung zu versagen ist, weil sie unter Missachtung der Rechtsordnung nur faktisch entstanden sind. Interessen, welche die Rechtsordnung missbilligt, soll auch bei der planerischen Abwägung keine Erheblichkeit beigemessen werden, weil ihre Unerheblichkeit aus Rechtsgründen gegeben ist. Daneben kann es auch Interessen geben, denen gegenüber sich die Rechtsordnung – was ihre Bedeutung in der Bauleitplanung betrifft – bewusst neutral verhält, wie zB den Wettbewerbsinteressen von Einzelhandelsunternehmern, obwohl solche wirtschaftlichen Belange in tatsächlicher Hinsicht nicht als geringfügig anzusehen sind. Zu berücksichtigen sind zwar grundsätzlich auch **Erweiterungswünsche** von Betrieben. Dies gilt aber regelmäßig nur dann, wenn sie in der Öffentlichkeitsbeteiligung vorgetragen worden sind oder auf der Hand liegen. Interne Vorstellungen der Betroffenen, etwa einen Gewerbebetrieb auf die Dauer erweitern zu wollen oder unklare Absichten müssen demgegenüber nicht in die Abwägung eingestellt werden. Nicht berücksichtigungsfähig sind daher etwa vom Betriebsinhaber selbst als noch unklar bezeichnete Absichten einer zukünftigen Erweiterung des Betriebes.[5271] Der Landwirt hat daher keinen Anspruch darauf, dass sich seine Erweiterungsabsichten in jedem Fall gegen die Planungen eines allgemeinen Wohn- und eines Mischgebietes durchsetzen und die Gemeinde dabei das hinter dem Stand der Technik zurückbleibende Aufstallungsniveau zugrunde legt.[5272] **Zukunftsplanungen** eines Grundstückseigentümers müssen nur dann in die planerische Abwägung eingestellt werden, wenn sie sich nach Lage und Beschaffenheit des Grundstücks bei vernünftiger und wirtschaftlicher Betrachtungsweise objektiv anbieten und nach dem Willen des Eigentümers in absehbarer Zeit verwirklicht werden sollen. Die erstgenannte Voraussetzung trifft nicht zu für Nutzungen, die in Widerspruch zu den Darstellungen eines Flächennutzungsplans stehen.[5273] 2467

Auch Belange, die für die planende Stelle als abwägungsbeachtlich nicht **erkennbar** sind, brauchen in die Abwägung nicht eingestellt zu werden. Was die planende Stelle nicht sieht und auch nicht zu sehen braucht, muss von ihr bei der Abwägung auch nicht berücksichtigt werden. In diesem Zusammenhang haben die Öffentlichkeitsbeteiligung nach § 3 BauGB und die Beteiligung der Behörden und sonstigen Träger öffentlicher Belange nach § 4 BauGB eine wichtige Funktion. Was in der frühzeitigen (§ 3 I BauGB) oder förmlichen (§ 3 II BauGB) Öffentlichkeitsbeteiligung von den Bürgern als Stellungnahmen vorgetragen worden ist, dürfte grundsätzlich für die planende Gemeinde erkennbar sein und gehört daher – soweit die Belange mehr als geringfügig und schutzwürdig sind – zum Abwägungsmaterial (§ 2 III BauGB). Dasselbe gilt für die Ergebnisse der Beteiligung der Träger öffentlicher Belange nach § 4 BauGB. Was in der Behördenbeteiligung an Stellungnahmen geäußert worden ist (§ 4 I und II 2468

5268 BVerwG NVwZ 1997, 683.
5269 BVerwG NVwZ 1990, 555.
5270 Stüer DVBl. 1985, 469; ders. DVBl. 1989, 810.
5271 BVerwG NVwZ 1999, 428; NVwZ 1986, 740; NVwZ 2012, 180.
5272 OVG Lüneburg BauR 2004, 716.
5273 BVerwG NVwZ 2012, 180; NVwZ 2011, 1256.

BauGB), erweist sich für die Gemeinde regelmäßig als erkennbar und ist daher bei Nichtvorliegen der anderen Ausschlusskriterien bei der Abwägung zu berücksichtigen. Hat es ein Betroffener unterlassen, seine Betroffenheiten im Beteiligungsverfahren vorzutragen, dann ist die Betroffenheit abwägungsbeachtlich nur dann, wenn sich der planenden Stelle die Tatsache dieser Betroffenheit aufdrängen musste, wenn der betroffene Belang sozusagen „offen auf der Hand" liegt.

2469 Aus dieser Filterfunktion der öffentlichen Beteiligungsverfahren nach den §§ 3, 4 BauGB ergeben sich **Mitwirkungslasten** vor allem der betroffenen Bürger, aber auch der Träger öffentlicher Belange (§ 4 a VI, 214 I 1 Nr. 1, III 2 BauGB).[5274] Wer für die planende Gemeinde nicht erkennbare Belange nicht im Rahmen der förmlichen Beteiligungsverfahren rechtzeitig vorträgt, geht das Risiko ein, dass diese Belange in der Abwägung zulässigerweise ausfallen, wenn sie nicht offensichtlich sind und sich dem Planer also geradezu aufdrängen.[5275] Zu einer uferlosen Überprüfung gleichsam „ins Blaue hinein" ist die planende Gemeinde danach nicht verpflichtet. Was die planende Stelle nicht sieht und was sie nach den ihr zur Verfügung stehenden Erkenntnisquellen auch nicht zu sehen braucht, kann von ihr nicht berücksichtigt werden und braucht von ihr auch nicht berücksichtigt zu werden. Überzogene Anforderungen an die Ermittlungs- und Prüfungspflicht dürfen daher nicht gestellt werden.[5276]

Beispiel: Ein Grundstückseigentümer will ein im Bebauungsplan eingeschossig ausgewiesenes Haus um zwei weitere Vollgeschosse erweitern. Im Normenkontrollverfahren wendet er ein, die Stadt habe eine höhere Geschossigkeit nicht ausreichend abgewogen. Solche Belange können unberücksichtigt bleiben, wenn sie im Beteiligungsverfahren nicht vorgetragen worden sind und sich auch nicht geradezu aufdrängen. Dasselbe gilt auch für innerbetriebliche Entwicklungen, die der planenden Gemeinde nicht erkennbar sind.[5277] Hat etwa ein Eigentümer ursprünglich erhobene Einwendungen gegen eine bestimmte Planausweisung zurückgenommen, so kann die Gemeinde grundsätzlich davon ausgehen, dass der Grundstückseigentümer mit der Planung einverstanden ist.[5278]

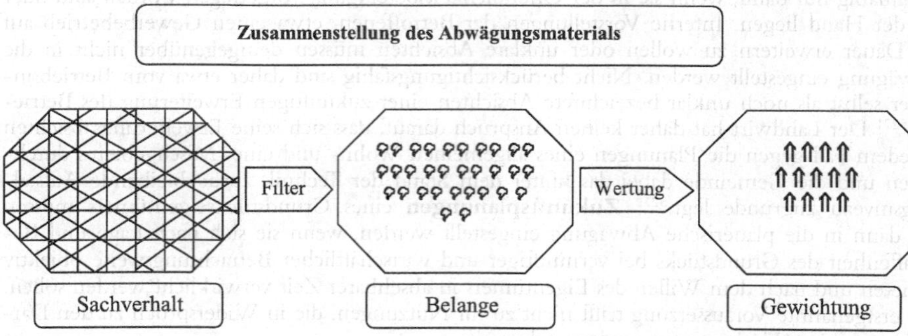

2470 Die Öffentlichkeits- und Behördenbeteiligung hat im Aufstellungsverfahren eine wichtige Funktion zur Aufbereitung des Abwägungsmaterials (§ 4 a I BauGB). Stellungnahmen, die im Verfahren der Öffentlichkeits- und Behördenbeteiligung nicht rechtzeitig abgegeben worden sind, können bei der Beschlussfassung über den Bauleitplan unberücksichtigt bleiben, sofern die Gemeinde deren Inhalt nicht kannte und nicht kennen musste und deren Inhalt für die Rechtmäßigkeit des Bauleitplans nicht von Bedeutung ist. Fehler in der Zusammenstellung des Abwägungsmaterials sind nach § 214 I 1 Nr. 1 BauGB nur beachtlich, wenn die Belange in wesentlichen Punkten nicht zutreffend ermittelt oder bewertet worden sind und wenn der Mangel offensichtlich und auf das Ergebnis des Verfahrens von Einfluss gewesen ist. Mängel, die hiernach unerheblich sind, können nicht als Mängel der Abwägung geltend gemacht werden. Im Übrigen sind Mängel im Abwägungsvorgang nur erheblich, wenn sie offensichtlich

[5274] BVerwG Urt. v. 23.8.1996 – 4 A 30.95, juris.
[5275] BVerwGE 59, 87; NVwZ 1986, 740; NVwZ 1990, 263; BVerwG NVwZ 2012, 180.
[5276] BGHZ 113, 367; UPR 1992, 438; Krohn in FS für Gelzer, 1991, S.281; Stüer BauR 1995, 604.
[5277] BVerwG NVwZ 1986, 740; NVwZ 2012, 180.
[5278] BGH NVwZ 1983, 309.

und auf das Abwägungsergebnis von Einfluss gewesen sind (§ 214 III BauGB). Aus dieser Vorschriftenkette ergibt sich, dass Belange, die in einem der Filter hängen bleiben, nicht als Fehler des Flächennutzungsplans oder der Satzung geltend gemacht werden können.

In die Abwägung einzustellen sind alle Belange, die **mehr als geringfügig, schutzwürdig und erkennbar** sind.[5279] Die Zusammenstellung des Abwägungsmaterials lehnt sich damit an den Nachteilsbegriff des § 47 II VwGO aF an und ist damit weiter als die mögliche Verletzung eigener Rechte in § 42 II VwGO oder in § 47 II VwGO. Abwägungsbeachtlich ist dabei ein solches Interesse ua nur, wenn es sich der Gemeinde aufdrängen musste oder vom Betroffenen geltend gemacht worden ist (§ 4 a VI BauGB). Auf das Vorliegen und die Erkennbarkeit mehr als geringfügiger und schutzwürdiger Belange kommt es allerdings für die Antragsbefugnis in einem Normenkontrollverfahren nach § 47 II VwGO nicht an. Hier ist vielmehr erforderlich, dass die Verletzung eigener Rechte geltend gemacht wird.[5280] Wird etwa einem Bauantrag auf Zulassung einer weiteren Wohnung nicht entsprochen, ergibt sich eine Klagebefugnis aus § 42 II VwGO nur, wenn eine eigene Rechtsverletzung geltend gemacht werden kann. In die Abwägung sind nicht nur Nachteile des Eigentümers, sondern auch von Mietern,[5281] Pächtern und anderen Nutzungsberechtigten einzustellen.[5282] Auch können Belange eines Bauherrn einzustellen sein, der im Einverständnis des Eigentümers einen Bauantrag stellt oder stellen will.[5283] Der Weite des Abwägungsmaterials entspricht, dass auch Belange des Anwohners einer Straße, die den Zu- und Abfahrtsverkehr für ein neu geplantes Baugebiet aufnehmen soll, zum Abwägungsmaterial gehören.[5284] Dies gilt auch dann, wenn die zu erwartende Erhöhung des Verkehrslärms geringfügig ist oder eine solche Entwicklung zu erwarten ist. Die bei der Abwägung zu berücksichtigenden Belange sind nach der Rechtsprechung des BVerwG nicht engherzig zu verstehen.[5285] Für die Abwägung kommt es dabei grundsätzlich auf die Sach- und Rechtslage im Zeitpunkt der Beschlussfassung an.[5286] Ausnahmsweise kann wegen Zeitablaufs und veränderter Umstände ggf. auf einen späteren Zeitpunkt abzustellen sein.[5287] 2471

Werden Belange, die nach den vorgenannten Grundsätzen zum Abwägungsmaterial gehören (§ 2 III BauGB), nicht ermittelt und in die Abwägung eingestellt, liegt ein Fehler in der Einstellung von Belangen **(Einstellungsfehler)** vor. Fehlerhaft ist dabei die Zusammenstellung des Abwägungsmaterials sowohl dann, wenn Belange, die zum Abwägungsmaterial gehören, nicht eingestellt worden sind **(Einstellungsdefizit)**, als auch dann, wenn Belange eingestellt werden, die nach den vorgenannten Grundsätzen nicht zum Abwägungsmaterial gehören **(Abwägungsüberschuss).** Dabei muss der Gemeinde jedoch ein gewisser Bewertungsspielraum verbleiben. Nicht jede Einstellung von bei objektiver Prüfung nicht zum Abwägungsmaterial gehörenden Belangen führt zu einem Abwägungsfehler.[5288] Ebenso führt nicht die Nichteinstellung eines jeden zum Abwägungsmaterial gehörenden Belangs bereits zur Fehlerhaftigkeit der Bauleitplanung. Auch die fehlerhafte Nichtberücksichtigung der Einwendungen eines Betroffenen kann unschädlich sein, wenn die Gemeinde seine Belange kannte und in der Sache einwandfrei gewürdigt hat.[5289] Es muss sich vielmehr um Belange handeln, die in der Abwägung wichtig sind und insoweit einen Ausschlag in der Gesamtabwägung geben können. Belange, die zwar irgendwie zu berücksichtigen sind, aber keinen wesentlichen Beitrag in der Abwägung leisten, können nicht zu einer (Gesamt-)Rechtswidrigkeit und damit Unwirksamkeit eines Bebauungsplans führen. 2472

Beispiel: Die Gemeinde erklärt in einem Kerngebiet Vergnügungsstätten gem. § 1 V BauNVO für nur ausnahmsweise zulässig. Zur Begründung verweist die Gemeinde auf städtebauliche Gründe, die sich aus der besonderen Struktur des Gebietes ergeben. Außerdem seien Spielhallen mit besonderen Gefährdungen der Jugend verbunden, die nach Möglichkeit vermieden werden müssten. Sind die Festsetzungen durch städtebauliche Gründe gerechtfertigt, so wäre es nicht

---

[5279] BVerwGE 59, 87.
[5280] BVerwGE 91, 318.
[5281] OVG Münster Urt. v. 25.11.1997 – 10a D 131/97.NE, BeckRS 1997, 16565.
[5282] BVerwG DVBl. 1989, 359.
[5283] BVerwG NVwZ 1995, 264.
[5284] BVerwG NVwZ 1994, 683.
[5285] BVerwG NVwZ 1993, 468; NVwZ 1994, 683.
[5286] § 214 III BauGB.
[5287] BVerwGE 59, 87.
[5288] BVerwG DVBl. 1992, 32.
[5289] BVerwG DÖV 1989, 1047.

schädlich, wenn die Gemeinde einzelne andere Begründungselemente hinzufügt. Sind allerdings die Motive, die für die Festsetzung nach § 1 V BauNVO maßgeblich waren, überhaupt nicht städtebaulicher Natur, sondern etwa ausschließlich Ausdruck einer „eigenen Spielhallenpolitik", so ist die Bauleitplanung nicht wirksam. Erweist sich aber die von der Gemeinde angegebene Begründung als tragfähig, so können einzelne möglicherweise zweifelhafte Formulierungen vernachlässigt werden. Die Gerichte haben hier auch nicht ungefragt in eine Fehlersuche oder Motivaufklärung einzutreten.

2473 **Umfang und Tiefe der Ermittlung** hängen von den konkreten örtlichen Verhältnissen und den Einzelfallumständen ab. Reichen die Darlegungen der Beteiligten und auch der Fachbehörden nicht aus, so hat die Gemeinde sich durch andere Quellen Gewissheit über die abwägungserheblichen Belange zu schaffen. Die Gemeinde kann sich bei der Zusammenstellung des Abwägungsmaterials und bei der Bewertung von Belangen der Mitwirkung von Fachgutachtern bedienen. Dies wird vor allem dann zweckmäßig sein, wenn es sich um komplizierte Sachverhalte handelt, die einer fachtechnischen Bewertung bedürfen. Die von § 2 III BauGB geforderte Ermittlungstiefe soll sich nach einem Maßstab praktischer Vernunft bemessen, was immer das auch heißen mag, und nur solche Ermittlungsmaßnahmen fordern, die in der konkreten Planungssituation in angemessener Weise verlangt werden können.[5290]

2474 Die Gemeinde kann sich dabei auch auf **Gutachten** beziehen, die von Verfahrensbeteiligten oder Dritten in Auftrag gegeben oder vorgelegt worden sind.[5291] Der **Grundsatz des fairen Verfahrens** steht dem nicht entgegen.[5292] Er gebietet der planenden Gemeinde, Neutralität gegenüber den beteiligten Interessen zu wahren, verwehrt es ihr aber nicht, sämtliche Materialien zu verwerten, die sich aus ihrer Sicht als entscheidungsrelevant darstellen, unabhängig davon, von welcher Seite diese in das Verfahren eingeführt worden sind. Ob die Gemeinde ein ihr vorgelegtes Gutachten als bloßen Interessentenvortrag ohne weitere Folgen für das Abwägungsergebnis zur Kenntnis nimmt oder sich als eine maßgebliche Entscheidungsgrundlage zu eigen macht, ist eine Frage der inhaltlichen Bewertung der gutachterlichen Stellungnahme, die nicht allein deshalb ein geringeres Gewicht als ein von Fachbehörden eingeholtes Gutachten beanspruchen kann. Je unzweifelhafter ein Gutachten als Ausdruck der Sachkunde, Unparteilichkeit und Objektivität zu qualifizieren ist, desto unbedenklicher eignet es sich als maßgebliche Stütze für die gebotene Abwägungsentscheidung.[5293] Ob die Gemeinde es mit einem einzigen Gutachten bewenden lassen darf oder verpflichtet ist, vor dem Satzungsbeschluss noch einen anderen Sachverständigen einzuschalten oder ein von Beteiligtenseite angekündigtes weiteres Gutachten abzuwarten, hängt von der Überzeugungskraft der gutachterlichen Äußerung ab und ist damit eine Frage des Einzelfalls.[5294] Seine Rechtsprechung zur Berücksichtigung von „Parteigutachten" im gerichtlichen Verfahren fasst das OVG Lüneburg wie folgt zusammen: „Das Verwaltungsgericht ist verpflichtet ist, den Sachverhalt von Amts wegen zu ermitteln. Dabei ist es an das Vorbringen und die Beweisanträge der Beteiligten nicht gebunden (§ 86 I 1 und 2 VwGO). Um sich die notwendige Sachkunde zu verschaffen, kann es Gutachten verwerten, auch wenn diese im vorangegangenen Verwaltungsverfahren behördlicherseits angeordnet oder von den Beteiligten als „Parteigutachten" vorgelegt worden sind. In einem solchen Fall verletzt das Gericht seine Aufklärungspflicht dann, wenn das entsprechende Gutachten substantiiert bestritten wird oder aus anderen Gründen unschlüssig oder widersprüchlich erscheint und es das Gutachten gleichwohl, ohne ein weiteres Gutachten einzuholen, als Beweismittel verwendet …. Allein der Umstand, dass das Gutachten … ein „Parteigutachten" ist, ist … nicht ausreichend, um das Gericht zu der beantragten Beweiserhebung veranlassen zu müssen."[5295]

2475 Für die gerichtliche Kontrolle haben sich zur Verwertbarkeit von **Sachverständigengutachten** folgende Grundsätze herausgebildet:[5296] Die Verwertung eines Sachverständigengutach-

---

[5290] VGH Mannheim Urt. v. 27.9.2023 – 14 S 891/12, juris Rn. 78; VBlBW 2019, 159, juris Rn. 64; OVG Koblenz BauR 2019, 1736, juris Rn. 42; Söfker in EZBK, BauGB, 2021, § 2 Rn. 147 mwN, OVG Münster Urt. v. 1.6.2023 – 20 D 377/21, juris Rn. 85.

[5291] BVerwGE 75, 214; zur gebotenen Ermittlungstiefe bei der raumplanerischen Abwägung siehe VGH Mannheim Urt. v. 13.10.2023 – 14 S 237/22, juris Rn. 48

[5292] BVerwG NVwZ 1994, 688.

[5293] Zum Fachplanungsrecht BVerwG NVwZ 1994, 688.

[5294] BVerwGE 71, NVwZ-RR 1993, 330; NVwZ 1994, 688.

[5295] OVG Lüneburg Beschl. v. 30.8.2019 – 12 A 134/19, juris Rn. 51.

[5296] BVerwG NVwZ 1993, 754.

tens ist unzulässig, wenn (1) das Gutachten unvollständig, widersprüchlich oder aus anderen Gründen nicht überzeugend ist, wenn (2) das Gutachten von unzutreffenden tatsächlichen Voraussetzungen ausgeht, wenn (3) der Sachverständige erkennbar nicht über die notwendige Sachkunde verfügt oder Zweifel an seiner Unparteilichkeit bestehen, wenn (4) sich durch neuen entscheidungserheblichen Sachvortrag der Beteiligten oder durch eigene Ermittlungstätigkeit des Gerichts die Bedeutung der vom Sachverständigen zu klärenden Fragen verändert, wenn (5) ein anderer Sachverständiger über neue oder überlegenere Forschungsmittel oder über größere Erfahrung verfügt oder wenn (6) das Beweisergebnis durch substantiierten Vortrag eines der Beteiligten oder durch eigene Überlegungen des Gerichts ernsthaft erschüttert wird. Es empfiehlt sich, dass auch die Gemeinde in der Bauleitplanung nach diesen für das Fachplanungsrecht vom BVerwG entwickelten Grundsätzen vorgeht. Die Tätigkeit eines Gutachters in unterschiedlichen Stufen des Verwaltungsverfahrens indiziert allerdings nicht, dass ein Sachverständiger nicht mehr unparteiisch und sachgerecht, dh aufgrund von ihm objektiv erhobener Tatsachen, begutachten könnte.[5297]

c) Abwägungsfehleinschätzung – Bewertungsfehler. Auch die Bewertung der Belange 2476
durch die Gemeinde unterliegt in einem bestimmten Umfang der gerichtlichen Kontrolle. Dabei ist auf auch im Bereich des nachbarlichen Interessenausgleichs das Empfinden eines Durchschnittsmenschen abzustellen.[5298] Werden Belange im Widerspruch zu einer normativ geregelten Bewertung oder Prioritätensetzung oder zu allgemein anerkannten Bewertungsgrundsätzen gewichtet und bewertet, so liegt eine Abwägungsfehleinschätzung vor. Solche Fehler treten etwa auf, wenn Belange von hohem Gewicht als geringfügig und als zu vernachlässigende Größe bezeichnet werden. Das Gericht hat dabei die vorgenommene Abwägung nachzuvollziehen und zu prüfen, ob die Bilanz der für und wider die letztlich beschlossene Planung sprechenden öffentlichen und privaten Belange bei objektiver Würdigung eine unverhältnismäßige Fehlgewichtung erkennen lässt.[5299]

Beispiel: Die Gemeinde weist in der Nähe der Innenstadt im unmittelbaren Anschlussbereich an einen Industriebetrieb ein Wohngebiet und ein Kerngebiet aus. Zu den zwischen der Wohn- und Kerngebietsnutzung und der industriellen Nutzung auftretenden Konflikten verweist die Gemeinde auf die allerdings nicht näher konkretisierte Erwartung, dass der Industriebetrieb auf Dauer wohl ausgesiedelt werden könne. Der Grundsatz der Trennung unverträglicher Nutzungen sichert wichtige Belange und kann nicht durch nur allgemeine Bemerkungen „weggewertet" werden.[5300] Dasselbe gilt für Belange des Umweltschutzes oder des Natur- und Landschaftsschutzes, die nach Lage der Dinge ein besonderes Gewicht in der Abwägung haben müssen, etwa wenn eine innerstädtische Grünzone und Parkanlage einer Tiefgarage weichen soll.[5301]

Besondere Grundsätze haben sich für die gerichtliche Kontrolle von **Prognoseentscheidungen** herausgebildet. Ob zB das Gebot der Konfliktbewältigung beachtet ist, ob also die Konfliktbewältigung durch späteres Verwaltungshandeln gesichert oder wenigstens wahrscheinlich ist, hat die Gemeinde dabei prognostisch zu beurteilen, weil es um den Eintritt zukünftiger Ereignisse geht.[5302] Behördliche Prognoseentscheidungen sind gerichtlich lediglich daraufhin zu überprüfen, ob die Prognose nach einer geeigneten Methode durchgeführt wurde, ob der zugrunde gelegte Sachverhalt zutreffend ermittelt wurde und ob das Ergebnis einleuchtend begründet ist.[5303] Ihre Verwertbarkeit wird nicht dadurch in Frage gestellt, dass es möglich ist, mit einer anderen, ebenfalls geeigneten Methodik zu abweichenden Ergebnissen zu gelangen.[5304]

2477 (beside the first line of the preceding paragraph)

[5297] BVerwG NuR 2007, 754.

[5298] BVerwG ZfBR 2006, 177.

[5299] BVerwG Urt. v. 23.3.2023 – 6 C 21/21, juris Rn. 33; OVG Saarlouis NuR 2010, 743. Zur Abwägung als Wesensmerkmal rechtsstaatlicher Planung Erbguth UPR 2010, 281.

[5300] BVerwGE 45, 309.

[5301] OVG Koblenz NVwZ 1992, 1000.

[5302] OVG Münster Beschl. v. 23.11.2023 – 2 B 677/23.NE, juris Rn. 52; OVG NRW Beschl. v. 13.12.2021 – 2 B 1481/21.NE, juris Rn. 46 f., mwN.

[5303] OVG Lüneburg Beschl. v. 16.11.2023 – 1 KN 139/21, juris Rn. 45; BVerwGE 141, 1 = juris Rn. 59 mwN.

[5304] OVG Lüneburg Beschl. v. 16.11.2023 – 1 KN 139/21, juris Rn. 45; BauR 2022, 1753 = juris Rn. 18.

2478 Auch wenn die Gemeinde ihre **eigenen Grundstücke** beplant, ist dies noch kein Beleg für die Annahme einer sachwidrigen Abwägung.[5305] Demgegenüber ist die Festsetzung einer „öffentlichen Verkehrsfläche – Wohnweg" als Erschließungsanlage in einem Wohngebiet, über die auch der gewerbliche Zufahrtsverkehr zu Gewerbebetrieben in einem angrenzenden Mischgebiet abgewickelt werden soll, abwägungsfehlerhaft.[5306] Die Gemeinde kann abwägungsfehlerfrei das in einem Bebauungsplan festgesetzte Verbot, in Vorgärten Garagen zu errichten, zugunsten von Eckgrundstücken ändern, wenn sich für die Eigentümer von Eckgrundstücken Härten gezeigt haben. Auch kann die Gemeinde einen Bebauungsplan mit dem Ziel ändern, ein bereits fertig gestelltes, formell und materiell illegales Vorhabens zu ändern und dadurch einem bis dahin begründeten Anspruch des Nachbarn auf bauaufsichtlichen Einschreitens die Grundlage zu entziehen.[5307] Auch die Ausweisung einer öffentlichen Grünfläche auf einem bereits bisher unbebauten Teil eines Wohngrundstücks ist nur dann im Ergebnis abwägungsfehlerfrei, wenn die sie grundsätzlich tragende städtebauliche Zielsetzung auch auf dem betreffenden Grundstücksteil erreichbar ist.[5308]

2479 Im Rahmen der Bauleitplanung sind die Voraussetzungen der Zulässigkeit einer **Enteignung** noch nicht zu prüfen, weil der Bebauungsplan keine unmittelbaren enteignenden Wirkungen bzw. eine enteignungsgleiche Vorwirkung hat.[5309] Eine Überprüfung am Maßstab des Art. 14 III GG ist nicht etwa deshalb erforderlich, weil das Bebauungsplanverfahren als vorgelagerter Teil der städtebaulichen Enteignungsverfahren angesehen werden muss oder weil der Bebauungsplan selbst enteignende Wirkungen in Bezug auf die Bebaubarkeit des Grundstücks hätte. Allerdings ist das Gewicht des Eigentumsschutzes bei der Abwägung zu beachten. Denn Grundrechte bilden private Abwägungsbelange von besonderem Gewicht.[5310] Eine darüber hinausgehende Prüfung aller Enteignungsvoraussetzungen ist hingegen nicht erforderlich, weil keine Enteignung iS einer vollständigen oder teilweisen Entziehung konkreter subjektiver Rechtspositionen vorliegt.[5311] Auch können sich im Hinblick auf das Verbot des enteignungsrechtlichen Konflikttransfers besondere Anforderungen an die Abwägung ergeben.

2480 **d) Abwägungsdisproportionalität – fehlerhafte Ausgleichsentscheidung.** Zur Rechtswidrigkeit der Planung kann auch eine fehlerhafte Gesamtabwägung führen. Ist das Abwägungsmaterial zwar richtig zusammengestellt und sind die Belange auch richtig bewertet (§ 2 III BauGB), wird aber die Gesamtbewertung in einer Weise vorgenommen, die zum objektiven Gewicht der Belange außer Verhältnis steht, so ist die Abwägung ebenfalls fehlerhaft. Die Grenze zur Abwägungsdisproportionalität kann zB erreicht oder überschritten sein, wenn Belastungen für das Eigentum eines Nachbarn so massiv ins Gewicht fallen, dass dem Betroffenen ein unzumutbares Opfer abverlangt wird.[5312]

Beispiel: Die Gemeinde stellt bei der Ausweisung eines neuen Gewerbegebietes den Schutz der benachbarten Wohnbevölkerung als Belang in die Abwägung ein und bezeichnet ihn als besonders wichtig. Die Interessen an der Ausweisung neuer Gewerbeflächen werden demgegenüber als eher gering bezeichnet. In der Gesamtabwägung soll sich dann aber die Waagschale zugunsten der Gewerbegebietsausweisung neigen, obwohl dieser Belang nur mit einem geringen Gewicht in die Abwägung eingestellt worden ist und die entgegenstehenden Belange der Wohnbevölkerung bei der Zusammenstellung des Abwägungsmaterials und der Bewertung der Belange ein wesentlich größeres Gewicht erhalten haben. Es handelt sich dabei zumeist um Fehler, die auf widersprüchlichen Bewertungen und Begründungen beruhen.

2481 Die Ausgleichsentscheidung kann auch fehlerhaft sein, wenn die planende Stelle die ihr geringerwertig erscheinenden Belange ohne weitere Prüfungsschritte der Vermeidung, der Verminderung oder des Ausgleichs einfach zurückgestellt hat, obwohl eine entsprechende Prüfung nach Lage der Dinge erforderlich gewesen wäre. So müssen nach § 1 a III BauGB benachtei-

---

5305 VGH Mannheim ZfBR 2000, 69.
5306 VGH Mannheim GHBW 1999, Beilage 10, B 4.
5307 OVG Münster Urt. v. 20.4.1999 – 10a D 170/98.NE, BeckRS 2005, 49005.
5308 VGH Mannheim DÖV 2000, 434.
5309 OVG Münster Beschl. v. 7.10.2016 – 2 B 1456/15.NE, juris Rn. 11; Urt. v. 13.10.2011 – 2 D 119/09.NE, juris Rn. 103 mwN.
5310 BVerwG Beschl. v. 2.8.2007 – 4 BN 29.07, BeckRS 2007. 25530.
5311 DVBl. 1999, 704.
5312 BVerwG NVwZ 2023, 1733 = juris Rn. 72; BVerwGE 125, 116 Rn. 404; UPR 2018, 302 Rn. 47; OVG Schleswig Urt. v. 2.3.2023 – 1 KN 19/18, juris Rn. 87.

ligte naturschutzrechtliche Belange in eine Prüfung einbezogen werden, ob eine Vermeidung, Minderung oder ein Ausgleich geboten ist. Auch mit anderen umweltschützenden Belangen muss entsprechend verfahren werden (2 c der Anlage 1 zum BauGB). Dasselbe gilt für wirtschaftliche oder soziale Belange, die durch die Planung in besonderer Weise nachteilig betroffen werden. Diese Prüfung von Schonung und Kompensation ist nach dem EAG Bau 2004 über den Bereich der naturschutzrechtlichen Belange auch im Hinblick auf umweltschützende Belange aber auch andere von der Planung nachteilig betroffene Belange angesagt. Vermeidungsmaßnahmen im Sinne der bauplanerischen Eingriffsregelung nach § 1a III 1 BauGB sind, soweit möglich, im Bebauungsplan durch Festsetzungen zu regeln. Erweist sich eine Vermeidungsmaßnahme als Ergebnis der planerischen Abwägung als geboten, muss dies, soweit möglich, im Bebauungsplan seinen Niederschlag finden. Der Bebauungsplan setzt die städtebaulichen Vorstellungen der Gemeinde um (§ 8 I BauGB) und bringt dabei das Ergebnis der planerischen Abwägung zum Ausdruck. Eine dabei angestrebte Minimierung der Eingriffsfolgen ist folglich grundsätzlich durch entsprechende Festsetzungen nach Maßgabe des abschließenden Katalogs des § 9 BauGB[5313] zu regeln. Steht eine solche Festsetzung allgemein oder auch fallbezogen (§ 9 I Nr. 20 BauGB)[5314] zur Verfügung, scheidet ein Ausweichen auf eine andere Art der Regelung aus.[5315]

e) Subjektive Abwägungssperre. Der Planungsprozess darf nicht durch einseitige Bindungen der Gemeinde in eine Schieflage geraten.[5316] Dies setzt vor allem vertraglichen Bindungen im Hinblick auf die Bauleitplanung Grenzen. Eine vertragliche Verpflichtung der Gemeinde zur Aufstellung, Änderung, Ergänzung oder Aufhebung eines Bebauungsplans ist unwirksam, weil hierdurch der als ungebunden gedachte Planungsprozess einseitig vorgeprägt wäre (§ 1 III 2 BauGB).[5317] Die Unwirksamkeit bezieht sich auch auf solche vertraglichen Regelungen, die Zusicherungen über einen bestimmten Planungsinhalt enthalten. Wäre die Gemeinde in der Lage, sich bereits vor Durchführung des förmlichen Bauleitplanverfahrens einseitig zu binden, so könnte das Verfahren nicht die ihm vom BauGB zugedachte und nach rechtsstaatlichen Grundsätzen gebotene Funktion wahrnehmen. Die Gemeinde soll frei und ungebunden und in diesem Sinne als neutraler Sachwalter die einzustellenden Belange ermitteln, bewerten und zu einer Gesamtentscheidung verarbeiten. Dabei haben die Beteiligungsregelungen in den §§ 3, 4 BauGB eine wichtige Funktion. Im Verfahren der Öffentlichkeits- und Behördenbeteiligung sollen die Belange und Interessen vorgetragen werden können in der Erwartung, dass die planende Gemeinde sozusagen als neutrale Stelle den Vortrag berücksichtigt und nicht nur in der Bewertung von Einzelheiten, sondern auch in der Gesamtentscheidung durchaus noch offen ist. Steht aber bereits das Ergebnis vorher fest, würde sich die Öffentlichkeitsbeteiligung oder die Behördenbeteiligung als Farce erweisen. Dies ist bei Planungsverfahren, bei denen die Einhaltung der Beteiligungsformen zu den unverzichtbar vorgegebenen Entscheidungsstrukturen gehört, mit rechtsstaatlichen Grundsätzen nicht vereinbar. Die Unzulässigkeit solcher subjektiven Abwägungssperren bezieht sich dabei sowohl auf die vertraglichen Vereinbarungen als auch auf die planerischen Aussagen im Flächennutzungsplan, im Bebauungsplan oder einer sonstigen gemeindlichen Satzung. Bei einseitigen vertraglichen Bindungen der Gemeinde wäre nicht nur die Bauleitplanung, die sich auf eine solche Bindung gründet, unwirksam. Es wäre auch die vertragliche Regelung selbst unwirksam. Die Unwirksamkeit bedingt sich sozusagen wechselseitig. 2482

Beispiel: Die Gemeinde hat ein ihr gehörendes Grundstück, für das sie eine Wohnbebauung vorgesehen hat, gegen ein anderes Grundstück getauscht, auf dem das Rathaus gebaut werden soll. In dem Tauschvertrag hat sich die Gemeinde verpflichtet, das von ihr veräußerte Grundstück innerhalb von drei Jahren durch Bebauungsplan als allgemeines Wohngebiet auszuweisen. Die näheren Einzelheiten der Festsetzungen ergaben sich aus einem dem notariellen Vertrag beigefügten Kartenplan. Später scheitert die Ausweisung des Baugebietes an den von einer Bürgerinitiative im Rahmen der Öffentlichkeitsbeteiligung vorgebrachten Bedenken. Die vertraglichen Zusicherungen der Gemeinde sind unwirksam. Ebenso wäre der Bebauungsplan, der

---

5313 BVerwGE 92, 56 (60).

5314 BVerwGE 115, 77 (81 f.).

5315 BVerwG KommJur 2021, 52.

5316 Zu Zusagen im Planungsrecht Haentjens LKV 2011, 17.

5317 BVerwGE 45, 309; NVwZ 2006, 458; Franz Otto DVP 2006, 473; Dziallas NZBau 2006, 366; Stüer DVBl. 1995, 649.

auf einer solchen Zusage beruht, unwirksam. Der danach unwirksame Vertrag ist bereicherungsrechtlich rückabzuwickeln mit dem Ergebnis, dass die Gemeinde das inzwischen mit dem Rathaus bebaute Grundstück zurückgeben muss und dafür das von ihr getauschte unbebaute Grundstück wiedererhält. Ggf. hat nach bereicherungsrechtlichen Grundsätzen eine Vorteilsausgleichung stattzufinden.[5318]

2483 Allerdings schließt die Unzulässigkeit einseitiger vertraglicher Bindungen im Hinblick auf die Bauleitplanung eine **Zusammenarbeit der Gemeinde mit Investoren** zur Verwirklichung bestimmter Projekte nicht aus.[5319] Ist etwa eine Abwägung deshalb unvollständig, weil ihr planerische, sich aus rechtlichen oder tatsächlichen Gründen bindend auswirkende Festlegungen vorangegangen sind, entspricht dies zwar grundsätzlich nicht dem Abwägungsgebot in § 1 VII BauGB. Ein auf diese Weise entstehendes Abwägungsdefizit kann jedoch unter Umständen dadurch ausgeglichen werden, dass die Vorwegnahme der Entscheidung sachlich gerechtfertigt war, bei der Vorwegnahme die planungsrechtliche Zuständigkeitsordnung gewahrt wurde und die vorgenommene Entscheidung auch inhaltlich nicht zu beanstanden ist.[5320] Das erfordert allerdings unter anderem, dass die vorweggenommene Entscheidung ihrerseits dem Abwägungsgebot des § 1 VII BauGB genügt. Auch ist ein Bebauungsplan nicht schon deshalb abwägungsfehlerhaft, weil die Gemeinde ihn auf der Grundlage eines vom künftigen Bauherrn vorgelegten **Projektentwurfs** für ein Großvorhaben aufgestellt hat, das im Geltungsbereich des Plans verwirklicht werden soll.[5321] Zwar darf eine Bauleitplanung nicht allein dem Zweck dienen, dem **Eigentümer** eine günstige wirtschaftliche Verwertung seines Grundstücks zu ermöglichen. Sie muss aber **nicht grundstückswertneutral** sein.[5322] Eine Gemeinde darf hinreichend gewichtige private Interessen zum Anlass einer Bauleitplanung nehmen und sich dabei an den Wünschen privater Grundeigentümer orientieren, solange die Voraussetzung gewahrt ist, dass sie mit der Planung zugleich städtebauliche Belange und Zielsetzungen verfolgt.[5323] Auf der anderen Seite können aber auch naturschutzrechtliche, grünordnerische, landschaftsplanerische oder stadtbildbezogenen Belange höher zu bewerten sein als die privaten baulichen Nutzungsmöglichkeiten.[5324] Eine unzulässige Vorwegbindung liegt nicht schon dann vor, wenn eine Gemeinde intensiv mit geeigneten Bauträgern zusammenarbeitet und die Bauträger dabei auch eigene Planentwürfe und Vorlagen ausarbeiten und zur Verfügung stellen. Selbst wenn die Gemeinde auf der Grundlage eines vom künftigen Bauherrn vorgelegten Projektentwurfs einen Bebauungsplan aufstellt, ohne selbst alternative Projektentwürfe anzufertigen, macht dies den Bebauungsplan für sich noch nicht fehlerhaft.[5325]

Beispiel: Ein Investor schlägt der Gemeinde vor, ein der Gemeinde gehörendes Grundstück im Ortskern mit einem Einkaufszentrum zu bebauen. Die Planungen werden von den Architekten des Investors ausgearbeitet, die auch das Bauleitplanverfahren begleiten. Eine solche Zusammenarbeit ist zulässig, solange die Gemeinde die Verantwortung für das Bauleitplanverfahren behält und sich nicht in vertragliche Bindungen über das Ob und Wie der Bauleitplanung begibt. Zerschlägt sich etwa das Projekt später, so könnte die Gemeinde ggf. aus dem Gesichtspunkt der culpa in contrahendo oder Amtshaftung ganz oder teilweise schadensersatzpflichtig werden.[5326]

5318 BVerwG ZfBR 1980, 88; dort auch zu den Grundsätzen der aufgedrängten Bereicherung; Stüer DVBl. 1995, 649.

5319 Zur grundsätzlichen Unbedenklichkeit der alternativlosen Übernahme des Projektentwurfes eines privaten Vorhabenträgers durch die planende Gemeinde schon Hoppe/Beckmann DVBl. 1987, 1249.

5320 BVerwGE 45, 309.

5321 BVerwG NVwZ 1988, 351.

5322 OVG Berlin-Brandenburg Urt. v. 4.12.2009 – 2 A 23.08, BeckRS 2010, 46730.

5323 OVG Berlin-Brandenburg BauR 2010, 828.

5324 OVG Bautzen BauR 2010, 256, nachgehend BVerwG Beschl. v. 6.7.2010 – 4 BN 1.10, BeckRS 2010, 51150.

5325 OVG Münster Urt. v. 22.2.2022 – 2 D 202/21.NE, juris Rn. 77; BVerwG BRS 47 Nr. 3 (1987); VGH Mannheim BRS 57 Nr. 291 = juris Rn. 40 f., mwN.

5326 Stüer Verwaltungsrundschau 1986, 195.

Zulässig sind auch **Folgekostenverträge**, in denen die Gemeinde mit einem privaten Bauherrn oder Investor die **erschließungsrechtlichen Folgelasten** einer Bebauung regelt.[5327] Nach § 11 I 2 Nr. 3 BauGB kann Gegenstand eines städtebaulichen Vertrages die Übernahme von Kosten oder sonstigen Aufwendungen sein, die der Gemeinde für städtebauliche Maßnahmen entstehen oder entstanden sind und die Voraussetzung oder Folge des geplanten Vorhabens sind. Solche Vereinbarungen dürfen allerdings nicht die Zusicherung hinsichtlich bestimmter Ausweisungen in der Bauleitplanung enthalten. Auch kann eine Gemeinde bei der Veräußerung eines ihr gehörenden Grundstücks dem Erwerber durch zivilrechtliche Vereinbarung die Verpflichtung auferlegen, sich bei der Errichtung von Bauvorhaben an die Festsetzungen eines inhaltlich zulässigen, aber noch nicht bestandskräftigen Bebauungsplans zu halten. Durch eine zivilrechtliche Vereinbarung kann sich der Erwerber auch rechtswirksam verpflichten, ein nach öffentlichem Baurecht (materiell) legales Bauwerk zu verändern.[5328] 2484

Gem. § 12 I 1 BauGB kann die Gemeinde durch einen **vorhabenbezogenen Bebauungsplan** die Zulässigkeit von Vorhaben bestimmen, wenn der Vorhabenträger auf der Grundlage eines mit der Gemeinde abgestimmten Plans zur Durchführung der Vorhaben und der Erschließungsmaßnahmen (**Vorhaben- und Erschließungsplan**) bereit und in der Lage ist und sich zur Durchführung innerhalb einer bestimmten Frist und zur Tragung der Planungs- und Erschließungskosten ganz oder teilweise vor dem Beschluss nach § 10 I BauGB verpflichtet (**Durchführungsvertrag**). Die Satzung muss mit einer geordneten städtebaulichen Entwicklung, insbesondere mit den Grundsätzen des § 1 BauGB, vereinbar sein. Vor Erlass der Satzung ist den betroffenen Bürgern und berührten Trägern öffentlicher Belange Gelegenheit zur Stellungnahme innerhalb angemessener Frist zu geben. Die Vorschriften über den Vorhaben- und Erschließungsplan nach § 12 BauGB gehen von einer engen Zusammenarbeit zwischen Vorhabenträger und Gemeinde aus. Eine solche Kooperation ist zulässig, wenn die im BauGB niedergelegte Zuständigkeitsordnung gewahrt wird und die Gemeinde die verantwortliche Letztentscheidung über die vom Vorhabenträger vorgelegten Planungen trägt. Es wäre allerdings nicht zulässig, wenn die Gemeinde sich im Rahmen eines Vorhaben- und Erschließungsplans den Vorstellungen des Vorhabenträgers unterordnet und ihm gegenüber nur noch als Vollzugsinstanz erscheint.[5329] Die Gemeinde muss vielmehr die Planungen des Vorhabenträgers auf Plausibilität prüfen, in ihren eigenen Willen aufnehmen und in eine Gesamtabwägung einbeziehen. Würde die Gemeinde lediglich als Vollzugsinstanz fremdbestimmter Planungsentscheidungen handeln, wäre die Planung auf Grund einer subjektiven Abwägungssperre unwirksam.[5330] 2485

f) Abwägungsdivergenz (Abwägungsinkongruenz). Die Abwägung ist auch fehlerhaft, wenn die Festsetzungen mit dem von der Gemeinde Abgewogenen nicht übereinstimmen und die eigentliche **Ausgleichsentscheidung** fehlerhaft ist. Die Abwägung muss auf der Grundlage der im Bebauungsplan vorgesehenen Festsetzungen erfolgen. Diese müssen mit der Abwägung kongruent sein. Stimmen die Festsetzungen des Plans in wesentlichen Punkten mit der Abwägung nicht überein, so ist der Plan wegen einer Abwägungsdivergenz unwirksam.[5331] 2486

Beispiel: Die Gemeinde weist im Bebauungsplan ein Sondergebiet für großflächige Einzelhandelsbetriebe aus. Nach den Festsetzungen des Plans können insgesamt 6000 m^2 Geschossfläche verwirklicht werden. Aus der Begründung des Bebauungsplans ergibt sich jedoch, dass die Gemeinde nur von einer Gesamtgeschossfläche von 2500 m^2 ausgegangen ist. Hier stimmen Festsetzungen und die aus der Begründung sich ergebende Abwägung nicht überein. Wegen solcher Divergenzen zwischen Festsetzungen und Abwägung wäre der Bebauungsplan unwirksam. Auch wäre eine Abwägungsdivergenz gegeben, wenn die Gemeinde ein Sondergebiet ohne

---

5327 BVerwGE 42, 331; OVG Bautzen Urt. v. 5.12.2019 – 1 A 156/18, juris Rn. 40 zur Übernahme von Kosten oder sonstigen Aufwendungen, die der Gemeinde für die Errichtung einer Kita und deren Betrieb entstehen; siehe aber auch OVG Lüneburg ZfBR 2020, 781 = juris Rn. 14, wonach auf 20 Jahre kapitalisierte Pflegekosten für öffentliche Grünflächen können nicht durch einen Folgekostenvertrag einem Vorhabenträger auferlegt werden dürfen, weil es regelmäßig an dem dafür erforderlichen Kausalzusammenhang zwischen Vorhaben und Maßnahme fehlt.

5328 BGHZ 93, 372.

5329 Stüer DVBl. 1992, 266; ders. DVBl. 1995, 649; zur unzulässigen Delegation der Abwägung im Bebauungsplanverfahren Wagner NJW-Spezial 2008, 588.

5330 Stüer DVBl. 1995, 649.

5331 BVerwGE 120, 239.

Einschränkungen hinsichtlich großflächiger Einzelhandelsbetriebe festsetzt, in der Begründung aber davon ausgeht, dass Betriebe oberhalb der Vermutungsgrenze des § 11 III BauNVO in dem Plangebiet unzulässig sind.

2487 Ein Bebauungsplan leidet an einem Abwägungsfehler, wenn seine Festsetzungen nicht dem Willen des Satzungsgebers entsprechen. Die Begründung des Bebauungsplans nimmt an dessen Charakter nicht teil und wird nicht rechtsverbindlich (§§ 9 VIII 1, 10 III 2 und 4 BauGB). Auch ist die Begründung eines Bebauungsplans kein Planbestandteil.[5332] Sie kann sich über eindeutige textliche oder auch zeichnerische Festsetzungen nicht hinwegsetzen und nur insoweit Bedeutung haben, als sie gegebenenfalls zur Auslegung und Erklärung unklarer Satzungsbestimmungen heranzuziehen ist. Ergeben sich daher zwischen den Festsetzungen und der Begründung des Bebauungsplans unüberbrückbare Widersprüche, so ist der Plan wegen Abwägungsdivergenzen oder Inkongruenzen unwirksam. Das kann auch im Verhältnis zwischen Bebauungsplan und Grünordnungsplan gelten.

Beispiel: Enthält etwa der Bebauungsplan mit der Festsetzung wechselfeuchter Verrieselungsflächen zur Versickerung des Regenwassers aus den umliegenden Baugebieten eine Regelung, die er nach dem Willen des Satzungsgebers nicht haben soll, dann liegt darin ein Abwägungsfehler, weil der Inhalt des Plans nicht von einer darauf ausgerichteten Abwägungsentscheidung getragen ist.[5333]

2488 In welchem Umfang dafür auf die **Materialien des Aufstellungsverfahrens** zurückgegriffen werden kann oder sogar muss, lässt sich nicht allgemein beantworten. Schon zur Auslegung der Festsetzungen eines Bebauungsplans können außer der Planbegründung auch weitere Hilfsmittel, etwa die Protokolle der Ratssitzungen oder andere Auszüge aus den Planungsvorgängen, herangezogen werden.[5334] Im Regelfall wird für die Genehmigungsbehörde oder das Gericht darüber hinaus kein Anlass bestehen, nach einer abweichenden Planungsabsicht des Gemeinderates zu forschen, wenn sich aus der Begründung ggf. unter Hinzuziehung der Beschlussvorlagen ein klares Bild ergibt. Daraus folgt jedoch kein Verbot für eine weiter gehende Aufklärung, wenn konkrete Anhaltspunkte vorliegen oder wenn der Antragsteller im Normenkontrollverfahren substantiiert darlegt, dass Begründung und Beschlussvorlagen den wirklichen Planungswillen nicht zutreffend wiedergeben.[5335]

5. Konfliktbewältigung und Konflikttransfer

2489 Die Bauleitplanung hat im Spannungsfeld raumrelevanter städtebaulicher Nutzungskonflikte einen am Abwägungsgebot orientierten Interessenausgleich vorzunehmen.

2490 **a) Gebot der Konfliktbewältigung.**[5336] Von der planenden Gemeinde wird erwartet, dass die durch ihre Planung verursachten Konflikte auch möglichst einer Lösung zugeführt werden.[5337] Derartige Konflikte können etwa aus **immissionsschutzrechtlichen Gemengelagen** entstehen, in denen sich verschiedene Nutzungen auf engem Raum gegenseitig beeinträchtigen.[5338] Baumaßnahmen können auch mit Eingriffen in Natur und Landschaft verbunden sein, die eine **naturschutzrechtliche Konfliktbewältigung** verlangen.[5339] Konflikte können sich aber auch jenseits des Immissionsschutzrechts und des Naturschutzrechts aus den vielfältigen Formen des nachbarschaftlichen Gemeinschaftsverhältnisses ergeben, das durch das Gebot der nachbarlichen Rücksichtnahme geprägt ist, oder schlicht auf unterschiedlichen städtebaulichen Konzepten, Nutzungen oder Nutzungswünschen beruhen.[5340] Für die Über-

5332 BVerwG NVwZ 2004, 229.

5333 BVerwG NVwZ 2004, 856.

5334 BVerwG NJW 1971, 1626; BVerwGE 74, 47.

5335 So BVerwG NVwZ 1994, 270.

5336 Siehe zum Gebot der Konfliktbewältigung in der Bauleitplanung Hoppe/Bönker in HBG, Öffentliches Baurecht, 2024, § 7 Rn. 99; Hoppe/Beckmann NuR 1988, 6; Scheidler BayVBl. 2023, 92; Schink UPR 2018, 167; zum Konflikttransfer in der Bauleitplanung Fricke UPR 2014, 97.

5337 BVerwGE 45, 309; BVerwGE 48, 56; OVG Berlin DVBl. 1984, 147, Weyreuther BauR 1975, 1 (5 f.); zum Erfordernis der Ursächlichkeit der Planung für die Entstehung des Problems oder Konflikt OVG Schleswig Urt. v. 28.9.2023 – 4 KS 3/21, juris Rn. 94.

5338 Zur Typologie der Nutzungskonflikte Müller BauR 1994, 191.

5339 BVerwG NVwZ 1997, 1213.

5340 Stüer/Schröder BayVBl. 2000, 257.

lassung der Durchführung der als Folge planerischer Festsetzungen gebotenen Maßnahmen in einem anderen Verfahren muss die Gemeinde dabei hinreichend sicher darauf vertrauen dürfen, dass dort für die offengebliebenen Fragen eine sachgerechte Lösung gefunden werden wird.[5341]

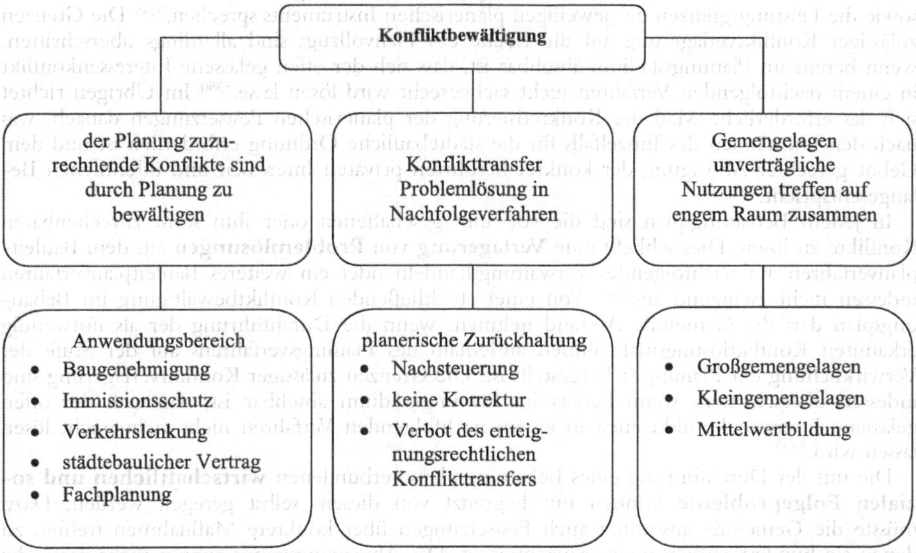

2491 Das Gebot der **Konfliktbewältigung** hat seine rechtlichen Wurzeln im **Abwägungsgebot** des § 1 VII BauGB und besagt, dass die von der Planung berührten Belange zu einem gerechten Ausgleich gebracht werden müssen. Die Planung darf nicht dazu führen, dass Konflikte, die durch sie hervorgerufen werden, zulasten Betroffener letztlich ungelöst bleiben. Das Konfliktbewältigungsgebot gilt nicht nur für das Fachplanungsrecht, für das es ursprünglich entwickelt worden ist,[5342] sondern auch für die Bauleitplanung, allerdings mit der Besonderheit, dass dem Bebauungsplan – anders als regelmäßig im Fachplanungsverfahren – ein Baugenehmigungs- oder immissionsschutzrechtliches Genehmigungsverfahren nachfolgt, in dem sozusagen eine **Feinsteuerung**[5343] geleistet werden kann.[5344] Mit dieser verfahrensrechtlichen Besonderheit hängt zusammen, dass das Gebot der Konfliktbewältigung im Bereich der Bauleitplanung nicht überspannt werden darf.[5345] Die Zusammenstellung des Abwägungsmaterials (§ 2 III BauGB) erfordert nur die Berücksichtigung der mehr als geringfügigen, schutzwürdigen und erkennbaren Belange.[5346] Belange, die in diesem Filter hängen bleiben, brauchen in die Abwägung nicht eingestellt zu werden und fallen auch bei der Konfliktbewältigung aus. Das im Gebot der planerischer Konfliktbewältigung verlangt, dass jeder Bauleitplan grundsätzlich die von ihm selbst geschaffenen oder ihm sonst zurechenbaren Konflikte zu lösen hat, indem die von der Planung berührten Belange zu einem gerechten Ausgleich gebracht werden.[5347] Die Planung darf nicht dazu führen, dass Konflikte, die durch sie hervorgerufen werden, letztlich ungelöst bleiben. Dies schließt eine **Verlagerung von Problemlösungen** aus dem Bauleitplanverfahren auf nachfolgendes Verwaltungshandeln nicht aus, soweit davon aus-

---

[5341] BVerwG BRS 74 Nr. 17 (2009); OVG Hamburg DVBl. 2010, 524.

[5342] BVerwGE 48, 56; Beschl. v. 5.1.1989 – 4 NB 31.88, juris.

[5343] BVerwG BauR 1989, 703.

[5344] Zu den Grenzen der Nach- und Feinsteuerung bei typischen planbedingten Folgen OVG Münster ZfBR 1999, 230.

[5345] Hoppe/Bönker in HBG, Öffentliches Baurecht, 2024, § 7 Rn. 102 unter Verweis auf Mahnungen zur Zurückhaltung des BVerwG ZfBR 2014, 495 ff.; BVerwGE 143, 24 ff.; BVerwGE 119, 45 ff.; BauR 1983, 543 (545).

[5346] BVerwGE 59, 87.

[5347] BVerwGE 147, 379 Rn. 17 mwN.

gegangen werden kann, dass die in Rede stehenden Konflikte im Rahmen nachfolgender Verwaltungsverfahren gelöst werden können. Die Grenze ist (erst) dann überschritten, wenn bereits auf der Ebene der Planung absehbar ist, dass der offengelassene Interessenkonflikt in einem nachfolgenden Verwaltungsverfahren nicht sachgerecht gelöst werden kann.[5348] Hierfür können auch die nach dem Konkretisierungsgrad der Planung verfügbaren Detailkenntnisse sowie die Leistungsgrenzen des jeweiligen planerischen Instruments sprechen.[5349] Die Grenzen zulässiger Konfliktverlagerung auf die Ebene des Planvollzugs sind allerdings überschritten, wenn bereits im Planungsstadium absehbar ist, dass sich der offen gelassene Interessenkonflikt in einem nachfolgenden Verfahren nicht sachgerecht wird lösen lasse.[5350] Im Übrigen richtet sich das erforderliche Maß der Konkretisierung der planerischen Festsetzungen danach, was nach den Umständen des Einzelfalls für die städtebauliche Ordnung erforderlich ist und dem Gebot gerechter Abwägung der konkret berührten privaten Interessen und öffentlichen Belange entspricht.[5351]

2492 In jedem Bebauungsplan sind die von ihm geschaffenen oder ihm sonst zurechenbaren Konflikte zu lösen. Dies schließt eine **Verlagerung** von **Problemlösungen** aus dem Bauleitplanverfahren auf nachfolgendes Verwaltungshandeln oder ein weiteres Bauleitplanverfahren indessen nicht zwingend aus.[5352] Von einer abschließenden Konfliktbewältigung im Bebauungsplan darf die Gemeinde Abstand nehmen, wenn die Durchführung der als notwendig erkannten Konfliktlösungsmaßnahmen außerhalb des Planungsverfahrens auf der Stufe der Verwirklichung der Planung sichergestellt ist. Die Grenzen zulässiger Konfliktverlagerung sind indessen überschritten, wenn bereits im Planungsstadium absehbar ist, dass sich der offen gelassene Interessenkonflikt auch in einem nachfolgenden Verfahren nicht sachgerecht lösen lassen wird.[5353]

2493 Die mit der Durchführung eines Bebauungsplans verbundenen **wirtschaftlichen und sozialen Folgeprobleme** können nur begrenzt von diesem selbst geregelt werden. Dazu müsste die Gemeinde ansonsten auch Festsetzungen über konkrete Maßnahmen treffen, zu denen sie bundesrechtlich nicht ermächtigt ist. Das Abwägungsgebot zwingt nicht dazu, die Satzung erst zu beschließen, wenn zugleich die Bewältigung dieser Probleme durch anderweitiges Verwaltungshandeln rechtlich gesichert ist. Vielmehr kann die Gemeinde die Durchführung entsprechender Maßnahmen dem späteren, dem Vollzug der Festsetzung dienenden Verwaltungsverfahren überlassen, wenn sie im Rahmen der Abwägung realistischerweise davon ausgehen kann, dass die Probleme in diesem Zusammenhang gelöst werden können.[5354] Ein Transfer von außerhalb des Bebauungsplangebiets zu lösenden Konflikten kann auch in einen anderen Bebauungsplan erfolgen, wenn die Planung dort in der Lage ist, die auftretenden Konflikte zu bewältigen. Diese Grundsätze gelten vor allem bei der Bauleitplanung in Abschnitten.[5355]

2494 Die Bauleitplanung steht in einem **Stufensystem** vertikaler und horizontaler Planungs- und Zulassungsentscheidungen, die iS einer Lastenverteilung zusammenwirken. Raumordnung, Landes- und Regionalplanung geben einen Rahmen, in den sich die gemeindliche Bauleitpla-

---

5348 OVG Münster Beschl. v. 23.11.2023 – 2 B 677/23.NE, Juris Rn. 51; BVerwGE 147, 379 = juris Rn. 17; OVG Münster Urt. v. 22.2.2022 – 2 D 202/21.NE, juris Rn. 111 f.

5349 zu instrumentellen Leistungsgrenzen bei der Konfliktbewältigung allgemein BVerwGE 145, 290 Rn. 35; zu den Leistungsgrenzen planerischer Instrumente BVerwGE 80, 184.

5350 BVerwG NVwZ 1989, 659; NVwZ-RR 1995, 130.

5351 BVerwG NVwZ 2015, 1452; NVwZ 1989, 659.

5352 BVerwG BRS 71 Nr. 15 (2007).

5353 BVerwGE 69, 30; Beschl. v. 8.11.2006 – 4 BN 32.06, BeckRS 2006, 27432; Beschl. v. 26.3.2007 – 4 BN 10.07, juris zu Grenzen zulässiger Konfliktverlagerung auf das Baugenehmigungsverfahren; Beschl. v. 20.4.2010 – 4 BN 17.10, BeckRS 2010, 48698; OVG Koblenz BauR 2004, 718. Zu der Frage, in welchem Umfang eine planende Gemeinde die erforderliche Entwässerungskonzeption bereits in der Bauleitplanung erstellen muss oder auf die danach folgende Vollzugsebene verlagern darf OVG Koblenz, Urt. v. 24.2.2011 – 1 C 10277/11, BeckRS 2011, 49907.

5354 So BVerwG NVwZ-RR 1998, 711. Die Gemeinde muss daher nicht die dem Bebauungsplan zu Grunde liegende Abwägung „unter Kontrolle" halten. Auch Fragen der technischen Herstellung einer festgesetzten Straße müssen nach VGH Mannheim BauR 1998, 750 im Bebauungsplanverfahren nicht gesondert erörtert werden, wenn der Stand der Technik für die zu bewältigenden Probleme geeignete Lösungen zur Verfügung stellt.

5355 OVG Berlin NVwZ-RR 1998, 720.

nung einfügt (§ 1 IV BauGB, § 1 III ROG). Über den Flächennutzungsplan und dem aus diesen übergeordneten Planungsvorstellungen zu entwickelnden Bebauungsplan wird der kommunale Städtebau konkretisiert. Das konkrete Einzelvorhaben wird auf der Grundlage des städtebaulichen Planungsrechts traditionell in einem individuellen Genehmigungsverfahren zugelassen und ggf. durch andere Nachfolgeverfahren flankiert. Bei dem Gebot der Konfliktbewältigung in der Bauleitplanung geht es daher vor allem auch um die Frage, auf welcher Stufe die städtebaulichen Probleme abgearbeitet werden und wie sich Raumordnung, Landes- und Regionalplanung, Flächennutzungsplan, Bebauungsplan, Einzelgenehmigung und ggf. anderweitige Parallel- oder Nachfolgeverfahren und auch die Fachplanung die Last der Konfliktbewältigung teilen. Konfliktbewältigung wird damit auch zu einem Problem der Lastenverteilung zwischen den verschiedenen Planungs- und Zulassungsebenen.

Auch dürfen an die **Feinkörnigkeit** der Festsetzungen[5356] keine überspannten Erwartungen gestellt werden. Die **planerische Zurückhaltung** kann dabei aus verschiedenen Gründen geboten sein und hängt von den jeweiligen Umständen des Einzelfalls ab. Der Bebauungsplan kann vielfach nicht alle Probleme, die sich aus der in ihm enthaltenen grundsätzlichen Zulassung bestimmter Nutzungen im Plangebiet ergeben, selbst abschließend bewältigen. Die Gemeinde bestimmt vielmehr in den durch das Abwägungsgebot gezogenen Grenzen im Rahmen ihrer planerischen Gestaltungsfreiheit, welches Maß an Konkretisierung von Festsetzungen angemessen ist.[5357] Dies gilt auch für Folgemaßnahmen, die im Bebauungsplan bereits angelegt sind.[5358] 2495

Beispiel: Die Gemeinde setzt eine öffentliche Grünfläche mit dem Zusatz „Festplatz" fest. Weitere Regelungen hinsichtlich des Nutzungsumfangs, der Nutzungszeiten und der Nutzungsintensität enthält der Bebauungsplan nicht. Ob derartige Regelungen schon bei der Festsetzung des „Festplatzes" erforderlich sind, hängt von den Einzelfallumständen ab. Ermöglicht etwa die Größe des Platzes nur kleinere Veranstaltungen und sind für die umgebenden Nutzungen keine Schutzauflagen erforderlich, kann die Festsetzung ausreichend sein. Ggf. kann eine zeitliche Begrenzung der Festplatznutzung angebracht sein.[5359]

Die Verlagerung der Konfliktbewältigung in ein anderes verwaltungsrechtliches Verfahren wird als Konflikttransfer bezeichnet. Der Konflikttransfer stellt eine unter Umständen zulässige Abweichung vom Gebot der Konfliktbewältigung. Konfliktbewältigung und Konflikttransfer stehen in keinem Regel-Ausnahme-Verhältnis, sondern ergänzen sich. Dies schließt allerdings auch ein, die planerische Konfliktlösung nicht grundlos zu verschieben und damit die Konflikte unbewältigt zu hinterlassen.[5360] Dies gilt jedenfalls, sofern das Gebot der Problembewältigung eine einheitliche Planentscheidung verlangt. Einheitlich ist die Planentscheidung, wenn sie in einem einzigen Plan widerspruchsfrei und unter Ausschöpfung aller planungsrechtlichen Mittel erfolgt,[5361] wie dies für die fachplanerische Planfeststellung kennzeichnend ist. Die Einheitlichkeit der Planentscheidung entspricht unter diesen Voraussetzungen dem Gebot der möglichsten Ausschöpfung des dem Planungsrecht vorgegebenen Konfliktlösungspotenzials.[5362] Das Interesse, von planbedingtem Verkehrslärm verschont zu bleiben, ist nur dann ein abwägungserheblicher Belang, wenn es über die Bagatellgrenze hinaus betroffen wird, was sich nur unter Einbeziehung der konkreten Gegebenheiten des Einzelfalls beurteilen lässt. Ausgehend hiervon kann das Interesse, von der Zunahme des Verkehrslärms verschont zu bleiben, im Einzelfall als geringfügig und deshalb nicht abwägungsrelevant qualifiziert werden. Das kann etwa gelten, wenn sich die Zahl der Verkehrsbewegungen um rund 4,6 Fahrbewegungen stündlich erhöht.[5363] 2496

5356 BVerwG UPR 1989, 436.

5357 BVerwG ZfBR 1988, 189; Beschl. v. 23.12.1988 – 4 NB 29.88, juris; NVwZ 1990, 459; NVwZ-RR 1997, 515.

5358 BVerwG ZfBR 1992, 291.

5359 BVerwG NVwZ-RR 1997, 515.

5360 Hoppe in FS für Ernst, 1980, 215.

5361 BVerwGE 61, 307, für die Planfeststellung nach dem FStrG mit der Besonderheit, dass dort eine besonders ausgeprägte Konzentrationswirkung der Planfeststellung normiert ist.

5362 Hoppe in FS für Ernst, 1980, 215.

5363 BVerwG Beschl. v. 24.8.2017, BeckRS 2017, 12621; BRS 83, Nr. 49 Rn. 6 mwN.

Beispiel: Von einer abschließenden Konfliktbewältigung im Bebauungsplan darf die Gemeinde Abstand nehmen, wenn die Konfliktlösung außerhalb des Planungsverfahrens auf der Stufe der Planverwirklichung zu erwarten ist.[5364] Diese Grenzen sind überschritten, wenn sich der offengelassene Interessenkonflikt bereits absehbar in einem nachfolgenden Verfahren nicht sachgerecht lösen lassen wird.[5365]

2497 Die Konfliktbewältigung in der Bauleitplanung muss dem Stufenverhältnis der Planungshierarchie und der Zulassungsebene folgen. Der Flächennutzungsplan beschränkt sich auf Darstellungen, in denen die Konfliktbewältigung auf der Grundlage einer Grobanalyse in den wesentlichen Umrissen erkennbar wird. Der Bebauungsplan entwickelt aus diesem städtebaulichen Gesamtkonzept konkrete Festsetzungen. Im Einzelgenehmigungsverfahren werden die Vorgaben der Bauleitplanung in konkrete Zulassungsentscheidungen umgesetzt. Zu nennen sind hier beispielhaft die Baugenehmigung, das Zustimmungsverfahren aber auch die immissionsschutzrechtliche Genehmigung. Ggf. werden diese durch andere Nachfolgeverfahren oder flankierende Maßnahmen begleitet. Dazu zählen etwa verkehrslenkende Maßnahmen, ordnungsbehördliche oder gewerberechtliche Erlaubnisse, naturschutzrechtliche oder umweltschutzrechtliche Gebote oder Verbote oder städtebauliche Verträge. Die Konfliktbewältigung in der Bauleitplanung stellt sich daher als Kompetenz- und Verteilungsproblem dar, das der jeweiligen Planungs- und Zulassungsstufe angepasst ist. Dem entsprechen die jeweiligen Planungs- und Zulassungsinstrumente, die Breite und Tiefe der Sachverhalts- und Problemanalyse, die Grob- oder Feinkörnigkeit der Planung und ganz allgemein der Grad der Problembewältigung, der auf den jeweiligen Stufen geleistet werden kann und muss. Die Zuordnung der Konfliktbewältigung ist dabei den jeweiligen Ebenen nicht exakt vorgegeben, sondern verbindet sich mit der planerischen Gestaltungsfreiheit der Gemeinde. In einem gewissen Umfang kann daher die Gemeinde die Konfliktbewältigung den verschiedenen Planungs- und Zulassungsebenen zuweisen, soweit dies durch das Abwägungsgebot gerechtfertigt ist.

2498 Die Gemeinde kann etwa im Bebauungsplan bereits ein **konkretes Vorhaben** planen oder iS einer **Angebotsplanung** größere planerische Zurückhaltung walten lassen. So ist eine planerische Festsetzung nach § 9 I BauGB zwar grundsätzlich konkret zu treffen. Eine größere Abstraktion der Festsetzung und damit planerische Zurückhaltung können aber geboten sein, wenn damit den von der Planung betroffenen Eigentümern ein gesteigertes Maß an eigenen Gestaltungsmöglichkeiten belassen wird.[5366] Die planerische Gestaltungsfreiheit erlaubt es der Gemeinde, selbst zu bestimmen, welches Maß an Konkretisierung von Festsetzungen der jeweiligen Situation angemessen ist und dem Gebot gerechter Abwägung entspricht.[5367] Damit ist es auch legitim, dass der Bebauungsplan nicht nur zum Zwecke größerer Gestaltungsfreiheit der privaten Eigentümer Zurückhaltung wahrt. Denn er ist nicht zur abschließenden Bewältigung aller Probleme verpflichtet, die sich durch die von ihm für zulässig erklärten Nutzungen im Plangebiet im Einzelfall ergeben können.[5368]

2499 Die Gemeinde muss sich im Rahmen der Abwägung Klarheit darüber verschaffen, ob die Nutzungsinteressen der Eigentümer bebauter Grundstücke, die den mit der Planung verfolgten Zielen zuwiderlaufen, so gewichtig sind, dass sie im Range den übrigen Belangen vorgehen. Der insoweit gebotene Interessenausgleich darf nicht ausgeklammert und etwa in den Anwendungsbereich des § 31 II BauGB verlagert werden. Die **Befreiungsvorschriften** bieten keine Handhabe dafür, eine defizitäre oder sonst fehlerhafte Planung im Nachhinein zu korrigieren.[5369] Sie sind nicht geeignet, die materiell-rechtlichen Anforderungen an die Aufstellung von Bebauungsplänen zu modifizieren oder zu relativieren. Vor allem ist eine Befreiung dann ausgeschlossen, wenn die Grundzüge der Planung beeinträchtigt werden. Hier kann nur eine förmliche Bauleitplanung den erforderlichen planerischen Ausgleich leisten. Die Befreiungsvorschriften finden daher auch an dem Planungserfordernis des § 1 III BauGB ihre Grenze. Ob eine Befreiung nach § 31 II BauGB erteilt werden kann, hängt nicht von Erwägungen ab, die

---

5364 BVerwG Beschl. v. 26.6.2007 – 4 BN 24.07, BeckRS 2007, 24909.

5365 BVerwG Beschl. v. 26.3.2007 – 4 BN 10.07; VGH München Beschl. v. 6.10.2008 – 1 NE 8.826; OVG Magdeburg NVwZ-RR 2008, 768.

5366 BVerwGE 50, 114; Urt. v. 4.10.1974 – IV C 62 – 64.72 – Buchholz 406.11 § 9 BauGB Nr. 15 S. 34.

5367 BVerwG Urt. v. 11.3.1988 – 4 C 56.84 – Buchholz 406.11 § 9 BauGB Nr. 30.

5368 BVerwG UPR 1989, 438.

5369 BVerwGE 40, 268.

auf der Ebene der Bebauungsplanung hätten angestellt werden müssen.[5370] Die Bauleitplanung der Gemeinde darf daher die Möglichkeit von Befreiungen nicht sozusagen als Regelfall in ihre Planung mit einstellen.

Bei der Aufstellung eines Bebauungsplans lässt sich der durch ein Nebeneinander von allgemeinem Wohngebiet und Gewerbegebiet entstehender Konflikt durch Übernahme einer Baulast lösen, mit der sich der Eigentümer der im Gewerbegebiet liegenden Grundstücke verpflichtet, die Grundstücke nicht zur Unterbringung von eine Wohnnutzung wesentlich störenden Gewerbebetrieben zu nutzen.[5371] **2500**

b) Gemengelagen. Richterliche Zurückhaltung in der Anwendung des Konfliktbewältigungsgebotes ist vor allem bei Gemengelagen am Platz – also Bereichen, in denen unterschiedliche, grundsätzlich unverträgliche Nutzungen auf engem Raum zusammentreffen, wie etwa nebeneinander liegende Industrie- und Wohngebiete, aber auch in den vielfältigen Formen der Durchmischung gewerblich-industrieller und wohnlicher Nutzung. In solchen Fällen sind Konfliktsituationen geradezu vorprogrammiert, und sie können durch eine auch noch so gute Planung häufig nicht völlig beseitigt werden. In vorhandenen Gemengelagen ist daher das Gebot der Konfliktbewältigung auf der Grundlage der **„Mittelwertrechtsprechung"**[5372] nach Maßgabe des Rücksichtnahmegebotes[5373] iS gesteigerter Duldungspflichten und verminderter Einwirkungsmöglichkeiten modifiziert und in der Tendenz am **Verbesserungsgebot** ausgerichtet. Auch eine Zurückstellung von Umweltbelangen kann in solchen Fällen gerechtfertigt sein, wenn die bestehenden Konflikte gemildert und iS einer Verbesserung der Umweltsituation entschärft werden. Vorhandene Anlagen können durch Bauleitplanung auf den Bestand festgeschrieben oder ggf. durch nachträgliche Auflagen an den jeweiligen Stand der Technik angepasst werden. Der Mittelwert ist der Sache nach allerdings nicht gleichzusetzen mit dem arithmetischen Mittel zweier Richtwerte und auch nicht schematisch anzuwenden.[5374] Vielmehr handelt es sich um einen Zwischenwert für die Bestimmung der Zumutbarkeit, wobei die Ortsüblichkeit und die Einzelfallumstände zu berücksichtigen sind.[5375] Daher dürfen bei der Genehmigung von Einzelbauvorhaben für die Beurteilung von Verkehrslärm im Fall von Gemengelagen und Vorbelastungen Zwischenwerte gebildet werden.[5376] Vorbelastungen können dazu führen, dass sich die Zumutbarkeitsschwelle erhöht. Zu- und Abfahrtsverkehr ist der baulichen Anlage zuzurechnen, wenn er sich innerhalb eines räumlich überschaubaren Bereichs bewegt und vom übrigen Verkehr unterscheidbar ist.[5377] Die Mittelwertrechtsprechung kann auch auf **Geruchsimmissionen** übertragen werden.[5378] Auch hier ist der Mittelwert nicht das arithmetische Mittel zweier Richtwerte.[5379] Zur Konkretisierung des Schutzniveaus ist auf die Grundsätze über den Lärmimmissionsschutz in Gemengelagen nach Nr. 6.7 TA Lärm abzustellen.[5380] Das „Aneinandergrenzen" im Sinne von Nr. 6.7 I 1 TA Lärm wird durch den räumlichen Umfang des Rücksichtnahmegebots geprägt. Es wird nicht schematisch räumlich im Sinne von Mindestabständen von der Immissionsbestimmt, sondern nach der jeweiligen Schallausbreitung und der damit einhergehenden Betroffenheit von Grundstücken mit höheren Schutzansprüchen. Liegt eine Gemengelage im Sinne der Nr. 6.7 TA Lärm vor, ist eine Zwischenwertbildung vorzunehmen. Diese erfolgt aber nicht rein mathematisch im Sinne eines Mittelwertes.[5381] Der Mittelwert darf der Sache nach daher nicht mit einer bloßen rechne- **2501**

[5370] BVerwG BRS 57 Nr 7 (1995).

[5371] VGH Mannheim VBlBW 2004, 383.

[5372] BVerwG NVwZ 2022, 1464: „Bei der Überplanung einer Gemengelage aus Wohnbebauung und Sportanlage darf zur Bewältigung des Nutzungskonflikts unter Rückgriff auf die Immissionsrichtwerte der 18. BImSchV ein Mittelwert gebildet werden. Im Wege einer Feinsteuerung können Überschreitungen des Mittelwerts nach Maßgabe der Umstände des Einzelfalls den lärmbetroffenen Anwohnern zumutbar sein."; NVwZ 1985, 186.

[5373] BVerwGE 52, 122; BVerwGE 55, 369.

[5374] BVerwG DVBl. 1985, 397.

[5375] BVerwG NVwZ-RR 1994, 139.

[5376] OVG Berlin-Brandenburg Beschl. v. 28.1.2010 – 10 S 31.09, BeckRS 2010, 47148.

[5377] OVG Berlin-Brandenburg Beschl. v. 28.1.2010 – 10 S 31.09, BeckRS 2010, 47148.

[5378] Riemer Rechtliche Bewertung von Geruchsimmissionen, 2008.

[5379] NVwZ-RR 1994, 139.

[5380] NVwZ-RR 2011, 638; zur bauleitplanerischen Konfliktbewältigung bei Gemengelagen aus Wohnbebauung und lärmträchtiger Nutzung Scheidler ZfBR 2023, 127.

[5381] OVG Bautzen Beschl. v. 25.1.2011 – 4 A 589/09, BeckRS 2011, 48701.

rischen Interpolation verwechselt werden; vielmehr handelt es sich um einen „Zwischenwert" für die Bestimmung der Zumutbarkeit.[5382]

2502 Bei der **Überplanung** „wild gewachsener" Baugebiete gilt danach das Gebot der Konfliktlösung nur mit Einschränkungen. So sind auch Konstellationen möglich, in denen das Verschlechterungsverbot ausnahmsweise durch die Planung durchbrochen werden darf.[5383] Die Bauleitplanung muss zwar vom Grundsatz her das Trennungsgebot beachten. Wenn aber eine gegebene Gemengelage, die sich durch Bestandsschutz und Duldungspflichten rechtlich behauptet, vollendete Tatsachen schafft, ist die gebotene Verbesserung der städtebaulichen Situation zunächst eine Verbesserung innerhalb der bestehenden Siedlungsstrukturen.[5384] Gleichwohl kann sich gerade auch im Zusammenhang mit dem Umweltschutz eine Pflicht für die Gemeinde ergeben, sich entwickelnde Umweltkonflikte durch den Einsatz von Planungsmitteln zu vermeiden oder zu mildern.[5385] Schlichtes Hoheitshandeln ließe hier den erforderlichen Grad an Verbindlichkeit vermissen. Das Konfliktvermeidungsgebot gilt dann nicht nur für die aus der Planung entstehenden Konflikte. Dieses Vorsorgeprinzip im Umweltbereich ist bereits § 1 V, VI Nr. 7, 1 a BauGB in Verbindung mit § 1 III BauGB zu entnehmen. Zwar ist die Bauleitplanung auch nur Rahmenplanung, aber das Vorsorgeprinzip verlangt eine frühzeitige Vorbeugung von Umweltschäden.[5386] Die traditionell rein reaktive Auffangplanung wandelt sich so unter dem Eindruck des Umweltschutzes in eine zukunftsorientierte Entwicklungsplanung. § 50 BImSchG ist allerdings gemeinschaftsrechtskonform dahin auszulegen, dass zwischen dem gefährlichen Betriebsbereich und den in der Vorschrift genannten schutzwürdigen Gebieten ein angemessener räumlicher Abstand oder zusätzliche Schutzvorkehrungen planerisch gesichert werden muss. Ein Verzicht sowohl auf eine räumliche Trennung der Flächen als auch auf effiziente Schutzvorkehrungen wird nur in seltenen Ausnahmefällen abwägungsgerecht sein.[5387]

Beispiel: Auch ein vorhandener Grünstreifen als **„Pufferzone"** zwischen einem Wohngebiet und einem Gewerbegebiet schließt nicht aus, dass das Schutzniveau zwischen beiden Nutzungen zu mitteln ist.[5388]

2503 Das Trennungsgebot des § 50 1 BImSchG beansprucht für die Überplanung einer bestehenden Gemengelage keine strikte Geltung. Auch insoweit gilt der Grundsatz, dass die aufgrund der Festsetzungen eines Bebauungsplans bewältigungsbedürftigen Konflikte nicht ungelöst bleiben dürfen. Der Planungsgeber muss insbesondere die zu erwartenden immissionsschutzrechtlichen Nutzungskonflikte in den Blick nehmen und einer Lösung zuführen, sofern er dies nicht ausnahmsweise im Wege der „Nachsteuerung" dem Baugenehmigungsverfahren überlassen kann.[5389] Das **Verbesserungsgebot** ist allerdings nicht für die Bauleitplanung generell verpflichtend. Bei der Planung eines öffentlichen Infrastrukturvorhabens müssen die nachteiligen Folgen für die Anwohner zwar bedacht und abgewogen werden. Übersteigen sie das Maß des Zumutbaren, sind Schutzvorkehrungen zu treffen oder es ist ein Ausgleich in Geld zu gewähren. Führt jedoch eine tatsächliche Vorbelastung dazu, dass nachteilige Auswirkungen des Vorhabens die Anwohner nicht mehr erreichen, dann besteht kein Anlass für einen Ausgleich. Eine generelle Pflicht zur Verbesserung der vorgefundenen Situation obliegt der Planungsbehörde nicht.[5390]

2504 **c) Konflikttransfer**. Nach Ansicht des BVerwG endet die Aufgabe der Bauleitplanung dort, wo die Bewältigungsmöglichkeiten des nachfolgenden immissionsschutzrechtlichen Genehmigungsverfahrens eingreifen.[5391] Denn es sei nicht die Aufgabe der Bauleitplanung, Entscheidungen zu treffen, die nach den Bestimmungen des BImSchG oder des AtG dem jeweiligen Genehmigungsverfahren, Vorbescheidsverfahren oder Anordnungsverfahren vorbehalten seien. Auch würde eine zu starke Verfeinerung der planerischen Aussagen das Planverfahren

5382 BVerwG BRS 85 Nr. 136.
5383 Sendler UPR 1983, 73.
5384 Ritter NVwZ 1984, 609.
5385 Schlichter NuR 1982, 121.
5386 OVG Bremen UPR 1990, 112.
5387 OVG Münster UPR 2008, 280.
5388 OVG Berlin-Brandenburg BauR 2009, 1112 (1482).
5389 BVerwG BRS 76 Nr. 23 (2010).
5390 BVerwG NVwZ 1990, 263.
5391 BVerwGE 69, 30.

übermäßig – ggf. bis zur Grenze, an der die Aufstellung eines Bebauungsplans scheitern muss – belasten. Zudem würden die Ratsmitglieder, die für die Abwägung des Plans verantwortlich sind, überfordert, wenn sie bereits im Bebauungsplan Festsetzungen treffen müssten, die den Regelungen entsprechen, welche die Fachbehörden auf der Grundlage umfangreicher wissenschaftlicher Erhebungen und Begutachtungen im Rahmen des fachbezogenen Genehmigungsverfahrens zu treffen haben. Auch kann es nicht Aufgabe der Bauleitplanung sein, auf Änderungen im Stand der Technik fortlaufend durch Änderungen des Bebauungsplans zu reagieren. Die eigene Planung der Gemeinde muss dabei auf der hinreichenden Wahrscheinlichkeit beruhen, dass der bisher ungelöst gebliebene Konflikt zumindest im Zeitpunkt der Plandurchführung durch andere Planungs- oder Verwaltungsträger in Übereinstimmung mit der eigenen planerischen Abwägung gelöst werden wird.[5392] Auch das Baugenehmigungsverfahren kann insbesondere durch die Prüfung am Maßstab des § 15 BauNVO Entlastungsfunktionen für die Bauleitplanung übernehmen und dazu beitragen, dass die Aufstellung des Bebauungsplans zwar die Grundzüge, nicht jedoch alle Unverträglichkeiten im Einzelfall bereits prüfen muss. Deshalb ist ein Bebauungsplan auch nicht nur deshalb unwirksam, weil er zwar in der Zuordnung der unterschiedlichen Gebiete im Grundsatz die richtige Weichenstellung vorgenommen hat, sich jedoch im Einzelfall unverträgliche Nutzungen ergeben können, die einer Genehmigungserteilung entgegenstehen.

Nach § 15 I 2 BauNVO ist eine im Baugebiet an sich zulässige Nutzung im Einzelfall auch 2505
dann unzulässig, wenn sie sich unzumutbaren Belästigungen oder Störungen einer im Baugebiet an sich unzulässigen, jedoch bestandskräftig genehmigten Nutzung aussetzen würde. Bei der Beurteilung, ob Immissionen, denen sich ein Vorhaben aussetzen wird, iS des § 15 I 2 BauNVO unzumutbare Belästigungen oder Störungen sind, ist nicht auf die abstrakte Schutzwürdigkeit abzustellen, die dem jeweiligen Baugebiet gem. der den Baugebietsvorschriften der BauNVO zu Grunde liegenden typisierenden Betrachtungsweise zukommt. Eine Baugenehmigung für ein Wohngebäude in einem allgemeinen Wohngebiet ist auf Grund des § 15 I 2 BauNVO zu versagen, wenn die auf das Wohnbaugrundstück einwirkenden Immissionen nicht so weit vermieden oder gemindert werden können, dass ungesunde Wohnverhältnisse nicht entstehen können. Dabei ist davon auszugehen, dass der Betreiber der emittierenden Anlage die ihm nach § 22 I 1 BImSchG obliegenden Grundpflichten uneingeschränkt erfüllt.[5393] Der Nachbar, der sich gegen hoheitliche Immissionen zur Wehr setzt, kann lediglich beanspruchen, vor schädlichen Umwelteinwirkungen bewahrt zu bleiben. § 22 I BImSchG bietet ebenso wenig wie § 15 I BauNVO oder § 906 I BGB eine Handhabe dafür, Geräuschimmissionen unterhalb der Schwelle der Erheblichkeit abzuwehren, selbst wenn nach dem Stand der Technik Lärmminderungsmaßnahmen möglich wären oder sich die Beeinträchtigung dadurch gänzlich vermeiden ließe, dass für die Anlage ein anderer Standort gewählt würde.[5394] Derartige Betroffenheiten können zwar in die Abwägung einzustellen sein, sind dort aber ohne Ausgleich überwindbar.

d) Feinkörnigkeit. Auch an die Feinkörnigkeit der Bauleitplanung dürfen keine über- 2506
spannten Anforderungen gestellt werden. Ob der Bebauungsplan sich auf die Mindestfestsetzungen beschränkt oder schon sehr detaillierte Angaben enthält, ist eine Frage des Einzelfalls, vielfach auch der Zweckmäßigkeit. Angebotsplanungen, die sich an eine Vielzahl künftiger Nutzer richten, werden zumeist recht weit gehalten werden. Steht der Investor bereits fest, kann die Planung engere Fesseln anlegen und sehr konkrete Aussagen enthalten.[5395] Die planerische Zurückhaltung ist auch im Hinblick auf die betroffenen Grundstücksinteressen hinzunehmen, weil insbesondere zum Schutz nachbarlicher Interessen in § 15 BauNVO, der nachbarschützende Funktionen hat, ausreichende Nachsteuerungsmöglichkeiten bestehen.[5396]

Beispiel: Der Bebauungsplan setzt eine Gemeinbedarfsfläche mit dem Zusatz: „Schule und Anlagen für soziale und sportliche Zwecke" fest. Als in dem fraglichen Bereich ein Schulsportplatz errichtet wird, wendet sich ein Nachbar dagegen mit der Begründung, die Festsetzungen des Bebauungsplans seien nicht hinreichend konkret. Sollten sich hier im Einzelfall Unverträglichkeiten im Hinblick auf eine Nachbarnutzung ergeben, so kann gem. § 15 I BauNVO in

5392 BVerwG DVBl. 1987, 1273; BVerwGE 80, 184.
5393 BVerwGE 98, 235.
5394 BVerwG NVwZ 1996, 1001.
5395 BVerwG ZfBR 1988, 44.
5396 BVerwG DVBl. 1989, 1065.

dem Sinne nachgesteuert werden, dass auf die beabsichtigte Nutzung trotz genereller Zulässigkeit nach den Festsetzungen des Bebauungsplans verzichtet werden muss und eine Nutzung gewählt wird, die das Gebot der nachbarlichen Rücksichtnahme einhält.[5397]

2507 Planerische Zurückhaltung kann der Funktion des Bebauungsplans entsprechen.[5398] Denn dessen spezifische Aufgabe ist es, gleichsam zwischen dem Flächennutzungsplan und der Genehmigung eines konkreten Vorhabens stehend einen verbindlichen Rahmen zu setzen, der dem Eigentümer noch Spielraum für eigene Gestaltung belässt und die konkrete Verwaltungsentscheidung über ein bestimmtes Vorhaben nicht vollständig vorwegnimmt. Der Bebauungsplan soll auch im Hinblick auf das Abwägungsgebot einen Rahmen setzen. Er muss hingegen nicht alle Probleme, die sich aus der in ihm enthaltenen grundsätzlichen Zulassung bestimmter Nutzungen im Plangebiet im Einzelfall für andere und vor allem nachbarliche Belange ergeben können, schon selbst abschließend bewältigen. Insoweit enthalten vielmehr die Regelungen in § 15 I 2, II BauNVO ein geeignetes Instrumentarium, um im Einzelfall auftretende Konflikte zu lösen. Hiernach ist im Verfahren über die Genehmigung eines Vorhabens zu prüfen, ob eine Anlage oder deren Änderung, Nutzungsänderung oder Erweiterung, denen die Festsetzungen des Bebauungsplans an sich nicht entgegenstehen, im Einzelfall unzulässig ist, weil von ihr Belästigungen oder Störungen ausgehen können, die nach der Eigenart des Baugebietes selbst oder in dessen Umgebung unzumutbar sind. Auf diese Regelung, die ua eine Ausprägung des baurechtlichen Gebotes der Rücksichtnahme darstellt, können sich die in qualifizierter und individualisierter Weise in geschützten Rechtspositionen berührten Nachbarn berufen.[5399] Für die Anwendung des § 15 BauNVO spielt auch die dem Bebauungsplan beigegebene Begründung eine Rolle (§ 9 VIII BauGB).[5400]

2508 Allerdings können die Festsetzungen eines Bebauungsplans durch § 15 BauNVO nur ergänzt, nicht korrigiert werden.[5401] Leidet ein vorhabenbezogener Bebauungsplan an Mängeln der Abwägung, von der die Planung als Ganzes, dh die Grundzüge der Planung betroffen sind, scheidet eine „Nachsteuerung"[5402] im Baugenehmigungsverfahren oder durch eine nachträgliche Ergänzung eines Durchführungsvertrages zur Heilung des Abwägungsfehlers aus.[5403]

2509 **e) Nachfolgendes Verwaltungshandeln.** Zurückhaltung der Bauleitplanung kann auch mit dem Hinweis auf nachfolgendes Verwaltungshandeln[5404] geboten sein. So kann etwa die Lösung der Verkehrsprobleme dem Straßenverkehrsrecht überlassen bleiben, wenn dieses in der Lage ist, nachbarlichen Unzuträglichkeiten entgegenzuwirken. Auch eine Konfliktverlagerung auf einen anderen Planungsträger ist zulässig, sofern die Problemregelung in dem hierfür vorgesehenen Planungs- und Genehmigungsverfahren zwar noch aussteht, aber nach den Umständen des Einzelfalles bei vernünftiger Betrachtungsweise objektiv zu erwarten ist.[5405] Die Planungsbehörde muss bei dem Verweis auf nachfolgendes Verwaltungshandeln ohne Abwägungsfehler ausschließen, dass eine Lösung des offen gehaltenen Problems durch die bereits getroffenen Festsetzungen in Frage gestellt wird. Außerdem dürfen die mit dem Vorbehalt unberücksichtigt gebliebenen Belange kein solches Gewicht haben, dass die Planungsentscheidung nachträglich als unausgewogen erscheinen kann. Der Vorbehalt setzt deswegen eine Einschätzung der Konfliktlage wenigstens in ihren Umrissen voraus. Auch ist ein Vorbehalt nur zulässig, wenn sich im Zeitpunkt der Entscheidung die für die Bewältigung des Problems notwendigen Kenntnisse mit vertretbarem Aufwand beschaffen lassen.[5406] Außerdem muss die Konfliktbewältigung durch Nachfolgeverfahren in Sicht geraten. Ein Bebauungsplan, der etwa Verkehrsprobleme aufwirft, die nur durch einen Straßenausbau bewältigt werden können, ist unwirksam, wenn er diese Lösung einem künftigen Planfeststellungsverfahren überlässt, obwohl nicht absehbar ist, ob eine solche Planfeststellung ergehen kann und wird.[5407]

5397 BVerwG DVBl. 1988, 845.
5398 BVerwGE 69, 30; UPR 1988, 65; B. v. 18.10.1991 – 4 NB 31.91, BeckRS 1991, 31311463.
5399 BVerwGE 67, 334; BVerwGE 68, 369.
5400 BVerwG DVBl. 1988, 845; DVBl. 1989, 1065; Beschl. v. 15.11.1989 – 4 NB 28.89, BeckRS 1989, 7004; BVerwGE 87, 322.
5401 OVG Münster ZfBR 1999, 230.
5402 OVG Magdeburg BauR 2006, 2107.
5403 BVerwG BauR 2004, 975.
5404 BVerwG DVBl. 1987, 1273.
5405 BVerwG NVwZ 1995, 322; NVwZ 1993, 565; BVerwGE 61, 307; NVwZ 1996, 896.
5406 BVerwG NVwZ 1986, 640.
5407 BVerwG NVwZ-RR 1995, 130.

Ein Transfer von Problemlösungen aus dem Planverfahren auf nachfolgendes Verwaltungshandeln ist jedenfalls dann zulässig, wenn die planende Stelle davon ausgehen darf, dass der zunächst ungelöst gebliebene Konflikt im Zeitpunkt der **Plandurchführung** in einem anderen Verfahren in Übereinstimmung mit ihrer eigenen planerischen Entscheidung **bewältigt** wird. Diese Voraussetzung ist erfüllt, wenn die Problemregelung in dem hierfür vorgesehenen Planungs- oder Genehmigungsverfahren zwar noch aussteht, aber nach den Umständen des Einzelfalls bei vernünftiger Betrachtungsweise objektiv zu erwarten ist. Dabei sind alle Teilfragen, die ihrer Natur nach von der Planungsentscheidung abtrennbar sind, grundsätzlich einer nachträglichen Lösung zugänglich.[5408] Dies hat die Rechtsprechung im Verhältnis von Bauleitplanung zu immissionsschutzrechtlichem Genehmigungsverfahren,[5409] der Bauleitplanung zu straßenbaulichen und verkehrslenkenden Maßnahmen,[5410] der straßenrechtlichen Planfeststellung zur eisenbahnrechtlichen Planfeststellung[5411] sowie der straßenrechtlichen Planfeststellung zur Flurbereinigung[5412] ausgesprochen. Auch bei zwei aufeinander folgenden straßenrechtlichen Planfeststellungsverfahren ist ein solcher Konfliktausgleich grundsätzlich möglich.[5413] Auch naturschutzrechtliche Ersatzmaßnahmen können einer solchen Regelung eines nachfolgenden Verfahrens vorbehalten werden. Sie sind abwägungserheblich und daher einem Konflikttransfer grundsätzlich zugänglich. Ist eine abschließende Entscheidung über Ausgleichs- oder Ersatzmaßnahmen noch nicht möglich, kann in die Planung ein entsprechender Vorbehalt und Hinweis auf ein Nachfolgeverfahren aufgenommen werden. Allerdings muss sichergestellt sein, dass die naturschutzrechtlich erforderliche Kompensation zeitnah erfolgen wird.[5414] 2510

Auch die Anforderungen eines nachfolgenden **Enteignungs-** und **Entschädigungsverfahrens** müssen im Bebauungsplan grundsätzlich nicht vorweggenommen werden.[5415] Denn solche **enteignungsrechtlichen Vorwirkungen** hat der Bebauungsplan grundsätzlich nicht.[5416] Deshalb sind das Eigentum als privater Belang und die mit der Planung verfolgten Belange des Allgemeinwohls auf einer dem Enteignungsverfahren vorgelagerten Stufe in die planerische Abwägung einzustellen.[5417] Bei der Aufstellung eines Bebauungsplans sind alle mehr als geringfügig betroffenen, schutzwürdigen und erkennbaren privaten Interessen, insbesondere soweit sie sich aus dem Eigentum und seiner Nutzung herleiten lassen, zu berücksichtigen. Das **Grundeigentum** wird zwar an den im Plangebiet liegenden Flächen durch einen Bebauungsplan inhaltlich bestimmt und gestaltet (Art. 14 I GG). Dies kann in der Realität der Bauleitplanung eine eigentumsverteilende Wirkung haben.[5418] Das hat jedoch nicht zur Folge, dass schon für den Bebauungsplan die Enteignungsvoraussetzungen immer bereits (pauschal) zu prüfen sind.[5419] Ergeben sich Schwierigkeiten in der Umsetzung oder bei der späteren Bewältigung der in Nachfolgeverfahren „verschobenen" Konflikte, sind solche Defizite im Verwaltungsvollzug durch entschädigungsrechtliche Kompensationslösungen auszugleichen. Der (partielle) Konflikttransfer in andere Verfahren oder informelles Verwaltungshandeln kann dabei nur gelingen, wenn diese Regelungen auch konfliktlösungsfähig in dem Sinne gemacht werden, dass sie die sichere Gewähr für die Problembewältigung bieten. Mit den Festsetzungen im Bebauungsplan ist für die einzelnen vom Plan erfassten Grundstücke nur die zulässige Benutzungsart bestimmt. Damit steht aber noch nicht fest, dass das **Wohl der Allgemeinheit** es gebietet, ein bestimmtes Grundstück diesem Zweck zwangsweise durch Enteignung gerade im jetzigen Zeitpunkt zuzuführen. Die Enteignung ist danach nur zulässig, wenn es zur Erfüllung öffentlicher Aufgaben unumgänglich ist, das Eigentum in die Hand des Staates zu bringen. Es muss über das öffentliche Interesse an der Planung hinaus ein Zurücktreten des Eigentümers 2511

5408 BVerwG NuR 1995, 139.

5409 BVerwG BVerwGE 69, 30.

5410 BVerwG DVBl. 1987, 1273.

5411 BVerwG NVwZ 1993, 565.

5412 BVerwG DVBl. 1988, 536.

5413 BVerwG NuR 1995, 139.

5414 Zu den zeitlichen Bindungen BVerwG NVwZ 2004, 732.

5415 BVerwG UPR 1991, 235.

5416 BVerfGE 74, 264; BVerwG BauR 1991, 299; NJW 1999, 2659; DVBl. 1999, 701 zur Zulässigkeit einer städtebaulichen Enteignung zur Errichtung einer Waldorfschule durch einen privaten Verein.

5417 OVG Bremen BauR 2002, 753, offen gelassen für Bebauungspläne, deren Verwirklichung unmittelbar bevorsteht.

5418 BVerwGE 45, 309; BVerfGE 70, 35.

5419 BVerwG BauR 1991, 299.

hinter das Gemeinwohl erforderlich sein.[5420] Soll durch Bebauungsplan allerdings **privates Eigentum** für öffentliche Zwecke in Anspruch genommen werden, ist in die Abwägung der durch den Bebauungsplan betroffenen Belange einzustellen, ob die Inanspruchnahme privaten Eigentums für den verfolgten öffentlichen Zweck erforderlich ist oder nicht auf Grundstücke im Gemeindeeigentum zugegriffen werden kann.[5421] Ist dies möglich, steht die Planung vor erhöhten **verfassungsrechtlichen Anforderungen.**[5422]

2512 Anlieger sind bei den für den Bau von **Erschließungsstraßen** erforderlichen **Grundabtretungsverfahren** möglichst gleichmäßig zu belasten. Der Grundsatz bedeutet aber nicht, dass die von der Planung betroffenen Grundeigentümer stets gleich zu behandeln sind. Die berührten privaten Belange dürfen lediglich nicht ohne sachliche Rechtfertigung ungleich behandelt werden. Ob eine derartige sachliche Rechtfertigung gegeben ist, lässt sich jedoch nicht generalisierend festlegen. Eine sachliche Rechtfertigung für die ungleiche Behandlung kann in einer sinnvollen und übersichtlichen Linienführung der neuen Straße gesehen werden, sodass eine derartige Zielsetzung eine ungleichmäßige Inanspruchnahme von Nachbarn bei einer Straßenplanung rechtfertigen kann.[5423] Die Festsetzung eines Grundstücks eines Privaten als Fläche für den Gemeinbedarf in einem Bebauungsplan ist abwägungsfehlerhaft, wenn dafür im Rahmen der planerischen Konzeption gleich geeignete Grundstücke der öffentlichen Hand zur Verfügung stehen.[5424] Auch verletzt ein Bebauungsplan zur Ertüchtigung eines Verkehrskreisels das Abwägungsgebot, wenn er den Lärmkonflikt unbewältigt lässt, obwohl bekannt war, dass die Immissionsgrenzwerte des § 2 I Nr. 2 der 16. BImSchV iVm § 50 BImSchG in der unmittelbaren Nachbarschaft auch außerhalb des Plangebiets nicht eingehalten werden können.[5425]

2513 Die Gemeinde muss sich daher bereits bei der Aufstellung des Bebauungsplans Kenntnis über die wesentlichen **Nutzungskonflikte** verschaffen und Vorstellungen zu deren planerischer Bewältigung entwickeln. Auch muss die Gemeinde bereits im Rahmen der Abwägung aufklären, ob die der Planung zuwiderlaufenden Nutzungsinteressen so gewichtig sind, dass sie im Range den übrigen Belangen vorgehen. Der insoweit gebotene Interessenausgleich darf nicht ausgeklammert und etwa in den Anwendungsbereich der Dispensregelung des § 31 II BauGB verlagert werden. Die **Befreiungsvorschriften** bieten keine Handhabe dafür, eine defizitäre oder sonst fehlerhafte Planung im Nachhinein zu korrigieren. Auch ist eine Befreiung ausgeschlossen, wenn dadurch die Grundzüge der Planung berührt werden. Hier wäre nur eine förmliche Bauleitplanung in der Lage, den erforderlichen Interessenausgleich zu leisten (§ 1 III BauGB).[5426] Auch lassen sich Abwägungsmängel wegen unzureichender Lösungen eines Konfliktes nicht allein durch einen **dinglich gesicherten Verzicht** auf die Abwehrrechte der Betroffenen überwinden.[5427] Eine Verlagerung der Konfliktbewältigung in ein nachfolgendes Verfahren ist allerdings dann nicht möglich, wenn ein solches Verfahren nicht mehr stattfindet. Die materiellen Vorgaben des Bauplanungsrechts für die Zulässigkeit des Einzelvorhabens gelten zwar auch dann, wenn ein nachfolgendes Zulassungsverfahren etwa wegen der Freistellungen von den Genehmigungspflichten in den Landesbauordnungen nicht mehr erfolgt. In diesen Fällen bedarf es aber ggf. einer entsprechenden Feinsteuerung im Bebauungsplan, um die Konfliktbewältigung sicherzustellen.

Beispiel: Die Umsetzung eines Schallschutzkonzepts, das den Nachweis der Einhaltung von Beurteilungspegeln durch schalltechnische Gutachten in Baugenehmigungsverfahren voraussetzt, kann dadurch in Frage gestellt sein, dass ein Baugenehmigungsverfahren für bestimmte Arten von Bebauung nicht vorgesehen ist.[5428]

2514 Ist der Bebauungsplan auf Grund eines Verstoßes gegen das Gebot der Konfliktbewältigung unwirksam, müssen die weiteren Fehlerfolgen einer Einzelfallbetrachtung vorbehalten bleiben. Mit der Unwirksamkeit des Bebauungsplans kann sich die Rechtsposition des betroffenen Grundstückseigentümers allerdings durchaus auch verschlechtern, weil ein Genehmigungsan-

---

5420 BGHZ 105, 94.
5421 OVG Münster Urt. v. 24.9.2001 – 7a D 77/00.NE, BeckRS 2001, 18105
5422 BVerwG NVwZ 2002, 1506.
5423 BVerwG NVwZ-RR 2000, 532.
5424 BVerwG NVwZ 2002, 1506.
5425 VGH Kassel BauR 2008, 1352.
5426 BVerwG BRS 57 Nr. 7 (1995).
5427 BVerwG NVwZ-RR 2002, 329.
5428 VGH Kassel ZfBR 2010, 588 zur Umnutzung eines ehemaligen Hafens.

spruch nach § 30 I BauGB dann nicht mehr besteht. Auch der Nachbarschutz kann sich nach einem gewonnenen Normenkontrollverfahren verringern, etwa weil nachbarschützende Festsetzungen gegenstandslos werden und das Gebot der nachbarlichen Rücksichtnahme im Innen- oder Außenbereich nur geringere Schutzansprüche gewährleistet. Soweit auf der Grundlage erteilter Genehmigungen bereits Bauvorhaben errichtet worden sind, wird dadurch die Rechtmäßigkeit der baulichen Nutzung nicht berührt. Ein Rechtsanspruch auf bestimmte Schutzmaßnahmen gegenüber anderen immissionsintensiven Anlagen ergibt sich daraus allerdings nicht ohne weiteres, da gem. § 1 III 2 BauGB ein Rechtsanspruch auf die Aufstellung von Bauleitplänen nicht besteht. Zwar kann sich nach Auffassung des BVerwG auf Grund der entstandenen Verhältnisse das Erfordernis einer Neuordnung durch eine neue Bauleitplanung ergeben. Auch dann besteht jedoch nach § 1 III BauGB lediglich eine objektive Rechtspflicht der Gemeinde, einen neuen Bebauungsplan aufzustellen. In welcher Weise die Gemeinde die entstandenen Konflikte löst, liegt aber in ihrer planerischen Entscheidungsfreiheit. So hat der einzelne Bürger grundsätzlich keinen Rechtsanspruch auf bestimmte Schutzvorkehrungen. Dies muss jedenfalls dann gelten, wenn der Bebauungsplan selbst keine Konflikte hervorgerufen und ein schutzwürdiges Vertrauen in bestimmte Schutzvorkehrungen auch nicht begründet hat. Der Anspruch der Wohneigentümer auf Schutzvorkehrungen kann sich auch nicht aus einem Folgenbeseitigungsanspruch ableiten, wenn es an einem hoheitlichen Eingriff fehlt. Dies gilt jedenfalls dann, wenn die immissionsträchtige Nutzung bereits bei Aufstellung des Bebauungsplans vorhanden gewesen ist und die in der Bauleitplanung zu Wohnzwecken ausgewiesenen Grundstücke mit einer entsprechenden Rücksichtnahmepflicht belastet sind.[5429]

f) Heilungserfordernis. Scheitert die in Aussicht genommene Konfliktbewältigung in dem 2515
dafür vorgesehenen Verfahren, stellt sich für die Gemeinde die Frage, ob eine Reparatur erforderlich ist. Bauleitpläne sind aufzustellen, sobald und soweit es erforderlich ist (§ 1 III BauGB). Zudem sind Bauleitpläne einem Monitoring zu unterziehen. Aus diesen Regelungen können sich Verpflichtungen der Gemeinden zu einem ergänzenden Verfahren ergeben, wenn die in Aussicht genommenen Kompensationsregelungen in anderen Verfahren endgültig scheitern. Die Einhaltung der objektiv-rechtlichen Verpflichtung der Gemeinde kann auch von der Kommunalaufsicht durch entsprechende Weisungen sichergestellt werden.[5430] Allerdings setzt dies ein entsprechend gewichtiges Erfordernis und das Vorliegen überwiegender Gemeinwohlgründe voraus.

g) Zeitliche Abfolge. Erfolgt die Konfliktbewältigung auf mehreren Ebenen, stellt sich die 2516
Frage nach der zeitlichen Abfolge der Planungs-, Zulassungs- und Nachfolgeverfahren. Vor allem geht es darum, ob die Bauleitplanung bereits zu einem Zeitpunkt abgeschlossen werden darf, in dem die Konfliktlösung in Nachfolgeverfahren noch nicht verabschiedet ist und sich die genaue Form der Konfliktbewältigung dort auch noch nicht absehen lässt. Das Abwägungsgebot zwingt nicht dazu, die Satzung erst zu beschließen, wenn zugleich die Bewältigung dieser Probleme durch anderweitiges Verwaltungshandeln rechtlich gesichert ist. Vielmehr kann die Gemeinde die Durchführung entsprechender Maßnahmen dem späteren, dem Vollzug der Festsetzung dienenden Verwaltungsverfahren überlassen, wenn sie im Rahmen der Abwägung realistischerweise davon ausgehen kann, dass die Probleme in diesem Zusammenhang gelöst werden können.[5431] Allerdings birgt ein solches Vorgehen Probleme: Der Konflikttransfer in ein Nachfolgeverfahren darf nicht dazu führen, dass die der Planung zuzurechnenden Konflikte am Ende ungelöst bleiben. Erweist sich die Prognose der Gemeinde als fehlerhaft und gelingt die Konfliktbewältigung im Nachfolgeverfahren nicht, ist die Gemeinde ggf. zur Reparatur verpflichtet.[5432] Sie darf nicht zulassen, dass der lösungsbedürftige Konflikt sich auf einem Verschiebebahnhof im Nichts wieder findet. Unter diesen Voraussetzungen können sich bei entsprechender Rechtsbetroffenheit auch Ansprüche von belasteten Dritten auf Ausgleichsmaßnahmen oder eine ergänzende Bauleitplanung ergeben. In der Regel wird diese Problematik allerdings dadurch entschärft, dass der Bebauungsplan das Vorhaben zwar planungsrechtlich absichert, die eigentliche Gestattungswirkung erst mit der nachfolgenden Zulassungsentscheidung

[5429] BVerwG Beschl. v. 30.3.1995 – 4 B 48.95, juris.

[5430] BVerwG NVwZ 2004, 220.

[5431] So BVerwG NuR 1998, 138; NVwZ-RR 1998, 711. Die Gemeinde muss allerdings die dem Bebauungsplan zu Grunde liegende Abwägung nicht ständig „unter Kontrolle" halten, VGH Mannheim BauR 1998, 750.

[5432] BVerwGE 80, 184.

verbunden ist, sodass vor der endgültigen Konfliktbewältigung in der Regel noch keine vollendeten Tatsachen geschaffen werden. Anders könnte sich die Lage schon in der Fachplanung darstellen, wenn der Planfeststellungsbeschluss die Lösung der aufgeworfenen Fragen in ein Nachfolgeverfahren verschiebt und mit der Verwirklichung des planfestgestellten Vorhabens bereits begonnen werden soll.

2517 **h) Freistellungstendenzen.** Die verstärkten Bestrebungen der Landesgesetzgeber, Bauvorhaben von einer Genehmigungspflicht freizustellen, könnten indessen geeignet sein, das Bild zu verändern. Wenn das Baugenehmigungsverfahren nur noch in verschlankter Form als vereinfachtes Genehmigungs- oder Anzeigeverfahren auftritt oder ganz ausfällt, dann entfällt auch die Möglichkeit einer Nachsteuerung des durch Typisierung offen gehaltenen Bebauungsplans im Genehmigungsverfahren. Der unmöglich gewordene Konflikttransfer müsste auf das Gebot der planerischen Konfliktbewältigung in dem Sinne zurückschlagen, dass die Konfliktbewältigung in diesen Fällen bereits abschließend im Bebauungsplan geleistet werden muss und nicht auf ein nachfolgendes Genehmigungsverfahren verschoben werden kann. Das Baugenehmigungsverfahren ist zwar nicht mit einer formellen Konzentrationswirkung ausgestattet, doch setzte die Baugenehmigung nach Maßgabe des Landesrechts den zeitlichen Schlusspunkt für die verschiedenen Genehmigungsverfahren des Baunebenrechts.[5433] Denn es ist Sache des Landesbauordnungsrechts, zu bestimmen, was Prüfungsgegenstand des Baugenehmigungsverfahrens ist.[5434] Vor diesem Hintergrund liegt es nahe, dem Bebauungsplan nunmehr auch die Sicherstellung der mit diesen baunebenrechtlichen Verwaltungsverfahren verfolgten Ziele zuzuordnen.

2518 Die Planungskonformität des Vorhabens ist jedenfalls Voraussetzung seiner Zulässigkeit, auch wenn das Vorhaben genehmigungsfrei gestellt ist. Auch das § 15 BauNVO entnommene **Rücksichtnahmegebot** liegt bereits dem Bebauungsplan zu Grunde und gilt so ebenfalls für genehmigungsfreie Vorhaben. Ebenso werden die baunebenrechtlichen Vorschriften nicht dadurch unbeachtlich, dass ein Genehmigungsverfahren nicht stattfindet. Infolgedessen bleibt der Maßstab der bauplanungsrechtlichen und bauordnungsrechtlichen Zulässigkeit derselbe. Es ändert sich lediglich die Art und Weise der Bauaufsicht. Aus der präventiven Baugenehmigung wird eine repressive Baukontrolle.[5435] Die Bindungen, die sich hinsichtlich der Feinsteuerung und des Austarierens des Rücksichtnahmegebots ergeben, stellen sich daher so gesehen nicht erst im nachfolgenden Genehmigungsverfahren, sondern sind bereits im Bebauungsplan angelegt mit der Folge, dass sie auch dann gelten, wenn ein Genehmigungsverfahren nicht nachfolgt.

2519 Es hieße die Ziele der **Novellierung der Landesbauordnungen** einer Deregulierung[5436] und Verfahrensbeschleunigung auf den Kopf zu stellen, wollte man den Bebauungsplan mit Fragen des Baunebenrechts bis in die Regelungstiefe des Einzelfalls belasten. Dasselbe muss für die Feinsteuerungsmöglichkeiten gelten, die sich aus § 15 BauNVO und dem Gebot der nachbarlichen Rücksichtnahme ergeben. Das BauROG 1998 hat den Freistellungstendenzen der Länder im Übrigen dadurch Rechnung getragen, dass die Geltung der planungsrechtlichen Zulässigkeitsregelungen in den §§ 29 bis 37 BauGB nicht von der Durchführung eines landesrechtlich angeordneten Genehmigungs-, Zulassungs- oder Anzeigeverfahrens abhängig ist.[5437] Die Abnahme der bauaufsichtsrechtlichen Kontrolldichte ist daher nicht mit einer vertieften Regelungskompetenz der Bauleitplanung verbunden. Allerdings könnte es sich für die planende Gemeinde empfehlen, in der Begründung des Bebauungsplans sich auch der Frage zuzuwenden, welche Einschränkungen sich in der Nutzbarkeit der Grundstücke etwa aus dem Gebot der nachbarlichen Rücksichtnahme ergeben. Der Bauherr und betroffene Nachbarn könnten daraus zusätzliche Erkenntnisse für die nachbarliche Interessenbewertung gewinnen.[5438]

5433 Ortloff NVwZ 1995, 112; OVG Berlin NVwZ-RR 1999, 231.
5434 BVerwG BauR 1985, 544; ZfBR 1996, 55.
5435 Jäde Das Genehmigungsfreistellungsverfahren in der Praxis, 59.
5436 Boeddinghaus BauR 2006, 1248.
5437 Stüer/Ehebrecht-Stüer DVBl. 1996, 482; Wagner UPR 1997, 387.
5438 Stüer/Schröder BayVBl. 2000, 257.

6. Instrumente der Konfliktbewältigung

Die Bauleitplanung verfügt mit dem städtebaulichen Instrumentarium des BauGB nur über beschränkte Mittel zur Konfliktlösung. Sie dienen zur Lösung von Konflikten, die dem Bebauungsplan zuzurechnen sind. Konflikte, zu deren Lösung dem Plangeber keine zulässige Festsetzung zur Verfügung steht, kann und muss der Bebauungsplan auch nicht lösen.[5439] Es stellt sich dann allerdings die Frage, ob an dem konfliktauslösenden Planvorhaben festgehalten werden kann. Wenn verwaltungsrechtliche Nachfolgeverfahren möglich sind, erscheint ein Konflikttransfer in dem Umfang zulässig, wie diese Verfahren geeignet sind, die auftretenden Konflikte zu bewältigen. 2520

a) Festsetzung von Grenzwerten. Vor allem in Gemengelagen stellt sich die Frage, ob die Konfliktbewältigung durch die Festsetzung von Emissions- und Immissionswerten im Bebauungsplan vorgenommen werden kann. Gerade hier kommt es zu einer Annäherung der Bauleitplanung an das immissionsschutzrechtliche Einzelverfahren.[5440] Die Festsetzung so genannter **Zaunwerte**, die auf die Summe der Emissionen eines Plangebiets abstellen und an der gebietsgrenze zu einem benachbarten Plangebiet einzuhalten sind, wird für unzulässig gehalten.[5441] Da ein Summenpegel nicht das Immissionsverhalten als Eigenschaft bestimmter Anlagen und Betriebe festsetzt, sondern offen lässt, welche Immissionen von welcher Anlage oder welchem Betrieb ausgehen dürfen, lässt er offen, wie das Gesamtkontingent auf die einzelnen Betriebe zu verteilen ist. Das ist nach der Rechtsprechung nicht geeignet, eine Nutzungsart iSv § 1 IV BauNVO zu beschreiben und dementsprechend festzusetzen. Die Festsetzung eines Zaunwerts ist insoweit nicht zulässig.[5442] Die **Festsetzung flächenbezogener Schallleistungspegel** ist demgegenüber zulässig.[5443] Dies gilt auch für immissionswirksame flächenbezogene Schallleistungspegel[5444] und auch für **Lärmemissionskontingente** nach der DIN 4569, die inhaltlich mit den flächenbezogenen Schallleistungspegeln identisch sind,[5445] weil die Festsetzung von Emissionskontingenten nach der DIN 45691 eine normierte Festsetzung von immissionswirksamen flächenbezogenen Schallleistungspegeln darstellt. Festgesetzt wird nämlich eine auf qm bezogene Schallleistung, die im Durchschnitt einer Anlage und eines Betriebes nicht überschritten werden darf. Wie die Lärmquellen in der Fläche verteilt werden, bleibt dem jeweiligen Vorhabenträger überlassen. 2521

Als Rechtsgrundlage für solche Festsetzungen steht § 1 IV BauNVO zur Verfügung; eine dahingehende Festsetzung auf der Grundlage des § 9 I Nr. 24 BauGB scheidet hingegen aus.[5446] Das durch flächenbezogene Schallleistungspegel bzw. Emissionskontingente gelenkte Emissionsverhalten eines Betriebes oder einer Anlage stellt eine Eigenschaft iSv § 1 IV 2 BauNVO dar, nach der die in den §§ 4 bis 9 BauNVO bezeichneten Baugebiete gegliedert werden können.[5447] Festgesetzte Emissionskontingente bzw. immissionswirksame flächenbezogene Schallleistungspegel können daher grundsätzlich als Differenzierungskriterium für eine gewerbe- oder industriegebietsinterne Gliederung dienen. Die Voraussetzung eines Gliederns iSd § 1 IV 1 Nr. 2 BauNVO ist aber nur erfüllt, wenn das Baugebiet in einzelne Teilgebiete mit verschie- 2522

5439 Söfker ZfBR 1979, 10.

5440 von Holleben UPR 1983, 76.

5441 VGH Mannheim BauR 2020, 1428 = juris Rn. 33; BVerwGE 110, 193; Beschl. v. 10.8.1993 – 4 NB 2.93, juris Rn. 5; Beschl. v. 9.3.2015 – 4 BN 26.14, juris Rn. 5; OVG Münster UPR 1993, 152; Müller UPR 1994, 294.

5442 OVG Lüneburg DÖV 2020, 290 = juris Rn. 96.

5443 VGH Kassel Beschl. v. 26.10.2023 – 4 C 2447/20:N, juris Rn. 70; BVerwG NVwZ 1991, 881; zur nachbarschützenden Funktion flächenbezogener Schallleistungspegel VGH München DVBl. 2023, 613 = juris Rn. 19.

5444 BVerwG Beschl. v. 27.01.1998 – 4 NB 3/97, juris Rn. 5 ff.

5445 BVerwG Urt. v. 7.12.2017 – 4 CN 7/16, juris Rn. 7.

5446 BVerwG Urt. v. 2.10.2013 – 4 BN 10/13, juris Rn. 8; VGH München DVBl. 2023, 613 = juris Rn. 24; zu den Auswirkungen neuerer Rechtsprechung auf die Lärmemissionskontingentierung siehe Tegeder UPR 2023, 285.

5447 VGH München DVBl. 2023, 613 = juris Rn. 25; BVerwG ZfBR 2014, 148 = juris Rn. 5; BVerwGE 161, 53 = juris Rn. 8; NVwZ 2019, 655 = juris Rn. 4; NVwZ 2021, 1141 = juris Rn. 12; BVerwGE 173, 75 = juris Rn. 9; VGH München NuR 2022, 71 = juris Rn. 26; OVG Bautzen SächsVBl 2022, 228 = juris Rn. 25; OVG Münster BauR 2022, 439 = juris Rn. 47; OVG Schleswig Beschl. v. 31.5.2022 – 1 MR 4/22 – juris Rn. 85.

den hohen Emissionskontingenten zerlegt wird.[5448] Die Vorschrift ermöglicht eine räumliche Zuteilung von Emissionsrechten, nicht aber deren das gesamte Baugebiet erfassende Beschränkung. Weil der BauNVO insoweit das System einer anlagen- und betriebsbezogenen Typisierung zu Grunde liegt, muss gewährleistet bleiben, dass auch bei der Gliederung eines Gebiets dessen normative Zweckbestimmung gewahrt bleiben.[5449]

2523 **b) Festsetzung von Schutzvorkehrungen.** Durch Festsetzungen auf der Grundlage von § 9 I Nr. 24 BauGB kann die Gemeinde Schutzflächen ausweisen, die von der Bebauung freizuhalten sind. Sie kann auf Grund derselben Ermächtigungsgrundlage auch Flächen festsetzen, die für besondere Anlagen und Vorkehrungen zum Schutz vor schädlichen Umwelteinwirkungen iS des BImSchG vorgesehen sind.[5450] Schließlich kann die Gemeinde auch diese Schutzvorkehrungen selbst im Bebauungsplan ausweisen. Die beiden letztgenannten Festsetzungsmöglichkeiten haben einen anlagenbezogenen Charakter und gehen mit der dadurch zulässigen Konkretheit in die Regelungstiefe der durch Schutzauflagen flankierten Genehmigung von Einzelvorhaben.[5451] Das durch die Festsetzungen eröffnete Instrumentarium muss sich jedoch zusätzlich im Rahmen der vorgesehenen Aufgabenteilung von Planung und nachfolgendem Verwaltungshandeln halten. Nur die Konflikte von Nutzungen im Zusammenhang mit der Bodennutzung oder dem Standort dürfen vom Bebauungsplan gelöst werden. Die Gemeinde muss sich im Rahmen ihrer Abwägung vor der Festsetzung von Schutzvorkehrungen eine hinreichend konkrete Vorstellung von der zu erwartenden Belastung und der aus ihrer Sicht maßgeblichen Zumutbarkeitsschwelle verschaffen.[5452]

2524 **c) Gliederung des Plangebietes.** Auch die Gliederung von Baugebieten nach § 1 IV bis IX BauNVO dient der Konfliktmilderung vor allem auch in Gemengelagen. Durch Nutzungseinschränkungen können benachbarte Gebiete vor Beeinträchtigungen geschützt werden. § 1 V bis IX BauNVO ermöglicht stufenweise verfeinert den Ausschluss von allgemein zulässigen Nutzungen der Baugebiete der §§ 2, 4 bis 9 und 13 BauNVO (§ 1 V BauNVO), von einzelnen oder allen ausnahmsweise zulässigen Nutzungen in den Baugebieten der §§ 2 bis 9 BauNVO (§ 1 VI BauNVO), von bestimmten Nutzungsarten in Teilen des Baugebiets (§ 1 VIII BauNVO) sowie von Anlagearten (§ 1 IX BauNVO). Auch diese kleinteilige Neustrukturierung durch Einteilung der Baugebiete in von der BauNVO nicht standardisiert vorgegebene Festsetzungen unterläuft die der Bauleitplanung eigene typisierende Methode zugunsten einer anlagenbezogenen Planung.[5453]

2525 **d) Naturschutzrechtliche Festsetzungen.** Eingriffe in Natur und Landschaft müssen nach Maßgabe der §§ 1 a II, III, 135 a bis 135 c, 200 a BauGB, § 18 BNatSchG in der Bauleitplanung bewältigt werden. Hierzu sieht der Gesetzgeber neben den Darstellungs- und Festsetzungsmöglichkeiten in §§ 5 II a, 9 I 1 a BauGB Zuordnungsdarstellungen und -festsetzungen für Flächen und Maßnahmen zum naturschutzrechtlichen Ausgleich zur Verfügung. Der Gedanke einer einheitlichen naturschutzrechtlichen Problembewältigung wird dadurch gestärkt, dass die strenge Trennung von naturschutzrechtlichem Ausgleich und Ersatz aufgegeben worden ist (§ 200 a BauGB) und auch in zeitlicher Hinsicht eine sachgerechte Zuordnung von Eingriff und Ausgleich ermöglicht wird. Gerade bei der Bewältigung naturschutzrechtlicher Konflikte kommt aber auch dem städtebaulichen Vertrag erhöhte Bedeutung zu (§ 1 a III 3 BauGB).

7. Rücksichtnahmegebot

2526 Die Gemeinde hat mit ihrer Bauleitplanung auf nachteilig betroffene Belange nach Möglichkeit Rücksicht zu nehmen.[5454] Die planerische Entscheidung hat dabei einen Ausgleich zwischen den unterschiedlich betroffenen Interessen nach Maßgabe der planerischen Zielkon-

5448 VGH München DVBl. 2023, 613 = juris Rn. 25; Roeser in König/Roeser/Stock, BauNVO, 2022, § 1 Rn. 59; Söfker in EZBK, BauGB, 2022, § 1 BauNVO Rn. 62b.

5449 VGH München DVBl. 2023, 613 = juris Rn. 25.

5450 Siehe dazu OVG Lüneburg Beschl. v. 16.11.2023 – 1 KN 66/21, juris.

5451 Menke Bauleitplanung in städtebaulichen Gemengelagen, 1984, 165.

5452 OVG Lüneburg BauR 2021, 52; OVG Hamburg BauR 2013, 438; Mitschang/Reidt, in BKL, BauGB, 2022, § 9 Rn. 140.

5453 Söfker ZRP 1980, 321; ders. ZfBR 1979, 10.

5454 BVerwG DVBl. 1981, 928 (929); DVBl. 1984, 143 (145); DVBl. 1985, 122; ZfBR 1985, 192 (193); DVBl. 1987, 476 (477); Petz ZfBR 2015, 644 ff.; Uechtritz DVBl. 2016, 90 ff.; Hoppe/Bönker in HBG, Öffentliches Baurecht, 2024, § 7 Rn. 106; Battis in FS für Weyreuther 1993, 305.

zeption anzustreben und vor allem die jeweiligen Planungsvorstellungen in die Umgebung einzubetten und auf diese Weise das eine dem anderen angemessen zuzuordnen.[5455] So gesehen hat das Rücksichtnahmegebot seine Wurzeln im verfassungsrechtlichen **Verhältnismäßigkeitsprinzip**.[5456]

Das Rücksichtnahmegebot hat eine objektiv-rechtliche und eine subjektiv-rechtliche Seite.[5457] Dem objektiven Gebot der Rücksichtnahme kommt **drittschützende Wirkung** zu, soweit in qualifizierter und zugleich individualisierter Weise auf schutzwürdige Interessen eines erkennbar abgegrenzten Kreises Dritter Rücksicht zu nehmen ist.[5458] Das gilt allerdings nur für diejenigen Ausnahmefälle, in denen (1) die tatsächlichen Umstände ergeben, auf wen Rücksicht zu nehmen ist, und (2) eine besondere rechtliche Schutzwürdigkeit des Betroffenen anzuerkennen ist.[5459] Die Schutzwürdigkeit des Betroffenen, die Intensität der Beeinträchtigung, die Interessen des Bauherrn und das, was beiden Seiten billigerweise zumutbar oder unzumutbar ist, ist dann iS einer nachvollziehenden, nicht planerisch-gestalterischen Abwägung gegeneinander abzuwägen.[5460] 2527

Welche Anforderungen das Gebot der nachbarlichen Rücksichtnahme **(objektiv-rechtlich)** begründet, hängt wesentlich von den jeweiligen Einzelfallumständen ab. Je verständlicher und unabweisbarer die mit dem Vorhaben verfolgten Interessen sind, umso weniger braucht derjenige, der das Vorhaben verwirklichen will, Rücksicht zu nehmen. Es kommt dabei wesentlich auf eine Abwägung zwischen dem an, was einerseits dem Rücksichtnahmebegünstigten und andererseits dem Rücksichtnahmeverpflichteten nach Lage der Dinge zuzumuten ist.[5461] Dabei muss allerdings demjenigen, der sein eigenes Grundstück in einer sonst zulässigen Weise baulich nutzen will, insofern ein Vorrang zugestanden werden, als er berechtigte Interessen nicht schon deshalb zurückzustellen braucht, um gleichwertige fremde Interessen zu schonen. Das gilt noch verstärkt, wenn sich bei einem Vergleich der beiderseitigen Interessen derjenige, der das Vorhaben verwirklichen will, zusätzlich darauf berufen kann, dass das Gesetz durch die Zuerkennung einer planungsrechtlichen Bevorzugung seine Interessen grundsätzlich höher bewertet wissen will, als es für die Interessen derer zutrifft, auf die Rücksicht genommen werden soll.[5462] Die dabei vorzunehmende Interessenabwägung hat sich an dem Kriterium der Zumutbarkeit auszurichten, wobei nicht eine enteignungsrechtliche Zumutbarkeit, sondern die einfachgesetzliche Zumutbarkeit in dem Sinne gemeint ist, dass dem Betroffenen die nachteiligen Einwirkungen des Vorhabens billigerweise noch zugemutet werden können.[5463] 2528

Das Rücksichtnahmegebot ist nach Auffassung des BVerwG Bestandteil des einfachen Rechts und steht sozusagen nicht als „allgemeine Härteklausel" über den speziellen Vorschriften des Städtebaurechts.[5464] Das Gebot der nachbarlichen Rücksichtnahme gilt insoweit nach § 15 I BauNVO für beplante Gebiete nach § 30 BauGB,[5465] aber auch im nicht beplanten Innenbereich[5466] und im Außenbereich.[5467] Im nicht beplanten Innenbereich geht das Rücksichtnahmegebot in dem Begriff des Einfügens in die Eigenart der näheren Umgebung nach § 34 I BauGB auf. Im Außenbereich gehört das Rücksichtnahmegebot zu den öffentlichen Belangen nach § 35 I, II und III BauGB. Eine Verletzung des Gebotes der nachbarlichen Rücksichtnahme ist allerdings ausgeschlossen, wenn die jeweiligen gesetzlichen Voraussetzungen für die Zulässigkeit von Vorhaben erfüllt sind, sich etwa das Vorhaben im nicht beplanten Innenbereich nach Art und Maß der baulichen Nutzung in die Eigenart der näheren Umgebung einfügt und die Erschließung gesichert ist (§ 34 I BauGB).[5468] 2529

5455 Weyreuther BauR 1975, 1.

5456 Battis in BKL, BauGB, 2022, § 1 Rn. 122.

5457 Zum Gebot der Rücksichtnahme als allgemeines Rechtsprinzip im öffentlichen Nachbarrecht und zur Bildung von Fallgruppen nach Konfliktfeldern Stühler BauR 2009, 1076.

5458 BVerwGE 52, 122; BVerwGE 67, 334; BVerwGE 68, 369.

5459 BVerwGE 82, 343.

5460 BVerwGE 67, 334; ZfBR 1986, 148; BVerwGE 82, 343.

5461 VGH München Beschl. v. 9.3.2023 – 15 ZB 23.151, juris Rn. 11.

5462 BVerwGE 52, 122; BVerwGE 55, 369.

5463 BVerwGE 87, 332 München II.

5464 BVerwG NVwZ 1999, 879.

5465 BVerwGE 67, 334.

5466 BVerwGE 55, 369; DVBl. 1981, 928; DÖV 1992, 77.

5467 BVerwGE 52, 122; NVwZ 1986, 469; BVerwGE 88, 210.

5468 Zum Gebot der Rücksichtnahme nach § 31 II BauGB OVG Münster Beschl. v. 27.9.2001 – 2 B 1409/21, juris Rn. 6.

Beispiel: Das Rücksichtnahmegebot erfordert bei der Überplanung einer gewerblichen Bebauung, auf die Belange der vorhandenen Betriebe und Anlagen Rücksicht zu nehmen. Das gilt insbesondere in einem Fall, in dem diese Betriebe und Anlagen aufgrund der Festsetzungen eines Bebauungsplans entstanden sind, der aufgrund eines formellen – lange nicht entdeckten – Fehlers unwirksam ist.[5469] Ein Verstoß gegen das Gebot der Rücksichtnahme kann vorliegen, wenn ein neues, störempfindliches Vorhaben wie etwa eine „heranrückende Wohnbebauung" zusätzliche Einschränkungen für einen „störenden" Betrieb zur Folge haben wird.[5470]

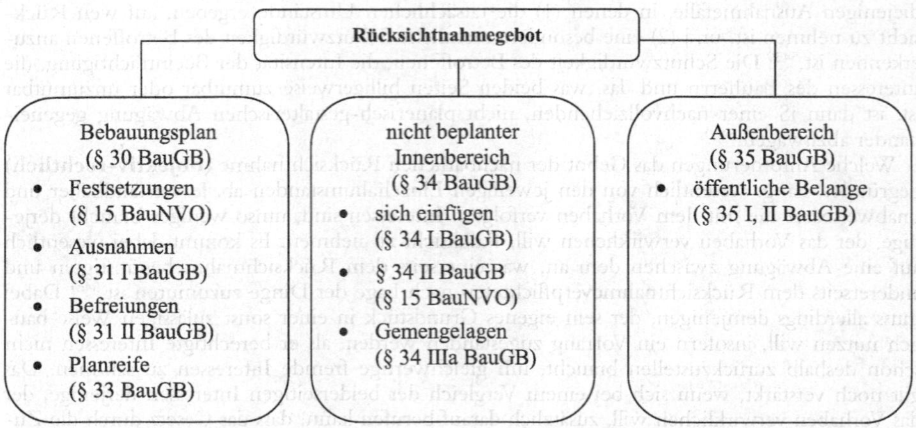

2530 Das **baurechtliche Gebot der Rücksichtnahme**, das als Bestandteil des einfachen Rechts nachbarliche Nutzungskonflikte lösen helfen soll, verändert, soweit es um Immissionen oder immissionsähnliche Einwirkungen geht, seinen wesentlichen Inhalt nicht danach, ob die jeweiligen Nutzungen beide im **Außenbereich** oder beide im **Innenbereich** liegen oder aber an der Grenze von Außen- und Innenbereich in einem Fall dem einen und im anderen Fall dem anderen Bereich zuzuordnen sind.[5471] So kann der Eigentümer eines Grundstücks im Innenbereich gegenüber einer auf dem Nachbargrundstück im Außenbereich genehmigten Bebauung Rücksichtnahme auf seine Interessen im Rahmen der Abwägung mit den Interessen des Nachbarn nur insoweit verlangen, als er über eine schutzwürdige Abwehrposition verfügt. Eine solche Position erreicht er nicht allein dadurch, dass die auf seinem Grundstück verwirklichte Nutzung baurechtlich zulässig, das auf dem Nachbargrundstück genehmigte Vorhaben wegen einer Beeinträchtigung anderer öffentlicher Belange, die nicht private Interessen schützen, unzulässig ist.[5472] Denn eine erteilte Baugenehmigung schafft dem Bauherrn nicht die Befugnis, durch die Art und Weise der Bauausführung unmittelbar Einfluss auf die Bebauung der Nachbargrundstücke in dem Sinne zu nehmen, dass die Nachbarn der vorhandenen Bebauung den Vorrang einräumen müssen. Auch sind weitere Vorhaben nicht nur deshalb unzulässig, weil das Grundstück bisher Aussichtsmöglichkeiten eröffnete und gegenüber Einblicken von außen abgeschirmt war. Als Folge des Rechts, ein Grundstück in Übereinstimmung mit einer erteilten Baugenehmigung zu bebauen, müssen sich künftige Bauinteressenten daher nicht mit einer Nutzung begnügen, die weder zu einer Beschränkung der Aussicht noch zu einer Erweiterung von Einsichtsmöglichkeiten führt. Im Rahmen der gebotenen (Zumutbarkeits-)Abwägung können allerdings die Interessen der Beteiligten ein unterschiedliches Gewicht haben, je nachdem, ob es um ein Vorhaben geht, das grundsätzlich zulässig und nur ausnahmsweise unzulässig ist oder umgekehrt.[5473] Zwar können Eigentümer von Wohngrundstücken am Rande eines Außenbereichs nicht damit rechnen, dass in ihrer Nachbarschaft keine emittierenden Nutzungen oder ebenfalls nur eine Wohnnutzung entstehen. Sie dürfen aber darauf vertrauen, dass

---

[5469] OVG Schleswig AbfallR 2010, 255 zur Überplanung einer gewerblichen Bebauung; zum Rücksichtnahmegebot auch Voßkuhle/Kaufhold JuS 2010, 497.
[5470] OVG Berlin-Brandenburg BauR 2010, 506.
[5471] BVerwG NJW 1983, 2460; NVwZ 1994, 354.
[5472] BVerwG NVwZ 1994, 354.
[5473] BVerwGE 82, 343; NJW 1992, 2170; UPR 1992, 269.

keine mit der Wohnnutzung unverträglichen Nutzungen eintreten. Besteht eine derartige unverträgliche Nutzung, so muss die Gemeinde durch die Art und Weise der planerischen Festsetzungen den künftigen Konflikt auflösen und damit vermeiden. Dazu können beispielsweise auch planerische Festsetzungen gem. § 9 I Nr. 24 BauGB gehören.[5474]

Voraussetzung für eine **(nachvollziehende) Abwägung** zwischen den Interessen des Bauherrn und des Nachbarn ist allerdings, dass derjenige, der ein Vorhaben abwehren will, eine abwägungserhebliche **schutzwürdige Position** gegenüber dem Vorhaben besitzt. Denn Rücksicht zu nehmen ist nur auf solche Interessen des Nachbarn, die wehrfähig sind, weil sie nach der gesetzgeberischen Wertung, die im materiellen Recht ihren Niederschlag gefunden hat, schützenswert sind. Fehlt es hieran, so ist für Rücksichtnahmeerwägungen von vornherein kein Raum. Eine Interessenabwägung erübrigt sich. Eine schützenswerte Abwehrposition erlangt der Nachbar nicht allein dadurch, dass die auf seinem Grundstück verwirklichte Nutzung zulässig, das auf dem Nachbargrundstück genehmigte Vorhaben dagegen wegen Beeinträchtigung öffentlicher Belange, die nicht dem Schutz privater Dritter zu dienen bestimmt sind, nach § 35 II BauGB unzulässig ist.[5475] 2531

Beispiel: Der Grundstückseigentümer hat auf der Grundlage einer ihm erteilten Baugenehmigung ein Wohnhaus errichtet, dessen Baukonzept auf eine freie Aussicht in einer bestimmten Himmelsrichtung ausgerichtet ist. Die Bebauung des im Außenbereich gelegenen Nachbargrundstücks kann nicht lediglich mit dem Hinweis unterbunden werden, das Baukonzept des Wohnhauses sei auf eine freie Aussicht des Grundstücks angelegt.[5476] Auch kann sich der Eigentümer eines im Innenbereich gelegenen Grundstücks gegenüber der Bebauung eines benachbarten Außenbereichsgrundstücks nicht darauf berufen, die Entstehung oder Verfestigung einer Splittersiedlung stehe der Bebauung entgegen. Nur so lässt sich verhindern, dass § 35 BauGB mittelbar für Eigentümer von Grundstücken im Innenbereich am Rande zum Außenbereich die Funktion einer allgemein nachbarschützenden Norm erlangt.[5477]

Ein Bauvorhaben verstößt gegen das Rücksichtnahmegebot, wenn es zulasten des betroffenen Nachbarn das **Schikaneverbot** verletzt. Eine Schikane liegt vor, wenn die Anordnung eines Gebäudes keinem anderen Zweck als der Schädigung des Nachbarn dient und der Bauherr kein schutzwürdiges Eigeninteresse verfolgt.[5478] Das Rücksichtnahmegebot ist verletzt, wenn sich das Vorhaben objektiv-rechtlich aufgrund von ihm ausgehenden schädlichen Umwelteinwirkungen, nach seiner Art oder seinem Maß der baulichen Nutzung, nach seiner Bauweise oder nach seiner überbauten Grundstücksfläche gegenüber dem Nachbarn als rücksichtslos erweist.[5479] Für die Anwendung eines Bebauungsplans erweist sich das in § 15 I BauNVO niedergelegte Rücksichtnahmegebot als Mittel der **Nach- oder Feinsteuerung**, bei der es darum geht, eine nach dem Bebauungsplan zwar grundsätzlich zulässige Nutzung wegen der Besonderheiten des Einzelfalls auszuschließen, zu begrenzen oder nur unter Begleitung entsprechender Schutzauflagen zuzulassen.[5480] 2532

Beispiel: Der Bebauungsplan einer Gemeinde weist ein Mischgebiet aus, an das auf der einen Seite ein Sondergebiet für eine Kurklinik anschließt. Im Mischgebiet wäre eine das Wohnen nicht wesentlich störende Schreinerei zwar grundsätzlich zulässig. Zur Seite der Kurklinik hin würde deren Errichtung oder Erweiterung jedoch ggf. gegen das Gebot der nachbarlichen Rücksichtnahme verstoßen. Würde die Baugenehmigung im Hinblick auf die Mischgebiets-Festsetzungen des Bebauungsplans gleichwohl erteilt, könnte der Eigentümer bzw. Betreiber der Kurklinik mit Erfolg Nachbarrechtsschutz gegen die erteilte Genehmigung suchen.[5481]

[5474] BVerwG, B. v. 30.11.1992 – 4 NB 41.92, juris.

[5475] BVerwG NVwZ 1994, 686.

[5476] OVG Saarlouis Urt. v. 8.3.2007 – 2 N 4/06, BeckRS 2007, 25081.

[5477] BVerwG NVwZ 1994, 686.

[5478] VGH Mannheim NVwZ-RR 2008, 685.

[5479] OVG Bautzen Beschl. v. 22.10.2010 – 1 A 692/09, BeckRS 2010, 56145; Beschl. v. 22.10.2010 – 1 A 624/09, BeckRS 2010, 56142; zur heranrückenden Wohnbebauung VGH Mannheim VBLBW 2011, 186; VGH München KommunalPraxis BY 2010, 400; zur Verletzung des Rücksichtnahmegebotes OVG Münster Urt. v. 13.9.2010 – 7 A 1186/08, BeckRS 2010, 54394; VGH München Beschl. v. 20.7.2010 – 15 CS 10.1151, BeckRS 2011, 46533; Beschl. v. 2.7.2010 – 9 CS 10.894, juris: Anbau an ein Reihenendhaus unter Durchbrechung der profilgleichen Reihenhausbauweise kann trotz Einhaltung der Abstandsfläche gegen das Rücksichtnahmegebot verstoßen.

[5480] BVerwGE 67, 334; BVerwGE 68, 213; BVerwGE 89, 69; BauR 1992, 491.

[5481] BVerwG NVwZ 1986, 642.

2533 Die Anforderungen des Gebots der Rücksichtnahme hängen wesentlich von den jeweiligen Umständen ab.[5482] Je empfindlicher und schutzwürdiger die Stellung derer ist, denen die Rücksichtnahme im gegebenen Zusammenhang zugutekommt, umso mehr kann an Rücksichtnahme verlangt werden. Je verständlicher und unabweisbarer die mit dem Vorhaben verfolgten Interessen sind, umso weniger braucht derjenige, der das Vorhaben verwirklichen will, Rücksicht zu nehmen. Bei diesem Ansatz kommt es für die sachgerechte Beurteilung des Einzelfalls wesentlich auf eine Abwägung zwischen dem an, was einerseits dem Rücksichtnahmebegünstigten und andererseits dem Rücksichtnahmeverpflichteten nach Lage der Dinge zuzumuten ist. Der Senat hat hervorgehoben, dass demjenigen, der sein eigenes Grundstück in einer sonst zulässigen Weise baulich nutzen will, insoweit ein Vorrang zugestanden werden muss, als er berechtigte Interessen nicht zurückzustellen braucht, um gleichwertige fremde Interessen zu schonen. Das gilt verstärkt bei privilegierten Vorhaben, deren Interessen das Gesetz grundsätzlich höher bewertet wissen will, als es für die Interessen derer zutrifft, auf die Rücksicht genommen werden soll. Andererseits bietet sich bei der Bemessung dessen, was den durch ein Vorhaben Belästigten zugemutet werden kann, eine Anlehnung an die Begriffsbestimmungen des § 3 I BImSchG an. Solange für die Ermittlung und Bewertung der auf Wohngrundstücke einwirkenden Geräusche (immissionsschutz-)rechtlich keine bestimmten Mess- und Berechnungsverfahren sowie Lärmwerte vorgegeben sind, bleibt es der tatrichterlichen Würdigung vorbehalten, unter Berücksichtigung der einzelnen Schallereignisse, ihres Schallpegels und ihrer Eigenart und ihres Zusammenwirkens die Erheblichkeit der Lärmbelästigungen zu beurteilen. Die Zumutbarkeitsgrenze ist aufgrund einer umfassenden Würdigung aller Umstände des Einzelfalls und insbesondere der Schutzwürdigkeit des jeweiligen (Bau-)Gebiets zu bestimmen.[5483]

2534 Das Bebauungsrecht regelt die Nutzbarkeit der Grundstücke in öffentlich-rechtlicher Beziehung auf der Grundlage **objektiver Umstände** und Gegebenheiten mit dem Ziel einer möglichst dauerhaften städtebaulichen Ordnung und Entwicklung. Dementsprechend ist auch das baurechtliche Rücksichtnahmegebot nicht in dem Sinne personenbezogen, dass es in seinen Anforderungen davon abhängt, wie sich die Eigentumsverhältnisse zu einem bestimmten Zeitpunkt darstellen oder wer die gegenwärtigen Nutzer eines Grundstücks sind.[5484] Damit geht einher, dass die **persönlichen Verhältnisse** einzelner Eigentümer oder Nutzer, wie zB besondere Empfindlichkeiten oder gesundheitliche Voraussetzungen, bei der Zumutbarkeitsbewertung von Belästigungen oder Störungen im Rahmen des Gebotes der Rücksichtnahme keine Rolle spielen können und dürfen.[5485] Damit steht im Einklang, dass bei der Zumutbarkeitsprüfung auf eine durchschnittliche Empfindlichkeit gegenüber nachbarlichen Beeinträchtigungen abgehoben wird.[5486]

2535 In welchem Umfang auf die jeweiligen anderen Interessen Rücksicht zu nehmen ist, muss nach den Einzelfallumständen beurteilt werden. Für die Schutzwürdigkeit des nachbarlichen Abwehranspruchs eines privilegierten Außenbereichsvorhabens kann eine Rolle spielen, ob sich das privilegierte Vorhaben fernab von jeglicher Bebauung oder in einer dem Ortsrand benachbarten Lage befindet.[5487] Die Schließung einer Baulücke in geschlossener Bebauung ist rücksichtslos, wenn sie zum Zumauern von Fenstern im grenzständigen Giebel des benachbarten legal errichteten Hauses und damit zum Wegfall der natürlichen Belichtung in Wohnräumen führt und diese nicht durch Fenster in den seitlichen Gebäudewänden sichergestellt werden kann.[5488] **Einblickmöglichkeiten** sind grundsätzlich hinzunehmen, wenn die erforderlichen Abstände eingehalten sind.[5489] Die gerichtliche Feststellung der Rücksichtslosigkeit eines Bauwerks setzt nicht zwingend eine Ortsbesichtigung voraus.[5490] Unter Zumutbarkeitsgesichtspunkten ist jeweils eine Einzelfallbewertung vorzunehmen.[5491] Bei der im Baunachbarstreit

5482 Grundlegend BVerwGE 52, 122; BVerwGE 55, 369.
5483 BVerwG ZfBR 2018, 73.; BVerwGE 52, 122 (126 f.); ZfBR 2017, 791.
5484 BVerwG Beschl. v. 15.7.1987 – 4 B 151.87, juris.
5485 BVerwG Beschl. v. 5.3.1984 – 4 B 20.84, juris.
5486 BVerwG GewArch. 1994, 250.
5487 BVerwG Urt. v. 1.9.1993 – 4 B 93.93, BeckRS 1993, 31228377.
5488 OVG Münster DVBl. 2008, 1067.
5489 OVG Münster Beschl. v. 25.9.2023 – 7 A 375/22, juris Rn. 5; Beschl. v. 8.4.2020 – 7 A 609/19, juris.
5490 OVG Saarlouis Beschl. v. 3.1.2008 – 2 A 182/07, BeckRS 2008, 32538.
5491 VGH München BauR 2008, 2037.

um eine Baugenehmigung im Rahmen des baurechtlichen Rücksichtnahmegebots anzustellenden Zumutbarkeitsbetrachtung lassen sich Abwehrrechte des Nachbarn nicht aus vom Genehmigungsinhalt nicht gedeckten Verhaltensweisen oder gar „Benutzerexzessen" Dritter herleiten.[5492]

Der **Nachbarschutz** nach dem Rücksichtnahmegebot setzt eine **schutzwürdige Position** 2536
des Nachbarn gegenüber dem Vorhaben voraus. Denn Rücksicht zu nehmen ist nur auf solche Interessen des Nachbarn, die wehrfähig sind, weil sie nach der gesetzgeberischen Wertung, die im materiellen Recht ihren Niederschlag gefunden hat, schützenswert sind. Werden schützenswerte Interessen des Nachbarn nicht beeinträchtigt, greift das Rücksichtnahmegebot nicht. Die vom Nachbarn angefochtene Baugenehmigung kann daher objektiv rechtswidrig sein, ohne dass nachbarliche Rechte hierdurch beeinträchtigt werden. Dies gilt etwa für den nicht beplanten Innenbereich (§ 34 BauGB) und den Außenbereich (§ 35 BauGB) – Vorschriften, denen keine allgemein nachbarschützende Funktion zukommt.[5493] Der Nachbarschutz kann sich vielmehr lediglich aus der Verletzung subjektiver Elemente des Rücksichtnahmegebotes ergeben.[5494] Auch müssen sich aus der angegriffenen Maßnahme zusätzliche Beeinträchtigungen des Nachbarn ergeben. Nicht schutzwürdig und mithin nicht abwägungserheblich ist ein Belang ua dann, wenn sein Träger sich vernünftigerweise auf die mit dem geplanten Vorhaben verbundenen Veränderungen einstellen musste und er deswegen nicht auf den Fortbestand einer bestimmten Situation vertrauen durfte. Dem Planungsrecht ist ein Gebot des Milieuschutzes allerdings nicht zu entnehmen.[5495] Eine weitere Verfestigung etwa einer Splittersiedlung können Nachbarn nicht mit Erfolg als Verletzung ihrer eigenen Rechte mit der Anfechtungsklage bekämpfen, wenn sie nicht dadurch spürbar beeinträchtigt werden. Liegt etwa eine unerwünschte, aber bereits verfestigte Splittersiedlung vor, kann die Erweiterung einer baulichen Anlage etwa durch eine Dachgaube zu Wohnzwecken zu einer weiteren Verfestigung nichts mehr beitragen, sodass auch ein Nachbarschutz über das Rücksichtnahmegebot nicht gegeben ist.[5496] So besteht insbesondere im Außenbereich ohne konkrete, das Rücksichtnahmegebot verletzende Beeinträchtigungen kein genereller Abwehranspruch gegen eine gebietsfremde Nutzung. Auch der Inhaber eines privilegierten Betriebes im Außenbereich hat gegenüber einer anderen Außenbereichsnutzung keinen generellen Gebietsabwehranspruch. Dieser setzt vielmehr voraus, dass gegen das Gebot der nachbarlichen Rücksichtnahme verstoßen worden ist.[5497] Für das Vorliegen der Verletzung des Gebots der Rücksichtnahme trägt der Nachbar zudem die Darlegungs- und Beweislast.[5498]

Auch geht in die Bewertung grundsätzlich nur die **legal ausgeübte Nutzung** ein. In der 2537
Vergangenheit vorgenommene Nutzungsänderungen, die nicht genehmigt wurden und auch nicht genehmigungsfähig sind, bleiben bei der Betrachtung des nachbarschaftlichen Gemeinschaftsverhältnisses in aller Regel unberücksichtigt.[5499] Denn nur die Beeinträchtigungen, die eine legale Nutzung mit sich bringen, können im Rahmen des nachbarlichen Interessenausgleichs als Vorbelastung in Ansatz gebracht werden. Nutzungen, die zwar faktisch ausgeübt werden, aber nicht genehmigt worden sind und auch nicht hätten genehmigt werden können, unterliegen dagegen einer Rücksichtnahmeverpflichtung ebenso wenig wie Nutzungen, die noch nicht ausgeübt werden und ohne baurechtliche Genehmigung auch nicht ausgeübt werden dürfen, da sie über das hinausgehen, was durch die vorhandene Baugenehmigung gedeckt ist. Neu aufgeworfen wird dabei die Genehmigungsfrage immer dann, wenn für die neue Nutzung weiter gehende Vorschriften gelten als für die alte oder die Zulässigkeit der neuen Nutzung nach den jeweiligen Vorschriften anders zu beurteilen ist als die frühere Nutzung. Bodenrechtlich relevant ist eine Nutzungsänderung auch dann, wenn sie formal für die Nachbarschaft erhöhte Belastungen mit sich bringt.[5500]

Bei der Bewertung nachbarlicher Interessen kann auch Bedeutung gewinnen, ob der sich 2538
beeinträchtigt fühlende Nachbar gegen ihn störende Nutzungen **rechtzeitig Rechtsschutz**

5492 OVG Saarlouis Beschl. v. 19.10.2008 – 2 B 347/08, BeckRS 2008, 40608.
5493 BVerwG BRS 57 Nr. 224 (1995).
5494 BVerwGE 52, 122; BVerwGE 55, 369.
5495 BVerwG NuR 2007, 488; BVerwGE 59, 87; NVwZ 1999, 70.
5496 BVerwG BRS 25, 164; Beschl. v. 7.7.1994 – 4 B 131.94, juris.
5497 BVerwGE 52, 122.
5498 BVerwG Beschl. v. 28.7.1993 – 4 B 120.93, juris.
5499 BVerwG NVwZ 1993, 1184.
5500 BVerwG BRS 56 (1994), Nr. 164.

gesucht hat. Nutzungen, die mit Rechtsbehelfen nicht mehr abgewehrt werden können, sind zumindest in einem gewissen Umfang hinzunehmen. In Konfliktlagen ist nach einem angemessenen Ausgleich zu suchen. Nach § 15 I 2 BauNVO ist eine im Baugebiet an sich zulässige Nutzung im Einzelfall auch dann unzulässig, wenn sie sich unzumutbaren Belästigungen oder Störungen einer im Baugebiet an sich unzulässigen, jedoch bestandskräftig genehmigten Nutzung aussetzen würde. Dabei ist nicht auf eine abstrakte typisierende Betrachtungsweise, sondern auf die konkrete Grundstückssituation abzustellen. Eine Baugenehmigung für ein Wohngebäude in einem allgemeinen Wohngebiet ist nach § 15 I 2 BauNVO zu versagen, wenn die auf das Wohnbaugrundstück einwirkenden Immissionen ungesunde Wohnverhältnisse entstehen lassen.[5501]

2539 **Festsetzungen von Baugebieten** in einem Bebauungsplan haben grundsätzlich **nachbarschützende Funktion**. Hier besteht für den Nachbarn auch ohne eigene konkrete Betroffenheit durch das einzelne Vorhaben ein **Gebietswahrungsanspruch**. Bei einer Änderungsplanung darf die Gemeinde die durch die Erstplanung vorgegebene rechtliche Situation der überplanten Grundstücke nicht ignorieren und muss deshalb das Interesse des Planbetroffenen an der Beibehaltung des bisherigen Zustandes in die Abwägung einstellen.[5502] Der Nachbar kann sich daher dagegen wenden, dass Baugenehmigungen für Vorhaben erteilt werden, die zu einem „Umkippen" des Gebietes führen.[5503] Derselbe Nachbarschutz besteht übrigens auch im nicht beplanten Innenbereich, wenn die Eigenart der näheren Umgebung einem der Baugebiete der BauNVO entspricht (§ 34 II BauGB).[5504] Der Abwehranspruch wird grundsätzlich bereits durch die Zulassung eines mit der Gebietsfestsetzung unvereinbaren Vorhabens ausgelöst, weil hierdurch das nachbarliche Austauschverhältnis gestört und eine Verfremdung des Gebiets eingeleitet wird.[5505] Die Gemeinde hat zwar grundsätzlich einen Spielraum, ob sie bestimmte Festsetzungen auch zum Schutze Dritter treffen will.[5506] Dies gilt jedoch nicht ausnahmslos.[5507] Insbesondere bei der Festsetzung der Eigenart der Baugebiete kann es nicht vom Willen der Gemeinde abhängen, ob die Planfestsetzungen nachbarschützend sind. Die Gemeinde hat hier vielmehr einen sachgerechten Ausgleich der Nachbarinteressen unter Verwendung des planungsrechtlichen Instrumentariums durchzuführen. Bauplanungsrechtlicher Nachbarschutz beruht demgemäß auf dem Gedanken des wechselseitigen Austauschverhältnisses. Weil der Eigentümer eines Grundstücks in der Ausnutzung seines Grundstücks öffentlich-rechtlichen Beschränkungen unterworfen ist, kann er deren Beachtung grundsätzlich auch im Verhältnis zum Nachbarn durchsetzen.[5508] Der Gebietswahrungs- oder **Gebietserhaltungsanspruch**[5509] ist allerdings hinsichtlich solcher Festsetzungen der Art der baulichen Nutzung, die sich aus einer Feingliederung der Gebietsart nach Maßgabe des § 1 IV bis X BauNVO ergibt, nicht uneingeschränkt.[5510] Es muss vielmehr dem Bebauungsplan selbst der Umfang der nachbarschützenden Wirkung entnommen werden.[5511] Ohne nähere Bestimmung der Gemeinde zum Zweck eines **Sondergebiets** und den dort zulässigen Nutzungen lässt sich daher allein aus § 11 BauNVO kein Gebietswahrungsanspruch herleiten.[5512] Der Gebietswahrungsanspruch vermittelt grundsätzlich auch keinen gebietsübergreifenden Nachbarschutz.[5513] **Erschließungsvorschriften** sind allein dem Allgemeininteresse zu dienen bestimmt und daher grundsätzlich nicht nachbarschützend. Ein gebietsübergreifender Schutz des Nachbarn vor (behaupteten) gebietsfremden Nutzungen im lediglich **angrenzenden Plangebiet** besteht unabhängig

[5501] BVerwGE 98, 235; zu Nutzungszeiten von Biergärten BVerwG NVwZ 1999, 651; Jahn GewArch. 1996, 14.

[5502] BVerwG ZfBR 2016, 589; zum Gebietswahrungsanspruch im unbeplanten Innenbereich OVG Münster Beschl. v. 13.1.2021 – 10 A 1328/20, BeckRS 1382.

[5503] BVerwG NVwZ 2000, 679; Hoffmann BauR 2010, 1859. Zu gebietsfremden wirtschaftlichen Tätigkeiten Bickenbach LKRZ 2007, 335.

[5504] BVerwG ZfBR 2012, 378, Gallois IBR 2012, 292.

[5505] BVerwG BauR 2013, 2011, Thiel IBR 2014, 108.

[5506] BVerwG Beschl. v. 9.10.1991 – 4 B 137.91, juris.

[5507] Schröer NJW 2009, 484.

[5508] BVerwG RdE 1988, 194.

[5509] Marschke Der Gebietserhaltungsanspruch.2009; Jung BauR 2008, 158; Schröder NZBau 2008, 169.

[5510] Schröer NJW 2009, 484.

[5511] OVG Greifswald NordÖR 2007, 418; OVG Lüneburg NVwZ 2004, 1010.

[5512] OVG Münster NVwZ-RR 2009, 672.

[5513] OVG Münster Beschl. v.10.5.2007 – 10 B 305/07, BeckRS 2007, 26019.

von konkreten Beeinträchtigungen grundsätzlich nicht.[5514] Der Nachbarschutz eines außerhalb der Grenzen des Plangebiets belegenen Grundstückseigentümers bestimmt sich daher grundsätzlich nur nach dem in § 15 I 2 BauNVO enthaltenen Gebot der Rücksichtnahme.[5515]

Stehen Grundstücke nicht in dem für ein Plangebiet typischen wechselseitigen Verhältnis, das sie zu einer bau- und bodenrechtlichen Schicksalsgemeinschaft zusammenschließt, fehlt es an dem spezifischen bauplanungsrechtlichen Grund, auf dem der nachbarschützende – von konkreten Beeinträchtigungen unabhängige – Gebietserhaltungsanspruch als Abwehrrecht beruht. Dagegen besteht grundsätzlich kein gebietsübergreifender, von konkreten Beeinträchtigungen unabhängiger Schutz des Nachbarn vor (behaupteten) gebietsfremden Nutzungen. Stehen Grundstücke nicht in dem für ein Plangebiet typischen wechselseitigen Verhältnis, das sie zu einer bau- und bodenrechtlichen Schicksalsgemeinschaft zusammenschließt, fehlt es an dem spezifischen bauplanungsrechtlichen Grund, auf dem der nachbarschützende – von konkreten Beeinträchtigungen unabhängige – Gebietserhaltungsanspruch als Abwehrrecht beruht.[5516] Der TA Lärm kommt eine im gerichtlichen Verfahren zu beachtende Bindungswirkung zu, soweit sie für Geräusche den unbestimmten Rechtsbegriff der schädlichen Umwelteinwirkungen iSd § 3 I BImSchG konkretisiert. Die normative Konkretisierung des gesetzlichen Maßstabs für die Schädlichkeit von Geräuschen ist insoweit abschließend, als sie bestimmte Gebietsarten und Tageszeiten entsprechend ihrer Schutzbedürftigkeit bestimmten Immissionsschutzrichtwerten zuordnet und das Verfahren der Ermittlung und Beurteilung der Geräuschimmissionen vorschreibt.[5517] Das Regelungskonzept der TA Lärm lässt aber für eine einzelfallbezogene tatrichterliche Würdigung insofern Raum, als es insbesondere durch Kann-Vorschriften und Bewertungsspannen Spielräume eröffnet.[5518] Die Würdigung, ob aufgrund solcher und weiterer Gesichtspunkte der Herkömmlichkeit und der sozialen Adäquanz der Geräuschimmissionen eine ergänzende Prüfung im Sonderfall durchzuführen ist, ist Aufgabe der Tatsachengerichte.[5519] Eine Alternativenprüfung sieht die TA Lärm aber auch im Fall einer Sonderfallprüfung nicht vor.[5520] 2540

Ein **gebietsüberschreitender Nachbarschutz** kommt nur in Betracht, wenn sich aus der Ausgestaltung der Festsetzungen oder aus ihrer Begründung konkrete Anhaltspunkte für einen Schutz von Nachbarinteressen für außerhalb des Plangebiets liegende Grundstücke ableiten lässt.[5521] Der Hauptanwendungsfall im Bauplanungsrecht für diesen Grundsatz sind die Festsetzungen eines Bebauungsplans über die Art der Nutzung. Durch sie werden die Planbetroffenen im Hinblick auf die Nutzung ihrer Grundstücke zu einer rechtlichen Schicksalsgemeinschaft verbunden. Die Beschränkung der Nutzungsmöglichkeiten des eigenen Grundstücks wird dadurch ausgeglichen, dass auch die anderen Grundeigentümer diesen Beschränkungen unterworfen sind.[5522] Auf die Einhaltung dieses Austauschverhältnisses haben die jeweiligen Grundstückseigentümer einen Rechtsanspruch in dem Sinne, dass sie ein „Umkippen" des Gebietes durch eine Nachbarklage verhindern können.[5523] Demgegenüber haben Festsetzungen zum **Maß der baulichen Nutzung** durch Bebauungspläne – anders als die Festsetzungen von Baugebieten[5524] – kraft Bundesrechts grundsätzlich keine nachbarschützende Funktion.[5525] Drittschutz kann sich auch aus Festsetzungen übergeleiteter Bebauungspläne ergeben. So können städtebauliche Pläne, die gem. § 173 III 1 BBauG 1960 als Bebauungspläne übergeleitet sind, drittschützende Festsetzungen enthalten, auch wenn ihnen oder der zu ihnen ermächtigenden gesetzlichen Regelung seinerzeit ein nachbarschützender Gehalt nicht zuerkannt wurde. Das gilt insbesondere für Baustufenplänen, die nach den Vorschriften der Bau- 2541

[5514] OVG Berlin-Brandenburg BauR 2009, 1782: keine nachbarschützende Funktion von Erschließungsvorschriften.
[5515] BVerwG NVwZ 2008, 427; VGH München BauR 2008, 1560 m. Anm. Jung BauR 2008, 1548.
[5516] BVerwG NVwZ 2008, 427; BauR 2013, 934.
[5517] BVerwGE 129, 209 Rn. 12; BVerwGE 145, 145 Rn. 18.
[5518] BVerwG UPR 2014, 313 Rn. 6.
[5519] BVerwG UPR 2014, 313 Rn. 9; siehe auch BVerwGE 129, 209 Rn. 31 zur Vergabe eines Impulszuschlags.
[5520] BVerwG Beschl. v. 15.9.2020 – 4 B 46.19, juris.
[5521] OVG Magdeburg Beschl. v.2.2.2007 – 2 M 348/06, BeckRS 2008, 33067.
[5522] BVerwGE 94, 151.
[5523] BVerwG NVwZ 2000, 679.
[5524] BVerwG NJW 1994, 1546.
[5525] BVerwG UPR 1995, 396.

regelungsVO[5526] erlassen wurde. Gebietsfestsetzungen in übergeleiteten Bebauungsplänen vermitteln daher nachbarlichen Drittschutz.[5527] Das gilt insbesondere für Baustufenpläne, die nach den Vorschriften der BauRegVO[5528] erlassen wurden. Eine vorkonstitutionelle Ermächtigungsgrundlage, die jeden Nachbarschutz ausschließt, sei – so das BVerwG – nicht verfassungsgemäß und bedürfe daher der verfassungskonformen Auslegung und lückenfüllenden Ergänzung. Auf diesem Wege kommt das BVerwG zur Annahme des nachbarschützenden Charakters von Planungsrecht, dessen Normgeber nachbarlicher Drittschutz völlig fremd war.[5529] Die Abgrenzung und Art und Maß der baulichen Nutzung ist allerdings nicht immer ganz einfach.

Beispiel: So gewährt das BVerwG einen Gebietserhaltungsanspruch des Nachbarn gegenüber der Errichtung einer Mauer, die zu einer erheblichen Veränderung der ansonsten offenen Siedlungsstruktur und der durch Weiträumigkeit und durch maßvolle Einfriedungen geprägte Siedlungsweise beiträgt.[5530] Ein Eigentümer eines in einem allgemeinen Wohngebiet gelegenen Grundstücks, dessen Nutzung weder genehmigt noch durch Bestandsschutz gedeckt ist, kann jedoch nicht von seinem Nachbarn unter Berufung auf den sog. Gebietserhaltungs- bzw. Gebietswahrungsanspruch die Einhaltung gerade solcher Vorgaben verlangen, gegen die er mit seiner Grundstücksnutzung selbst verstößt (§ 13 BauNVO).[5531]

2542 Allerdings ergeben sich für **übergeleitete Pläne** einige **Besonderheiten**: Ausnahmen iS des § 31 I BauGB müssen als solche ausdrücklich bestimmt und vom planerischen Willen umfasst sein. Übergeleitete Pläne können daher nicht in der Weise ausgelegt werden, dass sie mit ungeschriebenen Ausnahmen etwa mit den in der BauNVO für das entsprechende Baugebiet vorgesehenen Ausnahmen übergeleitet worden sind. Bei der Auslegung übergeleiteter Bebauungspläne kann allerdings die BauNVO Anhaltspunkte für die Konkretisierung unbestimmter Rechtsbegriffe bieten, mit denen die Zweckbestimmung eines Wohngebietes allgemein festgelegt wird.[5532] Auch die in übergeleiteten Bebauungsplänen festgesetzten Baugebiete müssen nach allgemeinen Merkmalen voneinander abgrenzbar sein.[5533] Das setzt bei der Bestimmung der in ihnen zulässigen Nutzungen durch Auslegung der Pläne eine typisierende Vorgehensweise (Differenzierung nach Nutzungsarten) voraus.[5534]

2543 Die **Eigenart eines einzelnen Baugebietes** ergibt sich nicht allein aus den typisierenden Regelungen der BauNVO. Die Eigenart eines in einem Bebauungsplan festgesetzten Baugebietes lässt sich vielmehr abschließend erst bestimmen, wenn zusätzlich auch die jeweilige örtliche Situation, in die ein Gebiet hineingeplant ist, und der jeweilige Planungswille der Gemeinde, soweit dieser in den zeichnerischen und textlichen Festsetzungen des Bebauungsplans zum Ausdruck gekommen ist, berücksichtigt werden.[5535] Es geht dabei um Einschränkungen hinsichtlich der Art der baulichen Nutzung. Zur Ergänzung des im Bebauungsplan festgesetzten **Maßes** der baulichen Nutzung kann § 15 BauNVO grundsätzlich nicht dienen. Hat die bisher im Baugebiet vorhandene Bebauung die Maßfestsetzung nicht voll ausgeschöpft, so verstößt ein Bauvorhaben, das das festgesetzte Maß ausnutzt, nicht gegen § 15 BauNVO.[5536] Wenn § 15 I 1 BauNVO bestimmt, dass ein Vorhaben im Einzelfall auch unzulässig ist, wenn es wegen seines Umfangs der Eigenart eines bestimmten Baugebietes widerspricht, so geht die Vorschrift nach Auffassung des BVerwG vielmehr davon aus, dass im Einzelfall Quantität in Qualität umschlagen kann, dass also die Größe einer baulichen Anlage[5537] die Art der baulichen Nutzung erfassen kann.

[5526] Bauregelungsverordnung v. 1.2.1996 (RGBl. I S. 104).
[5527] BVerwG BauR 1997, 72; BVerwGE 108, 190 Hamburger Baustufenplan.
[5528] Bauregelungsverordnung v. 15.2.1936 (RGBl. I S. 104).
[5529] BVerwG DVBl. 1997, 61 m. Anm. Niere.
[5530] BVerwG ZfBR 2005, 806.
[5531] OVG Münster BauR 2010, 436 zur Umwandlung einer Wohnung in Arztpraxis und Kosmetikstudio.
[5532] BVerwGE 108, 190 Hamburger Baustufenplan.
[5533] BVerwG NVwZ 1999, 984.
[5534] BVerwG BVerwGE 108, 190, dort auch zur Zulässigkeit einer Abweichung nach § 31 II BauGB.
[5535] BVerwGE 79, 309.
[5536] BVerwG NVwZ 1995, 899; Fickert/Fieseler §15 Rn. 8; Rist Anm. 1 zu §15 BauNVO.
[5537] BVerwGE 67, 334, 340; BVerwGE 68, 369; BRS 42 Nr. 206; BRS 52 (1991), Nr. 56.

Beispiel: Ein nach der Art der baulichen Nutzung grundsätzlich zulässiger Gewerbebetrieb widerspricht wegen seiner Betriebsgröße der Eigenart eines bestimmten Baugebietes.[5538] Eine besonders große Vergnügungsstätte verändert den Charakter des Gebietes. Ein Warenhaus beeinflusst wegen seiner Größe die Verkehrsverhältnisse eines Baugebietes nachhaltig.[5539] Ob ein Gebäude dagegen ausnahmsweise auch wegen seiner Höhe nach § 15 I BauNVO unzulässig sein kann,[5540] erscheint dem BVerwG zweifelhaft.[5541] Dies führt dazu, den Anwendungsbereich des § 15 BauNVO auf Fallgestaltungen einzuschränken, in denen die Art der Nutzung betroffen ist. Das im Bebauungsplan ausgewiesene Maß der Nutzung kann nur dann über § 15 BauNVO Einschränkungen erfahren, wenn die Maßüberschreitung zugleich auf die Art der baulichen Nutzung durchschlägt und sozusagen einen Quantensprung in eine andere Qualität bewirkt.

Aus **Wertminderungen** eines Grundstücks können nachbarliche Abwehrrechte vor dem Hintergrund des Rücksichtnahmegebotes nur abgeleitet werden, wenn die Wertminderung die Folge einer dem Betroffenen unzumutbaren Beeinträchtigung der Nutzungsmöglichkeiten des Grundstücks ist.[5542] Die etwaige Wertminderung eines Nachbargrundstücks infolge einer Errichtung ansonsten zulässiger und daher zu Recht genehmigter baulicher Anlagen vermittelt dessen Eigentümer auch im Rahmen des Rücksichtnahmegebots keine Abwehrrechte gegen die Genehmigungsentscheidung.[5543] Für die Anwendung des § 15 I BauNVO im Bereich eines qualifizierten Bebauungsplans (§ 30 I BauGB) spielt auch die dem Bebauungsplan nach § 9 VIII BauGB beigegebene Begründung eine Rolle.[5544] Ein auf die Verletzung des Rücksichtnahmegebots gestützter **Rechtsschutz** wird bei Baugenehmigungen, die im Einklang mit den Festsetzungen des Bebauungsplans stehen, allerdings nur in Ausnahmefällen erfolgreich sein. Er wird aber dort eher zum Zuge kommen, wo die Baugenehmigung von den Planfestsetzungen im Wege der Ausnahmeerteilung (§ 31 I BauGB) oder sogar unter Verstoß gegen sie abweicht.[5545] Auch die Befreiung von den Festsetzungen des Bebauungsplans nach § 31 II BauGB hat unter Würdigung nachbarlicher Interessen zu erfolgen und verletzt den Nachbarn in seinen Rechten, wenn die Behörde bei der Ermessensentscheidung nicht die gebotene Rücksicht auf die Interessen des Nachbarn genommen hat.[5546] Über § 15 BauNVO kann daher auch eine Ergänzung der Festsetzungen des Bebauungsplans erreicht werden. Voraussetzung ist allerdings dafür, dass der Bebauungsplan für eine Konfliktlösung im Bebauungsplan noch offen ist. Je konkreter die Festsetzungen sind, umso geringer sind die Gestaltungsfreiheit für den Betroffenen und damit der Spielraum für die Anwendung des § 15 BauNVO. Nur soweit der Bebauungsplan selbst keine abschließende planerische Entscheidung bereithält, ermöglicht § 15 BauNVO eine **„Nachsteuerung"**[5547] im Baugenehmigungsverfahren. § 15 BauNVO rechtfertigt damit zwar eine planerische Zurückhaltung, nicht aber eine planerische Fehleinschätzung.[5548] 2544

Das BVerwG versteht das Rücksichtnahmegebot nicht als Ausdruck verfassungsrechtlicher Erfordernisse, sondern als einfachgesetzliches Gebot, das einzurichten und auszugestalten der Gesetzgeber von Verfassungs wegen nicht gehalten ist. Es ist damit Aufgabe des Gesetzgebers, dieses Gebot sachgerecht zu verwirklichen.[5549] Dem jeweils zuständigen Gesetzgeber obliegt es dabei, die von seiner Regelung erfassten oder auch nur berührten Interessen zu bewerten. Um vor der Verfassung Bestand zu haben, müssen allerdings die Gründe, die hierbei für eine das Privateigentum einschränkende Regelung angeführt werden können, vom geregelten Schutzbereich her geboten und auch in ihrer Ausgestaltung sachgerecht sein.[5550] Dabei ist auch die 2545

5538 BVerwGE 77, 308.
5539 BVerwGE 68, 369.
5540 BVerwGE 67, 334.
5541 BVerwG NVwZ 1995, 899.
5542 BVerwG Beschl. v. 24.4.1992 – 4 B 60.92, juris; NVwZ-RR 1997, 516.
5543 OVG Saarlouis I+E 2013, 130.
5544 BVerwG NVwZ 1989, 659.
5545 BVerwGE 67, 334.
5546 BVerwG NVwZ 1987, 409; BVerwGE 82, 343.
5547 OVG Magdeburg BauR 2006, 2107; OVG Schleswig NuR 2006, 467.
5548 BVerwG NVwZ 1989, 659; Battis in BKL, BauGB, 2022, § 1 Rn. 119.
5549 BVerfGE 25, 112; BVerfGE 37, 132; BVerfGE 42, 263; BVerfGE 50, 290; BVerfGE 52, 1 – Kleingarten; BVerfGE 58, 137 – Pflichtexemplare; BVerfGE 58, 300 Nassauskiesung; BVerfGE 68, 361; BVerfGE 72, 66; BVerwGE 88, 191.
5550 BVerfG NJW 1989, 1271.

Eigentumsgarantie in Art. 14 I GG zu berücksichtigen, die eine Erhaltung der Substanz des Eigentums und die Beachtung des Gleichheitssatzes und des Verhältnismäßigkeitsprinzips umfasst. Unter Beachtung dieser verfassungsrechtlichen Vorgaben ist der Gesetzgeber frei darin, das Gebot der nachbarlichen Rücksichtnahme auszugestalten. Das Rücksichtnahmegebot kann vor dem Hintergrund dieser für den Gesetzgeber bestehenden Gestaltungsfreiheit auch nicht als allgemeines, das gesamte Planungsrecht gleichsam überwölbendes baurechtliches Gebot verstanden werden.[5551] Auch ist nicht jede Norm des öffentlichen Baurechts potenziell drittschützend.[5552] Vielmehr sind jeweils die in den gesetzlichen Regelungen zum Ausdruck kommenden Wertungen zu Grunde zu legen. Anlagen, deren Immissionen sich in den Grenzen des der Nachbarschaft gem. § 5 I Nr. 1 BImSchG Zumutbaren halten, sind nicht rücksichtslos.[5553]

2546 Auch ist für ein drittschützendes Gebot der nachbarlichen Rücksichtnahme im Hinblick auf eine ausreichende Belichtung, Besonnung oder Belüftung von Nachbargrundstücken kein Platz, wenn ein Wohnbauvorhaben die bauordnungsrechtlich hierfür gebotenen **Abstandsflächen** einhält.[5554] Die landesrechtlichen Abstandsvorschriften zielen im Interesse der Wahrung sozial verträglicher Verhältnisse nicht zuletzt darauf ab, eine ausreichende Belichtung und Besonnung von Gebäude- und sonstigen Teilen des Nachbargrundstücks sicherzustellen. Der Nachbar, der sich gegen die Verwirklichung seines Bauvorhabens zur Wehr setzt, kann unter diesem Blickwinkel grundsätzlich keine Rücksichtnahme verlangen, die über den Schutz des Abstandsflächenrechts hinausgeht. Denn die landesrechtlichen Grenzabstandsvorschriften stellen eine Konkretisierung des Gebots der nachbarlichen Rücksichtnahme dar. Fügt sich ein Vorhaben iSv § 34 I 1 BauGB in die Eigenart der näheren Umgebung ein und sind auch die landesrechtlichen Abstandsvorschriften eingehalten, dann wird zumindest aus tatsächlichen Gründen das Gebot der Rücksichtnahme im Regelfall nicht verletzt sein.

Beispiel Photovoltaikanlage: Bei Einhaltung der bauordnungsrechtlich vorgeschriebenen Abstandsflächen gegenüber einem Grundstück mit einem mit einer Photovoltaikanlage ausgerüstetem Gebäude ist auch eine vorhabenbedingte teilweise Verschattung der Anlage grundsätzlich nicht als Verstoß gegen das Gebot der Rücksichtnahme zu werten.[5555]

2547 Das im Begriff des Einfügens iSv § 34 I 1 BauGB enthaltene Rücksichtnahmegebot kann auch dann verletzt sein, wenn die landesrechtlichen Abstandsvorschriften eingehalten sind.[5556] Fügt sich aber ein Vorhaben iSv § 34 I 1 BauGB in die Eigenart der näheren Umgebung ein und sind auch die landesrechtlichen Abstandsvorschriften eingehalten, dann wird zumindest aus tatsächlichen Gründen das Gebot der Rücksichtnahme im Regelfall nicht verletzt sein.[5557] Ob ein von der Regel abweichender Sonderfall vorliegt, bestimmt sich maßgeblich nach den Umständen des jeweiligen Einzelfalles.[5558]

2548 Bei Einhaltung der landesrechtlichen Abstandsvorschriften ist die Annahme einer **„erdrückenden Wirkung"** nur in Ausnahmefällen möglich.[5559] Eine erdrückende Wirkung und damit zugleich ein Verstoß gegen das Gebot der Rücksichtnahme ist nur dann anzunehmen, wenn eine bauliche Anlage wegen ihrer Ausmaße, ihrer Baumasse oder ihrer massiven Gestaltung ein benachbartes Grundstück unangemessen benachteiligt, indem es diesem förmlich „die Luft nimmt", weil für den Nachbarn das Gefühl „des Eingemauertseins" entsteht.[5560] Für die Annahme der „erdrückenden Wirkung" eines Nachbargebäudes ist in der Regel kein

---

[5551] BVerwG NVwZ 1985, 37./

[5552] BVerwG DVBl. 1984, 145; NVwZ 1987, 409.

[5553] BVerwGE 68, 58; NVwZ 1986, 468; NVwZ 1989, 666; NVwZ 1990, 257.

[5554] BVerwG NVwZ 1985, 653; BVerwGE 88, 191; VGH Mannheim NVwZ-RR 1998, 551.

[5555] OVG Münster Beschl. v. 20.12.2022 – 2 B 1103/22, juris Rn. 18; BauR 2022, 1482 = juris Rn. 5 f.; VGH München Beschl. v. 13.9.2022 – 15 CS 22.1851, juris Rn. 21.

[5556] BVerwG NVwZ 1987, 128; BVerwGE 94, 151 (159 f.); NVwZ 1994, 686; BRS 83 Nr. 116; BRS 84 Nr. 123.

[5557] BVerwG NVwZ 1999, 879.

[5558] BVerwG ZfBR 2018, 601; BRS 83 Nr. 116.

[5559] VGH München Beschl. v. 8.8.2007 – 14 AS 07.1855, BeckRS 2007, 30232; siehe auch OVG Münster Beschl.v. 3.4.3030 – 7 B 222/20, juris Rn. 4: „Der Umstand, dass ein Vorhaben aus der Sicht der Nachbarn einen voluminösen Klotz darstellt, der den bisherigen Glockenturm um ca. 1 -1,5 m und damit die Umgebungsbebauung deutlich überragt, rechtfertigt als solches nicht die Annahme einer erdrückenden Wirkung des Bauvorhabens."

[5560] OVG Münster Beschl. v. 18.7.2010 – 10 A 1417/09, BeckRS 2010, 5389.

Raum, wenn dessen Baukörper nicht erheblich höher ist als das betroffene Gebäude.[5561] Die „Masse" eines Vorhabens als solche entfaltet keine erdrückende Wirkung.[5562] Etwas anderes gilt, wenn die genehmigte Anlage das Nachbargrundstück regelrecht abriegelt, dh dort ein Gefühl des Eingemauertseins oder eine Gefängnishofsituation hervorruft.[5563] Eine einmauernde oder erdrückende Wirkung des Bauvorhabens sowie ein daraus herzuleitender Verstoß gegen das Rücksichtnahmegebot können in eng begrenzten Ausnahmefällen aber auch dann vorliegen, wenn die **landesrechtlichen Abstandsflächenbestimmungen** eingehalten sind.[5564] Eine Verletzung des Rücksichtnahmegebotes kommt allerdings im Hinblick auf zu wahrende Belange in Betracht, die nicht in den jeweiligen landesrechtlichen Vorschriften behandelt sind.[5565] Eine andere Beurteilung könnte sich auch dann ergeben, wenn die landesrechtlichen Regelungen zu den Abstandsflächen nicht den Anspruch auf eine abschließende Bewertung des nachbarlichen Interessenkonflikts für sich in Anspruch nehmen. Davon könnte auszugehen sein, wenn der Landesgesetzgeber nur noch geringe nachbarliche Abstände festlegt, sodass im Übrigen für eine darüber hinausgehende Einzelfallbewertung Raum ist.

Ob das Gebot der nachbarlichen Rücksichtnahme verletzt ist, muss auf Grund der konkre- 2549
ten **Einzelfallumstände** entschieden werden. Das Rücksichtnahmegebot berechtigt nicht, von jeglicher Beeinträchtigung, wie **Einsichtsmöglichkeiten** oder einer Verschlechterung der **Sichtachsen** verschont zu bleiben.[5566] Eine aus den tatsächlichen Gegebenheiten abgeleitete „hintere Bauflucht" ist nicht nachbarschützend.[5567] Eine erdrückende Wirkung kann allerdings aus einer Abriegelungswirkung, dem „Eingemauertseins" oder einer „Gefängnishof-Situation" abgeleitet werden.[5568] So kann etwa im Rahmen des erforderlichen Interessenausgleichs darauf abzustellen sein, dass zu den Tageszeiten, die gemeinhin als Feierabend bezeichnet werden, ein stärkeres Ruhebedürfnis als sonst besteht.[5569] Auch die immissionsschutzrechtlichen Regelungen gehen von einem verstärkten Ruhebedürfnis während dieser Zeiten aus.[5570] Selbst eine Unterschreitung der im Bebauungsplan festgesetzten Abstandsflächen führt nicht immer zu einem Erfolg der Nachbarklage. Auch ist eine tatsächlich spürbare Beeinträchtigung des Nachbarn Voraussetzung für eine erfolgreiche Nachbarklage.[5571]

Beispiel: Der Bebauungsplan lässt in einem Abstand von 17 m zur Nachbargrenze ein Gebäude mit einer Wandhöhe von 3 m zu. Durch eine Befreiung nach § 31 II BauGB wird im Baugenehmigungsverfahren ein Gebäude mit einer Wandhöhe von 4 m zugelassen. Im Rahmen des § 15 I BauNVO stellt sich – soweit es um den Umfang eines Vorhabens geht – nur die Frage, ob das Vorhaben in dieser Beziehung in Widerspruch zur Eigenart des Baugebietes tritt. Ein solcher Widerspruch entsteht nicht durch jede Abweichung vom Bebauungsplan, sondern nur durch eine solche, die sich im Verhältnis zu dem nach dem Plan zulässigen, die Eigenart des Baugebietes bestimmenden Vorhaben als Missgriff darstellt. Ein solcher Missgriff liegt aber bei der dispensierten Überschreitung der Wandhöhe um 1 m bei einem derartigen Abstand des Gebäudes von dem Nachbargrundstück nicht vor.[5572]

Bei der Bestimmung des Gebotes der nachbarlichen Rücksichtnahme hat der Gesetzgeber 2550
das erste Wort.[5573] Die von ihm getroffenen Wertungen sind grundsätzlich auch im Einzelfall verbindlich, wenn sich die gesetzliche Regelung nicht als verfassungswidrig erweist oder entsprechende Lücken lässt, die ausgefüllt werden können. Soweit in gesetzlichen Wertungen Ent-

[5561] OVG Lüneburg DÖV 2009, 466.
[5562] OVG Saarlouis BauR 2007, 1616 (LS); Troidl BauR 2008, 1829.
[5563] OVG Lüneburg BauR 2007, 758 zur erdrückenden Wirkung durch eine etwa 41 m lange und bis zu knapp 26 m breite Reit- und Bewegungshalle; OVG Lüneburg BRS 48 Nr. 164; BRS 59 Nr. 164; BRS 62 Nr. 25.
[5564] OVG Saarlouis NJOZ 2008, 1424.
[5565] BVerwG NVwZ 1999, 879.
[5566] OVG Bautzen Beschl. v. 23.2.2010 – 1 B 581/09, BeckRS 2010, 46949. Zur Zulässigkeit eines maßvollen grenzständigen Wintergartenanbau an ein Reihenmittelhaus OVG Münster DVBl. 2010, 1252.
[5567] OVG Schleswig Beschl. v. 16.10.2009 – 1 LA 42/09, BeckRS 2010, 46351.
[5568] OVG Berlin-Brandenburg Beschl. v. 14.10.2009 – 2 S 54.09, BeckRS 2009, 40107.
[5569] BVerwGE 52, 122; Beschl. v. 8.3.1995 – 4 B 25.95, juris.
[5570] § 2 I Verkehrslärmschutzverordnung; § 2 V Sportanlagenlärmschutzverordnung; Nr. 2 321 TA– Lärm.
[5571] BVerwG NJW 1985, 652.
[5572] BVerwG NJW 1985, 653.
[5573] Zum Gebot der Rücksichtnahme als allgemeines Rechtsprinzip im öffentlichen Nachbarrecht und die Bildung von Fallgruppen nach Konfliktfeldern Stühler BauR 2009, 1076.

scheidungen über die Reichweite des Rücksichtnahmegebotes erkennbar werden, sind diese Wertungen im Allgemeinen vorrangig. So ist zu vermuten, dass das Rücksichtnahmegebot hinsichtlich der zu wahrenden Abstände eingehalten wird, wenn die (bauordnungsrechtlichen) **Abstandvorschriften** eingehalten sind.[5574] Das gilt in aller Regel auch für **Einblicksmöglichkeiten.**[5575] Im nicht beplanten Innenbereich kann das Gebot der nachbarlichen Rücksichtnahme allerdings auch dann verletzt sein, wenn die landesrechtlichen Abstandsvorschriften eingehalten sind.[5576] Dies setzt aber eine Beeinträchtigung in Belangen voraus, die nicht durch die Abstandsvorschriften bereits geschützt sind. Das Gebot der (nachbarlichen) Rücksichtnahme[5577] ist allerdings kein generelles Rechtsprinzip des öffentlichen Baurechts und verkörpert auch keine allgemeine Härteregelung, die über den speziellen Vorschriften des Städtebaurechts steht. Es ist vielmehr Bestandteil einzelner gesetzlicher Vorschriften des Baurechts und als solches etwa in den Tatbestandsmerkmalen des § 35 III 1 Nr. 3 und § 34 I 1 BauGB aber auch in § 17 BauNVO enthalten.[5578] Der von der TA Lärm gewährte Schutzstandard steht nicht zur Disposition des Lärmbetroffenen und kann nicht durch dessen Einverständnis mit passiven Schallschutzmaßnahmen suspendiert werden, da das Bauplanungsrecht die Nutzbarkeit der Grundstücke in öffentlich-rechtlicher Beziehung auf der Grundlage objektiver Umstände und Gegebenheiten mit dem Ziel einer möglichst dauerhaften städtebaulichen Ordnung und Entwicklung regelt. Das schließt aus, das bei objektiver Betrachtung maßgebliche Schutzniveau auf das Maß zu senken, das der lärmbetroffene Bauwillige nach seiner persönlichen Einstellung bereit ist hinzunehmen.[5579] Eine Verletzung des Rücksichtnahmegebotes im nicht beplanten Innenbereich ist allerdings ausgeschlossen, wenn sich das Vorhaben in die Eigenart der näheren Umgebung einfügt.[5580] Durch die Richtwerte für Schallpegel nach der TA Lärm ist nicht abschließend bestimmt, ob eine geltend gemachte Beeinträchtigung durch Geräusche von einer immissionsschutzrechtlich genehmigungsfreien Anlage die für eine Verletzung des Rücksichtnahmegebotes maßgebliche Zumutbarkeitsschwelle überschreitet. Ob die Anlage in einer die Rechte des Nachbarn verletzenden Weise rücksichtslos ist, kann vielmehr nur auf Grund einer einzelfallbezogenen Bewertung aller ihrer Auswirkungen beurteilt werden.[5581]

2551 Die Bestimmungen der LBauO über die **Stellplatzpflicht** haben keinen nachbarschützenden Charakter. Das gilt auch dann, wenn die Baugenehmigungsbehörde eine Baugenehmigung in eigener Sache erteilt.[5582] Der Mangel an Stellplätzen kann allerdings im Einzelfall gegen das Gebot der nachbarlichen Rücksichtnahme verstoßen. Dabei ist allerdings eine bereits vorhandene Geräuschvorbelastung durch Straßen- und Parksuchverkehr schutzmindernd zu berücksichtigen.[5583] Fehlende zusätzliche Stellplätze beim Umbau der Haupttribüne eines Sportstadions führen nicht zu einer Verletzung des Rücksichtnahmegebots, wenn die Nachbargrundstücke bereits vor dem Umbau durch den Besucherverkehr des Stadions und andere benachbarte öffentliche Einrichtungen stark vorbelastet waren und der Umbau weder zu einer Erhöhung der Gesamtkapazität des Stadions führt noch sonst eine Steigerung der Besucherzahlen und eine damit einhergehende Steigerung der verkehrsbedingten Beeinträchtigungen erwarten lässt. Gegen eine dem Nachbarn erteilte Baugenehmigung kann sich der benachbarte Eigentümer im Übrigen in der Regel nur erfolgreich wehren, wenn er durch eine objektiv rechtswidrige Baugenehmigung in seinen Rechten verletzt wird.[5584]

5574 BVerwG NVwZ 1999, 169.

5575 VGH Mannheim UPR 2022, 874 = juris Rn. 43; BVerwG Beschl. v. 3.1.1983 – 4 B 224.82, juris Rn. 5; OVG Saarlouis Beschl. v. 25.5.2010 – 2 A 31/10 juris Rn. 15; VGH München Beschl. v. 6.8.2010 – 15 CS 09.3006, juris Rn. 28, OVG Magdeburg Beschl. v. 20.6.2012 – 2 M 38/12, juris Rn. 25; VGH Mannheim Urt. v. 2.6.2015 – 8 S 1914/14, juris Rn. 67).

5576 Dazu VGH Mannheim UPR 1998, 278. Ist nach dem Landesrecht eine Grenzbebauung zulässig, wird hierdurch das Gebot der nachbarlichen Rücksichtnahme regelmäßig nicht verletzt, VGH Mannheim VFGBW RSpDienst 1998, Beilage 5, B 6.

5577 Grundlegend BVerwGE 52, 122; BVerwGE 55, 369.

5578 BVerwG Beschl. v. 5.12.2019 – 4 B 22.19, juris; BVerwGE 159, 187 Rn. 10.

5579 BVerwGE 145, 145, Rappen BauR 2013, 874, David DVBl. 2013, 373, Kerkhoff IBR 2013, 239, Kümmel NZBau 2013, 220, Reidt, UPR 2013, 166, Fricke ZfBR 2013, 627.

5580 BVerwG NVwZ 1999, 879.

5581 BVerwG NVwZ-RR 1999, 431; OVG Greifswald LKV 1999, 66.

5582 Die Gemeinde darf als Baugenehmigungsbehörde in eigener Sache tätig werden und über eigene Bauvorhaben entscheiden, BVerwG BauR 1998, 768.

5583 OVG Münster UPR 1999, 120.

5584 BVerwG BayVBl. 1995, 92.

Die Zumutbarkeit von **Lichtimmissionen**, die durch die Verglasung eines Wintergartens verursacht werden und Gegenstand einer Nachbarklage sind, beurteilt sich nach dem Grad der Schutzwürdigkeit und der Schutzbedürftigkeit der betroffenen Innen- und Außenwohnbereiche des Nachbarn. Dabei kann das Maß der Schutzbedürftigkeit im Einzelfall auch davon abhängen, ob der Nachbar ohne größeren Aufwand im Rahmen des Ortsüblichen und Sozialadäquaten zumutbare Abschirmmaßnahmen ergreifen kann.[5585] **2552**

Auch können Festsetzungen eines Bebauungsplans durch § 15 BauNVO nur ergänzt, nicht jedoch korrigiert werden.[5586] § 15 I 1 BauNVO betrifft im Übrigen nur die Art der baulichen Nutzung. Er ist im Hinblick auf das Maß der im Bebauungsplan festgesetzten Nutzung nicht anwendbar. Großflächige Tafeln für wechselnde Plakatwerbung sind im Geltungsbereich qualifizierter Bebauungspläne regelmäßig zulässig.[5587] Das Rücksichtnahmegebot kann allerdings nicht nur aus einer unterschiedlichen Art der baulichen Nutzung abgeleitet werden. Auch eine Festsetzung eines Bebauungsplans, die beispielsweise eine bauliche Nutzung zugunsten einer Grünfläche ausschließt, kann – je nach den Umständen des Einzelfalls – Teil eines Austauschverhältnisses sein, wenn mit der Festsetzung die spezifische Qualität des Plangebietes und damit dessen Gebietscharakter begründet werden soll. Das in derartigen Festsetzungen begründete Austauschverhältnis muss allerdings durch eine entsprechende konzeptionelle Einbindung und Wechselbezüglichkeit der Grundstücksflächen zueinander verdeutlicht sein.[5588] **2553**

Auch die Gemeinden sind in der Lage, im Rahmen der Bauleitplanung die Anforderungen an das Rücksichtnahmegebot in gewissen Grenzen selbst zu bestimmen. So hat die Gemeinde mit den Festsetzungen des Bebauungsplans die Möglichkeit, unter Beachtung der Grundsätze der nachbarlichen Rücksichtnahme Belange neu zu bewerten und vor dem Hintergrund der gemeindlichen Planungsvorstellungen einem Ausgleich mit anderen Belangen zuzuführen. An diese Bewertung sind die Baugenehmigungsbehörde und Gerichte, wenn dieser Ausgleich sachgerecht ist, grundsätzlich gebunden. Es müssen allerdings jeweils die nach Lage der Dinge beachtlichen Belange in die Abwägung eingestellt werden.[5589] **2554**

Auch höhere Belastungen der Umgebung durch **Verkehrslärm** können zu einer Verletzung des Rücksichtnahmegebotes führen. Würde etwa ein zu erwartender Kundenverkehr Anwohner mit höherem Verkehrslärm belasten, so kann das Vorhaben Spannungen mit der Folge einer Verletzung des Rücksichtnahmegebotes hervorrufen,[5590] ohne dass es auf die Frage der Unzumutbarkeit des erhöhten Verkehrslärms iS des § 5 I Nr. 1 BImSchG ankäme.[5591] Dabei hängt die Schutzwürdigkeit der Umgebung von dem Umfang der bereits gegenwärtig zulässigen Immissionen ab. Die daraus folgende Vorbelastung bestimmt mit das Maß der gebotenen Rücksichtnahme. Führt das hinzukommende Vorhaben zu keinen stärkeren und unzumutbaren Belastungen, so verstößt es auch grundsätzlich nicht gegen das Gebot der nachbarlichen Rücksichtnahme. Aber auch eine Erhöhung vorhandener Belastungen bedeutet noch nicht, dass deshalb ein Vorhaben rücksichtslos sein muss. Auch hier spielt der jeweilige Gebietscharakter eine Rolle. So ist in einem Mischgebiet mit gebietstypischen Störungen auch dann zu rechnen, wenn das Gebiet oder die nähere Umgebung bislang einen eher ruhigen Charakter besaß.[5592] Im Rahmen des Ausgleichs von Umweltschutzanforderungen vermag die Gemeinde durch ihre Bauleitplanung gebietsbezogen zu steuern, ob gewisse Benachteiligungen oder Belästigungen iS des § 3 BImSchG erheblich sind. Die Gemeinde ist dabei im Rahmen ihrer Bauleitplanung nicht auf die Abwehr von eingetretenen schädlichen Umwelteinwirkungen beschränkt, sondern darüber hinaus ermächtigt, entsprechend dem Vorsorgeprinzip des § 5 I Nr. 2 BImSchG schon vorbeugenden Umweltschutz zu betreiben.[5593] Ebenso wie der Gesetzgeber hat die planende Gemeinde bei ihren Regelungen allerdings die verfassungsrechtlichen Wertentscheidungen insbesondere der Eigentumsgarantie in Art. 14 I GG zu beachten. Ausweisungen des Bebauungsplans, die diese verfassungsrechtlichen Anforderungen nicht ausreichend berücksichtigen, sind nicht wirksam.[5594] **2555**

5585 BVerwG BauR 1999, 1279.
5586 BVerwG NVwZ 1989, 960; OVG Münster ZfBR 1999, 230.
5587 BVerwG NVwZ 1995, 899.
5588 BVerwG NJW 1994, 1546.
5589 BVerwG NVwZ 1990, 263.
5590 BVerwG NVwZ 1989, 666.
5591 BVerwG NVwZ 1987, 1078.
5592 BVerwG Beschl. v. 17.1.1995 – 4 B 1.95, juris.
5593 BVerwGE 80, 184; NVwZ 1989, 664; NVwZ 1990, 257.
5594 BVerwGE 88, 191.

2556 Soweit es daher um **Immissionen** geht, muss sich der durch das Gebot der Rücksichtnahme vermittelte Schutz am Immissionsschutzrecht und dort an dem Begriff der schädlichen Umwelteinwirkungen[5595] ausrichten. Denn der Schutz auf Grund des Rücksichtnahmegebotes reicht hinsichtlich der Immissionen vom Grundsatz her nicht weiter als der durch das Immissionsschutzrecht vermittelte Schutz.[5596] Die Kriterien bzw. wertenden Elemente, die bei einer immissionsschutzrechtlichen Betrachtung den Maßstab für die Zumutbarkeit bilden, müssen entsprechend auch bei der Bestimmung des Zumutbarkeitsmaßstabes des bauplanungsrechtlichen Rücksichtnahmegebotes beachtet werden.[5597] Selbst Vorhaben, mit denen gewichtige Interessen verfolgt werden oder die einem als schutzwürdig anzuerkennenden Bedürfnis Rechnung tragen, sind bauplanungsrechtlich grundsätzlich rücksichtslos, wenn ihre Immissionen für die Nachbarschaft die Zumutbarkeitsschwelle des § 3 I BImSchG überschreiten. Auf der anderen Seite wird auch das bauplanungsrechtliche Rücksichtnahmegebot eingehalten sein, wenn diese immissionsschutzrechtliche Zumutbarkeitsschwelle nicht überschritten ist. Bei dem im Rahmen des Rücksichtnahmegebots erforderlichen Interessenausgleich kann zu berücksichtigen sein, dass zu Feierabend-Zeiten ein stärkeres Ruhebedürfnis als sonst besteht. Die Tages- oder Nachtzeit der jeweiligen Geräuschbeeinträchtigungen spielt auch in immissionsschutzrechtlichen Regelungen[5598] eine Rolle.[5599]

2557 Für vorhandene oder nach dem Planungsrecht zulässige **Gemengelagen** ergeben sich besondere Prüfungsgrundsätze. Soll in unmittelbarer Nachbarschaft einer immissionsträchtigen Nutzung ein schutzbedürftiges Vorhaben etwa der Wohnnutzung verwirklicht werden, so sind die jeweiligen Einwirkungs- und Schutzinteressen gegeneinander abzuwägen. Dabei sind die planerischen Ausweisungen, aber auch die tatsächlich gegebene Situation in Rechnung zu stellen. Auch faktische Vorbelastungen können dazu führen, dass die Pflicht zur gegenseitigen Rücksichtnahme sich vermindert und Beeinträchtigungen in weitergehendem Maße zumutbar sind, als sie sonst in dem betreffenden Baugebiet hinzunehmen wären.[5600] So kann etwa ein ausgewiesenes allgemeines Wohngebiet, in dem das Baugrundstück liegt, von den tatsächlichen Gegebenheiten her durch die gewerbliche Nutzung des Nachbargrundstücks mitgeprägt sein. Dies gilt auch dann, wenn die gewerbliche Nutzung als **Fremdkörper** erscheint und selbst bei einem dem Stand der Technik vollauf entsprechenden Betrieb für die Umgebung unzumutbare Störungen iS des § 4 III Nr. 2 BauNVO hervorruft. Der Existenz solcher Betriebe ist aber gleichwohl Rechnung zu tragen, wenn sie genehmigt worden sind und daher baurechtlichen Bestandsschutz haben. In diesem Fall ist der durch die Genehmigung entstandene Bestandsschutz in die Abwägung der nachbarlichen Interessen einzubeziehen.[5601] Denn der Bestandsschutz, den eine Nutzung genießt, ist Bestandteil der Situation, in die das Grundstück und seine Umgebung hineingestellt sind.[5602]

2558 Der **Bestandsschutz** wirkt dabei nach der einen Seite als Situationsberechtigung, nach der anderen als Situationsbelastung. Bei entsprechender Vorbelastung ist das Duldungspotenzial der Wohnnutzung nach § 15 I 2 BauNVO höher als in einem nicht vorbelasteten Wohngebiet. § 15 I 2 BauNVO stellt – insofern vergleichbar mit § 34 I BauGB – auf die Eigenart des konkreten Baugebiets ab und nicht auf den abstrakten Gebietscharakter der Gebiete nach den §§ 2 – 11 BauNVO. Der Eigentümer eines ausgewiesenen Wohngrundstücks muss deshalb schutzmindernd hinnehmen, dass sein Grundstück auf Grund der baurechtlichen Zulassung eines emissionsträchtigen Betriebs auf dem Nachbargrundstück einer erheblichen Situationsbelastung unterliegt. In dieser Situation steht das sich aus dem Bebauungsplan ergebende Recht, ein Wohnhaus zu errichten, unter dem Vorbehalt, dass der Nachbar seinen emittierenden Betrieb fortführen und dadurch auch die Wohnqualität des Baugrundstücks beeinträchtigen darf. Dies darf jedoch nicht schrankenlos geschehen, sondern steht seinerseits unter dem Vorbehalt der Rücksichtnahme auf die für das Nachbargrundstück festgesetzte Nutzungsart. Beide Nutzungen müssen aufeinander so Rücksicht nehmen, dass sowohl die bestandskräftig genehmigte als auch die nach dem Bebauungsplan zulässige Nutzung ausgeübt werden kön-

[5595] §§ 3 I, 5 I Nr. 1, 22 I Nr. 1 BImSchG.
[5596] BVerwGE 52, 122; BVerwGE 68, 58; NJW 1984, 250.
[5597] BVerwG Beschl. v. 16.12.1992 – 4 B 202.92, juris.
[5598] § 2 I Verkehrslärmschutzverordnung; § 2 V Sportanlagenlärmschutzverordnung; Nr. 2 321 TA Lärm.
[5599] BVerwG Beschl. v. 8.3.1995 – 4 B 25.95, juris.
[5600] BVerwGE 50, 49; NVwZ-RR 1994, 139.
[5601] BVerwGE 98, 235.
[5602] BVerwG UPR 1991, 151.

nen. Der Betreiber der emittierenden Anlage muss es hinnehmen, dass er einen Standort in einem allgemeinen Wohngebiet und damit in einer gegenüber Immissionen schutzbedürftigen Umgebung hat. Die ihm immissionsschutzrechtlich obliegenden Pflichten sind im Hinblick auf die in der Nachbarschaft zulässige Wohnnutzung näher zu konkretisieren. Das entspricht der inneren Wechselbeziehung, in der Bebauungsrecht und Immissionsschutzrecht zueinanderstehen.[5603]

Bei der Entscheidung nach § 15 I 2 BauNVO ist folglich zu prüfen, ob durch den Betreiber zumutbare Maßnahmen der Emissionsvermeidung und -minderung ein Zustand erreicht werden kann, der auf dem Nachbargrundstück ein Wohnen ohne Gesundheitsgefahren ermöglicht. Gesunde Wohnverhältnisse (§ 1 VI Nr. 1 BauGB, § 34 I 2 BauGB) müssen gewahrt bleiben. Dann bietet § 15 I 2 BauNVO keine Handhabe, die Baugenehmigung für die auf dem Grundstück baurechtlich allgemein zulässige Nutzung zu versagen. Der Betreiber der emittierenden Anlage hat allerdings nicht nur die Grenze zu ungesunden Wohnverhältnissen zu wahren. Er bleibt auch zu einer weiter gehenden Rücksichtnahme verpflichtet, soweit ihm dies vor allem durch technische Schutzvorkehrungen zumutbar ist. Die Grenze der Wohnunverträglichkeit markiert nur, dass oberhalb dieser Immissionsbelastungen eine Baugenehmigung gem. § 15 I 2, 2. Alt. BauNVO nicht mehr erteilt werden darf.[5604] 2559

Eine **heranrückende Wohnbebauung** verletzt einem bestehenden geruchsemittierenden Betrieb gegenüber das Gebot der Rücksichtnahme, wenn ihr Hinzutreten die rechtlichen Rahmenbedingungen, unter denen der Betrieb arbeiten muss, gegenüber der vorher gegebenen Lage verschlechtert. Das ist dann der Fall, wenn der Betrieb durch die hinzutretende Bebauung mit nachträglichen Auflagen rechnen muss, wenn also die Nachbarn mit Erfolg Nachbarrechte für sich reklamieren könnten. Die bloße Besorgnis, Nachbarn könnten sich ohne rechtlichen Grund gegen die bestehende Nutzung wenden und die Lage des Betriebs faktisch erschweren, ist hingegen unbeachtlich.[5605] In vorbelasteten Lagen bestimmt grundsätzlich nicht der jeweilige Immissionsrichtwert der GIRL, sondern das Maß der genehmigten, dem Stand der Technik entsprechenden und nicht gesundheitsschädlichen Vorbelastung die Schwelle der Zumutbarkeit von Gerüchen. Heranrückende Wohnbebauung kann insofern keine Abwehransprüche geltend machen; ihr gegenüber sind die mit der genehmigten Vorbelastung verbundenen Geruchsbelästigungen grundsätzlich nicht unzumutbar. Das schließt zugleich Abwehransprüche des landwirtschaftlichen Betriebs gegenüber der duldungspflichtigen heranrückenden Wohnbebauung aus.[5606] 2560

Welche Maßnahmen dem zur Rücksichtnahme auf seine Nachbarschaft verpflichteten Betreiber einer nicht immissionsschutzrechtlich genehmigungsbedürftigen Anlage zumutbar sind, bestimmt sich nach § 22 I 1 BImSchG.[5607] Danach sind immissionsschutzrechtlich nicht genehmigungsbedürftige Anlagen so zu errichten und zu betreiben, dass schädliche Umwelteinwirkungen verhindert werden, die nach dem Stand der Technik vermeidbar sind (Nr.1), und dass nach dem Stand der Technik unvermeidbare schädliche Umwelteinwirkungen auf ein Mindestmaß beschränkt werden (Nr.2). Der dem Gewerbebetrieb auf Grund der Baugenehmigung zukommende Bestandsschutz kann sich nur in den Grenzen entfalten, die ihm das Immissionsschutzrecht lässt. Dieses Recht ist dynamisch angelegt. Die Grundpflichten gem. § 22 I 1 BImSchG sind nicht nur im Zeitpunkt der Errichtung der Anlage, sondern in der gesamten Betriebsphase zu erfüllen. Sie wirken unmittelbar. Der Betreiber kann sich nicht darauf berufen, dass der Genehmigungsbescheid keine konkreten Anforderungen an den Schutz der Nachbarschaft stellt.[5608] Die Baugenehmigungsbehörde hat bei der Entscheidung über die Genehmigung eines baurechtlich allgemein zulässigen Wohnbauvorhabens in der Nachbarschaft einer emittierenden Anlage davon auszugehen, dass deren Betreiber die ihm nach § 22 I 1 BImSchG obliegenden Pflichten erfüllt. Zwar ist die Durchsetzung dieser Pflicht nicht ohne weiteres gewährleistet, weil § 24 BImSchG ein Einschreiten gegen den die Grundpflichten nicht erfüllenden Betreiber in das Ermessen der zuständigen Behörde stellt. Jedoch wäre es nicht gerechtfertigt, demjenigen, der sein Grundstück in der baurechtlich allgemein zulässigen 2561

5603 BVerwGE 74, 315; NVwZ 1990, 257; BVerwGE 79, 254; BVerwGE 81, 197; BVerwGE 88, 143.

5604 BVerwG NJW 1996, 1769.

5605 OVG Lüneburg BauR 2022, 1753 = juris Rn. 12; RdL 2018, 318 = juris Rn. 23; VGH München Beschl. v. 21.1.2022 – 1 CS 21.2866, juris Rn. 14.

5606 OVG Lüneburg BauR 2022, 1753 = juris Rn. 15.

5607 BVerwGE 68, 58; NVwZ 1993, 987.

5608 BVerwG NJW 1988, 2552; NVwZ 1989, 257.

Weise bebauen will, dieses Recht nur deshalb vorzuenthalten, weil der Betreiber der emittierenden Anlage die ihm gesetzlich obliegenden Pflichten nicht erfüllt und die Behörde nichts tut, ihn dazu anzuhalten. Dabei wird das Ermessen umso mehr eingeschränkt, je mehr die den bauwilligen Nachbarn treffenden Immissionen sich der Grenze nähern, die zur Wohnunverträglichkeit führen würden und damit das Wohnbauvorhaben zum Scheitern bringen müssten. Der Gewerbebetrieb hat daher alle ihm zumutbaren Maßnahmen zu ergreifen, um das vom Grundsatz her zumutbare Wohnen in der Nachbarschaft erträglich zu machen. Ist dies der Fall, darf die Bebauung des Nachbargrundstücks mit einem Wohnhaus nicht verweigert werden.[5609]

2562 Bauordnungsrechtliche Vorschriften über die **Anordnung von Stellplätzen** können die Anwendung des § 15 I 2 BauNVO nicht spezialgesetzlich ausschließen. Der in § 15 I 2 BauNVO nach Maßgabe des Rücksichtnahmegebots angelegte Drittschutz des Nachbarn besteht grundsätzlich auch gegenüber Anlagen auf Grundstücken, die mit dem Grundstück des Nachbarn durch eine landesrechtliche Vereinigungsbaulast zusammengeschlossen sind.[5610] Der Eigentümer eines im Gewerbegebiet gelegenen Grundstücks kann unter Berufung auf § 15 I 1 BauNVO die Zulassung eines Seniorenpflegeheims auf dem Nachbargrundstück abwehren, selbst wenn in Folge verfügter Schallschutzmaßnahmen eine Unzulässigkeit des Vorhabens nach § 15 I 2 BauNVO nicht gegeben sein sollte.[5611] Bei einer Anlage für soziale und gesundheitliche Zwecke ist im Rahmen von § 15 I 1 BauNVO neben den individuellen Interessen des Bauherrn und des Nachbarn ggf. auch das öffentliche Interesse zu berücksichtigen.[5612] Bei der Prüfung, ob ein im Einwirkungsbereich einer emittierenden Anlage geplantes Wohngebäude die gebotene Rücksicht nimmt, können unter dem Gesichtspunkt der „architektonischen Selbsthilfe"[5613] schon aus Gründen der Praktikabilität allenfalls nahe liegende, sich unter den gegebenen Umständen aufdrängende bauliche Vorkehrungen verlangt werden. Zu einer Optimierung des Vorhabens im Sinne einer möglichst nachbarfreundlichen Bauausführung ist der Bauherr nicht verpflichtet.[5614]

2563 § 15 I 1 BauNVO enthält nicht nur das Gebot der Rücksichtnahme, sondern vermittelt auch einen Anspruch auf Aufrechterhaltung der typischen Prägung eines Baugebietes[5615] **(Gebietsschutz)**. Der Eigentümer eines Grundstücks im durch Bebauungsplan festgesetzten Gewerbegebiet hat kraft Bundesrechts einen Abwehranspruch gegen die Genehmigung eines iS des § 8 I BauNVO – seiner Art nach – erheblich belästigenden und daher nur in einem Industriegebiet nach § 9 BauNVO allgemein zulässigen Gewerbebetriebs. Darauf, ob die von dem Gewerbebetrieb ausgehenden Belästigungen unzumutbar iS des § 15 I 2 BauNVO oder erheblich iS des § 5 I Nr. 1 BImSchG sind, kommt es – anders als bei Abwehransprüchen von Betroffenen außerhalb des Gebiets – für den Schutz des Gebiets gegen „schleichende Umwandlung" nicht an.[5616]

2564 Auf die Einhaltung der festgesetzten Nutzungsart haben die Nachbarn einen **Rechtsanspruch**. Als Eigentümer von Grundstücken, die durch denselben Bebauungsplan ebenfalls als Industriegebiet festgesetzt werden, können sie die Zulassung eines mit der Gebietsfestsetzung unvereinbaren Vorhabens abwehren, weil hierdurch das nachbarliche Austauschverhältnis gestört und eine Verfremdung des Gebiets eingeleitet wird. Nicht zu folgen ist der Rechtsauffassung, der Nachbarschutz könne entfallen, weil eine das Schutzniveau verschlechternde Ent-

---

[5609] BVerwGE 91, 92; NJW 1996, 1769.

[5610] BVerwG NVwZ 2001, 813.

[5611] VGH Mannheim ZfBR 2002, 79.

[5612] BVerwG NVwZ-RR 2001, 217.

[5613] BVerwG NVwZ 2000, 1050; NVwZ 2013, 372, Rappen BauR 2013, 874, David DVBl. 2013, 373, Kerkhoff IBR 2013, 239, Kümmel NZBau 2013, 220, Reidt UPR 2013, 166, Fricke ZfBR 2013, 627.

[5614] VGH München UPR 2002, 119. Zum Abwehranspruch eines Gewerbebetriebes gegenüber einem Wohnbauvorhaben OVG Münster NVwZ-RR 2003, 818. Zur entsprechenden Anwendung des § 15 BauNVO auf einen vorhabenbezogenen Bebauungsplan VGH Mannheim Beschl. v. 5.5.2003 – 8 S 783/03, BeckRS 2003, 1099. Zum Schutzanspruch einer Wohnnutzung gegenüber heranrückenden kommunalen Einrichtungen an eine Wohnbebauung VGH Mannheim BauR 2002, 1748. Zur Verletzung des Rücksichtnahmegebotes durch einen Einzelhandelsbetrieb VG Karlsruhe Urt. v. 10.2.2003 – 12 K 1099/00, BeckRS 2005, 2419. Zum Gebot der nachbarlichen Rücksichtnahme bei Bolzplätzen VGH München NVwZ-RR 2004, 20. Bei Verletzung des Rücksichtnahmegebotes kann die Gemeinde auch das Einvernehmen nach § 36 BauGB verweigern, so VG Neustadt Urt. v. 4.7.2002 – 4 K 2517/01.NW, BeckRS 2002, 16461.

[5615] BVerwG NVwZ 2002, 1384; BVerwGE 94, 151.

[5616] BVerwG NVwZ 2000, 679.

wicklung gar nicht eintreten könne. Zwar mag richtig sein, dass die in einem Industriegebiet vorhandenen Gewerbebetriebe wie etwa durch eine Diskothek regelmäßig kaum oder nur geringfügig gestört werden dürften. Gleichwohl kann auch im Industriegebiet jede von der Gebietsfestsetzung abweichende Nutzung eine potenzielle Verschlechterung für den Nachbarn bedeuten.[5617]

8. Alternativenprüfung

Die Gemeinde hat sich aufdrängende oder nahe liegende Alternativen in die Abwägung einzustellen.[5618] Dies gilt vor allem bei einer nahe liegenden Alternativlösung, mit der die angestrebten Ziele unter geringeren Beeinträchtigungen von entgegenstehenden öffentlichen und privaten Belangen verwirklicht werden können.[5619] Die Pflicht zu einer solchen Alternativenprüfung ergibt sich aus dem aus dem Rechtsstaatsprinzip abgeleiteten **Verhältnismäßigkeitsgrundsatz** und vor allem auch aus dem grundrechtlich gesicherten Eigentumsschutz.[5620] Nach § 3 I 1 BauGB ist die Öffentlichkeit frühzeitig über sich wesentlich unterscheidende Lösungen, die für die Neugestaltung oder Entwicklung eines Gebiets in Betracht kommen, zu unterrichten. Außerdem sieht § 2 IV BauGB hinsichtlich des Inhalts des Umweltberichtes gemäß Anlage 1 zum BauGB vor, dass zur Beschreibung und Bewertung der erheblichen Umweltauswirkungen noch Angaben zu in Betracht kommenden anderweitigen Planungsmöglichkeiten gehören (Nr. 2 d). Wegen des den Gemeinden zustehenden Planungsermessens ist eine Bauleitplanung insoweit allerdings nur dann als rechtsfehlerhaft, wenn sich eine andere als die gewählte Lösung unter Berücksichtigung aller abwägungserheblichen Belange als die bessere, weil öffentliche und private Belange schonendere Variante hätte aufdrängen müssen.[5621] 2565

Zur Erläuterung der gemeindlichen Pflicht zur Alternativenprüfung führt das BVerwG aus, die Gemeinde dürfe durch ihre Bauleitplanung die bauliche Nutzbarkeit von Grundstücken verändern und dabei auch die privaten Nutzungsmöglichkeiten einschränken oder gar aufheben. Die Beschränkung der Nutzungsmöglichkeiten eines Grundstücks müsse von der Gemeinde jedoch als ein wichtiger Belang privater Eigentümerinteressen in der Abwägung der öffentlichen und privaten Belange beachtet werden. Die städtebaulich relevanten Allgemeinbelange, die hinter einer Planung stehen, müssten umso gewichtiger sein, je stärker die Festsetzungen des Bebauungsplans die Privatnützigkeit von Grundstücken beschränken oder gar ausschließen würden.[5622] Die im Rahmen der Abwägung zu berücksichtigende Bestandsgarantie des Art. 14 I 1 GG fordere, dass in erster Linie Vorkehrungen getroffen werden, die eine unverhältnismäßige Belastung des Eigentümers real vermeiden und die Privatnützigkeit des Eigentums soweit wie möglich erhalten würden.[5623] Bei der Inanspruchnahme von Grundeigentum seit dem Grundsatz des geringstmöglichen Eingriffs als Element des Verhältnismäßigkeitsgrundsatzes Geltung zu verschaffen. Es müsse demnach stets geprüft werden, ob es ein milderes Mittel gebe, das zur Zweckerreichung gleich geeignet sei, den Eigentümer aber weniger belaste. Als milderes Mittel sei es anzusehen, wenn das Planvorhaben gleich gut auch auf Grundstücken der öffentlichen Hand verwirklicht werden könne. In der Abwägung habe das Eigentum der öffentlichen Hand nämlich ein geringeres Gewicht als das Eigentum Privater, weil Hoheitsträger angesichts des personalen Schutzbereichs der Eigentumsgarantie sich auf das Grundrecht aus Art. 14 I GG nicht berufen könnten.[5624] 2566

[5617] BVerwG NVwZ 2000, 1054.

[5618] BVerwG ZfBR 1988, 44; BauR 1989, 507; Zur Notwendigkeit und zu den rechtlichen Anforderungen an die Alternativenprüfung in der Bauleitplanung Spannowsky UPR 2005, 401.

[5619] BVerwG Beschl. v. 18.10.2023 – 4 BN 8/23, juris Rn. 15; BVerwGE 71, 166; OVG Lüneburg Urt. v. 5.10.2023 – 1 KN 66/20, juris Rn. 62; zu Planungszielen und Planungsalternativen auch Beckmann DVBl. 2022, 809.

[5620] OVG Koblenz Urt. v. 26.4.2023 – 8 C 10462/22, juris Rn. 64; zum Eigentumsschutz und zur enteignungsrechtlichen Vorwirkung der abfallrechtlichen Planfeststellung Beckmann UPR 2023, 121.

[5621] OVG Koblenz Urt. v. 26.4.2023 – 8 C 10462/22, juris Rn. 65; NVwZ-RR 2013, 586 = juris, Rn. 40; VGH Mannheim NVwZ-RR 2019, 1030 = juris, Rn. 82, 84; OVG Münster BauR 2022, 1287 = juris, Rn. 40 ff.

[5622] BVerwGE 112, 41 (48 f.).

[5623] BVerwG Beschl. v. 18.10.2023 – 4 BN 8/23, juris Rn. 15 unter Verweis auf BVerfG NVwZ 2003, 727 (728).

[5624] BVerwG Beschl. v. 18.10.2023 – 4 BN 8/23, juris Rn. 15; BVerwG NVwZ 2002, 1506.

2567 Die Prüfung des Verhältnismäßigkeitsgrundsatzes, der ein Kriterium für die Auswahl unter mehreren gleich geeigneten Grundstücken enthält, steht nach Ansicht des BVerwG nicht isoliert für sich, sondern ist Teil der planerischen Abwägung. Nach allgemeinen Abwägungsgrundsätzen sei die Gemeinde wie jeder Planungsträger generell im Interesse eines schonenden Ausgleichs der betroffenen Belange verpflichtet, ernsthaft in Betracht kommende Alternativstandorte einer vergleichenden Bewertung zu unterziehen.[5625] Bei der Alternativenprüfung sei bei der Zusammenstellung des Abwägungsmaterials im Verfahren nach § 2 III BauGB zu ermitteln, welche abwägungserheblichen Alternativen in Betracht kommen und in welchem Umfang die von der Planung betroffenen Belange durch die jeweilige Alternative berührt werden könnten. Dabei seien nur solche Alternativen näher zu betrachten, die zur Erreichung des konkreten Planziels geeignet seien. Bei dessen Festlegung habe die Gemeinde ein weites Ermessen. Sie sei nach Maßgabe des § 1 III 1 BauGB ermächtigt, Städtebaupolitik zu betreiben, die ihren städtebaulichen Entwicklungs- und Ordnungsvorstellungen entspreche. In welchem Ausmaß Abstriche vom städtebaulichen Konzept hinzunehmen seien, ohne dass die Planzielkonformität der Alternative infrage gestellt werde, sei eine Frage des Einzelfalls. Der hierbei und für die Bewertung der Alternativen gebotenen Ermittlungstiefe sei dann Genüge getan, wenn aufgrund der gewonnenen Erkenntnisse eine Vorabentscheidung über die Alternativen getroffen werden könne, die dem Abwägungsgebot standhalte. Dabei könne je nach dem Aufwand für die Ermittlung aller gegebenenfalls zu prüfenden Auswirkungen des Plans im Interesse einer angemessenen Verfahrensgestaltung eine Grobprüfung ausreichend sein. Es sei nicht erforderlich, verschiedene jeweils auf einer Vollprüfung beruhende Bebauungsplanentwürfe zu erstellen.[5626]

2568 Die Alternativenprüfung ist auch im Rahmen des **Umweltberichts** angesagt. Darin sind die in Betracht kommenden anderweitigen Planungsmöglichkeiten darzustellen, wobei die Ziele und der räumliche Geltungsbereich des Bauleitplans zu berücksichtigen sind (2 d der Anlage 1 zu § 2 IV BauGB, § 2a S. 2 Nr. 2 BauGB).[5627] Dies entspricht den Vorgaben der Plan-UP-RL. Die Alternativenplanung umfasst damit auch die **Nullvariante**. Die Planung bedarf also bei der Beeinträchtigung betroffener Belange einer Rechtfertigung. Alternativen, die vor dem Hintergrund gemeindliche Planungsziele eindeutig weniger beeinträchtigen, verdienen in der Planung grundsätzlich den Vorrang. Das gilt allerdings nur dann, wenn sich die gemeindlichen Planungsziele dadurch vergleichbar gut verwirklichen lässt. Die Zurückweisung solcher sich anbietender oder aufdrängender Planungsalternativen ist in der Begründung oder an anderer geeigneter Stelle im Planverfahren darzulegen. Werden solche Planungsalternativen nicht in den Planaufstellungsmaterialien behandelt, so kommt dem in aller Regel indizielle Bedeutung für das Vorhandensein eines materiellen Fehlers zu (§ 214 III 2 BauGB). Stellt sich bei der Prüfung heraus, dass eine Abwägung nicht oder auf der Grundlage eines nur unzureichend ermittelten oder bewerteten Abwägungsmaterials stattgefunden hat (§ 2 III BauGB), so ergeben sich dadurch materiell-rechtliche Fehler, die unter den Voraussetzungen der §§ 214, 215 BauGB auf die Rechtswirksamkeit der Bauleitplanung durchschlagen.[5628]

2569 Ohne entsprechende Veranlassung in der Sache ist eine Alternativenabwägung allerdings nicht erforderlich. So ist die Gemeinde ohne greifbare Anhaltspunkte nicht verpflichtet, selbst alternative Planungsvorstellungen zu entwickeln oder sich im Rahmen eines Vorhaben- und Erschließungsplans alternative Projektentwürfe vorlegen zu lassen. Ein auf der Grundlage eines einzigen Projektentwurfs des künftigen Bauherrn aufgestellter Bebauungsplan ist nicht schon deswegen abwägungsfehlerhaft, weil die Gemeinde über die Erforderlichkeit alternativer Projektentwürfe keine selbstständige Entscheidung getroffen hat, obgleich Dienststellen oder Gremien der Gemeinde solche Alternativen gefordert haben. Die vorgenannten Umstände können jedoch auf einen Abwägungsfehler hindeuten.[5629] Eine Alternative, die auf der Grundlage einer **Grobanalyse** als weniger geeignet erscheint, darf schon in einem frühen Verfahrensstadium ausgeschieden werden. Das Abwägungsergebnis ist nicht schon dann fehlerhaft, wenn die verworfene Lösung ebenfalls mit guten Gründen vertretbar gewesen wäre, sondern erst dann, wenn sich diese Lösung als die vorzugswürdige hätte aufdrängen müssen.[5630] Auch die städte-

---

5625 BVerwG Beschl. v. 18.10.2023 – 4 BN 8/23, juris Rn. 16; BVerwGE 81, 128 (136); NVwZ-RR 1989, 458; NVwZ 2003, 1263 (1267).

5626 BVerwG Beschl. v. 18.10.2023 – 4 BN 8/23, juris Rn. 17.

5627 OVG Lüneburg Urt. v. 5.10.2023 – 1 KN 66/20, juris Rn. 72.

5628 BVerwG NVwZ-RR 1989, 523.

5629 BVerwG DVBl. 1987, 1273.

5630 OVG Berlin-Brandenburg Urt. v. 4.12.2009 – 2 A 23.08, BeckRS 2010, 46730.

baulichen Entwicklungsinteressen, wie sie von den planenden Städten und Gemeinden formuliert werden, können dabei eine bedeutsame Rolle spielen.[5631] Der Grundsatz zur Alternativenabwägung gilt allerdings auch im Blick auf naturschutzrechtliche oder umweltschützende Belange nicht absolut. So ist etwa die Planungsbehörde bei der fachplanungsrechtlichen Entscheidung auch durch § 15 II 1 BNatSchG nicht zur Wahl der ökologisch günstigsten Planungsalternative verpflichtet.[5632] Eine solche Verpflichtung ergibt sich auch nicht im Hinblick auf andere umweltschützende Belange. Denn zu einer in jeder Hinsicht optimalen Planung ist die Gemeinde nicht verpflichtet. Höhere Anforderungen ergeben sich durchweg im Habitat- und Vogelschutz sowie nicht selten auch im Artenschutz.

Im Gegensatz zum Fachplanungsrecht mit seiner aus dem Abwägungsgebot als Ausprägung des Verhältnismäßigkeitsgrundsatzes eröffneten Alternativenprüfung ist die **bebauungsrechtliche Prüfung** an den Bauwunsch des Bauherrn gebunden. Er allein bestimmt das Vorhaben, dessen Zulässigkeit in dem vom Bauordnungsrecht bestimmten Verfahren zu prüfen ist. Maßgeblich ist allein die Intensität der Belastungen der Nachbarschaft im konkreten Fall. Ergibt die Prüfung, dass die Belastungen an dem vom Bauherrn gewählten Standort für den Nachbarn im Sinne von § 15 I 2 BauNVO zumutbar sind, muss er die bauliche Anlage auch dann hinnehmen, wenn es einen besser geeigneten Alternativstandort gibt.[5633] 2570

9. Abschnittsbildung

Die Bestimmung des **Geltungsbereichs des Bebauungsplans** liegt grundsätzlich im Ermessen der Gemeinde. Das Plangebiet ist zwar nach sachgerechten Gesichtspunkten abzugrenzen. Eindeutige Grundsätze bestehen in diesem Bereich jedoch nicht. Auch ein sehr kleines Plangebiet, das lediglich ein Grundstück erfasst **(„Briefmarkenbebauungsplan")** kann Gegenstand eines Bebauungsplans sein.[5634] Briefmarkenplanungen sind nicht schlechthin unzulässig; in solchen Fällen müssen allerdings verstärkt die städtebauliche Erforderlichkeit sowie die Abwägungsgerechtigkeit im Hinblick auf die gebotene Konfliktbewältigung geprüft werden.[5635] Grundsätze für die Abgrenzung des Plangebietes können sich aus dem Gebot der Konfliktbewältigung ergeben. Das Plangebiet ist nach Möglichkeit so abzugrenzen, dass die der Bauleitplanung zuzurechnenden Konflikte auch im Plangebiet bewältigt werden können. Dies kann dazu führen, dass der Sache nach zusammenhängende Probleme auch räumlich-gegenständlich in einem Plangebiet behandelt werden. Um der Gefahr zu großer Plangebiete und der damit verbundenen Unübersichtlichkeit zu begegnen, kann die Gemeinde mehrere Abschnitte bilden, die Gegenstand eines jeweils eigenständigen Bebauungsplans sind. 2571

Die Zulässigkeit einer planungsrechtlichen Abschnittsbildung ist in der Rechtsprechung des BVerwG grundsätzlich anerkannt. Dem liegt die Erwägung zugrunde, dass angesichts vielfältiger Schwierigkeiten, die mit einer detaillierten Streckenplanung verbunden sind, die Planfeststellungsbehörde ein planerisches Gesamtkonzept häufig nur in Teilabschnitten verwirklichen kann. Dementsprechend sind nach der Rechtsprechung des BVerwG die verfahrens- und materiellrechtlichen Anforderungen an die fernstraßenrechtliche Planfeststellung einheitlich auf denselben Abschnitt als Vorhaben im fernstraßenrechtlichen Sinne zu beziehen. Eine Teilplanung kann allerdings nicht so weit verselbständigt werden, dass durch die Gesamtplanung geschaffene Probleme unbewältigt bleiben. Ihre Folgen für die weitere Planung dürfen daher nicht gänzlich ausgeblendet bleiben.[5636] 2572

Für die **Straßenplanung** hat das BVerwG an solche Abschnittsbildungen besondere Anforderungen aus der Sicht des Rechtsschutzes der Betroffenen gestellt.[5637] Die Rechtsfigur der 2573

5631 BVerwGE 139, 150.

5632 BVerwGE 104, 144.

5633 BVerwG Beschl. v. 22.10.2010 – 7 B 58.10, BeckRS 2010, 56882.

5634 Die planungsrechtliche Zulässigkeit sog Briefmarkenplanungen wird aber zweifelhaft, wenn ein hinreichendes städtebauliches Konzept dafür nicht erkennbar wird, siehe OVG Greifswald Urt. v. 22.11.2022 – 3 K 124/20 OVG, juris Rn. 67.

5635 OVG Lüneburg BauR 2009, 1425 = juris Rn. 61.

5636 BVerwG NVwZ 2023, 1076 = juris Rn. 158.

5637 BVerwGE 100, 238; BVerwGE 104, 144; ZfB 1997, 131; BVerwGE 102, 331; siehe dazu auch Funk UPR 2023, 440; Külpmann DVBl. 2018, 974; zur eisenbahnrechtlichen Abschnittsbildung siehe auch Wysk UPR 2021, 434; zur Abschnittsbildung bei der bergrechtlichen Planfeststellung eines Rahmenbetriebsplans siehe OVG Saarlouis Urt. v. v. 20.6.2023 – 2 C 220/21, juris Rn. 18.

planungsrechtlichen Abschnittsbildung stellt dabei eine richterrechtliche Ausprägung des allgemeinen rechtsstaatlichen Abwägungsgebots dar. Ihr liegt die Erwägung zu Grunde, dass angesichts vielfältiger Schwierigkeiten, die mit einer detaillierten Streckenplanung verbunden sind, ein planerisches Gesamtkonzept häufig nur in Teilabschnitten verwirklicht werden kann. Das gilt auch in Fällen der sog. isolierten Straßenplanung durch einen Bebauungsplan (§ 9 I Nr. 11 BauGB).

2574 Im Rahmen einer Planfeststellung muss allerdings für einen einzelnen Abschnitt noch nicht mit derselben Prüfungsintensität der Frage nach den Auswirkungen auf nachfolgende Planabschnitte oder gar auf das Gesamtvorhaben nachgegangen werden. Andernfalls würden die Vorteile, die eine Abschnittsbildung im Interesse einer praktikablen, effektiv handhabbaren und leichter überschaubaren Planung rechtfertigen, wieder zunichtegemacht. Erforderlich, aber auch ausreichend ist eine summarische Prüfung, ob der Verwirklichung des Gesamtvorhabens von vornherein unüberwindliche Hindernisse entgegenstehen.[5638]

2575 Da die durch die Abschnittsbildung entstehenden sog. **Zwangspunkte**[5639] ihrerseits als Abwägungsinhalte in die Planung weiterer Teilabschnitte eingehen, rechtfertigt dies, einen Rechtsschutz gegenüber dem vorherigen Teilabschnitt auch für denjenigen zu begründen, der in seinen Rechten unmittelbar durch den weiteren Ausbau des ihn erst dann berührenden Teilabschnitts betroffen sein kann.[5640] Eine Abschnittsbildung kann auch etwa dann rechtswidrig sein, wenn sie objektiv geeignet ist, die nach Art. 19 IV 1 GG gewährleisteten Rechtsschutzmöglichkeiten wegen übermäßiger „Parzellierung" des Planungsverlaufs faktisch unmöglich zu machen.[5641] Neben diesen eher verfahrensrechtlichen und prozessualen Gesichtspunkten muss sich die jeweils getroffene Abschnittsbildung auch inhaltlich rechtfertigen lassen. Zum einen hat die Bildung von Teilabschnitten ihrerseits das Ergebnis planerischer Abwägung zu sein. Auch hier gilt, dass Sachfragen, die sachgerecht nur einheitlich gelöst werden können, auch verfahrensrechtlich nur einheitlich geplant und entschieden werden dürfen.[5642] Zum anderen bedarf der Streckenabschnitt der eigenen Rechtfertigung, die allerdings vor dem Hintergrund der beabsichtigten Gesamtplanung zu sehen ist. Daher muss der jeweilige Teilabschnitt grundsätzlich eine insoweit selbstständige Verkehrsfunktion haben.[5643] Vor allem soll vermieden werden, dass durch eine nicht sachgerechte Abschnittsbildung ein **Planungstorso** entsteht. Deshalb muss jeder Straßenabschnitt vom Grundsatz her eine eigene **Verkehrsbedeutung** haben. Von diesem Grundsatz gibt es allerdings dann Ausnahmen, wenn im Ergebnis sichergestellt werden kann, dass ein Planungstorso vermieden wird.[5644]

2576 Diese für das straßenrechtliche Fachplanungsrecht entwickelten Grundsätze dürften auch dann anzuwenden sein, wenn durch **Bebauungsplan** eine Straßenplanung erfolgt oder ein sonstiges einheitliches Vorhaben in mehreren Bebauungsplänen verwirklicht werden soll.[5645] Die Bildung von Abschnitten durch die Aufteilung des Vorhabens in mehrere Bebauungspläne ist danach zulässig, wenn sie auf der Grundlage einer Gesamtabwägung erfolgt, die Abschnittsbildung sachgerecht ist und der einzelne Abschnitt eine eigenständige Verkehrsfunktion hat.[5646] Der Planbetroffene kann dabei auch gegen Nachbarbebauungspläne Rechtsschutz suchen, wenn durch sie Zwangspunkte[5647] für die Betroffenheit des eigenen Grundstücks gesetzt werden. Eine fehlerhafte Abschnittsbildung kann ggf. durch eine Erklärung, den Baubeginn nur gemeinsam durchzuführen, geheilt werden.[5648] Entfaltet ein Planfeststellungsbeschluss für die

5638 BVerwG NVwZ 2023, 1076 = juris Rn. 159; NVwZ 2017, 1294.

5639 BVerwG Beschl. v. 14.7.2005 – 9 VR 23.04, BeckRS 2005, 28565; NVwZ 1993, 887; NVwZ 1997, 491; Urt. v. 1.7.2003 – 4 VR 1.03, BeckRS 2003, 23613; Urt. v. 24.3.2004 – 9 A 34.03, BeckRS 2004, 22329.

5640 BVerwGE 62, 342; BVerwGE 72, 282.

5641 BVerwG NVwZ 1991, 781.

5642 BVerwG UPR 1988, 70.

5643 BVerwG NVwZ 1993, 754.

5644 BVerwGE 102, 331; BVerwGE 104, 144.

5645 Zur Ersetzung der Planfeststellung für Verkehrsanlagen durch Bebauungsplan Beckmann UPR 2017, 41.

5646 BVerwG NVwZ 1993, 754; zur Straßenplanung durch Bebauungsplan OVG Münster UPR 1998, 240.

5647 BVerwG Beschl. v. 14.7.2005 – 9 VR 23.04, BeckRS 2005, 28565; NVwZ 1993, 887; NVwZ 1997, 491; Urt. v. 1.7.2003 – 4 VR 1.03, BeckRS 2003, 23613; Urt. v. 24.3.2004 – 9 A 34.03, BeckRS 2004, 22329.

5648 BVerwGE 100, 238.

Variantenauswahl im anschließenden Teilabschnitt nur insoweit eine Vorwirkung, als er die in Betracht kommenden **Varianten** reduziert, rechtfertigt dies nicht die Annahme eines Zwangspunktes.[5649]

Die Rechtsgrundsätze der **Abschnittsbildung** im Fernstraßenrecht sind auch auf die **Straßenplanung** durch Bebauungsplan übertragbar. Die Gemeinde darf daher eine Straße, die sie in Abschnitten als Ersatz für eine als Ortszentrum durchfahrende Landesstraße plant, zunächst als Gemeindestraße planen, auch wenn später beabsichtigt ist, die Ortsumgehung nach vollständiger Fertigstellung aller Abschnitte als Landesstraße zu widmen.[5650] Auch soweit der Bebauungsplan die Planfeststellung für den Bau einer Straße ersetzt, ist eine Planung in Abschnitten zulässig. Jedoch muss – wie bei der Planfeststellung[5651] – jeder Abschnitt grundsätzlich eine eigene Verkehrsfunktion haben, um zu gewährleisten, dass die Teilplanung auch dann nicht sinnlos wird, wenn das Gesamtkonzept später nicht verwirklicht werden kann. Ferner muss die Prognose ergeben, dass der Verwirklichung des Gesamtvorhabens in den Folgeabschnitten keine von vornherein unüberwindbaren Schwierigkeiten entgegenstehen.[5652] 2577

10. Abwägungsgrundsätze

Die bei der Bauleitplanung zu berücksichtigenden Belange sind zwar prinzipiell gleichgeordnet oder haben – soweit ein Optimierungsgebot gilt – einen **relativen Vorrang**. Der Ausgleich zwischen den betroffenen Belangen erfolgt aber letztlich erst in einer Bewertung der konkreten Einzelfallumstände vor dem Hintergrund der jeweiligen städtebaulichen Konzeption. **Allgemein anerkannte Grundsätze des Städtebaus** in dem Sinne, dass sich aus solchen Handlungsmaximen zwingende und allgemein gültige Schlussfolgerungen für die Behandlung von Einzelproblemen der Stadtplanung ableiten ließen, sind kaum erkennbar. Die Frage nach den anerkannten Grundsätzen des Städtebaus muss daher verneint werden, wenn man hierunter unmittelbar in Rechtsnormen umsetzbare Planungsgrundsätze versteht. 2578

Beispiel: Die Gemeinde plant ein neues Wohngebiet im Anschluss an eine bestehende Bebauung. Ob dort eine Bebauung mit freistehenden eingeschossigen Einfamilienhäusern oder mehrgeschossigen Hausgruppen vorgesehen wird, kann aus allgemeinen Grundsätzen des Städtebaus nicht abgeleitet werden. Vor allem sind solche Grundsätze ihrer Zeit verpflichtet und insoweit einem starken Wandel unterworfen. Allerdings können aus gesetzgeberischen Wertungen und allgemein anerkannten Grundüberzeugungen im Städtebau Abwägungsgrundsätze iS von **Leitlinien** abgeleitet werden.[5653]

a) Gebot der planerischen Konfliktbewältigung. Es entspricht einem anerkannten Abwägungsgrundsatz, dass die mit der Planung verbundenen Konflikte soweit wie möglich auch durch die Planung gelöst werden sollen. Das Gebot stellt Grundanforderungen an die Bauleitplanung und verlangt, dass die danach zu berücksichtigenden Belange in die Abwägung eingestellt werden. Der Plan darf dabei der Plandurchführung nur überlassen, was diese – etwa mit Hilfe des § 15 BauNVO – tatsächlich zu leisten vermag. Das Gebot der planerischen Konfliktbewältigung hat verschiedene **Ausprägungen**: 2579

- Das Gebot der möglichsten **Ausschöpfung** des in dem Planungsrecht vorgegebenen **Konfliktlösungspotenzials**.
- Das Gebot der möglichsten Vermeidung der Verschiebung der planerischen Konfliktlösung (**planerischer Konflikttransfer**). Sich abzeichnende Konflikte sind nach Möglichkeit zu vermeiden oder in der Planung zu lösen, nicht jedoch von vornherein ohne sachliche Berechtigung zu verschieben.

b) Gebot der Rücksichtnahme auf schützenswerte Individualinteressen. Bei der Bauleitplanung sind zu schützende Individualinteressen zu berücksichtigen. Für die gemeindliche Bauleitplanung lassen sich aus dem Rücksichtnahmegebot folgende Einzelgebote ableiten: 2580

5649 BVerwG NVwZ 2012, 567, Zabel IBR 2012, 353; Muckel JA 2012, 639.

5650 Zu den Anforderungen an den Planfeststellungsbeschluss, wenn bei einer Abschnittsbildung ein Abschnitt durch einen Bebauungsplan geregelt wird: OVG Lüneburg NuR 1999, 522.

5651 BVerwGE 100, 238.

5652 BVerwG NVwZ 1998, 508.

5653 Hoppe/Bönker in HBG, Öffentliches Baurecht, 2024, § 7 Rn. 34 ff.

– **Grundsatz der Differenzierung und Schonung.** Die Rücksichtnahme auf schutzwürdige Belange ist nicht iS absoluter Vorränge zu verstehen, sondern verlangt eine differenzierende Betrachtung nach dem jeweiligen Schutzgut und den sonst zu berücksichtigenden Belangen. Die Planung muss auf das jeweilige Schutzpotenzial ggf. mit differenzierenden Ausweisungen reagieren.
– **Grundsatz der Trennung unverträglicher Nutzungen.** Wohnnutzung und ihrem Wesen nach umgebungsbelastende Industrie sollen nach Möglichkeit nicht auf engem Raum zusammengeführt werden.[5654] In abgestufter Form gilt dieser Grundsatz auch für das Nebeneinander von Wohnen und Gewerbe.
– **Grundsatz der planerischen Vorbeugung.** Die Bauleitplanung soll möglichst Vorsorge dafür treffen, dass unerträgliche Nutzungen nicht auf engem Raum zueinander stoßen und auch im Übrigen keine Konflikte entstehen, die des späteren Ausgleichs bedürfen.
– **Grundsatz der Beherrschbarkeit von Emissionen.** Die planerischen Ausweisungen sollten jeweils eine verträgliche Einbindung der zugelassenen Nutzung in die Umgebung gewährleisten. Allerdings kann hier ggf. ein Ausgleich noch im Einzelgenehmigungsverfahren nach Maßgabe des § 15 I BauNVO erfolgen.
– **Grundsatz des Vorrangs der Konfliktvermeidung.** Die Bauleitplanung sollte bewältigungsbedürftige Konflikte nach Möglichkeit vermeiden und sie nicht erst entstehen lassen, um sie anschließend durch Schutzauflagen oder andere Maßnahmen abzumildern. Die Trennung von unverträglichen Nutzungen hat daher grundsätzlich einen Vorrang vor der Zusammenführung solcher Nutzungen und der Anordnung von Schutzauflagen.
– **Grundsatz der Berücksichtigung von Bestandsschutz- und Vertrauensschutzinteressen.** Soll in einen vorhandenen Bestand eingegriffen werden, so unterliegt die Planung dem qualifizierten Abwägungsgebot.[5655]

2581 **c) Verbot des enteignungsrechtlichen Konflikttransfers.** Führt die Bauleitplanung zu schweren und unerträglichen Einwirkungen oder auf der Grundlage der Bauleitplanung zu einer unmittelbaren Inanspruchnahme des Grundstücks, so darf der sich daraus ergebende Interessenkonflikt nicht einfach unbewältigt bleiben. Die Gemeinde hat in solchen Fällen vielmehr ein Wahlrecht. Sie hat entweder die Beeinträchtigungen der Planung durch entsprechende Planänderungen zu reduzieren oder das jeweilige Grundeigentum durch planerische Festsetzungen in Anspruch zu nehmen und dadurch die Voraussetzungen für eine Enteignung und Entschädigung zu schaffen. Solche Anforderungen an die Bauleitplanung können sich auch bei Überschreitung einer einfachgesetzlichen Zumutbarkeitsgrenze, die unterhalb der enteignenden Wirkung iS des Art. 14 GG liegt, ergeben. Das Abwägungsgebot trägt in einer für planerische Entscheidungen spezifischen Art dem **Verhältnismäßigkeitsprinzip** Rechnung, aus dem sich ua auch der Grundsatz des geringstmöglichen Eingriffs ableiten lässt. Soll auf der Grundlage der Bauleitplanung ein Eingriff in das Grundstück durch Enteignung erfolgen, muss das Gewicht des Eigentums den Anforderungen des Art. 14 GG entsprechend in die Abwägung eingestellt werden.

2582 Das Eigentümerinteresse ist nur dann in einer Enteignung überwindbar, wenn das Vorhaben dem Wohl der Allgemeinheit dient.[5656] Denn das durch Art. 14 I GG geschützte Eigentum gehört in hervorragender Weise zu den abwägungserheblichen Belangen, mit denen sich die planende Behörde auseinanderzusetzen hat.[5657] Aus dem Abwägungsgebot lässt sich dabei auch die Forderung ableiten, dass ein bewertender Ausgleich der von der Planung berührten privaten und öffentlichen Interessen vorgenommen wird. Das schließt gerade bei beabsichtigten Eingriffen in das Eigentum, die durch die Bauleitplanung vorbereitet werden sollen, die Prüfung ein, ob sich das planerische Ziel mit geringerer Eingriffsintensität verwirklichen lässt.[5658] Soll das Eigentum nach der Bauleitplanung in der Hand des bisherigen Eigentümers verbleiben und sollen auch (Teil-)Eigentumsbefugnisse nicht auf die öffentliche Hand oder einen Dritten übergehen, so liegt nach der Rechtsprechung des BVerfG zwar keine Enteignung iS des Art. 14 III GG vor. Bei schweren und unerträglichen Eigentumsbeeinträchtigungen kann aber eine In-

[5654] BVerwGE 45, 309.
[5655] BVerfGE 82, 310; BVerfGE 86, 90; Stüer DVBl. 1977, 1.
[5656] BVerwG Beschl. v. 16.6.1993 – 4 B 90.93, BeckRS 1993, 31228393; siehe auch Beckmann Enteignung in Redeker/Uechtritz, Anwaltshandbuch für Verwaltungsverfahren 2020, Rn. 15.
[5657] BVerwGE 72, 15.
[5658] BVerwGE 71, 166.

halts- und Schrankenbestimmung nach Art. 14 I 2 GG gegeben sein, die nur bei einer entsprechenden Kompensation verfassungsrechtlich zulässig ist. Diese Prüfung wird durch die allgemeinen Grundsätze des Abwägungsgebotes vermittelt. Der Prüfung unterliegt nur, ob alle Belange mit einem nicht eindeutig fehlerhaften Gewicht eingestellt und mit den anderen zu berücksichtigenden Belangen zu einer sachgerechten Ausgleichsentscheidung verarbeitet worden sind. Der Prüfung geringer eingreifender Entscheidungsalternativen sind die planerischen Zielvorstellungen der Gemeinde zu Grunde zu legen, soweit sie ihrerseits sachgerecht sind.[5659]

d) Modifizierung der Grundsätze in Gemengelagen. In vorhandenen Gemengelagen, also Bereichen, in denen unterschiedliche Nutzungen aufeinanderstoßen oder sich mischen, sind die vorgenannten Grundsätze modifiziert. 2583

- Es bestehen **gesteigerte Duldungspflichten** der schutzbedürftigen Nutzung und **verminderte Einwirkungsmöglichkeiten** belastender Nutzungen. Die Planung hat diese Probleme durch Verteilung von Last und Gunst zu bewältigen und möglichst auf eine Reduzierung und Milderung der Konflikte hinzuwirken.
- Das Einwirkungs- und Duldungspotenzial unterschiedlicher Nutzungen ist durch die Bildung einer Art von **Mittelwerten** zu bestimmen. Immissionsempfindliche Nutzungen haben einen im Vergleich zu anderen Baugebieten geringeren Schutzanspruch, Gewerbe und Industrie müssen auf schutzempfindliche Nutzungen mehr als sonst erforderlich Rücksicht nehmen, sodass sich im Übergangsbereich unterschiedlicher Nutzungen eine Art von Mittelwert bildet.[5660] Die Mittelwertbildung ist allerdings nicht schematisch, sondern einzelfallbezogen.
- Bei der Abwägung von Belangen im Verflechtungsbereich der unterschiedlichen Nutzungen sind die Möglichkeiten der **Gliederung** oder **Nutzungseinschränkungen** nach § 1 IV bis X BauNVO zu nutzen.

e) Sonstige Grundsätze. Weitere Abwägungsgesichtspunkte ergeben sich aus folgenden Grundsätzen: 2584

- Grundsatz konkret individueller Planung,
- Grundsatz zielgerichteter Abwägung,
- Grundsatz fachlich optimaler Planung,
- Grundsatz möglichster Lastengleichheit und optimaler Interessenbefriedigung,
- Grundsatz sachgerechter Planungsprognosen.

Die vorgenannten Abwägungsgrundsätze sind nicht iS von strikt zu beachtenden, nicht ausnahmefähigen Regeln zu verstehen, sondern stellen im Abwägungsprozess eher **Orientierungsgrundsätze** und allgemeine Leitlinien sowie Prinzipien dar, die bei einer Einzelabwägung zu berücksichtigen sind. Die Abwägungsgrundsätze unterliegen der gemeindlichen Bewertung und lassen Beurteilungsspielräume im Einzelfall zu. Auch für die gerichtliche Kontrolle können sich aus den vorgenannten Abwägungsgrundsätzen zwar allgemeine Orientierungsleitlinien ergeben, nicht jedoch feste Rechtsregeln, deren Verletzung ohne Prüfung des Einzelfalls auf die Rechtswidrigkeit der Bauleitplanung unmittelbar durchschlägt. Wird das Abwägungsgebot allerdings nicht beachtet, können sich daraus gesteigerte Rechtfertigungszwänge ergeben, die in eine Rechtswidrigkeit der Planung etwa wegen einer nicht ordnungsgemäßen Zusammenstellung des Abwägungsmaterials oder einer Fehlgewichtung von Belangen oder einer fehlerhaften Gesamtabwägung umschlagen können (§ 2 III BauGB). 2585

f) Schonungs- und Kompensationserfordernisse. Die Bauleitplanung unterliegt im Rahmen der Ausgleichsentscheidung zusätzlichen Prüfschritten, die für zurückgestellte Belange die Prüfung der Vermeidung, der Minderung, des Ausgleichs oder der Kompensation in sonstiger Weise umfassen. Dies gilt nicht nur für die naturschutzrechtlichen Belange, für die ein solches Prüfungsraster in § 1 a III BauGB angelegt ist, sondern auch für umweltschützende Belange, für die im Umweltbericht die geplanten Maßnahmen zur Vermeidung, Verringerung und zum Ausgleich der nachteiligen Auswirkungen darzustellen sind (Anlage 2 c der Anlage 1 zum BauGB). Auch andere von der Planung nachteilig betroffenen Belange sind in die Prüfung von Vermeidungs-, Minderungs-, Ausgleichs- und sonstigen Kompensationsmöglichkeiten einzubeziehen. Hieraus ergeben sich zusätzliche Prüfungsschritte im Rahmen der Aus- 2586

[5659] BVerwG, Urt. v. 26.7.1993 – 4 A 5.93, BeckRS 1993, 312631312.
[5660] BVerwGE 45, 309; BVerwGE 50, 49 – Tunnelofen.

gleichsentscheidung, wobei das Ergebnis der Prüfung durch diese verfahrensrechtlichen Anforderungen allerdings nicht vorbestimmt ist.

2587 **g) Recht auf Abwägung.** Für den einzelnen Planbetroffenen ergibt sich aus dem Aufstellungsverfahren oder dem Abwägungsgebot in § 1 VII BauGB **ein Recht auf Abwägung der eigenen betroffenen Belange**.[5661] Bloße Interessen oder Belange sind zwar keine „materiellen Rechte", in die nur bei einer entsprechenden Kompensation eingegriffen werden darf.[5662] Das in § 1 VII BauGB enthaltene Abwägungsgebot hat aber nach Auffassung des BVerwG drittschützenden Charakter hinsichtlich solcher privater Belange, die für die Abwägung erheblich sind.[5663] Für die Zulässigkeit des Normenkontrollantrags nach § 47 II VwGO reicht daher bereits die Möglichkeit einer Verletzung im Recht auf Abwägung aus.[5664] In die Prüfung der Begründetheit der Sache selbst braucht das Gericht danach noch nicht im Einzelnen einzusteigen. Denn durch das Erfordernis einer möglichen eigenen Rechtsverletzung soll nach Auffassung des BVerwG nur die Popularklage ausgeschlossen werden. Zudem ist die Bauleitplanung ebenso wie die Planfeststellung durch autonome Abwägungselemente gekennzeichnet, die sie von der gebundenen Zulassungsentscheidung etwa des Immissionsschutzrechts oder auch der einzelnen Baugenehmigung unterscheidet. Die Entscheidung des BVerwG zum Recht auf Abwägung in der Bauleitplanung stellt in der Sache die Antragsbefugnis in der Normenkontrolle mit der bisherigen Rechtsprechung zum Nachteilsbegriff gleich.[5665]

8. Teil. Plansicherungsinstrumente

2588 Zur Sicherung der Bauleitplanung stellt der Gesetzgeber im BauGB den planenden Gemeinden ein umfangreiches Arsenal an Plansicherungsinstrumenten zur Verfügung, das von der Veränderungssperre (§§ 14, 16 BauGB) und der Zurückstellung von Baugesuchen (§ 15 BauGB) bis zu den gesetzlichen Vorkaufsrechten (§§ 24 ff. BauGB) reicht. Genehmigungserfordernisse bei der Teilung von Grundstücken können sich aus dem Landesrecht ergeben.

I. Veränderungssperre

2589 Die Aufstellung eines Bebauungsplans nimmt vielfach einen größeren Zeitraum in Anspruch. Wenn die Bauleitplanung daher nicht zu spät kommen will, ist es vielfach erforderlich, während der Planaufstellung durch ein entsprechendes **Sicherungsinstrumentarium** zu gewährleisten, dass nicht durch die Verwirklichung von Bauvorhaben oder durch Nutzungsänderungen vor Ort vollendete Tatsachen geschaffen werden, die eine Realisierung der Planungsziele unmöglich machen. Zur Sicherung der Bauleitplanung kann die Gemeinde für den künftigen Planbereich eine Veränderungssperre nach §§ 14, 17 BauGB mit dem Inhalt erlassen, dass Vorhaben iSd § 29 BauGB nicht durchgeführt werden dürfen.[5666] Nach § 17 I 1 BauGB tritt die Veränderungssperre nach Ablauf von zwei Jahren außer Kraft. Die Gemeinde kann die Frist nach § 17 I 3 BauGB um ein Jahr verlängern. Die Verlängerung bedarf eines Satzungsbeschlusses nach § 16 I BauGB.[5667] Die §§ 14, 16 bis 18 BauGB können grundsätzlich zur Sicherung sämtlicher Bebauungspläne, seien es qualifizierte oder einfache Bebauungspläne eingesetzt wer-

[5661] Hoppe/Bönker in HBG, Öffentliches Baurecht, 2024, § 7 Rn. 11; Söfker in EZBK, BauGB, 2021, § 1 Rn. 184; BVerwG BauR 1999, 134; BVerwG NVwZ 2009, 452; VGH München Urt. v. 14.12.2026 – 9 N 11.1887, BeckRS 2016, 110063; Wysk in Wysk, VwGO, 2020, § 42 Rn. 152; Huck in Huck/Müller, VwVfG, 2020, § 74 Rn. 29.

[5662] BVerwGE 51, 15; BVerwGE 87, 332; BVerfGE 58, 137 – Pflichtexemplare.

[5663] Das BVerwG fügt im Urt. v. 24.9.1998 – 4 CN 2.98 – BVerwGE 107, 215 hinzu: „Die Verpflichtung der planenden Gemeinde, unzumutbare Beeinträchtigungen benachbarter Grundstücke zu vermeiden, ergibt sich nach Maßgabe des in § 1 VII BauGB normierten Abwägungsgebots. Für ein davon gesondertes bauplanungsrechtliches Rücksichtnahmegebot – im Sinne einer eigenständigen rechtlichen Kategorie – ist kein Raum."

[5664] Zur Möglichkeitstheorie BVerwGE 95, 133; NVwZ 1994, 683.

[5665] BVerwGE 54, 211; Beschl. v. 16.12.1992 – 4 B 202.92 – Buchholz 406.11 § 3 BauGB Nr. 4; Stüer BauR 1999, 1221.

[5666] Zur Sicherung der Überplanung von Innenbereichsflächen durch Veränderungssperre und durch Zurückstellung von Baugesuchen Kümper ZfBR 2020, 135.

[5667] BVerwG NVwZ 2023, 687 = juris Rn. 14; BVerwGE 120, 138 (140).

den; lediglich für den vorhabenbezogenen Bebauungsplan schließt § 12 III 2 Hs. 2 BauGB die Anwendung dieser Vorschriften ausdrücklich aus. Dieser Ausschluss gilt wiederum nicht für die Aufhebung eines fehlgeschlagenen vorhabenbezogenen Bebauungsplans.[5668]

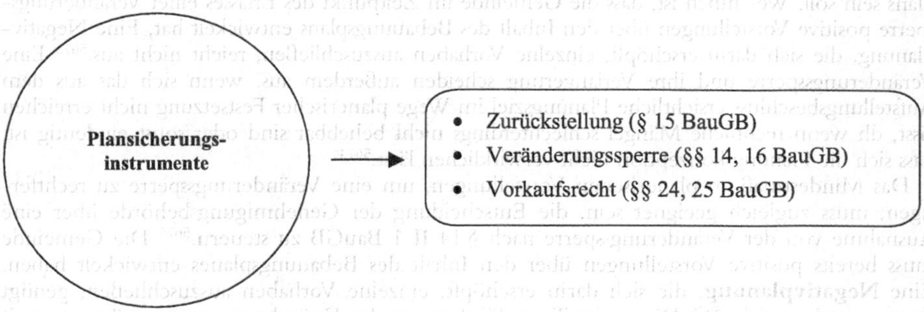

Nach § 16 I BauGB wird die Veränderungssperre von der Gemeinde als Satzung erlassen. Die Gemeinde hat die Veränderungssperre ortsüblich bekannt zu machen. Sie kann auch ortsüblich bekannt machen, dass eine Veränderungssperre beschlossen worden ist. Die Ersatzverkündung nach § 16 II 2 BauGB verlangt die **Bekanntmachung** der Tatsache, dass die Satzung beschlossen wurde. Sie soll nicht über den genauen Inhalt der Norm oder den Ablauf des zu ihr führenden Verfahrens unterrichten, sondern auf sie hinweisen. Nach dem von § 214 I 1 Nr. 4 Alt. 3 BauGB vorausgesetzten Hinweiszweck bemisst sich, welche notwendigen (Mindest-)Angaben die Bekanntmachung enthalten muss und wie detailliert diese sein müssen. Die Bekanntmachung des Satzungsbeschlusses muss geeignet sein, dem Normadressaten das Inkrafttreten des neuen Rechts in einem näheren Bereich des Gemeindegebiets bewusst zu machen. Sie muss außerdem denjenigen, der sich über den genauen räumlichen und gegenständlichen sowie den zeitlichen Regelungsinhalt der Satzung unterrichten will, ohne weitere Schwierigkeiten zu der richtigen, bei der Gemeinde ausliegenden Satzung führen. Um dem Normadressaten das Inkrafttreten neuen Rechts bewusst zu machen, genügt es für den räumlichen Geltungsbereich, wenn das Plangebiet in der Bekanntmachung schlagwortartig gekennzeichnet ist.[5669] 2590

Für die nach § 16 II BauGB erforderliche öffentliche Bekanntmachung einer Veränderungssperre oder ihrer Verlängerung gibt es zwei Möglichkeiten. Die Gemeinde kann nach § 16 II 1 BauGB die Satzung bekannt machen oder im Wege einer Ersatzverkündung bekannt machen, dass eine Veränderungssperre oder ihre Verlängerung beschlossen wurde (§ 16 II 2 BauGB). Die Ersatzverkündung nach § 16 II 2 BauGB soll nicht über den genauen Inhalt der Norm oder den Ablauf des zu ihr führenden Verfahrens unterrichten, sondern auf sie hinweisen. Nach dem von § 214 IV 1 Nr. 4 Alt. 3 BauGB vorausgesetzten Hinweiszweck bemisst sich, welche notwendigen (Mindest-)Angaben die Bekanntmachung enthalten muss und wie detailliert diese sein müssen. Die Bekanntmachung des Satzungsbeschlusses muss danach geeignet sein, dem Normadressaten das Inkrafttreten des neuen Rechts in einem näheren Bereich des Gemeindegebiets bewusst zu machen und denjenigen, der sich über den genauen räumlichen und gegenständlichen sowie den zeitlichen Regelungsinhalt der Satzung unterrichten will, ohne weitere Schwierigkeiten zu der richtigen, bei der Gemeinde ausliegenden Satzung führen.[5670] Um dem Normadressaten das Inkrafttreten neuen Rechts bewusst zu machen, genügt es für den räumlichen Geltungsbereich, wenn das Plangebiet in der Bekanntmachung schlagwortartig gekennzeichnet ist.[5671] 2591

Die Veränderungssperre kann nach § 14 I BauGB Verbote enthalten, Vorhaben iSd § 29 BauGB durchzuführen oder zu beseitigen oder erhebliche oder wesentlich wertsteigernde Veränderungen von Grundstücken und baulichen Anlagen, deren Veränderungen nicht genehmigungs-, zustimmungs- oder anzeigepflichtig sind, vorzunehmen. Diese Verbote bewirken für 2592

[5668] VGH München NVwZ-RR 2016, 215; Kümper ZfBR 2020, 135.
[5669] BVerwG NVwZ 2023, 687 = juris Rn. 22 ff; NVwZ 2023, 667 Rn. 22.
[5670] BVerwG NVwZ 2023, 687 = juris Rn. 23; NVwZ 2023, 667 Rn. 22.
[5671] BVerwG NVwZ 2023, 687 = juris Rn. 23; BVerwGE 69, 344 (349).

die Dauer der Veränderungssperre eine materielle Baurechtswidrigkeit solcher Vorhaben und sonstigen Veränderungen.[5672]

2593 Eine Veränderungssperre darf nur erlassen oder verlängert werden, wenn die Planung, die sie sichern soll, ein Mindestmaß dessen erkennen lässt, was Inhalt des zu erwartenden Bebauungsplans sein soll. Wesentlich ist, dass die Gemeinde im Zeitpunkt des Erlasses einer Veränderungssperre positive Vorstellungen über den Inhalt des Bebauungsplans entwickelt hat. Eine Negativplanung, die sich darin erschöpft, einzelne Vorhaben auszuschließen, reicht nicht aus.[5673] Eine Veränderungssperre und ihre Verlängerung scheiden außerdem aus, wenn sich das aus dem Aufstellungsbeschluss ersichtliche Planungsziel im Wege planerischer Festsetzung nicht erreichen lässt, dh wenn rechtliche Mängel schlechterdings nicht behebbar sind oder sonst eindeutig ist, dass sich die Planungskonzeption nicht verwirklichen lässt.[5674]

2594 Das Mindestmaß an planerischen Vorstellungen, um eine Veränderungssperre zu rechtfertigen, muss zugleich geeignet sein, die Entscheidung der Genehmigungsbehörde über eine Ausnahme von der Veränderungssperre nach § 14 II 1 BauGB zu steuern.[5675] Die Gemeinde muss bereits positive Vorstellungen über den Inhalt des Bebauungsplanes entwickelt haben. Eine **Negativplanung**, die sich darin erschöpft, einzelne Vorhaben auszuschließen, genügt demgegenüber nicht.[5676] Die nachteiligen Wirkungen der Veränderungssperre wären – auch vor dem Hintergrund des Art. 14 I 2 GG – nicht erträglich, wenn sie zur Sicherung einer Planung dienen sollte, die sich in ihrem Inhalt noch in keiner Weise absehen lässt. Eine unzulässige Negativplanung liegt allerdings nicht schon deswegen vor, weil die Gemeinde die Planung aus Anlass eines konkreten, bisher zulässigen Vorhabens betreibt, das sie verhindern will, oder weil sie das Ziel verfolgt, eine Ausweitung bestimmter bisher zulässiger Nutzungen zu verhindern, selbst wenn dies jeweils den Hauptzweck einer konkreten Planung darstellt. Ein detailliertes und abgewogenes Planungskonzept ist daher nicht erforderlich.[5677] Mit dem Erlass einer Veränderungssperre darf die Gemeinde grundsätzlich auch städtebauliche Ziele verfolgen, die mehr auf Bewahrung als auf Veränderung zielen; sie kann zB eine Fläche für die Landwirtschaft und Wald nach § 9 I Nr. 18 BauGB iVm einer Festsetzung nach § 9 I Nr. 10 BauGB auch dann festsetzen, wenn die Erhaltung dieser bestehenden Nutzung gewollt, aktueller Anlass der Planung aber der Wunsch ist, bestimmte andere Nutzungen zu verhindern. Das mit einer solchen Festsetzung ausgelöste Verbot einer nicht im geplanten Sinne qualifizierten Bebauung darf aber (nur) eine legitime Nebenwirkung sein, die voraussetzt, dass die Festsetzung auch in ihrer eigentlichen und gleichsam positiven Zielsetzung – hier und heute – gewollt und erforderlich ist.[5678]

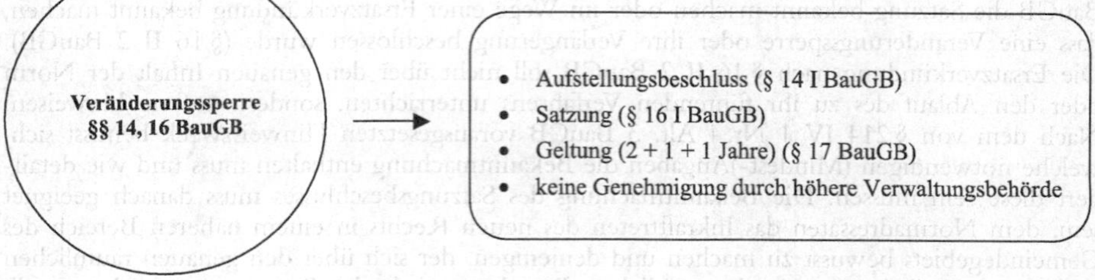

[5672] Kümper ZfBR 2020, 135 (136).
[5673] BVerwG NVwZ 2023, 687 = juris Rn. 32; BVerwGE 156, 1 Rn. 19.
[5674] BVerwG NVwZ 2023, 687 = juris Rn. 32; NVwZ 1994, 685 (686); BRS 82 Nr. 120 S. 658; BRS 84 Nr. 52 S. 318.
[5675] BVerwGE 144, 82 Rn. 11.
[5676] OVG Bautzen Urt. v. 20.11.2023 – 1 C 2/13, juris Rn. 82; OVG Schleswig Beschl. v. 19.9.2023 – 1 KN 2/22, juris Rn. 30; OVG Münster Beschl. v. 12. 10. 2020 – 2 B 1137.20.NE, BeckRS 2020, 26971 Rn. 15; BVerwG Beschl. v. 15.3.2012 – 4 BN 9.12, juris Rn. 3 mwN.
[5677] BVerwG BRS 88 Nr 55 (2020); BVerwGE 156, 1 Rn. 19; ZfBR 2008, 70; BRS 84 Nr. 52 Rn. 5.
[5678] OVG Münster BauR 2020, 80.

1. Voraussetzungen für die Veränderungssperre

Nach § 14 I BauGB kann die Gemeinde, wenn ein Beschluss zur Aufstellung eines Bebauungsplans gefasst ist, zur Sicherung der Planung für den künftigen Planbereich eine Veränderungssperre mit dem Inhalt beschließen, dass 2595

(1) Vorhaben iS des § 29 BauGB nicht durchgeführt oder bauliche Anlagen nicht beseitigt werden dürfen und

(2) erhebliche oder wesentlich wertsteigernde Veränderungen von Grundstücken und baulichen Anlagen, deren Veränderungen nicht genehmigungs-, zustimmungs- oder anzeigepflichtig sind, nicht vorgenommen werden dürfen.

Die Vorschrift ermöglicht, während der Planaufstellung Baumaßnahmen, Nutzungsänderungen oder wertsteigernde Veränderungen des Grundstücks im Interesse der Plansicherung zu unterbinden. Die Veränderungssperre begründet dabei für den gesamten Bereich des Plangebietes eine Sperrwirkung in dem Sinne, dass konkrete Veränderungs- oder Bauabsichten im Hinblick auf die künftigen Ergebnisse der eingeleiteten Bauleitplanung verhindert werden können. 2596

Mit der Veränderungssperre nach den §§ 14, 16 BauGB kann auch eine städtebauliche Entwicklungsmaßnahme nach den §§ 165 ff. BauGB gesichert werden. Hierdurch wird klargestellt, dass die Plansicherungsinstrumente auch in städtebaulichen Entwicklungsbereichen genutzt werden können. Allerdings sind die Vorschriften über die Veränderungssperre nicht anzuwenden, soweit für Vorhaben im förmlich festgelegten Sanierungsgebiet oder im städtebaulichen Entwicklungsbereich eine Genehmigungspflicht nach § 144 I BauGB besteht (§ 14 IV BauGB). 2597

Voraussetzung für den Erlass einer Veränderungssperre ist ein Beschluss zur Aufstellung, Änderung, Ergänzung oder Aufhebung eines Bebauungsplans (§ 2 I BauGB). Der **Aufstellungsbeschluss** muss wirksam und ordnungsgemäß ortsüblich bekannt gemacht sein (§ 2 I 2 BauGB). Fehlt es an einem für jeden einzelnen in der Hauptsatzung genannten Bekanntmachungskasten durch Datumsvermerke und Unterschriften auf dem jeweils ausgehängten Exemplar zu erbringenden Nachweis des Aushangs, ist die Bekanntmachung unwirksam.[5679] Eine zunächst unterlassene Bekanntmachung des Aufstellungsbeschlusses kann allerdings nachgeholt werden.[5680] Die Bekanntgabe des Aufstellungsbeschlusses als Voraussetzung für den Erlass einer Veränderungssperre liegt auch in der Bekanntgabe der durch die Gemeindevertretung im Zusammenhang mit dem Aufstellungsbeschluss beschlossenen frühzeitigen Öffentlichkeitsbeteiligung.[5681] Eine zeitliche Abfolge gibt § 14 I BauGB nur insoweit vor, dass die Aufstellung des Bebauungsplans bereits beschlossen sein muss, bevor der Beschluss über die Veränderungssperre gefasst wird. Unschädlich ist es, wenn der Gemeinderat über die Aufstellung des Bebauungsplans zusammen mit der Veränderungssperre abstimmt. Dabei muss der Beschluss über die Aufstellung eines Bebauungsplans grundsätzlich auch nicht vor der Satzung über die Veränderungssperre öffentlich bekanntgemacht worden sein. In der Regel genügt vielmehr die gleichzeitige Bekanntmachung.[5682] 2598

Der **Geltungsbereich der Veränderungssperre** darf über den Bereich des Aufstellungsbeschlusses nicht hinausgehen. Denn die Veränderungssperre darf nur für den künftigen Planbereich beschlossen werden.[5683] Zwar ist ein wirksamer und ordnungsgemäß bekannt gemachter Aufstellungsbeschluss für die Rechtswirksamkeit des Bebauungsplans nicht erforderlich.[5684] Eine Veränderungssperre setzt jedoch einen wirksam gefassten und ordnungsgemäß bekannt gemachten Beschluss zur Aufstellung, Änderung, Ergänzung oder Aufhebung eines Bebauungsplans voraus. Ist dieser Aufstellungsbeschluss nicht wirksam gefasst oder nicht ordnungsgemäß öffentlich bekannt gemacht worden, so kann eine Veränderungssperre nach § 14 BauGB nicht wirksam erlassen werden. Die Satzung über eine Veränderungssperre, die eine Gemeinde in einem Zeitpunkt bekannt gemacht hat, bevor der zu Grunde liegende Aufstellungsbeschluss bekannt gemacht wurde, kann allerdings im Wege der nachfolgenden Bekanntmachung des Aufstellungsbeschlusses und der erneuten Bekanntmachung der Satzung über die Veränderungssperre wirksam in Kraft gesetzt werden. Die Gemeinde ist nicht verpflichtet, die Satzung 2599

5679 OVG Berlin-Brandenburg Beschl. v. 13.4.2011 – OVG 2 S 20.11, BeckRS 2011, 50144.

5680 BVerwG NVwZ 1993, 471; NVwZ-RR 1993, 65.

5681 OVG Greifswald DVBl. 2009, 1530.

5682 OVG Bautzen Urt. v. 4.10.2022 – 1 C 82/20, juris Rn. 141.

5683 OVG Bautzen Urt. v. 25.11.1997 – 1 S 339/96, juris.

5684 BVerwGE 79, 200.

über die Veränderungssperre rückwirkend auf den Zeitpunkt ihres ursprünglich beabsichtigten Inkrafttretens in Kraft zu setzen, wenn die Satzung über eine Veränderungssperre bekannt gemacht wurde, bevor der zu Grunde zu legende Aufstellungsbeschluss bekannt gemacht wurde. Nach § 14 I BauGB ist der Beschluss der Gemeinde über die Aufstellung eines Bebauungsplans materielle Rechtmäßigkeitsvoraussetzung für die als Satzung zu erlassende Veränderungssperre.[5685] Fehlt ein derartiger Aufstellungsbeschluss, ist eine gleichwohl beschlossene und gem. § 16 I BauGB als Satzung bekannt gemachte Veränderungssperre unwirksam. Ein Aufstellungsbeschluss liegt im Rechtssinne dann nicht vor, wenn er zwar gefasst, aber entgegen § 2 I 2 BauGB nicht ortsüblich bekannt gemacht wurde. Nur der ortsüblich bekannt gemachte Aufstellungsbeschluss ist beachtlich. Die Veröffentlichung ist Voraussetzung seiner Rechtswirksamkeit.[5686] § 14 I BauGB bedarf daher der ergänzenden Auslegung.[5687]

Beispiel: Die Gemeinde darf auch für eine industrielle Konversionsfläche eigenständige planerische Ziele verwirklichen.[5688] Eine Veränderungssperre zur Sicherung einer Fläche für Gemeinbedarf (Museum) zur Überplanung eines zentralen Grundstückes in einem Dorf mit 200 Einwohnern kann unwirksam sein.[5689] Eine Veränderungssperre kann auch eine Bauleitplanung sichern, mit der ein Industriegebiet schalltechnisch gegliedert und kontingentiert sowie der zentrenrelevante Einzelhandel gesteuert werden soll.[5690]

2600 Von dem Instrument der Veränderungssperre nach § 14 BauGB darf nur dann Gebrauch gemacht werden, wenn es um die Sicherung der Aufstellung eines **Bebauungsplans** geht. Die Veränderungssperre ist hingegen kein zulässiges Instrument, die Aufstellung oder Änderung eines **Flächennutzungsplans** zu sichern.[5691] Zulässig ist eine Veränderungssperre jedoch zur Sicherung der – ggf. im Parallelverfahren nach § 8 III 1 BauGB durchgeführten – Aufstellung eines Bebauungsplans, mit dem die im Flächennutzungsplan vorgesehenen Darstellungen der Konzentrationszonen zusätzlich einer Feinsteuerung unterzogen werden sollen. Für die Beurteilung der Gültigkeit der Veränderungssperre kommt es nicht darauf an, welches Ergebnis die Planung letztlich hat.[5692]

2601 Das Gesetz schreibt nicht vor, dass die Veränderungssperre gleichzeitig mit der Aufstellung eines Bebauungsplans beschlossen werden muss oder auf diesen Zeitraum zurückwirkt. Eine Veränderungssperre kann daher auch noch mehrere Jahre nach dem Aufstellungsbeschluss erlassen werden. Die Entscheidung über den Erlass einer Veränderungssperre, ob, zu welchem Zeitpunkt und für welchen Teil des Planungsbereichs die Veränderungssperre erlassen wird, liegt im Planungsermessen der Gemeinde.[5693] Einzige Voraussetzung ist nach § 14 I BauGB ein vorheriger oder zeitgleicher Beschluss über die Aufstellung des Bebauungsplans. Der Beschluss über die Aufstellung des Bebauungsplans und der Beschluss über die Veränderungssperre können in derselben Gemeinderatssitzung gefasst werden.[5694] Fehlt es an der ortsüblichen Bekanntmachung, wird der Aufstellungsbeschluss nicht wirksam; die hieran anknüpfenden Rechtsfolgen treten nicht ein, die Veränderungssperre kann nicht wirksam erlassen werden.[5695] Regelungen darüber, welche Zeitspanne längstens zwischen der Beschlussfassung über die Aufstellung des Bebauungsplans und dem Erlass der Veränderungssperre liegen darf, enthält das Gesetz nicht. Da es Ziel einer von der Gemeinde beschlossenen Veränderungssperre ist, die Bauleitplanung zu sichern, wird ein Beschlussbedarf für eine Veränderungssperre für die Gemeinde in aller Regel erst dann gegeben sein, wenn die Verwirklichung der gemeindlichen Planungsabsichten gefährdet oder erschwert werden könnte. Derartige Gefährdungen städtebaulicher

---

5685 BVerwGE 79, 200.

5686 BVerwG NVwZ 1989, 661.

5687 BVerwG NVwZ 1993, 471.

5688 VGH Kassel BauR 2009, 859 m. Anm. H. Redeker IBR 2009, 420.

5689 OVG Koblenz LKRZ 2009, 356; OVG Lüneburg DVBl. 2009, 1123.

5690 OVG Münster AbfallR 2009, 149.

5691 OVG Münster Urt. v. 28.1.2005 – 7 D 4/03.NE, BeckRS 2005, 151118.

5692 OVG Münster NVwZ-RR 2005, 710 zu Konzentrationszonen für Windkraftanlagen.

5693 OVG Schleswig NVwZ-RR 2021, 241 (242); OVG Koblenz BauR 2017, 852 (852); Mitschang in BKL, BauGB, 2022, § 14 Rn. 11.

5694 OVG Berlin-Brandenburg LKV 2019, 124 (125); OVG Saarlouis BauR 2020, 772 (775); OVG Münster BauR 2019, 210 (211); OVG Weimar BauR 2018, 481 (483); Mitschang in BKL, BauGB, 2022, § 14 Rn. 6.

5695 OVG Lüneburg BauR 2020, 450 (452); Mitschang in BKL, BauGB, 2022, § 14 Rn. 6.

Konzepte können bereits vorliegen, wenn der Aufstellungsbeschluss über den Bebauungsplan gefasst wird. Sie können aber auch erst später eintreten.[5696] Es ist dabei nicht erforderlich, dass der Planbereich, für den der Aufstellungsbeschluss gefasst wird, mit dem endgültigen Planbereich identisch ist.

Der Aufstellungsbeschluss muss den Planbereich allerdings so bezeichnen, dass er bestimmbar ist, und somit den Anforderungen genügen, die das BVerwG an die Bekanntmachung und die **Bestimmtheit des Aufstellungsbeschlusses** gestellt hat.[5697] Der Geltungsbereich einer Veränderungssperre kann auch nur durch einen beigefügten Kartenausschnitt mit einer entsprechenden Ortsbezeichnung gekennzeichnet werden. Werden jedoch in dem Beschluss über die Veränderungssperre die Flurstücke einzeln aufgezählt, müssen diese vollständig sein und mit dem Geltungsbereich eines beiliegenden Kartenausschnitts übereinstimmen. Die Bekanntmachung muss von dem zuständigen Organ verfügt werden.[5698] Eine Veränderungssperre ist hinsichtlich ihres Geltungsbereichs in sich nicht stimmig und damit unwirksam, wenn in der Satzung Flurstücke nicht mit aufgezählt wurden, die von einem beiliegenden Kartenausschnitt aber mit umfasst sind.[5699] Eine Bekanntmachung im Wege der Veröffentlichung des Satzungstextes mit einer stark verkleinerten Fassung der den Geltungsbereich kennzeichnenden Karte genügt nicht den Mindestanforderungen, die das Rechtsstaatsgebot an die Verkündung von Satzungen stellt. Eine veröffentlichte Karte muss, um die notwendige Publizitätswirkung zu erzielen, einen Maßstab aufweisen, der zweifelsfrei die Lage und Abgrenzung des Geltungsbereichs der Satzung erkennen lässt.[5700] 2602

Nach § 16 I BauGB wird die Veränderungssperre als **Satzung** beschlossen. Das **Aufstellungsverfahren** richtet sich – soweit die §§ 14 ff. BauGB keine Vorgaben enthalten – nach landesrechtlichen Regeln. Vor dem Erlass einer Veränderungssperre nach § 14 I BauGB ist weder ein Auslegungsverfahren nach dem Vorbild des § 3 II BauGB noch eine dem Verfahren nach § 4 a III 4 BauGB vergleichbare Anhörung der „Betroffenen" vorgesehen. Auch aus dem Kommunalrecht ergibt sich ein solches Erfordernis nicht.[5701] Überträgt der Rat die Entscheidung über bestimmte Angelegenheiten im Wege einer Zuständigkeitsordnung nach dem Kommunalrecht zulässigerweise auf Ausschüsse, wirkt diese Aufgabendelegation auch nach außen.[5702] Die Gemeinde hat die Veränderungssperre ortsüblich bekanntzumachen. Für die Bekanntmachung gilt dabei das Verfahren der Bekanntmachung der Genehmigung eines Bebauungsplans nach § 10 III 2 bis 5 BauGB entsprechend (§ 16 II BauGB). Nach § 16 II 2 BauGB iVm § 10 III 2 bis 5 BauGB reicht es aus, wenn die Gemeinde öffentlich bekannt macht, dass eine Veränderungssperre beschlossen worden ist. Einer Veröffentlichung des Wortlauts der Veränderungssperre bedarf es nicht. Die Bekanntmachungsanordnung kann auch anstelle des Oberbürgermeisters durch den nach der Hauptsatzung zuständigen Vertreter unterzeichnet werden.[5703] Die Veränderungssperre bedarf nicht der Genehmigung durch die höhere Verwaltungsbehörde. Auch ein Anzeigeverfahren ist für eine Veränderungssperrensatzung nicht vorgesehen. Es kann auch landesrechtlich nicht eingeführt werden. Eine Veränderungssperre wird nicht wirksam, wenn kein ausgefertigtes Satzungsoriginal hergestellt wurde.[5704] Die Veränderungssperre darf auch gezielt eingesetzt werden, um die rechtlichen Voraussetzungen der Zulässigkeit eines Vorhabens – aus Sicht des Bauherrn negativ – zu verändern. Die Rechtmäßigkeit des künftigen Bebauungsplans muss allerdings noch nicht feststehen. Vielmehr ist eine solche Satzung nur dann als ungültig zu bewerten, wenn bereits bei ihrem Erlass unüberwindbare Planungshindernisse offenkundig sind.[5705] 2603

[5696] BVerwG NVwZ 1993, 475.

[5697] OVG Lüneburg Urt. v. 16.11.2023 – 1 KN 5/23, juris Rn. 21; OVG Berlin-Brandenburg LKV 2019, 124 (125); Beschl. v. 9.6.2016 – OVG 2 S 3.16, BeckRS 2016, 47239 Rn. 14 f.; OVG Greifswald NVwZ-RR 2016, 14 Rn. 11 f.; Mitschang in BKL, BauGB, 2022, § 14 Rn. 6.

[5698] OVG Berlin-Brandenburg NVwZ-RR 2010, 965. Zur Verpflichtung, eine Veränderungssperre nach § 17 IV BauGB aufzuheben, Spindler DÖV 2010, 217. Zur Veränderungssperre im vereinfachten Baugenehmigungsverfahren N. Jarass BayVBl. 2010, 129; Uechtritz BauR 2010, 365.

[5699] OVG Berlin-Brandenburg NVwZ-RR 2010, 965; OVG Berlin-Brandenburg BRS 71 Nr. 118.

[5700] OVG Berlin-Brandenburg Beschl. v. 13.4.2011 – OVG 2 S 94.10, BeckRS 2011, 50145.

[5701] OVG Berlin-Brandenburg Beschl. v. 14.4.2011 – OVG 2 A 16.09, BeckRS 2011, 50224.

[5702] OVG Münster Beschl. v. 22.4.2010 – 2 B 293/10, BeckRS 2010, 55472.

[5703] OVG Berlin-Brandenburg BauR 2007, 1541.

[5704] VGH München Urt. v. 10.5.2005 – 1 N 03.845, BeckRS 2005, 16541.

[5705] OVG Saarlouis Beschl. v. 25.10.2012 – 2 B 217/12, BeckRS 2012, 59215.

2604 Eine Veränderungssperre ist unzulässig, wenn sich der Inhalt der beabsichtigten Planung noch in keiner Weise absehen lässt.[5706] Vielmehr ist eine (positive) planerische Gestaltungsvorstellung erforderlich.[5707] Dabei ist zu ermitteln, ob die Willensbekundungen nur vorgeschoben worden sind.[5708] Insbesondere bei komplexen Planungszusammenhängen muss nicht bereits ein bestimmtes Baugebiet iSd §§ 2 bis 11 BauNVO als Planungsziel benannt werden.[5709] Wesentlich ist dabei, dass die Gemeinde bereits positive Vorstellungen über den Inhalt des Bebauungsplans entwickelt hat. Wird eine Satzung über die Veränderungssperre erlassen, obwohl konkrete Planungsvorstellungen fehlen, ist die Satzung von Anfang an unwirksam. Die „Änderung" einer solchen Satzung ist nicht möglich und geht ins Leere.[5710] Ob bisherige oder künftige Grundstückseigentümer bereit sein werden, die vorgesehene Planung auch umzusetzen, ist für die Frage der Erforderlichkeit der Bauplanung ohne Belang.[5711] Berechtigten Bauwünschen kann durch eine Ausnahme Rechnung getragen werden.[5712]

2605 § 14 I BauGB stellt allerdings keine darüberhinausgehenden Anforderungen an die **inhaltlichen Aussagen** zur künftigen Planung. Auch unterliegt die Veränderungssperre als Mittel der Sicherung der Bauleitplanung nicht dem allgemeinen Abwägungsgebot des § 1 VII BauGB, sondern der Prüfung, ob sie zur Erreichung des mit ihr verfolgten Sicherungszwecks erforderlich ist. Welchen sachlichen Inhalt eine Veränderungssperre hat kann, ist in § 14 I BauGB abschließend geregelt.[5713] Denn Aufgabe der Veränderungssperre ist es nicht, die bauliche und sonstige Nutzung der Grundstücke in der Gemeinde iSd § 1 I BauGB vorzubereiten und zu leiten. Sie dient vielmehr der Sicherung der Bauleitplanung (§ 14 I BauGB).[5714]

2606 Auch das Ziel, einen Bebauungsplan zu ändern, erlaubt es der Gemeinde, eine Veränderungssperre zu erlassen. Allerdings bedarf die Veränderungssperre einer entsprechenden **Rechtfertigung durch städtebauliche Gründe**. Eine Veränderungssperre ist daher unzulässig, wenn zurzeit ihres Erlasses der Inhalt der beabsichtigten Planung noch in keiner Weise abzusehen ist.[5715] Denn die nachteiligen Wirkungen einer Veränderungssperre sind im Hinblick auf die Eigentumsgarantie nicht hinzunehmen, wenn die Sperre zur Sicherung einer Planung dienen soll, die in ihrem Inhalt noch in keiner Weise erkennbar ist.[5716] Fehlen etwa Vorstellungen über die angestrebte Art der baulichen Nutzung der betroffenen Grundstücke, ist der Inhalt des zu erwartenden Bebauungsplans offen.[5717] Das Mindestmaß der Konkretisierung einer Planung ist dann nicht erreicht.[5718] Zweck der Veränderungssperre ist es, eine bestimmte Bauleitplanung und nicht lediglich die Planungszuständigkeit und Planungshoheit der Gemeinde zu sichern. Das Mindestmaß an planerischen Vorstellungen, um eine Veränderungssperre zu rechtfertigen, muss zugleich geeignet sein, die Entscheidung der Genehmigungsbehörde nach § 14 II 1 BauGB zu steuern.[5719] Die bloße „Absicht zu planen" genügt nicht.[5720]

2607 Eine **„Negativplanung"**, die sich darin erschöpft, einzelne Vorhaben auszuschließen, reicht nicht aus.[5721] Eine Negativplanung liegt allerdings nicht schon deswegen vor, weil eine Gemeinde die Planung aus Anlass eines konkreten, bisher zulässigen Vorhabens betreibt, das sie verhindern will, oder weil sie das Ziel verfolgt, eine Ausweitung bestimmter bisher zulässiger Nutzungen zu verhindern, selbst wenn dies jeweils den Hauptzweck einer konkreten Planung darstellt. Das gilt auch, wenn es sich um Nutzungen handelt, denen nach dem Verfassungsrecht

---

5706 OVG Münster Beschl. v. 12.10.2020 – 2 B 1137.20.NE, BeckRS 2020, 26971 Rn. 15; BVerwG Beschl. v. 22.7.2008 – 4 BN 18.08, BeckRS 2008, 381; BVerwG BauR 2008, 328.

5707 OVG Saarlouis LKRZ 2008, 316.

5708 OVG Saarlouis LKRZ 2008, 316.

5709 OVG Saarlouis NVwZ-RR 2008, 769.

5710 OVG Schleswig NordÖR 2011, 557.

5711 OVG Berlin-Brandenburg Beschl. v. 14.6.2010 – 10 S 27.09, BeckRS 2010, 51039.

5712 OVG Saarlouis Beschl. v. 27.2.2008 – 2 B 450/07, BeckRS 2008, 33555.

5713 BVerwG NVwZ 1993, 473.

5714 BVerwG NVwZ 1993, 473.

5715 BVerwG UPR 1988, 103.

5716 BVerwGE 51, 121; Beschl. v. 19.5.2004 – 4 BN 22.04, BeckRS 2004, 22896.

5717 BVerwG Beschl. v. 19.5.2004 – 4 BN 22.04, BeckRS 2004, 22896.

5718 BVerwG ZfBR 2008, 70; BVerwG NVwZ 1990, 559.

5719 BVerwGE 144, 82 Rn. 11.

5720 BVerwG Beschl. v. 19.5.2004 – 4 BN 22.04, BeckRS 2004, 22896.

5721 OVG Weimar BauR 2009, 1631 zur Veränderungssperre für Windkraftanlagen.

(Art. 4 I GG) besonderes Gewicht zukommt.[5722] Die Vorstellungen, die sich nicht nur aus Niederschriften über die Gemeinderatssitzung, sondern auch aus anderen erkennbaren Unterlagen und Umständen ergeben können, müssen geeignet sein, die Entscheidung der Genehmigungsbehörde zu steuern.[5723]

Beispiel: Will eine Gemeinde durch einfachen Bebauungsplan gemeindeweit die Zulassung von Tierhaltungsanlagen steuern, setzt eine zur Sicherung dieser Planung eingesetzte Veränderungssperre voraus, dass schon bestimmte Bereiche des Gemeindegebiets für die Ansiedlung solcher Anlagen in Aussicht genommen sind.[5724] Auch die Planungsabsicht, zentrale Versorgungsbereiche insbesondere im Interesse einer verbrauchernahen Versorgung zu erhalten und zu entwickeln, kann Gegenstand städtebaulicher Planungsvorstellungen und damit auch Grundlage einer dieses Planungsziel absichernden Veränderungssperre sein.[5725]

Die nachteiligen Wirkungen der Veränderungssperre wären – auch vor dem Hintergrund **2608**
des Art. 14 I 2 GG – nicht erträglich, wenn sie zur Sicherung einer Planung dienen sollten, die sich in ihrem Inhalt noch in keiner Weise absehen lässt. Eine unzulässige Negativplanung liegt allerdings nicht schon deswegen vor, weil die Gemeinde die Planung aus Anlass eines konkreten, bisher zulässigen Vorhabens betreibt, das sie verhindern will, oder weil sie das Ziel verfolgt, eine Ausweitung bestimmter bisher zulässiger Nutzungen zu verhindern, selbst wenn dies jeweils den Hauptzweck einer konkreten Planung darstellt. Ein detailliertes und abgewogenes Planungskonzept ist daher nicht erforderlich.[5726] Auch hängt die Wirksamkeit der Veränderungssperre nicht davon ab, ob der spätere Bebauungsplan in seinen einzelnen Festsetzungen von einer ordnungsgemäßen und gerechten Abwägung aller betroffenen Belange (§ 1 VII BauGB) getragen sein wird. Es reicht vielmehr für die Wirksamkeit einer Veränderungssperre aus, dass die beabsichtigte Planung überhaupt auf ein Ziel gerichtet ist, das im konkreten Fall mit den Mitteln der Bauleitplanung zulässigerweise erreicht werden kann. Voraussetzung für eine Veränderungssperre ist daher lediglich, dass der ihr zu Grunde liegende Planaufstellungsbeschluss ein Mindestmaß dessen erkennen lässt, was Inhalt des zu erwartenden Bebauungsplans sein soll.[5727] Denn Sinn der Veränderungssperre ist es gerade, vorhandene planerische Ziele zu sichern und deren weitere Entwicklung zu ermöglichen. Die eintretende Sperre soll das bestehende Baugeschehen gewissermaßen für einen begrenzten Zeitraum konservieren und Veränderungen unterbinden. Die Veränderungssperre kann daher nicht von Voraussetzungen abhängig gemacht werden, die für den Bebauungsplan erst in einem späteren Stadium des Planaufstellungsverfahrens vorliegen müssen. Die Frage, ob der Bebauungsplan selbst abgewogen ist, lässt sich erst nach dessen Aufstellung verlässlich beantworten. Als Sicherungsmittel ungeeignet ist die Veränderungssperre daher nur dann, wenn sich das aus dem Aufstellungsbeschluss ersichtliche Planungsziel im Wege der planerischen Festsetzung nicht erreichen lässt, wenn der beabsichtigte Bauleitplan erkennbar einer positiven Planungskonzeption entbehrt oder der Förderung von Zielen dient, für deren Verwirklichung die Planungsinstrumente des BauGB nicht bestimmt sind, oder wenn rechtliche Mängel schlechterdings nicht behebbar sind.[5728] Im Normenkontrollverfahren gegen eine Veränderungssperre wird daher nur geprüft, ob die sich abzeichnende Planung schlechterdings unwirksam ist.[5729]

Für den Erlass einer Veränderungssperre gilt nicht das **Abwägungsgebot** des § 1 VII **2609**
BauGB; vielmehr ist entscheidend, ob die Veränderungssperre zur Erreichung des mit ihr ver-

---

5722 BVerwG, B. v. 8.9.2016 – 4 BN 22.16, IBR 2016, 726; Schiller in Bracher/Reidt/Schiller, Bauplanungsrecht, 2022, Rn. 2591.

5723 BVerwG BauR 2010, 65.

5724 OVG Lüneburg BauR 2009, 1421.

5725 OVG Koblenz NVwZ-RR 2010, 468 zur Veränderungssperre mit dem Planungsziel der Erhaltung und Entwicklung zentraler Versorgungsbereiche.

5726 BVerwG Beschl. v. 19.5.2020 – 4 BN 45.19, juris; BVerwGE 156, 1 Rn. 19; ZfBR 2008, 70; BRS 84 Nr. 52 Rn. 5.

5727 BVerwG BauR 2017, 96 (99); ZfBR 2021, 561 Rn. 6; Beschl. v. 19.5.2020 – 4 BN 45.19, BeckRS 2020, 16436 Rn. 4; OVG Berlin-Brandenburg ZfBR 2021, 454 (456); LKV 2019, 124 (126); VGH München NVwZ-RR 2018, 219 Rn. 16; OVG Saarlouis BauR 2020, 608 (610); OVG Weimar BauR 2018, 481 (484); OVG Lüneburg BauR 2020, 450 (453); VGH Mannheim ZfBR 2020, 285 (285); VGH Kassel ZfBR 2021, 562 (563).

5728 BVerwGE 34, 301; NVwZ 1994, 685.

5729 OVG Lüneburg ZfBR 1999, 231.

folgten Sicherungszwecks erforderlich ist.[5730] Es kommt nicht darauf an, ob der in Aussicht genommene Bebauungsplan § 1 VII BauGB entsprechen wird, sondern darauf, ob die beabsichtigte Planung überhaupt auf ein Ziel gerichtet ist, das im konkreten Fall mit den Mitteln der Bauleitplanung zulässigerweise erreicht werden kann.[5731] Im Hinblick auf das Abwägungsgebot ergeben sich allerdings Mindestanforderungen zur **Konkretisierung** der Bauleitplanung.[5732] Die Gründe für den Erlass der Veränderungssperre können im Rahmen des Abwägungsgebotes von Bedeutung sein. Dabei gilt der Grundsatz, dass eine Veränderungssperre hinreichend tragende Planung regelmäßig erst dann den erforderlichen Konkretisierungsgehalt hat, wenn der Plangeber sie auf einen bestimmten Gebietstyp ausgerichtet hat.[5733] Zielt der Bebauungsplan nicht auf die Festsetzung eines bestimmten Gebietstyps nach der BauNVO, sondern soll er sich auf sonstige Festsetzungen § 9 I BauGB beschränken, ist ein hinreichender Konkretisierungsgrad mit Blick auf § 14 II BauGB erst dann erreicht, wenn sich den Planungsvorstellungen ein hinreichend konkreter Gebietsbezug dergestalt entnehmen lässt, für welche Teile des Plangebietes welche dieser Festsetzungen in Betracht gezogen wird.[5734]

2610 Eine Veränderungssperre ist nicht schon deshalb bedenklich, weil sie nur für wenige Grundstücke oder gar nur für ein einziges Grundstück erlassen wurde.[5735] Auch ist eine Veränderungssperre nicht deshalb unwirksam, weil die durch sie gesicherte Planung auf gesamtstädtische oder überörtliche Gesichtspunkte zurückgeht, solange nur in einer insbesondere mit § 1 BauGB übereinstimmenden Weise gesichert ist, dass die Planung die Zulässigkeit der baulichen oder sonstigen Nutzung in dem von ihr erfassten Gebiet regeln soll.[5736] Das Konkretisierungserfordernis darf allerdings nicht überspannt werden, weil sonst die praktische Tauglichkeit der Veränderungssperre verloren gehen würde. So wird sich die Gemeinde im Allgemeinen nicht bereits zu Beginn des Aufstellungsverfahrens auf ein bestimmtes Planungsergebnis festlegen können. Es ist gerade der Sinn der Vorschriften über die Planaufstellung, dass der Bebauungsplan innerhalb des Planungsverfahrens – insbesondere unter Beachtung des Abwägungsgebotes – erst erarbeitet wird.[5737] Das für den Erlass einer Veränderungssperre erforderliche Mindestmaß an Konkretisierung der Planungsziele umfasst nicht die Festlegung der planerischen Mittel zur Zielerreichung oder Aussagen zur Lösung etwaiger Nutzungskonflikte.[5738] Da die Veränderungssperre die Gemeinde in die Lage versetzen soll, planerische Vorstellungen umzusetzen, muss die Planung nicht bereits einen Stand erreicht haben, der nahezu den Abschluss des Verfahrens ermöglicht.[5739]

2611 Dabei steigen die **Anforderungen** an die **Konkretisierung** der städtebaulichen Ziele mit der **zeitlichen Dauer** der Veränderungssperre. Je länger das Bauleitplanverfahren andauert, umso konkreter müssen die städtebaulichen Ziele deutlich werden. Zu Beginn des Verfahrens[5740] reicht eine geringere Konkretisierung der Planungsziele aus.[5741] Jedoch sind mit fortschreitendem Verfahren höhere Anforderungen an die Konkretisierung zu stellen. Aus der anfänglich umfassenden Sperrwirkung der Veränderungssperre wird deswegen mit zunehmender

---

[5730] BVerwG BauR 2017, 96 (99); NVwZ 1993, 473; OVG Koblenz NVwZ-RR 2013, 258 (260); OVG Saarlouis BauR 2020, 608 (611); Mitschang in BKL, BauGB, 2022, § 14 Rn. 9a.

[5731] OVG Lüneburg BauR 2020, 450 (454): OVG Münster Urt. v. 23.5.2019 – 2 D 39.18.NE, BeckRS 2019, 16169 Rn. 26; Mitschang in BKL, BauGB, 2022, § 14 Rn. 9a.

[5732] BVerwGE 68, 360; NVwZ-RR 1990, 229; OVG Münster Urt. v. 20.4.1999 – 10a D 161/98.NE, BeckRS 1999, 17607.

[5733] OVG Münster Beschl. v. 12.10.2020 – 2 B 1137/20.NE, Beck RS Rn. 16; BRS 86 Nr. 48 = juris Rn. 44; ZNER 2020, 346 = juris Rn. 29.

[5734] OVG Münster Beschl. v. 12.10.2020 – 2 B 1137/20.NE, Beck RS Rn. 17; ZNER 2020, 346 = juris Rn. 31; OVG Berlin-Brandenburg ZfBR 2021, 454 (456); OVG Münster Urt. v. 16.4.2021 – 2 D 106.20. NE, BeckRS 2021, 10398 Rn. 19; Urt. v. 25.1.2021 – 2 D 131.20.NE, BeckRS 2021, 1783 Rn. 32; Urt. v. 4.12.2020 – 2 D 50.20.NE, BeckRS 2020, 35254 Rn. 27; Beschl. v. 23.6.2020 – 2 B 581.20 NE, BeckRS 2020, 15879 Rn. 19; VGH Kassel ZfBR 2021, 562 (563).

[5735] Mitschang in BKL, BauGB, 2022, § 14 Rn. 10.

[5736] BVerwGE 51, 122.

[5737] OVG Münster Urt. v. 28.1.2005 – 7 D 4/03.NE, BeckRS 2005, 25767.

[5738] VGH Mannheim NVwZ-RR 2006, 522.

[5739] OVG Berlin-Brandenburg Beschl. v. 14.10.2005 – 2 S 111.05, BeckRS 2007, 20699 m. Hinw. auf BVerwGE 51, 121.

[5740] BVerwGE 70, 83 zu den vergleichbaren Anforderungen nach § 15 StBauFG; bestätigt durch ZfBR 1999, 228.

[5741] OVG Münster Urt. v. 3.2.1999 – 10a B 2353/98.NE, BeckRS 2008, 30226.

Verdichtung der Planungsziele ein Rechtsinstitut, mit dessen Hilfe nur noch diejenigen Rechtsvorgänge und Vorhaben abgewehrt werden können, die den nunmehr detaillierten Planungsvorstellungen widersprechen. Ist eine Veränderungssperre vor längerer Zeit erlassen worden, ohne dass seither die Planung vorangetrieben wurde und, ohne dass die Planungsziele zunehmend konkreter geworden sind, so muss ggf. eine Ausnahmegenehmigung von der Veränderungssperre erteilt werden.[5742] Während die entschädigungslose Sperrdauer einer Veränderungssperre auf einen Zeitraum von vier Jahren begrenzt ist, sieht das Gesetz für die Sanierungssatzung eine vergleichbare Sperrdauer nicht vor. Die städtebauliche Sanierung ist auch bei sehr langer Dauer keine Enteignung iS des Art. 14 III 1 GG. Sie bleibt vielmehr auch dann tatbestandlich eine Regelung von Inhalt und Schranken des Eigentums iS des Art. 14 I 2 GG. Sachliche Erwägungen rechtfertigen es, dass das Gesetz für die städtebauliche Sanierung – anders als bei der Veränderungssperre – keinen Zeitrahmen vorschreibt.[5743] Allerdings steigen die Anforderungen an die Sperrmöglichkeit mit zunehmender Zeitdauer in dem beschriebenen Umfang.

§ 14 BauGB macht den Erlass der Veränderungssperre zwar von einem Beschluss zur Aufstellung eines Bebauungsplans abhängig, verbietet aber nicht die **gleichzeitige Beschlussfassung** und **Bekanntmachung**.[5744] Der Beschluss zur Aufstellung des Bebauungsplans und der Beschluss über die Veränderungssperre können daher in derselben Gemeinderatssitzung gefasst werden.[5745] Die Veränderungssperre ist ein eigenständiges Mittel zur Sicherung der Bauleitplanung, das auch nach Ablauf der Zweimonatsfrist für die Erteilung des gemeindlichen Einvernehmens nach § 36 BauGB fortbesteht.[5746] Faktische Bausperren, die sich aus dem Zeitablauf bei Nichtbearbeitung von Bauanträgen ergeben können, sind ggf. auf die Dauer der Veränderungssperre anzurechnen. Bei Veränderungssperren bestehen aufgrund bundes- bzw. ortsrechtlicher Bestimmungen mehrere Möglichkeiten der **Bekanntmachung**. Mit der Bekanntmachungsanordnung muss der Hauptverwaltungsbeamte entscheiden, nach welchen Vorschriften die Satzung veröffentlicht werden soll. Die Bekanntmachungsanordnung darf nicht in sich widersprüchlich sein.[5747] 2612

Ist eine Veränderungssperre unwirksam, weil ihr räumlicher Geltungsbereich infolge einer nicht dem Bestimmtheitsgebot entsprechenden Darstellung in einer Karte nicht wirksam festgelegt ist, so muss in der **Planreparatur** die neue Karte mit der Grenzziehung von dem für den Satzungsbeschluss zuständigen Gremium gebilligt werden.[5748] Wird zur Begebung von möglichen Fehlern ein ergänzendes Verfahren durchführt, kann die Gemeinde zur Sicherung dieser Planung eine neue Veränderungssperre erlassen.[5749] 2613

2. Vom Verbot erfasste Veränderungen

In die Veränderungssperre können alle in § 14 I Nr. 1 und 2 BauGB genannten Verbote aufgenommen werden, was sich bei entsprechender städtebaulicher Rechtfertigung empfiehlt. Die Gemeinde kann aber auch nur einzelne beabsichtigte Veränderungen der Veränderungssperre unterwerfen. Das zeitlich befristete Verbot, Vorhaben durchzuführen, ist als Ausdruck zulässiger Inhalts- und Schrankenbestimmung des Grundeigentums verfassungsrechtlich unbedenklich.[5750] Der Sperrwirkung des § 14 I Nr. 1 BauGB unterfallen alle Vorhaben iS des § 29 BauGB. Dazu zählen neben Neubaumaßnahmen auch Nutzungsänderungen, wenn sich die planungsrechtliche Frage neu stellt und solche Nutzungsänderungen daher nach § 29 BauGB genehmigungsbedürftig sind. 2614

Beispiel: Die Änderung einer Lagerhalle in einen Lebensmittelladen ist eine genehmigungsbedürftige Nutzungsänderung und unterliegt daher einer von der Gemeinde erlassenen Veränderungssperre. Dasselbe gilt etwa für die Änderung eines Einzelhandelsgeschäftes in eine Spielhalle oder eine Diskothek. Die Vorhaben sind nach § 29 BauGB genehmigungspflichtig, weil sie planungsrechtliche Fragen neu aufwerfen, und werden daher im Falle des Erlasses einer

---

5742 Zur sanierungsrechtlichen Genehmigung nach § 15 StBauFG BVerwGE 70, 83.
5743 BVerwG NJW 1996, 2807.
5744 OVG Münster UPR 2007, 279.
5745 BVerwG NVwZ 1989, 661.
5746 OVG Lüneburg ZfBR 1999, 231.
5747 OVG Berlin-Brandenburg Beschl. v. 15.5.2012 – OVG 2 S 106.11, BeckRS 2012, 51104.
5748 VGH München BauR 2000, 1716.
5749 VGH Mannheim NVwZ-RR 2012, 485; BVerwG NVwZ 2007, 954.
5750 BVerwGE 51, 121; BGHZ 73, 161.

Veränderungssperre von der Sperrwirkung des § 14 I Nr. 1 BauGB erfasst. Eine Veränderungssperre, die dem Erlass der durch einen Dritten angefochtenen immissionsschutzrechtlichen Genehmigung entgegenstehen könnte, vermag dem Widerspruch allerdings nicht zum Erfolg zu verhelfen, wenn sie während des Widerspruchsverfahrens ausläuft.[5751]

2615 Solange eine Veränderungssperre gilt, ist nicht über die Zulässigkeit eines Vorhabens nach den §§ 31, 33, 34 und 35 BauGB zu entscheiden. § 36 BauGB und damit auch die Fiktionsregelung des § 36 II 2 BauGB sind deshalb in diesem Verfahrensstadium nicht anzuwenden. Eine bauplanungsrechtliche Veränderungssperre kann wegen der Konzentrationswirkung, die § 13 BImSchG vorsieht, auch der Erteilung einer immissionsschutzrechtlichen Genehmigung entgegenstehen.[5752] Der Veränderungssperre unterliegen nach § 14 I Nr. 2 BauGB auch erhebliche oder wesentlich wertsteigernde Veränderungen von Grundstücken und bauliche Anlagen, deren Veränderungen nicht genehmigungs-, zustimmungs- oder anzeigepflichtig sind. Hierdurch soll sichergestellt werden, dass alle **erheblichen** oder **wesentlich wertsteigernden Veränderungen** der Sperrwirkung des § 14 BauGB unterfallen, auch wenn es sich dabei nicht um genehmigungspflichtige Vorhaben iS des § 29 BauGB handelt. Der Erlass einer Veränderungssperre hat auf die Rechtmäßigkeit einer Beseitigungsanordnung für Schwarzbauten grundsätzlich keinen Einfluss.[5753] Denn mit der Veränderungssperre soll eine von der Gemeinde beabsichtigte Bauleitplanung geschützt werden. Die Beseitigung bauordnungswidriger Zustände soll durch den Erlass einer Veränderungssperre nicht ausgeschlossen werden, wenn nicht erkennbar ist, dass das Vorhaben nach der künftigen Bauleitplanung zugelassen werden soll.

3. Ausnahmen von der Veränderungssperre

2616 § 14 II BauGB lässt die Erteilung einer Ausnahmegenehmigung zu, wenn überwiegende öffentliche Belange nicht entgegenstehen. Die Entscheidung trifft die Baugenehmigungsbehörde im Einvernehmen mit der Gemeinde. Klagt eine Gemeinde gegen eine Genehmigung, die unter Ersetzung dieses Einvernehmens erteilt wurde, ist auf die Sach- und Rechtslage im Zeitpunkt des Erlasses dieses Bescheids abzustellen. Danach eintretende Änderungen bleiben unberücksichtigt.[5754] Ob eine solche Ausnahmegenehmigung erteilt werden kann, richtet sich nach den städtebaulichen Zielvorstellungen der Gemeinde. Auch aus diesen Gründen ist es erforderlich, dass die Gemeinde die Gründe für den Erlass der Veränderungssperre und die mit der Planung verfolgten städtebaulichen Zielvorstellungen im Satzungsverfahren festhält.[5755] Berührt ein Vorhaben die städtebauliche Zielkonzeption der Gemeinde, so sind die Voraussetzungen für die Erteilung einer Ausnahmegenehmigung nach § 14 II BauGB nicht gegeben.[5756]

Hinweis: Die in § 14 II 2 BauGB enthaltene Einvernehmensregelung bedeutet, dass die Ausnahmegenehmigung ohne das gemeindliche Einvernehmen nicht erteilt werden darf. Setzt sich die Baugenehmigungsbehörde darüber hinweg, kann die Gemeinde gegen die gleichwohl erteilte Genehmigung klagen, weil die Gemeinde durch ein solches Verfahren in ihrer aus der Selbstverwaltungsgarantie abzuleitenden Planungshoheit verletzt wird. Wird die Ausnahmegenehmigung zu Unrecht versagt, so kann das Gericht das fehlende gemeindliche Einvernehmen allerdings ersetzen und die Verpflichtung der Baugenehmigungsbehörde zur Erteilung der Ausnahmegenehmigung aussprechen. Insoweit besteht eine Parallelität mit der Einvernehmensregelung in § 36 I BauGB.

4. Städtebauliche Sanierungsgebiete, städtebauliche Entwicklungsbereiche

2617 Nach § 14 IV BauGB sind die Vorschriften über die Veränderungssperre für Vorhaben im förmlich festgelegten Sanierungsgebiet oder im städtebaulichen Entwicklungsbereich nicht anzuwenden, soweit eine Genehmigungspflicht nach § 144 Abs. 1 besteht. Daraus folgt, dass auch § 14 I BauGB nicht gilt, wonach die Gemeinde zur Sicherung der Planung für den künftigen

---

5751 OVG Greifswald NVwZ-RR 2009, 555; BVerwG NVwZ 2008, 437.

5752 OVG Bremen NVwZ-RR 2013, 357 (LS).

5753 BVerwG NVwZ 1993, 476.

5754 BVerwG BauR 2017, 96 (97 f.).

5755 OVG Lüneburg BauR 2019, 1279 (1280); BauR 2020, 450 (453); Mitschang in BKL, BauGB, 2022, § 14 Rn. 19.

5756 BVerwG ZfBR 1989, 171.

Planbereich eine Veränderungssperre beschließen kann, wenn ein Beschluss über die Aufstellung eines Bebauungsplans gefasst wurde.[5757]

5. Geltungsdauer und Inhalt der Veränderungssperre

Die Veränderungssperre tritt gem. § 17 I 1 BauGB nach Ablauf von **zwei Jahren** außer Kraft. Auf die Zweijahresfrist ist der seit der Zustellung der ersten Zurückstellung eines Baugesuchs nach § 15 I BauGB abgelaufene Zeitraum anzurechnen. Die Anrechnung ist auch in Fällen der faktischen Zurückstellung vorzunehmen. Diese beginnt mit dem Ablauf des Zeitraums, in dem eine ordnungsgemäße Bearbeitung des Bauantrags vorgenommen werden kann. Üblicherweise ist dies ein Zeitraum von drei Monaten nach Eingang des Genehmigungsantrags bei der Baugenehmigungsbehörde. Die Veränderungssperre hat daher eine allgemeine Geltung für Grundstücke, für die keine Genehmigungsanträge vorliegen, und eine individuelle Geltung für Grundstücke, für die bereits zuvor Genehmigungsanträge eingereicht worden sind. Die Veränderungssperre verhindert eine beabsichtigte Nutzung des Grundstücks. Sie muss sich daher in verfassungsrechtlicher Hinsicht an Art. 14 I GG messen lassen. Dies hat den Gesetzgeber bewogen, zwischen dem allgemeinen Institut der Veränderungssperre und der tatsächlich eintretenden Behinderung des einzelnen Grundstückseigentümers oder Bauwilligen zu unterscheiden. 2618

Mit der Regelung des § 17 I 2 BauGB, die eine Anrechnung des Zeitraums zwischen der erstmaligen Zurückstellung des Baugesuchs nach § 15 BauGB und dem Inkrafttreten der Veränderungssperre vorsieht, hat der Gesetzgeber den Beginn der Veränderungssperre individuell vorverlegt. § 17 I 2 BauGB wird dabei entsprechend auf Fälle angewandt, in denen es zu einer verzögerlichen Bearbeitung des Bauantrags gekommen und dadurch ein Zeitverlust entstanden ist.[5758] Die Veränderungssperre wirkt auch dann **auf den Zeitpunkt der Antragstellung** zurück, wenn im Zeitpunkt des Erlasses der Veränderungssperre der Zeitraum der ordnungsgemäßen Bearbeitung bereits überschritten ist.[5759] Auf die Dauer einer Veränderungssperre sind gegenüber dem jeweiligen Vorhaben nicht nur gemäß § 17 I 2 BauGB Zeiten anzurechnen, die seit der ersten Zurückstellung des Baugesuchs nach § 15 I BauGB abgelaufen sind, sondern auch Zeiten, in welchen der Genehmigungsantrag wegen einer vorrangegangenen Veränderungssperre nicht positiv beschieden wurde, die dieselbe Planung sichern sollte.[5760] § 17 I 2 BauGB wird entsprechend auf Fälle angewandt, in denen es zu einer verzögerlichen Bearbeitung oder zu einer rechtswidrigen Ablehnung des Bauantrags gekommen und dadurch ein Zeitverlust entstanden ist.[5761] Bei Veränderungssperren ist § 17 I 2 BauGB entsprechend auf Fälle anwendbar, in denen es zu einer verzögerlichen Bearbeitung oder zu einer rechtswidrigen Ablehnung des Bauantrags gekommen und dadurch ein Zeitverlust entstanden ist. Die entsprechende Anwendung des § 17 I 2 BauGB muss die mit § 17 I 2 BauGB getroffene Entscheidung respektieren und setzt voraus, dass ein Baugesuch gestellt wurde. Die über § 17 I 2 BauGB anrechenbare Zeit kann nicht vor dem Eingang des Baugesuchs beginnen; sie beginnt bei der entsprechenden Anwendung des § 17 I 2 BauGB in dem Zeitpunkt, in dem die zuständige Behörde über das Baugesuch hätte entscheiden müssen.[5762] 2619

Beispiel: Die Gemeinde beabsichtigt, ein am Rande der Innenstadt gelegenes Grundstück für eine innerörtliche Entlastungsstraße in Anspruch zu nehmen. Der Grundstückseigentümer ist hiermit nicht einverstanden und beantragt für das im nicht beplanten Innenbereich gelegene Grundstück die nach § 34 I BauGB zulässige Bebauung mit einem Wohn- und Geschäftshaus. Die Gemeinde beschließt die Aufstellung eines Bebauungsplans, worauf die Baugenehmigungsbehörde den Antrag des Grundstückseigentümers auch auf mehrmalige Nachfrage zwei Jahre lang nicht bescheidet. Nunmehr beschließt Gemeinde den Erlass einer Veränderungssperre. Auf die Geltungsdauer der Veränderungssperre ist entsprechend § 17 I 2 BauGB der Zeitraum der

---

5757 VGH Kassel ZfBR 2019, 594 (595).

5758 BVerwG NVwZ 1992, 1090.

5759 VGH Mannheim ZfBR 2000, 70.

5760 VGH Kassel NVwZ-RR 2011, 975.

5761 VGH Kassel ZUR 2012, 47 (49 f.); VGH Mannheim Urt. v. 2.9.2015 – 3 S 276.15, BeckRS 2015, 52861 Rn. 46; Urt. v. 26.5.2020 – 8 S 1081.19, BeckRS 2020, 13726 Rn. 48; BVerwG Beschl. v. 5.5.2011 – 4 B 12.11, BeckRS 2011, 51855; Zur Anrechnung faktischer Zurückstellungen auf die Geltungsdauer von Veränderungssperren siehe Sennekamp BauR 2014, 640 ff.).

5762 BVerwG ZfBR 2013, 478.

unzulässigen Nichtbescheidung anzurechnen. Diese faktische Veränderungssperre beginnt dabei mit dem Ablauf der Frist, die für eine ordnungsgemäße Bearbeitung des Bauantrags anzusetzen ist. Je nach der Größe des Vorhabens und der Komplexität der im Genehmigungsverfahren zu beurteilenden Fragen ist dafür ein Zeitraum von etwa drei bis sechs Monaten seit Antragstellung zu veranschlagen. Die von der Gemeinde auf zwei Jahre beschlossene Veränderungssperre würde daher auf den Zeitpunkt der unzulässigen faktischen Zurückstellung des Baugesuches zeitlich zurückbezogen mit der Folge, dass sie bei einem angenommenen dreimonatigen ordnungsgemäßen Genehmigungsverfahren drei Monate nach Erlass im Hinblick auf das Baugesuch des Grundstückseigentümers bereits wieder außer Kraft tritt. Der vom BVerwG aufgestellte Grundsatz der entsprechenden Anwendbarkeit des § 17 I 2 BauGB bei faktischen Zurückstellungen bedarf einer Differenzierung für die Fälle, in denen ein Beschluss zur Aufstellung eines Bebauungsplans nicht getroffen wurde und ein Bauantrag aus anderen Gründen als zur Sicherung einer beabsichtigten Bauleitplanung nicht beschieden oder abgelehnt wurde.[5763]

2620 Beginn und Ende der Veränderungssperre im Einzelfall können jedoch nicht mit der verwaltungsgerichtlichen Normenkontrolle überprüft werden.[5764] Zu unterscheiden sind die **Verlängerung** einer Veränderungssperre und ihr **Neuerlass**.[5765]

2621 Die Gemeinde kann die **Geltungsdauer** der **Veränderungssperre** um zwei weitere Sperrjahre verlängern. Die Verlängerung der Veränderungssperre muss wirksam werden, bevor die erstmalig beschlossene Veränderungssperre außer Kraft getreten ist.[5766] Die Veränderungssperre kann um ein drittes Sperrjahr (§ 17 I 3 BauGB) und, wenn besondere Umstände es erfordern um ein viertes Sperrjahr verlängert werden (§ 17 II BauGB). Für die erste Verlängerung einer Veränderungssperre um ein Jahr stellt § 17 I 3 BauGB keine gesteigerten Anforderungen. Aus welchen Gründen es zu einer Verzögerung im Verfahren der Bauleitplanung kommt, ist daher für die Zulässigkeit dieser Verlängerung der Veränderungssperre grundsätzlich unerheblich. Das enthebt die Gemeinde allerdings nicht der Verpflichtung, zu prüfen, ob die Voraussetzungen der Veränderungssperre fortbestehen.[5767] Die wirksame Verlängerung einer Veränderungssperre erfordert eine konkrete Angabe zur Dauer der Verlängerung in der Satzung selbst. Auch die erstmalige Verlängerung einer Veränderungssperre ist nur aus besonderen Umständen iSv § 17 II BauGB zulässig, wenn die zu sichernde Bauleitplanung insgesamt mehr als 3 Jahre dauert und bereits mit Hilfe von wiederholten Veränderungssperren gesichert wird.[5768] Das Gesetz macht die erste Verlängerung einer Veränderungssperre (§ 17 I 3 BauGB) nicht von besonderen, sondern nur von den allgemein für den Erlass einer Veränderungssperre geltenden Voraussetzungen abhängig. Der Gesetzgeber geht – wie § 17 II BauGB verdeutlicht – von einer üblichen Planungszeit von etwa drei Jahren aus, für die er ohne besondere Voraussetzungen die Möglichkeit der Veränderungssperre einräumt. Erst nach Ablauf dieser Zeit verlangt das Gesetz das Vorliegen „besonderer Umstände".[5769]

2622 **Besondere Umstände** iSv § 17 II BauGB liegen nur vor, wenn ein Planverfahren durch eine Ungewöhnlichkeit gekennzeichnet ist, die sich von dem allgemeinen Rahmen der üblichen städtebaulichen Planungstätigkeit wesentlich abhebt, mag es sich bei dieser Ungewöhnlichkeit um Besonderheiten des Umfanges, des Schwierigkeitsgrades oder des Verfahrensablaufs handeln. Außerdem muss gerade die Ungewöhnlichkeit des Falls ursächlich dafür sein, dass die Aufstellung des Plans mehr als die übliche Zeit erfordert. Hinzukommen muss, dass die Gemeinde die verzögerungsverursachende Ungewöhnlichkeit nicht zu vertreten hat. Vertreten muss eine Gemeinde insoweit jedes ihr vorwerfbare Fehlverhalten, wobei im Allgemeinen davon ausgegangen werden kann, dass Mängel, die in der Sphäre der Gemeinde auftreten, zB

5763 OVG Berlin-Brandenburg Urt. v. 7.6.2012 – OVG 2 B 18.11 BeckRS 2012, 51569; BVerwG NVwZ 2014, 69.

5764 BVerwG NVwZ 1992, 1090.

5765 Zur Abgrenzung eines erneuten Erlasses einer Veränderungssperre (§ 17 III BauGB) von dem Erlass einer neuen, geänderten Veränderungssperre (§§ 16, 17 Abs. 1 BauGB) siehe BVerwG Beschl. v. 21.3.2023 – 4 BN 47/22, juris.

5766 VGH Kassel ZfBR 2019, 594 (595); OVG Lüneburg DÖV 1968, 328; OVG Saarlouis Urt. v. 19.12.2013 – 2 C 338.12, BeckRS 2014, 45732; zu den Anforderungen an die Bekanntmachung eines Satzungsbeschlusses zur Verlängerung einer Veränderungssperre siehe BVerwG NVwZ 2023, 1581.

5767 OVG Saarlouis BauR 2020, 608.

5768 OVG Bautzen NVwZ-RR 2010, 471.

5769 BVerwGE 51, 121; VGH München Beschl. v. 30.7.2008 – 1 B 05.616, 1 B 8.2019, BeckRS 2010, 53406 zur Verlängerung Veränderungssperre.

eine zu Verzögerungen führende Überforderung der mit der Planung beschäftigten Dienstkräfte oder ein sich als zu umfangreich erweisender Zuschnitt des Plangebiets, auf ein Fehlverhalten der Gemeinde zurückzuführen sind.[5770] Besondere Umstände iS des § 17 II BauGB liegen nicht vor, wenn die Gemeinde das Planverfahren mit Änderungen belastet, die mit dem eigentlichen, die Veränderungssperre rechtfertigenden Planungsziel allenfalls in einem losen Zusammenhang stehen.[5771] Ein vorwerfbares, zur Verzögerung der Aufstellung des Bebauungsplans führendes Verhalten, welches der Verlängerung der Veränderungssperre entgegensteht, liegt auch dann vor, wenn die Gemeinde das zu sichernde Bebauungsplanverfahren in einem frühen Stadium des Erlasses der Veränderungssperre ohne Not zu zögerlich betrieben hat.[5772]

Eine Gemeinde kann zur Sicherung einer neuen Planung auch eine neue Veränderungssperre beschließen, wenn sie, nachdem das Normenkontrollgericht ihren Bebauungsplan für unwirksam erklärt hat, für denselben Planbereich erneut die Aufstellung eines Bebauungsplans beschließt. Einen zeitlichen Abstand zur ursprünglichen Veränderungssperre verlangt das Gesetz hierfür nicht.[5773] 2623

Die Gemeinden können eine Veränderungssperre in das vierte Sperrjahr ohne Zustimmung der nach Landesrecht zuständigen Behörde verlängern oder eine außer Kraft getretene Veränderungssperre erneut beschließen (§ 17 III BauGB). Allerdings muss für die Veränderungssperre ein konkretes städtebauliches Konzept vorhanden sein. Die Planungsabsichten eines Bebauungsplanentwurfs können danach weiterhin auch für bisherige privilegierte Außenbereichsvorhaben mit einer Veränderungssperre gesichert werden (§§ 14, 16 BauGB). So ist eine Veränderungssperre für ein 560 ha großes Vorranggebiet Windenergie gerechtfertigt, wenn der Regionalplan wegen Verfahrensfehlern bei der gemeindlichen Beteiligung oder wegen fehlender Aussageschärfe keine Zielbindung entfaltet.[5774] Eine Veränderungssperre, die der Gemeinde allerdings erst **Zeit für die Entwicklung eines bestimmten Planungskonzepts** geben soll, ist nach Auffassung des BVerwG mangels eines beachtlichen Sicherungsbedürfnisses unwirksam.[5775] 2624

Eine Veränderungssperre verliert ihre Gültigkeit auch, wenn die ihr zugrunde liegende Planung von der Gemeinde aufgegeben wird. Dann verliert die Veränderungssperre ihre Wirksamkeit allerdings nicht rückwirkend auf den Zeitpunkt ihres Inkraft-tretens (Wirkung ex tunc), sondern nur für die Zukunft (Wirkung ex nunc), weil damit die Voraussetzungen für ihren Erlass nachträglich fortfallen.[5776] Im Übrigen sind Veränderungssperren als Satzungen zu erlassen und können grundsätzlich nur durch eine Aufhebungssatzung wieder beseitigt werden.[5777] 2625

Eine Veränderungssperre kann auch noch nach Ablauf eines Zeitraumes, der länger ist als die längst mögliche Dauer der Sperre, beschlossen werden. Das Gesetz enthält keine Regelungen über die **zulässige Zeitspanne** zwischen Aufstellungsbeschluss und Erlass der Veränderungssperre. Hierfür gibt es einen sachlichen Grund: Ein Beschlussbedarf für eine Veränderungssperre kann aus der Sicht der Gemeinde in aller Regel erst dann gegeben sein, wenn Umstände für die Gemeinde erkennbar werden, welche die Verwirklichung der gemeindlichen Planungsabsichten gefährden oder erschweren können. Derartige Umstände, die das Sicherungsbedürfnis iS des § 14 I BauGB auslösen, können bereits vorliegen, wenn der Aufstellungsbeschluss über den Bebauungsplan gefasst wird. Sie können aber auch erst später eintreten. Die erste Verlängerung einer Veränderungssperre ist auch dann grundsätzlich zulässig, wenn innerhalb der Laufzeit der verlängerten Veränderungssperre das Bauleitplanverfahren voraussichtlich nicht abgeschlossen werden kann. Aus welchen Gründen es zu einer Verzögerung im Verfahren der Bauleitplanung kommt, ist für den Erlass einer Veränderungssperre grundsätzlich unerheblich.[5778] 2626

5770 OVG Münster NVwZ 2017, 975 (979); siehe auch OVG Lüneburg ZfBR 2020, 452 (453); BVerwG NJW 1977, 400.

5771 OVG Lüneburg ZfBR 2013, 281.

5772 OVG Münster BauR 2023. 1917 = juris Rn. 48; Stock in EZBK, BauGB, 2019, § 17 Rn. 39.

5773 OVG Berlin-Brandenburg Beschl. v. 14.4.2011 – OVG 2 A 16.09, BeckRS 2011, 50224.

5774 VGH Kassel ZfBR 2003, 482.

5775 BVerwG NVwZ 2004, 858 m. Bespr. Stüer/Stüer NuR 2004, 341; NVwZ 2004, 984.

5776 BVerwG ZfBR 2005, 576.

5777 OVG Berlin-Brandenburg Beschl. v. 22.6.2011 – OVG 10 A 12.10, BeckRS 2011, 52639; OVG Berlin-Brandenburg BRS 74 Nr. 115; BRS 71 Nr. 118.

5778 BVerwG Beschl. v. 8.1.1993 – 4 B 258.92, BeckRS 2016, 51341.

2627 Ist eine Veränderungssperre außer Kraft getreten, kann die Gemeinde die Veränderungssperre ggf. ganz oder teilweise erneut beschließen (§ 17 III BauGB).[5779] Eine Gemeinde kann gem. § 17 III BauGB eine außer Kraft getretene Veränderungssperre ganz oder teilweise erneut beschließen, wenn die Voraussetzungen für ihren Erlass fortbestehen (**Neuerlass**). Nach Ablauf der maximalen Geltungsdauer von 4 Jahren ist dies nur bei Vorliegen besonderer Umstände zulässig. Von dem erneuten Erlass einer Veränderungssperre ist eine selbstständige neue Veränderungssperre zu unterscheiden. Eine solche ist jedoch nur anzunehmen, wenn die neue Veränderungssperre nicht mehr in einer inhaltlichen und verfahrensmäßigen Kontinuität zu der früheren Veränderungssperre steht.[5780] Eine erneut beschlossene Veränderungssperre, mit der etwaige Mängel einer bereits erlassenen Veränderungssperre behoben werden sollen, kann jedenfalls dann in Anwendung des § 214 IV BauGB rückwirkend zum Zeitpunkt des Inkrafttretens der ursprünglichen Veränderungssperre in Kraft gesetzt werden, wenn bereits zu diesem Zeitpunkt die mit ihr zu sichernden Planungsziele hinreichend konkretisiert waren.[5781]

2628 Eine erneute Veränderungssperre kommt auch dann in Betracht, wenn die Gemeinde die an sich beabsichtigte Verlängerung der Veränderungssperre in das dritte oder vierte Sperrjahr versäumt hat. Allerdings besteht dann die Gefahr, dass die Gemeinde die gesetzlichen Voraussetzungen, unter denen eine Verlängerung der erlassenen Veränderungssperre zulässig ist, umgeht. Dieser Gefahr muss im Hinblick auf die Eigentumsgarantie in Art. 14 GG begegnet werden. Die erneute Veränderungssperre ist daher nur dann zulässig, wenn sie auch bei rechtzeitig vorgenommener Verlängerung zulässig wäre.[5782] Eine die erste Verlängerung ersetzende Erneuerung der Veränderungssperre steht damit nur unter den Voraussetzungen des § 17 I 3 BauGB, eine die zweite Verlängerung ersetzende Erneuerung unter den besonderen Voraussetzungen des § 17 II BauGB. Sie erfordert damit das Vorliegen besonderer Umstände. Stellt sich die zweite Veränderungssperre als Verlängerung einer ersten dar, darf sie in das vierte Jahr nur unter den Voraussetzungen des § 17 II BauGB reichen. Liegen diese nicht vor, ist die zweite Veränderungssperre nur hinsichtlich „ihres zweiten", dh des insgesamt „vierten" Jahres (teil-)unwirksam.[5783]

2629 § 17 III BauGB besagt nicht, dass ein bestimmter zeitlicher Abstand zwischen dem Außerkrafttreten der ersten Veränderungssperre und dem Inkrafttreten der erneuten Veränderungssperre liegen muss. Es muss allerdings ein gewisser zeitlicher und sachlicher Zusammenhang zwischen den beiden Veränderungssperren bestehen. So darf sich die ursprüngliche Planungssituation nicht geändert haben. Auch muss die Notwendigkeit der Sicherung dieser Planung im Zeitpunkt des Erlasses der erneuten Veränderungssperre nach wie vor bestehen. Einen weiteren sachlichen oder zeitlichen Zusammenhang zwischen erster und zweiter Veränderungssperre fordert § 17 III BauGB nicht. Insbesondere lässt sich der Vorschrift nicht entnehmen, dass der zwischen dem Außerkrafttreten der ersten Veränderungssperre und dem Erlass der zweiten Veränderungssperre liegende Zeitraum in die Dauer der zweiten Veränderungssperre einzurechnen ist. Eine erneute Veränderungssperre, die den festgelegten Zeitraum von drei Jahren nicht übersteigt, erfordert daher nicht, dass eine entstandene faktische Veränderungssperre zwischen dem Außerkrafttreten der ersten, nicht gem. § 17 I 3 BauGB verlängerten Veränderungssperre und dem Erlass der erneuten Veränderungssperre berücksichtigt wird. Eine solche Anrechnung wird sich jedoch ergeben, wenn ein Vorhaben bereits zuvor nach § 15 BauGB zurückgestellt oder im Hinblick auf die erste Veränderungssperre abgelehnt worden ist. Denn insoweit gilt ein individuelles Berechnungsverfahren.[5784] Auch die besonderen Vorausset-

---

[5779] Zu den Voraussetzungen, unter denen ein nach Feststellung der Gesamtunwirksamkeit eines Bebauungsplans unternommener weiterer Anlauf zur Verwirklichung bestimmter Planungsziele als neue Planung anzusehen ist, die durch eine neue Veränderungssperre gesichert werden kann, VGH München BayVBl. 2009, 369 m. Anm. Klepper IBR 2009, 235 im Anschluss an BVerwG NVwZ 2007, 954.

[5780] OVG Berlin-Brandenburg BauR 2012, 686 (LS).

[5781] VGH Mannheim ZfBR 2020, 285; zu Zweifeln, ob im Rahmen eines ergänzenden Verfahrens auch eine nachträgliche Konkretisierung der Planungsziele vorgenommen werden kann, Mitschang in BKL, BauGB, 2022, § 16 Rn. 3.

[5782] OVG Berlin-Brandenburg Beschl. v. 9.6.2016 – OVG 2 S 3.16, BeckRS 2016, 47239 Rn. 20; VGH Kassel ZfBR 2019, 594 (595); VGH München Urt. v. 12.2.2021 – 1 B 20.875, BeckRS 2021, 2795 Rn. 19 ;f.; BVerwGE 51, 121.

[5783] OVG Lüneburg NordÖR 2011, 467. Zur Teilunwirksamkeit BVerwG NVwZ 2008, 902; Hentschel NVwZ 2008, 1201, Jahn ThürVBl 2008, 244.

[5784] BVerwG DÖV 1993, 260.

zungen des § 17 III BauGB an den Erlass einer erneuten Veränderungssperre gelten nicht, wenn zwischenzeitlich ein Bebauungsplan in Kraft getreten und die erste Veränderungssperre daher außer Kraft getreten ist. Will die Gemeinde den Bebauungsplan ändern, so kann sie erneut eine Veränderungssperre erlassen, ohne an § 17 III BauGB gebunden zu sein. Allerdings darf die erneute Veränderungssperre nicht unmittelbar an das Inkrafttreten des ersten Bebauungsplans anschließen. Schließen die Veränderungssperre zeitlich unmittelbar aneinander an, so sind die Sperrfristen zusammenzurechnen. Geht sie über vier Jahre hinaus, so ist eine Entschädigung zu zahlen (§ 18 BauGB).

Bei einer **erneuten Veränderungssperre nach § 17 III BauGB**, die den festgelegten Zeit- 2630
raum von insgesamt drei Jahren nicht übersteigt, ist es nicht geboten, eine entstandene faktische Veränderungssperre zwischen dem Außerkrafttreten der ersten, nicht verlängerten, Veränderungssperre und dem Erlass der erneuten Veränderungssperre zu berücksichtigen.[5785] Die nach § 17 I 2 BauGB gebotene Berücksichtigung anrechnungsfähiger Zeiten betrifft nicht die Rechtsgültigkeit einer satzungsrechtlich angeordneten Veränderungssperre, sondern nur deren Berechnung im Einzelfall.[5786]

Die **Veränderungssperre** tritt gem. § 17 V BauGB in jedem Fall **außer Kraft**, sobald und 2631
soweit die **Bauleitplanung rechtsverbindlich abgeschlossen** ist. Durch die Beendigung eines Aufstellungsverfahrens für den Bebauungsplan tritt eine Veränderungssperre auch dann außer Kraft, wenn der Bebauungsplan selbst infolge Fehlerhaftigkeit keine Rechtsverbindlichkeit erlangt hat.[5787] Mit der Verabschiedung eines Bebauungsplans kann sich die Gemeinde daher auf eine Veränderungssperre auch dann nicht berufen, wenn der Bebauungsplan etwa auf Grund eines Form- oder Verfahrensfehlers oder wegen eines Abwägungsfehlers unwirksam ist.[5788] Die Gemeinde hat allerdings die Möglichkeit, das ergänzende Verfahren durch eine neue Veränderungssperre zu sichern.[5789]

Tritt eine Veränderungssperre nach § 14 BauGB während der Anhängigkeit eines nach § 47 2632
II 1 VwGO zulässigen Antrags auf Feststellung ihrer Ungültigkeit **außer Kraft**, kann der Antragsteller die Feststellung begehren, dass die Veränderungssperre ungültig war.[5790] Der **Fortsetzungsfeststellungsantrag** setzt jedoch ein entsprechendes Rechtsschutzbedürfnis voraus, das etwa bei geltend gemachten Schadensersatzansprüchen gegeben sein kann.[5791] Die Zulässigkeit eines Normenkontrollantrags nach Außer-Kraft-Treten einer Veränderungssperre entfällt allerdings, wenn der Antragsteller kein berechtigtes Interesse an der Feststellung hat, dass die Satzung ungültig war. Dieses besteht, wenn die begehrte Feststellung präjudizielle Wirkung für die Frage der Rechtmäßigkeit oder Rechtswidrigkeit eines auf die Norm gestützten behördlichen Verhaltens und damit für in Aussicht genommene Entschädigungsansprüche haben kann. Ein berechtigtes Interesse an der beantragten Feststellung besteht nur dann nicht, wenn sie der Vorbereitung einer Klage dient, die offensichtlich aussichtslos ist.

Beispiel: Eine **Entschädigungs- oder Schadensersatzklage** wegen verzögerter Erteilung der erforderlichen Genehmigung für die Errichtung zweier Windkraftanlagen unter dem Gesichtspunkt des Erlasses einer rechtswidrigen Veränderungssperre ist nicht offensichtlich aussichtslos, wenn der Genehmigungsantrag bei der unzuständigen Baugenehmigungsbehörde gestellt wurde, diese sich aber selbst für zuständig hielt.[5792]

Erklärt das Normenkontrollgericht einen Bebauungsplan, der in der Aufstellungsphase durch 2633
eine Veränderungssperre gesichert war, für unwirksam und beschließt die Gemeinde für denselben Planbereich erneut die Aufstellung eines Bebauungsplans, kann sie zur Sicherung dieser Planung eine **neue Veränderungssperre** erlassen.[5793]

Die Veränderungssperre gem. § 14 BauGB dient allein der Sicherung künftiger Planungen 2634
der Gemeinde, nicht einem zeitlich vorverlegten **Nachbarschutz**. Ein Nachbar kann sich da-

[5785] Zur Anrechnung OVG Münster NVwZ 2007, 727; Uechtritz NVwZ 2007, 660.
[5786] BVerwG Beschl. v. 20.11.2006 – 4 B 50.06, BeckRS 2007, 20074.
[5787] BVerwG NVwZ 1985, 563.
[5788] BVerwG NVwZ 1990, 656.
[5789] OVG Lüneburg Urt. v. 24.4.2007 – 1 KN 22/07, BeckRS 2007, 23722.
[5790] BVerwG NJW 1984, 881.
[5791] BVerwG NVwZ 2004, 858 m. Bespr. Stüer/Stüer NuR 2004, 341.
[5792] BVerwG BauR 2005, 1761.
[5793] BVerwG DVBl. 2007, 849.

her nicht darauf berufen, dass eine Baugenehmigung im Hinblick auf eine erlassene Veränderungssperre nicht hätte erteilt werden dürfen.[5794]

2635 Das Recht des Bürgermeisters, dringliche Anordnungen zu treffen und unaufschiebbare Geschäfte zu besorgen, erfasst auch den Erlass einer Veränderungssperre. Die Dringlichkeit einer Angelegenheit in zeitlicher Hinsicht ist nach den Verhältnissen zum Zeitpunkt der Anordnung zu beurteilen. Es ist unerheblich, ob die Sache infolge eines Versäumnisses der Gemeinde dringlich geworden ist. Je gebundener und unbedeutender eine an sich in die Zuständigkeit des Gemeinderats (oder eines Ausschusses) fallende Angelegenheit ist, desto eher kann sie vom Bürgermeister im Wege einer dringlichen Anordnung geregelt werden. Je größer der Gestaltungsspielraum der Gemeinde und das Gewicht der Sache sind, desto weniger kommt eine solche Entscheidung in Betracht.[5795]

2636 Steht ein Baugenehmigungsantrag in Widerspruch zu einer nachträglich beschlossenen Veränderungssperre, so hat die Bauaufsichtsbehörde, wenn sie einen formellen Mangel der Sperre feststellt, der Gemeinde vor der Entscheidung Gelegenheit zur Behebung des Mangels zu geben.[5796]

6. Veränderungssperre zur Sicherung von Bebauungsplänen im Außenbereich

2637 Ein Normenkontrollverfahren wegen einer Veränderungssperre erledigt sich nicht nach zwei Jahren durch Zeitablauf, wenn die Gemeinde zuvor die Geltungsdauer der Veränderungssperre verlängert hat. Durch die Erteilung ihres Einvernehmens zu einem Bauvorhaben wird die Gemeinde nicht gehindert, eine dem Vorhaben widersprechende Bauleitplanung zu betreiben und sie durch eine Veränderungssperre zu sichern.[5797] Eine spätere entgegenstehende Bauleitplanung setzt sich sogar gegenüber einem inzwischen ergangenen rechtskräftigen Verpflichtungsurteil auf Erteilung einer Bebauungsgenehmigung durch.[5798] Das gemeindliche Einvernehmen muss allerdings bei der Aufstellung des Bebauungsplans in die Abwägung eingehen. Denn der Antragsteller hat einen gewissen **Vertrauensschutz**, der sich daraus ergibt, dass das beantragte Vorhaben nach Auffassung der Gemeinde nach damaliger Rechtslage planungsrechtlich zulässig war. Auch kann das einmal erteilte gemeindliche Einvernehmen nicht widerrufen oder zurückgenommen werden.[5799] Werden die Belange eines Bauherrn, zu dessen Bauvorhaben die Gemeinde gerade erst ihr unwiderrufliches Einvernehmen erklärt hat, bei der Planung nicht ausreichend berücksichtigt, so kann der Bebauungsplan an einem Abwägungsfehler leiden.

2638 Eine Veränderungssperre, die der Gemeinde erst die Zeit für die Entwicklung eines bestimmten Planungskonzeptes geben soll, kann jedoch nach Auffassung des BVerwG mangels eines beachtlichen Sicherungsbedürfnisses unwirksam sein.[5800] Eine Veränderungssperre darf erst erlassen werden, wenn die Planung, die sie sichern soll, ein Mindestmaß dessen erkennen lässt, was Inhalt des zu erwartenden Bebauungsplans sein soll.[5801] Ein Planungskonzept setzt zwar grundsätzlich nicht voraus, dass die künftige Nutzungsart bereits parzellenscharf für sämtliche Grundflächen feststeht. Bei Planungen, die nicht einem typischen Baugebiet – wie bei der Festsetzung von Flächen für die Land- oder Forstwirtschaft – mit einer bestimmten Nutzungsart gelten, sind die unterschiedlichen Nutzungen aber zumindest so zu bezeichnen, dass der einzelne Grundeigentümer erkennen kann, welchen Inhalt die Bauleitplanung haben soll, zu deren Sicherung ihm die bauliche Nutzung seines Grundstücks für Jahre untersagt wird.[5802]

2639 Auch **verfahrensfreie Vorhaben** werden von einer Veränderungssperre erfasst, auch wenn mit ihrer Errichtung beim Inkrafttreten der Veränderungssperre bereits begonnen worden ist.[5803] Voraussetzung für die Anwendung des § 17 I 2 BauGB ist es, dass der Antragsteller ununterbrochen oder jedenfalls bis zum Inkrafttreten der Veränderungssperre an seinem ursprünglich zur Genehmigung gestellten Vorhaben festhält.[5804] Zum Erlass einer Veränderungssperre ist

5794 BVerwG NVwZ 1989, 453.
5795 VGH München NVwZ-RR 2007, 481.
5796 BGH NVwZ 2004, 1143.
5797 So bereits BVerwG Beschl. v. 26.10.1998 – 4 BN 43.98, juris; OVG Lüneburg NVwZ 1999, 1001.
5798 BVerwG NVwZ 2003, 214.
5799 BVerwG ZfBR 1997, 216.
5800 BVerwG NVwZ 2004, 858 m. Bespr. Stüer/Stüer NuR 2004, 341.
5801 BVerwGE 51, 121; ZfBR 1990, 302; NVwZ 2004, 477.
5802 OVG Bautzen Urt. v. 4.10.2022 – 1 C 82/20, juris Rn. 145.
5803 BVerwG NVwZ 2013, 304; Kraus, KommunalPraxis BY 2013, 32, Koch NVwZ 2013, 251.
5804 BVerwG ZfBR 2015, 170.

die Gemeinde nicht verpflichtet. Dies fällt auch nicht unter die Obliegenheiten nach § 1 III 1 BauGB.[5805]

2640 Beabsichtigt eine Gemeinde, für große Teile ihres Gemeindegebietes einen Bebauungsplan aufzustellen, so kann sie diese Planung ebenfalls nicht durch eine Veränderungssperre sichern, wenn die Bereiche, in denen unterschiedliche Nutzungen verwirklicht werden sollen, nicht einmal grob bezeichnet sind. Die Gemeinde muss im Zeitpunkt des Erlasses einer Veränderungssperre zumindest Vorstellungen über die Art der baulichen Nutzung entwickeln, indem sie einen bestimmten Baugebietstyp oder nach § 9 I BauGB festsetzbare Nutzungen in Aussicht nimmt.[5806] Es reicht daher nach Auffassung des BVerwG nicht aus, wenn die Gemeinde abgesehen von der Festsetzung von Standorten für Windenergieanlagen – Festsetzungen zugunsten bestimmter Schutzgüter wie Landschaftsschutz, Fremdenverkehr und Anwohnerschutz von Windenergieanlagen in Aussicht nimmt. Eine solche städtebauliche Zielsetzung lasse die unterschiedlichsten Festsetzungen der Nutzungsart zu und ein positives Planungskonzept nicht erkennen.[5807] Zudem darf die Bauleitplanung nicht die Funktion einer **Verhinderungsplanung** haben.[5808] Eine Veränderungssperre ist unwirksam, wenn der Beschluss zur Aufstellung des Bebauungsplans nur vorgeschoben ist, um mittels der die Planung sichernden Veränderungssperre Zeit für die „Konzentrationsplanung" gemäß § 35 III 3 BauGB im Verfahren zur Änderung des Flächennutzungsplanes zu gewinnen.[5809] Eine unzulässige Negativ- oder Verhinderungsplanung liegt allerdings nicht schon dann vor, wenn eine Gemeinde eine bestimmte, von ihr städtebaulich als nicht wünschenswert erachtete Entwicklung durch eine Planung zugunsten des Naturschutzes korrigiert. Wenn eine positive Zielsetzung für eine Verhinderungsplanung nicht besteht oder nur vorgeschoben wird, ist ein Bebauungsplan nicht erforderlich iS des § 1 III BauGB. Das schließt allerdings eine Planungskonzeption nicht aus, die mehr auf Bewahrung als auf Veränderung der vorhandenen Situation zielt.[5810] Allein die Größe eines geplanten Industriegebiets im Verhältnis zu den übrigen Bauflächen in einem Ortsteil belegt noch keinen groben planerischen Missgriff. An der Vollzugsfähigkeit eines Bebauungsplans mag es allerdings dann fehlen, wenn die Planung offensichtlich überdimensioniert ist oder den Marktverhältnissen nicht entspricht, sie also nicht auf Verwirklichung in angemessener Zeit angelegt ist. Auch hat eine Gemeinde vorausschauend zu beurteilen, ob der Umsetzung der Planung auch bei einer Langzeitperspektive unüberwindbare finanzielle Schranken entgegenstehen.[5811] Ein Bebauungsplan ist auch dann nicht erforderlich, wenn er lediglich für einen kleineren Randbereich eines großflächigen Plangebietes positive städtebauliche Ziele verfolgt.[5812]

2641 Eine Veränderungssperre, die den **gesamten Bereich** des Gemeindegebietes erfasst, der nach den Vorarbeiten für die Änderung des Flächennutzungsplans als **Potenzialfläche für Windenergie** infrage kommt, wird in der Regel wegen unzureichender Konkretisierung der Planung unwirksam sein. Steht eine Veränderungssperre in Rede, genügt allein das Ziel der Vorhabenverhinderung nicht. Es müssen hinreichend konkrete positive planerische Ziele vorhanden sein. Genügend konkretisiert ist der Planungsinhalt etwa, wenn die künftige Nutzung des Gebietes der Art nach festgelegt ist.[5813]

2642 Eine **Zurückstellung** setzt die Voraussetzungen für den Erlass einer Veränderungssperre voraus (§ 15 I BauGB). Solange ein Aufstellungsbeschluss nicht vorliegt, muss ein Zurückstellungsantrag erfolglos bleiben. Das gilt auch, wenn ein früherer Aufstellungsbeschluss besteht, die entsprechende Planung aber aufgegeben worden ist. Dem Bundesrecht lässt sich auch kein fester Zeitraum entnehmen, innerhalb dessen über einen Bauantrag oder einen Vorbescheidsantrag zu entscheiden ist. Derartige Fristsetzungen enthalten allerdings einige Landesgesetze, die teilweise wiederum an den Eingang bestimmter Stellungnahmen anknüpfen.[5814] Zurück-

---

5805 BVerwG KommJur 2014, 346 (347).

5806 BVerwG BRS 64 Nr. 109; ZfBR 1990, 302.

5807 BVerwG ZfBR 2004, 464 m. Anm. Dirnberger KommJur 2004, 230 für ein Gebiet von 560 ha.

5808 OVG Lüneburg ZfBR 2003, 790 angenommen für einen Bebauungsplan, der fast das gesamte nicht bebaute Gemeindegebiet umfasste.

5809 VGH Kassel NVwZ-RR 2011, 975.

5810 BVerwG ZfBR 2012, 477.

5811 OVG Magdeburg Urt. v. 14.2.2013 – 2 K 122/11, BeckRS 2013, 51999; OVG Münster Urt. v. 7.7.2011 – 2 D 137/09, juris.

5812 OVG Koblenz NJOZ 2013, 1261.

5813 OVG Lüneburg NVwZ-RR 2004, 332.

5814 BVerwG Beschl. v. 9.4.2003 – 4 B 75.02, juris.

stellungsmöglichkeiten für an sich privilegierte Außenbereichsvorhaben nach § 35 I Nr. 2 bis 6 BauGB im Hinblick auf eine beabsichtigte Änderung eines Flächennutzungsplans enthält § 15 III BauGB.[5815]

7. Nicht erfasste Veränderungen – Bestandsschutz

2643 Vorhaben, die vor dem Inkrafttreten der Veränderungssperre baurechtlich genehmigt worden sind, Vorhaben, von denen die Gemeinde nach Maßgabe des Bauordnungsrechts Kenntnis erlangt hat und mit deren Ausführung vor dem Inkrafttreten der Veränderungssperre hätte begonnen werden dürfen, sowie Unterhaltungsarbeiten und die Fortführung einer bisher ausgeübten Nutzung werden von der Veränderungssperre nicht berührt (§ 14 III BauGB). Die Vorschrift stellt sicher, dass der Bestandsschutz eines Gebäudes und einer ausgeübten baulichen Nutzung durch den Erlass einer Veränderungssperre nicht beeinträchtigt wird. Zugleich wird damit den verfassungsrechtlichen Anforderungen der Eigentumsgarantie gem. Art. 14 GG Rechnung getragen. Schon aus dem Wortlaut des § 14 III BauGB ergibt sich, dass erst ein erteilter Bescheid den Bauherrn vor Rechtsänderungen schützt. Bis dahin steht der Anspruch auf Erteilung, sogar wenn er rechtskräftig tituliert ist, unter dem Vorbehalt, dass sich die Sach- und Rechtslage nicht in rechtlich relevanter Weise ändert.[5816]

2644 Ist bereits eine **Baugenehmigung** erteilt worden, so wird sie in ihrem Bestand durch eine Veränderungssperre nicht mehr beeinträchtigt (§ 14 III BauGB).[5817] Eine Bestandskraft der Baugenehmigung ist genauso wenig wie ein Beginn des Bauvorhabens erforderlich.[5818] Dasselbe gilt für die Bindungswirkungen, die sich aus einer **Bebauungsgenehmigung** für das nachfolgende Baugenehmigungsverfahren ergeben.[5819] Die Bebauungsgenehmigung setzt sich damit gegenüber einer anschließend erlassenen Veränderungssperre in dem Sinne durch, dass die Baugenehmigung wegen der erteilten Bebauungsgenehmigung auch dann erteilt werden muss, wenn zwischenzeitlich eine Veränderungssperre erlassen worden ist.[5820] Denn die Bebauungsgenehmigung ist ein selbstständiger Ausschnitt aus der Baugenehmigung, durch welche die planungsrechtliche Zulässigkeit des Bauvorhabens geklärt wird. Die Bebauungsgenehmigung wird auch nicht etwa durch eine später erteilte Baugenehmigung konsumiert.[5821] Der Vorrang gegenüber einer Veränderungssperre ergibt sich auch, wenn das Vorhaben auf Grund eines anderen baurechtlichen Verfahrens zulässig ist. Mit dieser Änderung durch das BauROG 1998 wird ein Vorhaben auch dann von der Veränderungssperre nicht erfasst, wenn es auf Grund eines anderen baurechtlichen Verfahrens zulässig ist. Dies gilt etwa für ein abgeschlossenes Anzeigeverfahren nach den landesrechtlichen Freistellungsvorschriften, mit dem die Bauerlaubnis verbunden ist.

2645 § 14 III BauGB reagiert bereits in der Fassung des BauROG 1998 auf die **Freistellungstendenzen** der Länder.[5822] Anderenfalls stünde der Bauherr, dessen Vorhaben etwa im Geltungsbereich eines Bebauungsplans von dem Erfordernis einer Baugenehmigung freigestellt ist, im Hinblick auf die Veränderungssperre schlechter als ein Bauherr, der über eine förmliche Baugenehmigung verfügt. § 14 III BauGB stellt daher klar, dass auch Vorhaben, die vor Inkrafttreten einer Veränderungssperre **genehmigt** worden sind, von der Veränderungssperre nicht erfasst werden. Hinzu treten alle Verfahren, nach deren Abschluss ein Bauvorhaben zulässig ist wie zB **Anzeige- und Kenntnisgabeverfahren**. Die Gemeinde muss allerdings nach Maßgabe des Bauordnungsrechts Kenntnis erlangt haben und es hätte mit der Ausführung des Bauvorhabens begonnen werden dürfen. Der Zeitpunkt der Zulässigkeit des Beginns der Bauarbeiten bestimmt sich nach Landesrecht. Von diesem Zeitpunkt an kann eine Veränderungssperre dem Vorhaben nicht entgegengehalten werden. Zur Sicherung der gemeindlichen Rechte haben die Länder jedoch nach § 36 I 3 BauGB zu gewährleisten, dass die Gemeinde rechtzeitig vor Ausführung des Vorhabens über Maßnahmen zur Sicherung der Bauleitplanung nach den §§ 14, 15 BauGB entscheiden kann.

5815 Hinsch NVwZ 2007, 660.

5816 VG Köln Urt. v. 9.11.2022 – 23 K 878/20, juris Rn. 47; OVG Münster Beschl. v. 3.3.2022 – 2 A 515/21, juris Rn. 12; BVerwG Beschl. v. 11.12.1967 – IV B 25.67, juris; BVerwGE 117, 44–49, Rn. 15.

5817 OVG Lüneburg UPR 1999, 231.

5818 VGH München NVwZ-RR 2001, 364; Mitschang in BKL, BauGB, 2022, § 14 Rn. 21.

5819 BVerwGE 69, 1.

5820 BVerwG NJW 1984, 881; BVerwGE 69, 1.

5821 BVerwG NVwZ 1995, 894.

5822 Hornmann in BeckOK BauGB, 2024, § 14 Rn. 86; VGH München NVwZ-RR 2019, 11.

Genehmigungsfreistellungsverfahren sind „andere baurechtliche Verfahren" iS des § 14 2646
III BauGB. Eine erst nach Ablauf der Erklärungsfrist in Kraft tretende Veränderungssperre steht einem beantragten Bauvorhaben nicht entgegen.[5823] Auch kann eine Veränderungssperre, die die Gemeinde erst während des Verfahrens des vorläufigen Rechtsschutzes gegen die Baugenehmigung erlässt, gegenüber dem bereits vorher genehmigten Vorhaben nicht mehr berücksichtigt werden.[5824] § 14 III BauGB ist auf ein Vorhaben, das vor Inkrafttreten einer nachträglich beschlossenen Veränderungssperre nicht genehmigt worden ist, auch dann nicht anwendbar, wenn der Bauherr bis dahin eine Genehmigung erwarten konnte.[5825] § 14 III BauGB regelt nicht abschließend, welche Vorhaben von einer Veränderungssperre unberührt bleiben. Ob ein verfahrensfreies Vorhaben, mit dessen Ausführung vor dem Inkrafttreten einer Veränderungssperre begonnen wurde, von dem Veränderungsverbot des § 14 I Nr. 1 BauGB erfasst wird, hängt davon ab, ob der Bauherr darauf vertrauen durfte, dass sich die Rechtslage nach Baubeginn nicht mehr zu seinem Nachteil durch das Inkrafttreten einer Veränderungssperre ändert.[5826]

Bei der Neuerrichtung eines Gebäudes> leitet das Abschieben von Mutterboden (in einer 2647
Tiefe zwischen 0,2 m und 0,3 m) als „erster Spatenstich" die Bauausführung unmittelbar ein. Der Baubeginn ist eine faktische Maßnahme, für die ohne Bedeutung ist, ob sich die Bauausführung in jeder Hinsicht im Rahmen der Baugenehmigung hält. Liegt eine Baugenehmigung vor, so darf mit der Ausführung des Bauvorhabens nur dann nicht begonnen worden, wenn das in Angriff genommene Vorhaben so stark von dem genehmigten abweicht, dass es als aliud anzusehen ist.[5827]

Hat die Baugenehmigungsbehörde zu Unrecht eine Bebauungsgenehmigung oder eine Bau- 2648
genehmigung nicht erteilt, so kann dies bei einer späteren Veränderungssperre zu einer Ermessensbindung der Baubehörde iS einer Verpflichtung zur Erteilung einer Ausnahmegenehmigung führen. Denn hätte die Baugenehmigungsbehörde ordnungsgemäß entschieden, wäre durch die Erteilung der Bebauungsgenehmigung eine Bindungswirkung für das anschließende weitere Baugenehmigungsverfahren eingetreten. Überwiegende öffentliche Belange dürfen dem Vorhaben allerdings nicht entgegenstehen. Ein öffentlicher Belang, der der Erteilung der Ausnahmegenehmigung entgegenstehen kann, kann darin liegen, dass das Vorhaben den Zielen der Planung eindeutig zuwiderläuft.[5828]

Planungsrechtlich relevante Nutzungsänderungen, die bisher nicht genehmigt sind, 2649
unterliegen der Neubeurteilung des Planungsrechts und können durch eine Veränderungssperre unterbunden werden. Beinhaltet die Änderung der Benutzung einer baulichen Anlage eine Nutzungsänderung iS von § 29 I BauGB, so liegt keine Fortführung der bisher ausgeübten Nutzung iS des § 14 III BauGB vor. Eine Veränderungssperre kann daher die beabsichtigte Nutzungsänderung unterbinden.[5829]

Beispiel: Ein Grundstückseigentümer beabsichtigt, in seinem bisherigen Kino eine Spielhalle einzurichten. Die Gemeinde hat durch den Erlass einer Veränderungssperre die Möglichkeit, diese Nutzungsänderung zu unterbinden, wenn sie aus städtebaulichen Gründen nicht wünschenswert erscheint. Voraussetzung für eine solche Veränderungssperre ist ein Beschluss zur Aufstellung eines Bebauungsplans. Auch die Aufstellung von acht Gewinnspielgeräten (Glücksspielautomaten) in einem Snooker-Billardsalon ist bauplanungsrechtlich als Nutzungsänderung iS von § 29 BauGB anzusehen,[5830] sodass die planungsrechtlichen Sicherungsinstrumentarien gegenüber solchen Nutzungsänderungen zur Verfügung stehen. Auch Betriebserweiterungen sowie Nutzungsintensivierungen können vom Bestandsschutz nicht mehr gedeckt sein. So wird etwa der Betrieb einer Autolackiererei, für den eine baurechtliche Genehmigung erteilt wor-

---

[5823] VG Augsburg Beschl. v. 30.6.1999 – Au 4 S 99.343, juris.

[5824] OVG Lüneburg NVwZ 1999, 1005.

[5825] VGH Mannheim VBlBW 1999, 266.

[5826] VGH München BauR 2009, 1871.

[5827] VGH München Beschl. v. 26.3.2008 – 15 ZB 07.3194, BeckRS 2008, 27747. BVerwG NVwZ 2017, 1291; Kemper IBR 2017, 400; Kuschnerus BauR 2004, 946 (950).

[5828] BVerwG NVwZ 1990, 58.

[5829] BVerwG NVwZ 1989, 666.

[5830] So BVerwG Beschl. v. 19.12.1994 – 4 B 260.94, juris. Zur Spielautomatensteuer BVerwGE 110, 237; zu deren Vereinbarkeit mit europäischem Recht BVerwG NVwZ 2000, 933; zur erhöhten Besteuerung nicht verbotener Gewaltspielautomaten BVerwG NVwZ 2000, 932.

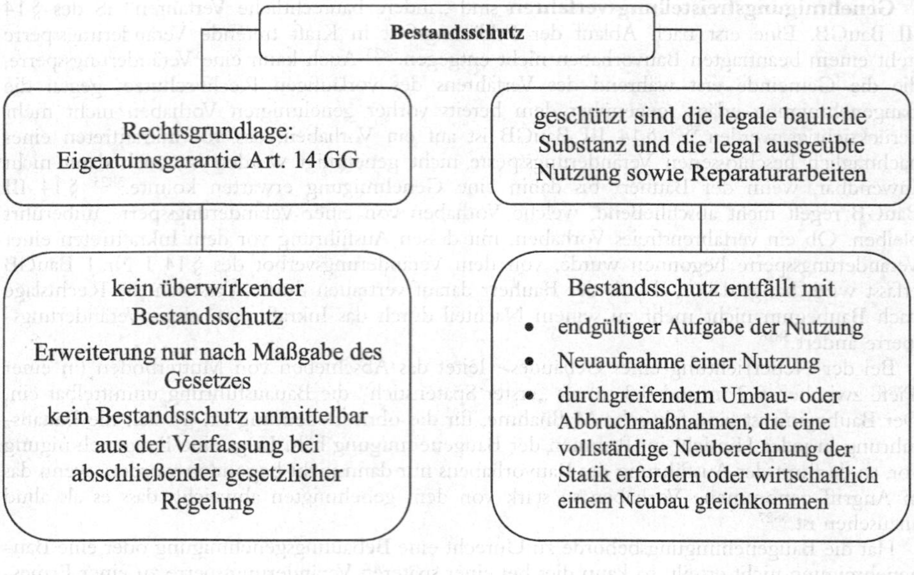

den ist, vom Bestandsschutz nicht mehr gedeckt, wenn er einen Umfang erreicht, der eine immissionsschutzrechtliche Genehmigungsbedürftigkeit begründet.[5831]

2650 Bei einer **Nutzungsaufgabe** ist hinsichtlich des Bestandsschutzes für Folgenutzungen zu unterscheiden: Wird eine neue auf Dauer angelegte Nutzung aufgenommen, so geht der Bestandsschutz für die alte Nutzung im Regelfall unter. Steht das Gebäude leer und wird eine neue Nutzung nicht aufgenommen, so kann die bisherige Nutzung auch über mehrere Jahre nachwirken, wenn nach der Verkehrsauffassung mit der Wiederaufnahme der bisherigen Nutzung zu rechnen ist (**nachwirkender Bestandsschutz**). Liegen allerdings Umstände vor, aus denen nach der Verkehrsauffassung eine endgültige Nutzungsaufgabe geschlossen werden kann, so reicht bereits, dass die Nutzung für mehr als ein Jahr nicht mehr ausgeübt wird. Der Betrieb einer Anlage, für den eine baurechtliche Genehmigung erteilt worden ist, wird vom Bestandsschutz auch dann nicht mehr gedeckt, wenn er einen Umfang erreicht, der eine immissionsschutzrechtliche Genehmigungsbedürftigkeit begründet. Ist die baurechtlich genehmigte Nutzung eines Gebäudes für mehr als ein Jahr nicht ausgeübt worden, so ist auch die vor Ablauf des zweiten Jahres wieder aufgenommene Nutzung nicht mehr vom Bestandsschutz gedeckt, wenn Umstände vorlagen, aus denen nach der Verkehrsauffassung geschlossen werden konnte, dass mit der Wiederaufnahme der ursprünglichen Nutzung nicht mehr zu rechnen war.[5832] Im Übrigen wird der Bestandsschutz im Hinblick auf die planungsrechtliche Zulässigkeit von Vorhaben in erster Linie durch den **Gesetzgeber** bestimmt. Einen eigentumsrechtlichen Bestandsschutz außerhalb des Gesetzes gibt es nach Auffassung des BVerwG nicht.[5833] Der Gesetzgeber hat im Städtebaurecht danach vielmehr abschließende Regelungen getroffen.[5834]

[5831] BVerwG NJW 1996, 1769. Die verstärkte Durchführung von Lackierarbeiten allein führt noch nicht zu einer Nutzungsänderung, so OVG Münster Beschl. v. 21.4.1998 – 10 B 617/98, BeckRS 1998, 16865.

[5832] BVerwG NJW 1996, 1769.

[5833] BVerwG BRS 57 (1995) Nr. 100; ZfBR 1991, 83; NVwZ 1990, 775; OVG Saarlouis Urt. v. 25.11.1997 – 2 Q 9/97, BeckRS 1997, 16730.

[5834] BVerwG ZfBR 2010, 787. Zum Bestandsschutz im Bauordnungsrecht Kuchler in Johlen/Oerder, Verwaltungsrecht, 2023, § 8 Rn. 72; Kröninger in Kröninger/Aschke/Jeronim, BauGB, 2024, § 14 Rn. 37; zum Bestandsschutz nach Einstellung der baulichen Nutzung Haaß NJW-Spezial 2010, 108, oder längerer Nutzungsunterbrechung Uschkereit BauR 2010, 718; zur Unschädlichkeit der Nutzungsunterbrechung des Eigentümers oder Erben für die Begünstigung nach § 35 I BauGB Sauer BauR 2010, 1007. Zur Rechtspflicht der Beseitigung endgültig nicht mehr benutzter baulicher Anlagen Johlen BauR 2010, 1680. Zum Abbruch verfallener baulicher Anlagen Guckelbeger NVwZ 2010, 743.

2651 Ein Gebäude verliert den Bestandsschutz, wenn es so verändert wird, dass das veränderte Gebäude mit dem früheren nicht mehr identisch ist. Kennzeichen der (bestandsschutzrechtlichen) Identität eines Bauwerks ist, dass das ursprüngliche Gebäude nach wie vor als „Hauptsache" erscheint. Hieran fehlt es, wenn der mit der Instandsetzung verbundene Eingriff in den vorhandenen Bestand so intensiv ist, dass er die Standfestigkeit des gesamten Gebäudes berührt und eine statische Nachberechnung des gesamten Gebäudes erforderlich macht, oder wenn die für die Instandsetzung notwendigen Arbeiten den Aufwand für einen Neubau erreichen oder gar übersteigen, oder wenn die Bausubstanz ausgetauscht oder das Bauvolumen wesentlich erweitert wird.[5835]

8. Entschädigung bei Veränderungssperre

2652 Dauert eine Veränderungssperre länger als vier Jahre über den Zeitpunkt ihres Beginns oder der ersten Zurückstellung eines Baugesuchs nach § 15 I BauGB hinaus, ist dem Betroffenen nach § 18 I BauGB für die dadurch eingetretenen Vermögensnachteile eine angemessene Entschädigung in Geld zu zahlen. Das Gesetz verweist dazu auf die Grundsätze in den §§ 93 bis 103 BauGB. Dabei ist der Grundstückswert zu Grunde zu legen, der nach den §§ 39 bis 44 BauGB zu entschädigen wäre. Der Entschädigungsanspruch richtet sich gegen die Gemeinde, von der die über vier Jahre dauernde Veränderungssperre erlassen worden ist (§ 18 II 1 BauGB). Ist der Erlass einer Veränderungssperre für die unterbliebene oder verzögerte Erteilung einer Baugenehmigung nicht kausal geworden, weil das Vorhaben aus einem weiteren Grund endgültig nicht genehmigungsfähig war, liegt ein Fall der offensichtlichen Aussichtslosigkeit einer auf Ersatzansprüche gerichteten Klage vor. Eine fehlende Kausalität muss sich aber ohne eine im Normenkontrollverfahren nicht gebotene vertiefte Prüfung feststellen lassen.[5836]

2653 Die Regelung wird von der Rechtsprechung als **zulässige Inhalts- und Schrankenbestimmung** iS des Art. 14 I 2 GG verstanden.[5837] Der Gesetzgeber ist danach berechtigt, unter Wahrung der Institutsgarantie der privatnützigen Ausübung des Eigentums im Hinblick auf dessen Sozialpflichtigkeit Schranken zu setzen. Eine entschädigungslose vierjährige Bausperre wird im Hinblick auf das Erfordernis, den Gemeinden für eine bestimmte Zeit auch entschädigungslos ausreichende Planungsmöglichkeiten an die Hand zu geben, für zumutbar erachtet. Dauert die Veränderungssperre jedoch über einen längeren Zeitraum an, muss nach der Vorstellung des Gesetzgebers eine Entschädigung für den hierdurch eintretenden Rechtsverlust geleistet werden. Dabei stellt der BGH auch nicht mehr wie früher darauf ab, ob die Bausperre aus den örtlichen Gegebenheiten legitimiert war oder sich als sozusagen von außen kommende Konkretisierung übergeordneter Planungen darstellte, für die nur eine dreijährige Sperre für entschädigungslos zulässig angesehen wurde.[5838]

2654 Ist die **Veränderungssperre** schon nach einem kürzeren Zeitablauf nicht durch städtebauliche Gründe legitimiert oder wird ein Baugesuch ohne Vorliegen einer Veränderungssperre oder einer Zurückstellung nach § 15 BauGB über einen die ordnungsgemäße Bearbeitungszeit überschreitenden Zeitraum nicht beschieden, so ist auch in solchen Fällen der **faktischen Veränderungssperre** eine Entschädigung nach den Grundsätzen des enteignenden Eingriffs zu gewähren.[5839] Nach der Neukonzeption der Eigentumsgarantie durch das BVerfG, [5840] unterscheidet Art. 14 GG zwischen der (echten) Enteignung in Art. 14 III GG, die den Zugriff auf privates Eigentum zur Verwirklichung öffentlicher Zwecke voraussetzt, und den Regelungen des Gesetzgebers, die sich als Inhalts- und Schrankenbestimmung iS des Art. 14 I 2 GG darstellen. Unter die **Enteignung** iS des Art. 14 III GG fällt dabei nur der enge Begriff der klassischen Enteignung iS des transitorischen Übergangs von Eigentümerrechten etwa bei der Landinanspruchnahme für den Bau einer Straße, einer Eisenbahnlinie oder eines sonstigen, sich durch Gründe des Gemeinwohls legitimierenden Vorhabens. Auch sieht Art. 14 GG für rechtswidrige Eingriffe in privates Eigentum keine Entschädigung vor, da solche Eingriffe keine Enteignung iS des Art. 14 III GG darstellen. Der Gesetzgeber kann allerdings bei der Bestimmung von Inhalt und Schranken des Eigentums nach Art. 14 I 2 GG verpflichtet sein, iS von **Kompensationsmaß-**

[5835] BVerwG NVwZ 2002, 92; BVerwGE 72, 362.
[5836] OVG Magdeburg Urt. v. 27.6.2023 – 2 K 59/20, juris Rn. 40.
[5837] BGHZ 73, 161; Battis in BKL, BauGB, 2022, § 18 Rn. 2.
[5838] BGHZ 15, 268; BGHZ 30, 338.
[5839] BGHZ 90, 17; NVwZ 1992, 1119; siehe auch Battis in BKL, BauGB, 2022, § 18 Rn. 4.
[5840] BVerfG NJW 1982, 745 Nassauskiesung.

nahmen entsprechende Ausgleichsregelungen für rechtswidrig erlittene Vermögenseingriffe zu schaffen.[5841] Wird ein **Amtshaftungsanspruch** wegen rechtswidriger Verzögerung einer Baugenehmigung darauf gestützt, dass eine Veränderungssperre, auf der diese Verzögerung beruht, unwirksam ist, so hat das Amtshaftungsgericht zu prüfen, ob der Anspruch sich daraus herleiten lässt, dass die zeitliche Geltungsdauer der Sperre nicht beachtet worden ist.[5842]

2655 Anders als bei rechtmäßigen Enteignungen hat der Bürger bei rechtswidrigen Hoheitsakten nach Auffassung des BVerfG **kein Wahlrecht** dahin gehend, ob er den rechtswidrigen Hoheitsakt bestandskräftig werden lässt und eine Entschädigung in Anspruch nimmt, oder ob der Bürger sich gegen den rechtswidrigen Eingriff in sein Eigentum wendet. Nimmt der Bürger den rechtswidrigen Hoheitsakt hin, so verfällt damit auch ein Entschädigungsanspruch der Abweisung.[5843] Dieser **Grundsatz des Primärrechtsschutzes**[5844] ist allerdings von der Rechtsprechung vor allem aus Billigkeitsgründen in verschiedener Hinsicht eingeschränkt worden.[5845] Es bleibt aber dabei, dass der durch eine faktische Veränderungssperre Betroffene sich zunächst darum bemühen muss, durch Widerspruch und ggf. Klage die Aufhebung des Bauverbotes zu erreichen, bevor nach den Grundsätzen des enteignenden Eingriffs für faktische Veränderungssperren Schadensersatz geleistet werden muss.

2656 **Entschädigung** ist nach diesen Grundsätzen auch für **rechtswidrige Veränderungssperren** zu gewähren, wobei zwischen den Gründen der Unwirksamkeit der Veränderungssperre zu unterscheiden ist. Erweist sich eine Veränderungssperre aus materiellen oder inhaltlichen Gründen als rechtswidrig, beginnt der entschädigungspflichtige Zeitraum bereits mit Erlass der Veränderungssperre. Erweist sich die Veränderungssperre (nur) wegen eines Form- oder Verfahrensfehlers als unwirksam, muss eine Sperrfrist zumindest von zwei Jahren entschädigungslos hingenommen werden. Dies gilt jedenfalls dann, wenn die Form- oder Verfahrensfehler bei Kenntnis von der Gemeinde hätten beseitigt werden können. Hier ist der Bürger hinsichtlich des Vertrauens darauf, dass die Gemeinde eine form- oder verfahrensfehlerhafte Veränderungssperre erlässt, nicht schutzwürdig **(Grundsatz des rechtmäßigen Alternativverhaltens)**. Auch könnte die Gemeinde die Veränderungssperre bei später erkannter Fehlerhaftigkeit unter Wiederholung des fehlerhaften Teils nach § 214 IV BauGB ggf. rückwirkend neu in Kraft setzen. Der Bürger ist in seinem Vertrauen nicht schutzwürdig, dass so etwas nicht geschieht. Steht ein Bauvorbescheidsantrag für eine Windkraftanlage im Außenbereich im Widerspruch zu einem nachträglich beschlossenen Flächennutzungsplan, so hat die Bauaufsichtsbehörde, wenn sie einen formellen Mangel des Plans wie etwa eine fehlerhafte Bekanntmachung feststellt, der Gemeinde vor der Entscheidung Gelegenheit zu geben, diesen zu beheben. Wäre bei pflichtgemäßem Handeln der Bauaufsichtsbehörde der Mangel rückwirkend geheilt worden, so kann dies einem auf die rechtswidrige Versagung des Bauvorbescheids gestützten Amtshaftungsanspruch unter dem Gesichtspunkt des rechtmäßigen Alternativverhaltens entgegengehalten werden. Dies gilt auch dann, wenn der Anspruch auf Erteilung des Bauvorbescheids durch rechtskräftiges verwaltungsgerichtliches Verpflichtungsurteil tituliert ist, dieses Urteil aber wegen der zwischenzeitlichen Rechtsänderung erfolgreich mit der Vollstreckungsabwehrklage angegriffen werden kann.[5846]

2657 Die **angemessene Entschädigung** besteht in einer Bodenrente, die sich aus dem Unterschied des Wertes errechnet, den das Grundstück hätte, wenn es sofort bebaubar gewesen wäre, und dem Wert, den es hat, weil es durch die Sperre vorübergehend nicht bebaut werden kann.[5847] Wird das Grundstück im Bebauungsplan endgültig als unbebaubar ausgewiesen, stellt sich die durch die Veränderungssperre eingetretene zwischenzeitliche Bausperre als **dauerndes Bauverbot** dar, das sozusagen lediglich in der Zeit der Geltung der Veränderungssperre vorwirkte. Die hierdurch eingetretenen Rechtsverluste sind bei der Entschädigungsbemessung mit

---

[5841] BVerwGE 84, 361 – Serriesteich.

[5842] BGH NVwZ 2007, 485; Fischer ZfIR 2007, 358.

[5843] BVerfG NJW 1982, 745 Nassauskiesung.

[5844] BGHZ 95, 28; BGHZ 95, 238; BGHZ 97, 114; BGHZ 97, 361; NVwZ 1978, 285; BGH NJW 1990, 898; BVerwG NVwZ 1989, 1157– Moers-Kapellen.

[5845] BVerwGE 59, 87.

[5846] BGH NVwZ 2008, 815, Ergänzung zu NVwZ 2011, 249 m. Anm. H. Redeker IBR 2008, 476; Fortführung NVwZ 2004, 1143; BVerwG NVwZ 2003, 214.

[5847] Zu vergleichbaren Berechnungen bei Schadensersatz aus dem Gesichtspunkt des enteignungsgleichen Eingriffs BGH NVwZ 1998, 1329.

zu berücksichtigen.[5848] Wird eine Veränderungssperre erst geraume Zeit nach Eingang eines Baugesuchs erlassen, können sich aus der verspäteten Bearbeitung des Baugesuchs **Entschädigungsansprüche** gegen die Baugenehmigungsbehörde ergeben.[5849] Erledigt sich daher der Verpflichtungsantrag auf Erteilung einer Baugenehmigung für ein nach § 34 BauGB zulässiges Vorhaben dadurch, dass die Gemeinde die Aufstellung eines Bebauungsplans beschließt und eine Veränderungssperre in Kraft setzt, so kann dem darauf gestellten Fortsetzungsfeststellungsantrag nicht mit Erfolg entgegengehalten werden, der Antrag auf Erteilung der Baugenehmigung hätte abgelehnt oder zurückgestellt werden müssen, wenn die Gemeinde rechtzeitig eine Veränderungssperre beschlossen hätte.

2658 Solange die Gemeinde die gesetzlich vorgesehenen **Sicherungsmittel** nicht nutzt, ist ein Baugenehmigungsantrag für ein Vorhaben, das planungsrechtlich nach den §§ 34, 35 BauGB zulässig ist, positiv zu bescheiden, selbst wenn das Vorhaben den Planungsabsichten der Gemeinde zuwiderlaufen sollte. Die Gegenansicht verkennt nach Auffassung des BVerwG die durch Art. 14 I GG geschützte Rechtsposition des Grundeigentümers. Die Sicherungsinstrumente der Zurückstellung von Baugesuchen und der Veränderungssperre entfalten ihre **Sperrwirkung** erst dann, wenn sie von der Gemeinde tatsächlich ergriffen werden. Hat die Bauaufsichtsbehörde verkannt, dass ein Vorhaben planungsrechtlich zulässig ist, und einen Bauantrag deshalb zu Unrecht abgelehnt, kann sie im verwaltungsgerichtlichen Streit um die Erteilung eines positiven Vorbescheids nicht mehr mit dem Einwand durchdringen, die Gemeinde hätte bei zutreffender Würdigung der Sach- und Rechtslage von den Sicherungsmitteln der §§ 14, 15 BauGB rechtzeitig Gebrauch gemacht.

2659 Erwächst die Feststellung, dass die Ablehnung der Bebauungsgenehmigung rechtswidrig und die Baugenehmigungsbehörde verpflichtet gewesen ist, dem Bauherrn vor Inkrafttreten der Veränderungssperre die beantragte Bebauungsgenehmigung zu erteilen, in **Rechtskraft**, so ist dies für die Zivilgerichte in einem Amtshaftungs- und Entschädigungsprozess bindend. Es ist dann Aufgabe der Zivilgerichte, darüber zu entscheiden, unter welchem rechtlichen Gesichtspunkt der Einwand des rechtmäßigen Alternativverhaltens im Rahmen einer Schadensersatzklage wegen Amtspflichtverletzung zu berücksichtigen ist.[5850] **Amtshaftungsansprüche** setzen dabei **Verschulden** voraus.[5851] Auch wenn die Ablehnung einer Bauvoranfrage objektiv rechtswidrig war, weil sie sich auf einen nicht wirksamen Bebauungsplan gründet, steht dem Grundstückseigentümer wegen der verzögerten Bescheidung seiner Bauvoranfrage kein Amtshaftungsanspruch zu, wenn die zuständigen Amtsträger bei der rechtswidrigen Entscheidung nicht schuldhaft gehandelt haben, weil sie die Unwirksamkeit des Bebauungsplans nicht ohne weiteres erkennen konnten und die Ablehnung der Bauvoranfrage bei unterstellter Wirksamkeit des Bebauungsplans rechtsfehlerfrei erfolgt ist.[5852]

9. Rechtsschutz gegen Veränderungssperre

2660 Die von der Gemeinde als Satzung zu beschließende Veränderungssperre (§ 16 BauGB) kann von dem dadurch Betroffenen[5853] in einem **Normenkontrollverfahren** nach § 47 VwGO zur gerichtlichen Überprüfung gestellt werden,[5854] wenn der Antragsteller geltend macht, durch die Satzung in eigenen Rechten verletzt zu sein. Außerdem kann die Veränderungssperre im Rahmen der Anfechtung einer Ablehnung des Bauantrags inzident überprüft werden. Im Normenkontrollverfahren gegen eine Veränderungssperre wird der künftige Bebauungsplan nur daraufhin überprüft, ob die sich abzeichnende Planung schlechterdings unwirksam ist.[5855] Die für die Zulässigkeit einer Veränderungssperre vorauszusetzende **hinreichend konkrete Planung**[5856] liegt vor, wenn der aufzustellende Bebauungsplan die Schaffung von Wohnungen

[5848] Stüer DVBl. 1985, 469.

[5849] OLG Frankfurt Zeitschrift für Immobilienrecht 1999, 58.

[5850] BVerwG NVwZ 1999, 523; BGHZ 119, 365.

[5851] BGH NVwZ 1998, 1329.

[5852] BGH NVwZ 1998, 1329.

[5853] BVerwGE 59, 87.

[5854] Zur Veränderungssperre in der prinzipalen verwaltungsgerichtlichen Normenkontrolle Jäde ZfBR 2011, 115 ff.; Mitschang in BKL, BauGB, 2022, § 14 Rn. 25; OVG Koblenz ZfBR 2012, 374; NVwZ-RR 2013, 258.

[5855] OVG Lüneburg NVwZ 1999, 218.

[5856] BVerwG NVwZ 1991, 62; NVwZ 1994, 685; OVG Münster Urt. v. 3.2.1999 – 10a B 2353/98. NE, BeckRS 2008, 30226.

ermöglichen soll.[5857] Allerdings ist die Veränderungssperre an das im Zeitpunkt ihres Erlasses verfolgte Planungskonzept gebunden. Ein Austausch der Planungsabsichten führt daher zur Unwirksamkeit der Veränderungssperre. Die nach Landesrecht zur Ersetzung des Einvernehmens der Gemeinde zuständige Behörde ist auch befugt, sich über eine unwirksame Veränderungssperre hinwegzusetzen.[5858]

Hinweis: Die Gerichte prüfen in solchen Fällen, ob ein ordnungsgemäßer, wirksam öffentlich bekanntgemachter Beschluss zur Aufstellung, Änderung, Ergänzung oder Aufhebung eines Bebauungsplans vorliegt und ob die Veränderungssperre ebenfalls den Form- und Verfahrensanforderungen der §§ 14 ff. BauGB genügt. Dabei ist die gerichtliche Prüfung auf die in § 214 I BauGB enthaltenen Wirksamkeitsvoraussetzungen beschränkt. Hinsichtlich einer vorliegenden Planungskonzeption findet (lediglich) eine Grobprüfung iS der Frage statt, ob die beabsichtigte Planungsmaßnahme durch städtebauliche Gründe gerechtfertigt sein kann. Die Prüfung der Einzelgründe erfolgt erst nach Abschluss des Planverfahrens.

2661 In einem Normenkontrollverfahren kann lediglich die Wirksamkeit der Veränderungssperre zur gerichtlichen Prüfung gestellt werden. Die Veränderungssperre unterliegt als Mittel der Sicherung der Bauleitplanung nicht dem allgemeinen Abwägungsgebot, sondern der Prüfung, ob sie zur Erreichung des mit ihr verfolgten Sicherungszwecks erforderlich ist. Gegenstand eines Normenkontrollverfahrens sind nur die allgemeinen Wirkungen der Veränderungssperre, nicht aber individuell zu berücksichtigende faktische Bausperren.[5859] Die nach § 17 I 2 BauGB gebotene Berücksichtigung anrechnungsfähiger Zeiten durch die Zurückstellung des Baugesuchs nach § 15 BauGB betrifft nicht die Rechtsgültigkeit einer satzungsrechtlichen Veränderungssperre, sondern nur deren Berechnung im Einzelfall. Diese individuelle Berechnung kann daher nicht zulässiger Gegenstand der verwaltungsgerichtlichen Kontrolle sein.[5860]

2662 Hat sich der gegen eine Veränderungssperre gerichtete Normenkontrollantrag dadurch erledigt, dass die Veränderungssperre außer Kraft getreten ist, kann die Umstellung des Antrags auf die Feststellung, dass die Veränderungssperre ungültig war, zulässig sein.[5861] Voraussetzung ist, dass die Veränderungssperre noch Rechtswirkungen für in der Vergangenheit liegende Sachverhalte hat, etwa wenn eine nicht offensichtlich aussichtslose Entschädigungsklage beabsichtigt ist[5862] oder die Entscheidung in weiteren verwaltungsgerichtlichen Verfahren von der Gültigkeit der Veränderungssperre abhängt.[5863] Die Zulässigkeit des Normenkontrollantrags nach Außerkrafttreten einer Veränderungssperre entfällt allerdings dann, wenn der Antragsteller trotz des erlittenen Nachteils kein berechtigtes Interesse an der Feststellung hat, dass die Satzung ungültig war; davon kann jedoch keine Rede sein, wenn die begehrte Feststellung präjudizielle Wirkung für die Frage der Rechtmäßigkeit oder Rechtswidrigkeit eines auf die Norm gestützten behördlichen Verhaltens und damit für in Aussicht genommene Entschädigungs- oder Schadensersatzansprüche haben kann. Ist der Erlass einer Veränderungssperre für die unterbliebene oder verzögerte Erteilung einer Baugenehmigung nicht kausal geworden, weil das Vorhaben aus einem weiteren Grund endgültig nicht genehmigungsfähig war, liegt ein Fall der offensichtlichen Aussichtslosigkeit einer auf Ersatzansprüche gerichteten Klage vor. Eine fehlende Kausalität muss sich aber ohne eine im Normenkontrollverfahren nicht gebotene vertiefte Prüfung feststellen lassen[5864]

2663 Erklärt das Normenkontrollgericht einen Bebauungsplan für unwirksam und beschließt die Gemeinde für denselben Planbereich erneut die Aufstellung eines Bebauungsplans, kann sie zur Sicherung dieser Planung eine neue Veränderungssperre erlassen.[5865]

2664 **Hinweis:** Für die Antragsbefugnis in einem Normenkontrollverfahren gegen die Satzung über eine Veränderungssperre nach § 14 BauGB genügt, dass ein Antragsteller auf Grundlage

[5857] OVG Münster Urt. v. 20.4.1999 – 10a D 161/98.NE, BeckRS 1999, 17607.

[5858] OVG Lüneburg BauR 2000, 73.

[5859] OVG Münster Urt. v. 26.2.2009, BeckRS 2009, 3219e.

[5860] BVerwG ZfBR 1992, 185.

[5861] Mitschang in BKL, BauGB, 2022, § 14 Rn. 25; OVG Magdeburg Urt. v. 27.6.2023 – 2 K 59/20, juris Rn. 32.

[5862] BVerwG BauR 2005, 1761.

[5863] VGH Mannheim NJOZ 2007, 5891; NVwZ-RR 1997, 395; NJW 1978, 2522; ZfBR 1989, 172; VBlBW 1997, 59; NVwZ-RR 2006, 522.

[5864] OVG Magdeburg Urt. v. 27.6.2023 – 2 K 59720, juris.

[5865] BVerwG NVwZ 2007, 954.

von Vereinbarungen mit den Grundeigentümern Genehmigungsanträge für Windenergieanlagen gestellt hat, die wegen der Veränderungssperre zurückgestellt worden sind.[5866]

II. Zurückstellung von Baugesuchen

Wird eine Veränderungssperre nach § 14 BauGB nicht beschlossen, obwohl die Voraussetzungen vorliegen, oder ist eine beschlossene Veränderungssperre noch nicht in Kraft getreten, hat die Baugenehmigungsbehörde auf Antrag der Gemeinde gem. § 15 I 1 BauGB die Entscheidung über die Zulässigkeit von Vorhaben im Einzelfall für einen Zeitraum bis zu zwölf Monaten auszusetzen, wenn zu befürchten ist, dass die Durchführung der Planung durch das Vorhaben unmöglich gemacht oder wesentlich erschwert werden würde. Wird kein Baugenehmigungsverfahren durchgeführt, wird auf Antrag der Gemeinde anstelle der Aussetzung der Entscheidung über die Zulässigkeit eine vorläufige Untersagung innerhalb einer durch Landesrecht festgesetzten Frist ausgesprochen. Die vorläufige Untersagung steht der Zurückstellung gleich (§ 15 I 3 BauGB). 2665

Wenn ein Baugesuch nach bauordnungsrechtlichen oder sonstigen öffentlich-rechtlichen Vorschriften, die im Baugenehmigungsverfahren bzw. im immissionsschutzrechtlichen Verfahren zu prüfen sind, unzulässig ist, kommt eine Zurückstellung nicht in Betracht; dann muss das Baugesuch abgelehnt werden. Sind dagegen öffentlich-rechtliche Hindernisse ausräumbar, bleibt eine Zurückstellung zulässig.[5867] 2666

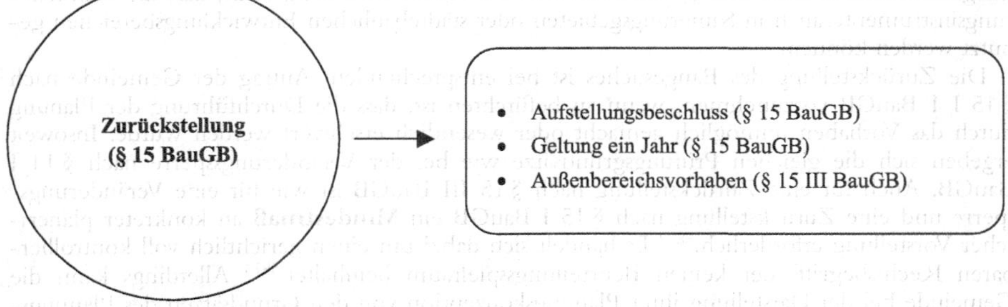

1. Voraussetzungen und Verfahren der Zurückstellung

Die Zurückstellung des Baugesuchs nach § 15 I BauGB setzt die öffentliche Bekanntmachung eines wirksamen Beschlusses zur Aufstellung, Änderung, Ergänzung oder Aufhebung eines Bebauungsplans voraus. Fehlt ein **ordnungsgemäßer Aufstellungsbeschluss** oder ist er nicht wirksam bekannt gemacht, so darf auch eine Zurückstellung nach § 15 BauGB nicht erfolgen.[5868] Die Zurückstellung wird auf Antrag der Gemeinde von der Baugenehmigungsbehörde ausgesprochen und erfasst Vorhaben, die genehmigungsbedürftig sind – also auch Nutzungsänderungen, bei denen sich die planungsrechtliche Frage neu stellt. § 15 BauGB ist entsprechend anwendbar, wenn es nicht um eine baurechtliche Genehmigung, sondern um eine immissionsschutzrechtliche Genehmigung eines Vorhabens geht.[5869] Im Gegensatz zur Veränderungssperre, bei deren Bestehen ein Bauantrag nach Maßgabe des § 14 I BauGB abgelehnt werden kann, wird nach § 15 I BauGB (lediglich) die Zurückstellung des Baugesuchs für einen bestimmten Zeitraum ausgesprochen. Das Baugenehmigungsverfahren wird daher nicht endgültig mit negativem Ergebnis für den Antragsteller beendet, sondern die Entscheidung der 2667

5866 BVerwG RdL 2013, 27.

5867 VGH München Beschl. v. 19.6.2023 – 22 AS 23.40001, juris Rn. 34; OVG Münster Urt. v. 10.2.2022 – 7 D 81/21.AK, juris Rn. 46; OVG Lüneburg Beschl. v. 30.1.2023 – 12 MS 134.22, juris Rn. 39; BVerwG Urt. v. 18.10.1985 – 4 C 21.80, juris Rn. 38; VG Düsseldorf Beschl. v. 6.4.2018 – 9 L 471.18, juris Rn. 6; Stock in EZBK, BauGB, 2022, § 15 Rn. 84; Hornmann in BeckOK BauGB, 2022, § 15 Rn. 22.

5868 BVerwG Beschl. v. 23.12.1993 – 4 B 212.92, juris.

5869 OVG Münster NVwZ-RR 2010, 475 zur Lagerung von gebrauchtem Gleisschotter und gebrauchten Betonschwellen auf ehemaligem Bahnhofsgelände.

Baugenehmigungsbehörde nur für einen bestimmten Zeitraum ausgesetzt. In dieser Zeit, die längstens ein Jahr ab erstmaliger Zustellung des Zurückstellungsbescheides dauern darf, hat die Gemeinde Gelegenheit, die begonnene Bauleitplanung zum Abschluss zu bringen oder – wenn dies in der verbleibenden Zeit nicht möglich erscheint – eine Veränderungssperre nach § 14 BauGB zu erlassen.

Beispiel: Bei der Gemeinde geht ein Antrag auf Nutzungsänderung eines Kinos in eine Diskothek ein. Die Gemeindevertretung fasst daraufhin den Beschluss zur Aufstellung eines Bebauungsplans und beschließt in derselben Ratssitzung eine Veränderungssperre. Die Veränderungssperre bedarf zu ihrer Wirksamkeit der Bekanntmachung. In der Zwischenzeit beantragt die Gemeinde bei der Baugenehmigungsbehörde, den Nutzungsänderungsantrag für einen Zeitraum von zwölf Monaten zurückzustellen.[5870]

2668 Eine Zurückstellung gemäß § 15 BauGB trifft zur materiell-rechtlichen Zulässigkeit des Vorhabens **keine (abschließende) Regelung**, sondern schafft nur in formeller Hinsicht die Grundlage dafür, ein anhängiges bauaufsichtliches Verfahren auszusetzen. Über seine formelle Funktion hinaus hat § 15 BauGB die Funktion, die Planungshoheit der Gemeinde nach Art. 28 II G zu sichern. Ein entgegen einer Zurückstellung erteilter Bauvorbescheid ist rechtswidrig. Dies gilt auch für den Fall eines fiktiv erteilten Bauvorbescheids. Die Bauaufsichtsbehörde kann daher im Rahmen ihres Ermessens einen trotz eines Zurückstellungsantrags der Gemeinde fiktiv erteilten Bauvorbescheid zurücknehmen.[5871] § 15 II BauGB lässt eine Zurückstellung von Baugesuchen auch zur Sicherung einer **Sanierungs- oder einer städtebaulichen Entwicklungsmaßnahme** nach den §§ 165 ff. BauGB zu. Damit wird klargestellt, dass die Plansicherungsinstrumente auch in Sanierungsgebieten oder städtebaulichen Entwicklungsbereichen genutzt werden können.

2669 Die Zurückstellung des Baugesuches ist bei entsprechendem Antrag der Gemeinde nach § 15 I 1 BauGB vorzunehmen, wenn zu befürchten ist, dass die Durchführung der Planung durch das Vorhaben unmöglich gemacht oder wesentlich erschwert werden würde. Insoweit ergeben sich die gleichen Prüfungsgrundsätze wie bei der Veränderungssperre nach § 14 I BauGB. Auch für eine Zurückstellung nach § 15 III BauGB ist wie für eine Veränderungssperre und eine Zurückstellung nach § 15 I BauGB ein **Mindestmaß** an konkreter planerischer Vorstellung erforderlich.[5872] Es handelt sich dabei um einen gerichtlich voll kontrollierbaren Rechtsbegriff, der keinen Beurteilungsspielraum beinhaltet.[5873] Allerdings kann die Gemeinde bei der Darstellung ihrer Planungskonzeption von den Grundsätzen des Planungsermessens Gebrauch machen, das ihr bei Beachtung des Abwägungsgebotes eingeräumt ist.

Beispiel: Die Gemeinde beantragt unter Hinweis auf einen gefassten Bebauungsplan-Aufstellungsbeschluss die Zurückstellung eines Bauvorhabens, das eine dreigeschossige Innenstadtbebauung zum Inhalt hat. Die Gemeinde beabsichtigt, einen Teil des Grundstücks für eine öffentliche Grünfläche in Anspruch zu nehmen. Lassen sich die Planungsabsichten der Gemeinde noch in Konturen noch nicht absehen, entbehrt eine Zurückstellung der rechtlichen Grundlage. Allerdings werden an die Erkennbarkeit von Planungsvorstellungen keine hohen Anforderungen gestellt. Auch eine allgemeine Planungsabsicht, für die mehrere Alternativen in Betracht kommen, reicht für die Zurückstellung grundsätzlich aus.

2670 Ohne Antrag der Gemeinde kann die Baugenehmigungsbehörde einen Bauantrag nicht zurückstellen, es sei denn, die Gemeinde ist selbst Baugenehmigungsbehörde.[5874] In dem Zurückstellungsbescheid ist der Zeitraum der Zurückstellung genau anzugeben. Die Frist beginnt mit der Zustellung des Bescheides, wobei allerdings Zeiten der faktischen Zurückstellung anzurechnen sind. Die Rechtmäßigkeit eines Zurückstellungsbescheids nach § 15 BauGB hängt nicht von der Einhaltung von Verfahrensschritten und Voraussetzungen für den Erlass eines Bebauungsplans – etwa einer ordnungsgemäßen und gerechten Abwägung aller betroffenen

---

[5870] Weitere Beispiele: OVG Münster NVwZ-RR 2006, 597; VGH München Beschl. v. 24.8.2006 – 22 ZB 06.1091, BeckRS 2009, 40310; OVG Münster Beschl. v. 11.7.2007 – 7 A 3851/06, BeckRS 2007, 26098 zu den Voraussetzungen für die Zurückstellung eines Bauantrags, wenn durch Änderung eines Bebauungsplans Einzelhandel ausgeschlossen werden soll.

[5871] VGH Kassel NVwZ-RR 2009, 790 zu einem trotz Zurückstellung erteilten Bauvorbescheid.

[5872] VGH München KommunalPraxis BY 2012, 348.

[5873] MItschang in BKL, BauGB, 2022, § 15 Rn. 2.

[5874] OVG Lüneburg BauR 2017, 1153 (1154).

Belange – ab, die erst in einem späteren Stadium des Planaufstellungsverfahrens anstehen bzw. vorliegen müssen.[5875]

Beispiel: Einem Bauherrn wird der auf ein Jahr befristete Zurückstellungsbescheid nach § 15 I 1 BauGB ein halbes Jahr nach Stellung des Baugesuchs zugestellt. Bei ordnungsgemäßer Bearbeitung hätte der Antrag in drei Monaten genehmigt werden können. Hier ist in den Zeitraum der Zurückstellung die Überschreitung der ordnungsgemäßen Bearbeitungsfrist einzurechnen, sodass der Zurückstellungszeitraum ab Zustellung des Bescheides noch neun Monate beträgt.

Mit einer Ergänzung des § 15 I 2 BauGB durch das BauROG 1998 hat der Gesetzgeber auf die Freistellungstendenzen der Landesbauordnungen reagiert. Wird kein Baugenehmigungsverfahren durchgeführt, wird auf Antrag der Gemeinde anstelle der Aussetzung der Entscheidung über die Zulässigkeit eine vorläufige Untersagung innerhalb einer durch Landesrecht festgesetzten Frist ausgesprochen. Die vorläufige Untersagung steht nach § 15 I 3 BauGB der Zurückstellung gleich. Die Gemeinde soll hierdurch die Möglichkeit erhalten, auch genehmigungsfreie Bauvorhaben, wenn sie einer zukünftigen Bebauungsplanung zuwiderlaufen würden, zeitlich befristet zu verhindern. § 15 I 3 BauGB stellt sicher, dass auf die vorläufige Untersagung auch solche Vorschriften anwendbar sind, die ausdrücklich nur für die Zurückstellung von Baugesuchen nach § 15 I 1 BauGB gelten. Die Gemeinde kann daher auch dann durch einen entsprechenden Antrag an die Baugenehmigungsbehörde eingreifen, wenn das Baugenehmigungsverfahren auf Grund von Freistellungen des Landesrechts ausfällt. Die Regelung steht im Zusammenhang mit § 29 I BauGB 1998, wonach für Vorhaben der Errichtung, Änderung oder Nutzungsänderung von baulichen Anlagen und für Aufschüttungen und Abgrabungen größeren Umfangs sowie für Ausschachtungen und Ablagerungen einschließlich Lagerstätten die §§ 30 bis 37 BauGB gelten. Die Anwendung der planungsrechtlichen Vorschriften ist daher nicht von einem landesrechtlich angeordneten Genehmigungs-, Zustimmungs- oder Anzeigeverfahren abhängig. Wenn allerdings die Länder vor allem im Geltungsbereich des Bebauungsplans in größerem Umfang Freistellungen von der Baugenehmigung vornehmen, dann erscheint es im Hinblick auf die gemeindlichen Mitwirkungsrechte erforderlich, den Gemeinden nach § 15 BauGB entsprechende Antragsrechte zuzubilligen. Entspricht etwa das Vorhaben den Festsetzungen eines Bebauungsplans, kann die Gemeinde nach der vorläufigen Untersagung des Vorhabens nach § 15 I 2 BauGB ein Verfahren zur Änderung des Bebauungsplans einleiten und ggf. eine Veränderungssperre beschließen. Durch den Aussetzungsantrag nach § 15 I 2 BauGB sollen daher die Rechte der planenden Gemeinde auch in den Freistellungsfällen gewahrt werden.[5876] Ein **Bauvorbescheid** kann sich nur dann gegen die Zurückstellung eines Bauantrags durchsetzen, wenn er im Zeitpunkt der Zurückstellung noch wirksam ist. Dies erfordert nach Ablauf des Zeitraums der befristeten Geltung den Erlass eines Verlängerungsbescheides, allein die Antragstellung ist nicht ausreichend.[5877] 2671

Für eine **Anrechnung** der **Geltungsdauer einer Zurückstellung** auf die Geltungsdauer einer nachfolgenden Veränderungssperre besteht kein rechtfertigender Grund, wenn ein Baugesuch während oder nach der Geltungsdauer einer Zurückstellung, aber noch vor Inkrafttreten der Veränderungssperre zurückgenommen wird. Sinn und Zweck der Zurückstellung liegen insbesondere darin, ein Baugenehmigungs- oder Bauvoranfrageverfahren vorübergehend offen zu halten[5878] und die Zeit bis zum Erlass einer Veränderungssperre zu überbrücken.[5879] Die Zurückstellung eines Baugesuchs während der Frist des § 36 II 2 HS 1 BauGB hat zur Folge, dass die Frist mit der Zustellung des Zurückstellungsbescheids an den Bauherrn aufhört und nach Ablauf des Zurückstellungszeitraums ohne Anrechnung des bereits verstrichenen Teils von neuem beginnt. Auch im Falle der behördlichen Aussetzung eines immissionsschutzrechtlichen Genehmigungsverfahrens ist es sachgerecht, wenn nach Beendigung der Aussetzung maßgebliche Fristen von vorn beginnen. Für die Genehmigungsbehörde, die nach § 10 VIa BImSchG über einen Genehmigungsantrag nach sieben Monaten und im vereinfachten Genehmigungsverfahren nach drei Monaten zu entscheiden hat, liegt das auf der Hand, weil ein 2672

[5875] OVG Hamburg NordÖR 2017, 68.

[5876] Zu entsprechenden Gesetzgebungsvorschlägen Stüer/Ehebrecht-Stüer Bauplanungsrecht und neue Landesbauordnungen, 1996, S. 127.

[5877] VGH Kassel BauR 2012, 230.

[5878] BVerwG NVwZ 2012, 51.

[5879] BVerwG ZfBR 2015, 170.

alter Genehmigungsantrag, wenn er auf einer neuen planungsrechtlichen Grundlage zu beurteilen ist, einem neuen Genehmigungsantrag gleichsteht. Aber auch die Gemeinde benötigt nach Ablauf der Geltungsdauer der Aussetzung noch eine Frist, um die planungsrechtliche Zulässigkeit eines Vorhabens nach der gegebenenfalls neuen Rechtslage zu prüfen und sich zum Einvernehmen zu erklären.[5880]

2. Zurückstellung zur Sicherung einer Konzentrationszonenplanung

2673 Im Zusammenhang mit zunehmenden Problemen bei der außenbereichsverträglichen Zulassung **privilegierter Vorhaben** (außer landwirtschaftlichen oder atomrechtlichen Vorhaben) wird den Gemeinden die Möglichkeit der **Plansicherung durch Zurückstellung** von Vorhaben im Hinblick auf planerische Darstellungen iS des § 35 III 3 BauGB eingeräumt (§ 15 III BauGB). Die Gemeinde hat danach die Möglichkeit, für einen Zeitraum von bis zu einem Jahr die Aussetzung der Bearbeitung des Baugesuchs zu beantragen, wenn die Änderung eines dem Vorhaben entgegenstehenden Flächennutzungsplans eingeleitet worden ist.[5881] Die ordnungsgemäße Bearbeitungszeit wird der Jahresfrist hinzugerechnet.

2674 Voraussetzungen für eine Zurückstellung sind, dass

- die Gemeinde einen **Beschluss** zur Aufstellung, Änderung oder Ergänzung des Flächennutzungsplanes gefasst hat,
- im Flächennutzungsplan eine **„Konzentrationsfläche“** nach § 35 III 3 BauGB für privilegierte Vorhaben iS des § 35 I Nr. 2 bis 6 BauGB dargestellt werden soll, die der Errichtung solcher Vorhaben an anderer Stelle im Gemeindegebiet i.d.R. entgegensteht, und wenn
- zu befürchten ist, dass die Durchführung der Planung durch das Vorhaben **unmöglich** gemacht oder wesentlich **erschwert** wird.

2675 Die Befürchtung, dass die Flächennutzungsplanung mit dem Ziel der Ausweisung von Konzentrationszonen mit der Wirkung des § 35 III 3 BauGB unmöglich gemacht oder wesentlich erschwert werden würde, besteht, wenn objektive Anhaltspunkte dafür vorliegen, dass das zur Genehmigung gestellte Vorhaben der gemeindlichen Planung – nach dem jeweiligen Stand des Planungsverfahrens und gemessen an der Planungskonzeption und den Planzielen – widerspricht. Dabei sind die Besonderheiten der in Rede stehenden Planungen zu berücksichtigen. Konzentrationsflächenplanungen zielen konzeptionell neben der positiven Vorrangwirkung der Darstellungen von Konzentrationsflächen auch auf die den übrigen Außenbereich betreffende Ausschlusswirkung nach.[5882]

2676 Der **Zeitraum** der Zurückstellung ist in dem Zurückstellungsbescheid anzugeben und darf längstens ein Jahr ab Zugang des Bescheids betragen. Die Zeit zwischen dem Eingang des Baugesuchs bei der zuständigen Behörde bis zur Zustellung des Zurückstellungsbescheides wird auf die Jahresfrist nur insoweit nicht angerechnet, als dieser Zeitraum für die Bearbeitung des Baugesuchs erforderlich war (§ 15 III 2 BauGB). Die Gemeinde hat den Zurückstellungsantrag innerhalb von sechs Monaten zu stellen, nachdem sie in einem Verwaltungsverfahren förmlich (zB im Rahmen einer Beteiligung nach § 36) von dem Bauvorhaben Kenntnis erlangt hat (§ 15 III 3 BauGB). Der Zurückstellungsantrag ist nicht mehr möglich, wenn die Genehmigung erteilt ist. Diese Regelung gilt auch im Fall der Aufstellung eines sachlichen Teilflächennutzungsplanes nach § 5 II b BauGB.

2677 Nach § 249 I BauGB ist 35 III 3 BauGB auf Vorhaben der **Windenergie** nach § 35 I Nr. 5 BauGB allerdings nicht mehr anzuwenden. Nach § 245e I 1 BauGB gelten die Rechtswirkungen eines Raumordnungs- oder Flächennutzungsplans gemäß § 35 III 3 BauGB in der bis zum 1. Februar 2023 geltenden Fassung für Windenergieanlagen vorbehaltlich des § 249 V 2 BauGB fort, wenn der Plan bis zum 1.2.2024 wirksam geworden ist. Sie entfallen, soweit für den Geltungsbereich des Plans das Erreichen des Flächenbeitragswerts oder eines daraus abgeleiteten Teilflächenziels gemäß § 5 I oder II WindBG festgestellt wird, spätestens aber mit Ablauf des Stichtags für den Flächenbeitragswert nach Spalte 1 der Anlage des WindBG. Der Plan gilt im Übrigen fort, wenn nicht im Einzelfall die Grundzüge der Planung berührt werden. Die Möglichkeit des Planungsträgers, den Plan zu ändern, zu ergänzen oder aufzuheben, bleibt unberührt. Werden in einem Flächennutzungsplan zusätzliche Flächen für die Nutzung von Windenergie ausgewiesen, kann die Abwägung auf die Belange beschränkt werden, die durch

[5880] BVerwG NVwZ-RR 2015, 685; Stüer/ Stüer DVBl. 2018, 294.

[5881] Hinsch NVwZ 2007, 660.

[5882] OVG Münster BauR 2022, 1168 = juris Rn. 8.

die Ausweisung der zusätzlichen Flächen berührt werden. Dabei kann von dem Planungskonzept, das der Abwägung über bereits ausgewiesene Flächen zu Grunde gelegt wurde, abgewichen werden, sofern die Grundzüge der Planung erhalten werden. Von der Wahrung der Grundzüge der bisherigen Planung ist regelmäßig auszugehen, wenn Flächen im Umfang von nicht mehr als 25 Prozent der schon bislang ausgewiesenen Flächen zusätzlich ausgewiesen werden (§ 245 e I BauGB).

§ 15 III BauGB ist nach § 245e II 1 BauGB entsprechend anzuwenden, wenn die Gemeinde beschlossen hat, einen Flächennutzungsplan aufzustellen, zu ändern oder zu ergänzen, um den Flächenbeitragswert iS des § 3 I WindBG oder ein daraus abgeleitetes Teilflächenziel zu erreichen. Die Entscheidung kann längstens bis zum Ablauf des Stichtags für den Flächenbeitragswert nach Spalte 1 der Anlage des WindBG ausgesetzt werden (§ 254 2 II 2 BauGB). Die durch § 245 e I 1 BauGB angeordnete entsprechende Anwendbarkeit bezieht sich auch hinsichtlich der Rechtsfolge insgesamt auf § 15 III BauGB, dh auch auf den dort geregelten Zurückstellungszeitraum von einem Jahr, der (nur) bei Vorliegen besonderer Umstände um höchstens ein Jahr verlängert werden kann. Diese Zurückstellungsfristen werden durch die in § 245 e II 2 BauGB normierte Höchstfrist bis zu 31.12.2027 lediglich ergänzt.[5883] Besondere Umstände als Voraussetzung für eine über den Regelzeitraum hinausgehende Zurückstellung verlangen, dass sich das Planverfahren von dem allgemeinen Rahmen der üblichen Planungstätigkeit abhebt; es muss Besonderheiten des Umfangs, des Schwierigkeitsgrades oder des Verfahrensablaufs aufweisen, wobei nur der Gemeinde nicht zurechenbare, für die Verzögerung des Verfahrens kausale Umstände in Betracht kommen. Der heranzuziehende Vergleichsmaßstab ist der allgemeine Rahmen der üblichen städtebaulichen Planungstätigkeit, nicht lediglich die sonstige Konzentrationszonenplanung. Im Gegensatz zu § 15 III 1 BauGB, wonach die Baugenehmigungsbehörde die Aussetzung der Entscheidung vorzunehmen „hat", ist hier eine Ermessensentscheidung der Behörde gefordert.[5884] 2678

Die **Zurückstellung von Baugesuchen** ist traditionell ebenso wie die Veränderungssperre ein Instrument zur Sicherung eines in Aufstellung oder in einem Änderungsverfahren befindlichen **Bebauungsplans**. Die Gemeinde soll danach für ein Jahr Gelegenheit erhalten, ihre Planungsvorstellungen zu entwickeln. Zugleich hat die Gemeinde die Möglichkeit, in diesen Fällen eine Veränderungssperre zu erlassen und hierdurch einen Zeitraum von bis zu vier Jahren für eine entsprechende Planung offen zu halten. Diese Möglichkeiten beziehen sich traditionell allerdings nur auf den Bebauungsplan, nicht auch auf den Flächennutzungsplan. § 15 III BauGB sieht hierzu eine wichtige Erweiterung vor. Zur Sicherung des Darstellungsprivilegs nach § 35 III 3 BauGB kann die Gemeinde ebenfalls die Möglichkeit einer Zurückstellung nutzen. Damit erweitert sich das Instrument der Zurückstellung von Baugesuchen vom Sicherungsinstrument für Bebauungspläne auf den **Flächennutzungsplan**. Auf Antrag der Gemeinde hat die Baugenehmigungsbehörde die Entscheidung über die Zulässigkeit von Vorhaben nach § 35 I Nr. 2 bis 6 BauGB für einen Zeitraum bis zu längstens einem Jahr nach Zustellung der Zurückstellung des Baugesuchs auszusetzen, wenn die Gemeinde beschlossen hat, einen Flächennutzungsplan aufzustellen, zu ändern oder zu ergänzen, mit dem die Rechtswirkungen des § 35 III 3 BauGB erreicht werden sollen, und zu befürchten ist, dass die Durchführung der Planung durch das Vorhaben unmöglich gemacht oder wesentlich erschwert werden würde. Auf diesen Zeitraum ist die Zeit zwischen dem Eingang des Baugesuchs bei der zuständigen Behörde bis zur Zustellung der Zurückstellung des Baugesuchs nicht anzurechnen, soweit der Zeitraum für die Bearbeitung des Baugesuchs erforderlich ist. Der Antrag der Gemeinde ist nur innerhalb von sechs Monaten, nachdem die Gemeinde in einem Verwaltungsverfahren von dem Bauvorhaben förmlich Kenntnis erhalten hat, zulässig. Wenn besondere Umstände es erfordern, kann die Baugenehmigungsbehörde auf Antrag der Gemeinde die Entscheidung nach Satz 1 um höchstens ein weiteres Jahr aussetzen. 2679

Beabsichtigt die Gemeinde, im **Flächennutzungsplan** Darstellungen nach § 35 III 3 BauGB zu treffen, kann sie einen **Antrag auf Zurückstellung** von Bauvorhaben stellen und so ihre Planungsabsichten für einen Zeitraum von bis zu einem Jahr sichern. Die Zurückstellungsmöglichkeiten bestehen für privilegierte Vorhaben nach § 35 I Nr. 2 bis 6 BauGB, also in den Bereichen Gartenbaubetriebe (§ 35 I Nr. 2 BauGB), ortsgebundene Vorhaben (§ 35 I Nr. 3 und 4 BauGB), Anlagen der Wind- und Wasserenergie (§ 35 I Nr. 5 BauGB) und Biogasan- 2680

[5883] OVG Koblenz BauR 2024, 92 = juris Rn. 116; siehe auch OVG Münster BauR 2023, 1229 = juris Rn. 50; VGH München Beschl. v. 19.6.2023 – 22 AS 23.40001, juris Rn. 47.

[5884] OVG Koblenz BauR 2024, 92 = juris Rn. 116.

lagen (§ 35 I Nr. 6 BauGB). Für Vorhaben im Bereich der Land- oder Forstwirtschaft (§ 35 I Nr. 1 BauGB) oder Anlagen im Zusammenhang mit der friedlichen Nutzung der Atomenergie (§ 35 I Nr. 7 BauGB) bestehen diese Zurückstellungsmöglichkeiten nicht. Gegenüber der Zurückstellung eines Baugesuchs nach § 15 I BauGB ist die Frist insoweit etwas verlängert, als der Zeitraum bis zum Erlass des Zurückstellungsbescheides nicht mitgerechnet wird, soweit er die ordnungsgemäße Bearbeitungszeit des Baugesuchs nicht überschreitet. Die Gemeinde hat sodann innerhalb dieses Zeitraums die Möglichkeit, ihre Planungen auf der Ebene des Flächennutzungsplans zum Abschluss zu bringen. Die Zeit ist allerdings im Hinblick auf den für die Aufstellung oder Änderung eines Flächennutzungsplans benötigten Zeitraum recht kurz bemessen, sodass die Gemeinden beim Vorliegen entsprechende Anträge zu einer zügigen Durchführung des Planverfahrens angehalten werden. Anderenfalls entfällt die Sperrwirkung der Zurückstellung.

2681 Neben den Darstellungsmöglichkeiten im Flächennutzungsplan können die Gemeinden auch durch die Aufstellung von Bebauungsplänen regelnd in die Nutzung privilegierter Vorhaben nach § 35 I BauGB eingreifen. So können die Gemeinden etwa auch durch Bebauungsplan Regelungen über die Zulässigkeit von Windenergieanlagen treffen. Allerdings setzt dies ein entsprechendes städtebauliches Bedürfnis voraus § 1 III BauGB. Die Aufstellung eines Bebauungsplans kann auch mit einer Veränderungssperre nach § 14 BauGB gesichert werden. Allerdings muss hierfür die Aufstellung des Bebauungsplans und den Erlass der Veränderungssperre ein entsprechendes Planungsbedürfnis bestehen. Die Planungsvorstellungen müssen für den Erlass einer Veränderungssperre auch hinreichend konkret sein. Ist dies nicht der Fall, ist der Erlass einer Veränderungssperre nach Auffassung des BVerwG mangels hinreichender konkreter Planungsvorstellungen unzulässig.[5885]

2682 Die **Frist** für die Zurückstellung eines Baugesuchs nach § 15 III 3 BauGB von sechs Monaten nach Kenntnis von dem Bauvorhaben läuft in den Fällen, in denen die Gemeinde selbst Baugenehmigungsbehörde ist, grundsätzlich ab Eingang des Genehmigungsantrags. Dies gilt auch dann, wenn die Gemeinde das Baugesuch für unzulässig hält.[5886] Der Antrag der Gemeinde ist gem. § 15 III BauGB nur innerhalb von 6 Monaten zulässig, nachdem die Gemeinde in einem Verwaltungsverfahren von dem Bauvorhaben förmlich Kenntnis erhalten hat. Bei der Berechnung des Laufs dieser Frist kommt es auf den Zeitpunkt des In-Kraft-Tretens des Gesetzes zum 20.7.2004 an. Die Funktion der förmlichen Kenntnisvermittlung und Anstoßwirkung für die planungsbefugte Gemeinde kann nur von einer Kenntnisgabe nach In-Kraft-Treten des Gesetzes ausgehen. Eine vorher erfolgte Beteiligung der Gemeinde kann diese Aufgabe nicht erfüllen. Es kommt lediglich in Betracht, ihr die Frist auslösende Funktion ab In-Kraft-Treten des Gesetzes beizumessen.[5887]

3. Rechtsschutz gegen die Zurückstellung

2683 Rechtsschutz gegen einen abgelehnten Antrag auf Zurückstellung kann die antragstellende Gemeinde im Wege einer Verpflichtungsklage und gegen eine Zurückstellung der Vorhabenträger beanspruchen.

2684 Die Zurückstellung des Baugesuches nach § 15 BauGB erfolgt durch Verwaltungsakt, der vom Vorhabenträger/Bauherrn ggf. mit **Widerspruch** und **Verpflichtungsklage** auf Erteilung der Baugenehmigung angegriffen werden kann. Die Klage ist begründet, wenn die Zurückstellung nicht hätte erfolgen dürfen, etwa weil der Aufstellungsbeschluss nicht wirksam bekannt gemacht ist, eine gemeindliche Planungskonzeption auch in Ansätzen nicht erkennbar ist und das Vorhaben planungsrechtlich zulässig ist. Für eine **isolierte Anfechtungsklage** fehlt das Rechtsschutzbedürfnis. Widerspruch und Anfechtungsklage gegen einen Zurückstellungsbescheid haben aufschiebende Wirkung mit der Folge, dass die Genehmigungsbehörde die Amtspflicht hat, die Bearbeitung fortzusetzen, solange kein Sofortvollzug angeordnet wird.[5888] Das Verpflichtungsbegehren eines Bauantragstellers, der gegen die Zurückstellung seines Bauantrags nach § 15 I 1 BauGB Widerspruch eingelegt und danach Untätigkeitsklage auf Erteilung der Baugenehmigung erhoben hat, erledigt sich nicht dadurch, dass die sofortige Vollziehung des Zurückstellungsbescheides angeordnet wird.[5889] Wird ein Bauvorhaben unter An-

[5885] BVerwG NVwZ 2004, 858; Stüer/Stüer NuR 2004, 341.
[5886] OVG Münster NVwZ-RR 2006, 597.
[5887] OVG Koblenz BauR 2005, 1897; Lemmel BauR 2005, 1878.
[5888] OVG Münster BauR 2007, 684.
[5889] BVerwG BauR 2011, 1791.

ordnung des Sofortvollzuges gem. § 15 I BauGB zurückgestellt, fehlt einem vom Bauherrn hiergegen gerichteten alleinigen Antrag nach § 80 a III i.V. mit § 80 V VwGO nicht das erforderliche Rechtsschutzinteresse.[5890] Lehnt die Baugenehmigungsbehörde zunächst den Erlass eines Bauvorbescheides ab und erlässt sodann im Widerspruchsverfahren einen Zurückstellungsbescheid nach § 15 BauGB, wird der ablehnende Bescheid durch den Zurückstellungsbescheid ersetzt.[5891] Die nachträgliche Aufgabe der zu sichernden Planung oder das nachträgliche Inkrafttreten einer Veränderungssperre führen zur Rechtwidrigkeit, nicht aber zur Unwirksamkeit oder Gegenstandslosigkeit einer Zurückstellung.[5892]

Folgt die Baugenehmigungsbehörde dem Antrag der Gemeinde nicht, kann diese wegen der Verletzung ihrer Antragsrechte in § 15 I BauGB gegen die erteilte Baugenehmigung klagen. Die Baugenehmigungsbehörde hat dem Antrag der Gemeinde zu entsprechen, wenn er ordnungsgemäß gestellt und die Voraussetzungen für eine Zurückstellung des Baugesuchs gegeben sind. **2685**

Ein Beschluss nach § 80 V VwGO hindert die Behörde grundsätzlich nicht daran, unter Aufhebung des früheren Bescheides einen neuen Bescheid zu erlassen und dessen **sofortige Vollziehbarkeit** anzuordnen. Etwas anderes gilt nur dann, wenn die Behörde einen nicht sofort vollziehbaren Bescheid aufhebt und durch einen inhaltsgleichen ersetzt, um dessen sofortige Vollziehbarkeit anzuordnen und so die Wirkung des gerichtlichen Beschlusses zu unterlaufen. Hat die Baubehörde einen Zurückstellungsbescheid nach § 15 BauGB erlassen, darf sie eine wesentlich geänderte Planung zum Anlass nehmen, den Bescheid aufzuheben und gegebenenfalls einen neuen Zurückstellungsbescheid zu erlassen. Eine wesentliche Änderung der Planung liegt auch dann vor, wenn mit einem neuen Planaufstellungsbeschluss erstmals eine hinreichend konkretisierte und somit sicherungsbedürftige Planung vorliegt.[5893] **2686**

Im Rahmen ihrer Entscheidungsbefugnis nimmt die Widerspruchsbehörde bei Erlass des Widerspruchsbescheids eine umfassende Überprüfung der Rechtmäßigkeit sowie bei Ermessensentscheidungen – vorbehaltlich von Sonderregelungen bei Selbstverwaltungsangelegenheiten – der Zweckmäßigkeit des Ausgangsbescheids vor. Eine Bindung an die Rechtsauffassung und die Sachverhaltsfeststellungen der Ausgangsbehörde besteht dabei nicht, sodass die Widerspruchsbehörde deren Entscheidung ggf. auch mit abweichenden Erwägungen bestätigen kann.[5894] **2687**

III. Grundstücksteilung

Das Erfordernis einer **Teilungsgenehmigung** nach § 19 BauGB ist durch das EAG Bau 2004 mit der Begründung gestrichen worden, dass hierfür kein Bedürfnis (mehr) besteht. Zuvor hatten bereits zahlreiche Landesgesetzgeber die bauordnungsrechtliche Genehmigungspflicht für die Teilung abgeschafft.[5895] § 19 BauGB beschränkt sich in Absatz 1 auf eine Definition des Begriffs der Grundstücksteilung sowie in Absatz 2 auf eine materiell-rechtliche Regelung für Grundstücksteilungen im Geltungsbereich von Bebauungsplänen.[5896] Unberührt von der Abschaffung der allgemeinen Genehmigungspflicht bleibt die Genehmigungspflicht für Teilungen im Umlegungsgebiet (§ 51 I 1 Nr. BauGB), im Sanierungsgebiet (§ 144 II Nr. 5 BauGB), im Entwicklungsbereich (§ 169 I Nr. 3 BauGB) sowie während eines Enteignungsverfahrens § 109 I BauGB). Die Definition der Grundstücksteilung ist erforderlich, weil das Gesetz in den genannten Zusammenhängen auf diesen Begriff abstellt. Durch die Teilung eines Grundstücks im Geltungsbereich eines Bebauungsplans dürfen nach § 19 II BauGB keine Verhältnisse entstehen, die den Festsetzungen des Bebauungsplans widersprechen. Dies betrifft solche Bebauungsplanfestsetzungen, bei denen die Größe eines Grundstücks von rechtserheblicher Bedeutung ist. Dies sind insbesondere Festsetzungen zur Mindestgröße von Baugrundstücken (§ 9 I Nr. 3 BauGB) sowie Festsetzungen über die Grundflächenzahl oder die Geschossflächenzahl (§§ 19 I, 20 II BauNVO.) **2688**

[5890] VGH Mannheim NVwZ-RR 2011, 932 m. Anm. Schlarmann VBlBW 2011, 464; NVwZ-RR 2003, 333; VBlBW 1999, 216.

[5891] VGH Kassel DÖV 2011, 534.

[5892] OVG Berlin-Brandenburg NJW 2012, 101; BGH Beschl. v. 27.1.2011 – III ZB 30/10, BeckRS 2011, 3316; NJW 2010, 2811 (2812), MDR 2010, 779.

[5893] OVG Koblenz NVwZ-RR 2011, 671.

[5894] BVerwG Beschl. v. 26.4.2011 – 7 B 34.11, BeckRS 2011, 50624.

[5895] Grziwotz in BeckOK BauGB, 2023, § 19 Vorbem.

[5896] Witt NordÖR 2005, 286.

2689 Die Teilung eines Grundstücks ist die dem Grundbuchamt gegenüber abgegebene oder sonst wie erkennbar gemachte Erklärung des Eigentümers, dass ein Grundstücksteil grundbuchmäßig abgeschrieben und als selbständiges Grundstück oder als ein Grundstück zusammen mit anderen Grundstücken oder mit Teilen anderer Grundstücke eingetragen werden soll (§ 19 I BauGB). Als Baugrundstück ist grundsätzlich das Grundstück im grundbuchrechtlichen Sinne zu verstehen.[5897] Weder das Baugesetzbuch noch die Baunutzungsverordnung enthalten eine Definition des dort verwendeten Grundstücksbegriffs (vgl. § 1 Abs. 1, § BAUGB § 19 BauGB, (§ 19 ff., § BAUNVO § 23 BauNVO), sondern knüpfen an die grundbuchrechtliche Definition an, mithin an einen räumlich abgegrenzten Teil der Erdoberfläche, der auf einem besonderen Grundbuchblatt (§ GBO § 3 GBO) – oder bei identischem Eigentümer auch auf einem gemeinschaftliches Grundbuchblatt (§ GBO § 4 GBO) – unter einer besonderen Nummer im Grundstücksverzeichnis gebucht ist. Davon zu unterscheiden ist das Flurstück (die Katasterparzelle), dh eine Bodenfläche, die vermessungstechnisch in dem amtlichen Verzeichnis der Grundstücke (Liegenschaftskataster) eine besondere Nummer erhält. Das Grundstück kann aus mehreren Flurstücken bestehen, namentlich bei einer erfolgten Vereinigung oder Zuschreibung, nicht aber kann umgekehrt ein Flurstück mehrere Grundstücke im Rechtssinn darstellen. Der Grundstücksbegriff orientiert sich an dem grundbuchrechtlichen Begriff eines Grundstücks,[5898] unter dem ein räumlich abgegrenzter Teil der Erdoberfläche verstanden wird, der auf einem besonderen Grundbuchblatt unter einer besonderen Nummer im Verzeichnis der Grundstücke gebucht ist.[5899]

2690 § 19 II BauGB schließt eine Teilung von Grundstücken aus, wenn durch sie Verhältnisse entstehen, die den Festsetzungen eines Bebauungsplans widersprechen. Die Vorschrift will verhindern, dass durch die Teilung eines Grundstücks die planungsrechtliche Zulässigkeit eines Vorhabens verändert werden kann. § 19 II BauGB kann bauaufsichtliche Maßnahmen zur Herstellung baurechtsmäßiger Verhältnisse nach Grundstücksteilungen unterstützen. Ob und inwieweit hier bauaufsichtliche Anordnungen möglich sind, ist eine Frage des Vollzugs unter Berücksichtigung des jeweiligen landesrechtlich geregelten Bauordnungsrechts. Um durch Grundstücksteilungen hervorgerufene bebauungsplanwidrige Verhältnisse zu vermeiden, ist es auch möglich, solche grundstücksbezogenen Festsetzungen (GFZ, GRZ, Mindestgrundstücksgröße) durch andere, nicht grundstücksbezogene Festsetzungen (zB Baufenster, Höhe der baulichen Anlagen) zu ersetzen

Beispiel: Der Bebauungsplan setzt in einem Allgemeinen Wohngebiet eine Grundflächenzahl (GRZ) von 0,4 fest. Die Teilung des Grundstücks wird so vorgenommen, dass ein bereits bebauter Teil des Grundstücks nunmehr eine GRZ von 0,8 aufweist mit der Folge, dass der abgetrennte Teil ebenfalls nach Maßgabe einer Grundflächenzahl von 0,4 bebaut werden könnte.

2691 Vergleichbare Fragestellungen ergeben sich auch im **Innen- und Außenbereich**. Auch hier dürfen durch die Teilung keine Verhältnisse entstehen, die dem materiellen Planungsrecht widersprechen.

Beispiel: Die Teilung eines im Außenbereich gelegenen Grundstücks ist danach materiell unzulässig, wenn hierdurch die Ausparzellierung eines Altenteilerwohnhauses bewirkt wird, das separat von dem landwirtschaftlichen Betrieb veräußert werden soll.

2692 § 244 V BauGB vervollständigt die Umgestaltung der Vorschriften über die Teilung von Grundstücken, indem er eine spezielle Überleitungsvorschrift für Teilungsgenehmigungssatzungen nach § 19 I BauGB vorsieht, die vor dem Inkrafttreten dieses Gesetzes wirksam beschlossen und bekannt gemacht worden sind. Ohne eine entsprechende Regelung würden die Teilungsgenehmigungssatzungen fortgelten, jedoch keine den bisherigen §§ 19 und 20 BauGB entsprechenden Verfahrensregelungen mehr bestehen. Die Gemeinden sind auch ohne nähere gesetzliche Regelung nicht ermächtigt, zur Lösung der sich ergebenden Anwendungsprobleme eigene Verfahrensvorschriften für die Teilungsgenehmigung zu erlassen. Die Gemeinden werden daher in Satz 1 ermächtigt, ihre Teilungsgenehmigungssatzungen, die vor dem Inkrafttreten des EAG Bau 2004 wirksam beschlossen und bekannt gemacht worden sind, durch Satzung

[5897] OVG Berlin-Brandenburg Beschl. v. 13.10.2022 – OVG 10 S 51/21, BeckRS 2022, 28743, Rn. 40; OVG Koblenz ZfBR 2020, 871BVerwG Urt. v. 14.2.1991 – 4 C 51.87, juris Rn. 25; Beschl. v. 30.11.2000 – 4 BN 57.00, juris Rn. 6.

[5898] BVerwGE 44, 250.

[5899] BVerwGE 50, 311.

aufzuheben und dies ortsüblich bekannt zu machen. Wahlweise können sie auch – wie im § 19 I 3 BauGB des bisherigen Rechts – die Ersatzverkündung nach § 10 III 2 bis 5 BauGB vornehmen. Soweit Gemeinden die Teilungsgenehmigungssatzungen noch nicht aufgehoben haben, ordnet Satz 3 die Nichtanwendbarkeit der Satzungen an. Die Hinweispflicht in Satz 4 soll zur erhöhten Transparenz in der Rechtsanwendungspraxis beitragen. Für die Gemeinden dürfte es sich jedoch anbieten, anstelle der ortsüblichen Bekanntgabe des Hinweises direkt die Möglichkeit zur Aufhebung der Satzungen zu nutzen. Da mit der Streichung des § 20 III BauGB die Rechtsgrundlage für einen im Grundbuch eingetragenen Widerspruch entfällt, sieht Satz 5 vor, dass der Widerspruch auf Ersuchen der Gemeinde zu löschen ist.

IV. Gemeindliche Vorkaufsrechte

Neben der Veränderungssperre (§ 14, 16 bis 18 BauGB) und der Zurückstellung von Baugesuchen (§ 15 BauGB) gehören auch die gemeindlichen Vorkaufsrechte zu den Plansicherungsinstrumenten, mit denen die gemeindliche Bauleitplanung flankierend gesichert werden soll. Die gemeindlichen Vorkaufsrechte dienen jedoch über diesen Sicherungszweck hinaus auch der Umsetzung der gemeindlichen Zielvorstellungen.[5900] Gemeindliche Vorkaufsrechte sind zwar nicht unmittelbar von dinglicher Wirkung; sie ruhen jedoch schon vor ihrer Ausübung durch die Gemeinde als öffentlich-rechtliche Belastung auf dem Grundstück. Das Grundbuchamt darf nach § 28 I 2 BauGB bei Kaufverträgen den Käufer als Eigentümer in das Grundbuch nur eintragen, wenn ihm die Nichtausübung oder das Nichtbestehen des Vorkaufsrechts nachgewiesen ist. Besteht ein Vorkaufsrecht nicht oder wird es nicht ausgeübt, hat die Gemeinde auf Antrag eines Beteiligten darüber unverzüglich ein Zeugnis auszustellen. Das Zeugnis gilt als Verzicht auf die Ausübung des Vorkaufsrechts (§ 28 I 3 und 4 BauGB). 2693

Der Gesetzgeber unterscheidet zwischen dem **allgemeinen Vorkaufsrecht** nach § 24 BauGB und dem **besonderen Vorkaufsrecht** nach § 25 BauGB. Das allgemeine Vorkaufsrecht besteht beim Kauf von Grundstücken im Geltungsbereich eines Bebauungsplans bei entsprechender öffentlicher Zwecksetzung, in einem Umlegungsgebiet, in einem förmlich festgelegten Sanierungsgebiet und in einem städtebaulichen Entwicklungsbereich sowie im Geltungsbereich einer Erhaltungssatzung nach § 172 BauGB. Durch das BauROG 1998 ist das allgemeine Vorkaufsrecht auch auf unbebaute Flächen im Außenbereich, für die im Flächennutzungsplan eine Nutzung als Wohnbaufläche oder Wohngebiet dargestellt ist (§ 24 I 1 Nr. 5 BauGB) sowie Gebiete, die nach den §§ 30, 33 oder 34 II BauGB vorwiegend mit Wohngebäuden bebaut werden können, ausgedehnt worden. Das besondere Vorkaufsrecht kann die Gemeinde nach § 25 I BauGB durch Satzung im Geltungsbereich eines Bebauungsplans für unbebaute Grundstücke oder in Gebieten begründen, in denen sie städtebauliche Maßnahmen in Betracht zieht. 2694

1. Allgemeines Vorkaufsrecht

Das allgemeine Vorkaufsrecht besteht für die Gemeinde nach § 24 I BauGB beim Kauf von Grundstücken. 2695

- im Geltungsbereich eines Bebauungsplans für Flächen, für die dort eine Nutzung für öffentliche Zwecke oder für Ausgleichsmaßnahmen nach § 1 a III BauGB festgesetzt sind,
- in einem Umlegungsgebiet,
- in einem förmlich festgelegten Sanierungsgebiet und städtebaulichen Entwicklungsbereich,
- im Geltungsbereich einer Satzung zur Sicherung von Durchführungsmaßnahmen des Stadtumbaus und einer Erhaltungssatzung,
- im Geltungsbereich eines Flächennutzungsplans, soweit es sich um unbebaute Flächen im Außenbereich handelt, für die nach dem Flächennutzungsplan eine Nutzung als Wohnbaufläche oder Wohngebiet dargestellt ist,[5901]

5900 Kümper in HBG, Öffentliches Baurecht, 2024, § 10 Rn. 67; zu gemeindlichen Vorkaufsrechten nach dem BauGB auch Wirsing/Beathalter, VBLBW 2023, 8; zu gemeindlichen Vorkaufsrechten, im Lichte des Baulandmobilisierungsgesetzes Zimmermann DVBl. 2023, 443; Niggemeyer DVBl. 2023, 717; zum Vorkaufsrecht im Geltungsbereich einer Erhaltungssatzung Stüer NJW 2022, 285; Putzer NVwZ 2022, 222.

5901 VGH Kassel DVBl. 2021, 1252: „Die Ausübung des gemeindlichen Vorkaufrechts bei einem im Geltungsbereich eines Flächennutzungsplans gelegenen Grundstück ist nur dann durch das Wohl der Allgemeinheit gerechtfertigt, wenn die Gemeinde alsbald diejenigen Schritte unternimmt, die erforderlich sind, um das städtebauliche Ziel der Wohnraumbeschaffung zu verwirklichen."

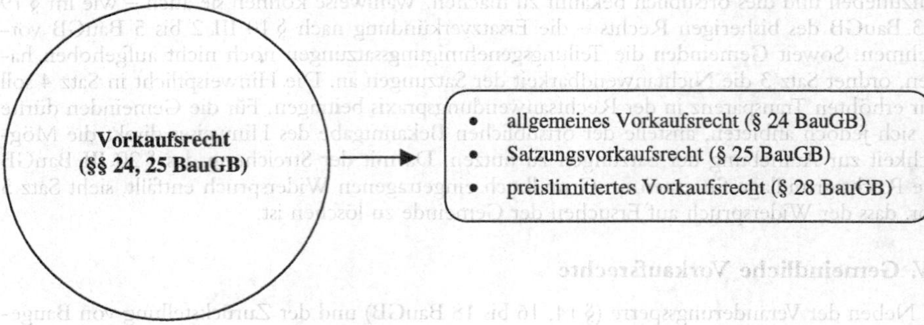

- in Gebieten, die nach den §§ 30, 33 oder 34 II BauGB vorwiegend mit Wohngebäuden bebaut werden können, soweit die Grundstücke unbebaut sind, wobei ein Grundstück auch dann als unbebaut gilt, wenn es lediglich mit einer Einfriedung oder zu erkennbar vorläufigen Zwecken bebaut ist,
- in Gebieten, die zum Zweck des vorbeugenden Hochwasserschutzes von Bebauung freizuhalten sind, insbesondere in Überschwemmungsgebieten sowie
- in Gebieten nach den §§ 30, 33 oder 34, wenn a) in diesen ein städtebaulicher Missstand iS des § 136 II 2 BauGB in Verbindung mit § 136 III BauGB vorliegt oder b) die baulichen Anlagen einen Missstand iS des § 177 II BauGB aufweisen und die Grundstücke dadurch erhebliche nachteilige Auswirkungen auf das soziale oder städtebauliche Umfeld aufweisen, insbesondere durch ihren baulichen Zustand oder ihre der öffentlichen Sicherheit und Ordnung widersprechende Nutzung.

2696 **a) Grundstückskauf.** Das Vorkaufsrecht besteht nur beim Kauf von Grundstücken auf Grund eines wirksamen Vertrages, nicht bei anderen Erwerbsvorgängen wie Schenkung oder Erbfolge, und bezieht sich in seinem Anwendungsbereich auch nicht auf den Kauf von Rechten nach dem Wohnungseigentumsgesetz oder von Erbbaurechten (§ 24 II BauGB).

2697 Das Vorkaufsrecht darf nach § 24 III 1 BauGB nur ausgeübt werden, wenn das **Wohl der Allgemeinheit** dies rechtfertigt. Dem Wohl der Allgemeinheit kann insbesondere die **Deckung eines Wohnbedarfs** in der Gemeinde dienen (§ 24 III 2 BauGB).[5902] Bei der Ausübung des Vorkaufsrechts hat die Gemeinde den Verwendungszweck des Grundstücks anzugeben (§ 24 III 3 BauGB). Die fehlende oder unvollständige **Angabe des Verwendungszwecks** (§ 24 III 2 BauGB) macht die Ausübung des Vorkaufsrechts für sich genommen allerdings nicht rechtsfehlerhaft. Ein Nachschieben des Verwendungszwecks nach Maßgabe des § 45 I Nr. 2 VwVfG ist auch nach Ablauf der Zweimonatsfrist des § 28 II 1 BauGB möglich.[5903] Eine Nutzung für öffentliche Zwecke im Sinne von § 24 I 1 Nr. 1 Alt. 1 BauGB liegt nur vor, wenn unmittelbar mit der auf der Grundlage von § 9 I BauGB getroffenen Festsetzung im Bebauungsplan eine öffentliche Art der Nutzung der Fläche unter Ausschluss anderer, privater Nutzungsarten bestimmt wird.[5904] §§ 24 und 25 BauGB verstoßen, soweit darin der Gemeinde ein Vorkaufsrecht vor Bestimmbarkeit der Verwendung des Grundstücks eingeräumt wird, nicht gegen Art. 2 I und Art. 14 I GG.[5905]

2698 Das allgemeine Vorkaufsrecht besteht vor allem für Grundstücke, für die in einem Bebauungsplan ein öffentlicher Zweck ausgewiesen ist. Zudem besteht es in den Sonderfällen des förmlich festgelegten Sanierungsgebietes, eines städtebaulichen Entwicklungsbereichs oder im Geltungsbereich einer Erhaltungssatzung. Das Vorkaufsrecht kann sich auch auf Flächen beziehen, für die Ausgleichsmaßnahmen nach § 1 a BauGB vorgesehen sind (§ 24 I 1 Nr. 1 BauGB). Hierdurch soll sichergestellt werden, dass die in § 1 a BauGB enthaltene Verzahnung der Bauleitplanung mit den naturschutzrechtlichen Ausgleichsmaßnahmen durch die Ausübung eines gemeindlichen Vorkaufsrechts umgesetzt werden kann.

[5902] Dazu Bunzel/Niemeyer ZfBR 2018, 743 (747 f.); Kronisch NVwZ 2019, 1471 ff.

[5903] VGH Kassel NVwZ-RR 2011, 492.

[5904] OVG Berlin-Brandenburg NVwZ-RR 2012, 793.

[5905] BVerfG Beschl. v. 23.3.1994 – 1 BvR 378/92; Kümper in HBG, Öffentliches Baurecht, 2024, § 10 Rn. 70.

Im Geltungsbereich eines **Flächennutzungsplans** kann das Vorkaufsrecht für unbebaute Flächen im Außenbereich ausgeübt werden, für die nach dem Flächennutzungsplan eine Nutzung als Wohnbaufläche oder Wohngebiet dargestellt ist (§ 24 I 1 Nr. 5 BauGB). Auch der Vorentwurf eines Flächennutzungsplans kann nach Beschlussfassung über und Veröffentlichung des Aufstellungsbeschlusses mit der gem. § 24 I 3 BauGB erforderlichen Planreife die Planungsvorstellungen der Gemeinde benennen, die die Ausübung des gemeindlichen Vorkaufsrechts rechtfertigen, ohne dass es auf eine Abgrenzung zwischen „Entwürfen" und „Vorentwürfen" ankommt. Das Vorkaufsrecht kann von dem Vorkaufsberechtigten ohne entsprechende Erklärung des Vorkaufsverpflichteten nicht auf durch die Ausübung des Vorkaufsrechts unwirtschaftlich werdende Restflächen ausgedehnt werden, auf die sich die Vorkaufsberechtigung nicht bezieht.[5906] Die Ausübung des (Flächennutzungsplan-) Vorkaufsrechts ist vom Wohl der Allgemeinheit nach § 24 III BauGB nur dann gerechtfertigt, wenn der konkrete Verwendungszweck darin besteht, das Grundstück in absehbarer Zeit unmittelbar oder doch mittelbar Wohnzwecken zuzuführen. Soll das Grundstück unmittelbar Wohnzwecken zugeführt werden, setzt dies zumindest voraus, dass in absehbarer Zeit ein entsprechender Bebauungsplan aufgestellt werden soll.[5907] 2699

Zudem kann das Vorkaufsrecht für **unbebaute Grundstücke** ausgeübt werden, die nach den §§ 30, 33 oder 34 II BauGB vorwiegend mit Wohngebäuden bebaut werden können. Voraussetzung für ein Vorkaufsrecht ist danach ua, dass die entsprechenden Flächen oder Grundstücke **„unbebaut"** sind.[5908] Ein Grundstück ist nach dem **Baulandmobilisierungsgesetz 2021** dann „bebaut", wenn sich auf ihm eine bauliche Anlage iS des § 29 BauGB befindet. Bei der Beurteilung ist zunächst der tatsächliche Zustand zugrunde zu legen. Rechtliche Erwägungen können daneben dazu führen, dass etwa ein nicht genehmigter Schwarzbau oder eine funktionslos gewordene Bausubstanz, die keinen Bestandsschutz mehr hat, als Nichtbebauung im Rechtssinne zu beurteilen sind.[5909] Durch die Beschränkung des Vorkaufsrechts auf Innenbereichslagen nach § 34 II BauGB und die Herausnahme von Grundstücken, die in einem nicht beplanten Innenbereich nach § 34 I BauGB liegen, soll verdeutlicht werden, dass ein Vorkaufsrecht im nicht beplanten Innenbereich nur ausgeübt werden kann, wenn die Eigenart der näheren Umgebung einem Kleinsiedlungsgebiet, allgemeinen Wohngebiet oder besonderem Wohngebiet nach der BauNVO entspricht. Nur bei diesen Gebietstypen können die Grundstücke überwiegend mit Wohngebäuden bebaut werden. Entsprechend seiner Zielsetzung besteht das Vorkaufsrecht nach § 24 I 1 Nr. 6 BauGB in Dorf-, Misch-, Kern-, Gewerbe- und Industriegebieten ebenso wie im nicht beplanten Innenbereich mit unterschiedlicher Gebietsstruktur nach § 34 I BauGB nicht.[5910] 2700

Bereits § 3 BauGB-MaßnG 1993 enthielt ein Vorkaufsrecht, das sich auf unbebaute Grundstücke bezog, die für eine Wohnnutzung vorgesehen sind. Es soll mit diesen Vorschriften sichergestellt werden, dass unbebaute Grundstücke auch tatsächlich einer Wohnbebauung zugeführt werden.[5911] Speziell im Außenbereich kann die Vorschrift die Vorbereitung und Durchführung von Wohnbauvorhaben in solchen Gebieten erleichtern, in denen die Gemeinde Bebauungspläne mit Wohnnutzung aufstellen will.[5912] Allerdings bedarf das Vorkaufsrecht der **Rechtfertigung durch entsprechende Gründe des Gemeinwohls**, die etwa vorliegen können, wenn die Flächen für Zwecke des Wohnungsbaus benötigt werden. Es ist daher von der Gemeinde bei der Ausübung des Vorkaufsrechts ein erhöhter, wenn nicht sogar dringender Wohnbedarf darzulegen. Auch gelten die Vorschriften für den Ausschluss des Vorkaufsrechts (§ 26 BauGB), die Abwendung des Vorkaufsrechts (§ 27 BauGB) sowie das dabei einzuhaltende Verfahren (§ 28 BauGB) entsprechend. Das Wohl der Allgemeinheit rechtfertigt die Ausübung 2701

5906 VGH Kassel Beschl. v. 8.4.2011 – 3 A 1126/10, BeckRS 2011, 55990.

5907 VGH Mannheim DÖV 2009, 870.

5908 BVerwG ZfBR 1997, 99 zu dem durch das BauROG 1998 aufgehobenen Vorkaufsrecht in § 3 I BauGB-MaßnG.

5909 BVerwG DVBl. 1997, 432. Zur Entschädigung bei rechtswidriger Versagung einer Teilungsgenehmigung BGH NJW 1997, 1229. Dem Nachbarn fehlt allerdings ein Rechtsschutzbedürfnis für die Anfechtung einer Teilungsgenehmigung, wenn er die mit der Teilung bezweckte Bebauung nicht mehr verhindern kann, so BVerwG NVwZ-RR 1997, 522.

5910 Bundesregierung, Gesetzentwurf zum BauROG 1998, S. 54.

5911 Begründung zum Gesetzentwurf der Koalitionsfraktionen, BT-Drs. 12/3844, S.40.

5912 Begründung zum Gesetzentwurf der Bundesregierung, BT- Drs.11/6508, S.11 zu § 3 BauGB-MaßnG.

des Vorkaufsrechts auch dann, wenn die Gemeinde auf dem Grundstück eine andere Art von Gemeinbedarfseinrichtung verwirklichen will, als sie derzeit im Bebauungsplan festgesetzt ist (§ 24 I 1 Nr. 1 BauGB). Die Frist zur Ausübung des Vorkaufsrechts beginnt erst dann, wenn eine der Kaufvertragsparteien dem Vorkaufsberechtigten mitgeteilt hat, fehlende Genehmigungen seien erteilt worden.[5913] Das gemeindliche Vorkaufsrecht besteht auch bei der Veräußerung eines Grundstücks an eine **Gesellschaft bürgerlichen Rechts**, an der Verkäuferin zu einem Geschäftsanteil von (lediglich) 10 % beteiligt ist. Mit der Mitteilung des Kaufvertrags an die vorkaufsberechtigte Gemeinde übernehmen die Vertragspartner eine öffentlich-rechtliche Gewähr dafür, dass der Vertragsinhalt ihrem rechtsgeschäftlichen Willen entspricht. Das schließt auch **Einwände** gegen die zivilrechtliche Wirksamkeit des Vertrages aus. Die Durchsetzung der vertraglichen Ansprüche der Beteiligten erfolgt in den Formen des bürgerlichen Rechts.[5914]

2702 Durch § 24 I 2 BauGB wird die Möglichkeit der Ausübung des Vorkaufsrechts nach § 24 I 1 Nr. 1 BauGB zeitlich vorverlagert. Es kann bereits nach Beginn der öffentlichen Auslegung ausgeübt werden, wenn die Gemeinde einen Beschluss gefasst hat, einen Bebauungsplan aufzustellen, zu ändern oder zu ergänzen. Das Vorkaufsrecht für unbebaute Außenbereichsflächen mit einer beabsichtigten Wohnnutzung nach § 24 I 1 Nr. 5 BauGB kann bereits mit der Bekanntmachung des Aufstellungsbeschlusses für eine entsprechende Ausweisung im Flächennutzungsplan ausgeübt werden (§ 24 I 3 BauGB), wenn nach dem Stand der Planungsarbeiten anzunehmen ist, dass der künftige Flächennutzungsplan eine solche Nutzung darstellen wird. Gemeinden steht auch bereits im Planaufstellungsverfahren ein Vorkaufsrecht bezüglich eines im Entwurf des Bebauungsplans als öffentliche Verkehrsfläche festgesetzten Grundstücks zu. Dieses Vorkaufsrecht darf ab Beginn der ersten öffentlichen Auslegung ausgeübt werden, ungeachtet einer späteren Wiederholung der Öffentlichkeitsbeteiligung. Die Ausübung des Vorkaufsrechts ist nur dann durch das Wohl der Allgemeinheit gerechtfertigt, wenn für die den Zugriff erlaubende Festsetzung eine hinreichende Realisierungschance besteht. Materielle Planreife ist nicht geboten. Ein positiver Bauvorbescheid für ein Bauvorhaben auf der zu öffentlichen Zwecken überplanten Fläche hindert die Ausübung des Vorkaufsrechts ebenso wenig wie ein dort vorhandener Baubestand.[5915]

2703 In allen anderen Fällen besteht das allgemeine Vorkaufsrecht nach § 24 BauGB nicht. Soll ein Vorkaufsrecht nach § 24 I Nr. 3 BauGB in einem **förmlich festgelegten Sanierungsgebiet** geltend gemacht werden, so schließt ein langer Zeitraum seit der Inkraftsetzung der Sanierungssatzung die Ausübung des gemeindlichen Vorkaufsrechts nicht aus.[5916] Selbst eine Sanierungssatzung, die mehr als 20 Jahre zurückliegt, kann Grundlage für ein Vorkaufsrecht nach § 24 I Nr. 3 BauGB sein. Anders als bei der sanierungsrechtlichen Genehmigung[5917] sind an die Ausübung des Vorkaufsrechts nicht mit wachsendem Zeitablauf erhöhte Anforderungen zu stellen.[5918]

2704 Seit der Hochwasserschutznovelle 2005 kann das Vorkaufsrecht auch in Gebieten ausgeübt werden, die zum Zweck des vorbeugenden Hochwasserschutzes von Bebauung freizuhalten sind, insbesondere in Überschwemmungsgebieten. Hierdurch soll die Durchsetzung von **Hochwasserschutzmaßnahmen** erleichtert werden.[5919] Umstritten ist, ob die Ausübung des gemeindlichen Vorkaufsrechtes nach § 24 I Nr. 7 BauGB in Gebieten, die zum Zweck des vorbeugenden Hochwasserschutzes von Bebauung freizuhalten sind, einen durch Bauleitplanung zum Ausdruck gekommenen städtebaulichen Bezug voraussetzt.[5920] Für die überwiegende Ansicht, die die Frage bejaht, hebt zwar der Wortlaut des § 24 I Nr. 7 BauGB nur auf festgesetzte Überschwemmungsgebiete (vgl. § 76 WHG) und die dort geltenden Bauverbote (vgl. § 78 WHG) und gerade nicht auf einen durch die Bauleitplanung hergestellten städtebaulichen Bezug ab.

[5913] OVG Lüneburg BauR 2008, 1570.

[5914] OVG Saarlouis BauR 2009, 1628.

[5915] OVG Koblenz NVwZ-RR 2011, 611.

[5916] BVerwG NVwZ 1995, 897.

[5917] BVerwGE 70, 83; BauR 1985, 184.

[5918] BVerwG NVwZ 1995, 897.

[5919] Stüer ZfBR 2007, 17.

[5920] Bejahend Kümper in HBG, Öffentliches Baurecht, 2024, § 10 Rn. 75; VGH Kassel BauR 2020, 1601 (1601 ff.); Köster in Schrödter BauGB, 2019, § 24 Rn. 34; Reidt in BKL, BauGB, 2022, § 24 Rn. 15; Stock in EZBK, BauGB, § 24 Rn. 44a; aA Tepperwien in Berliner Kommentar, BauGB, § 24 Rn. 18a; Kment in Jarass/Kment BauGB, 2022, § 24 Rn. 16.

Sinn und Zweck der Regelung sollen jedoch dafür sprechen, dass das gemeindliche Vorkaufsrecht nur an solchen Grundstücken besteht, die nach dem Bauplanungsrecht (vgl. § 9 I Nr. 16a, 16b BauGB) aus Gründen des Hochwasserschutzes von Bebauung freizuhalten sind. Neben der städtebaurechtlichen Zielsetzung der Vorkaufsrechte wird für diese einschränkende Sichtweise zudem noch auf die systematische Stellung der Bestimmung in dem die „Sicherung der Bauleitplanung" betreffenden Zweiten Teil des BauGB angeführt.[5921] Der VGH Kassel erläutert die überwiegende Ansicht ua damit, dass das Vorkaufsrecht nach dem BauGB ein Instrument zur Verwirklichung städtebaulicher – nicht aber (spezifisch) wasserwirtschaftlicher – Zielsetzungen sei; es könne deshalb im Kontext des BauGB für das Vorliegen eines Gebiets im Sinne dieser Vorschrift nicht auf den Begriff des Überschwemmungsgebiets im wasserrechtlichen Sinn ankommen. Dies gelte auch dann, wenn ein wasserrechtliches Überschwemmungsgebiet nachträglich nach § 9 VI a BauGB in den Bebauungsplan übernommen worden sei. Entscheidend sei, ob in dem entsprechenden Gebiet aus Gründen des Hochwasserschutzes ein Bauverbot besteht, das der Verwirklichung städtebaulicher (nicht wasserwirtschaftlicher) Zielsetzungen diene.[5922] Ob dies wirklich überzeugt, mag man bezweifeln. Ohne Not sollte man sich nicht über den Gesetzeswortlaut hinwegzusetzen; dort ist von einem Bauverbot auf der Grundlage eines Bebauungsplans nicht die Rede. Soweit man (auch) einen städtebaulichen Grund fordert, muss sich dieser nicht zwingend aus einer Festsetzung eines Bebauungsplans ergeben.

Mit dem Baulandmobilisierungsgesetz hat der Gesetzgeber in § 24 I 1 Nr. 8 BauGB noch ein weiteres gesetzliches Vorkaufsrecht der Gemeinde in Gebieten nach § 30, § 33 oder § 34 BauGB eingeführt, wenn in diesen Gebieten ein **städtebaulicher Missstand** iSd § 136 II 2 BauGB, III BauGB vorliegt oder die dort vorhandenen baulichen Anlagen einen Missstand iSd § 177 II BauGB aufweisen. Dieses Vorkaufsrechts setz voraus, dass die Grundstücke infolge eines derartigen Missstandes erhebliche nachteilige Auswirkungen auf das soziale oder städtebauliche Umfeld aufweisen, insbesondere durch ihren baulichen Zustand oder ihre der öffentlichen Sicherheit und Ordnung widersprechende Nutzung. Anders als in § 24 I 1 Nr. 6 BauGB kann das Vorkaufsrecht nach § 24 I 1 Nr. 8 BauGB innerhalb der im Zusammenhang bebauten Ortsteile iSd § 34 I BauGB unabhängig vom Vorliegen eines sog. faktischen Baugebiets nach § 34 II BauGB ausgeübt werden, nicht zuletzt um den Gemeinden einen Zugriff auf sog. Schrottimmobilien zu ermöglichen.[5923] **2705**

b) Gemeinwohlerfordernis. Das Vorkaufsrecht wird durch eine öffentlich-rechtliche Verpflichtungserklärung in der Form eines Verwaltungsakts ausgeübt.[5924] Die **Ausübung** des Vorkaufsrechts ist nach § 24 III BauGB nur aus Gründen des öffentlichen Wohls zulässig. Dies gebietet die Eigentumsgarantie in Art. 14 GG, die neben dem Habendürfen und der privatorientierten Nutzbarkeit auch die grundsätzlich freie Verfügbarkeit des Grund und Bodens beinhaltet. Einschränkungen dieser Eigentümerbefugnisse sind allerdings als Inhalts- und Schrankenbestimmungen nach Art. 14 I 2 GG zulässig, soweit sie durch die Sozialpflichtigkeit des Grundeigentums nach Art. 14 II GG gerechtfertigt sind und vernünftige Gründe des Gemeinwohls die Einschränkung rechtfertigen. Dabei sind die Legitimationsanforderungen umso größer, je stärker die Maßnahme die Eigentümerbefugnisse einschränkt, und umso niedriger, je geringer sich der Eingriff auswirkt.[5925] **2706**

Die Anforderungen an die Ausübung des Vorkaufsrechts sind zwar mit dem Hinweis auf die Rechtfertigung durch Gründe des Gemeinwohls (§ 24 III 1 BauGB) geringer als bei der Enteignung, die vom Wohl der Allgemeinheit erfordert sein muss (§ 87 I BauGB). Gleichwohl bedarf die **Ausübung** des **Vorkaufsrechts** einer **gemeinwohlorientierten Rechtfertigung**, die gegeben ist, wenn mit der Ausübung des Vorkaufsrechts die in § 24 I BauGB aufgeführten städtebaulichen Zwecke verwirklicht werden sollen. Durch die Verpflichtung der Gemeinde, den Verwendungszweck des Grundstücks bei Ausübung des Vorkaufsrechts anzugeben (§ 24 III 2 BauGB), wird angestrebt, dass die Gemeinde sich entsprechend legitimiert und Gründe vor- **2707**

5921 Kümper in HBG, Öffentliches Baurecht, 2024, § 10 Rn. 75; VGH Kassel BauR 2020, 1601 = juris Rn. 24 ff; Köster in Schrödter BauGB, 2019, § 24 Rn. 34; Reidt in BKL, BauGB, 2022, § 24 Rn. 15; Stock in EZBK, BauGB, 2022, § 24 Rn. 44a; aA Tepperwien in Berliner Kommentar, BauGB, 2023, § 24 Rn. 18a; Kment in Jarass/Kment BauGB, 2022, § 24 Rn. 16.

5922 VGH Kassel BauR 2020, 1601 = juris Rn. 24.

5923 Breuer NVwZ 2022, 585 (590); Stock in EZBK, BauGB, 2022 § 24 Rn. 1b, 44e; Kümper in HBG, Öffentliches Baurecht, 2024, § 10 Rn. 26.

5924 OVG Lüneburg BauR 2006, 572.

5925 Wiggers NJW-Spezial 2010, 300.

trägt, die auch im gerichtlichen Verfahren nachprüfbar sind. § 24 III 2 BauGB beinhaltet als spezielle fachgesetzliche Vorschrift Mindestbegründungselemente und wird durch die allgemeine Begründungspflicht des § 39 I 2 VwVfG und die entsprechende landesrechtliche Norm ergänzt.[5926] Sind im Bebauungsplan Flächen für den Gemeinbedarf, Verkehrs-, Versorgungs-, Grünflächen oder ähnliche Flächen festgesetzt, so wird die Ausübung des Vorkaufsrechts regelmäßig einem öffentlichen Interesse entsprechen und vom Gemeinwohl gerechtfertigt sein. Im Umlegungsgebiet, Sanierungsgebiet, Entwicklungsbereich oder im Geltungsbereich einer Erhaltungssatzung ist eine entsprechende städtebauliche Begründung erforderlich, die aus der städtebaulichen Zielkonzeption der Gemeinde abgeleitet werden sollte.

Beispiel: Eine Großstadt hat für einen um die Altstadt liegenden Ring von Nebenzentren, die aus der Gründerzeit stammen, eine Erhaltungssatzung nach § 172 BauGB aufgestellt. Ein Kaufhauskonzern hat ein eingeschossig bebautes Grundstück erworben, um hier eine Einzelhandelsnutzung zu verwirklichen. Die Stadt kann bei Wirksamkeit der Erhaltungssatzung ein gemeindliches Vorkaufsrecht nach § 24 I 1 Nr. 4 BauGB ausüben, wenn sie zur Begründung darlegen kann, dass Gemeinwohlgründe dies rechtfertigen. Dabei könnte etwa auf einen städtebaulichen Rahmenplan verwiesen werden, der im Zusammenhang mit dem Erlass der Erhaltungssatzung aufgestellt worden ist. Die Schwäche des allgemeinen Vorkaufsrechts nach § 24 BauGB besteht allerdings darin, dass die Gemeinde in den Kaufvertrag nur zu den abgeschlossenen Bedingungen eintreten kann. Regelmäßig wird der vereinbarte Kaufpreis gerade in Problembereichen so hoch sein, dass die Gemeinde aus finanziellen Gründen das Vorkaufsrecht nicht ausüben kann. Das Vorkaufsrecht kann jedoch unter den Voraussetzungen des § 28 III BauGB preislimitiert ausgeübt werden.

Hinweis: Das **Wohl der Allgemeinheit** (§ 24 III 1 BauGB) rechtfertigt die Ausübung des Vorkaufsrechts nach § 24 I 1 Nr. 5 BauGB nur, wenn damit Flächen für die Errichtung von Wohngebäuden oder für deren infrastrukturelle Ausstattung erworben werden sollen und erkennbar ist, dass die Gemeinde ihre städtebaulichen Ziele zeitnah verwirklicht.[5927]

2708 Bei der Ausübung des gemeindlichen Vorkaufsrechts nach § 24 III 2 BauGB ist im Rahmen der Ermessensentscheidung als Bestandteil der Gemeinwohlprüfung der jeweilige **Verwendungszweck**, den der Käufer mit dem Erwerb beabsichtigt, zu berücksichtigen. An die Darlegung des Verwendungszwecks sind erhöhte Anforderungen zu stellen. Dies gilt vor allem deshalb, weil der Käufer das Vorkaufsrecht nur nach § 27 BauGB abwenden kann, wenn er den Verwendungszweck des Grundstücks kennt. Vor allem bei einem Vorkaufsrecht nach § 24 I 1 Nr. 5 und 6 BauGB kann es dem Käufer Schwierigkeiten bereiten, den Verwendungszweck des Grundstücks zu erkennen. Es handelt sich um unbebaute Grundstücke, für die teilweise noch keine genau erkennbare Planung besteht. Bei einem in Aufstellung oder in Änderung befindlichen Flächennutzungsplan ist die planungsrechtliche Zulässigkeit konkreter Vorhaben noch nicht abschließend erkennbar. Selbst während der Aufstellung eines Bebauungsplans bei entsprechender Planreife nach § 33 BauGB, im nicht beplanten Innenbereich nach § 34 BauGB und sogar im Geltungsbereich eines qualifizierten Bebauungsplans lässt das Planungsrecht Spielräume, die der Konkretisierung im jeweiligen Bauantragsverfahren bedürfen. Die Gemeinde muss daher bei Ausübung des Vorkaufsrechts nach § 24 BauGB den Verwendungszweck des Grundstücks im Einzelnen angeben, um den Beteiligten hierdurch Klarheit zu verschaffen (§ 24 III 2 BauGB). Die Angabe des Verwendungszwecks des Grundstücks kann auch im Hinblick auf die Ausschlusstatbestände des § 26 BauGB von Bedeutung sein. Dazu können auch solche Belange gehören, die § 26 Nr. 2 b BauGB nicht erfasst. Nach dieser Vorschrift ist die Ausübung des gemeindlichen Vorkaufsrechts ua ausgeschlossen, wenn das Grundstück von Kirchen und Religionsgesellschaften für Zwecke des Gottesdienstes oder der Seelsorge gekauft wird. Die Freiheit der in Art. 4 GG verbürgten Religionsausübung ist umfassend zu verstehen.[5928] Sie darf weder auf Religionsgemeinschaften, welche der Staat als Körperschaften des öffentlichen Rechts anerkannt hat, noch auf sakral-kultusbezogene Bereiche beschränkt werden.

[5926] OVG Magdeburg ZfBR 2010, 379.
[5927] BVerwG NVwZ 2010, 593.
[5928] BVerfGE 24, 236; BVerfGE 53, 366; BVerfGE 83, 341.

Beispiel: Ein Verein zur Betreuung ausländischer, insbesondere türkischer Muslime hat ein Grundstück erworben. Die Gemeinde wird bei der Entscheidung über die Ausübung des Vorkaufsrechts zu prüfen haben, ob der Verein den nach § 26 Nr. 2 b BauGB vorgesehenen Status einer Kirche oder Religionsgesellschaft des öffentlichen Rechts nach Landesrecht erreichen könnte. In diesem Fall wäre die Ausübung des Vorkaufsrechts nach § 26 Nr. 2 b BauGB ausgeschlossen, wenn das Grundstück für Zwecke des Gottesdienstes oder der Seelsorge erworben wurde. Selbst wenn der Verein nicht den Status einer Kirche oder Religionsgesellschaft erreicht, kann der besondere religiöse oder weltanschauliche Zweck bei der Prüfung der Allgemeinwohlrechtfertigung eine Bedeutung haben.[5929]

c) **Baulandmobilisierungsgesetz 2021.** Mit der gesetzlichen Ergänzung in der BauGB-Novelle 2021 ist das Vorkaufsrecht für die Gemeinden ausgeweitet worden. Sie sollen so in zusätzlichen, städtebaulich relevanten Fällen leichter davon Gebrauch machen können. Das allgemeine Vorkaufsrecht wurde auf geringfügig bebaute Grundstücke erweitert. Es besteht auch in Gebieten, die nach den §§ 30, 33 oder 34 II BauGB vorwiegend mit Wohngebäuden bebaut werden können, soweit die Grundstücke unbebaut sind, wobei ein Grundstück auch dann als unbebaut gilt, wenn es lediglich mit einer Einfriedung oder zu erkennbar vorläufigen Zwecken bebaut ist (§ 24 I Nr. 6 BauGB). Das Vorkaufrecht auch dann, wenn das Grundstück umzäunt ist und dadurch nicht als unbebaut gilt. Ein Vorkaufsrecht haben die Gemeinden außerdem im Fall sog. „**Schrottimmobilien**" erhalten (§ 24 I. Nr. 8 BauGB).[5930] Das sind Immobilien, die baulich verwahrlost sind und dadurch negativ auf ihre Umgebung wirken. Ist der Wohnungsmarkt angespannt, sollen Gemeinden beim Verkauf von geringfügig bebauten und brachliegenden Grundstücken ein Vorkaufsrecht durch Satzung begründen können. Als Eigentümer können die Gemeinden so Einfluss auf die Bebauung der Grundstücke mit bezahlbarem Wohnraum nehmen. Dadurch können sie stadtentwicklungspolitische Ziele wie eine sozial gemischte Stadt mit bezahlbarem Wohnraum für alle besser erreichen. Das Vorkaufsrecht muss damit begründet sein, dass es zum Wohl der Allgemeinheit ausgeübt wird. 2709

Zur weiteren Stärkung des kommunalen Vorkaufsrechts ist daher in § 24 III 2 BauGB klargestellt worden, dass auch die **Deckung eines Wohnbedarfs** in der Gemeinde zu den Gründen des Wohls der Allgemeinheit gehört. Weiterhin ist in § 24 I 1 Nr. 8 BauGB ein Vorkaufsrecht der Gemeinde für den Fall eingeführt worden, dass auf einem zu veräußernden Grundstück ein städtebaulicher Missstand besteht. Dem Wohl der Allgemeinheit kann insbesondere auch die Deckung eines Wohnbedarfs der Gemeinde dienen (§ 24 III 2 BauGB). Diese Vorkaufsrechte gelten auch ohne eine eigene gemeindliche Satzung. Von einer darüber hinausgehenden Anführung der Innenentwicklung als Gemeinwohlgrund wurde abgesehen.[5931] 2710

2. Besonderes Vorkaufsrecht gem. § 25 BauGB

Neben dem allgemeinen Vorkaufsrecht des § 24 BauGB kann die Gemeinde durch Satzung nach § 25 I BauGB ein Vorkaufsrecht für besondere städtebauliche Problembereiche begründen. Das besondere Vorkaufsrecht darf gemäß § 25 II 1 BauGB iVm § 24 III 1 BauGB nur ausgeübt werden, wenn das **Wohl der Allgemeinheit** dies rechtfertigt.[5932] 2711

Das Satzungsvorkaufsrecht kann für **unbebaute Grundstücke** im **Geltungsbereich** eines **Bebauungsplans** (§ 25 I 1 Nr. 1 BauGB) sowie in **Gebieten**, in denen die Gemeinde städtebauliche Maßnahmen in Betracht zieht, zur **Sicherung einer geordneten städtebaulichen Entwicklung** (§ 25 I 1 Nr. 2 BauGB) ausgeübt werden.[5933] Die Satzung ist gem. den §§ 25 I 2712

[5929] BVerwG NVwZ 1994, 282.

[5930] Zu Schrottimmobilien Krautzberger/Stüer ZfBR 2013, 529; zu Zugriffsmöglichkeiten der Gemeinde auf verwahrloste Immobilien Schmitz ZfBR 2011, 641.

[5931] Beschlüsse des 24. Ausschusses zum Änderungsantrag der Fraktionen der CDU/CSU und SPD, S. 31.

[5932] OVG Münster BauR 2022, 612.

[5933] Siehe dazu BVerwG ZfBR 2021, 66 = juris Rn. 5: „Der Erlass einer Vorkaufssatzung nach § 25 I 1 Nr. 2 BauGB muss sich aus städtebaulichen Gründen als notwendig erweisen; die Satzung muss objektiv geeignet sein, zur Sicherung der städtebaulichen Entwicklung und Ordnung beizutragen"; OVG Berlin-Brandenburg Beschl. v. 18.5.2022 – OVG 10 N 4/21, juris Rn. 8; siehe auch OVG Münster Urt. v. 27.1.2022 – 7 A 2645/20, juris Rn. 50: „Der Angabe des konkreten Verwendungszwecks im Ausübungsbescheid bedarf es nicht, da im Falle des besonderen Vorkaufsrechts nach § 25 Abs. 1 Satz 1 Nr. 2 BauGB der Verwendungszweck noch nicht im Einzelnen feststehen muss."

2, 16 II BauGB ordnungsgemäß bekanntzumachen. Wie beim allgemeinen Vorkaufsrecht steht der Gemeinde auch das Satzungsvorkaufsrecht nach § 25 BauGB nicht beim Kauf von Rechten nach dem Wohnungseigentumsgesetz und von Erbbaurechten zu. Es darf ebenfalls nur ausgeübt werden, wenn das Wohl der Allgemeinheit dies rechtfertigt (§§ 25 II 1, 24 III 1 BauGB). Der Verwendungszweck des Grundstücks ist anzugeben, soweit das bereits zum Zeitpunkt der Ausübung des Vorkaufsrechts möglich ist (§ 25 II 2 BauGB). Zu den städtebaulichen Maßnahmen im Sinne von § 25 I 1 Nr. 2 BauGB zählen alle Maßnahmen, die einen städtebaulichen Bezug aufweisen und der Gemeinde dazu dienen, ihre Planungsvorstellungen zu verwirklichen. Die Gemeinde erhält hierdurch die Möglichkeit, bereits im Frühstadium der Vorbereitung städtebaulicher Maßnahmen Grundstücke zu erwerben. Das Instrument des Vorkaufsrechts stellt der Gesetzgeber ihr indes nicht als Mittel einer allgemeinen Bodenbevorratung oder zum Erwerb von Grundstücken zur Verfügung, die zur Umsetzung der von ihr betriebenen Bauleitplanung ersichtlich nicht benötigt werden. Förmlich konkretisierter Planungsabsichten bedarf es nicht. Die Gemeinde muss jedoch Planungsvorstellungen haben, die zum Ausdruck bringen, welche städtebaulichen Maßnahmen zur Lösung des zugrunde gelegten Konflikts in Betracht kommen.[5934] Die Vorverlegung der Zugriffsmöglichkeit mit dem Sicherungsmittel des Vorkaufsrechts lässt sich nur in den Fällen rechtfertigen, in denen sie bereits zu diesem frühen Zeitpunkt aus städtebaulichen Gründen notwendig ist. Die Vorkaufssatzung muss objektiv geeignet sein, zur Sicherung der städtebaulichen Entwicklung und Ordnung iS des § 1 III 1 BauGB beizutragen. Daran fehlt es, wenn absehbar ist, dass die gemeindliche Planung, zu deren Sicherung die Vorkaufssatzung erlassen wurde, an § 1 III BauGB oder an anderen unüberwindbaren Planungshindernissen scheitern wird.[5935] Eine auf Grund des § 25 I 1 Nr. 2 BauGB erlassene Vorkaufssatzung ist allerdings rechtswidrig, wenn es eines gemeindlichen Grunderwerbs an den in den Geltungsbereich der Satzung einbezogenen Flächen nicht bedarf, um die mit der Bauleitplanung beabsichtigte städtebauliche Entwicklung in der Weise zu sichern, dass die künftige Umsetzung der planerischen Ziele zumindest erleichtert wird.[5936]

2713 Eine auf § 25 I 1 Nr. 2 BauGB gestützte Vorkaufssatzung setzt voraus, dass die Gemeinde im Geltungsbereich der Satzung „städtebauliche Maßnahmen in Betracht zieht".[5937] Auf der Grundlage der jeweils weit zu verstehenden tatbestandlichen Merkmale verfolgt die Vorschrift den Zweck, durch eine an städtebaulichen Interessen orientierte Bodenvorratspolitik die Sicherung einer langfristig orientierten Planung und Entwicklung zu ermöglichen. Bauplanerische Festsetzungen wie die Überplanung eines Teils des Gemeindegebiets als bestimmtes Baugebiet (§ 9 I Nr. 1 BauGB; § 1 II BauNVO) gehören ohne Weiteres zu den städtebaulichen Maßnahmen, die sich durch einen städtebaulichen Bezug auszeichnen. Schon aus den Darstellungen im Flächennutzungsplan, aus denen der Bebauungsplan grundsätzlich zu entwickeln ist (§ 8 II BauGB), können sich entsprechende Planungsabsichten ergeben; eine förmliche Konkretisierung der Planungsvorstellungen ist jedoch nicht erforderlich.[5938] Zum anderen setzt der Erlass einer Vorkaufssatzung nach § 25 I 1 Nr. 2 BauGB voraus, dass sich der Einsatz dieses Sicherungsmittels aus städtebaulichen Gründen als notwendig erweist; die Satzung muss objektiv geeignet sein, zur Sicherung der städtebaulichen Entwicklung und Ordnung (§ 1 III BauGB) beizutragen.[5939] Nur wenn hiervon nach Maßgabe der konkreten Umstände – etwa im Hinblick auf die räumliche Ausdehnung der Satzung und auf ein Sicherungsbedürfnis wegen gegebenenfalls abweichender Entwicklungen – auszugehen ist, kann die Gemeinde sich der Vorkaufssatzung bedienen.[5940] Wenn die städtebauliche Entwicklungsmaßnahme rechtsverbindlich wird, tritt an die Stelle des besonderen Vorkaufsrechts nach § 25 I 1 Nr. 2 BauGB, für das eine städtebauliche Maßnahme lediglich generell in Betracht gezogen sein muss, das allgemeine Vorkaufsrecht des § 24 I 1 BauGB, dessen Ausübung im Einzelfall erforderlich für die Umsetzung der bereits konkretisierten Planungsabsicht sein muss.[5941]

5934 BVerwG Beschl. v. 8.9.2009 – 4 BN 38.09, BeckRS 2009, 39254.

5935 BVerwG ZfBR 2010, 376.

5936 BVerwG NVwZ 2000, 1044.

5937 Dazu OVG Berlin-Brandenburg Beschl. v. 18.5.2022 – OVG 10 N 4/21, juris Rn. 8.

5938 BVerwG ZfBR 2021, 66; NJW 1994, 3178; BauR 2010, 81 Rn. 4.

5939 BVerwG ZfBR 2021, 66 = juris Rn. 5.

5940 BVerwG Beschl. v. 30.9.2020 – 4 B 45.19, juris; BVerwG NVwZ 2000, 1044; BauR 2010, 871 Rn. 10.

5941 OVG Berlin-Brandenburg Beschl. v. 18.5.2022 – OVG 10 A 4/21, juris Rn. 20.

In § 25 I 1 Nr. 3 BauGB 2021 ist für unbebaute oder brachliegende Grundstücke im Geltungsbereich eines Bebauungsplans oder im nicht beplanten Innenbereich (§ 34 BauGB) ein neues Satzungsvorkaufsrecht in Gemeinden mit angespannten Wohnungsmärkten (§ 201a BauGB) eingeführt worden. Ein Grundstück gilt dabei auch dann als unbebaut, wenn es lediglich mit einer Einfriedigung oder zu erkennbar vorläufigen Zwecken bebaut ist. Das Vorkaufsrecht erlischt mit dem Ende der Geltungsdauer der neu eingeführten Rechtsverordnung nach § 201a BauGB. **2714**

Das Satzungsvorkaufsrecht nach § 25 BauGB ist deswegen ein besonderes Vorkaufsrecht, weil es der Gemeinde im Gegensatz zum allgemeinen Vorkaufsrecht des § 24 BauGB nicht bereits bei Vorliegen der Tatbestände von Gesetzes wegen zusteht, sondern erst durch **gemeindliche Satzung** begründet werden muss. Erlässt die Gemeinde eine solche Satzung nicht oder ist die Satzung unwirksam, so besteht das besondere Vorkaufsrecht des § 25 BauGB nicht. **2715**

Das **Satzungsrecht im Geltungsbereich eines Bebauungsplans** ist auf unbebaute Grundstücke beschränkt. Es muss durch eine Vorkaufssatzung begründet werden, die allerdings weder genehmigungs- noch anzeigepflichtig ist. **2716**

Das **Satzungsvorkaufsrecht** des § 25 I 1 Nr. 2 BauGB bezieht sich auf Flächen in Gebieten, in denen die Gemeinde städtebauliche Maßnahmen in Betracht zieht. Voraussetzung des besonderen Vorkaufsrechts ist allerdings der Erlass einer entsprechenden Satzung.[5942] Der Begriff der städtebaulichen Maßnahmen ist weit gefasst und geht über den engeren sanierungsrechtlichen Bereich hinaus. Städtebauliche Maßnahmen können etwa auch in der Erschließung eines neuen Baugebietes, in der Sicherung und Verbesserung des Wohnumfeldes oder in Verbesserungen der Stadtstruktur bestehen.[5943] Es muss sich dabei aber um konkrete städtebauliche Absichten und Maßnahmen handeln. Zu einer allgemeinen Bodenvorratspolitik lässt sich das besondere Vorkaufsrecht nicht einsetzen. Das Vorkaufsrecht besteht erst mit dem Erlass der Satzung und kann nicht rückwirkend auch für Verträge begründet werden, die bereits vor Inkrafttreten der Satzung abgeschlossen worden sind. Denn ohne die nach § 25 I 1 BauGB vorgeschriebene Satzung fehlt es an der gesetzlichen Grundlage, deren die Gemeinde bedarf, um in das Privatrechtsverhältnis eingreifen zu dürfen, das durch den Kaufvertrag zwischen dem Grundstückseigentümer und einem Dritten geschaffen wird.[5944] **2717**

Im Übrigen entsprechen die **Voraussetzungen für die Ausübung** des besonderen Vorkaufsrechts nach § 25 BauGB weitgehend denen für die Ausübung des allgemeinen Vorkaufsrechts nach § 24 BauGB. Beide Vorkaufsrechte müssen aus verfassungsrechtlichen Gründen durch Gemeinwohlgründe legitimiert sein. Dabei gilt allgemein, dass die Ausübung des Vorkaufsrechts gerechtfertigt sein kann, wenn im Hinblick auf bestimmte gemeindliche Aufgaben überwiegende Vorteile für die Allgemeinheit angestrebt werden. Als überwiegender Vorteil für die Allgemeinheit kann es ausreichen, dass die Gemeinde konkrete Planungsabsichten hat und das Vorkaufsrecht ausübt, um das Grundstück einer Wohnnutzung zuzuführen. Ein weiterer Ausübungsfall kann vorliegen, wenn die Gemeinde das Grundstück als Tauschland benötigt, um an anderer Stelle ein Grundstück einer neuen Nutzung zuzuführen, die zum Wohl der Allgemeinheit gerechtfertigt ist. Diese Voraussetzung muss auch bei der Ausübung des Vorkaufsrechts zugunsten Dritter vorliegen. Die Gemeinwohlbezogenheit kann sich auch aus der Zielgruppe ergeben, zugunsten derer das Vorkaufsrecht ausgeübt wird wie etwa zugunsten des sozialen Wohnungsbaus, von Personengruppen mit besonderem Wohnbedarf, zugunsten öffentlicher Bedarfs- oder Erschließungsträger sowie Sanierungs- oder Entwicklungsträger. Wird ein unbebautes Grundstück in einem Gebiet, für das die Gemeinde die Aufstellung eines Bebauungsplans beschlossen hat und in dem sie städtebauliche Maßnahmen in Betracht zieht, entsprechend den gemeindlichen Planungsvorstellungen genutzt, so wird die Ausübung des Vorkaufsrechts nach § 25 I 1 Nr. 2 BauGB auch dann nicht durch das Wohl der Allgemeinheit gerechtfertigt, wenn der Erwerber Nutzungsänderungsabsichten geäußert hat.[5945] Denn die Gemeinde hat es in der Hand, ihre Planungsvorstellungen in derartigen Fällen durch eine Veränderungssperre oder eine Zurückstellung von Bauvorhaben zu sichern. Zudem bringt der Gesetzgeber in § 26 BauGB zum Ausdruck, dass es des Einsatzes der Vorkaufsrechte nicht bedarf, wenn ein Grundstück im Einklang mit den städtebaulichen Zielvorstellungen der Gemeinde bebaut ist und genutzt wird. Diese Überlegung gilt nicht nur für bebaute Grundstücke, son- **2718**

[5942] BVerwG NVwZ 1994, 284.
[5943] Reidt in BKL, BauGB, 2022, § 25 Rn. 5.
[5944] BVerwG DVBl. 1994, 871.
[5945] BVerwG NVwZ 1994, 284.

dern ist auch auf unbebaute Grundstücke anwendbar.[5946] Die Ausübung auch des Satzungsvorkaufsrechts setzt daher entsprechende städtebauliche Gründe und besondere städtebauliche Zwecke iS des § 25 I BauGB voraus.[5947] Die Gemeinde hat dies bei der Ausübung des Vorkaufsrechts im Einzelnen darzulegen, soweit ihr dies bereits möglich ist (§ 25 II 2 BauGB).[5948]

Hinweis: Die Einschränkung auf die bestehende Möglichkeit der Darlegung städtebaulicher Gründe darf allerdings nicht als „Freifahrtschein" für die Gemeinde fehlinterpretiert werden. Soweit die städtebaulichen Gründe bereits erkennbar sind, müssen sie bei der Ausübung des Vorkaufsrechts dargelegt werden. Sind solche Gründe noch nicht erkennbar, wird es der Gemeinde regelmäßig schwerfallen, die Ausübung des Vorkaufsrechts zu begründen.

2719 Auch die öffentliche Hand kann als Käufer eines Grundstücks einen Bescheid über die Ausübung des gemeindlichen Vorkaufsrechts anfechten. Eine auf Grund des § 25 I 1 Nr. 2 BauGB erlassene Vorkaufssatzung ist rechtswidrig, wenn es eines gemeindlichen Grunderwerbs an den in den Geltungsbereich der Satzung einbezogenen Flächen nicht bedarf, um die mit der Bauleitplanung beabsichtigte städtebauliche Entwicklung in der Weise zu sichern, dass die künftige Umsetzung der planerischen Ziele zumindest erleichtert wird.[5949] Der Geltungsbereich einer Satzung, mit der ein besonderes Vorkaufsrecht nach § 25 I 1 Nr. 2 BauGB begründet wird, darf allerdings nicht über das Gebiet hinausgehen, in dem die Gemeinde städtebauliche Maßnahmen in Betracht zieht.[5950]

3. Ausübung des Vorkaufsrechts zugunsten Dritter (§ 27 a BauGB)

2720 Die Gemeinde kann das Vorkaufsrecht nach Maßgabe des § 27 a BauGB zugunsten Dritter ausüben. Nach § 27 a I BauGB kann die Gemeinde (1) ihr Vorkaufsrecht zugunsten eines Dritten ausüben, wenn der Dritte zu der mit der Ausübung des Vorkaufsrechts bezweckten Verwendung des Grundstücks innerhalb angemessener Frist in der Lage und sich hierzu verpflichtet, oder (2) das Vorkaufsrecht zugunsten eines öffentlichen Bedarfs- oder Erschießungsträgers (§ 24 I 1 Nr. 1 BauGB) oder eines Sanierungs- oder Entwicklungsträgers (§ 24 I 1 Nr. 3 BauGB) erfolgen soll. Die Frist, innerhalb derer das Grundstück für die öffentliche Zwecksetzung zu verwenden ist, muss in den Fällen des § 27 a I Nr. 1 BauGB von der Gemeinde bezeichnet werden. Mit der Ausübung des Vorkaufsrechts durch die Gemeinde kommt der Vertrag zwischen dem Begünstigten und dem Verkäufer zu Stande. Kommt es nicht innerhalb der bestimmten Zeit zu einer entsprechenden Verwendung des Grundstücks, soll die Gemeinde in anderer Weise eine zweckentsprechende Verwendung des Grundstücks sicherstellen. Der in § 27 a III BauGB verwendete Begriff der „Baumaßnahme" ist dabei entsprechend der weiten Definition des § 148 II BauGB zu verstehen und umfasst damit ua die Durchführung von auf den Baugrundstücken festgesetzten Ausgleichsmaßnahmen für Eingriffe in Natur und Landschaft. Das Vorkaufsrecht kann nach § 28 III BauGB preislimitiert ausgeübt werden. Außer in den Fällen, in denen sich die Bemessung der Entschädigung zwingend nach den Vorschriften des Enteignungsrechts bestimmt (§§ 24 I 1 Nr. 1, 28 IV BauGB), soll die Gemeinde generell die Möglichkeit haben, die Entschädigung nach dem Verkehrswert des Grundstücks zu berechnen. Hierdurch wird eine Regelung in § 28 III BauGB überführt, wie sie zugunsten des Wohnungsbaus in dem zum 1.1.1998 außer Kraft getretenen § 3 III BauGB-MaßnG enthalten war. Der zu zahlende Entschädigungsbetrag bemisst sich nach dem Verkehrswert des Grundstücks zum Zeitpunkt des Verkaufsfalles, wenn der vereinbarte Kaufpreis den Verkehrswert in einer dem Rechtsverkehr erkennbaren Weise deutlich übersteigt. Der Gemeinde wird dabei eine Wahlmöglichkeit eingeräumt, auf der Grundlage des Verkehrswertes zu entschädigen oder den im Kaufvertrag vereinbarten Kaufpreis zu zahlen. Entscheidet sich die Gemeinde dazu, auf der Grundlage des Verkehrswertes zu entschädigen, steht dem Verkäufer allerdings ein nicht auszuschließendes **Rücktrittsrecht** zu.

[5946] Lemmel in Berliner Kommentar zum BauGB, 2023, § 26 Rn. 9; W. Schrödter in Schrödter, BauGB, 2019, § 26 Rn. 12.

[5947] Zu den Anforderungen an eine ein Bahngelände erfassende Vorkaufsrechtssatzung gemäß § 25 I 1 Nr. 2 BauGB VGH München BauR 2010, 1734.

[5948] Der Streitwert richtet sich grundsätzlich nach dem zwischen Verkäufer und Käufer vereinbarten Kaufpreis, so VGH München BayVBl. 1999, 669.

[5949] BVerwG NVwZ 2000, 1044.

[5950] OVG Koblenz Urt. v. 4.3.2003 – 8 A 10154/03, BeckRS 2003, 1827.

2721 Die Ausübung des gesetzlichen Vorkaufsrechts der Gemeinde zugunsten Dritter nach § 27 a BauGB wurde durch die **Städtebaurechts-Novelle 2013** erweitert. Die Beschränkung der Befugnis zur Ausübung des Vorkaufsrechts zugunsten Dritter auf Fälle der sozialen Wohnraumförderung oder der Wohnbebauung für Personengruppen mit besonderem Wohnbedarf ist entfallen.

4. Ausschluss des Vorkaufsrechts gem. § 26 BauGB

2722 Das allgemeine und das besondere Vorkaufsrecht dienen der Erreichung städtebaulicher Ziele. Sind die Grundstücke für einen anderen überwiegend öffentlichen Zweck vorgesehen, besteht das gemeindliche Vorkaufsrecht nicht. Auch soll nach § 26 BauGB der Eigentumsschutz dann den Vorrang haben, wenn die Veräußerung an den Ehegatten oder einen nahen Verwandten (Verwandtenprivileg) erfolgt oder durch den Erwerb eines öffentlichen Bedarfsträgers eine zweckentsprechende Verwendung des Grundstücks gewährleistet ist.

2723 Nach § 26 BauGB ist die **Ausübung** des allgemeinen oder des besonderen gemeindlichen Vorkaufsrechts daher **ausgeschlossen**, wenn
- der Eigentümer das Grundstück an seinen Ehegatten oder an einen anderen nahen Angehörigen veräußert **(Verwandtenprivileg)**,
- das Grundstück von einem öffentlichen Bedarfsträger für bestimmte öffentliche Zwecke oder von Kirchen oder Religionsgesellschaften des öffentlichen Rechts für ihre Zwecke gekauft wird,
- auf dem Grundstück Vorhaben errichtet werden sollen, für die ein in § 38 BauGB genanntes Verfahren eingeleitet oder durchgeführt worden ist oder
- das Grundstück entsprechend den Festsetzungen des Bebauungsplans oder entsprechend den das Vorkaufsrecht begründenden städtebaulichen Zielen und Zwecken bebaut und genutzt wird und auch keine städtebaulichen Missstände oder Mängel iS des § 177 II, III 1 BauGB vorliegen.[5951]

2724 Der Begriff der **Kirchen oder Religionsgemeinschaften** umfasst die nach dem jeweiligen Landesrecht anerkennungsfähigen religiösen Gemeinschaften.[5952] Die Zwecke des Gottesdienstes und der Seelsorge sind herkömmlich weit zu verstehen. Auch eine religiös motivierte Jugend- und Sozialarbeit kann nicht als von vornherein ausgeschlossen gelten. Diese Zwecke müssen sich allerdings bereits aus dem Kaufvertrag oder aus anderen Umständen ergeben. Ggf. hat die Gemeinde die jeweiligen Zwecke zu ermitteln.[5953] Dabei ist auf den Zeitpunkt des Abschlusses des Kaufvertrages abzustellen.

2725 Das Vorkaufsrecht nach den §§ 24 ff. BauGB regelt allerdings nicht, wie sich die Gemeinde dagegen sichert, dass zunächst bestehende Gründe, die der Ausübung des Vorkaufsrechts entgegenstanden, auch später noch gegeben sind. Die Gemeinden werden daher vielfach bemüht sein, Anwendungsvereinbarungen in vertraglicher Form über § 27 BauGB hinausgehend zu treffen. Scheitern derartige Bemühungen, kann dies für die Frage bedeutsam sein, ob die Gemeinde über die Ausübung des Vorkaufsrechts ermessensfehlerhaft entschieden hat. Dabei kann bedeutsam sein, aus welchen Gründen der Käufer nicht bereit war, der Gemeinde entsprechend zumutbare Sicherheiten einzuräumen oder anderweitig durchsetzungsfähige Zusicherungen zu geben.[5954]

5. Abwendung des Vorkaufsrechts gem. § 27 BauGB

2726 Die Ausübung des gemeindlichen Vorkaufsrechts ist im Hinblick auf die verfassungsrechtlich erforderliche Rechtfertigung kein Selbstzweck, sondern dient der Verwirklichung städtebaulicher Zwecke. Der Käufer soll daher das allgemeine wie das besondere Vorkaufsrecht abwenden können, wenn der die Ausübung rechtfertigende Zweck auch durch den Käufer selbst verwirklicht werden kann und dies ausreichend gesichert ist. Nach § 27 I BauGB kann daher der Käufer die Ausübung des Vorkaufsrechts abwenden, wenn die Verwendung des Grundstücks nach den baurechtlichen Vorschriften oder städtebaulichen Zielen bestimmt oder mit hinreichender Sicherheit bestimmbar ist, der Käufer in der Lage ist, das Grundstück binnen ange-

[5951] Siehe dazu BVerwG NVwZ 2022, 75.
[5952] Art. 4 I, II, Art. 140 GG, Art. 137 WRV.
[5953] BVerwG NVwZ 1994, 282.
[5954] BVerwG NVwZ 1994, 282.

messener Frist entsprechend zu nutzen und er sich vor Ablauf der Zweimonatsfrist für die Ausübung des Vorkaufsrechts (§ 28 II BauGB) hierzu verpflichtet. Bei bestehenden städtebaulichen Missständen oder Mängeln kann der Käufer die Ausübung des Vorkaufsrechts durch deren Beseitigung innerhalb angemessener Frist sowie durch eine entsprechende Verpflichtungserklärung abwenden. Zur Abwendung des Vorkaufsrechts nach § 27 I BauGB reicht grundsätzlich eine einseitige Verpflichtungserklärung. Diese muss allerdings nach Form und Inhalt die den Vorstellungen der Gemeinde entsprechende Nutzung gewährleisten und ggf. auch eine grundbuchliche Sicherung zulassen.[5955] Die Abwendungsmöglichkeit des § 27 I BauGB besteht allerdings nicht bei Flächen, die im Bebauungsplan für einen öffentlichen Zweck ausgewiesen sind, oder in einem Umlegungsgebiet, wenn das Grundstück für Zwecke der Umlegung benötigt wird (§ 27 II BauGB). Die Regelung will sicherstellen, dass die Verwirklichung des öffentlichen Zwecks auch durch die öffentliche Hand gewährleistet wird. An die Nachweispflichten und Verpflichtungserklärungen sind entsprechende Anforderungen zu stellen.[5956]

6. Verfahren und Entschädigung

2727 Entschädigung und Verfahren für die Ausübung des gemeindlichen Vorkaufsrechts sind in § 28 BauGB geregelt. Das Vorkaufsrecht wird durch die Gemeinde innerhalb von zwei Monaten nach Mitteilung des Kaufvertrages durch Verwaltungsakt gegenüber dem Verkäufer ausgeübt (§ 28 II 1 BauGB). Die Zwei-Monatsfrist des § 28 II 1 BauGB beginnt erst mit Eintritt des Vorkaufsfalles, also mit Rechtswirksamkeit des Kaufvertrages zu laufen.[5957] Der Verwaltungsakt wird durch das für die Außenvertretung der Gemeinde zuständige Organ erlassen. Ob dazu ein Gemeinderatsbeschluss erforderlich ist, bestimmt das jeweilige Landesrecht. Vor seinem Erlass bedarf es nach § 28 II VwVfG einer **Anhörung** der Beteiligten. Ist für die Entscheidung über die Ausübung eines gemeindlichen Vorkaufsrechts der **Gemeinderat** zuständig, kann nur dieser den Mangel einer fehlenden Anhörung heilen. Gleiches gilt für die Betätigung des der Gemeinde eingeräumten Ermessens. Hierzu bedarf es regelmäßig eines Ratsbeschlusses.[5958] Im Anwendungsbereich des § 28 II BauGB kann die Gemeinde durch Verwaltungsakt zwar das Vorkaufsrecht ausüben; die Vorschrift berechtigt die Gemeinde jedoch nicht, den **Kaufpreis** durch Verwaltungsakt festzusetzen.[5959] Übt die Gemeinde ein Vorkaufsrecht gemäß § 28 II BauGB aus, richten sich die Rechtswirkungen grundsätzlich nach zivilrechtlichen Vorschriften. Der Kauf zwischen der Gemeinde und dem Verkäufer kommt unter den Bestimmungen zustande, die der Verkäufer mit dem Dritten vereinbart hat (§ 28 II 2 BauGB iVm § 464 II BGB). Die Gemeinde hat daher den im Kaufvertrag vereinbarten Kaufpreis zu bezahlen (§ 433 II BGB). Eine hoheitliche Bestimmung des Kaufpreises durch Verwaltungsakt ist weder erforderlich noch in § 28 II BauGB vorgesehen. Für Streitigkeiten über die Ausübung des Vorkaufsrechts ist der Verwaltungsrechtsweg eröffnet.[5960]

2728 Weil mit ihrer rechtsgestaltenden Wirkung untrennbar eine kaufvertragliche Verpflichtungserklärung verbunden ist, muss die Erklärung über die Ausübung des Vorkaufsrechts grundsätzlich den kommunalrechtlichen Anforderungen genügen. Enthält der Bescheid über die Ausübung eines Vorkaufsrechts nur die Unterschrift des Bürgermeisters, bleibt ein darin liegender Verstoß gegen das Kommunalrecht unbeachtlich, wenn sie von einer vom zuständigen Entscheidungsorgan der Gemeinde herbeigeführten Beschlusslage vollinhaltlich gedeckt ist.[5961] Das Grundbuchamt darf bei Kaufverträgen den Käufer als Eigentümer in das Grundbuch nur eintragen, wenn ihm die Nichtausübung oder das Nichtbestehen des Vorkaufsrechts nachgewiesen ist. Besteht ein Vorkaufsrecht nicht oder wird es nicht ausgeübt, hat die Gemeinde auf Antrag eines Beteiligten unverzüglich ein Zeugnis auszustellen. Das Zeugnis gilt als Verzicht auf die Ausübung des Vorkaufsrechts (§ 28 I BauGB). Das Vorkaufsrecht kann nach § 28 II BauGB nur innerhalb von zwei Monaten nach Mitteilung des Kaufvertrages durch Verwaltungsakt gegenüber dem Verkäufer ausgeübt werden. Die zivilrechtlichen Vorschriften der §§ 504 ff. BGB sind

---

[5955] OVG Münster DVBl. 2010, 1121.

[5956] Reidt in BKL, BauGB, 2022, § 27 Rn. 3.

[5957] BVerwG NVwZ 2020, 1685.

[5958] OVG Koblenz NVwZ-RR 2023, 703 = juris Rn. 38.

[5959] BVerwG Urt. v. 9.11.2023 – 4 C 2/22, juris Rn. 9; BVerwGE 141, 243 Rn. 14; BVerwGE 158, 364 Rn. 15; BVerwGE 168, 86 Rn. 20.

[5960] BVerwG Urt. v. 9.11.2023 – 4 C 2/22, juris Rn. 11.

[5961] OVG Münster DVBl. 2010, 1121.

anzuwenden. Ist die Zweimonatsfrist zur wirksamen Ausübung des Vorkaufsrechts abgelaufen, so hat die Gemeinde ein Negativattest zu erteilen. Erteilt die Gemeinde trotz abgelaufener Frist für die Ausübung des Vorkaufsrechts kein Negativattest, stellt dies eine Amtspflichtverletzung dar. Die Verpflichtung zur alsbaldigen Erteilung eines Negativattestes dient allerdings nicht dem Schutz des Käufers vor einer Zahlung trotz des Fehlens des Attestes.[5962] Nicht wertsteigernde Aufwendungen des Eigentümers auf sein Grundstück sind bei der Bemessung der Entschädigung, die die Gemeinde bei Ausübung ihres gesetzlichen Vorkaufsrechts zu zahlen hat, nicht zu berücksichtigen.[5963] § 28 II 2 BauGB verweist ua auf § 463 BGB, der die Voraussetzungen für die Ausübung des Vorkaufsrechts im Privatrecht regelt. In der Rechtsprechung zu § 463 BGB ist geklärt, dass das Entstehen des Rechts zur Ausübung des Vorkaufsrechts an das Zustandekommen eines rechtswirksamen Kaufvertrages geknüpft ist. Das ist erst dann der Fall, wenn auch die für die Wirksamkeit des Vertrages erforderlichen Genehmigungen erteilt sind.[5964] Die Zwei-Monatsfrist des § 469 II 1 BGB beginnt daher erst mit der Wirksamkeit des Kaufvertrages.[5965]

7. Preislimitiertes Vorkaufsrecht

Abweichend von § 28 II 2 BauGB kann die Gemeinde nach § 28 III 1 BauGB den zu zahlenden Betrag nach dem Verkehrswert des Grundstücks (§ 194 BauGB) im Zeitpunkt des Kaufes bestimmen, wenn der vereinbarte Kaufpreis den Verkehrswert überschreitet. In diesem Falle ist der Verkäufer berechtigt, bis zum Ablauf eines Monats nach Unanfechtbarkeit des Verwaltungsakts über die Ausübung des Vorkaufsrechts vom Vertrag zurückzutreten. Auf das Rücktrittsrecht sind die §§ 346 bis 349 und 351 BGB entsprechend anzuwenden. Tritt der Verkäufer vom Vertrag zurück, trägt die Gemeinde die Kosten des Vertrags auf der Grundlage des Verkehrswerts. Tritt der Verkäufer vom Vertrag nicht zurück, erlischt nach Ablauf der Rücktrittsfrist die Pflicht des Verkäufers aus dem Kaufvertrag, der Gemeinde das Eigentum an dem Grundstück zu übertragen. In diesem Falle geht das Eigentum an dem Grundstück auf die Gemeinde über, wenn auf Ersuchen der Gemeinde der Übergang des Eigentums in das Grundbuch eingetragen ist. Führt die Gemeinde das Grundstück nicht innerhalb einer angemessenen Frist dem mit der Ausübung des Vorkaufsrechts verfolgten Zweck zu, hat sie dem Verkäufer einen Betrag in Höhe des Unterschieds zwischen dem vereinbarten Kaufpreis und dem Verkehrswert zu zahlen. § 44 III 2 und 3, § 43 II 1 sowie die §§ 121 und 122 BauGB sind entsprechend anzuwenden (§ 28 III BauGB). 2729

In den Fällen des § 24 I 1 Nr. 1 BauGB bestimmt nach § 28 IV 1 BauGB die Gemeinde den zu zahlenden Betrag nach den §§ 93 bis 103 BauGB, wenn der Erwerb des Grundstücks für die Durchführung des Bebauungsplans erforderlich ist und es nach dem festgesetzten Verwendungszweck enteignet werden könnte. Mit der Unanfechtbarkeit des Bescheids über die Ausübung des Vorkaufsrechts erlischt die Pflicht des Verkäufers aus dem Kaufvertrag, der Gemeinde das Eigentum an dem Grundstück zu übertragen. In diesem Falle geht das Eigentum an dem Grundstück auf die Gemeinde über, wenn auf Ersuchen der Gemeinde der Übergang des Eigentums in das Grundbuch eingetragen ist. Nach § 217 I S. 1 und 4 BauGB entscheidet über Anträge auf gerichtliche Entscheidung, mit denen Verwaltungsakte gemäß § 28 IV BauGB angefochten werden, das Landgericht, Kammer für Baulandsachen. Dabei setzt die Annahme eines von dieser Rechtswegzuweisung erfassten Vorkaufsrechts zum Entschädigungswert gemäß § 28 IV 1 BauGB voraus, dass die Gemeinde bei der Ausübung des Vorkaufsrechts einen auf die Anwendung des § 28 IV BauGB bezogenen Regelungswillen hat und dies auch im objektiven Erklärungsgehalt des Bescheids (ggf. in Zusammenhang mit weiteren Umständen) zum Ausdruck kommt. Demgegenüber liegt jedenfalls dann, wenn es objektiv offensichtlich an einem Regelungswillen der Gemeinde fehlt und dieser Umstand ohne weiteres auf der Hand liegt, kein die Zuständigkeit der Baulandgerichte begründender Verwaltungsakt nach § 28 IV 2730

5962 OLG Naumburg Urt. v. 28.7.1998 – 12 U 24/98, BeckRS 1998, 31024236.

5963 BGHZ 174, 25 zu nicht wertsteigernden Aufwendungen bei der Entschädigungsbemessung.

5964 BGH NJW 2010, 3774 Rn. 20; OLG Hamm Urt. v. 18.12.2017 – 22 U 19/16, juris Rn. 31.

5965 BVerwG NVwZ 2020, 1685; Stock in EZBK, BauGB, § 28 Rn. 27; Grziwotz in Spannowsky/Uechtritz, BeckOK BauGB, 2023, § 28 Rn. 22; Kronisch in Brügelmann, BauGB, § 28 Rn. 40; Jarass/Kment, BauGB, 2022, § 28 Rn. 2; Spieß in Jäde/Dirnberger, BauGB, 2022, § 28 Rn. 12 iVm Rn. 2; Reidt in BKL, BauGB, 2022, § 28 Rn. 2; Paetow in Berliner Kommentar zum BauGB, 2023, § 28 Rn. 10; Köster in Schrödter, BauGB, 2019, § 28 Rn. 8; Wirsig/Beathalter VBlBW 2019, 309 (313).

BauGB, sondern ein die Zuständigkeit der Verwaltungsgerichte begründender Verwaltungsakt nach § 28 II BauGB (Ausübung des Vorkaufsrechts zum zwischen Grundstücksverkäufer und -käufer vereinbarten Kaufpreis) vor.[5966]

2731 Das Vorkaufsrecht kann innerhalb von drei Monaten (§ 28 II 1 BauGB) zu dem auf den Verkehrswert limitierten Preis im Wege eines privatrechtsgestaltenden Verwaltungsakts ausgeübt werden,[5967] auch wenn der vereinbarte Kaufpreis den Verkehrswert nicht in einer den Rechtsverkehr deutlich erkennbaren Weise deutlich überschreitet (§ 28 III 1 BauGB 2021).[5968] Die Frist zur Ausübung des Vorkaufsrechts nach § 28 II 1 BauGB beginnt erst zu laufen, wenn der Gemeinde alle Wirksamkeitsvoraussetzungen, insbesondere auch die Erteilung der erforderlichen sanierungsrechtlichen Genehmigung oder der Eintritt der Genehmigungsfiktion, durch den Verkäufer oder Käufer mitgeteilt worden sind.[5969] Außer in den Fällen, in denen sich die Bemessung der Entschädigung zwingend nach den Vorschriften des Enteignungsrechts bestimmt (§§ 24 I 1 Nr. 1, 28 IV BauGB), soll die Gemeinde generell die Möglichkeit haben, die Entschädigung nach dem Verkehrswert des Grundstücks zu berechnen. Der zu zahlende Entschädigungsbetrag bemisst sich nach dem Verkehrswert des Grundstücks zum Zeitpunkt des Verkaufsfalles, wenn der vereinbarte Kaufpreis den Verkehrswert in einer dem Rechtsverkehr erkennbaren Weise deutlich übersteigt. Der Gemeinde wird dabei eine Wahlmöglichkeit eingeräumt, auf der Grundlage des Verkehrswertes zu entschädigen oder den im Kaufvertrag vereinbarten Kaufpreis zu zahlen. Entscheidet sich die Gemeinde dazu, auf der Grundlage des Verkehrswertes zu entschädigen, steht dem Verkäufer allerdings ein nicht auszuschließendes **Rücktrittsrecht** zu.

2732 Die Vorkaufsrechte haben allerdings in der **städtebaulichen Praxis** eine im Einzelfall allenfalls unterstützende Bedeutung, die aber gegenüber einer kommunalen Liegenschaftspolitik in aller Regel eher marginal sind. Zudem setzt die Ausübung eines Vorkaufsrechts entsprechende **Finanzmittel** voraus, die in Zeiten zusätzlich durch die Corona-Pandemie geschwächter Kassen kaum verfügbar sind. Zudem schließt das in aller Regel die Bereitschaft der Gemeinde voraus, auch steigende Preise auf dem Grundstücksmarkt zu akzeptieren. Soll das Vorkaufsrecht mit einem auf den Verkehrswert limitierten Kaufpreis ausgeübt werden, hat der Verkäufer allerdings nach wie vor ein **Rücktrittsrecht** (§ 28 III BauGB).[5970]

2733 Das **Wahlrecht** einer **Preislimitierung** nach § 28 III BauGB tritt dann ein, wenn der vereinbarte Kaufpreis deutlich über dem auf dem Grundstücksmarkt erzielbaren Preis liegt.[5971] Die Regelung geht im Kern auf § 28 a BBauG 1976 zurück, der bereits ein preislimitiertes Vorkaufsrecht vorsah. Die Preisüberschreitung muss allerdings deutlich sein. Denn die Bestimmung des exakten Verkehrswertes eines Grundstücks wird kaum möglich sein. Die sich daraus ergebenden Risiken dürfen nicht den Vertragsparteien angelastet werden. Ebenso wie in den Fällen des § 28 a III BBauG 1976 ist der Verkäufer allerdings berechtigt, bis zum Ablauf eines Monats nach Unanfechtbarkeit des Verwaltungsakts über die Ausübung des gemeindlichen Vorkaufsrechts von dem Vertrag zurückzutreten. Tritt der Verkäufer von dem Vertrag zurück, trägt die Gemeinde die Kosten des Vertrages auf der Grundlage des Verkehrswertes (§ 28 III 4 BauGB). Wie bei § 28 a BBauG 1976 hat die Gemeinde dabei ein Wahlrecht zwischen dem vertraglich vereinbarten Kaufpreis und dem Verkehrswert. Die Ausübung des Vorkaufsrechts bei Verträgen mit deutlich überhöhtem Kaufpreis ist daher für die Gemeinde mit Risiken behaftet: Der Verkäufer kann zurücktreten, was für die Gemeinde zu einer entsprechenden Belastung mit den Vertragskosten führt (§ 28 III 4 BauGB). Außerdem wird in solchen Fällen zumeist um die Höhe des Kaufpreises gestritten, was die zügige Verfahrensabwicklung zusätzlich belasten wird.[5972] Außerdem müssen entsprechende gemeindliche Finanzmittel verfügbar sein. § 28 III 6 BauGB stellt darüber hinaus durch eine Nachzahlungspflicht der Gemeinde sicher, dass das

[5966] OVG Münster Beschl. v. 15.1.2024 – 2 E 738/23, juris; siehe dazu auch VG Minden Beschl. v, 23.10.2023 – 1 K 2236/20, juris; BVerwG Urt. v. 9.11.2023 – 4 C 2/22, juris Rn. 9.

[5967] OVG Bautzen LKV 2020, 461 = juris Rn. 49; BVerwG NVwZ 2000, 1044 (1044); BVerwG Urt. v. 30.11.2009 – 4 B 52.09, BeckRS 2009, 42532 Rn. 5; Reidt in BKL, BauGB, 2022, § 28 Rn. 2; Kümper in HBG, Öffentliches Baurecht, 2024, § 10 Rn. 81.

[5968] Beschlüsse des 24. Ausschusses zum Änderungsantrag der Fraktionen der CDU/CSU und SPD, S. 31.

[5969] VGH Mannheim NVwZ-RR 2022, 128 = juris Rn. 27.

[5970] Krautzberger/Stüer UPR 2021, 262.

[5971] BVerwG NJW 1979, 2578; NJW 1982, 398.

[5972] Kümper in HBG BauGB, 2024, § 10 Rn. 82.

Grundstück dem von der Gemeinde angegebenen Verwendungszweck zugeführt wird. **Nicht wertsteigernde Aufwendungen** des Eigentümers auf sein Grundstück sind bei der Bemessung der Entschädigung, welche die Gemeinde bei Ausübung ihres gesetzlichen Vorkaufsrechts zu zahlen hat, nicht zu berücksichtigen.

Sind die Voraussetzungen mehrerer Vorkaufsrechtstatbestände gegeben, so bestehen diese 2734
Vorkaufsrechte nach den §§ **24, 25 BauGB** nebeneinander. Die Gemeinde hat danach grundsätzlich ein Wahlrecht, ob sie – bei Vorliegen der jeweiligen Voraussetzungen – von dem Vorkaufsrecht nach § 24 BauGB oder dem Satzungsvorkaufsrecht nach § 25 BauGB Gebrauch macht.

8. Rechtsschutz

Der in seinen Rechten Betroffene kann die Ausübung des Vorkaufsrechts mit **Widerspruch** 2735
und **Anfechtungsklage** anfechten. **Anfechtungsberechtigt** ist vor allem der Erwerber, der durch die Ausübung des Vorkaufsrechts seine Stellung als Käufer verliert. Wird das Vorkaufsrecht preislimitiert ausgeübt, kann der Verkäufer ohnehin vom Kaufvertrag zurücktreten. Auch die öffentliche Hand kann als Käufer eines Grundstücks einen Bescheid über die Ausübung des gemeindlichen Vorkaufsrechts anfechten.[5973] Die Ausübung des Vorkaufsrechts hat den Charakter eines privatrechtsgestaltenden Verwaltungsakts. Sie stellt sich auch gegenüber dem Käufer als belastender Verwaltungsakt dar, gegen den sich dieser mit Widerspruch und Anfechtungsklage wehren kann.[5974]

Dem Erwerber eines Restgrundstücks steht nach Art. 14 I GG kein Erstreckungs- oder 2736
Übernahmeanspruch gegen den Vorkaufsberechtigten zu, wenn das Vorkaufsrecht nur hinsichtlich einer Teilfläche des verkauften Grundstücks ausgeübt wird. Wird das Vorkaufsrecht rechtmäßig ausgeübt, so verliert der Käufer nur eine Erwerbschance. Ein Entschädigungsanspruch besteht nicht, weil ihm alle privatrechtlichen Möglichkeiten (insbesondere aus §§ 323 ff. BGB) offen stehen. Erweist sich die Restfläche für sich als weniger wertvoll und der anteilige vereinbarte Kaufpreis deshalb als überhöht, so kann der Käufer den Schaden durch Wandlung oder Minderung abwenden.[5975]

9. Teil. Planverwirklichungsinstrumente

Neben den plansichernden Instrumenten stehen der Gemeinde auch planverwirklichende 2737
Maßnahmen zur Verfügung, um auf eine Verwirklichung der Bauleitplanung hinzuwirken. Bodenordnende Maßnahmen durch Umlegung (§§ 45 bis 79 BauGB) und vereinfachte Umlegung (§§ 80 bis 84 BauGB) dienen dazu, die Grundstücksgrenzen den städtebaulichen Zielvorstellungen anzupassen, um die Umsetzung der gemeindlichen Bauleitplanung sicherzustellen. Die **Enteignung** nach den §§ 39 bis 44, 85 ff. BauGB soll die Verwirklichung der gemeindlichen Planung durch Zugriff auf privates Eigentum sicherstellen. Die **Erhaltungssatzung** nach § 172 BauGB und die **städtebaulichen Gebote** (Baugebot, Modernisierungs- und Instandsetzungsgebot, Pflanzgebot und Rückbau oder Entsiegelungsgebot, §§ 175 bis 179 BauGB) dienen der **Umsetzung städtebaulicher Zielvorstellungen**, die sich aus einem Bebauungsplan oder im nicht beplanten Innenbereich ergeben. Gemeinsam ist diesem Instrumentarium, dass es städtebauliche Planung in konkretes grundstücksbezogenes Handeln umsetzen will.

I. Bodenordnende Maßnahmen

Der Bebauungsplan setzt die Nutzung unabhängig von dem Zuschnitt der Grundstücke fest. 2738
Vielfach ist es daher erforderlich, den Grundstückszuschnitt neu zu ordnen, um ihn für die von der Gemeinde beabsichtigte bauliche Nutzung vorzubereiten. Diesem Ziel dienen die **Umlegung** (§§ 45 bis 79 BauGB) und die **vereinfachte Umlegung** (§§ 80 bis 84 BauGB).

5973 BVerwG NVwZ 2000, 1044.
5974 BVerwG BRS 74 Nr. 130 (2009).
5975 BVerwG BRS 64 (2001) Nr. 114.

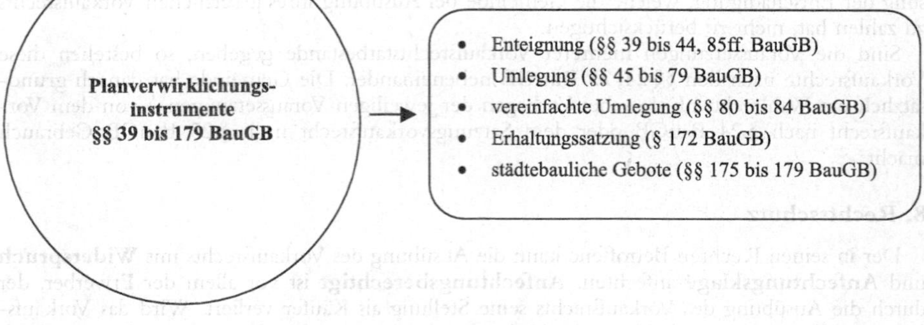

1. Umlegung

2739 Maßnahmen der Bodenordnung werden vor allem durch die Umlegung nach den §§ 45 bis 79 BauGB verwirklicht.[5976] Dabei geht es darum, den **Grundstückszuschnitt** durch Neuaufteilung der Grundstücksflächen im Interesse der besseren baulichen Nutzbarkeit der Grundstücke neu zu ordnen. Wirtschaftlich gesehen handelt es sich bei der Umlegung um ein mit gesetzlichen Zwangsmitteln durchsetzbares Grundstückstauschverfahren, das gem. § 63 BauGB von Grundsätzen der Eigentumserhaltung und der dinglichen Surrogation beherrscht wird.[5977] Die Umlegungsbeteiligten befinden sich dabei in einer **Solidargemeinschaft**, die sich daraus ergibt, dass im Umlegungsgebiet alle Grundstücke prinzipiell zur Disposition und Neuaufteilung anstehen. Neben der planmäßigen Bebauung der Grundstücke dient die Umlegung auch den privaten Grundstücksinteressen, indem bisher schlecht oder überhaupt nicht bebaute Grundstücksflächen einer plangemäßen städtebaulichen Nutzungsmöglichkeit zugeführt werden. Das öffentliche Interesse an einer planmäßigen Bebauung trifft sich dabei mit den privaten Interessen an einer besseren Verwertbarkeit der Grundstücke. Die Umlegung dient damit nicht nur dem öffentlichen Interesse, sondern zugleich auch den Individualinteressen betroffener Grundstückseigentümer. Aus dieser Sicht erfährt die Umlegung eine doppelte städtebauliche sowie privatrechtliche und damit zugleich auch verfassungsrechtliche Rechtfertigung.

2740 Nach § 45 BauGB besteht der **Zweck der Umlegung** darin, im Geltungsbereich eines Bebauungsplans oder im nicht beplanten Innenbereich zur **Erschließung** oder **Neugestaltung** bestimmter Gebiete bebaute und unbebaute Grundstücke durch Umlegung in der Weise neu zu ordnen, dass nach Lage, Form und Größe für die bauliche oder sonstige Nutzung zweckmäßig gestaltete Grundstücke entstehen. Die Zweckbestimmung richtet sich in Gebieten, in denen ein Bebauungsplan existiert, nach der objektiv gegebenen Nutzbarkeit entsprechend dem Bebauungsplan und nicht nach subjektiven Interessen einzelner Eigentümer.[5978] Die Erfüllung der sich für die Gemeinde aus § 189 BauGB ergebenden Verpflichtungen zur Verbesserung der Agrarstruktur ist allerdings grundsätzlich nicht Voraussetzung für die Rechtmäßigkeit der im Umlegungsverfahren nach den §§ 45 bis 79 BauGB von der Umlegungsstelle zu treffenden Entscheidungen.[5979]

2741 Die Umlegung setzt einen **qualifizierten oder einfachen Bebauungsplan** (§ 30 I oder III BauGB) voraus, dessen Verwirklichung sie dient. Die Einleitung des Umlegungsverfahrens kann auch bereits dann erfolgen, wenn der Bebauungsplan noch nicht rechtsverbindlich ist (§ 47 II BauGB), jedoch durch einen Aufstellungsbeschluss eingeleitet worden ist. Dabei können der Beschluss zur Aufstellung eines Bebauungsplans mit der Anordnung der Umlegung in einem Ratsbeschluss zeitlich zusammengefasst werden. Wegen der engen Verknüpfung mit der Bauleitplanung ist es allerdings erforderlich, dass der Umlegungsplan im Ergebnis auf einem rechtsverbindlichen Bebauungsplan beruht, nicht jedoch, dass der Beschluss zur Aufstellung eines Bebauungsplans wirksam gefasst und bekannt gemacht ist. Die Umlegung kann bereits

[5976] Zum Umlegungsverfahren Waldmann UPR 2022, 286; Fabian UPR 2019, 290; Scheidler KommJur 2018, 281; Birk VBLBW 2018, 1; Scheidler BauR 2017, 629.

[5977] Schieferdecker in HBG, Öffentliches Baurecht, 2024, § 11 Rn. 4.

[5978] BGHZ 66, 322 (332); Schieferdecker in HBG, Öffentliches Baurecht, 2024, § 11 Rn. 2.

[5979] BGHZ 168, 346 NVwZ 2007, 118 m. Anm. Tysper ZfIR 2007, 128; zu Entschädigungsansprüchen im Rahmen der Umlegung Eggert/Otto ZfBR 2010, 117.

eingeleitet werden, wenn ein Beschluss zur Aufstellung eines Bebauungsplans gefasst worden ist. In diesem Fall muss der Bebauungsplan vor dem Beschluss über die Aufstellung des Umlegungsplans in Kraft getreten sein (§ 47 II BauGB). Es reicht daher aus, dass im Zeitpunkt der Aufstellung des Umlegungsplans nach § 66 I BauGB ein rechtswirksamer Bebauungsplan vorliegt. Auch spätere Heilungen oder Neuaufstellungsverfahren, die zu einem rechtsverbindlichen Bebauungsplan führen, sind daher als Grundlage des Umlegungsplans zu berücksichtigen. Ist der Bebauungsplan jedoch unwirksam, so kann er nicht die Grundlage für eine wirksame Umlegung bieten, sodass auch der auf dieser Grundlage aufgestellte Umlegungsplan unwirksam ist.[5980] Ist der Umlegungsplan allerdings bestandskräftig, so berührt die spätere Unwirksamkeitserklärung des Bebauungsplans die Wirksamkeit des Umlegungsplans nicht.

Eine Umlegung kann auch im **nicht beplanten Innenbereich** stattfinden (§ 45 1 Nr. 2 2742 BauGB).[5981] Voraussetzung dafür ist, dass sich aus der Eigenart der näheren Umgebung hinreichende Kriterien für die Neuordnung der Grundstücke ergeben. Als Kriterien kommen Art und Maß der baulichen Nutzung, die Bauweise und die überbaubaren Grundstücksflächen in Betracht; eine gesicherte Erschließung setzt der Gesetzgeber dafür nicht voraus.[5982]

Die Umlegung ist nach § 46 I BauGB von der Gemeinde als Umlegungsstelle in eigener 2743 Verantwortung anzuordnen und durchzuführen, wenn und sobald sie zur Verwirklichung eines Bebauungsplans oder aus Gründen einer geordneten städtebaulichen Entwicklung zur Verwirklichung der innerhalb eines im Zusammenhang bebauten Ortsteils zulässigen Nutzung erforderlich ist. Eine Umlegung, die nur dazu dient, der Gemeinde unentgeltlich Verkehrsflächen oder Grünflächen zu verschaffen, ist nach der Rechtsprechung des BGH nicht erforderlich und damit rechtswidrig.[5983] An der Erforderlichkeit der Umlegung fehlt es auch dann, wenn die angestrebte Bodenordnung auch mit milderen Mitteln, zB durch sog. freiwillige Umlegung) oder einer vereinfachten Umlegung erreicht werden kann.[5984]

Die Baulandumlegung schränkt die verfassungsrechtlich gewährleistete Verfügungsfreiheit 2744 des Eigentümers ein, sie berührt den Schutzbereich von Art. 14 I 1 GG.[5985] Sie ist eine verfassungsrechtlich zulässige Inhalts- und Schrankenbestimmung des Eigentums iS des Art. 14 I 2 GG.[5986] Die Baulandumlegung ist **keine Enteignung**. Diese setzt den Entzug konkreter Rechtspositionen voraus, aber nicht jeder Entzug ist eine Enteignung iSv Art. 14 III GG. Sie ist beschränkt auf solche Fälle, in denen Güter hoheitlich beschafft werden, mit denen ein konkretes, der Erfüllung öffentlicher Aufgaben dienendes Vorhaben durchgeführt werden soll.[5987] Ist mit dem Entzug bestehender Rechtspositionen der Ausgleich privater Interessen beabsichtigt, handelt es sich um eine Inhalts- und Schrankenbestimmung des Eigentums.[5988] Zwar erfolgt die Baulandumlegung im Rahmen eines auch öffentlichen Interessen dienenden städtebaulichen Konzepts. Sie ist aber in erster Linie auf den Ausgleich der privaten Interessen der Eigentümer gerichtet. Die Exekutive wird durch das Recht der Umlegung (§§ 45 ff. BauGB) nicht ermächtigt, den Eigentümern ihre Grundstücke zu entziehen, um sie für ein konkretes, dem Wohl der Allgemeinheit dienendes Vorhaben einzusetzen.[5989] Der die Umlegung einleitende Umlegungsbeschluss aktualisiert die gesetzlich vorgesehene Möglichkeit, die Grundstücke im Umlegungsgebiet zum Zweck ihrer plangerechten Nutzung neu zu ordnen, was zugleich im öffentlichen Interesse liegt. Die Vorschriften über die Baulandumlegung schaffen einen angemessenen, die Belange der betroffenen Grundstückseigentümer hinreichend berücksichtigenden Interessenausgleich.[5990]

5980 BGHZ 66, 322.

5981 Zur Prüfung der materiellen Voraussetzungen einer Baulandumlegung im unbeplanten Innenbereich, insbesondere zur Fortsetzung des Bebauungszusammenhangs durch Baulücke und zur, maßstabsbildenden Wirkung der Umgebungsbebauung siehe BGH ZfBR 2022, 383.

5982 BGH ZfBR 2022, 383 Rn. 42; Schieferdecker in HBG, Öffentliches Baurecht, 2024, § 11 Rn. 7.

5983 BGH ZfBR 2022, 383 Rn. 33; Schieferdecker in HBG, Öffentliches Baurecht, 2024, § 11 Rn. 8.

5984 Schieferdecker in HBG, Öffentliches Baurecht, 2024, § 11 Rn. 8.

5985 BVerfGE 102, 1; BVerwG BRS 78 Nr. 13; BGH NVwZ 2001, 233 (234); Reidt in BKL, BauGB, 2022, Vorb. §§ 45–84 Rn. 9.

5986 BVerfGE 93, 165.

5987 BVerfGE 38, 175; Schieferdecker in HBG, Öffentliches Baurecht, 2024, § 11 Rn. 5.

5988 BVerfGE 101, 239.

5989 BVerwG Beschl. v. 31.3.2011 – 4 BN 2.11, BeckRS 2011, 49979; BVerfG UPR 2001, 388.

5990 BVerfG NVwZ 2001, 1023; BVerfGE 35, 263; BGHZ 100, 148; Christ DVBl. 2002, 1517; Vahle DVP 2002, 41; Winkler JA 2002, 197; Maurer-Appel NordÖR 2002, 50; Haas NVwZ 2002, 272; Uechtritz ZfIR 2001, 722.

Umlegungsverfahren Beschluss der Gemeinde zur Durchführung des Umlegungsverfahrens Voraussetzungen: Bebauungsplan oder nicht beplanter Innenbereich (§ 45 BauGB) Rechtswirkungen gesetzliches Vorkaufsrecht, Verfügungs- und Veränderungssperre und Umlegungsvermerk im Grundbuch (§§ 24, 51, 54 BauGB)
Umlegungsstelle (§ 46 I BauGB)
Einleitung der Umlegung mit Angabe des Umlegungsgebietes und der betroffenen Grundstücke (§ 47 BauGB) ortsübliche Bekanntmachung
Bestandskarte und Bestandsverzeichnis der Umlegungsstelle (§ 53 BauGB) ortsübliche Bekanntmachung (§ 53 I BauGB)
Öffentliche Auslegung von Bestandskarte und Bestandsverzeichnis für einen Monat (§ 53 II BauGB)
Verteilungsmaßstab (Wertumlegung oder Flächenumlegung) (§§ 57, 58 BauGB)
Erörterung der Neuzuteilung mit den Eigentümern (§ 66 I BauGB)
Umlegungsplan (§ 66 I BauGB)
Beschluss über Umlegungskarte und Umlegungsgebiet (§ 66 I BauGB) mit öffentlicher Bekanntmachung (§ 69 BauGB) und Zustellung an die Beteiligten (§ 70 BauGB) ortsübliche Bekanntmachung der Unanfechtbarkeit des Umlegungsplans (§ 71 I BauGB)
Inkrafttreten des Umlegungsplans kein gesetzliches Vorkaufsrechts, Aufhebung der Verfügungs- und Veränderungssperre, Löschen des Umlegungsvermerks im Grundbuch
Vollzug des Umlegungsplans finanzielle Abwicklung (§§ 64, 65 BauGB) Einweisung der neuen Eigentümer in den Besitz der zugeteilten Grundstücke (§ 74 BauGB) Berichtigung des Grundbuchs und des Liegenschaftskatasters (§ 74 BauGB).

2745 Es ist mit dem **allgemeinen Gleichheitssatz** vereinbar, dass der Erwerb von Grundeigentum anlässlich einer **amtlichen Umlegung** nach den §§ 45 ff. BauGB von der Grunderwerbsteuer ausgenommen, der Übergang von Grundeigentum im Rahmen einer **freiwilligen Baulandumlegung** hingegen grunderwerbsteuerpflichtig ist. Aus dem allgemeinen Gleichheitssatz ergeben sich je nach Regelungsgegenstand und Differenzierungsmerkmalen unterschiedliche Grenzen für eine ungleich wirkende gesetzliche Regelung.[5991] Eine strengere Bindung des Gesetzgebers kann sich ergeben, wenn Freiheitsrechte betroffen sind, wenn der Einzelne über die Differenzierungsmerkmale nicht verfügen kann oder wenn diese Merkmale sich jenen des Art. 3 III GG annähern.[5992] Die Ungleichbehandlung der freiwilligen Baulandumlegung einerseits und der amtlichen Umlegung (§§ 45 ff BauGB) andererseits in grundsteuerrechtlicher Hinsicht ist nicht an einem strengen Prüfungsmaßstab zu messen, da die Teilnahme an einer freiwilligen Umlegung für den Steuerschuldner verfügbar ist. Die Besteuerung entfaltet in diesem Fall zudem weder freiheitseinschränkende Wirkung, noch weist sie Nähe zu den Diskriminierungsverboten des Art. 3 III GG auf. Zwischen dem Erwerb eines Grundstücks im amtlichen Umlegungsverfahren nach den §§ 45 ff BauGB und dem Grundstückserwerb im Wege der freiwilligen Baulandumlegung bestehen Unterschiede von solcher Art und solchem Gewicht, dass sie eine unterschiedliche Behandlung bei der Grunderwerbsteuer rechtfertigen können. Beide Umlegungsarten weisen zwar in städtebaulicher Hinsicht eine gleiche Zielrichtung auf. Ein tragfähiger Sachgrund für die Ungleichbehandlung liegt jedoch jedenfalls darin, dass der Wechsel in der Eigentumszuordnung bei der freiwilligen Umlegung auf einer privatautonomen Entscheidung des Grundstückseigentümers beruht, während er bei der amtlichen Umlegung auch gegen den Willen des Eigentümers durchgesetzt werden kann. Es ist auch nicht ersichtlich, dass freiwillige und amtliche Umlegung in der kommunalen Praxis weitgehend als beliebig austauschbar behandelt würden und deshalb eine Differenzierung nicht gerechtfertigt wäre. Sie werden vielmehr als Instrumente der Bodenordnung mit deutlich unterschiedlichem

[5991] BVerfGE 117, 1 (30).
[5992] BVerfGE 88, 87.

Rechtscharakter wahrgenommen und nach Maßgabe der örtlichen Grundstücks- und Eigentumsstrukturen bewusst eingesetzt.[5993]

Wird der einer Umlegung zu Grunde liegende Bebauungsplan in einem **Normenkontrollverfahren** für unwirksam erklärt und kann der Umlegungszweck ohne diesen Bebauungsplan nicht verwirklicht werden, so besteht grundsätzlich ein Anspruch auf Änderung des Umlegungsplans. Ohne gültigen Bebauungsplan kann der Zweck der Umlegung im Regelfall nicht erreicht werden. Ergibt sich im baulandgerichtlichen Verfahren, dass der angefochtene Umlegungsplan Fehler aufweist, so muss das Baulandgericht prüfen, welche Auswirkungen diese Fehler auf den Plan als Ganzen haben und ob nicht eine Teilaufhebung genügt.[5994] Im nicht beplanten Innenbereich kann der Umlegungsplan allerdings unter den Voraussetzungen des § 45 II Nr. 2 BauGB erlassen werden. Die mit dem Umlegungsplan angestrebte städtebauliche Neuordnung liegt nicht schon in der Neuregelung der Eigentumsverhältnisse im Umlegungsgebiet, die mit der Bekanntmachung, dass der Umlegungsplan unanfechtbar geworden sei, eingetreten ist (§ 72 I i.V. mit § 71 I BauGB). Der Zweck der Umlegung besteht vielmehr darin, den Umlegungsbetroffenen Grundstücke zur Verfügung zu stellen, die für die im Bebauungsplan festgesetzte bauliche oder sonstige Nutzung zweckmäßig gestaltet sind (§ 45 BauGB). Wird dieser Zweck verfehlt, weil wegen der Unwirksamkeit des Bebauungsplans die Erteilung von Baugenehmigungen zu dem im Umlegungsplan vorausgesetzten Nutzungszweck nicht möglich ist, so lässt sich auch die Neuverteilung der Flächen im Umlegungsplan nicht mehr rechtfertigen. Dies löst im Hinblick auf Art. 14 I GG einen Anspruch auf Beseitigung der Zweckverfehlung in Gestalt eines Anspruchs auf Änderung des Umlegungsplans aus. Für die gebotene Rückabwicklung kommt allein ein auf eine entsprechende Anwendung des § 73 BauGB gestützter Anspruch auf Änderung des Umlegungsplans in Betracht.[5995] Das allgemeine **Rechtsschutzbedürfnis** für einen Normenkontrollantrag gegen einen Bebauungsplan, der Grundlage eines Umlegungsplans ist, kann nicht allein wegen der Unanfechtbarkeit des Umlegungsplans verneint werden.[5996] 2746

Innerhalb eines **im Zusammenhang bebauten Ortsteils** kann eine Umlegung durchgeführt werden, wenn sich aus der Eigenart der näheren Umgebung hinreichende Kriterien für die Neuordnung der Grundstücke ergeben (§ 45 1 Nr. 2 BauGB).[5997] Zugleich können gem. § 46 IV BauGB die zur Durchführung der Umlegung erforderlichen vermessungs- und katastermäßigen Aufgaben öffentlich bestellten Vermessungsingenieuren übertragen werden. Die Umlegung innerhalb eines im Zusammenhang bebauten Ortsteils iSd § 34 BauGB ist gem. § 45 S. 2 Nr. 2 BauGB im Regelfall nur in einfach gelagerten Fällen statthaft, in denen die Aufstellung eines qualifizierten Bebauungsplans unnötiger Aufwand wäre. Die Norm gestattet die Umlegung nur für solche Grundstücksflächen, auf denen eine wirtschaftlich zweckmäßige oder bauordnungsrechtlich zulässige Bebauung wegen der vorhandenen Grundstücksstruktur nicht möglich ist und die Maßstäbe für die Umlegung aus einer baulich klaren Strukturierung im Sinne eines Planersatzes ermittelt werden können.[5998] Das OLG Hamm erläutert dazu, dass die Umlegung ein Instrument zur Umsetzung der Bauleitplanung ist, diese jedoch nicht ersetzen könne. § 45 S. 2 Nr. 2 BauGB sei nur auf solche Flächen anwendbar, für die ein Planerfordernis nicht bestehe, eine wirtschaftlich zweckmäßige oder bauordnungsrechtlich zulässige Bebauung wegen der vorhandenen Grundstücksstruktur aber nicht möglich sei und die Maßstäbe für die Umlegung aus einer baulich klaren Strukturierung ermittelt werden könnten. Die Vorschrift solle es ermöglichen, vorhandenes Bauland zweckmäßig zu gestalten. Die vorhandene bauliche und sonstige Nutzung solle im nicht beplanten Innenbereich dieselbe Funktion wie ein Bebauungsplan im beplanten Bereich erfüllen.[5999] Der die nähere Umgebung bildende Bereich reiche dabei so weit, wie sich die Ausführung des zur Genehmigung gestellten Vorhabens auswirken könne und wie die Umgebung ihrerseits den bodenrechtlichen Charakter des Bau- 2747

[5993] BVerfG NVwZ 2015, 964; Bopp, HFR 2015, 608; Kirchhof JÖR 64, 553 (2016); Lege, Strafrecht Wirtschaftsstrafrecht Steuerrecht 2018, 727; Heine, UVR 2015, 283.

[5994] BGH NVwZ 2006, 734 m. Anm. Grziwotz ZfIR 2005, 664; BGH NJW 1981, 2060.

[5995] BVerwGE 85, 96.

[5996] BVerwG ZfBR 1993, 200.

[5997] BGH ZfBR 2022, 383 Rn. 42 mit Anm. v. Birk ZfIR 2022, 505; OLG Hamm Urt. v. 23.2.2023 – I- 16 U 2/18, juris Rn. 44; Schieferdecker in HBG, Öffentliches Baurecht, 2024, § 11 Rn. 7.

[5998] OLG Hamm Urt. v. 23.2.2023 – I-16 U 2/18, juris Rn. 44.

[5999] OLG Hamm Urt. v. 23.2.2023 – I-16 U 2/18, juris Rn. 44 unter Verweis auf die Begründung des Regierungsentwurfs BT-Drs. 12/3944, S. 28; Otte in EZBK, BauGB, 2022, § 45 BauGB, Rn. 15a.

grundstücks präge oder doch beeinflusse.[6000] Damit sei der maßgebliche Bereich der näheren Umgebung deutlich enger zu fassen als der für die Annahme eines Bebauungszusammenhangs maßgebliche Bereich. Der Bereich sei für die in § 34 I 1 BauGB bezeichneten Kriterien jeweils gesondert abzugrenzen, sodass die nähere Umgebung in diesem Sinne nicht pauschal als die Bebauung entlang des Straßengevierts und des H-Weges verstanden werden könne.[6001] Für das Maß der baulichen Nutzung sei zu berücksichtigen, dass die vorhandene Bebauung eine planerische Ausweisung als Maßstab fast nie ersetzen könne. Insbesondere fehlten im unbeplanten Innenbereich konkrete Maßfestsetzungen, an denen das jeweilige Vorhaben gemessen werden könnte. Der aus der vorhandenen Bebauung zu gewinnende Maßstab sei notwendig grob und ungenau. Zudem sprächen Gründe einer praktisch handhabbaren Rechtsanwendung dafür, in erster Linie auf solche Maße abzustellen, die nach außen wahrnehmbar in Erscheinung treten würden und anhand derer sich die vorhandenen Gebäude in der näheren Umgebung leicht in Beziehung zueinander setzen ließen. Ihre (absolute) Größe nach Grundfläche, Geschoßzahl und Höhe, bei offener Bebauung zusätzlich auch ihr Verhältnis zur umgebenden Freifläche, prägten das Bild der maßgeblichen Umgebung und bieten sich deshalb vorrangig als Bezugsgrößen zur Ermittlung des zulässigen Maßes der baulichen Nutzung an. Damit sei eine Berücksichtigung der anderen Maßfaktoren zwar nicht ausgeschlossen. Soweit sie eine prägende Wirkung auf das Baugrundstück hätten, seien auch sie zur Beurteilung der Frage, ob sich das Vorhaben einfüge, heranzuziehen. Die relativen Maßstäbe – die Grundflächen- und die Geschoßflächenzahl – würden allerdings vielfach nur eine untergeordnete Bedeutung oder, je nach den Umständen des Einzelfalls, auch gar keine Bedeutung für die Frage des Einfügens haben, weil sie in der Örtlichkeit häufig nur schwer ablesbar sind, vielmehr erst errechnet werden müssten.[6002]

2748 Im **Außenbereich** ist die Umlegung demgegenüber nicht möglich. Dies gilt auch, wenn die Absicht, einen Bebauungsplan aufzustellen, endgültig aufgegeben wird und die betroffenen Grundstücke im Außenbereich liegen.

2749 Die Umlegung ist von der Gemeinde (**Umlegungsstelle**) in eigener Verantwortung anzuordnen und durchzuführen (§ 46 I BauGB). Das gilt sowohl für die Gebiete eines qualifizierten oder einfachen Bebauungsplans als auch für den nicht beplanten Innenbereich. Die Landesregierungen können durch Rechtsverordnung nähere Bestimmungen erlassen, sie können insbesondere die Einrichtung besonderer **Umlegungsausschüsse** für die Durchführung des Umlegungsverfahrens ermöglichen (§ 46 II Nr. 1 und 2 BauGB). Dabei handelt es sich um Organe der Gemeinde mit selbstständigen Entscheidungsbefugnissen.[6003] Außerdem kann die Gemeinde ihre Befugnis zur Durchführung der Umlegung auf die Flurbereinigungsbehörde oder eine andere geeignete Behörde delegieren (§ 46 IV 1, 2 BauGB).

2750 Die Umlegung kann sowohl der **Erschließung** der Grundstücke als auch ihrer **Neuordnung** dienen. Sie hat zum Ziel, den Zuschnitt der Grundstücke für eine planentsprechende Nutzung zweckmäßiger zu gestalten. Die bloße Überführung des Grundstückseigentums **(Rechtsumlegung)** oder die ausschließliche Überführung des Grundeigentums in die öffentliche Hand zur Verwirklichung öffentlicher Zwecke **(Wertumlegung)** sind demgegenüber unzulässig. Allerdings bestehen nur begrenzte gerichtliche Kontrollmöglichkeiten hinsichtlich der Angemessenheit der Erschließung. So begründet der Einwand, es gebe eine sinnvollere und geeignetere Möglichkeit zur Erschließung des Umlegungsgebietes als die im Bebauungsplan vorgesehene, für sich nicht die Rechtswidrigkeit der vorzeitigen Besitzeinweisung oder ein überwiegendes Interesse an der Aussetzung der vorzeitigen Besitzeinweisung.[6004]

2751 Neben der **Planverwirklichung** dient die Umlegung auch dazu, die **Verwendbarkeit und Nutzungsmöglichkeit** der Grundstücke besser zu gestalten. Immer muss sich aber die Umlegung durch öffentliche Zwecke legitimieren, die sich aus der gemeindlichen Bauleitplanung ableiten. Ist erkennbar, dass die Umlegung endgültig nicht mehr durchgeführt werden soll, so ist der Beschluss zur Einleitung der Umlegung entsprechend den Grundsätzen bei Abschluss

---

6000 OLG Hamm Urt. v. 23.2.2023 – I-16 U 2/18, juris Rn. 44; BVerwG Urt. v. 8.12.2016 – 4 C 7.15, juris Rn. 9.

6001 OLG Hamm Urt. v. 23.2.2023 – I-16 U 2/18, juris Rn. 44 ff. unter Verweis auf BVerwG Beschl. v. 13.5.2014 – 4 B 38.13 juris.

6002 OLG Hamm Urt. v. 23.2.2023 – I-16 U 2/18, juris Rn. 445-47.

6003 BGH ZfBR 2022, 383 Rn. 9; Schieferdecker in HBG, Öffentliches Baurecht, 2024, § 11 Rn. 23.

6004 OLG Frankfurt Urt. v. 12.8.1998 – 1 W (Baul) 5/98, juris; LG Darmstadt Urt. v. 4.5.1998 – 9 O (B) 9/98, juris.

der Sanierung nach den §§ 162 ff. BauGB aufzuheben. Durch die Bekanntmachung der Aufhebung des Einleitungsbeschlusses (§§ 45, 47 BauGB) erlischt die Verfügungs- und Veränderungssperre des § 51 BauGB.

Nach § 47 BauGB wird die Umlegung nach Anhörung der Eigentümer durch einen **Umlegungsbeschluss** der Umlegungsstelle eingeleitet. Voraussetzung für die Einleitung des Umlegungsverfahrens ist die Anordnung der Umlegung durch die Gemeinde (§ 46 I BauGB). Die Anordnung ist kein Verwaltungsakt, sondern ein innergemeindlicher Auftrag an die Umlegungsstelle.[6005] Im Umlegungsbeschluss ist das **Umlegungsgebiet** (§ 52 BauGB) zu bezeichnen. Die im Umlegungsgebiet gelegenen Grundstücke sind im Einzelnen aufzuführen (§ 47 BauGB). An den Umlegungsbeschluss knüpft das Gesetz zahlreiche Rechtsfolgen wie etwa die Stellung als Beteiligter (§ 48 I BauGB), die Verfügungs- und Veränderungssperre (§ 51 BauGB), die Eintragung des nach § 54 I BauGB dem Grundbuchamt mitzuteilenden Umlegungsbeschlusses in das Grundbuch, den Stichtag für die Wertermittlung[6006] der Einwurfsgrundstücke und für die Bemessung der Geldbeträge und Ausgleichsleistungen sowie für das nach § 24 I 1 Nr. 2 BauGB in Umlegungsgebieten bestehende gemeindliche Vorkaufsrecht an. Auch beginnt mit der Bekanntmachung des Umlegungsbeschlusses die Monatsfrist für die Anmeldung unbekannter Rechte (§ 50 II BauGB). Die Umlegungsstelle erhält nach § 209 BauGB das Recht, mit notwendigen Vorarbeiten auf dem Grundstück (Vermessungsarbeiten) zu beginnen. Das Umlegungsverfahren kann dabei nach § 47 II BauGB eingeleitet werden, auch wenn ein Bebauungsplan noch nicht aufgestellt worden ist. In diesem Fall muss der Bebauungsplan vor dem Beschluss über die Aufstellung des Umlegungsplans (§ 66 I BauGB) in Kraft treten (§ 47 II 2 BauGB). 2752

Der **Umlegungsbeschluss** nach § 47 BauGB kann als Verwaltungsakt mit **Widerspruch** und ggf. **Klage** vor den Baulandkammern angefochten werden. Widerspruch und Klage kommen dabei keine aufschiebende Wirkung zu (§ 212 II 1 Nr. 1 BauGB). Der Umlegungsbeschluss ist nach § 50 I BauGB wegen der Vielzahl der Beteiligten ortsüblich bekanntzumachen. Gegen den Umlegungsbeschluss ist nach § 50 II BauGB innerhalb eines Monats seit öffentlicher Bekanntgabe Widerspruch einzulegen. Wird die Frist versäumt, so tritt eine relative **Präklusionswirkung** ein, die sich auf alle Rechte bezieht, die durch den Umlegungsbeschluss beeinträchtigt werden können. Dies gilt insbesondere für dingliche Rechte eines Beteiligten, die sich nicht aus dem Grundbuch ergeben. Werden solche Rechte nicht innerhalb der Monatsfrist nach Bekanntmachung des Umlegungsbeschlusses angemeldet oder innerhalb der nach § 48 III BauGB von der Umlegungsstelle gesetzten Nachfrist glaubhaft gemacht, so muss der Berechtigte die bisherigen Verhandlungen und Festsetzungen der Umlegungsstelle gegen sich gelten lassen, wenn die Umlegungsstelle dies bestimmt (§ 50 III BauGB). Auf diese Rechtswirkungen ist in der Bekanntmachung des Umlegungsbeschlusses hinzuweisen (§ 50 V BauGB). Das Gesetz enthält damit hinsichtlich der verspätet angemeldeten Rechte keine absolute Ausschlussfrist, sondern stellt die Berücksichtigung bzw. Nichtberücksichtigung des verspäteten Vortrags in das Ermessen der Umlegungsstelle. Hierdurch wird einerseits sichergestellt, dass rechtserhebliche Einwendungen, die noch ohne eintretende Zeitverzögerung berücksichtigt werden können, auch Beachtung finden. Andererseits ist gewährleistet, dass Verfahrensverzögerungen durch einen verspäteten Vortrag nicht hingenommen werden müssen. Die Umlegungsstelle wird also durch solche verspätet vorgetragenen Gesichtspunkte nicht daran gehindert, das Verfahren fortzusetzen und die nach Lage des Verfahrens erforderlichen weiteren Schritte zur Umlegung einzuleiten. Ist der verspätete Vortrag von dem Beteiligten nicht zu vertreten, so kann ihm auf seinen Antrag **Wiedereinsetzung** in den vorigen Stand nach § 210 BauGB iVm § 32 VwVfG gewährt werden. 2753

Beispiel: Der Eigentümer einer Splissparzelle wehrt sich dagegen, dass durch die Bekanntmachung des Umlegungsbeschlusses die Voraussetzungen für eine Vermessung seines Grundstücks geschaffen werden. Er befürchtet, dass die Umlegung ausschließlich dazu dient, sein Grundstück dem benachbarten Konkurrenzunternehmen zuzuweisen, das auf die Erweiterung seiner Produktionsflächen dringend angewiesen ist. Der Umlegungsbeschluss wird im gerichtlichen Verfahren lediglich darauf überprüft, ob die Voraussetzungen nach § 47 BauGB gegeben sind, nicht jedoch, ob die spätere Umlegung selbst gerechtfertigt ist. Diese Prüfung bleibt vielmehr der gerichtlichen Kontrolle des Umlegungsplans vorbehalten. Die Einleitung des Umlegungs-

[6005] BGH ZfBR 2015, 576 Rn. 12; Waldmann UPR 2022, 286 (287); Schieferdecker in HBG, Öffentliches Baurecht, 2024, § 11 Rn. 25.

[6006] Zur Wertermittlung BVerwG NVwZ-RR 1997, 155.

verfahrens und die Bekanntmachung des Umlegungsbeschlusses besagen daher noch nichts darüber, wem das Eigentum an den im Umlegungsgebiet gelegenen Grundstücken im Umlegungsplan zugeteilt wird.

2754 Der Funktion des Umlegungsverfahrens entsprechend enthält § 48 BauGB eine umfangreiche **Beteiligungsregelung**. Am Umlegungsverfahren zu beteiligen sind danach die Eigentümer der im Umlegungsgebiet gelegenen Grundstücke, die Inhaber eingetragener dinglicher Rechte sowie bestimmter nicht eingetragener sowie schuldrechtlicher Ansprüche, die Gemeinde, ggf. der Bedarfsträger sowie die Erschließungsträger. Zu beteiligen sind daher neben den Grundstückseigentümern auch die Inhaber dinglich gesicherter Grundpfandrechte oder eingetragene Vorkaufsberechtigte, aber auch Mieter und Pächter. Bestehen Zweifel an einem angemeldeten Recht, so kann dem Anmeldenden eine Frist zur Glaubhaftmachung seiner Rechte gesetzt werden. Nach fruchtlosem Ablauf der Frist ist er bis zur Glaubhaftmachung seiner Rechte nicht mehr zu beteiligen (§ 48 III BauGB). Die Beteiligung im Umlegungsverfahren setzt daher bei unklarer Sach- und Rechtslage voraus, dass der Betroffene seine Rechte geltend macht und seinen Mitwirkungslasten nachkommt. Bei einer Rechtsnachfolge tritt dabei der Rechtsnachfolger in dem jeweiligen Zustand in das Umlegungsverfahren ein.

2755 Durch die Bekanntmachung des Umlegungsbeschlusses tritt nach § 51 BauGB eine weitgehende **Verfügungs- und Veränderungssperre** ein. Bis zur Bekanntmachung des Inkrafttretens des Umlegungsplans (§ 71 BauGB) dürfen im Umlegungsgebiet nur mit schriftlicher Genehmigung der Umlegungsstelle Teilungen oder Verfügungen vorgenommen oder schuldrechtliche Vereinbarungen abgeschlossen werden, durch die einem anderen ein Recht zum Erwerb, zur Nutzung oder zur Bebauung eines Grundstücks oder Grundstücksteils eingeräumt wird oder Baulasten neu begründet, geändert oder aufgehoben werden. Bei der Mitteilung der Umlegungsstelle von der Einleitung des Umlegungsverfahrens handelt es sich um ein Gesuch im Sinn des § 38 GBO. Zur formellen Ordnungsmäßigkeit genügt die Beifügung eines Bestandsverzeichnisses entsprechend § 53 I 2 BauGB, die Beifügung einer Ausfertigung des Umlegungsbeschlusses ist nicht erforderlich.[6007] Die Verfügungs- und Veränderungssperre des § 51 BauGB umfasst auch erhebliche Veränderungen der Erdoberfläche oder wesentlich wertsteigernde sonstige Veränderungen der Grundstücke sowie die Errichtung von genehmigungs-, zustimmungs- oder anzeigebedürftigen baulichen Anlagen. Wie bei der allgemeinen Veränderungssperre nach § 14 BauGB bezieht sich auch die Verfügungs- und Veränderungssperre nach § 51 BauGB nicht auf Vorhaben, die vor Inkrafttreten der Veränderungssperre baurechtlich genehmigt worden sind, Vorhaben, von denen die Gemeinde nach Maßgabe der Bauordnungsrechts Kenntnis erlangt hat und mit deren Ausführung vor dem Inkrafttreten der Veränderungssperre hätte begonnen werden dürfen, sowie Unterhaltungsarbeiten und die Fortführung einer bisher ausgeübten baulichen Nutzung. Im Umlegungsgebiet besteht danach zwar einerseits eine weitgehende Veränderungs- und Verfügungssperre. Zugleich wird jedoch durch § 51 III BauGB sichergestellt, dass die Genehmigung nur versagt werden darf, wenn Grund zu der Annahme besteht, dass das Vorhaben die Durchführung der Umlegung unmöglich machen oder wesentlich erschweren würde. Eine Veränderung des Grundstücks oder eine Verfügung über das Grundstück bleibt daher möglich, wenn Zwecke der Umlegung nicht entgegenstehen. Auch bleiben baurechtlich genehmigungs- oder anzeigebedürftige Vorhaben grundsätzlich zulässig, die dem Umlegungszweck nicht widersprechen. Durch § 51 III 2 BauGB sind § 22 V 2 bis 5 BauGB entsprechend anwendbar. Über die Genehmigung ist daher binnen eines Monats nach Eingang des Antrags zu entscheiden. Kann die Prüfung nicht innerhalb der Frist abgeschlossen werden, ist die Frist vor ihrem Ablauf in einem dem Antragsteller zu erteilenden Zwischenbescheid auf insgesamt höchstens 3 Monate zu verlängern. Die Genehmigung gilt als erteilt, wenn sie nicht innerhalb der Frist versagt wird (§ 22 V 4 BauGB). Die Ausstellung eines Negativattestes ist entbehrlich geworden, da im Umlegungsrecht ein entsprechender Anwendungsfall nicht gegeben ist. Denn die Fälle, für die im Umlegungsverfahren eine Grundbuchsperre besteht, sind aus dem für das Bestehen einer Grundbuchsperre neben dem Umlegungsvermerk allein maßgeblichen Katalog des § 51 I BauGB ersichtlich. Die Genehmigung kann ggf. auch unter Auflagen und Bedingungen erteilt werden (§ 51 IV BauGB).[6008]

[6007] OLG Frankfurt Beschl. v. 26.7.2011 – 20 W 307/11, juris.

[6008] Zu den steuerlichen Auswirkungen der Umlegung Jäschke DStR 2006, 1349.

Das Umlegungsgebiet ist nach § 52 BauGB so **abzugrenzen**, dass die Umlegung sich zweckmäßig durchführen lässt. Es kann aus räumlich getrennten Flächen bestehen. Das Umlegungsgebiet darf nicht über die Grenzen eines Bebauungsplangebietes hinausreichen (§ 45 BauGB), jedoch kann das Umlegungsgebiet kleiner als das Bebauungsplangebiet sein. Bereits bei der Anordnung der Umlegung hat die Gemeinde den Bereich in etwa anzugeben. Die Umlegungsstelle kann bei der Festlegung des Umlegungsgebietes, die mit dem Umlegungsbeschluss nach § 47 I 2 BauGB zu erfolgen hat, nach Zweckmäßigkeitsgesichtspunkten die genaue Begrenzung des Umlegungsgebietes innerhalb der Grenzen des Bebauungsplangebietes anordnen. 2756

Beispiel: Die Gemeinde beabsichtigt, für einen bisher vorwiegend gewerblich genutzten Bereich einen Bebauungsplan aufzustellen und teilweise Kerngebietsnutzung, teilweise Wohngebietsnutzung auszuweisen. Der Zuschnitt der Grundstücke, der für die Neubebauung unbefriedigend ist, soll durch ein Umlegungsverfahren neu geordnet werden. In das Umlegungsgebiet sollten alle Grundstücke einbezogen werden, die für einen zweckmäßigen Grundstückszuschnitt innerhalb des Gebietes benötigt werden. Dabei sollten auch nach Möglichkeit als Austausch- oder Ersatzflächen in Betracht kommende Bereiche einbezogen werden, wenn sie sich räumlich anschließen.

§ 52 II und III BauGB gibt dabei die Möglichkeit, **einzelne Grundstücke**, welche die Umlegung erschweren würden, aus dem Umlegungsgebiet **auszunehmen** oder auch erforderliche unwesentliche Änderungen des Umlegungsgebietes bis zum Beschluss über die Aufstellung des Umlegungsplanes in einem vereinfachten Verfahren durchzuführen. Die Änderungen sind lediglich den betroffenen Grundstückseigentümern mitzuteilen. Eine öffentliche Bekanntmachung, wie sie § 50 I 1 BauGB vorschreibt, dürfte dabei nur erforderlich sein, wenn das Umlegungsgebiet vergrößert wird und neue Beteiligte durch das Umlegungsverfahren betroffen werden. Wird das Umlegungsgebiet jedoch verkleinert, kann eine öffentliche Bekanntmachung nach § 50 I BauGB entfallen.[6009] Allerdings dürfte dann eine eingeschränkte Beteiligung erforderlich sein, um die anderen Beteiligten zu informieren. Auch sind die Änderungen dem Grundbuchamt und dem Katasteramt mitzuteilen, um Neueintragungen zu bewirken oder entsprechende Entlassungen aus der Umlegung vorzunehmen (§ 54 I BauGB). 2757

Zur Vorbereitung der Umlegungsmaßnahmen fertigt die Umlegungsstelle nach § 53 BauGB eine **Bestandskarte**, in der die bisherige Lage und Form der Grundstücke des Umlegungsgebietes und die auf ihnen befindlichen Gebäude sowie die Grundstückseigentümer bezeichnet sind, und für jedes Grundstück ein **Bestandsverzeichnis** an. Das Bestandsverzeichnis weist den jeweiligen Eigentümer, die grundbuch- und katastermäßige Bezeichnung, die Größe und die Nutzungsart nach dem Liegenschaftskataster unter Angabe von Straße und Hausnummer[6010] sowie die im Grundbuch in Abt. II eingetragenen Lasten und Beschränkungen aus. Die in Abteilung III des Grundbuchs enthaltenen Grundpfandrechte werden demgegenüber nicht in das Bestandsverzeichnis aufgenommen. Bestandskarte und Bestandsverzeichnis ohne die Belastungen in Abteilung II sind für die Dauer eines Monats nach vorheriger ortsüblicher Bekanntmachung in der Gemeinde öffentlich auszulegen. Betrifft die Umlegung nur wenige Grundstücke, so genügt anstelle der ortsüblichen Bekanntmachung eine Mitteilung an die Eigentümer und Inhaber von Rechten, die am Umlegungsverfahren teilnehmen. Einsichtsmöglichkeiten in diese Unterlagen hat jeder, der ein berechtigtes Interesse darlegt (§ 53 BauGB). 2758

§ 54 I BauGB stellt durch die **Mitteilungspflicht** an das Grundbuchamt und die für die Führung des Liegenschaftskatasters zuständige Stelle sicher, dass die Einleitung des Umlegungsverfahrens in das Grundbuch eingetragen wird und die nach § 51 BauGB eingetretene Verfügungs- und Veränderungssperre bei Veräußerungen des Grundstücks, aber auch in Fällen der beabsichtigten Grundstücksteilung, beachtet wird. Das Grundbuchamt und die für die Führung des Katasteramts zuständige Stelle haben die Umlegungsstelle von allen Eintragungen zu benachrichtigen, die nach dem Zeitpunkt der Einleitung des Umlegungsverfahrens im Grundbuch der betroffenen Grundstücke oder im Liegenschaftskataster vorgenommen sind oder vorgenommen werden (§ 54 II BauGB). 2759

Nach § 54 II 2 BauGB ist § 22 VI BauGB entsprechend anzuwenden. Danach darf das Grundbuchamt Eintragungen nur vornehmen **(Grundbuchsperre)**, wenn der Genehmigungsbescheid oder ein Zeugnis über die Genehmigungsfiktion (§ 22 V 5 BauGB) vorgelegt 2760

[6009] Reidt in BKL, BauGB, 2022, § 52 Rn. 16.

[6010] Die Vergabe einer Hausnummer folgt aus der kommunalen Selbstverwaltung OVG Bautzen NVwZ-RR 2012, 694, Scheidler KommunalPraxis BY 2012, 410.

wird. Ist dennoch eine Eintragung vorgenommen worden, kann die Gemeinde das Grundbuchamt um die Eintragung eines Widerspruchs ersuchen, der unter den in § 22 VI 3 BauGB geregelten Voraussetzungen wieder gelöscht werden kann. Die in § 22 VI BauGB ebenfalls geregelte Freistellungserklärung der Gemeinde ist daher im Umlegungsrecht nicht anzuwenden, da sich der Umfang des Genehmigungsvorbehalts ausschließlich nach § 51 I BauGB richtet und § 22 VIII BauGB im Umlegungsrecht nicht anzuwenden ist. Eine Freistellungserklärung hat die Gemeinde gemäß § 22 VIII BauGB dann zu erteilen, wenn die Voraussetzungen für den Genehmigungsvorbehalt einer Satzung zur Sicherung von Gebieten mit Fremdenverkehrsfunktion entfallen sind. In der Umlegung kann der Genehmigungsvorbehalt des § 51 I BauGB demgegenüber nur dann entfallen, wenn der Umlegungsbeschluss aufgehoben oder entsprechend geändert wird. In diesem Fall kann das Grundbuchamt um Löschung des Umlegungsvermerks im Grundbuch ersucht werden, sodass auch aus dem Grundbuch ersichtlich ist, dass eine Grundbuchsperre nicht mehr besteht und demnach auch keine Freistellungserklärung zu deren Überwindung erforderlich ist. Die entsprechende Anwendung des § 22 VI BauGB entspricht den Regelungen im Zusammenhang mit der Genehmigung in Gebieten mit Fremdenverkehrsfunktionen (§ 22 VI 1 und 2 BauGB), der sanierungsrechtlichen bzw. erhaltungsrechtlichen Genehmigung (§§ 145 VI bzw. 173 I BauGB).

2761 Eine umfangreiche **Verteilungsregelung** enthalten die Vorschriften der §§ 55 bis 65 BauGB. Sie stellen das **Kernstück des Umlegungsverfahrens** dar. Es gilt dabei, einen für die künftige Verwertbarkeit der Grundstücke zweckmäßigen Zuschnitt zu erreichen und zugleich durch eine interne Verteilungsregelung einen sachgerechten Ausgleich zwischen den Beteiligten sicherzustellen. Die im Umlegungsgebiet gelegenen Grundstücke werden dabei nach ihrer Fläche rechnerisch zu einer Masse vereinigt (§ 55 I BauGB). Aus dieser **Umlegungsmasse** sind vorweg bestimmte, für öffentliche Zwecke benötigte Flächen auszuscheiden und der Gemeinde oder dem sonstigen Erschließungsträger zuzuteilen. Die verbleibende Masse ist die **Verteilungsmasse**. Sonstige Flächen, für die nach dem Bebauungsplan eine Nutzung für öffentliche Zwecke festgesetzt ist, können ausgeschieden und dem Bedarfs- und Erschließungsträger zugeleitet werden, wenn dieser geeignetes Ersatzland in die Verteilungsmasse einbringt.[6011]

2762 § 55 II 1 BauGB erstreckt die gesetzliche Ermächtigung für den Vorwegabzug von Flächen aus der Umlegungsmasse auf die im Zusammenhang bebauten Ortsteile. Zuvor war lediglich ein Vorwegabzug von Flächen in Bebauungsplangebieten innerhalb des Umlegungsgebietes möglich. Durch die Einbeziehung des im Zusammenhang bebauten Ortsteils ist der Anwendungsbereich der Vorschrift praxisgerecht erweitert worden. Somit können Flächen für Erschließungsanlagen und sonstige, den Bewohnern dienende Einrichtungen, wie zB Kinderspielplätze oder Schutzvorkehrungen vor Emissionen auch in im Zusammenhang bebauten Ortsteilen vorweg ausgeschieden werden. Die Änderung ist eine Konsequenz des mit dem BauROG 1998 eingeführten Verzichts auf das Vorliegen eines Bebauungsplans als Voraussetzung für die Herstellung von Erschließungsanlagen (§ 125 II BauGB). Sie soll eine städtebaulich sinnvolle Bodenordnung im unbeplanten Innenbereich auch dann ermöglichen, wenn zugleich die Änderung oder Herstellung von Erschließungsmaßnahmen erforderlich wird. Dabei kann sich die Erforderlichkeit der Inanspruchnahme bestimmter Flächen aus einfachen Bebauungsplänen (§ 30 III BauGB) oder sonst aus Gründen der geordneten städtebaulichen Entwicklung zur Verwirklichung einer nach § 34 BauGB zulässigen Nutzung, zB bei qualifizierten Anhaltspunkten aufgrund der örtlichen Situation oder Festsetzungen von Innenbereichssatzungen nach § 34 IV 1 Nr. 2 oder 3 BauGB, ergeben.

2763 Zu den vorweg auszuscheidenden Flächen gehören auch die **Flächen zum naturschutzrechtlichen Ausgleich** iS des § 1 a III BauGB für die für nach § 55 II 1 BauGB erforderlichen Anlagen (§ 55 II 2 BauGB). Da die **Verkehrsanlagen** ihrerseits durch die Erschließung der Grundstücke privatnützig für deren Eigentümer wirken, ist es verfassungsrechtlich unbedenklich, die Verteilungsmasse durch den Vorwegabzug von Flächen zum Ausgleich für Verkehrsanlagen zu verkleinern.[6012] Grünflächen nach § 55 II 1 Nr. 2 BauGB können auch bauflächenbedingte Flächen zum Ausgleich iS von § 1 a III BauGB umfassen (§ 55 II 3 BauGB).[6013] Dies

[6011] Schieferdecker in HBG, Öffentliches Baurecht, 2024, § 11 Rn. 7.

[6012] Bundesregierung, Gesetzentwurf zum BauROG, S. 61.

[6013] Die Regelungen sind durch das BauROG 1998 eingefügt worden und dienen der Umsetzung der naturschutzrechtlichen Anforderungen aus § 1 a BauGB in der Umlegung. Dasselbe gilt für die Ergänzung des § 55 V BauGB um Flächen zum Ausgleich von Eingriffen nach § 1 a III BauGB.

dient der Klarstellung und soll Zweifel in der Praxis beseitigen. Flächen zum Ausgleich, die für die privaten Bauflächen ausgewiesen und diesen zugeordnet sind, lassen sich unter das Tatbestandsmerkmal „Flächen für Grünanlagen“ fassen, soweit sie als Grünflächen iS des § 9 I Nr. 15 BauGB[6014] festgesetzt sind. Diese Flächen sind nach § 55 II 1 Nr. 2 BauGB vorweg auszuscheiden und der Gemeinde oder einem Erschließungsträger zuzuteilen. Nach § 55 V BauGB können über die Flächen nach § 55 II BauGB hinaus auch weitere Flächen, die für eine öffentliche Nutzung vorgesehen sind, gegen Einbringung geeigneten Ersatzlandes, das auch außerhalb des Umlegungsgebietes liegen kann, vorweg ausgeschieden und dem Bedarfs- oder Erschließungsträger zugeteilt werden. Auch Flächen zum Ausgleich naturschutzrechtlicher Anforderungen iS des § 1 a III BauGB können dazu ausgeschieden werden.

Die **Verteilung der privat nutzbaren Flächen** folgt nach den Grundsätzen der §§ 56 bis 59 BauGB. In das Verteilungsverfahren wird dabei zunächst nur der Grund und Boden einbezogen, während für bauliche Anlagen, Anpflanzungen und sonstige Einrichtungen auf dem Grundstück lediglich eine Abfindung oder ein Geldausgleich gewährt wird (§ 60 BauGB). § 56 BauGB sieht als Verteilungsmaßstab entweder eine **Wertumlegung (**§ 57 BauGB) oder eine **Flächenumlegung (**§ 58 BauGB) vor. Der Maßstab ist von der Umlegungsstelle nach pflichtgemäßem Ermessen unter Beachtung des Abwägungsgebotes je nach Zweckmäßigkeit einheitlich zu bestimmen (§ 56 I 2 BauGB). Bei Einverständnis aller Beteiligten kann auch ein anderer Verteilungsmaßstab gewählt werden (§ 56 II BauGB). Die Zuteilung von Grundstücksflächen hat gegenüber der Wertumlegung grundsätzlich Vorrang.[6015] Die Neuordnung der Grundstücke kann sich auch in mehreren zeitlich zusammenhängenden Teilschritten vollziehen, die aus einem Vertrag der Grundeigentümer über den Tausch von Grundstücksflächen, einem Vertrag mit der Gemeinde über die Abgabe der für öffentliche Verkehrsflächen benötigten Grundstücksteile und aus der städtebaulichen Vereinbarung eines Vorteilsausgleichs in Gestalt eines Geldbeitrages nach § 58 I 3 BauGB bestehen. Grundeigentümer und Gemeinde sind bei der Vereinbarung des einen Flächenbeitrag ersetzenden Geldbeitrags nicht strikt an die für das gesetzliche Umlegungsverfahren geltenden Bemessungsgrenzen des § 58 I 2 BauGB gebunden. Die Gemeinde darf sich jedoch als Vorteilsausgleich nicht einen den Umständen nach unangemessen hohen Geldbetrag versprechen lassen.[6016] 2764

Sowohl die **Wertumlegung** als auch die **Flächenumlegung** gehen von einem theoretischen Anspruch jedes beteiligten Eigentümers (Sollanspruch) auf Zuteilung einer bestimmten Fläche (Sollzuteilung) aus. Bei der Wertumlegung ist ggf. ein Geldausgleich zu leisten (§ 57 BauGB).[6017] Bei der Flächenumlegung ist hiervon der in Fläche zu erbringende Vorteilsausgleich abzuziehen (§ 58 BauGB). Für die Zuteilung und Abfindung bestimmt § 59 BauGB, dass den Eigentümern aus der Verteilungsmasse dem Umlegungszweck entsprechend nach Möglichkeit Grundstücke in gleicher oder gleichwertiger Lage wie die eingeworfenen Grundstücke und entsprechend den durch die Flächen- oder Wertumlegung ermittelten Anteilen zuzuteilen sind. Soweit dies nicht möglich ist, findet nach § 59 II BauGB ein Geldausgleich nach den entschädigungsrechtlichen Vorschriften der §§ 93 bis 103 BauGB statt. 2765

Nach § 59 II 1 BauGB ist, soweit unter Berücksichtigung der öffentlich-rechtlichen Vorschriften eine Zuteilung der nach den §§ 57 und 58 BauGB errechneten Anteilsflächen nicht möglich ist, ein **Geldausgleich** vorzunehmen.[6018] Dies gilt auch für Umlegungsverfahren im nicht beplanten Innenbereich. Nach § 59 II 3 BauGB bemisst sich der Geldausgleich nach dem Verkehrswert, soweit die Zuteilung den Sollanspruch mehr als nur unwesentlich überschreitet und dadurch die bauplanungsrechtlich zulässige Nutzung ermöglicht. Die Zuteilung der Grundstücksflächen kann neben dem Bebauungsplangebiet auch innerhalb eines im Zusammenhang bebauten Ortsteils zu einer wesentlichen Überschreitung des Soll-Anspruchs führen, sodass auch diese Fälle als von der bisherigen Regelung im Rahmen einer entspre- 2766

[6014] OVG Münster NVwZ 1999, 561.

[6015] BGH DVBl. 1992, 557.

[6016] BVerwG ZfBR 2002, 74.

[6017] § 57 II 2 BauGB ist durch das BauROG 1998 zugunsten der Berücksichtigung auch naturschutzrechtlicher Ausgleichsmaßnahmen erweitert worden. Dasselbe gilt für die in § 59 I BauGB vorgenommene Ergänzung, Bundesregierung, Gesetzentwurf zum BauROG 1998, S. 63.

[6018] Siehe dazu OLG Stuttgart Urt. v. 8.3.2021 – 102 U 2/20, juris Rn. 50: „Liegt der Wert der einem beteiligten Grundeigentümer nach dem Umlegungsplan zugeteilten Grundstücke um 15% unter dem Sollwert, führt dies wegen Verstoßes gegen den Grundsatz der anteilsgleichen Zuteilung zur Rechtswidrigkeit des Umlegungsplans, sofern nicht ein Fall des § 59 II 1 BauGB vorliegt.“

chenden Auslegung des Gesetzestextes erfasst angesehen wurden. Die Gesetzesänderung erstreckt die Regelung auch auf zulässige Nutzungen im nicht beplanten Innenbereich. Auch der geänderte § 59 III BauGB trägt der Erleichterung der Umlegung in einem im Zusammenhang bebauten Ortsteil Rechnung. Die bisherige ausdrückliche Anknüpfung an das Vorliegen eines Bebauungsplans ist entfallen, da sie keine zwingende Voraussetzung für eine vom Eigentümer beantragte Abfindung mit anderweitigen Rechten ist.

2767 Die **Entschädigung** kann mit Einverständnis des Eigentümers in Geld, Grundeigentum außerhalb des Umlegungsgebietes oder Miteigentum, grundstücksgleichen Rechten, Wohnungseigentum oder in sonstigen dinglichen Rechten innerhalb oder außerhalb des Umlegungsgebietes gewährt werden (§ 59 IV BauGB). Gegen den Willen des Eigentümers kann eine Abfindung in Geld oder mit außerhalb des Umlegungsgebietes gelegenen Grundstücken erfolgen, wenn er im Umlegungsgebiet keine bebauungsfähigen Grundstücke erhalten kann oder wenn eine derartige Abfindung sonst zur Erreichung der Ziele und Zwecke des Bebauungsplans erforderlich ist (§ 59 V BauGB). Die Regelung ist für Grundstücke im nicht beplanten Innenbereich nicht anwendbar. Dasselbe gilt für § 59 V und VIII BauGB, die ebenfalls auf Gebiete mit Bebauungsplan beschränkt sind.

2768 Wird durch einen Umlegungsbeschluss eine **Flächenzuteilung** vorgenommen, wird die Regelung des § 58 II BauGB durch § 59 II BauGB überlagert. Der Betroffene hat demzufolge einen Anspruch auf **Geldausgleich**, wenn der Wert der Zuteilung der eingeworfenen Fläche oder mehr als nur unwesentlich den Sollanspruch nach § 55 IV BauGB unterschreitet.[6019]

2769 Bei Zuteilung von Grundstücken können die Umlegungsstelle sowie der Umlegungsausschuss auf Antrag der Gemeinde zugleich ein Baugebot (§ 176 BauGB), ein Modernisierungs- oder Instandsetzungsgebot (§ 177 BauGB) oder ein Pflanzgebot (§ 178 BauGB) anordnen, wenn die gesetzlichen Voraussetzungen hierfür gegeben sind (§ 175 BauGB). Solche Gebote können nach § 68 I Nr. 7 BauGB auch in den Umlegungsplan aufgenommen werden. Hiergegen steht dem davon Betroffenen der Rechtsweg zu den Baulandgerichten offen.

2770 Für **bauliche Anlagen**, **Anpflanzungen** und für **sonstige Einrichtungen** ist nach § 60 BauGB nur eine **Geldabfindung** zu gewähren und im Falle der Zuteilung ein Ausgleich in Geld festzusetzen, soweit das Grundstück wegen dieser Einrichtungen einen über den Bodenwert hinausgehenden Verkehrswert hat. Auch insoweit verweist das Gesetz auf die Entschädigungsregelungen der §§ 93 bis 103 BauGB.

Beispiel: Der Eigentümer eines Wohnhauses wird in ein Umlegungsverfahren einbezogen. Zunächst wird geprüft, ob dem Eigentümer das eingeworfene Grundstück an gleicher Stelle mit im Wesentlichen unverändertem Zuschnitt wieder zugeteilt werden kann. Ist dies nicht möglich, wird – wenn vorhanden – ein anderes Grundstück in vergleichbarer Lage zugeteilt. Für das aufstehende Gebäude ist dann ein Geldausgleich zu gewähren.

2771 Nach § 61 BauGB können auch grundstücksgleiche Rechte oder andere Rechte an einem im Umlegungsgebiet gelegenen Grundstück oder auch schuldrechtliche Rechte aufgehoben, geändert oder neu begründet werden. Dies gilt auch für persönliche Erwerbs-, Besitz- und Nutzungsrechte, Gemeinschaftsanlagen sowie persönliche nutzungsbeschränkende Rechte und Baulasten. Für Vermögensvorteile oder -nachteile ist ein **Geldausgleich** vorzunehmen.[6020] Nach § 61 I 2 BauGB können sowohl im Geltungsbereich eines Bebauungsplans als auch innerhalb eines im Zusammenhang bebauten Ortsteils nach § 34 BauGB Flächen für überwiegend den Bewohnern dienende Anlagen festgelegt und ihre Rechtsverhältnisse geregelt werden. Damit wird eine Harmonisierung zu § 55 II BauGB erreicht, der die Möglichkeit der Vorwegausscheidung von Flächen auch auf den im Zusammenhang bebauten Ortsteil ausdehnt. Im Rahmen der Umlegung können auch gemeinschaftliches Eigentum begründet oder besondere rechtliche Verhältnisse in die Umlegung einbezogen werden (§ 62 BauGB). § 63 I 1 BauGB enthält als Ausfluss des **Surrogationsprinzips** die Regelung, dass die zugeteilten Grundstücke hinsichtlich der Rechte an den alten Grundstücken und der diese Rechte betreffenden Rechtsverhältnisse, die nicht aufgehoben werden, an die Stelle der alten Grundstücke

---

[6019] BGH NVwZ 1998, 657.

[6020] Durch das BauROG 1998 sind auch Flächen zum Ausgleich naturschutzrechtlicher Eingriffe nach § 1 a III BauGB in die Regelungsmöglichkeiten des § 61 I BauGB einbezogen worden. Hierdurch ist eine entsprechende Klarstellung erfolgt, da nach überwiegender Ansicht Flächen zum Ausgleich nach § 1 a III BauGB zu den Flächen für Gemeinschaftsanlagen gehören, so Bundesregierung, Gesetzentwurf zum BauROG 1998, S. 63.

treten. Auch gehen örtlich gebundene öffentliche Lasten, die auf den alten Grundstücken ruhen, auf die in deren örtlicher Lage ausgewiesenen neuen Grundstücke über. Das Eigentum und die in den §§ 61, 62 BauGB benannten Rechte gehen daher nicht durch die Umlegung unter, sondern setzen sich an dem neuen Grundstück, das in gleicher örtlicher Lage begründet wird, fort. Die im Umlegungsplan festgesetzten Geldleistungen sind über die Gemeinde abzuwickeln. Sie ist nach § 64 I BauGB Gläubigerin und Schuldnerin dieser Geldleistungen. Der Zinsanspruch des Eigentümers ist nicht nur dann gegeben, wenn die Anfechtung des Umlegungsplans lediglich wegen der Höhe einer Geldleistung erfolgt ist und ein Härtefall (§ 64 II 3 BauGB).[6021]

Ist das Konzept für die Neuverteilung der Grundstücke und für den erforderlichen Geldausgleich abgeschlossen, wird der **Umlegungsplan** von der Umlegungsstelle nach Erörterung mit den Eigentümern durch Beschluss nach § 66 I BauGB aufgestellt. Er kann auch für Teile des Umlegungsgebietes aufgestellt werden (§ 66 I 2 BauGB). Der Umlegungsplan enthält für die im Umlegungsgebiet gelegenen Grundstücke den in Aussicht genommenen Neuzustand mit allen tatsächlichen und rechtlichen Änderungen. Auch muss der Umlegungsplan nach Form und Inhalt zur Übernahme in das Liegenschaftskataster geeignet sein. Der Umlegungsplan besteht aus der **Umlegungskarte** (§ 67 BauGB) und dem **Umlegungsverzeichnis** (§ 68 BauGB). Die rechtlichen und tatsächlichen Änderungen treten mit der Unanfechtbarkeit des Umlegungsplans ein. Dies hat die Umlegungsstelle nach § 71 I BauGB ortsüblich bekanntzumachen. Nach Erstellung der Kartengrundlagen und Ermittlung der Einwurfswerte ist ein Konzept für die Neuregelung der Grundstücksgrenzen und die Zuweisung des Eigentums und der sonstigen dinglichen und schuldrechtlichen Rechte vorzubereiten. Das Konzept für die Neuordnung ist mit den Beteiligten des Umlegungsverfahrens zu erörtern. Der **Widerspruch** gegen die Bekanntmachung der Unanfechtbarkeit des Umlegungsplans hat keine aufschiebende Wirkung (§ 212 II 1 Nr. 2 BauGB). 2772

Besondere Regelungen enthält das Gesetz für die **nachträgliche Änderung** des Umlegungsplans (§ 73 BauGB), die Rechtsänderung außerhalb des Grundstücks (§§ 71, 72 BauGB), die Berichtigung von Grundbuch und Liegenschaftskataster (§§ 74, 75 BauGB), die Vorwegnahme der Entscheidung (§ 76 BauGB), die vorzeitige Besitzeinweisung (§ 77 BauGB) sowie die Kostenregelungen (§§ 78, 79 BauGB). So können nach § 76 BauGB mit Einverständnis der Beteiligten die Eigentums- und Besitzverhältnisse für einzelne Grundstücke sowie andere Rechte geregelt werden, bevor der Umlegungsplan aufgestellt worden ist. Regelungen zu künftigen Umlegungen sind auch vor förmlicher Einleitung des Umlegungsverfahrens denkbar. Voraussetzung für die Vorwegnahme der Entscheidung ist gem. § 76 BauGB das Einverständnis der betroffenen Rechtsinhaber. Betroffen iS des § 76 BauGB sind zwar nicht alle Beteiligten des Umlegungsverfahrens, wohl aber alle Inhaber von Rechten, die von der Vorabregelung unmittelbar oder mittelbar betroffen werden. Dazu gehören die Eigentümer der Einwurfsgrundstücke, die des zuzuteilenden Grundstücks, Inhaber dinglicher und persönlicher Rechte an diesen Grundstücken und sonstige Rechtsinhaber, wenn sie von der Vorabregelung rechtlich berührt werden.[6022] 2773

Sofern die Umlegung im Geltungsbereich eines rechtsverbindlichen Bebauungsplans durchgeführt werden soll, kann bei entsprechenden Gemeinwohlgründen in Gebieten mit Bebauungsplan eine **vorzeitige Besitzeinweisung** erfolgen. Allerdings setzt dies entsprechend gewichtige Gemeinwohlgründe voraus, die in § 77 II BauGB als Regelbeispiele benannt werden. Derartige Gründe können etwa vorliegen, wenn die Grundstücksflächen für die Erschließung des Baugebietes benötigt werden. Zugunsten von Privaten darf eine vorzeitige Besitzeinweisung nur erfolgen, wenn entsprechend gewichtige Gemeinwohlgründe, die über private Einzelinteressen hinausgehen, die vorzeitige Besitzeinweisung dringend erfordern. Hier müssen die Anforderungen erfüllt sein, die das BVerfG an die Enteignung zugunsten Privater stellt.[6023] 2774

Für die Wirksamkeit solcher Regelungen gelten die allgemeinen Vorschriften über die Wirksamkeit verwaltungsrechtlicher Verträge. Zudem sind ggf. die Formerfordernisse des § 311 b BGB zu beachten. Vereinbart ein Grundstückseigentümer etwa mit der Gemeinde im Zusammenhang mit dem Erlass einer Abrundungssatzung, die im Vorgriff auf ein Bebauungsplan- und Umlegungsverfahren die Bebauung des Grundstücks ermöglichen soll, einen späteren unentgeltlichen Flächenabzug für Verkehrsflächen bzw. die Zahlung eines Ausgleichsbetra- 2775

[6021] BVerfG NVwZ 2003, 199; BVerfGE 89, 1.
[6022] OLG Celle OLGR Celle 1998, 122.
[6023] BVerfGE 74, 264 – Boxberg.

ges durch den Bauwilligen, so kann trotz der Unwirksamkeit der Vereinbarung eines Flächenabzuges die Zahlungsvereinbarung nach § 311 b BGB gültig sein. Eine solche Vereinbarung verstößt auch nicht gegen das **Koppelungsverbot**.[6024] Der Umlegungsplan tritt mit der ortsüblichen Bekanntmachung seiner Unanfechtbarkeit nach § 71 BauGB in Kraft. Mit dieser Bekanntmachung wird der bisherige Rechtszustand durch den in dem Umlegungsplan vorgesehenen Rechtszustand ersetzt (§ 72 I BauGB). Die Gemeinde hat den Umlegungsplan mit dessen Unanfechtbarkeit zu vollziehen und die Beteiligten in die neuen Besitz- und Nutzungsrechte ggf. mit den Mitteln des Verwaltungszwangs einzuweisen (§ 72 II BauGB).

2776 Löst der Bebauungsplan von ihm aufgeworfene Konflikte nicht, obwohl ein **Konfliktlösungstransfer** unerlässlich ist, so führt dies zur Fehlerhaftigkeit der Abwägungsentscheidung. Lässt sich die planerische Lösung der Gemeinde unter keinem denkbaren Gesichtspunkt begründen, fehlt es mithin an der Begründbarkeit der gemeindlichen Planung, dann führt dies zudem zu einem Fehler (auch) im Abwägungsergebnis. Denn ein solcher Fehler ist dann anzunehmen, wenn eine fehlerfreie Nachholung der erforderlichen Abwägungsentscheidung schlechterdings nicht zum selben Ergebnis führen könnte, weil andernfalls der Ausgleich zwischen den von der Planung berührten öffentlichen Belangen in einer Weise vorgenommen würde, der zur objektiven Gewichtigkeit einzelner Belange außer Verhältnis steht, mithin die Grenzen der planerischen Gestaltungsfreiheit überschritten würden.[6025] Anders als Mängel im Abwägungsvorgang (§ 214 I 1 Nr. 1, III 2, § 215 I 1 Nr. 1 und 3 BauGB) ist ein Mangel im Abwägungsergebnis stets beachtlich; er führt unabhängig vom Vorliegen weiterer Mängel der Abwägung zur (Teil-)Unwirksamkeit des Bebauungsplans.[6026]

2777 Eine amtliche Umlegung nach den §§ 45 ff. BauGB ist im Geltungsbereich eines qualifizierten Bebauungsplans nach § 30 I BauGB nur zur Umsetzung der darin getroffenen Festsetzungen zulässig. Deswegen darf die ungeklärte Erschließung überplanter Grundstücke nicht im Wege des Konflikttransfers einem nachfolgenden amtlichen Umlegungsverfahren vorbehalten werden. So kann die Lösung des Problems der fehlenden Innenerschließung im Wege eines Konflikttransfers einem nachfolgenden Umlegungsverfahren vorbehalten werden. Die Durchführung eines Umlegungsverfahrens ist rechtlich nicht zulässig, weil der Bebauungsplan selbst keine Festsetzungen zur Innenerschließung enthält. Diese sind aber erforderlich, weil die amtliche Umlegung nach §§ 45 ff. BauGB – das gilt in gleicher Weise für eine vereinfachte Umlegung nach §§ 80 ff. BauGB– im Bereich qualifizierter Bebauungspläne (§ 30 I BauGB) nur zur Verwirklichung der darin getroffenen Festsetzungen zulässig ist. Das Umlegungsverfahren ist kein Verfahren, in dem Konflikte, die im Bebauungsplan unbewältigt geblieben sind, gelöst werden können. Die Umlegung ist, wie § 46 I BauGB ("zur Verwirklichung eines Bebauungsplans") belegt, eine dem Vollzug des Bebauungsplans dienende Maßnahme,[6027] ein Instrument zur Planverwirklichung. Die Umlegung ist somit von der Planung abhängig; sie ist – im Bereich eines qualifizierten Bebauungsplans – ein **planakzessorisches Instrument**[6028] und dient dazu, den Grund und Boden entsprechend den Festsetzungen des Bebauungsplans so zu gestalten, dass dessen Verwirklichung möglich ist,[6029] Eine Umlegung zur Bereitstellung von Verkehrsflächen kann danach nur unter der Voraussetzung zulässig sein, dass die Flächen im Bebauungsplan ausgewiesen sind. Auch § 55 II 1 Nr. 1 BauGB zeigt, dass eine Umlegung entsprechende Festsetzungen im Bebauungsplan voraussetzt. Nur dann ist es überhaupt iSv § 55 II 1 Nr. 1 BauGB möglich, vorweg Flächen für Straßen, Wege etc. aus der Umlegungsmasse auszuscheiden. Ohne solche Festsetzungen ist aber (auch) eine Erschließungsumlegung ausgeschlossen.[6030]

2778 Für Rechtsstreitigkeiten aus Umlegungsverfahren sind die **Baulandkammern** und **Baulandsenate** zuständig. Das Verfahren wird durch einen Antrag auf gerichtliche Entscheidung eingeleitet (§ 217 BauGB). Beteiligte im baulandgerichtlichen Verfahren sind im Falle der Anfechtung eines Umlegungsplans neben der Stelle, die den Umlegungsplan erlassen hat, auch die Gemeinde. Ergibt sich im baulandgerichtlichen Verfahren, dass der angefochtene Umlegungsplan Fehler aufweist, so muss das Baulandgericht prüfen, welche Auswirkungen diese Fehler

---

[6024] BVerwG Beschl. v. 13.12.1994 – 4 B 216.94, juris.
[6025] BVerwGE 138, 12 Rn. 22.
[6026] BVerwG BauR 2010, 1034 Rn. 31.
[6027] BGHZ 100, 148 (150).
[6028] Breuer in Schrödter, BauGB, 2019, § 45 Rn. 33.
[6029] Begründung des Entwurfs eines Bundesbaugesetzes, BT-Drs. 3/336 S. 73.
[6030] BVerwG NVwZ 2015, 1537; Fricke ZfBR 2016, 332.

auf den Plan als Ganzen haben und ob nicht eine Teilaufhebung genügt.[6031] Hat ein Berufungsgericht im gerichtlichen Verfahren in Baulandsachen einen Umlegungsbeschluss als rechtswidrig aufgehoben, können dagegen sowohl die betroffene Gemeinde als auch deren Umlegungsausschuss Revision einlegen.[6032]

Die Umlegung erweist sich damit als zwar recht komplexes und zeitaufwändiges, aber durchaus handlungsfähiges **Vollzugsinstrument**, gemeindliche Planungsvorstellungen durch die Neuordnung der Grundstücke und Neuzuteilung der dinglichen und schuldrechtlichen Grundstücksrechte umzusetzen und dabei vor allem auch den Interessen der Eigentümer an besser zugeschnittenen Grundstücken zu dienen. 2779

2. Vereinfachte Umlegung

Neben der Umlegung bietet auch die vereinfachte Umlegung nach den §§ 80 ff. BauGB rechtliche Möglichkeiten zur **Bodenordnung**. Während die frühere Grenzregelung auf die Beseitigung baurechtswidriger Zustände beschränkt war, kann mit der durch das EAG Bau 2004 eingeführten vereinfachten Umlegung ein vereinfachtes Verfahren durchgeführt werden, auch wenn die Grundstücke nicht unmittelbar aneinander grenzen, sondern in **enger Nachbarschaft** liegen. Auch ist es in der vereinfachten Umlegung möglich, Grundstücke, insbesondere Splittergrundstücke oder Teile von Grundstücken, auszutauschen oder einseitig zuzuteilen. Der Anwendungsbereich der vereinfachten Umlegung geht daher über die Herbeiführung ordnungsgemäßer Bebauungen oder der Beseitigung baurechtswidriger Zustände hinaus. Die auszutauschenden oder einseitig zuzuteilenden Grundstücke oder Grundstücksteile dürfen nicht selbständig bebaubar sein. Die frühere **Grenzregelung** ist durch die Neufassung der §§ 80 bis 84 BauGB durch das EAG Bau 2004 entsprechend erweitert und in eine **vereinfachte Umlegung** umbenannt worden.[6033] Die vereinfachte Umlegung ist allerdings auf auszutauschende oder einseitig zuzuteilende Grundstücke bzw. Grundstücksteilflächen beschränkt. Diese müssen zudem unmittelbar aneinandergrenzen oder in enger Nachbarschaft liegen sowie nicht selbstständig bebaubar sein (§ 80 I 2 BauGB).[6034] 2780

Das vereinfachte Umlegungsverfahren ist für Fälle gedacht, bei denen nicht in stärkerem Maße in vorhandene Strukturen und Bestände eingegriffen werden soll, sodass die Neuordnung der Grundstücke verhältnismäßig geringe Schwierigkeiten bereitet. In diesen Fällen kann die Bodenordnung in einem weniger aufwändigen Verfahren – dem „Vereinfachten Umlegungsverfahren" – im Gegensatz zu dem umfassenden, „klassischen" Umlegungsverfahren erfolgen. Die Grenzregelung wies zwar bereits gegenüber der Umlegung ein stark vereinfachtes Verfahren auf, hatte allerdings zugleich einen zu engen Anwendungsbereich, um in dem erforderlichen Umfang zu einer Beschleunigung und Erleichterung der Grundstücksneuordnung beizutragen. §§ 80 ff. BauGB sehen daher im Wesentlichen vor, Zweck und Reichweite der vereinfachten Umlegung, wie auch im normalen Umlegungsverfahren, zugunsten der Ermöglichung einer wirtschaftlichen und zweckmäßigen Bebauung durch Neuordnung der Grundstücksgrenzen auszugestalten und hierzu nicht nur einen Tausch von Grundstücksteilen bzw. Grundstücken unter unmittelbar aneinander grenzenden Grundstücken, sondern auch unter Einbeziehung weiterer Grundstücke zu ermöglichen, die in enger Nachbarschaft liegen. Diese Verfahrenserleichterung bei der Bodenordnung mit dem Ziel einer wirtschaftlichen Ausnutzung von Grundstücken soll insbesondere auch einer Verringerung zusätzlicher Flächeninanspruchnahme zu Gute kommen. 2781

Eine einseitige Zuteilung muss im öffentlichen Interesse geboten sein (§ 80 I 3 BauGB). Die vereinfachte Umlegung bietet in einem **vereinfachten Verfahren** die Möglichkeit, unzweckmäßige Grenzen auch nicht unmittelbar benachbarter Grundstücke neu zu ordnen und den städtebaulichen Anforderungen anzupassen. Die vereinfachte Umlegung darf allerdings für den Grundstückseigentümer ohne seine Zustimmung nur eine unerhebliche Wertminderung bewirken, die über 10 bis 15 % des Grundstückswertes nicht hinausgeht. Für den begünstigten Grundstückseigentümer darf der Wertzuwachs allerdings durchaus erheblich sein. Die Regelungen dienen dem Ziel, eine ordnungsgemäße Bebauung oder Erschließung der Grundstücke herbeizuführen oder baurechtswidrige Zustände zu beseitigen. 2782

6031 BGH NVwZ 2006, 734; BGH NJW 1981, 2060.

6032 BGH MDR 2022, 845, 846; BGHZ 113, 139 (142); Urt. v. 10.3.2005 – III ZR 224/04, juris.

6033 Kolenda ZfBR 2005, 538.

6034 LG München I Urt. v. 20.4.2011 – 9 O 10648/10 Baul, BeckRS 2011, 10016 zu den Voraussetzungen einer vereinfachten Umlegung durch Grundstücksflächentausch.

Beispiel: Durch vereinfachte Umlegung soll die Grenze zwischen zwei in der Innenstadt gelegenen Grundstücken so begradigt werden, dass die Bebauung beider Grundstücke möglich ist. Dabei wird die Grenze durch Flächenaustausch so verlegt, dass beide Grundstücke auch nach der vereinfachten Umlegung eine unveränderte Flächengröße haben (§ 80 I 1 Nr. 1 BauGB). Ebenso ist es durch vereinfachte Umlegung möglich, Grundstücke einseitig einem anderen Grundstück zuzuteilen (§ 80 I 1 Nr. 2 BauGB), wenn dies im öffentlichen Interesse geboten ist.

2783 § 80 II 1 BauGB bestimmt, dass die Vorschriften des Ersten Abschnitts nur eingeschränkt anwendbar sind. Damit ist sichergestellt, dass zusätzliche Anforderungen an das vereinfachte Umlegungsverfahren nicht gestellt werden. Einer Anordnung der vereinfachten Umlegung durch die Gemeinde bedarf es nach § 80 II 2 BauGB nicht.

2784 Für die Durchführung der vereinfachten Umlegung bedarf es der Vorgabe von Verteilungsmaßstäben, um die Gleichbehandlung der Eigentümer zu sichern. Die vereinfachte Umlegung ist nach § 80 III 1 BauGB so durchzuführen, dass jedem Eigentümer nach dem Verhältnis des Werts seines früheren Grundstücks zum Wert der übrigen Grundstücke möglichst ein Grundstück in gleicher oder gleichwertiger Lage zugeteilt wird. Im vereinfachten Umlegungsverfahren durch die Neuordnung bewirkte Grundstückswertminderungen dürfen nur unerheblich sein (§ 80 III 2 BauGB). Von diesen Zuteilungsgrundsätzen darf im Vereinbarungswege mit Zustimmung der Eigentümer abgewichen werden (§§ 80 III 3, 56 II BauGB).

2785 Der **Anwendungsbereich** der vereinfachten Umlegung ist begrenzt. Mit der vereinfachten Umlegung können nach § 80 I 1 BauGB nur unmittelbar aneinandergrenzende oder in enger Nachbarschaft liegende Grundstücke oder Teile von Grundstücken untereinander getauscht oder Grundstücke, insbesondere Splittergrundstücke oder Teile von Grundstücken, einseitig zugeteilt werden. Die auszutauschenden oder einseitig zuzuteilenden Grundstücke oder Grundstücksteile dürfen nach § 80 I 2 BauGB nicht selbständig bebaubar sein. Eine einseitige Zuteilung muss im öffentlichen Interesse geboten sein (§ 80 I 3 BauGB).

2786 Gegen den Willen des Grundstückseigentümers darf der Wertverlust nach § 80 III 2 BauGB nur unerheblich sein. Die einseitige Zuteilung von Grundstücken ist wegen der enteignenden Wirkung nur zulässig, wenn sie im öffentlichen Interesse geboten ist. Zugleich muss der Eigentümer des begünstigten Grundstücks einverstanden sein. Eine Grundstückszuteilung gegen den Willen des begünstigten Eigentümers ist demgegenüber nicht zulässig.[6035] Ein vereinfachtes Umlegungsverfahren, das nicht dem dargestellten begrenzten Zweck dient, sondern andere Ziele verfolgt, zB die Beschaffung von Straßenland zwecks Erschließung anderer Grundstücke, beinhaltet einen unzulässigen Zugriff auf das Eigentum des betroffenen Grundstückseigentümers und ist deshalb fehlerhaft.[6036]

2787 Die vereinfachte Umlegung ist so durchzuführen, dass jedem Eigentümer möglichst ein Grundstück in **gleicher oder gleichwertiger Lage** zugeteilt wird (§ 80 III 1 BauGB). Mit Zustimmung des Eigentümers kann allerdings davon abgewichen werden. **Vorteile**, die durch die vereinfachte Umlegung bewirkt werden, sind nach Maßgabe des § 81 BauGB zwischen den beteiligten Eigentümern in Geld auszugleichen. Der Ausgleich wird über die Gemeinde, die Gläubigerin und Schuldnerin der Geldansprüche ist, bewirkt. Dinglich Berechtigte sind auf den Geldanspruch des Eigentümers verwiesen. Die vereinfachte Umlegung soll sich daher für die beteiligten Eigentümer und sonstigen Beteiligten als im Ergebnis vermögensneutral erweisen.

2788 Vorteile, die durch die vereinfachte Umlegung bewirkt werden, sind von den Eigentümern nach § 81 I 1 BauGB in Geld auszugleichen. Die Vorschriften über die Entschädigung (§§ 93 ff. BauGB) sind entsprechend anzuwenden. Gläubigerin und Schuldnerin der Geldleistungen ist die Gemeinde. Die Beteiligten können mit Zustimmung der Gemeinde andere Vereinbarungen treffen (§ 81 II 1 und 2 BauGB).

2789 Die Gemeinde setzt gem. § 82 I 1 BauGB nach Erörterung mit den Eigentümern durch Beschluss die neuen Grenzen sowie die Geldleistung fest und regelt in ihm, soweit es erforderlich ist, die Neuordnung und zu diesem Zweck auch die Neubegründung und Aufhebung von Dienstbarkeiten, Grundpfandrechten und Baulasten. Beteiligten, deren Rechte ohne Zustimmung durch den Beschluss betroffen werden, ist nach § 82 I 2 BauGB vorher Gelegenheit zur Stellungnahme zu geben. Der Beschluss muss nach Form und Inhalt zur Übernahme in das

[6035] Reidt in BKL, BauGB, 2022, § 80 Rn. 19.
[6036] OLG Hamm NVwZ 1990, 1006.

Liegenschaftskataster geeignet sein (§ 82 I 3 BauGB). Nach § 82 II 1 BauGB ist allen Beteiligten ein ihre Rechte betreffender Auszug aus dem Beschluss zuzustellen. Dabei ist darauf hinzuweisen, dass der Beschluss bei einer zu benennenden Stelle eingesehen werden kann (§ 82 II 2 BauGB).

Die Gemeinde hat nach § 83 I 1 BauGB ortsüblich bekannt zu machen, in welchem Zeitpunkt der Beschluss über die vereinfachte Umlegung unanfechtbar geworden ist. Mit der Bekanntmachung wird nach § 83 II 1 BauGB der bisherige Rechtszustand durch den in dem Beschluss über die vereinfachte Umlegung vorgesehenen neuen Rechtszustand ersetzt. Die Bekanntmachung schließt die Einweisung der neuen Eigentümer in den Besitz der zugeteilten Grundstücke oder Grundstücksteile ein (§ 83 II 2 BauGB). Das Eigentum an ausgetauschten oder einseitig zugeteilten Grundstücksteilen und Grundstücken geht lastenfrei auf die neuen Eigentümer über. 2790

Der Beschluss über eine vereinfachte Umlegung kann als **Verwaltungsakt** mit dem Widerspruch und nach Zurückweisung des Widerspruchs ggf. mit einem Antrag auf gerichtliche Entscheidung nach § 217 BauGB angefochten werden. Dem Beschluss über eine vereinfachte Umlegung ist daher eine **Rechtsmittelbelehrung** nach §§ 212, 217 BauGB beizufügen. Nach Eintritt der Unanfechtbarkeit hat die Gemeinde den Beschluss über die vereinfachte Umlegung ortsüblich bekanntzumachen. Mit diesem Zeitpunkt wird der bisherige Rechtszustand durch den neuen Rechtszustand ersetzt. Die Gemeinde hat die Eigentümer in die neuen Grundstücksverhältnisse einzuweisen. Das Eigentum an den ausgetauschten Flächen geht jeweils lastenfrei auf den neuen Eigentümer über und wird dort Bestandteil seines Grundstücks. Das Grundbuch und das Liegenschaftskataster sind auf Grund einer entsprechenden Mitteilung der Gemeinde gem. § 84 BauGB zu berichtigen. Die vereinfachte Umlegung ist daher eine in ihrem Anwendungsbereich zwar eingeschränkte, aber in Fällen minderer Bedeutung durchaus wirksame Möglichkeit, die Umsetzung städtebaulicher Zielvorstellungen mit den Mitteln der Bodenordnung vorzubereiten. Sie wird sich aber wohl nur bei Einverständnis der Beteiligten zeitnah verwirklichen lassen. 2791

Die freiwillige Umlegung ist hinsichtlich der **Grunderwerbsteuer** nicht begünstigt. Die tatbestandliche Beschränkung der Grunderwerbsteuerfreistellung in § 1 I Nr. 3 2 Buchst. b GrEStG auf Grundstückserwerbe im amtlichen Umlegungsverfahren (§§ 45 ff. BauGB) verstößt nicht gegen Art. 3 I GG. Ein im Wege der freiwilligen Baulandumlegung (§ 11 I 2 Nr. 1 BauGB) erfolgter Grundstückserwerb unterliegt nach § 1 I Nr. 1 GrEStG der Grunderwerbsteuer, wenn der zwischen der Gemeinde und dem Steuerpflichtigen geschlossene notarielle Vertrag über die freiwillige Baulandumlegung ein auf den Tausch von Grundflächen bezogenes Rechtsgeschäft darstellt, welches für den Steuerpflichtigen den Anspruch auf Übereignung eines Miteigentumsanteils an inländischen Grundstücken begründet.[6037] 2792

II. Enteignung und Entschädigung

Das private Grundeigentum ist in einer hochentwickelten Industriegesellschaft durch den Flächenbedarf für öffentliche Zwecke, für das öffentliche Verkehrsnetz, aber auch für zahllose andere öffentliche oder private Infrastruktureinrichtungen, zu denen etwa Abfallentsorgungsanlagen, Abwasserbehandlungsanlagen, Fernleitungen für Strom, Öl oder Gas zählen, für Maßnahmen des Naturschutzes etc. und durch andere private Vorhaben gefährdet, mit denen zugleich ein zulässiger Enteignungszweck verwirklicht werden soll. Dem Schutz vor der Enteignung kommt deshalb hohe Bedeutung zu. Zum Schutz des Eigentums hat das Grundgesetz die Zulässigkeit der Enteignung von verschiedenen Voraussetzungen abhängig gemacht. Gem. Art. 14 IIII 1 GG ist eine Enteignung nur zum Wohl der Allgemeinheit zulässig. Sie darf nur durch Gesetz oder aufgrund eines Gesetzes erfolgen, das Art und Ausmaß der Entschädigung regelt. Die Entschädigung ist unter gerechter Abwägung der Interessen der Allgemeinheit und der Beteiligten zu bestimmen (Art. 14 III 2 GG). Zum Schutz des Eigentums bedarf es außerdem vor jeder Enteignung der Durchführung eines Enteignungsverfahrens.[6038] Die Rechtsprechung des BVerfG hat dem Verfahren für den Grundrechtsschutz gerade im Bereich des Eigen- 2793

[6037] BFH DNotI-Report 2011, 196 m. Anm. Schanko StBW 2011, 1141 – Grunderwerbsteuerpflicht im Rahmen der freiwilligen Baulandumlegung, Dort zugleich auch zum Zweck und Wesen des amtlichen Umlegungsverfahrens und zu den Unterschieden zur freiwilligen Baulandumlegung

[6038] Siehe dazu Beckmann Enteignung in Redeker/Uechtritz, Verwaltungsverfahren, 2020, S. 442 ff.

tumsgrundrechts besondere Bedeutung beigemessen.[6039] Das Grundgesetz hat jedoch die verfassungsgerechte Ausformung des Enteignungsverfahrens dem Gesetzgeber überlassen.

2794 Wird durch die Bauleitplanung oder einen Vollzugsakt in das private Eigentum eingegriffen, so unterliegt diese Maßnahme **verfassungsrechtlichen Anforderungen**, die sich aus Art. 14 GG und allgemeinen rechtsstaatlichen Erfordernissen ergeben. Enteignende Eingriffe in das Eigentum sind nur unter besonderen verfassungsrechtlichen Voraussetzungen zulässig. Außerdem muss in solchen Fällen eine angemessene Entschädigung gewährt werden. Entsprechende Regelungen sind in den §§ 39 bis 44 BauGB und §§ 85 bis 122 BauGB enthalten. Eine in ihrem Vollzug mit Enteignungen verbundene Planung muss allerdings nicht von vornherein scheitern. Vielmehr reicht es aus, dass die planende Gemeinde das Gewicht des Eingriffs in die Abwägung ordnungsgemäß einstellt und durch überwiegende Gemeinwohlgründe rechtfertigt. Dabei kann die Gemeinde bei der Ausweisung einer öffentlichen Verkehrsfläche auch berücksichtigen, dass eine Gleichbehandlung der Eigentümer in einem Umlegungsverfahren gewährleistet werden kann.[6040]

Enteignungsverfahren
Antragstellung bei der Gemeinde (§ 105 BauGB) Voraussetzungen des § 87 BauGB Wohl der Allgemeinheit Enteignungszweck sonst nicht erreichbar vergebliches Angebot kein geeignetes anderes Land verfügbar Verwendung innerhalb angemessener Frist glaubhaft gemacht
Vorlage des Antrags mit der Stellungnahme der Gemeinde innerhalb eines Monats (§ 104 BauGB)
Prüfung des Antrags nach den §§ 85 bis 87 BauGB
Vorbereitung der mündlichen Verhandlung (§ 107 BauGB) und Erörterung mit den Beteiligten
Einleitung des Enteignungsverfahrens durch Anberaumung eines Termins zur mündlichen Verhandlung (§ 108 BauGB) Mitteilung an das Grundbuchamt: Eintragung Enteignungsvermerk (§ 108 BauGB) Rechtswirkungen: Genehmigungspflicht für Rechtsvorgänge, Vorhaben und Maßnahmen (§ 51 BauGB)
mündliche Verhandlung bei Enteignung (§ 110 BauGB), Teilenteignung (§ 111 BauGB) und Nichtenteignung (§ 112 BauGB)
Enteignung der Enteignungsbehörde durch Beschluss (§ 113 BauGB)
Anordnung und Ausführung des Enteignungsbeschlusses oder der Vorabentscheidung (§ 117 BauGB) Mitteilung an das Grundbuchamt Löschung des Enteignungsvermerks (§ 117 BauGB)
Zustellung der Ausführungsanordnung an die Beteiligten (§ 117 IV BauGB) Rechtwirkungen: neuer Rechtszustand (§ 117 V BauGB), Aufhebung der Genehmigungspflicht (§ 109 BauGB), Besitzeinweisung (§ 117 VI BauGB)

2795 Das private Eigentum steht unter dem besonderen Schutz des GG. Nach Art. 14 I 1 GG sind Eigentum und Erbrecht gewährleistet. Inhalt und Schranken werden nach Art. 14 I 2 GG durch die Gesetze bestimmt. Eine Enteignung ist nach Art. 14 III 1 GG nur zum Wohle der Allgemeinheit zulässig. Sie darf nach Art. 14 III 2 GG nur durch Gesetz oder auf Grund eines Gesetzes erfolgen, das Art und Ausmaß der Entschädigung regelt **(Junktimklausel)**. Die Ent-

[6039] BVerfGE 37, 132, 141 (148); BVerfGE 46, 325 (334); BVerfGE 49, 220 (225); BVerfGE 53, 30 (65); BVerfGE 56, 216 (236); BVerfGE 60, 348 (357 f.); BVerfGE 61, 82 (114 ff.); BVerfGE 74, 274 (293); BVerfGE 134, 242; BVerwG BRS 45 Nr. 207, 623; BVerwGE 87, 241 (243); NVwZ 2013, 649; OVG Berlin-Brandenburg v. 27.3.2015 – 11 S 14.15, juris Rn. 12 ff.

[6040] BVerwG NVwZ-RR 1999, 425.

schädigung ist unter gerechter Abwägung der Interessen der Allgemeinheit und der Beteiligten zu bestimmen (Art. 14 III 3 GG). Das Eigentum ist dabei durch **Privatnützigkeit** und **Gemeinwohlbezogenheit** gekennzeichnet. Eigentum verpflichtet. Sein Gebrauch soll zugleich dem Wohl der Allgemeinheit dienen, beschreibt Art. 14 II GG die **Sozialpflichtigkeit** des Eigentums. Art. 14 GG schützt allerdings nicht das Privateigentum, sondern das Eigentum Privater.[6041] Das Eigentum in öffentlicher Hand steht daher nicht unter dem Schutz der Eigentumsgarantie.

1. Eigentumsgarantie in Art. 14 GG

Art. 14 I 1 GG gewährleistet das Eigentum und das Erbrecht. Inhalt und Schranken werden 2796
durch die Gesetze bestimmt. Art. 14 GG definiert den Eigentumsbegriff nicht. Die Eigentumsgarantie verfolgt den Zweck, dem Einzelnen einen Freiheitsraum im vermögensrechtlichen Bereich zu sichern und ihm dadurch eine eigenverantwortliche Lebensgestaltung zu ermöglichen.[6042] Das verfassungsrechtlich gewährleistete Eigentum ist durch Privatnützigkeit und grundsätzliche Verfügungsbefugnis des Eigentümers über den Eigentumsgegenstand gekennzeichnet. Das Eigentum soll ihm als Grundlage privater Initiative und in eigenverantwortlichem privaten Interesse von Nutzen sein.[6043] Denkmalschutzrechtliche Anforderungen dürfen deshalb zB nicht dazu führen, dass selbst ein Eigentümer, der die im Interesse der Allgemeinheit geschuldete Aufgeschlossenheit für die Belange des Denkmalschutzes zeigt, von seinem Baudenkmal keinen – auch wirtschaftlich – vernünftigen Gebrauch mehr machen kann.[6044] Geschützt ist ua auch das Recht des Eigentümers, sein Eigentum entgeltlich Dritten zu überlassen. Deshalb kann der Eigentümer bereits während eines laufenden Enteignungsverfahrens eine besondere Entschädigung verlangen, wenn sein Haus aufgrund einer bevorstehenden Enteignung des Grundstücks nicht mehr zu vermieten ist.[6045] Das Eigentumsgrundrecht schützt den konkreten Bestand des Eigentums in der Hand des einzelnen Eigentümers. Im Falle einer verfassungsgemäßen Enteignung tritt an die Stelle der **Bestandsgarantie** eine **Wertgarantie**, die sich auf Gewährung einer vom Gesetzgeber dem Grunde nach zu bestimmenden Entschädigung richtet.[6046] Dies ändert allerdings nichts daran, dass Art. 14 GG vornehmlich den Bestand des Eigentums in seiner freiheitssichernden Funktion schützt und eben nicht nur den Wert des Eigentums. Der hoheitliche Zugriff auf konkrete Eigentumspositionen durch Enteignung ist daher regelmäßig ein schwerer Eingriff in das durch Art. 14 I GG geschützte, nach Maßgabe des einfachen Rechts ausgestaltete Eigentum.[6047]

Schutzgut der Eigentumsgarantie ist das private Eigentum, nicht bloße Chancen oder Gewin- 2797
nerwartungen, die nicht unter die Eigentumsgarantie fallen. Zu den von Art. 14 I GG geschützten vermögenswerten Rechten könnten auch die vermögensrechtlichen Bestandteile des allgemeinen Persönlichkeitsrechts wie etwa lizenzfähige Rechte gehören.[6048] Art. 14 I GG schützt den **eingerichteten und ausgeübten Gewerbebetrieb** sowie das durch einen schuldrechtlichen **Pachtvertrag** gewährte Nutzungsrecht am jeweiligen Grundstück. Der Entzug einer zu einem landwirtschaftlichen Betrieb gehörenden Pachtfläche ist zugleich Eingriff in den eingerichteten und ausgeübten Gewerbebetrieb.[6049] Das gilt zB auch für die durch Durchschneidung einer räumlich zusammenhängenden landwirtschaftlichen Nutzfläche durch eine Verkehrstrasse.[6050] Als Beeinträchtigung des Gewerbebetriebs kommen auch die sich aus einer enteignungsbedingten Mehrentfernung ergebenden Nachteile in Betracht, die sich durch zusätzliche Wegekosten auf den Ertrag des landwirtschaftlichen Betriebs auswirken.[6051] Geschützt sind daneben auch subjektiv-öffentliche Rechte, wenn ihr Vermögenswert entweder durch eigene

---

6041 BVerfG NVwZ 2002, 1366.

6042 BVerfG Urt. v. 17.12.2013 – 1 BvR 3139/08, juris Rn. 168.

6043 BVerfG Urt. v. 17.12.2013 – 1 BvR 3139/08, juris Rn. 168.

6044 Beckmann Enteignung in Redeker/Uechtritz, Verwaltungsverfahren, 2020, Rn. 6.

6045 BGH NVwZ 2008, 348; Schlick NJW 2009, 3139.

6046 BVerfG Urt. v. 17.12.2013 – 1 BvR 3139/08, juris Rn. 168.

6047 BVerfG Urt. v. 17.12.2013 – 1 BvR 3139/08, juris Rn. 168.

6048 BVerfG DVBl. 2009, 667 (LS); BGHZ 143, 214; BVerfGE 101, 361; siehe dazu auch Beckmann Enteignung in Redeker/Uechtritz, Verwaltungsverfahren, 2020, Rn. 6.

6049 Beckmann Enteignung in Redeker/Uechtritz, Verwaltungsverfahren, 2020, Rn. 7; Schlick NJW 2009, 3139.

6050 BGH UPR 2011, 111 (112); NVwZ-RR 2008, 297.

6051 BGH UPR 2011, 111 (112).

Leistung oder durch eigenen Kapitalaufwand erworben worden ist.[6052] Nicht enteignungsfähig sind sonstige öffentlich-rechtliche Berechtigungen, wie zB eine wasserrechtliche Erlaubnis oder Bewilligung. Für solche Berechtigungen ergibt sich aus den jeweiligen Fachgesetzen, ob und ggf. unter welchen Voraussetzungen sie eingeschränkt oder aufgehoben werden können.

2798 Dem Gesetzgeber kommt bei der Ausgestaltung der Inhalts- und Schrankenbestimmung des Eigentums, aus der sich die Reichweite der Eigentumsgarantie für Rentenanwartschaften ergibt, allerdings grundsätzlich ein weiter Gestaltungsspielraum zu.[6053] Auch die Möglichkeit, sein Grundstück im Rahmen der Gesetze zu bebauen, wird vom Ansatz her im Sinne einer **potenziellen Baufreiheit** durch die Eigentumsgarantie geschützt.[6054] Gesetze, die iSv Art. 14 I 2 GG Inhalt und Schranken des Eigentums bestimmen, sind auch untergesetzliche – auf gesetzlicher Ermächtigung beruhende – Normen, insbesondere auch Bebauungspläne.[6055] Der Baufreiheit kommt angesichts des generellen Planvorbehalts nur dort Bedeutung zu, wo es im unbeplanten Innen- und Außenbereich um die Anwendung der §§ 34 und 35 BauGB geht und die Auswirkungen dieser Vorschriften auf die Nutzung des Eigentums geprüft werden müssen.[6056] Ein durch Art. 14 I GG bewirkter **Bestandsschutz** liegt nur dann vor, wenn der Bestand zu irgendeinem Zeitpunkt genehmigt worden oder jedenfalls genehmigungsfähig gewesen ist.[6057] Handelt es sich nicht um Eigentum in diesem Sinne, so scheidet eine Anwendung des Art. 14 GG aus. Nicht eigentumsmäßig geschützte Rechtspositionen wie etwa einfache Belange sind verfassungsrechtlich nicht vor einem entschädigungslosen Entzug geschützt.

Beispiel: Der Produzent von Märchenfilmen muss es entschädigungslos hinnehmen, dass ein bestimmtes Mindestalter von Kindern für den öffentlichen Besuch von Filmen festgesetzt wird. Die Krabbenfischer haben keinen eigentumsrechtlichen Entschädigungsanspruch, wenn sie von ihren Fanggründen durch einen neu errichteten Elbeleitdamm getrennt werden. Die Wirtin einer „Soldatengaststätte" wird nicht in ihrem Eigentum betroffen, wenn durch den Bau einer Autobahn der Weg zur Kaserne abgeschnitten wird und die Landser ein anderes Lokal aufsuchen.[6058]

2799 Der **Anliegergebrauch** vermittelt nach der Rechtsprechung des BVerwG keine aus Art. 14 I 1 GG ableitbare Rechtsposition. Wie weit er gewährleistet ist, richtet sich vielmehr nach dem einschlägigen Straßenrecht, dessen Regelungsbereich das Nachbarschaftsverhältnis zwischen Straße und angrenzenden Grundstücken umfasst. Der einfache Gesetzgeber hat insoweit in Erfüllung des ihm in Art. 14 I 2 GG erteilten Auftrages Inhalt und Schranken des Eigentums zu bestimmen. Hierbei hat er einerseits dem Gewährleistungsgehalt des in Art. 14 I 1 GG grundgesetzlich anerkannten Privateigentums und andererseits dem Sozialgebot des Art. 14 II GG Rechnung zu tragen.[6059] Der Anliegergebrauch gewährt auch unter Berücksichtigung des Art. 14 I 1 GG keinen Schutz vor Wegfall einer bestimmten Wegeverbindung. Hat eine Pla-

[6052] Vgl. zB BVerfGE 70, 278 (285); BVerfGE 69, 272 (304); BVerfGE 53, 257 (290); BVerfGE 58, 81 (109); BVerfGE 66, 234 (247).

[6053] BVerfG DVBl. 2009, 599 (LS); BVerfGE 117, 272; BVerfGE 116, 96; BVerfGE 53, 257; siehe dazu auch Wendt in Sachs, GG, 2021, Art. 14 Rn. 70; Jarass GG, 2022, Art. 14 Rn. 33; Kümper in HBG, Öffentliches Baurecht, 2024, § 12 Rn. 2.

[6054] Zur Baufreiheit OVG Münster Urt. v. 16.11.2023 – 2 D 354/21.NE, juris Rn. 125; OVG Lüneburg Beschl. v. 29.8.2023 – 1 ME 85/23, juris; Rn. 17; BVerfGE 35, 263; Schrödter in Schrödter, BauGB, 2019, § 1 Rn. 1; Axer in BeckOK Grundgesetz, 2023, Art. 14 GG Rn. 45; Thiel BauR 2020, 41.

[6055] BVerfGE 79, 174;

[6056] Schrödter in Schrödter, BauGB, 2019, § 1 Rn. 2.

[6057] BVerfG NVwZ 2001, 424; OVG Münster NVwZ-RR 2020, 94; zum baurechtlichen Bestandsschutz Jeronim in Kröninger/Jeromin, BauGB/BauNVO, 2024, § 30 BauGB Rn. 13; Goldschmidt in Hoppenberg/de Witt, Handbuch des öffentlichen Baurechts, 2023; Kersten Baurecht in Schoch/Eifert, Besonderes Verwaltungsrecht, 2023, Kap. 3 Rn. 377; allgemein Jarass in Jarass/Pieroth, GG, 2022, Art. 14 Rn. 46; zu Legalisierungswirkung und Bestandsschutz immissionsschutzrechtlicher Genehmigungen und ihre Bedeutung für das Umweltschadensrecht siehe Beckmann EuRUP 2020, 238.

[6058] BGH NJW 1964, 769; NJW 1966, 1120 – Krabbenfischer; BGHZ 45, 83; BGHZ 55, 261.

[6059] VGH Mannheim Urt. v. 17.3.2022 – 5 S 1790/20, BeckRS 2022, 7521; siehe auch OVG Bautzen Urt. v. 13.7.2022 – 1 A 1231/17, BeckRS 2022, 25194, Rn. 34 das eine zuvor von ihm vertretene Auffassung, der Straßenanliegergebrauch sei im Kernbestand durch Art, 14 GG gewährleistet, ausdrücklich aufgibt; aA VG Kassel Urt. v. 20.10.2023 – 7 K 1188/21.KS, BeckRS 2023, 34164 Rn. 18; siehe auch VGH München NVwZ-RR 2022, 15, wonach einem auf die Anlieferung von Waren angewiesenen Gewerbebetrieb im innerstädtischen Bereich weder baurechtlich noch straßenrechtlich ein Anspruch auf die bestmögliche Anlieferungsmöglichkeit zusteht; BVerwG DVBl. 1999, 1513; OVG Münster 4.6.2014 – 11 A 472/

nung die Verschlechterung der für ein Grundstück bisher bestehenden günstigen Verkehrsverhältnisse zur Folge, so wird der Anlieger dadurch in aller Regel nicht in seinen Rechten verletzt.[6060] Vor Einschränkungen und Erschwernissen bei den Zufahrtsmöglichkeiten gewährt der Anliegergebrauch ebenfalls keinen Schutz, solange eine Straße als Verkehrsmittel erhalten bleibt. Er mutet einem Anlieger gegebenenfalls auch zu, die Nutzung seines Grundstücks umzuorganisieren, um sich veränderten Zufahrtsmöglichkeiten anzupassen.[6061]

Von Verfassungs wegen ist es nicht geboten, dass die Kunden des Restaurants, des Cafés, des Souvenirverkaufs und des Bootsverleihs diese Betriebe unmittelbar mit dem Pkw oder einem Bus ansteuern können. Dabei ist die Vorbelastung der Grundstücke durch die Situation, in die sie hineingestellt sind, zu beachten. Liegen sie etwa in einem besonders schutzwürdigen Kurgebiet, so sind sie von vornherein durch diese Situation geprägt. Chancen und Verdienstmöglichkeiten sind durch Art. 14 I GG nicht geschützt.[6062] Dies gilt auch für Vorteile, die sich aus dem bloßen Fortbestand einer günstigen Rechtslage ergeben.[6063] **2800**

Ein etwaiges Vertrauen in den Bestand oder Fortbestand einer bestimmten Markt- oder Verkehrslage ist regelmäßig kein für die Fachplanung unüberwindlicher Belang. Das bedeutet aber nicht, dass Anliegerinteressen rechtlich überhaupt nicht zu Buche schlagen. Sie müssen, sofern sie nicht als geringfügig ausnahmsweise außer Betracht zu bleiben haben, in die Abwägung eingestellt werden. **2801**

Beispiel: Wird im Rahmen einer eisenbahnrechtlichen Planfeststellung die Erschließungssituation der umliegenden Grundstücke verändert, ist eine Verletzung des straßenrechtlichen Anliegergebrauchs ausgeschlossen, wenn jedenfalls eine Zufahrtsmöglichkeit ungeschmälert erhalten bleibt. Denn der Anliegergebrauch gewährt keinen Anspruch auf eine zweite Grundstückszufahrt.[6064]

Zeitlich beschränkte Kontaktunterbrechungen oder erhebliche Kontaktbeschränkungen der Anliegerrechte, etwa durch Baumaßnahmen am öffentlichen Straßenland, müssen Anlieger grundsätzlich als Ausfluss der Sozialbindung des Eigentums entschädigungslos hinnehmen.[6065] **Zufahrten** und **Zugänge** zu **Bundesstraßen** außerhalb geschlossener Ortschaften gelten nach § 8 a I 1 FStrG als Sondernutzung, wenn sie neu angelegt oder geändert werden.[6066] **2802**

§ 8a FStrG vermittelt den Eigentümern eines Grundstücks keinen Anspruch auf unverändertem Zugang zu diesem oder auf optimale Erreichbarkeit und gewährt auch keinen Schutz vor Zufahrtserschwernissen, die sich aus der besonderen örtlichen Lage und einer etwaigen situationsbedingten Vorbelastung ergeben, in die das Grundstück hineingestellt ist. Vielmehr folgt aus § 8a IV FStrG, dass lediglich ein Anspruch auf eine Verbindung zum Wegenetz, die eine angemessene Nutzung des Grundeigentums ermöglicht, existiert.[6067] Dabei ist „angemessen" nicht schon jede Nutzung, zu der das Grundeigentum Gelegenheit bietet, sondern was aus dem Grundstück unter Berücksichtigung der Rechtslage und der tatsächlichen Gegebenheiten als anerkennenswertes Bedürfnis hervorgeht.[6068] § 8 a IV 3 FStrG gewährt im Falle der Erschwerung einer Grundstückszufahrt durch Maßnahmen des Straßenbaus eine angemessene Entschädigung nur, wenn und soweit eine vom Eigentumsschutz des Art. 14 GG umfasste Rechtsposition nicht unerheblich beeinträchtigt worden ist.[6069] Außerdem dürfen Zufahrten oder Zugänge zu Bundesfernstraßen geschlossen werden, soweit die Sicherheit und Leichtigkeit des Verkehrs es erfordert und das Grundstück eine anderweitige ausreichende Verbindung zum **2803**

14, juris Rn. 5; VG Aachen Urt. v. 19.8.2015 – 6 K 2819/12, juris Rn. 12; VG Berlin v. 17.11.2014 – 1 L 301/14, juris Rn. 6; Beckmann Enteignung in Redeker/Uechtritz, Verwaltungsverfahren, 2020, Rn. 9.

[6060] VGH München v. 13.10.2015 – 22 A 14.40037, juris Rn. 28.

[6061] OVG Magdeburg Urt. v. 13.01.2015 – SA v. 2 L 162/13, juris Rn. 8.

[6062] BVerfGE 39, 210; BVerfGE 65, 196; BVerfGE 74, 129; BVerfGE 78, 205.

[6063] BVerfGE 68, 193; BVerfGE 77, 370; UPR 1991, 100; BVerwGE 62, 376.

[6064] VGH Mannheim Urt. v. 4.5.2023 – 5 S 1941/22, BeckRS 2023, 15131.

[6065] OVG Bautzen Beschl. v. 26.5.2020 – 4 B 169/19, BeckRS 2020, 17600.

[6066] Näher dazu Sauthoff in Müller/Schulz, FStrG, 2022, § 8a Rn. 1 ff.; zur Rechtsnatur einer straßenrechtlichen Sondernutzungserlaubnis für Zufahrt zu einem Grundstück siehe VG Trier Urt. v. 6.4.2022 – 9 K 3429/21.TR. juris Rn. 32, 42.

[6067] OVG Schleswig Urt. v. 28.9.2023 – 4 KS 3/21, juris Rn. 90; BVerwG Beschl. v. 14.1.2019 – 9 B 13.18 – juris Rn. 3; VGH München Urt. v. 22.02.2022 – 8 A 20.40006, 8 A 20.40007, juris Rn. 31.

[6068] OVG Schleswig Urt. v. 28.9.2023 – 4 KS 3/21, juris Rn. 90; BVerwG Beschl. v. 11.05.1999 – 4 VR 7.99, juris Rn. 7.

[6069] OLG Köln Beschl. v. 5.12.2019 – 7 U 181/19, juris Rn. 4.

öffentlichen Verkehrsnetz besitzt (vgl. § 8a VI FStrG). Daraus folgt, dass nicht ein Anspruch auf unveränderten Zugang zu einem Grundstück, sondern lediglich auf eine Verbindung mit dem Straßennetz, die eine angemessene Nutzung des Grundeigentums ermöglicht, besteht.[6070]

2804 Auch Anliegerinteressen unterhalb der in § 8 a FStrG bezeichneten Schwelle sind, sofern sie nicht als geringfügig ausnahmsweise außer Betracht zu bleiben haben, im Rahmen der Verkehrswegeplanung in die Abwägung einzustellen. Sie können jedoch durch überwiegende Gemeinwohlbelange zurückgedrängt werden.[6071] Ein neuer öffentlicher Geh- und Radweg etwa ist als solcher in der Regel keine unzumutbare Beeinträchtigung der Nutzungsmöglichkeit der zukünftigen Anliegergrundstücke. Dadurch bedingte Veränderungen ihres „Wohnmilieus" haben die betroffenen Grundeigentümer vielmehr in der Regel als Ausfluss der Sozialbindung des Eigentums hinzunehmen. Grundsätzlich haben die Grundeigentümer, die Anlieger eines neuen öffentlichen Weges geworden sind, auch keinen Anspruch auf eine Sichtschutz bietende Einzäunung.[6072] Der Anliegergebrauch verschafft zwar das Recht zur angemessenen Nutzung, aber kein subjektiv-öffentliches Recht auf Ausbau einer öffentlichen Straße. Hat der Straßenbaulastträger mangels Widmung eines Grundstücks kein Recht zum Besitz an einer fremden Grundstücksfläche, kann er deren Nutzung für Straßenzwecke nur fortführen, wenn er nach § 986 BGB ein anderes Recht zum Besitz hat oder erwirkt. Die objektive Erforderlichkeit eines Straßenausbaus oder die subjektive Verpflichtung einer Gemeinde zum Ausbau eines Wegs gegenüber Dritten begründen solche Besitzrechte nicht.[6073]

2805 Von Art. 14 I GG geschützt sind nur Rechtspositionen, die einem Berechtigten bereits zustehen, nicht aber in der Zukunft liegende **Chancen und Verdienstmöglichkeiten**.[6074] Aus einem eventuellen Schutz des Busunternehmens als eingerichteter und ausgeübter Gewerbebetrieb folgt nichts anderes; die Möglichkeit der Benutzung einer öffentlichen Straße im Rahmen des Gemeingebrauchs unterfällt nicht diesem Schutz. Vielmehr ist die bis zur Teileinziehung vorhandene Möglichkeit des Unternehmens zur Nutzung des fraglichen Straßenraums im Rahmen des Gemeingebrauchs als bloße, von Art. 14 GG nicht geschützte tatsächliche Gegebenheit zu werten. Die Teileinziehung der Straße kann verfassungsrechtlich nur dann von Bedeutung sein, wenn der Betroffene auf den „Anliegergebrauch" angewiesen ist.[6075]

2806 Das BVerfG, unterscheidet die **Inhalts- und Schrankenbestimmung** des Gesetzgebers nach Art. 14 I 2 GG von der **Enteignung** in Art. 14 III GG, die am Bilde der Güterbeschaffung iS der klassischen Enteignung auf den vollständigen oder teilweisen Entzug des Eigentums gerichtet ist.[6076] Eine Enteignung nach Art. 14 III GG setzt den Entzug des Eigentums durch Änderung der Eigentumszuordnung und stets auch eine Güterbeschaffung voraus. Führen Einschränkungen der Nutzungs- und Verfügungsbefugnis am Eigentum als Inhalts- und Schrankenbestimmungen iSv Art. 14 I 2 GG zu einem Entzug konkreter Eigentumspositionen, ohne der Güterbeschaffung zu dienen, sind gesteigerte Anforderungen an deren Verhältnismäßigkeit zu stellen. Sie werfen stets die Frage nach Ausgleichsregelungen auf.[6077]

2807 Die Enteignung ist dabei wiederum durch Gesetz oder aufgrund eines Gesetzes zulässig. Der Gesetzgeber hat allerdings nicht die freie Wahl zwischen **Administrativ- und Legalenteignung**, wie der Wortlaut des Art. 14 III 2 GG nahelegen könnte. Das BVerfG hat vielmehr die Legalenteignung nur in eng begrenzten Ausnahmefällen für zulässig erklärt.[6078] Beruhen ent-

---

[6070] OVG Schleswig Urt. v. 28.9.2023 – 4 KS 3/21, juris Rn. 90; BVerwG Beschl. v. 14.1.2019 – 9 B 13.18, juris Rn. 3; VGH München Urt. v. 22.2.2022 – 8 A 20.40006, 8 A 20.40007, juris Rn. 31.

[6071] BVerwG NVwZ 1999, 1341.

[6072] BVerwG NVwZ 2000, 435.

[6073] VGH München UPR 2010, 359.

[6074] BVerfG NJW 2002, 2621; Jarass in Jarass/Pieroth, GG, 2022, Art. 14 Rn. 19; Wendt in Sachs, GG, 2021, Art. 14 Rn. 44.

[6075] BVerfG NVwZ 2009, 1426, Krewer ZfWG 2012, 320; BVerfGE 31, 33.

[6076] Zum Enteignungsbegriff BVerfGE 79, 174 (191); BVerfGE 74, 264 (280); BVerfGE 72, 66 (76); BVerfGE 70, 191 (199 f.); BVerfGE 66, 248 (257); BVerfGE 58, 300 (330 f.); BVerfGE 52, 1 (27); BVerfGE 42, 263 (299); DVBl. 1990, 585; BVerwGE 81, 329 (340); BVerwGE 77, 295 (297 f.); BGHZ 99, 24 (28 f.).

[6077] BVerfGE 143, 246 = juris Rn. 245 ff zur 13. AtG-Novelle.

[6078] BVerfGE 24, 367 (401); BVerfGE 45, 297 (331, 333); BVerfGE 58, 300 (301); DVBl. 1997, 42; Beckmann Enteignung in Redeker/Uechtritz, Verwaltungsverfahren, 2020, Rn. 11; Wendt in Sachs, GG, 2021, Art 14 Rn. 159; zur substanziellen Schmälerung des effektiven Rechtsschutzes bei einer Legalenteignung BVerfG NVwZ 2015, 1434 = juris Rn. 147; siehe auch Hoppe/Beckmann Grundeigentumsschutz bei heranrückendem Bergbau, 1988, S. 56 ff.

schädigungspflichtige Verfügungs- und Nutzungsbeschränkungen auf einem Plan, etwa auf einem Bebauungsplan, dann spricht man auch von einer sog. **Planenteignung**, die überwiegend als Unterfall der Administrativenteignung angesehen wird.[6079] Keine Enteignung sind Maßnahmen, die dem Ausgleich privater Interessen dienen. Das gilt zB für die Baulandumlegung, die städtebauliche Sanierung und für die Flurbereinigung, es sei denn sie findet im Interesse Dritter statt, wie bei der Unternehmensflurbereinigung. Wird das Eigentum als Folge von Gefahren eingeschränkt oder entzogen, die von der Eigentumsnutzung ausgehen, liegt ebenfalls keine Enteignung vor.[6080] Keine Enteignung sind schließlich auch Beschränkungen der Eigentumsnutzung, die nicht zugleich einem Begünstigten bestimmte Eigentumsbefugnisse zuweisen. Deshalb sind naturschutzrechtliche Nutzungsverbote und Nutzungsbeschränkungen keine Enteignungen.[6081]

Bei der Wahrnehmung des ihm in Art. 14 I 2 GG erteilten Regelungsauftrages, Inhalt und Schranken des Eigentums zu bestimmen, hat der Gesetzgeber sowohl die grundgesetzliche Anerkennung der Privatnützigkeit in Art. 14 I 1 GG als auch die Sozialpflichtigkeit in Art. 14 II GG zu beachten.[6082] Der Gesetzgeber muss dabei festlegen, wann eine Enteignung vorliegt, die eine Entschädigungspflicht iS des Art. 14 III 2 und 3 GG auslöst. Er darf dies nicht unentschieden lassen.[6083] Auch darf der Normgeber nicht unter dem Etikett einer an sich zulässigen Inhaltsbestimmung des Eigentums in Wahrheit eine Enteignung vornehmen.[6084] **2808**

Die Inhaltsbestimmung ist im Gegensatz zur Enteignung die generelle, abstrakte Festlegung von Rechten und Pflichten durch den Gesetzgeber oder des von ihm ermächtigten Verordnungsgebers.[6085] Gegenstand der Festlegung ist damit, was inhaltlich als Eigentum iS des GG auf der Ebene des objektiven Rechts zu gelten hat. Ob diese Festlegung verfassungsgemäß ist, also insbesondere den Anforderungen des Art. 14 I 2 GG und den objektiven Verfassungsgrundsätzen einschließlich der in Art. 14 II GG normierten Sozialpflichtigkeit des Eigentums genügt, berührt die Frage der Tatbestandsmäßigkeit des Art. 14 I 2 GG in Abgrenzung zu Art. 14 III GG nicht. Jede Inhaltsbestimmung einer vermögenswerten Rechtsposition, die als Eigentum gelten will oder gelten soll, muss als elementarer Bestandteil die Strukturelemente des Privateigentums als Kern des Eigentumsrechts beachten, nämlich den substanziellen Gehalt der Privatnützigkeit des Eigentums und die grundsätzliche Verfügungsbefugnis über den Eigentumsgegenstand. Ist beides auch auf Grund einer Rechtsänderung im Grundsatz unverändert vorhanden, liegt tatbestandsmäßig keine Enteignung, sondern eine Inhalts- und Schrankenbestimmung des Eigentums vor.[6086] Auf die Intensität des Eingriffs kommt es für die Abgrenzung zwischen Inhaltsbestimmung iS des Art. 14 I 2 GG und Enteignung iS von Art. 14 III GG nicht an. Der Gesetzgeber kann insbesondere eine zunächst eröffnete Nutzungsmöglichkeit einschränken oder zu einer derartigen Einschränkung ermächtigen. Daher sind Nutzungsbeschränkungen keine Enteignungen, sondern Bestimmungen des Inhalts und der Schranken des Eigentums.[6087] Der Gesetzgeber kann auch eine zunächst eröffnete Nutzungsmöglichkeit einschränken oder zu Einschränkungen ermächtigen, etwa durch Neufestsetzung auf Grund eines Bebauungsplans. Auch dies stellt keine Enteignung dar. Daher sind Nutzungsbeschränkungen keine Enteignung, sondern Bestimmungen des Inhalts und der Schranken des Eigentums.[6088] Aus der Verkürzung von früheren Nutzungsmöglichkeiten kann daher nicht bereits der Tatbestand der Enteignung abgeleitet werden.[6089] Auch gleitende Übergänge zwischen Enteignung und Inhaltsbestimmung des Eigentums gibt es nicht, auch nicht im Falle extremer Einschränkungen oder Belastungen beim konkreten Vollzug eines inhalts- und schrankenbestimmenden **2809**

6079 Beckmann Enteignung in Redeker/Uechtritz, Verwaltungsverfahren, 2020, Rn. 11; Kümper in HBG, Öffentliches Baurecht, 2024, § 12 Rn. 1.

6080 Beckmann Enteignung in Redeker/Uechtritz, Verwaltungsverfahren, 2020, Rn. 11.

6081 OVG Lüneburg Urt. v. 22.12.2015 – 4 ME 270/15, juris.

6082 BVerfGE 37, 132; BVerfGE 52, 1; NJW 1982, 745.

6083 BVerwGE 84, 361.

6084 BVerfGE 42, 263; BVerfGE 50, 290; BVerwGE 84, 361.

6085 BVerfGE 52, 1; zur Abgrenzung zur Enteignung Bryde/Wallrabenstein in von Münch/Kunig, GG, 2021, Art. 14 Rn. 89; zur Funktion der Festsetzungen des Bebauungsplans als Inhalts- und Schrankenbestimmung iSv Art. 14 I 2 GG siehe Battis in BKL, BauGB, 2022, § 1 Rn. 7.

6086 BVerwG NuR 1997, 240.

6087 BVerwGE 67, 84; NVwZ 1993, 772; NJW 1996, 409.

6088 BVerfGE 25, 112.

6089 Krohn in FS für Schlichter, 1995, 439.

Gesetzes.[6090] Allerdings kann die Inhalts- und Schrankenbestimmung nach Art. 14 I 2 GG ausgleichspflichtig in dem Sinne werden, dass es zur Rechtfertigung ihrer Regelungen einer **Kompensation** bedarf.

2810 Die **Inhalts- und Schrankenbestimmung** obliegt dem Gesetzgeber. Der Gesetzgeber hat bei der Erfüllung des ihm in Art. 14 I 2 GG erteilten Auftrags sowohl der verfassungsrechtlich garantierten Rechtsstellung des Eigentümers als auch dem aus Art. 14 II GG folgenden Gebot einer sozialgerechten Eigentumsordnung Rechnung zu tragen. Er muss deshalb die schutzwürdigen Interessen der Beteiligten in einen gerechten Ausgleich und ein ausgewogenes Verhältnis bringe.[6091] Die Gestaltungsfreiheit des Gesetzgebers im Rahmen des Art. 14 GG ist umso größer, je stärker der soziale Bezug des Eigentumsobjekts ist.[6092] Außerdem können grundlegende Veränderungen der wirtschaftlichen und gesellschaftlichen Verhältnisse wie bei der Herstellung der Deutschen Einheit den Regelungs- und Gestaltungsspielraum des Gesetzgebers erweitern.

2811 Diese verfassungsrechtlichen Zusammenhänge prägen auch die **städtebauliche Gestaltungsbefugnis** der planenden Gemeinde. Nach § 1 III BauGB ist es Aufgabe der Gemeinde, die eigenen Vorstellungen der ihr gemäßen städtebaulichen Ordnung planerisch zu entwickeln und zu ihrer Verwirklichung beizutragen.[6093] Da die planerischen Festsetzungen zugleich den Inhalt des Grundeigentums festlegen, erfordert dies, dass der planerischen Entscheidung der Gemeinde auch hinsichtlich der konkreten Festsetzungen sachgerechte Erwägungen zu Grunde liegen. Regelungen, die den Inhalt des Eigentums bestimmen, müssen sowohl prinzipiell als auch konkret der grundgesetzlich garantierten Rechtsstellung des Eigentümers einerseits und den Anforderungen an eine sozial gerechte Eigentumsordnung und damit öffentlichen Belangen andererseits genügen.[6094]

2812 § 1 VII BauGB, wonach die öffentlichen und privaten Belange gegeneinander und untereinander gerecht abzuwägen sind, setzt diese grundgesetzlichen Anforderungen in spezifischer Weise einfachgesetzlich um. Die vom Bundesgesetzgeber in § 1 V, VI BauGB dazu bestimmten einzelnen Vorgaben sind zwar detailliert, jedoch keineswegs abschließend. Soweit diese Bindungen oder rechtlich zu beachtenden Vorgaben nicht reichen, besteht für die Gemeinde unter dem Vorbehalt der Anpassungspflicht des § 1 IV BauGB gem. § 1 III BauGB die Befugnis, die ihr gemäße Städtebaupolitik zu betreiben. Wegen der Komplexität und der Gegenläufigkeit der zu berücksichtigenden Belange einerseits und wegen des kommunalpolitischen Entscheidungsvorrangs der Gemeinde sowie aus verfassungsrechtlichen Gründen andererseits verlangt der Bundesgesetzgeber die Beachtung eines Aufstellungsverfahrens, in dem die Entscheidungen der Gemeinde öffentlich begleitet werden können und an Transparenz gewinnen. Dies geschieht vielfach auch außerhalb des kommunalrechtlich vorgesehenen Verfahrens im Rahmen vielfältiger Möglichkeiten der politischen und öffentlichen Mitwirkung.

2813 Die grundrechtliche, vor allem **gemeinwohlbezogene** und **eigentumsrechtliche Gebundenheit** der Gemeinde verlangt, dass an der Aufstellung der Bauleitpläne nicht nur die Öffentlichkeit beteiligt wird, sondern die getroffenen planerischen Entscheidungen auch inhaltlich an den vorgenannten Werten orientiert und dadurch gerechtfertigt werden. Wenn die Gemeinde durch die Bauleitplanung in der Lage ist, auf der Grundlage des BauGB an der Bestimmung von Inhalt und Schranken des Eigentums maßgeblich mitzuwirken (Art. 14 I 2 GG), so müssen die Bauleitpläne durch entsprechende Gemeinwohlgründe gerechtfertigt sein und auch vor der Eigentumsgarantie in Art. 14 GG Bestand haben. Die Gemeinde muss sich daher für jede ihrer Festsetzungen auf entsprechende rechtfertigende städtebauliche Gründe berufen können. Dabei ist das Eigentum bei der planerischen Abwägung in hervorgehobener Weise zu berücksichtigen.[6095] Zugleich ist die Gemeinde aber nicht auf eine nur formale Handhabung und Umsetzung der in § 1 V, VI BauGB benannten Belange verpflichtet. In diesem Sinne gibt es auch keine neutrale Städtebaupolitik, die nicht immer zugleich die vom Gesetzgeber in § 1 V, VI BauGB angeführten Belange berühren würde. Beachtet die Gemeinde die verfassungsrecht-

---

6090 BVerfG NJW 1972, 145; BVerfGE 36, 281; BVerfGE 42, 263; NJW 1982, 745; BVerfG NJW 1991, 1807.

6091 BVerfGE 91, 294.

6092 BVerfGE 100, 226.

6093 BVerfGE 77, 288.

6094 BVerfGE 52, 1; BVerfG NJW 1981, 1257; BVerfGE 58, 137; NJW 1982, 745; BVerfGE 70, 191; BVerfGE 79, 174; BVerwGE 88, 191.

6095 BVerwG DVBl. 1971, 746; BVerwGE 47, 144; NVwZ 1989, 1061; BVerwGE 92, 231.

lichen und einfachgesetzlichen Vorgaben, kann sie in diesem Rahmen eine autonome Städtebaupolitik durch entsprechende Festsetzungen im Bebauungsplan umsetzen.[6096] Eine besondere städtebauliche Rechtfertigung ist dabei grundsätzlich nicht erforderlich.

2. Enteignungsrechtliche und einfachgesetzliche Zumutbarkeit

Der Gesetzgeber kann nach Art. 14 I 2 GG Inhalt und Schranken des Eigentums bestimmen. 2814
Führt die Inhalts- und Schrankenbestimmung zu enteignenden Wirkungen und ist sie hinsichtlich ihrer Auswirkungen der Enteignung iS des Art. 14 III GG vergleichbar, so ist der Gesetzgeber zu einer Kompensation verpflichtet. Diese kann in einer Verringerung der Eingriffswirkungen, einer Enteignung nach Art. 14 III GG, einer Entschädigungsleistung oder in einer sonstigen Kompensation liegen. Dabei ist zu fragen, ob der Eingriff die enteignungsrechtliche Zumutbarkeitsschwelle überschreitet und sozusagen schwer und unerträglich ist. Diese verfassungsrechtliche Grenze hat der Gesetzgeber bei seinen Regelungen zu wahren und bei Eingriffen, die sich als Überschreitung der enteignungsrechtlichen Zumutbarkeitsschwelle darstellen, eine angemessene Entschädigung unter Beachtung der Grundsätze des Art. 14 III GG zu gewähren.

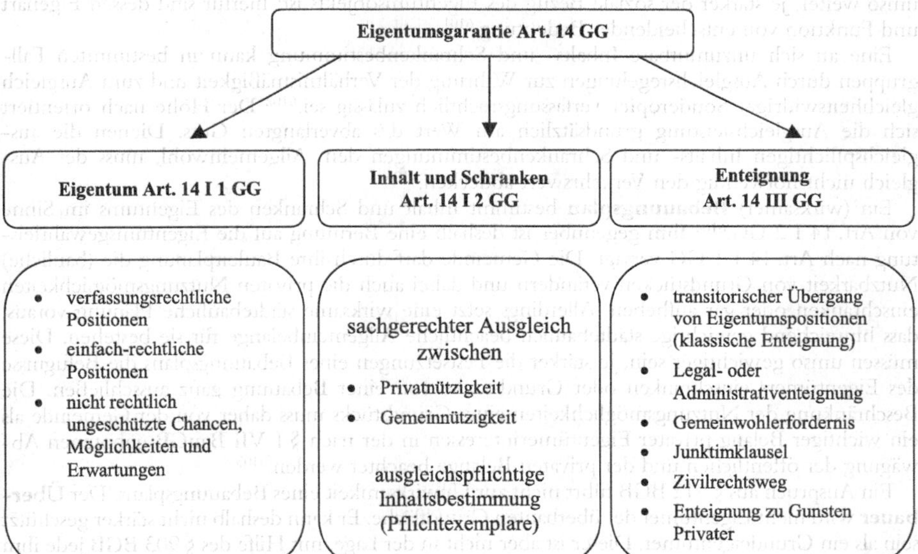

Der Gesetzgeber ist allerdings nicht gehindert, unterhalb dieser enteignungsrechtlichen Zumutbarkeitsschwelle **einfachgesetzliche Zumutbarkeitsschwellen** einzurichten, die im Verwaltungsvollzug einzuhalten sind oder bei deren Überschreitung ein einfachgesetzlicher Ausgleichs- oder Entschädigungsanspruch besteht. Eine solche einfachgesetzliche Zumutbarkeitsschwelle unterhalb der Enteignung hat das BVerwG etwa den §§ 41 ff., 50 BImSchG oder dem fachplanungsrechtlichen Schutzauflagengebot (§ 17 IV FStrG 1993/§ 74 II 2 VwVfG) entnommen.[6097] Auch das Gebot der nachbarlichen Rücksichtnahme markiert eine solche Grenze im Vorfeld der enteignenden Wirkung.[6098] Sie ist nicht erst überschritten, wenn sich der Eingriff als schwer und unerträglich und damit enteignend darstellt, sondern bereits dann, wenn die vom Gesetzgeber angeordnete Zumutbarkeitsschwelle unterhalb des enteignungsrechtlichen Belastungsgrenze nicht eingehalten wird. Ob und in welchem Umfang der Gesetzgeber solche einfachgesetzlichen Zumutbarkeitsschwellen im Vorfeld der Enteignung einführt, obliegt seiner 2815

6096 BVerwGE 92, 231.
6097 BVerwGE 48, 56; BVerwGE 51, 15; BVerwGE 52, 122; BVerwGE 55, 250; BVerwGE 56, 110; BVerwGE 61, 295; BVerwGE 67, 334.
6098 BVerwGE 52, 122; BVerwGE 55, 369.

freien Entscheidung. Er kann dabei anordnen, dass solche Zumutbarkeitsschwellen nicht überwunden werden dürfen, oder auch regeln, dass bei Überschreitung dieser Grenzen ein entsprechender Ausgleich durch Schutzauflagen oder Entschädigung zu gewähren ist.

Beispiel: Die Gemeinde will in einem Bebauungsplan eine innerörtliche Entlastungsstraße ausweisen. Bei der Planung hat sie die sich aus §§ 41 ff., 50 BImSchG ergebenden einfachgesetzlichen Zumutbarkeitsschwellen zu wahren und durch entsprechende planerische Festsetzungen dafür Sorge zu tragen, dass – im Vorfeld der Enteignung – die Werte der auf Grund von § 43 I 1 Nr. 1 BImSchG erlassenen Verkehrslärmschutzverordnung (16. BImSchV) nicht überschritten werden.

2816 Inhalts- und Schrankenbestimmungen nach Art. 14 I 2 GG müssen der verfassungsrechtlich garantierten Eigentumsstellung und dem Gebot einer sozialgerechten Eigentumsordnung in gleicher Weise Rechnung tragen. Soweit das Eigentum die persönliche Freiheit des Einzelnen im vermögensrechtlichen Bereich sichert, genießt es einen besonders ausgeprägten Schutz.[6099] Dies gilt insbesondere dann, wenn ein Grundstück den wesentlichen Teil des Vermögens des Pflichtigen bildet und die Grundlage seiner privaten Lebensführung einschließlich seiner Familie darstellt.[6100] Die Befugnis des Gesetzgebers zur Inhalts- und Schrankenbestimmung reicht umso weiter, je stärker der soziale Bezug des Eigentumsobjekts ist; hierfür sind dessen Eigenart und Funktion von entscheidender Bedeutung.[6101]

2817 Eine an sich unzumutbare Inhalts- und Schrankenbestimmung kann in bestimmten Fallgruppen durch Ausgleichsregelungen zur Wahrung der Verhältnismäßigkeit und zum Ausgleich gleichheitswidriger Sonderopfer verfassungsrechtlich zulässig sei.[6102] Der Höhe nach orientiert sich die Ausgleichsleistung grundsätzlich am Wert des abverlangten Guts. Dienen die ausgleichspflichtigen Inhalts- und Schrankenbestimmungen dem Allgemeinwohl, muss der Ausgleich nicht notwendig den Verkehrswert abdecken.[6103]

2818 Ein (wirksamer) **Bebauungsplan** bestimmt Inhalt und Schranken des Eigentums im Sinne von Art. 14 I 2 GG.[6104] Ihm gegenüber ist deshalb eine Berufung auf die Eigentumsgewährleistung nach Art. 14 I 1 GG versagt. Die Gemeinde darf durch ihre Bauleitplanung die (bauliche) Nutzbarkeit von Grundstücken verändern und dabei auch die privaten Nutzungsmöglichkeiten einschränken oder gar aufheben. Allerdings setzt eine wirksame städtebauliche Planung voraus, dass hinreichend gewichtige städtebaulich beachtliche Allgemeinbelange für sie bestehen. Diese müssen umso gewichtiger sein, je stärker die Festsetzungen eines Bebauungsplans die Befugnisse des Eigentümers einschränken oder Grundstücke von einer Bebauung ganz ausschließen. Die Beschränkung der Nutzungsmöglichkeiten eines Grundstücks muss daher von der Gemeinde als ein wichtiger Belang privater Eigentümerinteressen in der nach § 1 VII BauGB gebotenen Abwägung der öffentlichen und der privaten Belange beachtet werden.[6105]

2819 Ein Anspruch aus § 912 BGB führt nicht zur Unwirksamkeit eines Bebauungsplans. Der **Überbauer** wird nicht Eigentümer der überbauten Grundfläche. Er kann deshalb nicht stärker geschützt sein als ein Grundeigentümer. Dieser ist aber nicht in der Lage, mit Hilfe des § 903 BGB jede ihm missliebige Überplanung abzuwehren.[6106] Wird ein privates Grundstück für fremdnützige Zwecke überplant, ist zu prüfen, ob es zur Erreichung des Zwecks ein milderes Mittel gibt.[6107]

2820 Der Enteignungsbegriff des BVerfG ist enger als der vom BGH vertretene **entschädigungsrechtliche Enteignungsbegriff**. Enteignung im entschädigungsrechtlichen Sinne des BGH ist der hoheitliche Eingriff in eine als Eigentum geschützte Rechtsposition, der jenseits der Sozialbindung liegt und der für den Betroffenen ein Sonderopfer darstellt.[6108] Über die rechtmäßigen Eingriffe in das Eigentum aufgrund eines dem Art. 14 III GG entsprechenden Enteignungsge-

---

6099 BVerfGE 95, 64.

6100 BVerfGE 102, 1

6101 BVerfG NVwZ 2021, 56 = juris Rn. 22; BVerfGE 143, 246 (324 f.); BVerfGE 21, 73 (83).

6102 BVerfGE 100, 226.

6103 BVerfG NJW-RR 2005, 741.

6104 Battis in BKL, BauGB, 2022 § 1 Rn. 11.

6105 BVerwG ZfBR 2013, 573 zur gemeindlichen Planungshoheit bei Bahnanlagen.

6106 BVerwG Beschl. v. 3.1.2012 – 4 BN 42.11, BeckRS 2012, 46192 zur Duldungspflicht beim Überbau.

6107 OVG Münster Beschl. v. 14.6.2012 – 2 B 379/12.NE, BeckRS 2012, 60418.

6108 Beckmann Enteignung in Redeker/Uechtritz, Verwaltungsverfahren, 2020, Rn. 12; Zum Fortbestand des enteignungsgleichen Eingriffs BGHZ 90, 17 (29 ff.); zum Fortbestand des enteignenden Eingriffs BGHZ 91, 20 (26 ff.); BGHZ 99, 24; BGHZ 105, 15; BGHZ 102, 350 (357); BGHZ 125, 293.

setzes hinaus hat der BGH die Enteignungsentschädigung auf rechtswidrige Eingriffe in das Eigentum (enteignungsgleicher Eingriff) und auf Eingriffe in das Eigentum ausgedehnt, die als ungewollte und atypische Nebenfolgen eines im Übrigen rechtmäßigen Verwaltungshandelns enteignenden Charakter haben (enteignender Eingriff). Trotz des engeren verfassungsrechtlichen Enteignungsbegriffs des BVerfG hält der BGH an den von ihm begründeten Ansprüchen auf Entschädigung wegen enteignungsgleicher und enteignender Eingriffe fest. Ansprüche wegen enteignungsgleicher und enteignender Eingriffe stützt der BGH allerdings nicht mehr auf Art. 14 GG, sondern auf den allgemeinen Aufopferungsgrundsatz in seiner vom BGH geprägten richterrechtlichen Ausformung. Enteignende und enteignungsgleiche Eingriffe können somit nach wie vor finanzielle Entschädigungsansprüche auslösen. Ein förmliches Enteignungsverfahren steht hierfür aber nicht zur Verfügung. Bei einem enteignungsgleichen Eingriff schuldet der Staat allerdings keinen vollen Schadensersatz im Sinne von § 249 BGB, sondern nur eine angemessene Entschädigung. Aus der enteignungsrechtlichen Rechtsprechung des BVerfG zum Verhältnis von Primärrechtsschutz und Entschädigung folgt, dass der von einer Enteignung Betroffene nicht mehr die Wahl hat, ob er den Eingriff mit den dafür vorgesehenen Rechtsmitteln abwehrt oder ihn hinnimmt und stattdessen eine Entschädigung verlangt. Vielmehr kann er sich gegen eine Enteignung nur im Wege des Primärrechtsschutzes wehren, also gegen die Enteignungsentscheidung vorgehen. Der Grundsatz „dulde und liquidiere" gilt im Enteignungsrecht nicht.[6109]

3. Vorrang des Primärrechtsschutzes bei der Enteignung

Mit der systematischen Aufteilung zwischen Inhalts- und Schrankenbestimmung einerseits 2821
und Legal- und Administrativenteignung andererseits verbindet sich der grundsätzliche Vorrang des Primärrechtsschutzes.[6110] Ist es vorrangig Aufgabe des Gesetzgebers, Inhalt und Schranken des Eigentums zu bestimmen und Enteignungen vorzunehmen oder dafür die verfassungsrechtliche Grundlage zu schaffen, so obliegt es auch dem Gesetzgeber, die tatbestandlichen Voraussetzungen und entschädigungsrechtlichen Folgen für eine Enteignung selbst festzulegen. Mit dem die Enteignung legitimierenden Gesetz sind zugleich nach Art. 14 III 2 GG Art und Ausmaß der Entschädigung festzusetzen. Fehlt es an einer solchen gesetzlichen Grundlage, so können die Gerichte eine Entschädigung nicht zusprechen. Art. 14 GG gibt hierfür keine Rechtsgrundlage. Die vom GG vorgesehene Folge einer wegen fehlender Entschädigungsregelung verfassungswidrigen „Enteignung" ist nicht die Gewährung eines Entschädigungsanspruchs, sondern die Aufhebung des Eingriffsaktes. Mit der Eröffnung des Verwaltungsrechtsweges besteht für den von einem solchen enteignungsgleichen Eingriff Betroffenen die Möglichkeit, den Verwaltungsakt selbst zu Fall zu bringen, wenn das zu Grunde liegende Gesetz wegen fehlender Entschädigungsregelung oder aus anderen Gründen unwirksam ist.[6111] Eine Entschädigung kann allerdings in diesen Fällen einfachgesetzlich angeordnet sein.

Für die Entscheidungskompetenz der ordentlichen Gerichte bei Entschädigungsverfahren 2822
nach Art. 14 III 4 GG ergeben sich aus dieser Rechtslage **Konsequenzen**: Sieht der Bürger in der gegen ihn gerichteten Maßnahme eine Enteignung, so kann er eine Entschädigung nur einklagen, wenn hierfür eine gesetzliche Anspruchsgrundlage vorhanden ist. Fehlt sie, so muss er sich bei den Verwaltungsgerichten um die **Aufhebung des Eingriffsaktes** bemühen. Er kann aber nicht unter Verzicht auf die Anfechtung eine ihm vom Gesetz nicht zugebilligte Entschädigung beanspruchen. Mangels einer gesetzlichen Grundlage können die Gerichte in solchen Fällen auch eine Entschädigung nicht zusprechen. Der Betroffene hat hiernach **kein Wahlrecht**, ob er sich gegen eine wegen Fehlens einer gesetzlichen Entschädigungsregelung rechtswidrige „Enteignung" zur Wehr setzen oder unmittelbar Entschädigung verlangen will. Lässt er den Eingriffsakt unanfechtbar werden, so verfällt seine Entschädigungsklage der Abweisung. Wer von den ihm durch das GG eingeräumten Möglichkeiten, sein Recht auf Herstellung des verfassungsmäßigen Zustandes zu wahren, keinen Gebrauch macht, kann wegen eines etwaigen, von ihm selbst herbeigeführten Rechtsverlustes nicht anschließend von der öffentlichen Hand Geldersatz verlangen.[6112]

6109 Beckmann Enteignung in Redeker/Uechtritz, Verwaltungsverfahren, 2020, Rn. 13.

6110 Grundlegend NJW 1982, 745 zur Nassauskiesung.

6111 BVerfGE 45, 297.

6112 So BVerfG NJW 1982, 745; BVerwG Urt. v. 15.11.2022 – 2 C 4.21, juris Rn. 34; OVG Berlin-Brandenburg Beschl. v. 20.3.2023 – OVG 4 S 8/23, juris; OVG Magdeburg Urt. v. 16.6.2022 – 3 K 196/19, juris Rn. 66; BGHZ 90, 17, der den Vorrang des Primärrechtsschutzes auch aus Grundsätzen des Mitverschuldens nach § 254 BGB ableitet; BGHZ 99, 24; Schlichter in FS für Sendler 1993, 241.

Beispiel: Der Bebauungsplan sieht für den Entzug einer Grundstückszufahrt eine angemessene Ersatzzufahrt vor. Wird dies in einem verwaltungsgerichtlichen Urteil rechtskräftig festgestellt und werden die gesetzlichen Voraussetzungen für einen Entschädigungsanspruch in Geld abgelehnt, so sind damit die Zivilgerichte gehindert, unter enteignungsrechtlichen Gesichtspunkten eine Entschädigung zuzusprechen.[6113]

2823 Der Grundsatz des **vorrangigen Primärrechtsschutzes** gilt vor allem gegenüber Eingriffsakten, die sich selbst als **Enteignung** darstellen oder **enteignungsrechtliche Vorwirkungen** haben. Er gilt daher auch gegenüber dem Planfeststellungsbeschluss, der die Grundlage für die Enteignung bietet und selbst bereits enteignungsrechtliche Vorwirkungen hat. Ein Planfeststellungsbeschluss, dem durch Gesetz Bindungswirkung für die Enteignungsbehörde verliehen ist, entscheidet abschließend und für das weitere Verfahren verbindlich über die grundsätzliche Zulässigkeit der Enteignungen einzelner Grundstücke.[6114] Die enteignungsrechtliche Vorwirkung eines Planfeststellungsbeschlusses hat zur Folge, dass der Enteignungsbetroffene in einem dem Planfeststellungsverfahren nachfolgenden Enteignungsverfahren die Frage der rechtlichen Zulässigkeit der Enteignung als solche nicht mehr aufwerfen kann, ihm also der Einwand verwehrt ist, die Enteignung sei nicht durch Gründe des Wohls der Allgemeinheit im Sinne von Art. 14 III GG gerechtfertigt.[6115] Im nachfolgenden Enteignungsverfahren ist somit nur noch über die Modalitäten der Eigentumsübertragung einschließlich der Entschädigung zu entscheiden.

2824 Bei Bestandskraft des Planfeststellungsbeschlusses steht die Zulässigkeit einer für das Vorhaben erforderlichen Enteignung dem Grunde nach fest. Weiteren Enteignungsschritten kann nicht mehr die Unzulässigkeit des Vorhabens entgegengehalten werden. Eine Enteignung, die den Anforderungen des Art. 14 III GG nicht genügt, kann der Eigentümer abwenden, indem er bereits den Planfeststellungsbeschluss anficht. Es bedeutet keine unzumutbare Erschwerung des Rechtsschutzes, dass die Grundeigentümer gehalten sind, bereits den Planfeststellungsbeschluss anzufechten, wenn sie geltend machen wollen, die Enteignung stehe nicht im Einklang mit Art. 14 III GG. Die Verfahrensstufung gewährleistet, dass die im Planfeststellungsverfahren getroffene komplexe Abwägungsentscheidung und ihre Grundlagen nicht später im Enteignungsverfahren ohne weiteres erneut in Frage gestellt werden können, vermeidet damit unnötige Doppelprüfungen sowie die Gefahr widersprüchlicher Ergebnisse und schafft so Rechtssicherheit für alle Beteiligten.[6116]

2825 Der grundsätzliche Vorrang des Primärrechtsschutzes bezieht sich jedoch nur auf **klassische Enteignungen**, die auf Grund eines hoheitlichen Zugriffs auf den vollständigen oder teilweisen Entzug des Eigentums iS eines transitorischen Übergangs von Eigentumsbefugnissen gerichtet sind, und bezieht sich nur auf rechtswidrige Enteignungen, für die vom Gesetzgeber keine Entschädigung angeordnet ist. Außerdem entfällt der Vorrang des verwaltungsgerichtlichen Rechtsschutzes gegen die Eingriffsmaßnahme dann, wenn der Gesetzgeber auch in Fällen rechtswidriger Eigentumseingriffe eine Entschädigung angeordnet hat oder die Rechtsprechung über die Grundsätze des **enteignungsgleichen Eingriffs** auf Grund allgemeiner gesetzlicher Grundlagen (§§ 74, 75 Einl. Pr. AL) eine solche Entschädigung gewährt. Der BGH hält dabei an seiner Auffassung fest, dass für rechtswidrige hoheitliche Eingriffe in das Eigentum nach den von der Rechtsprechung für den enteignungsgleichen Eingriff entwickelten Grundsätzen Entschädigung zu leisten ist.[6117] Der Entschädigungsanspruch setzt dabei nicht voraus, dass der Nachteil atypisch oder unvorhergesehen ist.[6118] Der Anspruch aus enteignungsgleichem Eingriff wird dabei als öffentlich-rechtliches Gegenstück zum zivilrechtlichen Ausgleichsanspruch unter Nachbarn begriffen.[6119]

6113 BGH NJW 1985, 3025.

6114 Zur enteignungsrechtlichen Vorwirkung von Planfeststellungsbeschlüssen siehe Beckmann UPR 2023, 121.

6115 Beckmann UPR 2023, 121; Spieth in BeckOK Umweltrecht, 2019, § 71 WHG Rn. 1; Neumann/Külpmann in Stelkens/Bonk/Leonhardt, VwVfG, 2023, § 75 Rn. 28; Breuer/Gärditz, Öffentliches und privates Wasserrecht, 2017, Rn. 975 f.

6116 BVerfG NVwZ 2007, 573; BVerfGE 95, 1; BVerfGE 101, 106.

6117 BGHZ 90, 17; BGHZ 91, 20; NVwZ 1998, 1329.

6118 BGH NJW 1986, 2423.

6119 BGHZ 91, 20; NJW 1986, 2423.

4. Verbot des enteignungsrechtlichen Konflikttransfers

Die im Anschluss an die gemeindliche Bauleitplanung oder auf Grund von Einzelakten vollzogenen Enteignungen stellen sich nicht als Legalenteignungen, sondern als **Administrativenteignungen** dar.[6120] Der Bebauungsplan ergeht zwar als Satzung und ist damit ein materielles, nicht jedoch ein formelles Gesetz, das in Art. 14 III GG gemeint ist. Auch bewirkt der Bebauungsplan keine unmittelbar enteignenden Eingriffe in privates Eigentum. Entschädigungsregelungen für eintretende Rechtsverluste sind in den §§ 39 – 44 BauGB enthalten. Ist die Maßnahme nicht als Enteignung zu verstehen, weil sie nicht im Sinne der klassischen Enteignung dem Bilde der Güterbeschaffung entspricht, so können sich die Regelungen als Inhalts- und Schrankenbestimmungen darstellen, die allerdings ebenfalls verfassungsrechtlichen Anforderungen genügen müssen. Dazu zählt, dass die Maßnahmen einen sachgerechten Ausgleich zwischen Gemeinwohlbezogenheit und Privatnützigkeit treffen müssen. Bei der Aufstellung des Bebauungsplans wird dies durch die Beachtung des Abwägungsgebotes sichergestellt. Inhalts- und Schrankenbestimmungen des Eigentums können sich jedoch schwer und unerträglich auswirken und daher wie eine Enteignung in privates Eigentum eingreifen. Für diesen Fall kann es geboten sein, den Ausgleich durch **Kompensations- und Ausgleichsregelungen** in dem Sinne abzufedern, dass der Eingriff erträglich wird.[6121] Enthält eine Maßnahme den danach erforderlichen Ausgleich nicht, genügt sie den verfassungsrechtlichen Anforderungen einer zulässigen Inhalts- und Schrankenbestimmung nicht. 2826

Beispiel: Auf Grund einer Landschaftsschutzverordnung wird einem Landwirt verboten, in seinem Teich Fischfang zu betreiben. Ein solches Verbot kann sich ggf. nur bei Gewährung einer Geldentschädigung und die dadurch bewirkte Kompensationsregelung als zulässige Inhalts- und Schrankenbestimmung darstellen.[6122] Ein Kompensationsanspruch besteht allerdings dann nicht, wenn der Teich etwa als Folge einer vom Eigentümer durchgeführten Auskiesung entstanden ist und die Bewirtschaftungseinschränkungen sich als Teil der erforderlichen naturschutzrechtlichen Ausgleichsmaßnahmen darstellen.

Die **Regelungen** des **Bebauungsplans** bewirken zwar keine Enteignung iS des Art. 14 III GG, enthalten aber eine Inhalts- und Schrankenbestimmung des Eigentums iS des Art. 14 I 2 GG. Dies hat für die Aufstellung des Bebauungsplans unmittelbare Konsequenzen: Die Frage, ob der Bebauungsplan in diesem Sinne enteignend wirkende Festsetzungen enthält, darf in der planerischen Abwägung nicht offenbleiben. Macht der Planbetroffene geltend, dass ein für das Planvorhaben nicht unmittelbar in Anspruch genommenes Grundstück schwer und unerträglich beeinträchtigt wird, so hat die Gemeinde ein **Wahlrecht**: Sie muss entweder dafür Sorge tragen, dass die Beeinträchtigungen unterhalb der enteignenden Wirkungen verbleiben oder das Grundstück durch Planung in Anspruch nehmen und hierdurch die Voraussetzungen für eine Enteignung und Entschädigung schaffen.[6123] Macht die Planung zur Verwirklichung der mit ihr verfolgten Ziele Festsetzungen erforderlich, die sich in ihren Auswirkungen auf Nachbargrundstücke materiell wie eine Enteignung darstellen, so darf der dadurch hervorgerufene Interessenkonflikt nicht einfach unbewältigt bleiben. In solchen Fällen bedarf es vielmehr einer Bewältigung der von der Bauleitplanung ausgelösten Konflikte.[6124] Dieses Verbot des enteignungsrechtlichen Konflikttransfers ergibt sich aus den Grenzen einer gemeinwohlbezogenen Inhalts- und Schrankenbestimmung in Art. 14 I 2 GG. Hat der Gesetzgeber im Vorfeld der Enteignung eine einfachgesetzliche Zumutbarkeitsschwelle angeordnet, so gilt ein entsprechendes Verbot des einfachgesetzlichen Konflikttransfers. Es bedeutet, dass die nachteiligen Auswirkungen der Planung entweder entsprechend zu verringern sind oder für den eintretenden Rechtsverlust eine Kompensation zu gewähren ist. 2827

Beispiel: Die Gemeinde setzt durch Bebauungsplan eine Umgehungsstraße fest, an die ein Wohngebiet angebunden wird. Eines der Wohngebäude findet sich in der Mitte eines Kreisverkehrs wieder. Bei einer solchen Insellage können die Auswirkungen der Planung so belastend sein, dass das Grundstück entweder überplant werden muss oder die Auswirkungen

---

6120 Kümper in HBG, Öffentliches Baurecht, 2024, § 12 Rn. 2.

6121 BVerwGE 84, 361; BVerfGE 58, 137; Schindler NuR 1981, 160; Schindler BayVBl. 1979, 360.

6122 BVerwGE 84, 361; NJW 1993, 2949.

6123 BVerwG NJW 1981, 2137.

6124 Zum Straßenrecht BVerwGE 48, 56; BVerwGE 51, 15; BVerwGE 56, 110; BVerwGE 61, 295.

wesentlich abgemildert werden müssen. Enthält das einfache Gesetzesrecht eine unterhalb der Enteignung liegende Zumutbarkeitsschwelle,[6125] so hat die Planung diese niedrigere Schwelle entsprechend zu wahren.

5. Rechtfertigung der Enteignung

2828 Weitere Voraussetzung für die Zulässigkeit der Enteignung ist es, dass sie der Verwirklichung eines bestimmten, **im öffentlichen Nutzen liegenden Zwecks** dient (§ 85 BauGB). Eine Enteignung dient nur dann dem **Wohl der Allgemeinheit** und ist auch nur dann gesetzmäßig, wenn das Vorhaben, das verwirklicht werden soll, mit dem geltenden Recht vereinbar ist. Dies bedingt, dass eine Enteignung nur für ein Vorhaben zulässig ist, für das die notwendigen Gestattungen und Genehmigungen vorliegen oder bei dem es zumindest keinem ernsthaften Zweifel unterliegen kann, dass etwaige erforderliche Genehmigungen erteilt werden.[6126] Ist eine erforderliche Genehmigung noch nicht erteilt, so kann einem Enteignungsantrag nur dann stattgegeben werden, wenn die Enteignungsbehörde in eigenverantwortlicher Prüfung zu dem Ergebnis kommt, dass dem Vorhaben keine öffentlich-rechtlichen Hindernisse entgegenstehen.[6127] Ist eine Genehmigung erteilt, aber angefochten worden, so kann einem Antrag auf Enteignung, auch wenn die Genehmigung für sofort vollziehbar erklärt worden ist, nur stattgegeben werden, wenn die Enteignungsbehörde in eigenverantwortlicher Prüfung zu dem Ergebnis kommt, dass dem Vorhaben keine öffentlich-rechtlichen Hindernisse entgegenstehen.[6128] Eine Enteignung kann nur durch ein Gemeinwohlziel von besonderem Gewicht gerechtfertigt werden. Das Gemeinwohlziel ist die vom Grundgesetz geforderte zentrale materielle Rechtmäßigkeitsvoraussetzung einer jeden Enteignung. Ungeachtet aller anderen Anforderungen ist die Enteignung nur dann, nur insoweit und nur so lange verfassungsgemäß, als sie zum Wohl der Allgemeinheit erfolgt.[6129] Dabei rechtfertigt allerdings nicht jedes öffentliche Interesse die Enteignung. Voraussetzung ist vielmehr ein besonders schwerwiegendes, dringendes öffentliches Interesse dessen Bestimmung dem parlamentarischen Gesetzgeber aufgegeben ist.[6130]

2829 Bei der Auswahl der Gemeinwohlziele steht dem Gesetzgeber ein weiter Spielraum zu, der nur eingeschränkt verfassungsgerichtlich überprüfbar ist. Von Verfassung wegen sind von vornherein lediglich Enteignungszwecke ausgeschlossen, die ausschließlich im privaten Interesse liegen, die rein fiskalischen Interessen dienen oder die vom Grundgesetz missbilligte Ziele verfolgen.[6131] Das Gesetz muss hinreichend bestimmt regeln, zu welchem Zweck, unter welchen Voraussetzungen und für welche Vorhaben enteignet werden darf. Allein die Ermächtigung zur Enteignung für ein dem Wohl der Allgemeinheit dienendes Vorhaben genügt dem nicht.[6132] Mit diesem erhöhten Rechtfertigungsbedarf soll sichergestellt werden, dass der Eigentumsschutz aus Art. 14 GG nicht durch beliebige, gering zu bewertende öffentliche Interessen eingeschränkt wird. Nach Art. 14 III 2 GG bestimmt der Gesetzgeber, für welche Vorhaben unter welchen Voraussetzungen und für welche Zwecke eine Enteignung zulässig ist. Wie konkret der Gesetzgeber in dem jeweiligen Enteignungsgesetz das die Enteignung legitimierende Gemeinwohlziel festlegen muss, lässt sich – so das BVerfG – nicht allgemein festlegen. Dies hängt vielmehr unter anderem von dessen Zusammenspiel mit den das angestrebte Gemeinwohlziel fördernden Vorhaben und deren Konkretisierung im Enteignungsgesetz ab. Den verfassungsrechtlichen Bestimmtheitsanforderungen aus Art. 14 III 2 GG genügt eine gesetzliche Regelung nicht, die die Entscheidung, für welche Vorhaben und zu welchen Zwecken enteignet werden darf, faktisch in die Hand der Verwaltung legt. Enteignungsgesetze, die zB eine Enteignung gestatten, um ein dem Wohl der Allgemeinheit dienendes Vorhaben zu verwirklichen und dabei weder das Vorhaben noch das Wohl der Allgemeinheit näher präzisieren, wiederholen nur den Wortlaut des Grundgesetzes und verfehlen damit die dem Gesetzgeber vorbe-

[6125] §§ 41, 50 BImSchG.
[6126] Schlick NJW 2015, 2703.
[6127] BGH Urt. v. 12.3.2015 – III ZR 36/14, juris Rn. 28.
[6128] BGH NVwZ 2015, 915; Schlick NJW 2015, 2703 f.
[6129] BVerfG Urt. v. 17.12.2013 – 1 BvR 3139/08, juris Rn. 170.
[6130] BVerfGE 134, 242; Urt. v. 8.7.2009 – 1 BvR 2187/07, juris, Rn. 8; NJW 1987, 1251 (1253); dazu auch Jarass DVBl. 2006, 1329 (1331).
[6131] BVerfGE 134, 242 = juris Rn. 172; Kümper in HBG, Öffentliches Baurecht, 2024, § 12 Rn. 11.
[6132] BVerfGE 134, 242.

haltene Konkretisierungsaufgabe.[6133] Auch eine lediglich beispielhafte Auflistung möglicher Enteignungszwecke, die durch die Verwendung des Wortes „insbesondere" angezeigt sein kann, würde in den Bestimmtheitsanforderungen nicht genügen. Es bedarf insoweit einer verfassungskonformen Einschränkung nach der allenfalls die aufgelisteten Gemeinwohlzwecke eine Enteignung rechtfertigen können.[6134] Die Planungshoheit der Gemeinden berechtigt diese nicht, in ihren Bauleitplänen selbst Enteignungszwecke festzulegen.[6135]

Die belastenden eigentumsbezogenen Regelungen des Bebauungsplans unterliegen im Übrigen einer **speziellen Rechtfertigung**, die über die allgemeine Planrechtfertigung hinausgeht. Der Bebauungsplan bedarf bei entsprechenden gravierenden Auswirkungen einer besonderen Legitimation, aus der heraus sich die jeweilige Maßnahme rechtfertigt. Der Bebauungsplan muss zwar ganz allgemein gem. § 1 III BauGB erforderlich sein und seine Festsetzungen müssen dem Abwägungsgebot in § 1 VII BauGB genügen. Dies schafft aber nicht zugleich sozusagen automatisch eine Rechtsgrundlage für Maßnahmen, deren Wirkungen mit einer Enteignung vergleichbar sind. Erfolgt die Enteignung auf Grund eines Bebauungsplans durch vollziehenden Einzelakt, so bedarf die enteignende Maßnahme einer speziellen gemeinwohlbezogenen Rechtfertigung. Die Umsetzung des Bebauungsplans muss darüber hinaus dringend geboten, erforderlich und verhältnismäßig sein. Vor allem bedürfen enteignende Maßnahmen, die auf der Grundlage des Bebauungsplans getroffen werden sollen, im Lichte der Eigentumsgarantie einer besonderen verfassungsrechtlichen Legitimation und unterliegen erhöhten Anforderungen. Dabei ist auch zu beachten, dass Art. 14 I 1 GG den Bestand des konkreten Eigentums in der Hand des einzelnen Eigentümers sichert.[6136] Diese **Bestandsgarantie** geht einer **Wertgarantie**, die durch Ersatzlandbeschaffung oder Geldentschädigung lediglich den Wert des Eigentums sichert, vor.[6137] Erst wenn die verfassungsrechtlichen Voraussetzungen für einen Eigentumseingriff vorliegen und ein entsprechend legitimierter Zugriff auf das private Eigentum erfolgt, wandelt sich diese Bestandsgarantie in eine Wertgarantie um.[6138] 2830

Soll der **Bebauungsplan** die Grundlage für eine spätere Enteignung bilden, so bedarf es nach der Rechtsprechung des BVerwG[6139] auch mit Rücksicht auf etwaige Entschädigungsansprüche nach den §§ 39 ff. BauGB im Rahmen der Abwägung grundsätzlich noch **keiner (vorgezogenen) Prüfung**, ob die Voraussetzungen für eine spätere **Enteignung** des Grundstücks erfüllt sind. Allerdings sind bei der Aufstellung eines Bebauungsplans alle betroffenen und schutzwürdigen privaten Interessen, insbesondere soweit sie sich aus dem Eigentum herleiten lassen, zu berücksichtigen. Das Grundeigentum wird zwar an den im Plangebiet liegenden Flächen durch einen Bebauungsplan inhaltlich bestimmt und gestaltet (Art. 14 I 2 GG). Auch kann der Bauleitplanung in der Realität eine eigentumsverwirklichende Wirkung zukommen.[6140] Dies hat nach Auffassung des BVerwG jedoch nicht die Folge, dass schon für den Bebauungsplan die Enteignungsvoraussetzungen zu prüfen sind.[6141] Der Bebauungsplan bewirkt zwar nicht unmittelbar einen transitorischen Übergang von Eigentum oder Eigentumsbestandteilen. Denn insoweit sind noch Vollzugsmaßnahmen erforderlich. Der Bebauungsplan trifft jedoch Regelungen, die sich als Inhalts- und Schrankenbestimmungen darstellen. Solche Regelungen bedürfen einer besonderen Legitimation, wenn sie sich als gravierend für den Bestand des Eigentums und vor allem seine Nutzungsmöglichkeiten erweisen. Außerdem ist eine Enteignung auf der Grundlage eines Bebauungsplans nur gerechtfertigt, wenn sie von überwiegenden Gemeinwohlgründen getragen werden. Der Bebauungsplan bedarf in solchen Fällen vor dem Hintergrund der Eigentumsgarantie einer **speziellen Planrechtfertigung**, die über die allgemeinen Anforderungen an die Aufstellung von Bebauungsplänen hinausgeht.[6142] Wenn 2831

6133 BVerfG Urt. v. 17.12.2013 – 1 BvR 3139/08, juris Rn. 175 ff.

6134 BVerfG Urt. v. 17.12.2013 – 1 BvR 3139/08, juris Rn. 198 ff.

6135 BVerwG DVBl. 1998, 1294 (1295).

6136 BVerfGE 24, 367; BVerfGE 35, 348; BVerfGE 38, 175; BVerfGE 42, 263; BVerfGE 50, 290; BVerfGE 52, 1; BVerfGE 56, 249; BVerfGE 74, 264 DVBl. 1999, 701 zur Zulässigkeit einer städtebaulichen Enteignung zur Errichtung einer Waldorfschule durch einen privaten Verein.

6137 BVerfG NVwZ 2021 = juris Rn. 21; BVerwGE 81, 329; Papier/Shirvani in Maunz/Dürig, GG, 2020, Art. 14 Rn. 114 f.; Beckmann BauR 2021, 768.

6138 BVerwGE 84, 361; BGHZ 80, 111; BGHZ 99, 24.

6139 BVerwG BauR 1991, 299.

6140 BVerwGE 45, 309; BVerfGE 70, 35.

6141 BVerwG BauR 1991, 299.

6142 Battis in BKL Vorb. §§ 39 bis 44 Rn. 5.

sich der Entzug von Nutzungsmöglichkeiten wie eine (Teil-) Enteignung auswirkt, ist eine Bebauungsplanfestsetzung daher nur aus Gründen des Gemeinwohls zulässig. So können zB die natürlichen Geländeverhältnisse entsprechende Eigentumsbeeinträchtigungen rechtfertigen.[6143] Außerdem ist der Bebauungsplan auf **städtebauliche Belange** beschränkt und kann auch nur insoweit die Grundlage für Enteignungen geben. Für andere, nicht städtebauliche Zwecke kann der Bebauungsplan nicht als Enteignungsgrundlage dienen.

Beispiel: Sieht ein Bebauungsplan einen Kreisverkehr vor, bei dessen Verwirklichung ein Wohnhaus abgerissen werden muss, und ist auch ein kleinerer Kreisverkehr, bei dessen Verwirklichung das Wohnhaus nicht abgerissen werden muss, geeignet, die bestehenden Verkehrs- und Lärmprobleme zu lösen, so ist der Bebauungsplan wegen eines Verstoßes gegen den Verhältnismäßigkeitsgrundsatz unwirksam.[6144]

2832 Die Gemeinden nehmen mit der Aufstellung von Bebauungsplänen die in Art. 14 I 2 GG grundsätzlich dem Gesetzgeber zugewiesene Aufgabe wahr, Inhalt und Schranken des Grundeigentums zu bestimmen und dadurch die Eigentumsordnung auszugestalten. Ein für die Verwirklichung der Planung erforderlicher Rechtstransfer ist weder Teil der in § 1 I und 3 BauGB formulierten Aufgabe der Gemeinde, die bauliche und sonstige Nutzung der Grundstücke entsprechend den städtebaulichen Bedürfnissen und Vorstellungen rechtsverbindlich zu regeln, noch ist er vom verfassungsrechtlichen Ausgestaltungsauftrag des Art. 14 I 2 GG umfasst. Für den Rechtstransfer stehen die zum Vollzug des BauGB erforderlichen Maßnahmen wie insbesondere die planakzessorische städtebauliche Enteignung zur Verfügung, deren verfassungsrechtliche Voraussetzungen in Art. 14 III GG geregelt sind. Der Bebauungsplan bildet hierfür zwar die Grundlage. Eine enteignungsrechtliche Vorwirkung kommt ihm aber nicht zu.[6145] Stehen **Flächen im öffentlichen Eigentum** zur Verfügung, sind diese vorrangig in Anspruch zu nehmen. Dabei kommt auch dem Grundsatz der angemessenen Lastenverteilung Bedeutung zu.[6146]

Beispiel: Ist eine Gemeinde Eigentümerin eines Grundstücks, das für Maßnahmen zum Ausgleich eines durch den Bau öffentlicher Einrichtungen verursachten Eingriffs in Natur und Landschaft geeignet ist, ist die Inanspruchnahme einer im Privateigentum stehenden landwirtschaftlich genutzten Fläche durch eine dem Eingriffsausgleich dienende Bebauungsplanfestsetzung regelmäßig abwägungsfehlerhaft.[6147]

2833 Hat während des Laufs eines **baulandgerichtlichen Verfahrens**, das die Anfechtung eines Enteignungsbeschlusses zwecks Nutzung eines Grundstücks entsprechend den Festsetzungen eines Bebauungsplans betrifft, das Normenkontrollgericht im Normenkontrollverfahren den Bebauungsplan für unwirksam erklärt, so muss das Baulandgericht den Enteignungsbeschluss auch dann aufheben, wenn der Bebauungsplan durch ein ergänzendes Verfahren zur Behebung von Fehlern rückwirkend in Kraft gesetzt werden könnte und die Gemeinde ein solches Verfahren angekündigt hat.[6148]

2834 Eine Enteignung gem. Art. 14 III GG darf nur zur Erfüllung eines besonders schwerwiegenden, dringenden öffentlichen Interesses erfolgen. Eine Enteignung ist unzulässig, wenn andere Lösungen zu Verfügung stehen, mit denen der Enteignungszweck auf weniger einschneidende Weise erreicht werden kann; hierbei sind vorrangig Grundstücke der öffentlichen Hand in Anspruch zu nehmen, wenn das Vorhaben auf ihnen ebenso gut verwirklicht werden kann. Bei planakzessorischen Enteignungen müssen die Enteignungsbehörden das Vorliegen der Enteignungsvoraussetzungen eigenständig und unabhängig von den städtebaulichen Zielsetzungen des Bebauungsplanes prüfen, da die Bauleitplanung keine verbindliche Aussage über die Zulässigkeit einer Enteignung trifft. Neben der Inzidentkontrolle der bauplanerischen Entscheidung

---

6143 OVG Magdeburg Urt. v. 29.10.2009 – 2 K 310/07, BeckRS 2009, 42298 zur Festsetzung eines Lärmschutzwalls.

6144 OVG Koblenz BauR 2006, 1944. Zum Kreisverkehr im Erschließungsbeitragsrecht Ruff KStZ 2008, 201.

6145 BVerwG ZfBR 2009, 786.

6146 OVG Koblenz ZfBR 2007, 63; BVerwG Beschl. v. 14.6.2007 – 4 BN 21.07, BeckRS 2007, 24706; Kümper in HBG, Öffentliches Baurecht, 2024, § 12 Rn. 4.

6147 OVG Münster ZUR 2006, 101 zur Inanspruchnahme privaten Grundeigentums trotz Vorhandensein geeigneter Gemeindeflächen.

6148 BGH NVwZ 2007, 854.

hat die Enteignungsbehörde in einem zweiten Schritt zu prüfen, ob das Wohl der Allgemeinheit gerade in Bezug auf den Einzelfall die Enteignung des konkreten Grundstücks erfordert. Die Baulandgerichte sind verpflichtet und befugt, die Entscheidung der Enteignungsbehörde vollständig nachzuprüfen; denn es handelt sich um eine reine Rechtskontrolle, wobei der Enteignungsbehörde kein gerichtlich nur beschränkt nachprüfbarer Entscheidungsspielraum zukommt. Diese Prüfungsanforderungen an Enteignungsbehörde und Gerichte bei einer planakzessorischen Enteignung tragen den verfahrensrechtlichen und inhaltlichen Anforderungen des Art. 14 I 1 GG Rechnung, da der Bebauungsplan keine enteignungsrechtliche Vorwirkung entfaltet. Die zweistufige Prüfung im Enteignungsverfahren gewährleistet die Vornahme einer Gesamtabwägung aller Gemeinwohlgesichtspunkte und widerstreitenden Interessen unter Prüfung auch der Erforderlichkeit des Vorhabens. Eine bauplanerische Standort- oder Variantenwahl ist erst dann rechtswidrig, wenn die verworfene Lösung eindeutig vorzugswürdig war oder der Planungsbehörde infolge einer fehlerhaften Ermittlung, Bewertung oder Gewichtung einzelner Belange ein rechtserheblicher Fehler unterlaufen ist. Es ist verfassungsrechtlich nicht zu beanstanden, der Entscheidung über die Gültigkeit eines Bebauungsplanes im Normenkontrollverfahren Bindungswirkung auch für den Zivilrichter zuzusprechen. Diese Bindung umfasst auch die Erforderlichkeit der Planung zur städtebaulichen Entwicklung und Ordnung generell sowie den Bedarf für die konkrete Planung. Zu prüfen bleibt jedoch, ob eine Enteignung zum Vollzug des Bebauungsplans im Einzelfall zulässig ist, ob das Wohl der Allgemeinheit sie erfordert und der Enteignungszweck auf andere zumutbare Weise nicht erreicht werden kann.[6149]

6. Enteignung zugunsten Privater

Liegt ein besonderes Gemeinwohlbedürfnis für die Enteignung vor, dann kann sie auch zugunsten Privater zulässig sein. Ebenso kann eine Enteignung zulässig sein, bei der das Grundstück nicht auf den privaten Vorhabenträger übergeht, sondern zB auf das Land, das es dann an den Vorhabenträger vermietet.[6150] Ob die besonderen Voraussetzungen einer Enteignung zugunsten Privater vorliegen müssen, kann im Einzelfall zweifelhaft sein. So erfüllt die enteignungsbegünstigte Gemeinde mit der Erschließung mehrerer im Inneren eines Straßenviertels gelegener Grundstücke eine Aufgabe, die im öffentlichen Interesse liegt. Der Umstand, dass die Erschließung unmittelbar als Reflex auch im privaten Interesse der Eigentümer der zu erschließenden Grundstücke liegt, führt nicht dazu, dass die besonderen Voraussetzungen der Enteignung zugunsten Privater in diesem Fall zu prüfen wären.[6151] 2835

Bei **Enteignungen zugunsten Privater** muss nach der Rechtsprechung des BVerfG jedoch in besonderer Weise bereits vom Gesetzgeber sichergestellt werden, dass der gemeinwohlorientierte Enteignungszweck tatsächlich erreicht und auf Dauer gesichert werden kann. Die Enteignung zu Gunsten Privater stellt insoweit besondere Anforderungen an die Bestimmung des verfolgten Zieles durch den Gesetzgeber, an die gesetzliche Ausgestaltung der Voraussetzungen und an die weiteren Geltungsbedingungen einer solchen Enteignung. Dabei muss besonders sorgfältig geprüft werden, ob hinter dem verfolgten Gemeinwohlziel ein auch unter Berücksichtigung der Privatnützigkeit der Enteignung hinreichend schwerwiegendes, spezifisch öffentliches Interesse besteht. Bei Enteignungen zu Gunsten Privater, die nur mittelbar dem Gemeinwohl dienen, sind erhöhte Anforderungen an die Klarheit und Bestimmtheit der gesetzlichen Enteignungsregeln zu stellen. Das BVerfG hat dies zB bei einer Enteignung zugunsten eines privaten Energieversorgungsunternehmens, das mit der Stromversorgung eine öffentliche Aufgabe erfüllt, akzeptiert.[6152] Der Enteignung zugunsten Privater steht nicht entgegen, dass das begünstigte Unternehmen auch private Zwecke verfolgt, die zugleich im öffentlichen Interesse liegen. Voraussetzung ist lediglich, dass das Unternehmen zumindest mittel- 2836

[6149] BVerfG NVwZ 2009, 1283; BVerfGE 74, 264; BVerfGE 56, 249; NVwZ 2003, 726; BGH Beschl. v. 21.2.2008 – III ZR 201/07, BeckRS 2008, 156316; BGH BauR 2002, 290; BVerfG NVwZ 2008, 780.

[6150] BVerfGE 74, 264 (286, 291); NVwZ 2003, 197 (198); NVwZ 2017, 399 = juris Rn. 19 ff.; DVBl. 2017, 1174 = juris Rn. 33 ff.; Ogorek DÖV 2018, 465 ff.; Kümper in HBG, Öffentliches Baurecht, 2024, § 12 Rn. 11; Frenz in Frenz BBergG, 2019, vor §§ 77 Rn. 23 ff; Jarass DVBl. 2006, 1329 (1332).

[6151] OLG Brandenburg Urt. v. 19.6.2015 – 11 Bauland U 1/13, juris Rn. 55.

[6152] BVerfGE 66, 248 (257 f.); zu diesen Enteignungen Wichert NVwZ 2009, 876 (878 ff.); BVerwG NuR 1997, 397, zur unzulässigen Enteignung zugunsten eines privaten Landeplatzes; zur Enteignung zugunsten einer Privatschule BGH ZfBR 1989, 31; Bell UPR 2002, 367.

bar auch Gemeinwohlbelange wahrnimmt.[6153] Zulässig ist zB eine gesetzliche Regelung (wie zB in § 79 I BBergG) wonach Enteignungen zulässig sind, die der Versorgung des Marktes mit Rohstoffen dienen. Der Rohstoffversorgung kommt nach der Vorstellung des Gesetzgebers für die Lebensfähigkeit einer modernen Industriegesellschaft ein besonders hoher Stellenwert zu. Es bedürfe insoweit auch keiner Beschränkung der Enteignungsmöglichkeiten auf einzelne, besonders gewichtige Bodenschätze oder Rohstoffe.[6154] Der in § 79 I BBergG zusätzlich genannte Enteignungszweck einer Sicherung des sinnvollen und planmäßigen Abbaus von Lagerstätten soll hingegen nur im Zusammenhang mit einem Abbau von Bodenschätzen zur Versorgung des Marktes mit Rohstoffen eine Enteignung legitimieren können. Ob zB auch die Erhaltung von Arbeitsplätzen im Bergbau und/oder der Bestand oder die Verbesserung der Wirtschaftsstruktur ein hinreichend bestimmter Enteignungszweck ist, hat das BVerfG ausdrücklich offengelassen. Die Beschreibung dieser beiden Gemeinwohlziele sei so allgemein und unspezifisch gehalten, dass auch unter Berücksichtigung der generellen Beschränkung der Enteignungsermächtigung auf den Anwendungsbereich des Bundesberggesetzes Zweifel blieben, ob der Verwaltung bei der Entscheidung, ob ein Vorhaben dem Wohl der Allgemeinheit dient, kein zu großer Spielraum eingeräumt sei, zumal wenn es sich um eine Enteignung zu Gunsten Privater handele.[6155] In derartigen Fällen muss besonders intensiv geprüft werden, ob die mittelbaren, gemeinnützigen Zwecke durch das Vorhaben tatsächlich und dauerhaft erreicht werden können. Die Behörde darf insoweit nicht leichtfertig auf die Angaben des privaten Vorhabenträgers vertrauen, sondern muss etwa den konkreten Bedarf an Arbeitsplätzen und deren Bedeutung für die Allgemeinheit am betreffenden Standort konkret ermitteln.[6156]

2837 Auch eine **Durchgangsenteignung** (sog. transitorische Enteignung), die darauf gerichtet ist, privaten Dritten das Eigentum nach einem Durchgangserwerb durch die öffentliche Hand zu verschaffen, ist grds. zulässig.[6157] Bei einer solchen transitorischen Enteignung zugunsten der Gemeinde (§ 169 III BauGB) im Rahmen einer städtebaulichen Entwicklungsmaßnahme (§ 165 I BauGB), die darauf gerichtet ist, privaten Dritten das Eigentum zu verschaffen, muss die dauerhafte Sicherung des Enteignungszwecks nicht bereits in der Entwicklungssatzung (§ 165 VI BauGB) vorgenommen werden. Die Entwicklungssatzung ist nicht geeignet, die Erwerber der Grundstücke rechtlich an das Gemeinwohlziel zu binden, weil bei Erlass der Entwicklungssatzung noch nicht feststeht, an wen die Gemeinde die von ihr zu erwerbenden oder zu enteignenden Grundstücke veräußern wird. Die Gemeinde ist jedoch gesetzlich verpflichtet, bei der Veräußerung der Grundstücke die Erreichung der Ziele und Zwecke der städtebaulichen Entwicklungsmaßnahme dauerhaft zu sichern.[6158]

7. Erforderlichkeit und Verhältnismäßigkeit

2838 Eine Enteignung ist nur dann zulässig, wenn sie im konkreten Fall auch **erforderlich und verhältnismäßig** im engeren Sinne ist.[6159] Nicht erforderlich ist eine Enteignung zB dann, wenn der Enteignungszweck auch auf andere, weniger belastende Weise erreichbar ist (§ 87 I BauGB), zB durch freihändigen Erwerb, dingliche Belastung oder obligatorischen Vertrag.[6160]

2839 Vorrangig vor der Enteignung eines privaten Grundstückseigentümers sind Grundstücke der öffentlichen Hand in Anspruch zu nehmen, wenn das Vorhaben auf ihnen ebenso gut verwirklicht werden kann.[6161] Der Vorhabenträger ist nicht verpflichtet, unabhängig von den enteignungsrechtlichen Vorschriften auch solche Flächen zu erwerben, die für die Verwirklichung des Vorhabens nicht notwendig sind.[6162] Gleichwohl ist die Enteignung ggf. auszuweiten, wenn

---

6153 BVerfGE 74, 264.

6154 BVerfG Urt. v. 17.12.2013 – 1 BvR 3139/08, juris Rn. 202.

6155 BVerfG Urt. v. 17.12.2013 – 1 BvR 3139/08, juris Rn. 204.

6156 OVG Hamburg v. 9.8.2004 – 2 Bs 300/04, NVwZ 2005, 105; dazu auch Battis/Otto DVBl. 2004, 1501 ff.

6157 BVerwG NVwZ 2021 = juris Rn. 249; BVerwG BauR 2006, 965; DVBl. 1998, 1294 (1297); Frey Die Verfassungsmäßigkeit der transitorischen Enteignung, 1983; Näher zu Enteignungen zugunsten Privater Petz in Spannowsky/Uechtritz, BauGB, Werkstand 2024, § 87 Rn. 34 ff.

6158 BVerwG BauR 2006, 965.

6159 Dazu Jarass DVBl. 2006, 1329 (1333 f.).

6160 BVerwGE 29, 248 (254); BVerwGE 19, 171.

6161 BVerfG Urt. v. 8.7.2009 – 1 BvR 2187/07, juris, Rn. 23.

6162 BVerwG NVwZ-RR 1998, 541.

die Enteignung einer Grundstücksfläche dem Eigentümer einen Rest des Grundstücks belassen würde, den er nicht mehr in angemessenem Umfang nutzen könnte.[6163] Die einzelne Enteignungsmaßnahme ist nach der Rechtsprechung des BVerfG dann mit dem Übermaßverbot vereinbar, wenn der Beitrag, den das entzogene Eigentumsrecht zur Verwirklichung des Vorhabens leistet, nicht außer Verhältnis zu dem Gewicht des Eingriffs steht, den der konkrete Eigentumsentzug für den betroffenen Rechtsinhaber bedeutet. Die nach Art. 14 III GG für die Enteignung geschuldete Entschädigung ist ohne Belang für die Verhältnismäßigkeit des Eingriffs; sie mindert das Gewicht des Eingriffs nicht, denn sie ist lediglich die zwingende Folge einer im Übrigen verfassungsgemäßen Enteignung.[6164]

Die Enteignung setzt nach § 87 II 1 BauGB voraus, dass der Antragsteller sich ernsthaft um 2840 den freihändigen Erwerb des zu enteignenden Grundstücks zu angemessenen Bedingungen, unter den Voraussetzungen des § 100 I und III BauGB unter Angebot geeigneten anderen Landes, vergeblich bemüht hat. Der Antragsteller hat nach § 87 II 2 BauGB glaubhaft zu machen, dass das Grundstück innerhalb angemessener Frist zu dem vorgesehenen Zweck verwendet wird. Das ernsthafte Bemühen um einen freihändigen Erwerb setzt ein Kaufangebot zu angemessenen Bedingungen iS des § 87 II 1 BauGB voraus. Es wird hinsichtlich des Kaufpreises maßgeblich davon bestimmt, was der Eigentümer im Falle einer Enteignung in etwa als Entschädigung zu erwarten hätte.[6165] Ausreichend und angemessen ist ein Angebot, das der im Einzelnen noch zu ermittelnden Entschädigung in etwa entspricht.[6166] Unangemessen sind Angebote, die den Entschädigungswert um ca. 25 % unterschreiten.[6167] Der Enteignungsbegünstigte kann seine **Bemühungen um einen freihändigen Erwerb** einstellen, wenn der Enteignungsbetroffene Verhandlungen ausdrücklich ablehnt, so zB wenn er zu erkennen gibt, dass er jedes Angebot ausschlagen wird, um es auf die Enteignung ankommen zu lassen oder wenn er die Annahme des Angebotes von für die Behörde unzumutbaren Bedingungen abhängig macht.[6168] Rückt der Enteignungsbegünstigte noch vor Einleitung des Enteignungsverfahrens von seinem Angebot ab, hat er sich nicht ernsthaft um einen freihändigen Erwerb vergeblich bemüht. Erklären Vertreter der enteignungsbegünstigten Gemeinde im Rahmen der Verhandlungen über den freihändigen Erwerb, dem Eigentümer werde das Grundstück im Wege der Enteignung entzogen, falls er nicht freiwillig veräußere, so liegt darin keine zur Anfechtung des Vertrages berechtigende widerrechtliche Drohung.[6169]

Das gemeindliche Unterlassen der bebauungsplankonformen wegemäßigen Erschließung 2841 eines Grundstücks verstößt gegen Treu und Glauben, wenn es der Gemeinde zumutbar ist, sich das für die Erschließung notwendige, jedoch in privatem Eigentum stehende Straßenland zu beschaffen, indem sie bei der zuständigen Enteignungsbehörde einen entsprechenden Enteignungsantrag stellt, um einen Enteignungsbeschluss nach § 113 I 1 BauGB zu erwirken. Ob eine derartige Zumutbarkeit gegeben ist, richtet sich im Einzelfall nach den summarisch zu prüfenden Erfolgsaussichten des jeweils ins Auge gefassten Enteignungsverfahrens. Die Stellung eines Enteignungsantrags und die Durchführung eines Enteignungsverfahrens kann einer Gemeinde mit Blick auf das für sie bestehende Kostenrisiko nicht zugemutet werden, wenn die Voraussetzungen für eine Enteignung nach §§ 85 I Nr. 1, 87 BauGB offensichtlich nicht gegeben sind. Einer Gemeinde ist die Stellung eines Enteignungsantrags und die Durchführung eines Enteignungsverfahrens regelmäßig dagegen zumutbar, wenn ein Enteignungsverfahren bei summarischer Prüfung hinreichende Aussicht auf Erfolg hat. Denn in dieser Situation würde sich eine sorgfältig handelnde Gemeinde, welche die Planung ernsthaft aufrechterhalten will und die sowohl die sie insoweit treffende Erschließungspflicht als auch das Kostenrisiko eines Enteignungsverfahrens abwägend bedenkt, für die Stellung eines Enteignungsantrags und die Durchführung eines Enteignungsverfahrens entscheiden.[6170]

6163 BVerwG Urt. v. 7.7.2004 – 9 A 21.03, juris, Rn. 24; NVwZ 2007, 1308.

6164 BVerfG Urt, v. 17.12.2013 – 1 BvR 3139/08, juris Rn. 183 ff.

6165 OLG Brandenburg DÖV 2022 = juris Rn. 105.

6166 BVerwG MDR 1967, 241; BGH NJW 1966, 2012; VGH München Beschl. v. 4.9.2006 – 8 ZB 06.1653, juris.

6167 Petz in Spannowsky/Uechtritz, BauGB, 2022, § 87 Rn. 53.1; BGH NVwZ 1986, 1053.

6168 BGHZ 77, 338 (346); BauR 1983, 249; BRS 19 Nr. 85; Baron DVP 2003, 348 (352).

6169 BayObLG BayVBl. 1992, 157.

6170 VGH München Urt. v. 30.6.2021 – 8 B 20.1833, juris Rn. 44; OVG Münster DVBl. 2011, 1565/1569 = juris Rn. 96.

2842 Die Beantwortung der Frage, ob eine **Vollenteignung** oder lediglich eine **dingliche Belastung** oder sogar nur ein **obligatorischer Vertrag** in Betracht kommt, hängt von der notwendigen Intensität der Grundstücksinanspruchnahme ab. Die Vollenteignung ist zulässig bei einem auf Dauer ausgerichteten und andere Nutzungen ausschließenden Unternehmen.[6171] Typisches Beispiel ist der Bau einer öffentlichen Straße, deren Zweckbestimmung eine weitere wirtschaftliche Nutzung ausschließt. Gerechtfertigt ist die Vollenteignung auch dann, wenn die Aufgabenerfüllung eine ungestörte Besitzausübung erfordert oder wenn die Entrichtung regelmäßig anfallender Vergütungen für die Bestellung von Dienstbarkeiten oder die Vereinbarung von Pachtverhältnissen zu einem unangemessenen Verwaltungsaufwand führen würde.[6172] Die Belastung mit dinglichen Rechten ist dagegen zB bei notwendigen Geh- und Fahrrechten, bei erforderlichen Schutzstreifen oder Sichtflächen entlang von Straßen denkbar.[6173] Wird ein Grundstück dauerhaft nur unterirdisch in Anspruch genommen (zB durch die Tunnelführung einer Straße), reicht zur Verwirklichung des Enteignungszweckes regelmäßig die Belastung des privaten Grundstücks mit einer Dienstbarkeit.[6174] Soll ein Grundstück mit einem Erbbaurecht belastet werden, kann der Eigentümer anstelle der Belastung die Entziehung des Eigentums verlangen (§ 92 I 1 BauGB); soll ein Grundstück mit einem anderen Recht belastet werden, kann der Eigentümer die Entziehung des Eigentums verlangen, wenn die Belastung mit dem dinglichen Recht für ihn unbillig ist (§ 92 II 2 BauGB).[6175]

2843 **Unangemessen** ist eine Enteignung, wenn die mit ihr verbundenen Vorteile außer Verhältnis zu den für den betroffenen Eigentümer eintretenden Nachteilen stehen. Zu fragen ist insoweit, ob die Enteignung übermäßig oder unzumutbar belastet. Dabei muss die Enteignung auch zeitlich so auf den Beginn der Zweckverwirklichung angemessen abgestimmt sein, dass die Beschränkungen den Eigentümer nicht zu einem unnötig frühen Zeitpunkt treffen. Verfassungsrechtlich gewährleistet ist auch ein **Rückerwerbsanspruch** des enteigneten früheren Eigentümers, wenn die öffentliche Aufgabe, der die Enteignung dienen soll, nicht ausgeführt oder das enteignete Grundstück dazu nicht mehr benötigt wird.[6176] Ein Anspruch auf den Rückerwerb kann nicht mit der Rechtswidrigkeit der Enteignung begründet werden, weil in einem solchen Fall die Enteignung selbst angefochten werden muss. Ein Rückübertragungsanspruch kann allerdings ausscheiden, wenn das enteignete Grundstück erheblich verändert worden ist (vgl. zB § 57 III LBG).[6177] Das gilt aber nicht für abgeschlossene Enteignungen in der ehemaligen DDR und für vorkonstitutionelle Enteignungen.[6178]

2844 Schließlich ist eine Enteignung nur dann zulässig, wenn das die Enteignung zulassende Gesetz eine Regelung über Art und Ausmaß der Entschädigung enthält (Junktim-Klausel). **Salvatorische Entschädigungsklauseln**, nach denen eine angemessene Entschädigung in Geld zu leisten sein soll, wenn eine Maßnahme im konkreten Fall eine Enteignung darstellt, sind nach der Rechtsprechung des BVerwG mit Art. 14 III 2 GG nur bedingt zu vereinbaren, da der Gesetzgeber selbst festlegen müsse, wann eine Enteignung vorliege, die eine Entschädigungspflicht iSd Art. 14 III 2 GG auslöse.[6179] Salvatorische Entschädigungsklauseln können jedoch auch nach der Rechtsprechung des BVerwG als Anspruchsgrundlage für entschädigungspflichtige Inhalts- und Schrankenbestimmungen des Eigentums, die keine Enteignung sind, Bestand haben.

2845 Bei der Bestimmung des **Gemeinwohlziels** verfügt der **Gesetzgeber** über einen **weiten Spielraum**. Der verfassungsrechtliche Prüfungsmaßstab ist dementsprechend begrenzt.[6180] Der Rechtsprechung des BVerfG lässt sich keine Forderung entnehmen, dass die gebotene Gesamtabwägung vom Gesetzgeber selbst vorgenommen werden müsse und damit nicht der Enteig-

6171 BVerfGE 24, 367 (407); BVerfGE 38, 175 (180).

6172 BGH NJW 1967, 2305.

6173 OVG Münster Urt. v. 9.1.2004 – 11 D 116/02, juris.

6174 BVerwG NJW 1996, 2113.

6175 Zu einer vergleichbaren Vorschrift des baden-württembergischen Ethylen-Rohrleitungsgesetzes VGH Mannheim Urt. v. 23.5.2011 – 8 S 282/11, juris, Rn. 9.

6176 Vgl. BVerfG NJW 1975, 37; BVerwG NVwZ 1991, 987; Jarass in Jarass/Pieroth, GG, 2022, Art. 14 Rn. 88.

6177 Dazu VG Trier LKRZ 2009, 194 f.

6178 BVerfG NVwZ 1998, 724; NJW 1998, 221.

6179 BVerwG DVBl. 1990, 585 ff.; dazu Schink DVBl. 1990, 1375, aA BGHZ 105, 15 (17); BGHZ 95, 24 (28); zum Rückenteignungsanspruch bei zweckverfehlter Umlegung Bryde JuS 1993, 283 ff.

6180 BVerfGE 134, 242.

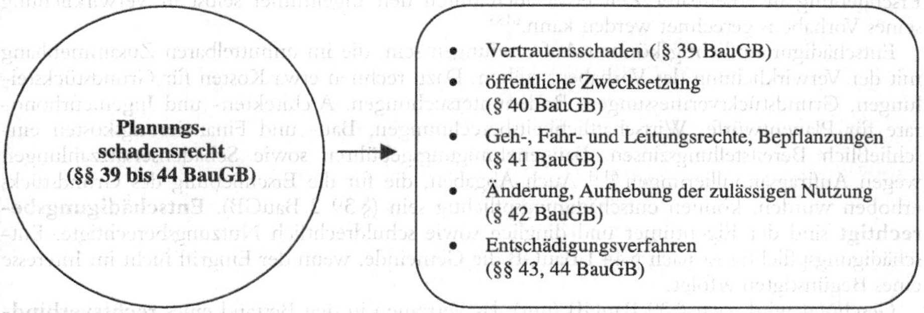

nungsbehörde überlassen werden dürfe. Zwar muss eine Gesamtabwägung gesetzlich vorgesehen sein. Dieser Anforderung kann jedoch aufgrund anderer Gesetze genügt werde. Sowohl hinsichtlich der Frage der Gemeinwohltauglichkeit als auch der hinreichenden Bestimmtheit der Enteignungszwecke setzt sich das vorlegende Gericht unzureichend mit dem verfassungsrechtlichen Maßstab auseinander (wird jeweils ausgeführt). So ist weder erkennbar noch näher begründet, wieso die im vorgelegten Gesetz genannten Enteignungszwecke keine verfassungsrechtlich zulässigen Enteignungsziele sein sollen.[6181]

III. Planungsschadensrecht gem. §§ 39 bis 44 BauGB

Das Planungsschadensrecht, das einen **Ausgleich für Eingriffe in die Bodennutzbarkeit** 2846
gewährt, ist in den Vorschriften der §§ 39 bis 44 BauGB unter der Abschnittsüberschrift „Entschädigung" zusammengefasst. Die Entschädigungsvorschriften enthalten eine Generalnorm für Vertrauensschäden wegen vorgenommener Aufwendungen gem. § 39 BauGB, Entschädigungsvorschriften bei einer Grundstücksinanspruchnahme oder -entwertung für bestimmte öffentliche Zwecke gem. §§ 40, 41 BauGB, eine Generalnorm für die Entschädigung bei einer Änderung oder Aufhebung einer zulässigen Nutzung nach § 42 BauGB sowie Regelungen zum Entschädigungsverfahren gem. §§ 43, 44 BauGB. Die Vorschriften beziehen sich auf planerische Eingriffe in die Bodennutzbarkeit und unterscheiden sich hierdurch von den Entschädigungsvorschriften der §§ 85 bis 122 BauGB, die für Administrativenteignungen durch Verwaltungsakt gelten.

1. Entschädigung für Vertrauensschaden gem. § 39 BauGB

Haben Eigentümer oder in Ausübung ihrer Nutzungsrechte sonstige Nutzungsberechtigte 2847
im berechtigten Vertrauen auf den Bestand eines rechtsverbindlichen Bebauungsplans Vorbereitungen für die Verwirklichung von Nutzungsmöglichkeiten getroffen, die sich aus dem Bebauungsplan ergeben, können sie gem. § 39 S. 1 BauGB angemessene Entschädigung in Geld verlangen, soweit die Aufwendungen durch die Änderung, Ergänzung oder Aufhebung des Bebauungsplans an Wert verlieren. Dies gilt nach § 39 S. 2 BauGB auch für Abgaben nach bundes- oder landesrechtlichen Vorschriften, die für die Erschließung des Grundstücks erhoben wurden.

§ 39 BauGB schützt das **Vertrauen** in den Bestand eines Bebauungsplans. Grundsätzlich darf 2848
der Bürger in den Fortbestand der die Nutzung des einzelnen Grundstücks ermöglichenden Festsetzungen vertrauen. Nicht mehr berechtigt ist das Vertrauen des möglichen Anspruchsberechtigten jedoch, wenn er eine bevorstehende Änderung, Ergänzung oder Aufhebung des Bebauungsplans kannte oder kennen musste.[6182] Das Vorliegen einer „Vertrauensgrundlage" für Vorbereitungen des Eigentümers zur Verwirklichung von im Bebauungsplan vorgesehenen Nutzungsmöglichkeiten setzt nicht voraus, dass für das beabsichtigte Vorhaben die **Erschließung** bereits vorhanden bzw. iS des § 30 I BauGB „gesichert" ist. Es reicht aus, wenn mit der

---

[6181] BVerfG NVwZ 2017, 399; Ogorek DÖV 2018, 465; Höfling DVBl. 2017, 1176; Buller IR 2017, 109; Hoops NVwZ 2017, 1496 – Rohrleitungsanlage zwischen Dormagen und Krefeld-Uerdingen.

[6182] Hoffmann in BeckOK BauGB, 2022, § 39 Rn.11.

Erschließung in absehbarer Zeit etwa auch durch den Eigentümer selbst in Verwirklichung seines Vorhabens gerechnet werden kann.[6183]

2849 Entschädigungspflichtig können Aufwendungen sein, die im unmittelbaren Zusammenhang mit der Verwirklichung des Vorhabens stehen. Dazu rechnen etwa Kosten für Grundstücksteilungen, Grundstücksvermessungen, Bodenuntersuchungen, Architekten- und Ingenieurhonorare für Planentwürfe, Wirtschaftlichkeitsberechnungen, Bau- und Finanzierungskosten einschließlich Bereitstellungszinsen, Baugenehmigungsgebühren sowie Schadensersatzzahlungen wegen Auftragsannullierungen.[6184] Auch Abgaben, die für die Erschließung des Grundstücks erhoben wurden, können entschädigungspflichtig sein (§ 39 2 BauGB). **Entschädigungsberechtigt** sind der Eigentümer und dinglich sowie schuldrechtlich Nutzungsberechtigte. Entschädigungspflichtig ist nach § 44 I BauGB die Gemeinde, wenn der Eingriff nicht im Interesse eines Begünstigten erfolgt.

2850 Geschützt wird nach § 39 BauGB (nur) das Vertrauen in den Bestand eines **rechtsverbindlichen Bebauungsplans**. Darstellungen des Flächennutzungsplans sind daher ebenso wenig eine Vertrauensgrundlage, wie sich aus einem rechtsunwirksamen Bebauungsplan Entschädigungsansprüche nach § 39 BauGB ergeben können.[6185] Auch Festsetzungen, die wegen **Funktionslosigkeit** außer Kraft getreten sind, geben keine Grundlage für Entschädigungsansprüche nach § 39 BauGB.[6186] Der zu Grunde liegende Bebauungsplan muss mithin zum Zeitpunkt der Aufwendungen wirksam sein. Er darf nicht an einem formellen oder materiellen Mangel leiden, muss nach § 10 BauGB in Kraft getreten sein und darf nicht vor der fraglichen Anwendung durch gegenläufiges Gewohnheitsrecht oder Funktionslosigkeit außer Kraft getreten sein.[6187] Ein Entschädigungsanspruch entfällt allerdings nicht, wenn ein zunächst unwirksamer Bebauungsplan im Zeitpunkt der Aufwendungen von der Gemeinde geheilt war oder das Heilungsverfahren mit späterem Abschluss begonnen war. Einen allgemeinen **Plangewährleistungsanspruch** in dem Sinne, dass auch das Vertrauen in eine rechtsunwirksame Planung geschützt wird, hat die Rechtsprechung aus § 39 BauGB nicht abgeleitet.[6188] Auch ein Anspruch aus enteignungsgleichem Eingriff scheidet aus, wenn das einfache Gesetzesrecht einen solchen Anspruch nicht gewährt. Ein Entschädigungsanspruch kann jedoch dann bestehen, wenn der Einzelne durch den Erlass eines unwirksamen, aber vollzogenen Bebauungsplans schwer und unerträglich betroffen wird.[6189]

Beispiel: Auf Grund eines von der Gemeinde erlassenen Bebauungsplans wird in der Nähe eines geruchsintensiven landwirtschaftlichen Betriebes ein Wohngebiet errichtet. In einem Normenkontrollverfahren wird der Bebauungsplan für unwirksam erklärt, weil ein ausreichender Abstand zwischen der immissionsempfindlichen Wohnbebauung und dem landwirtschaftlichen Betrieb nicht gewahrt ist. Die Gemeinde kann nach den Grundsätzen des enteignungsgleichen Eingriffs schadensersatzpflichtig sein, wenn die zur Erhaltung des landwirtschaftlichen Betriebes erforderlichen Modernisierungsmaßnahmen unterbleiben müssen. Auch können Amtshaftungsansprüche nach Art. 34 GG, § 839 BGB begründet sein.[6190] Ansprüche nach § 39 BauGB scheiden demgegenüber wegen der Unwirksamkeit des Bebauungsplans aus.

2851 Für den **vorhabenbezogenen Bebauungsplan** (§ 30 II BauGB) bestimmt § 12 III 2 Hs. 2 BauGB, dass die §§ 39 bis 44 BauGB im Bereich des Vorhaben- und Erschließungsplans nicht

---

[6183] BGH NVwZ 2005, 239; Michler in Kröninger/Jeromin, BauGB/BauNVO, 2024, § 39 BauGB Rn. 5; siehe dazu auch Hoffmann in BeckOK BauGB, 2022, § 39 Rn. 22.

[6184] Battis in BKL, BauGB, 2022, § 39 Rn. 3.

[6185] BGHZ 84, 292.

[6186] BGHZ 97, 1; NVwZ 1986, 168; NJW 1990, 1042; Hoffmann in BeckOK BauGB, 2022, § 39 Rn. 6 ff; zur Funktionslosigkeit von Festsetzungen eines Bebauungsplans BVerwGE 54, 5; NJW 1979, 1516; NVwZ 1989, 49; NVwZ-RR 1990, 121; BVerwGE 85, 96; BVerwGE 85, 273; zur Funktionslosigkeit von Bebauungsplänen grundlegend Berkemeier Geltungsverlust oder Unanwendbarkeit von Plänen aufgrund von Funktionslosigkeit, Berlin 2019; Hellriegel/Gutsche BauR 2023, 1878; Scheidler BauR 2020, 550; Scheidler UPR 2017, 201; Berkemann ZfBR 2020, 232; Degenhart BayVBl. 1990, 71; Erhard NVwZ 2006, 1362.

[6187] BGHZ 84, 292; BGHZ 110, 1.

[6188] BGHZ 84, 292; BGHZ 110, 1; UPR 1997, 102. Zum Fachplanungsrecht BVerwG EurUP 2006, 103.

[6189] BGHZ 92, 34; BGHZ 110, 1.

[6190] BGHZ 92, 34.

anwendbar sind. § 12 VI 2 BauGB bestimmt ausdrücklich einen Entschädigungsausschluss bei der Aufhebung eines vorhabenbezogenen Bebauungsplans, wenn die Maßnahme nicht fristgemäß durchgeführt wird.[6191]

Auch das Vertrauen in den Fortbestand einer planungsrechtlichen Nutzbarkeit des Grundstücks im nicht beplanten Innenbereich nach § 34 BauGB oder im Außenbereich nach § 35 BauGB ist durch § 39 BauGB nicht geschützt.[6192] Die Vorschrift schützt nur das berechtigte Vertrauen auf den Bestand eines rechtsverbindlichen Bebauungsplans, nicht das Vertrauen in die planungsrechtliche Zulässigkeit von Vorhaben im nicht beplanten Innenbereich oder im Außenbereich. Auch eine analoge Anwendung des § 39 BauGB muss in diesen Fällen ausscheiden, weil die Vorschrift insoweit abschließende, nicht erweiterungsfähige Regelungen enthält. 2852

§ 39 BauGB schützt das berechtigte Vertrauen in den Fortbestand der Festsetzungen eines Bebauungsplans. Dieses Vertrauen ist nicht mehr geschützt, wenn eine Änderung, Ergänzung oder Aufhebung des Bebauungsplans erkennbar ist. 2853

Beispiel: Die Gemeinde beschließt die Änderung des Bebauungsplans und beantragt bei der Baugenehmigungsbehörde, das Vorhaben nach § 15 BauGB für ein Jahr zurückzustellen. Aufwendungen, die erst nach erfolgter Zurückstellung des Bauvorhabens getätigt werden, sind nicht nach § 39 BauGB entschädigungspflichtig.

Geschützt ist nur der **Wertverlust**. Wird das Grundstück in anderer Weise gleichwertig verwertet, so tritt eine Entschädigungspflicht nach § 39 BauGB nicht ein. Führt die Gemeinde die Änderungsabsicht nicht durch, so entfällt ebenfalls eine Entschädigungspflicht, da ein Vertrauensschaden nach § 39 BauGB nur bei einer durchgeführten Entwertung von Nutzungsmöglichkeiten gewährt wird. Die in Vorbereitung der Verwirklichung des Bebauungsplans entstandenen Aufwendungen müssen durch die Änderung, Ergänzung oder Aufhebung des Bebauungsplans an Wert verlieren. Zwischen Veränderung der Festsetzungen des Bebauungsplans und dem eingetretenen Wertverlust der Aufwendungen muss insoweit ein kausaler Zusammenhang bestehen. Daran fehlt es, wenn zwar die Aufwendungen im Vertrauen auf den geänderten, ergänzten oder aufgehobenen Bebauungsplan getätigt worden sind, der Realisierung der Nutzung aber andere Hindernisse, zB solche des Bauordnungsrechts, des Denkmalschutzes oder des Bodenschutzrechts entgegenstehen.[6193] Nach § 39 S. 1 BauGB ist ein angemessener Geldersatz zu leisten. Die Entschädigung bemisst sich der Höhe nach dabei gem. § 43 I 3 BauGB nach den §§ 93 ff. BauGB. 2854

2. Entschädigung bei öffentlicher Zwecksetzung gem. §§ 40, 41 BauGB

a) Gemeinwohlzwecke. Die §§ 40, 41 BauGB enthalten Entschädigungsregelungen bei öffentlicher Zwecksetzung. Sind im Bebauungsplan Gemeinbedarfsflächen sowie Flächen für Sport- und Spielanlagen, Flächen für Personengruppen mit besonderem Wohnbedarf oder mit besonderem Nutzungszweck, von der Bebauung freizuhaltende Schutzflächen und Flächen für besondere Anlagen und Vorkehrungen zum Schutz vor Einwirkungen, Verkehrsflächen, Versorgungsflächen, Flächen für die Abfallentsorgung und Abwasserbeseitigung sowie für Ablagerungen, Grünflächen, Flächen für Aufschüttungen, Abgrabungen oder für die Gewinnung von Steinen, Erden und anderen Bodenschätzen, Flächen für Gemeinschaftsstellplätze und Gemeinschaftsgaragen, Flächen für Gemeinschaftsanlagen, von der Bebauung freizuhaltende Flächen, der Wasserwirtschaft dienende Flächen sowie Flächen für Maßnahmen zum Schutz, zur Pflege und zur Entwicklung von Natur und Landschaft festgesetzt, so ist der Eigentümer nach § 40 BauGB zu entschädigen, soweit ihm hierdurch Vermögensnachteile entstehen. 2855

Nach § 40 BauGB wird eine Entschädigung für **Eingriffe in das Grundstück** gewährt, die fremdnützigen Zwecken, insbesondere den Interessen der Allgemeinheit, dienen. Ausgenommen von der Entschädigungspflicht werden nach § 40 I 2 BauGB bestimmte sozialgebundene, im Einzelfall nicht fremdnützige Festsetzungen, die dem Eigentümer im Hinblick auf die 2856

[6191] Michler in Kröninger/Jeromin, BauGB/BauNVO, 2024, § 39 BauGB Rn. 2, wonach § 39 BauGB jedoch anwendbar ist, wenn der vorhabenbezogene Bebauungsplan außerhalb des Verfahrens nach § 12 BauGB geändert, ergänzt oder aufgehoben wird.

[6192] Hoffmann in BeckOK BauGB, 2022, § 39 Rn. 10; Busse in Jäde/Dirnberger, BauGB. 2022, § 39 Rn. 11; für entsprechende Anwendung hingegen Battis in BKL, BauGB, 2022, § 39 Rn. 9.

[6193] Busse in Jäde/Dirnberger, BauGB/BauNVO, 2022, § 39 BauGB Rn. 21; Hoffmann in BeckOK BauGB, 2022, § 39 Rn. 23 f.

Sozialgebundenheit des Eigentums zuzumuten sind. Die entschädigungsauslösenden Festsetzungen müssen in einem rechtsverbindlichen Bebauungsplan enthalten sein. Bei Unwirksamkeit des Bebauungsplans scheidet § 40 BauGB als Anspruchsgrundlage aus. Auch im nicht beplanten Innenbereich oder Außenbereich ist § 40 BauGB nicht anwendbar. Aus den Festsetzungen des Bebauungsplans oder in deren Folge[6194] müssen sich für den Grundstückseigentümer spürbare Vermögensnachteile ergeben.

Beispiel: Der Bebauungsplan weist ein Grundstück als Verkehrsfläche für eine geplante Straße aus. Der Eigentümer kann für sein Gebäude nur noch Mietverträge mit kurzfristiger Laufzeit abschließen und im Hinblick auf die vorgesehene Nutzung auch nur noch geringere Mieten erzielen.

2857 Nach § 40 II 1 BauGB kann der Eigentümer die Übernahme der Flächen verlangen, 1. wenn und soweit es ihm mit Rücksicht auf die Festsetzung oder Durchführung des Bebauungsplans wirtschaftlich nicht mehr zuzumuten ist, das Grundstück zu behalten oder es in der bisherigen oder einer anderen zulässigen Art zu nutzen, oder 2. wenn Vorhaben nach § 32 BauGB nicht ausgeführt werden dürfen und dadurch die bisherige Nutzung einer baulichen Anlage aufgehoben oder wesentlich herabgesetzt wird. Die Entschädigung wird nach § 40 II BauGB in erster Linie durch eine Übernahme der Flächen gewährt. Die **Zumutbarkeit** ist aus der jeweiligen Sicht des Eigentümers zu beurteilen und bemisst sich daher nach einem **subjektiven Maßstab**. Dabei sind die finanziellen Auswirkungen der Festsetzungen und die wirtschaftlichen Verhältnisse des Eigentümers zu berücksichtigen. Es stellt sich allerdings die Frage, inwieweit die Bewertung über die grundstücksbezogenen Umstände hinaus auch die wirtschaftlichen und persönlichen Verhältnisse des Eigentümers einzubeziehen hat.[6195]

2858 Hat ein Grundstück bereits eine bestimmte **planungsrechtliche Qualität** erreicht, so ist diese auch Grundlage für eine Entschädigung im Falle der Übernahme des Grundstücks nach den §§ 40 II, 43 I BauGB. Dies gilt etwa für ein im bisherigen Bebauungsplan als Bauland ausgewiesenes Grundstück, das über sieben Jahre ungenutzt war und in einem neuen Bebauungsplan als Gemeinbedarfsfläche ausgewiesen wird. Bedeutsam kann dabei auch sein, dass die Bebaubarkeit der umliegenden Grundstücke weitgehend nicht aufgehoben wurde. Nach dem Wortlaut des § 43 I 3 BauGB iVm § 95 II Nr. 7 BauGB und nach § 43 III 2 BauGB darf bei der Festsetzung der Entschädigung nur die tatsächlich ausgeübte Nutzung des Grundstücks berücksichtigt werden. Die frühere, über sieben Jahre nicht ausgenutzte Bebaubarkeit bliebe danach als Merkmal für die Wertbestimmung unberücksichtigt. Im Hinblick auf Art. 14 GG und den allgemeinen Gleichheitssatz ist allerdings nach Auffassung des BGH eine verfassungskonforme Auslegung der genannten Entschädigungsbestimmungen geboten. Es ist im Falle eines Übernahmeverlangens daher Enteignungsentschädigung nach derjenigen Grundstücksqualität zu leisten, die das enteignete Grundstück vor der es herabzonenden Ausweisung im Bebauungsplan hatte und die die übrigen Grundstücke im Plangebiet weiterhin aufweisen.[6196]

2859 Nach § 40 II 2 BauGB kann der Eigentümer anstelle der Übernahme die Begründung von **Miteigentum** oder eines geeigneten Rechts verlangen, wenn die Verwirklichung des Bebauungsplans nicht die Entziehung des Eigentums erfordert. Die Regelung entspricht dem Grundsatz der Verhältnismäßigkeit und trägt der Zielvorstellung in § 1 VI Nr. 2 BauGB Rechnung, die Eigentumsbildung weiter Bevölkerungskreise zu stützen. Der von einer eigentumsverdrängenden, allein fremdnützigen Planung nach § 40 I BauGB betroffene Eigentümer, dem ein Übernahmeanspruch nach § 40 II BauGB zusteht, kann wegen § 43 III 1 BauGB auch dann keine weitere Geldentschädigung verlangen, wenn die Gemeinde über einen langen Zeitraum die Verwirklichung der Planung nicht in Angriff nimmt und erklärt, auch aktuell keinen Umsetzungswillen zu haben. Eine Geldentschädigung kommt deshalb nur dann in Betracht, wenn der Eigentümer das Grundstück tatsächlich zur Übernahme anbietet. Die Eigentumsgarantie wird durch die Versagung einer Geldentschädigung wegen Nichtumsetzung eines Bebauungsplans nach §§ 42, 43 III 1 BauGB daher nicht verletzt.[6197] Die Fristenregelung des § 44 IV BauGB, wonach der Entschädigungsanspruch innerhalb von 3 Jahren nach Ablauf des Kalen-

---

6194 BGHZ 50, 93.

6195 Zu weiteren Einzelheiten Battis in BKL, BauGB, 2022, § 40 Rn. 8; Schmidt-Aßmann BauR 1976, 145.

6196 BGH DVBl. 1999, 1282 m. Kritik von Berkemann, ZfBR 2007, 788.

6197 BVerfG KommJur 2011, 468; vorgehend BGH NVwZ 2010, 1444.

derjahres geltend gemacht werden muss, in dem der Vermögensnachteil eingetreten ist, ist auf den Übernahmeanspruch nach § 40 II BauGB nicht anwendbar.[6198]

Nach § 40 III 1 BauGB tritt bei **Nutzungsbeschränkungen** auf künftigen Gemeinbedarfs, Verkehrs-, Versorgungs- und Grünflächen gem. § 32 BauGB, wenn die bisherige Nutzung des Grundstücks hierdurch erschwert wird, an die Stelle des Übernahmeanspruchs ein **Entschädigungsanspruch in Geld**. Der Anspruch auf Geldentschädigung setzt voraus, dass die bisherige Nutzung durch Maßnahmen nach § 32 BauGB erschwert wird. Ist die Nutzung auf Dauer unrentabel, besteht nach § 40 II 1 BauGB ein Übernahmeanspruch. 2860

b) Geh-, Fahr- und Leitungsrechte. § 41 BauGB gewährt eine Entschädigung bei der Begründung von Geh-, Fahr- und Leitungsrechten und bei der Bindung für Bepflanzungen. Sind im Bebauungsplan Flächen festgesetzt, die mit Geh-, Fahr- und Leitungsrechten zu belasten sind, kann der Eigentümer unter den Voraussetzungen des § 40 II BauGB die Begründung der Rechte zugunsten des Berechtigten verlangen. 2861

Enthält der Bebauungsplan Festsetzungen über **Bindungen bei Bepflanzungen** und zur **Erhaltung von Gewässern**, so ist dem Eigentümer nach § 41 II BauGB eine angemessene Entschädigung in Geld zu gewähren, wenn infolgedessen besondere Aufwendungen erforderlich werden oder eine wesentliche Wertminderung des Grundstücks eintritt. Die Vorschrift gewährt danach nur dann eine Entschädigung, wenn die Festsetzungen über die Begründung von Geh-, Fahr- und Leitungsrechten sowie bei Bindungen für Bepflanzungen zu unzumutbaren Beeinträchtigungen führt. Sie ist Ausdruck der Abgrenzung der Sozialpflichtigkeit des Eigentums einerseits und von dem Eigentümer nicht mehr zumutbaren, enteignend wirkenden Eingriffen andererseits. Im Rahmen einer Abwägung hat daher jeweils eine **Interessenbewertung** dahin gehend zu erfolgen, ob die mit den Festsetzungen verbundenen Eingriffe das zumutbare Maß übersteigen oder ob die Festsetzungen noch im Rahmen der Sozialgebundenheit des Eigentums liegen. Nur wenn sich eine unzumutbare, wesentliche Wertminderung ergibt, bestehen im Hinblick auf Festsetzungen zu Geh-, Fahr- und Leitungsrechten sowie Bepflanzungen Entschädigungsansprüche gem. § 41 BauGB. 2862

3. Entschädigung bei Änderung oder Aufhebung einer zulässigen Nutzung (§ 42 BauGB)

Eine Entschädigungsregelung bei Änderung oder Aufhebung einer zulässigen Nutzung enthält § 42 BauGB. Wird die zulässige Nutzung eines Grundstücks aufgehoben oder geändert und tritt dadurch eine nicht nur unwesentliche Wertminderung des Grundstücks ein, kann der Eigentümer nach Maßgabe des § 42 BauGB eine angemessene Entschädigung in Geld verlangen. Die Vorschrift stellt innerhalb des Planungsschadensrechts die **Generalnorm** für die Entschädigung wegen Änderung oder Aufhebung einer zulässigen Nutzung dar.[6199] Gegenüber den Sondertatbeständen erweist sich die Regelung damit als subsidiärer Auffangtatbestand, der auch in nicht beplanten Innenbereichs- oder Außenbereichslagen anzuwenden ist. Art. 42 I BauGB ist eine Inhaltsbestimmung des Eigentums iSv Art 14 I 2 GG.[6200] 2863

a) Siebenjahresfrist. Das Gesetz unterscheidet dabei zwischen Eigentumseingriffen, die innerhalb eines Zeitraums von sieben Jahren ab erstmaliger Zulässigkeit der beeinträchtigten oder unterbundenen baulichen Nutzbarkeit erfolgen, und Änderungen oder Aufhebungen, die eine bereits länger bestehende Nutzungsmöglichkeit betreffen. Wird die zulässige Nutzung eines Grundstücks innerhalb von sieben Jahren ab Zulässigkeit aufgehoben oder geändert, so bemisst sich die Entschädigung gem. § 42 II BauGB nach dem Wertunterschied der jeweiligen Nutzungsmöglichkeiten. Wird nach Ablauf der Siebenjahresfrist die bisherige Nutzung nachteilig geändert oder aufgehoben, so wird nach § 42 III BauGB grundsätzlich nur Entschädigung für einen Eingriff in die **ausgeübte Nutzung** geleistet. Eine Entschädigung für bisher nicht ausgeübte Nutzungsmöglichkeiten erfolgt, abgesehen von Sonderfällen (§ 42 V bis VIII BauGB), nicht.[6201] 2864

6198 BGH NVwZ 2010, 1444; BGHZ 50, 93; BGHZ 97, 1.

6199 Michler in Kröninger/Jeromin, BauGB/BauNVO, 2024, § 42 BauGB Rn. 1; Jarass NJW 2000, 2841; Wahlhäuser BauR 2003, 1488; zur Entschädigung bei räumlichen Umplanungen Breuer NVwZ 2017, 657.

6200 Siehe dazu BVerfG NVwZ 2012, 429.

6201 Zur rückwirkenden Planheilung BVerwG ZfBR 1992, 289; zu Fragen, wen die Sieben-Jahres-Frist im Planungsschadensrecht trifft, Schmidt-Eichstaedt ZfBR 2016, 122; ZfBR 2015, 330.

2865 Diese Vorschrift will einen sachgerechten Ausgleich zwischen den **Gemeinwohlbelangen** und den **Individualinteressen** des Eigentümers sicherstellen. Erstmals wurde dabei die Siebenjahresfrist zur Begrenzung der Entschädigungsansprüche in nicht ausgeübte Nutzungen eingeführt. Im Vorfeld der Neuregelungen waren bereits weiter gehende Modelle eines Planwertausgleichs oder Investitionsbeitrags mit dem Inhalt erörtert worden, dass Planungsgewinne ganz oder teilweise abgeschöpft oder finanzielle Beiträge zu den Investitionsaufwendungen der Gemeinden bei der Ausweisung neuen Baugeländes geleistet werden sollten.[6202] Die in § 42 BauGB enthaltene Begrenzung des Entschädigungsanspruchs für den Eingriff in nicht ausgeübte Nutzungen wird allgemein als verfassungsrechtlich zulässige Inhalts- und Schrankenbestimmung des Eigentums angesehen. Der Gesetzgeber hat sich dabei von dem Gedanken leiten lassen, die nicht verwirklichte Nutzung nur in einem zeitlich beschränkten Rahmen zu schützen und nach Ablauf einer bestimmten Frist solche Nutzungsmöglichkeiten ohne Entschädigungsverpflichtung erneut zur Disposition der planenden Gemeinde zu stellen. Anderenfalls bestünde die Gefahr, dass notwendige Planänderungen an finanziellen Entschädigungsfolgen scheitern könnten. Zugleich ist dabei das Vertrauensschutzinteresse des Eigentümers in einem notwendigen Umfang berücksichtigt: Der Eigentümer oder Erwerber eines Grundstücks kann sich darauf verlassen, dass innerhalb der Siebenjahresfrist ein Entzug der bestehenden Nutzungsmöglichkeiten nur gegen Entschädigung erfolgt. Ist die Nutzung bereits länger als sieben Jahre zulässig, so muss der Betroffene mit einer Planänderung rechnen und ist in diesem Fall auf eine Entschädigung für die ausgeübten Nutzungen beschränkt.

2866 **b) Eingriff in die zulässige Grundstücksnutzung.** Die Entschädigung nach § 42 BauGB setzt einen Eingriff in die zulässige Grundstücksnutzung voraus. Die planungsrechtliche Zulässigkeit kann sich dabei aus den Festsetzungen eines Bebauungsplans gem. § 30 BauGB, im nicht beplanten Innenbereich aus § 34 BauGB oder im Außenbereich aus § 35 BauGB ergeben. Auch Möglichkeiten der Ausnahmen und Befreiungen nach § 31 BauGB oder planungsrechtliche Zulässigkeiten im Hinblick auf die formelle oder materielle Planreife nach § 33 I und II BauGB sind dabei zu berücksichtigen. Zudem muss die **Erschließung** gesichert sein.[6203]

Beispiel: Die Gemeinde hat vor einigen Jahren einen Bebauungsplan für ein neues Baugebiet rechtsverbindlich aufgestellt. Mit den Bauarbeiten ist noch nicht begonnen worden. Inzwischen besteht die Absicht, den Bebauungsplan zu ändern und ein anderes Baugebiet auszuweisen. Der Landwirt, dem die bisher landwirtschaftlich genutzten Flächen gehören, möchte an der Bebauung festhalten, jedenfalls aber für den Fall der Planaufhebung Entschädigungsansprüche geltend machen. Es ist ihm daher zu raten, rechtzeitig vor Ablauf der Siebenjahresfrist gem. § 42 VII BauGB einen planungsrechtlichen Vorbescheid zu beantragen. Auch sollte er der Gemeinde einen Vertrag zur Erschließung des Baugeländes unterbreiten. Die Gemeinde kann sich einem solchen Vertragsangebot nicht entziehen, ohne selbst erschließungspflichtig zu werden (§ 124 BauGB).[6204]

Beispiel: Werden bisher zulässige Sortimente, die gerade nicht geführt werden, durch die Änderung eines Bebauungsplans ausgeschlossen, so wird in eine ausgeübte Nutzung eingegriffen.[6205]

2867 Die zulässige Nutzung muss durch einen **Bebauungsplan** der Gemeinde oder eine **vergleichbare Maßnahme** aufgehoben oder geändert werden. Dabei muss es sich um einen planungsrechtlichen Eingriff in die Bodennutzbarkeit mit bodenrechtlichen Wirkungen oder um eine entsprechende planersetzende Maßnahme handeln. Eine Umplanung der Gemeinde dahingehend, dass an die Stelle ursprünglich vorgesehener öffentlicher Erschließungsanlagen gleichgeartete private Erschließungsanlagen treten, stellt die planungsrechtliche Nutzbarkeit als solche nicht in Frage und löst einen entsprechenden Entschädigungsanspruch nicht

---

[6202] Zur Unzulässigkeit einer Planungsgewinnabgabe Grziwotz MittBayNot 2008, 323; ders. BayVBl. 2008, 709; Labbé/Bühring BayVBl. 2007, 289; Reicherzer BayVBl. 2007, 353. Zur Berücksichtigung von Planungsgewinnen beim kommunalen Grunderwerb Busse MittBayNot 2005, 103.

[6203] Michler in Kröninger/Jeromin, BauGB/BauNVO, 2024, § 42 BauGB Rn. 2; Hoffmann in BeckOK BauGB, 2022, § 42 Rn. 1.1.

[6204] OVG Münster DÖV 1999, 169; Schrader BWGZ 2008, 228.

[6205] BVerwG ZfBR 2011, 677.

aus.[6206] Die Aufhebung oder Änderung der baulichen Nutzung kann auch durch den Erlass einer Erhaltungssatzung nach § 172 BauGB oder einer Innenbereichssatzung nach § 34 IV BauGB[6207] bewirkt werden oder in einer Änderung der BauNVO liegen, die eine bisher zulässige Nutzung entzieht oder ändert. Allerdings setzt dies voraus, dass die Änderung der BauNVO zulässigerweise in die Planungen der Gemeinde eingreift und dies mit der kommunalen Planungshoheit vereinbar ist. Aus dieser Sicht sind solchen rückwirkenden Eingriffen in den Bestand der Bauleitpläne durch Änderungen der BauNVO Grenzen gesetzt.

Eine Entschädigung nach § 42 I BauGB kommt auch dann in Betracht, wenn die bisher **2868** zulässige bauliche Nutzung eines bebauten Grundstücks nicht durch einen Bebauungsplan, sondern auf Grund des § **34 BauGB** durch andere behördliche Akte aufgehoben oder geändert wird.[6208] Die Anwendung des § 42 BauGB auch auf diese Fälle der Erteilung von Baugenehmigungen und einer dadurch bewirkten Umstrukturierung des Gebietes wird vor allem mit der Überlegung begründet, dass es sich dabei um enteignende Eingriffe in eine ausgeübte Nutzung handeln kann und aus verfassungsrechtlichen Gründen eine Entschädigungsregelung für solche Eingriffe erforderlich ist.[6209] Ähnlich wie eine „verfestigte Anspruchsposition" nach der Rechtsprechung des BVerwG nach Maßgabe der gesetzlichen Regelungen zu einem Anspruch auf Genehmigung führen kann,[6210] ist auch die planungsrechtliche Rechtsstellung im nicht beplanten Innenbereich gegen Entwertungen durch die Erteilung von Genehmigungen geschützt.[6211]

In der Bauleitplanung hat die Gemeinde allerdings entsprechende Abwägungsspielräume. **2869** Bei einer **Überplanung** muss die vorhandene Bebauung nach Art und Maß der baulichen Nutzung nicht unverändert übernommen werden. Eine Gemeinde ist nicht gehalten, eine bisherige „potenzielle" Bebaubarkeit eines Grundstücks aufrecht zu erhalten. Ansprüche auf Umnutzung eines vorhandenen Bauvorhabens dürfen nach Maßgabe des Abwägungsgebots planerisch entzogen werden. Über Existenz und Reichweite eines Anspruchs auf Ausgleich eines Planungsschadens braucht sich die Gemeinde nur Gedanken zu machen, wenn die Aktualisierung der durch eine Planung bedingten Eigentumsbeschränkung ohne finanziellen Ausgleich unverhältnismäßig oder gleichheitswidrig wäre und deshalb einen Härtefall darstellte.[6212] Auf der anderen Seite gilt aber auch: Stehen den Grundstückseigentümern kein Entschädigungsanspruch nach dem Planungsschadensrecht zu, so ist die Wertigkeit ihrer Belange als Eigentümer in der Abwägung nicht sozusagen automatisch herabgemindert ist.[6213] Verbleibt als Folge einer gemeindlichen Planung das Eigentum an bisherigen Baugrundstücken lediglich noch als formale Hülle, so wird das Gewicht der Eigentümerbelange nicht dadurch gemindert, dass die bauliche Nutzungsmöglichkeiten nicht innerhalb der Sieben-Jahres-Frist des § 42 II und 3 BauGB ausgenutzt wurden. In die Abwägung ist vielmehr unabhängig von Entschädigungsfragen einzustellen, dass sich der den Eigentumsinhalt wesentlich bestimmende Entzug bisheriger baulicher Nutzungsmöglichkeiten für die betroffenen Grundeigentümer wie eine teilweise Enteignung auswirkt[6214] Der Satzungsgeber muss erfassen, welche Auswirkungen seine Planung auf die Rechtspositionen Betroffener haben wird. Er muss deshalb in einem ersten Schritt eine Bestandsaufnahme der im Plangebiet vorhandenen Nutzungen und der von der Planung berührten Rechtspositionen vornehmen. Die Bestandsaufnahme ist ggf. auch auf Belange von Betroffenen außerhalb des Plangebiets zu erstrecken. Nur im Anschluss daran kann eine zutreffende Gewichtung der betroffenen Belange erfolgen, die wiederum Voraussetzung für die Abwägungsgerechtigkeit der vom Plangeber gewollten planerischen Lösung ist.[6215]

6206 BGH NJW 1997, 2115, dort auch zu weiteren in Betracht kommenden Übernahme- und Entschädigungsansprüchen; zur Entschädigung für Wertminderungen bei Grundstücksteilungen nach §§ 95, 96 BauGB BGH NJW 1997, 2119.

6207 Stüer DVBl. 1995, 121.

6208 BGHZ 64, 366.

6209 BGHZ 64, 366; Michler in Kröninger/Jeromin, BauGB/BauNVO, 2024, § 42 BauGB Rn. 2.

6210 BVerwG NJW 1967, 1099.

6211 BGHZ 64, 366.

6212 BVerwG Beschl. v. 26.8.2009 – 4 BN 35.09, BeckRS 2008, 146316; BVerfGE 100, 226.

6213 OVG Saarlouis NVwZ-RR 2009, 719.

6214 OVG Saarlouis Urt. v. 25.6.2009 – 2 C 478/07, BeckRS 2009, 35880.

6215 OVG Münster Urt. v. 28.5.2009 – 10 D 33/07.NE, BeckRS 2009, 34705.

Beispiel: Soll ein seit fast 20 Jahren als Kerngebiet baulich nutzbares, bislang unbebautes Grundstück als öffentlicher Parkraum ausgewiesen werden, so unterliegt dies erhöhten Abwägungserfordernissen.[6216]

2870 Umstritten ist, ob zur zulässigen Nutzung iSd § 42 BauGB auch genehmigungsfähige, aber nicht schon genehmigte Nutzungen gehören. Dazu wird vertreten, mit dem Gesetz sei eine Ansicht unvereinbar, wonach im Außenbereich keine zulässige Nutzung vorliege, wenn lediglich ein Genehmigungsanspruch bestehe, also ein Vorhaben der betreffenden Art nach § 35 I oder II noch genehmigt werden müsse; erst die Erteilung einer Bau- oder Bebauungsgenehmigung lasse eine zulässige Nutzung iSd § 42 BauGB entstehen. Diese Ansicht verwechsele und vermenge Kriterien der zulässigen und der zugelassenen Nutzung. § 42 BauGB setze eindeutig und einheitlich die zulässige Nutzung im Sinne der Rechtmäßigkeit und Genehmigungsfähigkeit, nicht aber eine zugelassene Nutzung voraus.[6217] Dem wird entgegengehalten, es lasse sich auch für privilegierte Vorhaben iSv § 35 I BauGB keine abstrakt-generelle Aussage über die Zulässigkeit des Vorhabens im Außenbereich machen. Vielmehr sei davon auszugehen, dass Grundstücken im Außenbereich im Regelfall keine Baulandqualität zukomme, die als zulässige Nutzung nach § 42 BauGB eingeordnet werden könne.[6218] Überwiegendes spricht dafür, nicht für jedes privilegierte Vorhaben im Außenbereich von einer zulässigen Nutzung auszugehen, umgekehrt aber auch nicht für privilegierte Vorhaben im Außenbereich eine zulässige Nutzung iSv § 42 BauGB von vornherein und kategorisch abzulehnen; vielmehr dürfte es darauf ankommen, ob ein Rechtsanspruch auf die Erteilung einer Genehmigung für die begehrte Außenbereichsnutzung auch unter Berücksichtigung der öffentlichen Belange, die nach § 35 I BauGB auch einem privilegierten Vorhaben entgegenstehen können, bestand.[6219]

2871 Der **Flächennutzungsplan**, der an sich privilegierte Vorhaben durch seine Ausschlusswirkung regelmäßig für unzulässig erklärt, begründet keine Entschädigungsansprüche nach § 42 BauGB. Denn der Flächennutzungsplan hat im Allgemeinen keine abschließende rechtssatzmäßige Wirkung, sondern stellt vielmehr die bauliche und sonstige Nutzung der Grundstücke in den Grundzügen dar (§ 5 BauGB).[6220] So ergeben sich auch aus der Darstellung von Konzentrationszonen für Windkraftanlagen in einem Flächennutzungsplan[6221] keine Entschädigungsansprüche in analoger Anwendung der §§ 39, 42 BauGB für die Eigentümer solcher Grundstücke im Außenbereich, die nicht in der entsprechenden Konzentrationszone liegen.[6222] Auch hat sich auf dem Grundstücksmarkt kein eigener **Teilmarkt**[6223] mit einem entsprechenden Wertaufschlag ergeben. Das gilt jedenfalls solange, wie die Bauleitplanung oder die Regionalplanung nicht entsprechende, wertaufbessernde Festlegungen getroffen haben. Das BVerwG hat die Anwendung des § 42 BauGB bisher im Ergebnis offengelassen.[6224]

2872 Auch Regelungen der Gemeinde und der Regionalplanung im Zusammenhang mit der Ausschlusswirkung des § 35 III 3 BauGB lösen eine Entschädigungspflicht nach § 42 BauGB nicht aus. Mit der Ausweisung von **Konzentrationszonen** verbunden mit einer entsprechenden Ausschlusswirkung für die anderen Teile des Plangebietes nimmt der Ortsgesetzgeber seinen ihm nach § 35 III 1 Nr. 1 und 3 BauGB eingeräumten Gestaltungsspielraum wahr und beschreibt öffentliche Belange, die bei der nachvollziehenden Abwägung zu berücksichtigen sind. Ob die von der Gemeinde formulierten Belange sich tatsächlich als entgegenstehend erweisen, kann nur durch eine Einzelfallprüfung geklärt werden. Denn das Darstellungsprivileg ermöglicht nur die Bezeichnung von Belangen, die in der Regel auch einem privilegierten Außenbereichsvorhaben entgegenstehen.[6225] Insoweit erzeugen die Darstellungen des Flächen-

---

[6216] OVG Lüneburg BauR 2009, 1628 zu einem Kerngebietsgrundstück als öffentlicher Parkraum.

[6217] Breuer in Schrödter, BauGB, 2019, § 42 Rn. 19; Runkel in EZBK, BauGB, 2021, § 42 Rn. 35; Schieferdecker in HBG, Öffentliches Baurecht, 2024, § 9 Rn. 21.

[6218] Busse in Jäde/Dirnberger BauGB/BauNVO, 2022, § 42 BauGB Rn. 4; Michler in Kröninger/Jeromin, BauGB/BauNVO, 2024, § 42 Rn. 2; Kment in Jarass/Kment, BauGB, 2022, § 42 Rn. 3.

[6219] In diesem Sinne auch Hoffmann in BeckOK BauGB, 2022, § 42 Rn. 1.1.

[6220] BVerwGE 77, 300; Stüer ZfBR 2004, 338; Michler in Kröninger/Jeromin, BauGB/BauNVO, 2024, § 42 BauGB Rn. 5.

[6221] Ablehnend auch Runkel in EZBK, BauGB, 2021, § 42 Rn. 55.

[6222] OLG Hamm NVwZ-RR 2007, 381 m. Anm. Dirnberger KommJur 2007, 265, im Anschluss an BVerwG NVwZ 2005, 578.

[6223] BGH NJW-RR 2003, 374; Gatz DVBl. 2017, 461 (466).

[6224] BVerwG NVwZ 2003, 214.

[6225] BVerwGE 77, 300.

nutzungsplans keine abschließenden Rechtswirkungen,[6226] sondern verweisen nur auf Belange, die mittelbar zur Beurteilung der planungsrechtlichen Zulässigkeit eines Vorhabens herangezogen werden können. Eine solche planerische Konkretisierung durch den Flächennutzungsplan ist auch mit der Eigentumsgarantie vereinbar, da der Ortsgesetzgeber im Außenbereich eine entsprechende Gestaltungsfreiheit im Rahmen der entschädigungslos zulässigen Inhalts- und Schrankenbestimmung des Eigentums hat.[6227] Die Darstellung von Konzentrationszonen ist daher keine Maßnahme, die nach § 42 BauGB einen Entschädigungsanspruch begründen kann.[6228] Dasselbe gilt für Darstellungen nach § 35 III 3 BauGB in Regionalplänen.[6229]

Die Siebenjahresfrist ab erstmaliger Zulässigkeit der Nutzung ist für Windenergieanlagen Ende des Jahres 2003 ausgelaufen. Wird daher nach diesem Zeitpunkt ein Vorhaben der Windenergie durch das Darstellungsprivileg ausgeschlossen, sind nur bei Entzug der ausgeübten Nutzung Entschädigungen zu gewähren. Die Siebenjahresfrist wird allerdings dann nicht als abgelaufen betrachtet, wenn innerhalb dieser Zeit eine Veränderungssperre erlassen worden ist oder ein Vorhaben befristet zurückgestellt wurde (§ 42 V BauGB) und später ein endgültiger Entzug der Baurechte erfolgt, eine Baugenehmigung oder eine Bebauungsgenehmigung erteilt worden sind (§ 42 VI BauGB), ein Antrag auf Erteilung einer Baugenehmigung oder einer Bebauungsgenehmigung rechtswidrig abgelehnt worden ist oder derartige Anträge nicht rechtzeitig beschieden worden sind, obwohl sie innerhalb der Siebenjahresfrist bescheidungsreif waren (§ 42 VII BauGB).[6230] 2873

c) Entschädigungsanspruch. Der Entschädigungsanspruch ist grundsätzlich auf einen **Geldausgleich** gerichtet. Wird die zulässige Nutzung eines Grundstücks gänzlich aufgehoben, gewährt § 42 IX BauGB statt einer Geldentschädigung einen Anspruch auf Grundstücksübernahme. Im Hinblick auf die Verweisung auf § 40 II Nr. 1 BauGB setzt ein solcher Übernahmeanspruch allerdings voraus, dass es dem Eigentümer wegen des eingetretenen Wertverlustes und der beschränkten Nutzungsmöglichkeiten wirtschaftlich nicht zuzumuten ist, das Grundstück zu behalten.[6231] 2874

In welcher **Höhe** derartige Ansprüche bestehen, hängt daher von dem Ausmaß der Einschränkungen und der Frage ab, wie diese sich auf das Grundstück wertmindernd auswirken. Ist die Anlage wegen entgegenstehender anderer öffentlicher Belange ohnehin nicht an diesem Standort und in der konkreten Ausgestaltung planungsrechtlich, immissionsschutzrechtlich oder bauordnungsrechtlich zulässig, bestehen bei entsprechenden Einschränkungen durch die Änderung des Flächennutzungsplans oder in einem Bebauungsplan auch keine Entschädigungsansprüche nach § 42 BauGB. Wird die zulässige Nutzung eines Grundstücks nach Ablauf der Sieben-Jahres-Frist aufgehoben oder geändert, kann der Eigentümer nach § 42 II 1 BauGB nur eine Entschädigung für Eingriffe in die ausgeübte Nutzung verlangen, insbesondere wenn infolge der Aufhebung oder Änderung der zulässigen Nutzung die Ausübung der verwirklichten Nutzung oder die sonstigen Möglichkeiten der wirtschaftlichen Verwertung des Grundstücks, die sich aus der verwirklichten Nutzung ergeben, unmöglich gemacht oder wesentlich erschwert werden. Die Höhe der Entschädigung hinsichtlich der Beeinträchtigung des Grundstückswerts bemisst sich gem. § 42 III 2 BauGB nach dem Unterschied zwischen dem Wert des Grundstücks auf Grund der ausgeübten Nutzung und seinem Wert, der sich infolge der in § 42 III 1 BauGB bezeichneten Beschränkungen ergibt. Der Höhe nach bemisst sich die Entschädigung nicht nach den Gewinnerwartungen der Anlagenbetreiber, sondern (nur) nach dem **Unterschiedsbetrag** des **Grundstückswertes**, der sich im Vergleich der alten und neuen planerischen Lage ergibt.[6232] Allerdings kann über die Berechnung des Ertragswertes auch die jeweilige Nutzungsmöglichkeit über den Pachtzins in die Berechnung des Grundstückswertes eingehen. Der Unterschiedsbetrag ist ggf. durch Sachverständigengutachten zu ermitteln. 2875

6226 Battis in: BKL, § 42 Rn. 5; Runkel in EZBK, BauGB, 2021, § 42 Rn. 54.

6227 BVerwG NVwZ 2003, 733.

6228 Runkel in EZBK, BauGB, 2021, § 42, Rn. 55, 65.

6229 Stüer ZfBR 2004, 338; anders für § 35 III 2 HS 1 BauGB Runkel in EZBK, BauGB, 2022, § 42 Rn. 65.

6230 Battis in BKL, BauGB, 2022, § 42 Rn. 12; zur Bedeutung der Veränderungssperre für Planung und Entschädigung auch Enders ZfBR 2000, 29.

6231 Battis in BKL, BauGB, 2022, § 42 Rn. 14.

6232 Zur Aufhebung oder Änderung der Nutzung durch einen Bebauungsplan Battis in BKL, BauGB, 2022, § 42 Rn. 5.

2876 Wird nach Ablauf der Sieben-Jahres-Frist des § 42 II BauGB unbebautes Bauland als Spielplatz ausgewiesen und enteignet, so kann für die Beurteilung, ob die Bemessung der Enteignungsentschädigung nach der ausgeübten Nutzung zu einer **unzumutbaren Ungleichbehandlung** des betroffenen Eigentümers führen würde,[6233] nicht außer Betracht bleiben, ob und in welchem Umfang der Eigentümer in demselben örtlichen Bereich anderweit Bauvorhaben realisiert hat und diesen der geplante Spielplatz dient.[6234]

2877 **d) Bestandsschutz.** Zur eigentumsrechtlich verfestigten Anspruchsposition und zum Bestandsschutz[6235] hat das BVerwG den Vorrang gesetzgeberischer Wertentscheidungen betont. Eine eigenständige Anspruchsposition aus dem Gesichtspunkt des Bestandsschutzes besteht danach nicht, wenn eine gesetzliche Regelung iS des Art. 14 I 2 GG vorhanden ist. Es ist in erster Linie Aufgabe des Gesetzgebers, das Gebot eines sachgerechten Interessenausgleichs zwischen der Privatnützigkeit und der Sozialpflichtigkeit des Eigentums (Art. 14 I und II GG) herzustellen.[6236] Art. 14 I GG schützt das Recht, ein Grundstück im Rahmen der Gesetze zu bebauen.[6237] Gesetze, die iSv Art. 14 I 2 GG Inhalt und Schranken des Eigentums bestimmen, sind auch untergesetzliche – auf gesetzlicher Ermächtigung beruhende – Normen, insbesondere auch Bebauungspläne.[6238] Ein durch Art. 14 I GG bewirkter Bestandsschutz liegt nur dann vor, wenn der Bestand zu irgendeinem Zeitpunkt genehmigt worden oder genehmigungsfähig gewesen ist.[6239]

2878 Der Bestandsschutz setzt sich sowohl gegenüber den Festsetzungen eines Bebauungsplans, im nicht beplanten Innenbereich als auch im Außenbereich selbst für nicht privilegierte Vorhaben durch. Ein Bestandsschutz wird nach der Rechtsprechung nur für den **vorhandenen Bestand** gewährt. Ist der Bestand ganz oder überwiegend nicht mehr vorhanden, entfällt auch der Bestandsschutz. Der Bestandsschutz berechtigt allerdings nicht nur, eine rechtmäßig errichtete bauliche Anlage in ihrem Bestand zu erhalten und sie wie bisher zu nutzen. Er berechtigt vielmehr auch dazu, die zur Erhaltung und zeitgemäßen Nutzung der baulichen Anlage notwendigen Maßnahmen durchzuführen.[6240] Vom Bestandsschutz nicht mehr gedeckt sind aber solche Maßnahmen, die einer Neuerrichtung (Ersatzbau) gleichkommen.[6241] Die Identität des wiederhergestellten mit dem ursprünglichen Bauwerk muss gewahrt bleiben. Kennzeichen dieser Identität ist es, dass das ursprüngliche Gebäude nach wie vor als die Hauptsache erscheint. Hieran fehlt es dann, wenn der mit der Instandsetzung verbundene Eingriff in den vorhandenen Bestand so intensiv ist, dass er die Standfestigkeit des gesamten Bauwerks berührt und eine statische Nachberechnung des gesamten Gebäudes erforderlich macht, oder wenn die für die Instandsetzung notwendigen Arbeiten den Aufwand für einen Neubau erreichen oder gar übersteigen, oder wenn die Bausubstanz ausgetauscht oder das Bauvolumen wesentlich erweitert wird.[6242] Die vollständige Erneuerung der Fundamente, der Außenwände und des Daches eines Gebäudes ist auch bei teilweiser Verwendung alter Baumaterialien nicht mehr vom Bestandsschutz gedeckt. Es fehlt dann – unbeschadet des äußeren Erscheinungsbildes – an einer Identität des wiederhergestellten mit dem ursprünglichen Bauwerk.[6243]

2879 Ein Rechtsanspruch aus dem Gesichtspunkt des Bestandsschutzes ist danach zu verneinen, wenn eine abschließende gesetzliche Grundlage vorhanden ist.[6244] Einen eigentumsrechtlichen Bestandsschutz außerhalb der gesetzlichen Regelungen gibt es nicht.[6245] Dies hat etwa im nicht beplanten Innenbereich oder im Außenbereich iS des Vorrangs und der abschließenden Geltung der gesetzlichen Regelungen in § 34 BauGB und § 35 BauGB für die planungsrechtliche

---

[6233] BGHZ 141, 319.
[6234] BGH NJW 2003, 63.
[6235] Zur Baufreiheit OVG Münster Urt. v. 16.11.2023 – 2 D 354/21.NE, juris Rn. 125; OVG Lüneburg Beschl. v. 29.8.2023 – 1 ME 85/23, juris; Rn. 17; BVerfGE 35, 263; Schrödter in Schrödter, BauGB, 2019, § 1 Rn. 1; Axer in BeckOK Grundgesetz, 2023, Art. 14 GG Rn. 45; Thiel BauR 2020, 41.
[6236] BVerwG DVBl. 1991, 819.
[6237] BVerfGE 35, 263.
[6238] BVerfGE 79, 174.
[6239] BVerfG NVwZ 2001, 424.
[6240] BVerwGE 47, 126.
[6241] OVG Greifswald Urt. v. 18.2.1998 – 3 M 134/95, BeckRS 1998, 16709.
[6242] BVerwGE 72, 362; Beschl. v. 19.4.1991 – 4 B 9.91, juris.
[6243] BVerwG Beschl. v. 4.12.1992 – 4 B 229.92, juris.
[6244] BVerwGE 84, 322; GewArch. 1991, 179; BVerwGE 85, 289; ZfBR 1991, 83; BauR 1999, 152.
[6245] BVerwG BRS 57 (1995) Nr. 100; ZfBR 1991, 83; NVwZ 1990, 775.

Beurteilung von Vorhaben unmittelbare Konsequenzen.[6246] So werden die Vorschriften zur Außenbereichsbebauung in § 35 BauGB als abschließende gesetzliche Regelungen der planungsrechtlichen Zulässigkeit des Bauens im Außenbereich verstanden. Vorhaben, die danach nicht zulässig sind, können nach Auffassung des BVerwG auch nicht über den Gesichtspunkt des Bestandsschutzes zugelassen werden. Dies gilt sowohl für vormals privilegierte als auch für nicht privilegierte Außenbereichsvorhaben. Wird etwa ein Gebäude, das in der Vergangenheit einem land- oder forstwirtschaftlichen Betrieb diente, auf unabsehbare Zeit aus dem Betrieb herausgelöst und für Zwecke der Freizeitgestaltung genutzt, so liegt hierin nicht nur eine Nutzungsänderung, sondern zugleich auch eine Funktionsänderung, die zu einer Entprivilegierung führt.[6247] Damit erledigt sich nach Auffassung des BVerwG auch der Bestandsschutz, der dem Gebäude zukommt.[6248]

Angesichts der umfassenden Außenbereichsregelungen scheidet ein Genehmigungsanspruch 2880
für Außenbereichsvorhaben aus dem Gesichtspunkt des **überwirkenden Bestandsschutzes** aus.[6249] Auch die Genehmigung von Nutzungsänderungen im Anwendungsbereich der §§ 34 und 35 BauGB kommt über die in § 34 BauGB und in § 35 IV BauGB geregelten Fälle hinaus auf Grund des überwirkenden Bestandsschutzes oder einer eigentumskräftig verfestigten Anspruchsposition grundsätzlich nicht in Betracht.[6250] Auch eine besonders alte Bausubstanz vermittelt als solche keinen Bestandsschutz, der sich über die gesetzlichen Regelungen der planungsrechtlichen Zulässigkeit von Vorhaben in den §§ 30 bis 37 BauGB hinwegsetzt.[6251] Vor allem enthält § 35 II BauGB keine Rechtsposition, die den Schutz des Art. 14 GG gegen neu auftretende öffentliche Belange genießt.[6252] Diese Position kann sich zB dadurch ändern, dass öffentliche Belange neu formuliert werden, etwa wenn ein Flächennutzungsplan aufgestellt oder geändert wird. Davor schützt § 35 II BauGB nicht. Der Eigentümer eines Grundstücks im Außenbereich muss vielmehr stets damit rechnen, dass so etwas geschieht. Denn nach der Entscheidung des Gesetzgebers, der Inhalt und Schranken des Eigentums gem. Art. 14 I 2 GG bestimmt, ist der Außenbereich grundsätzlich nicht für das Bauen freigegeben, sondern in erster Linie für die Land- und Forstwirtschaft und die Erholung der Allgemeinheit bestimmt. Der Bestandsschutz entfällt durch die Beseitigung der Bausubstanz. Auch die Zerstörung durch Brand oder Naturereignisse lässt den Bestandsschutz entfallen. Wird etwa ein rechtmäßig errichtetes Gebäude baulich so sehr verändert, dass die ursprüngliche Bausubstanz nicht mehr vorhanden ist, so ist auch der Bestandsschutz entfallen. Zugleich entfällt damit auch eine Anknüpfung an eine Privilegierungsmöglichkeit, die vom Bestandsschutz ihren Ausgangspunkt nimmt.[6253] Es widerspricht nach Auffassung des BVerwG dem Grundgedanken des Bestandsschutzes, gegenüber einer mittlerweile entgegenstehenden Gesetzeslage lediglich den ursprünglichen legalen Bestand zu schützen, wenn dieser Bestand in seiner Substanz gar nicht mehr vorhanden ist.[6254] Erweist sich als unaufklärbar, ob ein Gebäude aus Gründen der früheren formellen oder materiellen Legalität Bestandsschutz genießt, so geht das zulasten des Eigentümers.[6255]

Bauaufsichtsbehörden können ihre Aufgaben nur erfüllen, wenn sie in der Regel gegen 2881
Schwarzbauten vorgehen, soweit geboten, deren Beseitigung verlangen und die Anordnungen auch durchsetzen.[6256] Grundsätzlich ist das behördliche Ermessen in den Fällen der formellen und materiellen Illegalität regelmäßig intendiert und ein Einschreiten zur Herstellung rechtmä-

---

6246 Stüer DVBl. 1992, 266.

6247 BVerwGE 47, 185; BVerwGE 61, 112.

6248 BVerwG NVwZ 1991, 264; Beschl. v. 27.2.1993 – 4 B 5.93; BeckRS 1998, 16709.

6249 BVerwGE 84, 322; BVerwGE 85, 289; NVwZ-RR 1994, 372; NVwZ-RR 1997, 521.

6250 BVerwGE 84, 322; BVerwGE 85, 289; Beschl. v. 19.7.1988 – 4 B 124.88, juris; BRS 50 Nr. 88.

6251 BVerwG NVwZ-RR 1997, 521.

6252 BVerwG NVwZ 1984, 434.

6253 So für nach § 35 IV 1 Nr. 3 BauGB zulässigerweise errichtete Gebäude BVerwG ZfBR 1994, 297.

6254 BVerwG Beschl. v. 24.5.1993 – 4 B 77.93, juris.

6255 BVerwG Beschl. v. 5.8.1991 – 4 B 130.91, juris; Beschl. v. 24.5.1993 – 4 B 77.93, juris. Auch bei der Bescheidung eines Bauantrages kann nicht aus der Genehmigung in einem anderen Fall ein Genehmigungsanspruch abgeleitet werden. Wenn ein Bürger meint, dass er durch eine Verwaltungsbehörde benachteiligt worden ist, kann er Rechtsschutz bei den Verwaltungsgerichten suchen. Er kann jedoch nicht verlangen, dass ein anderer nur deshalb ebenfalls benachteiligt wird, weil ihm selbst Unrecht geschehen ist, so BVerwG Beschl. v. 18.10.1996 – 4 B 188.96, BeckRS 1996, 31227305.

6256 VGH München Urt. v. 25.10.2023 – 9 B 22.1461, juris Rn. 56.

ßiger Zustände geboten.[6257] Die Baubehörden sind regelmäßig gehalten, sogar den vollständigen Abriss einer insgesamt formell und materiell baurechtswidrigen baulichen Anlage anzuordnen, sofern diese weder bautechnisch noch nach den Vorstellungen des Bauherrn teilbar ist.[6258] Die Befugnis, die Beseitigung eines illegalen Zustands verlangen zu können, kann auch nicht verwirkt werden. Ein über längere Zeit andauerndes, bewusstes Untätigbleiben der Bauaufsichtsbehörde vermittelt dem Störer keinen Vertrauensschutz. Die lange Bestandsdauer allein kann eine dauerhafte (weitere) behördliche Duldung eines Schwarzbaus nicht rechtfertigen.[6259] Ein Verstoß gegen den Gleichheitssatz kann nicht daraus abgeleitet werden, dass die Behörde bisher gegen andere Schwarzbauten noch nicht eingeschritten ist. Denn eine Gleichbehandlung im Unrecht lässt sich dem Gleichbehandlungsgrundsatz nicht entnehmen.[6260] Für die gerichtliche Beurteilung einer Beseitigungsanordnung kommt es dabei auf die Sach- und Rechtslage im Zeitpunkt der letzten behördlichen Entscheidung an. Nachträgliche Änderungen der Rechtslage sind gem. § 51 I Nr. 1 VwVfG in einem besonderen Verwaltungsverfahren zu berücksichtigen. Ebenso wie die Behörde das Wiederaufgreifen eines Verfahrens nicht zum Anlass für beliebige Änderungen des bestandskräftigen Bescheids nehmen darf, sondern nur für solche, die mit dem **Wiederaufnahmegrund** in unmittelbarem Zusammenhang stehen, dürfen auch prozessual keine Konsequenzen gezogen werden, die über das Ziel des Wiederaufgreifens hinausgehen.[6261] Der Erlass einer Veränderungssperre hat auf die Rechtmäßigkeit einer Beseitigungsanordnung grundsätzlich keinen Einfluss.[6262] Der Behörde ist es allerdings verwehrt, einen Einzelfall willkürlich herauszugreifen. Sie ist vielmehr gehalten, sämtliche vergleichbare Fälle zu ermitteln und ein generelles Konzept iS einer systematischen Erfassung für ihr Vorgehen zu erarbeiten, bevor sie sich für eine Abbruchverfügung gegen einen bestimmten Schwarzbau entscheidet. Zwar muss die Behörde nicht insgesamt flächendeckend vorgehen, sondern darf sich auf die Regelung von Einzelfällen beschränken. Sie muss hierfür jedoch sachliche Gründe haben und entsprechende Erwägungen anstellen.[6263] Bei einer Vielzahl baurechtswidriger Anlagen ist ein bauordnungsrechtliches Einschreiten nur nach einem **Gesamtkonzept** zulässig.[6264] Die Behörde verletzt daher den Gleichbehandlungsgrundsatz, wenn in vergleichbaren Fällen ohne sachlichen Grund der behördliche Eingriff ausbleibt.[6265]

2882 Die **erweiterte Anwendung des** § 42 BauGB auch auf Einwirkungen auf die planungsrechtliche Zulässigkeit durch Erteilung von Baugenehmigungen in der Nachbarschaft ist zwar im Ergebnis sachgerecht, im Hinblick auf die vorgenannte Sicht der Rechtsprechung zum Vorrang der gesetzgeberischen Wertentscheidung allerdings keinesfalls zwingend.[6266] Einen Anspruch auf Grund einer **eigentumskräftig verfestigten Anspruchsposition** hat das BVerwG im Hinblick auf die insoweit vorrangigen und abschließenden Regelungen im BauGB generell abgelehnt.[6267] Die Fallgruppen, für die ein Anspruch aus eigentumskräftig verfestigter Anspruchsposition ursprünglich gedacht gewesen sei, habe der Gesetzgeber inzwischen normiert. Das gilt insbesondere – so das BVerwG – auch für den Fall des Wiederaufbaus eines Gebäudes nach Brandzerstörung (§ 35 IV Nr. 3 BauGB). Fälle nicht ausgenutzter Baulandqualität von Grundstücken sind vom Planungsschadensrecht umfasst. Im Übrigen lassen sich im beplanten und im nicht beplanten Innenbereich oder im Außenbereich zumeist mit Hilfe der §§ 31, 34 und 35 BauGB angemessene Ergebnisse erreichen. Weiter gehende Ansprüche können nach Auffassung des BVerwG aus der Eigentumsgarantie nicht abgeleitet werden.

2883 Auch der **öffentlich-rechtliche Nachbarschutz** findet seine Grundlage nach der Konzeption des BVerwG[6268] im einfachen Gesetzesrecht. Ein Abwehranspruch unmittelbar aus der Eigentumsgarantie in Art. 14 I 1 GG besteht danach jedenfalls dann nicht, wenn nicht direkt in das Eigentum eingegriffen wird, sondern sich lediglich mittelbare Auswirkungen für das be-

[6257] OVG Weimar NVwZ-RR 2023, 1025 = juris Rn. 36.
[6258] OVG Magdeburg Beschl. v. 12.10.2023 – 2 L 17/23.Z, juris Rn. 19.
[6259] VGH München Urt. v. 25.10.2023 – 9 B 22.1461, juris Rn. 56.
[6260] BVerwG Beschl. v. 11.1.1994 – 4 B 231.93, BeckRS 1994, 31241375.
[6261] BVerwG BRS 76 Nr. 164 (2010).
[6262] BVerwG NVwZ 1993, 476.
[6263] VG Frankfurt (Oder) Urt. v. 28.1.1999 – 7 L 747/98, BeckRS 31214043.
[6264] VGH München Beschl. v. 12.3.2008 – 1 ZB 07.56, juris.
[6265] VGH Kassel NVwZ-RR 2009, 790.
[6266] Kritisch Battis in BKL BauGB, 2022, § 42 Rn. 5.
[6267] BVerwGE 85, 289.
[6268] BVerwG DVBl. 1992, 564.

troffene Grundstück ergeben.[6269] Beruft sich ein Grundstückseigentümer gegenüber einer **Beseitigungsanordnung** auf Bestandsschutz, weil er behauptet, das Bauwerk sei genehmigt und deswegen formell baurechtmäßig, so macht er im Wege einer Einwendung ein Gegenrecht geltend. Erweist sich als unaufklärbar, ob eine solche Baugenehmigung erteilt worden ist, so geht das zulasten des Bürgers, der sich auf diese Einwendung beruft.[6270] Es ist unter verfassungsrechtlichen Gesichtspunkten auch zumutbar, dass sich beispielsweise der Käufer eines illegal errichteten Wochenendhauses selbst über das Vorhandensein einer Baugenehmigung informiert und bei Unterlassung dieser Information sich nicht der Baugenehmigungsbehörde gegenüber auf Vertrauensschutz berufen kann.[6271] Dem jeweiligen Landesrecht ist dabei zu entnehmen, ob Duldungszusagen für illegale Bauten Schutzwirkungen haben und wie bei Erlass einer Beseitigungsanordnung das Ermessen entsprechend dem Zweck der Ermächtigung auszuüben ist oder wo die Grenzen des Ermessens liegen.[6272] Verlangt die Behörde die Beseitigung eines ungesetzlichen Bauwerks, so liegt es in der Regel nicht im Rahmen der Erforschungspflicht des Gerichts, die Möglichkeiten einer Abänderung des Bauwerks zur Behebung eines etwaigen Übermaßes des Abbruchgebotes von Amts wegen zu prüfen.[6273] Dem liegt die Erwägung zu Grunde, dass das öffentliche Baurecht rechtswidriges Bauen grundsätzlich missbilligt.[6274] Einen Abriss kann die Behörde allerdings dann nicht erreichen, wenn der Bauherr nachweisen kann, dass das Gebäude zumindest während eines bestimmten Zeitabschnittes materiell legal war. Dann ergibt sich hieraus ein Bestandsschutz, der einem Abrissbegehren der Behörde entgegengehalten werden kann. Ein Umstand, der nach Bestandskraft der Beseitigungsanordnung eintritt, kann im Rahmen der Verwaltungsvollstreckung nur berücksichtigt werden, wenn das geänderte Vorhaben offensichtlich genehmigungsfähig wäre.[6275] Der **Nachbar** hat keinen Anspruch auf bauaufsichtliches Einschreiten, wenn der Verstoß für ihn keine oder nur ganz geringfügige Beeinträchtigungen zur Folge hat.[6276]

Die Baugenehmigungsbehörde darf sich auf die Regelung von **Einzelfällen** beschränken, 2884
wenn sie hierfür sachliche Gründe anzuführen vermag. Dem behördlichen Einschreiten können Fälle, in denen noch nicht eingeschritten worden ist, ausnahmsweise dann entgegengehalten werden, wenn es nach der Art des Einschreitens an jedem System fehlt, für diese gewählte Art des zeitlichen Vorgehens keinerlei einleuchtende Gründe sprechen und die Handhabung deshalb als willkürlich angesehen werden muss.[6277] Hat die Bauaufsichtsverwaltung ihr Entschließungsermessen maßgeblich auf die materielle Illegalität eines Vorhabens gestützt, darf sich die verwaltungsgerichtliche Überprüfung der bauordnungsrechtlichen Ermessensentscheidung nicht auf die Frage beschränken, ob bereits die formelle Baurechtswidrigkeit ein Einschreiten hätte rechtfertigen können.[6278] Die angeordneten Maßnahmen müssen aber in sich schlüssig sein.

Beispiel: Eine sich auf eine seitliche Einkürzung von Dachgauben beschränkende Beseitigungsanordnung wegen verunstaltender Wirkung kann bei gleichzeitiger Duldung eines ebenfalls verunstaltenden Anbaus ermessensfehlerhaft sein, wenn die Beseitigungsanordnung allein nicht geeignet ist, die verunstaltende Wirkung zu beseitigen oder auch nur spürbar zu verringern.[6279]

Ist ein Bauwerk ohne Baugenehmigung errichtet und entspricht es auch nicht dem materiel- 2885
len Baurecht, so kann sich die **Abrissverfügung** eines derart formell und materiell illegalen Bauwerks auch gegen den **Mieter** richten. Bei einer **Duldungsanordnung** gegen einen ledig-

[6269] In besonderen Fällen kann sich ein Nachbar jedoch auf Art. 14 GG berufen, siehe zB OVG Münster BauR 2023, 2063: „Eine Baugenehmigung kann das durch Art. 14 I GG geschützte Eigentumsrecht verletzen, wenn sie infolge Fehlens der Erschließung für den Nachbarn in Richtung auf die Duldung eines Notwegerechts eine unmittelbare Rechtsverschlechterung in der Weise bewirkt, dass er gehindert ist, der Inanspruchnahme des Notwegerechts die Rechtswidrigkeit des Vorhabens entgegenzuhalten."

[6270] BVerwG NJW 1980, 252; Beschl. v. 5.8.1991 – 4 B 130.91, juris; Beschl. v. 23.12.1994 – 4 B 262.94, juris; zur Beseitigungsanordnung auch VGH München Beschl. v. 18.2.1999 – 1 B 97.804, juris.

[6271] BVerwG Beschl. v. 11.10.1994 – 4 B 202.94, BeckRS 1994, 31226244.

[6272] BVerwG NVwZ 1988, 824; Beschl. v. 11.10.1994 – 4 B 202.94, juris; VGH München Urt. v. 4.5.2006 – 26 B 01.3000, BeckRS 2009, 40617.

[6273] BVerwG DÖV 1966, 249.

[6274] BVerwG Beschl. v. 8.2.1994 – 4 B 21.94, BeckRS 1994, 31229022.

[6275] OVG Berlin-Brandenburg Beschl. v. 16.5.2012 – OVG 2 S 4.12, BeckRS 2012, 52912.

[6276] OVG Magdeburg NVwZ-RR 2012, 679.

[6277] BVerwG BauR 2014, 1923; BVerwG NVwZ-RR 1992, 360.

[6278] OVG Bautzen SächsVBl. 1997, 223.

[6279] OVG Weimar ThürVBl 2013, 105.

lich obligatorisch Berechtigten ist Prüfungsmaßstab zwar die Wirksamkeit, nicht aber die Rechtmäßigkeit der Beseitigungsanordnung, deren Vollziehung die Duldungsanordnung dient.[6280] Beseitigungsansprüche können auch dem Nachbarn zustehen, der durch eine rechtswidrige und im gerichtlichen Verfahren aufgehobene Baugenehmigung in seinen Rechten verletzt wird. Solche Ansprüche des Nachbarn auf behördliches Einschreiten können sich aus der Eigentumsgarantie in Art. 14 GG ergeben.[6281] Für die **Streitwertbemessung** ist bei einer Beseitigungsanordnung neben den vom Grundstückseigentümer für den Abbruch und die Beseitigung aufzuwendenden Kosten der Wert der Investitionen zu berücksichtigen, die durch die Beseitigung wertlos geworden sind.[6282] Die Baubehörden sind regelmäßig gehalten, den vollständigen Abriss eines insgesamt formell und materiell baurechtswidrigen Gebäudes anzuordnen, sofern dieses weder bautechnisch noch nach den Vorstellungen des Bauherrn teilbar ist. Regelmäßig kann auch die Beseitigung des Fundaments eines illegal errichteten Gebäudes verlangt werden.[6283]

2886 Erfolgt die Änderung oder Aufhebung der Nutzung innerhalb eines Zeitraums von sieben Jahren ab erstmaliger Zulässigkeit, so ist eine Entschädigung im Hinblick auf die Differenz der Grundstückswerte zwischen der bisherigen und der nach dem Eingriff zulässigen Nutzung in Geld zu gewähren. Auch für Grundstücke, die im Geltungsbereich später aufgestellter Bebauungspläne oder im nicht beplanten Innenbereich gem. § 34 BauGB oder im Außenbereich gem. § 35 BauGB liegen, beschränkt sich die Entschädigung auf die ausgeübte Nutzung, wenn zwischen der erstmaligen Zulässigkeit der Nutzung und dem Eingriff ein Zeitraum von mehr als sieben Jahren liegt.

2887 **e) Verlängerung der Siebenjahresfrist aus Billigkeitsgründen.** In den in § 42 V bis VIII BauGB bezeichneten Sonderfällen wird aus Billigkeitsgründen trotz Überschreitens der Siebenjahresfrist eine Entschädigung auch für den Wertverlust im Hinblick auf nicht ausgeübte Nutzungen gewährt. Ist der Grundstückseigentümer etwa durch eine Veränderungssperre nach § 17 BauGB oder eine befristete Zurückstellung seines Baugesuchs nach § 15 BauGB an der rechtzeitigen Verwirklichung seines an sich planungsrechtlich zulässigen Baubegehrens gehindert worden und kann das Vorhaben wegen der inzwischen erfolgten Planungsänderung oder -aufhebung nicht mehr verwirklicht werden, so werden nach § 42 V BauGB auch Wertverluste für nicht ausgeübte Nutzungen entschädigt. Dasselbe gilt gem. § 42 VI BauGB auch bei einer innerhalb der Siebenjahresfrist erteilten Baugenehmigung oder für einen planungsrechtlichen Vorbescheid. Eine Überschreitung der Siebenjahresfrist ist nach § 42 VII BauGB auch dann unbeachtlich, wenn ein Bauantrag oder planungsrechtlicher Vorbescheid vor Fristablauf rechtswidrig abgelehnt worden ist oder ein rechtzeitig gestellter begründeter Antrag nicht vor Fristablauf positiv beschieden wurde. In den vorgenannten Ausnahmefällen besteht ein Entschädigungsanspruch nach § 42 VIII BauGB allerdings nicht, wenn der Eigentümer nicht bereit oder in der Lage war, das beabsichtigte Vorhaben zu verwirklichen. Der Eigentümer hat die Tatsachen darzulegen, die seine Bereitschaft und Möglichkeit hierzu aufzeigen (§ 42 VIII 2 BauGB). Diese Ausschlussklausel soll verhindern, dass mangels tatsächlicher Verwirklichungsmöglichkeiten nicht schützenswertes Vertrauen entschädigt wird.

2888 Der Entschädigungsanspruch ist grundsätzlich auf einen **Geldausgleich** gerichtet. Wird die zulässige Nutzung eines Grundstücks gänzlich aufgehoben, so gewährt **§ 42 IX BauGB** statt einer Geldentschädigung einen Anspruch auf Grundstücksübernahme. Im Hinblick auf die Verweisung auf § 40 II Nr. 1 BauGB setzt ein solcher **Übernahmeanspruch** allerdings voraus, dass es dem Eigentümer wegen des eingetretenen Wertverlustes und der beschränkten Nutzungsmöglichkeiten wirtschaftlich nicht zuzumuten ist, das Grundstück zu behalten.

2889 **§ 42 X BauGB** gewährt dem Eigentümer einen **Auskunftsanspruch**, ob ein vermögensrechtlicher Schutz nach § 42 BauGB besteht und wann dieser durch Ablauf der Siebenjahresfrist endet. Der Bürger soll damit die im Einzelfall komplizierte Beurteilung der Rechtslage nicht auf eigenes Risiko vornehmen und die nachteiligen Folgen einer Fristversäumung selbst tragen müssen. Vielmehr hat der Bürger einen Auskunftsanspruch darüber, ob und welche Entschädigungsansprüche nach § 42 BauGB bestehen. Die Auskunftserteilung wird allerdings

---

[6280] VGH München BayVBl. 2012, 470, Jäde BayVBl. 2012, 541; zur städtebaulichen Duldungsanordnung zum Abriss eines Gebäudes Nach § 179 BauGB OVG Saarlouis BauR 2020, 623.

[6281] BVerwG UPR 1994, 450.

[6282] BVerwG Beschl. v. 7.2.1994 – 4 B 9.94, BeckRS 1994, 31228995.

[6283] OVG Magdeburg Beschl. v. 18.1.2010 – 2 L 62/09, BeckRS 2010, 47158; OVG Münster ZfBR 2010, 385 dort auch zu den Voraussetzungen des § 35 IV 1 Nr. 2 c) BauGB.

nicht als Verwaltungsakt angesehen und ist auch nicht für ein späteres Baugenehmigungs- oder Entschädigungsverfahren bindend. Unterlässt der Bürger jedoch im Hinblick auf eine fehlerhafte Auskunft, einen Entschädigungsanspruch rechtzeitig geltend zu machen bzw. die Voraussetzungen für einen Entschädigungsanspruch zu schaffen, so können sich hieraus Schadensersatzansprüche aus Amtshaftung nach Art. 34 GG, § 839 BGB ergeben.[6284]

f) Anspruchskonkurrenz. Ansprüche aus enteignungsgleichem Eingriff bestehen neben den gesetzlichen Regelungen in § 42 BauGB nicht. Solche Ansprüche können wegen des Vorrangs der gesetzgeberischen Entscheidung nicht unmittelbar auf Art. 14 GG gestützt werden.[6285] So kommen auch Ansprüche aus überwirkendem Bestandsschutz[6286] oder einer eigentumskräftig verfestigten Anspruchsposition neben den gesetzlichen Regelungen grundsätzlich nicht (mehr) in Betracht.[6287] Auch die Regelung über die Entschädigung für Maßnahmen der Ordnungsbehörden in § 39 OBG ist als Spezialregelung anzusehen, die einen Anspruch aus enteignungsgleichem Eingriff oder Aufopferung ausschließt.[6288] § 42 BauGB ist Ausdruck der Inhalts- und Schrankenbestimmung des Eigentums nach Art. 14 I 2 GG.[6289] Die Entschädigung wird gewährt für den Wertverlust, der durch Einschränkungen von Grundstücksnutzungen eintritt. Für nicht verwirklichte Nutzungen wird jedoch grundsätzlich eine Entschädigung nur gewährt, wenn sie innerhalb der Siebenjahresfrist ab erstmaliger Zulässigkeit der Nutzung entzogen oder eingeschränkt wird (§ 42 II BauGB). Soweit bereits verwirklichte Nutzungen entzogen werden, handelt es sich um eine kompensationspflichtige Inhalts- und Schrankenbestimmung, die verfassungsrechtlich geboten ist.[6290] **2890**

Auch noch nicht realisierte Grundstücksnutzungen, auf die ein Rechtsanspruch besteht, unterfallen der Eigentumsgarantie des Art. 14 I 1 GG.[6291] Begründen lässt sich dies damit, dass die Baufreiheit nicht eine bloße hoheitlich verliehene Nutzungschance darstellt, sondern die Möglichkeit der baulichen Nutzung von Grundstücken eine besondere Ausprägung der Privatnützigkeit des Eigentums und zumeist wirtschaftlich sinnvoll ist. Bei nicht verwirklichten Nutzungen hat der Gesetzgeber jedoch im Rahmen der Inhalts- und Schrankenbestimmung eine größere Gestaltungsfreiheit.[6292] Derartige Nutzungsmöglichkeiten können entschädigungslos entzogen werden. **2891**

Anders kann sich die Rechtslage im Hinblick auf eine **rechtsfehlerhafte Behandlung eines Bauantrags** darstellen. Eine Baugenehmigung ist zu erteilen, wenn dem Vorhaben keine öffentlich-rechtlichen Vorschriften entgegenstehen. Sie muss bei Vorliegen ihrer Voraussetzungen auf Antrag erteilt werden. Eine ablehnende Entscheidung stellt in solchen Fällen daher ebenso eine Amtspflichtverletzung dar wie eine stattgebende, die mit rechtswidrigen belastenden Nebenbestimmungen versehen ist. Gleiches gilt, wenn die Entscheidung über einen genehmigungsfähigen Antrag pflichtwidrig verzögert wird. Um eine solche Verzögerung festzustellen, bedarf es eines Vergleichs des tatsächlichen Ablaufs mit dem fiktiven Bearbeitungszeitraum, und dies erfordert wiederum die Feststellung des Zeitpunktes, zu dem die Baugenehmigung bei pflichtgemäßer Sachbehandlung erteilt worden wäre. Wann eine haftungsauslösende Verzögerung in diesem Sinne vorliegt, bestimmt sich nach den Umständen des Einzelfalls unter Berücksichtigung der landesrechtlichen Vorgaben für die Behandlung des Bauantrags.[6293] Insbesondere eine Verzögerung bei Erteilung einer Bauerlaubnis **(faktische Bausperre)** oder die verzögerte Bearbeitung einer nach geltendem Recht positiv zu bescheidenden Bauvoranfrage **2892**

6284 Battis in BKL, BauGB, 2022, § 42 Rn. 15.

6285 BVerwGE 84, 322; NVwZ 1991, 984.

6286 BVerwGE 50, 49.

6287 BVerwG ZfBR 1990, 198; ZfBR 1990, 290; Beschl. v. 19.7.1988 – 4 B 124.88, juris; BRS 50 Nr. 88.

6288 BGH ZfBR 1982, 131.

6289 Michler in Kröninger/Jeromin, BauGB/BauNVO, 2024, § 42 Rn. 547; Battis in BKL, BauGB, 2022, § 42 Rn. 3: „ausgleichspflichtige Inhaltsbestimmung".

6290 BVerfGE 58, 137; NJW 1982, 745; BVerwGE 50, 49; BGHZ 87, 66; Wendt in Sachs, GG, 2021, Art. Rn. 46.

6291 BVerfGE 35, 263; BGH NJW 1973, 386; BVerwG NJW 1976, 340; Jarass in Jarass/Pieroth, GG, 2022, Art. 14 GG Rn. 20.

6292 BVerfG NJW 1999, 2877; BGHZ 43, 120; BGHZ 121, 73; BVerwG NVwZ 2019, 882 = juris Rn. 28 für die Einordnung von Nutzungsbeschränkungen im Naturschutzrecht und Denkmalschutzrecht als Inhalts- und Schrankenbestimmungen Wendt in Sachs, GG, 2022, Art. 14 Rn. 130; Jarass in Jarass/Pieroth, GG, 2022, Art. 14 GG Rn. 60; Fellenberg in Lütkes/Ewer, BNatSchG, 2018, § 68 Rn. 4; Sauthoff in Schlacke, BNatSchG, 2024, § 68 Rn. 1.

6293 OLG Brandenburg Beschl. v. 16.5.2023 – 2 U 37/22, juris Rn. 31.

kann ebenso einen enteignungsgleichen Eingriff darstellen wie eine förmliche, dem geltenden Recht widersprechende Ablehnung der Baugenehmigung. Für Rechtswidrigkeit in diesem Sinne genügt im Gegensatz zum Amtshaftungsanspruch ein Verstoß gegen die objektive Rechtslage, auf ein Verschulden kommt es nicht an.[6294] Die rechtswidrige Ablehnung eines Bauantrages oder eine ungerechtfertigte Verzögerung bei der Erteilung der Bauerlaubnis mit der Folge einer faktischen Bausperre wird von der Rechtsprechung als enteignungsgleicher Eingriff angesehen, weil dadurch in die durch Art. 14 I GG geschützte Baufreiheit eingegriffen wird.[6295] Der Entschädigungsanspruch aus enteignungsgleichem Eingriff setzt voraus, dass rechtswidrig in eine durch Art. 14 GG geschützte Rechtsposition von hoher Hand unmittelbar eingegriffen wird, hierdurch also unmittelbar das Eigentum beeinträchtigt wird, und dem Berechtigten dadurch ein besonderes, anderen nicht zugemutetes Opfer für die Allgemeinheit auferlegt wird. Die rechtswidrige Ablehnung eines Bauvorbescheides wird dabei vom BGH als enteignungsgleicher Eingriff gewertet. Wird ein Vorbescheid, auf dessen Erteilung der Eigentümer Anspruch hat, rechtswidrig versagt, so wird dadurch in die durch Art. 14 I GG geschützte Baufreiheit, die aus dem Grundeigentum abzuleiten ist, eingegriffen. Die verzögerte Bearbeitung einer nach geltendem Recht positiv zu bescheidenden, entscheidungsreifen Bauvoranfrage kann danach ebenso einen enteignungsgleichen Eingriff darstellen wie die rechtswidrige förmliche Ablehnung eines Bauvorbescheids.[6296]

2893 Während der Amtshaftungsanspruch auf vollen Schadensersatz gerichtet ist, gewährt der Anspruch aus **enteignungsgleichem Eingriff** allerdings lediglich eine **angemessene Entschädigung**. Der Antragsteller kann also lediglich eine Entschädigung für den Substanzverlust verlangen, den er dadurch erlitten hat, dass er zeitweise in der baulichen Ausnutzung seines Grundstücks behindert worden ist. Dabei ist regelmäßig auf eine Bodenrente (Miet-, Pacht- oder Erbbauzins) abzustellen, die sich in der Regel nach dem Betrag bemisst, den ein Bauwilliger für die Erlaubnis zeitlicher baulicher Nutzung gezahlt haben würde. Sie wird sich in der Regel mit einer angemessenen Verzinsung des nicht nutzbaren Teils des Substanzwertes decken.[6297]

Hinweis: Zur Höhe eines solchen Anspruchs würde sich für Windenergieanlagen wie bei § 42 BauGB auch hier die Frage stellen, unter welchen Voraussetzungen der Grundstücksmarkt einen erhöhten Wert derartiger Außenbereichsgrundstücke anerkennt. Die allgemeine Eignung der Fläche für solche Anlagen wird für einen Entschädigungsanspruch daher auch unter dem Blickwinkel des enteignungsgleichen Eingriffs nicht ausreichen.

4. Entschädigung und Verfahren (§§ 43, 44 BauGB)

2894 §§ 43 und 44 BauGB enthalten Regelungen über die Entschädigung und das dabei zu beachtende Verfahren.

2895 **a) Verfahren.** § 43 BauGB hält für die Übernahme des Grundstücks und eine zu gewährende Geldentschädigung unterschiedliche Verfahrensregelungen bereit. Das Gesetz geht dabei zunächst von einer einverständlichen Regelung aus. Kommt eine **Einigung** zwischen den Beteiligten nicht zu Stande, kann der Eigentümer, wenn ihm ein entsprechender Rechtsanspruch nach den §§ 40 bis 42 BauGB zusteht, die Übernahme des Grundstücks oder der Begründung eines Rechts verlangen. Das Entschädigungsverfahren richtet sich nach den entsprechend anzuwendenden Vorschriften der §§ 93 bis 103 BauGB. Ist für die Festsetzung bestimmter öffentlicher Zwecke nach § 40 BauGB eine Entschädigung in Geld oder durch Übernahme des Grundstücks zu leisten oder nach § 41 I BauGB eine Entschädigung bei der Begründung von Geh-, Fahr- und Leitungsrechten zu gewähren, so richtet sich die Entschädigung nach diesen Vorschriften (§ 43 III BauGB). Bei der Bemessung der Enteignungsentschädigung für die Abgabe der Flächen, deren Höhe sich nach § 43 I 3 BauGB iVm § 93 BauGB richtet, sind planungsbedingte Wertsteigerungen zu berücksichtigen, die daher rühren, dass das Restgrundstück des Eigentümers nunmehr (Roh-)Bauland geworden ist.[6298]

6294 OLG Brandenburg Beschl. v. 16.5.2023 – 2 U 37/22, juris Rn. 70; BGH NJW 2007, 830; Papier/Shirvani in Münchener Kommentar zum BGB, 2020, § 839 BGB Rn. 53.

6295 OLG Brandenburg Beschl. v. 16.5.2023 – 2 U 37/22, juris Rn. 70; BGHZ 125, 258, Rn. 15.

6296 BGH NVwZ 1992, 1119.

6297 BGH ZfBR 1994, 184.

6298 BGH DVBl. 1998, 34.

Bodenwerte sind nach § 43 IV BauGB nicht zu entschädigen, soweit sie darauf beruhen, dass 1. die zulässige Nutzung auf dem Grundstück den allgemeinen Anforderungen an gesunde Wohn- und Arbeitsverhältnisse oder an die Sicherheit der auf dem Grundstück oder im umliegenden Gebiet wohnenden oder arbeitenden Menschen nicht entspricht oder 2. in einem Gebiet städtebauliche Missstände iSd § 136 II und III BauGB bestehen und die Nutzung des Grundstücks zu diesen Missständen wesentlich beiträgt. Die Regelung ist Ausdruck einer verfassungsrechtlich zulässigen Inhalts- und Schrankenbestimmung des Eigentums iS des Art. 14 I 2 GG und stellt sicher, dass Wertverluste, die auf solchen nicht von der Eigentumsgarantie umfassten Umständen beruhen, bei der Entschädigungsberechnung unberücksichtigt bleiben.[6299] 2896

Beispiel: Sind etwa gesunde Wohn- und Arbeitsverhältnisse wegen einer zu engen Hinterhausbebauung nicht mehr gewahrt, kann im Hinblick auf Festsetzungen des Bebauungsplans, die zu einer erforderlichen städtebaulichen Verbesserung beitragen, keine Entschädigung beansprucht werden.[6300]

Nach Vorliegen der Entschädigungsvoraussetzungen bleiben gem. § 43 V 1 BauGB Werterhöhungen unberücksichtigt, die eingetreten sind, nachdem der Entschädigungsberechtigte in der Lage war, den Antrag auf Festsetzung der Entschädigung in Geld zu stellen, oder ein Angebot des Entschädigungspflichtigen, die Entschädigung in Geld in angemessener Höhe zu leisten, abgelehnt hat (**Werterhöhung bei verzögerter Geltendmachung**). Hat der Entschädigungsberechtigte den Antrag auf Übernahme des Grundstücks oder Begründung eines geeigneten Rechts gestellt und hat der Entschädigungspflichtige daraufhin ein Angebot auf Übernahme des Grundstücks oder Begründung des Rechts zu angemessenen Bedingungen gemacht, gilt § 95 II Nr. 3 BauGB entsprechend (§ 43 V 2 BauGB). 2897

b) Entschädigungspflichtige, Fälligkeit und Erlöschen der Entschädigungsansprüche. § 44 BauGB enthält Regelungen zum Entschädigungspflichtigen, zur Fälligkeit und zum Erlöschen der Entschädigungsansprüche. Entschädigungspflichtig ist nach § 44 I 1 BauGB der Begünstigte, wenn er mit der Festsetzung zu seinen Gunsten einverstanden ist, im Übrigen die Gemeinde. Die Gemeinde haftet jedenfalls subsidiär (§ 44 I 2 BauGB). Als Ausfluss der Sozialpflichtigkeit des Eigentums ordnet § 44 II 1 BauGB eine Haftung des Eigentümers als Veranlasser an, wenn er entweder mit den Festsetzungen einverstanden war oder auf Grund gesetzlicher Vorschriften zur Beseitigung oder Minderung eines Missstandes verpflichtet war. Ist der Eigentümer auf Grund anderer gesetzlicher Vorschriften verpflichtet, Auswirkungen, die von der Nutzung seines Grundstücks ausgehen, zu beseitigen oder zu mindern, ist er auch ohne Einverständnis zur Entschädigung nach § 44 II 2 BauGB verpflichtet, soweit er durch die Festsetzung Aufwendungen erspart. Erfüllt der Eigentümer seine Verpflichtungen nicht, gilt § 44 I 3 BauGB entsprechend (§ 44 II 3 BauGB). Die Gemeinde soll den Eigentümer anhören, bevor sie Festsetzungen trifft, die zu einer Entschädigung nach § 44 II 1 oder 2 BauGB führen können (§ 44 II 4 BauGB). 2898

Für die Praxis wichtige Verfahrensregelungen enthält **§ 44 III und IV BauGB**. Der Entschädigungsberechtigte kann Entschädigung verlangen, wenn die in den §§ 39 bis 42 BauGB bezeichneten Vermögensnachteile eingetreten sind. Er kann die **Fälligkeit** des Anspruchs dadurch herbeiführen, dass er die Leistung der Entschädigung schriftlich bei dem Entschädigungspflichtigen beantragt. Geldentschädigungen sind ab Fälligkeit mit 2 % über dem Basiszinssatz nach § 247 BGB zu verzinsen. 2899

Der **Entschädigungsanspruch erlischt gem. § 44 IV BauGB**, wenn nicht innerhalb von drei Jahren nach Eintritt der Vermögensnachteile die Fälligkeit des Anspruchs herbeigeführt wird. Stellt der Entschädigungsberechtigte daher nicht innerhalb von drei Jahren nach Eintritt des Planungsschadens beim Entschädigungspflichtigen einen schriftlichen Antrag auf Entschädigungsleistung, so ist der Entschädigungsanspruch verfallen. 2900

IV. Zulässigkeit, Entschädigung und Enteignungsverfahren

Die Gesetzgebungskompetenz im Bereich des Enteignungsrechts ist nach dem Grundgesetz zwischen Bund und Ländern aufgeteilt. Die konkurrierende Gesetzgebung des Bundes erstreckt sich nach Art. 74 I Nr. 14 GG auf das Recht der Enteignung, soweit sie auf den Sach- 2901

6299 BGHZ 64, 366; BGHZ 48, 193; BVerwG BauR 1991, 737.
6300 BGH NJW 1967, 1855; BGHZ 64, 366.

gebieten der Art. 73 und 74 GG in Betracht komme. In zahlreichen Bestimmungen verweisen bundesrechtliche Fachgesetze auf Enteignungsvorschriften der Länder, so zB § 19a FStrG, § 30 PBefG, § 22 IV AEG, § 44 III WaStrG, § 45 III EnWG. Eigenständige Enteignungsregelungen enthalten zB die §§ 85 ff. BauGB, §§ 87 ff. FlurbG und die §§ 77 ff. BBergG.[6301] Ein umfassendes Bundesenteignungsgesetz gibt es nicht. Ähnlich wie das Bundesrecht verweisen auch zahlreiche landesgesetzliche Fachgesetze auf die Landesenteignungsgesetze. Die Landesgesetzgeber haben ganz überwiegend Landesenteignungsgesetze erlassen, die zur Anwendung kommen, soweit nicht Bundesrecht oder spezielleres Landesrecht Geltung beanspruchen. Bei der Neuordnung ihres Enteignungsrechts haben die Bundesländer regelmäßig die Erfahrungen und Erkenntnisse aus dem Bereich der bewährten Enteignungsvorschriften des BauGB übernommen.[6302] Im nachfolgenden soll deshalb das Enteignungsverfahren nach dem BauGB erläutert werden.

2902 Die Enteignung ist im fünften Teil des BauGB (§§ 85–122 BauGB) ausführlich geregelt, wobei der erste Abschnitt die Zulässigkeit der Enteignung (§ 85–92 BauGB), der zweite Abschnitt die Entschädigung (§§ 93–103 BauGB) und der dritte Abschnitt das Enteignungsverfahren zum Gegenstand hat (§§ 104–122 BauGB). Andere Enteignungsgesetze enthalten regelmäßig vergleichbare Verfahrensbestimmungen. Das Enteignungsverfahren nach dem BauGB ist auf Antrag eines Beteiligten von der Enteignungsbehörde einzuleiten. Die Enteignungsbehörde hat eine mündliche Verhandlung vorzubereiten und durchzuführen und auf deren Grundlage einen Enteignungsbeschluss zu fassen, soweit sie nicht eine gütliche Einigung oder Teileinigung zwischen den Beteiligten herbeiführen kann. In dem Enteignungsbeschluss ist ua auch die verlängerbare Frist festzusetzen, innerhalb derer der Enteignungszweck zu verwirklichen ist. Wird nach Rechtskraft des Enteignungsbeschlusses die festgesetzte Entschädigung gezahlt oder hinterlegt, ordnet die Enteignungsbehörde die Ausführung des Enteignungsbeschlusses an und bestimmt den Zeitpunkt, zu dem der bisherige Rechtszustand durch den im Enteignungsbeschluss festgesetzten neuen Rechtszustand ersetzt wird. Wird die im Enteignungsbeschluss festgesetzte Entschädigung nicht gezahlt, wird der Enteignungsbeschluss aufgehoben. Für die Auseinandersetzung zwischen den Beteiligten sieht das BauGB ein Verteilungsverfahren, Regelungen über die Hinterlegung, über die Kostenregelung und die Zwangsvollstreckung vor. Neben weiteren Beschleunigungsinstrumenten besteht außerdem die Möglichkeit der vorzeitigen Besitzeinweisung.

1. Zulässigkeit der Enteignung

2903 Die Zulässigkeit der Enteignung setzt voraus, dass die Maßnahme einem in **§ 85 I BauGB** aufgeführten **Enteignungszweck** dient. Das Gesetz sieht dabei eine planakzessorische Enteignung entsprechend den Festsetzungen des Bebauungsplans, die Enteignung von Innenbereichsgrundstücken, die Beschaffung von Ersatzland oder als Ersatzrechte, die Verwirklichung eines Baugebotes und die Erhaltung einer baulichen Anlage als Enteignungszwecke vor. Die städtebauliche Enteignung zur Planverwirklichung ist streng planakzessorisch. Die städtebauliche Enteignung ist im Fall des § 85 I Nr. 1 BauGB nicht nur akzessorisch an die Festsetzungen der städtebaulichen Planung gebunden, sondern determiniert umgekehrt das städtebauliche Planungsinstrument auch die Wahl der städtebaulichen Enteignungsgrundlage mit der Folge, dass für eine durch Bebauungsplan geplante Straße auch nur im Wege der städtebaulichen Enteignung enteignet werden kann.[6303]

2904 Nach § 85 I Nr. 1 BauGB kann die Enteignung dazu dienen, ein Grundstück entsprechend den Festsetzungen eines Bebauungsplans zu nutzen oder eine solche Nutzung vorzubereiten. Diese planakzessorische Enteignung setzt rechtsverbindliche Festsetzungen eines Bebauungsplans voraus. Gem. § 108 II BauGB kann das Enteignungsverfahren bereits eingeleitet werden, wenn der Planentwurf nach § 3 II BauGB ausgelegen hat, der Plan aber selbst noch nicht rechtsverbindlich ist. Die Festsetzungen des Bebauungsplans müssen hinreichend bestimmt sein,

---

[6301] dazu Hoppe/Beckmann Grundeigentumsschutz bei heranrückendem Bergbau, 1988; Weides/Jahnz DVBl. 1984, 921; Beckmann/Wittmann ZfB 2009, 32 ff; zur Enteignung und Entschädigung im Städtebaurecht siehe auch Groß in FS für Krautzberger, 2008, 35 ff.; skeptisch zur Bedeutung der Enteignungsmöglichkeit für die Schaffung von Wohnraum Burgi NVwZ 2020, 257 (260); Shirvani DVBl. 2020, 172 (177); Kümper in HBG, Öffentliches Baurecht, 2024, § 12 Rn. 7.

[6302] Vgl. etwa Rasche NWVBL 1989, 261; Burkhard VBlBW 1990, 201.

[6303] BVerwG NVwZ 2013, 663 isolierter Straßenbebauungsplan.

um eine Enteignungsgrundlage zu bieten. Auch muss die Enteignung den Festsetzungen des Bebauungsplans entsprechen. Nicht zulässig wäre eine Enteignung, die von den Festsetzungen des Bebauungsplans abweicht.[6304] Zudem muss die Enteignung von einem besonders gewichtigen öffentlichen Zweck gerechtfertigt sein. Das Vorliegen eines Bebauungsplans allein reicht daher als Rechtfertigung für die Zulässigkeit der Enteignung nicht aus. § 85 I Nr. 1 BauGB ist keine hinreichende Grundlage für einen Enteignungszweck „Verbesserung der Wirtschaftsstruktur" durch Verwirklichung eines durch Bebauungsplan festgesetzten „Sondergebiets Prüfgelände" zugunsten eines Automobilunternehmens.[6305] Der Gesetzgeber habe ein derart undifferenziertes Ziel nicht zu einer Aufgabe erklärt, zu deren Verwirklichung die Enteignung erlaubt sein soll. Eine nähere Bestimmung der Gemeinwohlziele iSd Art. 14 III 1 GG ergebe sich auch nicht aus den gesetzlichen Vorgaben zum Inhalt der Bebauungspläne, weil damit zwar gewisse öffentliche (städtebauliche) Interessen verfolgt würden, das Wohl der Allgemeinheit iSd Art. 14 III 1 GG jedoch ein besonders schwerwiegendes öffentliches Interesse erfordere, welches der Gesetzgeber als solches zu identifizieren habe. Diese Ausführungen zum Gesetzmäßigkeitsgebot hätten die Verfassungskonformität des § 85 I Nr. 1 BauGB nicht allein für wirtschaftsfördernde Bebauungspläne, sondern insgesamt in Frage stellen müssen.[6306]

§ 85 I Nr. 2 BauGB erstreckt die Enteignungsmöglichkeit auch auf unbebaute oder geringfügig bebaute Grundstücke, die in einem im Zusammenhang bebauten, nicht beplanten Innenbereich nach § 34 BauGB liegen. Die Enteignung kann hier insbesondere der Schließung von Baulücken oder dem Wiederaufbau von Brachflächen oder Trümmergrundstücken dienen. Die Enteignung muss der Bebauung im Rahmen der nach § 34 BauGB bestehenden Baumöglichkeiten dienen. 2905

Eine Enteignung ist nach § 85 I Nr. 3 BauGB auch zulässig, um Grundstücke für die Entschädigung in Land zu beschaffen. Die Voraussetzungen für die Ersatzlandenteignung im Einzelnen sind in § 90 BauGB geregelt. Danach ist die Ersatzlandenteignung zulässig, wenn (1) die Entschädigung eines Eigentümers nach § 100 BauGB in Land festzusetzen ist, (2) die Bereitstellung von Grundstücken als Ersatzland auf andere Weise nicht möglich und zumutbar ist sowie (3) ein freihändiger Erwerb nicht möglich ist. In den in § 90 II BauGB bezeichneten Fällen sind bestimmte Grundstücke, auf die der Eigentümer im Hinblick auf seine Berufs- oder Erwerbstätigkeit angewiesen ist, oder wenn das Grundstück bestimmten öffentlichen Zwecken dient, von der Möglichkeit einer Ersatzlandenteignung ausgenommen. 2906

Beispiel: Kann die Verwirklichung eines Straßenbauvorhabens zur Existenzgefährdung eines Gartenbaubetriebs führen, handelt die Gemeinde im Rahmen der darauf bezogenen Bauleitplanung abwägungsfehlerfrei, wenn die Möglichkeit besteht, geeignetes Ersatzland in ausreichendem Umfang zu verschaffen. Einzelheiten der Inanspruchnahme des Betriebsgeländes bleiben einem nachfolgenden Enteignungsverfahren – etwa durch eine Ersatzlandenteignung (§ 90 BauGB) – vorbehalten.[6307] 2907

Die Enteignung kann nach § 85 I Nr. 4 BauGB auch dem Zweck dienen, durch Enteignung entzogene Rechte durch neue Rechte zu ersetzen **(Ersatzrechtsenteignung)**. Diese besondere Art der Entschädigung ist in den §§ 97 II, 100 VI, 101 BauGB vorgesehen. Als Ersatz für entzogene Rechte ist eine Enteignung nach § 91 BauGB nur zulässig, soweit der Ersatz in den §§ 93 bis 102 BauGB vorgesehen ist. Hierdurch wird klargestellt, dass die Ersatzrechtsenteignung des Eigentümers nach § 101 I 1 Nr. 1 BauGB und des Nebenberechtigten gem. §§ 97 II, 100 VI BauGB sowie die Rückenteignung nach § 102 V BauGB die Enteignungsmöglichkeiten für diesen Zweck abschließend regeln. Auch kann nach den §§ 91 2, 97 II 3, 90 I und II BauGB eine Ersatzrechtsenteignung in Fällen erfolgen, in denen für ein öffentliches Verkehrsunternehmen oder für Träger der öffentlichen Versorgung mit Elektrizität, Wasser oder Wärme Ersatzrechte auch an Grundstücken Dritter begründet werden.[6308] 2908

Das Mittel der Enteignung kann auch der Verwirklichung eines **Baugebotes** nach § 176 I oder II BauGB dienen. Die Maßnahme kann dabei Grundstücke im Geltungsbereich eines 2909

6304 BGH DVBl. 1983, 627; siehe dazu de Witt UPR 2017, 97; Scheidler UPR 2016, 510; zu verfassungsrechtlichen Zweifeln an der hinreichenden Bestimmtheit des § 85 I BauGB Kümper in HBG, Öffentliches Baurecht, 2024, § 12 Rn. 16 unter Verweis auf BVerfGE 134, 242 Rn. 177.

6305 BVerfGE 74, 264 (286 ff.).

6306 Kümper in HBG, Öffentliches Baurecht, 2024, § 12 Rn. 15; siehe auch Dolde in FS für Sendler, 1991, 225 (231).

6307 OVG Koblenz ZfBR 2010, 176 = juris Rn. 23.

6308 Zu Einzelheiten Battis in BKL, BauGB, 2022, § 91 Rn. 1 f..

Bebauungsplans und im nicht beplanten Innenbereich betreffen. Allerdings ist die Enteignung nicht bereits dann zulässig, wenn der Eigentümer einem Baugebot nicht nachkommt. Vielmehr müssen zusätzliche Gemeinwohlgründe die Überwindung des privaten Eigentums rechtfertigen. Die Enteignung nach § 85 I Nr. 5 BauGB kann auch im Interesse eines Bauwilligen beantragt werden, der bereit und in der Lage ist, das Grundstück entsprechend den Festsetzungen des Bebauungsplans oder den sich im nicht beplanten Innenbereich ergebenden Bebauungsmöglichkeiten zu bebauen.

2910 Die Enteignung kann nach § 85 I Nr. 6 BauGB auch im Interesse der **Erhaltung einer baulichen Anlage** im Geltungsbereich einer Erhaltungssatzung nach § 172 III bis V BauGB erfolgen. Hier dient die Enteignung der Erhaltung der städtebaulichen Gestalt oder der Zusammensetzung der Wohnbevölkerung eines Gebietes oder der beabsichtigten städtebaulichen Umstrukturierung eines Gebietes. Enteignungsbegünstigt kann jeder sein, der die dauerhafte Erhaltung des Gebäudes gewährleistet.

2911 Eine Enteignung kann auch im Zusammenhang mit Maßnahmen des Stadtumbaus erfolgen. § 85 I Nr. 7 BauGB sieht eine Enteignungsmöglichkeit im Geltungsbereich einer Satzung zur Sicherung von Durchführungsmaßnahmen des Stadtumbaus vor mit dem Ziel, eine bauliche Anlage aus den in § 171 d III BauGB bezeichneten Gründen zu erhalten oder zu beseitigen. Diese zusätzliche Enteignungsmöglichkeit soll sicherstellen, dass die Maßnahmen erforderlichenfalls auch mit Zwangsmitteln umgesetzt werden können und hierdurch mit vergleichbaren Regelungen des Sanierungsrechts und im Bereich von Erhaltungssatzungen gleichziehen. Die Enteignung wird allerdings wohl auch im Rahmen von Stadtumbaumaßnahmen nur als letzter Schritt verstanden werden können und setzt voraus, dass alle anderen Mittel erfolglos geblieben sind.

2912 § 85 I BauGB enthält eine **Sperrwirkung** dahin gehend, dass nur bei Vorliegen der in dieser Vorschrift benannten Enteignungszwecke auf der Grundlage des BauGB enteignet werden darf. Andere enteignungsrechtliche Regelungen bleiben gem. § 85 II BauGB jedoch unberührt. Die Sperrwirkung greift daher nur ein, wenn ausschließlich zu städtebaulichen Zwecken enteignet werden soll.[6309] Andere über die eigentlichen städtebaulichen Zwecke hinausgehende Enteignungen können durch andere Gesetze legitimiert werden.

Hinweis: Enteignungen etwa zugunsten eines Fachplanungsvorhabens sind auf der Grundlage der jeweiligen Fachplanungsgesetze zulässig.

2913 Auch die Enteignungsmöglichkeiten auf Grund der landesrechtlichen **Denkmalschutzgesetze** oder anderer landesrechtlicher **Vorschriften** bleiben gem. § 85 II Nr. 2 BauGB unberührt. Gegenständlich kann sich die Enteignung nach § 86 I BauGB auf den Entzug oder die Belastung von Grundeigentum oder von anderen dinglichen oder schuldrechtlichen Rechten beziehen oder schuldrechtliche Rechtsverhältnisse begründen. Die für die Entziehung oder Belastung des Eigentums an Grundstücken geltenden Vorschriften sind gem. § 86 III BauGB auf die Entziehung, Belastung oder Begründung der in § 86 I Nr. 2 bis 4 BauGB bezeichneten Rechte entsprechend anzuwenden. Auf Zubehör gem. §§ 97, 98 BGB sowie Scheinbestandteile gem. § 95 I 1, II BGB erstreckt sich das Enteignungsrecht nach § 86 II BauGB nur, wenn dies wegen wirtschaftlicher Erfordernisse oder aus Gründen der Zumutbarkeit dem Wunsch des Eigentümers entspricht (§ 92 IV BauGB).

2914 Die Enteignung ist aus verfassungsrechtlichen Gründen nur zulässig, wenn sie durch das Wohl der Allgemeinheit erfordert wird und der Enteignungszweck auf andere zumutbare Weise nicht erreicht werden kann (§ 87 I BauGB). Außerdem setzt die Enteignung voraus, dass sich der Antragsteller ernsthaft um den **freihändigen Erwerb** des zu enteignenden Grundstücks zu angemessenen Bedingungen vergeblich bemüht hat. Der Antragsteller hat ferner glaubhaft zu machen, dass er das Grundstück innerhalb angemessener Frist zu dem vorgesehenen Zweck verwenden wird (§ 87 II BauGB). Die Enteignung ist damit in besonderer Weise gemeinwohlbezogen. Aus rein fiskalischen Zwecken ist sie verfassungsrechtlich unzulässig. Das überwiegende öffentliche Interesse an einer Enteignung kann dabei nur durch eine Abwägung der betroffenen Belange iS einer **nachvollziehenden Interessenbewertung** festgestellt werden. Erst wenn sich in dieser Abwägung zeigt, dass die Gemeinwohlbelange deutlich gewichtiger als die individuellen Interessen sind, kann die Enteignung Privateigentum überwinden mit der Folge, dass sich die Bestandsgarantie des Eigentums in eine Wertgarantie umwandelt.

[6309] BVerwGE 77, 86; BVerfGE 24, 367; BVerfGE 26, 215; BVerfGE 31, 229; BVerfGE 37, 132; BVerfGE 42, 263; BGHZ 71, 375.

Eine Enteignung gem. Art. 14 III GG darf nur zur Erfüllung eines besonders schwerwiegenden, dringenden öffentlichen Interesses erfolgen. Hierbei kommt es darauf an, ob die konkrete Enteignung für das Vorhaben notwendig ist. Eine Enteignung ist unzulässig, wenn im konkreten Fall andere Lösungen zu Verfügung stehen, mit denen der Enteignungszweck auf weniger einschneidende Weise erreicht werden kann.[6310] Hierbei sind vorrangig Grundstücke der öffentlichen Hand in Anspruch zu nehmen, wenn das Vorhaben auf ihnen ebenso gut verwirklicht werden kann. Bei planakzessorischen Enteignungen müssen die Enteignungsbehörden das Vorliegen der Enteignungsvoraussetzungen eigenständig und unabhängig von den städtebaulichen Zielsetzungen des Bebauungsplanes prüfen, da die Bauleitplanung keine verbindliche Aussage über die Zulässigkeit einer Enteignung trifft. Neben der Inzidentkontrolle der bauplanerischen Entscheidung hat die Enteignungsbehörde in einem zweiten Schritt zu prüfen, ob das Wohl der Allgemeinheit gerade in Bezug auf den Einzelfall die Enteignung des konkreten Grundstücks erfordert. Die Baulandgerichte sind verpflichtet und befugt, die Entscheidung der Enteignungsbehörde vollständig nachzuprüfen; denn es handelt sich um eine reine Rechtskontrolle, wobei der Enteignungsbehörde kein gerichtlich nur beschränkt nachprüfbarer Entscheidungsspielraum zukommt. Diese Prüfungsanforderungen an Enteignungsbehörde und Gerichte bei einer planakzessorischen Enteignung tragen den verfahrensrechtlichen und inhaltlichen Anforderungen des Art. 14 I 1 GG Rechnung, da der Bebauungsplan keine enteignungsrechtliche Vorwirkung entfaltet.[6311] Die zweistufige Prüfung im Enteignungsverfahren gewährleistet die Vornahme einer Gesamtabwägung aller Gemeinwohlgesichtspunkte und widerstreitenden Interessen unter Prüfung auch der Erforderlichkeit des Vorhabens. Es ist verfassungsrechtlich nicht zu beanstanden, der Entscheidung über die Gültigkeit eines Bebauungsplanes im Normenkontrollverfahren Bindungswirkung auch für den Zivilrichter zuzusprechen. Diese Bindung umfasst auch die Erforderlichkeit der Planung zur städtebaulichen Entwicklung und Ordnung generell sowie den Bedarf für die konkrete Planung. 2915

Diese verfassungsrechtlich gebotene Schwelle der besonderen Gemeinwohlverpflichtetheit kann nicht mit der planerischen Abwägung gem. § 1 VII BauGB gleichgestellt werden, wie sie für die Bauleitplanung kennzeichnend ist. Über die Einhaltung des planerischen Abwägungsgebotes hinaus muss die Enteignung vielmehr verfassungsrechtlich in dem Sinne geboten sein, dass sie in einer qualifizierten Weise gerechtfertigt, geeignet, erforderlich und verhältnismäßig ist. Der Grundsatz der Eignung verlangt, dass die Maßnahme die städtebaulichen Zielvorstellungen erfüllt. Dem Grundsatz der Erforderlichkeit wird nur Rechnung getragen, wenn andere weniger einschneidende Alternativen nicht zur Verfügung stehen und die Maßnahme dem Gebot des geringst möglichen Eingriffs genügt. So darf nach § 92 I BauGB ein Grundstück nur in dem Umfang enteignet werden, in dem dies zur Verwirklichung des Enteignungszwecks erforderlich ist. Reicht eine Belastung des Grundstücks zur Verwirklichung des Enteignungszwecks, so geht dies der Gesamtenteignung des Grundstücks vor. Allerdings kann der Eigentümer gem. § 92 II bis IV BauGB die Vollenteignung des Grundstücks verlangen, wenn eine nur teilweise Enteignung für ihn unzumutbar ist. Der Grundsatz der Verhältnismäßigkeit verlangt, dass Aufwand und Ertrag in einem ausgewogenen Verhältnis zueinanderstehen und die im Rahmen der Gemeinwohlprüfung vorzunehmende Schaden-Nutzen-Bilanz positiv ist. Diese verfassungsrechtlichen Gebote stellen an die Enteignung hohe Legitimationsanforderungen, die dazu führen, dass die Enteignung in der Verwaltungspraxis der städtebaulichen Planverwirklichung die Ausnahme bleibt. 2916

Hinweis: Die Errichtung örtlicher Schulen und Kindergärten betrifft Vorhaben, die nicht dem Fachplanungsrecht unterliegen, sondern zum Kernbereich gemeindlicher Daseinsvorsorge durch städtebauliche Planung gehören, für die die Enteignung nach § 85 I Nr. 1 BauGB von Verfassung wegen grundsätzlich nicht zu beanstanden ist. Eine Enteignung kann auch zugunsten Privater erfolgen, die nur mittelbar Gemeinwohlzwecke verwirklichen.[6312] Das kann auch durch die Gewährung eines Erbbaurechts an eine private Ersatzschule (Waldorfschule) geschehen.[6313]

[6310] BVerfG NVwZ 2009, 1283; NJW 1981, 1257; NJW 1987, 1251; NVwZ 2003, 726.

[6311] Rosin in Kröninger/Jeromin, BauGB/BauNVO, 2024, § 87 BauGB Rn. 2.

[6312] BVerfGE 74, 264.

[6313] BVerfG NJW 1999, 2659. Zum unter Inanspruchnahme der Kompetenz für das Bodenrecht aus Art. 74 I Nr. 18 GG vom Bundesgesetzgeber im Bundesbaugesetz entwickelten materiellen Konzept der Bauleitplanung BVerfGE 77, 288.

2917 Das in § 1 VII BauGB festgelegte **Abwägungsgebot** erlaubt bei einer Planungsentscheidung einen besonders flexiblen und dem Einzelfall gerecht werdenden Interessenausgleich unter maßgeblicher Berücksichtigung des Grundsatzes der Verhältnismäßigkeit, die vom BVerfG nur darauf zu prüfen ist, ob sie sich in den verfassungsrechtlich vorgezeichneten Grenzen hält.[6314] Dabei sind die Bedeutung und die Tragweite der Eigentumsgarantie nach Art. 14 I, II GG besonders zu berücksichtigen.[6315] Festsetzungen, die als Folge des gewählten Standorts die Nutzbarkeit nur bestimmter Grundstücke empfindlich beschneiden, müssen gerade an dieser Stelle durch sachlich einleuchtende Gründe gerechtfertigt sein. Ein Mindestmaß an **Lastengleichheit** kann durch bodenordnende Maßnahmen ausgeglichen werden.[6316] Setzt ein Bebauungsplan für ein bisher privat genutztes Grundstück mit Baulandqualität eine öffentliche Grünfläche und eine Fläche für den Gemeinbedarf fest, so haben Verwaltungsbehörde und Verwaltungsgerichte nicht dadurch Bedeutung und Tragweite der Eigentumsgarantie verkannt, dass sie bei der Aufstellung und rechtlichen Kontrolle des Bebauungsplans die Enteignungsvoraussetzungen des Art. 14 III GG nicht untersucht haben. Bebauungsplanfestsetzungen behalten selbst dann den Charakter einer **Inhalts- und Schrankenbestimmung** des Eigentums, wenn sie die bisherige Rechtslage zum Nachteil bestimmter Grundeigentümer abändern und wenn diese Rechtsänderung aus Gründen des Vertrauensschutzes mit einem Entschädigungsanspruch nach § 39 ff BauGB verbunden ist. Demzufolge bleibt eine Änderung des Bebauungsplans auch dann eine Inhalts- und Schrankenbestimmung des Eigentums, wenn ein Grundeigentümer aufgrund der Änderung die vorher bestehende Bebauungsmöglichkeit verliert und wenn ihm für den Verlust der Baulandqualität ein Ausgleichsanspruch nach den §§ 39 ff BauGB zusteht. Auch beim Erlass eines Bebauungsplans muss im Rahmen der planerischen Abwägung das private Interesse am Erhalt bestehender baulicher Nutzungsrechte mit dem öffentlichen Interesse an einer städtebaulichen Neuordnung des Planungsgebiets abgewogen werden. Dabei ist in die Abwägung einzustellen, dass sich der Entzug der baulichen Nutzungsmöglichkeiten für den Betroffenen wie eine Teilenteignung auswirken kann und dass der Bestandsschutz daher ein den von Art. 14 III GG erfassten Fällen vergleichbares Gewicht zukommt. Eine darüberhinausgehende Prüfung aller Enteignungsvoraussetzungen ist hingegen nicht erforderlich, weil keine Enteignung vorliegt. Eine Überprüfung der Enteignungsvoraussetzungen ist nicht deswegen erforderlich, weil das Bebauungsplanverfahren als vorgelagerter Teil der städtebaulichen Enteignungsverfahren angesehen werden muss. Die Aufstellung eines Bebauungsplans ist zwar nach § 85 I Nr. 1 BauGB eine Verwaltungsentscheidung, die dem städtebaulichen Enteignungsverfahren vorangeht. Der Bebauungsplan trifft aber keine verbindliche Aussage über die Zulässigkeit der Enteignung. Die betroffenen Eigentümerbelange sind allerdings mit einem besonderen Gewicht in die Abwägung einzustellen.[6317]

2918 Die verfassungsrechtlichen Anforderungen an die Zulässigkeit der Enteignung, die in § 87 BauGB ihren Ausdruck finden, enthalten **unbestimmte Rechtsbegriffe ohne Beurteilungsspielräume** und unterliegen daher der uneingeschränkten gerichtlichen Kontrolle. Das Gericht muss daher im Streitfall überprüfen, ob die Enteignung durch das Wohl der Allgemeinheit gerechtfertigt ist und den verfassungsrechtlichen Prüfungsmaßstäben der Eignung, Erforderlichkeit und Verhältnismäßigkeit standhält.[6318] Die Gemeinde hat zwar bei der Aufstellung der Bauleitplanung und der Konkretisierung der städtebaulichen Zielvorstellungen einen gerichtlich nicht voll kontrollierbaren (autonomen) Gestaltungsraum. Vor dem Hintergrund dieser Zielvorstellungen obliegt es jedoch der uneingeschränkten gerichtlichen Kontrolle, ob die Gemeinwohlbelange eine das private Eigentum überwindende Kraft haben.

2919 Erfolgt die Enteignung aus zwingenden städtebaulichen Gründen oder im Zusammenhang mit einer Sanierung, so tritt gem. § 88 BauGB an die Stelle der in § 87 II BauGB enthaltenen Voraussetzungen der Nachweis, dass die Gemeinde sich **ernsthaft um den freihändigen Erwerb** des Grundstücks zu angemessenen Bedingungen vergeblich bemüht hat. Solche zwingenden städtebaulichen Gründe sind gegeben, wenn sich gerade die Enteignung des Grund-

---

6314 BVerfGE 76, 107.
6315 BVerfGE 102, 1.
6316 BVerfG NVwZ 2003, 727.
6317 BVerfG NVwZ 1999, 979.
6318 BVerfG NVwZ 2009, 1283 (1285); Scheidler ZfBR 2017, 122 (126); Kümper in HBG, Öffentliches Baurecht, 2024, § 12 Rn. 11.

stücks nach dem Inhalt des Bebauungsplans oder zur Beseitigung städtebaulicher Missstände zum gegenwärtigen Zeitpunkt als unaufschiebbar dringlich erweist.[6319]

§ 89 BauGB unterwirft die Gemeinde einer grundsätzlichen **Veräußerungspflicht** für Grundstücke, die sie durch Ausübung des Vorkaufsrechts erlangt hat oder die zu ihren Gunsten enteignet worden sind, um sie für eine bauliche Nutzung vorzubereiten oder der baulichen Nutzung zuzuführen. Austauschgelände für beabsichtigte städtebauliche Maßnahmen, Grundstücke zur Entschädigung in Land oder für sonstige öffentliche Zwecke sind von der Veräußerungspflicht ausgenommen. Die in der Praxis zwar nicht sehr bedeutsamen Fälle einer Veräußerungspflicht haben allerdings in der verfassungsrechtlichen Einordnung eine wichtige Funktion, weil sie vom Grundsatz der Privatnützigkeit des Eigentums geprägt sind und zugleich dem aus der Sozialpflichtigkeit des Eigentums ableitbaren Gesichtspunkt Rechnung tragen, dass privates Eigentum breiteren sozialen Schichten zur eigenen Verfügung zukommen soll. Zugleich ist durch eine entsprechende Zweckbindung gem. § 89 III BauGB sichergestellt, dass die beabsichtigten städtebaulichen Zwecke erfüllt werden. 2920

2. Entschädigung

Durch die in den §§ 93 bis 103 BauGB geregelte Entschädigung soll sichergestellt werden, dass der Junktimsklausel in Art. 14 III 2 GG entsprochen wird, wonach eine Enteignung nur durch oder auf Grund eines Gesetzes erfolgen darf, das Art und Ausmaß der Entschädigung regelt.[6320] § 93 I BauGB bezeichnet es folgerichtig als allgemeinen **Entschädigungsgrundsatz**, dass für die Enteignung Entschädigung zu leisten ist. Diese wird nach § 93 II BauGB für den durch die Enteignung eintretenden Rechtsverlust und für andere durch die Enteignung eintretende Vermögensverluste gewährt. Sich bei der Enteignung ergebende Vermögensvorteile sind zu berücksichtigen. Bei dem Eintritt von Vermögensnachteilen kann Mitverschulden gem. § 83 III 2 BauGB, § 254 BGB den Entschädigungsanspruch mindern. Für die Bemessung der Entschädigung ist der Zustand des Grundstücks im Zeitpunkt der Entscheidung über den Entschädigungsantrag maßgeblich. Bei vorzeitiger Besitzeinweisung ist hinsichtlich des Grundstückszustandes auf diesen Zeitpunkt abzustellen. 2921

Nach **Art. 14 III 3 GG** ist die Entschädigung unter gerechter **Abwägung** der Interessen der Allgemeinheit und der Beteiligten zu bestimmen. Eine volle Entschädigung aller Vermögensnachteile iS einer umfassenden Verkehrswertentschädigung ist daraus nach Auffassung des BVerfG[6321] nicht abzuleiten, sodass die für den Eigentumsentzug zu gewährende Entschädigung im Einzelfall durchaus unter dem vollen **Verkehrswert** liegen kann. 2922

Beispiel: Die Gemeinde beabsichtigt, ein im Geltungsbereich einer Erhaltungssatzung gelegenes etwa 10.000 m² großes Grundstück, auf dem im vorderen Bereich eine „Alte Apotheke" steht, zu enteignen. Das im rückwärtigen Teil unbebaute Grundstück liegt im nicht beplanten Innenbereich. Auf Grund der Umgebungsbebauung wäre eine sechs- bis achtgeschossige Bebauung zulässig. Im Hinblick auf den Verbleib der unter Denkmalschutz stehenden „Alten Apotheke" ist aber im vorderen Straßenbereich nur eine zweigeschossige Bebauung und im rückwärtigen Grundstücksteil eine drei- bis viergeschossige Bebauung möglich. Bei der verfassungsrechtlich gebotenen Enteignungsentschädigung könnte der Gesetzgeber einen Abschlag für die zumutbare Minderung des Grundstückswertes auf Grund der Denkmaleigenschaft berücksichtigen.

Der BGH geht jedoch entsprechend der gesetzlichen Regelung in § 95 I BauGB davon aus, dass die Entschädigungsregelungen des BauGB auf Verkehrswertbasis beruhen. Danach ist im Falle des Eingriffs grundsätzlich der vollständige Verkehrswert zu entschädigen. Vorababzüge im Hinblick auf die Sozialpflichtigkeit sind nicht vorzunehmen. Dem enteignungsrechtlich Betroffenen muss ein voller Wertausgleich geleistet werden. Dieser ist so zu bemessen, dass mit seiner Hilfe eine Sache gleicher Art und Güte erlangt werden kann.[6322] Maßgebend für die Höhe der Enteignungsentschädigung ist der Verkehrswert des Enteignungsobjekts in dem Zeitpunkt, in dem die Enteignungsbehörde über den Enteignungsantrag entscheidet (§ 95 I 2 BauGB). Wird vom Betroffenen nur die Höhe der Entschädigung angefochten und stellt sich 2923

6319 Battis in BKL, BauGB, 2022, § 89 Rn. 2.

6320 Zur Entschädigung bei der städtebaulichen Enteignung Scheidler ZfBR 2019, 126; Kümper in HBG, Öffentliches Baurecht, 2024, § 12 Rn. 23 ff.

6321 BVerfGE 24, 367; BVerfGE 52, 1; NJW 1982, 745.

6322 BGH NJW 1955, 179; BGHZ 29, 217; BGHZ 39, 198; Battis in BKL, BauGB, 2022, § 93 Rn. 2.

heraus, dass die Entschädigung im Enteignungsbeschluss zu niedrig bemessen worden ist, so nimmt der Eigentümer in Zeiten steigender Preise am Wertzuwachs bis zur letzten mündlichen Verhandlung vor dem Tatrichter teil, es sei denn, dass die Verzögerung der Auszahlung in seinen Verantwortungsbereich fällt (sog. **Steigerungsrechtsprechung**). Derartige Verzögerungen gehen zulasten des Eigentümers, wenn und soweit sie durch eine unbegründete Anfechtung der Zulässigkeit der Enteignung verursacht worden sind. Bei entsprechend zurechenbaren Verzögerungen können auch sinkende Grundstückspreise ggf. berücksichtigt werden.[6323] Die Enteignungsentschädigung muss nicht einen vollen Schadensersatz beinhalten. Nach § 95 II BauGB bleiben vielmehr bei der Festsetzung der Entschädigung bestimmte Wertsteigerungen eines Grundstücks, die in der Aussicht auf eine Änderung der zulässigen Nutzung eingetreten sind, unberücksichtigt. Dies gilt für Wertänderungen, die infolge der bevorstehenden Enteignung eingetreten sind, Werterhöhungen, die nach den Grundstücksverhandlungen mit dem Entschädigungsberechtigten entstanden sind, bestimmte, später vorgenommene wertsteigernde Veränderungen, Vereinbarungen, die von den üblichen Vereinbarungen auffällig abweichen, oder für Bodenwerte, für die eine gesonderte Entschädigung nach den §§ 40 bis 42 BauGB etwa wegen ungesunder Wohn- und Arbeitsverhältnisse oder sonstiger städtebaulicher Missstände im Hinblick auf § 43 IV BauGB nicht geltend gemacht werden könnte. Die Regelung verhindert, dass nachträglich eintretende Wertsteigerungen noch in die Entschädigungsberechnung eingestellt werden müssen, und ist Ausdruck einer zulässigerweise zu berücksichtigenden **Vorwirkung der Enteignung.**[6324]

2924 Einzelne mit dem Grundstück verbundene Berechtigungen und Nutzungschancen können zu einer Erhöhung des Grundstückswerts führen, wenn sich hierzu ein **Teilmarkt** gebildet hat. Es muss sich dabei allerdings um Erwartungen handeln, die von der allgemeinen Verkehrsauffassung und dem Marktgeschehen mit entsprechenden Bewertungszuschlägen versehen werden. Allgemeine, nicht zu konkretisierende Erwartungen reichen dafür nicht aus.

Beispiel: Ein spezieller **Teilmarkt** für Grundstücke über bergfreien Kiesvorkommen ist bei der Ermittlung des Verkehrswerts eines im Wege der Grundabtretung übertragenen land- und forstwirtschaftlich genutzten Grundstücks nach Auffassung des BGH nicht anzuerkennen.[6325]

2925 Für **andere** durch die Enteignung eintretende **Vermögensnachteile** ist nach **§ 96 I BauGB** eine Entschädigung nur zu gewähren, wenn und soweit diese Vermögensnachteile nicht bei der Bemessung der Entschädigung für den Rechtsverlust zu berücksichtigen sind und dies einer gerechten Abwägung zwischen den Interessen der Allgemeinheit und der Beteiligten entspricht. Entschädigungspflichtig könnten in diesem Zusammenhang etwa durch die Enteignung eintretende Verluste der Berufs- oder Erwerbstätigkeit oder Wertminderungen sein, die durch die Enteignung an anderen Grundstücksteilen oder wirtschaftlichen Grundstückseinheiten eintreten. Zu den sonstigen Vermögensnachteilen gehören auch die durch eine Enteignung erforderlich werdenden **Umzugskosten** (§ 96 I 2 Nr. 3 BauGB). Zu der dem Pächter durch Enteignung der Pachtfläche genommenen und zu entschädigenden Rechtsposition kann auch ein **Verwendungsersatzanspruch** gegen den Grundeigentümer im Falle der Kündigung des Pachtverhältnisses durch diesen, gerichtet auf den vom Pächter geschaffenen „Mehrwert" des Grundstücks (§ 591 I BGB), gehören. Obergrenze des Ersatzanspruchs nach § 591 I BGB ist – wie beim Anspruch des Besitzers gegen den Eigentümer auf Ersatz nützlicher Verwendungen nach § 996 BGB – der Betrag der tatsächlich getätigten Aufwendungen.[6326]

2926 Besteht der begründete Verdacht, dass enteignungsrechtlich zu entschädigende Baulichkeiten und Anlagen durch **Altlasten** beeinträchtigt sind, so kann sich daraus eine Wertminderung (Reduzierung der Entschädigung) nach der Höhe der Sanierungskosten (einschließlich Untersuchungs- und Sicherungskosten) ergeben.[6327] Die Enteignungsbehörde ist an die Höhe einer im Verfahren nach § 112 II BauGB angeordneten Vorauszahlung im späteren Entschädigungsfeststellungsverfahren nicht gebunden.[6328]

6323 BGH ZfBR 1992, 191.

6324 BGH NJW 1967, 2306; NJW 1968, 892.

6325 BGH NJW-RR 2003, 374.

6326 BGH NJW 2006, 1729.

6327 BGH BauR 2005, 1304 zur Entschädigung für Altlastengrundstück.

6328 BGH ZfBR 2005, 66. Für die gütliche Beilegung eines baulandgerichtlichen Verfahrens, das eine Enteignung betrifft, kommt sowohl eine Einigung in der Form des § 110 II BauGB als auch ein Vergleich nach den Formvorschriften der ZPO in Betracht. BGH NJW 2003, 757.

Rechte an dem zu enteignenden Grundstück sowie persönliche Rechte können aufrechterhalten werden, soweit dies mit dem Enteignungszweck vereinbar ist. Nicht aufrechtzuerhaltende Nebenrechte sind gem. § 97 II BauGB durch Neubegründung zu ersetzen oder nach § 97 III BauGB ggf. durch Geldentschädigung auszugleichen. Hierzu gehören etwa Erbbaurechte, Altenteilrechte, Dienstbarkeiten oder Erwerbsrechte an dem Grundstück, persönliche Rechte, die mit dem Besitz verbunden sind oder zum Erwerb des Grundstücks berechtigen oder den Verpflichteten in der Nutzung des Grundstücks beschränken. Für andere Berechtigungen findet nach Maßgabe des § 97 IV BauGB eine Geldentschädigung statt. Für Hypotheken, Grund- oder Rentenschulden wird in § 98 BauGB ein Schuldübergang angeordnet. 2927

Die Entschädigung ist nach § 99 I 1 BauGB in einem einmaligen Geldbetrag zu leisten, wenn das Gesetz nichts anderes bestimmt. Auf Antrag des Eigentümers kann die Entschädigung nach § 99 I 2 BauGB in wiederkehrenden Leistungen festgesetzt werden, wenn dies den übrigen Beteiligten zuzumuten ist. Für die Belastung eines Grundstücks mit einem **Erbbaurecht** ist die Entschädigung in einem Erbbauzins zu leisten (§99 II BauGB). Der **Grundsatz der Kapitalentschädigung** wird den verfassungsrechtlichen Anforderungen in Art. 14 GG gerecht. Aus der Eigentumsgarantie kann nicht der Anspruch abgeleitet werden, als Ersatz für ein enteignetes Grundstück ein Grundstück in vergleichbarer Größe, Lage und Beschaffenheit zu erhalten. 2928

Die Entschädigung ist nach § 100 I BauGB auf Antrag des Eigentümers in geeignetem **Ersatzland** festzusetzen, wenn er zur Sicherung seiner Berufstätigkeit, seiner Erwerbstätigkeit oder zur Erfüllung der ihm wesensgemäß obliegenden Aufgaben auf Ersatzland angewiesen ist und 1. der Enteignungsbegünstigte über als Ersatzland geeignete Grundstücke verfügt, auf die er nicht mit seiner Berufstätigkeit, seiner Erwerbstätigkeit oder zur Erfüllung der ihm wesensgemäß obliegenden Aufgaben angewiesen ist, oder 2. der Enteignungsbegünstigte geeignetes Ersatzland nach pflichtmäßigem Ermessen der Enteignungsbehörde freihändig zu angemessenen Bedingungen beschaffen kann oder 3. geeignetes Ersatzland durch Enteignung nach § 90 BauGB beschafft werden kann. Auf Antrag des betroffenen Grundstückseigentümers kann die Entschädigung gem. § 101 BauGB auch in anderer Weise, etwa durch Bestellung eines Miteigentumsrechts, von grundstücksgleichen Rechten oder Wohnungseigentum gewährt werden. 2929

Die Enteignungsbehörde ist an die Höhe einer im Verfahren nach § 112 II BauGB angeordneten Vorauszahlung im späteren Entschädigungsfeststellungsverfahren nicht gebunden.[6329] Hat gegen die Festsetzung einer Enteignungsentschädigung durch die Enteignungsbehörde nur der Enteignungsbetroffene im baulandgerichtlichen Verfahren fristgerecht einen Antrag auf gerichtliche Entscheidung mit dem Ziel einer Erhöhung gestellt, so kann der entschädigungspflichtige Enteignungsbegünstigte nicht nach Ablauf der Antragsfrist „Widerklage" auf Herabsetzung der festgesetzten Entschädigung erheben.[6330] 2930

Wird das Grundstück nicht innerhalb einer angemessenen Frist zu dem bei der Enteignung angegebenen Zweck verwendet oder gegen die gemeindliche Veräußerungspflicht nach § 89 BauGB verstoßen, so hat der enteignete Grundstückseigentümer gem. § 102 BauGB einen Rechtsanspruch auf **Rückenteignung**. Die Rückenteignung kann gem. § 102 II BauGB nicht verlangt werden, wenn der Enteignete selbst das Grundstück im Wege der Enteignung erworben hat oder ein Verfahren zur Enteignung des Grundstücks zugunsten eines anderen Bauwilligen eingeleitet worden ist. Der Antrag auf Rückenteignung ist nach § 102 III BauGB binnen zwei Jahren seit Entstehung des Anspruchs zu stellen. 2931

Hinweis: Der vorkaufsrechtliche Rückveräußerungsanspruch aus § 89 II, III 2 BauGB ist im Wege der Erbfolge gem. § 1922 I BGB übergangsfähig, fällt aber nicht in den Schutzbereich des Art. 14 I 1 GG.[6331]

Die Vorschrift konkretisiert den verfassungsrechtlich gesicherten **Rückübertragungsanspruch** für den Fall, dass der Enteignungszweck nicht innerhalb der vorgesehenen Frist erfüllt worden ist. Das BVerfG, hat dies aus der Eigentumsgarantie in Art. 14 GG abgeleitet und dargelegt, dass ein solcher Rückenteignungsanspruch ggf. auch ohne ausdrückliche gesetzliche Grundlage unmittelbar aus der Verfassung entwickelt werden kann.[6332] Der Zweck der Enteignung erschöpfe sich nicht in dem Entzug des Eigentums oder in der Erlangung des Eigentums 2932

6329 BGH NVwZ 2005, 240; BGH BRS 53 Nr. 189, S 535.
6330 BGH NVwZ 2003, 1546; Abgrenzung zu BGHZ 35, 227.
6331 OVG Münster Urt. v. 17.2.2012 – 2 D 50/10.NE, BeckRS 2012, 51227.
6332 BVerfG NJW 1975, 37 gegen BVerwGE 28, 184 zur Rückenteignung.

in der Hand des Staates oder der Gemeinde. Zweck und Legitimation der Enteignung seien vielmehr darin zu sehen, dass das enteignete Grundstück für die öffentliche Aufgabe, die mit dem Unternehmen erfüllt werden soll, zur Verfügung steht. Die Eigentumsentziehung und die Begründung des Eigentums für die öffentliche Hand seien nur Mittel zu diesem Zweck. Das Opfer, das der Enteignete zu bringen hat, sei daher an die Verwirklichung des öffentlichen Zwecks gebunden. Werde der Enteignungsgegenstand für die öffentliche Aufgabe nicht benötigt, so entfalte die Bestandsgarantie in Art. 14 I 1 GG wieder ihre Schutzfunktion. Ist in den Enteignungsgesetzen eine konkrete Frist für die Verwirklichung nicht geregelt, so könne nach Maßgabe von Einzelfallgesichtspunkten als Orientierungswert an einen Zeitraum von etwa fünf Jahren zwischen Rechtskraft der Enteignung und Durchführung des Vorhabens gedacht werden.

2933 Vor diesem verfassungsrechtlichen Hintergrund gewährt § 102 BauGB einen Rückenteignungsanspruch, wenn das Grundstück nicht innerhalb der nach den §§ 113 II Nr. 3, 114 BauGB festgesetzten Frist dem Enteignungszweck zugeführt worden ist. Anspruchsberechtigt ist der frühere Grundstückseigentümer oder sein Rechtsnachfolger. Der Rückenteignungsanspruch setzt grundsätzlich eine durchgeführte Enteignung voraus. Ist das Grundstück auf Grund eines Vertrages freiwillig übertragen worden, besteht der Rückenteignungsanspruch bei Nichtverwirklichung des Enteignungszwecks grundsätzlich nicht. Hat der Grundstückseigentümer jedoch unter einer Zwangslage verkauft, die einer Enteignung in ihrer drohenden Wirkung gleichkam, so müssen die Rückenteignungsgrundsätze aus verfassungsrechtlichen Gründen entsprechend angewendet werden. Die Rechtsprechung stellt jedoch an die Nachweispflicht solcher Voraussetzungen hohe Anforderungen.[6333]

2934 Für die **Enteignung** von Grundstücken in der **ehemaligen DDR** hat das BVerfG, im Falle der Nichtverwirklichung des Enteignungszwecks folgende Grundsätze entwickelt: Die Eigentumsgarantie des Art. 14 GG gewährt dem in der DDR enteigneten früheren Eigentümer keinen Rückerwerbsanspruch, wenn der Zweck der Enteignung nicht verwirklicht wurde. Dies gilt auch dann, wenn das Vorhaben, für das enteignet wurde, erst nach dem Beitritt der Deutschen Demokratischen Republik zur Bundesrepublik Deutschland endgültig aufgegeben worden ist. Aus der Eigentumsgarantie des Art. 14 GG folgt ein Rückerwerbsrecht des früheren Grundstückseigentümers, wenn der Zweck der Enteignung nicht verwirklicht wird.[6334] Das gilt jedoch nur für Enteignungen, die unter der Geltung des GG angeordnet und vollzogen worden sind. Dagegen lässt sich ein Rückübereignungsanspruch aus Art. 14 GG nicht auch für solche Fälle begründen, in denen vor dem Inkrafttreten des GG oder außerhalb seines räumlichen Geltungsbereichs eine dem GG nicht verpflichtete Staatsgewalt auf vermögenswerte Rechte zugegriffen hat. Ein auf Art. 14 GG gestützter Anspruch auf Rückübereignung kommt allein in Betracht, wenn bereits die Enteignung im Zeitpunkt ihrer Vornahme den Anforderungen des Art. 14 III 1 GG unterlag. Für Enteignungen, die in der DDR – hier nach dem BaulandG – durchgeführt wurden, galten die Voraussetzungen des Art. 14 III GG nicht, weil sich der Geltungsbereich des GG auf das Gebiet der DDR nicht erstreckte[6335] und das GG für dieses Gebiet auch nicht rückwirkend in Kraft getreten ist.[6336] Der aus der Eigentumsgarantie des Art. 14 I 1 GG hergeleitete verfassungsrechtliche Rückübereignungsanspruch setzt voraus, dass bereits die Enteignung unter der Geltung des Art. 14 GG erfolgt ist.[6337] Die Auffassung des BVerwG, die Existenz eines nach dem Recht der DDR entstandenen und nach deren Beitritt von der BRD zu erfüllenden Anspruchs auf Rückübereignung sei zu verneinen,[6338] verletzt die Eigentumsgarantie des Art. 14 GG nicht. Die ihr zu Grunde liegenden Feststellungen zum Inhalt des DDR-Rechts sind jedoch nur am Maßstab des Art. 3 I GG verfassungsrechtlich überprüfbar. Für eine Verletzung des Willkürverbots ist jedoch nichts ersichtlich. Die Beurteilung der Rechtslage in der DDR durch das BVerwG ist nachvollziehbar begründet. Sie entspricht der Beurteilung anderer Gerichte.[6339] Der Bundesgesetzgeber war auch verfassungsrechtlich nicht verpflichtet, für in der DDR vollzogene Enteignungen, deren Zweck nach der Wieder-

---

[6333] BGH NJW 1982, 2184; NVwZ 1998, 608.
[6334] BVerfGE 38, 175.
[6335] BVerfGE 84, 90; BVerfGE 95, 267; NVwZ 1998, 724; NJW 1998, 1697.
[6336] Art. 3 iVm Art. 1 I des Einigungsvertrags.
[6337] BVerfGE 38, 175.
[6338] BVerwGE 96, 172.
[6339] BGH NJW 1995, 1280.

vereinigung aufgegeben worden ist oder wird, einen Rückübereignungstatbestand zu schaffen.[6340]

Vom Rückenteignungsanspruch ist der Anspruch zu unterscheiden, nach Aufgabe der Nutzung das für diesen Zweck enteignete Grundstück zurückzuerhalten. Ein solcher Rückübertragungsanspruch eines enteigneten Grundstücks ist verfassungsrechtlich nicht begründet,[6341] sondern findet nur im einfachen Recht bei entsprechender gesetzlicher Anordnung seine Grundlage. Der im Falle der Verfehlung oder Nichterreichung des Enteignungszwecks anerkannte Rückenteignungsanspruch beruht auf der Erwägung, dass die verfassungsrechtliche Ermächtigung zum Eingriff in das Eigentum dazu dient, ein dem Wohl der Allgemeinheit dienendes Vorhaben auszuführen. Wird das beabsichtigte Vorhaben nicht verwirklicht oder das enteignete Grundstück nicht benötigt, so entfällt die aus Art. 14 III 1 GG herzuleitende Legitimation für den Zugriff auf das private Eigentum und damit auch der Rechtsgrund für den Eigentumserwerb durch die öffentliche Hand. Anders verhält es sich dann, wenn die Sache dem ihr zugedachten Zweck dauerhaft zugeführt worden ist und damit das Ziel der Enteignung nachhaltig erreicht wurde. In diesem Fall behält die Anordnung der Eigentumszuordnung ihre Rechtfertigung auch dann, wenn die Gemeinwohlaufgabe später entfallen ist. 2935

3. Enteignungsbehörde

Gem. § 104 I BauGB wird die Enteignung von der höheren Verwaltungsbehörde durchgeführt. Die Enteignung ist traditionell Aufgabe staatlicher Behörden. Die Bestimmung der höheren Verwaltungsbehörde obliegt dem Organisationsrecht der Länder. Regelmäßig sind dies die den kreisfreien Städten und Landkreisen übergeordneten staatlichen Verwaltungsbehörden. In Ländern mit dreistufigem Verwaltungsaufbau sind höhere Verwaltungsbehörden die Bezirksregierungen bzw. die Regierungspräsidien. In Ländern ohne höhere Verwaltungsbehörde ist die oberste Landesbehörde, dh das für das Bauwesen zuständige Ministerium oder in den Stadtstaaten die zuständige Senatsbehörde zugleich höhere Verwaltungsbehörde und insoweit auch Enteignungsbehörde. Gem. § 104 II BauGB können die Landesregierungen durch Rechtsverordnungen bestimmen, dass an den Entscheidungen der Enteignungsbehörde ehrenamtliche Beisitzer mitzuwirken haben. 2936

4. Enteignungsantrag

Gem. § 105 BauGB ist der Enteignungsantrag bei der Gemeinde, in deren Gemarkung das zu enteignende Grundstück liegt, einzureichen. Die frühzeitige Beteiligung der Gemeinde im Enteignungsverfahren ist sinnvoll, weil die Gemeinde dem Antragsteller möglicherweise Standortalternativen aufzeigen kann, auf denen er sein Vorhaben auch ohne Enteignung verwirklichen kann. Besteht eine solche Möglichkeit nicht, legt die Gemeinde den Enteignungsantrag mit ihrer Stellungnahme binnen eines Monats der Enteignungsbehörde vor (§ 105 Satz 2 BauGB). Die Gemeinde soll bei der Einleitung des Enteignungsverfahrens behilflich sein. Sie ist allerdings nicht befugt, offensichtlich unzulässige oder unbegründete Anträge zurückzuweisen. In ihrer Stellungnahme an die Enteignungsbehörde hat sich die Gemeinde auf alle objektiven und subjektiven Voraussetzungen der Zulässigkeit der Enteignung zu beziehen. Ist die Gemeinde selbst Antragstellerin oder wird ein Antrag auf Rückenteignung gestellt, dann ist der Antrag unmittelbar bei der Enteignungsbehörde zu stellen, ebenso sonstige Anträge im Laufe des Enteignungsverfahrens (Antrag auf Entschädigung in wiederkehrende Leistungen nach § 99 I BauGB, in Land nach § 100 BauGB oder durch Gewährung anderer Rechte gem. § 101 BauGB, auf Rückenteignung gem. § 102 BauGB, auf vorzeitige Besitzeinweisung gem. § 116 BauGB, auf Aufhebung des Enteignungsbeschlusses gem. § 120 BauGB oder auf Entziehung des Eigentums oder der Begründung eines Rechts gem. § 43 BauGB). 2937

a) Antragsbefugnis. Antragsbefugt ist grds. jede natürliche oder juristische Person des privaten oder öffentlichen Rechts, die die Absicht hat, ein fremdes Grundstück zu ihren Gunsten zu enteignen. Den Antrag kann immer nur derjenige stellen, zu dessen Gunsten die Enteignung erfolgen soll.[6342] In bestimmten Fällen kann der Eigentümer auch die Einleitung eines Enteignungsverfahrens gegen sich selbst beantragen. 2938

[6340] BVerfG NJW 1991, 1597; NJW 1997, 1379.
[6341] BVerwG NVwZ 1994, 782.
[6342] BGH NJW 1973, 1750.

2939 **b) Form und Inhalt**. Das BauGB stellt zwar keine bestimmten Anforderungen an Form und Inhalt des Enteignungsantrages. Allgemein wird jedoch gefordert, dass der Enteignungsantrag schriftlich gestellt oder zumindest zur Niederschrift der Gemeindeverwaltung erklärt werden muss. Auch eine Begründung ist zwar im BauGB nicht vorgeschrieben. Sie ist jedoch im Hinblick auf die notwendige Prüfung der Zulässigkeitserfordernisse unentbehrlich. Der Enteignungsantrag muss zumindest ein bestimmtes Grundstück bezeichnen, auf das sich das Enteignungsverfahren beziehen soll.[6343] Die Enteignungsbehörde wird – anders als die Gemeinde, die den Antrag nur entgegennimmt – allgemein für befugt gehalten, offensichtlich aussichtslose Anträge bereits vor der Einleitung des Enteignungsverfahrens und der mündlichen Verhandlung zurückzuweisen.[6344]

2940 **c) Rechtsschutz**. Die Einleitung des Enteignungsverfahrens steht nicht im Ermessen der Enteignungsbehörde. Sie kann deshalb den Enteignungsantrag nur ablehnen, wenn die gesetzlichen Voraussetzungen für die Zulässigkeit der Enteignung nicht vorliegen.[6345] Entscheidungen der Enteignungsbehörde, mit denen ein Antrag auf Enteignung zurückgewiesen wird, können vom Antragsteller mit dem **Antrag auf gerichtliche Entscheidung** nach §§ 217 ff. BauGB angefochten werden. Gegen die Untätigkeit der Enteignungsbehörde kann sich der Antragsteller mit einer **Untätigkeitsklage** vor den Baulandgerichten wehren. Da dem Antrag im Umkehrschluss aus § 224 I 1 BauGB aufschiebende Wirkung zukommt, ist das Enteignungsverfahren noch nicht wirksam eingeleitet.[6346] Angefochten werden kann auch die Entscheidung der Enteignungsbehörde, mit der bereits die Einleitung des Enteignungsverfahrens abgelehnt wird. Die Landesenteignungsgesetze verweisen hinsichtlich der gerichtlichen Überprüfbarkeit von Entscheidungen im Enteignungsverfahren regelmäßig auf die Vorschriften der §§ 217 ff. BauGB und erklären die Kammern für Baulandsachen für zuständig. Unterlässt es die Gemeinde, den bei ihr eingereichten Enteignungsantrag fristgerecht an die Enteignungsbehörde weiterzuleiten, so kann der Antragsteller zwar gegen diese Untätigkeit keinen formellen Rechtsbehelf einlegen. Er ist jedoch berechtigt, seinen Enteignungsantrag nunmehr bei der Enteignungsbehörde selbst zu wiederholen. Er kann selbstverständlich auch eine form- und fristlose **Beschwerde** bei der Kommunalaufsichtsbehörde einlegen.[6347]

5. Beteiligte im Enteignungsverfahren

2941 In § 106 BauGB wird abschließend geregelt, wer Beteiligter am Enteignungsverfahren ist. Die Beteiligten des Enteignungsverfahrens sind von der Enteignungsbehörde zur mündlichen Verhandlung zu laden. Sie werden in der öffentlichen Bekanntmachung der Einleitung des Enteignungsverfahrens aufgefordert, ihre Rechte in der mündlichen Verhandlung wahrzunehmen. Sie können **Einwendungen** gegen den Enteignungsantrag vor der mündlichen Verhandlung, schriftlich oder während der mündlichen Verhandlung zur Niederschrift der Enteignungsbehörde vorbringen und auch unterschiedliche Anträge stellen, mit denen sie Art und Umfang der Enteignung sowie der Art der Entschädigung beeinflussen können. Die Anberaumung eines Termins zur mündlichen Verhandlung durch die Enteignungsbehörde im Enteignungsverfahren (§ 108 BauGB) ist ein Verwaltungsakt, der Gegenstand eines Antrags auf gerichtliche Entscheidung nach § 217 BauGB sein kann.[6348] Die Enteignungsbehörde muss auf eine Einigung zwischen den Beteiligten hinwirken. Die Rechtsstellung der Beteiligten bestimmt sich im Übrigen nach den Vorschriften der ZPO.

2942 Beteiligte im Enteignungsverfahren sind ua 1. der Antragsteller, 2. der Eigentümer und diejenigen, für die ein Recht an dem Grundstück oder an einem das Grundstück belastenden Recht im Grundbuch oder im Wasserbuch eingetragen oder durch Eintragung gesichert ist, 3. Inhaber eines nicht im Grundbuch oder Wasserbuch eingetragenen Rechts an dem Grundstück oder an einem das Grundstück belastenden Recht, eines Anspruchs mit dem Recht auf Befriedigung aus dem Grundstück oder eines persönlichen Rechts, das zum Erwerb, zum Besitz

---

6343 Beckmann Enteignung in Redeker/Uechtritz, Anwaltshandbuch Verwaltungsverfahren, 2020, Rn. 48.
6344 BGHZ 48, 286.
6345 OLG Saarbrücken DVBl. 1974, 131.
6346 Dösing in BeckOK BauGB, 2022, § 108 Rn. 2.1; LG Arnsberg Urt. v. 26.6.2012 – I-6 O 5/12 (Baul), juris Rn. 17.
6347 Battis in BKL, BauGB, 2022, § 105 Rn. 4 mwN.
6348 LG Arnsberg Urt. v. 26.6.2012 – I-6 O 5/12 (Baul), 6 O 5/12 (Baul), juris Rn. 17.

oder zur Nutzung des Grundstücks beschränkt, 4. wenn Ersatzland bereitgestellt wird, der Eigentümer und die Inhaber der in den Nrn. 2 und 3 genannten Rechte hinsichtlich des Ersatzlandes, 5. die Eigentümer der Grundstücke, die durch eine Ersatzrechtsenteignung betroffen werden, 6. Enteignungsbegünstigte und 7. die Gemeinde.

6. Vorbereitung der mündlichen Verhandlung

a) Verfahrensbeschleunigung. Schon vor der mündlichen Verhandlung soll die Enteignungsbehörde alle Anordnungen treffen, die erforderlich sind, um das Verfahren tunlichst in einem Verhandlungstermin zu erledigen. Gem. § 107 I 1 BauGB soll das Enteignungsverfahren beschleunigt durchgeführt werden. Dies dient der Verwirklichung der im öffentlichen Interesse liegenden Enteignungszwecke, aber auch der Rechtssicherheit der durch die Antragstellung in ihrem Eigentumsrecht Betroffenen. Zur Beschleunigung des Enteignungsverfahrens dient auch die Möglichkeit, verschiedene Enteignungsverfahren miteinander zu verbinden (§ 107 III BauGB). Wenn es die Gemeinde beantragt, muss die Verbindung der Enteignungsverfahren sogar vorgenommen werden. Allerdings können zunächst verbundene Enteignungsverfahren wieder getrennt werden, wenn dies aus sachlichen Gründen geboten erscheint. 2943

Um eine Beschleunigung des Enteignungsverfahrens zu ermöglichen, sehen BauGB und die Landesenteignungsgesetze vor, dass die Enteignungsbehörde den Sachverhalt bereits im vorbereitenden Verfahren so erforschen soll oder muss, dass das Verfahren in einem einzigen Verhandlungstermin erledigt werden kann. Dazu soll/muss sie den Eigentümer und den Antragsteller anhören und andere Träger öffentlicher Belange beteiligen, deren Aufgabenbereich berührt ist, zB die Landwirtschaftsbehörden, wenn es sich um landwirtschaftlich genutzte Grundstücke handelt, die zur Entschädigung in Land enteignet werden sollen (§§ 107 I, II BauGB). § 107 I 4 BauGB normiert zudem zwingend die Pflicht zur Einholung eines **Gutachtens des Gutachterausschusses** (§ 192 BauGB), wenn Eigentum entzogen oder ein Erbbaurecht bestellt wird. Die Einholung des Gutachtens führt häufig zu enormen Verzögerungen des Enteignungsverfahrens, was ggf. zur Erhebung einer Untätigkeitsklage nach § 217 III BauGB gegen die Enteignungsbehörde Anlass geben und einen Amtshaftungsanspruch nach § 839 BGB iVm Art. 34 GG begründen kann.[6349] 2944

b) Überprüfung von Bebauungsplänen. Dient die Enteignung der Verwirklichung von Festsetzungen eines Bebauungsplanes,[6350] muss die Enteignungsbehörde den Bebauungsplan sowie die Bebauungsplanakten beiziehen und überprüfen, ob der Bebauungsplan rechtswirksam ist.[6351] Diese Überprüfung durch die Enteignungsbehörde als Vorfrage für die Enteignungsentscheidung muss auch unabhängig von der Jahresfrist aus § 47 II 1 VwGO erfolgen.[6352] Die Behörde hat allerdings insoweit keine **Verwerfungskompetenz** hinsichtlich des Bebauungsplans.[6353] Sie kann den Bebauungsplan aber (unter Einhaltung der Frist aus § 47 II 1 VwGO) im **Normenkontrollverfahren** gerichtlich überprüfen lassen,[6354] weil gem. § 47 II 1 VwGO auch jede Behörde den Normenkontrollantrag stellen kann, für deren Verwaltungshandeln der Bebauungsplan rechtserheblich ist.[6355] Auch das Baulandgericht hat im Verfahren nach § 217 BauGB die Wirksamkeit des einer Enteignung nach § 85 BauGB zugrunde liegenden Bebauungsplans inzident zu prüfen.[6356] Auf der Ebene der Enteignungsentscheidung nach § 87 I 1 BauGB bedarf es keiner erneuten eigenständigen Alternativprüfung über die Erforderlichkeit 2945

6349 Dazu ausführlich Körner UPR 2003, 17 ff.

6350 Dazu Stadler Die Enteignung zur Verwirklichung von Festsetzungen eines Bebauungsplans, S. 278.

6351 BVerfG v. 8.7.2009 – 1 BvR 2187/07, juris, Rn. 9; BGH DVBl. 1976, 776; Stadler Die Enteignung zur Verwirklichung von Festsetzungen eines Bebauungsplans, S. 278.

6352 Stadler Die Enteignung zur Verwirklichung von Festsetzungen eines Bebauungsplans, S. 278 f.

6353 Bönker in HBG, Öffentliches Baurecht, 2024, § 5 Rn. 416; ablehnend auch OVG Münster Urt. v. 30.6.2005 – 20 A 3988/03, juris Rn. 60 ff. mwN; VG Arnsberg BeckRS 2021, 10420, Rn. 26; VGH München Urt. v. 1.4.1982 – 15 N 81 A.1679, juris; BGH NVwZ 2013, 167; Runkel in Bielenberg/Runkel/Spannowsky, ROG, 2020, § 5 Rn. 71; siehe aber auch OVG Lüneburg NVwZ 2000, 1061 zur Veränderungssperre; offen gelassen von VGH Mannheim NVwZ 2016, 398; siehe dazu auch Reidt in BKL, BauGB, 2022, § 10 Rn. 10a.

6354 Ein laufendes Normenkontrollverfahren verhindert nicht das Enteignungsverfahren, vgl. OLG Frankfurt v. 26.03.2007 – 100 U 3/96 (Baul), juris, Rn. 89; 100 U 5/96 (Baul), juris, Rn. 97;

6355 Näher dazu Beckmann NWVBL 2021, 181.

6356 LG Augsburg v. 16.7.2003 – 1 BLO 3728/02, juris.

der Inanspruchnahme des Grundstücks des von der Enteignung Betroffenen, als sie von der Gemeinde im Rahmen ihrer bauplanerischen Abwägungsentscheidung in den Bebauungsplan bereits vorgenommen wurde und diese im Rahmen einer gerichtlichen (Inzident-) Kontrolle nicht zu beanstanden ist.[6357]

2946 **c) Rechtsschutz**. Verstößt die Enteignungsbehörde gegen den Beschleunigungsgrundsatz und verzögert schuldhaft das Enteignungsverfahren, dann kann die Nichtbeachtung des § 107 BauGB eine **Amtspflichtverletzung** darstellen, die Schadensersatzansprüche nach § 839 BGB iVm Art. 34 GG auslösen kann.[6358] Die Enteignungsbehörde kann bereits vor einer Anberaumung und Durchführung der mündlichen Verhandlung einen aussichtslosen Enteignungsantrag ablehnen.[6359] Dem Antragsteller ist allerdings zuvor Gelegenheit zur Äußerung zu geben. Den ablehnenden Bescheid kann der Antragsteller mit einem Antrag auf gerichtliche Entscheidung gem. § 217 BauGB anfechten. Das Gericht kann den Ablehnungsbescheid aufheben und die Enteignungsbehörde verpflichten, den Antragsteller unter Beachtung der Rechtsauffassung des Gerichts neu zu bescheiden. Umstritten ist allerdings, ob der Antragsteller einen materiellrechtlichen Anspruch auf Einleitung des Enteignungsverfahrens haben kann.[6360] Jedenfalls dann, wenn die Voraussetzungen der §§ 85 ff. BauGB bzw. der Enteignungsgesetze vorliegen, handelt die Behörde rechtswidrig, wenn sie den Antrag ablehnt. Insoweit steht der Enteignungsbehörde **kein Ermessen** zu.[6361]

7. Anberaumung des Termins zur mündlichen Verhandlung

2947 Das eigentliche Enteignungsverfahren wird durch Anberaumung eines Termins zur mündlichen Verhandlung mit den Beteiligten eingeleitet (§ 108 I 1 BauGB). Zuständig für die Anberaumung des Termins zur mündlichen Verhandlung ist der Leiter der Enteignungsbehörde.

2948 **a) Bekanntmachung und Ladung**. Die Anberaumung des Termins zur mündlichen Verhandlung ist unter Bezeichnung des betroffenen Grundstückes und des im Grundbuch als Eigentümer Eingetragenen sowie des ersten Termins mit den Beteiligten in der Gemeinde ortsüblich bekannt zu machen. Welches Verfahren für die ortsübliche Bekanntmachung einzuhalten ist, ergibt sich aus dem jeweiligen Landesrecht. Erstreckt sich das zu enteignende Grundstück auf das Gebiet mehrerer Gemeinden, so muss die öffentliche Bekanntmachung entsprechend in diesen Gemeinden erfolgen. In der Bekanntmachung sind alle Beteiligten aufzufordern, ihre Rechte spätestens in der mündlichen Verhandlung wahrzunehmen mit dem Hinweis, dass auch bei Nichterscheinen über den Enteignungsantrag und andere im Verfahren zu erledigende Anträge entschieden werden kann (§ 108 V 2 BauGB). Zeitgleich zur ortsüblichen Bekanntmachung kann die Ladung der Beteiligten erfolgen. Die Ladung ist zuzustellen. Die Ladungsfrist beträgt einen Monat (§ 109 I 3, 4 BauGB). Die Ladung muss enthalten:
– die Bezeichnung des Antragstellers und des betroffenen Grundstücks,
– den wesentlichen Inhalt des Enteignungsantrages mit dem Hinweis, dass der Antrag mit den ihm beigefügten Unterlagen bei der Enteignungsbehörde eingesehen werden kann,
– die Aufforderung, etwaige Einwendungen gegen den Enteignungsantrag möglichst vor der mündlichen Verhandlung bei der Enteignungsbehörde schriftlich einzureichen oder zur Niederschrift zu erklären, und den Hinweis, dass auch bei Nichterscheinen über den Enteignungsantrag und andere im Verfahren zu erledigende Anträge entschieden werden kann.

2949 Die Ladung von Personen, deren Beteiligung auf einen Antrag auf Entschädigung in Land beruht, muss außer den zuvor genannten Inhalt auch die Bezeichnung des Eigentümers, dessen Entschädigung in Land beantragt ist, und des Grundstücks, für das die Entschädigung in Land gewährt werden soll, enthalten (§ 108 IV BauGB). Weitere Formvorschriften enthält das BauGB für die Ladung nicht. Maßgebend sind die Verwaltungszustellungsgesetze der Länder. Für die Ladungsfrist gilt § 31 VwVfG, der wiederum teilweise auf §§ 187 bis 193 BGB verweist, soweit nicht in § 31 II bis V VwVfG Spezielleres bestimmt ist.

[6357] OLG Brandenburg v. 19.6.2015 – 11 Bauland U 1/13, juris Rn. 61.
[6358] Dyong/Groß, in EZBK, BauGB, 2018, § 107 Rn. 3.
[6359] BGHZ 48, 286.
[6360] Bejahend OLG Saarbrücken DVBl. 1974, 131; vgl. dazu auch Battis in BKL, BauGB, 2022, § 107 BauGB Rn. 8.
[6361] Dazu Dyong/Groß in EZBK, BauGB, 2018, § 107 Rn. 10.

b) Vorzeitige Einleitung des Verfahrens. Gem. § 108 II BauGB kann das Enteignungsverfahren zugunsten der Gemeinde bereits dann eingeleitet werden, wenn der Entwurf eines Bebauungsplanes nach § 3 II BauGB ausgelegen hat und mit den Beteiligten ernsthafte Verhandlungen über den freihändigen Erwerb nach § 87 II BauGB geführt und die von ihnen gegen den Entwurf des Bebauungsplanes fristgerecht vorgebrachten Anregungen erörtert worden sind. Die Gemeinde muss sich also ernsthaft um den freihändigen Erwerb des zu enteignenden Grundstücks zu angemessenen Bedingungen bemüht haben. Die Gemeinde kann in demselben Termin die Verhandlungen zum freihändigen Erwerb führen und die Anregungen erörtern (§ 108 II 2 BauGB). Das Enteignungsverfahren ist gem. § 108 II 3 BauGB so zu fördern, dass der Enteignungsbeschluss ergehen kann, sobald der Bebauungsplan rechtsverbindlich geworden ist. Bereits vor Rechtsverbindlichkeit des Bebauungsplanes ist eine Volleinigung zwischen den Beteiligten oder eine Teileinigung möglich. Die vorzeitige Einleitung des Enteignungsverfahrens zugunsten der Gemeinde führt allerdings nicht dazu, dass bereits vor Rechtsverbindlichkeit des Bebauungsplanes ein Enteignungsbeschluss ergehen kann. Sinn der Regelung des § 108 II BauGB ist es vielmehr, eine Einigung bereits zu einem Zeitpunkt zu ermöglichen, in dem der Bebauungsplan noch nicht rechtsverbindlich geworden ist. 2950

c) Mitteilung an Grundbuchamt und Vollstreckungsgericht. Die Enteignungsbehörde muss dem Grundbuchamt die Einleitung des Enteignungsverfahrens mitteilen. Das Grundbuchamt hat die Enteignungsbehörde von allen Eintragungen zu benachrichtigen, die nach dem Zeitpunkt der Einleitung des Enteignungsverfahrens im Grundbuch des betroffenen Grundstücks vorgenommen sind und werden. Die Enteignungsbehörde ersucht das Grundbuchamt, in das Grundbuch des betroffenen Grundstücks einen Enteignungsvermerk einzutragen. Mit diesem Enteignungsvermerk soll der Erwerber eines Grundstückes, das in ein Enteignungsverfahren einbezogen ist, geschützt werden. Zugleich soll sichergestellt werden, dass die mit der Einleitung des Enteignungsverfahrens geltenden Genehmigungspflichten gem. § 109 BauGB beachtet und die nach § 109 BauGB bewirkten Verfügungsbeschränkungen durchgesetzt werden können. Ist im Grundbuch die Anordnung der Zwangsversteigerung oder Zwangsverwaltung eingetragen, gibt die Enteignungsbehörde außerdem dem Vollstreckungsgericht von der Einleitung des Enteignungsverfahrens Kenntnis, soweit dieses das Grundstück betrifft, das Gegenstand des Vollstreckungsverfahrens ist (§ 108 VII BauGB). 2951

d) Gang der mündlichen Verhandlung. Über den Verlauf der mündlichen Verhandlung enthalten die Enteignungsgesetze keine Regelung. Lediglich mittelbar lässt sich aus dem BauGB schließen, dass der entscheidungserhebliche Sachverhalt in der mündlichen Verhandlung eingehend zu erörtern ist, dass die Enteignungsbehörde auf eine Einigung zwischen den Beteiligten hinzuwirken hat und dass die Möglichkeit bestehen muss, etwas zur Niederschrift der Enteignungsbehörde zu erklären (vgl. die §§ 112 I, 110 I, 92 V BauGB). Im Übrigen kann § 68 VwVfG entsprechend angewendet werden, obwohl die Anwendung dieser Vorschrift als Teil des förmlichen Verwaltungsverfahrens nicht – wie in § 63 I VwVfG vorgesehen – ausdrücklich durch eine Rechtsvorschrift des BauGB angeordnet ist. Gem. § 68 I 1 VwVfG ist die mündliche Verhandlung **nicht öffentlich**. An ihr können Vertreter der Aufsichtsbehörden und Personen, die bei der Behörde zur Ausbildung beschäftigt sind, teilnehmen. Anderen Personen kann der Verhandlungsleiter die Anwesenheit gestatten, wenn kein Beteiligter widerspricht. Der **Verhandlungsleiter** hat darauf hinzuwirken, dass unklare Anträge erläutert, sachdienliche Anträge gestellt, ungenügende Angaben ergänzt sowie alle für die Feststellung des Sachverhaltes wesentlichen Erklärungen abgegeben werden (§ 68 II VwVfG). Der Verhandlungsleiter ist für die Ordnung verantwortlich. Er kann Personen, die seine Anordnungen nicht befolgen, entfernen lassen. Die Verhandlung kann ohne diese Person fortgesetzt werden (§ 68 III VwVfG). Über die mündliche Verhandlung ist eine **Niederschrift** zu fertigen (vgl. dazu im Einzelnen § 68 IV VwVfG). 2952

e) Rechtsschutz. Die Anberaumung eines Termins zur mündlichen Verhandlung löst für die Betroffenen Rechtsfolgen aus. Von der Bekanntmachung über die Einleitung des Enteignungsverfahrens an bedürfen nämlich gem. § 109 I BauGB eine Reihe von Rechtsvorgängen, Vorhaben und Teilungen der schriftlichen **Genehmigung** der Enteignungsbehörde. Im Übrigen sind mit der Einleitung des Enteignungsverfahrens wirtschaftliche Auswirkungen verbunden, weil das in ein Enteignungsverfahren einbezogene Grundstück sich regelmäßig nicht mehr veräußern lässt.[6362] Hinzu kommt, dass gem. § 95 II Nr. 5 BauGB bei der Festsetzung der Ent- 2953

[6362] Vgl. Dyong/Groß in EZBK, BauGB, 2018, § 107 Rn. 1.

schädigung wertsteigernde Veränderungen außer Betracht bleiben, die nach Einleitung des Enteignungsverfahrens ohne behördliche Anordnung oder Zustimmung der Behörde vorgenommen worden sind. Die Einleitung des Enteignungsverfahrens ist deshalb ein belastender Verwaltungsakt, der selbständig vor den **Baulandgerichten** angefochten werden kann.[6363] Eine fehlerhafte Anwendung der Bestimmungen über die Einleitung des Enteignungsverfahrens und ihre ortsübliche Bekanntmachung kann einen Verfahrensmangel darstellen, der im Baulandprozess zur Aufhebung eines stattgebenden Enteignungsbeschlusses führen kann. Allerdings können Verfahrensfehler bis zum Enteignungsbeschluss geheilt werden, wenn sie unter Einhaltung von Fristen wiederholt werden.[6364]

8. Genehmigungspflichtige Rechtsvorgänge

2954 Von der Bekanntmachung über die Einleitung des Enteignungsverfahrens an bedürfen eine Reihe von Rechtsvorgängen, Vorhaben und Teilungen der schriftlichen Genehmigung durch die Enteignungsbehörde (vgl. § 109 I BauGB). Das Genehmigungserfordernis dient dem Wohl der Allgemeinheit. Es soll rechtliche Handhaben bieten, auf Rechtsvorgänge und Vorhaben Einfluss zu nehmen, die dem Enteignungszweck zuwiderlaufen können. Die Genehmigungspflicht tritt mit der Bekanntmachung über die Einleitung des Enteignungsverfahrens in Kraft. Allerdings kann die Enteignungsbehörde vor der Bekanntmachung anordnen, dass die Genehmigungspflicht zu einem früheren Zeitpunkt einsetzt, wenn Rechtsvorgänge oder Vorhaben zeitlich vor der Bekanntmachung den Enteignungszweck unmöglich machen oder erschweren könnten.

2955 **a) Genehmigungspflichtige Vorgänge**. Der Genehmigungspflicht unterliegen gem. §§ 109 I, 51 I BauGB Grundstücksteilungen, Verfügungen über ein Grundstück und über ein Recht an einem Grundstück, Vereinbarungen, durch die einem anderen ein Recht zum Erwerb, zur Nutzung oder zur Bebauung eines Grundstückes oder Grundstücksteiles eingeräumt wird, erhebliche Veränderungen der Erdoberfläche, wesentlich wertsteigernde sonstige Veränderungen des Grundstücks, nicht genehmigungsbedürftige, aber wertsteigernde bauliche Anlagen oder wertsteigernde Änderungen solcher Anlagen und die Errichtung oder Änderung genehmigungsbedürftiger baulicher Anlagen.

2956 **b) Versagungsgründe.** Gem. § 109 II BauGB darf die Enteignungsbehörde die Genehmigung nur versagen, wenn Grund zu der Annahme besteht, dass der Rechtsvorgang, das Vorhaben oder die Teilung die Verwirklichung des Enteignungszwecks unmöglich machen oder wesentlich erschweren würde. Eine **wesentliche Erschwerung** liegt zB vor, wenn die genehmigungspflichtige Maßnahme den Wert des Grundstückes und damit die Höhe der Entschädigung wesentlich erhöht. Nicht erforderlich ist somit, dass die Enteignung «ernsthaft in Frage gestellt» wird.[6365] Liegen die genannten Versagungsgründe nicht vor, hat der Betroffene einen Rechtsanspruch auf die Erteilung der Genehmigung. Umstritten ist, ob die Genehmigung mit einer Nebenbestimmung versehen werden darf. Bejaht wird dies, wenn die Nebenbestimmung dazu dient, einen Versagungsgrund auszuräumen.[6366] Die **Zulässigkeit von Nebenbestimmungen** ist in einigen Landesenteignungsgesetzen ausdrücklich geregelt. So kann gem. § 26 IV 1 EEG NRW die Genehmigung unter Auflagen, Bedingungen oder Befristungen erteilt werden. Allerdings ist die dadurch betroffene Vertragspartei berechtigt, bis zum Ablauf eines Monats nach Unanfechtbarkeit der Entscheidung vom Vertrag zurückzutreten.

2957 **c) Rechtswirkungen der Genehmigungspflicht**. Die Genehmigungspflicht hat zur Folge, dass Rechtsgeschäfte bis zur Entscheidung über den Genehmigungsantrag **schwebend unwirksam** sind. Eintragungen in das Grundbuch darf das Grundbuchamt nach § 29 GBO ohne die Genehmigung nicht vornehmen. Es ist sichergestellt, dass im Falle der Abweisung des Enteignungsantrages der Betroffene einen Entschädigungsanspruch für alle durch die Geltung der Genehmigungspflicht entstandenen Nachteile hat (vgl. § 109 IV iVm § 116 VI BauGB). Über Art und Höhe der Entschädigung entscheidet die Enteignungsbehörde. Vorhaben, die vor dem Inkrafttreten der Genehmigungspflicht baurechtlich genehmigt waren, ferner Unterhaltungsarbeiten und die Fortführung einer bisher ausgeübten Nutzung werden von der Ge-

---

6363 Landgericht Arnsberg v. 26.06.2012 – I-6 O 5/12 (Baul), juris Rn. 17.
6364 Dyong/Groß in EZBK, BauGB, 2018, § 108 Rn. 19.
6365 Vgl. dazu Battis in BKL, BauGB, 2022, § 109 BauGB Rn. 4.
6366 Battis in BKL, BauGB, 2022, § 109 Rn. 4.

nehmigungspflicht nicht berührt. Die Genehmigungspflicht besteht fort, bis die **Ausführungsanordnung** gem. § 117 BauGB ergangen ist. Sie endet, wenn der Enteignungsantrag abgelehnt wird, oder wenn die Enteignung sich durch eine Einigung erledigt. Die Genehmigung bzw. deren Versagung ist ein Verwaltungsakt, der durch Antrag auf gerichtliche Entscheidung gem. § 217 BauGB vor den Baulandgerichten angefochten werden kann. Umgekehrt kann derjenige, der einen Genehmigungsantrag gestellt hat, versuchen, seinen Genehmigungsanspruch gerichtlich durchzusetzen. Auch die Entscheidung der Enteignungsbehörde nach § 109 III BauGB, die eine vorzeitige Genehmigungspflicht auslöst, ist ein vor den Baulandgerichten anfechtbarer Verwaltungsakt.

9. Einigung und Teileinigung

Die Enteignungsbehörde hat in jedem Stand des Verfahrens auf eine Einigung zwischen den 2958
Beteiligten hinzuwirken (§ 110 I BauGB). Da die **Enteignung nur im Notfall** erfolgen soll, verlangt der Gesetzgeber nicht nur den ernsthaften Versuch eines freihändigen Erwerbs durch den Begünstigten als Voraussetzung der Zulässigkeit der Enteignung. Vielmehr verpflichtet er die Enteignungsbehörde zusätzlich, auf eine Einigung zwischen den Beteiligten hinzuwirken.

a) Rechtsnatur der Einigung. Die Einigung muss zwischen den Beteiligten erzielt wer- 2959
den. Die Enteignungsbehörde ist gem. § 110 II 1 BauGB nur insoweit beteiligt, als sie eine Niederschrift über die Einigung aufzunehmen hat. Die Einigung ist ein **öffentlich-rechtlicher Vertrag** iSd §§ 54 ff. VwVfG, der nach § 110 III 1 BauGB einem nicht mehr anfechtbaren Enteignungsbeschluss gleichsteht.[6367] Gegenstand des Vertrages ist nicht die Verpflichtung des Eigentümers, dem Antragsteller das Grundstück zu verkaufen oder die Einigung zwischen beiden, dass das Eigentum an dem Grundstück übergehen soll. Vielmehr erklären sich die Parteien in der Einigung mit der Enteignung als solcher (durch Erlass einer Ausführungsanordnung durch die Enteignungsbehörde), also mit dem Eigentumsübergang durch Hoheitsakt, einverstanden. Die Einigung umfasst alle Punkte, die auch in einem Enteignungsbeschluss zu regeln sind, insbesondere auch die Art und Höhe der Entschädigung. Auch die vorzeitige Besitzeinweisung kann Gegenstand einer Einigung nach § 110 BauGB sein. Für den Eintritt der mit der Einigung bezweckten Rechtsänderung ist es erforderlich, dass eine **Ausführungsanordnung** ergeht, die den Zeitpunkt der Rechtsänderung festlegt. Zum Erlass dieser Anordnung ist die Enteignungsbehörde von Gesetzes wegen verpflichtet. Bis zur Unanfechtbarkeit der Ausführungsanordnung ist eine Anfechtung oder ein Rücktritt von der Einigung möglich, infolge derer die Einigung rückwirkend entfällt, falls etwa die Voraussetzungen einer Anfechtung nach §§ 62 VwVfG, 119 ff. BGB vorliegen. Ist die Ausführungsanordnung unanfechtbar und damit bestandskräftig, sind aus Gründen der Rechtssicherheit Angriffe gegen die Einigung, etwa eine Anfechtung, nicht mehr möglich. Es bleibt lediglich die Möglichkeit einer Rücknahme der Ausführungsanordnung durch die Enteignungsbehörde nach §§ 48 ff. VwVfG.[6368]

b) Zulässiger Inhalt der Einigung. Gem. § 54 S. 1 VwVfG darf die Einigung als **öf-** 2960
fentlich-rechtlicher Vertrag nicht gegen zwingende gesetzliche Vorschriften verstoßen. Es kann deshalb zwischen den Beteiligten nur das vereinbart werden, was auch Gegenstand eines Enteignungsbeschlusses sein könnte. Dazu gehört die Einigung über den Übergang oder die Belastung des Eigentums an dem zu enteignenden Grundstück oder eines sonstigen enteignungsfähigen Rechts und über die Höhe der Entschädigung.[6369] An den Enteignungsantrag sind die Beteiligten aber in Bezug auf den Inhalt der Einigung nicht gebunden. Die Einigung kommt allerdings nur dann wirksam zustande, wenn die Voraussetzungen für eine Enteignung nach §§ 85 ff. BauGB vorliegen. Tatsächliche und rechtliche Zweifel machen die Einigung nicht unwirksam. Erst eine offensichtliche Unzulässigkeit der Enteignung führt zur Nichtigkeit der Einigung.[6370] Veräußert ein Grundstückseigentümer sein Grundstück an die öffentliche Hand, um einer drohenden Enteignung zuvorzukommen, so beurteilen sich die vertraglichen Pflichten einschließlich der vorvertraglichen Pflichten nach hM allein nach dem

---

[6367] Zur Einordnung als öffentlich-rechtlicher Vergleichsvertrag BGH NJW 1972, 157; OLG Frankfurt NJW 1972, 166.

[6368] BVerwG BRS 68 Nr. 212 (1993-2007).

[6369] Dazu und zur Anfechtung wegen Nichtbeachtung der Einigung OLG Karlsruhe NVwZ 1995, 934.

[6370] BVerwG DVBl. 1962, 600; BGH NJW 1967, 1324, wonach es zu den Aufgaben der Einigung gehört, solche Zweifel in beiderseitigem Einvernehmen zu bereinigen.

Zivilrecht.[6371] Wenn derartige privatrechtliche Einigungen die Voraussetzungen des § 110 BauGB, insbesondere auch hinsichtlich der Enteignungsvoraussetzungen erfüllen, können sie in das Enteignungsverfahren eingebracht und mit dem Inhalt nach § 113 II BauGB in der mündlichen Verhandlung oder in einem zu diesem Zweck angesetzten Erörterungstermin vor der Enteignungsbehörde nach § 110 II BauGB beurkundet und damit in eine öffentlich-rechtliche Einigung umgewandelt werden. Verweigert die Enteignungsbehörde die Beurkundung, weil die dazu erforderlichen Voraussetzungen nicht vorliegen, so bedarf es für die beabsichtigte Übertragung oder Belastung dinglicher Rechte einer **Beurkundung** nach § 313 BGB.[6372] Haben sich die Beteiligten außerhalb des Enteignungsverfahrens nur über die Übertragung des Grundeigentums geeinigt, so kann hinsichtlich der Höhe der Entschädigung ein gesondertes **Entschädigungsfeststellungsverfahren** statthaft bleiben.[6373] Anders als die öffentlich-rechtliche Einigung kann die privatrechtliche Einigung kein vollstreckbarer Titel iSv § 122 BauGB sein. Wird außerhalb eines Enteignungsverfahrens ein Vertrag geschlossen, um damit einer Enteignung zuvorzukommen, hat dies nur privatrechtliche Wirkungen; ein öffentlich-rechtlicher Rückenteignungsanspruch ist dann ebenfalls ausgeschlossen.[6374]

2961 **c) Form.** Liegt eine rechtsgültige Einigung vor, so hat die Enteignungsbehörde darüber eine **Niederschrift** aufzunehmen. Die Niederschrift muss den Erfordernissen entsprechen, die in § 113 II BauGB für einen stattgebenden Enteignungsbeschluss bestimmt sind.[6375] Die Beteiligten müssen die Niederschrift unterschreiben (§ 110 Abs. 2 Satz 3 BauGB). Dies gilt auch für die im gerichtlichen Verfahren nach § 231 BauGB getroffene Einigung.[6376] Gleichzeitige Anwesenheit aller Beteiligten bei der Unterschrift ist nicht erforderlich. Den Beteiligten kann die Enteignungsbehörde eine angemessene Frist setzen, binnen derer die Niederschrift zu unterschreiben ist. Nach ergebnislosem Ablauf der Frist würde dann das Enteignungsverfahren fortgesetzt werden. Gleichermaßen kann ein Beteiligter, der die Niederschrift bereits unterschrieben hat, den anderen Beteiligten für Ihre Unterzeichnung eine Frist setzen, nach deren fruchtlosem Ablauf er sich nicht mehr an die Einigung gebunden hält.[6377]

2962 **d) Rechtswirkung der Einigung.** Die beurkundete Einigung steht einem nicht mehr anfechtbaren Enteignungsbeschluss gleich (§ 110 III 1 BauGB). Durch die Einigung wird jedoch die gewollte Rechtsänderung nicht unmittelbar bewirkt. Erforderlich ist vielmehr noch die **Ausführungsanordnung**, die erst ergehen darf, wenn der durch die Enteignung Begünstigte die Geldentschädigung gezahlt oder zulässigerweise unter Verzicht auf das Recht der Rücknahme hinterlegt hat. Wenn im Grundbuch die Anordnung der Zwangsversteigerung oder Zwangsverwaltung eingetragen ist, muss die Enteignungsbehörde dem Vollstreckungsgericht von der Einigung Kenntnis geben (§ 110 III 2 BauGB). Aus der Niederschrift über die Einigung findet wegen der in der Niederschrift bezeichneten Leistungen die Zwangsvollstreckung nach den Vorschriften der ZPO über die Vollstreckung von Urteilen statt (§ 122 BauGB).

2963 **e) Teileinigung.** Mit der Einigung nach § 110 BauGB wird der Enteignungsantrag insgesamt erledigt, also sowohl ein Einvernehmen über den Übergang oder die Belastung des Eigentums an dem zu enteignenden Grundstück als auch über die Höhe der Entschädigung hergestellt. Demgegenüber bedeutet die Teileinigung nach § 111 BauGB, dass sich die Beteiligten nur dem Grunde nach, dh über den Übergang oder die Belastung des Eigentums an dem von der Enteignung betroffenen Grundstück geeinigt haben, während sie die Höhe der Entschädigung offengelassen haben. Auch im Falle der Teileinigung gelten gem. § 111 S. 1 BauGB die **Formerfordernisse** hinsichtlich der Niederschrift über die Einigung.[6378] Soweit der Enteignungsbegünstigte und der Entschädigungsberechtigte eine Teileinigung getroffen haben, ist

---

6371 BGHZ 84, 1; BGHZ 95, 1; BGHZ 100, 329; kritisch dazu Gassner Der freihändige Grunderwerb der öffentlichen Hand, S. 83; Krebs DÖV 1989, 969.

6372 BGH DVBl. 1983, 1150.

6373 BGH NJW 1986, 933.

6374 VGH München Urt. v. 11.9.2007 – 4 C 07.589, juris, Rn. 5; OVG Münster Urt. v. 2.4.2009 – 11 E 469/08, juris, Rn. 16.

6375 Wünschmann in BeckOK BauGB. 2022, § 110 Rn. 19.1; VGH München BayVBl. 2010, 624.

6376 BGH NJW 2003, 757.

6377 Wünschmann in BeckOK BauGB, 2022, § 110 Rn. 23.1.

6378 Nach Wünschmann in BeckOK BauGB, 2022, § 111 Rn. 1.1 ist § 111 BauGB auch für die Entschädigung durch Ersatzland einschlägig.

eine Entscheidung der Enteignungsbehörde unzulässig. Die Enteignungsbehörde ist nicht mehr befugt, von der Einigung abzuweichen. Sie ist, soweit die Einigung reicht, in ihrer Entscheidung an die Einigung gebunden und kann sie, um ihr zur praktischen Wirksamkeit zu verhelfen, nur noch in ihre Entscheidung aufnehmen.[6379] Gem. § 111 S. 2 BauGB hat die Enteignungsbehörde anzuordnen, dass dem Berechtigten eine **Vorauszahlung** in Höhe der zu erwartenden Entschädigung zu leisten ist, soweit sich aus der Einigung nichts anderes ergibt. Auch für die beurkundete Teileinigung gilt, dass sie einem nicht mehr anfechtbaren Enteignungsbeschluss gleichsteht. Die Verpflichtung der Enteignungsbehörde, eine Vorauszahlung anzuordnen, trägt § 111 S. 3 iVm § 110 III BauGB Rechnung, wonach eine Ausführungsanordnung bereits ergehen kann. Soweit sich die Beteiligten in der Teileinigung nicht geeinigt haben, wird das Enteignungsverfahren gem. § 111 S. 3 BauGB fortgesetzt. § 111 BauGB schließt Teileinigungen außerhalb des Enteignungsverfahrens nicht aus.[6380]

10. Entscheidung der Enteignungsbehörde

Kommt eine Einigung zwischen den Beteiligten nicht zustande, entscheidet die Enteignungsbehörde aufgrund der mündlichen Verhandlung durch Beschluss über den Enteignungsantrag, die übrigen gestellten Anträge sowie über die erhobenen Einwendungen (§ 112 I BauGB). Soweit bestimmt ist, dass aufgrund der mündlichen Verhandlung der Beschluss über den Enteignungsantrag ergeht, heißt das nicht, dass nur über die Anträge und Einwendungen entschieden wird, die in der mündlichen Verhandlung vorgebracht worden sind. Dies ergibt sich aus dem im Verwaltungsverfahren geltenden **Untersuchungsgrundsatz**. Die Entscheidung kann aber nur auf Tatsachen und Beweisergebnisse gestützt werden, zu denen die Beteiligten sich in der mündlichen Verhandlung äußern konnten. Hat eine mündliche Verhandlung stattgefunden und ist eine Einigung nicht erzielt worden, dann muss über den Enteignungsantrag und über die übrigen gestellten Anträge entschieden werden. 2964

Zu diesen übrigen Anträgen zählen etwa Anträge nach § 92 II-IV BauGB **(Ausdehnung der Enteignung auf Verlangen des Eigentümers),** § 97 II 3 BauGB (**Begründung von Rechten für Versorgungsunternehmen**), § 99 I 2 BauGB **(Entschädigung in wiederkehrenden Leistungen**), § 100 BauGB **(Entschädigung in Ersatzland**), § 101 I 1 BauGB (**Entschädigung durch Gewährung anderer Rechte**) und § 115 I 1 BauGB **(vorübergehendes Hindernis).** Der entsprechende Beschluss kann entweder dem Enteignungsantrag und den sonstigen Anträgen ganz oder teilweise stattgeben oder sie ablehnen. Daneben kann das Verfahren auch durch Zurücknahme des Antrages beendet werden (§ 121 BauGB). Die Entscheidung über die Kosten ist dann ein Verwaltungsakt iSd § 217 BauGB.[6381] 2965

a) Vorabentscheidung über Rechtsänderungen. Auf Antrag eines Beteiligten hat die Enteignungsbehörde vorab über den Übergang oder die Belastung des Eigentums an dem zu enteignenden Grundstück oder über sonstige durch die Enteignung zu bewirkende Rechtsänderungen zu entscheiden. Die Enteignungsbehörde kann einen solchen Antrag eines Beteiligten anregen. Antragsberechtigt ist jeder Beteiligte eines Enteignungsverfahrens, insbesondere natürlich der Enteignungsbegünstigte. Bei anderen Beteiligten stellt sich die Frage, ob sie für einen entsprechenden Antrag ein hinreichendes Rechtsschutzbedürfnis darlegen können. Wird ein Antrag nach § 112 II BauGB gestellt, muss die Enteignungsbehörde vorab entscheiden, soweit dies nach dem Stand des Verfahrens möglich ist. Ihr steht insoweit kein Ermessen zu. Im Falle einer Vorabentscheidung hat die Enteignungsbehörde anzuordnen, dass dem Berechtigten eine Vorauszahlung in Höhe der zu erwartenden Entschädigung zu leisten ist (§ 112 II BauGB). Damit ist der Enteignungsbehörde aus Gründen der Verfahrensbeschleunigung die Möglichkeit eingeräumt, das Enteignungsverfahren hinsichtlich des Grundes der Enteignung und der Höhe der Entschädigung zu trennen. Die Vorabentscheidung über den Grund der Enteignung kann von dem Eigentümer angefochten werden, wenn die auf die Entschädigung zu leistende Vorauszahlung offensichtlich fehlerhaft festgesetzt ist.[6382] Die Enteignungsbehörde ist an die Höhe einer im Verfahren nach § 112 II BauGB angeordneten Vorauszahlung im späteren Entschädigungsfeststellungsverfahren nicht gebunden.[6383] Da nach Art. 14 III 2 GG 2966

6379 OLG SA NVwZ-RR 2011, 4 = juris Rn. 85.
6380 Battis in BKL, BauGB, 2022, § 111 Rn. 1; BGH NJW 1993, 457.
6381 BGH DVBl. 1974, 130.
6382 BGH BRS 45 Nr. 115; BRS 45 Nr. 223.
6383 BGH NVwZ 2005, 240.

eine Enteignung nur zulässig ist, wenn auch Art und Ausmaß der Entschädigung geregelt sind, könnten verfassungsrechtliche Zweifel bestehen, wenn bereits vorab über den Übergang oder die Belastung des Eigentums entschieden wird ohne bereits abschließend über die Enteignungsentschädigung zu befinden. Nach allgemeiner Ansicht sind solche Bedenken jedoch unbegründet, weil Art. 14 III 2 GG nicht voraussetzt, dass die Entschädigung zeitgleich festgesetzt wird, sondern nur, dass Art und Ausmaß der Entschädigung in dem jeweils anzuwendenden Enteignungsgesetz hinreichend bestimmt sind.[6384]

2967 **b) Materieller Inhalt stattgebender Entscheidungen**. Grundsätzlich erwirbt der Enteignungsbegünstigte durch die Enteignung originäres, lastenfreies Eigentum.[6385] Anderenfalls müssen im Enteignungsbeschluss ausdrücklich die Rechte bezeichnet werden, die aufrechterhalten bleiben. Dies ist in § 112 III BauGB als Verpflichtung der Enteignungsbehörde geregelt. Die Vorabentscheidung nach § 112 II BauGB kann gem. § 217 BauGB **angefochten** werden. Allerdings sollen hinsichtlich der Höhe der Vorauszahlung mit Rücksicht auf den vorläufigen Charakter nur offensichtliche Fehlentscheidungen, nicht aber Einzelheiten der Entschädigung gerügt werden können.[6386]

2968 **c) Enteignungsbeschluss**. Soweit es nicht zu einer Einigung kommt, entscheidet die Enteignungsbehörde aufgrund der mündlichen Verhandlung durch Beschluss über den Enteignungsantrag, die übrigen gestellten Anträge sowie die erhobenen Einwendungen (§ 112 I BauGB). Die verfahrensrechtlichen Anforderungen, denen ein Enteignungsbeschluss genügen muss, sind in § 113 BauGB geregelt. Die formellen Anforderungen des § 113 I BauGB gelten sowohl für die stattgebenden als auch für die ablehnenden Beschlüsse. Gem. § 113 I 1 BauGB ist der Beschluss der Enteignungsbehörde den Beteiligten zuzustellen. Der Beschluss ist mit einer Belehrung über Zulässigkeit, Form und Frist des Antrages auf gerichtliche Entscheidung (§ 217 BauGB) zu versehen. Zu Bestimmung des **Streitwerts** in einem Verfahren gegen einen Enteignungsbeschluss ist das wirtschaftliche Interesse des Grundeigentümers abzustellen. Wendet er sich gegen die Enteignung als solche, ist der amtlich ermittelte Verkehrswert des Grundstücks zugrunde zu legen.[6387] Auch ein beteiligter Wohnungseigentümer ist aufgrund seines Miteigentumsanteils am gemeinschaftlichen Grundstückseigentum antragsbefugt, einen Enteignungsbeschluss anzufechten. Er kann sich gegen den Entzug des Miteigentums an dem gemeinschaftlichen Grundstückseigentum wenden, ohne von den anderen Miteigentümern dazu ermächtigt zu sein.[6388] Aus § 39 I VwVfG ergibt sich, dass der Enteignungsbeschluss der Enteignungsbehörde auch zu begründen ist. Die Enteignungsbehörde ist befugt, einen angefochtenen Enteignungsbeschluss zurückzunehmen.[6389] Für den stattgebenden Enteignungsbeschluss bestimmt § 113 II BauGB die genauen Anforderungen an den Inhalt der Entscheidung. Ua muss der Beschluss die Betroffenen und sonstigen Beteiligten, den Enteignungszweck und den Gegenstand der Enteignung bezeichnen. § 113 II Nr. 4a BauGB erlaubt es, einen zu enteignenden Grundstücksteil durch Bezugnahme auf Vermessungsrisse oder -karten zu bezeichnen. Der Inhalt des Enteignungsbeschlusses kann außerdem ergänzt werden durch die Gewährung anderer Rechte iSv § 115 BauGB und durch die Festsetzung der Besitzeinweisungsentschädigung nach § 116 IV 2 BauGB sowie durch einen Nachtragsbeschluss über eine vorbehaltene zusätzliche Entschädigung von Nebenschäden.[6390] In den Fällen der Teileinigung oder der Vorabentscheidung muss der Enteignungsbeschluss gem. § 113 III BauGB nur über die Punkte eine Aussage treffen, über die im Falle der Teileinigung keine Einigung erzielt oder im Falle der Vorabentscheidung noch nicht entschieden worden ist.

2969 **d) Verwendungsfrist**. Gem. § 113 II Nr. 3 BauGB muss der Enteignungsbeschluss außer dem Enteignungszweck auch die Frist bestimmen, innerhalb derer das Grundstück zu dem vorgesehenen Zweck zu verwenden ist. Mit der Bestimmung einer Verwendungsfrist wird dem verfassungsrechtlichen Grundsatz der Erforderlichkeit in zeitlicher Hinsicht Rechnung getra-

---

6384 Scheidler BauR 2012, 1738.

6385 Zum Umfang stattgebender Enteignungsentscheidungen Wünschmann in BeckOK BauGB, 2022, § 112 Rn. 12.

6386 BGHZ 77, 338 (346); Dyong/Groß in EZBK, BauGB, 2018. § 112 Rn. 5e; zweifelnd BGH DVBl. 1983, 1147 (1149); kritisch auch Lässig DVBl. 1981, 483 (484 ff.).

6387 VGH München Urt. v. 30.01.2012 – 22 C 11.2830, juris Rn. 10.

6388 OLG Brandenburg Urt. v. 19.6.2015 – 11 Bauland U 1/13, juris Rn. 32.

6389 OLG Koblenz NJW 1983, 2036.

6390 BGH BRS 34 Nr. 84.

gen,[6391] wonach der zeitliche Abstand zwischen Enteignung und nachfolgendem Beginn der Ausführung des Unternehmens nicht unangemessen groß sein darf. Da der zulässige räumliche und zeitliche Umfang der Enteignung sich aus den Planunterlagen ergibt,[6392] muss der Grundsatz der Verhältnismäßigkeit auch insoweit bereits im Planfeststellungsverfahren geprüft werden.[6393] Die Frist beginnt gem. § 114 I BauGB mit dem Eintritt der Rechtsänderung, dh mit dem in der Ausführungsanordnung festgesetzten Tag (vgl. § 117 V BauGB). Kommt der Enteignungsbegünstigte innerhalb der Frist dem Verwendungsgebot nicht nach, so hat der frühere Eigentümer einen **Rückenteignungsanspruch** nach § 102 I Nr. 1 BauGB. Umgekehrt besteht allerdings gegenüber dem Enteigneten kein Anspruch auf Rücknahme der Enteignungsgegenstände, wenn der Verwendungszweck nicht verwirklicht wird.

Die Enteignungsbehörde muss den Fristbeginn nach § 113 II Nr. 3 BauGB nicht durch die 2970
Angabe eines bestimmten Datums bezeichnen.[6394] Die Enteignungsbehörde kann die Verwendungsfrist vor ihrem Ablauf auf Antrag verlängern, wenn der Enteignungsbegünstigte nachweist, dass er den Enteignungszweck ohne Verschulden innerhalb der festgesetzten Frist nicht erfüllen kann, oder vor Ablauf der Frist eine Gesamtrechtsnachfolge eintritt und der Rechtsnachfolger nachweist, dass er den Enteignungszweck innerhalb der festgesetzten Frist nicht erfüllen kann. Der enteignete frühere Eigentümer ist jedoch vor der Entscheidung über die Verlängerung zu hören (vgl. § 114 II BauGB). Er kann die **Fristverlängerung** als einen ihn belastenden Verwaltungsakt mit dem Antrag auf gerichtliche Entscheidung anfechten (§ 217 BauGB). Begründet ist sein Anfechtungsantrag allerdings nur, wenn die Voraussetzungen für die Verlängerung der Verwendungsfrist nicht gegeben sind. Der Enteignete kann also nicht mit neuen Einwendungen gegen die Enteignung selbst vorgehen. Lehnt die Enteignungsbehörde den Antrag auf Fristverlängerung ab, so kann dagegen der Antragsteller das Anfechtungsverfahren beschreiten. Dabei hat die Anfechtung der ablehnenden Entscheidung keine aufschiebende, zur vorläufigen Fristverlängerung führende Wirkung.[6395] Die vorläufige Fristverlängerung kann deshalb nur im Wege einer einstweiligen Verfügung erstritten werden.

11. Verfahren bei der Entschädigung durch Gewährung anderer Rechte

Gem. § 101 I BauGB kann der Eigentümer eines zu enteignenden Grundstückes auf seinen 2971
Antrag hin, wenn dies unter Abwägung der Belange der Beteiligten billig ist, ganz oder teilweise entschädigt werden durch Bestellung oder Übertragung von Miteigentum an einem Grundstück, grundstücksgleichen Rechten, Rechten nach dem Wohnungseigentumsgesetz, sonstigen dinglichen Rechten an dem zu enteignenden Grundstück oder an einem anderen Grundstück, dessen Enteignungsbegünstigten oder durch Übertragung von Eigentum an einem bebauten Grundstück des Enteignungsbegünstigten oder durch Übertragung von Eigentum an einem Grundstück des Enteignungsbegünstigten, das mit einem Eigenheim oder einer Kleinsiedlung bebaut werden soll. Diese Bestimmung soll durch § 115 BauGB verfahrensmäßig für den Fall erleichtert werden, dass die Bestellung, Übertragung oder Bewertung der genannten Rechte im Zeitpunkt des Erlasses des Enteignungsbeschlusses nicht möglich ist. In diesem Fall kann die Enteignungsbehörde auf Antrag des Eigentümers des enteignenden Grundstückes dem Enteignungsbeschluss neben der Festsetzung der Entschädigung in Geld dem Enteignungsbegünstigten aufgeben, binnen einer bestimmten Frist dem von der Enteignung Betroffenen ein Recht der bezeichneten Art zu angemessenen Bedingungen anzubieten. Führt das Angebot zur Einigung zwischen den Beteiligten, dann erwirbt der Enteignungsbetroffene das Recht nach den einschlägigen zivilrechtlichen Vorschriften. Antragsbefugt ist nur der Eigentümer, dem das Grundstück durch Enteignung entzogen werden soll. Der Antrag kann formfrei bis zum Schluss der letzten mündlichen Verhandlung vor der Enteignungsbehörde gestellt werden (§ 101 II BauGB). In dem Antrag sollen das Recht und das Grundstück, an dem es bestehen soll, genau bezeichnet werden. Bietet der Enteignungsbegünstigte innerhalb der bestimmten Frist ein Recht der bezeichneten Art nicht an oder einigt er sich mit dem von der

[6391] Battis, in BKL, BauGB, 2022 Battis/Krautzberger/Löhr, BauGB, § 114 BauGB Rn. 1; BGHZ 68, 101; NJW 1976, 1266.

[6392] Scheidler BauR 2010, 42 (43) schlägt insoweit vor, zur Präzisierung einen Plan mit einem Maßstab 1:1000 zu verwenden und dort die vorzunehmenden Änderungen einzuzeichnen.

[6393] BVerwG DVBl. 1975, 713.

[6394] BGH NVwZ 1986, 506.

[6395] Battis in BKL, BauGB, 2022, § 114 BauGB Rn. 8.

Enteignung Betroffenen nicht, so wird ihm ein solches Recht auf Antrag zugunsten des von der Enteignung Betroffenen durch Enteignung entzogen. Die Enteignungsbehörde setzt den Inhalt des Rechts fest, soweit dessen Inhalt durch Vereinbarung bestimmt werden kann. Es handelt sich dabei um ein sog. Nachverfahren, auf das die allgemeinen Verfahrens- und Entschädigungsvorschriften entsprechend anzuwenden sind.

12. Vorzeitige Besitzeinweisung

2972 Obwohl die Enteignungsbehörde durch den Gesetzgeber auf die Verfahrensbeschleunigung des Enteignungsverfahrens verpflichtet wird, kann es wegen der notwendigen Bemühungen um den freihändigen Erwerb und wegen der dem Enteignungsverfahren häufig folgenden gerichtlichen Streitigkeiten Jahre dauern bis der Enteignungsbeschluss unanfechtbar geworden ist und der Begünstigte Besitz und Eigentum erhält. Die vorzeitige Besitzeinweisung soll es deshalb ermöglichen, dass im Interesse der Allgemeinheit mit der Ausführung des Vorhabens begonnen werden kann. Eine Besitzeinweisung kommt nicht nur hinsichtlich des unmittelbar durch die Enteignungsmaßnahme betroffenen Grundstücks, sondern auch in einem so genannten **Arbeitsstreifen** in Betracht, der nur vorübergehend gebraucht wird, um das Vorhaben zu realisieren, für das die Enteignung notwendig ist. Die vorzeitige Besitzeinweisung ist ein spezielles enteignungsrechtliches Institut, das nicht nur im BauGB, sondern auch in den Landesenteignungsgesetzen und in zahlreichen weiteren Gesetzen (etwa § 18f FStrG, § 44b EnWG) vorgesehen ist.[6396]

2973 Die vorzeitige Besitzeinweisung übernimmt Funktionen der bei anderen Verwaltungsakten möglichen sofortigen Vollziehung,[6397] wobei allerdings die vorzeitige Besitzeinweisung weder einen bereits vollstreckbaren Verwaltungsakt voraussetzt, noch dessen Rechtsfolgen vorläufig vollzieht.[6398] Das Verfahren auf vorzeitige Besitzeinweisung ist als selbstständiges und förmliches Verwaltungsverfahren nach dem VwVfG ausgestaltet.[6399] Die Entscheidung über die vorzeitige Besitzeinweisung erfolgt auf Antrag desjenigen, der das Enteignungsverfahren eingeleitet hat und in den Besitz eingewiesen werden will. Der Antrag auf vorläufige Besitzeinweisung kann gleichzeitig mit dem Antrag auf Enteignung gestellt werden.[6400] Umstritten ist, ob die Entscheidung über den Antrag auf vorzeitige Besitzeinweisung die vorherige förmliche Einleitung des Enteignungsverfahrens voraussetzt. Die systematische Stellung des § 116 BauGB im BauGB spricht dafür, dass es sich bei der vorzeitigen Besitzeinweisung um ein spezielles Instrument des Enteignungsrechts handelt, so dass als frühester Zeitpunkt für die Entscheidung über den Antrag der Zeitpunkt in Betracht kommt, in dem auch das Enteignungsverfahren durch Anberaumung eines Termins zur mündlichen Verhandlung förmlich eingeleitet wird.[6401] Hinzu kommt, dass nach § 116 I 1 BauGB der Antragsteller in den Besitz des von dem Enteignungsverfahren betroffenen Grundstücks eingewiesen werden kann. Der Wortlaut der Vorschrift setzt insoweit ein bereits eingeleitetes Enteignungsverfahren vo-

[6396] Dazu ausführlich Riedel RdE 2008, 81 ff.; Scheidler GewArch 2010, 97 ff.; zur Verfassungsmäßigkeit der vorzeitigen Besitzeinweisung nach § 8 I Nr. LNGG iVm § 44 b Ia EnWG BVerwG Urt. v. 26.10.2023 – 7 A 2/23, juris Rn. 28: „Bei der vor-vorzeitigen Besitzeinweisung gemäß § 8 I Nr. 3 LNGG iVm § 44b Ia EnWG werden die Eigentumsrechte der betroffenen Grundstückseigentümer dadurch hinreichend gewahrt, dass sie im Rahmen des Planfeststellungsverfahrens geprüft werden und die Besitzeinweisung in ihrer Wirksamkeit von der Vollziehbarkeit des Planfeststellungsbeschlusses abhängig ist."

[6397] Battis in BKL, BauGB, 2022, § 116 Rn. 1.

[6398] Zur Verfassungsmäßigkeit der vorzeitigen Besitzeinweisung BayVerfGH NVwZ 1985, 106.

[6399] OVG Berlin-Brandenburg Urt. v. 27.3.2015 – OVG 11 S 14/15, juris Rn. 12.

[6400] Dyong/Groß in EZBK, BauGB, 2018, § 116 Rn. 3; Battis in BKL, BauGB, 2022, § 116 Rn. 3; LG Darmstadt NVwZ 2000, 116; für die vorzeitige Besitzeinweisung nach den Straßengesetzen ist die Einleitung des Enteignungsverfahrens nicht erforderlich, vgl. dazu Baron DVP 2003, 348 (350).

[6401] Vgl. Holtbrügge in Berliner Kommentar zum BauGB, § 116 Rn. 4; Nach anderer Ansicht soll die vorzeitige Besitzeinweisung auch vorher bereits zulässig sein, da die gem. § 116 I 2 BauGB erforderliche mündliche Verhandlung die Berücksichtigung der Rechte des betroffenen Eigentümers oder Nutzungsberechtigten in ausreichender Weise sicherstellen, vgl. Battis in BKL, BauGB, § 116 Rn. 3, LG Darmstadt NVwZ 2000, 116, bzw. das Grundstück bereits mit dem Antrag betroffen iSv § 116 I 1 BauGB ist, vgl. Petz in BeckOK BauGB, Werkstand 2024, § 116 Rn. 9.1. Ebenfalls für ein isoliertes Verfahren zur vorzeitigen Besitzeinweisung, Scheidler DÖV 2012, 274, 275; ders. LKV 2009, 97 (98); entgegen dem letztgenannten OVG Magdeburg v. 9.12.2010 – 2 U 60/10 (Baul), juris, Rn. 31: «Die vorzeitige Besitzeinweisung ist Teil des Enteignungsverfahrens».

raus. Umstritten ist auch, ob die vorzeitige Besitzeinweisung noch nach Erlass des Enteignungsbeschlusses von der Enteignungsbehörde ausgesprochen werden kann. Nach überwiegender Auffassung kann eine vorzeitige Besitzeinweisung bis zu dem Zeitpunkt, zu dem die Enteignung durch die rechtskräftige Ausführungsanordnung gem. § 117 BauGB durchgeführt ist, erfolgen.[6402] Bei der Entscheidung über die vorzeitige Besitzeinweisung steht der Behörde **kein Ermessen** zu.[6403]

a) Voraussetzungen der vorzeitigen Besitzeinweisung. Formell bedarf es für die vorzeitige Besitzeinweisung, wie für Verwaltungsakte allgemein, einer hinreichenden Bestimmtheit nach § 37 VwVfG. Dies erfordert im Falle einer vorzeitigen Besitzeinweisung, dass der Gegenstand der Besitzeinweisung – die betroffenen Grundstücksflächen – genügend klar und präzise bezeichnet wird. Den gerade im Enteignungsrecht hohen Anforderungen an die **Rechtsklarheit** und **Rechtssicherheit** genügt es nicht, wenn etwa die betroffene Teilfläche eines Grundstücks allein durch eine kaum erkennbar und nachvollziehbar gestrichelte Linie in dem zum Bestandteil des Besitzeinweisungsbeschlusses gemachten Lageplan dargestellt wird.[6404] Nicht zu prüfen ist im Besitzeinweisungsverfahren die Rechtmäßigkeit der zugrundeliegenden unanfechtbare oder sofort vollziehbare Planfeststellung.[6405] 2974

Grundvoraussetzung für eine vorzeitige Besitzeinweisung ist es, dass ein vollziehbarer Zulassungsbescheid vorliegt. Materiell-rechtlich darf die vorzeitige Besitzeinweisung nur erfolgen, wenn die sofortige Ausführung der beabsichtigten Maßnahme aus Gründen des Wohls der Allgemeinheit **dringend** geboten ist. Voraussetzung für eine vorzeitige Besitzeinweisung ist, dass der Vorhabenträger die Dringlichkeit der Vorhabenrealisierung schlüssig darlegt und dabei nachweist, dass nach der Besitzeinweisung die Inanspruchnahme der Fläche in unmittelbarer oder naher Zukunft bevorsteht.[6406] Es muss ein qualifiziertes öffentliches Interesse der Allgemeinheit vorliegen, das über das Allgemeinwohlinteresse an der Enteignung hinausgeht. Ohne die vorzeitige Besitzeinweisung muss der Allgemeinheit ein wesentlicher Vorteil entgehen oder ein nicht unerheblicher Nachteil entstehen.[6407] Zeitlich gesehen ist ein gesteigertes öffentliches Interesse erforderlich, das gerade durch die vorzeitige Besitzeinweisung gewahrt werden kann und muss. Die Dringlichkeit einer vorzeitigen Besitzeinweisung zur Realisierung von planfestgestellten Maßnahmen ergibt sich nicht ohne Weiteres direkt oder indiziell aus dem Planfeststellungsbeschluss, sondern erfordert eine wertende Entscheidung, ob die Durchführung der Maßnahme bereits vor Beendigung des Enteignungsverfahrens erforderlich ist.[6408] Das Merkmal der Dringlichkeit verlangt allerdings nicht, dass das Vorhaben sinnvoll schlechterdings ausschließlich sofort verwirklicht werden kann, noch dass der Vorhabenträger unter Ausschöpfung aller ihm soeben noch zuzumutenden technischen, finanziellen und sonstigen Anstrengungen ein Scheitern des Vorhabens auch bei einer Verweisung auf das reguläre Enteignungsverfahren abwenden kann.[6409] 2975

An dem dringlichen Gebotensein der sofortigen Ausführung der beabsichtigten Maßnahme aus Gründen des Wohls der Allgemeinheit fehlt es nicht deshalb, weil zum Zeitpunkt des Erlasses des Besitzeinweisungsbeschlusses von der Beigeladenen noch Trassierungsverhandlungen bei benachbarten Grundstücken geführt wurden. Wie der VGH München zutreffend ausgeführt hat, kann die Dringlichkeit des Zugriffs gerade bei großräumigen Projekten nicht kleinräumig oder nach einzelnen Gemarkungen bewertet werden. Insbesondere liegt sie nicht erst dann vor, wenn das betreffende Grundstück gleichsam als allerletztes Grundstück der Verwirklichung des 2976

[6402] Battis in BKL, BauGB, 2022, § 116 BauGB Rn. 3.

[6403] VGH München Beschl. v. 14.12.2012 – 8 AS 12.40066, juris Rn. 17; OVG Münster Beschl. v. 22.02.2012 – 11 B 1390/11, juris Rn. 10.

[6404] VG Augsburg Urt. v. 19.2.2013 –Au 3 K 12.961, juris Rn. 30.

[6405] VGH München Beschl. v. 30.01.2020 – 8 CS 19.1145, juris Rn. 10.

[6406] OVG Berlin-Brandenburg Urt. v. 29.10.2020 – OVG 11 A 6.18, juris Rn. 37.

[6407] OVG Münster Beschl. v. 24.1.2008 – 20 B 1782/07, juris, Rn. 21; VGH Mannheim NVwZ-RR 2011, 143; BVerwG DÖV 1957, 185; VGH München BayVBl. 1983, 308 f.; Wienke BayVBl. 1983, 297 (295); zur vorzeitigen Besitzeinweisung im Zusammenhang mit der Entwicklungsmaßnahme Hauptstadt Berlin KG NJW 1998, 3064; zur vorzeitigen Besitzeinweisung für naturschutzrechtliche Kompensationsmaßnahmen s. OLG Celle NuR 1999, 476; zur vorzeitigen Besitzeinweisung bei Straßenvorhaben nach dem Verkehrswegeplanungsbeschleunigungsgesetz BVerwG NuR 1999, 454.

[6408] OLG Naumburg Urt. v. 7.6.2012 – 2 U 138/11 (Baul), juris R. 57.

[6409] OVG Münster Urt. v. 24.1.2008 – 20 B 1782/07, juris, Rn. 23; siehe auch Scheidler DÖV 2012, 274, 279 zur vorzeitigen Besitzeinweisung nach § 44 b EnWG.

Projekts entgegensteht.[6410] Die Voraussetzungen für die vorzeitige Besitzeinweisung können nicht vorliegen, wenn lediglich eine Einzelperson durch sie Vorteile erhält. Denkbar ist eine vorzeitige Besitzeinweisung wegen des dringenden öffentlichen Interesses vor allem bei Maßnahmen der öffentlichen Infrastruktur, bei der Errichtung von Krankenhäusern oder bei Engpässen in der öffentlichen Versorgung mit Energie.[6411] Das Gebotensein des sofortigen Baubeginns setzt unter anderem voraus, dass notwendige Vorarbeiten und Bauarbeiten auf dem betroffenen Grundstück nach dem Bauablaufplan des Vorhabenträgers unmittelbar bevorstehen und keine erheblichen Hindernisse – wie eine fehlende Bereitstellung von Haushaltsmitteln – für deren Realisierung vorliegen. Zu den erforderlichen Vorarbeiten gehören dabei auch die notwendigen Entscheidungen über die Vergabe der Baumaßnahme, weil die Ausschreibung und Vergabe von Aufträgen anderenfalls ein unkalkulierbares Risiko für den Vorhabenträger wären.[6412]

2977 Die sofortige Ausführung der Maßnahme ist dringend geboten, wenn sie bei **Abwägung der Belange der Allgemeinheit und des Betroffenen** unumgänglich ist, um von der Allgemeinheit wesentliche Nachteile abzuwenden oder um ihr wesentliche Vorteile zu erhalten, die bei Ausführung zu einem späteren Zeitpunkt verloren gingen. Die Interessen der Allgemeinheit müssen dabei die Interessen der Betroffenen ganz erheblich überwiegen.[6413] Wesentliche Nachteile können zB auch ein empfindlicher Zeitverlust und erhebliche Mehrkosten sein.[6414] Die vorzeitige Besitzeinweisung setzt außerdem voraus, dass mit **hoher Wahrscheinlichkeit** zu erwarten ist, dass dem **Enteignungsantrag entsprochen** wird.[6415] Daraus folgt, dass die Enteignungsbehörde, wenn ihr der Enteignungsantrag nach einer ersten Überprüfung als unzulässig oder unbegründet erscheint, einen Besitzeinweisungsbeschluss nicht erlassen darf.[6416] Die Enteignungsbehörde hat deshalb vor einer vorzeitigen Besitzeinweisung zu prüfen, ob sämtliche Voraussetzungen für die beabsichtigte Enteignung erfüllt sind, insbesondere, ob ernsthafte Verhandlungen über den freihändigen Erwerb geführt wurden.[6417] Allerdings müssen nicht die Voraussetzungen des Enteignungsverfahrens vorliegen.

2978 **b) Inhalt des Besitzeinweisungsbeschlusses**. Über den Antrag auf vorzeitige Besitzeinweisung entscheidet die Enteignungsbehörde durch Beschluss, in dem der Zeitpunkt anzugeben ist, zu dem die Besitzeinweisung wirksam werden soll. Außerdem sind der Antragsteller, der von der Besitzeinweisung betroffene Eigentümer und der unmittelbare Besitzer sowie das betroffene Grundstück zu bezeichnen. Hingewiesen werden muss auf die Rechtswirkungen der Besitzeinweisung. Die Enteignungsbehörde kann die vorzeitige Besitzeinweisung gem. § 116 II BauGB außerdem von der Leistung einer Sicherheit in Höhe der **voraussichtlichen Entschädigung** nach § 113 II Nr. 8 BauGB[6418] und von der vorherigen Erfüllung anderer Bedingungen abhängig machen. Die Enteignungsbehörde muss die vorzeitige Besitzeinweisung von der **Sicherheitsleistung** abhängig machen, wenn dies von dem Inhaber eines Rechts, das zum Besitz oder zur Nutzung des Grundstücks berechtigt, beantragt wird (vgl. § 116 II 2 BauGB). Wird die geforderte Sicherheitsleistung nicht erbracht, hebt die Behörde den Besitzeinweisungsbeschluss wieder auf.

2979 Der Besitzeinweisungsbeschluss muss nach § 211 BauGB schließlich eine **Belehrung** darüber enthalten, dass die Betroffenen binnen eines Monats seit der Zustellung bei der zu bezeichnenden Baulandkammer Antrag auf gerichtliche Entscheidung stellen können und dass dieser Antrag bei der Enteignungsbehörde einzureichen ist. Die Enteignungsbehörde ordnet regelmäßig die sofortige Vollziehung dieses Beschlusses nach § 80 Abs. 2 Nr. 4 VwGO an,[6419] sofern sie sich nicht schon nach § 80 II Nr. 3 VwGO iVm landesrechtlichen Bestimmungen ergibt. Die Anforderungen an die Begründung nach § 80 III 1 VwGO weichen aufgrund der

---

[6410] VGH München Beschl. v. 23.4.2010 – 22 ZB 10.43, juris, Rn. 10.

[6411] Dazu Dyong/Groß in EZBK, BauGB, 2018, § 116 Rn. 4; OLG Koblenz BRS 26 Nr. 51.

[6412] VGH München Beschl. v. 9.3.2020 – 8 AS 19.40041, juris Rn 33.

[6413] OVG Münster Beschl. v. 9.12.2021 – 11 B 1374/21, juris Rn. 12; OVG Schleswig Beschl. v. 23.9.2021 – 4 MB 32/21, juris Rn. 49; Battis in BKL, BauGB, 2022, § 116 BauGB Rn. 4.

[6414] OVG Lüneburg NJW 1965, 554 f.; Kirchberg VBlBW 1990, 161 (168).

[6415] BGHZ 23, 377; BGHZ 43, 168; KG NJW 1998, 3064 (3065).

[6416] OLG Düsseldorf BauR 1972, 169; Labbe BayVBl. 1978, 201.

[6417] VGH München Beschl. v. 5.4.2013 – 8 AS 13.40015, juris Rn. 19; OLG Naumburg Urt. v. 17.4.2002 – 1 U Baul 4/00, juris; OLG Düsseldorf BauR 1972, 169; BGHZ 23, 377; BGHZ 43, 168.

[6418] Wünschmann/Petz, in BeckOK BauGB, 2022, § 116 Rn. 23.1.

[6419] Scheidler BauR 2010, 42 (45).

Nähe zu den materiell-rechtlichen Voraussetzungen nach § 116 BauGB kaum voneinander ab.[6420]

c) Rechtsfolgen der Besitzeinweisung. Durch die Besitzeinweisung wird dem Besitzer der Besitz entzogen und der Eingewiesene Besitzer iSv § 854 BGB.[6421] Der Eingewiesene darf auf dem Grundstück das von ihm im Enteignungsantrag bezeichnete Vorhaben ausführen und die dafür erforderlichen Maßnahmen treffen (§ 116 Abs. 3 BauGB). Durch eine vorzeitige Besitzeinweisung können grundsätzlich nur materiell berechtigte Besitzpositionen entzogen werden, unberechtigte Besitzpositionen hingegen nur dann, wenn sie umfassend prozessual geschützt sind. Eine Kompensation durch die vorzeitige Besitzeinweisung entstehender Vermögensnachteile erfolgt grundsätzlich nur für den Verlust materiell berechtigter Besitzpositionen; für **unberechtigte Besitzpositionen** hingegen nur dann, wenn sie umfassend prozessual geschützt sind.[6422] **2980**

Der Eingewiesene ist ordnungsrechtlich als **Verhaltensstörer** und als **Zustandsstörer** für gefahren, die durch seine Tätigkeit auf dem Grundstück entstehen verantwortlich; eine Störerhaftung der von der vorzeitigen Besitzeinweisung betroffenen Grundstückseigentümer oder Besitzer scheidet hingegen regelmäßig aus.[6423] Anders als der Enteignungsbeschluss bedarf der Besitzeinweisungsbeschluss keiner Ausführungsanordnung nach § 117 I 1 BauGB, sondern wirkt unmittelbar.[6424] Das **Besitzrecht** des vorzeitig Eingewiesenen ist **zweckgebunden** auf die Ausführung des im Enteignungsantrag bezeichneten Vorhabens. Die Besitzeinweisung führt also nicht zu einer unumschränkten Herrschaftsgewalt. Weigert sich der bisherige Besitzer, kann dem Eingewiesenen der Besitz auch mit Mitteln des **Verwaltungszwanges** verschafft werden. Ob die Enteignungsbehörde verpflichtet ist, gegen den Enteignungsbetroffenen Verwaltungszwang anzuwenden, wenn er seiner Verpflichtung aus der Besitzeinweisung nicht nachkommt, ist umstritten. Der Antrag auf gerichtliche Entscheidung gegen eine vorzeitige Besitzeinweisung hat gem. § 224 S. 1 Nr. 3 BauGB keine aufschiebende Wirkung. **2981**

d) Entschädigung. Gem. § 116 IV 1 BauGB hat der Eingewiesene – für den Fall, dass die vorzeitige Besitzeinweisung aufgehoben wird – für die durch die vorzeitige Besitzeinweisung entstehenden Vermögensnachteile Entschädigung zu leisten, soweit die Nachteile nicht bereits durch die Verzinsung der Geldentschädigung nach § 99 III BauGB ausgeglichen werden. Art und Höhe der Entschädigung können im Besitzeinweisungsbeschluss oder im Enteignungsbeschluss festgesetzt werden. Fällig wird die Entschädigung für die vorzeitige Besitzeinweisung in dem Zeitpunkt, der im Besitzeinweisungsbeschluss als Zeitpunkt für den Eintritt der Rechtswirkungen festgesetzt wird.[6425] Nach § 93 IV 1 BauGB ist maßgeblich für die Bemessung der Entschädigung der Zeitpunkt des Eingriffs, dh der Tag, an dem die Behörde über den Enteignungsantrag entscheidet. Bei einem sich über einen längeren Zeitraum hinziehenden Enteignungsverfahren tritt an die Stelle des Enteignungsbeschlusses oder der Besitzeinweisung diejenige Maßnahme, von der ab eine Weiterentwicklung des Objekts, insbesondere der Qualität des Grundstücks verhindert wird, als das Grundstück endgültig von der konjunkturellen Weiterentwicklung ausgeschlossen wird.[6426] **2982**

e) Verfahren und Rechtsschutz. Die vorzeitige Besitzeinweisung erfolgt nur auf **Antrag**. Antragsberechtigt ist, wer einen Enteignungsantrag gestellt hat oder zugleich stellt und in den Besitz des von der Enteignung betroffenen Grundstücks gelangen will, um auf dem Grundstück das im Enteignungsantrag bezeichnete Bauvorhaben auszuführen. Im Rahmen eines sog. **Nebenverfahrens** hat die Enteignungsbehörde zu prüfen, ob der Besitzeinweisungsantrag zulässig und nicht offensichtlich unbegründet ist. Ist dies nicht der Fall, dann hat sie eine mündliche Verhandlung anzuberaumen, zu der der Antragsteller und die durch die Besitzeinweisung **2983**

6420 VGH München BayVBl. 1983, 308 f.; VG München Beschl. v. 29.04.2008 – M 2 S 08.1722, juris, Rn. 28; Scheidler BauR 2010, 42 (45 f.).

6421 Dyong/Groß in EZBK BauGB, 2021, § 116 Rn. 2, 16; Battis in BKL, BauGB, 2022, § 116 BauGB Rn. 7; Scheidler BauR 2010, 42 (45).

6422 OVG Berlin-Brandenburg Urt. v. 7.4.2022 – OVG 10 B 9/22, juris Rn. 30, 37.

6423 BVerwG NVwZ 2023, 1176.

6424 Scheidler BauR 2010, 42 (45).

6425 Zur Frage eines Schadensersatzanspruches nach § 945 ZPO, wenn ein Besitzeinweisungsbeschluss im Wege einer später aufgehobenen einstweiligen Verfügung, die auf Räumung und Herausgabe eines zum Abbruch bestimmten Hauses gerichtet war, vollzogen worden ist, BGH ZfBR 1986, 88.

6426 BGH BauR 2008, 25.

Betroffenen unter Einhaltung einer angemessenen Frist geladen werden.[6427] Der Besitzeinweisungsbeschluss ist fehlerhaft, wenn die mündliche Verhandlung nur mit dem Grundeigentümer, jedoch nicht mit dem unmittelbaren Besitzer, Mieter oder Pächter geführt wurde und wenn er nicht die Bezeichnung der unmittelbaren Besitzer enthält und diesen zugestellt ist.[6428] Die vorzeitige Besitzeinweisung vermittelt dem Träger eines Enteignungsverfahrens die tatsächliche Verfügungsgewalt über das betroffene Grundstück. Dem bisherigen unmittelbaren Besitzer wird dieser Besitz durch die Besitzeinweisung entzogen. Betroffen durch die Besitzeinweisung ist damit in erster Linie der unmittelbare Besitzer im Sinne von § 854 I BGB, ferner ein eventueller Besitzmittler (§§ 868 ff. BGB; in der Regel Eigentümer). Jemand, der kein Recht zum unmittelbaren oder mittelbaren Besitz an dem Grundstück hat, wird deshalb durch eine Besitzeinweisung auch nicht in seinem Besitzrecht verletzt. Eine solche Person, die weder zum unmittelbaren noch zum mittelbaren Besitz berechtigt ist, ist auch kein Beteiligter im Besitzeinweisungsverfahren.[6429] Sofern der Antragsteller sein Vorhaben nach Durchführung der mündlichen Verhandlung ändert, ist eine erneute mündliche Verhandlung durchzuführen, wenn die Änderung Auswirkungen auf die Entscheidungsfindung im Besitzeinweisungs- und Enteignungsverfahren haben kann.[6430]

2984 Der von der Besitzeinweisung Betroffene kann beantragen, dass vor der Besitzeinweisung der Zustand des Grundstückes durch **Beweissicherung** festgestellt wird. Wichtig ist dies vor allem bei vorhandenen Baulichkeiten oder vorhandenem Aufwuchs. Die Form der Beweissicherung ist gesetzlich nicht vorgeschrieben. Die Behörde kann einen Sachverständigen beauftragen, aber auch die notwendigen Untersuchungen selbst vornehmen. Die Ablehnung eines Beweissicherungsantrages kann gem. § 217 BauGB vor den Baulandgerichten angefochten werden, wobei der Antrag gemäß § 224 BauGB keine aufschiebende Wirkung hat. Ein Besitzeinweisungsbeschluss, der ergeht, ohne vorher über einen gestellten Beweissicherungsantrag zu entscheiden, ist rechtswidrig.[6431] Die Enteignungsbehörde darf auch nicht aus der Erwägung heraus, die von der Besitzeinweisung, der Enteignung und den sich anschließenden Maßnahmen ausgehenden Beeinträchtigungen seien so geringfügig, dass eine Entschädigungspflicht ausscheide, bereits im Besitzeinweisungsverfahren über Grund und Höhe der Entschädigung befinden. Wird der Enteignungsantrag abgewiesen, so verliert auch die vorzeitige Besitzeinweisung ihre Berechtigung. Sie ist daher aufzuheben. Der frühere unmittelbare Besitzer muss wieder in den Besitz eingewiesen werden und nun für alle besonderen Nachteile, die durch die vorzeitige Besitzeinweisung entstanden sind, eine angemessene **Entschädigung** erhalten.

2985 Ein Besitzrechtsverhältnis, das durch eine öffentlich-rechtliche vorzeitige Besitzeinweisung nach § 116 BauGB begründet worden ist, wird durch das der vorzeitigen Besitzeinweisung zugrundeliegende öffentlich-rechtliche Rechtsverhältnis überlagert, bis dieses seinen Zweck erreicht hat oder vollständig rückabgewickelt worden ist. Zur Entscheidung über Besitzansprüche sind je nach dem Stadium, in dem sich dieses Rechtsverhältnis befindet, die allgemeinen Verwaltungsgerichte oder die Kammern und Senate für Baulandsachen der ordentlichen Gerichtsbarkeit berufen.[6432] Die Ablehnung der vorzeitigen Besitzeinweisung sowie der Erlass des Besitzeinweisungsbeschlusses sind Verwaltungsakte, die von demjenigen, der durch sie nachteilig betroffen wird, mit dem **Antrag auf gerichtliche Entscheidung** nach § 217 BauGB angefochten werden können.[6433] Der Antrag auf gerichtliche Entscheidung gegen eine **vorzeitige** Besitzeinweisung hat gem. § 224 Satz 1 Nr. 3 BauGB keine aufschiebende Wirkung. § 80 V

[6427] Dazu Scheidler BauR 2010, 42 (44).

[6428] VGH Kassel BRS 19 Nr. 68; zur Notwendigkeit einer einheitlichen Verhandlung auch OLG Oldenburg BRS 45 Nr. 212.

[6429] VGH München NVwZ-RR 2013, 171 = juris Rn. 12.

[6430] VGH Mannheim NVwZ-RR 2001, 562; näher Wünschmann in BeckOK BauGB, 2022, § 112 Rn. 6.2.

[6431] OLG Düsseldorf BRS 34 Nr. 72.

[6432] BGH NVwZ-RR 2020, 380 = juris Rn. 11.

[6433] BGH BRS 45 Nr. 108; siehe auch VGH München Beschl. v. 7.9.2023 – 22 AS 23.40025, juris: „Keine erstinstanzliche Zuständigkeit des BVerwG oder des VGH/OVG für Klagen und Anträge in Bezug auf vorzeitige Besitzeinweisungen zur Durchführung naturschutzrechtlicher Kompensationsmaßnahmen anlässlich von Planfeststellungen nach § 5 I VerkPBG bzw. § 18e Abs. 1 Nr. 1 AEG; BVerwG UPR 2023, 532 = juris Rn. 9: „Die erstinstanzliche Zuständigkeit des BVerwG aus § 6 Satz 1 und 2 Nr. 1 BBPlG erfasst nicht nur die eigentlichen Planfeststellungsentscheidungen, sondern erstreckt sich auch auf vorzeitige Besitzeinweisungen."

VwGO ist entsprechend anzuwenden.[6434] Bei dem Antrag auf Anordnung der aufschiebenden Wirkung des Antrages auf gerichtliche Entscheidung gegen einen zur Vollziehung eines straßenrechtlichen Planfeststellungsbeschlusses ergangenen Besitzeinweisungsbeschlusses handelt es sich um eine öffentlich-rechtliche Streitigkeit, für die die Verwaltungsgerichte zuständig sind.[6435] Für Streitigkeiten über die Erstattung von Aufwendungen, die einem von einer vorzeitigen Besitzeinweisung) Betroffenen zur zweckentsprechenden Rechtsverfolgung entstanden sind, ist der Rechtsweg zu den Verwaltungsgerichten gegeben.[6436]

13. Ausführung des Enteignungsbeschlusses

Ist der Enteignungsbeschluss oder sind die Entscheidungen nach § 112 II BauGB nicht mehr anfechtbar, so ordnet auf Antrag eines Beteiligten die Enteignungsbehörde die Ausführung des Enteignungsbeschlusses oder der Vorabentscheidung an, wenn die dazu im Einzelnen aufgeführten Voraussetzungen vorliegen. Die mit dem Enteignungsbeschluss bezweckten Rechtsänderungen treten somit nicht unmittelbar mit der Unanfechtbarkeit des Enteignungsbeschlusses ein. Vielmehr soll im Interesse der Rechtssicherheit und zum Schutz des Enteignungsbetroffenen die Rechtsänderung erst durch einen besonderen rechtsgestaltenden Verwaltungsakt, nämlich die **Ausführungsanordnung** nach § 117 I 1 BauGB, eintreten.[6437] Ausführungsanordnungen sind allerdings nicht nur für den unanfechtbaren Enteignungsbeschluss erforderlich, sondern auch für die Vorgänge, die neben dem Enteignungsbeschluss im Rahmen eines Enteignungsverfahrens eine Rechtsänderung herbeiführen können. Dazu zählt die Teileinigung gem. § 111 BauGB, die Vorabentscheidung nach § 112 II BauGB sowie der Nachtragsbeschluss nach § 113 IV BauGB. Für diese zuletzt genannten Vorgänge sieht § 117 BauGB drei spezifische zusätzliche Möglichkeiten der Ausführung vor, auf die im nachfolgenden nicht im Einzelnen eingegangen werden soll. 2986

a) Voraussetzungen. Erforderlich für den Erlass einer Ausführungsanordnung ist zunächst der Antrag eines Beteiligten. Diesen Antrag kann jeder Beteiligte stellen, nicht nur der Enteignungsbegünstigte. Ein besonderes Interesse an der Ausführungsanordnung muss nicht vorliegen. Auch eine besondere Form oder eine bestimmte Frist ist für den Antrag nicht vorgeschrieben. Der Erlass einer Ausführungsanordnung setzt außerdem voraus, dass der Enteignungsbeschluss unanfechtbar ist. Dritte Voraussetzung ist schließlich, dass der durch die Enteignung Begünstigte die Geldentschädigung gezahlt oder zulässigerweise unter Verzicht auf das Recht der Rücknahme hinterlegt hat. 2987

b) Zustellung und Mitteilung. Liegen die Voraussetzungen des § 117 BauGB vor, ergeht die Ausführungsanordnung, ohne dass der Behörde ein Ermessensspielraum zusteht. Die Anordnung ist allen Beteiligten zuzustellen, deren Rechtsstellung durch den Enteignungsbeschluss betroffen wird. Den Bewohnern und Mietern eines Hauses, dessen Eigentümer enteignet wird, ist im Rahmen einer Besitzeinweisung die Ausführungsanordnung der Enteignungsbehörde ebenfalls zuzustellen.[6438] Auch der Gemeinde, in deren Bezirk das von der Enteignung betroffene Grundstück liegt, ist die Ausführungsanordnung mitzuteilen. In der Ausführungsanordnung ist der Tag festzusetzen, zu dem der bisherige Rechtszustand durch den im Enteignungsbeschluss geregelten neuen Rechtszustand ersetzt wird. Anders als beim Zeitpunkt für die vorzeitige Besitzeinweisung, muss der Tag nach seinem Datum bestimmt sein und reichen Bezugnahmen auf Ereignisse (zB der Zeitpunkt nach Unanfechtbarkeit des Beschlusses) nicht aus.[6439] Mit diesem Tag ändert sich die dingliche Rechtslage und das Grundbuch wird unrichtig. Die Enteignungsbehörde muss daher dem **Grundbuchamt** gem. § 117 VII BauGB eine beglaubigte Abschrift des Enteignungsbeschlusses und der Ausführungsanordnung übersenden und es ersuchen, die Rechtsänderungen im Grundbuch einzutragen. 2988

6434 OLG Koblenz BRS 45 Nr. 218; aA OVG Lüneburg BRS 45 Nr. 213, ausführlich zu Art, Umfang und Verfahren des vorläufigen Rechtsschutzes gegen eine vorzeitige Besitzeinweisung auch OLG Stuttgart BRS 45 Nr. 210.

6435 OLG Brandenburg NVwZ 2011, 639.

6436 BVerwG LKV 2014, 361.

6437 Battis in BKL, BauGB, 2022, § 117 BauGB Rn. 1.

6438 OLG Hamm Urt. v. 16.10.2014 – I-5 U 83/14, juris.

6439 Vgl. Petz in BeckOK BauGB, 2022, § 116 Rn. 32.1 u. § 117 Rn. 4.1.

2989 **c) Rechtsschutz.** Auch die Ausführungsanordnung ist ein Verwaltungsakt, der durch Antrag auf gerichtliche Entscheidung gem. § 217 BauGB angefochten werden kann. Im gerichtlichen Verfahren kann allerdings nicht mehr geprüft werden, ob der Enteignungsbeschluss wirksam zustande gekommen ist.[6440]

2990 **Begründet** ist der Antrag auf gerichtliche Entscheidung gegen die Ausführungsanordnung nur dann, wenn die Voraussetzungen für die Ausführungsanordnung nicht vorliegen. Das kann der Fall sein, wenn der Enteignungsbeschluss einem betroffenen Beteiligten nicht zugestellt ist und daher auch noch nicht unanfechtbar geworden ist. Denkbar ist auch, dass die Geldentschädigung noch nicht oder noch nicht vollständig bezahlt ist oder dass der in der Ausführungsanordnung festgesetzte Tag unter Abwägung der Belange der Beteiligten ermessensfehlerhaft festgesetzt worden ist.[6441] Fraglich ist, ob dem Antrag auf gerichtliche Entscheidung gegen die Ausführungsanordnung **aufschiebende Wirkung** zukommt. Gegen die aufschiebende Wirkung spricht, dass die Rechts- und Besitzänderung auf jeden Fall zu dem festgesetzten Zeitpunkt aus Gründen der Rechtsklarheit eintreten soll. Andererseits könnte für die aufschiebende Wirkung des Antrags auf gerichtliche Entscheidung die Rechtsweggarantie des Art. 19 IV GG sprechen, die dem Betroffenen einen effektiven Rechtsschutz garantiert.[6442] Zudem spricht die Formulierung des § 224 BauGB dafür, dass ein Antrag auf gerichtliche Entscheidung nach § 217 BauGB grds. aufschiebende Wirkung entfaltet. Der BGH hat deshalb zutreffend entschieden, dass der Antrag auf gerichtliche Entscheidung aufschiebende Wirkung entfaltet.[6443]

14. Verfahrensabschluss

2991 **a) Hinterlegung.** Gem. § 97 II BauGB sind **Nebenberechtigte**, deren Rechte bei der Enteignung nicht aufrechterhalten oder nicht durch neue Rechte ersetzt werden, gesondert zu entschädigen. Zu diesen Nebenberechtigten zählen Erbbauberechtigte, Altenteilsberechtigte, Inhaber von Dienstbarkeiten und Erwerbsrechten an dem Grundstück, Inhaber von persönlichen Rechten, die zum Besitz oder zur Nutzung des Grundstücks berechtigen, wenn der Berechtigte im Besitz des Grundstücks ist und Inhaber von persönlichen Rechten, die zum Erwerb des Grundstückes berechtigen oder den Verpflichteten in der Nutzung des Grundstückes beschränken. Sobald mehrere Berechtigte derartige Ansprüche geltend machen, kann gem. § 118 I BauGB der zur Zahlung Verpflichtete die Geldentschädigung unter Verzicht auf die Rücknahme bei dem Amtsgericht, in dessen Bezirk das von der Enteignung betroffene Grundstück liegt, hinterlegen.

2992 **b) Verteilungsverfahren.** Durch die Zahlung der Entschädigungssumme bzw. ihre Hinterlegung unter Verzicht auf die Rücknahme wird der Entschädigungspflichtige frei und die Enteignungsbehörde kann die Ausführungsanordnung erlassen. Die Berechtigten, für die die Geldentschädigung nach § 118 I BauGB hinterlegt wird, können, solange sie über die Auszahlung nicht einig sind, erst nach dem Erlass der Ausführungsanordnung zu ihrem Geld kommen, indem sie entweder vor den ordentlichen Gerichten ihre Forderungen geltend machen oder die Einleitung eines Verteilungsverfahrens nach § 119 I BauGB beantragen. Für das Verteilungsverfahren ist das **Amtsgericht** zuständig, in dessen Bezirk das von der Enteignung betroffene Grundstück liegt (§ 119 II BauGB). Auf das Verteilungsverfahren sind die Vorschriften über die Verteilung des Erlöses im Falle der Zwangsversteigerung mit einigen in § 119 III BauGB vorgesehenen Abweichungen anzuwenden.

2993 **c) Aufhebung des Enteignungsbeschlusses.** Ist die Ausführungsanordnung noch nicht ergangen, hat die Enteignungsbehörde den Enteignungsbeschluss auf Antrag aufzuheben, wenn der durch die Enteignung Begünstigte die ihm durch den Enteignungsbeschluss auferlegten Zahlungen nicht innerhalb von einem Monat nach dem Zeitpunkt geleistet hat, in dem der Beschluss unanfechtbar geworden ist (§ 120 I 1 BauGB). Diese Regelung dient den Interessen des Enteigneten. Sie soll ihn davor schützen, dass der Enteignungsbegünstigte durch Nichtzahlung den Erlass der Ausführungsanordnung und damit den Zeitpunkt des

---

[6440] Vgl. OLG Bremen BRS 45 Nr. 226; Dyong/Groß in EZBK, 2018, § 117 BauGB Rn. 21.
[6441] Vgl. Dyong/Groß in EZBK, BauGB, 2018, § 117 Rn. 21.
[6442] OLG Koblenz NVwZ 1984, 678; Dyong/Groß in EZBK, BauGB, 2022, § 117 Rn. 22; Battis in BKL, BauGB, 2022, § 117 Rn. 12.
[6443] BGHZ 198, 42.

Eigentumswechsels verzögert. Der Antrag auf Aufhebung des Enteignungsbeschlusses kann wirksam nur bis zu dem Zeitpunkt gestellt werden, zu dem die Ausführungsanordnung ergeht. Wenn die Ausführungsanordnung ergangen ist, obwohl der Enteignungsbegünstigte noch nicht gezahlt hat, findet § 120 BauGB keine Anwendung. Die Ausführungsanordnung kann dann jedoch angefochten werden, weil sie wegen eines Verstoßes gegen § 117 I BauGB rechtswidrig ist.[6444]

d) Voraussetzungen der Aufhebung. Die Aufhebung des Enteignungsbeschlusses nach § 120 BauGB setzt zunächst voraus, dass der **Enteignungsbeschluss unanfechtbar ist.** Zweite Voraussetzung für die Aufhebung ist es, dass die **Ausführungsanordnung** noch **nicht ergangen** ist. Die Ausführungsanordnung ist ergangen, wenn sie allen Beteiligten zugestellt ist. Die Antragsberechtigten haben einen **Auskunftsanspruch** gegen die Enteignungsbehörde sowohl hinsichtlich der Frage, ob der Enteignungsbeschluss bereits unanfechtbar ist als auch hinsichtlich der Zustellung an alle Beteiligte.[6445] Dritte Voraussetzung für die Aufhebung ist nach § 120 I 1 BauGB, dass der Enteignungsbegünstigte der **Zahlungsverpflichtung** aus dem Enteignungsbeschluss nach dessen Unanfechtbarkeit innerhalb der Monatsfrist **nicht nachkommt**. Nach der Rechtsprechung des BGH darf allerdings trotz Versäumung der Monatsfrist, die nach §§ 187I, 188 II BGB zu berechnen ist, der Enteignungsbeschluss nicht aufgehoben werden, wenn der Enteignungsbegünstigte nach Anhörung zu dem Aufhebungsantrag die Entschädigung unverzüglich leistet oder hinterlegt.[6446] Eine Aufhebung soll auch dann ausgeschlossen sein, wenn die Zahlung zwar nach Ablauf der Frist, aber noch vor Stellung des Antrags auf Aufhebung eingeht.[6447] Voraussetzung für die Aufhebung des Enteignungsbeschlusses ist schließlich ein **Antrag** eines Beteiligten, dem eine nicht gezahlte Entschädigung zusteht oder der als Nebenberechtigter aus der Entschädigung zu befriedigen ist. 2994

e) Verfahren und Rechtsschutz. Die Enteignungsbehörde entscheidet über den Antrag auf Aufhebung des Enteignungsbeschlusses durch Beschluss. Eine mündliche Verhandlung ist nicht vorgeschrieben. Der durch die Enteignung Begünstigte muss vor der Aufhebung des Enteignungsbeschlusses gehört werden. Von dem Enteignungsbegünstigten kann der Aufhebungsbeschluss mit dem Antrag auf gerichtliche Entscheidung angefochten werden (§ 217 BauGB). Außerdem kann der Antragsteller, dessen Antrag nach § 120 BauGB abgelehnt wurde, gegen diesen ablehnenden Beschluss Antrag auf gerichtliche Entscheidung stellen. Ist sein Antrag auf gerichtliche Entscheidung begründet, hebt das Baulandgericht den ablehnenden Beschluss auf und verpflichtet die Enteignungsbehörde, den Enteignungsbeschluss aufzuheben (§ 226 II 2 BauGB). 2995

15. Kosten

Gem. § 121 I 1 BauGB hat der **Antragsteller** die Kosten zu tragen, wenn der Antrag auf Enteignung abgelehnt oder zurückgenommen wird. Wird dem Antrag auf Enteignung stattgegeben, so hat der **Entschädigungsverpflichtete** die Kosten zu tragen. Wird einem Antrag auf Rückenteignung stattgegeben, so hat der von der Rückenteignung Betroffene die Kosten zu tragen. Wird ein Antrag eines sonstigen Beteiligten abgelehnt oder zurückgenommen, sind diesem die durch die Behandlung seines Antrages verursachten Kosten aufzuerlegen, wenn sein Antrag offensichtlich unbegründet war. Bei Erledigung des Enteignungsverfahrens durch Einigung der Beteiligten ist über die Kostenverteilung zu entscheiden.[6448] Zu den Kosten zählen die **Kosten des Verfahrens und die zur zweckentsprechenden Rechtsverfolgung oder Rechtsverteidigung notwendigen Aufwendungen** der Beteiligten. Die Gebühren und Auslagen eines Rechtsanwalts oder eines sonstigen Bevollmächtigten sind erstattungsfähig, wenn die **Zuziehung eines Bevollmächtigten notwendig** war. Diese Notwendigkeit ist im Enteignungsverfahren für den Enteigneten angesichts der zahlreichen schwierigen Rechtsfragen regelmäßig zu bejahen.[6449] Rechtsanwälte, die sich selbst vertreten, haben ebenfalls einen Erstattungsanspruch.[6450] 2996

6444 Dyong/Groß in EZBK, BauGB, 2018, § 120 Rn. 2.
6445 Battis in BKL, BauGB, 2022, § 120 Rn. 2 f.
6446 BGHZ 61, 136.
6447 Battis in BKL, BauGB, 2022, § 120 BauGB Rn. 4.
6448 VGH München Beschl. v. 16.8.2006 – 8 CS 06.1275, BeckRS 2009, 37290.
6449 Kirchberg VBlBW 1990, 161 (167); Battis in BKL, BauGB, 2022, § 121 BauGB Rn. 8.
6450 BVerwG BayVBl. 1981, 93; aA VGH Mannheim NVwZ 1982, 633; BFHE 104, 306; BFHE 108, 574.

2997 Für das **Besitzeinweisungsverfahren** sind Kosten gesondert zu erstatten, weil dieses Verfahren mit den Enteignungsverfahren keine Einheit bildet.[6451] **Aufwendungen** für einen Bevollmächtigten, für den Gebühren und Auslagen gesetzlich nicht vorgesehen sind, können nur bis zur Höhe der gesetzlichen Gebühren und Auslagen von Rechtsbeiständen erstattet werden. Aufwendungen, die durch das Verschulden eines Erstattungsberechtigten entstanden sind, hat dieser selbst zu tragen; das Verschulden eines Vertreters ist dem Vertretenen zuzurechnen. Die Kosten des Verfahrens richten sich nach den landesrechtlichen Vorschriften. Die Enteignungsbehörde setzt die Kosten im Enteignungsbeschluss oder durch gesonderten Beschluss fest. Der Beschluss bestimmt auch, ob die Zuziehung eines Rechtsanwalts oder eines sonstigen Bevollmächtigten notwendig war (§ 121 II bis IV BauGB).

16. Vollstreckbare Titel

2998 Gem. § 122 I BauGB findet die Zwangsvollstreckung nach den Vorschriften der ZPO über die Vollstreckung von Urteilen in bürgerlichen Rechtsstreitigkeiten statt aus der Niederschrift über eine Einigung wegen der in ihr bezeichneten Leistungen, aus nicht mehr anfechtbarem Enteignungsbeschluss wegen der zu zahlenden Geldentschädigung oder einer Ausgleichszahlung, aus einem Beschluss über die vorzeitige Besitzeinweisung oder deren Aufhebung wegen der darin festgesetzten Leistungen, dh wegen der vorgesehenen Entschädigung nach § 116 IV, VI BauGB.

17. Verfahren vor den Baulandgerichten

2999 Die Baulandgerichte entscheiden über alle Verwaltungsakte, die im Rahmen des Enteignungsverfahrens ergehen, auch wenn diese keine Entschädigungsregelung treffen. Die Baulandgerichte sind verpflichtet und befugt, die Entscheidung der Enteignungsbehörde vollständig nachzuprüfen. Es handelt sich dabei um eine reine Rechtskontrolle; der Enteignungsbehörde kommt ein gerichtlich nur beschränkt nachprüfbarer Entscheidungsspielraum zu.[6452] Mit der Einrichtung von Baulandgerichten sollte die Zweigleisigkeit des Rechtsweges bei Enteignungsstreitigkeiten verhindert werden. Grundsätzlich sind Maßnahmen im behördlichen Enteignungsverfahren Verwaltungsakte, über deren Rechtmäßigkeit – sofern keine Sonderregelung besteht – aufgrund der allgemeinen Generalklausel des § 40 I VwGO die allgemeinen Verwaltungsgerichte zu entscheiden hätten. Gem. Art. 14 III 4, Art. 34 S. 3 GG ist jedoch der Streit um die Höhe der Enteignungsentschädigung stets vor den Zivilgerichten auszutragen. Um zu verhindern, dass zwei dreistufige Rechtswege hintereinandergeschaltet werden müssen, bei denen die Gerichte jeweils nur für einen Teil des gesamten Enteignungskomplexes zuständig sind, wurden die Teilzuständigkeiten der Verwaltungs- und Zivilgerichte bei den **Kammern für Baulandsachen** bei den Landgerichten und **Senaten für Baulandsachen** bei den Oberlandesgerichten zusammengefasst.[6453] Für die Anfechtungsklage eines Enteignungsbetroffenen, mit der er gegen einen Enteignungsbeschluss einwendet, in diesem sei formal zu Unrecht von der Festsetzung einer Enteignungsentschädigung abgesehen worden, ist der Verwaltungsrechtsweg gegeben. Die Beteiligten streiten insoweit nur über ihrer Natur nach verwaltungsrechtliche, nicht die Höhe der Entschädigung betreffende formale Pflichten beim Erlass eines Enteignungsbeschlusses und nicht über die Höhe der Entschädigung.[6454]

3000 Das Verfahren vor den Baulandgerichten richtet sich grds. nach den Bestimmungen der **Zivilprozessordnung**. Es zeichnet sich jedoch durch einige gerichtsorganisatorische und verfahrensrechtliche Besonderheiten aus, die hier nur in einem Überblick skizziert werden können. Gegenstand des Baulandprozesses können alle Verwaltungsakte sein, die im Enteignungsverfahren ergehen. Angegriffen werden können diese Verwaltungsakte nicht mit einer Anfechtungsklage, sondern mit dem **Antrag auf gerichtliche Entscheidung** iSv § 217 I 1 BauGB. Der Antrag ist binnen eines Monats seit der Zustellung des Verwaltungsaktes bei der Verwaltungsbehörde einzureichen, die den Verwaltungsakt erlassen hat. Der Antrag muss den Verwaltungsakt bezeichnen, gegen den er sich richtet. Er soll die Erklärung, inwieweit dieser Verwaltungsakt angefochten wird, und einen bestimmten Antrag enthalten. Er soll außerdem die Gründe

[6451] BGHZ 61, 240 (247).
[6452] BVerfG NVwZ 2009, 1283 = juris, Rn. 12.
[6453] BVerfGE 4, 387.
[6454] VGH München BayVBl. 2010, 624.

sowie die Tatsachen und Beweismittel angeben, die zur Rechtfertigung des Antrages dienen (§ 217 III BauGB). Die Verwaltungsbehörde, die den Verwaltungsakt erlassen hat, muss den Antrag mit ihrer Akte unverzüglich dem zuständigen **Landgericht vorlegen.** Ist das behördliche Verfahren noch nicht abgeschlossen, so sind statt der Akten Abschriften der bedeutsamen Aktenstücke vorzulegen (§ 217 IV BauGB). Über den Antrag entscheidet die beim Landgericht gebildete **Kammer für Baulandsachen** in der Besetzung mit zwei Richtern des Landgerichts einschließlich des Vorsitzenden und einem Richter des Verwaltungsgerichts (§ 220 I BauGB). Für das Verfahren gilt grds. die **Zivilprozessordnung**; das Gericht kann allerdings die Beweisaufnahme auch von Amts wegen anordnen und nach Anhörung der Beteiligten auch solche Tatsachen berücksichtigen, die von ihnen nicht vorgebracht worden sind (§ 221 BauGB). **Rechtsanwaltszwang** iSd § 78 ZPO gilt in dem Verfahren vor dem Landgericht und dem Oberlandesgericht nur für die Beteiligten, die Anträge zur Hauptsache stellen (§ 222 III 2 BauGB). Über den Antrag auf gerichtliche Entscheidung wird durch **Urteil** entschieden (§ 226 I BauGB). Wird ein Antrag auf gerichtliche Entscheidung, der einen Anspruch auf eine Geldleistung betrifft, für begründet erachtet, so hat das Gericht den Verwaltungsakt zu ändern. Wenn es in anderen Fällen einen Antrag auf gerichtliche Entscheidung für begründet erachtet, hat das Gericht den Verwaltungsakt aufzuheben und erforderlichenfalls die Verwaltungsbehörde zu verpflichten, unter Aufhebung des Verwaltungsaktes und unter Beachtung der Rechtsfassung des Gerichts anderweitig zu entscheiden (§ 226 II BauGB). Anders als im Zivilprozess kann auch bei **Säumnis der Beteiligten** mündlich verhandelt werden; ein Versäumnisurteil gibt es in diesem Verfahren nicht.

Über die **Berufung** und die **Beschwerde** entscheidet der Senat für Baulandsachen des Oberlandesgerichtes in der Besetzung mit zwei Richtern des Oberlandesgerichts einschließlich des Vorsitzenden und einem Richter vom Oberverwaltungsgericht (§ 229 I BauGB). Über die **Revision** entscheidet gem. § 230 BauGB der BGH. **3001**

V. Amtshaftung

Die Pflicht zur korrekten Verwaltungsentscheidung ist für Bauverwaltungen und Gemeinden durchaus nicht ohne Risiko. Fehlerhafte Entscheidungen über Baugesuche können Amtshaftungsansprüche nach § 839 BGB, Art. 34 GG begründen, für die die Anstellungskörperschaft einzustehen hat. Das gilt sowohl für die fehlerhafte Ablehnung eines Bauantrages wie für seine rechtswidrige positive Bescheidung. Verletzt ein Beamter vorsätzlich oder fahrlässig eine ihm gegenüber einem Dritten obliegende Amtspflicht, so hat er dem Dritten den daraus entstehenden Schaden zu ersetzen. Fällt dem Beamten nur Fahrlässigkeit zur Last, so kann er nur dann in Anspruch genommen werden, wenn der Verletzte nicht auf andere Weise Ersatz zu erlangen vermag (Art. 839 I BGB). Die Ersatzpflicht tritt nicht ein, wenn der Verletzte vorsätzlich oder fahrlässig unterlassen hat, den Schaden durch Gebrauch eines Rechtsmittels abzuwenden (§ 839 III BGB).[6455] Amtshaftungspflichten können nicht nur die Bauaufsichtsbehörden bzw. deren Träger, sondern im Bereich des öffentlichen Baurechts insbesondere auch die Gemeinden treffen, zB als Amtshaftung für den Erlass rechtswidriger Bebauungspläne.[6456] **3002**

6455 Entschädigungsansprüche für rechtmäßiges Handeln kommen im Planungsschadensrecht bei der städtebaulichen Enteignung und bei Veränderungssperren in Betracht; ausführlich zur Amtshaftung Kluth in Wolff/Bachof/Stober/Kluth, Verwaltungsrecht II, 2023, § 67; zu Einstandspflichten für rechtmäßiges und rechtswidriges Verwaltungshandeln siehe Sauer in Voßkuhle/Eifert/Möllers, Grundlagen des Verwaltungsrechts II, 2022, § 47; Schoch Entschädigung und Schadensersatz in Schoch/Eifert, Besonderes Verwaltungsrecht, 2023, Kap. 1 Rn. 1003 ff.; Dietlein Polizeiliches Haftungsrecht, in Dietlein/Hellermann, Öffentliches Recht in NRW, 2022, § 3 Rn. 264 ff.; Ossenbühl/Cornils Staatshaftungsrecht, 2013, 511 ff; zur Amtshaftung bei der Genehmigung und Abnahme Fliegender Bauten Tünnesen-Harmes/Vogelsang BauR 2023, 1188; zur Amtshaftung wegen der rechtswidrigen Versagung des gemeindlichen Einvernehmens Schwemer NVwZ 2022, 183; zur Staatshaftung im öffentlichen Baurecht Kümper in HBG, Öffentliches Baurecht, 2024, § 19 Rn. 1 ff.

6456 Siehe dazu Kümper in HBG, Öffentliches Baurecht, 2024, § 19 Rn. 1; siehe aber auch zB OLG Brandenburg Urt. v. 24.4.2023 – 2 U 37/17, juris Rn. 40: „Verliert ein Grundstück durch Veräußerung von im Eigentum einer Gemeinde stehender Grundstücke seine gesicherte Erschließung, obwohl die Gemeinde jedenfalls nach dem Grundsatz von Treu und Glauben gehindert war, den Anliegerverkehr zu dem betroffenen Grundstück zu untersagen, handelt sie amtspflichtwidrig."

3003 Durch Art. 34 GG wird diese persönliche Beamtenhaftung als Amtshaftung auf den Staat übergeleitet: Verletzt jemand in Ausübung eines ihm anvertrauten öffentlichen Amtes die ihm einem Dritten gegenüber obliegende Amtspflicht, so trifft die Verantwortlichkeit grundsätzlich den Staat oder die Körperschaft, in deren Dienst er steht. Bei Vorsatz oder grober Fahrlässigkeit bleibt der Rückgriff vorbehalten. Es haftet insoweit gegenüber dem Geschädigten nicht der Amtswalter selbst, sondern die Anstellungskörperschaft, die nach Maßgabe des Art. 34 S. 2 GG Regress beim Amtswalter nehmen kann.[6457]

1. Handeln eines Amtswalters

3004 Der Amtshaftungsanspruch setzt das Handeln eines Amtswalters voraus. Über Beamte im beamtenrechtlichen Sinne rechnen dazu alle Träger hoheitlicher Gewalt, die öffentliche Aufgaben gegenüber Dritten wahrnehmen und ihr Handeln dem Staat zuzurechnen ist (Art. 34 GG). Als Amtswalter sind insbesondere die Baugenehmigungsbehörden anzusehen.[6458] Dies gilt sowohl bei Bauanträgen als auch bei Entscheidungen über Bauvoranfragen. Auch die Aufstellung eines Bebauungsplans handeln Rat und Verwaltung als Amtswalter.[6459] Aber auch tatsächliches Handeln der Behörden muss den rechtlichen Anforderungen entsprechen.

Beispiel: Errichtet der Straßenbaulastpflichtige einen den natürlichen Wasserablauf hindernden Lärmschutzwall, so hat er bei der Planung der Straßenentwässerung auch das gesamte weitere Einzugsgebiet mit Vorflut zur Straße zu berücksichtigen und die notwendigen Durchlässe unter Wall und Straße entsprechend zu dimensionieren.[6460]

3005 Die zuständigen Behörden können auch für **fehlerhafte Auskünfte**[6461] oder **nicht erteilte Hinweise** haften.

Beispiel: Hat der Behördenleiter einer Gemeinde zu einem beabsichtigten Grundstückserwerb wahrheitswidrig erklärt, bei einer Teilung der zu erwerbenden Grundstücksfläche müssten nur für die kleinere Parzelle Erschließungskosten und Abgaben entrichtet werden, erfüllt dies den Tatbestand einer Amtspflichtverletzung. Grundlage der Schadenersatzforderung ist der gesamte getätigte Aufwand, abzüglich des dem Geschädigten in Form des Vorteilsausgleichs gegenüberzustellenden Vermögenszuwachses, den er durch den Wert des erworbenen Grundbesitzes erlangt hat.[6462]

3006 **Beispiel:** Die Bediensteten einer kreisfreien Stadt haben den Inhaber einer Baugenehmigung für ein in einem potentiellen Planungsgebiet gelegenes Grundstück auf den drohenden Eintritt einer Veränderungssperre gemäß § 9 a III 4 i.V. mit I FStrG hinzuweisen, wenn die Stadt nach § 9 a III 2 FStrG gehört wird und mit der Baumaßnahme noch nicht begonnen worden ist.[6463] Die Baugenehmigungsbehörde kann auch verpflichtet sein, den Bauherrn unverzüglich von einem Nachbarwiderspruch zu unterrichten.[6464]

2. Drittgerichtete Amtspflicht

3007 Eine Haftung nach § 839 BGB, Art. 34 GG besteht nur, wenn eine Amtspflicht verletzt worden ist, die auch gerade dem Dritten gegenüber bestand. Amtspflichten öffentlicher Amtsträger dienen in erster Linie dem Interesse der Allgemeinheit an einem geordneten Gemeinwesen. Soweit sich die Pflichten darin erschöpfen, diesem Allgemeininteresse zu dienen, und

---

[6457] Ossenbühl/Cornils Staatshaftungsrecht, 2013, S. 119 ff.; Kümper in HBG, Öffentliches Baurecht, 2024, § 19 Rn. 2.

[6458] Zur Zurechnung amtshaftungsrechtlicher Verantwortung bei mehreren Hoheitsträgern Desens DÖV 2009, 197.

[6459] BGH ZfBR 1990, 88; zu den Abwägungspflichten Kment BauR 2005, 1257.

[6460] BGH NVwZ-RR 2006, 758.

[6461] Zum Vertrauensschutz bei einer unrichtigen gemeindlichen Auskunft über die Baulandqualität eines Außenbereichsgrundstücks BGH ZfBR 2002, 595.

[6462] BGH ZfIR 2003, 87 (LS); NVwZ 2002, 373. Die Gemeinde kann dann auch für „frustrierte" Aufwendungen haften Uechtritz ZfIR 2006, 772.

[6463] BGH NVwZ-RR 2006, 634 zur Hinweispflicht gegenüber Inhaber einer Baugenehmigung hinsichtlich des drohenden Eintritts einer Veränderungssperre.

[6464] BGH NVwZ 2004, 638.

noch keine besonderen Beziehungen zwischen diesen Amtspflichten und bestimmten Personen oder Personengruppen in dem zuvor aufgezeigten Sinne bestehen, kommen sonach bei Verletzung dieser Pflichten Schadensersatzansprüche für Außenstehende nicht in Betracht.[6465] Um derartige Amtspflichten handelt es sich im Allgemeinen bei den Pflichten, die für die dafür Verantwortlichen im Rahmen der Gesetzgebungsaufgaben bestehen. Gesetze und Verordnungen enthalten durchweg generelle und abstrakte Regeln, und dementsprechend nimmt der Gesetzgeber – bei Tätigwerden und Untätigbleiben – in der Regel ausschließlich Aufgaben gegenüber der Allgemeinheit wahr, denen die Richtung auf bestimmte Personen oder Personenkreise fehlt. Nur ausnahmsweise kann etwas Anderes in Betracht kommen und können Belange bestimmter Einzelner unmittelbar berührt werden, so dass sie als „Dritte" iSd § 839 BGB § 839 I 1 BGB angesehen werden können.[6466]

Der Antragsteller eines Bauantrags oder einer Bauvoranfrage hat einen Anspruch darauf, dass 3008
über seinen Bauantrag den gesetzlichen Vorschriften entsprechend entschieden wird. Nach den Bauordnungen der Länder sind Baugenehmigungen zu erteilen, wenn das Vorhaben den öffentlich-rechtlichen Vorschriften entspricht. Daraus ergibt sich eine Drittgerichtetheit einer Amtspflicht, die gegenüber dem Antragsteller besteht. Auch Dritte können in den Schutzbereich der bauordnungsrechtlichen Vorschriften einbezogen sein.

Die Baugenehmigungsbehörden sind verpflichtet, innerhalb einer **angemessenen Bearbei-** 3009
tungszeit über vorliegende Bauanträge zu befinden und eine Baugenehmigung zu erteilen, wenn das Vorhaben öffentlich-rechtlichen Vorschriften entspricht. Eine Bebauungsgenehmigung ist zu erteilen, wenn das Vorhaben planungsrechtlich zulässig ist. Diese Amtspflichten bestehen gegenüber dem Bauherrn als dem Antragsteller aber auch gegenüber Dritten, die in den Schutzbereich der Vorschrift einbezogen sind.[6467]

Bei Baugenehmigungen oder Bauvorbescheiden ist der Kreis der geschützten Dritten unter- 3010
schiedlich zu bestimmen, je nachdem ob es um die Erteilung oder um die Versagung des betreffenden Bescheides geht. Die Versagung einer Baugenehmigung oder eines Bauvorbescheides wirkt nur im Hinblick auf den Antragsteller. Anderen gegenüber entfaltet der Versagungsbescheid grundsätzlich keine materielle Bestandskraft iS einer Feststellungswirkung. Die bestandskräftige Versagung einer Baugenehmigung berechtigt die Behörde vor allem nicht, einen neuen Bauantrag eines anderen Antragstellers ohne Sachprüfung abzulehnen.[6468] Deswegen entfalten derartige ablehnende Bescheide eine Drittbezogenheit iS des Amtshaftungsrechts grundsätzlich nur zu Lasten des jeweiligen Antragstellers, nicht jedoch zu Lasten Dritter, selbst wenn der Bescheid deren wirtschaftliches Interesse berührt.[6469]

Im Gegensatz dazu ist die **Baugenehmigung** oder der entsprechende **Bauvorbescheid** 3011
nicht an die Person des Antragstellers gebunden, sondern auf das Grundstück und das Bauvorhaben bezogen. Bei der Erteilung des Vorbescheides ist daher nicht nur auf die Interessen des Antragstellers selbst, sondern auch auf diejenigen Rücksicht zu nehmen, die im berechtigten, schutzwürdigen Vertrauen auf den Bescheid unmittelbar die Verwirklichung des konkreten Bauvorhabens in Angriff nehmen wollen und zu diesem Zwecke konkrete Aufwendungen für die Planung des Vorhabens tätigen. Dies gilt jedenfalls in den Grenzen eines überschaubaren zeitlichen und sachlichen Zusammenhangs und auch dort, wo eine Rechtsnachfolge in die durch den Bauvorbescheid begründete Rechtsposition nach dem Landesrecht nicht möglich ist.[6470] Unabhängig von der Möglichkeit einer Rechtsnachfolge ist ein Bauvorbescheid „objektbezogen" und nicht lediglich personenbezogen, jedenfalls soweit er die Feststellung trifft, dass das Vorhaben planungsrechtlich zulässig ist, weil das Grundstück im Bereich eines rechts-

---

6465 BGH NVwZ 2021, 1315 (1316).

6466 BGH NVwZ 2021, 1315 (1316).

6467 Zur Drittgerichtetheit der Amtspflicht in der BGH-Rechtsprechung Hebeler VerwArch 2007, 136; des Abwägungsgebots BGH ZfBR 1984, 249; BayVBl. 1991, 187: „Pflicht, Entwürfe von Bauleitplänen öffentlich auszurichten, ist nicht drittgerichtet"; ebenso ZfBR 1990, 211. Zur Altlastenrechtsprechung BGH ZfBR 1989, 119 – Bielefeld-Brake; ZfBR 1989, 261; ZfBR 1991, 167; ZfBR 1992, 188 – Bielefeld II; ZfBR 1992, 130; ZfBR 1999, 298; NVwZ 1994, 91; NJW 1993, 384; UPR 1992, 438 – Gladbeck; BGHZ 122, 191; ZfBR 1993, 292; ZfBR 1994, 299; NVwZ 1998, 318; BGHZ 143, 259 – Bergschaden; NVwZ 2002, 1143 Überschwemmungsgebiet.

6468 BGHR BGB § 839 I 1 Dritter 37; NJW 1993, 2307.

6469 Zu Schadensersatzansprüchen wegen eines nicht erteilten Bauvorbescheides Krohn/de Witt NVwZ 2005, 1387.

6470 BGH NJW 1993, 2307.

verbindlichen Bebauungsplans liegt. In den sachlichen Schutzbereich der Amtshaftung wegen der Erteilung des rechtswidrigen Bauvorbescheides können dann auch die Aufwendungen fallen, die der Erwerber im Vertrauen auf die durch den Bescheid bestätigte Baulandqualität für den Erwerb des Grundstücks vorgenommen hat. Allerdings ist dieses Vertrauen nur während der Bindungswirkung des Bauvorbescheides geschützt.[6471]

3012 Drittgerichtete Amtspflichten können sich auch aus Regelungen über die **Rechts- und Fachaufsicht** ergeben. Insbesondere können Rechtspflichten gegenüber den der Aufsicht unterliegenden Kommunen bestehen. Die kommunale Rechtsaufsicht kann daher Amtspflichten der Aufsichtsbehörde auch gegenüber der zu beaufsichtigenden Gemeinde als einem geschützten Dritten begründen. Schutzpflichten der Aufsicht gegenüber der Gemeinde können auch bei begünstigenden Maßnahmen bestehen, also solchen, die von der Gemeinde selbst angestrebt werden, etwa bei der Genehmigung eines von der Gemeinde abgeschlossenen Rechtsgeschäfts. Verletzungen dieser Pflichten können Amts- oder Staatshaftungsansprüche der Gemeinde gegen die Aufsichtsbehörde auslösen.[6472] Es muss sich allerdings um Amtshandlungen oder deren Unterlassen handeln. Äußert ein Mitarbeiter des Bauamtes in einem ersichtlich unverbindlichen Vorgespräch Bedenken gegen die Zulässigkeit des Bauvorhabens gemäß § 34 BauGB, so stellt dies keine haftungsbegründende Maßnahme dar, mögen sich die Bedenken rückblickend auch als objektiv unbegründet darstellen.[6473] Der Vorwurf, der handelnde Beamte habe schuldhaft eine ihm obliegende Amtspflicht verletzt, entfällt nicht von vorn herein deshalb, weil er sich bei seiner Entscheidung auf die fachlichen Bewertungen anderer Behörden gestützt hat.[6474]

3013 Die Behörden können auch außerhalb der Entscheidung über Bauanträge **Amtspflichten** treffen, deren Verletzung Amtshaftungsansprüche begründen können.

Beispiel: Ein **Wasser- und Bodenverband**, der Beregnungswasser zur Verfügung stellt, kann verpflichtet sein, nach einem Wasserrohrbruch Hilfsmaßnahmen zugunsten der betroffenen Landwirte zu ergreifen.[6475] Bei der Erschließung eines Baugebiets können vorläufige Sicherungsmaßnahmen gegen die Überschwemmung angrenzender Grundstücke durch Niederschlagswasser in Betracht kommen.[6476] Die Amtspflicht zur Abwehr von **Hochwassergefahren** ist auch dann drittschützend, wenn sie zu den Aufgaben der Gewässeraufsicht gehört.[6477] Für ein Hochwasser mit einer Wiederholungszeit von weit über 100 Jahren muss keine Vorsorge getroffen werden. Ein zeitlicher Abstand von wenigen Stunden zwischen der ersten Ausuferung des Gewässers und einer späteren Hochwasserwelle genügt nicht, um zwei selbständige Hochwasserereignisse anzunehmen.[6478] Die Amtspflichten, die der im Rahmen eines **Zwangsversteigerungsverfahrens** vom Gericht mit der Wertermittlung beauftragte Gutachterausschuss wahrzunehmen hat, können zugunsten des Ersteigerers drittgerichtet sein.[6479]

3014 Amtshaftungsansprüche können sich auch aus der Verletzung von **Aufsichtspflichten** ergeben. Beschädigen in einer Kindertagesstätte untergebrachte Kinder Eigentum Dritter, so kommt dem Geschädigten, der gegen eine Gemeinde als Trägerin der Kindertagesstätte wegen Verletzung der den Erzieherinnen der Kindertagesstätte obliegenden Aufsichtspflichten Amtshaftungsansprüche nach § 839 BGB in Verbindung mit Art. 34 GG geltend macht, die Beweislastregel des § 832 BGB zugute.[6480]

3015 Und auch den Justizbehörden hat der BGH die Amtspflicht zu einem zügigen Verwaltungsverfahren ins Stammbuch geschrieben: Der Staat hat seine Gerichte so auszustatten, dass sie die anstehenden Verfahren ohne vermeidbare Verzögerung abschließen können. Die Erfüllung dieser Verpflichtung kann den Justizbehörden insgesamt als drittgerichtete Amtspflicht obliegen.

6471 VGH München NVwZ 1995, 931.

6472 BGH NVwZ 2003, 634; von Mutius NJW 2003, 1278; Meyer NVwZ 2003, 818; Wiesemann NVwZ 2005, 391; Roth NVwZ 2007, 301.

6473 OLG München BauR 2011, 1538.

6474 OVG Magdeburg ZfBR 2012, 796; BVerwG BauR 2009, 1564.

6475 BGH RdL 2007, 182.

6476 BGH NVwZ 2002, 1143; Fortführung BGHZ 140, 380.

6477 BGH VersR 1972, 980.

6478 BGH NVwZ-RR 2008, 672; Pützenbacher IBR 2008, 539.

6479 BGH NVwZ-RR 2003, 401.

6480 BGH NJW 2013, 1233; Forkert NJ 2013, 161, Förster NJW 2013, 1201, Bernau NZV 2013, 237, Singbartl ZJS 2013, 304 – Erzieher in einer Kindertagesstätte.

Wird durch eine rechtswidrige Verzögerung der Eintragung von Auflassungsvormerkungen im Grundbuch die beabsichtigte Veräußerung von Eigentumswohnungen zeitweilig verhindert, so kann dies einen Entschädigungsanspruch des betroffenen Grundstückseigentümers aus enteignungsgleichem Eingriff begründen.[6481]

3016 Die **Lageplanerstellung** und die Gebäudeeinmessung durch öffentlich bestellte **Vermessungsingenieure** werden im Land Berlin nicht als öffentliche Aufgabe durchgeführt. Die Haftung für Vermessungsfehler gegenüber dem Auftraggeber bestimmt sich insoweit nach werkvertraglichen Grundsätzen und nicht nach Maßgabe des § 839 BGB.[6482]

3. Rechtswidrigkeit der Amtshandlung

3017 Die Verletzung der Amtshandlung muss rechtswidrig sein. Die Baugenehmigungsbehörde verletzt ihre Amtspflichten, wenn sie bei ihrer Entscheidung rechtswidrig handelt. Insbesondere hat die bauplanungsrechtliche und bauordnungsrechtliche Prüfung dem Gesetz zu entsprechen. Das Handeln der Bauaufsichtsbehörden ist rechtswidrig, wenn nach den öffentlich-rechtlichen Vorschriften ein Genehmigungsanspruch bestand, dem nach Vorliegen der vollständigen Antragsunterlagen in einer angemessenen Bearbeitungszeit nicht entsprochen worden ist.[6483]

3018 **a) Normverwerfungskompetenz.** Allerdings stellt sich die Frage, ob die **Bauaufsichtsbehörden** einen Flächennutzungsplan oder einen Bebauungsplan einfach für unwirksam behandeln und seine Darstellungen oder Festsetzungen außer Acht lassen dürfen und eine Normverwerfungskompetenz besteht. Grundsätzlich besteht dazu Skepsis.[6484] Das BVerwG hat die Nichtbeachtung eines Bebauungsplans durch einen staatlichen Planungsträger jedenfalls dann für zulässig gehalten, wenn die Gemeinde behördlichen Hinweisen auf rechtserhebliche Mängel des Bebauungsplans nicht Rechnung trägt und die Nichtigkeit des Plans von einem Gericht inzident festgestellt worden ist.[6485] Die zuständige Bauaufsichtsbehörde darf sich nach Auffassung des OVG Magdeburg erst dann über eine als unwirksam erkannte Veränderungssperre hinwegsetzen, wenn sie die Gemeinde zuvor zur Nichtigkeit der Veränderungssperre angehört und ihr Gelegenheit gegeben hat, die Veränderungssperre aufzuheben.[6486]

3019 **Ändert** sich etwa die **Sach- und Rechtslage** während eines anhängigen Streites um die Erteilung einer Baugenehmigung, so sind solche Rechtsänderungen zu berücksichtigen. Die Ablehnung eines Baugesuchs kann daher etwa durch eine im Verfahren erlassene Veränderungssperre nachträglich ihre Rechtfertigung erfahren. Wäre der Bauantrag ordnungsgemäß behandelt worden, wäre die Baugenehmigung allerdings längst erteilt und die nachträglich erlassene Veränderungssperre käme zu spät.

3020 **b) Nichterteilung oder Verzögerung einer Baugenehmigung.** Die Baugenehmigungsbehörden handeln rechtswidrig, wenn sie eine Baugenehmigung, auf die ein Anspruch besteht, nicht erteilen.[6487] Der rechtswidrigen Nichterteilung der Genehmigung steht es gleich, wenn die Erteilung der Genehmigung über den angemessenen bzw. in den Landesbauordnungen vorgegebenen Bearbeitungszeitraum hinaus verzögert wird.[6488] Der Zeitraum kann sich bei komplexen Materien und schwierigen Prüfungsfeldern angemessen verlängern. Anspruchsbe-

---

6481 BGH NJW 2007, 830 zur übermäßigen Dauer der Bearbeitung von Anträgen durch das Grundbuchamt wegen Überlastung; Fortführung von BGHZ 134, 316 und BGHZ 136, 182, teilweise Abweichung von BGHZ 111, 272; Ossenbühl JZ 2007, 690; Grziwotz KommJur 2007, 238.

6482 BGH NJW 2013, 603; Thiel IBR 2013, 85.

6483 Zur Rechtsprechung des BGH zu öffentlich-rechtlichen Ersatzleistungen Schlick NJW 2009, 3139.

6484 ablehnend OVG Münster Urt. v. 30.6.2005 – 20 A 3988/03, juris Rn. 60 ff. mwN; VG Arnsberg BeckRS 2021, 10420, Rn. 26; BayVGH Urt. v. 1.4.1982 – 15 N 81 A.1679, juris; BGH NVwZ 2013, 167; Runkel in Bielenberg/Runkel/Spannowsky, ROG, 2020, § 5 Rn. 71; aA Schrödter/Kukk in Schrödter BauGB, 2019, § 10 Rn. 12 ff.; OVG Lüneburg NVwZ 2000, 1061 zur Veränderungssperre; offen gelassen von VGH Mannheim NVwZ 2016, 398; siehe dazu auch Reidt in BKL, BauGB, 2022, § 10 Rn. 10.

6485 BVerwGE 112, 373 (380 ff.); Durner in Kment, ROG, 2019, § 4 Rn. 73.

6486 OVG Magdeburg NVwZ-RR 2020, 957; zustimmend Reidt in BKL, BauGB, 2022, § 10 Rn. 11.

6487 BGH NJW 1991, 2696 (2697); NJW 1994, 2091 (2092); BGHZ 149, 50; BGHZ 119, 365 (368); NJW-RR 1996, 724; Ossenbühl/Cornils Staatshaftungsrecht, 2013, S. 46; dazu auch Kluth Amtshaftung in Wolff/Bachof/Stober/Kluth, Verwaltungsrecht II, 2023, § 67 Rn. 76; de Witt/Krohn/Durinke in Hoppenberg/de Witt, Handbuch des öffentlichen Baurechts. 2022, Rn. 92.

6488 BGH NJW 1994, 2091 (2092); BGHZ 118, 253 (255); NVwZ 1998, 1329 (1330); Wolke ZfBR 2004, 226 (227 f.); Rohlfing BauR 2006, 947 (949).

rechtigt ist grds. nur der Bauantragsteller.[6489] Der Grundeigentümer ist als solcher nicht geschützt; hat ein anderer die Genehmigung beantragt, kann der Grundeigentümer einen Amtshaftungsanspruch nur dann geltend machen, wenn er wirtschaftlich und rechtlich als Bauwerber anzusehen ist.[6490] Der Anspruch richtet sich auf den Ersatz des Vermögensschadens, der durch die Verzögerung oder Vereitelung des Bauvorhabens verursacht wird.

3021 **c) Erteilung einer rechtswidrigen Baugenehmigung.** Ereilt die Baugenehmigungsbehörde eine rechtswidrige Baugenehmigung, kommt eine Amtspflichtverletzung gegenüber einem davon betroffenen Nachbarn in Betracht, wenn die Rechtsverletzung auf einer nachbarschützenden Vorschrift beruht.[6491] Die rechtswidrige Erteilung einer Baugenehmigung führt zwar zu einer Begünstigung, auf die der Antragsteller keinen Anspruch hat; gleichwohl können sich daraus auch Amtshaftungsansprüche des Antragstellers bzw. Genehmigungsinhabers ergeben. Das gilt zB dann, wenn der Bauherr auf der Grundlage der rechtswidrigen Baugenehmigung mit dem Bau begonnen oder diesen bereits realisiert hat und aufgrund von Rechtsbehelfen von Nachbarn behördlich oder gerichtlich verpflichtet wird, das Bauvorhaben stillzulegen oder zu beseitigen.[6492]

3022 **d) Vertrauen auf erteilte Baugenehmigung.** Wird einem Baugesuch zu Unrecht stattgegeben, kann sich darauf ein **Vertrauen** gründen, das bei einer nachträglichen Aufhebung der Baugenehmigung enttäuscht wird.[6493] Der Käufer eines Baugrundstücks etwa sieht sich bei der erfolgreichen Anfechtung der von der Baugenehmigung erteilten Baugenehmigung durch einen Nachbarn vor einem Scherbenhaufen. Auch die Rücknahme der Baugenehmigung durch die Behörde kann den Eigentümer und vor allem einen Erwerber in einen finanziellen Ruin stürzen, weil sein Grundstück ohne Baugenehmigung nahezu wertlos ist. Für diese klassischen Fälle hat die Rechtsprechung den Rechtsgrundsatz entwickelt, dass Baugenehmigungsbehörde und Gemeinde für die Richtigkeit ihres Handelns einstehen müssen und den so Betroffenen einen gerechten Schadensausgleich zu gewähren haben.

3023 Eine **amtliche Auskunft**, in der ein Bauvorhaben fälschlicherweise grundsätzlich für zulässig erklärt, zugleich aber ausdrücklich auf die Erfordernisse einer Baugenehmigung und einer Beteiligung der Nachbarn hingewiesen wird, begründet für den Bauherrn kein schutzwürdiges Vertrauen dahin, mit den Bauarbeiten vor Erhalt der Baugenehmigung beginnen zu dürfen. Dies gilt bei einem insgesamt genehmigungspflichtigen Vorhaben auch für solche Einzelmaßnahmen, die – isoliert betrachtet – einer Genehmigung nicht bedurft hätten.[6494] Das Vertrauen in eine **rechtswidrige Baugenehmigung** ist auch dann nicht geschützt, wenn der Bauherr den objektiv erfolglosen Versuch einer **arglistigen Täuschung** begangen hat.[6495]

3024 **e) Zu Unrecht erteilter Bauvorbescheid.** Nicht ganz so einfach ist die Rechtslage, wenn der Bauherr sich mit einer **Bauvoranfrage** begnügt. Denn im Rahmen einer solchen eingeschränkten Antragstellung werden nicht alle öffentlich-rechtlichen Fragen abschließend beurteilt, die für die Erteilung einer Baugenehmigung zu prüfen sind.[6496] Bei einer Bauvoranfrage stehen nur einzelne Ausschnitte aus dem öffentlich-rechtlichen Prüfungskatalog zur Entscheidung an. Vor allem enthält der positive Bauvoranfragebescheid noch keine Baufreigabe in einem verfügenden Teil. Wegen dieses beschränkten Prüfungsausschnittes erscheint es sachgerecht, die Behörden auch nicht in dem Umfang in die Pflicht zu nehmen, wie dies bei einer rechtswidrigen Entscheidung über einen Bauantrag üblich ist.[6497]

[6489] de Witt/Krohn/Durinke in Hoppenberg/de Witt, Handbuch des öffentlichen Baurechts. 2022, Rn. 124.

[6490] BGH NVwZ 1990, 501; NJW 1991, 2696 (2697); NJW 1994, 2091 (2093); Kümper in HBG, Öffentliches Baurecht, 2024, § 19 Rn. 11.

[6491] BGHZ 86, 356 (362); NVwZ 1986, 789 (790); Kluth Amtshaftung in Wolff/Bachof/Stober/Kluth, Verwaltungsrecht II, 2023, § 67 Rn. 76; siehe auch de Witt/Krohn/Durinke in Hoppenberg/de Witt, Handbuch des öffentlichen Baurechts. 2022, Rn. 178.

[6492] de Witt/Krohn/Durinke in Hoppenberg/de Witt, Handbuch des öffentlichen Baurechts. 2022, Rn. 178.

[6493] Zur Haftung für hoheitlich begründetes Vertrauen („Vertrauensschutzkonstellationen") Kümper in HBG, Öffentliches Baurecht, 2024, § 19 Rn. 22.

[6494] BGH NVwZ 2003, 376.

[6495] BGH NVwZ 2003, 501.

[6496] OVG Lüneburg DWW 2007, 381.

[6497] Stüer BauR 2000, 1431 (1436); aA OLG Frankfurt NVwZ-RR 1999, 620 (622); Kümper in HBG, Öffentliches Baurecht, 2024, § 19 Rn. 12.

Mit dem Bauvorbescheid ist über die **planungsrechtliche Zulässigkeit** des beantragten Vorhabens abschließend entschieden. Gegen Änderungen in der planungsrechtlichen Situation ist der Bauherr durch die Bebauungsgenehmigung geschützt. Allerdings nehmen die anderen Fragen, die im Rahmen der Prüfung einer Baugenehmigung zu untersuchen sind, nicht an der Bestandskraft der Bebauungsgenehmigung teilt. Abgesehen von der planungsrechtlichen Zulässigkeit des Vorhabens ist die Vereinbarkeit des Vorhabens mit anderen öffentlich-rechtlichen Vorschriften daher auch nach Erteilung der Bebauungsgenehmigung zu prüfen und steht auch im Hinblick auf Änderungen der Sach- und Rechtslage zur vollen Disposition. 3025

Etwa zwischenzeitlich eingetretene **Änderungen** sind deshalb in die Prüfung der Vereinbarkeit mit öffentlich-rechtlichen Vorschriften einzubeziehen. Die Bebauungsgenehmigung bindet nur hinsichtlich der Beurteilung der planungsrechtlichen Zulässigkeit, nicht im Hinblick auf andere öffentlich-rechtliche Vorschriften, deren Beurteilung nicht Gegenstand der Bebauungsgenehmigung gewesen ist. Daher kann die Erteilung der Baugenehmigung etwa an der Unvereinbarkeit mit Vorschriften des Landesrechts oder immissionsschutzrechtlichen Regelungen scheitern, die nicht Gegenstand der planungsrechtlichen Beurteilung gewesen sind. Auch die Nichtverfügbarkeit des Grundstücks kann ein solcher Umstand sein, der zur Nichterteilung der Baugenehmigung aus anderen als planungsrechtlichen Gesichtspunkten führen kann. Derartige Prüfungsfelder sind durch die Bebauungsgenehmigung noch nicht abgearbeitet und stehen daher im Rahmen der Erteilung der Baugenehmigung erneut zur Prüfung und zur Disposition. Die Erteilung einer Baugenehmigung kann daher trotz der positiven Bebauungsgenehmigung etwa an immissionsschutzrechtlichen Bedenken oder landesrechtlichen Abstandsvorschriften scheitern. Auch die mangelnde Verfügbarkeit des Grundstücks durch den Bauherrn kann ein Gesichtspunkt sein, an dem die Baugenehmigung scheitert. 3026

Die Rechtsprechung hat sich wiederholt mit **Amtshaftungsansprüchen** bei **rechtswidrigem Bauvorbescheid** befasst und dazu folgende Grundsätze entwickelt: Die Baugenehmigungsbehörden haben die Amtspflicht, den Antrag auf Bauvoranfrage innerhalb der für das jeweilige Vorhaben üblichen Bearbeitungszeiten zu bescheiden. Verletzen sie diese Pflichten schuldhaft, so können sich vom Grundsatz her daraus Schadensersatzansprüche aus Amtshaftung nach § 839 BGB, Art. 34 GG ergeben. Bei einem verweigerten gemeindlichen Einvernehmen können auch die Gemeinden schadensersatzpflichtig sein. Allerdings ist die Rechtsstellung auf Grund einer Bauvoranfrage schwächer als bei dem Antrag auf Erteilung einer Baugenehmigung. Denn anders als die Baugenehmigung berechtigt die Bebauungsgenehmigung nicht zur Ausführung von Bauarbeiten. 3027

Schadensersatz kann sich vor allem im Hinblick auf die **Veränderung der Rechtslage** ergeben, wenn die Baugenehmigungsbehörde eine Bauvoranfrage nicht zeitgerecht beschieden hat und sich die Rechtslage später zu Ungunsten des Antragstellers ändert und daher der ursprünglich bestehende Bauanspruch entfällt oder eingeschränkt wird. Wird etwa eine Bauvoranfrage im Hinblick auf eine beabsichtigte gemeindliche Veränderungssperre nicht beschieden und der Antrag später mit Hinweis auf die inzwischen in Kraft getretene Veränderungssperre abgewiesen, so liegt darin eine Amtspflichtverletzung.[6498] In derartigen Fällen ist ein Fortsetzungsfeststellungsantrag vor dem Verwaltungsgericht statthaft mit dem Ziel, die Rechtswidrigkeit der Nichterteilung der Bebauungsgenehmigung festzustellen.[6499] Dem Feststellungsantrag kann nicht der Einwand des **rechtmäßigen Alternativverhaltens** in dem Sinne entgegengehalten werden, dass die Gemeinde, wenn sie die Rechtslage erkannt hätte, einen Antrag auf Zurückstellung nach § 15 BauGB gestellt oder eine Veränderungssperre nach den §§ 16, 17 BauGB erlassen hätte.[6500] 3028

Auch schützt die erteilte Bebauungsgenehmigung nicht vor **Änderungen der Sach- oder Rechtslage** außerhalb des durch sie festgestellten Umfangs der planungsrechtlichen Zulässigkeit. Widerspricht das Vorhaben daher außerhalb des durch die Bebauungsgenehmigung festgestellten Inhalts öffentlich-rechtlichen Vorschriften, so ergeben sich daraus keine Amtshaftungsansprüche. Dies gilt nicht nur für den Fall, dass das Vorhaben von Anfang an öffentlich-rechtlichen Vorschriften außerhalb des Planungsrechts nicht entsprach. Auch bei einer nachträglichen Änderung der Sach- oder Rechtslage außerhalb der planungsrechtlichen Zulässigkeit kann das Vorhaben abgelehnt werden, ohne dass sich damit ein Amtshaftungsanspruch begründen ließe. Denn die Bebauungsgenehmigung schützt nicht vor einer Änderung der Sach- oder 3029

6498 OLG Frankfurt NVwZ-RR 1999, 620.
6499 BVerwG DVBl. 1998, 896.
6500 BVerwG NVwZ 1999, 523.

Rechtslage außerhalb ihres festgestellten Inhalts. Auch hier gilt der Grundsatz, dass der Bauherr das geringere Kostenrisiko einer Bebauungsgenehmigung gegen einen Verlust von Schadensersatzansprüchen aus dem Gesichtspunkt der Amtshaftung eintauscht, wenn sich im Nachhinein die Sach- oder Rechtslage zu seinen Ungunsten ändert. Der Bauherr muss sich daher entscheiden: Will er gegen eine Änderung der Sach- oder Rechtslage auch außerhalb der eigentlichen planungsrechtlichen Zulässigkeit geschützt sein, so muss er durch einen Bauantrag sicherstellen, dass entweder eine Baugenehmigung erreicht wird oder bei entsprechendem Verschulden Schadensersatz aus Amtshaftung zu leisten ist, wenn sich im Nachhinein die Sach- oder Rechtslage zu Ungunsten des Bauherrn ändert. Beschränkt sich der Bauherr dagegen auf eine Bauvoranfrage, so hat er ein geringeres Kostenrisiko, ist allerdings auch nicht geschützt dagegen, dass sich außerhalb der zur Prüfung gestellten Fragen die Sach- oder Rechtslage im Nachhinein zu Ungunsten des Bauherrn ändert.

3030 Bedeutsam sind die **Prüfungsgegenstände**, wie sie sich aufgrund der Bauvoranfrage ergeben. Lehnt die Behörde eine beantragte Bauvoranfrage zu mehreren Planungsvarianten mit unterschiedlicher baulicher Ausnutzung insgesamt ab, obwohl das Bauvorhaben jedenfalls nach einem der Vorschläge genehmigungsfähig gewesen wäre, so kann aus dem Umstand allein, dass die Antragsteller im Klageweg vorrangig auch die weitergehende Planung verfolgt haben, nicht zwingend der Schluss gezogen werden, sie hätten von der Genehmigung einer Variante mit geringerer baulicher Ausnutzung nicht Gebrauch gemacht. War die Bereitschaft erkennbar, sich jedenfalls auch mit einem Bauvorbescheid hinsichtlich einer genehmigungsfähigen Planung zu begnügen, ist die Pflichtverletzung für den Schaden ursächlich geworden, der ihnen dadurch entstanden ist, dass sie das Grundstück nicht unter Verwendung des Vorbescheids nach Ablauf einer zur Entscheidung über die Bauvoranfrage angemessenen Bearbeitungszeit veräußern konnten.[6501] Unter diesen Voraussetzungen kann daher die nicht rechtzeitig festgestellte Baulandqualität zu einem Schadensersatzanspruch führen. Derartige Ansprüche bestehen jedoch nur eingeschränkt. Bezogen auf die Bebauungsgenehmigung bestehen solche Ansprüche nur, wenn gerade die positive Entscheidung über die planungsrechtliche Zulässigkeit von Vorhaben Anknüpfungspunkt für den Schaden gewesen ist. Die Entschädigungspflicht bezieht sich nicht auf Schäden, die erst an die Baugenehmigung geknüpft sind und eine Baufreigabe voraussetzen.

3031 **f) Aufstellung eines fehlerhaften Bebauungsplans**. Drittbezogene Amtspflichten können auch bei der Aufstellung eines Bebauungsplans verletzt werden. Zwar erfolgt die Bauleitplanung grundsätzlich im öffentlichen Interesse. Gleichwohl bestehen für die Gemeinde Pflichten zur Berücksichtigung privater Interessen. Geht es um die Berücksichtigung von Rechtsgütern des **Lebens** und der **Gesundheit**, dann kann eine Missachtung der Anforderungen des planerischen Abwägungsgebots auch zu einer Verletzung von drittgerichteten Amtspflichten bedeuten, die einen Amtshaftungsanspruch auslösen können.[6502] Das gilt vor allem für die Überplanung von **Altlasten.**

3032 **g) Rechtswidrigkeitszusammenhang.** Zwischen der Amtshandlung und deren Rechtswidrigkeit muss ein Zusammenhang bestehen. Schadensereignisse, mit denen nach üblichem Verlauf nicht zu rechnen war, können den Rechtswidrigkeitszusammenhang unterbinden und damit einen Amtshaftungsanspruch entfallen lassen.

Beispiel: Führt ein ganz ungewöhnlicher und seltener Starkregen mit einer Wiederkehrzeit von mehr als hundert Jahren zu einem Rückstau in der Abwasserkanalisation und zu einem Wiederaustritt des Niederschlagswassers, kann sich die Gemeinde gegenüber der Anlagenhaftung aus § 2 HPflG auf höhere Gewalt berufen.[6503] Dasselbe gilt auch für Amtshaftungsansprüche.

3033 Da die Amtspflichtverletzung für den geltend gemachten Schaden ursächlich sein muss (sog. **haftungsbegründende Kausalität**), stellt sich die Frage, welcher Geschehensablauf mit welchen Folgen für das Vermögen des Anspruchstellers eingetreten wäre. ausgewirkt hätte.[6504] Die Versagung einer Baugenehmigung ist für einen Vermögensschaden des Antragstellers ursäch-

[6501] BGH NJW-RR 1994, 1171.

[6502] Kluth Amtshaftung in Wolff/Bachof/Stober/Kluth, Verwaltungsrecht II, 2023, § 67 Rn. 77; BGH DVBl. 1976, 173 (176); BGHZ 106, 323 (332); BGHZ 109, 380; BGHZ 110, 1 (10); Kümper in HBG, Öffentliches Baurecht, 2024, § 19 Rn. 24 ff.

[6503] BGH NVwZ 2005, 358.

[6504] BGHZ 96, 157 (171); BGH ZfBR 2001, 335 (337); BGH ZfBR 2001, 286; Ossenbühl/Cornils Staatshaftungsrecht, 2013, S. 73.

lich, wenn er das Grundstück entsprechend der Genehmigung hätte bebauen wollen und können. Zumindest im Zeitraum der Geltungsdauer der Baugenehmigung hätte der Antragsteller also auch wirtschaftlich in der Lage sein müssen, das beantragte Bauvorhaben selbst zu verwirklichen oder das Grundstück – mit der Baugenehmigung – an Dritte zu veräußern.[6505]

In der Rechtsprechung ist der Einwand rechtmäßigen Alternativverhaltes, dh des Fehlens 3034
eines Zurechnungszusammenhangs, wenn die Amtspflichtwidrigkeit eines behördlichen Handelns darauf beruht, dass ein Verfahrensfehler unterlaufen ist und man bei einem ordnungsgemäßen Verfahren zu der gleichen Entscheidung hätte kommen müssen weitgehend auch im Bereich bauplanungsrechtlicher Verfahren anerkannt.[6506] Aus der obergerichtlichen Rechtsprechung ergibt sich insoweit, dass im Rahmen der Betrachtung eines rechtmäßigen Alternativverhaltens zwar nicht nachträglich eine – rechtmäßige, aber tatsächlich nicht erfolgte – optionale Willensbildung fingiert werden kann,[6507] aber unterstellt werden kann, dass ein zu einem Formmangel führender Verfahrensfehler bei einem tatsächlich erfolgten Handeln der Verwaltung bei rechtmäßigem und amtspflichtgemäßem Verhalten der zuständigen Amtsträger vermieden worden wäre Erörtert wird dazu, ob eine Ursächlichkeit der Amtspflichtverletzung für den Schaden ausgeschlossen ist, wenn dieser auch bei amtspflichtgemäßem Verhalten eingetreten wäre oder bei amtspflichtgemäßem Verhalten hätte verursacht werden dürfen (**Rechtmäßiges Alternativverhalten**).[6508] An der Ursächlichkeit der Amtspflichtverletzung für den geltend gemachten Vermögensschaden kann es fehlen, wenn die Versagung einer Baugenehmigung oder eines Bauvorbescheides zwar nicht mit der von der Baugenehmigungsbehörde gegebenen, wohl aber mit einer anderen Begründung zulässig oder geboten ist.[6509]

4. Rechtswidrige Versagung gemeindlichen Einvernehmens

Über die Zulässigkeit von Vorhaben nach den §§ 31, 33 bis 35 BauGB wird nach § 36 I 1 3035
BauGB im bauaufsichtlichen Verfahren von der Baugenehmigungsbehörde im Einvernehmen mit der Gemeinde entschieden. Das Einvernehmen der Gemeinde ist auch erforderlich, wenn in einem anderen Verfahren über die Zulässigkeit nach den in § 36 I 1 BauGB bezeichneten Vorschriften entschieden wird; dies gilt nicht für Vorhaben der in § 29 I BauGB bezeichneten Art, die der Bergaufsicht unterliegen (§ 36 I 2 BauGB).[6510] Verweigert die Gemeinde ihr Einvernehmen zu Unrecht, weil das Bauvorhaben nach den §§ 31, 33 bis 35 BauGB planungsrechtlich zulässig ist, dann liegt darin eine Amtspflichtverletzung.[6511]

Im Baugenehmigungsverfahren obliegen der Gemeinde bei der Verweigerung des gemeind- 3036
lichen Einvernehmens nach § 36 I BauGB jedoch keine den Bauwilligen schützenden Amtspflichten, wenn die Baugenehmigungsbehörde nach § 36 II 3 BauGB iVm landesrechtlichen Vorschriften das rechtswidrig verweigerte Einvernehmen ersetzen kann.[6512] Zur Begründung dieser Ansicht führt der BGH aus, soweit der Baugenehmigungsbehörde die Befugnis eingeräumt sei, das versagte gemeindliche Einvernehmen zu ersetzen, werde ihre Prüfungs- und Entscheidungskompetenz erweitert. Sie umfasse nicht nur die Frage, ob ein gemeindliches Einvernehmen erforderlich sei, sondern auch, ob die Verweigerung der Gemeinde rechtswidrig sei. Die Bindungswirkung der negativen Entscheidung der Gemeinde für die Baugenehmi-

[6505] BGHZ 58, 124; NVwZ 1992, 1119; NJW 1994, 1647; ZfBR 2008, 175; de Witt/Krohn/Durinke in Hoppenberg/de Witt, Handbuch des öffentlichen Baurechts. 2022, Rn. 127.

[6506] OLG Hamm Urt. v. 9.12.2016 – I-11 U 55/16, juris Rn. 70; BGH NVwZ 2004, 1143; NVwZ 2002, 124; OLG Düsseldorf Urt. v. 16.6.2004 – I-18 U 159/03, BeckRS 2009, 9148; OLG Jena NVwZ-RR 2001, 702; OLG Köln Urt. v. 20.10.1994 – 7 U 68/94, juris Rn. 12.

[6507] BGH NVwZ 2002, 124; BGH NVwZ 2000, 1206.

[6508] de Witt/Krohn/Durinke in Hoppenberg/de Witt, Handbuch des öffentlichen Baurechts. 2022, Rn. 130; Kümper in HBG, Öffentliches Baurecht, 2024, § 19 Rn. 13; Ossenbühl/Cornils Staatshaftungsrecht, S. 74; Rohlfing BauR 2006, 947 (950 ff.);

[6509] BGH Urt. v. 26.3.1997 – III ZR 114/96, BeckRS 1997, 31118221; BGH ZfBR 2001, 335; Stüer BauR 2000, 1431 (1435).

[6510] Zum Einvernehmen bei Bauvorhaben unter Bergaufsicht BVerwG NVwZ 2017, 632; Beckmann BauR 2015, 1757; zum Klagerecht der Gemeinde bei Ersetzung ihres Einvernehmens nach § 36 BauGB Beutling/Pauli BauR 2010, 418.

[6511] Kümper in HBG, Öffentliches Baurecht, 2024, § 19 Rn. 15.

[6512] BGH NVwZ 2011, 249 = juris Rn. 13; kritisch dazu de Witt/Krohn/Durinke in Hoppenberg/de Witt, Handbuch des öffentlichen Baurechts. 2022, Rn. 102; siehe auch Greim/Michl Jura 2012, 373; Singbart/Wehowsky NVwZ 2013, 1525

gungsbehörde sei aufgehoben. Die Behörde sei mithin nicht mehr unter Umständen gezwungen, den Antrag auf Genehmigung eines an sich genehmigungsfähigen Bauvorhabens sehenden Auges allein wegen des rechtswidrig verweigerten Einvernehmens abzulehnen. Der maßgebliche Grund für die Annahme einer drittgerichteten Amtspflicht seitens der Gemeinde bei der Entscheidung über die Erteilung des Einvernehmens und damit ihrer haftungsrechtlichen Verantwortlichkeit zum Bauherrn – die Bindungswirkung ihrer Versagung für die Baugenehmigungsbehörde, obschon es sich bei dem gemeindlichen Einvernehmen nur um ein Verwaltungsinternum handele – sei entfallen.[6513]

3037 Nach anderer Ansicht stellt sich die Rechtslage in unterschiedlichen Fallgestaltungen wie folgt dar: Bestätigt die zuständige Baubehörde die rechtswidrige Versagung des Einvernehmens, haften beide gesamtschuldnerisch gem. § 840 BGB. Das soll ebenso gelten, wenn die nach Landesrecht zuständige Behörde die Fehlerhaftigkeit des versagten Einvernehmens erkennt, jedoch nichts unternimmt.[6514] Ersetzt die Behörde das versagte Einvernehmen, bleibt es bei einer Amtshaftung der Gemeinde für den möglichen Verzögerungsschaden. Der von einer Gemeinde gegen die Baugenehmigung unbegründet eingelegte Rechtsbehelf kann zur Haftung der Gemeinde führen. Denn auch der Gebrauch von Rechtsbehelfen zur Durchsetzung amtspflichtwidriger Beschlüsse stellt eine Amtspflichtverletzung dar.[6515]

3038 Die zuständigen **Amtsträger** der **Gemeinde** haben auch die Amtspflicht gegenüber einem Bauwilligen, die Erteilung der von ihm begehrten Baugenehmigung, auf die er einen Anspruch hat, nicht durch ein Verhalten zu hindern, das die Bauaufsichtsbehörde als unberechtigte Verweigerung des für erforderlich gehaltenen Einvernehmens nach § 36 BauGB werten muss. Dabei macht es keinen Unterschied, aus welchem Rechtsgrund das Einvernehmen der Gemeinde entbehrlich war.

5. Rechtswidrige Veränderungssperren und Zurückstellungen

3039 Die Versagung einer Baugenehmigung auf der Grundlage einer rechtswidrigen Veränderungssperre gem. § 14 BauGB stellt eine Amtspflichtverletzung dar.[6516] Ein Amtshaftungsanspruch gegen die Gemeinde wegen des Erlasses einer rechtswidrigen Veränderungssperre kann daran scheitern, dass die beim Erlass einer Veränderungssperre zu beachtenden Amtspflichten regelmäßig nur gegenüber der Allgemeinheit, nicht gegenüber einzelnen „Dritten" bestehen. Denkbar ist ein Amtshaftungsanspruch jedoch, wenn die Veränderungssperre gezielt der Verhinderung eines bestimmten Vorhabens dienen soll und sie sich aus diesem Grunde als rechtswidrig erweist.[6517]

3040 Wird eine rechtswidrige Veränderungssperre von der Baugenehmigungsbehörde als wirksam behandelt und mit Verweis darauf eine Baugenehmigung versagt, kommt ein Anspruch wegen eines sog. enteignungsgleichen Eingriffs gegen die Gemeinde in Betracht, wenn dadurch Bau- und Veränderungsmöglichkeiten vereitelt wurden.[6518] Nach der Rechtsprechung des BGH ist dazu jedoch zwischen formellen und materiellen Fehlern der Veränderungssperre zu unterscheiden. Stets entschädigungspflichtig sollen danach materielle Mängel der Veränderungssperre, nicht jedoch Verfahrensfehler, wenn und soweit eine Veränderungssperre wirksam hätte erlassen werden können und insoweit aufgrund der „Situationsgebundenheit" des Grundeigentums als Inhalts- und Schrankenbestimmung iSd Art. 14 I 2 GG hätte hingenommen werden müssen.[6519] Wird ein Amtshaftungsanspruch wegen rechtswidriger Verzögerung einer Baugenehmigung darauf gestützt, dass eine Veränderungssperre, auf der diese Verzögerung beruht, unwirksam sei, so hat das Amtshaftungsgericht, das die Sperre für wirksam hält, zu prüfen, ob

---

6513 BGH NVwZ 2011, 249 = juris Rn. 13.

6514 Zur Haftung für die rechtswidrige Nichtersetzung des gemeindlichen Einvernehmens Snjka BauR 2023, 1596; BGH Urt. v. 25.10.2012 – III ZR 29/12, juris.

6515 de Witt/Krohn/Durinke in Hoppenberg/de Witt, Handbuch des öffentlichen Baurechts. 2022, Rn. 105.

6516 de Witt/Krohn/Durinke in Hoppenberg/de Witt, Handbuch des öffentlichen Baurechts. 2022, Rn. 112.

6517 BGHZ 170, 99 Rn. 12; Schlick BauR 2008, 290 (294); Runkel/Wahlhäuser in EZBK BauGB, 2023, § 18 Rn. 25.

6518 Kümper in HBG, Öffentliches Baurecht, 2024, § 19 Rn. 18.

6519 BGHZ 58, 124 (129 ff.); BGHZ 78, 152 (159 ff.); ablehnend dazu Schmitt-Kammler NJW 1990, 2515; Greim/Michl Jura 2012, 373 (378); Hager/Kirchberg NVwZ 2002, 538 (542); Kümper in HBG, Öffentliches Baurecht, 2024, § 19 Rn. 18.

der Anspruch sich (teilweise) daraus herleiten lässt, dass die zeitliche Geltungsdauer der Sperre nicht beachtet worden ist.[6520]

Ob Amtshaftungsansprüche gegen den Rechtsträger einer Baugenehmigungsbehörde geltend gemacht werden können, wenn diese die Erteilung der beantragten Baugenehmigung mit Verweis auf eine rechtswidrige Veränderungssperre ablehnt, hängt davon ab, ob sie die Rechtswidrigkeit der Veränderungssperre kannte oder hätte kennen müssen und ob und inwieweit ihr als Baugenehmigungsbehörde eine **Normverwerfungskompetenz** zusteht. Grundsätzlich besteht dazu Skepsis.[6521] 3041

Wird auf Antrag der Gemeinde nach § 15 I 1 BauGB ein Baugenehmigungsantrag von der Baugenehmigungsbehörde zurückgestellt, obwohl die Voraussetzungen hierfür nicht vorliegen, kann der Bauantragsteller einen Anspruch nur gegen den Rechtsträger der Baugenehmigungsbehörde geltend machen, weil diese in eigener Verantwortung die Voraussetzungen für eine Zurückstellung nach § 15 I1 BauGB prüfen muss.[6522] 3042

Legt ein Bauherr gegen die auf § 15 BauGB gestützte Zurückstellung seines Baugesuches Widerspruch ein, so hat die Bauaufsichtsbehörde mit Rücksicht auf dessen aufschiebende Wirkung die Amtspflicht, die Bearbeitung fortzusetzen, solange kein Sofortvollzug angeordnet ist.[6523] Eine Gemeinde ist auch nicht berechtigt, die Entscheidung über eine Bauvoranfrage über die angemessene Bearbeitungszeit hinauszuzögern, wenn das Bauvorhaben nach der noch gültigen Rechtslage planungsrechtlich zulässig, aber ein noch nicht verkündeter Beschluss über die Aufstellung eines Bebauungsplans mit anders gearteten Zielen vorliegt.[6524] 3043

6. Verschulden

Die Verletzung der Amtshandlung muss schuldhaft sein.[6525] Von einem Beamten wird grundsätzlich verlangt, dass er über die erforderlichen Kenntnisse für die Ausübung seines Amtes verfügt. Ggf. hat er den fachlichen Rat eines Sachverständigen oder juristischen Rat einzuholen. Bei einer fehlerhaften behördlichen Entscheidung fehlt es an einem haftungsbegründenden Verschulden des Amtsträgers, wenn sich von **mehreren** die Entscheidung selbständig tragenden **Begründungen** auch nur eine als unverschuldet erweist.[6526] Auch wenn die Ablehnung einer Bauvoranfrage objektiv rechtswidrig war, weil sie sich auf einen nicht wirksamen Bebauungsplan gründet, steht dem antragstellenden Grundstückseigentümer wegen der verzögerten Bescheidung seiner Bauvoranfrage kein Amtshaftungsanspruch gegen die Gemeinde zu, wenn die zuständigen Amtsträger bei der rechtswidrigen Entscheidung nicht schuldhaft gehandelt haben, weil sie die Unwirksamkeit des Bebauungsplans nicht ohne weiteres erkennen konnten und weil die Ablehnung der Bauvoranfrage bei unterstellter Wirksamkeit des Bebauungsplans rechtsfehlerfrei erfolgt ist.[6527] 3044

Ein **Verschulden** der Behörden scheidet regelmäßig aus, wenn ein **Kollegialgericht** die Handlung des Amtswalters als rechtmäßig beurteilt hat.[6528] Auch die Entscheidung über den Antrag auf Erlass einer einstweiligen Anordnung nach § 123 VwGO unterfällt als ein „urteilsvertretendes Erkenntnis" dem Spruchrichterprivileg des § 839 II 1 BGB. Gleiches gilt für den Arrest und die einstweilige Verfügung im Zivilprozess, auch soweit die Entscheidung durch Beschluss ohne mündliche Verhandlung ergeht.[6529] Ausnahmsweise wird in derartigen Fällen ein Verschulden dann angenommen, wenn das Gericht von einem unzutreffenden Sachverhalt 3045

6520 BGH NVwZ 2007, 485 zur Verzögerung der Baugenehmigung wegen einer Veränderungssperre.

6521 ablehnend OVG Münster Urt. v. 30.6.2005 – 20 A 3988/03, juris Rn. 60 ff. mwN; VG Arnsberg BeckRS 2021, 10420, Rn. 26; BayVGH Urt. v. 1.4.1982 – 15 N 81 A.1679, juris; BGH NVwZ 2013, 167; Runkel in Bielenberg/Runkel/Spannowsky, ROG, 2020, § 5 Rn. 71; aA Schrödter/Kukk in Schrödter BauGB, 2019, § 10 Rn. 12 ff.; OVG Lüneburg NVwZ 2000, 1061 zur Veränderungssperre; offen gelassen von VGH BW NVwZ 2016, 398; siehe dazu auch Reidt in BKL, BauGB, 2022, § 10 Rn. 10.

6522 de Witt/Krohn/Durinke in Hoppenberg/de Witt, Handbuch des öffentlichen Baurechts. 2022, Rn. 115; Kümper in HBG, Öffentliches Baurecht, 2024, § 19 Rn. 21.

6523 BGH NVwZ 2002, 123.

6524 BGH NVwZ 2002, 124; BVerwG BauR 2004, 1263.

6525 Näher dazu Kluth Amtshaftung in Wolff/Bachof/Stober/Kluth, Verwaltungsrecht II, 2023, § 67 Rn. 94 ff.

6526 BGH NJW 2005, 748; Kühne DVBl. 2005, 978.

6527 BGH NVwZ 1998, 1329.

6528 BGH NVwZ 1998, 879; BVerwG NVwZ 2001, 1040.

6529 BGH NJW 2005, 436; BGHZ 155, 306; Schenke JZ 2005, 680; Meyer NJW 2005, 864.

ausgegangen ist oder die gerichtliche Beurteilung offenkundig fehlerhaft und unvertretbar war. Aber auch bei einer den behördlichen Standpunkt nicht bestätigenden Gerichtsentscheidung ist das Verschulden nicht sozusagen automatisch gegeben. Vielmehr sind die beteiligten Behörden berechtigt, gegen anders lautende Gerichtsentscheidungen Rechtsmittel einzulegen und zunächst den Ausgang dieser Verfahren abzuwarten. Dies gilt umso mehr in einem Bereich, der erst seit einiger Zeit Gegenstand der obergerichtlichen Rechtsprechung gewesen ist und in dem eine vollständige gerichtliche Klärung noch nicht vorliegt.[6530]

7. Vorrang des Primärrechtsschutzes bei der Amtshaftung

3046 Ein Amtshaftungsanspruch besteht nicht, wenn der Verletzte es vorsätzlich oder fahrlässig unterlassen hat, den Schaden durch Gebrauch eines Rechtsmittels abzuwenden (§ 839 III BGB). Auch im Amtshaftungsrecht gilt daher der Grundsatz des Primärrechtsschutzes.[6531] Zu den erforderlichen Rechtsmitteln kann auch ein Eilantrag gehören, im Wege des einstweiligen Rechtsschutzes eine Baueinstellung zu erreichen.[6532] Der Begriff des Rechtsmittels ist – ausgehend von dem Gedanken eines umfassenden Vorrangs des Primärrechtsschutzes – nicht ausschließlich im prozesstechnischen Sinne zu verstehen, sondern schließt alle Rechtsbehelfe ein, die sich gegen eine rechtswidrige staatliche Handlung oder Unterlassung richten und sowohl deren Beseitigung oder Berichtigung als auch die Abwendung des Schadens zum Ziel haben und herbeizuführen generell geeignet sind. Daher unterfallen dem Rechtsmittelbegriff regelmäßig auch formlose, nicht zwingend normativ geregelte Rechtsbehelfe, wie bloße Vorhalte, Erinnerungen, Gegenvorstellungen, Dienstaufsichtsbeschwerden, (einfache) Rück- bzw. Nachfragen, oder die Stellung von (Leistungs-)Anträgen.[6533]

8. Anderweitige Ersatzmöglichkeit – Mitverschulden

3047 Eine Ersatzpflicht tritt nicht ein, wenn eine anderweitige Ersatzmöglichkeit besteht (§ 839 I BGB).[6534] Das gilt auch, wenn der Geschädigte es schuldhaft unterlassen hat, einen bei ihm eintretenden Schaden durch entsprechende Rechtsschutzmöglichkeiten abzuwenden. Der Schadensersatzanspruch kann auch aufgrund eines Mitverschuldens ganz oder teilweise entfallen.

3048 Macht der Erwerber eines Grundstücks Amtshaftungsansprüche im Hinblick auf das Vertrauen einer erteilten, **rechtswidrigen Baugenehmigung** geltend, dann muss er nach Möglichkeit gegenüber dem Kaufvertrag einen Wandlungsanspruch geltend machen. Der Anspruch auf Ausgleich des Vermögensnachteils nach § 48 III VwVfG ist zwar nicht subsidiär gegenüber zivilrechtlichen Gewährleistungsansprüchen. Das schließt jedoch nicht aus, im Rahmen des Vertrauens auf den Bestand einer Baugenehmigung eine wegen fehlender Bebaubarkeit des Grundstücks mögliche, aber nicht rechtzeitig geltend gemachte Rückabwicklung eines Grundstückskaufvertrags als anspruchsausschließendes Mitverschulden zu werten. Es entbehrt auch nicht eines rechtfertigenden Grundes, den Erwerber eines Grundstücks, der das Baurecht nicht selbst beantragt hat, sondern vom Verkäufer erwerben wollte, nach Rücknahme der Baugenehmigung auf einen bestehenden Wandlungsanspruch gegen den Verkäufer zu verweisen. Erhält der Erwerber gegen Rückgabe des Grundstücks den gezahlten Kaufpreis zurück, verbleibt ihm insoweit kein Vermögensnachteil. Dem Grundstücksveräußerer entgeht der Verkaufsgewinn; dieser wird gemäß § 48 III VwVfG jedoch nicht ersetzt.[6535]

9. Umfang des Schadensersatzes

3049 Ist ein Schadensersatzanspruch aus Amtshaftung vom Grunde her gegeben, ist Schadensersatz für alle Schäden zu leisten, die auf der rechtswidrigen und schuldhaften Amtshandlung beruhen. Der Amtshaftungsanspruch richtet sich abweichend vom Grundsatz der Naturalrestitution

---

6530 Zur Verjährung BGHZ 103, 242; BGHZ 122, 317; NVwZ 2001, 468.

6531 Grundlegend BVerfG NJW 1982, 745; siehe allerdings auch BGH NVwZ 2007, 362.

6532 OLG München OLGR München 2005, 788.

6533 OVG Münster Beschl. v. 28.9.2023 – 1 A 686/21, juris Rn. 22.

6534 BGH NVwZ 2007, 362; zum Mitverschulden siehe auch de Witt/Krohn/Durinke in Hoppenberg/de Witt, Handbuch des öffentlichen Baurechts. 2022, Rn. 137.

6535 BVerwG BBB 2007, Nr. 6, 58.

in der Regel auf Ersatz in Geld, allenfalls auf Wertersatz, nicht jedoch auf Wiedergutmachung durch eine dem Amt zuzurechnende Handlung.[6536]

Beispiel: Wird dem Geschädigten im Rahmen eines Umlegungsverfahrens bei der Überplanung eines Baugebiets für sein bebaubares Einwurfsgrundstück anstatt eines werthaltigen Baugrundstücks ein nicht bebaubares Altlastengrundstück zugewiesen, richtet sich der Schadensersatzanspruch auf Ersatz des hypothetischen Werts des dem Geschädigten bei amtspflichtgemäßem Verfahren zuzuteilenden Grundstücks.[6537]

Die geltend gemachten Schäden müssen auch jeweils in den Schutzbereich der Norm einbezogen sein, wozu auch die Begrenzung der Amtshaftungsansprüche durch die Drittgerichtetheit der Amtspflichten zählt. Nicht alle Schäden, die sich im Zusammenhang mit der Erteilung oder Versagung von Bauverwaltungsakten ergeben können, sind in den Schutzbereich der Amtspflichten einbezogen. Das gilt etwa für die Maklerprovision, die ein Dritter im Falle des zu Stande gekommenen Veräußerungsvertrages erhalten hätte.[6538] Denn die Amtspflichten bestehen in aller Regel nur gegenüber dem Antragsteller der Bauvoranfrage, nicht gegenüber Dritten, zu denen auch der Grundstückseigentümer rechnet. Schäden, die dieser im Hinblick auf die zögerliche Behandlung einer Bauvoranfrage erleidet, sind daher nicht in den Schutzbereich der behördlichen Amtspflichten aufgenommen. So verliert der Grundsatz, dass der Grundstückseigentümer trotz eines erheblichen wirtschaftlichen Interesses an der Durchführung des Bauvorhabens in aller Regel nicht „Dritter" iS des § 839 I BGB ist, wenn der Bauantrag von einem anderen gestellt worden ist, auch dann nicht seine Geltung, wenn der Eigentümer in dem Verwaltungsrechtsstreit des Antragstellers über die Rechtmäßigkeit des Bauverwaltungsaktes beigeladen worden ist.[6539] Denn besteht auf Seiten des Grundstückseigentümers oder -käufers kein konkretes Interesse an der Durchführung eines bestimmten Bauvorhabens, vermag das nur allgemeine wirtschaftliche Interesse an der Bebaubarkeit des Grundstücks diese nicht in den Schutzbereich der Amtspflichten eines Verwaltungsverfahrens einzubeziehen.[6540] Umgekehrt kann allerdings die Amtspflicht der Bauaufsichtsbehörde, einen inhaltlich unrichtigen positiven Bauvorbescheid nicht zu erteilen, drittschützende Wirkung auch zugunsten eines künftigen Käufers entfalten, der das Grundstück im Vertrauen auf jenen Bescheid von dessen ursprünglichem Adressaten erwirbt. 3050

Da die Bebauungsgenehmigung keine Baufreigabe beinhaltet und daher nicht zum Beginn der Baumaßnahmen berechtigt, können Verzögerungsschäden aus der Nichterteilung der Bebauungsgenehmigung grundsätzlich nicht abgeleitet werden. Denn die Bebauungsgenehmigung berechtigt nicht zum Beginn der Bauausführung. Verzögerungsschäden im Hinblick auf eine verspätet erteilte Bebauungsgenehmigung sind daher entschädigungsrechtlich ohne Belang. Wenn der Bauherr daher keine Baugenehmigung beantragt und lediglich einen Antrag auf Bauvoranfrage stellt, tauscht er das geringere Kostenrisiko gegen einen Verlust von Ansprüchen ein, die sich aus möglichen Verzögerungsschäden ergeben. 3051

Zu den Amtspflichten einer **Katastrophenschutzbehörde** kann bei drohendem **Deichbruch** auch die Pflicht zur Warnung vor Überschwemmungen gehören. Erstattungspflichtig sind aber solche Schäden nicht, die sich nur bei Missachtung des Inhalts der Warnung vermeiden ließen etwa Schäden an im Keller befindlichen Gegenständen, wenn vor einem Betreten des Kellers wegen Lebensgefahr hätte gewarnt werden müssen.[6541] 3052

10. Anspruchskonkurrenz

Neben Amtshaftungsansprüchen können auch andere Ansprüche in Betracht kommen. Hierzu zählen vertragliche Ansprüche aber auch eine verschuldensunabhängige Haftung von Bauordnungsbehörden.[6542] 3053

6536 BGH NVwZ 2003, 1285 zu einem Altlastengrundstück im Umlegungsverfahren.
6537 BGH NVwZ 2003, 1285.
6538 BGHZ 125, 258.
6539 BGH NJW 1994, 2091.
6540 BGH NJW 1991, 2596.
6541 BGH NVwZ-RR 2005, 149 zur Überschwemmung durch Deichbruch; VersR 1994, 935.
6542 de Witt/Krohn/Durinke in Hoppenberg/de Witt, Handbuch des öffentlichen Baurechts, 2022, Rn. 257 ff.

Beispiel: Beim Betrieb einer gemeindlichen Abwasserkanalisation besteht zwischen der Gemeinde und dem einzelnen Anschlussnehmer ein öffentlich-rechtliches Schuldverhältnis, das eine Haftung für Erfüllungsgehilfen entsprechend § 278 BGB begründen kann. In den Schutzbereich dieses Schuldverhältnisses ist auch der Mieter des angeschlossenen Grundstücks einbezogen.[6543]

3054 Bei einer rechtswidrigen Versagung einer Baugenehmigung oder eines Bauvorbescheides kommt auch ein Anspruch wegen eines sog. enteignungsgleichen Eingriffs in Betracht, weil der BGH den Baugenehmigungsanspruch dem Schutzbereich des Art. 14 I 1 GG zuordnet und die Vereitelung dieses Anspruchs durch Versagung bzw. Verzögerung der Genehmigung als ein „qualifiziertes Unterlassen", welches die erforderliche Eingriffsqualität aufweist, bewertet.[6544] Der Entschädigungsumfang kann jedoch hinter dem Schadensersatzersatzanspruch nach dem Amtshaftungsrecht zurückbleiben, weil die Entschädigung nur den Eingriff in die Substanz des Eigentums ausgleicht. Auch die Erteilung einer Baugenehmigung kann zu einem enteignungsgleichen Eingriff führen, wenn ihr Vollzug unmittelbare Auswirkungen auf Recht eines Nachbarn hat.[6545]

3055 Für die Bauaufsichtsbehörden und Gemeinden können sich aus den unterschiedlichen Haftungsgrundlagen vor allem versicherungsrechtlich erhebliche Unterschiede ergeben: Für schuldhafte Amtspflichtverletzungen tritt der kommunale Schadensausgleich ein. Für die verschuldensunabhängige Haftung der Bauaufsichtsbehörden besteht ein solcher Versicherungsschutz nicht.

VI. Verschuldensunabhängige Haftung der Bauordnungsbehörden

3056 Verschuldensunabhängige Ansprüche können sich aus dem Gefahrenabwehrrecht der Länder ergeben.[6546] Die Länderregelungen sind allerdings unterschiedlich.[6547] Entschädigungsansprüche könne bei rechtmäßigen und bei rechtswidrigen Maßnahmen entstehen.

3057 Während in NRW für das Handeln der Bauaufsichtsbehörden auf das Ordnungsbehördenrecht und damit auch auf das Entschädigungsrecht verwiesen wird,[6548] ist die Rechtslage in anderen Bundesländern nicht so eindeutig. § 80 NSOG etwa ordnet einen angemessenen Ausgleich an, wenn eine Person durch eine rechtswidrige Maßnahme der Verwaltungsbehörde oder der Polizei einen Schaden erleidet. Die Haftung geht damit über Ansprüche hinaus, die ein Nichtstörer im Falle einer rechtmäßigen Inanspruchnahme durch die Polizei schon nach dem Allgemeinen Polizeirecht hatte[6549] und bezieht sich auch auf Schäden durch rechtswidrige behördliche Maßnahmen. Unklar ist dabei allerdings, ob darunter auch das Handeln der Bauaufsichtsbehörden oder nur das Handeln der Polizei bei Maßnahmen der Gefahrenabwehr fällt. Denn in unterschiedlicher Weise und teilweise auch mit unterschiedlichem Inhalt sprechen die

---

[6543] BGH DÖV 2007, 386. Zur Haftung der Gemeinde für die Verletzung von Schutz- und Obhutspflichten bei Bauarbeiten nahe der Abwasserleitung durch einen von der Gemeinde beauftragten Unternehmer BGH NJW 2007, 1061

[6544] BGHZ 65, 182 (188); BGHZ 125, 258 (264); BGHZ 146, 365; NVwZ 1992, 1119 (1121); NVwZ 1998, 1329 (1330); NVwZ 2002, 124 (125); Ossenbühl/Cornils Staatshaftungsrecht, S. 291, 308 ff.; Kümper in HBG, Öffentliches Baurecht, 2024, § 19 Rn. 14.

[6545] BGH NJW 2001, 3054; de Witt/Krohn/Durinke in Hoppenberg/de Witt, Handbuch des öffentlichen Baurechts. 2022, Rn. 259.

[6546] de Witt/Krohn/Durinke in Hoppenberg/de Witt, Handbuch des öffentlichen Baurechts, 2022, Rn. 279.

[6547] Kümper in HBG, Öffentliches Baurecht, 2024, § 19 Rn. 7; Schoch/Kießling Polizei- und Ordnungsrecht in Schoch/Eifert Besonderes Verwaltungsrecht, 2023, Kap. 1 Rn. 1003 ff.; den Versuch einer Systematisierung der Entschädigung für polizeiliches Einscheiten unternehmen Spitzlei/Hautkappe DÖV 2018, 134.

[6548] Näher dazu Hellhammer-Hawig/Grüner in Schoenbroicher/Kamp/Henkel, Bauordnung Nordrhein-Westfalen. 2022, § 74 Rn. 67 ff.; Dietlein Polizei- und Ordnungsrecht, in Dietlein/Hellermann, Öffentliches Recht in Nordrhein-Westfalen, 2022, § 3 Rn. 277.

[6549] § 70 Preußisches Polizeiverwaltungsgesetz v. 1.6.1931: „In den Fällen des § 21 (Inanspruchnahme eines Nichtstörers) kann, sofern die Entschädigungspflicht nicht in anderen gesetzlichen Vorschriften geregelt ist, derjenige, gegen den die polizeiliche Maßnahme getroffen ist, Ersatz des ihm durch die Maßnahme entstandenen Schadens verlangen. Dies gilt nicht, soweit die Maßnahme zum Schutz seiner Person oder seines Vermögens getroffen ist". § 72 Pr. Polizeiverwaltungsgesetz ordnete einen Erstattungsanspruch des In Anspruch Genommenen gegen den Handlungs- oder Zustandsstörer an.

Polizeigesetze von Maßnahmen der Polizei, Maßnahmen der Verwaltungsbehörde(n) oder der Polizei, Maßnahmen der (allgemeinen) Ordnungsbehörde(n) oder der Polizei oder von Maßnahmen der Sicherheitsbehörden oder der Polizei. In zehn Bundesländern haben die Landesgesetzgeber verschuldensunabhängige Entschädigungsansprüche geregelt; in den anderen Bundesländern werden verschuldensunabhängige Entschädigungsansprüche als Ausprägung des allgemeinen Aufopferungsgedanken eingeordnet.[6550]

Nach § 39 I b OBG NRW haben die Ordnungsbehörden für rechtswidrige Maßnahmen zu haften. Nach § 58 I 1 BauO NRW sind die den Bauaufsichtsbehörden obliegenden Aufgaben solche der Gefahrenabwehr. Denn der Begriff der „Maßnahme" ist bewusst weit gefasst. Es rechnet hierzu die rechtswidrige Versagung von Baugenehmigungen oder positive Bauvorbescheide gegenüber dem Bauherrn[6551] und rechtswidriger Erteilung gegenüber dem Nachbarn,[6552] die Erteilung einer Baugenehmigung und die Befreiung von den Festsetzungen eines Bebauungsplans durch die Baugenehmigungsbehörde,[6553] die Inanspruchnahme eines Grundstücks zur Abwehr einer vom Nachbargrundstück drohenden Gefahr,[6554] sowie die Zurückstellung nach § 15 BauGB und die Ablehnung eines Baugesuchs durch die Baugenehmigungsbehörde.[6555] In NRW ist daher die Bauaufsichtsbehörde eine Ordnungsbehörde iS des § 39 I b OBG NRW. Dabei ist nicht entscheidend, aus welchen rechtlichen Gründen die Bauaufsichtsbehörde tätig wurde. Daher kann eine Haftung nach § 39 I b OBG sowohl für die Erteilung als auch für die Versagung einer Baugenehmigung gegeben sein.[6556] Auch im Bereich des Ausländerrechts, des Straßenverkehrsrechts,[6557] des Gaststätten- und Gewerberechts[6558] oder des Naturschutzrechts können sich daher in NRW Schadensersatzansprüche ergeben, wenn die Behörden auf dem Gebiet der umfassend zu verstehenden Gefahrenabwehr tätig werden. Umfasst sind danach in NRW auch auf anderer gesetzlicher Grundlage als der des OBG alle behördlichen Maßnahmen mit dem Ziel der Gefahrenabwehr. 3058

Ein Ersatzanspruch besteht nach § 39 II OBG NRW nicht, a) soweit die geschädigte Person auf andere Weise Ersatz erlangt hat oder b) wenn durch die Maßnahme die Person oder das Vermögen der geschädigten Person geschützt worden ist. Dieser Haftungsausschluss ähnelt zwar § 839 I 2 BGB, geht allerdings weiter, weil er auch greift, wenn den Beamten mehr als Fahrlässigkeit zur Last gelegt wird, und bleibt hinter § 839 I 2 BGB zurück, weil er voraussetzt, dass der Geschädigte nicht nur anderweitig Ersatz zu erlangen vermag, sondern bereits erlangt hat.[6559] Begrenzt wird der Anspruch dadurch, dass eine Entschädigung nur für Vermögensschäden, nicht aber zum Ausgleich entgangenen Gewinns gewährt wird.[6560] Weitergehende Ansprüche aufgrund einer Amtspflichtverletzung bleiben nach § 40 V OGB NRW allerdings unberührt. 3059

Im Gegensatz dazu hat der BGH für § 68 I PVG Rh.-Pf. aF eine Haftung der Baugenehmigungsbehörden verneint.[6561] Die Vorschrift bezog sich nur auf Maßnahmen der Polizei, zu der die Bauordnungsbehörden nicht rechnen.[6562] Auch in der Literatur herrscht die Auffassung vor, dass es für die Möglichkeit eines Schadensersatzanspruchs gegenüber der Bauaufsichtsbehörde auf den jeweiligen Wortlaut der einschlägigen landesrechtlichen Regelungen ankommt. Nur 3060

6550 Schoch/Kießling Polizei- und Ordnungsrecht in Schoch/Eifert Besonderes Verwaltungsrecht, 2023, Kap. 1 Rn. 1026.

6551 BGHZ 72, 273; ZfBR 1982, 131; BGHZ 84, 292; ZfBR 1993, 292; ZfBR 1990, 88; NJW 2994, 2355 zur Inanspruchnahme eines Nichtstörers.

6552 BGH NJW 1979, 34 zur zu Unrecht erteilter Baugenehmigung.

6553 BGHZ 72, 273; BauR 1979, 44.

6554 BGH RzW 1981, 155.

6555 BGH ZfBR 1982, 131; BGHZ 84, 292; ZfBR 1990, 88.

6556 Ebenso BGH ZfBR 1993, 292; ZfBR 1994, 184.

6557 BGHZ 99, 249.

6558 BGH NJW 1986, 182 zur Entziehung der Erlaubnis zum Betrieb einer Gaststätte gem. § 15 GastG.

6559 Dietlein Polizei- und Ordnungsrecht, in Dietlein/Hellermann, Öffentliches Recht in Nordrhein-Westfalen, 2022, § 3 Rn. 279.

6560 Dietlein Polizei- und Ordnungsrecht, in Dietlein/Hellermann, Öffentliches Recht in Nordrhein-Westfalen, 2022, § 3 Rn. 280.

6561 „Erleidet jemand infolge einer rechtmäßigen Inanspruchnahme nach § 7 einen Schaden, ist ihm ein angemessener Ausgleich zu gewähren. Das gleiche gilt, wenn jemand durch eine rechtswidrige Maßnahme der Polizei einen Schaden erleidet."

6562 BGH ZfBR 1994, 184.

bei entsprechenden ausdrücklichen gesetzlichen Regelungen können auch andere Verwaltungsbehörden außerhalb der Polizei den Schadensersatzregelungen unterliegen.[6563]

3061 Für die mit § 80 NSOG gleichlautende Vorschrift des § 69 SOG LSA hat der BGH[6564] Entschädigungsansprüche abgelehnt und dies damit begründet, dass die Baugenehmigungsbehörden nicht aus Gründen der Gefahrenabwehr tätig werden. Das Handeln der Verwaltungsbehörden sei mit den Eingriffen der Polizei nicht gleich zu setzen. Soweit die Bauaufsicht lediglich als allgemeine Verwaltungsbehörde tätig werde und keine polizeilichen Befugnisse der Gefahrenabwehr wahrnehme, greife die auf das Handeln der Polizeibehörden begrenzte Haftung des § 69 SOG LSA nicht ein. § 69 SOG LSA ist zudem inzwischen dahingehend geändert worden, dass er das Handeln der Bauordnungsbehörden nicht umfasst.

3062 Eine Haftung der Baugenehmigungsbehörden nach § 80 NSOG ist auf Fälle zu begrenzen, in denen die Behörden speziell aus Gründen der Gefahrenabwehr einschreiten und etwa eine Baugenehmigung aus Gründen der Gefahrenabwehr im Bereich des Naturschutzes zurücknehmen.[6565] Im Übrigen kann auf § 80 NSOG eine Haftung der Baugenehmigungsbehörden nicht gestützt werden.

3063 Nach § 80 NSOG/§ 69 SOG LSA 1991 ist zudem nicht ein voller Schadensersatz, sondern nur ein **angemessener Ausgleich** zu gewähren. Der in der Vorschrift niedergelegte Anspruch ist daher Ausdruck eines allgemeinen Aufopferungsgedankens, der nicht an einem vollen Schadensersatz, sondern an einer angemessenen Entschädigung ausgerichtet ist. Gewinnerwartungen etwa oder Folgeschäden werden von dem Gedanken eines angemessenen Ausgleichs nur erfasst, wenn sie im Bereich der üblichen Geschehensabläufe liegen. Ein voller Schadensersatz wird daher nach dieser Vorschrift nicht gewährt.

VII. Wertermittlung

3064 Zur Ermittlung von Grundstückswerten und für sonstige Wertermittlungen werden nach § 192 I BauGB selbstständige, unabhängige **Gutachterausschüsse** bestellt.[6566] Die Gutachterausschüsse bestehen aus einem Vorsitzenden und weiteren ehrenamtlichen Gutachtern einschließlich eines Bediensteten der zuständigen Finanzbehörde mit Erfahrung in der steuerlichen Bewertung von Grundstücken (§ 19 II BauGB). Die Gutachterausschüsse, die bei den Gebietskörperschaften gebildet werden, bedienen sich einer Geschäftsstelle (§ 192 IV BauGB), die zumeist bei den Trägern der kommunalen Selbstverwaltung gebildet wird. Der Gutachterausschuss erstattet Gutachten über den Verkehrswert von bebauten und unbebauten Grundstücken sowie Rechten an Grundstücken in den in § 193 I BauGB genannten Fällen. Der Gutachterausschuss führt eine Kaufpreissammlung, wertet sie aus und ermittelt Bodenrichtwerte und sonstige zur Wertermittlung erforderliche Daten (§ 193 III BauGB).[6567] Die Gutachten des Gutachterausschusses haben allerdings keine bindende Wirkung, soweit nichts anderes bestimmt oder vereinbart ist (§ 193 IV BauGB). Die von einem Gutachterausschuss zur Ermittlung von Bodenrichtwerten (§ 192 BauGB) herausgegebene Bodenrichtwertsammlung stellt weder eine amtliche Bekanntmachung iS von § 5 I UrhG noch ein anderes amtliches Werk iS von § 5 II UrhG dar.[6568]

3065 Mit der Errichtung und Beibehaltung von unabhängigen Gutachterausschüssen für Grundstückswerte gemäß § 192 BauGB trägt der Gesetzgeber den besonderen Sachgesetzlichkeiten der Wertermittlung Rechnung.[6569] Nach der Rechtsprechung des BVerwG folgt aus diesem Regelungssystem das Einräumen eines Wertermittlungsspielraums, das auf der Erkenntnis beruht, dass die eigentliche Bewertung immer nur eine Schätzung darstellen kann und Erfahrung und Sachkunde voraussetzt, über die ein insoweit nicht sachkundiges Gericht weniger verfügt

---

[6563] Ossenbühl Staatshaftungsrecht, 2013, S. 408; Rachor in Lisken/Denninger, Handbuch des Polizeirechts, 2021, Kap. L, Rn. 8 f.

[6564] BGH NJW 1998, 2289.

[6565] BVerwG NVwZ 2001, 1040.

[6566] Zur Einholung eines Sachverständigengutachtens zur Bestimmung der sanierungsbedingten Bodenwertsteigerung OVG Hamburg NvwZ-RR 2023, 758.

[6567] Zimmermann EFG 2006, 1654. Zur Feststellung eines Grundstückswerts bei fehlender Feststellung von Bodenrichtwerten Leitner EFG 2009, 1624.

[6568] BGH NJW-RR 2007, 342.

[6569] OVG Berlin-Brandenburg Urt. v. 27.1.2022 – OVG 10 B 6.19, juris Rn. 54.

als die Mitglieder der Gutachterausschüsse. Ein derartiger **Wertermittlungsspielraum** ist jedoch beschränkt. Er erstreckt sich nicht auf die rechtlichen und tatsächlichen Grundlagen der Bewertung. Ob eine Bewertung auf zutreffenden Voraussetzungen beruht, dürfen die Verwaltungsgerichte in vollem Umfang prüfen; sie müssen es sogar, wenn die Beteiligten darüber streiten. Soweit der Wertermittlungsspielraum reicht, findet eine eingeschränkte gerichtliche Kontrolle in Form einer Plausibilitätskontrolle statt.[6570]

Zur Führung der **Kaufpreissammlung** ist jeder Vertrag, durch den sich jemand verpflichtet, Eigentum an einem Grundstück gegen Entgelt zu übertragen oder ein Erbbaurecht zu begründen, von der beurkundenden Stelle in Abschrift dem Gutachterausschuss zu übersenden (§ 195 I BauGB). Die Kaufpreissammlung darf nur dem zuständigen Finanzamt für Zwecke der Besteuerung übermittelt werden (§ 195 II BauGB). Aufgrund der Kaufpreissammlung werden für jedes Gemeindegebiet im Zuständigkeitsbereich des Gutachterausschusses Bodenrichtwerte gebildet, die den durchschnittlichen Lagewert des Bodens unter Berücksichtigung des unterschiedlichen Entwicklungszustandes wiedergeben. Die Bodenrichtwerte dienen auch als Grundlage für die Bewertung des Grundvermögens durch die Finanzverwaltung. Zur Durchführung ihrer Aufgaben haben die Gutachterausschüsse verschiedene Befugnisse, die sich aus § 197 BauGB ergeben. Bei Bedarf können Obere Gutachterausschüsse für den Bereich einer oder mehrerer höherer Verwaltungsbehörden gebildet werden (§ 198 BauGB). Der Obere Gutachterausschuss hat auf Antrag eines Gerichts ein Obergutachten zu erstatten, wenn schon das Gutachten eines Gutachterausschusses vorliegt (§ 198 II BauGB). Die von einem Gutachterausschuss zur Ermittlung von Bodenrichtwerten (§ 192 BauGB) herausgegebene Bodenrichtwertsammlung stellt allerdings weder eine amtliche Bekanntmachung iS von § 5 I UrhG noch ein anderes amtliches Werk iS von § 5 II UrhG dar.[6571] 3066

Der Gutachterausschuss wendet dabei die Wertermittlungsverordnung an, die von der Bundesregierung auf der Ermächtigungsgrundlage des § 199 I BauGB erlassen worden ist. Die Einrichtung und Organisation der Gutachterausschüsse erfolgt auf der Grundlage entsprechender Rechtsverordnungen der jeweiligen Landesregierung (§ 199 II BauGB). Die Rechtsverordnung regelt ua die Bildung und das Tätigwerden der Gutachterausschüsse und der Oberen Gutachterausschüsse, die Aufgaben des Vorsitzenden, die Einrichtung und die Aufgaben der Geschäftsstelle, die Führung und Auswertung der Kaufpreissammlung und die Ermittlung der Bodenrichtwerte, die Übermittlung von Daten der Flurbereinigungsbehörden zur Führung und Auswertung der Kaufpreissammlung, die Übertragung weiterer Aufgaben auf den Gutachterausschuss und die Entschädigung der Mitglieder des Gutachterausschusses. Die Wertermittlungsverordnung richtet sich an die Gutachterausschüsse; ihr kommt keine unmittelbare Bindungswirkung für Sachverständige oder die Gerichte zu.[6572] 3067

Gewisse Mobilisierungswirkungen auf den Grundstücksmarkt können von § 200 III BauGB ausgehen, wonach die Gemeinden in einem **Baulandkataster** sofort oder in absehbarer Zeit bebaubare Flächen in Karten oder Listen auf der Grundlage eines Lageplans erfassen, der Flur- und Flurstücknummern, Straßennummern, Straßennamen und Angaben zur Grundstücksgröße enthält. Derartige Möglichkeiten werden allerdings durch ein dem Grundstückseigentümer eingeräumtes Widerspruchsrecht eingeschränkt. 3068

Mit der Novellierung der **„Immobilienwertermittlungsverordnung – ImmoWertV“** im Jahr 2021 sind die bisherigen Richtlinien (Bodenrichtwertrichtlinie, Sachwert-, Vergleichswert- und Ertragswertrichtlinie sowie die nicht abgelösten Teile der Wertermittlungsrichtlinien 2006) in eine überarbeitete Immobilienwertermittlungsverordnung integriert und damit verbindlich gemacht worden.[6573] Die Verordnung ist nach § 1 ImmowertV anzuwenden bei der Ermittlung der Verkehrswerte (Marktwerte) von Grundstücken und Grundstücksteilen einschließlich ihrer Bestandteile sowie ihres Zubehörs, von grundstücksgleichen Rechte, Rechten an diesen und Rechte an Grundstücken (grundstücksbezogene Rechte) sowie grundstücksbezogene Belastungen der in § 1 II ImmoWertV bezeichneten Gegenstände, auch wenn diese 3069

[6570] BVerwG Urt. v. 27.11.2014 – 4 C 31.13, juris Rn. 12 mwN; OVG Berlin-Brandenburg Urt. v. 27.1.2022 – OVG 10 B 6.19, juris Rn. 54.

[6571] BGH NJW-RR 2007, 342.

[6572] BVerwG ZfBR 2010, 695.

[6573] Siehe dazu die Muster-Anwendungshinweise zur Immobilienwertermittlungsverordnung (ImmoWertA), vorgelegt vom Bundesministerium für Wohnen, Stadtentwicklung und Bauwesen; die Fachkommission Städtebau hat diese Muster-Anwendungshinweise am 20. September 2023 zur Kenntnis genommen.

nicht marktfähig oder marktgängig sind (Wertermittlung), und bei der Ermittlung der für die Wertermittlung erforderlichen Daten.

3070 Insbesondere um stärker als bisher sicherzustellen, dass die Ermittlung der Bodenrichtwerte und der sonstigen der für die Wertermittlung erforderlichen Daten bundesweit nach einheitlichen Grundsätzen erfolgt und um die entsprechenden Vorgaben, die derzeit auf sechs Regelungswerke verteilt sind, übersichtlicher und anwenderfreundlicher zu gestalten, wurde das materielle Wertermittlungsrecht vollständig neu geordnet und gleichsam aus einem Guss neu geregelt. Inhaltliche Änderungen gegenüber den bisherigen Vorgaben gibt es dabei nur in beschränktem Umfang. Der Wertermittlung sind nach § 2 I ImmoWertV die allgemeinen Wertverhältnisse auf dem Grundstücksmarkt zum Wertermittlungsstichtag und der Grundstückszustand zum Qualitätsstichtag zugrunde zu legen. Die allgemeinen Wertverhältnisse richten sich gem. § 2 II ImmoWertV nach der Gesamtheit der am Wertermittlungsstichtag für die Preisbildung von Grundstücken im gewöhnlichen Geschäftsverkehr maßgebenden Umstände, wie nach der allgemeinen Wirtschaftssituation, nach den Verhältnissen am Kapitalmarkt sowie nach den wirtschaftlichen und demografischen Entwicklungen des Gebiets. Der Grundstückszustand ergibt sich nach § 2 III ImmoWertV aus der Gesamtheit der rechtlichen Gegebenheiten, der tatsächlichen Eigenschaften, der sonstigen Beschaffenheit und der Lage des Wertermittlungsobjekts (Grundstücksmerkmale). Zu den Grundstücksmerkmalen können insbesondere zählen 1. der Entwicklungszustand, 2. die Art und das Maß der baulichen oder sonstigen Nutzung, 3. die tatsächliche Nutzung, 4. der beitragsrechtliche Zustand, 5. die Lagemerkmale, 6. die Ertragsverhältnisse, 7. die Grundstücksgröße, 8. der Grundstückszuschnitt, 9. die Bodenbeschaffenheit. Bei bebauten Grundstücken fließen nach § 2 III Nr. 10 ImmoWertV zusätzlich ein a) die Art der baulichen Anlagen, b) die Bauweise und die Baugestaltung der baulichen Anlagen, c) die Größe der baulichen Anlagen, d) die Ausstattung und die Qualität der baulichen Anlagen einschließlich ihrer energetischen Eigenschaften und ihrer Barrierefreiheit, e) der bauliche Zustand der baulichen Anlagen, f) das Alter, die Gesamtnutzungsdauer und die Restnutzungsdauer der baulichen Anlagen. Hinzu kommen bei landwirtschaftlichen Grundstücken Dauerkulturen und bei forstwirtschaftlichen Grundstücken die Bestockung und die grundstücksbezogenen Rechte und Belastungen (§ 2 III Nr. 11, 12 ImmoWertV).

VIII. Erhaltungssatzung und städtebauliche Gebote

3071 Zu den Planverwirklichungsinstrumenten gehören auch die Erhaltungssatzung nach § 172 BauGB und die städtebaulichen Gebote der §§ 175 bis 179 BauGB.[6574] Zu ihnen zählen das Baugebot (§ 176 BauGB), das Modernisierungs- und Instandsetzungsgebot (§ 177 BauGB), das Pflanzgebot (§ 178 BauGB) und das Rückbau- und Entsiegelungsgebot (§ 179 BauGB). Die Instrumente dienen – wie die Bodenordnung und die Enteignung – der Umsetzung der städtebaulichen Planungsvorstellungen der Gemeinde und damit dem Planvollzug.

1. Erhaltungssatzung gem. § 172 BauGB

3072 Nach § 172 I BauGB kann die Gemeinde in einem **Bebauungsplan** oder durch eine **sonstige Satzung** Gebiete bezeichnen, in denen, (1) zur Erhaltung der städtebaulichen Eigenart des Gebiets auf Grund seiner städtebaulichen Gestalt, (2) zur Erhaltung der Zusammensetzung der Wohnbevölkerung oder (3) bei städtebaulichen Umstrukturierungen der **Rückbau**, die **Änderung** oder die **Nutzungsänderung** baulicher Anlagen der Genehmigung bedürfen.[6575] Ist die Erhaltungssatzung Teil eines Bebauungsplans, finden die einschlägigen verfahrens- und

[6574] Zur städtebaulichen Erhaltung J. Beckmann BauR 2015, 927; J. Beckmann BauR 2021, 1376; Hönes DÖV 2021, 122; Kment DVBl. 2016, 943; Kment/Fimpel ZfBR 2021. 129: Battis DVBl. 1981, 497; Bracher Erhaltung der städtebaulichen Gestalt eines Gebiets durch Erhaltungssatzung 1991; Dierkes Gemeindliche Satzungen als Instrumente der Stadterhaltung und -gestaltung 1991; Erbguth DVBl. 1985, 1352; Henke Stadterhaltung als kommunale Aufgabe 1985; ders. DÖV 1983, 402; Kiepe Der Städtetag 1983, 409; Knopp BayVBl. 1983, 524; Lüers WiVerw. 1995, 259; Müller BauR 1988, 169; Stich ZfBR 1983, 61; Hartleb/Wurster Denkmalschutz und Erhaltung in Hoppenberg/de Witt, Handbuch des öffentlichen Baurechts, 2022, Kap. D; zur Verfassungsmäßigkeit mit Blick auf die Gesetzgebungskompetenz des Bundes bezüglich der Einbeziehung des Denkmalschutzes BVerfG NVwZ 1987, 879; VGH Kassel BBauBl. 1997, 138 f.

[6575] Zur Zulässigkeit einer Verbindung von Erhaltungssatzung und einem Bebauungsplan der Innenentwicklung nach § 13a BauGB BVerwG BauR 2017, 1632 ff.

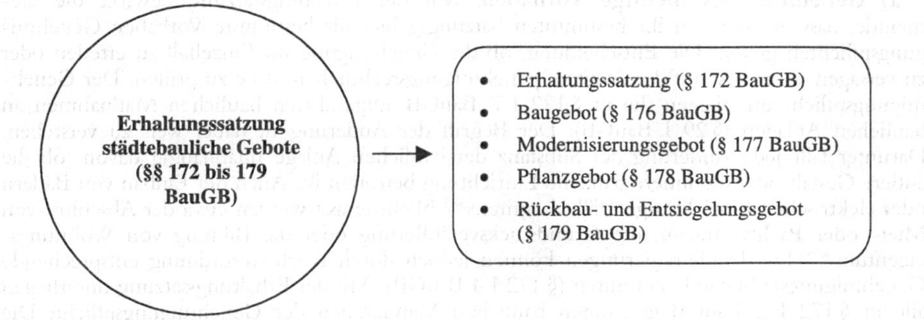

materiell-rechtlichen Vorschriften für den Bebauungsplan neben den Anforderungen des § 172 BauGB Anwendung.

Die Vorschrift dient der Erhaltung und Erneuerung von Stadt- und Ortsteilen. Dient die Er- 3073
haltungssatzung der Erhaltung der städtebaulichen Eigenart des Gebietes, bedarf nach § 172 I 2 BauGB auch die **Errichtung** baulicher Anlagen der Genehmigung. § 172 I BauGB beschreibt den notwendigen Inhalt einer Erhaltungssatzung. Welchen Anforderungen eine Satzung im Übrigen zu genügen hat, ist eine Frage der gerechten Abwägung nach § 1 VII BauGB.[6576]

Die Satzung ist nach Maßgabe von §§ 16 II, 10 III BauGB **ortsüblich bekanntzumachen**. 3074
Nach den §§ 16 II, 172 I 3 BauGB hat die Gemeinde dabei die Wahl, ob sie die Erhaltungssatzung ortsüblich bekannt macht (§ 16 II 1 BauGB) oder ob sie ortsüblich bekannt macht, dass eine Erhaltungssatzung beschlossen worden ist (§ 16 II 2 BauGB). Entscheidet sie sich für den zweiten Weg, so ist § 10 III BauGB entsprechend anzuwenden. Auf der Grundlage des § 172 BauGB beschlossene Satzungen haben wie sonstige gemeindliche Satzungen Rechtsnormcharakter. Aus dem Rechtsstaatsprinzip lässt sich ableiten, dass förmlich gesetzte Rechtsnormen verkündet werden müssen. Dagegen lässt § 16 II 1 BauGB ungeregelt, welchen Anforderungen im Einzelnen die Bekanntmachung genügen muss. Der Vorschrift kann insbesondere nicht entnommen werden, mit welchem Inhalt und in welcher Form die Satzung bekanntzumachen ist. Vielmehr stellt § 16 II BauGB insoweit ausdrücklich auf die Ortsüblichkeit ab. Ortsüblich ist diejenige Art der Verkündung, die in der Gemeinde für örtliche Rechtsvorschriften, und insbesondere für Satzungen, nach den einschlägigen landes- oder ortsrechtlichen Bestimmungen maßgebend ist.[6577] Aus rechtsstaatlichen Gründen ist das Verkündungsverfahren so auszugestalten, dass es die ihm zugedachte Funktion erfüllen kann. Die betreffende Rechtsnorm ist der Öffentlichkeit so zugänglich zu machen, dass sich die Betroffenen von ihr verlässlich Kenntnis verschaffen können.[6578] Das setzt voraus, dass die Rechtsnorm nicht mit einem anderen als dem vom Normgeber gewollten Inhalt veröffentlicht wird.[6579] Der bekannt gemachte Wortlaut darf nur ganz ausnahmsweise von dem beschlossenen abweichen, ohne dass die zur Normsetzung berufene Körperschaft nochmals eingeschaltet wird.[6580] Der materielle Normgehalt darf auch in diesem Falle nicht angetastet werden.[6581] Bei der Beurteilung des „Prägens" iSv § 172 III 1 BauGB ist insbesondere auf die optische Wirkung des Bauwerks in Bezug auf seine nähere Umgebung abzustellen. Eine Gemeinde darf auch städtebauliche Ziele verfolgen, die mehr auf Bewahrung als auf Veränderung der vorhandenen Situation zielen. Die Zielsetzung einer Erhaltungssatzung darf nur auf eine städtebauliche Gestaltung iS des Bodenrechts, nicht aber allein auf Denkmalschutzgründe gerichtet sein. Eine Genehmigung darf nur versagt werden, wenn die bauliche Anlage allein oder im Zusammenhang mit anderen baulichen Anlagen das Ortsbild prägt.[6582]

6576 BVerwG Beschl. v. 23.6.1992 – 4 NB 9.92, BeckRS 3131447.

6577 BVerwG BRS 28 Nr. 12.

6578 BVerfGE 16, 6; BVerfGE 65, 283; BVerwGE 75, 262.

6579 BVerwGE 88, 204.

6580 BVerfGE 48, 1.

6581 BVerwG NVwZ-RR 1993, 262.

6582 OVG Koblenz BauR 2009, 81; BVerwG NVwZ 2001, 1043; NVwZ 1991, 875. Zur Genehmigungsfähigkeit einer Mobilfunkanlage im Bereich einer Erhaltungssatzung OVG Münster Beschl. v. 21.7.2008 – 7 A 3255/07, BeckRS 2008, 39941.

3075 **a) Genehmigungspflichtige Vorhaben**. Mit der Erhaltungssatzung bewirkt die Gemeinde, dass in dem von ihr bestimmten Satzungsgebiet für bestimmte Vorhaben Genehmigungspflichten gelten. Die Entscheidung, ob die Genehmigung im Einzelfall zu erteilen oder zu versagen ist, ist erst auf der zweiten, genehmigungsrechtlichen Stufe zu prüfen. Der Genehmigungspflicht unterliegen die in § 172 I 2 BauGB aufgeführten baulichen Maßnahmen an baulichen Anlagen (§ 29 I BauGB). Der Begriff der Änderung ist dabei weit zu verstehen. Darunter fällt jede Änderung der Substanz der baulichen Anlage unabhängig davon, ob die äußere Gestalt oder die innere bauliche Einrichtung betroffen ist. Auch der Einbau von Bädern oder elektrischen Einrichtungen fällt darunter.[6583] Nicht erfasst werden etwa der Abschluss von Miet- oder Pachtverträgen, die Grundstücksveräußerung oder die Bildung von Wohnungseigentum.[6584] Die Landesregierungen können jedoch durch Rechtsverordnung entsprechende Genehmigungstatbestände einführen (§ 172 I 4 BauGB). Mit der Erhaltungssatzung unterliegen alle in § 172 I 2 BauGB genannten baulichen Maßnahmen der Genehmigungspflicht. Die Satzung kann dabei nicht auf einzelne bauliche Maßnahmen begrenzt werden oder einen Teil der baulichen Maßnahmen aus der Genehmigungspflicht generell ausnehmen. Die Vorschrift schafft einen **selbstständigen Genehmigungstatbestand**, der neben die ggf. auf Grund anderer Vorschriften erforderlichen Genehmigungen oder Unbedenklichkeitsbescheinigungen (Negativatteste) tritt.

3076 **Genehmigungsbedürftig** sind der Rückbau, die Änderung wie etwa der Umbau, der Ausbau, die Modernisierung und Instandsetzung oder die Erweiterung einer baulichen Anlage, die Nutzungsänderung wie etwa die Umwandlung von Wohnungen in Büronutzung sowie die Umnutzung von gewerblichen Flächen, soweit sich die planungsrechtliche Frage neu stellt.

Beispiel: In einem Erhaltungsgebiet soll eine Gaststätte in eine Vergnügungsstätte (Spielhalle) umgewandelt werden. Hier stellt sich die planungsrechtliche Frage neu, sodass die danach städtebaulich relevante Nutzungsänderung der Genehmigungspflicht unterliegt. Die Vorschrift will auch eine „schleichende" Umwidmung von städtebaulich bedeutsamen Gebäuden verhindern. Die Neuvermietung eines kleineren Haushaltswarengeschäfts an ein Textilgeschäft im Geltungsbereich einer Erhaltungssatzung ist demgegenüber nicht genehmigungspflichtig, weil sich die planungsrechtliche Frage nicht neu stellt. Die Einbeziehung einer alten Fabrikanlage in einen städtebaulichen Erhaltungsbereich nach § 172 I 1 Nr. 1 BauGB mit dem Ziel, die geschichtlichen Entwicklungslinien eines Stadtviertels auch zukünftig sichtbar zu machen, enthält als solche keinen unverhältnismäßigen Eigentumseingriff, da sie zunächst lediglich einen Genehmigungsvorbehalt für bauliche Maßnahmen begründet.[6585]

3077 Die **Genehmigungsvoraussetzungen** ergeben sich aus § 172 III bis V BauGB. Danach ist die Genehmigung zu erteilen, wenn keiner der gesetzlichen Versagungsgründe vorliegt. Der Bauherr hat regelmäßig einen Rechtsanspruch auf die Genehmigung.[6586] Die Genehmigungsfähigkeit eines Vorhabens kann im Laufe der Zeit im Einzelfall unterschiedlich zu beurteilen sein – beispielsweise, wenn die Bausubstanz verfallen ist oder sich die planerische Konzeption ändert. Derartige Einzelfallgesichtspunkte sind auf der Grundlage der Erhaltungssatzung oder des Bebauungsplans (1. Stufe) und bei der Entscheidung über die Genehmigungsfähigkeit des Vorhabens (2. Stufe) zu bewerten.[6587]

3078 Neben die gemeindliche Erhaltungssatzung kann nach § 172 I 4 BauGB eine **Rechtsverordnung der Landesregierung** treten, die sich auf Wohnungseigentum und Teileigentum gem. § 1 des WEG bezieht. Nach § 172 I 4 BauGB sind die Landesregierungen ermächtigt, für die Grundstücke in Gebieten einer Erhaltungssatzung nach § 172 I 1 Nr. 2 BauGB durch Rechtsverordnung mit einer Geltungsdauer von höchstens fünf Jahren zu bestimmen, dass die Begründung von Sondereigentum an Gebäuden, die ganz oder teilweise Wohnzwecken zu dienen bestimmt sind, nicht ohne Genehmigung erfolgen darf. Die Landesregierungen haben dadurch die Möglichkeit, auf der Grundlage einer gemeindlichen Erhaltungssatzung auch die Begründung von Sondereigentum, Wohnungseigentum und Teileigentum nach § 1 WEG von

---

6583 VG München IBR 1999, 31.

6584 Zum Genehmigungsvorbehalt für die Begründung von Wohn- und Teileigentum in Erhaltungssatzungsgebieten Köller ZfBR 2009, 130.

6585 OVG Hamburg ZfBR 2012, 48 zur Umwandlung eines Industriegebietes in ein Gewerbegebiet.

6586 Mitschang in BKL, BauGB, 2022, § 172 Rn. 70; Bönker in HBG, Öffentliches Baurecht, 2024, § 14 Rn. 152.

6587 BVerwG Beschl. v. 23.6.1992 – 4 NB 9.92, BeckRS 1992, 31311447.

einer Genehmigung abhängig zu machen. Durch eine Rechtsverordnung der Landesregierung kann daher eine Genehmigungspflicht für die Begründung von Sondereigentum erreicht werden. Die Rechtsverordnung der Landesregierung setzt allerdings eine gemeindliche Erhaltungssatzung nach § 172 BauGB voraus. Regelungen in Erhaltungssatzungen, welche eine Baugenehmigungspflicht für bauliche Maßnahmen vorsehen, die ansonsten einer „erhaltungsrechtlichen" Genehmigung nach §§ 172, 173 BauGB bedürften, sind auch nach Aufhebung der Ermächtigung zur satzungsrechtlichen Einführung einer Genehmigungspflicht durch Landesrecht noch in Kraft.[6588]

b) Erhaltungsziele. Die Erhaltungsziele sind in § 172 I, III bis V BauGB abschließend beschrieben.[6589] Die Erhaltungssatzung nach § 172 I 1 Nr. 1 BauGB dient der Erhaltung der städtebaulichen Eigenart des Gebietes auf Grund seiner städtebaulichen Gestalt. Die Gemeinde kann auf dieser Grundlage **Ensembleschutz** betreiben. Die Genehmigung darf nach § 172 III 1 BauGB nur versagt werden, wenn die bauliche Anlage allein oder im Zusammenhang mit anderen baulichen Anlagen das Ortsbild, die Stadtgestalt oder das Landschaftsbild prägt oder sonst von städtebaulicher, insbesondere geschichtlicher oder künstlerischer Bedeutung ist. Zum Schutzgegenstand gehören dabei das Straßenbild, die Baustruktur und das Landschaftsbild. Dabei können auch **Belange des städtebaulichen Denkmalschutzes** und der Denkmalpflege sowie Belange von erhaltenswerten Ortsteilen, Straßen und Plätzen von geschichtlicher, künstlerischer oder städtebaulicher Bedeutung berücksichtigt werden. **Erhaltungssatzung** und **Denkmalschutz** reichen sich dabei im Bereich des städtebaulichen Denkmalschutzes die Hand.[6590] Die Erhaltungssatzung soll Störungen der städtebaulichen Eigenart des Gebietes auf Grund seiner städtebaulichen Gestalt verhindern. Die Genehmigung zur Errichtung baulicher Anlagen darf nach § 172 III 2 BauGB nur versagt werden, wenn die städtebauliche Gestalt des Gebietes durch die beabsichtigte bauliche Anlage beeinträchtigt wird. 3079

Beispiel: Ein Vorhaben im nicht beplanten Innenbereich kann im Hinblick auf eine Erhaltungssatzung wegen einer Beeinträchtigung der vorhandenen städtebaulichen Struktur unzulässig sein, obwohl es sich in die Eigenart der näheren Umgebung einfügt und daher im nicht beplanten Innenbereich nach § 34 BauGB grundsätzlich planungsrechtlich zulässig wäre.

Auch einzelne, das Ortsbild prägende bauliche Anlagen können Gegenstand der Satzung sein, ohne dass es auf ihre Denkmaleigenschaft ankäme.[6591] Gegenstand muss stets die optisch wahrnehmbare Gestalt der baulichen Gegebenheiten sein, ohne dass dadurch weitere städtebauliche Wirkungen ausgeschlossen sind.[6592] Fehlt es bei einer Erhaltungssatzung an einem iSd § 172 III 1 BauGB geeigneten Satzungszweck, weil es dem Normgeber beim Satzungserlass auf die optisch wahrnehmbare Gestalt der baulichen Gegebenheiten nicht ankommt, ist die Erhaltungssatzung mangels Ermächtigungsgrundlage unwirksam. Weitere Wirkungen einer Erhaltungsverordnung bzw. -satzung, die über die Sicherung des Ortsbildes und der Stadtgestalt als solche hinausgehen und dem Antragsgegner willkommen sind, sind nicht geeignet, die Rechtmäßigkeit der Verordnung infrage zu stellen.[6593] 3080

Den Gemeinden ist es allerdings verwehrt, im Gewande des Städtebaurechts Denkmalschutz zu betreiben. **Bauplanerische Festsetzungen**, die nur **vorgeschoben** sind, in Wirklichkeit aber Zwecken des Denkmalschutzes dienen, sind rechtswidrig (§ 1 I und III BauGB).[6594] Ein Bebauungsplan, der auf die Erhaltung eines historisch gewachsenen, denkmalgeschützten oder (einfach) erhaltenswerten Ortsteils gerichtet ist, überschreitet den Rahmen städtebaulicher Zielsetzungen nicht, wenn er darauf abzielt, die überkommene Nutzungsstruktur oder prägende Bestandteile des Orts- und Straßenbildes um ihrer städtebaulichen Qualität willen für die Zukunft festzuschreiben. Die Festsetzung privater Grünflächen mit der Zweckbestimmung „Hausgärten" nach § 9 I Nr. 15 BauGB kann auch dazu dienen, die künftige städtebauliche Funktion ortsbildprägender Freiflächen zu bestimmen. Die Instrumente der Bauleitplanung 3081

6588 VGH Mannheim NVwZ-RR 2007, 153.
6589 BVerwG NVwZ 2015, 901 = juris Rn. 11.
6590 BVerfG DVBl. 1987, 465; BVerwG NVwZ 1987, 357; zur Abgrenzung von Erhaltungssatzung und Denkmalschutz OVG Münster BauR 2007, 1552; OVG Berlin-Brandenburg BauR 2007, 694; Dirnberger in Jäde/Dirnberger BauGB, 2022, § 172 Rn. 6.
6591 Bönker in HBG, Öffentliches Baurecht, 2024, § 14 Rn. 141.
6592 BVerwG ZfBR 2021, 166; VGH München BRS 90 Nr. 14 (2022); OVG Koblenz BauR 2021, 513.
6593 BVerwG ZfBR 2021, 166 = juris Rn. 4/7.
6594 BVerwG NVwZ 2001, 1043.

und die Erhaltungssatzung (§ 172 I Nr. 1 BauGB) können nebeneinander zur Erhaltung der städtebaulichen Eigenart des Gebiets eingesetzt werden. Ob sie gemeinsam zum Einsatz kommen, beurteilt sich nach den städtebaulichen Zielen des Plangebers.[6595] § 172 III 2 BauGB enthält einen selbständigen materiellen Versagungsgrund für die Errichtung einer baulichen Anlage. Durch eine Erhaltungssatzung kann die Errichtung eines nach § 34 I BauGB zulässigen Gebäudes nur verhindert werden,[6596] wenn die in der BauNVO durchscheinende geordnete städtebauliche Entwicklung verletzt ist.

3082 Auch die Freihaltung von Flächen kann aus den Schutzgründen des § 172 I BauGB gerechtfertigt sein. § 172 III BauGB konkretisiert damit das allgemeine Schutzziel in § 172 I 1 Nr. 1 BauGB. Die beabsichtigten Änderungen müssen allerdings jeweils städtebaulich relevant sein. Bauliche Änderungen wie Farbgebungen, die Unterteilung von Fenstern oder das Material der Dachhaut betreffen i.d.R. nur gestalterische Fragen und können daher eine Genehmigungsversagung nicht rechtfertigen.

Beispiel: Der Eigentümer eines im Erhaltungsgebiet gelegenen Gebäudes beabsichtigt, die alten Sprossenfenster durch moderne, sprossenlose Kunststofffenster zu ersetzen oder Fenster mit innen liegenden Sprossen einzubauen. Solche Maßnahmen können nur mit den Mitteln des (landesrechtlichen) Denkmalschutzes verhindert werden.[6597]

3083 Auf § 172 I 1 Nr. 1 BauGB kann eine Erhaltungssatzung nicht gestützt werden, mit der eine vorhandene Bebauung allein wegen ihrer lärmabschirmenden Wirkung für andere baulichen Anlagen erhalten werden soll.[6598] Wenn mit der Erhaltungssatzung die gesetzlich vorgegebenen Erhaltungsziele iSv § 172 I 1 Nr. 1 BauGB erreicht werden, ist es unschädlich, wenn weitere, dem Satzungsgeber durchaus willkommene Wirkungen der Erhaltungssatzung, zB die Bremsung der wirtschaftlichen Dynamik, zusätzlich eintreten, die über die Sicherung des Ortsbildes und der Stadtgestalt als solche hinausgehen.[6599]

3084 Die Satzung nach § 172 I 1 Nr. 2 BauGB dient der Erhaltung der Zusammensetzung der Wohnbevölkerung; sie soll dem **Milieuschutz** dadurch dienen, dass eine Verdrängung der Bevölkerung durch eine schleichende Umstrukturierung vermieden wird.[6600] Auch das Verbot der Begründung von Sondereigentum nach § 1 WEG durch eine entsprechende Rechtsverordnung der Landesregierung (§ 172 I 4 BauGB) hat gleichgerichtete Ziele. Die Genehmigung darf nach § 172 IV 1 BauGB nur versagt werden, wenn die Zusammensetzung der Wohnbevölkerung aus besonderen städtebaulichen Gründen erhalten werden soll. Diese Voraussetzungen müssen im Zeitpunkt der Entscheidung über den Antrag erfüllt sein.[6601] Der VGH Kassel erläutert dazu, bei der Prüfung der Rechtmäßigkeit des konkreten Vorhabens gehe es der Sache nach um dieselben Anforderungen wie bei Erlass der Satzung. Zwar müssten nicht nur bei Satzungserlass, sondern auch zum Zeitpunkt der Einzelfallentscheidung besondere städtebauliche Gründe für die Erhaltung der Zusammensetzung der Wohnbevölkerung sprechen. Dies bedeute aber keineswegs, dass in jedem Einzelfall erneut geprüft werden müsste, ob die besonderen städtebaulichen Gründe, die den Erlass der Satzung gerechtfertigt hätten, auch weiterhin allgemein vorliegen. Solange die Erhaltungssatzung in Kraft sei und die Gemeinde rechtlich noch nicht gehalten sei, die ursprünglichen empirischen Ausgangsdaten über das Erhaltungsgebiet auf ihre anhaltende Aktualität zu überprüfen, dürfe das Fortbestehen besonderer städtebaulicher Gründe unterstellt werden.[6602] Allerdings müsse das konkrete Vorhaben nach Art und Umfang grundsätzlich geeignet sein, die städtebaulichen Auswirkungen hervorzurufen, die mit der konkreten Erhaltungssatzung verhindert werden sollten. Die Genehmigung sei

---

6595 BVerwG NVwZ 2001, 1043; DVBl. 1987, 1013.

6596 BVerwG NVwZ-RR 2003, 259.

6597 VGH Mannheim DVBl. 1990, 1113; zu den Voraussetzungen einer sog. Milieuschutzsatzung BVerwG DVBl. 1998, 40.

6598 BVerwG NVwZ 2015, 901.

6599 BVerwG ZfBR 2021, 166 (177).

6600 VGH Kassel DVBl. 1992, 1445; einen darüberhinausgehenden allgemeinen Milieuschutz vermittelt das Bauplanungsrecht nicht, siehe VG Augsburg Urt. v. 2.11.2023 – Au 5 K 23.138, juris Rn. 27; VG Karlsruhe Beschl. v. 29.8.2023 – 2 K2358/23, juris Rn. 38; OVG Lüneburg Beschl. v. 18.1.2023 – 1 LA 89/22, juris Rn. 14; NVwZ 2023, 1024; VGH München DVBl. 2019, 932; BVerwGE 101, 364 = juris Rn. 72; VG München Urt. v. 17.5.2016 – M 1 K 16.629, juris Rn. 31.

6601 VGH Kassel NVwZ-RR 2023, 172 = juris Rn. 9.

6602 VGH Kassel NVwZ-RR 2023, 172 = juris Rn. 9.

deshalb zu versagen, wenn das Vorhaben unter Berücksichtigung seiner Vorbildwirkung dazu beitragen könne, dass sich in dem Gebiet eine Verdrängung der ansässigen Wohnbevölkerung anbahne oder verstärke und damit eine Veränderung der Zusammensetzung der Wohnbevölkerung eintrete, die im Widerspruch zu dem städtebaulichen Erhaltungsziel stehe.[6603]

Bei der **Prognose einer Verdrängungsgefahr** darf sich die Gemeinde auf nach der Le- 3085
benserfahrung typische Entwicklungen stützen. Mietbelastungsobergrenzen können geeignete Indikatoren sein. Die Gemeinde muss Ermessenserwägungen nur anstellen, wenn Anhaltspunkte für eine atypische Fallgestaltung vorliegen.[6604] Die Genehmigung ist zu erteilen, wenn auch unter Berücksichtigung des Allgemeinwohls die Erhaltung der baulichen Anlage oder ein Absehen von der Begründung von Sondereigentum wirtschaftlich nicht mehr zumutbar ist. Die Gemeinde hat daher bei der Entscheidung über die Erteilung der Genehmigung die wirtschaftliche Zumutbarkeit der Eigentümerbeeinträchtigungen zu berücksichtigen. Eine wirtschaftliche Unzumutbarkeit ist etwa gegeben, wenn Modernisierungsmaßnahmen unterlassen werden müssen, ohne die eine wirtschaftliche Rentabilität des Grundstücks nicht gesichert ist. § 172 IV 3 BauGB schränkt die Versagung der Genehmigung weiter ein. So unterfallen etwa Änderungen baulicher Anlagen, die von vornherein nicht geeignet sind, sich auf die Zusammensetzung der Wohnbevölkerung auszuwirken, nicht dem Genehmigungsvorbehalt des § 172 IV 3 Nr. 1 BauGB.[6605] Auch soll die Begründung von Sondereigentum nicht verwehrt werden, wenn dies durch soziale Gesichtspunkte gerechtfertigt ist. Der Gesetzgeber wollte dabei einen sachgerechten Ausgleich von städtebaulichen Belangen einerseits und persönlichen bzw. sozial gerechtfertigten Eigentümerbelangen andererseits erreichen.

Beispiel: In einem Stadtteil, dessen Bebauung in der Gründerzeit entstanden ist, soll durch die Erhaltungssatzung verhindert werden, dass Wohnraum mit niedriger Miete vernichtet wird, infolge baulicher Veränderungen Wohnungseigentum entsteht oder in die Erdgeschosse Spielhallen oder andere Vergnügungsstätten einziehen. Die städtebaulichen Gründe müssen allerdings bezogen auf die jeweilige Erhaltungssituation ein besonderes Gewicht haben, um sich gegenüber den Eigentümerbelangen durchsetzen zu können.

Die in § 172 IV 3 Nr. 6 BauGB vorgesehene Verpflichtung, die Wohnungen innerhalb von 3086
sieben Jahren nur an die Mieter zu veräußern, erstreckt sich auch auf diejenigen Wohnungen, die zum Zeitpunkt der Erteilung der Umwandlungsgenehmigung leer stehen. Zum Kreis der Mieter iS des § 172 IV 3 Nr. 6 BauGB gehören nicht diejenigen Personen, welche die betreffende Wohnung zwar tatsächlich bewohnen, diese Nutzung aber von vornherein nur mit der Absicht aufgenommen haben, die Wohnung käuflich zu erwerben. Auch in den Fällen, in denen kein Anspruch auf Erteilung einer Veräußerungsgenehmigung besteht, kommen atypische Fallgestaltungen in Betracht, die eine Erteilung der Genehmigung im Ermessenswege rechtfertigen.[6606]

Die Satzung nach § 172 I 1 Nr. 3 BauGB will soziale Fehlentwicklungen bei städtebaulichen 3087
Umstrukturierungen verhindern. Die Genehmigung baulicher Maßnahmen darf hier nach § 172 V BauGB nur versagt werden, um einen den sozialen Belangen Rechnung tragenden Ablauf auf der Grundlage eines Sozialplans nach § 180 BauGB zu sichern. Die Erhaltungssatzung bietet daher in solchen Fällen städtebaulicher Umstrukturierungen einen zeitlich begrenzten Schutz.

Beispiel: Die Gemeinde beabsichtigt, im Rahmen eines Sozialplans städtebauliche Missstände eines Gebietes durch Sanierung und teilweise Neubebauung zu beheben. In die Maßnahmen ist auch eine bisherige Werkssiedlung einbezogen, die einer Firmenerweiterung weichen soll. Die hierdurch zusätzlich entstehenden Kosten können dem Unternehmen im Rahmen des § 180 III BauGB auferlegt werden. In der Erhaltungssatzung kann die zeitliche Abfolge der Sanierungsmaßnahme festgelegt werden. Die Erhaltungssatzung kann zugleich einen Beitrag dazu leisten, unerwünschte städtebauliche Entwicklungen in der Umsetzung dieses Umstrukturierungsprozesses zu vermeiden – etwa indem der Abbruch der Häuser genehmigt wird, nachdem geeigneter Ersatzwohnraum geschaffen worden ist.

6603 VGH Kassel NVwZ-RR 2023, 172 = juris Rn. 9.

6604 BVerwG DVBl. 1998, 40.

6605 BVerwG NVwZ 2005, 445; dort auch zu den Maßstäben, wann die Änderung einer baulichen Anlage nach § 172 IV 3 Nr. 1 BauGB der Herstellung des zeitgemäßen Ausstattungszustands einer durchschnittlichen Wohnung unter Berücksichtigung der bauordnungsrechtlichen Mindestanforderungen dient.

6606 BVerwG NVwZ-RR 2005, 383.

3088 **c) Erhaltungsgebiet.** Das Erhaltungsgebiet kann in einem **Bebauungsplan** oder in einer **sonstigen Erhaltungssatzung** festgelegt werden. Das Gebiet, für das die Erhaltungssatzung gilt und das auch aus einem einzelnen Gebäude bestehen kann,[6607] ist genau und mit ausreichender Eindeutigkeit zu bezeichnen. Sofern die Gebietsfestlegung nicht in einem Bebauungsplan erfolgt, sind bei der Gebietsfestlegung vergleichbare Anforderungen an die Bezeichnung zu stellen.

3089 Die Gemeinde hat dabei anzugeben, welche der in § 172 I BauGB genannten Gründe die Erhaltungssatzung rechtfertigen. Es genügt eine Bezugnahme auf das Gesetz. Nicht erforderlich sind eine Darlegung und Subsumtion der einzelnen Tatbestandsmerkmale.[6608] Allerdings empfiehlt sich eine Darlegung der wesentlichen städtebaulichen Zielvorstellungen in der **Begründung**. Anderenfalls besteht die Gefahr, dass die Satzung an **Abwägungsmängeln** scheitert. Denn jede städtebauliche Maßnahme bedarf vor dem Hintergrund der Eigentumsgarantie in Art. 14 GG der Rechtfertigung, die sich in einer entsprechenden Begründung niederschlagen sollte. Das BVerwG weist allerdings darauf hin, dass der Weg zu einer verwaltungsgerichtlichen Überprüfung des Abwägungsvorgangs bei untergesetzlichen Normen nur eröffnet ist, wenn der Normgeber – wie etwa im Recht der Bauleitplanung – einer besonders ausgestalteten Bindung an gesetzlich formulierte Abwägungsdirektiven unterliege, was bei einer nicht begründungspflichtigen Erhaltungssatzung nicht der Fall ist.[6609]

3090 Die sich aus der Erhaltungssatzung ergebenden. Belastungen hat der Eigentümer grundsätzlich hinzunehmen.[6610] Auch die Unterschutzstellung unter Denkmalschutz liegt in der Regel im Rahmen der Sozialpflichtigkeit des Eigentums.[6611] Dies gilt auch für die daraus entstehenden Genehmigungs- und Erlaubnisvorbehalte. Derartige Belastungen sind keine Enteignung, weil das Eigentum oder auch Eigentumspositionen im Sinne eines Entzuges nicht auf einen anderen Rechtsträger übergehen, sondern eine in der Regel verfassungsrechtlich zulässige Inhalts- und Schrankenbestimmung.

3091 Allerdings können die Inhalts- und Schrankenbestimmungen zu **schweren Belastungen** führen, die vor dem Hintergrund der Privatnützigkeit des Eigentums nicht mehr zu rechtfertigen sind.[6612] Wird daher die enteignungsrechtliche Zumutbarkeitsgrenze überschritten, hat die Verwaltung ein Wahlrecht: Sie muss die Beeinträchtigungen entweder so reduzieren, dass eine enteignungsgleiche Wirkung nicht mehr besteht. Oder sie muss eine Entschädigung für die verfassungsrechtlich nicht mehr hinzunehmende Belastung des Eigentums gewähren. Das kann entweder durch eine Kompensation der unzumutbaren Beeinträchtigungen sein oder auch dadurch geschehen, dass die Voraussetzungen für eine Enteignung geschaffen werden.

3092 Dabei hat das BVerfG für den Bereich des Denkmalschutzes klargestellt,[6613] dass auch für diese entschädigungsrechtlichen Kompensationsregelungen bei der Inhalts- und Schrankenbestimmung des Gesetzgebers das Gebot klarer gesetzgeberischer Regelungen gilt. Der Gesetzgeber darf vor allem die Frage, ob der einzelne Eingriff die enteignende Zumutbarkeitsschwelle überschreitet, nicht offenlassen, sondern muss klar festlegen, in welchen Fällen eine Entschädigung erforderlich ist, um die Schwere des Eingriffs abzufedern. Zudem hat der Gesetzgeber keine freie Entscheidungsmöglichkeit, ob er einen schweren Eingriff ermöglicht. Vielmehr muss sich das gesetzgeberische Handeln mit der Schwere der jeweiligen Auswirkungen einer Inhalts- und Schrankenbestimmung im Einzelfall legitimieren.

Beispiel: Ein um die Jahrhundertwende entstandener Stadtteil soll mit der Erhaltungssatzung vor einer schleichenden städtebaulichen Umstrukturierung geschützt werden. Zugleich soll die Zusammensetzung der Wohnbevölkerung erhalten werden. Die Erhaltungssatzung kann auf die in § 172 I Nr. 1 und 2 BauGB genannten Erhaltungsgründe Bezug nehmen. Dabei ist auch eine Kombination mehrerer Erhaltungsgründe zulässig. Die einzelnen städtebaulichen Zielvorstellungen sollten in der Begründung, die üblicherweise Bestandteil der Verwaltungsvorlage ist,

---

[6607] VGH Mannheim ZfBR 1992, 295.

[6608] So BVerwG NVwZ 1988, 357.

[6609] BVerwG Beschl. v. 16.10.2023 – 4 BN 12/23, juris Rn. 12.

[6610] Zur Zumutbarkeit der Erhaltung einer baulichen Anlage VGH Mannheim NVwZ-RR 1999, 565.

[6611] Zur Bewertung von Denkmalbelangen in der Bauleitplanung OVG Lüneburg NVwZ-RR 2000, 200.

[6612] BGHZ 90, 17; BGHZ 91, 20; BGHZ 99, 24.

[6613] BVerfG NJW 1999, 2877; Stüer/Thorand NJW 2000, 3232.

niedergelegt werden. Darin sollten Ausführungen zur Eignung, Erforderlichkeit und Verhältnismäßigkeit der beabsichtigten Erhaltungssatzung eingeschlossen sein.[6614] Vielfach wird es auch sinnvoll sein, die Ergebnisse einer städtebaulichen Rahmenplanung einzubeziehen.

Ein Erhaltungsbereich kann zur Erhaltung der städtebaulichen Eigenart auch für einzelne bauliche Anlagen festgesetzt werden. Wenn die Anlage das Stadt- oder Ortsbild selbst nicht prägt, setzt dies voraus, dass sie jedenfalls in sonstiger Weise von spezifischer städtebaulicher Bedeutung ist. Eine einzelne stadt- oder ortshistorisch bedeutsame bauliche Anlage ist bodenrechtlich dann erhaltenswert, wenn sie optisch eine stadtgestalterische Aufgabe erfüllt, indem sie die Umgebung räumlich mitgestaltet und zur Unverwechselbarkeit der Ansicht eines Ortsteils, Platzes oder Straßenzugs beisteuert.[6615] Ziel der Erhaltungssatzung kann sein, die Bevölkerungsstruktur eines Gebietes zu erhalten und die Wohnbevölkerung vor Verdrängungen zu schützen. Umbaumaßnahmen wie etwa der Einbau eines Aufzuges können dann versagt werden, wenn die Kosten ungewöhnlich hoch sind und einen Verdrängungswettbewerb einleiten.[6616] 3093

d) Zweistufigkeit von Gebietsfestlegung und Genehmigungsverfahren. Der Gesetzgeber geht von einem zweistufigen Ablaufprogramm aus. Anders als der Bebauungsplan trifft die Erhaltungssatzung selbst noch keine rechtsverbindliche Nutzungsregelung für die einzelnen Grundstücke. Die Gebietsfestlegung begründet nur ein präventives Verbot mit Genehmigungsvorbehalt. Die Beurteilung der Zulässigkeit bestimmter Vorhaben erfolgt erst im Rahmen des Genehmigungsverfahrens. Daraus ergibt sich auch eine Zweiteilung des Abwägungsverfahrens: Bei der Gebietsfestlegung reicht eine (allgemeine) Befassung der Gemeinde mit den die Erhaltungssatzung rechtfertigenden Gründen. Erst im Genehmigungsverfahren stellt sich die Frage, ob auch im Einzelfall die städtebaulichen Ziele der Erhaltungssatzung dem geplanten Vorhaben entgegenstehen. Auch die verwaltungsgerichtliche Kontrolle ist insoweit zweigeteilt. 3094

Beispiel: Die Gemeinde stützt die Erhaltungssatzung auf die Erhaltung der städtebaulichen Gestalt (§ 172 I 1 Nr. 1 BauGB). Es werden auch Gebäude einbezogen, die gemessen an diesen Zielvorstellungen nicht erhaltungswürdig sind. Die generelle Gebietsfestlegung in der Erhaltungssatzung kann in diesen Fällen dem Abwägungsgebot genügen. Allerdings muss die mangelnde Schutzwürdigkeit einzelner Gebäude ggf. bei Abbruchanträgen berücksichtigt werden. Es hat dabei eine Abwägung zwischen den Erhaltungsinteressen der Allgemeinheit und den Eigentümerbelangen stattzufinden. Bei dieser Abwägung können sich dann im Einzelfall berechtigte Eigentümerinteressen durchsetzen.

Liegen keine Versagungsgründe vor, besteht ein **Rechtsanspruch** auf die beantragte Genehmigung.[6617] Die Gemeinde kann zwar im Rahmen des Erlasses der Erhaltungssatzung städtebauliche Zielvorstellungen entwickeln und dabei den ihr in der Bauleitplanung zustehenden **autonomen Planungs- und Gestaltungsraum** nutzen.[6618] Im Rahmen des Genehmigungsverfahrens finden jedoch zusätzliche, nur eingeschränkt gerichtlich kontrollierbare Ermessensbetätigungen keinen Platz. Umstritten ist, ob die Gemeinde ein Ermessen eingeräumt ist, das es ihr ermöglicht, auch bei dem Vorliegen von Versagungsgründen die Genehmigung zu erteilen. Für ein solches Ermessen wird der Wortlaut angeführt, wonach die die Genehmigung nur versagt werden darf, wenn Versagungsgründe vorliegen. Der Gemeinde ist danach eine Versagungsmöglichkeit eröffnet, jedoch keine Versagungspflicht auferlegt. Dabei wird aber auf den Gleichbehandlungsgrundsatz verwiesen, der im Rahmen dieses Ermessens zu beachten ist.[6619] 3095

e) Genehmigungsverfahren und Rechtskontrolle. Die Genehmigung wird nach § 173 I 1 BauGB durch die **Gemeinde** erteilt. Ist eine baurechtliche Genehmigung oder an ihrer 3096

[6614] BVerwG NVwZ 1987, 357.

[6615] OVG Hamburg ZfBR 2013, 388 (LS).

[6616] OVG Berlin-Brandenburg DÖV 2012, 737.

[6617] Bönker in HBG, Öffentliches Baurecht, 2024, § 14 Rn. 152; Mitschang in BKL, BauGB, 2022, § 172 Rn. 70; siehe auch BVerwG DVBl. 1998, 40; NVwZ 1988, 357 (358); VGH Mannheim NVwZ-RR 1999, 565.

[6618] Stüer DVBl. 1974, 314.

[6619] Bönker in HBG, Öffentliches Baurecht, 2024, § 14 Rn. 154; Möller in Schrödter, BauGB, 2019, § 172 Rn. 60; aA Stock in EZBK, BauGB, 2023, § 172 Rn. 60; zur Bedeutung des Gleichheitssatzes des Art. 3 GG bei Erlass einer Erhaltungssatzung BVerwG Beschl. v. 16.10.2023 – 4 BN 12/23, juris Rn. 9.

Stelle eine baurechtliche Zustimmung erforderlich, wird die Genehmigung im Baugenehmigungsverfahren im Einvernehmen mit der Gemeinde von der **Baugenehmigungsbehörde** erteilt. Im Baugenehmigungs- oder Zustimmungsverfahren wird dabei über die in § 172 III bis V BauGB bezeichneten Belange entschieden (§ 173 III BauGB). Die Genehmigung ist hingegen regelmäßig abzulehnen, wenn ein gesetzlicher Versagungsgrund vorliegt. § 172 III 1 BauGB schließt eine Ermessensentscheidung zugunsten des Antragstellers bei atypischen Fallgestaltungen allerdings nicht aus.[6620] Die wirtschaftliche Unzumutbarkeit der Erhaltung der baulichen Anlage stellt keinen atypischen Ausnahmefall dar. Der Eigentümer kann dann allerdings von der Gemeinde die Übernahme des Grundstücks nach § 173 II 1 BauGB verlangen.[6621]

3097 Dient die Erhaltungssatzung der Zusammensetzung der Wohnbevölkerung (§ 172 I 1 Nr. 2 BauGB) oder ist sie Teil eines Konzepts zur städtebaulichen Umstrukturierung (§ 172 I 1 Nr. 3 BauGB), so darf die beantragte Genehmigung nur versagt werden, wenn dies dem Eigentümer der baulichen Anlage wirtschaftlich zumutbar ist. Bei Überschreitung der Zumutbarkeitsgrenze ist demgegenüber die Genehmigung zu erteilen. Diese Regelungen sind entsprechenden Vorschriften im Bereich des Denkmalschutzes vergleichbar, bei denen die Erhaltungs-, Nutzungs- oder Erlaubnistatbestände auch vielfach unter dem Vorbehalt der wirtschaftlichen Zumutbarkeit stehen.[6622] Wird die Zumutbarkeitsgrenze bei einer Erhaltungssatzung nach § 172 I 1 Nr. 1 BauGB überschritten, ist dem Eigentümer aus verfassungsrechtlichen Gründen eine Entschädigung zu gewähren. § 173 II BauGB sieht in diesen Fällen einen Anspruch des Eigentümers auf Übernahme des Grundstücks vor. Enteignende Wirkung geht dabei allerdings nicht bereits von der Erhaltungssatzung aus. Diese konkretisiert mit dem Genehmigungsvorbehalt lediglich eine verfassungsrechtlich zulässige Pflichtenstellung. Enteignende Wirkungen können sich erst aus der Versagung einer auf die Erhaltungssatzung gestützten Genehmigung ergeben. Auch insoweit ist die Rechtslage dem Denkmalschutzrecht vergleichbar.[6623]

3098 Im Geltungsbereich einer Erhaltungssatzung besteht darüber hinaus ein **gemeindliches Vorkaufsrecht** nach § 24 I 1 Nr. 4 BauGB. Dieses darf aber gem. § 24 III 1 BauGB nur ausgeübt werden, wenn das Wohl der Allgemeinheit dies rechtfertigt. Der Katalog von Ausschlussgründen in § 26 BauGB konkretisiert Beispielsfälle, in denen das Allgemeinwohl die Ausübung des Vorkaufsrechts typischerweise nicht rechtfertigt.[6624]

3099 Auch kann im Einzelfall zur Umsetzung der städtebaulichen Zielvorstellungen der Gemeinde auf der Grundlage einer Erhaltungssatzung eine **Enteignung** nach § 85 I Nr. 1 BauGB zulässig sein. Der Gebäudeabbruch im Geltungsbereich einer Erhaltungssatzung ohne die erforderliche Genehmigung stellt eine **Ordnungswidrigkeit** dar, die nach § 213 II BauGB mit einer Geldbuße geahndet werden kann.

3100 Die Erhaltungssatzung nach § 172 BauGB unterliegt als gemeindliche Satzung gem. § 47 I Nr. 1 VwGO der **Normenkontrolle**. Antragsbefugt ist jeder, der die Voraussetzungen des § 47 II VwGO, also geltend macht, in eigenen Rechten verletzt zu sein. Dazu gehört auch das Recht auf Abwägung. Das BVerwG weist allerdings darauf hin, dass der Weg zu einer verwaltungsgerichtlichen Überprüfung des Abwägungsvorgangs bei untergesetzlichen Normen nur eröffnet ist, wenn der Normgeber – wie etwa im Recht der Bauleitplanung – einer besonders ausgestalteten Bindung an gesetzlich formulierte Abwägungsdirektiven unterliege.[6625] Das Gericht verweist dazu auf die in der Literatur vertretene Ansicht, die gerichtliche Kontrolle einer nicht begründungspflichtigen Erhaltungssatzung sei auf das Abwägungsergebnis beschränkt, ohne sich allerdings dazu festzulegen.[6626] Erweist sich eine Erhaltungssatzung als unwirksam, kann die unter Umständen auch Auswirkungen auf die Wirksamkeit eines Bebauungsplans haben, der sich auf diese Erhaltungssatzung bezieht.

6620 BVerwG ZfBR 2009, 157.

6621 VGH Mannheim VGHBW RSprDienst 1999, Belage 1 B 5.

6622 Hartleb/Wurster Denkmalschutz und Erhaltung in Hoppenberg/de Witt, Handbuch des öffentlichen Baurechts, 2022, Kap. D Rn. 241.

6623 BVerfG NJW 1999, 2877; Stüer/Thorand NJW 2000, 3232.

6624 BVerwG NVwZ 2022, 75 = juris Rn. 13; Stock in EZBK, BauGB, 2021, § 24 Rn. 63, § 26 Rn. 1.

6625 BVerwG Beschl. v. 16.10.2023 – 4 BN 12/23, juris Rn. 12.

6626 BVerwG Beschl. v. 16.10.2023 – 4 BN 12/23, juris Rn. 12 unter Verweis auf Möller in Schrödter, BauGB, 2019, § 172 Rn. 21; Stock in EZBK, BauGB, 2023, § 172 Rn. 69; Mitschang in BKL, BauGB, 2022, § 172 Rn. 38; OVG Hamburg Urt. v. 9.7.2014 – 2 E 3/13.N, juris Rn. 42.

Beispiel: Wird in einem Bebauungsplan die Zulässigkeit der Art der baulichen Nutzung in einem Baugebiet mit Bestandsbebauung einschließlich (überwiegend ungenehmigter) Ferienwohnnutzung nicht abschließend geregelt, sondern steht sie nach der Planbegründung unter dem erhaltungsrechtlichen Genehmigungsvorbehalt nach § 172 BauGB, liegt ein Fehler im Abwägungsergebnis vor, wenn die betreffende Erhaltungssatzung unwirksam ist.[6627] Nach § 26 Nr. 4 BauGB ist die Ausübung des Vorkaufsrechts ausgeschlossen, wenn das Grundstück entsprechend den Festsetzungen des Bebauungsplans oder den Zielen und Zwecken der städtebaulichen Maßnahme bebaut ist und genutzt wird und eine auf ihm errichtete bauliche Anlage keine Missstände oder Mängel iS des § 177 II und III 1 BauGB aufweist. Zu den hiervon erfassten städtebaulichen Maßnahmen zählt grundsätzlich auch der Erlass einer Erhaltungssatzung nach § 172 BauGB.[6628]

Wird eine Genehmigung versagt, ist hiergegen Rechtsschutz zu den Verwaltungsgerichten auf Genehmigungserteilung gegeben. 3101

Beispiel: Der Eigentümer eines Grundstücks, das im Geltungsbereich einer Erhaltungssatzung liegt, beantragt beim zuständigen OVG/VGH die Feststellung der Unwirksamkeit der Satzung mit der Begründung, dass die von der Gemeinde angegebenen städtebaulichen Zielsetzungen den Erlass der Satzung nicht rechtfertigen. Außerdem könnte der Eigentümer gegen den Bescheid zur Versagung einer Abrissgenehmigung mit der verwaltungsgerichtlichen Verpflichtungsklage vorgehen.

Rechte für die betroffenen Grundstückseigentümer werden durch die Erhaltungssatzung allerdings nicht begründet. Eine auf § 172 I 1 Nr. 1 BauGB gestützte Erhaltungsverordnung dient allein städtebaulichen und damit öffentlichen Interessen und vermittelt den Eigentümern von im Geltungsbereich der Erhaltungsverordnung gelegenen Grundstücken keine Abwehrrechte gegen benachbarte Vorhaben.[6629] 3102

Auf § 172 I 1 Nr. 1 BauGB kann eine Erhaltungssatzung nicht gestützt werden, mit der eine vorhandene Bebauung allein wegen ihrer lärmabschirmenden Wirkung für andere baulichen Anlagen erhalten werden soll. Die Erhaltungsziele einer Erhaltungssatzung (§ 172 I 1 Nr. 1 BauGB) beschränken deren Gegenstand auf optisch wahrnehmbare bauliche Gegebenheiten.[6630] 3103

Bereits im Wortlaut der Satzungsermächtigung kommt zum Ausdruck, dass der Erhaltungszweck einer Erhaltungssatzung auf optisch wahrnehmbare, für die städtebauliche Gestalt eines Gebiets bedeutsame bauliche Gegebenheiten gerichtet sein muss. Die zum Satzungserlass berechtigenden Erhaltungsziele sind in § 172 I 1 BauGB abschließend geregelt.[6631] Nach der hier allein in Betracht kommenden Nummer 1 der Vorschrift kann die Gemeinde in einem Bebauungsplan oder durch eine sonstige Satzung Gebiete bezeichnen, in denen „zur Erhaltung der städtebaulichen Eigenart des Gebiets auf Grund seiner städtebaulichen Gestalt (Absatz 3)" der Rückbau, die Änderung oder die Nutzungsänderung baulicher Anlagen der Genehmigung bedürfen. Städtebaulicher Erhaltungsschutz iS des § 172 I 1 Nr. 1 BauGB zielt damit auf die Wahrung der städtebaulichen Funktion baulicher Anlagen,[6632] deren Bezugspunkt die städtebauliche Eigenart des Gebiets aufgrund seiner städtebaulichen Gestalt ist. Da nur optisch wahrnehmbare Gegebenheiten gestaltend wirken und deshalb zur städtebaulichen Eigenart des Gebiets aufgrund seiner städtebaulichen Gestalt beitragen können, muss das Gebiet – äußerlich erkennbar – Besonderheiten aufweisen und aus diesem Grund erhaltenswert sein. Auf diese optisch erkennbaren Besonderheiten müssen die aus der Sicht der Gemeinde erhaltenswerten baulichen Anlagen funktional bezogen sein. Optisch nicht wahrnehmbare Funktionen wie etwa deren lärmabschirmende Wirkung („bewohnbare Lärmschutzwand") können demgegenüber nichts zur städtebaulichen Gestalt eines Gebiets beitragen und rechtfertigen deshalb auch nicht den Erlass einer Erhaltungssatzung. 3104

Die Gründe für den städtebaulichen Erhaltungsschutz werden durch § 172 III 1 BauGB weiter dahin konkretisiert, dass in dem Erhaltungsgebiet bauliche Anlagen vorhanden sein müssen, 3105

[6627] OVG Greifswald Urt. v. 15.4.2023 – 3 K 151/18 OVG, juris Rn. 45.
[6628] BVerwG NVwZ 2022, 75 = juris Rn. 19.
[6629] OVG Hamburg BauR 2009, 1182.
[6630] BVerwG NVwZ 2015, 901; von der Groeben NVwZ 2015, 904.
[6631] BVerwG UPR 2013, 446 Rn. 3.
[6632] BVerwG Beschl. v. 25.6.2013 – 4 BN 2.13, BeckRS 2013, 530112.

die das Orts- oder Landschaftsbild oder die **Stadtgestalt** prägen oder sonst von städtebaulicher, insbesondere geschichtlicher oder künstlerischer Bedeutung sind. Die städtebauliche Bedeutung ist nicht auf Aspekte des sog. städtebaulichen Denkmalschutzes beschränkt, muss sich aber aus optisch wahrnehmbaren Wirkungen der baulichen Anlagen ergeben, die zur städtebaulichen Gestalt des Gebiets beitragen können. Nach § 172 III 1 BauGB darf die im Erhaltungsgebiet für den Rückbau, die Änderung oder die Nutzungsänderung erforderliche Genehmigung in den Fällen des § 172 I 1 Nr. 1 BauGB nur versagt werden, wenn die bauliche Anlage allein oder im Zusammenhang mit anderen baulichen Anlagen das Ortsbild, die Stadtgestalt oder das Landschaftsbild prägt oder sonst von städtebaulicher, insbesondere geschichtlicher oder künstlerischer Bedeutung ist.

3106 Der Begriff der „Stadtgestalt" geht über den Begriff des Ortsbildes hinaus,[6633] auch wenn sich die Anwendungsbereiche beider Begriffe häufig überschneiden werden, weil die Stadtgestalt auch das Ortsbild prägen kann. Eine „besondere ästhetische Qualität im Sinne eines Kunstwerkes" setzt die Stadtgestalt indes nicht zwingend voraus. Unter Stadtgestalt ist vor allem die baulich-räumliche Struktur einer Stadt oder eines Siedlungsbereiches (einschließlich der Freiräume) zu verstehen, wie sie insbesondere durch den Grundriss, das Maß der baulichen Nutzung einschließlich der Gebäudehöhe, die Stellung der Gebäude zueinander sowie ihre Zuordnung zu den Straßen, aber auch durch die bauliche Gestaltung bestimmt wird. Die Stadtgestalt schließt bestimmte typische Formen der Bodennutzung ein und stellt vor allem auf baulich relevante Strukturen und Funktionen ab. Dieser weite Begriff der „Stadtgestalt" findet sich auch in § 172 I 1 Nr. 1 BauGB wieder, der die Erhaltung der städtebaulichen Eigenart des Gebiets aufgrund seiner „städtebaulichen Gestalt" zum zulässigen Erhaltungsziel erklärt. Angesichts dieses über das Ortsbild hinausgehenden Bedeutungsgehalts bestehen keine ernstlichen Zweifel, dass auch eine – optisch wahrnehmbare – besondere Baustruktur wie etwa eine Blockrandbebauung unter den Begriff der Stadtgestalt fallen kann, auch wenn ihr keine geschichtliche oder künstlerische Bedeutung zukommt, sofern sie eine städtebauliche („stadträumliche") Funktion für das Zusammenleben der Menschen in der Gemeinde erfüllt.[6634] Der Denkmalschutz ist in seinem städtebaulichen Aspekt, dh in seiner Ausstrahlungswirkung in das Bauplanungsrecht[6635] zwar wohl der praktisch wichtigste, aber nicht der einzige Erhaltungszweck, der den Erlass einer Erhaltungssatzung auf der Grundlage des § 172 I 1 Nr. 1 BauGB rechtfertigt.[6636]

2. Städtebauliche Gebote

3107 Neben der Erhaltungssatzung stellt das BauGB mit dem **Baugebot** gem. § 176 BauGB, dem **Modernisierungs- und Instandsetzungsgebot** gem. § 177 BauGB, dem **Pflanzgebot** gem. § 178 BauGB und dem Rückbau- und Entsiegelungsgebot gem. § 179 BauGB vier städtebauliche Gebote bereit, die der Planverwirklichung dienen.[6637] In der Praxis haben diese „Planverwirklichungsgebote" allerdings zumeist nicht die wünschenswerte Bedeutung erreicht. Die städtebaulichen Gebote sind dadurch veranlasst, dass der Bebauungsplan selbst zwar Bebauungsmöglichkeiten eröffnen, nicht jedoch deren Realisierung festsetzen kann. Weigert sich daher der Eigentümer, die im Bebauungsplan enthaltenen Festsetzungen zu verwirklichen, so bedarf es eines Instruments, das die Umsetzung der städtebaulichen Entwicklung und Ordnung nach den Vorstellungen der Gemeinde sicherstellt. Die städtebaulichen Gebote in den §§ 175 bis 179 BauGB konkretisieren die Sozialpflichtigkeit des Eigentums in Art. 14 II GG. Die Zulässigkeit der Maßnahmen setzt daher einerseits eine entsprechende Gemeinwohlrechtfertigung voraus. Andererseits folgt aus der Sozialgebundenheit des Eigentums, dass der Eigentümer oder Nutzungsberechtigte die städtebaulichen Gebote im Hinblick auf die Sozialpflichtigkeit des Eigentums bei einer entsprechenden Rechtfertigung zu dulden hat. Wenn die städtebaulichen Gebote gleichwohl in der Praxis nur selten angewendet und durchgesetzt werden, so liegt dies wohl vor allem an dem hohen Verwaltungsaufwand und der vielfach bestehenden Rechtsunsicherheit. Die Regelungen können jedoch als Verfahrensanleitung genutzt werden, um nach

[6633] Henke DÖV 1983, 402 (410); Moench NVwZ 1984, 146 (154).
[6634] Zu dieser Voraussetzung BVerwGE 78, 23 (28 f.).
[6635] Sog. städtebaulicher Denkmalschutz; zur Kompetenzmäßigkeit BVerfG DVBl. 1987, 465 und BVerwGE 78, 23 (28 f.); siehe auch Beschl. v. 23.6.1992 – 4 NB 9.92, juris Rn. 7; UPR 2013, 446 Rn. 3.
[6636] BVerwG NVwZ 2015, 901, von der Groeben NVwZ 2015, 904.
[6637] Bönker in HBG, Öffentliches Baurecht, 2024, § 14 Rn. 168.

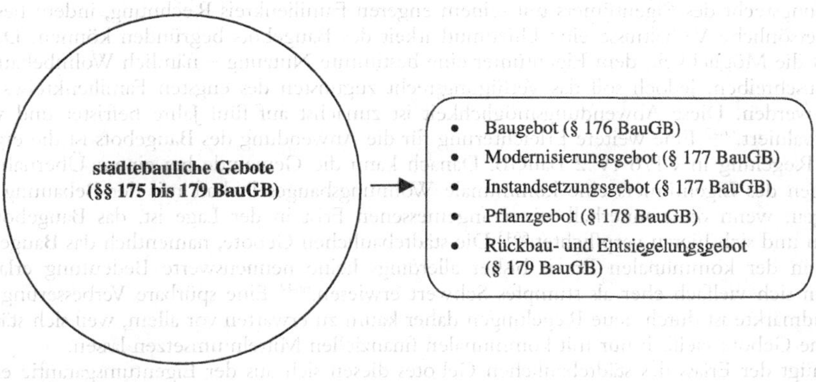

Art einer „strengeren Moderation" die Bereitschaft der betroffenen Grundstückseigentümer und Nutzungsberechtigten zur „freiwilligen" Mitwirkung zu wecken.

a) Allgemeine Anforderungen. Städtebauliche Gebote unterliegen den allgemeinen An- 3108
forderungen des § 175 BauGB. Die Gemeinde hat danach vor Erlass solcher Gebote die Maßnahme mit den Betroffenen zu erörtern. Die Eigentümer, Mieter, Pächter und sonstigen Nutzungsberechtigten sollten dabei von der Gemeinde im Rahmen ihrer Möglichkeiten beraten werden, wie die Maßnahme durchgeführt werden kann und welche Finanzierungsmöglichkeiten aus öffentlichen Kassen bestehen.[6638] Vor Anwendung von Zwangsmaßnahmen sollten daher alle Möglichkeiten einer Kooperation zwischen den Betroffenen und der Gemeinde ausgeschöpft werden. Vielfach zeichnen sich bereits im Rahmen dieser Beratungen einverständliche Regelungen ab. Die Beteiligten können dazu auch einen öffentlich-rechtlichen Vertrag nach § 11 BauGB abschließen.[6639]

§ 175 II BauGB bringt den verfassungsrechtlich gebotenen Grundsatz zum Ausdruck, dass 3109
städtebauliche Gebote nur angeordnet werden dürfen, wenn die alsbaldige Durchführung der Maßnahme aus städtebaulichen Gründen erforderlich ist. Die Ausweisung in einem Bebauungsplan ist zwar – abgesehen von der Baulückenschließung durch Baugebot nach § 176 II BauGB und dem Modernisierungs- und Instandsetzungsgebot gem. § 177 BauGB – Voraussetzung für den Erlass eines städtebaulichen Gebotes. Die Planverwirklichung bedarf jedoch einer darüberhinausgehenden städtebaulichen Legitimation, die sich nur aus besonders gravierenden öffentlichen Interessen ableiten kann.[6640]

Beispiel: Die Gemeinde erlässt ein Baugebot für ein Grundstück in zentraler Lage im Ortskern, das sich als Baulücke darstellt. Die Nichtbebauung kann hier als Ausdruck besonderer bodenrechtlicher Spannungen verstanden werden, denen gegenüber die Eigentümerbelange zurückstehen müssen.[6641] Der Erlass eines Baugebotes für ein Grundstück im Vorort einer Großstadt dürfte dagegen anders zu beurteilen sein.

Auch die ergänzende Regelung in § 175 II 2 BauGB 2021 dient der Erleichterung der 3110
Wohnraumschaffung. Danach liegt ein **dringender Wohnbedarf der Bevölkerung** insbesondere auch vor, wenn es sich um ein nach § 201a BauGB bestimmtes Gebiet mit einem angespannten Wohnungsmarkt handelt. Gleichzeitig wird in § 176 I 1 Nr. 3 BauGB der Anwendungsbereich des Baugebots für nach § 201a BauGB bestimmte Gebiete mit angespannten Wohnungsmärkten erweitert. Die Wirksamkeit eines nach dieser Vorschrift erlassenen Baugebots wird durch das Ende der Geltungsdauer der Rechtsverordnung nach § 201a BauGB nicht berührt. Zudem wird hierfür in § 176 III BauGB eine befristete und zu evaluierende zusätzliche Abwendungsmöglichkeit für den Eigentümer eingeführt. Sie trägt dem Eigentums- und

---

6638 Umstritten ist, ob diese Erörterung und Beratung über eine bloße Unterrichtung und Anhörung nach § 28 VwVfG hinausgehen muss, bejahend Seifert in Kröninger/Jeromin, BauGB/BauNVO, 2024, § 175 BauGB Rn. 2; ablehnend Mitschang in BKL, BauGB, 2022, § 175 Rn. 3.

6639 Bönker in HBG, Öffentliches Baurecht, 2024, § 14 Rn. 170.

6640 BVerfG NJW 1987, 1251; BGH DVBl. 1991, 437; BVerfG DVBl. 1999, 701 zur städtebaulichen Enteignung zur Errichtung einer Waldorfschule durch einen privaten Verein.

6641 Mitschang in BKL, BauGB, 2022, § 175 Rn. 5.

Verfügungsrecht des Eigentümers mit seinem engeren Familienkreis Rechnung, indem besondere persönliche Verhältnisse eine Unzumutbarkeit des Baugebots begründen können. Damit besteht die Möglichkeit, dem Eigentümer eine bestimmte Nutzung – nämlich Wohnbebauung – vorzuschreiben. Jedoch soll das Verfügungsrecht zugunsten des engsten Familienkreises gewahrt werden. Diese Abwendungsmöglichkeit ist zunächst auf fünf Jahre befristet und wird dann evaluiert.[6642] Eine weitere Erleichterung für die Anwendung des Baugebots ist die ergänzende Regelung in § 176 IV 2 BauGB. Danach kann die Gemeinde bei einem Übernahmeverlangen des Eigentümers eine kommunale Wohnungsbaugesellschaft mit der Bebauung beauftragen, wenn diese innerhalb einer angemessenen Frist in der Lage ist, das Baugebot zu erfüllen und sich hierzu verpflichtet.[6643] Die städtebaulichen Gebote, namentlich das Baugebot, haben in der kommunalen Praxis bisher allerdings keine nennenswerte Bedeutung erlangt, sondern sich vielfach eher als stumpfes Schwert erwiesen.[6644] Eine spürbare Verbesserung der Baulandmärkte ist durch neue Regelungen daher kaum zu erwarten vor allem, weil sich städtebauliche Gebote vielfach nur mit kommunalen finanziellen Mitteln umsetzen lassen.

3111 Genügt der Erlass des städtebaulichen Gebotes diesen sich aus der Eigentumsgarantie ergebenden verfassungsrechtlichen Anforderungen, so müssen auch Mieter, Pächter und sonstige **Nutzungsberechtigte** die Durchführung der Maßnahmen **dulden** (§ 175 III BauGB). Das Gebot begründet daher eine öffentlich-rechtliche Pflicht, die von allen Betroffenen zu beachten ist. Zugleich ergeben sich daraus auch Pflichten der Nutzungsberechtigten im zivilrechtlichen Innenverhältnis zum Grundstückseigentümer. Die Duldungspflicht ist öffentlich-rechtlicher Natur und kann von der Gemeinde mit Hilfe einer **Duldungsverfügung** durchgesetzt werden und sich auch die vorübergehende Räumung von Miet- oder Pachtflächen zur Durchführung der Maßnahme erstrecken.[6645]

3112 § 175 IV 1 BauGB stellt Grundstücke, die besonderen öffentlichen Zwecken etwa der Landesverteidigung dienen (§ 26 Nr. 2 und 3 BauGB), von städtebaulichen Geboten frei. Der Vorhabenträger soll jedoch gem. § 175 IV 2 BauGB auf Verlangen der Gemeinde die entsprechenden Maßnahmen durchführen oder dulden, soweit dadurch nicht die Erfüllung seiner Aufgaben beeinträchtigt wird. Die Regelung entspricht der § 38 BauGB zu Grunde liegenden Wertung, dass **privilegierte Fachplanungen** in dem dort bestimmten Umfang Vorrang vor der gemeindlichen Bauleitplanung genießen. Auf andere, in § 175 IV 1 BauGB nicht genannte Grundstücke in öffentlicher Hand sind die städtebaulichen Gebotsregelungen uneingeschränkt anwendbar.

3113 Nach § 175 V BauGB bleiben denkmalrechtliche und andere landesrechtliche Vorschriften unberührt. Dies bedeutet einerseits, dass auch bei dem Erlass städtebaulicher Gebote der Denkmalschutz zu beachten ist. Anderseits können weiter gehende Gebote oder Verbote eine eigenständige Rechtsgrundlage im Denkmalrecht oder in anderen landesrechtlichen Vorschriften erhalten.[6646]

Beispiel: Die Gemeinde erlässt ein Rückbaugebot für ein Gebäude, das in die Denkmalliste eingetragen ist. Der Gebäudeabbruch ist nur zulässig, wenn die Belange des Denkmalschutzes gewahrt sind und daher auch eine ggf. erforderliche denkmalrechtliche Erlaubnis bzw. Genehmigung vorliegt.

3114 **b) Baugebot.**[6647] Durch das Baugebot kann die Gemeinde den Eigentümer gem. § 176 I BauGB im Geltungsbereich eines Bebauungsplans verpflichten, innerhalb einer bestimmten angemessenen Frist sein Grundstück entsprechend den Festsetzungen des Bebauungsplans zu bebauen (**Bebauungsgebot**) oder ein vorhandenes Gebäude oder eine vorhandene sonstige Anlage den Festsetzungen des Bebauungsplans anzupassen (**Anpassungsgebot**). Bei der Anordnung eines Baugebotes kann auch ein dringender Wohnbedarf der Bevölkerung berücksichtigt werden (§ 175 II HS 2 BauGB).

[6642] Bundesministerium des Innern, für Bau und Heimat, Internetauftritt; zum Gesetzentwurf der Bundesregierung Krautzberger/Stüer ZfBR 2021, 33.

[6643] Andere Dritte können demgegenüber nicht einbezogen werden, so Beschlüsse des 24. Ausschusses zum Änderungsantrag der Fraktionen der CDU/CSU und SPD, S. 31.

[6644] Stüer DÖV 1988, 337.

[6645] Möller in Schrödter, BauGB, 2019, § 175 Rn. 26 f; Bönker in HBG, Öffentliches Baurecht, 2024, § 14 Rn. 172; VGH Mannheim BRS 40 Mr. 11 (1983).

[6646] Mitschang in BKL, BauGB, 2022, § 175 Rn. 12.

[6647] Grziwotz DVBl. 1991, 1348; Loddenkämper BauR 1985, 489; Runkel ZfBR 1990, 163; Schlichter in FS für Weyreuther, 1993, 349; Leisner Baugebot und Baufreiheit, 2009.

Nach § 176 I 1 Nr. 3 BauGB kann die Gemeinde den Eigentümer im Geltungsbereich eines Bebauungsplans außerdem durch Bescheid verpflichten, innerhalb einer zu bestimmenden angemessenen Frist sein Grundstück mit einer oder mehreren **Wohneinheiten** zu bebauen, wenn in dem Bebauungsplan Wohnnutzungen – allgemein oder ausnahmsweise – zugelassen sind und wenn es sich um ein nach § 201a BauGB bestimmtes Gebiet mit einem angespannten Wohnungsmarkt handelt. Dabei kann die Gemeinde auch ein den Festsetzungen des Bebauungsplans entsprechendes Maß der Nutzung anordnen. Die Wirksamkeit eines derartigen erlassenen Baugebots wird durch das Ende der Geltungsdauer der Rechtsverordnung nach § 201a BauGB nicht berührt (§ 176 Abs. 2 S. 2 BauGB).[6648] 3115

Das Baugebot kann gem. **§ 176 II BauGB** auch im **nicht beplanten Innenbereich** angeordnet werden, um unbebaute oder geringfügig bebaute Grundstücke – insbesondere zur Schließung von Baulücken – entsprechend den baurechtlichen Vorschriften zu nutzen oder einer baulichen Nutzung zuzuführen. Ist die Durchführung des Vorhabens **objektiv wirtschaftlich nicht zumutbar**, hat die Gemeinde nach § 176 III BauGB von dem Baugebot abzusehen. Macht der Eigentümer die **subjektive wirtschaftliche Unzumutbarkeit** glaubhaft, kann er gem. § 176 IV 2 BauGB von der Gemeinde die **Übernahme** verlangen. Setzt die Durchführung des Baugebotes den vollständigen oder teilweisen Abriss einer baulichen Anlage voraus, so ist dem Eigentümer dies mit Erlass des Baugebotes aufzugeben (§ 176 V BauGB). 3116

Der Erlass eines Baugebots nach § 176 BauGB steht im **Ermessen der Gemeinde**[6649] und unter dem allgemeinen Vorbehalt der in § 175 BauGB aufgestellten Voraussetzungen. Die alsbaldige Durchführung der mit dem Baugebot aufgegebenen baulichen Maßnahmen muss aus städtebaulichen Gründen erforderlich sein (§ 175 II BauGB). Dies setzt nicht nur hinreichend **konkrete Gebote**, sondern auch ein **besonderes öffentliches Interesse** an der alsbaldigen Planverwirklichung voraus. Ein Baugebot, ein Grundstück entsprechend den Festsetzungen des Bebauungsplans zu bebauen, erfordert daher **städtebauliche Gründe**, die in ihrem Gewicht und in ihrer Dringlichkeit über diejenigen Gründe hinausgehen, die den Bebauungsplan selbst tragen.[6650] 3117

Das Baugebot muss auf einerseits hinreichend bestimmt sein. Andererseits muss dem Eigentümer der nach dem Planungsrecht eingeräumte **Gestaltungsfreiraum** bei Verwirklichung der baulichen Anlage verbleiben. In das Baugebot sind daher die (zwingenden) planungsrechtlichen Vorgaben aufzunehmen. Im Übrigen sind dem Bauherrn **Wahlmöglichkeiten** hinsichtlich der Ausgestaltung des Bauvorhabens offen zu halten. Im nicht beplanten Innenbereich ist der Rahmen festzusetzen, der sich auf Grund einer Auslegung des § 34 BauGB ergibt. Die Einhaltung der richtigen Mitte zwischen hinreichend konkreten Verpflichtungen und Wahrung des eigenen Gestaltungsraums des Eigentümers stellt die Gemeinden in der Praxis nicht selten vor erhebliche Umsetzungsschwierigkeiten. 3118

Beispiel: Die Gemeinde will für ein Grundstück in zentraler Ortskernlage im nicht beplanten Innenbereich ein Baugebot aussprechen. Die maßgebliche Umgebung ist teilweise zweigeschossig, teilweise bis zu viergeschossig bebaut. Die Gebäude werden als Wohnungen, in den Erdgeschossen teilweise aber auch gewerblich genutzt. Die Bautiefe reicht von 10 bis 14 m. Verpflichtet die Gemeinde den Eigentümer etwa, ein dreigeschossiges Wohnhaus mit einer Bautiefe von 12 m zu errichten, so könnte der Eigentümer einwenden, dass er beabsichtige, ein viergeschossiges Gebäude mit gewerblicher Nutzung im Erdgeschoss und einer Bautiefe von 14 m zu errichten. Lässt die Gemeinde die Ausführung des Gebäudes im Baugebot offen, so könnte der Eigentümer die mangelnde Bestimmtheit der Verfügung rügen. Die Gemeinde sollte sich in diesen Fällen auf die Festschreibung des planungsrechtlich zulässigen Rahmens beschränken und dem Eigentümer im Übrigen eigene Gestaltungsbefugnisse bei der Planung und Errichtung einräumen. Als Zwangsmittel kann das Baugebot mit einem Zwangsgeld verbunden werden.

Ein Baugebot ist bereits dann **hinreichend bestimmt**, wenn es die Verpflichtung des Eigentümers ausspricht, innerhalb einer angemessenen Frist die notwendigen Maßnahmen für eine Bebauung seines Grundstücks zu ergreifen, die sich im Rahmen der im Einzelfall jeweils zulässigen Bebauung hält. Die dem Eigentümer offenstehenden Möglichkeiten, sein Grund- 3119

6648 Siehe dazu Battis/Mitschang/Reidt NVwZ 2021, 905 (909); Uechtritz BauR 2021, 1385 (1389 f.).

6649 Möller in Schrödter, BauGB, 2019, § 176 Rn. 4; Bönker in HBG, Öffentliches Baurecht, 2024, § 14 Rn. 172.

6650 BVerwG NVwZ 1990, 60.

stück in Übereinstimmung mit geltendem Baurecht baulich zu nutzen, darf ein Baugebot dabei nicht einschränken.[6651] Mit einem Baugebot darf dem Eigentümer auch aufgegeben werden, innerhalb einer bestimmten Frist den notwendigen **Bauantrag** zu stellen. Das Baugebot schließt eine nach der jeweiligen Landesbauordnung notwendige Baugenehmigung nicht ein.[6652]

3120 Soll sich das Baugebot nicht als stumpfes Schwert erweisen,[6653] so muss es einschließlich einer in ihm ausgesprochenen Verpflichtung, einen notwendigen Bauantrag zu stellen, im Wege des **Verwaltungszwanges** durchgesetzt werden können. Vor allem kann die **Festsetzung eines Zwangsgeldes** angedroht und im Anschluss daran angeordnet werden.[6654] Vor einer wiederholten Androhung eines Zwangsgeldes zur Durchsetzung des Baugebotes hat die Vollstreckungsbehörde zu prüfen, ob zur Verwirklichung der mit dem Baugebot angestrebten Bebauung das Grundstück zu enteignen ist.[6655] Dies gebietet der Grundsatz der Verhältnismäßigkeit. Diese sog. **Anschlussenteignung** unterliegt jedoch den eigenständigen Anforderungen des § 85 I Nr. 5 BauGB. Danach kann enteignet werden, um Grundstücke einer baulichen Nutzung zuzuführen, wenn ein Eigentümer den Verpflichtungen aus einem Baugebot nach § 176 I oder II BauGB nicht nachkommt. Aus verfassungsrechtlichen Gründen ist eine Enteignung in diesen Fällen aber nur zulässig, wenn die Inanspruchnahme des Grundstücks durch Hoheitsakt dringlich ist und durch entsprechend gewichtige öffentliche Interessen legitimiert wird. Die dabei zu überwindende Hürde ist höher als die für den Erlass eines Baugebotes. Die Inanspruchnahme privaten Eigentums zu Zwecken der Umsetzung eines Baugebotes ist nur zulässig, wenn die städtebaulichen Gründe nicht nur den Erlass eines Baugebotes, sondern auch die Überwindung des privaten Eigentums rechtfertigen. Ein **gemeinschaftliches Baugebot** erfordert, dass sich das zusammenhängende Bauvorhaben auf Grundstücke bezieht, die jedes für sich entsprechend den vorhandenen baurechtlichen Vorschriften bebaubar sind.[6656]

3121 Das Baugebot darf nach § 176 III 1 BauGB bei **objektiver wirtschaftlicher Unzumutbarkeit** nicht erlassen werden. Ist die angeordnete Maßnahme dem Eigentümer **subjektiv wirtschaftlich** unzumutbar, so kann er nach § 176 IV BauGB von der Gemeinde die Übernahme des Grundstücks gegen eine angemessene Entschädigung verlangen. Die subjektive Unzumutbarkeit steht insoweit einem Baugebot nach § 176 I BauGB nicht entgegen.[6657] **Objektiv** wirtschaftlich unzumutbar ist die Bebauung des Grundstücks, wenn sie einen vernünftig denkenden Eigentümer wirtschaftlich überfordern würde, weil das Bauobjekt auf Dauer einen erheblichen finanziellen Zuschuss erfordern würde.[6658] **Subjektiv** wirtschaftlich unzumutbar kann das Baugebot sein, wenn (nur) der Eigentümer auf Grund seiner persönlichen Verhältnisse nicht in der Lage ist, die Baumaßnahme durchzuführen.[6659] Dabei sind Möglichkeiten der Inanspruchnahme öffentlicher Mittel und Steuervergünstigungen zu berücksichtigen.[6660]

3122 Die Gemeinde hat nach § 176 III 2 BauGB bis zum 23. Juni 2026 dann von einem Baugebot abzusehen, wenn ein Eigentümer im Falle des § 176 I 1 Nr. 3 BauGB glaubhaft macht, dass ihm die Durchführung des Vorhabens aus Gründen des Erhalts der Entscheidungsbefugnis über die Nutzung des Grundstücks für seinen Ehegatten oder eine in gerader Linie verwandte Person nicht zuzumuten ist. Macht der Eigentümer gegenüber einem Übernahmeverlangen der Gemeinde glaubhaft, dass ihm die Durchführung des Vorhabens aus wirtschaftlichen Gründen nicht zuzumuten ist, kann die Gemeinde das Grundstück nach dem § 176 IV 2 BauGB zugunsten einer kommunalen Wohnungsbaugesellschaft übernehmen, wenn diese innerhalb angemessener Frist in der Lage ist, das Baugebot zu erfüllen und sich hierzu verpflichtet.[6661]

[6651] BVerwG NVwZ 1990, 658.
[6652] Seifert in Kröninger/Jeromin, BauGB/BauNVO, 2024, § 176 BauGB Rn. 5.
[6653] Stüer DÖV 1988, 337.
[6654] BVerwG NVwZ 1990, 663.
[6655] BVerwGE 84, 354.
[6656] BVerwG DVBl. 1991, 817.
[6657] Seifert in Kröninger/Jeromin, BauGB/BauNVO, 2024, § 176 BauGB Rn. 7.
[6658] BGH NJW 1987, 2069.
[6659] Zum Begriff der Zumutbarkeit BGHZ 15, 268; BGHZ 23, 31; BGHZ 90, 17; BGHZ 92, 34; BGHZ 93, 165; BGHZ 98, 341; BGHZ 105, 94; NJW 1990, 898.
[6660] Siehe dazu Bönker in HBG, Öffentliches Baurecht, 2024, § 14 Rn. 179.
[6661] Näher dazu Battis/Mitschang/Reidt NVwZ 2021, 905 (909 f.).

Beispiel: Durch ein Baugebot soll erreicht werden, dass ein bisher nur ebenerdig bebautes Grundstück am historischen Marktplatz dreigeschossig bebaut wird und wie die Nachbargrundstücke einen Giebel erhält. Das Erdgeschoss wird von einer Fast-Food-Kette genutzt. Der Einwand des Eigentümers, die Obergeschosse könnten nur zu Wohnzwecken vermietet werden und dies sei für sich genommen unrentabel, führt nicht zu einer objektiven wirtschaftlichen Unzumutbarkeit, wenn Mindereinnahmen aus den Obergeschossnutzungen durch entsprechende Mehreinnahmen aus der Geschäftsnutzung im Erdgeschoss ausgeglichen werden. Das Baugebot könnte jedoch für den Eigentümer subjektiv unzumutbar sein, etwa wenn er glaubhaft macht, dass er nicht zu einer Finanzierung der erforderlichen Fremdmittel in der Lage ist und auch öffentliche Mittel nicht zur Verfügung stehen. In diesem Fall könnte er nach § 176 IV BauGB von der Gemeinde die Übernahme des Grundstücks gegen eine angemessene Entschädigung verlangen, wenn diese am Baugebot festhält.

c) Modernisierungs- und Instandsetzungsgebot. Unabhängig vom Bestehen eines Bebauungsplans und damit im gesamten Gemeindegebiet[6662] kann die Gemeinde zur Behebung städtebaulicher Missstände ein Modernisierungs- und Instandsetzungsgebot erlassen, wenn eine bauliche Anlage nach ihrer inneren oder äußeren Beschaffenheit Missstände oder Mängel aufweist. In dem Bescheid sind die einzelnen Missstände und Mängel sowie die baulichen Maßnahmen zu bezeichnen und es ist eine angemessene Frist für deren Durchführung zu bestimmen (§ 177 I 3 BauGB). **3123**

Missstände liegen nach § 177 II BauGB insbesondere vor, wenn die bauliche Anlage nicht den allgemeinen Anforderungen an gesunde Wohn- und Arbeitsverhältnisse entspricht. Dazu gehören zB fehlende sanitäre Einrichtungen, funktionsunfähige Fenster und Türen, fehlende Beheizungsmöglichkeiten oder Versorgungsanlagen, soweit es sich nicht um bloße Defekte vorhandener Anlagen handelt.[6663] **3124**

Mängel sind nach § 177 III BauGB insbesondere gegeben, wenn durch Abnutzung, Alterung, Witterungseinflüsse oder Einwirkung Dritter die bestimmungsgemäße Nutzung der baulichen Anlage beeinträchtigt ist, die bauliche Anlage nach ihrer äußeren Beschaffenheit das Straßen- oder Ortsbild beeinträchtigt oder die bauliche Anlage erneuerungsbedürftig ist und wegen ihrer städtebaulichen, insbesondere geschichtlichen oder künstlerischen Bedeutung erhalten bleiben soll. Bei Bauwerken, die dem **Denkmalschutz** unterfallen, darf das Gebot gem. § 177 III 2 BauGB nur mit Zustimmung der zuständigen Landesbehörde erlassen werden. **3125**

Voraussetzung für den Erlass eines Modernisierungs- und Instandsetzungsgebots ist die städtebauliche Erforderlichkeit nach § 175 II BauGB und nach § 177 I 1 BauGB, dass die Beseitigung oder Behebung von Missständen und Mängeln durch Modernisierung und Instandsetzung überhaupt möglich ist. Davon ist auszugehen, wenn die erforderlichen Baumaßnahmen technisch machbar und baurechtlich zulässig sind; auf eine persönliche, finanzielle Leistungsfähigkeit des Eigentümers oder auf eine wirtschaftliche Zumutbarkeit kommt es in diesem Zusammenhang nicht an.[6664] **3126**

Das Modernisierungs- und Instandsetzungsgebot verpflichtet den Eigentümer zum Ersatz der Kosten, soweit sie aus den Erträgen der baulichen Anlage aufgebracht werden können (§ 177 IV 1 BauGB). Jenseits dieser Zumutbarkeitsgrenze sind die Kosten von der Gemeinde gem. § 177 IV 2 BauGB zu erstatten, wenn die Aufwendungen wirtschaftlich unvertretbar oder unzumutbar sind. Dies gilt jedoch nach § 177 IV 3 BauGB nicht, wenn der Eigentümer aufgrund anderer Rechtsvorschriften verpflichtet ist, die Kosten selbst zu tragen, oder wenn er Instandsetzungen unterlassen hat und nicht nachweisen kann, dass ihre Vornahme wirtschaftlich unvertretbar oder ihm nicht zuzumuten war (§ 177 IV 4 BauGB). Die Gemeinde kann gem. § 177 IV 5 BauGB mit dem Eigentümer den Kostenerstattungsbetrag unter Verzicht auf eine Berechnung im Einzelfall als Pauschale in Höhe eines bestimmten Vomhundertsatzes der Modernisierungs- oder Instandsetzungskosten vereinbaren. Eine außergewöhnliche Erhaltungs- oder Instandsetzungsmaßnahme liegt auch vor, wenn sie auf die Erneuerung an sich noch funktionstüchtiger Bauteile, Aggregate oder Systeme zielt, deren Zustand von den heute üblichen Standards so weit entfernt ist, dass sich das Gebäude nicht mehr sinnvoll bewirtschaften lässt.[6665] **3127**

[6662] Mitschang in Battis/Krautzberger/Löhr BauGB § 177 Rn. 2; Bönker in HBG, Öffentliches Baurecht, 2024, § 14 Rn. 190.

[6663] VG Leipzig Urt. v. 18.11.2021 – 5 K 1561/20, juris Rn. 16.

[6664] BVerwG ZfBR 1991, 275 Bönker in HBG, Öffentliches Baurecht, 2024, § 14 Rn. 189.

[6665] BGH NJW-RR 2008, 1399, NJW-RR 2005, 887; NJW-RR 2006, 733; ZfIR 2007, 72; BVerwG ZfBR 2006, 53.

3128 Maßgeblich für den vom Eigentümer zu tragenden Kostenanteil sind nach § 177 V 1 BauGB die Erträge, die für die modernisierte oder in Stand gesetzte bauliche Anlage bei ordentlicher Bewirtschaftung nachhaltig erzielt werden können. Im Rahmen der Sozialpflichtigkeit des Eigentums können dabei die mit einem Bebauungsplan, einem Sozialplan, einer städtebaulichen Sanierungsmaßnahme oder einer sonstigen städtebaulichen Maßnahme verfolgten Ziele und Zwecke berücksichtigt werden. Auch das Modernisierungs- und Instandsetzungsgebot steht dabei unter dem Vorbehalt der allgemeinen Anforderungen, die sich aus § 175 BauGB ergeben.[6666]

3129 Schließen die Gemeinde und der betroffene Grundstückseigentümer über Modernisierungs- und Instandsetzungsmaßnahmen **vertragliche Regelungen** ab, so sind über den nach den §§ 233 III BauGB, § 245 XI BauGB 1986 weiterhin anwendbaren § 43 III 1 StBauFG die Bestimmungen über die Kostentragung entsprechend anwendbar. Der Modernisierungs- und Instandsetzungsvertrag ersetzt in diesen Fällen ein entsprechendes Gebot nach § 177 BauGB. Vom Gesetz abweichende Kostenregelungen sind möglich (§ 43 III 1 StBauFG). Bei einem städtebaulichen Missstand kann die Gemeinde nach pflichtgemäßem Ermessen zwischen einem Instandsetzungsgebot oder einem Abrissgebot entscheiden (§ 175 V BauGB).[6667]

3130 **d) Pflanzgebot.** Zur Umsetzung entsprechender Festsetzungen im Bebauungsplan, nicht aber im unbeplanten Innen- und im Außenbereich,[6668] ist ein Pflanzgebot nicht zulässig. Kann die Gemeinde gegenüber dem Eigentümer gem. **§ 178 BauGB** ein Pflanzgebot erlassen. Das Gebot kann sich darauf beziehen, das Grundstück innerhalb einer zu bestimmenden angemessenen Frist entsprechend den nach § 9 I Nr. 25 BauGB getroffenen Festsetzungen etwa mit Bäumen und Sträuchern zu bepflanzen. Ein Übernahmeanspruch des Eigentümers besteht nicht. Kommt der Eigentümer einem Pflanzgebot nicht nach, können Ersatzvornahme und Zwangsgeld angeordnet werden.[6669] Wegen seiner geringeren rechtlichen Anforderungen ist das Pflanzgebot gerade im Zusammenhang mit naturschutzrechtlichen Ausgleichs- oder Ersatzmaßnahmen in der Praxis etwas häufiger anzutreffen.

3131 **e) Rückbau- und Entsiegelungsgebot.** Verwahrloste, nicht mehr wirtschaftlich nutzbare Gebäude **(Schrottimmobilien)** sind aufgrund ihrer negativen Ausstrahlung auf die Umgebung ein ernstes stadtentwicklungspolitisches Problem, das dem Ziel einer qualitätvollen Innenentwicklung der Städte und Gemeinden widerspricht.[6670] Betroffen sind insbesondere Kommunen in strukturschwachen Regionen. Aus der Strukturschwäche der jeweiligen Region folgt häufig, dass eine Modernisierung oder Instandsetzung der Gebäude unrentabel wäre. Einem solchen städtebaulichen Missstand kann dann, wenn sonstige Belange (zB des Denkmalschutzes) nicht entgegenstehen, ggf. nur durch seine Beseitigung abgeholfen werden. Widerspricht eine bauliche Anlage den Festsetzungen eines Bebauungsplans oder weist sie nicht behebbare Mängel auf, so kann die Gemeinde gem. **§ 179 BauGB** ein Abbruchgebot in der Form des Rückbaugebotes erlassen. Ziel der Vorschrift ist es, durch den Abbruch der baulichen Anlage die Festsetzungen des Bebauungsplans umzusetzen (§ 179 I 1 Nr. 1 BauGB) oder eingetretene Missstände (§ 179 I 1 Nr. 2 BauGB) zu beseitigen. Ein solches Gebot kann nicht nur auf die vollständige Beseitigung, sondern auch auf den teilweisen Rückbau gerichtet sein. Liegen die tatbestandlichen Voraussetzungen für den Erlass einer gemeindlichen Duldungsanordnung für den Abriss eines Gebäudes nach § 179 I 1 Nr. 2 BauGB wegen städtebaulicher Missstände vor, kommt es nicht darauf an, was den konkreten Zustand des Gebäudes verursacht hat und wer dafür die Verantwortung trägt.[6671] Ein Rückbaugebot kommt nur in Betracht, wenn die vorhandenen Missstände oder Mängel nicht behoben werden können, wenn daher ein für den Betroffenen weniger einschneidend wirkendes Modernisierungs- und Instandsetzungsgebot ausscheidet.[6672] Hiervon ist auszugehen, wenn eine Modernisierung oder Instandsetzung nach

---

[6666] Zu abweichenden vertraglichen Vereinbarungen zur Anrechenbarkeit der Mehrwertsteuer BVerwG ZfBR 2006, 53.

[6667] VGH Kassel BauR 2008, 1668.

[6668] Dirnberger in Jäde/Dirnberger, BauGB, 2022, § 178 Rn. 2; Bönker in HBG, Öffentliches Baurecht, 2024, § 14 Rn. 192.

[6669] OVG Berlin UPR 1991, 357.

[6670] Zu rechtlichen Instrumenten der Entsiegelung siehe Albrecht/Thinius EuRUP 2023, 2; Albrecht ZUR 2023, 273; Thiel UPR 2022, 132

[6671] OVG Saarlouis BauR 2020, 623 = juris Rn. 12.

[6672] Dazu VG Gelsenkirchen Urt. v. 12.3.2034 – 6 K 5527/19, juris Rn. 39 ff.

öffentlich-rechtlichen Vorschriften ausgeschlossen ist, technisch unmöglich oder wirtschaftlich unzumutbar erscheint.[6673] Auch wenn Gegenstand eines Rückbaugebotes eine bauliche Anlage ist, deren bauliche Mängel möglicherweise städtebauliche Auswirkungen haben, sind im Grundsatz die Interessen und Rechte des Eigentümers aus Art. 14 GG, nach Belieben über seine Sache zu verfügen, und das Gebot des Art. 19 Abs. 4 GG, effektiven Rechtsschutz zu gewähren, zu beachten.[6674]

Das Rückbaugebot ist durch § 179 I 2 BauGB auf ein allgemein anwendbares **Entsiegelungsgebot** erweitert worden.[6675] Die Vorschrift gilt danach entsprechend für die sonstige Wiedernutzbarmachung von dauerhaft nicht mehr genutzten Flächen, bei denen der durch Bebauung oder Versiegelung beeinträchtigte Boden in seiner Leistungsfähigkeit erhalten oder wiederhergestellt werden soll. Die sonstige Wiedernutzbarmachung steht der Beseitigung nach § 179 I 1 BauGB gleich. Durch die Erweiterung auf ein Entsiegelungsgebot sind auch sonstige Maßnahmen, die der Wiedernutzbarmachung dauerhaft nicht mehr genutzter Flächen dienen und bei denen der Boden in seiner Leistungsfähigkeit erhalten oder wiederhergestellt werden soll, einbezogen worden. Erfasst werden nur Maßnahmen, die der Entsiegelung bebauter oder sonstiger versiegelter Flächen dienen. Das Gebot ist planakzessorisch und setzt damit eine entsprechende Festsetzung im Bebauungsplan voraus. Hierbei kommen insbesondere die Festsetzungsmöglichkeiten nach § 9 I Nr. 10, 16, 18 b, 20, 25 a und 25 b BauGB in Betracht.[6676] 3132

Adressat der Verpflichtung ist der Eigentümer der baulichen Anlage.[6677] Der Eigentümer kann allerdings nicht selbst zum Rückbau verpflichtet werden. Er hat lediglich den Rückbau zu dulden. Das Recht des Eigentümers, den Rückbau bzw. die Entsiegelung selbst vorzunehmen, bleibt unberührt. Der betroffene Eigentümer hat als Ausgleich für den durch das Rückbau- und Entsiegelungsgebot eingetretenen Vermögensschaden einen Anspruch auf angemessene Entschädigung in Geld. Wenn er den Rückbau bzw. die Entsiegelung selbst vornimmt, erfolgt der Ausgleich von Rückbau- und Entsiegelungskosten als Teil der Vermögensnachteile. Ein durch den Rückbau oder die Entsiegelung bewirkter Vermögensvorteil mindert im Übrigen die Entschädigungsforderung des Eigentümers nicht.[6678] Die dinglich Berechtigten sollen nach § 179 I 3 BauGB von dem Rückbau- und Entsiegelungsgebot unterrichtet werden. Das Rückbau- und Entsiegelungsgebot darf bei Wohnraum nur vollzogen werden, wenn angemessener Ersatzraum zur Verfügung steht (§ 179 II BauGB). Bei Geschäftsräumen soll ebenfalls angemessener Ersatzraum zur Verfügung stehen. Nach § 179 III BauGB hat die Gemeinde dem Eigentümer, Mieter, Pächter oder sonstigen Nutzungsberechtigten eine angemessene Entschädigung in Geld zu leisten. Stattdessen kann der Eigentümer bei wirtschaftlicher Unzumutbarkeit auch die Übernahme des Grundstücks verlangen. Auch der Erlass des Rückbaugebotes steht unter den allgemeinen rechtlichen Voraussetzungen, wie sie sich aus § 175 BauGB ergeben. Vor allem muss auch das Rückbau- und Entsiegelungsgebot durch überwiegende städtebauliche Gründe gerechtfertigt sein. Die nach § 179 I BauGB an den Grundeigentümer gerichtete Anordnung, die Beseitigung einer baulichen Anlage zu dulden, schließt es im Rahmen der Ermessensbetätigung aus, private Interessen eines Nachbarn zu dessen Gunsten zu berücksichtigen.[6679] Das Gebot kann vielmehr nur im Allgemeininteresse erlassen werden. 3133

Nach § 179 IV 1 sind im Falle des § 179 I 1 Nr. 2 BauGB die Beseitigungskosten vom Eigentümer bis zur Höhe der ihm durch die Beseitigung entstehenden **Vermögensvorteile** zu tragen. Der Kostenerstattungsbetrag kann durch Bescheid geltend gemacht werden, sobald die bauliche Anlage ganz oder teilweise beseitigt ist. Der Betrag ruht als öffentliche Last auf dem Grundstück (§ 179 IV 2 bis 3 BauGB). Die Vermögensvorteile können ggf. durch ein **Wertermittlungsgutachten** bestimmt werden. Der Kostenerstattungsanspruch kann durch Verwaltungsakt geltend gemacht werden, sobald die bauliche Anlage ganz oder teilweise beseitigt ist. 3134

[6673] Stock in EZBK, BauGB, 2021, § 179 Rn. 30; VG Gelsenkirchen Urt. v. 12.3.3024 – 6 K 5527/19, juris Rn. 39; VG Leipzig Urt. v. 18.11.2021 – 5 K 1561/20, juris Rn. 17; Goldschmidt in Hoppenberg/de Witt, Handbuch des öffentlichen Baurechts, 2023, Kapitel C 5. Teil Rn. 2261; Schmuck LKV 2014, 481 (482 f.).

[6674] OVG Münster Beschl. v. 12.6.2020 – 10 B 573/20, juris Rn. 6

[6675] Siehe dazu Goldschmitt Besonderes Städtebaurecht in Hoppenberg/de Witt, Handbuch des öffentlichen Baurechts, 2022, Rn. 2264.

[6676] Bundesregierung, Gesetzentwurf zum BauROG 1998, S. 73.

[6677] BVerwG NVwZ-RR 1994, 9.

[6678] Bundesregierung, Gesetzentwurf zum BauROG 1998, S. 73.

[6679] BVerwG NVwZ-RR 1994, 9.

3135 Die Regelung geht danach allerdings nicht so weit, dass sie eine Heranziehung des Eigentümers zu Beseitigungsmaßnahmen auf eigene Kosten ermöglicht, solange dies ihm zumutbar ist. Vielmehr muss die Gemeinde die Kosten für die Beseitigung zunächst vorlegen und kann eine Erstattung erst nach den Abbruchmaßnahmen in dem Umfang verlangen, wie sie nachweisen kann, dass der Eigentümer durch die getroffenen Maßnahmen wirtschaftliche Vorteile erhalten hat. Die Beweislast ist daher vom Eigentümer auf die Städte und Gemeinden verlagert.[6680]

3136 **f) Genehmigungspflicht für Umwandlung in Eigentumswohnungen.** Die Landesregierungen werden durch § 201a BauGB ermächtigt, durch Rechtsverordnung Gebiete mit angespanntem Wohnungsmarkt festzulegen, in denen die Umwandlung von Miet- in Eigentumswohnungen der Genehmigung bedarf.[6681] Ein Gebiet mit einem angespannten Wohnungsmarkt liegt nach § 201a S. 3 BauGB vor, wenn die ausreichende Versorgung der Bevölkerung mit Mietwohnungen in einer Gemeinde oder einem Teil der Gemeinde zu angemessenen Bedingungen besonders gefährdet ist. Dies kann insbesondere dann der Fall sein, wenn 1. die Mieten deutlich stärker steigen als im bundesweiten Durchschnitt, 2. die durchschnittliche Mietbelastung der Haushalte den bundesweiten Durchschnitt deutlich übersteigt, 3. die Wohnbevölkerung wächst, ohne dass durch Neubautätigkeit insoweit erforderlicher Wohnraum geschaffen wird, oder 4. geringer Leerstand bei großer Nachfrage besteht (§ 201a S. 4 BauGB). Die Genehmigungspflicht soll maximal bis zum 31.12.2026 gelten.

3137 Die Rechtsverordnung muss nach § 201a S. 6 BauGB begründet werden. Aus der Begründung muss sich ergeben, auf Grund welcher Tatsachen ein Gebiet mit einem angespannten Wohnungsmarkt im Einzelfall vorliegt. Die betroffenen Gemeinden und die auf Landesebene bestehenden kommunalen Spitzenverbände sollen vor dem Erlass der Rechtsverordnung beteiligt werden (§ 201a S. 7 bis 8 BauGB).

3138 Zur Wahrung berechtigter Interessen der Eigentümer sind Ansprüche auf Genehmigung, zB bei wirtschaftlicher Unzumutbarkeit, vorgesehen. Zuständig für die Genehmigung ist die von der Landesregierung bestimmte Stelle (§ 250 II BauGB). Die Genehmigung ist unter den Voraussetzungen des § 250 III BauGB zu erteilen. Unbeschadet dieser Vorschrift darf eine Genehmigung nur versagt werden, wenn dies für die ausreichende Versorgung der Bevölkerung mit Mietwohnraum erforderlich ist. Die Genehmigung kann ggf. mit einer Auflage erteilt werden.

3139 Das Konzept einer eingeschränkten Umwandlung von Mietwohnungen in Eigentumswohnungen soll mit einem Genehmigungserfordernis in § 250 BauGB umgesetzt werden, der darauf abzielt, ein ausreichendes Angebot an bezahlbaren Mietwohnungen zu erhalten. Das Konzept setzt an der Verkehrsfähigkeit der Immobilie an und will der Verdrängungsgefahr begegnen, die aus der mit der Umwandlung einhergehenden Änderung der Eigentümerstruktur folgt. Die Regelung führt einen Genehmigungsvorbehalt ein, um den zuständigen Stellen zu ermöglichen, negative Auswirkungen von Umwandlungen auf den Mietwohnungsmarkt zu begrenzen. Sofern Gebiete mit angespannten Wohnungsmärkten iS des § 201a BauGB vorliegen, bedarf bei bereits bestehenden Wohngebäuden die Begründung oder Teilung von Wohnungseigentum oder Teileigentum nach § 1 des Wohnungseigentumsgesetzes der Genehmigung. Die Landesregierungen werden ermächtigt, die Gebiete durch Rechtsverordnung zu bestimmen, die spätestens mit Ablauf des 31.12.2025 außer Kraft treten muss. Die Rechtsverordnung ist zu begründen.

3140 Die Aufnahme einer Stichtagsregelung beim Ausschluss von **Bestandsgebäuden** in § 250 I 1 BauGB dient der Klarstellung des Gewollten. Insbesondere soll vermieden werden, dass Grundstückseigentümer bei allen künftigen Neubauten gleichsam zur vorsorglichen Vermeidung der Rechtsfolgen des § 250 BauGB sogleich Wohneigentum schaffen; denn damit würde § 250 BauGB entgegen seiner Zielrichtung die Schaffung von Mietwohnraum verhindern. Nach § 250 I 2 BauGB soll das Genehmigungserfordernis nicht greifen, wenn sich in dem Wohngebäude nicht mehr als fünf Wohnungen befinden. Mit dieser Ausnahme sollen Kleineigentümer geschützt werden. Die Umwandlungsregelung zielt in erster Linie auf Wohnungsunternehmen. Dagegen sollen Privatpersonen, die etwa zum Zweck der Altersvorsorge nur in geringem Umfang Immobilienvermögen erworben haben, in ihrer Verfügungsgewalt nicht

[6680] Siehe dazu Krautzberger/Stüer BauR 2012, 874; dies. ZfBR 2013, 529.

[6681] Siehe Krautzberger/Stüer ZfBR 2021, 33; zu verfassungsrechtlichen Zweifeln an der Gesetzgebungskompetenz des Bundes für die Einführung dieses Gesetzesvorbehalts Couzinet in BeckOK BauGB, 2022, § 250Rn. 2 ff.; Jeronim in Kröninger/Jeromin, BauGB/BauNVO, 2024, § 250 Rn. 1; Reidt BauR 2023, 391.

eingeschränkt werden. Die Anzahl nach § 250 I 2 BauGB kann nach dem neuen I 6 in der Rechtsverordnung nach S. 3 abweichend bestimmt werden. Hiermit kann regionalen Besonderheiten Rechnung getragen werden. Die abweichende Anzahl kann zwischen drei und 15 liegen.

§ 250 IV 1 BauGB dient – vergleichbar dem § 172 IV 1 BauGB – der klarstellenden Betonung des Verhältnismäßigkeitsprinzips bei einer Versagung von Genehmigungen. Die Regelung erfordert nicht in jedem Einzelfall eine erneute Prüfung der Voraussetzungen für den Erlass der Verordnung nach § 250 I 3 BauGB, sondern zielt insbesondere auf atypische Fallkonstellationen. Unter der Voraussetzung, dass eine vollständige Genehmigungsversagung nicht erforderlich ist, sondern eine Genehmigungserteilung unter Auflagen die ausreichende Versorgung der Bevölkerung mit Mietwohnraum ebenso sicherstellt, kommt nach § 250 IV 2 BauGB eine Auflagenerteilung in Betracht. Eine Auflagenerteilung scheidet aus, wenn nach § 250 III 1 BauGB ein Anspruch auf Genehmigung besteht. 3141

Die Ergänzung des § 250 V 1 BauGB sieht in Anlehnung an das Negativattest beim Vorkaufsrecht vor, dass dem Grundbuchamt das Nichtbestehen der Genehmigungspflicht aufgrund des neu eingefügten § 28 I 2 BauGB nachzuweisen ist. Die Genehmigungspflicht wird in § 250 VI BauGB auf weitere Fälle der Begründung von Wohnungs- und Bruchteilseigentum erweitert. 3142

Mit der Ergänzung des § 250 VII BauGB wird der Vorrang des § 250 BauGB gegenüber Rechtsverordnungen nach § 172 I 4 BauGB für die Fälle ausgeschlossen, in denen nach I 2 und 6 keine Genehmigungspflicht besteht. Andernfalls wäre bei einem Wohngebäude, das die vorgesehene Mindestanzahl an Wohnungen nicht überschreitet, eine Umwandlung uneingeschränkt, also auch ohne Rücksicht auf die Voraussetzungen des § 172 IV 3 Nr. 6 BauGB möglich; damit wären Mieter gegenüber der bisherigen Rechtslage schlechter gestellt. 3143

Wegen ihrer **hohen rechtlichen Anforderungen** spielen die städtebaulichen Gebote in der **Praxis** nur eine untergeordnete Rolle. Sie sind zwar geeignet, einverständliche Lösungen iS einer **„strengeren Moderation"** vorzubereiten, zumeist jedoch nicht in der Lage, in Konfliktfällen gegen den Willen der Betroffenen städtebauliche Anliegen in kurzer Zeit umzusetzen. Hierzu müsste das gesetzliche Instrumentarium wesentlich erweitert werden. 3144

IX. Städtebauliche Verträge (§ 11 BauGB)

Die rasante städtebauliche Entwicklung in den neuen Bundesländern in den Aufbruchjahren seit der Wende wäre mit den traditionellen Instrumenten der städtebaulichen Planung kaum zu bewältigen gewesen. Neben die herkömmlichen Formen der durch die Gemeinde aufgestellten Bauleitplanung trat zunächst noch für das Gebiet der damaligen DDR der Vorhaben- und Erschließungsplan nach § 55 BauZVO,[6682] dessen Verwirklichung durch einen Erschließungs- und Durchführungsvertrag gesichert wurde. Kooperation zwischen Gemeinde und Investor statt hoheitlicher Planung war das neue Losungswort. Die BauZVO geht auf den Staatsvertrag vom 18.5.1990 über die Schaffung einer Währungs-, Wirtschafts- und Sozialunion zwischen der Bundesrepublik Deutschland und der Deutschen Demokratischen Republik zurück.[6683] Mit dem Beitritt der DDR zum 3.10. 1990 ist das BauGB auch in den neuen Ländern in Kraft gesetzt worden. Der städtebauliche Vertrag ist nach einer Regelung in § 6 BauGB-MaßnG 1993 seit dem BauROG 1998 in § 11 BauGB geregelt. Es gilt für städtebauliche Verträge daher schon seit dem InvWoBaulG 1993 für das Gebiet der gesamten Bundesrepublik ein einheitliches Regelwerk.[6684] 3145

1. Rechtsgrundlagen

Nach § 11 I BauGB kann die Gemeinde städtebauliche Verträge schließen. § 11 BauGB regelt seit 1998 bundeseinheitlich zentrale Grundlagen (Gegenstände, Rechtmäßigkeitsvoraussetzungen, Form) für den Abschluss städtebaulicher Verträge.[6685] Die Vorschrift ist lex specialis 3146

6682 Bauplanungs- und Zulassungsverordnung vom 20.6.1990, GBl. der DDR I Nr. 45, S.739.

6683 Zur BauZVO Bielenberg/Krautzberger/Söfker, Das neue Städtebaurecht der DDR, Berlin 1990; Stüer DVBl. 1992, 266.

6684 Krautzberger UPR 2006, 1; ders. UPR 2007, 407; Kämmerer/Martini BauR 2007, 1337.

6685 Umfassend zu Inhalten und Leistungsstörungen der städtebaulichen Verträge Uechtritz Städtebauliche Verträge, 2023; Birk Städtebauliche Verträge, 2022; Schwab Städtebauliche Verträge, 2023; Burmeister Pra-

gegenüber den §§ 54 ff. VwVfG.[6686] Ergänzend dazu enthält § 12 I BauGB das Erfordernis eines Durchführungsvertrags zum Vorhaben- und Erschließungsplan.

3147 Der **Anwendungsbereich** des städtebaulichen Vertrages nach § 11 BauGB ist weit. Gegenstände eines städtebaulichen Vertrags können nach § 11 I 2 BauGB insbesondere sein: 1. die Vorbereitung oder Durchführung städtebaulicher Maßnahmen durch den Vertragspartner auf eigene Kosten; dazu gehören auch die Neuordnung der Grundstücksverhältnisse, die Bodensanierung und sonstige vorbereitende Maßnahmen, die Erschließung durch nach Bundes- oder nach Landesrecht beitragsfähige sowie nicht beitragsfähige Erschließungsanlagen, die Ausarbeitung der städtebaulichen Planungen sowie erforderlichenfalls des Umweltberichts; die Verantwortung der Gemeinde für das gesetzlich vorgesehene Planaufstellungsverfahren bleibt unberührt; 2. die Förderung und Sicherung der mit der Bauleitplanung verfolgten Ziele, insbesondere die Grundstücksnutzung, auch hinsichtlich einer Befristung oder einer Bedingung, die Durchführung des Ausgleichs iS des § 1a III BauGB, die Berücksichtigung baukultureller Belange, die Deckung des Wohnbedarfs von Bevölkerungsgruppen mit besonderen Wohnraumversorgungsproblemen sowie der Erwerb angemessenen Wohnraums durch einkommensschwächere und weniger begüterte Personen der örtlichen Bevölkerung; 3. die Übernahme von Kosten oder sonstigen Aufwendungen, die der Gemeinde für städtebauliche Maßnahmen entstehen oder entstanden sind und die Voraussetzung oder Folge des geplanten Vorhabens sind; dazu gehört auch die Bereitstellung von Grundstücken; 4. entsprechend den mit den städtebaulichen Planungen und Maßnahmen verfolgten Zielen und Zwecken die Errichtung und Nutzung von Anlagen und Einrichtungen zur dezentralen und zentralen Erzeugung, Verteilung, Nutzung oder Speicherung von Strom, Wärme oder Kälte aus erneuerbaren Energien oder Kraft-Wärme-Kopplung; 5. entsprechend den mit den städtebaulichen Planungen und Maßnahmen verfolgten Zielen und Zwecken die Anforderungen an die energetische Qualität von Gebäuden.[6687] Für städtebauliche Verträge nach § 11 BauGB bedarf es eines Zusammenhangs mit der gemeindlichen Bauleitplanung.[6688] Ist § 11 BauGB wegen eines in diesem Sinne fehlenden Zusammenhangs zur Bauleitplanung nicht unmittelbar anwendbar, kommt eine entsprechende Anwendung, etwa zur Angemessenheit von Leistung und Gegenleistung, in Betracht, weil das Gebot zur angemessenen Vertragsgestaltung auf dem allgemeinen verfassungsrechtlichen Grundsatz der Verhältnismäßigkeit beruht und daher auch ohne ausdrückliche gesetzliche Regelung für das gesamte Handeln der öffentlichen Körperschaften im Rechtsverkehr mit Privaten bestimmend ist.[6689]

3148 Die Aufzählung in § 11 I 2 BauGB hat keinen abschließenden Charakter. Städtebauliche Verträge sind im gesamten Anwendungsbereich des Städtebaurechts zulässig, soweit die vertraglichen Gegenstände eine bodenrechtliche Relevanz haben. Die in § 11 I BauGB benannten Regelungsgegenstände können als **gesetzliche Leitbilder** bei der Bestimmung der Angemessenheit der vertraglichen Vereinbarungen eine Rolle spielen (§ 11 II 1 BauGB). Bei städtebaulichen Verträgen über Sanierungsmaßnahmen kommt zB „zur Konturierung des Gebots der Angemessenheit" iSv § 11 II 1 BauGB nach Ansicht des BVerwG eine Orientierung am gesetzlichen Leitbild des Sanierungsrechts in Betracht. Angesichts der Offenheit des Sanierungsrechts für vertragliche Regelungen sei ein Vertrag nicht schon dann unangemessen, wenn er von den gesetzlichen Vorschriften abweiche. Zwischen dem gesetzlichen Leitbild und den vertraglichen Regelungen dürfe aber kein unauflösbarer Wertungswiderspruch bestehen.[6690]

3149 Der städtebauliche Vertrag hat sich zu einem zentralen Instrumentarium des Städtebaus entwickelt; er ist grundsätzlich ein öffentlich-rechtlicher Vertrag. Allerdings sind auch zivilrechtliche oder gemischt öffentlich-rechtliche und zivilrechtliche vertragliche Regelungen denkbar.[6691] Eine Vereinbarung zwischen einer Gemeinde und einem Dritten kann auch aus einer Mischung öffentlich-rechtlicher und privatrechtlicher Bestandteile bestehen.[6692] Ob der Vertrag öffentlich-

---

xishandbuch Städtebauliche Verträge, 2019; Hoffmann Städtebauliche Verträge in Hoppenberg/de Witt, Handbuch des öffentlichen Baurechts, 2018; Bunzel/Coulmas/Schmidt Eichstaedt, Städtebauliche Verträge – Ein Handbuch, 2013; zu öffentlich-rechtlichen Erstattungsansprüchen beim städtebaulichen Vertrag Pauly ZfIR 2021, 359.

[6686] BVerwG NVwZ 2000, 1285.

[6687] Zur Absicherung gemeindlicher Interessen in städtebaulichen Verträgen Schwemer NVwZ 2022, 1166.

[6688] BGH Urt. v. 19.1.2024 – V ZR 191/12, juris Rn. 9; NJW 2015, 3169 Rn. 8; NJW 2018, 3012 Rn. 9; ZfIR 2023, 139 Rn. 7.

[6689] BGH Urt. v. 19.1.2024 – V ZR 191/12, juris Rn. 9.

[6690] BVerwG NVwZ 2021, 1773 = juris Rn. 26.

[6691] BVerwG NJW 1993, 2695; Bönker in HBG, Öffentliches Baurecht, 2024, § 13 Rn. 7.

[6692] BVerwG BBauBl. 1994, 490.

rechtlicher oder zivilrechtlicher Natur ist, muss im Einzelfall entschieden werden.[6693] Der Erschließungsvertrag zwischen einer Gemeinde und dem Erschließungsträger ist auch dann ein öffentlich-rechtlicher Vertrag, wenn darin eine Sicherungsabrede für den Fall der Nichterfüllung des Vertrages aufgenommen ist. Aus einer solchen Sicherungsabrede abgeleitete Ansprüche sind öffentlich-rechtlicher Natur.

Vertragliche Vereinbarungen mit der öffentlichen Hand unterliegen dem **Koppelungsverbot**. Nach § 11 II 2 BauGB ist die Vereinbarung einer vom Vertragspartner zu erbringenden Leistung unzulässig, wenn er auch ohne sie einen Anspruch auf die Gegenleistung hätte. Außerdem darf eine hoheitliche Entscheidung ohne entsprechende gesetzliche Ermächtigung nicht von wirtschaftlichen Gegenleistungen abhängig gemacht werden, es sei denn, erst die Gegenleistung würde ein der Entscheidung entgegenstehendes rechtliches Hindernis beseitigen. Denn ein „Verkauf von Hoheitsakten" wird allgemein als unzulässig angesehen.[6694] Die Grenzen sind allerdings fließend. **3150**

Beispiel: Verkauft ein Grundstückseigentümer einen Teil seiner im Außenbereich liegenden Grundstücksfläche für einen marktgerechten Preis (Bauerwartungsland) an die Gemeinde zur Beschaffung von Bauland im Rahmen eines Einheimischenmodells,[6695] und stellt sie ihm dafür in Aussicht, sie werde das ganze Grundstück in den Bebauungsplan aufnehmen, so liegt darin kein unzulässiges Koppelungsgeschäft.[6696] Es verstößt grundsätzlich nicht gegen das Koppelungsverbot des § 56 I 2 VwVfG, § 11 II 1 BauGB, wenn die Gemeinde ihre zustimmende Stellungnahme zu einem Baugesuch davon abhängig macht, dass der Bauwerber die nach dem Bebauungsplan für die Erschließung des Baugrundstücks vorgesehenen Erschließungsflächen unter Anrechnung auf den späteren Erschließungsbeitrag und die spätere Umlegung an die Gemeinde abtritt.[6697] Es wird aber gegen das Koppelungsverbot verstoßen, wenn eine Gemeinde die Ausweisung von Bauland an wirtschaftliche Gegenleistungen des Grundstückseigentümers wie den Verkauf einer Teilfläche unter Verkehrswert knüpft, ohne dass dies der Verwirklichung der Bauleitplanung dient.[6698] Dagegen ist es zulässig, dass die Gemeinde im Zusammenhang der Ausweisung eines Gesamtgrundstücks zu Bauland eine Teilfläche zu einem marktgerechten Preis erwirbt.[6699]

Eine weitere Grenze für vertragliche Regelungen wird im **Verbot des Machtmissbrauchs** der öffentlichen Hand und des **Übermaßverbotes** bei der Festlegung der Gegenleistung gesehen. Nach § 11 II 1 BauGB müssen die vereinbarten Leistungen müssen den gesamten Umständen nach angemessen sein. Das Gebot angemessener Vertragsgestaltung verlangt, dass bei wirtschaftlicher Betrachtung des Gesamtvorgangs die Gegenleistung nicht außer Verhältnis zu der Bedeutung und dem Wert der von der Behörde bzw. der Gemeinde erbrachten oder zu erbringenden Leistung steht und dass die vertragliche Übernahme von Pflichten auch ansonsten zu keiner unzumutbaren Belastung für den Vertragspartner der Behörde führt.[6700] Besteht auf die hoheitliche Entscheidung ein Rechtsanspruch ohne jeden Spielraum, so darf die gemeindliche Leistungsverpflichtung nicht von einer Gegenleistung abhängig gemacht werden.[6701] Auch kann durch Vereinbarungen der Gemeinde mit einem Dritten die Auslegung oder Anwendung von ortsrechtlichen Normen nicht abgeändert werden.[6702] Überhaupt wird eine zu große Nähe zwischen planender Gemeinde und Investoren für bedenklich gehalten.[6703] Im Zweifel handelt der Investor auf eigenes Risiko.[6704] **3151**

6693 OVG Münster Urt. v. 14.3.2013 – 2 E 182/13, juris; BVerwG NJW 1993, 2695.

6694 BGH Urt. v. 19.1.2024 – V ZR 191/12, juris Rn. 9 zum Erbbaurechtsvertrag mit einer Gemeinde; BVerwG NVwZ 1994, 485.

6695 VGH München GewArch. 1999, 302; OLG Celle DNotI-Report 1999, 79; Bleutge MittBayNot 2005, 100.

6696 BGH NJW 1999, 208.

6697 BVerwG NVwZ 1994, 485; NVwZ 1999, 1105.

6698 OLG München DNotI-Report 1999, 131.

6699 BGH DVBl. 1999, 233.

6700 BGH Urt. v. 19.1.2024 – V ZR 191/12, juris Rn. 10; ZfIR 2023, 139 Rn. 10.

6701 BVerwG NJW 1981, 1747.

6702 BVerwG Beschl. v. 24.8.1992 – 4 B 143.92, BeckRS 1992, 31322901.

6703 BVerwGE 34, 301; BauR 1973, 285; BVerwGE 45, 30; BVerwGE 59, 87; ZfBR 1980, 88; ZfBR 1988, 44; BGHZ 94, 372; OVG Koblenz BauR 1992, 479; VGH München BayVBl.1991, 47; Stüer DVBl. 1995, 649.

6704 BVerwG NVwZ 1992, 672.

3152 Nach § 58 VwVfG werden öffentlich-rechtliche Verträge, die in **Rechte eines Dritten** eingreifen, erst mit dessen **Zustimmung** wirksam werden. Verträge zu Lasten Dritter sind insoweit unzulässig. Städtebauliche Verträge ersetzen insoweit keine planerischen und ordnungsbehördlichen Maßnahmen, mit denen in Rechte Dritter eingegriffen werden soll.[6705] § 11 BauGB bezieht sich auf eine Zusammenarbeit mit Privaten; Verträge der Gemeinde mit anderen Gemeinden oder juristischen Personen des öffentlichen Rechtes bleiben nach § 11 IV BauGB zulässig; § 11 I BauGB bezieht sich aber auf solche Verträge nicht.[6706]

3153 Ein öffentlich-rechtlicher Vertrag kann aus unterschiedlichen Gründen nichtig sein. Nach § 59 I VwVfG ist ein öffentlich-rechtlicher Vertrag nichtig, wenn sich die **Nichtigkeit** aus der entsprechenden Anwendung von Vorschriften des BGB ergibt, oder wenn ein Fall des § 59 II VwVfG vorliegt. Ein öffentlich-rechtlicher **Erstattungsanspruch**, der als Leistungskondiktion auf die Rückabwicklung eines für nichtig gehaltenen Erschließungsvertrages gerichtet ist, unterliegt grundsätzlich der dreijährigen kenntnisabhängigen **Verjährung** analog § 195, § 199 Abs. 1 BGB.[6707]

2. Verträge über städtebauliche Maßnahmen (§ 11 I 2 Nr. 1 BauGB)

3154 Nach § 11 I 2 Nr. 1 BauGB kann die Vorbereitung und Durchführung städtebaulicher Maßnahmen durch den Vertragspartner auf eigene Kosten Gegenstand eines städtebaulichen Vertrages sein kann. Zur Vorbereitung oder Durchführung städtebaulicher Maßnahmen idS gehören auch die **Neuordnung** der Grundstücksverhältnisse, die **Bodensanierung** und sonstige vorbereitende Maßnahmen, die **Erschließung** durch nach Bundes- oder nach Landesrecht beitragsfähige sowie nicht beitragsfähige Erschließungsanlagen, die **Ausarbeitung der städtebaulichen Planungen** sowie erforderlichenfalls des **Umweltberichts**.

3155 **a) Vorbereitungsmaßnahmen.** Der Vertragspartner kann der Gemeinde den Entwurf eines Bebauungsplans ausarbeiten, die planungsrechtlich erheblichen Belange nach § 1 V, VI BauGB ermitteln, einzelne Schritte des **Planaufstellungsverfahrens**, so zum Beispiel die Öffentlichkeitsbeteiligung vorbereitet und organisieren, Grundstücke erwerben und in ihrem Zuschnitt neu ordnen oder freilegt oder auch Altlasten ermitteln und entsorgen.[6708] Die Verantwortung der Gemeinde für das gesetzlich vorgeschriebene Planaufstellungsverfahren kann allerdings nicht übertragen werden (§ 11 I 2 Nr. 1 BauGB). Denn der Bebauungsplan beruht auf einer staatlichen Normsetzung, die nicht auf Private übertragbar ist. Die wesentlichen Verfahrensschritte wie der Aufstellungsbeschluss (§ 2 I 2 BauGB), die öffentliche Auslegung des Planentwurfes nach § 3 II 1 BauGB, die Abwägung der öffentlichen und privaten Belange nach § 1 VII BauGB und der Satzungsbeschluss nach § 10 I BauGB können daher nicht auf Private übertragen werden.[6709] Die Gemeinde muss die Letztverantwortung behalten. Dies ist für die öffentliche Akzeptanz des Bebauungsplans unverzichtbar. Denn trotz aller Kooperation mit Privaten muss die Interessenneutralität der Gemeinde gewahrt bleiben. Subjektive Abwägungssperren, die sich aus einer einseitigen vertraglichen Bindung oder auch aus faktischen Bindungen ergeben können, sind daher unzulässig.[6710] Vor allem darf nicht der Eindruck entstehen, dass der Bebauungsplan auf einer Absprache zwischen Investor und Gemeinde zulasten Dritter beruht.[6711]

3156 **b) Ausarbeitung städtebaulicher Planungen.** Der städtebauliche Vertrag kann auch die Ausarbeitung städtebaulicher Planungen betreffen. Hierzu zählt die Ausarbeitung von Flächennutzungsplänen und Bebauungsplänen sowie anderen städtebaulichen Satzungen, mit denen sich eine städtebauliche Planung verbindet. Auch Landschafts- und Grünordnungspläne oder ergänzende Gutachten wie Lärmschutzgutachten, Emissionsgutachten, Feststellung von Boden-

---

[6705] Bönker in HBG, Öffentliches Baurecht, 2024, § 13 Rn. 15.
[6706] Bönker in HBG, Öffentliches Baurecht, 2024, § 13 Rn. 16.
[6707] BVerwG NVwZ 2020, 959 = juris Rn 15; zur Unwirksamkeit eines Erschließungsvertrages bei offenem Dissens OVG Schleswig Urt. v. 26.6.2019 – 9 A 241/16, juris Rn. 116.
[6708] Kukk in Schrödter, BauGB 2019, § 11 BauGB Rn. 10 ff.; Reidt in BKL, BauGB, 2022, § 11 Rn. 6 ff.; zum öffentlich-rechtlichen Erstattungsanspruch beim städtebaulichen Vertrag siehe Pauly ZfIR 2021, 359.
[6709] Kukk in Schrödter, BauGB, 2022, § 11 Rn. 21; Reidt in BKL, BauGB, 2022, § 11Rn. 6.
[6710] Das gilt auch für vertragliche Verpflichtungen zur Bauleitplanung gegenüber Nachbargemeinden, BVerwG NVwZ 2006, 458.
[6711] Reidt in BKL, BauGB, 2022, § 11 Rn. 3.

verunreinigungen oder andere Fachgutachten können durch einen städtebaulichen Vertrag übertragen werden. Mit dem Vertrag geht nur die technische Erstellung der städtebaulichen Planungen auf den Vertragspartner über. Die städtebauliche Verantwortung bleibt weiter bei der Gemeinde. Dies gilt vor allem für die Zuständigkeit im Hinblick auf die gesetzlich vorgeschriebenen Verfahrensschritte städtebaulicher Planungen. Erforderlich sind weiterhin sämtliche nach dem BauGB und der jeweiligen GO notwendigen Beschlüsse, die Abwägung, insbesondere die Entscheidung über die vorgebrachten Stellungnahmen und die Behandlung der Stellungnahmen der Träger öffentlicher Belange sowie die Entscheidung über die Vorlage des Plans zur Genehmigung.

c) Grundstücksneuordnung. Gegenstand des Vertrages kann nach § 11 I 2 Nr. 1 BauGB die Neuordnung der Grundstücksverhältnisse sein. Der Vertrag ersetzt dabei die Regelungen des gesetzlichen Umlegungsverfahrens bzw. der gesetzlichen vereinfachte Umlegung. Die vertragliche Regelung steht im Zusammenhang mit dem Ankauf der Grundstücke durch die Gemeinde oder den Dritten. Die Grundstücke werden dann nach Anweisung der Gemeinde so zugeschnitten, dass die entstehenden Grundstücke nach Lage, Form und Größe für die in Aussicht genommene Nutzung zweckmäßig sind. Außerdem sind im Umlegungsvertrag die Übertragung der für öffentliche Zwecke erforderlichen Flächen an die Gemeinde, die Verteilung der verbleibenden Flächen an die Teilnehmer des vertraglichen Umlegungsverfahrens und die Verteilung der Verfahrenskosten zu regeln. Die Grundstücksverhältnisse können im Wege einer Umlegung nach den §§ 45 ff. BauGB oder auch durch eine freiwillige Umlegung neu geordnet werden.[6712] 3157

Mit Hilfe einer **freiwilligen Umlegung** können die Gemeinde und Grundstückseigentümer eine dem Bebauungsplan oder der Eigenart des Gebietes entsprechende Grundstücksneuordnung erreichen. Die Grundstücksneuordnung auf der Basis eines städtebaulichen Vertrages wird allerdings nur dann gelingen, wenn die Grundstücke verfügbar sind, also die Grundstückseigentümer einer derartigen vertraglichen Regelung hinsichtlich des Eigentumserwerbs zustimmen. Ein städtebaulicher Vertrag kann sich auf Verpflichtungen der Grundstückseigentümer erstrecken, die bei der Umlegung nach den §§ 45 ff. BauGB nicht vorgesehen sind, insbesondere eine Übernahme von Planungs- und Umlegungskosten durch die Eigentümer vorsehen und einen Umlegungsplan ersetzen.[6713] 3158

d) Bodensanierung und sonstige vorbereitende Maßnahmen. Der städtebauliche Vertrag kann auch die Bodensanierung und sonstige vorbereitende Maßnahmen regeln. Die Bodensanierung umfasst insbesondere die Gefahrenermittlung, Untersuchung und die Beseitigung von Bodenverunreinigungen, insbesondere von Altlasten. Zur Freilegung gehören der Abbruch baulicher Maßnahmen und die Entsiegelung. Die Anforderungen an eine **Bodensanierung** ergeben sich aus dem BBodSchG, das nach § 3 I Nr. 9 BBodSchG subsidiär anwendbar ist, soweit die Vorschriften des Bauplanungs- und des Bauordnungsrecht Einwirkungen auf den Boden nicht regeln. Welche Sanierungsmaßnahmen zur Gefahrenabwehr erforderlich sind, bestimmt § 4 III BBodSchG.[6714] Dazu kann ein Sanierungsvertrag nach § 13 IV BBodSchG geschlossen werden.[6715] Maßnahmen der Bodensanierung können außerdem Gegenstand eines einen Sanierungsplan begleitenden Sanierungsvertrags nach § 13 IV BBodSchG sein. 3159

e) Sonstige vorbereitende Maßnahmen. Dazu Freilegung und Baureifmachung von Grundstücken, etwa durch Abbruchmaßnahmen auf dem Grundstück, durch die Entsorgung von Bauabfällen, und Maßnahmen zur Gefahrerforschung. 3160

3. Erschließungsvertrag

Gegenstand eines Erschließungsvertrags können nach Bundes- oder Landesrecht beitragsfähige sowie nicht beitragsfähige Erschließungsanlagen in einem bestimmten Erschließungsgebiet in der Gemeinde sein.[6716] Beim Abschluss eines Erschließungsvertrags steht eine finanzielle 3161

[6712] Reidt in BKL, BauGB, 2022, § 11 Rn. 15 f.; Bönker in HBG, Öffentliches Baurecht, 2024, § 13 Rn. 27.

[6713] Kröninger in Kröninger/Jeronim, BauGB/BauNVO, 2024, § 11 BauGB Rn. 6: Reidt in BKL, BauGB, 2022, § 11 Rn. 15 f.; Bönker in HBG, Öffentliches Baurecht, 2024, § 13 Rn. 24.

[6714] Dirnberger in Jäde/Dirnberger, BauGB, 2022, § 11 Rn. 26.

[6715] Reidt in BKL, BauGB, 2022, § 11 Rn. 17.

[6716] BT-Drs. 12/3944, S. 24 ff.

Entlastung der Gemeinde zumeist im Vordergrund.[6717] Die Erschließung ist nach § 123 BauGB Aufgabe der Gemeinde, soweit sie nicht nach anderen gesetzlichen Vorschriften oder öffentlich-rechtlichen Verpflichtungen einem anderen obliegt.

3162 Ein **Rechtsanspruch auf Erschließung** besteht nach § 123 III BauGB nicht. Hat die Gemeinde einen Bebauungsplan iS des § 30 I BauGB erlassen und lehnt sie das zumutbare Angebot zum Abschluss eines städtebaulichen Vertrags über die Erschließung ab, ist sie nach § 124 BauGB verpflichtet, die Erschließung selbst durchzuführen. Ein Dritter kann sich gegenüber der Gemeinde verpflichten, die Erschließungskosten ganz oder teilweise zu tragen. Dies gilt unabhängig davon, ob die Erschließungsanlagen nach Bundes- oder Landesrecht beitragsfähig sind.[6718] Die vertraglichen Leistungen müssen den gesamten Umständen nach angemessen sein und in sachlichem Zusammenhang mit der Erschließung stehen. Hat die Gemeinde einen qualifizierten Bebauungsplan nach § 30 I BauGB erlassen und lehnt sie das zumutbare Angebot eines Dritten ab, die im Bebauungsplan vorgesehene Erschließung vorzunehmen, ist sie verpflichtet, die Erschließung selbst durchzuführen. Der Erschließungsvertrag bedarf der Schriftform, soweit nicht durch Rechtsvorschrift eine andere Form vorgeschrieben ist. Gemeinden können allerdings städtebauliche Verträge nicht zur Abwälzung von Kosten auf Dritte nutzen, die nach den abgabenrechtlichen Vorschriften die Gemeinden selbst zu tragen haben.[6719]

3163 >Mit der Möglichkeit, die Erschließung durch Vertrag einem Dritten zu übertragen, anstatt diese Aufgabe selbst zu übernehmen, eröffnet das BauGB der Gemeinde eine weichenstellende Entscheidung über das Rechtsregime, nach dem die Anlieger an den Kosten der Herstellung der Erschließungsanlage beteiligt werden. Hiernach beurteilt sich, ob dies auf privater Grundlage im Rechtsverhältnis zwischen dem Erschließungsunternehmer und dem Eigentümer eines Baugrundstücks oder über die öffentlich-rechtliche Refinanzierung durch Erhebung von Erschließungsbeiträgen nach den §§ 127 ff. BauGB erfolgt. Wird etwa bei einer Anbaustrecke eine Teilstrecke von einem Unternehmer auf Grund eines Erschließungsvertrages, die andere Teilstrecke dagegen von der Gemeinde selbst hergestellt, ist die gemeindliche Strecke nach den §§ 127 ff. BauGB abrechnungsfähige Erschließungsanlage und nicht etwa nur Abschnitt einer solchen Anlage.[6720]

3164 Der vormals in § 124 BauGB geregelte Erschließungsvertrag ist nunmehr in § 11 I BauGB integriert. Die Gemeinde kann städtebauliche Verträge auch mit einer juristischen Person abschließen, an der sie beteiligt ist. Trägt oder übernimmt der Vertragspartner Kosten oder sonstige Aufwendungen, ist eine Eigenbeteiligung der Gemeinde nicht erforderlich, wenn der Grundsatz der Angemessenheit (§ 11 II 1 BauGB) gewahrt ist (§ 11 II 3 BauGB).[6721]

3165 Nach dem **Angemessenheitsgebot** des § 11 II 1 BauGB müssen die vereinbarten Leistungen den gesamten Umständen nach angemessen sein müssen. Dies bedeutet nach der Rechtsprechung des BVerwG, dass die vereinbarten Leistungen im Verhältnis zum Vertragszweck und im Verhältnis untereinander ausgewogen sein müssen, wobei eine wirtschaftliche Betrachtungsweise des Gesamtvorgangs geboten ist.[6722] Kann die Angemessenheit von Leistung und Gegenleistung nicht festgestellt werden, weil nicht geregelt ist, zu welchen Bedingungen die Herstellung bestimmter Erschließungsmaßnahmen erfolgt, ist der Vertrag nichtig.[6723]

[6717] Kröninger in Kröninger/Jeronim, BauGB/BauNVO, 2024, § 11 BauGB Rn. 10; zum Erschließungsvertrag nach der Änderung des KAG 2022 Birk VBlBW 2022, 1.

[6718] BVerwG NVwZ-RR 2013, 383; NVwZ 2011, 690; Heinemann BauR 2012, 1330, Schmidt-Eichstaedt DVBl. 2011, 691, Bier DVBl. 2013, 541; Ruff KStZ 2013, 181; Schröer NZBau 2013, 97; Spannowsky ZfBR 2012, 742; zur vertraglichen Refinanzierung einer auf eine kommunale Eigengesellschaft übertragenen Erschließung Schmidt-Eichstaedt DVBl. 2011, 691. Zu den Auswirkungen auf andere Bereiche Grünewald ZKF 2011, 161.

[6719] So Grziwotz ZfIR 2013, 336; Strayle BWGZ 2013, 421.

[6720] OVG Münster NWVBL 1999, 262.

[6721] Kröninger in Kröninger/Jeronim, BauGB/BauNVO, 2024, § 11 BauGB Rn. 10; Bier DVBl. 2013, 541 ff.; Schmidt-Eichstaedt DVBl. 2011, 691; Bönker in HBG, Öffentliches Baurecht, 2024, § 13 Rn. 29.

[6722] Zur Angemessenheit und Wirksamkeit einer Verpflichtung des Erschließungsträgers zum Bau von Erschließungsanlagen außerhalb des Erschließungsgebiets im Rahmen eines Städtebaulichen Vertrags und Erschließungsvertrags VG Stuttgart Urt. v. 13.12.2019 – 15 K 2499/17, juris Rn. 28, 31.

[6723] OVG Schleswig Urt. v. 26.6.2019 – 9 A 241/16, juris Rn. 119; siehe zB auch BGH Urt. v. 19.1.2024 – V ZR 191/22, juris: „Vereinbart eine Gemeinde als Grundstückseigentümerin mit einem Privaten in einem Erbbaurechtsvertrag den Ausschluss der Heimfallvergütung, verstößt dies für sich genommen nicht gegen das Gebot angemessener Vertragsgestaltung aus § 11 II 1 BauGB. Der Ausschluss der **Heimfallvergütung** führt dazu, dass die Geltendmachung des Heimfallanspruchs einer strengen Ausübungskontrolle

Soweit im Einzelfall eine Gemeinde einen Erschließungsvertrag mit einer **Eigengesellschaft** abschließt und diese ihrerseits **Kostenerstattungsverträge** mit weiteren Parteien eingeht, sollen in diesen Vertragsverhältnissen öffentlich-rechtliche Bindungen nicht unterlaufen werden.[6724] 3166

Der Erschließungsvertrag kann im Zusammenhang mit städtebaulichen Maßnahmen abgeschlossen werden. Hintergrund ist das Erfordernis der Sicherstellung einer ausreichenden Erschließung, die für die planungsrechtliche Zulässigkeit von Vorhaben erforderlich ist. Zumeist finanziert die Gemeinde die Kosten vor und trägt die nicht beitragsfähigen Kosten sowie einen Eigenanteil von 10% nach § 129 I 3 BauGB selbst Der Erschließungsvertrag bietet eine Möglichkeit, die Kosten insgesamt auf den Vorhabenträger abzuwälzen.[6725] § 11 I 3 BauGB bestimmt, dass die Gemeinde städtebauliche Verträge auch mit einer juristischen Person schließen kann, an der sie beteiligt ist. 3167

Städtebauliche Verträge fallen zumeist nicht in den **Anwendungsbereich des Vergaberechts** der §§ 97 ff. GWB iVm der Vergabeverordnung – VgV und der der VOB/A. Die Vertragspartner der Gemeinden verpflichten sich in den meisten Fällen nach § 11 I 2 Nr. 1 und 2 BAUGB auf eigene Kosten zur „Vorbereitung und Durchführung" städtebaulicher Maßnahmen. Dabei handelt es sich nicht um eine Beschaffung von Leistungen durch die Gemeinde, die Liefer-, Bau- oder Dienstleistungen zum Gegenstand haben. Ein Beschaffungsbezug kommt aber nur in Betracht, wenn die Gemeinde vertragliche Leistungen vereinbart, die ihr unmittelbar wirtschaftlich zugutekommen.[6726] Der EuGH nimmt die Anwendung des Vergaberechts an, wenn die Kommunen städtebauliche Bau- und Erschließungsmaßnahmen auf Private übertragen und wenn die Gemeinde ein über allgemeine städtebauliche Maßnahmen hinausgehendes „unmittelbares wirtschaftliches Interesse" an dem vom Vertragspartner zu errichtenden Bauwerk hat.[6727] Unterschieden wird zwischen echten und unechten Entschließungsverträgen. Bei **unechten Entschließungsverträgen**, bei denen das Bauvorhaben von einem privaten Erschließungsträger vorfinanziert und die Kosten im Anschluss von der Kommune erstattet werden, handelt es sich ausschreibungspflichtige Verträge.[6728] Bei **echten Erschließungsverträgen**, bei denen der Erschließungsträger das Bauvorhaben finanzieren und die ihm entstehenden Kosten auf einen Dritten, zumeist den auf Grundstückskäufer abwälzen, hängt die Ausschreibungspflicht von den jeweiligen Umständen des Einzelfalls, insbesondere von der Frage nach der Entgeltlichkeit ab. Eine Entgeltlichkeit kann sich daraus ergeben, dass die Gemeinde auf eine eigene Erschließung verzichtet und damit das Nichtentstehen der Beitragsschuld bewirkt.[6729] Der Einwand, bei der Herstellung einer Erschließungsanlage seien durch einen Verstoß gegen vergaberechtliche Vorschriften erhebliche Mehrkosten entstanden, ist in entsprechender Anwendung des § 129 I 1 BauGB beachtlich, wenn die Mehrkosten in für die Gemeinde erkennbarer Weise eine grob unangemessene Höhe erreichen.[6730] 3168

a) Grundkonzeption. Der Erschließungsvertrag ist – auch wenn er (privatrechtliche) Sicherungsabreden für den Fall der Nichterfüllung des Vertrages oder des Scheiterns der Be- 3169

---

im Hinblick auf die Verhältnismäßigkeit des gemeindlichen Handelns unterliegt. Die Forderung nach der vergütungslosen Rückübertragung des Erbbaurechts kann sich insbesondere dann als unverhältnismäßig darstellen, wenn der Heimfall nicht auf einer schwerwiegenden Vertragsverletzung des Erbbauberechtigten beruht, das Bauwerk ganz oder weitestgehend fertiggestellt ist, der Erbbauberechtigte erhebliche Investitionen getätigt hat und die Gemeinde absehbar in der Lage sein wird, das Bauwerk anderweitig zu nutzen oder zu verwerten."

6724 BVerwGE 92, 5; NVwZ 2000, 1285; BGHZ 153, 93; BVerwGE 133, 85; Stüer/König ZfBR 2000, 524; Grziwotz ZfIR 2009, 470.

6725 Bier DVBl. 2013, 541 ff.; Schmidt-Eichstaedt DVBl. 2011, 691; Bönker in HBG, Öffentliches Baurecht, 2024, § 13 Rn. 29; Grziwotz DVBl. 2005, 471.

6726 Hoffmann in BeckOK BauGB, 2023, § 11 Rn. 57 f.

6727 Hoffmann in BeckOK BauGB, 2023, § 11 Rn. 58; EuGH NJW 2010, 2189.

6728 Stein in BeckOK Vergaberecht, 2023, § 103 GWB Rn. 57; Eisenreich/Barth NVwZ 2008, 635 (637).

6729 Näher dazu Stein in BeckOK Vergaberecht, 2023, § 103 GWB Rn. 57; Grziwotz in EZBK, BauGB, 2019, § 11 Rn. 385; Ziekow in Ziekow/Völling, Vergaberecht, 2020, § 105 GWB Rn. 34 ff.; zur Ausschreibungspflicht von Grundstücksgeschäften der öffentlichen Hand, Bulla VergabeR 2019, 457.

6730 BVerwG NVwZ-RR 2013, 479: Kröninger in Kröninger/Jeromin, BauGB/BauNVO, 2024, § 129 Rn. 10.

bauungsplanung enthält – ein **öffentlich-rechtlicher Vertrag**.[6731] Der Erschließungsbegriff umfasst die öffentliche Erschließung schlechthin und geht damit insbesondere über den für § 127 I BauGB kennzeichnenden Erschließungsbegriff hinaus. Der Dritte kann sich gegenüber der Gemeinde verpflichten, die Erschließung zu übernehmen und die Erschließungskosten ganz oder teilweise zu tragen. Kein öffentlich-rechtlicher Erschließungsvertrag, sondern ein **privatrechtlicher Werkvertrag** iS der §§ 631 ff. BGB ist der mit einem Bauunternehmer geschlossene Vertrag, durch den die Gemeinde dem Bauunternehmer (lediglich) die Baudurchführung überträgt. Die Gemeinde bleibt dann selbst Trägerin der Erschließungsmaßnahme. Gegenstand des Erschließungsvertrages können nach Bundes- oder Landesrecht beitragsfähige sowie nicht beitragsfähige Erschließungsanlagen in einem bestimmten Erschließungsgebiet in der Gemeinde sein. Ein echter Erschließungsvertrag zeichnet sich dadurch aus, dass ein Unternehmer von der Gemeinde die Erschließung eines bestimmten Gebietes im eigenen Namen und auf eigene Rechnung übernimmt und die fertig gestellten Erschließungsanlagen der Gemeinde überträgt.[6732] Der Erschließungsvertrag ist darauf gerichtet, die Erschließung der Grundstücke sicherzustellen. Welche Maßnahmen dazu erforderlich sind, ist eine Frage des Einzelfalls.[6733]

3170 Im Gegensatz zum Erschließungsvertrag bezieht sich ein Durchführungsvertrag nach § 12 I 1 BauGB nicht auf die Herstellung von Erschließungsanlagen für eine gebietsbezogene Erschließung, sondern auf die Einzelerschließung eines Vorhabens iSd § 30 BauGB im Rahmen eines Vorhaben- und Erschließungsplans bezieht.[6734]

3171 Ein **zumutbares Erschließungsangebot** nach § 124 BauGB kann die Gemeinde zur Erschließung eines beplanten Grundstücks verpflichten (**Erschließungspflicht**). Ob ein Erschließungsangebot nach Art und Umfang den Anforderungen des § 124 BauGB genügt, ist eine Frage des Einzelfalls. Die Anforderungen an die Substantiierung des Angebots richten sich dabei auch nach der Kooperationsbereitschaft der Gemeinde.[6735] Anlieger sind bei den für den Bau von Erschließungsstraßen erforderlichen Grundabtretungen möglichst gleichmäßig zu belasten. Der Grundsatz bedeutet aber nicht, dass die von der Planung betroffenen Grundeigentümer stets gleich zu behandeln seien: Die berührten privaten Belange dürfen lediglich nicht ohne sachliche Rechtfertigung ungleich behandelt werden. Eine sachliche Rechtfertigung für die ungleiche Behandlung kann beispielsweise in einer sinnvollen und übersichtlichen Linienführung der neuen Straße gesehen werden, sodass eine derartige Zielsetzung eine ungleichmäßige Inanspruchnahme von Nachbarn bei einer Straßenplanung rechtfertigen kann.[6736] Das Modell des Erschließungsvertrages hat daher auch für die Pflichtenverdichtung der Gemeinde in nach § 30 BauGB beplanten Gebieten einen wichtigen Stellenwert (§ 124 BauGB).[6737] Dazu reicht allerdings das Angebot des Investors, in Vertragsverhandlungen einzutreten, nicht aus.[6738] Auch kann dabei das Erschließungsangebot eines Dritten deshalb unzumutbar sein, weil der Vertragsentwurf keine Regelung vorsieht, die einen rechtzeitigen Straßenlanderwerb durch die Gemeinde sicherstellt.[6739] Verpflichtungen zum Erwerb oder zur Veräußerung von Grundstücken bedürfen dabei der notariellen Beurkundung.[6740] Im Übrigen ist Schriftform geboten.[6741]

3172 Die Obliegenheit der Gemeinde zur Annahme eines entsprechenden Erschließungsangebotes nach § 124 BauGB besteht im Geltungsbereich eines **rechtsverbindlichen Bebauungsplans**. Ist der Bebauungsplan unwirksam, besteht eine derartige Erschließungslast nicht. Denn ein Bebauungsplan führt in der Kombination mit der Ablehnung eines Erschließungsangebotes nur dann zu einer Erschließungslast, wenn sich der Bebauungsplan als rechtswirksam erweist.

6731 VG Schleswig Urt. v. 26.1.2021 – 9 A 442/17, juris Rn. 81 auch zur Zulässigkeit einer Vertragsstrafe in öffentlich-rechtlichen Verträgen; Gritzwotz in EZBK, BauGB, 2020, § 11 Rn. 309; Reidt in BKL, BauGB, 2022, § 11 Rn. 31; BVerwGE 138, 244 Rn. 24; NVwZ 2008, 212 Rn. 3; BT-Drs. 12/3944, S. 30.

6732 OVG Saarlouis DÖV 1989, 861.

6733 BVerwG DVBl. 1993, 1357; Beschl. v. 23.12.1993 – 4 B 212.92, juris.

6734 BVerwG DVBl. 2021, 1497 = juris Rn. 33; Birk NVwZ 1995, 625 (627).

6735 BVerwG NVwZ-RR 2002, 413.

6736 BVerwG NVwZ-RR 2000, 532.

6737 BVerwG DVBl. 1975, 37; NVwZ 1986, 38; BVerwGE 74, 19; BVerwGE 88, 166; BVerwGE 92, 8..

6738 BVerwG NVwZ 1993, 1101.

6739 OVG Münster DÖV 1999, 169.

6740 BVerwG NVwZ 1985, 346; BGH NJW 1972, 1364; OVG Saarlouis DÖV 1989, 861; Tegethoff in Kopp/Ramsauer, VwVfG, 2023, § 57 Rn. 7.

6741 §§ 54, 57 VwVfG, BVerwG NVwZ 1990, 665.

Ebenso wenig wie ein rechtlich unbeachtliches Erschließungsangebot geeignet ist, eine gemeindliche Erschließungspflicht zu begründen, muss eine Gemeinde den Erlass eines qualifizierten Bebauungsplans als ersten Schritt zur Verdichtung ihrer Erschließungsaufgabe gegen sich gelten lassen, wenn dieser Plan unwirksam ist.

Auch bei **Innenbereichsvorhaben** sowie bei **privilegierten Vorhaben im Außenbereich** kann die Gemeinde verpflichtet sein, ein Erschließungsangebot anzunehmen.[6742] Bei nicht privilegierten Vorhaben gilt dies aber auch dann nicht, wenn ihnen keine öffentlichen Belange entgegenstehen, weil die Erschließung auch ein Instrument der Gemeinde zur Sicherung einer ordnungsgemäßen städtebaulichen Entwicklung ist.[6743] 3173

Der Erschließungsvertrag nach § 11 I Nr. 1 BauGB erfährt durch das **Erschließungsbeitragsrecht** Begrenzungen.[6744] Er muss sich auf beitragsfähige oder nicht beitragsfähige Erschließungsanlagen in einem bestimmten Erschließungsgebiet in der Gemeinde richten. Das Erschließungsgebiet muss zwar nicht mit dem Plangebiet eines Vorhaben- und Erschließungsplanes identisch sein. Auch ist nicht erforderlich, dass die Grundstücke, auf denen die Erschließung erfolgt, im Eigentum des Dritten stehen. Nicht nur die innere Erschließung des Vorhabengebietes, sondern auch die **äußere Erschließung** eines Vorhabens kann Gegenstand des Erschließungsvertrages sein. Allerdings muss sich der Vertrag auf ein bestimmtes Erschließungsgebiet richten, das räumlich abgegrenzt ist. Auch die einzelnen Erschließungsmaßnahmen müssen in dem Vertrag konkret benannt sein.[6745] Es wird wohl auch erforderlich sein, dass die Erschließungsmaßnahmen, zu deren Durchführung oder Übernahme sich der Dritte gegenüber der Gemeinde verpflichtet, einen unmittelbaren Bezug zu dem Vorhaben haben. Erfüllt der Vertragspartner seine Verpflichtungen zur Erschließung nicht, kann die Gemeinde an seiner Stelle die Erschließung durchführen und den Vertragspartner mit den Kosten belasten.[6746] 3174

Nach § 11 I 2 Nr. 1 BauGB können sowohl nach Bundes- oder Landesrecht beitragsfähige als auch nicht beitragsfähige Erschließungsanlagen Gegenstand des Erschließungsvertrages sein. Der Dritte kann sich dazu verpflichten, deren Kosten ganz oder teilweise zu tragen. Die Vorschrift ermöglicht auch die Übertragung der Kosten auf den Privaten, und ermöglicht im Gegensatz zu § 129 I 3 BauGB auch die Übernahme des 10 % Kosten-Anteils der Gemeinde. Damit wird eine umfassende Übertragung aller Erschließungsaufgaben auf den Privaten ermöglicht, auch wenn es sich nicht um nach den §§ 127 ff. BauGB beitragsfähige Anlagen handelt. So können die Kosten für Anlagen zur Ver- und Entsorgung mit Elektrizität, Gas, Wärme und Wasser übertragen werden, aber zB auch die Kosten für Kinderspielplätze oder Sammelstraßen. Private können allerdings nur zu konkreten Erschließungsmaßnahmen in einem abgegrenzten Planungsgebiet herangezogen werden. Dies ist eine Ausprägung des Kausalitätsgrundsatzes, der auch im Rahmen der Folgekostenverträge eingreift. 3175

Der Erschließungsvertrag nach § 11 I 2 Nr. 1 BauGB steht allerdings unter dem Vorbehalt der **Angemessenheit der Gegenleistungen** (§ 11 II 1 BauGB).[6747] Diese müssen in sachlichem Zusammenhang mit der Erschließung stehen. Der Umfang der Erschließungslast der Gemeinde nach den §§ 123, 129 BauGB bestimmt und begrenzt daher den möglichen Inhalt eines Erschließungsvertrages. So kann der Ausbau einer bereits hergestellten Straße nicht Gegenstand des Erschließungsvertrages sein, wohl aber eines Folgelastenvertrages nach § 11 I 2 Nr. 3 BauGB. 3176

Zu den gemeindlichen Betätigungsfeldern gehört auch die Befugnis, die Ansiedlung und Erweiterung von Wohnsiedlungen und Gewerbeansiedlungen zur Verbesserung der örtlichen Wirtschaftsstruktur und zur Schaffung und Erhaltung von Arbeitsplätzen zu fördern. Solche Ziele kann die Gemeinde neben der Bauleitplanung auch mit vertraglichen Mitteln erreichen.[6748] Die rasche Umsetzung von Vorhaben einschließlich der dazu erforderlichen Erschließung war für den Gesetzgeber offenbar wichtiger als die Gefahr, die im Einzelfall mit einer zu starken Bindung des bauwilligen Investors verbunden sein kann. Denn gerade in den neuen 3177

6742 Reidt in BKL, BauGB, 2022, § 124 Rn. 3; BVerwGE 137, 74; BauR 1985, 661 (663 f.); Bosch BauR 1998, 276 (278).

6743 Reidt in BKL, BauGB, 2022, § 124 Rn. 3; BVerwGE 74, 19.

6744 Weyreuther UPR 1994, 121; BVerwGE 89, 7.

6745 BVerwG Beschl. v. 11.1.1988 – 4 B 258.87, juris.

6746 OVG Münster NVwZ-RR 1993, 507.

6747 Zur Angemessenheit und Wirksamkeit einer Verpflichtung des Erschließungsträgers zum Bau von Erschließungsanlagen au-ßerhalb des Erschließungsgebiets im Rahmen eines Städtebaulichen Vertrags und Erschließungsvertrags VG Stuttgart Urt. v. 13.12.2019 – 15 K 2499/17, juris Rn. 28, 31.

6748 BVerwGE 84, 236.

Bundesländern würden ohne eine weitgehende Inpflichtnahme von Privaten größere Investitionsvorhaben an nicht vorhandenen personellen, sachlichen und finanziellen Mitteln der Gemeinden scheitern. Eine stärker an den gesetzlichen Abgabenregelungen orientierte Sichtweise hatte das BVerwG noch in einer Entscheidung[6749] ein knappes Jahr nach der deutschen Einheit mit dem Hinweis darauf vertreten, dass bei einer Überforderung des privaten Investors viele begonnene Erschließungsmaßnahmen – namentlich infolge eines Konkurses des Erschließungsunternehmers – stecken bleiben und die Gemeinden sich in einem solchen Fall unerwartet eigenen Erschließungspflichten ausgesetzt sehen. Es sei daher – so das BVerwG – eher zu begrüßen als zu bedauern, wenn das eine oder andere Projekt nicht zu Stande komme. Ohnehin war der 10%-Anteil der Gemeinde in § 129 I 3 BauGB eine mehr oder weniger gegriffene Größe und kann nicht als exakter Ausgleich für die der Allgemeinheit entstehenden Vorteile einer Erschließungsmaßnahme angesehen werden. Die der Allgemeinheit erwachsenden Vorteile können vielmehr im Einzelfall wesentlich höher oder auch gar nicht vorhanden sein.

3178 Der Gesetzgeber ist auch aus verfassungsrechtlichen Gründen nicht verpflichtet, es bei dem 10%-Anteil der Gemeinde zu belassen oder dessen Streichung von weiteren Voraussetzungen abhängig zu machen. Auch der Gleichbehandlungsgrundsatz oder die Eigentumsgarantie verpflichten nicht zu einer einengenden Auslegung der gesetzlich eröffneten Möglichkeit zu einer vollen Kostenübernahme durch den Dritten. Die gegenüber anderen Fällen einer gemeindlichen Beteiligung entstehende Ungleichbehandlung ist schon deshalb gerechtfertigt, weil der Dritte die Erschließungskosten durch vertragliche Vereinbarungen freiwillig übernimmt. Der Gesetzgeber wäre zwar nicht daran gehindert gewesen, die gesetzlichen Grundlagen für die vertraglichen Vereinbarungen so zu fassen, dass diese lediglich die ansonsten bestehenden beitragsrechtlichen Regelungen abbilden. Ebenso ist der Gesetzgeber aber verfassungsrechtlich nicht gehindert, den vertraglichen Regelungsmöglichkeiten einen wesentlich weiteren Spielraum einzuräumen und sich – wo ihm dies zweckmäßig erscheint – von dem Bilde der satzungsrechtlichen Beitragserhebung mehr oder weniger weit zu entfernen.

3179 Die **Lösung** von den **beitragsrechtlichen Regelungen** auf bundes- und landesrechtlicher Grundlage kommt auch dadurch zum Ausdruck, dass die Erschließungskosten nach § 123 II 2 HS 2 BauGB durch Vertrag unabhängig davon übernommen werden können, ob die Erschließungsanlage nach Bundes- oder Landesrecht beitragspflichtig ist. Selbst wenn also auf gesetzlicher Grundlage eine Beitragspflicht nicht oder nicht in vollem Umfang besteht, können die Erschließungskosten durch den Dritten ganz oder teilweise übernommen werden. Die gesetzgeberische Regelung zeigt, dass der Erschließungsvertrag sich von der beitragsrechtlichen Regelung auf gesetzlicher Grundlage lösen kann. Überhaupt verbieten es die Regelungen über die gemeindliche Bauleitplanung der planenden Gemeinde nicht, sich zur Ergänzung ihrer bauleitplanerischen Festsetzungsmöglichkeiten städtebaulicher Verträge zu bedienen.[6750]

3180 **b) Heranziehung von Fremdanliegern.** Der städtebauliche Vertrag nach § 11 I 2 Nr. 1 BauGB kann sich im Rahmen der Sachgerechtigkeit und Angemessenheit auch auf Erschließungsmaßnahmen beziehen, die im Zusammenhang mit dem städtebaulichen Vorhaben stehen. Dies gilt vor allem im Hinblick auf Fremdanlieger, die in den Vorteil einer Erschließungsmaßnahme kommen. Liegen in einem Gebiet, dessen Erschließung ein Unternehmer durch einen Erschließungsvertrag übernommen hat, Grundstücke Dritter, so ist es Sache des Unternehmers, mit diesen Fremdanliegern Vereinbarungen zu treffen, ob und ggf. in welchem Umfang sich diese an den Kosten der Erschließung beteiligen.[6751] Soweit die für das Vorhaben erforderlichen Erschließungsmaßnahmen zugleich auch Fremdanliegergrundstücken zugutekommen, kann der Investor auch die Kosten dieser Erschließung übernehmen. Dafür bietet § 11 I 2 Nr. 1 BauGB eine entsprechende gesetzliche Grundlage. Die Erschließungsmaßnahmen sind einem bestimmten Vorhaben zugeordnet.[6752] Wenn zugleich Fremdgrundstücke erschlossen werden, ist dies für die Wirksamkeit der vertraglichen Regelungen unschädlich, solange die vereinbarten Maßnahmen angemessen sind. Ein Erschließungsträger darf vertraglich Aufwendungen für den notwendigen Ausbau leitungsgebundener Einrichtungen außerhalb des Erschließungsgebiets übernehmen, wenn der Vertrag die Erhebung von Anschlussbeiträgen

6749 BVerwGE 89, 7.

6750 VGH München NVwZ 1990, 979; BVerwGE 92, 56.

6751 VG München Beschl. v. 26.3.2021 – M 28 S 20.1155, juris Rn. 32; Kröninger in Kröninger/Jeronim, BauGB/BauNVO, 2024, § 11 BauGB Rn. 13; Bönker in HBG, Öffentliches Baurecht, 2024, § 13 Rn 37; OVG Saarlouis DÖV 1989, 861.

6752 Zum Bestimmtheitsgrundsatz des § 56 VwVfG BVerwGE 84, 236.

dem Grunde nach unberührt lässt.[6753] Dann führt die Übernahme der Kosten der Leitungsverlegung im Erschließungsgebiet durch den Erschließungsunternehmer nicht dazu, dass für die Herstellung der abzurechnenden Einrichtung kein Aufwand entstanden ist und demzufolge für die Grundstücke des Vertragsgebietes Anschlussbeiträge nicht entstehen.[6754]

Die Übernahme der **Erschließung von Fremdgrundstücken** kann aber auch dann zulässig sein, wenn diese Maßnahmen sich nicht lediglich Nebenfolge der dem Vorhaben zugutekommenden Erschließungsmaßnahmen darstellen. Verträge zur Übernahme von Erschließungsmaßnahmen, die für das Vorhaben nicht erforderlich sind und ausschließlich Fremdanliegern zugutekommen, können dann übernommen werden, wenn die Regelungen angemessen sind und die Maßnahmen in sachlichem Zusammenhang mit der Erschließung stehen. So könnte es etwa sachgerecht und angemessen sein, wenn ein Investor neben den unmittelbar für sein Vorhaben erforderlichen Erschließungsmaßnahmen auch die Erschließung einzelner Fremdgrundstücke übernimmt, weil eine einheitliche Durchführung der gesamten Baumaßnahme zweckmäßig ist und zwischen den einzelnen Maßnahmen ein sachlicher Zusammenhang besteht. Die Angemessenheit ist etwa dann gegeben, wenn durch die einheitliche Durchführung der Gesamtmaßnahme zugleich auch eine städtebauliche Aufwertung des Vorhabens und seiner Umgebung erfolgt. Auch kann der Gesichtspunkt einer schnelleren Abwicklung der Gesamtmaßnahme im Rahmen der Angemessenheitsprüfung eine Rolle spielen. 3181

Übernimmt der Investor Erschließungsmaßnahmen, die zugleich auch Fremdanliegern zugutekommen, so entsteht der Gemeinde allerdings kein Aufwand mit der Folge, dass eine Heranziehung von Fremdanliegern auf gesetzlicher und satzungsrechtlicher Grundlage nicht möglich ist.[6755] Eventuell bereits erhobene Vorausleistungen hat die Gemeinde zu erstatten.[6756] Auch der übernehmende Investor hat keine gesetzliche Grundlage für eine Heranziehung von Fremdanliegern, die durch die von ihm durchgeführten Erschließungsmaßnahmen Vorteile erhalten.[6757] Fremdanlieger können daher in einem solchen Fall der vertraglichen Übernahme der Kosten durch einen Dritten Vorteile erhalten und gleichwohl einer Beitragspflicht nicht unterliegen. Ein Erschließungsvertrag ist nicht schon deshalb unangemessen iSv § 11 II 1 BauGB und somit nichtig, weil sich der Erschließungsunternehmer darin zur Übernahme (auch) desjenigen Anteils an den Erschließungskosten verpflichtet, der im Falle der Erhebung von Beiträgen auf im Erschließungsvertragsgebiet gelegene Grundstücke sog. Fremdanlieger entfallen würde. Bundesrecht erlaubt eine vertragliche Regelung über Erschließungskosten nach § 11 I 2 Nr. 1 BauGB unabhängig davon, ob die den Gegenstand des Vertrages bildenden Erschließungsanlagen nach Bundes- oder Landesrecht beitragsfähig sind oder nicht. Ein etwaiges landesrechtliches Vertragsformverbot (Handlungsformverbot) kann daher einer vertraglichen Kostenübernahme durch den Erschließungsunternehmer für im Falle der Beitragserhebung nach Landesrecht abzurechnende leitungsgebundene Erschließungsanlagen nicht entgegenstehen.[6758] 3182

Eine dem Erschließungsvorteil Rechnung tragende Heranziehung der Fremdanlieger zu den Erschließungskosten kann durch eine den Erschließungsvertrag modifizierende Kostenabrede erreicht werden, mit der sich die Gemeinde dem Erschließungsträger gegenüber verpflichtet, die gesamten für die Erschließungsanlage entstehenden beitragsfähigen Aufwendungen nach entsprechendem Nachweis zu erstatten. Der Gemeinde entsteht bei einem durch eine **Kostenabrede** modifizierten Erschließungsvertrag bereits mit Vertragsabschluss ein erst mit der entsprechenden Bezifferung durch den Erschließungsträger aktualisierter, beitragsfähiger Erschließungsaufwand, den sie nach Überprüfung der rechnerischen und sachlichen Richtigkeit nach der Verteilungsregelung ihrer Erschließungsbeitragssatzung auf alle durch die vom Unternehmer hergestellte Erschließungsanlage erschlossenen Grundstücke einschließlich der Grundstücke der Fremdanlieger zu verteilen hat.[6759] 3183

[6753] OVG Schleswig NVwZ-RR 2011, 537.

[6754] OVG Schleswig NordÖR 2011, 237; BVerwG Gemeindehaushalt 2011, 282.

[6755] Reidt in BKL, BauGB, 2022, § 124 Rn. 6; Kröninger in Kröninger/Jeronim, BauGB/BauNVO, 2024, § 11 BauGB Rn. 13.

[6756] Lenz KStZ 1983, 121. Zur Verrechnung der Vorausleistung auf die Erschließungsbeiträge Grziwotz ZfIR 2009, 376.

[6757] VGH Mannheim NJW 1986, 2452.

[6758] BVerwG ZfBR 2011, 770.

[6759] VGH München Beschl. v. 7.12.2021 – 6 CS 21.1154, juris Rn. 9; VG München Beschl. v. 26.3.2021 – M 28 S 20.1155, juris Rn. 32; Kröninger in Kröninger/Jeronim, BauGB/BauNVO, 2024, § 11 BauGB Rn. 10.

3184 Eine den Interessen der Beteiligten gerecht werdende Kostenvereinbarung kann weitere Einzelheiten über die Abwicklung des dem Erschließungsunternehmer gegen die Gemeinde zustehenden Erstattungsanspruchs regeln. Die im Erschließungsvertrag gewählte Abwicklung des dem Erschließungsträger gegen die Gemeinde zustehenden Erstattungsanspruchs kann zB so erfolgen, dass die Gemeinde dem Erschließungsträger die auf die Grundstücke der Fremdanlieger entfallenden Beiträge nach deren Einziehung auszahlt, wobei die Erschließungsbeiträge der Fremdanlieger, die mit dem Erschließungsträger Verträge über den Kostenersatz abgeschlossen haben, als gemäß § 133 III 5 BauGB abgelöst gelten und der Ablösungsbetrag auf den im Übrigen bestehenden Erstattungsanspruch angerechnet wird. Es besteht kein Verbot, bei einer Erschließung in „Fremdregie“ in den Erschließungsvertrag eine modifizierende Kostenvereinbarung aufzunehmen, die einen beitragsfähigen Erschließungsaufwand der Gemeinde begründet und auf diesem Weg eine vorteilsgerechte Beteiligung der Fremdanlieger an den Erschließungskosten ermöglicht. Ein solchermaßen ergänzter Vertrag bleibt seiner Qualität nach ein, wenn auch durch die Kostenabrede modifizierter Erschließungsvertrag.[6760]

3185 Um dem gemeindlichen Interesse an einer Kostenfreistellung Rechnung zu tragen, kann der Vorhabenträger sich auch verpflichten, die mit den Erschließungsmaßnahmen verbundenen Kosten vorzufinanzieren.[6761] Der **Vorfinanzierungsvertrag** wird, wenn der Investor zugleich auch die Bauarbeiten durchführt, als Werkvertrag mit Fälligkeitsabrede eingestuft.[6762] Die aufgewendeten Beträge könnten im Übrigen als Darlehn angesehen werden und als Ausfallbürgschaft,[6763] wenn die Erstattung durch den begünstigten Eigentümer von Fremdanliegergrundstücken ausfällt. So kann der **Bauträger** in einer vertraglichen Regelung mit der Gemeinde **einen Teil der Erschließungsanlagen** auf eigene Kosten herstellen und die entsprechenden Kosten beim Verkauf der einzelnen Bauplätze auf die Erwerber abwälzen. Die Gemeinde kann, nachdem sie die Erschließungsanlage insgesamt endgültig hergestellt hat, im Zuge der Beitragserhebung die dem Bauträger entstandenen Kosten dadurch zum Erschließungsaufwand übernehmen, dass sie anteilige Gutschriften auf die Beitragsschuld derjenigen vornimmt, die Bauplätze erworben haben. Ein derartiger Vorfinanzierungsvertrag mit Anrechnung ist erschließungsbeitragsrechtlich nicht zu beanstanden.

3186 **c) Bindung an den Bebauungsplan.** Die Herstellung der Erschließungsanlagen setzt nach § 125 I BauGB zwar grundsätzlich einen Bebauungsplan voraus. Liegt ein Bebauungsplan nicht vor, so dürfen diese Anlagen nur hergestellt werden, wenn sie den in § 1 IV bis VII BauGB bezeichneten Anforderungen entsprechen (§ 125 II BauGB). Die Regelung steht im Zusammenhang mit dem grundsätzlichen Wegfall des Anzeigeverfahrens für diejenigen Bebauungspläne, die aus dem Flächennutzungsplan entwickelt worden sind. Die im früheren § 125 II 3 BauGB genannten Prüfkriterien sollen von den Gemeinden in eigener Verantwortung überprüft werden. Mit der Streichung dieser Vorschrift kommt der Gemeinde eine höhere Verantwortung zu. Voraussetzung für eine rechtmäßig hergestellte Erschließungsanlage sind danach eine Anpassung an die Ziele der Raumordnung (§ 1 IV BauGB) sowie eine fehlerfreie Abwägung (§ 1 VII BauGB) der privaten und öffentlichen Belange (§ 1 V und VI BauGB). Wie diese Prüfung erfolgt, hat die Gemeinde selbst zu bestimmen.

3187 Die Tatsache, dass der Dritte die Erschließung übernimmt, ändert freilich nichts daran, dass der **Gemeinde** nach § 123 I BauGB die **Erschließungspflicht** obliegt. Kommt es nicht zur Fertigstellung der privat getragenen Erschließungsmaßnahmen, beispielsweise infolge der Insolvenz des Unternehmers, ist die Gemeinde verpflichtet, die Erschließung zu Ende zu führen.[6764] Lässt sich die Gemeinde auf einen nicht finanzkräftigen oder unseriösen Unternehmer ein, kann darin ein erhebliches finanzielles Risiko liegen. Das BVerwG hat daher die Zulässigkeit von Erschließungsverträgen in der Vergangenheit eher restriktiv gehandhabt, um

---

6760 VG München Beschl. v. 26.3.2021 – M 28 S 20.1155, juris Rn. 32; BVerwG Urt. v. 30.1.2013 – 9 C 11/11, juris Rn. 11 ff., Rn. 18 ff.; BVerwG Urt. v. 22.3.1996 – 8 C 17/94, juris Rn. 34 ff.

6761 Reidt in BKL, BauGB, 2022, § 11 Rn. 28; OVG Münster Urt. v. 25.1.1994 – 3 A 1721/89, BeckRS 1994, 124130.

6762 OVG Saarlouis DÖV 1989, 861.

6763 OVG Münster KStZ 1989, 94.

6764 Kröninger in Kröninger/Jeronim, BauGB/BauNVO, 2024, § 11 BauGB Rn. 10; Quaas in Schrödter, BauGB, 2019, § 124 Rn. 1: Reidt in BKL, BauGB, 2022, § 11 Rn. 19; Bönker in HBG, Öffentliches Baurecht, 2024, § 13 Rn. 34.

Gemeinden und Erschließungsbeitragspflichtige zu schützen.[6765] Die Gemeinde kann von dem Erschließungsunternehmer eine **Vertragserfüllungsbürgschaft** verlangen; dieser kann seinerseits mangels Beleihung und Hoheitsgewalt keine Beitragsforderungen geltend machen.[6766]

d) Beurkundungspflicht. Öffentlich-rechtliche Erschließungsverträge sind notariell zu beurkunden, wenn sie entweder selbst eine Verpflichtung zur Übertragung eines Grundstücks enthalten oder wenn sie als Vorvertrag mit einem Grundstücksüberlassungsvertrag derart rechtlich verbunden sind, dass eine wechselseitige Abhängigkeit besteht.[6767] Die wegen Formverstoßes bestehende Nichtigkeit der vereinbarten Grundstücksüberlassung führt zur Nichtigkeit des gesamten Erschließungsvertrages, wenn die Beteiligten den verbleibenden Teil des Erschließungsvertrages ohne die Übereignungsverpflichtung nicht geschlossen hätten.[6768] Aus dem Grundsatz der Urkundeneinheit oder Einheitlichkeit der Urkunde (§ 126 II 1 BGB), soweit er auf öffentlich-rechtliche Verträge anwendbar ist (§§ 57, 62 S. 2 VwVfG), folgt nicht, dass ein aus einem Erschließungs-, einem Ablöse- und einem Umlegungsvertrag bestehendes komplexes Vertragswerk wegen des zwischen diesen Verträgen bestehenden Sachzusammenhangs in einer einzigen Urkunde zusammengefasst werden muss.[6769] 3188

4. Förderung der Planungsziele (§ 11 I 1 Nr. 2 BauGB)

In § 11 I 2 Nr. 2 BauGB führt der Gesetzgeber sogenannte **Planungsverträge** auf, zum Teil auch Planverwirklichungsverträge, Förderungsverträge oder Zielbindungsverträge genannt,[6770] die der Förderung und Sicherung der mit der Bauleitplanung verfolgten Ziele dienen und insbesondere die Grundstücksnutzung, den naturschutzrechtlichen Ausgleich, einen besonderen Wohnbedarf, die Baukultur und weitere Gegenstände zum Inhalt haben können. Möglich sind auch die Vereinbarung von Betriebspflichten, Gestaltungsanforderungen oder zu bestimmten ökologischen Anforderungen.[6771] 3189

Planungsverträge dienen zumeist der planerischen **Konfliktbewältigung**, in dem sie Festsetzungen eines Bebauungsplans, nicht jedoch dem Bebauungsplan als solchen ersetzen oder ergänzen. Dass dies rechtlich zulässig ist, ist sowohl für vertragliche Vereinbarungen, mit denen Festsetzungen eines Bebauungsplans ergänzt werden, als auch für Verträge, die Festsetzung eines Bebauungsplans ersetzen, anerkannt.[6772] Gemeinden können insoweit städtebauliche Ziele und Zwecke auch mit den Gestaltungsmöglichkeiten eines Vertrags verfolgen, wenn ihr solche Verträge zur Verfolgung eines rechtmäßigen öffentlichen Interesses am besten geeignet erscheinen.[6773] 3190

Der städtebauliche Vertrag kann sich nach § 11 I 2 Nr. 2 BauGB auch auf die Förderung und Sicherung der mit der Bauleitplanung verfolgten Ziele, insbesondere die Grundstücksnutzung, die Durchführung des Ausgleichs nach § 1 a III BauGB, die Berücksichtigung baukultureller Belange, die Deckung des Wohnbedarfs von Bevölkerungsgruppen mit besonderen Wohnraumversorgungsproblemen sowie der Erwerb angemessenen Wohnraums durch einkommensschwächere und weniger begüterte Personen der örtlichen Bevölkerung.[6774] Dabei kann 3191

[6765] BVerwG NJW 1992, 1642.

[6766] Grziwotz in EZBK, BauGB, 2021, § 11 Rn. 356; ein zur Teilunwirksamkeit des Vertrags führender Dissens besteht, wenn eine Vertragserfüllungsbürgschaft mit einer Gesamtsumme vereinbart wird, aber beide Beteiligte grundsätzlich unterschiedliche Vorstellungen über die Zusammensetzung des Betrages und die Höhe vereinbarter Sicherheitszuschläge haben, dazu VG Schleswig Urt. v. 26.8.2019 – 9 A 241/16. juris 134.

[6767] Blank MittBayNot 2008, 490.

[6768] OVG Schleswig-Holstein MittBayNot 2008, 488: „Erschließungsvertrag ist beurkundungspflichtig."

[6769] BVerwG DVBl. 2010, 523.

[6770] Bunzel/Coulmas/Schmidt-Eichstaedt Handbuch Städtebauliche Verträge, 2013, S. 115.

[6771] Hoffmann in BeckOK BauGB, 2022; § 11 Rn. 17.

[6772] Reidt in BKL, BauGB, 2022, § 11 Rn. 91.

[6773] Reidt in BKL, BauGB, 2022, § 11 Rn. 91; BVerwGE 104, 353, 361; BVerwG NVwZ 1990, 665; OVG Lüneburg BauR 2012, 1072; OVG Berlin-Brandenburg BauR 2012, 1612, 1613; Hellriegel BauR 2012, 1576 (1580 ff).

[6774] Zur Frage der Urkundeneinheit bei öffentlich-rechtlichen Verträgen Grziwotz DNotZ 2010, 551; zur Vergabepflicht von Grundstücksgeschäften der öffentlichen Hand Stein in BeckOK Vergaberecht, 2023, § 103 GWB Rn. 57; Grziwotz in EZBK, BauGB, 2019, § 11 Rn. 385; Ziekow in Ziekow/Völling, Verga-

die vertragliche Verpflichtung übernommen werden, einen Teil der neu zu errichtenden Wohnfläche als Sozialwohnungen zu gestalten. Auch städtebauliche Ziele, die nicht im Festsetzungskatalog des § 9 BauGB oder in der BauNVO enthalten sind, können in einem Vertrag festgelegt werden, etwa hinsichtlich der Nutzung und des Betriebs der Gebäude. Der Vertrag wird zumeist im Zusammenhang mit der Aufstellung eines Bebauungsplans nach § 30 BauGB oder einer Innenbereichssatzung nach § 34 IV BauGB geschlossen werden. Er setzt zudem voraus, dass noch kein Rechtsanspruch auf die im Bebauungsplan ausgewiesene Bebauung besteht. Denn die Vereinbarung einer vom Vertragspartner zu erbringende Leistung ist unzulässig, wenn er auch ohne sie einen Bauanspruch hätte (§ 11 II 2 BauGB).

3192 **a) Verschiedene Arten von Planungsverträgen.** Unterschieden werden festsetzungsersetzende, festsetzungsergänzende und abwägungssteuernde oder abwägungsdirigierende städtebauliche Verträge.[6775]

3193 Unter **festsetzungsersetzenden städtebaulichen Verträgen** sind Vereinbarungen zwischen der planenden Gemeinde und Grundstückseigentümern, Investoren oder sonstigen Planung Beteiligten, zB Nachbargemeinden, zu verstehen, die eine Festsetzung im Bebauungsplan ersetzen, die insoweit trotz einer vorhandenen Festsetzungsmöglichkeit mit vergleichbarer Rechtswirkung an die Stelle einer solchen Festsetzung treten können.[6776] Der festsetzungsersetzende städtebauliche Vertrag wird als eine im Vergleich zur Festsetzung des Bebauungsplans alternative Möglichkeit der Rechtsgestaltung angesehen; er gilt insoweit als instrumentelles Aliud zur Planfestsetzung.[6777] Dementsprechend wird angenommen, dass ein festsetzungsersetzender städtebaulicher Vertrag gegenüber Planfestsetzungen nicht nachrangig, sondern gleichrangig ist.[6778] Die Gemeinde hat insoweit ein **Wahlrecht**. Sie darf einem rechtmäßigen öffentlichen Interesse auch mit Hilfe eines städtebaulichen Vertrags Rechnung tragen, wenn sie dies zur Erreichung ihrer städtebaulichen Ziele für vorzugswürdig hält und soweit keine öffentlich-rechtlichen Normen dem entgegenstehen. Voraussetzung dafür ist allerdings, dass die Verpflichtungen aus dem städtebaulichen Vertrag auf Grundlage der planerischen Abwägung gewesen sind und dass gesichert ist, dass die eingegangenen vertraglichen Verpflichtungen noch eingehalten werden.[6779] Das BVerwG hat darauf hingewiesen, dass die Frage, ob letztlich eine planerische Festsetzung oder eine vertragliche Lösung die bessere Gewähr für eine tatsächliche Umsetzung der Verpflichtungen bietet, im Einzelfall beantwortet werden müsse.[6780]

3194 Als typischer Beispielsfall für einen festsetzungsersetzenden städtebaulichen Vertrag wird eine Vereinbarung über eine **Lärmschutzwand** mit einer bestimmten Länge und einer bestimmten Höhe genannt. Eine entsprechende Verpflichtung könnte auch über eine Festsetzung nach § 9 I Nr. 24 BauGB erreicht werden.[6781] Als unzureichend gilt eine vertragliche Konfliktbewältigung, wenn eine vereinbarte Lärmschutzmaßnahme im städtebaulichen Vertrag sich lediglich auf eine bestimmte Anlagenkonfiguration bezieht, die jedoch hinter der maximalen Ausnutzung zurückbleibt, die nach den Festsetzungen des Bebauungsplans zulässig sind.[6782] Bei einer Angebotsplanung darf sich die planerische Abwägung nicht auf ein konkretes Vorhaben und dessen Folgen beschränken, welches den Anlass zu der Planung gegeben haben mag. Vielmehr müssen bei der planerischen Abwägung die Folgen bedacht werden, die bei einer maximalen Ausnutzung der Festsetzungen eintreten können. Grundsätzlich können, wenn auch in begrenztem Umfang, durch einen Bebauungsplan verursachte Konflikte auch noch in dem nachfolgenden Genehmigungsverfahren bewältigt werden. Allerdings kann die Genehmigungsbehörde sich dabei nicht auf einen städtebaulichen Vertrag berufen, aus dem weder Versagungsgründe noch Gründe für eine inhaltliche Modifizierung des zur Genehmigung gestellten Vor-

berecht, 2024, § 105 GWB Rn. 34 ff.; zur Ausschreibungspflicht von Grundstücksgeschäften der öffentlichen Hand, Bulla VergabeR 2019, 457.

6775 Reidt in BKL, BauGB 2022, § 11 Rn. 45; Birk VBlBW 2016, 89; Spannowsky ZfBR 2010, 439 ff.

6776 Birk Städtebauliche Verträge, 2022, Rn. 329; Reidt in BKL, BauGB 2022, § 11 Rn. 45; Birk VBlBW 2016, 89.

6777 Birk VBlBW 2016, 89.

6778 BVerwGE 104, 353; Reidt in FS Krautzberger, S. 206; Birk Städtebauliche Verträge, 2022, Rn. 329; Birk VBlBW 2016, 89.

6779 Krautzberger in EZBK, BauGB, 2017, § 11 Rn. 136; Burmeister Städtebauliche Verträge, 2019, Rn. 68.

6780 BVerwG E 104, 353.

6781 Burmeister Städtebauliche Verträge, 2019, Rn. 68.

6782 Burmeister Städtebauliche Verträge, 2019, Rn. 68.

habens hergeleitet werden können.[6783] Der einzige in § 11 BauGB genannte Fall eines festsetzungsersetzenden städtebaulichen Vertrags betrifft Ausgleichsmaßnahmen im Sinne von § 1a III BauGB. § 11 I 2 Nr. 2 BauGB ermöglicht es, eine festsetzungsergänzende öffentlich-rechtliche Vereinbarung zu schließen, die eine ansonsten erforderliche Festsetzung im Bebauungsplan ersetzt.[6784]

Festsetzungsergänzende städtebauliche Verträge sind Vereinbarungen, die neben Fest- 3195
setzungen eines Bebauungsplans treten und diese konkretisieren. Sie dienen entweder dazu, die teilweise grobkörnigeren Festsetzungen des § 9 BauGB und der BauNVO den städtebaulichen Zielen der planenden Gemeinde entsprechend zu verfeinern, um damit der Problembewältigung einer städtebaulichen Planung zu dienen.[6785] Gegenstand eines städtebaulichen Vertrags können aber auch Regelungen sein, die über den abschließenden Katalog der Festsetzungsmöglichkeiten nach § 9 BauGB iVm § 1 IV-X BauNVO hinausgehen.[6786] § 11 BauGB erweitert somit die Handlungsmöglichkeiten im Vergleich zu dem abschließenden Festsetzungskatalog des § 9 BauGB. Die Gemeinde kann dem Vorhabenträger oder dem Eigentümer durch einen städtebaulichen Vertrag Pflichten auferlegen, die sie mithilfe des Katalogs der Festsetzungsmöglichkeit nach § 9 BauGB nicht begründen könnte.[6787]

Festsetzungsergänzende städtebauliche Verträge können der **Konfliktbewältigung** über die 3196
Festsetzungsmöglichkeit des § 9 BauGB hinaus dienen. Darüber hinaus können sie auch mit dem Ziel abgeschlossen werden, die mit der Bauleitplanung verfolgten städtebaulichen Ziele zu fördern und zu sichern, insbesondere können sie der Grundstücksnutzung sowie der Deckung des Wohnbedarfs von Bevölkerungsgruppen mit besonderen Wohnraumversorgungsproblemen sowie dem Wohnbedarf der ortsansässigen Bevölkerung dienen.[6788] Konflikte, die durch eine Bauleitplanung entstehen oder bewältigt werden müssen, können in erster Linie mit den Festsetzungen des Bebauungsplans bewältigt werden. In bestimmten Situationen wird allerdings das Konfliktbewältigungspotenzial der Festsetzungsmöglichkeiten als nicht ausreichend angesehen. Das soll zB bei **Gemengelagen** hinsichtlich der Bewältigung von Immissionsschutzkonflikten häufig der Fall sein.[6789] Die Festsetzungsmöglichkeiten im Bebauungsplan beziehen sich nach § 9 I Nr. 24 BauGB für Lärmschutzmaßnahmen auf bauliche und sonstige technische Vorkehrungen, wie zB Lärmschutzwände oder Lärmschutzwälle, nicht jedoch auf die Festsetzung von Nutzungszeiten in einem Bebauungsplan.[6790] Insoweit ermöglichen städtebauliche Verträge eine für die sachgerechte Bewältigung des Lärmkonflikts sinnvolle oder gar erforderliche Feinsteuerung.

Beispiel: So wird zB bei der Ansiedlung eines Lebensmitteleinzelhandels ein möglicher Lärmkonflikt dadurch vermieden, dass die Anlieferung und gegebenenfalls auch die Öffnungszeit in einem städtebaulichen Vertrag auf eine bestimmte Zeit beschränkt wird.[6791]

In diesem Zusammenhang wird empfohlen, denkbare Konflikte möglichst mit Hilfe der 3197
Festsetzungen im Bebauungsplan zu bewältigen bzw. zu lösen, weil städtebauliche Verträge nur zwischen den Vertragsparteien gelten.[6792] Eine Beschränkung des Anlieferverkehrs in einer Vereinbarung mit dem Eigentümer gilt insoweit nicht gegenüber einem Betreiber und auch nicht gegenüber einem möglichen Rechtsnachfolger des Eigentümers. Anders als Festsetzungen eines Bebauungsplans sind Rechte und Pflichten eines städtebaulichen Vertrags nicht insolvenzfest und haben ohne Bestellung einer entsprechenden Dienstbarkeit auch keine dingliche Wirkung. Insoweit muss darauf bei der Vertragsgestaltung Rücksicht genommen werden.[6793] Die Eintragung einer ranggerechten Dienstbarkeit wird empfohlen.[6794]

[6783] BVerwG BauR 2010, 742; Burmeister Städtebauliche Verträge, 2019, Rn. 68.

[6784] Burmeister Städtebauliche Verträge, 2019, Rn. 68.

[6785] Birk Städtebauliche Verträge, 2022, Rn. 329; Birk VBlBW 2016, 89.

[6786] Burmeister Praxishandbuch Städtebauliche Verträge, 2019, Rn. 68.

[6787] BVerwGE 92, 56; Burmeister Praxishandbuch Städtebauliche Verträge, 2019, Rn. 68.

[6788] Burmeister Praxishandbuch Städtebauliche Verträge, 2019, Rn. 68.

[6789] Burmeister Städtebauliche Verträge, 2019, Rn. 68.

[6790] VGH Mannheim NVwZ-RR 1997, 694; Burmeister Städtebauliche Verträge, 2019, Rn. 68.

[6791] Burmeister Städtebauliche Verträge, 2019, Rn. 68.

[6792] BVerwG BauR 2010, 742; OVG Lüneburg BauR 2011, 805; Bunzel/Coulmas/Schmidt-Eichstaedt, Handbuch Städtebauliche Verträge, 2013, S. 116; Burmeister Städtebauliche Verträge, 2019, Rn. 68.

[6793] Burmeister Städtebauliche Verträge, 2019, Rn. 68.

[6794] Bunzel/Coulmas/Schmidt-Eichstaedt Handbuch Städtebauliche Verträge, 2013, S. 116; fraglich ist, ob die Eintragung einer Baulast als Sicherung solcher Abwägung relevanten Vereinbarungen ausreichend ist.

3198 Festsetzungsergänzende städtebauliche Verträge können neben der Konfliktbewältigung auch der Förderung und Sicherung städtebaulicher Ziele der Gemeinde dienen. Insbesondere kann mit dem Abschluss eines städtebaulichen Vertrags das Ziel verfolgt werden, die überplanten Flächen einer Deckung des Wohnbedarfs von Bevölkerungsgruppen mit besonderen Wohnraumversorgung sowie des Wohnbedarfs der ortsansässigen Bevölkerung zuzuführen. Das wäre allein mit der Aufstellung eines Bebauungsplans und dessen Festsetzungsmöglichkeiten nicht erreichbar. § 11 I 2 Nr. 2 BauGB bietet der Gemeinde hierfür eine geeignete Rechtsgrundlage. Der BGH hat auch eine Vereinbarung zwischen einer Gemeinde und einem Grundstückseigentümer und einer dazu bestellten Dienstbarkeit, wonach auf dem Grundstück innerhalb eines festgesetzten Gewerbegebiets die Errichtung und der Betrieb von Verkaufsflächen und Läden jeglicher Art und jeglichen Umfangs, insbesondere Öffnen Tankstelle oder einer Gaststätte, nicht gestattet sind, unbeanstandet gelassen.[6795]

3199 **Festsetzungsbeschränkende städtebauliche Verträge.** In einem städtebaulichen Vertrag zwischen einer Gemeinde und einem Grundstückseigentümer kann auch vereinbart werden, dass Festsetzungen eines Bebauungsplans zwar plangemäß, aber nicht in vollem Umfang ausgenutzt werden oder das bestimmte Einschränkungen hinsichtlich der Ausnutzbarkeit der Festsetzung des Bebauungsplans gelten sollen. Das OVG Lüneburg erläutert dazu, Gegenstand eines städtebaulichen Vertrags könne auch eine vom Bebauungsplan abweichende, aufgelockerte Bebauung sein.[6796] Zwar schränkt die Gemeinde durch einen solchen städtebaulichen Vertrag die Bebauungsmöglichkeiten nach dem Bebauungsplan ein. Es gibt jedoch kein gesetzliches Verbot einer solchen vertraglichen Regelung.[6797]

3200 **Abwägungssteuernde städtebauliche Verträge** sollen das in einem Bebauungsplanverfahren zu berücksichtigende Abwägungsmaterial benennen, strukturieren und insbesondere begrenzen. In einem solchen Vertrag sollen zwischen der Gemeinde und ihrem Vertragspartner Art, Umfang und Bedeutung abwägungsrelevanter Belange bestimmt und definiert werden.[6798]

3201 **b) Mögliche Gegenstände von Planungsverträgen.** Planungsverträge können ganz unterschiedliche Regelungsgegenstände haben. Vereinbarungen zur Förderung und Sicherung der mit der Bauleitplanung verfolgten Ziele können sich auf vertragliche Verpflichtungen zur Sicherung einer bestimmten Grundstücksnutzung innerhalb einer bestimmten Zeit, auf Verpflichtungen zur Deckung des Wohnbedarfs von Bevölkerungsgruppen mit besonderen Wohnraumversorgung und auf Verpflichtungen zum Erwerb angemessenen Wohnraumes durch einkommensschwächere und weniger begüterten Person der örtlichen Bevölkerung dienen. Hinzu kommen mögliche Verpflichtungen bei der Ansiedlung von Gewerbebetrieben, von Einzelhandelsbetrieben sowie Vertragspflichten zur Sicherung der Sanierung städtebaulich exponierter Gebäude oder zur Beachtung gestalterischer Vorgaben. Nicht zuletzt können sich Vertragspartner der Gemeinde verpflichten, weil politisch umstrittenen Vorhaben mit bestimmten Fördermaßnahmen dazu beizutragen, die Akzeptanz für das Vorhaben zu erhöhen.[6799]

3202 Ein weites Feld bieten darüber hinaus Vereinbarungen zur Förderung und Sicherung der mit der Bauleitplanung verfolgten **ökologischen Ziele**. Dabei kann es um die Bewältigung von Immissionsschutzkonflikten, um naturschutzrechtliche Ausgleichsmaßnahmen, um artenschutzrechtlichen Maßnahmen insbesondere, um Energiekonzepte und auch um weitere ökologische Zielsetzungen etwa im Zusammenhang mit der Möglichkeit autofreien Wohnens oder etwa mit dem Ziel einer Minimierung von Abwasser gehen.[6800]

3203 **c) Sicherung der Grundstücksnutzung.** Der städtebauliche Vertrag kann sich auf die Sicherung der Grundstücksnutzung beziehen. Dazu gehört insbesondere die Verpflichtung des Vorhabenträgers, das im Vertrag beschriebene Vorhaben innerhalb einer bestimmten Zeit zu errichten und einer entsprechenden Nutzung zuzuführen. Hierfür kann es verschiedene Gründe geben. Die städtebaulichen Planungen sind auf Realisierung ausgerichtet. Als planerisches Ziel kommt etwa die Schaffung von Wohnraum und gewerblichen Arbeitsplätzen oder die Auslastung von in der Gemeinde vorhandenen Einrichtungen der Infrastruktur in Betracht. Die zeitlichen Verpflichtungen sollten dabei ggf. in Einzelfristen aufgeteilt werden, die zB den

---

[6795] BGH NJW 1984, 924.
[6796] OVG Lüneburg BauR 2006, 1703; BGHZ 93, 372.
[6797] Burmeister Städtebauliche Verträge, 2019, Rn. 68.
[6798] Birk Städtebauliche Verträge, 2022, Rn. 329; Birk VBlBW 2016, 89.
[6799] Bunzel/Coulmas/Schmidt-Eichstaedt Handbuch Städtebauliche Verträge, 2013, S. 113.
[6800] siehe dazu ausführlich Burmeister Praxishandbuch Städtebauliche Verträge, 2019, Rn. 158 ff.

Bauantrag, den Beginn der Arbeiten nach Erteilung der Baugenehmigung, den Abschluss der Rohbauarbeiten, die Bezugsfertigkeit und die Nutzung betreffen. Die Durchsetzung der Verpflichtungen kann durch eine angemessene Vertragsstrafe gesichert werden. Auch ist es zulässig, zugunsten der Gemeinde ein dinglich gesichertes Ankaufsrecht vorzusehen. Die Verpflichtungen können sich aber auch auf eine Befristung oder eine Bedingung für die Grundstücksnutzung beziehen. Hierdurch soll die Schaffung von bedingtem oder befristetem Baurecht geschaffen werden. Derartige Regelungen stehen allerdings unter dem Vorbehalt der Angemessenheit (§ 11 II 1 BauGB).[6801] Vertragliche Regelungen, die sich vor allem vor dem Hintergrund der Eigentumsgarantie und dem Abwägungsgebot nicht als angemessen erweisen, dürfen auch nicht in einem Durchführungsvertrag vereinbart werden.[6802] Dies stellt die Prüfung derartiger Verträge vor erhöhte Anforderungen. Die Beschränkung von Baurechten etwa, die sich aus wirtschaftlicher Sicht als offensichtlich untragbar und deshalb nicht als angemessen erweist, führt zur Unwirksamkeit derartiger Regelungen und kann im Ergebnis das gesamte vertragliche Regelwerk in eine Schieflage bringen.

Als mögliche **Vertragsgegenstände zur Grundstücksnutzung** kommen unter anderen in Betracht: Verpflichtungen zur Errichtung einer baulichen Anlage, Verpflichtungen, eine bauliche Anlage oder ein bestimmtes Grundstück in einer bestimmten Art und Weise zu nutzen, Verpflichtungen, ein Grundstück erst beim Eintritt einer bestimmten Bedingung oder beim Ablauf einer bestimmten Frist in einer bestimmten Art und Weise zu nutzen, Verpflichtungen, ein Grundstück nur zum Eintritt einer bestimmten Bedingung oder bis zum Ablauf einer bestimmten Frist in einer bestimmten Art und Weise zu nutzen, Rückbauverpflichtungen bei Nutzungsaufgabe.[6803] 3204

Bauverpflichtungen. Solche Verpflichtungen können auch mit einer Befristung oder Bedingung verbunden werden.[6804] § 11 I 2 Nr. 2 BauGB stellt klar, dass die von § 9 II BauGB eröffnete Festsetzungsmöglichkeit eines „Baurechts auf Zeit" durch städtebaulichen Vertrag abgesichert werden kann.[6805] Die in städtebaulichen Verträgen häufig vereinbarten Baugebote iSv § 176 BauGB dienen der Sicherstellung einer raschen Bebauung eines Baugebiets und der Verhinderung von Baulücken. Die Verpflichtung zur Errichtung eines Vorhabens im Plangebiet kann zeitlich gestaffelt bzw. in mehreren Bauabschnitten vereinbart werden. Die Realisierungsfrist muss im Einzelfall angemessen sein. Eine Bauverpflichtung innerhalb von wenigstens drei Jahren wird bei kleineren Vorhaben als angemessen angesehen.[6806] Gesetzlich ausdrücklich vorgeschrieben ist eine Bauverpflichtung in § 12 I 1 BauGB beim vorhabenbezogenen Bebauungsplan. Bei einer Bauverpflichtung nach § 12 I 1 BauGB soll die Gemeinde nach § 12 VI 1 BauGB die Satzung aufheben, wenn der Vorhaben- und Erschließungsplan nicht innerhalb der vereinbarten Frist durchgeführt worden ist. 3205

Die Durchführungsverpflichtung muss sowohl auf die Erschließungsmaßnahme als auch auf das private Vorhaben gerichtet sein.[6807] Dem Bauwilligen muss eine angemessene Frist zur Herstellung seines Bauvorhabens eingeräumt werden. Für die Fristberechnung müssen der Zeitbedarf für eine Vorbereitung, Planung, für ein Bauantragsverfahren, für die Finanzierung und Baudurchführung berücksichtigt werden.[6808] 3206

Rückbauverpflichtung. Vor allem bei einer von vornherein befristeten Nutzung kann eine Verpflichtung vereinbart werden, die genehmigt errichtete bauliche Anlage nach der Beendigung der Nutzung zu beseitigen. Speziell geregelt ist eine Rückbauverpflichtung auch für privilegierte Vorhaben nach § 35 I Nr. 2 bis 6 BauGB. Nach § 30 V 1 1. HS BauGB ist für die dort aufgeführten Vorhaben als weitere Zulässigkeitsvoraussetzung eine Verpflichtungserklärung erforderlich, das Vorhaben nach dauerhafter Aufgabe der zulässigen Nutzung wieder zu beseitigen. Es handelt sich dabei allerdings nicht um einen öffentlich-rechtlichen Vertrag, sondern um 3207

[6801] BGH NVwZ 2023, 539 = juris Rn. 12.

[6802] Reidt BauR 2008, 1541.

[6803] Bunzel/Coulmas/Schmidt-Eichstaedt Handbuch Städtebauliche Verträge, 2013, S. 116 ff.

[6804] Hoffmann in BeckOK BauGB, 2022, § 11 Rn. 20.

[6805] Hoffmann in BeckOK BauGB, 2022, § 11 Rn. 20.

[6806] OLG Karlsruhe NJW-RR 1992, 18; Hoffmann in BeckOK BauGB, 2023, § 11 Rn. 21; zur Vereinbarung von Baugeboten bei einem „Einheimischenmodell" im Rahmen der freiwilligen Umlegung VGH Mannheim NVwZ 2001, 694.

[6807] Bunzel/Coulmas/Schmidt-Eichstaedt Handbuch Städtebauliche Verträge, 2013, S. 117.

[6808] Bunzel/Coulmas/Schmidt-Eichstaedt Handbuch Städtebauliche Verträge, 2013, S. 118.

eine einseitig bindende Erklärung gegenüber der Genehmigungsbehörde.[6809] Nach § 35 V BauGB soll die Baugenehmigungsbehörde eine Sicherung durch **Baulast** oder auf andere geeignete Weise verlangen. In Betracht kommen auch eine **selbstschuldnerische Bürgschaft** in Höhe der voraussichtlichen Rückbaukosten und die Übernahme einer beschränkt persönlichen Dienstbarkeit zugunsten der Baugenehmigungsbehörde.[6810]

3208 **c) Bevölkerungsgruppen mit besonderen Wohnraumversorgungsproblemen.** Nach § 11 I 2 Nr. 2 BauGB können städtebauliche Verträge zur Deckung des Wohnbedarfs von Bevölkerungsgruppen mit besonderen Wohnraumproblemen, insbesondere für kinderreiche Familien der unteren Einkommensschichten, Umsiedler, Aussiedler und Asylbewerber, Schwerbehinderte, getroffen werden. Durch städtebauliche Verträge kann damit über die planerischen Festsetzungsmöglichkeiten des § 9 I Nr. 7 BauGB (sozialer Wohnungsbau) und § 9 I Nr. 8 BauGB (Personengruppen mit besonderem Wohnungsbedarf) hinaus eine „soziale Feinsteuerung" erreicht werden.[6811] In Betracht kommen Verpflichtungen zur Errichtung von Wohnungen im Standard und mit Mitteln des sozialen Wohnungsbaus, die Einräumung von Belegungsrechten zugunsten der Gemeinde oder deren Beauftragten, eine Mietpreisbindung, Veräußerungsbeschränkungen und weitere Beschränkungen bei der Errichtung von selbstgenutztem Wohneigentum mit Mitteln der sozialen Wohnraumförderung.

3209 Was besondere Wohnraumversorgungsprobleme sind, ist allerdings umstritten. Vertreten wird dazu die Ansicht, wenn in einer Stadt die Hälfte der Haushalte aufgrund ihres geringen Haushaltseinkommens Anspruch auf einen Wohnberechtigungsschein habe, könne nicht von besonderem Wohnraumversorgungsproblemen gesprochen werden.[6812] Dem wird jedoch entgegengehalten, in § 11 I Nr. 2 BauGB gehe es um Regelungen, die der Förderung der mit der Bauleitplanung verfolgten städtebaulichen Ziele dienten. Der Gesetzgeber hebe einige typische Zielsetzungen beispielhaft hervor. Erkennbar sei, dass es dabei vor allem um städtebauliche Ziele von besonderer praktischer Relevanz und besonderem Gewicht gehe. Die quantitative Häufigkeit eines Problems lasse das städtebauliche Handlungserfordernis in diesem Sinne größer, nicht kleiner werden. Unsinnig wäre es, einer Gemeinde ausgerechnet dann die Möglichkeit zu versperren, einem Wohnraumversorgungsproblem durch Vereinbarungen in einem städtebaulichen Vertrag zu begegnen, wenn dieses in quantitativer Hinsicht besonders drängend sei. „Besonders" sei das Wohnraumversorgungsproblem deshalb nicht aufgrund seiner Seltenheit, sondern immer dann, wenn es sich von anders gelagerten Wohnraumversorgungsproblemen abgrenzen lasse.[6813]

Beispiel: Der private Vertragspartner kann sich verpflichten, im Baugebiet einen bestimmten Anteil der Wohnungen oder der Geschossfläche als Eigentums- oder Mietwohnungen im Standard und mit Mitteln des öffentlich geförderten Wohnungsbaus zu errichten. Möglich sind ferner Wohnungsbelegungs- und -besetzungsrechte zugunsten der Gemeinde, Vereinbarungen von Mietpreisbindungen oder Vereinbarungen von Veräußerungsbeschränkungen, Zweckentfremdungsverboten und Umwandlungsverboten bei Errichtung geförderter Miet- oder Eigentumswohnungen.[6814]

3210 **d) Einheimischenmodelle.** 11 I 2 Nr. 2 BauGB beschreibt auch die Möglichkeit, dass Gemeinden städtebauliche Verträge zum Erwerb angemessenen Wohnraums durch einkommensschwächere oder weniger begüterte Personen der örtlichen Bevölkerung abschließen. Zulässig sind Vereinbarungen zwischen Gemeinden und privaten Grundstückseigentümern, die sicherstellen, dass bei der Entwicklung neuer Wohnbauflächen Personen mit geringerem Einkommen und Vermögen und Ortsansässige zum Zuge kommen.

3211 Zumeist sichert sich die Gemeinde vor Erlass eines Bebauungsplans Flächen im künftigen Baugebiet durch Ankauf von Grundstücken. Ein Verstoß gegen das **Koppelungsverbot** wäre es, als Kaufpreis die Wertsteigerung durch die Schaffung von Baurecht auf nicht mit an die Gemeinde verkauften Grundstücken zu bezahlen. Ein solcher Verstoß lässt sich durch Vereinbarung eines marktangemessenen Kaufpreises für Bauerwartungsland vermeiden, der allerdings nur einen Bruchteil des späteren Baulandpreises beträgt.[6815] Nach Inkrafttreten des Bebauungs-

---

[6809] Bunzel/Coulmas/Schmidt-Eichstaedt Handbuch Städtebauliche Verträge, 2013, S. 127.
[6810] Bunzel/Coulmas/Schmidt-Eichstaedt Handbuch Städtebauliche Verträge, 2013, S. 124 f.
[6811] Hoffmann in BeckOK BauGB, 2022, § 11 Rn. 22.
[6812] Schmidt-Eichstaedt ZfBR 2018, 537, 540.
[6813] Bunzel ZfBR 2018, 638, 642.
[6814] Hoffmann in BeckOK BauGB, 2023; § 11 Rn. 22.
[6815] Patzelt KommJur 2018, 321, 322.

plans kann die Gemeinde einzelne Parzellen nicht zum Baulandwert, sondern zu einem vergünstigten Preis an Einheimische verkaufen, der nach sozialen Kriterien, die zuvor in Vergaberichtlinien festgesetzt wurden, ermittelt wird. Dafür müssen sich die Einheimischen bestimmten Bindungen unterwerfen; zumeist müssen sie ihre Parzelle in einer bestimmten Frist bebauen und das Haus für bestimmte Dauer selbst bewohnen. Bei einem Verkauf von Bauland an einen privaten Käufer im Rahmen eines städtebaulichen Vertrages zu einem marktgerechten Preis stellt sich die Vereinbarung eines Wiederkaufsrechts der Gemeinde für den Fall, dass der Käufer das Grundstück nicht innerhalb von acht Jahren mit einem Wohngebäude bebaut oder ohne Zustimmung der Gemeinde unbebaut weiterveräußert, nach der Rechtsprechung des BGH selbst dann nicht als unangemessen iSv § 11 II 1 BauGB dar, wenn eine Ausübungsfrist für das Wiederkaufsrecht nicht vereinbart ist und dieses somit innerhalb der in § 462 S. 1 BGB geregelten Frist von 30 Jahren ausgeübt werden kann.[6816]

Einheimischenmodelle, die ausschließlich oder vorrangig die Ortsansässigkeit der Bewerber 3212
privilegieren, verstoßen gegen EU-Recht.[6817] Das gilt jedenfalls dann, wenn die Bauplatzvergabe subventioniert wird. Werden die Grundstücke zum vollen Baulandwert veräußert, ist zweifelhaft, ob auch dann die Gefahr eines Verstoßes gegen EU-Recht besteht.[6818] Gegen solche Bedenken spricht, dass auch andere städtebauliche Gründe, etwa solche der Abwanderung aus ländlichen Gemeinden zu begegnen, den Abschluss städtebaulicher Verträge legitimieren kann.[6819] Die Unzulässigkeit einer solchen Bauplatzvergabe ergibt sich auch nicht aus § 11 I 2 Nr. 2 BauGB, wonach städtebauliche Verträge geschlossen werden können, um den Erwerb angemessenen Wohnraums durch einkommensschwächeren und weniger begüterte Personen der örtlichen Bevölkerung geschlossen werden können. Allerdings ist die Auflistung in § 11 I 2 BauGB nicht abschließend, sodass städtebauliche Verträge, die nicht in der Art eines sozialen Modells dazu dienen, Grundstücke unterhalb ihres Baulandwertes an sozial schwächere Personen zu vergeben, nicht an § 11 I 2 Nr. 2 BauGB scheitern müssen.

Die bevorzugte Vergabe von Wohnbaugrundstücken an Personen, die über einen bestimm- 3213
ten Zeitraum in der Gemeinde wohnen müssen, kann gegen das **Diskriminierungsverbot**, das **Freizügigkeitsrecht** sowie gegen Grundfreiheiten (**Arbeitnehmerfreizügigkeit**, **Niederlassungsfreiheit**, **Kapitalverkehrsfreiheit** des AEUV) verstoßen. Es kommt nach der Rechtsprechung des EuGH auf die konkrete Ausgestaltung der Modalitäten der Förderung Ortsansässiger an. Ein Eingriff in das Freizügigkeitsrecht und die Niederlassungsfreiheit bedarf einer hinreichenden Rechtfertigung durch Gründe des Allgemeinwohls. Danach sind Einheimischenmodelle rechtmäßig, wenn sie auf angemessenen, diskriminierungsfreien Kriterien beruhen, mit denen die sozialen Bedürfnisse der Bevölkerung in einer Region gesichert werden sollen. Bei der Aufstellung der Vergabekriterien für die Auswahl der Bewerber um ein Grundstück im Einheimischenmodell hat die Gemeinde einen weiten Spielraum. Bei den Bestimmungen des Kriterienkatalogs, den eine Gemeinde bei der Auswahl der Bewerber um ein Grundstück im Einheimischenmodell heranzieht, handelt es sich nicht um Rechtsnormen, sondern um ermessenslenkende Verwaltungsvorschriften.[6820] Diese müssen vorab in einer Art und Weise veröffentlicht werden, die es allen potentiellen Bewerbern möglich machen, zumutbare Kenntnis von deren Inhalt zu nehmen.[6821] Der bei gemeindlichen Bauplatzvergaben grundsätzlich bestehende, in Art 3 I GG wurzelnde sog. **Vergabeverfahrensanspruch** vermittelt Bewerbern einen Anspruch auf eine ermessens-, insbesondere gleichheitsrechtsfehlerfreie Vergabeentscheidung.[6822] Jeder Mitbewerber muss aufgrund seines Anspruchs auf Gleichbehandlung eine faire Chance erhalten, nach Maßgabe der für die spezifische Vergabe wesentlichen Kriterien und des vorgesehenen Verfahrens berücksichtigt zu werden. Das setzt voraus, dass der die Vergabeentscheidung treffende Hoheitsträger etwaige ermessenslenkende Richtlinien im Hinblick auf die Vergabekriterien so klar und eindeutig formuliert, dass jeder verständige Bewerber sie gleichermaßen verstehen, seine Chancen abschätzen und insbesondere er-

---

6816 BGH NVwZ 2023, 539 = juris Rn. 10 ff.

6817 EuGH Urt. v. 8.5.2013 – C 19711, C-197/11 und C-203/11, juris Rn. 57; Patzelt KommJur 2018, 321; Hoffmann in BeckOK BauGB, 2022, § 11 Rn. 23.

6818 Reiling KommJur 2022, 161.

6819 Reiling KommJur 2022, 161, 164; siehe auch Siebeck BayVBl. 2022, 73.

6820 VG München Beschl. v. 18.2.2020 – M 11 E 19.5841, BeckRS 2020, 2576, Rn. 18, 20.

6821 VG Sigmaringen Beschl. v. 21.12.2020 – 7 K 3840/20, BeckRS 2020, 38807.

6822 VGH Mannheim Beschl. v. 19.7.2022 – 1 S 1121/22, juris Rn. 43.

kennen kann, welche Unterlagen er einreichen und Angaben er machen muss, um im Vergabeverfahren zugelassen und inhaltlich berücksichtigt zu werden.[6823]

3214 Es ist weder unsachlich noch willkürlich, bei der Auswahl der Bewerber um ein Grundstück im Einheimischenmodell Punkte nur für kindergeldberechtigte Kinder zu vergeben.[6824] Unzulässig wäre es aber, auch zahlungskräftige Einheimische in den Genuss der Förderung kommen zu lassen. Außerdem muss ein gewisser Bedarf für die Förderung bestehen. Ließe sich das Ziel der Sicherstellung eines ausreichenden Wohnangebots an benachteiligte Bevölkerungsgruppen auch ohne Einheimischenmodell erreichen, bestünde kein Bedarf, so dass sich die Beeinträchtigungen von Grundfreiheiten nicht rechtfertigen ließen. Mit einem von der Gemeinde verfolgten Förderzweck, bedürftige Einheimische ohne Immobilienbesitz mit einem Baugrundstück zu versorgen, soll es unvereinbar sein, wenn im Rahmen des Einheimischenmodells ortsansässige Haus- oder Grundbesitzer allein wegen einer erklärten Verkaufsbereitschaft im Hinblick auf ihr derzeitiges Grundstück zum Zuge kommen könnten.[6825]

3215 Der Ortsbezug darf nur als Wertungskriterium berücksichtigt werden und mit nicht mehr als zu 50 % in die Gewichtung einfließen. Zwingend muss hingegen die Unterschreitung bestimmter Vermögens- und Einkommensgrenzen sein.[6826] Nach § 11 I 2 BauGB können städtebauliche Verträge nach dem Vorbild der Einheimischenmodelle für Wohngebiete auch Vereinbarungen im Zusammenhang mit der Sicherung des örtlichen Gewerbes enthalten, wenn hiermit eine legitime kommunale Aufgabe verbunden ist.[6827] Bedenken bestehen aber bei einer solchen kommunalen Wirtschaftsförderung und der Subventionierung des örtlichen Gewerbes durch verbilligte Grundstücksveräußerungen wegen eines nicht auszuschließenden Verstoßes gegen Wettbewerbsrecht oder das EU-Beihilfenrecht.[6828]

3216 Für die Einheimischenmodelle sind verschiedene Formen entwickelt worden: Das **Weilheimer Einheimischenmodell** beinhaltet einen städtebaulichen Vertrag, der vor Aufstellung des Bebauungsplans mit dem Grundstückseigentümer geschlossen wird. Die Gemeinde macht die Aufstellung des Bebauungsplans davon abhängig, dass der Grundstückseigentümer der Gemeinde ein auf 10 Jahre befristetes, notariell beurkundetes Kaufangebot macht. Das Kaufangebot wird durch eine Auflassungsvormerkung gesichert. Die Gemeinde darf das Kaufangebot nur annehmen, wenn der Eigentümer das Grundstück oberhalb des vereinbarten Kaufpreises oder an einen Auswärtigen veräußert. Beim „**Traunsteiner-Einheimischenmodell**" verpflichtet sich der Grundstückseigentümer, die Grundstücke nur mit Zustimmung der Gemeinde zu veräußern. Die gemeindliche Zustimmung ist zu erteilen, wenn das Grundstück an Einheimische zu einem limitierten Preis veräußert wird. Die Vereinbarung wird durch ein preislimitiertes Vorkaufsrecht zugunsten der Gemeinde dinglich gesichert. Beim Echinger Modell wird die Baulandausweisung von einem vorherigen Verkauf der Grundstücke an die Gemeinde oder an einen von der Gemeinde benannten Dritten abhängig gemacht. Die Gemeinde bestätigt dem Grundstückseigentümer in dem Vertrag die Absicht, einen Bebauungsplan aufzustellen. Der Grundstückseigentümer hat ein Rücktrittsrecht vom Vertrag, wenn nicht innerhalb eines Zeitraums von fünf Jahren ein rechtsverbindlicher Bebauungsplan aufgestellt sein sollte. Der Eigentümer tritt etwa 20 % seiner Grundstücksflächen für öffentliche Zwecke (Straßen, Wege, Plätze, Lärmschutzeinrichtungen oder Straßenbegrünung) ab. Weitere Flächen werden an die Gemeinde zur Deckung des örtlichen Bedarfs abgetreten. Hierfür wird ein Kaufpreis auf der Basis von Straßenland oder Bauerwartungsland vereinbart. Der Kaufpreis wird nach Rechtsverbindlichkeit des Bebauungsplans oder mit Eintritt der Planreife zur Zahlung fällig. Die Gemeinde vergibt die Grundstücke nach einer von ihr erarbeiteten Kriterienliste. Die Vergabe erfolgt nach einem Punktesystem, bei dem die Dauer des Wohnsitzes und/oder des Arbeitsplatzes, die familiäre Situation, die wirtschaftlichen Verhältnisse und das Vorhandensein von Immobilienvermögen eine Rolle spielen. Beim **Forchheimer Modell** veräußert der Grundstückseigentümer einen Miteigentumsanteil von 45 % seiner Grundstücksflächen an die Gemeinde. Durch die Veräußerung des Miteigentumsanteils können die Kosten der Vermessung von Teilflächen gespart werden. Die bei der Gemeinde verfügbaren Grundstücke werden für die Bereitstellung der öffentlichen Verkehrs- und Grünflächen sowie für die

[6823] VGH Mannheim Beschl. v. 19.7.2022 – 1 S 1121/22, juris Rn. 43.
[6824] VG München Beschl. v. 18.2.2020 – M 11 E 19.5841, BeckRS 2020, 2576, Rn. 18, 21.
[6825] VGH München Beschl. v. 2.3.2017 – 4 ZB 16.1852, BeckRS 2017, 105402.
[6826] Patzelt KommJur 2018, 321, 322.
[6827] VGH München NVwZ 1999, NVWZ 1999, 1008.
[6828] Hoffmann in BeckOK BauGB, 2022; § 11 Rn. 24.

Bereitstellung von preiswerten Baugrundstücken verwendet. Die Neuordnung der Grundstücke erfolgt in einem Umlegungsverfahren. Die Grundstückseigentümer sind berechtigt, vom Kaufvertrag zurückzutreten, wenn innerhalb von 10 Jahren nach Vertragsschluss keine Planreife eintritt. Die Modelle dürfen nach Auffassung des BVerwG allerdings nicht dazu führen, Auswärtige generell auszuschließen. Es müssen daher auch für Auswärtige Baugrundstücke zur Verfügung stehen.[6829] Beim **Pfaffenhofener Modell** erwirbt die Gemeinde von dem Grundstückseigentümer ein Drittel seiner Flächen und bringt sie in die von der Stadt gegründete Wohnungsbaugesellschaft ein. Der Grundstückspreis liegt im unteren Bereich des tatsächlichen Wertes. Die Vergabe der Grundstücke erfolgt auch hier nach einem Punktesystem zu einem Preis, der an der unteren Grenze des Verkehrswertes liegt. Mit den Erwerbsflächen nimmt die Gemeinde an dem Umlegungsverfahren teil. Der spätere Verkauf sieht eine Bau- und Selbstnutzerverpflichtung vor. Bei Verstößen wird ein Widerkaufrecht vorbehalten.

Die Gemeinde kann über das Instrument der städtebaulichen Festsetzungen hinaus Möglichkeiten der vertraglichen Gestaltung nutzen. Allerdings müssen die vertraglichen Regelungen durch städtebauliche Gründe gerechtfertigt sein. **3217**

Einheimischenmodelle sind nur dann gerechtfertigt, wenn sie eine Benachteiligung der Einheimischen bei der Versorgung mit Bauland beheben sollen. Es wäre nicht durch kommunale Aufgaben gerechtfertigt, die Einheimischen einseitig zu bevorzugen und ihnen allein den Erwerb von Grundstücken im Gemeindegebiet zu ermöglichen. Vertragliche Regelungen müssen vor allem angemessen sein. Auch dürfen die vertraglichen Regelungen nicht unzulässig den gemeindlichen Planungsraum einschränken. Denn eine solche subjektive Abwägungssperre würde das Planungsgeschehen einseitig und unzulässig binden und vor allem eine auch die Interessen anderer Planbetroffener einbeziehende Abwägung nicht ermöglichen.[6830] Veräußert eine Gemeinde im Rahmen eines Einheimischenmodells Bauland für die Hälfte des Grundstücksverkehrswertes, benachteiligt eine formularmäßige Vertragsstrafenregelung für den Fall des Verstoßes gegen die Verpflichtung zur Eigennutzung den Erwerber nicht unangemessen.[6831] Im Rahmen eines Einheimischenmodells vereinbarte Nutzungs- und Verfügungsbeschränkungen begründen keine Primärverpflichtungen, sondern Obliegenheiten des Grundstückskäufers. Bei einer Kaufpreisverbilligung von 50 % kann eine zwanzigjährige Verpflichtung des Käufers, das Grundstück selbst zu nutzen, noch angemessen sein. Eine bei früherer Aufgabe der Selbstnutzung zu leistende Kaufpreiszuzahlung ist unangemessen, wenn sie über die Rückforderung der gewährten Subvention und die Abschöpfung sonstiger mit dieser zusammenhängender Vorteile hinausgeht.[6832] **3218**

Einheimischenmodelle sind auch zur **Förderung des örtlichen Gewerbes** zulässig. Zur Durchsetzung des mit dem Einheimischenmodell verfolgten Zwecks sind allerdings nur solche vertraglichen Bindungen gerechtfertigt, die den Erwerber an der vorzeitigen Abschöpfung des Planungsgewinns hindern und die Durchführung des Einheimischenmodells sichern. Sie sind aber nicht mehr gerechtfertigt und damit ungültig, wenn sie zur Durchsetzung des genannten Ziels nicht angemessen sind und den Erwerber unverhältnismäßig belasten.[6833] Eine Gemeinde darf nach Auffassung des OVG Lüneburg die Berücksichtigung des Wunsches des Eigentümers, für sein Grundstück allgemeines Wohngebiet festgesetzt zu erhalten, bei der Abwägungsentscheidung jedenfalls dann nicht von der Abtretung von über der Hälfte der bislang unbebauten Flächen abhängig machen, wenn dieses Grundstück überplant ist. Das gilt auch dann, wenn die Gemeinde diese Flächen zu einem marktgerechten Preis übernehmen und zur Bildung von Wohneigentum an einkommensschwächere Bevölkerungskreise abgeben will.[6834] **3219**

6829 BVerwGE 92, 56; VG München NJW 1998, 2070.

6830 VG München NJW 1998, 2070.

6831 OLG Celle DNotI-Report 1999, 79.

6832 BGH NJW 2010, 3505 m. Anm. Vierling MittBayNot 2010, 504; Hausmann NJW 2010, 3508; ders. VR 2010, 374; ders. VR 2010, 374; Grziwotz ZfIR 2010, 465; Krüger ZNotP 2010, 450; BGHZ 153, 93; BVerfG NJW 2011, 1339. Zu städtebaulichen Verträgen im Zusammenhang mit einer Baulandausweisung Grziwotz NotBZ 2010, 18. Zur Rückforderung von Subventionen beim Einheimischenmodell Pützenbacher LMK 2010, 305045. Zu Nachzahlungsverpflichtungen auf den Kaufpreis bei vorzeitigem Ende der Selbstnutzung Ruff Gemeindehaushalt 2010, 273. Zu Grundstückskaufverträgen im Einheimischenmodell Krüger ZNotP 2010, 455.

6833 VGH München GewArch. 1999, 302.

6834 OVG Lüneburg NVWZ-RR 2000, 201.

3220 Steueranreize und Subventionen können einerseits als **staatliche Beihilfen** angesehen werden, andererseits aber unter einschränkenden Voraussetzungen zulässig sein, wie der EuGH im Einzelnen dargelegt hat. Eine Beihilfe ist allerdings nur unter den dort genannten, kumulativ vorliegenden Gründen zulässig. Die Unternehmen müssen mit der Erfüllung von Gemeinwohlverpflichtungen betraut sein. Dazu können auch Aufgaben des sozialen Wohnungsbaus gehören. Die Parameter sind objektiv und transparent aufzustellen. Die Maßnahmen dürfen nur in dem gebotenen Umfang und in einer entsprechenden Kostenbegrenzung zur Stützung des sozialen Zwecks erfolgen. Das ist von den nationalen Gerichten im Einzelfall zu beurteilen. Für soziale Zwecke ist danach unter den genannten Voraussetzungen eine staatliche Beihilfe zulässig, ganz allgemein für einheimische Unternehmen jedoch nicht.[6835] Zugleich ist die Belastung der Parzellierer oder Bauherren mit einem an die Gemeinde abzuführenden **Sozialbeitrag** nicht beanstandet worden. Auch die Charta der Grundrechte der EU (GRC), die mit dem Lissabon-Vertrag am 1.12.2009 in den meisten Mitgliedstaaten verbindlich geworden ist, steht dem offenbar nicht entgegen. Nach Art. 17 GRC hat „jede Person das Recht, ihr rechtmäßig erworbenes Eigentum zu besitzen, zu nutzen, darüber zu verfügen und es zu vererben. Niemandem darf sein Eigentum entzogen werden, es sei denn aus Gründen des öffentlichen Interesses in den Fällen und unter den Bedingungen, die in einem Gesetz vorgesehen sind, sowie gegen eine rechtzeitige angemessene Entschädigung für den Verlust des Eigentums. Die Nutzung des Eigentums kann gesetzlich geregelt werden, soweit dies für das Wohl der Allgemeinheit erforderlich ist".

3221 **e) Naturschutzrechtliche Ausgleichsmaßnahmen.** § 11 I 2 Nr. 2 BauGB ermöglicht es auch, zur Förderung und Sicherung der mit der Bauleitplanung verfolgten Ziele die Durchführung des Ausgleichs iSd § 1a III BauGB durch städtebaulichen Vertrag zu vereinbaren.[6836] Die Regelung korrespondiert mit § 1a III 3 BauGB. Danach können anstelle von Darstellungen im Flächennutzungsplan oder Festsetzungen im Bebauungsplan zum Ausgleich oder der Minderung der durch die Bauleitplanung zu erwartenden Eingriffe in Natur und Landschaft auch vertragliche Vereinbarungen gem. § 11 BauGB getroffen werden. Damit hat der Gesetzgeber klargestellt, dass die abwägungserhebliche Frage des Ausgleichs nicht zwingend im Bebauungsplan selbst durch Festsetzungen geregelt werden muss. Der Bebauungsplan kann im Sinne einer planerischen Zurückhaltung auch einzelne Aspekte, wie etwa den des Eingriffsausgleichs einer vertraglichen Lösung, vorbehalten.

3222 Die Regelung bestätigt eine schon bestehende Rechtsprechung des BVerwG, wonach der Ausgleich nach Art und Umfang vertraglich bestimmt und vereinbart werden konnte, indem der Vertragspartner die Maßnahmen zum Ausgleich selbst auf eigene Kosten vornimmt oder, falls die Gemeinde die Maßnahmen durchführt, die dadurch veranlassten Aufwendungen ersetzt. Die vertraglichen Kompensationsmaßnahmen können außerhalb des Bebauungsplangebiets erfolgen.[6837] Um die Baulandentwicklung zu sichern, werden in ergänzenden städtebaulichen Verträgen oder bei der Veräußerung von gemeindeeigenen Grundstücken in den Kaufverträgen Umsetzungs- und Nutzungspflichten vereinbart.

3223 Im städtebaulichen Vertrag kann auch die dauerhafte Sicherung der Ausgleichsmaßnahmen geregelt werden, sofern sich die Ausgleichsflächen nicht im Eigentum der Gemeinde befinden, zB durch Baulast, Reallast oder beschränkt persönliche Dienstbarkeit.[6838] Statt Ausgleichsmaßnahmen durchzuführen, können sich Grundstückseigentümer auch zur Übernahme der Kosten des Ausgleichs nach §§ 11 I 2 Nr. 3 BauGB verpflichten.[6839] Voraussetzung ist, dass der Ausgleich Folge oder Voraussetzung des Vorhabens ist.[6840]

3224 Die vertraglichen Gestaltungsmöglichkeiten sind vielfältig. Regelmäßig geht es um Verpflichtungen zur Durchführung und gegebenenfalls auch zur Kostentragung des Vorhabenträgers für die Maßnahmen zum Ausgleich von Eingriffen in Natur und Landschaft. Mögliche Regelungsinhalte sind Verpflichtungen, ein Eingriffsausgleichsgutachten erstellen zu lassen, einen Grünordnungsplan vorzulegen, Grundstücke zur Durchführung des Ausgleichs bereitzustellen und Nutzungsbindungen für Maßnahmen zum Ausgleich und deren dingliche Siche-

6835 Krautzberger ZfIR 2013, 473.
6836 Stich BauR 2003, 1308 ff.; Hoffmann in BeckOK BauGB, 2022, § 11 Rn. 25.
6837 BVerwG NVwZ 1997, 1216, 1218.
6838 Mitschang BauR 2003, 183 ff., 337 ff.; Hoffmann in BeckOK BauGB, 2022, § 11 Rn. 26.
6839 Quaas NVwZ 1995, 840.
6840 Hoffmann in BeckOK BauGB, 2022; § 11 Rn. 25.1.

rung zu akzeptieren. Außerdem können außerdem können Verpflichtungen zur Durchführung des Ausgleichs, zur Übernahme der Kosten des Ausgleichs und zur Übernahme von Pflegemaßnahme und deren dingliche Sicherung vereinbart werden. Denkbar sind in diesem Zusammenhang auch Verträge zwischen der zuständigen Naturschutzbehörde und Dritten über Flächenbereitstellung, Unterhaltung und Pflege. Auch bei einem planfeststellungsersetzenden Bebauungsplan kommt zur Sicherung und zur Durchführung des erforderlichen Ausgleichs ein städtebaulicher Vertrag in Betracht.[6841]

Gegenstand des städtebaulichen Vertrages können Ausgleichsmaßnahmen für naturschutzrechtliche Eingriffe sein, die im Zusammenhang mit der Bauleitplanung stehen. Nach § 135 a II BauGB soll die Gemeinde bei Ausgleichsmaßnahmen, die an anderer Stelle den Grundstücken zugeordnet sind, die Maßnahmen anstelle und auf Kosten der Vorhabenträger oder der Eigentümer der Grundstücke durchführen, sofern dies nicht auf andere Weise gesichert ist. Zu dieser Vorbehaltsklausel in § 135 a II 1 BauGB gehört auch der städtebauliche Vertrag, der die entsprechenden Regelungen hinsichtlich der Ausgleichsmaßnahmen enthalten kann. Der Vorhabenträger kann sich daher in einem städtebaulichen Vertrag verpflichten, die im Rahmen der Bauleitplanung auf Grund einer Abwägung nach § 1 a BauGB erforderlichen Ausgleichsmaßnahmen durchzuführen. So könnte sich etwa der Investor eines durch Bebauungsplan ausgewiesenen Vorhabens in einem städtebaulichen Vertrag zur Durchführung der erforderlichen naturschutzrechtlichen Maßnahmen verpflichten und eine zeitnahe Ausführung zusichern. Die Sicherung bestimmter Verpflichtungen durch zusätzliche Eintragung einer Baulast hat dabei den Vorteil, dass sie nach Maßgabe des jeweiligen Landesrechts auch in der Zwangsversteigerung nicht untergeht.[6842] 3225

Nach § 135 a II 2 BauGB können Ausgleichsmaßnahmen schon vor Beginn der Bauarbeiten und vor Zuordnung der Ausgleichsflächen zu den Eingriffsflächen durchgeführt werden. Die Gemeinde kann daher auch ggf. auf frühere Maßnahmen zurückgreifen und erforderliche Ausgleichsmaßnahmen aus einem **Ökokonto** bestreiten.[6843] Dabei können von dem Vorhabenträger auch Kosten übernommen werden, die der Gemeinde bereits entstanden sind (§ 11 I 2 Nr. 3 BauGB). Einer vertraglichen Vereinbarung bedarf es auch, wenn Ausgleichsflächen in anderen Gemeinden in Anspruch genommen werden sollen. 3226

f) Sonstige Vereinbarungen zur Zielsicherung. Neben den vorgenannten Gegenständen kann sich der städtebauliche Vertrag auch auf die Förderung und Sicherung anderer mit der Bauleitplanung verfolgten Ziele beziehen. Regelungsgegenstände können etwa Maßnahmen sein, die nicht durch Festsetzungen gesichert werden können und die sich daher einem qualifizierten Bebauungsplan entziehen. So kann etwa festgelegt werden, dass der Vorhabenträger über die Festsetzungsmöglichkeiten in § 9 BauGB und der BauNVO hinaus Verpflichtungen etwa zur Nutzung oder zum Betrieb bestimmter Einrichtungen übernimmt. Das gilt auch etwa für sonst nicht festsetzbare Nutzungseinschränkungen etwa einer sportlichen Anlage. Die Vereinbarungen können sich auch auf gestalterische Regelungen oder die Abstimmung des Baugeschehens mit einem im Einvernehmen mit der Gemeinde zu erstellenden Architektenentwurf beziehen. 3227

Auch Belange der **Baukultur** iSd § 1 V 2 und § 1 VI Nr. 5 BauGB können Gegenstand eines städtebaulichen Vertrags sein. Dazu zählen Regelungen im Zusammenhang mit dem Erhalt und der Sanierung von Denkmälern und städtebaulich-gestalterische Anforderungen. 3228

Die in § 11 I 2 Nr. 2 BauGB hervorgehobenen Regelungen zur Förderung und Sicherung der mit der Bauleitplanung verfolgten Ziele sind nur beispielhaft. Eine Beschränkung auf Regelungen, die auch nach § 9 BauGB in einem Bebauungsplan festgesetzt werden können, besteht nicht. Neben den in § 11 I 2 Nr. 2 BauGB aufgezählten Fällen sind deshalb weitere Bindungen wie bspw. vertragliche Regelungen zum Zwecke des Immissionsschutzes, Verpflichtungen zur Schaffung und Erhaltung von Arbeitsplätzen, ökologische Anforderungen an 3229

[6841] BVerwG Beschl. v. 5.1.1999 – B N 28.97, juris; Bunzel/Coulmas/Schmidt-Eichstaedt Handbuch Städtebauliche Verträge, 2013, S. 128; zum planfeststellungsersetzenden Bebauungsplan ausführlicher Beckmann UPR 2017, 41.

[6842] BVerwG NJW 1993, 480.

[6843] Ein Ökokonto dient dazu, vorgezogene Ausgleichs- und Ersatzmaßnahmen iSd § 16 I BNatSchG (Kompensationsmaßnahmen) nach Durchführung der Maßnahmen zu dokumentieren und durch Einbuchung oder Abbuchung zu verwalten, siehe dazu OVG Münster NVwZ 2022, 1647 = juris Rn. 20; zum Geldausgleich für ein Ökokonto als Teil der Bemessungsgrundlage für die Grunderwerbsteuer FG Münster Urt. v. 20.10.2022 – 8 K 174/21 GrE, juris Rn. 24.

neue Wohnbaugebiete (wie bspw. autofreies Wohnen) oder Anforderungen an die Gestaltung baulicher Anlagen zulässig. Derartige Bindungen sind im jeweiligen Einzelfall an den gesetzlichen Schranken des § 11 BauGB iVm §§ 56, 59 VwVfG zu messen.

3230 **g) Unzulässigkeit vertraglicher Planungspflichten**. Bei der Vertragsgestaltung ist Vorsicht geboten, vor allem wenn die Verpflichtungen des Privaten mit Maßgaben für die Bauleitplanung der Gemeinde verknüpft werden sollen; derartige Vereinbarungen können wegen unzulässiger Planbindung zur Nichtigkeit des städtebaulichen Vertrages führen.[6844] Vereinbarungen über den Erlass, die Änderung, die Beibehaltung oder Aufhebung von vorbereitenden oder verbindlichen Bauleitplänen, sind unzulässig. Das ergibt sich aus § 1 III 2, 2. Hs. BauGB.[6845] Diese Regelung ist im Ausgangspunkt als ein gesetzliches Inhaltsverbot iSd § 134 BGB iVm § 59 Abs. 1 VwVfG einzuordnen.[6846] Bildet die Bauleitplanungsverpflichtung den alleinigen oder zumindest zentralen Gegenstand eines Vertrags rechtfertigt dies die Einordnung als ein Handlungsformverbot iSd § 54 S. 1 VwVfG. Aus der Nichtigkeit einer Bauplanungsvereinbarung folgt im Zweifel nach § 59 III VwVfG die Gesamtnichtigkeit des Vertrags, sofern nicht Einzelteile noch aufrechterhalten werden können. Nicht verboten ist es jedoch, durch öffentlich-rechtlichen Vertrag die Rahmenbedingungen zu verändern, die für die Abwägungsentscheidung von Bedeutung sind. Unzulässig ist nur eine rechtliche oder faktische Vorabbindung bei der Planung aufgrund des Vertrages, nicht jedoch eine Beeinflussung der Planungsalternativen und damit des Abwägungsmaterials durch Vertrag.[6847] Förderungsverträge dienen der Sicherung der mit der Bauleitplanung verfolgten Ziele, jedoch nicht der Schaffung von Baurecht durch Planung.[6848]

3231 **h) Unzulässigkeit bebauungsplanersetzender Verträge**. Abzugrenzen sind bebauungsplanbegleitende Verträge, seien es festsetzungsergänzende oder festsetzungsersetzende städtebauliche Verträge, von unzulässigen bebauungsplanersetzenden städtebaulichen Verträgen. Ein von einer Gemeinde geschlossener städtebaulicher Vertrag, mit dem sie ihre nicht in einem Bebauungsplan normierten städtebaulichen Vorstellungen durchzusetzen versucht, verstößt gegen den in § 1 I BauGB enthaltenen Grundsatz der Planmäßigkeit.[6849] Mit dem Abschluss eines solchen Vertrags umgeht eine Gemeinde die sich aus dem BauGB ergebenden formellen und materiellen Anforderungen an die Rechtmäßigkeit von Festsetzungen in einem Bebauungsplan sowie die bundesrechtlich garantierten Rechtsschutzmöglichkeiten gegen Bebauungspläne. Denn bei einer „vertraglich vereinbarten baulichen Nutzung" eines Grundstücks finden die nach dem BauGB bei der Aufstellung eines Bebauungsplans einzuhaltenden Verfahrensschritte keine Beachtung; insbesondere findet bei der Vertragsanbahnung keine Öffentlichkeitsbeteiligung im Sinne von § 3 BauGB statt. Die Vereinbarungen zur Nutzung sind auch nicht das Ergebnis einer planerischen Abwägung im Sinne von § 1 VII BauGB, sondern von Vertragsverhandlungen. Darüber hinaus steht von der „vertraglichen Planung" Betroffenen nicht der Rechtsschutz im Wege eines Normenkontrollverfahrens nach § 47 I Nr. 1 VwGO zur Verfügung.[6850]

3232 Die Komplexität und die Dauer eines Verfahrens zur Aufstellung eines Bebauungsplans begründet die Zulässigkeit eines bebauungsplanersetzenden städtebaulichen Vertrags nicht. Solche Umstände mögen zwar die Gemeinden davon abhalten, einen Bebauungsplan aufzustellen. Im BauGB nicht vorgesehene und mit den gesetzgeberischen Vorgaben nicht vereinbare „Ausweichstrategien" rechtfertigen sie nicht.[6851] Auch die Regelungen des § 11 BauGB zur Zuläs-

---

6844 Bunzel ZfBR 2018, 638, 629; Hoffmann BeckOK BauGB, 2022, § 11 Rn. 18; Burmeister Praxishandbuch Städtebauliche Verträge, 2019, Rn. 59.

6845 BVerwG DVBl. 1977, 529; NJW 1980, 2538; NVwZ 1982, 249; DÖV 1981, 878; ferner VGH Kassel NVwZ 1985, 839; Siegel in Stelkens/Bonk/Sachs, VwVfG, 2023, § 54 Rn. 130.

6846 VGH Mannheim NVwZ-RR 2017, 957, 959; Siegel in Stelkens/Bonk/Sachs, VwVfG, 2023, § 54 Rn. 130.

6847 OVG Lüneburg ZfBR 2012, 371, 372; U. Stelkens DÖV 2009, 850, 853 f.; Zur möglichen Reichweite zulässiger Vereinbarungen Birk VBlBW 2016, 89 ff.; Siegel in Stelkens/Bonk/Sachs, VwVfG, 2023, § 54 Rn. 130.

6848 Hoffmann in BeckOK BauGB, 2022; § 11 Rn. 18.

6849 VGH Mannheim Urt. v. 7.7.2017 – 5 S 1867/15, juris Rn. 57; OVG Lüneburg BauR 2012, 1072; Schwemer NVwZ 2022, 1166; Söfker in EZBK, BauGB, 2015, § 1 Rn. 18; Birk Städtebauliche Verträge, Rn. 492; Burmeister Städtebauliche Verträge, 2019, Rn. 67; zu „bebauungsplanersetzenden Baulasten" VGH Mannheim VBlBW 2010, 41.

6850 VGH Mannheim Urt. v. 7.7.2017 – 5 S 1867/15, juris Rn. 57.

6851 VGH Mannheim Urt. v. 7.7.2017 – 5 S 1867/15, juris Rn. 58.

sigkeit städtebaulicher Verträge stehen der Annahme eines Verstoßes gegen den Grundsatz der Planmäßigkeit nicht entgegen. Vielmehr legt § 11 BauGB einen solchen Verstoß sogar nahe. Zwar enthält § 11 I 2 BauGB lediglich eine Auflistung besonders wichtiger Typen städtebaulicher Verträge. Allerdings ist den in § 11 I 2 Nrn. 1 bis 5 BauGB aufgelisteten Vertragstypen gemein, dass der städtebauliche Vertrag mit einer städtebaulichen Planung zusammenhängt, nicht aber an deren Stelle tritt. Auch die systematische Stellung des § 11 BauGB bestätigt dies. Denn er findet sich im Kapitel 1 des ersten Teils des BauGB mit der Überschrift „Bauleitplanung“; das stellt den unverzichtbaren Bezug städtebaulicher Verträge zur Bauleitplanung und insbesondere zum Bebauungsplan herausstellt. Soweit ein konkretes Vorhaben in Rede steht, verdeutlicht auch § 12 BauGB, dass eine vertragliche Gestaltung („Durchführungsvertrag“) nur neben einen Bebauungsplan („vorhabenbezogenen Bebauungsplan“) treten kann.[6852]

Ist angesichts der konkreten Umstände des Einzelfalls absehbar, dass sich der notwendige 3233
Interessenausgleich nicht angemessen durch einen städtebaulichen Vertrag erzielen lässt, dann liegt ein zur Unwirksamkeit des Vertrags führender Formenmissbrauch vor.[6853] Gemäß § 1 I BauGB ist es Aufgabe der Bauleitplanung, die bauliche und sonstige Nutzung der Grundstücke in der Gemeinde nach Maßgabe des BauGB vorzubereiten und zu leiten. Nach § 1 III 1 BauGB haben die Gemeinden Bauleitpläne aufzustellen, sobald und soweit es für die städtebauliche Entwicklung und Ordnung erforderlich ist. Der Grundsatz der Planmäßigkeit lässt es nicht zu, die bauliche und sonstige Nutzung der Grundstücke (allein) durch andere Mittel als die der Bauleitplanung vorzubereiten und zu leiten.

Nach § 11 IV BauGB bleibt zwar die Zulässigkeit anderer städtebaulicher Verträge unbe- 3234
rührt. Die Zulässigkeitsgrenzen vertraglicher Regelungen liegen jedoch dort, wo Sinn und Zweck des Gesetzes und daher „innere Gründe“ die Möglichkeit vertraglicher Gestaltung ausschließen.[6854] Städtebauliche Verträge dürfen weder an die Stelle der Entwicklungs- und Ordnungsfunktion der Bauleitplanung treten, noch dürfen sie die Bauleitplanung zu einer lediglich formalen Hülle werden lassen. Städtebauliche Entwicklungs- und Ordnungsvorstellungen dürfen auch nicht etwa allein mit Mitteln des Privatrechts erfüllt werden. Entsprechende Verträge wären mit der Ausgestaltung des Rechts der Bauleitplanung unvereinbar vor allem in Bezug auf das Abwägungsgebot, die Beteiligung der Öffentlichkeit und der Träger öffentlicher Belange und den Satzungscharakter des Bebauungsplans, der Dritten Rechtsschutzmöglichkeiten sichert.[6855]

5. Folgekostenvertrag (§ 11 I 2 Nr. 3 BauGB)

Nach § 11 I 2 Nr. 3 BauGB kann sich der städtebauliche Vertrag auch auf die Übernahme 3235
von Kosten oder sonstigen Aufwendungen beziehen, die der Gemeinde für städtebauliche Maßnahmen entstehen oder entstanden sind und die Voraussetzung oder Folge des geplanten Vorhabens sind. So können beispielsweise die Kosten für Kindergärten, Krankenhäuser, Schulen, Kläranlagen oder Freizeitflächen übertragen werden.[6856] Die Kostenübernahme kann auch durch die Bereitstellung von Grundstücken erfolgen. Auch bereits vor Abschluss des Vertrages entstandene Kosten dürfen dabei auf den Investor abgewälzt werden. Voraussetzung dafür ist jedoch, dass ein **ursächlicher Zusammenhang zwischen dem Projekt und den Kosten** besteht. Dazu gehört auch die Bereitstellung von Grundstücken. Hierunter fallen alle Aufwendungen, die im Zusammenhang mit der Durchführung städtebaulicher Vorhaben stehen. Kosten einer städtebaulichen Maßnahme sind Voraussetzung oder Folge eines Vorhabens, wenn die Gemeinde nach ihrer planerischen Konzeption nachvollziehbar davon ausgehen durfte, dass

---

[6852] VGH Mannheim Urt. v. 7.7.2017 – 5 S 1867/15, juris Rn. 59.

[6853] OVG Lüneburg Urt. v. 8.3.2012 – 12 LB 244/10, juris Rn. 30; BGHZ 93, 372, juris Rn. 24; BVerwG BauR 1994, 485 = juris Rn. 15; OVG Lüneburg NdsVBl. 2011, 245 = juris Rn. 222 f. mwN; BauR 2011, 805 = juris Rn. 78 ff.

[6854] OVG Lüneburg Urt. v. 8.3.2012 – 12 LB 244/10, juris Rn. 33; BVerwGE 104, 353, juris Rn. 28; DÖV 1999, 557.

[6855] OVG Lüneburg Urt. v. 8.3.2012 – 12 LB 244/10, juris Rn. 33; BGHZ 93, 372 = juris Rn. 24; speziell mit Blick auf die Verfolgung öffentlicher Zwecke mit privatrechtlichen Mitteln; OVG Berlin-Brandenburg BauR 2008, 1089, 1092; OVG Lüneburg BauR 2011, 805, juris Rn. 78 f.; zur Unzulässigkeit von Baulasten mit „bebauungsplanersetzender“ Wirkung VGH Mannheim BauR 2010, 753 = juris Rn. 47 ff.; VGH München NVwZ 1990, 979 =juris Rn. 53.

[6856] Kukk in Schrödter, BauGB, 2019, § 11 Rn. 26. Zu Folgekosten Grziwotz KommJur 2009, 293.

durch die weitere Überplanung von bisher nicht bebauten Grundstücken von ihr zu tragende Investitionskosten für öffentliche Einrichtungen entstehen. Wenn eine unteilbare städtebauliche Maßnahme durch mehrere Vorhaben veranlasst ist, ist jedes Vorhaben für die Kosten der Maßnahme kausal. Ein gemeindlicher Eigenanteil für die Fremdnützigkeit einer städtebaulichen Maßnahme und das Allgemeininteresse ist bei Folgekostenverträgen nicht erforderlich.[6857]

3236 Ausdrücklich offen gelassen hat das OVG Lüneburg, ob die langfristige Pflege öffentlicher Grünflächen – anders als etwa eine anfängliche Fertigstellungs- und Entwicklungspflege – noch als „städtebauliche Maßnahme" iSd § 11 II 2 Nrn. 1 und 3 BauGB angesehen werden kann.[6858] Jedenfalls fehle es an der erforderlichen Kausalität zwischen Vorhaben und Maßnahme. Das **Kausalitätserfordernis** als Voraussetzung für die Wirksamkeit von Folgekostenverträgen solle einerseits den „Ausverkauf von Hoheitsrechten" verhindern, also sicherstellen, dass Gemeinden sich bei ihrer Abwägung nicht davon beeinflussen lassen, dass Bauwillige ihr im Gegenzug für die Einräumung von Baurecht Maßnahmen finanzieren würden, die die Gemeinde anderenfalls selbst bezahlen müsste. Gleichzeitig solle den Bauwilligen ermöglicht werden, der Gemeinde Kosten abzunehmen, die sie abwägungsfehlerfrei zum Anlass nehmen könnte, von einer Bauleitplanung abzusehen. Mit Blick auf die Kosten der laufenden Unterhaltung öffentlicher Einrichtungen gelte dabei, je weiter der Unterhaltungszeitraum in die Zukunft ausgedehnt werde, desto schwerer sei es, einen Kausalzusammenhang plausibel zu machen. Ein Zeithorizont von 20 Jahren sei in jedem Fall deutlich zu lang.[6859]

3237 In Ergänzung zu den Erschließungsverträgen bildet § 11 I 2 Nr. 3 BauGB daher auch die Rechtsgrundlage für den Folgekostenvertrag, der sich auf die Übernahme von Infrastrukturkosten bezieht.[6860] Es zählen dazu Kosten und sonstige Aufwendungen, die der Gemeinde für städtebauliche Planungen, andere städtebauliche Maßnahmen sowie Anlagen und Einrichtungen entstehen, die der Allgemeinheit dienen. Dazu gehört auch die Bereitstellung von Grundstücken. Die städtebaulichen Maßnahmen, Anlagen und Einrichtungen können auch außerhalb des Gebietes liegen.

3238 Zu den Gegenständen derartiger Verträge rechnen vor allem **Infrastrukturmaßnahmen** wie etwa Schulen,[6861] Kindergärten, Feuerwehrgerätehaus, Kläranlagen[6862] oder andere kommunale Einrichtungen und Maßnahmen, die im Zusammenhang mit dem Bauvorhaben stehen. Die Kosten und Aufwendungen sowie die Planungen, städtebaulichen Maßnahmen, Anlagen und Einrichtungen müssen Voraussetzung oder Folge des vom Bauwilligen geplanten Vorhabens sein. Es muss allerdings ein direkter Zusammenhang zwischen dem Bauvorhaben und den Aufwendungen oder Maßnahmen bestehen. Unzulässig wäre eine Übernahme von Kosten, die nicht durch das Vorhaben ausgelöst werden.[6863] Ein bloß allgemeiner Bezug zu den gemeindlichen Aufgaben reicht nicht aus.[6864] Eine Wertabschöpfung der durch die Planung erlangten Vorteile und Gewinne findet daher in § 11 BauGB keine Grundlage.[6865] Für solche Folgekostenverträge gilt das **Koppelungsverbot** mit dem Inhalt, dass hoheitliche Entscheidungen in der Regel nicht von zusätzlichen wirtschaftlichen Geldleistungen abhängig gemacht werden dürfen.[6866]

3239 Aus dem Kausalitätserfordernis für den Folgekostenvertrag in § 11 I 2 Nr. 3 BauGB ist zudem abzuleiten, dass Kostenerstattungen nur für solche städtebauliche Maßnahmen vereinbart werden dürfen, die Voraussetzung oder Folge des vom Investor gewünschten Vorhabens sind. Auch bereits entstandene Folgekosten fallen darunter. Allerdings dürfen dem Eigentümer oder Investor keine Kosten auferlegt werden, die nicht im Zusammenhang mit seinem Vorhaben stehen, sondern durch ganz andere Maßnahmen veranlasst werden. Dies gilt für Planungen

---

6857 BVerwG NVwZ 2011, 1132; NVwZ 2009, 1109; Stüer/König ZfBR 2000, 524.

6858 OVG Lüneburg BauR 2020, 1269 = juris Rn. 14; Mitschang BauR 2003, 183.

6859 OVG Lüneburg BauR 2020, 1269 = juris Rn. 14; Kukk in Schrödter, BauGB, 2019, § 11 Rn. 51.

6860 Zu Folgekostenverträgen OVG Lüneburg BauR 2020, 1269; BVerwGE 42, 331; BRS 43 Nr. 13 (1981); ZfBR 1994, 232; OVG Lüneburg DÖV 1977, 208; BGHZ 71, 386; NJW 1986, 1109; BRS 53 (1991), Nr. 70.

6861 OVG Münster NJW 1978, 1542.

6862 Zu Folgekostenverträgen über einen Abwasserkanal VGH München DVBl. 1982, 906.

6863 BVerwG NJW 1993, 1810.

6864 OVG Schleswig NVwZ-RR 2011, 537.

6865 BVerwG NJW 1981, 1747.

6866 BVerwGE 42, 331; OVG Koblenz BauR 1992, 479: Eine Gemeinde darf sich für die Erteilung des gemeindlichen Einvernehmens keine finanziellen Gegenleistungen versprechen lassen.

ebenso wie für Infrastruktureinrichtungen, die nicht durch das Vorhaben veranlasst sind. Die Übernahme von derartigen Kosten ist allerdings dann zulässig, wenn sie im Zusammenhang mit dem Vorhaben stehen und das Vorhaben etwa ohne diese Kosten nicht durchgeführt werden könnte. Dies gilt etwa für übergreifende Planungen, die ohne das Vorhaben nicht erforderlich gewesen wären.

Die Bauabsicht eines Grundstückseigentümers ist als geplantes Vorhaben im Sinne von § 11 I 2 Nr. 3 BauGB anzusehen, auch wenn der Bauwillige noch keine Entscheidung über die bauplanungsrechtliche Zulässigkeit seines Vorhabens beantragt hat oder gar eine Bauverpflichtung eingegangen ist. 3240

Städtebauliche Folgekostenverträge nach § 11 I 2 Nr. 3 BauGB dürfen nur das erfassen, was von einem bestimmten Bauvorhaben an Folgen ausgelöst wird. Die Übernahme von Folgekosten ist auch nur zulässig, wenn es sich nicht um eine (echte) Gegenleistung, sondern lediglich um eine Art Aufwendungsersatz handelt. Die Verwaltungsleistung, für die der Aufwendungsersatz vereinbart wird, besteht aus dem einzelnen Bebauungsplan bzw. der im Einzelfall erteilten Befreiung, die ihrerseits die bauplanungsrechtliche Zulässigkeit des Vorhabens begründet. Der einzelne Bebauungsplan muss sich nicht auf Festsetzungen für nur ein Vorhaben eines einzigen Bauherrn beschränken.[6867] 3241

In einem städtebaulichen Vertrag nach § 11 I 2 Nr. 3 BauGB darf vereinbart werden, dass der Vertragspartner auch die verwaltungsinternen Kosten (Personal- und Sachkosten) zu tragen hat, die der städtebaulichen Planung einer Gemeinde zurechenbar sind. Ausgenommen hiervon sind Kosten für Aufgaben, welche die Gemeinde nicht durch Dritte erledigen lassen dürfte, sondern durch eigenes Personal wahrnehmen muss. Für die Angemessenheit der vertraglichen Zahlungspflicht iS des § 11 II 1 BauGB ist entscheidend, dass der städtebauliche Vertrag auf Initiative des privaten Vertragspartners zustande gekommen ist. Auf seine Motive sowie seine rechtlichen und wirtschaftlichen Beziehungen zu Dritten kommt es nicht an.[6868] Weil die Gegenleistung der Gemeinde für vereinbarte Folgekosten in einem Bündel städtebaulicher Maßnahmen bestehen und dazu die Änderung des Flächennutzungsplans zählen kann, sind schon die Steigerungen des Grundstückswerts, die hierdurch eintreten, bei der Frage der Angemessenheit der vereinbarten Folgekosten (zum Vorteil der Gemeinde) zu berücksichtigen. Es ist zulässig, für Grundstücke, die als Mischgebiet festgesetzt werden sollen, nur den halben Folgekostenbetrag zu vereinbaren.[6869] 3242

6. Städtebauliche Verträge zum Klimaschutz (§ 11 I Nrn. 4, 5 BauGB)

Ein städtebaulicher Vertrag kann nach § 11 I Nr. 4 BauGB entsprechend den mit den städtebaulichen Planungen und Maßnahmen verfolgten Zielen und Zwecken auch die Nutzung von Netzen und Anlagen der Kraft-Wärme-Kopplung sowie von Solaranlagen für die Wärme-, Kälte- und Elektrizitätsversorgung betreffen.[6870] Gegenstände eines städtebaulichen Vertrags können entsprechend den mit den städtebaulichen Planungen und Maßnahmen verfolgten Zielen und Zwecken auch die Errichtung und Nutzung von Anlagen und Einrichtungen zur dezentralen und zentralen Erzeugung, Verteilung, Nutzung oder Speicherung von Strom, Wärme oder Kälte aus erneuerbaren Energien oder Kraft-Wärme-Kopplung (§ 11 I 1 Nr. 4 BauGB) und Anforderungen an die energetische Qualität von Gebäuden sein(§ 11 I 1 Nr. 5 BauGB). 3243

Die Gemeinde kann das Instrument des städtebaulichen Vertrages einsetzen, um ihre energiepolitischen und (lokalen) energiewirtschaftlichen Vorstellungen über die Nutzung erneuerbarer Energien konkretisierend umzusetzen. Die vertraglichen Bindungen nach § 11 I 2 Nr. 4 BauGB erfordern jedoch einen Zusammenhang mit den „mit den städtebaulichen Planungen und Maßnahmen verfolgten Zielen". Die in § 1 BauGB vorgegebenen Aufgaben und Grundsätze der Bauleitplanung sind dabei der Maßstab. Die vertraglich vereinbarten Pflichten müssen 3244

6867 BVerwG ZfBR 2005, 682.

6868 BVerwG NVwZ 2006, 336; Vierling DNotZ 2006, 891 zur Übernahme von Verwaltungskosten durch privaten Vertragspartner; OVG Lüneburg BauR 2007, 329; OVG Hamburg BauR 2005, 1965.

6869 OVG Lüneburg DVBl. 2011, 1182; BVerwG NVwZ 2009, 1109; Stüer/König ZfBR 2000, 524; BVerwG NVwZ 2011, 1132.

6870 Zur planungsrechtlichen Steuerung von Vorhaben der Erneuerbaren Energien durch Verträge Spannowsky UPR 2009, 201. Zur Steuerung durch den Bebauungsplan Söfker UPR 2009, 81; zu städtebaulichen Verträgen zur Umsetzung klimaschützender und energieeinsparender Zielsetzungen Krautzberger DVBl. 2008, 737.

einen städtebaulichen Bezug zu den Zielen des jeweiligen Baugebiets aufweisen. Die Vereinbarung von Anforderungen an die energetische Qualität von Gebäuden muss deshalb ebenso wie eine Festsetzung nach § 9 Nr. 23 b BauGB in einem Bebauungsplan durch städtebauliche Zielsetzungen gerechtfertigt sein.[6871]

3245 Städtebauliche Verträge können auch als Instrument zur Einführung einer **Solarpflicht** genutzt werden, die sich auf den Bau als auch auf den Anschluss und die Nutzung einer Solaranlage erstrecken kann.[6872] Denkbar ist ein sog. „Zwischenerwerbsmodell, mit dem ein Vorkaufsrecht gem. § 25 I 1 BauGB für einen Zwischenerwerb genutzt wird, um anschließend in städtebauliche Verträge Solarpflichten für den Weiterverkauf festlegen zu können.[6873]

7. Energetische Qualität des Bauens (§ 11 I 2 Nr. 5 BauGB)

3246 Der Vertrag kann entsprechend den mit den städtebaulichen Planungen und Maßnahmen verfolgten Zielen und Zwecken die Anforderungen an die energetische Qualität von Gebäuden beinhalten (§ 11 I 2 Nr. 5 BauGB).

8. Nicht typisierte Verträge

3247 Nach § 11 IV BauGB bleibt die Zulässigkeit anderer städtebaulicher Verträge unberührt. So sind im BauGB verschiedene weitere städtebauliche Verträge angesprochen:[6874]

- § 12 I 1 BauGB: Der **Durchführungsvertrag** zum vorhabenbezogenen Bebauungsplan. Ein Erschließungsunternehmer stimmt mit der Gemeinde einen Vorhaben- und Erschließungsplan ab. In einem Durchführungsvertrag verpflichtet er sich zur Durchführung der ihm obliegenden Planungs- und Erschließungsmaßnahmen innerhalb einer bestimmten Frist[6875] sowie zur vollständigen oder teilweisen Kostentragung. Der Durchführungsvertrag muss nach § 12 I 1 aE BauGB vor dem Satzungsbeschluss nach § 10 I BauGB abgeschlossen werden.[6876] Ziel dieser Regelung ist es, die ordnungsgemäße Abwägung nach § 1 VII BauGB sicherzustellen.[6877]
- § 154 III 2 BauGB: Die **Ablösungsvereinbarung** über Ausgleichsbeträge für Sanierungsverfahren.
- § 157 BauGB: Die Durchführung von **Sanierungsmaßnahmen** durch einen Sanierungsträger.
- § 166 III 3 Nr. 2 BauGB: Die Verpflichtung, ein Grundstück entsprechend einer **städtebaulichen Entwicklungsmaßnahme** zu nutzen, um den Erwerb durch die Gemeinde abzuwenden.
- § 167 BauGB: Die **Durchführung von Entwicklungsmaßnahmen** durch einen Entwicklungsträger.

3248 Daneben steht es der Gemeinde frei, **weitere städtebauliche Verträge** abzuschließen, soweit dem nicht zwingende gesetzliche Bestimmungen entgegenstehen. § 11 IV BauGB hat insofern die Bedeutung einer allgemeinen Öffnungsklausel.[6878]

9. Rechtsnatur des Vertrages

3249 Der städtebauliche Vertrag ist zumeist ein **öffentlich-rechtlicher Vertrag**. Städtebauliche Ziele können aber auch in der Rechtsform des **privatrechtlichen Vertrages** verfolgt werden.[6879] Ob ein Vertrag dem öffentlichen oder dem privaten Recht zuzuordnen ist, entscheidet

[6871] Hoffmann in BeckOK BauGB, 2022, § 11 Rn. 32.

[6872] Schäfer/Antoni/Paintner ZUR 2022, 393, 398; Hoffmann in Spannowsky/Uechtritz, BeckOK BauGB, 2022, § 11 Rn. 35 ff.

[6873] Schäfer/Antoni/Paintner ZUR 2022, 393, 398.

[6874] Zum Beitrag der städtebaulichen Verträge zur Lösung von Lärmschutzproblemen Krautzberger UPR 2009, 213.

[6875] Die Frist kann im Einvernehmen mit der Gemeinde verlängert werden Kukk in Schrödter, BauGB, 2022, § 12 Rn. 27.

[6876] Dies wurde teilweise früher nicht für erforderlich gehalten VGH Mannheim ZfBR 1997, 162, aA OVG Bautzen LKV 1995, 84; OVG Bautzen NVwZ 1995, 181.

[6877] Kukk in Schrödter, BauGB, 2019, § 12 Rn. 24.

[6878] Zu Altlastensanierungsverträgen Sanden NVwZ 2009, 491.

[6879] BVerwG NJW 1993, 2695; BGH NJW 1999, 208.

nach § 40 I 1 VwGO darüber, ob im Streitfall der Verwaltungs- oder der Zivilrechtsweg eröffnet ist. Bei Verträgen ist grundsätzlich anhand objektiver Kriterien zu entscheiden, ob der Vertragsgegenstand dem öffentlichen Recht oder dem Privatrecht zuzuordnen ist. Dabei sind sowohl der Zweck des Vertrages als auch der jeweilige Sachzusammenhang zu berücksichtigen.[6880] Ist ein aus öffentlich-rechtlichen und privatrechtlichen Bestandteilen zusammengesetzter Vertrag nicht aufspaltbar und daher insgesamt nach übereinstimmenden Regeln des öffentlichen oder des privaten Rechts zu beurteilen, kommt es für seine Zuordnung auf den Schwerpunkt der Vereinbarungen an. An der privatrechtlichen Natur eines Grundstückskaufvertrags ändert sich nicht allein dadurch etwas, dass der Verkäufer mit der Gewährung eines Preisnachlasses einen öffentlichen Zweck verfolgt.[6881]

Beispiel: Für Streitigkeiten, die aus der Rückabwicklung eines Vertrags entstehen, mit dem die Beteiligten zur Vermeidung eines förmlichen Umlegungsverfahrens einen Grundstückstausch und eine Ablösung der Kosten der Ersterschließung vereinbaren (sog. freiwillige Baulandumlegung), ist der Verwaltungsrechtsweg eröffnet.[6882]

Die Einordnung städtebaulicher Verträge anhand dieser Kriterien wirft manchmal **Probleme** auf. Der Erschließungsvertrag nach § 11 I 2 Nr. 1 BauGB ist öffentlich-rechtlich, weil mit ihm die Ausführung der nach § 123 BauGB der Gemeinde obliegenden Erschließung auf einen Privaten geregelt wird. Die in § 11 BauGB aufgezählten Vertragstypen sind dem öffentlichen Recht zuzuordnen, wenn der gemeinsame städtebauliche Zwecke im Vordergrund steht, so beim Folgekostenvertrag oder bei der privaten Umlegung von Grundstücken.[6883] Nicht so eindeutig ist die Rechtslage bei Verträgen, die Gemeinden im Rahmen der Einheimischenmodelle abschließen. Vordergründig handelt es sich um die Abgabe eines Angebotes auf Abschluss eines unter einer Bedingung stehenden Grundstückskaufvertrages. Der Vertragsinhalt selbst ist rein zivilrechtlich. Zugleich verfolgt die Gemeinde mit ihm jedoch ein städtebauliches Ziel. Hier ist die Motivation nicht ausreichend, dem Vertrag ein öffentlich-rechtliches Gepräge zu geben.[6884] Vielmehr sind die im Vertrag geregelten gegenseitigen Pflichten entscheidend. Betreffen sie allein zivilrechtliche Gegenstände, ist auch der Vertrag als ganzer dem Privatrecht zuzuordnen, auch wenn öffentlich-rechtliche Ziele mit ihm verfolgt werden. Werden dagegen etwa im Bereich der Erschließung oder Planvorbereitung Aufgaben übertragen, die traditionell bei der Gemeinde liegen, ist der Vertrag öffentlich-rechtlicher Natur.[6885] 3250

Die Rechtsnatur des städtebaulichen Vertrages ist zwar für die Bestimmung des **Rechtsweges** von Bedeutung, nicht aber für die Frage der **materiell-rechtlichen Zulässigkeit**.[6886] Auch ein privatrechtlicher städtebaulicher Vertrag muss sich über § 134 BGB an den Anforderungen des BauGB messen lassen. Ein gesetzliches Verbot in diesem Sinne kann sich auch aus dem Gesamtinhalt des BauGB nach dessen Sinn, Zweck und Systematik ergeben.[6887] Auch die übrigen Grundsätze, die für öffentlich-rechtliche Verträge maßgebend sind, so das Koppelungsverbot (§ 59 II Nr. 4 VwVfG), fließen über die zivilrechtlichen Generalklauseln wie § 138 BGB in die Beurteilung eines privatrechtlichen städtebaulichen Vertrages ein.[6888] Der städtebauliche Vertrag kann auch gemischter Natur sein, der Elemente des öffentlichen Rechts und des Zivilrechts vereint.[6889] Der Vertrag unterliegt (ergänzend) den allgemeinen Vertragsregeln.[6890] 3251

10. Formvorschriften

Nach den §§ 11 III, 124 IV BauGB sind städtebauliche Verträge schriftlich abzuschließen, soweit nicht durch Rechtsvorschrift eine andere Form vorgeschrieben ist. Dies wird in aller Regel § 311 b BGB sein, wonach ein Vertrag, durch den sich der eine Teil verpflichtet, das 3252

6880 GmS-OGB BVerwGE 74, 368, 370.
6881 OVG Münster Beschl. v. 14.3.2013 – 2 E 182/13, BeckRS 2013, 48654.
6882 VGH München Beschl. v. 4.5.2006 – 14 C 06.537, 14 C 06.545, BeckRS 2009, 38480.
6883 Oerder BauR 1998, 22.
6884 BVerwG NJW 1993, 2695.
6885 Hien in FS für Schlichter, 1995, S. 140.
6886 Krautzberger in EZBK, § 11 BauGB, 2017, Rn. 189; Hien in FS Schlichter, 1995, S. 141.
6887 BVerwG NJW 1993, 2695.
6888 BVerwG NJW 1993, 2695.
6889 BVerwG NJW 1980, 2538; NVwZ 1994, 1012.
6890 Zu Altlastenverträgen und deren Kündigungsmöglichkeiten Sanden NVwZ 2009, 491.

Eigentum an einem Grundstück zu übertragen oder zu erwerben, der notariellen Beurkundung bedarf.[6891] Diese Formvorschrift ist nach § 62 S. 2 VwVfG auch auf öffentlich-rechtliche Verträge anwendbar. Sie erlangt erhebliche Bedeutung nicht nur im Zusammenhang mit den Einheimischenmodellen, sondern auch vielfach bei Erschließungsverträgen, in denen sich der Investor verpflichtet, die Grundstücke mit den fertig gestellten Erschließungsanlagen auf die Gemeinde zu übertragen. Im Übrigen sind die Anforderungen des jeweiligen Kommunalrechts vor allem an die Zeichnungsberechtigung und an die zusätzlichen Wirksamkeitsanforderungen wie etwa zwei Unterschriften und Beifügung eines Dienstsiegels zu beachten.

11. Zeitpunkt des Vertragsschlusses

3253 Aus § 11 BauGB ergibt sich zwar, dass die Aufstellung von Bauleitplänen vom vorherigen Abschluss städtebaulicher Verträge abhängig gemacht werden kann. Förderungs- und Sicherungsverträge müssen jedoch schon vor Aufstellung, spätestens vor „Planreife" des für das Projekt erforderlichen Plans, geschlossen werden, denn wäre der Bebauungsplan schon in Kraft getreten oder bestünde „Planreife" nach § 33 BauGB, hätte der Vertragspartner bereits einen Anspruch auf Genehmigung seines Vorhabens, weshalb dann zusätzliche vertragliche Bindungen gegen das Koppelungsverbot des § 11 II 2 BauGB verstoßen würden.[6892] Denn die Vereinbarung einer vom Vertragspartner zu erbringenden Leistung ist nach § 11 II 2 BauGB unzulässig, wenn das für die Realisierung des Bauvorhabens erforderliche Planungsrecht bereits vorhanden ist. Der Vertrag ist aus diesem Grund umgekehrt Voraussetzung für die Aufstellung des Bebauungsplans und vor Beschlussfassung über den Bebauungsplan abzuschließen.

12. Anwendbare Vorschriften

3254 Auf öffentlich-rechtliche städtebauliche Verträge sind subsidiär die §§ 54 ff. VwVfG anzuwenden.[6893] Umstritten ist, ob es sich beim städtebaulichen Vertrag um einen koordinationsrechtlichen Vertrag zwischen gleich geordneten Rechtssubjekten oder um einen subordinationsrechtlichen Vertrag nach § 54 2 VwVfG handelt.[6894] Für subordinationsrechtliche Verträge gelten die Vorschriften der §§ 55 (Vergleichsvertrag), 56 (Koppelungsverbot, Angemessenheit und Vertragsverbot bei Anspruch auf die Leistung der Behörde), 59 II (Nichtigkeitsvoraussetzungen) und 61 VwVfG (Unterwerfung unter die sofortige Vollstreckung). Die praktische Relevanz dieser Frage ist allerdings gering, da die wesentlichen Regelungselemente der §§ 56, 59 VwVfG auch in den §§ 11, 124 BauGB enthalten sind. Zugleich sind ggf. die vergaberechtlichen Anforderungen zu beachten.[6895]

3255 Subsidiär sind auf den öffentlich-rechtlichen Vertrag nach § 62 VwVfG die **Vorschriften des BGB** anzuwenden. Die besondere Bedeutung liegt in den Vorschriften über die Schlecht- und Nichterfüllung von Verträgen sowie gegebenenfalls über die Sachmängelgewährleistung im Werkvertragsrecht, wenn der Private Anlagen herzustellen hat. Die Verwaltung hat bei einem städtebaulichen Vertrag nicht die Möglichkeit, derartige, sich aus der Vertragsabwicklung ergebende Fragen durch Verwaltungsakt zu regeln.[6896] Die Gemeinde ist vielmehr auf die gerichtliche Geltendmachung ihrer Ansprüche beschränkt. Ob auf öffentlich-rechtliche Verträge die §§ 305 ff. BGB entsprechend angewandt werden können, soweit die Verwaltung vorformu-

---

[6891] Blank MittBayNot 2008, 490.

[6892] Bunzel ZfBR 2018, 638, 640; Reidt in BKL, BauGB, 2022, § 11 Rn. 73; Hoffmann in BeckOK BauGB, 2022; § 11 Rn. 19; Burmeister Praxishandbuch Städtebauliche Verträge, 2019, S. 28.

[6893] Oerder BauR 1998, 22.

[6894] Für einen subordinationsrechtlichen Vertrag Kämmerer in BeckOK VwVfG, 2023, § 54 Rn. 84.1; Rozek in Schoch/Schneider, VwVfG, 2020, § 54 Rn. 79; für koordinationsrechtlichen Vertrag Bank in Brügelmann, BauGB, 2020, § 11 BauGB Rn. 15; Weyreuther UPR 1994, 121.

[6895] Zu städtebaulichen Verträgen und Vergaberecht Kröninger in Kröninger/Jeronim, BauGB/BauNVO, 2024, § 11 Rn. 59; Reidt in BKL, BauGB, 2022, § 11 Rn. 85; Krautzberger in EZBK, BauGB, 2016, Rn. 192 ff; Hoffmann in BeckOK BauGB, 2023, § 11 Rn. 57; Siegel in Stelkens/Bonk/Sachs, VwVfG, 2023, § 54 Rn. 157, 197.

[6896] Siegel in Stelkens/Bonk/Sachs, VwVfG, 2023, § 54 Rn. 166; BVerwG NJW 1976, 1516; BVerwGE 59, 60 (65); NVwZ 1992, 769; BVerwGE 139, 125 (130 f.).

lierte Vertragsbedingungen verwendet, ist umstritten.[6897] Jedenfalls sind aus dem allgemeinen Angemessenheitsprinzip keine strengeren Anforderungen abzuleiten als aus der unangemessenen Benachteiligung nach § 307 BGB.

Ein **Bereicherungsanspruch** auf Rückzahlung einer wegen Verstoßes gegen das Koppelungsverbot (§ 11 II 2 BauGB) unzulässigen Zahlung unterliegt auch dann nicht der Verjährung nach § 196 BGB, wenn diese Zahlung als Aufwendungsersatz im Rahmen einer Vereinbarung zur Rückabwicklung eines beiderseits nicht vollzogenen Kaufvertrags über ein im Planungsgebiet liegendes Grundstück bezeichnet wird.[6898] Die Gesetzesbindung der Gemeinde steht einer Heilung von Verstößen einer Folgekostenvereinbarung gegen die Vorgaben des § 11 I 2 Nr. 3 BauGB auf der Grundlage einer salvatorischen Klausel nicht entgegen, die eine Verpflichtung der Beteiligten zur Ersetzung einer einzelnen unwirksamen Vertragsbestimmung durch eine dem damit verfolgten Zweck am nächsten kommende zulässige Bestimmung vorsieht.[6899] Hat sich ein Eigentümer gegenüber einer Gemeinde für 10 Jahre an ein Verkaufsangebot fest gebunden und soll dies danach bis zum Widerruf gelten, kann dies die Gemeinde auch noch später annehmen.[6900] 3256

13. Gesetzesbindung der Verwaltung

Städtebauliche Verträge können nicht die gesamte Reichweite der zivilrechtlichen Vertragsfreiheit für sich in Anspruch nehmen, die nur durch gesetzliche Verbote nach § 134 BGB oder die guten Sitten nach § 138 BGB begrenzt ist. Denn die öffentliche Gewalt unterliegt nach Art. 20 III GG der Gesetzesbindung. Die Behörde kann daher Verträge nicht nach freiem Belieben abschließen, sondern ist durch die Kompetenzverteilung innerhalb der öffentlichen Gewalt und an das Gesetzesrecht gebunden.[6901] Städtebauliche Verträge können als Mittel der Bauleitplanung im gesamten Bereich des Städtebaurechts genutzt werden. Dies gibt den Gemeinden Handlungsmöglichkeiten über die traditionellen städtebaulichen Instrumente hinaus. Die Gemeinde kann daher den städtebaulichen Vertrag für Regelungen nutzen, die über die Festsetzungsmöglichkeiten des § 9 BauGB hinausgehen. Zugleich ist der Vertrag aber an die Verfolgung **städtebaulicher Ziele** gebunden.[6902] Nur allgemein sozialpolitische Ziele außerhalb des Städtebaus können mit städtebaulichen Verträgen nicht verfolgt werden. Von besonderer Bedeutung ist die strikte Gesetzesbindung der Verwaltung auch im Rahmen der Abwägung der verschiedenen Interessen bei der Aufstellung des Bebauungsplans nach § 1 V, VI BauGB. Hier muss die Gemeinde mit strikter Interessenneutralität die gebotene Abwägung vornehmen. Eine unzulässige Bindung in einem vorhergehenden Vertrag sowie eine zu große Nähe von Gemeinde und Investor können die Abwägung fehlerhaft machen, sodass der Bebauungsplan nach § 1 VII BauGB unwirksam sein kann. Ebenso hat die Gemeinde die nach dem BauGB vorgesehenen Beteiligungsverfahren durchzuführen und deren Ergebnisse bei der Abwägung angemessen zu berücksichtigen. 3257

14. Angemessenheitsklausel

Die vereinbarten Leistungen müssen gem. § 11 II 1 BauGB den gesamten Umständen nach angemessen sein. Für die städtebaulichen Verträge gelten neben § 11 BauGB ergänzend die §§ 54 ff. VwVfG bzw. die VwVfG der Länder. Ein Vertrag scheidet daher aus, soweit auf die Leistung der Behörde bereits ein Anspruch besteht (§ 11 II BauGB, § 56 II VwVfG). Dies wird auch aus dem **Koppelungsverbot** abgeleitet. Voraussetzung für den Abschluss eines öffentlich-rechtlichen Vertrages ist nach § 56 I 1 VwVfG weiter, dass die Gegenleistung für einen bestimmten Zweck vereinbart wird und der Behörde zur Erfüllung ihrer öffentlichen 3258

[6897] Siehe dazu Siegel in Stelkens/Bonk/Sachs, VwVfG, 2023, § 62 Rn. 31 ff.; Rutloff DVBl. 2013, 1415; Burke in FS für Ehlers, 2015, 585, 587 ff.; für eine entsprechende Anwendung der §§ 305 ff. BGB auf öffentlich-rechtliche Verträge zB Geis NVwZ 2002, 385 (386); Bauer in Schoch/Schneider, VwVfG, 2022, § 62 Rn. 64; dagegen zB Tegethoff in Kopp/Ramsauer, VwVfG, 2023, § 62, Rn. 15 ff.

[6898] BGH NJW 2010, 297 m. Anm. Grziwotz NotBZ 2010, 338; ders. ZfIR 2010, 76.

[6899] BVerwG NJW 2011, 125.

[6900] OLG Frankfurt Info M 2010, 398, ablehnend dazu Klühs DNotZ 2011, 886.

[6901] BVerwG NJW 1973, 1895; Krautzberger in EZBK, 2017, § 11 BauGB Rn. 166; Grziwotz DVBl. 1994, 1048; Huber DÖV 1999, 173.

[6902] Battis in BKL, BauGB, 2022, § 11 Rn. 13.

Aufgaben dient. Vor allem aber müssen die vereinbarten Leistungen den gesamten Umständen entsprechend angemessen sein.[6903] Diese **Angemessenheitsklausel** in § 11 II 1 BauGB bringt eine wichtige inhaltliche Begrenzung. Die Vereinbarung einer vom Bauwilligen zu erbringenden Leistung ist unzulässig, wenn er auch ohne sie einen Anspruch auf Erteilung der Genehmigung hätte und sie auch nicht als Nebenbestimmung gefordert werden könnte. Damit können allerdings nur solche Ansprüche gemeint sein, die auch ohne den Abschluss des Vertrages nach dem geltenden Planungsrecht bestehen. Hat der Investor etwa bereits auf Grund eines rechtsverbindlichen Bebauungsplans nach § 30 I BauGB oder im nicht beplanten Innenbereich nach § 34 BauGB einen Genehmigungsanspruch, darf die Baugenehmigungsbehörde die Erteilung der Baugenehmigung nicht von der Übernahme zusätzlicher vertraglicher Verpflichtungen in einem städtebaulichen Vertrag abhängig machen. Werden Genehmigungsansprüche erst durch den Abschluss des Folgekostenvertrages begründet, gelten diese Einschränkungen nicht. Anderenfalls könnten Infrastruktureinrichtungen nicht zum Gegenstand städtebaulicher Folgekostenverträge gemacht werden, da die Gemeinde auf eine Kostenübernahme für solche Einrichtungen außerhalb vertraglicher Vereinbarungen keinen Rechtsanspruch begründen kann.

3259 Die Beurteilung der Angemessenheit der in einem städtebaulichen Vertrag vereinbarten Leistungen ist am Einzelfall auszurichten.[6904] Dies erfordert eine **einheitliche Betrachtung der Interessen** aller am Vertrag Beteiligten. Für die Beurteilung der Angemessenheit der vertraglichen Leistungen sind alle der Gemeinde aus der vertraglichen Vereinbarung erwachsenden und dem Bauwilligen zurechenbaren Vorteile zu berücksichtigen. Dies trifft vor allem für solche Vorteile zu, die der Gemeinde durch die geplante Neuansiedlung entstehen, sofern diese erklärtes Ziel und Grundlage des Vertrags ist.[6905] Das Gebot der Angemessenheit verlangt, dass bei wirtschaftlicher Betrachtung des **Gesamtvorgangs** die Gegenleistung des Vertragspartners der Behörde nicht außer Verhältnis zu dem wirtschaftlichen Wert der von der Behörde zu erbringenden Leistung stehen darf und dass auch sonst keine Anhaltspunkte für eine unzumutbare Belastung durch die Gegenleistung gegeben sind.[6906] Die vertraglichen Regelungen dürfen dabei weder gegen das Untermaßverbot noch das Übermaßverbot verstoßen.[6907]

3260 Dies bedeutet, dass die aus Anlass eines bestimmten Vorhabens vereinbarte Übernahme von Folgekosten bei wirtschaftlicher Betrachtung des Gesamtvorgangs in angemessenem Verhältnis zum Wert des Vorhabens stehen muss und auch sonst keine Anhaltspunkte dafür gegeben sein dürfen, dass die vertragliche Übernahme von Kosten eine unzumutbare Belastung bedeutet.[6908] Erforderlich ist damit eine wirtschaftliche Betrachtung des Gesamtvorgangs, das heißt sämtlicher mit der Umsetzung der vertraglichen Pflichten verbundenen wirtschaftlichen Vor- und Nachteile. Alle in einem städtebaulichen Vertrag enthaltenen Verpflichtungen des Vertragspartners sind im Zusammenhang und damit in ihrer wirtschaftlichen Gesamtwirkung zu würdigen. Außerdem ist zu prüfen, ob es sonstige Anhaltspunkte dafür gibt, dass die aus dem Vertrag resultierenden Bindungen eine unzumutbare Belastung bedeuten.[6909]

3261 Eine **Abschöpfung planbedingter Bodenwertsteigerungen** ist grundsätzlich unzulässig. Soweit Zahlungen an die Kommune vereinbart werden, darf es nur um die Erstattung von Kosten und Aufwendungen gehen, welche der Gemeinde als Folge oder Voraussetzung des geplanten Vorhabens entstanden sind. Zahlungsverpflichtungen zu Lasten der Vorhabenträger aus einem städtebaulichen Vertrag müssen grundsätzlich der Deckung der durch das geplante Vorhaben veranlassten Aufwendungen der Gemeinde dienen.[6910] Eine **indizielle Wirkung einer Einigung**, die auf der Annahme beruht, dass der Vertragspartner den städtebaulichen Vertrag nur abschließt, wenn die vereinbarten Bindungen den gesamten Umständen nach angemessen sind, ist zweifelhaft. Eine solche Annahmen birgt rechtliche Risiken. Denn die Frage der An-

[6903] BGH Urt. v. 19.1.2024 – V ZR 191/22, juris; Urt. v. 16.12.2022 – V ZR 144/21, juris Rn. 20 ff; BVerwG ZfBR 2013, 177; Wege zur Beurteilung der Angemessenheit beim Abschluss städtebaulicher Verträge benennt Bunzel ZfBR 2021, 22.

[6904] BVerwG ZfBR 2013, 177.

[6905] BVerwG NVwZ 2013, 218, Strayle BWGZ 2013, 421 (423).

[6906] BVerwG NVwZ 2006, 336; OVG Lüneburg BauR 2006, 1703; BVerwGE 42, 331.

[6907] Chatziathanasiou/Towfigh DVBl. 2013, 84.

[6908] BVerwG NVwZ 2009, 1109; Bunzel ZfBR 2021, 222.

[6909] Bunzel ZfBR 2018, 638, 640 (644).

[6910] Bunzel ZfBR 2021, 222 (224).

gemessenheit unterliegt der uneingeschränkten rechtlichen Überprüfung durch die Gerichte.[6911] Schließlich ist bei wiederholter Anwendung von städtebaulichen Verträgen der **Gleichheitsgrundsatz** zu beachten. Dies gilt in besonderem Maße, wenn die Kosten für die durch die Baulandentwicklung veranlasste soziale Infrastruktur sukzessive über städtebauliche Verträge auf verschiedene Vorhabenträger verteilt werden sollen. In diesem Fall muss der zugrundeliegende Verteilungsmaßstab dem Gleichheitsgrundsatz genügen.

Nimmt ein städtebaulicher Vertrag mit einer Gemeinde eine Abwägung vorweg, muss dies 3262
dem Abwägungsgebot entsprechen, insbesondere die von diesem vorgesehenen Standorte Gegenstand einer städtebaulichen Abwägung sein. Die Gegenleistung in einem städtebaulichen Vertrag muss in sachlichem Zusammenhang mit dem Vorhaben stehen. Ist ein unzulässiger städtebaulicher Vertrag die tragende Grundlage für einen Bebauungsplan, hat dies dessen Unwirksamkeit zur Folge.[6912] Zudem können sich Fragen der Strafbarkeit ergeben, wenn die Gemeinde sich einen unangemessenen Vorteil versprechen lässt.[6913] In einem städtebaulichen Vertrag können auch Regelungen getroffen werden, mit denen die nach § 34 BauGB bestehenden Bebauungsmöglichkeiten eingeschränkt werden, soweit dies einer weiteren Gebietsentwicklung in abwägungsgerechter und städtebaulich gerechtfertigter Weise entspricht.[6914] Städtebauliche Verträge stoßen jedoch dort auf ihre Grenzen, wo bereits ein Bebauungsanspruch besteht (§ 11 II 2 BauGB).[6915]

a) Maßstäbe der Angemessenheit. Einer der zentralen Gesichtspunkte für die Wirksam- 3263
keit eines städtebaulichen Vertrages ist die Angemessenheit der Gegenleistungen, §§ 11 II 1, 124 III 1 BauGB.[6916] Auf den ersten Blick mag dieses Erfordernis erstaunen. Denn vielfach ist die „Gegenleistung" der Gemeinden bei städtebaulichen Verträgen die Aufstellung eines Bebauungsplans. Darauf aber kann vertraglich nach § 1 III 2 BauGB kein Anspruch begründet werden, sodass ein Vertrag, der diese Bestimmung der Gegenleistung enthielte, nichtig wäre. Gleichwohl steht die Aufstellung eines Bebauungsplans im Hintergrund vieler städtebaulicher Verträge, ja ist deren eigentlicher Sinn. Häufig geht es gerade darum, den Gemeinden durch den Abschluss eines Vertrages über die Kosten die Aufstellung eines Bebauungsplans überhaupt erst finanziell zu ermöglichen. Es handelt sich also um die **Geschäftsgrundlage** des Vertrages, sodass die Nichtaufstellung die Möglichkeit einer **Anpassung** oder **Kündigung** nach § 60 VwVfG eröffnet.[6917] Im Rahmen einer wirtschaftlichen Gesamtbetrachtung ist der Vorteil, den der Private aus der Leistung der Behörde zieht, gegen seine Belastungen abzuwägen.[6918] In diese Überlegungen geht die Aufstellung des Planes ein, obwohl auf sie keine vertragliche Verpflichtung begründet werden kann (§ 1 III 2 BauGB). Die **Anpassung** eines öffentlich-rechtlichen Vertrages an wesentlich veränderte Verhältnisse nach § 60 I 1 VwVfG kann unabhängig davon, ob das Anpassungsverlangen im Wege der Leistungsklage oder der Einrede geltend gemacht wird, allerdings nur verlangt werden, wenn eine Anpassung des Vertragsinhaltes auch der anderen Vertragspartei zuzumuten ist.[6919]

Die Rechtsprechung nahm hinsichtlich der Angemessenheit früher eine eher **restriktive** 3264
Haltung ein. So wurde im Rahmen der Erschließungsverträge verlangt, dass die Leistungen im Wesentlichen den Vorgaben des Beitragsrechts folgten. Dieses sei nämlich dispositionsfeindlich.[6920] Gerade gegen solche Vorstellungen hat sich der Gesetzgeber in § 11 I 1 Nr. 1 BauGB gewandt, wonach die Kosten sowohl für beitragsfähige als auch nicht beitragsfähige Anlagen auf den Privaten übergewälzt werden können. Auch den traditionellen Kostenanteil von 10 % der Gemeinde kann der Investor tragen (§ 11 II 2 BauGB).[6921] Denn es käme in vielen Fällen

---

6911 Bejahend allerdings Bunzel ZfBR 2021, 222 (226).

6912 OVG Greifswald BauR 2008, 1562.

6913 Zur Strafbarkeit der Annahme von geldwerten Zuwendungen durch Städte und Gemeinden nach § 331 StGB Schreiber/Rosenau/Combe/Wrackmeyer GA 2005, 265.

6914 OVG Münster Beschl. v. 26.8.2010 – 7 A 1872/09, BeckRS 2019, 52791.

6915 Zur zulässigen Höhe einer im Rahmen eines städtebaulichen Vertrages nach § 11 BauGB vereinbarten Vertragsstrafe OLG Köln BauR 2011, 1673.

6916 BVerwG NJW 1973, 1895.

6917 VGH München NVwZ 1990, 979; Quaas in Schrödter, BauGB, 2019, § 11 Rn. 40; Grziwotz DVBl. 1994, 1048.

6918 BVerwG NJW 1973, 1895; VGH Mannheim UPR 1997, 78.

6919 BVerwG BauR 2005, 1364.

6920 BVerwG NJW 1992, 1642; NJW 1993, 1810; VGH Mannheim NVwZ-RR 1997, 675.

6921 Das BVerwG hat dies für verfassungskonform gehalten: BVerwG NJW 1997, 3257; VGH Mannheim UPR 1997, 78; Hien in FS für Schlichter, 1995, S. 137.

gar nicht zur Ausweisung eines Gebietes als Bauland, wenn sich der Eigentümer nicht zur weitgehenden Übernahme der Kosten verpflichten würde. Durch diese Ausweisung hat der Eigentümer ebenfalls einen erheblichen wirtschaftlichen Vorteil. Zudem wird durch § 11 II 3 BauGB klargestellt, dass eine Eigenbeteiligung der Gemeinde nicht erforderlich ist, wenn der Vertragspartner Kosten oder sonstige Aufwendungen übernimmt, soweit dies dem Grundsatz der Angemessenheit der vereinbarten Leistungen nicht widerspricht (§ 11 II 1 und 3 BauGB).

3265 Trotz dieser damaligen Gesetzesänderung finden sich weiterhin im BauGB hinsichtlich des Erschließungsrechts Regeln, die für die Angemessenheit von Erschließungsverträgen Bedeutung haben. So können nach § 129 I 1 BauGB Beiträge nur für erforderliche Erschließungsanlagen erhoben werden. Diese Regel ist auch im Rahmen der Angemessenheit eines Erschließungsvertrages von Bedeutung. Eine Befreiung von zwingenden finanziellen Regelungen des kommunalen Satzungsrechts ist nur bei einem entsprechenden Ausgleich durch andere Leistungen des Vorhabenträgers möglich.[6922]

3266 Neben der eindeutigen gesetzlichen Regelung spricht auch sonst einiges dafür, den Vertragsparteien **größere Gestaltungsfreiheit** zu gewähren und bei der Beurteilung der Angemessenheit der Gegenleistungen nicht zu kleinlich zu verfahren. Es kann jedoch bei der Beurteilung der Angemessenheit eines städtebaulichen Vertrages kein allgemein gültiger Maßstab aufgestellt werden. Zu unterschiedlich sind die „Machtverhältnisse" zwischen Gemeinden und Investoren, auch wenn die Gemeinden die Planungshoheit haben. Auf der einen Seite gibt es Gemeinden, die eine hohe Nachfrage nach Bauland von Seiten finanzkräftiger Bauwilliger verzeichnen und die infolgedessen die Bedingungen für die Aufstellung eines Bebauungsplans nahezu „diktieren" können, etwa wenn nach einem Ratsbeschluss nur noch Bebauungspläne aufgestellt werden, wenn sich die Eigentümer verpflichten, die Kosten für Planung, Erschließung und Folgelasten an die Stadt abzuführen, wodurch bis zu 2/3 des Bodenwertgewinnes den Eigentümern verloren gehen können. In strukturschwachen Gebieten dagegen stehen die Gemeinden in einem scharfen Wettbewerb um die Investoren, sodass die tatsächlichen Machtverhältnisse dort eher umgekehrt sind und der Investor, der dem Vertrag zustimmt, bei derartigen Fallgestaltungen in aller Regel keine unangemessenen Leistungen erbringen wird.

3267 Es ist also bei der Frage der Angemessenheit auf die **konkrete Fallgestaltung** abzustellen, auf das Machtverhältnis der Parteien und darauf, ob sich dieses in einer unangemessenen Vertragsgestaltung ausgewirkt hat. Pauschalierende Lösungen verbieten sich.[6923] Nach dem Willen des Gesetzgebers liegt auch nicht schon bei einer Abweichung vom Beitragsrecht eine Unangemessenheit vor. Die verfassungsrechtliche Rechtfertigung für diese Differenzierung findet sich darin, dass beim städtebaulichen Vertrag der Eigentümer nicht über das Beitragsrecht zwangsweise herangezogen wird, sondern sein Einverständnis zum Vertragsschluss gegeben hat. Erklärungen der Parteien im Vertrag, sie würden ihre Leistungen für angemessen halten, sind allerdings rechtlich nicht von Bedeutung.[6924] Es könnte sich vielmehr empfehlen, die Gründe für die Angemessenheit der Regelungen und in den Akten schriftlich festzuhalten.

3268 **b) Gesetzliche Leitbilder.** Die Angemessenheit muss sich nach Inhalt und Zweck des gesamten Regelungspaketes bestimmen. Dafür können die Wertungen herangezogen werden, wie sie in verschiedenen vom Gesetzgeber angebotenen städtebaulichen Modellen niedergelegt sind.[6925] Im förmlich festgelegten **Sanierungsgebiet** etwa hat der Eigentümer nach Maßgabe der §§ 152 ff. BauGB an die Gemeinde einen Ausgleichsbetrag zu leisten, der der durch die Sanierung bedingten Bodenwertsteigerung entspricht (§ 154 I BauGB).[6926] Die durch die Sanierung bedingte Erhöhung des Bodenwerts des Grundstücks besteht nach § 154 II BauGB aus dem Unterschied zwischen dem Bodenwert, der sich für das Grundstück ergeben würde, wenn eine Sanierung weder beabsichtigt noch durchgeführt worden wäre (Anfangswert), und dem Bodenwert, der sich für das Grundstück durch die rechtliche und tatsächliche Neuordnung des förmlich festgelegten Sanierungsgebiets ergibt (Endwert). In Sonderfällen kann der Ausgleichsbetrag abweichend davon nach dem Vorbild des Erschließungsbeitragsrechts abgerechnet wer-

[6922] BGH NVwZ 2003, 1015.

[6923] BVerwG Beschl. v. 27.12.1994 – 8 B 205.94, BeckRS 1994, 31251053; Kukk in Schrödter, BauGB, 2019, § 11 Rn. 65; Quaas NVwZ 1985, 840 (844).

[6924] Kukk in Schrödter, BauGB, 2019, § 11 Rn. 65; Battis ZfBR 1999, 240 (243); Hien in FS für Schlichter, 1995, S. 136; Oerder BauR 1998, 22.

[6925] Stüer DVBl. 1995, 649; Stüer/König ZfBR 2000, 524.

[6926] Zur Erhebung von Sanierungsausgleichsbeträgen Seifert in Kröninger/Jeronim, BauGB/BauNVO, 2024, § 154 BauGB Rn. 1 ff.

den (§ 154 II a BauGB). Der Ausgleichsbetrag ist nach Abschluss der Sanierung zu entrichten (§ 154 III BauGB). Die Erhebung des Ausgleichsbetrags dient der Finanzierung der Sanierung. Überschüsse sind nach § 156 a BauGB auf die Eigentümer zu verteilen. Bei einem besonderen Gemeinwohlinteresse kann nach § 165 BauGB ein städtebaulicher **Entwicklungsbereich** festgelegt werden, in dem ebenfalls die durch die Planung eintretenden Bodenwertsteigerungen der Gemeinde zur Finanzierung der Maßnahme verbleiben. Die Gemeinde soll dabei die Grundstücke zu dem Anfangswert erwerben und sie nach Durchführung der Entwicklungsmaßnahme an Bauwillige veräußern (§ 169 BauGB). Einnahmen, die bei der Vorbereitung und Durchführung der Entwicklungsmaßnahme entstehen, sind zur Finanzierung der Entwicklungsmaßnahme zu verwenden (§ 171 BauGB). Ergibt sich nach der Durchführung der städtebaulichen Entwicklungsmaßnahme ein Überschuss der bei der Vorbereitung und Durchführung der städtebaulichen Entwicklungsmaßnahme erzielten Einnahmen über die hierfür getätigten Ausgaben, so ist dieser Überschuss wie bei der Sanierung zu verteilen. Wertsteigerungen, die sich bei der Veräußerung von Grundstücken realisieren, fließen daher nicht dem bisherigen Eigentümer zu, sondern können in vollem Umfang zur Finanzierung der Entwicklungsmaßnahme eingesetzt werden. Die volle Abschöpfung der Wertsteigerung im Bereich einer Entwicklungsmaßnahme verbunden mit der Enteignungsmöglichkeit ist allerdings an qualifizierte Gemeinwohlerfordernisse gebunden. Die Durchführung der Entwicklungsmaßnahme muss im besonderen öffentlichen Interesse geboten sein. Die im **Umlegungsgebiet** gelegenen Grundstücke werden nach ihren Flächen rechnerisch zu einer Umlegungsmasse verbunden (§ 55 I BauGB). Nach Abzug der für die Verwirklichung der Planung benötigten öffentlichen Flächen (§ 55 II BauGB) wird die Verteilungsmasse nach dem Verhältnis der eingebrachten Flächen oder Werte verteilt (§ 56 BauGB). Bei der Wertumlegung ist der jeweilige Einwurfswert für die Zuteilung maßgeblich. Wertsteigerungen, die das zugeteilte Grundstück durch die Umlegung erfahren hat, verbleiben der Gemeinde zur Finanzierung der entstandenen Kosten. Bei der Flächenumlegung wird neben dem Flächenabzug des § 55 II BauGB ein entsprechender Flächenbeitrag festgesetzt oder ein Geldbeitrag erhoben (§ 58 BauGB).

Diese **gesetzlichen Modelle** können auch für städtebauliche Verträge herangezogen werden. Eine obere Begrenzung dürften Kostenbelastungen des Investors auch bei einem städtebaulichen Vertrag durch die Abschöpfung der (vollen) Wertsteigerung oder der mit der Maßnahme verbunden Aufwendungen erfahren. Vertragliche Vereinbarungen, die im Ergebnis zu einer darüberhinausgehenden Belastung des Investors führen, sind unzulässig. Vor allem darf die Gemeinde den städtebaulichen Vertrag nicht als willkommene Gelegenheit nutzen, von dem Investor Leistungen zu verlangen, die nicht durch das Vorhaben verursacht werden. Auch wird eine volle Abschöpfung der durch die Planung eintretenden Wertsteigerungen nur in Sondersituationen zulässig sein. Denn bei der Entwicklungsmaßnahme etwa ist eine volle Wertabschöpfung an das Vorliegen besonderer Gemeinwohlgründe gebunden. 3269

In einem städtebaulichen Vertrag nach § 11 I 2 Nr. 3 BauGB darf vereinbart werden, dass der Vertragspartner auch die **verwaltungsinternen Kosten** (Personal- und Sachkosten) zu tragen hat, die der städtebaulichen Planung einer Gemeinde zurechenbar sind. Ausgenommen hiervon sind Kosten für Aufgaben, die die Gemeinde nicht durch Dritte erledigen lassen dürfte, sondern durch eigenes Personal wahrnehmen muss. Für die Angemessenheit der vertraglichen Zahlungspflicht iS des § 11 I 2 BauGB ist entscheidend, dass der städtebauliche Vertrag auf Initiative des privaten Vertragspartners zustande gekommen ist. Auf seine Motive sowie seine rechtlichen und wirtschaftlichen Beziehungen zu Dritten kommt es nicht an.[6927] 3270

Im Gegensatz dazu können die **naturschutzrechtlichen Ausgleichs- und Ersatzmaßnahmen** in vollem Umfang dem Vertragspartner auferlegt werden. Hier geht das Gesetz von einer vollen Kostenübernahme durch den Investor aus. Festgesetzte Ausgleichsmaßnahmen sind nach § 135 a I BauGB vom Vorhabenträger durchzuführen. Soweit Ausgleichsmaßnahmen an anderer Stelle den Grundstücken nach § 9 I a BauGB zugeordnet sind, soll die Gemeinde diese anstelle und auf Kosten der Vorhabenträger oder der Grundstückseigentümer durchführen und auch die hierfür erforderlichen Flächen bereitstellen (§ 135 a II BauGB). Die Verteilung der Kosten ist dem Erschließungsbeitragsrecht nachgebildet, soweit keine anderen Regelungen getroffen werden (§§ 135 b, 135 c BauGB). Allerdings besteht diese Verpflichtung zur Durchführung und Finanzierung der Ausgleichsmaßnahmen nur nach Maßgabe des Ergebnisses der gemeindlichen Abwägung. Denn § 1 a BauGB verpflichtet im Gegensatz zur Eingriffsregelung in 3271

[6927] BVerwG NVwZ 2006, 336.

§§ 14 bis 17 BNatSchG nicht zu einem vollständigen Ausgleich, sondern stellt Art und Umfang der Ausgleichsmaßnahmen in die abwägende Entscheidung der gemeindlichen Planung. Die Ergebnisse dieser naturschutzrechtlichen Ausgleichsentscheidung sind allerdings nach der gesetzlichen Regelung von den Begünstigten voll zu tragen. Auch soweit die Gemeinde naturschutzrechtliche Maßnahmen durchführt, erfüllt sie damit nicht eigene Primärverpflichtungen, sondern wird im Interesse der Investoren oder sonst Begünstigten tätig. An diesem **Modell der naturschutzrechtlichen Vollkostenübernahme** kann sich auch der städtebauliche Vertrag orientieren. Allerdings wäre es unzulässig, wenn der Vertragspartner nach dem Vertrag mehr als den durch die Maßnahme verursachten Ausgleichsbedarf übernehmen würde.

3272 Bei der Bestimmung der Angemessenheit darf berücksichtigt werden, dass der Investor vielfach ein erhebliches wirtschaftliches Interesse an einer schnellen Durchführung des Projektes hat. Dies gilt vor allem im Hinblick auf die hohen Vorlaufkosten und die Gefahr, dass sich solche Kosten im Falle des Scheiterns als Fehlinvestitionen erweisen könnten. Hinzu kam in den vergangenen Jahren vielfach die nicht unerhebliche Zinsbelastung, die mit der Länge der Planungsverfahren und der Bauausführung steigt. Eine schnelle Projektabwicklung ist daher ein erheblicher wirtschaftlicher Faktor, der durchaus bei der Berechnung der Angemessenheit berücksichtigt werden kann. Auch das Interesse des Vorhabenträgers, sein Vorhaben in eine gute Infrastruktur und in eine ansprechende Umgebung eingebettet zu sehen, kann bei der vertraglichen Gestaltung eine Rolle spielen. Auf der anderen Seite entstehen den Gemeinden durch neue Bauvorhaben Folgelasten, die sie berechtigterweise zumindest zu einem Teil abwälzen können. Die Angemessenheitsklausel muss hier **Spielräume** für sachgerechte Ausgleichsregelungen eröffnen. Eine strikte Bindung an die gesetzlichen Abrechnungsmodelle war vom Gesetzgeber nicht gewollt und würde auch den geänderten städtebaulichen und wirtschaftlichen Ausgangslagen nicht gerecht. Auch muss vermieden werden, dass der Investor zunächst die gemeindlichen Leistungen in Anspruch nimmt und etwa das von der Gemeinde geschaffene Baurecht ausnutzt, sich aber später mit Hinweis auf die Nichtigkeit der Vereinbarungen seinen im städtebaulichen Vertrag übernommenen Verpflichtungen zu entziehen sucht. Hier kann es gegen Treu und Glauben[6928] verstoßen, wenn der private Vertragspartner die von ihm an die Gemeinde erbrachten Leistungen mit Hinweis auf die Nichtigkeit des Vertrages zurückfordert – vor allem, wenn der Vertrag im Hinblick auf die von der Gemeinde erbrachten (hoheitlichen) „Leistungen" nicht mehr zurück abgewickelt werden kann.[6929] Ein Erschließungsvertrag ist nicht schon deshalb unangemessen iSv § 11 II 1 BauGB und somit nichtig, weil sich der Erschließungsunternehmer darin zur Übernahme (auch) desjenigen Anteils an den Erschließungskosten verpflichtet, der im Falle der Erhebung von Beiträgen auf im Erschließungsvertragsgebiet gelegene Grundstücke sog. **Fremdanlieger** entfallen würde. Das Gebot der Angemessenheit[6930] ist allerdings in diesem Fall zu beachten.[6931] Bundesrecht erlaubt eine vertragliche Regelung über Erschließungskosten unabhängig davon, ob die den Gegenstand des Vertrages bildenden Erschließungsanlagen nach Bundes- oder Landesrecht beitragsfähig sind oder nicht. Ein etwaiges landesrechtliches Vertragsformverbot **(Handlungsformverbot)** kann daher einer vertraglichen Kostenübernahme durch den Erschließungsunternehmer für im Falle der Beitragserhebung nach Landesrecht abzurechnende leitungsgebundene Erschließungsanlagen nicht entgegenstehen.[6932]

Hinweis: In den Vertrag könnte dazu etwa folgende Regelung aufgenommen werden: Der Investor kann sich auf die Nichtigkeit des städtebaulichen Vertrages (Durchführungsvertrages) nicht mehr berufen, wenn mit der Verwirklichung des Vorhabens begonnen worden ist.

3273 **c) Einzelfragen.** Die Angemessenheit beurteilt sich vor dem Hintergrund der städtebaulichen Leitbilder. Je mehr sich der Vertrag an diese Leitbilder anlehnt, umso mehr wird er angemessen im Sinne dieser Vorschrift sein. Je weiter sich der Vertrag von den gesetzlichen Leitbildern entfernt, umso wichtiger und überzeugender müssen die städtebaulichen Gründe sein, mit denen sich die vertragliche Regelung rechtfertigt.[6933]

6928 BVerwG Beschl. v. 1.4.2004 – 4 B 17.04, juris.

6929 Zur Einrede eines Anspruchs auf Anpassung des Vertrages OVG Weimar ZfBR 2009, 596.

6930 Zur Angemessenheit eines Erschließungsvertrages auch im Hinblick auf die Fremdanlieger Wiggers NJW-Spezial 2011, 172.

6931 Grziwotz ZfIR 2011, 800; BVerwG ZfIR 2011, 795.

6932 BVerwG ZfBR 2011, 770.

6933 Stüer DVBl. 1995, 649; Stüer/König ZfBR 2000, 528.

3274 Bauleitpläne sind aufzustellen, zu ändern, zu ergänzen oder aufzuheben, sobald und soweit es für die städtebauliche Entwicklung und Ordnung erforderlich ist (§§ 1 III 1 BauGB). Dieses Gebot wird nicht dadurch in Frage gestellt, dass die Gemeinde einen Vertrag über die Durchführung eines Bebauungsplans abgeschlossen hat. Das ergibt sich aus § 1 III 2 BauGB, wonach ein Anspruch auf Aufstellung eines Bauleitplans nicht besteht und auch durch Vertrag nicht begründet werden kann. Ebenso wenig besteht ein Anspruch auf Nicht-Aufstellung oder Nicht-Änderung eines Bauleitplans. Folglich ist die Gemeinde befugt, einen Bebauungsplan um Festsetzungen zu ergänzen, wenn sie feststellt, dass die bisher getroffenen Festsetzungen nicht ausreichen, um die von ihr im Rahmen des § 1 III BauGB verfolgten Vorstellungen für die städtebauliche Entwicklung und Ordnung durchzusetzen.[6934]

3275 Einen allgemeinen Grundsatz dahingehend, es sei stets rechtsmissbräuchlich, wenn eine Gemeinde einem Investor die volle Ausschöpfung der Nutzungsmöglichkeiten eines Bebauungsplans mit weiten Festsetzungen planerisch sperre, obwohl sie vorher die Möglichkeit gehabt hätte, engere Festsetzungen zu treffen oder zumindest doch sich vertraglich engere Bindungen auszubedingen, gibt es nicht. Die Frage des Rechtsmissbrauchs beurteilt sich vielmehr nach den Umständen des Einzelfalls.[6935]

3276 Macht eine Gemeinde die Änderung eines Bebauungsplans in einem verwaltungsrechtlichen Vertrag davon abhängig, dass der bauwillige Eigentümer an Stelle eines nicht mehr festsetzbaren Erschließungsbeitrages an sie einen Geldbetrag für einen gemeinnützigen Zweck (zB Unterhaltung städtischer Kinderspielplätze) leistet, so verletzt sie damit das sog. Koppelungsverbot. Der Vertrag ist gemäß § 59 II Nr. 4 VwVfG nichtig. Dem auf einem nichtigen verwaltungsrechtlichen Vertrag beruhenden Erstattungsanspruch eines Beteiligten steht der Grundsatz von Treu und Glauben nicht schon deshalb entgegen, weil eine Rückabwicklung der vom anderen Teil erbrachten Leistung aus rechtlichen oder tatsächlichen Gründen nicht möglich ist.[6936] Der Grundsatz von **Treu und Glauben** steht der einseitigen Rückabwicklung eines nichtigen Austauschvertrags nicht allein deshalb entgegen, weil die Leistung der Gemeinde nicht mehr rückgängig zu machen ist. Es müssen vielmehr besondere, in der Person oder im Verhalten des Erstattung begehrenden Bürgers liegende Umstände hinzutreten, die das Rückforderungsbegehren als treuwidrig erscheinen lassen. Derartige Umstände können auch darin bestehen, dass der Betroffene einen ihm zunächst entstandenen Vermögensnachteil vertraglich auf den Erwerber des Grundstücks abgewälzt hat. Ob ein solcher Erstattungsanspruch gegen Treu und Glauben verstößt, kann nur nach einer **umfassenden Würdigung** eines städtebaulichen Vertrags beurteilt werden; auch danach bemisst sich, ob dem Vertragspartner ein endgültiger Nachteil verbleibt. Der Grundsatz von Treu und Glauben gehört dabei zu den allgemeinen Rechtsgrundsätzen des Verwaltungsrechts sowohl des Bundes als auch der Länder. Welchem Rechtskreis diese Grundsätze im Einzelfall zuzurechnen sind, hängt von der Qualität des Rechts ab, zu dessen Ergänzung sie jeweils herangezogen werden; Bundesrecht wird durch bundesrechtliche, Landesrecht durch landesrechtliche allgemeine Grundsätze ergänzt.[6937]

3277 In einem **Folgekostenvertrag** können die für die städtebaulichen Maßnahmen insgesamt entstandenen Kosten zugrunde gelegt werden. Dabei sind die Zuschüsse Dritter abzuziehen.[6938] Ein Folgekostenvertrag ist auch dann mit § 11 I 2 Nr. 3 BauGB vereinbar, wenn der Bedarf für eine städtebauliche Maßnahme durch die Überplanung und Bebauung mehrerer Bebauungsplangebiete verursacht wird. Auch die Gesamtkonzeption einer Gemeinde kann geeignet sein zu belegen, dass eine städtebauliche Maßnahme die Folge mehrerer neu ausgewiesener Baugebiete ist. Städtebauliche Maßnahmen können als Folge des geplanten Vorhabens anzusehen sein, wenn eine Gemeinde davon ausgehen darf, dass durch die weitere Überplanung von bisher nicht bebaubaren Grundstücken Investitionskosten für öffentliche Einrichtungen entstehen, die sie zu tragen hätte, und sie im Hinblick auf diese Kosten abwägungsfehlerfrei von einer derartigen Überplanung absehen dürfte. Ein solches Gesamtkonzept erfüllt nur dann die gesetzlichen Anforderungen, wenn die Gemeinde transparent, nachvollziehbar und damit kontrollierbar belegen kann, dass die von ihr in einem überschaubaren zeitlichen Zusammenhang zu beschließenden und realistischerweise verwirklichungsfähigen Bebauungspläne einen (weite-

---

6934 BVerwG ZfBR 2001, 356.

6935 BVerwG ZfBR 2001, 356.

6936 BVerwG DVBl. 2000, 1853 mit Anm. Bick DVBl. 2001, 154, mit Anm. Hermanns IBR 2000, 562, mit Anm. Lauer ZfIR 2000, 725, mit Anm. Grziwotz VA 2001, 8; ZfBR 2001, 501.

6937 BVerwG Beschl. v. 15.9.2011 – 9 B 11.11, juris.

6938 BVerwG Beschl. v. 7.6.2012 – 4 B 36.11, BeckRS 2011, 54760.

ren) Bedarf an öffentlichen Einrichtungen hervorrufen. Ein derartiges Konzept muss vom Gemeinderat beschlossen und damit von seiner planerischen und gestaltenden Willensbildung gedeckt sein. Die aus Anlass eines bestimmten Vorhabens vereinbarte Übernahme von Folgekosten muss bei wirtschaftlicher Betrachtung des Gesamtvorgangs in angemessenem Verhältnis zum Wert des Vorhabens stehen. Auch sonst dürfen keine Anhaltspunkte dafür gegeben sein, dass die vertragliche Übernahme von Kosten eine unzumutbare Belastung beinhaltet.[6939]

3278 Eine Regelung bei Verkauf eines Grundstücks im Rahmen eines Einheimischenmodells, die die Käufer im Fall einer Weiterveräußerung innerhalb von zehn Jahren nach Vertragsschluss zur Abführung der Differenz zwischen Ankaufspreis und Bodenwert verpflichtet, stellt keine unangemessene Vertragsgestaltung dar. Die Gemeinde hat jedoch bei ihrer Ermessensentscheidung über die Einforderung des Mehrerlöses auch die persönlichen Verhältnisse der Käufer zu berücksichtigen.[6940] Ein Kaufvertrag darf daher die Verpflichtung des Verkäufers enthalten, bei einem vorzeitigen Weiterverkauf des Grundstücks der Stadt den eingeräumten Preisnachlass zu erstatten.[6941]

3279 Nach § 32 I 1 ErbbauRG hat der Grundstückseigentümer, der von seinem Heimfallanspruch Gebrauch macht, dem Erbbauberechtigten eine angemessene Vergütung „für das Erbbaurecht" zu gewähren. Die Vergütung ist eine Entschädigung für den Rechtsverlust, den der Erbbauberechtigte durch die Übertragung des Erbbaurechts erleidet, soll also den durch Erfüllung des Heimfallanspruchs eintretenden Vermögensnachteil ausgleichen. Vereinbart eine Gemeinde als Grundstückseigentümerin mit einem Privaten in einem Erbbaurechtsvertrag den Ausschluss der Heimfallvergütung, verstößt dies für sich genommen nicht gegen das Gebot angemessener Vertragsgestaltung aus § 11 II 1 BauGB. Der **Ausschluss der Heimfallvergütung** führt dazu, dass die Geltendmachung des Heimfallanspruchs einer strengen Ausübungskontrolle im Hinblick auf die Verhältnismäßigkeit des gemeindlichen Handelns unterliegt. Die Forderung nach der vergütungslosen Rückübertragung des Erbbaurechts kann sich insbesondere dann als unverhältnismäßig darstellen, wenn der Heimfall nicht auf einer schwerwiegenden Vertragsverletzung des Erbbauberechtigten beruht, das Bauwerk ganz oder weitestgehend fertiggestellt ist, der Erbbauberechtigte erhebliche Investitionen getätigt hat und die Gemeinde absehbar in der Lage sein wird, das Bauwerk anderweitig zu nutzen oder zu verwerten.[6942]

3280 Das in § 1 VII BauGB über das Abwägungsgebot enthaltene Gebot der Konfliktbewältigung gibt der Gemeinde auf, einen durch die Bauleitplanung ausgelösten Konflikt unterschiedlicher Nutzungsinteressen mit dem ihr durch das BauGB zur Verfügung gestellten städtebaurechtlichen Instrumentarium zu bewältigen, soweit dies planungsrechtlich zulässig und im Einzelfall möglich ist. Auf privatrechtliche Gestaltungsformen soll die Gemeinde bei der Bewältigung eines planbedingten Konflikts nur zurückgreifen können, soweit das Recht der Bauleitplanung weder hoheitliche Anordnungen ermöglicht noch andere Handlungsformen, zB nach den §§ 11, 12 BauGB, zur Konfliktbewältigung bereitstellt.[6943]

15. Zulässigkeit einer Bodenwertabschöpfung

3281 Einige Regelungen könnten den Eindruck nahelegen, das eigentliche Ziel solcher städtebaulicher Verträge sei die Abschöpfung des Gewinns, den der Eigentümer aus der Ausweisung als Bauland zieht. Nach der Rechtsprechung des BVerfG unterfällt aber auch der Bodenwertzugewinn der Eigentumsgarantie des Art. 14 GG, sodass für seine Abschöpfung nach dem Vorbehalt des Gesetzes eine gesetzliche Grundlage erforderlich ist. Die Vorschriften über den städtebaulichen Vertrag können aber allein als Instrument der Planungsverwirklichung der Gemeinden eingesetzt werden, nicht um andere Zwecke zu verfolgen.[6944] Einen solchen anderen, nämlich sozialpolitischen Zweck verfolgt aber eine Bodenwertabgabe. Sie ist auf der Grundlage der §§ 11, 124 BauGB nicht gestattet. Mangels anderer gesetzlicher Ermächtigungsgrundlagen darf also die Abschöpfung des Bodenwertes grundsätzlich nicht durch städtebauliche Verträge verfolgt werden. Zulässig ist dagegen die Berücksichtigung des Bodenwertzuwachses bei der

[6939] BVerwG NVwZ 2009, 1109; BVerwG NVwZ 2000, 1285; BGHZ 153, 93; BVerwG NVwZ 2009, 1109; Stüer/König ZfBR 2000, 524; Grziwotz ZfIR 2009, 470.

[6940] BGH NJW 2003, 888 mit Anmerkung Krautzberger BGH Report 2003, 266, mit Anmerkung Grziwotz IBR 2003, 278, mit Anmerkung Lange DNotZ 2003, 346, mit Anmerkung Bunzel NotBZ 2003, 23.

[6941] BGH BauR 2007, 443; Pützhoven NotBZ 2007, 142.

[6942] BGH Urt. v. 19.1.2024 – V ZR 191/22, juris.

[6943] VGH Mannheim BauR 2002, 1209.

[6944] Siehe dazu Krautzberger in EZBK, BauGB, 2019, § 11 BauGB Rn. 167a.

Beurteilung der Angemessenheit der Gegenleistungen im Rahmen eines Folgelastenvertrages.[6945] Bei der gebotenen umfassenden wirtschaftlichen Betrachtungsweise ergibt sich ein erheblicher Vermögenszuwachs aus der Aufstellung eines Bebauungsplans, auch wenn dies nicht dessen direkte juristische Folge ist.[6946] Unklar ist, ab welchem Grad der faktischen Abschöpfung durch Übernahme von Kosten im städtebaulichen Vertrag die Leistungen unangemessen werden. Teilweise wird die Münchener Regelung,[6947] wonach bis zu 2/3 des Wertes der Stadt zukommen können, für unbedenklich gehalten,[6948] teilweise für problematisch.[6949] Vorgeschlagen wird, 50 % als äußerste Grenze festzuhalten, der Entscheidung des BVerfG, zum Halbteilungsgrundsatz bei Art. 14 I GG[6950] folgend.[6951] Bei allem berechtigten Bedürfnis nach Rechtssicherheit dürften auch bei dieser Frage pauschale Richtwerte zu kurz greifen. Die Bodenwertsteigerung ist nur einer von vielen Faktoren, die bei der Beurteilung der Angemessenheit des Vertrages eine Rolle spielen.

16. Konfliktbewältigung durch städtebauliche Verträge

Der städtebauliche Vertrag kann als Instrument der Lastenverteilung eigenständige Funktionen der Konfliktbewältigung übernehmen.[6952] Grundsätzlich muss jeder Bebauungsplan die ihm zuzurechnenden Konflikte bewältigen, also die betroffenen Belange untereinander zu einem gerechten Ausgleich bringen.[6953] Das Gebot der Konfliktbewältigung kann dadurch verletzt werden, dass die nur durch die Planung mögliche Konfliktlösung in das Baugenehmigungsverfahren verlagert wird. Zwar kann die Gemeinde die Durchführung entsprechender Maßnahmen dem späteren, den Vollzug der Festsetzungen dienenden Verwaltungsverfahren überlassen, wenn sie im Rahmen ihrer Abwägung realistischer Weise davon ausgehen kann, dass die Probleme in diesem Zusammenhang gelöst werden können.[6954] Überschritten ist die Grenze zulässiger Konfliktverlagerung, wenn bereits im Planungsstadium absehbar ist, dass sich der Interessenkonflikt auch in einem nachfolgenden Verfahren nicht sachgerecht lösen lassen wird. Eine Planung darf nicht dazu führen, dass Konflikte, die durch sie hervorgerufen werden, zulasten Betroffener auf der Ebene der Vorhabenzulassung letztlich ungelöst bleiben. Insbesondere bei vorhabenbezogenen Bebauungsplänen verringert sich der Spielraum für eine Verlagerung von Konflikten, weil hier der Konkretisierungsgrad höher ist.[6955] Ob eine Konfliktbewältigung durch späteres Verwaltungshandeln gesichert oder wenigstens wahrscheinlich ist, hat der Plangeber zu prognostizieren.[6956] 3282

In diesem Konzept kann auch der städtebauliche Vertrag eigenständige Funktionen erfüllen, die neben die Bauleitplanung und verschiedene Formen von Nachfolgeverfahren treten. So kann etwa der städtebauliche Vertrag planbegleitend[6957] sicherstellen, dass die planerische Konzeption umgesetzt wird. Denn die Bauleitplanung hat von Natur aus eine Schwäche: Sie un- 3283

6945 Krautzberger in EZBK, BauGB, 2019, § 11 BauGB Rn. 168; Huber Der planungsbedingte Wertzuwachs als Gegenstand städtebaulicher Verträge, S. 95; Hien in FS für Schlichter, 1995, S. 135; Oerder BauR 1998, 22.

6946 Hien in FS für Schlichter, 1995, S. 135.

6947 Beschl. v. 23.3.1994, abgedruckt bei Huber Der planungsbedingte Wertzuwachs als Gegenstand städtebaulicher Verträge S. 12.

6948 Hien in FS für Schlichter, 1995, S. 135.

6949 Huber Der planungsbedingte Wertzuwachs als Gegenstand städtebaulicher Verträge, S. 94 f.

6950 BVerfG NJW 1995, 2615.

6951 Huber DÖV 1999, 173.

6952 Siehe dazu zB zu der in einem städtebaulichen Vertrag übernommenen Verpflichtung zum Schutz unterliegender Grundstücke vor Starkregenereignissen übernommenen Verpflichtung zu einer „Verwallung" OVG Münster Beschl. v. 18.8.2023 – 2 B 349/23.NE, juris.

6953 OVG Koblenz DVBl. 2023, 867 = juris Rn. 72; BVerwG Beschl. v. 16.3.2010 – 4 BN 66/09, juris Rn. 27; OVG Berlin-Brandenburg Beschl. v. 22.6.2022 – 9 NE 22.705, juris Rn. 34; Battis in BKL, BauGB, 2022, § 1 Rn. 115.

6954 OVG Koblenz DVBl. 2023, 867 = juris Rn. 72; BVerwG Beschl. v. 28.8.1987 – 4 N 1/86, juris Rn. 34.

6955 OVG Saarlouis Urt. v. 1.10.2020 – 2 C 300/19, juris Rn. 34; OVG Koblenz DVBl. 2023, 867 = juris Rn. 72.

6956 OVG Münster BauR 2022, 1303 = juris Rn. 125; OVG Saarlouis Urt. v. 1.10.2020 – 2 C 300/19, juris Rn. 34; OVG Koblenz DVBl. 2023, 867 = juris Rn. 72

6957 Siehe zB OVG Münster BauR 2022, 1303 = juris Rn. 145: Reidt UPR 2008, 227.

terbreitet zwar ein städtebauliches Angebot, verpflichtet aber nicht zu dessen Umsetzung. Bauleitplanung ist auf Umsetzung angewiesen. So kann auch vom Prinzip her nicht ausgeschlossen werden, dass lediglich einzelne Teile des Bebauungsplans realisiert werden, während andere Teile nicht verwirklicht werden. Hier kann stärker noch als Auflagen in der Baugenehmigung der städtebauliche Vertrag Abhilfe schaffen. Er ermöglicht nicht nur, die zeitnahe Realisierung eines Vorhabens zu gewährleisten, sondern auch, zwischen verschiedenen Teilen eines als Einheit begriffenen Vorhabens eine verbindliche Klammer herzustellen. Dies ist nicht nur für naturschutzrechtliche Ausgleichsmaßnahmen, die an anderer Stelle als der des Eingriffs verwirklicht werden sollen, von großem Wert.[6958] Die vertraglichen Regelungen können daher die satzungsrechtlichen Festsetzungen entlasten, wie der vorhabenbezogene Bebauungsplan deutlich macht. Hier wird durch den Durchführungsvertrag die Umsetzung der Planung sichergestellt (§ 12 I BauGB).[6959] Die vertraglichen Regelungen müssen allerdings nach § 11 II BauGB angemessen in dem Sinne sein, dass sie bei einer Gesamtbetrachtung vor dem Hintergrund des Städtebaurechts und der jeweils übernommenen Verpflichtungen sachgerecht erscheinen. Auf dieser Grundlage der Angemessenheit kann sich daher der städtebauliche Vertrag als eigenständige Legitimationsquelle des Städtebaus und der Konfliktbewältigung entwickeln, der neben die gesetzlichen Regelungen tritt, ja diese durchaus auch modifizieren kann.

17. Leistungsstörungen

3284 Regelungen zu Leistungsstörungen beim öffentlich-rechtlichen Vertrag enthält das BauGB, abgesehen von dem Sonderfall des vorhabenbezogenen Bebauungsplans nach § 12 VI 1 BauGB, nicht. Über § 62 S. 2 VwVfG sind die zivilrechtlichen Bestimmungen anzuwenden.[6960] Leistungsstörungen in städtebaulichen Verträgen sind grundsätzlich wie im Zivilrecht „über das Dreieck" abzuwickeln. Ansprüche können daher nur jeweils gegenüber dem Vertragspartner geltend gemacht werden. Die Vertragsbeziehungen zwischen Gemeinde, Erschließungsunternehmer und Grundstückserwerbern führen daher nicht zu einem einzigen „dreipoligen" Rechtsverhältnis, dem die gesetzlich geregelte Erschließungsbeitragspflicht unter- oder nachzuordnen wäre. Ein Anlieger kann daher aus einer früheren unentgeltlichen Abtretung von Straßenland über die vertraglichen Vereinbarungen hinaus im Hinblick auf seine Erschließungsbeitragspflicht keine Rechtsfolgen zu seinen Gunsten ableiten.[6961] Werden von dem Erschließungsunternehmer die vertraglich übernommenen Erschließungsmaßnahmen wegen Zahlungsunfähigkeit nicht zu Ende geführt, ist die Gemeinde berechtigt, die zur endgültigen Herstellung der Erschließungsanlagen erforderlichen Arbeiten selbst vorzunehmen und hierfür einen Erschließungsbeitrag zu erheben.[6962]

18. Vertragliche Haftung der Gemeinde

3285 Die Gemeinde sollte bei dem Abschluss von Verträgen mit Investoren sicherstellen, dass sie nicht in unübersehbare Haftungsrisiken gerät. Gemeindliche Haftungsverpflichtungen können sich etwa ergeben, wenn die Gemeinde durch Vertrag das Risiko eines bestimmten Erfolges übernommen hat (Garantievertrag) oder der Vertragspartner durch die Gemeinde in seinem Vertrauen getäuscht worden ist.[6963] Bei einer entsprechenden vertraglichen Risikoübernahme[6964] kann die Gemeinde verpflichtet sein, für den Fall des Fehlschlagens der Planung aus Gründen, die in der Rechtssphäre der Gemeinde liegen, einen **finanziellen Ausgleich** für nutzlos erbrachte Aufwendungen zu gewähren. Verletzt die Gemeinde etwa bei der Erteilung von Auskünften oder bei der Planung ihre einem Dritten gegenüber bestehenden Amtspflichten, so können sich Amtshaftungsansprüche nach § 839 BGB, Art. 34 GG ergeben.[6965] Kommt

---

[6958] BVerwG NVwZ 1997, 1213; NVwZ 1997, 1216.

[6959] Reidt BauR 2008, 1541.

[6960] Reidt in BKL, BauGB, 2022, § 11 Rn. 88; zu öffentlich-rechtlichen Erstattungsansprüchen beim städtebaulichen Vertrag siehe Pauly ZfIR 2021, 359; zur dreijährigen Verjährungsfrist beim öffentlich-rechtlichen Erstattungsanspruch OVG Münster KStZ 2020, 72 = juris Rn. 104.

[6961] OVG Münster NWVBL 2000, 26.

[6962] VGH Mannheim BWGZ 1999, 600.

[6963] BGH BGHR BGB § 305 Risikoübernahme 1.

[6964] BGH ZfBR 1984, 146.

[6965] BGH NJW 1990, 245; BGHZ 110, 1; BGHZ 109, 380.

es nicht zum Abschluss eines Vertrages, können Ansprüche aus culpa in contrahendo bestehen.[6966] Dies gilt auch, wenn die Gemeinde die Verhandlungen über den Abschluss eines Erschließungsvertrages, von dem die Erteilung der Baugenehmigung allein noch abhing, ohne triftigen Grund aus sachfremden Erwägungen schuldhaft abbricht[6967] oder die Gemeinde ihrem Vertragspartner unrichtige, seine Vermögensdispositionen nachhaltig beeinflussende Angaben über den Stand der Bauleitplanung macht oder ihm Tatsachen verschweigt, deren Kenntnis ihn veranlasst hätten, sich von dem Vertrag früher als geschehen zu lösen.[6968] Anspruchs aus Verschulden bei Vertragsschluss (culpa in contrahendo, § 311 II BGB) sind aus dem Bürgerlichen Recht übernommene Rechtsgrundsätze auch des Bundesrechts. Im Rahmen der öffentlich-rechtlichen Rückabwicklung eines nichtigen Vertrages über die Ablösung von Erschließungsbeiträgen (§ 133 III 5 BauGB) finden sie lediglich Anwendung in Ausfüllung und Ergänzung einer Lücke des geschriebenen Landesrechts und teilen damit dessen Rechtscharakter als irreversibles Recht.[6969] Nebenpflichten aus einem öffentlich-rechtlichen Vertrag müssen nicht notwendig in einer Vertragsurkunde niedergelegt sein, sondern können sich ua aus einer entsprechenden Anwendung der Grundsätze über eine Haftung aus Verschulden bei Vertragsschluss oder einer positiven Vertragsverletzung ergeben.[6970] Eine Haftung der Gemeinde tritt allerdings nicht schon deshalb ein, weil der von ihr aufgestellte Bebauungsplan die im Vertrag vorausgesetzte bauliche Nutzung von Grundstücken nicht oder nicht in dem gewünschten Maße ermöglicht.[6971] Der Schadensersatz geht dabei in der Regel auf das negative Interesse (sog. **kleiner Schaden**).[6972] Das positive (Erfüllungs-)Interesse (sog. **großer Schaden**) kann nur dann geltend gemacht werden, wenn die Gemeinde die Garantie für den Eintritt eines bestimmten Erfolges übernommen hat. Die Wirksamkeit einer solchen Garantieübernahme setzt allerdings voraus, dass die Belange der Bauleitplanung dem nicht entgegenstehen[6973] oder ein solcher Vertrag nicht im Hinblick auf das Abwägungsgebot nichtig ist.

19. Unzulässige Vorabbindungen

Die Regelungsmöglichkeiten des städtebaulichen Vertrages stoßen zudem auf rechtsstaatliche **3286**
Grenzen, die sich vor allem aus dem Abwägungsgebot und der Eigentumsgarantie ergeben: Rechtsstaatliche Planung muss ein hohes Maß an Neutralität wahren und darf den Bürgern nicht als „abgekartetes Spiel" von Interessengruppen erscheinen. Eine einseitige Inpflichtnahme der öffentlichen Hand durch private Investoren ist nicht zulässig. Verträge, durch die die Planung einseitig gebunden wird und den übrigen Bürgern und Planbetroffenen nicht mehr neutral erscheint, verstoßen gegen das Abwägungsgebot.[6974] Vor allem ist eine subjektive Abwägungssperre, bei der sich die öffentliche Hand einseitig bindet, verfassungsrechtlich nicht hinnehmbar.[6975] Die Beteiligten stehen in der Gefahr, dass die nichtigen Verträge rückabzuwickeln sind.[6976] So ist nicht nur die Verpflichtung der Gemeinde, einen Bebauungsplan aufzustellen, nichtig.[6977] Unzulässige Bindungen können auch zur Unwirksamkeit der Bauleitplanung führen.[6978] Jedenfalls kann eine zu große Nähe von Gemeinde und Investor Indiz für einen Abwägungsfehler sein. Ein auf einer unzulässigen Vorwegnahme planerischer Entscheidungen beruhender Abwägungsmangel kann allerdings geheilt werden, wenn die zuständige

[6966] BGHZ 71, 386; NJW 1980, 826; NJW 1980, 1683; NVwZ 1982, 98; NJW 1985, 1778; DÖV 1987, 742. Der Anspruch ist vor den Zivilgerichten geltend zu machen, so BGH NJW 1986, 1109. Die Gemeinde kann dann auch für „frustrierte" Aufwendungen haften Uechtritz ZfIR 2006, 772.

[6967] BGHZ 76, 343.

[6968] Derartige Ansprüche gehören nach § 40 II VwGO vor die Zivilgerichte, BGHZ 71, 386; BGHZ 76, 16; BGHZ 76, 343; BGHZ 76, 343; NJW 1986, 1109 zum Anspruch eines Bauträgers gegen eine Gemeinde auf Ersatz von Aufwendungen im Zusammenhang mit einer fehlgeschlagenen Bauleitplanung.

[6969] BVerwG DVBl. 2010, 575; Kellner DÖV 2011, 26; Kellner DVBl. 2010, 577.

[6970] BVerwG Beschl. v. 20.1.2010 – 9 B 31.09, juris; Kellner DÖV 2011, 26.

[6971] BGHZ 71, 386.

[6972] BGH NVwZ 1998, 1329.

[6973] BGHZ 76, 16.

[6974] OLG München DÖV 1976, 573.

[6975] Zur bereicherungsrechtlichen Rückabwicklung solcher Verträge BVerwG DVBl. 1980, 686.

[6976] Zu den Grenzen der Rückabwicklung BVerwGE 55, 337; OVG Münster DVBl. 1978, 305 zu Schulbaukostenbeiträgen; KStZ 1980, 72.

[6977] BGH DVBl. 1980, 679; NVwZ 2006, 458; OVG Münster BauR 2005, 1577.

[6978] BVerwG NVwZ 2006, 458; VG München NJW 1998, 2070.

Gemeindevertretung die bisherige Fehlerhaftigkeit der Planung gerade wegen der unzulässigen Vorwegnahme der planerischen Entscheidung erkannt hat, die Gemeinde aus der Erkenntnis dieser Fehlerhaftigkeit die erforderlichen Schlüsse gezogen hat und die dann getroffene Entscheidung selbst sowohl vom Abwägungsvorgang als auch vom Abwägungsergebnis her dem Abwägungsgebot genügt.[6979]

3287 Die Abgrenzung von zulässiger Einschaltung von Privaten und Interessenneutralität der öffentlichen Hand ist schwierig, im Gesetz nicht geleistet und setzt im Einzelfall behutsames Handeln voraus. Eine Mitwirkung Dritter im Planungsverfahren darf nicht dazu führen, dass die planende Gemeinde die Letztentscheidung und Gesamtverantwortung aus der Hand gibt und die betroffenen Bürger sich einseitigen Interessenentscheidungen anderer am Planungsgeschehen Interessierter ausgeliefert sehen. Dies ist auch im Blick auf die Eigentumsgarantie in Art. 14 GG und auch die Selbstverwaltungsgarantie in Art. 28 II 1 GG nicht hinnehmbar. Hat der Dritte keine eigenen Planungsinteressen, kann großzügiger verfahren werden als in Fällen, in denen der Investor selbst als Dritter an der Planung mitwirkt.

3288 Vertragliche Regelungen dürfen die planende Gemeinde daher nicht einseitig binden und Entscheidungen vorwegnehmen, die erst auf der Grundlage der förmlichen Beteiligungsverfahren getroffen werden. Die Gesamtverantwortung der Planung muss daher bei der planenden Gemeinde liegen. Diese verfassungsrechtlichen Anforderungen an eine rechtsstaatliche Planung können durch vertragliche Vereinbarungen nicht beseitigt werden. Im Hinblick auf diese unverzichtbaren verfassungsrechtlichen Vorgaben ist beim Abschluss städtebaulicher Verträge im Hinblick auf einseitig begünstigende, das Planverfahren belastende Wirkungen und bei der Mitwirkung am Planungsgeschehen selbst Interessierter Vorsicht am Platze: Rechte Dritter dürfen durch die Mitwirkung des Vorhabenträgers oder von ihm bezahlter Gutachter nicht auf der Strecke bleiben. Dies gilt vor allem für einen entsprechenden Vorbehalt hinsichtlich der förmlichen Beteiligungsverfahren, die durch einseitige vertragliche Bindungen der planenden Gemeinde und durch die Mitwirkung Dritter im Planungsverfahren nicht „ausgehebelt" werden dürfen.

20. Fehlerheilung

3289 Die jeweiligen vertraglichen Regelungen und das allgemeine Vertragsrecht bestimmen, ob ein ganz oder teilweise unwirksamer Vertrag geheilt werden kann. Entsprechende Heilungsregelungen können bereits im Vertrag geregelt sein. Die Gesetzesbindung der Gemeinde steht einer Heilung von Verstößen einer Folgekostenvereinbarung gegen die Vorgaben des § 11 I 2 Nr. 3 BauGB auf der Grundlage einer salvatorischen Klausel nicht entgegen, die eine Verpflichtung der Beteiligten zur Ersetzung einer einzelnen unwirksamen Vertragsbestimmung durch eine dem damit verfolgten Zweck am nächsten kommende zulässige Bestimmung vorsieht.[6980] Ist ein städtebaulicher Vertrag etwa wegen Verstoßes gegen die Angemessenheitsklausel oder das Koppelungsverbot unwirksam, steht eine **Rückabwicklung** des Vertrages an. Bei den synallagmatischen Verträgen sind die jeweiligen Leistungen nach Bereicherungsrecht zurückzuerstatten.[6981] Eine vollständige Rückabwicklung städtebaulicher Verträge ist aber vielfach nicht möglich, weil die von der Gemeinde erbrachte „Leistung", die etwa in der Aufstellung eines Bebauungsplans besteht, nicht rückabgewickelt werden kann. Die nur einseitige Rückabwicklung derartiger Verträge kann jedoch gegen den Grundsatz von Treu und Glauben verstoßen. Auch wenn der Vertrag keine entsprechende Klausel enthält, kann die Berufung des Investors auf die Nichtigkeit des Vertrages nach Vertragsdurchführung rechtsmissbräuchlich sein.[6982]

3290 Eine Rückabwicklung unwirksamer Verträge scheitert allerdings nicht zwingend an dem Grundsatz von **Treu und Glauben**.[6983] Eine Gemeinde hatte mit dem Eigentümer eines Außenbereichsgrundstücks eine Vereinbarung über die Zahlung fiktiver Erschließungsbeitragskosten für die nachträgliche Einbeziehung des Grundstücks in den Geltungsbereich eines Be-

---

6979 OVG Münster BauR 1977, 100; BVerwG DVBl. 1987, 1273.

6980 BVerwG NVwZ 2011, 125.

6981 BVerwG ZfBR 1980, 88; s. dort auch zu den Grundsätzen der aufgedrängten Bereicherung; Stüer DVBl. 1995, 649; Stüer/König ZfBR 2000, 524.

6982 VGH Mannheim NVwZ-RR 1997, 675.

6983 BVerwG NVwZ 2000, 1285; BGHZ 153, 93; BVerwG NVwZ 2009, 1109; Stüer/König ZfBR 2000, 524; Grziwotz ZflR 2009, 470.

bauungsplans getroffen. Eine derartige Vereinbarung verstoße gegen das Koppelungsverbot. Die Rückforderung einer solchen Geldleistung sei – so das BVerwG – auch nicht ganz allgemein durch den Grundsatz von Treu und Glauben ausgeschlossen.[6984] Die Entscheidung zugunsten einer **einseitigen Rückabwicklung** derartiger Verträge wirft jedoch Probleme auf. Denn es muss vermieden werden, dass der Investor zunächst die gemeindlichen Leistungen in Anspruch nimmt und etwa das von der Gemeinde geschaffene Baurecht ausnutzt, sich aber später mit Hinweis auf die Nichtigkeit der Vereinbarungen seinen im städtebaulichen Vertrag übernommenen Verpflichtungen zu entziehen sucht.[6985]

Eine Korrekturmöglichkeit notleidender öffentlich-rechtlicher Verträge durch den Grund- 3291
satz von Treu und Glauben ist vor allem bei **nicht synallagmatischen Vereinbarungen** erforderlich. Denn anders als bei Austauschverträgen stehen vor allem im Bereich des Städtebaurechts vertragliche Leistungen vielfach nicht in einem Austauschverhältnis. So kann sich etwa die Gemeinde nicht verpflichten, einen Bebauungsplan aufzustellen,[6986] sodass schon aus diesem Grunde die im Vertrag versprochenen Zahlungen nicht eine „Gegenleistung" für die Aufstellung des Bebauungsplans sind. Derartige „hinkende Austauschverhältnisse", die nicht iS der üblichen synallagmatischen Leistungen zurück abgewickelt werden können, bedürfen in besonderer Weise der Prüfung nach den Maßstäben von Treu und Glauben, wenn die Verträge Not leidend werden. Denn die in der Aufstellung des Bebauungsplans bestehende „Leistung" der Gemeinde kann im Falle der Nichtigkeit des Vertrages nicht zurück abgewickelt werden. Wegen dieser Besonderheiten solcher nicht synallagmatischen Leistungen erscheint es geboten, eine Rückabwicklung Not leitender Verträge dann auszuschließen, wenn das Ergebnis einer nur einseitigen Rückabwicklung nicht vertretbar und ungerecht erscheint.

Nicht nur bei der Nichtigkeit derartiger Verträge auf Grund von Form- und Verfahrensfeh- 3292
lern, sondern auch bei Verstößen gegen das materielle Recht würde die Rückabwicklung dazu führen, dass der Vertragspartner der Gemeinde seine Leistung zurückerhält, die von der Gemeinde durch die Aufstellung des Bebauungsplans erbrachte Leistung jedoch bei dem Vertragspartner verbleibt. Eine Rückabwicklung derartiger „einseitiger" echter Verpflichtungen erscheint daher nicht sachgerecht und widerspricht dem Grundsatz von Treu und Glauben. Müsste die Gemeinde in derartigen Fällen mit einer einseitigen Rückabwicklung der Verträge rechnen, so würde sie wohl nur mit großen Vorbehalten derartige Verträge schließen können und der Zweck des Gesetzes, durch vertragliches Handeln eine eigenständige öffentlich-rechtliche Handlungsform zu schaffen, würde nur teilweise erreicht. Vor allem würde aber in der Praxis Unsicherheit entstehen, wenn jederzeit mit der einseitigen Rückabwicklung derartiger Verträge gerechnet werden müsste. Denn jede Fehlbeurteilung der Wirksamkeit des Vertrages würde bereits die einseitige Rückabwicklung zur Folge haben, sodass die Gemeinde nach Abschluss des Vertrages sich nicht darauf verlassen könnte, dass die von dem Vertragspartner versprochene Leistung auch tatsächlich erbracht wird. Dies gilt vor allem auch für die Frage der Angemessenheit der Leistungen, die bei vertraglichen Regelungen erforderlich ist (§ 11 II BauGB, Art. 56 I VwVfG). Nach Aufstellung des Bebauungsplans und Erteilung der Baugenehmigung verstößt daher das Berufen auf die Nichtigkeit des Vertrages gegen Treu und Glauben. Dies gilt auch bei dem vom BVerwG entschiedenen Fall,[6987] bei dem die vertragliche Regelung die Gerechtigkeitslücke schließen will, die durch die nachträglich erweiterte Baulandausweisung bei den Eigentümern entstanden ist, die bereits in vollem Umfang Erschließungsbeiträge gezahlt haben.

Die gesetzliche Regelung des städtebaulichen Vertrages gibt der Praxis ein hilfreiches Instru- 3293
mentarium an die Hand, das vor allem bei konkreten Investitionsvorhaben neue Perspektiven eröffnet. Aus Gründen der Wahrung des rechtsstaatlich gebotenen Planungsprozesses sollte jedoch mit diesem Instrumentarium bezogen auf beteiligte Drittinteressen behutsam umgegangen werden. Planung darf sich weder als „obrigkeitliche Hoheitsverwaltung" noch als „Spielball privatwirtschaftlicher Interessen" verstehen. Städtebauliche Planung steht im Dienste aller Bürger und muss sich vor allem durch Offenheit und Ausgewogenheit der Planungsprozesse

---

6984 Stüer/König ZfBR 2000, 524.

6985 In den Vertrag könnte dazu etwa folgende Regelung aufgenommen werden: Der Investor kann sich auf die Nichtigkeit des städtebaulichen Vertrages (Durchführungsvertrages) nicht mehr berufen, wenn mit der Verwirklichung des Vorhabens begonnen worden ist.

6986 BVerwG NVwZ 2006, 458, vorhergehend OVG Münster BauR 2005, 1577.

6987 BVerwG NVwZ 2000, 1285; BGHZ 153, 93; BVerwG NVwZ 2009, 1109; Stüer/König ZfBR 2000, 524; Grziwotz ZfIR 2009, 470.

und durch überzeugende Konzepte legitimieren. Dies setzt die strikte Beachtung förmlicher Verfahren und das Bemühen der politischen Entscheidungsträger um größtmögliche Akzeptanz bei den Betroffenen voraus.

10. Teil. Städtebauliche Sanierung

3294 Das Instrumentarium des Sanierungsrechts gem. §§ 136 bis 164 b BauGB ist auf Maßnahmen zur Behebung städtebaulicher Missstände zugeschnitten. Die Behebung dieser Missstände ist verbunden mit erheblichen Eingriffen in das Eigentum, dem gemeindlichen Grunderwerbsbedarf, der Umschichtung von Nutzungen, gravierenden Änderungen des Grundstückswertgefüges und einem hohen Kostenaufwand. In den letzten Jahrzehnten bestand stets ein Sanierungsbedarf und er wird auch noch in Zukunft bestehen. Der hohe Finanzaufwand, die Komplexität der erforderlichen Planung über viele Jahre hinweg und die umfangreichen Durchführungsmaßnahmen stellen die Gemeinden in der Praxis vor große Probleme und erfordern einen enormen Abstimmungsaufwand in den kommunalen Gremien.

I. Historische Entwicklung der städtebaulichen Sanierung

3295 Die städtebauliche Sanierung wurde in der zweiten Hälfte des vorigen Jahrhunderts entwickelt, nachdem die Kriegsschäden des Zweiten Weltkriegs repariert und hierdurch ein städtebauliches Gefälle zwischen den neuen Stadtzentren und Wohnbauvierteln einerseits und den vom Städtebau der Nachkriegszeit vernachlässigten Quartieren mit schlechter Bausubstanz und zumeist sozialen Brennpunkten entstanden war. Das hierdurch entstandene städtebauliche Ungleichgewicht und die aufgetretenen städtebaulichen Missstände sollten durch eine zunächst als Flächensanierung verstandene städtebauliche Sanierung beseitigt werden.[6988]

3296 Nach dem Zweiten Weltkrieg standen die Städte und Gemeinden angesichts der katastrophalen Zerstörungen in Deutschland und einen Strom von ca. 12 -14 Millionen Flüchtlingen aus den Ostgebieten vor einem völligen Neubeginn. Es herrschte ein Fehlbestand an Wohnungen in der Größenordnung von 4–5 Millionen.[6989] Ein geeignetes rechtliches Instrumentarium zum Wiederaufbau war allerdings nicht vorhanden. Somit bestand die Aufgabe der Baugesetzgebung darin, die entsprechenden Rechtsgrundlagen für den Wiederaufbau zu schaffen. Da es an einer bundeseinheitlichen Regelung fehlte, wurden in der unmittelbaren Nachkriegszeit von den sich herausbildenden Ländern (mit den Ausnahmen Bayern[6990] und Berlin[6991]) in den Jahren 1948–1950 zunächst die so genannten Trümmergesetze und darauf die so genannten Aufbaugesetze erlassen. Diese Gesetze sahen eine vollkommene Planung der städtebaulichen Nutzung vor, die den Städten übertragen war (in Hessen den Kreisen). Die städtebauliche Sanierung verstanden als die bauliche und funktionale Wiederbelebung städtebaulicher Missstände war sozusagen überall am Platz.

3297 Das BBauG bildete die erste große Kodifikation des Städtebaurechts in Deutschland und regelte das Planungsinstrumentarium und die Nutzung von Grund und Boden eingehend. Zur Zeit der Beratungen zum BBauG ging es primär immer noch um den Wiederaufbau bzw. den Neubau von Wohnungen und Betriebsstätten. Die Sanierung und Erneuerung prinzipiell noch nutzbarer Gebäude und Flächen stand eher im Hintergrund. Das BBauG enthielt daher auch keine Sanierungsregelungen.

3298 Ende der 1960er Jahre waren die meisten Kriegszerstörungen und die einhergehende Wohnungsnot beseitigt. Die in der Folge des Wirtschaftswunders bezüglich des Einkommens erstarkten Mittelschichten konnten es sich leisten, in immer größeren Zahlen in die Randgebiete der Städte zu ziehen. Damit die Attraktivität der Städte nicht verloren ging und um einer Entvölkerung der Innenstädte entgegenzuwirken, sollten Bausubstanz und das Wohnumfeld in den Innenstädten modernisiert und verbessert werden. Die Notwendigkeit der Schaffung eines

---

[6988] zur Rechtsentwicklung auch Schmidt-Eichstaedt LKV 2007, 439 ff.; Stemmler/Hohrmann ZfBR 2007, 224 ff.; Kleiber ZfBR 1986, 263 ff.

[6989] BT-Drucksache IV, 1492, 5-6; Roloff BBauBl. 1956, 526; Kessler, BB 1955, 73.

[6990] Der in Bayern 1950 ausgearbeitete Entwurf eines Baugesetzes wurde mit Rücksicht auf eine erwartete bundeseinheitliche Regelung zurückgestellt.

[6991] Von einer vorbereitenden Gesamtregelung des Baurechts wurden nur Teile beraten und verabschiedet: Planargesetz v. 22.8.1949 (VOBl. I 301); Baulandumlegungsgesetz v. 3.3.1950 (VOBl.I 71).

neuen Gesetzesinstrumentariums ergab sich somit aus den jahrzehntelangen unzureichend geordneten baulichen Entwicklungen und der Erkenntnis, dass die Schaffung einer funktionsfähigen gemeindlichen Infrastruktur eines besonderen bodenrechtlichen Instrumentariums für Sanierungsmaßnahmen bedarf.[6992] Die Entwicklung des Planungsrechts zur Lenkung und Steuerung der Städtebaulichen Entwicklung wurde 1965 durch das Raumordnungsgesetz[6993] eingeleitet und durch das Städtebauförderungsgesetz[6994] von 1971 fortgeführt. Durch diese Gesetze wurde den Städten und Gemeinden erstmals die Möglichkeit gegeben, ganze Stadtteile zum Sanierungsgebiet zu erklären und in diesen Gebieten sämtliche Grundstücke in einem Zuge zu modernisieren oder abzubrechen.[6995] Denn vor allem durch den Wiederaufbau nach dem Kriege war ein Gegensatz zwischen den nach damaligen Maßstäben modern errichteten Stadtteilen und Stadtquartieren entstanden, die auf Grund ihrer überalterten Bausubstanz und ihren gravierenden Nutzungsmängeln als städtebauliche Missstände empfunden wurden.

Das StBauFG schuf ein Sonderrecht. Sachlich war es beschränkt auf städtebauliche Sanie- 3299
rungs- und Entwicklungsmaßnahmen. Damit war die Anwendung auch räumlich auf diese Maßnahmen und zeitlich auf deren Vorbereitung und Durchführung beschränkt. Das StBauFG enthielt durch diese Beschränkungen keine abschließenden bodenrechtlichen Regelungen, sodass auch bodenrechtliche Vorschriften andere Gesetze anzuwenden waren. Dies galt vor allem für das BBauG, das in Sanierungs- und Entwicklungsmaßnahmen neben den Vorschriften des StBauFG z.T. erheblich modifiziert anzuwenden war.[6996] Die Sanierung war in ihrer Anfangszeit vor allem an dem Gedanken ausgerichtet, die alte Bausubstanz völlig zu beseitigen und durch eine Neubebauung zu ersetzen. Von Flächensanierung und negativ von Kahlschlag war vielfach die Rede.

Seit Mitte der 70er Jahre hat sich die Ansicht durchgesetzt, dass i.d.R. nicht die Flächenent- 3300
wicklung- und Sanierung, sondern zugleich auch die Erhaltung der Bausubstanz gefördert werden sollte. Insofern ging die Entwicklung von der Neuplanung über die Flächensanierung zur mehr objektbezogenen Erhaltung unter Einbeziehung von Wohnbestand und Stadtbildpflege.[6997] Auf Grund der gewandelten Einstellung wurden in allen Bundesländern entsprechende Denkmalschutzgesetze erlassen und die Reichweite des Denkmalschutzes durch einen Umgebungsschutz erweitert. Der Bundesgesetzgeber übernahm den Gedanken der Substanzerhaltung 1976 auch in das Bauplanungsrecht. Die entsprechenden Regelungen finden sich heute noch in § 1 VI Nr. 5 BauGB (Planungsleitlinie auf Erhaltung städtebaulich bedeutsamer Bausubstanz) und §§ 172 ff. BauGB (Erhaltungssatzung) wieder. Mit den Novellen zum BBauG 1976 und 1979 und der Novelle zum StBauFG 1984[6998] wurden die beiden Gesetze noch stärker verzahnt.[6999] Das Nebeneinander von BBauG und StBauFG begründete die rechtspolitische Absicht, beide zusammenzufassen.[7000] Mit dem BauGB[7001] wurde dieses Ziel 1987 erreicht.[7002] Durch die Übernahme des städtebaulichen Sanierungsrechts in das BauGB hat der Gesetzgeber die Stadterneuerung als Daueraufgabe anerkannt.[7003]

Durch die Wohnungsnot der 80er Jahre und durch die friedliche Revolution in der damali- 3301
gen DDR von 1989 entstand für den Gesetzgeber ein erneuter Handlungsbedarf. Am 1.6.1990 trat in den alten Bundesländern das Wohnungsbau-Erleichterungsgesetz[7004] in Kraft. Es enthielt das Maßnahmengesetz zum BauGB,[7005] das speziell der Wohnraumbeschaffung diente. Durch

---

6992 Kauther JuS 1981, 557.

6993 ROG v. 8.4.1965 (BGBl. I 306).

6994 Gesetz über die städtebaulichen Sanierungs- und Entwicklungsmaßnahmen in den Gemeinden v. 27.7.1971 (BGBl. I 1125).

6995 Brohm, Öffentliches Baurecht, § 33, Rn. 4.

6996 Krautzberger NVwZ 1987, 647; Battis/Krautzberger/Löhr, Vorbem. zu §§ 136-164, Rn. 1.

6997 Materialien zum Baugesetzbuch, Schriftenreihe des BMBau, Nr. 03.108, August 1984, 91 f.; Köhler BBauBl. 1983, 135; Gronemeyer NVwZ 1985, 143.

6998 Gesetz zur Änderung des StBauFG v. 5.11.1984 (BGBl. I 1321).

6999 Krautzberger DVBl. 1984, 1149.

7000 Krautzberger NVwZ 1987, 647.

7001 Baugesetzbuch idF der Bekanntmachung v. 8.12.1986 (BGBl. I 2253).

7002 Gemäß Art. 2 Nr. 1 des Gesetzes über das Baugesetzbuch ist mit dem Inkrafttreten des Baugesetzbuches das StBauFG aufgehoben worden.

7003 RegE, BT-Drucksache 10/ 4630, 50.

7004 Gesetz vom 17.5.1990 (BGBl. I 926).

7005 BauGB-MaßnG idF der Neubekanntmachung v. 17.5.1990 (BGBl. I 926).

den Staatsvertrag vom 18.5.1990 wurde durch die Schaffung einer Währungs-, Wirtschafts- und Sozialunion am 20.6.1990 die Bauplanungs- und Zulassungsverordnung[7006] für den Bereich der ehemaligen DDR erlassen. Sie enthielt wesentliche Regelungen zur Bauleitplanung, zur Zulässigkeit von Vorhaben und zur städtebaulichen Sanierung. Seit dem 3.10.1990 gilt das BauGB, zunächst mit den bis zum 31.12.1997 befristeten Sondervorschriften der § 246 a BauGB, auch in den neuen Bundesländern. Das BauGB wurde durch das Investitionserleichterungs- und Wohnbaulandgesetz 1993 geändert, und gleichzeitig damit das BauGB-MaßnG bis zum 31.12 1997 verlängert. Weitere Änderungen im BauGB erfolgten 1996 im Zusammenhang mit der Windenergienovelle und 1998 durch das Bau- und Raumordnungsgesetz.[7007] Zugleich trat das BauGB-MaßnG außer Kraft. Die gesetzlichen Neuregelungen betrafen teilweise auch das Sanierungsrecht, dessen Bedeutung aber vor allem durch die geringeren öffentlichen Fördermittel abnahm. Durch das EAG Bau 2004 sind Regelungen zum Stadtumbau und zur sozialen Stadt hinzugefügt worden (§§ 171 a bis 171 e BauGB).

II. Sanierungsrecht (Überblick)

3302 Städtebauliche Sanierungsmaßnahmen in Stadt und Land, deren einheitliche Vorbereitung und zügige Durchführung im öffentlichen Interesse liegen, werden gem. § 136 I BauGB nach den Vorschriften der §§ 136 bis 164 b BauGB vorbereitet und durchgeführt. Städtebauliche Sanierungsmaßnahmen sind gem. § 136 II 1 BauGB Maßnahmen, durch die ein Gebiet zur Behebung städtebaulicher Missstände wesentlich verbessert oder umgestaltet wird. Städtebauliche Missstände liegen nach § 136 II 2 BauGB vor, wenn 1. das Gebiet nach seiner vorhandenen Bebauung oder nach seiner sonstigen Beschaffenheit den allgemeinen Anforderungen an gesunde Wohn- und Arbeitsverhältnisse oder an die Sicherheit der in ihm wohnenden oder arbeitenden Menschen auch unter Berücksichtigung der Belange des Klimaschutzes und der Klimaanpassung nicht entspricht oder 2. das Gebiet in der Erfüllung der Aufgaben erheblich beeinträchtigt ist, die ihm nach seiner Lage und Funktion obliegen. Das städtebauliche Sanierungsrechts stellt sich heute als Sonderrecht des Bauplanungsrechts dar, für das einerseits das allgemeine Recht der städtebaulichen Planung gilt, das aber zugleich in den §§ 136 bis 164 b BauGB über Sonderregelungen verfügt, die speziell auf die bauliche Nutzung von Bereichen mit städtebaulichen Missständen und mit sozialen Brennpunkten ausgerichtet ist.

1. Systematik: §§ 136 bis 164 b BauGB

3303 Im Ersten Abschnitt (§§ 136 bis 139 BauGB) sind allgemeine Vorschriften zusammengefasst. Im Zweiten Abschnitt (§§ 140 bis 151 BauGB) sind die Vorbereitung und Durchführung der Sanierung geregelt. Die – außer in den Fällen des „vereinfachten" Verfahrens – anzuwendenden besonderen sanierungsrechtlichen Vorschriften des Dritten Abschnitts (§§ 152 bis 156 a BauGB) umfassen vor allem die besonderen entschädigungsrechtlichen Regelungen, die Preisprüfung und den Ausgleichsbetrag. Im Vierten Abschnitt (§§ 157 bis 161 BauGB) sind Bestimmungen über Sanierungsträger und andere Beauftragte enthalten und der Fünfte Abschnitt (§§ 162 bis 164 BauGB) enthält die Bestimmungen über den Abschluss der Sanierung. Der Sechste Abschnitt (§§ 164 a bis 164 b BauGB) behandelt den Einsatz von Städtebauförderungsmitteln. Weiterhin regeln die durch das BauROG 1998 neu gefassten Überleitungsvorschriften der §§ 233 und 235 BauGB die Anwendung des ab 1.1.1998 geltenden Sanierungsrechts.[7008]

2. Anwendungsbereich des Sanierungsrechts

3304 Die städtebauliche Sanierungsmaßnahme dient der Gemeinde dazu, städtebauliche Missstände zu verbessern und möglichst zu beheben.[7009] Dabei ist die Sanierungsmaßnahme eine komplexe Gesamtmaßnahme.[7010] Die Sanierungsmaßnahme besteht aus mehreren Einzelmaßnahmen, deren einheitliche Vorbereitung und Durchführung gem. § 136 I BauGB im öffent-

[7006] Verordnung v. 20.6.1990, (GBl. DDR I 739).
[7007] Gesetz zur Änderung des BauGB und zur Neuregelung des Rechts der Raumordnung v. 18.8.1997 (BGBl. I 2081).
[7008] Battis/Krautzberger/Löhr NVwZ 1997, 1145.
[7009] Krautzberger in EZBK, 2023, Vorbem. zu §§ 136-171, Rn. 25.
[7010] BVerwG NJW 1996, 2807.

lichen Interesse liegen muss. Das Sanierungsrecht der §§ 136 bis 164b BauGB ist weiterhin in seiner sachlichen, räumlichen und zeitlichen Anwendung beschränkt:[7011]

a) Sachlicher Anwendungsbereich. Durch § 136 I BauGB wird der sachliche Anwendungsbereich des Sanierungsrechts festgelegt. Danach werden „nach den Vorschriften dieses Teils" städtebauliche Sanierungsmaßnahmen in Stadt und Land, deren einheitliche Durchführung im öffentlichen Interesse liegt, vorbereitet und durchgeführt. 3305

b) Räumlicher Anwendungsbereich. Gemäß § 142 I 2 BauGB ist das Sanierungsgebiet so zu begrenzen, dass sich die Sanierung zweckmäßig durchführen lässt (**Zweckmäßigkeitsgebot**). Das Sanierungsrecht enthält Regelungen für bestimmte Gebiete und Flächen. Dazu gehören Untersuchungsgebiete, das sind Gebiete, für die Sanierungsmaßnahmen in Betracht kommen und für die von der Gemeinde gem. § 141 III BauGB die Durchführung vorbereitender Untersuchungen beschlossen wird. Hinzu kommen förmlich festgelegte Sanierungsgebiete (§§ 142, 143 BauGB) und förmlich festgelegte Ersatz- und Ergänzungsgebiete (§ 142 II BauGB). Außerhalb der förmlich festgelegten Sanierungsgebiete können gem. § 147 S. 3, § 148 I 2 BauGB Ersatzbauten, Ersatzanlagen und durch die Sanierung bedingte Gemeinbedarfs- und Folgeeinrichtungen liegen. 3306

c) Zeitlicher Anwendungsbereich. Das Sanierungsrecht ist vom Zeitpunkt der Bekanntmachung des Beschlusses über den Beginn der vorbereitenden Untersuchungen gem. § 141 III 2 BauGB bis zur Aufhebung der Sanierungssatzung gem. § 162 II 2 und 3 BauGB anzuwenden. Für einzelne Grundstücke sind nach § 163 BauGB Ausnahmen möglich. Sanierungsmaßnahmen enden grundsätzlich mit der förmlichen Aufhebung des Sanierungsgebiets gem. § 162 BauGB. Die Gemeinde kann die Sanierung für ein Grundstück als abgeschlossen erklären, wenn entsprechend den Zielen und Zwecken der Sanierung nach § 163 I 1 BauGB für ein Grundstück schon früher für beendet erklären, 1. das Grundstück bebaut ist oder in sonstiger Weise genutzt wird oder 2. das Gebäude modernisiert oder instand gesetzt ist. Nach dem förmlichen Abschluss der Sanierung bleiben der Gemeinde verschiedene Abwicklungsaufgaben. Dazu gehören die Erhebung von Ausgleichsbeträgen nach den §§ 154, 155 BauGB, der Überschussverteilung nach § 156a BauGB, die Feststellung von Rückübertragungsansprüchen nach Maßgabe des § 164 BauGB sowie die Abrechnung der Gesamtmaßnahme auf der Grundlage der Kosten- und Finanzierungsübersicht (§ 149 BauGB) sowie der ausgereichten Zuwendungen des Bundes und des Landes nach den §§ 164a und 164b BauGB. Außerdem ist der rechtliche Abschluss der Sanierung für die Entstehung der Ausgleichsbetragspflicht (§ 154 BauGB).[7012] 3307

III. Städtebauliche Sanierungsmaßnahmen

Die Sanierung dient der Revitalisierung mit Substanz- und Funktionsschwächen. Die Maßnahmen setzen ein qualifiziertes öffentliches Interesse voraus, müssen dem Abwägungsgebot entsprechen und kommen den Städten und Gemeinden als Selbstverwaltungsaufgabe zu. Die Sanierung steigert zumeist den Wert betroffener Grundstücke; sie ist regelmäßig deshalb auch bei langer Dauer keine Enteignung iSd Art. 14 III GG, sondern eine Inhalts- und Schrankenbestimmung iSd Art. 14 I S. 2 GG. Überschreitet sie die Grenze einer zulässigen Inhalts- und Schrankenbestimmung, ist sie verfassungswidrig 3308

1. Begriff der städtebaulichen Sanierung

Städtebauliche Sanierungsmaßnahmen zielen darauf ab, städtebauliche Missstände wesentlich zu verbessern oder umzugestalten.[7013] § 136 II BauGB unterscheidet zwischen **Missständen** in der Substanz und in der Funktionsfähigkeit eines Gebietes. Als Sanierungsmaßnahme kommen nach § 136 I BauGB nur solche städtebaulichen Maßnahmen in Betracht, deren einheitliche Vorbereitung und zügige Durchführung im öffentlichen Interesse liegt. Sie müssen **Gesamtmaßnahmen** sein, die anders als sonstige städtebauliche Maßnahmen darauf angelegt sind, mehrere Maßnahmen koordiniert und aufeinander abgestimmt für ein bestimmtes Gebiet vor- 3309

[7011] Krautzberger in EZBK, 2023, Vorbem. zu §§ 136-171, Rn. 26; Krautzberger NVwZ 1987, 647.

[7012] Krautzberger/Fieseler in EZBK, BauGB, 2022, § 136 Rn. 22.

[7013] Battis/Krautzberger/Mitschang/Reidt/Stüer NVwZ 2011, 897; Krautzberger/Stüer BauR 2011, 1416; Söfker ZfBR 2011, 541; Stüer/Stüer DVBl. 2011, 1117.

zubereiten und durchzuführen.[7014] § 164a I 1 BauGB bestimmt dazu, dass zur Deckung der Kosten der einheitlichen Vorbereitung und zügigen Durchführung der städtebaulichen Sanierungsmaßnahme als Einheit (Gesamtmaßnahme) Finanzierungs- und Fördermittel (Städtebauförderungsmittel) eingesetzt. werden. Weitere städtebauliche Gesamtmaßnahmen nach dem BauGB sind die städtebauliche Entwicklungsmaßnahme (§ 165 BauGB), der Stadtumbau (§ 171a BauGB) und die Soziale Stadt (§ 171e BauGB). Kennzeichnend für das städtebauliche Konzept der städtebaulichen Gesamtmaßnahme ist ihre einheitliche Vorbereitung und zügige Durchführung durch die Gemeinde (§§ 140 ff., §§ 146 ff. BauGB).[7015]

3310 **Städtebauliche Missstände** iSd § 136 II 1 BauGB liegen vor, wenn das Gebiet nach seiner vorhandenen Bebauung oder nach seiner sonstigen Beschaffenheit den allgemeinen Anforderungen an gesunde Wohn- und Arbeitsverhältnisse oder an die Sicherheit der in ihm wohnenden oder arbeitenden Menschen auch unter Berücksichtigung der Belange des Klimaschutzes und der Klimaanpassung nicht entspricht (**Substanzsanierung**, § 136 II 2 Nr. 1 BauGB) oder das Gebiet in der Erfüllung der Aufgaben, die ihm nach seiner Lage und Funktion obliegen, erheblich beeinträchtigt ist (**Funktionsschwächen- oder Struktursanierung**, § 136 II 2 Nr. 2 BauGB).[7016]

3311 Der Gemeinde ist bei der Bewertung der zukünftigen Struktur und Funktion eines Sanierungsgebiets ein weiter Beurteilungs- und Gestaltungsspielraum eingeräumt.[7017] Die **gerichtliche Nachprüfung** der Entscheidung über das Vorliegen städtebaulicher Missstände beschränkt sich im Wesentlichen darauf, ob die Gemeinde die maßgeblichen Tatsachen und Umstände rechtsfehlerfrei ermittelt hat oder ob sie von grundsätzlich fehlsamen Voraussetzungen ausgegangen ist.[7018]

3312 **a) Substanzschwäche.** Städtebauliche Missstände liegen gem. § 136 II Nr. 1 BauGB vor, wenn ein Gebiet nach seiner vorhandenen Bebauung oder nach seiner sonstigen Beschaffenheit den allgemeinen Anforderungen an gesunde Wohn- und Arbeitsverhältnisse oder an die Sicherheit der in ihm wohnenden oder arbeitenden Menschen nicht entspricht. § 136 III Nr. 1 BauGB enthält einen Katalog, anhand dessen das Vorliegen eines solchen Missstandes zu beurteilen ist. Bei der Beurteilung, ob in einem städtischen oder ländlichen Gebiet städtebauliche Missstände vorliegen, sind insbesondere zu berücksichtigen 1. die Wohn- und Arbeitsverhältnisse oder die Sicherheit der in dem Gebiet wohnenden und arbeitenden Menschen in Bezug auf a) die Belichtung, Besonnung und Belüftung der Wohnungen und Arbeitsstätten, b) die bauliche Beschaffenheit von Gebäuden, Wohnungen und Arbeitsstätten, c) die Zugänglichkeit der Grundstücke, d) die Auswirkungen einer vorhandenen Mischung von Wohn- und Arbeitsstätten, e) die Nutzung von bebauten und unbebauten Flächen nach Art, Maß und Zustand, f) die Einwirkungen, die von Grundstücken, Betrieben, Einrichtungen oder Verkehrsanlagen ausgehen, insbesondere durch Lärm, Verunreinigungen und Erschütterungen, g) die vorhandene Erschließung, h) die energetische Beschaffenheit, die Gesamtenergieeffizienz der vorhandenen Bebauung und der Versorgungseinrichtungen des Gebiets unter Berücksichtigung der allgemeinen Anforderungen an den **Klimaschutz** und die **Klimaanpassung**.

3313 Anhaltspunkte für städtebauliche Anforderungen, deren Verfehlung zu einem städtebaulichen Missstand führen kann, ergeben sich aus dem BauGB, der BauNVO, den zu beabsichtigenden oder zu berücksichtigenden Plänen, den Landesbauordnungen und aus sonstigen, die Bodennutzung regelnden Vorschriften des öffentlichen Rechts, insbesondere solchen des Umweltrechts.[7019]

3314 **b) Funktionsschwäche.** Ein städtebaulicher Missstand hinsichtlich der mangelnden Funktionsfähigkeit eines Gebietes liegt gem. § 136 II Nr. 2 BauGB vor, wenn ein Gebiet in der Erfüllung seiner Aufgaben, die ihm nach seiner Lage und Funktion obliegen, erheblich beein-

[7014] Kment in Jarass/Kment, BauGB, § 136 Rn. 1; Krautzberger/Fieseler in EZBK, BauGB, 2022, § 136 Rn. 3; BVerwG NVwZ 1986, 917 (917); NVwZ 2003, 746 (746 f); NVwZ 2006, 1167 (1168); NVwZ 2010, 1490 Rn. 7; Mitschang in BKL, BauGB, 2022, Rn. 3.

[7015] Krautzberger/Fieseler in EZBK, BauGB, 2022, § 136 Rn. 5.

[7016] BVerwG, NVwZ 2010, 1490 Rn. 7)

[7017] BVerwG NVwZ 2010, 1490 = juris Rn. 7.

[7018] OVG Münster Urt. v. 23.10.2008 – 7 D 37/07.NE, BeckRS 2008, 402 94; OVG Bautzen BauR 2009, 1630.

[7019] Kment in Jarass/Kment, BauGB. 2022, § 136 Rn. 3.

trächtigt ist.[7020] Bei der Beurteilung dieser Frage ist der Kriterienkatalog des § 136 III Nr. 2 BauGB heranzuziehen. Bei der Beurteilung, ob in einem städtischen oder ländlichen Gebiet städtebauliche Missstände vorliegen, ist insoweit insbesondere zu berücksichtigen, die Funktionsfähigkeit des Gebiets in Bezug auf a) den fließenden und ruhenden Verkehr, b) die wirtschaftliche Situation und Entwicklungsfähigkeit des Gebiets unter Berücksichtigung seiner Versorgungsfunktion im Verflechtungsbereich, und c) die infrastrukturelle Erschließung des Gebiets, seine Ausstattung mit Grünflächen, Spiel- und Sportplätzen und mit Anlagen des Gemeinbedarfs, insbesondere unter Berücksichtigung der sozialen und kulturellen Aufgaben dieses Gebiets im Verflechtungsbereich. Die Funktionsschwäche folgt dabei nicht nur der bereits bestehenden Situation, sondern kann sich auch aus der zukünftigen Funktion oder Struktur des jeweiligen Gebietes ergeben.[7021] Im Fall einer sog. Funktionsmängelsanierung ist das Vorliegen von städtebaulichen Missständen gebietsbezogen festzustellen. Weiter kommt es darauf an, welche Funktion das Gebiet nach den Sanierungszielen künftig erfüllen soll. Bei der Abgrenzung des Sanierungsgebietes hat die Gemeinde einen planerischen Gestaltungsspielraum (§ 142 I 2 BauGB).[7022] Auch einzelne Grundstücke, die für sich betrachtet keinen Sanierungsbedarf auslösen, können in das Sanierungsgebiet einbezogen werden.[7023] Das ist insbesondere bei der sog. Funktionsschwächesanierung nach § 136 III Nr. 2 BauGB der Fall. Wie viele Grundstücke zur Verwirklichung der Funktionsschwächesanierung in den Geltungsbereich der Satzung einzubeziehen sind, bestimmt sich nach den konkreten Umständen des Einzelfalls und entzieht sich rechtsgrundsätzlicher Klärung.[7024]

c) Klimaschutz. Die **Städtebaurechts-Novelle 2013** hat den Klimaschutz und die Klimaanpassung als eine Aufgaben der städtebaulichen Sanierung bezeichnet.[7025] Diese Vorschläge waren – in der Substanz – schon im Regierungsentwurf der „Klimaschutznovelle“ vorgesehen, aber im damaligen Gesetzgebungsverfahren zugunsten einer Prüfbitte zurückgestellt worden. Durch Änderungen in § 136 II 2 Nr. 1, III und IV 2 Nr. 1 BauGB können die Belange des Klimaschutzes und der Klimaanpassung bei den Sanierungszielen zur Behebung städtebaulicher Missstände berücksichtigt werden. Klimaschutz und Klimaanpassung sind danach auch im Rahmen der städtebaulichen Sanierung – als ein Bestandteil der städtebaulichen Gesamtmaßnahme – zu berücksichtigen, zB durch gebietsbezogene energetische Maßnahmen wie die Versorgung durch Blockheizkraftwerke, Solaranlagen oder einer Fernheizung. Die bereits praktizierten kommunalen Aktivitäten einer „klimagerechten Stadterneuerung“ können sich damit auch auf einen entsprechenden Gesetzeswortlaut stützen. Ob und wie die Gemeinden hiervon Gebrauch machen, insbesondere auch, ob sie in bestehenden Sanierungsgebieten entsprechend initiativ werden, liegt in ihrem planerischen Ermessen. Hierbei sind die gesetzlichen Voraussetzungen und die jeweiligen örtlichen Verhältnisse zu berücksichtigen. 3315

Als zusätzliche Kriterien für die Sanierungsbedürftigkeit eines Gebiets soll dazu die energetische Beschaffenheit, die Gesamtenergieeffizienz der vorhandenen Bebauung und der Versorgungseinrichtungen benannt werden. Dabei sind Art und Gewicht der anhand der Kriterien ermittelten Mängel zu beurteilen sowie in einer Gesamtschau auf der Grundlage objektiver Kriterien und rechtlicher Vorgaben zu würdigen. Die Zielsetzungen der städtebaulichen Sanierungsmaßnahmen sind um die Anpassung der baulichen Struktur an die Erfordernisse des Klimaschutzes und der Klimaanpassung ergänzt worden. Städtebauliche Sanierungsmaßnahmen sollen danach auch einen Beitrag dazu leisten, dem Klimawandel entgegenzuwirken und außerdem der Klimaanpassung dienen. Hierzu kommt insbesondere eine bessere Ausstattung der baulichen Anlagen mit nachhaltigen Versorgungseinrichtungen, wie Erneuerbare-Energien-Anlagen und Kraft-Wärme-Kopplungsanlagen, und eine verbesserte Wärmedämmung in Betracht (§ 172 IV Nr. 1 a BauGB). 3316

[7020] BVerwG NVwZ-RR 1997, 155.

[7021] BVerwG NVwZ 1985, 184.

[7022] BVerwG Beschl. v. 16.1.2008 – 4 BN 2.08, BeckRS 2008, 31198. Zum vereinfachten Sanierungsverfahren VGH München Beschl. v. 8.8.2008 – 15 ZB 7.2925 –.

[7023] OVG Schleswig-Holstein NordÖR 2004, 488.

[7024] BVerwG Beschl. v. 19.5.2009 – 4 BN 1.09, BeckRS 2009, 34752.

[7025] Mitschang in BKL, BauGB, 2022, § 136 Rn. 28; Krautzberger/Stüer DVBl. 2013, 805 (813).

2. Qualifiziertes öffentliches Interesse und Sanierungsgrundsätze

3317 Gemäß § 136 I BauGB muss die einheitliche Vorbereitung und Durchführung der Sanierungsmaßnahmen im öffentlichen Interesse liegen. Der unbestimmte Rechtsbegriff des öffentlichen Interesses wird zum einen durch die Tatbestandsmerkmale „einheitliche Vorbereitung" und „zügige Durchführung" konkretisiert. Zum anderen wird das qualifizierte öffentliche Interesse durch die allgemeine Zielsetzung des § 136 IV 2 Nr. 1 bis 4 BauGB weiter konkretisiert.

3318 Städtebauliche Sanierungsmaßnahmen dienen nach § 136 IV 1 BauGB dem **Wohl der Allgemeinheit**. Dementsprechend trifft § 136 IV BauGB die programmatische Aussage, dass Sanierungsmaßnahmen dem Wohl der Allgemeinheit dienen. In dieser Bestimmung liegt keine gesetzliche Fiktion, sondern eine Anforderung, die mit § 136 IV 2 Nr. 1 bis 4 BauGB in Zusammenhang steht. Wegen der erforderlichen Allgemeinwohlbindung besteht das öffentliche Interesse iS des § 136 I BauGB nicht bereits dann, wenn eine städtebauliche Sanierungsmaßnahme entweder in ihrer Gesamtheit oder in Einzelmaßnahmen vor allem in Verfolg privater Interessen vorbereitet und durchgeführt werden soll.

3319 Sie sollen nach § 136 IV 2 BauGB dazu beitragen, dass 1.die bauliche Struktur in allen Teilen des Bundesgebiets nach den allgemeinen Anforderungen an den Klimaschutz und die Klimaanpassung[7026] sowie nach den sozialen, hygienischen, wirtschaftlichen und kulturellen Erfordernissen entwickelt wird, 2. die Verbesserung der Wirtschafts- und Agrarstruktur unterstützt wird, 3. die Siedlungsstruktur den Erfordernissen des Umweltschutzes, den Anforderungen an gesunde Lebens- und Arbeitsbedingungen der Bevölkerung und der Bevölkerungsentwicklung entspricht oder 4. die vorhandenen Ortsteile erhalten, erneuert und fortentwickelt werden, die Gestaltung des Orts- und Landschaftsbilds verbessert und den Erfordernissen des Denkmalschutzes Rechnung getragen wird.

3320 Mit Blick auf Klimaschutz und Klimaanpassung soll vor allem auf eine nachhaltige Ausstattung baulicher Anlagen mit Erneuerbaren Energien, Kraft-Wärme-Kopplungsanlagen sowie auch mit Wärmedämmungsmaßnahmen hingewirkt werden.[7027]

3. Abwägungsgebot

3321 Nach § 136 IV 3 BauGB sind die öffentlichen und privaten Belange sind gegeneinander und untereinander gerecht abzuwägen. Dem Abwägungsgebot kommt insofern besondere Bedeutung zu, weil es dem einzelnen Sanierungsbetroffenen den als subjektives Rechts ausgestalteten Anspruch auf eine gerechte Abwägung gerade wegen seiner rechtlich geschützten Belange einräumt. Angesichts der bedeutenden Auswirkungen, die jede Abwägung in der Planung für den einzelnen Bürger insbesondere im Hinblick auf grundrechtlich geschützte Positionen wie die Eigentumsgarantie des Art. 14 GG mit sich bringt, darf eine planerische Gestaltungsfreiheit schon von Verfassung wegen nicht ohne rechtliche Bindung eingeräumt werden. Das Abwägungsgebot ist somit Ausfluss des Rechtsstaatsgebotes des Art. 20 III GG und die Abwägungsgrundsätze sind daher nicht nur für die Bauleitplanung, sondern auch für jede andere staatliche Planung verbindlich.[7028]

3322 Auf die Sanierungsplanung können die für die Bauleitplanung entwickelten Abwägungsgrundsätze entsprechend angewendet werden. Der Abwägungsbegriff des § 136 IV 3 BauGB unterscheidet sich nicht von demjenigen, der den Planerhaltungsvorschriften zugrunde liegt. Auch für das sanierungsrechtliche Abwägungsgebot gilt deshalb die vom BVerwG entwickelte Abwägungsfehlerlehre. Die Gemeinde muss im Streitfall – insbesondere auf der Grundlage der Ergebnisse der vorbereitenden Untersuchungen – darlegen können, von welchen Überlegungen sie sich bei der Festlegung der Sanierungsziele und der Abgrenzung des Sanierungsgebiets hat leiten lassen.[7029]

3323 Die **Behördenbeteiligung** erfolgt in entsprechender Anwendung der allgemeinen Beteiligungsvorschriften in §§ 4, 4 a BauGB. Die Behörden und sonstigen Träger öffentlicher Belange

---

[7026] Siehe dazu Mitschang in BKL, BauGB, 2022, § 136 Rn. 28; Mitschang ZfBR 2020, 613 (616); Battis/Mitschang/Reidt NVwZ 2013, 961 (966).

[7027] Mitschang in BKL, BauGB, 2022, § 136 Rn. 28; Krautzberger GuG 2012, 129 (133); Krautzberger/Stüer DVBl. 2013, 805 (813).

[7028] BVerwGE 34, 301; BVerwGE 48, 56; Stüer/Rude DVBl. 1999, 210.

[7029] BVerwG BauR 2019, 1432; siehe auch ZfBR 2018, 678 Rn. 11; VGH Mannheim BauR 2017, 520 (523 f.); OVG Münster BauR 2019, 850 Rn. 42; OVG Lüneburg BauR 2018, 1377 (1378 f.).

sind daher wie bei der förmlichen Behördenbeteiligung zu beteiligen. Die Behörden haben ihrerseits die Gemeinden auch über Änderungen ihrer Absichten zu informieren. Bei Änderungen der Planungen sind Konsultationsverfahren zwischen den Trägern öffentlicher Belange und der Gemeinde vorgesehen. Der Gemeinde ist bei der Bewertung der zukünftigen Struktur und Funktion eines Sanierungsgebiets ein weiter Beurteilungs- und Gestaltungsspielraum eingeräumt. Wenn Ordnungs- und Baumaßnahmen nach § 146 I BauGB, die mit entsprechenden Beeinträchtigungen eines FFH-Gebietes verbunden sein können, entweder verboten sind oder aus rechtlichen Gründen nicht ohne vorherige FFH-Vorprüfung bzw. FFH-Verträglichkeitsuntersuchung durchgeführt werden dürfen, kann es auf der Grundlage der Sanierungssatzung nicht zu naturschutzrechtlich relevanten Beeinträchtigungen kommen,[7030] weil diese Prüfungen im Rahmen der Konzeptumsetzung noch erfolgen müssen.[7031]

Zeitpunkt der Abwägung ist in entsprechender Anwendung des § 214 III 1 BauGB für die anfängliche Abwägung nach Abschluss der vorbereitenden Untersuchungen die Sach- und Rechtslage im Zeitpunkt der Beschlussfassung über die Sanierungssatzung. § 214 III 2 BauGB gibt durch Abwägungsvorgang, Abwägungsergebnis und Abwägungsmangel den Ablauf jeder Abwägung nach dem BauGB vor. Entsprechendes gilt für die Abwägung bei der späteren Konkretisierung der Sanierungsziele. 3324

4. Sanierung als Selbstverwaltungsaufgabe der Gemeinden

Vorbereitung, Durchführung und Abschluss der städtebaulichen Sanierungsmaßnahme ist eine Selbstverwaltungsaufgabe der Gemeinden iS des Art. 28 II GG und iS des § 73 I 2 Nr. 3 VwGO.[7032] Selbstverwaltungsangelegenheiten iS von § 73 I 2 Nr. 3 VwGO sind nur solche des eigenen Wirkungskreises, nicht auch die Aufgaben des übertragenen Wirkungskreises oder Aufgaben nach Weisung. Die Zuständigkeit der Gemeinden wird im Sanierungsrecht an zahlreichen Stellen festgelegt (§§ 140 1, 141 I, 142 I, 142 III, 144, 145, 145, 154 III 2, 154 IV, 157 I, 163 I BauGB). Widerspruchsbescheide erlässt daher die Gemeinde, wenn es sich um eine sanierungsrechtliche Selbstverwaltungsangelegenheit handelt. 3325

IV. Sanierungsverfahren

Das Sanierungsverfahren gliedert sich in die **Vorbereitung**, die **Durchführung** und den **Abschluss** der Sanierung. 3326

1. Vorbereitung der Sanierung

Die Vorbereitung der Sanierung ist gem. § 140 BauGB Aufgabe der Gemeinde. Die Vorbereitung umfasst die in § 140 BauGB aufgeführten Aufgaben. Dazu zählen sie 1. die vorbereitenden Untersuchungen, 2. die förmliche Festlegung des Sanierungsgebiets, 3. die Bestimmung der Ziele und Zwecke der Sanierung, 4. die städtebauliche Planung; hierzu gehört auch die Bauleitplanung oder eine Rahmenplanung, soweit sie für die Sanierung erforderlich ist, 5. die Erörterung der beabsichtigten Sanierung, 6. die Erarbeitung und Fortschreibung des Sozialplans und 7. einzelne Ordnungs- und Baumaßnahmen, die vor einer förmlichen Festlegung des Sanierungsgebiets durchgeführt werden. In den §§ 141 ff. BauGB werden diese Aufgaben im Detail geregelt. 3327

a) Vorbereitende Untersuchungen. Die Gemeinde hat vor der förmlichen Festlegung des Sanierungsgebietes vorbereitende Untersuchungen gem. § 141 I 1 BauGB durchzuführen oder zu veranlassen, um Beurteilungsunterlagen über die Erforderlichkeit einer Sanierung, die sozialen, strukturellen und städtebaulichen Verhältnisse und Zusammenhänge sowie die anzustrebenden allgemeinen Ziele und die Durchführbarkeit der Sanierung im Allgemeinen zu gewinnen. Weiterhin sollen sich die vorbereitenden Untersuchungen gem. § 141 I 2 BauGB auch auf nachteilige Auswirkungen erstrecken, die sich für die von der beabsichtigten Sanierung unmittelbar Betroffenen in ihren persönlichen Lebensumständen im wirtschaftlichen oder sozialen Bereich voraussichtlich ergeben. Vorbereitende Untersuchungen nach § 141 BauGB dienen 3328

7030 BVerwG ZfBR 2010, 479.

7031 Zur Verbindlichkeit einer Sanierungssatzung für die nachfolgende Bebauungsplanung OVG Koblenz DVBl. 2010, 664.

7032 Seifert in Kröninger/Jeromin BauGB/BauNVO, 2024, § 140 Rn. 1.

dazu, der Gemeinde ausreichend abgesicherte Erkenntnisse zu der Frage der Durchführbarkeit der Sanierung auch unter Finanzierungsgesichtspunkten zu verschaffen. Ist die Verlegung eines Industriebetriebes wesentlicher Bestandteil des Sanierungskonzepts, so müssen im Rahmen der vorbereitenden Untersuchungen die Mitwirkungsbereitschaft des Industriebetriebes und die Verlagerungskosten ermittelt werden (§ 147 I Nr. 2 BauGB), bevor das Sanierungsgebiet förmlich festgelegt wird.[7033]

3329 Zu einer ordnungsgemäßen Abwägung der öffentlichen und privaten Belange iSd § 136 IV 3 BauGB gehört, dass sich der Satzungsgeber ausgehend vom jeweiligen Stand der Planung über das Vorliegen der tatsächlichen und rechtlichen Voraussetzungen für die Erreichbarkeit des Sanierungsziels vergewissert. Er muss, soweit dies der Planungsstand erlaubt, ermitteln, ob das Sanierungskonzept überhaupt verwirklicht werden kann und dabei voraussichtlich gewährleistet ist, dass der zeitliche Rahmen eingehalten werden kann, den das Zügigkeitsgebot aus § 136 I BauGB allgemein und die nach § 142 III 3 BauGB zu setzende Frist für die Durchführung der Sanierung konkret vorgibt.[7034]

3330 Die Gemeinde hat gem. § 141 III 1, 2 BauGB den **Beginn der vorbereitenden Untersuchungen** durch einen ortsüblich bekannt gemachten Beschluss festzulegen. In diesem Beschluss muss der Untersuchungsgegenstand eindeutig bezeichnet[7035] und gem. § 141 III 3 BauGB auf die Auskunftspflichten der Betroffenen gem. § 138 BauGB hingewiesen werden. Mit dem Beschluss sind gem. § 141 IV BauGB die Vorschriften über die Beteiligung und über Pflichten Betroffener und der öffentlichen Aufgabenträger gem. §§ 137, 138 und 139 BauGB anzuwenden. Entsprechendes gilt für erste Sicherungsmaßnahmen gegen hinderliche Veränderungen, wie die mögliche Zurückstellung von Baugesuchen bzw. die vorläufige Untersagung von baugenehmigungsfreien Vorhaben nach § 15 BauGB.[7036]

3331 Der **Bund**, einschließlich seiner Sondervermögen, die Länder, die Gemeindeverbände und die sonstigen Körperschaften, Anstalten und Stiftungen des öffentlichen Rechts sollen im Rahmen der ihnen obliegenden Aufgaben die Vorbereitung und Durchführung von städtebaulichen Sanierungsmaßnahmen unterstützen (§ 139 BauGB). Die Träger öffentlicher Belange haben die Gemeinden auch über Änderungen ihrer Absichten zu unterrichten (§ 139 II 2 BauGB). Die Beteiligung dieser Behörden richtet sich nach den §§ 4 und 4 a BauGB (§ 139 II 1 BauGB).

3332 Zwischen der Durchführung der vorbereitenden Untersuchungen und der Gewinnung von Beurteilungsunterlagen muss ein **Kausalzusammenhang** bestehen (§ 141 I 1 BauGB). Anderenfalls sind die vorbereitenden Untersuchungen mangels Ermächtigungsgrundlage rechtswidrig. Die Sanierung ist notwendig, wenn in dem zu untersuchenden Gebiet städtebauliche Missstände iS von § 136 II, III BauGB vorhanden sind oder drohen, die einheitliche Vorbereitung und zügige Durchführung gem. § 136 I BauGB im öffentlichen Interesse liegen und städtebauliche Missstände nicht ausschließlich durch Maßnahmen andere öffentlicher Aufgabenträger oder Inanspruchnahme anderer Förderungsmittel aus anderen Programmen oder Anwendung anderer Bestimmungen des BauGB oder andere Vorschriften behoben werden können.[7037] Die Prüfung der Notwendigkeit stellt eine Bestandsaufnahme der Gemeinden hinsichtlich der in § 136 II 2 BauGB und § 136 III BauGB aufgeführten städtebaulichen Missstände dar, wobei in diesem Rahmen die in den §§ 137, 138, 139 BauGB festgelegten Beteiligungs- und Mitwirkungsrechte ihre Wirkung entfalten.

3333 Gemäß § 137 S. 1 BauGB soll die Sanierung iS einer **Betroffenenbeteiligung** möglichst frühzeitig mit den Eigentümern, Mietern, Pächtern und sonstigen Betroffenen erörtert werden. Die Betroffenen sollen gem. § 137 S. 2 BauGB zur Mitwirkung bei der Sanierung und zur Durchführung der erforderlichen baulichen Maßnahmen angeregt und hierbei im Rahmen des Möglichen beraten werden. Die Vorschrift gilt sowohl für die Vorbereitung der Sanierung, als auch für deren Durchführung.[7038] Sanierungsbetroffene sind Eigentümer, Mieter, Pächter und sonstige Betroffene. Die Aufzählung ist nicht abschließend und unter dem Begriff der sonstigen Betroffenen fallen im weitesten Sinne diejenigen natürlichen und juristischen Personen, die von der Sanierungsmaßnahme in ihren tatsächlich bestehenden und rechtlich geschützten Posi-

[7033] VGH Kassel DÖV 2011, 42.
[7034] OVG Münster ZfBR 2016, 596.
[7035] Mitschang in BKL, BauGB, 2022, § 141 Rn. 9.
[7036] Battis/Krautzberger/Löhr NVwZ 1997, 1145.
[7037] BGH DVBl. 1981, 90;
[7038] Krautzberger/Fieseler in EZBK, BauGB, 2023, § 137 Rn. 1.

tionen betroffen sind; das sind zB Arbeitnehmer, Betriebsinhaber, Erbbauberechtigte, aber auch außerhalb des Sanierungsgebietes liegende Personen (zB durch Immissionen betroffen).[7039] Der Begriff der Betroffenheit ist aber auch nicht unbeschränkt zu sehen. Die Beteiligungsvorschrift des § 137 1 BauGB ist als eine „Soll-Vorschrift" gefasst, um zu erreichen, dass ein Verstoß gegen die Beteiligung von möglichen Betroffenen nicht zugleich zur Ungültigkeit der sich anschließenden Maßnahmen führt. Die Gemeinde soll den Kreis der Betroffenen Personen allerdings möglichst großzügig bemessen, weil ansonsten abwägungsrelevante Belange bei der gem. § 136 IV 3 BauGB durchzuführenden Abwägung unberücksichtigt bleiben könnten. Die Grenze ist vielmehr entsprechend den Grundsätzen zu bestimmen, die für die Abwägungsbeachtlichkeit privater Interessen und Belange gelten. Die **Beteiligung und Mitwirkung der Betroffenen**, die bei der Vorbereitung und Durchführung der Sanierung stattfinden soll (§ 137 BauGB), entspricht nicht der förmlichen Bürgerbeteiligung im Rahmen der Bauleitplanung nach § 3 II BauGB, sondern allenfalls der frühzeitigen Öffentlichkeitsbeteiligung gemäß § 3 I BauGB. Demnach wäre ein evtl. Mangel der Betroffenenbeteiligung nicht als Verfahrensfehler beachtlich (§ 214 I Nr. 2 BauGB). Nicht jede Änderung der Sach- oder Rechtslage gegenüber der ersten Beschlussfassung einer Sanierungssatzung zwingt zu einer erneuten Abwägung. Die rückwirkende Inkraftsetzung einer Sanierungssatzung kann auch dazu dienen, den aufgrund der zuvor nicht wirksamen Satzung ergangenen Entscheidungen und Maßnahmen nachträglich eine einwandfreie rechtliche Grundlage zu geben, und zwar selbst dann, wenn die Sanierungsmaßnahmen schon durchgeführt wurden.[7040]

Die **Sanierungsmaßnahme** soll **möglichst frühzeitig** mit den Betroffenen **erörtert** werden. Dadurch soll sichergestellt werden, dass die nach § 136 IV 3 BauGB vorgeschriebene Abwägung sachgerecht vorgenommen werden kann.[7041] Um der Bedeutung dieses Grundsatzes durch die Beteiligung von Betroffenen gerecht zu werden, sind in der Praxis Maßnahmen erforderlich, die über die bloße ortsübliche Bekanntmachung des Beschlusses über den Beginn der vorbereitenden Untersuchungen hinausgehen. 3334

Die **Kontaktaufnahme** mit den Betroffenen und ihre Überzeugung gestaltet sich in der Praxis häufig schwierig, wenn die Betroffenen zB nicht vor Ort leben oder überhaupt kein Interesse an der Sanierung aufbringen oder nicht einem möglicherweise nötigen Umzug aus dem Sanierungsgebiet zustimmen. Hier sind Überzeugungs- und Motivationsarbeit und gelegentlich wohl auch etwas Fantasie der Gemeinden gefragt. Wiederholte Hinweise nicht nur in den amtlichen Bekanntmachungsblättern, sondern auch in den Medien und maßgeschneiderte Konzepte wie etwa Lokalwettbewerbe, Ausstellungen, Aktionstage in Fußgängerzonen oder anderen öffentlichen Plätzen, Workshops, Kontaktnahme zu Banken, die für Sanierungsmaßnahmen Sonderkonditionen gewähren, können hier hilfreich sein. Weiterhin können regelmäßig abgehaltene Bürgerversammlungen oder eine unmittelbare Kontaktaufnahme mit den Betroffenen durch die Gemeinde oder den Sanierungsbeauftragten auch über Fragebögen zweckmäßig sein. Auch kann die Gemeinde die Vorbereitung und Durchführung von Wahlen zu Betroffenenvertretungen unterstützen oder über Grundsatzfragen zur Betroffenenbeteiligung wie zB der Einrichtung eines Sanierungsbeirates aufklären. Solche Maßnahmen sind zumeist recht wirksam und bauen bei den Betroffenen Zurückhaltung oder Widerstände in der Mitwirkung ab. Hilfreich und in der Praxis bewährt haben sich auch Ortstermine und persönliche Gespräche mit den Betroffenen, um ihnen an Ort und Stelle das Vorhaben zu erklären. Die Gemeinde kann durch eine Vielzahl dieser Maßnahmen den Betroffenen Mittel und Wege an die Hand geben, ihre Stellungnahmen in die Sanierungsplanung einzubringen. Zugleich kann den Betroffenen der Eindruck vermittelt werden, dass sie bei der Durchführung der Sanierung nicht auf sich allein gestellt sind. 3335

Gegenstand der Erörterungen nach § 137 1 BauGB ist die **Sanierungsmaßnahme** in ihrer Gesamtheit, insbesondere die von der Gemeinde verfolgten Ziele, wobei für die Erörterung keine bestimmte Form vorgeschrieben ist.[7042] Es biete sich aber an, in die Erörterung durch Kombination von mehreren Darstellungsmethoden ansprechend zu gestalten, um auch dadurch eine Akzeptanz aller Beteiligten aus Politik, Verwaltung und Bevölkerung zu erreichen. Nach § 137 2 BauGB sollen die Betroffenen nach Möglichkeit beraten werden. Dabei liegt der Schwerpunkt der Stellungnahmen auf der konkreten Durchführung der zur Sanierung 3336

[7039] Mitschang in BKL, BauGB, 2022, § 137 Rn. 6.
[7040] OVG Münster NuR 2009, 730.
[7041] Möller in Schrödter, BauGB, 2019, § 137 Rn. 11.
[7042] Möller in Schrödter, BauGB, 2019, § 137 BauGB, Rn. 3.

erforderlichen privaten Baumaßnahmen nach den §§ 146, 148 BauGB. Eine gesetzliche Verpflichtung zur Mitwirkung seitens des Betroffenen besteht allerdings genauso wenig wie ein subjektiv-öffentliches Recht auf Mitwirkung und Beratung des einzelnen Sanierungsbetroffenen. Ebenso erzeugt die Befugnis, Anregungen und Bedenken vorzutragen, keinen subjektiv-öffentlichen Abwehranspruch gegen Vorbereitungsmaßnahmen.[7043] Unter die **Beratungspflicht** fallen die in der Praxis häufig vorkommenden Beratungen von Eigentümern im jeweiligen Sanierungsgebiet bezüglich der Finanzierung und den Möglichkeiten zum Erhalt von Fördermitteln sowie den damit zusammenhängenden steuerlichen Auswirkungen. Zu beraten sind auch Mieter im Sanierungsgebiet, die sich um Mieterhöhungen sorgen und möglicherweise einen neuen Wohnraum suchen. Aus der Sicht von Unternehmen umfasst die Beratungspflicht der Gemeinde zB die mögliche Ausweisung von Ausweichstandorten für diese Unternehmen, wenn es durch die Sanierung bedingt zu Betriebsverlagerungen kommt.

3337 Die Gemeinde kann auch nach § 138 BauGB von den Betroffenen Auskunft über Tatsachen verlangen, deren Kenntnis zur Beurteilung der Sanierungsbedürftigkeit eines Gebietes oder zur Vorbereitung oder Durchführung der Sanierung erforderlich sind. Eigentümer, Mieter, Pächter und sonstige zum Besitz oder zur Nutzung eines Grundstücks, Gebäudes oder Gebäudeteils Berechtigte sowie ihre Beauftragten sind nach § 138 I 1 BauGB verpflichtet, der Gemeinde oder ihren Beauftragten Auskunft über die Tatsachen zu erteilen, deren Kenntnis zur Beurteilung der Sanierungsbedürftigkeit eines Gebiets oder zur Vorbereitung oder Durchführung der Sanierung erforderlich ist. An personenbezogenen Daten können insbesondere Angaben der Betroffenen über ihre persönlichen Lebensumstände im wirtschaftlichen und sozialen Bereich, namentlich über die Berufs-, Erwerbs- und Familienverhältnisse, das Lebensalter, die Wohnbedürfnisse, die sozialen Verflechtungen sowie über die örtlichen Bindungen, erhoben werden. Die nach § 138 I 1 BauGB erhobenen personenbezogenen Daten dürfen gem. § 138 II 1 BauGB nur zu Zwecken der Sanierung verwendet werden. Wurden die Daten von einem Beauftragten der Gemeinde erhoben, dürfen sie nur an die Gemeinde weitergegeben werden; die Gemeinde darf die Daten an andere Beauftragte iSd § 157 BauGB sowie an die höhere Verwaltungsbehörde weitergeben, soweit dies zu Zwecken der Sanierung erforderlich ist. Nach Aufhebung der förmlichen Festlegung des Sanierungsgebiets sind die Daten zu löschen. Soweit die erhobenen Daten für die Besteuerung erforderlich sind, dürfen sie an die Finanzbehörden weitergegeben werden (§ 138 II 3 bis 4 BauGB).

3338 Der Bund, einschließlich seiner Sondervermögen, die Länder, die Gemeindeverbände und die sonstigen Körperschaften, Anstalten und Stiftungen des öffentlichen Rechts sollen im Rahmen der ihnen obliegenden Aufgaben nach § 139 I BauGB die Vorbereitung und Durchführung von städtebaulichen Sanierungsmaßnahmen unterstützen. §§ 4 II, 4a I-IV und VI BauGB sind nach § 139 II 1 BauGB bei der Vorbereitung und Durchführung der Sanierung auf Behörden und sonstige Träger öffentlicher Belange sinngemäß anzuwenden. Die **Träger öffentlicher Belange** haben die Gemeinde auch über Änderungen ihrer Absichten zu unterrichten (§ 139 II 2 BauGB). Ist eine Änderung von Zielen und Zwecken der Sanierung oder von Maßnahmen und Planungen der Träger öffentlicher Belange, die aufeinander abgestimmt wurden, beabsichtigt, haben sich die Beteiligten nach § 139 III BauGB unverzüglich miteinander ins Benehmen zu setzen.

3339 Juristische Personen des öffentlichen Rechts können sich wegen ihres Eigentums insoweit zwar nicht auf Art. 14 GG berufen; ihre wirtschaftlichen Interessen sind jedoch einfachgesetzlich materiell durch das Abwägungsgebot des § 136 IV 3 BauGB und verfahrensrechtlich durch ein Beteiligungserfordernis geschützt. Sofern das wirtschaftliche Interesse des Trägers öffentlicher Belange einen unmittelbaren Zusammenhang mit der Erfüllung seiner Aufgaben aufweist, ergibt sich dieses Erfordernis aus den Beteiligungsregelungen des § 139 II BauGB iVm § 4 f. BauGB, die gemäß § 4 II 1 BauGB eine potentielle Berührung des Aufgabenbereichs genügen lassen und keine Betroffenheit des Aufgabenträgers gerade in hoheitlichen Befugnissen verlangen. Weist das wirtschaftliche Interesse des Trägers öffentlicher Belange hingegen keinen unmittelbaren Bezug zu seinem Aufgabenbereich auf (sog. erwerbswirtschaftliches Handeln), so liegen die Voraussetzungen für eine Beteiligung nach § 139 II BauGB nicht vor und ergibt sich das Beteiligungserfordernis aus § 137 BauGB.[7044]

3340 Die Sanierung soll **städtebauliche Missstände** beheben (§ 136 I, II 1 BauGB). Diese allgemeine Zielsetzung wird durch die Gemeinwohlklausel des § 136 IV 1 BauGB ergänzt. Ferner

[7043] Möller in Schrödter, BauGB, 2019, § 137 BauGB, Rn 7; BVerwG NJW 1980, 1061.
[7044] OVG Berlin-Brandenburg Urt. v. 10.01.2023 – OVG 10 A 3.17, juris Rn. 48.

gehören die in § 136 IV 2 BauGB dargestellten Sanierungszielsetzungen zum Untersuchungskatalog der Gemeinde. Die Darstellung der allgemeinen Ziele stellt eine Art Rohfassung des später zu konkretisierenden Sanierungskonzepts dar. Bereits in diesem Verfahrensstadium sind die Grundsätze der sanierungsrechtlichen Abwägung zu beachten. Für die Auslegung des § 142 I 2 und 3 BauGB ist maßgebend, dass die städtebauliche Sanierung – und dies gilt vor allem für die **Funktionssanierung** – stets eine gebietsbezogene (Gesamt-)Maßnahme ist. Deshalb können auch Grundstücke einbezogen werden, auf denen selbst keine Maßnahmen wie bauliche Veränderungen durchzuführen sind.[7045] Die vorbereitenden Untersuchungen beziehen sich auch auf die **Durchführbarkeit der Sanierung**, also auf die Einschätzung der Gemeinde, inwieweit die beabsichtigte Maßnahme städtebaulich, rechtlich und finanziell verwirklicht werden kann. Darüber hinaus muss die Gemeinde festlegen, ob die Sanierung im sog. klassischen Verfahren oder im vereinfachten Verfahren iS von § 142 IV BauGB durchgeführt werden soll.[7046] Daneben muss die Gemeinde das Sanierungsgebiet gem. § 142 I, II BauGB genauer bezüglich seiner Ausmaße festlegen und die voraussichtliche Dauer der Sanierungsmaßnahme unter dem Gesichtspunkt der Durchführbarkeit beurteilen.[7047]

Nach § 141 I 2 BauGB sollen sich die Untersuchungen auch auf nachteilige Auswirkungen 3341
in persönlicher, wirtschaftlicher und sozialer Hinsicht, die sich für die Betroffenen von der beabsichtigten Sanierung voraussichtlich ergeben, erstrecken. Stellt die Gemeinde nachteilige Auswirkungen fest, hat sie zu prüfen, inwieweit diese Auswirkungen abwägungsrelevant iS des sanierungsrechtlichen Abwägungsgebots gem. § 136 IV 3 BauGB sind. Auch hat die Gemeinde mit den Betroffenen zu erörtern, wie nachteilige Auswirkungen möglichst vermieden oder wenigstens minimiert werden können. Darüber hinaus dienen die Vorschriften über die Aufstellung eines Sozialplanes gem. § 180 BauGB und die Aufhebung von Miet- und Pachtverhältnissen nach den §§ 182 ff. BauGB als Prüfungsmaßstab für die Frage voraussichtlich nachteiliger Auswirkungen gem. § 141 I 2 BauGB. Die vorbereitende Untersuchungspflicht besteht gem. § 141 II BauGB nicht, wenn hinreichende Beurteilungsunterlagen bereits vorliegen.[7048]

b) Förmliche Festlegung des Sanierungsgebietes. Folgt aus den Ergebnissen der vorbe- 3342
reitenden Untersuchungen, dass eine städtebauliche Sanierungsmaßnahme durchgeführt werden soll, kann die Gemeinde das betreffende Gebiet gem. § 141 I 1 BauGB durch Beschluss förmlich als Sanierungsgebiet festlegen. Die Entscheidung über die förmliche Festlegung liegt nach der zwingenden Abwägung aller abwägungsrelevanten öffentlichen und privaten Belange im Ermessen der Gemeinde.[7049] Aus § 136 I BauGB ergibt sich ein grundsätzlicher, allerdings eingeschränkter Anwendungszwang der sanierungsrechtlichen Vorschriften, wenn die Voraussetzungen für deren Anwendung gegeben sind. Dies folgt auch aus der „kann"-Bestimmung des § 142 I 1 BauGB, dass die Gemeinde eigenverantwortlich entscheiden kann, in welcher Reihenfolge und in welchem Umfang, dh wie sie die Sanierungsmaßnahmen durchführen will.[7050] Das Sanierungsrecht räumt daher der Gemeinde einen weiten Ermessensspielraum ein.[7051]

Gemäß § 142 I 1 BauGB erfolgt die förmliche Festlegung des Sanierungsgebietes durch die 3343
gemeindliche Sanierungssatzung. Zur Erfüllung der formellen Voraussetzungen muss die vorgesehene Beteiligung und Mitwirkung durch §§ 137 bis 139 BauGB von Betroffenen Personen und öffentlichen Aufgabenträgern gewahrt sein. Weiterhin müssen die vorbereitenden Untersuchungen gem. § 141 BauGB durchgeführt und eine Satzung durch das nach der jeweiligen Gemeindeordnung zuständige Organ gem. § 142 I 1 BauGB beschlossen worden sein. In materieller Hinsicht ist erforderlich, dass ein städtebaulicher Missstand gem. § 136 BauGB vorliegt. Weiterhin müssen das **Zügigkeitsgebot** gem. § 136 I BauGB, das **Abwägungsgebot** gem. § 136 IV 3 BauGB, sowie das **Zweckmäßigkeitsgebot** des § 142 I 2 BauGB gewahrt sein. Gem. § 142 III 2 BauGB ist das Sanierungsgebiet in der Sanierungssatzung zu bezeichnen. Es ist so genau zu bezeichnen, dass sich die Sanierung zweckmäßig durchführen lässt, wobei sich die Grenzen des Sanierungsgebietes aus dem Ergebnis der vorbereitenden Untersuchung erge-

[7045] OVG Münster Urt. v. 23.10.2008 – 7 D 37/07.NE, BeckRS 2008, 40294; OVG Bautzen Beschl. v. 5.3.2009 – 1 A 374/08 – BauR 2009, 1630.

[7046] Krautzberger/Fieseler, in EZBK, BauGB, 2023, § 141 Rn. 33.

[7047] Krautzberger/Fieseler in EZBK, BauGB, 2023, § 141 Rn. 33; Fieseler NVwZ 1998, 903.

[7048] OVG Münster Urt. v. 16.10.2006 – 7 D 69/05, BeckRS 2007, 21203.

[7049] Mitschang in BKL, BauGB, 2022, § 141 Rn. 4.

[7050] BVerwG NVwZ 1999, 420; OVG Münster NVwZ-RR 1990, 635.

[7051] Mitschang in BKL, BauGB, 2022, § 142 Rn. 4.

ben. Es bietet sich an, einen **Übersichtsplan** als Anlage der Sanierungssatzung hinzuzufügen.[7052] Durch den Begriff der Zweckmäßigkeit wird der Gemeinde ein gewisser planerischer Spielraum eingeräumt.[7053] Im Übrigen unterliegt die Abgrenzung des Sanierungsgebietes dem Abwägungsgebot,[7054] wobei eine Vielzahl von baulichen, wirtschaftlichen, sozialen und finanziellen Gesichtspunkten zu berücksichtigen sind. Von besonderer Bedeutung sind auch die im Rahmen der vorbereitenden Untersuchungen festgelegten allgemeinen Ziele.[7055] Durch § 142 I 2 BauGB wird die Gemeinde schließlich auch ermächtigt, aus Zweckmäßigkeitsgründen einzelne Grundstücke, auf denen keine Sanierungsmaßnahmen durchgeführt werden sollen, in den Geltungsbereich mit einzubeziehen, bei der Funktionsschwächesanierung können dies sogar mehrere einzelne Grundstücke sein. Im Einzelfall kommt es auf die städtebauliche Situation des Grundstücks hinsichtlich des Vorliegens eines städtebaulichen Missstands an. Wirken sich dagegen städtebauliche Missstände nicht einmal mittelbar auf das nicht selbst sanierungsbedürftige Grundstück aus, so wird die Einbeziehung in der Regel nicht gerechtfertigt sein.[7056] Es kann sich sogar eine Pflicht zur Auslassung ergeben.

3344 Die Gemeinde wird durch § 142 II BauGB ermächtigt, **Ersatz- und Ergänzungsgebiete** außerhalb des Sanierungsgebietes mit einzubeziehen, sofern sich aus den Zielen der Sanierung ergibt, dass Flächen außerhalb des Sanierungsgebietes für Ersatzbauten oder Ersatzanlagen zur räumlich zusammenhängenden Unterbringung von Bewohnern und Betrieben aus dem Sanierungsgebiet oder für die durch die Sanierung bedingten Gemeinbedarfs – oder Folgeeinrichtungen in Anspruch genommen werden müssen. Unter den Voraussetzungen des § 142 IV BauGB gehört die **Wahl des Sanierungsverfahrens** zum Inhalt der Satzung. Gem. § 142 IV BauGB ist in der Sanierungssatzung die Anwendung der Vorschriften des Dritten Abschnitts (§§ 152 bis 156 a BauGB) auszuschließen, wenn sie für die Durchführung der Sanierung nicht erforderlich ist und die Durchführung hierdurch voraussichtlich nicht erschwert wird (vereinfachtes Sanierungsverfahren). Fällt diese Erforderlichkeitsprüfung oder die Prognosefeststellung („voraussichtlich") hingegen anders aus, ist die Sanierung im umfassenden Verfahren (so genanntes „Klassisches Verfahren") durchzuführen. Auch wenn die Gemeinde kein Ermessen bei der Entscheidung über das Verfahren hat, so hat sie zumindest einen gewissen Beurteilungsspielraum über den unbestimmten Rechtsbegriff der Erforderlichkeit.[7057]

3345 Im Hinblick auf die Anwendung der „besonderen sanierungsrechtlichen Vorschriften" bezieht sich die Prüfung der Erforderlichkeit auf die Beurteilung der Bodenwertentwicklung im Sanierungsgebiet, mithin also auf die Frage, ob sanierungsbedingte Werterhöhungen eintreten. Bodenwertsteigerungen können allein durch die Absicht, Sanierungsmaßnahmen durchzuführen, ausgelöst werden. Die dadurch eintretende voraussichtliche Erschwerung der Sanierungsdurchführung setzt eine Prognoseentscheidung der Gemeinde voraus, die auf der Grundlage der vorbereitenden Untersuchungen und eines Sanierungskonzepts zu treffen ist.

3346 Die Gemeinde beschließt die förmliche Festlegung des Sanierungsgebiets als Satzung (Sanierungssatzung). In der Sanierungssatzung ist das Sanierungsgebiet zu bezeichnen. Bei dem Beschluss über die Sanierungssatzung ist zugleich durch Beschluss die Frist festzulegen, in der die Sanierung durchgeführt werden soll (§ 142 III 1 und 2 BauGB). Die Sanierungssatzung ist grundsätzlich auf **15 Jahre** befristet; die Frist kann aber verlängert werden (§ 142 III 3 und 4 BauGB.

3347 Darüber hinaus kann in der Satzung gem. § 142 IV HS. 2 BauGB auch die **Genehmigungspflicht** nach § 144 BauGB ganz oder teilweise **ausgeschlossen** werden **(vereinfachtes Sanierungsverfahren)**. Soweit ein Ausschluss stattfindet, sind die allgemeinen Vorschriften der §§ 14 bis 21 BauGB sowie § 51 BauGB anzuwenden. Auf diese Weise ist den Gemeinden die Möglichkeit einer bedarfsgerechten Anwendung der besonderen bodenrechtlichen Vorschriften eingeräumt worden. Ein Wechsel vom klassischen zum vereinfachten Verfahren oder umgekehrt kann auch noch während des Sanierungsverfahrens durch gemeindlichen Satzungsbeschluss erfolgen.[7058] Die Entscheidung der Gemeinde, ob die Durchführung der Sanierung im

---

[7052] Gronemeyer NVwZ 1986, 92.
[7053] BVerwG DVBl. 1996, 691.
[7054] BVerwG NVwZ 1999, 420; NVwZ 1999, 1336.
[7055] Möller in Schrödter, BauGB, 2019, § 142 Rn. 11.
[7056] BVerwG NVwZ 1985, 184; DVBl. 1996, 691.
[7057] Zur Erforderlichkeit und Kausalität von Sanierungsmaßnahmen OVG Berlin-Brandeburg LKV 2017, 563.
[7058] Gronemeyer NVwZ 1985, 145; Gaentzsch NJW 1985, 881.

herkömmlichen oder im vereinfachten Sanierungsverfahren erfolgen soll, erfordert allerdings die Klärung der Eigentumsverhältnisse im Sanierungsgebiet.[7059]

Die Gemeinde hat nach § 143 I 1 BauGB die Sanierungssatzung ortsüblich bekannt zu machen; sie kann auch ortsüblich bekannt machen, dass eine Sanierungssatzung beschlossen worden ist. Mit der **Bekanntmachung** erlangt die Satzung Rechtsverbindlichkeit.[7060] Eine Anzeige an die höhere Verwaltungsbehörde zur Prüfung der Rechtmäßigkeit der Sanierungssatzung ist nicht vorgesehen; auch eine Begründung sowie eine Öffentlichkeits- und Behördenbeteiligung sieht das Gesetz nicht vor.[7061] § 143 BauGB enthält keine konkreten Vorgaben für die Ausfertigung einer Sanierungssatzung. Deshalb ergeben sich die Anforderungen an die Ausfertigung von Landesrecht aus landesrechtlichen Vorschriften.[7062] Enthält auch das Landesrecht keine konkreten Vorgaben dazu sind jedenfalls verfassungsrechtliche Maßstäbe beachtlich. Das Rechtsstaatsprinzip des Art. 20 III GG verlangt zumindest die Identität der anzuwendenden Norm und ihres Inhalts mit dem vom Normgeber Beschlossenen.[7063] Aus der Beurkundungs- und Gewährleistungsfunktion folgt, dass geprüft werden muss, ob die zu verkündende Fassung der Rechtsnorm mit der vom Normgeber beschlossenen Fassung der Norm übereinstimmt; es muss erkennbar sein, dass der Normgeber die ihm obliegende Prüfung vorgenommen hat.[7064] Die Identität des Normtextes mit dem vom Normgeber Beschlossenen wird dabei durch seine Ausfertigung bestätigt 3348

Die förmliche Festlegung des Sanierungsgebietes zieht weitreichende **rechtliche Folgen** nach sich: Nach § 143 II BauGB trägt das Grundbuchamt einen **Sanierungsvermerk** in die Grundbücher der betroffenen Grundstücke ein,[7065] sofern eine Genehmigungspflicht in der Sanierungssatzung nicht gem. § 144 II BauGB ausgeschlossen worden ist. Der Sanierungsvermerk hat allerdings nur deklaratorische Wirkung.[7066] Auch ohne die Eintragung des Vermerks unterliegt ein betroffenes Grundstück den Rechtswirkungen der Sanierung.[7067] 3349

Darüber hinaus löst die förmliche Festlegung des Sanierungsgebietes eine **Veränderungs- und Verfügungssperre** gemäß § 144 BauGB aus. Die Vorschrift enthält ein präventives Verbot mit Erlaubnisvorbehalten, dh die an die Erlaubnis nach § 144 BauGB gebundenen Vorhaben und Rechtsvorgänge sollen einer wirksamen vorherigen Verwaltungskontrolle unterworfen werden.[7068] Die Veränderungs- und Verfügungssperre dient der Gemeinde zum einen zur Unterrichtung über potenzielle sanierungshemmende Vorgänge und gibt ihr so die Möglichkeit, frühzeitig gegen solche Vorhaben einzuschreiten. Mit der Genehmigungspflicht verfolgt der Gesetzgeber im Hinblick auf die nach § 136 I BauGB zügig durchzuführende Sanierung eine Steuerungsfunktion.[7069] Zudem dient § 144 BauGB dazu, der Gemeinde einen angemessenen Zeitraum für die Verwirklichung der Sanierungsziele zu verschaffen, und dient somit der Planungssicherung. Darüber hinaus bezweckt § 144 BauGB den Schutz betroffener Bürger vor im Ergebnis unwirtschaftlichen, keine Entschädigungsansprüche auslösenden Dispositionen im Sanierungsgebiet.[7070] Für die Dauer der Sanierung verdrängt § 144 BauGB als speziellere Norm die allgemeinen Regelungen über die Veränderungssperre (§§ 14 IV, 17 VI BauGB), die Zu- 3350

[7059] OVG Münster BauR 2007, 687 zur Sanierungssatzung; zur Entwicklungssatzung OVG Münster NVwZ-RR 2006, 626.

[7060] VGH München Beschl. v. 18.12.2014 – 6 B 14.447, BeckRS 2015, 42477; VG Ansbach Urt. v. 20.11.2014 – AN 3 K 14.00661, BeckRS 2014, 59566); BGH NVwZ 1995, 101; UPR 1994, 390; Krautzberger/Fieseler in EZBK, BauGB, 2023, § 143 Rn. 24; ausführlich zu Ausfertigungs- und Bekanntmachungsmängeln einer förmlichen Festlegung eines Sanierungsgebiets OVG Schleswig Beschl. v. 24.9.2020 – 1 MR 5/20. BeckRS 2020, 25133.

[7061] BVerwG Beschl. v. 25.2.1993 – 4 NB 26.93, BeckRS 1993. 8535.

[7062] OVG Schleswig Beschl. v. 24.9.2020 – 1 MR 5/20. BeckRS 2020, 25133, Rn. 32; BVerwG Beschl. v. 4.9.2014 – 4 B 29.14, juris Rn. 5, juris; Beschl. v. 21.1.2018 – 4 BN 34.17, juris Rn. 7.

[7063] OVG Schleswig Beschl. v. 24.9.2020 – 1 MR 5/20. BeckRS 2020, 25133, Rn. 32; siehe auch BVerwG Beschl. v. 4.9.014 – 4 B 29.14, juris Rn. 5; Beschl. v. 16.5.1991 – 4 NB 26.90, juris Rn. 19; Urt. v. 1.7.2010 – 4 C 4.08, juris Rn. 13; OVG Schleswig Urt. v. 14.5.2020 – 1 KN 5/19, juris Rn. 58.

[7064] OVG Schleswig Beschl. v. 24.9.2020 – 1 MR 5/20. BeckRS 2020, 25133, Rn. 33; BVerwG Beschl. v. 4.9.014 – 4 B 29.14, juris Rn. 5; Urt. v. 1.7.2010 – 4 C 4.08, juris Rn. 15.

[7065] Heiß/Schreiner NVwZ 2009, 1147.

[7066] Krautzberger/Fieseler in EZBK, BauGB, 2023, § 143 Rn. 32.

[7067] OVG Lüneburg ZfBR 1980, 97.

[7068] Krautzberger/Fieseler in EZBK, BauGB, 2023, § 144 Rn. 1a..

[7069] BVerwG NVwZ 1985, 184; NJW 1985, 278.

[7070] BVerwG NVwZ 1985, 184; NJW 1985, 278.

rückstellung von Baugesuchen (§ 15 II BauGB) und die Verfügungs- und Veränderungssperre im Umlegungsgebiet (§ 51 I 2 BauGB). Nach § 144 I und II BauGB bedürfen alle Vorhaben und Rechtsvorgänge, welche die Sanierung erschweren können, einer sanierungsrechtlichen Genehmigung. Diese sind zB die der Veränderungssperre gem. § 14 I BauGB unterliegenden Vorhaben und sonstigen Maßnahmen, die Beseitigung baulicher Anlagen, die Teilung eines Grundstücks, die rechtsgeschäftliche Veräußerung oder Belastung von Grundstücken oder die Begründung von schuldrechtlichen Verpflichtungen. Die in § 144 IV BauGB aufgeführten Vorhaben und Rechtsvorgänge bedürfen hingegen keiner Genehmigung und sind daher von der Genehmigungspflicht ausgenommen. Durch § 144 III BauGB wird die Gemeinde ermächtigt, für bestimmte Fälle die Genehmigung auch allgemein zu erteilen (sog. **Vorweggenehmigung**). Dazu ist eine ortsübliche Bekanntmachung erforderlich. Nicht genehmigungsbedürftig sind danach (1) Vorhaben und Rechtsvorgänge, bei denen die Gemeinde oder der Sanierungsträger für das Treuhandvermögen als Vertragsteil oder Eigentümer beteiligt sind, (2) Rechtsvorgänge zur Vorwegnahme der gesetzlichen Erbfolge, (3) vor förmlicher Festlegung des Sanierungsgebietes baurechtlich genehmigte Vorhaben oder freigestellte Vorhaben, wenn die Gemeinde davon Kenntnis hatte und nicht rechtzeitig reagiert hat, (4) Rechtsvorgänge, die der Landesverteidigung dienen und (5) der rechtsgeschäftliche Erwerb durch einen Bedarfsträger im Verfahren nach § 38 BauGB. Unterliegt ein Rechtsvorgang einer Genehmigungspflicht, darf das **Grundbuchamt** eine Eintragung in das Grundbuch nur vornehmen, wenn der Genehmigungsbescheid oder eine entsprechende Erklärung der Gemeinde vorliegt (§§ 145 VI, 22 VI BauGB).

3351 Die Genehmigung nach § 144 BauGB ist eine gegenüber der Baugenehmigung **eigenständige Genehmigung**, die selbstständig beantragt werden muss.[7071] Ist keine Baugenehmigung erforderlich, so ist über die Genehmigung durch die Gemeinde binnen eines Monats gem. § 145 I 1 BauGB nach Eingang des Antrags bei der Gemeinde zu entscheiden. Gem. § 145 I 1 BauGB kann die Frist aber gem. § 22 V 4 BauGB maximal um drei Monate verlängert werden. Wird die Genehmigung nicht innerhalb dieser Frist versagt, so gilt sie entsprechend § 22 V 4 BauGB als erteilt. Sie kann auch nach § 145 IV BauGB unter Auflagen und in den Fällen des § 144 I BauGB auch befristet oder bedingt erteilt werden. Die sanierungsrechtliche Genehmigung von Sanierungsmaßnahmen darf nicht von der Einhaltung von Mietobergrenzen abhängig gemacht werden.[7072] Die Genehmigung zu einem Grundstückserwerb kann nach § 145 II BauGB versagt werden, wenn der Erwerber nach seinen persönlichen finanziellen Verhältnissen oder im Hinblick auf ein tragfähiges Finanzierungskonzept wirtschaftlich nicht in der Lage ist, die Sanierung vorzunehmen, die Sanierung des betroffenen Gebäudes also unmöglich ist oder sich wesentlich verzögert.[7073] Die Belastung eines Grundstückes mit einer Grundschuld, die der Verwendung des Grundstückes als Beleihungsobjekt für sonstige Zwecke dient und den Verkehrswert übersteigt, widerspricht regelmäßig den Zielen und Zwecken der Sanierung; die sanierungsrechtliche Genehmigung darf daher auch in solchen Fällen versagt werden.[7074]

3352 Ist zugleich eine **Baugenehmigung** erforderlich, so stellt sich das Genehmigungsverfahren wie folgt dar: Nach § 145 I 2 BauGB wird im Falle einer baurechtlichen Genehmigung oder an ihrer Stelle einer baurechtlichen Zustimmung die Sanierungsgenehmigung nicht von der Gemeinde, sondern von der Baugenehmigungsbehörde in Einvernehmen mit der Gemeinde erteilt.[7075] In diesem Falle ist über die Genehmigung innerhalb von zwei Monaten zu entscheiden. Die Genehmigungsfrist darf um höchstens zwei Monate verlängert werden (§ 145 I BauGB 2007). Die **(landesbehördliche)** Bestätigung der Eignung eines Unternehmens als **Sanierungsträger** entfällt, dh die Gemeinde prüft die Geeignetheit selbst abschließend. Städtebauliche Entwicklungsmaßnahmen bedürfen keiner Genehmigung durch die höhere Verwaltungsbehörde. Die Länder können allerdings gemäß § 246 I a BauGB bestimmen, dass die Satzungen dem Anzeigeverfahren unterliegen. Ein Antrag auf die Erteilung eines Bauvorbescheids durch die Baugenehmigungsbehörde enthält nicht schon als solcher zugleich einen an die Gemeinde gerichteten Antrag auf Erteilung einer sanierungsrechtlichen Genehmigung. Ein gewichtiges Kennzeichen für das Erfordernis eines selbstständigen, auf die Erteilung der sanie-

---

7071 BVerwG NJW 1982, 2787.

7072 BVerwG NVwZ 2006, 1167.

7073 OVG Bautzen Beschl. v. 11.6.2010 – 1 A 737/08, juris.

7074 OVG Bautzen Beschl. v. 9.9.2009 – 1 D 116/09, juris.

7075 Zur Erteilung einer Sanierungsgenehmigung trotz Vorliegens eines Versagungsgrundes Schlarmann/Krappel DVBl. 2009, 1341.

rungsrechtlichen Genehmigung gerichteten Antrags ist gerade in der Fristen- und Fiktionsregelung des § 145 I BauGB iV mit § 19 III 3 bis 5 BauGB zu sehen. Die Grundsätze zur Entschädigung des Eigentümers, der die Übernahme seines Grundstücks infolge einer isolierten eigentumsverdrängenden Bebauungsplanung verlangt, sind auch dann anwendbar, wenn der Eigentümer eines in einem förmlich festgelegten Sanierungsgebiet gelegenen Grundstücks nach Versagung der sanierungsrechtlichen (Bau-) Genehmigung nach § 145 V BauGB die Übernahme des Grundstücks bzw. die Entziehung des Grundeigentums verlangt.[7076]

Im Interesse einer bürgerfreundlichen Praxis besteht im Falle einer zugleich erforderlichen Baugenehmigung eine **Zuständigkeitskonzentration** des sanierungs- und bauordnungsrechtlichen Genehmigungsverfahrens. Für Vorhaben, welche die Errichtung, Änderung oder Nutzungsänderung von baulichen Anlagen zum Inhalt haben und für die eine baurechtliche Genehmigung oder an ihrer Stelle eine Zustimmung erforderlich ist, wird die sanierungsrechtliche Genehmigung durch die Baugenehmigungsbehörde erteilt. Die sanierungsrechtliche Genehmigung ist weiterhin ein eigenständiger Genehmigungstatbestand und kein aufgedrängtes Recht iSv §§ 63, 64 MBO. Sie ist daher vom Antragsteller auch mit den für die sanierungsrechtliche Beurteilung des Vorhabens erforderlichen Antragsunterlagen zu beantragen. Eine das behördliche Verfahren so stark beschränkende Regelung ist sowohl aus der Sicht der Verwaltung als auch aus der Sicht des Bürgers nur gerechtfertigt, wenn sie an einen Antrag geknüpft wird, der sich so deutlich auf eine sanierungsrechtliche Genehmigung richtet, dass die angerufene Behörde dies erkennen muss.[7077] 3353

Die Genehmigungsfrist bzw. die Genehmigungsfiktion (§§ 145 I iVm 22 V 2 bis 6 BauGB) bezieht sich nur auf das **sanierungsrechtliche Genehmigungsverfahren** und nicht auf das bauordnungsrechtliche Verfahren. Im Fall der **Zuständigkeitskonzentration** hat die Baugenehmigungsbehörde über die Genehmigung innerhalb von zwei Monaten nach Eingang der prüffähigen Antragsunterlagen im Einvernehmen mit der Gemeinde zu entscheiden. Die Genehmigung gilt als erteilt, wenn sie nicht innerhalb der Zweimonatsfrist versagt wird (§ 22 V 2 und 4 BauGB). Die Genehmigungsfiktion als Folge des Verstreichens der Genehmigungsfrist tritt im Fall der Zuständigkeitskonzentration unabhängig davon ein, ob die Entscheidung unterblieb, weil die Baugenehmigungsbehörde die Angelegenheit noch nicht abschließend bearbeiten konnte oder weil die Gemeinde ihre Einvernehmenserklärung nicht rechtzeitig abgab. Über die Genehmigungsfiktion hat die Baugenehmigungsbehörde auf Antrag eines Beteiligten ein Zeugnis auszustellen (§ 22 V 5 BauGB). Für die Entscheidung über die Baugenehmigung bestehen demgegenüber längere Fristen. Insoweit kann es zu **unterschiedlichen Fristläufen** kommen, sodass über die sanierungsrechtliche Genehmigung grundsätzlich bereits innerhalb eines Monats zu entscheiden ist, während über den Baugenehmigungsantrag regelmäßig erst innerhalb von drei Monaten nach Vollständigkeit der Unterlagen entschieden werden muss. 3354

Nach § 22 V 3 BauGB kann die Zweimonatsfrist verlängert werden, wenn die Prüfung des Antrags in dieser Zeit nicht abgeschlossen werden kann, höchstens jedoch um drei Monate. Die Bauaufsichtsbehörde hat dies dem Antragsteller vor Ablauf der Frist in einem Zwischenbescheid mitzuteilen. Der Zwischenbescheid ist als unselbständige Verfahrenshandlung kein Verwaltungsakt und kann deshalb nicht selbständig angefochten werden. Im Falle der Zuständigkeitskonzentration kann von dieser Verlängerungsmöglichkeit bei entsprechender Sachlage zB zur Klärung des gemeindlichen Einvernehmens Gebrauch gemacht werden. Nach § 22 V 6 BauGB gilt das Einvernehmen der Gemeinde als erteilt, wenn es nicht binnen zwei Monaten verweigert wird. Der Fristbeginn richtet sich nach dem Eingang des Ersuchens bei der Gemeinde. Eine abweichende Regelung dazu enthält § 22 V 6 BauGB. Danach steht dem Ersuchen nach dem Einvernehmen gegenüber der Gemeinde die Einreichung des Antrags bei der Gemeinde gleich, wenn dies nach Landesrecht vorgeschrieben ist. Diese Regelung hat nur dann eine Bedeutung, wenn die Zweimonatsfrist für die Genehmigungsfiktion verlängert wurde, da im Übrigen bereits nach zwei Monaten dem Antragsteller gegenüber die Genehmigungsfiktion eintritt. 3355

Die **Ersetzung** des sanierungsrechtlichen gemeindlichen Einvernehmens durch die Baugenehmigungsbehörde sieht das BauGB nicht vor; sie wäre auch im Hinblick auf § 145 III Nr. 1, IV und V BauGB im Einzelfall problematisch. Wird die Genehmigung nach § 145 V BauGB versagt, unter Auflagen, befristet, bedingt erteilt oder vom Abschluss eines städtebaulichen Ver- 3356

7076 BGH NVwZ 2011, 1399; ZfBR 2007, 788; NJW 2003, 63; BGHZ 141, 319.

7077 BVerwG ZfBR 2002, 79.

trages abhängig gemacht, richtet sich Widerspruch oder Klage gegen die Baugenehmigungsbehörde. Zuständig für den Widerspruchsbescheid ist die nach Landesrecht bestimmte Behörde.

3357 Nach § 145 II BauGB darf die Genehmigung nur versagt werden, wenn Grund zur Annahme besteht, dass das Vorhaben, der Rechtsvorgang einschließlich der Teilung eines Grundstücks oder die damit erkennbar bezweckte Nutzung die Durchführung der Sanierung unmöglich machen oder wesentlich erschweren oder den Zielen und Zwecken der Sanierung zuwiderlaufen. Die Sanierungsziele müssen nicht in der Sanierungssatzung selbst festgelegt sein; sie können sich vielmehr auch aus ihrer Begründung sowie aus den Ergebnissen der vorbereitenden Untersuchungen ergeben.[7078] An die Konkretisierung dieser Ziele dürfen bei Erlass der Sanierungssatzung nur relativ geringe Anforderungen gestellt werden. Diese werden jedoch mit fortschreitendem Sanierungsverfahren höher. Sie können und müssen ggfls. auch in einem Sanierungsbebauungsplan, einem sonstigen Bebauungsplan oder durch eine informelle städtebauliche Planung konkretisiert werden[7079]

3358 Kann ein Sanierungsziel ohne rechtsverbindlichen Bebauungsplan nicht durchgesetzt werden, gehört zu der für das Vorliegen eines Versagungsgrundes nach § 145 II BauGB erforderlichen zunehmenden Konkretisierung der Sanierungsziele auch die Durch- und Fortführung des Bebauungsplanverfahrens. Sind seit dem Aufstellungsbeschluss 15 Jahre vergangen, ohne dass das Bebauungsplanverfahren fortgeführt worden ist, kann ein Sanierungsziel, das nur auf der Grundlage eines Bebauungsplans durchgesetzt werden kann, einem Vorhaben nicht mehr entgegen gehalten werden.[7080] Dies folgt auch aus der gesetzlich vorgesehenen Begrenzung der Dauer einer Sanierung auf regelmäßig 15 Jahre (§ 142 III 3 HS. 2 BauGB). Eine Sanierungssatzung wird nicht nachträglich unwirksam oder funktionslos, wenn sich der zur Durchführung der Sanierung erlassene Bebauungsplan ganz oder teilweise als unwirksam erweist. Die sanierungsrechtliche Genehmigung darf nach § 145 II BauGB wegen Widerspruchs auch zu solchen hinreichend konkretisierten Zielen und Zwecken der Sanierung versagt werden, die zwar in einem Sanierungskonzept der Gemeinde enthalten sind, jedoch in den dieses Konzept konkretisierenden Festsetzungen eines Bebauungsplans nicht abgebildet sind.[7081]

3359 Da die sanierungsrechtliche Genehmigung jedoch eine **gebundene Entscheidung** ist, sind die besonderen Voraussetzungen des § 36 VwVfG zu beachten. Danach sind **Nebenbestimmungen** bei gebundenen Entscheidungen grundsätzlich nur dann zulässig, wenn sie durch Rechtsvorschrift zugelassen werden oder wenn sie sicherstellen sollen, dass die gesetzlichen Voraussetzungen des Verwaltungsaktes erfüllt werden und sie dem Zweck des Verwaltungsaktes nicht zuwiderlaufen (§ 36 III VwVfG). Die zulässigen Nebenbestimmungen ergeben sich aus dem mit den §§ 144, 145 BauGB verfolgten Zweck, eine Erschwerung der Sanierung durch bestimmte Vorhaben und Rechtsvorgänge zu verhindern. Für genehmigungspflichtige Vorhaben und Rechtsvorgänge nach § 144 I BauGB lässt § 145 IV 1 BauGB allerdings ausdrücklich die **Befristung** und **Bedingung** zu. Trotz des Bestehens eines Anspruchs auf Erteilung der sanierungsrechtlichen Genehmigung kann daher die Genehmigung mit einer Auflage, Befristung oder Bedingung erteilt werden.

3360 Die sanierungsrechtliche Genehmigung ist nach § 145 III BauGB zu erteilen, wenn die wesentlichen Erschwerungen dadurch beseitigt, dass die Beteiligten für den Fall der Durchführung der Sanierung für sich und ihre Rechtsnachfolger 1. in den Fällen des § 144 I Nr. 1 BauGB auf **Entschädigung** für die durch das Vorhaben herbeigeführten Werterhöhungen sowie für werterhöhende Änderungen, die aufgrund der mit dem Vorhaben bezweckten Nutzung vorgenommen werden, verzichten; 2. in den Fällen des § 144 I Nr. 2 oder II Nr. 2 oder 3 BauGB auf Entschädigung für die Aufhebung des Rechts sowie für werterhöhende Änderungen verzichten, die aufgrund dieser Rechte vorgenommen werden. § 145 III BauGB begründet einen Rechtsanspruch auf Erteilung einer Genehmigung.[7082]

3361 Wird eine nach § 144 BauGB erforderliche Genehmigung versagt, kann der Eigentümer von der Gemeinde gem. § 145 V BauGB die Übernahme des Grundstücks verlangen, wenn und soweit es ihm mit Rücksicht auf die Durchführung der Sanierung wirtschaftlich nicht

---

7078 VG Karlsruhe Urt. v. 11.10.2022 – 8 K 3426/21, juris Rn. 85.

7079 VGH Mannheim NVwZ-RR 2020, 128 = juris Rn. 33; Urt. v. 7.12.2001 – 3 S 2657/00, juris Rn. 20; VG Karlsruhe Urt. v. 11.10.2022 – 8 K 3426/21, juris Rn. 85.

7080 VGH Mannheim Urt. v. 7.12.2001 – 3 S 2657/00, BeckRS 2001, 168775.

7081 VGH Mannheim BauR 2010, 2160. Zur Genehmigungspflicht für Mietverträge in Sanierungsgebieten Kreikenbohm/Niederstetter ZMR 2010, 5.

7082 Krautzberger/Fieseler in EZBK, BauGB, 2023, § 145 Rn. 60.

mehr zuzumuten ist, das Grundstück zu behalten oder es in der bisherigen oder einer anderen zulässigen Weise zu nutzen. Kommt eine Einigung über die Übernahme nicht zu Stande, kann der Eigentümer die Entziehung des Eigentums an dem Grundstück verlangen. Hierfür gelten die Vorschriften der §§ 85 ff. BauGB entsprechend.[7083]

Die §§ 144, 145 BauGB sind mit der Eigentumsgarantie des Art. 14 GG vereinbar. Schutz- 3362
fähiges Eigentum iS von Art. 14 GG sind alle eigentumsfähigen Positionen in ihrem konkreten, gesetzlich ausgestalteten Bestand, wobei Innehabung, Nutzung und Verfügung geschützt werden. Inhalt und Funktion des Eigentums sind der Anpassung an die gesellschaftlichen und wirtschaftlichen Verhältnisse fähig und auch bedürftig. Gem. Art. 14 I 2 GG werden Inhalt und Schranken des Eigentums durch die Gesetze festgelegt. Vor diesem Hintergrund stellt sich die Frage, ob die Regelungen der §§ 144, 145 BauGB eine zulässige Inhalts- und Schrankenbestimmung des Eigentums iS des Art. 14 I 2 GG darstellen. Grundsätzlich kann die Inhalts- und Schrankenbestimmung durch jede Rechtsnorm erfolgen, auf der Grundlage einer entsprechenden Ermächtigung auch durch Verordnung[7084] oder Satzung.[7085] Jede Inhalts- und Schrankenbestimmung muss den Grundsatz der Verhältnismäßigkeit beachten.[7086] Die Regelung muss demnach geeignet, erforderlich und angemessen sein. Dabei ist die Anerkennung des Privateigentums durch Art. 14 I 1 GG aber auch das Gebot der Sozialpflichtigkeit in Art. 14 II GG zu beachten. Der Gesetzgeber hat folglich im Rahmen des Art. 14 I 2 GG den verfassungsrechtlichen Auftrag, für eine sozial ausgewogene Eigentumsordnung zu sorgen.[7087] Das schließt jedoch Belastungen für den einzelnen Grundeigentümer nicht aus, die Sozialpflichtigkeit des Eigentums einen Teil der Eigentumsgarantie darstellt.[7088] Insoweit ist bei der Verhältnismäßigkeitsabwägung der soziale Bezug der betreffenden Eigentumspositionen bedeutsam.[7089] Je stärker der soziale Bezug und die soziale Funktion des betroffenen Eigentumsobjekts sind, umso weiter ist die Befugnis des Gesetzgebers zu belastenden Inhalts- und Schrankenbestimmungen.[7090] Eine Sanierungsmaßnahme gem. § 136 I BauGB bezieht sich auf die Beseitigung städtebaulicher Missstände und ist im (qualifizierten) öffentlichen Interesse und damit Teil der Sozialpflichtigkeit des Eigentums.[7091] Die Einschränkung der Eigentumsfreiheit durch §§ 144, 145 BauGB ist daher geeignet, erforderlich und angemessen, mithin verhältnismäßig. Die Regelungen der §§ 144, 145 BauGB sind somit zulässige Inhalts- und Schrankenbestimmung des Eigentums iS von Art. 14 I 2 GG. In einer Genehmigungsversagung liegt folglich die Konkretisierung der Sozialpflichtigkeit des Eigentums iS von Art. 14 II GG. Die Grenzen der Sozialpflichtigkeit werden allerdings überschritten, wenn die Sanierung nicht mehr sachgemäß und nicht hinreichend zügig durchgeführt wird.

Bei **unzumutbaren Nachteilen** kann der Eigentümer unter den Voraussetzungen des 3363
§ 145 V BauGB ein **Übernahmeverlangen** stellen. Hingegen gibt es keine Regelung darüber, ob und in welchem Maße für den Grundeigentümer eine finanzielle Entschädigung für möglicherweise erlittene Nachteile zu leisten ist. Solche Nachteile können zB im vorzeitigen Abbruch der Arbeiten liegen, ohne dass es mittlerweile für das Grundstück zu einer Verbesserung gekommen ist. Aber auch die übermäßige Dauer der Sanierungsmaßnahme kann ein Nachteil sein, wenn dem letztlich kein gleichwertiger Vorteil gegenübersteht. Art. 14 I 2 GG legt nicht fest, wie der Gesetzgeber eine „übermäßige" Beeinträchtigung des Eigentums ausgleichen muss. Art. 14 I 2 GG gibt im Grundsatz nur das Ziel vor, nicht aber die Art und Weise der Erfüllung. Durch § 145 V BauGB wurde ein Ausgleich für wirtschaftlich unzumutbare Nachteile dadurch geschaffen, dass der Grundeigentümer bei der Versagung einer Genehmigung gegenüber der Gemeinde im Falle der Unzumutbarkeit einen Anspruch auf Übernahme des Grundstücks hat. Auch bei sehr langer Dauer ist die Sanierung aber keine Enteignung iS von Art. 14 III 1 GG und bleibt tatbestandlich eine Inhalts- und Schrankenbestimmung iS von

[7083] Krautzberger/Fieseler in EZBK, BauGB, 2023, § 145 Rn. 60.

[7084] BVerfGE 8, 71.

[7085] BGHZ 77, 179.

[7086] BVerfGE 8, 71; BVerfGE 75, 78; BVerfGE 76, 220; BVerfGE 92, 262.

[7087] BVerfGE 52, 1; BVerfGE 68, 361; BVerfGE 72, 66; BVerfGE 79, 174; BVerfGE 84, 382; BVerfGE 91, 294.

[7088] Bielenberg DVBl. 1971, 441.

[7089] Jarass/Pieroth, Art. 14 GG, Rn. 37.

[7090] BVerfG NJW 1971, 2163; BVerfGE 36, 281; BVerfGE 42, 263; BVerfGE 50, 290; BVerfGE 53, 257; BVerfGE 70, 191; NJW 1992, 361.

[7091] BVerwG NVwZ 1996, 1210.

Art. 14 I 2 GG.[7092] Die Grenze der Sozialbindung wird zwar überschritten, wenn die Sanierung nicht mehr sachgemäß und nicht hinreichend zügig durchgeführt wird. Sanierungssatzungen treten aber nicht „automatisch" außer Kraft, denn es kann auch – namentlich im Bereich der Genehmigungspflicht – geboten sein, im Wege verfassungskonformer Handhabung die eigentumsrechtliche Ausgangslage zu beachten.[7093] Eine rein finanzielle Entschädigung, die sich aus dem Sanierungsrecht ergibt, fehlt somit. Diese Frage wurde während der Beratungen und Verabschiedung des StBauFG gesehen.[7094] Es wurde aber von einer Regelung einer finanziellen Entschädigung abgesehen. Bei den Gesetzesberatungen aus Anlass der Übernahme des StBauFG in das BauGB wurde diese Problematik nicht wieder aufgegriffen. Eine finanzielle Entschädigungsregelung ist jedoch aus der Sicht der Grundeigentümer wünschenswert, um unbillige Härten zu vermeiden und den benachteiligten Grundeigentümer nicht auf die Übernahmeregelung des § 145 V BauGB verweisen zu müssen. In vielen Fällen hat der Benachteiligte kein Interesse daran, sein Eigentum abzugeben. Der Betroffene will sein Eigentum vielmehr auch weiterhin nutzen, wird daran allerdings durch die Belastungen der Sanierung gehindert. Aber aus der Sicht der Gemeinden würde eine solche Regelung eine erhebliche Belastung bedeuten, denn diese Regelung würde sicherlich eine Vielzahl an Forderungen und Klagen seitens der betroffenen Grundeigentümer nach sich ziehen.

3364 Durch § 145 VI 1 BauGB wird § 22 VI BauGB über die Grundbuchsperre für entsprechend anwendbar erklärt. Darüber hinaus wird in § 145 VI 2 BauGB zB für den Fall einer allgemein erteilten Genehmigung nach § 144 III BauGB bzw. einer Genehmigungsfreistellung nach § 44 IV das für den Grundbuchvollzug erforderliche Zeugnis geregelt.

3365 Nach § 145 I 2 BauGB wird über die sanierungsrechtliche Genehmigung im baurechtlichen Genehmigungsverfahren im Einvernehmen mit der Gemeinde entschieden.

3366 Nach § 24 I Nr. 3 BauGB steht der Gemeinde im Sanierungsgebiet ein **Vorkaufsrecht** an allen bebauten und unbebauten Grundstücken zu. Sie kann dieses Recht auch zugunsten eines Sanierungsträgers ausüben. In der Sanierungspraxis hat die Ausübung des Vorkaufsrechts meist wenig Bedeutung. Die Verwirklichung eines Sanierungskonzepts beruht regelmäßig auf den Vereinbarungen und Verhandlungen mit Eigentümern und Investoren. Eine Absicherung des Konzepts wird von den Gemeinden meist über das Steuerungsinstrument der Genehmigungen gem. §§ 144, 145 BauGB erreicht. Im Sanierungsgebiet gelten die bodenrechtlichen Vorschriften des BauGB, aber mit den sich aus §§ 153 V, 155 II BauGB ergebenden Änderungen. Auch das Enteignungsrecht der §§ 85 ff. BauGB ist modifiziert anwendbar (§§ 87 III 3, 88 S. 2 BauGB). Die förmliche Festlegung eines Sanierungsgebietes kann auch bedeutsame Auswirkungen auf Miet- und Pachtverhältnisse haben. Solche Folgen werden in den §§ 182 bis 186 BauGB näher beschrieben.[7095]

3367 **c) Sanierungsziele und Sanierungszwecke.** Nach § 140 Nr. 3 BauGB gehört zur Vorbereitung der Sanierung die Bestimmung der Ziele und Zwecke der Sanierung. Schon bei der Formulierung von Sanierungszielen während der vorbereitenden Untersuchungen und zu Beginn der Sanierung kann die gem. § 136 II BauGB vorausgesetzte Behebung städtebaulicher Missstände weit ausgelegt und damit eine effiziente und Kosten sparende Sanierung gewährleistet werden.[7096] Art und Umfang der Sanierung richten sich dabei nach dem gemeindlichen Sanierungskonzept. Es enthält die Ziele und Zwecke der Sanierung und umfasst, je nach den konkreten Bedürfnissen des zu sanierenden Gebiets, Teil- und Einzelplanungen wie Rahmenpläne (§ 140 Nr. 4 BauGB), Stadtteilentwicklungspläne, Strukturpläne, Kosten- und Finanzierungsübersichten (§ 149 BauGB).[7097]

7092 BVerwG NJW 1996, 2807.

7093 BVerwG BauR 2011, 1308.

7094 BT, 127.Sitzung v. 16.6.1971, VI WP, StenBer. 7381 B ff. m. Anl.6, Umdruck 180.

7095 Clasen NJW 1973, 678.

7096 Fieseler NVwZ 1997, 867.

7097 Siehe BVerwG NVwZ 2018, 1490 = juris Rn. 13 ff: „Eine förmliche Kosten- und Finanzierungsübersicht im Sinne von § 149 BauGB ist keine zwingende Voraussetzung für eine abwägungsfehlerfreie Beschlussfassung über eine Sanierungssatzung. Auch überschlägige Ermittlungen zu den Kosten der Gesamtmaßnahme und den in Betracht kommenden Finanzierungsmöglichkeiten können ausreichen, um den Anforderungen des sanierungsrechtlichen Abwägungsgebots zu genügen, sofern sich auf ihrer Grundlage die finanzielle Durchführbarkeit der Maßnahme nachvollziehbar prognostizieren lässt.

d) Städtebauliche Planung im Sanierungsgebiet. Gemäß § 140 Nr. 4 BauGB umfasst die Vorbereitung der Sanierung auch die städtebauliche Planung. Dazu gehören insbesondere die Rahmenplanung, die Finanzplanung und die Bauleitplanung. Im StBauFG erfolgte die Bauleitplanung durch den in § 10 StBauFG vorgesehenen Sanierungsbebauungsplan. Heute erfolgt die Bauleitplanung auf Grund eines Bebauungsplans gem. § 10 BauGB. Vor allem bei einer bestandsorientierten Sanierung können neben den Bebauungsplan weitere Maßnahmen wie eine Erhaltungssatzung gem. § 172 BauGB, Gestaltungssatzungen oder denkmalschutzrechtliche Anordnungen treten. 3368

e) Sozialplan. Nach § 140 Nr. 6 BauGB gehört zur Planung der Sanierungsmaßnahmen auch die Erstellung und ständige Fortschreibung eines Sozialplanes.[7098] Dabei ist der Sozialplan nicht auf die Sanierung begrenzt. Ein Sozialplan soll vielmehr auch aufgestellt werden, wenn sich Bebauungspläne, städtebauliche Sanierungsmaßnahmen, städtebauliche Entwicklungsmaßnahmen oder Stadtumbaumaßnahmen voraussichtlich nachteilig auf die persönlichen Lebensumstände der in dem Gebiet wohnenden oder arbeitenden Menschen auswirken. Die Gemeinde hat daher gem. § 180 BauGB zu prüfen, ob sich die Sanierungsmaßnahmen voraussichtlich nachteilig auf die persönlichen Lebensumstände der in dem Sanierungsgebiet wohnenden und arbeitenden Menschen auswirken werden. Die Gemeinde hat mögliche Hilfsmaßnahmen, beispielsweise bei einem erforderlichen Umzug oder Arbeitsplatzwechsel, mit den Betroffenen zu erörtern (§ 180 I 1 BauGB), diese dabei zu unterstützen und Hilfe zu leisten (§ 180 I 2 BauGB). Das Ergebnis dieser Erörterungen ist schließlich im maßnahmenbezogenen Sozialplan darzustellen (§ 180 II BauGB). Dabei ist auch auf den ggf. zu gewährenden Härteausgleich hinzuweisen (§ 181 BauGB). Der Sozialplan ist aber allerdings rechtsverbindlicher Plan mit normativer Wirkung. Er verpflichtet die Gemeinde nicht zu Leistungen gegenüber den Betroffenen, weshalb diese auch keine Rechte aus dem Sozialplan herleiten können. 3369

2. Durchführung der Sanierung

a) Allgemeines. Die wesentlichen Durchführungsinstrumente städtebaulicher Sanierungsmaßnahmen werden in § 146 BauGB beschrieben. Die Instrumente sind die Ordnungsmaßnahmen und die Baumaßnahmen, die nach den Zielen und Zwecken der Sanierung erforderlich sind (§ 146 I BauGB). Die Durchführung der Sanierung stellt in der Praxis häufig den zeitaufwändigsten Teil des Sanierungsverfahrens dar und hat je nach Umfang des Sanierungsgebietes u.U. auch bis zu 30 Jahre beansprucht. Neu begonnene Sanierungen sollen einen Zeitraum von 15 Jahren nicht überschreiten (§ 142 III 3 HS. 2 BauGB). 3370

b) Ordnungsmaßnahmen nach § 147 BauGB. Der Begriff der Ordnungsmaßnahme wird in § 147 BauGB definiert. Danach gehören zu den Ordnungsmaßnahmen die Bodenordnung einschließlich des Erwerbs von Grundstücken, der Umzug von Bewohnern und Betrieben, die Freilegung von Grundstücken, die Herstellung und Änderung von Erschließungsanlagen sowie sonstigen Maßnahmen, die notwendig sind, um Baumaßnahmen durchführen zu können. Die Durchführung der Ordnungsmaßnahme ist Aufgabe der Gemeinde nach § 147 1 BauGB. Sie kann diese Aufgaben aber auch ganz oder teilweise an einen Sanierungsträger (§§ 157 ff. BauGB) übertragen, was in der Praxis üblich ist. Insbesondere kleinere Gemeinden greifen häufig auf Sanierungsträger zurück, weil der personelle und zeitliche Aufwand hier vergleichsweise groß ist und kleinere Gemeinden damit nicht selten überfordert sind. Die Durchführung der Ordnungsmaßnahmen kann nach § 146 III 1 BauGB ganz oder teilweise mit einem öffentlich-rechtlichen Vertrag auf die Eigentümer übertragen werden, womit entsprechende Entlastungswirkungen verbunden sind. Die Gemeinde ist aber auch im Falle einer solchen Aufgabenübertragung verpflichtet, die nach den Zielen und Zwecken der Sanierung erforderlichen Maßnahmen zügig durchführen zu lassen. Ist dies nicht gewährleistet, hat die Gemeinde nach § 146 III 2 BauGB für die Durchführung der Maßnahmen zu sorgen oder sie selbst zu übernehmen. Die Verantwortung liegt daher bei der Gemeinde. Aus § 147 BauGB und der Zuständigkeit der Gemeinde für die Durchführung der Ordnungsmaßnahmen ergibt sich, dass die **Gemeinde** auch **Kostenträger** der Ordnungsmaßnahme ist. Die Gemeinde kann für die Durchführung sanierungsbedingter Ordnungsmaßnahmen Städtebauförderungsmittel einsetzen (§ 164 a II Nr. 2 BauGB). 3371

[7098] Zu den Zusammenhängen zwischen Umweltprüfung, Denkmalschutz und Sozialplan Krautzberger UPR 2009, 361.

3372 An die Ordnungsmaßnahmen schließen sich die **Baumaßnahmen** an. Nach § 148 BauGB geregelt. § 148 II 1 BauGB gehören zu den Baumaßnahmen die Modernisierung und Instandsetzung, die Neubebauung und die Ersatzbauten, die Errichtung und Änderung von Gemeinbedarfs- und Folgeeinrichtungen sowie die Verlagerung oder Änderung von Betrieben. Weiterhin gelten nach § 148 II 2 BauGB als Baumaßnahmen auch naturschutzrechtliche Maßnahmen zum Ausgleich iS von § 1 a III BauGB, soweit sie auf Grundstücken durchgeführt werden, auf denen Eingriffe in die Natur und Landschaft zu erwarten sind. Im Unterschied zu den Ordnungsmaßnahmen bleibt die Durchführung der Baumaßnahmen nach § 148 I 1 BauGB den **Eigentümern** überlassen, soweit eine zügige und zweckmäßige Durchführung durch sie gewährleistet ist. Nach § 148 I 1 Nr. 1 und Nr. 2 BauGB ist die Gemeinde nur zuständig für die Errichtung und Änderung der Gemeinbedarfs- und Folgeeinrichtungen sowie die Durchführung sonstiger Baumaßnahmen, sofern Grundstücke der Gemeinde gehören oder die zügige und zweckmäßige Durchführung durch den Eigentümer nicht sichergestellt ist. **Kostenträger** ist nach § 148 I 1 BauGB grundsätzlich der jeweilige **Eigentümer**, soweit die Gemeinde nicht für die Baumaßnahme nach § 148 I Nr. 1 und Nr. 2 BauGB zuständig ist. Auch bezüglich der Baumaßnahme kommen **Städtebauförderungsmittel** gemäß § 164 a II Nr. 3, III BauGB zur Finanzierung in Betracht.[7099]

3373 Durch die **BauGB-Klimanovelle 2011** ist die Errichtung oder Erweiterung von Anlagen und Einrichtungen zur dezentralen und zentralen Erzeugung, Verteilung, Nutzung oder Speicherung von Strom, Wärme oder Kälte aus erneuerbaren Energien oder Kraft-Wärme-Kopplung als Sanierungsziel in das Sanierungsrecht integriert worden (§ 148 II Nr. 5 BauGB).[7100] Damit sind die Vorgaben des Energiefachrechts zugleich Bestandteil des Konzeptes der städtebaulichen Sanierung geworden. Städtebauliche Klimakonzepte können dabei in der Abwägung auch über die verbindlichen Vorgaben des Energiefachrechts hinausgehen. Das gilt in Sonderheit für vertragliche Vereinbarungen, die im Zusammenhang mit der Umsetzung solcher Konzepte getroffen werden. Die Regelungen über die Städtebauförderung (§ 164 b BauGB) sind nicht geändert worden.[7101] Über die allgemeinen Abwägungsgrundsätze des § 1 VI und VII BauGB sind diese Belange ohnehin Gegenstand der Abwägung. Das Erfordernis der klimagerechten Stadtentwicklung geht hierdurch bereits in die städtebauliche Beurteilung ein.[7102]

3374 **c) Formen der Sanierung.** In der Praxis werden zwei Arten der Sanierung unterschieden, die jeweils unterschiedlichen Zielen dienen: Die Sanierung kann als **Flächensanierung** bodenordnerische und wachstumsorientierte Ziele verfolgen. Die Sanierung besteht dann häufig darin, in bestimmten Gebieten Flächen zu erschließen, umzuordnen und ihre zulässige Nutzung zu erweitern. In der Praxis geht es häufig darum, vorhanden marode Bebauung zu entfernen und durch Neubauten zu ersetzen. Die Gemeinden nutzen im Rahmen der Flächensanierung zumeist die Ordnungsmaßnahmen nach § 147 BauGB. Die **objektbezogene Sanierung**, in der heute vielfach der Schwerpunkt der Sanierungsmaßnahmen liegt, umfasst vor allem Maßnahmen der Modernisierung und der Instandhaltung bebauter Fläche. Im Zuge der objekterhaltenden Erneuerung kommt es dabei häufig zu Fassadenmodernisierungen, Schaffung von Fußgängerzonen, öffentlichen Plätzen, Parks und anderer Grünflächen, Schaffung neuer Fußgängerwege, Entkernung von störender Bausubstanz, Schaffung von Verkehrseinrichtungen für den ruhenden Verkehr wie Parkplätze, Parkhäuser und Tiefgaragen, Einrichtung von Busspuren oder Verlagerung von störenden Betrieben (etwa durch Emissionen) in andere Gebiete. Bei dieser Art der Sanierung bleibt die vorhandene Bebauung zum größten Teil erhalten und auch die Nutzung der Flächen bleibt zumeist unverändert. Die objektbezogene Sanierung kann auch der Steigerung der Attraktivität der Innenstädte dienen. Bei der objektbezogenen Sanierung überwiegen folglich auch die Baumaßnahmen nach § 148 BauGB. Bei der **Mischsanierung** werden Flächensanierung und objektbezogene Sanierung kombiniert. Ein häufig vorkommendes Beispiel dafür ist die Neunutzung und Umgestaltung von früher militärisch genutzten Flächen (Konversion), sofern eine sinnvolle Nutzung für Kasernenge-

---

[7099] Zur Städtebauförderung in Hessen Foißner/Fontaine-Kretschmer/Kugelstadt-Braun HGZ 2009, 3. Zur Weiterentwicklung der Städtebauförderung in programmatischer und praxisbezogener Hinsicht Spangenberger UPR 2006, 222.

[7100] Battis/Krautzberger/Mitschang/Reidt/Stüer NVwZ 2011, 897; Krautzberger/Stüer BauR 2011, 1416; Söfker ZfBR 2011, 541; Stüer/Stüer DVBl. 2011, 1117.

[7101] Vorschläge in der Stellungnahme des Bundesrates v. 17.6.2011, BT-Drs. 17/6253, S. 9.

[7102] Stellungnahme des Bundesrates v. 17.6.2011, BT-Drs. 17/6253, S. 10.

bäude, Hallen, Mannschaftsquartiere etc. gefunden wird und die Gebäude nicht zurückgebaut werden müssen.

d) Finanzierung. Eine städtebauliche Sanierung ist häufig so kostenintensiv, dass sie von der durchführenden Gemeinde oder den betroffenen Eigentümern im Sanierungsgebiet allein nicht finanziert werden kann. Aus diesem Grund kann die Sanierung durch ein begleitendes Finanzierungssystem von Bund, Ländern und Gemeinden unterstützt werden **(Anteilsfinanzierung)**. Sowohl Bund und Länder als auch die Gemeinden haben dabei im Rahmen der nach den jeweiligen Haushalten zur Verfügung stehenden Mittel anteilig die in der Kosten- und Finanzierungsübersicht nach § 149 I, II 1 BauGB für die Gesamtmaßnahme voraussichtlich anfallenden Kosten aufzubringen. In der Regel handelt es sich bei den Kosten einer städtebaulichen Sanierungsmaßnahme um so genannte unrentierliche Kosten, die durch verlorene Zuschüsse aus Bundes-, Landes- und Kommunalmitteln aufgebracht werden müssen. Dabei liegen keine deckungsgleichen Einnahmen vor. Die Städtebauförderung ist ein Instrument einer qualifizierten Standortpolitik. Sie ist Kern einer modernen Strukturpolitik. Die Städtebauförderung trägt dazu bei, eine sozialpolitisch geprägte und verantwortungsbewusste Baukultur zu stärken, historische Bauten zu erhalten, die Stadtteile als Lebensmittelpunkte zu stärken und Arbeitsplätze zu schaffen. 3375

Eine **förmliche Kosten- und Finanzierungsübersicht** im Sinne von § 149 BauGB ist keine zwingende Voraussetzung für eine abwägungsfehlerfreie Beschlussfassung über eine Sanierungssatzung. Auch überschlägige Ermittlungen zu den Kosten der Gesamtmaßnahme und den in Betracht kommenden Finanzierungsmöglichkeiten können ausreichen, um den Anforderungen des sanierungsrechtlichen Abwägungsgebots zu genügen, sofern sich auf ihrer Grundlage die finanzielle Durchführbarkeit der Maßnahme nachvollziehbar prognostizieren lässt. Die Kosten- und Finanzierungsübersicht ist nach § 142 BauGB weder Bestandteil der Sanierungssatzung, noch teilt sie deren rechtliches Schicksal.[7103] 3376

Instrumente der Förderung des Bundes und der Länder sind die einzelnen **Förderprogramme**. Die Programme des Bundes sind dabei begrenzt auf die vom Bundestag beschlossenen Finanzhilfen. Die Landesprogramme sind in ihrem Umfang Bestandteil des Bundesprogramms. Sie umfassen zudem auch die bereitzustellenden Mittel des Landes an die Gemeinden.[7104] Die Anteilsfinanzierung durch das Land kann für manche Maßnahmen bis zu 90% des Gesamtkostenvolumens betragen. Aber auch der Bund hat häufig einen Großteil der Kosten einer Maßnahme getragen. Die Finanzierungsverantwortung liegt auch hier bei den Gemeinden. Die Finanzierung und Förderung einzelner Sanierungsmaßnahmen richtet sich nach den Finanzierungs- und Förderungsrichtlinien bzw. Verwaltungsvorschriften der Länder. Darin werden für die Gemeinden, die zuständigen Mittelbehörden sowie die Landesministerien die Voraussetzungen für eine Förderung, das entsprechende Verfahren zur Aufnahme in das jeweilige Jahresprogramm sowie die Abrechnung geregelt. Es besteht kein Anspruch auf Gewährung von Städtebauförderungsmitteln, sondern lediglich bei mehreren Bewerbern, insbesondere im Verhältnis Dritter zur Gemeinde, ein Anspruch auf fehlerfreie Ermessensausübung. Die Gemeinde hat unter mehreren Bewerbern nach sachgerechten Kriterien die Mittel zu vergeben. 3377

Gemäß § 164 a I 1 BauGB werden zur Deckung der Kosten einer einheitlichen Vorbereitung und zügigen Durchführung der städtebaulichen Sanierungsmaßnahme als Einheit **Finanzierungs- und Förderungsmittel** eingesetzt. Damit ist die Vergabe von Bauförderungsmitteln zugleich zweckgebunden. Auch für den Einsatz von Fördermitteln ist die Gemeinde verantwortlich. Voraussetzung für die Städtebauförderung ist, dass die Sanierungsmaßnahme nach § 149 IV 2 BauGB finanziell gesichert ist und die Grundsätze der Wirtschaftlichkeit und Sparsamkeit beachtet wurden. Der Einsatz von Städtebauförderungsmitteln ist subsidiär, sofern entstehende Kosten anderweitig gedeckt werden können (§ 164 a I 2 BauGB). Weiterhin dürfen Städtebauförderungsmittel grundsätzlich nur für noch nicht begonnene Einzelmaßnahmen eingesetzt werden, außer die zuständige Landesbehörde macht davon eine Ausnahme. Ferner sind die personellen und sachlichen Kosten der Gemeindeverwaltung nicht förderfähig.[7105] Die Gemeinde kann die ihr zugewiesenen Mittel zur Finanzierung ihrer Sanierungsaufgaben oder als Zuschüsse oder Darlehen zur Finanzierung der von Dritten vorzunehmenden Maßnahmen 3378

7103 BVerwG NVwZ 2018, 1490; NVwZ 2001, 1053 zur städtebaulichen Entwicklungssatzung; Bönker in HBG, Öffentliches Baurecht, 2024, § 14 Rn. 64.

7104 Abgeordnetenhaus von Berlin – Drs. 13/ 3536, 50.

7105 Krautzberger/Richter in EZBK, BauGB, 2023, § 164 a Rn. 14 ff.

verwenden. Grundlage dafür sind entweder entsprechende Bewilligungsbescheide oder abzuschließende öffentlich-rechtliche Verträge. Problematisch ist für viele Gemeinden angesichts knapper eigener Finanzen, überhaupt einen kommunalen Eigenanteil aufzubringen. Dementsprechend ist auch die Vorfinanzierung einer Sanierungsmaßnahme häufig schwierig, wenn Fördermittel nicht in abgerufener Höhe zur Verfügung gestellt werden.

3379 Durch § 164 a II BauGB werden die **Einsatzzwecke** von Städtebauförderungsmitteln geregelt. Sie können eingesetzt werden für: die Vorbereitung von Sanierungsmaßnahmen (§ 140 BauGB), die Durchführung von Ordnungsmaßnahmen nach § 147 BauGB einschließlich Entschädigung, soweit durch sie kein bleibender Gegenwert erlangt wird, jedoch nicht die persönlichen und sachlichen Kosten der Verwaltung, die Durchführung der Baumaßnahmen nach § 148 BauGB, die Gewährung einer angemessenen Vergütung von den nach Maßgabe dieses Gesetzes beauftragten Dritten, die Verwirklichung des Sozialplans nach § 180 BauGB sowie die Gewährung des Härteausgleiches nach § 181 BauGB. Darüber hinaus können Städtebauförderungsmittel auch nach § 164 a III BauGB für Modernisierungs- und Instandsetzungsmaßnahmen zur Beseitigung baulicher Missstände und Mängel iS von § 177 BauGB verwendet werden. In der Praxis beruhen solche Mängel häufig zum einen auf mangelnden Innenausstattung von Gebäuden (veraltete Heizungssysteme, unzumutbare Wohnungsgrundrisse, mangelhafte Wärmedämmung, Belichtung, Belüftung, sanitäre Anlagen) zum anderen auf erheblichen Instandhaltungsmängeln (Schäden an Dächern, Fassaden, Geschossdecken, Treppenhäusern).[7106] Modernisierungs- und Instandsetzungsvereinbarungen werden in der Regel auf der Grundlage eines öffentlich-rechtlichen Vertrages nach § 177 IV 4 BauGB i.V. mit § 148 I, II Nr. 1 BauGB mit den jeweiligen Eigentümern geschlossen.[7107]

3380 § 164 b I 1 BauGB ermächtigt den Bund, den Ländern nach Maßgabe des jeweiligen Haushaltsgesetzes Finanzhilfen für die Investitionen der Gemeinden und Gemeindeverbände zur Förderung städtebauliche Maßnahmen zu gewähren.[7108] § 164 b I 2 BauGB verweist hierzu auf **Verwaltungsvereinbarungen** zwischen Bund und Ländern zur Förderung städtebaulicher Sanierungsmaßnahmen. § 164 b II BauGB benennt die Förderungsschwerpunkte, welche die Absicht des Bundes bekunden, eine nachhaltige Stadtentwicklungspolitik zu betreiben.[7109] Nach § 164 b I 1 BauGB kann der **Bund** zur Förderung städtebaulicher Sanierungsmaßnahmen den Ländern nach Art. 104 b GG nach Maßgabe des jeweiligen Haushaltsgesetzes Finanzhilfen für Investitionen der Gemeinden und Gemeindeverbände nach einem in gleicher Weise geltenden, allgemeinen und sachgerechten Maßstab gewähren. Nach Art. 104 b I GG kann der Bund. Nach **Art. 104 b GG** kann der Bund, soweit das GG ihm Gesetzgebungsbefugnisse verleiht, den Ländern Finanzhilfen für besonders bedeutsame Investitionen der Länder und der Gemeinden (Gemeindeverbände) gewähren, die (1) zur Abwehr einer Störung des gesamtwirtschaftlichen Gleichgewichts oder (2) zum Ausgleich unterschiedlicher Wirtschaftskraft im Bundesgebiet oder (3) zur Förderung des wirtschaftlichen Wachstums erforderlich sind. Das Nähere, insbesondere die Arten der zu fördernden Investitionen, wird durch Bundesgesetz, das der Zustimmung des Bundesrates bedarf, oder auf Grund des Bundeshaushaltsgesetzes durch Verwaltungsvereinbarung geregelt. Die Mittel sind befristet zu gewähren und hinsichtlich ihrer Verwendung in regelmäßigen Zeitabständen zu überprüfen. Die Finanzhilfen sind im Zeitablauf mit fallenden Jahresbeträgen zu gestalten.

3381 Der Maßstab und das Nähere für den Einsatz der Finanzhilfen werden nach § 164 b I 2 BauGB durch Verwaltungsvereinbarung zwischen Bund und Ländern festgelegt. Aufgrund einer solchen Vereinbarung ist durch die Länder für das jeweilige Bundesförderprogramm ein Landesprogramm aufzustellen. Es umfasst die städtebaulichen Sanierungsmaßnahmen und andere Gebiete des „Besonderen Städtebaurechts", deren Mitfinanzierung durch den Bund erwartet wird. Die Zuteilung der Finanzhilfen des Bundesprogramms hat die Aufnahme des Landesprogramms in das Bundesprogramm zur Grundlage. Der Bund kann aber auch das Landesprogramm von der Aufnahme ausschließen.[7110]

3382 Die komplexen sozialen, wirtschaftlichen und städtebaulichen Probleme in bestimmten Stadtteilen sind mit diesen Mitteln allein nicht zu lösen. Deshalb wurde im Jahre 1999 erstmals das **Programm „die soziale Stadt"** geschaffen, das eine Förderung aus einer Hand ermöglicht und

[7106] Abgeordnetenhaus von Berlin – Drs. 13/ 3536, 61.
[7107] Fieseler NVwZ 1997, 867.
[7108] Fieseler NVwZ 1998, 903.
[7109] Fieseler NVwZ 1998, 903.
[7110] Abgeordnetenhaus Berlin – Drs. 13/ 3536, 54.

versucht, die sozialen Brennpunkte, die eine Sanierung erschweren zu beseitigen. In einem Stadtgebiet etwa, in dem eine hohe Arbeitslosigkeit herrscht, die privaten Haushalte über ein geringes Einkommen verfügen und die Jugendlichen durch Kriminalität und Perspektivlosigkeit benachteiligt sind, wird eine Sanierung langfristig schon allein auf Grund mangelnder Mitwirkungsfähigkeit der Sanierungsbetroffenen erheblich erschwert. In der Praxis sollen die jeweils vorhandenen Brennpunkte durch entsprechende Maßnahmen beseitigt werden. Diese können zB in der Aktivierung örtlicher Potenziale liegen. Weiterhin kommt ein Stadtteilmanagement, Angebote für Existenzgründer, Jugendwerkstätten, Jobvermittlung, Neu- und Umgestaltung von öffentlichen Plätzen oder Parks in Betracht. Insbesondere sollen Impulse für die Beschäftigung, soziale Impulse sowie ökologische Impulse in den betroffenen Gebieten durch das Programm „die soziale Stadt“ gesetzt werden. Weiterhin sind auch andere Ressorts wie zB das für Bildung und Forschung mit seinem Programm für benachteiligte Jugendliche und das Ressort für Arbeit und Soziales bei Lohnkostenzuschüssen für Arbeitslose in der Denkmalpflege und der städtebaulichen Sanierung beteiligt. Durch § 164 b II Nr. 1 bis 3 BauGB werden die Schwerpunkte der Finanzhilfen festgelegt. Danach sind Schwerpunkte die Stärkung von Innenstädten und Ortsteilzentren in ihrer städtebaulichen Funktion unter besondere Berücksichtigung des Wohnungsbaus sowie der Belange des Denkmalschutzes und der Denkmalpflege (Nr. 1), die Wiedernutzung von Flächen unter Berücksichtigung ihrer funktional sinnvollen Zuordnung (Nutzungsmischung) sowie von umweltschonenden, kosten- und flächensparenden Bauweisen (Nr. 2), und städtebauliche Maßnahmen zur Behebung sozialer Missstände (Nr. 3). Diese Förderschwerpunkte beziehen sich ausschließlich auf die durch den Bund bereitzustellenden Finanzhilfen. Die Gemeinden und die Länder können durch eigene Mittel andere Schwerpunkte setzen.

Nach Abschluss der Sanierung findet eine **Abrechnung der Gesamtmaßnahmen** zwi- 3383
schen den Gemeinden und dem Land einerseits sowie dem Land und dem Bund andererseits statt. In diese Abrechnung fließen alle Einnahmen, Ausgaben und Vermögenswerte ein, die bei der Vorbereitung und Durchführung der Sanierungsmaßnahme entstanden sind. Auf der Grundlage dieser Abrechnung wird entschieden, ob der Bund dem Land und entsprechend das Land der Gemeinde die als Vorauszahlung gewährten Mittel endgültig als Zuschuss oder aber als Darlehen gewährt.[7111] Um einen Überblick über den Kosten- und Finanzierungsrahmen zu bekommen und die zügige Durchführung zu sichern, hat die Gemeinde nach § 149 I BauGB nach dem Stand der Planung eine **Kosten- und Finanzierungsübersicht** zu erstellen, die mit den Kosten- und Finanzierungsvorstellungen anderer Träger öffentlicher Belange abzustimmen und der höheren Verwaltungsbehörde vorzulegen ist. Nach den §§ 136 ff. BauGB hat die Gemeinde insbesondere die Kosten für die Vorbereitung der Sanierung (§ 140 BauGB), für die Ordnungsmaßnahmen (§ 147 BauGB), für bestimmte einzelne Baumaßnahmen (§ 148 I Nr. 2 BauGB) und die Kosten für Gemeinbedarfs und Folgeeinrichtungen (§ 148 I Nr. 1 BauGB) zu tragen.

Die Europäische Kommission entwarf 1994 erstmals eine neue Politik, um städtische Pro- 3384
bleme mit integrierten Konzepten innerhalb von bestimmten großstädtischen Gebieten anzugehen. Es wurde die Gemeinschaftsinitiative „URBAN“ gegründet, um insbesondere in benachteiligten Regionen soziale und ökologisch ausgerichtete Einrichtungen zu fördern. Für die Projektfinanzierungen wurden aus dem Europäischer Fonds für regionale Entwicklung (EFRE) und dem Europäischen Sozialfonds (ESF) Mittel bereitgestellt. Die Finanzierung besteht aus diesen Mitteln sowie einer nationalen Co-Finanzierung.[7112] Gefördert werden dadurch zB Jugendeinrichtungen für Jugendliche in Konfliktsituationen (Jugendarbeitslosigkeit, Obdachlosigkeit, Alkoholismus, Delinquenz), Musikübungs- und Veranstaltungsräume, Abenteuerspielplätze mit einem erheblichen Grünanteil unter sozialpädagogischer Betreuung oder die Schaffung von Kindertagesstätten als ökologisch-pädagogische Lern- und Erfahrungsorte unter städtischen Bedingungen (Tierhaltung, Pflanzenzucht oder Bau von Weidenhütten). Aber auch direkt aus den genannten Fonds können bestimmte Projekte gefördert werden.

Mit der Durchführung der Sanierung stellt sich auch die Frage der **Bodenwertabschöp-** 3385
fung und der **Ausgleichsbeträge**. Nach den allgemeinen Erfahrungen steigen in der Praxis die Grundstückspreise deutlich an, sobald bekannt wird, dass Sanierungsmaßnahmen geplant werden. Solche Wertzuwächse ergeben sich aber nicht durch ein Handeln des jeweiligen Eigentümers, sondern Maßnahmen auf Grund der gemeindlichen Planung, sodass dieser Zuwachs unberechtigt erscheinen kann, jedenfalls on der Allgemeinheit verursacht worden

[7111] Abgeordnetenhaus von Berlin – Drs. 13/ 3536, 53.
[7112] Abgeordnetenhaus von Berlin – Drs. 13/3436, 27.

ist.[7113] Wären die Gemeinden nicht in der Lage, diesen Wertzuwachs in irgendeiner Weise abzuschöpfen, so würden sich die Kosten für das Sanierungsverfahren unter Umständen stark erhöhen.[7114] Dem wirkt das BauGB mit einem System aufeinander abgestimmter bodenpolitischer, enteignungs- und abgabenrechtlicher[7115] Maßnahmen in den §§ 152 bis 156 a BauGB entgegen, um vorzeitigen Preissteigerungen und unverdienten Bodenwertsteigerungen zu verhindern und der Allgemeinheit zuzuführen.[7116] Dabei ist die Durchführung der Sanierung im so genannten klassischen Verfahren nach § 152 BauGB Voraussetzung für die Anwendung der §§ 153 bis 156 a BauGB.[7117] Dieses System kann als Kernbereich des Besonderen Städtebaurechts bezeichnet werden.[7118] Die Sozialbindungsklausel des Art. 14 II GG rechtfertigt dieses System verfassungsrechtlich.[7119]

3386 Regelungszweck des § 153 I 1 BauGB ist es, sanierungsbedingte Bodenwertsteigerungen nicht dem Betroffenen zufließen zu lassen, wenn diesem schon Ausgleichs- und Entschädigungsleistungen nach dem BauGB durch die Gemeinde zu leisten sind. Der bei der Gewährung von Ausgleichs- und Entschädigungsleistungen nach § 95 I BauGB zu Grunde zu legende Verkehrswert (Marktwert, § 194 BauGB) wird deshalb um sämtliche sanierungsbedingte Wertsteigerungen bereinigt.[7120] Die durch das EAG Bau 2004 bewirkte Änderung dient der Klarstellung, dass es keinen Bedeutungsunterschied zwischen den Begriffen Verkehrswert und Marktwert, der insbesondere bei Gemeinschaftsrechtsakten[7121] vorrangig gebraucht wird, gibt. Die Regelung stellt i.V. mit § 145 II BauGB bei der rechtsgeschäftlichen Veräußerung eines Grundstücks sowie bei der Bestellung oder Veräußerung eines Erbbaurechts einen speziellen gesetzlichen Versagungsgrund dar (so genannte Preisprüfung). Dabei erfolgt die Preisprüfung durch den Vergleich des vereinbarten Gegenwertes für ein Grundstück oder das Erbbaurecht einerseits mit dem sanierungsbedingten Verkehrswert nach § 153 I BauGB andererseits. Die wesentliche Erschwerung der Sanierung iS des § 145 II BauGB wird nach § 153 II BauGB vermutet. Dies gilt allerdings nicht, wenn die Verpflichtung zur Zahlung eines Ausgleichsbetrags erloschen ist (§§ 153 II, 154 III 2, 3 BauGB). Diese Regelung genügt den Erfordernissen des Art. 14 I 2 GG. Sie ist eine zulässige Inhalts- und Schrankenbestimmung. Der Eigentümer wird nicht daran gehindert, sein Grundeigentum zu veräußern. Es wird ihm lediglich eine Begrenzung auferlegt, sich an den Verkehrswert zu halten.[7122] Nach § 153 III 1 BauGB darf die Gemeinde oder der Sanierungsträger beim Erwerb eines Grundstücks keinen höheren Kaufpreis vereinbaren, als er sich in entsprechender Anwendung des § 153 I BauGB ergibt. Nach § 153 III 2 BauGB gilt dasselbe für den Bedarfsträger in den Fällen des § 144 IV Nr. 4 und Nr. 5 BauGB (Preisüberschreitungsgebot). Nach § 153 IV 1 BauGB hat die Gemeinde oder ihr Sanierungsträger ein Grundstück, das sie nach den §§ 89 und 159 III BauGB veräußert, zu dem Verkehrswert zu veräußern, der sich durch die rechtliche und tatsächliche Neuordnung des förmlich festgelegten Sanierungsgebietes ergibt (so genannte Privatisierungspflicht). § 153 V BauGB trifft für den Fall, dass im förmlich festgelegten Sanierungsgebiet eine öffentlich-rechtliche Umlegung nach den §§ 45 bis 79 BauGB durchgeführt wird, besondere Modifikationen im Hinblick auf umlegungsrechtliche Entschädigungs-, Abfindungs- und Ausgleichsleistungen der Gemeinde gegenüber den Umlegungsbetroffenen. Ein öffentliches Interesse am Erlass eines sanierungsrechtlichen Ausgleichsbetrags besteht, wenn der Erlass geeignet ist, die Ziele und Zwecke der jeweiligen Sanierungsmaßnahmen zu fördern.[7123]

Hinweis: Gemäß § 3 VII AusglLeistG wird der Wertansatz für landwirtschaftliche Flächen durch den Verkehrswert gebildet, von dem ein Abschlag in Höhe von 35% vorgenommen wird. Ist dieser Wert als Ermittlungsgrundlage ungeeignet, richtet sich der Wertansatz gem. § 5 FlächenerwerbsV nach dem Marktwert. Das ist derjenige Preis, den ein unter Marktbedingungen

---

[7113] BGH NJW 1980, 2814; BVerwG NJW 1982, 389.
[7114] Gaentzsch Die Bodenwertabschöpfung im Städtebauförderungsrecht, 1975, 57 ff.
[7115] BVerwG DVBl. 1993, 441.
[7116] Siehe dazu Bönker in HBG, Öffentliches Baurecht, 2024, § 14 Rn. 53 f.
[7117] Mampel DÖV 1992, 556.
[7118] Kleiber ZfBR 1986, 263.
[7119] BGHZ 89, 338; BVerwG ZfBR 1999, 100.
[7120] BVerwG NJW 1982, 389.
[7121] Richtlinie 91/674/EWG des Rates vom 19.12.1991, ABl. EG Nr. L 374 S. 7; Mitteilung der Kommission, ABl. EG Nr. C 209 S. 3.
[7122] BVerwG BauR 1998, 406.
[7123] BVerwG NVwZ 2006, 1416.

handelnder privater Investor hätte festsetzen können. Da dieser Marktwert mit Ausnahme von Veräußerungen an den Meistbietenden theoretisch ist, ist notwendigerweise eine Toleranzmarge zuzulassen, innerhalb deren der erzielte Preis vom theoretischen Preis abweichen kann. Der Begriff „Marktwert“ iSd § 194 BauGB ist somit europarechtskonform dahin auszulegen, dass entscheidend der Preis ist, der auf dem Markt erzielbar ist. Gem. § 13 WertV besteht eine Möglichkeit der Ermittlung des Marktwertes darin, ein Vergleichswertverfahren durchzuführen. Dabei sind die Kaufpreise solcher Grundstücke heranzuziehen, die hinsichtlich der ihren Wert beeinflussenden Merkmale mit dem zu bewertenden Grundstück hinreichend übereinstimmen.[7124]

Nach § 154 BauGB sind durch städtebauliche Sanierungsmaßnahmen bedingte **Bodenwertsteigerungen** unter bestimmten Bedingungen **abzuschöpfen**. Diese Regelung dient dazu, die Eigentümer, denen ihr im Sanierungsgebiet liegendes Grundstück verbleibt, mit den Eigentümern gleichzustellen, die ihre Grundstücke im Verlauf der Sanierung unter Ausschluss sanierungsbedingter Werterhöhungen abgegeben haben.[7125] Es wäre mit Rücksicht auf den Gleichheitsgrundsatz und des erheblichen Einsatzes von Fördergeldern des Bundes, des jeweiligen Landes und der Gemeinden nicht zu vertreten, bei den Eigentümern von Grundstücken im förmlich festgelegten Sanierungsgebiet die durch die Sanierung bedingte Wertsteigerungen zu belassen, soweit sie nicht mit eigenen Aufwendungen daran beteiligt waren. Der Ausgleichsbetrag wird nach § 154 I 1 BauGB zur Sanierungsfinanzierung erhoben. Damit sollen auch die Eigentümer an den Gesamtkosten beteiligt werden.[7126] Die Abschöpfung maßnahmenbedingter Wertsteigerungen ist als Inhalts- und Schrankenbestimmung nach Art. 14 I 2 GG, aber auch im Hinblick auf den Gleichheitssatz nach Art. 3 I GG verfassungsrechtlich unbedenklich. Es gibt es auch keinen Verfassungsrechtsgrundsatz des Inhalts, dass die Abschöpfung planungsbedingter Gewinne allein den Grundstückseigentümern vorbehalten ist.[7127] 3387

Eine Vorauszahlung auf einen Ausgleichsbetrag nach § 154 BauGB kann bereits verlangt werden, wenn für ein entwicklungskonformes Vorhaben, dessen planungsrechtliche Zulässigkeit zweifelhaft ist, eine baurechtliche Genehmigung erteilt worden ist. Bei der Ermittlung des Anfangswertes für den Ausgleichsbetrag im städtebaulichen Entwicklungsbereich ist im Regelfall nach den Grundsätzen der WertV zu verfahren. Auf den gezahlten Kaufpreis ist grundsätzlich nicht abzustellen.[7128] 3388

Der Eigentümer eines im förmlich festgelegten Sanierungsgebiet gelegenen Grundstücks ist nach § 154 I BauGB zur Entrichtung eines Ausgleichsbetrages zur Finanzierung der Sanierungsmaßnahmen verpflichtet. Die Regelungen über das Erschließungsbeitragsrecht sind im förmlich festgesetzten Sanierungsgebiet nicht anwendbar (§ 154 I 2 BauGB).[7129] Die Höhe des Betrages im förmlich festgesetzten Sanierungsgebiet bemisst sich nach § 154 II BauGB nach der Differenz zwischen dem Bodenwert, der sich für das Grundstück durch die rechtliche und tatsächliche Neuordnung des förmlich festgelegten Sanierungsgebietes ergibt (**Endwert**) und dem Bodenwert, der sich für das Grundstück ergäbe, wenn eine Sanierung weder beabsichtigt, noch durchgeführt worden wäre (**Anfangswert**).[7130] Das BVerwG räumt der Gemeinde und den von ihr regelmäßig einzubeziehenden Gutachtern allerdings einen gerichtlich nur auf Plausibilität zu kontrollierenden **„Wertermittlungsspielraum“** zu.[7131] Soweit der Wertermittlungsspielraum der Gemeinden reicht, findet eine eingeschränkte gerichtliche Kontrolle in Form einer Plausibilitätskontrolle statt.[7132] Ist für die Wertermittlung eine (im Einzelfall) unzutreffende Methode angewendet worden, kann das Gericht nicht auf der Grundlage der von der Gemeinde im Rahmen ihres Wertermittlungsspielraums getroffenen Entscheidungen den zutreffenden Betrag der Höhe nach ermitteln oder einen jedenfalls geschuldeten Mindestbetrag errechnen.[7133] 3389

7124 LG Berlin Kammer für Handelssachen Urt. v. 14.3.2011 – 90 O 107/08 – NL-BzAR 2011, 196.

7125 Wollny DÖV 1993, 740.

7126 Halter KStZ 2007, 41; Homa/Weigt KStZ 2006, 21; Wollny DÖV 1993, 740.

7127 VG Berlin Urt. v. 7.12.2022 – 13 K 150/16, juris Rn. 20; Urt. v. 30.3.2017 – 13 K 454.14, juris; Kleiber/Fieseler in EZBK BauGB, 2022, § 154 Rn. 31 ff.; BVerwG DÖV 1999, 156.

7128 BVerwG NVwZ 2003, 211.

7129 BVerwG ZfBR 2005, 387.

7130 BVerwG ZfBR 1981, 290; Schindhelm/Wilde NVwZ 1992, 747.

7131 BVerwG BRS 88 Nr. 11 (2020); ZfBR 2015, 268 ff; Bönker in HBG, Öffentliches Baurecht, 2024, § 14 Rn. 54.

7132 BVerwG BRS 88 Nr. 11 (2020) = juris Rn. 7.

7133 BVerwG BRS 88 Nr. 11 (2020) = juris Rn. 22.

3390 Für das Vorliegen einer sanierungsbedingten Bodenwertsteigerung ist nach den §§ 153 I, 154 I 1 und II BauGB die Gemeinde beweispflichtig. Dies schließt es aus, die Behauptung fehlender Kausalität als Einwendung gegen den Erhebungsanspruch zu behandeln mit der Folge, dass der Kläger für die diese Einwendung tragenden Umstände beweispflichtig wird.[7134]

3391 Zur Ermittlung des sanierungsbedingten Ausgleichsbetrages im Sinne von § 154 II BauGB in Verbindung mit der Wertermittlungsverordnung ist das **Vergleichswertverfahren** (§§ 13, 14 WertV) nur anzuwenden, wenn ausreichende Daten zur Verfügung stehen, die gewährleisten, dass der Verkehrswert und – im Falle der Sanierung – dessen Erhöhung zuverlässig zu ermitteln sind. Fehlt es an aussagekräftigem Datenmaterial, ist eine andere geeignete Methode anzuwenden. Zulässig ist jede Methode, mit der der gesetzliche Auftrag, die Bodenwerterhöhung und damit den Ausgleichsbetrag nach dem Unterschied zwischen Anfangs- und Endwert zu ermitteln, erfüllt werden kann.[7135]

3392 Durch § 155 BauGB wird festgelegt, dass bestimmte Beträge auf den Ausgleichsbetrag anzurechnen sind und der Ausgleichsbetrag auch in bestimmten Fällen ganz entfallen kann. Zeitpunkt der Entrichtung des Ausgleichsbetrages ist nach § 153 III 1 BauGB nach Abschluss der Sanierung nach den §§ 162 und 163 BauGB. Die Ermittlung der sanierungsbedingten Bodenwerterhöhung iS von § 154 II BauGB erfolgt auf der Grundlage der allgemeinen Vorschriften der §§ 192 bis 199 BauGB i.V. mit den sie ergänzenden Wertermittlungsvorschriften der ImmoWertV.[7136] Soweit die ImmoWertV keine abschließende Regelung enthält, können ergänzend andere Wertermittlungsmethoden angewandt werden.[7137]

3393 Wenn in einem förmlich festgelegten Sanierungsgebiet der Eigentümer seinen Beitrag zur Finanzierung der Sanierungskosten durch den Ausgleichsbetrag – sei es durch eine Vereinbarung nach § 154 III 2 BauGB oder durch vorzeitige Festsetzung nach § 154 III 3 BauGB – bereits geleistet hat, stellt § 154 II 2 BauGB klar, dass bei einer anschließenden rechtsgeschäftlichen Veräußerung von Grundstücken oder Erbbaurechten bzw. deren Bestellung keine Preisprüfung iSv § 153 I BauGB mehr erforderlich ist. Denn nach Entrichtung des Ausgleichsbetrages können diese Rechtsgeschäfte die Durchführung der Sanierung nicht mehr erschweren. Die regelmäßig fehlende Möglichkeit der Anrechnung privat durchgeführter Modernisierungs- und Instandsetzungsmaßnahmen nach § 155 I Nr. 2 Halbsatz 1 BauGB stellt keinen Verstoß gegen den Gleichheitssatz dar. Eine Ungleichbehandlung ist weder „im Verhältnis zwischen privatem Investor und öffentlicher Hand" noch „im Verhältnis des privaten Investors zu den Eigentümern, die öffentliche Mittel in Anspruch genommen haben", erkennbar. Die durch die Baumaßnahmen bewirkte Erhöhung des Gebäudewertes bleibt dem Eigentümer uneingeschränkt erhalten.[7138]

3394 Nach § 154 II a BauGB kann die Gemeinde durch Satzung bestimmen, dass der Ausgleichsbetrag ausnahmsweise ausgehend von dem Aufwand für die Erweiterung oder Verbesserung von Erschließungsanlagen iS des § 127 II Nr. 1 bis 3 BauGB (Verkehrsanlagen) in dem Sanierungsgebiet zu berechnen ist.[7139] Es müssen Anhaltspunkte dafür bestehen, dass die sanierungsbedingte Erhöhung der Bodenwerte der Grundstücke in dem Sanierungsgebiet nicht wesentlich über der Hälfte dieses Aufwands liegt. In der Satzung ist zu bestimmen, bis zu welcher Höhe der Aufwand der Berechnung zu Grunde zu legen ist; sie darf 50 vom Hundert nicht übersteigen. Im Geltungsbereich der Satzung berechnet sich der Ausgleichsbetrag für das jeweilige Grundstück nach dem Verhältnis seiner Fläche zur Gesamtfläche. Als Gesamtfläche ist die Fläche des Sanierungsgebiets ohne die Flächen für die Verkehrsanlagen zu Grunde zu legen. § 128 I und III BauGB ist entsprechend anzuwenden. Im Ergebnis werden die Eigentümer wegen der Begrenzung der umlagefähigen Kosten gegenüber dem vereinfachten Verfahren besser gestellt; sie unterliegen aber während des Verfahrens dem strengeren Regime des Besonderen Sanierungsrechts (§§ 152 ff. BauGB).

[7134] BVerwG BRS 88 Nr. 11 (2020) = juris Rn. 12.

[7135] BVerwG NVwZ 2005, 449; BVerwG Beschl. v. 18.2.2014 – 4 B 46.13, BeckRS 2014, 48865; BVerwGE 77, 317; NVwZ 1994, 292.

[7136] BVerwG 29.1.2019 Beschl. v. 4 B 73/17; BVerwG DVBl. 2002, 1479 (1482 ff.); ImmoWertV v. 14.7.2021.

[7137] BVerwG ZfBR 2010, 695 f; Bönker in HBG, Öffentliches Baurecht, 2024, § 14 Rn. 55.

[7138] OVG Berlin-Brandenburg Beschl. v. 8.6.2010 – 2 S 13.1, BeckRS 2010, 49758.

[7139] Zur früheren Rechtslage BVerwG ZfBR 2005, 387: keine Erschließungs- und Ausbaubeitragspflicht für Grundstücke im Sanierungsgebiet.

Liegen alle Voraussetzungen für die Erhebung von Ausgleichsbeträgen vor, so ist die Gemeinde zur Erhebung verpflichtet und ihr steht **kein Ermessen** zu.[7140] Ausnahmen bestehen nur bei geringfügigen Werterhöhungen nach § 155 III BauGB oder wenn eine Nichterhebung im öffentlichen Interesse liegt oder zur Vermeidung unbilliger Härten nach § 155 IV BauGB geboten ist. Steht im Einzelfall aber mit Gewissheit (und nicht nur spekulativ) fest, dass eine Bodenwerterhöhung auch ohne die Sanierung eingetreten wäre und daher nicht durch die Sanierung bedingt ist, darf sie sich nach § 154 I 1 BauGB nicht in dem Ausgleichsbetrag niederschlagen.[7141] 3395

Da die Gemeinden keinen Ermessensspielraum bezüglich der Erhebung von Ausgleichsbeträgen haben,[7142] bedarf die Erhebung auch keines entsprechenden allgemeinen Beschlusses der Gemeindevertretung oder gar einer Satzung der Gemeinde.[7143] Die Grundstückswertermittlung stellt keine mathematisch exakt ermittelbare Größe, sondern nur eine Schätzungsmethode dar.[7144] Weitere Einzelheiten im Zusammenhang mit der Erhebung des Ausgleichsbetrages sind in den §§ 154 III bis VI BauGB geregelt. Ein möglicherweise erwirtschafteter Überschuss bei der Vorbereitung und Durchführung der Sanierungsmaßnahme ist nach § 156 a BauGB auf die Eigentümer der im Sanierungsgebiet gelegenen Grundstücke zu verteilen. In der Sanierungspraxis hat die Regelung des § 156 a BauGB indes kaum Bedeutung. Denn Überschüsse werden zumeist nicht erzielt. Bestimmte sanierungsbedingte Bodenwerterhöhungen, an deren Entstehung die Gemeinde mitgewirkt hat, sind nur insoweit iS des § 155 I Nr. 2 HS. 1 BauGB „durch eigene Aufwendungen des Eigentümers bewirkt" und auf den Ausgleichsbetrag anzurechnen, als sie die Kosten übersteigen, die der Gemeinde hierfür konkret entstanden sind.[7145] Der auch im öffentlichen Recht geltende Grundsatz von **Treu und Glauben** stellt allerdings sicher, dass sanierungsrechtliche Ausgleichsbeträge nicht zeitlich unbegrenzt nach Erlangung des Sanierungsvorteils festgesetzt werden dürfen. Damit wird dem rechtsstaatlichen Gebot der Belastungsklarheit und -vorhersehbarkeit hinreichend Rechnung getragen.[7146] 3396

e) Sanierung durch andere Sanierungsträger und Beauftragte (§§ 157 bis 161 BauGB). Durch § 157 I BauGB wird den Gemeinden ermöglicht, sich bei der Erfüllung von Aufgaben, die ihr bei der Vorbereitung oder Durchführung der Sanierung obliegen, eines geeigneten Beauftragten zu bedienen. Diese Regelung hilft den Gemeinden, die Sanierung zu bewältigen und sich Sanierungsfachleuten zu bedienen, die sich sowohl mit der Stadtplanung, als auch mit den Finanzierungs- und Fördermöglichkeiten auskennen. In der Praxis wird von dieser Möglichkeit häufig Gebrauch gemacht, insbesondere von kleinen Gemeinden, die dem intensiven Arbeits- und Planungsaufwand einer Sanierung schon personell nicht gewachsen sind. Die Aufgaben und die Rechtsstellung der Beauftragten sind in den §§ 157 bis 161 BauGB geregelt. Das Aufgabenfeld eines Beauftragten kann zB in der Durchführung der vorbereitenden Untersuchungen oder den Verhandlungen mit den Betroffenen liegen.[7147] Nach § 157 I 2 BauGB darf die Gemeinde bestimmte Aufgaben nur an einen Beauftragten übertragen, der die Voraussetzungen des § 158 BauGB erfüllt. Dies sind die Ordnungs- und Baumaßnahmen nach den §§ 146 bis 148 BauGB, der Erwerb von Grundstücken und Rechten zur Vorbereitung und Durchführung der Sanierung und die Bewirtschaftung von Sanierungsmitteln. Allerdings bedarf es keiner Bestätigung des Vorliegens der Voraussetzungen des § 158 BauGB durch eine zuständige Aufsichtsbehörde. Das bedeutet für Kommunen, die sich eines Sanierungs- oder Entwicklungsträgers bedienen wollen, dass sie dessen Eignung vor Vertragsschluss selbst kontrollieren müssen. Darüber hinaus sollten sie während der Laufzeit des Vertrages kontinuierlich überprüfen, ob die Voraussetzungen des § 158 BauGB weiterhin vorliegen. Bei bereits geschlossenen Vertragsverhältnissen sollten zusätzliche Berichtspflichten (zB jährliche Vorlage des Prüfberichts der Geschäftstätigkeit, Mitteilungen über personelle Veränderungen 3397

[7140] Schindhelm/Wilde NVwZ 1992, 747.

[7141] BVerwG BRS 88 Nr. 131 (2020) = juris Rn. 7

[7142] BVerwG DVBl. 1984, 188.

[7143] OVG Münster NVwZ-RR 1990, 635.

[7144] BVerwG BauR 1996, 522.

[7145] VGH Mannheim BauR 2006, 1187 zum Ausgleichsbetrag für sanierungsbedingte Bodenwerterhöhung.

[7146] BVerwG NVwZ 2014, 463; Schmitt KommJur 2014, 447; Driehaus KStZ 2014, 181; BVerfG NVwZ 2013, 1004.

[7147] Mitschang in BKL, BauGB, 2022, § 159 Rn. 1; Bönker in HBG, Öffentliches Baurecht, 2024, Rn. 61.

der zur Vertretung berufenen Personen sowie der leitenden Angestellten) vertraglich vereinbart werden.

3398 Sanierungsträger werden nach § 159 I 1 BauGB entweder als Treuhänder der Gemeinde oder als Unternehmensträger tätig.[7148] Der **Treuhänder** handelt im eigenen Namen für Rechnung der Gemeinde. Er ist eine Art verlängerte Hand der Gemeinde. Rechtlich ist der Treuhänder zwar Eigentümer des Sondervermögens, wirtschaftlich gesehen aber nur Verwalter dieses Vermögens (§ 160 II BauGB). Der **Unternehmensträger** wird im eigenen Namen für eigene Rechnung tätig. Er hat eine eigene Verantwortung und trägt auch das wirtschaftliche Risiko. Er tritt der Gemeinde deshalb selbstständig gegenüber und vertritt dabei auch seine eigenen wirtschaftlichen Interessen. Die Einzelheiten der Vertragsgestaltung werden in einer Vereinbarung zwischen der Gemeinde und dem Sanierungsträger festgelegt. Der Vertrag ist nicht beurkundungspflichtig (§ 159 b II 2 BauGB, § 311 b BGB).

3. Abschluss der Sanierung

3399 **a) Voraussetzungen.** Ist der festgelegte Sanierungszweck erreicht, erweist sich die Erreichung als unmöglich oder wird die Sanierungsabsicht aus anderen Gründen aufgegeben, so wird die Sanierungssatzung aufgehoben (§ 162 I 1 BauGB). Das Vorliegen dieser Voraussetzungen beurteilt sich nach der jeweiligen städtebaulichen Situation, nach den von der Gemeinde formulierten Sanierungszielen, dem darauf aufbauenden Sanierungskonzept und dem Grad seiner Verwirklichung.[7149] Nach § 162 I 2 BauGB ist die Sanierungssatzung auch teilweise aufzuheben, falls die genannten Voraussetzungen nur für einen Teil des förmlich festgelegten Sanierungsgebietes gegeben sind. Trifft dies auch nur für einzelne Grundstücke zu, so kann die Gemeinde für diese Grundstücke die Sanierung nach § 163 I 1 BauGB als abgeschlossen erklären. Die Sanierungssatzung wird nach § 162 II BauGB ganz oder teilweise durch eine neuerliche Satzung aufgehoben.[7150] Ist die Frist, innerhalb derer die Sanierung abgeschlossen werden soll, abgelaufen, so muss zur Fortsetzung der Sanierung ein Beschluss zur Verlängerung der Frist gefasst werden (§ 142 III 4 BauGB). Eine erst verspätete Aufhebung der Sanierungssatzung (§ 162 I 1 Nr. 1, S. 2 BauGB) führt nicht zu deren Unwirksamkeit. Nimmt ein Grundstückseigentümer die jahrelange Beschränkung seines Eigentums durch die Geltung der Sanierungssatzung hin, so kann er gegenüber seiner späteren Heranziehung zu einem Ausgleichsbetrag nicht mit Erfolg einwenden, dieser sei infolge der „überlangen" Sanierungsdauer im Ergebnis überhöht und unterliege deshalb der Notwendigkeit einer entsprechenden Ermäßigung. Auch eine Entschädigung als Ausgleich im Rahmen von Art. 14 I 2 GG kann er nicht mehr einfordern.[7151] Eine Aufhebung der Sanierungssatzung hat zur Folge, dass ein im Gebiet gelegenes Grundstück nicht mehr der sanierungsrechtlichen Genehmigungspflicht unterliegt. Keine Anwendung finden danach mehr vor allem jene Vorschriften, die unmittelbar an die förmliche Festlegung des Sanierungsgebiets anknüpfen. Dies gilt nicht nur für gestellte, aber noch nicht beschiedene Anträge, sondern auch in Fällen, in denen ein Antrag zwar abschlägig beschieden worden ist, die ausgesprochene Versagung der sanierungsrechtlichen Genehmigung jedoch nicht bestandskräftig geworden ist. Die Beurteilung der Frage, welche Auswirkungen der nachträgliche Wegfall der sanierungsrechtlichen Genehmigungspflicht auf die Wirksamkeit des Kaufvertrages bzw. die sich hieraus ergebenden Rechte und Pflichten der Vertragsparteien hat, ist Aufgabe der Zivilgerichte.[7152]

3400 Eine Sanierungssatzung, die wegen eines Mangels im Abwägungsvorgang im Wege der Normenkontrolle für unwirksam erklärt worden ist, kann nach Durchführung eines ergänzenden Verfahrens bei unverändertem Planinhalt auch **rückwirkend** in Kraft gesetzt werden.[7153] Die förmliche Festlegung als Sanierungsgebiet setzt voraus, dass die zügige Durchführung der Sanierungsmaßnahmen innerhalb eines absehbaren Zeitraums gewährleistet ist. Als undurch-

[7148] Zur Anwendung des § 13 b UStG bei Treuhandverhältnissen zwischen Gemeinden und Sanierungsträger nach § 159 BauGB Kuplich UR 2007, 369.

[7149] OVG Berlin-Brandenburg Beschl. v. 21.6.2010 – 2 S 23.10; BeckRS 2010, 51043.

[7150] BVerwG NJW 1997, 2577.

[7151] OVG Saarlouis ASRP-SL 38, 176 – Ermittlung der sanierungsbedingten Bodenwertsteigerung nach dem Niedersachsen-Modell. In Berlin wird der sanierungsrechtliche Ausgleichsbetrag weiterhin nach der Zielbaummethode erhoben, Haass Grundeigentum 2010, 244.

[7152] OVG Berlin-Brandenburg Beschl. v. 5.4.2011 – OVG 2 N 18.08, BeckRS 2011, 49492.

[7153] BVerwG NVwZ 2003, 1389 zur rückwirkenden Inkraftsetzung einer Sanierungssatzung.

führbar iS des § 162 I 1 Nr. 2 BauGB kann sich eine Sanierung im Nachhinein auch dann erweisen, wenn keine Aussicht mehr besteht, die Sanierungsmaßnahmen zügig durchzuführen und innerhalb eines absehbaren Zeitraums seit der förmlichen Festlegung als Sanierungsgebiet abzuschließen. Ein Sanierungsgebiet, für das die Sanierungssatzung nach § 162 I 1 Nr. 2 BauGB aufzuheben ist, darf grundsätzlich nicht in den Geltungsbereich einer neuen Sanierungssatzung einbezogen werden. Dagegen ist es unbedenklich, ein zu einem früheren Zeitpunkt festgelegtes Sanierungsgebiet, in dem der ursprüngliche Sanierungszweck erreicht ist, in den Geltungsbereich einer neuen Sanierungssatzung einzubeziehen, mit der als Reaktion auf veränderte Verhältnisse andere Ziele verfolgt werden.

Die Gemeinde muss die Sanierung nach § 163 I 2 BauGB für abgeschlossen erklären, wenn 3401
der Eigentümer eines Grundstücks im förmlich festgelegten Sanierungsgebiet dies beantragt und das Grundstück entsprechend den Zielen und Zwecken der Sanierung bebaut ist oder in sonstiger Weise genutzt wird oder das Gebäude modernisiert oder instand gesetzt ist.[7154] Bereits vor diesem Zeitpunkt ist eine **Abgeschlossensheitserklärung** für einzelne Grundstücke möglich, wenn die den Zielen und Zwecken der Sanierung entsprechende Bebauung oder sonstige Nutzung, Modernisierung oder Instandsetzung auch ohne Gefährdung der Ziele und Zwecke der Sanierung zu einem späteren Zeitpunkt möglich ist. Die Abgeschlossenheitserklärung erfolgt dann durch **Bescheid** (Verwaltungsakt) gegenüber dem Eigentümer. In der Praxis beantragen vor allem Investoren von größeren Bauvorhaben frühzeitig die Abschlusserklärung, weil der im Grundbuch eingetragene Sanierungsvermerk dann nach § 163 III 2 BauGB aufgehoben wird und ansonsten mögliche Kaufinteressenten den Sanierungsvermerk als wertmindernd empfinden könnten.[7155] Gegenstand einer Abschlusserklärung nach § 163 BauGB kann ein im Grundbuch unter einer laufenden Nummer eingetragenes Buchgrundstück sein. Gehören die Grundstücke einem Eigentümer, ist allerdings eine auf einzelne Grundstücke bezogene Abschlusserklärung nicht zulässig, wenn alle Grundstücke im Hinblick auf die Sanierungsmaßnahmen eine Einheit bilden. Hat die Gemeinde mit dem Erlass der Sanierungssatzung die Ziele und Zwecke der Sanierung nur sehr allgemein gefasst und auch später nicht weiter konkretisiert, ist die Bebauung dieser Grundstücke „entsprechend den Zielen und Zwecken der Sanierung" (§ 163 I 1 Nr. 1 BauGB) erst dann erfolgt, wenn die Bebauung sanierungsrechtlich genehmigt und abgeschlossen ist.[7156] Ein Anspruch auf eine nur ein einzelnes Buchgrundstück betreffende sanierungsrechtliche Abschlusserklärung besteht nicht, wenn dieses Grundstück eines von mehreren Grundstücken ist, die im Hinblick auf die Ziele und Zwecke der Sanierung und die erforderlichen Sanierungsmaßnahmen als Einheit anzusehen sind.[7157] Ein die sachliche Abgabepflicht auslösender „Abschluss der Sanierung" (§ 154 III 1 BauGB) ist auch dann gegeben, wenn die Gemeinde entgegen der Vorschrift des § 162 I 1 BauGB die Aufhebung der Sanierungssatzung unterlässt.[7158] Soll eine Sanierungssatzung nach Durchführung der Sanierung gem. § 162 I Nr. 1 BauGB aufgehoben werden, obwohl die ursprünglich festgelegten Sanierungsziele noch nicht erreicht ist, müssen die Sanierungsziele entsprechend geändert werden.[7159]

b) Rechtsfolgen der Aufhebung und Aufgabe der Abwicklung. Mit der förmlichen 3402
Aufhebung sind speziell folgende Auswirkungen und Aufgaben der Abwicklung verbunden: Durch die Abgeschlossenheitserklärung entfällt nach § 163 III 1 BauGB die Anwendung der §§ 144, 145 und 153 BauGB. Die Gemeinde ersucht nach § 163 III 2 BauGB das Grundbuchamt, den Sanierungsvermerk zu löschen. Nur bis zur Gebietsaufhebung sind Bundesfinanzhilfen einsetzbar. Die Sanierungsverträge sind mit den in den Gebieten eingesetzten Sanierungsträgern abzuwickeln. Die Schlussabrechnung der Sanierungsmaßnahmen insgesamt einschließlich der Abrechnung der Bundesfinanzhilfen ist aufzustellen. Die Ausgleichsbeträge sind nach § 154 I BauGB zu ermitteln und zu erheben.

[7154] BVerwG ZfBR 1996, 111

[7155] Mitschang in BKL, BauGB, 2022, § 163 Rn. 4 ff.; Bönker in HBG, Öffentliches Baurecht, 2024, § 14 Rn 66.

[7156] OVG Magdeburg Info BRS 2010, Nr. 4, 14.

[7157] BVerwG NVwZ 2012, 834.

[7158] OVG Münster EStT NW 2013, Nr. 6, 31.

[7159] OVG Greifswald Urt. v. 5.12.2012 – 3 K 9/08, BeckRS 2013, 49501; OVG Berlin-Brandenburg Urt. v. 14.6.2012 – 10 A 7.09; BeckRS 2012, 53772; VGH Mannheim Urt. v. 25.10.1999 – 8 S 3286/98, juris.

4. Rechtsschutz

3403 Nach Maßgabe des § 47 VwGO kann die Rechtmäßigkeit der Sanierungssatzung entweder isoliert im Wege des Normenkontrollantrags vor den zuständigen OVG oder inzidenter als Vorfrage im Rahmen der Anfechtungs- und Verpflichtungsklage nach § 42 I VwGO überprüft werden. Im Normenkontrollverfahren kann das zuständige OVG nach § 47 I Nr. 1 und VI VwGO allgemeinverbindlich über die Gültigkeit der Sanierungssatzung entscheiden und gegebenenfalls deren Unwirksamkeit feststellen. Betrifft die Fehlerhaftigkeit der Sanierungssatzung nur abtrennbare Teile der Sanierungssatzung, so kann sich das Gericht darauf beschränken, nur diese Teile der Satzung für unwirksam zu erklären.[7160] Der Eigentümer eines im förmlich festgelegten Sanierungsgebiet gelegenen Grundstücks ist regelmäßig im Normenkontrollverfahren auch antragsbefugt gegen die Satzung zur **Aufhebung einer Sanierungssatzung**, weil mit deren Inkrafttreten die sachliche und persönliche Pflicht zur Leistung von Ausgleichsbeträgen entsteht. Sofern ein Widerspruch im Widerspruchsverfahren nach § 68 VwGO im Falle der Festsetzung des Ausgleichsbetrages nach § 154 IV BauGB erfolglos geblieben ist, kann Anfechtungsklage nach § 42 I Alt. 1 VwGO mit dem Ziel der Aufhebung des Festsetzungsbescheides erhoben werden. Geht es um die Versagung einer Sanierungsgenehmigung, so kann der Betroffene Verpflichtungsklage nach § 42 I Alt. 2 VwGO auf Erteilung der entsprechenden Genehmigung erheben. Schließlich kommt die Erhebung der Verfassungsbeschwerde unter den Voraussetzungen des Art. 93 I Nr. 4 a GG i.V. mit §§ 13 Nr. 8 a, 80 f. BVerfGG in Betracht.[7161]

11. Teil. Stadtumbau und Soziale Stadt

3404 Stadtumbaumaßnahmen sind nach § 171a II 1 BauGB Maßnahmen, durch die in von erheblichen städtebaulichen Funktionsverlusten betroffenen Gebieten Anpassungen zur Herstellung nachhaltiger städtebaulicher Strukturen vorgenommen werden. Erhebliche städtebauliche Funktionsverluste i.d.S. liegen gem. § 171a II 2 BauGB insbesondere vor, wenn ein dauerhaftes Überangebot an baulichen Anlagen für bestimmte Nutzungen, namentlich für Wohnzwecke, besteht oder zu erwarten ist, oder wenn die allgemeinen Anforderungen an den Klimaschutz und die Klimaanpassung nicht erfüllt werden. Stadtumbaumaßnahmen dienen nach § 171a III 1 BauGB dem Wohl der Allgemeinheit. Sie sollen nach § 171a III 2 BauGB insbesondere dazu beitragen, dass 1. die Siedlungsstruktur den Erfordernissen der Entwicklung von Bevölkerung und Wirtschaft sowie den allgemeinen Anforderungen an den Klimaschutz und die Klimaanpassung angepasst wird, 2. die Wohn- und Arbeitsverhältnisse sowie die Umwelt verbessert werden, 3. innerstädtische Bereiche gestärkt werden, 4. nicht mehr bedarfsgerechte bauliche Anlagen einer neuen Nutzung zugeführt werden, 5. einer anderen Nutzung nicht zuführbare bauliche Anlagen zurückgebaut werden, 6. brachliegende oder freigelegte Flächen einer nachhaltigen, insbesondere dem Klimaschutz und der Klimaanpassung dienenden städtebaulichen Entwicklung oder einer mit dieser verträglichen Zwischennutzung zugeführt werden und 7. innerstädtische Altbaubestände nachhaltig erhalten werden.

3405 Mit den §§ 171a bis 171e BauGB soll nach der Gesetzesbegründung zum EAG Bau insbesondere den Strukturveränderungen in Demografie und Wirtschaft sowie den damit einhergehenden Auswirkungen auf die städtebauliche Entwicklung Rechnung getragen werden; außerdem sollen Ziele des schon 1999 eingeleiteten Bund-Länder-Programmes „Soziale Stadt" normativ verankert werden.[7162] Bei dem Stadtumbau nach den §§ 171a ff BauGB stehen Maßnahmen im konsensualen Zusammenwirken zwischen Gemeinden, Wohnungswirtschaft und Dritten im Vordergrund.[7163]

[7160] OVG Bremen UPR 1988, 193.

[7161] Fieseler Städtebauliche Sanierungsmaßnahmen, 2000, Rn. 730.

[7162] Bönker in HBG, Öffentliches Baurecht, 2024, § 14 Rn. 124 unter Verweis auf g BT-Drs. 11/2250, 90 f.; siehe dazu auch Groth/Bender/Groth ZfU 2021, 385; Rath/Ekardt ZNER 2021, 12; Thiel LKV 2018, 241; zum klimaresienten Städtebau v. Weschpfennig EuRUP 2023, 353; zu kommunalen Satzungen als Instrument grüner Stadtplanung Vornholt KlimaRZ 2023, 226; Driehaus SächsVBl. 2021, 70;

[7163] Seifert in Kröninger/Jeromin, BauGB/BauNVO, §171a BauGB Rn. 1.

I. Ursachen und Probleme

Seit Anfang der 1970er Jahre werden in Deutschland weniger Kinder geboren als zur langfristigen Erhaltung der Bevölkerung notwendig wären. Dieser Schrumpfungsprozess[7164] wurde in Westdeutschland durch die Zuwanderung von Ausländern, von Deutschstämmigen aus Osteuropa und der ehemaligen Sowjetunion sowie seit 1990 durch die Binnenwanderung von Ostdeutschen in den Westen nicht nur ausgeglichen, sondern positiv überdeckt.[7165] Während die Bevölkerung in den westlichen Bundesländern seit 1990 um ca. vier Millionen Einwohner zunahm, ging sie im Osten Deutschlands um über eine Million zurück. Die Folge: Leerstand von Wohnungen und wirtschaftliche Probleme vor allem bei der langfristigen Sicherung der Sozialsysteme.[7166] 3406

In der Vergangenheit wurden Tendenzen deutlich, die eine großflächig angelegte städtebauliche Gegensteuerung erforderlich machten oder jedenfalls zu machen schienen. In vielen Städten nahm die Bevölkerung in hohem Maße ab. Hierdurch entstand vielerorts ein erhebliches Wohnungsüberangebot. Etliche Wohnungen bis hin zu ganzen Häuserblocks stehen leer. Wer es sich leisten kann, entflieht dieser Umgebung. Zurück bleiben viel Leerstand und sozial Benachteiligte. Dies widerspricht dem Idealbild einer homogenen Einwohnerstruktur einer Siedlung. Verfallende Geisterstädte passen ebenfalls nicht in das von der Politik gewünschte Bild einer sich in einer wohlstandsgeprägten Zivilisation befindlichen Stadt. Dieses sich noch vornehmlich in den neuen Bundesländern abspielende Szenario wird, wenn sich die Prognosen bezüglich der Bevölkerungsentwicklung Deutschlands bewahrheiten sollten und es zu einem erheblichen Rückgang der Einwohner kommen sollte, bald deutschlandweit auftreten. Je größer die Leerstände werden, umso mehr schlägt das wohnungswirtschaftliche Problem in ein städtebauliches um.[7167] Nach einer Pressemitteilung des Statistischen Bundesamts vom 25.1.2024 lebten zum Jahresende 2023 in Deutschland nach einer Schätzung des Statistischen Bundesamtes (Destatis) rund 84,7 Millionen Menschen. Gegenüber dem Jahresende 2022 wuchs die Bevölkerung damit um gut 0,3 Millionen Personen. Der Zuwachs entsprach dem Durchschnitt der Jahre 2012 bis 2021 und war deutlich geringer als im Jahr 2022, in dem die Bevölkerungszahl vor allem infolge der starken Zuwanderung aus der Ukraine um 1,1 Millionen Menschen gestiegen war. 3407

In vielen Städten und Gemeinden herrscht im Jahr 2024 akuter Wohnungsmangel. Auch in Zukunft kann der Wohnungsbedarf in großen Teilen des Landes nicht gedeckt werden. Besonders groß wird der Wohnungsmangel den Schätzungen zufolge im Süden Deutschlands und im Ruhrgebiet sein. Auch in zahlreichen Großstädten kommt der Wohnungsbau nicht schnell genug voran. Im Jahr 2022 gab es in Deutschland nach Angaben des Umweltbundesamts rund 43,3 Mio. Wohnungen in Wohn- und Nichtwohngebäuden, einschließlich Wohnheimen. Das waren zwar rund 2,7 Mio. Wohnungen mehr als im Jahr 2011. Im gleichen Zeitraum stieg jedoch die tatsächlich genutzte Wohnfläche deutlich stärker um 8,0 % an. Grund dafür war auch die im Vergleich zu 2011 größere durchschnittliche Wohnfläche der Wohnungen im Bestand von 2022. 3408

Die „Neue **Leipzig-Charta**" (2020) gilt als Leitdokument für die Nationale Stadtentwicklungspolitik, die auf europäischer Ebene durch die jeweils zuständigen Minister für Stadtentwicklung unterzeichnet worden ist. Die Charta verfolgt verschiedene Leitbilder einer Entwicklung zu einer resilienten Stadt mit hoher Lebensqualität für alle Bewohner. Städte sollen danach gerecht sein und dementsprechend für alle zugängliche Daseinsvorsorge schaffen. Außerdem soll eine Integration aller Gruppen in sozial ausgewogenen, gemischten und sicheren Stadtquartieren unter Beachtung von Geboten des Klimaschutzes und der Klimaanpassung stattfinden. Als ein entscheidender Faktor gilt unter anderem die städtische Mobilität.[7168] 3409

7164 Zu Stadtentwicklungsprozessen im Zeichen von Schrumpfungsprozessen von Löwis/Neumann/Wickel EurUP 2006, 54; Weber EurUP 2006, 79.

7165 So verlor die Stadt Halle in Sachsen-Anhalt nach der Wiedervereinigung knapp ein Viertel ihrer Bevölkerung, dies sind über 80.000 Einwohner Schmidt-Eichstadt, vhw Forum Wohneigentum Dez. 2003, S. 282.

7166 Krautzberger DW 2005, Nr. 10, 86. Zur „Intoleranz" des Baurechts gegenüber Leerstand von und zu Franckenstein BauR 2006, 1080. Zu Praxiserfahrungen beim Stadtumbau Ost Bunzel LKV 2009, 241; Taubenek/Goldschmidt LKV 2006, 149.

7167 Bericht der Unabhängigen Expertenkommission zur Novellierung des BauGB, Rn. 258.

7168 Siehe dazu Vorsteher ZfBR 2023, 750.

II. Das Konzept

3410 Zur Bewältigung städtebaulicher Missstände steht den planenden Gemeinden ein umfangreiches Instrumentarium zur Verfügung. Dies gilt auch für den Stadtumbau.[7169] Allerdings bedarf es zur Bewältigung der damit verbundenen Aufgaben nicht immer der Verpflichtung gesetzlichen Vorschriften. Durch die Regelungen des Stadtumbaus sollen den Gemeinden zusätzliche Instrumente zur Verfügung gestellt werden, die vor allem auf konsensuales Handeln setzen. Dementsprechend setzen die Regelungen einen rechtlichen Rahmen für die durchzuführenden Stadtumbaumaßnahmen und die dafür erforderliche Gebietsfestlegung sowie die Regelungsgegenstände städtebaulicher Verträge.[7170]

3411 Die §§ 171 a bis 171 d BauGB enthalten folgende aufeinander aufbauende Regelungen:

- Beschreibung der Stadtumbaumaßnahmen als Maßnahmen, die sowohl anstelle als auch ergänzend zu sonstigen Maßnahmen nach dem BauGB (insbesondere Sanierung und Entwicklung) durchgeführt werden können (§ 171 a I BauGB);
- Beschreibung der Voraussetzungen sowie der Ziele von Stadtumbaumaßnahmen (§ 171 a II und III BauGB);
- Festlegung eines Stadtumbaugebiets aufgrund eines Gemeinderatsbeschlusses verbunden mit einem unter Einbeziehung der Beteiligten erstellten städtebaulichen Entwicklungskonzept (§ 171 b BauGB);
- Verpflichtung der Gemeinde zur zügigen Durchführung (§ 171 a I BauGB) und Betonung eines einvernehmlichen Vorgehens einschließlich städtebaulicher Verträge („Stadtumbauvertrag"), zB mit den Wohnungsunternehmen (§ 171 c BauGB);
- Verknüpfung der Gebietsfestlegung mit den Förderbestimmungen der §§ 164 a und 164 b BauGB (§ 171 b IV BauGB);
- Ermächtigung der Gemeinden zum Erlass einer Satzung, mit der im Stadtumbaugebiet kontraproduktive Entwicklungen – wie der Rückbau oder auch die Modernisierung an falscher Stelle – nach Einzelfallprüfung unterbunden werden können (§ 171 d BauGB).

3412 Ähnlich wird bei der **sozialen Stadt** (§ 171 e BauGB) das Verhältnis zu den sonstigen Instrumenten des BauGB, die Beschreibung der Voraussetzungen und Maßnahmen, die Gebietsfestlegung, die Mitwirkung der Beteiligten, die Verknüpfung mit den Förderbestimmungen einschließlich der Bündelung des Mitteleinsatzes geregelt.

3413 Hat die Gemeinde ein Stadtumbaugebiet festgelegt (§ 171 b I BauGB), so kann sie durch Satzung für das gesamte Gebiet oder für Teilbereiche eine Genehmigungspflicht einführen (§ 171 d I BauGB) und nach Beschlussfassung bereits die Möglichkeiten einer **Zurückstellung** nach § 15 BauGB nutzen. Die Genehmigung darf nur im Interesse städtebaulicher oder sozialer Belange versagt werden (§ 171 d III BauGB). Die Genehmigung ist gleichwohl zu erteilen, wenn ein Absehen von dem Vorhaben oder der Maßnahme dem Betroffenen wirtschaftlich nicht zumutbar ist. Hierdurch soll erreicht werden, dass mit dem Genehmigungserfordernis die Schwelle der verfassungsrechtlich unzumutbaren Betroffenheit nicht überschritten wird und die Gemeinde ggf. zu einer Kompensation für die Inhalts- und Schrankenbestimmung verpflichtet wäre. Allerdings kann die Gemeinde mit dem Ziel der Erhaltung oder des Abrisses eines Gebäudes auch das Instrumentarium der Enteignung anwenden (§ 87 I Nr. 7 BauGB). Dies wird allerdings nur dort in Betracht kommen, wo mildere Instrumente nicht erfolgreich sind.

3414 Die Vorschriften bezwecken, den Gemeinden die rechtlichen Grundlagen für die Durchführung von Stadtumbaumaßnahmen auch in solchen Gebieten zu geben, in denen es des Einsatzes der bisherigen städtebaurechtlichen Instrumente nicht oder nicht flächendeckend bedarf und der Stadtumbau besonders auch auf Grund konsensualer Regelungen – vor allem mit den betroffenen Eigentümern – durchgeführt werden kann. Demgemäß schaffen die Vorschriften vor allem einen rechtlichen Rahmen für die durchzuführenden Stadtumbaumaßnahmen einschließlich der dafür erforderlichen Gebietsfestlegung, für die Städtebauförderung so-

[7169] Battis/Krautzberger/Mitschang/Reidt/Stüer NVwZ 2011, 897; Krautzberger/Stüer BauR 2011, 1416; Söfker ZfBR 2011, 541; Stüer/Stüer DVBl. 2011, 1117.

[7170] Siehe zB auch das Städtenetz Soziale Stadt NRW. Dort sind Kommunen aus NRW zusammen, die sich am Städtebauförderungsprogramm „Sozialer Zusammenhalt" beteiligen oder noch beteiligen wollen. Ziel des Städtenetzes ist es, Stadtteilentwicklungen zu fördern; außerdem die Richtlinie des Landes Hessen zur Förderung der nachhaltigen Stadtentwicklung – RiLiSE, vom 28.11.2023, StAnz 2023, 1509.

wie für die Regelungsgegenstände städtebaulicher Verträge. Die Möglichkeit, durch städtebauliche Satzung ergänzend die Durchführung von Stadtumbaumaßnahmen vor gegenläufigen Entwicklungen zu sichern, ist dabei auf das unbedingt Erforderliche begrenzt. Dazu wurde in § 171 d BauGB eine Satzung zur Steuerung von Vorhaben und Rückbau[7171] entsprechend dem städtebaulichen Entwicklungskonzept oder eines Sozialplans eingeführt. Bei Bedarf kann zur Umsetzung von Maßnahmen der sozialen Stadt auch ein **Sozialplan** aufgestellt werden (§ 180 I BauGB).

Das im Jahr 1999 eingeleitete Bund-Länder-Programm **„Soziale Stadt"** soll Städten, Orts- 3415
und Stadtteilen helfen, in denen sich soziale, wirtschaftliche und städtebauliche Probleme verschärfen. Diese Stadtteile sind zumeist durch hohe Arbeitslosigkeit, wirtschaftliche Probleme des mittelständischen Gewerbes, Defizite bei der Integration ausländischer Mitbürger, Vernachlässigung von Gebäuden und der öffentlichen Räume, Vandalismus und ähnliche Erscheinungsbilder belastet. Die Programmziele der Sozialen Stadt werden durch § 171 e BauGB unterstützt. Ziel ist dabei insbesondere die Verankerung geeigneter Beteiligungs- und vor allem Mitwirkungsmöglichkeiten der betroffenen Öffentlichkeit und eine bessere Bündelung des Mitteleinsatzes. § 245 II BauGB enthält eine Überleitung für Gebietsfestlegungen und Entwicklungskonzepte für die bereits nach dem Bund-Länder-Programm „Soziale Stadt" festgelegten Fördergebiete auf Gebiete iS des § 171 e BauGB.

§ 245 I BauGB enthält eine **Überleitung** für bereits vor Inkrafttreten des EAG Bau 2004 nach 3416
den einschlägigen Verwaltungsvereinbarungen zur Städtebauförderung beschlossene Gebiete für den Stadtumbau und die bereits aufgestellten städtebaulichen Entwicklungskonzepte. Diese sollen als Stadtumbaugebiete und als städtebauliche Entwicklungskonzepte iS des § 171 b BauGB gelten, sodass laufende Maßnahmen ohne Umstellungsschwierigkeiten auch nach dem Dritten Teil des Zweiten Kapitels fortgeführt werden können, soweit dies erforderlich ist und sie nicht bereits im Rahmen der städtebaulichen Sanierung bzw. Entwicklung durchgeführt werden.

III. Verhältnis zu anderen städtebaurechtlichen Instrumenten

Mit den §§ 171 a bis 171 e BauGB werden für den Stadtumbau und die soziale Stadt jeweils 3417
eigenständige Regelungen zur Verfügung gestellt. Die traditionellen städtebaulichen Vorschriften – insbesondere des Besonderen Städtebaurechts – mit ihrem planerischen und durchführungsbezogenen Instrumentarium zur Steuerung der Stadtentwicklung bedürfen vielfach nicht ihres kompletten Einsatzes. Für die Bauleitplanung besteht hinsichtlich des Stadtumbaus zB vielfach kein Planungserfordernis iS des § 1 III BauGB. Denn sowohl der Rückbau als auch die Modernisierung und die Sanierung von Gebäuden verlangen nicht unbedingt die Änderung des planungsrechtlichen Zulässigkeitsmaßstabs. Auch das Sanierungsrecht bzw. das Recht der Entwicklungsmaßnahmen kommt im Rahmen der Aufgaben des Stadtumbaus in Betracht. Die Praxis der Städtebauförderung hat sich dem Bedarf angepasst, den Stadtumbau auch außerhalb von nach dem Besonderen Städtebaurecht förmlich festgesetzten Gebieten in solchen Gebieten zu fördern, die allein durch Beschluss der Gemeindevertretung zu Stadtumbaugebieten erklärt worden sind. Grundsätzlich bedarf es weder beim Stadtumbau nach den §§ 171 a ff. BauGB noch bei der sozialen Stadt nach § 171 e BauGB eines förmlichen Verfahrens und hoheitlicher Eingriffe, wie der Verfügungs- und Veränderungssperre nach den §§ 144, 145 BauGB oder der Erhebung von Ausgleichsbeiträgen nach den §§ 153 ff BauGB. Verschiedene Instrumente können auch kombiniert werden.[7172] Die Vorschriften zum Stadtumbau sind gegenüber sonstigen Vorschriften des allgemeinen und besonderen Städtebaurechts nicht subsidiär; umgekehrt verdrängen sie auch nicht die sonstigen städtebaulichen Handlungsinstrumentarien.[7173] Daraus, dass § 171a I BauGB die Nutzung des Instrumentariums der §§ 171a ff. BauGB ergänzend zu der der sanierungsrechtlichen Vorschriften zulässt, ergibt sich, so das OVG Lüneburg, die Möglichkeit, beides zu kombinieren, wobei eine bestimmte zeitliche Reihenfolge beider Maßnahmen weder nach dem Wortlaut noch nach Sinn und Zweck des § 171a BauGB vorgegeben sei.[7174]

7171 Krautzberger DW 2005, Nr. 10, 86.

7172 Zur Zwischennutzung im Stadtumbau Goldschmidt/Taubenek BauR 2005, 1568.

7173 OVG Lüneburg ZfBR 2018, 687; Reidt in BKL, BauGB, 2022, § 171a Rn. 3.

7174 OVG Lüneburg ZfBR 2018, 687.

IV. Stadtumbaumaßnahmen (§ 171 a BauGB)

3418 § 171 a BauGB enthält Regelungen über den Zweck, die Aufgabe und den Anwendungsbereich von Stadtumbaumaßnahmen in Stadt- und Ortsteilen, deren einheitliche und zügige Durchführung im öffentlichen Interesse liegen. Es sollen mit diesen Maßnahmen in Gebieten mit erheblichen städtebaulichen Funktionsverlusten Anpassungen zur Herstellung nachhaltiger städtebaulicher Strukturen vorgenommen werden. Solche Funktionsverluste liegen insbesondere vor, wenn ein dauerhaftes Überangebot an baulichen Anlagen für bestimmte Nutzungen, namentlich für Wohnzwecke, besteht oder zu erwarten ist, oder wenn die allgemeinen Anforderungen an den Klimaschutz und die Klimaanpassung nicht erfüllt werden (§ 171 a II BauGB). Das dauerhafte Überangebot von Wohnraum ist allerdings nur ein gesetzlich benanntes Beispiel von erheblichen städtebaulichen Funktionsverlusten. Auch Leerstände im Bereich gewerblicher Flächen können Anlass für Stadtumbaumaßnahmen sein. Hier geht es vor allem um ein Konzept für attraktive Nachnutzungen, das auch in Innenstädten oder Randlagen von Innenstädten zu entwickeln ist.

3419 Vergleichbar mit dem **Sanierungsrecht** (§ 136 I BauGB) wird der Charakter von Stadtumbaumaßnahmen als eine Gesamtmaßnahme beschrieben, deren einheitliche und zügige Durchführung im öffentlichen Interesse liegt. Auch erfordert die Durchführung von Stadtumbaumaßnahmen ein qualifiziertes öffentliches Interesse, das sich aus den jeweiligen Zielen und Zwecken der Maßnahme ergeben muss. Stadtumbaumaßnahmen können auch anstelle oder ergänzend zu sonstigen Maßnahmen nach dem BauGB durchgeführt werden. Die Instrumente der Stadtsanierung und des Stadtumbaus dienen daher keinen gegensätzlichen Zielvorstellungen, sondern können sich gegenseitig ergänzen. Auch die alleinige Anwendung der Regelungen über den Stadtumbau ist selbst bei vorhandenen städtebaulichen Missständen möglich. Die Gemeinde kann daher die Instrumente nebeneinander anwenden, sich aber auch nur für eine Stadtumbaumaßnahme entscheiden.

3420 Durch die Stadtumbaumaßnahme soll erheblichen städtebaulichen **Funktionsverlusten** entgegengewirkt werden (§ 171 a II 1 BauGB). Diese liegen insbesondere bei einem dauerhaften Überangebot an baulichen Anlagen für bestimmte Nutzungen, namentlich für Wohnzwecke, vor. Aber auch ein dauerhaftes Überangebot an baulichen Anlagen für Handel und Gewerbe kann Grund für eine Stadtumbaumaßnahme sein. Mit dieser Zielrichtung wird insbesondere auch den besonderen Umständen des Stadtumbaus in den so genannten „Rückbaugebieten" Rechnung getragen. Insoweit sind einerseits „Anpassungen" zur Herstellung nachhaltiger städtebaulicher Strukturen ausreichend, andererseits genügt für die Anwendung der Vorschriften zum Stadtumbau auch, dass erhebliche städtebauliche Funktionsverluste lediglich zu „erwarten" sind.

3421 Die **Ziele** und **Aufgaben** des Stadtumbaus werden in § 171 a III BauGB beispielhaft konkretisiert. Maßnahmen des Stadtumbaus sollen gem. § 171 a III 2 BauGB dazu beitragen, dass
- die Siedlungsstruktur den Erfordernissen der Entwicklung von Bevölkerung und Wirtschaft angepasst wird,
- die Wohn- und Arbeitsverhältnisse sowie die Umwelt verbessert werden,
- innerstädtische Bereiche gestärkt werden,

3422
- nicht mehr bedarfsgerechte bauliche Anlagen einer neuen Nutzung zugeführt werden,
- einer anderen Nutzung nicht zuführbare bauliche Anlagen zurückgebaut werden,
- brachliegende oder freigelegte Flächen einer nachhaltigen, insbesondere dem Klimaschutz und der Klimaanpassung dienenden oder einer mit dieser verträglichen Zwischennutzung zugeführt werden,
- innerstädtische Altbaubestände nachhaltig erhalten werden.

3423 § 171 a III 2 BauGB ermächtigt nicht zu Eingriffen in Rechte Dritter; es kann deshalb zusätzlich ein Bebauungsplan erforderlich werden.[7175]

3424 Zugleich dienen die Stadtumbaumaßnahmen dem Wohl der Allgemeinheit. Dieser Programmsatz verweist zwar auf eine allgemeine Gemeinwohlbindung, fordert aber nicht die Qualität an Gemeinwohlgründen, wie sie vor dem Hintergrund der Eigentumsgarantie für eine Enteignung erforderlich sind. Die einzelnen Maßnahmen bedürfen allerdings einer eigenen ge-

---

[7175] Reidt in BKL, BauGB, 2022, § 17a Rn. 11; OVG Lüneburg KStZ 2020, 230 ff.; OVG Berlin-Brandenburg Urt. v. 22.9.2017 – 9 B 5.17, juris; Bönker in HBG, Öffentliches Baurecht, 2024, § 14 Rn. 127.

setzlichen Grundlage. Bei der Anwendung städtebaulicher Gebote etwa müssen die Voraussetzungen für deren Erlass gegeben sein (§§ 175 bis 179 BauGB).[7176]

Auch in den Stadtumbau hat die **BauGB-Klimanovelle 2011** den Klimaschutz und die Anpassung an den Klimawandel integriert. Erhebliche städtebauliche Funktionsverluste liegen insbesondere vor, wenn ein dauerhaftes Überangebot an baulichen Anlagen für bestimmte Nutzungen, namentlich für Wohnzwecke, besteht oder zu erwarten ist oder wenn die allgemeinen Anforderungen an den Klimaschutz und die Klimaanpassung nicht erfüllt werden (§ 171 a I BauGB). Stadtumbaumaßnahmen sollen auch dazu beitragen, brachliegende oder freigelegte Flächen einer nachhaltigen, insbesondere dem Klimaschutz und der Klimaanpassung dienenden oder einer mit dieser verträglichen Zwischennutzung, zuzuführen (§ 171 a III Nr. 6 BauGB) oder innerstädtische Altbaubestände nachhaltig zu erhalten (§ 171 a III Nr. 6 BauGB). Der Stadtumbauvertrag kann auch die Anpassung baulicher Anlagen umfassen (§ 171 c I 2 BauGB). 3425

Hauptfälle der städtebaulichen Funktionsverluste ist ein dauerhaftes Überangebot an baulichen Anlagen für bestimmte Nutzungen, insbesondere von Wohnhäusern und gewerbliche Leerstände sowie sonstige Konversionsprobleme.[7177] 3426

Die Ergänzungen dienen vor allem dem Ziel, die Anliegen der BauGB-Klimanovelle durch quartierbezogene Maßnahmen und konsensuales Handeln umzusetzen. Städtebauliche Entwicklungskonzepte (§ 171 b BauGB) und der Stadtumbauvertrag (§ 171 c BauGB) dienen dazu, Stadtquartiere funktionsgerecht unter Berücksichtigung der örtlichen Situation und der aktuellen Anforderungen, vor allem auch durch gebäudeübergreifende Lösungen, zu gestalten. Dabei sollen die klimatischen Aspekte mit den übrigen städtebaulichen Belangen verbunden werden. Hier können auf der Grundlage städtebaulicher Entwicklungskonzepte (§ 171 b BauGB) unter Beteiligung der Betroffenen (§ 137 BauGB) und der öffentlichen Auftraggeber (§ 139 BauGB) integrative Handlungsstrategien erarbeitet werden. Dabei ist entsprechend § 1 V BauGB auch der Klimaschutz zu berücksichtigen.[7178] Durch die Bezugnahme in § 171 c 1 BauGB auf die allgemeinen Vorschriften zu städtebaulichen Verträgen in § 11 BauGB sind zugleich der Belange des Klimaschutzes in die vertraglichen Regelungsmöglichkeiten integriert. 3427

V. Stadtumbaugebiet, städtebauliches Entwicklungskonzept (§ 171 b BauGB)

Die Gemeinde legt das Gebiet, in dem Stadtumbaumaßnahmen durchgeführt werden sollen, durch Beschluss als Stadtumbaugebiet fest. Es ist in seinem räumlichen Umfang so festzulegen, dass sich die Maßnahmen zweckmäßig durchführen lassen. Grundlage für den Beschluss ist ein von der Gemeinde aufzustellendes städtebauliches Entwicklungskonzept, in dem die Ziele und Maßnahmen (§ 171 a III BauGB) im Stadtumbaugebiet schriftlich darzustellen sind.[7179] Die öffentlichen und privaten Belange sind gegeneinander und untereinander gerecht abzuwägen (§ 171 b BauGB). Die Vorschrift regelt neben der Gebietsfestlegung für das Stadtumbaugebiet die Anforderung an das städtebauliche Entwicklungskonzept sowie die Anwendung der förderrechtlichen Bestimmungen der §§ 164 a und 164 b BauGB. Das Stadtumbaugebiet wird durch einfachen Beschluss der Gemeinde festgelegt. In seinem räumlichen Umfang ist das Gebiet so festzulegen, dass sich die Stadtumbaumaßnahmen zweckmäßig durchführen lassen. Die Gebietsabgrenzung ist daher maßgeblich unter Vollziehbarkeitsgesichtspunkten vorzunehmen. Insoweit bildet vor allem § 171 a I BauGB mit der „einheitlichen und zügigen Durchführung" einen Maßstab. In dem städtebaulichen Entwicklungskonzept, das Grundlage für die Beschlüsse zum Stadtumbaugebiet ist, sind die Ziele und Maßnahmen einschließlich der planerischen (konzeptionellen) stadtentwicklungspolitischen Vorstellungen im Stadtumbaugebiet schriftlich darzustellen. Das städtebauliche Entwicklungskonzept ist in das Gesamtkonzept der Gemeinde einzufügen. Dabei sind vor allem auch die Auswirkungen auf die Infrastruktur zu berücksichtigen. Es kann auch erforderlich werden, das städtebauliche Entwicklungskonzept im Laufe der Zeit den aktuellen Entwicklungen anzupassen. Das Ent- 3428

[7176] Lege NVwZ 2005, 880.

[7177] Reidt in BKL, BauGB, 2022, § 171a Rn. 6.

[7178] Gesetzentwurf zur BauGB-Klimanovelle; Battis/Kersten/Mitschang ZfG 2010, 246.

[7179] Zu fehlender Außenwirkung und dementsprechender Unanfechtbarkeit des Beschlusses Bönker in HBG, Öffentliches Baurecht, 2024, § 14 Rn. 128; Zur Wirkung städtebaulicher Konzepte auf die Zulässigkeit von Bauvorhaben Tysper/Eberhard ZfIR 2010, 788.

wicklungskonzept selbst unterliegt dem Abwägungsgebot, wobei die Anforderungen daran allerdings im Hinblick auf seine fehlende unmittelbare Rechtsverbindlichkeit für den Bürger gelockert sind.[7180]

3429 Es empfiehlt sich, das Stadtentwicklungskonzept vor dem Hintergrund einer gesamtstädtischen Betrachtung aufzustellen und dabei etwa die Rahmenbedingungen zu berücksichtigen, wie sie sich aus dem Flächennutzungsplan ergeben. Schon auf dieser konzeptionellen Ebene sollte ein Abgleich mit entsprechenden Förderprogrammen erfolgen, um eine Finanzierung des Stadtumbaus sicherzustellen.[7181]

3430 Die Betroffenen und die öffentlichen Aufgabenträger sind nach Maßgabe der sanierungsrechtlichen Vorschriften zu beteiligen (§§ 137, 139 BauGB). Dies gilt auch für die Aufstellung des städtebaulichen Entwicklungskonzepts. Der Kreis der zu Beteiligenden richtet sich nach den jeweiligen Betroffenheiten. Die Städtebauförderungsmittel können entsprechend §§ 164 a und 164 b BauGB auch im Stadtumbaugebiet eingesetzt werden.

VI. Stadtumbauvertrag (§ 171 c BauGB)

3431 Der Stadtumbau ist in erster Linie auf konsensuales Handeln angelegt.[7182] Städtebauliche Zwangsmittel sollen nach Möglichkeit vermieden werden. Dieser Konzeption entspricht es, vertraglichen Regelungen einen wichtigen Stellenwert einzuräumen.[7183] Denn ohne die Mitwirkungsbereitschaft der Betroffenen wird der Stadtumbau nicht gelingen. Es gilt dabei, durch intelligente Lösungen Angebote für Investoren und Bewohner eines Gebietes zu unterbreiten, die eine Stadtumbaumaßnahme aus der Sicht der Betroffenen vorteilhaft erscheinen lässt. Die Gemeinde soll daher – soweit erforderlich – zur Umsetzung ihres städtebaulichen Entwicklungskonzeptes die Möglichkeit nutzen, Stadtumbaumaßnahmen auf der Grundlage von städtebaulichen Verträgen iS des § 11 BauGB insbesondere mit den beteiligten Eigentümern durchzuführen. Durch die Formulierung „soll" wird klargestellt, dass der Stadtumbauvertrag ein grundsätzlich vorrangiges Mittel der Stadtumbaumaßnahmen ist. Es besteht zwar für die Gemeinde kein Kontrahierungszwang. Sie soll aber die Möglichkeiten vertraglicher Regelungen vorrangig ausloten. Mit dieser Zielrichtung geht § 171 c BauGB weiter als § 11 BauGB, der nicht von einer vorrangigen Prüfung städtebaulicher Regelungen zur Umsetzung städtebaulicher Ziele ausgeht.

3432 Die städtebauliche Sanierung[7184] und der Stadtumbau können auch von vertraglichen Regelungen begleitet werden (§ 171 c II Nr. 1 BauGB).[7185] Gegenstände der Verträge können insbesondere auch sein (1) die Durchführung des Rückbaus oder der Anpassung baulicher Anlagen innerhalb einer bestimmten Frist und die Kostentragung für den Rückbau, (2) der Verzicht auf die Ausübung von Ansprüchen nach den §§ 39 bis 44 BauGB, (3) der Ausgleich von Lasten zwischen den beteiligten Eigentümern. Städtebauliche Verträge wird die Gemeinde in erster Linie mit den Eigentümern und Investoren schließen. Dabei sind die Vertragsparteien an die Angemessenheitsregelung des § 11 II 1 BauGB gebunden. Zudem dürfen die vertraglichen Regelungen nicht gegen das Koppelungsverbot verstoßen. Für die Angemessenheit der Vereinbarungen erweitert § 171 c BauGB die gesetzlichen Leitbilder des § 11 I BauGB. Der Investor

[7180] Zu den städtebaulichen Entwicklungskonzepten nach § 171 b BauGB Pilniok DVBl. 2017, 1209; Spangenberger UPR 2007, 211.

[7181] Aufstellung des Entwicklungskonzepts und Abgrenzung des Sanierungsgebiets sind planerische Abwägungsentscheidungen, bei, bei der die öffentlichen und privaten Belange nach § 171b II 2 BauGB zu berücksichtigen sind; siehe dazu Bönker in HBG, Öffentliches Baurecht, 2024, § 14 Rn. 129.

[7182] Zu privaten Initiativen der Stadtentwicklung Schink UPR 2012, 132, dort auch zu den Möglichkeiten des § 171 f BauGB zur Stärkung der Innenentwicklung und den Umsetzungskonzepten in den Ländern.

[7183] Zur nachhaltigen Stadtentwicklung durch Urban Governance Bärenbrinker Diss. jur. 2012.

[7184] Zur städtebaulichen Sanierung nach § 136 BauGB Waechter DVBl. 2013, 613.

[7185] Zum Klimaschutz als Aufgabe der Stadterneuerung und des Stadtumbaus siehe v. Weschpfennig EuRUP 2023, 353; Albrecht ZUR 2023, 273; zu Anschluss- und Benutzungszwang für kommunale Wärmenetze Köster NWVBL 2023, 353; zu Eingriffsbewältigung und Klimaschutz Schink UPR 2023, 207; zum Beitrag der Bauleitplanung zur lokalen Niederschlagsbeseitigung Fran?en UPR 2023, 129; zum Klimaschutz als kommunale Aufgabe am Beispiel des Städtebaus Dombert ThürVBl. 2022, 225; siehe auch Burgi KlimaRZ 2022, 79; Albrecht ZUR 2020, 12; Arndt UPR 2020, 481; Kunert Möglichkeiten und Grenzen von Climate Improvement Districts als Instrument zur Umsetzung von Klimaschutz- und Klimaanpassungsmaßnahmen in Wohnquartieren, 2022.

kann danach im Rahmen der Angemessenheit auch Kosten für den Rückbau übernehmen, auf Entschädigungsansprüche nach den §§ 39 bis 44 BauGB verzichten oder sich an einem internen Lastenausgleich zwischen den Eigentümern beteiligen. Allerdings können die Verpflichtungen nicht grenzenlos sein, sondern müssen einen angemessenen Lastenausgleich zwischen der Gemeinde und den Eigentümern aber auch unter den verschiedenen Eigentümern widerspiegeln.

Beispiel: Die Übernahme von Kosten für den Rückbau kann sachgerecht sein, wenn die Bausubstanz bei einer wirtschaftlichen Betrachtung wegen hoher Leerstände nur noch einen geringen Verkehrswert hat und im Zusammenhang mit den Abbruchmaßnahmen neue Baumöglichkeiten geschaffen werden, die über den Grundstückswert einen entsprechenden finanziellen Ausgleich sicherstellen. Angemessen könnte es auch sein, wenn ein Investor, der über einen größeren Anteil von Grundstücken in einem Gebiet verfügt, andere Grundstückseigentümer von Erschließungskosten freistellt und hierdurch sicherstellt, dass die von ihm beabsichtigte größere Neubaumaßnahme verwirklicht werden kann.

Die jeweiligen Regelungen müssen sich dabei an den gesetzlichen Leitbildern orientieren. 3433
So kann auch in einem Stadtumbauvertrag ein allgemeiner Infrastrukturkostenbeitrag nur vereinbart werden, wenn die hierdurch zu finanzierenden Maßnahmen mit dem Stadtumbauvorhaben in Zusammenhang stehen. Eine allgemeine Abschöpfung von Planungsgewinnen ist demgegenüber auch bei Maßnahmen des Stadtumbaus nicht vorgesehen.[7186] Für die **Klage** eines Pflegeheimbetreibers auf Feststellung der Unwirksamkeit eines städtebaulichen (Sanierungs-)Vertrages zwischen der Stadt und einem konkurrierenden Pflegeheimbetreiber ist der **Verwaltungsrechtsweg** auch dann gegeben, wenn der Kläger einen Eingriff in seine Wettbewerbsfreiheit geltend macht.[7187]

VII. Sicherung von Durchführungsmaßnahmen (§ 171 d BauGB)

§ 171 d BauGB enthält die Ermächtigung für die Gemeinden zum Erlass einer Satzung über 3434
die Sicherung von Durchführungsmaßnahmen des Stadtumbaus. Die Gemeinde kann durch Satzung ein Gebiet bezeichnen, das ein festgelegtes Stadtumbaugebiet oder Teile davon umfasst und in dem zur Sicherung und sozialverträglichen Durchführung von Stadtumbaumaßnahmen die in § 14 I BauGB bezeichneten Vorhaben und sonstigen Maßnahmen der Genehmigung bedürfen (§ 171 d I BauGB). Vorhaben, die von einer Veränderungssperre erfasst werden, unterliegen damit einer Genehmigungspflicht. Damit sind Vorhaben iS des § 29 BauGB, die Beseitigung baulicher Anlagen und auch sonstige erhebliche oder wesentlich wertsteigernde Veränderungen von Grundstücken und baulichen Anlagen der Genehmigungspflicht unterworfen. Dies betrifft beispielsweise Investitionen an falscher Stelle oder auch die Beseitigung von baulichen Anlagen, soweit diese mit dem städtebaulichen Entwicklungskonzept oder einem Sozialplan (zurzeit) nicht vereinbar sind. Bezweckt ist also eine „Ablaufsicherung". Zudem kann das Vorhaben nach § 15 BauGB zurückgestellt werden. Die Regelungen sind den Sicherungsvorschriften im Zusammenhang mit einer Erhaltungssatzung nach § 172 I 1 Nr. 3 BauGB vergleichbar. Eine zeitliche Befristung des Genehmigungsvorbehalts ist gesetzlich, wie auch im Recht der Erhaltungssatzung, nicht geregelt. Eine Befristung ist hingegen durch den Verweis auf § 15 I BauGB in den Fällen des § 171 d II BauGB vorgesehen, wonach Baugesuche bis zu 12 Monate zurückgestellt werden können, wenn der Beschluss über die Aufstellung der Satzung nach § 171 d I BauGB gefasst ist. Mit der Satzung nach § 171 d I BauGB wird ein Genehmigungsvorbehalt eingeführt. Die Berücksichtigung der konkret betroffenen Eigentümerinteressen erfolgt im Rahmen des Genehmigungsverfahrens. Die Genehmigung kann nur aus den in § 171 d BauGB genannten städtebaulichen oder sozialplanerischen Gründen versagt werden. Damit besteht ein Rechtsanspruch auf Erteilung der Genehmigung, wenn die Genehmigungsvoraussetzungen vorliegen.

In den Satzungsgebieten ist die Auskunftspflicht nach § 138 BauGB entsprechend anzuwen- 3435
den (§ 171 d IV BauGB). Hierdurch soll die Vorbereitung und Durchführung der Stadtumbaumaßnahmen erleichtert werden. Auf die Satzung des § 171 d BauGB sind auch die Regelungen über das Allgemeine Vorkaufsrecht (§ 24 I 1 Nr. 4 BauGB), die Enteignungszwecke (§ 85 I

[7186] Zur Unzulässigkeit einer Planungsgewinnabgabe Grziwotz MittBayNot 2008, 323; ders. BayVBl. 2008, 709.

[7187] OVG Koblenz DVBl. 2013, 1061.

Nr. 7 BauGB) und den Katalog der Ordnungswidrigkeiten (§ 213 I Nr. 4 BauGB) anzuwenden. Hierdurch wird die Satzung zum Stadtumbau mit der Erhaltungs- bzw. Umstrukturierungs-Satzung harmonisiert.

VIII. Soziale Stadt (§ 171 e BauGB)

3436 Der Städtebau in Deutschland steht vor sehr großen Herausforderungen angesichts des knappen und sehr teuren Wohnraums in den Großstädten,[7188] des dichten Verkehrs in den städtischen Zentren, einer unzureichenden öffentlichen Verkehrsinfrastruktur im städtischen Umland und daraus folgender mangelnder Erreichbarkeit von Stadtzentren sowie hoher Umweltbelastungen durch Luftverunreinigungen und durch Verkehrs- und Gewerbelärm.[7189] Hinzu kommen notwendige Anpassungen des Städtebaus an lokale Folgen des Klimawandels sowie Strategien zur Bekämpfung des globalen Klimawandels.[7190] In den deutschen Städten wird nach Prognosen des Deutschen Wetterdienstes die Temperatur in den nächsten Jahren deutlich steigen. Beton und Asphalt gelten als dauerhafte Wärmespeicher, nicht ausreichend dimensionierte städtische Grünanlagen tragen nicht hinreichend zur Kühlung, Befeuchtung und zur Frischluftzufuhr bei, so dass zunehmende Hitze, Trockenheit und schlechte Luftqualität in den Städten zu schwer-wiegenden Erkrankungen führen können.[7191] Bereits aktuell soll die maximale Temperaturdifferenz zwischen dicht bebauten Stadtzentren und dem Umland schon bis zu 10 °C betragen.[7192] Der Deutsche Wetterdienst warnt außerdem, der Klimawandel bedeute nicht nur eine Erhöhung der mittleren Temperaturen, sondern auch die Zunahme von Extremereignissen. Zu erwarten sei eine Zunahme von extremen Wetterperioden mit all ihren Konsequenzen für die Gesellschaft, insbesondere auch für den Hochwasserschutz und den Brandschutz. Erforderlich seien deshalb intensivere Anpassungs- und Klimaschutzmaßnahmen. Überflutungen und Starkregen, aber auch anhaltende Trockenheiten als Folgen des Klimawandels führen zu der Forderung, Wasser möglichst nicht direkt abzuleiten, sondern in der Stadt zu halten und zu speichern. Ein entsprechendes **„Schwammstadtprinzip“** könnte als gesetzliche Vorgabe für die Planung verankert werden. Auch eine Erweiterung des Entsiegelungsgebots könnte, allerdings unter Beachtung des grundrechtlichen Eigentumsschutzes, in Betracht zu ziehen sein.

3437 Schon 1999 wurde das **Bund-Länder-Programm** „Stadtteile mit besonderem Entwicklungsbedarf – Die Soziale Stadt“ aufgelegt. Ziel dieses Programmansatzes der Städtebauförderung ist die Verbesserung der Lebensqualität in den Städten durch gemeinsame Anstrengungen öffentlicher Einrichtungen, Unternehmen und vor allem der Öffentlichkeit. Rechtliche Grundlage der Förderung sind die Verwaltungsvereinbarungen über die Gewährung von Finanzhilfen des Bundes an die Länder nach Art. 104 a IV GG. Mit § 171 e BauGB ist bezweckt, diese Programmziele wirkungsvoll zu unterstützen und dabei insbesondere geeignete Beteiligungs- und vor allem Mitwirkungsmöglichkeiten zu verankern und die Bündelung des Mitteleinsatzes zu verbessern. In § 171 e BauGB werden diese Zwecke mit einer gesetzlichen Formulierung des Anwendungsbereichs sowie des Gebietsbezuges in das besondere Städtebaurecht integriert und somit ihr bodenrechtlicher Bezug verdeutlicht. Aufgaben iS des **Art. 104a I GG** können nur öffentliche Aufgaben eines Hoheitsträgers sein. Die Tätigkeit eines staatlich beherrschten **privatrechtlich organisierten Unternehmens** unterfällt dem

[7188] Zwischen 1950 und 2017 sollen zB die Baulandpreise in München um exorbitante 39.390 % gestiegen sein, siehe dazu Giesecke/Lüttgau BauR 2022, 589; Burgi NVwZ 2020, 257. Mit Beschluss vom 21.1.2021 fordert das Europäische Parlament einen Zugang zu angemessenem und erschwinglichem Wohnraum für alle, siehe dazu Battis/Mitschang/Reidt NVwZ 2021, 905.

[7189] Kment/Baumgart Die nachhaltige Stadt der Zukunft – welche Neuregelungen empfehlen sich zu Verkehr, Umweltschutz und Wohnen?, Gutachten D und Gutachten E in: Verhandlungen des 73. Deutschen Juristentags, München 2020, D 1 ff.; E 5 ff. sowie die Ergänzungsgutachten der beiden Gutachter, München 2022; Beckmann AnwBl. 2022, 480; Reidt BauR 2023, 391; Böhm JZ 2022, 820; Burgi NJW 2022, 2726, Schlacke EuRUP 2022, 341; Dombert ThürVBl 2022, 225.

[7190] Siehe dazu Albrecht ZUR 2020, 12; Wagner UPR 2017, 361; zu den Handlungsfeldern, Instrumenten und Herausforderungen des natürlichen Klimaschutzes in der Stadt siehe auch Lorenzen DVBl. 2023, 398.

[7191] Ginzky/Albrecht/Pannicke ZUR 2021, 449; auch Albrecht ZUR 2020, 12, vermisst eine Pflicht zur Klimaanpassungsplanung.

[7192] Albrecht ZUR 2020, 12.

Anwendungsbereich des Art. 104a I GG nur dann, wenn mit ihr ungeachtet der Rechtsform des Unternehmens weiterhin eine öffentliche Aufgabe wahrgenommen wird. Der Bau von Schienenwegen und – damit zusammenhängend – von Bahnhöfen der Eisenbahnen des Bundes ist nach Art. 87e GG allerdings keine öffentliche Aufgabe des Bundes iS des Art. 104a I GG mehr.[7193]

Städtebauliche Maßnahmen der Sozialen Stadt sind **Maßnahmen** zur **Stabilisierung und Aufwertung** von durch soziale Missstände benachteiligten Ortsteilen oder anderen Teilen des Gemeindegebiets, in denen ein besonderer Entwicklungsbedarf besteht. Soziale Missstände liegen insbesondere vor, wenn ein Gebiet auf Grund der Zusammensetzung und wirtschaftlichen Situation der darin lebenden und arbeitenden Menschen erheblich benachteiligt ist. Ein besonderer Entwicklungsbedarf liegt insbesondere vor, wenn es sich um benachteiligte innerstädtische oder innenstadtnah gelegene Gebiete oder verdichtete Wohn- und Mischgebiete handelt, in denen es einer auf einander abgestimmten Bündelung von investiven und sonstigen Maßnahmen bedarf (§ 171 e II BauGB). Nicht selten handelt es sich um hoch verdichtete, einwohnerstarke Stadtteile in städtischen Räumen, die im Hinblick auf ihre Sozialstruktur, den baulichen Bestand, das Arbeitsplatzangebot, das Ausbildungsniveau, die Ausstattung mit sozialer und stadtkultureller Infrastruktur sowie die Qualität der Wohnungen, des Wohnumfeldes und der Umwelt erhebliche Defizite aufweisen, oder um Gebiete in Gemeinden, die zB aufgrund ihrer peripheren Lage und ihrer Einwohnerstruktur von ähnlichen Defiziten geprägt sind. 3438

§ 171 e II 2 BauGB beschreibt die gebietsbezogenen sozialen Missstände im Sinne einer erheblichen Benachteiligung des Gebiets auf Grund der Zusammensetzung und wirtschaftlichen Situation der darin lebenden und arbeitenden Menschen. Eine Stigmatisierung der Gebiete durch negativ besetzte Begriffe wird dabei vermieden. Soziale Missstände können angenommen werden, wenn das betreffende Gebiet zB durch hohe Arbeitslosigkeit seiner Bewohner, wirtschaftliche Probleme, Integrationsdefizite und Vernachlässigung der Bausubstanz sowie der öffentlichen Räume betroffen ist. In solchen Gebieten wird in der Regel auch ein in § 171 e II BauGB geforderter besonderer Entwicklungsbedarf vorliegen, der im Sinne einer Regelvermutung „insbesondere“ für den Fall angenommen wird, dass es sich um benachteiligte innerstädtische oder Innenstadt nahe gelegene Gebiete oder verdichtete Wohn- und Mischgebiete handelt, in denen es einer aufeinander abgestimmten Bündelung von investiven und sonstigen (nicht-investiven) Maßnahmen bedarf. 3439

Die Maßnahmen können auch ergänzend zu städtebaulichen Maßnahmen auf anderer Grundlage durchgeführt werden. Zu Maßnahmen der Sanierung oder des Stadtumbaus etwa ergeben sich daher keine Gegensätze. Wie bei Stadtumbaumaßnahmen legt die Gemeinde das Gebiet, in dem Maßnahmen der Sozialen Stadt durchgeführt werden sollen, durch Beschluss fest (§ 171 e III BauGB). Zuvor sind die Betroffenen und die öffentlichen Aufgabenträger unter schriftlicher Darstellung der Ziele und Maßnahmen zu beteiligen (§§ 137, 139 BauGB). Das Entwicklungskonzept soll insbesondere Maßnahmen enthalten, die der Verbesserung der Wohn- und Arbeitsverhältnisse sowie der Schaffung und Erhaltung sozial stabiler Bewohnerstrukturen dienen. Die Beteiligung soll das gesamte Verfahren begleiten. Auch soll die Gemeinde mit den Eigentümern und sonstigen Maßnahmeträgern städtebauliche Verträge schließen. Die Regelungen sind mit denen der Stadtumbaumaßnahmen vergleichbar und zielen auf ein konsensuales Handeln ab. 3440

Für Maßnahmen der Sozialen Stadt können **Städtebauförderungsmittel** und **Bundesfinanzhilfen** eingesetzt werden (§ 171 e VI BauGB). Damit kann das Bund-Länder-Programm „Soziale Stadt“ auch im Maßnahmengebiet verwendet werden. Durch den Verweis auf §§ 164 a und 164 b BauGB wird klargestellt, dass der Einsatz von Finanzierungs- und Förderungsmitteln auf anderer gesetzlicher Grundlage möglich ist. 3441

IX. Private Initiativen zur Stadtentwicklung (§ 171 f BauGB)

Die Vorschriften über den Stadtumbau (§§ 171 a bis 171 d BauGB) und die Soziale Stadt (§ 171 e BauGB) greifen neue stadtentwicklungspolitische Fragestellungen auf. § 171 f BauGB bestimmt, dass – nach Maßgabe des Landesrechts und unbeschadet sonstiger Maßnahmen nach dem BauGB – Gebiete festgelegt werden können, in denen in privater Verantwortung standortbezogene Maßnahmen durchgeführt werden, die auf der Grundlage eines mit den städte- 3442

[7193] BVerwGE 155, 230; Thiel IBR 2016,607.

baulichen Zielen der Gemeinde abgestimmten Konzepts der Stärkung oder Entwicklung von Bereichen der Innenstädte, Stadtteilzentren, Wohnquartiere und Gewerbezentren sowie von sonstigen für die städtebauliche Entwicklung bedeutsamen Bereichen dienen.[7194]

3443 Die Regelungen greifen damit stadtentwicklungspolitische Ansätze auf, wie sie seit langem aus Einzelstaaten der USA bekannt sind. Die während der Ausschussberatungen im Deutschen Bundestag eingefügte Regelung[7195] soll – so die Begründung – dem stadtentwicklungspolitischen Ziel der Stärkung privater Initiativen dienen, wie zB Immobilien- und Standortgemeinschaften, die einen Beitrag zur städtebaulichen Verbesserung von Stadtquartieren in funktionaler und gestalterischer Hinsicht leisten können. Die bundesrechtliche Regelung wurde auch vor dem Hintergrund schon bestehender oder künftiger landesrechtlicher Regelungen zu entsprechenden Einrichtungen in privater Trägerschaft einschließlich ihrer Finanzierung geschaffen, um diese mit Blick auf deren möglicherweise bodenrechtliche Dimension kompetenzrechtlich zu flankieren.

3444 Bei § 171 f BauGB steht die Primärverantwortung des privaten Sektors an erster Stelle. Die Vorschrift ist – innerhalb einer landesgesetzlichen Umsetzung – nicht auf eine spezielle Gebietskulisse privater Initiativen von Geschäftslagen und Innenstädten begrenzt, sondern erfasst grundsätzlich alle städtebaulich bedeutsamen Bereiche. Denn für die Hebung städtebaulicher Qualitäten, funktional wie gestalterisch, kann nicht nur in Innenstadtlagen ein Bedürfnis bestehen. Private Initiativen können auch in Wohnquartieren Aufwertungsmaßnahmen leisten, die zB die Einrichtung von Kinderspielplätzen, Umgestaltung von Eingangsbereichen und Tiefgaragen aber auch nichtbauliche Maßnahmen, wie die Schaffung von Angeboten für Jugendliche, die Organisation gemeinschaftlicher Hausmeisterdienste etc. betreffen. Andere in Betracht kommende Bereiche können Gewerbeparks oder auch Fremdenverkehrsgebiete sein. Der Schlüsselsatz dieser – nach dem vorhabenbezogenen Bebauungsplan nach § 12 BauGB – wohl ausgeprägtesten Form von „Public Private Partnership“[7196] ist die Maßgabe des § 171 f 1 BauGB, dass die Privaten auf der Grundlage eines mit den städtebaulichen Zielen der Gemeinde abgestimmten Konzepts handeln.

3445 Das Gesetz lässt den Ländern und damit auch den Gemeinden, namentlich aber auch den Privaten, einen weitgehenden Gestaltungsraum. Das gilt zB auch für Regelungen bezüglich der Ziele und Aufgaben, der Anforderungen an den Maßnahmenträger, des Verfahrens zur Festlegung der Gebiete einschließlich der Festlegung von Quoren für die Zustimmung der Beteiligten, der Dauer der Gebietsfestlegung, der Umsetzung, der Kontrolle der Aufgabenerfüllung, und auch für die Regelungen zur Finanzierung der Maßnahmen und einer gerechten Verteilung des damit verbundenen Aufwands, auch zur Abgabenerhebung. Durch diese – in den Gesetzesmaterialien freilich nicht erwähnte – grundsteuerliche Regelung sollen zugleich die „Trittbrettfahrer“ eingebunden werden.[7197]

[7194] Zu privaten Initiativen zur Stadtentwicklung und Vergaberecht Köster NZBau 2008, 300; siehe auch Vorsteher ZfBR 2023, 750; Stöß Großprojekte der Stadtentwicklung in der Krise,. 2009. Zu Stadterneuerung und Stadtentwicklung Krautzberger DVBl. 2008, 337.

[7195] Ausschussbericht in BT-DRs. 16/3308, S. 22 f.

[7196] Battis/Kersten LKV 2006, 442. Zur Normierung von Public Privat Partnership Häfner LKV 2005, 340. Zur Risikobegrenzung bei Public Privat Partnership Heitsch UPR 2005, 121.

[7197] Die Länder dürfen gemäß § 171f S. 1 BauGB bei Vorliegen der Voraussetzungen unter weiterer Konkretisierung gemäß Maßnahmen zur Finanzierung und gerechten Verteilung der Finanzierung gesetzlich regeln. Folgende zehn Bundesländer haben entsprechende Gesetze geschaffen: Baden-Württemberg, Berlin, Bremen, Hamburg, Hessen, Nordrhein-Westfalen, Rheinland-Pfalz, das Saarland, Sachsen, Schleswig-Holstein, siehe dazu Krautzberger/Richter in EZBK, BauGB 2022, § 171f Rn. 19; Vorsteher ZfBR 2023, 750 zu privaten Initiativen für eine gerechte, grüne und produktive Stadt § 171f BauGB als Grundlage für Stadterneuerung durch unternehmerische ESG-Strategien.

12. Teil. Städtebauliche Satzungen

3446 Im BauGB werden Rechtsgrundlagen für zahlreiche städtebauliche Satzungen geregelt. Es können zulassungsbegründende Satzungen, plansichernde Satzungen, Innenbereichssatzungen, maßnahmenbegleitende Satzungen und weitere Satzungen unterschieden werden. Im Einzelnen ergibt sich dabei folgendes Bild:[7198]

Zulassungsbegründende Satzungen:
– qualifizierter Bebauungsplan (§ 10 I BauGB),
– vorhabenbezogener Bebauungsplan (§ 12 BauGB),
– Bebauungsplan der Innenentwicklung (§ 13 a BauGB),
– einfacher Bebauungsplan (§ 30 III BauGB),

Plansichernde Satzungen:
– Vorkaufsrechtssatzung (§ 25 BauGB),
– Veränderungssperre (§§ 14, 16 BauGB),

Innenbereichssatzungen:
– Klarstellungssatzung (§ 34 IV 1 Nr. 1 BauGB),
– Entwicklungssatzung (§ 34 IV 1 Nr. 2 BauGB),
– Ergänzungssatzung (§ 34 IV 1 Nr. 3 BauGB),

Maßnahmenbegleitende Satzungen:
– Erhaltungssatzung (§ 172 BauGB),
– Sanierungssatzung (§ 142 BauGB),
– Ausgleichsbetragssatzung (§ 154 II a BauGB)
– Entwicklungsbereichssatzung (§ 165 VI BauGB),
– Anpassungsgebietssatzung (§ 170 BauGB),
– Stadtumbausatzung (§ 171 d BauGB),
– Satzung zur Sozialen Stadt (§ 171 e BauGB),

weitere Satzungen:
– Fremdenverkehrssatzung (§ 22 II BauGB),
– Erschließungsbeitragssatzung (§ 132 BauGB),
– Außenbereichssatzung (§ 35 VI BauGB) und
– Kostenerstattungssatzung (§ 135 c BauGB).

3447 Die verschiedenen Satzungen werden in mehr oder weniger voneinander abweichenden Verfahren aufgestellt und verfolgen unterschiedliche städtebauliche Zielsetzungen.[7199]

I. Zulassungsbegründende Satzungen

3448 Zu den zulassungsbegründenden Satzungen zählen der Bebauungsplan und der Vorhaben- und Erschließungsplan.

1. Bebauungsplan

3449 Der Bebauungsplan als die traditionelle Hauptform der städtebaulichen Satzungen hat zum Ziel, die planungsrechtliche Zulässigkeit von Vorhaben nach § 30 BauGB zu begründen. Es werden dabei der **qualifizierte** Bebauungsplan, der die Mindestfestsetzungen des § 30 I BauGB enthält, und der **einfache** Bebauungsplan nach § 30 III BauGB unterschieden. Das förmliche Verfahren zur Aufstellung des Bebauungsplans beginnt regelmäßig mit einem Aufstellungsbeschluss, der die Grundlage für eine Zurückstellung nach § 15 BauGB oder eine Veränderungssperre nach den §§ 14, 16 BauGB bilden kann. Dem Bebauungsplan ist eine Begründung mit einem Umweltbericht (§ 2 a BauGB) beizufügen (§ 9 VIII 1 BauGB). Wie jede städtebauliche Satzung muss sich auch der Bebauungsplan durch städtebauliche Gründe legitimieren.

3450 Die Öffentlichkeitsbeteiligung gliedert sich in eine frühzeitige (§ 3 I BauGB) und eine förmliche (§ 3 II BauGB) Öffentlichkeitsbeteiligung. Die Beteiligung der Träger öffentlicher Belange erfolgt nach § 4 BauGB. Die Träger haben ihre Stellungnahme grundsätzlich innerhalb eines Monats abzugeben. Äußern sie sich nicht rechtzeitig, kann die Gemeinde davon ausgehen, dass die von diesen Beteiligten wahrzunehmenden öffentlichen Belange durch den Bauleitplan nicht berührt werden.

7198 Bönker Harmonisierung des Rechts der städtebaulichen Satzungen 1994; Stüer DVBl. 1995, 121.
7199 Krautzberger/Wagner DVBl. 1994, 1025.

3451 Nach Abwägung der betroffenen Belange und Bescheidung der vorgebrachten Stellungnahmen wird der Bebauungsplan gem. § 10 I BauGB als Satzung beschlossen. Es schließt sich unter den Voraussetzungen des § 10 II BauGB ein Genehmigungsverfahren an. Ein Anzeigeverfahren ist nur nach Maßgabe landesrechtlicher Regelungen erforderlich (§ 246 I a BauGB). Wird der Bebauungsplan nicht aus einem Flächennutzungsplan entwickelt, bedarf der Bebauungsplan nach § 10 II BauGB einer Genehmigung. Im Übrigen ist er in den alten Bundesländern anzuzeigen. Für die Genehmigung des Bebauungsplans sind gem. § 6 II 2 BauGB die Bestimmungen des § 6 II und IV BauGB entsprechend anzuwenden. Die Genehmigung darf danach nur versagt werden, wenn der Bebauungsplan nicht ordnungsgemäß zustande gekommen ist oder dem BauGB, den auf Grund des BauGB erlassenen oder sonstigen Rechtsvorschriften widerspricht. Über die Genehmigung ist binnen eines Monats zu entscheiden; Aus wichtigen Gründen kann die Frist auf Antrag der Genehmigungsbehörde von der zuständigen übergeordneten Behörde verlängert werden, in der Regel jedoch nur bis zu drei Monaten. Die Gemeinde ist von der Fristverlängerung in Kenntnis zu setzen. Die Genehmigung gilt als erteilt, wenn sie nicht innerhalb der Frist unter Angabe von Gründen abgelehnt wird. Der Bebauungsplan wird nach § 10 III BauGB mit Bekanntmachung der Genehmigung oder des Satzungsbeschlusses rechtsverbindlich.

2. Vorhabenbezogener Bebauungsplan

3452 Der planungsrechtlichen Zulassung von Vorhaben dient der vorhabenbezogene Bebauungsplan, der auf der Grundlage eines Vorhaben- und Erschließungsplans von der Gemeinde als Satzung beschlossen wird (§ 12 BauGB). Der vorhabenbezogene Bebauungsplan ist neben dem städtebaulichen Vertrag gemäß § 11 BauGB eine weitere Möglichkeit für die Zusammenarbeit der Gemeinde und einem privaten Vorhabenträger zur Realisierung eines bestimmten Vorhabens.[7200]

3453 Ursprünglich war der Vorhaben- und Erschließungsplan nur im Gebiet der ehemaligen DDR und sodann in den fünf neuen Bundesländern verfügbar (Bauplanungs- und Zulassungsverordnung – BauZVO).[7201] Durch das **InvWoBaulG 1993**[7202] wurde der Vorhaben- und Erschließungsplan neu gefasst und in seinem Anwendungsbereich auf das gesamte Bundesgebiet ausgedehnt worden.[7203] Nach § 12 I BauGB kann die Gemeinde durch einen vorhabenbezogenen Bebauungsplan die Zulässigkeit von Vorhaben bestimmen, wenn der Vorhabenträger auf der Grundlage eines mit der Gemeinde abgestimmten Plans zur Durchführung der Vorhaben und der Erschließungsmaßnahmen (Vorhaben- und Erschließungsplan) bereit und in der Lage ist und sich zur Durchführung innerhalb einer bestimmten Frist und zur Tragung der Planungs- und Erschließungskosten ganz oder teilweise vor dem Satzungsbeschluss verpflichtet (Durchführungsvertrag). Die Begründung des Planentwurfs hat zugleich die nach § 2 a BauGB erforderlichen Angaben zu enthalten. Für die grenzüberschreitende Beteiligung ist eine Übersetzung der Angaben vorzulegen, soweit dies nach den Vorschriften des Gesetzes über die Umweltverträglichkeitsprüfung notwendig ist. Der vorhabenbezogene Bebauungsplan wird nach dem Verfahren zur Aufstellung eines Bebauungsplans erstellt, hat allerdings einige verfahrensrechtliche und inhaltliche Besonderheiten, die sich aus § 12 II bis VI BauGB ergeben. Der Vorhaben- und Erschließungsplan ist nicht auf bestimmte Vorhaben etwa des Wohnungsbaus oder der Gewerbeansiedlung begrenzt, sondern kann nach § 12 BauGB auch auf alle anderen städtebaulichen Vorhaben gerichtet sein. Der Durchführungsvertrag unterliegt als städtebaulicher Vertrag den Regelungen in § 11 BauGB. Die Hauptvorteile des vorhabenbezogenen Bebauungsplans ergeben sich aus dem konkreten Vorhabenbezug und der dadurch möglichen Eingrenzung des Abwägungsmaterials sowie der vollzugsorientierten Mitverantwortung des Vorhabenträgers.

3454 Durch das BauROG 1998 ist der **Vorhaben- und Erschließungsplan** in seinem Kern in das Dauerrecht übernommen worden, aber iS einer Klarstellung als Unterfall eines Bebauungs-

---

[7200] Bönker in HBG, Öffentliches Baurecht, 2024, § 13 Rn. 143.

[7201] V. 20.7.1990, GBl. DDR I, 739.

[7202] Investitionserleichterungs- und Wohnbaulandgesetz v. 22.4.1993, BGBl. I, 466; Busse BayVBl. 1993, 193; Lüers ZfBR 1993, 106.

[7203] Hauth LKV 1991, 363; Jahn LKV 1992, 124; Kniep DWW 1994, 43; Köster ZfBR 2005, 147; Lenz BauR 1993, 513; Ortloff LKV 1992, 218; Pietzcker DVBl. 1992, 658; Reidt NVwZ 2007, 1029; Runkel LKV 1993, 78; Seidler NZBau 2007, 1029; Söfker ZfBR 1992, 149.

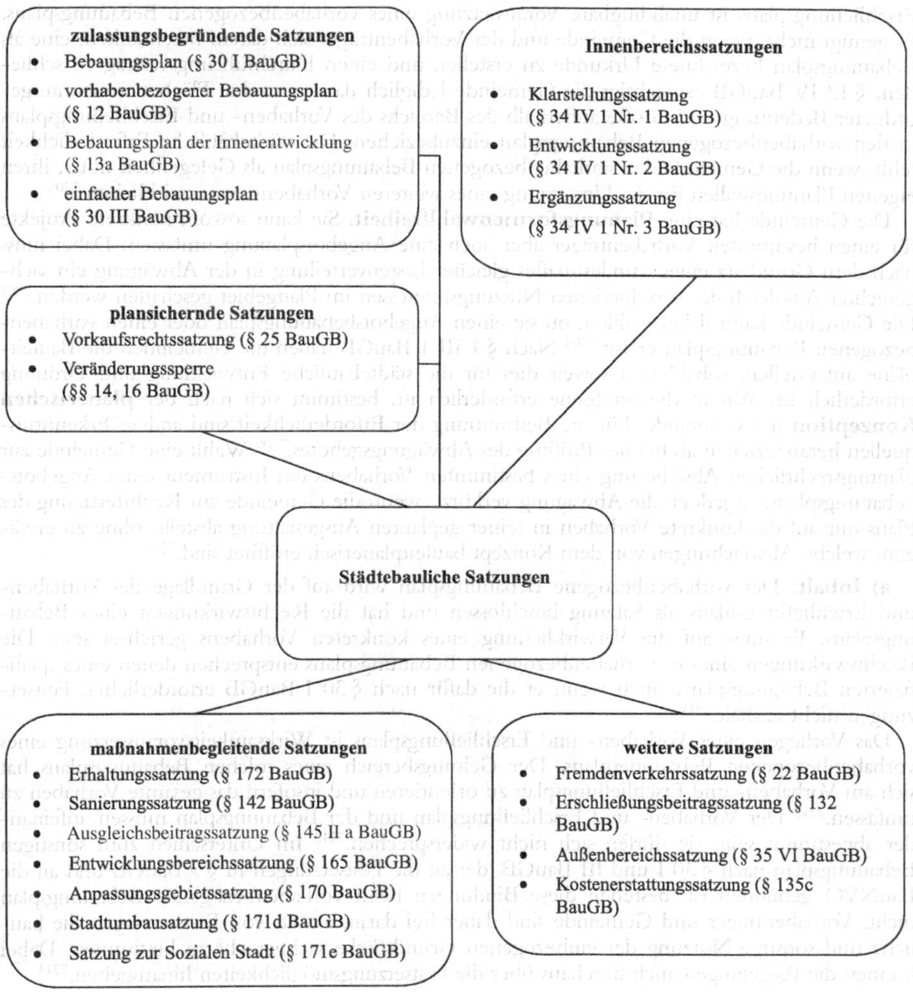

plans ausgestaltet worden.[7204] Der vorhabenbezogene Bebauungsplan wird auf der Grundlage eines mit der Gemeinde abgestimmten Vorhaben- und Erschließungsplans und auf der Grundlage eines Durchführungsvertrages aufgestellt. Vorhaben- und Erschließungsplan einerseits und Durchführungsvertrag andererseits sind daher notwendige Bestandteile des vorhabenbezogenen Bebauungsplans, die bereits im Zeitpunkt des Beschlusses über die Satzung vorliegen müssen. Fehlt etwa der Vorhaben- oder Erschließungsplan oder aber auch der Durchführungsvertrag, so ist der Satzungsbeschluss fehlerhaft.[7205] Derartige Fehler können allerdings durch ein ergänzendes Verfahren behoben werden (§ 214 IV BauGB). Nur im Bereich des **Vorhaben- und Erschließungsplans** ist die Gemeinde bei der Bestimmung der Zulässigkeit der Vorhaben nicht an die Festsetzungen nach § 9 BauGB und an die BauNVO gebunden (§ 12 III 2 BauGB). Für einzelne Flächen außerhalb des Geltungsbereichs des Vorhaben- und Erschließungsplans, die gemäß § 12 IV BauGB in den vorhabenbezogenen Bebauungsplan mit einbezogen werden können, gelten hingegen § 9 BauGB und die BauNVO. Das Vorliegen eines Vorhaben- und

[7204] Bönker in HBG, Öffentliches Baurecht, 2024, § 13 Rn. 146 unter Verweis auf die Gesetzesbegründung BT-Drs. 13/6392, 51.

[7205] Zur Rechtslage nach § 7 BauGB-MaßnG OVG Bautzen SächsVBl. 1998, 59: Eine Satzung über einen Vorhaben- und Erschließungsplan ist unwirksam, wenn der Durchführungsvertrag nicht zum Zeitpunkt der Beschlussfassung über die Satzung vorliegt; VGH Mannheim DVBl. 1997, 841.

Erschließungsplans ist unabdingbare Voraussetzung eines vorhabenbezogenen Bebauungsplans. Es genügt nicht, wenn die Gemeinde und der Vorhabenträger sich darauf beschränken, eine als Bebauungsplan bezeichnete Urkunde zu erstellen und einen Durchführungsvertrag zu schließen. § 12 IV BauGB ermächtigt die Gemeinde lediglich dazu, einzelne Flächen von untergeordneter Bedeutung und Größe außerhalb des Bereichs des Vorhaben- und Erschließungsplans in den vorhabenbezogenen Bebauungsplan einzubeziehen. Die städtebauliche Erforderlichkeit fehlt, wenn die Gemeinde den vorhabenbezogenen Bebauungsplan als Gelegenheit nutzt, ihren eigenen Planungswillen für die Umsetzung eines weiteren Vorhabens zu verwirklichen.[7206]

3455 Die Gemeinde hat eine **Planungsformenwahlfreiheit**. Sie kann sowohl konkrete Projekte für einen bestimmten Vorhabenträger aber auch eine Angebotsplanung umfassen. Dabei muss nach dem Grundsatz eines Mindestmaßes gleicher Lastenverteilung in der Abwägung ein sachgerechter Ausgleich der verschiedenen Nutzungsinteressen im Plangebiet geschaffen werden.[7207] Die Gemeinde kann dabei wählen, ob sie einen Angebotsbebauungsplan oder einen vorhabenbezogenen Bebauungsplan erlässt.[7208] Nach § 1 III 1 BauGB haben die Gemeinden die Bauleitpläne aufzustellen, sobald und soweit dies für die städtebauliche Entwicklung und Ordnung erforderlich ist. Was in diesem Sinne erforderlich ist, bestimmt sich nach der **planerischen Konzeption** der Gemeinde. Für die Bestimmung der Erforderlichkeit sind andere Erkenntnisquellen heranzuziehen als bei der Prüfung des Abwägungsgebotes.[7209] Wählt eine Gemeinde zur planungsrechtlichen Absicherung eines bestimmten Vorhabens das Instrument eines Angebotsbebauungsplans, ist jedoch die Abwägung verkürzt, wenn die Gemeinde zur Rechtfertigung des Plans nur auf das konkrete Vorhaben in seiner geplanten Ausgestaltung abstellt, ohne zu erwägen, welche Abweichungen von dem Konzept bauleitplanerisch eröffnet sind.[7210]

3456 **a) Inhalt.** Der vorhabenbezogene Bebauungsplan wird auf der Grundlage des Vorhaben- und Erschließungsplans als Satzung beschlossen und hat die Rechtswirkungen eines Bebauungsplans. Er muss auf die Verwirklichung eines konkreten Vorhabens gerichtet sein. Die Rechtswirkungen eines er vorhabenbezogenen Bebauungsplans entsprechen denen eines qualifizierten Bebauungsplans, auch wenn er die dafür nach § 30 I BauGB erforderlichen Festsetzungen nicht enthält.[7211]

3457 Das Vorliegen eines Vorhaben- und Erschließungsplans ist Wirksamkeitsvoraussetzung eines vorhabenbezogenen Bebauungsplans. Der Geltungsbereich eines solchen Bebauungsplans hat sich am Vorhaben- und Erschließungsplan zu orientieren und insofern das gesamte Vorhaben zu umfassen.[7212] Der Vorhaben- und Erschließungsplan und der Bebauungsplan müssen aufeinander abgestimmt sein; sie dürfen sich nicht widersprechen.[7213] Im Unterschied zum sonstigen Bebauungsplan nach § 30 I und III BauGB, der an die Festsetzungen in § 9 BauGB und an die BauNVO gebunden ist, bestehen diese Bindungen beim vorhabenbezogenen Bebauungsplan nicht. Vorhabenträger und Gemeinde sind daher frei darin, anstatt von Festsetzungen die bauliche und sonstige Nutzung der einbezogenen Grundstücke sachgerecht zu bestimmen. Dabei können die Regelungen auch durchaus über die Festsetzungsmöglichkeiten hinausgehen.[7214]

[7206] OVG Münster Urt. v. 11.9.2008 – 7 D 74/07.NE, BeckRS 2008, 39423.

[7207] OVG Münster BauR 2013, 1966.

[7208] OVG Bremen Urt. v. 15.3.2023 – 1 D 24/22, juris Rn. 64; OVG Münster Beschl. v. 14.6.2012 – 2 B 379/12.NE, BeckRS 2012, 60418; Kröninger in Kröninger/Jeronim, BauGB/BauNVO, 2024, § 12 BauGB Rn 6; Bönker in HBG, Öffentliches Baurecht, 2024, § 13 Rn. 147, der darauf hinweist, dass im Einzelfall ein „projektbezogener Angebotsbebauungsplan" gegenüber einem vorhabenbezogenen Bebauungsplan vorzugswürdig sein kann. Ein Projektbezug der Planung schließe das „klassische" Bebauungsplanverfahren nicht aus; mit einem städtebaulichen Vertrag nach § 11 BauGB könnten unter Umstände flexiblere ergänzende Regelungen getroffen werden als mit einem Durchführungsvertrag nach § 12 I BauGB.

[7209] BVerwG BRS 85 Nr. 2 (2017).

[7210] OVG Koblenz BauR 2019, 922 = juris Rn. 36.

[7211] Krautzberger in EZBK, BauGB, 2017, § 12 Rn. 142; Bönker in HBG, Öffentliches Baurecht, 2024, § 13 Rn. 155.

[7212] Zu einem vorhabenbezogenen Bebauungsplan, der die Zulässigkeit einer „Sport- und Freizeitanlage" bestimmt, die ua dem Schießen mit Bogen und Armbrust dient und Teile eines gesetzlich geschützten Biotops (Magerrasen) sowie Waldflächen in Anspruch nimmt VGH Mannheim DÖV 2012, 246.

[7213] VGH München Urt. v. 21.6.2023 – 15 N 22.1268, juris Rn. 17.

[7214] Reidt BauR 1998, 909 (910); Spieß in Jäde/Dirnberger, BauGB, 2022, § 12 Rn. 4; zur Nutzungspalette eines vorhabenbezogenen Bebauungsplans BVerwG ZfBR 2005, 72; Bönker in HBG, Öffentliches Baurecht, 2024, § 13 Rn. 152.

Beispiel: Der Vorhaben- und Erschließungsplan enthält Flächen für Wohngebäude, die mit Mitteln des sozialen Wohnungsbaus gefördert werden oder Flächen für Eigentumswohnungen. Auch kann in dem zu Grunde liegenden Durchführungsvertrag eine Zeitachse für die Durchführung der Maßnahmen festgelegt werden. Ebenso können baugestalterische Festsetzungen aufgenommen werden

Das Vorhaben muss ausreichend konkretisiert sein, über eine abstrakt-generelle Beschreibung von Baugebieten hinausgehen und sich auf bestimmte Vorhaben beziehen.[7215] Dazu rechnet auch die Durchführung der inneren und äußeren **Erschließung**. Soweit § 12 I 1 BauGB zwischen der Durchführung des Vorhabens und der Erschließungsmaßnahmen unterscheidet, spricht dies dafür, dass Erschließungsmaßnahmen für sich gesehen genommen nicht Gegenstand eines vorhabenbezogenen Bebauungsplans sein können; vielmehr muss das Vorhaben über die Erschließung hinaus eigenständige Bedeutung haben.[7216] Zulässig ist es, dass das festgelegte Vorhaben eine gewisse Bandbreite an Nutzungsmöglichkeiten umfasst. Zu konkretisieren ist jedoch nicht nur die Art der baulichen Nutzung, sondern, ebenfalls mit (begrenzten) Spielräumen, das Maß der baulichen Nutzung. Die Kubatur eines Vorhabens muss jedenfalls im Wesentlichen festgelegt werden.[7217] Nach der Rechtsprechung des BVerwG muss vermieden werden, dass der vorhabenbezogene Bebauungsplan ein anderes Vorhaben zulässt, als es im Durchführungsvertrag in Verbindung mit dem Vorhaben- und Erschließungsplan vereinbart worden ist.[7218] 3458

Im Vorhaben- und Erschließungsplan zu einem vorhabenbezogenen Bebauungsplan muss die Kubatur des im Durchführungsvertrag vereinbarten Vorhabens im Wesentlichen festgelegt sein.[7219] Nach § 12 III a BauGB kann in einem vorhabenbezogenen Bebauungsplan ein Baugebiet allerdings auch allgemein festgesetzt werden.[7220] Die Konkretisierung des Vorhabens muss dann aber im Durchführungsvertrag erfolgen, auf den in den Festsetzungen zu verweisen ist. Der Durchführungsvertrag kann geändert oder neu abgeschlossen werden. Nach § 12 I 1 BauGB muss im Zeitpunkt des Satzungsbeschlusses des Gemeinderats über den vorhabenbezogenen Bebauungsplan ein wirksamer Durchführungsvertrags vorliegen.[7221] Das durch einen vorhabenbezogenen Bebauungsplan zugelassene Vorhaben ist mit allen seinen städtebaulich relevanten Parametern textlich und zeichnerisch so konkret zu beschreiben, dass eine Umsetzung der Durchführungsverpflichtung des Vorhabenträgers eindeutig feststellbar ist. § 12 I 1 BauGB verlangt lediglich, dass der Gemeinde im Zeitpunkt des Satzungsbeschlusses ein bindendes Angebot des Vorhabenträgers in einem ausgearbeiteten Durchführungsvertrag vorliegt, dessen Zustandekommen allein noch davon abhängt, dass der Rat den Bürgermeister zur Annahme dieses Angebots ermächtigt und der Bürgermeister diese Annahme sodann durch seine Unterschrift erklärt. Weichen Gemeinde und Vorhabenträger, ohne dass ein Fall des § 12 III a 2 BauGB gegeben ist, in einem neuen, nach Inkrafttreten des vorhabenbezogenen Bebauungsplans zustande gekommenen Durchführungsvertrag wesentlich von der Durchführungsverpflichtung des ersten Durchführungsvertrags und von den mit ihr korrespondieren, das zulässige Vorhaben beschreibenden Festsetzungen ab, steht die städtebauliche Erforderlichkeit des Plans in Frage, weil die Rechtfertigung für seinen Erlass entfallen sein könnte. Eine Planung kann städtebaulich erforderlich sein, wenn sie (auch) den Wünschen Privater entgegenkommt und diese den Anstoß für die Planung gegeben haben, solange sie zugleich originär städtebauliche Interessen verfolgt. Das Instrument eines vorhabenbezogenen Bebauungsplans ist auf derartige Konstellationen gerade ausgelegt.[7222] Die Baugenehmigungsbehörde kann einen Hinweis auf den Durchführungsvertrag einer entsprechenden Festsetzung entnehmen. Von der Gemeinde kann dann der jeweils aktuelle Stand des Durchführungsvertrags mitgeteilt werden. Der Gesetzgeber reagierte hiermit auf die Rechtsprechung des BVerwG, wonach bereits im 3459

[7215] BVerwG NVwZ 2023, 1914 = juris Rn. 9; NVwZ 2003, 98; Spieß in Jäde/Dirnberger BauGB, 2022, § 12 Rn. 5; Bönker in HBG, Öffentliches Baurecht, 2024, § 13 Rn. 149.

[7216] Bönker in HBG, Öffentliches Baurecht, 2024, § 13 Rn. 150.

[7217] BVerwG NVwZ 2023, 1914 = juris Rn. 9; NVwZ 2003, 9; NVwZ 2018, 1235 Rn. 7; Kröninger in Kröninger/Jeronim, BauGB/BauNVO, 2024, § 12 BauGB Rn. 14.

[7218] BVerwG NVwZ 2023, 1914 = juris Rn. 9; NVwZ 2003, 9; NVwZ 2018, 1235; ZfBR 2019, 480 Rn. 9.

[7219] BVerwG BauR 2018, 1243.

[7220] Bernhardt NVwZ 2008, 972; Bischopink/Arnold NVwZ 2007, 991.

[7221] OVG Saarlouis BauR 2011, 1373.

[7222] OVG Münster DÖV 2011, 901 (902).

vorhabenbezogenen Bebauungsplan selbst das Vorhaben konkret zu beschreiben sei und dies nicht erst im Durchführungsvertrag geschehen könne.[7223]

3460 Ohne Vorhaben- und Erschließungsplan kann ein vorhabenbezogener Bebauungsplan nicht zustande kommen. Sind vorhabenbezogener Bebauungsplan und Vorhaben- und Erschließungsplan sachlich und räumlich identisch, können beide Pläne ausnahmsweise „körperlich" in einer Planurkunde vereinigt werden.[7224] Den Anforderungen des § 12 BauGB genügt es nicht, wenn die Gemeinde und der Vorhabenträger sich darauf beschränken, eine als Bebauungsplan bezeichnete Urkunde zu erstellen und parallel dazu einen Durchführungsvertrag zu schließen.[7225] § 12 III a BauGB soll es ermöglichen, in dem vorhabenbezogenen Bebauungsplan für den Bereich des Vorhaben- und Erschließungsplans eine bauliche oder sonstige Nutzung auch allgemein festzusetzen, namentlich durch Festsetzung eines Baugebiets nach der BauNVO, was andernfalls nach § 12 I 1 BauGB unzulässig wäre. Es obliegt dem Plangeber, im Verfahren der Planaufstellung vorausschauend zu ermitteln und zu beurteilen, ob die vorgesehenen Festsetzungen auf überwindbare artenschutzrechtliche Hindernisse treffen würden.[7226] § 12 III a BauGB soll es ermöglichen, in dem vorhabenbezogenen Bebauungsplan für den Bereich des Vorhaben- und Erschließungsplans eine bauliche oder sonstige Nutzung auch allgemein festzusetzen, namentlich durch Festsetzung eines Baugebiets nach der BauNVO, was andernfalls nach § 12 I 1 BauGB unzulässig wäre.[7227] In einem vorhabenbezogenen Bebauungsplan ermöglicht § 12 IIIa 1 BauGB nicht die (textliche) Festsetzung, dass nur Vorhaben zulässig sind, die innerhalb der im Durchführungsvertrag vereinbarten Frist fertiggestellt werden (§ 12 III a 1 BauGB).[7228]

3461 Sollen die planungsrechtlichen Voraussetzungen für die Errichtung eines Fachmarktzentrums geschaffen werden, kann das Plangebiet auch als Kerngebiet iS des § 8 BauNVO ausgewiesen werden, soweit das Vorhaben zB durch textliche Festsetzungen oder einen zugehörigen Projektplan hinreichend konkretisiert festgelegt ist.[7229] An den Festsetzungskatalog des § 9 BauGB ist die Gemeinde allerdings nicht gebunden. Sie kann auch in anderer geeigneter Weise das Vorhaben konkret beschreiben. Dies kann auch in der Form eines **Projektplans** geschehen.[7230] Der vorhabenbezogene Bebauungsplan ist unwirksam, wenn ihm nicht ein Vorhaben- und Erschließungsplan zu Grunde liegt, der in **zeichnerischer Form** das Projekt beschreibt. Skizzen, Schemazeichnungen oder Fotografien über Gebäudemodelle reichen dazu nicht aus. Auch genügt nicht, dass erst nach dem Satzungsbeschluss an Hand dieser Unterlagen Planzeichnungen des Vorhabens angefertigt worden sind.[7231] Ein Satzungsbeschluss für einen vorhabenbezogenen Bebauungsplan setzt nicht voraus, dass der Durchführungsvertrag seitens der Gemeinde unterschrieben ist. Es genügt ein bindendes Vertragsangebot des Vorhabenträgers.[7232] Ein vorhabenbezogener Bebauungsplan ist ebenfalls unwirksam, wenn der **Durchführungsvertrag** nicht zum Zeitpunkt der Beschlussfassung über die Satzung vorliegt. Ein ggf. bestehender Mangel kann nach § 214 IV BauGB durch ein ergänzendes Verfahren geheilt werden. Der vorhabenbezogene Bebauungsplan kann auch zu einer Umgestaltung des bisherigen Gebietscharakters führen und etwa in einem bisher reinen Wohngebiet einen größeren Lebensmittelladen zulassen. Die Planausweisungen stehen allerdings unter dem Vorbehalt einer gerechten Abwägung.[7233]

3462 Der Vorhabenträger muss sich zur Durchführung des Vorhabens innerhalb einer angemessenen Frist verpflichten. Als Bebauungsplan unterliegt der vorhabenbezogene Bebauungsplan auch den Erfordernissen der **naturschutzrechtlichen Eingriffsregelung** in § 1 a III BauGB.

7223 BVerwGE 119, 45; so auch BVerwG NJW 1999, 3573.

7224 VGH München BauR 2011, 1775, dort auch zur gerichtlichen Prüfung des Merkmals „bereit und in der Lage sein" im Sinn des § 12 I 1 BauGB.

7225 OVG Münster Urt. v. 11.9.2008 – 7 D 74/07.NE, BeckRS 2008, 39423; Fleckenstein DVBl. 2008, 216.

7226 BVerwG ZfBR 2012, 38.

7227 BVerwG ZfBR 2012, 38. Zu den Anforderungen eines Vorhaben- und Erschließungsplans und eines Durchführungsvertrags OVG Saarlouis NVwZ-RR 2013, 17.

7228 BVerwG NVwZ 2017, 1291.

7229 OVG Münster UPR 1998, 359.

7230 VGH Mannheim NVwZ-RR 1997, 699.

7231 OVG Bautzen SächsVBl. 1998, 59.

7232 VGH Mannheim UPR 2009, 457.

7233 VGH Mannheim BauR 1997, 271.

§§ 135 a bis 135 c BauGB sind nicht anzuwenden. Vielmehr ist die Kostentragungspflicht im Durchführungsvertrag zu regeln. Der notwendige Ausgleich muss entweder durch den Vorhabenträger durchgeführt werden oder der Vorhabenträger muss sich in dem Durchführungsvertrag zur Übernahme der Kosten für die Durchführung der Ausgleichsmaßnahmen durch die Gemeinde oder Dritte verpflichten. Die Gemeinde kann den erforderlichen Ausgleich auch in einem **Ausgleichsbebauungsplan** regeln. In diesem Fall muss die Kostentragung im Durchführungsvertrag geregelt sein. Die Planzeichnung muss auf einer geeigneten Planunterlage erstellt werden. Das Vorhaben muss darin ausreichend bestimmt festgelegt sein. Der Vorhaben- und Erschließungsplan kann auch wie ein Bebauungsplan mit Festsetzungen nach § 9 BauGB ausgestaltet sein.

Zum **Nachweis der finanziellen Leistungsfähigkeit** eines Vorhabenträgers grundsätzlich geeignet sind wirtschaftlich belastbare Finanzierungs- und Fördermittelzusagen, die aber durch gewichtige andere Indizien ersetzt werden können. In einem Vorhaben- und Erschließungsplan muss die Kubatur jedenfalls in ihrem wesentlichen Umfang festgelegt sein. Dabei genügt es jedenfalls nicht stets, nur Höchstmaße festzusetzen. Ist eine Unterschreitung von festgesetzten Maßfaktoren in einem Umfang möglich, der die Identität des vereinbarten Vorhabens in Frage stellt und die durch den Vorhabenbegriff begrenzte Variationsbreite verlässt, bedarf es daher zusätzlich der Festsetzung von Mindestmaßen. Im Vorhaben- und Erschließungsplan, der Gegenstand des Durchführungsvertrags ist, wird nicht allgemein irgendeine Bebauung des Plangebiets, sondern die Errichtung eines oder mehrerer konkreter Vorhaben im Sinne von § 29 I BauGB geregelt.[7234] Zu konkretisieren ist nicht nur die Art der baulichen Nutzung, wobei das festgelegte Vorhaben von vornherein eine gewisse Bandbreite an Nutzungsmöglichkeiten umfasst, sondern, ebenfalls mit (begrenzten) Spielräumen, auch das Maß der baulichen Nutzung.[7235] Dabei genügt es jedenfalls nicht stets, nur Höchstmaße festzusetzen. Auch eine Unterschreitung von festgesetzten Maßfaktoren ist in den Blick zu nehmen. Ist sie in einem Umfang möglich, der die Identität des vereinbarten Vorhabens in Frage stellt und die durch den Vorhabenbegriff begrenzte Variationsbreite verlässt, bedarf es daher zusätzlich der Festsetzung von Mindestmaßen, denn es gilt zu vermeiden, dass der vorhabenbezogene Bebauungsplan ein anderes Vorhaben zulässt, als es im Durchführungsvertrag in Verbindung mit dem Vorhaben- und Erschließungsplan vereinbart worden ist. Dies ist gemeint, wenn verlangt wird, dass in einem Vorhaben- und Erschließungsplan die Kubatur jedenfalls in ihrem wesentlichen Umfang festgelegt sein muss.[7236] Weiteren rechtsgrundsätzlichen Klärungsbedarf zeigt die Beschwerde nicht auf. Sie wendet sich vielmehr gegen die tatrichterliche Würdigung, das Vorhaben werde durch die Art der Kühlung – Durchlaufkühlung oder Kühlturm – nicht in seiner Identität verändert.[7237] 3463

b) Aufstellungsverfahren und Rechtswirkungen des vorhabenbezogenen Bebauungsplans sind dem Bebauungsplan angeglichen.[7238] Dies gilt auch für die Rechtsschutzmöglichkeiten.[7239] Der Vorhaben- und Erschließungsplan wird auf der Grundlage eines mit der Gemeinde abgestimmten Plans als Satzung beschlossen, dessen Umsetzung durch einen Durchführungsvertrag gesichert wird (§ 12 I BauGB). Wer den Vorhaben- und Erschließungsplan aufstellt, ist in § 12 I BauGB nicht geregelt. Nach der durch das BauROG 1998 aufgehobenen Fassung des § 7 BauGB-MaßnG wurde der Plan von dem **Vorhabenträger** vorgelegt. Auch nach § 12 I BauGB wird der Vorhaben- und Erschließungsplan in der Regel von dem Vorhabenträger erarbeitet und der **Gemeinde** vorgelegt werden. Verfahrensrechtlich erfordert die Abstimmungsverpflichtung, dass der Vorhabenträger die Gemeinde frühzeitig über seine Planung informiert und auch während der Konkretisierung die Planung gegenüber der Gemeinde transparent gehalten wird. Materiell müssen Vorhabenträger und Gemeinde darin übereinstimmen, dass der Vorhaben- und Erschließungsplan eine geeignete Grundlage für das Bebauungsplanverfahren ist.[7240] 3464

7234 BVerwGE 119, 45 (52).

7235 Busse in BeckOK BauGB, 2022, § 12 Rn. 17.

7236 BVerwG NVwZ 2018, 1235 Rn. 7; Funke BauR 2004, 1882.

7237 BVerwG ZfBR 2019, 480; Reidt BauR 2020, 204.

7238 BVerwG Beschl. v. 30.11.1992 – 4 NB 41.92, BeckRS 1992, 31319411; Busse KommJur 2008, 1.

7239 Zum Abwägungsgebot und zu interkommunalen Normenkontrollanträgen gegen Vorhaben- und Erschließungspläne BVerwG NVwZ 1995, 266; BVerwGE 40, 323; BVerwGE 84, 209; Beschl. v. 23.9.1993 – 4 NB 31.93, juris; KreisG Suhl ThürVBl.1992, 42.

7240 Bönker in HBG, Öffentliches Baurecht, 2024, § 13 Rn. 176.

3465 Das Gesetz geht davon aus, dass eine solche durchaus eigenständige Mitwirkung des Vorhabenträgers zulässig ist. Allerdings kann Gegenstand des vorhabenbezogenen Bebauungsplans auch ein Plan sein, den die Gemeinde selbst oder auch ein Dritter aufgestellt hat oder der in Kooperation entstanden ist. Zumindest muss die Gemeinde allerdings den Plan in ihren Willen aufnehmen, weshalb ein entsprechendes **Abstimmungserfordernis** mit der Gemeinde in § 12 I 1 BauGB geregelt ist. Auch müssen bei der Aufstellung des Plans die einfachrechtlichen Aufstellungsregeln sowie verfassungsrechtliche Anforderungen eingehalten werden. Der vorhabenbezogene Bebauungsplan ist aus dem Flächennutzungsplan zu entwickeln (§ 8 II 1 BauGB). Für die Öffentlichkeits- und Behördenbeteiligung gelten §§ 3, 4, 4 a BauGB. Bei **Planänderungen im Verfahren** ist ggf. eine erneute Offenlegung vorzusehen oder das vereinfachte Verfahren mit einer Betroffenenbeteiligung durchzuführen (§ 4 a III BauGB). Im Falle der Offenlegung kann die Frist angemessen verkürzt werden (§ 4 a III BauGB). Die Behördenbeteiligung richtet sich nach § 4 BauGB, wobei die Behördenbeteiligung ggf. zeitgleich mit der Öffentlichkeitsbeteiligung durchgeführt werden kann (§ 4 a II BauGB).

3466 Der vorhabenbezogene Bebauungsplan muss die allgemeinen Anforderungen an die **Umweltprüfung** und den **Umweltbericht** erfüllen (§ 12 I 2 BauGB). Auf Antrag des Vorhabenträgers, oder sofern die Gemeinde es nach Einleitung des Bebauungsplanverfahrens für erforderlich hält, informiert die Gemeinde diesen über den voraussichtlich erforderlichen Untersuchungsrahmen der Umweltprüfung nach § 2 IV BauGB unter Beteiligung der Behörden nach § 4 I BauGB (§ 12 II 2 BauGB). Hierdurch soll der Vorhabenträger über die entsprechenden Informationen verfügen, die ihn in die Lage versetzen, die erforderlichen Vorarbeiten für die Aufstellung des Umweltberichts einzuleiten. Diese Maßnahmen zur Vorbereitung eines vorhabenbezogenen Bebauungsplans können daher auch auf Initiative der Gemeinde hin durchgeführt werden. Für die grenzüberschreitende Beteiligung ist eine Übersetzung der Angaben vorzulegen, soweit dies nach dem UVPG notwendig ist (§ 12 I 3 BauGB). Dem vorhabenbezogenen Bebauungsplan ist zudem eine **zusammenfassende Erklärung** beizufügen (§ 10 IV BauGB). Die Umwelterklärung muss über die Art und Weise Auskunft geben, wie die Umweltbelange und die Ergebnisse der Öffentlichkeits- und Behördenbeteiligung in dem Bebauungsplan berücksichtigt wurden, und aus welchen Gründen der Plan nach Abwägung mit den geprüften, in Betracht kommenden anderweitigen Planungsmöglichkeiten gewählt wurde.

3467 Der vorhabenbezogene Bebauungsplan gestattet auch die Festsetzung von **Lärmemissionskontingenten**, wenn dies im Sinne einer geordneten städtebaulichen Entwicklung und Ordnung erforderlich ist.[7241] Nach § 1 III 1 BauGB haben die Gemeinden die Bauleitpläne aufzustellen, sobald und soweit dies für die städtebauliche Entwicklung und Ordnung erforderlich ist. Was in diesem Sinne erforderlich ist, bestimmt sich nach der planerischen Konzeption der Gemeinde. Für die Bestimmung der Erforderlichkeit sind andere Erkenntnisquellen heranzuziehen als bei der Prüfung des Abwägungsgebotes.[7242] Es ist unschädlich, wenn für einen Bereich, in dem unterschiedliche Nutzungen und Anlagen zulässig sind, im vorhabenbezogenen Bebauungsplan nur ein Lärmemissionskontingent festgesetzt ist. Eine Lärmemissionskontingentierung im vorhabenbezogenen Bebauungsplan erfordert keine Gliederung des Plangebietes anhand des Emissionsverhaltens der vorgesehenen Anlagen. Die Maßstäbe für den zulässigen „Konflikttransfer" sind auf einen vorhabenbezogenen Bebauungsplan nur mit Einschränkungen übertragbar, weil die Festsetzungen eines vorhabenbezogenen Bebauungsplans in aller Regel einen hohen Konkretisierungsgrad besitzen werden.[7243]

3468 An den Satzungsbeschluss schließt sich ein **Genehmigungsverfahren** an, wenn der vorhabenbezogene Bebauungsplan nicht aus einem Flächennutzungsplan entwickelt ist (§ 10 II BauGB). Die Länder können allerdings nach § 246 I a BauGB bestimmen, dass Bebauungspläne, die nicht genehmigungsbedürftig sind, vor ihrem Inkrafttreten der höheren Verwaltungsbehörde anzuzeigen sind. Die höhere Verwaltungsbehörde hat in diesem Fall die Verletzung von Rechtsvorschriften innerhalb eines Monats nach Eingang der Anzeige geltend zu machen. Der vorhabenbezogene Bebauungsplan darf dann nur in Kraft gesetzt werden, wenn innerhalb der Monatsfrist die Verletzung von Rechtsvorschriften durch die höhere Verwaltungsbehörde nicht geltend gemacht worden ist. Im Übrigen ist sodann der Beschluss über den vorhabenbezogenen Bebauungsplan nach § 10 III BauGB ortsüblich bekanntzumachen. Der Vorhaben- und Erschließungsplan tritt mit der Bekanntmachung des Beschlusses in Kraft (§ 10

[7241] BVerwG BauR 2018, 1086 = juris Rn. 31.
[7242] BVerwG BRS 85 Nr. 2 (2017).
[7243] BVerwG ZfBR 2018, 376.

III 4 BauGB). Der vorhabenbezogene Bebauungsplan ist mit der Begründung einschließlich Umweltbericht und zusammenfassender Erklärung zu jedermanns Einsicht bereitzuhalten; über den Inhalt ist auf Verlangen Auskunft zu geben (§ 10 III 2 BauGB). Der vorhabenbezogene Bebauungsplan kann auch als **Bebauungsplan der Innenentwicklung** aufgestellt werden. Eine Umweltprüfung ist dann unter den Voraussetzungen des § 13 a I BauGB nicht erforderlich. Im Übrigen ist der vorhabenbezogene Bebauungsplan als **Bebauungsplan der Innenentwicklung** genehmigungsfrei.

c) Vorhabenträger. Der Vorhabenträger muss auf der Grundlage des von ihm vorgelegten Plans bereit und in der Lage sein, die Maßnahme innerhalb einer bestimmten Frist durchzuführen. Die Gemeinde muss sich darüber Gewissheit verschaffen und entsprechende Sicherungen in den Durchführungsvertrag aufnehmen. Vorhabenträger können **natürliche** oder **juristische Personen** sein.[7244] Gesellschaften des bürgerlichen Rechts (zB Arbeitsgemeinschaften) können nur Vorhabenträger werden, wenn sich jeder Gesellschafter gesamtschuldnerisch verpflichtet. Jeder der Gesellschafter muss bereit und in der Lage sein, das Vorhaben und die Erschließung insgesamt durchzuführen. Die erforderliche Durchführungsbereitschaft des Vorhabenträgers ist anzunehmen, wenn dieser das Vorhaben selbst ausführt und zwar auch dann, wenn er sie als Bauträger zum späteren Zeitpunkt an Dritte veräußern will. Ein Projektentwickler hingegen, der das Vorhaben im Interesse eines Dritten betreibt, kann selbst nicht Vertragspartner der Gemeinde sein.[7245] 3469

Der Vorhabenträger muss auch die Möglichkeit haben, das Vorhaben durchzuführen. Dazu gehören die erforderlichen Geldmittel und die Verfügbarkeit der Grundstücke. Der Vorhabenträger muss dazu nicht notwendig Eigentümer des Baugrundstücks sein; eine zum Zeitpunkt des Satzungsbeschlusses gesicherte, privatrechtliche Verfügungsbefugnis reicht aus.[7246] Nach § 12 III 3 BauGB kann gemäß § 85 I Nr. 1 BauGB enteignet werden, soweit der vorhabenbezogene Bebauungsplan auch im Bereich des Vorhaben- und Erschließungsplanes Festsetzungen nach § 9 BauGB für öffentliche Zwecke trifft.[7247] 3470

Die **finanzielle Leistungsfähigkeit** des Vorhabenträgers muss prognostiziert werden[7248] und kann durch eine entsprechende schriftliche Kreditzusage von geeigneten Banken oder auch durch eine Bankbürgschaft erbracht werden. Die **Bürgschaft** kann dabei auch auf einen Teil der Gesamtmaßnahme beschränkt werden, um das Vorhaben nicht unnötig mit Kosten zu belasten. Eine entsprechende Absicherung der Erschließungsanlagen im öffentlichen Raum erscheint allerdings sinnvoll. Ein Vorhabenträger ist iS des § 12 I BauGB objektiv zur Finanzierung eines Vorhabens erst in der Lage, wenn seine finanzielle Leistungsfähigkeit das Vorhaben selbst umfasst. Die Finanzierungsfähigkeit nur der Erschließungskosten ist nicht ausreichend. Die finanzielle Leistungsfähigkeit eines Vorhabenträgers ergibt sich nicht aus der bloßen Zugehörigkeit zu einer durch gleiche Gesellschafter verbundenen Gruppe rechtlich selbständiger Personengesellschaften. Erforderlich ist die rechtlich gesicherte Möglichkeit des Zugriffs auf die Finanzmittel der anderen Gesellschaften.[7249] Zweifel an der Wirtschaftlichkeit der in einem vorhabenbezogenen Bebauungsplan festgesetzten Nutzungen sind abwägungsrelevant, soweit die Durchführbarkeit des Vorhabens gefährdet ist. Eine gesicherte Prognose ist dazu allerdings nicht erforderlich.[7250] Dabei steht der Erforderlichkeit des vorhabenbezogenen Bebauungsplans nicht entgegen, dass er im Interesse des Vorhabenträgers aufgestellt wird.[7251] Zum Nachweis 3471

[7244] Spieß in Jäde/Dirnberger, BauGB/BauNVO, 2022, § 12 BauGB Rn. 10.

[7245] Oerder BauR 2019, 597; Bönker in HBG, Öffentliches Baurecht, 2024, § 13 Rn. 162.

[7246] Bönker in HBG, Öffentliches Baurecht, 2024, § 13 Rn. 161, dort auch zur Frage, inwieweit eine Enteignungsmöglichkeit für Flächen ausreicht, auf denen Festsetzungen für öffentliche Zwecke vorgesehen sind.

[7247] Dazu wird allerdings die Ansicht vertreten, zumeist sei eine Enteignung nicht angezeigt, weil der Gesetzgeber davon ausgehe, dass der Vorhabenträger jedenfalls im Regelfall über sämtliche Grundstücke des Plangebiets verfügen können, siehe Mitschang in BKL, BauGB, 2022, § 12 Rn. 65; Bönker in HBG, Öffentliches Baurecht, 2024, § 13 Rn. 171.

[7248] Zu den Grundlagen dieser Prognose BVerwG BauR 2018, 1086 ff.; OVG Lüneburg NuR 2021, 566 ff.

[7249] OVG Greifswald NVwZ-RR 2006, 673.

[7250] OVG Schleswig NuR 2006, 467.

[7251] OVG Lüneburg DVBl. 2010, 733 m. Anm. Seidler NZBau 2010, 424; zum Durchführungsvertrag beim Vorhaben- und Erschließungsplan Krautzberger NotBZ 2010, 241. Zu praktischen Problemen beim vorhabenbezogenen Bebauungsplan Oerder BauR 2009, 744.

der finanziellen Leistungsfähigkeit eines Vorhabenträgers grundsätzlich geeignet sind wirtschaftlich belastbare **Finanzierungs- und Fördermittelzusagen**, die aber durch gewichtige andere Indizien ersetzt werden können.[7252] In einem Vorhaben- und Erschließungsplan muss die Kubatur jedenfalls in ihrem wesentlichen Umfang festgelegt sein. Dabei genügt es jedenfalls nicht stets, nur Höchstmaße festzusetzen. Ist eine Unterschreitung von festgesetzten Maßfaktoren in einem Umfang möglich, der die Identität des vereinbarten Vorhabens in Frage stellt und die durch den Vorhabenbegriff begrenzte Variationsbreite verlässt, bedarf es daher zusätzlich der Festsetzung von Mindestmaßen.[7253]

3472 Ein **Wechsel des Vorhabenträgers** bedarf der Zustimmung der Gemeinde. Die Zustimmung darf nur dann verweigert werden, wenn Tatsachen die Annahme rechtfertigen, dass die Durchführung des Vorhaben- und Erschließungsplans innerhalb der Frist nach § 12 V 1 BauGB gefährdet ist (§ 12 V BauGB). Liegen die Voraussetzungen vor, hat der neue Vorhabenträger einen Anspruch au die Zustimmung.[7254]

3473 **d) Vorhaben- und Erschließungsplan.** Der Vorhaben- und Erschließungsplan wird Bestandteil des vorhabenbezogenen Bebauungsplans (§ 12 III 1 BauGB). Das Vorliegen eines Vorhaben- und Erschließungsplans ist Wirksamkeitsvoraussetzung eines vorhabenbezogenen Bebauungsplans. Vorhaben- und Erschließungsplan, Durchführungsvertrag und vorhabenbezogener Bebauungsplan müssen aufeinander abgestimmt sein und dürfen sich nicht widersprechen.[7255] Bei der Bestimmung der planungsrechtlichen Zulässigkeit der Vorhaben ist die Gemeinde nicht an die Festsetzungen nach § 9 BauGB und der BauNVO gebunden. Der Vorhaben- und Erschließungsplan ist also nicht auf den numerus clausus der Festsetzungsinstrumente verpflichtet.[7256] Es entfällt damit etwa die Bindung an die Ausweisung der in der BauNVO normierten Baugebiete. Auch sind die Regeln über die Festsetzung des Maßes der baulichen Nutzung nicht unmittelbar anwendbar. Allerdings müssen die Ausweisungen des vorhabenbezogenen Bebauungsplans dem Abwägungsgebot genügen. Daraus ergeben sich Bindungen an das städtebauliche Konzept, wie es dem BauGB und der BauNVO zu Grunde liegt. Vor allem dürfen auch durch den vorhabenbezogenen Bebauungsplan keine Konflikte hervorgerufen oder verstärkt werden, die sich als Verstoß gegen das Abwägungsgebot darstellen. In diese Bewertung gehen auch Nachbarinteressen und umweltschützende Belange gem. § 1 a BauGB ein.

3474 **Einbeziehung von Flächen.** Nach § 12 IV BauGB können einzelne Flächen außerhalb des Bereichs des Vorhaben- und Erschließungsplans in den vorhabenbezogenen Bebauungsplan einbezogen werden. Hierdurch kann der Bereich des Vorhaben- und Erschließungsplans abgerundet und behutsam erweitert werden. Allerdings sind in diesem Teil des Bebauungsplans die Regelungen über die Festsetzungsmöglichkeiten nach § 9 BauGB und der BauNVO anzuwenden. Auch können die im Geltungsbereich des Vorhaben- und Erschließungsplans nach § 12 III 2 BauGB ausgeschlossenen Regelungen angewendet werden. Werden Flächen außerhalb des Bereiches des Vorhaben- und Erschließungsplanes in den vorhabenbezogenen Bebauungsplan einbezogen, müssen die planerische Konzeption und die Arrondierung fehlerfrei abgewogen werden.[7257]

3475 § 12 IV BauGB lässt nur eine Einbeziehung solcher – außerhalb des Vorhaben- und Erschließungsplans liegender – Flächen in den Geltungsbereich eines vorhabenbezogenen Bebauungsplans zu, deren Überplanung eine sachnotwendige Ergänzung des Vorhaben- und Erschließungsplans darstellt. Dass ein Vorhaben- und Erschließungsplan über den räumlichen Geltungsbereich eines vorhabenbezogenen Bebauungsplans hinaus reicht, sieht das Gesetz hingegen nicht vor.[7258] Das OVG Münster erläutert dazu, die Beschränkung der räumlichen Erweiterung des vorhabenbezogenen Bebauungsplans auf sachnotwendige Ergänzungen des Vorhaben- und Erschließungsplans ergebe sich aus den Besonderheiten des vorhabenbezogenen

---

[7252] BVerwG BauR 2019, 1400.

[7253] BVerwG BauR 2019, 1400.

[7254] Spieß in Jäde/Dirnberger, BauGB/BauNVO, 2022, § 12 BauGB Rn. 61; Bönker in HBG, Öffentliches Baurecht, 2024, § 13 Rn. 164.

[7255] OVG Münster ZfBR 2006, 490.

[7256] BVerwG DVBl. 2002, 1494 ff.; Menke NVwZ 1998, 577 (579); Bönker in HBG, Öffentliches Baurecht, 2024, § 13 Rn. 167.

[7257] OVG Lüneburg Urt. v. 21.4.2021 – 1 MN 6/21, juris; OVG Münster Urt. v. 1.7.2021 – 10 D 35/19.NE, juris; OVG Münster BauR 2012, 1357; OVG Bautzen SächsVBl 2012, 114.

[7258] OVG Münster BauR 2023, 880 = juris Rn. 65.

Bebauungsplans und seinen Sonderregelungen in § 12 BauGB, die verdeutlichten, dass eine Vermischung dieses Planungsinstruments mit einem herkömmlichen Bebauungsplan, der regelmäßig nur ein Angebot für eine bauliche Nutzung der überplanten Flächen seinen Festsetzungen entsprechend eröffnee, im Gesetz nicht vorgesehen sei. Deshalb müsse auch bei der Einbeziehung von Flächen, die außerhalb des Vorhaben- und Erschließungsplans liegen, der besonderen Prägung des vorhabenbezogenen Bebauungsplans Rechnung getragen werden.[7259]

Kosten für die Erschließung. Ebenso wie bei einem Bebauungsplan hat die Gemeinde auch bei der Aufstellung des Vorhaben- und Erschließungsplans die der öffentlichen Hand oder dem privaten Investor entstehenden Kosten für die Erschließung zumindest in den groben Zügen abwägend zu bedenken. Insbesondere wird die Gemeinde erwägen müssen, ob sie oder der private Dritte in der Lage sind, eine sachgerechte Erschließung der Baugrundstücke sicherzustellen. Dabei reicht allerdings eine grobe Abschätzung aus, da Fragen der Erschließungskosten keine primäre städtebauliche Relevanz haben.[7260] Der Vorhaben- und Erschließungsplan ist auf die unmittelbare und zeitnahe Verwirklichung eines bestimmten Vorhabens gerichtet, das in der **Zusammenarbeit** zwischen Gemeinde und Investor geplant und ausgeführt wird. Der Bebauungsplan schafft demgegenüber lediglich ein Angebot, ohne die betroffenen Grundstückseigentümer oder Dritte zu einer Umsetzung der städtebaulichen Planung zu verpflichten. Die hinsichtlich der Umsetzung unverbindliche Angebotsplanung des Bebauungsplans wird damit zu einer auf unmittelbare Verwirklichung gerichteten Vorhabenplanung im Vorhaben- und Erschließungsplan. 3476

Satzungen über einen Vorhaben- und Erschließungsplan sind nicht unmittelbar und strikt an die **Vorschriften der BauNVO** gebunden. Die BauNVO enthält jedoch eine **Leitlinien- und Orientierungsfunktion** bei der Konkretisierung der Anforderungen an eine geordnete städtebauliche Entwicklung, denen Vorhaben- und Erschließungspläne unterliegen. Eine Überschreitung der in § 17 I BauNVO festgelegten Obergrenzen der Grundflächenzahl führt nicht schematisch und zwangsläufig zu einer Beeinträchtigung der allgemeinen Anforderungen an gesunde Wohn- und Arbeitsverhältnisse.[7261] 3477

Ein Bebauungsplan hat die von ihm aufgeworfenen **Immissionskonflikte** grundsätzlich zu bewältigen. Eine abschließende, bis in Detailfragen hineinreichende Konfliktbewältigung darf unterbleiben, wenn der Konflikt absehbar in dem nachfolgenden Genehmigungsverfahren sachgerecht gelöst werden kann. Dies gilt grundsätzlich auch bei der Aufstellung eines vorhabenbezogenen Bebauungsplans.[7262] Ein für das Abwägungsergebnis relevanter Fehler im Abwägungsvorgang liegt nicht vor, wenn ein durch die Planung geschaffenes Problem noch während des **Vollzugs des Bebauungsplans** bewältigt werden kann, ohne die Konzeption der Planung zu berühren. Ein vorhabenbezogener Bebauungsplan erfordert bauleitplanerische Festsetzungen für ein oder mehrere Vorhaben. Dies kann bereits im vorhabenbezogenen Bebauungsplan geschehen. Anderenfalls muss der Durchführungsvertrag entsprechende Detaillierungen enthalten. Es ist dann unter entsprechender Anwendung des § 9 BauGB festzusetzen, dass im Rahmen der festgesetzten Nutzungen nur solche Vorhaben zulässig sind, zu deren Durchführung sich der Vorhabenträger im Durchführungsvertrag verpflichtet (§ 12 III a BauGB).[7263] 3478

§ 12 BauGB erfordert die planerische Festlegung eines oder mehrerer **konkreter Vorhaben** im Sinne von § 29 I BauGB. Es spricht einiges dafür, dass auch mehrere konkrete Vorhaben alternativ zugelassen werden können. Der Begriff „Vorhaben" im Sinne von § 12 BauGB ist identisch mit dem Vorhabenbegriff in § 29 I BauGB, kann jedoch auch mehrere Vorhaben umfassen. Ein vorhabenbezogener Bebauungsplan, der in Bezug auf die Art der baulichen Nutzung planungsrechtlich eine unbestimmte Anzahl unterschiedlichster Vorhaben im Sinne von § 29 I BauGB zulässt, bewegte sich bis zur Einführung des § 12 III a BauGB 2007 außerhalb der zulässigen Bandbreite an Nutzungsmöglichkeiten, die ein Vorhaben im Sinne von § 12 BauGB umfassen darf. Das im vorhabenbezogenen Bebauungsplan festzulegende Vorhaben kann allerdings hinsichtlich anderer planerischer Festsetzungen wie etwa hinsichtlich der überbaubaren Grundstücksfläche und des Maßes der baulichen Nutzung eine gewisse Bandbreite umfassen. Das Vorhaben im Sinne von § 12 BauGB muss nicht im Vorhaben- und Er- 3479

7259 OVG Münster Urt. v. 1.7.2021 – 10 D 35/19.NE, juris Rn. 32.

7260 BVerwG Beschl. v. 23.12.1993 – 4 B 212.92, juris; VGH Mannheim UPR 1994, 200.

7261 BVerwG NVwZ 2003, 98.

7262 OVG Münster DVBl. 2011, 1249.

7263 BVerwG NVwZ 2004, 229; DVBl. 1993, 654; Bernhardt NVwZ 2008, 972; Fleckenstein DVBl. 2008, 216.

schließungsplan, sondern kann auch unmittelbar in dem vorhabenbezogenen Bebauungsplan bestimmt werden.[7264] Die Bekanntmachung zur Planauslegung muss auch auf die Art des Vorhabens hinweisen, wenn mit dessen Betrieb erhebliche Umweltauswirkungen einhergehen können. Nur so kann eine Anstoßfunktion gewährleistet werden. Hat ein projektbezogener Bebauungsplanentwurf ein Vorhaben zum Gegenstand, das unter die Nr. 1 bis 17, Spalte 1 der Anlage zum Gesetz über die Umweltverträglichkeitsprüfung fällt, ist darauf bezogen und nach dem Stand der Planung eine UVP durchzuführen.[7265] Der Plan selbst kann allerdings einen weiteren Inhalt haben. Dann muss die Festsetzung enthalten sein, dass sich das konkrete Vorhaben aus dem Durchführungsvertrag ergibt (§ 12 III a BauGB).

3480 **Ausfertigung.** Der Vorhaben- und Erschließungsplan ist gemäß § 12 III 1 BauGB Teil des vorhabenbezogenen Bebauungsplans und muss deshalb ausgefertigt werden. Wird der Vorhaben- und Erschließungsplan vom Ausfertigungsvermerk nicht umfasst, so genügt es für eine ordnungsgemäße Ausfertigung nicht, wenn er durch eine technisch leicht manipulierbare Verbindung mit ausgefertigten Bestandteilen verbunden ist.[7266] Grundsätzlich können Vorhaben- und Erschließungsplan und Bebauungsplan ausnahmsweise auf einer einheitlichen Planurkunde enthalten sein.[7267] Dies setzt aus Gründen der Rechtssicherheit voraus, dass die Identität klargestellt wird.[7268]

3481 **e) Durchführungsvertrag.** Wesentliches Sicherungselement für eine zeitnahe Umsetzung des Vorhabens ist der Durchführungsvertrag, in dem der Vorhabenträger sich zur Durchführung des Vorhabens innerhalb einer bestimmten Frist verpflichtet und die Planungs- und Erschließungskosten ganz oder teilweise übernimmt. Die Vereinbarung einer Durchführungsfrist gehört zum gesetzlich vorgeschriebenen Mindestinhalt des Durchführungsvertrages,[7269] die Möglichkeit einer Verlängerung der Frist kann vertraglich vereinbart werden, wobei sich die Gemeinde eine pflichtgemäße und abwägungsfehlerfreie Entscheidung darüber vorbehalten muss.[7270] Bei einem vorhabenbezogenen Bebauungsplan muss im Zeitpunkt des Satzungsbeschlusses ein wirksamer Durchführungsvertrag vorhanden sein. Wird ein Durchführungsvertrag unter einer aufschiebenden Bedingung, zB Erwerb eines Grundstücks durch den Vorhabenträger, geschlossen, so kann er nur dann den Anforderungen aus § 12 I 1 BauGB genügen, wenn die aufschiebende Bedingung vor dem Satzungsbeschluss eingetreten ist. Vorhabenträger und Gemeinde können nicht geltend machen, die aufschiebende Bedingung sei unbeachtlich, weil die Vereitelung des Bedingungseintritts durch den Vorhabenträger gegen Treu und Glauben verstieße und die Bedingung deshalb nach § 162 I BGB als eingetreten gelten würde.[7271]

3482 Der Durchführungsvertrag ist nicht Bestandteil des Bebauungsplans und muss deshalb im Regelfall nicht gemäß § 3 II BauGB öffentlich ausgelegt werden. Sind im Durchführungsvertrag jedoch für die Abwägung wesentliche Punkte enthalten, die im Bebauungsplan sonst nicht geregelt sind, muss er öffentlich ausgelegt werden.[7272]

3483 Das fehlende Eigentum des Vorhabenträgers an den vom vorhabenbezogenen Bebauungsplan erfassten Grundstücken berührt die Wirksamkeit des Durchführungsvertrags dann nicht, wenn der Vorhabenträger eine qualifizierte Anwartschaft auf den Eigentumserwerb hat. Beim Fehlen eines nach dem Kommunalrecht notwendigen Gemeinderatsbeschlusses ist der Durchführungsvertrag schwebend unwirksam. Der hierin liegende Mangel kann in einem ergänzen-

---

[7264] OVG Münster ZfBR 2004, 575.

[7265] VGH München DVBl. 2004, 1123.

[7266] VGH Mannheim BauR 2023, 1469 = juris Rn. 61 ff.

[7267] VGH München Beschl. v. 10.8.2022 – 9 N 20.1772, juris Rn. 27; BVerwG Urt. v. 9.2.2017 – 4 C 4.16, juris Rn. 28; VGH München Urt. v. 20.4.2011 – 15 N 10.1320, juris Rn. 68, 76; OVG Lüneburg Urt. v. 11.12.2018 – 1 KN 185/16, juris Rn. 37; Kröninger in Kröninger/Jeromin, BauGB/BauNVO, 2024, § 12 BauGB Rn. 15.

[7268] VGH München Beschl. v. 10.8.2022 – 9 N 20.1772, juris Rn. 27; Kukk in Schrödter, BauGB, 2019, § 12 Rn. 45; Kuschnerus BauR 2004, 946/950; Oerder BauR 2009, 744 (750).

[7269] VGH München Urt. v. 26.11.2019 – 1 N 16.1809, juris Rn. 2; Bönker in HBG, Öffentliches Baurecht, 2024, § 13 Rn. 186.

[7270] Kukk in Schrödter, BauGB, 2019, § 12 Rn. 28; Bönker in HBG, Öffentliches Baurecht, 2024, § 13 Rn. 187.

[7271] VGH Mannheim BauR 2023, 1469 = juris Rn. 69 ff.

[7272] VGH Mannheim BauR 2023, 1469 = juris Rn. 74; OVG Lüneburg BauR 2018, 1666; siehe auch Kröninger in Kröninger/Jeromin, BauGB/BauNVO, 2024, § 12 BauGB Rn. 29, 40.

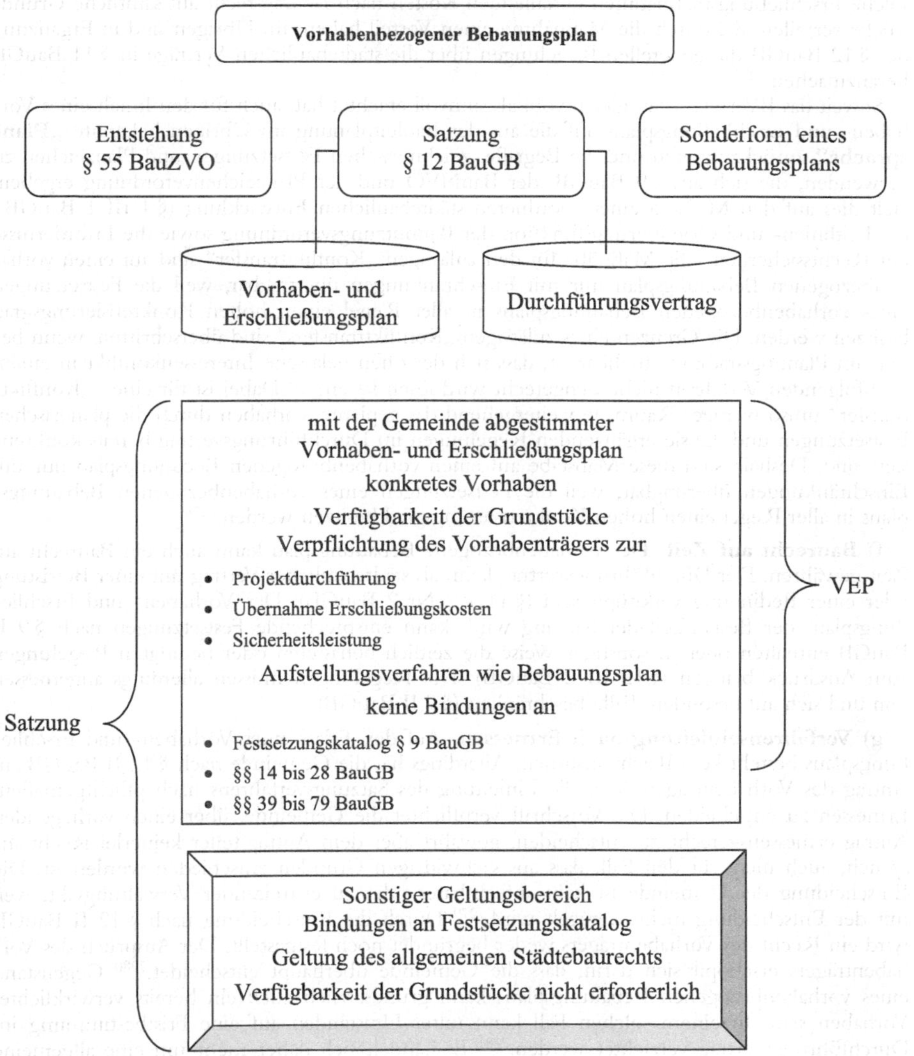

den Verfahren gemäß § 214 IV BauGB behoben werden.[7273] Diese Möglichkeit besteht auch, wenn dem Rat im Zeitpunkt des Satzungsbeschlusses über einen vorhabenbezogenen Bebauungsplan weder ein wirksamer Durchführungsvertrag noch ein bindendes Angebot des Vorhabenträgers zum Abschluss des Durchführungsvertrages vorlag.[7274]

Das Gesetz verlangt zumindest eine **Teilübernahme** der entstehenden **Planungs- und Erschließungskosten**. Nähere Regelungen über Art und Umfang dieser Kostentragung enthält § 12 BauGB nicht. Aus dem Regelungszusammenhang ist abzuleiten, dass der Vorhabenträger nicht sämtliche Erschließungsmaßnahmen, die dem Vorhaben dienen, und deren Kosten vollständig übernehmen muss. Wenn § 12 I BauGB auch die Übernahme eines Teils der Planungs- und Erschließungskosten durch den Vorhabenträger zulässt, dann muss auch die Möglichkeit bestehen, dass Teile der Erschließung von der Gemeinde oder von Dritten übernommen werden. Dies könnte vor allem dann zweckmäßig sein, wenn die Erschließungsmaßnahmen zugleich auch der Erschließung anderer Grundstücke dienen. Die Gemeinde könnte dann die auf 3484

[7273] Bönker in HBG, Öffentliches Baurecht, 2024, § 13 Rn. 182; VGH München BauR 2001, 1870.
[7274] OVG Münster BauR 2012, 1075; BVerwG BRS 63 Nr. 42.

solche Erschließungsmaßnahmen entfallenden Kosten nach Beitragsrecht auf sämtliche Grundstücke verteilen, die durch die Maßnahme einen Vorteil haben. Im Übrigen sind in Ergänzung des § 12 BauGB die generellen Regelungen über die städtebaulichen Verträge in § 11 BauGB heranzuziehen.[7275]

3485 Soweit das BVerwG[7276] es gleichwohl als sinnvoll erachtet hat, auch für den Inhalt eines Vorhaben- und Erschließungsplans auf die aus der Bauleitplanung im Übrigen bekannte **„Plansprache“** zurückzugreifen und die Begriffe, zeichnerischen Festsetzungen und Planzeichen zu verwenden, die sich aus § 9 BauGB, der BauNVO und der Planzeichenverordnung ergeben, zielt dies auf den Maßstab einer geordneten städtebaulichen Entwicklung (§ 1 III 1 BauGB), die Leitlinien- und Orientierungsfunktion der Baunutzungsverordnung sowie die Erfordernisse der Rechtssicherheit. Die Maßstäbe für den zulässigen „Konflikttransfer“ sind auf einen vorhabenbezogenen Bebauungsplan nur mit Einschränkungen übertragbar, weil die Festsetzungen eines vorhabenbezogenen Bebauungsplans in aller Regel einen hohen Konkretisierungsgrad besitzen werden. Die Grenzen eines zulässigen „Konflikttransfers“ sind überschritten, wenn bereits im Planungsstadium absehbar ist, dass sich der offen gelassene Interessenkonflikt in einem nachfolgenden Verfahren nicht sachgerecht wird lösen lassen.[7277] Dabei ist für einen „Konflikttransfer“ umso weniger Raum, je weitergehend das geplante Vorhaben durch die planerischen Festsetzungen und die sie ergänzenden Regelungen im Durchführungsvertrag bereits konkretisiert sind. Deshalb sind diese Maßstäbe auf einen vorhabenbezogenen Bebauungsplan nur mit Einschränkungen übertragbar, weil die Festsetzungen eines vorhabenbezogenen Bebauungsplans in aller Regel einen hohen Konkretisierungsgrad besitzen werden.[7278]

3486 **f) Baurecht auf Zeit.** Der vorhabenbezogene Bebauungsplan kann auch ein Baurecht auf Zeit gewähren. Der Durchführungsvertrag kann als städtebaulicher Vertrag mit einer Befristung oder einer Bedingung verknüpft sein (§ 11 I 2 Nr. 2 BauGB). Der Vorhaben- und Erschließungsplan, der Bestandteil der Satzung wird, kann entsprechende Festsetzungen nach § 9 II BauGB enthalten oder in sonstiger Weise die zeitlich befristeten oder bedingten Regelungen zum Ausdruck bringen (§ 12 III 2 BauGB). Die Regelungen müssen allerdings angemessen sein und sich auf besondere Fälle beschränken (§ 9 II BauGB).

3487 **g) Verfahrenseinleitung nach Ermessen.** Auf den Erlass eines Vorhaben- und Erschließungsplans besteht kein Rechtsanspruch. Allerdings hat die Gemeinde nach § 12 II BauGB auf Antrag des Vorhabenträgers über die Einleitung des Satzungsverfahrens nach pflichtgemäßem Ermessen zu entscheiden. Die Vorschrift verpflichtet die Gemeinde, über einen vorliegenden Antrag ermessensgerecht zu entscheiden, gewährt aber dem Antragsteller keinerlei Rechtsanspruch, auch nicht für den Fall, dass aus sachwidrigen Gründen entschieden worden ist. Die Entscheidung der Gemeinde ist kein anfechtbarer oder zu erstreitender Verwaltungsakt, weil mit der Entscheidung nichts geregelt wird.[7279] Durch die Entscheidung nach § 12 II BauGB wird ein Recht des Vorhabenträgers weder begründet noch festgestellt. Der Anspruch des Vorhabenträgers erschöpft sich darin, dass die Gemeinde überhaupt entscheidet.[7280] Gegenstand eines vorhabenbezogenen Bebauungsplans kann grundsätzlich auch ein bereits verwirklichtes Vorhaben sein. In einem solchen Fall kann unter Umständen auf eine Fristbestimmung im Durchführungsvertrag verzichtet werden.[7281] Es handelt sich daher mehr um eine allgemeine Appellvorschrift, die in der Praxis im Hinblick auf die sich aus ihr ergebenden Rechtsfolgen vielleicht mehr Probleme aufwirft, als sie gewiss in guter Absicht lösen will.

3488 **h) Aufhebung des Bebauungsplans.** Wird der Vorhaben- und Erschließungsplan nicht innerhalb der vereinbarten Frist durchgeführt, soll die Gemeinde den Bebauungsplan (in der Regel) aufheben (§ 12 VI 1 BauGB). Die Gemeinden hat bei der dem Abwägungsgebot unterliegenden Aufhebung eines vorhabenbezogenen Bebauungsplans die betroffenen öffentlichen und privaten Belange in eigener Verantwortung abzuwägen. Dies schließt nicht aus, dass die Abwägungsentscheidung durch einen Rechtsanwalt vorbereitet wird, wenn sich die Gemein-

---

7275 Zur Kostenbeteiligung von Bauwilligen im Rahmen der Baulandausweisung Vierling DNotZ 2006, 891.
7276 BVerwGE 116, 296.
7277 BVerwGE 147, 379 Rn. 17; NVwZ 2015, 1537.
7278 BVerwG ZfBR 2018, 376; BVerwG BauR 2004, 975.
7279 VGH Mannheim BauR 2000, 1704.
7280 OVG Lüneburg ZfBR 2009, 274.
7281 OVG Koblenz BauR 2001, 1874.

devertretung den Abwägungsvorschlag zu eigen macht.[7282] Aus der Aufhebung können in diesem Fall keine Ansprüche des Vorhabenträgers gegen die Gemeinde hergeleitet werden. Die Aufhebung kann im vereinfachten Verfahren nach § 13 BauGB erfolgen. Eine frühzeitige Öffentlichkeitsbeteiligung ist nicht erforderlich (§ 13 II Nr. 1 BauGB). Es erfolgt wahlweise eine förmliche Öffentlichkeitsbeteiligung nach § 3 II BauGB oder eine eingeschränkte Betroffenenbeteiligung (§ 13 II Nr. 2 BauGB) sowie wahlweise eine Behördenbeteiligung nach § 4 II BauGB oder eine eingeschränkte Beteiligung der betroffenen Träger (§ 13 II Nr. 3 BauGB).[7283]

i) Nicht anwendbare Vorschriften. Der vorhabenbezogene Bebauungsplan hat zwar die Rechtswirkungen des Bebauungsplans. Verschiedene Vorschriften, die im Zusammenhang mit der Aufstellung eines Bebauungsplans gelten, sind jedoch nicht anwendbar. § 12 III BauGB bestimmt dazu, dass die §§ 14 bis 28, 39 bis 79 sowie §§ 127 bis 135 c BauGB nicht anwendbar sind. Für nicht anwendbar erklärt § 12 III 2 BauGB die Vorschriften zur Veränderungssperre und zur Zurückstellung von Baugesuchen, zum Vorkaufsrecht, zum Planungsschadensrecht, zur Umlegung, zur Enteignung, soweit nicht nach § 9 BauGB Festsetzungen für öffentliche Zwecke getroffen werden, zum Erschließungsbeitragsrecht, zu den städtebaulichen Geboten, zum Sozialplan und zum Härteausgleich. Auch die gesetzlichen Finanzierungsregelungen für Ausgleichsmaßnahmen nach den §§ 135 a bis 135 c BauGB sind im Hinblick auf das Erfordernis eines Durchführungsvertrages beim vorhabenbezogenen Bebauungsplan nicht erforderlich. Der Ausschluss des Planungsschadensrechts der §§ 39 bis 44 BauGB bezieht sich allerdings nur auf Nutzungsänderungen bei der Aufstellung oder Änderung eines vorhabenbezogenen Bebauungsplans, nicht aber auf die Fälle der späteren Änderung der vereinbarten Nutzung außerhalb eines Verfahrens nach § 12 BauGB. § 12 III 3 BauGB ermöglicht eine Enteignung zugunsten öffentlicher Zwecke auch im Geltungsbereich eines vorhabenbezogenen Bebauungsplans, wenn entsprechende Festsetzungen nach § 9 BauGB getroffen werden. Einer Veränderungssperre bedarf es nicht, weil der Vorhabenträger ein bestimmtes Vorhaben verwirklichen möchte. Ist die Gemeinde allerdings nicht gewillt, einen vorhabenbezogenen Bebauungsplan aufzustellen, kann sie eine Veränderungssperre erlassen, wenn sie den Aufstellungsbeschluss für einen Bebauungsplan gefasst und bekannt gemacht hat. Die erneute Bekanntmachung einer nach § 12 III BauGB unwirksamen Veränderungssperre nach Erlass eines Aufstellungsbeschlusses zu einem nicht vorhabenbezogenen Bebauungsplan führt ohne die Fassung eines neuen Satzungsbeschlusses nicht zu einer wirksamen Veränderungssperre.[7284] Vergleichbares gilt auch für die Zurückstellung von Baugesuchen nach § 15 BauGB. Ein Vorkaufsrecht ist nicht erforderlich, da das Vorhaben durch den Vorhabenträger durchgeführt werden soll. Auch das Planungsschadensrecht und die Bestimmungen über die Umlegung sind nicht anwendbar. Wird allerdings der vorhabenbezogene Bebauungsplan durch einen neuen Bebauungsplan geändert bzw. aufgehoben, gelten die Einschränkungen des § 12 III BauGB nicht mehr. 3489

j) Zulassung von Vorhaben. Zur Verwirklichung des Vorhabens bedarf es neben dem vorhabenbezogenen Bebauungsplan nach Maßgabe des Landesrechts einer Zulassungsentscheidung durch Baugenehmigung. Im Geltungsbereich eines vorhabenbezogenen Bebauungsplans ist ein Vorhaben zulässig, wenn es dem Plan nicht widerspricht und die Erschließung gesichert ist. § 30 II BauGB stellt damit den vorhabenbezogenen Bebauungsplan dem qualifizierten Bebauungsplan nach § 30 I BauGB gleich. Nach allgemeinen Grundsätzen kann auch von den Festsetzungen eines vorhabenbezogenen Bebauungsplans (§ 12 BauGB) grundsätzlich eine Befreiung (§ 31 II BauGB) erteilt werden, zumal der § 12 III a 2 BauGB inzwischen eine Änderung des Durchführungsvertrages zulässt.[7285] 3490

Festsetzung eines Baugebiets. § 12 IIIa 1 BauGB erlaubt es, statt ein konkretes Vorhaben zu ermöglichen, ein Baugebiet festzusetzen. Die planende Gemeinde kann sich dabei eines der in der BauNVO angebotenen Baugebiete bedienen oder ein Baugebiet eigener Art schaffen.[7286] Wird in einem vorhabenbezogenen Bebauungsplan für den Bereich des Vorhaben- und Erschließungsplans durch Festsetzung eines Baugebiets auf Grund der BauNVO oder auf sons- 3491

[7282] OVG Berlin-Brandenburg DVBl. 2009, 329.

[7283] Zu nachträglichen Änderungen des Vorhabens im Bereich eines vorhabenbezogenen Bebauungsplans und zur Nichtanwendbarkeit des § 31 BauGB Müller-Grune BauR 2008, 936.

[7284] OVG Münster ZNER 2005, 253.

[7285] VGH Mannheim NVwZ 2023, 1096 = juris Rn. 65; OVG Saarlouis BauR 2011, 1373.

[7286] VGH Mannheim NVwZ 2023, 1096 = juris Rn. 64; BVerwGE 157, 315; Spieß in Jäde/Dirnberger, BauGB/BauNVO, 2022, § 12 BauGB Rn. 34.

tige Weise eine bauliche oder sonstige Nutzung allgemein festgesetzt, ist unter entsprechender Anwendung des § 9 II BauGB festzusetzen, dass im Rahmen der festgesetzten Nutzungen nur solche Vorhaben zulässig sind, zu deren Durchführung sich der Vorhabenträger im Durchführungsvertrag verpflichtet. Änderungen des Durchführungsvertrags oder der Abschluss eines neuen Durchführungsvertrags sind zulässig (§ 12a III BauGB). Mit Baugebieten wird nach§ 1 II BauNVO die Art der baulichen Nutzung der in ihnen zur Bebauung vorgesehenen Flächen festgelegt. Um zu verhindern, dass aus dem vorhabenbezogenen Bebauungsplan ein herkömmlicher Bebauungsplan wird, für dessen Aufstellung teilweise andere Voraussetzungen gelten,[7287] hat der Gesetzgeber auf der Rechtsfolgeseite des § 12 IIIa 1 BauGB die Ermächtigung beschränkt. Durch Festsetzung ist sicherzustellen, dass „im Rahmen der festgesetzten Nutzungen", dh aus dem Katalog der allgemein zulässigen Arten der baulichen Nutzungen, nur solche Vorhaben verwirklicht werden dürfen, die Gegenstand des Durchführungsvertrags sind.

3492 Die Verpflichtung, eine Festsetzung „unter entsprechender Anwendung des § 9 II BauGB" zu beschließen, rechtfertigt nicht die Erweiterung der Festsetzungsmöglichkeiten. Es soll vielmehr lediglich gesichert werden, dass Vorhaben, die ihrer Art nach dem vorhabenbezogenen Bebauungsplan, nicht aber dem Durchführungsvertrag entsprechen, nicht zulässig sind. Sie können nur nach § 12 IIIa 2 BauGB durch Änderung des Durchführungsvertrags oder Abschluss eines neuen Durchführungsvertrags zulässig werden.[7288] Mit dem Zusatz „unter entsprechender Anwendung des § 9 II" verbindet der Gesetzgeber die Idee, dass die festgesetzten Nutzungen in Bezug auf ihre Zulässigkeit als aufschiebend bedingt zu behandeln sind, wobei Bedingung die entsprechende Verpflichtung im Durchführungsvertrag ist.[7289] § 12 III a 1 BauGB lässt in einem vorhabenbezogenen Bebauungsplan für den Bereich des Vorhaben- und Erschließungsplans hingegen keine nur allgemeine Festsetzung über das **Maß der baulichen Nutzung** genügen.[7290]

3493 Nach § 12 III 1 BauGB wird der Vorhaben- und Erschließungsplan Bestandteil des vorhabenbezogenen Bebauungsplans. Sinn und Zweck der Bestimmung ist es, den Vorhabenträger dagegen abzusichern, dass der Satzungsgeber vom Vorhaben- und Erschließungsplan abweichende Festsetzungen trifft.[7291] Um einen Abgleich zwischen Vorhaben- und Erschließungsplan und vorhabenbezogenem Bebauungsplan zu ermöglichen, ist es grundsätzlich geboten, eine zum Vorhaben- und Erschließungsplan gehörende Planzeichnung des Vorhabenträgers in das Aufstellungsverfahren und den Satzungsbeschluss einzubeziehen. Eine Ausnahme ist zuzulassen, wenn der Vorhaben- und Erschließungsplan so erstellt wird, dass er von der Darstellung der Planzeichnung her nicht von einem normalen Bebauungsplan unterscheidbar ist und die Gemeinde die Planzeichnung unverändert übernimmt.[7292] Die Forderung, dass zwei Planurkunden, die sich in nichts voneinander unterscheiden, zum Gegenstand des Beteiligungsverfahrens und des Satzungsbeschlusses gemacht werden müssten, wäre reiner Formalismus. Zu verlangen ist allerdings, dass sich aus der Planurkunde ergibt, dass sie sowohl für den Vorhaben- und Erschließungsplan als auch für den vorhabenbezogenen Bebauungsplan gilt.

3. Bebauungsplan der Innenentwicklung

3494 § 13 a BauGB ermöglicht die Aufstellung eines Bebauungsplans der Innenentwicklung, der unter den Voraussetzungen des § 13 a BauGB im beschleunigten Verfahren aufgestellt werden kann. Die Vorschrift soll eine Innenentwicklung der Gemeinden befördern und zu einem Freiraumschutz im Außenbereich beitragen.[7293] Eine Umweltprüfung ist dann nicht erforderlich; naturschutzrechtliche Kompensationsmaßnahmen sind dabei nicht verpflichtend. Ein Bebau-

---

[7287] BVerwG NVwZ 2004, 229.

[7288] Krautzberger UPR 2006, 405 (410).

[7289] BT-Drs. 16/2496 S. 12.

[7290] VGH Mannheim NVwZ 2023, 1096 = juris Rn. 63; OVG Münster Urt. v. 29.11.2019 – 7 D 7/18. NE, BeckRS 2019, 38906; siehe dazu Kröninger in Kröninger/Jeromin, BauGB/BauNVO, 2024, § 12 BauGB Rn. 34.

[7291] Kukk in Schrödter, BauGB, 2029, § 12 Rn. 45.

[7292] Krautzberger in EZBK, BauGB, 2017, § 12 Rn. 118a; Kuschnerus BauR 2004, 946 (950); Köster ZfBR 2005, 147 (148); Oerder BauR 2009, 744 (750).

[7293] Kröninger in Kröninger/Jeromin, BauGB/BauNVO, 2024, § 12 BauGB Rn. 1; BVerwG NVwZ 2016, 864; OVG Münster Urt. v. 18.11.2014 – 2 C 96/13.NE, BeckRS 2014, 45145.

ungsplan der Innenentwicklung ist ein Plan für die Wiedernutzbarmachung von Flächen, für die Nachverdichtung oder für andere Maßnahmen der Innenentwicklung.

Was in diesem Zusammenhang zum Innenbereich und damit zur Innenentwicklung zählt, hat der Gesetzgeber nicht ausdrücklich geregelt; einen Beurteilungsspielraum haben die Gemeinden bei der Auslegung dieses Begriffs aber nicht.[7294] Das BVerwG erläutert dazu, die Abgrenzung von Innen- und Außenentwicklung richte sich grundsätzlich nach den tatsächlichen Verhältnissen und nicht nach dem planungsrechtlichen Status der Flächen.[7295] Der Begriff nehme bewusst nicht die herkömmliche Abgrenzung von Innen- und Außenbereich auf, sondern werde vom Gesetzgeber als städtebaufachlicher Terminus vorausgesetzt. Seine Interpretation durch die Gemeinde unterliegt der uneingeschränkten gerichtlichen Kontrolle, einen Beurteilungsspielraum hat die Gemeinde nicht.[7296] Mit § 13a I 1 BauGB knüpfe der Gesetzgeber an die Bodenschutzklausel des § 1a II 1 BauGB an, wonach mit Grund und Boden sparsam und schonend umgegangen werden soll und dabei zur Verringerung der zusätzlichen Inanspruchnahme von Flächen für bauliche Nutzungen die Möglichkeiten der Entwicklung der Gemeinde insbesondere durch Maßnahmen der Innenentwicklung zu nutzen sowie Bodenversiegelungen auf das notwendige Maß zu begrenzen seien. Er grenze Bebauungspläne der Innenentwicklung von Bebauungsplänen ab, die gezielt Flächen außerhalb der Ortslagen einer Bebauung zuführten, und wolle mit § 13a I BauGB Planungen fördern, die der Erhaltung, Erneuerung, Fortentwicklung, Anpassung und dem Umbau vorhandener Ortsteile dienten. Als Gebiete, die für Bebauungspläne der Innenentwicklung in Betracht kommen würden, nenn er beispielhaft die im Zusammenhang bebauten Ortsteile iS des § 34 I BauGB, innerhalb des Siedlungsbereichs befindliche brachgefallene Flächen sowie innerhalb des Siedlungsbereichs befindliche Gebiete mit einem Bebauungsplan, der infolge notwendiger Anpassungsmaßnahmen geändert oder durch einen neuen Bebauungsplan abgelöst werden solle.[7297] 3495

Ob eine diesseits der äußeren Grenzen der Ortslage belegene Freifläche dem Siedlungsbereich zuzuordnen ist und im Wege des beschleunigten Verfahrens nach § 13a BauGB überplant werden kann, entscheidet sich nach der Verkehrsauffassung unter Beachtung siedlungsstruktureller Gegebenheiten; 13a BauGB umfasst über eine quantitative Vermehrung baulicher Nutzungsmöglichkeiten hinaus auch eine qualitative Entwicklung des Siedlungsbereichs, etwa durch Einbeziehung und Bewahrung von Grünflächen.[7298] 3496

Der Bebauungsplan darf nach § 13 I 2 BauGB im beschleunigten Verfahren aufgestellt werden, wenn in ihm eine zulässige Grundfläche iS des § 19 II BauNVO oder eine Größe der Grundfläche festgesetzt wird von insgesamt 1. weniger als 20.000 m², wobei die Grundflächen mehrerer Bebauungspläne, die in einem engen sachlichen, räumlichen und zeitlichen Zusammenhang aufgestellt werden, mitzurechnen sind, oder 2. 20.000 m² bis weniger als 70.000 m², wenn auf Grund einer überschlägigen Prüfung unter Berücksichtigung der in Anlage 2 des BauGB genannten Kriterien die Einschätzung erlangt wird, dass der Bebauungsplan voraussichtlich keine erheblichen Umweltauswirkungen hat, die nach § 2 IV 4 BauGB in der Abwägung zu berücksichtigen wären (Vorprüfung des Einzelfalls); die Behörden und sonstigen Träger öffentlicher Belange, deren Aufgabenbereiche durch die Planung berührt werden können, sind an der Vorprüfung des Einzelfalls zu beteiligen. 3497

Das beschleunigte Verfahren ist nach § 13a I 4 BauGB ausgeschlossen, wenn durch den Bebauungsplan die Zulässigkeit von Vorhaben begründet wird, die einer Pflicht zur Durchführung einer UVP nach dem UVPG oder nach Landesrecht unterliegen. Das beschleunigte Verfahren ist nach § 13a I 5 BauGB auch ausgeschlossen, wenn Anhaltspunkte für eine Beeinträchtigung der in § 1 VI Nr. 7 b BauGB genannten Schutzgüter oder dafür bestehen, dass bei der 3498

[7294] Kröninger in Kröninger/Jeromin, BauGB/BauNVO, 2024, § 12 BauGB Rn. 2.

[7295] BVerwG NVwZ 2020, 1686 = juris Rn. 24; VGH Kassel ZfBR 2017, 156 Rn. 28 f.; Urt. v. 6.4.2017 – 4 C 969/16.N, juris Rn. 52; OVG Berlin-Brandenburg Urt. v. 21.3.2019 – OVG 2 A 8.16, juris Rn. 33; aA Rieger in Schrödter, BauGB, 2019, § 13a Rn. 9.

[7296] BVerwG NVwZ 2020, 1686 = juris Rn. 25; BVerwGE 153, 174 Rn. 22.

[7297] BVerwG NVwZ 2020, 1686 = juris Rn. 26 unter Verweis auf BT-Drs. 16/2496 S. 12; ausführlich dazu auch Kröninger in Kröninger/Jeromin, BauGB/BauNVO, 2024, § 12 BauGB Rn. 2-6.

[7298] BVerwG NVwZ 2023, 1498 = juris Rn. 19, 28; OVG Saarlouis Beschl. v. 25.1.2024 – 2 C 186/22, juris; zum Erfordernis einer unionsrechtskonformen Auslegung des Begriffs der Innenentwicklung OVG Berlin-Brandenburg Urt. v. 21.9.2023 – OVG 10 A 13/19, juris Rn. 36 ff.; siehe dazu aber auch EuGH NVwZ 2013, 503; BVerwG BauR 2017, 830; NVwZ 2015, 161; Kröninger in Kröninger/Jeromin, BauGB/BauNVO, 2024, § 12 BauGB Rn. 41.

Planung Pflichten zur Vermeidung oder Begrenzung der Auswirkungen von schweren Unfällen nach § 50 S. 1 BImSchG.

3499 Im beschleunigten Verfahren gelten die Vorschriften des vereinfachten Verfahrens nach § 13 II und III 1 BauGB entsprechend; außerdem kann ein Bebauungsplan, der von Darstellungen des Flächennutzungsplans abweicht, auch aufgestellt werden, bevor der Flächennutzungsplan geändert oder ergänzt ist; die geordnete städtebauliche Entwicklung des Gemeindegebiets darf nicht beeinträchtigt werden; der Flächennutzungsplan ist im Wege der Berichtigung anzupassen. Im beschleunigten Verfahren soll einem Bedarf an Investitionen zur Erhaltung, Sicherung und Schaffung von Arbeitsplätzen, zur Versorgung der Bevölkerung mit Wohnraum oder zur Verwirklichung von Infrastrukturvorhaben in der Abwägung in angemessener Weise Rechnung getragen werden; außerdem gelten in den Fällen des § 13a I 2 Nr. 1 BauGB Eingriffe, die auf Grund der Aufstellung des Bebauungsplans zu erwarten sind, als iS des § 1a III 6 BauGB vor der planerischen Entscheidung erfolgt oder zulässig (§ 13a II BauGB).

II. Plansichernde Satzungen

3500 In einem vereinfachten Verfahren werden die plansichernden Satzungen (Veränderungssperre und Vorkaufsrechtssatzungen) aufgestellt.

1. Veränderungssperre

3501 Die Veränderungssperre nach § 14 BauGB dient der **Durchsetzung einer künftigen Planung**. Sie kann bestimmen, sass Vorhaben iSv § 29 BauGB nicht durchgeführt oder bauliche Anlagen nicht beseitigt werden dürfen (§ 29 I Nr. 1 BauGB). Die Veränderungssperre kann auch vorsehen, dass erhebliche oder wesentlich wertsteigernde Veränderungen von Grundstücken und baulichen Anlagen, deren Veränderungen nicht genehmigungs-, zustimmungs- oder anzeigepflichtig sind, nicht vorgenommen werden dürfen (§ 29 I Nr. 2 BauGB).

3502 Die Veränderungssperre wird von der Gemeinde auf der Grundlage eines Aufstellungsbeschlusses für einen Bebauungsplan nach § 16 BauGB als Satzung beschlossen. Die Veränderungssperre kann auch noch erheblich später als der Aufstellungsbeschluss zum Bebauungsplan beschlossen werden.[7299] Der Beschluss über die Aufstellung eines Bebauungsplans und der Beschluss der Veränderungssperre können in derselben Gemeinderatssitzung gefasst werden.[7300] Bei vorzeitiger Bekanntmachung der Veränderungssperre kann das Verfahren durch gleichzeitige Bekanntmachung wiederholt werden.[7301] Der Aufstellungsbeschluss braucht über die genauen Planungsinhalte noch keine Auskunft zu geben.[7302] Es muss allerdings die allgemeine Zielkonzeption erkennbar sein.[7303] Wird ein Bauantrag rechtswidrig abgelehnt, so kann hierdurch eine Bindung der Baugenehmigungsbehörde zur Erteilung einer Ausnahme eintreten.[7304] Eine Öffentlichkeits- oder Behördenbeteiligung findet nicht statt. Der Nachbar kann sich auch nicht darauf berufen, dass eine Baugenehmigung im Hinblick auf eine Veränderungssperre nicht hätte erteilt werden dürfen.[7305] Auch das Entwicklungsgebot des § 8 BauGB ist nicht zu beachten. Das Gesetz schreibt auch keine Begründung der Satzung vor. Eine Zustimmung der höheren Verwaltungsbehörde ist auch bei einer Verlängerung der Geltungsdauer im vierten Jahr nicht erforderlich. Die Zeitspanne zwischen dem Aufstellungsbeschluss für den Bebauungsplan und dem Beschluss über die Veränderungssperre ist gesetzlich nicht geregelt.[7306] Eine solche nochmalige Verlängerung setzt voraus, dass besondere Umstände dies rechtfertigen.[7307] Die Veränderungssperre ist ortsüblich bekanntzumachen. Die Gemeinde kann auch bekanntmachen, dass eine Veränderungssperre erlassen worden ist (§ 16 II BauGB). Als Mittel der Sicherung der Bauleitplanung unterliegt die Veränderungssperre nicht dem allgemeinen Abwägungsgebot, sondern der Prüfung, ob sie zur Erreichung des mit ihr verfolgten Siche-

[7299] BVerwG NVwZ 1993, 475.
[7300] BVerwG NVwZ 1989, 661.
[7301] BVerwG NVwZ 1993, 471.
[7302] BVerwG Beschl. v. 9.8.1991 – 4 B 135.91, juris.
[7303] BVerwG NJW 1977, 400; NVwZ 1990, 559.
[7304] BVerwG NVwZ 1990, 58.
[7305] BVerwG NVwZ 1989, 453.
[7306] Zum erneuten Erlass einer Veränderungssperre BVerwG NVwZ 1993, 474.
[7307] BVerwG NJW 1977, 400.

rungszwecks erforderlich ist.[7308] Die Bestimmung von Beginn und Ende der Veränderungssperre ist im jeweiligen Einzelfall vorzunehmen und ist daher nicht Gegenstand einer Normenkontrolle.[7309] Mit der das Planverfahren abschließenden Bekanntmachung des Bebauungsplans tritt die Veränderungssperre außer Kraft.[7310]

2. Vorkaufsrechtssatzung

Die in den §§ 24 bis 28 BauGB geregelten Vorkaufsrechte der Gemeinde dienen der Sicherung der Bauleitplanung und der Planverwirklichung sowie der Verwirklichung weiterer städtebaulicher Maßnahmen, insbesondere Sanierungs-, Entwicklungs- und Erhaltungsmaßnahmen sowie Durchführungsmaßnahmen des Stadtumbaus. Während das allgemeine Vorkaufsrecht nach § 24 BauGB von Gesetzes wegen besteht, ergänzt das besondere Vorkaufsrecht nach § 25 BauGB die kraft Gesetzes bestehenden Vorkaufstatbestände des § 24 BauGB um drei weitere Tatbestände, die durch gemeindliche Satzung begründet werden können.[7311] 3503

Nach § 25 BauGB kann die Gemeinde durch Satzung ein Vorkaufsrecht begründen. Das Satzungsvorkaufsrecht besteht im Geltungsbereich eines Bebauungsplans an unbebauten Grundstücken (§ 25 I 1 Nr. 1 BauGB) und in Gebieten, in denen die Gemeinde städtebauliche Maßnahmen in Betracht zieht, zur Sicherung einer geordneten städtebaulichen Entwicklung (§ 25 I 1 Nr. 2 BauGB). Durch das Baulandmobilisierungsgesetz wurde ein weiteres Vorkaufsrecht ermöglicht. Im Geltungsbereich eines Bebauungsplans kann die Gemeinde an brachliegenden Grundstücken oder für im Zusammenhang bebaute Ortsteile (§ 34 BauGB) an unbebauten oder brachliegenden Grundstücken durch Satzung ihr Vorkaufsrecht begründen, wenn a) diese vorwiegend mit Wohngebäuden bebaut werden können und b) es sich um ein nach § 201a BauGB bestimmtes Gebiet mit einem angespannten Wohnungsmarkt handelt.[7312] 3504

Das Vorkaufsrecht bezieht sich nur auf Verträge, die nach Inkrafttreten der Vorkaufsrechtssatzung geschlossen worden sind.[7313] Das Gesetz verlangt keine Begründung, nicht die Beachtung des Entwicklungsgebotes in § 8 BauGB und keine Öffentlichkeits- oder Behördenbeteiligung. Wie bei einer Veränderungssperre ist die Satzung ortsüblich bekanntzumachen. Die Gemeinde kann auch bekanntmachen, dass eine Vorkaufsrechtssatzung beschlossen worden ist (§ 25 I 2 BauGB). Das Vorkaufsrecht besteht allerdings nur, wenn das Grundstück nicht entsprechend den städtebaulichen Absichten der Gemeinde genutzt wird.[7314] 3505

Vor dem Erlass einer Vorkaufsrechtssatzung nach § 25 BauGB ist weder ein Auslegungsverfahren nach dem Vorbild des § 3 II BauGB noch eine dem Verfahren nach § 4a III 4 BauGB vergleichbare Anhörung der „Betroffenen" vorgesehen. Auch aus dem Kommunalrecht ergibt sich ein solches Erfordernis nicht. Die Geltung eines Bebauungsplans steht dem Erlass einer Vorkaufsrechtssatzung zur Sicherung einer neuen Planung prinzipiell nicht entgegen. § 17 BauGB, wonach eine Veränderungssperre nach Ablauf von zwei Jahren außer Kraft tritt und nur unter bestimmten Voraussetzungen verlängert werden kann, ist auf Satzungen über das besondere Vorkaufsrecht nach § 25 BauGB nicht anzuwenden.[7315] 3506

III. Innenbereichssatzungen

Das Gesetz kennt drei verschiedene Innenbereichssatzungen, die in § 34 IV BauGB geregelt sind: Die Klarstellungs-, Entwicklungs- und Ergänzungssatzung.[7316] 3507

7308 BVerwG NVwZ 1993, 473.

7309 BVerwG NVwZ 1992, 1090.

7310 BVerwG ZfBR 1990, 158.

7311 Zu den gemeindlichen Vorkaufsrechten Wirsing/Beathalter VBLBW 2023, 8; von Schwanenflug/Tönjes KommJur 2022, 121; zum Vorkaufsrecht im Geltungsbereich einer Erhaltungssatzung Stüer NJW 2022, 285.

7312 Zur Erweiterung der Vorkaufsrechte durch das Baulandmobilisierungsgesetz Kümper in HBG, Öffentliches Baurecht, 2024, § 10 Rn. 68; Michler in Kröninger/Jeromin, BauGB/BauNVO, 2024, § 25 BauGB Rn. 6: Krautzberger/Stüer UPR 2021, 252 (254); Battis/Mitschang/Reidt NVwZ 2021, 905 (907 f.); Breuer NVwZ 2022, 585 (590 f).

7313 BVerwG NVwZ 1995, 165.

7314 BVerwG NVwZ 1994, 284.

7315 OVG Berlin-Brandenburg Beschl. v. 26.4.2011 – OVG 2 A 17.09, juris.

7316 Zu den „kleinen Satzungen nach § 34 IV BauGB" siehe Schmidt-Eichstaedt BauR 2019, 1857; Dillmann BauR 2019, 1546; Scheidler KommJur 2018, 41.

3508 Grundsätzlich können eine Klarstellungs- und Ergänzungssatzung auch in einem Satzungstext kombiniert werden. In einer kombinierten Satzung – gegebenenfalls in der Begründung – muss mit hinreichender Deutlichkeit zum Ausdruck kommen, auf welcher Rechtsgrundlage die jeweiligen Teilbereiche gestützt werden. Während eine Satzung nach § 34 IV 1 BauGB lediglich deklaratorisch festsetzt, welche Grundstücke (noch) zu dem im Zusammenhang bebauten Ortsteil gehören und nicht in der Lage ist, Außenbereichsgrundstücke zu bebaubaren Innenbereichsgrundstücken zu machen, kann bei einer Einbeziehungssatzung die Gemeinde einzelne Außenbereichsflächen konstitutiv in den Innenbereich aufnehmen, wenn die einbezogenen Flächen durch die bauliche Nutzung des angrenzenden Bereichs entsprechend geprägt sind.[7317]

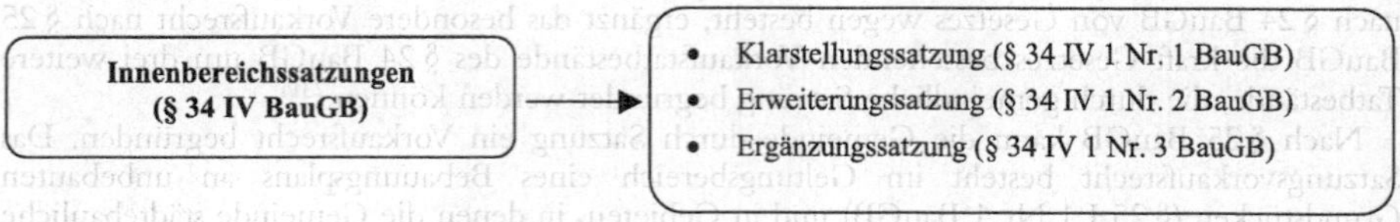

1. Klarstellungssatzung

3509 Die Gemeinde kann nach § 34 IV 1 Nr. 1 BauGB durch Satzung die Grenzen für im Zusammenhang bebaute Ortsteile festlegen. Die Satzung dient allerdings lediglich der Klarstellung und ist auf die Darstellung der ohnehin geltenden Rechtslage zum nicht beplanten Innenbereich beschränkt. Eine Klarstellungssatzung iSd § 34 IV 1 Nr. 1 BauGB hat keine rechtsbegründende, sondern nur klarstellende Wirkung für die Zuordnung eines Grundstücks zum Innenbereich. Das Rechtsschutzinteresse für einen Normenkontrollantrag gegen eine Klarstellungssatzung fehlt daher, wenn die Unwirksamkeitserklärung für den Antragsteller keine rechtlichen oder tatsächlichen Vorteile bringen kann.[7318]

2. Entwicklungssatzung

3510 Durch die Entwicklungssatzung kann die Gemeinde nach § 34 IV 1 Nr. 2 BauGB bebaute Bereiche im Außenbereich als im Zusammenhang bebaute Ortsteile festlegen, wenn die Flächen im Flächennutzungsplan als Baufläche dargestellt sind. Eine Innenbereichssatzung kann nicht auf § 34 IV 1 Nr. 2 BauGB gestützt werden, wenn die erfassten Flächen nicht im Außenbereich liegen, sondern – nach den Feststellungen im Normenkontrollverfahren – einen im Zusammenhang bebauten Ortsteil darstellen.[7319]

3. Ergänzungssatzung

3511 Nach § 34 IV 1 Nr. 3 BauGB kann die Gemeinde einzelne Außenbereichsflächen in die im Zusammenhang bebauten Ortsteile einbeziehen, wenn die einbezogenen Flächen durch die bauliche Nutzung des angrenzenden Bereichs entsprechend geprägt sind.[7320] Die Gemeinde darf Außenbereichsflächen nur dann im Wege der Ergänzungssatzung nach § 34 IV 1 Nr. 3 BauGB in den Innenbereich einbeziehen, wenn die abgrenzende Bebauung zu einem Ortsteil gehört.[7321] Zwar genügt für eine Einbeziehung nach § 34 IV 1 Nr. 3 BauGB auch eine Prägung minderer Art; gleichwohl ist nur eine maßvolle Erweiterung des Innenbereichs in den Außenbereich hinein zulässig, die nicht wesentlich über eine bloße Abrundung hinausgeht. Eine Einbeziehungssatzung ist kein Instrument, um den Außenbereich zum nicht überplanten Innenbereich umzuwidmen.[7322] Die Gemeinden sind nicht auch ermächtigt, durch eine Sat-

[7317] VGH München Urt. v. 11.12.2023 – 15 N 23.668, juris Rn. 14.

[7318] OVG Saarlouis Urt. v. 3.6.2008 – 2 C 438/07, juris; OVG Berlin-Brandenburg Beschl. v. 3.3.2006 – 2 S 106.05, juirs; OVG Bautzen NVwZ-RR 2001, 426 (428); VGH Mannheim BRS 55 Nr. 75; BVerwG BRS 50 Nr. 81; entgegen VGH München BauR 1993, 573.

[7319] OVG Münster Urt. v. 30.1.2024 – 10 D 279/20.NE, juris.

[7320] Jäde BayVBl. 1994, 118.

[7321] OVG Lüneburg Urt. v. 27.3.2008 – 1 KN 235/05, juris.

[7322] VGH München Urt. v. 14.12.2023 – 15 N 23.100, juris Rn. 15; Söfker/Hellriegel in EZBK, BauGB, 2023, § 34 Rn. 117 ff.; Rieger in Schrödter, BauGB, 2019, § 34 Rn. 118.

zung nach § 34 IV 1 Nr. 3 BauGB umfassende Regelungen zur Bebauung des Satzungsgebiets nach Art eines qualifizierten Bebauungsplans zu treffen. Die Grenzen der Ermächtigung sind überschritten, wenn die Satzung für die Grundstücke in ihrem Geltungsbereich die zulässige Art der baulichen Nutzung vorgibt, Festsetzungen zum Maß der baulichen Nutzung trifft, hier namentlich zur maximal zulässigen Höhe der baulichen Anlagen und zur maximal zulässigen Zahl der Vollgeschosse, zu den überbaubaren Grundstücksflächen und zur zulässigen Bauweise.[7323] Je höher die Regelungsdichte der Satzung ist und je mehr sie die Funktion eines Bebauungsplans übernimmt, umso mehr besteht Anlass zu prüfen, ob sie noch von der gesetzlichen Ermächtigung gedeckt ist. Die Grenzen sind fließend und ihr Verlauf hängt vom jeweiligen Einzelfall ab.[7324]

Nach § 34 V 4 BauGB sind auf eine Ergänzungssatzung (§ 34 IV 1 Nr. 3 BauGB) die Vorschriften über die Behandlung umweltschützender Belange in der Abwägung (§ 1 a II und III BauGB), die Ermächtigung des § 9 I a BauGB sowie die Vorschrift über die Begründung des Bebauungsplans (§ 2 a II BauGB) entsprechend anzuwenden. Das völlige Fehlen einer Begründung führt daher zur Gesamtunwirksamkeit der Satzung (§ 214 I 1 Nr. 3 1 BauGB).[7325] In der Entwicklungs- oder Ergänzungssatzung nach §34 IV 1 Nr. 2 und 3 BauGB können auch einzelne Festsetzungen nach § 9 I, II und IV BauGB getroffen werden. Das Maß dieses nach § 34 IV 3 Hs. 2 BauGB Zulässigen ist nicht erst dann überschritten, wenn die Ergänzungssatzung zu einem qualifizierten Bebauungsplan wird. Ihrer Funktion entsprechend haben sich ihre Festsetzungen auf die spezifische Zielsetzung, den Innenbereich um einzelne Außenbereichsflächen zu ergänzen, zu beschränken. Außerdem darf die Planungspflicht der Gemeinden aus § 1 III BauGB nicht leer laufen.[7326] Daher wird die Satzung umso eher zu Bedenken Anlass geben, je höher ihre Regelungsdichte ist und je mehr sie die Funktion eines Bebauungsplans übernimmt.[7327] Im Falle der **Verbindung verschiedener Innenbereichssatzungen** nach § 34 IV 1 BauGB richtet sich das Aufstellungsverfahren nach der Satzung mit den höchsten Verfahrensanforderungen. Der Erlass einer Ergänzungssatzung nach § 34 IV 1 Nr. 3 BauGB setzt voraus, dass die einzubeziehenden Außenbereichsflächen an einen im Zusammenhang bebauten Ortsteil angrenzen.[7328] Einzelne Außenbereichsflächen können nur dann durch Ergänzungssatzung iS des § 34 IV 1 Nr. 3 BauGB in einen im Zusammenhang bebauten Ortsteil einbezogen werden, wenn die einbezogenen Flächen an baulich genutzte Bereiche eines im Zusammenhang bebauten Ortsteils angrenzen und durch diese angrenzende Nutzung eine Prägung erfahren, aus der sich ein Maßstab für die bauliche Entwicklung der Außenbereichsflächen ableiten lässt.[7329] 3512

Ist nicht eindeutig, ob die Innenbereichssatzung einer Gemeinde eine Klarstellungssatzung nach Nummer 1 oder eine Einbeziehungssatzung nach Nummer 3 des § 34 IV 1 BauGB ist, dürfen bei der Auslegung der Satzung die jeweiligen bundesrechtlichen Voraussetzungen für den Erlass einer Klarstellungssatzung einerseits und einer Einbeziehungssatzung andererseits sowie die Rechtsfolgen einer Verletzung dieser Vorschriften nicht unberücksichtigt bleiben. Der Erlass einer Einbeziehungssatzung nach § 34 IV 1 Nr. 3 BauGB setzt eine Abwägung der berührten öffentlichen und privaten Belange voraus.[7330] Besteht ein Bedürfnis für eine Bebauungsplanung, ist der Erlass einer Einbeziehungssatzung mit einer geordneten städtebaulichen Entwicklung nicht vereinbar. Das gilt vor allem bei städtebaulichen Spannungen und Konflikte, die einer Bewältigung in einem Bebauungsplanverfahren bedürfen. 3513

Durch einzelne, der Abwägung unterliegende Festsetzungen nach § 34 V 2 BauGB darf keine grundsätzliche Umgestaltung des Charakters des vorhandenen Baugebietes erfolgen. Unzulässig sind insbesondere auch Festsetzungen, die sich von der vorgefundenen Siedlungsstruktur lösen.[7331] Es ist mit einer geordneten städtebaulichen Entwicklung nach § 34 V 1 Nr. 1 3514

7323 OVG Münster BauR 2023, 1082 = juris Rn. 43 ff.

7324 OVG Münster BauR 2023, 1082 = juris Rn. 43; BVerwG Beschl. v. 19.1.2022 – 4 BN 47.21, juris, Rn. 10.

7325 VGH München Urt. v. 29.10.2008 – 1 N 7.3048, juris.

7326 OVG Bautzen NVwZ 2001, 1070.

7327 BVerwG Beschl. v 13.3.2003 – 4 BN 20.03, juris.

7328 VGH Mannheim ZfBR 2009, 793.

7329 OVG Münster NVwZ-RR 2009, 798; OVG Münster BauR 2003, 665; OVG Münster BauR 2003, 665.

7330 BVerwG NVwZ 2011, 438.

7331 OVG Magdeburg ZfBR 2010, 799; BVerwG NVwZ 1991, 435; NVwZ 1993, 470; NVwZ 1997, 682; OVG Münster Urt. v. 30.1.2024 – 10 D 279/20.NE, juris Rn. 49 erläutert, warum solche Festsetzungsmöglichkeiten nicht für eine Satzung nach § 34 IV 1 Nr. 1 BauGB bestehen.

BauGB nicht vereinbar, wenn die von einer Entwicklungssatzung ermöglichten baulichen Nutzungen zu einer nicht ausreichenden verkehrlichen Erschließung führen. Bei der zusätzlichen Einbeziehung von nicht mehr dem bebauten Bereich zuzurechnenden Außenbereichsflächen in den räumlichen Geltungsbereich einer Entwicklungssatzung handelt es sich in der Sache um eine (grundsätzlich zulässige) Kombination von Entwicklungs- und Ergänzungssatzung, die den höheren Anforderungen nach § 34 V 4 BauGB genügen muss. Die Festsetzung einer nicht überbaubaren Fläche ist nur unter Beachtung des Gleichbehandlungsgrundsatzes zulässig.[7332] Die Einbeziehung von im Außenbereich vorhandenen bebauten Flächen durch eine Entwicklungssatzung ist nach § 34 IV Nr. 2 BauGB nur zulässig, wenn die Flächen im Flächennutzungsplan als Baufläche dargestellt sind.[7333] Obwohl § 34 V 2 BauGB nur auf § 9 I, III 1 und IV BauGB verweist, können auch Festsetzungen in einer Festlegungs- oder Einbeziehungssatzung nach Maßgabe von § 9 II BauGB befristet oder mit einer Bedingung versehen werden.[7334]

4. Vergnügungsstättensatzung (§ 9 II b BauGB)

3515 Für im Zusammenhang bebaute Ortsteile (§ 34 BauGB) kann nach § 9 II b BauGB in einem Bebauungsplan, auch für Teile des räumlichen Geltungsbereichs des Bebauungsplans, festgesetzt werden, dass Vergnügungsstätten oder bestimmte Arten von Vergnügungsstätten zulässig oder nicht zulässig sind oder nur ausnahmsweise zugelassen werden können, um (1) eine Beeinträchtigung von Wohnnutzungen oder anderen schutzbedürftigen Anlagen wie Kirchen, Schulen und Kindertagesstätten oder (2) eine Beeinträchtigung der sich aus der vorhandenen Nutzung ergebenden städtebaulichen Funktion des Gebiets, insbesondere durch eine städtebaulich nachteilige Häufung von Vergnügungsstätten, zu verhindern. Mit § 9 II b BauGB möchte der Gesetzgeber den Gemeinden eine zusätzliche städtebauliche Steuerungsmöglichkeit zur wirksamen Bewältigung der vielfach mit Vergnügungsstätten im Zusammenhang stehenden Probleme an die Hand geben. Die Vorschrift ermächtigt die Gemeinde, für den unbeplanten Innenbereich, zum Schutze anderer Nutzungen und städtebaulicher Funktionen eines Gebietes, die Ansiedlung von Vergnügungsstätten mittels eines Bebauungsplanes zu steuern und dadurch bestimmte städtebaulich als negativ beurteilte Entwicklungen zu verhindern.

5. Satzung zur Verhinderung von Störfällen (§ 9 II c BauGB)

3516 Für im Zusammenhang bebaute Ortsteile nach § 34 BauGB und für Gebiete nach § 30 BauGB in der Nachbarschaft von Betriebsbereichen nach § 3 Va BImSchG kann zur Vermeidung oder Verringerung der Folgen von Störfällen für bestimmte Nutzungen, Arten von Nutzungen oder für nach Art, Maß oder Nutzungsintensität zu bestimmende Gebäude oder sonstige bauliche Anlagen in einem Bebauungsplan festgesetzt werden, dass diese zulässig, nicht zulässig oder nur ausnahmsweise zulässig sind; die Festsetzungen können für Teile des räumlichen Geltungsbereichs des Bebauungsplans unterschiedlich getroffen werden (§ 9 II c BauGB).

6. Bebauungsplan zur Wohnraumversorgung

3517 Mit der BauGB-Novelle 2021 ist der einfache Bebauungsplan zur Wohnraumversorgung eingeführt worden. Für im Zusammenhang bebaute Ortsteile (§ 34 BauGB) können in einem Bebauungsplan zur Wohnraumversorgung eine oder mehrere der folgenden Festsetzungen getroffen werden: 1. Flächen, auf denen Wohngebäude errichtet werden dürfen; 2. Flächen, auf denen nur Gebäude errichtet werden dürfen, bei denen einzelne oder alle Wohnungen die baulichen Voraussetzungen für eine Förderung mit Mitteln der sozialen Wohnraumförderung erfüllen, oder 3. Flächen, auf denen nur Gebäude errichtet werden dürfen, bei denen sich ein Vorhabenträger hinsichtlich einzelner oder aller Wohnungen dazu verpflichtet, die zum Zeitpunkt der Verpflichtung geltenden Förderbedingungen der sozialen Wohnraumförderung, insbesondere die Miet- und Belegungsbindung, einzuhalten und die Einhaltung dieser Verpflichtung in geeigneter Weise sichergestellt wird.

[7332] VGH Kassel NVwZ-RR 2010, 835.
[7333] OVG Bautzen Beschl. v. 2.3.2010 5 D 149/09, juris.
[7334] VGH München BauR 2010, 1109.

Ergänzend dazu können nach § 9 II d 2 BauGB eine oder mehrere der folgenden Festsetzungen getroffen werden: 1. das Maß der baulichen Nutzung; 2. die Bauweise, die überbaubaren und die nicht überbaubaren Grundstücksflächen sowie die Stellung der baulichen Anlagen; 3. vom Bauordnungsrecht abweichende Maße der Tiefe der Abstandsflächen; 4. Mindestmaße für die Größe, Breite und Tiefe der Baugrundstücke; 5. Höchstmaße für die Größe, Breite und Tiefe der Wohnbaugrundstücke, aus Gründen des sparsamen und schonenden Umgangs mit Grund und Boden. 3518

Die Festsetzungen nach § 9 II d 2 BauGB können für Teile des räumlichen Geltungsbereichs des Bebauungsplans getroffen werden. Die Festsetzungen nach § 9 II d 1 bis 3 BauGB können für Teile des räumlichen Geltungsbereichs des Bebauungsplans oder für Geschosse, Ebenen oder sonstige Teile baulicher Anlagen unterschiedlich getroffen werden. Das Verfahren zur Aufstellung eines Bebauungsplans nach § 9 II d BauGB kann nur bis zum Ablauf des 31. Dezember 2024 förmlich eingeleitet werden. Der Satzungsbeschluss nach § 10 I BauGB ist bis zum Ablauf des 31.12.2026 zu fassen (§ 9 II d BauGB). 3519

7. Erhaltungssatzung (§ 172 BauGB)

Die Gruppe der maßnahmenunterstützenden städtebaulichen Satzungen gliedert sich in die Erhaltungssatzung und die Sanierungssatzung. Zum Zwecke der Erhaltung baulicher Anlagen und der Eigenart von Gebieten kann die Gemeinde nach § 172 BauGB eine Erhaltungssatzung aufstellen. Die Satzung dient der Erhaltung der städtebaulichen Eigenart des Gebietes auf Grund seiner städtebaulichen Gestalt, der Erhaltung der Zusammensetzung der Wohnbevölkerung **(Milieuschutz)**[7335] sowie der Begleitung städtebaulicher Umstrukturierungsmaßnahmen.[7336] Gründe für die Versagung der Genehmigung hat die Gemeinde nicht regelnd zu benennen.[7337] Die Satzung löst eine Genehmigungspflicht aus, über die nach Maßgabe des § 172 III bis V BauGB zu entscheiden ist. Auf der Grundlage eines Aufstellungsbeschlusses kann eine Zurückstellung von Bauvorhaben nach § 15 BauGB erfolgen. Das Gesetz sieht ausdrücklich weder eine Begründung der Satzung[7338] noch eine Öffentlichkeits- oder Behördenbeteiligung vor. Allerdings können sich aus dem Abwägungsgebot Anforderungen an die Satzungsbegründung ergeben.[7339] Auch ein Genehmigungs- oder Anzeigeverfahren ist nicht erforderlich. Es erfolgt nach dem Satzungsbeschluss lediglich eine Bekanntmachung der Satzung (§ 172 I 3, § 16 II, § 10 BauGB). Dem Landes- und Ortsrecht bleibt bei der Bestimmung der Ortsüblichkeit ein Regelungsspielraum, der bundesrechtlich nicht eingeengt ist.[7340] 3520

8. Sanierungssatzung

Die früheren Instrumente des besonderen Städtebaurechts waren durchaus wirkungsvoll. In Zeiten leerer Kassen werden allerdings neue Ideen gebraucht. Auch die massiven Leerstände nicht nur in den neuen Bundesländern führen zu einer anderen Problemlage. Das BauGB setzt dabei auf die Mitwirkungsbereitschaft der Betroffenen und will dazu ein vor allem flexibles Instrument an die Hand stellen, das nicht ausschließlich auf eine strikte Bindung an gesetzlich vorgeschriebene Modelle setzt. Regelungen zum Stadtumbau (§§ 171 a–171 d BauGB) und zur Sozialen Stadt (§ 171 e BauGB) haben die früheren, eher starren Regelungen seit dem EAG Bau 2004 um ein flexibles Instrument erweitert. Städtebauliche Sanierungsmaßnahmen zielen darauf ab, städtebauliche Missstände wesentlich zu verbessern oder umzugestalten (§ 136 II BauGB). Städtebauliche Missstände liegen vor, wenn (1) das Gebiet nach seiner vorhandenen Bebauung oder nach seiner sonstigen Beschaffenheit den allgemeinen Anforderungen an gesunde Wohn- und Arbeitsverhältnisse oder an die Sicherheit der in ihm wohnenden oder ar- 3521

7335 Siehe dazu J. Beckmann BauR 2015, 927; ders. BauR 2016, 1090 zur energetischen Sanierung von Gebäuden in sozialen Erhaltungsgebieten; zu planerischen Möglichkeiten zur Erhaltung und Sicherung von Wohnraum durch Erhaltungssatzungen Mitschang UPR 2017, 321; zum Drittschutz durch Erhaltungssatzungen Hornmann NVwZ 2017, 601; siehe auch Kment/Fimpel ZfBR 2021, 129.

7336 Grundlegend BVerwG BauR 1987, 676.

7337 Dierkes BauR 1993, 129; Schöpfer NVwZ 1991, 551; Stich ZfBR 1991, 52.

7338 BVerwG DVBl. 1993, 116.

7339 BVerwG NVwZ 1993, 361.

7340 BVerwG NVwZ-RR 1993, 262.

beitenden Menschen nicht entspricht oder (2) das Gebiet in der Erfüllung der Aufgaben erheblich beeinträchtigt ist, die ihm nach seiner Lage und Funktion obliegen (§ 136 II BauGB). Städtebauliche Maßnahmen sollen die bauliche Struktur verbessern, die Wirtschafts- und Agrarstruktur unterstützen, die Siedlungsstruktur den städtebaulichen Erfordernissen anpassen und die vorhandenen Ortsteile erhalten, erneuern und fortentwickeln (§ 136 IV BauGB). Bereits das StBauFG war von der Absicht geprägt, die Betroffenen in die Planung und Durchführung der Sanierungsmaßnahmen einzubeziehen und entsprechende Mitwirkungs- und Beteiligungsrechte einzuräumen (§ 137 BauGB).

9. Entwicklungsbereichssatzung

3522 Nach § 165 II BauGB sollen mit städtebaulichen Entwicklungsmaßnahmen Ortsteile und andere Teile des Gemeindegebiets entsprechend ihrer besonderen Bedeutung für die städtebauliche Entwicklung und Ordnung der Gemeinde oder entsprechend der angestrebten Entwicklung des Landesgebiets oder der Region erstmalig entwickelt oder im Rahmen einer städtebaulichen Neuordnung einer neuen Entwicklung zugeführt werden. Um einen Bereich als städtebaulichen Entwicklungsbereich förmlich festlegen zu können, müssen die in § 165 III 1 BauGB genannten Voraussetzungen kumulativ vorliegen.[7341] Die Gemeinde kann nach § 165 III 1 BauGB einen Bereich, in dem eine städtebauliche Entwicklungsmaßnahme durchgeführt werden soll, durch Beschluss förmlich als städtebaulichen Entwicklungsbereich festlegen, wenn 1. die Maßnahme den Zielen und Zwecken nach § 165 II BauGB entspricht, 2. das Wohl der Allgemeinheit die Durchführung der städtebaulichen Entwicklungsmaßnahme erfordert, insbesondere zur Deckung eines erhöhten Bedarfs an Wohn- und Arbeitsstätten, zur Errichtung von Gemeinbedarfs- und Folgeeinrichtungen oder zur Wiedernutzung brachliegender Flächen, 3. die mit der städtebaulichen Entwicklungsmaßnahme angestrebten Ziele und Zwecke durch städtebauliche Verträge nicht erreicht werden können oder Eigentümer der von der Maßnahme betroffenen Grundstücke unter entsprechender Berücksichtigung des § 166 III BauGB nicht bereit sind, ihre Grundstücke an die Gemeinde oder den von ihr beauftragten Entwicklungsträger zu dem Wert zu veräußern, der sich in Anwendung des § 169 I Nr. 6 und Abs. 4 ergibt, 4. die zügige Durchführung der Maßnahme innerhalb eines absehbaren Zeitraums gewährleistet ist.[7342] Nach § 165 III 1 Nr. 2 BauGB ist die Aufzählung der Gründe, die eine städtebauliche Entwicklungsmaßnahme rechtfertigen können, nicht abschließend. Ein weiterer Grund kann etwa die Auflösung einer unvertretbaren Gemengelage sein, die der geordneten städtebaulichen Entwicklung außerhalb des Satzungsgebiets entgegensteht.[7343]

3523 **a) Räumlicher Bezug.** Städtebauliche Entwicklungsmaßnahmen beziehen sich auf **Ortsteile** und andere Teile des Gemeindegebietes. Von einem Ortsteil kann nur gesprochen werden, wenn der Bereich oder das Teilgebiet der Gemeinde wesentliche Teilfunktionen, nicht aber alle Funktionen eines Ortes erfüllt. Voraussetzung ist eine eigenständige Bedeutung der Ansiedlung, das auch im Gesamtgefüge des Ortes deutlich wahrnehmbar bleibt.[7344] Andere Teile des Gemeindegebiets iSd § 165 II BauGB sind solche Bereiche, die zwar nicht wie Ortsteile wesentliche Teilfunktionen erfüllen, die aber dennoch eine eigenständige städtebauliche Bedeutung haben.

[7341] Ob diese Voraussetzungen vorliegen, kann das Verwaltungsgericht umfassend nachprüfen, BVerwG NVwZ 1999, 407 (409 ff.); NVwZ-RR 2003, 7 ff.; Bönker in HBG, Öffentliches Baurecht, 2024, § 14 Rn. 77.

[7342] Zu städtebaulichen Entwicklungsmaßnahmen Thiel BauR 2017, 1943; Mitschang DVBl. 2014, 276; Degenhart DVBl. 1994, 1041; Wolff DVBl. 2017, 1535; zur Teilbarkeit und Teilaufhebbarkeit von städtebaulichen Entwicklungssatzungen Füßer/Nowak NVwZ 2017, 1238.

[7343] OVG Münster DVBl. 2009, 534.

[7344] Mitschang in BKL, BauGB, 2022, § 165 Rn. 8; Bönker in HBG, Öffentliches Baurecht, 2024, § 14 Rn. 72 ff.

Verfahren	Beteiligte	Rechtsgrundlagen
	Vorbereitung	
Beschluss über den Beginn der Voruntersuchungen ortsübliche Bekanntmachung m. Hinw. auf allgemeine Auskunftspflicht	Gemeinderat und Gemeindeverwaltung	§ 165 IV BauGB
Voruntersuchungen zur Abgrenzung des Entwicklungsbereichs, zu Kosten und Finanzierung Beteiligung der Betroffenen und der Träger öffentlicher Belange Einschaltung eines Planers oder Entwicklungsträgers	Gemeindeverwaltung	§ 165 II und IV BauGB
Satzungsbeschluss Förmliche Festlegung und Bezeichnung des städtebaulichen Entwicklungsbereichs	Gemeinderat	§ 165 VI BauGB
Genehmigung durch höhere Verwaltungsbehörde ortsübliche Bekanntmachung der Entwicklungsbereichssatzung mit Erteilung der Genehmigung	Gemeindeverwaltung	§ 165 VII und VIII BauGB
	Durchführung	
Aufstellung von Bebauungsplänen	Gemeinderat, Gemeindeverwaltung oder Entwicklungsträger	§ 166 I BauGB
Grundstückserwerb	Gemeinderat, Gemeindeverwaltung oder Entwicklungsträger	§ 166 III BauGB
Kosten- und Finanzierungsübersicht	Gemeindeverwaltung	§ 171 II BauGB
Rückveräußerung von Grundstücken	Gemeinderat, Gemeindeverwaltung	§ 169 BauGB
Erschließungsmaßnahmen	Gemeindeverwaltung oder Erschließungsträger	§ 169 BauGB
Bebauung	Eigentümer, Entwicklungsträger, Bauträger	§ 169 BauGB
Ausgleichsbeträge	Gemeindeverwaltung	§ 169 BauGB
Beschluss über die Aufhebung der städtebaulichen Entwicklungsbereichssatzung mit ortsüblicher Bekanntmachung	Gemeinderat und Gemeindeverwaltung	§ 169 BauGB

Nach § 165 III 2 BauGB Entwicklungsmaßnahmen sind bei der Festlegung des Bereichs 3524
einer städtebaulichen Entwicklungsmaßnahme die öffentlichen und privaten Belange sind gegeneinander und untereinander gerecht abzuwägen.

b) Zielsetzungen. Städtebauliche Entwicklungsmaßnahme auf **qualitativ Neues** ausge- 3525
richtet. Sie beziehen sich im Gegensatz zu sanierungsrechtlichen Maßnahmen, bei denen trotz teilweisem Abriss und Neubebauung zur Beseitigung städtebaulicher Missstände die weitgehende Erhaltung der vorhandenen Substanz und des Gebietscharakters angestrebt wird, auf Gebiete mit größeren Freiflächen, die baulich noch entwickelt werden können, oder auf Bereiche, deren weitere Bebauung die Entwicklung insgesamt noch in eine andere Richtung führen kann. In Zweifelsfällen ist entscheidend, welche bodenrechtlichen Instrumente zur Verwirk-

lichung der städtebaulichen Ziele erforderlich sind.[7345] Dagegen eignen sich Entwicklungsmaßnahmen nicht als Mittel dafür, zur Ankurbelung der Wirtschaft private Investoren zu fördern. Maßnahmen, die nicht den besonderen Zielen des § 165 BauGB dienen und insbesondere nicht zur Deckung eines erhöhten Bedarfs an Wohn- und Arbeitsstätten, zur Errichtung von Gemeinbedarfs- und Folgeeinrichtungen oder zur Wiedernutzbarmachung brachliegender Flächen dienen, sind unzulässig. Vor allem muss sich die Entwicklungsmaßnahme durch einen entsprechenden Gemeinwohlbezug rechtfertigen.[7346] Der konkrete Zweck einer städtebaulichen Entwicklungsmaßnahme muss sich nicht bereits aus dem Text der Satzung selbst ergeben, die den Entwicklungsbereich zu bezeichnen hat (§ 165 VI 2 BauGB), sondern kann nach § 165 VII 2 BauGB in der Begründung benannt werden. Eine städtebauliche Entwicklungsmaßnahme, die sich auf das Gebiet eines schon vorhandenen Bebauungsplanes bezieht, ist allenfalls zulässig, wenn sie über das Ziel der Finanzierung der öffentlichen Infrastrukturinvestitionen hinaus weitere Maßnahmen von einigem Gewicht zum Gegenstand hat, die zusammen mit dem Bebauungsplan erst das „koordinierte Maßnahmenbündel" ergeben.[7347] Eine Entwicklungsbereichssatzung kann auch zur Ausweisung eines Industriegebietes aufgestellt werden.[7348]

3526 **c) Verfahrensanforderungen**. Vor der förmlichen Festlegung des Entwicklungsbereichs durch Satzung hat die Gemeinde nach § 165 IV 1 BauGB **Voruntersuchungen** durchzuführen oder zu veranlassen, die erforderlich sind, um Beurteilungsunterlagen über die Festlegungsvoraussetzungen nach § 165 III BauGB zu gewinnen. Der Beschluss über den Beginn der Voruntersuchungen ist öffentlich bekanntzumachen mit der Folge, dass die Qualitätsmerkmale des Grund und Bodens auf diesen Zeitpunkt „einfrieren" und nachträgliche Qualitätserhöhungen bei der Berechnung der Ausgleichs- und Entschädigungsleistungen (§§ 169 I Nr. 4, 153 BauGB) sowie der Ausgleichsbeträge (§ 166 III BauGB)[7349] nicht berücksichtigt werden. Auch kann auf der Grundlage des Beschlusses über die Voruntersuchungen eine Zurückstellung von Vorhaben nach § 15 BauGB erfolgen. Die Entwicklungsbereichssatzung, in der der städtebauliche Entwicklungsbereich zu bezeichnen ist, ist zu begründen (§ 165 VII BauGB).

3527 Einen **Umweltbericht** (§ 2 a 1 Nr. 2 BauGB) muss die Begründung der Entwicklungsbereichssatzung nicht enthalten, weil es sich bei der Entwicklungsbereichssatzung nicht um einen Bauleitplan handelt. Eine städtebauliche Entwicklungsmaßnahme nach §§ 165 ff. BauGB bedarf auch in Anbetracht ihrer enteignungsrechtlichen Vorwirkung keiner Strategischen **Umweltprüfung**, weil sie als erste Stufe eines mehrstufigen Verfahrens lediglich der Sicherung zukünftiger konkretisierender Planungsschritte dient.[7350]

3528 Die förmliche Festlegung des städtebaulichen Entwicklungsbereichs wird von der Gemeinde nach Maßgabe des einschlägigen Kommunalrechts als Satzung (**Entwicklungssatzung**) beschlossen (§ 165 VI 1 BauGB). In der Entwicklungssatzung ist der städtebauliche Entwicklungsbereich zu bezeichnen (§ 165 VI 2 BauGB). Der Satzung ist nach § 165 VII 1 BauGB eine Begründung beizufügen, in der die Gründe, die die förmliche Festlegung des entwicklungsbedürftigen Bereichs rechtfertigen, dargelegt werden. Eine Anzeigepflicht kann von den Ländern nach § 246 I a BauGB eingeführt werden. Die förmliche Festlegung eines städtebaulichen Entwicklungsbereichs durch Entwicklungsbereichssatzung bedarf bundesrechtlich keiner Genehmigung.

3529 Die Entwicklungsbereichssatzung ist ortsüblich bekanntzumachen (§ 165 VIII BauGB). Die in § 144 BauGB bezeichneten Vorhaben und Rechtsvorgänge unterliegen hierdurch einer Genehmigungspflicht. Die Gemeinde stellt für den Entwicklungsbereich Bebauungspläne in dem zuvor beschriebenen Verfahren auf und teilt dem **Grundbuchamt** die rechtsverbindliche Entwicklungsbereichssatzung mit. Das Grundbuchamt trägt daraufhin einen entsprechenden Entwicklungsvermerk ein (§ 165 IX BauGB). Mit der Bekanntmachung der Entwicklungsbereichssatzung unterliegen Rechtsvorgänge nach Maßgabe der sanierungsrechtlichen Vorschriften der §§ 144, 145 und 153 II BauGB einer **Genehmigungspflicht** § 165 VIII 3 BauGB).

[7345] So OVG Berlin DVBl. 1998, 909.
[7346] BVerwG ZfBR 1999, 277.
[7347] OVG Lüneburg UPR 1998, 453.
[7348] OVG Münster BRS 78 Nr. 217 (2011).
[7349] BVerwG NVwZ 1993, 1112; Kleiber ZfBR 1986, 263; Schindhelm NVwZ 1992, 747.
[7350] VGH Mannheim ZfBR 2022, 71 = juris Rn. 66.

In nicht beplanten Innenbereichen kann die Gemeinde nach § 170 BauGB durch Satzung ein **Anpassungsgebiet** festlegen. Ergeben sich aus den Zielen und Zwecken der städtebaulichen Entwicklungsmaßnahme in einem im Zusammenhang bebauten Gebiet Maßnahmen zur Anpassung an die vorgesehene Entwicklung, kann die Gemeinde dieses in der Entwicklungsbereichssatzung förmlich festlegen. Das Anpassungsgebiet ist in der Entwicklungsbereichssatzung zu bezeichnen. Die förmliche Festlegung darf erst nach Durchführung vorbereitender Untersuchungen erfolgen. In dem Anpassungsgebiet sind die Regelungen über die Entwicklungsmaßnahme und die städtebauliche Sanierung entsprechend anzuwenden. 3530

d) Materielle Anforderungen. In einer Reihe von Entscheidungen hat sich das BVerwG mit dem Recht der städtebaulichen Entwicklungsmaßnahmen befasst.[7351] Das Instrument der Entwicklungsmaßnahme ist zur Lösung von besonderen städtebaulichen Problemen bestimmt.[7352] Dessen Einsatz setzt einen qualifizierten städtebaulichen Handlungsbedarf voraus, der aus Gründen des öffentlichen Interesses ein planmäßiges und aufeinander abgestimmtes Vorgehen iS einer Gesamtmaßnahme erfordert.[7353] 3531

Die Anforderungen an die Festlegung von **Entwicklungsbereichen** gehen daher über allgemeine städtebauliche Gründe hinaus.[7354] Die Durchführung der städtebaulichen Entwicklungsmaßnahme wird nicht schon allgemein und in jedem Fall vom Wohl der Allgemeinheit erfordert. Es ist vielmehr ein **erhöhter Bedarf** an Wohnraum oder gewerblichen Nutzungen erforderlich. § 165 III 1 Nr. 1 bis 4 BauGB benennt die Grundbedingungen, die für eine Entwicklungsbereichssatzung erfüllt sein müssen, bevor eine Abwägungsentscheidung nach § 165 III 2 BauGB getroffen werden kann. Die Durchführung der städtebaulichen Entwicklungsmaßnahme muss zum Wohl der Allgemeinheit erforderlich sein, insbesondere zur Deckung eines erhöhten Bedarfs an Wohn- und Arbeitsstätten, zur Errichtung von Gemeinbedarfs- und Folgeeinrichtungen oder zur Wiedernutzung brachliegender Flächen. Ferner ist beim Gemeinwohlerfordernis in Rechnung zu stellen, dass im Grundsatz alle unbebauten Grundstücke des Entwicklungsbereichs in das Eigentum der Gemeinde überführt werden sollen.[7355] Ein derartiger **dringender Bedarf** iS des § 165 III BauGB ist nur anzunehmen, wenn sich die Nachfrage nach Wohnungen oder Gewerbebetrieben in einer Gemeinde in einer Weise erhöht hat, dass sie mittelfristig nicht ohne die Verwirklichung der Entwicklungsmaßnahme gedeckt werden kann.[7356] Bei der Feststellung eines erhöhten Bedarfs an Wohnstätten im Rahmen einer städtebaulichen Entwicklungsmaßnahme kommt dem prognostizierten Bevölkerungsanstieg – neben dem prognostizierten Wohnungsbedarf – eine vorrangige Bedeutung zu.[7357] Prognosen über die zukünftige Entwicklung der Nachfrage müssen auf einer sorgfältig aufbereiteten realistischen Tatsachenermittlung basieren und hinsichtlich des Prognoseschlusses nachvollziehbar sein.[7358] Eine Entwicklungsmaßnahme ist nicht zum Wohl der Allgemeinheit erforderlich, wenn sich die mit ihr verfolgten städtebaulichen Ziele ebenso gut mit Hilfe des allgemeinen Städtebaurechts durch die Aufstellung von Bebauungsplänen erreichen lassen. Auch andauernde haushaltsrechtliche Beschränkungen können der zügigen Durchführung einer Entwicklungsmaßnahme innerhalb eines absehbaren Zeitraums entgegenstehen (§ 165 III 1 Nr. 4 3532

[7351] BVerwGE 117, 248 (251); ZfBR 2021, 669; ZfBR 2015, 484; BauR 2013, 66; NVwZ 2010, 1490

[7352] Zur Abgrenzung zwischen Sanierungs- und Entwicklungsmaßnahmen BVerwG NVwZ 1998, 1298.

[7353] VGH Mannheim BauR 1996, 523 für ein freigewordenes größeres Kasernengelände in einer unter starkem Siedlungsdruck stehenden Universitätsstadt; OVG Bremen NordÖR 1998, 386 zur Abwanderung von Einwohnern aus einer Großstadt in das benachbarte Umland, wenn hierdurch die städtebauliche Entwicklung und Ordnung beeinträchtigt wird.

[7354] Zu den Anforderungen an eine städtebauliche Entwicklungsmaßnahme zur Schaffung eines Wohngebiets für Einfamilienhäuser und eines Landschaftsparks für die Naherholung BVerwG NVwZ-RR 2004, 325; BVerwG NVwZ 2001, 558; BVerfG NVwZ 2003, 71.

[7355] BVerwG Info BRS 2010, Nr. 4, 14 zur rückwirkenden Inkraftsetzung einer Sanierungssatzung.

[7356] Das OVG Bremen NordÖR 1998, 386, verweist etwa auf eine hohe Abwanderungsrate der Bevölkerung in das Umland als Indiz für ein besonderes städtebauliches Erfordernis.

[7357] OVG Lüneburg NdsRpfl 2007, 225 (LS); Urt. v. 20.2.2002 – 1 K 1236/00 – städtebauliche Entwicklungsmaßnahme, zur Bedeutung des Sozialplanes und zur Frage eines erhöhten Wohnbedarfs an Wohnstätten, m. Hinw. auf OVG Lüneburg BRS 65 Nr. 231; BVerwG NVwZ 1999, 407; UPR 1998, 453.

[7358] Eine vergleichbare Kontrolle erfolgt auch bei der Vorprüfung des Einzelfalls nach § 5 UVPG. Es reicht hier, wenn eine Vorprüfung durchgeführt worden ist und das Ergebnis nachvollziehbar ist.

BauGB).[7359] Fehler in der Ermittlung des zukünftigen Bedarfs führen zur Unwirksamkeit der Entwicklungsbereichssatzung.[7360] Wenn die Entwicklungsmaßnahme auf voneinander getrennten Teilflächen verwirklicht werden soll, ist der Gesamtmaßnahmecharakter nach Auffassung des BVerwG nur gewahrt, wenn die Teilflächen untereinander in einer funktionalen Beziehung stehen, die die gemeinsame Überplanung und einheitliche Durchführung zur Erreichung des Entwicklungsziels nahe legt.[7361] Im durch die Entwicklungsbereichssatzung (§ 165 VI BauGB) festgelegten städtebaulichen Entwicklungsbereich ist insbesondere die Enteignung zugunsten der Gemeinde auf Grund der Regelung des § 169 III BauGB gegenüber der allgemeinen städtebaulichen Enteignung erleichtert möglich.[7362] Diese Vorschrift hat das BVerwG für verfassungsrechtlich unbedenklich gehalten.[7363] Das gilt auch, soweit die Enteignung nur dazu dient, die Nutzung von Grundstücken in irgendeiner Form zur Errichtung von Wohn- und Arbeitsstätten sowie von Gemeinbedarfs- und Folgeeinrichtungen zu ermöglichen. § 169 III BauGB ist im Hinblick auf Art. 14 III GG auch insoweit verfassungsrechtlich unbedenklich, als die Enteignung dazu dient, privaten Dritten das Eigentum zu verschaffen (Durchgangsenteignung). Die gesetzliche Regelung über die Abschöpfung der entwicklungsbedingten Bodenwerterhöhungen durch die Gemeinde zur Finanzierung der städtebaulichen Entwicklungsmaßnahme ist verfassungsrechtlich nicht zu beanstanden. Die Frage, ob eine „zügige Durchführung" der Entwicklungsmaßnahme iS des § 165 III 1 Nr. 4 BauGB gewährleistet ist, lässt sich nicht abstrakt festlegen.

3533 **e) Wohl der Allgemeinheit und enteignungsrechtliche Vorwirkung.** Ein wichtiger Indikator dafür, dass das Angebot an Arbeitsstätten deutlich hinter der Nachfrage zurückbleibt, ist die Nachfrage von Unternehmen nach Gewerbeflächen.[7364] Die Durchführung einer Entwicklungsmaßnahme ist vom Wohl der Allgemeinheit nicht gefordert, wenn sich das planerische Ziel ebenso gut mit Hilfe des allgemeinen Städtebaurechts verwirklichen lässt (§ 165 III 1 Nr. 3 BauGB).[7365] Gesetzliche Vorschriften mit **enteignungsrechtlicher Vorwirkung,** wie Regelungen über die städtebauliche Entwicklungsbereichssatzung (§ 165 VI BauGB), sind am Maßstab des Art. 14 III 1 GG zu messen. Der von einer Enteignung möglicherweise betroffene Eigentümer muss der Rechtsnorm mit Sicherheit entnehmen können, für welche Zwecke er mit einer Enteignung rechnen muss. Wertungen, Ziele und Prognosen sind allerdings nur eingeschränkt nachprüfbar. Dabei ist die Prognose der Gemeinde daraufhin überprüfbar ist, ob sie auf einer zuverlässigen Tatsachenbasis beruht und in sich schlüssig ist.[7366] Die Gemeinde kann unter Umständen verpflichtet sein, die Entwicklungsbereichssatzung neuen Umstände und veränderten (finanziellen) Rahmenbedingungen anzupassen. Ihr ist dabei ein erheblicher Handlungs- und Beurteilungsspielraum eingeräumt. Gründe des deutlich geringeren Bedarfs an Wohn- und Gewerberaum, der dadurch bedingten geringeren Nachfrage auf dem Immobilienmarkt sowie der angespannten Haushaltslage können eine Änderung des Entwicklungskonzepts unter Aufgabe bestimmter Entwicklungsziele begründen. Gem. § 165 III 2 BauGB sind bei der förmlichen Festlegung des städtebaulichen Entwicklungsbereichs die öffentlichen und privaten Belange gegeneinander und untereinander abzuwägen. Dies muss in gleicher Weise gelten, wenn die Ziele einer förmlich festgelegten Entwicklungsmaßnahme nachträglich geändert werden. Wenn die Betroffenen sich auf die ihnen bekannte Entwicklungskonzeption eingestellt und uU finanzielle Dispositionen getroffen haben, müssen sie bei einer (wesentlichen) Änderung in gleicher Weise wie bei der erstmaligen Festlegung des städtebaulichen Entwicklungsbereichs nach § 169 I Nr. 1 iVm §§ 137 ff. BauGB beteiligt werden. Die von der Entwicklungsmaßnahme angestrebte grundsätzliche Erschließung und Bebaubarkeit eines Grundstücks hängt

[7359] OVG Münster BauR 2010, 1890.

[7360] OVG Münster DVBl. 1998, 351.

[7361] BVerwG UPR 1998, 453.

[7362] Angesichts dieser enteignenden Vorwirkung habe die Gemeinde bei der Festsetzung eines Entwicklungsbereichs Planungsalternativen zu berücksichtigen, wenn diese im Einzelfall ernsthaft in Betracht kommen, so BVerwG NVwZ-RR 1998, 544.

[7363] BVerwG DÖV 1999, 156; so auch OVG Münster DVBl. 1998, 351.

[7364] BVerwG BauR 2013, 1099-1101.

[7365] BVerwG ZfBR 2013, 51-53.

[7366] BVerfG NVwZ 2008, 1229; BVerfG NVwZ 2007, 573; NVwZ 2003, 71; BVerwG NVwZ-RR 2003, 7; BVerfG NVwZ 2003, 71; zur Unzulässigkeit von auf „gegriffenen" Ansätzen beruhenden Prognosen BVerfG DVBl. 2007, 1030.

nicht davon ab, dass der jeweilige Eigentümer zuvor festgestellt worden ist. Eine Berücksichtigung der privaten Belange der vom Entwicklungsrecht Betroffenen ist im Rahmen der Aufhebungsentscheidung nicht grundsätzlich ausgeschlossen.[7367] Verwaltungsentscheidungen, die dem **Enteignungsverfahren** im engeren Sinne vorangehen und mit Wirkung für dieses dem Grunde nach über die Verwirklichung eines Vorhabens entscheiden, müssen an Art. 14 III GG gemessen werden. Der Anspruch auf effektiven Rechtsschutz erfordert, dass die verfassungsgerichtliche Überprüfung nicht erst bei der konkreten Durchführung der Planungsentscheidung ansetzt.[7368] Eine Enteignung gem. Art. 14 III 1 GG ist nur dann erforderlich, wenn eine öffentliche Aufgabe nicht mit den üblichen, von der Rechtsordnung zur Verfügung gestellten Mitteln verwirklicht werden kann.[7369] Dabei ist ein **besonders schwerwiegendes, dringendes öffentliches Interesse** erforderlich.[7370] Eine Enteignung muss zwar nicht mehr hingenommen werden, wenn der Entzug des Eigentums wegen einer grundlegenden Änderung der tatsächlichen oder rechtlichen Verhältnisse nicht mehr durch einen ursprünglich bestehenden, hinreichenden Gemeinwohlgrund gerechtfertigt werden kann. Ausreichender Rechtsschutz kann jedoch etwa dadurch gewährt werden, dass dem Enteignungsbetroffenen ein Anspruch auf Aufhebung oder Änderung der Entwicklungssatzung eingeräumt wird.[7371] Die Entwicklungsbereichssatzung legt mit **Bindungswirkung** für ein nachfolgendes Enteignungsverfahren fest, dass das Wohl der Allgemeinheit den Eigentumsentzug generell rechtfertigt, während dem Enteignungsverfahren die Prüfung verbleibt, ob das so konkretisierte Gemeinwohl den Zugriff auf das einzelne Grundstück erfordert.[7372] Hoheitliche Eigentumsverschiebungen im allein privaten Interesse lässt Art. 14 III 1 GG nicht zu.[7373] Der Enteignungsbetroffene hat einen aus Art. 14 I 1 GG folgenden verfassungsrechtlichen Anspruch auf effektive gerichtliche Prüfung, ob der konkrete Zugriff auf sein Eigentum diesen Anforderungen genügt. Den Gemeinden gebührt bei der Wahrnehmung der städtebaulichen Planung, insbesondere wenn Wertungen und Prognosen auf einer dem Zugriff auf das einzelne Grundstück vorgelagerten Ebene in Rede stehen,[7374] ein gerichtlich nicht vollständig nachprüfbarer Gestaltungsfreiraum.[7375] Allerdings muss jeweils die konkrete Gemeinwohldienlichkeit etwa eines zu entwickelnden Landschaftsparks oder von Anlagen für Reitsport oder Dauerkleingärten gewährleistet sein.[7376]

Bei einer transitorischen oder Durchgangsenteignung zugunsten der Gemeinde (§ 169 III BauGB) im Rahmen einer städtebaulichen Entwicklungsmaßnahme (§ 165 I BauGB), die darauf gerichtet ist, privaten Dritten das Eigentum zu verschaffen, muss die dauerhafte Sicherung des Enteignungszwecks nicht bereits in der Entwicklungsbereichssatzung (§ 165 VI BauGB) vorgenommen werden. Die Entwicklungsbereichssatzung ist nicht geeignet, die Erwerber der Grundstücke rechtlich an das Gemeinwohlziel zu binden, weil bei Erlass der Entwicklungsbereichssatzung noch nicht feststeht, an wen die Gemeinde die von ihr zu erwerbenden oder zu enteignenden Grundstücke veräußern wird. Auch ein parzellenscharfes Konzept für die Nutzung der Grundstücke im Entwicklungsbereich muss im Zeitpunkt des Erlasses der Entwicklungsbereichssatzung noch nicht vorliegen. Die Bebauungspläne, die die Vorstellungen über die bauliche oder sonstige Nutzung im Einzelnen festsetzen, sind erst nach Erlass der Entwicklungsbereichssatzung zu beschließen (§ 166 I 2 BauGB). Im Zuge der Konkretisierung der Planung durch die Aufstellung von Bebauungsplänen im Entwicklungsbereich (§ 166 I 2 BauGB) kann die Planung vor allem im Hinblick auf die Verwertungsmöglichkeiten des Grundstücks stets noch Veränderungen unterworfen sein.[7377] Die Gemeinde ist jedoch gesetzlich verpflichtet, bei der Veräußerung der Grundstücke die Er- 3534

[7367] OVG Berlin-Brandenburg Urt. v. 14.6.2012 – OVG 10 A 7.09, juris.
[7368] BVerfG NVwZ 2007, 573.
[7369] BVerfGE 66, 248.
[7370] BVerfGE 74, 264 – Boxberg.
[7371] BVerfG Beschl. v. 19.9.2007 – 1 BvR 1698/04, juris; BVerwG NVwZ 1999, 407.
[7372] BVerwG NJW 1982, 2787.
[7373] BVerfGE 74, 264.
[7374] BVerfG NVwZ 1998, 1060.
[7375] BVerfGE 79, 174.
[7376] BVerfG NVwZ 2003, 71, Röper NVwZ 2003, 51.
[7377] OVG Berlin-Brandenburg BauR 2010, 506 (LS).

reichung der Ziele und Zwecke der städtebaulichen Entwicklungsmaßnahme dauerhaft zu sichern.[7378]

3535 In den Entwicklungsbereich dürfen auch **Flächen für einen Ausgleich von Eingriffen in Natur und Landschaft** einbezogen werden. Die Festlegung eines städtebaulichen Entwicklungsbereichs zur Deckung eines erhöhten Bedarfs an Arbeitsstätten kann im Einzelfall unzulässig sein, wenn das Wohl der Allgemeinheit die Durchführung der städtebaulichen Maßnahme nicht erfordert, weil Planungsalternativen vorhanden sind.[7379] Ist die Festsetzung eines Entwicklungsbereichs aus städtebaulichen Gründen erforderlich, kann die nähere Ausgestaltung der Problembewältigung zu benachbarten Gebieten den dafür aufzustellenden Bebauungsplänen vorbehalten werden.[7380] Aus dem Gesamtzusammenhang der Normen ergibt sich nach Auffassung des OVG Berlin, dass die Eigentümer an der Entwicklungsmaßnahme nicht verdienen sollen, die Wertsteigerungen vielmehr der Gemeinde und den von ihr verwirklichten Zwecken zugutekommen sollen. Es entspreche daher den Zielen des Entwicklungsbereichsrechts und sei nicht rechtsmissbräuchlich, wenn die Gemeinde die nach den rechtlichen und wirtschaftlichen Gegebenheiten für sie günstigste Form des kommunalen Zwischenerwerbs wähle.[7381]

3536 Da mit der Festlegung der Entwicklungsbereichssatzung zugleich die Grundlage für eine Enteignung geschaffen wird, ergeben sich jedoch nicht unerhebliche verfassungsrechtliche Anforderungen, wie das BVerfG, am Beispiel einer Entwicklungsbereichssatzung für einen beabsichtigten Landschaftspark dargelegt hat. Dies hat dazu geführt, dass es um neue Entwicklungsbereichssatzungen gegenwärtig nicht sonderlich gut bestellt ist. Die Entwicklungsbereichssatzung legt mit Bindungswirkung für ein nachfolgendes fest, dass das Wohl der Allgemeinheit den Eigentumsentzug generell rechtfertigt, während dem Enteignungsverfahren die Prüfung verbleibt, ob das so konkretisierte Gemeinwohl den Zugriff auf das einzelne Grundstück erfordert.[7382] Wegen dieser enteignungsrechtlichen Vorwirkungen muss bereits der Erlass der Entwicklungsbereichssatzung den enteignungsrechtlichen Anforderungen des Art. 14 GG genügen.

3537 Auch der Belang „Naherholung“ kann ausreichend gewichtig sein, um eine Enteignung zu rechtfertigen. Den Gemeinden gebührt bei der Wahrnehmung der städtebaulichen Planung, insbesondere wenn Wertungen und Prognosen auf einer den Zugriff auf das einzelne Grundeigentum vorgelagerten Ebene in Rede stehen, ein gerichtlich nicht vollständig nachprüfbarer Gestaltungsfreiraum. Die Gerichte haben jedoch Feststellungen zur konkreten Gemeinwohldienlichkeit des zu entwickelnden Vorhabens zu treffen, die dem verfassungsrechtlich verbürgten Anspruch auf effektiven, am Umfang der enteignungsrechtlichen Vorwirkung der Entwicklungsbereichssatzung ausgerichteten Rechtsschutz gegen den hoheitlichen Entzug des Grundeigentums genügen. Soll etwa ein Landschaftspark in der Entwicklungsbereichssatzung ausgewiesen werden, so ist eine ausreichende gerichtliche Bedarfsprüfung dafür erforderlich, dass, abgesehen von dem mit dem Vorhaben verfolgten Belang der „Naherholung“, die Enteignung auch durch den Gemeinwohlbelang der „Erhaltung und Sicherung des Landschaftsraumes“ gerechtfertigt ist. Auch muss geprüft werden, ob die konkrete Verwirklichung der Enteignungsziele dem Gemeinwohlerfordernis entspricht. So muss etwa im Hinblick Flächen, die für „Reitsport“ oder „Dauerkleingärten“ vorgesehenen sind, die Eignung und Erforderlichkeit der jeweiligen Nutzungen für die Verwirklichung eines bestimmten Enteignungsziels von der Gemeinde und den Gerichten geprüft werden.[7383]

3538 Angesichts der enteignenden Vorwirkung hat die Gemeinde bei der Festlegung eines Entwicklungsbereichs Planungsalternativen zu berücksichtigen, wenn diese im Einzelfall ernsthaft in Betracht kommen. Der für die Schätzung eines erhöhten Bedarfs an Wohn- und Arbeitsstätten vorausgesetzte und maßgebliche Zeithorizont wird dadurch bestimmt, dass das Entwicklungsrecht dem Plangeber ein Instrumentarium an die Hand gibt, das darauf angelegt ist, für

---

[7378] BVerwG ZfBR 2006, 357zur städtebaulichen Entwicklungsmaßnahme bei Durchgangsenteignung. Die Nichtigkeit einer Entwicklungssatzung führt nach der Rechtsprechung des BVerwG NVwZ-RR 1998, 543 nicht ohne weiteres auch zur Nichtigkeit eines für dasselbe Gebiet beschlossenen Bebauungsplans, zuvor bereits VGH Mannheim NVwZ-RR 1998, 720.

[7379] BVerwG ZfBR 1998, 252.

[7380] So für die Lösung immissionsschutzrechtlicher Konflikte OVG Berlin NVwZ-RR 1998, 720.

[7381] OVG Berlin ZfBR 1998, 211.

[7382] BVerwG NJW 1982, 2787.

[7383] BVerfG NVwZ 2003, 71.

die Bewältigung gerade drängender städtebaulicher Probleme wirksame Lösungsmöglichkeiten über die nähere Zukunft hinaus innerhalb eines absehbaren Zeitraums zu eröffnen.[7384] Die §§ 144, 145, 169 BauGB dienen ausschließlich der hoheitlichen Sicherung der Entwicklungsziele. Vertragliche Bindungen zu Dritten können außerhalb dieses Regelungsgefüges den öffentlich-rechtlich bestimmten Handlungsspielraum der Gemeinde weder überlagern noch verändern.[7385]

Eine Gemeinbedarfseinrichtung kann auch dann Gegenstand einer städtebaulichen Entwicklungsmaßnahme sein, wenn sie dazu bestimmt ist, nicht allein den künftigen Bewohnern des Wohngebiets zu dienen, sondern einem größeren Bevölkerungskreis. Ein der Naherholung der Bevölkerung dienender Landschaftspark ist eine Gemeinbedarfseinrichtung iS des § 165 III 1 Nr. 2 BauGB. Das Wohl der Allgemeinheit kann eine solche Einrichtung auch dann nach § 165 III 1 Nr. 2 BauGB erfordern, wenn ein erhöhter Bedarf an Gemeinbedarfseinrichtungen dieser Art nicht besteht.[7386] 3539

Die Gemeinde kann auch ein baulich genutztes sanierungsbedürftiges Gebiet, das innerhalb eines größeren, grundlegend neu zu strukturierenden Bereichs liegt, in den eine Entwicklungsmaßnahme einbeziehen. Ob die Gemeinde in einem solchen Gebiet Sanierungsmaßnahmen nach § 136 ff. BauGB durchführt oder das Gebiet in den größeren Zusammenhang einer Entwicklungsmaßnahme nach § 170 BauGB einbezieht, obliegt im Rahmen der gesetzlichen Voraussetzungen ihrer Entscheidung.[7387] 3540

Städtebauliche Entwicklungsmaßnahmen sind nicht davon abhängig, dass die betroffenen Eigentümer bauwillig sind. Die Gemeinde ist nicht genötigt, sich auf eine entsprechende Prüfung und Erörterung einzulassen. § 165 BauGB ermächtigt die Gemeinde gerade, eine umfassende städtebauliche Strukturmaßnahme zu ergreifen. Eine Entwicklungsmaßnahme setzt daher einen qualifizierten städtebaulichen Handlungsbedarf voraus, der aus Gründen des öffentlichen Interesses ein planmäßiges und aufeinander abgestimmtes Vorgehen im Sinne einer Gesamtmaßnahme erfordert.[7388] 3541

Ein erhöhter **Bedarf** an **Wohn- und Arbeitsstätten** iS des § 165 III 1 Nr. 2 BauGB ist gegeben, wenn die Nachfrage das Angebot aus strukturellen Gründen längerfristig deutlich übersteigt. Allgemeine konjunkturelle Entwicklungen oder Schwankungen im Wohnungsmarkt reichen zur Begründung nicht aus. Bundesweite oder große Teile des Bundesgebietes betreffende Entwicklungen können für sich genommen einen erhöhten Bedarf für den maßgeblichen Bereich nicht begründen. Ein erhöhter Bedarf muss sich nicht allein auf das Gebiet der einzelnen Gemeinde erstrecken. Er ist nicht deswegen zu verneinen, weil ein derartiger Bedarf auch in einer Nachbargemeinde besteht, und wird auch nicht allein dadurch in Frage gestellt, dass der in einer Region vorhandene Bedarf ebenso in einer anderen Gemeinde dieser Region befriedigt werden könnte. 3542

Eine städtebauliche Entwicklungsmaßnahme steht mit dem Erfordernis des Wohls der Allgemeinheit nicht im Einklang, wenn sie mit den Zielen und Grundsätzen der Raumordnung und Landesplanung einschließlich der Regionalplanung nicht vereinbar ist. Besteht ein erhöhter Bedarf an Wohnstätten und rechtfertigt dies eine städtebauliche Entwicklungsmaßnahme erfordert die Planung zugleich auch einem erhöhter Bedarf an Arbeitsstätten Rechnung tragen, dem isoliert betrachtet möglicherweise nicht das für eine städtebauliche Entwicklungsmaßnahme gebotene Gewicht zukommen würde.[7389] Die quantitativen Anforderungen an einen Entwicklungsbereich iS des § 165 II BauGB lassen einen Vergleich der Flächengröße des Entwicklungsbereiches im Verhältnis zur Gesamtfläche des Gemeindegebietes zu. Je kleiner der projektierte Entwicklungsbereich im Gesamtgefüge der Gemeinde ist, umso stärker werden qualitative Merkmale maßgebend sein. Die Zahl der vorgesehenen Wohneinheiten kann ein geeignetes Beurteilungskriterium für die beabsichtigte Entwicklung anderer Teile des Gemeindegebiets im Gesamtgefüge der Gemeinde sein (§ 165 II BauGB). 3543

7384 VGH Mannheim BauR 2006, 1443; BVerwG BauR 2004, 1584; NVwZ 1999, 407.

7385 VGH Kassel ZfBR 2006, 266.

7386 BVerwG NVwZ 2001, 558.

7387 BVerwG NVwZ 2001, 434; BVerwG NVwZ 1999, 407.

7388 BVerwG NVwZ 2001, 434.

7389 BVerwG NVwZ 2003, 746. Zur gerichtlichen Kontrolldichte bei der Überprüfung, ob die Voraussetzungen für die förmliche Festlegung eines städtebaulichen Entwicklungsbereichs (§ 165 BauGB) gegeben sind BVerwG NVwZ-RR 2003, 7.

3544 Einer beabsichtigten Konversion ehemals militärisch genutzter Flächen kommt im Rahmen der §§ 165 ff. BauGB nicht von vornherein ein besonderes Gewicht zu und rechtfertigt daher nicht ohne weiteres eine städtebauliche Entwicklungsmaßnahme. Der städtebaulich unerwünschte Zustand, der durch eine Nutzungsaufgabe eingetreten ist, legt zwar eine Umnutzung nahe. Dieses legitime Ziel begründet aber – für sich genommen – noch nicht, dass deshalb die durchaus strengen Anforderungen des § 165 III 1 Nr. 2 BauGB erfüllt sind.[7390]

3545 Neben den in § 165 III 1 Nr. 2 BauGB benannten Gründen, aufgrund derer die Durchführung einer städtebaulichen Entwicklungsmaßnahme vom Wohl der Allgemeinheit erfordert werden kann, kann eine Vielzahl weiterer öffentlicher Interessen bedeutsam sein. Vom Wohl der Allgemeinheit erfordert wird die Durchführung einer Entwicklungsmaßnahme, wenn sie durch ein dringendes, im Verhältnis zu entgegenstehenden öffentlichen – wie auch privaten – Interessen überwiegendes öffentliches Interesse gerechtfertigt ist. Die danach gebotene Bilanzierung, die zur Annahme eines solchermaßen qualifizierten öffentlichen Interesses führt, ist nicht mit einer planerischen Abwägung gleichzusetzen. Ob ein erhöhter Bedarf an Wohnstätten iS des § 165 III 1 Nr. 2 BauGB besteht, hat die Gemeinde im Wege einer Prognose unter Ausschöpfung aller ihr mit zumutbarem Aufwand zugänglichen Erkenntnisquellen zu ermitteln.

3546 Nach Auffassung des OVG Bremen ist eine Entwicklungsmaßnahme nicht erforderlich, wenn sich das mit ihr verfolgte Ziel auch ohne Einsatz der Instrumente des besonderen Städtebaurechts erreichen lässt. Dafür kommt insbesondere der Abschluss eines städtebaulichen Vertrages mit den Grundeigentümern in Betracht. Die Gemeinde braucht sich allerdings nur auf solche Verträge einzulassen, die sie im Hinblick auf die Kosten der Entwicklungsmaßnahme nicht schlechter stellen als bei eigener Durchführung der Entwicklungsmaßnahme. Nach Durchführung der Entwicklungsmaßnahme ist der Verkehrswert, zu dem die Grundstücke an Bauwillige veräußert werden sollen, so zu bemessen, dass eine alsbaldige Veräußerung der Grundstücke gewährleistet ist.[7391]

3547 **f) Vorrang vertraglicher Lösungen.** § 165 III 1 Nr. 3 BauGB verlangt für die förmliche Festlegung eines Entwicklungsbereichs, dass die mit der Maßnahme angestrebten Ziele und Zwecke durch städtebauliche Verträge nicht erreicht werden können und dass Eigentümer der betroffenen Grundstücke nicht bereit sind, ihre Grundstücke an die Gemeinde oder den von ihr beauftragten Entwicklungsträger zu dem entwicklungsunbeeinflussten Wert zu veräußern, der sich nach § 169 I Nr. 6 und IV BauGB ergibt. Lässt sich eine vertragliche Regelung erreichen, ist eine (zwangsweise) Entwicklungsbereichssatzung nicht erforderlich.[7392]

3548 **g) Begrenzung des Entwicklungsbereichs.** Nach § 165 V 1 BauGB ist der städtebauliche Entwicklungsbereich so zu begrenzen, dass sich die Entwicklung zweckmäßig durchführen lässt. Einzelne Grundstücke, die von der Entwicklung nicht betroffen werden, können ganz oder teilweise aus dem Entwicklungsbereich ausgenommen werden (§ 165 V 2 BauGB).

3549 **h) Sozialplan.** Der Sozialplan, den die Gemeinde gemäß § 180 BauGB zur Bewältigung nachteiliger Auswirkungen einer städtebaulichen Entwicklungsmaßnahme zu erstellen hat, ist nicht Teil der Satzung über die förmliche Festlegung des Entwicklungsbereichs gemäß § 165 VI 1 BauGB.

3550 **i) Kosten- und Finanzierungsübersicht.** Die von der Gemeinde aufzustellende Kosten- und Finanzierungsübersicht (§ 171 II 1 BauGB) ist nicht Bestandteil der förmlichen Festlegung des Entwicklungsbereichs, die nach § 165 VI 1 BauGB als Satzung zu beschließen ist. Erweist sich die Entwicklungsmaßnahme im Nachhinein mangels Finanzierbarkeit als undurchführbar, so hat dies keinen Einfluss auf die Gültigkeit der Entwicklungsbereichssatzung. Die Gemeinde hat vor der förmlichen Festlegung eines Entwicklungsbereichs zu prüfen, ob sich die angestrebten Entwicklungsziele durch den Abschluss städtebaulicher Verträge erreichen lassen. Erklären sich die von der Maßnahme Betroffenen nach anfänglicher Weigerung zur Kooperation erst bereit, nachdem die Gemeinde die Durchführung der Entwicklungs-

[7390] BVerwG BauR 2002, 1360.

[7391] OVG Bremen NordÖR 1998, 386.

[7392] *Mitschang in BKL*, BauGB, 2022, § 165 Rn. 23; Bönker in HBG, Öffentliches Baurecht, 2024, § 14 Rn. 82; Gerstinger ZfBR 1998, 65 (70).

maßnahme beschlossen hat, so bleibt die Gültigkeit der Entwicklungsbereichssatzung hiervon unberührt.[7393]

j) Rechtsfolgen der Festlegung. Die förmliche Festlegung des städtebaulichen Entwicklungsbereichs hat verschiedene Rechtsfolgen. Sie löst eine **Verfügungs- und Veränderungssperre** aus (§ 169 I Nr. 1 iVm §§ 144, 145 BauGB). Bauliche Vorhaben, Erwerbsvorgänge und wesentliche Änderungen bedürfen einer **Genehmigung**. Die Gemeinde besitzt bei der städtebaulichen Entwicklungsmaßnahme nach § 24 I 1 Nr. 3 BauGB ein gesetzliches **Vorkaufsrecht** im Hinblick auf alle bebauten und unbebauten Grundstücke im Entwicklungsbereich. Gem. § 166 III 1 BauGB soll die Gemeinde grundsätzlich alle Grundstücke im städtebaulichen Entwicklungsbereich erwerben (**Erwerbspflicht**). Eine Ausnahme gilt für Grundstücke, deren bereits vorhandene Bebauung nach Art und Maß nicht geändert werden soll, sowie für Grundstücke, deren künftige Verwendung bestimmt oder bestimmbar ist und vom Eigentümer verwirklicht werden kann (§ 166 III 3 BauGB). Nach Abschluss der Entwicklungsmaßnahme ist die Gemeinde verpflichtet, die erworbenen Grundstücke mit Ausnahme der Flächen, die als Baugrundstücke für den Gemeinbedarf oder als Verkehrs-, Versorgungs- oder Grünflächen in einem Bebauungsplan festgesetzt sind oder für sonstige öffentliche Zwecke oder als Austauschland oder zur Entschädigung in Land benötigt werden, an Bauwillige zu veräußern (§ 169 V-VI BauGB). 3551

Eine Entwicklungsbereichssatzung tritt nicht wegen **Funktionslosigkeit** dadurch außer Kraft, dass sich die mit der Entwicklungsmaßnahme verfolgten Ziele im Nachhinein als unerreichbar erweisen. In diesem Fall ist vielmehr die Satzung gemäß § 169 I in Verbindung mit § 162 I 1 Nr. 2 BauGB aufzuheben.[7394] Die **Antragsbefugnis eines Wohnungsmieters** kann sich im Normenkontrollverfahren gegen eine Entwicklungsbereichssatzung aus seinem Interesse ergeben, eine Aufhebung des Mietverhältnisses auf der Grundlage der Satzung in Verbindung mit § 182 BauGB zu verhindern.[7395] 3552

10. Satzung zum Stadtumbau (§ 171 d BauGB)

Stadtumbaumaßnahmen sind gem. § 171 a II 1 BauGB Maßnahmen, durch die in von erheblichen städtebaulichen Funktionsverlusten betroffenen Gebieten Anpassungen zur Herstellung nachhaltiger städtebaulicher Strukturen vorgenommen werden. Erhebliche städtebauliche Funktionsverluste liegen nach § 171 a II 2 BauGB insbesondere vor, wenn ein dauerhaftes Überangebot an baulichen Anlagen für bestimmte Nutzungen, namentlich für Wohnzwecke, besteht oder zu erwarten ist, oder wenn die allgemeinen Anforderungen an den Klimaschutz und die Klimaanpassung nicht erfüllt werden. Stadtumbaumaßnahmen dienen gem. § 171 b III 1 BauGB dem Wohl der Allgemeinheit. Sie sollen insbesondere dazu beitragen, dass 1. die Siedlungsstruktur den Erfordernissen der Entwicklung von Bevölkerung und Wirtschaft sowie den allgemeinen Anforderungen an den Klimaschutz und die Klimaanpassung angepasst wird, 2. die Wohn- und Arbeitsverhältnisse sowie die Umwelt verbessert werden, 3. innerstädtische Bereiche gestärkt werden, 4. nicht mehr bedarfsgerechte bauliche Anlagen einer neuen Nutzung zugeführt werden, 5. einer anderen Nutzung nicht zuführbare bauliche Anlagen zurückgebaut werden, 6. brachliegende oder freigelegte Flächen einer nachhaltigen, insbesondere dem Klimaschutz und der Klimaanpassung dienenden städtebaulichen Entwicklung oder einer mit dieser verträglichen Zwischennutzung zugeführt werden und 7. innerstädtische Altbaubestände nachhaltig erhalten werden. 3553

Nach § 171 b I 1 BauGB kann die Gemeinde durch Beschluss ein Gebiet als Stadtumbaugebiet festlegen, in dem Stadtumbaumaßnahmen durchgeführt werden sollen- Es ist in seinem räumlichen Umfang so festzulegen, dass sich die Maßnahmen zweckmäßig durchführen lassen. Grundlage für einen solchen Beschluss ist nach § 171 b II 1 BauGB ein von der Gemeinde aufzustellendes **städtebauliches Entwicklungskonzept**, in dem die Ziele und Maßnahmen (§ 171a III BauGB) im Stadtumbaugebiet schriftlich darzustellen sind. Die öffentlichen und privaten Belange sind gegeneinander und untereinander gerecht abzuwägen. Im Zusammenhang mit Maßnahmen zum Stadtumbau kann die Gemeinde eine Satzung erlassen, um entsprechende Sicherungseffekte oder Maßnahmen begleitende Effekte zu erzielen. 3554

[7393] BVerwG NVwZ 2001, 1053.
[7394] BVerwG NVwZ 2001, 1050.
[7395] OVG Münster DÖV 2009, 466.

IV. Weitere Satzungen

3555 Die Fremdenverkehrssatzung, die Erschließungsbeitragssatzung, die Außenbereichssatzung und die Kostenerstattungssatzung (§ 135 c BauGB) runden das städtebauliche Satzungsrecht ab.

1. Fremdenverkehrssatzung – Ferienwohnung

3556 Die Gemeinden können durch Satzung (Bebauungsplan oder sonstige Satzung) einen Genehmigungsvorbehalt für die in § 22 I BauGB erfassten Rechtsvorgänge nach dem Wohnungseigentumsgesetz einführen. Die Satzung muss sich dabei auf das Gemeindegebiet oder Teile des Gemeindegebietes beziehen, soweit diese überwiegend durch den Fremdenverkehr geprägt sind (§ 22 I 1 BauGB).

3557 Erweiterte Planungsmöglichkeiten haben die Gemeinden durch die Städtebaurechtsnovelle 2017 auch zur Sicherung von Gebieten mit Fremdenverkehrsfunktionen erhalten (§ 22 BauGB). Durch entsprechend erweiterte Regelungen ist bei der Bildung von Wohnungseigentum eine stärkere Einflussnahme der Gemeinden ermöglicht worden. Die Gesetzesbegründung beschreibt dieses Sonderproblem wie folgt:[7396] Insbesondere auf den ost- und nordfriesischen Inseln wird dem Wohnungs- bzw. dem Ferienwohnungsmarkt in erheblichem Umfang Wohnraum entzogen durch die Bildung von Nebenwohnungen (Zweitwohnungen), also Wohnungen, die vom Eigentümer nicht im Sinne von § 21 II Bundesmeldegesetzes als Hauptwohnung, sondern nur vorübergehend als weitere Wohnung genutzt werden (§ 21 III Bundesmeldegesetz). In der Folge entstehen zum einen vermehrt sogenannte „Rollladensiedlungen", zum anderen fehlen Dauerwohnraum für „Insulaner" und Ferienwohnungen für den Fremdenverkehr. Soweit die Bildung von Nebenwohnungen durch Begründung von Wohnungs- oder Teileigentum (zwecks anschließender Veräußerung) erfolgt, kann dies von den Gemeinden durch eine Satzung nach § 22 BauGB zur Sicherung der Zweckbestimmung von Gebieten mit Fremdenverkehrsfunktion unter einen Genehmigungsvorbehalt gestellt und somit unterbunden werden. Zur Umgehung des Genehmigungsvorbehalts wird aber stattdessen vielfach sogenanntes Bruchteilseigentum nach § 1008 BGB gebildet; hierauf ist § 22 BauGB bislang nicht anzuwenden. Durch eine Anpassung des § 22 BauGB soll der Genehmigungsvorbehalt daher auf solche Fälle der Begründung von Bruchteilseigentum ausgeweitet werden, die der Bildung von Nebenwohnungen dienen und zudem – wie die Begründung von Wohnungs- und Teileigentum – einer Eintragung in das Grundbuch bedürfen, die vom Grundbuchamt im Falle einer ausbleibenden Genehmigung zu verweigern wäre. Da sich hiermit zwangsläufig nicht alle Fälle der Bildung von Nebenwohnungen erfassen lassen, soll es den Gemeinden darüber hinaus ermöglicht werden, durch die Satzung generell die Nutzung von Räumen in Wohngebäuden oder Beherbergungsbetrieben als Nebenwohnung unter einen bußgeldbewehrten Genehmigungsvorbehalt zu stellen. Die Neuregelung ermöglicht hier klarstellend, dass Ferienwohnungen auch in den allgemeinen Baugebieten und nicht nur in eigens ausgewiesenen Sondergebieten zulässig sind.

3558 Nach § 22 I 3 BauGB ist die Zweckbestimmung eines Gebiets für den Fremdenverkehr insbesondere anzunehmen bei Kurgebieten, Gebieten für die Fremdenbeherbergung, Wochenend- und Ferienhausgebieten, die im Bebauungsplan festgesetzt sind, und bei im Zusammenhang bebauten Ortsteilen, deren Eigenart solchen Gebieten entspricht, sowie bei sonstigen Gebieten mit Fremdenverkehrsfunktionen, die durch Beherbergungsbetriebe und Wohngebäude mit Fremdenbeherbergung geprägt sind. Das bestimmende Begriffsmerkmal ist insoweit das Merkmal der „Prägung".[7397] Es ist, so das BVerwG, nicht erforderlich, dass jedes einzelne Grundstück im Satzungsgebiet für Zwecke der Fremdenbeherbergung oder für Fremdenverkehrszwecke genutzt wird. Denn die städtebauliche Prägung eines bebauten Gebiets leite sich aus der für dieses Gebiet charakteristischen Art der baulichen Nutzung ab, ohne dass diese auf jedem einzelnen Grundstück in dem Gebiet vorliegen müsste. Maßgeblich sei nicht eine quantitative Gegenüberstellung der für Fremdenbeherbergung und der auf andere Weise genutzten

---

[7396] Gesetzentwurf der Bundesregierung. Entwurf eines Gesetzes zur Umsetzung der Richtlinie 2014/52/EU im Städtebaurecht und zur Stärkung des neuen Zusammenlebens in der Stadt, v. 23.1.2017 (Drs. 18/10942) (BauGB-ÄndG 2017), S. 33.

[7397] BVerwG ZfBR 2023, 254 = juris Rn. 5.

Grundstücke, sondern eine wertende Betrachtung, die die städtebauliche Besonderheit des vorgesehenen Satzungsgebiets zu erfassen suche.[7398]

Der Begriff der Prägung erfordert eine Wertung, bei der auf die wesentlichen Merkmale unter Vernachlässigung einzelner, gleichsam aus dem Gesamtbild herausfallender Nutzungsformen abzustellen ist. Es müssen Gründe vorliegen, die zur Sicherung der Zweckbestimmung von Gebieten mit Fremdenverkehrsfunktion einen Genehmigungsvorbehalt für die beschriebenen Rechtsvorgänge erforderlich machen. Die Begründung oder Teilung der Rechte muss die vorhandene oder vorgesehene Zweckbestimmung des Gebietes für den Fremdenverkehr und dadurch die geordnete städtebauliche Entwicklung beeinträchtigen. § 22 I 4 BauGB präzisiert die Zweckbestimmung in drei Fallgruppen. Die Zweckbestimmung eines Gebietes für den Fremdenverkehr ist insbesondere anzunehmen bei Kurgebieten, Gebieten für die Fremdenbeherbergung, Wochenend- und Ferienhausgebieten, die im Bebauungsplan festgesetzt sind, und bei im Zusammenhang bebauten Ortsteilen, deren Eigenart solchen Gebieten entspricht, sowie bei sonstigen Gebieten mit Fremdenverkehrsfunktionen, die durch Beherbergungsbetriebe und Wohngebäude mit Fremdenbeherbergung geprägt sind. Als problematisch hat sich dabei lediglich die Fallgruppe der sonstigen Gebiete erwiesen, bei der entscheidend auf die „Prägung" des Gebietes durch Beherbergungsbetriebe und Wohngebäude mit Fremdenbeherbergung abgestellt wird. Maßgeblich ist dabei nicht eine quantitative Gegenüberstellung der für Fremdenbeherbergung und der auf andere Weise genutzten Grundstücke, sondern eine wertende Betrachtung, welche die städtebauliche Besonderheit des vorgesehenen Satzungsgebiets erfasst. Die Prägung wird grundsätzlich nicht dadurch aufgehoben, dass sich in ihm auch Gemeinbedarfsflächen und Flächen öffentlicher Nutzung befinden.[7399] 3559

Über die Genehmigung entscheidet die Baugenehmigungsbehörde im Einvernehmen mit der Gemeinde in entsprechender Anwendung der Verfahrensregelungen für die Satzungen für die Sicherung von Gebieten mit Fremdenverkehrsfunktionen (§ 22 BauGB). Über den Antrag ist binnen eines Monats nach Eingang eines Antrags bei der Gemeinde zu entscheiden. Die Frist kann bis auf höchstens drei Monate verlängert werden. Nach Ablauf der Frist gilt die Genehmigung als erteilt. Das gilt auch für die Erteilung des Einvernehmens, wenn es nicht binnen zwei Monaten nach Eingang des Ersuchens der Genehmigungsbehörde verweigert wird. Sofern die Landesbauordnungen vorschreiben, dass Anträge bei den Gemeinden einzureichen sind, ist für den Fristbeginn der Zeitpunkt des Eingangs des Antrags bei der Gemeinde maßgeblich. § 22 VI BauGB verpflichtet das Grundbuchamt zur Beachtung des Genehmigungserfordernisses. Dies gilt mit dem Inkrafttreten der Satzung nach § 22 II BauGB und bezieht sich auf alle Grundstücke, die im Bereich der Satzung liegen. 3560

Gegen die Wirksamkeit des § 22 BauGB bestehen keine verfassungsrechtlichen Bedenken.[7400] Die Sicherung des Fremdenverkehrs kann ein legitimes städtebauliches Ziel darstellen.[7401] Die Vorschrift ist vor dem Hintergrund von Erfahrungen entstanden, dass die Begründung und Teilung von Wohnungseigentum oder Teileigentum in Fremdenverkehrsorten vielfach zur Umwandlung von Räumen, die bisher dem Fremdenverkehr dienten, in Zweitwohnungen geführt und damit die Fremdenverkehrsfunktion der Gemeinde geschwächt sowie eine städtebaulich unerwünschte Zersiedlung der Landschaft durch Ausweisung neuer Baugebiete bewirkt hat. Ohne den Genehmigungsvorbehalt nach § 22 BauGB könnte auf die Bildung von Wohnungseigentum nicht unmittelbar eingewirkt werden. Eine Prägung durch den Fremdenverkehr ist dann anzunehmen, wenn die öffentliche und private Infrastruktur der Gemeinde oder des Gemeindeteils auf die Fremdenverkehrsbedürfnisse ausgerichtet ist.[7402] Wird die Genehmigungspflicht durch Bebauungsplan begründet, so gelten die verfahrensrechtlichen Anforderungen für die Aufstellung eines Bebauungsplans mit Begründungs- und Entwicklungsgebot, Öffentlichkeits- und Behördenbeteiligung sowie Genehmigungsverfahren und ggf. bei landesrechtlicher Rechtsgrundlage ein Anzeigeverfahren. Wird eine (isolierte) Fremdenverkehrssatzung aufgestellt, so ist auch diese Satzung zu begründen (§ 22 X BauGB). Soll neben der Bestimmung des Genehmigungsvorbehalts die höchstzulässige Zahl der Wohnungen in Wohnge- 3561

7398 BVerwG ZfBR 2023, 254 = juris Rn. 5; VGH München Urt. v. 11.11.2021 – 2 N 20.87, juris Rn. 27; Söfker in EZBK, BauGB, 2022, § 22 Rn. 7.

7399 BVerwG DVBl. 1997, 1126. Zur Berechnung der Dauer der Zurückstellung nach § 22 VII 3 BauGB aF (§ 22 VI 3 BauGB n. F.) BVerwG UPR 1998, 109.

7400 BVerwG NVwZ 1995, 271; VGH Mannheim NJW 1993, 3216.

7401 BVerwGE 56, 283; Gaentzsch ZfBR 1991, 192.

7402 BVerwG NVwZ 1995, 271.

bäuden festgesetzt werden, ist den betroffenen Bürgern und in ihren Belangen berührten Behörden sowie sonstigen Trägern öffentlicher Belange innerhalb angemessener Frist Gelegenheit zur Stellungnahme zu geben. Eine Beschränkung der Wohnungszahl ist auch im Hinblick auf den Grundsatz des sparsamen Umgangs mit Grund und Boden (§ 1 a II 1 BauGB)[7403] und dem vom Gesetzgeber herausgestellten Belang der Deckung eines dringenden Wohnbedarfs zulässig.[7404] An den Satzungsbeschluss schließt sich die ortsübliche Bekanntmachung an (§ 22 II, 10 III 2 bis 5 BauGB). Das vormals in § 22 III BauGB 1986 geregelte Anzeigeverfahren ist entfallen.[7405]

3562 Die Regelungen zur Fremdenverkehrssatzung und die sich daraus für die Eigentümer ergebenden Einschränkungen stellen sich als verfassungsrechtlich grundsätzlich zulässige Inhalts- und Schrankenbestimmungen iS des Art. 14 I 2 GG dar. Die nach § 22 I BauGB ermöglichte Maßnahme zur Sicherung der Fremdenverkehrsfunktion erfordert von der Gemeinde eine Beurteilung, ob und in welcher Hinsicht sie von dem ihr eingeräumten Ermessen Gebrauch machen will, die in § 22 I BauGB aufgeführten Gebietsteile vor Beeinträchtigungen zu schützen. Die Gemeinde hat bei dieser Einschätzung einen autonomen Bewertungsfreiraum, der durch die Gerichte nicht vollständig überprüfbar ist.[7406] Die Gemeinde hat dabei zu beurteilen, welche Gebiete sie aus welchen städtebaulichen Erwägungen heraus als in ihrer Fremdenverkehrsfunktion schutzbedürftig ansieht. Diese auch kommunalpolitisch zu verantwortende Entscheidung darf das Gericht der Gemeinde nicht abnehmen.[7407] § 22 I BauGB ermächtigt die Gemeinde allerdings im Regelfall nicht, eine Fremdenverkehrssatzung für das gesamte Gemeindegebiet zu erlassen.[7408]

3563 Ist die gesamte bebaute Ortslage einer Gemeinde mit Ausnahme eines Gewerbegebiets durch Beherbergungsbetriebe und Wohngebäude mit Fremdenbeherbergung geprägt (§ 22 I 4 letzte Variante BauGB), kann die so geprägte Ortslage insgesamt (ohne das Gewerbegebiet) in den Geltungsbereich einer Fremdenverkehrssatzung einbezogen werden. Eine einzelne kleine Straße, in der weder ein Beherbergungsbetrieb noch ein Wohngebäude mit Fremdenbeherbergung vorhanden ist, muss nicht aus dem Geltungsbereich der Satzung ausgenommen werden. Die Zweckbestimmung eines durch Beherbergungsbetriebe und Wohngebäude mit Fremdenbeherbergung geprägten Gebiets für den Fremdenverkehr und dadurch die städtebauliche Entwicklung und Ordnung kann auch beeinträchtigt werden, wenn ein bisher nur für Dauerwohnzwecke genutztes Gebäude in Eigentumswohnungen aufgeteilt wird. Es gibt keinen allgemeinen Erfahrungssatz, dass große Eigentumswohnungen[7409] in Fremdenverkehrsorten nicht als Zweitwohnungen genutzt werden.[7410]

3564 § 22 BauGB liegt die tatsächliche Vermutung des Gesetzgebers zu Grunde, dass die Begründung von Wohnungseigentum in Fremdenverkehrsgebieten regelmäßig zu Zweitwohnungsnutzungen führt. Für den Fremdenverkehr hat dies die negative Folge, dass Wohnraum der wechselnden Benutzung durch Besucher und Gäste entzogen wird und die Tendenz zu sog. **Rollladensiedlungen** entsteht. Diese Vermutung des Gesetzgebers kann nicht durch die erklärte Absicht widerlegt werden, das Wohnungseigentum nicht als Zweitwohnung nutzen zu wollen. Die Zweckbestimmung eines Gebiets für den Fremdenverkehr wird dann iS von § 22 IV 1 BauGB beeinträchtigt, wenn durch die beantragte Begründung von Wohnungseigentum eine (weitere) Verschlechterung der städtebaulichen Situation eintritt. Dies kann sich auch aus einer negativen Vorbildwirkung ergeben.[7411] Fällt ein Grundstück in ein für den Fremdenverkehr einer Gemeinde besonders bedeutsames Gebiet, so zieht es hieraus auch einen besonderen wirtschaftlichen Vorteil. Dieser besondere Lagevorteil rechtfertigt eine gewisse Beschränkung der privatrechtlichen Gestaltungsmöglichkeit.[7412]

[7403] Zu den Voraussetzungen für die Festsetzung der höchstzulässigen Zahl von Wohnungen in Wohngebäuden siehe OVG Koblenz BauR 2023, 1212; Zur Flächensparsamkeit in der Bauleitplanung Wächter DVBl. 2009, 997; Schröer NZBau 2009, 768.

[7404] BVerwG ZfBR 1994, 145.

[7405] Zum vormals geregelten Anzeigeverfahren Hiltl BayVBl. 1993, 385.

[7406] BVerwG NVwZ 1992, 567.

[7407] BVerwG NVwZ 1995, 375.

[7408] BVerwG DVBl. 1994, 1149.

[7409] In dem vom BVerwG entschiedenen Fall betrug die Wohnfläche 124 bzw.174 m², BVerwG NVwZ 1995, 375.

[7410] BVerwG ZfBR 1996, 48.

[7411] BVerwG NVwZ 1995, 271; NVwZ 1995, 375.

[7412] BVerwG ZfBR 1996, 51.

Eine **besondere Härte** iS von § 22 IV 3 BauGB setzt besondere Umstände voraus. Es müssen ungewollte und unverhältnismäßige Belastungen des Eigentümers vorliegen.[7413] Daran fehlt es, wenn ein Eigentümer ein Wohnhaus errichtet[7414] und später feststellt, dass eine gewinnbringende Veräußerung nur bei einer Aufteilung in Wohnungs- und Teileigentum möglich ist, zumal wenn er in Kenntnis der Beschränkungen einer vorhandenen Satzung nach § 22 BauGB gehandelt hat. Die Fehlkalkulation eines Bauträgers allein kann die Erteilung einer Genehmigung nach der Härteklausel nicht rechtfertigen.[7415] 3565

Die **Änderungen durch das EAG Bau 2004** waren darauf gerichtet, das Grundbuchverfahren in den Fällen zu erleichtern, in denen eine Gemeinde – wie dies im überwiegenden Teil des Bundesgebiets der Fall ist – von der Ermächtigung zum Erlass einer solchen Satzung keinen Gebrauch gemacht hat.[7416] Die Praxis der Grundbuchämter ging nämlich häufig dahin, in jedem Fall der Begründung oder Teilung von Wohnungseigentum oder Teileigentum die Vorlage einer Genehmigung oder eines Negativattestes zu verlangen, selbst wenn die Gemeinde keine Fremdenverkehrssatzung erlassen hatte. Die geänderte Gesetzesfassung soll dieses ggf. in jedem Einzelfall erforderliche Negativattest entbehrlich machen und damit den Grundstücksverkehr entlasten. Die Erleichterung wird dadurch herbeigeführt, dass die Gemeinde dem Grundbuchamt den Satzungsbeschluss, die hiervon betroffenen Grundstücke sowie das Datum des Inkrafttretens der Satzung rechtzeitig mitteilt (§ 22 II 3 BauGB). Damit wird das Grundbuchamt allgemein vom Genehmigungsvorbehalt in Kenntnis gesetzt, sodass in allen Fällen, in denen ihm eine entsprechende Mitteilung nicht vorliegt, ein Negativattest nicht mehr erforderlich ist. Wichtig ist die Mitteilung eines genauen Termins des Inkrafttretens, damit für das Grundbuchamt eindeutig ist, ab welchem Zeitpunkt bei der Begründung oder Teilung von Wohnungseigentum eine Genehmigung erforderlich ist. Im Hinblick auf den Wegfall des Negativattestes entfällt auch das bisher in § 22 VI 3 BauGB 1998 geregelte Aussetzungsverfahren. Für die Aufhebung des Genehmigungsvorbehalts durch die Gemeinde gilt eine entsprechende Regelung: Die Gemeinde teilt dem Grundbuchamt die Aufhebung des Genehmigungsvorbehalts sowie die hiervon betroffenen Grundstücke unverzüglich mit (§ 22 VIII 2 BauGB). Mit Eingang dieser Mitteilung beim Grundbuchamt erlischt der Genehmigungsvorbehalt (§ 22 VIII 3 BauGB). 3566

Das für eine Genehmigung durchzuführende **Verfahren** wird in § 22 V 2 bis 5 BauGB geregelt.[7417] 3567

Mit § 244 VI BauGB wird sichergestellt, dass den Gemeinden, die von § 22 BauGB vor Inkrafttreten des EAG Bau 2004 Gebrauch gemacht haben, ein ausreichender Zeitraum zur Umstellung, insbesondere für die nach neuem Recht vorgesehene Mitteilung an das Grundbuchamt, verbleibt **(Überleitungsvorschrift)**. 3568

Durch die Städtebaurechtsnovelle 2017 sind weitere Ergänzungen erfolgt: Mit § 13 a BauNVO ist in Anlehnung an § 3 IV BauNVO klarstellend geregelt worden, dass **Ferienwohnungen** unbeschadet des § 10 BauNVO in der Regel zu den nach § 2 III Nr. 4 BauNVO und § 4 III Nr. 2 BauNVO ausnahmsweise zulässigen nicht störenden Gewerbebetrieben sowie zu den nach § 4a II Nr. 3, § 5 II Nr. 6, § 6 II Nr. 3, § 6a II Nr. 4 und § 7 II Nr. 3 BauNVO zulässigen Gewerbebetrieben zählen. Die Zulässigkeit von Ferienwohnungen soll sich damit nach den für diese Nutzungsarten geltenden Festsetzungen richten – gegebenenfalls unter Berücksichtigung von Festsetzungen nach § 1 V und IX BauNVO. Die Regelung hat folgenden Wortlaut: Räume oder Gebäude, die einem ständig wechselnden Kreis von Gästen gegen Entgelt vorübergehend zur Unterkunft zur Verfügung gestellt werden und die zur Begründung einer eigenen Häuslichkeit geeignet und bestimmt sind (Ferienwohnungen), gehören unbeschadet des § 10 BauNVO in der Regel zu den nicht störenden Gewerbebetrieben nach §§ 2 III Nr. 4 und 4 III Nr. 2 BauNVO oder zu den Gewerbebetrieben nach §§ 4a II Nr. 3, 5 II Nr. 6, 6 II Nr. 4, 6a II Nr. 4 und 7 II Nr. 3 BauNVO. Abweichend von S. 1 können Räume nach S. 1 in den übrigen Fällen insbesondere bei einer baulich untergeordneten Bedeutung gegenüber der in dem Gebäude vorherrschenden Hauptnutzung zu den Betrieben des Beherbergungsgewerbes nach §§ 4 III Nr. 1, 4a II Nr. 2, 5 II Nr. 5, 6 II Nr. 3, 6a II Nr. 3 und 7 II Nr. 2 BauNVO oder zu den kleinen Betrieben des Beherbergungsgewerbes nach § 3 III Nr. 1 BauNVO gehören. 3569

[7413] Krautzberger in: BKL § 22 Rn. 16.
[7414] VGH München Beschl. v. 20.10.2008 – 2 ZB 8.2495 – Wohngebäude im Außenbereich.
[7415] BVerwG ZfBR 1996, 48.
[7416] EAG Bau 2004 – Mustererlass 2004.
[7417] Siehe auch OVG Berlin-Brandenburg Beschl. v. 19.8.2021 – 2 S 7/21, juris.

3570 Ferienwohnungen werden dabei definiert als Räume oder Gebäude, die einem ständig wechselnden Kreis von Gästen gegen Entgelt vorübergehend zur Unterkunft zur Verfügung gestellt werden und die zur Begründung einer eigenen Häuslichkeit geeignet und bestimmt sind. Der Begriff Ferienwohnung impliziert dabei, dass eine Anmietung regelmäßig für Zwecke der Freizeit- und Urlaubsgestaltung erfolgt. Die Neuregelung lässt § 10 BauNVO unberührt. Insbesondere haben Ferienhäuser nach § 10 IV BauNVO aufgrund ihrer Belegenheit in einem Ferienhausgebiet von vornherein eine andere städtebauliche Qualität als Ferienwohnungen iS des § 13a BauNVO. Zweckentfremdungsgesetze der Länder, die auf der Gesetzgebungskompetenz der Länder für das Wohnungswesen beruhen, werden von der Neuregelung nicht berührt.[7418] In § 13a 2 BauNVO enthält eine insbesondere auf reine Wohngebiete zielende Regelung zu Ferienwohnungen. Dem liegt zugrunde, dass eine Ferienwohnung nach ihrer städtebaulichen Wirkung einschließlich ihres Störpotentials als kleiner Betrieb des Beherbergungsgewerbes angesehen werden kann, auch wenn keine Bewirtungsleistungen erbracht wurden.[7419] Zugleich wurden die Regelungen über die Ordnungswidrigkeiten durch § 213 II und III BauGB verschärft.

2. Erschließungsbeitragssatzung

3571 Nach § 127 I BauGB erheben die Gemeinden zur Deckung ihres anderweitig nicht gedeckten Aufwandes für Erschließungsanlagen einen Erschließungsbeitrag nach Maßgabe der Vorschriften des BauGB. Gemäß § 133 II 1 BauGB entsteht die Erschließungsbeitragspflicht mit der endgültigen Herstellung der Erschließungsanlagen, für Teilbeträge, sobald die Maßnahmen, deren Aufwand durch die Teilbeträge gedeckt werden soll, abgeschlossen sind.

3572 Die Erhebung der Erschließungsbeiträge erfolgte früher auf bundesrechtlicher Grundlage in einer Erschließungsbeitragssatzung, die Art und Umfang der Erschließungsanlagen, die Art der Ermittlung und der Verteilung des Aufwandes sowie die Höhe des Einheitssatzes, die Kostenspaltung und die Merkmale der endgültigen Herstellung einer Erschließungsanlage regelt (§ 132 BauGB). Die Erschließungsbeitragssatzung wird ohne Öffentlichkeits- oder Behördenbeteiligung und ohne Genehmigungs- oder Anzeigeverfahren aufgestellt. Auch eine Begründung der Satzung ist nicht erforderlich. Durch die Änderung des GG durch das Verfassungsreformgesetz 1994 hat der Bundesgesetzgeber für diesen Teil des städtebaulichen Satzungsrechts wie auch das gesamte Erschließungsbeitragsrecht seine Gesetzgebungskompetenz verloren, sodass neue Vorschriften nur von den Ländern erlassen werden können (Art. 74 I Nr. 18 GG). Die bisherigen Rechtsvorschriften des BauGB bleiben jedoch weiterhin als Rechtsgrundlage für Erschließungsbeitragssatzungen erhalten.[7420] Der Zweck des § 132 Nr. 4 BauGB, den betroffenen Bürgern die endgültige Herstellung der Erschließungsanlage möglichst eindeutig erkennbar zu machen, wird nicht gefährdet, wenn der Grunderwerb zum Herstellungsmerkmal erklärt wird. Denn er lässt sich anhand eines objektiven, eindeutig erkennbaren Kriteriums feststellen, nämlich der Eintragung im Grundbuch. Unwirksam ist dagegen eine den Grunderwerb betreffende Merkmalsregelung, wenn sie an den Maßgaben oder Bedingungen anknüpft, die die betroffenen Bürger nicht anhand objektiver Kriterien sicher feststellen können.[7421] Der grundsätzliche Ausschluss eines Anspruchs auf **Mehrfacherschließung** muss ausnahmsweise zurücktreten, wenn der Verkehr innerhalb eines Abfindungsgrundstücks durch natürliche Hindernisse unterbrochen ist und dadurch die Nutzung der Abfindungsteile zu dem angerechneten Wert erschwert wird.[7422]

[7418] Gesetzentwurf der Bundesregierung. Entwurf eines Gesetzes zur Umsetzung der Richtlinie 2014/52/EU im Städtebaurecht und zur Stärkung des neuen Zusammenlebens in der Stadt, v. 23.1.2017 (Drs. 18/10942) (BauGB-ÄndG 2017), S. 54.

[7419] Beschlussempfehlung und Bericht des Ausschusses für Umwelt, Naturschutz, Bau und Reaktorsicherheit (16. Ausschuss) vom 8.3.2017 (Drs. 18/11439), S. 19.

[7420] Schaupp-Haag VBlBW 2009, 131. Zu den Untiefen dieses Rechtsgebietes Driehaus DVBl. 2005, 58; ders. ZMR 2005, 81; Storost DVBl. 2005, 1004; Kärgel ZMR 2005, 930. Zur Tiefenbegrenzung in der Beitragssatzung Sauthoff NVwZ 2005, 743.

[7421] BVerwG Beschl. v. 9.8.2013 – 9 B 31.13, juris.

[7422] BVerwG Beschl. v. 31.1.2012 – 9 B 4.12, juris. Zur Frage, ob sich das Ermessen der Gemeinde, die Erschließungsanlage in Abschnitte aufzuteilen und abzurechnen, deshalb verdichten kann, weil für einen Beitragspflichtigen nur ein Teil der Erschließungsanlage einen Vorteil vermittelt, BVerwG Beschl. v. 9.1.2013 – 9 B 33.12, juris.

Eine **Erschließungseinheit** iSd § 130 II 3 BauGB liegt auch dann vor, wenn von derselben Hauptstraße nicht nur eine, sondern mehrere funktional von ihr abhängige Nebenstraßen abzweigen.[7423] Der Erschließungsaufwand für die eine Erschließungseinheit bildenden Anlagen kann nur entweder gemeinsam für alle Anlagen oder für jede Anlage getrennt abgerechnet werden. Unabhängig von einem darauf gerichteten Willen der Gemeinde entsteht eine Pflicht zur gemeinsamen Abrechnung des beitragsfähigen Aufwandes für die eine Erschließungseinheit bildenden Anlagen, wenn im Zeitpunkt unmittelbar vor der endgültigen Herstellung der ersten Anlage absehbar ist, dass bei getrennter Abrechnung der sich für die Hauptstraße ergebende Beitragssatz voraussichtlich um mehr als ein Drittel höher sein wird als die jeweils für die Nebenstraßen geltenden Beitragssätze[7424] Besteht eine Rechtspflicht zur gemeinsamen Abrechnung, sind „Erschließungsanlagen" iSd § 133 II 1 BauGB die eine Erschließungseinheit bildenden Anlagen; die Beitragspflicht entsteht erst, wenn die gesamte Erschließungseinheit endgültig hergestellt ist. Fehlt es an einer Zusammenfassungsentscheidung, ist die auf den maßgeblichen Zeitpunkt unmittelbar vor endgültiger Herstellung der ersten Anlage bezogene Prognose der Beitragsbelastung der Anlieger der Hauptstraße im Vergleich zu den Anliegern der Nebenstraßen nachträglich vorzunehmen.[7425] 3573

Die Begründung einer Erschließungsbeitragspflicht kann unter dem auch im öffentlichen Recht Geltung beanspruchenden Gesichtspunkt von **Treu und Glauben** in Betracht kommen; der Beitragspflichtige kann insbesondere unter dem Gesichtspunkt unzulässiger Rechtsausübung bzw. des Verbots widersprüchlichen Verhaltens gehindert sein, sich auf fehlende rechtliche oder tatsächliche Voraussetzungen für eine Beitragserhebung zu berufen.[7426] Unter dem bei **Massengeschäften** bedeutsamen Gesichtspunkt der Verwaltungspraktikabilität ist es verfassungsrechtlich unbedenklich, dass der Beitragsgläubiger durch § 134 IV Halbs 4 BauGB ermächtigt wird, unter mehreren Miteigentümern denjenigen auf den vollen Erschließungsbeitrag in Anspruch zu nehmen, der ihm für eine Heranziehung am geeignetsten erscheint.[7427] 3574

Es ist Aufgabe des Gesetzgebers und nicht der Gerichte in Wahrnehmung seines weiten Gestaltungsspielraums einen Ausgleich zwischen den Interessen der Allgemeinheit an der Beitragserhebung und der Beitragspflichtigen an einer zeitlich nicht unbegrenzten Inanspruchnahme zu schaffen.[7428] Das Gebot der **Belastungsklarheit** und -vorhersehbarkeit (Art. 2 I, Art. 20 III GG) erstreckt sich auf alle Abgaben zum Vorteilsausgleich. Daher muss auch die Möglichkeit zur Erhebung von Erschließungsbeiträgen nach Eintritt der tatsächlichen Vorteilslage zeitlich begrenzt werden. Das Gebot der Belastungsklarheit und -vorhersehbarkeit verlangt, dass der Zeitpunkt des Eintritts der tatsächlichen Vorteilslage für die Beitragspflichtigen erkennbar ist.[7429] 3575

3. Außenbereichssatzung

Für bebaute Bereiche im Außenbereich, die nicht überwiegend landwirtschaftlich geprägt sind und in denen eine Wohnbebauung von einigem Gewicht vorhanden ist, kann die Gemeinde gem. § 35 VI BauGB durch Satzung bestimmen, dass Wohnzwecken dienenden Vorhaben bestimmte, in der Vorschrift benannte öffentliche Belange nicht entgegengehalten werden können. Die Satzung kann auch auf Vorhaben erstreckt werden, die kleineren Handwerks- und Gewerbebetrieben dienen. Durch die Außenbereichssatzung soll die planungsrechtliche Zulässigkeit von nicht privilegierten Vorhaben im Außenbereich maßvoll erweitert werden. Ziel einer Außenbereichssatzung kann es nur sein, eine im Außenbereich vorhandene Wohnnutzung und deren Weiterentwicklung einzugrenzen und quasi zum Schutz des Außenbereichs „abzukapseln". Sie darf nicht dazu genutzt werden, durch Nutzungsänderung einer überwiegend nur vorhandenen Wochenendhausbebauung sowie deren bauliche Erweiterungsmöglichkeiten eine Wohnbebauung in einem Waldgebiet „im großen Stil" erst zu ermöglichen.[7430] 3576

[7423] BVerwG NVwZ 2013, 876; Driehaus KStZ 2013, 87, 91; siehe auch BVerwGE 95, 176.

[7424] BVerwG NVwZ 2013, 876; Driehaus KStZ 2013, 87, 91; BVerwGE 134, 139 Rn. 30.

[7425] BVerwG NVwZ 2013, 876, Driehaus KStZ 2013, 87, 91.

[7426] BVerwG Beschl. v. 25.9.2013 – 9 B 32.13, juris; BVerwGE 136, 126.

[7427] BVerfG NVwZ 1995, 1198.

[7428] BVerwGE 163, 58 = juris Rn. 20.

[7429] BVerfG NVwZ 2022, 59.

[7430] OVG Berlin-Brandenburg BauR 2009, 1629; BVerwGE 126, 233.

Eine Außenbereichssatzung iS des § 35 VI BauGB begünstigt nur die Errichtung von Vorhaben, die Wohnzwecken dienen. Anderen sonstigen Vorhaben im Geltungsbereich einer derartigen Satzung kann auch in Anbetracht möglicherweise hinzukommender Wohnbebauung entgegenstehen, dass sie die Verfestigung einer Splittersiedlung iS des § 35 III 1 Nr. 7 BauGB befürchten lassen.[7431] Eine Außenbereichssatzung muss zudem mit einer geordneten städtebaulichen Entwicklung vereinbar und städtebaulich erforderlich sein (§ 35 VI 1 Nr. 1 BauGB).[7432] Der Hinweiszweck iS des § 214 I 1 Nr. 4 BauGB ist verfehlt, wenn bei der Bekanntmachung einer Außenbereichssatzung der abgedruckte Kartenausschnitt zur Kennzeichnung des Geltungsbereichs nur einen „vergrößerungsglasartig" fett gedruckten Ring von annähernd dreifachem Durchmesser des Satzungsgebiets abbildet.[7433]

3577 Ein Antragsteller besitzt nicht deshalb die **Antragsbefugnis** für ein Normenkontrollverfahren gegen eine Außenbereichssatzung nach § 35 VI BauGB, weil er Eigentümer eines im Geltungsbereich der Satzung belegenen Grundstücks ist. Private Belange eines Grundstücksnachbarn, die in den Anwendungsbereich des Rücksichtnahmegebots fallen, sind bei der Beschlussfassung über eine Außenbereichssatzung regelmäßig nicht in die Abwägung einzustellen. Das BVerwG hat die Antragsbefugnis eines Grundeigentümers gegen einen Bebauungsplan, der Festsetzungen für sein Grundstück trifft, mit Art. 14 I 2 GG begründet: Eine planerische Festsetzung nach § 9 I BauGB stelle eine Bestimmung des Inhalts des Grundeigentums dar. Die Rechtswidrigkeit eines derartigen normativen Eingriffs in das Grundeigentum dürfe der Eigentümer deshalb durch Einleitung eines Normenkontrollverfahrens abwehren. Dies gelte auch dann, wenn der Bebauungsplan eine für den Eigentümer im Vergleich zur bisherigen Rechtslage an sich günstige Festsetzung treffe; denn auch diese könne ihn zugleich in der baulichen Nutzung seines Grundstücks beschränken und für ihn nachteilig sei.[7434] Auf Grundeigentümer im Geltungsbereich einer Außenbereichssatzung lassen sich die Erwägungen nicht übertragen. Eine Außenbereichssatzung beschränkt nicht die Nutzungsbefugnisse, die das Eigentum vermittelt; vielmehr hat sie ausschließlich eine positive, die Zulässigkeit bestimmter nicht privilegierter Vorhaben unterstützende, aber keine negative Wirkung.[7435]

V. Fehlerunbeachtlichkeit nach den §§ 214, 215 BauGB

3578 Für alle städtebaulichen Satzungen gelten die eingeschränkten Wirksamkeitsvoraussetzungen in den §§ 214, 215 BauGB und die Heilungsmöglichkeiten durch ein ergänzendes Verfahren nach § 214 IV BauGB.[7436] § 214 I und II BauGB macht die Wirksamkeit der Satzungen von der Einhaltung bestimmter Verfahrens- und Formvorschriften abhängig. Die einzelnen Verfahrens- und Formerfordernisse werden dabei zu Gruppen zusammengefasst.

3579 Für die Abwägung ist die **Sach- und Rechtslage** im Zeitpunkt der Beschlussfassung über den Bauleitplan maßgebend (§ 214 III 1 BauGB). Mängel im Abwägungsvorgang sind nur erheblich, wenn sie offensichtlich und auf das Abwägungsergebnis von Einfluss gewesen sind (§ 214 III 2 BauGB).[7437] Eine Heilung der städtebaulichen Satzung kann unter den Voraussetzungen des § 13 BauGB auch in einem vereinfachten Verfahren durchgeführt werden.[7438] Neben einem numerus clausus der Fehler in § 214 BauGB sind nach § 215 BauGB bestimmte Fehler nur auf eine Rüge hin beachtlich und nach Ablauf der einjährigen Rügefrist unbeachtlich.[7439] Zudem ist in der Regel eine Fehlerheilung möglich. So gehört etwa der Mangel einer fehlenden Ausfertigung des Bebauungsplans zu den sonstigen Verfahrens- und Formfehlern, die nach § 214 IV BauGB geheilt werden können.[7440]

7431 OVG Münster Urt. v. 13.11.2009 – 7 A 1236/08, juris; BVerwG NVwZ 1984, 434.

7432 OVG Münster Urt. v. 17.4.2009 – 10 D 27/07.NE, juris.

7433 OVG Berlin-Brandenburg BauR 2009, 1629; BVerwGE 126, 233.

7434 BVerwG BauR 2020, 237.

7435 BVerwG BauR 2020, 238; BauR 2004, 1131.

7436 Siehe zum Anwendungsbereich des § 214 BauGB Uechtritz in BeckOK BauGB, 2023, § 214 Rn. 5; Michler in Kröninger/Jeromin, BauGB/BauNVO, 2024, § 214 Rn. 4.

7437 BVerwG BRS 54 (1992), Nr. 18.

7438 BVerwG NVwZ 1990, 361.

7439 Peine NVwZ 1989, 637; Gassner BauR 1993, 33.

7440 BVerwG NVwZ 1990, 258.

13. Teil. Städtebaurecht in den Ländern – Überleitungsrecht

Das BauROG 1998 hat in den alten und neuen Ländern ein einheitliches Städtebaurecht geschaffen. Die vormals bestehenden Sonderregelungen für die neuen Länder sind bereits durch das BauROG 1998 gestrichen worden. Allerdings haben die Länder in einigen Bereichen des Städtebaurechts die Möglichkeit, abweichende Regelungen zu schaffen. 3580

I. Sonderregelungen in den Ländern

Sonderregelungen für einzelne Länder sind in § 246 BauGB enthalten. Dabei ist zwischen den Sonderregelungen für die Stadtstaaten Berlin, Bremen und Hamburg und Ermächtigungen zu Sonderregelungen für die einzelnen Länder zu unterscheiden. 3581

In den Ländern Berlin und Hamburg entfallen nach § 246 I BauGB die in § 6 I, § 10 II und § 190 I BauGB vorgesehenen Genehmigungen oder Zustimmungen; das Land Bremen kann bestimmen, dass diese Genehmigungen oder Zustimmungen entfallen. Die Länder können nach § 246 Ia BauGB bestimmen, dass Bebauungspläne, die nicht der Genehmigung bedürfen und Satzungen nach § 34 IV 1, § 35 VI und § 165 VI BauGB vor ihrem Inkrafttreten der höheren Verwaltungsbehörde anzuzeigen sind; dies gilt nicht für Bebauungspläne nach § 13 BauGB. Die höhere Verwaltungsbehörde hat die Verletzung von Rechtsvorschriften, die eine Versagung der Genehmigung nach § 6 II BauGB rechtfertigen würde, innerhalb eines Monats nach Eingang der Anzeige geltend zu machen. Der Bebauungsplan und die Satzungen dürfen nur in Kraft gesetzt werden, wenn die höhere Verwaltungsbehörde die Verletzung von Rechtsvorschriften nicht innerhalb der in Satz 2 bezeichneten Frist geltend gemacht hat (§ 246 Ia BauGB). 3582

Die Länder Berlin und Hamburg bestimmen, welche Form der Rechtsetzung an die Stelle der in diesem Gesetzbuch vorgesehenen Satzungen tritt. Das Land Bremen kann eine solche Bestimmung treffen. Die Länder Berlin, Bremen und Hamburg können eine von § 10 III, § 16 II, § 22 II, § 143I, § 162 II 2 bis 4 und § 165 VIII BauGB abweichende Regelung treffen (§ 246 II BauGB). 3583

§ 171 f. BauGB ist nach § 246 III BauGB auch auf Rechtsvorschriften der Länder anzuwenden, die vor dem 1.1.2007 in Kraft getreten sind. 3584

Die Senate der Länder Berlin, Bremen und Hamburg werden ermächtigt, die Vorschriften dieses Gesetzbuchs über die Zuständigkeit von Behörden dem besonderen Verwaltungsaufbau ihrer Länder anzupassen (§ 246 IV BauGB). Das Land Hamburg gilt für die Anwendung dieses Gesetzbuchs auch als Gemeinde (§ 26 V BauGB). § 9 II 2d BauGB gilt entsprechend für Pläne, die gemäß § 173 III 1 BBauG in Verbindung mit § 233 III BauGB als Bebauungspläne fortgelten. 3585

Die Länder können bestimmen, dass § 34 I 1 BauGB bis zum 31.12.2004 nicht für Einkaufszentren, großflächige Einzelhandelsbetriebe und sonstige großflächige Handelsbetriebe im Sinne von § 11 III BauNVO anzuwenden ist. Wird durch eine solche Regelung die bis dahin zulässige Nutzung eines Grundstücks aufgehoben oder wesentlich geändert, ist § 238 III BauGB entsprechend anzuwenden (§ 246 VII BauGB). 3586

II. Sonderregelungen für Flüchtlingsunterkünfte

§ 246 BauGB enthält außerdem umfassende und befristete Sonderregelungen für Flüchtlingsunterkünfte. Bis zum Ablauf des 31.12.2024 gilt § 34 IIIa 1 BauGB entsprechend für die Nutzungsänderung zulässigerweise errichteter baulicher Anlagen in bauliche Anlagen, die der Unterbringung von Flüchtlingen oder Asylbegehrenden dienen, und für deren Erweiterung, Änderung oder Erneuerung (§ 246 VIII BauGB). 3587

Bis zum Ablauf des 31.12.2024 gilt die Rechtsfolge des § 35 IV 1 BauGB für Vorhaben entsprechend, die der Unterbringung von Flüchtlingen oder Asylbegehrenden dienen, wenn das Vorhaben im unmittelbaren räumlichen Zusammenhang mit nach § 30 I oder § 34 BauGB zu beurteilenden bebauten Flächen innerhalb des Siedlungsbereichs erfolgen soll (§ 246 VIX BauGB). 3588

Bis zum Ablauf des 31.12.2024 kann in Gewerbegebieten (§ 8 BauNVO auch in Verbindung mit § 34 II BauGB) für Aufnahmeeinrichtungen, Gemeinschaftsunterkünfte oder sonstige Unterkünfte für Flüchtlinge oder Asylbegehrende von den Festsetzungen des Bebauungsplans 3589 befreit werden, wenn an dem Standort Anlagen für soziale Zwecke als Ausnahme zugelassen werden können oder allgemein zulässig sind und die Abweichung auch unter Würdigung nachbarlicher Interessen mit öffentlichen Belangen vereinbar ist. § 36 BauGB gilt entsprechend (§ 246 X BauGB).

3590 Soweit in den Baugebieten nach den §§ 2 bis 7 BauNVO auch in Verbindung mit § 34 II BauGB Anlagen für soziale Zwecke als Ausnahme zugelassen werden können, gilt § 31 I BauGB mit der Maßgabe, dass dort bis zum Ablauf des 31.12.2024 Aufnahmeeinrichtungen, Gemeinschaftsunterkünfte oder sonstige Unterkünfte für Flüchtlinge oder Asylbegehrende in der Regel zugelassen werden sollen. Satz 1 gilt entsprechend für in übergeleiteten Plänen festgesetzte Baugebiete, die den in § 246 XI 1 BauGB genannten Baugebieten vergleichbar sind (§ 246 XI BauGB).

3591 Bis zum Ablauf des 31.12.2024 kann für die auf längstens drei Jahre zu befristende 1. Errichtung mobiler Unterkünfte für Flüchtlinge oder Asylbegehrende, 2. Nutzungsänderung zulässigerweise errichteter baulicher Anlagen in Gewerbe- und Industriegebieten sowie in Sondergebieten nach den §§ 8 bis 11 BauNVO (auch in Verbindung mit § 34 II BauGB) in Aufnahmeeinrichtungen, Gemeinschaftsunterkünfte oder sonstige Unterkünfte für Flüchtlinge oder Asylbegehrende von den Festsetzungen des Bebauungsplans befreit werden, wenn die Befreiung auch unter Würdigung nachbarlicher Interessen mit den öffentlichen Belangen vereinbar ist. Die genannte Frist von drei Jahren kann bei Vorliegen der dort genannten Befreiungsvoraussetzungen um weitere drei Jahre verlängert werden, längstens jedoch bis zum Ablauf des 31.12.2027. Sofern die Frist bereits abgelaufen ist, gilt § 246 XII 1 BauGB auch für die auf drei Jahre, längstens jedoch bis zum Ablauf des 31.12.2027 zu befristende Fortsetzung der zuvor ausgeübten Nutzung einer bestehenden baulichen Anlage entsprechend. § 36 BauGB gilt entsprechend (§ 246 XII BauGB).

3592 Im Außenbereich (§ 35 BauGB) gilt unbeschadet des § 246 IX BauGB bis zum Ablauf des 31.12.2024 die Rechtsfolge des § 35 IV 1 BauGB entsprechend für 1. die auf längstens drei Jahre zu befristende Errichtung mobiler Unterkünfte für Flüchtlinge oder Asylbegehrende, 2. die Nutzungsänderung zulässigerweise errichteter baulicher Anlagen, auch wenn deren bisherige Nutzung aufgegeben wurde, in Aufnahmeeinrichtungen, Gemeinschaftsunterkünfte oder sonstige Unterkünfte für Flüchtlinge oder Asylbegehrende, einschließlich einer erforderlichen Erneuerung oder Erweiterung. Die in § 26 XIII 1 Nr. 1 BauGB genannte Frist von drei Jahren kann um weitere drei Jahre, längstens jedoch bis zum Ablauf des 31.12.2027 verlängert werden; für die Verlängerung gilt die Rechtsfolge des § 35 IV 1 BauGB entsprechend. Sofern die Frist bereits abgelaufen ist, gilt auch für die Entscheidung über die auf drei Jahre, längstens jedoch bis zum Ablauf des 31.12.2027 zu befristende erneute Zulässigkeit einer bereits errichteten mobilen Unterkunft für Flüchtlinge oder Asylbegehrende die Rechtsfolge des § 35 IV 1 BauGB entsprechend. Für Vorhaben nach § 246 XIII 1 BauGB gilt § 35 V 2 Halbsatz 1 und Satz 3 BauGB entsprechend. Wird zum Zeitpunkt einer Nutzungsänderung nach § 246 XIII 1 Nr. 2 BauGB eine Nutzung zulässigerweise ausgeübt, kann diese im Anschluss wieder aufgenommen werden; im Übrigen gelten für eine nachfolgende Nutzungsänderung die allgemeinen Regeln. Die Rückbauverpflichtung nach § 246 XIII 4 BauGB entfällt, wenn eine nach § 246 XIII 5 BauGB zulässige Nutzung aufgenommen wird oder wenn sich die Zulässigkeit der nachfolgenden Nutzung aus § 30 I, II oder § 33 BauGB ergibt. Die Sicherstellung der Rückbauverpflichtung nach § 246 XIII 4 BauGB in entsprechender Anwendung des § 35 Absatz 5 Satz 3 ist nicht erforderlich, wenn Vorhabenträger ein Land oder eine Gemeinde ist (§ 246 XIII BauGB).

3593 Von § 246 VIII bis XIII BauGB darf nur Gebrauch gemacht werden, soweit dringend benötigte Unterkünfte im Gebiet der Gemeinde, in der sie entstehen sollen, nicht oder nicht rechtzeitig bereitgestellt werden können (§ 246 XIIIa BauGB).

3594 Soweit auch bei Anwendung von § 246 VIII bis XIII BauGB dringend benötigte Unterkunftsmöglichkeiten im Gebiet der Gemeinde, in der sie entstehen sollen, nicht oder nicht rechtzeitig bereitgestellt werden können, kann bei Aufnahmeeinrichtungen, Gemeinschaftsunterkünften oder sonstigen Unterkünften für Flüchtlinge oder Asylbegehrende bis zum Ablauf des 31.12.2024 von den Vorschriften de BauGB oder den aufgrund des BauGB erlassenen Vorschriften in erforderlichem Umfang abgewichen werden. Zuständig ist die höhere Verwaltungsbehörde. Die Gemeinde ist anzuhören; diese Anhörung tritt auch an die Stelle des in § 14 II 2 BauGB vorgesehenen Einvernehmens. § 246 XIX 3 BauGB findet keine Anwendung, wenn Vorhabenträger die Gemeinde oder in deren Auftrag ein Dritter ist. Für Vorhaben nach § 214 XIV 1 BauGB gilt § 35 V 2 erster Halbsatz und Satz 3 BauGB entsprechend. § 246

XIII 5 BauGB gilt entsprechend. Die Rückbauverpflichtung § 246 XIII 5 BauGB entfällt, wenn eine nach § 246 XIII 6 BauGB zulässige Nutzung aufgenommen wird oder wenn sich die Zulässigkeit der nachfolgenden Nutzung aus § 30 I, II oder § 33 BauGB ergibt. Die Sicherstellung der Rückbauverpflichtung nach § 246 XIV 5 BauGB in entsprechender Anwendung des § 35 V 3 BauGB ist nicht erforderlich, wenn Vorhabenträger ein Land oder eine Gemeinde ist. Wenn Vorhabenträger ein Land oder in dessen Auftrag ein Dritter ist, gilt § 37 III BauGB entsprechend; im Übrigen findet § 37 BauGB bis zum Ablauf des 31.12.2024 auf Vorhaben nach § 246 XIV 1 BauGB keine Anwendung.

In Verfahren zur Genehmigung von baulichen Anlagen, die der Unterbringung von Flüchtlingen oder Asylbegehrenden dienen, gilt bis zum 31.12.2024 das Einvernehmen abweichend von § 36 II 2 BauGB (auch in Verbindung mit § 246 X 2 und XII 2 BauGB) als erteilt, wenn es nicht innerhalb eines Monats verweigert wird (§ 246 XV BauGB). 3595

Bei Vorhaben nach § 246 IX und XIII BauGB sowie bei Vorhaben nach § 246 XIV BauGB im Außenbereich gilt § 18 III 2 BNatSchG bis zum 31.12.2024 entsprechend (§ 246 XVI BauGB). 3596

Die Befristung bis zum Ablauf des 31.12.2024 in § 246VIII bis XIII sowie XIV bis XVI BauGB bezieht sich nicht auf die Geltungsdauer einer Genehmigung, sondern auf den Zeitraum, bis zu dessen Ende im bauaufsichtlichen Zulassungsverfahren von den Vorschriften Gebrauch gemacht werden kann (§ 246 XVII BauGB). 3597

III. Berlin als Hauptstadt

Im Interesse der Herstellung der Einheit Deutschlands wird dem Bund durch § 247 BauGB ein Mitspracherecht bei der kommunalen Bauleitplanung in der Bundeshauptstadt eingeräumt. Dabei galt es, die Interessen des Bundes an einer weitgehenden Mitsprache und Mitentscheidung bei Vorhaben, die der Entwicklung Berlins als Hauptstadt Deutschland dienen und sich aus den Erfordernissen der Verfassungsorgane des Bundes ergeben, mit Belangen der örtlichen Stadtplanung zum Ausgleich zu bringen. Die Baumaßnahmen im Bereich des Deutschen Reichstags und des Spreebogens sowie die Diskussionen um die Wiedererrichtung des Berliner Stadtschlosses und die Entscheidungen für den Umzug von Bundespräsidenten, Bundestag, Bundesrat und Bundesregierung[7441] sind nur einige herausragende Beispiele für die tief greifenden Veränderungen, in denen Berlin als Metropole Deutschlands begriffen war.[7442] 3598

§ 247 BauGB sieht zur Abstimmung der gegenseitigen Interessen zwischen Bund und Berlin einen **gemeinsamen Ausschuss** vor (§ 247 II BauGB), dem allerdings keine Entscheidungsbefugnisse zustehen. Kommt es in dem Ausschuss zu keiner Übereinstimmung, können Bundespräsident, Deutscher Bundestag, Bundesrat und Bundesregierung als Verfassungsorgane des Bundes ihre Erfordernisse unter Berücksichtigung einer geordneten städtebaulichen Entwicklung Berlins eigenständig feststellen. Dabei ist allerdings auf die geordnete städtebauliche Entwicklung Berlins Rücksicht zu nehmen. Die Bauleitpläne und sonstigen städtebaulichen Satzungen sind entsprechend anzupassen (§ 247 III BauGB). Das Anpassungsgebot an die Entwicklung Berlins ist dem in § 1 IV BauGB enthaltenen Anpassungsgebot der kommunalen Bauleitplanung an die Raumordnung vergleichbar. Im Interesse eines Umzuges der Verfassungsorgane nach Berlin wurden die Regelungen über städtebauliche Entwicklungsmaßnahmen für entsprechend anwendbar erklärt (§ 247 V BauGB).[7443] Auch sollte den Belangen der 3599

[7441] Zum Schutz der Bundesorgane das Gesetz zur Neuregelung des Schutzes von Verfassungsorganen des Bundes (BefBezG) v. 11.8.1999 (BGBl. I 1818). Es werden danach für die Bundesorgane befriedete Bezirke gebildet, in denen Versammlungen unter freiem Himmel nur nach Maßgabe des § 5 des Gesetzes zulässig sind. Öffentliche Versammlungen unter freiem Himmel und Aufzüge innerhalb der befriedeten Bezirke müssen spätestens eine Woche vorher beim Bundesministerium des Innern angemeldet werden. Die Versammlungen sind zuzulassen, wenn die Tätigkeit der Bundesorgane nicht beeinträchtigt wird. Davon ist in der Regel auszugehen, wenn die Versammlungen nicht an einem Sitzungstag stattfinden sollen. Der Verstoß gegen das BefBezG stellt eine Ordnungswidrigkeit dar (§ 29 a Versammlungsgesetz).

[7442] Gesetz zur Umsetzung des Beschlusses des Deutschen Bundestages v. 20.6.1991 zur Vollendung der Einheit Deutschlands (Berlin/Bonn-Gesetz) (BGBl. I 918). Der Deutsche Bundestag hat inzwischen festgestellt, dass die erforderlichen Voraussetzungen für die Arbeitsfähigkeit des Deutschen Bundestages in Berlin, Platz der Republik, mit Wirkung vom 1.9.1999 hergestellt sind (BGBl. I 1632).

[7443] Auch die vormals in § 247 VI BauGB 1993 enthaltene Regelung über Vorkaufsrechte zugunsten von Bundeseinrichtungen ist durch das BauROG 1998 aufgehoben worden.

Verfassungsorgane des Bundes bei allen Genehmigungs-, Zustimmungs- oder sonstigen Verfahren nach Möglichkeit Vorrang eingeräumt werden (§ 247 VI BauGB). §§ 247 V und VI BauGB sind durch das EAG Bau 2004 aufgehoben worden.[7444]

IV. Sonderregelung zur sparsamen und effizienten Nutzung von Energie

3600 In Gebieten mit Bebauungsplänen oder Satzungen nach § 34 IV 1 Nr. 2 oder 3 BauGB sind bei Maßnahmen an bestehenden Gebäuden zum Zwecke der Energieeinsparung geringfügige Abweichungen von dem festgesetzten Maß der baulichen Nutzung, der Bauweise und der überbaubaren Grundstücksfläche zulässig, soweit dies mit nachbarlichen Interessen und baukulturellen Belangen vereinbar ist. Dies gilt entsprechend für Anlagen zur Nutzung solarer Strahlungsenergie in, an und auf Dach- und Außenwandflächen. In den im Zusammenhang bebauten Ortsteilen gilt dies entsprechend für Abweichungen vom Erfordernis des Einfügens in die Eigenart der näheren Umgebung § 34 I 1 BauGB).

V. Sonderregelungen für Windenergieanlagen an Land

3601 § 249 BauGB enthält verschiedene Änderungen des BauGB. Unterschieden werden Vorschriften über die Zulässigkeit von Windenergieanlagen im Außenbereich, insbesondere nach § 35 I Nr. 5, II BauGB und über die Ausweisung von Windenergiegebieten auch durch Bauleitpläne. § 249 BauGB wurde durch das Gesetz zur Erhöhung und Beschleunigung des Ausbaus von Windenergieanlagen an Land v. 20.7.2022 eingeführt, das im Wesentlichen am 1.2.2023 in Kraft trat.[7445]

VI. Überleitungsrecht

3602 Die früheren Überleitungsregelungen waren durch zahlreiche Novellierungen des BBauG und des BauGB unübersichtlich und teilweise auch durch Zeitablauf funktionslos geworden. Mit den §§ 233 bis 245 b BauGB hat der Gesetzgeber deshalb das Überleitungsrecht neu geordnet. Im Mittelpunkt dieses neuen Überleitungsrechts steht die **Generalklausel** für förmliche Verfahren nach dem BauGB und den Grundsatz der Planerhaltung.

3603 Besondere Überleitungsregelungen betreffen das Vorkaufsrecht (§ 234 BauGB), städtebauliche Sanierungs- und Entwicklungsmaßnahmen (§ 235 BauGB), das Baugebot und die Erhaltung baulicher Anlagen (§ 236 BauGB), die Entschädigungsregelungen (§ 238 BauGB), die Bodenordnung (§ 239 BauGB), die Erschließung (§ 242 BauGB), das BauGB-MaßnG und das BNatSchG (§ 243 BauGB), das EAG Bau 2004 (§ 244 BauGB), der Stadtumbau und die Soziale Stadt (§ 245 BauGB) und Vorhaben im Außenbereich (§ 245 b BauGB). Hinzu gekommen sind § 245 c BauGB aus Anlass des Gesetzes zur Umsetzung der Richtlinie 2014/52/EU im Städtebaurecht und zur Stärkung des neuen Zusammenlebens in der Stadt, § 245 d BauGB aus Anlass des Gesetzes zur Mobilisierung von Bauland, § 245 e BauGB aus Anlass des Gesetzes zur Erhöhung und Beschleunigung des Ausbaus von Windenergieanlagen an Land, § 245 f BauGB aus Anlass des Gesetzes zur Stärkung der Digitalisierung im Bauleitplanverfahren und zur Änderung weiterer Vorschriften.

3604 Die allgemeine Überleitungsvorschrift für das Städtebaurecht enthält § 233 BauGB. Die Fortführung eingeleiteter Verfahren wird in § 233 I BauGB behandelt. Der Grundsatz der Planerhaltung wird nach § 233 II BauGB auch auf alte Pläne und Satzungen erstreckt. Alte Pläne, Satzungen und Entscheidungen gelten nach § 233 III BauGB fort.[7446]

3605 Verfahren nach dem BauGB, die vor dem Inkrafttreten einer Gesetzesänderung förmlich eingeleitet worden sind, werden gem. § 233 I 1 BauGB nach den bisher geltenden Rechtsvorschriften abgeschlossen, soweit nachfolgend nichts anderes bestimmt ist. Ist mit gesetzlich vor-

---

[7444] Die vormals in § 247 IX BauGB zugunsten von Bundesvorhaben in Berlin enthaltene Sonderregelung konnte daher bereits durch das BauROG 1998 aufgehoben werden.

[7445] Im Einzelnen dazu Meurers UPR 2023, 41; Herzer BauR 2023, 550; Benz/Wegner ZNER 2022, 367; Raschke/Roscher ZfBR 2022, 531; Scheidler BauR 2022, 1419; Kment NVwZ 2022, 1153; Schmidt-Eichstaedt ZfBR 2023, 10; Spannowsky ZfBR 2023, 18; Kment NVwZ 2023, 959; Jaenicke ZUR 2023, 291; Winkler/Zeccola/Löffler EuRUP 2023, 76.

[7446] Ausführlich dazu Hoppenberg/de Witt Überleitungsrecht in Hoppenberg/de Witt, Handbuch des öffentlichen Baurechts, 2022, B, Rn. 2133 ff.

geschriebenen einzelnen Schritten des Verfahrens noch nicht begonnen worden, können diese auch nach den Vorschriften dieses Gesetzes durchgeführt werden. Die Vorschriften zur Planerhaltung sind auch auf Flächennutzungspläne und Satzungen entsprechend anzuwenden, die auf der Grundlage bisheriger Fassungen dieses Gesetzes in Kraft getreten sind. Unbeschadet dessen sind auf der Grundlage bisheriger Fassungen dieses Gesetzes unbeachtliche oder durch Fristablauf unbeachtliche Fehler bei der Aufstellung von Flächennutzungsplänen und Satzungen auch weiterhin für die Rechtswirksamkeit dieser Flächennutzungspläne und Satzungen unbeachtlich. Abweichend davon sind für vor dem Inkrafttreten einer Gesetzesänderung in Kraft getretene Flächennutzungspläne und Satzungen die vor dem Inkrafttreten der Gesetzesänderung geltenden Vorschriften über die Geltendmachung der Verletzung von Verfahrens- und Formvorschriften, von Mängeln der Abwägung und von sonstigen Vorschriften einschließlich ihrer Fristen weiterhin anzuwenden (§ 233 II BauGB).

Auf der Grundlage bisheriger Fassungen des BauGB wirksame oder übergeleitete Pläne, **3606**
Satzungen und Entscheidungen gelten nach § 233 III BauGB fort.

B. Baugenehmigung

3607 Die Zulässigkeit eines Bauvorhabens wird in der Regel in einem Baugenehmigungsverfahren geprüft. Das Bauen kann und muss, wenn die Voraussetzungen dafür vorliegen und ein Genehmigungserfordernis nach Landesrecht besteht, durch eine Baugenehmigung zugelassen werden, bei der es sich um **präventives Verbot mit Erlaubnisvorbehalt** handelt.[1] Entspricht das Bauvorhaben den materiell-rechtlichen Anforderungen des öffentlichen Rechts, hat der Bauherr einen auch durch Art. 14 I GG grundrechtlich gesicherten Anspruch auf die Erteilung der von ihm beantragten Baugenehmigung.[2] Demensprechend sehen die BauO der Länder einfachgesetzlich auch einen solchen Anspruch ausdrücklich vor. Ob Art. 14 I GG es allerdings dem Gesetzgeber verbietet, die Erteilung der Baugenehmigung in das Ermessen der Verwaltung zu stellen,[3] mag man bezweifeln. Ohnehin ist eine solche grundrechtliche Gewährleistung weitgehend im Außenbereich und bei erforderlichen Ausnahmen und Befreiungen durchbrochen.

3608 Gegenstand des bauordnungsrechtlichen Genehmigungsverfahrens ist die Prüfung der öffentlich-rechtlichen Vorschriften. Durch das Genehmigungsverfahren soll eine präventive Kontrolle erfolgen. Bei Vorhaben von geringer städtebaulicher Bedeutung ist demgegenüber eine repressive Kontrolle durch nachträgliche Eingriffsmaßnahmen gegen rechtswidrige Bauwerke oder Nutzungen ausreichend. Das Baugenehmigungsverfahren ist antragsgebunden und wird durch den jeweiligen Antrag bestimmt. Dies gilt vor allem hinsichtlich des zur Genehmigung gestellten Vorhabens. Baurechtliche Vorhaben, die nicht beantragt sind, können von der Bauverwaltung auch nicht beschieden werden. Ggf. kann der Bauherr auch durch Haupt- und Hilfsanträge mehrere Vorhaben in einer von ihm bestimmten Rangfolge zur Entscheidung stellen. Ob und in welchem Umfang dies geschieht, entscheidet der Bauherr. Die Antragsgebundenheit des Baugenehmigungsverfahrens hat auch für das Gerichtsverfahren Folgewirkungen. Vorhaben, die nicht Gegenstand des Verwaltungsverfahrens gewesen sind, sind auch nicht Gegenstand der Gerichtsentscheidung. Denn die baurechtliche Prüfung ist an das aus dem Bauantrag ersichtliche Vorhaben gebunden. Entspricht das Vorhaben den planungsrechtlichen Zulässigkeitsanforderungen, kann es nicht mit dem Hinweis auf einen besseren Alternativstandort zu Fall gebracht werden.[4]

Beispiel: Der Bauherr beantragt eine Bebauungsgenehmigung für die Errichtung eines zweigeschossigen Bürogebäudes. Die Bauvoranfrage wird abgelehnt. Im Gerichtsverfahren möchte der Bauherr eine Bebauungsgenehmigung für ein eingeschossiges Wohnhaus erreichen. Das Verwaltungsgericht ist gehindert, über den geänderten Antrag zu entscheiden, da er noch nicht Gegenstand der Verwaltungsentscheidung war und insoweit eine Vorgreiflichkeit des Verwaltungsverfahrens besteht.

Hinweis: Ob die gesamte Baugenehmigung versagt werden darf, wenn unterschiedliche Nutzungen in mehreren Etagen zur Genehmigung gestellt werden und ein Teil dieser Nutzungen unzulässig, ein Teil aber zulässig ist und die zulässigen Nutzungen ohne die unzulässigen Nutzungen verwirklicht werden können, lässt sich dahingehend zu beantworten, dass Gegenstand einer bauplanungsrechtlichen Beurteilung eines baurechtlichen Genehmigungsverfahrens das Vorhaben im Sinne von § 29 I BauGB ist und es Sache des Bauherrn ist, durch seinen Genehmigungsantrag den Inhalt des Vorhabens festzulegen, soweit er sich dabei innerhalb derjenigen Grenzen hält, die einer Zusammenfassung oder Trennung objektiv gesetzt sind. Ob ein Bauherr ein Gesamtvorhaben oder mehrere Einzelvorhaben zur Genehmigung gestellt hat, beurteilt sich nach dem jeweiligen Genehmigungsantrag, der unter Umständen der Auslegung bedarf.[5]

---

1 Grotefels/Grüner in HBG, Öffentliches Baurecht, 2024, § 16 Rn. 13; Otto Öffentliches Baurecht II, 2023, § 7 Rn. 17; Hellermann Öffentliches Baurecht in Dietlein/Hellermann Öffentliches Recht in NRW, 2022, § 4 Rn. 262; Kersten Baurecht in Schoch/Eifert, Besonderes Verwaltungsrecht, 2023, Kap. 3 Rn. 402.

2 Grotefels/Grüner in HBG, Öffentliches Baurecht, 2024, § 16 Rn. 68.

3 Grotefels/Grüner in HBG, Öffentliches Baurecht, 2024, § 16 Rn. 13; Otto Öffentliches Baurecht II, 2023, § 8 Rn. 9.

4 BVerwG NVwZ-RR 1998, 357.

5 BVerwG Beschl. v. 6.2.2013 – 4 B 39.12, BeckRS 2013, 47367.

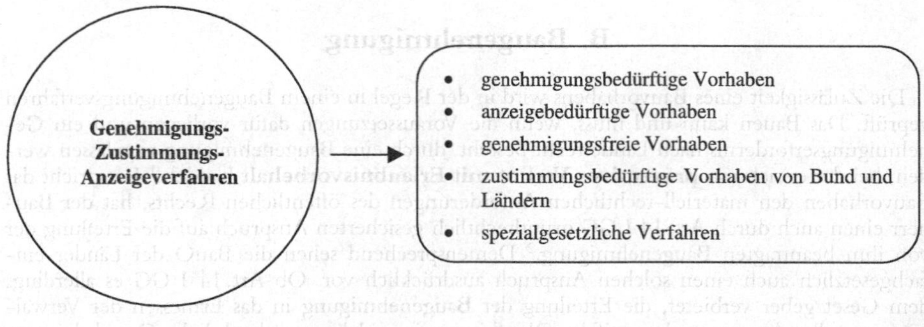

3609 Auf der Grundlage der Antragsunterlagen hat die Baugenehmigungsbehörde sodann eigenständige Entscheidungsbefugnisse. Die Bauaufsichtsbehörde bestimmt daher Inhalt und Reichweite der von ihr erteilten Baugenehmigung. Teil dieser Entscheidung ist es, anhand der vom Bauherrn eingereichten Bauvorlagen den Genehmigungsgegenstand im Einzelnen zu bezeichnen. Greift die Bauaufsichtsbehörde hierbei in Anwendung des Landesrechts auf das Mittel individueller Genehmigungsvermerke zurück, so bringt sie in hinreichend bestimmter Form zum Ausdruck, welche Bauzeichnungen und sonstigen Unterlagen von der Genehmigungswirkung erfasst werden und welche nicht. Weiterreichende Anforderungen lassen sich weder aus dem GG noch aus § 37 I VwVfG ableiten.[6]

1. Teil. Genehmigungs-, Zustimmungs- oder Anzeigeverfahren

3610 Die planungsrechtlichen Zulässigkeitsvorschriften der §§ 30 bis 37 BauGB gelten nach § 29 I BauGB für Vorhaben, welche die Errichtung, Änderung oder Nutzungsänderung von baulichen Anlagen zum Inhalt haben. Das Baugenehmigungsverfahren ist jedoch bundesrechtlich nicht angeordnet. Den Ländern ist es vielmehr freigestellt, ob und in welchem Umfang sie die Verwirklichung von Vorhaben von einem zuvor durchgeführten präventiven Zulassungsverfahren abhängig machen. Auch Vorhaben von einigem städtebaulichen Gewicht müssen daher nicht mehr durch entsprechende landesrechtliche Regelungen einem Genehmigungs-, Anzeige- oder Zustimmungsverfahren unterzogen werden. Den Ländern steht es vielmehr frei, ob und in welchem Umfang sie ein präventives Kontrollverfahren für die Zulässigkeit von Vorhaben einführen bzw. beibehalten und in welchem Maße sie die Verwirklichung von städtebaulich relevanten Vorhaben von förmlichen Präventivverfahren freistellen.

I. Genehmigungsbedürftige Vorhaben

3611 Nach den Bauordnungen der Länder ist jedes Vorhaben, das die Errichtung, Änderung, Nutzungsänderung oder den Abbruch baulicher Anlagen betrifft, genehmigungsbedürftig, soweit nichts anderes bestimmt ist.[7] Die Ausführung von Vorhaben mit städtebaulicher Relevanz ist daher nur auf der Grundlage einer Genehmigung zulässig. Es gelten allerdings landesrechtliche Besonderheiten: Nutzungsänderungen sind teilweise nur dann genehmigungspflichtig, wenn für die geplante Nutzungsänderung andere öffentlich-rechtliche Anforderungen bestehen als für die bisherige Nutzung. Nach § 64 II BauO NRW sind Nutzungsänderungen von bis zu 12 Monaten nur anzeige-, aber nicht genehmigungspflichtig; teilweise ist eine Beseitigung baulicher Anlage genehmigungsfrei oder nur anzeigepflichtig (siehe zB Art. 57 V BayBO, § 62 III BauO NRW, wobei eine Freistellung von bauordnungsrechtlicher Genehmigungspflicht nicht bedeutet, dass auch von Erlaubnisnotwendigkeiten anderer Fachgesetze, etwa solchen des Denkmalrechts oder des Naturschutzrechts freigestellt wird.[8]

3612 Durch das vorgeschaltete Genehmigungsverfahren soll die Einhaltung der materiellen bauplanungs- und bauordnungsrechtlichen Anforderungen sichergestellt werden. Die Ausführung

[6] BVerwG Beschl. v. 7.1.1997 – 4 B 240.96, BeckRS 1997, 31227232.

[7] Siehe z.B. § 60 I BauO NRW, Art. 55 Abs. 1 BayBO; siehe dazu Wenzel in Gädtke ua, BauO NRW, 2024, § 60 Rn. 5.

[8] Grotefels/Grüner in HBG, Öffentliches Baurecht, 2024, § 16 Rn. 15.

von Vorhaben mit bodenrechtlicher Relevanz bedarf daher grundsätzlich der formellen Legalisierung durch ein vorgeschaltetes Genehmigungsverfahren. Die Landesbauordnungen sehen allerdings in größerem Umfang Erleichterungen vor. Für Vorhaben mit nicht wesentlicher städtebaulicher Bedeutung ist vielfach lediglich ein Anzeigeverfahren vorgesehen. Vorhaben von geringer städtebaulicher Bedeutung sind sogar vielfach ganz von der Genehmigung oder einer Anzeige freigestellt. Die Freistellungsregelungen der Landesbauordnungen sollen einer Vereinfachung des Baurechts dienen und einen Beitrag dazu leisten, Verfahren und Investitionen zu beschleunigen. Es liegt allerdings auf der Hand, dass dies nicht ohne Beachtung der materiellen Anforderungen des Bauplanungs- und Bauordnungsrechts geschehen kann.

Eine Genehmigung oder Erlaubnis muss klar erkennen lassen, was genau genehmigt wurde **3613**
und welchen Umfang die gestattende Wirkung der Genehmigung hat. Wird in der Genehmigung auf den Antrag oder Antragsunterlagen verwiesen, ist die Genehmigung hinreichend bestimmt, wenn es der Antrag oder die Antragsunterlagen sind.[9] Eine Baugenehmigung etwa, aus der sich nicht mit der erforderlichen Sicherheit ergibt, dass die bei Verwirklichung des genehmigten Vorhabens zu erwartenden Geruchsimmissionen Nachbarrechte nicht beeinträchtigen können, ist in nachbarrechtsrelevanter Weise unbestimmt (§ 37 I VwVfG).[10]

Die Bauordnungen der Länder setzen zum Teil die Übereinstimmung mit sämtlichen, ein- **3614**
schlägigen öffentlichen Vorschriften für die materielle Rechtmäßigkeit der Baugenehmigung voraus. Nach § 74 I BauO NRW beispielsweise ist die Baugenehmigung zu erteilen, wenn dem Vorhaben öffentlich-rechtliche Vorschriften nicht entgegenstehen. Daraus ergibt sich grundsätzliche eine dementsprechend weite Prüfungskompetenz der Baugenehmigungsbehörde. Die Baugenehmigungsbehörde ist dementsprechend grundsätzlich berechtigt und verpflichtet, ein Bauvorhaben, das bauplanungs- und bauordnungsrechtlich genehmigungsfähig ist, wegen des Verstoßes gegen andere öffentlich-rechtliche Vorschriften, etwa solchen des Straßenrechts oder des Ladenöffnungsrechts abzulehnen.[11] Der Prüfungsumfang im Baugenehmigungsverfahren ist allerdings in den Landesbauordnungen unterschiedlich geregelt. Teilweise beschränken die Bundesländer den Prüfungsmaßstabe auf baurechtliche Vorschriften, allerdings in unterschiedlichem Umfang. Demgegenüber umfasst der Prüfungsumfang in Rheinland-Pfalz, Schleswig-Holstein und Nordrhein-Westfalen die öffentlich-rechtlichen Vorschriften.[12]

Komplizierter und von den Landesgesetzgebern im Detail auch unterschiedlich geregelt ist **3615**
der Prüfungsumfang und die Entscheidungskompetenz der Baugenehmigungsbehörde, wenn für das Bauvorhaben mehrere Genehmigungen erforderlich sind. Das Verhältnis der Baugenehmigung zu anderen Genehmigungen, Erlaubnissen oder Zulassungen bestimmt sich, soweit der Bundesgesetzgeber hierzu Regelungen erlassen hat, nach diesen Vorschriften. Im Übrigen bestimmt das Landesrecht das Verhältnis zu anderen behördlichen Entscheidungen.[13] Dabei wird teilweise zwischen einem normalen und einem vereinfachten Baugenehmigungsverfahren differenziert, wobei im vereinfachten Baugenehmigungsverfahren zum Teil wiederum nur ein eingeschränktes, auf das Baurecht im engeren Sinne bezogenes Prüfprogramm vorgesehen ist.[14]

Sind mehrere Zulassungen für das Bauvorhaben erforderlich, kommt es zunächst darauf an, **3616**
ob eine Baugenehmigung entbehrlich wird, weil diese aufgrund der Konzentrationswirkung einer anderen Zulassung, etwa einer Planfeststellung oder Plangenehmigung, ersetzt wird. In einem solchen Fall bedarf es keiner zusätzlichen Baugenehmigung, so dass die Baugenehmigungsbehörde auch keine entsprechende Entscheidungs- und Prüfungskompetenz besitzt. Sie wirkt allerdings mittelbar im Rahmen der Behördenbeteiligung an der Entscheidung mit. Führt die Konzentrationswirkung einer parallel erforderlichen Zulassung lediglich zu Verfahrenskonzentration, die bewirkt, dass die Baugenehmigung zwar erforderlich bleibt, jedoch in einem einheitlichen, konzentrierten Verfahren nicht von der Baugenehmigungsbehörde, son-

---

[9] BVerwG NVwZ 2013, 372, Rappen BauR 2013, 874, David DVBl. 2013, 373, Kerkhoff IBR 2013, 239; Kümmel NZBau 2013, 220, Reidt UPR 2013, 166, Fricke ZfBR 2013, 627.

[10] OVG Münster NWVBL 2013, 365.

[11] Hüwelmeier in BeckOK Bauordnungsrecht Nordrhein-Westfalen, § 74 BauO Rn. 50.

[12] Hellhammer-Hawig/Grüner in Schönenbroicher/Kamp/Henkel, BauO NRW, 2022, § 74 BauO NRW Rn. 56.

[13] Siehe dazu Otto Öffentliches Baurecht II, 2022, § 8 Rn. 30; Kersten Baurecht in Schoch/Eifert, Besonderes Verwaltungsrecht, 2023, Kap. 3 Rn. 421.

[14] Kersten Baurecht in Schoch/Eifert, Besonderes Verwaltungsrecht, 2023, Kap. 3 Rn. 424; davon zu unterstreichen sind Genehmigungsfiktionen, die landesrechtlich verschiedentlich vorgesehen sind; siehe dazu Etzel, Die Genehmigungsfiktionen gem. § 42a VwVfG, 2014; Broscheit, Rechtswirkungen von Genehmigungsfiktionen im Öffentlichen Recht, 2016; Jachmann Die Fiktion im öffentlichen Recht, 1998.

dern von einer anderen Behörde erteilt wird, hat die Baugenehmigungsbehörde ebenfalls keine dahingehende Entscheidungskompetenz. Die Landesbauordnungen enthalten im Übrigen aber zumeist die ausdrückliche Regelung, dass die Baugenehmigung aufgrund anderer Vorschriften bestehende Verpflichtungen zum Einholen von Genehmigungen, Bewilligungen, Erlaubnissen und Zustimmungen oder zum Erstatten von Anzeigen unberührt lässt (zB § 74 III 2 BauO NRW). Aber auch wenn es an einer solchen ausdrücklichen Regelung fehlt, bleibt es bei der Notwendigkeit, diese Genehmigungen nach den Genehmigungserfordernissen der Fachgesetze zusätzlich einzuholen, wenn und soweit es keine Konzentrationsbestimmungen des Bundes- oder Landesrechts gibt. In Brandenburg und Hamburg schließt die Baugenehmigung die für das Vorhaben erforderlichen weiteren Entscheidungen ein.[15] Für den Fall, dass es jedoch bei parallel für das Bauvorhaben zu erteilenden Genehmigungen bleibt, gibt es in den Bundesländern unterschiedliche Regelungsmodelle und auch unterschiedliche Auffassungen zu den jeweiligen Regelungen.

3617 Dazu wird die Ansicht vertreten, die Baugenehmigung stelle die öffentlich-rechtliche Zulässigkeit des Vorhabens umfassend fest und dürfe erst erteilt werden, wenn die hierfür nach anderen Vorschriften erforderlichen Genehmigungen, Erlaubnisse und Zustimmungen vorliegen. Die Baugenehmigung bilde den „**Schlusspunkt**" des behördlichen Prüfprogramms im Bauantragsverfahren und gebe das Bauvorhaben frei.[16]

Beispiel: Bei einem Bauvorhaben innerhalb eines Landschaftsschutzgebiets ist nach Niedersächsischem Bauordnungsrecht vor Erteilung der Baugenehmigung zu prüfen, ob das Vorhaben mit der Landschaftsschutzgebietsverordnung vereinbar ist. Ergibt die Prüfung, dass eine Befreiung nach der Verordnung über das Landschaftsschutzgebiet erforderlich ist, darf ein Bauvorhaben erst nach Erteilung dieser Befreiung genehmigt werden.[17]

3618 Nach anderer Ansicht erfasst die Baugenehmigung nur das durch die Bauaufsichtsbehörde selbst zu prüfende Prüfprogramm, dh neben bauplanungs- und bauordnungsrechtlichen Vorschriften solche des Baunebenrechts nur, soweit andere Behörden hierüber keine eigene Entscheidung treffen. Demzufolge ist die Baugenehmigung zu erteilen, auch wenn die für das Bauvorhaben zusätzlich erforderlichen Genehmigungen, Bewilligungen, Erlaubnisse und Zustimmungen (noch) nicht vorliegen.[18] Diese Ansicht ist nicht überzeugend, weil sie das Erfordernis einer Übereinstimmung mit den öffentlich-rechtlichen Vorschriften für die Erteilung der Baugenehmigung nicht beachtet. Für die sog. Schlusspunkttheorie lässt sich anführen, dass die für die Baugenehmigung geforderte Übereinstimmung mit sämtlichen öffentlich-rechtlichen Vorschriften (noch) nicht vorliegt, wenn die zusätzlichen Genehmigungserfordernisse noch nicht beachtet sind, wenn es also an den parallel erforderlichen Genehmigungen och fehlt. Dem lässt sich allerdings entgegenhalten, dass sich aus den verschiedenen, gesetzlich bestimmten Genehmigungserfordernissen zwanglos ergibt, dass das Bauvorhaben erst dann realisiert werden darf, wenn auch sämtliche dafür erforderlichen Genehmigungen auch vorliegen. Insoweit ist nicht einmal eine Bedingung, wonach von der Baugenehmigung erst bei Vorliegen sämtlicher Genehmigungen Gebrauch gemacht werden dar, notwendig; vielmehr kann ggfls. ein entsprechender Hinweis in die Baugenehmigung aufgenommen werden. Die Baugenehmigung ist insoweit keineswegs zwingend der Schlusspunkt des Genehmigungsprozederes.[19]

---

[15] Kersten Baurecht in Schoch/Eifert, Besonderes Verwaltungsrecht, 2023, Kap. 3 Rn. 423.

[16] Siehe dazu Johlen in Gädtke ua, BauO NRW, 2024, § 74 Rn. 8; Hellhammer-Hawig/Grüner in Schönenbroicher/Kamp/Henkel, BauO NRW, 2022, § 74 Rn. 52; Hellermann Öffentliches Baurecht in Dietlein/Hellermann Öffentliches Recht in NRW, 2022, § 4 Rn. 271; BVerwG NVwZ 1996, 377 f.; OVG Lüneburg BauR 2023, 1478; BauR 2022, 631; OVG Schleswig Beschl. v. 25.3.2022 – 1 MB 1/22, juris Rn. 16; OVG Münster BRS 54 Nr. 135; ZfBR 2004, 384 ff.; Beschl. v. 27.6.2018 – 10 B 676/18, juris Rn. 6; OVG Lüneburg, BRS 79 Nr. 151; siehe auch OVG Münster Urt. v. 23.11.2023 – 10 A 1499/22, juris Rn. 69: „Die in Nordrhein-Westfalen geltende Schlusspunkttheorie findet auf Erlaubnisse nach §§ 43, 45 SGB VIII keine Anwendung, da diese nicht bodenbezogen sind."

[17] OVG Lüneburg NVwZ-RR 2024, 14 = juris Rn. 12; siehe auch OVG Münster Beschl. v. 27.6.2018 – 10 B 676/18, juris, Leitsatz 1, wonach die Baugenehmigung nach der BauO NRW der Schlusspunkt für genehmigungsbedürftige Bauvorhaben ist; siehe auch Johlen in Gädtke, BauO NRW, § 74 Rn. 10.

[18] OVG Münster NVwZ-RR 2002, 564; kritisch dazu Mampel BauR 2002, 719 ff.; Ortloff NVwZ 2003, 660 (661).

[19] Siehe zu der vergleichbaren Problematik des Verhältnisses einer wasserrechtlichen Erlaubnis zur bergrechtlichen Zulassung eines Hauptbetriebsplans Beckmann in Frenz, BBergG, 2019, § 52 Rn. 19; OVG Münster Urt. v. 18.11.2015 – 11 A 3048/11, juris Rn. 220

Beispiel: Steht der Erteilung einer Baugenehmigung lediglich noch das Fehlen einer nach der Schlusspunkttheorie erforderlichen weiteren Zulassungsentscheidung entgegen, so kommt eine aufschiebend bedingte Genehmigungserteilung in Betracht, wenn der Bauantragsteller sein Interesse daran kundgetan hat. Das insoweit grundsätzlich bestehende Ermessen ist auf Null reduziert, wenn die Genehmigungsbehörde in ständiger Verwaltungspraxis davon absieht, die Baugenehmigung erst nach der weiteren Zulassungsentscheidung zu erteilen.[20]

Eine andere Frage bleibt allerdings die Prüfungskompetenz der Baugenehmigungsbehörde 3619
bei parallel zu erteilenden Genehmigungen und sich überschneidenden Zulassungsvoraussetzungen. Wird zB für das Bauvorhaben eine erforderliche wasserrechtliche Erlaubnis erteilt, kann die Baugenehmigungsbehörde die Baugenehmigung wegen desselben Sachverhalts nicht an den einschlägigen materiell-rechtlichen Vorgaben des Wasserrechts scheitern lassen. Aus dem Genehmigungserfordernis für eine parallele Genehmigung kann sich insoweit ein Entscheidungsvorrang der Fachbehörde ergeben, der verhindert, dass die Baugenehmigungsbehörde sich in Widerspruch zu deren Beurteilung der sich überschneidenden Zulassungsvoraussetzungen setzt. Außerdem ist die Baugenehmigungsbehörde berechtigt und verpflichtet, von der Prüfung der Übereinstimmung mit solchen öffentlich-rechtlichen Vorschriften abzusehen, für die Fachbehörde parallel eine Genehmigung zu erteilen hat. Die BauO Bremen sieht dazu zB vor, dass im Baugenehmigungsverfahren die Vorschriften des BauGB, der BauO Bremen und andere öffentlich-rechtliche Vorschriften zu prüfen sind, soweit diese Anforderungen nicht in einem anderen Verfahren als dem Baugenehmigungsverfahren zu prüfen sind.[21]

Beispiel: Nach Art. 60 S. 1, Art. 2 IV Nr. 2 BayBO prüft die Bauaufsichtsbehörde die Übereinstimmung mit den Vorschriften über die Zulässigkeit der baulichen Anlagen nach den §§ 29 bis 38 BauGB, Anforderungen nach den Vorschriften dieses Gesetzes und auf Grund dieses Gesetzes sowie andere öffentlich-rechtliche Anforderungen, soweit wegen der Baugenehmigung eine Entscheidung nach anderen öffentlich-rechtlichen Vorschriften entfällt. Schädliche Umwelteinwirkungen aufgrund elektromagnetischer Felder sind im Bayern nicht Gegenstand der Baugenehmigung. Weder ordnet das Immissionsschutzrecht eine Konzentrationswirkung zugunsten der Baugenehmigung an, noch gibt es eine entsprechende Konzentrationsvorschrift im Bauordnungsrecht. Die Feststellung der Vereinbarkeit des Bauvorhabens mit den öffentlich-rechtlichen Vorschriften reicht in Bayern nur soweit, als sie für die baurechtliche Prüfung einschlägig sind. Eine „Schlusspunkttheorie" wurde im Bayerischen Baurecht aufgegeben.[22]

Soweit nach der Rechtsprechung der Obergerichte in einzelnen Bundesländern die Schluss- 3620
punkttheorie gilt, müssen deren Konsequenzen für den **Nachbarschutz** bedacht werden. Das OVG Schleswig erläutert dazu, in Schleswig-Holstein gelte weiterhin die Schlusspunkttheorie, der zufolge die Baugenehmigung den Schlusspunkt der für genehmigungsbedürftige Bauvorhaben durchzuführenden öffentlich-rechtlichen Zulässigkeitsprüfung bilde und insoweit eine umfassende öffentlich-rechtliche Unbedenklichkeitsbescheinigung darstelle Das bedeute jedoch nicht, dass den Bauaufsichtsbehörden im Baugenehmigungsverfahren grundsätzlich die Aufgabe oder Befugnis zukomme, die Voraussetzungen für die Erteilung von erforderlichen Genehmigungen nach anderen, außerhalb des öffentlichen Baurechts stehenden Fachgesetzen durch die zuständige Behörde zu prüfen oder deren rechtliche Beurteilung einer Rechtmäßigkeitskontrolle zu unterziehen oder gar erforderliche Genehmigungen durch die Baugenehmigung zu ersetzen. Das Denkmalschutzrecht zB gehöre nicht zum originären, umfassenden Prüfprogramm der Bauaufsichtsbehörde; deren Prüfprogramm im Baugenehmigungsverfahren folge vielmehr aus § 67 V LBO, wonach die Bauaufsichtsbehörden, soweit andere Behörden zuständig seien, die nach anderen öffentlich-rechtlichen Vorschriften erforderlichen Genehmigungen einzuholen und – im Fall der dortigen positiven Einschätzung – mit der Baugenehmigung gleichzeitig auszuhändigen hätten, sofern durch Rechtsvorschriften nichts anderes bestimmt sei. § 67 V LBO S-H lasse sich damit entnehmen, dass mit dem Baugenehmigungsverfahren zwar eine verfahrensrechtliche Koordination der verschiedenen Genehmigungsverfahren einhergehe. Die Norm gehe jedoch gleichermaßen erkennbar davon aus, dass die nach anderen öffentlichen-rechtlichen Vorschriften notwendigen Genehmigungen nicht von der Bauaufsicht erteilt

---

[20] OVG Lüneburg BauR 2023, 1478; BauR 2022, 631.

[21] Siehe dazu Kersten Baurecht in Schoch/Eifert, Besonderes Verwaltungsrecht, 2023, Kap. 3 Rn. 422 (dort als „modifiziertes Schlusspunktmodell" bezeichnet).

[22] VGH München NVwZ-RR 2022, 567 = juris Rn. 10.

oder durch die Baugenehmigung ersetzt würden. Die Entscheidung über die Erteilung dieser Genehmigungen verbleibe bei der nach dem Fachgesetz zuständigen Behörde. Die Bauaufsichtsbehörde habe im bauaufsichtlichen Verfahren, einschließlich des vereinfachten Verfahrens nach § 69 LBO, jeweils zu prüfen, ob andere Genehmigungen, Zustimmungen, Bewilligungen oder Erlaubnisse erforderlich seien, und diese ggfls. einzuholen bzw. zu prüfen, ob und inwieweit sie vorliegen. Hierauf sei die Prüfung der Bauaufsicht beschränkt.[23] Für den Nachbarschutz bedeute dies, dass nicht nur die Baugenehmigung anzufechten sei, sondern eine mit der Baugenehmigung ausgehändigte und ebenso als nachbarrechtsverletzend eingeschätzte fachbehördliche Genehmigung zur Vermeidung des Eintritts deren Bestandskraft parallel anzufechten wäre. In einer Konstellation, bei der eine solche fachbehördliche Genehmigung nicht erteilt, sondern der Bauaufsicht von der unteren Denkmalschutzbehörde lediglich mitgeteilt werde, dass gegen das Vorhaben keine Bedenken bestünden, führe dies dazu, dass der Nachbarkläger als Konsequenz aus der Schlusspunkttheorie im Rahmen seiner Anfechtung der Baugenehmigung auch geltend machen könne, dass eine auch seinem Schutz dienende erforderliche fachbehördliche Genehmigung nicht vorliege und die dem Nachbarn gleichwohl erteilte Baugenehmigung deshalb rechtswidrig seine Rechte verletze.[24]

II. Anzeigebedürftige Vorhaben

3621 Vorhaben mit nicht wesentlicher städtebaulicher Bedeutung sind nach Maßgabe der Landesbauordnungen von einem Genehmigungsverfahren freigestellt und lediglich einem Anzeigeverfahren unterstellt.[25] Der Bauherr ist zumeist vor Durchführung des Vorhabens verpflichtet, eine Bauanzeige mit allen für die Beurteilung relevanten Unterlagen bei der Bauaufsichtsbehörde oder bei der Gemeinde einzureichen. Die Behörden haben sodann die Möglichkeit der Prüfung. Verstößt das Vorhaben gegen öffentlich-rechtliche Vorschriften, kann die Baugenehmigungsbehörde die Ausführung untersagen. Verschiedene BauO sehen zudem vor, dass die Gemeinden die Möglichkeit haben, die Einleitung eines förmlichen Baugenehmigungsverfahrens zu verlangen. Auch können die Gemeinden dann von dem städtebaulichen Sicherungsinstrumentarium des Antrags auf Zurückstellung eines Baugesuchs (§ 15 BauGB) und der Veränderungssperre (§§ 14, 16 BauGB) Gebrauch machen. Anzeigeverfahren sind zumeist unter diesen Voraussetzungen auch für Vorhaben eingeführt worden, die eine nicht unerhebliche städtebauliche Bedeutung haben. Wird kein Baugenehmigungsverfahren durchgeführt, wird nach § 15 I 2 BauGB auf Antrag der Gemeinde anstelle der Aussetzung der Entscheidung über die Zulässigkeit eine vorläufige Untersagung innerhalb einer durch Landesrecht festgesetzten Frist ausgesprochen. Die vorläufige Untersagung steht der Zurückstellung nach § 15 I 1 BauGB gleich (§ 15 I 3 BauGB). Hierdurch ist sichergestellt, dass die Gemeinden auch in Fällen, in denen der Landesgesetzgeber von einer Baugenehmigung freistellt, ihre ggf. von dem bisherigen Planungsrecht abweichenden Vorstellungen durchsetzen.

III. Genehmigungsfreie Vorhaben

3622 Vorhaben von zumeist geringer städtebaulicher Bedeutung werden in den Landesbauordnungen vielfach ganz von einem Genehmigungs- oder Anzeigeverfahren freigestellt.[26] Derartige Vorhaben bedürfen keiner präventiven Kontrolle und sind genehmigungs- und anzeigefrei. Allerdings müssen solche Vorhaben den Anforderungen des materiellen Bauordnungsrechts entsprechen. Auch müssen solche Vorhaben, wenn sie städtebaulich relevant sind, die planungsrechtlichen Zulässigkeitsanforderungen der §§ 30 bis 37 BauGB erfüllen. Denn § 29 I BauGB erklärt die vorgenannten Vorschriften unabhängig davon für anwendbar, ob das Vorhaben einem Genehmigungs-, Zustimmungs- oder Anzeigeverfahren unterliegt. Die Festsetzungen eines Bebauungsplans oder einer sonstigen städtebaulichen Satzung sind zudem ohnehin als ge-

---

[23] OVG Schleswig Beschl. v. 25.3.2022 – 1 MB 1/22, juris Rn. 16; Beschl. v. 20.4.2020 - 1 MB 2/20, juris Rn. 32.

[24] OVG Schleswig Beschl. v. 25.3.2022 – 1 MB 1/22, juris Rn. 16.

[25] Kersten Baurecht in Schoch/Eifert, Besonderes Verwaltungsrecht, 2023, Kap. 3 Rn. 408; Grotefels/Grüner in HBG, Öffentliches Baurecht, 2024, § 16 Rn. 17.

[26] Hellermann Öffentliches Baurecht in Dietlein/Hellermann Öffentliches Recht in NRW, 2022, § 4 Rn. Rn. 265; Grotefels/Grüner in HBG, Öffentliches Baurecht, 2024, § 16 Rn. 17; zur Klärung öffentlich-rechtlicher Fragen bei verfahrensfreien baulichen Anlagen siehe Fischer BauR 2022, 39 f.

meindliches Satzungsrecht zu berücksichtigen. Dies ergibt sich aus dem Rechtsnormcharakter des Bebauungsplans (§ 10 I BauGB) und der sonstigen städtebaulichen Satzungen. Auch andere rechtliche Anforderungen etwa des Immissionsschutzrechts sind zu beachten, weil auch sie nicht an das Erfordernis eines Genehmigungs-, Zustimmungs- oder Anzeigeverfahrens gebunden sind.[27]

IV. Zustimmungsbedürftige Vorhaben des Bundes und der Länder

Für bauliche Anlagen des Bundes und der Länder ist ein bauaufsichtliches Genehmigungsverfahren nicht erforderlich, wenn der öffentliche Bauherr einen entsprechend qualifizierten Bediensteten mit der Leitung der Entwurfsarbeiten und der Bauausführung betraut. Die Baugenehmigung wird in diesen Fällen durch ein Zustimmungsverfahren ersetzt, in dem die obere (höhere) Baubehörde dem Bauvorhaben zustimmt.[28] Für das Zustimmungsverfahren gelten teilweise die Vorschriften über das Genehmigungsverfahren. Die Vorhaben müssen den materiell-rechtlichen Anforderungen des öffentlichen Baurechts entsprechen. Gewisse Bereiche des Bauordnungsrechts – die bautechnischen Anforderungen – sind jedoch von der Prüfung im Rahmen des Zustimmungsverfahrens ausgenommen und unterliegen der eigenen Verantwortung des öffentlichen Bauherrn. Die Zustimmung ist in ihren Rechtswirkungen der Genehmigung vergleichbar und ist wie sie Verwaltungsakt mit Außenwirkung. 3623

V. Spezialgesetzliche Genehmigungs- und Planfeststellungsverfahren

Eine bauordnungsrechtliche Genehmigungsfreiheit kann sich aus der Konzentrationswirkung eines Planfeststellungsbeschlusses, einer Plangenehmigung oder einer anderen Genehmigung, etwa einer immissionsschutzrechtlichen Genehmigung oder einer Abgrabungsgenehmigung ergeben, die eine zusätzliche Baugenehmigung, nicht jedoch die Prüfung sämtlicher für die Erteilung einer Baugenehmigung zu beachtenden öffentlich-rechtlichen Vorschriften entbehrlich macht.[29] 3624

VI. Freistellungen und vereinfachte Genehmigungsverfahren

Die Länder haben in den vergangenen Jahren Vorhaben verstärkt von Baugenehmigungen freigestellt oder nur einem vereinfachten Genehmigungsverfahren unterzogen.[30] Die Freistellung soll das Bauen vereinfachen und Investitionen fördern, wo dies aus städtebaulicher und bauordnungsrechtlicher Sicht vertretbar ist. Allerdings ergeben sich für solche Freistellungstendenzen Grenzen vor allem dadurch, dass auf die Beachtung planungsrechtlicher Zulässigkeitsanforderungen in städtebaulich relevanten Bereichen nicht verzichtet werden kann. Auch haben Brandkatastrophen und andere Unglücksfälle den Blick dafür geschärft, dass der Rückzug des Baurechts nicht unbegrenzt möglich ist und ein Mindestmaß an behördlicher Kontrolle zum Schutz der Allgemeinheit unverzichtbar ist. Nach § 29 I BauGB sind die planungsrechtlichen Zulässigkeitsvorschriften der §§ 30 bis 37 BauGB anwendbar auf Vorhaben, welche die Errichtung, Änderung oder Nutzungsänderung von baulichen Anlagen zum Inhalt haben. Ein landesrechtlich angeordnetes Genehmigungs-, Anzeige- oder Zustimmungsverfahren ist daher nach § 29 I BauGB für die Anwendbarkeit der planungsrechtlichen Zulässigkeitsregelungen nicht erforderlich. Auch wenn ein Vorhaben durch das Landesrecht völlig genehmigungs- oder anzeigefreigestellt wird, kann es den materiellen planungsrechtlichen Zulässigkeitsanforderungen der §§ 30 bis 37 BauGB unterliegen, wenn es sich um ein Vorhaben nach § 29 I BauGB handelt. 3625

Etwas anderes gilt jedoch, wenn es sich um ein nach § 38 BauGB privilegiertes Vorhaben handelt. Auf Planfeststellungsverfahren und sonstige Verfahren mit den Rechtswirkungen der Planfeststellung für Vorhaben von überörtlicher Bedeutung sowie auf die auf Grund des 3626

---

[27] Grotefels/Grüner in HBG, Öffentliches Baurecht, 2024, § 16 Rn. 18; BVerwG NJW 1997, 2063 ff.; OVG Münster BauR 1997, 97 f.; zu Flexibilisierungen im geltenden Bauordnungsrecht zur Bekämpfung des Wohnraummangels Schmitt NVwZ 2023, 1705.

[28] Grotefels/Grüner in HBG, Öffentliches Baurecht, 2024, § 16 Rn. 19.

[29] Kersten Baurecht in Schoch/Eifert, Besonderes Verwaltungsrecht, 2023, Kap. 3 Rn. 407; Hellermann Öffentliches Baurecht in Dietlein/Hellermann Öffentliches Recht in NRW, 2022, § 4 Rn. Rn. 265; Grotefels/Grüner in HBG, Öffentliches Baurecht, 2024, § 16 Rn. 20; Otto Öffentliches Baurecht II, 2023, § 7 Rn. 115.

[30] Siehe dazu Kersten Baurecht in Schoch/Eifert, Besonderes Verwaltungsrecht, 2023, Kap. 3 Rn. 409.

BImSchG für die Errichtung und den Betrieb öffentlich zugänglicher Abfallbeseitigungsanlagen geltenden Verfahren sind die §§ 29 bis 37 BauGB nicht anzuwenden, wenn die Gemeinde beteiligt wird; städtebauliche Belange sind zu berücksichtigen.

VII. Bauordnungen der Länder

3627 Teilweise betreffen die Freistellungen Vorhaben ohne bodenrechtlichen Bezug oder Vorhaben mit nur geringfügigen städtebaulichen Auswirkungen. Eine Freistellung ist in solchen Fällen rechtlich zulässig. Soweit die Freistellungsregelungen vor allem bei Vorhaben im Bereich eines qualifizierten Bebauungsplans oder einer anderen städtebaulichen Satzung über eine geringfügige Bedeutung hinausgehen, sind zumeist Anzeige- oder Prüfverfahren vorgesehen, die eine Wahrung der planungsrechtlichen Zulässigkeitsanforderungen in den §§ 29 ff. BauGB sicherstellen. Allerdings fehlt es hier teilweise an einer rechtlich angezeigten gemeindlichen Beteiligung. Zumindest eine Information über die beabsichtigte Baumaßnahme ist bei Vorhaben von einigem städtebaulichen Gewicht im Hinblick auf die verfassungsrechtliche Sicherung der kommunalen Selbstverwaltung in Art. 28 II GG rechtlich angezeigt. Denn nach § 36 I 3 BauGB haben die Länder bei Vorhaben im Geltungsbereich eines qualifizierten Bebauungsplans nach § 30 I BauGB sicherzustellen, dass die Gemeinde rechtzeitig vor der Ausführung des Vorhabens über Maßnahmen zur Sicherung der Bauleitplanung nach den §§ 14, 15 BauGB entscheiden kann. Soweit die Landesbauordnungen kein förmlichen Prüfverfahren mehr erfordern, fehlt allerdings auch die Legalisierungswirkung, die einer baurechtlichen Zulassungsentscheidung zukommen kann. Dies kann sich für den Bauherrn ggf. nachteilig auswirken. Auch für den Nachbarn kann es nachteilig sein, wenn ein förmliches Prüfverfahren nicht stattfindet und wegen fehlender Zulassungsentscheidung ein Rechtsschutz hiergegen nicht möglich ist.

2. Teil. Baugenehmigungsverfahren

3628 Eine zentrale Rolle zur Beurteilung der öffentlich-rechtlichen Zulässigkeit eines Vorhabens spielt das Baugenehmigungsverfahren. Es soll in einem geordneten Verfahren klären, ob das Bauvorhaben oder die planungsrechtlich relevante Nutzungsänderung den planungsrechtlichen, den bauordnungsrechtlichen und auch sonstigen öffentlich-rechtlichen Vorschriften entspricht, ob also die Zulassungsvoraussetzungen für die Erteilung der Baugenehmigung vorliegen.

3629 Zugleich erfolgt durch die Erteilung der Baugenehmigung die **Baufreigabe**, die das präventive Verbot durch eine öffentlich-rechtliche Erlaubnis überwindet, wenn und soweit nicht für das Bauvorhaben nicht noch weitere Zulassungen erforderlich sind, ohne deren Erteilung mit dem Bauvorhaben nicht begonnen werden darf. Die Regelung des Baugenehmigungsverfahrens obliegt, auch soweit in diesem Verfahren über die bodenrechtliche Zulässigkeit von Vorhaben entschieden wird, dem Landesgesetzgeber. Dies betrifft auch die Regelung der Bindungswirkung der Baugenehmigung, soweit mit ihr über die bundesrechtlichen Anforderungen an landesrechtlich genehmigungs-, anzeige- oder zustimmungsbedürftige Vorhaben entschieden wird.[31] Die im BauGB bundesrechtlich geregelte Materie des Bodenrechts steuert das Baugeschehen unter anderen Sachgesichtspunkten als die Landesbauordnungen. Ein Vorhaben muss allen Anforderungen beider Regelungsbereiche genügen. Das gilt auch, wenn sie in ihrem sachlichen Gehalt teilweise übereinstimmen.[32] Eine **Bebauungsgenehmigung** (planungsrechtlicher Vorbescheid) darf unter Berufung auf Hindernisse, die dem Vorhaben landesbaurechtlich entgegenstehen, nur dann versagt werden, wenn sich diese Hindernisse nicht ausräumen lassen.[33]

I. Bauantrag

3630 Das Baugenehmigungsverfahren beginnt mit der Einreichung eines Bauantrags, der schriftlich, unterzeichnet vom Bauherrn und vom Entwurfsverfasser unterzeichnet je nach landesrechtlicher Auslegung entweder bei der Bauaufsichtsbehörde oder bei der Gemeinde vorzule-

---

[31] BVerwGE 69, 1.

[32] BVerwG Beschl. v. 14.6.1988 – 4 B 87.88, BeckRS 1988, 31257596. Auch nachbarrechtliche Ansprüche können deshalb zugleich aus bundesrechtlichen und aus landesrechtlichen Vorschriften gegeben sein.

[33] BVerwGE 61, 128 im Anschluss an BVerwGE 48, 242; OVG Saarlouis Urt. v. 23.2.1999 – 2 R 7/98, BeckRS 1999, 17744.

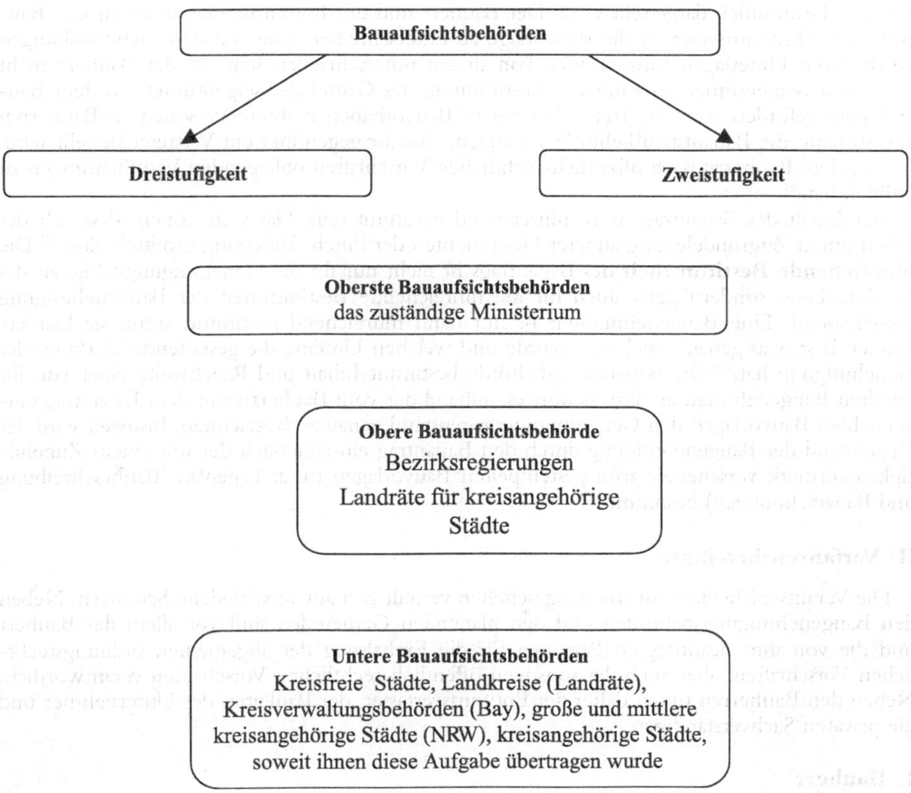

gen ist. Mit dem Bauantrag bestimmt der Bauherr den Gegenstand des Baugenehmigungsverfahrens und der ggfls. zu erteilenden Baugenehmigung.[34] Dem Bauantrag müssen alle für die Beurteilung des Bauvorhabens erforderlichen Unterlagen eingereicht werden (Bauvorlagen); diese müssen einschließlich der bautechnischen Nachweise von einem **bauvorlageberechtigten Entwurfsverfasser**, dh von einem Architekten oder Bauingenieur, unterschrieben sein.[35] Dazu haben die Länder Verordnungen über Art, Inhalt, Beschaffenheit und Zahl der Bauvorlagen erlassen.

Der Bauantrag ist schriftlich bei der unteren Bauaufsichtsbehörde oder bei der Gemeinde 3631
einzureichen. Mit dem Bauantrag sind alle für die Beurteilung des Bauvorhabens und die Bearbeitung des Bauantrags erforderlichen Unterlagen (**Bauvorlagen**) einzureichen. Der Bauantrag legt zugleich den Verfahrensgegenstand fest. Die Baugenehmigung wird auf der Grundlage des Bauantrags erteilt, sodass für den Inhalt der Baugenehmigung der Bauantrag heranzuziehen ist.[36] Die Behörde muss im Verwaltungsverfahren nach § 24 I VwVfG den Sachverhalt von Amts wegen aufklären. Den Gegenstand des Verfahrens bestimmt aber der Bauherr durch seinen Antrag. Lässt der Antrag das eigentlich Gewollte nicht erkennen, so besteht weder eine Aufklärungspflicht der Behörde, noch kann die – wahre aber nicht erkennbare – Absicht des Antragstellers Inhalt der ihm erteilten Genehmigung werden.[37] Einzelne Bauvorlagen können nachgereicht werden. In besonderen Fällen kann zur Beurteilung der Einwirkung der baulichen Anlage auf die Umgebung verlangt werden, dass die bauliche Anlage in geeigneter Weise

[34] BVerwG BRS 36 Nr. 158; DVBl. 1993, 109 (110); Grotefels/Grüner in HBG, Öffentliches Baurecht, 2024, § 16 Rn. 34; die Anforderungen an den Bauantrag erläutert Marci BauR 2017, 2080.

[35] Grotefels/Grüner in HBG, Öffentliches Baurecht, 2024, § 16 Rn. 35; zur verfassungsrechtlichen Unbedenklichkeit der Vorlagebeschränkung auf Bauvorlageberechtigten BVerfGE 68, 272.

[36] Stelkens NuR 1985, 213.

[37] BVerwG Beschl. v. 19.1.1988 – 4 B 2.88 – Buchholz 316 § 24 VwVfG Nr. 5.

auf dem Grundstück dargestellt wird. Der Bauherr und der Entwurfsverfasser haben den Bauantrag, der Entwurfsverfasser die Bauvorlage zu unterschreiben. Die von den Sachverständigen bearbeiteten Unterlagen müssen auch von diesen unterschrieben sein. Ist der Bauherr nicht Grundstückseigentümer, so kann die Zustimmung des Grundstückseigentümers zu dem Bauvorhaben gefordert werden. Treten bei einem Bauvorhaben mehrere Personen als Bauherren auf, so kann die Bauaufsichtsbehörde verlangen, dass ihr gegenüber ein Vertreter bestellt wird, der die dem Bauherrn nach öffentlich-rechtlichen Vorschriften obliegenden Verpflichtungen zu erfüllen hat.[38]

3632 Der Inhalt des Bauantrags muss hinreichend bestimmt sein. Das setzt voraus, dass sich der Inhalt durch Zugrundelegung anderer Dokumente oder durch Auslegung ermitteln lässt.[39] Die **hinreichende Bestimmtheit** des Bauantrags ist nicht nur für die Genehmigungsfähigkeit des Bauvorhabens, sondern ggfls. auch für die hinreichende Bestimmtheit der Baugenehmigung entscheidend. Eine Baugenehmigung ist nur dann hinreichend bestimmt, wenn sie klar erkennen lässt, was genau genehmigt wurde und welchen Umfang die gestattende Wirkung der Genehmigung hat.[40] Die Bauaufsichtsbehörde bestimmt Inhalt und Reichweite einer von ihr erteilten Baugenehmigung; dazu gehört es, anhand der vom Bauherrn mit dem Bauantrag eingereichten Bauvorlagen den Genehmigungsgegenstand genau zu bezeichnen. Insoweit wird der Gegenstand der Baugenehmigung durch den Bauantrag einschließlich der mit einem Zugehörigkeitsvermerk versehenen grün gestempelten Bauvorlagen (u. a. Lageplan, Baubeschreibung und Bauzeichnungen) bestimmt.[41]

II. Verfahrensbeteiligte

3633 Die Verantwortlichkeit für das Baugeschehen verteilt sich auf verschiedene Schultern. Neben den Baugenehmigungsbehörden und den planenden Gemeinden sind vor allem der Bauherr und die von ihm beauftragten Personen für die Einhaltung der allgemeinen ordnungsrechtlichen Vorschriften, aber auch der sonstigen öffentlich-rechtlichen Vorschriften verantwortlich. Neben den Bauherren treten daher der Entwurfsverfasser, der Bauleiter, der Unternehmer und die privaten Sachverständigen.

1. Bauherr

3634 Für das Baugeschehen ist in erster Linie der Bauherr verantwortlich. Er veranlasst die Baumaßnahme, führt sie durch und bezahlt sie. Der Bauherr muss nicht mit dem Eigentümer identisch sein. Auch dingliche oder schuldrechtliche Beziehungen zum Grundstückseigentümer reichen für die Bauherreneigenschaft aus. Für die Dauer des Genehmigungsverfahrens – also vor Durchführung der Baumaßnahme – sind rechtliche Beziehungen des Bauherrn zum Grundstückseigentümer nicht erforderlich. Der Bauherr muss zur Vorbereitung, Überwachung und Ausführung eines genehmigungsbedürftigen Vorhabens weitere Personen bestellen, soweit er nicht selbst über die erforderliche Sachkunde verfügt. Dazu zählen der Entwurfsverfasser, der Bauleiter, der Unternehmer und der private Sachverständige. Diese sind im Rahmen ihrer jeweiligen Aufgabenbereiche für die ordnungsgemäße Baudurchführung verantwortlich. Sie können durch weitere fachkundige Personen unterstützt werden. Auf den vorgenannten Personenkreis kommen nicht nur im Verfahren zur Erteilung einer Baugenehmigung, sondern vor allem in den Freistellungsfällen und im vereinfachten Genehmigungsverfahren zusätzliche Aufgaben und eine gesteigerte Verantwortung zu.

2. Entwurfsverfasser

3635 Neben dem Bauherrn hat der Entwurfsverfasser eine wichtige Verantwortung für die Baudurchführung zu übernehmen. Der Entwurfsverfasser muss über eine entsprechende Qualifikation verfügen und bauvorlageberechtigt sein. Der Entwurfsverfasser hat neben dem Bauherrn den Bauantrag zu unterschreiben. Besonders aber im vereinfachten Genehmigungsverfahren

[38] So § 63 MBauO.

[39] Grotefels/Grüner in HBG, Öffentliches Baurecht, 2024, § 16 Rn. 36.

[40] OVG Bautzen Beschl. v. 23.10.2023 – 1 B 115/23, juris Rn. 22; BVerwG Beschl. v. 20.5.2014 – 4 B 21.14, juris Rn. 9.

[41] OVG Bautzen Beschl. v. 23.10.2023 – 1 B 115/23, juris Rn. 22; Urt. v. 5. Juli 2023 – 1 A 418/20, juris Rn. 57; Beschl. v. 14.6.2017 – 1 B 21/17, juris Rn. 4.

und den Freistellungsfällen sind entsprechende Erklärungen des Entwurfsverfassers beizubringen. Diese beziehen sich etwa auf die Einhaltung der öffentlich-rechtlichen Vorschriften des Bauplanungs- und Bauordnungsrechts wie die planungsrechtliche Zulässigkeit des Vorhabens oder seine Übereinstimmung mit bauordnungsrechtlichen Vorschriften etwa des Brandschutzes oder der Gebäudeabstände. Die vermehrte Freistellung von der Genehmigungspflicht geht daher mit einer stärkeren Verlagerung der Verantwortung von der Baugenehmigungsbehörde auf den Entwurfsverfasser und die anderen am Baugeschehen Beteiligten einher. Die Verantwortlichkeit der vorgenannten Personen betrifft das Geschehen bis zur Fertigstellung des Bauvorhabens. Für den weiteren dem öffentlichen Recht entsprechenden Zustand der baulichen Anlage ist nach allgemeinem Polizei- und Ordnungsrecht der Zustandsstörer bzw. der Handlungsstörer verantwortlich. Ob und in welchem Umfang sich daraus Verpflichtungen der am Bau Beteiligten ergeben, beurteilt sich nach diesen Maßstäben.

Hinweis: Bei einem Vorbescheidsantrag zur Prüfung der bauplanungsrechtlichen Zulässigkeit kann – auch wenn es sich nicht um ein Vorhaben geringeren Umfangs handelt – nach dem jeweiligen Bauordnungsrecht auf die Bestellung eines Entwurfsverfassers verzichtet werden, wenn sich die für die Prüfung erforderlichen Eckdaten mit der gebotenen Bestimmtheit Bauvorlagen entnehmen lassen, die von einer nicht bauvorlageberechtigten Person erstellt worden sind.[42]

Auf die Architekten kommen dabei vor allem bei einem Rückzug der Bauaufsicht aus dem förmlichen Genehmigungsverfahren erhöhte Anforderungen zu.[43] Von den Architekten wird erwartet, dass sie die Genehmigungsfähigkeit von Vorhaben zutreffend beurteilen und nur Vorhaben verwirklichen, die auch dem materiellen Bauplanungs- und Bauordnungsrecht entsprechen. So schuldet ein Architekt, der sich zur Erstellung der Genehmigungsplanung verpflichtet, als Werkerfolg eine dauerhaft genehmigungsfähige Planung. Die Parteien eines Architektenvertrages können zwar im Rahmen der Vertragsfreiheit vereinbaren, dass und in welchen Punkten die vom Architekten zu erstellende Planung nicht genehmigungsfähig sein muss. Von einer solchen Vereinbarung kann jedoch nur in Ausnahmefällen ausgegangen werden. Die Unsicherheit der Beurteilung der bauplanungsrechtlichen Chancen eines Vorhabens bei der Genehmigung rechtfertigt es nach Auffassung des BGH nicht, den Architekten im Verhältnis zum Bauherrn von vornherein von seiner eingegangenen Verpflichtung zur Erbringung einer genehmigungsfähigen Planung freizustellen. Der Architekt habe seine Planung so zu erstellen, dass sie als bauplanungsrechtlich zulässig beurteilt werden könne. Erst dann habe er seine vertraglichen Verpflichtungen erfüllt.[44] 3636

Die **Pflichten des Architekten** dürfen allerdings auch nicht überspannt werden. Denn der Entwurfsverfasser kann nicht bei einem Rückzug des Staates aus der Bauaufsicht alle Prüfungserfordernisse und Risiken übernehmen, die mit dem Baugeschehen verbunden sind und die von der öffentlichen Hand zu einem Großteil abgedeckt wurden. Gerade in kritischen Fällen muss daher der Bauherr selbst Verantwortung übernehmen. Denn er zieht auch den Nutzen, wenn die von ihm gewünschten Vorhaben verwirklicht werden. Die Risiken dürfen daher nicht einseitig auf den Architekten verlagert werden, wenn sich die öffentliche Hand aus der Kontrolle des Baugeschehens verabschiedet. Ein Gutteil der dadurch entstehenden Unsicherheit wird daher wohl auch der Bauherr selbst tragen müssen. 3637

3. Unternehmer

Auch der Unternehmer trägt für die ordnungsgemäße Verwirklichung des Bauvorhabens Verantwortung. Dies gilt insbesondere hinsichtlich des verwendeten Materials und der Bauausführung. Zudem wird der Unternehmer in der Regel verpflichtet sein, sich von dem Erfordernis und dem Vorliegen einer Baugenehmigung zu informieren, bevor die Bauarbeiten beginnen. Bei fehlender Baugenehmigung kann auch der Bauunternehmer nach Maßgabe des Ordnungswidrigkeitenrechts belangt werden. 3638

---

[42] VGH München Urt. v. 15.7.2005 – 1 B 04.1080, juris; BeckRS 2005, 16868.

[43] Zur Haftung des Architekten für die öffentlich-rechtliche Genehmigungsfähigkeit seiner Planung Spiegels NZBau 2007, 270.

[44] BGH NJW-RR 1999, 1105; NJW-RR 1998, 952.

4. Bauleiter

3639 Neben dem Entwurfsverfasser ist auch der Bauleiter an einer wichtigen Stelle in das Baugeschehen einbezogen. Er hat darauf zu achten, dass die Unternehmer das Bauvorhaben nach den genehmigten Plänen ausführen und – soweit erforderlich – im Rahmen einer Baugenehmigung handeln. Abweichungen, die baugenehmigungspflichtig sind, bedürfen einer Nachtragsbaugenehmigung. Kommt der Bauleiter seinen Verpflichtungen nicht nach, kann er ordnungsbehördlich herangezogen werden. Ggf. haftet er auch dem Bauherrn zivilrechtlich.

5. Sachverständige

3640 Die BauO sehen in stärkerem Maße als bisher eine eigenverantwortliche Beteiligung von privaten Sachverständigen vor. Der Gesetzgeber geht dabei von der Überlegung aus, dass der erforderliche fachtechnische Sachverstand nicht nur in Amtsstuben der Behörden, sondern auch in den Büros der freischaffenden Architekten, Ingenieure und bauberatenden Berufe vorhanden ist. Die BauO NRW etwa unterscheidet dabei verschiedene Gruppen von Sachverständigen, die entweder von der Behörde oder dem Bauherrn beauftragt werden.[45] Nach § 61 III BauO NRW können die Bauaufsichtsbehörden zur Erfüllung ihrer Aufgaben Sachverständige und sachverständige Stellen heranziehen. Hierüber befindet die Bauaufsichtsbehörde nach pflichtgemäßem Ermessen. Die Beteiligung von Sachverständigen ändert im Übrigen nichts an der Behördenverantwortlichkeit. Bei von der Behörde hinzugezogenen Sachverständigen ist das Rechtsverhältnis als öffentlich-rechtliche Amtshilfe zu qualifizieren. Private Sachverständige treten zur Behörde in privatrechtliche Beziehungen. Aus der weiteren Verantwortlichkeit der Baubehörde folgt, dass auch Ersatzansprüche nicht gegenüber dem Sachverständigen, sondern gegenüber der Behörde geltend zu machen sind, wenn der Sachverständige von der Behörde eingeschaltet wird.

3641 Die BauO NRW regelt Anforderungen an den **staatlich anerkannten Sachverständigen**, der in den Bereichen Standsicherheit, Brandschutz sowie Schall- und Wärmeschutz als eine Art „Baunotar" wichtige Entlastungsfunktionen für die Behörden wahrnehmen kann. Legt ein Bauherr eine entsprechende Bescheinigung eines staatlich anerkannten Sachverständigen vor, so ist die Behörde zu einer eigenen Prüfung der bestätigten Fragen grundsätzlich nicht mehr verpflichtet (§ 72 VII BauO NRW). Durch die weitgehende Verlagerung der Prüfaufgaben auf die privaten Sachverständigen wird die Bauaufsichtsbehörde von Aufgaben freigestellt, die nicht notwendigerweise öffentlich-rechtlich organisiert werden müssen. Zugleich wird hierdurch mehr Zeit für die eigentlich öffentlich-rechtlichen Aufgaben der Bauaufsicht gewonnen. Die Befugnis zur Anerkennung ist in NRW nach einer entsprechenden Verordnung der Architektenkammer und der Ingenieurkammer Bau übertragen worden. Als Sachverständiger kann nur anerkannt werden, wer Mitglied der Architektenkammer oder der Kammer Bau ist und eine mehrjährige Berufserfahrung nachweist. Für die Frage der Verantwortlichkeit ist entscheidend, ob die Sachverständigen in eigener Verantwortung Entscheidungen treffen, durch welche die Bauaufsichtsbehörden von Pflichten und Prüftätigkeiten entbunden werden, oder ob die Sachverständigen nur zur Vorbereitung und Unterstützung behördlicher Entscheidungen tätig werden.

3642 Die staatlich anerkannten Sachverständigen werden im Rahmen bauaufsichtlicher Verfahren unmittelbar vom Bauherrn auf **privatrechtlicher Grundlage** beauftragt. Sie treffen in eigener Verantwortung abschließende Entscheidungen, an die kraft gesetzlicher Regelung auch die Bauaufsichtsbehörden gebunden sind. Insofern entfalten die Bescheinigungen und Nachweise der Sachverständigen öffentlich-rechtliche Wirkung, ohne dass sie organisatorisch in den staatlichen Kompetenzbereich einbezogen werden. Es handelt sich um die Verlagerung behördlicher Aufgaben in den privaten Bereich bei gleichzeitigem Verzicht auf die Wahrnehmung staatlicher Kompetenzen. Daher haftet bei mangelhafter Auftragserfüllung der staatlich anerkannte Sachverständige dem Bauherrn ausschließlich nach zivilrechtlichen Grundsätzen, die Bauaufsichtsbehörde kann nicht im Wege der Amtshaftung in Anspruch genommen werden.[46] Wenn der Staat seine eigene Bauaufsichtskompetenz zurücknimmt und auf Private überträgt, muss er zugleich kompensatorisch dafür sorgen, dass die neuen Aufgabenträger über eine ausreichende fachliche Qualifikation sowie Unabhängigkeit verfügen und von staatlicher Seite ein

---

[45] Stüer DVBl. 1996, 96.

[46] Dazu BGH NVwZ 1998, 1329.

System wirksamer staatlicher Kontrolle bereitgestellt wird. Das System der staatlichen Kontrolle kann allerdings durch eine berufsständische Selbstkontrolle wahrgenommen werden. Die veränderten gesetzlichen Regelungen des Bauordnungsrechts setzen daher auf eine erweiterte Verantwortung der am Bau Beteiligten. Wegen der erforderlichen Unabhängigkeit ist es nicht zulässig, dass ein hauptamtlich im Dienst der Behörde stehender Mitarbeiter in Nebentätigkeit als anerkannter Sachverständiger Planungs- und Prüfaufgaben wahrnimmt.

6. Beteiligung von Nachbarn und Öffentlichkeit

Greift das Vorhaben in schützenswerte nachbarliche Belange ein, so ist eine Beteiligung des Nachbarn nach Maßgabe der Regelungen in den Landesbauordnungen erforderlich.[47] Eine Beteiligung des Nachbarn ist insbesondere notwendig, wenn öffentlich-rechtlich geschützte nachbarliche Belange durch das Vorhaben betroffen werden. Die bauordnungsrechtlichen Verfahrensvorschriften gehen als speziellere Normen den Regelungen des allgemeinen Verfahrensrechts vor, das zwischen Anhörung (§ 28 VwVfG) und Beteiligung (§ 13 VwVfG) unterscheidet. Die Landesbauordnungen regeln eine Beteiligung bzw. eine Anhörung betroffener Nachbarn in den Fällen der Ausnahme oder Befreiung sowie in Fällen der Abweichung. Darüber hinaus wird zwischen dem formellen Nachbarbegriff (**Angrenzern**) und dem materiellen Nachbarbegriff unterschieden.[48] Es ist daher im Einzelfall denkbar, dass eine Nachbarbeteiligung zwar nicht nach der jeweiligen BauO, wohl aber nach § 13 VwVfG erforderlich ist. In welchem Umfang neben den Beteiligungsrechten der LBauO ein Beteiligungsrecht des Nachbarn nach § 13 VwVfG besteht, muss dem Geltungsbereich des jeweiligen Landesrechts entnommen werden. Ist das Landesrecht hinsichtlich der Nachbarbeteiligung abschließend, ist eine Nachbarbeteiligung nach § 13 II VwVfG nicht erforderlich. Teilweise sehen die Landesbauordnungen eine **materielle Präklusion** für nicht oder nicht fristgerecht vorgetragene Einwendungen vor.[49] Soweit der Nachbar dem Bauvorhaben zugestimmt hat, insbesondere wenn er die Bauunterlagen unterschrieben hat, [50]muss er nicht zusätzlich noch beteiligt werden. 3643

Nach § 13 II 1 VwVfG kann die Behörde von Amts wegen oder auf Antrag diejenigen, deren rechtliche Interessen durch den Ausgang des Verfahrens berührt werden können, als **Beteiligte** hinzuziehen. Hat der Ausgang des Verfahrens rechtsgestaltende Wirkung für einen Dritten, so ist dieser nach § 13 II 2 VwVfG auf Antrag als Beteiligter zu dem Verfahren hinzuzuziehen. Soweit er der Behörde bekannt ist, hat diese ihn von der Einleitung des Verfahrens zu benachrichtigen. Eine Beteiligung der Nachbarn kommt nach § 13 II VwVfG in Betracht, wenn die Erteilung einer Baugenehmigung zugleich Nachbarinteressen betrifft. Die Baugenehmigung hat vielfach eine Doppelwirkung, indem sie einerseits den Bauherrn begünstigt, andererseits aber den Nachbarn belastet. Eine solche Belastung liegt insbesondere vor, wenn die Baugenehmigung bei ihrer Ausnutzung nachteilige Auswirkungen auf die Nutzung oder Nutzbarkeit eines anderen Grundstücks hat. Das Gesetz unterscheidet dabei die fakultative Beteiligung nach § 13 II 1 VwVfG und die obligatorische Beteiligung nach § 13 II 2 VwVfG. 3644

Die **fakultative Beteiligung** eines Nachbarn nach § 13 II 1 VwVfG ist möglich, wenn dessen rechtliche Interessen durch den Ausgang des Verfahrens berührt sind. Solche Drittinteressen können in einem Baugenehmigungsverfahren insbesondere in folgenden Fällen betroffen werden: 3645

- Gebundener Vollzug generell und partiell nachbarschützender Normen des Bauplanungs- und Bauordnungsrechts,
- Befreiung von nicht nachbarschützenden Festsetzungen eines Bebauungsplans,
- Ausnahmen und Befreiungen von nicht nachbarschützenden Vorschriften des Bauordnungsrechts, soweit dabei nachbarliche Belange zu würdigen sind.

---

47 Kersten Baurecht in Schoch/Eifert, Besonderes Verwaltungsrecht, 2023, Kap. 3 Rn. 419 mit Verweis auf die Landesregelungen in Fn. 1580.

48 Kersten Baurecht in Schoch/Eifert, Besonderes Verwaltungsrecht, 2023, Kap. 3 Rn. 419; zur Unterscheidung von Nachbarn und Angrenzern siehe Johlen in Gädtke, BauO NRW, § 72 Rn. 24 ff.

49 Grotefels/Grüner in HBG, Öffentliches Baurecht, 2024, § 16 Rn. 47; Kersten Baurecht in Schoch/Eifert, Besonderes Verwaltungsrecht, 2023, Kap. 3 Rn. 419

50 Grotefels/Grüner in HBG, Öffentliches Baurecht, 2024, § 16 Rn. 44; zum Zustimmungserfordernis bei baulichen Änderungen VGH München Urt. v. 24.8.2016 – 9 CS 15.1695, BeckRS 2016, 50834; OVG Münster Urt. v. 7.9.2017 – 7 A 1069/14, BeckRS 2017, 134506.

3646 **Obligatorisch** ist die Beteiligung des Nachbarn nach § 13 II 2 VwVfG, wenn die Baugenehmigung für diesen rechtsgestaltende Wirkungen hat. Dabei wird nicht jede Berücksichtigung nachbarlicher Interessen bei Erteilung einer Baugenehmigung in diesem Sinne rechtsgestaltende Wirkungen haben. Diese setzen vielmehr voraus, dass rechtlich geschützte nachbarliche Interessen durch die Erteilung von Ausnahmen oder Befreiungen rechtlich neu gestaltet werden. Nur bei einer solchen Gestaltungswirkung ist die Beteiligung des Nachbarn nach § 13 II 2 VwVfG obligatorisch. Die Nachbarbeteiligung nach § 13 II 2 VwVfG ist daher erforderlich bei

- Ausnahmen und Befreiungen von generell nachbarschützenden Normen des Bauplanungs- und Bauordnungsrechts,
- Ausnahmen und Befreiungen von partiell nachbarschützenden Normen des Bauplanungs- und Bauordnungsrechts hinsichtlich des in seiner subjektiven Rechtsposition geschützten Nachbarn,
- Ausnahmen und Befreiungen gem. § 34 II 2. HS. BauGB, soweit es um Abweichungen von der Art der baulichen Nutzung geht, die als Festsetzung im Bebauungsplan nachbarschützenden Charakter hätte,
- Abweichungen im bauaufsichtlichen Zustimmungsverfahren gem. § 37 BauGB, soweit nachbarschützende Normen betroffen sind.

3647 Ist der Nachbar als Beteiligter in das Baugenehmigungsverfahren einbezogen worden, stehen ihm die **Rechte eines Verfahrensbeteiligten** zu. Er hat Rechte der Beratung und Auskunft durch die Behörde (§ 25 VwVfG), der Anhörung (§ 28 VwVfG), der Akteneinsicht (§ 29 VwVfG) sowie der Bekanntgabe des Verwaltungsakts (§ 41 I 1 VwVfG) und seiner Begründung (§ 39 VwVfG). Die Vorschriften zur Nachbarbeteiligung sind drittschützend; ihre Verletzung kann vom Nachbarn erfolgreich gerichtlich gerügt werden.[51] Ist eine nach § 13 II 2 VwVfG erforderliche Beteiligung des Nachbarn unterblieben, kann die Baugenehmigung wegen eines **Verfahrensfehlers** rechtswidrig sein. Der Fehler ist allerdings nur beachtlich, wenn er für die Entscheidung von Bedeutung gewesen ist (§§ 45, 46 VwVfG). Die formale Verletzung obligatorischer nachbarlicher Beteiligungsrechte reicht daher für die Aufhebung einer Baugenehmigung nicht aus, solange die Kausalität des Fehlers nicht gegeben ist.[52]

3648 Einige Bauordnungen sehen in bestimmten Fällen, insbesondere zur Umsetzung der unionsrechtlichen **Störfallvorgaben** der Seveso III-Richtlinie, auch eine **Beteiligung der Öffentlichkeit** vor.[53] Bei baulichen Anlagen, die aufgrund ihrer Beschaffenheit oder ihres Betriebs geeignet sind, die Allgemeinheit oder die Nachbarschaft zu gefährden, zu benachteiligen oder zu belästigen, kann die Bauaufsichtsbehörde zB nach § 72 III 1BauO NRW auf Antrag die Bauherrschaft das Bauvorhaben in ihrem amtlichen Veröffentlichungsblatt und außerdem entweder im Internet oder in örtlichen Tageszeitungen, die im Bereich des Standorts der Anlage verbreitet sind, öffentlich bekannt machen. Bei der Errichtung, Änderung oder Nutzungsänderung 1. eines oder mehrerer Gebäude, wenn dadurch dem Wohnen dienende Nutzungseinheiten mit einer Größe von insgesamt mehr als 5 000 m^2 Brutto-Grundfläche geschaffen werden, 2. baulicher Anlagen, die öffentlich zugänglich sind, wenn dadurch die gleichzeitige Nutzung durch mehr als 100 zusätzliche Besucher ermöglicht wird, und 3. baulicher Anlagen, die nach Durchführung des Bauvorhabens Sonderbauten nach § 47 V und § 50 II Nr. 8 bis 15 BauO NRW sind, ist das Bauvorhaben nach § 72 III 1 BauO NRW bekannt zu machen, wenn es innerhalb des angemessenen Sicherheitsabstands eines Betriebsbereichs im Sinne des § 3 Va und Vc BImSchG liegt.

7. Beteiligung von Gemeinden

3649 Wird die Baugenehmigung nach den §§ 31 bis 35 BauGB erteilt, ist das **Einvernehmen** der Gemeinde erforderlich (§ 36 I BauGB). Werden Ausnahmen und Befreiungen von den Festsetzungen des Bebauungsplans nach § 31 I oder II BauGB erforderlich, soll eine Baugenehmigung während der Aufstellung des Bebauungsplans bei entsprechender Planreife erteilt werden (§ 33 BauGB) oder steht eine Baugenehmigung im nicht beplanten Innenbereich (§ 34

[51] OVG Münster Urt. v. 7.6.2017 – 9 A 732/15, BeckRS 2017, 11489; Grotefels/Grüner in HBG, Öffentliches Baurecht, 2024, § 16 Rn. 46.

[52] BVerwG DVBl. 1997, 1127.

[53] Wörheide NWVBL 2019, 221 ff.; Wasielewski NVwZ 2018, 937; Uechtritz VBlBW 2018, 133 ff.; Schoppen NVwZ 2017, 1561 ff.

BauGB) oder im Außenbereich (§ 35 BauGB) an, so ist das gemeindliche Einvernehmen nach § 36 I BauGB erforderlich. Einvernehmen bedeutet Zustimmung zu dem Vorhaben; sie kann von der Gemeinde bereits mit der Abgabe ihrer Stellungnahme zum eingereichten Bauantrag gegenüber der Baugenehmigungsbehörde erklärt werden.[54] Das Einvernehmen darf nur aus den in § 36 II 1 BauGB genannten Gründen verweigert werden.

Wird das gemeindliche Einvernehmen versagt, darf die Baugenehmigungsbehörde die Bau- 3650
genehmigung nicht erteilen. Versagt die Gemeinde zu Unrecht das Einvernehmen, so ist sie ggf. aus Amtshaftungsgrundsätzen (Art. 34 GG, § 839 BGB) schadensersatzpflichtig. Zur Erklärung des gemeindlichen Einvernehmens kann die Gemeinde im Rahmen der Kommunalaufsicht oder auf Grund spezialgesetzlicher Regelungen in den Landesbauordnungen angehalten werden. Ein rechtswidrig versagtes Einvernehmen kann die nach Landesrecht zuständige Behörde auch nach § 36 II 3 BauGB ersetzen. Im Übrigen kann das fehlende gemeindliche Einvernehmen im verwaltungsgerichtlichen Klageverfahren auf Erteilung einer Genehmigung überwunden werden. Gibt die Gemeinde innerhalb von zwei Monaten keine Erklärung ab, so gilt das gemeindliche Einvernehmen nach § 36 II 2 BauGB als erteilt. Die Erteilung der Baugenehmigung hängt dann vom Vorliegen der weiteren Genehmigungsvoraussetzungen ab. Eine Bindung dahin gehend, dass die Baugenehmigungsbehörde eine Baugenehmigung bei vorliegendem gemeindlichem Einvernehmen erteilen muss, besteht nicht. Ein erteiltes Einvernehmen kann nicht zurückgenommen werden; es ist auch anfechtbar.[55]

8. Zustimmung der höheren Verwaltungsbehörde und anderer Fachbehörden

In den Fällen des § 35 II und IV kann die Landesregierung nach § 36 I 4 BauGB durch 3651
Rechtsverordnung allgemein oder für bestimmte Fälle festlegen, dass die Zustimmung der höheren Verwaltungsbehörde erforderlich ist. Darüber hinaus kann die Zustimmung der höheren Verwaltungsbehörde ggf. nach Landesrecht erforderlich sein. Auch die Zustimmung der höheren Verwaltungsbehörde darf nach § 36 II 1 BauGB nur aus den sich aus den §§ 31, 33, 34 und 35 BauGB ergebenden Gründen versagt werden. Auch die Zustimmung der höheren Verwaltungsbehörde gilt als erteilt, wenn sie nicht binnen zwei Monaten nach Eingang des Ersuchens der Genehmigungsbehörde verweigert wird. Daneben ist auch die Zustimmung anderer Fachbehörden erforderlich, soweit dies gesetzlich angeordnet ist. Dies gilt vor allem für bauliche Anlagen an Bundesstraßen (§ 9 II 1 FStrG) und Straßen nach den jeweiligen Landestraßengesetzen sowie im Bauschutzbereich von Flughäfen (§ 12 III und IV LuftVG).[56]

III. Baulast

Die meisten Landesbauordnungen haben das Institut der Baulast eingeführt, mit der öffent- 3652
lich-rechtliche Hindernisse, die einem Bauvorhaben entgegenstehen können, beseitigt werden. Die Baulast beinhaltet als ein eigenständiges **Institut des Landesrechts** [57] eine freiwillig gegenüber der Baugenehmigungsbehörde übernommene öffentlich-rechtliche Verpflichtung des Grundstückseigentümers zu einem bestimmten Tun, Dulden oder Unterlassen, das sich auf sein Grundstück bezieht und sich nicht schon aus öffentlich-rechtlichen Vorschriften ergibt. Nicht Gegenstand einer Baulast ist eine Verpflichtung, ein bestimmtes genehmigtes Bauvorhaben auch zu realisieren.[58] Die Baulast ist grundstücksbezogen und wirkt daher auch gegenüber dem Rechtsnachfolger. Vielfach bezieht sich die Baulast auf ein anderes Grundstück, dessen Benutzbarkeit durch die Baulasterklärung verbessert wird. Der bauplanungsrechtliche Grundstücksbegriff kann durch die (landesrechtliche) Baulast nicht verändert werden. Allerdings können durch die Bestellung von Baulasten im Einzelfall die tatsächlichen Voraussetzungen für die Ge-

[54] Reidt in BKL, BauGB, 2022, § 36 Rn. 5; zum gemeindlichen Einvernehmen auch Scheidler ZfBR 2019, 543 ff.

[55] OVG Berlin NVwZ-RR 2017, 583; Grotefels/Grüner in HBG, Öffentliches Baurecht, 2024, § 16 Rn. 40.

[56] Grotefels/Grüner in HBG, Öffentliches Baurecht, 2024, § 16 Rn. 42.

[57] BVerwG Beschl. v. 8.6.1994 – 4 B 34.94, BeckRS 1994, 31228961; Ziegler NVwZ 2005, 755; bis auf Bayern haben alle Bundesländer das Rechtsinstitut einer Baulast eingeführt, siehe Otto Öffentliches Baurecht II. 2023, § 6 Rn.27.

[58] Otto Öffentliches Baurecht II. 2023, § 6 Rn.27; siehe auch Jachmann, Die Fiktion im öffentlichen Recht, 1998; Broscheit, Rechtswirkungen von Genehmigungsfiktionen im öffentlichen Recht, 2016; S. 137 ff.

nehmigung einer Grundstücksteilung im Wege der Befreiung nach § 31 II BauGB geschaffen werden, wenn grundstücksbezogene Besonderheiten vorliegen.[59] Ist die Baulast eingetragen, so sind im Hinblick auf die übernommenen Verpflichtungen die öffentlich-rechtlichen Anforderungen erfüllt. Der bundesrechtliche Begriff der gesicherten Erschließung nach den §§ 30 bis 35 BauGB verlangt nicht, dass neben der öffentlich-rechtlichen Baulast auch noch eine privatrechtliche Dienstbarkeit bestellt wird.[60] Umgekehrt setzt die gesicherte Erschließung nicht die Eintragung einer Baulast voraus. Auch eine Grunddienstbarkeit, durch die eine Zufahrt zum öffentlichen Straßennetz gewährleistet ist, kann für die gesicherte Erschließung ausreichen.[61]

1. Entstehen der Baulast

3653 Die Baulast entsteht durch **formgebundene Erklärung** des Grundstückseigentümers gegenüber der Bauaufsichtsbehörde, eine bestimmte Verpflichtung im Hinblick auf das belastete Grundstück zu übernehmen. Einer zusätzlichen Mitwirkung der Behörde bedarf es nicht. Die Baulast wird in das Baulastenverzeichnis eingetragen, das bei der Baugenehmigungsbehörde geführt wird. Die Eintragung hat nach Maßgabe des jeweiligen Landesrechts keine rechtsbegründende, sondern lediglich eine deklaratorische Bedeutung. Sie ist jedoch ein beurkundender Verwaltungsakt. Die Eintragung einer Baulast darf abgelehnt werden, wenn die Baulast als öffentlich-rechtliche Sicherung funktionslos wäre, weil eine Bebauung des Grundstücks aus anderen Gründen nicht in Betracht kommt.[62] Denn es besteht weder ein öffentliches noch ein schutzwürdiges privates Interesse daran, Erklärungen eines Eigentümers über sein Grundstück betreffende öffentlich-rechtliche Verpflichtungen durch Eintragung in ein behördliches Register wirksam werden zu lassen, wenn überhaupt nicht absehbar ist, dass solche Erklärungen jemals (öffentlich-)rechtliche Bedeutung erlangen werden. Der Eigentümer kann sich durch Eintragung einer Baulast hinsichtlich der baurechtlich zulässigen Nutzung seines Grundstücks allerdings enger binden, als ihn möglicherweise die Bauaufsichtsbehörde einseitig binden könnte. Auch können sich solche Bindungen auf einen Bereich erstrecken, für den im Geltungsbereich eines gültigen Bebauungsplans das nachbarliche Rücksichtnahmegebot des § 15 BauNVO einschlägig ist.[63]

3654 Die Baulast geht durch einen **Verzicht** der Baugenehmigungsbehörde unter. Der Verzicht wird dem Eigentümer ggf. auf seinen Antrag erklärt. Der Verzicht ist auszusprechen, wenn ein öffentliches Interesse an der Baulast etwa wegen veränderter tatsächlicher oder rechtlicher Verhältnisse nicht mehr besteht. Der Zuschlag in der Zwangsversteigerung (§ 90 I ZVG) führt demgegenüber nicht zum Untergang der Baulast.[64] Es könnte sich jedoch empfehlen, zur Klarstellung die öffentliche Baulast im Zwangsversteigerungsverfahren in das geringste Gebot aufzunehmen oder in anderer Weise für ihre Publizität zu sorgen.

2. Inhalt der Baulast

3655 Der Inhalt der Baulast kann sich auf Verpflichtungen beziehen, die im öffentlichen Interesse zur Verwirklichung eines Vorhabens gesichert sein müssen. Dabei richtet sich die Baulast in der Regel auf bauordnungsrechtliche Voraussetzungen für die Genehmigungsfähigkeit des Vorhabens. Der Gegenstand einer Baulasterklärung kann im Bereich tatsächlicher Verhältnisse, des Bauordnungsrechts, des Bauplanungsrechts oder des Immissionsschutzrechts liegen. Bei der Vereinigungsbaulast werden rechtlich selbständige Grundstücke als Einheit betrachtet.[65] Der Inhalt einer Baulast ist durch Auslegung des Textes der Eintragung und unter Hinzuziehung der Baulastübernahmeerklärung zu ermitteln, insbesondere ob die Baulast grundstücksbezogen oder vorhabenbezogen in dem Sinne erteilt worden ist, dass sie nur ein konkretes Vorhaben absichern soll.[66] Bei der gebotenen Auslegung ist nach den §§ 133, 157 BGB und § 242 BGB auf den sog. objektiven **Empfängerhorizont** abzustellen. Maßgeblich ist mithin, wie derjenige, für den die Erklärung bestimmt ist, nämlich der Adressat der Baulast, also die Baube-

59 BVerwGE 88, 24.
60 BVerwG NJW 1991, 713.
61 So BVerwG NVwZ 1989, 353; BGHZ 118, 263.
62 BVerwG NVwZ 1995, 377.
63 BVerwG Beschl. v. 12.11.1987 – 4 B 216.87, juris.
64 BVerwG NJW 1993, 480.
65 Prahl/Prahl BauR 2007, 1675.
66 OVG Münster Beschl. v. 15.3.2024 – 10 A 688/22, juris Rn. 27.

hörde, diese nach Treu und Glauben unter Berücksichtigung aller Umstände verstehen durfte.[67]

Hinweis: Eine Baulast ist entsprechend ihrem Zweck als Instrument der landesrechtlichen Bauaufsicht und im Hinblick auf die Kompetenzabgrenzung zum bundesrechtlichen Städtebaurecht auszulegen. Sie kann planungsrechtliche Vorgaben absichern, ist aber kein Mittel, planungsrechtliche Vorschriften oder Festsetzungen zu verdrängen, aufzuheben oder zu verändern. Baulasten mit bebauungsplanersetzender Wirkung unter Umgehung der planungsrechtlichen Verfahrensvorschriften zur Öffentlichkeitsbeteiligung sind daher unwirksam.[68]

Die Eintragung einer Baulast muss im Einzelfall Inhalt und Umfang der für das belastete Grundstück zu übernehmenden Verpflichtung eindeutig erkennen lassen.[69] 3656

3. Wirkung der Baulast

Die Wirkung der Baulast beschränkt sich auf den öffentlich-rechtlichen Bereich. Unmittelbare **privatrechtliche Wirkung** hat die Baulast nicht.[70] Der durch die Baulast Begünstigte hat daher weder einen Nutzungsanspruch, noch ist der Eigentümer des belasteten Grundstücks gegenüber dem Begünstigten zivilrechtlich zur Duldung verpflichtet. Der Eigentümer eines Grundstücks, der öffentlich-rechtlich durch eine Baulast gebunden ist, kann daher gegen den Baulastbegünstigten, der das Grundstück baulastgemäß, aber ohne zivilrechtlichen Rechtsgrund nutzt, einen Bereicherungsanspruch wegen unbefugter Inanspruchnahme seines Eigentums haben. Die Baulast selbst stellt keinen Rechtsgrund für die Nutzung dar.[71] So kann etwa die im öffentlichen Baurecht begründete Begünstigung des Bauherrn durch eine Stellplatzbaulast Grundlage eines bereicherungsrechtlichen Anspruchs sein. Der vermögenswerte Vorteil einer **Stellplatzbaulast** liegt darin, dass der zur baurechtlichen Zulässigkeit des Bauvorhabens erforderliche Nachweis von Stellplätzen erbracht werden kann. Der durch eine Stellplatzbaulast begründete Vermögensvorteil kann dadurch herausgegeben werden, dass der Begünstigte für die Löschung der Baulast Sorge trägt, indem er durch einen Stellplatznachweis an anderer Stelle oder durch Zahlung von Ausgleichsbeträgen die Voraussetzungen für einen Verzicht der Bauaufsichtsbehörde schafft.[72] Allerdings können sich aus der Baulast mittelbare Wirkungen etwa auf Grund der Einrede der **Arglist** oder des Rechtsmissbrauchs ergeben.[73] 3657

Beispiel: Ist etwa ein Grundstückseigentümer auf Grund einer Baulast zur Duldung einer Garage zugunsten des jeweiligen Eigentümers eines Nachbargrundstücks verpflichtet, so handelt er rechtsmissbräuchlich, wenn er klageweise vom Baulastbegünstigten Herausgabe und Räumung der Garage verlangt, solange die Baulast besteht und keine Anhaltspunkte dafür vorhanden sind, die Baubehörde werde sie nicht durchsetzen oder auf sie verzichten.[74]

Auch kann der Grundstückseigentümer im Hinblick auf die Bestellung einer **Grunddienstbarkeit** zu einer Baulasterklärung verpflichtet sein. Bezweckt etwa eine Grunddienstbarkeit die Sicherung der Bebaubarkeit eines Grundstücks, hängt diese aber noch von der Übernahme einer deckungsgleichen Baulast ab, so kann der Eigentümer des belasteten Grundstücks verpflichtet sein, die Baulast zu übernehmen.[75] Dabei ist darauf abzustellen, ob die Grunddienstbarkeit zu dem Zweck bestellt wurde, das betreffende Grundstück baulich zu nutzen, ob die Übernahme der Baulast zwingende Voraussetzung für die Bebauung des Grundstücks ist, ob eine Befreiung vom Baulastzwang in Betracht kommt, ob bei der Bestellung der Grunddienstbarkeit bereits Anlass bestand, die Übernahme einer Baulast zu erwägen, oder ob Inhalt und Umfang der geforderten Baulast der Dienstbarkeit entsprechen. Der Eigentümer des herrschenden Grundstücks hat im Rahmen einer Interessenabwägung einen Anspruch auf Über- 3658

[67] OVG Münster Beschl. v. 15.3.2024 – 10 A 688/22, juris Rn. 29; Urt. v. 21.11.2017 - 2 A 1393/16, juris Rn. 67 f.

[68] VGH Mannheim DÖV 2009, 1010.

[69] OVG Münster BauR 2024, 619 = juris Rn. 58.

[70] BGH NJW 1984, 124.

[71] BGH NJW 1985, 1952.

[72] BGH NJW 1995, 53.

[73] BGH DVBl. 1981, 922.

[74] BGH NJW 1981, 980.

[75] BGHZ 106, 348.

nahme der Baulast nur dann, wenn er allein mit der begehrten Baulast die gewünschte Baugenehmigung erreichen könnte.[76] Rechte auf Bestellung einer Baulast können sich auch aus einem Miteigentümer-Gemeinschaftsverhältnis ergeben. So kann etwa der Miteigentümer einer Wegeparzelle einen Anspruch auf Bewilligung einer öffentlich-rechtlichen Zufahrtsbaulast geltend machen. Das gilt auch, wenn von der Bewilligung der Baulast die Bebaubarkeit eines an die Wegeparzelle angrenzenden Grundstücks nicht abhängig ist.[77] Im Rechtsstreit auf Übernahme einer Baulast sind beklagte Wohnungseigentümer notwendige Streitgenossen, es sei denn, die Baulast berührt nur die aus dem Sondereigentum fließenden Befugnisse.[78] Die Baulast kann allerdings nicht einen schweren **Verstoß gegen öffentliche oder private Belange** ausräumen. Liegt etwa ein Verstoß gegen das Gebot der nachbarlichen Rücksichtnahme vor, so hilft eine übernommene Baulast jedenfalls dann nicht weiter, wenn schwere Beeinträchtigungen etwa der Gesundheit zu erwarten sind.[79]

3. Teil. Baugenehmigung als Verwaltungsentscheidung

3659 Am Ende des Baugenehmigungsverfahrens steht die Entscheidung über den Bauantrag und damit über die Erteilung der Baugenehmigung. Sie hat eine zentrale Stellung an der Schnittstelle zwischen Bauplanungs- und Bauordnungsrecht. Das Genehmigungsverfahren endet entweder mit der Erteilung der beantragten Baugenehmigung oder mit der Ablehnung des Bauantrags.

I. Rechtsnatur der Baugenehmigung

3660 Die Baugenehmigung ist der klassische Fall einer Kontrollerlaubnis; sie ist zu erteilen, wenn das Vorhaben den öffentlich-rechtlichen Vorschriften entspricht bzw. öffentlich-rechtliche Vorschriften dem Vorhaben nicht entgegenstehen.[80] Wird sie auf der Grundlage eines Nachtragsantrags erteilt, handelt es sich um eine Nachtragsbaugenehmigung (Tekturgenehmigung).[81] Die Baugenehmigung hat einen feststellenden und einen verfügenden Teil.[82]

1. Feststellender Teil

3661 Die Baugenehmigung stellt fest, dass das Vorhaben den öffentlich-rechtlichen Vorschriften entspricht. Die Feststellung ist dabei umfassend in dem Sinne, dass die Vereinbarkeit des Vorhabens mit allen öffentlich-rechtlichen Vorschriften festgestellt und damit zum Inhalt der Genehmigung wird. Die Bauordnungen können allerdings auch vorsehen, dass mit dem Bau erst begonnen werden darf, wenn nach anderen Gesetzen erforderliche Erlaubnisse, Genehmigungen oder sonstige Zulassungsentscheidungen vorliegen. Die Baugenehmigung verleiht dem Bauherrn nicht die Rechtsmacht, durch die Art und Weise der Bauausführung unmittelbaren Einfluss auf die Bebaubarkeit der Nachbargrundstücke zu nehmen. Sie schafft auch keine Grundlage dafür, weitere Vorhaben mit dem Argument zunichte zu machen, für das behördlich gebilligte eigene Baukonzept sei von ausschlaggebender Bedeutung gewesen, dass das Grundstück Aussichtsmöglichkeiten eröffne und gegen Einblicke von außen abgeschirmt sei. Als Folge des Rechts, ein Grundstück in Übereinstimmung mit einer erteilten Baugenehmigung zu bebauen, müssen sich künftige Bauinteressenten daher nicht mit einer Nutzung begnügen, die weder zu einer Beschränkung der Aussichtslage noch zu einer Erweiterung von Einsichtsmöglichkeiten führt.[83]

[76] BGH WM IV 1990, 320; NJW 1992, 2885.

[77] BGH DVBl. 1991, 452.

[78] BGH NJW-RR 1991, 333.

[79] Für eine noch weitergehende Unbeachtlichkeit der Baulast OVG Greifswald VwRR MO 1999, 302;

[80] Hellermann Öffentliches Baurecht, in Dietlein/Hellermann, Öffentliches Recht in NRW, 2022, § 4 Rn. 269.

[81] Kerkmann/Sattler BauR 2005, 47.

[82] BVerwGE 48, 242 (245); BVerwGE 69, 1 (3); Hellermann Öffentliches Baurecht, in Dietlein/Hellermann, Öffentliches Recht in NRW, 2022, § 4 Rn. 274.

[83] So BVerwG NVwZ 1994, 686. Zum Verhältnis von Baugenehmigung und Zweckentfremdungsgenehmigung BVerwG NJW 1997, 1085.

2. Verfügender Teil

Auf den feststellenden Teil der Baugenehmigung baut deren verfügender Teil auf. Die Baugenehmigung gibt die Ausführung des Vorhabens frei und hat insoweit rechtsgestaltende Wirkung. Die mit dem präventiven Verbot verbundene Sperrwirkung wird daher durch die Baugenehmigung aufgehoben **(Baufreigabe)**. 3662

Die (positive) bauaufsichtliche Genehmigung regelt nach dem Bauordnungsrecht der Länder nicht nur, dass ein bestimmtes Bauvorhaben ausgeführt werden darf. Neben diesem gestattenden Teil hat die Baugenehmigung vielmehr eine umfassende Feststellung der Vereinbarkeit des Bauvorhabens einschließlich der ihm zugedachten Nutzung mit den öffentlich-rechtlichen Vorschriften zum Inhalt, soweit sie für die baurechtliche Prüfung einschlägig sind.[84] Diese feststellende Regelung entfaltet etwa im gaststättenrechtlichen Erlaubnisverfahren insoweit **Bindungswirkung**, als es um Rechtsfragen geht, deren Beurteilung in die originäre Regelungskompetenz der Bauaufsichtsbehörde fällt oder zu ihr zumindest den stärkeren Bezug hat.[85] Eine entsprechende Bindungswirkung kommt einem ablehnenden Bescheid, mit dem die baurechtliche Genehmigung für eine über 22.00 Uhr hinausgehende Nutzung abgelehnt wird, nicht zu, wenn dies nicht so im Landesrecht geregelt ist.[86] 3663

3. Anspruch auf Erteilung einer Baugenehmigung

Entspricht das Vorhaben öffentlich-rechtlichen Vorschriften, so ist nach den Landesbauordnungen die Baugenehmigung zu erteilen. Der Bauherr hat daher bei Vorliegen der Genehmigungsvoraussetzungen einen Anspruch auf Erteilung der Genehmigung, der ggf. klageweise durch Verpflichtungsklage durchgesetzt werden kann.[87] Zu den öffentlich-rechtlichen Vorschriften gehören die Regelungen über die planungsrechtliche Zulässigkeit nach den §§ 29 ff. BauGB, aber auch die bauordnungsrechtlichen Vorschriften und die des Baunebenrechts. In Einzelfällen kann das Gesetz der Baugenehmigungsbehörde Ermessen einräumen. Dies gilt etwa bei Entscheidungen über Befreiungen nach § 31 II BauGB, bei einer Planreife nach § 33 II, III BauGB und bei Befreiungen nach § 34 II BauGB im nicht beplanten Innenbereich. Hat die Bauaufsichtsbehörde die Genehmigung des Vorhabens ohne seine Vereinbarkeit mit baurechtlichen oder sonstigen öffentlich-rechtlichen Vorschriften umfassend zu prüfen wegen eines bestimmten Rechtsverstoßes abgelehnt, handelt es sich um ein **„steckengebliebenes" Genehmigungsverfahren**, in dem die Gerichte selbst bei Erhebung einer Verpflichtungsklage befugt sind, sich auf ein Bescheidungsurteil zu beschränken.[88] 3664

Die baurechtliche Prüfung ist – im Gegensatz zum Planfeststellungsrecht mit seiner aus dem Abwägungsgebot als Ausprägung des Verhältnismäßigkeitsprinzips eröffneten **Alternativenprüfung**[89] – an das aus dem Bauantrag ersichtliche Vorhaben gebunden. Zu prüfen ist, ob das Vorhaben an dem gewählten Standort die Genehmigungsvoraussetzungen erfüllt. Ist dies der Fall, kann der Bauantrag nicht mit einem Hinweis auf einen vermeintlich besser geeigneten Alternativstandort abgelehnt werden.[90] 3665

II. Form und Inhalt der Baugenehmigung

Die Erteilung der Baugenehmigung bedarf der **Schriftform**. Sie wird durch Bekanntgabe gegenüber dem Bauherrn wirksam. Die Genehmigungsurkunde selbst wird als **Bauschein** bezeichnet. Die Zustellung richtet sich nach den Verwaltungszustellungsgesetzen der Länder. Eine zwar vorbereitete, aber noch nicht zugestellte Baugenehmigung ist (noch) nicht wirksam,[91] Zu begründen ist die Baugenehmigung nur, wenn von nachbarschützenden Vorschriften abgewichen wird und der Nachbar nicht zugestimmt hat. Die Baugenehmigung ist dem **Nachbarn** zuzustellen, wenn seine rechtlich geschützten Belange beeinträchtigt werden können. Über die 3666

84 BVerwG RdE 1988, 194.
85 BVerwGE 80, 259.
86 BVerwGE 84, 11.
87 Otto Öffentliches Baurecht II, 2023, § 8 Rn. 9.
88 OVG Lüneburg NVwZ-RR 2009, 875.
89 BVerwGE 71, 166.
90 BVerwG NVwZ-RR 1998, 357).
91 OVG Münster BRS 58 Nr. 256 (1995).

dazu in den Landesbauordnungen geregelten Fälle hinaus ist eine Zustellung der Baugenehmigung in allen Fällen sinnvoll, in denen nachbarliche Rechte betroffen sein können. Die Zustellung der Baugenehmigung mit Rechtsmittelbelehrung löst eine Monatsfrist für die Erhebung eines Nachbarwiderspruchs aus. Legt der Nachbar nicht rechtzeitig Widerspruch ein, ist die Baugenehmigung ihm gegenüber bestandskräftig. Ferner besteht eine Unterrichtungspflicht gegenüber der **Gemeinde**, die nicht selbst Baugenehmigungsbehörde ist. Auch die **Versagung** einer Baugenehmigung ist ein Verwaltungsakt, der schriftlich zu ergehen hat.[92]

3667 Die Baugenehmigung hat die Feststellung zum **Inhalt**, dass das Vorhaben in der Reichweite der behördlichen Kompetenzen mit öffentlich-rechtlichen Vorschriften übereinstimmt. Außerdem enthält die Baugenehmigung die Baufreigabe. Die Sachentscheidungskompetenz der Baugenehmigungsbehörde findet jedoch dort ihre Grenzen, wo nach anderen Gesetzen die Fachkompetenz anderer Behörden und gesonderte Zulassungsverfahren angeordnet sind. Die Baugenehmigung kann in solchen Fällen lediglich das Vorliegen spezialbehördlicher Genehmigungen feststellen. **Maßgeblicher Zeitpunkt** für die zu Grunde zu legende Sach- und Rechtslage ist der Zeitpunkt der behördlichen Entscheidung über den Bauantrag. Änderungen der Sach- und Rechtslage während des Baugenehmigungsverfahrens sind nach Maßgabe der gesetzlichen Regelungen sowohl zugunsten als auch zu Lasten des Antragstellers zu beachten.

III. Wirkungen der Baugenehmigung

3668 Die Baugenehmigung stellt die Vereinbarkeit des Vorhabens mit den öffentlich-rechtlichen Vorschriften fest und erlaubt die Ausführung des Vorhabens. Bei **Bestandskraft**, dh bei Unanfechtbarkeit der Baugenehmigung, bleiben nachfolgende Rechtsänderungen zu Lasten des Bauherrn unberücksichtigt. Der Bauherr kann vielmehr auf der Grundlage einer bestandskräftigen Baugenehmigung das Vorhaben verwirklichen, selbst wenn sich die Rechtslage inzwischen zu seinen Ungunsten geändert hat. Solange die Baugenehmigung vollziehbar ist, kann die Behörde auch nicht mit Hinweis auf eine entgegenstehende materielle Rechtslage die Verwirklichung des Vorhabens untersagen.[93] Die vollziehbare Baugenehmigung geht vielmehr, solange sie in dieser Form besteht, der materiellen Rechtslage vor. Die Bestandskraft der Baugenehmigung kann durch die Bauaufsichtsbehörde nur durch Aufhebung des Bescheids nach den §§ 48 ff. VwVfG beseitigt werden.

3669 Wird das Vorhaben genehmigungskonform gebaut, ist der verfügende Teil der Baugenehmigung verbraucht; er kann grundsätzlich nicht noch einmal in Anspruch genommen werden. Solange und soweit die Baugenehmigung nicht aufgehoben wird oder sich anderweitig erledigt, ist das genehmigungskonform ausgeführte Bauvorhaben formell rechtmäßig und darf auch dann weiterhin genutzt werden, wenn sich nachträglich die materielle Illegalität herausstellt oder wenn es nach geänderter Rechtslage nicht hätte gebaut werden dürfen.[94]

3670 Darüber hinaus verleiht die rechtmäßig erteilte Baugenehmigung dem entsprechend verwirklichten Vorhaben einen **Bestandsschutz**, der auf einer verfassungsrechtlich verfestigten Anspruchsposition nach Art. 14 I GG beruht. Vom Bestandsschutz umfasst werden allerdings nur Vorhaben, die im Wesentlichen fertig gestellt sind. Wird das Vorhaben nicht verwirklicht oder bleibt es „im Rohbau" stecken, ist nach der Rechtsprechung des BVerwG ein Bestandsschutz nicht gegeben.[95] Die Eigentumsgarantie könnte jedoch den Anspruch umfassen, das auf der Grundlage einer rechtmäßigen Baugenehmigung Verwirklichte nicht mehr abreißen zu müssen. Dann könnte von der Eigentumsgarantie auch der Anspruch auf Weiterbau umfasst sein. Eine einmal erteilte Baugenehmigung verliert allerdings ihre Legalisierungswirkung dann, wenn der Begünstigte hierauf verzichtet.[96]

3671 Aus der **Legalisierungswirkung** einer wirksam erteilten Baugenehmigung ergibt sich ein formeller Bestandsschutz mit der Folge, dass ein Einschreiten der Bauaufsichtsbehörde gegen

---

92 Otto Öffentliches Baurecht II, 2023, § 8 Rn. 59.

93 Hellermann Öffentliches Baurecht, in Dietlein/Hellermann, Öffentliches Recht in NRW, 2022, § 4 Rn. 278.

94 BVerfG NVwZ-RR 1996, 48; Grotefels/Grüner in HBG, Öffentliches Baurecht, 2024, § 16 Rn. 59.

95 So BVerwG NVwZ 1991, 984; zum Bestandsschutz der Baugenehmigung ausführlicher Johlen in Gädtke, BauO NRW, 2024, § 74 Rn. 154 ff.

96 VGH Mannheim ZfBR 2010, 164; VGH Mannheim NVwZ-RR 1990, 171; UPR 2009, 454; BauR 2003, 1539.

die Anlage erst nach einer unanfechtbaren oder zumindest für sofort vollziehbar erklärten Aufhebung der Baugenehmigung erfolgen darf.[97]

Beispiel: Die Legalisierungswirkung der Baugenehmigung steht einer naturschutzrechtlichen Anordnung nach § 3 II BNatschG, die sich nicht auf nachträgliche Sachverhalts- oder Rechtsänderungen oder Erkenntnisse stützt, grundsätzlich entgegen. Dies gilt allerdings nur, soweit ihr Genehmigungsgegenstand reicht.[98]

Beispiel: Soweit Baugenehmigungen für Wettvermittlungsstellen erteilt worden sind, erstreckt sich deren Legalisierungswirkung einzig auf die baurechtliche Zulässigkeit der Raumnutzung. Demgegenüber gründete sich der Betrieb von Spielhallen durchgehend auf behördliche Gestattungen, zunächst auf gewerberechtliche Erlaubnisse nach § 33i GewO und danach auf (Härtefall-)Erlaubnisse nach dem Landesglücksspielgesetz.[99]

Zur Legalisierungswirkung der immissionsschutzrechtlichen Genehmigung mit Blick auf nachträgliche artenschutzbezogene Anordnung erläutert das BVerwG, die Befugnis der Naturschutzbehörden zum Erlass nachträglicher artenschutzrechtlicher Anordnungen nach § 3 II BNatSchG zulasten immissionsschutzrechtlich genehmigter Anlagen finde ihre Grenze in der Tatbestandswirkung der immissionsschutzrechtlichen Genehmigung. Ein Verwaltungsakt entfalte, solange er nicht aufgehoben sei, mit der in ihm verbindlich mit Wirkung nach außen getroffenen Regelung Bindungswirkung auch gegenüber anderen Behörden (sog. Tatbestandswirkung).[100] Die immissionsschutzrechtliche Genehmigung habe – wie die Baugenehmigung auch - Gestattungs- und Feststellungswirkung. Sie gestatte die Errichtung und den Betrieb der genehmigten Anlage und stelle sie fest, dass die Anlage mit den zum Zeitpunkt der Genehmigungserteilung geltenden, zum Prüfprogramm nach § 6 I BImSchG gehörenden öffentlich-rechtlichen Vorschriften vereinbar sei.[101] Aufgrund der Anknüpfung an den Zeitpunkt der Genehmigungserteilung erstrecke sich die Feststellungswirkung jedoch nicht auf nachträgliche Änderungen der Sach- oder Rechtslage.[102] 3672

Die Baugenehmigung hat grundsätzlich **keine privatrechtsgestaltende Wirkung**. Die Baugenehmigung wird vielmehr unbeschadet privater Rechte Dritter erteilt.[103] Insbesondere werden Nachbarn keine privatrechtlichen Duldungspflichten auferlegt. Die Baugenehmigungsbehörde hat also die Frage, ob der Nachbar in seinen privaten Rechten beeinträchtigt wird oder das Bauvorhaben zivilrechtlich dulden muss, nicht in die Prüfung einzubeziehen. Allerdings ergeben sich mittelbar privatrechtliche Rechtswirkungen. Die Baugenehmigung regelt eine öffentlich-rechtliche Duldungspflicht auch gegenüber dem Nachbarn. Ist die Baugenehmigung ihm gegenüber bestandskräftig, so kann der Nachbar öffentlich-rechtliche Abwehransprüche gegen das Bauvorhaben nicht mehr durchsetzen. Zivilrechtliche Abwehransprüche dürften dann nur noch gegeben sein, wenn sie auf besonderen privatrechtlichen Titeln beruhen. 3673

Beispiel: Die Baugenehmigungsbehörde erteilt dem Bauherrn eine Baugenehmigung für die Errichtung eines Tennisplatzes. Der gegen die Baugenehmigung eingelegte Widerspruch wird rechtskräftig zurückgewiesen. Damit steht nicht nur fest, dass der Nachbar keine öffentlich-

[97] OVG Magdeburg LKV 2022, 569 = juris Rn. 8; zur Legalisierungswirkung der Baugenehmigung Kment BauR 2000, 1675; Otto Öffentliches Baurecht II, 2022, § 8 Rn. 63 ff; zur Legalisierungswirkung der bestandskräftigen Baugenehmigung im Zivilprozess BGH BauR 2022, 1185; zur Legalisierungswirkung immissionsschutzrechtlicher Genehmigungen Beckmann EuRUP 2020, 238; BVerwG Urt. v. 19.12.2023 – 7 C 4/22, juris Rn. 13 ff.

[98] VGH Kassel Beschl. v. 10.1.2024 – 4 B 868/23, juris Rn. 16; Frenz/Hendrischke in Frenz/Müggenborg, BNatSchG, 2021, § 3 Rn. 35; für eine immissionsschutzrechtliche Genehmigung OVG Lüneburg Urt. v. 13.3.2019 - 12 LB 125/18, juris; Urt. v. 5.7.2022 - 12 KS 121/21, juris m.w.N.

[99] VerfGH BW NVwZ 2023, 1492.

[100] BVerwG Urt. v. 19.12.2023 – 7 C 4/22, juris Rn. 18; BVerwGE 177, 13 Rn. 22 m. w. N.

[101] BVerwG Urt. v. 19.12.2023 – 7 C 4/22, juris Rn. 18; BVerwGE 132, 224 Rn. 27; NVwZ 2009, 1441 Rn. 22.

[102] BVerwG Urt. v. 19.12.2023 – 7 C 4/22, juris Rn. 18; BVerwGE 132, 224 Rn. 27; NVwZ 2009, 1441 Rn. 22; zur insoweit vergleichbaren seeanlagenrechtlichen Genehmigung vgl. BVerwGE 172, 271 Rn. 33.

[103] BVerwG NJW 1997, 186.

rechtlichen Abwehransprüche gegen das Vorhaben hat.[104] Auch zivilrechtliche Ansprüche dürften nicht mehr bestehen, soweit es um Fragen der Zumutbarkeit und Ortsüblichkeit (§§ 906, 1004 BGB)[105] geht und diese Beeinträchtigungen bereits im Baugenehmigungsverfahren Prüfungsgegenstand gewesen sind.

Hinweis: Die mit einer bestandskräftigen Baugenehmigung verbundene umfassende Feststellung der Vereinbarkeit des Bauvorhabens mit dem einschlägigen öffentlichen Recht schließt aber nach der Rechtsprechung des BGH auch einen auf die Verletzung nachbarschützender Vorschriften des öffentlichen Rechts gestützten Unterlassungsanspruch des Nachbarn gemäß § 1004 I 1 BGB analog iVm § 823 II BGB aus. Die Verletzung des öffentlich-rechtlichen Gebietserhaltungsanspruch kann nach der Rechtsprechung des BGH einen (quasinegatorischen) verschuldensunabhängigen Unterlassungsanspruch des Nachbarn gemäß § 1004 I 1 BGB analog iVm § 823 II BGB begründen. Dieser Anspruch ist nach Ansicht des BGH streng akzessorisch zum öffentlichen Recht; er kommt daher nicht in Betracht, wenn und soweit die Grundstücksnutzung von einer bestandskräftigen Baugenehmigung gedeckt ist[106] Insoweit kommt der Baugenehmigung mittelbar sehr wohl eine Art von privatrechtsgestaltender Wirkung zu.

3674 Die **Geltungsdauer** einer unbefristet erteilten und **ausgenutzten Baugenehmigung** bezieht sich auf die gesamte Zeit, in der das Bauwerk und seine Nutzung bestehen.[107] Die Geltungsdauer der noch nicht ausgenutzten Baugenehmigung ist nach Maßgabe des Landesrechts beschränkt. Die Landesbauordnungen sehen zumeist einen Zeitraum zwischen zwei und vier Jahren vor, auf den die Geltungsdauer der Baugenehmigung begrenzt ist.[108] Es bestehen allerdings Möglichkeiten der **Verlängerung** der Baugenehmigung, worüber durch gebundene Entscheidung zu befinden ist. Liegen die Voraussetzungen für eine Verlängerung vor, so hat der Bauherr einen Rechtsanspruch auf Genehmigung. Eine bauordnungsrechtliche Bestimmung, nach der eine erteilte Baugenehmigung nach einer bestimmten Frist erlischt, wenn bis zu diesem Zeitpunkt das Vorhaben nicht verwirklicht wurde, stellt nach Auffassung des BVerwG eine Regelung i.S. des Art. 14 I 2 GG dar.[109] Daneben scheidet ein Rückgriff auf das allgemeine Rechtsinstitut des Bestandsschutzes aus. Die vom Landesgesetzgeber geschaffene Regelung über die zeitliche Begrenzung einer erteilten Baugenehmigung ist das Ergebnis einer sachgerechten Abwägung privater und öffentlicher Interessen. Es kann aber aus Gründen des Bestandsschutzes ein Anspruch auf Erteilung einer Baugenehmigung zur Vollendung eines innerhalb einer Baugenehmigungsfrist nicht mehr fertig gestellten Bauwerks bestehen, um in gewissem Umfang Abschlussarbeiten zu ermöglichen und damit einem Verfall der vorhandenen und seinerzeit rechtmäßig entstandenen Bausubstanz zu begegnen.[110]

3675 Wird der Bauherr gehindert, die Bauarbeiten etwa aufgrund eines hoheitlichen Eingriffs fristgerecht aufzunehmen, ist der Ablauf der Frist für die **Geltungsdauer der Baugenehmigung** gehemmt. Einem hoheitlichen Eingriff steht es gleich, wenn der Bürgermeister der Gemeinde die zugleich Bauaufsichtsbehörde ist, dem Bauherren gegenüber unmissverständlich erklärt, dieser müsse mit bauaufsichtlichen Maßnahmen der Behörde rechnen, wenn er mit dem Bau beginne.[111]

3676 Die Baugenehmigung wirkt auch für den **Rechtsnachfolger** des Bauherrn, da es sich um einen grundstücksbezogenen, nicht an die Person des Bauherrn gebundenen Verwaltungsakt handelt. Fraglich könnte die Rechtsnachfolge allerdings sein, soweit besondere Bauherreneigenschaften in die Entscheidung über den Genehmigungsantrag eingehen.

[104] Zur Zumutbarkeit im Nachbarschaftsverhältnis BVerwGE 88, 143; ZfBR 1992, 184; ZfBR 1992, 143.

[105] Zum Verhältnis einer öffentlich-rechtlichen und zivilrechtlichen Bewertung der Zumutbarkeit BGH NJW 1983, 751 m. Anm. Stüer BauR 1985, 148 – Tennisplatz; UPR 1990, 261.

[106] BGH NVwZ 2022, 898 = juris Rn. 16; Otto Öffentliches Baurecht II, 2022, § 8 Rn. 63.

[107] OVG Münster Urt. v. 28.6.2016 – 7 A 1371/13, BeckRS 2016, 4958; Otto Öffentliches Baurecht II, 2023, § 8 Rn. 72.

[108] Grotefels/Grüner in HBG, Öffentliches Baurecht, 2024, § 16 Rn. 62; Otto Öffentliches Baurecht II, 2023, § 8 Rn. 63.

[109] BVerwG BRS 16 Nr. 128; BRS 52 Nr. 152 (1991).

[110] BVerwG BauR 1991, 319.

[111] OVG Münster NVwZ 2013, 1499.

Beispiel: Der Eigentümer eines Wohngebäudes im Außenbereich hat unter den Voraussetzungen des § 35 IV Nr. 2 BauGB eine Baugenehmigung zur Errichtung eines Ersatzbaus erhalten. Vor Errichtung des genehmigten Neubaus veräußert der Eigentümer das Grundstück. Hier ist fraglich, ob die dem ursprünglichen Eigentümer erteilte Baugenehmigung auf den neuen Eigentümer übergeht. Zumindest käme eine Rücknahme (§ 48 VwVfG) oder ein Widerruf (§ 49 VwVfG) der Baugenehmigung in Betracht.

Zwar ist eine Rechtsnachfolge in die durch die Baugenehmigung gestaltete Rechtsposition möglich, da es sich um eine sachbezogene Regelung handelt. Dagegen kommt der Versagung einer Baugenehmigung gegenüber einem Dritten, der einen Bauantrag gestellt hat, keine materielle **Feststellungswirkung gegenüber dem Eigentümer** zu. Die bestandskräftige Versagung einer Baugenehmigung berechtigt die Behörde nicht, einen neuen Bauantrag ohne Sachprüfung abzulehnen.[112] Etwas anderes gilt nur, wenn die Klage auf Erteilung der Genehmigung rechtskräftig abgewiesen worden ist, auch dann aber nur zwischen den Beteiligten des Verwaltungsprozesses und ihren Rechtsnachfolgern (§ 121 VwGO). Zu ihnen gehört der Grundstückseigentümer nicht, wenn ein Dritter die Baugenehmigung beantragt und nach Ablehnung des Antrags Verpflichtungsklage erhoben hat.[113] 3677

Der durch eine **Baugenehmigung gedeckte Bestand** auf dem Baugrundstück hat nicht zur Folge, dass ein damit nicht zu vereinbarendes Bauvorhaben sich von vornherein nicht verwirklichen lässt und eine gleichwohl erteilte **neue Baugenehmigung** nutzlos ist. Die Baugenehmigung geht nicht mit der Verpflichtung einher, sie auch auszunutzen.[114] Die bisherige Nutzung auf dem Baugrundstück kann vielmehr aufgegeben werden. Welche der baurechtlich möglichen Nutzungen auf dem Baugrundstück tatsächlich umgesetzt wird mit der Folge, dass die Verwirklichung der anderen gesperrt ist, wird vom Baurecht nicht vorgegeben.[115] 3678

IV. Nebenbestimmungen

Die Sicherung bestimmter öffentlich-rechtlicher Anforderungen kann durch Nebenbestimmungen gewährleistet werden.[116] Die Zulässigkeit von Nebenbestimmungen ergibt sich, soweit das Bauordnungsrecht keine Spezialregelungen enthält, aus § 36 VwVfG. Nach § 36 I VwVfG darf ein Verwaltungsakt, auf den ein Rechtsanspruch besteht, mit Nebenbestimmungen nur versehen werden, wenn er durch Rechtsvorschriften zugelassen ist oder wenn er sicherstellen soll, dass die gesetzlichen Voraussetzungen des Verwaltungsakts erfüllt werden. § 36 II VwVfG erwähnt sodann unbeschadet dieser Regelungen für Verwaltungsakte, auf deren Erlass kein Anspruch besteht, die Befristung, Bedingung, den Widerrufsvorbehalt und die Auflage. 3679

1. Auflage

Durch die Auflage wird dem Begünstigten ein Tun, Dulden oder Unterlassen vorgeschrieben (§ 36 II Nr. 4 VwVfG).[117] Die Genehmigung kann auch den Vorbehalt einer **nachträglichen Auflage** enthalten, die aufgenommen, ergänzt oder geändert werden kann **(Auflagenvorbehalt)** (§ 36 II Nr. 5 VwVfG). Die Auflage stellt eine selbstständig durchsetzbare und anfechtbare Verpflichtung des Bauherrn dar. Im Gegensatz zur Bedingung hängt von der Erfüllung der Auflage die Wirksamkeit der Baugenehmigung nicht ab. 3680

Beispiel: Eine Baugenehmigung darf schon vor Einreichung eines erforderliches Brandschutzkonzept sowie ein Explosionsschutzdokuments erteilt werden, wenn die Vorlage dieser Unterlagen als Voraussetzung für die Betriebsaufnahme in einer Nebenbestimmung aufgegeben wird.[118]

---

[112] BVerfGE 48, 271.
[113] BGH NVwZ 1987, 356.
[114] BVerwG NVwZ 1995, 894.
[115] BVerwG Beschl. v. 6.10.2020 – 4 B 10.20, BeckRS 2020, 29946.
[116] zu Auslegung, Bindung, Widerruf und Anfechtung von den Genehmigungen zu Grunde liegenden Anträgen Kluth NVwZ 1990, 608.
[117] Otto Öffentliches Baurecht II, 2023, § 8 Rn. 92; Ehlers VerwArch. 67 (1976), 369; Weyreuther DVBl. 1984, 365.
[118] OVG Magdeburg AbfallR 2011, 292 zu einer Biogasanlage neben einer Tankstelle, dort zugleich zur Anwendbarkeit der Seveso-II-Richtlinie (EGRL 82/96) und der Störfallverordnung.

2. Bedingung

3681 Durch die Bedingung wird die Wirksamkeit der Genehmigung an den ungewissen Eintritt eines zukünftigen Ereignisses geknüpft (§ 36 II Nr. 2 VwVfG). Bei der aufschiebenden Bedingung wird die Genehmigung erst mit dem Eintritt des Ereignisses wirksam. Bei der auflösenden Bedingung endet die Wirkung mit dem Eintritt des Ereignisses. Die Bedingung enthält im Gegensatz zur Auflage keinen Befehl und ist daher nicht selbstständig vollziehbar. Vielmehr beschränkt die Bedingung die Wirksamkeit der Baugenehmigung. Die Bedingung ist auch nicht selbstständig anfechtbar, sondern steht in untrennbarem Zusammenhang mit der Baugenehmigung.

3. Befristung

3682 Die Befristung regelt die Geltungsdauer der Genehmigung, die danach zu einem bestimmten Zeitpunkt beginnt, endet oder für einen bestimmten Zeitraum gilt (§ 36 II Nr. 1 VwVfG). Die Befristung wird vor allem bei bereits ausgenutzten Baugenehmigungen und beim Baurecht auf Zeit (§ 9 II BauGB) in Betracht kommen.

Beispiel: Der Konzern K beabsichtigt, in den neuen Bundesländern ein Warenhaus zu errichten. Um einem aktuellen Bedarf Rechnung zu tragen, erteilt die Baugenehmigungsbehörde befristet auf drei Jahre eine Genehmigung, ein ehemaliges LPG-Gebäude zu Verkaufszwecken zu nutzen. Zugleich ist damit die Auflage verbunden, die Nutzung nach Errichtung des neuen Warenhauses einzustellen und das LPG-Gebäude abzubrechen.

4. Widerrufsvorbehalt

3683 Der Widerrufsvorbehalt stellt die Baugenehmigung unter den Vorbehalt eines späteren Widerrufs (§ 36 II Nr. 3 VwVfG). Auflagen- und Widerrufsvorbehalt stehen nicht im Belieben der Behörde, sondern bedürfen sachlicher Gründe, die in der Regel in dem Bescheid darzulegen sind, wenn sie sich nicht aus sich selbst heraus begründen. Der Widerrufsvorbehalt kommt insbesondere dann in Betracht, wenn zurzeit der Genehmigung des Vorhabens bestimmte Auswirkungen des Vorhabens noch nicht abschließend beurteilt werden können.

5. Abgrenzung

3684 Die Abgrenzung der einzelnen Arten von Nebenbestimmungen bietet in der Praxis nicht selten Schwierigkeiten. Es ist dabei nicht auf die Bezeichnung der Nebenbestimmung, sondern auf ihren Inhalt abzustellen.

3685 Im Gegensatz zu den vorgenannten Nebenbestimmungen stellt die **modifizierende Auflage** einen wesentlichen Inhalt der Baugenehmigung dar. Die modifizierende Auflage ändert sozusagen den Bauantrag als die Basis der Baugenehmigung ab. Die ursprünglich beantragte Genehmigung wird teilweise versagt und gleichzeitig ein anderes, so nicht beantragtes Vorhaben genehmigt. In derartigen Fällen wird eine **modifizierte Genehmigung** erteilt, die zumindest teilweise von dem ursprünglichen Bauantrag abweicht.[119]

Beispiel: Der Bauherr beantragt ein dreigeschossiges Gebäude mit Flachdach. Die modifizierte Genehmigung betrifft ein zweigeschossiges Gebäude mit Satteldach und ausgebautem Dachgeschoss.

V. Besondere Arten der Baugenehmigung

3686 In den Landesbauordnungen sind besondere Arten der Baugenehmigung geregelt, zu denen der Bauvorbescheid, vor allem in der Sonderform der Bebauungsgenehmigung, die Teilbaugenehmigung, die Typengenehmigung, die Benutzungsgenehmigung und die Genehmigung „Fliegender Bauten" gehören.

[119] Otto Öffentliches Baurecht II, 2023, § 8 Rn. 98; U. Stelkens in Stelkens/Bonk/Sachs, VwVfG, 2023 Rn. 96; VG Köln Urt. v. 4.12.2023 – 18 K 1156/18, juris Rn. 57; zur isolierten Aufhebbarkeit belastender Nebenbestimmungen siehe BVerwG NVwZ 2022, 1798; von Achenbach Jura 2023, 460.

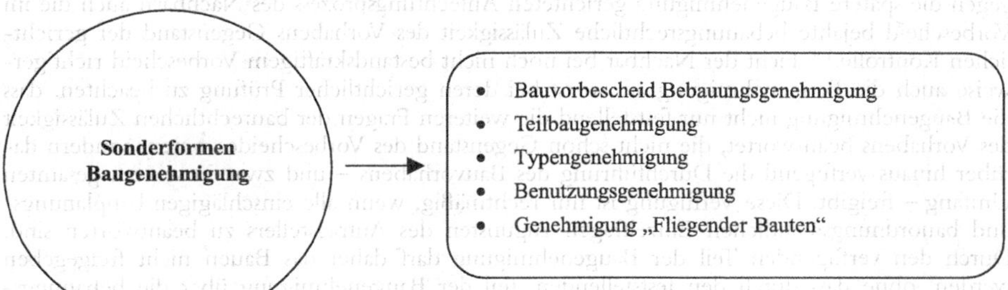

1. Bauvorbescheid

Zur Klärung bestimmter Fragen, die in der Baugenehmigung zu entscheiden sind, kann eine Bauvoranfrage gestellt werden.[120] Sie wird durch Bauvorbescheid beschieden. Der Vorbescheid ist ein Rechtsinstitut des Bauordnungsrechts.[121] Die Bauvoranfrage dient dazu, bereits vor endgültiger Bescheidung des Bauantrages einzelne Fragen der Zulässigkeit des Bauvorhabens zu klären. Vielfach wird eine solche Bauvoranfrage zur Klärung der Frage der Bebaubarkeit des Grundstücks überhaupt gestellt.[122] Die planungsrechtliche Zulässigkeit des Vorhabens kann durch eine Bebauungsgenehmigung bestätigt werden. Mit der Bauvoranfrage können aber auch andere Teilfragen der Zulässigkeit des Vorhabens geklärt werden. Der Entscheidungsgegenstand wird dabei durch den Antrag bestimmt.[123] Dies gilt vor allem auch hinsichtlich der Detailschärfe, die dem positiven Bauvoranfragebescheid zukommt. Allerdings muss der jeweilige Antrag den **Bestimmtheitsanforderungen** genügen. 3687

Beispiel: Bezieht sich der Vorbescheidsantrag auf die Frage der verkehrlichen Erschließungssicherung, so ist dieser bei einem Fachmarkt mit ca. 700 qm und ca. 130 Stellplätzen nur bescheidungsfähig, wenn die Art und Weise des Anschlusses an die öffentliche Verkehrsfläche im Vorbescheidsantrag und den beigefügten Bauvorlagen hinreichend bestimmt dargestellt wird.[124]

Die **Bebauungsgenehmigung** [125] ist ihrem Wesen nach ein Ausschnitt aus dem feststellenden Teil der Baugenehmigung, der die Frage der bodenrechtlichen Bebauungsfähigkeit eines Grundstücks regelt.[126] Damit nimmt der Vorbescheid bereits einen Teil der sachlichen Prüfung des Baugenehmigungsverfahrens vorweg und regelt ihn abschließend. Seiner Rechtsnatur nach ist der **Vorbescheid** ein **feststellender Verwaltungsakt** und ein vorweggenommener Teil der Baugenehmigung. Die Vorschriften über die Baugenehmigung sind daher weitgehend auf den Vorbescheid anwendbar. Allerdings enthält der Bauvorbescheid noch keine Freigabe der Ausführung.[127] Hierzu bedarf es vielmehr einer abschließenden Baugenehmigung.[128] Die **Prüfungsreichweite** wird dabei durch den Antrag bestimmt. Die Bauaufsichtsbehörde darf daher den Antrag auf Erteilung eines planungsrechtlichen Bauvorbescheides nicht deshalb wegen fehlenden **Sachbescheidungsinteresses** ablehnen, weil dem Vorhaben ihrer Ansicht nach im bauaufsichtlichen Genehmigungsverfahren nicht zu prüfende (bauordnungsrechtliche) Vorschriften entgegenstehen.[129] Ist ein Bauvorbescheid noch nicht bestandskräftig, so ist in dem 3688

[120] Drescher Rechtsprobleme des baurechtlichen Vorbescheids 1993; Goerlich NVwZ 1985, 90; Jarass UPR 1983, 241; Ortloff NVwZ 1983, 705; Schenke VBlBW 1985, 442; ders. DÖV 1980, 489; Schmaltz BauR 2007, 975; Schneider BauR 1988, 13; Hauth BauR 2010, 32.

[121] BVerwG BauR 2009, 233; näher zum Bauvorbescheid Johlen in Gädtke, BauO NRW 2024, § 77 Rn. 1 ff.

[122] Zur Prüfung des Landschaftsschutzes in einem Bauvorbescheidsverfahren für ein Vorhaben in einem festgesetzten Landschaftsschutzgebiet BVerwG UPR 1985, 424.

[123] OVG Lüneburg DWW 2007, 381.

[124] OVG Münster Urt. v. 7.6.1999 – 10 A 828/99, juris.

[125] BVerwGE 48, 242; BVerwGE 68, 241.

[126] BVerwG NJW 1984, 1474; Otto Öffentliches Baurecht II, 2023, § 8 Rn. 113.

[127] Otto Öffentliches Baurecht II, 2023, § 8 Rn. 107.

[128] BVerwGE 48, 242.

[129] VGH München BauR 2009, 1627 Bestätigung von VGH München BayVBl. 2009, 507.

gegen die spätere Baugenehmigung gerichteten Anfechtungsprozess des Nachbarn auch die im Vorbescheid bejahte bebauungsrechtliche Zulässigkeit des Vorhabens Gegenstand der gerichtlichen Kontrolle.[130] Ficht der Nachbar bei noch nicht bestandskräftigem Vorbescheid richtigerweise auch die Baugenehmigung an, so ist bei deren gerichtlicher Prüfung zu beachten, dass die Baugenehmigung nicht nur feststellend die weiteren Fragen der baurechtlichen Zulässigkeit des Vorhabens beantwortet, die nicht schon Gegenstand des Vorbescheides waren, sondern darüber hinaus verfügend die Durchführung des Bauvorhabens – und zwar in seinem gesamten Umfang – freigibt. Diese Verfügung ist nur rechtmäßig, wenn alle einschlägigen bauplanungs- und bauordnungsrechtlichen Einzelfragen zugunsten des Antragstellers zu beantworten sind. Durch den verfügenden Teil der Baugenehmigung darf daher das Bauen nicht freigegeben werden, ohne dass durch den feststellenden Teil der Baugenehmigung über die bebauungsrechtliche Zulässigkeit des Vorhabens entschieden wird. Was prüffähiger Inhalt eines Vorbescheides als eines „vorweggenommenen" Teils einer späteren Baugenehmigung sein kann, entscheidet ausschließlich das Landesrecht. Demgemäß bestimmt sich nach Landesrecht, was als „einzelne Frage" im Sinne eines beantragten Vorbescheides anzusehen ist. Das Bundesrecht nimmt auch auf die Frage keinen Einfluss, was ein etwa notwendiger Inhalt eines Vorbescheides zu sein hat.[131] Der Vorbescheid ist ein Rechtsinstitut des Bauordnungsrechts.[132] Ein baurechtlicher Vorbescheid zu der Frage, ob sich die Zulässigkeit von Vorhaben auf einem bestimmten Grundstück nach § 34 BauGB beurteilt, kann grundsätzlich nicht erteilt werden.[133] Für eine Bauvoranfrage besteht kein **Sachbescheidungsinteresse**, wenn das Vorhaben aus anderen Gründen nicht verwirklicht werden kann. Wird ein Bauvorbescheid für eine Windkraftanlage beantragt und das Vorhaben im Verwaltungsverfahren anhand einer Anlagenbeschreibung näher konkretisiert, stellt sich die Umstellung der Bauvoranfrage im Verlauf des nachfolgenden Rechtsstreits auf eine davon abweichende Windkraftanlage als eine an § 91 VwGO zu messende, im Falle eines erforderlichen Verwaltungsverfahrens nicht sachdienliche **Klageänderung** dar.[134]

3689 Die positive Bescheidung der Bauvoranfrage hat **Bindungswirkungen** für das nachfolgende Baugenehmigungsverfahren. Ein Bauvorbescheid, der die bauplanungsrechtliche Zulässigkeit eines Vorhabens feststellt und ein vorweggenommener Teil der Baugenehmigung ist, setzt sich gegenüber nachfolgenden Rechtsänderungen durch das Inkrafttreten einer Veränderungssperre oder eines Bebauungsplans durch.[135] Als vorweggenommener Teil der Baugenehmigung wirkt der Vorbescheid ebenso wie die Baugenehmigung für und gegen den Rechtsnachfolger. Die Bebauungsgenehmigung ist nicht Zusage, sondern teilweise Genehmigung. Sie erfasst die bodenrechtliche Zulässigkeit eines bestimmten Vorhabens nach Planungsrecht.[136] Die Bindungswirkung kann nach allgemeinen Verfahrensgrundsätzen durch Rücknahme (§ 48 VwVfG) oder Widerruf (§ 49 VwVfG) beseitigt werden. Ist der Bauvorbescheid noch nicht erteilt, so erzeugt die Verpflichtung der Behörde zum Erlass eines Bauvorbescheides allerdings keine vergleichbare Bindungswirkung. Eine inzwischen eingetretene Rechtsänderung kann die Behörde mit der Vollstreckungsgegenklage geltend machen.[137] Gegenüber der Vollstreckung aus einem rechtskräftigen Verpflichtungsurteil auf Erteilung einer Bebauungsgenehmigung kann die Behörde die Vollstreckungsabwehrklage darauf stützen, dass nach Rechtskraft des Verpflichtungsurteils ein der Genehmigungserteilung entgegenstehender Bebauungsplan in Kraft getreten ist. Auch ein inzwischen in Kraft getretener Flächennutzungsplan kann die Verpflichtung zur Erteilung einer Baugenehmigung entfallen lassen und gegenüber einem dazu verpflichtenden Urteil mit einer Vollstreckungsgegenklage rechtsvernichtend eingewendet werden.[138] Der Anspruch auf erneute Entscheidung über den Bauantrag unter Beachtung der Rechtsauffassung des Gerichts gemäß § 113 V 2 VwGO steht unter dem Vorbehalt, dass sich die Sach- und Rechtslage nicht ändert. Die Rechtskraft eines sol-

[130] BVerwGE 68, 241.
[131] BVerwG ZfBR 2001, 501.
[132] BVerwG BauR 2009, 233dort auch zur Bedeutung und Reichweite des § 86 III VwGO.
[133] VGH München NVwZ-RR 2008, 377.
[134] OVG Lüneburg BauR 2009, 623.
[135] BVerwG BauR 1984, 384.
[136] BVerwGE 48, 242.
[137] BVerwG NVwZ 1985, 563.
[138] BVerwG DVBl. 2003, 201. Zu Veränderungssperre und Zurückstellung von Bauvorhaben nach rechtskräftiger Verurteilung zur Erteilung einer Baugenehmigung Spieler BauR 2008, 1397.

chen Bescheidungsurteils reicht daher ebenfalls nicht weiter als die eines Verpflichtungsurteils.[139] Hat sich die ursprüngliche Klage auf Feststellung der Nichtigkeit eines Bauvorbescheids erledigt, kann ein berechtigtes Interesse an der Feststellung bestehen, dass der ursprünglich streitgegenständliche Bauvorbescheid nichtig gewesen ist.[140]

Die Regelungen eines Bauvorbescheids werden in die nachfolgende Baugenehmigung nach Art des **„Baukastenprinzips"** aufgenommen. Das gilt dann nicht, wenn die Bauaufsichtsbehörde mit der Erteilung der Baugenehmigung den Bauvorbescheid für erledigt erklärt und so seine Wirkungen aufhebt. [141] Der Inhalt einer noch nicht bestandskräftigen Bebauungsgenehmigung muss in der Baugenehmigung erneut geregelt werden. Eine Baugenehmigung, die keinen anders lautenden Zusatz enthält, genügt diesen Anforderungen. Sie ist im Hinblick auf die Bebauungsgenehmigung ein **Zweitbescheid**. Dieser enthält neben einer positiven Entscheidung über das Wiederaufgreifen des Verfahrens zugleich eine erneute Sachentscheidung. Der Regelungsgehalt einer wiederholenden Verfügung beschränkt sich dagegen darauf, ein Wiederaufgreifen des Verfahrens abzulehnen. Die Feststellung, dass ein Bescheid bestandskräftig ist, schließt zugleich die Feststellung ein, dass der Bescheid zugegangen ist.[142] Eine schon bestandskräftige Bebauungsgenehmigung braucht hingegen aus bundesrechtlicher Sicht nur redaktionell in die Baugenehmigung übernommen zu werden.[143] Mit der Erteilung der Baugenehmigung wird ein zuvor erteilter Bauvorbescheid nicht automatisch gegenstandslos. Zwar wird der Inhalt einer noch nicht bestandskräftigen Bebauungsgenehmigung in der Baugenehmigung erneut geregelt.[144] Die Bebauungsgenehmigung hat jedoch gleichwohl eigene Rechtswirkungen.[145] Bei der Erteilung der Baugenehmigung ist die Behörde gegenüber dem Bauherrn an den Inhalt der Bebauungsgenehmigung gebunden. Einem Dritten (Nachbarn) gegenüber besteht diese Bindung nur, soweit die Bebauungsgenehmigung ihm gegenüber bei der Erteilung der Baugenehmigung bestandskräftig war.[146] Bundesrechtlich ist nicht geregelt, dass die Bebauungsgenehmigung von der später erteilten Baugenehmigung konsumiert wird. Es wäre vielmehr Sache des landesrechtlichen Bauordnungsrechts, eine Regelung zu treffen, nach der sich ein Bauvorbescheid mit der Erteilung der Baugenehmigung erledigt.[147] Eine Bebauungsgenehmigung wird auch nicht dadurch wirkungslos, dass das Grundstück inzwischen anders bebaut ist. Dies gilt jedenfalls dann, wenn ein Abbruch des inzwischen errichteten Gebäudes möglich ist und dadurch das ursprünglich beantragte Vorhaben verwirklicht werden kann. 3690

Beispiel: Die Baugenehmigungsbehörde erteilt dem Bauherrn eine Bebauungsgenehmigung 3691 für die Errichtung eines großen Freizeitbades mit einem Investitionsvolumen von ca.15 Mio. Euro. Der Nachbar legt gegen die Bebauungsgenehmigung Widerspruch ein und rügt die Verletzung des Gebotes der nachbarlichen Rücksichtnahme. Zwischenzeitlich wird das Grundstück mit einigen Garagen und einem Verwaltungsgebäude bebaut. Die Bebauungsgenehmigung ist allerdings durch die inzwischen erfolgte anderweitige Bebauung des Grundstücks nicht wirkungslos geworden, da die Bausubstanz abgebrochen und hierdurch das ursprüngliche Vorhaben verwirklicht werden könnte. Der Nachbar verliert daher auch dann nicht das Rechtsschutzinteresse für eine Nachbarklage gegen die Bebauungsgenehmigung oder eine inzwischen erteilte Baugenehmigung, wenn die Verwirklichung der ursprünglichen Konzeption wirtschaftlich unsinnig wäre. Die Beurteilung der wirtschaftlichen Auswirkungen seines Handelns obliegt vielmehr ausschließlich dem Bauherrn. [148]

Hinweis: Sieht das Landesrecht vor, dass vor Einreichung eines Bauantrags auf Antrag des Bauherrn zu einzelnen in der Baugenehmigung zu entscheidenden Fragen vorweg ein Vorbescheid erteilt werden kann und stellt dieser einen vorweggenommenen Teil der Baugenehmigung dar, ist § 67 IX 3 BImSchG nach seinem Regelungszweck auch auf vor dem 1.7.2005

139 BVerwG BauR 2007, 1709.
140 VGH Kassel ZfBR 2009, 596, m. Anm. Kopf IBR 2009, 421.
141 OVG Lüneburg BauR 2009, 287.
142 BVerwG Urt. v. 11.12.2008 – 7 C 3.08, juris.
143 BVerwG NVwZ 1989, 963.
144 BVerwG NVwZ 1989, 863.
145 BVerwG NVwZ 1995, 894.
146 BVerwG NVwZ 1989, 863.
147 BVerwG NVwZ 1995, 894.
148 BVerwG NVwZ 1995, 894.

rechtshängig gewordene Verpflichtungsklagen auf Erteilung eines positiven Bauvorbescheids anzuwenden. Bei Anwendung des § 67 IX BImSchG für einen Vorbescheid nach Landesbauordnungsrecht sind nicht die Anforderungen zu stellen, die für einen Vorbescheid nach § 9 BImSchG gelten.[149]

2. Teilbaugenehmigung

3692 Der Beginn von Bauarbeiten kann durch eine Teilbaugenehmigung gestattet werden. Im Unterschied zum Vorbescheid enthält die Teilbaugenehmigung eine **endgültige Entscheidung** über die Zulässigkeit zumindest eines Teils des Bauvorhabens und gibt seine Ausführung frei. Teilbaugenehmigungen werden etwa für den Bodenaushub oder die Ausführung einzelner Bauteile oder Bauabschnitte erlassen.[150] Die Teilbaugenehmigung setzt voraus, dass ein Bauantrag für das gesamte Vorhaben bereits eingereicht ist und ein **positives vorläufiges Gesamturteil** über die Verwirklichungsfähigkeit des gesamten Vorhabens möglich ist. Dabei können allerdings noch einzelne Unterlagen wie etwa statische Nachweise für weitere Bauabschnitte nachgereicht werden. Die Teilbaugenehmigung dient vor allem dazu, den Beginn der Bauausführung für einzelne Vorhabenteile bereits zuzulassen, obwohl die Entscheidung über die Freigabe weiterer Bauteile etwa wegen noch nachzureichender Unterlagen noch nicht getroffen werden kann. Die Entscheidung über eine Teilbaugenehmigung steht im Ermessen der Behörde. Der Bauherr hat allerdings einen Anspruch auf fehlerfreie Ermessensausübung (§ 40 VwVfG). Die Teilbaugenehmigung entfaltet in der Reichweite ihrer Regelungen die gleichen Wirkungen wie die endgültige Baugenehmigung. Außerdem ergeben sich aus der Teilbaugenehmigung **Bindungswirkungen**. Die Baugenehmigungsbehörde ist an die vorentschiedenen Fragen in dem Sinne gebunden, dass sie bei der Entscheidung über weitere Bauabschnitte davon nicht abweichen darf. Die Teilbaugenehmigung kann daher vergleichbare Vertrauenswirkungen wie der Vorbescheid erzeugen.

3. Typengenehmigung

3693 Die Landesbauordnungen sehen vielfach sog. Typengenehmigungen vor. Sie werden auf schriftlichen Antrag von der dafür zuständigen Behörde für bauliche Anlagen erteilt, die **in derselben Ausführung** an mehreren Stellen zu verschiedenen Zeiten errichtet werden sollen.[151] Es fallen hierunter etwa Fertighäuser, Fertiggaragen, Gewächshäuser, Bohrtürme, Masten oder Windkrafträder. Die Typengenehmigung ist – dem Vorbescheid vergleichbar – ein vorweggenommener Teil der Baugenehmigung. Gegenstand der Typengenehmigung ist die bauordnungsrechtliche Beurteilung des Vorhabens. Auch hier wird allerdings die Baufreigabe nicht vorweggenommen. Zudem ist die bauplanungsrechtliche Beurteilung offen und von den jeweiligen Standorten und dem dort geltenden Planungsrecht abhängig. Die Entscheidung über die Typengenehmigung steht im Ermessen der Behörde. Die Typengenehmigung bedarf der Schriftform und kann unter Widerrufsvorbehalt oder befristet erfolgen. Die Typengenehmigung kann auch in anderen Ländern nach Maßgabe der jeweiligen Landesbauordnungen Bindungswirkungen erzeugen.

4. Benutzungsgenehmigung

3694 Einzelne bauliche Anlagen wie etwa Heizungen, Wärmepumpen und Abwasseranlagen bedürfen keiner vorherigen Baugenehmigung. Erst nach Fertigstellung oder Änderung der Anlage ist vor ihrer Benutzung auf Grund einer **Bauzustandsbesichtigung** eine Benutzungsgenehmigung zu erteilen. Die entsprechenden Vorschriften der Landesbauordnungen sollen zu einer Vereinfachung, Beschleunigung und Entlastung des Baugenehmigungsverfahrens beitragen.

5. Genehmigung „Fliegender Bauten"

3695 Besonderheiten gelten für „Fliegende Bauten". Es handelt sich dabei um bauliche Anlagen, die geeignet und bestimmt sind, an verschiedenen Orten wiederholt aufgestellt und zerlegt zu

---

[149] BVerwG Beschl. v. 2.6.2008 – 4 B 32.08, juris.

[150] Otto Öffentliches Baurecht II, 2023, § 8 Rn. 131.

[151] Otto Öffentliches Baurecht II, 2023, § 8 Rn. 144; ausführlicher zur Typengenehmigung Wenzel in Gädtke, BauO NRW, 2024, § 66 Rn. 1 ff.

werden, wie etwa Fest- und Zirkuszelte, Karussells oder ähnliche zugängliche Einrichtungen etwa auf Jahrmärkten.[152] Baustelleneinrichtungen und Baugerüste gelten allerdings nicht als „Fliegende Bauten". Derart vorübergehend aufgestellte Anlagen gelten nicht als bauliche Anlagen iS des § 29 I BauGB, weil ihnen die städtebauliche Relevanz fehlt. Gleichwohl sind solche Anlagen vor allem wegen der möglichen Gefährdung von Besuchern in bauordnungsrechtlicher Hinsicht von Bedeutung. „Fliegende Bauten" bedürfen daher, bevor sie erstmals aufgestellt und in Gebrauch genommen werden, einer **Ausführungsgenehmigung (Herstellungsgenehmigung)**. Dies gilt in der Regel nicht für untergeordnete Bauten, an die besondere Standsicherheitsanforderungen nicht zu stellen sind und die von Besuchern nicht betreten werden. Die Ausführungsgenehmigung wird von der zuständigen Bauaufsichtsbehörde für eine bestimmte Frist erteilt und in ein Prüfbuch eingetragen. „Fliegende Bauten" dürfen unbeschadet anderer Vorschriften nur in Gebrauch genommen werden, wenn ihre Aufstellung der Bauaufsichtsbehörde des Aufstellungsortes unter Vorlage des Prüfbuches angezeigt ist und die „Fliegenden Bauten" von ihr abgenommen worden sind. Das Ergebnis dieser **Gebrauchsabnahme** ist in dem Prüfbuch zu vermerken. Die Gebrauchsabnahme, mit der die örtlich zuständige Baugenehmigungsbehörde Aufstellung und Betrieb freigibt, kann bei Bedarf unter Auflagen oder sonstigen Nebenbestimmungen erfolgen.

6. Rücknahme und Widerruf der Baugenehmigung

Eine rechtswidrige Baugenehmigung kann unter den Voraussetzungen des § 48 VwVfG zurückgenommen werden. 3696
Eine rechtmäßige Baugenehmigung kann nach § 49 VwVfG widerrufen werden. Da die Baugenehmigung aus der Sicht des Bauherrn regelmäßig einen begünstigenden Verwaltungsakt darstellt, darf sie nur unter den Voraussetzungen des § 48 II VwVfG zurückgenommen werden. Ein Widerruf der Baugenehmigung kann nach § 49 VwVfG nach Unanfechtbarkeit nur für die Zukunft erfolgen. Dabei sind die zusätzlichen Anforderungen des § 49 II VwVfG zu beachten. Vor allem kann sich das Erfordernis eines teilweisen Widerrufs bei nachträglichen Anforderungen auf Grund einer geänderten Sach- oder Rechtslage ergeben. So könnte etwa ein heranrückendes Wohngebiet [153] Veranlassung sein, an einen Gewerbebetrieb durch nachträgliche Auflagen zusätzliche Anforderungen an den Immissionsschutz zu stellen. Eine Baugenehmigung kann auch teilweise zurückgenommen oder widerrufen werden, wenn sie teilbar ist. Es muss der herauszulösende Teil eindeutig beschrieben werden und vom Gesamtvorhaben räumlich-gegenständlich oder innerhalb des rechtlichen Gefüges der Genehmigung abgrenzbar sein. Zudem muss der verbleibende Teil noch ein sinnvoll nutzbares Vorhaben umfassen. Dagegen kommt es nicht darauf an, dass der Bauherr ursprünglich das gesamte Vorhaben verwirklichen wollte und daher den verbleibenden Teil nicht isoliert beantragt hat. Die Teilbarkeit einer Baugenehmigung muss rechtlich sowohl im Zeitpunkt, auf den sich die Wirkung der Teilrücknahme oder des Teilwiderrufes bezieht, als auch in dem Zeitpunkt des Erlasses des Rücknahmebescheides bestehen. Jedoch sind spätere die Teilbarkeit betreffende Rechtsänderungen im gerichtlichen Verfahren zu berücksichtigen.[154]

---

152 Otto Öffentliches Baurecht II, 2023, § 8 Rn. 149.

153 Zum Rechtsschutz OVG Greifswald VwRR MO 1999, 302; OVG Münster Beschl. v. 2.2.1999 – 10 B 2558/98, juris.

154 OVG Berlin UPR 1998, 320.

C. Planungsrechtliche Zulässigkeit von Vorhaben

Die planungsrechtliche Zulässigkeit von Vorhaben ist in den §§ 29 bis 38 BauGB geregelt. 3697

1. Teil. Planungsrechtliche Genehmigungstatbestände im Überblick

Nach § 29 I BauGB gelten für Vorhaben, welche die Errichtung, Änderung oder Nutzungsänderung von baulichen Anlagen zum Inhalt haben, die §§ 30 bis 37 BauGB. Unter die danach genehmigungsbedürftigen Vorhaben fallen auch Nutzungsänderungen, wenn sie eine planungsrechtliche Relevanz haben. Das ist dann der Fall, wenn sich bei der beabsichtigten Nutzungsänderung die Genehmigungsfrage neu stellt. Die planungsrechtliche Zulässigkeit solcher Vorhaben beurteilt sich sodann nach den §§ 30 bis 37 BauGB. Das Gesetz unterscheidet dabei drei Bereiche: 3698

- Vorhaben im Geltungsbereich eines qualifizierten Bebauungsplans (§ 30 I BauGB),
- Vorhaben im nicht beplanten Innenbereich (§ 34 BauGB) und
- Vorhaben im Außenbereich (§ 35 BauGB).

I. Qualifizierter Bebauungsplan (§ 30 I BauGB) und vorhabenbezogener Bebauungsplan (§ 30 II BauGB)

Im Geltungsbereich eines qualifizierten Bebauungsplans ist ein Vorhaben zulässig, wenn es den Festsetzungen des Bebauungsplans nicht widerspricht und die Erschließung gesichert ist (§ 30 I BauGB). Für die planungsrechtliche Zulässigkeit von Vorhaben sind daher die Festsetzungen des qualifizierten Bebauungsplans maßgeblich. Stehen diese dem Vorhaben nicht entgegen und ist die Erschließung gesichert, ist es nach § 30 I BauGB planungsrechtlich zulässig. Ausnahmen und Befreiungen sind unter den Voraussetzungen des § 31 I und II BauGB genehmigungsfähig. Während der Planaufstellung ist eine Genehmigung (auch) bei formeller (§ 33 I BauGB) oder materieller (§ 33 II BauGB) Planreife möglich. Neben den qualifizierten Bebauungsplan tritt der vorhabenbezogene Bebauungsplan, der auf der Grundlage eines Vorhaben- und Erschließungsplans und eines Durchführungsvertrages erlassen wird. In diesem Fall richtet sich die Zulässigkeit von Vorhaben nach den Ausweisungen des vorhabenbezogenen Bebauungsplans (§ 30 II BauGB). In einem vereinfachten Verfahren wird der Bebauungsplan der Innenentwicklung aufgestellt (§ 13 a BauGB). 3699

II. Nicht beplanter Innenbereich nach § 34 BauGB

Nach § 34 I BauGB ist ein Vorhaben innerhalb der im Zusammenhang bebauten Ortsteile zulässig, wenn es sich nach Art und Maß der baulichen Nutzung, der Bauweise und der Grundstücksfläche, die überbaut werden soll, in die Eigenart der näheren Umgebung einfügt und die Erschließung gesichert ist. Die Anforderungen an gesunde Wohn- und Arbeitsverhältnisse müssen gewahrt bleiben; das Ortsbild darf nicht beeinträchtigt werden. Die Vorschrift ist für Vorhaben anzuwenden, die in einem im Zusammenhang bebauten Ortsteil liegen und für die kein qualifizierter Bebauungsplan (§ 30 I BauGB) und kein vorhabenbezogener Bebauungsplan besteht. Neben einfachen Bebauungsplänen (§ 30 III BauGB) ist für ein Vorhaben im nicht beplanten Innenbereich § 34 BauGB ergänzend anzuwenden. 3700

Ein Vorhaben liegt in einem **im Zusammenhang bebauten Ortsteil**, wenn das Grundstück, auf dem gebaut werden soll, einem Bebauungszusammenhang zuzurechnen ist, der zu einem Ortsteil gehört. Ortsteil iSd § 34 I 1 BauGB ist nur ein Bebauungskomplex, der nach der Zahl der vorhandenen Bauten ein gewisses Gewicht besitzt und Ausdruck einer organischen Siedlungsstruktur ist, die – anders als eine bloße Splittersiedlung – Maßstab für eine angemessene Fortentwicklung der Bebauung sein kann.[1] Aus der Umgebung, zu der auch das Baugrundstück selbst rechnet, ist ein Rahmen zu entnehmen, der sich nach der tatsächlich vorhandenen Bebauung und Nutzung richtet. Der aus der Umgebung hervorgehende Rahmen 3701

[1] BVerwG Beschl. v. 24.1.2022 – 9 B 11/21, juris Rn. 6; BVerwGE 156, 336 Rn. 15, 17; Rubel DVBl. 2018, 403 (406) mwN.

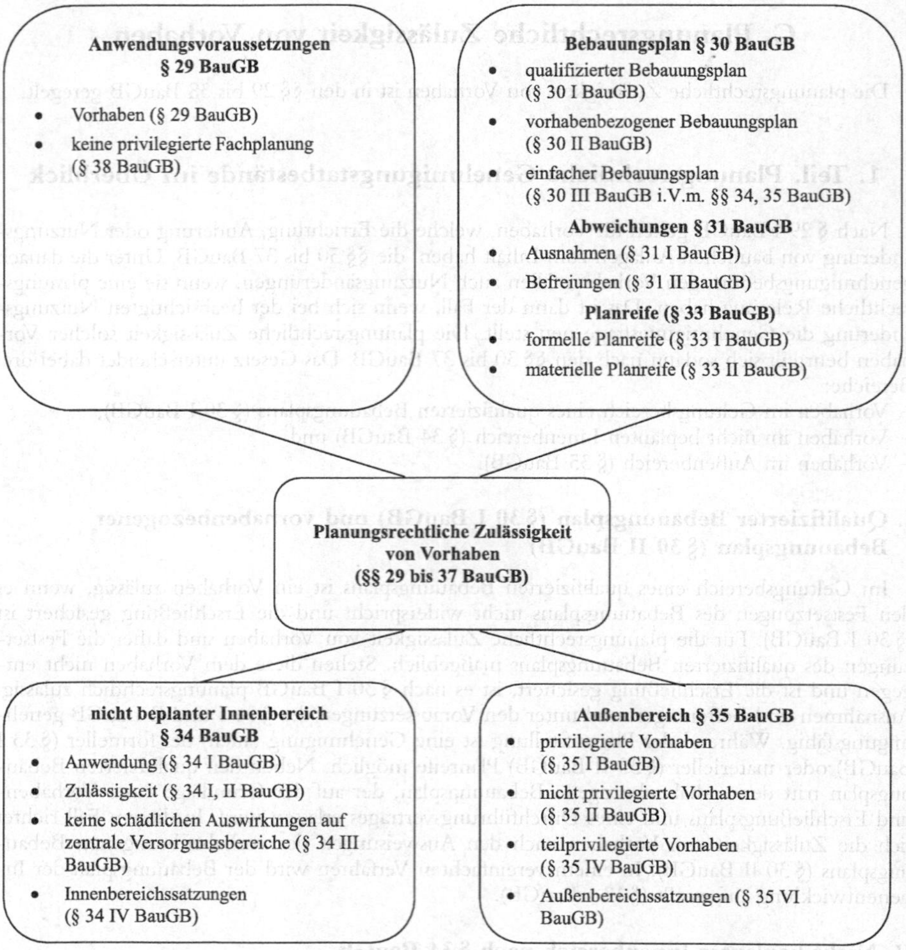

für die bauliche Nutzung ist bei einheitlicher Umgebung eng, bei unterschiedlicher Umgebung weit. Hält sich ein Vorhaben innerhalb des Umgebungsrahmens, so fügt es sich grundsätzlich ein. Allerdings ist das Gebot der nachbarlichen Rücksichtnahme zu beachten. Wird der aus der Umgebung hervorgehende Rahmen überschritten, so fügt sich das Vorhaben nicht ein, wenn bodenrechtlich beachtliche Spannungen begründet oder erhöht werden[2] oder gegen das Gebot der nachbarlichen Rücksichtnahme verstoßen wird.

III. Außenbereich (§ 35 BauGB)

3702 Liegt das Vorhaben nicht im Geltungsbereich eines qualifizierten Bebauungsplans (§ 30 I BauGB) oder eines vorhabenbezogenen Bebauungsplans (§ 30 II BauGB) und ist es auch nicht einem nicht beplanten Innenbereich (§ 34 BauGB) zuzuordnen, so ist die planungsrechtliche Beurteilung solcher Vorhaben nach § 35 BauGB vorzunehmen. § 35 BauGB unterscheidet dabei zwischen den **privilegierten Außenbereichsvorhaben** nach § 35 I BauGB und den **nicht privilegierten Außenbereichsvorhaben** nach § 35 II BauGB, bei denen wiederum die in § 35 III BauGB genannten Belange beeinträchtigt sein können. § 35 IV BauGB enthält für bestimmte Vorhaben sog. **Teilprivilegierungen**, bei denen bestimmte öffentliche Belange nicht als beeinträchtigt gelten.

[2] BVerwG ZfBR 1999, 279.

2. Teil. Zulässigkeit von Vorhaben im beplanten Bereich (§§ 30 bis 33 BauGB)

Die planungsrechtliche Zulässigkeit von Vorhaben richtet sich im Geltungsbereich eines 3703
qualifizierten Bebauungsplans nach § 30 I BauGB. Ausnahmen und Befreiungen sind nach § 31 I und II BauGB zu beurteilen. Während der Planaufstellung können Vorhaben bei formeller oder materieller Planreife auch nach § 33 BauGB genehmigt werden.

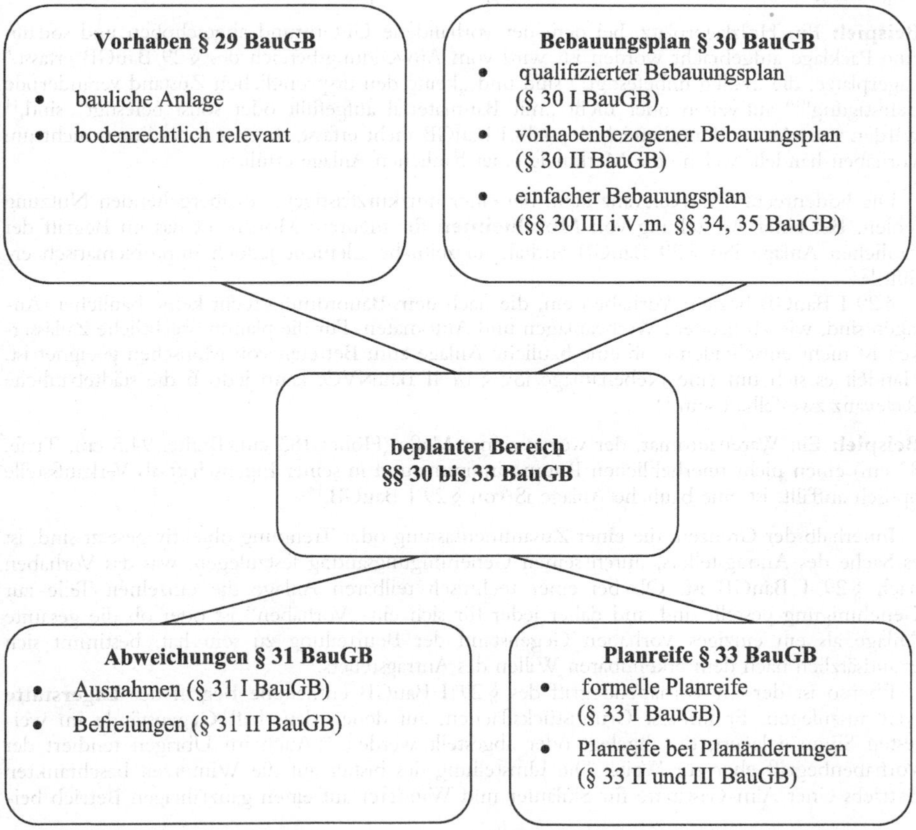

I. Vorhaben nach § 29 I BauGB

Die planungsrechtlichen Zulässigkeitsvorschriften der §§ 30 bis 37 BauGB gelten für Vorha- 3704
ben iS des § 29 I BauGB. Für Vorhaben, die die Errichtung, Änderung oder Nutzungsänderung von baulichen Anlagen zum Inhalt haben, und für Aufschüttungen und Abgrabungen größeren Umfangs sowie für Ausschachtungen, Ablagerungen einschließlich Lagerstätten gelten nach § 29 I BauGB die §§ 30 bis 37 BauGB. Die Vorschriften des Bauordnungsrechts und andere öffentlich-rechtliche Vorschriften bleiben nach § 29 II BauGB unberührt. Für Vorhaben, die nicht die Voraussetzungen des § 29 I BauGB erfüllen, gelten die §§ 30 bis 37 BauGB grundsätzlich nicht.[3] Von der Frage, ob das Vorhaben baugenehmigungspflichtig ist, hängt die Anwendbarkeit der §§ 30 bis 37 BauGB nicht ab; auch nicht baugenehmigungspflichtige Vor-

[3] Zur ausnahmsweisen Geltung für Vorhaben, die nicht die Voraussetzungen des § 29 I BauGB erfüllen, aber durch Festsetzungen eines Bebauungsplans ausgeschlossen werden können Jeromin in Kröninger/Jeromin, BauGB/BauNVO, 2024, § 29 BauGB Rn. 1 unter Verweis auf BVerwGE 42, 30.

haben iSv 3 29 I BauGB müssen die Vorschriften über die planungsrechtliche Zulässigkeit beachten.[4] Für bestimmte Vorhaben gelten nach Sonderregelungen der §§ 246, 246 b bis d BauGB die §§ 30 bis 37 BauGB nicht bzw. befristet nicht oder nur modifiziert.[5]

3705 Unter den **Begriff der baulichen Anlage** iS von § 29 I BauGB fallen alle Anlagen, die in einer auf Dauer gedachten Weise künstlich mit dem Erdboden verbunden werden und infolgedessen die in § 1 V und VI BauGB genannten Belange in einer Weise berühren können, die geeignet ist, das Bedürfnis nach einer ihre Zulässigkeit regelnden verbindlichen Bauleitplanung hervorzurufen.[6] Ein Vorhaben im Sinne des § 29 I BauGB ist bauplanungsrechtlich relevant, wenn es geeignet ist, ein Bedürfnis nach einer seine Zulässigkeit regelnden verbindlichen Bauleitplanung hervorzurufen, und wenn es Gegenstand bauplanerischer Festsetzungen sein kann.[7]

Beispiel: Ein Holzlagerplatz, bei dem der vorhandene Untergrund abgeschoben und sodann eine Packlage aufgebracht worden ist, wird vom Anwendungsbereich des § 29 BauGB erfasst.[8] Lagerplätze, die „völlig unbefestigt"[9] sind und „keine den ursprünglichen Zustand verändernde Befestigung"[10] aufweisen oder nicht „mit Baumaterial aufgefüllt oder sonst befestigt" sind,[11] werden vom Anwendungsbereich des § 29 I BauGB nicht erfasst, da es sich bei ihnen nicht um Vorhaben handelt, welche die Merkmale einer baulichen Anlage erfüllen.

3706 Die bodenrechtliche Relevanz kann bei einer nur kurzfristigen, vorübergehenden Nutzung fehlen. Bei einer Aufstellung von **Mobilheimen** für mehrere Monate ist das im Begriff der baulichen Anlage iSd § 29 BauGB enthaltene zeitliche Element jedoch unproblematisch erfüllt.[12]

3707 § 29 I BauGB bezieht Vorhaben ein, die nach dem Bauordnungsrecht keine baulichen Anlagen sind, wie zB größere Werbeanlagen und Automaten. Für die planungsrechtliche Zulässigkeit ist nicht entscheidend, ob eine bauliche Anlage zum Betreten von Menschen geeignet ist. Handelt es sich um eine Nebenanlage iSv § 14 II BauNVO, kann jedoch die städtebauliche Relevanz zweifelhaft sein.[13]

Beispiel: Ein Warenautomat, der wegen seiner Maße (Höhe: 183 cm, Breite: 94,5 cm, Tiefe: 83 cm) einen nicht unerheblichen Raum einnimmt und in seiner Eigenschaft als Verkaufsstelle optisch auffällt, ist eine bauliche Anlage iS von § 29 I BauGB.[14]

3708 Innerhalb der Grenzen, die einer Zusammenfassung oder Trennung objektiv gesetzt sind, ist es Sache des Antragstellers, durch seinen Genehmigungsantrag festzulegen, was das Vorhaben nach § 29 I BauGB ist. Ob bei einer technisch teilbaren Anlage die einzelnen Teile zur Genehmigung gestellt sind und daher jeder für sich ein „Vorhaben" ist oder ob die gesamte Anlage als ein einziges Vorhaben Gegenstand der Beurteilung zu sein hat, bestimmt sich grundsätzlich nach dem erkennbaren Willen des Antragstellers.[15]

3709 Ebenso ist der im Vorhabenbegriff des § 29 I BauGB enthaltene Begriff der **Lagerstätte** weit auszulegen. Er umfasst Grundstücksflächen, auf denen dauerhaft Gegenstände im weitesten Sinne gelagert, dh abgelegt oder abgestellt werden.[16] Auch im Übrigen tendiert der Vorhabenbegriff eher zur Weite. Die Umstellung des bisher auf die Winterzeit beschränkten Betriebs einer Alm-Gaststätte für Skiläufer und Wanderer auf einen ganzjährigen Betrieb bei-

---

[4] Jeromin in Kröninger/Jeromin, BauGB/BauNVO, 2024, § 29 BauGB Rn. 1.
[5] Jeromin in Kröninger/Jeromin, BauGB/BauNVO, 2024, § 29 BauGB Rn. 2 ff.
[6] BVerwGE 144, 82 ff; BVerwGE 44, 59 zu einem Wohnboot als bauliche Anlage; Bönker in HBG, Öffentliches Baurecht, 2014, § 8 Rn. 14.
[7] OVG Münster Beschl. v. 23.11.2010 – 7 A 2535/09, juris Rn. 8 zur Änderung der Wohnungsanzahl. Das gilt auch etwa für die Änderung eines Dreifamilien- in ein Fünffamilienhaus.
[8] BVerwG UPR 1996, 153.
[9] BVerwG BRS 32 Nr. 92.
[10] BVerwG BRS 35 Nr. 157.
[11] BVerwG BRS 32 Nr. 176.
[12] OVG Lüneburg NVwZ 2023 1687 = juris Rn. 10.
[13] Bönker in HBG, Öffentliches Baurecht, 2024, § 8 Rn. 16.
[14] OVG Münster Beschl. v. 4.6.2007 – 7 B 573/07, juris zum Sofortvollzug einer baurechtlichen Ordnungsverfügung auf Beseitigung eines Warenautomaten.
[15] OVG Münster Beschl. v. 18.1.2023 – 2 B 1154/22, juris Rn. 28.
[16] BVerwG ZfBR 1999, 284; auch die hüttenähnliche Einhausung eines Holzstapels kann eine bauliche Anlage sein, BVerwG ZfBR 2000, 214.

spielsweise, der zusätzliche Gäste (Auto- und Bustouristen) anziehen wird, stellt eine städtebaulich erhebliche Nutzungsänderung dar.[17] Wird eine bauliche Anlage iS von § 29 I BauGB geändert, so ist Gegenstand der planungsrechtlichen Prüfung das Gesamtvorhaben in seiner geänderten Gestalt.[18] Die bauplanungsrechtliche Prüfung hat sich auf das Vorhaben iS von § 29 I BauGB zu beziehen. Dabei kann es sich – in der Begriffsbildung dieser Vorschrift – um die Errichtung, Änderung oder Nutzungsänderung einer baulichen Anlage handeln.[19]

Nicht zu den planungsrechtlich relevanten Vorhaben zählt die **Fortführung der Nutzung** 3710 des vorhandenen legalen Bestandes. Eingriffe in die vorhandene Bausubstanz stellen allerdings eine Änderung iS des § 29 I BauGB dar, wenn das Bauwerk dadurch seiner ursprünglichen Identität beraubt wird. Ein solcher Identitätsverlust tritt nicht nur ein, wenn der Eingriff in den vorhandenen Bestand so intensiv ist, dass er die Standfestigkeit des gesamten Bauwerks berührt und eine statische Nachberechnung erforderlich macht,[20] sondern erst recht, wenn die Bausubstanz ausgetauscht wird oder die Baumaßnahmen sonst praktisch einer Neuerrichtung gleichkommen. Ob die Sanierung eines Gebäudes gemessen hieran bereits eine Änderung einer baulichen Anlage im Sinne von § 29 I BauGB darstellt, weil sie einer Neuerrichtung gleichkommt, ist im jeweiligen Einzelfall zu klären.[21]

Nutzungsänderungen fallen unter den Begriff des Vorhabens iS des § 29 BauGB, wenn 3711 sich die planungsrechtliche Frage neu stellt, also die in § 1 V und VI BauGB benannten Belange anders oder stärker als bisher betroffen sind.[22] Gebäude und Nutzung bilden bei der Beurteilung im planungsrechtlichen Sinne eine Einheit. Beide Bestandteile können nicht voneinander getrennt werden. So kann etwa bei der Prüfung des Vorhabens der (unverändert bleibende) äußere Baukörper bauplanungsrechtlich nicht von der beabsichtigten jeweiligen Nutzung getrennt werden und die Frage nach der Zulässigkeit dieser Nutzungsänderung losgelöst von der vorhandenen Bausubstanz beantwortet werden. Dies folgt aus den vom BVerwG zum Begriff des Vorhabens in den §§ 29 ff. BauGB entwickelten Grundsätzen.[23] Vorhaben iS dieser Vorschriften ist die bauliche Anlage in ihrer durch die Nutzung bestimmten Funktion als Einheit. Mit einer Änderung der Funktion (des Nutzungszwecks) verliert ein Vorhaben deshalb als Ganzes seine Identität.

Beispiel: Gegenstand der Beurteilung und Genehmigung ist deshalb bei einem Dachgeschossausbau nicht ein Baukörper und die ihm nunmehr zugedachte Nutzung zu Wohnzwecken, sondern das Dachgeschoss gerade in seiner geänderten Funktion mit der Folge, dass die Zulässigkeit der Nutzungsänderung auch in Hinblick auf das Maß der baulichen Nutzung erneut zu beurteilen ist. Dieser rechtlichen Betrachtungsweise steht nicht entgegen, dass das Gebäude, dessen Dachgeschoss nunmehr zu Wohnzwecken genutzt werden soll, in seinen äußeren Abmessungen bereits bauaufsichtlich genehmigt ist. Denn die Feststellungswirkung der Baugenehmigung verleiht der baulichen Anlage Bestandsschutz nur im Umfang der genehmigten Nutzung.[24] Auch ist etwa die Umwandlung von Wohnungen für Aufsichts- und Bereitschaftspersonen sowie für Betriebsleiter und Betriebsinhaber in allgemeine (frei verfügbare) Wohnungen in einem durch gewerbliche und industrielle Nutzungen geprägten Gebiet eine Nutzungsänderung iS des § 29 I BauGB, für welche die §§ 30 bis 37 BauGB gelten.[25] Soll etwa ein für den **Großhandel** genehmigtes Gebäude für den **Einzelhandel** genutzt werden, so stellt dies ebenfalls eine Nutzungsänderung iS des § 29 BauGB dar.[26] Auch die Umwandlung eines **Kinos** in eine **Spielhalle** ist eine planungsrechtlich relevante Nutzungsänderung.[27]

Beispiel: Die Umwandlung vorhandener Lagerräume in eine Zahnarztpraxis wirft bauplanungsrechtlich die Genehmigungsfrage neu auf, weil bodenrechtliche Belange durch die Aufnahme der veränderten Nutzung neu berührt werden können. Von einer Zahnarztpraxis gehen

---

17 BVerwG ZfBR 2000, 133.
18 BVerwGE 34.
19 BVerwG NVwZ 1994, 294.
20 BVerwG DVBl. 1986, 677.
21 BVerwG BBB 2006, Heft 2, 48.
22 Dazu Jeromin in Kröninger/Jeromin, BauGB/BauNVO, 2024, § 29 BauGB Rn. 16.
23 BVerwGE 47, 185; NVwZ-RR 1989, 340.
24 BVerwG NVwZ-RR 1997, 519.
25 BVerwG BauR 1983, 443.
26 BVerwG NJW 1984, 1775.
27 BVerwG NVwZ 1989, 666.

andere städtebauliche Wirkungen aus als von gewerblichen Lagerräumen. Für ihre Zulässigkeit gelten unterschiedliche bauplanungsrechtliche Regelungen.[28] Auch die Umnutzung eines Kinderheims in ein Altenheim ist eine genehmigungspflichtige Nutzungsänderung iS des § 29 BauGB.[29]

3712 Den Begriff der **Erweiterung** kennt das Gesetz nicht. Er ist einer der genannten Vorhabenkategorien zuzuordnen. Denkbar ist, dass sich eine Erweiterung als Errichtung einer weiteren baulichen Anlage darstellt, nämlich wenn es sich um ein selbstständiges, abtrennbares Vorhaben handelt. Fehlt es jedoch an der Abtrennbarkeit, handelt es sich um die Änderung einer baulichen Anlage. Ob sie zulässig ist, kann nicht isoliert geprüft werden. Denn Gegenstand der bauplanungsrechtlichen Beurteilung nach § 29 BauGB ist nicht nur die Absicht oder die Durchführung der Errichtung, Änderung oder Nutzungsänderung einer baulichen Anlage, sondern vor allem das vom Bauherrn angestrebte Ergebnis seiner Baumaßnahme. Insoweit kommt es bei einer Änderung darauf an, ob die geänderte bauliche Anlage den bauplanungsrechtlichen Vorschriften entspricht. Eine Beschränkung auf den hinzukommenden Teil würde außer Acht lassen, dass auch der bereits vorhandene Teil der erweiterten Anlage zur Disposition steht, wenn er in der neuen Gesamtanlage aufgeht. Immer dann, wenn eine Erweiterung zugleich den Bestand der vorhandenen baulichen Anlage verändert, ist eine isolierte Beurteilung nicht möglich.[30] Dies gilt etwa für einen Eingriff in die bestehende Anlage und für eine aus der Erweiterung resultierende Qualitätsveränderung des Bestandes, wenn beispielsweise eine nicht kerngebietstypische Spielhalle kerngebietstypisch wird, ein Einzelhandelsbetrieb die Grenze zur Großflächigkeit überschreitet[31] oder wenn sich die Immissionslage ändert. Ebenso wie bei einer Nutzungsänderung die bauliche Anlage in ihrer geänderten Funktion als Einheit zu prüfen ist,[32] muss bei der Änderung einer baulichen Anlage das Gesamtvorhaben in seiner durch die Erweiterung geänderten Gestalt geprüft werden. Ob danach ein hinzutretendes Betriebsgebäude ein selbständiges, abtrennbares Vorhaben oder eine Änderung einer baulichen Anlage darstellt, ist eine Frage des Einzelfalls und im Wege tatrichterlicher Würdigung zu klären.[33]

3713 Eine Baugenehmigung, die auf ein Baugesuch zurückgeht, in dem die **Größe des Baugrundstücks** unrichtig angegeben ist, ist nicht iS von § 44 II Nr. 4 VwVfG tatsächlich unausführbar oder allein im Hinblick auf die unrichtige Größenangabe mit einem die Nichtigkeit der Baugenehmigung bewirkenden besonders schweren Fehler iS von § 44 I VwVfG behaftet.[34]

3714 Zwar begründet die **bloße Duldung** einer baulichen Anlage noch keine als Eigentum geschützte Rechtsposition. Duldet die Behörde, dass der Eigentümer unter dem Gesichtspunkt der Verhältnismäßigkeit eine formell und materiell illegale Anlage oder Nutzung noch weiter nutzt, ergeben sich daraus keine darüber hinausgehenden Eigentumsrechte.[35] Hat aber eine Baugenehmigungsbehörde die (möglicherweise illegale) Instandsetzung eines Gebäudes für Wohnzwecke aufsichtsbehördlich „begleitet", so kann sich daraus ein schützenswertes Vertrauen ergeben, das eine Beseitigungsverfügung auf Dauer ausschließt.[36] Eine für ein Behelfsheim im Außenbereich schriftlich und mit der Maßgabe erteilte Duldung, dass andere als die in der Duldung aufgeführten Renovierungsarbeiten der Billigung der Bauaufsichtsbehörde bedürfen, wird allerdings gegenstandlos, wenn der Eigentümer das Behelfsheim durch Entfernung sämtlicher (auch tragender) Innenwände und durch Erweiterung seiner Grundfläche um ca. 1/3 umbaut.[37]

28 BVerwG NVwZ 1994, 274.
29 BVerwG Beschl. v. 3.8.1995 – 4 B 155.95, juris.
30 BVerwG Beschl. v. 15.09.2021 – 4 B 16/21, juris Rn. 4.
31 BVerwG DVBl. 1987, 1006.
32 BVerwGE 47, 185.
33 BVerwG Beschl. v. 15.09.2021 – 4 B 16/21, juris Rn. 4.
34 BVerwG ZfBR 1992, 147.
35 BGH DVBl. 1999, 603.
36 BGH ZfBR 2003, 688; zur Unterscheidung einer Nutzungsuntersagung und einer Beseitigungsverfügung OVG Berlin-Brandenburg LKV 2022, 86 = juris Rn. 24; zur Abgrenzung einer faktischen von einer aktiven Duldung VG Gelsenkirchen Urt. v. 28.4.2020 – 9 K 8146/16, juris Rn. 52.
37 OVG Münster Beschl. v. 19.5.2006 – 10 A 738/04, juris.

II. Qualifizierter Bebauungsplan (§ 30 I BauGB)

Liegt ein Vorhaben im Geltungsbereich eines rechtsverbindlichen qualifizierten Bebauungsplans, richtet sich die planungsrechtliche Zulässigkeit des Vorhabens nach § 30 I BauGB. 3715

1. Zulässigkeitsvoraussetzungen

Im Geltungsbereich eines qualifizierten Bebauungsplans nach § 30 I BauGB ist ein Vorhaben zulässig, wenn es den Festsetzungen des Bebauungsplans nicht widerspricht und die Erschließung gesichert ist. Der Bebauungsplan muss, um iS des § 30 I BauGB qualifiziert zu sein, mindestens Festsetzungen über die Art und das Maß der baulichen Nutzung, die überbaubaren Grundstücksflächen und die örtlichen Verkehrsflächen enthalten. Ein solcher qualifizierter Bebauungsplan schließt die Anwendbarkeit der §§ 34 und 35 BauGB aus. Art und Maß der baulichen Nutzung werden nach § 9 I Nr. 1 BauGB iVm den Regelungen der BauNVO festgesetzt. Die überbaubaren Grundstücksflächen werden nach § 23 BauNVO durch Baulinien, Baugrenzen[38] oder Bebauungstiefen bestimmt. Die überbaubaren Grundstücksflächen brauchen dabei nicht nach allen Seiten festgesetzt zu sein. Es reicht vielmehr, wenn nur die vordere Baugrenze oder eine Baulinie festgesetzt wird. Die örtlichen Verkehrsflächen werden nach § 9 I Nr. 11 BauGB festgesetzt. Enthält der Bebauungsplan die vorgenannten Mindestfestsetzungen nach § 30 I BauGB nicht, so handelt es sich um einen **einfachen Bebauungsplan**, der nach § 30 III BauGB zu beurteilen ist und neben dem die für den nicht beplanten Innenbereich (§ 34 BauGB) oder Außenbereich (§ 35 BauGB) geltenden Vorschriften Anwendung finden. 3716

Im Geltungsbereich eines qualifizierten Bebauungsplans ist ein Vorhaben zulässig, wenn es den **Festsetzungen** des Bebauungsplans **nicht widerspricht** und die **Erschließung gesichert** ist (§ 30 I BauGB). Da die Festsetzungen des Bebauungsplans vielfach einen Rahmen lassen, reicht es für die Zulässigkeit des Vorhabens aus, wenn es sich in diesem Rahmen hält. 3717

Beispiel: Sieht der Bebauungsplan eine zwei- bis viergeschossige Bebauung vor, so ist ein Vorhaben zulässig, das diesen Rahmen einhält. Ergeben sich aus dem Bebauungsplan ggf. iVm der BauNVO Höchstwerte für das Maß der baulichen Nutzung (§ 17 BauNVO), so sind diese durch das Vorhaben einzuhalten. Eine Treppenanlage ist Bestandteil einer **Außengastronomie,** wenn sie den einzigen Zugang zu ihr vermittelt. Sind dort nach dem Bebauungsplan Schank- und Speisewirtschaften ausgeschlossen, ist die Genehmigung der Außengastronomie rechtswidrig[39], wenn die planungsrechtliche Zulässigkeit nicht durch eine Abweichung nach § 31 BauGB ermöglicht werden kann.[40]

2. Gesicherte Erschließung

Außerdem muss die Erschließung gesichert sein. Das BauGB verfolgt einen **grundstücksbezogenen**, nicht einen gebietsbezogenen Erschließungsbegriff. Soweit der Bebauungsplan erschließungsrelevante Festsetzungen enthält, richten sich die Anforderungen an die Erschließung nach dem Bebauungsplan. Diese Festsetzungen können hinter dem zurückbleiben, was als beitragsfähige Erschließungsanlage nach § 127 BauGB bestimmt ist. Die Erschließung des Grundstücks muss mindestens den Anschluss der Baugrundstücke an das öffentliche Straßennetz, die Versorgung mit Elektrizität und Wasser und die Abwasserbeseitigung umfassen. Hierbei können landesrechtliche und örtliche Gegebenheiten maßgeblich sein. Die Erschließung ist gesichert, wenn nach objektiven Kriterien erwartet werden kann, dass die Erschließungsanlage spätestens bis zur Fertigstellung des Vorhabens benutzbar ist.[41] Die Erschließung muss im Zeitpunkt der Fertigstellung der baulichen Anlage bis an die Grundstücksgrenze heranreichen. § 30 BauGB verlangt bei qualifiziert beplanten Wohngebieten als wegemäßige Erschließung idR nur, dass mit Personen- und Versorgungsfahrzeugen an die Grenze bzw. – ebenfalls durch einen zur öffentlichen Straße gehörenden Geh- und/oder Radweg getrennt – bis fast an die Grenze der einzelnen Baugrundstücke herangefahren werden kann.[42] Das Bauplanungsrecht 3718

---

[38] Sarnighausen UPR 1994, 330.
[39] OVG Münster Beschl. v. 8.5.2009 – 7 B 1547/08, juris.
[40] OVG Münster BauR 2009, 1563.
[41] VGH München Beschl. v. 23.2.2023 – 9 ZB 22.2606, juris Rn. 32.
[42] Im Anschluss an BVerwGE 88, 70.

verlangt für die Bebaubarkeit eines Grundstücks grundsätzlich nicht, dass auf der die wegemäßige Erschließung vermittelnden Verkehrsanlage mit **Großfahrzeugen**, etwa des Rettungswesens oder der Versorgung und Entsorgung bis zur Höhe dieses Grundstücks gefahren werden kann. Es lässt vielmehr in der Regel ein Heranfahrenkönnen durch Personenfahrzeuge und kleinere Versorgungsfahrzeuge genügen.[43] Zur Sicherung der ausreichenden Erschließung als Voraussetzung für die bauplanungsrechtliche Zulässigkeit baulicher Anlagen muss die Zuwegung von ihrer Breite und Beschaffenheit die Zufahrt von Kraftfahrzeugen, besonders solchen der Polizei, der Feuerwehr, des Rettungsdienstes und der Ver- und Entsorgung, ermöglichen. Das Bebauungsrecht verlangt allerdings nicht schlechthin, dass das Grundstück mit Großfahrzeugen erreichbar sein muss. Für die Annahme einer gesicherten Erschließung ist regelmäßig eine Straßenbreite von 3 m erforderlich.[44]

3719 **Bauordnungsrechtliche Anforderungen** an die Zugänglichkeit von Baugrundstücken bleiben von den Regelungen des Baurechts nur unberührt (§ 29 II BauGB), wenn und soweit sie geeignet sind, die Anforderungen, die das Bebauungsrecht an das Erschlossensein von Baugrundstücken stellt, zu ergänzen. Daran fehlt es, wenn bauordnungsrechtlich im Hinblick auf Wohngrundstücke für das gesamte Gebiet eines Bundeslandes ohne Differenzierung eine Regelung getroffen wird, die über das bundesrechtliche Erschließungserfordernis hinausgeht und dadurch die insoweit vom Bundesrecht geübte Zurückhaltung generell leer laufen lässt.[45] Auch ein Bebauungsplan, der als einzige Zuwegung zu einem Wohngrundstück nur einen nicht befahrbaren Treppenweg festsetzt, braucht deshalb nicht gegen das Abwägungsgebot zu verstoßen.[46] Zum bundesrechtlichen Begriff der gesicherten Erschließung gehört ihre Sicherung in rechtlicher und tatsächlicher Hinsicht. Die Erschließung muss auf Dauer zur Verfügung stehen.[47]

3720 Einer besonderen rechtlichen Sicherung bedarf es nur dann nicht, wenn das Baugrundstück eine unmittelbare Zufahrt zum öffentlichen Wegenetz besitzt. Fehlt diese, muss die Zugänglichkeit abgesichert werden. Aus der Notwendigkeit, die Erschließung auf Dauer zu sichern, folgt, dass eine rein schuldrechtliche Vereinbarung des Bauherrn mit einem privaten Nachbarn nicht ausreicht.[48] Dagegen bestehen aus bundesrechtlicher Sicht keine Bedenken, eine gesicherte Zufahrt nicht nur anzunehmen, wenn die Zufahrt zum öffentlichen Straßennetz öffentlich-rechtlich, zB durch Baulast, gesichert ist.[49] Eine Erschließung ist nicht gesichert, wenn die Gemeinde eigene Maßnahmen zu Recht ablehnt und sie gegenüber demjenigen, der die Erschließung durchführen will, rechtlich nicht verpflichtet ist.[50] Die Erschließung ist im Ausnahmefall auch dann als gesichert anzusehen, wenn die vorhandene, im gemeindlichen Eigentum stehende Zuwegung, die zwar weder durch öffentliche Widmung noch durch beschränkt dingliches Recht gesichert ist, dem allgemeinen Verkehr tatsächlich zur Verfügung steht und die Gemeinde auf Dauer rechtlich gehindert ist, den Anliegerverkehr zu dem Baugrundstück zu untersagen. In Betracht kommen kann insoweit etwa der allgemeine Gleichbehandlungsgrundsatz (Art. 3 I GG), wenn der Weg zB auch dem Zugang zu anderen ähnlich bebauten und genutzten Grundstücken dient.[51]

3721 Die Anforderungen an die Erschließung richten sich nach den konkreten Anforderungen des jeweiligen Vorhabens, nicht nach der Variationsbreite des Baugebiets, in dem das Vorhaben verwirklicht werden soll.[52]

---

[43] VGH München Beschl. v. 23.2.2023 – 9 ZB 22.2606, juris Rn. 15; Urt. v. 18.1.2022 – 1 B 19.1616, juris Rn. 26; BVerwG Beschl. v. 30.9.2005 – 7 B 54.05, juris; NVwZ 2000, 71; NVwZ 1994, 299.

[44] VGH München Urt. v. 18.1.2022 – 1 B 19.1616, juris Rn. 26, 27; siehe auch OVG Münster Beschl. v. 24.10.2022 – 10 B 1031/22, juris Rn. 4, wonach für eine Erschließung nach den Richtlinien für die Anlage von Stadtstraßen (RASt 06) eine Breite von 4,50 m für Wohnwege vorgesehen sei, die eine Begegnung von Rad und Pkw ermöglichen sollen, wonach jedoch auch eine geringere Breite dadurch – etwa wenn nur wenige Wohneinheiten erschlossen werden sollen – nicht ausgeschlossen sei.

[45] BVerwG ZfBR 1992, 147.

[46] BVerwG DVBl. 1992, 577.

[47] OVG Saarlouis BRS 90 Nr. 81 (2022) = juris Rn. 23.

[48] OVG Saarlouis BRS 90 Nr. 81 (2022) = juris Rn. 23.

[49] BVerwG BRS 57 Nr. 104 (1995). Di Fabio BauR 1990, 25

[50] BVerwG Beschl. v. 11.1.1988 – 4 B 258.87, juris.

[51] BVerwG Urt. v. 31.10.1990 – 4 C 45/88, juris Rn. 19; VG Würzburg Urt. v. 3.11.2022 – W 4 K 20.786, juris Rn. 90.

[52] Zum Anspruch eines Bauherrn auf ausreichende Löschwasserversorgung durch die Gemeinde Parzefall KommPraxis 2009, 162.

Beispiel: Ein in einem Mischgebiet gelegenes Grundstück ist – vorbehaltlich besonderer Festsetzungen im Bebauungsplan – erschlossen iS von § 131 I 1 BauGB, wenn die für eine Wohnnutzung ausreichende Möglichkeit gegeben ist, mit Personen- und Versorgungsfahrzeugen an das Grundstück heranzufahren und es von dort aus zu betreten. Der ein Erschlossensein begründende Erschließungsvorteil verlangt nicht, dass die Erschließungsanlage dem Mischgebietsgrundstück eine Bebaubarkeit für alle nach § 6 II BauNVO zulässigen Nutzungen ermöglicht. Ein Erschließungsvorteil liegt vielmehr darin, dass auf dem Grundstück überhaupt eine der nach § 6 II BauNVO zulässigen Nutzungen genehmigt werden müsste. Unerheblich ist, welche Nutzung auf dem Grundstück tatsächlich bereits verwirklicht ist.[53]

Beispiel: Die für die wegemäßige Erschließung eines Wohngrundstücks nach § 131 I BauGB erforderliche Möglichkeit, mit Personen- und Versorgungsfahrzeugen über die Erschließungsstraße bis zur Höhe des Anliegergrundstücks zu fahren und dieses von da ab ggf. über einen Gehweg und/oder Radweg zu betreten, muss nicht zu jeder beliebigen Zeit völlig reibungslos und ohne jegliche Behinderung durch andere Verkehrsteilnehmer gewährleistet sein.[54]

Eine hinreichende Sicherung der Erschließung ist zwar im Ausnahmefall auch dann gegeben, wenn eine vorhandene Zuwegung zwar weder durch eine öffentliche Widmung noch ein beschränktes dingliches Recht gesichert ist, sie dem allgemeinen Verkehr aber **tatsächlich zur Verfügung** steht und die Gemeinde auf Dauer rechtlich gehindert ist, den Anliegerverkehr zu dem Baugrundstück zu untersagen.[55] Dieser Ausnahmefall setzt jedoch voraus, dass die betroffenen Grundstücke im Eigentum der Gemeinde stehen und es daher überhaupt auf deren Untersagungsmöglichkeit ankommt.[56] 3722

Ein **Anspruch auf Erschließung** besteht grundsätzlich nicht. Ebenso wenig besteht ein Anspruch auf Aufstellung von Bauleitplänen oder städtebaulichen Satzungen (§ 1 III 2 BauGB). Allerdings kann sich die allgemeine, im öffentlichen Interesse bestehende **Erschließungslast** der Gemeinde zu einer **Pflicht** verdichten. Hat die Gemeinde einen Bebauungsplan erlassen, kann sie sich einem den gesetzlichen Vorschriften entsprechenden Erschließungsangebot eines Dritten nicht entziehen, ohne selbst erschließungspflichtig zu werden (§ 124 BauGB).[57] Der Dritte hat dann einen Anspruch darauf, dass die Gemeinde ein zumutbares Angebot nicht grundlos ablehnt. Auch das Zusammentreffen von qualifizierter Bebauungsplanung und Ablehnung eines Erschließungsangebots der Interessenten kann eine Verdichtung der gemeindlichen Erschließungslast ergeben.[58] Die gemeindliche Erschließungsaufgabe verdichtet sich nach Treu und Glauben zu einer Erschließungspflicht, wenn sich die Gemeinde nach Erlass eines qualifizierten Bebauungsplans entschließt, den Plan zwar nicht aufzugeben, aber von der Durchführung der Erschließung abzusehen. Dem steht es gleich, wenn sie unter diesen Voraussetzungen die Durchführung der Erschließung ungebührlich verzögert. Eine Gemeinde, die einen qualifizierten Bebauungsplan erlassen hat, dann jedoch erkennen muss, aus wirtschaftlichen Gründen zur Erschließung außer Stande zu sein, kann ein Angebot der Erschließung durch die Betroffenen, dessen Annahme weder aus sachlichen noch persönlichen Gründen unzumutbar ist, nicht ablehnen, ohne dadurch selbst erschließungspflichtig zu werden.[59] Ein Bauvorhaben ist auch dann wegen fehlender Erschließung nicht genehmigungsfähig, wenn die Gemeinde zwar von vornherein den Abschluss eines Erschließungsvertrages ablehnt, der Bauherr sich jedoch darauf 3723

---

53 BVerwG NVwZ 2007, 81; Grziwotz ZfIR 2007, 146; BVerwG NVwZ 1991, 1090.

54 OVG Koblenz NVwZ 2011, 1343; BVerwGE 88, 70.

55 BVerwG NVwZ 1991, 1076.

56 OVG Magdeburg BauR 2006, 1943; weitere Einzelfälle: OVG Lüneburg BauR 2007, 758: Eine 100 m lange und ca. 7 m breite Stichstraße kann auch ohne Wendehammer in einem gewerblich genutzten Bereich eine ausreichende Erschließung sicherstellen; OVG Lüneburg, Urt. v. 16.10.2007 – 9 LC 54/05, juris zur Einordnung eines in eine öffentliche Straße einmündenden Privatweges als selbstständige Erschließungsanlage; BVerwG NVwZ 1999, 997; OVG Lüneburg DVBl. 2007, 1050; BVerwG NVwZ-RR 2001, 180; NVwZ 1999, 997.

57 BVerwGE 92, 8; VGH München, Urt. v. 22.10.1997 – 8 B 96.1820, juris; siehe auch OVG Münster Beschl. v. 30.5.2022 – 10 A 1160/21, juris Rn. 1 ff., wonach mit der zivilrechtlichen Einräumung eines Wegerechts nicht zwingend eine Verpflichtung der Eigentümer des Vorhabengrundstücks und ihrer Rechtsnachfolger einhergeht, einen etwaigen Erschließungsanspruch gegenüber der Gemeinde auch geltend zu machen, damit das zivilrechtlich eingeräumte Wegerecht wieder gelöscht werden kann.

58 BVerwGE 82, 8.

59 BVerwG NVwZ 1992, 1091; Schrader BWGZ 2008, 228.

beschränkt, Vertragsverhandlungen anzubieten, und kein Erschließungsangebot macht, das auf seine Zumutbarkeit für die Gemeinde überprüft werden kann.[60] Um im Anwendungsbereich des § 30 BauGB den Nachweis zu führen, dass die Erschließung gesichert ist, kommt es nicht darauf an, dass die Gemeinde bereits Erschließungsmaßnahmen ergriffen oder der Bauinteressent die Erschließungsaufgabe vertraglich übernommen hat. Vielmehr genügt es, dass der Gemeinde ein zumutbares Erschließungsangebot vorgelegen hat. Ein solches Angebot hat eine Ersetzungsfunktion. Schon mit seiner Hilfe kann sich der Bauherr die Möglichkeit verschaffen, das Genehmigungshindernis der fehlenden Erschließung zu überwinden. Das Angebot muss so konkret sein, dass es auf seine Eignung überprüft werden kann und die gleiche Gewähr der Verlässlichkeit bietet, wie wenn das Baugrundstück bereits erschlossen wäre. Das gilt auch, wenn die Gemeinde sich so unnachgiebig zeigt, dass Vertragsverhandlungen keinen Erfolg versprechen. Vom Grad der Kooperationsbereitschaft der Gemeinde hängt allenfalls ab, welchen Substantiierungsanforderungen das Angebot gerecht werden muss. Lässt die Gemeinde keinen Zweifel daran aufkommen, dass sie bereit ist, aktiv am Zustandekommen eines Erschließungsvertrages mitzuwirken, so hat der Bauinteressent seinerseits durch ein entsprechend detailliertes Angebot eine möglichst breite Verhandlungsgrundlage als Voraussetzung dafür zu schaffen, dass eine Übereinstimmung in sämtlichen Fragen erzielt werden kann, die einer Regelung bedürfen. Verharrt die Gemeinde dagegen in einem Zustand der Passivität, so kann es der Bauherr im Allgemeinen damit bewenden lassen, ihr ein Angebot zu unterbreiten, durch das sie in die Lage versetzt wird, sich über den Umfang seiner Leistungsbereitschaft ein Urteil zu bilden. Unabhängig von der fehlenden ordnungsgemäßen Herstellung der Straße hat ein Dritter grundsätzlich keinen Rechtsanspruch auf die Widmung der Straße durch die Gemeinde.[61] Auch scheidet eine Verdichtung der allgemeinen Erschließungslast der Gemeinde zu einer Erschließungspflicht mit einem entsprechenden Anspruch des Bauherrn auf Erschließung unter dem Gesichtspunkt einer ohne gesicherte Erschließung erteilten Baugenehmigung aus, wenn der Bauherr durch eigenes Verhalten für das Entstehen der unzuträglichen Erschließungssituation mitgewirkt hat.[62]

3. Rücksichtnahmegebot

3724 Einschränkungen der planungsrechtlichen Zulässigkeit von Vorhaben im Geltungsbereich eines Bebauungsplans ergeben sich aus dem Gebot der nachbarlichen Rücksichtnahme.[63] Das Gebot der Rücksichtnahme ist ein objektiv-rechtliches Gebot, das zur allgemeinen Rücksichtnahme verpflichtet. Drittschutz vermittelt es, wenn im Einzelfall in qualifizierter und zugleich individualisierter Weise auf schutzwürdige Interessen eines erkennbar abgegrenzten Kreises Dritter Rücksicht zu nehmen ist. Verletzt ist das Gebot der Rücksichtnahme, wenn die Abwägung der Schutzwürdigkeit des betroffenen Dritten, die Intensität der Beeinträchtigung, die Interessen des Bauherrn und das, was beiden Seiten billigerweise zumutbar oder unzumutbar ist, ergibt, dass das Bauvorhaben für den Dritten unzumutbar ist. Der Dritte kann umso mehr an Rücksichtnahme verlangen, je empfindlicher seine Stellung durch eine Nutzung berührt werden kann. Umgekehrt braucht derjenige, der das Bauvorhaben realisieren will, umso weniger Rücksicht zu nehmen, je verständlicher und unabweisbarer die von ihm verfolgten Interessen sind. Maßgeblich ist, was einerseits dem Rücksichtnahmebegünstigten und andererseits dem Rücksichtnahmeverpflichteten nach Lage der Dinge zuzumuten ist. Bei der danach gebotenen Interessenabwägung können ua die topografischen Verhältnisse, die Lage der Grundstücke zueinander, die Größe der Grundstücke sowie die Schutzbedürftigkeit und Schutzwürdigkeit bestehender Nutzungen von Bedeutung sein.[64]

3725 Nach § 15 I 2 BauNVO sind die in den §§ 2 bis 14 BauNVO aufgeführten baulichen Anlagen trotz Übereinstimmung mit den konkreten planerischen Festsetzungen unzulässig, wenn

[60] BVerwG NVwZ 1993, 1101.

[61] VGH München KommunalPraxis BY 2007, 424 zur Verdichtung der Erschließungslast zu einer Erschließungspflicht der Gemeinde; VGH München BayVBl 2003, 337, BayVBl 2003, 526.

[62] BVerwG BRS 75 Nr. 5 (1986-2010); NVwZ 1988, 355.

[63] Zum Gebot der Rücksichtnahme nach § 15 I 2 BauNVO Pützenbacher in Bönker/Bischopink, BauNVO, 2024, § 15 Rn. 82 ff; Fickert/Fieseler BauNVO, 2023, § 15 Rn. 34 ff.

[64] VG Gelsenkirchen Beschl. v. 12.1.2024 – 5 L 1852/23, juris Rn. 12; BVerwG Urt. v. 5.8.1983 – 4 C 96.79, juris; Urt. v. 23.8.1996 – 4 C 13.94, juris; OVG Münster Urt. v. 17.2.2009 – 10 A 568/07, juris; OVG t Berlin-Brandenburg Beschl. v. 27.1.2012 – OVG 2 S 50.10, juris Rn. 12.

von ihnen Belästigungen oder Störungen ausgehen können, die nach der Eigenart des Baugebiets im Baugebiet selbst oder in dessen Umgebung unzumutbar sind, oder wenn sie solchen Belästigungen oder Störungen ausgesetzt werden. § 15 I BauNVO stellt sich im überplanten Bereich als eine besondere Ausprägung des Rücksichtnahmegebots dar,[65] das gewährleisten soll, spannungs- und störungsbegründende Nutzungen einander so zuzuordnen, dass Konflikte möglichst vermieden werden.[66] Welche Anforderungen sich hieraus im Einzelnen ergeben, hängt maßgeblich davon ab, was dem Rücksichtnahmebegünstigten einerseits und dem Rücksichtnahmeverpflichteten andererseits nach Lage der Dinge zuzumuten ist.[67] Dies beurteilt sich nach der jeweiligen Situation der benachbarten Grundstücke. Ist die Grundstücksnutzung aufgrund der konkreten Gegebenheiten mit einer spezifischen gegenseitigen Pflicht zur Rücksichtnahme belastet, so führt dies nicht nur zu einer Pflichtigkeit desjenigen, der Immissionen verursacht, sondern auch desjenigen, der sich den Wirkungen solcher Immissionen aussetzt.[68] So gesehen stellt sich § 15 I 2 BauNVO ebenso wie die übrigen Tatbestandsalternativen des § 15 I BauNVO als eine zulässige Bestimmung des Eigentumsinhalts iS des Art. 14 I 2 GG dar. Soweit er in Einzelfällen die Folge nach sich zieht, dass ein planungsrechtlich an sich zulässiges Vorhaben nicht ausgeführt werden darf, folgt er einem Regelungsmuster, das auch sonst für § 15 I BauNVO charakteristisch ist.[69]

Welches Maß an Rücksichtnahme sich für die Nachbarn ergibt, ist im Übrigen eine Frage 3726
der **Einzelfallbewertung**. Aus der Lage in einem Wohngebiet etwa folgt nicht ohne weiteres, dass Immissionen, die für ein solches Gebiet untypisch sein mögen, unzumutbar iS des § 15 I 2 BauNVO sind.[70] Allerdings spielt die Gebietsart bei der Beurteilung der Zumutbarkeit eine Rolle. Die Zuordnung zu einer der in den §§ 2 bis 11 BauNVO genannten Gebietskategorien gibt aber nicht allein den Ausschlag dafür, ob bestimmte, für die jeweilige Gebietskategorie untypische Immissionen „nach der Eigenart des Baugebiets" in diesem unzumutbar sind. Nach § 15 I 2 BauNVO sind bei der Beurteilung der Zumutbarkeit auch etwaige Besonderheiten zu berücksichtigen, die sich aus der spezifischen Eigenart oder der Umgebung des Baugebiets ergeben. Auf diese Weise wird dem Umstand Rechnung getragen, dass Baugebiete hinsichtlich ihrer inneren Struktur und ihrer äußeren Rahmenbedingungen in eine jeweils verschiedene örtliche Situation hineingeplant werden.[71]

Beispiel: Liegt das Baugrundstück in einem allgemeinen Wohngebiet, in dem die Gemeinde die Errichtung von Gewerbebetrieben nicht ausgeschlossen hat, oder in der Nachbarschaft eines Gebiets, in dem dem Schutz des Wohnens ein geringerer Stellenwert zukommt, so ist der Eigentümer situationsbedingt nicht in demselben Maße schutzwürdig, wie er es in einem gegen gewerbliche Nutzungen vollständig abgeschirmten Gebiet wäre. Ein solches baurechtlich zulässiges Nebeneinander von Wohnen und gewerblicher Betätigung schlägt sich auch bei der Festlegung der Zumutbarkeitsgrenze in der Bildung eines Mittelwerts nieder.[72] Auch faktische Vorbelastungen können dazu führen, dass die Pflicht zur gegenseitigen Rücksichtnahme sich vermindert und Beeinträchtigungen in weiter gehendem Maße zumutbar sind, als sie sonst in dem betreffenden Baugebiet hinzunehmen wären.[73]

§ 15 I 2 BauNVO schützt auch **Wohnnutzungen** auf dem Grundstück, auf dem Anlagen 3727
betrieben werden, vor unzumutbaren Belästigungen oder Störungen, die von dieser ausgehen. Dabei ist grundsätzlich auf die Auswirkungen abzustellen, die sich bei antragsgemäßer Errichtung ergeben. Ist allerdings erkennbar, dass der Antrag nur vorgeschoben ist und in Wahrheit andere Bau- und Nutzungsabsichten bestehen, ist auf diese abzustellen.[74]

Der Nachbar, der sich gegen hoheitliche Immissionen zur Wehr setzt, kann allerdings ledig- 3728
lich beanspruchen, vor schädlichen Umwelteinwirkungen bewahrt zu bleiben. § 22 I BImSchG bietet ebenso wenig wie § 15 I BauNVO oder § 906 I BGB eine Handhabe dafür, Geräusch-

65 BVerwGE 67, 334.
66 BVerwG DVBl. 1981, 928.
67 BVerwG NJW 1978, 62.
68 BVerwG NJW 1977, 1932; NVwZ 1984, 511.
69 BVerwG NJW 1996, 1769.
70 BVerwG.
71 BVerwG NJW 1984, 1775; Beschl. v. 16.8.1989 – 4 B 242.88, juris.
72 BVerwG NJW 1977, 1932; NVwZ 1984, 646; UPR 1985, 29.
73 BVerwG NVwZ-RR 1994, 139; NJW 1996, 1769.
74 OVG Magdeburg BauR 2006, 2107.

immissionen unterhalb der Schwelle der Erheblichkeit abzuwehren, selbst wenn nach dem Stand der Technik Lärmminderungsmaßnahmen möglich wären oder sich die Beeinträchtigung dadurch gänzlich vermeiden ließe, dass für die Anlage ein anderer Standort gewählt würde.[75]

3729 Umgekehrt verletzt eine heranrückende Wohnbebauung einem bestehenden emittierenden Betrieb gegenüber das Gebot der Rücksichtnahme, wenn ihr Hinzutreten die rechtlichen Rahmenbedingungen, unter denen der Betrieb arbeiten muss, gegenüber der vorher gegebenen Lage verschlechtert. Das ist dann der Fall, wenn der Betrieb durch die hinzutretende Bebauung mit nachträglichen Auflagen rechnen muss. Maßgeblich ist, ob die neuen Nachbarn mit Erfolg Nachbarrechte für sich reklamieren könnten. Die bloße Besorgnis, die Nachbarn könnten sich ohne rechtlichen Grund gegen die bestehende landwirtschaftliche Nutzung wenden und die Lage des landwirtschaftlichen Betriebs faktisch erschweren, ist rechtlich unbeachtlich.[76]

4. Nachbarschutz

3730 § 30 BauGB vermittelt für sich genommen keinen Nachbarschutz.[77] Festsetzungen eines Bebauungsplans können nachbarschützenden Charakter haben.[78] Dies gilt vor allem hinsichtlich der Art und des Maßes der baulichen Nutzung. Hinsichtlich der Art der baulichen Nutzung kann im Einzelfall sogar ein abstrakter Nachbarschutz in dem Sinne gewährt werden, dass eine konkrete eigene Betroffenheit des Nachbarn nicht erforderlich ist. Nachbarschutz kann vor allem dann gegeben sein, wenn das Gebiet aufgrund des genehmigten Vorhabens oder seiner Vorbildwirkung „umkippt".[79] Ob Festsetzungen eines Bebauungsplans über das Maß der baulichen Nutzung und über die überbaubaren Grundstücksflächen drittschützende sind, hängt im beplanten Bereich vom **Willen der Gemeinde** als Planungsträger ab.[80] In den durch Bebauungsplan festgesetzten Baugebieten kann der Nachbarschutz auf Wahrung des Gebietscharakters gerichtet sein.[81]

3731 Im **Mischgebiet** kann sich der Nachbarschutz auf Wahrung des Mischungsverhältnisses richten. Dies hat das BVerwG am Beispiel eines faktischen Mischgebietes verdeutlicht. Denn in Fällen eines faktischen Mischgebietes gelten keine anderen Anforderungen an die gebotene Durchmischung als bei einer unmittelbaren Anwendung des § 6 BauNVO. Entspricht daher die Umgebung einem Mischgebiet, so beurteilt sich die planungsrechtliche Zulässigkeit von Vorhaben der Art nach über § 34 II BauGB nach § 6 BauNVO. Auch in einem solchen faktischen Mischgebiet muss ein entsprechendes Mischungsverhältnis vorhanden sein und durch neue Vorhaben gewahrt werden. § 34 II BauGB hat dabei grundsätzlich nachbarschützende Qualität, soweit sie in dem jeweiligen Baugebiet der BauNVO gegeben ist.[82] Der Nachbar kann sich allerdings nicht auf einen Gebietswahrungsanspruch berufen, wenn die Eigenart der näheren Umgebung des Vorhabengrundstücks nicht einem der in der BauNVO bezeichneten Baugebiete entspricht, sondern sich als **Gemengelage** darstellt, in die sich das Vorhaben nach der Art der baulichen Nutzung einfügt.[83]

3732 Der Nachbar hat daher auf die Bewahrung der Gebietsart einen **Gebietserhaltungsanspruch**, der über das Rücksichtnahmegebot hinausgeht.[84] Danach haben die Eigentümer von

[75] BVerwG NVwZ 1996, 1001.

[76] OVG Münster Beschl. v. 15.12.2023 – 10 B 645/23, juris Rn. 9; OVG Lüneburg BauR 2022, 1753 = juris Rn. 12; RdL 2018, 318 = juris Rn. 23; VGH München Beschl. v. 11.10.2022 -15 ZB 22.867, juris Rn. 25; OVG Magdeburg Urt. v. 12.8.2021 – 2 K 129/19, juris Rn. 59; OVG Münster Urt. v. 19.6.2020 – 2 A 211/17, juris Rn. 98.

[77] Mitschang in BKL, BauGB, 2022, § 30 Rn. 31; Kment in Jarass/Kment, BauGB, 2022, § 30 Rn. 26; zu Drittschutzfragen bei Bebauungsplanfestsetzungen siehe Fricke/Menges NVwZ 2024, 200.

[78] BVerwG Urt. v. 13.12.2016 –4 B 29.16, BeckRS 2016, 110566; Jeromin in Kröninger/Jeromin, BauGB/BauNVO, 2024, § 30 BauGB Rn. 19; Fricke/Menges NVwZ 2024, 200.

[79] Kment in Jarass/Kment, BauGB, 2022, § 30 Rn. 26; BVerwG NJW 1974, 811 (813); NJW 1994, 1546 (1547); ZfBR 2013, 783 Rn. 4

[80] BVerwG UPR 1996, 73.

[81] OVG Münster Beschl. v. 31.1.2024 – 10 B 1456/23, juris Rn. 16; Beschl. v. 6.8.2019 – 7 A 2748/18, juris Rn. 6.

[82] BVerwG NJW 1994, 1546; siehe auch OVG Münster Beschl. v. 17.11.2021 – 10 B 1663/21, juris Rn. 8.

[83] OVG Münster Beschl. v. 17.12.2021 – 10 B 1737/21, juris Rn. 2.

[84] Fricke/Menges NVwZ 2024, 200; Ramsauer JuS 2020, 385.

Grundstücken in einem durch Bebauungsplan festgesetzten Baugebiet das Recht, sich unabhängig von einer individuellen Betroffenheit gegen Vorhaben zur Wehr zu setzen, die der Gebietsart widersprechen. Weil und, soweit der Eigentümer eines Grundstücks in dessen Ausnutzung öffentlich-rechtlichen Beschränkungen unterworfen ist, kann er deren Beachtung grundsätzlich auch im Verhältnis zum Nachbarn durchsetzen.[85]

Der Nachbarschutz aus der Festsetzung eines Baugebiets geht weiter als der Schutz aus dem Rücksichtnahmegebot in § 15 I BauNVO. Dieser setzt voraus, dass der Nachbar in unzumutbarer Weise konkret in schutzwürdigen Interessen betroffen wird. Auf die Bewahrung der Gebietsart hat der Nachbar einen Anspruch jedoch auch dann, wenn das baugebietswidrige Vorhaben im jeweiligen Einzelfall noch nicht zu einer tatsächlich spürbaren und nachweisbaren Beeinträchtigung des Nachbarn führt.[86] **3733**

Aus dem sanierungsrechtlichen Genehmigungserfordernis in § 144 I BauGB kann demgegenüber kein Nachbarschutz abgeleitet werden.[87] Auch gewährt das Sondereigentum nach dem WEG keine öffentlich-rechtlichen Nachbarschutzansprüche innerhalb der Gemeinschaft der Miteigentümer. Dies gilt auch gegenüber Störungen, die bei der baulichen Nutzung des gemeinschaftlichen Grundstücks von einem außenstehenden Dritten verursacht werden.[88] Der Gebietserhaltungsanspruch steht grundsätzlich nur Nutzern in demselben Baugebiet zu. Nachbarn außerhalb des Geltungsbereichs einer solchen Gebietsfestsetzung in einem Bebauungsplan können sich gestützt auf das in § 15 I 2 BauNVO geregelte Rücksichtnahmegebot vor unzumutbaren Beeinträchtigungen schützen.[89] **3734**

Ein Nachbar kann kraft seines Gebietserhaltungsanspruchs auch die Wahrung des in § 31 BauGB und in der BauNVO angelegten Regel-Ausnahmeverhältnisses verlangen. Denn er hat einen Anspruch darauf, dass die regelhaft zulässigen Nutzungsarten ihr prägende Wirkung behalten und keine Gemengelage oder ein anderes Baugebiet entsteht.[90] **3735**

Festsetzungen des **Maßes der baulichen Nutzung** durch Bebauungspläne haben allerdings – anders als die Festsetzung von Baugebieten[91] – kraft Bundesrechts grundsätzlich keine abstrakt nachbarschützende Funktion.[92] Es muss vielmehr eine konkrete Beeinträchtigung nachbarlicher Belange hinzukommen. Die Erwägungen, die das BVerwG veranlasst haben, den Festsetzungen eines Bebauungsplans über die Art der baulichen Nutzung nachbarschützende Funktion unabhängig davon zuzusprechen, ob der Nachbar durch ein baugebietswidriges Vorhaben tatsächlich spürbar beeinträchtigt wird,[93] lassen sich nicht in gleicher Weise auf die Festsetzungen über das Maß der baulichen Nutzung übertragen. Zwar gilt auch insoweit, dass der Nachbarschutz auf dem Gedanken des wechselseitigen Austauschverhältnisses beruht. Der Grundstückseigentümer kann deshalb grundsätzlich die Beachtung öffentlich-rechtlicher Baubeschränkungen auch im Verhältnis zum Nachbarn durchsetzen, weil und soweit er selbst in der Ausnutzung seines Grundstücks solchen Beschränkungen unterworfen ist. Allerdings werden die Planbetroffenen durch die Maßfestsetzungen eines Bebauungsplans nicht in gleicher Weise zu einer „Schicksalsgemeinschaft" verbunden, wie das für die Festsetzung der Art der Nutzung anzunehmen ist. Das gilt vor allem für die Frage, ob der Nachbarschutz eine spürbare Beeinträchtigung im jeweiligen Einzelfall voraussetzt. Das hat das BVerwG für eine baugebietsfremde Nutzungsart deshalb grundsätzlich verneint, weil durch das baugebietswidrige Vorhaben, das zwar für sich gesehen noch nicht zu einer tatsächlich spürbaren und nachweisbaren Beeinträchtigung des Nachbarn führen mag, gleichwohl typischerweise eine „schleichende" Verfremdung des Gebiets eingeleitet wird. Eine solche später nur schwer korrigierbare Entwicklung soll der Nachbar, der sich seinerseits an die Art der vorgeschriebenen Nutzung halten muss, rechtzeitig verhindern können.[94] Mit dieser Situation sind Abweichungen von den Festsetzungen über das Maß der baulichen Nutzung nicht vergleichbar. Sie lassen in aller Regel **3736**

[85] BVerwG NVwZ 1989, 1163; Fricke/Menges NVwZ 2024, 200.

[86] BVerwG NVwZ 2022, 1384 (1385); Fricke/Menges NVwZ 2024, 200 (201).

[87] BVerwG NVwZ 1997, 991.

[88] BVerwG DVBl. 1998, 893.

[89] Spannowsky in BeckOK BauNVO, 2024 § 1 Rn. 146; Fricke/Menges NVwZ 2024, 200.

[90] BVerwG NVwZ 2022, 1383 (1385).

[91] BVerwG NJW 1994, 1546.

[92] BVerwG UPR 1995, 396; NVwZ 1996, 170 (171); NVwZ 2018, 1808 Rn. 14; BRS 87 Nr. 118 (2019); Reidt in BKL, BauGB 2022, § 29 Rn. 42.

[93] BVerwG NJW 1994, 1546.

[94] BVerwG UPR 1995, 396.

den Gebietscharakter unberührt und haben nur Auswirkungen auf das Baugrundstück und die unmittelbar anschließenden Nachbargrundstücke. Zum Schutz der Nachbarn ist daher das drittschützende Rücksichtnahmegebot des § 31 II BauGB[95] ausreichend, das eine Abwägung der nachbarlichen Interessen ermöglicht und den Nachbarn vor unzumutbaren Beeinträchtigungen schützt. Ein darüberhinausgehender, von einer realen Beeinträchtigung unabhängiger Anspruch des Nachbarn auf Einhaltung der Festsetzungen über das Maß der baulichen Nutzung kann dagegen dem Bundesrecht nicht entnommen werden.

3737 Ob Festsetzungen über das Maß der baulichen Nutzung auch darauf gerichtet sind, dem Schutz des Nachbarn zu dienen, hängt vom Willen der Gemeinde als Plangeberin ab. Wollte die Plangeberin die Planbetroffenen mit den Festsetzungen über das Maß der baulichen Nutzung in ein wechselseitiges nachbarliches Austauschverhältnis einbinden, sind diese Festsetzungen nachbarschützend. Dies gilt auch, wenn die Plangeberin die nachbarschützende Wirkung im Zeitpunkt der Planaufstellung nicht in ihren Willen aufgenommen hatte.[96]

3738 **Festsetzungen zur Bauweise** sind nachbarschützend, wenn in ihnen die wechselseitige Rücksichtnahmepflicht der Grundstückseigentümer zum Ausdruck kommt.[97] Seitliche und hintere **Baugrenzen** sind idR nachbarschützend, während die straßenseitigen Baugrenzen grundsätzlich städtebaulichen Charakter besitzen. Etwas anderes kann sich für den Nachbarschutz seitlicher oder hinterer Baugrenzen ergeben, wenn diese nach § 9 I Nr. 2a BauGB größere Abstände zu Nachbargrundstücken festsetzen als dies in den Landesbauordnungen vorgesehen ist.[98]

III. Vorhabenbezogener Bebauungsplan (§ 30 II BauGB)

3739 Im Geltungsbereich eines vorhabenbezogenen Bebauungsplans nach § 12 BauGB richtet sich die planungsrechtliche Zulässigkeit nach den verbindlichen Regelungen des Vorhaben- und Erschließungsplans, der Gegenstand eines Durchführungsvertrags ist.[99] Ein Vorhaben ist nach § 30 II BauGB planungsrechtlich zulässig, wenn es dem Bebauungsplan nicht widerspricht und die Erschließung gesichert ist. Die auf das BauROG 1998 zurückgehende Regelung versteht sich vor dem Hintergrund, dass der vorhabenbezogene Bebauungsplan, der auf der Grundlage eines Vorhaben- und Erschließungsplans erlassen wird, häufig nicht alle vorausgesetzten Merkmale eines qualifizierten Bebauungsplans nach § 30 I BauGB erfüllt. Durch § 30 II BauGB wird daher klargestellt, dass neben dem in § 12 BauGB geregelten vorhabenbezogenen Bebauungsplan nicht ergänzend auf die Vorschriften für den nicht beplanten Innenbereich (§ 34 BauGB) bzw. Außenbereich (§ 35 BauGB) zurückzugreifen ist. Im Geltungsbereich eines vorhabenbezogenen Bebauungsplans ist daher ein Vorhaben planungsrechtlich immer schon dann zulässig, wenn es diesem nicht widerspricht und die Erschließung gesichert ist. Vorhabenbezogener Bebauungsplan und qualifizierter Bebauungsplan werden daher hinsichtlich ihrer Rechtswirkungen gleichgestellt. Auch § 12 BauGB trägt dazu bei, dass der vorhabenbezogene Bebauungsplan dem Bebauungsplan nach § 30 I BauGB weitgehend gleichgestellt wird.

3740 Der Vorhaben- und Erschließungsplan ist gemäß § 12 III 1 BauGB Teil des vorhabenbezogenen Bebauungsplans und muss deshalb ausgefertigt werden. Wird der Vorhaben- und Erschließungsplan vom Ausfertigungsvermerk nicht umfasst, so genügt es für eine ordnungsgemäße Ausfertigung nicht, wenn er durch eine technisch leicht manipulierbare Verbindung mit ausgefertigten Bestandteilen verbunden ist.[100]

IV. Einfacher Bebauungsplan (§ 30 III BauGB)

3741 Im Geltungsbereich eines einfachen Bebauungsplans, der nicht die Merkmale eines qualifizierten Bebauungsplans nach § 30 I BauGB erfüllt, ist ein Vorhaben zulässig, wenn es den Festsetzungen des Plans nicht widerspricht. Im Übrigen sind die Vorschriften über den nicht be-

---

[95] BVerwG NVwZ 1987, 409; BVerwGE 82, 343 bei Verstoß gegen nicht nachbarschützende Vorschriften eines Bebauungsplans.

[96] BVerwG NVwZ 2018, 1808 = juris Rn. 14 f.

[97] Kment in Jarass/Kment, BauGB, 2022, § 30 Rn. 27.

[98] Kment in Jarass/Kment, BauGB, 2022, § 30 Rn. 27.

[99] VGH Mannheim Urt. v. 29.3.2023 – 5 S 1291/22, juris Rn. 61; NVwZ 2023, 1096 = juris Rn. 59; BVerwGE 157, 315.

[100] VGH Mannheim BauR 2023, 1469 = juris Rn. 61.

planten Innenbereich (§ 34 BauGB) oder den Außenbereich (§ 35 BauGB) anzuwenden, die neben die Festsetzungen des einfachen Bebauungsplans treten.

Beispiel: Ein hamburgischer Baustufenplan enthält regelhaft keine Festsetzung über eine rückwärtige Baugrenze für die (Haupt-)Gebäude. § 14 I BauPolV HA betrifft lediglich die Zulässigkeit sonstiger baulicher Anlagen (insbesondere Nebenanlagen) im rückwärtigen Grundstücksbereich. Die planungsrechtlich zulässige Bautiefe eines (Haupt-)Gebäudes beurteilt sich – ohne ausdrückliche anderweitige Normierung einer rückwärtigen Baugrenze – in seinem Anwendungsbereich nach § 34 I 1 BauGB.[101]

V. Ausnahmen und Befreiungen (§ 31 BauGB)

Widerspricht das Vorhaben den Festsetzungen des Bebauungsplans, so kann sich die pla- 3742
nungsrechtliche Zulässigkeit aus § 31 BauGB ergeben. Die Vorschrift unterscheidet Ausnahmen (§ 31 I BauGB) und Befreiungen (§ 31 II BauGB). Nach § 31 I BauGB können im Einvernehmen mit der Gemeinde von den Festsetzungen des Bebauungsplans solche Ausnahmen zugelassen werden, die in dem Bebauungsplan nach Art und Umfang vorgesehen sind. Unter den Voraussetzungen des § 31 II BauGB kann von den Festsetzungen des Bebauungsplans ebenfalls im Einvernehmen mit der Gemeinde Befreiung erteilt werden. Die Vorschrift dient vor allem der **Einzelfallgerechtigkeit** und will in einem gewissen Umfang Flexibilität in das Baugeschehen einbringen. Dies kann aus Gründen der Rechtssicherheit und Vorhersehbarkeit allerdings nur in bestimmten Grenzen geschehen. Anwendbar ist § 31 BauGB bei einfachen und qualifizierten Bebauungsplänen. Denn auch beim einfachen Bebauungsplan besteht das Bedürfnis, von den Festsetzungen des Bebauungsplans durch Ausnahmen und Befreiungen abweichen zu können. Abweichungsmöglichkeiten nach § 31 I und II BauGB bestehen auch bei formeller oder materieller Planreife nach § 33 I und II BauGB.[102] Ausnahmen sind im Bebauungsplan selbst oder bei der Beschreibung der Gebiete in der BauNVO vorgesehen und daher **planimmanent**. Befreiungen sind im Bebauungsplan nicht enthalten und daher **planextern.** § 31 I BauGB ist nicht aus sich heraus drittschützend.[103]

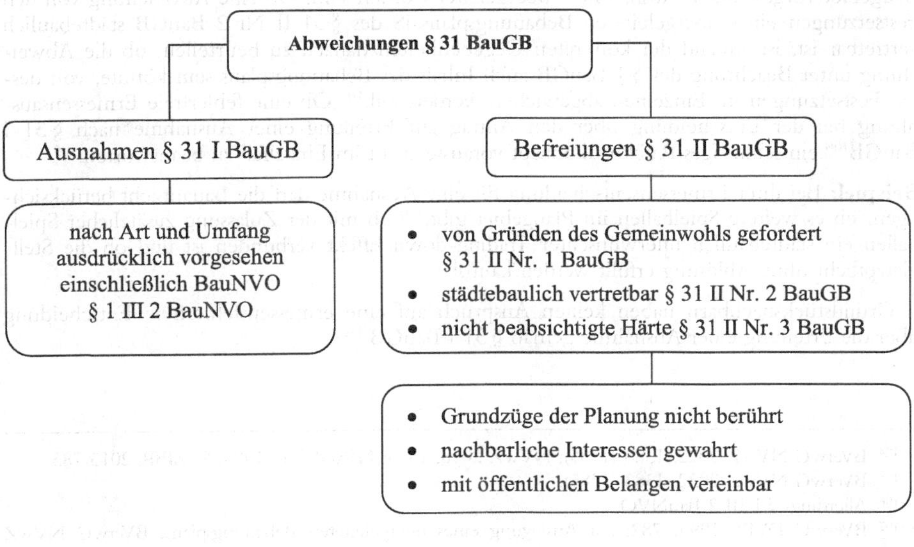

101 OVG Hamburg ZfBR 2012, 696.
102 Reidt in: BKL BauGB, 2022, § 31 Rn. 10.
103 BVerwG NVwZ 2022, 1383 (1385); NJW 1983, 1574.

3743 Bei einer Befreiung von einer nachbarschützenden Festsetzung des Bebauungsplans muss jeder Fehler bei der Anwendung des § 31 II BauGB zur Aufhebung der Baugenehmigung führen.[104] Die Erteilung einer Ausnahme nach § 31 I BauGB und die Erteilung einer Befreiung nach §31 II BauGB sind nach der Rechtsprechung des BVerwG insofern aber nicht vergleichbar. Die Ausnahme sei, so das BVerwG, planimmanent, es bestehe eine das Ermessen begrenzende Grundentscheidung für die ausnahmsweise Zulässigkeit; bei der Befreiung werde hingegen an die Stelle der festgesetzten eine konkrete andere bebauungsrechtliche Ordnung gesetzt und damit im Rahmen der Ermessensentscheidung ein anderer Interessensausgleich vorgenommen.[105]

1. Ausnahmen

3744 Von den Festsetzungen des Bebauungsplans können nach § 31 I BauGB solche Ausnahmen zugelassen werden, die in dem Bebauungsplan nach Art und Umfang ausdrücklich vorgesehen sind. Der Ausnahmevorbehalt muss sich aus dem Bebauungsplan ausdrücklich ergeben. Allerdings kann dies auch durch eine Bezugnahme auf die Regelungen der BauNVO geschehen, die mit der Festsetzung von Baugebieten Gegenstand des Bebauungsplans werden (§ 1 III 2 BauNVO). So werden die jeweiligen Ausnahmeregelungen der BauNVO zugleich auch Bestandteil des Bebauungsplans, wenn sie durch die Festsetzung eines Baugebietes in Bezug genommen werden. Will die Gemeinde diese Ausnahmemöglichkeiten ausschließen, muss sie dies nach § 1 VI BauNVO im Bebauungsplan eigens festlegen. Die Festsetzung von Ausnahmemöglichkeiten findet jedoch in dem jeweiligen **Gebietscharakter** ihre Grenzen. Wird das Regel-Ausnahme-Verhältnis des jeweiligen Baugebietes nicht mehr gewahrt und wird die Zweckbestimmung des Baugebietes grundlegend geändert, so sind die Festsetzungen des Bebauungsplans einschließlich der Ausnahmeregelungen unwirksam.

3745 Ausnahmen iS des § 31 I BauGB müssen als solche ausdrücklich im Bebauungsplan bestimmt[106] und vom planerischen Willen umfasst sein. Bei Inkrafttreten des BBauG bestehende baurechtliche Vorschriften und festgestellte städtebauliche Pläne mit verbindlichen Regelungen der in § 9 BBauG/BauGB bezeichneten Art können nicht in der Weise ausgelegt werden, dass sie mit ungeschriebenen Ausnahmen, etwa mit den in der BauNVO für das entsprechende Baugebiet vorgesehenen Ausnahmen, übergeleitet worden sind. Ob eine Abweichung von den Festsetzungen eines übergeleiteten Bebauungsplans iS des § 31 II Nr. 2 BauGB städtebaulich vertretbar ist, ist anhand der konkreten Gegebenheiten danach zu beurteilen, ob die Abweichung unter Beachtung des § 1 BauGB auch Inhalt des Bebauungsplans sein könnte, von dessen Festsetzungen im Einzelnen abgewichen werden soll.[107] Ob eine fehlerfreie Ermessensausübung bei der Entscheidung über den Antrag auf Erteilung einer Ausnahme nach § 31 I BauGB[108] ein schlüssiges Rückbaukonzept voraussetzt, ist im Einzelfall zu beantworten.[109]

Beispiel: Bei ihrer Ermessensentscheidung für eine Ausnahme darf die Bauaufsicht berücksichtigen, ob es weitere Spielhallen im Plangebiet gibt,[110] ob mit der Zulassung zusätzlicher Spielhallen ein städtebaulich unerwünschter Trading-down-Effekt verbunden ist und ob die Stellplatzpflicht ohne Ablösung erfüllt werden kann.[111]

3746 Grundstücksnachbarn haben keinen Anspruch auf eine ermessensfehlerfreie Entscheidung über die Erteilung einer Ausnahme gemäß § 31 I BauGB.[112]

---

104 BVerwG NVwZ 2022, 1383 (1385); NVwZ 2018, 1808; NVwZ-RR 1999, 8; ZfBR 2013 783.

105 BVerwG NVwZ 2022, 1383 (1385).

106 Allerdings § 1 III 2 BauNVO.

107 BVerwG DVBl. 1999, 782; zur Auslegung eines übergeleiteten Bebauungsplans, BVerwG NVwZ 1999, 984.

108 Zur Abweichung von Abstandsflächen VGH Mannheim NVwZ-RR 2008, 762.

109 BVerwG Beschl. v. 26.3.2008 – 4 B 23.08, juris.

110 VGH München Beschl. v.27.8.2008 – 15 ZB 08.758, BeckRS 2008, 28289.

111 VGH Kassel DÖV 2008, 736.

112 OVG Münster Beschl. v. 31.1.2024 – 10 B 1456/23, juris Rn. 19; BVerwG Urt. v. 29.3.2022 – 4 C 6.20, juris Rn. 19 ff.; OVG Münster Urt. v. 23.9.2019 – 10 A 1114/17, juris Rn. 43; Urt. v. 25.10.2010 – 7 A 1298/09, juris Rn. 100.

2. Befreiungen

Von den Festsetzungen des Bebauungsplans kann unter den Voraussetzungen des § 31 II BauGB befreit werden. Das Gesetz sieht einen solchen Dispens vor, wenn die Grundzüge der Planung nicht berührt werden und (1) Gründe des Wohls der Allgemeinheit einschließlich der Wohnbedürfnisse der Bevölkerung, des Bedarfs zur Unterbringung von Flüchtlingen oder Asylbegehrenden, des Bedarfs an Anlagen für soziale Zwecke und des Bedarfs an einem zügigen Ausbau der erneuerbaren Energien, die Befreiung erfordern, oder (2) die Abweichung städtebaulich vertretbar ist (3) oder die Durchführung des Bebauungsplans zu einer offenbar nicht beabsichtigten Härte führen würde und wenn die Abweichung auch unter Würdigung nachbarlicher Belange mit den öffentlichen Belangen vereinbar ist. 3747

Der Gesetzgeber wollte mit § 31 II BauGB die Möglichkeit eines praktischen Kompromisses eröffnen. Der Bebauungsplan hat den Charakter einer verbindlichen Rechtsnorm.[113] Aufgrund der vorhandenen bauplanerischen Festsetzungen besteht daher für das Baugenehmigungsverfahren im Grundsatz eine strikte Rechtsbindung. Diese Bindung entfällt in aller Regel erst dann, wenn der Plan in einem mit spezifischen Garantien versehenen Verfahren geändert worden ist. Auch von den Festsetzungen eines einfachen Bebauungsplanes, der keine Festsetzungen über die überbaubaren Grundstücksflächen oder die örtlichen Verkehrsflächen enthält, kann eine Befreiung erteilt werden. Die Erteilung einer Befreiung von den Festsetzungen eines Bebauungsplanes führt zu einer partiellen Unwirksamkeit dieser Festsetzungen, ohne dass dafür eine Planänderung erforderlich ist.[114] Eine Abweichung kommt in Betracht, wenn wegen besonderer Umstände der Zweck, der mit einer Vorschrift verfolgt wird, die Einhaltung der Norm nicht erfordert oder wenn deren Einhaltung aus objektiven Gründen außer Verhältnis zu der Beschränkung steht, die mit einer Versagung der Abweichung verbunden wäre, und das Gebot der nachbarlichen Rücksichtnahme eingehalten ist.[115] Für alle drei Fallgruppen des § 31 II BauGB kann eine Befreiung allerdings nicht schon erteilt werden, wenn die jeweiligen Voraussetzungen der Befreiungsgründe vorliegen; vielmehr dürfen die Grundzüge der Planung nicht berührt sein.[116] § 31 II BauGB setzt für die Erteilung einer Befreiung von den Festsetzungen eines Bebauungsplans ua voraus, dass die Abweichung auch unter Würdigung nachbarlicher Interessen mit den öffentlichen Belangen vereinbar ist. Dass die nachbarlichen Interessen nur gewahrt sein können, wenn die Eigentümer an das Bauvorhaben angrenzender Grundstücke nach den Vorgaben des Landesrechts benachrichtigt worden sind, ergibt sich aus § 31 II BauGB nicht. Erst recht ist die vorherige – förmliche – Nachbarbeteiligung kein Gesichtspunkt, der für die Frage einer Ermessensreduzierung auf null auf der Rechtsfolgeseite des § 31 II BauGB von Bedeutung ist. Eine Rolle spielen können hier allenfalls materielle Nachbarinteressen.[117] 3748

Liegen die Befreiungsvoraussetzungen vor, steht die Erteilung der Befreiung im **Ermessen** der Baugenehmigungsbehörde.[118] Liegen die Befreiungsvoraussetzungen vor, sind also die Grundzüge der Planung nicht berührt, ist die Befreiung mit öffentlichen Interessen auch unter Würdigung nachbarlicher Interessen vereinbar, dann dürft im Regelfall für eine ermessensfehlerfreie Versagung der Befreiung nur wenig Raum sein.[119] 3749

a) Grundzüge der Planung. Die Befreiung setzt voraus, dass die Grundzüge der Planung nicht berührt werden. Führt die Befreiung oder die von ihr ausgehende Vorbildwirkung zu einer Änderung der Grundzüge der Planung, kann dies nur durch eine förmliche Planänderung bewirkt werden (§ 1 III BauGB). Das schützt die Planungshoheit der Gemeinde gegen eine zu großzügige Praxis der Befreiung von Festsetzungen des Bebauungsplans durch die Baugenehmigungsbehörde.[120] Die Grundzüge der Planung ergeben sich aus der den Festsetzungen des Bebauungsplans zugrunde liegenden und in ihnen zum Ausdruck kommenden planeri- 3750

---

113 BVerfGE 70, 35 zum Bebauungsplan in Gesetzesform.

114 BVerwG Beschl. v. 30.3.2005 – 9 B 3.05, BeckRS 2005, 26410.

115 OVG Magdeburg Beschl. v. 28.1.2005 – 2 L 30/04, BeckRS 2005, 15282.

116 BVerwG Beschl. v. 24.9.2009 – 4 B 29.09 BeckRS 2009, 39915.

117 BVerwG ZfBR 2016, 156.

118 Jeronim in Kröninger/Jeronim, BauGB/BauNVO, 2024, § 31 Rn. 26.

119 Jeronim in Kröninger/Jeronim, BauGB/BauNVO, 2024, § 31 Rn. 26: „regelmäßig Ermessenreduzierung auf Null".

120 Jeromin in Kröninger/Jeromin, BauGB/BauNVO, 2024, § 31 Rn. 9.

schen Konzeption. Ob sie berührt werden, hängt von der jeweiligen Planungssituation ab. Entscheidend ist, ob die Abweichung dem planerischen Grundkonzept zuwiderläuft. Je tiefer die Befreiung in das Interessengeflecht der Planung eingreift, desto näher liegt der Schluss auf eine Änderung der Planungskonzeption, die nur im Wege der (Um-)Planung möglich ist.[121] Die Befreiung kann nicht als Vehikel dafür herhalten, die von der Gemeinde getroffene planerische Regelung beiseite zu schieben.[122]

3751 Zu den Grundzügen der Planung werden auch regelmäßig Sammelausgleichsmaßnahmen iS von § 1 a III BauGB iV mit § 9 I a BauGB gehören, sodass von diesen Festsetzungen keine Befreiung erteilt werden kann. Die durch das BauROG 1998 geänderte Fassung sollte im Wege der Befreiung nicht nur Randkorrekturen der Planung erfassen, sondern deutlich darüber hinausgehen, wenn städtebauliche Planungsvorstellungen gewahrt sind. Werden die Grundzüge der Planung nicht berührt, kann eine Befreiung auch dann erteilt werden, wenn sie sich nicht nur auf einen Einzelfall, sondern auf mehrere Fälle bezieht. Die Befreiung kann daher auch in mehreren vergleichbaren Fällen erfolgen. Die Anwendung der Befreiungsvorschrift setzt daher nicht voraus, dass ein atypischer Sachverhalt besteht.[123] Auch wird die Befreiung nicht dadurch ausgeschlossen, dass die Gründe, die für eine Befreiung streiten, für jedes oder für nahezu jedes Grundstück im Planbereich gegeben sind.[124] Die Grenze für mehrere Befreiungen ist jedoch dann erreicht, wenn es sich um so viele zu regelnde Fälle handelt, dass gem. § 1 III BauGB ein Planungsbedürfnis besteht und dadurch die Grundzüge der Planung betroffen werden. Die Erteilung einer Befreiung von den Festsetzungen eines Bebauungsplans setzt nicht voraus, dass der Baubewerber einen ausdrücklichen, gerade hierauf zielenden Antrag gestellt hat.[125] Vor diesem Hintergrund eröffnet § 31 II BauGB drei Befreiungstatbestände: Gründe des Wohls der Allgemeinheit, städtebauliche Vertretbarkeit und nicht beabsichtigte Härte.

Beispiel: Auch die Festsetzung von Grundstücksmindestgrößen in einem Ferienhausgebiet kann zu den Grundzügen der Planung gehören. Auch wenn eine Reihe von Grundstücken im Plangebiet das festgesetzte Mindestmaß nicht mehr erreicht, kann dies dazu führen, dass eine Befreiung nach § 31 II BauGB ausscheidet.[126] Eine Befreiung nach § 31 II BauGB darf auch nicht erteilt werden, wenn dadurch eine Vorbildwirkung ausgelöst wird. Dies gilt etwa für die Festsetzung einer Einzel- und Doppelhausbebauung mit einer „Zwei-Wohnungsklausel", die der Plangeber gezielt vornimmt, um ein Eindringen von Mehrfamilienhäusern in das Baugebiet zu verhindern. Ein ohne die erforderliche rechtmäßige Befreiung von dieser Festsetzung zugelassenes Vorhaben kann unabhängig von seinen konkreten Auswirkungen den Gebietswahrungsanspruch anderer Grundstückeigentümer im Baugebiet auf Aufrechterhaltung seiner typischen Prägung verletzen.[127]

3752 **b) Gründe des Gemeinwohls.** Nach § 31 II Nr. 1 BauGB kann befreit werden, wenn Gründe des Wohls der Allgemeinheit dies erfordern. Gründe des Wohls der Allgemeinheit, die gem. § 31 II BauGB eine Befreiung rechtfertigen können, erstrecken sich grundsätzlich auf alles, was als öffentlicher Belang oder öffentliches Interesse einzuordnen ist.[128] (Lediglich) beispielhaft führt der Gesetzgeber Wohnbedürfnisse der Bevölkerung, den Bedarf zur Unterbringung von Flüchtlingen oder Asylbegehrenden und den Bedarf an einem zügigen Ausbau der erneuerbaren Energien auf.[129]

---

121 BVerwG NVwZ 2018, 1808 = juris Rn. 4; BVerwGE 138, 166 Rn. 37.

122 BVerwG NVwZ 2018, 1808 = juris Rn. 4; BVerwG NVwZ 1999, 283.

123 BVerwG UPR 1990, 27.

124 BVerwG NVwZ 1990, 556.

125 BVerwG ZfBR 1990, 250.

126 OVG Lüneburg NVwZ-RR 2005, 697 zu Mindestgrundstücksgrößen im Ferienhausgebiet. Zu weiteren Einzelfällen: VGH München Beschl. v. 3.1.2007 – 1 CS 06.2905, BeckRS 2010, 45270 zum Nachbarschutz bei Befreiungen von nicht dem Nachbarschutz dienenden Festsetzungen; VGH München Urt. v. 22.5.2006 – 26 B 04.1947, BeckRS 2009, 40627 – zur drittschützenden Wirkung; VGH München Urt. v. 28.3.2006 – 14 B 05.3051, BeckRS 2009, 34438.

127 OVG Hamburg NVwZ-RR 2009, 715; BVerwG NVwZ 1999, 1110.

128 BVerwGE 138, 166; Bönker in HBG, Öffentliches Baurecht, 2024, § 8 Rn. 83.

129 Siehe dazu Bönker in HBG, Öffentliches Baurecht, 2024, § 8 Rn. 83; Zur Ergänzung des Hinweises auf die „Wohnbedürfnisse der Bevölkerung" Krautzberger/Stüer UPR 2021, 252 (255); zu Anlagen für Flüchtlinge und Asylbegehrende Bienek/Reidt BauR 2015, 422 ff.; Krautzberger/Stüer DVBl.. 2015, 1545 ff.

Gründe des öffentlichen Wohls erfordern eine Befreiung, wenn es zur Erfüllung oder Wahrnehmung öffentlicher Interessen oder Aufgaben vernünftigerweise geboten ist, mit Hilfe der Befreiung das Vorhaben am vorgesehenen Standort zu verwirklichen. Die Befreiung aus Gründen des Wohls der Allgemeinheit setzt ebenso wie die Befreiung bei städtebaulicher Vertretbarkeit oder wegen einer nicht beabsichtigten Härte voraus, dass sie „unter Würdigung der nachbarlichen Interessen mit den öffentlichen Belangen vereinbar ist."[130] Die Befreiungsvorschrift des § 31 II Nr. 1 BauGB setzt auch weiterhin voraus, dass Gründe des Wohls der Allgemeinheit die Befreiung erfordern und die Befreiung auch unter Würdigung nachbarlicher Interessen mit den öffentlichen Belangen vereinbar sein muss.[131] Gründe des Wohls der Allgemeinheit „erfordern" eine Befreiung dabei nicht erst dann, wenn den Belangen der Allgemeinheit auf keine andere Weise als durch eine Befreiung entsprochen werden könnte, sondern nach dem Sinn und Zweck der Vorschrift schon dann, wenn es zur Wahrnehmung des jeweiligen öffentlichen Interesses vernünftigerweise geboten ist, mit Hilfe der Befreiung das Vorhaben zu verwirklichen. Der Begriff der Erforderlichkeit ist damit weniger streng.[132] Die Befreiung muss nicht schlechthin das einzig denkbare Mittel für die Verwirklichung des jeweiligen öffentlichen Interesses sein. Dessen Erfüllung muss also nicht – anders ausgedrückt – mit der Erteilung der Befreiung „stehen und fallen". Auch dann, wenn andere Möglichkeiten zur Erfüllung des Interesses zur Verfügung stehen, kann eine Befreiung zur Wahrnehmung des öffentlichen Interesses vernünftigerweise geboten sein. Maßgebend sind die Umstände des Einzelfalles; dabei kann es auch auf Fragen der Zumutbarkeit und Wirtschaftlichkeit ankommen.[133] 3753

Eine Befreiung darf nicht aus Gründen erteilt werden, die sich in einer solchen Vielzahl gleich gelagerter und gleich zu behandelnder Fälle anführen ließen, dass die Festsetzung außer Kraft gesetzt würde. Von einer Festsetzung, die im Angesicht eines konkreten Falles erfolgt ist, darf nicht aus Gründen befreit werden, die bereits Gegenstand der Abwägung waren.[134] Das, was im Sinne von § 31 II Nr. 2 BauGB städtebaulich vertretbar ist, beurteilt sich danach, ob die Abweichung ein nach § 1 BauGB zulässiger Inhalt des Bebauungsplans sein könnte.[135] 3754

Beispiel: Für die Errichtung und Nutzung einer baulichen Anlage zu Bürozwecken eines Konsulats kommt die Erteilung einer Befreiung aus Gründen des Wohls der Allgemeinheit in Betracht.[136]

Der Bedarf zur Unterbringung von **Flüchtlingen oder Asylbegehrenden** ist ein Allgemeinwohlbelang, der die Erteilung einer Befreiung erfordern kann. Nach dieser Regelung durch das Städtebaurecht 2014 II eingeführten Regelung, die ebenfalls als Dauerrecht übernommen worden ist, soll das Vorliegen von Gründen des Wohls der Allgemeinheit bei der Erteilung von Befreiungen von den Festsetzungen eines Bebauungsplans nach § 31 II Nr. 1 BauGB bei der Errichtung und Erweiterung von Anlagen zur Unterbringung von Flüchtlingen oder Asylbegehrenden sowie bei der Nutzungsänderung von anderen baulichen Anlagen in Anlagen zur Unterbringung von Flüchtlingen oder Asylbegehrenden angenommen werden können. Hierdurch soll das besondere öffentliche Interesse an der Schaffung solcher Anlagen herausgestellt werden. Dies kann zugleich insbesondere für die im Rahmen von Befreiungen notwendige Bewertung der Zumutbarkeit der Befreiung im Verhältnis zu nachbarlichen Interessen und anderen öffentlichen Belangen bedeutsam sein. 3755

Auch dann, wenn andere auch weniger nahe liegende Möglichkeiten zur Erfüllung des Interesses zur Verfügung stehen, kann eine Befreiung zur Wahrnehmung des öffentlichen Interesses in dem vorstehend erläuterten Sinne „vernünftigerweise geboten" sein.[137] Dass die Befreiung dem Gemeinwohl nur irgendwie nützlich oder dienlich ist, reicht allerdings nicht aus. Diese weniger strenge Auslegung des Begriffs „erfordert" ist deshalb gerechtfertigt, weil sonst 3756

130 BVerwG NJW 1979, 989; Hoppe in FS für Lukes 1989, 687.

131 BVerwG BRS 58 Nr 79 (1996).

132 BVerwG NVwZ-RR 1997, 82.

133 BVerwG ZfBR 2004, 471 zur Befreiung von Bebauungsplanfestsetzung zugunsten einer Mobilfunksendeanlage.

134 VGH Mannheim NVwZ-RR 2013, 912.

135 OVG Berlin-Brandenburg Beschl. v. 30.4.2013 – OVG 10 N 58.10, BeckRS 2013, 50565. Zu den Voraussetzungen einer Ermessensreduzierung bei einer Befreiung nach § 31 II BauGB OVG Koblenz NVwZ-RR 2013, 525.

136 OVG Hamburg ZfBR 2013, 185.

137 BVerwG bauR 2004, 1124; Bönker in HBG, Öffentliches Baurecht, 2024, § 8 Rn. 86.

die Wahrnehmung der in Betracht kommenden atypischen Gemeinwohlinteressen unangemessen erschwert würde, weil daneben noch ein weiteres die Befreiungsmöglichkeiten einschränkendes Kriterium zu beachten ist. Die Abweichung muss auch unter Würdigung nachbarlicher Belange mit den öffentlichen Interessen vereinbar sein.[138] Maßgebend dafür, ob die Befreiung „vernünftigerweise geboten" ist, sind die Umstände des Einzelfalls. Dabei kann es auch auf nach objektiven Kriterien zu beurteilende Fragen der Zumutbarkeit und Wirtschaftlichkeit ankommen. Das gilt auch für nach § 173 BBauG übergeleitete Bebauungspläne auf damaliger landesrechtlicher Grundlage.[139]

3757 Zu der insoweit vergleichbaren, durch das BauROG 1998 aufgehobenen Vorgängerregelung des § 4 I a BauGB-MaßnG, wonach die Befreiung aus Gründen des dringenden Wohnbedarfs nicht auf Einzelfälle beschränkt war, hat das BVerwG folgende Grundsätze aufgestellt: Die gesetzliche Regelung, dass auch in „mehreren vergleichbaren Fällen" befreit werden konnte, deutet zwar auf eine gesetzgeberische Zielrichtung hin, die einer zu restriktiven Auslegung begegnen will. Das kann jedoch nicht dazu führen, auf das Merkmal der „Erforderlichkeit" in einer Weise zu verzichten, dass die gemeindliche Planungshoheit generalisierend beiseitegeschoben wird.[140] In Fällen dieser Art bedarf es eines Ausgleichs zwischen einander widerstreitenden Gemeinwohlinteressen. Ein solcher Ausgleich bedarf gleichsam der Einbettung in die gesamte Interessenlage. Die Befreiung ist nicht das geeignete Mittel, dies zu erreichen. Steht der Befreiung ein bodenrechtlicher Belang in beachtlicher Weise entgegen, so vermag sich gegen ihn weder der atypische – obschon vielleicht gewichtige – Gemeinwohlgrund durchzusetzen, noch ist ganz allgemein eine **„Kompensation"** iS einer Saldierung aller betroffenen, für und gegen das Vorhaben sprechenden Belange möglich. Für eine Kompensation oder Saldierung der öffentlichen Belange iS einer Bevorzugung des einen Belangs unter Zurücksetzung anderer Belange lässt das Gesetz bei der Anwendung des § 31 II Nr. 1 und Nr. 3 BauGB daher keinen Raum.[141] Eine solche Saldierung widerstreitender Belange setzt nach Auffassung des BVerwG eine planerische Abwägung voraus. Eine derartige Abwägung ist gekennzeichnet durch die Gewichtung der einzelnen Belange und durch ihren zur Gewichtung der einzelnen Belange nicht außer Verhältnis stehenden Ausgleich.[142] Sie erfordert notwendig den Einsatz einer spezifisch planerischen Gestaltungsfreiheit.[143] Eine derart „planerische" Abwägung kann in den Fällen des § 31 II Nr. 1 und 3 BauGB nicht im Zuge einer von der Baugenehmigungsbehörde auszusprechenden Befreiung vorgenommen werden.

3758 **c) Städtebauliche Vertretbarkeit.** Von den Festsetzungen des Bebauungsplans kann nach § 31 II Nr. 2 BauGB befreit werden, wenn die Abweichung städtebaulich vertretbar ist, die Grundzüge der Planung nicht berührt werden und die Abweichung auch unter Würdigung nachbarlicher Interessen mit den öffentlichen Belangen vereinbar ist. Es müssen für § 31 II Nr. 2 BauGB solche – vor allem städtebauliche – Gründe vorliegen, die ein Abweichen im Planbereich unter Hintansetzung des Vertrauens anderer Grundeigentümer in den Bestand der bauplanerischen Festsetzungen als vertretbar erscheinen lassen.

3759 Die Befreiung nach § 31 II Nr. 2 BauGB setzt voraus, dass die Abweichung städtebaulich vertretbar ist. Eine Befreiung, mit der einem bestimmten öffentlichen Interesse Rechnung getragen werden soll, verbietet sich, wenn dadurch die geordnete städtebauliche Entwicklung beeinträchtigt würde.

3760 Für die Befreiung bei städtebaulicher Vertretbarkeit nach § 31 II Nr. 2 BauGB gelten Besonderheiten. Die Abweichung ist bereits dann zulässig, wenn sie planbar in dem Sinne ist, dass die städtebaulichen Grundsätze des Abwägungsgebotes nach § 1 VII BauGB gewahrt sind. Auch ein gewisser Ausgleich verschiedener gegenläufiger Interessen ist daher im Rahmen der städtebaulichen Vertretbarkeit möglich. Die mit der Novellierung des § 31 II BauGB durch das BauROG 1998 verbundenen strukturelle Änderung der Befreiungsregelung hat das bereits in der früheren Fassung enthaltene Tatbestandsmerkmal der „Grundzüge der Planung" nach Auffassung des BVerwG allerdings unberührt gelassen. Der Gesetzgeber hat sich insoweit lediglich

---

138 BVerwG NVwZ-RR 1997, 82.

139 BVerwG BRS 58 Nr 79 (1996); ZfBR 2004, 471 zur Befreiung von Bebauungsplanfestsetzung zugunsten einer Mobilfunksendeanlage.

140 BVerwG BRS 58 Nr 79 (1996).

141 Zu § 34 BauGB BVerwG NJW 1978, 2564; zu § 35 BauGB BVerwGE 42, 8; Hoppe in FS Lukes 1989, 687.

142 BVerwG NJW 1975, 70.

143 BVerwGE 34, 301.

veranlasst gesehen, das Erfordernis, dass die Grundzüge der Planung nicht berührt werden dürfen, das nach altem Recht formal nur bei der Tatbestandsalternative des § 31 II Nr. 2 BauGB eine Rolle spielte, gleichsam vor die Klammer zu ziehen und zur allgemeinen Zulässigkeitsvoraussetzung zu erheben, die für alle Befreiungsfälle Geltung beansprucht. Damit hat er klargestellt, dass unabhängig davon, wie die weiteren Tatbestandsmerkmale im Einzelnen auszulegen sein mögen, eine Befreiung jedenfalls dann nicht in Betracht kommen, wenn hierdurch die Grundzüge der Planung nicht berührt werden.[144] Sind die Grundzüge der Planung berührt, ist eine Befreiung nach § 31 II BauGB nicht möglich. Die Maßstäbe zur Beurteilung dieser Anforderungen finden sich in der Rechtsprechung des BVerwG.[145] Die Festsetzungen des Bebauungsplans dürfen danach nicht beliebig durch einen von dem Plan abweichenden Verwaltungsakt außer Kraft gesetzt werden. Die Änderung eines Bebauungsplans obliegt nach § 1 VIII BauGB der Gemeinde und nicht der Bauaufsichtsbehörde. Das Änderungsverfahren geht einher mit einer Beteiligung von Bürgern und Trägern öffentlicher Belange. Diese Regelungen dürfen nicht durch eine großzügige Befreiungspraxis aus den Angeln gehoben werden. Ob die Grundzüge der Planung berührt werden, hängt von der jeweiligen Planungssituation ab. Entscheidend ist, ob die Abweichung dem planerischen Grundkonzept zuwiderläuft. Je tiefer die Befreiung in das Interessengeflecht der Planung eingreift, desto eher liegt der Schluss auf eine Änderung der Planungskonzeption nahe, die nur im Wege der Umplanung möglich ist. Die Befreiung von tragenden Festsetzungen[146] darf nach Auffassung des BVerwG nicht aus Gründen erteilt werden, die sich bei einer Vielzahl gleichgelagerter Fälle oder gar für alle von einer bestimmten Festsetzung betroffenen Grundstücke anführen ließen.

Ob das (ungeschriebene) Merkmal der „**Atypik**" nach der Änderung des BauGB durch das BauROG 1998 noch Voraussetzung für eine Befreiung nach § 31 II BauGB, wird unterschiedlich gesehen Zum Teil wird angenommen, dass für eine Befreiung nach § 31 II BauGB keine Atypik mehr notwendig ist; nach anderer Ansicht beansprucht das (ungeschriebene) Merkmal der Atypik jedoch weiterhin Geltung.[147] 3761

d) Nicht beabsichtigte Härte. Eine Abweichung von den Festsetzungen des Bebauungsplans ist auch dann möglich, wenn seine Durchführung zu einer nicht beabsichtigten Härte führt (§ 31 II Nr. 3 BauGB). Die Vorschrift wird von der Rechtsprechung eng ausgelegt. Regelmäßig ist die mit den Festsetzungen des Bebauungsplans verbundene Härte vom Plangeber beabsichtigt, sodass eine Befreiung nicht erfolgen kann. Nicht beabsichtigt ist eine Härte vielmehr lediglich, wenn es sich um eine besondere atypische Lage handelt, die über eine Einzelfallabweichung nicht hinausgeht. 3762

Die Befreiung steht im **Ermessen** der Behörde. Die Absicht der Gemeinde, einen bestehenden Bebauungsplan zu ändern, kann die Versagung einer Befreiung im Rahmen der Ermessensausübung rechtfertigen. Kann ein den planerischen Vorstellungen der Gemeinde widersprechendes Vorhaben nur im Wege einer Befreiung zugelassen werden, so bedarf es zu seiner Verhinderung keiner Veränderungssperre oder Zurückstellung, wenn die Befreiung rechtmäßig versagt wird.[148] 3763

e) Nachbarschutz. Die Abweichung muss nach § 31 II BauGB auch unter Würdigung nachbarlicher Interessen mit den öffentlichen Belangen vereinbar sein. Zwar ist nicht jede Norm des öffentlichen Baurechts potenziell drittschützend.[149] Der Umfang des Rechtsschutzes eines Nachbarn bei Befreiungen von den Festsetzungen eines Bebauungsplans im Rahmen des § 31 II BauGB hängt davon ab, ob die Festsetzungen, von denen dem Bauherrn eine Befreiung erteilt wurde, dem Nachbarschutz dienen oder nicht. Bei einer Befreiung von einer nachbar- 3764

---

144 BVerwG NVwZ 1999, 1110.

145 BVerwG NVwZ 1999, 1110.

146 So BVerwG für die Erhaltung eines Bodenreliefs.

147 Siehe dazu OVG Magdeburg Beschl. v. 26.7.2021 – 2 M 52/21, juris Rn. 34; Kment in Jarass/Kment, BauGB, 2022, § 31 Rn. 14; Jeronim in Kröninger/Jeromin, BauGB/BauNVO, 2024, § 31 Rn. 13; Reidt in BKL, BauGB, 2022, § 31 Rn. 26.

148 BVerwG ZfBR 2003, 260. Zur Frage, ob die planerischen Festsetzungen eines reinen Wohngebiets mit der Beschränkung auf exklusive Wohnnutzung ein gewichtiges öffentliches Interesse begründen, das eine negative Ermessensentscheidung im Sine von § 31 II BauGB selbst dann rechtfertigen kann, wenn das Vorhaben wegen der faktischen Bebauung die Grundzüge der Planung nicht berührt BVerwG BRS 73 Nr. 69.

149 VG Düsseldorf Beschl. v. 16.2.2024 – 28 L 127/24, juris Rn. 27; BVerwG DVBl. 1984, 145.

schützenden Festsetzung ist der Nachbar schon dann in seinen Rechten verletzt, wenn die Befreiung rechtswidrig ist, weil eine der Voraussetzungen des § 31 II BauGB nicht erfüllt ist. Bei einer Befreiung von einer Festsetzung, die nicht (auch) den Zweck hat, die Rechte der Nachbarn zu schützen, sondern nur dem Interesse der Allgemeinheit an einer nachhaltigen städtebaulichen Entwicklung dient, richtet sich der Nachbarschutz nach den Grundsätzen des im Tatbestandsmerkmal „unter Würdigung nachbarlicher Interessen" enthaltenen Rücksichtnahmegebots (§ 31 II BauGB iV m. § 15 I 2 BauNVO). Ein Abwehranspruch des Nachbarn besteht nur dann, wenn die Behörde bei ihrer Entscheidung über die von dem Bauherrn beantragte Befreiung nicht die gebotene Rücksichtnahme auf die Interessen des Nachbarn genommen hat. Alle übrigen denkbaren Fehler einer Befreiung machen diese und die auf ihr beruhende Baugenehmigung zwar objektiv rechtswidrig, vermitteln dem Nachbarn aber keinen Abwehranspruch, weil dessen eigenen Rechte nicht berührt werden.[150]

3765 § 31 II BauGB hat jedoch mit dem Gebot der Würdigung nachbarlicher Interessen drittschützende Wirkung. Die Befreiung verletzt den Nachbarn in seinen Rechten, wenn die Behörde bei der Ermessensentscheidung nicht die gebotene Rücksicht auf die Interessen des Nachbarn genommen hat. Dies ist nach Maßgabe der Einhaltung des Rücksichtnahmegebotes zu beurteilen.[151] Gegen eine unter Verstoß gegen nicht nachbarschützende Festsetzungen eines Bebauungsplans erteilte Baugenehmigung kann daher Nachbarschutz in entsprechender Anwendung des § 15 BauNVO unter Berücksichtigung der Interessenbewertung des § 31 II BauGB gegeben sein.[152] Eine Befreiung von nicht nachbarschützenden Festsetzungen eines Bebauungsplans verletzt die Rechte des Nachbarn, wenn das Gebot der Rücksichtnahme verletzt ist. Einen Anspruch des Nachbarn auf Erhaltung der typischen Prägung eines Baugebiets kann § 15 I 1 BauNVO nur vermitteln, wenn im Einzelfall „Quantität in Qualität umschlägt", dh die Größe einer baulichen Anlage die Art der baulichen Nutzung erfasst.[153]

Beispiel: Die Festsetzungen und Vorschriften der BauNVO über das Maß der zulässigen Bebauung vermitteln Nachbarn keine subjektiven Rechte. Ein Verstoß gegen das Rücksichtnahmegebot liegt daher nicht schon dann vor, wenn eine Befreiung vom Maß der zulässigen Bebauung den Tatbestandsvoraussetzungen des § 31 II BauGB nicht genügt.[154]

3766 Weil bei einer fehlerhaften Befreiung von einer nachbarschützenden Festsetzung eines Bebauungsplans ein nachbarlicher Abwehranspruch gegeben ist, führt bei nachbarschützenden Festsetzungen jeder Fehler bei der Anwendung des § 31 II BauGB zur Aufhebung der Baugenehmigung. Festsetzungen zur Art der baulichen Nutzung sind unabhängig davon nachbarschützend, ob der Nachbar durch die gebietswidrige Nutzung unzumutbar oder auch nur tatsächlich spür- und nachweisbar beeinträchtigt wird. Die Gleichstellung geplanter und faktischer Baugebiete im Sinne der BauNVO hinsichtlich der Art der baulichen Nutzung durch § 34 II BauGB ergibt, dass ein identischer Nachbarschutz schon vom Bundesgesetzgeber festgelegt worden ist.[155]

3767 Nach der Rechtsprechung des BVerwG kommt dem in § 15 I BauNVO verankerten Gebot der Rücksichtnahme drittschützende Wirkung zu, soweit in qualifizierter und zugleich individualisierter Weise auf schutzwürdige Interessen eines erkennbar abgegrenzten Kreises Dritter Rücksicht zu nehmen ist. Das gilt nur für diejenigen Ausnahmefälle, in denen (1) die tatsächlichen Umstände handgreiflich ergeben, auf wen Rücksicht zu nehmen ist, und (2) eine besondere rechtliche Schutzwürdigkeit des Betroffenen anzuerkennen ist. Die Schutzwürdigkeit des Betroffenen, die Intensität der Beeinträchtigung, die Interessen des Bauherrn und das, was beiden Seiten billigerweise zumutbar oder unzumutbar ist, ist dann gegeneinander abzuwägen.[156] Darüber hinaus darf dieser Nachbarschutz nicht hinter § 31 II BauGB zurückbleiben. Die Vorschrift hat mit dem Gebot der Würdigung nachbarlicher Interessen drittschützende Wirkung.

---

150 VG Münster Urt. v. 1.2.2024 – 2 K 3416/22, juris Rn. 19; VG Düsseldorf Beschl. v. 16.2.2024 – 28 L 127/24, juris Rn. 27; OVG Münster Beschl. v. 20.4.2017 – / A 697/16, juris; Beschl. v. 17.2.2011 – 7 B 1803/10, juris.

151 BVerwG NJW 1978, 62; NVwZ 1987, 409.

152 BVerwG NJW 1990, 1192.

153 OVG Münster NWVBL 2011, 388.

154 OVG Hamburg NordÖR 2010, 72; BVerwG BRS 57 Nr. 209; OVG Hamburg NordÖR 2008, 533.

155 BVerwG ZfBR 2013, 783, Thiel IBR 2014, 108 zur Befreiung von nachbarschützenden Festsetzungen.

156 BVerwGE 67, 334; ZfBR 1986, 148.

§ 31 II BauGB vermittelt insoweit Drittschutz auch gegenüber einer Befreiung von nicht nachbarschützenden Festsetzungen eines Bebauungsplans.[157] Auch der Gemeinde steht bei der Entscheidung über das Einvernehmen zu einer Befreiung ein entsprechender Gestaltungsspielraum im Rahmen der behördlichen Ermessensentscheidung zu.[158]

Soweit ein solcher Verstoß gegen das Gebot der Rücksichtnahme aufgrund von Immissionsbelastungen geltend gemacht wird, ist zur Bestimmung der Zumutbarkeitsschwelle auf die materiell-rechtlichen Maßstäbe des Immissionsschutzrechts zurückzugreifen. Welche Anforderungen dann im Einzelnen bestehen, hängt maßgeblich davon ab, was dem Rücksichtnahmebegünstigten einerseits und dem Rücksichtnahmeverpflichteten andererseits in der jeweiligen Situation der benachbarten Grundstücke zuzumuten ist. Bei dieser Bewertung sind die Genehmigungssituation des emittierenden Betriebes und Vorbelastungen zu beachten.[159] 3768

f) Gebiet mit einem angespannten Wohnungsmarkt. In einem Gebiet mit einem angespannten Wohnungsmarkt, das nach § 201a BauGB bestimmt ist, kann seit 2021 nach § 31 III 1 BauGB mit **Zustimmung der Gemeinde** im Einzelfall von den Festsetzungen des Bebauungsplans zugunsten des Wohnungsbaus befreit werden, wenn die Befreiung auch unter Würdigung nachbarlicher Interessen mit den öffentlichen Belangen vereinbar ist.[160] Davon kann nur bis zum Ende der Geltungsdauer der Rechtsverordnung nach § 201a Gebrauch gemacht werden. Diese Befristung bezieht sich nicht auf die Geltungsdauer einer Genehmigung, sondern auf den Zeitraum, bis zu dessen Ende im bauaufsichtlichen Verfahren von der Vorschrift Gebrauch gemacht werden kann. Für die Zustimmung der Gemeinde nach § 31 III 1 BauGB gilt § 36 II 2 BauGB entsprechend (§ 31 III 2 bis 4 BauGB). 3769

§ 201a BauGB ermächtigt die Landesregierungen, durch Rechtsverordnung Gebiete mit einem angespannten Wohnungsmarkt zu bestimmen. in Gebiet mit einem angespannten Wohnungsmarkt liegt nach § 201 S. 3 BauGB vor, wenn die ausreichende Versorgung der Bevölkerung mit Mietwohnungen in einer Gemeinde oder einem Teil der Gemeinde zu angemessenen Bedingungen besonders gefährdet ist. Dies kann nach § 201 S. 4 BauGB insbesondere dann der Fall sein, wenn 1. die Mieten deutlich stärker steigen als im bundesweiten Durchschnitt, 2. die durchschnittliche Mietbelastung der Haushalte den bundesweiten Durchschnitt deutlich übersteigt, 3. die Wohnbevölkerung wächst, ohne dass durch Neubautätigkeit insoweit erforderlicher Wohnraum geschaffen wird, oder 4. geringer Leerstand bei großer Nachfrage besteht. Eine solche Rechtsverordnung muss nach § 201a S. 4 BauGB spätestens mit Ablauf des 31.12.2026 außer Kraft treten. Sie muss begründet werden. Aus der Begründung muss sich ergeben, aufgrund welcher Tatsachen ein Gebiet mit einem angespannten Wohnungsmarkt im Einzelfall vorliegt. Die betroffenen Gemeinden und die auf Landesebene bestehenden kommunalen Spitzenverbände sollen vor dem Erlass der Rechtsverordnung beteiligt werden (§ 201a S. 5 bis 8 BauGB). 3770

Was zur Begründung einer solchen Rechtsverordnung im Einzelnen in der Begründung vorgetragen werden muss, um „im Einzelfall" eine Gefährdung der Versorgung der Bevölkerung mit Mietwohnungen zu angemessenen Bedingungen und ein „Gebiet mit angespanntem Wohnungsmarkt" nachzuweisen, ergibt sich aus der Regelung nicht. Gefordert werden „umfangreiche, grundsätzlich nach räumlichen Bereichen differenzierende empirische Feststellungen."[161] Die Anforderungen ähneln denen des § 556d II BGB für die sog. **Mietpreisbremse**.[162] 3771

g) Sonderregelung zur sparsamen und effizienten Nutzung von Energie. In Gebieten mit Bebauungsplänen oder Satzungen nach § 34 IV 1 Nrn. 2 oder 3 BauGB sind gem. § 248 S. 1 BauGB bei Maßnahmen **an bestehenden Gebäuden** zum Zwecke der Energieein- 3772

---

157 BVerwG NJW 1990, 1192.

158 VGH München UPR 2009, 353 zur Mobilfunkanlage im reinen Wohngebiet, Ergänzung zu BVerwG NVwZ 2003, 478.

159 VG Stuttgart Urt. v. 16.1.2024 – 6 K 5790/22, juris Rn. 29; BVerwG Beschl. v. 8.7.1998 – 4 B 64.98, juris Rn. 6; OVG Münster Beschl. v. 18.2.2014 – 7 B 1416/13, juris Rn. 13.

160 Siehe dazu Scheidler UPR 2021, 127; Bönker in HBG, Öffentliches Baurecht, 2024, § 8 Rn. 97 ff.; die Zustimmung der Gemeinde kann nicht ersetzt werden, siehe dazu Jeronim in Kröninger/Jeronim, BauGB/BauNVO, 2024, § 31 Rn. 24; über § 31 III 4 BauGB gilt lediglich die Fiktion des § 36 II 2 BauGB.

161 Bönker in HBG, Öffentliches Baurecht, 2024, § 8 Rn. 97 Rn. 102.

162 Jeronim in Kröninger/Jeronim, BauGB/BauNVO, 2024, § 31 Rn. 20; siehe auch BGHZ 223, 30 ff; BGHZ 235, 352 ff; BGHZ 207, 246 ff.

sparung **geringfügige Abweichungen** von dem festgesetzten Maß der baulichen Nutzung, der Bauweise und der überbaubaren Grundstücksfläche zulässig, soweit dies mit nachbarlichen Interessen und baukulturellen Belangen vereinbar ist. Das gilt nach § 248 S. 2 BauGB entsprechend für Anlagen zur **Nutzung solarer Strahlungsenergie** in, an und auf Dach- und Außenwandflächen. In den im Zusammenhang bebauten Ortsteilen gelten die vorgenannten Regelungen gem. § 248 S. 3 BauGB entsprechend für Abweichungen vom Erfordernis des Einfügens in die Eigenart der näheren Umgebung (§ 34 I 1 BauGB).[163] Für den Neubau von Gebäuden aber auch für bestehende Gebäude gelten bauliche Anforderungen, die in § 9 I 1 Energieeinsparungsverordnung (EnEV) sowie in § 3 II bis IV des Erneuerbare-Energien-Wärmegesetzes (EEWG) enthalten sind. Durch die Verordnung über energiesparenden Wärmeschutz und energiesparende Anlagentechnik bei Gebäuden (Energieeinsparverordnung – EnEV) soll der Wärmeschutz an Gebäuden und die Heizungs-, Kühl- und Raumlufttechnik sowie die Warmwasserversorgung einen energiesparenden Standard erhalten. Zu errichtende Wohngebäude sind danach so auszuführen, dass der Jahres-Primärenergiebedarf für Heizung, Warmwasserbereitung, Lüftung und Kühlung den Wert des Jahres-Primärenergiebedarfs eines Referenzgebäudes gleicher Geometrie, Gebäudenutzfläche und Ausrichtung mit der in Anlage 1 Tabelle 1 der EnEV angegebenen technischen Referenzausführung nicht überschreitet. Ebenso sind Transmissionswärmeverluste zu begrenzen und die Anforderungen an den sommerlichen Wärmeschutz einzuhalten (§ 3 EnEV). Wärmeübertragende Umfassungsflächen einschließlich der Fugen, Fenster, Fenstertüren und Dachflächenfenster sind bei Wahrung eines Mindestluftwechsels luftundurchlässig auszugestalten (§ 6 EnEV). Bei der Änderung, Erweiterung oder dem Ausbau von Gebäuden sind ebenfalls Mindeststandards eines energiesparenden Wärmeschutzes sicherzustellen (§ 9 EnEV). Heizungstechnische Anlagen sind entsprechend nachzurüsten (§ 10 EnEV). Darüberhinausgehenden Verpflichtungen unterliegt die öffentliche Hand bei der grundlegenden Renovierung von in ihrem Eigentum oder Besitz befindlichen öffentlichen Gebäuden (§ 3 II bis IV EEWärmeG).

3773 Die Abweichungsmöglichkeiten sind nicht auf zwingende Vorgaben des Energiefachrechts beschränkt. Auch darüberhinausgehende freiwillige Maßnahmen zum Zwecke der Energieeinsparung an bestehenden Gebäuden sind danach planungsrechtlich zulässig.[164] Zugleich sind neben den im EEG behandelten Solarthermieanlagen auch Photovoltaikanlagen umfasst.[165] Dem entsprechen in der Tendenz die Landesbauordnungen. Nach der Musterbauordnung bleiben Maßnahmen zum Zwecke der Energieeinsparung und Solaranlagen bei der Bemessung der Abstandsflächen außer Betracht, wenn sie eine Stärke von nicht mehr als 25 cm aufweisen und mindestens 2,50 m von der Nachbargrenze zurückbleiben. Ein gemeindliches Einvernehmen nach § 36 BauGB ist in diesen Fällen nicht vorgesehen, was aus der Sicht der in Art. 28 II 1 GG gesicherten kommunalen Selbstverwaltungsrechte allerdings nicht unproblematisch ist.[166]

VI. Planreife (§ 33 BauGB)

3774 In Gebieten, für die ein Beschluss über die Aufstellung eines Bebauungsplans gefasst ist, ist ein Vorhaben gem. § 33 I 1 BauGB schon dann zulässig, wenn 1. die Öffentlichkeits- und Behördenbeteiligung nach § 3 II, § 4 II und § 4a II bis IV BauGB durchgeführt worden ist, 2. anzunehmen ist, dass das Vorhaben den künftigen Festsetzungen des Bebauungsplans nicht entgegensteht, 3 der Antragsteller diese Festsetzungen für sich und seine Rechtsnachfolger schriftlich anerkennt und 4. die Erschließung gesichert ist.

3775 § 33 BauGB regelt die Zulässigkeit von Vorhaben in Gebieten, für die ein Beschluss über die Aufstellung eines Bebauungsplans gefasst ist. Mit diesem Zulässigkeitstatbestand will der Gesetzgeber der Tatsache Rechnung tragen, dass das Planaufstellungsverfahren als notwendige Durchgangsstation zu einem wirksamen Bebauungsplan im Sinne von § 30 I BauGB zwangsläufig von gewisser Dauer ist und mit unvermeidlichen Verzögerungen verbunden sein kann. Dies soll nach dem Willen des Gesetzgebers nicht zu Lasten eines Bauinteressenten gehen, der bereit ist, sich Festsetzungen, die sich für die Zukunft bereits verlässlich abzeichnen, zu. Mit einer solchen Vorabgenehmigung soll im Interesse der durch Art. 14 GG geschützten Baufrei-

[163] Siehe dazu Bönker in HBG, Öffentliches Baurecht, 2024, § 8 Rn. 115.

[164] Ausschuss für Verkehr, Bau- und Stadtentwicklung, Beschlussempfehlung und Bericht v. 29.6.2011, BT-Drs. 17/6357, S. 10.

[165] Stellungnahme des Bundesrates v. 17.6.2011, BT-Drs. 17/6253, S. 12.

[166] BVerwGE 92, 66.

heit Problemen und Nachteilen begegnet werden, die sich aus der Dauer und der Verzögerung von Bebauungsplanverfahren ergeben können.[167] § 33 BauGB kann insoweit nur zum Vorteil, nicht jedoch zu Lasten eines Bauwilligen dienen; die Vorschrift ermöglicht nicht die Versagung einer Baugenehmigung unter Verweis auf eine zukünftig fehlende Plankonformität des Vorhabens.[168]

Ist ein Vorhaben nach § 33 BauGB zulässig, darf es nicht mehr auf der Grundlage der bis- 3776
herigen Rechtslage nach den §§ 30, 34 oder 35 BauGB abgelehnt werden. Der Bauwillige hat vielmehr nach § 33 BauGB einen Rechtsanspruch darauf, dass sein Bauantrag so behandelt wird, als ob die zu erwartenden Festsetzungen des Bebauungsplans schon rechtswirksam wären. § 33 BauGB ist insoweit ein neben §§ 30, 34 und 35 BauGB tretender positiver Zulässigkeitstatbestand, der die noch fehlende Rechtsverbindlichkeit eines planreifen Bebauungsplanentwurfs für die Zwecke der Vorhabenzulassung überbrückt, sofern die Voraussetzungen für das Inkrafttreten des Bebauungsplans unverzüglich geschaffen werden.[169]

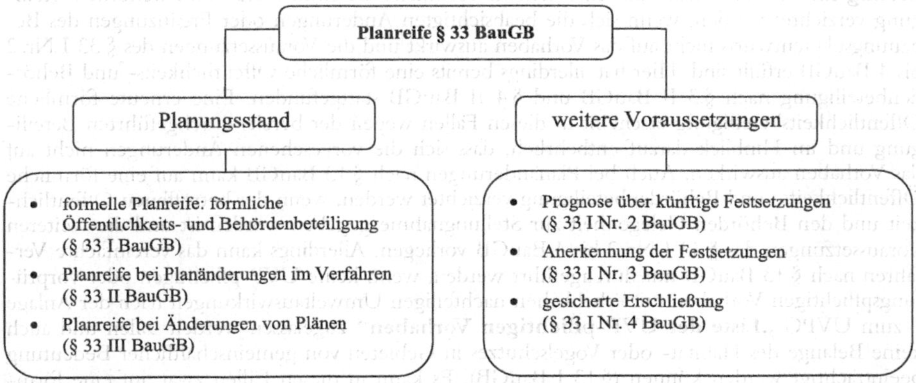

1. Formelle Planreife

In Gebieten, für die ein Beschluss über die Aufstellung eines Bebauungsplans gefasst ist, ist 3777
ein Vorhaben nach § 33 I BauGB zulässig, wenn (1) die Öffentlichkeits- und Behördenbeteiligung nach § 3 II, 4 II und 4 a II bis V BauGB durchgeführt worden ist, (2) anzunehmen ist, dass das Vorhaben den künftigen Festsetzungen des Bebauungsplans nicht entgegensteht, (3) der Antragsteller diese Festsetzungen für sich und seine Rechtsnachfolger schriftlich anerkennt und (4) die Erschließung gesichert ist.

a) Aufstellungsbeschluss. Erste Voraussetzung einer Vorabgenehmigung nach § 33 BauGB 3778
ist ein Beschluss, einen einfachen oder einen qualifizierten Bebauungsplan aufstellen zu wollen.

b) Durchführung der förmlichen Öffentlichkeits- und Behördenbeteiligung. Die for- 3779
melle Planreife setzt nach § 33 I BauGB die Durchführung der förmlichen Öffentlichkeits- und Behördenbeteiligung und die Annahme voraus, dass das Vorhaben den künftigen Festsetzungen des Bebauungsplans nicht entgegensteht (§ 33 I Nrn. 1 und 2 BauGB). Dies wird sich regelmäßig erst nach entsprechender Abwägung der eingegangenen Stellungnahmen und damit regelmäßig erst im Zeitpunkt des Satzungsbeschlusses oder jedenfalls im zeitlichen Umfeld des Satzungsbeschlusses verlässlich voraussagen lassen. Die Genehmigungsmöglichkeiten bei formeller Planreife nach § 33 I BauGB umfassen daher jedenfalls den Zeitraum zwischen Satzungsbeschluss und Bekanntmachung der Genehmigung bzw. des auf landesrechtlicher Grundlage angeordneten Anzeigeverfahrens, in Ausnahmefällen aber auch den Zeitraum vor einen Satzungsbeschluss, wenn und soweit die Planung sachlich, wenn auch noch nicht förmlich abgeschlossen ist.[170]

[167] BVerwG NVwZ 2019, 727 = juris Rn. 14; BVerwGE 117, 25 (39); Bönker in HBG, Öffentliches Baurecht, 2024, § 8 Rn. 115.
[168] Bönker in HBG, Öffentliches Baurecht, 2024, § 8 Rn. 116.
[169] BVerwG NVwZ 2019, 727 = juris Rn. 15; BVerwGE 20, 127 (131 f.).
[170] Kment in Jarass/Kment, BauGB, 2022, § 33 Rn. 7; Reidt in BKL, BauGB, 2022, § 33 Rn. 9.

3780 Eine Planreife kann auch für Teile eines Bebauungsplans gegeben sein.[171] Ist die förmliche Öffentlichkeits- und Behördenbeteiligung noch nicht durchgeführt und sind die eingegangenen Stellungnahmen noch nicht abgewogen, liegt eine formelle Planreife nach § 33 I Nr. 1 BauGB nicht vor. Auf das Vorliegen der anderen Voraussetzungen des § 33 I Nr. 2 bis 4 BauGB kommt es dann nicht an. Die Regelung in § 33 II BauGB 1998 über eine materielle Planreife, bei deren Vorliegen bereits vor Durchführung der förmlichen Offenlage ein Vorhaben zulässig sein konnte, ist durch das EAG Bau 2004 abgeschafft worden. Eine materielle Planreife ohne einen entsprechenden Stand des Verfahrens (formelle Planreife) reicht daher im Gegensatz zur früheren Rechtslage nicht mehr für die Zulässigkeit von Vorhaben aus. Der Grund dafür liegt in den europarechtlichen Vorgaben der Plan-UP-RL, die vom Grundsatz her eine Öffentlichkeitsbeteiligung von umweltrelevanten Vorhaben verlangt.[172]

3781 Eine Öffentlichkeits- oder Behördenbeteiligung kann nur bei einer Änderung der Planung im Aufstellungsverfahren (§ 33 II BauGB) oder bei der Änderung verbindlicher Pläne (§ 33 III BauGB) im Verfahren der vereinfachten Änderung (§ 13 BauGB) entfallen. Bei einer **Planänderung** im Verfahren kann auf eine erneute förmliche Öffentlichkeits- und Behördenbeteiligung verzichtet werden, wenn sich die beabsichtigten Änderungen oder Ergänzungen des Bebauungsplanentwurfs nicht auf das Vorhaben auswirkt und die Voraussetzungen des § 33 I Nr. 2 bis 4 BauGB erfüllt sind. Hier hat allerdings bereits eine förmliche Öffentlichkeits- und Behördenbeteiligung nach § 3 II BauGB und § 4 II BauGB stattgefunden. Eine erneute förmliche Öffentlichkeitsbeteiligung erscheint in diesen Fällen wegen der bereits durchgeführten Beteiligung und im Hinblick darauf entbehrlich, dass sich die vorgesehenen Änderungen nicht auf das Vorhaben auswirken. Auch bei Planänderungen nach § 13 BauGB kann auf eine förmliche Öffentlichkeits- und Behördenbeteiligung verzichtet werden, wenn der betroffenen Öffentlichkeit und den Behörden Gelegenheit zur Stellungnahme gegeben worden ist und die weiteren Voraussetzungen des § 33 I Nr. 2 bis 4 BauGB vorliegen. Allerdings kann das vereinfachte Verfahren nach § 13 BauGB nur durchgeführt werden, wenn keine UVP-pflichtigen oder vorprüfungspflichtigen Vorhaben mit erheblichen nachteiligen Umweltauswirkungen nach der Anlage 1 zum UVPG **„Liste der UVP-pflichtigen Vorhaben"** zugelassen werden sollen und auch keine Belange des Habitat- oder Vogelschutzes in Gebieten von gemeinschaftlicher Bedeutung beeinträchtigt werden können (§ 13 I BauGB). Es kann in diesen Fällen zwar auf eine förmliche Öffentlichkeits- und Behördenbeteiligung verzichtet werden. Eine Beteiligung der in ihren Interessen betroffenen Öffentlichkeit und der Betroffenen Behörden muss allerdings stattfinden. Wegen dieser Beschränkungen auf nicht UVP-pflichtige oder vorprüfungspflichtige Vorhaben mit erheblichen nachteiligen Umweltauswirkungen und einer in der Regel ohnehin erforderlichen Beteiligung hat die Möglichkeit einer planungsrechtlichen Zulässigkeit bei nur materieller Planreife an Bedeutung eingebüßt. Planänderungen im Verfahren oder die Änderung rechtsverbindlicher Bebauungspläne haben den Stand des § 33 BauGB daher in aller Regel erst erreicht, wenn eine förmliche Öffentlichkeits- und Behördenbeteiligung durchgeführt eine Abwägungsentscheidung durch das zuständige Gemeindeorgan über die eingegangenen Einwendungen getroffen worden ist.[173] Zugunsten des Bauherrn können dabei im Nachbarklageverfahren allerdings auch nachträglich eintretende Gesichtspunkte berücksichtigt werden.[174]

3782 **c) Verbindliche Anerkennung der Festsetzungen.** Wegen der noch fehlenden Rechtsverbindlichkeit des Bebauungsplans und der deswegen noch bestehenden Unsicherheiten muss der Bauwillige diese künftigen Festsetzungen nach § 33 I Nr. 3 BauGB für sich und seine Rechtsnachfolger anerkennen. Das Anerkenntnis kompensiert die fehlende Rechtsverbindlichkeit des Bebauungsplans. Es enthält die öffentlich-rechtliche Erklärung des Bauwilligen, dass sein Bauvorhaben nach den künftigen Festsetzungen des Bebauungsplans beurteilt werden soll. Mit dem Anerkenntnis unterwirft sich der Bauwillige umfassend den vorgezogenen Wirkungen des planreifen Bebauungsplanentwurfs. Das Anerkenntnis sichert die „Geschäftsgrundlage" der Baugenehmigung durch Bindung des Bauwilligen an die künftigen Festset-

[171] Spieß in Jäde/Dirnberger, BauGB/BauNVO, 2022, § 33 BauGB Rn 10, 14; Reidt in BKL, BauGB, 2022, § 33 Rn. 10, 16 f; Kment in Jarass/Kment, BauGB, 2022, § 33 Rn. 9; VGH Mannheim DÖV 1998, 935.

[172] Zu § 33 II BauGB 1998 BVerwG Beschl. v. 25.11.1991 – 4 B 212.91, juris; Beschl. v. 6.12.1963 – 1 B 171.63, juris; Beschl. v. 2.3.1978 – 4 B 26.78, juris; zur Teilplanreife VGH Mannheim VGHBW RSpDienst 1998, Beilage 6, B 5.

[173] OVG Bautzen BauR 2010, 951.

[174] OVG Berlin-Brandenburg Beschl. v. 21.5.2010 – 2 S 84.09, juris.

zungen.[175] Der Vorhabenträger muss die künftigen Festsetzungen des Bebauungsplans für sich und seine Rechtsnachfolger verbindlich anerkennen. Die Genehmigung von Bauvorhaben während der Planaufstellung kann durch einseitige Erklärung oder entsprechende vertragliche Regelungen flankierend abgesichert werden. Neben öffentlich-rechtliche Verpflichtungen können auch **zivilrechtliche vertragliche Regelungen** treten. Eine Gemeinde kann bei der Veräußerung eines ihr gehörenden Grundstücks dem Erwerber durch zivilrechtliche Vereinbarung die Verpflichtung auferlegen, sich bei der Errichtung eines Bauvorhabens an die Festsetzungen eines inhaltlich zulässigen, aber noch nicht bestandskräftigen Bebauungsplans zu halten. Durch eine derartige zivilrechtliche Abmachung kann sich der Erwerber auch rechtswirksam verpflichten, ein nach öffentlichem Baurecht (materiell) legales Bauwerk zu verändern.[176] Das Anerkenntnis hat insoweit eine **dingliche Wirkung**, als damit eine öffentliche Last auf dem Grundstück liegt, die in planungsrechtlicher Hinsicht den baurechtlichen Status des Grundstücks festlegt.[177] Auf Grund des Anerkenntnisses wird das Inkrafttreten des Bebauungsplanentwurfs im Verhältnis zwischen dem Antragsteller und der Baugenehmigungsbehörde (einschließlich der Gemeinde) im praktischen Ergebnis vorverlegt. Das Ortsrecht wird vorab verbindlich, wobei sich diese vorgezogene Wirkung sowohl auf die – gemessen an der bisherigen Rechtslage – den Antragsteller künftig beschränkenden als auch auf die ihn begünstigenden Festsetzungen bezieht.[178] Wegen des Anerkenntnisses der künftigen Festsetzungen des Bebauungsplans sind diese Festsetzungen für den Träger des Vorhabens bereits zum Zeitpunkt des Anerkenntnisses als verpflichtend anzusehen. Baut etwa der Antragsteller anders als in der Weise, zu der er die künftigen Festsetzungen des Bebauungsplans nach § 33 I Nr. 3 BauGB anerkannt hat, so kann er sich bei einer davon abweichenden Bauausführung nicht auf Bestandsschutz berufen. Dies gilt selbst dann, wenn sich der Bebauungsplan etwa aus formellen Gründen als rechtswidrig erweist.[179]

Beispiel: Ein Bauherr erkennt die künftigen Festsetzungen eines Bebauungsplans nach § 33 I Nr. 3 BauGB an und erhält im Hinblick darauf eine Baugenehmigung. Das Bauvorhaben führt der Bauherr jedoch abweichend aus. Gegenüber der Abbruchverfügung beruft der Bauherr sich darauf, dass der Bebauungsplan unwirksam sei und die Bauausführung der Rechtslage im nicht beplanten Innenbereich nach § 34 BauGB entsprochen habe. Die Abbruchanordnung ist rechtmäßig, weil sich der Bauherr im Hinblick auf seine Baugenehmigung nicht auf die Unwirksamkeit des Bebauungsplans berufen kann. Dies gilt selbst dann, wenn das Landesrecht hinsichtlich gestalterischer Festsetzungen, die mit dem Bebauungsplan nach § 9 IV BauGB verbunden werden, die Vorschrift über die Planreife in § 33 BauGB nicht für anwendbar erklärt.[180]

Das **Anerkenntnis** nach § 33 I Nr. 3 BauGB wird mit der Bekanntmachung des die anerkannten Festsetzungen enthaltenden Bebauungsplans nach Auffassung des BVerwG wirkungslos. Das gilt auch im Fall der Unwirksamkeit des Bebauungsplans. Der **Bauherr** kann sich trotz des Anerkenntnisses auch auf eine etwaige Unwirksamkeit des zwischenzeitlich bekannt gemachten Bebauungsplans berufen. Dabei könne offenbleiben, ob die Rechtswirkungen des Anerkenntnisses bereits mit der Verwirklichung des auf der Grundlage von § 33 BauGB genehmigten Bauvorhabens beendet waren. Denn das Anerkenntnis sei kraft Bundesrechts mit der Bekanntmachung des Bebauungsplans wirkungslos geworden, und zwar auch dann, wenn der Plan unter beachtlichen Fehlern leidet und mit der Bekanntmachung nicht wirksam in Kraft gesetzt werden konnte. Da die Rechtswirkungen des Anerkenntnisses somit in jedem Fall mit der Bekanntmachung des Bebauungsplans enden, schließe das Anerkenntnis – für sich genommen – auch nicht aus, dass sich der Anerkennende oder sein Rechtsnachfolger nach der Bekanntmachung auf die Unwirksamkeit der Festsetzungen des Bebauungsplans berufen. Die „dingliche Wirkung" des Anerkenntnisses, die das BVerwG[181] „insoweit" bestätigt hat, „als damit eine öffentliche Last auf dem Grundstück liegt, die den baurechtlichen Status des Grundstücks in planungsrechtlicher Hinsicht festlegt", sei nicht so zu verstehen, dass diese Wirkung 3783

[175] BVerwG NVwZ 2019, 727 = juris Rn. 16; BVerwGE 20, 127 (131 f.).
[176] BGHZ 94, 372.
[177] Bönker in HBG, Öffentliches Baurecht, 2024, § 8 Rn. 125.
[178] Stock in EZBK, BauGB, 2020, § 33 Rn. 17; BVerwG NVwZ 1986, 647.
[179] BVerwG NVwZ 1996, 892.
[180] BVerwG NVwZ 1996, 892.
[181] BVerwGE 101, 58 (61 f.).

zeitlich unbegrenzt fortbesteht. Sie endet jedenfalls mit der Bekanntmachung des Bebauungsplans.

3784 § 33 BauGB, der die noch fehlende Rechtsverbindlichkeit eines planreifen Bebauungsplanentwurfs für die Zwecke der Vorhabenzulassung überbrücken soll, wird mit dem Inkrafttreten des Bebauungsplans unanwendbar. Darauf deutet bereits die amtliche Überschrift hin, der zufolge die Vorschrift die „Zulässigkeit von Vorhaben während der Planaufstellung" regelt. Die Planaufstellung ist mit dem Inkrafttreten des Bebauungsplans abgeschlossen. Mit dem Inkrafttreten wechselt auch der bauplanungsrechtliche Zulässigkeitsmaßstab. Denn im Geltungsbereich eines (qualifizierten) Bebauungsplans ist ein Vorhaben gemäß § 30 I BauGB nur zulässig, wenn es den Festsetzungen des Bebauungsplans nicht widerspricht. Maßgeblich sind mithin allein die rechtsverbindlich gewordenen Festsetzungen des Bebauungsplans. Die Überbrückungsfunktion des § 33 BauGB ist damit beendet. Für sie bleibt nach dem Wechsel des Zulässigkeitsregimes kein Raum. Maßgeblicher Zeitpunkt für den Regimewechsel ist die ortsübliche Bekanntmachung, mit der der Bebauungsplan nach § 10 III 4 BauGB in Kraft tritt. Mit der Bekanntmachung setzt die Gemeinde den als Satzung beschlossenen Bebauungsplan mit Rechtsgeltungsanspruch in Kraft. Er soll nach dem Willen der Gemeinde als Satzung rechtsverbindlich werden.[182] An diesen Vorgang knüpft der Wechsel des bauplanungsrechtlichen Zulässigkeitsmaßstabs an. Mit der Bekanntmachung endet deshalb die Überbrückungsfunktion des § 33 BauGB.

3785 Mit der Bekanntmachung des Bebauungsplans werden dessen Festsetzungen kraft Gesetzes (§ 30 I BauGB) zum Maßstab der bauplanungsrechtlichen Zulässigkeit von Vorhaben. Der kompensatorischen Wirkungen des Anerkenntnisses, das die noch fehlende Rechtsverbindlichkeit planreifer Festsetzungen während des Aufstellungsverfahrens überbrücken soll, bedarf es nicht mehr. Im Fall der Unwirksamkeit des bekannt gemachten Plans rücken entweder ein früherer Bebauungsplan oder ein gesetzlicher Zulässigkeitstatbestand (§§ 34 oder 35 BauGB) nach.[183] Auch in diesem Fall wechselt das Zulassungsrecht. Für den Überbrückungstatbestand des § 33 BauGB ist auch hier kein Raum. Denn auch im Fall eines rechtsunwirksamen Bebauungsplans ist das Planaufstellungsverfahren mit der ortsüblichen Bekanntmachung des Bebauungsplans abgeschlossen, auch wenn das Ziel des Planaufstellungsverfahrens, die bauliche und sonstige Nutzung der Grundstücke im Plangebiet (§ 1 I BauGB) durch rechtsverbindliche Festsetzungen zu steuern (§ 8 I 1 BauGB) verfehlt wird.

3786 Auch wenn die Gemeinde beabsichtigt, ein **ergänzendes Verfahren** zur **Fehlerheilung** durchzuführen, ist das ursprüngliche Planaufstellungsverfahren mit der ortsüblichen Bekanntmachung des fehlerbehafteten und deshalb unwirksamen Plans nach § 10 III 4 BauGB abgeschlossen. Dies gilt jedenfalls dann, wenn zur Fehlerheilung ein neuer Satzungsbeschluss erforderlich ist. Zwar kann die Gemeinde beim ergänzenden Verfahren das von ihr ursprünglich eingeleitete Verfahren an der Stelle fortsetzen, an der ihr der zu korrigierende Fehler unterlaufen ist, während die schon bisher fehlerfrei durchgeführten Verfahrensschritte nicht wiederholt werden müssen.[184] Diese Besonderheit des § 214 IV BauGB hat aber nicht zur Folge, dass das ergänzende Verfahren als eine Art Fortführung der „Planaufstellung" im Sinne von § 33 I BauGB zu begreifen wäre. Denn mit dem erneuten Satzungsbeschluss entsteht auch im ergänzenden Verfahren ein neuer Bebauungsplan, der die Festsetzungen des bisherigen – unwirksamen – Satzungsbeschlusses ersetzt und auch die Möglichkeit der Normenkontrolle neu eröffnet. Dies gilt selbst dann, wenn der Satzungsbeschluss im ergänzenden Verfahren inhaltsgleich wiederholt wird.[185] Mit dem Inkrafttreten der Festsetzungen des bereits bekannt gemachten, aber rechtsunwirksamen Bebauungsplans ist deshalb auch im Fall einer Fehlerheilung im ergänzenden Verfahren nicht mehr zu rechnen. Erst recht fehlt es an der materiellen Planreife, wenn Fehler geheilt werden sollen, die den Inhalt des ursprünglichen Bebauungsplans betreffen. Abgesehen davon wäre (wohl) auch der zu fordernde, enge zeitliche Zusammenhang zwischen einer Genehmigung nach § 33 BauGB und dem (rechtswirksamen) Inkrafttreten des ersetzenden Bebauungsplans zerrissen. Das gilt umso mehr, als es grundsätzlich der Entscheidung der Gemeinde obliegt, ob und gegebenenfalls wann sie in ein ergänzendes Verfahren zur Fehlerbehebung eintreten will. Dabei ist zu prüfen, ob es den Beteiligten nach den Grundsät-

---

182 BVerwGE 152, 379 Rn. 7.

183 Stock in EZBK, BauGB, 2020, § 33 Rn. 28 zur Aufhebung eines Bebauungsplans.

184 BVerwGE 152, 379 Rn. 9 mwN.

185 BVerwG ZfBR 2019, 274.

zen von **Treu und Glauben** im Einzelfall verwehrt ist, sich auf die Unwirksamkeit des anerkannten Bebauungsplans zu berufen.[186]

d) Gesicherte Erschließung. Die planungsrechtliche Zulässigkeit eines Vorhabens nach § 33 BauGB setzt eine gesicherte Erschließung voraus, die sich nach den auch für § 30 BauGB geltenden Anforderungen richtet. 3787

e) Wille zum Verfahrensabschluss. Der Praxis vieler Gemeinden, den Bebauungsplan nur bis zur **Planreife** zu führen und das Aufstellungsverfahren sodann nicht weiterzuführen, hat das BVerwG allerdings einen Riegel vorgeschoben. § 33 I BauGB ist nicht anwendbar, wenn der Planungsträger erklärt, alles zum Abschluss des Planaufstellungsverfahrens Erforderliche getan zu haben, aber den Bebauungsplan nicht durch öffentliche Bekanntmachung nach § 10 III 1 BauGB in Kraft setzt.[187] Allein das Interesse, Klarheit über die Rechtslage zu erlangen, rechtfertigt es nicht, ein Verfahren, das das Stadium der Abschlussreife erlangt hat, offen zu halten. Sieht der Planungsträger gleichwohl davon ab, mit dem Formalakt der Bekanntmachung einen Schlussstrich unter seine Planung zu ziehen, so macht er von § 33 BauGB einen unzulässigen dysfunktionalen Gebrauch.[188] § 33 I BauGB ist daher nicht anwendbar, wenn der Planungsträger erklärt, alles zum Abschluss des Planaufstellungsverfahrens Erforderliche getan zu haben, aber den Bebauungsplan nicht durch öffentliche Bekanntmachung nach § 10 III 1 BauGB in Kraft setzt.[189] 3788

2. Materielle Planreife

Die Zulassung eines Vorhabens vor einer formellen Planreife ist im Vergleich zur früheren Rechtslage nur noch bei Planänderungen und damit nur noch eingeschränkt möglich (§ 33 II BauGB). Ändert sich die Planung, so ist grundsätzlich eine erneute Öffentlichkeits- und Behördenbeteiligung durchzuführen (§§ 3 II, 4 II BauGB). Eine Zulassung ohne vorherige erneute Öffentlichkeits- und Behördenbeteiligung ist nur zulässig, wenn sich die vorgenommenen Änderungen nicht auf das Vorhaben auswirken und die übrigen Voraussetzungen einer Zulassung des Vorhabens bei formelle Planreife vorliegen (§ 33 I Nr. 2 bis 4 BauGB). Ist eine förmliche Öffentlichkeits- und Behördenbeteiligung nicht erfolgt, ist daher eine Planreife nicht gegeben.[190] Materielle Planreife nach § 33 I Nr. 2 BauGB setzt die prognostische Erwartung voraus, dass der Inhalt des maßgeblichen Bebauungsplanentwurfs mit der Qualität des § 10 BauGB gültiges Ortsrecht wird. Um diese sichere Erwartung zu widerlegen, genügen bereits nicht von der Hand zu weisenden Zweifel. Baurechtsbehörden und Gerichte sind nicht verpflichtet, die eingeleitete Bauleitplanung „zu Ende zu denken" und der späteren Kontrolle des „fertigen" Bebauungsplans vorzugreifen.[191] 3789

3. Planreife bei vereinfachten Änderungen

Auch bei einer vereinfachten Änderung des Bebauungsplans nach § 13 BauGB oder bei der Aufstellung eines Bebauungsplans der Innenentwicklung nach § 13 a BauGB kann ein Vorhaben vor Durchführung der Öffentlichkeits- und Behördenbeteiligung zugelassen werden (§ 33 III BauGB). Dann ist allerdings der betroffenen Öffentlichkeit und den berührten Behörden und sonstigen Trägern öffentlicher Belange vor Erteilung der Genehmigung Gelegenheit zur Stellungnahme innerhalb angemessener Frist zu geben. Auch hierdurch wird eine Vorabgenehmigung bei Planänderungen im vereinfachten Verfahren eingeschränkt. 3790

4. Rechtsschutz

Wird die Genehmigung nach § 33 BauGB nicht erteilt, so kann der Bauherr eine Verpflichtungsklage erheben, die begründet ist, wenn die Voraussetzungen des § 33 BauGB vorliegen. In den Fällen der Planänderung nach § 33 II und III BauGB besteht allerdings ein Ermessen. 3791

---

186 BVerwG NVwZ 2019, 727.
187 BVerwG NVwZ 2003, 86.
188 BVerwG NVwZ 2003, 86.
189 BVerwG NVwZ 2003, 86.
190 OVG Münster NVwZ 2013, 1499.
191 VGH Mannheim NVwZ-RR 2008, 685; BVerwG, Urt. v. 25.11.1991 – 4 B 212.91, BeckRS 1991, 31231401.

Auch der Nachbar kann gegen eine dem Bauherrn nach § 33 BauGB erteilte Baugenehmigung klagen. Die Klage ist begründet, wenn die erteilte Baugenehmigung wegen Nichtvorliegens der Voraussetzungen des § 33 BauGB rechtswidrig ist und der Nachbar dadurch in seinen Rechten verletzt wird. Die Klage kann allerdings abgewiesen werden, wenn trotz einer nach den bisherigen Planungsarbeiten gegebenen Abwägungsfehlerhaftigkeit erwartet werden kann, dass unter Berücksichtigung der bis zur Rechtswirksamkeit der Planung noch möglichen und nahe liegenden Fehlerkorrektur der Rechtsbehelf letzten Endes erfolglos bleiben wird.[192] § 33 BauGB kann nur in dem Umfang Drittschutz vermitteln, in dem die antizipiert angewandten künftigen Festsetzungen des Bebauungsplanes selbst dem Drittschutz zu dienen bestimmt sind.[193]

3792 § 33 I Nr. 2 BauGB ist eine umweltbezogene Rechtsvorschrift iSd § 1 I 1 Nr. 5 UmwRG, soweit im Rahmen seiner Anwendung untersucht wird, ob das Vorhaben künftige umweltbezogener Festsetzungen des in Aufstellung befindlichen Bebauungsplans einhalten wird und ob umweltbezogene Rechtsvorschriften der materiellen Planreife des Bebauungsplans entgegenstehen.[194]

3. Teil. Zulässigkeit von Vorhaben im nicht beplanten Innenbereich (§ 34 BauGB)

3793 Nach § 34 I BauGB ist ein Vorhaben innerhalb der im Zusammenhang bebauten Ortsteile zulässig, wenn es sich nach Art und Maß der baulichen Nutzung, der Bauweise und der Grundstücksfläche, die überbaut werden soll, in die Eigenart der näheren Umgebung einfügt und die Erschließung gesichert ist. Die Anforderungen an gesunde Wohn- und Arbeitsverhältnisse müssen gewahrt bleiben; das Ortsbild darf nicht beeinträchtigt werden. Die Vorschrift ist auf Vorhaben anzuwenden, die in einem im Zusammenhang bebauten Ortsteil liegen und für die kein qualifizierter Bebauungsplan (§ 30 I BauGB) oder ein vorhabenbezogener Bebauungsplan (§ 30 II BauGB) gilt. Neben einfachen Bebauungsplänen (§ 30 III BauGB) ist für ein Vorhaben im nicht beplanten Innenbereich § 34 BauGB ergänzend anzuwenden. Ein Vorhaben liegt in einem im Zusammenhang bebauten Ortsteil, wenn das Grundstück, auf dem gebaut werden soll, einem Bebauungszusammenhang zurechnet, der zu einem Ortsteil gehört. Ein Bebauungszusammenhang wird durch eine tatsächlich zusammenhängende Bebauung gekennzeichnet. Das Baugrundstück muss an diesem Bebauungszusammenhang teilnehmen. Außerdem muss der Bebauungszusammenhang Bestandteil eines Ortsteils sein, der durch ein entsprechendes bauliches Eigengewicht gekennzeichnet ist.

3794 Aus der Umgebung, zu der auch das Baugrundstück selbst rechnet, ist ein **Rahmen** zu entnehmen, der sich nach der tatsächlich vorhandenen Bebauung und Nutzung richtet.[195] Auch ein inzwischen **beseitigter Altbestand** kann weiterhin prägende Wirkungen haben. Denn ein Gebäude, das vernichtet, oder eine Nutzung, die aufgegebenen worden ist, verliert nicht automatisch die prägende Kraft für den Bezugsrahmen nach § 34 BauGB. Die Prägung dauert fort, solange mit einer Wiederbebauung oder einer Wiederaufnahme der Nutzung gerechnet werden kann. Innerhalb welcher zeitlichen Grenzen Gelegenheit besteht, an die früheren Verhältnisse wieder anzuknüpfen, richtet sich nach der Verkehrsauffassung.[196] Ein früher vorhandener Altbestand verliert daher nicht automatisch seine prägende Kraft. Die Prägung dauert fort, solange mit einer Wiederbebauung oder einer Wiederaufnahme der Nutzung zu rechnen ist.[197]

3795 Der aus der Umgebung hervorgehende Rahmen für die bauliche Nutzung ist bei einheitlicher Umgebung eng, bei unterschiedlicher Umgebung weit. Hält sich ein Vorhaben innerhalb des Umgebungsrahmens, so fügt es sich grundsätzlich ein. Allerdings ist das Gebot der nach-

---

192 So für das einstweilige Rechtsschutzverfahren OVG Berlin NVwZ-RR 1998, 720.

193 OVG Koblenz DVBl. 2012, 987.

194 OVG Bautzen SächsVBl 2024, 59 = juris Rn. 14.

195 BVerwG BauR 2000, 1171.

196 BVerwG ZfBR 2008, 52 zur nachprägenden Wirkung einer aufgegebenen Nutzung; BVerwG NVwZ 1999, 523. Zugunsten eines Nachbarschutzes kann der Altbestand jedoch nicht hinzugerechnet werden, so OVG Magdeburg Beschl. v. 10.5.2005 – 2 L 535/03 –.

197 BVerwG Beschl. v. 27.9.2007, BeckRS 2007, 26957; ZfBR 2008, 52; OVG Saarlouis Beschl. v. 19.10.2008 – 2 B 347/08, BeckRS 2008, 40608.

barlichen **Rücksichtnahme** zu beachten. Wird der aus der Umgebung hervorgehende Rahmen überschritten, so fügt sich das Vorhaben nicht ein, wenn bodenrechtlich beachtliche Spannungen begründet oder erhöht werden oder gegen das Gebot der nachbarlichen Rücksichtnahme verstoßen wird. Dabei geht es allerdings weniger um Einheitlichkeit als um Harmonie. Ein Vorhaben fügt sich daher auch dann ein, wenn es zwar den Umgebungsrahmen überschreitet, es jedoch harmonisch zu der Umgebung zugeordnet werden kann und auch das Gebot der nachbarlichen Rücksichtnahme nicht beeinträchtigt wird. Der Ausgleich bodenrechtlich bewältigungsbedürftiger Spannungen ist der Bauleitplanung vorbehalten und kann daher nicht über eine Vorhabengenehmigung im nicht beplanten Innenbereich erfolgen. Das Erfordernis einer Bauleitplanung hat daher für die Unzulässigkeit eines Vorhabens nach § 34 I BauGB indizielle Bedeutung.

Bei der Beurteilung eines Vorhabens nach § 34 BauGB ist zwischen **Anwendungsvoraussetzungen** und **Zulässigkeitsvoraussetzungen** zu unterscheiden. Die Vorschrift findet nur Anwendung, wenn das Grundstück, auf dem das Vorhaben verwirklicht werden soll, in einem im Zusammenhang bebauten Ortsteil liegt und ein rechtsverbindlicher qualifizierter Bebauungsplan für den Bereich nicht vorhanden ist. § 34 I bis V BauGB regelt für diese Vorhaben die planungsrechtlichen Zulässigkeitsvoraussetzungen. 3796

I. Anwendungsvoraussetzungen

§ 34 BauGB gilt für Vorhaben, die in einem im Zusammenhang bebauten Ortsteil liegen. 3797 Es muss sich zunächst um ein **Vorhaben iS des § 29 BauGB** handeln. Darunter fällt die Errichtung, Änderung oder Nutzungsänderung von baulichen Anlagen, die städtebaulich relevant sind.[198] Außerdem darf im Bereich des beabsichtigten Vorhabens kein qualifizierter Bebauungsplan (§ 30 I BauGB) und auch kein vorhabenbezogener Bebauungsplan (§ 30 II BauGB) gelten. Wohl aber ist § 34 BauGB neben einem einfachen Bebauungsplan (§ 30 III BauGB) ergänzend heranzuziehen, soweit der Bebauungsplan keine Festsetzungen enthält. Das Grundstück, auf dem das Vorhaben verwirklicht werden soll, muss in einem **im Zusammenhang bebauten Ortsteil** liegen. Der Begriff des im Zusammenhang bebauten Ortsteils setzt sich aus zwei Elementen zusammen, dem Ortsteil und dem Bebauungszusammenhang.

1. Vorhandensein eines Ortsteils

Ein Ortsteil setzt ein entsprechendes städtebauliches Gewicht der vorhandenen Bebauung 3798 voraus.[199] Außerdem muss die Bebauung das Bild einer organischen Siedlungsstruktur darstellen.[200] Die Anforderung einer organischen Siedlungsstruktur schließt das ein, was in Entgegensetzung zur unerwünschten Splittersiedlung dem inneren Grund für die Rechtsfolge des § 34 I 1 BauGB entspricht, nämlich die nach der Siedlungsstruktur angemessene Fortentwicklung der Bebauung innerhalb des gegebenen Bereichs.[201] Während unter einem Ortsteil jeder Bebauungszusammenhang zu verstehen ist, der nach der Zahl der vorhandenen Bauten ein gewisses Gewicht besitzt und Ausdruck einer organischen Siedlungsstruktur ist, ist eine Splittersiedlung eine bloße Anhäufung von Gebäuden.[202] Eine völlig regellose und in dieser Anordnung funktionslose Bebauung kann ebenso wie eine bandartige oder einzeilige Bebauung die Annahme einer organischen Siedlungsstruktur ausschließen. Die organische Siedlungsstruktur erfordert jedoch nicht, dass es sich um eine nach Art und Zweckbestimmung einheitliche Bebauung handeln müsste. Auch eine unterschiedliche, ja uU sogar eine in ihrer Art und Zweckbestimmung gegensätzliche Bebauung kann einen Ortsteil bilden. Ebenso wenig kommt es auf die Entstehungsweise der vorhandenen Bebauung an. Erforderlich ist auch nicht, dass die Bebauung einem bestimmten städtebaulichen Ordnungsbild entspricht, eine bestimmte städtebau-

---

198 Siehe dazu auch Rubel DVBl.. 2018, 403; Schröer NVwZ 2019, 823.

199 BVerwG BauR 2000, 1171. Zur Frage, welche Anforderungen an das Vorliegen eines Bebauungszusammenhangs iSv § 34 I 1 BauGB zu stellen sind BVerwG Beschl. v. 15.9.2011 – 9 B 11.11, BeckRS 2011, 54760.

200 BVerwGE 152, 275; BVerwGE 31, 22; Scheidler ZfBR 2017, 750.

201 OVG Magdeburg Beschl. v. 5.12.2023 – 2 L 112/22.Z, juris Rn. 12; OVG Schleswig NVwZ-RR 2023, 1022 = juris Rn. 48.

202 BVerwG Beschl. v. 18.2.2015 – 4 BN 1.15, juris Rn. 9; OVG Magdeburg Beschl. v. 5.12.2023 – 2 L 112/22.Z, juris Rn. 12.

liche Ordnung verkörpert oder als eine städtebauliche Einheit in Erscheinung tritt.[203] Dementsprechend fehlt einer Bebauung insbesondere dann die organische Siedlungsstruktur, wenn es an einem Rahmen für die Art der baulichen Nutzung als zentrale Frage der Bauplanung. Einer Bebauung kann auch dann die organische Siedlungsstruktur fehlen, wenn sie zwar hinsichtlich der Art und des Maßes der baulichen Nutzung einen Rahmen vorgibt, hinsichtlich der überbaubaren Grundstücksflächen und der Bauweise hingegen optisch wahrnehmbare Merkmale, die eine gewisse Regelmäßigkeit oder einen Plan erkennen lassen, nicht feststellbar sind.[204]

3799 An einer organischen Siedlungsstruktur kann es auch fehlen, wenn die Bebauung über keinerlei Infrastruktureinrichtungen verfügt.[205] Mit dem Begriff der Bebauung ist nichts anderes gemeint, als dass die betreffenden Anlagen und Flächen dem ständigen Aufenthalt von Menschen dienen sollen. Unter den Begriff der Bebauung im Sinne des § 34 BauGB fällt nicht jede beliebige bauliche Anlage. Gemeint sind vielmehr Bauwerke, die für die angemessene Fortentwicklung der vorhandenen Bebauung maßstabsbildend sind. Dies trifft ausschließlich für Anlagen zu, die optisch wahrnehmbar und nach Art und Gewicht geeignet sind, ein Gebiet als einen Ortsteil mit einem bestimmten städtebaulichen Charakter zu prägen. Hierzu zählen grundsätzlich nur **Bauwerke**, die dem ständigen Aufenthalt von Menschen dienen. Baulichkeiten, die nur vorübergehend genutzt zu werden pflegen, sind unabhängig davon, ob sie landwirtschaftlichen Zwecken (zB Scheunen oder Ställe), Freizeitzwecken (zB kleine Wochenendhäuser, Gartenhäuser) oder sonstigen Zwecken dienen, in aller Regel keine Bauten, die für sich genommen als ein für die Siedlungsstruktur prägendes Element zu Buche schlagen.[206] Auch ein befestigter Reitplatz stellt keinen Ortsteil iS von § 34 I BauGB dar.[207] Allerdings können bereits 5 bis 6 Gebäude einen Bebauungszusammenhang begründen. Eine geplante Bebauung, die über den Zusammenhang der vorhandenen Bebauung hinausragt, liegt im Außenbereich.[208] Dem im Zusammenhang bebauten Ortsteil im Sinne des § 34 I 1 BauGB können nur solche Bauwerke zugerechnet werden, die für eine nach der vorhandenen Siedlungsstruktur angemessene Fortentwicklung der Bebauung maßstabsbildend sind. Welche Fortentwicklung angemessen ist, ist mit Blick auf das im Begriff des Ortsteils anklingende Ziel einer organischen Siedlungsstruktur zu bestimmen.[209]

3800 Der im Zusammenhang bebaute Ortsteil ist insoweit auch, wie erwähnt, von der **Splittersiedlung** abzugrenzen, die kein eigenständiges städtebauliches Gewicht als Ortsteil besitzt.[210] Die Verfestigung einer Splittersiedlung meint die Auffüllung eines schon bisher in Anspruch genommenen räumlichen Bereichs, was bei einer Erweiterung eines Bestandsbaues gegeben ist.[211] Sie ist zu befürchten, wenn sie im Sinne eines Vorgangs der Zersiedlung unerwünscht ist. Davon ist unter anderem dann auszugehen, wenn das Vorhaben eine weitreichende oder doch nicht genau übersehbare Vorbildwirkung besitzt. Hierfür reicht es aus, dass bei einer Zulassung des Vorhabens weitere ähnliche Vorhaben in der Splittersiedlung nicht verhindert werden könnten und dadurch der Außenbereich weiter zersiedelt würde.[212]

3801 Selbst wenn im Gebiet der Stadt vergleichbare Streubebauungen mehrfach vorhanden sind, führt das nicht dazu, dass diese Streubebauungen als typische Siedlungsweise anzusehen und deshalb jeweils als im Zusammenhang bebaute Ortsteile iS von § 34 BauGB zu bewerten wären. Jedenfalls dann, wenn deutliche Siedlungsschwerpunkte in der näheren Umgebung vorhanden sind, bleibt eine solche Streubebauung eine Splittersiedlung und damit insgesamt dem Außenbereich zugeordnet.[213] Auf die mehr oder weniger große Häufigkeit der Splittersiedlun-

---

[203] OVG Magdeburg Beschl. v. 5.12.2023 – 2 L 112/22.Z, juris Rn. 12.

[204] BVerwG Beschl. v. 19.2.2014 – 4 B 40.13, juris Rn. 5; BVerwG Urt. v. 23.11.2016 – 4 CN 2.16, juris Rn. 19.

[205] BVerwG NVwZ-RR 1994, 555.

[206] BVerwG NJW 1984, 1576; OVG Bautzen Beschl. v. 16.6.2011 – 1 A 630/09, BeckRS 2011, 53198 zur nachprägenden Wirkung eines abgerissenen Gebäudes.

[207] BVerwG BauR 1993, 303.

[208] VGH Mannheim BauR 2007, 1378.

[209] BVerwG NVwZ 2015, 1767; Hauth BauR 2016, 1258; Schink IBR 2015, 512; Muckel JA 2016, 477.

[210] BVerwG ZfBR 2000, 425 zur Splittersiedlung; VGH Mannheim VGHBW RSprDienst 1998, Beilage 12 B 7.

[211] BVerwG Beschl. v. 26.3.2024 – 4 B 1/24, juris Rn. 10; BVerwG ZfBR 2019, 796 Rn. 16.

[212] BVerwG Beschl. v. 26.3.2024 – 4 B 1/24, juris Rn. 10; ZfBR 2016, 799 Rn. 17.

[213] OVG Münster Urt. v. 23.4.2024 – 7 A 494/23, juris Rn. 30; Urt. v. 2.2.2024 – 10 A 307/22, juris Rn. 42; BVerwG ZfBR 2000, 425.

gen kommt es dabei – von atypischen Fallgestaltungen vielleicht abgesehen – nicht an.[214] Vorhaben, die erst unter Auffüllung von Freiflächen einen Ortsteil entstehen lassen sollen, sind nicht dem Innenbereich, sondern dem Außenbereich zuzuordnen.[215] Ob eine Bebauung eine Splittersiedlung (§ 35 III 1 Nr. 7 BauGB) und damit Teil des Außenbereichs oder Ortsteil (§ 34 I 1 BauGB) und damit bebauungsrechtlicher Innenbereich ist, beurteilt sich nach der Siedlungsstruktur im Gebiet der jeweiligen Gemeinde.[216] Für die Einstufung als Ortsteil könnte auch die jeweilige Gemeindestruktur und Gemeindebezogenheit von Bedeutung sein.[217] Für die Einordnung eines Gebiets als Innenbereich muss die vorhandene Bebauung auf eine weitere Bebauung im Wege der baulichen Verdichtung hindeuten und eine gewisse Zusammengehörigkeit und Geschlossenheit erkennen lassen, die sie als Weiler, Splittersiedlung oder sonstigen Siedlungsansatz qualifiziert. Sie muss dabei in einem der Verdichtung zugänglichen Zusammenhang stehen; die Freiflächen dürfen diesen Zusammenhang nicht unterbrechen. Ob eine solche Unterbrechung vorliegt oder nicht, ist nach einer echten Wertung und Bewertung des konkreten Sachverhalts zu beurteilen. Es bedarf also einer tatrichterlichen Würdigung des Einzelfalls. Dies gilt auch für die Frage, welche Bedeutung einer Straße zukommt.[218]

Hinweis: Ein rein quantitativer Vergleich der vorhandenen Ortsteile ist nur dann unbedenklich, wenn dieser ein „offensichtliches" Missverhältnis offenbart. Hingegen fehlt ein „gewisses Gewicht" nicht zwangsläufig schon dann, wenn ein schematischer Vergleich zeigt, dass die einzuschätzende Ansiedlung in der Anzahl ihrer Bauten nicht unbeträchtlich hinter anderen Ansiedlungen zurückbleibt. Unerlässlich ist deshalb nicht nur ein Vergleich mit den Ortsteilen und der in ihnen ohne weiteres zulässigen Bebauung, sondern auch der Gegenvergleich zur unerwünschten Splittersiedlung.[219]

Hinweis: Wochenendhäuser sind als nicht zu Dauerwohnzwecken bestimmte Gebäude ebenso wie Kleingartenanlagen keine ortsteilfähigen Bauten iS des § 34 I BauGB.[220] Es wird aber auch die Auffassung vertreten, dass auch eine an einem Seeufer vorhandene bandartige Bebauung mit Wochenendhäusern einen im Zusammenhang bebauten Ortsteil darstellen kann und dabei außer Betracht bleibt, welche Folgen sich im Falle der Annahme eines Ortsteils für seine weitere Entwicklung etwa die Gefahr des „Umkippens" eines faktischen Wochenendgebiets in Dauerwohnnutzung oder der Bebauung in zweiter Reihe ergeben können.[221]

2. Zugehörigkeit zum Ortsteil (Bebauungszusammenhang)

Das Vorhaben ist nur nach § 34 BauGB zu beurteilen, wenn das Grundstück, auf dem es 3802
verwirklicht werden soll, zu dem Bebauungszusammenhang des Ortsteils rechnet. Ein Bebauungszusammenhang iS von § 34 I BauGB verlangt eine aufeinander folgende Bebauung, die trotz vorhandener Baulücken den Eindruck der Geschlossenheit (Zusammengehörigkeit) vermittelt.[222] Hierfür kommt es auf die Verkehrsauffassung und damit jeweils auf die Lage des Einzelfalls an.[223] Dementsprechend bleibt die Beurteilung in manchen Fällen unsicher; es gibt eine ausufernde Kasuistik dazu.

a) Grenze zwischen Innen- und Außenbereich. Wo die Grenze eines im Zusammen- 3803
hang bebauten Ortsteils und damit die Grenze zwischen Innen- und Außenbereich verläuft,

214 BVerwG NVwZ-RR 1994, 555.

215 BVerwG, ZfBR 2000, 425.

216 BVerwG NVwZ-RR 2001, 83; NVwZ 1999, 527.

217 Seibel BauR 2006, 1242.

218 BVerwG BRS 88 Nr 45 (2020); BRS 57 Nr. 93.

219 OVG Bautzen Beschl. v. 25.1.2011 – 4 A 589/09, BeckRS 2011, 48701 zu Lärmimmissionswerten bei Gemengelagen. Zum Vorliegen eines Ortsteils bei einem Bebauungskomplex aus fünf Wohngebäuden, einem Betriebsgebäude eines Getränkegroßhandels und neun Wirtschaftsgebäuden oder Schuppen landwirtschaftlicher Betriebe VGH Mannheim NVwZ-RR 2011, 393.

220 OVG Magdeburg BauR 2006, 1026; BVerwG NJW 1984, 1576.

221 VGH München Beschl. v. 16.8.2011 – 1 ZB 10. 2244, juris.

222 OVG Lüneburg Beschl. v. 15.11.2023 – 1 LA 56/23, juris Rn. 7; NVwZ 2021, 1558 = juris Rn. 8; NVwZ-RR 2022, 20 = juris Rn. 7; OVG Bautzen Urt. v. 17.8.2023 – 1 A 213/21, juris Rn. 29; BVerwG Beschl. v. 1.9.2010 – 4 B 21.10, BeckRS 2010, 55434; OVG Münster Beschl. v. 19.8.2010 – 7 A 1349/09, BeckRS 2010, 52550.

223 BVerwG ZfBR 2005, 161.

lässt sich nicht unter Anwendung von geografisch-mathematischen Maßstäben bestimmen, sondern bedarf einer Beurteilung aufgrund einer Bewertung des konkreten Sachverhalts.[224] Bei dieser Bewertung kann nur eine komplexe, die gesamten örtlichen Gegebenheiten erschöpfend würdigende Betrachtungsweise im Einzelfall zu einer sachgerechten Entscheidung führen.[225] Dabei ist eine Beurteilung aufgrund einer „echten Wertung und Bewertung des konkreten Sachverhalts" erforderlich.[226] So kann etwa eine viel befahrene Straße eine trennende Wirkung haben,[227] ebenso wie von ihr gerade in Fällen beidseitiger Bebauung eine verbindende Wirkung ausgehen kann. Auch ein Hanggrundstück kann wegen der besonderen Geländeverhältnisse nicht mehr zum Innenbereich zählen, obwohl es sich bei einer Betrachtung rein nach einem katastermäßigen Lageplan so darstellen könnte.[228] Allein aufgrund der Größe einer bebauungsfreien Fläche darf zwar nicht auf eine Unterbrechung des Bebauungszusammenhangs und damit auf eine Lage im Außenbereich geschlossen werden. Andererseits ist aber der Gesamtgröße einer Freifläche als maßgeblichem Faktor erhebliches Gewicht beizumessen.[229]

3804 Das OVG Münster erläutert die Abgrenzung zwischen Innenbereich wie folgt: „Für die Abgrenzung zwischen Innen- und Außenbereich und damit auch zwischen Baulücke und Außenbereichsinsel ist maßgeblich, ob das unbebaute Grundstück, das sich an einen Bebauungszusammenhang anschließt, diesen Zusammenhang fortsetzt oder ihn unterbricht. Das wiederum hängt davon ab, inwieweit nach der maßgeblichen Verkehrsauffassung die aufeinanderfolgende Bebauung den Eindruck der Geschlossenheit und Zusammengehörigkeit vermittelt. Die Frage, ob ein Grundstück im Bebauungszusammenhang liegt, ist daher nicht ausschließlich danach zu beurteilen, ob es von Bebauung umgeben ist. Erforderlich ist vielmehr weiter, dass das Grundstück selbst einen Bestandteil des Zusammenhangs bildet, also selbst an dem Eindruck der Geschlossenheit und Zusammengehörigkeit teilnimmt. Mit den Merkmalen der Geschlossenheit und Zusammengehörigkeit soll zum Ausdruck gebracht werden, dass das unbebaute Grundstück gedanklich übersprungen werden kann, weil es ein verbindendes Element gibt, nämlich die Verkehrsanschauung, die das unbebaute Grundstück als eine sich zur Bebauung anbietende „Lücke" erscheinen lässt. Dabei ist die Frage, ob ein Bebauungszusammenhang besteht, nicht nach geografisch – mathematischen Maßstäben, sondern aufgrund einer umfassenden Wertung und Bewertung des im Einzelfall gegebenen konkreten Sachverhalts zu entscheiden."[230]

3805 Erforderlich soll es für den Bebauungszusammenhang sein, dass das Grundstück selbst einen Bestandteil des Zusammenhangs bildet, selbst also an dem Eindruck der Geschlossenheit und Zusammengehörigkeit teilnimmt. Fehlt es hieran, liegt das Grundstück zwar geographisch, nicht jedoch auch im Sinne des § 34 I BauGB „innerhalb" eines Bebauungszusammenhangs. Baulichkeiten, die nur vorübergehend genutzt werden oder die in einem weiteren Sinne „**Nebenanlagen**" zu einer landwirtschaftlichen, (klein-)gärtnerischen oder sonstigen Hauptnutzung sind, sind in aller Regel keine Bauten, die für sich genommen ein für die Siedlungsstruktur prägendes Element darstellen.[231] Im Einzelfall sollen aber auch rückwärtige Grundstücksflächen mit auf das Hauptgebäude bezogenen Nebenanlagen als sogenannte bebauungsakzessorisch genutzte Grundstücksteile zum Bebauungszusammenhang gehören können.[232]

3806 Ein Bebauungszusammenhang kann durch eine Geländezäsur[233] auch dann getrennt werden, wenn diese Bestandteil eines qualifizierten Bebauungsplans nach § 30 I BauGB ist.[234] Auf der einen Seite können **Baulücken** innerhalb einer zusammenhängenden Bebauung den Bebauungszusammenhang nicht unterbrechen[235] wie andererseits ein an den Bebauungszusam-

---

[224] VGH München Urt. v. 3.7.2023 – 2 B 22.1722, juris Rn. 12; BVerwG NVwZ-RR 1992, 227.
[225] BVerwGE 28, 268; BVerwGE 31, 20; DÖV 1988, 840; ZfBR 1990, 293.
[226] BVerwG NVwZ 1997, 899; NVwZ 1998, 58; siehe auch OVG Lüneburg BauR 1997, 86.
[227] BVerwG NVwZ 1990, 165; VGH Kassel NuR 1982, 228; NVwZ–RR 1990, 295. Selbst ein Wirtschaftsweg kann aber den Innenbereich vom Außenbereich trennen, so BVerwG Beschl. v. 8.9.1983 – 4 B 159.83, BeckRS 1983, 31254483.
[228] BVerwG NVwZ 1998, 58.
[229] OVG Lüneburg UPR 2024, 77.
[230] OVG Münster Urt. v. 23.4.2024 – 7 A 494/23, juris Rn. 27.
[231] OVG Bautzen Urt. v. 17.8.2023 – 1 A 213/21, juris Rn. 29.
[232] OVG Münster Beschl. v. 25.4.2023 – 10 A 1450/22, juris Rn. 8, 10, 19.
[233] Zur Frage, ob ein Bebauungszusammenhang durch eine Geländezäsur getrennt werden kann, wenn diese Bestandteil eines qualifizierten Bebauungsplans nach § 30 I BauGB ist BVerwG BauR 2009, 216.
[234] BVerwG BauR 2009, 216.
[235] BVerwGE 35, 256.

menhang angrenzendes Grundstücks nicht mehr an diesem teilnehmen kann.[236] Auch das Bestehen eines Bebauungszusammenhangs bei einem Grundstück am Ortsrand ist von den örtlichen Besonderheiten abhängig und nicht von vornherein ausgeschlossen.[237] Auch Gebäude, die nach § 35 I Nr. 1 BauGB im Außenbereich privilegiert sind, können zur Entwicklung eines im Zusammenhang bebauten Ortsteils beitragen.[238] Ein **Ortsschild** ist für die Abgrenzung des Innenbereichs (§ 34 BauGB) vom Außenbereich (§ 35 BauGB) demgegenüber nicht von Bedeutung.[239] Der Bebauungszusammenhang iSd § 34 BauGB[240] endet am Ortsrand nicht im Bereich von Grundstücksgrenzen oder am Ende einer befestigten Fahrstraße, sondern mit den letzten vorhandenen (maßstabbildenden) Gebäuden. Die sich daran anschließenden Flächen gehören zum Außenbereich.[241] Ein Grundstück am Rande eines Ortsteils liegt daher in aller Regel nicht innerhalb des Bebauungszusammenhanges. Etwas anders kann allerdings für Flächen vor einem Geländeeinschnitt, einer Geländekante, einem Fluss oder eine Straße gelten.[242] Eine private Grünfläche nimmt am Bebauungszusammenhang nur teil, wenn deutliche Anhaltspunkte für eine bauliche Verfestigung der Situation in ablesbaren städtebaulichen Zusammenhängen bestehen.[243] Für einen Bebauungszusammenhang sind nur Bauwerke bedeutsam, die für die angemessene Entwicklung maßstabbildend, optisch wahrnehmbar und nach Art und Gewicht geeignet sind, ein Gebiet als einen Ortsteil mit einem bestimmten städtebaulichen Charakter zu prägen. Hierzu zählen grundsätzlich nur Bauwerke, die dem ständigen Aufenthalt von Menschen dienen, nicht jedoch Lauben oder kleinere Wochenendhäuser, die nur vorübergehend zu Freizeitzwecken genutzt werden. Auch eine strukturlose Streubebauung schließt die Annahme eines Innenbereichs im Sinne des § 34 BauGB aus.[244] Eine einseitig angebaute Straße hat in der Regel trennende Wirkung. Der Bebauungszusammenhang geht über den letzten Baukörper nur dann hinaus, wenn sich in der Örtlichkeit hierfür ein deutlicher Anknüpfungspunkt ergibt.[245] Zu der maßstabsbildenden „vorhandenen Bebauung" gehört ein qualifiziert geplantes Gebiet nur, soweit es bereits bebaut ist. Auch nach § 33 BauGB bebaubare Grundstück(steil)e rechnen nur im Falle ihrer Bebauung dazu.[246] Auch die Darstellungen des Flächennutzungsplans sind für die Abgrenzung zwischen Innen- und Außenbereich unbeachtlich.[247]

Ein **unbebautes Grundstück**, das auf der einen Seite an einen im Zusammenhang bebau- 3807
ten Ortsteil grenzt, gehört nicht schon deshalb zum Bebauungszusammenhang, weil es auf der anderen Seite an die Gemeindegrenze reicht.[248] Bei der Abgrenzung des Ortsteils sind nach Auffassung des BVerwG die **Gemeindegrenzen** zu beachten, da die Planungshoheit der Gemeinde an den Grenzen ihres Gebietes ende.[249] Denn die Innenbereichsvorschrift habe „Planersatzcharakter". Der Gemeinde sei als gesetzgeberische Ersatzplanung nur zuzurechnen, was sie durch eigene Planung auch abwehren könnte. Zudem habe der Begriff „Ortsteil", der Ausdruck einer organischen Siedlungsstruktur ist, einen unmittelbaren Bezug zur gemeindlichen Planungshoheit. Eine nicht genehmigte Bebauung gehört jedoch nur dann zum Bebauungszusammenhang, wenn sich die zuständigen Behörden mit dem Vorhandensein der Bauten zweifelsfrei abgefunden haben.[250] Für das Bestehen eines Bebauungszusammenhangs im Sinne des § 34 I BauGB ist ausschlaggebend, inwieweit die aufeinanderfolgende Bebauung – trotz etwa

---

[236] BVerwG NVwZ 1998, 58.

[237] BVerwG Beschl. v. 17.1.2005 – 4 B 3.05, BeckRS 2005, 22688.

[238] BVerwG ZfBR 2007, 480.

[239] VGH München Beschl. v. 10.9.2009 – 14 ZB 09.425, BeckRS 2009, 43682.

[240] OVG Münster Beschl. v. 6.2.2009 – 7 B 1767/08, BeckRS 2009, 32442.

[241] Zur Frage, ob der Ortsteil über den vorhandenen Gebäudebestand hinausgehen kann Rinke BauR 2005, 1406.

[242] OVG Schleswig Beschl. v. 12.10.2009 – 1 LA 44/09, BeckRS 2009, 28514.

[243] OVG Berlin-Brandenburg ZfBR 2011, 161zu einer begrünten Hofbereich als faktische Grünfläche.

[244] OVG Berlin-Brandenburg NuR 2010, 881.

[245] OVG Bautzen Beschl. v. 13.4.2023 – 1 A 518/22, juris Rn. 10; OVG Münster Beschl. v. 23.12.2022 – 7 A 2500(21, juris Rn. 8; OVG Schleswig NordÖR 2010, 128.

[246] BVerwG BRS 74 Nr. 94 (2009) – maßstabsbildende „vorhandene Bebauung". Zur Bebauung des Rathausplatzes der Stadt Augsburg mit einem Küchencontainer (Außenbewirtung) VGH München Beschl. v. 5.10.2010 – 15 ZB 10.1288, BeckRS 2010, 36955

[247] OVG Bautzen Beschl. v. 4.8.2010 – 5 A 538/08, BeckRS 2010, 54093.

[248] BVerwG NuR 1998, 91.

[249] BVerwG VwRR BY 1999, 145; BauR 1999, 232.

[250] BVerwG NVwZ-RR 1999, 364.

vorhandener unbebauter, aber bebauungsfähiger Grundstücke oder freier Flächen, die wegen ihrer natürlichen Beschaffenheit oder wegen ihrer besonderen Zweckbestimmung einer Bebauung entzogen sind – den Eindruck der Geschlossenheit vermittelt. Durch Geländehindernisse, Erhebungen, aber auch durch Einschnitte im Landschaftsbild, wie etwa einen Fluss oder einen Graben, werden Bebauungszusammenhänge unterbrochen.[251] Unbebaute Flächen unterbrechen den Bebauungszusammenhang nicht, wenn sie als Bestandteile einer aufgelockerten Bebauung in Erscheinung treten.[252] Eine tatsächlich vorhandene Baulichkeit bleibt im Rahmen des § 34 I BauGB dann außer Betracht, wenn durch den Erlass einer Beseitigungsverfügung mit dem Abbruch einer baulichen Anlage zu rechnen ist[253] Baulichkeiten, die – wie Schuppen und Garagen – nicht dem ständigen Aufenthalt von Menschen dienen, vermitteln keinen Bebauungszusammenhang.[254] Da der § 34 I BauGB an den faktisch vorhandenen, nicht einmal notwendig nur den genehmigten Baubestand in der näheren Umgebung anknüpft, kommt insbesondere dem Gesichtspunkt, ob diese Bauwerke im Einzelfall mit Zustimmung des Nachbarn errichtet oder erweitert worden sind, keine Bedeutung zu.[255] Für § 34 I 1 BauGB ist eine konkrete, am tatsächlich Vorhandenen ausgerichtete Betrachtung maßgeblich; Gründe einer praktisch handhabbaren Rechtsanwendung sprechen dafür, in erster Linie auf solche Maße abzustellen, die nach außen wahrnehmbar in Erscheinung treten und anhand derer sich die vorhandenen Gebäude in der näheren Umgebung leicht in Beziehung setzen lassen. Ihre (absolute) Größe nach Grundfläche, Geschosszahl und Höhe, bei offener Bebauung zusätzlich auch ihr Verhältnis zur umgebenden Freifläche, prägen das Bild der maßgebenden Umgebung und bieten sich deshalb vorrangig als Bezugsgrößen zur Ermittlung des zulässigen Maßes der baulichen Nutzung an.[256]

3808 Während unter einem Ortsteil jeder Bebauungszusammenhang zu verstehen ist, der nach der Zahl der vorhandenen Bauten ein gewisses Gewicht besitzt und Ausdruck einer organischen Siedlungsstruktur ist, ist eine **Splittersiedlung** eine bloße Anhäufung von Gebäuden.[257] Der Bebauungszusammenhang im Sinne von § 34 I BauGB endet in aller Regel am letzten Baukörper.[258] Eine Besonderheit, von diesem Grundsatz abzuweichen, liegt nicht schon dann vor, wenn weitere Flächen am Ende einer Erschließungsstraße noch bebaut werden könnten. Zur Beantwortung der Frage, ob eine Ansammlung von Wohngebäuden das für einen Ortsteil erforderliche „gewisse Gewicht" besitzt, ist nicht allein ihre Zahl aussagekräftig; vielmehr ist wesentlich auch darauf abzustellen, wie sich diese Ansammlung von Wohngebäuden in ihrer Größe zu den sonstigen Bebauungskomplexen auf dem Gebiet der Gemeinde verhält. Ein Vorhaben, durch das ein Ortsteil weiter in den Außenbereich hinein erweitert und durch eine deshalb zu befürchtende Nachfolgebebauung der Freiraum bis zu einer bislang einen Siedlungssplitter darstellenden Bebauung aufgefüllt würde, beeinträchtigt als Vorgang einer siedlungsstrukturell zu missbilligenden Entwicklung öffentliche Belange.[259] Keine den Gebietscharakter prägende Bedeutung kommt baulichen Anlagen zu, die nach ihrer Qualität völlig aus dem Rahmen der sonst in der näheren Umgebung anzutreffenden Bebauung herausfallen. Bei einem Vorhaben im unbeplanten Innenbereich nach § 34 I BauGB ist das baurechtliche Gebot der Rücksichtnahme verletzt, wenn es sich nach seiner Art oder seinem Maß der baulichen Nutzung, nach seiner Bauweise oder nach seiner überbauten Grundstücksfläche gegenüber dem Nachbarn als rücksichtslos erweist. Bei der Prüfung, ob dem Nachbarn das Bauvorhaben im Einzelfall nicht mehr zugemutet werden kann, können die Höhe und Länge des Vorhabens, die Distanz der baulichen Anlage in Relation zur Nachbarbebauung, die Art der baulichen Nutzung, aber auch das Erscheinungsbild eine Rolle spielen.[260]

3809 Auch ein unbebautes Grundstück unmittelbar am **Waldrand** kann innerhalb einer nach dem Landeswaldrecht nicht bebaubaren Zone Bestandteil eines im Zusammenhang bebauten Ortsteils sein. Bei einem am Waldrand gelegenen Wohngebäude sind die Anforderungen an

---

[251] BVerwG NVwZ 2012, 1631.
[252] BVerwG DVBl. 2012, 1375, David DVBl. 2012, 1377.
[253] OVG Berlin-Brandenburg NVwZ 2013, 888 (LS); BVerwGE 31, 22.
[254] OVG Bautzen Beschl. v. 8.11.2012 – 1 A 285/11, juris; BVerwG ZfBR 2002, 69.
[255] OVG Saarlouis Beschl. v. 15.5.2013 – 2 B 51/13, BeckRS 2013, 50788.
[256] BVerwG ZfBR 2014, 493; Pützenbacher IBR 2014, 502.
[257] BVerwG NVwZ 2012, 1631; VGH München Urt. v. 3.7.2023 – 2 B 22.1722, juris Rn. 13.
[258] BVerwG NVwZ 1999, 763.
[259] OVG Magdeburg NVwZ-RR 2012, 712; BVerwG BRS 27 Nr. 41.
[260] OVG Bautzen Beschl. v. 21.5.2013 – 1 B 260/12, juris.

gesunde Wohnverhältnisse gewahrt, wenn es nur abstrakt der Baumwurfgefahr ausgesetzt ist.[261] Auf der anderen Seite können topografische Besonderheiten dazu führen, dass die Bebauung auf einem angrenzenden Grundstück nicht mehr an diesem Bebauungszusammenhang teilnimmt, etwa weil ein in Hanglage oberhalb eines Ortsteils gelegenes Gebäude von der benachbarten Bebauung horizontal und vertikal deutlich abgesetzt ist.[262]

Ein Grundstück liegt nicht schon deshalb im Innenbereich, weil es von Bebauung umgeben 3810
ist. Erforderlich ist weiter, dass das Grundstück selbst einen Bestandteil des Bebauungszusammenhangs bildet. Größere unbebaute Grundstücksbereiche können daher zum **Außenbereich im Innenbereich** werden.[263] Es handelt sich dabei zwar nicht um einen eigenständigen Rechtsbegriff[264] und auch eine feste Flächenmindestgröße lässt sich dafür nicht ansetzen. Vielmehr kommt es auch auf die Umgebung an. Bei großflächigen Nutzungen – wie einer industriellen Bebauung – rechnen auch größere Flächen noch zum Innenbereich. Bei einer kleinteiligen Flächenstruktur – etwa einer Reihenhaussiedlung – führt eine geringere Flächengröße bereits zu einem Außenbereich. Denn eine nach § 34 BauGB bebaubare Baulücke ist nicht mehr gegeben, wenn die Fläche so groß ist, dass sie in den Möglichkeiten ihrer Bebauung von der bereits vorhandenen Umgebungsbebauung nicht mehr geprägt wird.[265] Unbebaute Flächen zwischen im Zusammenhang bebauten Gebieten können gerade bei zunehmender Verdichtung wichtige Außenbereichsfunktionen etwa als land-, forstwirtschaftliche oder gärtnerisch genutzte Flächen erfüllen.[266] Dabei lässt sich nichts allgemein Gültiges darüber sagen, wie sich etwa die Größe eines solchen unbebauten Grundstücks auf die Anwendbarkeit des § 34 BauGB auswirkt. Zwar findet die Möglichkeit, eine den Bebauungszusammenhang wahrende **Baulücke** anzunehmen, auch in dessen Größe eine obere Grenze. Jedoch lässt sich eine absolute Zahl als Obergrenze nicht festlegen.[267] Auch signifikante Unterschiede in der Bebauungsstruktur unterbrechen dabei einen Bebauungszusammenhang nicht.[268] Freiflächen ehemals militärischer Liegenschaften (Konversionsflächen)[269] dürften danach dem Außenbereich zugehören.[270] Dies gilt etwa für typische Kasernenanlagen umgebende große Freiflächen.[271] Der Gebäudebestand selbst kann demgegenüber bei entsprechendem baulichem Gewicht einen Innenbereich darstellen.

Die Grenzziehung zwischen Außen- und Innenbereich kann nur an äußerlich erkennbare, 3811
mit dem Auge wahrnehmbare Gegebenheiten der vorhandenen Bebauung und der übrigen Geländeverhältnisse anknüpfen. Der Verkehrslärm einer Straße etwa steht grundsätzlich außerhalb dieses Zusammenhangs.[272] Auch Eintragungen in Karten oder nicht verwirklichte Bebauungspläne in der Umgebung des Vorhabengrundstücks zählen nicht zur näheren Umgebung und haben daher keine prägende Wirkung auf das Grundstück. Allerdings bleibt die eigenmächtige Veränderung der außenbereichs-typischen Gestaltung eines Grundstücks bei der Ermittlung der Grenze zwischen Innen- und Außenbereich grundsätzlich unberücksichtigt. Das gilt nicht, wenn die zuständige Behörde erkennen lässt, dass sie sich mit dem Vorhandensein ungenehmigter Bauten abgefunden hat und eine außenbereichsfremde Nutzung auf Dauer dulden will.[273] Ein im Zusammenhang bebauter Ortsteil kann nach Auffassung des BVerwG

---

[261] BVerwG NVwZ-RR 1998, 157.

[262] BVerwG NVwZ 1998, 58.

[263] OVG Lüneburg NdsVBl. 2024, 43 = juris Rn. 34; BVerwG Beschl. v. 15.9.2005 – 4 BN 37.05, juris Rn. 3; OVG Münster Urt. v. 23.4.2024 – 7 A 494/23, juris Rn. 27.

[264] BVerwG ZfBR 2006, 54.

[265] BVerwGE 41, 227.

[266] BVerwG Urt. v. 26.5.1967 – 4 C 38.66, juris.

[267] OVG Lüneburg NVwZ 2021, 1558 = juris Rn. 8; NVwZ-RR 2022, 20; BVerwG ZfBR 2019, 796 = juris Rn. 8; BVerwGE 41, 227; NVwZ 1991, 64.

[268] VGH München NVwZ-RR 1992, 341.

[269] Kleiber ZfBR 1993, 269; Moog FWW 1988, 170; Stich WiVerw. 1990, 163; Thiemann BBauBl. 1992, 811, der zwischen dem historischen Beschaffenheitszustand und einer etwaigen Umgestaltung der Liegenschaft unterscheidet. Zur planungsrechtlichen Einordnung von Konversionsflächen Manssen BauR 2008, 31.

[270] Zur Umnutzung eines für die zivile Nutzung vorgesehenen, aus der militärischen Trägerschaft entlassenen ehemaligen Militärflugplatzes BVerwG UPR 1997, 106; zur Revitalisierung von Konversionsflächen Dombert/Penski UPR 2023, 12.

[271] Uechtritz BauR 1996, 485.

[272] BVerwG NVwZ 1991, 879

[273] VGH Kassel NuR 1990, 277.

auch nur auf dem Gemarkungsgebiet der planungsbefugten Gemeinde bestehen. Eine Erstreckung auf die bebauten Gebiete einer angrenzenden Gemeinde sieht die gesetzliche Regelung demgegenüber nach Auffassung des BVerwG nicht vor.[274] Ebenso kann ein größeres Grundstück teilweise dem Innenbereich und teilweise dem Außenbereich angehören.[275]

3812 Bei Anwendung dieser Grundsätze wird sich dem Gericht bei der Prüfung, ob eine aufeinander folgende Bebauung trotz dazwischenliegender unbebauter Flächen den Eindruck der Geschlossenheit oder Zusammengehörigkeit vermittelt und das zur Bebauung anstehende Grundstück an diesem Bebauungszusammenhang teilhat, häufig eine **Ortsbesichtigung** zur sachgerechten und umfassenden Tatsachenfeststellung anbieten. Dies bedeutet freilich nicht, dass über die Frage der Zugehörigkeit eines Grundstücks zum Innen- oder Außenbereich durch das Gericht stets nur auf der Grundlage eines Augenscheins entschieden werden darf. Vielmehr gilt auch hier der allgemeine Grundsatz, dass das Gericht Umfang und Art der Tatsachenermittlung nach pflichtgemäßem Ermessen bestimmt.[276] Die Überzeugungsbildung kann dabei auch auf Kartenmaterial, Fotos und Luftbilder (ggf. auch aus dem Internet) oder auch auf Schilderungen ortskundiger Verfahrensbeteiligter gestützt werden. Lichtbilder und Lagepläne sind im Rahmen von § 86 I VwGO unbedenklich verwertbar, wenn sie die Örtlichkeiten in ihren für die gerichtliche Beurteilung maßgeblichen Merkmalen so eindeutig ausweisen, dass sich der mit einer Ortsbesichtigung erreichbare Zweck mit ihrer Hilfe ebenso zuverlässig erfüllen lässt. Ist dies der Fall, so bedarf es unter dem Gesichtspunkt des Untersuchungsgrundsatzes keiner Durchführung einer Ortsbesichtigung. Das gilt nur dann nicht, wenn ein Beteiligter geltend macht, dass die Karten oder Lichtbilder in Bezug auf bestimmte, für die Entscheidung wesentliche Merkmale keine Aussagekraft besitzen, und dies zutreffen kann.[277] Maßgeblich für die Beurteilung im Rahmen von § 86 I 1 VwGO ist allein, ob die dem Gericht bereits vorliegenden Erkenntnisquellen für die bei der Abgrenzung des Innenbereichs vom Außenbereich vorzunehmende Bewertung der örtlichen Gegebenheiten im Einzelfall ausreichen. Lichtbilder sind im Rahmen des § 86 VwGO unbedenklich verwertbar, wenn sie die Örtlichkeit in ihren für die gerichtliche Beurteilung maßgeblichen Merkmalen so eindeutig ausweisen, dass sich der mit einer Ortsbesichtigung erreichbare Zweck mit ihrer Hilfe ebenso zuverlässig erfüllen lässt. Ist dies der Fall, bedarf es unter dem Aspekt des Untersuchungsgrundsatzes zusätzlich der Durchführung einer Ortsbesichtigung nur dann, wenn ein Beteiligter geltend macht, dass die Fotos in Bezug auf bestimmte, für die Entscheidung wesentliche Merkmale keine Aussagekraft besitzen.[278] Einer Einordnung in den Innen- oder Außenbereich bedarf es nicht, wenn das beantragte Vorhaben nach beiden für sie geltenden Regelungsbereichen unzulässig ist.[279]

3813 Ein Bebauungszusammenhang zwischen zwei mit Gebäuden versehenen Bereichen wird nicht notwendig immer ausgeschlossen, wenn es infolge eines Geländehindernisses an einer optischen Verbindung zwischen den beiden Bebauungskomplexen fehlt.[280] Auf die Grundstücksgrenzen kommt es für die Ausdehnung des Bebauungszusammenhangs nicht entscheidend an.[281] Dies gilt auch hinsichtlich des Merkmals der „Grundstücksfläche, die überbaut werden soll“[282] Der unbebaute Teil eines bebauten Grundstücks kann aber im Einzelfall den Bebauungszusammenhang unterbrechen.[283]

3814 Ein generalisierender Rechtssatz wäre auch mit den unterschiedlichen Kriterien für die Abgrenzung von Innen- und Außenbereich einerseits und der für das Einfügen maßgeblichen näheren Umgebung andererseits nicht in Einklang zu bringen: Einen Bebauungszusammenhang können nur Bauwerke selbst herstellen oder zu seiner Entwicklung beitragen, die optisch wahrnehmbar sind und ein gewisses Gewicht haben, so dass sie geeignet sind, ein Gebiet als

---

[274] BVerwGE 27, 137zum gemeindeübergreifenden Innenbereich.

[275] BVerwG NJW 1977, 1979. In diesen Fällen scheitert ein Teilungsbegehren zum Zwecke der Bebauung des Innenbereichsgrundstücksteils nicht an der Größe des zu teilenden Grundstücks.

[276] BVerwG NVwZ 1997, 899.

[277] BVerwG ZfBR 2009, 277 zu Luftbildaufnahmen oder Ortsbesichtigung, so auch VGH München Beschl. v. 19.8.2009 – 14 ZB 09.319, BeckRS 2009, 43587.

[278] BVerwG Beschl. v. 30.10.1996 – 4 B 195.96, BeckRS 1996, 31227321.

[279] BVerwG NVwZ-RR 1992, 227; OVG Schleswig, Urt. v. 23.9.1993 – 1 L 328/91, BeckRS 1993, 10181.

[280] So etwa für einen Felsen, der einen bebauten Uferstreifen durchbricht BVerwG NuR 1990, 22.

[281] BVerwG BRS 20 Nr. 38 (1968); BVerwGE 35, 256; Beschl. v. 11.6.1992 – 4 B 88.92, juris.

[282] BVerwG NVwZ 1989, 354.

[283] BVerwG Beschl. v. 22.7.1993 – 4 B 78.93, BeckRS 1993, 31228521.

einen Ortsteil mit einem bestimmten Charakter zu prägen[284] Im Unterschied dazu ist für die Beurteilung der Eigenart der näheren Umgebung alles an Bebauung in den Blick zu nehmen, was tatsächlich vorhanden ist und nach außen wahrnehmbar in Erscheinung tritt;[285] außer Acht gelassen werden darf lediglich, was die Bebauung nicht prägt, weil es nicht die Kraft hat, die Eigenart der näheren Umgebung zu beeinflussen, oder in ihr gar als Fremdkörper erscheint.[286] Anknüpfend an diese Unterschiede können Baulichkeiten auch dann die Eigenart der näheren Umgebung prägen, wenn sie nicht imstande sind, einen im Zusammenhang bebauten Ortsteil zu bilden.[287] Andererseits reicht der die nähere Umgebung bildende Bereich – innerhalb des im Zusammenhang bebauten Ortsteils – nur so weit, wie sich die Ausführung des zur Genehmigung gestellten Vorhabens auswirken kann und wie die Umgebung ihrerseits den bodenrechtlichen Charakter des Baugrundstücks prägt oder doch beeinflusst.[288] Ein bebautes Grundstück kann auch dann zum Bebauungszusammenhang eines Ortsteils gehören, wenn die Bebauung nicht zur maßstabsbildenden näheren Umgebung des betreffenden Grundstücks zählt.

Ein **Lebensmittelmarkt** gehört nicht allein deshalb und gleichsam automatisch zu der für **3815**
die Art der baulichen Nutzung maßgeblichen näheren Umgebung eines anderen Lebensmittelmarktes im Sinne von § 34 I 1 und II BauGB, weil sich betriebswirtschaftlich die für die Nahversorgung maßgeblichen Kundenkreise überschneiden. Diese nähere Umgebung ist für die in § 34 I 1 BauGB bezeichneten Kriterien jeweils gesondert abzugrenzen.[289] Maßstabsbildend ist die Umgebung, insoweit sich die Ausführung eines Vorhabens auf sie auswirken kann und insoweit, als die Umgebung ihrerseits den bodenrechtlichen Charakter des Baugrundstücks prägt oder doch beeinflusst.[290] Das Vorhabengrundstück ist Teil der näheren Umgebung.[291] Bei der Anwendung des § 34 II BauGB ist die nähere Umgebung dabei der Umgriff, der hinsichtlich der Art der baulichen Nutzung nach § 34 I 1 BauGB maßgeblich ist. Denn für die Beurteilung eines Bereichs als eines faktischen Baugebiets im Sinne von § 34 II BauGB ist gleichfalls die nähere Umgebung im Sinne des § 34 I BauGB maßgebend.[292]

Die für die Abgrenzung der näheren Umgebung maßgebliche **wechselseitige Prägung** **3816**
ergibt sich dabei nicht aus städtebaulichen Fernwirkungen der in § 11 III 2 BauNVO beschriebenen Art, sondern aus den in § 34 I BauGB genannten städtebaulichen Merkmalen: Art und Maß der baulichen Nutzung, Bauweise und überbaubare Grundstücksfläche. Diese Merkmale prägen – vom Vorhaben aus gesehen – im Sinne einer Vorbildwirkung nur einen begrenzten Bereich. Umgekehrt wird das Grundstück, auf dem das Vorhaben verwirklicht werden soll, in diesen Merkmalen nur von anderen Nutzungen in einem begrenzten räumlichen Umfeld geprägt.[293] Dabei lassen sich die Grenzen der näheren Umgebung nicht schematisch festlegen, sondern sind nach der städtebaulichen Situation zu bestimmen, in die das für die Bebauung vorgesehene Grundstück eingebettet ist.[294] Aus der Maßgeblichkeit der städtebaulichen Merkmale im jeweiligen Einzelfall folgt, dass ein Lebensmittelmarkt nicht allein deshalb und gleichsam automatisch zu der für die Art der baulichen Nutzung maßgeblichen näheren Umgebung eines anderen Lebensmittelmarktes gehört, weil sich betriebswirtschaftlich die für die Nahversorgung maßgeblichen Kundenkreise überschneiden.[295]

Im nicht beplanten Innenbereich ist grundsätzlich maßgeblich, was man in der Umgebung **3817**
sieht, nicht was etwa in Plänen wie dem Flächennutzungsplan oder einem Regionalplan steht. Bei der Aufnahme des Vorhandenen kann es allerdings zu Korrekturerfordernissen kommen: Was zum Abriss ansteht oder sogar abgerissen worden ist, kann noch zur Umgebung zählen, wenn es dieselbe noch prägt. Aufgegebene Nutzungen verlieren ihre Prägung, wenn eine neue Nutzung aufgenommen worden ist und die Verkehrsauffassung nicht mehr damit rechnet, dass die alte Nutzung zurückkehrt. Ein Außenbereichsvorhaben unmittelbar an den Grenzen eines

---

284 BVerwG NVwZ 1993, 985; BVerwGE 152, 275 Rn. 15.
285 BVerwGE 95, 277 (279).
286 BVerwGE 84, 322 (325).
287 BVerwGE 157, 1.
288 grundlegend BVerwGE 55, 369 (3809.
289 BVerwG NVwZ 2014, 1246.
290 BVerwGE 55, 369 (380); NVwZ 2019, 1456 Rn. 11.
291 BVerwG NVwZ 2018, 1231.
292 BVerwG BRS 63 Nr. 102 (2000).
293 BVerwGE 68, 360 (368).
294 BVerwG BauR 2009, 1564 Rn. 5.
295 BVerwG NVwZ 2020, 322; Schröer/Kümmel NVwZ 2020, 325; BVerwGE 124, 364.

Ortsteils ist nach § 35 II BauGB im Einzelfall jedenfalls dann zulässig, wenn der Flächennutzungsplan das fragliche Grundstück seit Jahren unverändert als Wohnbaufläche darstellt, der gesamte Ortsteil in der jüngeren Vergangenheit auf dieser Grundlage ohne Bebauungsplan formell legal entstanden ist und sich eine potenzielle Vorbildwirkung allenfalls auf (noch) wenige Grundstücke beziehen kann.[296]

3818 Zur Bebauung im Sinne des § 34 I 1 BauGB gehören grundsätzlich nur Bauwerke, die dem ständigen Aufenthalt von Menschen dienen. Baulichkeiten, die nur vorübergehend genutzt werden oder in einem weiteren Sinne **„Nebenanlagen"** zu einer landwirtschaftlichen, (klein-)gärtnerischen oder sonstigen Hauptnutzung sind, sind in aller Regel keine Bauten, die für sich genommen ein für die Siedlungsstruktur prägendes Element darstellen[297]. Maßgeblich bleibt, ob die Bebauung geeignet ist, dem Gebiet im Sinne einer nach der Siedlungsstruktur angemessenen Fortentwicklung ein bestimmtes städtebauliches Gepräge zu verleihen.[298]

3819 Auch **Straßen oder Wege** können von Bedeutung sein. Ob sie geeignet sind, einen Bebauungszusammenhang herzustellen, eine trennende Funktion erfüllen oder für die Abgrenzung von Innen- und Außenbereich ohne jegliche Aussagekraft sind, kann stets nur das Ergebnis einer Wertung und Bewertung des konkreten Sachverhalts sein.[299]

3820 Grundsätzlich endet der Bebauungszusammenhang mit dem **letzten bebauten Grundstück.**[300] Auch die erste Errichtung eines Wohngebäudes im Außenbereich kann daher den nach § 35 III Nr. 7 BauGB zu missbilligenden Vorgang der Zersiedlung der Landschaft einleiten und damit die Befürchtung des Entstehens einer Splittersiedlung begründen.[301] Bei besonderen Lageverhältnissen können aber auch noch unmittelbare **Anschlussbereiche**, die von dem übrigen Außenbereich abgesetzt sind, zum Innenbereich zählen. Der Bebauungszusammenhang reicht so weit, wie die zusammenhängende Bebauung den Eindruck der Geschlossenheit vermittelt und die zur Bebauung vorgesehene Fläche selbst diesem Zusammenhang angehört. Dabei können auch die topografischen Gegebenheiten eine Rolle spielen. Der Bebauungszusammenhang kann durch Geländehindernisse, Erhebungen oder Einschnitte (Dämme, Böschungen, Flüsse und dergleichen) beeinflusst werden.[302] Die Berücksichtigung solcher äußerlich erkennbaren Umstände kann dazu führen, dass der Bebauungszusammenhang im Einzelfall abweichend von der Regel nicht am letzten Baukörper endet, sondern noch ein oder mehrere unbebaute Grundstücke bis zu einer sich aus der örtlichen Situation ergebenden natürlichen Grenze miteinschließt. Aus der Aufgabe der Nutzung einer Bundesschule folgt nicht, die aufgegebene Nutzung habe keine fortwirkende Beachtlichkeit für die Bewertung der Eigenart der näheren Umgebung. Auch eine eingestellte Nutzung behält ihre prägende Kraft solange, wie nach der Verkehrsauffassung mit der Aufnahme einer gleichartigen (nicht gleichen) Nutzung gerechnet werden kann.[303]

3821 Nicht jede noch so unbedeutende bauliche Anlage ist eine „Bebauung" iS des § 34 I BauGB. Unter diesen Begriff fallen nur Anlagen, die – außer optisch wahrnehmbar zu sein – von solchem Gewicht sind, dass sie ein Gebiet als einen Ortsteil mit einem bestimmten Charakter prägen. Hierzu gehören am Rande der Ortslage gelegene, mit Schotter befestigte Stellplätze[304] oder sonstige befestigte Flächen, wie etwa Reitplätze, unbeschadet ihrer Eigenschaft als bauliche Anlage iS des § 29 I BauGB, regelmäßig nicht, da sie nicht maßgeblich zum Eindruck der Geschlossenheit beitragen.[305] Eine zusammenhängende Bebauung setzt allerdings keine ununterbrochene Aufeinanderfolge von Baulichkeiten voraus.[306] Auch unbebaute Flä-

[296] OVG Münster BauR 2019, 1290.
[297] BVerwGE 152, 275 Rn. 15 mwN.
[298] BVerwG ZfBR 2019, 796; ZfBR 2017, 471 Rn. 9; Beschl. v. 27.3.2018 – 4 B 4.18, BeckRS 2018, 24494 Rn. 8.
[299] OVG Münster Urt. v. 27.3.2024 – 10 A 1230/19, juris Rn. 93; VGH München Beschl. v, 3.4.2023 – 1 ZB 22.2558, juris Rn. 10; BVerwG Urt. v. 30.6.2015 – 4 C 5.14, juris Rn. 13, Beschl. v. 10.3.1994 – 4 B 50.94, juris Rn. 3.
[300] BVerwG NJW 1976, 1855; Beschl. v. 18.12.1987 – 4 B 249.87, BeckRS 1987, 31234394; LKV 1992, 30.
[301] BVerwGE 18, 242. VGH Mannheim Urt. v. 17.12.1998 – 5 S 52/97, juris.
[302] BVerwGE 31, 26; BVerwGE 75, 34; NVwZ 1991, 64.
[303] OVG Münster Urt. v. 29.4.2011 – 7 A 45/09, BeckRS 2011, 50511.
[304] BVerwG BauR 1993, 300.
[305] BVerwG NVwZ 1993, 985; NVwZ 1994, 294; BauR 1993, 303.
[306] BVerwGE 31, 20.

chen, die zwischen bebauten Grundstücken liegen, können am Bebauungszusammenhang teilhaben, sofern durch sie der Eindruck der Zusammengehörigkeit und Geschlossenheit nicht verloren geht. Ob eine Unterbrechung des Zusammenhangs vorliegt oder nicht, lässt sich nicht unter Anwendung von geografisch-mathematischen Maßstäben bestimmen. Vielmehr bedarf es einer am konkreten Sachverhalt orientierten Wertung und Bewertung.[307] Bei dieser Bewertung ist nur eine komplexe, die gesamten örtlichen Gegebenheiten erfassende Betrachtung sachgerecht. Ob ein unbebautes Grundstück, das sich einem Bebauungszusammenhang anschließt, diesen Zusammenhang fortsetzt oder unterbricht, hängt davon ab, inwieweit nach der „Verkehrsauffassung" die aufeinander folgende Bebauung trotz der vorhandenen Baulücke den Eindruck der Geschlossenheit oder der Zusammengehörigkeit vermittelt. Dabei lassen sich keine allgemein gültigen Erkenntnisse darüber gewinnen, wie sich namentlich die Größe eines solchen unbebauten Bereichs auf die Anwendbarkeit des § 34 I BauGB auswirkt.[308] Können selbst Flächen, die keinerlei bauliche Nutzung aufweisen, einen Bestandteil des Bebauungszusammenhangs bilden, so gilt dies nicht minder für Grundstücke, auf denen sich zwar keine Hochbauten befinden, auf denen sich aber eine Bautätigkeit immerhin in einer sichtbaren Veränderung der Geländeoberfläche niedergeschlagen hat.[309] Für die Frage, ob ein bebautes Grundstück Teil eines im Zusammenhang bebauten Ortsteils nach § 34 I 1 BauGB sein kann, ist ausschlaggebend, ob eine vorhandene oder als vorhanden zu fingierende Bebauung dem Gebiet im Sinne einer nach der Siedlungsstruktur angemessenen Fortentwicklung ein bestimmtes städtebauliches Gepräge verleihen kann. Ob eine großflächige Lagerhalle dazu in der Lage ist, hängt von den Umständen des Einzelfalls ab.[310]

Angrenzende **Verkehrsflächen** gehören grundsätzlich nicht zur näheren Umgebung iS des 3822
§ 34 I BauGB, weil sie für eine Bebauung nicht zur Verfügung stehen.[311] Ein **Sportplatz** stellt keinen Bebauungszusammenhang iS des § 34 I BauGB her, auch wenn auf ihm einzelne untergeordnete bauliche Nebenanlagen, wie etwa Kassenhäuschen oder Flutlichtmasten, vorhanden sind. Zu der maßstabsbildenden „vorhandenen Bebauung" kann auch ein qualifiziert beplantes Gebiet gehören. Unbebaute Grundstücke des beplanten Gebietes sind allerdings nicht deshalb wie eine bereits vorhandene Bebauung zu behandeln, weil sie nach § 30 I BauGB bebaut werden dürfen.[312] Das unterstreicht auch der Wortlaut von § 34 I 1 BauGB, der ersichtlich als (im Zusammenhang) „bebaut" die Grundstücke mit „vorhandener Bebauung" begreift. Auf die Möglichkeit einer Bebauung kommt es nicht an.[313] Auch ein Gebäude, das wegen der Aufgabe der **militärischen Nutzung** seinen Bestandsschutz verloren hat, kann für die Beurteilung, ob ein Grundstück zum unbeplanten Innenbereich gehört, zu berücksichtigen sein.[314]

b) Bebaute Grundstücke, beseitigter Altbestand. Ein bebautes Grundstück unterbricht 3823
nicht den Bebauungszusammenhang, es sei denn, die Bebauung ist im Verhältnis zur Größe des Grundstücks nur von ganz untergeordneter Bedeutung. So wird etwa ein Kleingartengebiet nicht dadurch zu einem im Zusammenhang bebauten Ortsteil iS des § 34 I BauGB, dass die Einzelgärten durchgehend mit Lauben bebaut sind.[315] Ein schmaler und kurzer Stichweg, der eine geringe Zahl von kleingärtnerisch genutzten Parzellen erschließt, ist zudem keine gemeinschaftliche Einrichtung, die allein geeignet ist, den Gärten den Charakter einer Kleingartenanlage nach § 1 I Nr. 2 BKleingG zu verleihen.[316] Die Bebauung des Grundstücks braucht sich nach Art und Maß der Nutzung, Bauweise und der überbaubaren Grundstücksfläche nicht von der Umgebungsbebauung zu unterscheiden. Bei der Frage, ob ein parkartiges Grundstück innerhalb eines Bebauungszusammenhangs liegt, kann der zwecks Wiederbebauung des Grundstücks beseitigte **Altbestand** als rechtlich fortwirkend zu berücksichtigen sein.[317] Ein zum Zweck der Wiederherstellung eines Innenbereichsgrundstücks beseitigter Altbestand verliert nicht dadurch seine die Innenbereichsqualität des Grundstücks wahrende und die Eigenart

---

307 BVerwGE 31, 20; BVerwGE 41, 227; NVwZ-RR 1989, 6; NVwZ-RR 1989, 4.
308 BVerwG NVwZ 1997, 899.
309 BVerwG BauR 1993, 303.
310 BVerwG BRS 86 Nr. 59 (2018); ZfBR 2017, 471.
311 BVerwG ZfBR 2001, 142.
312 so bereits BVerwG BauR 1976, 185.
313 BVerwG NVwZ 2001, 70.
314 BVerwG NVwZ 2003, 211.
315 BVerwG NJW 1984, 1576.
316 BGH NJW-RR 2006, 385.
317 VGH Mannheim ZfBR 2017, 480; BVerwG ZfBR 1980, 294.

der näheren Umgebung mitprägende Wirkung, dass über die Art und Weise der Bebauung mit Gemeinde und Bauaufsichtsbehörde jahrelang verhandelt wird.[318] Eine beseitigte bauliche Anlage kann ihre für die Eigenart der näheren Umgebung prägende Wirkung solange behalten, wie nach der Verkehrsauffassung mit der Aufnahme einer gleichartigen Nutzung gerechnet werden kann.[319]

3824 Auch eine vorhandene, aber **nicht genehmigte Bebauung** ist zu berücksichtigen, wenn sie in einer Weise geduldet wird, die keine Zweifel daran lässt, dass die zuständigen Behörden sich mit ihrem Vorhandensein abgefunden haben.[320] Insoweit ist es unbeachtlich, ob die vorhandene Bebauung oder die ausgeübte Nutzung materiell illegal ist, solange die zuständigen Behörden den Zustand dulden.[321] Eine länger andauernde Hinnahme oder Duldung der ungenehmigten Nutzung führt nicht zur Verwirkung der Befugnis, auf die Einhaltung der öffentlich-rechtlichen Vorschriften zu achten.[322] Ist der Altbestand schon über längere Zeit beseitigt, kann für die Frage der fortwirkenden Innenbereichsqualität des Grundstücks auch das Verhalten des Grundstückseigentümers von Bedeutung sein. Es reicht für den Fortbestand der Innenbereichsqualität des Grundstücks aus, dass der Bauwillige sich fortlaufend um eine Bebauung seines Grundstücks bemüht hat. Ein Altbestand wirkt daher rechtlich fort, solange noch ein Verwaltungsstreitverfahren anhängig ist.[323] Auch vor einem Verwaltungsstreitverfahren unternommene ernsthafte Versuche zur **Wiederbebauung** eines freigelegten Innenbereichsgrundstücks, das von seiner Größe geeignet ist, sich zur Außenbereichsinsel im Innenbereich zu wandeln, lässt dessen Rechtsqualität nicht untergehen. Dies gilt jedenfalls dann, wenn die Versuche letztlich an behördlichen Einwendungen gegen das Vorhaben scheitern und erst danach der Verwaltungsrechtsweg beschritten wird.[324] Eine widerruflich oder befristet genehmigte Bebauung, bei der die zuständige Behörde stets zu erkennen gegeben hat, dass sie diese nicht auf Dauer genehmigen oder auch nur dulden werde, ist nicht als vorhandene, die Umgebung prägende Bebauung zu berücksichtigen, wenn es um die Beurteilung der Zulässigkeit eben dieser Bebauung geht. Ergibt sich aus der vorhandenen Bebauung eine faktische Baulinie, so kann eine dahinter zurückspringende Bebauung sich nach der „überbaubaren Grundstücksfläche" nicht mehr in die Eigenart der näheren Umgebung einfügen.[325]

3825 Eine **tatsächlich beendete Nutzung** kann noch den Rahmen der näheren Umgebung iS des § 34 I BauGB mitbestimmt, unabhängig davon, ob die Nutzung noch Bestandsschutz (Art. 14 I GG) genießen würde.[326] Eine ursprünglich vorhandene Prägung der näheren Umgebung wirkt auch noch für eine gewisse Zeit nach Aufgabe einer Nutzung nach. Ist sie jedoch endgültig aufgegeben, eine neue Nutzung aufgenommen und muss nach der Verkehrsauffassung nicht mehr mit einer Wiederaufnahme der vormaligen Nutzung gerechnet werden, dann verliert diese Nutzung auch ihre vormalige prägende Wirkung.[327] Denn eine aufgegebene Nutzung verliert nicht automatisch ihre prägende Kraft im Sinne des § 34 II BauGB. Die Prägung dauert vielmehr fort, solange mit einer Wiederbebauung oder einer Wiederaufnahme der Nutzung zu rechnen ist. Innerhalb welcher zeitlichen Grenzen Gelegenheit besteht, an die früheren Verhältnisse wieder anzuknüpfen, richtet sich nicht nach festen zeitlichen Regeln, sondern nach der Verkehrsauffassung.[328]

3826 Für die Beurteilung des im Zusammenhang bebauten Ortsteils sind die **tatsächlichen Verhältnisse** vor Ort, nicht die Darstellungen des **Flächennutzungsplans** oder von **Nachbarbebauungsplänen** von Bedeutung.[329] Auch die Frage, ob eine bauliche Anlage einem

---

318 BVerwG NVwZ 1987, 406; NVwZ 1982, 312; BVerwGE 68, 360.

319 VGH Mannheim ZfBR 2017, 480 = juris Rn. 9 ff.; VGH Mannheim BauR 2017, 220.

320 OVG Münster Urt. v. 14.9.2023 – 2 A 577/21, juris Rn. 56; BVerwG BRS 60 Nr. 82 = juris Rn. 6; BRS 50 Nr. 75.

321 OVG Münster Urt. v. 14.9.2023 – 2 A 577/21, juris Rn. 58; BVerwG Beschl. v. 11.2.2000 – 4 B 1.00–, BRS 63 Nr. 102 = juris Rn. 14.

322 OVG Schleswig NordÖR 2011, 420 (LS).

323 BVerwGE 68, 360.

324 BVerwG NVwZ 1987, 406.

325 BVerwG NVwZ–RR 1999, 364.

326 BVerwG NVwZ 1982, 312; NVwZ 1987, 406; BauR 1988, 574; BVerwGE 72, 362; NVwZ 1989, 667.

327 BVerwG NVwZ 1982, 312; BVerwGE 75, 34.

328 OVG Magdeburg Beschl. v. 1.3.2011 – 4 L 87/10, BeckRS 2011, 48543.

329 BVerwG BauR 2000, 1171.

im Zusammenhang bebauten Ortsteil zuzurechnen ist, hängt von den tatsächlichen Verhältnissen vor Ort und nicht davon ab, ob sie Bestandsschutz genießt.[330] Auch für die Beurteilung dessen, was als prägende nähere Umgebung zu gelten hat, ist grundsätzlich die tatsächlich vorhandene Nutzungsweise maßgeblich. Dasselbe gilt für die Frage der planungsrechtlichen Vorbelastung durch in der näheren Umgebung bereits vorhandene Anlagen.[331] Den Maßstab für die Zulassung weiterer Bebauung bilden ausschließlich die äußerlich erkennbaren, mit dem Auge wahrnehmbaren Gegebenheiten. Ein Bereich, der nach seinem tatsächlichen Erscheinungsbild unbebaut ist, weist daher nicht allein deshalb, weil er in einem Landschaftsplan als Baugebiet dargestellt ist, die Merkmale eines Bebauungszusammenhangs auf.[332] Zu einer Bebauung iS von § 34 I BauGB zählen nur Bauwerke, die genügendes Gewicht besitzen, um der näheren Umgebung ein bestimmtes Gepräge zu verleihen. Hierzu gehören befestigte Stell- oder Tennisplätze nicht, da ihnen die maßstabsbildende Kraft fehlt, auch wenn sie bauliche Anlagen iS des § 29 BauGB sind.[333] Die Rechtsprechung zur Abgrenzung des Innen- und Außenbereichs kann dabei auf die Abgrenzung der näheren Umgebung iS des § 34 BauGB sinngemäß übertragen werden. Infolge topografischer Gegebenheiten können unmittelbar aneinandergrenzende bebaute Grundstücke gleichwohl zu zwei unterschiedlichen Baugebieten gehören, etwa wenn einem Steilhang im Grenzbereich eine trennende Funktion zukommt.[334]

Eine **Erweiterung der Bebauung vom Innenbereich in den Außenbereich** hinein ist 3827
nicht nach § 34 BauGB, sondern nach § 35 BauGB zu beurteilen. Derartige Erweiterungen sind grundsätzlich unzulässig, wenn sie nicht nach § 35 I BauGB privilegiert sind und öffentliche Belange durch das Vorhaben beeinträchtigt werden. So kann etwa die Erweiterung eines im Innenbereich gelegenen Sanatoriums in den Außenbereich hinein öffentliche Belange beeinträchtigen.[335] Beurteilt sich die planungsrechtliche Zulässigkeit eines Vorhabens nach den Außenbereichsvorschriften, weil das Antragsgrundstück weder im Bereich eines qualifizierten Bebauungsplans noch in einem im Zusammenhang bebauten Ortsteil liegt, so können in einem einfachen Bebauungsplan nach § 30 III BauGB Festsetzungen nach § 9 BauGB getroffen werden.[336] Derartige Festsetzungen sind aber nur in einem Bebauungsplan möglich. Davon unabhängig gibt es keine Rechtsgrundlage für isolierte Festsetzungen nach § 1 IX BauNVO, wenn diese nicht in einem einfachen Bebauungsplan nach § 30 III BauGB erfolgen.[337]

Hinweis: Eine nähere Prüfung, ob ein Grundstück bauplanungsrechtlich dem Innen- oder dem Außenbereich zuzurechnen ist, wird in aller Regel nur im Hauptsacheverfahren vorgenommen werden, weil sich eine Beweisaufnahme im vorläufigen Rechtsschutzverfahren grundsätzlich verbietet.[338]

II. Zulässigkeitsvoraussetzungen

Innerhalb der im Zusammenhang bebauten Ortsteile ist ein Vorhaben nach § 34 I BauGB 3828
zulässig, wenn es sich nach Art und Maß der baulichen Nutzung, der Bauweise und der Grundstücksfläche, die überbaut werden soll, in die Eigenart der näheren Umgebung einfügt und die Erschließung gesichert ist. Die Anforderungen an gesunde Wohn- und Arbeitsverhältnisse müssen gewahrt bleiben; das Ortsbild darf nicht beeinträchtigt werden.

330 BVerwG BauR 1993, 300.

331 BVerwGE 59, 253; Urt. v. 7.2.1986 – 4 C 49.82 – Buchholz 406.12 § 6 BauNVO Nr. 6.

332 BVerwG BauR 2000, 1171.

333 BVerwG ZfBR 2000, 426; NVwZ 1991, 879; Beschl. v. 18.6.1997 – 4 B 238.96, juris Rn. 138 und 186.

334 BVerwG NVwZ-RR 1999, 105; UPR 1999, 26.

335 BVerwG ZfBR 1984, 152.

336 Zur Anwendung des § 35 BauGB neben einem einfachen Bebauungsplan Mitschang/Reidt in BKL, BauGB, 2022, Rn. 10 zu § 35 BauGB. Festsetzungen eines einfachen Bebauungsplans sind nur insoweit geeignet, einem öffentlichen Belang die gegen das Außenbereichsvorhaben sprechende Wirkung zu nehmen, als sie in Bezug auf diesen Belang eine Aussage treffen, so BVerwG Beschl. v. 21.6.1983 – 4 B 68.83, juris.

337 VGH Mannheim NVwZ-RR 1993, 122.

338 OVG Magdeburg Beschl. v. 27.4.2011 – 4 M 43/11, BeckRS 2011, 50655.

1. Sich einfügen (§ 34 I BauGB)

3829 Das Vorhaben muss sich nach § 34 I BauGB in die **Eigenart der näheren Umgebung** einfügen. Dazu ist zunächst aus der Umgebung des Vorhabens ein **Rahmen** zu ermitteln. Berücksichtigt werden muss bei der Ermittlung des Rahmens die Umgebung einmal insoweit, als sich die Ausführung des Vorhabens auf sie auswirken kann, und zweitens insoweit, als die Umgebung ihrerseits den bodenrechtlichen Charakter des Baugrundstücks prägt oder doch beeinflusst.[339] Der die nähere Umgebung im Sinne von § 34 I 1 BauGB bildende Bereich reicht so weit, wie sich die Ausführung des zur Genehmigung gestellten Vorhabens auswirken kann und wie die Umgebung ihrerseits den bodenrechtlichen Charakter des Baugrundstücks prägt oder doch beeinflusst,[340] wobei auf das abzustellen ist, was in der Umgebung tatsächlich vorhanden ist.[341] Hierzu kann auch eine bereits verwirklichte Bebauung in einem durch (einfachen, vorhabenbezogenen oder qualifizierten) Bebauungsplan überplanten Gebiet gehören.[342] Bei dem Merkmal des Sicheinfügens geht es (auch) um den Standort im Sinne des § 23 BauNVO.[343] Maßstabsbildend im Sinne des § 34 I 1 BauGB ist dabei die Umgebung, insoweit sich die Ausführung eines Vorhabens auf sie auswirken kann und insoweit, als die Umgebung ihrerseits den bodenrechtlichen Charakter des Baugrundstücks prägt oder doch beeinflusst[344]. Dabei muss die Betrachtung auf das Wesentliche zurückgeführt und alles außer Acht gelassen werden, was die vorhandene Bebauung nicht prägt oder in ihr als Fremdkörper erscheint.[345]

3830 Abzustellen ist auf das, was in der Umgebung des Vorhabens **tatsächlich vorhanden** ist.[346] Ein Vorhaben, das sich in jeder Hinsicht innerhalb des aus seiner Umgebung hervorgehenden Rahmens hält, fügt sich in der Regel seiner Umgebung ein. Auch ein Vorhaben, das sich nicht in jeder Hinsicht innerhalb des aus seiner Umgebung hervorgehenden Rahmens hält, kann sich in die Umgebung einfügen. Das ist der Fall, wenn es weder selbst noch infolge einer nicht auszuschließenden Vorbildwirkung geeignet ist, bodenrechtlich beachtliche Spannungen zu begründen oder vorhandene Spannungen zu erhöhen.[347]

Beispiel: Der jeweils beachtlichen Umgebung muss ein Rahmen für Art und Maß der baulichen Nutzung sowie die weiteren Merkmale des § 34 I BauGB entnommen werden. Sind in der als Maßstab beachtlichen Umgebung Wohngebäude, Gewerbebetriebe ohne erhebliche Nachteile für die Umgebung, aber auch Gewerbebetriebe von stärker emittierender Art vorhanden, so reicht in der Art der Bebauung der Rahmen vom Mischgebiet bis zum Industriegebiet. Sind in der als Maßstab beachtlichen Umgebung die Grundstücke mindestens zu einem Viertel, höchstens aber zur Hälfte bebaut, so reicht im Maß der Bebauung der Rahmen von der Grundflächenzahl 0,25 bis zur Grundflächenzahl 0,5. Haben die Häuser in der als Maßstab beachtlichen Umgebung zwei, drei oder vier Vollgeschosse, so schließt der Rahmen in dieser Richtung zwei bis vier Vollgeschosse ein. Liegen die bebauten Grundstücksflächen jeweils an der Straße oder bis zu 12 m von ihr entfernt, so ist damit in Bezug auf die überbaubaren Grundstücksflächen der Rahmen gegeben.[348]

3831 **a) Grundsätze** Bei einheitlicher Umgebung ist der Rahmen eng, bei unterschiedlicher Umgebung ist der Rahmen weit. Je reiner (einheitlicher) die beachtliche Umgebung ist, umso enger wird daher der Rahmen, den sie hergibt. Dass es im Einzelfall – etwa bei Emissionen von unterschiedlicher Art und Stärke – schwierig sein kann, den Rahmen zu ermitteln, hebt nicht die Möglichkeit der Festlegung dieses Rahmens auf und ändert nichts an seiner grundsätzlichen Maßgeblichkeit. Das Merkmal des „Einfügens" verlangt, dass das zu beurteilende Vorhaben zu dem aus seiner (maßgebenden) Umgebung ableitbaren Rahmen in bestimmter Beziehung steht.

---

339 BVerwG NJW 1975, 460; NJW 1978, 2564.
340 BVerwGE 157, 1 Rn. 9 mwN.
341 BVerwGE 148, 290 Rn. 10; ZfBR 2014, 574 Rn. 7.
342 BVerwG Beschl. v. 22.10.2020 – 4 B 18.20, BeckRS 2020, 31923; BVerwG ZfBR 2018, 479 Rn. 7 mwN.
343 BVerwG BRS 74 Nr. 95 Rn. 4; NVwZ 2014, 1246.
344 BVerwGE 55, 369 (380); ZfBR 1981, 36; BVerwGE 148, 290 Rn. 10.
345 BVerwG BRS 84 Nr. 74 (2016); BVerwGE 84, 322 (325).
346 Im Anschluss an BVerwG NJW 1975, 460; DVBl. 1974, 509.
347 BVerwG NJW 1978, 2564; Scheidler BauR 2009, 597.
348 BVerwG NJW 1978, 2564.

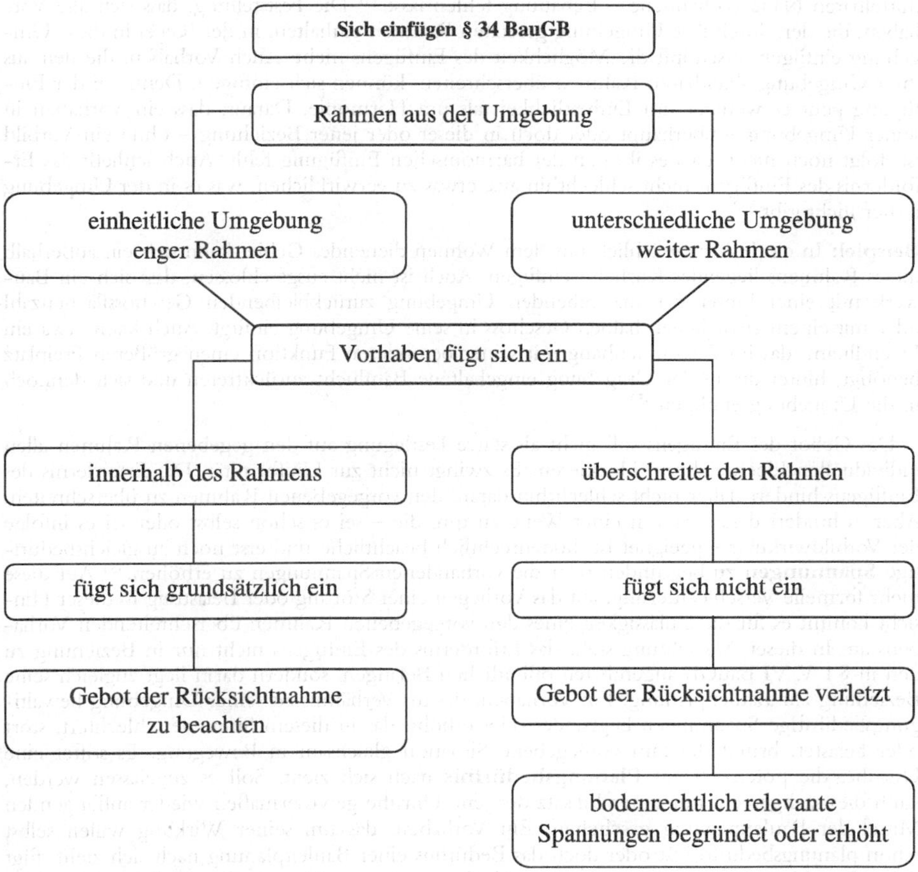

Das bedeutet: Ein Vorhaben, das sich in jeder Hinsicht innerhalb des aus seiner Umgebung hervorgehenden Rahmens hält, fügt sich in der Regel in seine Umgebung ein.[349]

Hinweis: Es ist selten so, dass die vom jeweiligen **Rahmen** umfassten baulichen oder auch nicht baulichen Nutzungen gleichmäßig über die beachtliche Umgebung verteilt sind, dass also vom Baugrundstück in jeder Richtung zweigeschossige, dreigeschossige und viergeschossige Häuser sozusagen im steten Wechsel aufeinander folgen. Im Allgemeinen wird eine ungleichmäßige Verteilung jener Nutzungen festzustellen sein, bei der etwa die sich dem Vorhaben im Süden anschließende Bebauung innerhalb des Rahmens höher liegt, als es für die ihm im Norden folgende Bebauung zutrifft, oder in der für die unmittelbare Umgebung des Baugrundstücks ein anderer Akzent charakteristisch ist, als es bei der sonst noch beachtlichen Umgebung der Fall ist. Bei einer solchen Sachlage kann die Zulässigkeit eines Vorhabens nicht ohne Rücksicht darauf, dass seine unmittelbare Umgebung oder seine Umgebung in einer bestimmten (Himmels-)Richtung gesteigert schutzwürdig ist, allein daraus abgeleitet werden, dass es den insgesamt maßgebenden Rahmen nicht überschreitet.[350]

Ein Vorhaben, das sich in jeder Hinsicht innerhalb des aus seiner Umgebung hervorgehenden Rahmens hält, fügt sich gleichwohl seiner Umgebung dann nicht ein, wenn das Vorhaben es an der gebotenen **Rücksichtnahme** auf die sonstige – dh vor allem: auf die in seiner un- 3832

[349] BVerwGE 55, 369; zu Abständen und Abstandsflächen bei diffuser Bebauung Boeddinghaus BauR 2008, 1249.

[350] BVerwGE 55, 369.

mittelbaren Nähe vorhandene – Bebauung fehlen lässt.[351] Die Feststellung, dass sich alle Vorhaben, die den durch ihre Umgebung gesetzten Rahmen einhalten, in der Regel in diese Umgebung einfügen, erschöpft die Möglichkeit des Einfügens nicht. Auch Vorhaben, die den aus ihrer Umgebung ableitbaren Rahmen überschreiten, können sich einfügen. Denn bei der Einfügung geht es weniger um Einheitlichkeit als um Harmonie. Daraus, dass ein Vorhaben in seiner Umgebung – überhaupt oder doch in dieser oder jener Beziehung – ohne ein Vorbild ist, folgt noch nicht, dass es ihm an der harmonischen Einfügung fehlt. Auch schließt das Erfordernis des Einfügens nicht schlechthin aus, etwas zu verwirklichen, was es in der Umgebung bisher nicht gibt.[352]

Beispiel: In ein bisher tatsächlich nur dem Wohnen dienendes Gebiet kann sich ein außerhalb dieses Rahmens liegendes Kurheim einfügen. Auch ist nicht ausgeschlossen, dass sich ein Bauwerk mit einer hinter der maßgebenden Umgebung zurückbleibenden Geschossflächenzahl oder mit einem zusätzlichen halben Geschoss in seine Umgebung einfügt. Auch kann etwa ein Jugendheim, das im Zusammenhang mit seiner besonderen Funktion einen größeren Freiplatz benötigt, hinter die in der Umgebung eingehaltene Bauflucht zurücktreten und sich dennoch in die Umgebung einfügen.[353]

3833 Das Gebot des Einfügens soll nicht als starre Festlegung auf den gegebenen Rahmen allen individuellen Ideenreichtum blockieren. Es zwingt nicht zur Uniformität. Das Erfordernis des Einfügens hindert daher nicht schlechthin daran, den vorgegebenen Rahmen zu überschreiten. Aber es hindert daran, dies in einer Weise zu tun, die – sei es schon selbst oder sei es infolge der Vorbildwirkung – geeignet ist, bodenrechtlich beachtliche und erst noch ausgleichsbedürftige **Spannungen** zu begründen oder die vorhandenen Spannungen zu erhöhen.[354] Auf diese mehr formelle Verschlechterung, auf das Vorliegen einer Störung oder Belastung in dieser Hinsicht kommt es für die Zulässigkeit eines den vorgegebenen Rahmen überschreitenden Vorhabens an. In dieser Ausrichtung steht das Erfordernis des Einfügens nicht nur in Beziehung zu den in § 1 V, VI BauGB angeführten öffentlichen Belangen, sondern darin liegt zugleich seine Beziehung zur Bauleitplanung: Ein Vorhaben, das im Verhältnis zu seiner Umgebung bewältigungsbedürftige Spannungen begründet oder erhöht, das in diesem Sinne verschlechtert, stört oder belastet, bringt die ihm vorgegebene Situation gleichsam in Bewegung. Es stiftet eine Unruhe, die potenziell ein **Planungsbedürfnis** nach sich zieht. Soll es zugelassen werden, kann dies sachgerecht nur unter Einsatz der jene Unruhe gewissermaßen wieder auffangenden Mittel der Bauleitplanung geschehen. Ein Vorhaben, das um seiner Wirkung willen selbst schon planungsbedürftig ist oder doch das Bedürfnis einer Bauleitplanung nach sich zieht, fügt sich seiner Umgebung nicht ein.[355] So schließen auch grenzüberschreitende Wirkungen eine Zulässigkeit des Vorhabens nach § 34 I BauGB nicht aus.[356] Allerdings kann das nur allgemeine Interesse der Gemeinde, Planungsmöglichkeiten offen zu halten, die Zulässigkeit eines Vorhabens nach § 34 BauGB nicht ausschließen.[357] Auch ein Vorhaben, das den durch seine Umgebung gesetzten Rahmen hinsichtlich des Maßes der baulichen Nutzung überschreitet, kann sich ausnahmsweise iS von § 34 I BauGB einfügen. Die Überschreitung des Rahmens kann zulässig sein, wenn das Vorhaben keine bodenrechtlich beachtlichen Spannungen begründet oder schon vorhandene Spannungen nicht erhöht.[358] Diese Grundsätze gelten nicht nur für eine Überschreitung des vorgegebenen Rahmens hinsichtlich der Art der baulichen Nutzung, sondern auch für ein Überschreiten des Maßes der baulichen Nutzung.[359] Auch ein von seinem Bauvolumen her den Rahmen überschreitendes Vorhaben kann ausnahmsweise in eine harmonische Beziehung zur vorhandenen Bebauung treten.[360]

---

[351] BVerwG NJW 1975, 460.
[352] BVerwGE 55, 369.
[353] BVerwGE 55, 369.
[354] BVerwGE 54, 73; ZfBR 1999, 279.
[355] BVerwG NJW 1978, 2564; Beschl. v. 23.7.1993 – 4 B 59.93, BeckRS 1993, 31228474.
[356] BVerwG NJW 1983, 2713; zur grenzüberschreitenden Unterrichtung der Gemeinden und Träger öffentlicher Belange § 4 a BauGB.
[357] BVerwGE 67, 23. Zum Außenbereich NJW 1975, 460; ZfBR 1980, 296; NJW 1980, 1537.
[358] BVerwGE 55, 369; OVG Schleswig Beschl. v. 6.10.2023 – 1 MB 16/23, juris Rn. 29; VGH München Urt. v. 18.7.2023 – 15 B 22.2216, juris Rn. 19.
[359] BVerwG Beschl. v. 23.5.1986 – 4 B 83.86, juris.
[360] BVerwG NVwZ 1994, 294.

Hinweis: Ein sich aus Auswirkungen iS des § 11 III BauNVO ergebendes **Planungsbedürfnis** ist für sich gesehen kein sonstiger öffentlicher Belang, der gem. § 34 I BauGB einem Vorhaben entgegensteht.[361]

Beurteilungsmaßstab für das „Sich einfügen" eines Vorhabens gem. § 34 I 1 BauGB ist das **tatsächlich** in der Umgebung **Vorhandene**, soweit es prägende Wirkung hat.[362] Daran ändert sich im Grundsatz auch dann nichts, wenn die vorhandene Orts- bzw. Bebauungsstruktur das Ergebnis der Verwirklichung eines **unwirksamen Bebauungsplans** ist. Dass in derartigen Fällen der „Planersatz" des § 34 I 1 BauGB einem als Rechtssatz ungültigen gemeindlichen Planungskonzept mittelbar und in begrenztem Maße zu einer weiteren Durchsetzung aber auch zu einer Korrektur verhelfen kann, ist in Struktur und Zielsetzung der Norm angelegt. Das gilt allerdings nur für die Anwendung der nach § 34 I 1 BauGB maßgeblichen Faktoren Art und Maß der baulichen Nutzung, Bauweise und überbaubare Grundstücksfläche. Entscheidend ist daher nicht, ob und ggf. inwieweit die in der Umgebung vorhandene Orts- bzw. Bebauungsstruktur das ursprünglich geplante Konzept tatsächlich erkennen lässt, sondern ob und inwieweit diese Struktur als Eigenart der näheren Umgebung prägend wirkt.[363] Maßgebend für das Einfügen in die Eigenart der näheren Umgebung im Sinne von § 34 I BauGB nach dem Maß der baulichen Nutzung ist daher die von außen wahrnehmbare Erscheinung des Gebäudes im Verhältnis zu seiner Umgebungsbebauung. Vorrangig ist auf diejenigen Maßkriterien abzustellen, in denen die prägende Wirkung besonders zum Ausdruck kommt. Bei der Bestimmung der Bezugspunkte für die Höhe eines Gebäudes kann, muss aber nicht die Traufhöhe prägend sein; entscheidend sind auch insoweit die jeweiligen örtlichen Gegebenheiten. Auch die absolute Höhe der in der näheren Umgebung vorhandenen Gebäude, kann das Baugrundstück entscheidend prägen.[364] Bei der Prüfung der planungsrechtlichen Zulässigkeit eines Erweiterungsvorhabens kann nicht isoliert allein auf die gewünschte Erweiterung der baulichen Anlage abgestellt werden. Es kommt vielmehr darauf an, ob sich das Gesamtvorhaben, also das um die vorgesehene Erweiterung vergrößerte Gebäude, in die Eigenart der näheren Umgebung einfügt.[365] Für die Frage, ob sich ein Erweiterungsvorhaben in die Eigenart der näheren Umgebung einfügt, ist daher grundsätzlich die Bebauung auf dem Grundstück und außerhalb des Baugrundstücks maßgeblich.[366] 3834

Für das Einfügen in die Eigenart der Umgebung nach § 34 I 1 BauGB in Bezug auf die „Grundstücksfläche, die überbaut werden soll" kommt es auf die konkrete Größe der Grundfläche des in Frage stehenden Vorhabens und auch auf seine räumliche Lage innerhalb der vorhandenen Bebauung an. Bei der Bestimmung des sich aus der vorhandenen Bebauung ergebenden Maßstabes ist grundsätzlich alles zu berücksichtigen, was in der näheren Umgebung tatsächlich vorhanden ist. Nicht jegliche vorhandene Bebauung in der näheren Umgebung bestimmt jedoch ihren Charakter. Vielmehr muss die Betrachtung auf das Wesentliche zurückgeführt werden. Es muss alles außer Acht gelassen werden, was die vorhandene Bebauung nicht prägt oder in ihr gar als Fremdkörper erscheint. Auszusondern sind hiernach auch solche bauliche Anlagen, die von ihrem quantitativen Erscheinungsbild (Ausdehnung, Höhe, Zahl usw.) nicht die Kraft haben, die Eigenart der näheren Umgebung zu beeinflussen, die der Betrachter also nicht oder nur am Rande wahrnimmt.[367] 3835

Das Vorhaben kann auch im Hinblick auf seine **Vorbildwirkung** unzulässig sein.[368] Bei der Beurteilung der planungsrechtlichen Zulässigkeit eines Vorhabens ist daher nicht nur das Vorhaben selbst, sondern auch die weitere Entwicklung zu berücksichtigen, die aufgrund einer erteilten Genehmigung eingeleitet werden könnte. Ein bodenrechtlich relevanter Widerspruch kann auch bei einer nur geringfügigen Verschlechterung der gegenwärtig gegebenen Situation dann vorliegen, wenn nach Lage der Dinge mit dem künftigen Eintritt von negativen Folge- 3836

---

361 BVerwG NJW 1984, 1771.

362 VGH Mannheim VBlBW. 1998, 107 zum Einfügen eines Ziegenstalls im Wohngebiet; NVwZ-RR 1998, 715.

363 BVerwG BRS 56, Nr. 66.

364 BVerwG BauR 2007, 514.

365 BVerwG NVwZ 1994, 294; NVwZ 1994, 294; NVwZ 1994, 1006.

366 OVG Magdeburg BauR 2006, 1943.

367 BVerwG ZfBR 2009, 693.

368 OVG Lüneburg Urt. v. 17.4.2024 – 1 LB 41/23, juris Rn. 13; VGH München Beschl. v. 2.4.2024 – 2 ZB 23.61, juris Rn. 4; Beschl. v. 3.3.2016 – 15 ZB 14.1542, juris Rn. 17.

wirkungen gerechnet werden muss.[369] Bodenrechtliche Spannungen infolge einer Vorbildwirkung bewirkt ein Vorhaben dann, wenn es vergleichbare Bauwünsche auf weiteren in der näheren Umgebung gelegenen Grundstücken zu fördern geeignet ist und die Auswirkungen dieser Vorhaben in ihrer Gesamtheit die Schwelle zur Planungsrelevanz überschreiten würden. Daran fehlt es (nur) dann, wenn sich die Rahmenüberschreitung durch eine Besonderheit rechtfertigen lässt, durch die sich das Baugrundstück von seinen Nachbargrundstücken unterscheidet.[370]

Beispiel: So kann die Aufstockung (nur) eines einzelnen Gebäudes innerhalb einer Reihenhauszeile zumindest zu städtebaulichen Spannungen innerhalb dieser Reihenhauszeile führen. Denn durch die Vergrößerung (nur) eines der Reihenhäuser würde sich die Situation der übrigen Grundstücke, die mit dem Grundstück des Bauherrn durch die Reihenhausbebauung in der Art einer „bodenrechtlichen Lebens- und Schicksalsgemeinschaft"[371] verbunden sind, nachteilig verändern. Dies gilt vor allem, wenn sich keine einheitliche (harmonische) städtebauliche Lösung erreichen lässt.

3837 Die **Bestimmung des Rahmens**, in den sich ein Vorhaben nach § 34 I BauGB einfügen muss, richtet sich grundsätzlich nach den in der BauNVO für die einzelnen Baugebiete typisierenden Nutzungsarten, soweit diese in der näheren Umgebung tatsächlich vorzufinden sind.[372] Die Prüfung des Bauvorhabens bezieht sich auch auf die beabsichtigte Nutzung. So muss etwa die Baugenehmigungsbehörde prüfen, ob ein Vorhaben so errichtet und betrieben werden kann, dass es den Anforderungen des § 22 BImSchG genügt. Überschreitet ein Bauvorhaben im nicht beplanten Innenbereich zwar die in der Umgebungsbebauung vorhandene Traufhöhe, jedoch nicht die Firsthöhe, schließt dies ein Einfügen im Hinblick auf das Maß der baulichen Nutzung nicht von vornherein aus. Die Überschreitung der in der Umgebungsbebauung vorhandenen Traufhöhe kann allerdings zu einer Beeinträchtigung des Ortsbildes mit bodenrechtlicher Relevanz führen.[373]

3838 Baulichkeiten können auch dann die Eigenart der **näheren Umgebung** prägen, wenn sie nicht imstande sind, einen im Zusammenhang bebauten Ortsteil zu bilde.[374] Gebäuden, die nicht dem ständigen Aufenthalt von Menschen dienen, sowie **Nebengebäude** haben „in der Regel" keine prägende und damit maßstabbildende Kraft.[375] Für die Beurteilung der Eigenart der näheren Umgebung ist demgegenüber alles an Bebauung in den Blick zu nehmen, was tatsächlich vorhanden ist und nach außen wahrnehmbar in Erscheinung tritt,[376] außer Acht gelassen werden darf lediglich, was die Bebauung nicht prägt, weil es nicht die Kraft hat, die Eigenart der näheren Umgebung zu beeinflussen, oder in ihr gar als Fremdkörper erscheint.[377] Ein Vorhaben fügt sich nach dem Maß der baulichen Nutzung in die Eigenart der näheren Umgebung ein, wenn es dort Referenzobjekte gibt, die bei einer wertenden Gesamtbetrachtung von Grundfläche, Geschosszahl und Höhe, bei offener Bebauung auch nach dem Verhältnis zur Freifläche, vergleichbar sind. Die Übereinstimmung nur in einem Maßfaktor genügt nicht. Für das Einfügen in die Eigenart der näheren Umgebung nach dem Maß der baulichen Nutzung sind die vorhandenen „Gebäude" in der näheren Umgebung zueinander in Beziehung zu setzen.[378] Gebäude prägen ihre Umgebung nicht durch einzelne Maßbestimmungsfaktoren im Sinne des § 16 II BauNVO, sondern erzielen ihre optische maßstabbildende Wirkung durch ihr gesamtes Erscheinungsbild. Dabei ist kumulierend auf die absolute Größe der Gebäude nach Grundfläche, Geschosszahl und Höhe abzustellen.[379]

3839 **b) Blockinnenbebauung.** Die Zulässigkeit eines Bauvorhabens gem. § 34 I BauGB, das im Blockinnern errichtet werden soll, bestimmt sich nicht nur danach, ob und in welcher Tiefe

[369] OVG Münster Urt. v. 29.5.2013 – 10 A 1144/11, juris Rn. 42; OVG Münster Urt. v. 8.12.2023 – 10 A 2687/20, juris 110; OVG Lüneburg BauR 2023, 1484; BVerwGE 44, 302.

[370] OVG Lüneburg BauR 2023, 1484 = juris Rn. 10.

[371] BVerwG BRS 56 Nr. 66.

[372] BVerwG ZfBR 1987, 260.

[373] VGH Mannheim VGHBW 1999, 375.

[374] Abgrenzung zu BVerwGE 152, 275.

[375] BVerwGE 152, 275; BVerwGE 152, 275).

[376] BVerwGE 95, 277 (279).

[377] BVerwGE 84, 322 (325).

[378] BVerwGE 95, 277 (278 f.); ZfBR 2014, 493 Rn. 3.

[379] BVerwG NVwZ 2017, 717.

Gebäude im Blockinnern bereits vorhanden sind und ob es sich dabei um Haupt- oder Nebengebäude handelt, sondern auch vorrangig danach, welche Art der baulichen Nutzung die im Blockinnern vorhandene Bebauung aufweist.[380] Im Blockinnenbereich vorhandene Nebengebäude vermitteln daher nicht ohne weiteres die Möglichkeit der Bebauung mit Wohnhäusern.

c) Hinterlandbebauung. Im nicht beplanten Innenbereich kann auch eine Hinterland- **3840**
bebauung zulässig sein, wenn sie sich in den aus der Umgebung hervorgehenden Rahmen einfügt. Ist etwa bereits in der Umgebung eine Hinterlandbebauung vorhanden, so kann sich daraus eine Vorbildwirkung für die Zulässigkeit einer weiteren Hinterlandbebauung ableiten.[381] Unerheblich ist hingegen, dass vorhandene straßenseitig errichtete Gebäude aus einem bestimmten Blickwinkel den optischen Eindruck einer Bebauung in zweiter Reihe erwecken können.[382] Auch wenn der Rahmen überschritten ist, kann eine Hinterlandbebauung zulässig sein, wenn bodenrechtlich beachtliche oder erst noch ausgleichsbedürftige Spannungen nicht begründet oder erhöht werden.[383] Für solche hindernden Spannungen müssen konkrete Anhaltspunkte bestehen.[384] Eine Hinterlandbebauung auf so genannten Pfeifenstiel- oder Hammergrundstücken widerspricht nicht um ihrer selbst willen städtebaulichen Ordnungsvorstellungen und sie kann nicht von vorneherein als städtebaulich „unerwünschte" und von daher unzulässige Verteilung von Baumassen angesehen werden.[385] Ein Hinterliegergrundstück ist bei einheitlicher Nutzung mit dem an die Erschließungsstraße angrenzenden Anliegergrundstück auch dann erschlossen iSv § 131 I 1 und § 133 I BauGB, wenn es in der Hand (schon) nur eines von mehreren Miteigentümern des Hinterliegergrundstücks liegt, der zugleich Alleineigentümer des Anliegergrundstücks ist, die bauplanungs- und bauordnungsrechtlichen Anforderungen an die Erreichbarkeit des Hinterliegergrundstücks zu erfüllen.[386] In solchen Fällen verlangt § 133 I BauGB, dass die von einer **Erschließungsanlage** über ein Anliegergrundstück führende Zufahrt zu diesem Grundstück in einer den bauplanungs- und bauordnungsrechtlichen Anforderungen genügenden Weise gesichert ist. Bauordnungsrechtlich ist demnach die öffentlich-rechtliche Sicherung der Zuwegung durch Eintragung einer Baulast erforderlich (§§ 4 I Nr. 1, 83 BauO NRW).[387] Auf die Nichtigkeit einer **Erschließungsbeitragssatzung** wegen unzulässiger Rückwirkung einer Verteilungsregelung (etwa ein rückwirkender Wegfall einer Tiefenbegrenzung) kann sich ein Beitragspflichtiger im Anfechtungsstreit gegen einen Erschließungsbeitragsbescheid auch dann berufen, wenn die rückwirkende Satzungsänderung sich auf die Höhe seiner eigenen Beitragspflicht günstig auswirken würde, sofern die Neuregelung jedenfalls für einen Teil der Satzungsbetroffenen belastend ist. Steht ein Hinterliegergrundstück im Alleineigentum eines von mehreren Miteigentümern des Anliegergrundstücks und erfüllt es nicht die baurechtlichen Erreichbarkeitsanforderungen, so kann im Regelfall nicht angenommen werden, dass es iSv § 133 I BauGB erschlossen ist, weil es nicht allein in der Hand des Eigentümers des Hinterliegergrundstücks liegt, diese Anforderungen zu erfüllen. Dies kann nur bei Hinzutreten besonderer Umstände angenommen werden. Der Verdacht eines Missbrauchs rechtlicher Gestaltungsmöglichkeiten kann sich im Erschließungsbeitragsrecht insbesondere dann aufdrängen, wenn ein nicht selbstständig bebaubarer und somit auch wirtschaftlich kaum selbstständig verwertbarer Grundstücksteil in zeitlicher Nähe zu einer Beitragserhebung von einem Anliegergrundstück abgetrennt wird und – gegebenenfalls sogar unentgeltlich und an nahe Angehörige – übertragen und damit einzig die Vermeidung (oder Ver-

380 BVerwG NVwZ 1986, 740. OVG Schleswig Beschl. v. 25.6.2020 – 1 MB 31/19, juris Rn. 21.

381 BVerwG NVwZ-RR 1996, 375.

382 BVerwG NVwZ-RR 1990, 294.

383 BVerwG ZfBR 1999, 279.

384 BVerwG NJW 1983, 2713; OVG Lüneburg BauR 2024, 70 = juris Rn. 9; OVG Münster BauR 2023, 2062 = juris Rn. 8.

385 OVG Saarlouis BauR 2006, 570 zum gemeindegebietsübergreifenden Bebauungszusammenhang.

386 BVerwG NVwZ 2007, 823. Fortentwicklung BVerwGE 92, 157. Zum Erschließungsbeitragsrecht von Hinterliegergrundstücken Richarz KStZ 2006, 1. Zu Erschließungsbeiträgen für Hinterliegergrundstücke bei Eigentümeridentität des Anlieger- und Hinterliegergrundstücks Both ZMR 2007, 901; ders. ZMR 2008, 582. Zu der Verteilung des umlagefähigen Aufwandes Driehaus KStZ 2007, 161; Richarz KStZ 2006, 41.

387 OVG Münster Beschl. v. 23.3.2011 – 15 A 647/07, BeckRS 2011, 51651; BVerwG Beschl. v. 3.6.2011 – 9 B 31.11, BeckRS 2011, 51875.

minderung) einer Erschließungsbeitragspflicht verfolgt wird.[388] Ein Bebauungsplan, der (auch) auf die Bewahrung eines historisch gewachsenen – denkmalgeschützten oder (einfach) erhaltenswerten – Ortsteils gerichtet ist, darf die überkommene Nutzungsstruktur oder prägende Bestandteile des Orts- und Straßenbildes um ihrer städtebaulichen Qualität willen für die Zukunft festschreiben. Die Erschließung von Hinterliegergrundstücken darf allerdings nicht durch die Entwicklung einer Vielzahl so genannter Pfeifenkopfgrundstücke städtebauliche Missstände hervorrufen.[389] Bei Hinterliegergrundstücken mit bestandsgeschützter Bebauung reicht eine mit Rücksicht auf die Erschließung über ein Vorderliegergrundstück erteilte Baugenehmigung aus, um ein Erschlossensein im beitragsrechtlichen Sinne zu bejahen.[390]

3841 **d) Fremdkörper.** Bei der Ermittlung der Eigenart der näheren Umgebung iS von § 34 I und II BauGB sind singuläre Anlagen, die in einem auffälligen Kontrast zu der sie umgebenden, im Wesentlichen homogenen Bebauung stehen, regelmäßig als Fremdkörper unbeachtlich, soweit sie nicht ausnahmsweise ihre Umgebung beherrschen oder mit ihr eine Einheit bilden.[391] Nach § 34 I und II BauGB richtet sich die planungsrechtliche Zulässigkeit baurechtlicher Vorschriften im unbeplanten Innenbereich nach dem sich aus der vorhandenen Bebauung ergebenden Maßstab. Auf der ersten Stufe der Betrachtung ist nach Auffassung des BVerwG alles in den Blick zu nehmen, was in der näheren Umgebung **tatsächlich vorhanden** ist. Eine Beschränkung auf das, was von der vorhandenen Bebauung städtebaulich wünschenswert oder auch nur vertretbar ist, darf insoweit nicht vorgenommen werden. Auch eine städtebaulich unerwünschte Bebauung darf bei der Bildung des Maßstabes nicht einfach von vornherein vernachlässigt werden.[392] Nicht jegliche vorhandene Bebauung in der näheren Umgebung bestimmt jedoch ihren Charakter. Vielmehr muss die Betrachtung **auf das Wesentliche zurückgeführt** werden. Es muss alles außer Acht gelassen werden, was die vorhandene Bebauung nicht prägt oder ihr gar als Fremdkörper erscheint.

3842 Für die Beurteilung der Umgebung hat das BVerwG folgende Grundsätze entwickelt: Auszusondern sind zum einen solche baulichen Anlagen, die von ihrem quantitativen Erscheinungsbild (Ausdehnung, Höhe und Zahl) nicht die Kraft haben, die Eigenart der näheren Umgebung zu beeinflussen, die der Betrachter also nicht oder nur am Rande wahrnimmt. Ihre Aussonderung hat mit dem Begriff des Fremdkörpers nichts zu tun, sondern ist das Ergebnis der Beschränkung auf das Wesentliche. Schon diese Beschränkung ist zwar nicht ganz frei von wertenden Elementen. Sie knüpft aber noch stärker an die Feststellung des tatsächlich Gegebenen an. Zum anderen können auch solche Anlagen aus der Bestimmung der Eigenart der näheren Umgebung auszusondern sein, die zwar quantitativ die Erheblichkeitsschwelle überschreiten, aber nach ihrer Qualität völlig aus dem Rahmen der sonst in der näheren Umgebung anzutreffenden Bebauung herausfallen. Das wird namentlich dann anzunehmen sein, wenn eine singuläre Anlage in einem auffälligen Kontrast zur übrigen Bebauung steht. In Betracht kommen insbesondere solche bauliche Anlagen, die nach ihrer auch äußerlich erkennbaren Zweckbestimmung in der näheren Umgebung einzigartig sind. Sie erlangen die Stellung eines Unikats umso eher, je einheitlicher die nähere Umgebung im Übrigen baulich genutzt ist. Trotz ihrer deutlich in Erscheinung tretenden Größe und ihres nicht zu übersehenden Gewichts in der näheren Umgebung bestimmen sie nicht deren Eigenart, weil sie wegen ihrer mehr oder weniger ausgeprägten vom übrigen Charakter der Umgebung abweichenden Struktur gleichsam isoliert dastehen. Grundlage für ein solches Ausklammern ist zwar auch das tatsächlich Festgestellte. Als Ergebnis beruht es aber auf einer überwiegend wertenden Betrachtung. Derartige Anlagen dürfen bei der Bestimmung der Eigenart der näheren Umgebung aber nur dann als Fremdkörper ausgeklammert werden, wenn sie wegen ihrer Andersartigkeit und Einzigartigkeit den Charakter ihrer Umgebung nicht beeinflussen können. Ob dies der Fall ist, muss auf der dritten Stufe unter Würdigung des tatsächlich Vorhandenen ermittelt werden. Ausschlaggebend kann auch hier die Größe der andersartigen Anlage sein. Eine Bewertung als Fremdkörper kommt auch in Betracht, wenn zwei aus der baulichen Umgebung herausfallende Baulichkeiten vorhanden sind, die wegen ihrer Andersartigkeit und Einzigartigkeit den Charakter ihrer Umgebung nicht prägen. Das im Zusammenhang mit sog. „Fremdkörpern"

[388] BVerwG NVwZ 2010, 910.
[389] OVG Münster Urt. v. 4.3.2013 – 2 D 51/12.NE, BeckRS 2013, 48653.
[390] OVG Münster EStT NW 2013, Nr. 4, 27.
[391] OVG Schleswig Urt. v. 19.2.2024 – 1 LB 6/23, juris Rn. 32; Urt. v. 2.11.2023 – 1 LB 3/22, juris Rn. 49; Beschl. v. 31.1.2023 – 1 MB 19/22, juris Rn. 19 BVerwGE 84, 322; Kümper NVwZ 2019, 206.
[392] BVerwGE 55, 369; Urt. v. 18.10.1974 – IV V 77.73 – Buchholz 406.11 § 34 BBauG Nr. 45.

häufig zu findende Attribut „singulär" ist nicht numerisch zu verstehen, sondern qualitativ: Die „Einzigartigkeit" kann auch mehrere Baukörper betreffen, die aus dem Rahmen der Umgebungsbebauung – ohne tonangebend zu sein – herausfallen.[393]

Sowohl in einem durch Bebauungsplan festgesetzten reinen Wohngebiet als auch in einem im unbeplanten Innenbereich liegenden Gebiet, in dem nur gewohnt wird, kann auf hinreichend großen Grundstücken ein privater **Tennisplatz** zulässig sein, wenn er sich als untergeordnete Nebenanlage darstellt und nach seiner Lage auf dem Grundstück zu Störungen der Wohnruhe der Nachbarn nicht stört. Führen die von einem privaten Tennisplatz ausgehenden Geräusche zu Störungen der Wohnruhe der Nachbarn, so kann das Vorhaben iS des § 34 BauGB nach der vorhandenen Bebauung bedenklich sein. Ein Tennisplatz wird sich unter diesen Umständen nicht einfügen. Zudem kann das Rücksichtnahmegebot verletzt sein.[394] Es kommt also jeweils auf die Beurteilung des beabsichtigten konkreten Vorhabens an.[395] 3843

Die planungsrechtliche Zulässigkeit von baulichen Anlagen für die **Tierhaltung** richtet sich ebenfalls nach der Eigenart der näheren Umgebung und dem Gebot der nachbarlichen Rücksichtnahme.[396] § 14 I 2 BauNVO ermöglicht als Annex zum Wohnen eine Kleintierhaltung nur, wenn sie in dem betreffenden Baugebiet üblich und ungefährlich ist und den Rahmen der für eine Wohnnutzung typischen Freizeitbetätigung nicht sprengt.[397] 3844

Beispiel: Ein Pumazwinger fügt sich in die Eigenart einer fast ausschließlich durch Wohnbebauung geprägten näheren Umgebung nicht ein. Ein Puma ist kein Kleintier iS des § 14 I 2 BauNVO.[398] Auch die massenhafte Haltung von Ozeloten ist in einem Wohngebiet unzulässig. Ob sie geeignet ist, die Nachbarschaft psychisch zu belasten, hängt von einer spezifisch städtebaulichen Bewertung ab, für die allerdings nicht das Ergebnis einer Umfrage unter der Dorfbevölkerung den Ausschlag geben kann.[399] Soweit eine Rechtsverletzung wegen von Tierhaltungen ausgehenden Immissionsbelastungen geltend gemacht wird, muss zur Konkretisierung der Zumutbarkeitsschwelle des Rücksichtnahmegebotes auf die materiell-rechtlichen Maßstäbe des Immissionsschutzrechts, dh auf die Schwelle schädlicher Umwelteinwirkungen iSv §§ 3 I, 22 Abs. 1 BImSchG abgestellt werden. Ist die Grundstücksnutzung aufgrund der konkreten örtlichen Gegebenheiten mit einer spezifischen gegenseitigen Pflicht zur Rücksichtnahme belastet, so führt dies nicht nur zu einer Pflichtigkeit desjenigen, der Immissionen verursacht, sondern auch zu einer Beachtenspflicht desjenigen, der sich solchen Immissionen aussetzt. Eine heranrückende Wohnbebauung bzw. eine sonstige heranrückende immissionsempfindliche Nutzung verletzt daher gegenüber einem bestehenden emittierenden (insbes. landwirtschaftlichen) Betrieb das Gebot der Rücksichtnahme, wenn ihr Hinzutreten die rechtlichen immissionsbezogenen Rahmenbedingungen, unter denen der Betrieb arbeiten muss, gegenüber der vorher gegebenen Lage verschlechtert. Das ist insbesondere dann der Fall, wenn der Betrieb aufgrund der hinzutretenden Bebauung mit nachträglichen immissionsschutzrechtlichen Auflagen rechnen muss.[400] Auf eine Verletzung des Rücksichtnahmegebotes wegen einer geplanten Wohnnutzung in der Nachbarschaft kann sich daher auch ein Landwirt berufen, von dessen vorhandenem Betrieb Immissionen ausgehen, die im Fall der Umsetzung einer geplanten immissionsempfindlichen (zB Wohn-) Nutzung in der Nachbarschaft für diese als unzumutbar zu bewerten wäre.[401]

---

393 OVG Schleswig NordÖR 2011, 420 (LS).

394 BVerwG NJW 1986, 393.

395 Zur unterschiedlichen bebauungsrechtlichen Beurteilung von Wochenendhäusern und Wohnwagen BVerwG NVwZ 1987, 144.

396 Zu den immissionsschutzrechtlichen Problemen der landwirtschaftlichen und gewerblichen Tierhaltung Scheidler AUR 2007, 295; ders. DVBl. 2007, 936; zur Anfechtung einer immissionsschutzrechtlichen Genehmigung für eine Schweinemastanlage OVG Magdeburg Urt. v. 19.12.2023 – 2 L 74/19, juris; zur Anfechtung einer Baugenehmigung für die Errichtung eines gewerblichen Hühnermaststalls OVG Münster Urt. v. 8.12.2023 – 7 A 742/22, juris; zum Nachbarschutz eines landwirtschaftlichen Betriebs gegen eine heranrückende Wohnbebauung in einem faktischen Dorfgebiet OVG Bautzen Beschl. v. 23.10.2023 – 1 N 115/23, juris.

397 BVerwG DÖV 1994, 266; NVwZ 1984, 647; VGH Mannheim NuR 1998, 488.

398 BVerwG NVwZ 1984, 647.

399 BVerwG NVwZ 1984, 647.

400 BVerwG Urt. v. 29.11.2012 – 4 C 8.11, juris Rn. 16; Beschl. v. 11.10.2022 – 15 ZB 22.868, juris Rn. 25 mwN; VG Augsburg Urt. v. 29.6.2023 – Au 5 K 23.776, juris Rn. 58.

401 VGH München Beschl. v. 11.10.2022 – 15 ZB 22.868, juris Rn. 26; VG Augsburg Urt. v. 29.6.2023 – Au 5 K 23.776, juris Rn. 58.

3845 Bei der Beurteilung der Frage, ob sich ein Vorhaben nach der Grundstücksfläche, die bebaut werden soll, in die Eigenart der näheren Umgebung einfügt, kann es auch auf die konkrete Größe der **Grundfläche** der baulichen Anlage iS einer absoluten Zahl ankommen. Auch eine in der Umgebung vorherrschende **Lage** der Gebäude kann sich grundsätzlich rahmenbildend auswirken. Städtebauliche Maßstäbe, die sich aus der in der Umgebung vorhandenen Bebauung ergeben, sind bei der Anwendung des § 34 BauGB nur für die Frage von Bedeutung, ob das Vorhaben sich in dem vorgegebenen Rahmen hält.[402]

3846 Die nähere Umgebung ist für die in § 34 I 1 BauGB bezeichneten Kriterien jeweils gesondert abzugrenzen. Die Annahme, hinsichtlich des Merkmals der „Grundstücksfläche, die überbaut werden soll", erfasse die nähere Umgebung im Sinne des § 34 I 1 BauGB in der Regel einen kleineren Bereich als hinsichtlich des Merkmals der Art der baulichen Nutzung, entbindet jedenfalls nicht von einer Würdigung der tatsächlichen Verhältnisse im Einzelfall. Mit dem Begriff der „Grundstücksfläche, die überbaut werden soll", ist die konkrete Größe der Grundfläche der baulichen Anlage und ihre räumliche Lage innerhalb der vorhandenen Bebauung gemeint; es geht um den Standort des Vorhabens im Sinne von § 23 BauNVO.[403] Für die Eigenart der näheren Umgebung iS des § 34 I und II BauGB sind nicht nur ausgeübte Nutzungen von Bedeutung, sondern auch das, was, ohne Fremdkörper zu sein, den bodenrechtlichen Charakter beeinflusst. Insofern ist auch ein aus früherer Zeit verbliebener Altbestand an landwirtschaftlichen Haupt- und Nebengebäuden zu berücksichtigen, der der näheren Umgebung in bauplanungsrechtlicher Hinsicht sein besonderes, eine Wohnnutzung ergänzendes Gepräge geben kann, soweit er nach der Verkehrsauffassung für die (Wieder-) Aufnahme auch anderer Nutzungen „anfällig" ist.[404] Die Merkmale der Bauweise und der Grundstücksfläche, die überbaut werden soll, nach denen sich ein Vorhaben in die Eigenart der näheren Umgebung im Sinne von § 34 I 1 BauGB einfügen muss, sind unabhängig voneinander zu prüfen. Bei einer geschlossenen Bauweise am Blockrand eines Straßenviertels dürfen Gebäude hinsichtlich der Bebauungstiefe nur insoweit ohne Abstandsflächen an die Grenze gebaut werden, als das Vorhaben im rückwärtigen Blockinnenbereich eine faktisch vorhandene Baugrenze nicht überschreitet.

3847 Eine **faktische Baugrenze** im unbeplanten Innenbereich, die zu einer dahinterliegenden, nicht überbaubaren Grundstücksfläche führt, ist eine Inhalts- und Schrankenbestimmung des Eigentums (Art. 14 I 2 GG). Für ihre Feststellung bedarf es hinreichender Anhaltspunkte für eine städtebaulich verfestigte Situation.[405] Die nähere Umgebung ist bei einem emissionsträchtigen Gewerbebetrieb naturgemäß wesentlich größer als bei einem Wohngebäude.[406] Die anhand der vorhandenen Bebauung zu gewinnenden Maßstäbe für das Maß der baulichen Nutzung sind notwendigerweise nur grob und ungenau, weshalb in erster Linie auf solche Maße abzustellen ist, die nach außen wahrnehmbar in Erscheinung treten.[407] Dazu erläutert der VGH München, für die Annahme einer faktischen Baugrenze, als eine sich durch die tatsächliche Bebauung faktisch herausgebildete Linie, die entsprechend § 23 III BauNVO von Gebäuden und Gebäudeteilen im rückwärtigen oder vorderen (straßenseitigen) Bereich nicht überschritten werden dürfe, müsse aus der Lage der in der vorhandenen Umgebungsbebauung befindlichen Hauptgebäude eine Regel ableitbar – dh erkennbar und formulierbar – sein, wie aus der Flucht der straßenseitigen Vorderfassaden eine gemeinsame Grenze gebildet werde. Hierfür bedürfe es unter Berücksichtigung grundrechtlicher Wertungen aus Art. 14 I GG wegen der einschränkenden Wirkung auf das Grundeigentum hinreichender Anhaltspunkte für eine städtebaulich verfestigte Situation; die tatsächlich vorhandene Bebauung dürfe kein bloßes „Zufallsprodukt" ohne eigenen städtebaulichen Aussagewert sein.[408] Den nach § 34 I BauGB maßgeblichen Rahmen bildeten in Bezug auf die überbaubare Grundstücksfläche nur die in der näheren Umgebung vorhandenen Hauptgebäude, weil das Bauplanungsrecht in § 23 V

[402] BVerwG ZfBR 1987, 258.
[403] BVerwG NVwZ 2014, 1246.
[404] VGH Mannheim BauR 2013, 2001; VGH München BRS 71 Nr. 85.
[405] OVG Berlin-Brandenburg DÖV 2013, 948.
[406] VGH Mannheim BauR 2013, 203.
[407] OVG Bautzen Beschl. v. 20.2.2013 – 1 A 106/12, IBRRS 2013, 1726.
[408] VGH München Beschl. v. 19.10.2020 – 15 ZB 20.280, BeckRS 2020, 28961 Rn. 8; Beschl. v. 3.3.2016 – 15 ZB 14.1542, juris Rn. 12; OVG Berlin-Brandenburg Urt. v. 13.3.2013 – OVG 10 B 4.12, juris Rn. 45; Urt. v. 24.5.2018 – OVG 2 B 3.17, juris Rn. 30; OVG Schleswig Urt. v. 19.2.2015 – 1 LB 5/14, juris Rn. 31; BVerwG BRS 84 Nr. 74 = juris Rn. 7.

BauNVO für die räumliche Lage von Nebenanlagen im Sinne des § 14 BauNVO sowie von (sonstigen) in den Abstandsflächen zulässigen baulichen Anlagen gewisse Erleichterungen vorsehe.[409] Nebenanlagen iS von § 23 V 1 iV mit § 14 I BauNVO seien bei der Beurteilung, ob eine (vordere oder rückwärtige) faktische Baugrenze bestehe, ebenso auszublenden wie sonstige bauliche Anlagen, die (wie zB kleinere Garagen) in den landesrechtlich geregelten Abstandsflächen zulässig seien.

Ob sich ein Gebäude nach seiner **Aufstockung** nach dem Maß der baulichen Nutzung in die Eigenart der näheren Umgebung einfügt, richtet sich grundsätzlich sowohl nach Geschosszahl als auch Höhe der bereits vorhandenen Bebauung. Von besonders gelagerten Ausnahmefällen abgesehen, tritt das Zulassungsmerkmal der Geschosszahl nicht hinter dem der Gebäudehöhe zurück.[410] In bebauten innerstädtischen Bereichen müssen die durch ein Bauvorhaben künftig eröffneten Einsichtnahmemöglichkeiten aufgrundstücke von Nachbarn grundsätzlich hingenommen werden.[411] Bei der überbaubaren Grundstücksfläche ist der für die „nähere Umgebung" im Sinne von § 34 I 1 BauGB maßgebliche Bereich in der Regel (deutlich) enger zu begrenzen als bei der Art der baulichen Nutzung. Dies kann im Einzelfall dazu führen, dass nur wenige Grundstücke den maßgeblichen Rahmen bilden. Den nach § 34 I BauGB maßgeblichen Rahmen bilden in Bezug auf die überbaubare Grundstücksfläche nur die in der näheren Umgebung vorhandenen Hauptgebäude. Stellplätze sind insoweit ohne Belang.[412] 3848

Die **Anzahl der Wohnungen** in einem Gebäude und regelmäßig auch die Möglichkeit, von dem zu errichtenden Gebäude in andere Grundstücke Einsicht zu nehmen, sind keine Kriterien zur Beurteilung der Frage, ob sich ein Vorhaben iS von § 34 I BauGB einfügt.[413] Der Begriff des Einfügens stellt (nur) auf die Merkmale Nutzungsart, Nutzungsmaß, Bauweise und Grundstücksüberbauung ab.[414] Die Anzahl der in einem Gebäude vorhandenen Wohnungen ist – von krassen Ausnahmefällen abgesehen – ebenso wenig ein Kriterium[415] wie die Möglichkeit, von dem zu errichtenden Gebäude in andere Grundstücke Einsicht nehmen zu können.[416] Auch gebietet das im Einfügen aufgehende Rücksichtnahmegebot nicht, Abstände einzuhalten, die über die hierfür landesrechtlich festgesetzten Maße hinausreichen. Denn der Landesgesetzgeber hat durch die Festsetzung von **Mindestabständen** abschließend entschieden, was im Hinblick auf Besonnung, Belichtung und Belüftung im nachbarlichen Verhältnis zumutbar ist.[417] Sind daher die Vorschriften des Landesrechts etwa hinsichtlich der einzuhaltenden Abstände eingehalten, so scheidet eine Verletzung des Rücksichtnahmegebotes im Hinblick auf diese Belange aus. Das setzt allerdings voraus, dass der Landesgesetzgeber den Ausgleich nachbarlicher Belange in den Abstandsvorschriften abschließend bewertet hat. Zieht sich der Landesgesetzgeber aus einer abschließenden Bewertung der nachbarlichen Interessenkonflikte zurück, indem er nur noch einen absoluten Mindeststandard bauordnungsrechtlich festschreibt oder auf Abstandsregelungen ganz verzichtet, lebt das allgemeine Rücksichtnahmegebot wieder auf. 3849

Abgesehen von den Sonderregelungen in § 34 II BauGB können die Vorschriften der **BauNVO** im unbeplanten Innenbereich für Art und Maß der baulichen Nutzung lediglich als Auslegungshilfe berücksichtigt werden.[418] Maßgeblich bleibt die konkrete, am tatsächlich Vorhandenen ausgerichtete Betrachtung. Die vorhandene Bebauung kann eine planerische Ausweisung als Maßstab regelmäßig nicht ersetzen. Insbesondere fehlen im unbeplanten Innenbereich konkrete Maßfestsetzungen, an denen das jeweilige Vorhaben gemessen werden könnte. 3850

---

409 VGH München Beschl. v. 19.10.2020 – 15 ZB 20.280, BeckRS 2020, 28961 Rn. 8; BVerwG NVwZ-RR 1998, 539 = juris Rn. 6; VGH München Beschl. v. 3.3.2016 – 15 ZB 14.1542, juris Rn. 12, 18; OVG Weimar BauR 2018, 485 = juris Rn. 41; Nachbaranfechtung einer Baugenehmigung zur Aufstockung eines Flachdachbungalows durch ein Walmdach OVG Münster Beschl. v. 19.2.2021 – 2 A 4375/19, juris Rn. 7.

410 VGH München NVwZ-RR 2012, 885.

411 OVG Münster Beschl. v. 22.11.2023 – 7 B 1124/23, juris Rn. 11; VGH München Beschl. v. 3.7.2023 – 9 CS 23.828, juris Rn. 6; zur Aufstockung siehe auch VGH Mannheim BauR 2024, 247.

412 OVG Magdeburg NVwZ-RR 2012, 712.

413 BVerwG NVwZ 1989, 1060.

414 BVerwG BauR 1987, 531.

415 BVerwG NJW 1981, 473.

416 BVerwG BRS 40 (1980), Nr. 192.

417 BVerwG NVwZ 1985, 653.

418 BVerwGE 32, 31; BVerwGE 32, 173.

Der aus der vorhandenen Bebauung zu gewinnende Maßstab ist daher notwendig grob und ungenau. Zudem sprechen Gründe einer praktisch handhabbaren Rechtsanwendung dafür, in erster Linie auf solche Maße abzustellen, die nach außen wahrnehmbar in Erscheinung treten und anhand deren sich die vorhandenen Gebäude in der näheren Umgebung leicht in Beziehung zueinander setzen lassen. Ihre absolute Größe nach Grundfläche, Geschosszahl und Höhe, bei offener Bebauung zusätzlich auch ihr Verhältnis zur umgebenden Freifläche, prägen das Bild der maßgeblichen Umgebung und bieten sich deshalb vorrangig als Bezugsgrößen zur Ermittlung des zulässigen Maßes der baulichen Nutzung an. Damit ist eine Berücksichtigung der anderen Maßfaktoren zwar nicht ausgeschlossen. Soweit sie eine prägende Wirkung auf das Baugrundstück haben, sind auch sie zur Beurteilung der Frage, ob sich das Vorhaben einfügt, heranzuziehen. Die relativen Maßstäbe – die Grundflächen- und die Geschossflächenzahl – werden allerdings vielfach nur eine untergeordnete Bedeutung oder auch gar keine Bedeutung für die Frage des Einfügens haben, weil sie in der Örtlichkeit häufig nur schwer ablesbar sind, vielmehr erst errechnet werden müssen. Auch gewisse Erweiterungen einer an sich störenden Nutzung können noch innerhalb des vorgegebenen Rahmens zulässig sein.

Beispiel: Eine **Tagungsstätte**, die von Wohngebäuden umgeben ist, selbst aber den Rahmen mitprägt, kann in einem gewissen Umfang erweitert werden.[419] Dieser Rahmen ist aber überschritten, wenn sich neue bodenrechtlich relevante Spannungen ergeben oder bestehende Spannungen erheblich verstärken.

Hinweis: Vorrangig ist auf diejenigen Maßkriterien abzustellen, in denen die prägende Wirkung besonders zum Ausdruck kommt. Als prägend können die flächenmäßige Ausdehnung, die Geschosszahl und die Höhe der den Rahmen bildenden Gebäude angesehen werden. Wegen des Maßes der baulichen Nutzung können städtebauliche Spannungen nur auftreten, wenn das Vorhaben unabhängig von seiner Nutzungsart den vorhandenen Rahmen in unangemessener Weise überschreitet. Das ist der Fall, wenn eine bauliche Massierung zu einer sowohl in der Höhe als auch in der Tiefe erheblichen Nachverdichtung der Bebauung führt. Dagegen fügt sich ein Änderungsvorhaben im Hinblick auf das Maß der baulichen Nutzung regelmäßig schon dann in die Eigenart der näheren Umgebung ein, wenn das Gebäude in seinen Ausmaßen unverändert bleibt.[420]

3851 Bei einem **Dachgeschossausbau** kommt es für das Einfügen nach dem Maß der baulichen Nutzung daher nicht auf die Feinheiten der **Berechnungsregeln** der BauNVO für die Geschossfläche an. Entscheidend ist allein, ob sich das Gebäude als solches in die Eigenart der näheren Umgebung einfügt. Für die Frage, ob bei einer starken baulichen Ausnutzung eines Grundstücks die Anforderungen an gesunde Wohn- und Arbeitsverhältnisse gewahrt sind, kann es auch auf die Verhältnisse in der Umgebung ankommen.[421] Für den Ausbau eines bereits vorhandenen Dachgeschosses zu Wohnzwecken ohne größere von außen erkennbare bauliche Veränderungen bedeutet dies, dass er sich im Hinblick auf das Maß der baulichen Nutzung regelmäßig schon deshalb in die Eigenart der näheren Umgebung einfügen wird, weil das Gebäude in seinen Ausmaßen unverändert bleibt. Zwar ist die mit dem Dachgeschossausbau verbundene Nutzungsänderung nach denselben Kriterien wie ein Neubauvorhaben zu beurteilen.[422] Ein Dachgeschoss, das sich als ein Fremdkörper schon bisher nicht in die Eigenart der Umgebung eingefügt hat, kann daher wegen des mit seinem Ausbau verbundenen Verlustes des Bestandsschutzes mangels Einfügens planungsrechtlich unzulässig werden. Regelmäßig wird jedoch der Rahmen der maßgeblichen Bebauung im Hinblick auf das Nutzungsmaß auch durch das bereits vorhandene Dachgeschoss bestimmt. Denn Dachgeschosse, die sich von ihren baulichen Ausmaßen her zum Ausbau für Wohnzwecke eignen, bieten sich nach der Verkehrsauffassung als mögliche Erweiterungsfläche für die in dem Gebäude ausgeübte Nutzung an. Daher ist die Nutzung vorhandener Dachgeschosse, die nur im Innern ausgebaut werden müssen, bereits durch die Eigenart der näheren Umgebung nach der Verkehrsauffassung angelegt. Die Verkehrsauffassung ist aber für die Beurteilung der näheren Umgebung von ausschlagge-

---

419 VGH Mannheim VGHBWRSpDienst 1998, Beilage 5 B6.

420 BVerwG ZfBR 2007, 687.

421 BVerwG NVwZ 1994, 294; NVwZ 1994, 1006. Auch die Zahl der Wohneinheiten ist kein Bestimmungsmerkmal des Sicheinfügens, so VG München, Urt. v. 28.4.1998 – M 1 K 97.2995, BeckRS 1998, 31157047.

422 BVerwGE 47, 185.

bender Bedeutung. Bei einem auf der Grundlage eines unwirksamen Bebauungsplans in seinen äußeren Abmessungen genehmigten Wohngebäude kann dem späteren Antrag auf Dachgeschossausbau zu Wohnzwecken uU entgegengehalten werden, der Dachausbau füge sich nach dem Maß der baulichen Nutzung nicht iS des § 34 I BauGB in die Eigenart der näheren Umgebung ein.[423]

Hinweis: Der Ausbau eines Dachgeschosses zu Wohnzwecken fügt sich nach dem Maß der baulichen Nutzung nicht in die Eigenart der näheren Umgebung ein, wenn der Ausbau über eine „Aktualisierung" der im Dachbereich vorhandenen Flächenreserven hinausgeht und die vorhandene „glatte" Dachfläche im Wesentlichen mit Auf- und Einbauten in Anspruch genommen werden soll.[424]

Für das Einfügen nach dem **Maß** der baulichen Nutzung kommt es auch nicht auf die Feinheiten der an landesrechtliche Begriffe (**Vollgeschoss**) und die Art der baulichen Nutzung (**Aufenthaltsräume**) anknüpfenden Berechnungsregeln der BauNVO für die Geschossfläche an. Entscheidend ist vielmehr allein, ob sich das Gebäude als solches in die Eigenart der näheren Umgebung einfügt. Allerdings hat sich das BVerwG in seiner Rechtsprechung zu § 34 BBauG 1976/79 auch an den Grund- und Geschossflächenzahlen orientiert.[425] Ausschlaggebend hierfür war, dass die Grund- und Geschossflächenzahlen zu den in § 16 II BauNVO genannten Kriterien des Maßes der baulichen Nutzung gehören und als solche auch für die Beurteilung des Nutzungsmaßes im unbeplanten Innenbereich von Bedeutung sein können.[426] Diese Bezugnahme ist jedoch nicht rein schematisch verstanden worden. Es kam vielmehr auch auf die konkrete Größe der Grundfläche der baulichen Anlage iS einer absoluten Zahl und auf die räumliche Lage innerhalb der vorhandenen Bebauung an.[427] Ob ein Vorhaben zulässig ist, richtet sich immer allein nach dem Merkmal des „Einfügens" in § 34 I BauGB. Das Maß der Nutzung soll stets nach den konkreten Verhältnissen beurteilt werden.[428] Der Ausbau eines Dachgeschosses ohne wesentliche (äußere) Veränderungen fügt sich daher hinsichtlich seines Nutzungsmaßes ebenso ein wie vor dem Ausbau. Diese Gesichtspunkte könnten auch für Wohn- und Gewerbenutzungen in anderen Geschossen von Bedeutung sein. Die Merkmale, nach denen sich ein Vorhaben einfügen muss, sind jeweils unabhängig voneinander zu prüfen. Fügt sich etwa ein Vorhaben seiner Art nach ein, so kommt es bei der weiteren Prüfung des Maßes nicht erneut auf die Frage an, welches Maß von anderen baulichen Anlagen gleicher Art in der näheren Umgebung bereits verwirklicht ist. Eine beabsichtigte rückwärtige Bebauung mit einem Hauptgebäude fügt sich nach der bebaubaren Grundstücksfläche nicht in die Eigenart der näheren Umgebung ein, wenn im hinteren Bereich der umliegenden Grundstücke nur Nebenanlagen vorhanden sind.[429] 3852

Der die nähere Umgebung im Sinne von § 34 I 1 BauGB bildende Bereich reicht so weit, wie sich die Ausführung des zur Genehmigung gestellten Vorhabens auswirken kann und wie die Umgebung ihrerseits den bodenrechtlichen Charakter des Baugrundstücks prägt oder doch beeinflusst,[430] wobei auf das abzustellen ist, was in der Umgebung tatsächlich vorhanden ist.[431] 3853

Maßgebend für das Einfügen in die Eigenart der näheren Umgebung iS von § 34 I 1 BauGB nach dem Maß der baulichen Nutzung ist die von außen wahrnehmbare Erscheinung des Gebäudes im Verhältnis zu seiner Umgebungsbebauung. Vorrangig ist auf diejenigen Maßkriterien abzustellen, in denen die prägende Wirkung besonders zum Ausdruck kommt. Als prägend können die flächenmäßige Ausdehnung, die Geschosszahl und die Höhe der den Rahmen bildenden Gebäude angesehen werden. Wegen des Maßes der baulichen Nutzung können städtebauliche Spannungen nur auftreten, wenn das Vorhaben unabhängig von seiner Nutzungsart den vorhandenen Rahmen in unangemessener Weise überschreitet, etwa weil eine bauliche Massierung zu einer sowohl in der Höhe als auch in der Tiefe erheblichen Nachver- 3854

[423] BVerwG NVwZ-RR 1997, 519.
[424] OVG Lüneburg NVwZ-RR 2006, 526.
[425] BVerwGE 55, 369.
[426] BVerwG NJW 1981, 473.
[427] BVerwG Beschl. v. 17.9.1985 – 4 B 167.85, juris; NVwZ 1987, 1080; NVwZ 1989, 354.
[428] BT-Drucks. 10/4630, S.87.
[429] BVerwG ZfBR 1998, 164.
[430] grundlegend BVerwGE 55, 369 (380); BVerwG, BVerwGE 157, 1 Rn. 9 mwN.
[431] BVerwGE 148, 290 Rn. 10; ZfBR 2014, 574 Rn. 7; ZfBR 2018, 479.

dichtung der Bebauung führt. Dagegen fügt sich ein Änderungsvorhaben im Hinblick auf das Maß der baulichen Nutzung regelmäßig schon dann in die Eigenart der näheren Umgebung ein, wenn das Gebäude in seinen Ausmaßen unverändert bleibt.[432]

3855 Ob eine **rückwärtige Bebauung** eines Grundstücks zulässig ist, hängt im Wesentlichen davon ab, in welchem Umfang die den Maßstab bildenden umliegenden Grundstücke eine rückwärtige Bebauung aufweisen. „Tatsächliche Straßengrenze" im Sinne des § 23 IV 2 BauNVO ist die Grenze der als Erschließungsanlage gewählten öffentlichen Straße. Ein Privatweg oder eine private Grundstückszufahrt zu einer solchen „Erschließungsstraße", auch wenn diese Zuwegung ggf. ausreichend ist, um die von § 34 I 1 BauGB geforderte Erschließung zu sichern, reicht nicht aus. Nach § 34 I 1 BauGB ist ein Vorhaben innerhalb der im Zusammenhang bebauten Ortsteile zulässig, wenn es sich auch nach der „Grundstücksfläche, die überbaut werden soll", in die Eigenart der näheren Umgebung einfügt. Insoweit kommt es auf die konkrete Größe der Grundfläche des in Frage stehenden Vorhabens und auch auf seine räumliche Lage innerhalb der vorhandenen Bebauung, also auf den Standort des Vorhabens an[433]. Ob eine rückwärtige Bebauung eines Grundstücks zulässig ist, hängt im Wesentlichen davon ab, in welchem Umfang die den Maßstab bildenden umliegenden Grundstücke eine rückwärtige Bebauung aufweisen.[434] Zur näheren Konkretisierung kann insofern auf die Begriffsbestimmungen in § 23 BauNVO zur „überbaubaren Grundstücksfläche", die wiederum gemäß § 23 IV BauNVO auch durch Festsetzung der Bautiefe bestimmt werden kann, zurückgegriffen werden.[435] Nach § 23 IV 2 BauNVO ist die Bebauungstiefe von der tatsächlichen Straßengrenze aus zu ermitteln. „Tatsächliche Straßengrenze" ist die Grenze der als Erschließungsanlage gewählten öffentlichen Straße.[436] Ein Privatweg oder eine private Grundstückszufahrt zu einer solchen „Erschließungsstraße",[437] auch wenn diese Zuwegung ggf. ausreichend ist, um die von § 34 I 1 BauGB geforderte Erschließung zu sichern, reicht nicht aus. Andernfalls hätte es ein Bauherr in der Hand, allein durch die Trassierung einer inneren Erschließung eines Grundstücks das städtebauliche Merkmal der überbaubaren Grundstücksfläche zu bestimmen.[438]

3856 In die Eigenart einer vorwiegend durch eine Schwermetallgießerei geprägten Umgebung fügt sich eine Bebauung mit mehreren **Reihenwohnhäusern** dann nicht ein, wenn sie auf einem der Gießerei benachbarten Grundstück errichtet werden soll, auf dem sich bisher noch keine Wohnbebauung befand. Die neue Wohnbebauung fügt sich auch dann nicht ein, wenn die Gießerei an der entgegen gesetzten, nicht mehr zur näheren Umgebung des zu bebauenden Grundstücks gehörenden Seite an eine vorhandene Wohnbebauung angrenzt.[439] Eine **private Windenergieanlage** für den Eigenbedarf eines Einfamilienhauses kann als untergeordnete Nebenanlage nach § 14 I 1 BauNVO in einem weiträumig aufgelockert bebauten bzw. bebaubaren Gebiet zulässig sein. Eine solche Anlage kann sich je nach den konkreten Umständen des Einzelfalls in die Eigenart der näheren Umgebung einfügen, auch wenn es bisher vergleichbare Anlagen dort nicht gibt.[440] Eine **Werbeanlage** der Außenwerbung, die eine bauliche Anlage iS des § 29 I BauGB ist und Fremdwerbung zum Gegenstand hat, ist als eigenständige Hauptnutzung gem. § 34 I BauGB unzulässig, wenn sie sich nicht in die Eigenart der näheren Umgebung einfügt.[441] Für die Frage, ob sich eine **Plakatanschlagtafel**, die eine bauliche Anlage darstellt, hinsichtlich des in § 34 I BauGB genannten Merkmals der „Grundstücksfläche, die überbaut werden soll", in die Eigenart der näheren Umgebung einfügt, kommt es auf die konkrete Größe der Grundfläche des in Frage stehenden Vorhabens und auf seine räumliche Lage innerhalb der vorhandenen Bebauung an. Die Begriffsbestimmungen in – dem für Bebauungspläne geltenden, für alle baulichen Anlagen anwendbaren – § 23

[432] BVerwG ZfBR 2007, 687.

[433] BVerwG Beschl. v. 17.9.1985 – 4 B 167.85, juris; NVwZ 1989, 354; NVwZ-RR 1998, 539; ZfBR 2009, 693; NVwZ 2014, 1246; BRS 84 Nr. 74 (2016).

[434] BVerwG NVwZ-RR 1998, 539.

[435] BVerwG ZfBR 2009, 693.

[436] OVG Saarland Urt. v. 27.5.2014 – 2 A 2/14, IBR 2014, 1167 Rn. 42.

[437] BVerwG NVwZ-RR 1998, 539.

[438] BVerwG BauR 2019, 1889; VGH München Beschl. v. 6.11.2000 – 2 CS 09.2222, BeckRS 2011, 46049 Rn. 7.

[439] BVerwG NVwZ 1986, 641, NVwZ 1984, 646.

[440] BVerwG NJW 1983, 2713.

[441] BVerwG NVwZ 1993, 985; NVwZ 1993, 983.

BauNVO zur „überbaubaren Grundstücksfläche" können zur näheren Konkretisierung im Rahmen des § 34 I BauGB berücksichtigt werden.[442]

Für die Frage des Einfügens in die Umgebung nach der Bauweise können die Begriffsbestimmungen des § 22 BauNVO herangezogen werden. Dies gilt für die offene oder geschlossene Bauweise (§ 22 I BauNVO) ebenso wie für die in der offenen Bauweise vorgesehenen Einzelhäuser, Doppelhäuser oder Hausgruppen. 3857

Beispiel: Ist im nicht beplanten Innenbereich die Eigenart der näheren Umgebung durch die offene Bauweise (Einzelhäuser und Doppelhäuser) geprägt, so fügt sich eine Doppelhaushälfte an der Grundstücksgrenze nur ein, wenn auch der Anbau an die Grundstücksgrenze auf dem Nachbargrundstück gewährleistet ist. Anderenfalls darf nicht an die Grundstücksgrenze gebaut werden, sondern nur unter Einhaltung eines entsprechenden Grenzabstandes.[443] Ist die Doppelhaushälfte bereits an der Grenze errichtet, so wirft die einseitige Aufstockung einer Doppelhaushälfte die Frage nach der Abstandsfläche zur gemeinsamen Grundstücksgrenze nicht neu auf.[444]

Ist nach der vorhandenen Umgebungsbebauung an die **Grenze** zu bauen, muss das Gebäude an der Nachbargrenze errichtet werden. Dasselbe gilt auch, wenn die Gestaltung des Ortsbildes in einem überwiegenden Bereich Grenzbebauung erfordert. Sich daraus ergebende Nachbarbeeinträchtigungen müssen im Hinblick auf die Umgebungsprägung hingenommen werden. Bei einer notwendigen (einseitigen) Grenzbebauung im unbeplanten Innenbereich besteht kein Anspruch des Grundstücksnachbarn auf die Wahl der für ihn günstigeren Standortalternative für das Bauvorhaben an der anderen Grundstücksgrenze.[445] Im nicht beplanten Innenbereich können auch **Stellplätze und Garagen** errichtet werden (§ 12 BauNVO). Auch sind untergeordnete **Nebenanlagen und Einrichtungen** zulässig, die dem Nutzungszweck der Grundstücke entsprechen. Allerdings ist das Gebot der nachbarlichen Rücksichtnahme zu beachten. Die Zulässigkeit von Stellplätzen und Garagen im unbeplanten Innenbereich richtet sich in städtebaulicher Hinsicht allein nach § 34 BauGB.[446] 3858

Gewächshäuser sind als von Menschen nur vorübergehend genutzte Baulichkeiten einzustufen. Sie stellen daher für sich genommen in aller Regel kein die Siedlungsstruktur prägendes Element dar. Abweichende Schlussfolgerungen in Ausnahmefällen sind damit nicht ausgeschlossen. „Bebauung" im Sinne des § 34 I 1 BauGB ist indes nicht jede beliebige bauliche Anlage. Den Bebauungszusammenhang selbst herstellen oder zu seiner Entwicklung beitragen können nur Bauwerke, die optisch wahrnehmbar sind und ein gewisses Gewicht haben, so dass sie geeignet sind, ein Gebiet als einen Ortsteil mit einem bestimmten Charakter zu prägen. Das BVerwG hat hieraus gefolgert, dass zur „Bebauung" im Sinne des § 34 I 1 BauGB grundsätzlich nur Bauwerke gehören, die dem ständigen Aufenthalt von Menschen dienen. Baulichkeiten, die nur vorübergehend genutzt werden oder in einem weiteren Sinne „Nebenanlagen" zu einer landwirtschaftlichen, (klein-)gärtnerischen oder sonstigen Hauptnutzung sind, sind in aller Regel keine Bauten, die für sich genommen ein für die Siedlungsstruktur prägendes Element darstellen.[447] 3859

Die nähere Umgebung, in die sich ein **großflächiger Einzelhandelsbetrieb** iS des § 34 I BauGB einfügen muss, ist für jedes der in § 34 I 1 BauGB genannten Merkmale gesondert zu ermitteln, weil diese jeweils eine Prägung mit ganz unterschiedlicher Reichweite und Gewichtung entfalten können;[448] sie reicht nicht unbedingt soweit, wie die in § 11 III BauNVO bezeichneten städtebaulichen Auswirkungen des Betriebes reichen können. Insbesondere bleiben **Fernwirkungen** bei der Bestimmung der näheren Umgebung außer Betracht.[449] Das gilt vor allem auch für Einzelhandelsnutzungen. Die **Erweiterung eines Lebensmitteleinzelhandels** ist mit einer Nutzungsänderung verbunden, wenn die geplante Verkaufsfläche zu einem großflächigen Einzelhandelsbetrieb im Sinne des § 11 III Nr. 2 BauNVO wird. Für die Frage, ob sich ein großflächiger Einzelhandelsbetrieb im Sinne des § 34 I BauGB in die Eigenart der 3860

---

442 OVG Saarlouis DVBl. 2012, 987.
443 OVG Berlin UPR 1998, 320.
444 OVG Greifswald VwRR MO 1998, 55.
445 OVG Berlin-Brandenburg BauR 2012, 137 (LS).
446 BVerwG Beschl. v. 18.1.1988 – 4 B 245.87, BeckRS 1988, 31234409.
447 BVerwG Beschl. v. 5.4.2017 – 4 B 46.16, BeckRS 1988, 31234409.
448 OVG Münster Urt. v. 8.12.2023 – 10 A 2688/20, juris Rn. 77
449 BVerwG NJW 1984, 1775.

näheren Umgebung einfügt, kommt es nicht auf die in § 11 III BauNVO umschriebenen negativen städtebaulichen Auswirkungen und die dort eingeschlossenen Fernwirkungen an. § 34 I BauGB stellt beim Einfügenserfordernis allein auf Nutzungsart, Nutzungsmaß, Bauweise und Grundstücksüberbauung ab. Nach § 34 III BauGB dürfen von Vorhaben nach § 34 BauGB keine schädlichen Auswirkungen auf zentrale Versorgungsbereiche in der Gemeinde oder in anderen Gemeinden zu erwarten sein. Die Vermutungsregel des § 11 III 3 und 4 BauNVO gilt für die bauplanungsrechtliche Beurteilung großflächiger Einzelhandelsbetriebe im unbeplanten Innenbereich allerdings weder unmittelbar noch entsprechend. Schädliche Auswirkungen im Sinne von § 34 III BauGB sind nach den gesetzlichen Vorgaben dann zu erwarten, wenn die Funktionsfähigkeit des betroffenen zentralen Versorgungsbereichs in beachtlichem Ausmaß beeinträchtigt und damit gestört wird. Eine solche Funktionsstörung liegt vor, wenn der Versorgungsbereich seinen Versorgungsauftrag generell oder hinsichtlich einzelner Branchen nicht mehr in substantieller Weise wahrnehmen kann.[450] Ein großflächiger Einzelhandelsbetrieb hält sich der Art nach innerhalb des Rahmens der näheren Umgebung, wenn dort zumindest ein anderer großflächiger Einzelhandelsbetrieb bereits vorhanden ist.[451]

3861 **e) Rücksichtnahme.** Vorhaben im nicht beplanten Innenbereich haben das Gebot der nachbarlichen Rücksichtnahme zu beachten.[452] § 15 I 1 BauNVO gilt als besondere Ausprägung des Rücksichtnahmegebots in Ergänzung der §§ 2 bis 14 BauNVO nicht nur für durch einen Bebauungsplan festgesetzte Baugebiete, sondern auch für unbeplante Gebiete, deren Eigenart gemäß § 34 II BauGB einem Plangebiet der BauNVO entspricht. Auch die Zulassung eines Bauvorhabens im Wege einer Ausnahme nach § 31 I BauGB (iVm § 34 II BauGB) steht unter dem Vorbehalt des § 15 I 1 BauNVO.[453] Welche Anforderungen das planungsrechtliche Gebot der Rücksichtnahme begründet, hängt vom Einzelfall ab.[454] Inhaltlich zielt das Gebot der Rücksichtnahme darauf ab, Spannungen und Störungen, die durch unverträgliche Grundstücksnutzungen entstehen können, möglichst zu vermeiden. Welche Anforderungen das Gebot der Rücksichtnahme begründet, hängt wesentlich von den jeweiligen Umständen des Einzelfalles ab. Je empfindlicher und schutzwürdiger die Stellung desjenigen ist, dem die Rücksichtnahme im gegebenen Zusammenhang zugutekommt, umso mehr kann er an Rücksichtnahme verlangen. Je verständlicher und unabweisbarer die mit dem Vorhaben verfolgten Interessen sind, umso weniger braucht derjenige, der das Vorhaben verwirklichen will, Rücksicht zu nehmen.[455] Bei der Interessengewichtung spielt es eine maßgebliche Rolle, ob es um ein Vorhaben geht, das grundsätzlich zulässig und nur ausnahmsweise unter bestimmten Voraussetzungen nicht zuzulassen ist, oder ob es sich – umgekehrt – um ein solches handelt, das an sich unzulässig ist und nur ausnahmsweise zugelassen werden kann. Bedeutsam ist ferner, inwieweit derjenige, der sich gegen das Vorhaben wendet, eine rechtlich geschützte wehrfähige Position innehat.[456]

3862 Für die nachvollziehende Abwägung zwischen den (vor allem nachbarlichen) Interessen sind die **Entscheidungen** des **Gesetz- und Verordnungsgebers** einzubeziehen. Dazu gehören auch die Regelungen des **Bauordnungsrechts**. Hat etwa der Landesgesetzgeber mit dem erkennbaren Ziel einer abschließenden Regelung eine verbindliche Entscheidung über einzuhaltende Grenzabstände getroffen, so ist diese Bewertung auch dem nachbarlichen Interessenausgleich zu Grunde zu legen. Soweit es um die Einhaltung der bauordnungsrechtlich für die ausreichende Belichtung, Besonnung und Belüftung erforderlichen **Abstandsflächen** geht, ist daher bei einer abschließenden landesrechtlichen Regelung für ein hierüber hinausgehendes Gebot der Rücksichtnahme kein Raum.[457] Ob ein Vorhaben sich iS des § 34 I

---

[450] OVG Münster BauR 2022, 1149 = juris Rn. 72; zu den Voraussetzungen allg. OVG Münster Urt. v. 17.3.2021 – 7 A 4950/18, juris; BauR 2008, 2025

[451] OVG Münster Urt. v. 17.3.2021 – 7 A 4950/18, juris Rn. 74.

[452] VGH Kassel Beschl. v. 17.1.2024 – 5 B 998/23, juris Rn. 25.

[453] VGH Mannheim DÖV 2009, 1010.

[454] BVerwG NJW 1978, 62.

[455] VGH Kassel Beschl. v. 17.1.2024 – 5 B 998/23, juris Rn. 25; VG Gelsenkirchen Beschl. v. 12.1.2024 – 5 L 1852/23, juris; BVerwG Urt. vom 5.8.1983 – 4 C 96.79, juris; Urt. v. 25.2.1977 – IV C 22.75, juris; Urt. v. 23.8.1996 – 4 C 13.94-, juris; OVG Münster Urt. v. 17.2. 2009 – 10 A 568/07, juris.

[456] VGH Kassel Beschl. v. 17.1.2024 – 5 B 998/23, juris Rn. 25.

[457] BVerwG NVwZ 1985, 653; BRS 49 (1989), Nr. 85.

BauGB in die Eigenart der näheren Umgebung einfügt,[458] beurteilt sich allerdings nur nach den Merkmalen Nutzungsart, Nutzungsmaß, Bauweise und Grundstücksüberbauung.[459] Daraus folgt, dass bauordnungsrechtliche Bestimmungen des Landesrechts, die sich auf andere Fragestellungen beziehen, mögen sie auch ihrerseits nachbarschützend sein, nicht als solche vom Rücksichtnahmegebot nach § 34 I BauGB erfasst werden.[460] Fügt sich ein Vorhaben allerdings nicht ein, weil es aus anderen Gründen die gebotene Rücksicht vermissen lässt, und wirkt das Rücksichtnahmegebot im Einzelfall drittschützend, so steht dem Erfolg der Nachbarklage nicht entgegen, dass das Vorhaben die bauordnungsrechtlichen Abstandsvorschriften einhält.[461] § 34 I BauGB hat allerdings nur insoweit nachbarschützende Wirkung, als das in dieser Vorschrift im Tatbestandsmerkmal des „Sich-Einfügens" verankerte Rücksichtnahmegebot in seiner drittschützenden Ausprägung verletzt ist. Das BImSchG hat die Grenze der Zumutbarkeit für Umwelteinwirkungen für Nachbarn und damit das Maß der gebotenen Rücksichtnahme auch für das Baurecht allgemein bestimmt.[462]

Eine Nachbarklage gegen einen gem. § 34 BauGB planungsrechtlich unzulässigen **Getränkemarkt** kann wegen der von dem Vorhaben ausgehenden Lärmbelästigungen, zu denen auch durch den Betrieb ausgelöste zusätzliche Verkehrsgeräusche gehören, begründet sein. Die Anforderungen des Gebots nachbarlicher Rücksichtnahme werden mit Blick auf einen Schutz vor Lärm auch bei immissionsschutzrechtlich nicht genehmigungsbedürftigen Vorhaben im Sinne des § 22 BImSchG im Grundsatz durch die einschlägigen technischen Regelwerke konkretisiert.[463] Bei genehmigungsbedürftigen Anlagen und bei nicht genehmigungsbedürftigen Anlagen iS des § 22 I BImSchG werden die einzuhaltenden Richtwerte in der TA Lärm bestimmt. Ein ergänzender Rückgriff auf die allgemeinen Grundsätze des Rücksichtnahmegebotes ist daher nicht mehr erforderlich.[464] Auch bei einer nicht genehmigungsbedürftigen Anlage nach § 22 BImSchG können daher die Richtwerte der TA Lärm zur Beurteilung, ob das Gebot der nachbarlichen Rücksichtnahme eingehalten ist, herangezogen werden. So kann sich ein **Gewächshaus** in eine durch Wohnhäuser mit Nebenanlagen sowie durch einen dominierenden Gartenbaubetrieb mit anderen Gewächshäusern geprägte Umgebung einfügen und auch nicht wegen der durch Naturereignisse wie Regel verursachten Geräusche rücksichtslos sein.[465] Von einer im rückwärtigen Grundstücksbereich gelegenen **Garagenanlage** mit sechs, zum Teil im Kellergeschoss angeordneten Stellplätzen und deren Zufahrt unmittelbar entlang der Nachbargrenze über auf- und absteigende offene Rampen mit teilweise erheblicher Neigung können unzumutbare Störungen ausgehen.[466] In einem Wohngebiet mit eingeschossiger Bauweise sind demgegenüber **Stellplätze** in einem wohngebietstypischen Umfang grundsätzlich zumutbar.[467] Auch durch den Zu- und Abfahrtsverkehr zu einem Frauenhaus ergeben sich regelmäßig keine unzumutbaren Lärmbelastungen.[468] Aus dem Rücksichtnahmegebot lassen sich nachbarliche Abwehrrechte auch nicht aus von der Genehmigung nicht umfassten Verhaltensweisen oder gar „Benutzerexzessen" Dritter herleiten.[469] 3863

Was von einem genehmigten Betrieb an Belastungen verursacht wird, kann die **Schutzwürdigkeit** eines benachbarten Wohngebietes mindern. Eine Verletzung des Rücksichtnahmegebots kommt grundsätzlich nur dann in Betracht, wenn eine Verschlechterung der Immissionslage eintritt – es sei denn, die vorhandenen Immissionen überschreiten bereits die Grenze 3864

[458] Die Rechtsprechung zur Abgrenzung des Innen- und Außenbereichs kann auf die Abgrenzung der näheren Umgebung im Sinne von § 34 BauGB sinngemäß übertragen werden, so BVerwG NVwZ-RR 1999, 105; NVwZ-RR 1998, 94.

[459] BVerwG NVwZ 1987, 128.

[460] BVerwG Beschl. v. 7.4.1988 – 4 B 56.88, juris.

[461] BVerwG NVwZ 1987, 128; NVwZ 1999, 879; NVwZ 1999, 1110.

[462] VGH Mannheim NVwZ-RR 2012, 636; Kirchhoff IBR 2012, 606 – Lichtimmissionen durch Videowerbeanlage; BVerwG NVwZ 2000, 1050; OVG Münster DVBl. 2008, 791; NVwZ-RR 2009, 716; BVerwGE 52, 122; DVBI 1981, 928.

[463] OVG Saarlouis BauR 2011, 1373.

[464] BVerwG NVwZ 1989, 666.

[465] BVerwG ZfBR 1999, 231.

[466] OVG Münster= DVBl. 2008, 1463.

[467] OVG Münster Urt. v. 25.3.2009 – 7 D 72/08.NE, juris; BVerwG NVwZ-RR 1996, 463.

[468] VGH München Beschl. v. 24.3.2009 – 14 CS 08.3017, juris.

[469] OVG Saarlouis BauR 2009, 854.

des schweren und unerträglichen Eingriffs.[470] **Die (verfassungsrechtliche) Schwelle zur Gesundheitsgefahr** kann dabei nicht abschließend mit einem bestimmten dB (A)-Wert allgemeingültig umschrieben werden. Vielmehr lässt sich diese Grenze nur aufgrund wertender Betrachtung des jeweiligen Einzelfalls ziehen, wobei die Gebietsart und die Lärmvorbelastung eine wesentliche Rolle spielen. Wenn nicht auszuschließen ist, dass der aus grundrechtlicher Sicht kritische Wert der Gesamtbelastung erreicht wird, muss eine entsprechende Prüfung vorgenommen werden.[471]

3865 Die **persönlichen Verhältnisse** einzelner Eigentümer oder Nutzer, wie zB besondere Empfindlichkeiten oder gesundheitliche Voraussetzungen, spielen bei der Zumutbarkeitsbewertung von Belästigungen oder Störungen im Rahmen des Gebotes der Rücksichtnahme keine Rolle. Damit steht im Einklang, dass bei der Zumutbarkeitsprüfung auf eine durchschnittliche Empfindlichkeit gegenüber nachbarlichen Beeinträchtigungen abgehoben wird.[472] Das Bebauungsrecht regelt die Nutzbarkeit der Grundstücke in öffentlich-rechtlicher Beziehung auf der Grundlage objektiver Umstände und Gegebenheiten mit dem Ziel einer möglichst dauerhaften städtebaulichen Ordnung und Entwicklung. Dementsprechend ist auch das baurechtliche Rücksichtnahmegebot **nicht** in einem Sinne **personenbezogen**, dass es in seinen Anforderungen davon abhängt, wie sich die Eigentumsverhältnisse zu einem bestimmten Zeitpunkt darstellen oder wer die gegenwärtigen Nutzer eines Grundstücks sind.[473]

3866 **f) Bestandsschutz.** Auch im nicht beplanten Innenbereich ist die Entscheidung des Gesetzgebers vorrangig. Auf Bestandsschutz kann sich der Bauherr daher nur in dem Umfang erfolgreich berufen, wie der Gesetzgeber diesen in § 34 BauGB ausgestaltet hat. Erfüllt die bauliche Erweiterung und teilweise Änderung der Nutzung einer baulichen Anlage daher innerhalb eines im Zusammenhang bebauten Ortsteils den Vorhabenbegriff des § 29 BauGB, so darf die erforderliche Baugenehmigung nur erteilt werden, wenn alle tatbestandlichen Voraussetzungen des § 34 BauGB erfüllt sind. Für eine erleichterte Zulässigkeit des Vorhabens unter dem Gesichtspunkt des Bestandsschutzes ist nach Auffassung des BVerwG kein Raum.[474]

3867 **g) Störfallbetrieb.** Der Begriff des „angemessenen" Abstands im Sinne des Art. 12 I der Richtlinie 96/82/EG ist ein zwar unbestimmter, aber anhand störfallspezifischer Faktoren technisch-fachlich bestimmbarer Rechtsbegriff. Die behördliche Festlegung des angemessenen Abstands unterliegt der vollen gerichtlichen Überprüfung; ein Beurteilungs- oder Ermessensspielraum kommt der Genehmigungsbehörde insoweit nicht zu. Ist der angemessene Abstand schon bisher nicht eingehalten, greift der Wertungsspielraum, den der EuGH den Genehmigungsbehörden im Rahmen des Art. 12 I der Richtlinie 96/82/EG zuerkannt hat. Die Richtlinie gestattet es, den störfallspezifisch ermittelten angemessenen Abstand zu unterschreiten, wenn im Einzelfall hinreichend gewichtige nicht störfallspezifische Belange – insbesondere solche sozialer, ökologischer und wirtschaftlicher Art („sozioökonomische Faktoren") – für die Zulassung des Vorhabens streiten. Unionsrechtlich gefordert, aber auch ausreichend ist insoweit eine „nachvollziehende" Abwägung; sie ist sachgeleitete Wertung und unterliegt ebenfalls der vollen gerichtlichen Kontrolle. Das in § 34 I BauGB enthaltene Rücksichtnahmegebot bietet für die unionsrechtlich geforderte „nachvollziehende" Abwägung eine geeignete Anknüpfung. Bei richtlinienkonformer Handhabung ist das Kriterium der Vorbelastung im Störfallrecht unbrauchbar. Eine Vorhabenzulassung auf der Grundlage des § 34 I BauGB ist abzulehnen, wenn die zu berücksichtigenden nicht störfallspezifischen Faktoren den Rahmen der im Rücksichtnahmegebot abgebildeten gegenseitigen Interessenbeziehung überschreiten und das Vorhaben deshalb einen Koordinierungsbedarf auslöst, der nur im Wege einer förmlichen Planung bewältigt werden kann.[475]

---

[470] OVG Magdeburg BauR 2009, 858 zum Anspruch auf bauaufsichtliches Einschreiten; BVerwG NVwZ 1983, 609.

[471] OVG Münster Urt. v. 19.3.2009 – 10 D 56/07, juris zur Nichtermittlung von Lärmschutzbelangen.

[472] BVerwG GewArch. 1994, 250.

[473] BVerwG NVwZ 1984, 647; Beschl. v. 15.7.1987 – 4 B 151.87, juris.

[474] BVerwG BauR 1999, 152; siehe auch OVG Münster Urt. v. 14.9.2023 – 2 A 577/21, juris Rn. 76; BauR 2023, 2065 = juris Rn. 18.

[475] BVerwG NVwZ 2013, 719, VG Gelsenkirchen Urt. v. 23.2.2021 – 9 K 2942/16, juris Rn. 25, 70, 77; OVG Münster BauR 2021, 200; Klepper IBR 2013, 306, Peine DÖV 2014, 28; Uechtritz NVwZ 2013, 724, Schröer NZBau 2013, 291; EuGH EuZW 2011, 873; Hendler DVBl. 2012, 532; Kraus ZfBR 2012, 324; König UPR 2012, 286; Lau DVBl. 2012, 678; König/Darimont UPR 2012, 286; Mitschang

2. Eigenart der Umgebung (§ 34 II BauGB)

Entspricht die Eigenart der näheren Umgebung einem der Baugebiete der BauNVO, beurteilt sich die Zulässigkeit des Vorhabens gem. § 34 II BauGB nach seiner Art allein danach, ob es nach der Verordnung in dem Baugebiet allgemein zulässig wäre. Auf die nach der BauNVO ausnahmsweise zulässigen Vorhaben ist § 31 I BauGB, im Übrigen ist § 31 II BauGB entsprechend anzuwenden. Bei Anwendung des § 34 II BauGB ist hinsichtlich der Art der Nutzung ein Rückgriff auf § 34 I BauGB ausgeschlossen. Maßstabsbildend ist die Umgebung, insoweit sich die Ausführung eines Vorhabens auf sie auswirken kann und insoweit, als die Umgebung ihrerseits den bodenrechtlichen Charakter des Baugrundstücks prägt oder doch beeinflusst.[476] Dabei ist die nähere Umgebung für die in § 34 I 1 BauGB bezeichneten Kriterien jeweils gesondert abzugrenzen. Die wechselseitige Prägung ergibt sich aus den in § 34 I BauGB genannten städtebaulichen Merkmalen. Bei der Anwendung des § 34 II BauGB ist die nähere Umgebung der Umgriff, der hinsichtlich der Art der baulichen Nutzung nach § 34 Abs. 1 Satz 1 BauGB maßgeblich ist.[477] 3868

Eine durchgängige **vertikale (geschossweise) Gliederung** von Nutzungsarten kann auf der Grundlage von § 34 II BauGB, § 15 BauNVO nicht erreicht werden. Eine solche besondere Gliederung setzt vielmehr einen Bebauungsplan und entsprechende Festsetzungen gem. § 9 III BauGB, § 1 VII BauNVO voraus.[478] Die Frage der überwiegenden Prägung durch gewerbliche Nutzungen iS des § 6 II Nr. 8 BauNVO ist nicht stets dann schon zu verneinen, wenn der prozentuale Anteil der jeweils grundstücksbezogen ermittelten gewerblich genutzten Geschossflächen gegenüber dem Anteil der der Wohnnutzung dienenden Geschossflächen rechnerisch kein Übergewicht hat.[479] Die Beurteilung einer prägenden Wirkung erfordert eine Gesamtbetrachtung und dabei die Einbeziehung auch weiterer gebietsprägender Faktoren. Dabei kann auch von Bedeutung sein, in welchem Maße die Erdgeschossebene gewerblich genutzt ist und inwieweit die gewerbliche Nutzung bis in die Obergeschosse reicht. Wesentliches Merkmal einer Gebietsfestsetzung nach § 4 a BauNVO ist eine in die Zukunft gerichtete planerische Absicht der Gemeinde. Eine Anwendung des § 4 a BauNVO über § 34 II BauGB scheidet deshalb aus.[480] Wohl kann die Eigenart der näheren Umgebung einem Mischgebiet entsprechen, sodass sich das Vorhaben der Art nach gem. § 6 BauNVO beurteilt. In der BauNVO „bezeichnet" sind nur solche Baugebiete, für die die BauNVO die Art der zulässigen Nutzung selbst regelt. Sondergebiete erfüllen diese Voraussetzung nicht, weil nach § 11 II 1 BauNVO die Gemeinde die Art der zulässigen Nutzung festzusetzen hat.[481] 3869

§ 34 II BauGB ist nicht nur anwendbar, wenn die Eigenart der näheren Umgebung einem der Baugebiete der BauNVO mit seinen darin vorgesehenen allgemein zulässigen Nutzungen entspricht. Der **Gebietscharakter** wird durch **tatsächlich vorhandene Nutzungen**, die in dem Gebiet nach der BauNVO ausnahmsweise zugelassen werden können, grundsätzlich nicht in Frage gestellt. § 34 III a BauGB, wonach in bestimmten Fällen vom Erfordernis des Einfügens abgewichen werden kann, setzt einen Fall des § 34 I 1 BauGB voraus, im Rahmen des § 34 II BauGB findet diese Erleichterung keine Anwendung.[482] Bei der Bestimmung der „näheren Umgebung" iSd § 34 II BauGB ist darauf abzustellen, inwieweit sich einerseits das geplante Vorhaben auf die Umgebung und andererseits die Umgebung auf das Baugrundstück prägend auswirken kann. Die Grenzen der näheren Umgebung lassen sich dabei nicht schematisch festlegen, sondern sind nach der tatsächlichen städtebaulichen Situation zu bestimmen, in die das für die Bebauung vorgesehene Grundstück eingebettet ist.[483] Ein faktisches Sonderge- 3870

UPR 2011, 281; ders. UPR 2011, 342; Reidt UPR 2011, 448; ders. BauR 2012, 1182; Reidt/Schiller BauR 2012, 1722 mit Verweis auf die Feingliederungsmöglichkeiten nach § 1 IV bis IX BauNVO für Gewerbe-, Industrie- und Sondergebiete; Kukk ZfBR 2012, 219; Zum Abstandsgebot Schmitt/Kreutz NVwZ 2012, 483.

476 BVerwG BRS 90 Nr. 56 (2022) = juris Rn. 6; BVerwGE 55, 369 (80): Urt. v. 6.6.2019 – 4 C 10.18 – Buchholz 406.11 § 34 BauGB Nr. 224 Rn. 11.

477 BVerwG BRS 90 Nr. 56 (2022) = juris Rn. 6.

478 BVerwG NVwZ 1990, 557; BauR 1988, 440.

479 BVerwG BBauBl.1994, 492.

480 BVerwG ZfBR 1993, 144.

481 BverwG BauR 2011, 222.

482 OVG Berlin-Brandenburg BauR 2012, 1285.

483 OVG Berlin-Brandenburg Beschl. v. 18.9.2012 – OVG 10 N 9.11, juris.

biet Wochenendhäuser iSv § 34 I iVm II BauGB und § 10 BauNVO kommt nur in Betracht, wenn die Wochenendhausbebauung sich so darstellt wie ein typisches Wochenendhausgebiet, das aufgrund einer entsprechenden Bauleitplanung entstanden ist. Dabei kommt es auch auf die Grundflächen der Gebäude an.[484]

3871 § 34 II BauGB ist nur anwendbar, wenn die Eigenart der näheren Umgebung einem der in der BauNVO bezeichneten Baugebiete entspricht. Der danach zu bestimmende Gebietscharakter wird durch Ausnahmen noch nicht in Frage gestellt, solange beispielsweise die erkennbaren Grundzüge der Planung nicht berührt werden (§ 31 I BauGB). Dass in einem allgemeinen Wohngebiet nach § 4 III BauNVO Vorhaben nur ausnahmsweise zulässig sind, steht mithin der Annahme eines allgemeinen faktischen Wohngebiets nicht entgegen. Das ist dann anders, wenn die vorhandenen Vorhaben sich nicht auf wirkliche Ausnahmefälle beschränken, sondern gerade als „Ausnahmen" eine eigene prägende Wirkung auf die Umgebung ausüben. § 4 III Nr. 3 BauNVO meint jedenfalls keine Gebäude, die in ihrer Ausgestaltung und Funktionalität einem Büro- oder Verwaltungsgebäude gleichkommen. Dies verbietet sich angesichts des durch § 4 I BauNVO umschriebenen Gebietscharakters.[485] Die Festsetzung von Baugebieten durch Bebauungsplan hat grundsätzlich nachbarschützende Funktion. Derselbe **Nachbarschutz** besteht im unbeplanten Innenbereich, wenn die Eigenart der näheren Umgebung einem der Baugebiete der BauNVO entspricht.[486] Der Anspruch auf Wahrung der Gebietsart findet, wenn es an einem Bebauungsplan fehlt, nur im Fall eines faktischen Baugebiets (§ 34 II BauGB) Anwendung und erfasst dann allein die Art der baulichen Nutzung und gerade nicht die überbaubare Grundstücksfläche. Ein Nachbar kann im unbeplanten Innenbereich hinsichtlich der überbaubaren Grundstücksfläche vielmehr (allein) geltend machen, es liege eine Verletzung des Gebots der Rücksichtnahme zu seinem Nachteil vor.[487]

3872 § 15 I BauNVO ist eine besondere Ausprägung des **Rücksichtnahmegebots** und ergänzt die §§ 2 bis 14 BauNVO. Das gilt nicht nur für durch einen Bebauungsplan festgesetzte Baugebiete, sondern auch für unbeplante Innenbereiche, deren Eigenart gemäß § 34 II BauGB einem Plangebiet der BauNVO entspricht. Die Eigenart eines in einem Bebauungsplan festgesetzten Gebietes lässt sich abschließend erst bestimmen, wenn zusätzlich auch die jeweilige örtliche Situation, in die ein Gebiet „hineingeplant" worden ist, und der jeweilige Planungswille der Gemeinde, soweit dieser in den zeichnerischen und textlichen Festsetzungen des Bebauungsplans unter Berücksichtigung der hierfür gegebenen Begründung zum Ausdruck gekommen ist, berücksichtigt werden; bei unbeplanten Gebieten im Sinne von § 34 II BauGB ist dementsprechend auf den sich aus den örtlichen Verhältnissen ergebenden besonderen Gebietscharakter des konkreten Baugebiets abzustellen.[488]

3873 Bei der Prüfung nach § 34 II BauGB, ob die Eigenart der näheren Umgebung einem der Baugebiete nach der BauNVO entspricht, ist ein **bereits verwirklichtes Vorhaben** nicht zu berücksichtigen, das selbst Gegenstand der bauplanungsrechtlichen Beurteilung ist. Der Wortlaut des § 34 I und 2 BauGB unterscheidet zwischen dem Vorhaben und der näheren Umgebung. Das Vorhaben ist nicht Teil seiner näheren Umgebung, sondern muss sich in diese einfügen. Ungenehmigte Anlagen und Nutzungen mögen daher zwar für andere Vorhaben Teil der näheren Umgebung sein, sie sind aber selbst nicht zugleich Vorhaben und Umgebung. Bei der Ermittlung des Gebietscharakters ist ein Bauvorhaben daher unbeachtlich, das als Gegenstand der Prüfung nicht zugleich Prüfungsmaßstab sein kann.[489] Bei der Prüfung nach § 34 II BauGB, ob die Eigenart der näheren Umgebung einem der Baugebiete nach der BauNVO entspricht, ist ein bereits verwirklichtes Vorhaben nicht zu berücksichtigen, das selbst Gegenstand der bauplanungsrechtlichen Beurteilung ist. Diese Grundsätze gelten auch und gerade im Baunachbarstreit.[490] Nach § 212a I BauGB haben Widerspruch und Anfechtungsklage eines Dritten gegen die bauaufsichtliche Zulassung eines Vorhabens keine aufschiebende Wirkung.

[484] OVG Greifswald Urt. v. 18.4.2012 – 3 L 3/08, juris; OVG Weimar BRS 66 Nr. 95; a.A. VGH München, B. v. 16.8.2011, juris.

[485] BVerwG BRS 63 Nr. 102 (2000).

[486] BVerwG, B. v. 27.9.2007 – 4 B 36.07, juris.

[487] OVG Münster Beschl. v. 12.1.2024 – 10 B 1131/23, juris Rn. 4, 7; BVerwG Urt. v. 29.3.2022 – 4 C 6.20, juris Rn. 8; OVG Münster Beschl. v. 16.11.2020 – 2 A 438/20, juris Rn. 22; Beschl. v. 5.6.2023 – 10 A 1523/22, juris Rn. 16.

[488] BVerwG ZfBR 2009, 376.

[489] BVerwG NVwZ 1991, 1075.

[490] OVG Lüneburg DVBl. 2011, 656.

Dem Bauherrn ist gestattet, sein Vorhaben trotz Widerspruchs oder Anfechtungsklage eines Dritten ins Werk zu setzen. So kann er vor der Entscheidung über den Nachbarrechtsbehelf ein Vorhaben errichten, das zwar in einem bisherigen faktischen Baugebiet iSv § 34 II BauGB unzulässig wäre, dessen Vollendung aber eine Gemengelage schafft. Ungeachtet der Möglichkeit behördlichen oder gerichtlichen Eilrechtsschutzes wäre es mit dem Gebot effektiven Rechtsschutzes unvereinbar, einem Nachbarn nach Maßgabe der Rechtsprechung zum maßgeblichen Zeitpunkt für die Beurteilung von baurechtlichen Nachbarklagen[491] entgegenzuhalten, jedenfalls im Moment der gerichtlichen Entscheidung sei sein aus § 34 II BauGB folgender Gebietserhaltungsanspruch durch die entstandene Gemengelage entfallen.

Wenn sich die nähere Umgebung nach der Nutzungsart nicht einem der Baugebiete der BauNVO zuordnen lässt, kommt eine Anwendung des § 34 II BauGB nicht in Frage. Dies gilt insbesondere für die sog. **Gemengelagen** und für das Vorliegen von Nutzungsarten verschiedener Baugebietstypen.[492] Ein Nachbar kann sich auch nicht auf einen Gebietswahrungsanspruch berufen, wenn die Eigenart der näheren Umgebung des Vorhabengrundstücks nicht einem der in der BauNVO bezeichneten Baugebiete entspricht, sondern sich als Gemengelage darstellt, in die sich das Vorhaben nach der Art der baulichen Nutzung einfügt.[493] Ist ein Gebiet mangels entsprechender Festsetzungen in einem Bebauungsplan gemäß Nr. 6.6 Satz 2 TA Lärm entsprechend seiner Schutzbedürftigkeit nach Nr. 6.1 TA Lärm zu beurteilen, sind diejenigen Immissionsrichtwerte heranzuziehen, die dem Charakter des Gebietes am ehesten entsprechen.[494] 3874

3. Weitere Zulässigkeitsvoraussetzungen

Als weitere Zulässigkeitsvoraussetzung nennt § 34 I 1 HS 2 eine gesicherte **Erschließung**. Außerdem müssen nach § 34 I 2 BauGB die Anforderungen an **gesunde Wohn- und Arbeitsverhältnisse** gewahrt bleiben, und das **Ortsbild** darf nicht beeinträchtigt werden. Werden die vorgenannten Merkmale nicht erfüllt, ist das Vorhaben unzulässig. Daneben ist nach Ansicht des BVerwG für eine gegenüber § 34 I und II BauGB erleichterte Zulässigkeit des Vorhabens unter dem Gesichtspunkt des Bestandsschutzes kein Raum.[495] 3875

Für die planungsrechtliche Zulässigkeit eines Innenbereichsvorhabens muss dessen **Erschließung** gesichert sein. Der Begriff der gesicherten Erschließung ist ein bundesrechtlicher Begriff, der nicht durch Landesrecht modifiziert wird, allerdings ggfls. ergänzt durch landesrechtliche Regelungen iSv § 29 II BauGB.[496] Das BauGB enthält keine Konkretisierungen der Anforderungen an die gesicherte Erschließung. Die an die Erschließung zu stellenden Anforderungen sind daher konkretisierungsbedürftig. Auszugehen ist vom Zweck der gesicherten Erschließung als bodenrechtliches Zulässigkeitsmerkmal. Ziel ist die Gewährleistung einer der geordneten städtebaulichen Entwicklung entsprechenden Benutzbarkeit bebaubarer und bebauter Grundstücke. Im Anwendungsbereich von § 34 BauGB ergeben sich die Anforderungen an die Erschließungsanlagen aus der jeweiligen Innenbereichssituation und den konkreten Anforderungen des jeweiligen Vorhabens und Baugrundstücks. Die in der näheren Umgebung vorhandenen Erschließungsanlagen reichen regelmäßig aus, so dass für die zur Genehmigung stehende bauliche Anlage keine andere oder zusätzliche Erschließung gefordert werden kann.[497] Zu den Mindestanforderungen gehören die hinreichende Anbindung eines Baugrundstücks an das öffentliche Straßennetz, die Versorgung mit Elektrizität und Wasser sowie die Abwasserbeseitigung.[498] Zu einer gesicherten Erschließung gehört auch eine ordnungsgemäße Beseitigung des auf einem Vorhabengrundstück anfallenden Niederschlagswassers gehört zB dazu.[499] 3876

491 BVerwGE 131, 352 Rn. 21.

492 Jeronim in Kröninger/Jeromin, BauGB/BauNVO, 2024, § 34 BauGB Rn. 27.

493 OVG Münster Beschl. v. 17.12.2021 – 10 B 1737/21, juris Rn. 2.

494 OVG Koblenz BauR 2024, 240 = juris Rn. 29.

495 BVerwG DVBl. 1999, 254.

496 OVG Berlin-Brandenburg Urt. v. 9.11.2022 – OVG 10 B 3/20, juris Rn. 29.

497 OVG Berlin-Brandenburg Urt. v. 9.11.2022 – OVG 10 B 3/20, juris Rn. 29; Mitschang/Reidt in BKL, BauGB, 2022, § 34 Rn. 37.

498 Söfker in EZBK, BauGB, 2022, § 30 Rn. 42; Mitschang in BKL, BauGB, 2022, § 30 Rn. 21; OVG Berlin-Brandenburg Urt. v. 9.11.2022 – OVG 10 B 3/20, juris Rn. 29.

499 OVG Magdeburg Beschl. v. 16.5.2023 – 2 L 8/22, juris Rn. 28; OVG Münster Beschl. v. 28.2.2022 – 10 B 1826/21, juris Rn. 11; zur fehlenden Erschließung eines Baugrundstücks im Hinblick auf die Abwasserbeseitigung in einem Einzelfall, in dem der Anspruch auf Anschluss an die öffentliche Kanalisation an deren Überlastung scheitert siehe VG Koblenz Urt. v. 12.1.2022 – 4 K 715/21.KO, juris Rn. 21.

3877 Das Erfordernis der gesicherten Erschließung dient grundsätzlich nur den öffentlichen Interessen und hat folglich keine nachbarschützende Funktion.[500] Etwas anderes kann mit Blick auf das Rücksichtnahmegebot ausnahmsweise dann gelten, wenn durch die unzureichende Erschließung unmittelbar Nachbargrundstücke betroffen sind, etwa wenn das Niederschlagswasser auf das Grundstück des Nachbarn abgeleitet wird und es dadurch zu Überschwemmungen auf dem Nachbargrundstück kommt.[501]

3878 Welche Anforderungen an die Erschließung eines **Innenbereichsgrundstücks** zu stellen sind, richtet sich nach den Einzelfallumständen. Grundsätzlich gelten inhaltsgleiche Anforderungen wie nach § 30 BauGB.[502] Wenn das geltende Bundesrecht in seinen Vorschriften über die Regelung der baulichen Nutzung die Sicherung der Erschließung als Voraussetzung für die Zulässigkeit baulicher Anlagen aufstellt, will es einmal gewährleisten, dass die Grundstücke für Kraftfahrzeuge, besonders auch solche der Polizei, der Feuerwehr, des Rettungswesens und der Ver- und Entsorgung, erreichbar sind, und zum anderen, dass der Gemeinde nicht als Folge der Genehmigung von Vorhaben unangemessene Erschließungsaufgaben aufgedrängt werden.[503] Es ist für die Frage der öffentlich-rechtlich erforderlichen Erschließung grundsätzlich unerheblich, ob ein Nachbar gegenüber dem anderen Nachbarn entsprechende privatrechtliche Ansprüche auf Zuwegung hat. Müsste eine für das geplante Bauvorhaben erforderliche private Zuwegung zunächst über andere Grundstücke führen und wäre sie gerade in diesem Bereich nicht hinreichend gesichert, würde die Ausführung des nicht ausreichend erschlossenen Vorhabens eine ungeordnete städtebauliche Entwicklung einleiten. Maßgebend ist vielmehr allein die bestehende öffentlich-rechtliche Rechtslage. Diese beurteilt sich im Einzelnen auch nach Landesrecht.[504] Die Erschließung eines Vorhabens ist durch eine vorhandene Straße gesichert, wenn diese den durch das Vorhaben ausgelösten Verkehr im Regelfall bewältigen kann. Die „Spitzenzeiten des Verkehrs" können deshalb nur dann vernachlässigt werden, wenn sie die Ausnahme bleiben, wenn also der zur Überlastung der Straße führende Verkehr nur gelegentlich oder zwar täglich, aber nur kurzfristig, stattfindet.[505] Dabei ist der durch die Nutzung einer baulichen Anlage bedingte Zu- und Abgangsverkehr dem Vorhaben auch dann zuzurechnen, wenn er auf der öffentlichen Verkehrsfläche im Bereich der baulichen Anlage stattfindet. Für die Beurteilung der Zumutbarkeit des vom Zu- und Abgangsverkehr ausgehenden Lärms ist die Verkehrslärmschutzverordnung (16. BImSchV) weder unmittelbar noch mittelbar anwendbar.[506] Denn die Verordnung gilt nur bei dem Neubau oder der wesentlichen Änderung von Straßen oder Schienenwegen.

3879 Eine Erschließung ist nicht gesichert, wenn die Gemeinde eigene Maßnahmen zu Recht ablehnt und der Bauwillige, der die Erschließung durchführen will, keinen durchsetzbaren Rechtsanspruch hat.[507] Ob eine Bundesstraße iS des § 9 I 1, VI 1 FStrG zur Erschließung der anliegenden Grundstücke bestimmt ist, beurteilt sich vorrangig nach straßenrechtlichen Gesichtspunkten. Im Einzelfall ist aus den tatsächlichen Gegebenheiten auf eine bestimmte Funktion der Straße zu schließen. Nicht allein ausreichend ist, dass ein Bebauungszusammenhang nach § 34 BauGB besteht.[508]

3880 Nach § 34 I 2 HS 1 BauGB müssen die Anforderungen an gesunde **Wohn- und Arbeitsverhältnisse** gewahrt bleiben. Ist ein Grundstück **Verkehrslärm** ausgesetzt, der die aufgrund der §§ 41 I, 43 I Nr. 1 BImSchG und § 2 I der Verkehrslärmschutzverordnung festgesetzten Grenzwerte überschreitet, sind nicht notwendigerweise die Anforderungen an gesunde Wohnverhältnisse iS des § 34 I 2 HS 1 BauGB nicht gewahrt. Denn diese Bestimmung bezeichnet mit dem Erfordernis der Wahrung gesunder Wohnverhältnisse nur eine äußerste Grenze der zulässigen Bebauung von Grundstücken im Innenbereich. Für die Erheblichkeit von Lärmbelastungen einer neu hinzukommenden Nutzung ist die durch vorhandene Nutzungen vorgege-

---

[500] OVG Magdeburg LKV 2023, 322 = juris Rn. 28; VG Gelsenkirchen Beschl. v. 12.1.2024 – 5 L 1852/23, juris Rn. 38; VGH München Beschl. v. 29.8.2014 – 15 CS 14.615, juris; Beschl. v. 6.2.2017 – 15 ZB 16.398, juris.

[501] OVG Magdeburg LKV 2023, 322 = juris Rn. 28

[502] Bönker in HBG, Öffentliches Baurecht, 2024. § 8 Rn. 211.

[503] BVerwG ZfBR 2000, 213.

[504] BVerwG, Beschl. v. 8.7.1991 – 4 B 115.91, juris.

[505] BVerwG NVwZ 1997, 389.

[506] BVerwG NVwZ 1999, 523; BauR 1999, 152; UPR 1999, 68 für ein Kur- und Gemeindehaus.

[507] BVerwG Beschl. v. 11.1.1988 – 4 B 258.87, juris.

[508] BVerwG NVwZ 1984, 647; NJW 1975, 2083.

bene Situation von Bedeutung. Immissionsbedingt unzulässig ist eine Wohnnutzung vor allem dann, wenn Räume nach den Vorschriften des jeweiligen Landesrechts unbewohnbar sind. In einem **dörflich geprägten Gebiet** bietet weder das in § 34 I BauGB enthaltene noch im Falle des § 34 II BauGB das in § 15 BauNVO niedergelegte Rücksichtnahmegebot eine Grundlage dafür, dass sich ein Landwirt gegen eine heranrückende Wohnbebauung erfolgreich mit dem Argument zur Wehr setzt, durch eine Wohnnutzung in der Nachbarschaft werde ihm für die Zukunft die Möglichkeit abgeschnitten, seinen Betrieb zu erweitern oder umzustellen.[509] In einer Innenbereichslage, die durch ein Nebeneinander von landwirtschaftlichen Betrieben und Wohnnutzungen gekennzeichnet ist, lässt § 34 I BauGB es nicht zu, dass sich die landwirtschaftlichen Betriebe gegen konkurrierende Wohnnutzung „abschotten". § 34 I BauGB bietet auch keine Handhabe, überkommene Strukturen unabänderlich festzuschreiben. Der Gedanke der strikten Wahrung eines Mindestmaßes an qualitativer und quantitativer Mischung, wie er etwa § 6 BauNVO zu Grunde liegt, ist § 34 I BauGB fremd.[510]

Hinweis: § 34 I 2 Halbsatz 1 BauGB markiert eine äußerste Grenze der Zulässigkeit einer Bebauung; seine Anwendung ist auf die Abwehr städtebaulicher Missstände beschränkt. Solche Missstände können auftreten, wenn ein Wohnbauvorhaben in einem festgesetzten Überschwemmungsgebiet liegt.[511]

Ist bei der Ungültigkeit eines Bebauungsplans die Zulässigkeit eines Vorhabens nach § 34 I BauGB zu beurteilen, darf die Genehmigungsbehörde auch nicht aufgrund einer **planersetzenden Abwägung** nach Maßgabe des § 50 BImSchG die Genehmigung versagen.[512] 3881

Ein Vorhaben, das sich in die Eigenart der näheren Umgebung einfügt, kann gleichwohl das **Ortsbild** beeinträchtigen.[513] § 34 I 2 BauGB wäre überflüssig, wenn er ausschließlich auf den sich aus der vorhandenen Bebauung ergebenden Maßstab abstellen würde. Sein Sinn besteht vielmehr darin, zusätzliche Beeinträchtigungen des Ortsbildes[514] – und ebenso weitere Verstöße gegen die Anforderungen an gesunde Wohn- und Arbeitsverhältnisse – auch dann zu verhindern, wenn die Umgebung schon in vergleichbarer Weise im Widerspruch zu den Planungsgrundsätzen des § 1 V, VI BauGB geprägt ist. Eine andere Frage ist dagegen, ob das hinzukommende Vorhaben das Ortsbild überhaupt beeinträchtigt. 3882

Beispiel: Das Ortsbild einer mittelalterlichen Stadt ist stärker schutzwürdig als ein durch Industriebauten geprägtes Ortsbild. Die Frage nach der Beeinträchtigung des Ortsbildes durch ein bestimmtes Vorhaben lässt sich dabei nur mit Blick auf die konkrete Situation der Umgebung beantworten.

Maßstab des Ortsbildes ist der Ort, also das Erscheinungsbild zumindest eines größeren Bereichs der Gemeinde. Der maßstabbildende Bereich ist größer als die für das Einfügensgebot maßgebliche nähere Umgebung.[515] Die Gestaltung des Bauwerks selbst ist im Unterschied zum Bauordnungsrecht nicht wichtig. Auch ein „schönes" Bauwerk kann das Ortsbild beeinträchtigen. Es sind nur solche Beeinträchtigungen beachtlich, die städtebauliche Qualität haben. Durch § 34 BauGB wird das Ortsbild nur in dem Umfang geschützt, wie dies im Geltungsbereich eines Bebauungsplans durch Festsetzungen nach § 9 I BauGB und den ergänzenden Vorschriften der BauNVO möglich wäre. Das Ortsbild muss, um schützenswert zu sein und die Bau(gestaltungs)freiheit des Eigentümers einschränken zu können, eine gewisse Wertigkeit für die Allgemeinheit haben. Dies ist nicht das Ortsbild, wie es überall anzutreffen sein könnte. Es muss einen besonderen Charakter, eine gewisse Eigenheit haben, die dem Ort oder dem Ortsteil eine aus dem Üblichen herausragende Prägung verleiht. Ob das Ortsbild in diesem Sinne beeinträchtigt ist, unterliegt in erster Linie der wertenden Beurteilung durch das Tatsachengericht.[516] Die Beeinträchtigung des Ortsbilds im Sinn von § 34 I 2 HS 2 BauGB durch eine Riesenposter-Werbeanlage kann dadurch abgemildert sein, dass die Werbeanlage nur temporär 3883

509 OVG Münster Beschl. v. 2.2.1999 – 10 B 2558/98, juris.
510 BVerwG NVwZ 1993, 1184.
511 OVG Münster Urt. v. 22.3.2011 – 2 A 371/09.
512 BVerwG ZfBR 1990, 305.
513 BVerwG ZfBR 1990, 306.
514 VGH München Beschl. v. 3.7.2007 – 2 ZB 07.1222, juris.
515 VGH München Urt. v. 7.6.2021 – 9 B 18.1655, juris Rn. 28; Urt. v. 14.9.2018 – 9 B 15.1278, juris Rn. 23.
516 BVerwG NVwZ 2000, 1169.

an einem Baugerüst angebracht wird, das für die Ausführung von Bauarbeiten notwendig ist.[517]

3884 Die **Darstellungen des Flächennutzungsplans** enthalten keine öffentlichen Belange, die einem sich einfügenden Innenbereichsvorhaben entgegenstehen.[518] Auch die **Ziele der Raumordnung** gehören nicht zu öffentlichen Belangen, die einem sonst nach § 34 I BauGB zulässigen Bauvorhaben entgegenstehen können.[519] So scheitert ein Vorhaben, das nach § 34 I BauGB zulässig ist, nicht daran, dass es auf der Grundlage eines an die Ziele der Raumordnung angepassten Bebauungsplans nicht genehmigungsfähig wäre.[520] Denn die Eigenart der näheren Umgebung äußert sich in Merkmalen, die nur der tatsächlich vorhandenen Bebauung entnommen werden können. Grundstückseigenschaften, die in den optisch wahrnehmbaren Gegebenheiten keinen Niederschlag gefunden haben, bleiben außer Betracht.[521] Dies gilt auch für raumordnerische Standortfestlegungen in überörtlichen Planungen. § 34 III BauGB idF des EAG Bau 2004 hat hier allerdings insoweit eine Korrektur vorgenommen, als von Innenbereichsvorhaben keine schädlichen Auswirkungen auf zentralörtliche Versorgungsbereiche in den Gemeinden zu erwarten sein dürfen. Eine nach § 34 BauGB zulässige Bebauung kann ebenso wenig durch Vorschriften des **Landschaftsschutzes** entschädigungslos ausgeschlossen werden.[522] Denn die §§ 30 ff. BauGB hindern den Landesgesetzgeber, diesen Vorschriften weitere einschränkende bodenrechtliche Regelungen hinzuzufügen.[523]

3885 Das Planungsrecht bildet allerdings nicht die einzige Zulassungsschranke für die Verwirklichung städtebaulich relevanter Vorhaben. Daneben können andere Vorschriften treten, die ebenfalls zu beachten sind und durchaus auch zu einem Ausschluss des nach dem Bauplanungsrecht zulässigen Vorhabens führen können. Zu diesen anderen rechtlichen Vorschriften gehören auch naturschutzrechtliche Regelungen. So kann etwa die Errichtung baulicher Anlagen im bebauten Innenbereich ein **Eingriff in Natur und Landschaft** iS des § 14 BNatSchG sein.[524] Der bundesrechtliche Begriff des Eingriffs in Natur und Landschaft steht grundsätzlich nicht zur Disposition des Landesgesetzgebers. Vorhaben im nicht beplanten Innenbereich sind allerdings nach § 18 II 1 BNatSchG von der naturschutzrechtlichen Eingriffsregelung in den §§ 18, 19 BauGB freigestellt. Auch in bebauten Ortslagen gilt der naturschutzrechtliche **Artenschutz**. Er hindert aber nach Rechtsprechung des BVerwG nicht schlechthin die nach § 34 BauGB zulässige Bebauung. Der Bauherr muss jedoch sein Bauvorhaben so planen, dass Nist-, Brut-, Wohn- oder Zufluchtsstätten der nach deutschem und europäischem Recht besonders geschützten Arten wild lebender Tiere nicht mehr als unvermeidbar beeinträchtigt werden. Das stellt vor allem Anforderungen an die Dimensionierung des Baukörpers, seine Lage auf dem Grundstück sowie die Art und Weise, wie auch die Zeit der Bauausführung.[525]

3886 Nach § 44 I Nr. 1 BNatSchG ist es verboten, wild lebenden Tieren der besonders geschützten Arten nachzustellen, sie zu fangen, zu verletzen oder zu töten oder ihre Entwicklungsformen aus der Natur zu entnehmen, zu beschädigen oder zu zerstören. Durch das Verbot des § 44 I Nr. 1 BNatSchG werden nicht allgemein die Lebensräume oder Lebensstätten wild lebender Tierarten der besonders geschützten Arten geschützt, sondern nur die ausdrücklich genannten Nist-, Brut-, Wohn- oder Zufluchtsstätten. Insbesondere die Nahrungsreviere der Tiere fallen nicht unter das Beschädigungs- und Zerstörungsverbot der Vorschrift. Innerhalb eines im Zusammenhang bebauten Ortsteils kann dieser naturschutzrechtliche Artenschutz eine

---

517 VGH München, Urt. v. 18.11.2010 – 2 B 09.1497 – Gerüstwerbung. Zu Werbeanlagen Dahlke-Piel SächsVBl 2010, 81. Zum Schnittpunkt von Bauplanungsrecht und Bauordnungsrecht im Bereich der Werbeanlagen Jäde ZfBR 2010, 34. Bei der Aufstellung von Bebauungsplänen können sich vergleichbare Fragen stellen, VGH Mannheim BauR 2010, 2158 – für die Freihaltung von Sichtbeziehungen auf gebietstypische Anlagen.

518 BVerwGE 62, 152.

519 BGH NJW 1984, 2703.

520 BVerwG NVwZ 1994, 285.

521 BVerwG, Urt. v. 12.12.1990 – 4 C 40.87 – Buchholz 406.11 § 34 BauGB Nr. 138.

522 Zu den Bindungen einer Landschaftsschutzverordnung für die Bauleitplanung und die planungsrechtliche Zulässigkeit von Vorhaben OVG Münster BauR 2000, 62.

523 BVerwGE 55, 272.

524 BVerwG NVwZ 2001, 560; siehe dazu BVerwG 7.1.2020 – 4 B 20/19; OVG Magdeburg NuR 2021, 573; OVG Koblenz NVwZ-RR 2020, 345; Bönker in HBG, Öffentliches Baurecht, 2024, § 8 Rn. 227.

525 BVerwG NVwZ 2001, 1040.

baurechtlich zulässige Bebauung einer Baulücke, die mit Bäumen und Sträuchern bewachsen ist, in denen heimische Vögel nisten und brüten, nicht schlechthin hindern. Die Baugenehmigungsbehörde hat gegebenenfalls die erforderlichen Anordnungen zu treffen, damit die geschützten Lebensstätten durch das Bauvorhaben nicht mehr als unvermeidbar beeinträchtigt werden.

Für nach § 15 I BNatSchG unvermeidbare Beeinträchtigungen durch Eingriffe in Natur und Landschaft, die nach § 17 I oder III zugelassen oder von einer Behörde durchgeführt werden, sowie für Vorhaben im Sinne des § 18 II 1 BNatSchG gelten gem. § 44 V 1 BNatSchG die Zugriffs-, Besitz- und Vermarktungsverbote nach Maßgabe der § 44 V 2 bis 5 BNatSchG. Sind in Anhang IVa Richtlinie 92/43/EWG aufgeführte Tierarten, europäische Vogelarten oder solche Arten betroffen, die in einer Rechtsverordnung nach § 54 I Nr. 2 BNatSchG aufgeführt sind, liegt ein Verstoß gegen das Tötungs- und Verletzungsverbot nach § 44 I Nr. 1 BNatSchG nicht vor, wenn die Beeinträchtigung durch den Eingriff oder das Vorhaben das Tötungs- und Verletzungsrisiko für Exemplare der betroffenen Arten nicht signifikant erhöht und diese Beeinträchtigung bei Anwendung der gebotenen, fachlich anerkannten Schutzmaßnahmen nicht vermieden werden kann. Zur Bestimmung der **Signifikanz des Tötungsrisikos** gibt es keine umfassenden normativen Vorgaben.[526] In dieser Situation darf sich die Behörde fachwissenschaftlichen Erkenntnissen anschließen, auch wenn diese noch nicht den Stand einer Fachkonvention erlangt haben. Die den fachwissenschaftlichen Ausarbeitungen zugrundeliegenden Maßstäbe müssen sich jedoch im Rahmen der rechtlichen Vorgaben halten.[527] 3887

Für den Betrieb von **Windenergieanlagen** bestimmt allerdings § 45 b I BNatSchG, dass für die fachliche Beurteilung, ob nach § 44 V 2 Nr. 1 BNatSchG das Tötungs- und Verletzungsrisiko für Exemplare kollisionsgefährdeter Brutvogelarten im Umfeld ihrer Brutplätze durch den Betrieb von Windenergieanlagen signifikant erhöht ist, die Maßgaben von § 45 II bis V BNatSchG gelten.[528] Liegt zwischen dem Brutplatz einer Brutvogelart und der Windenergieanlage ein Abstand, der geringer ist als der in Anlage 1 Abschnitt 1 des BNatSchG für diese Brutvogelart festgelegte Nahbereich, so ist das Tötungs- und Verletzungsrisiko der den Brutplatz nutzenden Exemplare nach § 45 b II BNatSchG signifikant erhöht. Liegt zwischen dem Brutplatz einer Brutvogelart und der Windenergieanlage ein Abstand, der größer als der Nahbereich und geringer als der zentrale Prüfbereich ist, die in Anlage 1 Abschnitt 1 des BNatSchG für diese Brutvogelart festgelegt sind, so bestehen nach § 45 b III BNatSchG in der Regel Anhaltspunkte dafür, dass das Tötungs- und Verletzungsrisiko der den Brutplatz nutzenden Exemplare signifikant erhöht ist, soweit 1. eine signifikante Risikoerhöhung nicht auf der Grundlage einer Habitatpotentialanalyse oder einer auf Verlangen des Trägers des Vorhabens durchgeführten Raumnutzungsanalyse widerlegt werden kann oder 2. die signifikante Risikoerhöhung nicht durch fachlich anerkannte Schutzmaßnahmen hinreichend gemindert werden kann; werden entweder Antikollisionssysteme genutzt, Abschaltungen bei landwirtschaftlichen Ereignissen angeordnet, attraktive Ausweichnahrungshabitate angelegt oder phänologiebedingte Abschaltungen angeordnet, so ist für die betreffende Art in der Regel davon auszugehen, dass die Risikoerhöhung hinreichend gemindert wird. Liegt zwischen dem Brutplatz einer Brutvogelart und der Windenergieanlage ein Abstand, der größer als der zentrale Prüfbereich und höchstens so groß ist wie der erweiterte Prüfbereich, die in Anlage 1 Abschnitt 1 des BNatSchG für diese Brutvogelart festgelegt sind, so ist das Tötungs- und Verletzungsrisiko der den Brutplatz nutzenden Exemplare nicht signifikant erhöht, es sei denn, 1. die Aufenthaltswahrscheinlichkeit dieser Exemplare in dem vom Rotor überstrichenen Bereich der Windenergieanlage ist aufgrund artspezifischer Habitatnutzung oder funktionaler Beziehungen deutlich erhöht und 2. die signifikante Risikoerhöhung, die aus der erhöhten Aufenthaltswahrscheinlichkeit folgt, kann nicht durch fachlich anerkannte Schutzmaßnahmen hinreichend verringert werden (§ 45 b IV BNatSchG). Zur Feststellung des Vorliegens eines Brutplatzes sind behördliche Kataster und behördliche Datenbanken heranzuziehen; Kartierungen durch den Vorhabenträger sind nicht erforderlich. Liegt zwischen dem Brutplatz einer Brutvogelart und der Windenergieanlage ein Abstand, der größer als der in Anlage 1 Abschnitt 1 des BNatSchG für diese Brutvogelart festgelegte erweiterte Prüfbereich ist, so ist das Tötungs- und Verlet- 3888

[526] Siehe dazu aber die §§ 45b bis § 45d BNatSchG für den Artenschutz bei der Errichtung und dem Betrieb von Windenergieanlagen.

[527] BVerwG UPR 2023, 495 = juris Rn. 123; BVerwGE 176, 39 Rn. 30.

[528] Näher dazu Bader/Deißler/Dietrich NVwZ 2023, 803; Bernotat/Ammermann NVwZ 2023, 972; Rieger NVwZ 2023, 1042.

zungsrisiko der den Brutplatz nutzenden Exemplare nach § 45 b V BNatSchG nicht signifikant erhöht; Schutzmaßnahmen sind insoweit nicht erforderlich.

3889 § 45b BNatSchG legt bundeseinheitliche Vorgaben für die fachliche Beurteilung fest, in welchen Fällen sich das Tötungs- und Verletzungsrisiko für Brutvögel beim Betrieb von **Windenergieanlagen** im Umfeld ihrer Brutplätze signifikant erhöht ist. Es war insoweit ein Anliegen des Gesetzgebers, den Vorgaben des BVerfG Rechnung zu tragen, wonach er unter bestimmten Umständen gehalten sei, hinsichtlich des Umgangs mit auf naturschutzrechtliche Zusammenhänge verweisenden Tatbestandsmerkmalen, deren fachliche Zusammenhänge ungeklärt sind, für eine zumindest untergesetzliche Maßstabsbildung zu sorgen.[529] Danach hat der Gesetzgeber mit § 45 b BNatSchG bestimmte fachliche Maßstäbe und Methoden für die Einschätzung festgelegt, ob eine signifikante Erhöhung des Tötungs- und Verletzungsrisikos vorliegt. Es hat diese Maßstäbe und Methoden den zuständigen Behörden im Grundsatz bindend vorgegeben.[530]

3890 Das Tötungsverbot des § 44 I Nr. 1 BNatSchG ist individuenbezogen und verbietet insoweit die Tötung einzelner Tiere einer Art. Das **Signifikanzkriterium** ermöglicht jedoch Verhältnismäßigkeitserwägungen. Nach der Rechtsprechung ist der Tatbestand des Tötungsverbots wegen der bei einem Bauvorhaben nie völlig auszuschließenden Gefahr von Kollisionen geschützter Tiere erst dann erfüllt, wenn das jeweilige Vorhaben das Tötungsrisiko in einer für die betroffene Tierart signifikanten Weise erhöht. Ansonsten würde das Tötungsverbot wegen des Individuenbezugs und des weiten Verständnisses des unionsrechtlichen Absichtsbegriffs zu einem unverhältnismäßigen Planungshindernis für Bauvorhaben und stets nur noch der Weg über die Ausnahme möglich sein.[531] Das vom Gesetzgeber in § 44 V 2 Nr. 1 BNatSchG übernommene Kriterium der Signifikanz ist nach einer wertenden Betrachtung auszufüllen, um letztlich naturschutzfachlich relevante Mortalitätsrisiken von weniger bedeutsamen bzw. naturschutzfachlich und planerisch vernachlässigbaren Individuenverlusten zu unterscheiden.[532] Es trägt dem Umstand Rechnung, dass für Tiere bereits vorhabenunabhängig ein allgemeines Tötungsrisiko besteht, welches sich nicht nur aus dem allgemeinen Naturgeschehen ergibt, sondern auch dann sozialadäquat und deshalb hinzunehmen ist, wenn es zwar vom Menschen verursacht ist, aber nur einzelne Individuen betrifft. Es ist nicht außer Acht zu lassen, dass Bauvorhaben wie etwa auch Stromleitungen zur Ausstattung des natürlichen Lebensraums der Tiere gehören und daher besondere Umstände hinzutreten müssen, damit von einer signifikanten Gefährdung durch neue hinzukommende Bauvorhaben gesprochen werden kann. Ein Nullrisiko ist daher nicht zu fordern. Neben artspezifischen Verhaltensweisen, häufiger Frequentierung des durchschrittenen Raums und der Wirksamkeit vorgesehener Schutzmaßnahmen sind weitere Kriterien im Zusammenhang mit der Biologie der Art von Relevanz.[533]

3891 Im Hinblick auf die artenschutzrechtlichen Verbotstatbestände des § 44 I BNatSchG steht der Zulassungsbehörde sowohl hinsichtlich der Bestandserfassung als auch der Risikobewertung ein **Beurteilungsspielraum** zu, solange und soweit anerkannte naturschutzfachliche Maßstäbe fehlen. Für die Einschätzungsprärogative ist kein Raum, soweit sich für die Bestandserfassung eine bestimmte Methode oder für die Risikobewertung ein bestimmter Maßstab durchgesetzt hat und gegenteilige Meinungen nicht mehr vertretbar sind[534] Inhalt und Umfang der Rechtskraft eines Urteils, das die Rechtswidrigkeit und Nichtvollziehbarkeit eines Planfeststellungsbeschlusses feststellt, erschließen sich aus den die gerügten Mängel bejahenden oder verneinenden Entscheidungsgründen.[535] Die vor einem Eingriff gebotenen artenschutzrechtlichen Untersuchungen setzen eine ausreichende Ermittlung und Bestandsaufnahme der im Vorhabenbereich vorhandenen Pflanzen- und Tierarten sowie von deren Lebensräumen voraus. Die Anforderungen an den Umfang der Erfassungen können davon abhängen, ob erstmals eine Bestandser-

---

529 BVerfG Beschl. v. 23.10.2018 – 1 BvR 2523/13, juris Rn. 24; BT-Drs. 20/2354, S. 24 f.; OVG Berlin-Brandenburg Beschl. v. 27.3.2024 – OVG 7 S 2/24, juris Rn. 10.

530 OVG Berlin-Brandenburg Beschl. v. 27.3.2024 – OVG 7 S 2/24, juris Rn. 10; Urt. v. 19.9.2023 – OVG 3a A 73/23, juris Rn. 48.

531 BVerwG UPR 2023, 495 = juris Rn. 124; BVerwGE 131 (274 Rn. 90 f.); BVerwGE 163, 380 Rn. 100 f.

532 BVerwG UPR 2023, 495 = juris Rn. 124; Bernotat ZUR 2018, 594 (96).

533 BVerwG UPR 2023, 495 = juris Rn. 124; BVerwGE 163, 380 Nr. 98.

534 BVerwG NVwZ 2014, 524.

535 BVerwG DVBl. 2018, 1361; Stüer/Stüer DVBl. 2018, 1367.

fassung durchgeführt wird oder Ergebnisse früherer Untersuchungen fortgeschrieben, überprüft und vertieft werden.[536]

Für die Erfassung und Bewertung vorhabenbedingter artenschutzrechtlicher Einwirkungen mangelt es bisher weitgehend an weiterführenden gesetzlichen Vorgaben oder einer untergesetzlichen Maßstabsbildung durch verbindliche Festlegungen etwa mittels Durchführungsverordnungen oder Verwaltungsvorschriften. Die Planfeststellungsbehörde muss daher auf außerrechtliche Maßgaben zurückgreifen. Fehlt es in den einschlägigen Fachkreisen und der einschlägigen Wissenschaft an allgemein anerkannten Maßstäben und Methoden für die fachliche Beurteilung, kann die gerichtliche Kontrolle des behördlichen Entscheidungsergebnisses mangels besserer Erkenntnis der Gerichte an objektive Grenzen stoßen.[537] Dabei ist die gerichtliche Kontrolldichte nicht aufgrund einer der Behörde eingeräumten **Einschätzungsprärogative** begrenzt. Der eingeschränkte gerichtliche Kontrollmaßstab folgt vielmehr aus dem Umstand, dass es insoweit am Maßstab zur sicheren Unterscheidung von richtig und falsch fehlt. Es handelt sich damit nicht um eine gewillkürte Verschiebung der Entscheidungszuständigkeit vom Gericht auf die Behörde, sondern um eine nach Dauer und Umfang vom jeweiligen ökologischen Erkenntnisstand abhängige faktische Grenze verwaltungsgerichtlicher Kontrolle.[538] Dieser Verzicht auf die gerichtliche Vollkontrolle liegt auf der Schwelle zwischen einer beschränkten Kontrolle der erforderlichen Sachverhaltsfeststellungen und der Gesetzesauslegung. Denn die vom BVerfG in diesem Zusammenhang vermisste und beim Gesetzgeber angemahnte untergesetzliche Maßstabsbildung betrifft nicht die Sachverhaltsermittlung im konkreten Einzelfall, sondern untergesetzliche oder außerrechtliche Standards zur erforderlichen Konkretisierung unbestimmter Rechtsbegriffe. Das OVG Münster führt dazu aus, bei naturschutzfachlichen Bewertungsfragen habe das Gericht typischerweise in zwei Schritten zu prüfen. Es müsse zunächst feststellen, ob es eine anerkannte Fachmeinung zu Methode oder Inhalt der aufgeworfenen Frage gebe; das sei eine Tatsachenfeststellung, die notfalls mit sachverständiger Hilfe erfolgen könne. Gebe es einen solchen „Standard“, dann prüfe das Gericht dessen Befolgung bzw. die Gründe für eine Abweichung. Gebe es ihn nicht, sondern stattdessen ein wissenschaftliches „Erkenntnisvakuum“ im Sinne einer Grenze der tatbestandsbezogenen Erkenntnis- und Sachaufklärungsmöglichkeiten, gelte der „Plausibilitätsmaßstab.[539] 3892

Aus dem Beeinträchtigungsverbot auf das Unvermeidbare können sich Anforderungen an das Vorhaben, insbesondere an die Dimensionierung des Baukörpers, an seine Lage auf dem Baugrundstück sowie an die Art und Weise und die Zeit der Bauausführung ergeben. Die Baugenehmigungsbehörde hat, wenn die Bauabsichten des Bauherrn den artenschutzrechtlichen Anforderungen nicht entsprechen, die erforderlichen Anordnungen zu treffen, etwa im Hinblick auf die Verringerung der Bebauung oder auf die Erhaltung oder Neuanpflanzung von Bäumen und Sträuchern mit Nist- und Brutmöglichkeiten.[540]Auch eine zur **Vermeidung des Tötungsrisikos** (§ 44 I Nr. 1 BNatSchG) angeordnete **Maßnahme** wie die Vergrämung einer Art kann den Tatbestand des Störungsverbots gemäß § 44 I Nr. 2 BNatSchG erfüllen, wenn sie während der geschützten Zeiten stattfindet und erheblich ist.[541] 3893

Ist eine Schutzgebietsbeeinträchtigung zu besorgen, kann auch eine **Verträglichkeitsprüfung** für Natura-2000-Gebiete erforderlich sein[542] 3894

---

[536] VG Köln Beschl. v. 20.10.2023 – 14 L 1604/23, juris Rn. 218.

[537] VGH Mannheim Urt. v. 5.10.2023 – 5 S 2547/21, juris Rn. 51; BVerfGE 149, 407= juris Rn. 20; siehe dazu auch Sailer zum rechtlichen Rahmen für probabilistische Ansätze bei der artenschutzrechtlichen Signifikanzbewertung, NuR 2023, 78; zur gerichtlichen Anerkennung fachwissenschaftlicher Erkenntnisse im Umweltrecht J. Hoffmann DÖV 2021, 970; Erbguth DVBl.. 2020, 1050.

[538] VGH Mannheim Urt. v. 5.10.2023 – 5 S 2547/21, juris Rn. 51; BVerfGE 149, 407= juris Rn. 23; siehe auch BVerwG NVwZ 2021, 254 (257); OVG Münster Urt. v. 24.8.2023 – 22 A 793/22, BeckRS 2023, 25196; BauR 2021, 1105; ZNER 2023, 53; Schütz UPR 2023, 424.

[539] OVG Münster Urt. v. 24.8.2023 – 22 A 793/22, BeckRS 2023, 25196; kritisch zur Plausibilität als richterlichem Kontrollmaßstab Beckmann Rechtstheorie 2022 (Heft 4); Beckmann in FS für Seibert, 2020, 13 ff.

[540] BVerwG NVwZ 2001, 1040 mit Anm. Louis JA 2001, 754 und Aulehner JuS 2001, 1233.

[541] BVerwG NVwZ 2019, 1202; Stüer/Buchsteiner I+E 2019, 179.

[542] Bönker in HBG, Öffentliches Baurecht, 2024, § 8 Rn. 226; siehe dazu auch die Sonderregelung des § 34 VIII BNatSchG für Vorhaben im Bereich von Bebauungsplänen und von in Aufstellung befindlichen Plänen; kritisch dazu mit Blick auf den unionsrechtlich gebotenen Integritätsschutz Möckel in Schlacke BNatSchG, 2024, § 34 Rn. 196.

III. Keine schädlichen Auswirkungen auf zentrale Versorgungsbereiche (§ 34 III BauGB)

3895 Vorhaben im nicht beplanten Innenbereich sind nur zulässig, wenn von ihnen keine schädlichen Auswirkungen auf zentrale Versorgungsbereiche in der Gemeinde oder in anderen Gemeinden zu erwarten sind (34 III BauGB).[543] Dadurch soll sichergestellt werden, dass Vorhaben im nicht beplanten Innenbereich planungsrechtlich nur zulässig sind, wenn die Einzelhandelsstrukturen in der Gemeinde aber auch im interkommunalen Bereich nicht beeinträchtigt werden.[544] Die Vorschrift hat durchaus Wirkungen. Ist die Umgebung unterschiedlich strukturiert, ist ein Innenbereichsvorhaben planungsrechtlich zulässig, wenn es sich in die Umgebung einfügt und die übrigen Zulässigkeitsvoraussetzungen des § 34 I BauGB vorliegen. Bei einem weiten Umgebungsrahmen wären daher nach § 34 I BauGB auch Nutzungen zulässig, die schädliche Auswirkungen auf zentrale Versorgungsbereiche haben könnten.[545] Dasselbe gilt für Vorhaben, die auf eine einheitlich strukturierte Umgebung treffen und die daher im Hinblick auf die Art der baulichen Nutzung nach § 34 II BauGB nach den Maßstäben der BauNVO zu beurteilen sind. § 34 III BauGB beschneidet daher die planungsrechtliche Zulässigkeit von Vorhaben, die sich zwar in die nähere Umgebung einfügen, aber schädliche Auswirkungen auf zentrale Versorgungsbereiche haben. Zentrale Versorgungsbereiche sind räumlich abgrenzbare Bereiche einer Gemeinde, denen aufgrund vorhandener Einzelhandelsnutzungen eine Versorgungsfunktion über den unmittelbaren Nahbereich hinaus zukommt. Sie können sich sowohl aus planerischen Festlegungen als auch aus den tatsächlichen Verhältnissen ergeben. Ein Vorhaben lässt schädliche Auswirkungen auf zentrale Versorgungsbereiche einer Standortgemeinde erwarten, wenn es deren Funktionsfähigkeit so nachhaltig stört, dass sie ihren Versorgungsauftrag generell oder hinsichtlich einzelner Branchen nicht mehr substantiell wahrnehmen können.

3896 Geeignetes Mittel zur Feststellung, ob schädliche Auswirkungen, ist ein **Marktgutachten**, mit dem der durch das Vorhaben bedingte voraussichtliche **Kaufkraftabfluss** anhand von branchenspezifischen Erfahrungswerten zur üblichen Flächenproduktivität prognostiziert werden kann.[546] Daneben kommen andere Methoden in Betracht, um die ökonomischen Fernwirkungen eines Vorhabens zu beurteilen. Abgestellt werden kann auf einen Vergleich der Verkaufsfläche des Vorhabens mit der gesamten branchenspezifischen Verkaufsfläche im betroffenen Versorgungsbereich. Das Vorhandensein branchengleicher Angebote an nicht integrierten Standorten im Einzugsbereich des Versorgungsbereichs kann ebenso berücksichtigt werden wie die Kundenattraktivität durch standortbedingte Synergieeffekte.[547]

3897 Das Gericht überprüft, ob die von der Genehmigungsbehörde verwandte Methode zu beanstanden ist. Die Relation zwischen der Größe der Verkaufsfläche des Vorhabens und der Größe der Verkaufsfläche derselben Branche im betroffenen zentralen Versorgungsbereich ist eines von mehreren tauglichen Hilfsmitteln zur Quantifizierung eines erwarteten Kaufkraftabflusses. Die Aussagekraft eines Verkaufsflächenvergleichs lässt bei zunehmender Entfernung zwischen dem Vorhaben und dem betroffenen Zentrum und bei weniger eindeutigen Relationen in Bezug

543 Zur Zulässigkeit von Einzelhandelsprojekten im nicht beplanten Innenbereich Gatawis NVwZ 2006, 272; Hoppe NVwZ 2005, 1141; Kopf LKRZ 2009, 11; Janning BauR 2005, 1723; Johlen BauR 2008, 459; Rauber VR 2005, 379; Reidt UPR 2005, 241; Schmitz ZfBR 2007, 532; Uechtritz NVwZ 2007, 770; Wahlhäuser BauR 2007, 1359. Zur Bestimmung des zentralen Versorgungsbereichs iS des § 34 III BauGB Hubatsch NJW-Spezial 2009, 268. Zu Nahversorgungszentren als zentrale Versorgungsbereiche Kuschnerus ZfBR 2009, 24. Zur Steuerung der Ansiedlung von Einzelhandelsbetrieben Bienek UPR 2009, 370. Zu informellen Planungen und interkommunalen Abstimmungen Reidt NVwZ 2007, 664. Zu großflächigen Einzelhandelsbetrieben im nicht beplanten Innenbereich Rieger UPR 2007, 366. Zur Steuerung des Einzelhandelsdurch Festsetzungen nach § 9 II a BauGB Sparwasser VBlBW 2007, 281. Zur kumulierenden Wirkung mehrerer geplanter Vorhaben als Zulassungshindernis Wagner BauR 2006, 38.

544 Jeronim in Kröninger/Jeronim, BauGB/BauNVO, 2024 § 34 BauGB Rn. 41.

545 Zur Abgrenzung der „bloßen Ansammlung von Einzelhandelsnutzungen" vom zentralen Versorgungsbereich nach § 34 III BauGB Erhard NVwZ 2009, 944.

546 OVG Koblenz Urt. v. 13.12.2023 – 8 A 10011/23.OVG, juris Rn. 98; OVG Berlin-Brandenburg Urt. v. 27.1.2023 – OVG 10 A 9. 19, juris Rn. 112; BVerwG Beschl. v. 15.12.2021 – 4 B 12/21, juris Rn. 5.

547 OVG Koblenz Urt. v. 13.12.2023 – 8 A 10011/23.OVG, juris Rn. 98. Jeronim in Kröninger/Jeronim, BauGB/BauNVO, 2024 § 34 BauGB Rn. 41

auf die geplanten und die bereits vorhandenen Verkaufsflächen nach. In solchen Fällen wird daher regelmäßig der Rückgriff auf ein (ergänzendes) Marktgutachten zur Ermittlung von Kaufkraftabflüssen notwendig sein.[548]

Soweit ein Vorhaben schädliche **Auswirkungen auf zentrale Versorgungsbereiche** in der Gemeinde oder in anderen Gemeinden erwarten lässt, ist es bauplanungsrechtlich **unzulässig**.[549] Zentrale Versorgungsbereiche können sich insbesondere aus entsprechenden Darstellungen und Festsetzungen in Bauleitplänen bzw. in Raumordnungsplänen ergeben, wenn sie an tatsächlich vorhandene Versorgungsstrukturen anknüpfen. Sie können sich aber auch aus sonstigen raumordnerischen oder städtebaulichen Konzeptionen (zB Zentrenkonzepten) ergeben, nicht zuletzt auch aus nachvollziehbar eindeutigen tatsächlichen Verhältnissen.[550] Inwieweit das neue Vorhaben „schädliche Auswirkungen" auf zentrale Versorgungsbereiche erwarten lässt, ist insbesondere unter dem Aspekt der verbrauchernahen Versorgung der Bevölkerung anhand der Maßstäbe des § 11 III BauNVO nachvollziehbar zu ermitteln und zu begründen. Dabei wird es entscheidend darauf ankommen, ob sich die durch das neue Vorhaben zu erwartende Kaufkraftabschöpfung in den zentralen Versorgungsbereichen in einem vertretbaren Rahmen bewegt. 3898

Zentrale Versorgungsbereiche sind räumlich abgrenzbare Bereiche einer Gemeinde, denen aufgrund vorhandener Einzelhandelsnutzungen eine Versorgungsfunktion über den unmittelbaren Nahbereich hinaus zukommt.[551] Zu den zentralen Versorgungsbereichen zählen auch Grund- und Nahversorgungszentren.[552] Sie können sich sowohl aus planerischen Festlegungen als auch aus den tatsächlichen Verhältnissen ergeben. Ein Vorhaben lässt schädliche Auswirkungen auf zentrale Versorgungsbereiche einer Standortgemeinde etwa dann erwarten, wenn es deren Funktionsfähigkeit so nachhaltig stört,[553] dass sie ihren Versorgungsauftrag generell oder hinsichtlich einzelner Branchen nicht mehr substantiell wahrnehmen können. Als Maßstab zur Feststellung schädlicher Auswirkungen darf der zu erwartende Kaufkraftabfluss herangezogen werden. Das Verhältnis zwischen der Größe der Verkaufsfläche des Vorhabens und der Größe der Verkaufsfläche derselben Branche im betroffenen zentralen Versorgungsbereich ist eines von mehreren Hilfsmitteln zur größenmäßigen Bestimmung eines erwarteten Kaufkraftabflusses. Es liegt auf der Hand, dass die Aussagekraft eines Verkaufsflächenvergleichs bei zunehmender Entfernung zwischen dem Vorhaben und dem betroffenen Zentrum und bei weniger eindeutigen Relationen in Bezug auf die geplanten und die bereits vorhandenen Verkaufsflächen nachlässt. Bei derartigen Fallgestaltungen wird regelmäßig der Rückgriff auf ein ergänzendes Marktgutachten zur Ermittlung von Kaufkraftabflüssen notwendig sein.[554] 3899

Hinweis: Die Bestimmung der Methode zur prognostischen Ermittlung des Kaufkraftabflusses im Rahmen von § 34 III BauGB ist eine Frage des Einzelfalls. Das Gericht darf dabei unter anderem von einem Vergleich zwischen der Verkaufsfläche des Vorhabens und der Verkaufsfläche derselben Branche im betroffenen zentralen Versorgungsbereich ausgehen.[555]

Zur **räumlichen Abgrenzung zentraler Versorgungsbereiche** nach § 34 III BauGB ist auf die tatsächlichen Verhältnisse abzustellen.[556] Die Feststellung, dass schädliche Auswirkungen auf einen zentralen Versorgungsbereich zu erwarten sind, ist nach § 34 III BauGB nicht von einer dies bestätigenden Stellungnahme einer der Standortgemeinde übergeordneten Landesplanungsbehörde abhängig.[557] 3900

---

548 BVerwG NVwZ 2008, 308; zum Schutz der Innenstadt und eines peripheren Einzelhandelsstandorts ZfBR 2008, 72. Zu Bebauungsplänen für die Erhaltung und Entwicklung „zentraler Versorgungsbereiche" Bunzel BauR 2009, 449; Schlarmann/Hamann NVwZ 2008, 384; Stüer ZfBR 2006, 747.

549 Die Beschränkung zentrenrelevanten Einzelhandels auf zentrale Versorgungsbereiche verstößt nicht gegen Art. 15 III Dienstleistungsrichtlinie siehe OVG Lüneburg Urt. v. 5.10.2023 – 1 KN 168/20, juris Rn. 19.

550 Begründung des Regierungsentwurfs, BT-Drs. 15/2250, S. 54.

551 VGH München Beschl. v. 27.6.2007 – 15 CS 07.406 – Neue Mitte Passau; OVG Münster, NVwZ 2007, 727; Uechtritz NVwZ 2007, 660.

552 Jeronim in Kröninger/Jeronim, BauGB/BauNVO, 2024 § 34 BauGB Rn. 41; BVerwGE 136, 18.

553 OVG Münster NVwZ 2007, 727.

554 BVerwG Urt. v. 11.10.2007 – 4 C 7.07 – Lebensmittelmarktes mit Bäckereifiliale (§ 34 III BauGB).

555 OVG Weimar DVBl. 2011, 1294; NVwZ 2008, 308.

556 BVerwG NVwZ 2012, 1565.

557 BVerwG BauR 2012, 760.

Beispiel: Ein innerstädtischer Bereich mit einem Lebensmitteldiscounter mit 440 m² Verkaufsfläche sowie sechs weiteren Einzelhandelsbetrieben mit einer Verkaufsfläche von insgesamt 180 qm sowie einigen Dienstleistungsangeboten kann in einer Großstadt regelmäßig keine zentrale Versorgungsfunktion über den unmittelbaren Nahbereich hinaus wahrnehmen und ist deshalb kein zentraler Versorgungsbereich im Sinne des § 34 III BauGB.[558]

Die für einen zentralen Versorgungsbereich iS des § 34 III BauGB in ländlichen Gemeinden (Grund- und Nahversorgungszentrum) zumindest erforderliche Sicherstellung einer wohnortnahen Grundversorgung setzt ein Warenangebot voraus, das den kurzfristigen Bedarf und Teile des mittelfristigen Bedarfs abdeckt. Dabei muss das Warenangebot zur Deckung des kurzfristigen Bedarfs aber nur die wesentlichen Bedürfnisse des täglichen Bedarfs befriedigen, insbesondere die Grundversorgung mit Lebensmitteln und Drogerieartikeln. Ein Angebot von Waren aller Art ist dazu nicht erforderlich. Hat ein Lebensmittelgeschäft nur sehr eingeschränkte Öffnungszeiten (donnerstags bis samstags), ist sein Warenangebot nicht zur Deckung des kurzfristigen Bedarfs ausreichend.[559] Zur planerischen Steuerung kann die Gemeinde auch entsprechende Darstellungen im Flächennutzungsplan vornehmen (§ 5 II Nr. 2 d BauGB).

3901 Für im Zusammenhang bebaute Ortsteile kann nach § 9 IIa BauGB zur Erhaltung oder Entwicklung zentraler Versorgungsbereiche, auch im Interesse einer verbrauchernahen Versorgung der Bevölkerung und der Innenentwicklung der Gemeinden, in einem Bebauungsplan festgesetzt werden, dass nur bestimmte Arten der nach § 34 I und II BauGB zulässigen baulichen Nutzungen zulässig oder nicht zulässig sind oder nur ausnahmsweise zugelassen werden können; die Festsetzungen können für Teile des räumlichen Geltungsbereichs des Bebauungsplans unterschiedlich getroffen werden. Dabei ist insbesondere ein hierauf bezogenes städtebauliches Entwicklungskonzept im Sinne des § 1 VI Nr. 11 zu berücksichtigen, das Aussagen über die zu erhaltenden oder zu entwickelnden zentralen Versorgungsbereiche der Gemeinde oder eines Gemeindeteils enthält. In den zu erhaltenden oder zu entwickelnden zentralen Versorgungsbereichen sollen die planungsrechtlichen Voraussetzungen für Vorhaben, die diesen Versorgungsbereichen dienen, nach § 30 BauGB oder § 34 BauGB vorhanden oder durch einen Bebauungsplan, dessen Aufstellung förmlich eingeleitet ist, vorgesehen sein. Ein Bebauungsplan mit Festsetzungen nach § 9 IIa BauGB hat gegenüber der Regelung in § 34 III BauGB den Vorteil, dass es nicht darauf ankommt, ob schädliche Auswirkungen auf zentrale Versorgungsbereiche in der Gemeinde oder in anderen Gemeinden zu erwarten sind.[560]

3902 **Schädliche Auswirkungen** auf einen zentralen Versorgungsbereich im Sinne des § 34 III BauGB sind zu erwarten, wenn durch das Vorhaben die **Funktionsfähigkeit** des zentralen Versorgungsbereichs in beachtlichem Ausmaß beeinträchtigt und damit gestört wird, auch wenn die Schwelle zur Unzumutbarkeit noch nicht überschritten wird. Ist ein zentraler Versorgungsbereich bereits erheblich vorgeschädigt, kann auch ein (weiterer) **Kaufkraftabfluss** von 8 % in dem betroffenen Warenbereich zu einer städtebaulich nachhaltigen Beeinträchtigung der Funktionsfähigkeit des zentralen Versorgungsbereichs führen.[561]

3903 Schädliche Auswirkungen auf einen zentralen Versorgungsbereich iS von § 34 III BauGB sind bei **großflächigen Einzelhandelsbetrieben** i. d. Regel anzunehmen. Insoweit kann auf die Regelungssystematik des § 11 III 2 bis 4 BauNVO zurückgegriffen werden. Ein zentraler Versorgungsbereich gem. § 34 III BauGB setzt eine zentrale Bedeutung und eine zentrale Funktion für einen bestimmten, nicht nur kleineren Einzugsbereich in einer Gemeinde mit regelmäßig koordinierenden Infrastrukturmaßnahmen voraus.[562]

3904 Auch **nicht großflächige Lebensmitteldiscounter** können Vorhaben iS des § 34 III BauGB sein. Von nicht großflächigen Einzelhandelsbetrieben können schädliche Auswirkungen auf zentrale Versorgungsbereiche, zu denen auch Grund- und Nahversorgungszentren ge-

---

[558] OVG Münster NVwZ-RR 2012, 460 (LS), Tünnesen-Harmes NVwZ 2012, 1298, Dziallas NZBau 2012, 636.

[559] VGH Mannheim NVwZ-RR 2012, 588; a. A. wohl OVG Münster NVwZ 2007, 727.

[560] OVG Schleswig Urt. v. 2.3.2013 – 1 KN 19/18, juris Rn. 60.

[561] OVG Münster DVBl. 2010, 733 m. Anm. Dziallas NZBau 2010, 363; BVerwG, Urt. v. 17.12.2009 – 4 C 2.08 –; NVwZ 2000, 815. Zum Schutz zentraler Versorgungsbereiche vor großflächigen Einzelhandelsbetrieben Scheidler NWVBl 2010, 336; Claus NVwZ 2010, 753; Scheidler KommunalPraxis 2010, 251; Kraus/Feise UPR 2010, 331. Zur Europarechtskonformität Krumb/Stapelfeld BauR 2011, 64; Dziallas NZBau 2010, 618. Zum Einfluss städtischer Einzelhandelskonzepte auf die baurechtliche Zulässigkeit von Vorhaben Hoffmann/Kassow BauR 2010, 711.

[562] OVG Lüneburg ZfBR 2008, 184.

hören können, allerdings nur in besonderen Fallgestaltungen ausgehen. Ob schädliche Auswirkungen zu erwarten sind, muss die Bauaufsichtsbehörde im Rahmen ihrer Amtsermittlungspflicht aufklären, so dass es im Regelfall auf Fragen der Darlegungs- und Beweislast bei dieser Prognoseentscheidung nicht ankommt.[563] Der Gesetzgeber hat in § 34 III BauGB nicht das Regelungssystem des § 11 III BauNVO übernommen. Die Vermutungsregelung des § 11 III 3 BauNVO ist bei der Beurteilung schädlicher Auswirkungen nicht anzuwenden. Soll ein bestehender Einzelhandelsbetrieb erweitert werden, ist die Zulässigkeit des Gesamtvorhabens zu prüfen. Bei der Prognoseentscheidung über schädliche Auswirkungen im Sinne von § 34 III BauGB auch auf die verbrauchernahe Versorgung der Bevölkerung[564] ist zu berücksichtigen, dass der zu erweiternde Betrieb mit seiner bisherigen (genehmigten) Größe am Erweiterungsstandort bereits vorhanden ist. Dabei sind auch an anderer Stelle bereits vorhandene Einzelhandelsbetriebe in die Prognose einbezogen werden.[565]

Bei der Anwendung des § 34 III BauGB kommt einem vom Rat der Gemeinde beschlossenen **Einzelhandelskonzept** als informelle Planung keine abschließende Rechtswirkung zu. Vielmehr unterliegt die räumliche Abgrenzung eines zentralen Versorgungsbereiches der vollen gerichtlichen Kontrolle und richtet sich nach den tatsächlich vorhandenen örtlichen Gegebenheiten.[566] Für die Frage, ob ein Einzelhandelskonzept wegen seines Alters seine rechtfertigende Wirkung für einen Einzelhandelsausschluss in einem Bebauungsplan verloren hat, gibt es nach Ansicht des OVG Münster keine bestimmte zeitliche Grenze; es kommt vielmehr darauf an, ob konkrete Anhaltspunkte dafür bestehen, dass gerade die auf die jeweils in Rede stehende Bauleitplanung bezogenen Prämissen des Konzepts nicht mehr gelten könnten.[567] 3905

Die räumliche Abgrenzung eines zentralen Versorgungsbereiches unterliegt nur der eingeschränkten gerichtlichen Kontrolle. Zu zentralen Versorgungsbereichen im Sinne von § 34 III BauGB können auch Bereiche für die Grund- und Nahversorgung gehören. Bei der Prüfung „schädlicher Auswirkungen" im Sinne von § 34 III BauGB kann auch von Bedeutung sein, ob ein außerhalb des zentralen Versorgungsbereichs anzusiedelnder Einzelhandelsbetrieb gerade auf solche Sortimente abzielt, die in dem Versorgungsbereich von einem „Magnetbetrieb" angeboten werden, dessen unbeeinträchtigter Bestand maßgebliche Bedeutung für die weitere Funktionsfähigkeit des zentralen Versorgungsbereichs hat.[568] Bei kleinen Gemeinden ist eine potentielle **„Ortskerngefährdung"** hinsichtlich der verbrauchernahen Versorgung durch dezentral in Ortsrandlagen errichtete großflächige Einzelhandelsbetriebe am stärksten.[569] 3906

Beispiel: Die Erschließung eines Lebensmittelmarktes mit 700 qm Verkaufsfläche kann im Sinne des § 34 I BauGB auch dann gesichert sein, wenn die Betriebsweise „rechts rein – rechts raus" gesichert ist und der Markt auch ohne Linksabbiegermöglichkeit finanziell auskömmlich betrieben werden kann.[570]

Bei der Beantwortung der Frage, ob von einem großflächigen Markt schädliche Auswirkungen im Sinne des § 34 III BauGB ausgehen, sind lediglich geplante Vorhaben nicht in die Betrachtung einzubeziehen. „Schädlich" im Sinne des § 34 III BauGB sind Auswirkungen erst dann, wenn sie gravierender sind als solche, welche erst die interkommunale Abstimmungspflicht nach § 2 II 1 BauGB auslösen. Bei der Beurteilung der Schädlichkeit der Auswirkungen auf benachbarte Gemeinden kann in Anlehnung an § 2 II 2 BauGB auch berücksichtigt werden, ob sich die „Vorhabengemeinde" (Mittelzentrum) damit nur das an Umsatz „zurückholt", was ihr im Vergleich zu Umlandgemeinden, die „nur" Grundzentren darstellen, raumordnungsrechtlich an sich zusteht.[571]

Im Rahmen der Prognose des § 34 III BauGB sind alle Umstände des jeweiligen Einzelfalls 3907
in Rechnung zu stellen. Bei großflächigen Einzelhandelsbetrieben sind insbesondere zu be-

563 OVG Münster BauR 2007, 2012.

564 VGH München Beschl. v. 14.8.2008 – 1 NE 8.1074, juris.

565 OVG Münster BauR 2009, 220.

566 OVG Münster BauR 2009, 216 (288); zur Umsetzung von Einzelhandels- und Zentrenkonzepten mit den Mitteln der Bauleitplanung Bischopink BauR 2007, 825.

567 OVG Münster Urt. v. 8.12.2023 – 10 D 275/21.NE, juris Rn. 64; OVG Lüneburg Urt. v. 21.3.2019 – 1 KN 49/17, juris Rn. 21.

568 OVG Münster BauR 2008, 2025.

569 OVG Saarlouis BauR 2009, 854.

570 OVG Lüneburg BauR 2008, 1854.

571 OVG Lüneburg DVBl. 2008, 733.

rücksichtigen die Verkaufsfläche des Vorhabens im Vergleich zu den im Versorgungsbereich vorhandenen Verkaufsflächen derselben Branche, die voraussichtliche Umsatzumverteilung, die Entfernung zwischen dem Vorhaben und dem betroffenen zentralen Versorgungsbereich, eine etwaige „Vorschädigung" des Versorgungsbereichs oder die Gefährdung eines vorhandenen „Magnetbetriebs", der maßgebliche Bedeutung für die Funktionsfähigkeit des zentralen Versorgungsbereichs hat.[572] Die Gemeinde kann einen tatsächlich vorhandenen zentralen Versorgungsbereich[573] durch ein städtebauliches Entwicklungskonzept nicht mit Wirkung für § 34 III BauGB räumlich eingrenzen, wenn die von ihr gezogene Grenze in der Örtlichkeit keine Bestätigung findet und dadurch Grundstücke von dem zentralen Versorgungsbereich abgetrennt werden, die mit diesem durch die vorhandenen Nutzungen unmittelbar verknüpft sind.[574]

3908 Die **Vermutungsregel** des § 11 III 3 und IV BauNVO gilt für die bauplanungsrechtliche Beurteilung großflächiger Einzelhandelsbetriebe im unbeplanten Innenbereich nach § 34 I und III BauGB weder unmittelbar noch entsprechend. Ob eine Überschreitung von 1 200 qm Geschossfläche als Indiz dafür gewertet werden kann, dass schädliche Auswirkungen auf zentrale Versorgungsbereiche zu erwarten sind, ist bisher höchstrichterlich noch nicht entschieden.[575] Das „gewisse Gewicht" für die Bewertung eines Bebauungszusammenhangs als Ortsteil im Sinne des § 34 BauGB ist nicht für alle Gemeinden und Siedlungsräume einheitlich, sondern nach den siedlungsstrukturellen Gegebenheiten im Gebiet der jeweiligen Gemeinde zu bestimmen. Dabei ist auch ein Gegenvergleich mit der Erscheinung der unerwünschten Splittersiedlung erforderlich.[576]

3909 Der Gesetzgeber hat in § 34 III BauGB nicht das Regelungssystem des § 11 III BauNVO übernommen. Die Vermutungsregelung des § 11 III 3 BauNVO ist bei der Beurteilung, ob schädliche Auswirkungen vorliegen, nicht anzuwenden. Soll ein bestehender Einzelhandelsbetrieb erweitert werden, ist die Zulässigkeit des Gesamtvorhabens zu prüfen. Dabei sind der vorhandene Betrieb sowie an anderer Stelle vorhandene Einzelhandelsbetriebe, die sich auf den Versorgungsbereich auswirken, einzubeziehen.[577]

3910 Zielvorgaben in einem Landesentwicklungsprogramm, die sich an die Träger der Bauleitplanung richten und sich auf einen landesplanerischen Nahbereich beziehen, können grundsätzlich nicht als Maßstab für die Beurteilung herangezogen werden, ob im Sinne von § 34 III BauGB von einem Vorhaben schädliche Auswirkungen auf zentrale Versorgungsbereiche in der Gemeinde zu erwarten sind. Auch Grund- und Nahversorgungszentren können zentrale Versorgungsbereiche nach § 34 III BauGB sein.[578] Eine deutliche Überschreitung der 1.200 qm Geschossfläche kann als Indiz für schädliche Auswirkungen auf zentrale Versorgungsbereiche gewertet werden.[579]

IV. Innenbereichsgemengelagen (§ 34 IIIa BauGB)

3911 Vom Erfordernis des Einfügens in die Eigenart der näheren Umgebung nach 34 I 1 BauGB kann im Einzelfall abgewichen werden, wenn die Abweichung (1) der Erweiterung, Änderung, Nutzungsänderung oder Erneuerung eines zulässigerweise errichteten Gewerbe- oder Handwerksbetriebs oder der Erweiterung, Änderung oder Erneuerung eines zulässigerweise errichteten zu Wohnzwecken dienenden Gebäudes oder der Nutzungsänderung einer zulässigerweise errichteten baulichen Anlage zu Wohnzwecken, einschließlich einer erforderlichen Änderung oder Erneuerung dient, (2) städtebaulich vertretbar ist und (3) auch unter Würdigung nachbarlicher Interessen mit den öffentlichen Belangen vereinbar ist (§ 34 III a BauGB). Die Vorschrift findet keine Anwendung auf Einzelhandelsbetriebe, welche die verbrauchernahe Versorgung der Bevölkerung beeinträchtigen oder schädliche Auswirkungen auf zentrale Versorgungsbe-

[572] BVerwG Beschl. v. 17.2.2009 – 4 B 4.09, juris.
[573] OVG Weimar ThürVBl 2010, 14.
[574] BVerwG NVwZ 2009, 781.
[575] BVerwG NVwZ 2009, 779.
[576] OVG Münster, Urt. v. 13.11.2009 – 7 A1236/08, juris; BVerwG NVwZ 1984, 434.
[577] OVG Münster BauR 2009, 220 (289); Schröer NJW 2009, 1729.
[578] BVerwG NVwZ 2010, 587; Scheidler KommunalPraxis BY 2010, 251; Kraus UPR 2010, 331; BVerwG NVwZ 2010, 590.
[579] BVerwG ZfBR 2010, 580; Zu den schädlichen Auswirkungen auf einen zentralen Versorgungsbereich im Sinne des § 34 III BauGB durch die Erweiterung eines Lebensmitteldiscountmarkts OVG Koblenz BauR 2010, 49. Zur Zulässigkeit von Einzelhandelsvorhaben im Anwendungsbereich des § 34 BauGB Schoen BauR 2010, 2034.

reiche in der Gemeinde oder in anderen Gemeinden haben können.[580] Bis zum Ablauf des 31.12.2027 gilt § 34 IIIa 1 BauGB gem. § 246 VIII BauGB entsprechend für die Nutzungsänderung zulässigerweise errichteter baulicher Anlagen in bauliche Anlagen, die der **Unterbringung von Flüchtlingen oder Asylbegehrenden** dienen, und für deren Erweiterung, Änderung oder Erneuerung.

§ 34 IIIa BauGB dient sowohl der Erhaltung als auch der Weiterentwicklung einer vorhandenen und baurechtlich billigenswerten Situation, wobei die formelle Rechtmäßigkeit der vorhandenen baulichen Anlage ebenso genügt wie die materielle Rechtmäßigkeit.[581] Die Vorschrift bezieht sich auf Vorhaben, die sich nicht in die Eigenart der näheren Umgebung einfügen, etwa weil der Umgebungsrahmen überschritten wird und bodenrechtliche Spannungen begründet oder erhöht werden. Da das Erfordernis des Einfügens in die Eigenart der näheren Umgebung auch noch gewahrt ist, wenn das Vorhaben im Fall der Rahmenüberschreitung unter Wahrung des Rücksichtnahmegebots keine bodenrechtlich beachtlichen Spannungen auslöst, bedeutet dies, dass die Grenze der Abweichungsmöglichkeit des § 34 IIIa BauGB nicht dort gezogen werden kann, wo das Vorhaben bodenrechtlich beachtliche Spannungen auslöst. Denn da das Erfordernis des Einfügens voraussetzt, dass bodenrechtlich beachtliche Spannungen nicht ausgelöst werden, kann die Abweichung von dem Erfordernis des Einfügens nach § 34 IIIa BauGB nur dann einen konkreten praktischen Anwendungsbereich zeitigen, wenn im Einzelfall bodenrechtliche beachtliche Spannungen in gewissem Maße ausgelöst werden dürfen.[582] 3912

Das Vorhaben muss **städtebaulich vertretbar** sein; die Abweichung muss auch unter Würdigung nachbarlicher Interessen mit den öffentlichen Belangen vereinbar und die Erschließung gesichert sein. Die Vorschrift dient damit der Standortsicherung von Gewerbe- oder Handwerksbetrieben sowie einer Wohnnutzung in Gemengelagen. Städtebaulich vertretbar ist die Weiterentwicklung dann, wenn sie mit den in § 1 VI BauGB beispielhaft erwähnten Belangen und dem Abwägungsgebot in § 1 VII BauGB vereinbar ist. Eine solche Vereinbarkeit kann gegeben sein, wenn die mit der Erweiterung des Betriebes verbundenen Spannungen zugleich gemindert oder wenigstens ausgeglichen werden. Das Tatbestandsmerkmal der städtebaulichen Vertretbarkeit ermöglicht, Vor- und Nachteile des Vorhabens in einer – dem Baugenehmigungsverfahren sonst fremden[583] – kompensatorischen Weise gegeneinander abzuwägen **(kompensatorische Abwägung)**. Damit wird ein planerisches Element in die Entscheidung über ein einzelnes Vorhaben einbezogen. 3913

Angesichts der Begrenzung der Abweichung bei Wohngebäuden nach § 34 IIIa 1b) BauGB auf den Einzelfall kommt das Erteilen einer Abweichung nicht in Betracht, wenn damit eine Umstrukturierung des betreffenden Gebietes eingeleitet werden könnte, weil als Abweichung zugelassene Vorhaben insoweit dann die Eigenart der näheren Umgebung mitprägen und auf diese Weise den Zulässigkeitsrahmen des § 34 I 1 BauGB verändern und sich dann künftige Vorhaben auf diese Umstrukturierung berufen könnten.[584] Das Erteilen einer Abweichung für ein nach § 34 I 1 BauGB unzulässiges Bauvorhaben zu Wohnzwecken nach § 34 IIIa 1 BauGB scheidet aus, wenn erkennbar ist, dass eine vergleichbare Abweichungslage in der näheren Umgebung noch wiederholt auftreten könnte. Das gilt insbesondere dann, wenn das Vorhaben angesichts seiner Vorbildwirkung die planungsrechtlich relevante Umstrukturierung eines Gebiets einleiten würde.[585] 3914

§ 34 III a BauGB bezieht sich auf Vorhaben, die sich nicht in die Eigenart der näheren Umgebung einfügen, etwa weil der Umgebungsrahmen überschritten wird und bodenrechtliche Spannungen begründet oder erhöht werden. Derartige Vorhaben, die typischerweise Teil einer **Gemengelage** sind, konnten nach Streichung des § 34 III BauGB 1986 nur durch einen Bebauungsplan zugelassen werden, der auf der Grundlage einer entsprechenden Abwägung der unterschiedlichen Nutzungsinteressen aufgestellt worden war. § 34 III a BauGB greift die frü- 3915

[580] Bönker in HBG, Öffentliches Baurecht, 2024, § 8 Rn. 207; Schidlowski/Baluch BauR 2006, 784.

[581] OVG Schleswig Urt. v. 19.2.2024 – 1 LB 6/23, juris Rn. 47; Mitschang/Reidt in Battis/Krautzberger/Löhr, BauGB, 2022, § 34 Rn. 75.

[582] Spannowsky in Spannowsky/Uechtritz, BeckOK BauGB, 2023, § 34 Rn. 78; OVG Schleswig Urt. v. 19.2.2024 – 1 LB 6/23, juris Rn. 48.

[583] BVerwG NJW 1978, 2564.

[584] OVG Berlin-Brandenburg Beschl. v. 11.5.2023 – 10 N 88/20, juris Rn. 25.

[585] OVG Berlin-Brandenburg Beschl. v. 11.5.2023 – 10 N 88/20, juris Rn. 23; OVG Hamburg Urt. v. 25.2.2015 – 2 Bf 213/11, juris Rn. 57; OVG Magdeburg, Beschl. v. 6.8.2020 – 2 L 87/18, juris Rn. 31; Beschl. v. 25.6.2021 – 2 M 42/21, juris Rn. 39.

here gesetzliche Regelung wieder auf und bezieht sie auf **Gewerbe- und Handwerksbetriebe**, die zulässigerweise errichtet worden sind, sowie auf **Anlagen zu Wohnzwecken**. Die Zulassung eines Vorhabens nach § 34 III a BauGB setzte somit einen bereits **bestehenden Betrieb**[586] oder eine zulässigerweise errichtete bauliche Anlage zu Wohnzwecken voraus. Die Erweiterung, Änderung, Nutzungsänderung oder Erneuerung muss einem Gewerbe- oder Handwerksbetrieb oder einer Anlage zu Wohnzwecken dienen. Die Erweiterung der planungsrechtlichen Zulässigkeit kommt daher sowohl gewerblichen Betrieben und Handwerksbetrieben als auch Vorhaben wie etwa einer Erweiterung einer Wohnbebauung oder eines Alten- und Pflegeheims in der Nachbarschaft einer gewerblich-industriellen Nutzung zu Gute. Durch das Merkmal des „Dienens" wird zugleich ein gewisser Rahmen der Erweiterung abgesteckt. Es darf sich nur um Vorhaben handeln, die an den vorhandenen Betrieb anknüpfen und in ihm sozusagen bereits angelegt sind.

1. Flüchtlingsunterbringung

3916 Nach § 246 VIII BauGB gilt bis Ende 2027 § 34 III a 1 BauGB entsprechend für die Nutzungsänderung zulässigerweise errichteter baulicher Anlagen in bauliche Anlagen, die der Unterbringung von Flüchtlingen oder Asylbegehrenden dienen, und für deren Erweiterung, Änderung oder Erneuerung. Die Vorschrift dehnt den Gedanken der „Befreiung" bei Vorhaben, die der Unterbringung von Flüchtlingen oder Asylbegehrende dienen, im Rahmen der städtebaulichen Vertretbarkeit auf Innenbereichsvorhaben nach § 34 BauGB aus. So gesehen ist die parallel zu der Änderung des § 31 BauGB vorgenommene Erweiterung des Anwendungsbereichs im nicht beplanten Innenbereich konsequent. Die Regelung ist in § 34 III a BauGB integriert, die bereits traditionell Abweichungen von den vorgefundenen städtebaulichen Strukturen zulässt, wenn sie städtebaulich vertretbar, also planbar sind.[587] Hier wird die planungsrechtliche Zulässigkeit von Vorhaben, die der Unterbringung von Flüchtlingen oder Asylbegehrende dienen, im nicht beplanten Innenbereich auch ohne vorherige Bauleitplanung erweitert. Grenze ist allerdings die städtebauliche Vertretbarkeit, also die grundsätzliche Planbarkeit von gegenläufigen Nutzungsinteressen unter Wahrung des Gebotes der nachbarlichen Rücksichtnahme. Hält die Zulassung städtebauliche Grundsätze nicht ein, ist sie also sozusagen nicht planbar, weil auftretende Interessengegensätze zu groß sind, etwa weil keine gesunden Wohn- und Arbeitsverhältnisse gewährleistet werden können oder das Gebot der nachbarlichen Rücksichtnahme nicht eingehalten[588] werden kann, ist das Vorhaben im nicht beplanten Innenbereich nicht zulässig.

2. Städtebauliche Vertretbarkeit

3917 Nach § 34 III a BauGB können nach § 34 I und II BauGB unzulässige Erweiterungen von zulässigerweise errichteten baulichen und sonstigen Anlagen im Einzelfall zugelassen werden, wenn das Vorhaben städtebaulich vertretbar ist und wenn die Abweichung auch unter Würdigung nachbarlicher Interessen mit den öffentlichen Belangen vereinbar und die Erschließung gesichert ist. Die Vorschrift dient damit der Standortsicherung von Gewerbe- oder Handwerksbetrieben sowie einer Wohnnutzung in **Gemengelagen**. Städtebaulich vertretbar ist die Weiterentwicklung dann, wenn sie mit den in § 1 VI BauGB beispielhaft erwähnten Belangen und dem Abwägungsgebot in § 1 VII BauGB vereinbar ist.[589] Eine solche Vereinbarkeit kann gegeben sein, wenn die mit der Erweiterung des Betriebes verbundenen Spannungen zugleich gemindert oder wenigstens ausgeglichen werden. Das Tatbestandsmerkmal der städtebaulichen Vertretbarkeit ermöglicht, Vor- und Nachteile des Vorhabens in einer – dem Baugenehmigungsverfahren sonst fremden[590] – kompensatorischen Weise gegeneinander abzuwägen (**kompensatorische Abwägung**). Damit wird ein planerisches Element in die Entscheidung über ein einzelnes Vorhaben einbezogen. Die Zulassung eines Vorhabens nach § 34 III a BauGB setzt somit voraus, dass die Planungsleitsätze des § 1 VI BauGB und das Abwägungsgebot des § 1 VII BauGB beachtet werden. Was nicht in einem Bebauungsplan geplant werden kann,

586 BVerwG BauR 1991, 572.
587 BVerwG DVBl. 1990, 572.
588 Grundlegend BVerwG DVBl. 1977, 722; DVBl. 1978, 815.
589 Zum Abwägungsgebot s. Bönker in HBG, BauGB, 2024, § 5 Rn. 152 ff.
590 BVerwG NJW 1978, 2564.

also **nicht planbar** ist, ist auch nicht städtebaulich vertretbar. Ob darüber hinaus in dem Begriff der städtebaulichen Vertretbarkeit ein **Verschlechterungsverbot** oder gar ein **Verbesserungsgebot** enthalten ist, lässt sich dagegen – so das BVerwG zu dem insoweit gleich lautenden § 34 III 1986 – nicht allgemein beantworten. Im Regelfall kommt es wohl darauf an, ob die bestehenden und die durch die Betriebserweiterung möglicherweise verstärkten bodenrechtlichen Spannungen durch städtebauliche Maßnahmen – bei Einhaltung der oben genannten absoluten Grenze – gemindert oder wenigstens ausgeglichen werden kann.[591]

Beispiel: Ein Brennstoffhandel in einer Gemengelage bringt keine unzumutbaren Beeinträchtigungen mit sich, wenn Lärm- und Geruchsbelästigungen die einschlägigen Richtwerte für Mischgebiete nicht überschreiten.[592]

3. Einzelhandelsbetriebe mit schädlichen Auswirkungen

§ 34 III a 2 BauGB nimmt von diesen Zulassungsmöglichkeiten Einzelhandelsbetriebe aus, 3918
welche die verbrauchernahe Versorgung der Bevölkerung beeinträchtigen oder schädliche Auswirkungen auf zentrale Versorgungsbereiche in der Gemeinde oder in anderen Gemeinden haben.[593] Damit sind Erweiterungen von Einzelhandelsnutzungen unzulässig, wenn sie sich mit den städtebaulichen oder infrastrukturellen Belangen des § 11 III BauNVO nicht vereinbaren lassen. Was nach dieser Vorschrift in ein Sondergebiet oder Kerngebiet verwiesen ist, das bedarf weiterhin einer entsprechenden Bauleitplanung und kann nicht in städtebaulichen Gemengelagen über § 34 III a BauGB zugelassen werden. Der nach § 34 I und II BauGB gegebene Rahmen für die Zulässigkeit derartiger Vorhaben wird daher auf das Merkmal des „Sich Einfügens" begrenzt und nicht durch § 34 III a BauGB erweitert. In welchem Umfang eine Erweiterung, Änderung, Nutzungsänderung oder Erneuerung von Einzelhandelsnutzungen im nicht beplanten Innenbereich zulässig ist, bestimmt sich damit ausschließlich nach dem Einfügensgebot des § 34 I BauGB und – bei der Art der Nutzung einheitlichen Umgebung – nach § 34 II BauGB und damit nach den Artmaßstäben der BauNVO.

4. Ermessen

§ 34 III a BauGB stellt die Erteilung der Baugenehmigung unter den Vorbehalt einer Einzel- 3919
fallprüfung und räumt der Baugenehmigungsbehörde bei der Entscheidung Ermessen ein. Grundsätzlich besteht deshalb auch dann, wenn die tatbestandlichen Voraussetzungen dieser Vorschrift gegeben sind, nur ein Anspruch auf ermessensfehlerfreie Bescheidung. Der Ermessensspielraum ist umso kleiner, je mehr die städtebauliche Situation durch die beantragten baulichen Maßnahmen verbessert werden kann. Der Ermessensspielraum kann darüber hinaus sogar gegen Null tendieren, wenn das Vorhaben nach den Grundsätzen über den auf Art. 14 I 1 GG zurückgehenden **Bestandsschutz** [594] an sich genehmigungsfähig ist.

V. Nachbarschutz

§ 34 I BauGB vermittelt Drittschutz nur nach Maßgabe der Grundsätze des in dem Begriff 3920
des Einfügens aufgehenden **Rücksichtnahmegebots**,[595] hat im Übrigen aber keinen allgemeinen nachbarschützenden Charakter.[596] In welchem Umfang sich aus dem Gebot der nachbarlichen Rücksichtnahme daher Drittschutz ableitet, muss jeweils unter Berücksichtigung der Einzelfallumstände beurteilt werden. Je mehr der Nachbar dabei bereits selbst verwirklicht hat, desto mehr muss er auch in der Umgebung hinnehmen. Je zurückhaltender die Nutzung auf dem Nachbargrundstück ist, desto mehr an Rücksichtnahme kann der Nachbar auch in seiner

591 BVerwGE 84, 322.

592 OVG Bautzen Urt. v. 27.7.2011 – 1 A 701/09, juris.

593 Zum Ausschluss des zentrenrelevanten Einzelhandels Janning ZfBR 2009, 437; Manssen SächsVBl. 2008, 111. Zur Zentrenstärkung als städtebauliche Rechtfertigung für die Einzelhandelssteuerung Jaeger BauR 2009, 1674.

594 BVerwG BauR 1986, 302.

595 VG Augsburg Beschl. v. 4.4.2024 – Au 5 S 24.735, juris Rn. 42; VGH München Beschl. v. 24.11.2023 – 15 CS 23.1816, juris Rn. 25; Beschl. v. 5.12.2022 – 9 ZB 22.1076, juris Rn. 10; BVerwG NJW 1978, 62; Jeronim in Kröninger/Jeronim, BauGB/BauNVO, 2024, § 34 BauGB Rn. 44; Kment in Jarass/Kment, BauGB, 2022, § 34 Rn. 58; BVerwG NVwZ 2015, 574.

596 BVerwG DVBl. 1981, 928.

Umgebung verlangen. Die Sicherung der Erschließung betrifft allein öffentliche Belange, ihre Verletzung begründet keine nachbarlichen Abwehrrechte.[597] Soweit durch die Verweisung in § 34 II BauGB auf § 15 BauNVO in Ausnahmefällen Drittschutz gewährt werden kann, reicht dieser nicht weiter als der Drittschutz, den § 34 I BauGB dadurch vermittelt, dass der Begriff des „Einfügens" das Rücksichtnahmegebot umfasst.[598] Insoweit ergeben sich gegenüber § 34 I BauGB keine Änderungen.[599]

3921 Der baurechtliche Nachbarschutz muss im nicht beplanten Innenbereich allerdings nicht denselben Grundsätzen folgen wie im Geltungsbereich eines Bebauungsplans.[600] Ob dort ein Vorhaben zulässig ist, richtet sich nach den von der Gemeinde getroffenen konkreten planerischen Festsetzungen. Diese Anknüpfung versagt im nicht beplanten Innenbereich. § 34 I BauGB dient insoweit als Planersatz. Er enthält einen eigenständigen Zulässigkeitsmaßstab, der notwendigerweise weniger scharf ist, da er sich an der Umgebungsbebauung zu orientieren hat. Dies hat zur Folge, dass Vorhaben zulässig sein können, deren Verwirklichung auf der Grundlage der Festsetzungen eines Bebauungsplans ausgeschlossen werden könnte. Dem ist beim Nachbarschutz entsprechend Rechnung zu tragen. Angesichts der unterschiedlichen Ausgangssituation besteht für den Nachbarn im Falle des § 34 BauGB kein Schutzdefizit gegenüber beplanten Bereichen. Der Schutz des Nachbarn unterliegt übrigens auch im Geltungsbereich eines Bebauungsplans Einschränkungen. Denn Festsetzungen über das Maß der baulichen Nutzung oder die überbaubare Grundstücksfläche haben nicht schlechthin nachbarschützende Wirkung. § 30 BauGB begründet aus sich heraus keine subjektiv-öffentlichen Rechte zugunsten des Nachbarn. Ob Festsetzungen auf der Grundlage der §§ 16 ff. BauNVO und des § 23 BauNVO auch darauf gerichtet sind, dem Schutz des Nachbarn zu dienen, hängt vom Willen der Gemeinde als Planungsträger ab.[601]

Beispiel: Die Frage eines „Einfügens" mit Blick auf das Kriterium der überbaubaren Grundstücksfläche (§ 34 I 1 BauGB), etwa bezogen auf die im unbeplanten Bereich in Anlehnung an den Rechtsgedanken in § 23 IV BauNVO von der Straßenbegrenzungslinie aus zu ermittelnde Bautiefe, betrifft einen in Ansatz rein objektiven städtebaulichen Gesichtspunkt, der selbst im Geltungsbereich von Bebauungsplänen die Nichtbeachtung einer Festsetzung (auch) rückwärtiger Baugrenzen (§ 23 III 1 BauNVO) regelmäßig keine nachbarlichen Abwehrrechte begründet.

3922 Der **Gebietsbewahrungsanspruch** gibt den Eigentümern von Grundstücken in einem durch Bebauungsplan festgesetzten Baugebiet oder in einem „faktischen" Baugebiet (§ 34 II BauGB) das Recht, sich gegen hinsichtlich der Art der baulichen Nutzung nicht zulässige Vorhaben zur Wehr zu setzen. Der Gebietsbewahrungsanspruch umfasst auch den Anspruch auf Aufrechterhaltung der typischen Prägung eines Baugebiets nach § 34 II BauGB, § 15 I 1 BauNVO. Ein Widerspruch zur Eigenart eines Gebiets liegt vor, wenn sich das Vorhaben wegen seines Umfangs signifikant von dem Vorhandenen abhebt. Dagegen spricht nicht, dass § 15 I 1 BauNVO grundsätzlich nur für die Art der baulichen Nutzung gilt. Wenn § 15 I 1 BauNVO bestimmt, dass ein Vorhaben im Einzelfall auch unzulässig ist, wenn es wegen seines Umfangs der Eigenart eines bestimmten Baugebiets widerspricht, so geht die Vorschrift davon aus, dass im Einzelfall Quantität in Qualität umschlagen kann, dass also die Größe einer baulichen Anlage die Art der baulichen Nutzung erfassen kann. Allein aus der Anzahl der Wohneinheiten, die ein Gebäude umfasst, kann im Regelfall für sich genommen noch nicht auf eine signifikante Abweichung von der Umgebung geschlossen werden.[602] Gegenüber der Errichtung einer **Mobilfunkanlage** in einem faktischen reinen Wohngebiet kann sich ein Nachbar, dessen Grundstück sich in einem festgesetzten reinen Wohngebiet befindet, nicht auf einen Gebietserhaltungsanspruch berufen.[603] Auch die **Nachbargemeinden** können gegenüber Innenbereichsvorhaben erfolgreich Nachbarschutz suchen, wenn ihre in § 34 BauGB gesicherten Belange verletzt sind. So dürfen von Innenbereichsvorhaben keine schädlichen Auswirkungen auf zentrale Versorgungsbereiche in den Gemeinden und den Nachbargemeinden ausgehen.

[597] BVerwG Beschl. v. 21.4.1989 – 4 B 85.89, juris.
[598] BVerwG DVBl. 1986, 187.
[599] BVerwG Beschl. v. 20.1.1992 – 4 B 229.91, juris.
[600] BVerwG UPR 1996, 73.
[601] BVerwG NJW 1986, 1703; DVBl. 1995, 1025.
[602] OVG Bautzen Beschl. v. 20.9.2011 – 1 B 157/11, juris.
[603] VGH München ZfBR 2012, 168.

Auch die **Standortgemeinde** kann sich mit diesem Argument gegen ein Innenbereichsvorhaben und etwa die Ersetzung des gemeindlichen Einvernehmens wehren.

Die Abgrenzung des Innenbereichs vom Außenbereich führt in der Praxis nicht selten zu erheblichen Schwierigkeiten. Der Gemeinde wird daher in § 34 IV BauGB ein Instrument bereitgestellt, den Innenbereich vom Außenbereich iS einer Klarstellung abzugrenzen, aber auch darüber hinaus einzelne Außenbereichsflächen in den Innenbereich einzubeziehen. Nach § 34 IV BauGB kann die Gemeinde folgende **Innenbereichssatzungen** erlassen: die Klarstellungssatzung (§ 34 IV 1 Nr. 1 BauGB), die Entwicklungssatzung (§ 34 IV 1 Nr. 2 BauGB) und die Ergänzungssatzung (§ 34 IV 1 Nr. 3 BauGB). 3923

1. Klarstellungssatzung (§ 34 IV 1 Nr. 1 BauGB)

Durch die Klarstellungssatzung kann die Gemeinde die Grenzen für die im Zusammenhang bebauten Ortsteile oder Teile davon festlegen. Die Satzung hat allerdings nur **deklaratorische Bedeutung**.[604] Für jedes Grundstück, das in die Klarstellungssatzung einbezogen wird, muss die Innenbereichsqualität bestehen. Die Gemeinde kann über die Klarstellungssatzung den Innenbereich weder erweitern noch Innenbereichsgrundstücke von der Anwendung des § 34 BauGB ausschließen. Auch hat die Gemeinde bei der Festlegung der Klarstellungssatzung keinen planerischen Gestaltungsraum in dem Sinne, dass sie eigenverantwortlich oder letztverbindlich die Grenzen des Innenbereichs bestimmen könnte. Die Klarstellungssatzung hat sich vielmehr auf der Grundlage einer reinen Rechtsprüfung zu verstehen. Die Beurteilung hat keine konstitutive Wirkung. Aus dieser Begrenzung folgt, dass die Klarstellungssatzung zwar für die Praxis eine **Indizwirkung** hinsichtlich der Abgrenzung des Innenbereichs haben kann, darüber aber nicht hinausgeht. Die Klarstellungssatzung entlastet zwar die Baurechtsbehörde, da die Gemeinde Schwierigkeiten bei der Abgrenzung des Innenbereichs- vom Außenbereich ausräumen kann. Hat die Gemeinde jedoch die Grenze des im Zusammenhang bebauten Ortsteils im Ergebnis fehlerhaft festgelegt, ist dies ein im gerichtlichen Verfahren stets beachtlicher Rechtsverstoß.[605] Mit dem Erlass einer Klarstellungssatzung, deren Geltungsbereichsgrenze den Innenbereich eines historisch gewachsenen dörflichen Siedlungstyps umschließt, stehen die charakteristischen und die nähere Umgebung prägenden Bauerngärten in den hinteren Grundstücksbereichen nicht ohne weiteres für eine Wohnbebauung zur Verfügung. Für ein solches Planungsziel besteht ein Planbedürfnis.[606] 3924

Hinweis: Für die Normenkontrolle gegen eine Klarstellungssatzung besteht ungeachtet ihrer bloß deklaratorischen Wirkung ein Rechtsschutzinteresse. Die Grenzfestlegung in einer Klarstellungssatzung ist unwirksam, wenn Grundstücksflächen zu Unrecht in den Innenbereich einbezogen oder zu Unrecht dem Außenbereich zugewiesen werden.[607]

2. Entwicklungssatzung (§ 34 IV 1 Nr. 2 BauGB)

Die Gemeinde kann durch Satzung bebaute Bereiche im Außenbereich als im Zusammenhang bebaute Ortsteile festlegen, wenn die Flächen im **Flächennutzungsplan** als Bauflächen dargestellt sind (§ 34 IV 1 Nr. 2 BauGB). Damit wird die Gemeinde in die Lage versetzt, Außenbereichsgrundstücke konstitutiv zum Innenbereich zu erklären. Die Flächen müssen allerdings im Flächennutzungsplan als Bauflächen dargestellt sein. Die Ausweisung im Flächennutzungsplan kann etwa als Wohnbauflächen oder als gemischte Bauflächen, aber auch als Baugebiete erlassen werden. Ohne eine entsprechende Darstellung im Flächennutzungsplan kann die Ausweisung in der Entwicklungssatzung nicht erfolgen. Auch müssen die Bereiche bereits bebaut sein. Unbebaute Bereiche im Außenbereich können nach dieser Vorschrift nicht zum Innenbereich erklärt werden. Eine Innenbereichssatzung kann nicht auf § 34 IV 1 Nr. 2 BauGB gestützt werden, wenn die erfassten Flächen nicht im Außenbereich liegen, sondern einen im Zusammenhang bebauten Ortsteil darstellen.[608] 3925

---

604 OVG Münster Urt. v. 30.1.2024 – 10 D 279/20.NE, juris.

605 OVG Schleswig Urt. v. 26.8.2022 – 1 KN 18/19, juris Rn. 51.

606 OVG Berlin-Brandenburg NVwZ-RR 2012, 152, dort auch zu den unterschiedlichen Erlassvoraussetzungen von Klarstellungs- und Ergänzungssatzungen.

607 OVG Koblenz NVwZ-RR 2012, 289; BVerwGE 138, 12.

608 OVG Münster Urt. v. 30.1.2024 – 10 D 279/20.NE, juris.

3. Ergänzungssatzung (§ 34 IV 1 Nr. 3 BauGB)

3926 Nach § 34 IV 1 Nr. 3 BauGB kann die Gemeinde einzelne Außenbereichsflächen in die im Zusammenhang bebauten Ortsteile einbeziehen, wenn die einbezogenen Flächen durch die bauliche Nutzung des angrenzenden Bereichs entsprechend geprägt sind. Die Satzungen können miteinander verbunden werden. Zudem muss die Ergänzungssatzung mit einer geordneten städtebaulichen Entwicklung vereinbar sein. In ihr können einzelne Festsetzungen nach § 9 I, II und IV BauGB getroffen werden. Auf die Ergänzungssatzung sind ergänzend die §§ 1 a, 9 I a und VIII BauGB entsprechend anzuwenden.

3927 Mit der Ergänzungssatzung können einzelne Außenbereichsgrundstücke in die im Zusammenhang bebauten Ortsteile eigenständig einbezogen werden.[609] Die Ergänzungssatzung nach § 34 IV 1 Nr. 3 BauGB setzt allerdings voraus, dass die einzubeziehenden Außenbereichsflächen an die im Zusammenhang bebauten Ortsteile angrenzen.[610] Eine Integration von einzelnen Außenbereichsgrundstücken in den im Zusammenhang bebauten Ortsteil ist schon dann möglich, wenn die einbezogenen Grundstücksflächen durch die bauliche Nutzung des angrenzenden Bereichs entsprechend geprägt sind.[611] Hierdurch sollen angrenzende Außenbereichsflächen städtebaulich sinnvoll und maßvoll in Ortsteile nach § 34 BauGB einbezogen werden können. Dies kann auch durch eine selbstständige Satzung in dem Sinne geschehen, dass diese nicht zugleich als Klarstellungs- und Entwicklungssatzung auch zum Innenbereich gehörige Flächen erfassen muss. Eine Erweiterung des Innenbereichs über seinen gesetzlich festgelegten Rahmen hinaus ist auf der Grundlage von § 34 IV 1 Nr. 3 BauGB nur in bestimmten Grenzen möglich. § 34 IV 1 Nr. 3 BauGB ermächtigt nicht, den Innenbereich in größerem Umfang in den Außenbereich hinein zu erweitern. Es muss sich vielmehr um einzelne Außenbereichsflächen handeln. Der Anwendungsbereich der Regelungen über die Ergänzungssatzung erstreckt sich daher vor allem auch auf größere Baulücken im Innenbereich oder einzelne Grundstücke des Außenbereichs, die in den Innenbereich einbezogen werden sollen.

3928 Die Einbeziehung von Außenbereichsflächen ist gem. § 34 IV1 Nr. 3 BauGB davon abhängig, dass die im Zusammenhang bebauten Ortsteile auch diese im Außenbereich gelegenen Flächen sachlich und räumlich prägen und deshalb auch insoweit eine planersetzende Maßstabsfunktion entfalten können. Der baulichen Nutzung des angrenzenden Bereichs muss ein Maßstab zu entnehmen sein, der als Grundlage für die **Prägung** der einbezogenen Fläche herangezogen werden kann.[612] Zwar genügt für eine Einbeziehung nach § 34 Abs. 4 Satz 1 Nr. 3 BauGB auch eine Prägung minderer Art; gleichwohl ist nur eine maßvolle Erweiterung des Innenbereichs in den Außenbereich hinein zulässig, die nicht wesentlich über eine bloße Abrundung hinausgeht. Eine Einbeziehungssatzung ist kein Instrument, um den Außenbereich zum nicht überplanten Innenbereich umzuwidmen.[613]

3929 Beim **angrenzenden Bereich** handelt es sich um den Bereich, der Bestandteil des jeweiligen im Zusammenhang bebauen Ortsteils ist, und an das von der Satzung erfasste Gebiet angrenzt. Die jeweils zu verlangende Größe der gemeinsamen Grenze des Innenbereichs und der Satzung erschließt sich aus der zu verlangenden Prägung des Innenbereichs auf das Satzungsgebiet. Es reicht aus, wenn nur von einer Seite her eine Prägung durch die im Ortsteil vorhandene Bebauung besteht. Zu verlangen ist eine Prägung im Hinblick auf die Zulässigkeitsmerkmale des § 34 I und II BauGB; es müssen hinreichende Zulässigkeitsmerkmale im Hinblick auf die Art und das Maß der baulichen Nutzung, die Bauweise und die Grundstücksfläche, die überbaut werden soll, vorhanden sein. Dabei wird von der Rechtsprechung nicht verlangt, dass nur bestimmte Nutzungen zulässig sein dürfen; denn darauf ist der Zulässigkeitsmaßstab des § 34 I BauGB, der auf die Eigenart der näheren Umgebung abstellt und je nach

---

609 VGH München Urt. v. 24.4.2007 – 15 N 06.1948, juris.

610 OVG Koblenz Urt. v. 9.11.2005 – 8 C 10463/05, juris.

611 Eine „fingerartig", erheblich in den Außenbereich hinauskragende Fläche ist i.R.d. nicht durch die bauliche Nutzung des angrenzenden Bereichs entsprechend geprägt, siehe VGH München DÖV 2023, 606 = juris Rn. 32.

612 VGH München Urt. v. 11.12.2023 – 15 N 13.668, juris Rn. 17; BVerwG Beschl. v. 19.1.2022 – 4 BN 47.21, juris Rn. 6; Beschl. v. 26.11.2009 – 4 BN 31.09, juris Rn. 5; VGH München Beschl. v. 5.8.2021 – 1 NE 21.1791, juris Rn. 18.

613 VGH München Urt. v. 14.12.2023 – 15 N 23.1000, juris Rn. 15; Beschl.v. 5.8.2021 – 1 NE 21.1791, juris Rn. 18; BVerwG Beschl. v. 26.11.2009 – 4 BN 31.09, juris Rn. 5.

den örtlichen Verhältnissen auch eine Bandbreite an Arten der baulichen Nutzung umfassen kann, nicht beschränkt. Nicht zu verlangen ist daher, dass ein „homogenes" Gebiet vorliegt.[614]

Werden **Grundstücksflächen** in die **Innenbereichssatzung** einbezogen, obwohl die allgemeinen Anforderungen an gesunde Wohn- und Arbeitsverhältnisse nicht gewahrt sind, und sind die Grundstücke daher für eine Wohnbebauung ungeeignet, so können sich daraus **Amtshaftungsansprüche**[615] für nachteilig betroffene Grundstücksnachbarn ergeben.[616] Nur Flächen im Anschluss an Innenbereichsgrundstücke nach § 34 IV 1 Nr. 1 und 2 BauGB können daher in eine Ergänzungssatzung nach § 34 IV 1 Nr. 3 BauGB einbezogen werden. Der Außenbereich kann demgegenüber ohne Anbindung an einen vorhandenen oder zu entwickelnden Innenbereich nicht zum Innenbereich erklärt werden. 3930

Die Grenze der Vereinbarkeit einer Entwicklungssatzung mit einer geordneten städtebaulichen Entwicklung wird überschritten, wenn der Vorbehalt der Bauleitplanung eingreift. Dies ist insbesondere der Fall, wenn es für eine ordnungsgemäße Entwicklung des Gebiets einer umfassenden Planung bedarf, die durch einzelne Festsetzungen nach § 9 BauGB, die gem. § 34 V 2 BauGB in einer Entwicklungssatzung allein getroffen werden dürfen, nicht gewährleistet ist. Ein Bedürfnis nach einer Bebauungsplanung besteht, wenn die Einbeziehungssatzung bodenrechtlich relevante Spannungen erzeugt. Derartige Spannungen treten auf, wenn die Einbeziehung von Außenbereichsflächen nach § 34 IV 1 Nr. 3 BauGB die Frage der ausreichenden verkehrlichen Erschließung aufwirft und die Planung deswegen Festsetzungen nach § 9 BauGB städtebaulich erfordert, die den Rahmen einer Einbeziehungssatzung sprengen würden. Dasselbe gilt, wenn die Einbeziehungssatzung erkennbar einen relevanten Immissionskonflikt zwischen einer Wohnbebauung und einer andersgearteten emittierenden Nutzung hervorruft.[617] Die Bauaufsichtsbehörde kann das Vorliegen der Voraussetzungen einer Ergänzungssatzung nach § 34 IV 1 Nr. 3 BauGB durch Normenkontrollantrag klären lassen.[618] 3931

4. Weitere Voraussetzungen der Innenbereichssatzungen (§ 34 V, VI BauGB)

Die Baurecht begründenden Innenbereichssatzungen (§ 34 IV 1 Nr. 2 und 3 BauGB) müssen mit einer geordneten städtebaulichen Entwicklung vereinbar sein. Die Zulässigkeit von Vorhaben, die einer UVG oder Vorprüfung mit nachteiligen Auswirkungen unterliegen (Anlage 1 zum UVPG „Liste der UVP-pflichtigen Vorhaben"), darf nicht begründet werden. Anhaltspunkte für eine Beeinträchtigung von Belangen in Vogelschutz- oder Habitatgebieten von gemeinschaftlicher Bedeutung dürfen nicht vorhanden sein (§ 34 V BauGB). 3932

Die Innenbereichssatzungen nach § 34 IV BauGB können **miteinander verbunden** werden und müssen die landesrechtlichen Erfordernisse an die Aufstellung der Satzungen erfüllen. Da die Voraussetzungen des § 34 IV 1 Nr. 1 und Nr. 3 BauGB unterschiedlich sind, muss in einer kombinierten Satzung – gegebenenfalls in der Begründung – mit hinreichender Deutlichkeit zum Ausdruck kommen, auf welcher Rechtsgrundlage die jeweiligen Teilbereiche gestützt werden. Während eine Satzung nach § 34 IV 1 Nr. 1 BauGB lediglich deklaratorisch festsetzt, welche Grundstücke (noch) zu dem im Zusammenhang bebauten Ortsteil gehören und nicht in der Lage ist, Außenbereichsgrundstücke zu bebaubaren Innenbereichsgrundstücken zu machen, kann bei einer Einbeziehungssatzung die Gemeinde einzelne Außenbereichsflächen konstitutiv in den Innenbereich aufnehmen, wenn die einbezogenen Flächen durch die bauliche Nutzung des angrenzenden Bereichs entsprechend geprägt sind.[619] 3933

Die Innenbereichssatzungen sind von einer Genehmigung freigestellt. Die Länder haben allerdings nach § 246 I a BauGB die Möglichkeit, für die Satzungen das Anzeigeverfahren einzuführen. Der Beschluss über die Innenbereichssatzung ist ortsüblich bekannt zu machen (§§ 34 VI 2, 10 III BauGB). 3934

---

614 VGH München Urt. v. 11.12.2023 – 15 N 13.668, juris Rn. 17.

615 Zu Amtshaftungsansprüchen gegenüber der Baugenehmigungsbehörde wegen fehlerhafter Entscheidungen einer Bauvoranfrage BGH, Urt. v. 26.3.1997 – III ZR 114/96 – BGHR § 839 I 1 BGB Kausalität 12. Es muss nachgewiesen werden, dass das Bauvorhaben ohne Änderung des Bauantrags hätte genehmigt werden müssen. Es ist jedoch nicht Aufgabe der Baugenehmigungsbehörde, ein nicht genehmigungsfähiges Bauvorhaben so weitgehend umzuplanen, dass daraus ein anderes, genehmigungsfähiges Vorhaben entsteht.

616 BGHZ 106, 323; BGHZ 109, 380; BGHZ 110, 1; BGHZ 116, 215.

617 OVG Münster Urt. v. 14.12.2012 – 2 D 100/11.NE.

618 OVG Münster Urt. v. 10.1.2012 – 2 D 103/10.NE.

619 VGH München Urt. v. 11.12.2023 – 15 N 23.668, juris Rn. 14.

3935 Zudem sind für die **Entwicklungs- und Ergänzungssatzung** weitere Voraussetzungen einzuhalten: Voraussetzung für die Aufstellung von Satzungen nach § 35 IV 1 Nr. 2 und 3 BauGB ist, dass 1. sie mit einer geordneten städtebaulichen Entwicklung vereinbar sind, 2. die Zulässigkeit von Vorhaben, die einer Pflicht zur Durchführung einer **Umweltverträglichkeitsprüfung** nach Anlage 1 UVPG oder nach Landesrecht unterliegen, nicht begründet wird und 3. keine Anhaltspunkte für eine Beeinträchtigung der in § 1 VI Nr. 7 b BauGB genannten Schutzgüter oder dafür bestehen, dass bei der Planung Pflichten zur Vermeidung oder Begrenzung der Auswirkungen von schweren Unfällen nach § 50 S. 1 BImSchG zu beachten sind.

3936 In den Satzungen nach § 35 IV 1 Nr. 2 und 3 BauGB können einzelne Festsetzungen nach § 9 I und III 1 sowie IV BauGB getroffen werden. § 9 VI und § 31 BauGB sind entsprechend anzuwenden.[620] Auf die Satzung nach § 35 IV 1 Nr. 3 BauGB sind ergänzend § 1a II und III BauGB und § 9 Ia BauGB entsprechend anzuwenden; ihr ist eine Begründung mit den Angaben entsprechend § 2a Satz 2 Nr. 1 BauGB beizufügen (§ 35 V 2 bis 4 BauGB).

3937 Für die Satzungen ist nach § 35 VI 1 BauGB eine **Öffentlichkeits- und Behördenbeteiligung** nach den §§ 13 II Nr. 2 und 3 BauGB oder wahlweise eine Beteiligung nach den §§ 3, 4, 4 a BauGB durchzuführen. Die Beteiligung kann daher auf die betroffene Öffentlichkeit beschränkt werden. Die Gemeinde kann danach wählen, welches Verfahren sie durchführt. Dieses Wahlrecht besteht bei jedem Verfahrensschritt. Die Entscheidung wird bei der Öffentlichkeitsbeteiligung vor allem davon abhängen, inwieweit die möglichen Betroffenen bekannt sind und dadurch eine Beschleunigung oder Erleichterung erzielt werden kann. Denn es müssen in dem vereinfachten Verfahren nach § 13 BauGB nicht nur die betroffenen Eigentümer, sondern auch sonstige betroffene Öffentlichkeit beteiligt werden. Dazu können etwa auch Mieter oder sonstige lediglich schuldrechtlich Berechtigte im Plangebiet oder in angrenzenden Bereichen gehören. Der Widerspruch der Beteiligten hat keine besondere verfahrensrechtliche Bedeutung mehr. Insbesondere wird durch den Widerspruch von Trägern öffentlicher Belange oder von beteiligten Bürgern im Gegensatz zur früheren Rechtslage keine Genehmigungsnotwendigkeit ausgelöst. Für die **Klarstellungssatzung** richtet sich das Erfordernis der Beteiligung nach Landesrecht. Es dürfte sich empfehlen, auch für die Klarstellungssatzung eine Öffentlichkeits- und Behördenbeteiligung nach diesen Maßstäben durchzuführen. Hierdurch könnten etwa bestehende unterschiedliche Auffassungen über die Anwendungsvoraussetzungen und die Reichweite einer Klarstellungssatzung bereits in das Aufstellungsverfahren einbezogen werden.

3938 Für die **Ergänzungsatzung** bedarf es zusätzlich einer Befassung mit der **Bodenschutzklausel** und den naturschutzrechtlichen **Kompensationsregelungen** in § 1 a II und III BauGB. Hierzu können Festsetzungen nach § 9 I a BauGB in die Satzung aufgenommen werden. Zudem muss der Ergänzungssatzung eine Begründung beigefügt werden, die entsprechende Aussagen über die Zusammenstellung und Bewertung der Umweltbelange im Umweltbericht enthält (§ 2 a 2 Nr. 1 BauGB). § 34 V 4 BauGB stellt damit sicher, dass die Eingriffsregelung einen Bestandteil der Abwägung darstellt und setzt die Gemeinde in die Lage, von den Zuordnungsfestsetzungen des § 9 I Nr. 1 a, VIII BauGB Gebrauch zu machen. Damit zieht die Ergänzungssatzung hinsichtlich der Berücksichtigungsfähigkeit umweltschützender Belange mit dem Bebauungsplan gleich. Ein Ausgleich ist allerdings nur nach Maßgabe der Abwägung im Rahmen der satzungsrechtlichen Regelungen erforderlich. Insoweit stehen die naturschutzrechtlichen Belange unter einem Abwägungsvorbehalt.

3939 Entscheidungen über die Errichtung von baulichen Anlagen nach § 34 BauGB, bei denen Eingriff in Natur und Landschaft zu erwarten sind, ergehen nach § 18 I 1 BNatSchG im Benehmen mit den für Naturschutz und Landschaftspflege zuständigen Behörden. Äußert sich in den Fällen des § 34 BauGB die für Naturschutz und Landschaftspflege zuständige Behörde nicht binnen eines Monats, kann die für die Entscheidung zuständige Behörde davon ausgehen, dass Belange des Naturschutzes und der Landschaftspflege von dem Vorhaben nicht berührt werden (§ 18 III 2 BNatSchG). Das Benehmen ist nach § 18 III 3 BNatSchG ua nicht erforderlich in Gebieten mit Satzungen nach § 34 IV 1 Nr. 3 BauGB. Bei den übrigen Entscheidungen über Einzelvorhaben ist die Beteiligung der für Naturschutz und Landschaftspflege zuständigen Behörden erforderlich. Die Naturschutz- und Landschaftspflegebehörden haben damit lediglich ein Anhörungsrecht, jedoch kein förmliches Vetorecht, wie es etwa den Gemeinden bei der Entscheidung über die Erteilung des Einvernehmens nach § 36 BauGB zusteht.

---

[620] Für die rein deklaratorische Klarstellungssatzung gilt das nicht OVG Münster Urt. v. 30.1.2024 – 10 D 279/20.NE, juris Rn. 48.

Die **Bekanntmachung** der Innenbereichssatzung erfolgt unter Anwendung des § 10 III BauGB, auf den § 34 VI BauGB verweist. Danach ist der Satzungsbeschluss durch die Gemeinde ortsüblich bekanntzumachen. Die Bekanntmachung tritt an die Stelle der sonst für Satzung vorgeschriebenen Veröffentlichung. 3940

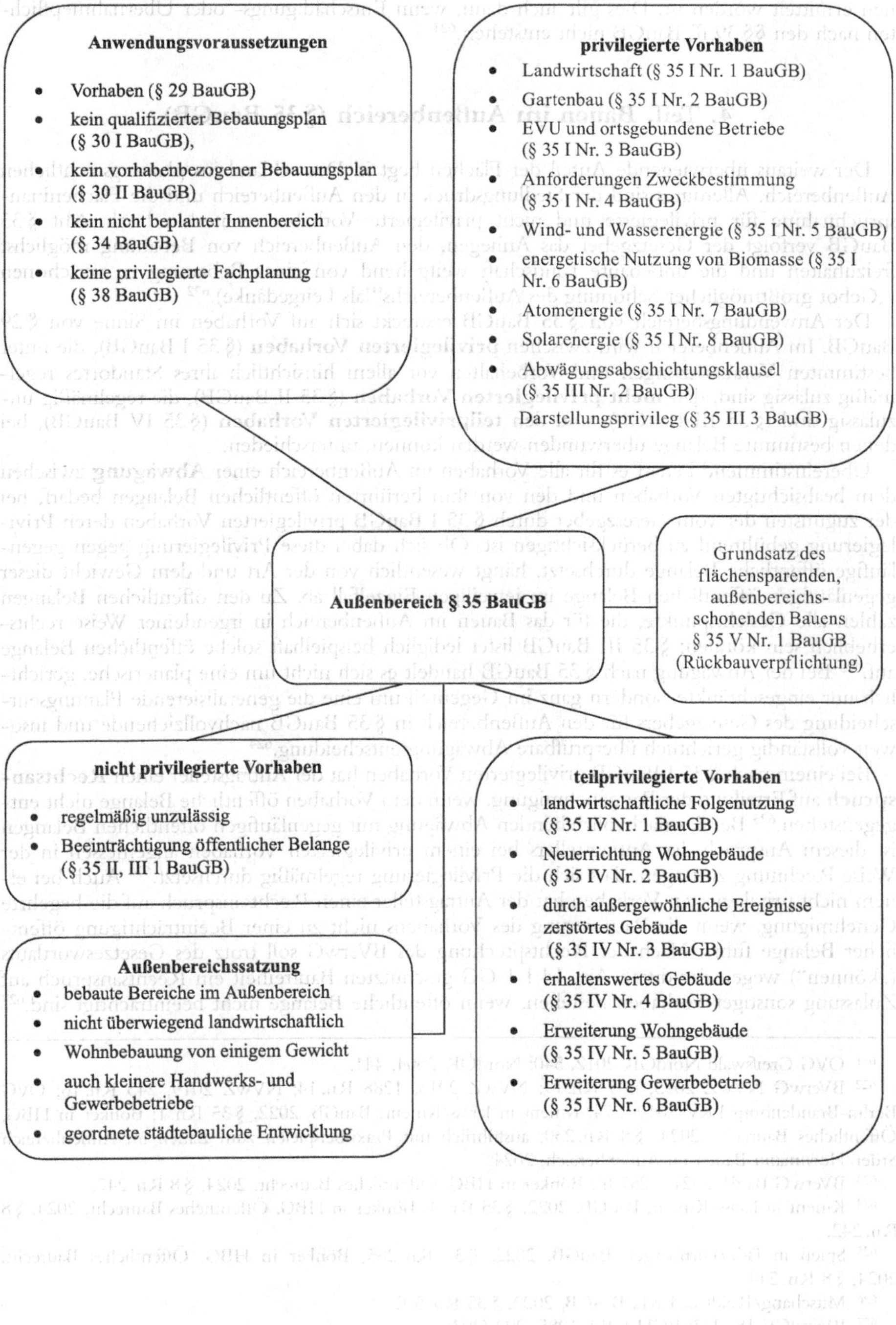

5. Bauleitplanung im Innenbereich

3941 Schließt ein Bebauungsplan für die meisten der nach § 34 BauGB grundsätzlich bebaubaren Grundstücke eine weitere Bebauung aus, so setzt eine ordnungsgemäße Abwägung voraus, dass nicht nur der aktuelle bauliche Bestand, sondern auch die nach § 34 BauGB mögliche bauliche Ausnutzung dieser Grundstücke nach den Kriterien des § 34 I und ggf. II BauGB im Einzelnen ermittelt worden ist. Dies gilt auch dann, wenn Entschädigungs- oder Übernahmepflichten nach den §§ 39 ff. BauGB nicht entstehen.[621]

4. Teil. Bauen im Außenbereich (§ 35 BauGB)

3942 Der weitaus überwiegende Anteil der Flächen liegt in Deutschland im planungsrechtlichen Außenbereich. Allerdings sind der Siedlungsdruck in den Außenbereich und die Flächeninanspruchnahme für privilegierte und nicht privilegierte Vorhaben weiterhin hoch. Mit § 35 BauGB verfolgt der Gesetzgeber das Anliegen, den Außenbereich von Bebauung möglichst freizuhalten und die unbebaute Landschaft weitgehend von einer Bebauung zu verschonen („Gebot größtmöglicher Schonung des Außenbereichs" als Leitgedanke).[622]

3943 Der Anwendungsbereich von § 35 BauGB erstreckt sich auf Vorhaben im Sinne von § 29 BauGB. Im Außenbereich wird zwischen **privilegierten Vorhaben** (§ 35 I BauGB), die unter bestimmten Voraussetzungen und Vorbehalten vor allem hinsichtlich ihres Standortes regelmäßig zulässig sind, den **nicht privilegierten Vorhaben** (§ 35 II BauGB), die regelmäßig unzulässig sind (§ 35 III BauGB), und den **teilprivilegierten Vorhaben** (§ 35 IV BauGB), bei denen bestimmte Belange überwunden werden können, unterschieden.

3944 Übereinstimmend bedarf es für alle Vorhaben im Außenbereich einer **Abwägung** zwischen dem beabsichtigten Vorhaben und den von ihm berührten öffentlichen Belangen bedarf, bei der zugunsten der vom Gesetzgeber durch § 35 I BauGB privilegierten Vorhaben deren Privilegierung gebührend zu berücksichtigen ist. Ob sich dabei diese Privilegierung gegen gegenläufige öffentliche Belange durchsetzt, hängt wesentlich von der Art und dem Gewicht dieser gegenläufigen öffentlichen Belange im jeweiligen Einzelfall ab. Zu den öffentlichen Belangen zählen alle Gesichtspunkte, die für das Bauen im Außenbereich in irgendeiner Weise rechtserheblich sein können; § 35 III BauGB listet lediglich beispielhaft solche öffentlichen Belange auf.[623] Bei der Abwägung nach § 35 BauGB handelt es sich nicht um eine planerische, gerichtlich nur eingeschränkte, sondern ganz im Gegenteil um eine die generalisierende Planungsentscheidung des Gesetzgebers für den Außenbereich in § 35 BauGB nachvollziehende und insoweit vollständig gerichtlich überprüfbare Abwägungsentscheidung.[624]

3945 Bei einem nach § 35 I BauGB privilegierten Vorhaben hat der Antragsteller einen **Rechtsanspruch** auf Erteilung der Baugenehmigung, wenn dem Vorhaben öffentliche Belange nicht entgegenstehen.[625] Bei der nachvollziehenden Abwägung mit gegenläufigen öffentlichen Belangen ist diesem Anspruch des Antragstellers bei einem privilegierten Vorhaben angemessen in der Weise Rechnung zu tragen, dass sich die Privilegierung regelmäßig durchsetzt.[626] Auch bei einem nicht privilegierten Vorhaben hat der Antragsteller einen Rechtsanspruch auf die begehrte Genehmigung, wenn die Realisierung des Vorhabens nicht zu einer Beeinträchtigung öffentlicher Belange führt. Nach der Rechtsprechung des BVerwG soll trotz des Gesetzeswortlauts („können") wegen der durch Art. 14 I 1 GG geschützten Baufreiheit ein Rechtsanspruch auf Zulassung sonstiger Vorhaben bestehen, wenn öffentliche Belange nicht beeinträchtigt sind.[627]

---

[621] OVG Greifswald NordÖR 2012, 540; NordÖR 2004, 441.

[622] BVerwG NVwZ 2013, 805 Rn. 19; NVwZ 2013, 1288 Rn. 14; NVwZ 2019, 243 Rn. 16; OVG Berlin-Brandenburg LKV 2019, 274; Kment in Jarass/Kment, BauGB, 2022, § 35 Rn. 1; Bönker in HBG, Öffentliches Baurecht, 2024, § 8 Rn. 230; ausführlich mit Praxisbeispielen zum Bauen im Außenbereich Stüer/Hornmann Bauen im Außenbereich, 2024.

[623] BVerwG BauR 2021, 1257 ff.; Bönker in HBG, Öffentliches Baurecht, 2024, § 8 Rn. 247.

[624] Kment in Jarass/Kment, BauGB, 2022, § 35 Rn. 4; Bönker in HBG, Öffentliches Baurecht, 2024, § 8 Rn. 242.

[625] Spieß in Jäde/Dirnberger, BauGB, 2022, § 35 Rn. 285; Bönker in HBG, Öffentliches Baurecht, 2024, § 8 Rn. 244.

[626] Mitschang/Reidt in BKL, BauGB, 2022, § 35 Rn. 5 f.

[627] BVerwGE 18, 247; BGH UPR 1985, 292 (293).

Das ist konsequent, weil es kaum einsehbar wäre, dem Antragsteller die Genehmigung zu verweigern, wenn öffentliche Belange durch das Vorhaben nicht beeinträchtigt werden. Allerdings ist ein solcher Anspruch eher theoretisch als praktisch bedeutsam, muss doch angenommen werden, dass ein nicht privilegiertes Vorhaben sich ohne die Privilegierung bei der nachvollziehenden Abwägung kaum je gegen die gegenläufigen öffentlichen Belange durchsetzen kann.[628]

Für die Anwendung des § 35 BauGB muss das Vorhaben im Außenbereich liegen. Ein rechts- 3946
verbindlicher qualifizierter Bebauungsplan oder ein vorhabenbezogener Bebauungsplan schließt die Anwendung des § 35 BauGB daher aus. Ebenso ist § 35 BauGB nicht anwendbar, wenn das Vorhaben im nicht beplanten Innenbereich liegt. Ein qualifizierter Bebauungsplan sperrt die Anwendung des § 35 BauGB nur, wenn der Plan rechtsverbindlich ist. Ist der Plan demgegenüber unwirksam, erzeugt er für die planungsrechtliche Beurteilung keine Wirkungen, sodass § 34 BauGB oder auch § 35 BauGB anwendbar ist. Ein Vorhaben, das sich im Außenbereich befindet, weil der entsprechende Bebauungsplan unwirksam ist, steht nicht besser da als andere Vorhaben im Außenbereich. Die Festsetzungen eines unwirksamen Bebauungsplans und auch das auf eine jahrelange behördliche Anwendung gestützte Vertrauen sind nicht geschützt.[629]

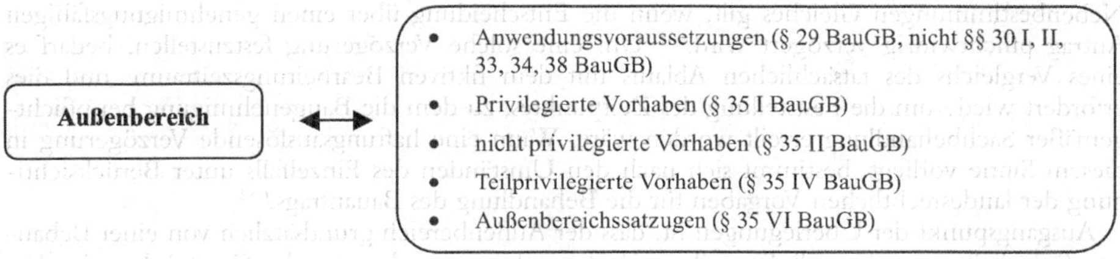

I. Privilegierte Außenbereichsvorhaben (§ 35 I BauGB)

Das Gesetz unterscheidet insgesamt neun verschiedene Privilegierungsfälle. Nach § 35 I 3947
BauGB ist im Außenbereich ein Vorhaben nur zulässig, wenn öffentliche Belange nicht entgegenstehen, die ausreichende Erschließung gesichert ist und wenn es 1. einem **land- oder forstwirtschaftlichen Betrieb** dient und nur einen untergeordneten Teil der Betriebsfläche einnimmt, 2. einem **Betrieb der gartenbaulichen Erzeugung** dient, 3. der öffentlichen **Versorgung** mit Elektrizität, Gas, Telekommunikationsdienstleistungen, Wärme und Wasser, der Abwasserwirtschaft oder einem ortsgebundenen gewerblichen Betrieb dient, 4. wegen seiner **besonderen Anforderungen an die Umgebung**, wegen seiner nachteiligen Wirkung auf die Umgebung oder wegen seiner besonderen Zweckbestimmung nur im Außenbereich ausgeführt werden soll, es sei denn, es handelt sich um die Errichtung, Änderung oder Erweiterung einer baulichen Anlage zur Tierhaltung, die dem Anwendungsbereich der Nr. 1 nicht unterfällt und die einer Pflicht zur Durchführung einer standortbezogenen oder allgemeinen Vorprüfung oder einer Umweltverträglichkeitsprüfung nach dem Gesetz über die Umweltverträglichkeitsprüfung unterliegt, wobei bei kumulierenden Vorhaben für die Annahme eines engen Zusammenhangs diejenigen Tierhaltungsanlagen zu berücksichtigen sind, die auf demselben Betriebs- oder Baugelände liegen und mit gemeinsamen betrieblichen oder baulichen Einrichtungen verbunden sind, 5. der Erforschung, Entwicklung oder Nutzung der **Windenergie** nach Maßgabe des § 249 BauGB oder der Erforschung, Entwicklung oder Nutzung der **Wasserenergie** dient, 6. der energetischen Nutzung von **Biomasse** im Rahmen eines Betriebs nach Nr. 1 oder 2 oder eines Betriebs nach Nr. 4, der **Tierhaltung** betreibt, sowie dem Anschluss solcher Anlagen an das öffentliche Versorgungsnetz dient, unter folgenden Voraussetzungen: a) das Vorhaben steht in einem räumlich-funktionalen Zusammenhang mit dem Betrieb, b) die Biomasse stammt überwiegend aus dem Betrieb oder überwiegend aus diesem und aus nahe gelegenen Betrieben nach den Nrn 1, 2 oder 4, soweit letzterer Tierhaltung betreibt, c) es wird je Hofstelle oder Betriebsstandort nur eine Anlage betrieben und d) die Kapazität einer Anlage zur Erzeugung von Biogas überschreitet nicht 2,3 Mio. Normkubikmeter Biogas pro Jahr, die Feuerungswärmeleistung anderer Anlagen überschreitet nicht 2,0 MW,

628 Kment in Jarass/Kment, BauGB, 2022, § 35 Rn. 6; Bönker in HBG, Öffentliches Baurecht, 2024, § 8 Rn. 245.

629 BVerwG NuR 1998, 93.

7. der Erforschung, Entwicklung oder Nutzung der **Kernenergie** zu friedlichen Zwecken oder der **Entsorgung radioaktiver Abfälle** dient, mit Ausnahme der Neuerrichtung von Anlagen zur Spaltung von Kernbrennstoffen zur gewerblichen Erzeugung von Elektrizität, 8. der **Nutzung solarer Strahlungsenergie** dient a) in, an und auf Dach- und Außenwandflächen von zulässigerweise genutzten Gebäuden, wenn die Anlage dem Gebäude baulich untergeordnet ist, oder b) auf einer Fläche längs von aa) Autobahnen oder bb) Schienenwegen des übergeordneten Netzes im Sinne des § 2b des Allgemeinen Eisenbahngesetzes mit mindestens zwei Hauptgleisen und in einer Entfernung zu diesen von bis zu 200 m, gemessen vom äußeren Rand der Fahrbahn, oder 9. der **Nutzung solarer Strahlungsenergie** durch besondere Solaranlagen im Sinne des § 48 I 1 Nr. 5 a, b oder c EEG dient, unter folgenden Voraussetzungen: a) das Vorhaben steht in einem räumlich-funktionalen Zusammenhang mit einem Betrieb nach Nr. 1 oder 2, b) die Grundfläche der besonderen Solaranlage überschreitet nicht 25 000 m^2 und c) es wird je Hofstelle oder Betriebsstandort nur eine Anlage betrieben.

3948 Die rechtswidrige Versagung einer Baugenehmigung kann einen **Entschädigungsanspruch** auslösen.[630] Eine rechtswidrige Versagung der Baugenehmigung ist eine Amtspflichtverletzung, genauso wie eine stattgebende Entscheidung mit rechtswidrigen belastenden Nebenbestimmungen Gleiches gilt, wenn die Entscheidung über einen genehmigungsfähigen Antrag pflichtwidrig verzögert wird.[631] Um eine solche Verzögerung festzustellen, bedarf es eines Vergleichs des tatsächlichen Ablaufs mit dem fiktiven Bearbeitungszeitraum, und dies erfordert wiederum die Feststellung des Zeitpunktes, zu dem die Baugenehmigung bei pflichtgemäßer Sachbehandlung erteilt worden wäre. Wann eine haftungsauslösende Verzögerung in diesem Sinne vorliegt, bestimmt sich nach den Umständen des Einzelfalls unter Berücksichtigung der landesrechtlichen Vorgaben für die Behandlung des Bauantrags.[632]

3949 Ausgangspunkt der Überlegungen ist, dass der Außenbereich grundsätzlich von einer Bebauung freigehalten werden soll. Sie soll nur dort zugelassen werden, wo der Gesetzgeber eine besondere Berechtigung iS der Privilegierung von Vorhaben (§ 35 I, IV BauGB) anerkannt hat.[633] Bei der Prüfung der Zulässigkeit eines Außenbereichsvorhabens nach § 35 I und II BauGB bedarf es stets einer die gesetzlichen Vorgaben und Wertungen konkretisierenden nachvollziehenden **Abwägung**, ob die in § 35 III 1 BauGB beispielhaft genannten öffentlichen Belange dem Vorhaben entgegenstehen oder durch dieses beeinträchtigt werden, wobei „nachvollziehende Abwägung" einen gerichtlich uneingeschränkt überprüfbaren Vorgang der Rechtsanwendung meint, der eine auf den Einzelfall ausgerichtete Gewichtsbestimmung verlangt.[634]

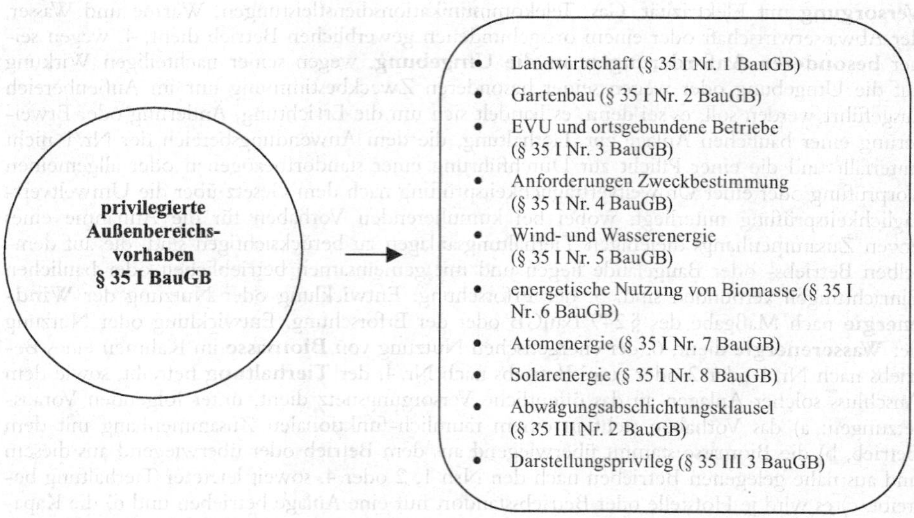

[630] OLG Brandenburg Beschl. v. 16.5.2023 – 2 U 37/22, juris Rn. 31; BGH NJW 1971, 97.
[631] OLG Brandenburg Beschl. v. 16.5.2023 – 2 U 37/22, juris Rn. 31.
[632] OLG Brandenburg Beschl. v. 16.5.2023 – 2 U 37/22, juris Rn. 31.
[633] OVG Schleswig NuR 1994, 204.
[634] BVerwG ZfBR 2014, 773.

1. Land- oder forstwirtschaftlicher Betrieb (§ 35 I Nr. 1 BauGB)

Nach § 35 I Nr. 1 BauGB wird ein Vorhaben privilegiert, das einem land- oder forstwirtschaftlichen Betrieb dient und nur einen untergeordneten Teil der Betriebsfläche einnimmt. 3950

Zur Landwirtschaft rechnet nach § 201 BauGB insbesondere der Ackerbau, die Wiesen- und Weidewirtschaft einschließlich Tierhaltung,[635] soweit das Futter überwiegend auf den zum landwirtschaftlichen Betrieb gehörenden, landwirtschaftlich genutzten Flächen erzeugt werden kann, die gartenbauliche Erzeugung, den Erwerbsobstgartenbau, den Weinbau, die berufsmäßige Imkerei und die berufsmäßige Binnenfischerei.[636] 3951

Auch die **Pensionstierhaltung** erfüllt den Begriff der Landwirtschaft.[637] Bei der Pensionspferdehaltung ist aber eine besonders kritische Prüfung der nachhaltigen landwirtschaftlichen Betätigung erforderlich, um den privilegierten landwirtschaftlichen Betrieb von einer bloßen Hobbytierhaltung und einer gewerblichen Betriebsweise abzugrenzen. Die Pensionspferdehaltung sei dadurch gekennzeichnet, dass der unmittelbare Bezug zur Bodenertragsnutzung gelockert und der Übergang von der (noch) landwirtschaftlichen zur (schon) gewerblichen Betriebsweise fließend und nur schwer nachprüfbar sei; sie sei geradezu der Prototyp einer ambivalenten, sich auf dem schmalen Grat zwischen Landwirtschaft und Gewerbe bewegenden Außenbereichsbetätigung. Es obliege deshalb dem Bauherrn darzulegen, dass nicht nur die Betriebsführung als solche, sondern auch ihre landwirtschaftliche Ausprägung zur Überzeugung von Behörden und Gericht verlässlich gewährleistet sei.[638] 3952

Beispiel: Betreibt ein hauptberuflicher Tierarzt im Nebenerwerb eine Pferdehaltung, die den Zweck verfolgt, Pferde im Rahmen der tierärztlichen Behandlung für einige Tage unterzustellen sowie deren intensive Betreuung und Versorgung zu gewährleisten, wird der Anwendungsbereich des § 201 BauGB verlassen, da nicht der eine Pensionspferdehaltung prägende landwirtschaftliche, sondern der tiermedizinische Zweck im Vordergrund steht.[639]

Auch das Züchten von Fischen und Krustentieren gehört zur Tierhaltung nach § 201 BauGB, wozu auch Aquakulturen im Außenbereich gehören können.[640] Die Landwirtschaft setzt eine **unmittelbare Bodenertragsnutzung** voraus,[641] bei der der Boden zum Zwecke der Nutzung seines Ertrages planmäßig und eigenverantwortlich bewirtschaftet wird.[642] 3953

Tierhaltungsbetriebe sind daher nur dann Teil der Landwirtschaft, wenn die Tiere nach Maßgabe des § 201 BauGB auf überwiegend selbst angebauter Futtergrundlage ernährt werden und die Tierhaltung der Erzeugung von Tieren (Tierzucht)[643] oder der Gewinnung tierischer Produkte dient.[644] Tierhaltungsbetrieben mit sehr großen Tierbeständen müssen zumeist in größerem Umfang Futter einsetzen, das auf fremden Flächen erzeugt worden ist, so dass diese Betriebe nicht zur Landwirtschaft gehören.[645] Zur Ermittlung des Futterflächenbedarfs, den eine Tierhaltung hat, die als im Außenbereich bauplanungsrechtlich privilegiertes landwirtschaftliches Vorhaben verwirklicht werden soll, kann allein darauf abgehoben werden, in welchem Umfang ein Futteranbau Flächen erfordern würde, der nur den Energiebedarf der Tiere zu decken bestimmt ist. Es ist weder erforderlich noch zulässig, den Träger eines Vorhabens 3954

---

635 Zu den immissionsschutzrechtlichen Problemen der landwirtschaftlichen und gewerblichen Tierhaltung Scheidler AUR 2007, 295; ders. DVBl. 2007, 936.

636 Zur Privilegierung eines Weinguts im Außenbereich BVerwG ZfBR 2010, 797.

637 VGH München Beschl. v. 8.1.2024 – 2 ZB 22.1429, juris Rn. 4; OVG Schleswig AgrarR 1993, 157; Schink BauR 1988, 169.

638 VGH München Beschl. v. 8.1.2024 – 2 ZB 22.1429, juris Rn. 4; OVG Berlin Urt. v. 18.5.2016 – OVG 6 B 74.15, juris Rn. 20; VGH München Beschl. v. 28.3.2022 – 1 ZB 21.2964, juris Rn. 5.

639 OVG Lüneburg NVwZ-RR 2023, 933; siehe auch OVG Lüneburg ZfBR 2022, 69; VGH München Beschl. v. 30.3.2017 – 9 ZB 15.785, BeckRS 2017, 107832.

640 VG Hamburg NordÖR 2013, 110 m. Anm. Ermisch.

641 BVerwG NuR 1985, 322; ZfBR 1989, 269; UPR 1993, 303 f.; Michler in Kröninger/Jeromin, BauGB/BauNVO, 2024, § 201 BauGB Rn. 1; Bönker in HBG, Öffentliches Baurecht, 2024, § 8 Rn. 308.

642 BVerwG DVBl. 1975, 504. Die Begriffsbestimmung der Landwirtschaft in § 201 BauGB ist auch weiterhin aktuell. Sie kann nicht als überholt oder als nicht mehr zeitgemäß betrachtet werden, so BVerwG NVwZ 1997, 590 – Strukturwandel.

643 Zur Nachhaltigkeit einer Galloway–Rinderzucht auf ca. 7 ha Eigenland und ca. 45 ha Pachtland mit einem Bestand von 50 Rindern OVG Schleswig Urt. v. 7.2.1995 – 1 L 121/94, BeckRS 2013, 56698.

644 Bönker in HBG, Öffentliches Baurecht, 2024, § 8 Rn. 308.

645 BVerwG NVwZ-RR 1997, 590; zur Intensivtierhaltung OVG Lüneburg ZfBR 2003, 272.

landwirtschaftlicher Tierhaltung durch eine Auflage zu verpflichten, das für die bauplanungsrechtliche Privilegierung des Vorhabens im Außenbereich erforderliche Futterproduktionspotenzial auch tatsächlich zum Anbau von Tierfutter einzusetzen.[646] Allerdings müssen die zum Betrieb gehörenden Flächen zur Futtererzeugung auch tatsächlich landwirtschaftlich genutzt werden und in der Nähe des Betriebes liegen.[647] Auf überwiegend selbst angebauter Futtergrundlage beruht die Fütterung, wenn mehr als die Hälfte des Futters auf eigenen Flächen angebaut wird.[648] Es ist grundsätzlich nicht erforderlich, dass die land- und forstwirtschaftlichen Flächen sämtlich im Eigentum des Betriebsinhabers stehen; auch **Pachtflächen** können dem landwirtschaftlichen Betrieb zugerechnet werden.[649] Die landwirtschaftlich genutzten Flächen müssen nicht in unmittelbarer Nachbarschaft zur Hofstelle des landwirtschaftlichen Betriebs gelegen sein, um sie als im funktional zugeordnet beurteilen zu können.[650]

3955 Dabei können die der Bodenertragsnutzung folgenden **Produktions- und Veredelungsstufen** angesichts des Strukturwandels in der Landwirtschaft[651] innerhalb einer gewissen Bandbreite ebenfalls zur Landwirtschaft gehören. „Landwirtschaft" im Sinne von § 201 BauGB kann auch dann vorliegen, wenn die landwirtschaftliche Betätigung ausschließlich der Selbstversorgung dient. Es kann dabei auf die Ausstattung mit Maschinen und Geräten, die Organisation und die langfristige Planung ankommen.[652]

3956 Für das BVerwG ist allerdings ein **Strukturwandel**, der Anlass geben könnte, seine bisherige Rechtsprechung zum Begriff des landwirtschaftlichen Betriebes in den §§ 35 I Nr. 1, 201 BauGB in Frage zu stellen, nicht erkennbar. Zweifel an der Verfassungsmäßigkeit der gesetzlichen Definition der Landwirtschaft in § 201 BauGB bestünden nicht.[653] Allerdings ist durch das EAG Bau 2004 der Begriff der Landwirtschaft dahingehend erweitert worden, dass an die Stelle einer konkreten Betrachtung der Bodenertragsnutzung eine abstrakte Betrachtung treten kann. Sind entsprechende Flächen verfügbar und werden sie auch landwirtschaftlich genutzt, so wird ein landwirtschaftlicher Betrieb nicht dadurch zu einem Gewerbebetrieb, dass er einen überwiegenden Teil des benötigten Futters nicht tatsächlich aus dem eigenen Bodenertrag erwirtschaftet, sondern anderweitig bezieht. Die rechtlichen Anforderungen, die an die Lebensfähigkeit und Nachhaltigkeit eines landwirtschaftlichen Betriebes zu stellen sind, hängen von den unterschiedlichen Erscheinungsformen der Betriebe ab, wechseln von Betriebsart zu Betriebsart und sind abhängig von den Gegebenheiten und Gewohnheiten der jeweiligen Region, in der die Landwirtschaft betrieben wird.[654]

3957 Nicht privilegierte Nebennutzungen können von der Privilegierung **„mitgezogen"** werden,[655] wenn das Vorhaben im Verhältnis zu dem privilegierten Betrieb bodenrechtlich als Nebensache erscheint und sich ihm dienend unterordnet.[656] Die Voraussetzungen, unter denen einzelne, bei isolierter Betrachtung im Außenbereich nicht privilegiert zulässige (Neben-)Nutzungen durch ihre Zuordnung zu einem landwirtschaftlichen Betrieb an dessen Privilegierung nach § 35 I Nr. 1 BauGB teilnehmen, gelten auch für die Beurteilung der Frage, ob die Errichtung von Anlagen für die Holzverarbeitung von der Privilegierung eines forstwirtschaftlichen Betriebs „mitgezogen" werden.[657] Ob das Vorhaben im Verhältnis zu dem privilegiert zulässigen Betrieb bodenrechtlich eine „Nebensache" ist, sich ihm dienend unterordnet und gegenüber der Hauptnutzung im Hintergrund steht, ist aufgrund einer konkreten und nicht

---

646 OVG Lüneburg RdL 2021, 27 = juris Rn. 77, 86, 147.

647 OVG Münster AUR 2018, 300 = juris Rn. 5; BVerwG Beschl. v. 6.1.1997 – 4 B 256.96, juris, Rn. 3.

648 Michler in Kröninger/Jeromin, BauGB/BauNVO, 2024, § 201 BauGB Rn. 9.

649 Söfker in EZBK, BauGB, 2019, § 35 Rn. 30; VGH Mannheim ZfBR 2020, 71; BVerwG NVwZ 2013, 155 (156).

650 Söfker in EZBK, BauGB, 2019, § 35 Rn. 30a; siehe auch OVG Münster Urt. v. 27.9.2012 – 10 A 611/10, BeckRS 2013, 55190 18 km entferntem Grünland.

651 BVerwG NVwZ 1988, 357; BVerwG NVwZ-RR 1997, 590.

652 OVG Saarlouis Urt. v. 15.12.1992 – 2 W 34/92, BeckRS 1992, 10011

653 BVerwG NVwZ-RR 1997, 590.

654 BVerwG Beschl. v. 6.7.2001 – 4 B 50.01, BeckRS 2001, 31351730.

655 OVG Lüneburg NVwZ-RR 2023, 933 = juris Rn. 13; BVerwG BRS 57 (1995), Nr. 102; OVG Münster AgrarR 1999, 63 für die Errichtung von Ferienwohnungen auf dem Bauernhof.

656 BVerwG NVwZ-RR 1999, 106: verneint für eine forstwirtschaftliche Nebenerwerbsstelle.

657 Verneint für ein Sägewerk nebst Tischlerei und Schreinerei als forstwirtschaftlichen Nebenerwerbsbetrieb.

einer typisierenden Betrachtungsweise des privilegierten Betriebs und der ihm zugeordneten Nebennutzung zu beurteilen.[658]

Beispiel: Wohneinheiten für **Feriengäste**, die das Leben auf und in einem Bauernhof kennen lernen wollen, können als sog. mitgezogene landwirtschaftliche Betriebsbestandteile an der Privilegierung eines landwirtschaftlichen Betriebes teilhaben. Dies gilt idR nur für einzelne Wohneinheiten in bestehenden Gebäuden. Ein eigenes Gebäude für eine solche Wohnnutzung kann nur dort zugelassen werden, wo ansonsten keine Möglichkeiten bestehen, Gäste mit dem genannten Urlaubsziel unterzubringen.[659] Die eigenständige Privilegierung von Anlagen, die der Nutzung von **Windenergie** dienen, in § 35 I Nr. 5 BauGB ist nicht abschließend. Windenergieanlagen können weiterhin auch nach § 35 I Nr. 1 BauGB als untergeordnete Anlagen eines landwirtschaftlichen Betriebes privilegiert zulässig sein.[660]

Untergeordnete Tätigkeiten der Bodenbewirtschaftung ohne nennenswerten wirtschaftlichen Ertrag erfüllen den Begriff der Landwirtschaft nicht.[661] Auch müssen die für das Vorhaben aufzuwendenden Kosten in einem angemessenen Verhältnis zu den zu erwartenden Erträgen stehen. Soll etwa ein Wohngebäude errichtet werden, so muss der dafür entstehende Aufwand einem entsprechend zu erzielendem Ertrag gegenüberstehen.[662] Für landwirtschaftliche Hilfsbetriebe wie Werkstatt für Landmaschinen, **Lohnfuhrunternehmen**[663] oder **Lagerhallen**[664] einer Genossenschaft gilt die Privilegierung ebenso wie für **Lohnunternehmen** nicht.[665] **3958**

Beispiel: Eine Genossenschaft, die für die Landwirtschaft bestimmte Waren ankauft und an Landwirte weiterveräußert, beabsichtigt, eine Lagerhalle für Dünge- und Pflanzenschutzmittel zu errichten. Das Vorhaben gehört nicht zur Landwirtschaft.[666] Vielmehr nimmt die Genossenschaft aus der landwirtschaftlichen Betriebsorganisation ihrer Mitglieder herausgelöste Aufgaben wahr. Sie bezweckt nach der Definition des § 1 I GenG als Gesellschaft die Förderung des Erwerbs oder der Wirtschaft ihrer Mitglieder mittels gemeinschaftlichen Geschäftsbetriebs. Der Betrieb der Genossenschaft ist nicht in der Art eines Nebenbetriebes den landwirtschaftlichen Betrieben der Genossen zugeordnet. Vielmehr hebt er sich von diesen durch das Merkmal der Eigenständigkeit ab. Weist die landwirtschaftliche Genossenschaft nicht die Komponente der unmittelbaren Bodenertragsnutzung auf, so stellt sie keinen landwirtschaftlichen Betrieb dar, auch wenn sie den Landwirten, die sie tragen, dienlich ist. Denn für die Anwendung des § 35 I Nr. 1 BauGB genügt nicht schon, dass Vorhabenträger ein Landwirt ist oder ein Vorhaben verwirklicht werden soll, das, ohne einem konkreten landwirtschaftlichen Betrieb zu dienen, für die Landwirtschaft allgemein von Nutzen ist[667] oder einem unbestimmten Kreis von landwirtschaftlichen Betrieben dient.

Ein land- und forstwirtschaftlicher Betrieb kann als sog. Vollerwerbsbetrieb oder als sog. Nebenerwerbsbetrieb betrieben werden, wobei ei einem Nebenerwerb die Privilegierung des § 35 I Nr. 1 BauGB zweifelhaft sein kann.[668] Ein Betrieb in diesem Sinne liegt nur dann vor, wenn die Erzeugung land- oder forstwirtschaftlicher Produkte „nachhaltig" ist und der Betrieb **3959**

---

[658] BVerwG NVwZ-RR 1999, 106; RdL 1998, 287; BVerwG DVBl. 1985, 397; NVwZ 1986, 200; BRS 57 Nr. 102.

[659] VG Trier BauR 2004, 718.

[660] BVerwG NVwZ 2009, 918.

[661] OVG Saarlouis RdL 1993, 102; BVerwG Beschl. v. 26.2.1981 – 4 B 176.80, juris.

[662] Dies ist etwa nicht darstellbar für ein Wohnhaus, das einer Imkerei-Nebenerwerbsstelle dienen soll. Bei der Ermittlung der Gewinnerzielungsabsicht sind die Kosten des Wohnhauses mit zu berücksichtigen, so BVerwG AgrarR 1983, 279; ZfBR 1984, 152.

[663] BVerwG NVwZ-RR 1990, 64; zur multifunktionalen landwirtschaftlichen Nutzung Hölzl/Bocklet/Lammel AgrarR Beilage 1995, Nr. 1, 1.

[664] Lagerhallen für Speditionsbetriebe sind nicht privilegiert, so BVerwG BRS 28 Nr. 43. Dasselbe gilt für einen Lagerplatz für Autowracks. Lagerhallen können allerdings als Teil eines landwirtschaftlichen Betriebes privilegiert sein, so OVG Münster UPR 1992, 385.

[665] Zu Lohnunternehmen siehe OVG Lüneburg NordÖR 2019, 484.

[666] BVerwG NVwZ-RR 1993, 396.

[667] BVerwG BauR 1978, 383; NVwZ-RR 1990, 64.

[668] Söfker in EZBK, BauGB, 2019 § 35 Rn. 29.

auf längere Frist angelegt und lebensfähig ist.[669] Ein Vorhaben dient einem **landwirtschaftlichen Betrieb** nur dann, wenn ein **vernünftiger Landwirt** auch und gerade unter Berücksichtigung des Gebots größtmöglicher Schonung des Außenbereichs dieses Vorhaben mit etwa gleichem Verwendungszweck und mit etwa gleicher Gestalt und Ausstattung für einen entsprechenden Betrieb errichten würde[670] und das Vorhaben durch diese Zuordnung zu dem konkreten Betrieb auch äußerlich geprägt ist.[671]

3960 Der Begriff des **„Dienens"** hat in den verschiedenen Alternativen des § 35 I BauGB eine im Wesentlichen gleiche Bedeutung. Das Vorhaben dient nur dann einem privilegierten Zweck, wenn es gerade auch im Hinblick auf entgegenstehende öffentliche Belange an dem Standort verwirklicht werden muss. Es muss daher zumindest vernünftigerweise geboten sein. Dabei liegt die eigentliche Zweckbestimmung des Erfordernisses des Dienens darin, Missbrauchsversuchen begegnen zu können.[672] Die nur behauptete Zweckbestimmung des Vorhabens genügt schon deshalb nicht, weil sonst seine Zulässigkeit nicht von seiner tatsächlich dienenden Funktion abhinge. Das Vorhaben muss vielmehr von der jeweiligen Privilegierung entscheidend geprägt werden. Die Baugenehmigungsbehörde hat daher von Amts wegen die wirkliche Funktion des Bauvorhabens zu ermitteln. Das Vorhaben muss sich dabei dem jeweiligen privilegierten Zweck unterordnen. Das Tatbestandsmerkmal „dienen" in § 35 I Nr. 1 BauGB fordert keine betriebswirtschaftliche Risikominimierung, sondern sichert nur die funktionelle Beziehung zur landwirtschaftlichen Bodennutzung. Daran fehlt es nicht schon, wenn ein – innovatives – Vorhaben mit betrieblichen (Kosten-)Risiken verbunden ist, sondern erst, wenn solche Risiken in einem klaren Missverhältnis zu den angestrebten betrieblichen Vorteilen stehen, ihre Übernahme durch den Landwirt also aus der Sicht eines vernünftigen, auch Innovationen gegenüber aufgeschlossenen Landwirts „unvernünftig" erscheint.

3961 Ob sich ein **landwirtschaftliches Betriebsgebäude** in seiner äußeren Gestaltung, etwa in Bezug auf Bauform oder verwendete Baustoffe, im Außenbereich in einen durch die dortige Umgebung vorgegebenen Rahmen, etwa eine bestimmte „traditionelle" landwirtschaftliche Bauweise, einfügt, ist für die funktionale Beziehung zwischen dem Vorhaben und der landwirtschaftlichen Bodennutzung und damit auch für das „dienen" unerheblich.[673] Ein Gebäude dient dann nicht im Sinne von § 35 Abs. 1 Nr. 1 BauGB einem landwirtschaftlichen Betrieb, wenn die darin vorgesehene Nutzung auch in vorhandenen Baulichkeiten an der Hofstelle stattfinden kann.[674]

3962 Bei einem **Wohnhaus** darf nicht der Zweck im Vordergrund stehen, im Außenbereich zu wohnen, sondern der sich aus den spezifischen Abläufen eines landwirtschaftlichen Betriebs ergebende Zweck ständiger Anwesenheit und Bereitschaft auf der „Hofstelle".[675] Insoweit kann sich die Privilegierung auch auf ein Wohngebäude oder eine Wohnung für den Betriebsleiter erstrecken, wenn seine ständige Anwesenheit vor Ort erforderlich ist.[676] Bei **Wohnunterkünften für landwirtschaftliche Arbeiter** muss der enge Bezug zu der landwirtschaftlichen Tätigkeit besonders im Vordergrund stehen; nur die Betriebsabläufe und die Wirtschaftsweise können die Notwendigkeit von Arbeiterunterkünften vor Ort begründen. Unterkünfte zu einer befristeten Unterbringung von Saisonarbeitern in Wohn- und Sanitärcontainern in unmittelbarer Nähe von bewirtschafteten Obstfeldern können in diesem Sinne einem landwirtschaftlichen Betrieb dienen.[677]

---

[669] VGH Mannheim BauR 2003, 219 f.; VGH München BauR 2002, 440; BVerwG DÖV 1979, 905; BauR 1983, 343 (345); Ziegler NVwZ 2010, 748 f.

[670] VG München Urt. v. 30.1.2024 – M 1 K 20.1216, juris Rn. 19; VG Cottbus Beschl. v. 25.1.2024 – 3 L 175/23, juris Rn. 11; OVG Magdeburg Beschl. v. 14.11.2023 – 2 L 59/22.Z, juris Rn. 14; VGH München Beschl. v. 12.10.2023 – 1 ZB 23.688, juris Rn. 12.

[671] BVerwG DVBl. 1973, 643; NJW 1977, 1894. Zu vergleichbaren Anforderungen bei ortsgebundenen gewerblichen Betrieben nach § 35 I Nr. 4 BauGB BVerwG NJW 1977, 119.

[672] BVerwG Beschl. v. 3.12.2012 – 4 B 56.12, juris.

[673] VGH Mannheim ZfBR 2012, 164.

[674] OVG Magdeburg Beschl. v. 14.11.2023 – 2 L 59/22.Z, juris Rn. 14; OVG Münster Beschl. v. 17.10.2011 – 2 B 889/11, juris Rn. 18.

[675] OVG Magdeburg Beschl. v. 14.11.2023 – 2 L 59/22.Z, juris Rn. 14; BVerwG Beschl. v. 23.12.1983 – 4 B 175.83, juris Rn. 6, mwN.

[676] OVG Magdeburg Beschl. v. 14.11.2023 – 2 L 59/22.Z, juris Rn. 14; Söfker in EZBK, BauGB, 2023, § 35 Rn. 39.

[677] VGH München Urt. v. 29.1.2019 – 1 BV 16.232, juris Rn. 26; OVG Magdeburg Beschl. v. 14.11.2023 – 2 L 59/22.Z, juris Rn. 14; zur fehlenden Privilegierung von Ferienwohnungen Söfker in EZBK, BauGB, 2019, § 35 Rn. 28 b.

Die landwirtschaftliche Nutzung muss nachhaltig betrieben werden[678] und auf einen auskömmlichen **Ertrag** angelegt sein. Wird ein Außenbereich erstmals für eine behauptete landwirtschaftliche Betätigung in Anspruch genommen, sind an die Betriebseigenschaft strenge Anforderungen zu stellen. Bei Fehlen hinreichender Angaben zu Konzept und zur Organisation eines neu geplanten landwirtschaftlichen Nebenbetriebes liegt eine Privilegierung nicht vor. Erwerbsmäßiges Handeln ist auch auf einer **landwirtschaftlichen Nebenerwerbsstelle** möglich.[679] Es muss sich jedoch um eine **nachhaltig betriebene Tätigkeit** handeln, die über eine Liebhaberei oder die Deckung des Eigenbedarfs hinausgeht.[680] Dies gilt vor allem, wenn umfangreiche bauliche Anlagen zugelassen werden sollen. Denn die Dauerhaftigkeit und Nachhaltigkeit der landwirtschaftlichen Betätigung ist eine wesentliche Voraussetzung für einen privilegierten landwirtschaftlichen Betrieb.[681] Der dauernde Bestand des Betriebes muss gewährleistet sein.[682] 3963

Das Fehlen der Voraussetzungen für eine Privilegierung kann nicht durch eine **Baulasteintragung** ersetzt werden. Sind die Voraussetzungen für eine Privilegierung nicht gegeben, werden sie auch nicht durch anders lautende Erklärungen oder Verpflichtungen des Antragstellers ausgeglichen.[683] 3964

Für die Nachhaltigkeit ist die **Gewinnerzielungsabsicht** ein wichtiges Indiz.[684] Gerade Nebenerwerbsstellen setzen begrifflich voraus, dass sie dem Inhaber einen nachhaltigen Beitrag zur Sicherung seiner Existenz bieten[685] und ihm entsprechende zusätzliche Einnahmen oder Ersparnisse vermitteln.[686] Ein **Betriebskonzept** oder eine **Ertragskalkulation** kommt deshalb gerade bei Neugründungen mit der erstmaligen Inanspruchnahme des Außenbereichs – durch die Errichtung einer baulichen Anlage – Gewicht zu.[687] Gewinnerzielung ist jedoch nicht notwendige Bedingung für eine Nebenerwerbsstelle.[688] Die Nachhaltigkeit kann sich auch aus der Größe der Betriebsflächen, der Betriebsform und -organisation, dem aufgewendeten Kapital und dem Bestand an Maschinen und Tieren sowie der Zahl der Arbeitnehmer ergeben. Von Bedeutung wird sein, dass nicht der Wunsch, im Außenbereich zu wohnen, im Vordergrund steht.[689] Je mehr der Betrieb von einem **Vollerwerbsbetrieb** abweicht, umso größere Anforderungen sind an die Nachhaltigkeit der Tätigkeit zu stellen.[690] Die Anforderungen an die Dauerhaftigkeit eines landwirtschaftlichen Betriebes iS des § 35 I Nr. 1 BauGB hängen nicht von dem tatsächlichen Aufwand ab, den eine Beseitigung der dem Betrieb dienenden baulichen Anlagen nach Einstellung der privilegierten Nutzung erfordern würde. Beabsichtigt der Bauherr die **Gründung** einer landwirtschaftlichen **Nebenerwerbsstelle**, kommt dem Merkmal der Gewinnerzielung als Indiz für die Dauerhaftigkeit des Betriebs ein stärkeres Gewicht zu als im Fall der Erweiterung einer bestehenden Nebenerwerbsstelle[691] oder gar eines Vollerwerbsbetriebes. 3965

Die Betätigung muss in gesicherter Weise **auf Dauer**[692] angelegt sein und regelmäßig Erträge abwerfen, die bei einer nebenberuflichen Ausübung neben den Einkünften aus dem Hauptberuf ein Eigengewicht haben. Eine nur vorübergehende Nutzung nach § 35 I BauGB rechtfertigt eine Privilegierung nicht.[693] Allerdings gehört die Gewinnerzielung nicht zwin- 3966

[678] OVG Münster BauR 2023, 214 = juris Rn. 12; BVerwG DVBl. 1983, 643.
[679] BVerwGE 26, 121; Blendel AgrarR 1983, 281.
[680] BVerwG NVwZ 1986, 916.
[681] Ziegler DVBl. 2013, 792.
[682] BVerwG NJW 1989, 601.
[683] BVerwG Beschl. v. 28.10.1977 – 4 B 138.77, juris.
[684] BVerwG NVwZ 2013, 155; Michler in Kröninger/Jeromin, BauGB/BauNVO, 2024, § 201 BauGB Rn. 5; Ziegler DVBl. 2013, 792; Söfker in EZBK, BauGB, 2019 § 35 Rn. 29b: „Gewinnerzielung ist nicht Voraussetzung für die Betriebseigenschaft, jedoch wichtiges Indiz."
[685] VGH Mannheim Urt. v. 16.3.1994 – 8 S 1716/93 – VGHBW RspDienst 1994, Beilage 7, B8.
[686] BVerwG BauR 1981, 358.
[687] OVG Bautzen Beschl. v. 13.4.2023 – 1 A 518/22, juris Rn. 12; Einkünfte aus der Veräußerung von Anlagevermögen, zB von Flächen des landwirtschaftlichen Betriebs, sind keine Einkünfte aus der landwirtschaftlichen Tätigkeit, OVG Lüneburg Beschl. v. 4.6.2019 – 1 LA 126/18, BeckRS 2019, 12424.
[688] BVerwG NJW 1989, 601.
[689] BVerwG NVwZ 1986, 916; NJW 1989, 601.
[690] Mitschang/Reidt in BKL, BauGB, 2022, § 35 Rn. 16.
[691] BVerwG NVwZ 2005, 587.
[692] Michler in Kröninger/Jeromin, BauGB/BauNVO, 2024, § 201 BauGB Rn. 3; BVerwG DÖV 1979, 905; OVG Schleswig RdL 1979; Söfker in EZBK, BauGB, 2019 § 35 Rn. 29b.
[693] Söfker in EZBK, BauGB, 2019 § 35 Rn. 29b.

gend zu den Voraussetzungen, die an die Eigenschaft eines landwirtschaftlichen Betriebes geknüpft sind. Sie ist nur Indiz für die Betriebseigenschaft.[694] Ihr kommt umso geringere Bedeutung zu, je größer die landwirtschaftliche Nutzfläche und je höher der Kapitaleinsatz und damit die Zahl der Tiere und landwirtschaftlichen Maschinen ist.[695] Daher erfüllt ein landwirtschaftlicher Vollerwerbsbetrieb die Merkmale eines nach § 35 I Nr. 1 BauGB privilegierten Betriebes auch dann, wenn er iS einer Steuer- oder Handelsbilanz oder einer Einnahmen/Ausgaben-Überschussrechnung keinen Gewinn erwirtschaftet. Der Außenbereich darf grundsätzlich nur einer ernsthaften,[696] in seiner Beständigkeit auf Dauer angelegten landwirtschaftlichen Betätigung „geopfert" werden. Anhaltspunkte dafür sind neben der (objektiven) Möglichkeit der Gewinnerzielung der mehr oder minder dauernd gesicherte Zugriff auf die nutzbare Fläche, die in landwirtschaftlicher Weise Gegenstand der unmittelbaren Bodenertragsnutzung sein soll.[697] Bei Nebenerwerbstätigkeit, die in besonderer Weise von persönlichen Merkmalen abhängig ist,[698] ist die Dauerhaftigkeit des Betriebes eher zweifelhaft.[699] Derartige Zweifel an der Dauerhaftigkeit steigern sich, wenn die für den Betrieb vorgesehene Fläche nicht im Eigentum des Bauherrn steht, sondern hinzu gepachtet wurde.[700]

3967 Auch **forstwirtschaftliche Nebenerwerbsbetriebe** können forstwirtschaftliche Betriebe iS des § 35 I Nr. 1 BauGB sein. Es muss allerdings eine erwerbswirtschaftliche Betätigung gegeben sein. Ein Betrieb, der forstwirtschaftliche Arbeiten für Dritte ausführt, ist kein forstwirtschaftlicher Betrieb iS des § 35 I Nr. 1 BauGB und damit nicht privilegiert im Außenbereich zulässig.[701] Hinsichtlich der Dauerhaftigkeit der landwirtschaftlichen Betätigung muss eine Prognose erstellt werden. Die bloße Möglichkeit, ein beabsichtigtes landwirtschaftliches Wohn- und Wirtschaftsgebäude irgendwann in ein Mehrfamilienhaus umzuwandeln, nimmt ihm allerdings nicht die dienende Funktion iS des § 35 I Nr. 1 BauGB, wenn es tatsächlich den gegenwärtigen und auf Dauer absehbaren Betriebserfordernissen angemessen ist.[702] Anders als bei einem Nebenerwerbsbetrieb gehört die Gewinnerzielung bei einem Vollerwerbsbetrieb nicht in dem Maße zu den Voraussetzungen einer Privilegierung. Zwar ist sie auch für einen Vollerwerbsbetrieb ein wichtiges Indiz,[703] jedoch keine zwingende Voraussetzung. Der Gewinnerzielungsabsicht kommt eine umso geringere Bedeutung zu, je größer die landwirtschaftliche Nutzfläche und je höher die Anzahl der Tiere und landwirtschaftlichen Maschinen und damit der Kapitaleinsatz ist.[704] Selbst wenn mit dem eingesetzten Kapital für einen Obstbaubetrieb kein Zinsgewinn erzielt wird, können der Betriebserweiterung dienende Investitionen einem nachhaltig und ernsthaft geführten landwirtschaftlichen Unternehmens dienen. Die nach § 35 I Nr. 1 BauGB privilegierte Obsterzeugung kann auch die direkte **Obstvermarktung** vom Hof aus umfassen.[705]

3968 Das öffentliche Baurecht regelt nicht, ob ein Vorhaben bei wirtschaftlicher Betrachtungsweise „sinnvoll" ist. Derartige Entscheidungen über die **Wirtschaftlichkeit** des Vorhabens überlässt es grundsätzlich dem Eigentümer, der sein Grundstück verwerten will. Erklärt ein Bauherr ausdrücklich und aus nachvollziehbaren Gründen, an der ihm erteilten Baugenehmigung festhalten zu wollen, so darf das Gericht das Rechtsschutzinteresse für die Anfechtungsklage des Nachbarn nicht mit der Begründung verneinen, es halte die Verwirklichung der Baugenehmigung etwa für ein Außenbereichsvorhaben deshalb für äußerst unwahrscheinlich, weil sie wirtschaftlich unsinnig wäre.[706]

---

694 BVerwG ZfBR 1986, 192.

695 BVerwG BRS 55 (1993), Nr. 79; Beschl. v. 11.3.1997 – 4 B 13.97.

696 BVerwGE 26, 121.

697 BVerwGE 34, 1; ZfBR 1989, 177.

698 BVerwGE 26, 121.

699 So können etwa bei Rentnern, die sich nach ihrem aktiven Berufsleben landwirtschaftlich betätigen wollen, keine geringeren Anforderungen an die Nachhaltigkeit der landwirtschaftlichen Betätigung gestellt werden, so BVerwG Beschl. v. 2.7.1987 – 4 B 107.87 –. Aus den jeweiligen persönlichen Merkmalen kann in der Regel bauplanungsrechtlich kein Anspruch auf Privilegierung abgeleitet werden, so BVerwG Beschl. v. 9.10.1992 – 4 B 189.92, juris.

700 BVerwG BRS 57 (1995) Nr. 100.

701 BVerwG NVwZ-RR 1997, 9; zu den Voraussetzungen einer privilegierten Jagdhütte NVwZ-RR 1997, 273; zur Zulässigkeit eines Damwildgeheges OVG Lüneburg UPR 1997, 113.

702 BVerwG NVwZ 1986, 644.

703 BVerwG ZfBR 1986, 192.

704 BVerwG Beschl. v. 11.3.1997 – 4 B 13.97, BeckRS 1997, 31225086.

705 OVG Münster BauR 2000, 245.

706 BVerwG NVwZ 1995, 894.

Beispiel: Der Nachbar wendet sich gegen eine dem Bauherrn erteilte Baugenehmigung. Das Gericht darf die Klage nicht mit der Begründung abweisen, dass die Verwirklichung des Vorhabens im Hinblick auf die geringe Ertragsmöglichkeit unwahrscheinlich sei. Ob eine Nachbarklage nutzlos, nämlich überflüssig, ist, weil der Bauherr von der Baugenehmigung keinen Gebrauch machen wird, mag sich zwar grundsätzlich nach objektiven Kriterien einschätzen lassen. Die Entscheidung über die Ausnutzung der Genehmigung trifft aber nur der Bauherr. Das Gericht kann die Entscheidung des Bauherrn zwar nach rationalen Gründen prognostizieren. Der Bauherr ist aber nicht gehalten, seine Entscheidung nach rationalen Gründen zu treffen. Ein Rechtsschutzinteresse für die Anfechtungsklage des Nachbarn besteht deshalb so lange, wie nicht mit letzter Sicherheit ausgeschlossen werden kann, dass der Bauherr von der ihm erteilten Baugenehmigung Gebrauch machen wird. Allerdings kann der Bauherr für sich und seine Rechtsnachfolger verbindlich erklären, von einer ihm erteilten Baugenehmigung keinen Gebrauch zu machen.[707]

Es wäre auch mit dem Grundrecht der Berufsfreiheit in Art. 12 I GG und der Eigentumsgarantie in Art. 14 I GG kaum zu vereinbaren, wenn die Bauaufsichtsbehörde ohne gesicherte Rechtsgrundlage mittelbar eine Kontrolle wirtschaftlicher Vernunft übernehmen dürfte. Ihr Auftrag ist neben der Gemeinde (§ 1 III BauGB) die Durchsetzung städtebaulicher Ziele. Ergibt sich also, dass eine an sich baurechtlich zulässige Nutzung keinen Gewinn erbringen wird, so überlässt es das öffentliche Baurecht der Entscheidung des Eigentümers, ob er gleichwohl an dem Vorhaben festhalten will.[708] Soweit die Rechtsprechung in der Frage, ob ein landwirtschaftlicher Nebenerwerbsbetrieb vorliegt, auch auf einen hinreichend gesicherten Ertrag abstellt, dient dies nur der Beurteilung, ob überhaupt ein **landwirtschaftlicher „Betrieb"** iS des § 35 I Nr. 1 BauGB vorliegt. Nur unter dieser Voraussetzung will der Gesetzgeber es nämlich hinnehmen, dass das von ihm kraft Gesetzes privilegierte Vorhaben zu einer Beeinträchtigung des Außenbereichs führt oder doch führen kann.[709] Im Übrigen ist die Wirtschaftlichkeit eines Vorhabens nicht Voraussetzung für seine planungsrechtliche Zulässigkeit. 3969

Auch die **Tierhaltung** fällt unter die Landwirtschaft, soweit die Tiere überwiegend durch Futter ernährt werden, das auf den zum Betrieb gehörenden landwirtschaftlichen Grundstücken erzeugt wird.[710] Auch die **Pensionstierhaltung**, worunter die Unterbringung und Fütterung fremder Tiere gegen Entgelt zu verstehen ist, fällt unter die Landwirtschaft nach § 201 BauGB.[711] Die Tierhaltung kann etwa in der Erzeugung von Tieren (Tierzucht) oder in der Gewinnung tierischer Produkte liegen. Aber auch nachfolgende **Produktions- und Veredelungsstufen** können unter den Begriff der landwirtschaftlichen Tierhaltung fallen.[712] 3970

Beispiel: Eine Pferdezucht aufgrund eigener Bodenertragsnutzung kann einschließlich einer reiterlichen Erstausbildung der Jungpferde zur Landwirtschaft gehören. Eine Reit- und Bewegungshalle kann einem landwirtschaftlichen Betrieb, der auf Pferdezucht ausgerichtet ist, dienen.[713] Das Halten von lediglich zwei Reitpferden stellt allerdings keinen landwirtschaftlichen Betrieb dar.[714] Eine etwa 20 Tiere umfassende Pferdezucht auf überwiegend eigener Futtergrundlage kann auch bei einem Eigenlandanteil von nur knapp der Hälfte der bewirtschafteten Fläche und größerer Entfernung zu einem Teil der Ländereien ein landwirtschaftlicher Betrieb sein.[715] Ein Trainingsstall für Rennpferde ist nicht wie ein Pferdestall einer landwirtschaftlichen Pferdezucht zu beurteilen und daher nicht nach § 35 I Nr. 1 BauGB im Außenbereich privilegiert zulässig.[716] Eine Privilegierung liegt ebenfalls nicht vor, wenn ein landwirtschaftlicher Betrieb iS des § 35 I Nr. 1 BauGB um einen landwirtschaftsfremden Betriebs-

---

707 BVerwG DVBl. 1995, 760.

708 BVerwG DVBl. 1995, 760.

709 BVerwG UPR 1996, 154.

710 Söfker in EZBK, BauGB, 2022, § 35 Rn. 13.

711 Zur früheren Rechtslage BVerwG NVwZ 1986, 201.

712 H. Schrödter in Schrödter, BauGB, 2019, § 35 Rn. 17; zu den immissionsschutzrechtlichen Problemen der landwirtschaftlichen und gewerblichen Tierhaltung Scheidler AUR 2007, 295; ders. DVBl. 2007, 936.

713 BVerwG BauR 1985, 544; UPR 1985, 340.

714 BVerwG NVwZ 1990, 161.

715 OVG Saarlouis Urt. v. 11.2.1992 – 2 R 19/91, juris; OVG Schleswig Urt. v. 19.1.1994 – 1 L 149/92, BeckRS 1994, 14252.

716 BVerwG Urt. v. 18.12.1995 – 4 B 286.95, BeckRS 1995, 31223319.

teil erweitert wird.[717] Eine Pensionspferdehaltung, die nur geringe Gewinne erwarten lässt,[718] wird die Errichtung aufwändiger Gebäude nicht rechtfertigen.[719] Das gilt auch für eine Pferdezucht, die überwiegend auf hinzu gepachteten Futterflächen betrieben werden soll.[720] Dies gilt jedenfalls dann, wenn nicht aus anderen Umständen auf die Dauerhaftigkeit des Betriebes geschlossen werden kann.[721] Offene Unterstände[722] – etwa für Pferde, Rinder oder Schafe[723] – können jedoch nach § 35 I Nr. 4 BauGB privilegiert sein.[724]

3971 Für die **Pferdehaltung** als landwirtschaftliche Betätigung hat das VG Düsseldorf[725] folgende Grundsätze aufgestellt:[726] Eine Pferdehaltung ist nur Landwirtschaft iS des § 201 BauGB, wenn das Futter in der Form der unmittelbaren Bodenertragsnutzung erzeugt wird. Ein ausgewachsenes Warmblutpferd wird auf überwiegend eigener Futtergrundlage gehalten, wenn mindestens 0,5 ha an Weidefläche pro Jahr für das Tier zur Verfügung stehen. Die landwirtschaftliche Ausgestaltung eines Nebenerwerbsbetriebes der Pferdezucht erfordert einen ausreichenden Tierbestand in einer charakteristischen Zusammensetzung. Daran fehlt es, wenn nicht annähernd 20 bis 25 Pferde gehalten werden. Eine Weidetierhaltung, die nach ihrem objektiven Zuschnitt darauf angelegt ist, einer Liebhaberei zu dienen, ist nicht gem. § 35 I Nr. 4 BauGB privilegiert. In derartigen Fällen gewinnen auch entgegenstehende bzw. beeinträchtigte öffentliche Belange ein größeres Gewicht.[727] Auch in der Haltung von nur zwei Pferden kann nicht ein auf Dauer angelegter landwirtschaftlicher (Nebenerwerbs-)Betrieb gesehen werden. Die Pferdehaltung ist dann Liebhaberei und nicht nach § 35 I Nr. 1 BauGB privilegiert.[728]

Beispiel: Bei einer Geflügelvermehrungszucht, die ganz oder überwiegend auf zugekaufter Futtergrundlage betrieben wird und die auch nicht über entsprechende landwirtschaftliche Flächen verfügt, handelt es sich nicht um Landwirtschaft iS von § 35 I Nr. 1 BauGB,[729] sondern um einen nach § 35 II BauGB zu beurteilenden nicht privilegierten Gewerbebetrieb.

3972 In aller Regel genügt eine landwirtschaftliche Betätigung, die ausschließlich oder weit überwiegend auf fremdem Grund und Boden zu verwirklichen ist, nicht den Voraussetzungen für eine Privilegierung iS des § 35 I Nr. 1 BauGB. Die **Pacht** vermag zwar zur Privilegierung beizutragen,[730] kann aber regelmäßig nicht alleinige Grundlage eines landwirtschaftlichen Betriebes iS des § 35 I Nr. 1 BauGB sein.[731] Denn schon wegen der begrenzten Dauer der Pacht wird vielfach die Nachhaltigkeit der landwirtschaftlichen Tätigkeit in solchen Fällen fehlen.[732] Je umfangreicher eine derartige Hinzupacht ist, umso unsicherer wird, ob angesichts der spezifischen Schwäche des Pachtlandes als einer nur schuldrechtlichen und von den Vertragsparteien jederzeit aufhebbaren Zuordnung die erforderliche Nachhaltigkeit gewährleistet ist.[733] In aller Regel wird daher eine landwirtschaftliche Betätigung, die nur oder im Wesentlichen auf fremdem Grund und Boden verwirklicht ist, gegen eine Privilegierung

---

[717] BVerwG DÖV 1985, 1015.

[718] VGH München Beschl. v. 18.2.2013 – 1 ZB 11.1389, juris.

[719] VGH Mannheim RdL 1996, 92; VG Aachen MittStuGBNW 1989, 31.

[720] So für ein Wohngebäude mit Wirtschaftsteil und zwei Stallgebäuden mit je 10 Pferdeboxen für Trabrennpferde auf einem 2,6 ha großen Grundstück und 12 ha Pachtland, BVerwG Beschl. v. 19.7.1994 – 4 B 140.94 – Buchholz 406.11 § 35 BauGB Nr. 301.

[721] VGH Mannheim ZfBR 1995, 278.

[722] Taegen in BerlKom, Rn. 51 zu § 35 BauGB.

[723] OVG Saarlouis Urt. v. 22.10.1991 – 2 R 44/89, juris Schafhaltung als Ruhestandsbeschäftigung; Urt. v. 4.11.1993 – 2 R 9/93, juris; regelmäßig ist dazu nur eine einfache Einzäunung der Weiden erforderlich; so auch VGH München Urt. v. 7.12.1992 – 15 B 91.1505, juris; Die reine Hobby-Tierhaltung ist allerdings keine Landwirtschaft OVG Schleswig Urt. v. 31.8.1994 – 1 L 143/93, juris.

[724] BVerwG UPR 1985, 426.

[725] VG Düsseldorf RdL 1994, 234.

[726] VGH Mannheim Urt. v. 16.3.1994 – 8 S 1716/93, juris.

[727] VGH Mannheim Urt. v. 16.3.1994 – 8 S 1716/93 – VGHBW RspDienst 1994, Beilage 7, B 8.

[728] BVerwG BauR 2005, 1136.

[729] BVerwG Beschl. v. 14.11.1989 – 4 B 194.89, juris.

[730] BVerwG Beschl. v. 13.5.1991 – 4 B 66.91, juris.

[731] BVerwGE 41, 138; RdL 1983, 173; BauR 1989, 182; Beschl. v. 22.2.1991 – 4 B 124.90, juris.

[732] BVerwG DÖV 1979, 905; BauR 1986, 419; ZfBR 1989, 177.

[733] BVerwG BauR 1973, 101.

nach § 35 I 1 BauGB sprechen.[734] Bei der Berücksichtigung von Pachtflächen bedarf es daher langfristiger Sicherungen. Bei dem Verhältnis von Eigentums- und Pachtflächen handelt es sich allerdings stets nur um ein Indiz für die Beantwortung der Frage, ob ein landwirtschaftlicher Betrieb vorliegt.[735] Auch insoweit lassen sich keine schematischen oder abstrakten Berechnungsformeln aufstellen. Allerdings können etwa enge verwandtschaftliche Beziehungen zwischen Pächter und Verpächter für die Langfristigkeit der Nutzung sprechen. Dies gilt auch für einen Nebenerwerbsbetrieb, wenn der Hauptbetrieb und die Landwirtschaft in engem Zusammenhang stehen.[736]

Die Merkmale, die einen landwirtschaftlichen Betrieb kennzeichnen, sind grundsätzlich **bodenbezogen** und nicht personenbezogener Natur. Eine Privilegierung ergibt sich daher nicht allein aus einer sonst bestehenden **Existenzgefährdung**. Auch eine Erkrankung kann nicht berücksichtigt werden. Lediglich bei der Prüfung der Ernsthaftigkeit und Nachhaltigkeit der Betriebsführung können persönliche Merkmale[737] eine Rolle spielen.[738] So können etwa frühere Absichten eines Bauwilligen Schlüsse auf die Ernsthaftigkeit seiner nunmehr verfolgten Pläne zulassen.[739] 3973

Nicht der Landwirtschaft, sondern dem **Gewerbe** unterfallen auf Stallhaltung beschränkte Anlagen der **Schweine- oder Hühnerzucht**,[740] die nicht auf eine entsprechende eigene Futtergrundlage zurückgreifen können.[741] Wird etwa das Futter ganz überwiegend zugekauft, so fehlt es an der erforderlichen eigenen Futtergrundlage und damit an der Bodenertragsnutzung. Wird das Futter dagegen überwiegend auf eigener Futtergrundlage gewonnen oder wäre dies angesichts der zur Verfügung stehenden Flächen möglich, so steht selbst einem erheblichen Zukauf von Futter die landwirtschaftliche Betätigung nicht entgegen. Die Privilegierungsvoraussetzungen des § 35 I Nr. 1 BauGB müssen auch bei der Umsiedlung eines landwirtschaftlichen Betriebes auf andere Außenbereichsflächen oder bei einer Aussiedlung aus einer Ortslage in den Außenbereich gegeben sein.[742] Allerdings kann der bereits bestehende Betrieb überzeugende Anhaltspunkte dafür geben, dass eine nachhaltige landwirtschaftliche Bodenertragsnutzung erfolgt. Der Fortbestand eines solchen landwirtschaftlichen Betriebes darf bei der Beurteilung der Privilegierungsvoraussetzungen zur Rechtfertigung des Vorhabens eingestellt werden. 3974

Der **Gartenbau** dient der Gewinnung pflanzlicher Erzeugnisse über den Eigenbedarf hinaus zur Gewinnerzielung.[743] Auch eine **Champignonzucht** gehört als gartenbauliche Erzeugung zur Landwirtschaft iS des § 201 BauGB, selbst wenn eine unmittelbare Bodennutzung fehlen sollte.[744] Der Gartenbaubetrieb muss allerdings speziell auf den Außenbereich angewiesen sein und einen entsprechenden Zuschnitt haben.[745] Das Vorhaben darf nur einen untergeordneten Teil der gartenbaulichen Betriebsfläche einnehmen. Weitergehende Privilegierungsmöglichkeiten ergeben sich aus § 35 I Nr. 2 BauGB. Ein Betrieb zur Anlage und Pflege privater Gärten bzw. öffentlicher Anlagen (Landschaftsbaubetrieb) ist daher als allgemeiner gewerblicher Betrieb nicht nach § 35 I Nr. 1 BauGB im Außenbereich privilegiert bevorrechtigt zulässig. Vorhaben, die dieser Betätigung dienen, können allerdings privilegiert sein, wenn eine angegliederte Baumschule[746] einen bedeutenden Betriebszweig eines Landschaftsbaubetriebes bildet.[747] 3975

---

734 So für die beabsichtigte Ponyzucht eines Zahnarztes auf ausschließlich gepachteten Flächen OVG Saarlouis Urt. v. 31.5.1994 – 2 R 4/93, juris; im Übrigen hält das Gericht im Hinblick auf das Nutzungspotenzial die Zulassung eines einfachen Weideunterstandes für ausreichend.

735 BVerwG Urt. v. 19.5.1995 – 4 B 107.95, juris.

736 VGH Mannheim UPR 1994, 160.

737 BVerwG UPR 1989, 425; Beschl. v. 16.2.1989 – 4 B 30.89, juris.

738 BVerwG Beschl. v. 16.2.1989 – 4 B 30.89, juris.

739 BVerwG Beschl. v. 16.9.1988 – 4 B 165.88, juris.

740 BVerwG Beschl. v. 14.11.1989 – 4 B 194.89, juris; OVG Lüneburg NVwZ-RR 1990, 232.

741 BVerwG RdL 1970, 99; OVG Saarlouis Urt. v. 2.12.1991 – 2 R 71/89, juris.

742 OVG Lüneburg AgrarR 1995, 315.

743 Gelzer BauR 1987, 485; Hasse BauR 1986, 168; Hauth BauR 1993, 673; Herder AgrarR 1985, 102.

744 OVG Lüneburg ZfBR 1993, 149; Mitschang/Reidt in BKL, BauGB, 2022, § 35 Rn. 48.

745 BVerwG NVwZ-RR 1997, 9. Der Begriff des Gartenbaubetriebes wird auch in der BauNVO als eigenständiger städtebaulicher Nutzungsbegriff verstanden.

746 Zur Nachhaltigkeit des Betriebes einer Baumschule als landwirtschaftlicher Nebenerwerbsbetrieb OVG Schleswig Urt. v. 28.3.1995 – 1 L 156/94, juris.

747 BVerwG ZfBR 1995, 93; VGH Mannheim UPR 1990, 459.

3976 Berufsmäßige **Binnenfischerei** ist die Aneignung wildlebender Tiere in natürlichen Gewässern, wenn die Tätigkeit nachhaltig und erwerbswirtschaftlich ist. Ein Fischereibetrieb mit Fischzuchtanlage ist allerdings kein landwirtschaftlicher Betrieb iS des § 201 BauGB.[748] Der Wechsel von der landwirtschaftlichen zur fischereiwirtschaftlichen Nutzung einer Fläche durch Herstellung von Fischteichen fällt nicht unter den Begriff der guten fachlichen Praxis iS des § 14 II BNatSchG.[749] Privilegiert zulässig nach § 35 I Nr. 1 BauGB sind nur Fischerhütten und sonstige erforderliche Gebäude für die berufsmäßige Binnenfischerei.[750] Nicht der berufsmäßigen Binnenfischerei dienende Fischerhütten können privilegiert ausschließlich nach § 35 I Nr. 3 BauGB zulässig sein und unterliegen damit strengeren Maßstäben, als sie für die für die Zulässigkeit von der Landwirtschaft dienenden Vorhaben nach § 35 I Nr. 1 BauGB gelten. Privilegiert nach § 35 I Nr. 3 BauGB sind Fischerhütten nur, wenn sie zur Ausübung der auf Ertrag angelegten Fischerei erforderlich sind, nicht aber solche Hütten,[751] die einer ausschließlichen Liebhaberei dienen.[752] Denn Bauvorhaben, deren Zweck letztlich nur auf eine individuelle und die Allgemeinheit ausschließende Nutzung des Außenbereichs hinausläuft, sollen im Außenbereich grundsätzlich nicht errichtet werden.[753] Darüber hinaus können nach § 35 I Nr. 3 oder 4 BauGB auch Fischerhütten zulässig sein, die dazu dienen, einer landesrechtlich angeordneten Verpflichtung zur Fischpflege nachzukommen.[754] Eine Fischerei, die über einen recht geringfügigen Umfang nicht hinausgeht, wird nicht erwerbswirtschaftlich betrieben und ist daher nicht nach § 35 I Nr. 1 BauGB privilegiert.[755] Eine Fischzuchtanlage ist ebenfalls nicht privilegiert, wenn der Fischbesatz ohne die nach dem Landesrecht erforderliche Genehmigung eingebracht ist.[756] Auch grundsätzlich privilegierte Anlagen zur Fischzucht können im Einzelfall unzulässig sein, wenn sie die Eigenart der natürlichen Landschaft beeinträchtigen und ihnen daher öffentliche Belange entgegenstehen.[757]

3977 Die nicht unter den Begriff Landwirtschaft fallende **Forstwirtschaft**, für die das BauGB im Gegensatz zur Landwirtschaft (§ 201 BauGB) keine Legaldefinition enthält, beinhaltet die planmäßige Bewirtschaftung des Waldes. Die Forstwirtschaft iS des § 35 I Nr. 1 BauGB ist durch folgende Merkmale gekennzeichnet: Ähnlich wie bei der Landwirtschaft ist die Privilegierung an eine bestimmte Form der Bodenbewirtschaftung und Bodennutzung geknüpft.[758] Die Bewirtschaftung erstreckt sich darauf, Wald im Rahmen der gesetzlichen Zweckbestimmung (§ 1 BWaldG) unter Berücksichtigung seiner Schutz- und Erholungsfunktion zu pflegen, zu nutzen und für die Wiederaufforstung kahlgeschlagener oder verlichteter Flächen zu sorgen. Damit § 35 I Nr. 1 BauGB tatbestandlich eingreift, muss hinzukommen, dass die forstwirtschaftliche Bodennutzung in betrieblich organisierter Form planmäßig und eigenverantwortlich ausgeübt wird.[759] Die forstwirtschaftlichen Betriebe müssen eine entsprechende Größe haben, um die Basis für eine bauliche Maßnahme zu geben. Kleinere forstwirtschaftliche Betriebe genügen diesen Anforderungen nicht. Es ist daher eine erhebliche Flächengröße erforderlich, die eine privilegierte Gebäudeerrichtung rechtfertigen würde. Zudem muss bei Art und Größe der dadurch gerechtfertigten baulichen Anlagen auf den besonderen Privilegierungszweck der Forstwirtschaft Rücksicht genommen werden. Ein Jagdhaus mit Wohnteil etwa wird nur dann für einen forstwirtschaftlichen Betrieb erforderlich sein, wenn die forstwirtschaftliche Betriebsfläche mehrere 100 ha umfasst.[760] Denn eine hauptberuflich betriebene Forstwirtschaft setzt

---

748 BVerwGE 34, 1.

749 BVerwG ZfBR 1986, 197, so für die ordnungsgemäße landwirtschaftliche oder fischereiwirtschaftliche Bodennutzung (§ 8 VII BNatSchG 1993).

750 VGH München NuR 1998, 373; RdL 1998, 175.

751 Zu Hütten für einen Nebenerwerbsbetrieb OVG Schleswig Urt. v. 16.12.1993 – 1 L 58/92 –.

752 BVerwG Beschl. v. 29.9.1965 – 4 B 199.65, juris; BBauBl. 1966, 213. Zu einer Hobby-Teichanlage VG Koblenz NuR 1991, 196; VGH Mannheim Urt. v. 7.7.1988 – 8 S 2327/87, juris; BVerwG Beschl. v. 9.3.1973 – 4 B 110.72, juris.

753 BVerwG Beschl. v. 21.6.1994 – 4 B 113.94, juris.

754 BVerwG BRS 32 Nr. 64.

755 OVG Saarlouis Urt. v. 26.10.1993 – 2 R 22/92, juris.

756 VGH Mannheim NuR 1989, 38.

757 BVerwG RdL 1993, 251.

758 BVerwG BRS 18 Nr. 32; NVwZ-RR 1992, 400.

759 BVerwG BauR 1983, 343; für die Landwirtschaft auch BauR 1975, 104; NVwZ 1986, 200; NVwZ 1986, 916.

760 Im Übrigen ist ein Jagdhaus nicht vernünftigerweise geboten, zur Jagdkanzel OVG Lüneburg NuR 1989, 299.

eine entsprechende Wirkungsstätte voraus. Die Größe einer Eigenjagd (75 ha) wird dazu als forstwirtschaftliche Fläche nicht ausreichen. Hinsichtlich der Dauerhaftigkeit der forstwirtschaftlichen Betätigung muss eine Prognose erstellt werden. Die bloße Möglichkeit, ein beabsichtigtes privilegiertes Wohn- und Wirtschaftsgebäude irgendwann in ein Mehrfamilienhaus umzuwandeln, nimmt ihm allerdings nicht die dienende Funktion iS des § 35 I Nr. 1 BauGB, wenn es tatsächlich den gegenwärtigen und auf Dauer absehbaren Betriebserfordernissen angemessen ist.[761] Ein forstwirtschaftlicher Betrieb muss gegenüber einem Gewerbebetrieb abgegrenzt werden. So ist etwa ein Unternehmen, das sich mit Holzhandel und Holzeinschlag befasst, kein forstwirtschaftlicher Betrieb iS des § 35 I Nr. 1 BauGB, sondern ein forstwirtschaftlicher Lohn- oder Dienstleistungsbetrieb, der nicht nach § 35 I Nr. 1 BauGB privilegiert ist.[762] Auch ein Betrieb, der forstwirtschaftliche Arbeiten für Dritte ausführt, ist kein forstwirtschaftlicher Betrieb iS des § 35 I Nr. 1 BauGB.[763] Auch **forstwirtschaftliche Nebenerwerbsbetriebe** können forstwirtschaftliche Betriebe iS des § 35 I Nr. 1 BauGB sein. Es muss allerdings eine erwerbswirtschaftliche Betätigung gegeben sein. So kann etwa eine Gerätehalle, die einem forstwirtschaftlichen Nebenerwerbsbetrieb dient, nach § 35 I Nr. 1 BauGB privilegiert sein.[764] Auch ein **Landhandel** zum Vertrieb landwirtschaftlicher oder gartenwirtschaftlicher Bedarfsgüter ist kein nach § 35 I Nr. 1 oder 2 BauGB privilegierter Betrieb.[765] Auch ein einzelnes Gartenhaus, ein Bauwagen oder eine Gerätehalle sind im Außenbereich nicht privilegiert zulässig.

Gemischt-landwirtschaftliche Betriebe müssen nach ihren jeweiligen Schwerpunkten 3978
beurteilt werden.[766] Wird ein landwirtschaftlicher Betrieb durch Angliederung eines nichtlandwirtschaftlichen Betriebsteils erweitert (Landschaftsgärtnerei), so kann dieser Betriebsteil in gewissen Grenzen an der Privilegierung teilnehmen.[767] Auch kann ein landwirtschaftlicher Betrieb einen **Nebenbetrieb** eines gewerblichen Betriebes darstellen. Dies gilt etwa für den Erwerbsgartenbau als Nebenbetrieb eines Blumengeschäfts. Auch eine Windkraftanlage kann einem landwirtschaftlichen Betrieb dienen und ist in diesem Umfang als Teil dieses Betriebes zulässig.[768] Denn die Privilegierung von Windenergieanlagen nach § 35 I Nr. 5 BauGB schließt nicht aus, dass eine derartige Anlage auch als untergeordnete Anlage eines landwirtschaftlichen Betriebs nach § 35 I Nr. 1 BauGB privilegiert zulässig ist, etwa wenn der weit überwiegende Teil der erzeugten Energie zur Versorgung dieses Betriebs bestimmt ist und nur ein geringerer Teil in das öffentliche Netz eingespeist werden soll.[769]

Schank- und Speisewirtschaften dienen einem landwirtschaftlichen Betrieb in der Regel 3979
nicht, sondern sind eigenständige Betriebsformen.[770] So nimmt etwa die Gaststätte eines Winzerbetriebes im Außenbereich nicht an der Privilegierung nach § 35 I Nr. 1 BauGB teil.[771] Ländliche **Verkaufsstellen** etwa für selbsterzeugte landwirtschaftliche Produkte (Kartoffeln, Schinken und Wurstwaren, Spargel, Milch, Bienenhonig[772] oder **Probierstuben** können dann dem landwirtschaftlichen Betrieb dienen, wenn im landwirtschaftlichen Direktverkauf ganz überwiegend eigene Produkte vermarktet werden.

Beispiel: In einer ländlichen Verkaufsstelle werden überwiegend selbsterzeugte landwirtschaftliche Produkte verkauft. Die Verkaufsstelle nimmt daher als **Selbstvermarktung aus eigener Bodenbewirtschaftung**[773] in der Regel an der Privilegierung der Landwirtschaft teil. Ein gastronomischer Betrieb, in dem überwiegend fremderzeugte Produkte abgesetzt werden, übersteigt demgegenüber das Maß dessen, was als „bodenrechtliche Nebensache" an der Privi-

---

761 BVerwG NVwZ 1986, 644.

762 So OVG Saarlouis BRS 57 Nr. 251 (1995).

763 BVerwG NVwZ-RR 1997, 9.

764 VGH Kassel NuR 1992, 283.

765 OVG Hamburg BauR 2009, 620.

766 Nies AgrarR 1986, 207; H. Schrödter in Schrödter, BauGB, 2019, § 35 Rn. 16.

767 BVerwG DÖV 1985, 830.

768 Zur „mitgezogenen" Privilegierung von Windenergieanlagen im Rahmen des § 35 I Nr. 1 BauGB BVerwG ZfBR 2009, 149.

769 OVG Lüneburg BauR 2008, 1858 m. Anm. Jann Berghaus ZNER 2008, 187.

770 So für eine Besenwirtschaft als Nebenerwerbsbetrieb VGH Mannheim NuR 1991, 431.

771 BVerwG BRS 49 (1989) Nr. 96.

772 BVerwG Beschl. v. 9.10.1992 – 4 B 189.92, juris.

773 VGH Mannheim NuR 1996, 610.

legierung eines landwirtschaftlichen Betriebs teilhaben könnte.[774] Andernfalls könnte praktisch jeder landwirtschaftliche Betrieb um einen „Gaststättenteil" erweitert werden, wenn darin auch eigenerzeugte Produkte zum Verzehr angeboten werden.[775] Auch eine Ausflugsgaststätte ist kein nach § 35 I Nr. 1 oder 5 BauGB privilegierter Betrieb.[776] Derartige Vorhaben bedürfen vielmehr regelmäßig einer sie zulassenden Bauleitplanung.[777]

Beispiel: Soweit ein Bauherr in dem Bauvorhaben im Außenbereich neben der Bienenhaltung und Honigproduktion auch die Weiterverarbeitung bzw. Veredelung von Honig und anderen Bienenprodukten sowie die gewerbliche Zucht von Bienenköniginnen betreiben will, handelt es sich um landwirtschaftsfremde, gewerbliche Betätigungen. Solche Betätigungen können nur dann aufgrund ihrer betrieblichen Zuordnung zur landwirtschaftlichen Tätigkeit „gleichsam mitgezogen" werden, wenn es sich dabei noch um eine bodenrechtliche Nebensache gegenüber dem vorhandenen landwirtschaftlichen Betrieb der Bienenhaltung und Honigproduktion handelt.[778]

Hinweis: Eine **Direktvermarktung** landwirtschaftlicher Produkte liegt nur dann vor, wenn die Produkte in der nächsten Umgebung des Standes angebaut worden sind. Nicht jedes Vorhaben iS des § 35 I Nr. 1 BauGB dient einem landwirtschaftlichen Betrieb, dessen Erträgnisse ihm von Vorteil sind. Erforderlich ist vielmehr, dass das Vorhaben auch äußerlich erkennbar dem Hof zugeordnet sein muss und ein vernünftiger Landwirt es auch unter Berücksichtigung des ihn gleichermaßen treffenden Gebots, den Außenbereich größtmöglich zu schonen, an dieser Stelle errichtet haben würde.[779]

3980 In einem gewissen Umfang kann allerdings die Vermietung an **Pensionsgäste** als Teil eines landwirtschaftlichen Betriebes privilegiert sein. Derartige Modelle von „Ferien auf dem Bauernhof"[780] sind allerdings nur dann privilegiert, wenn sie über einen gewissen Umfang nicht hinausgehen und im Verhältnis zum landwirtschaftlichen Kernbetrieb nur eine untergeordnete Bedeutung haben.[781] Auch ist erforderlich, dass bei der Bewirtung der Pensionsgäste die Versorgung mit eigenen landwirtschaftlichen Produkten im Vordergrund steht. Auch darf durch die Unterbringung der Gäste nicht einen solchen Umfang erreichen, dass zusätzliches Personal erforderlich wird. Im Übrigen ergeben sich erleichterte Zulässigkeitsmöglichkeiten nach § 35 IV 1 Nr. 1 BauGB, wenn ein vorhandenes, bisher landwirtschaftlich genutztes Gebäude zu Wohnzwecken umgebaut werden soll.[782]

3981 Das Vorhaben muss dem landwirtschaftlichen Betrieb **dienen**, sich also dem eigentlichen Betriebszweck unterordnen, einfügen und angemessen sein. Dabei muss die gesetzgeberische Wertung eines Außenbereichsschutzes im Vordergrund stehen. Es reicht daher nicht aus, dass die Verwirklichung eines Vorhabens aus der Sicht des Eigentümers zweckmäßig ist. Ein Vorhaben dient einem landwirtschaftlichen Betrieb nur dann, wenn ein **vernünftiger Landwirt**, auch und gerade unter Berücksichtigung des Gebots größtmöglicher Schonung des Außenbereichs, dieses Vorhaben mit etwa gleichem Verwendungszweck und mit etwa gleicher Gestaltung und Ausstattung für einen entsprechenden Betrieb errichten würde[783] und das Vorhaben durch diese Zuordnung zu dem konkreten Betrieb auch äußerlich erkennbar geprägt wird.[784] Vernünftig ist danach ein Vorhaben, wenn für seine Ausführung sachgerechte und einleuchtende Gründe sprechen, wobei der Landwirt nicht verpflichtet ist, die aus seiner Sicht beste Entscheidung zu treffen. Es muss sich vielmehr um eine vernünftige betriebliche Lösung handeln. So kann etwa ein Vorhaben, das zwar nach landwirtschaftlichen Erkenntnissen für einen Betrieb nicht unbedingt erforderlich ist, einem Betrieb dienen, wenn es nach der indivi-

---

774 BVerwG NVwZ 1989, 559.

775 Weyreuther Bauen im Außenbereich, 1979, 239.

776 BVerwG DVBl. 1994, 1141; BRS 57 Nr 102 (1995).

777 BVerwG BRS 57 Nr 102 (1995).

778 OVG Koblenz NVwZ-RR 2011, 886.

779 OVG Lüneburg NVwZ-RR 2005, 607.

780 OVG Schleswig Urt. v. 2.12.1993 – 1 L 130/92, juris; Ziegler AUR 2005, 290.

781 OVG Münster AgrarR 1999, 63: Die Vermietung von Ferienwohnungen stellt keine von der eigentlichen landwirtschaftlichen Tätigkeit mitgezogene, privilegierte Nutzung dar.

782 Hier sind neben den landwirtschaftlich zweckgebundenen Wohnungen drei weitere Wohnungen zulässig, Söfker in EZBK, BauGB, 2022 § 35 Rn. 40.

783 BVerwGE 41, 138; Beschl. v. 12.6.1989 – 4 B 110.89, juris.

784 BVerwGE 41, 138; NVwZ-RR 1992, 400.

duellen Wirtschaftsweise tatsächlich dem Betrieb gewidmet ist und durch diese Widmung gekennzeichnet ist.[785] Ein Aussiedlungsvorhaben kann auch dann dem landwirtschaftlichen Betrieb dienen, wenn die Möglichkeit der Althofsanierung in der Ortslage bestünde.[786] Stehen die **Errichtungskosten** eines Vorhabens in keinem angemessenen Verhältnis zu den betrieblichen Vorteilen, so wird das Vorhaben regelmäßig einem land- oder forstwirtschaftlichen Betrieb nicht dienen.[787] Ein Bauwerk, das von seinen Dimensionen her nicht auf die betrieblichen Bedürfnisse abgestimmt ist, wird diesen Anforderungen[788] nicht gerecht.[789] Vor allem erfüllen **„Tarnvorhaben"** die Privilegierung nicht.[790]

Beispiel: In einem großen, ungenehmigt errichteten Gewächshaus sollen einige Gänseküken aufgezogen werden. Ein „vernünftiger Landwirt" richtet seine Betriebsplanung danach aus, ob die Aufzucht von Gänseküken in einem zuvor für den Gemüseanbau erstellten Gewächshaus generell geeignet und kostenmäßig gewinnbringend ist, und nicht danach, ob mit besonderem Aufwand[791] die Aufzucht solcher Tiere im Einzelfall möglich und angesichts des sonst abzubrechenden Gewächshauses ausnahmsweise sogar wirtschaftlich günstig sein mag.[792] Dabei ist die Reichweite der jeweiligen Genehmigung zu berücksichtigen. Wer die Genehmigung einer Terrasse mit Unterstellraum beantragt, erhält, wenn seinem Antrag entsprochen wird, nicht die Genehmigung eines Pferdestalls.[793]

Es ist allerdings nicht erforderlich, dass das Vorhaben für die landwirtschaftliche Betriebsführung unerlässlich ist oder die landwirtschaftliche Nutzung mit der Vorhabenverwirklichung „steht und fällt". Ist eine bestimmte landwirtschaftliche Nutzung privilegiert, so kann ein Vorhaben auch dann zulässig sein, wenn es aus betriebswirtschaftlicher Sicht nicht zwingend, aber zweckmäßig ist. Es reicht bereits aus, dass es nach der individuellen Betriebsweise tatsächlich dem Betrieb gewidmet ist und durch diese Widmung auch geprägt wird.[794] Unter die Privilegierung fallen dabei **Betriebsgebäude** des Landwirts ebenso wie **Wohngebäude**, die der Unterbringung des Landwirts und seiner Familie dienen. Nicht privilegiert sind etwa Freizeitgebäude außerhalb der Hofstelle. Ein Vorhaben dient einem landwirtschaftlichen Betrieb nicht, wenn es nach seiner Beschaffenheit, Gestaltung oder Ausgestaltung nicht durch diesen Verwendungszweck geprägt wird. 3982

Das Vorhaben muss auch in seiner **räumlichen Zuordnung** zu den landwirtschaftlichen Flächen dem Betrieb dienen. Der Gebäudestandort im Außenbereich muss daher durch die betrieblichen Erfordernisse veranlasst sein. Dies setzt allerdings nicht voraus, dass sich die Betriebsgebäude stets mitten in der Betriebsfläche oder in deren unmittelbarer Nähe befinden.[795] Ein Vorhaben dient einem land- oder forstwirtschaftlichen Betrieb, wenn es nach der konkreten Wirtschaftsweise dem Betrieb funktional zugeordnet und nach seiner Gestalt und Ausstattung durch den betrieblichen Verwendungszweck geprägt ist. Liegen diese Voraussetzungen vor, kann die privilegierte Zulässigkeit eines Vorhabens auf den Betriebsflächen im Außenbereich nicht mit der Begründung verneint werden, der Betrieb könne ohne nennenswerte Nachteile auch von einem im Innenbereich gelegenen Gebäude aus bewirtschaftet werden.[796] Je mehr der Landwirt auf den von ihm gewählten Standort im Außenbereich angewiesen ist, umso stärker schlägt die Privilegierung gegenüber den öffentlichen Belangen zu Buche. Für einen landwirtschaftlichen Betrieb mit verstreut liegenden Betriebsflächen kann die Privilegierung der Hofstelle auf einer Außenbereichsfläche gegenüber den öffentlichen Belangen ein geringeres Gewicht haben, wenn in der Ortslage nach § 30 BauGB oder § 34 BauGB Flächen für landwirtschaftliche Hofstellen zur Verfügung stehen. Umgekehrt gewinnt die Privilegierung einer Hofstelle im Außenbereich auch bei verstreut liegendem landwirtschaftlichen Besitz an 3983

[785] BVerwGE 19, 75.
[786] VGH Koblenz RdL 1989, 317.
[787] BVerwG Beschl. v. 10.3.1993 – 4 B 254.92, juris.
[788] BVerwG NVwZ-RR 1993, 396; Beschl. v. 31.8.1993 – 4 B 150.93, juris.
[789] BVerwG Beschl. v. 31.8.1993 – 4 B 150.93, juris.
[790] BVerwG Beschl. v. 12.6.1989 – 4 B 110.89, juris.
[791] Hilfe durch zusätzliche Wärmequellen oder Lüftungshilfen.
[792] BVerwG Beschl. v. 14.11.1989 – 4 B 194.89, juris; Beschl. v. 8.3.1990 – 4 B 209.89, juris.
[793] BVerwG Beschl. v. 19.1.1988 – 4 B 2.88, juris.
[794] BVerwG DVBl. 1967, 287.
[795] BVerwG NVwZ 1986, 644.
[796] BVerwG DÖV 1992, 73.

Gewicht, wenn in der bebauten Ortslage keine ausreichenden Flächen für Hofstellen bauplanungsrechtlich bereitstehen.[797] Die Privilegierung eines landwirtschaftlichen Vorhabens hängt nicht von seinem **Standort** ab. Einem privilegierten Vorhaben können aber wegen seines Standortes öffentliche Belange entgegenstehen.[798] Die **öffentlichen Belange**, eine Beeinträchtigung der natürlichen Eigenart der **Landschaft** sowie das Ziel, die Entstehung einer Splittersiedlung zu vermeiden, können auch einem privilegierten landwirtschaftlichen Vorhaben an dem vorgesehenen Standort entgegenstehen.[799] Ist ein Vorhaben an einem bestimmten Standort planungsrechtlich unzulässig, so ist es nicht Sache der Baugenehmigungsbehörde oder des Gerichts, der Frage nachzugehen, ob das Vorhaben möglicherweise an einem anderen Standort zugelassen werden könnte.[800] Eine Gerätehalle kann allerdings auch dann einem landwirtschaftlichen Betrieb, wenn sie im Bereich eines vom Betriebssitz entfernten Flächenschwerpunktes errichtet werden soll, der von der Halle aus bewirtschaftet wird und durch eine eigenständige Flächennutzung gekennzeichnet ist.[801]

3984 Eine Verunstaltung des **Landschaftsbildes** durch ein privilegiertes Außenbereichsvorhaben kann allerdings nur dann angenommen werden, wenn die Umgebung wegen ihrer Schönheit und Funktion besonders schutzwürdig ist oder es sich um einen besonders groben Eingriff in das Landschaftsbild handelt.[802] Bloße nachteilige Veränderungen oder Beeinträchtigungen des Landschaftsbildes führen demgegenüber nicht zur Unzulässigkeit eines privilegierten Vorhabens.[803] So stellt etwa in einer nicht förmlich unter Natur- oder Landschaftsschutz gestellten Außenbereichslandschaft die Beeinträchtigung des Landschaftsbildes oder des Interesses der Gemeinde an der Erhaltung eines bestimmten Orts- und Landschaftsbildes keine Beeinträchtigung eines öffentlichen Belangs iS des § 35 II BauGB dar, wenn das Vorhaben nicht zu einer Verunstaltung des Landschafts- und Ortsbildes führt.[804] Dies gilt auch, wenn sich das Baugrundstück an einem harmonischen Übergang zu einem von der Bebauung zur Landschaft freien und gut einsehbaren Hang befindet.[805] Wann diese Schwelle überschritten ist, muss im jeweiligen Einzelfall beurteilt werden.

3985 Das Natur- und Landschaftsschutzrecht stellt dabei eine Inhaltsbestimmung iS des Art. 14 I 2 GG dar[806] und ist vom Ansatz her mit der Eigentumsgarantie vereinbar, wenn ein ausgewogenes Verhältnis zwischen Privatnützigkeit (Art. 14 I 1 GG) und Sozialpflichtigkeit (Art. 14 II GG) des Eigentums gewährleistet ist.[807] Normative Maßnahmen des Natur- und Landschaftsschutzes können daher die allgemeine Sozialpflichtigkeit des Eigentums konkretisieren, die dem Grundstück aufgrund seiner Lage und seines Zustandes bereits anhaftet und die es prägt. Dabei kann sich der Gesetz- und Verordnungsgeber auch an dem in Art. 20 a GG niedergelegten Staatsziel Umweltschutz oder an landesverfassungsrechtlich begründeten Schutzgeboten zugunsten von Natur und Landschaft[808] oder zum Schutz der natürlichen Lebensgrundlagen orientieren.[809] Die Reichweite der sich daraus ergebenden rechtlichen Anforderungen bestimmen der Bundes- und der Landesgesetzgeber im Rahmen ihrer jeweiligen Zuständigkeiten. So kann etwa eine landesrechtliche Naturparkverordnung, die bestimmte Handlungen in der Schutzzone verbietet oder unter einen Erlaubnisvorbehalt stellt, die Sozialpflichtigkeit des Grundeigentums konkretisieren und auch einem privilegierten Vorhaben entgegenstehen oder zumindest Einschränkungen auferlegen. Auch können sich aus einer Landschaftsschutzverordnung entgegenstehende öffentliche Belange ergeben, wenn diese ein derartiges Gewicht haben, dass sie die in § 35 I BauGB angeordnete grundsätzliche Privilegierung überwinden können.[810]

---

[797] BVerwG NVwZ 1986, 644.
[798] BVerwG BauR 1991, 579.
[799] Zur Schweinehaltung BVerwG NVwZ 1986, 644.
[800] BVerwG BauR 1997, 444.
[801] OVG Koblenz BauR 2011, 1966.
[802] BVerwG NVwZ 1998, 58.
[803] VGH Mannheim NuR 1992, 329.
[804] Zu den Bindungen an eine Landschaftsschutzverordnung OVG Münster BauR 2000, 62.
[805] BVerwG NVwZ 1998, 58.
[806] BVerwGE 67, 84; NVwZ-RR 1989, 288; Beschl. v. 6.11.1989 – 4 B 203.89, juris.
[807] Böhmer NJW 1988, 2561.
[808] Schlichter AgrarR 1978, 291.
[809] VerfGH München NVwZ-RR 1992, 12.
[810] VGH München NVwZ 1991, 1008; OVG Münster NuR 1989, 230; BauR 2000, 62.

Die landschaftsschutzrechtlichen Regelungen müssen allerdings ihrerseits formell und materiell wirksam sein.[811]

Ebenso kann eine **Wasserschutzgebietsverordnung** zu beachtende Anforderungen an die Zulässigkeit von Vorhaben stellen.[812] Auch können sich aus landschaftsschutzrechtlichen oder forstwirtschaftlichen Regelungen Abstände zum Wald ergeben, die auch ein privilegiertes Vorhaben als entgegenstehende öffentliche Belange zu beachten hat.[813] Auch das Angebot an den Waldbesitzer auf Haftungsverzicht samt Haftungsfreistellung ist nicht geeignet, die Vereinbarkeit einer geplanten Bebauung mit den öffentlichen Belangen herzustellen. Bei Fachplanungen muss es sich um konkrete, verbindliche Aussagen handeln. Darstellungen etwa in Regional- und Landschaftsrahmenplänen können deshalb privilegierten Vorhaben nur dann entgegenstehen, wenn sie raumbedeutsame und unüberwindbare, verbindliche Aussagen mit Außenwirkung haben.[814] 3986

In § 14 II, III BNatSchG wird bundesgesetzlich die ordnungsgemäße Landwirtschaft privilegiert (**„Landwirtschaftsklausel"**). Die land-, forst- und fischereiwirtschaftliche Bodennutzung ist danach nicht als Eingriff anzusehen, soweit dabei die Ziele und Grundsätze des Naturschutzes und der Landschaftspflege berücksichtigt werden. Eine gute landwirtschaftliche Praxis widerspricht danach in der Regel nicht den vorgenannten Zielen und Grundsätzen § 14 II BNatSchG. Nach § 14 II 2 BNatschG ist davon auszugehen, dass dann, wenn die land-, forst- und fischereiwirtschaftliche Bodennutzung den in § 5 II bis IV BNatschG genannten Anforderungen sowie den sich aus § 17 II BBodSchG und dem Recht der Land-, Forst- und Fischereiwirtschaft ergebenden Anforderungen an die gute fachliche Praxis entspricht, sie in der Regel nicht den Zielen des Naturschutzes und der Landschaftspflege widerspricht.[815] Diese Vorschrift gilt jedoch nur für die tägliche bzw. regelmäßige Wirtschaftsweise und nicht für Handlungen, die eine ordnungsgemäße forstwirtschaftliche Nutzung erst ermöglichen oder sinnvoll gestalten sollen.[816] 3987

Beispiel: Die Errichtung einer Aufschüttung zum Zwecke der Anlegung eines Weges stellt keine land- oder forstwirtschaftliche Bodennutzung im Sinne des § 14 II BNatSchG dar.[817]

Dieses Privileg der Landwirtschaft gebietet allerdings nicht, von Verboten auch solche Veränderungen der Landschaft freizustellen, die eine landwirtschaftliche Nutzung erst ermöglichen oder diese effektiver gestalten sollen.[818] Eine ausschließlich ökonomisch verstandene Auslegung landesrechtlicher Landwirtschaftsklauseln wird durch das BNatSchG ohnehin ausgeschlossen. Die Landwirtschaftsklausel bezieht sich hinsichtlich der in ihr enthaltenen Freistellungsmöglichkeiten von den Anforderungen des Natur- und Landschaftsschutzes auch nur auf eine landwirtschaftliche Nutzung iS der Bodenbewirtschaftung in Form der täglichen Wirtschaftsweise des Landwirts. Dazu zählt die Errichtung baulicher Anlagen nicht.[819] Deren Zulässigkeit richtet sich nach § 35 I Nr. 1 BauGB sowie hinsichtlich einer Nutzungsänderung und im Hinblick auf Umbaumaßnahmen nach § 35 IV BauGB. Unter den Begriff der ordnungsgemäßen Landwirtschaft fällt nach Maßgabe des jeweiligen Landesrechts auch nur eine erwerbswirtschaftliche, am nachhaltigen Ertrag und an betriebswirtschaftlichen Erfordernissen ausgerichtete Bodennut- 3988

811 BVerwG NJW 1967, 1244: Verweist eine Landschaftsschutzverordnung für ihr örtliches Geltungsgebiet lediglich auf eine nicht mit veröffentlichte Landschaftsschutzkarte, so ist sie wegen Verstoßes gegen das Rechtsstaatsgebot nichtig.

812 VGH München BayVBl. 1991, 247.

813 VGH Mannheim NuR 1990, 273.

814 VG Schleswig UPR 1990, 75; Ecker/Engel/Schäfer VBlBW 1994, 217; Lüers StuGR 1993, 172; Mitschang ZfBR 1993, 259; ders. UPR 1994, 206.; Runkel StuGR 1993, 204. Zur gemeindlichen Anpassungspflicht an die Regionalpläne Deckart BayVBl. 1977, 238.

815 Zur guten fachlichen Praxis in der Waldbewirtschaftung – Regulierungsbedarf im novellierten Bundeswaldgesetz unter besonderer Berücksichtigung von Klima- und Biodiversitätsschutzerfordernissen siehe Stubenrauch NuR 2023, 813.

816 VGH Kassel Beschl. v. 30.11.2023 – 4 A 2279/20.Z, juris Rn. 26; BVerwG Urt. v. 13.6.2019 – 4 C 4.18, juris Rn. 20; OVG Koblenz Urt. v. 28.8.2019 – 8 A 11472/18, juris Rn. 36; OVG Münster Beschl. v. 15.3.2023 – 21 B 281/23, juris, Rn. 26; VG Minden Beschl. v. 8.3.2023 – 9 L 941/22, juris Rn. 45 ff.; kritisch zu der Privilegierung Möckel NuR 2012, 225 (228).

817 VG Köln Beschl. v. 13.9.2023 – 14 L 971/23, juris Rn. 25.

818 BVerwG NVwZ-RR 1989, 1794.

819 VGH Kassel NuR 1995, 296.

zung. Eine Betätigung, welche die Merkmale der Landwirtschaft iS des § 201 BauGB nicht erfüllt, kann für sich auch nicht die Privilegierung der naturschutzrechtlichen Landwirtschaftsklausel in Anspruch nehmen.[820] Das naturschutzrechtliche Privileg für die ordnungsgemäße Landwirtschaft gilt nicht für solche **Veränderungen der Landschaft**, die eine landwirtschaftliche Nutzung erst ermöglichen oder diese effektiver gestalten sollen. Die Landwirtschaftsklausel will die „tägliche Wirtschaftsweise" des Landwirts von naturschutzrechtlichen Anordnungen freistellen; dazu gehört der Wechsel einer landwirtschaftlichen Nutzungsart nicht.[821]

3989 Auch sind die **immissionsschutzrechtlichen Anforderungen** an den Standort zu wahren. Die Festsetzungen in einem Bebauungsplan, aus denen sich Anhaltspunkte für die Bewertung von Interessenkonflikten und damit auch für die Zumutbarkeit und Ortsüblichkeit ergeben können, fallen allerdings bei Außenbereichsvorhaben aus.[822] An ihre Stelle ist die gesetzliche Bewertung der im Außenbereich betroffenen Belange zu setzen. Ein danach privilegiertes Außenbereichsvorhaben ist zwar vom Grundsatz her planungsrechtlich zulässig, hinsichtlich des genauen Standortes jedoch noch variationsfähig.[823] An dem konkreten Standort kann ein an sich privilegiertes Außenbereichsvorhaben daher im Einzelfall durchaus noch scheitern. Für die Frage, wann Geruchsimmissionen belästigend wirken, geben die Geruchsimmissionsrichtlinie (GIRL) und die TA Luft 2021 Orientierungspunkte.[824]

3990 Die **GIRL** kann nicht rechtssatzartig, insbesondere nicht im Sinne einer Grenzwertregelung angewendet werden.[825] Erforderlich ist eine umfassende Würdigung des Einzelfalls; zu betrachten sind vor allem die Ortsüblichkeit der Immissionen und die Siedlungsstruktur, die Nutzung des betreffenden Gebäudes, die historische Entwicklung und die besondere Ortsgebundenheit von Immissionsquellen.[826] Etwaige Vorbelastungen, die eine schutzbedürftige Nutzung an einem Standort vorfindet, der durch eine schon vorhandene emittierende Nutzung vorgeprägt ist, sind schutzmindernd zu berücksichtigen. Im Umfang der Vorbelastung sind Immissionen – sofern sie die Grenze zur Gesundheitsgefahr nicht überschreiten – zumutbar, auch wenn sie sonst in einem vergleichbaren Gebiet nicht hinnehmbar wären.[827]

3991 Schutzgut der **VDI-Richtlinie 3472 (Hühner)** und der **VDI-Richtlinie 3471 (Schweine)**[828] ist vorrangig die Wohnbebauung, wobei eine standardisierte Beurteilung des Konflikts zwischen immissionsträchtigen Betrieben und Gebieten, in denen sich Menschen dauerhaft aufhalten, vorgenommen wird. Durch die Bezugnahme auf Gewerbe- und Industriegebiete, für die eine Sonderbeurteilung erforderlich ist, werden zwar auch Gebiete mit in den Anwendungsbereich aufgenommen, in denen nicht vorrangig Wohnen stattfindet. Auch insoweit ist aus dem Regelungszusammenhang der VDI-Richtlinien aber abzuleiten, dass es auch dort auf den vermuteten dauerhaften Aufenthalt von Menschen ankommt. In einem Dorfgemeinschaftshaus mit einer schon nicht gegebenen durchgängigen Nutzung unterliegen die jeweiligen wechselnden Nutzergruppen keiner Dauerexposition, was abgesenkte Schutzstandards im Vergleich zu einer Wohnnutzung rechtfertigt.[829] Ein Gericht hat für die Beurteilung erforderlicher Abstände zwischen Wohnbebauung und landwirtschaftlicher Tierhaltung die immissionsschutzfachlich anerkannten Methoden zu beachten und gegebenenfalls immissionsschutzfachlichen Sachverstand heranzuziehen.[830] Eine Massierung von Stallanlagen für Intensivtierhaltung kann ein Indiz für das Vorliegen städtebaulicher Missstände darstellen.[831] Es fehlen bislang

---

[820] VGH Kassel NuR 1995, 296.

[821] BVerwG ZfBR 2004, 390.

[822] zu landwirtschaftlichen Lärmimmissionen OVG Lüneburg Beschl. v. 7.2.2024 – 1 ME 134/23, juris Rn. 23.

[823] BVerwG BauR 1997, 444.

[824] BVerwG NVwZ 2023, 928; BVerwGE 159, 187 Rn. 12; OVG Lüneburg Beschl. v. 16.11.2023 – 1 KN 66/21, juris Rn. 17.

[825] BVerwG NVwZ 2023, 928 = juris Rn. 14; BVerwGE 141, 293 Rn. 22; BVerwGE 159, 187 Rn. 12.

[826] BVerwG NVwZ 2023, 928 = juris Rn. 14; OVG Münster BauR 2019, 473 (477 ff.).

[827] BVerwG NVwZ 2023, 928 = juris Rn. 14; BVerwGE 159, 187 Rn. 13.

[828] VGH München Beschl. v. 24.11.2008 – 1 ZB 8.1462; Beschl. v. 2.10.2008 – 15 ZB 8.2098, juris; Beschl. v. 14.11.2008 – 1 ZB 6.561, juris; Beschl. v. 21.1.2008 – 1 ZB 05.1454, 1 ZB 05.1456, juris.

[829] VGH Kassel BauR 2004, 1047.

[830] BVerwG ZfBR 2001, 287.

[831] Zu Immissionen durch Tiere aus öffentlich-rechtlicher und zivilrechtlicher Sicht Scheidler KommPraxis spezial 2009, 54. Zu den immissionsschutzrechtlichen Problemen der landwirtschaftlichen und gewerblichen Tierhaltung Scheidler AUR 2007, 295; ders. DVBl. 2007, 936.

allerdings ausreichende Erkenntnisse, bei welcher Viehdichte die Belastung der Umwelt eine Größenordnung erreicht, dass öffentliche Belange der Zulassung eines weiteren Stalles entgegen stehen.[832]

Nach § 35 III 1 Nr. 3 BauGB stehen einem nach § 35 I BauGB bevorzugt zulässigen Außenbereichsvorhaben öffentliche Belange entgegen, wenn es ua „schädliche Umwelteinwirkungen hervorrufen kann". Die Vorschrift verweist auf die Begriffsbestimmung der schädlichen Umwelteinwirkungen in § 3 I BImSchG, im Fall von Geruchsimmissionen also auf den Begriff der „erheblichen Belästigungen".[833] Ist die Schwelle der Erheblichkeit nicht durch Gesetz, Rechtsverordnung oder normkonkretisierende Verwaltungsvorschrift bestimmt, kommt es darauf an, ob die Immissionen das nach der gegebenen Situation zumutbare Maß überschreiten. Die Zumutbarkeitsgrenze ist aufgrund einer umfassenden Würdigung aller Umstände des Einzelfalls und insbesondere der speziellen Schutzwürdigkeit des jeweiligen Baugebiets zu bestimmen. Für die Beurteilung der Zumutbarkeit der von Schweineställen verursachten Gerüche[834] kann als „brauchbare Orientierungshilfe" auf die Abstandsregelungen der **Richtlinie VDI 3471** zurückgegriffen werden.[835] Schutzmindernd kann sich eine ggfls. vorhandene **Vorbelastung** des Grundstücks erweisen, die zu einer Art von Mittelwertbildung führen kann.[836] 3992

Beispiel: In einem durch landwirtschaftliche Geruchsimmissionen vorbelasteten Gebiet steht § 35 III 1 Nr. 3 BauGB der Errichtung eines Ferkelaufzuchtstalles nicht entgegen, wenn durch das Vorhaben die vorhandene Immissionssituation zumindest nicht verschlechtert wird, sofern die Vorbelastung die Grenze zur Gesundheitsgefahr noch nicht überschritten hat und das – immissionsschutzrechtlich nicht genehmigungsbedürftige – Vorhaben den Anforderungen des § 22 I BImSchG genügt.[837]

Von Tierhaltungsbetrieben werden luftgetragene Schadstoffe wie Mikroorganismen und Endotoxine (**Bioaerosole**) emittiert, die grundsätzlich geeignet sind, nachteilig auf die menschliche Gesundheit zu wirken.[838] Dies betrifft indes nur Aspekte der immissionsschutzrechtlichen Vorsorge.[839] Die TA Luft 2021, Abschnitt 4.8, macht dazu keine weiteren nachbarrechtlich relevanten Vorgaben. Dementsprechend ist grds. auch kein Verstoß gegen das Rücksichtnahmegebot mit Blick auf Bioaerosole zu befürchten.[840] 3993

Entgegenstehende öffentliche Belange können sich auch aus **anderen Rechtsvorschriften** ergeben. So hat etwa auch ein privilegiertes Außenbereichsvorhaben zwingende Regelungen über das Anbauverbot an Straßen einzuhalten. Dies gilt nicht nur im Hinblick auf Autobahnen und Bundesstraßen,[841] sondern auch gegenüber einem landesrechtlich begründeten Anbauverbot.[842] Entgegenstehende öffentliche Belange können sich auch aus dem Kurinteresse eines in seiner wirtschaftlichen Existenz von der Sicherung der Gästefrequenz abhängigen Badeortes ergeben.[843] Auch bei der **Verwirklichung des Vorhabens** kann die Wahrung öffentlicher Belange Bedeutung gewinnen. Dies gilt nicht nur hinsichtlich des gewählten Standortes, sondern auch bei der konkreten Umsetzung der Baupläne und nicht zuletzt bei der Einbindung des Vorhabens in die Umgebung. So können öffentliche Belange, auch wenn sie insgesamt dem 3994

---

832 OVG Lüneburg ZfBR 2003, 272.

833 Riemer, Rechtliche Bewertung von Geruchsimmissionen, Diss. 2008.

834 Zur Bewertung landwirtschaftlicher Gerüche aus einer benachbarten Milchviehhaltung bei der Überplanung eines ehemaligen Munitionsdepots als Gewerbegebiet OVG Lüneburg BauR 2009, 1630.

835 BVerwG ZfBR 2005, 806; BVerwGE 141, 293; Jeronim in Kröninger/Jeromin, BauGB/BauNVO, 2024, § 35 BauGB Rn. 34.

836 Jeronim in Kröninger/Jeromin, BauGB/BauNVO, 2024, § 35 BauGB Rn. 34; BVerwGE 59, 253 (260), BVerwGE 71, 150 (155 ff.); BVerwGE 77, 285 (292 ff.): BVerwGE 145, 145 Rn. 16.

837 BVerwG ZfBR 2017, 791.

838 OVG Münster Urt. v. 8.12.2023 – 7 A 744/22, juris Rn. 90 ff; Urt. v. 10.11.2015 – 8 A 1031/15-, juris, Rn. 104 f.; BauR 2014, 1259.

839 OVG Münster Urt. v. 8.12.2023 – 7 A 744/22, juris Rn. 92; BauR 2014, 1259; OVG Bautzen Urt. v. 6.7.2016 – 2 L 84/14, juris, Rn. 267; VGH Kassel Urt. v. 3.7.2018 – 4 C 531/17.N, juris.

840 Näher dazu OVG Münster Urt. v. 8.12.2023 – 7 A 744/22, juris Rn. 95; VG Gelsenkirchen Beschl. v. 20.1.2021 – 6 L 1434/20, juris, Rn. 66 f.

841 Zur Ausübung des den Straßenverkehrsbehörden zustehenden Ermessens zugunsten von im Außenbereich gelegenen Tankstellen BVerwG DÖV 1970, 388.

842 BVerwG Beschl. v. 13.5.1991 – 4 B 62.91, juris; OVG Münster NVwZ-RR 1991, 528.

843 BVerwG DVBl. 1969, 250.

gewählten Standort des Vorhabens nicht entgegenstehen, gleichwohl noch Bedeutung für die Gestaltung des Vorhabens im Einzelnen haben. Der Belang, eine Verunstaltung des Landschaftsbildes zu vermeiden, kann die äußere Gestalt des Vorhabens betreffen oder auch Anforderungen an die Höchstmaße des Gebäudes stellen.[844] Öffentliche Belange können daher Bedeutung in einer zweistufigen Prüfung gewinnen: Zunächst stellt sich die Frage, ob das Vorhaben im Hinblick auf entgegenstehende öffentliche Belange überhaupt am Standort verwirklicht werden kann. Sodann ist bei der Ausführung des Vorhabens auf öffentliche Belange weitgehend Rücksicht zu nehmen. Sie entfalten dabei auf dieser Stufe nicht erst als entgegenstehende unüberwindbare Belange Gewicht, sondern bereits dann, wenn ihnen durch zumutbare Maßnahmen entsprochen werden kann. Es spricht daher viel dafür, öffentlichen Belangen bei der konkreten Ausgestaltung des Vorhabens mit dem Ziel einer gewissen Projektoptimierung einen weiten Einflussbereich auf das Vorhaben einzuräumen.

3995 Das Vorhaben darf nur einen **untergeordneten Teil der Betriebsfläche** in Anspruch nehmen. Die in Anspruch genommene Fläche muss daher im Verhältnis zur Gesamtanlage eher geringfügig sein und darf nicht den räumlichen Schwerpunkt annehmen. Bei der landwirtschaftlichen und forstwirtschaftlichen Nutzung sind in dieser Hinsicht strengere Anforderungen zu stellen als etwa beim Erwerbsgartenbau, bei dem ein größerer Anteil der Betriebsfläche auf die bauliche Nutzung entfallen kann (§ 35 I Nr. 1 BauGB). Auch **Pachtland** kann in die Berechnungen eingestellt werden, wenn es langfristig angepachtet ist und die Annahme eines landwirtschaftlichen Betriebes nicht an einem zu großen Anteil an Pachtland scheitert.[845]

3996 Auch **Altenteilerhäuser**, die den Generationenwechsel auf dem Bauernhof erleichtern, oder **Betriebsleiterhäuser** können dem landwirtschaftlichen Betrieb dienen.[846] Die Gebäude müssen in ihrer Ausführung zur Betriebsgröße und zu den Wohnbedürfnissen **angemessen** sein. Es muss zudem an den besonderen Zweck gebunden werden. Die Privilegierung nach § 35 I Nr. 1 BauGB setzt bezogen auf die Zulässigkeit von Altenteilerhäusern voraus, dass ein Generationswechsel konkret bevorsteht.[847] Die freie Verfügbarkeit und Veräußerlichkeit dieses Teils des landwirtschaftlichen Betriebes muss durch Baulast oder in ähnlicher Weise ausgeschlossen werden.[848] Auch ist eine **Abteilung** des Altenteilers von dem landwirtschaftlichen Betrieb nicht zulässig. Von einem im Außenbereich gelegenen Grundstück darf eine mit einem Altenteilerhaus bebaute Parzelle nicht abgetrennt werden, wenn nach Aufgabe des landwirtschaftlichen Betriebes und Fortfall der Privilegierung des Altenteilerhauses die Fortführung der Wohnnutzung einem Bebauungsplan widerspricht. Auch unter Berücksichtigung von § 35 IV 1 Nr. 1 BauGB ist eine solche Grundstücksteilung mit einer geordneten städtebaulichen Entwicklung unvereinbar. Unerheblich ist dabei, ob wegen des inzwischen weggefallenen Bezugs der Wohnnutzung zur Landwirtschaft eine Nutzungsänderung eingetreten ist, die einer Baugenehmigung bedurft hätte.[849] Die Bauaufsichtsbehörde kann von einem Landwirt die Bestellung einer beschränkten persönlichen Dienstbarkeit in Form eines Wohnungsbesetzungsrechts auch für ein neu zu errichtendes Betriebsleiterwohnhaus verlangen, wenn das bisherige Betriebsleiterwohnhaus ohne entsprechende Sicherung in ein Altenteilerhaus umgewandelt wird.[850]

3997 Gelegentlich versuchen Gemeinden, missliebigen Auswüchsen der Landwirtschaft mit der **Aufstellung von Bebauungsplänen** zu begegnen. Ein Bebauungsplan, der bei immissionsträchtiger Tierhaltung auch im Außenbereich eine erhebliche Geruchsminderung zur Reinhaltung der Luft festsetzt, kann allerdings problematisch sein, wenn ein gemeindeweites Konzept zur Luftreinhaltung fehlt. Überdies kann die Gemeinde nicht unabhängig vom bundesrecht-

---

[844] BVerwG NVwZ 1986, 644.

[845] VG München BayVBl. 1999, 220, auch zu Strukturveränderungen in der Landwirtschaft, die sogar eine kürzere Verpachtung für die Nachhaltigkeit des landwirtschaftlichen Betriebes als ausreichend erscheinen lassen.

[846] OVG Lüneburg NVwZ-RR 2023, 592: „Es reicht regelmäßig aus, wenn für einen landwirtschaftlichen Vollerwerbsbetrieb Wohnraum für zwei Generationen zur Verfügung steht. Ein vernünftiger, auf die größtmögliche Schonung des Außenbereichs bedachter Landwirt kann nach Treu und Glauben nicht verlangen, ein Wohngebäude für seinen Betriebsnachfolger im Außenbereich errichten zu dürfen, wenn er selbst den Bedarf für diesen Wohnraum dadurch hervorgerufen hat, dass er bestehenden Wohnraum anderen Personen überlassen hat."; siehe auch OVG Lüneburg NdsVBl. 2022, 349.

[847] OVG Lüneburg NVwZ-RR 2012, 431.

[848] Zum „Zweigenerationen-Wohnhaus" OVG Münster AUR 2014, 70.

[849] BVerwG NJW 1989, 729.

[850] VGH München BauR 2011, 1466 (1470).

lichen Immissionsschutzrecht ein eigenes Emissionsschutzrecht auf der Ebene der Bauleitplanung anordnen.[851]

Ermöglicht ein Bebauungsplan zusätzliche Wohnbebauung in der Nähe mehrerer stark emittierender landwirtschaftlicher Betriebe mit grundsätzlich gleicher Geruchscharakteristik, fehlt es für die Abwägung der betroffenen Belange in der Regel an einer hinreichenden sachlichen Grundlage, wenn der Plangeber lediglich die von den Betrieben gemeinsam verursachte Immissionsbelastung des Plangebiets ermittelt und nicht feststellt, in welchem Umfang die Betriebe zu der ermittelten Gesamtimmissionsbelastung jeweils beitragen. Soll durch einen Bebauungsplan Wohnbebauung auf Flächen ermöglicht werden, die erkanntermaßen durch von benachbarten landwirtschaftlichen Betrieben ausgehende Geruchsemissionen erheblich belastet sind, ist es abwägungsfehlerhaft, wenn der Plangeber den künftigen Bewohnern des geplanten Wohngebiets die Geruchsbelästigungen mit der alleinigen Erwägung zumutet, in angrenzenden Wohnbereichen sei eine noch höhere Geruchsbelastung festzustellen.[852] Im **Bauantragsverfahren** ist in aller Regel auf den Bauantrag abzustellen, selbst wenn nicht ausgeschlossen werden kann, dass die spätere Nutzung von der beantragten teilweise abweicht. 3998

Beispiel: So hat Betreiber eines im Außenbereich gelegenen Rinderhaltungsbetriebes[853] auch dann keinen Abwehranspruch gegen ein im Außenbereich benachbartes „Betriebsleiterwohnhaus“ ebenfalls für eine Rinderhaltung, wenn der Eindruck nicht fern liegt, dass ein Betrieb dort nicht geführt werden soll. Für die Anforderungen des Rücksichtnahmegebots bleibt der im Baugenehmigungsverfahren festgelegte Nutzungszweck auf Dauer maßgeblich.[854]

Beispiel: Dem Inhaber eines Schweinemastbetriebs, der sich gegen heranrückende Wohnbebauung wehrt, kann jedoch nicht entgegengehalten werden, seine Betriebsgerüche ließen sich durch den Einsatz von „Biofiltern“ durchgreifend reduzieren, wenn diese in der Fachwelt noch nicht als „Stand der Technik“ im Sinne des § 22 I BImSchG angesehen werden.[855]

Hinweis: Zur Beantwortung der Frage, ob die Haltung von Rindern dem Schutzanspruch benachbarter Wohnnutzungen gerecht wird, kann auf die Ergebnisse der Geruchsfahnenbegehungen an Rinderställen der Bayerischen Landesanstalt für Landtechnik der Technischen Universität München – Weihenstephan (veröffentlicht als Gelbes Heft 63 der Landtechnischen Berichte aus Praxis und Forschung des Bayerischen Staatsministeriums für Ernährung, Landwirtschaft und Forsten) als Orientierungshilfe zurückgegriffen werden.[856]

2. Betriebe der gartenbaulichen Erzeugung (§ 35 I Nr. 2 BauGB)

Privilegiert sind auch Betriebe der gartenbaulichen Erzeugung, zu denen auch großflächige Gewächshäuser zählen.[857] Die gartenbauliche Erzeugung, die zwar bereits als Teil der Landwirtschaft nach § 35 I Nr. 1 BauGB privilegiert ist, ist unabhängig von der bisherigen Privilegierung nach § 35 I Nr. 1 BauGB in einem eigenen Privilegierungstatbestand des behandelt. Hiermit verbunden ist der Wegfall des einschränkenden Erfordernisses, dass das Vorhaben nur einen untergeordneten Teil der Betriebsfläche einnehmen durfte. Der Begriff der gartenbaulichen Erzeugung umfasst allerdings nur Betätigungen mit selbst erzeugten Pflanzen, nicht aber solche mit fremd erzeugten Pflanzen wie beispielsweise ein so genanntes **Pflanzenleasing** mit zu diesem Zweck erworbenen Palmen. Das Tatbestandsmerkmal des „Dienens“ in § 35 I Nr. 1 und Nr. 2 BauGB muss auch dann erfüllt sein, wenn ein vorhandener Baubestand im Außenbereich, der bislang andere Zwecke erfüllt hat, in eine landwirtschaftliche oder gartenbauliche Nutzung übernommen werden soll.[858] 3999

---

851 OVG Lüneburg DVBl. 2000, 1871.

852 OVG Münster BauR 2002, 901.

853 Zu Geruchsimmissionen eines Rinderstalls VGH München Beschl. v. 19.11.2008 – 14 ZB 07.3068, juris.

854 OVG Lüneburg NuR 2009, 61; BVerwG NVwZ-RR 2007, 456.

855 OVG Lüneburg BauR 2010, 195 zu Schweinemastbetrieb und heranrückende Wohnbebauung.

856 VGH Mannheim BauR 2009, 546. Zu Krankheitserregern als schädliche Umwelteinwirkungen auf eine benachbarte Schweinehaltung, VGH München NVwZ-RR 2011, 595.

857 BVerwGE 152, 275; Rieger in Schrödter, BauGB, 2019, § 35 Rn. 35.

858 OVG Saarlouis, Urt. v. 25.9.2001 – 2 Q 23/01, juris – Umwandlung eines nach seiner Ausgestaltung auf Freizeit- oder gar Wohnnutzung hindeutenden Gebäudes in Räumlichkeiten zur Zucht und Aufbewah-

4000 Um den Gemeinden im Falle einer drohenden Massierung von derartigen Anlagen ein Instrument zur Konzentration der Vorhaben zur gartenbaulichen Erzeugung an geeigneten Stellen im Gemeindegebiet zu geben, ist der Planungsvorbehalt in § 35 III 3 BauGB auch auf die gartenbaulichen Betriebe erweitert worden. Hierdurch kann verhindert werden, dass aus der Sicht der Gemeinde an falscher Stelle große Flächen „unter Glas oder Folie" entstehen.[859] Dieselben Befugnisse hat die Regionalplanung, wenn es sich um entsprechend übergreifende raumrelevante Vorhaben handelt.

3. Öffentliche Versorgung – ortsgebundene Betriebe (§ 35 I Nr. 3 BauGB)

4001 Die Privilegierung nach § 35 I Nr. 3 BauGB umfasst Vorhaben, die dem Fernmeldewesen, der öffentlichen Versorgung mit Elektrizität, Gas, Wärme und Wasser, der Abwasserwirtschaft oder einem ortsgebundenen gewerblichen Betrieb dienen. Das Gesetz geht davon aus, dass die in der Vorschrift genannten Vorhaben eine besondere Ortsgebundenheit aufweisen und wegen öffentlicher Interessen privilegiert im Außenbereich zulässig sind.

4002 Ortsgebunden iS des § 35 I Nr. 3 BauGB ist ein gewerblicher Betrieb nur dann, wenn das betreffende Gewerbe nach seinem Wesen und nach seinem Gegenstand auf die geografische Eigenart der fraglichen Stelle angewiesen ist.[860] Nicht ausreichend ist, dass die Verwirklichung des Vorhabens fernab einer Ortslage lediglich zweckmäßig erscheint. die „Ortsgebundenheit" nur bejaht werden, wenn – neben der Raum-bzw. Gebietsgebundenheit des Vorhabens – dem Bauherrn ein Ausweichen auf einen – nach der von ihm im Genehmigungsverfahren vorzulegenden Standortanalyse – ebenfalls geeigneten Standort im Innenbereich nicht zumutbar ist. Das ist dann anzunehmen, wenn geeignete Innenbereichsstandorte aus tatsächlichen (zB der Grundstückseigentümer lässt die Errichtung der Anlage auf seinem Grundstück nicht zu) oder rechtlichen (zB die Errichtung einer Mobilfunksendeanlage an einem geeigneten Standort ist bauplanungsrechtlich oder aufgrund örtlicher Bauvorschriften unzulässig) Gründen nicht zur Verfügung stehen.[861]

Beispiel: Mobilfunkanlagen sind grundsätzlich nicht orts-, sondern lediglich raum- bzw. gebietsgebunden. Etwas gilt, wenn die topografischen Verhältnisse die Einbeziehung der Anlage in die übergeordnete Mobilfunkstruktur oder weitere – überörtliche – Funktionen der Anlage ausnahmsweise einen ganz bestimmten Standort im Außenbereich erfordern. Das Merkmal der Ortsgebundenheit ist bei einer Mobilfunksendeanlage erfüllt, wenn sie an einem funktechnisch hierfür geeigneten Standort im Außenbereich errichtet werden soll, um das Angebot an Telekommunikationsdienstleitungen zu verbessern, etwa weil durch die Anlage eine bestehende Versorgungslücke geschlossen werden soll. Es genügt mithin eine Raum- bzw. Gebietsgebundenheit, die durch eine entsprechende Standortanalyse des Vorhabenträgers nachzuweisen ist.[862]

4003 Die Standortanforderungen können sich etwa durch die geografische oder geologische Eigenart des Bodens ergeben.[863] Die Standortgebundenheit kann sich dabei aus dem Vorkommen bestimmter Bodenschätze wie Kies,[864] Sand, Gesteinsmaterial, Öl oder Torf aber auch aus besonderen Anforderungen an die Aufarbeitung oder Verarbeitung von im Boden befindlichen Rohstoffen ergeben.[865] Eine **Transportbetonanlage** dient grundsätzlich nicht einem Kiesabbaubetrieb als solchem und auch nicht dem Kiesabbau in Verbindung mit der Herstellung von Transportbeton als einem Gesamtbetrieb, der ortsgebunden im Sinne von § 35 Abs. 1 Nr. 3 letzte Variante BauGB ist.[866]

---

rung von Pflanzen eines behaupteten Gartenbaubetriebes, im Anschluss an BVerwG BRS 60 Nr. 98; zur Teilprivilegierung eines Gartenbaubetriebes nach § 35 IV Nr. 1 BauGB OVG Münster RdL 2003, 116.

859 Zum Gebot der Rücksichtnahme bei einem Foliengewächshaus BVerwG NVwZ 1999, 431.

860 BVerwG NJW 1975, 550.

861 VGH München Beschl. v. 13.2.2023 – 15 ZB 22.2620, juris Rn. 15; Beschl. v. 4.5.2015 – 15 CS 15.361, juris Rn. 8; BVerwG Urt. v. 20.6.2013 – 4 C 2.12, juris Rn. 14.

862 VGH München Beschl. v. 13.2.2023 – 15 ZB 22.2620, juris Rn. 16; BVerwG Urt. v. 20.6.2012 – 4 C 2.12, juris Rn. 12, 13.

863 BVerwG NJW 1975, 550.

864 BVerwG DVBl. 1983, 893; BVerwGE 67, 84.

865 BVerwG NVwZ 1984, 303.

866 OVG Münster ZfB 2022, 8.

Die besondere Standortgebundenheit muss nicht nur bei den ortsgebundenen gewerblichen Betrieben, sondern auch bei den in der Vorschrift genannten Vorhaben der öffentlichen Versorgung gegeben sein.[867] Ist eine Verwirklichung im Außenbereich nicht erforderlich, so gebietet der Grundsatz der größtmöglichen Schonung des Außenbereichs, in bebaute Bereiche auszuweichen. Zu den privilegierten Vorhaben der **öffentlichen Versorgung** [868] rechnen etwa Leitungsmasten, Hochspannungsmasten,[869] Gas-, Wärme- oder Wasserleitungen, Talsperren und Kraftwerke Vorhaben der **Abwasserwirtschaft** sind etwa Kläranlagen, Klärteiche oder Rückhaltebecken. Privilegiert sind auch Anlagen des **Fernmeldewesens** wie Rundfunk- und Fernsehtürme, Fernmeldetürme und Telefonleitungen. Vorhaben, die der öffentlichen Versorgung dienen, sind nach § 35 I Nr. 3 BauGB nur dann privilegiert, wenn sie zu dem vorgesehenen Standort eine der Ortsgebundenheit gewerblicher Betriebe vergleichbare Beziehung haben.[870] Die Errichtung des der öffentlichen Versorgung dienenden Vorhabens muss daher auf die Nutzung des Standortes angewiesen sein. Auch Schießplätze und Schießstände können im Einzelfall im Außenbereich privilegiert sein.[871]Ein **Holzlagerplatz** ist demgegenüber nicht deshalb nach § 35 I Nr. 3 BauGB im Außenbereich privilegiert, weil sein Standort ökologische und ökonomische Vorteile bietet.[872] Im Übrigen ist die planungsrechtliche Zulässigkeit von Lagerplätzen,[873] die nicht einem nach § 35 I BauGB privilegierten Vorhaben dienen, nach § 35 II BauGB zu beurteilen.[874] Dies muss jedoch nicht zwingend zur planungsrechtlichen Unzulässigkeit des Vorhabens führen, wenn öffentliche Belange nicht beeinträchtigt werden. Auch größere Teiche, die ausschließlich Freizeitzwecken dienen, sind nicht nach § 35 I Nr. 3 BauGB privilegiert.[875] Dasselbe gilt für Tankstellen,[876] Containerlagerplätze,[877] Autofriedhöfe[878] oder die Lagerung von Altreifen. 4004

Gewerbliche Betriebe sind nach § 35 I Nr. 3 BauGB privilegiert, wenn sie **ortsgebunden** sind, also „hier und so nur an der fraglichen Stelle betrieben werden" können.[879] Ein Gewerbe ist ortsgebunden iS des § 35 I Nr. 3 BauGB nur dann, wenn es nach seinem Gegenstand und seinem Wesen ausschließlich an der fraglichen Stelle betrieben werden kann. Hierfür genügt nicht, dass sich der Standort aus Gründen der Rentabilität anbietet oder gar aufdrängt. Erforderlich ist vielmehr, dass der Betrieb auf die geografische oder die geologische Eigenart der Stelle angewiesen ist, weil er an einem anderen Ort seinen Zweck verfehlen würde.[880] Ein Unternehmen mit einem ortsgebundenen Betriebszweig ist dann insgesamt ein ortsgebundener Betrieb, wenn er als Folge nicht nur wirtschaftlicher Zweckmäßigkeit, sondern technischer Erfordernisse dem typischen Erscheinungsbild eines Betriebes dieser Art entspricht[881] und der im engeren Sinne ortsgebundene Betriebszweig den gesamten Betrieb prägt.[882] Ein Vorhaben dient einem ortsgebundenen Betrieb, wenn es dem Betrieb zugeordnet und untergeordnet ist und darüber hinaus angenommen werden kann, dass ein vernünftiger Unternehmer – auch und gerade unter Berücksichtigung einer größtmöglichen Schonung des Außenbereichs – das Vorhaben mit etwa gleichem Verwendungszweck und mit etwa gleicher Gestaltung und Ausführung verwirklichen würde.[883] An der vorausgesetzten spezifischen Gebundenheit fehlt es, wenn der Standort im Vergleich mit anderen Stellen zwar Lagevorteile bietet, das Vorhaben aber nicht damit steht oder 4005

[867] BVerwG DVBl. 1977, 526; NVwZ 1995, 64; Bönker in HBG, Öffentliches Baurecht, 2024, § 8 Rn. 319.
[868] Weyreuther Bauen im Außenbereich, 1979, 388.
[869] Weyreuther Bauen im Außenbereich, 1979, 265.
[870] BVerwG DÖV 1977, 328.
[871] BVerwG BauR 2012, 1360.
[872] BVerwG UPR 1996, 153.
[873] BVerwG DÖV 1977, 328; ZfBR 1980, 43.
[874] VGH Mannheim UPR 1992, 158.
[875] OVG Lüneburg BRS 52 (1990), Nr. 142 für einen ca. 2.500 qm großen Teich.
[876] OVG Lüneburg BRS 48 (1988), Nr. 67, auch wenn gelegentlich die vorbeiführende Kreisstraße als Ausweich-Grenzübergang empfohlen wird.
[877] OVG Saarlouis BRS 49 (1989), Nr. 154.
[878] OVG Saarlouis, Urt. v. 26.9.1988 – 2 R 297/85, juris.
[879] BVerwG NVwZ 1994, 288.
[880] BVerwG NJW 1975, 550; BVerwGE 50, 346.
[881] BVerwG DVBl. 1977, 198; BauR 1977, 402; Beschl. v. 7.9.1984 – 4 B 188.84, juris.
[882] BVerwG NJW 1977, 119.
[883] BVerwG NJW 1977, 119; NuR 1983, 270. Zu vergleichbaren Anforderungen bei privilegierten landwirtschaftlichen Vorhaben BVerwG DVBl. 1973, 643.

fällt, ob es hier und so und nirgendwo anders ausgeführt werden kann.[884] Nicht privilegiert sind etwa Konservenfabriken, Sägewerke oder Zuckerfabriken, die zwar zweckmäßigerweise fernab einer Wohnbebauung errichtet werden können, die aber nicht zwingend auf den Außenbereich angewiesen sind. Das Vorhaben dient einem gewerblichen Betrieb, wenn es den Betriebszweck fördert und darüber hinaus dem Betrieb zu- und untergeordnet ist. Maßgeblich ist auch hier die Frage, ob ein **vernünftiger** Eigentümer das Vorhaben mit der vorgesehenen Verwendung, Gestaltung und Ausgestaltung an dem vorgesehenen Standort auch unter Berücksichtigung einer möglichsten Schonung des Außenbereichs verwirklichen würde.[885] Die endgültige Einstellung des ortsgebundenen gewerblichen Betriebes führt nach Auffassung des BVerwG in aller Regel zum Verlust der Privilegierung und auch dazu, dass die entsprechenden Darstellungen im Flächennutzungsplan an Aussagekraft verlieren.[886]

Hinweis: Öffentliche Belange, die nur für die Dauer der Abgrabung bis zur rechtlich gesicherten Rekultivierung nachteilig berührt werden, haben in der Regel gegenüber einer Abgrabung als privilegiertem Vorhaben geringeres Gewicht und stehen ihr dann nicht entgegen.[887] Der Antrag auf Erteilung einer Genehmigung zum **Bodenabbau** muss Angaben über die Transportwege und ihre voraussichtliche Belastung von der Abbaustätte bis zur Anbindung an das öffentliche Wegenetz enthalten. Die Möglichkeit, eine Bodenabbaugenehmigung mit Nebenbestimmungen zu versehen, kann die Vollständigkeit der dem Antrag auf Erteilung einer Bodenabbaugenehmigung beizufügenden Unterlagen nicht ersetzen.[888]

4006 Die Unzulässigkeit des privilegierten ortsgebundenen Betriebes kann sich aus dem Entgegenstehen **öffentlicher Belange** ergeben. Dies gilt auch für **Abgrabungsvorhaben**, die vom Grundsatz her nach § 35 I Nr. 3 BauGB privilegiert sind. Das BauGB regelt zwar die bodenrechtlichen Anforderungen an Abgrabungen abschließend. In dieser Hinsicht kann das Landesrecht keine weiteren Anforderungen stellen. Dadurch ist aber nicht ausgeschlossen, dass landschaftspflegerische Ziele der Raumordnung bei einer Entscheidung über die Zulässigkeit einer Abgrabung nach Landesnaturschutzrecht berücksichtigt werden.[889] Die öffentlichen Belange „natürliche Eigenart der Landschaft" und „Natur- und Landschaftsschutz"[890] können auch einem privilegierten Vorhaben entgegenstehen.[891] Eine Beeinträchtigung des Belanges „Natur- und Landschaftsschutz" setzt eine förmliche Unterschutzstellung des Gebietes nicht voraus.[892] Dass derartige öffentliche Belange ein besonderes Gewicht haben, ergibt sich nicht nur aus ihrer Erwähnung in § 35 III 1 BauGB. Dies folgt auch aus der gesetzlichen Wertung der §§ 1, 2 BNatSchG. Bundesrechtliches Bauplanungsrecht und landesrechtliches Naturschutzrecht treten also nebeneinander und können jeweils eigenständige Zulässigkeitsanforderungen an die Bodennutzung formulieren.[893] Eine im Außenbereich gem. § 35 I Nr. 3 BauGB privilegierte Abgrabung (Auskiesung)[894] größeren Umfangs,[895] die nach dem **Landschaftsschutzrecht** in einer durch Ausnahmegenehmigung nicht zu behebenden Weise unzulässig ist, ist auch bauplanungsrechtlich nicht zulässig.[896] Auch eine an sich nach § 35 I Nr. 3 BauGB privilegierte **Abtorfung** muss Belange des Natur- und Landschaftsschutzes wahren.[897] Dies ist auch verfassungsrechtlich hinzunehmen. Das in einer **Landschaftsschutzverordnung** enthaltene grundsätzliche Verbot von Abgrabungen zur Gewinnung von Bodenschätzen kann eine zulässige Inhaltsbestimmung des Eigentums iS des Art. 14 I 2 GG auch dann sein, wenn es Zweck des Verbots ist, eine Beeinträchtigung des Naturgenusses zu vermeiden.[898] Eigentum kann nach

884 BVerwG NVwZ 1994, 288.
885 BVerwG NJW 1977, 119.
886 So für ein Ziegelwerk mit Tonabbau BVerwG Beschl. v. 6.9.1993 – 4 B 32.93, juris.
887 BVerwG NVwZ 1984, 303.
888 OVG Lüneburg NVwZ-RR 2008, 382.
889 BVerwG BauR 1978, 378; BRS 40 (1980), Nr. 92; NVwZ 1989, 49.
890 OVG Münster Beschl. v. 16.12.2008 – 8 A 2769/07, juris zu einem Schafstall mit Schlachtraum und Direktvermarktung.
891 BVerwG DVBl. 1969, 267; OVG Lüneburg RdL 1996, 21.
892 BVerwG NVwZ 1985, 340.
893 BVerwG DÖV 1992, 73.
894 VGH München NuR 1993, 326; VGH Mannheim Urt. v. 15.2.1990 – 10 S 2893/88, juris.
895 OVG Saarlouis UPR 1993, 39.
896 BVerwG DVBl. 1983, 895.
897 BVerwGE 67, 84; NVwZ-RR 1989, 288; Beschl. v. 6.11.1989 – 4 B 203.89, juris.
898 BVerwGE 67, 84.

Inhalt und Schranken auch durch eine Landschaftsschutzverordnung bestimmt werden. Das GG hat dem Gesetzgeber den Auftrag zugewiesen, eine Eigentumsordnung zu schaffen, die sowohl den privaten Interessen des einzelnen als auch denen der Allgemeinheit gerecht wird.[899] Dies gilt in besonderer Weise auch für den Bereich des Natur- und Landschaftsschutzes, den das Landesrecht nicht, ohne gegen Bundesverfassungsrecht zu verstoßen, unangemessen verkürzen darf. Das Grundeigentum umfasst in seinem verfassungsrechtlich geschützten Kern nicht alle Befugnisse, die von der Sache her möglich sind und die sich einem wirtschaftlich denkenden Eigentümer als die lohnendste und ertragreichste Nutzung anbieten. Der Gesetzgeber kann zur Wahrung übertragener Gemeinwohlbelange im Rahmen des Art. 14 I 2 GG einzelne Befugnisse vom Eigentum ausklammern, ohne die Institutsgarantie des privaten Eigentums anzutasten. Soweit diese Befugnisse sich in der Hand des einzelnen Eigentümers noch nicht eigentumsmäßig verfestigt haben, greift der Gesetzgeber auch nicht in die Individualrechtsgarantie des Eigentums ein.[900] Neben der Prüfung der planungsrechtlichen Zulässigkeit können sich **sonstige Genehmigungserfordernisse** ergeben. So bedarf etwa der **Gipsabbau** als privilegiertes Außenbereichsvorhaben ggfls.einer immissionsschutzrechtlichen Genehmigung. Die Erteilung dieser Genehmigung ist nach § 6 I Nr. 2 BImSchG davon abhängig, dass der Anlage auch andere öffentlich-rechtliche Vorschriften nicht entgegenstehen. Sie schließt andere, die Anlage betreffende behördliche Entscheidungen nach Maßgabe des § 13 BImSchG ein. Die immissionsschutzrechtliche Genehmigung, die keine materielle Konzentrationswirkung hat, darf hiernach nur erteilt werden, wenn auch eine für sie erforderliche Baugenehmigung erteilt werden dürfte.[901]

An sich privilegierte ortsgebundene Betriebe nach § 35 I Nr. 3 BauGB sind noch hinsichtlich des **Standortes** in einem bestimmten Rahmen variationsfähig. Aus der grundsätzlich privilegierten Zulässigkeit folgt daher nicht, dass die Vorhaben an jedem Standort des Außenbereichs verwirklicht werden können. Auch hat die Standortgemeinde in einem bestimmten Umfang die Möglichkeit, auf die Privilegierung regelnd einzuwirken. Dies kann durch **konkrete, standortbezogene Aussagen im Flächennutzungsplan** erfolgen. Allgemeine Aussagen des Flächennutzungsplans reichen hierzu allerdings nicht aus. So steht die Darstellung aller für eine landwirtschaftliche Nutzung in Betracht kommenden Außenbereichsflächen als Fläche für die Landwirtschaft im Flächennutzungsplan der Gemeinde einem privilegierten Vorhaben regelmäßig nicht als öffentlicher Belang entgegen. Dies gilt auch, soweit sich die Gemeinde auf ein allgemeines Interesse an der Freihaltung von Flächen für zukünftige Planungen beruft.[902] Denn die Darstellung als Fläche für die Landwirtschaft enthält im Allgemeinen keine qualifizierte Standortzuweisung, sondern weist dem Außenbereich nur die ihm ohnehin nach dem Willen des Gesetzgebers (§ 35 II und III BauGB) in erster Linie zukommende Funktion zu, der Land- und Forstwirtschaft und dadurch zugleich auch der allgemeinen Erholung zu dienen.[903] Eine konkrete Standortbezogenheit der Darstellung „Fläche für die Landwirtschaft" ist regelmäßig nur für bestimmte Außenbereichsflächen in Betracht zu ziehen, für die besondere Verhältnisse in Bezug auf deren landwirtschaftliche Nutzung vorliegen. Etwas anderes kann gelten, wenn sich in der Begründung greifbare Anhaltspunkte dafür finden, dass mit dem Flächennutzungsplan bewusst und gewollt eine größere, geschlossene, nur landwirtschaftlich zu nutzende Fläche mit dem Ziel der Erhaltung einer besonders schützenswerten ländlichen Siedlungsstruktur dargestellt worden ist. Fehlt es aber an solchen besonderen Umständen, die für sämtliche im Flächennutzungsplan für die Landwirtschaft dargestellten Flächen eine positive planerische Aussage begründen können, so kommt der Darstellung nicht das Gewicht zu, im gesamten oder nahezu gesamten Außenbereich einer Gemeinde andere gem. § 35 I BauGB privilegierte Vorhaben außerhalb der Landwirtschaft zu verdrängen. 4007

Die Gemeinde kann jedoch durch die Ausweisung von **„Abgrabungskonzentrationszonen"** im Flächennutzungsplan konkrete standortbezogene Aussagen treffen. Die Gemeinde ist daher befugt, Abgrabungsflächen im Flächennutzungsplan mit dem Ziel darzustellen, den Abbau von Kies und Sand am ausgewiesenen Standort zu konkretisieren und im übrigen Außenbereich zu vermeiden. Welches Gewicht dem öffentlichen Belang einer Konzentration von 4008

---

899 BVerfG NJW 1982, 745.

900 BVerwGE 49, 365.

901 BVerwG NVwZ 1991, 161; zu Vorranggebietsfestlegungen für Abgrabungen Beckmann BauR 2024 (in Vorbereitung).

902 BVerwG NVwZ 1991, 161.

903 BVerwG NVwZ 1984, 367; DVBl. 1987, 1008; NJW 1989, 242.

Abgrabungen auf bestimmten Flächen im Außenbereich im Verhältnis zum Gewicht der Privilegierung der Abgrabung als Außenbereichsnutzung zukommt, bestimmt sich nach den Einzelfallumständen. Ein Planungsvorbehalt für die nach § 35 I Nr. 2 bis 6 BauGB privilegierten Vorhaben ist in § 35 III 3 BauGB geregelt.[904] Es muss sich dabei allerdings um konkrete standortbezogene Aussagen der Gemeinde oder der Regionalplanung handeln.

4. Vorhaben mit besonderen Anforderungen, Auswirkungen oder Zweckbestimmungen (§ 35 I Nr. 4 BauGB)

4009 Nach § 35 I Nr. 4 BauGB sind Vorhaben privilegiert, die wegen ihrer besonderen Anforderungen an die Umgebung, wegen ihrer nachteiligen Wirkung auf die Umgebung oder wegen ihrer besonderen Zweckbestimmung nur im Außenbereich ausgeführt werden sollen. Die Norm ist im Verhältnis zu den anderen Privilegierungstatbeständen in § 35 I BauGB generalklauselartig und recht weit ausgefallen. Sie erfüllt die Funktion eines Auffangtatbestandes.[905] Es ist dabei eine dreifache Prüfung angezeigt: Zunächst muss festgestellt werden, ob die in der Vorschrift genannten Kriterien eine gewisse Zuordnung zum Außenbereich nahelegen. Sodann ist zu fragen, ob das Vorhaben wegen dieser privilegierenden Merkmale nur im Außenbereich ausgeführt werden soll oder sich auch im beplanten oder nicht überplanten Innenbereich unterbringen lässt.[906] Zudem ist eine wertende, den gesetzlichen Privilegierungstatbestand nachvollziehende Abwägung im Einzelfall erforderlich, ob das Vorhaben auch im Hinblick auf etwa betroffene öffentliche Belange und den generellen Schutz des Außenbereichs iS einer Bevorzugung des Außenbereichs billigenswert ist.

4010 Wegen ihrer besonderen nachteiligen Wirkungen auf die Umgebung können etwa Zementfabriken, Sprengstofffabriken oder Sprengstofflager nach § 35 I Nr. 4 BauGB privilegiert zugelassen werden. Die Beantwortung der Frage, ob ein Vorhaben wegen seiner besonderen Zweckbestimmung „nur im Außenbereich ausgeführt werden soll", setzt eine Wertung voraus, dass das Vorhaben in einer Weise billigenswert ist, die es rechtfertigt, es bevorzugt im Außenbereich zuzulassen.[907] Dies setzt in der Regel voraus, dass das Vorhaben der Allgemeinheit zur Verfügung steht oder für die Allgemeinheit einen anderen Nutzen hat.[908] Können bei einem **Sprengstofflager** aufgrund dessen geringer Größe und der sich aus der Lagergruppe ergebenden eingeschränkten Gefährlichkeit der zu lagernden Explosivstoffe die Schutzabstände nach der 2. SprengV in einem Gewerbe- oder Industriegebiet grundsätzlich eingehalten werden, handelt es sich regelmäßig nicht um ein privilegiertes Vorhaben im Sinne von § 35 I Nr. 4 BauGB, das nur im Außenbereich ausgeführt werden soll.[909]

4011 Nach § 35 I Nr. 4 BauGB sind nur solche Vorhaben privilegiert, die über eine individuelle und die Allgemeinheit ausschließende Nutzung des Außenbereichs hinausgehen. Dagegen fehlt es am Tatbestandsmerkmal des „Sollens" iSv § 35 I Nr. 4 BauGB, wenn gegenüber dem allgemeinen Bedürfnis nach Erholung in der freien Natur, dem der Außenbereich dient, individuelle Erholungs- und Freizeitwünsche bevorzugt werden.[910] Auch wenn **Reitplätze** und Pferdehöfe bei einem pferdebegeisterten Publikum beliebt sind und die Nachfrage nach diesen vorhanden ist und auch die Benutzung des Reiterhofs – gegen entsprechende Bezahlung – jedermann gestattet ist, handelt es sich dennoch um die Befriedigung spezieller Freizeitwünsche, denen auch unter dem Gesichtspunkt der Gewinnerzielungsabsicht des Betreibers der Anlage eine Rechtfertigung für die Bevorzugung fehlt.

---

904 BVerwG DVBl. 1987, 1008; siehe auch Beckmann BauR 2024 (in Vorbereitung).

905 Jeronim in Kröninger/Jeronim, BauGB/BauNVO, 2024, § 35 Rn. 20; Söfker in EZBK, BauGB, 2019, § 35 Rn. 55.

906 BVerwG Beschl. v. 26.3.2014 – 4 B 3/14, juris; Spieß in Jäde/Dirnberger, BauGB/BauNVO, 2022, § 35 Rn. 62.

907 BVerwG NJW 1983, 2716.

908 So BVerwG DVBl. 1977, 196: Für die vorrangige Zulässigkeit eines Jugendheims kommt es auch darauf an, ob es für einen größeren Benutzerkreis zugänglich ist – zB für Jugendliche allgemein – und nicht etwa durch die Voraussetzung einer Mitgliedschaft oder durch Eintrittsgebühren der Kreis der Benutzer beschränkt wird.

909 VGH Mannheim DÖV 2022, 558 = juris Rn. 42.

910 VGH München Beschl. v. 5.7.2023 – 2 ZB 22.6, juris Rn. 6; BVerwG Beschl. v. 9.9.2004 – 4 B 58.04, juris Rn. 6 zur landwirtschaftlichen Pferdehaltung; Beschl. v. 10.2.2009 – 7 B 46.08, juris Rn. 8 zu einer Schießanlagen; Urt. v. 14.3.1975 – IV C 41.73 juris zu einem Campingplatz; Beschl. v. 3.12.1990 – 4 B 144.90, juris Rn. 5 zu einem Tennisplatz; Beschl. v. 4.7.1991 – 4 B 109.91, juris zu einer Hundesportanlage.

Außerdem soll § 35 I Nr. 4 BauGB nur solche Vorhaben privilegieren, die singulären Charakter haben, nicht in einer größeren Zahl zu erwarten sind und deshalb nicht das Bedürfnis nach einer vorausschauenden förmlichen Bauleitplanung im Außenbereich auslösen.[911] Als Privilegierungstatbestand sei § 35 I Nr. 4 BauGB kein geeignetes Instrument, im Außenbereich Bau- oder Nutzungswünsche zu steuern, die „Vorbildwirkung" für weitere gleichartige Wünsche haben.[912] Die Prüfung, ob ein Vorhaben im Außenbereich ausgeführt werden „soll", kann auch dazu führen, dass auf die Ausführung eines Vorhabens dieser Art in dem konkreten Gemeindegebiet überhaupt zu verzichten ist und sich der Antragsteller darauf verweisen lassen muss, sein Vorhaben im Innenbereich einer anderen Gemeinde durchzuführen.[913] **4012**

Insbesondere die Haltung und Aufzucht von Nutztieren in großen Stallanlagen in Form gewerblicher Intensivtierhaltung ist im Regelfall in Gewerbegebieten zulässig. Sie kann aber auch in konkreten städtebaulichen Situationen nach § 35 I Nr. 4 BauGB privilegiert zulässig sein; auf sie bezieht sich dann aber der (insbesondere kommunale) Planvorbehalt des § 35 III 3 BauGB. Im Außenbereich sind Bauvorhaben, welche die Umgebung erheblich stören, nicht zuzulassen, die auch – und sogar sachgerechter – in Industriegebieten errichtet werden können. Ob die Alternative einer Errichtung des Vorhabens in einem Plangebiet besteht, ist nicht abstrakt, sondern nach den konkreten örtlichen Gegebenheiten zu entscheiden.[914] § 35 I Nr. 4 BauGB stellt einen Auffangtatbestand für solche Vorhaben dar, die von den übrigen Nummern des § 35 I BauGB nicht erfasst werden und nach den Grundsätzen städtebaulicher Ordnung, wenn überhaupt, sinnvoll nur im Außenbereich ausgeführt werden können, weil sie zur Erreichung des mit ihnen verfolgten Zwecks auf einen Standort außerhalb der im Zusammenhang bebauten Ortsteile angewiesen sind. Wenn ein Vorhaben auf einen Standort im Innenbereich verwiesen werden kann, ist es nicht auf die Inanspruchnahme des Außenbereichs angewiesen.[915] Die mögliche Unterbringung eines immissionsträchtigen Vorhabens im Innenbereich ist nach Beschaffenheit des Innenbereichs in der jeweiligen Gemeinde zu beurteilen.[916]Für die Ortsgebundenheit genügt nicht, dass sich der Standort aus Gründen der Rentabilität anbietet oder gar aufdrängt. Erforderlich ist vielmehr, dass der Betrieb auf die geografische oder geologische Eigenart der Stelle angewiesen ist, weil er an einem anderen Ort seinen Zweck verfehlen würde.[917] Für die Frage, ob die Privilegierung eines immissionsträchtigen Vorhabens nach § 35 I Nr. 4 BauGB ausscheidet, weil das Vorhaben auf einen Standort im Innenbereich verwiesen werden kann, kommt es nicht auf die Beschaffenheit von Innenbereichen im Allgemeinen an, sondern auf die Beschaffenheit des Innenbereichs in der jeweiligen Gemeinde.[918] **4013**

Ein Vorhaben **„soll"** jedenfalls nur dann im Außenbereich ausgeführt werden, wenn es nach Art, Umfang und Gestaltung für seine konkrete Zweckbestimmung erforderlich ist.[919] Aus der Tatsache allein, dass ein Vorhaben einem zulässigen und sinnvoll nur im nicht bebauten Bereich zu verwirklichenden Zweck dient, folgt noch nicht, dass es auch bevorzugt im Außenbereich ausgeführt werden soll.[920] Die im Merkmal des Sollens in § 35 I Nr. 4 BauGB enthaltene Wertung umschließt auch die Frage, ob die Privilegierung als Bevorzugung in Richtung auf den Gleichheitssatz zu rechtfertigen ist.[921] Daran fehlt es immer dann, wenn gegenüber dem allgemeinen Bedürfnis nach Erholung in der freien Natur,[922] das dem Außenbereich zugeordnet ist,[923] individuelle Freizeitwünsche[924] oder gewerbliche Nutzungsabsichten bevorzugt werden sollen.[925] Das gilt auch für eine Hobby-Tierhaltung.[926] Auch Sanato- **4014**

---

911 Söfker in EZBK, BauGB, 2019, § 35 Rn. 55 b.
912 VGH München Beschl. v. 5.7.2023 – 2 ZB 22.6, juris Rn. 6.
913 VGH Mannheim DÖV 2022, 558 = juris Rn. 42.
914 BVerwG NuR 2005, 729; NJW 1976, 1855.
915 BVerwG ZfBR 2011, 481.
916 BVerwG UPR 2014, 313; Spieß in Jäde/Dirnberger, BauGB/BauNVO, 2022, § 35 Rn. 62.
917 BVerwG NVwZ 2012, 1631.
918 BVerwG Beschl. v. 26.3.2014 – 4 B 3.14, juris.
919 OVG Münster NuR 1992, 137.
920 BVerwGE 48, 109; BRS 56 Nr. 78; Spieß in Jäde/Dirnberger, BauGB/BauNVO, 2022, § 35 Rn. 68.
921 Zu diesen wertenden Aspekten dieser Privilegierung Söfker in EZBK, BauGB, 2019, § 35 Rn. 55.
922 Kniep GewArch. 1982, 45.
923 BVerwG ZfBR 1979, 259.
924 Dazu BVerwG Beschl. v. 30.11.1992 – 4 NB 41.92, juris.
925 BVerwG NuR 1990, 164.
926 VGH Kassel RdL 1992, 202; OVG Schleswig Urt. v. 31.8.1994 – 1 L 143/93, juris.

rien,[927] Lungenheilstätten oder Kurkliniken lassen sich regelmäßig in beplanten Gebieten verwirklichen und sind daher nicht auf einen Außenbereichsstandort angewiesen. So sind Pferdeställe,[928] „Hütten", Wochenendhäuser oder Boots- und Badehütte[929] sind im Außenbereich nur zulässig, wenn sie mit einer privilegierten Nutzung im Zusammenhang stehen. Hobby- oder Liebhabereinutzungen oder auch eine Motocross-Anlage[930] sind im Außenbereich grundsätzlich unzulässige nicht privilegierte Vorhaben.[931] Nicht jedes Vorhaben, das sinnvoll nur im Außenbereich errichtet werden kann, ist schon deshalb nach § 35 I Nr. 4 BauGB im Außenbereich privilegiert. Zu fragen ist vielmehr zusätzlich, ob es iS dieser Vorschrift auch im Außenbereich zugelassen werden soll.[932] Dementsprechend ist § 35 I Nr. 4 BauGB nach ständiger Rechtsprechung nicht anwendbar, wenn ein Vorhaben aus Liebhaberei errichtet wird.[933] Privilegiert sind etwa Vorhaben, die von ihrem Zweck her die Funktion des Außenbereichs als Erholungslandschaft für die **Allgemeinheit** erschließen[934] wie zB Schutzhütten in Naturparks,[935] der Allgemeinheit zur Verfügung stehende Berg- und Skihütten oder Badehütten. Aber auch Bienenhäuser können nach § 35 I Nr. 4 BauGB privilegiert sein.[936] Nicht privilegiert sind demgegenüber Vorhaben, die nicht der Allgemeinheit zur Verfügung stehen,[937] wie **private Wochenendhäuser**,[938] Ferienhäuser,[939] private Berg-[940] und Skihütten,[941] Anlagen der Freikörperkultur[942] oder die der Gewinnerzielung dienen wie **Gaststätten**, Hotels,[943] Motels, Campingplätze,[944] Abstellplätze für Wohnwagen[945] oder Wochenendplätze.[946] Auch Vorhaben von **Kirchen** und **karitativen Organisationen** können privilegiert zulässig sein wie etwa Jugendheime oder Erholungsheime.[947] Auch **Jagdhütten** können nach § 35 I Nr. 4 BauGB privilegiert zulässig sein, wenn sie für die Jagdausübung erforderlich sind und über eine ange-

[927] Weyreuther Bauen im Außenbereich, 1979, 257.

[928] VGH München Beschl. v. 7.10.2008 – 15 ZB 8.87, juris.

[929] VGH München Beschl. v. 9.7.2008 – 1 ZB 7.346, juris.

[930] VGH München NVwZ-RR 2008, 688.

[931] VGH München Beschl. v. 26.8.2008 – 15 ZB 8.1309, juris.

[932] Spieß in Jäde/Dirnberger, BauGB/BauNVO, 2022, § 35 Rn. 65; auch Baulichkeiten, die geeignet sind, dem Schutz der Zivilbevölkerung zu dienen, gehören nicht generell zu den Vorhaben, die nach § 35 I Nr. 5 BauGB im Außenbereich bevorrechtigt zulässig sind, so BVerwG Beschl. v. 12.6.1987 – 4 B 84.87, juris.

[933] BVerwGE 34, 1; BVerwGE 48, 109; UPR 1996, 29.

[934] BVerwG ZfBR 1979, 259; Fischer/Hagen BauR 1979, 181.

[935] Zur Zulässigkeit einer Wetterschutzhütte für einen gewerblichen Angelteich OVG Schleswig Urt. v. 19.4.1995 – 1 L 57/95, juris.

[936] BVerwG DVBl. 1975, 504, soweit sie nicht bereits der berufsmäßigen Imkerei dienen und daher nach § 201 BauGB den Begriff der Landwirtschaft erfüllen BVerwG Beschl. v. 30.10.1996 – 4 B 195.96, juris.

[937] Der Gemeinwohlbezug ist als rechtfertigender Zweck für die Privilegierung von Vorhaben besonders wichtig, BVerwG Beschl. v. 15.12.1966 – 4 B 114.66, juris.

[938] BVerwG DVBl. 1964, 527; Beschl. v. 1.12.1964 – I B 196.64, juris; Beschl. v. 3.3.1966 – 4 B 30.66, juris.

[939] BVerwG Beschl. v. 15.12.1966 – 4 B 114.66, juris; Urt. v. 22.11.1968 – IV C 85.66, juris; Bielenberg/Söfker/Roesch ZfBR 1989, 49; Roesch ZfBR 1989, 187; Söfker ZfBR 1989, 91.

[940] OLG München NuR 1995, 581.

[941] BVerwG Beschl. v. 27.10.1964 – I B 35.63, juris.

[942] BVerwG BauR 1979, 123; ZMR 1981, 160; OVG Schleswig Urt. v. 10.8.1994 – 1 L 33/94, juris – für ein Heim mit einem Versammlungsraum von 100 qm Größe; Eine derartige Anlage ist auch dann nicht privilegiert, wenn sie an einer anderen Stelle des Außenbereichs öffentlichen Interessen hat weichen müssen, so BVerwG BRS 36, Nr. 94.

[943] BVerwG Urt. v. 8.11.1967 – IV C 76.65, juris.

[944] BVerwGE 48, 109; OVG Berlin UPR 1988, 275. Ote BauR 1978, 109; Bei illegalen Nutzungen eines Campingplatzes kann die Bauaufsichtsbehörde nach Maßgabe des jeweiligen Landesrechts von dem Pächter eines Grundstücks die Angabe der Namen und Anschriften der Inhaber der einzelnen Stellplätze fordern, um gegen diese mit Beseitigungsanordnungen vorzugehen, so OVG Berlin NVwZ 1988, 750.

[945] BVerwG BayVBl. 1966, 316; für einen Wohnwagen mit mehreren Schlafgelegenheiten, Beleuchtung und Kochgelegenheiten BVerwG, Beschl. v. 6.8.1968 – 4 B 225.67, juris. Zur unterschiedlichen bauplanungsrechtlichen Beurteilung von Wochenendhäusern und zur Wochenenderholung aufgestellten Wohnwagen BVerwG NVwZ 1988, 144.

[946] Solche Plätze bedürfen jedenfalls dann einer förmlichen Planung, wenn sie mit einer baulichen Verfestigung verbunden sind wie etwa mit Errichtung eines Wasch– oder Toilettengebäudes, so BVerwGE 48, 109; VGH München NuR 1995, 291.

[947] BVerwG DVBl. 1977, 196; Schullandheime sind demgegenüber grundsätzlich nicht nach § 35 I Nr. 5 BauGB privilegiert, so OVG Lüneburg, BRS 50 (1990), Nr. 90.

messene Größe nicht hinausgehen.[948] Es muss sich dabei um einen möglichst einfachen Bau handeln, dessen Errichtung, örtliche Lage, Größe, Einteilung und Ausstattung sich ausschließlich nach den Erfordernissen der ordnungsgemäßen Jagdausübung bestimmt.[949] Eine Jagdhütte im Außenbereich ist aber dann nicht privilegiert zulässig, wenn der Jagdausübungsberechtigte im Jagdrevier selbst oder so in dessen Nähe wohnt, dass er die Jagd von seinem Wohnort aus in angemessen kurzer Zeit erreichen kann[950] oder bereits eine Jagdhütte vorhanden ist.[951] Für die Unzumutbarkeit der Nutzung solcher Unterbringungsmöglichkeiten in der konkreten Örtlichkeit kann der Bauherr darlegungs- und beweispflichtig sein.[952] Die Baugenehmigung kann dabei auf die Nutzung durch eine bestimmte Person (etwa den Jagdpächter, der nicht im Jagdbezirk oder dessen Nähe wohnt) beschränkt werden. Außerdem kann bestimmt werden, dass das in der Baugenehmigung festgestellte Nutzungsrecht nicht auf einen Dritten übergeht, der die für die Beschränkung maßgebenden Voraussetzungen nicht erfüllt.[953]

Am Merkmal des Sollens fehlt es immer dann, wenn gegenüber dem allgemeinen Bedürfnis 4015
nach Erholung in der freien Natur, dem der Außenbereich dient, individuelle Freizeitwünsche bevorzugt werden sollen.

Beispiel: Wohnt ein Jagdinhaber innerhalb seines Jagdreviers oder in einer solchen räumlichen Nähe zu ihm, dass er das Revier in angemessen kurzer Zeit erreichen kann, so ist die Errichtung einer Jagdhütte (oder auch die Nutzung eines ungenehmigt errichteten Wochenendhauses zu Jagdzwecken) nicht für die Jagdausübung „erforderlich".[954] Die Errichtung einer Skihütte ist nur dann im Sinn von § 35 I Nr. 4 BauGB im Außenbereich erforderlich, wenn sie für die gastronomische Grundversorgung der Skifahrer objektiv notwendig ist. Für eine privilegierte Zulässigkeit genügt es nicht, dass durch den zusätzlichen Gaststättenbetrieb die Attraktivität des Skigebiets gesteigert wird.[955]

Auch bei einem **Wildgehege**, in dem aus Liebhaberei gezähmte, im Eigentum des Besitzers 4016
stehende und nicht der Jagd zugängliche Tiere gehalten werden, handelt es sich nicht notwendig um ein nach § 35 I Nr. 4 BauGB bevorrechtigtes Vorhaben.[956] Damwildgehege sind nach Maßgabe des § 43 BNatSchG zulässig. Früher waren hierfür die Landesnaturschutzgesetze maßgebend.[957] Auch ein **Geflügelmaststall** mit 180.000 Mastplätzen kann ein iS des § 35 I Nr. 4 BauGB im Außenbereich privilegiert zulässiges Vorhaben sein.[958] Daran wird es jedoch in der Regel fehlen, wenn das Vorhaben in einem Gewerbegebiet ausgewiesen werden kann und als privilegierter landwirtschaftlicher Betrieb scheitert, weil es nicht über eine ausreichende Futtergrundlage und damit Bodenertragsnutzung verfügt. Ebenso ist ein aus Liebhaberei angelegter Fischteich auch dann kein im Außenbereich gem. § 35 I Nr. 4 BauGB privilegiertes Vorhaben, wenn er zu einem Biotop entwickelt werden soll.[959] **Fischerhütten** oder Schuppen

---

[948] BVerwG Beschl. v. 14.9.1967 – 4 B 33.67, juris; BauR 1996, 828. Dabei ist ein strenger Maßstab anzulegen; liegt in der Reviernähe eine Ortschaft, kann der Jagdpächter auf eine dort bestehende Übernachtungsmöglichkeit verwiesen werden.

[949] BVerwG DÖV 1964, 744; BVerwGE 26, 121; BRS 24 (1974), Nr. 64. Darüber hinausgehende Gebäude sind planungsrechtlich nicht zulässig, Beschl. v. 25.10.1967 – 4 B 64.67, juris; Beschl. v. 13.11.1967 – 4 B 142.67, juris; Beschl. v. 2.7.1968 – 4 B 182.67, juris. Unzulässig ist der Ausbau einer Jagdhütte zu einem repräsentativen Wohnhaus, so BVerwG Beschl. v. 28.11.1968 – 4 B 110.68, juris; der Bestandsschutz der Jagdhütte rechtfertigt auch nicht, die Nutzung in eine allgemeine Wohnnutzung zu ändern, so BVerwG Beschl. v. 14.2.1985 – 4 B 20.85, juris.

[950] So BVerwG NVwZ 1986, 645, für eine Entfernung von Wohnung und Jagd von 6 km; ebenso VG Meinigen Urt. v. 8.5.1995 – 5 K 249/94.Me, juris; BVerwG Beschl. v. 17.7.1967 – 4 B 180.66, juris.

[951] BVerwG NVwZ 1983, 472; Beschl. v. 19.4.1990 – 4 B 69.90, juris.

[952] OVG Lüneburg NVwZ-RR 2008, 685; AgrarR 1984, 46.

[953] BVerwG UPR 1996, 108; Beschl. v. 23.12.1964 – I B 219.64, juris. Die Privilegierung muss im Vordergrund stehen. Dies gilt etwa nicht für ein Wochenendhaus, das nur gelegentlich auch als Jagdhütte dienen könnte; Beschl. v. 29.9.1965 – 4 B 199.65, juris; VGH Mannheim Urt. v. 17.9.1998 – 3 S 1934/96, juris.

[954] BVerwG UPR 1996, 108.

[955] VGH München NVwZ 2013, 311; Muckel JA 2013, 479.

[956] BVerwG BRS 47 (1987), Nr. 74 (S. 199).

[957] BVerwG Beschl. v. 16.2.1989 – 4 B 29.89, juris. Zur Unzulässigkeit einer Wohnung als Teil eines Damwildgeheges BVerwG Beschl. v. 21.6.1996 – 4 B 89.96, juris.

[958] BVerwG NVwZ 1984, 169; Gerbig JuS 2009, 836.

[959] BVerwG UPR 1996, 29.

können im Außenbereich nach § 35 I Nr. 4 BauGB privilegiert sein, wenn sie einer auf Ertrag ausgerichteten Fischerei dienen oder einem rechtlichen Erfordernis entsprechen. Verpflichtet etwa das Landesfischereirecht den Eigentümer eines Baggersees, einen der Größe und Beschaffenheit des Gewässers entsprechenden Fischbestand durch künstlichen Bestand zu erhalten und zu hegen, kann ein für die Erfüllung dieser Pflicht erforderlicher Schuppen privilegiert sein.[960]

4017 Ein aus Liebhaberei angelegter **Fischteich** ist demgegenüber auch dann kein im Außenbereich gem. § 35 I Nr. 4 BauGB privilegiertes Vorhaben, wenn er zu einem Biotop entwickelt werden soll.[961] Zudem kann sich bei der Anlage von Fischteichen[962] das Erfordernis eines wasserrechtlichen Verfahrens ergeben.[963] Denn derartige Vorhaben sind Maßnahmen des Gewässerausbaus, die nach Maßgabe der wasserrechtlichen Bestimmungen einer vorherigen Planfeststellung oder Plangenehmigung bedürfen.[964] Der Planfeststellungsbehörde (Wasserbehörde) ist dabei ein Ermessen iS einer planerischen Gestaltungsfreiheit eingeräumt, die nur einer eingeschränkten gerichtlichen Kontrolle offen steht. Dies gilt jedenfalls für die privatnützige wasserrechtliche Planfeststellung. Das BVerwG[965] unterscheidet zwischen der **gemeinnützigen** und der **privatnützigen Planfeststellung**.[966] Die wasserrechtliche Planfeststellung betrifft einerseits Planungen zum Gewässerausbau aus Gründen des Wohls der Allgemeinheit **(gemeinnützige Planfeststellung)**. Die Zulassung erstreckt sich andererseits auf Ausbauvorhaben, die allein im privaten Interesse des Ausbauunternehmers ausgeführt werden **(privatnützige Planfeststellung)**. Insofern unterscheidet sich § 68 WHG von anderen fachplanungsrechtlichen Vorschriften, insbesondere von § 17 FStrG, wonach eine fernstraßenrechtliche Planung voraussetzungsgemäß nur dann zulässig ist, wenn sie iS des Art. 14 III GG Aufgaben „zum Wohle der Allgemeinheit" erfüllt. Auch der Fischfang bzw. die Fischzucht selbst kann nach den Vorschriften des WHG erlaubnis- oder bewilligungsbedürftig sein. Widerspricht die Betätigung den gesetzlichen Vorschriften, ist sie auch nicht nach § 35 I BauGB privilegiert.[967] Das gilt auch für andere Vorhaben, von denen das Unvermeidbare überschreitende nachteilige Umwelteinwirkungen ausgehen.[968]

4018 **Sportanlagen**[969] wie Go-Kart-Bahnen,[970] Motor-Cross-Anlagen,[971] Golf,[972] Minigolf,[973] Tennis[974] oder Schießsport[975] werden in der Regel nach § 35 I Nr. 4 BauGB nicht privilegiert sein. Dabei sind ggf. auch die immissionsschutzrechtlichen Vorgaben zu berücksichtigen.[976]

---

960 BVerwG BauR 1978, 118.

961 BVerwG UPR 1996, 29; OVG Lüneburg BRS 49 (1989), Nr. 100.

962 Zur Beseitigungsanordnung eines nicht privilegierten Hauses an einem Fischteich VGH Kassel Urt. v. 28.1.1992 – 4 UE 2797/89, juris.

963 BVerwG BauR 1978, 121; Huster NuR 1992, 56.

964 OVG Koblenz Urt. v. 5.3.1992 – 1 A 10010/90, juris.

965 BVerwG NJW 1978, 2308.

966 Zur privatnützigen Planfeststellung Beckmann UPR 2023, 121; BVerfG Beschl. v. 21.12.2016 – 1 BvL 10/14, juris Rn. 28; BVerfG Nichtannahmebeschl. v. 25.1.2017 – 1 BvR 2297/10, juris Rn. 37; BVerfGE 134, 242 (295 f.), Rn. 180 f.; BVerfGE 74, 264; Beckmann Enteignung in Redeker/Uechtritz, Anwaltshandbuch Verwaltungsverfahren, 2020, 450; Gramlich DÖV 1987, 596; Schmidt-Aßmann NJW 1987, 1587; de Witt UPR 2017, 97; Achenbach Zur Frage der selbstständigen rechtlichen Bedeutung der privatnützigen Planfeststellung 1992; Büllesbach NuR 1991, 190; Kühling FS Sendler 1991, 391; Weidemann DVBl. 1990, 592.

967 BVerwG BauR 1978, 121.

968 BVerwG DVBl. 1978, 710.

969 Mößle BayVBl. 1991, 609, der eine pauschale Betrachtung ablehnt und eine Unterscheidung der verschiedenen Sportanlagen auch im Hinblick auf einen Gemeinwohlnutzen für erforderlich hält. Kastens SchlHA 1985, 97, rät demgegenüber davon ab, Sportanlagen ohne Bauleitplanung im Außenbereich nach § 35 BauGB einzurichten; Birk NVwZ 1985, 689.

970 VG Schleswig NuR 1994, 458.

971 VGH Mannheim ESVGH 43, 182.

972 BVerwG NVwZ 1992, 476; OVG Lüneburg NuR 1989, 45; Erbguth NuR 1987, 214; Hagemann AgrarR 1988, 308; Schulze Hage BauR 1986, 6.

973 BVerwG DVBl. 1972, 684; durch den Zu- und Abgangsverkehr oder die Spielgeräusche können öffentliche Belange beeinträchtigt oder das Gebot der nachbarlichen Rücksichtnahme verletzt werden.

974 VG Wiesbaden DWW 1989, 120 – Zweiplatz-Tennis-Anlage.

975 Zur Zulässigkeit eines privaten Schießplatzes, der an mehrere Vereine vermietet werden soll, BVerwG BauR 1978, 385.

976 BVerwG BauR 1978, 385; VGH Mannheim ESVGH 43, 182 – Motor-Cross-Anlage.

Auch Bauvorhaben für Camping- oder Zeltplätze sind in aller Regel nicht privilegiert.[977] Sie bedürfen jedenfalls dann einer förmlichen Planung, wenn sie mit einer baulichen Verfestigung wie etwa einem Wasch- oder Toilettengebäude verbunden sind.[978] Auch ein privater Sportboothafen ist nicht nach § 35 I Nr. 4 BauGB im Außenbereich privilegiert.[979] Ebenso sind **Tennisplätze** regelmäßig nicht im Außenbereich privilegiert zulässig.[980] Sie gehören trotz der mit ihnen verbundenen Lärmeinwirkungen nicht generell zu den Vorhaben, die nur im Außenbereich ausgeführt werden sollen. Vielmehr ist für sie Raum im beplanten oder unbeplanten Innenbereich. Die Änderungen in der BauNVO 1990 haben die ausnahmsweise bzw. die regelmäßige Zulässigkeit von Anlagen für sportliche Zwecke speziell in Wohngebieten erweitert.[981] Im Einzelfall auftretende Konflikte zwischen den Auswirkungen einer Sportanlage auf die Umgebung und dem angemessenen Ruhebedürfnis der Anwohner sind nach § 15 I BauNVO zu beurteilen. Ebenso kann sich ein Tennisplatz auch in einem unbeplanten Innenbereich je nach seiner Lage innerhalb der vorhandenen Wohnbebauung dem Charakter der näheren Umgebung einfügen.[982] **Hundesportplätze**, die der Erholung und Freizeitgestaltung eines bestimmten Personenkreises dienen, sind nicht nach § 35 I Nr. 4 BauGB im Außenbereich privilegiert.[983] Auch ein Hundeauslaufplatz, der Hundehaltern die Möglichkeit bieten soll, ihre Hunde ohne Leine und Maulkorb frei laufen zu lassen, erfüllt regelmäßig nicht die Voraussetzungen des § 35 I Nr. 4 BauGB.[984] Demgegenüber kann im Einzelfall eine Hundezucht[985] bzw. eine Hundeschule oder Hundepension sowie ein **Tierheim** ein privilegiertes Vorhaben iS von § 35 I Nr. 4 BauGB sein.[986] Zu fragen ist vielmehr, ob es iS dieser Vorschrift auch zugelassen werden **„soll"**. Das Merkmal des Sollens erfordert eine zusätzliche Bewertung. Eine Privilegierung muss als Bevorzugung in Richtung auf den Gleichheitssatz zu rechtfertigen sein. Daran fehlt es, wenn gegenüber dem allgemeinen Bedürfnis nach Erholung in der freien Natur, das dem Außenbereich zugeordnet ist, individuelle Erholungs- und Freizeitwünsche bevorzugt werden sollen.[987] Das BVerwG hat deshalb bereits die Privilegierung von Wochenendhäusern,[988] von baulichen Anlagen für Camping- und Zeltplätze[989] sowie der Anlage eines Sporthafens[990] verneint. Auch ein **Golfübungsplatz** mit Abschlaghütte (sog. „driving range") ist nicht gem. § 35 I Nr. 4 BauGB privilegiert.[991] Ob, in welchem Umfang und zu welchem Zweck Anlagen zur Freizeitgestaltung im Außenbereich geschaffen werden sollen, ist Sache der planenden Gemeinde.[992] Ebenso wenig ist eine **Bootshütte** zur Unterbringung von Booten, Surfbrettern und vergleichbaren Wassersportgeräten ein nach § 35 I Nr. 4 BauGB privilegiertes Vorhaben.[993] Es widerspräche der Zweckbestimmung des Außenbereichs, individuelle Erholungs- und Freizeitwünsche zu bevorzugen, mag sich auch ein Grundstück im Hinblick auf seine Lage oder seine sonstigen Eigenschaften aus der Sicht des Grundstückseigentümers für eine bestimmte Freizeitnutzung geradezu anbieten. Denn nicht die individuellen Gestaltungswünsche des Eigentümers sind maßgeblich, sondern die objektive Zweckbestimmung, die der Gesetzgeber dem Außenbereich zugedacht hat. Auch eine

---

977 Seilbahnen können nach § 35 I Nr. 4 BauGB privilegiert sein, wenn sie am Standort erforderlich sind und ein landesrechtliches Planfeststellungsverfahren nicht vorgesehen ist.

978 BVerwGE 48, 109.

979 BVerwG ZfBR 1990, 43.

980 BVerwG NVwZ 1991, 878.

981 § 3 III Nr. 2, § 4 II Nr. 3 BauNVO 1990; im Übrigen auch § 9 I Nr. 5 und Nr. 15 BauGB.

982 BVerwG NJW 1986, 393.

983 BVerwG NVwZ-RR 1992, 172.

984 OVG Münster BauR 2013, 1246.

985 BVerwG Beschl. v. 25.10.1996 – 4 B 191.96, juris. Danach umfasst der Landwirtschaftsbegriff nicht eine gewerbliche Hundezuchtanlage. Sie ist vielmehr je nach den Einzelfallumständen als störender oder nicht störender Gewerbebetrieb iS des § 5 II Nr. 6 BauNVO anzusehen.

986 BVerwG RdL 1977, 39; Beschl. v. 5.12.1988 – 4 B 209.88, juris.

987 BVerwG UPR 1990, 63.

988 BVerwGE 18, 247. Die Änderung der Nutzung eines im Außenbereich gelegenen Wochenendhauses in eine dauerhafte Wohnnutzung kann im Übrigen auch die Erweiterung einer Splittersiedlung befürchten lassen, so BVerwG NVwZ 1984, 510.

989 BVerwGE 48, 109.

990 BVerwG UPR 1990, 63.

991 BVerwG ZfBR 1992, 45.

992 BVerwG ZfBR 1992, 90.

993 BVerwG Beschl. v. 4.12.1992 – 4 B 229.92, juris.

Flugzeugunterstellhalle für einen bestehenden Verkehrslandeplatz, die nicht der luftverkehrsrechtlichen Zulassung bedarf, stellt nicht ein privilegiertes Vorhaben gem. § 35 I Nr. 4 BauGB dar. Da Flugzeugunterstellhallen nicht funktionell notwendig zum typischen Erscheinungsbild eines Verkehrslandeplatzes gehören, sind sie auch nicht als untergeordnete Nebenanlage zum bestehenden Verkehrslandeplatz privilegiert.[994] Betriebe, die nur teilweise die Anforderungen des § 35 I Nr. 4 BauGB erfüllen, sind nur dann privilegiert, wenn sie als Folge nicht nur wirtschaftlicher Zweckmäßigkeit, sondern technischer Erfordernisse dem typischen Erscheinungsbild eines Betriebes dieser Art entsprechen und der privilegierte Betriebszweig den gesamten Betrieb prägt.[995]

4019 Nicht jedes Vorhaben, das sinnvoll im Außenbereich errichtet werden kann, ist schon deshalb nach § 35 I Nr. 4 BauGB im Außenbereich privilegiert zuzulassen. Es bedarf vielmehr einer nachvollziehenden abwägenden Beurteilung der betroffenen öffentlichen Belange. Dabei kann es auch erforderlich werden, die vorgesehene Nutzung durch entsprechende Auflagen in der Baugenehmigung auf den privilegierten Gemeinwohlzweck zu begrenzen.

Beispiel: Die Funktion einer Gaststätte als **„Versorgungsstützpunkt"** für Skiläufer und Wanderer kann eine Beschränkung des Betriebes auch in jahreszeitlicher Hinsicht erfordern, um sicherzustellen, dass der Rahmen der privilegierten Zulässigkeit der Anlage im Außenbereich nach § 35 I Nr. 4 BauGB nicht überschritten wird.[996]

4020 Auch Abfallentsorgungsanlagen fallen nicht unter § 35 I Nr. 4 BauGB,[997] weil derartige Vorhaben förmlich geplant werden können. Auch Justizvollzugsanstalten oder Einrichtungen des Maßregelvollzuges sind keine im Außenbereich privilegierten Anlagen. Das Gleiche gilt für **Tankstellen**, die allenfalls dann privilegiert sein können, wenn sie etwa an Bundesautobahnen oder Ausflugsgaststätten Teil einer Hauptanlage sind. Demgegenüber können Sternwarten nach § 35 I Nr. 4 BauGB privilegiert sein. Auch ein Vorhaben mit an sich **außenbereichsadäquater Funktion** genießt dann keine Privilegierung nach § 35 I Nr. 4 BauGB, wenn es nicht erforderlich ist.[998]

Beispiel: Die Privilegierung eines als „Ökostation" bezeichneten Außenbereichsvorhabens als landwirtschaftliches Vorhaben gem. § 35 I Nr. 4 BauGB rechtfertigt nicht die Errichtung einer Betriebsleiterwohnung zum dauernden Aufenthalt sowie eines Betriebsgebäudes, wenn eine entsprechende Bewirtschaftungsfläche nicht vorhanden ist.[999]

4021 Ebenso kann ein nach § 35 I Nr. 4 BauGB grundsätzlich privilegiertes Vorhaben an **entgegenstehenden öffentlichen Belangen** scheitern. Vorhaben, von denen das Unvermeidbare überschreitende **nachteilige Umwelteinwirkungen** ausgehen, sind daher nicht nach § 35 I Nr. 4 BauGB privilegiert.[1000] Eine Privilegierung nach § 35 I Nr. 4 BauGB kann entfallen, wenn sich ein Vorhaben mit geringeren Emissionen betreiben lässt und dann auch im Innenbereich untergebracht werden kann.[1001] **Tierkörpersammelstellen** können gem. § 35 I Nr. 4 BauGB im Außenbereich privilegiert zugelassen werden. Ob Sammelstellen, die Geruchsbelästigungen nicht oder nur in einem nicht nennenswerten Umfang erwarten lassen, auch im Innenbereich errichtet werden dürfen, unterliegt der Einzelfallbeurteilung.[1002] Ein allgemeines Planungserfordernis kann einem gem. § 35 I Nr. 4 BauGB im Außenbereich privilegiert zulässigen Einzelvorhaben allerdings nicht als öffentlicher Belang entgegenstehen.[1003] Auch Vorhaben nach § 35 I Nr. 4 BauGB unterliegen dem Darstellungsprivileg der Gemeinden und der Raumordnung mit der Folge, dass an sich privilegierte Vorhaben an konkreten standortbezogenen Aussagen des Flächennutzungsplans oder landesplanerischer Ausweisungen scheitern können (§ 35 III 3 BauGB).

---

994 BVerwG BRS 56 Nr. 78.
995 BVerwG BauR 1976, 344.
996 BVerwG ZfBR 2000, 133.
997 Burgi UPR 1992, 136; zu Recyclinghöfen Eidenmüller JA 1992, 250.
998 BVerwG RdL 1970, 24; BRS 23 (1973), Nr. 75; B. v. 15.9.1970 – 4 B 219.69, juris; AgrarR 1989, 136.
999 BVerwG Beschl. v. 18.4.1988 – 4 B 68.88, juris.
1000 BVerwG DÖV 1978, 406.
1001 BVerwGE 55, 118.
1002 BVerwG Beschl. v. 1.8.1989 – 4 B 120.89, juris.
1003 BVerwG NVwZ 1984, 169.

Die **Privilegierung von Tierhaltungsbetrieben** nach § 35 I Nr. 4 BauGB ist nicht mehr auf Tierhaltungsanlagen anwendbar, die einer Pflicht zur Durchführung einer standortbezogenen oder allgemeinen Vorprüfung oder einer **Umweltverträglichkeitsprüfung** nach dem Gesetz über die Umweltverträglichkeitsprüfung unterliegen[1004] Dabei reicht bereits aus, dass eine Vorprüfungspflicht besteht. Der Ausschluss der Privilegierung ist daher auch dann gegeben, wenn eine Vorprüfung ergeben würde, dass UVP-Belange nicht erheblich beeinträchtigt sind. Derartige Tierhaltungsanlagen bedürfen daher einer Ausweisung in einem Bauleitplan. Dabei dürfte die Ausweisung in einem Flächennutzungsplan wohl nicht ausreichen, da hier nur Belange des § 35 III Nr. 2 BauGB einer solchen Anlage nicht mehr entgegenstehen würden.[1005] Auch das Darstellungsprivileg des § 35 III 3 BauGB, wonach neben den Windenergieanlagen[1006] auch Tierhaltungsanlagen oder andere nach § 35 I Nr. 2 bis 6 BauGB privilegierte Nutzungen ausgeschlossen sind bzw. an bestimmte Standorte im Plangebiet verwiesen werden können, verschafft daher den UVP- oder vorprüfungspflichtigen Tierhaltungsanlagen keine Privilegierung. Das gilt auch für Tierhaltungsanlagen, die infolge einer beabsichtigten Änderung in die UVP-Pflicht oder Vorprüfungspflicht hineinwachsen.[1007] 4022

Tierhaltungsanlagen, die nach dem UVPG eine einzelfallbezogene oder standortbezogene Vorprüfung erfordern oder zwingend UVP-pflichtig sind, müssen daher in einem Bebauungsplan ausgewiesen werden. Nach § 35 I Nr. 4 BauGB sind sie nicht mehr privilegiert. Dies entlastet auch die Erfordernisse, durch ein Darstellungsprivileg die Tierhaltungsanlagen auf bestimmte Teile des Plangebietes zu konzentrieren und damit die Ausschlusswirkung für die übrigen Bereiche des Plangebietes zu verbinden. Nach § 1 I Nr. 1 UVPG werden auch Tierhaltungsanlagen vom Anwendungsbereich des UVPG erfasst. Die Anlage 1 zum UVPG unterscheidet zwischen generell UVP-pflichtigen Vorhaben und solchen Vorhaben, die einer allgemeinen Vorprüfung des Einzelfalls oder einer standortbezogenen Vorprüfung unterliegen. Bei diesen Vorhaben ergibt sich aus dem Ergebnis der Vorprüfung, ob eine UVP durchgeführt werden muss. Tierhaltungsanlagen sind in der Anlage 1 zum UVPG unter Nr. 7.1 bis 7.11 aufgeführt. Ob eine UVP-Pflicht besteht, ergibt sich aus den §§ 5 bis 14 UVPG.[1008] Auch Änderungs- und Erweiterungsvorhaben unterliegen nach den Vorschriften des UVPG ebenfalls einer UVP- oder Vorprüfungspflicht und sind damit nicht nach § 35 I Nr. 4 BauGB privilegiert, wenn entweder ein bisher nicht UVP-pflichtiges Vorhaben durch die Änderung oder Erweiterung die maßgeblichen Schwellenwerte nach Nr. 7 der Anlage 1 zum UVPG erstmals erreicht oder überschreitet (sog. „Hineinwachsen in die UVP-Pflicht", vgl. § 9 I UVPG) oder sich die Änderung oder Erweiterung auf ein bereits UVP-pflichtiges Vorhaben bezieht (§ 9 II UVPG).[1009] 4023

Eine UVP-Pflicht kann sich für Tierhaltungsanlagen auch dann ergeben, wenn zwei oder mehr Vorhaben kumulieren. Unter welchen Voraussetzungen zwei Vorhaben kumulieren, ist in § 10 IV UVPG geregelt und ergibt sich nicht aus § 35 I Nr. 4 BauGB, der insofern als dynamische Verweisung auf die jeweils aktuelle Legaldefinition des UVPG zu verstehen ist.[1010] Nach § 35 I Nr. 4 BauGB iVm § 10 IV 3 UVPG besteht der für **kumulierende Anlagen** erforderliche enge Zusammenhang, wenn die Vorhaben auf demselben Betriebs- oder Baugelände liegen und mit gemeinsamen betrieblichen oder baulichen Einrichtungen verbunden sind.[1011] Ausreichend hierfür ist ein räumlich-betrieblicher Zusammenhang. Dieser ist gegeben, wenn 4024

1004 Zur Privilegierung gewerblicher Tierhaltungsanlagen im Außenbereich und zu den Möglichkeiten ihrer bauleitplanerischen Steuerung Kümper NVwZ 2019, 206; Mitschang in FS für Stüer, 2013, 219; Eva-Maria Stüer in FS für Stüer, 2013, 135 (138).

1005 Kment in Jarass/Kment, BauGB, 2022, § 35 Rn. 27.

1006 Zum Steuerungskonzept BVerwG NVwZ 2003, 214; NVwZ 2003, 733; NVwZ 2003, 1261; NVwZ 2003, 738; NVwZ 2004, 343; Gatz in FS für Stüer, 2013, 171.

1007 BVerwG NVwZ 2012, 575, Schink I+E 2012, 194.

1008 Siehe dazu Mitschang/Reidt in BKL, BauGB, 2022, § 35 Rn. 40.

1009 Mitschang/Reidt in BKL, BauGB, 2022, § 35 Rn. 40.

1010 VG Osnabrück Urt. v. 19.1.2023 – 2 A 141/21, juris Rn. 22; OVG Schleswig Urt. v. 11.11.2020 – 1 LB 1/18, juris Rn. 128; VG Hannover Urt. v. 30.11.2020 – 12 A 2799/18, juris Rn. 30; VG Münster Urt. v. 7.12.2017 – 2 K 1930/16, juris Rn. 29.

1011 ausführlich Arnold BauR 2021, 1052 ff.; ders., in Beckmann/Kment, UVPG/UmwRG, 2023, § 10 UVPG Rn. 1 ff.; siehe auch OVG Münster Beschl. v. 4.1.2024 – 2 B 994/23, juris zur Unvereinbarkeit von § 10 IV 3 UVPG mit Unionsrecht unter Verweis auf Arnold in Beckmann/Kment, UVPG/UmwRG, 2023, § 10 UVPG Rn. 30 ff.

sich die Umweltauswirkungen der Vorhaben überschneiden und die Vorhaben funktional und betrieblich aufeinander bezogen sind.[1012]

4025 Der Privilegierung nach § 35 I Nr. 4 HS 1 BauGB steht bei **gewerblichen Tierhaltungsanlagen** nicht entgegen, dass es sich bei diesen – jedenfalls in Teilen des Bundesgebiets – um Massenphänomene handeln dürfte. Eine Privilegierung nach § 35 I Nr. 4 HS 1 BauGB scheidet grundsätzlich aus, wenn die Gemeinde von ihrer Planungshoheit im Wege der Bebauungsplanung Gebrauch gemacht und auf dieser Grundlage die rechtliche und tatsächliche Möglichkeit zur Realisierung des Vorhabens nach Maßgabe des § 30 BauGB eröffnet hat.[1013] Die Privilegierung nach § 35 I Nr. 4 HS 1 BauGB hängt ua davon ab, ob das Vorhaben nicht auch im Innenbereich ausgeführt werden kann. Dies aber entscheidet sich nicht nach der Beschaffenheit von Innenbereichen „im Allgemeinen", sondern nach der Beschaffenheit des Innenbereichs „hier und so", also des Innenbereichs der jeweiligen Gemeinde[1014], mithin nach den konkreten örtlichen Gegebenheiten[1015] im Zeitpunkt der Entscheidung über den Genehmigungsantrag. Es kommt somit darauf an, ob das Vorhaben in der Gemeinde, in der es errichtet werden soll, in einem Gebiet nach § 30 oder § 34 BauGB oder ggf. im Fall der Aufstellung eines hierfür in Betracht kommenden Bebauungsplans nach § 33 BauGB zugelassen werden könnte[1016]. Insofern steht § 35 I Nr. 4 BauGB unter dem Vorbehalt der bauplanungsrechtlichen Absicherung von Vorhaben durch Bebauungspläne oder durch § 34 BauGB.

4026 Gemeinden können die Ansiedlung gewerblicher Tierhaltungsanlagen auf verschiedenen Wegen steuern. Sie können entweder gem. § 35 III 3 BauGB im Flächennutzungsplan eine so genannte Konzentrationsplanung vorsehen, soweit gewerbliche Tierhaltungsanlagen nach § 35 I Nr. 4 BauGB privilegiert sind. Alternativ dazu ist nach der Rechtsprechung des BVerwG eine gewerbliche Tierhaltungsanlage nach § 35 I Nr. 4 BauGB auch dann nicht privilegiert, wenn die Anlage auf der Grundlage der §§ 30 bis 34 BauGB zugelassen werden könnte. Schon durch die Ausweisung von Standorten für gewerbliche Tierhaltungsanlagen in Bebauungsplänen entfällt, ganz ohne den Aufwand einer Konzentrationszonenplanung die Privilegierung dieser Anlagen, weil sich jene Vorhaben auf den Standort im beplanten Bereich verweisen lassen müssten.[1017]

4027 Der Ausschluss des § 35 I Nr. 4 HS 1 BauGB greift im Falle der Bebauungsplanung nach § 30 BauGB unabhängig davon ein, ob das ausgewiesene Gebiet – bis zur Überplanung – im „Innenbereich", verstanden als Siedlungsbereich oder Ortslage der Gemeinde, oder außerhalb eines solchen Gebiets, mithin im Außenbereich lag. Auch ein ursprünglich im bauplanungsrechtlichen Außenbereich belegenes Grundstück fällt unter § 30 BauGB, wenn es die Gemeinde mit einem Bebauungsplan überplant. Denn maßgeblich für den Entfall der Privilegierung ist, ob die Gemeinde von ihrer Planungshoheit im Wege der Bebauungsplanung Gebrauch gemacht und auf dieser Grundlage die rechtliche und tatsächliche Möglichkeit zur Realisierung des fraglichen Vorhabens nach Maßgabe des § 30 BauGB eröffnet hat. Ist das der Fall, kann das Vorhaben grundsätzlich auf einen Standort im Innenbereich verwiesen werde.[1018] Dieses Verständnis ist zum einem dem Gebot größtmöglicher Schonung des Außenbereichs, der als Leitgedanke den gesamten § 35 BauGB beherrscht,[1019] und zum anderen dem Verhältnismäßigkeitsgrundsatz geschuldet, der die Zumutbarkeit der Inanspruchnahme geeigneter Innenbereichsstandorte in den Vordergrund stellt[1020] und zugleich gewährleistet, dass auch den berechtigten Interessen des Bauherrn ausreichend Rechnung getragen wird. Eine Verweisung auf den Innenbereich scheidet folglich aus, wenn es der Bebauungsplanung an der städtebaulichen Erforderlichkeit (§ 1 III 1 BauGB) mangelt, wie zB bei einer Planung, die letztlich allein

---

1012 BVerwG NVwZ 2015, 1458; OVG Schleswig Urt. v. 11. 11. 2020 – 1 LB 1.18, BeckRS 2020, 38443 Rn. 97 ff.; Mitschang/Reidt in BKL, BauGB, 2022, § 35 Rn. 41; siehe auch Kment in Jarass/Kment, BauGB, 2022, § 35 Rn. 27, der die unterschiedlich formulierten Tatbestandsmerkmale des § 10 IV 2 UVPG und des § 35 I Nr. 4 BauGB zu dem geforderten engen Zusammenhang erläutert.

1013 BVerwG ZfBR 2019, 153.

1014 BVerwG DVBl. 1977, 198; DVBl. 1977, 196; NVwZ 1984, 169; BauR 2014, 1129.

1015 BVerwG NuR 2005, 729.

1016 BVerwG NVwZ 1984, 169.

1017 BVerwG ZfBR 2019, 153; Kümper NVwZ 2019, 206.

1018 BVerwG ZfBR 2011, 481.

1019 BVerwG NVwZ-RR 1992, 401; BVerwGE 106, 228; BVerwGE 117, 287; NVwZ 2013, 805 Rn. 19.

1020 BVerwGE 147, 37 Rn. 16 zu § 35 I Nr. 3 BauGB.

dazu dient, Tierhaltungsanlagen im Gemeindegebiet insgesamt auszuschließen („Negativplanung"), wenn Vorhaben der fraglichen Art in dem überplanten Gebiet objektiv nicht untergebracht werden können, weil es sich um eine bloße „Feigenblattplanung" handelt oder die festgesetzten Bauräume oder Emissionskontingente hierfür nicht ausreichen, oder wenn der Vorhabenträger nicht in für ihn zumutbarer Weise auf ein entsprechendes Grundstück verwiesen werden kann, etwa weil Grundstücke in dem Bebauungsplangebiet nicht mehr zur Verfügung stehen oder nicht zu angemessenen Bedingungen zu bekommen sind.[1021]

5. Wind- und Wasserenergie (§ 35 I Nr. 5 BauGB)

Privilegiert sind nach § 35 I Nr. 5 BauGB auch Vorhaben, die der Erforschung, Entwicklung oder Nutzung der Wind- oder Wasserenergie dienen. Die Privilegierung erfasst alles, was der Wind- oder Wasserenergieanlage dient; die Windenergieanlage kann aber auch als Bestandteil eines landwirtschaftlichen betriebs nach § 35 I Nr. 1 BauGB privilegiert sein.[1022] Windkraftanlagen mit einer Gesamthöhe von mehr als 50 m bedürfen einer immissionsrechtlichen Genehmigung im vereinfachten Verfahren nach § 19 BImSchG. **Windfarmen** sind drei oder mehr Windkraftanlagen, die einander räumlich so zugeordnet werden, dass sich ihre Einwirkungsbereiche überschneiden oder wenigstens berühren. Die einzelnen Windkraftanlagen können mehreren Betreibern zugeordnet sein.[1023] Die Errichtung und der Betrieb einer **Windfarm** (mit Anlagen mit einer Gesamthöhe von jeweils mehr als 50 m) unterliegen nach Nr. 1.6 der Anlage 1 zu § 3 UVPG der **UVP-Pflicht**.[1024] Die Auswechslung des Anlagentyps einer Windenergieanlage bedarf keiner Neugenehmigung, sondern nach § 16b VII iV m. VI 1 BImSchG lediglich einer Änderungsgenehmigung.[1025] Bei der Berechnung der Tiefe der Abstandsfläche für eine Windkraftanlage ist von deren Gesamthöhe (Nabenhöhe und Rotorradius) auszugehen. 4028

Zu beachten sind die **Sonderregelungen für die Windenergieanlagen an Land** in § 249 BauGB. § 35 III 3 BauGB ist nach § 249 I BauGB auf Vorhaben nach § 35 I Nr. 5 BauGB, die der Erforschung, Entwicklung oder Nutzung der Windenergie dienen, nicht anzuwenden. Außerhalb der Windenergiegebiete gemäß § 2 Nr. 1 WindBG richtet sich die Zulässigkeit der Windenergieanlagen in einem Land nach § 35 II BauGB, wenn das Erreichen eines in der Anlage des WindBG bezeichneten Flächenbeitragswerts des Landes gemäß § 5 I oder II WindBG festgestellt wurde. Hat ein Land gemäß § 3 II 1 Nr. 2 oder 2 WindBG regionale oder kommunale Teilflächenziele bestimmt und wird deren Erreichen gemäß § 5 I oder II WindBG festgestellt, gilt die Rechtsfolge des § 249 II 1 BauGB für das Gebiet der jeweiligen Region oder Gemeinde. Der Eintritt der Rechtsfolge der Sätze 1 und 2 des § 29 II BauGB ist nach § 249 II 3 BauGB gesetzliche Folge der Feststellung. Die Rechtsfolge des § 249 II BauGB gilt nach § 249 III BauGB bis zum Ablauf des 31.12.2030 nicht für Vorhaben im Sinne des § 16b I und II BImSchG, es sei denn, das Vorhaben soll in einem Natura 2000-Gebiet im Sinne des § 7 I 1 Nr. 8 BNatSchG oder in einem Naturschutzgebiet im Sinne des § 23 BNatSchG verwirklicht werden. Die Feststellung des Erreichens eines Flächenbeitragswerts oder Teilflächenziels steht der Ausweisung zusätzlicher Flächen für Vorhaben nach § 35 I Nr. 5 BauGB, die der Erforschung, Entwicklung oder Nutzung der Windenergie dienen, nicht entgegen (§ 249 IV BauGB). Sobald und solange nach Ablauf des jeweiligen Stichtages gemäß § 3 I 2 WindBG weder der Flächenbeitragswert nach Spalte 1 oder Spalte 2 der Anlage zum WindBG noch ein daraus abgeleitetes Teilflächenziel nach § 3 II 1 Nr. 2 oder Satz 2 WindBG erreicht wird, entfällt die Rechtsfolge des § 249 II BauGB und können Darstellungen in Flächennutzungsplänen, Ziele der Raumordnung sowie sonstige Maßnahmen der Landesplanung einem Vorhaben nach § 35 I Nr. 5 BauGB, das der Erforschung, Entwicklung oder Nutzung der Windenergie dient, nicht entgegengehalten werden. 4029

Die Länder können nach § 249 IX 1 BauGB durch Landesgesetze bestimmen, dass § 35 I Nr. 5 BauGB auf Vorhaben, die der Erforschung, Entwicklung oder Nutzung der Windenergie dienen, nur Anwendung findet, wenn sie bestimmte **Mindestabstände** zu den im Landesgesetz bezeichneten zulässigen baulichen Nutzungen zu Wohnzwecken einhalten. Ein solcher 4030

1021 BVerwG NVwZ 2019, 243; Rosin DVBl. 2019, 951; Kümper NVwZ 2019, 206.

1022 Spieß in Jäde/Dirnberger, BauGB/BauNVO, 2022, § 35 Rn. 81.

1023 OVG Berlin-Brandenburg Beschl. v. 9.2005 – 11 S 14.05, juris; BVerwG NVwZ 2004, 1235; Gatz DVBl. 2009, 737.

1024 BVerwG BauR 2007, 1698.

1025 OVG Münster UPR 2024, 80 = juris Rn. 37; BauR 2023, 1926 = juris Rn. 41.

Mindestabstand darf nach § 249 IX 2 BauGB höchstens 1.000 Meter von der Mitte des Mastfußes der Windenergieanlage bis zur nächstgelegenen im Landesgesetz bezeichneten baulichen Nutzung zu Wohnzwecken betragen. Die weiteren Einzelheiten, insbesondere zur Abstandsfestlegung, sind in den Landesgesetzen nach Satz 1 zu regeln. Der öffentliche Belang einer optisch bedrängenden Wirkung steht einem Vorhaben nach § 35 I Nr. 5 BauGB, das der Erforschung, Entwicklung oder Nutzung der Windenergie dient, in der Regel nicht entgegen, wenn der Abstand von der Mitte des Mastfußes der Windenergieanlage bis zu einer zulässigen baulichen Nutzung zu Wohnzwecken mindestens der zweifachen Höhe der Windenergieanlage entspricht. 2Höhe im Sinne des Satzes 1 ist die Nabenhöhe zuzüglich Radius des Rotors (§ 249 X BauGB).[1026]

6. Biogasanlagen (§ 35 I Nr. 6 BauGB)

4031 Privilegiert nach § 35 I Nr. 6 BauGB ist das Vorhaben, das der energetischen Nutzung von **Biomasse** im Rahmen eines Betriebes nach § 35 I Nr. 1 oder 2 BauGB oder eines Betriebes nach § 35 I Nr. 4 BauGB, der Tierhaltung betreibt, sowie dem Anschluss solcher Anlagen an das öffentliche Versorgungsnetz dient, unter folgenden Voraussetzungen:

– das Vorhaben steht in einem räumlich-funktionalen Zusammenhang mit dem Betrieb,
– die Biomasse stammt überwiegend aus dem Betrieb oder überwiegend aus diesem und aus nahe gelegenen Betrieben nach den Nummern 1, 2 oder 4, soweit letzterer Tierhaltung betreibt,
– es wird je Hofstelle oder Betriebsstandort nur eine Anlage betrieben und
– die Feuerungswärmeleistung der Anlage überschreitet nicht 2,0 MW und die Kapazität einer Anlage zur Erzeugung von Biogas überschreitet nicht 2,3 Mio. Normkubikmeter Biogas pro Jahr.[1027]

4032 Die Vorschrift erweitert daher die planungsrechtliche Zulässigkeit von Biogasanlagen, die als mitgezogener Betriebsteil einer landwirtschaftlichen Nutzung nach § 35 I Nr. 1 BauGB privilegiert sind. Denn Landwirtschaft im Sinne von § 201 BauGB kann auch die Erzeugung von Biogas durch Vergärung von Biomasse sein. Das gilt auch dann, wenn die Biomasse unter anderem von Flächen gewonnen wird, die dem Betrieb zur Bewirtschaftung unter Auflagen in landespflegerischem Interesse und unter Gewährung einer Beihilfe überlassen werden.[1028] Die Biogasanlage muss allerdings dem landwirtschaftlichen Betrieb dienen, was voraussetzt, dass in der Anlage nur Biomasse verarbeitet wird, die überwiegend aus dem landwirtschaftlichen Betrieb stammt.[1029]Neben der Erzeugung und Verwendung privilegiert § 35 I Nr. 6 BauGB auch Anlagen, die dem Anschluss von Anlagen der Energieerzeugung aus Biomasse an das öffentliche Versorgungsnetz dienen, nicht jedoch Anlagen zur Verwendung von Gärresten aus der Energieproduktion aus Biomasse.[1030]

4033 Durch die BauGB-Klimanovelle 2011 sind die Anforderungen an die planungsrechtliche Zulässigkeit von Biogasanlagen in § 35 I Nr. 6 BauGB präzisiert worden.[1031] Biogasanlagen sind danach privilegiert zulässig, wenn die Kapazität einer Anlage 2,3 Mio. Normkubikmeter Biogas pro Jahr und die Feuerungswärmeleistung anderer Anlagen nicht 2,0 MW überschreitet.[1032]

[1026] Zu § 249 X BauGB siehe OVG Münster Beschl. v. 29.8.2023 – 7 A 993/22, juris Rn. 22; zu Sonderfällen siehe OVG Münster Urt. v. 27.4.2023 – 8 D 368/21.AK, juris Rn. 230 ff.; BauR 2023, 1093 = juris Rn. 154 ff.; allgemein zu den Sonderregelungen für Windenergieanlagen des § 249 BauGB Michler in Kröninger/Jeromin, BauGB/BauNVO, 2024, § 249 BauGB Rn. 1 ff.; Raschke/Roscher ZfBR 2022, 531; Scheidler BauR 2022, 1419; Kment NVwZ 2022, 1153; Benz/Wegner ZNER 2022, 367; Schmidt-Eichstaedt ZfBR 2023, 10; Spannowsky ZfBR 2023, 18; Kment NVwZ 2023. 959; Jaenicke ZUR 2023, 291.

[1027] Zur Privilegierung erneuerbarer Energien in § 35 BauGB siehe Scheidler UPR 2023, 321; zu § 2 EEG und zum System des § 35 BauGB Rieger UPR 2023, 161.

[1028] OVG Koblenz RdL 2003, 295.

[1029] Zur engen Anbindung der Biogasanlage an den landwirtschaftlichen Betrieb Klages AbfallR 2009, 90; Kruschinski BauR 2009, 1234.

[1030] VGH München BayVBl. 2020, 666; Bracher in Bracher/Reidt/Schiller, Bauplanungsrecht, 2021, Rn. 20.40.

[1031] Zu Bedenken Loibl/Rechel UPR 2008, 134; Manten ZUR 2008, 576.

[1032] Der Begriff „Normkubikmeter" bezeichnet eine in der Gastechnik verwendete Gasmengeneinheit. Ein Normkubikmeter ist eine Menge, die bei einem Druck von 1,01325 bar, einer Luftfeuchtigkeit von 0 % und einer Temperatur von 0 °C ein Volumen von einem Kubikmeter hat, DIN 1343, Referenzzustand, Normzustand, Normvolumen; Begriffe, Werte.

Einen wichtigen Beitrag zur Erreichung des Ziels, den Anteil der erneuerbaren Energien an der Stromproduktion bis 2020 auf 35 % zu steigern, wird von den Biomasseanlagen erwartet. § 27 EEG gewährt für die Erzeugung von Strom aus Biomasse Vergütungen in vier leistungsbezogenen Anlagenkategorien (Grundvergütung zwischen 6 und 14,3 ct/kWh) und zwei Einsatzstoffvergütungsklassen. Für Bioabfallvergärungsanlagen mit nachgeschalteter Gärrestkompostierung zur Mobilisierung von Abfall- und Reststoffen (§ 27a EEG) sowie für kleine Gülleanlagen (§ 27b EEG iVm der Anlage 1 zum EEG) werden gesonderte Vergütungen gewährt. Die Degression ist von 1 % auf 2 % erhöht worden (§ 20 EEG). Für Strom aus Biogas wird der Einsatz von Mais und Getreidekorn einschließlich Körnermais auf 50 Massenprozent begrenzt (§ 27 V Nr. 5 EEG). Für die Altholzverbrennung und für flüssige Biomasse bei Neuanlagen wird keine Vergütung gewährt. § 35 I Nr. 6 BauGB passt die Voraussetzungen für die privilegierte Zulässigkeit von Biomasseanlagen an die Bezugsgrößen der 4. BImSchV an. Statt einer elektrischen Leistung von 0,5 MW bildet nunmehr eine Feuerungswärmeleistung von 2,0 MW die Obergrenze. Gemeint ist damit die maximale Obergrenze der Anlage (§ 1 I 4 der 4. BImSchV). Auch können durch die Umstellung auf die Feuerungswärmeleistung technische Verbesserungen und eine Erhöhung des Wirkungsgrades von Biomasseanlagen sachgerechter abgebildet werden.[1033] Zugleich wird sichergestellt, dass die Biogasanlagen im Rahmen eines gewissen Spielraums insgesamt nicht mehr Biogas erzeugen dürfen als nach der bisherigen Rechtslage. Auch ist klargestellt, dass Biomasseanlagen, die ausschließlich Biogas erzeugen, einem Grenzwert unterliegen. Nicht gefolgt ist der Gesetzgeber dem Vorschlag des Bundesrates, den Bezug zu einem Betrieb nach § 35 I Nr. 1 oder 2 BauGB sowie eines Tierhaltungsbetriebes nach Nr. 4 mit der Begründung zu streichen, dass diese Kriterien zu wenig nachvollziehbar seien.[1034]

Durch § 35 I Nr. 6 BauGB wird diese Privilegierung der Biogasanlagen als mitgezogener Betriebsteil eines landwirtschaftlichen Betriebes erweitert. Die Zulässigkeitsvoraussetzungen sind flexibler gestaltet. Die Biomasse muss nicht überwiegend aus dem landwirtschaftlichen Betrieb stammen, sondern kann auch in nahe gelegenen Betrieben erzeugt werden. Allerdings sind die Biogasanlagen auf eine Anlage je Betrieb mit einer elektrischen Leistung von 0,5 MW beschränkt. § 35 I Nr. 6 BauGB soll der Strukturwandel in der Landwirtschaft unterstützen. Zugleich soll dem Gebot des Außenbereichsschutzes so weit wie möglich Rechnung getragen werden. Es wird nicht nur die Herstellung und Nutzung der Energie von aus Biomasse erzeugtem Gas, sondern jede energetische Nutzung von Biomasse (einschließlich der thermischen Energienutzung der Biomasse) privilegiert. Voraussetzung ist, dass die Anlage auf der Hofstelle eines landwirtschaftlichen Betriebs oder im räumlich-funktionalen Zusammenhang mit einem forstwirtschaftlichen Betrieb, einem Gartenbaubetrieb oder einem gewerblichen, Tier haltenden Betrieb errichtet wird. Zum Schutz des Außenbereichs wird die Privilegierung jedoch auf Biomasseanlagen beschränkt, deren die Feuerungswärmeleistung der Anlage überschreitet nicht 2,0 MW und die Kapazität einer Anlage zur Erzeugung von Biogas überschreitet nicht 2,3 Mio. Normkubikmeter Biogas pro Jahr, nicht überschreitet. 4034

Auf der Grundlage des EEG werden die Rahmenbedingungen für die Stromerzeugung und die dabei einzuhaltenden Umweltanforderungen in der **BiomasseV** geregelt.[1035] Zur Biomasse zählen Pflanzen und Pflanzenbestandteile, daraus hergestellte Energieträger, Abfälle und Nebenprodukte pflanzlicher und tierischer Herkunft aus der Land-, Forst und Fischereiwirtschaft, Bioabfälle nach § 2 der BioabfallV, aus Biomasse erzeugte Gase und Alkohole. Als Biomasse gelten Altholz, daraus erzeugtes Gas, Pflanzenölmethylester, Treibsel und durch anerobe Vergärung erzeugtes Biogas (§ 2 II und III BiomasseV). Bei der Verbrennung der Biomasse sind die umweltrechtlichen Anforderungen einzuhalten (§ 5 BiomasseV).[1036] 4035

Nach der vormaligen Rechtslage konnten Anlagen zur Nutzung von Biomasse unter bestimmten Umständen im Außenbereich als dienende oder „mitgezogene“ Nutzung genehmigt werden. Die Erweiterung der Privilegierungstatbestände erfasst ausdrücklich auch die Nutzung der aus Biomasse erzeugten Energie im räumlich-funktionalen Zusammenhang mit einem Betrieb, wenn mehrere Biomasse erzeugende Betriebe kooperieren. Die Einschränkung auf nahe liegende Betriebe soll aus ökologischen und auch aus volkswirtschaftlichen Gründen einen 4036

1033 Gesetzentwurf zur BauGB-Klimanovelle, S. 10; Battis/Krautzberger/Mitschang/Reidt/Stüer NVwZ 2011, 897.

1034 Stellungnahme des Bundesrates v. 17.6.2011, BT-Drs. 17/6253, S. 8.

1035 Siehe dazu Bracher in Bracher/Reidt/Schiller, Bauplanungsrecht, 2021, Rn. 20.40.

1036 Loibl/Rechel UPR 2008, 134.

überregionalen Transport des Rohmaterials verhindern. Die Regelung bildet gegenüber der nach bisherigem Recht möglichen Privilegierung nach § 35 I Nr. 1 BauGB aufgrund der „dienenden Funktion" oder als „mitgezogene Nebennutzung" die speziellere Vorschrift und ist insofern abschließend.

4037 **Biogasanlagen** im Außenbereich sind nicht nur als unselbständige Nebenanlagen eines landwirtschaftlichen Betriebes, sondern auch dann zulässig, wenn sie im funktionalen Zusammenhang mit einem landwirtschaftlichen Betrieb stehen und eine Kooperation mehrerer landwirtschaftlicher Betriebe unterstützen.[1037] Ein Betrieb der Tierproduktion, der im Vollerwerb auf Dauer genügend Eigen- und Pachtflächen bewirtschaftet, ist als landwirtschaftlicher Betrieb anzuerkennen. Die Nachhaltigkeit einer landwirtschaftlichen Nutzung kann insbesondere bei Nebenerwerbsbetrieben Zweifeln unterliegen, wenn sie überwiegend auf Pachtflächen geschieht, wenn nur kurzzeitige oder häufig wechselnde Pachtungen erfolgen oder die Pachtflächen so weit vom Betrieb entfernt sind, dass eine nachhaltige Zuordnung zu der jeweiligen Betriebseinheit nicht mehr festzustellen ist. Sofern die verwertete Biomasse zu einem erheblichen Teil aus den bewirtschafteten eigenen Betriebsflächen oder den Flächen von Kooperationsbetrieben stammt, wird eine Biogasanlage „im Rahmen" eines landwirtschaftlichen Betriebes genutzt. Eine Biogasanlage muss eine objektiv erkennbare Zuordnung zur Hofstelle des Betreibers aufweisen. Auch unter Beachtung des Gebots einer größtmöglichen Schonung des Außenbereichs ist im Hinblick auf mögliche Immissionen der Biogasanlage ein größerer Abstand zur bewohnten Hofstelle sachgerecht.

4038 Eine Biogasanlage wird auch dann „im Rahmen" eines **landwirtschaftlichen Betriebs** im Sinne von § 35 I Nr. 6 BauGB betrieben, wenn der landwirtschaftliche Betrieb ausschließlich Biomasse erzeugt. Die Tatbestandsvoraussetzungen des § 35 I Nr. 6 Buchst. b BauGB dürfen von der Genehmigungsbehörde nicht lediglich prognostisch abgeschätzt werden. Den Kooperationsvereinbarungen mit nahe gelegenen Betrieben müssen die Lage der Betriebsflächen und die Menge der zu liefernden Biomasse zu entnehmen sein. Das Fehlen von Preisabsprachen kann ein Indiz für die fehlende Dauerhaftigkeit einer privilegierten Betriebsführung sein. Das in § 35 I Nr. 1 BauGB enthaltene Merkmal des „Dienens" sowie die räumliche Beschränkung der Anlage auf die Maße einer noch zulässigen „mitgezogenen" Nutzung können auf § 35 I Nr. 6 BauGB nicht übertragen werden. Bei den Privilegierungstatbeständen des § 35 I BauGB ist von gebundenen Entscheidungen auszugehen; nur bei Vorliegen der jeweiligen tatbestandlichen Voraussetzungen ist ein Vorhaben im Außenbereich privilegiert genehmigungsfähig.[1038]

4039 Zur Privilegierung einer Biogasanlage im Außenbereich muss nachgewiesen werden, dass die Biomasse überwiegend von eigenen oder nahe gelegenen Betriebsflächen der Kooperationspartner stammt und ihr Bezug zumindest mittelfristig gesichert ist. Es sind entsprechende Kooperationsverträge vorzulegen, aus denen die Lage der Anbauflächen, der Umfang der anzubauenden Biomasse sowie die Bezugsdauer (Laufzeit) hervorgehen und die eine Entgeltvereinbarung aufweisen.[1039] Bei einer nach Baurecht genehmigungsbedürftigen Biogasanlage stellt ein Geruchsimmissions-Gutachten nach der Geruchsimmissions-Richtlinie (GIRL) eine unter mehreren Erkenntnisquelle dar.[1040] Liegt ein Vorhaben nicht im Geltungsbereich eines Bebauungsplans, kann sich ein Drittbetroffener nicht auf nachbarschützende Festsetzungen von Baugebieten berufen.[1041] Ein im allgemeinen Wohngebiet wohnender Grundstückseigentümer kann die Errichtung einer im angrenzenden Außenbereich liegenden Biogasanlage nicht mit der Begründung verhindern, dem Betrieb fehle die nach § 35 I Nr. 6 BauGB erforderliche Privilegierung, weil die Biomasse nicht überwiegend aus dem eigenen Betrieb bzw. nahe gelegenen Betrieben stamme.[1042]

4040 Eine Biogasanlage ist zulässig, wenn die zu verarbeitende Biomasse überwiegend aus dem Betrieb des Vorhabenträgers bzw. aus diesem und aus nahe gelegenen Betrieben stammt. Je (flächen-)größer die Betriebe und je weiter sie auseinander liegen, desto größer darf – dem gesetzgeberischen Ziel einer Kooperation mehrerer landwirtschaftlicher Betriebe folgend –

[1037] Zu den Betreibermodellen für Biogasanlagen Schomerus/Sanden/Dietrich NordÖR 2006, 177.

[1038] BVerwG NVwZ 2009, 585, m. Anm. Klages, AbfallR 2009, 90; Birkenmeyer IBR 2009, 417.

[1039] OVG Koblenz AbfallR 2010, 47 zur Zulässigkeit eines ausschließlich Biomasse produzierenden landwirtschaftlichen Betriebs im Außenbereich, dort auch zu den Folgen einer Insolvenz des Bauherrn. Zur Steuerung der Biomasseproduktion durch die Regionalplanung Grit Ludwig DVBl. 2010, 944.

[1040] VGH München ZfBR 2011, 47.

[1041] OVG Bautzen Beschl. v. 24.6.2010 – 4 B 113/10, juris.

[1042] OVG Koblenz DVBl. 2010, 263.

auch der im Rahmen des § 35 I Nr. 6 BauGB anzuerkennende Belieferungsradius der Biogasanlage gezogen werden. Die Begrenzung der Feuerungswärmeleistung der Anlage wird auch dann eingehalten, wenn neben einem (Haupt-) Generator ein weiterer Motor installiert ist, der nur bei Ausfall des Hauptmotors eingesetzt werden darf.[1043] Auch Biogasanlagen oder Biomasseheizkraftwerke[1044] sind im Außenbereich privilegiert zulässig. Standortzuweisungen in einem Flächennutzungsplan, die einen vorhabenbezogenen Bebauungsplan vorbereiten sollen, können die konkrete Aussicht auf einen Nutzungsvorteil begründen, der in der Bebauungsplanung als privater Belang des Grundeigentümers abwägungserheblich ist. Eine nach § 35 I Nr. 6 BauGB privilegierte Biogasanlage kann wegen entgegenstehender Belange am gewünschten Standort unzulässig sein.[1045] Weicht der Bebauungsplan von der Standortzuweisung im Flächennutzungsplan ab, kann der betroffene Grundeigentümer in seinem Anspruch auf gerechte Abwägung (§ 1 VII BauGB) verletzt und im Verfahren der Normenkontrolle (§ 47 VwGO) antragsbefugt sein.[1046] Eine im Außenbereich genehmigte Biogasanlage können Nachbarn nur dann erfolgreich anfechten, wenn die Genehmigung öffentliche Belange beeinträchtigt, die auch ihrem Schutz dienen.[1047] Entscheidet sich eine Gemeinde (zulässigerweise), für eine von einem Investor projektierte Biogasanlage keinen vorhabenbezogenen Bebauungsplan, sondern einen „Angebotsplan" zu erlassen, muss sich die Abwägungsentscheidung des Rats auf die durch die Planfestsetzungen erlaubten Bebauungsmöglichkeiten beziehen, nicht auf die konkrete Anlagenkonfiguration eines dahinter zurückbleibenden Genehmigungsantrags. Städtebauliche Verträge, mit denen die Gemeinde und der Vorhabenträger die Bebauungsmöglichkeiten für das Plangebiet außerhalb des Planungsverfahrens (dh auch der Öffentlichkeitsbeteiligung) einvernehmlich eingeschränkten, sind für die gerichtliche Überprüfung eines Angebotsbebauungsplans ohne Bedeutung.[1048]

Hinweis: Eine Biogasanlage nach Nr. 8.6 b) Spalte 2 des Anhangs zur 4. BImSchV und eine Tierhaltungsanlage nach Nr. 7.1 g) Spalte 1 des Anhangs zur 4. BImSchV sind keine gemeinsame Anlage im Sinne von § 1 III der 4. BImSchV. Die Frage, ob eine dem Privilegierungstatbestand nach § 35 I Nr. 6 BauGB unterfallende Biogasanlage Teil oder Nebeneinrichtung einer immissionsschutzrechtlich genehmigungsbedürftigen Tierhaltungsanlage ist, ist auch wenn dies in der Regel der Fall sein wird grundsätzlich anhand der Einzelfallumstände zu beurteilen.[1049] Für die anhand der Einzelfallumstände vorzunehmende Beurteilung, ob eine Biogasanlage den Charakter einer Nebeneinrichtung hat, kommt es ua darauf an, ob und inwieweit die Biogasanlage dem Betreiber zur Verwertung seiner tierischen Nebenprodukte dient, ob und inwieweit der Betreiber die durch die Produktion des Biogases erzeugte Energie in seinem Betrieb nutzt, welche Größe die jeweiligen Einrichtungen haben, welches Verhältnis der Eigenanteil an der Gesamteinsatzmenge oder der eigengenutzten Energie hat oder wie die Gärrückstände verwertet werden.[1050]

Hinweis: Die tatbestandlichen Voraussetzungen des § 35 I Nr. 6 BauGB sind nicht nachbarschützend.[1051]

7. Kernenergie (§ 35 I Nr. 7 BauGB)

Nach § 35 I Nr. 7 BauGB sind Außenbereichsvorhaben privilegiert, die der Erforschung, Entwicklung oder Nutzung der Kernenergie zu friedlichen Zwecken oder der Entsorgung radioaktiver Abfälle, mit Ausnahme der Neuerrichtung von Anlagen zur Spaltung von Kern- 4041

1043 OVG Schleswig NVwZ-RR 2007, 158.

1044 VGH München Beschl. v. 14.7.2008 – 22 ZB 6.2639, juris; Beschl. v. 26.2.2008 – 22 CS 7.2364, juris.

1045 OVG Lüneburg Beschl. v. 26.7.2011 – 12 LA 223/09, juris zu einem Vorbescheid für eine Biogasanlage in der Nachbarschaft zu bestehendem Hähnchenmastbetrieb.

1046 BVerwG NVwZ 2007, 825.

1047 OVG Schleswig NordÖR 2008, 399; zur Erheblichkeit der Geruchsimmissionen eines Lagerbehälter für das Endsubstrat aus einer Biogasanlage auf gelagerte Speisekartoffeln VGH München Beschl. v. 19.1.2009 – 15 CS 08.2980, juris.

1048 OVG Lüneburg BauR 2011, 805.

1049 BVerwG NVwZ 2011, 429; im Anschluss an B. v. 10.6.2003 – 8 B 32.03 – Buchholz 310 § 86 II VwGO Nr. 57.

1050 BVerwG NVwZ 2011, 433.

1051 VGH Mannheim BRS 78 Nr. 186 (211).

brennstoffen zur gewerblichen Erzeugung von Elektrizität, dienen. Nach der mit dem **Atomausstieg** verbundenen Energiewende war es folgerichtig, Atomkraftwerke im Außenbereich nicht mehr zu privilegieren.[1052] Durch die BauGB-Novelle 2011 ist die Neuerrichtung von Anlagen zur Spaltung von Kernbrennstoffen zur gewerblichen Erzeugung von Elektrizität deshalb aus der Außenbereichsprivilegierung ausgenommen.[1053] Damit hat der Gesetzgeber einen bereits mit dem Atomausstieg des Jahres 2000 sich abzeichnenden Schritt in das Städtebaurecht übernommen. Der Atomausstieg als Teil der Energiewende soll so auch für das Recht der städtebaulichen Planung unumkehrbar sein.[1054] Die Ausnahme erfasst lediglich die Neuerrichtung von Atomkraftwerken (§ 7 I 2 AtG), nicht jedoch die Veränderung von Anlagen oder ihres Betriebes (§ 7 I 3 AtG).[1055] Auch Anlagen, die der Erforschung und Entwicklung der Kernenergie sowie der Entsorgung radioaktiver Abfälle dienen, sind weiterhin privilegiert.[1056] Ob und in welchem Umfang diese Anlagen bereits als ortsgebundene Vorhaben nach § 35 I Nr. 3 BauGB oder nach § 35 I Nr. 4 BauGB zulässig sind, wird unterschiedlich beurteilt. Auf Grund der ausdrücklichen Erwähnung dieser Anlagen in § 35 I Nr. 5 BauGB kann dies dahinstehen. Da nach dem Atomausstieg der Bundesrepublik Deutschland aufgrund einer Vereinbarung mit der Energiewirtschaft keine neuen Atomkraftwerke mehr errichtet werden, hat die Vorschrift für die Errichtung neuer Kernkraftwerke keine aktuelle Bedeutung, wohl aber für **Zwischenlager** für ausgediente Brennelemente oder für ein Bereitstellungslager für ein Endlager, zB für Schacht Konrad.[1057] An der Privilegierung von Anlagen zur Entsorgung von Abfällen aus kerntechnischen Anlagen hat der Gesetzgeber auch nach dem Atomausstieg bei der Neufassung im Rahmen der Klimaschutz-Novelle 2011 festgehalten.[1058]

4042 Der Privilegierungstatbestand des § 35 I Nr. 7 BauGB trägt damit dem **Strahlenminimierungsgebot** Rechnung, das es gebietet, Strahlenexpositionen oder Kontaminationen auch unterhalb der Grenzwerte so gering wie vernünftigerweise erreichbar zu halten (§ 8 II StrlSchG). Die Ansiedlung der von § 35 I 1 Nr. 7 BauGB erfassten Anlagen im Außenbereich trägt dazu bei, die Expositionsrisiken der wohnenden und arbeitenden Bevölkerung so gering wie möglich zu halten. Aus der Privilegierung eines Vorhabens im Außenbereich folgt zwar nicht, dass es nicht durch förmliche Planung ermöglicht werden könnte. Auch bei einer solchen Planung käme für ein Zwischenlager für radioaktive Abfälle aus kerntechnischen Anlagen nur ein Baugebiet in Betracht, in dem vorwiegend Betriebe mit erheblichem Belästigungspotential zulässig sind.[1059] In einem reinem **Gewerbegebiet** ist ein Zwischenlager für radioaktive Abfälle aus kerntechnischen Anlagen bauplanungsrechtlich unzulässig.[1060]

[1052] Zu den rechtlichen Konsequenzen des Atomausstiegs siehe Frenz in Frenz, Atomrecht, 2024, Grundlagen Rn. 1 ff.

[1053] Battis/Krautzberger/Mitschang/Reidt/Stüer NVwZ 2011, 897; Krautzberger/Stüer BauR 2011, 1416; Söfker ZfBR 2011, 541; Stüer/Stüer DVBl. 2011, 1117.

[1054] Zu den entschädigungsrechtlichen Fragestellungen Stüer/Loges NVwZ 2000, 9.

[1055] Ausschuss für Verkehr, Bau- und Stadtentwicklung, Beschlussempfehlung und Bericht v. 29.6.2011, BT-Drs. 17/6357, S. 9.

[1056] Battis/Krautzberger/Mitschang/Reidt/Stüer NVwZ 2011, 897.

[1057] Das von der Bundesgesellschaft für Endlagerung am Standort des ehemaligen Kernkraftwerk Würgassen geplante Vorhaben zentralen Bereitstellungslagers für die schwach- und mittelradioaktive Abfälle für das Endlager Konrad in Salzgitter wurde im Dezember 2023 von der Bundesumweltministerin aufgegeben; zur Privilegierung von Zwischenlagern nach § 35 I Nr. 7 BauGB siehe BVerwG NVwZ 2022, 893 mit Anm. v. Heinemann NVwZ 2022, 895; VGH München NVwZ 1984, 740; OVG Münster NVwZ 1988, 554 (559); VGH Mannheim Urt. v. 22.10. 2002 – 3 S 1689/01, juris Rn. 25 ff.; Dürr in Brügelmann, BauGB, 2021, § 35 Rn. 132 f.; Mitschang/Reidt in BKL, BauGB, 2022, § 35 Rn. 56; Söfker in EZBK, BauGB, 2021, § 35 Rn. 59 h.

[1058] BVerwG NVwZ 2022, 893 = juris Rn. 21 unter Verweis auf BT-Drs. 17/6357 S. 3; siehe VGH Kassel, Urt. v. 12.2.2020 – 3 A 505/18, juris Rn. 46 ff; zur Privilegierung von Landessammelstellen für radioaktive Abfälle, Zwischen- und Endlager für radioaktive Abfälle siehe Mitschang/Reidt in BKL, BauGB, 2022, § 35 Rn. 56; VGH Mannheim BauR 2002, 492; BVerwG NVwZ 2022, 893.

[1059] BVerwGE 163, 313 Rn. 11.

[1060] BVerwG NVwZ 2022, 893.

8. Sonnenenergie (§ 35 I Nr. 8 BauGB)

Privilegiert sind nach § 35 I Nr. 8 BauGB auch Anlagen, die der Nutzung solarer Strahlungsenergie dienen a) in, an und auf Dach- und Außenwandflächen von zulässigerweise genutzten Gebäuden, wenn die Anlage dem Gebäude baulich untergeordnet ist, oder b) auf einer Fläche längs von aa) Autobahnen oder bb) Schienenwegen des übergeordneten Netzes im Sinne des § 2b AEG mit mindestens zwei Hauptgleisen und in einer Entfernung zu diesen von bis zu 200 Metern, gemessen vom äußeren Rand der Fahrbahn.[1061] Die Errichtung und der Betrieb von Anlagen sowie den dazugehörigen Nebenanlagen liegen nach § 2 S. 1 EEG im überragenden öffentlichen Interesse und dienen der öffentlichen Sicherheit. Bis die Stromerzeugung im Bundesgebiet nahezu treibhausgasneutral ist, sollen die erneuerbaren Energien nach § 2 S. 2 EEG als vorrangiger Belang in die jeweils durchzuführenden Schutzgüterabwägungen eingebracht werden. § 2 EEG begründet ein besonderes Gewicht der erneuerbaren Energien in Abwägungs- und Ermessensentscheidungen. Voraussetzung dafür ist jedoch, dass das anzuwendende Fachrecht einen Entscheidungsspielraum einräumt, indem der relative Vorrang zum Tragen kommen kann.[1062] Für nicht privilegierte Vorhaben dürfte die niedrige Schwelle einer Beeinträchtigung öffentlicher Belange auch mit Hilfe des § 2 EEG in aller Regel nicht zu überwinden sein, zumal der Bundesgesetzgeber PV-Anlagen nicht generell, sondern in § 35 I Nr. 8 und 9 BauGB nur sehr punktuell privilegiert hat.[1063] Durch die BauGB-Klimanovelle 2011 wurde nach § 35 I Nr. 8 BauGB die Nutzung solarer Strahlungsenergie in, an und auf Dach- und Außenwandflächen von zulässigerweise genutzten Gebäuden privilegiert, wenn die Anlage dem Gebäude baulich untergeordnet ist.[1064] **4043**

Die Privilegierung bezieht sich auf Flächen von zulässigerweise genutzten Gebäuden, nicht auf sonstige bauliche Anlagen. Gebäude sind dabei selbständig benutzbare, überdeckte bauliche Anlagen, die von Menschen betreten werden können und vorrangig dazu bestimmt sind, dem Schutz von Menschen, Tieren oder Sachen zu dienen (§ 33 III EEG). Durch die Privilegierung werden zugleich Fragen beantwortet, die sich in der Praxis stellen.[1065] Die Förderung von Anlagen der solaren Strahlungsenergie unterscheidet zwischen Anlagen an oder auf Gebäuden (§ 33 EEG) und baulichen Anlagen, die keine Gebäude sind und vorrangig zu anderen Zwecken errichtet worden sind (§ 32 EEG) wie etwa Lärmschutzwälle oder bestimmte Freiflächenanlagen. **4044**

Im Jahr 2023 ist der Privilegierungstatbestand erweitert worden für Anlagen der Nutzung solarer Strahlungsenergie auf einer Fläche längs von **Autobahnen** oder **Schienenwegen** des übergeordneten Netzes im Sinne des § 2b AEG mit mindestens zwei Hauptgleisen und in einer Entfernung zu diesen von bis zu 200 Metern, gemessen vom äußeren Rand der Fahrbahn. Diese Neuregelung 2023 steht in engem Zusammenhang mit Neuregelungen des EEG 2023 zur Förderung von Freiflächensolaranlagen. Als neue Bereiche, innerhalb derer Freiflächensolaranlagen errichtet und gefördert betrieben werden können, wurden zB dauerhaft wiedervernässte Moorböden (§ 37 I Nr. 3 e EEG, § 48 I Nr. 5 e EEG), künstliche oder erheblich veränderte Gewässer iSd § 3 Nr. Nr. 4 und 5 WHG (§ 37 I Nr. 2 j EEG, § 48 I Nr. 4 EEG) oder bestimmte Agri-PV-Flächen, dh Bereiche, in denen die landwirtschaftliche Nutzung neben der Solarstromerzeugung stattfinden soll (§ 37 I Nr. 3 a bis c EEG, § 48 I Nr. 5 a bis c EEG) aufgenommen. Der Korridor für die Errichtung und den Betrieb von Freiflächensolaranlagen entlang von Autobahnen und Schienenwegen wurde von 200 m auf 500 m erweitert (§ 37 I Nr. 2 c EEG, § 48 I Nr. 3 lit. c, aa EEG). Der planungsrechtlich privilegierte Korridor beschränkt sich allerdings auf eine Breite von 200 m; als „Schienenweg" wird zudem nur der des übergeordneten Netzes iSv § 2b AEG mit mindestens zwei Hauptgleisen eingeordnet.[1066] **4045**

1061 Zu genehmigungsrechtlichen Grundlagen von Photovoltaik im Außenbereich Baars NVwZ 2023, 1857; Otto/Wegner ZNER 2023, 107; Pernice-Warnke JuS 2023, 828; Scheidler UPR 2023, 321.

1062 Baars NVwZ 2023, 1857 (1858).

1063 Baars NVwZ 2023, 1857 (1858).

1064 Siehe dazu Baars NVwZ 2023, 1857; Bach/Große EnWZ 2023, 209; Battis/Krautzberger/Mitschang/Reidt/Stüer NVwZ 2011, 897; Krautzberger/Stüer BauR 2011, 1416.

1065 OVG Münster BauR 2011, 240; Battis/Krautzberger/Mitschang/Reidt/Stüer NVwZ 2011, 897.

1066 Ausführlich dazu Bach/Große EnWZ 2023, 209, die erläutern, dass nach Plänen der Bundesregierung der Kreis der im Außenbereich privilegierten Freiflächen-Solaranlagen erweitert werden und in der BauNVO klargestellt werden soll, dass und unter welchen Voraussetzungen Solaranlagen in Gewerbe- und Industriegebieten zulässig sein sollen.

4046 Werden die Anlagen nicht auf Gebäuden angebracht, erfolgt eine Förderung, wenn die Anlage (1) an oder auf einer baulichen Anlage angebracht ist, die vorrangig zu anderen Zwecken als der Erzeugung von Strom aus solarer Strahlungsenergie errichtet worden ist, (2) auf einer Fläche errichtet worden ist, für die ein Verfahren nach § 38 1 BauGB durchgeführt worden ist, oder (3) mit bestimmten Maßgaben im Bereich eines beschlossenen Bebauungsplans (§ 30 BauGB) errichtet worden ist. Gefördert werden insbesondere auch im Bebauungsplan ausgewiesene Anlagen, die längs von Autobahnen oder Schienenwegen in einer Entfernung bis zu 110 m, gemessen vom äußeren Rand der befestigten Fahrbahn, errichtet worden sind (§ 32 I EEG). Gefördert werden auch im Geltungsbereich eines Bebauungsplans errichtete Anlagen, die sich auf versiegelten Flächen oder auf Konversionsflächen aus wirtschaftlicher, verkehrlicher, wohnungsbaulicher oder militärischer Nutzung befinden. Ausgenommen sind davon als Naturschutzgebiet (§ 23 BNatSchG) oder als Nationalpark (§ 24 BNatSchG) ausgewiesene Flächen (§ 32 II EEG). § 33 EEG regelt die Vergütung für Anlagen zur Erzeugung von Strom aus solarer Strahlungsenergie, die ausschließlich an oder auf einem Gebäude oder einer Lärmschutzwand angebracht sind. Die Vergütungssätze sind nach Anlagengrößen gestaffelt. Die Anlagen sowie die dazu gehörenden Befestigungen, wie zB Halterungen, Aufständerung oder Fundamente, müssen in der Weise an oder auf einem Gebäude angebracht worden sein, dass ausschließlich das Gebäude das Gewicht dieser technischen Einrichtungen trägt. Lärmschutzwände sind in Abgrenzung zu Lärmschutzwällen in der Regel senkrechte künstliche Wände. Die erhöhte Vergütung wird gewährt, weil durch die senkrechte Anordnung der Anlagen im Regelfall ein geringerer Ertrag zu erwarten ist.[1067] Zugleich wird die Eigenverbrauchsregelung für Anlagen, deren Strom in unmittelbarer räumlicher Nähe verbraucht und nicht durch ein Netz durchgeleitet wird, bis Ende 2013 fortgeführt (§ 33 II EEG). Die Förderung sämtlicher Anlagen der solaren Strahlungsenergie (§§ 32, 33 EEG) erfolgt dabei nach dem Prinzip des **„atmenden Deckels“** (§ 20 a EEG) mit einer jährlichen Degression von grundsätzlich 9 %, von der in bestimmten Fällen nach oben oder nach unten abgewichen werden kann.

4047 Anlagen zur Nutzung solarer Strahlungsenergie an oder auf Gebäuden (Solarthermieanlagen und Photovoltaikanlagen) sind im Außenbereich danach privilegiert zulässig. Die Anlagen müssen dem Gebäude baulich, dh räumlich-gegenständlich, untergeordnet sein und dürfen über die Dachfläche bzw. die Wandfläche des Gebäudes nicht hinausgehen. Nicht gefordert ist demgegenüber eine funktionelle Unterordnung. Die Privilegierung gilt unabhängig davon, ob die erzeugte Energie selbst verbraucht oder vollständig oder überwiegend in ein öffentliches Netz eingespeist wird. Andere Anlagen zur Nutzung solarer Strahlungsenergie können ggf. nach § 35 II BauGB planungsrechtlich zulässig sein. Dazu können auch Solaranlagen gehören, die sich dem Gebäude baulich nicht unterordnen, über die Dach- oder Wandflächen hinausgehen oder auf baulichen Anlagen angebracht werden, die keine Gebäude sind.[1068]

4048 Für die Rechtmäßigkeit der Errichtung einer Anlage zur Nutzung solarer Strahlungsenergie ist die Nutzung des Gebäudes zum Zeitpunkt der Errichtung der Solaranlage maßgeblich.[1069] Ist die Nutzung des Gebäudes dauerhaft aufgegeben worden oder wird das Gebäude zweckwidrig genutzt, ist die Errichtung einer Solaranlage nicht privilegiert.[1070] Die Solaranlage kann auch zeitgleich mit der Errichtung oder Renovierung des Gebäudes angebracht werden.[1071] Die nach § 35 I Nr. 8 BauGB privilegierten Solaranlagen unterfallen allerdings nicht dem Steuerungsprivileg des § 35 III 3 BauGB. Die Träger der Flächennutzungsplanung und der Regionalplanung können daher nicht durch entsprechende Darstellungen oder Ziele steuernd eingreifen.

4049 In Betracht kommt außerdem eine unselbstständige Privilegierung von Freiflächen-Solaranlagen, weil sie unter die „mitgezogene“ Nutzung eines nach § 35 I 1 Nr. 1 bis 3 BauGB privilegierten Vorhabens fällt.[1072] Eine „mitgezogene“ Privilegierung setzt voraus, dass die die Stromerzeugung aus solarer Strahlungsenergie dem jeweils privilegierten Vorhaben dient.[1073]

1067 Entwurf eines Gesetzes zur Neuregelung des Rechtsrahmens für die Förderung der Stromerzeugung aus erneuerbaren Energien, v. 6.6.2011, BT-Drs. 17/6071, S. 153/155.

1068 Battis/Krautzberger/Mitschang/Reidt/Stüer NVwZ 2011, 897.

1069 Gegenäußerung der Bundesregierung v. 17.6.2011, BT-Drs. 17/6253, S. 15.

1070 Ausschuss für Verkehr, Bau- und Stadtentwicklung, Beschlussempfehlung und Bericht v. 29.6.2011, BT-Drs. 17/6357, S. 10.

1071 Battis/Krautzberger/Mitschang/Reidt/Stüer NVwZ 2011, 897.

1072 Bach/Große EnWZ 2023, 209 (210); Baars NVwZ 2023, 1857 (1858).

1073 Bach/Große EnWZ 2023, 209.

9. Besondere Solaranlagen im Außenbereich (§ 35 I Nr. 9 BauGB)

Windenergienutzung ist als Technologie auf immer größere Anlagen angewiesen; Windenergie ist auch nicht überall in gleicher Weise vorhanden. Demgegenüber können Photovoltaikanlagen grundsätzlich nahezu überalleingesetzt werden. Da PV-Anlagen auf bestehenden Gebäudedächern bislang keine Pflicht sind, führt angesichts des steigenden Strombedarfs kein Weg am Ausbau von PV-Anlagen, wobei dafür grundsätzlich Freiflächen, landwirtschaftliche Flächen (sogenannte Agri-PV) und sogar stehende Gewässer in Betracht kommen.[1074] 4050

Privilegiert ist seit dem Jahr 2023 außerdem die Nutzung solarer Strahlungsenergie durch besondere Solaranlagen im Sinne des § 48 I Nr. 5 a, b oder c EEG.[1075] Gemeint sind damit Solaranlagen ist, die den Anforderungen entsprechen, die in einer Festlegung der Bundesnetzagentur nach § 85c EEG an sie gestellt werden, und errichtet worden sind a) auf Ackerflächen, die kein Moorboden sind und nicht rechtsverbindlich als Naturschutzgebiet iSd § 23 BNatSchG als Nationalpark iSd § 24 BNatSchG festgesetzt worden sind, mit gleichzeitigem Nutzpflanzenanbau auf derselben Fläche. Außerdem sind Solaranlagen angesprochen auf Flächen, die kein Moorboden sind und nicht rechtsverbindlich als Naturschutzgebiet iSd § 23 BNatSchG oder als Nationalpark iSd § 24 BNatSchG festgesetzt worden sind, mit gleichzeitiger landwirtschaftlicher Nutzung in Form eines Anbaus von Dauerkulturen oder mehrjährigen Kulturen auf derselben Fläche. Und schließlich verweist § 35 I Nr. 9 BauGB für die Privilegierung auf Solaranlagen auf Grünland bei gleichzeitiger landwirtschaftlicher Nutzung als Dauergrünland, wenn die Fläche kein Moorboden ist, nicht rechtsverbindlich als Naturschutzgebiet iSd § 23 BNatSchG oder als Nationalpark iSd § 24 BNatSchG festgesetzt worden sind, nicht in einem Natura 2000-Gebiet im Sinn des § 7 I 1 Nr. 8 BNatSchG liegen und kein Lebensraumtyp ist, der in Anhang der Richtlinie 92/43/EWG aufgeführt ist. 4051

Für die Privilegierung gelten folgende **Voraussetzungen**: a) das Vorhaben steht in einem **räumlich-funktionalen Zusammenhang** mit einem Betrieb nach § 35 I Nr. 1 oder 2 BauGB, b) BauGB, die **Grundfläche** der besonderen Solaranlage überschreitet nicht 25.000 m^2 und c) es wird je **Hofstelle** oder Betriebsstandort nur eine Anlage betrieben. Die Beschränkung auf 25.000 m^2 dient dem Schutz des Landschaftsbildes und der Begrenzung der Anlagenausdehnung. Die weitere Beschränkung auf eine Anlage je Hofstelle oder Betriebsstandort soll bewirken, dass entsprechend der ursprünglichen Zwecksetzung der Vorschrift der privilegierte Ausbau und die damit bauleitplanungsrechtlich ungesteuerte Errichtung von PV-Anlagen in der Fläche nicht überhandnimmt.[1076] 4052

10. Planvorbehalt (§ 35 III 3 BauGB)

Nach § 35 BauGB besteht ein Planvorbehalt und damit eine stärkere Einwirkungsmöglichkeit der Flächennutzungsplanung und der Raumordnung bei privilegierten Vorhaben nach § 35 I Nr. 2 bis 6 BauGB.[1077] An sich privilegierte Vorhaben gartenbaulicher Betriebe (§ 35 I Nr. 2 BauGB), des Fernmeldewesens, der öffentlichen Versorgung und der ortsgebundenen gewerblichen Betriebe (§ 35 I Nr. 3 BauGB), Vorhaben mit besonderen Anforderungen, Auswirkungen oder Zweckbestimmungen (§ 35 I Nr. 4 BauGB), Anlagen der Wind- und Wasserenergie (§ 35 I Nr. 5 BauGB) und Biomasseanlagen (§ 35 I Nr. 6 BauGB) sind nur dann privilegiert auszuführen, wenn nicht öffentliche Belange als Darstellungen des Flächennutzungsplans oder Ziele der Raumordnung entgegenstehen (§ 35 III 3 BauGB). Öffentliche Belange stehen danach einem nach § 35 I Nr. 2 bis 6 BauGB an sich privilegierten Vorhaben in der Regel auch dann entgegen, soweit hierfür durch Darstellungen im Flächennutzungsplan oder als Ziele der Raumordnung eine Ausweisung an anderer Stelle erfolgt ist. Gemeinde und Raumordnung haben daher die Möglichkeit, die Privilegierungen nach § 35 I Nr. 2 bis 6 BauGB durch entsprechende Ausweisungen zu unterbinden. Allerdings ist dazu eine konkrete standortbezogene Ausweisung erforderlich. Sofern eine Ausweisung nach § 35 III 3 BauGB nicht erfolgt ist, können den privilegierten Vorhaben gleichwohl anderweitige Darstellungen des Flächennutzungs- 4053

[1074] Enzensberger NVwZ 2023, 1394.

[1075] Zur neuen Privilegierung von Agri-Photovoltaikanlagen im Außenbereich Enzensperger NVwZ 2023, 1394.

[1076] Mitschang/Reidt in BKL, BauGB, 2022, § 35 Rn. 54; Enzensberger NVwZ 2023, 1394 (1396).

[1077] Kersten Baurecht in Schoch/Eifert, Besonderes Verwaltungsrecht, 2023, Kap. 3 Rn. 369.; BVerwG NVwZ 2003, 733 (734); NVwZ 2010, 1561; Mitschang BauR 2014, 29 (30).

plans entgegenstehen.[1078] Das Darstellungsprivileg bezieht sich nicht auf Vorhaben, die einem land- oder forstwirtschaftlichen Betrieb dienen (§ 35 I Nr. 1 BauGB) sowie Kernenergieanlagen (§ 35 I Nr. 7 BauGB).

4054 § 35 III 3 BauGB ist nach § 249 I BauGB allerdings auf Vorhaben, die der Erforschung, Entwicklung oder Nutzung der Windenergie dienen, nicht anzuwenden.

4055 Standortbezogene Festlegungen können sich sowohl aus der gemeindlichen **Flächennutzungsplanung** als auch aus **Zielen der Raumordnung** der Landes- und Regionalplanung ergeben.

4056 **a) Flächennutzungsplan.** Im Flächennutzungsplan kann durch eine **Kombination** von **Zulassung** und **Ausschluss** eine Bündelung von privilegierten Anlagen erreicht werden. Vorrangflächen geben den Anlagen eine besondere Bevorrechtigung. Bei Eignungsflächen können sich andere Nutzungsinteressen in der nachvollziehenden Abwägung noch eher behaupten. Die mit diesen Standortausweisungen verbundenen Ausschlusswirkungen für das übrige Gemeindegebiet sind allerdings nicht strikt, sondern gelten nur für den Regelfall. Auch in den Ausschlussbereichen kann daher ein privilegiertes Vorhaben zulässig sein, wenn es sich im Ausnahmefall gegenüber der gemeindlichen Planung durchsetzt. Dabei darf allerdings die Gesamtkonzeption des Flächennutzungsplans nicht in Frage gestellt werden.

4057 Die **negativen** und die **positiven Komponenten** der Darstellungen bedingen einander.[1079] Das Zurücktreten der Privilegierung in Teilen des Plangebiets lässt sich nach der Wertung des Gesetzgebers nur dann rechtfertigen, wenn die Gemeinde sicherstellt, dass sich die betroffenen Vorhaben an anderer Stelle gegenüber konkurrierenden Nutzungen durchsetzen. § 35 III 3 BauGB bietet der Gemeinde die Möglichkeit, privilegierte Vorhaben mit Ausnahme von land- und forstwirtschaftlichen Betrieben auf bestimmte Standorte zu konzentrieren. Der Gemeinde ist es aber grundsätzlich verwehrt, eine vom Gesetzgeber privilegiert zugelassene Nutzung für das gesamte Gemeindegebiet auszuschließen, damit von der Gemeinde insgesamt fernzuhalten und in andere Planungsräume zu verweisen.[1080] Sie darf jedoch öffentliche Belange formulieren, die einem an sich privilegierten Vorhaben in bestimmten Bereichen des Gemeindegebietes entgegenstehen können, wenn dies durch eine nachvollziehbare Konzeption gerechtfertigt ist.[1081]

4058 Eine Beeinträchtigung öffentlicher Belange liegt gem. § 35 III 1 Nr. 1 BauGB insbesondere dann vor, wenn das Vorhaben den Darstellungen des Flächennutzungsplans widerspricht **(unmittelbar widersprechende Darstellungen)**.[1082] Dem Vorhaben entgegenstehen können öffentliche Belange nur dann, wenn die der Errichtung widersprechenden Darstellungen im Einzelfall bereits vorhandene entgegenstehende Belange unterstützen und die Darstellungen hinreichend konkret sind. Auch im Rahmen der nach § 35 BauGB erforderlichen „nachvollziehenden Abwägung" können sich die Darstellungen eines Flächennutzungsplans nur dann gegen die Zulässigkeit eines privilegierten Vorhabens durchsetzen, wenn sie dieser Nutzung an dieser Stelle sachlich und räumlich eindeutig widersprechen. Das ist nicht schon dann der Fall, wenn an der beantragten Stelle eine Fläche für Land- oder Forstwirtschaft nach § 5 II Nr. 9 BauGB dargestellt ist, da dem Außenbereich ohnehin vorrangig diese Funktion zukommt. Nur eine konkrete andere Nutzungszuweisung, die auch in der Begründung zum Ausdruck gekommen ist – beispielsweise die Darstellung einer Fläche zum Schutz, zur Pflege und zur Entwicklung von Natur und Landschaft nach § 5 II Nr. 10 BauGB – vermag einen Widerspruch zwischen dem privilegierten Vorhaben und Flächennutzungsplan zu begründen. Das ist aber nur dann der Fall, wenn das konkrete Vorhaben die im Flächennutzungsplan vorgesehene Nutzung unmöglich machen würde. Sind beide Nutzungen nebeneinander möglich, so widersprechen sie sich nicht.

4059 Zwar hat auch die **positive Darstellung** einer konkreten Nutzung im Flächennutzungsplan eine lediglich unterstützende Wirkung für diese Nutzungsform, doch werden einem privilegierten Vorhaben unter Berücksichtigung seiner Privilegierung idR keine öffentlichen Belange entgegenstehen, wenn der beantragte Standort im Flächennutzungsplan eine solche Nutzung darstellt **(unterstützender Darstellungen)**. Im Rahmen der Standortplanung durch die Ge-

---

[1078] BVerwG NVwZ 1998, 960.
[1079] BVerwG NVwZ 2003, 733.
[1080] BVerwG NVwZ 2003, 733.
[1081] BVerwG NVwZ 2003, 733.
[1082] BVerwG BauR 2000, 1171.

meinden sind etwa für Windenergieanlagen folgende Kriterien zu berücksichtigen: die Windverhältnisse, die anzustrebende Konzentration der Anlagen, günstige Einspeisemöglichkeiten in das Stromnetz, die leichte Erschließbarkeit durch bereits vorhandene Wege und die vorrangige Nutzung solcher Standorte, die schon durch technische Anlagen vorbelastet sind.[1083] Ausgeschlossen ist die Errichtung von Windenergieanlagen in der Regel in Natur- und Vogelschutzgebieten, Nationalparks usw. In Landschaftsschutzgebieten ist die Windkraftnutzung nur unter besonderen Voraussetzungen ausnahmsweise zulässig.[1084]

Das BVerwG hat schon im Zusammenhang mit dem Kiesabbau eine **mittelbar ausschließende Wirkung unterstützender Darstellungen** im Flächennutzungsplan hinsichtlich der 4060
nicht für diese Nutzung ausgewiesenen Flächen hergeleitet. Danach kann die unterstützende Darstellung eines konkreten Standortes für ein privilegiertes Vorhaben die Unzulässigkeit ähnlicher Projekte im übrigen Außenbereich der Gemeinde wegen des Entgegenstehens öffentlicher Belange dann bewirken, wenn das Konzept die Absicht erkennen lässt, dass nur der ausgewiesene Standort für diese Vorhaben zur Verfügung stehen soll.[1085] Das BVerwG begründet dies ua mit der Planungshoheit der Gemeinden. In der Literatur wurden gegen diese Auffassung des BVerwG Bedenken dahingehend geltend gemacht, dass die weitreichenden mittelbar ausschließenden Wirkungen des Flächennutzungsplans ohne eine entsprechende gesetzliche Ermächtigung nicht mit dem Gesetzesvorbehalt des Art. 14 III GG für Eingriffe in das Eigentum vereinbar seien. Der Gesetzgeber hat dem Rechnung getragen, indem er mit § 35 III 3 BauGB eine entsprechende Befugnisnorm geschaffen hat. Die Vorschrift legt ausdrücklich fest, dass einem privilegierten Vorhaben nach § 35 I Nr. 2 bis 6 BauGB in der Regel öffentliche Belange entgegenstehen, wenn im Flächennutzungsplan eine Ausweisung an anderer Stelle dargestellt ist. Dies gilt allerdings nur dann, wenn der Flächennutzungsplan und die Begründung erkennen lassen, dass die Gemeinde die Zulässigkeit weiterer Anlagen außerhalb der Konzentrationszone zwar erwogen, aber aus nachvollziehbaren städtebaulichen Gründen ausdrücklich abgelehnt hat.[1086] Selbst unter diesen Voraussetzungen ist die Errichtung nicht generell, sondern nur „in der Regel" wegen des Erfordernisses eines Entgegenstehens öffentlicher Belange unzulässig (§ 35 III 3 BauGB).[1087] Die Unzulässigkeit von an sich privilegierten Anlagen setzt daher eine gemeindliche Flächennutzungsplanung voraus, die konkrete und nachvollziehbare Standortaussagen trifft.

Bestimmte „Anliegen" oder **Wunschvorstellungen** der **Gemeinde** sind – so das BVerwG 4061
– keine beachtlichen öffentlichen Belange, sofern sie nicht bereits in konkreten Planungen niedergelegt sind. In § 35 III BauGB nicht aufgeführte öffentliche Belange müssen zumindest deren Gewichtigkeit teilen. So stellt etwa das gemeindliche Interesse, einen harmonischen Übergang zwischen Bebauung und freier Landschaft zu erhalten, gegenüber privilegierten Vorhaben keinen entgegenstehenden öffentlichen Belang dar. Nur die Verunstaltung des Landschaftsbildes, nicht dessen bloße Beeinträchtigung könne einem privilegierten Vorhaben entgegengehalten werden.[1088]

Auch ist die Gemeinde nach § 35 III 3 BauGB grundsätzlich nicht in der Lage, privilegierte 4062
Vorhaben nach § 35 I Nr. 2 bis 6 BauGB generell für das **ganze Gemeindegebiet** auszuschließen. Solche Vorhaben können allerdings durch konkrete standortbezogene Aussagen auf bestimmte Teile des Gemeindegebietes konzentriert und damit für das übrige Gemeindegebiet ausgeschlossen werden. Einen generellen Ausschluss an sich nach § 35 I Nr. 2 bis 6 BauGB privilegierter Vorhaben im gesamten Gemeindegebiet ist grundsätzlich nicht möglich. Denn die Darstellungen eines Flächennutzungsplans stehen dem nach § 35 I Nr. 2 bis 6 BauGB privilegierten Vorhaben nur dann entgegen, wenn eine Ausweisung an anderer Stelle erfolgt ist. Dies dürfte sich für den gemeindlichen Planungsbereich auf den jeweiligen gemeindlichen Flächennutzungsplan beziehen. Denn die Planungskompetenz einer Gemeinde geht nicht über

---

1083 Wagner UPR 1996, 373 mwN.

1084 Einzelheiten dazu: Wagner UPR 1996, 373; Runderlass NRW, V. 1.2. Die Reichweite der Bindungen einer Landschaftsschutzverordnung regelt das jeweilige Landesrecht, OVG Münster BauR 2000, 62

1085 BVerwG DVBl. 1987, 1008 – Kölner Auskiesungskonzentrationszone.

1086 Runderlass NRW, III. 2.2.1 und III. 2.2.2.

1087 Wagner UPR 1996, 373. Dort finden sich auch Einzelheiten zur (zeichen)technischen Ausführung der Darstellung.

1088 BVerwG NVwZ 1998, 58. Darstellungen eines Flächennutzungsplans können einem Außenbereichsvorhaben auch dann widersprechen, wenn sie mit der gegenwärtigen tatsächlichen Situation nicht übereinstimmen, BVerwG NVwZ 1997, 899.

ihren Planungsraum hinaus.[1089] Etwas anderes könnte allerdings für kleine Gemeinden gelten. Hier könnte einiges dafür sprechen, dass die Gemeinde auch für das gesamte Gemeindegebiet nach § 35 I Nr. 2 bis 6 BauGB grundsätzlich privilegierte Vorhaben ausschließt. Denn vor allem in den neuen Ländern gibt es noch zahlreiche Gemeinden, die teilweise nicht einmal 100 Einwohner haben und über ein nur gering ausgedehntes Gemeindegebiet verfügen. Hier wäre es angezeigt, die Möglichkeiten der Begrenzung an sich privilegierter Vorhaben auf bestimmte Stellen im Zuständigkeitsbereich der jeweils höheren Verwaltungseinheit (Amt, Verwaltungsgemeinschaft) zu beziehen. Dasselbe muss gelten, wenn sich aus anderen nachvollziehbaren Gründen keine Standorte in der Gemeinde für die an sich privilegierten Vorhaben anbieten. In einer anderen Lage ist die Regionalplanung, die einen generellen Ausschluss der an sich nach § 35 I Nr. 2 bis 6 BauGB privilegierte Vorhaben bezogen auf das einzelne Gemeindegebiet anordnen kann. Die Regionalplanung kann daher nur bestimmte Standorte in einzelnen Gemeinden für regionalplanerisch bedeutsame privilegierte Vorhaben nach § 35 I Nr. 2 bis 6 BauGB festlegen, im Übrigen jedoch in den anderen Teilen des Planungsgebietes ausschließen. Vorhaben von geringerem Gewicht unterfallen allerdings nur dem gemeindlichen Darstellungsprivileg, sodass insoweit ein Ausschluss durch die Regionalplanung nicht greift. Zudem sind solche planungsrechtlichen Ausweisungen in Konzentrationszonen nur dann wirksam, wenn sie durch städtebauliche Gründe legitimiert sind. Ein Ausschluss von an sich privilegierten Vorhaben ist daher weder durch die Gemeinde noch durch die Landesplanung zulässig, wenn nicht regionalplanerische oder städtebauliche Gründe von entsprechendem Gewicht die Unzulässigkeit derartiger Vorhaben legitimieren. Der **planreife Entwurf** eines Flächennutzungsplans mit Darstellungen nach § 35 III 3 BauGB stellt keinen einem privilegierten Vorhaben nach § 35 I Nr. 2 bis 6 BauGB entgegenstehenden öffentlichen Belang nach § 35 III 1 Nr. 1 oder I BauGB dar.[1090]

4063 Lässt bei einer Konzentrationszonenplanung mit den Wirkungen des § 35 III 3 BauGB in einem Flächennutzungsplan die Bekanntmachung der Genehmigung nicht erkennen, dass die Planung eine Ausschlusswirkung für den gesamten Außenbereich erzielen soll, so haben die Eigentümer von Grundstücken außerhalb der Konzentrationszonen keinen Anlass, sich mit der Planung weiter zu befassen und diese auf etwaige Rechtsfehler hin zu überprüfen. Unabhängig von der inhaltlichen Richtigkeit des Hinweistextes als solchem ist die räumliche und sachliche Reichweite der Planung und damit – mittelbar – auch des Hinweises dann nicht hinreichend erkennbar.[1091]

4064 Die in § 35 III 3 BauGB geregelten Regelausschlusswirkung der Darstellungen eines des Flächennutzungsplans entfalten keinen generellen Drittschutz zugunsten der Nachbarschaft Vielmehr dient die Norm dem Außenbereichsschutz und der gemeindlichen Planungshoheit.[1092]

4065 **b) Ziele der Raumordnung.** Neben der kommunalen Flächennutzungsplanung können auch Ziele der Raumordnung in Landesentwicklungs- und Regionalplänen standortbezogene Festlegungen zu an sich privilegierten Vorhaben nach § 35 I Nr. 2 bis 6 BauGB enthalten. Bei der räumlichen Steuerung durch einen Raumordnungsplan ist zwischen der Festlegung von Zielen und Grundsätzen der Raumordnung zu unterscheiden. Ziele der Raumordnung sind verbindliche Vorgaben in Form von räumlich und sachlich bestimmten und bestimmbaren, vom Träger der Landes- oder Regionalplanung abschließend abgewogenen textlichen oder zeichnerischen Festlegungen in Raumordnungsplänen zur Entwicklung, Ordnung und Sicherung des Raumes (§ 3 I Nr. 2 ROG). Ziele der Raumordnung entfalten gegenüber der kommunalen Bauleitplanung gem. § 1 IV BauGB Bindungswirkung in Form einer **Anpassungspflicht**. Nach § 4 V 1 ROG sind Ziele der Raumordnung darüber hinaus zu beachten. Grundsätze der Raumordnung sind hingegen allgemeine Aussagen zur Entwicklung, Ordnung und Sicherung des Raums in oder aufgrund von § 2 ROG als Vorgaben für nachfolgende Abwägungs- oder Ermessensentscheidungen (§ 3 I Nr. 3 ROG). Sie sind im Rahmen der kommunalen Bauleitplanung gem. § 1 V, VI BauGB als öffentliche Belange in die Abwägung ein-

1089 BVerwGE 27, 137; OVG Lüneburg BauR 1995, 824.

1090 VGH Kassel BauR 2009, 1938; BauR 2005, 679.

1091 BVerwG BauR 2024, 601 = juris Rn. 4; OVG Lüneburg EnWZ 2021, 421 Rn. 53 ff.

1092 OVG Bremen Urt. v. 28.9.2023 – 1 D 72/22, juris Rn. 49; OVG Lüneburg Beschl. v. 11.3.2019 – 12 ME 105/18, juris Rn. 77; Beschl. v. 25.2.2014 – 12 LA 105/13, juris Rn. 12; Scheidler in Schrödter, BauGB, 2019, § 5 Rn. 140a; OVG Münster Beschl. v. 10.5.2017 – 8 B 1081/16, juris Rn. 11.

zustellen und dort nach Lage des Einzelfalls durch andere, überwiegende Belange überwindbar und nach § 4 V 1 ROG bei raumbedeutenden Planungen und Maßnahmen zu berücksichtigen. Sowohl Ziele als auch Grundsätze entfalten zudem gegen über konkreten Außenbereichsvorhaben Bindungswirkung.

Ferner wird zwischen **Vorrang-, Vorbehalts- und Vorranggebieten mit Ausschlusswirkung** unterschieden (§ 7 III ROG). Vorranggebiete sind für bestimmte, raumbedeutsame Funktionen oder Nutzungen vorgesehen und schließen andere raumbedeutsame Nutzungen aus, soweit diese mit den vorrangigen Funktionen, Nutzungen oder Zielen der Raumordnung nicht vereinbar sind (§ 8 VII 1 Nr. 1 ROG). In Vorbehaltsgebieten soll bestimmten, raumbedeutsamen Funktionen oder Nutzungen bei der Abwägung mit konkreten raumbedeutsamen Nutzungen besonderes Gewicht beigemessen werden (§ 8 VII 1 Nr. 2 ROG). Wird durch die Festlegung von Vorranggebieten der jeweiligen Nutzung oder Funktion substanziell Raum verschafft, kann nach § 7 III 3 ROG festgelegt werden, dass diese Nutzung oder Funktion an anderer Stelle im Planungsraum ausgeschlossen ist (**Vorranggebiete mit Ausschlusswirkung**). Die Ermittlung der Vorranggebiete mit Ausschlusswirkung erfolgt auf der Grundlage eines gesamträumlichen Planungskonzepts des Planungsträgers. Werden in diesem Planungskonzept Teile des Planungsraums für eine Nutzung oder Funktion ausgeschlossen, ist eine systematische Unterscheidung, ob der Ausschluss aus tatsächlichen, rechtlichen oder planerischen Gründen erfolgt, nicht erforderlich.[1093] Die bis 2023 im ROG enthaltene Definition von Eignungsgebieten ist durch das ROGÄndG 2023 gestrichen worden. **Eignungsgebiete** sind in geltenden Raumordnungsplänen allerdings enthalten. Trotz der Rechtsänderung durch das ROGÄndG 2023 können außerdem aufgrund der nach wie vor nicht abschließenden Aufzählung der Raumordnungsgebiete weiterhin Eignungsgebiete und Vorranggebiete mit der Wirkung von Eignungsgebieten in Raumordnungsplänen festgelegt oder entsprechende Festlegungen beibehalten werden.[1094] Bei ihnen handelt es sich um Raumordnungsgebiete, die für bestimmte, raumbedeutsame Maßnahmen geeignet sind und die an anderer Stelle im Planungsraum ausgeschlossen werden (§ 7 III 1 Nr. 3 ROGaF.).[1095] Der Gesetzgeber möchte mit der Streichung der Eignungsgebiete und der Vorranggebiete mit der Wirkung von Eignungsgebieten sowie der Einführung von Vorranggebieten mit Ausschlusswirkung die Anwendbarkeit der Regelungen über die Raumordnungsgebiete erleichtern.[1096] Ob dies damit gelingt, bleibt abzuwarten. Für die Windenergieanlagen gelten Sonderregeln. Abweichend von § 7 III 3 bis 5 ROG ist nach § 7 III 4 ROG auf die Ausweisung von Windenergiegebieten im Sinne des § 2 Nr. 1 WindBG § 27 IV ROG anzuwenden. Für Raumordnungspläne mit Windenergiegebieten sind danach die Überleitungsvorschriften des § 245e BauGB und die Sonderregelungen des § 249 BauGB vorrangig anzuwenden.[1097] Die Ausschlusswirkung für Windenergievorhaben aufgrund von § 35 III 3 BauGB entfällt danach spätestens ab dem 31.12.2027. Wenn die **Teilflächenziele** erreicht werden, sind die Windenergieanlagen nur noch innerhalb der Windenergiebiete gemäß § 35 I Nr. 5 BauGB privilegiert. Wird das Ziel nicht erreicht, so sind die Windenergieanlagen im gesamten Außenbereich des Plangebiets privilegiert (§ 27 IV ROG iVm § 249 VII BauGB).[1098] **4066**

Bei der Landes- und Regionalplanung ergeben sich allerdings einige Besonderheiten: Gem. § 35 III 2 BauGB dürfen **raumbedeutsame Vorhaben** nach § 35 I und II BauGB den Zielen der Raumordnung nicht widersprechen. Ein solcher Widerspruch bewirkt nicht etwa nur eine Beeinträchtigung öffentlicher Belange, sondern führt zur Unzulässigkeit des Vorhabens. Damit hat der Gesetzgeber den Zielen der Raumordnung eine grundsätzlich stärkere Wirkung gegenüber Außenbereichsvorhaben zugemessen als den Darstellungen des Flächennutzungsplans. Das Darstellungsprivileg in § 35 III 3 BauGB stellt aber in seinem Anwendungsbereich gegenüber der Vorrangklausel in § 35 III 2 BauGB eine Sonderregelung dar. Die Festlegung von Zielen der Raumordnung im Zusammenhang mit dem Darstellungsprivileg steht einem raumbedeutsamen privilegierten Außenbereichsvorhaben nur in der Regel entgegen,[1099] hat also keine aus- **4067**

1093 Grotefels in HBG, Öffentliches Baurecht, 2024, § 3 Rn. 108.

1094 So zutreffend Grotefels in HBG, Öffentliches Baurecht, 2024, § 3 Rn. 109.

1095 Zum Wegfall der Eignungsgebiete Grotefels in HBG, Öffentliches Baurecht, 2024, § 3 Rn. 108; Kment UPR 2022, 329 (331); Kümper DVBl.. 2023, 1126 (1128).

1096 Grotefels in HBG, Öffentliches Baurecht, 2024, § 3 Rn. 108.

1097 Auch dazu Grotefels in HBG, Öffentliches Baurecht, 2024, § 3 Rn. 108 ff.

1098 Grotefels in HBG, Öffentliches Baurecht, 2024, § 3 Rn. 108.

1099 BVerwG NVwZ 2003, 738.

nahmslose Ausschlusswirkung. Deshalb ist auch eine allgemeine Öffentlichkeitsbeteiligung oder auch eine Beteiligung der betroffenen Eigentümer und Nutzungsberechtigten europarechtlich nicht erforderlich.[1100] In die Abwägung sind gleichwohl auch die privaten Belange der von der beabsichtigten Ausschlusswirkung betroffenen Grundstückseigentümer einzubeziehen. Dabei ist zu berücksichtigen, dass eine entsprechende Regionalplanung private Grundeigentümer unmittelbar bindet, weshalb an die Abwägung hier höhere Anforderungen zu stellen sind, als sie üblicherweise an die Raumordnungsplanung gestellt werden.[1101]

4068 Sofern im Einzelfall private Belange aufgrund der Tatsache unberücksichtigt bleiben, dass die Raumordnungsplanung in der Regel nicht derart detailgenau sein kann wie die Flächennutzungsplanung und der Bebauungsplan, ist das im Rahmen der Rechtsanwendung durch eine nachvollziehende Abwägung ausgleichbar. Dabei ist allerdings der Grundsatz der Planerhaltung zu beachten. Der Raumordnungsplanung kommt deshalb nur dann keine Ausschlusswirkung zu, wenn bei Berücksichtigung der übersehenen privaten Belange ein anderes Abwägungsergebnis nahe gelegen hätte.[1102]

4069 Die gemeindliche Bauleitplanung hat sich gem. § 1 IV BauGB den **Zielen der Raumordnung** anzupassen, sodass diese nicht durch eine gemeindliche Bauleitplanung überwunden werden können.[1103] Auch ein Bauvorhaben, das Zielen der Raumordnung widerspricht, ist nicht zwangsläufig, sondern gem. § 35 III 3 BauGB nur **„in der Regel"** unzulässig. Eine strikte Bindungswirkung der Ziele der Raumordnung ist ausnahmsweise zu verneinen, wenn bei ihrer Festsetzung maßgebliche Kriterien, die im Rahmen der gem. § 35 BauGB gebotenen Abwägung für oder gegen die Errichtung des beantragten Vorhabens sprechen, noch nicht in die Entscheidung eingeflossen sind oder die Abweichung aufgrund der Grobkörnigkeit der Regionalplanung sachgerecht ist. Ein Ziel der Raumordnung unterscheidet sich von einem gleich lautenden, in Aufstellung befindlichen Ziel der Raumordnung zwar hinsichtlich seiner Verbindlichkeit, aber nicht hinsichtlich seiner tatbestandlichen Voraussetzungen.[1104]

4070 Die Ziele der Raumordnung erfassen nur **„raumbedeutsame Vorhaben"** (§ 35 III 2 HS. 1 BauGB). Das sind Vorhaben, durch die Raum in Anspruch genommen oder die räumliche Entwicklung oder Funktion eines Gebietes beeinflusst wird, einschließlich des Einsatzes der hierfür vorgesehenen öffentlichen Finanzmittel. Mehrere Windenergieanlagen an einem Standort beispielsweise haben einen so großen Platzbedarf, dass in der Regel eine Raumbedeutsamkeit iS von § 3 I Nr. 6 ROG angenommen werden kann. Die Raumbedeutsamkeit einer einzelnen Windenergieanlage kann sich etwa aus ihrer Größe (Höhe, Rotordurchmesser), aus ihrem Standort oder aus ihren Auswirkungen auf bestimmte Ziele der Raumordnung (Schutz von Natur und Landschaft, Erholung und Fremdenverkehr) ergeben. Maßgeblich hierfür sind die Größe der Anlage und die „Empfindlichkeit" des jeweiligen Standortes.[1105] Sensibel sind beispielsweise Standorte in der Nähe von bedeutenden Naturdenkmälern, von Brut- und Rastplätzen seltener Vogelarten oder auf Bergkuppen, da die Anlagen in diesem Fall weithin sichtbar sind.[1106]

4071 Die Vorbildwirkung für weitere Anlagen allein bewirkt demgegenüber die Raumbedeutsamkeit noch nicht automatisch. Eine **raumordnungsrechtliche Gesamtbetrachtung** für sich genommen nicht raumbedeutsamer Windenergieanlagen kann gerechtfertigt sein, wenn mehrere Anlagen in einem engen zeitlichen und räumlichen Zusammenhang errichtet werden sollen. Sie können zu einer raumbedeutsamen Einheit zusammenwachsen. Bestehen diese Voraussetzungen nicht, bietet § 35 III 3 BauGB keine Handhabe, die Genehmigung einer nicht raumbedeutsamen Anlage allein wegen einer Vorbildwirkung für weitere Anlagen zu versagen. Es bleibt die Möglichkeit, die Anträge auf Genehmigung weiterer Anlagen mit der Begründung abzulehnen, dass sie zusammen mit der bereits genehmigten Anlage die Schwelle zur Raumbedeutsamkeit überschreiten und deshalb nach § 35 III 3 BauGB unzulässig sind.[1107]

4072 **c) Gemeinsamkeiten und Unterschiede von Flächennutzungs- und Raumordnungsplanung.** Das Darstellungsprivileg des § 35 III 3 BauGB ist vom Ansatz her flächende-

[1100] BVerwG NVwZ 2002, 476; NVwZ 2003, 738.
[1101] OVG Koblenz NVwZ-RR 2003, 619.
[1102] OVG Koblenz NuR 2003, 556.
[1103] Wagner UPR 1996, 374.
[1104] BVerwG NVwZ 2018, 336.
[1105] BVerwG NVwZ 2003, 738; OVG Koblenz NuR 2003, 556.
[1106] Wagner UPR 1996, 375 mwN.
[1107] BVerwG NVwZ 2003, 738.

ckend angelegt. Es lebt von seiner den Planungsraum grundsätzlich insgesamt umfassenden Darstellung.[1108] In den Konzentrationsflächen sind privilegierte Vorhaben grundsätzlich zulässig, während in den anderen Teilen des Planungsraums die grundsätzliche Ausschlusswirkung greift.[1109] Allerdings besteht die Ausschlusswirkung nur in der Regel und ist von dem Ergebnis einer nachvollziehenden Abwägung im Einzelfall abhängig. Die kommunalen und regionalen Planungsträger dürfen Darstellungen in einem Flächennutzungsplan oder in einem Regionalplan, der die Ausschlusswirkung nach § 35 III 3 BauGB auslösen soll, nicht als Mittel benutzen, um unter dem Deckmantel der planerischen Steuerung von Windenergieanlagen diese in Wahrheit zu verhindern. Der Planungsträger muss seine zunächst gewählten Kriterien für die Festlegung der Konzentrationsflächen nochmals prüfen und gegebenenfalls ändern, wenn sich herausstellt, dass damit der Windenergie nicht substanziell Raum geschaffen wird. Will er an den Kriterien festhalten, muss er auf eine planerische Steuerung nach § 35 III 3 BauGB verzichten.[1110]

Die **Abwägung** ist gestuft: Die planerischen Ausweisungen müssen den Anforderungen an eine autonome planerische Abwägung entsprechen. Nur soweit das Abwägungsgebot die einzelne Festlegung rechtfertigt, können sie öffentliche Belange nach § 35 III BauGB erzeugen, die einem privilegierten Vorhaben entgegenstehen können.[1111] Bei der Einzelprüfung ist sodann eine (nachvollziehende) Abwägung erforderlich. Denn die Ausweisungen im Flächennutzungsplan und im Regionalplan stehen einem privilegierten Vorhaben nur „in der Regel" entgegen. In der nachvollziehenden Abwägung sind die planerischen Aussagen den gesetzlichen Wertungen und den Interessen des Vorhabenträgers an der Verwirklichung des (an sich) privilegierten Vorhabens[1112] gegenüberzustellen. 4073

Die **Regionalplanung** ist allerdings bei der Abwägung nicht auf das Gebiet einer Gemeinde begrenzt, sondern bezieht ihre Festlegungen auf den regionalen Planungsraum. Im Gegensatz zur Gemeinde kann daher der Träger der Regionalplanung raumbedeutsame Vorhaben in einzelnen Gemeinden ganz ausschließen, wenn in anderen Bereichen des Planungsraums entsprechende Vorranggebiete ausgewiesen worden sind.[1113] Vorbehaltsgebiete nach § 8 VII 1 Nr. 2 ROG können die Ausschlusswirkung für das übrige Plangebiet allerdings nicht erzeugen, wenn sie nicht zugleich mit einer ausdrücklichen Aussage zur Unzulässigkeit privilegierter Vorhaben im übrigen Plangebiet kombiniert werden, wie dies bei Eignungsgebieten und bei Vorranggebieten mit Ausschlusswirkung geschieht. Denn Vorbehaltsgebiete haben eine Aussagekraft nur hinsichtlich der Eignung des ausgewiesenen Gebietes, nicht jedoch zugleich eine negative Ausschlusswirkung für andere Teile des Plangebietes.[1114] Diese Ausschlusswirkung kann allerdings auch in Kombination mit Vorbehaltsgebieten angeordnet werden. 4074

Mit der Größe des Planungsgebietes wachsen die räumlichen Anforderungen an ein Gesamtkonzept. Dem Träger der Regionalplanung steht es zwar frei, ein so umfangreiches Abwägungsprogramm wie die erstmalige gesamträumliche Auswahl und Zuordnung der Standortbereiche für die Windenergienutzung in mehreren Planungsschritten zu bewältigen. Teilfortschreibungen, die (noch) kein vollständiges ausgewogenes Gesamtkonzept der Konzentrationsflächen ("Positiv- und Negativflächen") im Plangebiet erkennen lassen, weil dieses noch in der Entwicklung begriffen ist, können die Ausschlusswirkung von Vorranggebieten jedoch nicht für sich in Anspruch nehmen. In diesem Fall bleiben festgelegte Vorranggebiete bis zur Erstellung einer gesamträumlichen Konzeption auf den innergebietlichen Vorrang der Windenergienutzung beschränkt.[1115] 4075

d) Öffentliche Belange außerhalb des Darstellungsprivilegs. § 35 III 3 BauGB lässt andere öffentliche Belange unberührt, nach denen ebenfalls die Zulässigkeit privilegierter Anlagen im Außenbereich zu beurteilen ist. Das gilt auch für anderweitige Darstellungen in einem Flächennutzungsplan.[1116] Ein an sich nach § 35 I Nr. 2 bis 6 BauGB privilegiertes Vor- 4076

[1108] BVerwG NVwZ 2003, 1261; NVwZ 2003, 738; NVwZ 2003, 733.
[1109] BVerwG, NVwZ 2003, 738.
[1110] BVerwG NVwZ 2008, 559.
[1111] BVerwG NVwZ 2003, 1261; NVwZ 2003, 738.
[1112] BVerwGE 68, 311; BauR 1979, 481; BVerwG DVBl. 1987, 1008 – Kölner Auskiesungskonzentrationszone.
[1113] Mitschang/Reidt in BKL, BauGB, 2022, § 35 Rn. 121.
[1114] BVerwG NVwZ 2003, 738.
[1115] BVerwG NVwZ 2003, 738.
[1116] BVerwG NVwZ 1998, 960.

haben kann daher selbst dann aufgrund besonderer Standortfaktoren unzulässig sein, wenn die Gemeinde oder die Regionalplanung von dem Darstellungsprivileg keinen Gebrauch macht und konkrete standortbezogene Planungen dem Vorhaben nicht entgegenstehen. Zu denken ist etwa an andere konkrete Standortfaktoren wie etwa die Nähe zum Wald, die Lage in einem Naturschutz- oder Landschaftsschutzgebiet oder im Bereich einer Wasserschutzzone.

4077 **e) Zurückstellungsmöglichkeiten nach § 15 III BauGB.** Die Steuerungsmöglichkeiten der Gemeinden für privilegierte Vorhaben im Außenbereich (§ 35 I BauGB) wird zusätzlich durch eine Regelung in § 15 BauGB ergänzt, die den Gemeinden die Möglichkeit einräumt, Baugesuche für Vorhaben nach § 35 I Nr. 2 bis 6 BauGB für eine Frist von bis zu einem Jahr zurückstellen zu lassen, wenn im Zusammenhang mit der Aufstellung, Änderung oder Ergänzung eines Flächennutzungsplans entsprechende Darstellungen geprüft werden. Hierdurch soll die Wirksamkeit des Steuerungsinstruments gegen eventuelle gegenläufige faktische Entwicklungen in dem betreffenden Gebiet während der Planungsphase abgesichert werden. Auf Antrag der Gemeinde hat die Baugenehmigungsbehörde gem. § 15 III 1 BauGB die Entscheidung über die Zulässigkeit von Vorhaben nach § 35 I Nr. 2 bis 6 BauGB für einen Zeitraum bis zu längstens einem Jahr nach Zustellung der Zurückstellung des Baugesuchs auszusetzen, wenn die Gemeinde beschlossen hat, einen Flächennutzungsplan aufzustellen, zu ändern oder zu ergänzen, mit dem die Rechtswirkungen des § 35 III 3 erreicht werden sollen, und zu befürchten ist, dass die Durchführung der Planung durch das Vorhaben unmöglich gemacht oder wesentlich erschwert werden würde. Auf diesen Zeitraum ist nach § 15 III 2 BauGB die Zeit zwischen dem Eingang des Baugesuchs bei der zuständigen Behörde bis zur Zustellung der Zurückstellung des Baugesuchs nicht anzurechnen, soweit der Zeitraum für die Bearbeitung des Baugesuchs erforderlich ist. Der Antrag der Gemeinde nach § 15 III 1 BauGB ist nur innerhalb von sechs Monaten, nachdem die Gemeinde in einem Verwaltungsverfahren von dem Bauvorhaben förmlich Kenntnis erhalten hat, zulässig. Wenn besondere Umstände es erfordern, kann die Baugenehmigungsbehörde auf Antrag der Gemeinde die Entscheidung um höchstens ein weiteres Jahr zurückstellen (§ 15 III 4 BauGB). Eine solche Sicherung entspricht dem tragenden Grundsatz des Baurechts, nach dem während eines Planungsverfahrens dieses vor gegenläufigen baulichen Entwicklungen geschützt wird (§§ 14, 15 BauGB).

4078 Wenn ein Baugesuch nach bauordnungsrechtlichen oder sonstigen öffentlich-rechtlichen Vorschriften, die im Baugenehmigungsverfahren bzw. im immissionsschutzrechtlichen Verfahren zu prüfen sind, unzulässig ist, kommt eine Zurückstellung nicht in Betracht; dann muss das Baugesuch vielmehr abgelehnt werden. Sind dagegen öffentlich-rechtliche Hindernisse ausräumbar, bleibt eine Zurückstellung zulässig.[1117] Ein Planaufstellungsbeschluss verbunden mit der bloßen Absicht zu prüfen, ob Darstellungen zu Windkraftanlagen im Sinne des § 35 III 3 BauGB in Betracht kommen, reicht nicht aus, um eine Zurückstellung nach § 15 III BauGB zu begründen.[1118]

4079 **f) Sachliche Teilflächennutzungspläne.** Die Gemeinden können nach § 5 IIb BauGB für die Zwecke des § 35 III 3 BauGB oder des § 249 II BauGB sachliche Teilflächennutzungspläne aufstellen; sie können auch für Teile des Gemeindegebiets aufgestellt werden. Teilflächennutzungspläne können somit auch unbeschadet eines bestehenden Flächennutzungsplans erlassen werden und sind daher nicht von dem Bestand des Ursprungsflächennutzungsplans abhängig. Versteht man die Vorschrift dahin, dass dies weiterhin in räumlicher Hinsicht ein Gesamtkonzept voraussetzt, so wird die Gemeinde nicht davon befreit, in eine räumlich umfassende Abwägung einzutreten. Denn nach Auffassung des BVerwG lassen Fehler in der Abwägung die Ausschlusswirkung des Flächennutzungsplans entfallen.[1119] Die übrigen Planaussagen, in denen ein vernünftiges und nachvollziehbares Planungskonzept zum Ausdruck kommt, bleiben daher von einzelnen Abwägungsfehlern unberührt und bewirken nur eine Teilunwirksamkeit des Plans. Fehler in der Abwägung führen daher nur dann zu einer Gesamtunwirksamkeit des Planes, wenn sie sich auf das Gesamtkonzept der Planung auswirken und die übrigen Darstellun-

---

[1117] VGH München Beschl. v. 19.6.2023 – 22 AS 23.400001, juris Rn. 34; OVG Münster Urt. v. 10.2.2022 – 7 D 81/21.AK, juris Rn. 46; OVG Lüneburg Beschl. v. 30.1.2023 – 12 MS 134.22, juris Rn. 39.

[1118] VGH München Beschl. v. 19.6.2023 – 22 AS 23.400001, juris Rn. 41; Stock in EZBK, BauGB, 2022, § 15 Rn. 43.

[1119] BVerwG NVwZ 2003, 738; zur Normenkontrolle eines sachlichen Teilflächennutzungsplans Wind OVG Magdeburg Urt. v. 14.9.2023 – 2 K 123/21, juris.

gen oder Festlegungen des Plans isoliert betrachtet nicht mehr aussagekräftig sind. Im Übrigen können Fehler in der Abwägung nach § 214 IV BauGB auch rückwirkend geheilt werden, wodurch etwaigen Amtshaftungsansprüchen in der Reichweite dieser Reparaturmöglichkeiten im Nachhinein die Grundlage entzogen werden kann. Die Gemeinde muss dabei auch in der Lage sein, einzelne Teile von der Rückwirkung auszunehmen, die etwa im Hinblick auf Abwägungsfehler geändert werden müssen und denen aus diesen Gründen keine Rückwirkung beigelegt werden kann.

g) Steuerung von Außenbereichsvorhaben durch Bebauungsplan. Die Gemeinde kann zur Steuerung privilegierter Außenbereichsvorhaben auch einen Bebauungsplan aufstellen. Daran wird sie auch durch die vorherige Erteilung des gemeindlichen Einvernehmens zu bestimmten privilegierten Außenbereichsvorhaben nicht gehindert.[1120] Allerdings ergeben sich für die verbindliche Bauleitplanung Grenzen. Der Bebauungsplan muss erforderlich sein (§ 1 III BauGB). Dies setzt ein planerisches Regelungsbedürfnis voraus, das über die Möglichkeiten eines Flächennutzungsplans hinausgeht. Ein solches Erfordernis kann etwa aus konkreten Festsetzungen abgeleitet werden, die den Standort der Anlagen oder dessen Ausführung betreffen. Zur allgemeinen Verhinderung privilegierter Vorhaben ist ein Bebauungsplan demgegenüber nicht erforderlich und damit unzulässig. 4080

Der Bebauungsplan kann auch mit einer **Veränderungssperre** gesichert werden (§§ 14, 16 BauGB). 4081

Beispiel: So ist eine Veränderungssperre für ein 560 ha großes Vorranggebiet Windenergie gerechtfertigt, wenn der Regionalplan wegen Verfahrensfehlern bei der gemeindlichen Beteiligung oder wegen fehlender Aussageschärfe keine Zielbindung entfaltet.[1121]

Eine Veränderungssperre, die der Gemeinde allerdings erst Zeit für die Entwicklung eines bestimmten Planungskonzepts geben soll, ist nach Auffassung des BVerwG mangels beachtlichen Sicherungsbedürfnisses unwirksam.[1122] Die Gemeinde wollte für den Bereich eines im Regionalplan ausgewiesenen Windfeldes prüfen, ob und in welchem Umfang sich die Windenergieanlagen mit den Interessen eines benachbarter Reiterhofes vertragen, der auf die Dressur hochsensibler Reitpferde der amerikanischen Olympiamannschaft spezialisiert war,[1123] und die Entscheidung von einzuholenden Sachverständigengutachten abhängig machen. Durch die Eingrenzung werden die Sicherungsmöglichkeiten der gemeindlichen Bauleitplanung allerdings stark dort eingeschränkt, wo sich aus der Sicht der planenden Gemeinde noch Ermittlungsbedarf ergibt und eine abschließende Aussage zu dem genauen Umfang der Ausweisungen am Anfang der Bauleitplanung redlicherweise noch nicht getroffen werden kann.[1124]

h) Planerische Steuerung durch Einzeldarstellungen. Das Darstellungsprivileg in § 35 III 3 BauGB ist nicht abschließend.[1125] Die Gemeinden können auch durch andere Darstellungen Belange formulieren, die einem Außenbereichsvorhaben entgegenstehen.[1126] Der Flächennutzungsplan darf dabei auch konkrete und differenzierende Darstellungen enthalten und vor allem auch öffentliche Belange formulieren, die speziell einem privilegierten Vorhaben entgegenstehen können, wenn es sich dabei um die Grundzüge der Planung handelt (§ 5 I BauGB). Denn die Darstellungen des Flächennutzungsplans sind für Außenbereichsvorhaben nach der Konzeption des Gesetzgebers und der Rechtsprechung[1127] gerade auf konkrete Rechtswirkungen angelegt. Wird etwa in bestimmten Bereichen des Gemeindegebietes eine Abgrabung ausgeschlossen, so hat das konkrete Auswirkungen für einzelne Vorhaben, die dann in der Regel planungsrechtlich unzulässig sind. 4082

Derartige Darstellungen beruhen auf dem **allgemeinen Konzept**, das in den gesetzlichen Außenbereichsregelungen zum Ausdruck kommt. Ein privilegiertes Außenbereichsvorhaben ist danach planungsrechtlich zulässig, wenn öffentliche Belange nicht entgegenstehen (§ 35 I 1 4083

1120 BVerwG NVwZ 2004, 858 mit Anm. Graf 1435 NVwZ 2004, 984.
1121 VGH Kassel ZfBR 2003, 482.
1122 BVerwG NVwZ 2004, 858; NVwZ 2004, 984.
1123 Zum Konflikt zwischen Windenergieanlagen und Pferdehaltung VG Minden Urt. v. 10.2.2004 – 1 K 4137/02, juris das von einer Verträglichkeit beider Nutzungen ausgeht.
1124 Folgerichtig daher OVG Münster Urt. v. 5.5.2003 – 7a D 1/02.NE, juris.
1125 So ausdrücklich die Begründung der Drs. 15/2996 v. 28.4.2004.
1126 BVerwG DVBl. 1987, 1008; NuR 1984, 237.
1127 BVerwG DVBl. 1987, 1008.

BauGB). Dazu können auch die Darstellungen des Flächennutzungsplans zählen, wenn sie eine genügende Konkretheit und einen entsprechenden Detaillierungsgrad aufweisen. Diese Steuerungsmöglichkeiten des Flächennutzungsplans bestehen unabhängig von dem Darstellungsprivileg in § 35 III 3 BauGB. Sie sind daher weder auf flächendeckende Aussagen zum gesamten Gemeindegebiet verpflichtet noch ist es bei derartigen Darstellungen ausgeschlossen, dass sie sich auf privilegierte land- oder forstwirtschaftliche Betriebe nach § 35 I 1 BauGB beziehen. Denn das Darstellungsprivileg in § 35 III 3 BauGB regelt die Steuerungsmöglichkeiten des Flächennutzungsplans nicht abschließend und schließt insbesondere nicht aus, dass die Gemeinde in anderer geeigneter Weise im Flächennutzungsplan öffentliche Belange formuliert, die bei der nachvollziehenden Abwägung im Rahmen der Einzelfallprüfung zu berücksichtigen sind.

4084 Der Flächennutzungsplan kann somit bei der planerischen Steuerung von Einzelanlagen auch differenzierende Regelungen enthalten. So muss die Gemeinde in der Lage sein, privilegierte Vorhaben nur in einer bestimmten Größe oder in einem bestimmten Abstand von schutzbedürftigen anderen Nutzungen auszuweisen und im Übrigen auszuschließen. Das gilt auch für detaillierte Regelungen etwa im Bereich der Intensivtierhaltung. So kann die Gemeinde zur Sicherung der Fremdenverkehrsfunktionen innerhalb von Belastungsgebieten ein bestimmtes Konzept zulässiger und unzulässiger Nutzungen entwickeln und vorschreiben, dass bestimmte Geruchsschwellen oder Staubemissionen in bestimmten Abständen zum Emissionsschwerpunkt in der Regel nicht überschritten werden dürfen. Dabei könnte die Gemeinde auch zwischen der Erweiterung vorhandener landwirtschaftlicher und gewerblicher Betriebe einerseits und der Neuansiedlung von Gewerbebetrieben andererseits unterscheiden. Die Differenzierungen müssen allerdings nach dem Grundsatz der Erforderlichkeit an einem plausiblen Beurteilungskonzept ausgerichtet sein. Dies kann vor allem für diejenigen privilegierten Außenbereichsvorhaben geboten sein, bei denen ein vollständiger Ausschluss der jeweiligen Nutzung nicht sachgerecht wäre, sondern der Maßstab der Erforderlichkeit eine differenzierende Betrachtung geradezu verlangt.[1128]

4085 Für die Flächennutzungsplanung bestehen daher zwei Darstellungsmöglichkeiten: Die Eignungsfläche und die Belastungsfläche. Weist die Gemeinde in einem Flächennutzungsplan eine Eignungsfläche, etwa für Intensivtierhaltung, aus, wird damit zum Ausdruck gebracht, dass diese Fläche grundsätzlich für solche Vorhaben geeignet ist. Zugleich hat diese Darstellung im Außenbereich in der Regel den Ausschluss für Vorhaben der Intensivtierhaltung außerhalb der Eignungsfläche zur Folge. Stellt die Gemeinde im Flächennutzungsplan auf der Grundlage des § 5 II Nr. 6 BauGB eine Belastungsfläche Intensivtierhaltung dar, steht dies einem entsprechenden Vorhaben auf dieser Fläche in der Regel als öffentlicher Belang entgegen. Gleiche Rechtswirkungen wie durch die Darstellung im Flächennutzungsplan werden auch erzielt, wenn entsprechende Festlegungen als Ziele der Raumordnung erfolgt sind. Zudem erweitert § 201 BauGB den Begriff der **Landwirtschaft** auch auf solche Betriebe, die das Futter überwiegend auf den bewirtschafteten Flächen erzeugen können und schließt daher auch bisher als gewerbliche Nutzungen geltende Betriebe ein. Die Regelung soll in Anpassung an die geänderten landwirtschaftlichen Produktionsbedingungen die konkrete Betrachtungsweise einer auch tatsächlichen Verfütterung des auf den eigenen Flächen gewonnenen Bodenertrags durch eine abstrakte Betrachtung ersetzen. Es reicht danach aus, wenn genügend zum Betrieb gehörende landwirtschaftlich genutzte Flächen zur überwiegenden Futtererzeugung vorhanden sind. Auf die unmittelbare Verfütterung des erzeugten Futters an die Tiere kommt es für den baurechtlichen Begriff der Landwirtschaft demgegenüber nicht an. Damit werden auch Nutzungsformen unter den Begriff der Landwirtschaft gefasst, die bisher als gewerbliche Betriebe nur unter den Voraussetzungen des § 35 I Nr. 4 BauGB wegen ihrer besonderen nachteiligen Auswirkungen auf die Umgebung privilegiert sein konnten.

4086 **i) Grundzüge der Planung.** Die Darstellungen des Flächennutzungsplans müssen sich auf die Art der Bodennutzung und deren allgemeines Maß sowie auf die Grundzüge der Planung beschränken (§ 5 I 1, II Nr. 1 BauGB, § 16 BauNVO). Über die Ausweisung von Flächen hinaus können textlichen Darstellungen etwa verschiedene Zonen unterscheiden, für die ein Grundkonzept zulässiger Immissionen von landwirtschaftlichen Betrieben und Gewerbebetrieben dargestellt wird. Dabei können auch Geruchsschwellenwerte und Schwebstoffkonzentrationen aufgeführt werden, die in bestimmten Entfernungen von dem Emissionsschwerpunkt eingehalten werden sollen. Es handelt sich dabei im Grunde um die nähere Ausgestaltung des

---

[1128] BVerwG NVwZ 2006, 87.

Gebotes der nachbarlichen Rücksichtnahme für Nutzungen in einer Konfliktlage vor dem Hintergrund einer städtebaulichen Planung, die auf der einen Seite von der grundsätzlichen Privilegierung der landwirtschaftlichen Betriebe (§ 35 I Nr. 1 BauGB) und bestimmter Gewerbebetriebe (§ 35 I Nr. 3 und 4 BauGB) sowie einer Teilprivilegierung der Erweiterung von Gewerbebetrieben (§ 35 IV Nr. 6 BauGB) ausgeht, zugleich aber auch die städtebaulichen Vorstellungen einer fremdenverkehrlichen Schwerpunktzone mit dem notwendigen Gewicht in die Abwägung einstellt.

Dabei kommt der Gemeinde auch zugute, dass die Darstellungsmöglichkeiten im Flächennutzungsplan in § 5 II BauGB nicht abschließend aufgeführt sind, sondern dort nur beispielhaft bestimmte Darstellungsmöglichkeiten erwähnt werden. Hierin liegt ein wichtiger Unterschied zum Bebauungsplan, dessen Festsetzungsmöglichkeiten in § 9 BauGB iV mit der BauNVO abschließend aufgeführt werden. Immerhin werden in § 5 II Nr. 6 BauGB Flächen für Nutzungsbeschränkungen oder für Vorkehrungen zum Schutz gegen schädliche Umwelteinwirkungen iS des BImSchG ausdrücklich erwähnt. Der Gesetzgeber sieht damit entsprechende Darstellungen für durchaus zulässig an. Die Gemeinde wird auch nicht etwa durch die Erwähnung dieser Darstellungsmöglichkeiten in § 5 II Nr. 6 BauGB daran gehindert, weitere Konkretisierungen oder Detaillierungen vorzunehmen, wenn dies nach Lage der Dinge aus städtebaulichen Gründen gerechtfertigt ist. 4087

Die Gemeinde ist auch bei den Darstellungen des Flächennutzungsplans im Hinblick auf Regelungen zu privilegierten Außenbereichsvorhaben nicht an die Baugebietskategorien der BauNVO und die dort jeweils genannten Vorhaben gebunden. Vielmehr sind hier Regelungen zulässig, die sich nach Abwägung als sachgerecht erweisen, diese Steuerungsfunktion zu übernehmen.[1129] Soweit der Grundsatz der Erforderlichkeit zu einem abgestuften Konzept zwingt, muss die Gemeinde in der Lage sein, für ein solches abgestuftes Konzept entsprechende Belange zu formulieren, die bei der Baugenehmigung zu berücksichtigen sind.[1130] 4088

11. Entgegenstehen öffentlicher Belange

Einem privilegierten Vorhaben dürfen nach § 35 I BauGB öffentliche Belange nicht entgegenstehen, während sonstige Vorhaben nach § 35 II BauGB öffentliche Belange nicht beeinträchtigen dürfen. Das privilegierte Vorhaben, das die Voraussetzungen des § 35 I Nr. 1 bis 6 BauGB erfüllt, ist zwar danach grundsätzlich planungsrechtlich zulässig. Es besteht ein Genehmigungsanspruch.[1131] Es kann jedoch im Einzelfall wegen entgegenstehender öffentlicher Belange unzulässig sein. Zu den öffentlichen Belangen gehören alle Gesichtspunkte, die für das Bauen im Außenbereich irgendwie rechtserheblich sein können.[1132] Die in § 35 III BauGB aufgeführten öffentlichen Belange, sind lediglich beispielhaft und zu verstehen („insbesondere"). Die Aufzählung der öffentlichen Belange in § 35 III 1 BauGB ist genauso wenig wie die in § 1 VI BauGB abschließend.[1133] Die in § 35 III 1 BauGB beispielhaft genannten öffentlichen Belange können auch einem im Außenbereich privilegierten Vorhaben entgegenstehen, auch wenn der Wortlaut des § 35 III 1 BauGB sich nur auf § 35 II BauGB bezieht.[1134] Zu den öffentlichen Belangen, die grundsätzlich auf der Grundlage einer nachvollziehenden Abwägung im Einzelfall und ausnahmsweise auch einem privilegierten Vorhaben entgegenstehen können, gehören Fälle, wenn das Vorhaben 1. den Darstellungen des Flächennutzungsplans widerspricht, 2. den Darstellungen eines Landschaftsplans oder sonstigen Plans, insbesondere des Wasser-, Abfall- oder Immissionsschutzrechts, widerspricht, 3. schädliche Umwelteinwirkungen hervorrufen kann oder ihnen ausgesetzt wird, 4. unwirtschaftliche Aufwendungen für Straßen oder andere Verkehrseinrichtungen, für Anlagen der Versorgung oder Entsorgung, für die Sicherheit oder Gesundheit oder für sonstige Aufgaben erfordert, 5. Belange des Naturschutzes und der Landschaftspflege, des Bodenschutzes, des Denkmalschutzes oder die natürliche Eigenart der Landschaft und ihren Erholungswert beeinträchtigt oder das Orts- und 4089

[1129] BVerwG DVBl. 1987, 1008.

[1130] Die Darstellungen dürfen danach allerdings nicht zu einer Verhinderungsplanung werden, so BVerwG NVwZ 2003, 733.

[1131] BVerwG Beschl. v. 8.12.1965 – 4 B 74.65, juris.

[1132] Bönker in HBG, Öffentliches Baurecht, 2024, § 8 Rn. 247.

[1133] BVerwG BauR 2021, 1257 ff.; ZfBR 1997, 322; DVBl. 1990, 1182 (1184); Bönker in HBG, Öffentliches Baurecht, 2024, § 8 Rn. 247.

[1134] BVerwG ZfBR 1990, 41 (42).

Landschaftsbild verunstaltet, 6. Maßnahmen zur Verbesserung der Agrarstruktur beeinträchtigt, die Wasserwirtschaft oder den Hochwasserschutz gefährdet, 7. die Entstehung, Verfestigung oder Erweiterung einer Splittersiedlung befürchten lässt oder 8. die Funktionsfähigkeit von Funkstellen und Radaranlagen stört.

4090 So kann etwa eine **Wasserschutzgebietsverordnung** oder eine **Landschaftsschutzverordnung** auch einem privilegierten Vorhaben entgegenstehen, wenn sich konkrete standortbezogene Ausweisungen daraus ergeben und die Privilegierung dadurch vom Grundsatz her in Frage gestellt wird. Ebenso können Belange des Naturschutzes und der Landschaftspflege die Verwirklichung eines privilegierten Vorhabens ausschließen, wenn die entgegenstehenden Belange ein entsprechendes Gewicht haben.[1135] Auch künftige Ausweisungen im Bereich des Naturschutzes, Landschaftsschutzes oder des Gewässerschutzes können dabei berücksichtigt werden, soweit sie nach den jeweiligen Fachgesetzen eine entsprechende Planreife erreicht haben und eine vorwirkende Verbindlichkeit erlangen.[1136]

4091 **Darstellungen eines Flächennutzungsplans** stehen einem privilegierten Vorhaben als öffentlicher Belang nur dann entgegen, wenn sie den vorgesehenen Standort des Vorhabens sachlich und räumlich eindeutig einer anderen Nutzung vorbehalten, diesen Standort also in einer qualifizierten Weise positiv anderweitig verplant haben.[1137] Gegenüber privilegierten Vorhaben sind die Darstellungen eines Flächennutzungsplans nur dann beachtlich, wenn sie als „Unterstützung und einleuchtende Fortschreibung bestimmter tatsächlicher Gegebenheiten erscheinen sowie sachlich und räumlich hinreichend konkret sind.[1138] Es muss sich um eine **qualifizierte Standortzuweisung** handeln, nicht um Darstellungen, die dem Außenbereich nur die ihm ohnehin nach dem Willen des Gesetzes zukommenden Funktionen zuweisen. Die Darstellung von Flächen für die Land- und/oder Forstwirtschaft kann einem privilegierten Vorhaben nicht als entgegenstehender öffentlicher Belang entgegengehalten werden.[1139] Darstellungen eines Flächennutzungsplans fehlt allerdings nicht schon deshalb die Eignung als einem Außenbereichsvorhaben widersprechende öffentliche Belange im Sinne des § 35 III BauGB, weil die Darstellungen nicht mit der gegenwärtigen tatsächlichen Situation übereinstimmen.[1140] Vorhandene öffentliche Belange, etwa die Beibehaltung einer naturgegebenen Nutzungsweise als Wiese, werden nicht durch eine Übereinstimmung des beabsichtigten Vorhabens mit den Darstellungen des Flächennutzungsplans, etwa als Wohnbaufläche, entkräftet.[1141]

4092 Privilegierte und nicht privilegierte raumbedeutsame Vorhaben dürfen den **Zielen der Raumordnung** nicht widersprechen (§ 35 III 2 HS 1 BauGB). § 35 III 2 HS 1 BauGB ist eine echte **Raumordnungsklausel**, die Beachtung beansprucht und im Umfang der Zielbindungswirkung keine Abwägung ermöglicht.[1142] Dabei ist aber durch Auslegung des Ziels der Raumordnung festzustellen, wie weit dessen Bindungswirkung reicht. Schon angesichts des Planungsmaßstabs von landes- und Regionalplänen bleibt naturgemäß eine Unschärfe, die einer Konkretisierung bedarf. Bei den Raumordnungsplänen handelt es sich letztlich lediglich um rahmensetzende Planungen mit einem landes- oder regionalplanerischen Horizont, der ein detail- und parzellenscharfe Planung regelmäßig der Fachplanung bzw. der Bauleitplanung belässt. Abschließend abgewogen werden muss daher nur der nachfolgende Planungsentscheidungen bindende, raumordnerische „Zielkern" sein, während der „Zielrahmen" der Konkretisierung durch nachfolgende Planungsentscheidung überlassen bleibt, so dass die raumordnerische Abwägung dazu auch keine abschließende, erschöpfende Abwägung sein muss.[1143]

1135 OVG Lüneburg NuR 1994, 93 für einen geplanten Wirtschaftsweg im Moor.

1136 So VGH München UPR 1994, 356, für eine noch nicht in Kraft getretene Wasserschutzgebietsverordnung.

1137 VGH Mannheim VBlBW 2004, 144.

1138 BVerwG NVwZ 1998, 960; Bönker in HBG, Öffentliches Baurecht, 2024, § 8 Rn. 254.

1139 BVerwG ZfBR 2014, 583 ff.; BVerwGE 145, 231 f.

1140 OVG Bautzen Beschl. v. 8.6.2011 – 1 A 463/09, juris; BVerwG BauR 2002, 69.

1141 BVerwG BRS 90 Nr. 62 (2022) = juris Rn. 4.

1142 BVerwG Beschl. v. 14.5.2004 – 4 BN 13/04, juris; BVerwGE 118, 181; Bönker in HBG, Öffentliches Baurecht, 2024, § 8 Rn. 259.

1143 OVG Münster Urt. v. 3.5.2022 – 11 D 109/19.NE, juris Rn. 209; VGH München Urt. v. 15.7.2002 – Vf. 10-VII-00, 12-VII-00, juris, Rn. 89; Schink UPR 2012, 369; Beckmann NWVBL 2024, Sonderheft August, 53 ff.

4093 Raumbedeutsamen privilegierten Vorhaben können öffentliche Belange insoweit nicht entgegenhalten werden, als die Belange bei der Darstellung dieser Vorhaben als Ziele der Raumordnung abgewogen worden sind (§ 35 III 2 HS 2 BauGB). Diese **„Abwägungsabschichtungsklausel"**. bewirkt, dass überörtliche Belange, die in einer vorgelagerten planerischen Abwägung abgeschichtet worden sind, dem Vorhaben nicht entgegengehalten werden können.[1144] Das gilt auch im Verhältnis zu den gemeindlichen Interessen. Als überörtliche Belange kommen dabei nur standortbezogene Belange wie etwa Standortfestlegungen für Wasserschutzgebiete, Grünzüge, Kiesabbauflächen,[1145] Flächendarstellungen für Großkraftwerke oder Hochspannungsleitungen in Betracht. Sind derartige Abwägungen auf der Stufe der Raumordnung in Raumordnungsplänen abgewogen worden, so haben sie nicht nur eine dem Vorhaben ggf. entgegenstehende, sondern auch eine dasselbe ggf. positiv zulassende Wirkung in dem Sinne, dass die Ziele der Raumordnung dem Vorhaben nicht entgegenstehen und im Hinblick auf das konkrete Einzelvorhaben ausgeräumt sind.

4094 Entgegenstehende öffentliche Belange können sich auch aus einem zwar als Satzung beschlossenen, aber noch nicht bekannt gemachten **Bebauungsplan** ergeben. Ist ein Bebauungsplan allerdings fünf Jahre nach dem Satzungsbeschluss noch nicht in Kraft gesetzt, kann er regelmäßig einem privilegierten Außenbereichsvorhaben nicht als öffentlicher Belang entgegengehalten werden.[1146] Das allgemeine Interesse einer Gemeinde, sich Planungsmöglichkeiten offen zu halten und damit zugleich ihre Planungshoheit zu sichern, stellt ebenfalls keinen einem privilegierten Vorhaben entgegenstehenden Belang dar.[1147]

4095 Öffentliche Belange können sich etwa auch aus **Altlastensanierungsnotwendigkeiten** und auch aus der **Fachplanung** ergeben. Gegenüber privilegierten Vorhaben dürfte sich eine Fachplanung als entgegenstehender öffentlicher Belang allerdings nur dann durchsetzen, wenn die Fachplanung bereits entsprechend konkretisiert ist. Davon ist jedenfalls dann auszugehen, wenn die Fachplanung nach Maßgabe des jeweiligen Fachrechts einen entsprechenden Konkretisierungsgrad erreicht hat, dass sie als öffentlicher Belang durchsetzungsfähig ist. Entsprechende Rechtswirkungen ergeben sich etwa aus einer Veränderungssperre, die mit der öffentlichen Auslegung der Pläne nach dem Fachrecht vielfach verbunden ist. Entgegenstehende öffentliche Belange können sich auch aus Planfeststellungsbeschlüssen einer privilegierten Fachplanung ergeben, soweit sie sich auf ein bestimmtes Gebiet beziehen und gegenüber der planungsrechtlichen Zulässigkeit von Vorhaben nach § 38 BauGB Vorrang entwickeln.

4096 Auch **Belange des Denkmalschutzes** können einem privilegierten Außenbereichsvorhaben entgegenstehen; sie werden grundsätzlich durch das Landesrecht konkretisiert. Nur grobe Verstöße sind unabhängig davon zu prüfen.[1148] Dies ist nicht erst dann der Fall, wenn das Denkmal durch das zu beurteilende Vorhaben geradezu zerstört wird. Vielmehr reicht die Störung des landschaftsprägenden Eindrucks eines benachbarten Denkmals für die planungsrechtliche Unzulässigkeit des Vorhabens bereits aus.[1149] Das Gewicht denkmalrechtlicher Belange ist dem jeweiligen Denkmalschutzgesetz zu entnehmen. Nach landesrechtlichen Regelungen, siehe zB § 9 II DSchG NRW, bedarf der Erlaubnis der unteren Denkmalbehörde, wer in der engeren Umgebung von Baudenkmälern Anlagen errichten, verändern oder beseitigen will, wenn sich dies auf das Erscheinungsbild des Denkmals auswirken kann. Wie weit die engere Umgebung eines Baudenkmals räumlich reicht, lässt sich nicht allgemeingültig bestimmen. Regelmäßig werden die einem Denkmal unmittelbar angrenzenden Grundstücke erfasst; der maßgebliche Umgebungsbereich kann aber auch darüber hinausgehen. Wo die maßgebliche Grenze verläuft, hängt von den örtlichen Gegebenheiten ab. Geschützt sind die Wirkung des Denkmals in seiner Umgebung und die optischen Bezüge zwischen Denkmal und Umgebung.[1150]

4097 Zur Beantwortung der Frage, ob der nach § 35 I Nr. 5 BauGB privilegierten Errichtung und dem Betrieb einer **Windenergieanlage** Denkmalbelange entgegenstehen können, muss

1144 Bönker in HBG, Öffentliches Baurecht, 2024, § 8 Rn. 263; siehe auch Leroux Die Abwägungsabschichtungsklausel bei der Realisierung von Windenergieanlagen, 2018.

1145 OVG Schleswig NVwZ-RR 1997, 14; VG Freiburg ZfW 1997, 60.

1146 VGH Mannheim NVwZ-RR 1995, 133.

1147 BVerwG NJW 1980, 1537; BVerwG BauR 1981, 55.

1148 OVG Münster Urt. v. 24.1.2024 – 7 D 59.23, juris Rn. 46; BVerwG Beschl. v. 26.6.2014 – 4 B 47.13, juris.

1149 OVG Magdeburg Urt. v. 16.6.2005 – 2 L 533/02, juris;

1150 OVG Münster Urt. v. 24.1.2024 – 7 D 59.23, juris Rn. 50; Urt. v. 31.10.2023 – 7 D 187/22.AK, juris.

§ 249 X BauGB berücksichtigt werden. Danach steht der öffentliche Belang einer optisch bedrängenden Wirkung einem Vorhaben nach § 35 I Nr. 5 BauGB, das der Erforschung, Entwicklung oder Nutzung der Windenergie dient, in der Regel nicht entgegen, wenn der Abstand von der Mitte des Mastfußes der Windenergieanlage bis zu einer zulässigen baulichen Nutzung zu Wohnzwecken mindestens der zweifachen Höhe der Windenergieanlage entspricht; dabei ist die Höhe die Nabenhöhe zuzüglich des Radius des Rotors.[1151] Nach Auffassung des OVG Berlin-Brandenburg überwiegt das überragende öffentliche Interesse an der Errichtung oder Veränderung von Anlagen zur Erzeugung oder Nutzung erneuerbarer Energien Belange des Denkmalschutzes in der Regel, wenn die daraus folgende Beeinträchtigung des äußeren Erscheinungsbildes reversibel und nicht erheblich ist und in die denkmalwerte Substanz nur geringfügig eingegriffen wird.[1152]

4098 Bei der Abwägung zwischen den öffentlichen Interessen an dem privilegierten Vorhaben und entgegenstehenden öffentlichen Belangen ist für Windenergieanlagen auch § 2 S. 1 EEG zu berücksichtigen. Nach § 2 Satz 1 EEG liegen die Errichtung und der Betrieb von Windenergieanlagen (vgl. § 3 Nr. 1 EEG) sowie den dazugehörigen Nebenanlagen im überragenden öffentlichen Interesse; nach § 2 Satz 2 EEG sollen die erneuerbaren Energien als vorrangiger Belang in die jeweils durchzuführenden Schutzgüterabwägungen eingebracht werden, bis die Stromerzeugung im Bundesgebiet nahezu treibhausgasneutral ist.[1153]

4099 Einer Störung der Funktionsfähigkeit einer **Radaranlage** setzt voraus, dass die **Windenergieanlage** die Funktion der Radaranlage nachteilig beeinflussen wird. Die entsprechende Darlegungslast liegt bei dem Betreiber der Radaranlage. Ob und wie die Windenergieanlage die Funktion des Radars nachteilig beeinflussen wird, unterliegt als naturwissenschaftlich-technische Frage grundsätzlich der vollen gerichtlichen Kontrolle. Nicht jede Beeinflussung einer Radaranlage ist zugleich eine Störung, also eine praktisch relevante Minderung ihrer Funktionsfähigkeit. Deshalb ist zudem erforderlich, dass die Beeinflussung die Funktion der Radaranlage für den ihr zugewiesenen Zweck in nicht hinzunehmender Weise einschränkt.[1154] Die gebotene (nachvollziehende) Abwägung unterschiedlicher Interessen kann aber nicht zulasten des privilegierten Vorhabens ausgehen, wenn ein öffentlicher Belang wie die Funktionsfähigkeit von Radaranlagen im Sinne des § 35 III 1 Nr. 8 BauGB nicht nachteilig berührt wird.[1155]

4100 § 35 III 1 Nr. 8 BauGB entfaltet **Drittschutz** zugunsten der Betreiber von Radaranlagen.[1156] Eine rechtserhebliche Störung der Funktionsfähigkeit einer Radaranlage im Sinne von § 35 III 1 Nr. 8 BauGB setzt voraus, dass ihre technische Funktion in einem Maß beeinträchtigt wird, das sich auf die Aufgabenerfüllung des Betreibers auswirkt. Ob eine Windenergieanlage die Funktionsfähigkeit einer Wetterradaranlage des Deutschen Wetterdienstes (DWD) im Sinne des § 35 III 1 Nr. 8 BauGB stört und ob diese Störung so gewichtig ist, dass sie der nach § 35 I Nr. 5 BauGB im Außenbereich privilegiert zulässigen Windenergieanlage entgegensteht, unterliegt der uneingeschränkten gerichtlichen Überprüfung. Ein Beurteilungsspielraum kommt dem DWD insoweit nicht zu.

4101 Die bauplanungsrechtlichen und die **naturschutzrechtlichen Zulassungsvoraussetzungen** für Vorhaben im Außenbereich haben einen eigenständigen Charakter und sind unabhängig voneinander zu prüfen. Im Falle eines privilegierten Außenbereichsvorhabens (§ 35 I BauGB) unterliegt die Frage, ob dem Vorhaben öffentliche Belange entgegenstehen, und die naturschutzrechtliche Entscheidung nach § 15 V BNatSchG der vollen gerichtlichen Kontrolle.[1157] Belange des Naturschutzes und der Landschaftspflege im Sinne von § 35 III 1 Nr. 5 BauGB stehen einem im Außenbereich privilegierten Vorhaben entgegen, wenn das Vorhaben in nicht durch Ausnahmegenehmigung oder Befreiung zu behebender Weise im Widerspruch zu einer gültigen Landschaftsschutzverordnung steht. Dabei entscheidet das jeweilige Landesrecht, ob die Prüfung des Vorhabens auf seine Vereinbarkeit mit einer Landschaftsschutzverord-

[1151] OVG Münster Urt. v. 24.1.2024 – 7 D 59.23, juris Rn. 63.

[1152] OVG Berlin-Brandenburg REE 2023, 152 = juris Rn. 46.

[1153] Siehe auch dazu OVG Münster Urt. v. 24.1.2024 – 7 D 59.23, juris Rn. 68; BauR 2024, 255; zu Verfassungs- und Unionsrechtskonformität des § 2 EEG OVG Münster Urt. v. 3.2.2023 – 7 D 316/21.AK, juris.

[1154] VGH Kassel BauR 2012, 230.

[1155] OVG Lüneburg ZNER 2011, 366.

[1156] BVerwGE 133, 347 Rn. 22.

[1157] BVerwG NVwZ 2002, 1112.

nung verfahrensmäßig der bebauungsrechtlichen Prüfung vorzuschalten ist oder ob über ein landschaftsschutzrechtliches Bauverbot im Rahmen einer beantragten Baugenehmigung mit zu entscheiden ist.[1158] Belange des Naturschutzes und der Landschaftspflege iSv § 35 III 1 Nr. 5 BauGB stehen einem Vorhaben insbesondere dann entgegen, wenn das Vorhaben mit einer Landschaftsschutzverordnung nicht vereinbar ist.[1159] Soweit dabei fachliche Einschätzungen erforderlich sind, kann das allerdings nur auf der Grundlage des gegenwärtigen Standes der wissenschaftlichen Erkenntnis beurteilt werden.[1160]

Hinweis: Eine Hähnchenmastanlage darf auch deshalb in das Landschaftsschutzgebiet einbezogen werden, um eine Ausweitung dieser Anlage und der von ihr ausgehenden negativen Wirkungen auf das sie umgebende schützenswerte Gebiet zu verhindern oder einzuschränken.[1161] Verbote des Naturschutzrechts beschränken regelmäßig den Eigentümer oder andere Berechtigte in der Nutzung von Grundstücken und konkretisieren damit die Sozialbindung des Eigentums. Wo dass der Fall ist, kann sich eine nicht beabsichtigte Härte nur aus den Besonderheiten des Grundstücks oder der beabsichtigten Maßnahme ergeben, nicht aber aus den besonderen persönlichen oder wirtschaftlichen Verhältnissen des Eigentümers oder sonstigen Nutzungsberechtigten, denn das Naturschutzrecht beschränkt die Nutzung von Grund und Boden unabhängig vom jeweiligen Eigentümer.[1162]

Die Verbotsvorschriften einer **Wasserschutzgebietsverordnung** haben nicht lediglich 4102
den Charakter öffentlicher Belange, die einem privilegierten Bauvorhaben nach § 35 III 1 BauGB entgegenstehen können. Sie wirken vielmehr als eigenständige normative Zulassungsschranke, die nach § 29 II BauGB von den §§ 30 bis 37 BauGB unberührt bleibt.[1163] Die Schutzvorschriften einer Wasserschutzgebietsverordnung schließen die Anwendung der nach § 62 I 3 WHG maßgeblichen allgemeinen wasserrechtlichen Regelungen über das Lagern von Jauche, Gülle und Silagesickersäften nicht aus. Der Entwurf einer Wasserschutzgebietsverordnung kann unter der Voraussetzung, dass die geologischen und die hydrologischen Verhältnisse entsprechende Schlüsse rechtfertigen, als Indiz für eine Beeinträchtigung der künftigen Schutzzielen und damit von Belangen der Wasserwirtschaft iS des § 35 III 1 Nr. 6 BauGB gewertet werden. Das gilt auch für Belange des Hochwasserschutzes.[1164] § 51 WHG bezeichnet zwar die materiellrechtlichen Voraussetzungen, unter denen eine Wasserschutzverordnung erlassen werden darf.[1165] Zum Inhalt etwaiger Schutzanordnungen verhält sich diese Vorschrift aber nicht. Durch welche Verbote die in § 51 I WHG genannten Zwecke gesichert werden, richtet sich nach dem Schutzbedürfnis, das je nach den örtlichen Verhältnissen von unterschiedlichem Gewicht sein kann. § 35 III 1 Nr. 6 BauGB hat im Verhältnis zu den wasserrechtlichen Vorschriften, die nach § 29 II BauGB unberührt bleiben, eine Auffangfunktion. Sein Zweck ist es, unabhängig von wasserrechtlichen Normierungen und Planungen ein Mindestmaß an Gewässerschutz zu gewährleisten. § 35 III 1 Nr. 6 BauGB greift daher als Zulassungshindernis ein, wenn die örtlichen Gegebenheiten außerhalb des Anwendungsbereichs wasserrechtlicher Schutzvorschriften die Annahme rechtfertigen, dass die Wasserwirtschaft gefährdet wird.[1166]

Entgegenstehende öffentliche Belange können sich auch aus dem Landschaftsschutz ergeben. 4103
So stellt etwa die bauliche Nutzung eines Grundstücks im Landschaftsschutzgebiet in Form der Errichtung von Stallgebäuden für Pferde mit Futterlager und die darin zu erblickende privatnützige „Herausnahme" der Baufläche aber auch des für die Pferdehaltung in Anspruch genommenen räumlichen Umfelds aus dem Gebiet eine auch nicht durch „Tarnmaßnahmen" korrigierbare Beeinträchtigung des Landschaftsbildes und damit der Schutzzwecke der Verordnung dar. Bei der gebotenen funktionalen Betrachtung kommt es dabei ferner nicht darauf an, in welchem Ausmaß dieser bauliche „Einbruch" in das Landschaftsschutzgebiet im Einzelfall durch Bepflanzungsmaßnahmen, „grünen Anstrich" oder dergleichen „unsichtbar" gemacht

1158 BVerwG ZfBR 2000, 428; BauR 1985, 544 mwN.
1159 OVG Münster BauR 2007, 156.
1160 BVerwG Beschl. v. 9.5.2006 – 4 B 27.06, juris.
1161 OVG Lüneburg Beschl. v. 26.7.2011 – 12 LA 223/09, juris.
1162 OVG Lüneburg Beschl. v. 26.7.2011 – 12 LA 223/09, juris.
1163 BVerwG DÖV 1973, 203.
1164 Stüer ZfBR 2007, 17.
1165 BVerwG NVwZ 1997, 887.
1166 BVerwG NVwZ 2001, 1048; BVerwG DÖV 1973, 203.

werden könnte. Die Errichtung von Gebäuden im Außenbereich fällt grundsätzlich nicht unter das naturschutzrechtliche Landwirtschaftsprivileg.[1167]

12. Gesicherte Erschließung

4104 Die planungsrechtliche Zulässigkeit privilegierter Vorhaben setzt außerdem voraus, dass die Erschließung gesichert ist. Für die privilegierten Vorhaben ergibt sich dies aus § 35 I BauGB, für die nicht privilegierten Vorhaben aus § 35 II BauGB. Der Begriff der gesicherten Erschließung in den §§ 30 bis 35 BauGB ist ein bundesrechtlicher Begriff,[1168] der nicht durch Landesrecht konkretisiert wird.[1169] Welche Anforderungen an die gesicherte Erschließung eines Außenbereichsvorhabens zu stellen sind, hängt von dem jeweiligen Vorhaben ab.[1170] Bei Vorhaben, die einem landwirtschaftlichen Betrieb dienen, schlägt sich die Privilegierung auch in den Anforderungen daran nieder, was zur wegemäßigen Erschließung ausreicht. Es reicht ein **außenbereichsgemäßer Standard** aus.[1171]

4105 § 35 I BauGB verlangt für privilegierte Außenbereichsvorhaben lediglich eine **„ausreichende Erschließung"**, gefordert sind insoweit Mindestanforderungen.[1172] Bei diesen Vorhaben macht es für die Sicherung der Erschließung einen wesentlichen Unterschied, ob mit häufigem, gelegentlichem oder nur seltenem Anfahren des Grundstücks mit dem Gemeinwohl dienenden Fahrzeugen zu rechnen ist. Zugleich ist von Bedeutung, welcher sonstige Verkehr auf der Zuwegung zu erwarten ist. Je geringer er ist, umso eher ist ein begegnungsfreier Verkehr zu erwarten. Eine öffentliche Straße ist in rechtlicher Hinsicht jedenfalls dann geeignet, wenn sich der zu erwartende Verkehr im Rahmen der straßenrechtlichen Widmung hält.[1173] Da die ausreichende Erschließung nach § 35 I BauGB Zulässigkeitsvoraussetzung für die Erteilung der Genehmigung ist, muss ihr Vorliegen spätestens im Zeitpunkt der Genehmigungserteilung nachgewiesen werden.[1174] Grundsätzlich muss vom beabsichtigten Baugrundstück eine unmittelbare Anbindung an das öffentliche Verkehrsnetz bestehen. Die verkehrliche Erschließung eines Baugrundstücks, das zum zusammenhängenden Grundbesitz eines einzelnen Grundstückseigentümers gehört, ist daher nicht schon dann gesichert, wenn ein anderes Grundstück des Grundbesitzes an eine öffentliche Straße angrenzt.[1175] Aufwendungen für zusätzliche technische Einrichtungen zur Sicherung einer ordnungsgemäßen Wasserversorgung sind iS des § 35 BauGB dann unwirtschaftlich, wenn sie im Verhältnis zum angestrebten Zweck unangemessen hoch sind und wenn sie für die geordnete Entwicklung der Gemeinde ohne oder nur von geringer Bedeutung sind, also überwiegend oder allein den Interessen des Bauwilligen zugutekommen.[1176]

4106 Zu den **Mindestanforderungen** der wegemäßigen Erschließung eines Außenbereichsvorhabens zählt neben der jederzeitigen Erreichbarkeit des Grundstücks durch Fahrzeuge, deren Einsatz im öffentlichen Interesse erfolgt, auch, dass etwaige vorhandene Wege nicht überlastet werden dürfen und der Verkehr nicht zur Schädigung des Straßenzustandes führt.[1177] Die Anforderungen an die Erschließung erhöhen sich umso mehr, je stärker der von dem privilegierten Betrieb zu erwartende Ziel- und Quellverkehr sein wird. Insoweit können sich bei der Prüfung der Mindestvoraussetzungen die Größe des Betriebes, seine spezielle Ausprägung, die Zugehörigkeit von Wohnnutzung und das hiernach zu erwartende Verkehrsaufkommen aus-

---

1167 OVG Saarlouis BauR 2012, 543.

1168 Mitschang/Reidt in BKL, BauGB, 2022, § 35 Rn. 7.

1169 BVerwG NVwZ 1989, 353.

1170 BVerwG NVwZ 1986, 644; AgrarR 1977, 35; Jeronim in Kröninger/Jeromin, BauGB/BauNVO, 2024, § 35 BauGB Rn. 47.

1171 Zur Sicherung der ausreichenden wegemäßigen Erschließung eines landwirtschaftlichen Wohn- und Wirtschaftsgebäudes im Außenbereich BVerwG NVwZ 1986, 38; NVwZ 1986, 644. Zur Bedeutung historisch gewachsener Siedlungsformen im Rahmen des § 35 BauGB BVerwG NVwZ 1986, 1014; Jeronim in Kröninger/Jeromin, BauGB/BauNVO, 2024, § 35 BauGB Rn. 47.

1172 Kment in Jarass/Kment, BauGB, 2022, § 35 Rn. 7; Spieß in Jäde/Dirnberger, BauGB, 2022, § 35 Rn. 281 f; Mitschang/Reidt in BKL, BauGB, 2022, § 35 Rn. 8.

1173 OVG Bautzen I+E 2013, 87(LS), Buchsteiner I+E 2013, 87.

1174 OVG Lüneburg NuR 1991, 99.

1175 BVerwG ZfBR 1990, 205; OVG Saarlouis Urt. v. 8.12.1989 – 2 R 245/86, juris.

1176 BVerwG BauR 1972, 222.

1177 OVG Lüneburg NuR 1991, 99.

wirken.[1178] Für eine intensive landwirtschaftliche Nutzung kann ein lediglich drei Meter breiter Zufahrtsweg nicht ausreichend sein.[1179] Auch ist etwa die Erschließung eines privilegierten Abbauvorhabens nicht gesichert, wenn die vorhandenen Wirtschaftswege und Gemeindestraßen den erforderlichen LKW-Verkehr nicht aufnehmen können und die Gemeinde es ablehnt, die Verkehrsverbindungen auszubauen. Eine Erschließungssicherung über eine Bundesstraße liegt nicht vor, wenn das Anlegen einer neuen Zufahrt zu der Bundesstraße als erlaubnispflichtige Sondernutzung nach § 8 a FStrG zulassungspflichtig ist und eine entsprechende straßenrechtliche Erlaubnis nicht erteilt wird.[1180] Es kann aber gegen die Gemeinde ein Anspruch auf Erschließung bestehen. Die Erschließung ist dann nicht gesichert ist, wenn das zu genehmigende Vorhaben zu einer solchen Belastung der das Grundstück erschließenden Straße führen würde, dass die Sicherheit und Leichtigkeit des Verkehrs nicht nur in Spitzenzeiten ohne zusätzliche Erschließungsmaßnahme nicht mehr gewährleistet ist. Auch über ein **Notwegerecht** nach § 917 I BGB kann die erforderliche Erschließung gesichert werden.[1181] Es besteht zwar kein Anspruch auf den Fortbestand einer vorteilhaften Verkehrsanbindung. Das Anliegerinteresse an einer möglichst einschränkungslosen Erreichbarkeit des Grundstücks ist aber bei Planungen regelmäßig in die Abwägung einzustellen ist.[1182] Dabei können auch einschlägige technische Straßenbauvorschriften als Entscheidungshilfe herangezogen werden.[1183]

Die Erschließung muss zudem den jeweiligen **technischen Anforderungen** entsprechen. 4107
Das gilt hinsichtlich des jeweiligen **Ausbaustandards** der Straße aber auch für die Abwasserbeseitigung.[1184] So verfügt etwa ein im Außenbereich geführter Teppichreinigungsbetrieb über keine ausreichende Erschließung, wenn eine ordnungsgemäße Abwasserbeseitigung nicht gewährleistet ist, sondern stark verunreinigte Abwässer im Boden versickern.[1185] An die Sicherung der ausreichenden Erschließung im Sinne des § 35 I BauGB sind gewisse Mindestanforderungen zu stellen, die sich in Art und Umfang nach dem konkreten Vorhaben richten. Die Sicherung der verkehrlichen Erschließung setzt nicht stets die Erreichbarkeit des Baugrundstücks mit Großfahrzeugen voraus. Es genügt, wenn die Zufahrt zu einem landwirtschaftlichen Anwesen mit Personenkraftwagen, kleineren Kraftfahrzeugen der Polizei, der Feuerwehr, des Rettungswesens und der Ver- und Entsorgung sowie kleineren landwirtschaftlichen Fahrzeugen möglich ist.[1186] Die Erschließung eines landwirtschaftlichen Anwesens im Außenbereich ist nicht ausreichend gesichert, wenn die Tragfähigkeit und Breite des Weges für den zu erwartenden Schwerlastverkehr und den Begegnungsverkehr nicht ausreichend ist.[1187] Die bisherige Duldung der Zufahrt über Teile von an den öffentlichen Feldweg angrenzen Grundstücken durch dessen Eigentümer reicht dazu nicht aus.[1188] Für einen ortsgebundenen nach § 35 I Nr. 3 BauGB privilegierten Betrieb wie eine Sand- und Kiesgrube kann dem Eigentümer gegen die Gemeinde als Wegeeigentümerin ein Anspruch darauf zustehen, dass ihm die Benutzung etwa eines Forst- oder Feldweges zum Zwecke der Erschließung gestattet wird.[1189]

Grundsätzlich besteht auch für ein privilegiertes Außenbereichsvorhaben **kein uneingeschränkter Anspruch** gegen die Gemeinde **auf Erschließung.**[1190] Zugunsten eines privile- 4108
gierten Außenbereichsvorhabens kann allerdings ein Anspruch auf Gestattung der Benutzung einer vorhandenen Erschließungsanlage bestehen, wenn die Gestattung der Gemeinde zumut-

---

[1178] So für einen land- oder forstwirtschaftlichen Betrieb BVerwG NJW 1986, 394.

[1179] OVG Lüneburg, BRS 48 (1988), Nr. 79; VGH Mannheim VBlBW 1989, 108: keine ausreichende Erschließung eines größeren Gewerbebetriebes über einen lediglich 3,20 m breiten Feldweg.

[1180] OVG Lüneburg NuR 1991, 99; Zum Anliegergebrauch BVerwG NVwZ 1999, 1341.

[1181] A.A. OVG Magdeburg LKV 2012, 571.

[1182] BVerwG Beschl. v. 30.6.2014 – 9 B 6.14, juris; BVerwGE 75, 34; NVwZ 1999, 1341.

[1183] OVG Lüneburg BauR 2013, 1831.

[1184] VGH Kassel RdL 1988, 234.

[1185] VGH Mannheim ZfBR 1991, 182.

[1186] BVerwG ZfBR 2010, 584.

[1187] OVG Magdeburg BauR 2010, 888; BVerwG ZfBR 1979, 77.

[1188] VGH München NVwZ-RR 2010, 782 für einen 2,50 m breiten Feldweg; BVerwG ZfBR 2010, 584.

[1189] OVG Saarlouis NuR 2010, 743.

[1190] Dies gilt auch, wenn der Eigentümer für Erschließungsmaßnahmen Grundstücksflächen zur Verfügung gestellt hat, so BVerwG Beschl. v. 4.9.1987 – 4 B 169.87, juris; NVwZ 1993, 1102; Geiger JA 1993, 250. Zum Anspruch auf Erschließung für bergrechtlich zugelassene Abbauvorhaben Reimus DVBl. 1984, 82.

bar ist.[1191] Unterbreitet der Bauherr daher ein hinreichend zuverlässiges Angebot, seinen landwirtschaftlichen Betrieb im Außenbereich selbst ausreichend zu erschließen, so kann dies der Gemeinde je nach den Umständen des Einzelfalls zugemutet werden. Dies schließt in der Regel die Übernahme des durch den Ausbau entstehenden Unterhaltungsaufwandes durch den Bauherrn ein.[1192] Die Annahme eines Erschließungsangebots ist einer Gemeinde regelmäßig zumutbar, wenn ein privilegiertes Vorhaben beantragt ist. Sie hat sich mit der Herstellung einer Erschließung jedenfalls abzufinden, wenn ihr nach dem Ausbau des Weges keine weiteren unwirtschaftlichen Aufwendungen entstehen und ihr die Annahme des Angebots auch nicht aus sonstigen Gründen, zB weil der Wegeausbau als solcher gegen öffentliche Belange verstoßen würde, unzumutbar ist.[1193] Ansprüche auf Erschließung bestehen vor allem auch bei privilegierten Vorhaben, die wie ortsgebundene Abbauvorhaben durch Gemeinwohlgründe gerechtfertigt sind. Es steht nicht im Belieben einer Gemeinde, eine Benutzung eines Weges zum Zwecke der Erschließung eines privilegierten Vorhabens von vornherein auszuschließen.[1194] Wird für ein Außenbereichsgrundstück ein Bebauungsplan erlassen, so verdichtet sich die gemeindliche Erschließungsaufgabe nur dann zu einem Erschließungsanspruch des Grundstückseigentümers, wenn eine dadurch bisher bestehende und beabsichtigte Bebauungsmöglichkeit durch den Bebauungsplan gesperrt wird und andererseits die nach dem Plan vorgesehene Nutzung mangels hinreichender Erschließung nicht verwirklicht werden darf.[1195]

4109 Die ausreichende Erschließung ist nicht nur Voraussetzung für die Verwirklichung eines privilegierten Vorhabens. Auch umgekehrt kann bei der Prüfung der Zulässigkeit einer Erschließungsmaßnahme die planungsrechtliche Zulässigkeit eines Vorhabens von Bedeutung sein. So ist etwa bei der bau- und wasserrechtlichen Genehmigung von Abwasseranlagen, die der Erschließung eines im Außenbereich nicht privilegierten Wochenend- und Ferienhauses dienen soll, zu prüfen, ob die beabsichtigte Nutzung baurechtlich zulässig ist. Anderenfalls ist die Zulassung der Abwasseranlage selbst dann zu verweigern, wenn sie für sich betrachtet rechtlich unbedenklich wäre.[1196]

4110 Darauf, ob die Zufahrtswege auch für in der **Bauphase** möglicherweise erforderliche schwere Baufahrzeuge oder Schwertransporter geeignet sind, kommt es nicht an. Die Erreichbarkeit der Baugrundstücke in der Bauphase ist lediglich eine Frage der tatsächlichen Realisierbarkeit des Vorhabens. Sie ist kein notwendiger Bestandteil des Begriffs der Erschließung im Sinne des § 35 I BauGB.[1197] Die Erschließung ist gesichert, wenn die Erschließungsanlage im Zeitpunkt der Ingebrauchnahme des Bauwerks funktionstüchtig angelegt ist; es kommt darauf an, dass eine ausreichende Erschließung „bis zur Herstellung des Bauwerks (spätestens bis zur Gebrauchsabnahme)" hergestellt ist.[1198]

13. Rückbauverpflichtung

4111 Die nach § 35 I bis IV BauGB zulässigen Vorhaben sind nach § 35 V 1 BauGB in einer flächensparenden, die Bodenversiegelung auf das notwendige Maß begrenzenden und den Außenbereich schonenden Weise auszuführen. Für Vorhaben nach § 35 I Nr. 2 bis 6, 8 b und Nr. 9 BauGB ist nach § 35 V 2 BauGB als weitere Zulässigkeitsvoraussetzung eine **Verpflichtungserklärung** abzugeben, das Vorhaben nach dauerhafter Aufgabe der zulässigen Nutzung zurückzubauen und Bodenversiegelungen zu beseitigen. Bei einer nach § 35 I Nr. 2 bis 6, 8 b und Nr. 9 BauGB zulässigen **Nutzungsänderung** ist die Rückbauverpflichtung zu übernehmen, bei einer nach § 35 I Nr. 1 oder II zulässigen Nutzungsänderung entfällt die Rückbauverpflichtung gem. § 35 V 2 BauGB. Die Baugenehmigungsbehörde soll gem. § 35 V 3 BauGB

1191 BVerwG NJW 1986, 394; OVG Saarlouis UPR 1993, 39; Mitschang/Reidt BauGB, 2022, § 35 Rn. 9.

1192 BVerwG NVwZ 1986, 38; Krautzberger in BKL, Rn. 45 zu § 35 BauGB.

1193 OVG Münster Beschl. v. 4.8.2022 – 22 A 488/20, juris Rn. 43.

1194 OVG Münster Beschl. v. 4.8.2022 – 22 A 488/20, juris Rn. 47.

1195 BVerwG NVwZ 1986, 646; NVwZ 1991, 1086; VGH Mannheim, Urt. v. 29.6.1989 – 2 S 2737/88 – ESVGH 39, 281.

1196 VGH Mannheim NuR 1993, 83; VGH Kassel BauR 1991, 200.

1197 OVG Greifswald NuR 2023, 760 = juris Rn. 73; VGH München Beschl. v. 18.5.2016 – 22 ZB 16.12, juris Rn. 20.

1198 OVG Greifswald NuR 2023, 760 = juris Rn. 73; BVerwG Urt. v. 30.8.1985 – 4 C 48.81, juris Rn. 17 f., 20.

durch nach Landesrecht vorgesehene **Baulast** oder in anderer Weise die Einhaltung der Verpflichtung nach § 35 V 2 BauGB sowie nach § 35 IV 1 Nr. 1 BauGB sicherstellen. Im Übrigen soll sie in den Fällen des § 35 IV 1 BauGB sicherstellen, dass die bauliche oder sonstige Anlage nach Durchführung des Vorhabens nur in der vorgesehenen Art genutzt wird.

Durch die Rückbauverpflichtung soll insbesondere einer Beeinträchtigung der Landschaft durch aufgegebene Anlagen erheblichen Umfangs mit einer zeitlich nur begrenzten Nutzungsdauer entgegengewirkt werden.[1199] § 35 V 2 iVm Satz 3 BauGB macht die Erteilung einer Baugenehmigung für Vorhaben nach § 35 I Nr. 2 bis 6 BauGB vom Erlass von Nebenbestimmungen zur Sicherstellung der Pflicht zum Rückbau nach dauerhafter Aufgabe der privilegierten Nutzung abhängig. Die Vorschrift schließt trotz Vorrangwirkung die Auferlegung einer Sicherheitsleistung auf der Grundlage einer landesrechtlichen Vorschrift nicht aus.[1200] 4112

Die Rückbauverpflichtung soll die Baugenehmigungsbehörde durch **Baulast** oder in anderer Weise (zB durch **Grunddienstbarkeit** oder **Sicherheitsleistung**) sicherstellen (§ 35 V 3 BauGB). Die Übernahme der Rückbauverpflichtung ist eine weitere Zulässigkeitsvoraussetzung. Eine darüber hinausgehende als Zulässigkeitsvoraussetzung normierte Rückbauverpflichtung für Vorhaben nach § 35 I Nr. 1 BauGB und für sonstige Vorhaben nach § 35 II BauGB besteht nicht. Eine bereits begründete Rückbauverpflichtung ist zu übernehmen, wenn ein Vorhaben nach § 35 I Nr. 2 bis 6 BauGB in ein anderes Vorhaben nach § 35 I Nr. 2 bis 6 BauGB umgenutzt wird. Eine Rückbauverpflichtung ist auch zu übernehmen, wenn ein Vorhaben nach § 35 I Nr. 1 BauGB in ein Vorhaben nach § 35 I Nr. 2 bis 6 BauGB umgewandelt wird. Sie entfällt, wenn ein Vorhaben nach § 35 I Nr. 2 bis 6 BauGB in ein solches nach § 35 I Nr. 1 oder II BauGB umgenutzt wird. Als Folge dieser Änderung soll § 244 VII BauGB sicherstellen, dass bauliche Anlagen, deren Nutzung bereits vor dem Inkrafttreten des EAG Bau 2004 zulässigerweise aufgenommen worden ist, auch bei einer Nutzungsänderung nicht nach § 35 V 2 BauGB zurückgebaut werden müssen. 4113

Für ältere **Windenergieanlagen** und für Windenergieanlagen, die nicht im planungsrechtlichen Außenbereich, sondern zB im Geltungsbereich eines qualifizierten Bebauungsplans oder aber im unbeplanten Innenbereich errichtet worden sind, gilt die Rückbauverpflichtung grundsätzlich nicht.[1201] Allerdings kann in bestimmten Fällen eine Beseitigung der Windkraftanlage im Wege einer bauordnungsrechtlichen Verfügung angeordnet werden. Für den Fall, dass eine nicht mehr genutzte Windkraftanlage eine schädliche Bodenveränderung verursacht, kommt auch ein Einschreiten nach dem BBodSchG in Betracht. Nach § 5 III Nr. 3 BImSchG sind immissionsschutzrechtlich genehmigte Windkraftanlagen so zu errichten, zu betreiben und stillzulegen, dass auch nach einer Betriebseinstellung die Wiederherstellung eines ordnungsgemäßen Zustands des Anlagengrundstücks gewährleistet ist. Umstritten ist, ob sich daraus auch eine Verpflichtung ergibt, die Windkraftanlage zurückzubauen.[1202] Eine Anordnung zum Rückbau einer Windkraftanlage kann grundsätzlich gegen den Bauherrn, dh den Betreiber der Anlage, als auch gegen den Grundstückseigentümer als Zustandsstörer ergeben.[1203] Die Störerauswahl steht im Ermessen der zuständigen Behörde; für sie soll maßgeblich sein, wenn die Windkraftanlage voraussichtlich am sichersten und schnellsten entfernen kann. Der Rückbau von Windenergieanlagen, für die eine Rückbauverpflichtung nach § 35 V 2 BauGB besteht, ist im Regelfall durch eine Sicherheitsleistung abgesichert. Die Baugenehmigung oder die immissionsschutzrechtliche Genehmigung einer solchen Windenergieanlage enthält zumeist eine Auflage, eine Sicherheit zu leisten. Als Sicherungsmittel kommt eine Baulast in Betracht, die allerdings dann nicht hilft, wenn der Verpflichtete finanziell nicht in der Lage ist, seine sich daraus ergebende Verpflichtung zu erfüllen. Zulässig ist es, eine Sicherheit, etwa in Form einer Bürgschaft, zu verlangen. In der Praxis werden auch betriebliche Rückstellungen nach einem Ansparmodell akzeptiert. 4114

1199 VGH Kassel NVwZ 2023, 1673 = juris Rn. 34; OVG Lüneburg NVwZ 2023, 443 = juris Rn. 60 ff; BVerwG Urt. v. 17.10.2012 – Az. 4 C 5/11, juris Rn. 19; zu rechtlichen Instrumenten zur Entsiegelung siehe Albrecht/Thinius EuRUP 2023, 2.

1200 BVerwG NVwZ 2013, 805; Rolshoven ZNER 2013, 72.

1201 Ausführlicher dazu Beckmann Kreislaufwirtschaft und Energiewende, in Frenz, Handbuch Kreislaufwirtschaft, 2024, 873 (875).

1202 siehe dazu Seibert Dauerhaft aufgegebene Anlagen: Baurechtswidrigkeit und Rückbaupflichten, Stuttgart 2019; Gaßner/Viezens Rechtlicher Rahmen für Recycling und Rückbau von Windkraftanlagen, 2018.

1203 Gaßner/Viezens Rechtlicher Rahmen für Recycling und Rückbau von Windkraftanlagen, 2018, S. 12.

4115 Die Sicherheitsleistung zielt auf eine unter Umständen notwendig werdende Ersatzvornahme. Die Durchsetzung der Rückbaupflicht soll nicht daran scheitern, dass von einer Vollstreckung abgesehen wird, weil keine ausreichenden Mittel für eine solche Ersatzvornahme zur Verfügung stehen.[1204] Dies kann nur durch eine finanzielle Absicherung der anfallenden Kosten einer Beseitigung sichergestellt werden.

II. Nicht privilegierte Außenbereichsvorhaben (§ 35 II BauGB)

4116 Sonstige Vorhaben, die nicht nach § 35 I BauGB privilegiert sind, können nach § 35 II BauGB im Einzelfall zugelassen werden, wenn ihre Ausführung oder Benutzung öffentliche Belange nicht beeinträchtigt und die Erschließung gesichert ist. Vorhaben, die nicht unter einen der Privilegierungstatbestände des § 35 I BauGB fallen, sind nicht privilegiert. Eine Beeinträchtigung der in § 35 II und III BauGB genannten öffentlichen Belange führt dabei bereits zur Unzulässigkeit. Das Erfordernis der gesicherten Erschließung von nicht privilegierten Außenbereichsvorhaben ist durch eine klarstellende Ergänzung des § 35 II BauGB in das BauGB ausdrücklich aufgenommen worden. Eine inhaltliche Änderung bedeutet dies allerdings nicht, da auch nach der früheren Fassung des § 35 II BauGB die Erschließung gesichert sein musste. Eine Beeinträchtigung öffentlicher Belange liegt nach § 35 III BauGB insbesondere vor, wenn das Vorhaben den Darstellungen des Flächennutzungsplans widerspricht,[1205] den Darstellungen eines Landschaftsplans oder sonstiger Pläne insbesondere des Wasser-, Abfall- oder Immissionsschutzrechts widerspricht, schädliche Umwelteinwirkungen hervorrufen kann oder ihnen ausgesetzt wird, unwirtschaftliche Aufwendungen für Straßen oder andere Verkehrseinrichtungen, für Anlagen der Versorgung oder Entsorgung, für die Sicherheit oder Gesundheit oder für sonstige Aufgaben erfordert, Belange des Naturschutzes und der Landschaftspflege, des Bodenschutzes, des Denkmalschutzes oder die natürliche Eigenart der Landschaft und ihren Erholungswert beeinträchtigt oder das Orts- und Landschaftsbild verunstaltet, Maßnahmen zur Verbesserung der Agrarstruktur beeinträchtigt oder die Wasserwirtschaft gefährdet oder die Entstehung, Verfestigung oder Erweiterung einer Splittersiedlung befürchten lässt. Die durch das BauROG 1998 hinsichtlich verschiedener Belange redaktionell neu gefasste Vorschrift enthält trotz der Formulierung „können im Einzelfall zugelassen werden" keinen Ermessensspielraum für die Baugenehmigungsbehörde. Es besteht vielmehr ein Rechtsanspruch auf Genehmigung, wenn die Voraussetzungen des § 35 II, III BauGB gegeben sind. Dies setzt allerdings voraus, dass durch ein nicht privilegiertes Vorhaben öffentliche Belange nicht beeinträchtigt werden. Zuzulassen ist ein Vorhaben trotz der Wendung „im Einzelfall" auch dann, wenn in mehreren vergleichbaren Fällen öffentliche Belange nicht beeinträchtigt werden. Raumbedeutsame Vorhaben nach § 35 II BauGB dürfen ebenso wie privilegierte Außenbereichsvorhaben nach § 35 I BauGB den Zielen der Raumordnung nicht widersprechen (§ 35 III 2 BauGB). Der Begriff der öffentlichen Belange ist in § 35 III BauGB nicht generell oder abschließend bestimmt.[1206] Er wird lediglich durch den nicht abschließenden Katalog des § 35 III BauGB erläutert. Es handelt sich dabei um einen unbestimmten Gesetzesbegriff. Neben die in § 35 III BauGB erwähnten Belange können auch andere öffentliche Belange treten, wenn sie in einem konkreten Bezug zur städtebaulichen Ordnung stehen.[1207]

Beispiel: Ein Wohngebäude gehört nicht zu den privilegierten Vorhaben im Sinne des § 35 I BauGB. Es handelt sich vielmehr um ein sonstiges Vorhaben, welches nach § 35 II BauGB im Einzelfall nur zugelassen werden kann, wenn seine Ausführung oder Benutzung öffentliche Belange nicht beeinträchtigt.[1208]

[1204] BVerwG Urt. v. 17.10.2012 – 4 C 5.11, juris Rn. 15; OVG Schleswig ZNER 2020, 465 ff.; OVG Lüneburg NVwZ 2023, 443 = juris Rn. 60; VGH Mannheim ZfBR 2023, 68 = juris Rn. 65: „Bei der Festsetzung einer Sicherheitsleistung für den Rückbau im Außenbereich genehmigter Windenergieanlagen bedarf es nicht stets einer Berücksichtigung zu prognostizierender künftiger Preis- und Kostensteigerungen. Es handelt sich um eine Ermessensentscheidung, die auch verwaltungspraktische Gesichtspunkte berücksichtigen darf."

[1205] BVerwG NVwZ 1998, 58.

[1206] BVerwG NVwZ 1998, 58.

[1207] Kau ZfBR 2009, 120.

[1208] OVG Berlin-Brandenburg Urt. v. 14.11.2012 – OVG 2 B 3.11, juris.

1. Beeinträchtigung öffentlicher Belange

4117 Der wesentliche **Unterschied** zwischen den privilegierten Vorhaben nach § 35 I BauGB und den nicht privilegierten Vorhaben in § 35 II BauGB besteht darin, dass privilegierte Vorhaben an öffentlichen Belangen nur scheitern, wenn sie **entgegenstehen**, während nicht privilegierte Vorhaben bereits dann planungsrechtlich unzulässig sind, wenn sie öffentliche Belange **beeinträchtigen**. Davon ist in der Regel auszugehen, wenn öffentliche Belange durch das Vorhaben auch nur nachteilig berührt werden.[1209] Die öffentlichen Belange in § 35 III BauGB sind allerdings nur beispielhaft erwähnt. Der Katalog ist nicht abschließend. Für eine Interessenabwägung ist dabei nur insofern Raum, als die öffentlichen Belange in ihrer Wertigkeit von den ihnen gegenüberstehenden privaten Belangen beeinflusst werden können.[1210] Privilegierte Vorhaben sind im Vergleich zu sonstigen Vorhaben gegenüber den öffentlichen Belangen nicht absolut, sondern nur insofern bevorzugt, als bei der Abwägung ihre Privilegierung in Rechnung zu stellen ist.[1211] Der Katalog der beeinträchtigten öffentlichen Belange in § 35 III BauGB bezieht sich dabei auf die nicht privilegierten Außenbereichsvorhaben des § 35 II BauGB, macht jedoch nicht in gleicher Weise auch privilegierte Vorhaben nach § 35 I BauGB unzulässig. Die Privilegierung nach § 35 I BauGB verleiht dem Vorhaben ein grundsätzlich stärkeres Gewicht und Durchsetzungsvermögen gegenüber öffentlichen Belangen. Durch die generelle Verweisung dieser Vorhaben in den Außenbereich hat der Gesetzgeber selbst eine planerische Entscheidung zugunsten dieser Vorhaben getroffen und sozusagen selbst geplant. Zugleich hat er damit eine gewisse Beeinträchtigung öffentlicher Belange in Kauf genommen. Bei der gebotenen (nachvollziehenden) Abwägung zwischen den jeweils berührten Belangen muss daher die Privilegierung zugunsten des Vorhabens ins Gewicht fallen. Der **„Belang des Denkmalschutzes"** iSd § 35 III 1 Nr. 5 BauGB ist unabhängig von den jeweiligen landesrechtlichen Denkmalschutzgesetzen zu bestimmen und gewährleistet nur ein Mindestmaß an Schutz. Aus dem denkmalrechtlichen Beeinträchtigungsverbot können sich jedoch unüberwindbare Hindernisse für eine Vorhabenzulassung ergeben.[1212]

4118 Bei den **nicht privilegierten Vorhaben** geht das Gesetz grundsätzlich von einer Unzulässigkeit bodenrechtlich relevanter Vorhaben aus. Es reicht daher jede Beeinträchtigung öffentlicher Belange.[1213] Werden durch die Ausführung oder Benutzung eines Bauvorhabens im Außenbereich öffentliche Belange allerdings nicht beeinträchtigt, so besteht ein Rechtsanspruch auf Zulassung dieses Vorhabens.[1214] Ob eine Beeinträchtigung vorliegt, muss im Einzelfall durch nachvollziehende, nicht planerische **Abwägung** ermittelt werden. § 35 II BauGB stellt mit der Frage, ob öffentliche Belange beeinträchtigt werden, nicht allein auf den baulichen Bestand des Vorhabens ab. Beachtlich sind vielmehr alle bodenrechtlich relevanten Auswirkungen des Vorhabens.[1215] Die Abwägung zwischen den Interessen an der Durchführung des Vorhabens und den entgegenstehenden oder beeinträchtigten Belangen findet jedoch ihre Grenze dann, wenn eine **Kompensation**, also eine Saldierung der Vor- und Nachteile erforderlich würde. Dies käme im Ergebnis einer planerischen Abwägung und Konfliktbewältigung gleich, die im Außenbereich ohne förmliche Bauleitplanung nicht geleistet werden kann.[1216] Planerische Kompensationsmaßnahmen bedürfen daher im Außenbereich einer konkretisierenden Bauleit- oder Fachplanung.[1217] Auf entgegenstehende oder beeinträchtigte öffentliche Belange kann auch nicht verzichtet werden. In der Überschreitung des in der Nachbarschaft verwirklichten Maßes der baulichen Nutzung durch ein Vorhaben im Außenbereich liegt allerdings für sich allein genommen noch keine Beeinträchtigung öffentlicher Belange iS von § 35 III BauGB. Die bauliche Erweiterung eines Gewerbebetriebes im Außenbereich ist nicht schon dann planungsrechtlich unzulässig, wenn sie eine Expansion des Betriebes ermöglicht. Öffent-

1209 OVG Lüneburg NuR 1995, 315; Birk BayVBl. 1977, 625.

1210 BVerwG Beschl. v. 20.10.1971 – 4 B 41.70, juris.

1211 BVerwG Beschl. v. 22.12.1971 – 4 B 140.70, juris.

1212 OVG Lüneburg DVBl. 2010, 924; BVerwG NVwZ 2009, 1231.

1213 BVerwG BBauBl. 1966, 212. Dies gilt auch für von ihrer Gestaltung an die Landschaft angepasste Vorhaben; Beschl. v. 21.11.1967 – 4 B 79.67, juris; Ziegler ZfBR 1979, 149.

1214 BGH NJW 1981, 982.

1215 BVerwG Beschl. v. 19.7.1988 – 4 B 124.88, juris.

1216 BVerwG Beschl. v. 13.10.1976 – 4 B 149.76, juris. Zu den in der Bauleitplanung zu beachtenden Abwägungsgesichtspunkten VGH Mannheim NVwZ-RR 1993, 97.

1217 BVerwG DVBl. 1973, 451.

liche Belange werden nur dann beeinträchtigt, wenn von der Erweiterung konkrete nachteilige Wirkungen auf die Umgebung ausgehen.[1218] Das ist allerdings bei einer Raum in Anspruch nehmende Erweiterung anzunehmen. Allerdings kann eine vorübergehende Beeinträchtigung öffentlicher Belange im Einzelfall hingenommen werden, wenn sie durch entsprechende andere öffentliche Belange gerechtfertigt ist. Die Errichtung von Wohncontainern für die Aufnahme von Aussiedlern kann etwa im Außenbereich dann zugelassen werden, wenn dies lediglich für einen Zeitraum von zwei Jahren geschieht.[1219] Auch kann das besondere öffentliche Interesse an der Unterbringung von Aussiedlern oder Asylbewerbern[1220] im Falle eines erhöhten Handlungszwangs bei der Bewertung der nachbarlichen Zumutbarkeitsgrenze berücksichtigt werden.[1221] Der Einbau einer zweiten Wohneinheit in ein im baulichen Außenbereich nicht privilegiertes Einfamilienhaus kann öffentliche Belange im Sinne des § 35 II, III BauGB beeinträchtigen, auch wenn die Baumaßnahme zu keiner Mehrung der Wohnfläche führt und für sich betrachtet geringfügig ist.[1222]

4119 Die **Freiheit der Kunst (Art. 5 III 1 GG)** hindert grundsätzlich nicht daran, eine baurechtliche Genehmigung für die Aufstellung von Monumentalfiguren der Baukunst im Außenbereich wegen Widerspruchs zu Darstellungen des Flächennutzungsplans, wegen einer Verunstaltung des Landschaftsbilds oder wegen einer Beeinträchtigung der natürlichen Eigenart der Landschaft[1223] gem. § 35 II und III BauGB zu versagen.[1224] Eine Grundlage dafür, die Grundrechtsgewährleistung des Art. 5 III 1 GG im Bereich des Bauplanungsrechts einzugrenzen, bietet – neben den baurechtlichen Verunstaltungsverboten – Art. 20 a GG. Die Verpflichtung zum Schutz der natürlichen Lebensgrundlagen nach Art. 20 a GG ist als Staatsziel ausgestaltet. Sie beansprucht als objektiv-rechtlicher Verfassungssatz unmittelbare Geltung, auch wenn sie keine subjektiven Rechte begründet. Art. 20 a GG wendet sich in erster Linie an den Gesetzgeber, den die Verpflichtung trifft, den in dieser Norm enthaltenen Gestaltungsauftrag umzusetzen. Art. 20 a GG stellt keine weiter gehenden Anforderungen an die staatlichen Schutzpflichten als Art. 2 II 1 GG. Die verfassungsrechtliche Schutzpflicht der Vorsorge gebietet nicht, alle nur denkbaren Schutzmaßnahmen zu treffen. Deren Verletzung kann vielmehr nur festgestellt werden, wenn die öffentliche Gewalt Schutzvorkehrungen überhaupt nicht getroffen hat oder die getroffenen Maßnahmen gänzlich ungeeignet oder völlig unzulänglich sind, das gebotene Schutzziel zu erreichen oder erheblich dahinter zurückbleiben.[1225] Durch die ausdrückliche Einordnung der Staatszielbestimmung in die verfassungsmäßige Ordnung wird klargestellt, dass der Umweltschutz keinen absoluten Vorrang genießt, sondern in Ausgleich mit anderen Verfassungsprinzipien und -rechtsgütern zu bringen ist. Dies trifft auch für den Fall der Kollision mit Grundrechtsverbürgungen zu, die, wie Art. 5 III 1 GG, keinem Vorbehalt unterliegen.[1226]

Beispiel: Auf einem im Außenbereich gelegenen Hanggrundstück, dessen Umgebung vorwiegend land- und forstwirtschaftlich genutzt wird, sollen zwei vermutlich Ende der 30er Jahre entstandene Monumentalfiguren aufgestellt werden. Es handelt sich um die Darstellungen von Artemis und Aurora, die Arno Breker zugerechnet werden. Die Figuren sind 6 m hoch und 7 m lang und sollen auf ca.7 m hohe Sockel aus Beton und Quadersteinen gesetzt werden. Das nicht privilegierte Außenbereichsvorhaben ist planungsrechtlich unzulässig, wenn öffentliche Belange beeinträchtigt sind. Dazu können auch Belange des Natur- und Landschaftsschutzes oder andere Umweltbelange gehören. Vergleichbare Fragestellungen ergeben sich etwa für Außenbereichsvorhaben, die der Religionsausübung dienen wie etwa eine Marienkapelle im Außenbereich.[1227]

1218 BVerwG NVwZ 1991, 64.

1219 VGH München NVwZ 1993, 278.

1220 VGH München NVwZ 1992, 1099; OVG Schleswig Urt. v. 5.12.1991 – 1 M 66/91, juris; OVG Saarlouis BRS 50 (1990), Nr. 170; Heermann ThürVBl. 1994, 92; Sarnighausen NVwZ 1994, 741.

1221 OVG Münster Beschl. v. 31.7.1992 – 10 B 3144/92, juris.

1222 VGH München BayVBl 2010, 508.

1223 BVerwG Beschl. v. 1.12.1980 – 4 B 144.80, juris; VGH Mannheim NuR 1991, 251. Ob ein Bauwerk die natürliche Eigenart der Landschaft beeinträchtigt, kann ohne Augenscheinseinnahme beurteilt werden, so BVerwG Beschl. v. 22.6.1966 – 4 B 57.66, juris.

1224 BVerwG BauR 1995, 665.

1225 BVerwG ZfBR 2011, 573.

1226 BVerfGE 151, 30 = juris Rn. 198; BVerwG NVwZ 2023, 1657 = juris Rn. 40; BVerwG DVBl. 1995, 1008.

1227 Schwemer BauR 2008, 1551; VGH München Beschl. v. 2.4.2012 – 1 ZB 12.142, juris.

Im Übrigen zulässige Vorhaben nach § 35 BauGB scheitern allerdings in aller Regel nicht an dem Erfordernis einer **Außenkoordination**. Denn soweit bei einem Vorhaben im Außenbereich eine Koordination nach außen notwendig ist, bedarf es regelmäßig keiner förmlichen Planung, die sich als Zulassungshindernis erweisen könnte. Die Außenkoordination wird grundsätzlich durch die in § 35 III BauGB angeführten öffentlichen Belange gewährleistet, zu denen nicht zuletzt die Vermeidung schädlicher Umwelteinwirkungen, der Naturschutz sowie das Verbot der Beeinträchtigung der natürlichen Eigenart oder der Erholungsfunktion der Landschaft gehören.[1228] Die Zulassung eines Außenbereichsvorhabens kann allerdings am öffentlichen Belang eines **Planungserfordernisses** scheitern. Ein solches Erfordernis liegt vor, wenn das Vorhaben einen Koordinierungsbedarf auslöst, dem nicht das Konditionalprogramm des § 35 BauGB, sondern nur eine Abwägung im Rahmen einer förmlichen Planung angemessen Rechnung zu tragen vermag. Besteht im Verhältnis benachbarter Gemeinden ein qualifizierter Abstimmungsbedarf iS des § 2 II BauGB, so ist dies ein starkes Anzeichen dafür, dass die in § 35 III BauGB aufgeführten Zulassungsschranken nicht ausreichen, um ohne Abwägung im Rahmen einer förmlichen Planung eine Entscheidung über die Zulässigkeit des benachbarten Vorhabens treffen zu können. Von einem qualifizierten Abstimmungsbedarf ist dann auszugehen, wenn das Vorhaben die in § 11 III 1 BauNVO bezeichneten Merkmale aufweist,[1229] Die Pflicht zur Durchführung einer Umweltverträglichkeitsprüfung ist ein gewichtiger Anhaltspunkt für den ungeschriebenen Belang des Planungserfordernisses.[1230] 4120

Aus dem **Bestandsschutz**, den eine bauliche Anlage wegen und in einer bestimmten Funktion genießt, lässt sich nichts zugunsten einer Änderung dieser Funktion herleiten. Die Zulässigkeit einer **Nutzungsänderung** muss daher jeweils anhand der gesetzlichen Regelungen geprüft werden. § 35 III BauGB ermöglicht nicht, die landwirtschaftsfremde Nutzungsänderung landwirtschaftlicher Baulichkeiten zu erleichtern.[1231] Dies ist nur nach Maßgabe der § 35 IV BauGB möglich. Allerdings entfällt der Bestandsschutz einer Anlage durch eine Nutzungsänderung erst dann, wenn eine andere Nutzung aufgenommen worden ist und nach der Verkehrsauffassung die bisherige Nutzung endgültig aufgegeben worden ist.[1232] Gewisse Variationen oder neue Teilnutzungen, die den Charakter der bisherigen Nutzung nicht durchgreifend beeinträchtigen, führen nicht dazu, dass der Bestandsschutz entfällt. 4121

Beispiel: Eine Jagdhütte verliert durch die Änderung ihrer Nutzung in eine Hütte für Freizeitzwecke ihren Bestandsschutz,[1233] wenn die Nutzungsänderung auf Dauer angelegt und mit der Wiederaufnahme der Nutzung für Jagdzwecke wegen durchgeführter Umbaumaßnahmen und Gestaltveränderung nicht gerechnet werden kann. Einzelne öffentliche Belange sind in § 35 III BauGB durch das BauROG 1998 neu gruppiert aufgeführt.

2. Widerspruch zu den Darstellungen des Flächennutzungsplans

Nach § 35 III 1 Nr. 1 BauGB liegt eine Beeinträchtigung öffentlicher Belange vor, wenn das Vorhaben den Darstellungen des Flächennutzungsplans widerspricht. Dabei kommt den Darstellungen des Flächennutzungsplans regelmäßig eine unüberwindbare Ausschlussfunktion zu.[1234] Das nicht privilegierte Vorhaben widerspricht daher den Darstellungen des Flächennutzungsplans, wenn seine Verwirklichung gegen Aussagen des Flächennutzungsplans verstößt. Diese können auch allgemein gefasst sein. Eine „qualifizierte Standortzuweisung" im Flächennutzungsplan ist – anders als bei einem privilegierten Vorhaben nach § 35 I BauGB – für die Annahme der Beeinträchtigung dieses öffentlichen Belangs bei einem sonstigen Vorhaben nach § 35 II BauGB nicht erforderlich.[1235] Denn der Gesetzgeber hat mit § 35 I BauGB in einer der 4122

1228 BVerwG NVwZ 1988, 144; BRS 40 Nr 74; UPR 1996, 154.

1229 BVerwG NVwZ 2003, 86.

1230 VGH München DÖV 2010, 450.

1231 BVerwGE 47, 185.

1232 VGH Kassel BRS 56 (1996), Nr. 77.

1233 BVerwG NVwZ–RR 1995, 312.

1234 VGH Mannheim Urt. v. 9.2.2023 – 10 S 3206/21, juris Rn. 36; BVerwG NVwZ 1984, 434 = juris Rn. 14; OVG Berlin-Brandenburg Beschl. v. 6.4.2009 – OVG 11 S 59.08, juris Rn. 21; OVG Magdeburg Beschl. v. 9.12.2020 – 2 M 97/20, juris Rn. 35.

1235 VGH Mannheim Urt. v. 9.2.2023 – 10 S 3206/21, juris Rn. 36; aA OVG Schleswig Urt. v. 19.2.2015 – 1 LB 8/13, juris Rn. 56; OVG Saarlouis Beschl. v. 13.2.2019 – 2 B 251/18, juris Rn. 24; siehe auch Söfker in EZBK, BauGB, § 35 Rn. 80.

Rechtslage im beplanten und unbeplanten Innenbereich vergleichbaren Weise entschieden, dass die in dieser Vorschrift genannten Vorhaben im Außenbereich allgemein zulässig sind. Der Gesetzgeber hat damit jedoch keine Entscheidung über den konkreten Standort des Vorhabens getroffen. Daraus folgt, dass nur konkrete, standortbezogene Aussagen im Flächennutzungsplan auch der Zulässigkeit eines privilegierten Vorhabens entgegengehalten werden können. Dies ist bei nicht privilegierten Vorhaben im Sinne von § 35 II BauGB jedoch nicht der Fall, weil der Gesetzgeber nicht in einer dem Innenbereich vergleichbaren Weise eine Entscheidung über die generelle Zulässigkeit von Vorhaben getroffen hat.[1236]

Beispiel: Die Darstellung einer Fläche für die Landwirtschaft schließt etwa einen Campingplatz auch dann aus, wenn der Flächennutzungsplan keine weiteren konkreten standortbezogenen Aussagen hinsichtlich der Schutzbedürftigkeit der Flächen trifft.

4123 Den Darstellungen des Flächennutzungsplans würde auch widersprechen, wenn eine dort als Fläche für die Landwirtschaft ausgewiesene Fläche aus der landwirtschaftlichen Nutzung herausgetrennt und einem bebauten Hausgrundstück als Gartenbereich angegliedert werden soll.[1237] Dies gilt vor allem dann, wenn sich für vergleichbare Außenbereichsfälle Vorbildwirkungen ergeben können.[1238] Denn das planerische Konzept der Gemeinde findet bereits im Flächennutzungsplan seinen Ausdruck und enthält öffentliche Belange, die bei der Bewertung von Außenbereichsvorhaben eine Rolle spielen.[1239]

4124 Der Flächennutzungsplan kann genügend konkretisierte planerische Vorstellungen über Beschränkungen der Bebauung im Außenbereich enthalten. Er kann dabei öffentliche Belange dadurch zum Ausdruck bringen, dass er die örtlichen Gegebenheiten wie etwa die natürliche Beschaffenheit des Geländes oder die soziale Struktur widerspiegelt. Dabei können planerische Vorstellungen für die künftige Gemeindeentwicklung dargestellt werden, mit denen sich das beabsichtigte Vorhaben nicht verträgt.[1240] Der Flächennutzungsplan ist nicht deshalb bedeutungslos, weil seine Darstellungen mit den **tatsächlichen Verhältnissen** nicht vollständig übereinstimmen. Die Veränderung der tatsächlichen Gegebenheiten kann allerdings dazu führen, dass sich das Gewicht der Aussagen des Flächennutzungsplans abschwächt und er die ihm zugewiesene Bedeutung als Konkretisierung öffentlicher Belange verliert.[1241] Flächennutzungspläne dienen insoweit nur zur „Unterstützung und einleuchtenden Fortschreibung bestimmter tatsächlicher Gegebenheiten."[1242] Auf die tatsächlichen Gegebenheiten abzustellen, bedeutet allerdings nicht, dass der Flächennutzungsplan nur dann ein beachtlicher öffentlicher Belang ist, wenn seine Darstellungen mit der tatsächlichen Situation übereinstimmen. Dann liefe seine Erwähnung als öffentlicher Belang weitgehend leer. Vielmehr soll lediglich klargestellt werden, dass der Flächennutzungsplan dort nicht mehr maßgeblich sein kann, wo seine Darstellungen den besonderen örtlichen Verhältnissen nicht mehr gerecht werden, diese also etwa durch die zwischenzeitliche Entwicklung überholt sind.[1243]

4125 Ein Flächennutzungsplan kann zwar im Rahmen der Prüfung sonstiger öffentlicher Belange beachtlich sein. Er ist jedoch ungeeignet, die einem Vorhaben etwa entgegenstehenden materiellen öffentlichen Belange wirksam auszuräumen.[1244] Derartige öffentliche Belange, die gem. § 35 III BauGB kraft Gesetzes einem Vorhaben entgegenstehen, sollen nur durch eine die wechselseitigen öffentlichen und privaten Interessen berücksichtigende verbindliche Bauleitplanung überwunden werden können. Der Flächennutzungsplan trifft als nur vorbereitender Bauleitplan (§ 1 II BauGB) eine Aussage über die allgemeinen planerischen Vorstellungen der

[1236] VGH Mannheim Urt. v. 9.2.2023 – 10 S 3206/21, juris Rn. 36.

[1237] VGH München ZfBR 1995, 109.

[1238] Eine Vorbildwirkung für eine Splittersiedlung kann auch bei dem ersten Bauvorhaben bestehen, BVerwG Beschl. v. 1.12.1967 – 4 B 23.67, juris; OVG Lüneburg ZfBR 1992, 94; Söfker in EZBK, BauGB, 2022, § 35 Rn. 126; zur Splittersiedlung auch OVG Münster Urt. v. 23.4.2024 – 7 A 494/23, juris Rn. 30; Urt. v. 2.2.2024 – 10 A 307/22, juris Rn. 42; BVerwG ZfBR 2000, 425.

[1239] BVerwGE 26, 287.

[1240] BVerwGE 26, 287.

[1241] BVerwG NVwZ 1997, 899.

[1242] BVerwGE 26, 287.

[1243] BVerwG NVwZ 1997, 899.

[1244] BVerwG NJW 1969, 68; Beschl. v. 5.6.1975 – 4 B 43.75, juris; ZfBR 1985, 141; Beschl. v. 17.3.1992 – 4 B 56.92, juris.

Gemeinde, normiert indes nicht, in welcher Art und Weise im Einzelnen gebaut werden soll. Dies unter Abwägung der berührten Belange und in Übereinstimmung mit der BauNVO festzulegen, ist erst Aufgabe des Bebauungsplans.[1245] Auch ein einfacher Beschluss des Gemeinderates, ein bestimmtes Vorhaben zu befürworten, führt noch nicht zu einer Änderung des Flächennutzungsplans und kann auch nicht die planungsrechtliche Zulässigkeit eines nicht privilegierten Außenbereichsvorhabens bewirken.[1246] Denn die Darstellungen des Flächennutzungsplans können nur durch förmliches gemeindliches Änderungsverfahren einen anderen Inhalt erhalten. Die Darstellungen des Flächennutzungsplans können ein Außenbereichsgrundstück auch im entschädigungsrechtlichen Sinne nicht zu Bauland aufwerten.[1247] Allerdings kann sich aus der Darstellung des Flächennutzungsplans eine Bodenwertsteigerung in Richtung auf **Bauerwartungsland** ergeben, die im Entschädigungsfall zu berücksichtigen ist.[1248] Auf der anderen Seite widerspricht ein Vorhaben den Darstellungen des Flächennutzungsplans nicht, wenn es hinsichtlich der überbaubaren Flächen in einem **einfachen Bebauungsplan** ausgewiesen ist. Hier gehen die Festsetzungen des Bebauungsplans den Darstellungen des Flächennutzungsplans vor.[1249] Auch würde ein solches Vorhaben die natürliche Eigenart der Landschaft nicht beeinträchtigen und auch das Entstehen, die Verfestigung oder Erweiterung einer Splittersiedlung nicht befürchten lassen.[1250] Auch aus einem in Aufstellung befindlichen **Bebauungsplan** können sich nachteilig betroffene gemeindliche Belange ergeben. Der Bebauungsplan muss allerdings einen Verfahrensstand erreicht haben, der hinreichende Schlüsse auf seine Verwirklichung gestattet.

Da Darstellungen eines Flächennutzungsplans keine unmittelbare rechtliche Bindungswir- 4126
kung gegenüber dem Bürger haben, kann sich ein Nachbar grundsätzlich auf einen möglichen Verstoß gegen diese nicht berufen. Die in § 35 III 3 BauGB geregelte Regelausschlusswirkung der Darstellungen eines des Flächennutzungsplans entfaltet daher keinen generellen Drittschutz zugunsten der Nachbarschaft.[1251]

3. Darstellungen eines Landschaftsplans oder eines sonstigen Plans

Eine Beeinträchtigung öffentlicher Belange liegt auch dann vor, wenn das Vorhaben den 4127
Darstellungen eines Landschaftsplans oder sonstigen Plans insbesondere des Wasser-, Abfall- oder Immissionsschutzrechts widerspricht. Die gesetzliche Regelung stellt klar, dass entsprechende Darstellungen in Fachplänen zur Unzulässigkeit von nicht privilegierten Außenbereichsvorhaben führen. Wird etwa in einem Landschaftsplan eine Fläche als Landschaftsschutzgebiet ausgewiesen, so führt dies zugleich zu einer Beeinträchtigung öffentlicher Belange und damit zu einer grundsätzlichen planungsrechtlichen Unzulässigkeit eines nicht privilegierten Außenbereichsvorhabens.[1252] Das gilt auch für **andere Fachpläne**, die zumeist mittelbare Rechtswirkungen gegenüber dem Bürger erzeugen können wie etwa Fachpläne des Wasser-, Abfall- oder Immissionsschutzrechts. Es muss sich dabei allerdings um Fachpläne handeln, die (auf landesrechtlicher Grundlage) in einem förmlichen Verfahren aufgestellt worden sind und eine entsprechende Verbindlichkeit haben. Informelle Planungen etwa der Gemeinde ohne eine solche Verbindlichkeit (§ 1 VI Nr. 11 BauGB) können auch einem nicht privilegierten Außenbereichsvorhaben nicht entgegengehalten werden. Auch eine hinreichend verfestigte **Straßenplanung** kann einem Vorhaben als öffentlicher Belang entgegenstehen.[1253]

1245 BGH MDR 1977, 32.

1246 BVerwG NVwZ 1984, 367; Beschl. v. 10.10.1991 – 4 B 167.91, juris.

1247 BGH Urt. v. 17.1.1991 – III ZR 94/90, juris; zur Bewertung landwirtschaftlicher Hofstellen im Rahmen der Flurbereinigung BVerwG RdL 1976, 74.

1248 Zur Berechnung der Höhe einer Enteignungsentschädigung für Bauerwartungsland bzw. Abbauerwartungsland OLG Hamm Beschl. v. 23.11.2023 – I-16 U 4/22, juris.

1249 So VGH Mannheim ZfBR 1995, 279.

1250 Die Befürchtung des Entstehens einer Splittersiedlung ist allerdings nicht schon deshalb unbegründet, weil das Vorhaben den Darstellungen des Flächennutzungsplans entspricht, so BVerwG Beschl. v. 5.6.1975 – 4 B 43.75, juris; Beschl. v. 18.11.1982 – 4 B 152.82, juris.

1251 OVG Bremen Urt. v. 28.9.2023 – 1 D 72/22, juris Rn. 49.

1252 Die Reichweite der Bindungswirkungen einer Landschaftsschutzverordnung ist dem jeweiligen Landesrecht zu entnehmen, OVG Münster BauR 2000, 62.

1253 BVerwG NVwZ 2001, 1048; Kment in Jarass/Kment, BauGB, 2022, § 35 Rn. 50.

4128 Befinden sich solche Fachpläne erst in Aufstellung, können sie als öffentlicher Belang der planungsrechtlichen Zulässigkeit des Vorhabens nur entgegenstehen, wenn die Planung schon soweit vorangeschritten ist, dass den Plänen konkrete Aussagen hinsichtlich des Vorhabens entnommen werden können und mit einer Verwirklichung des Plans zu rechnen ist.[1254] Auch wenn solche Pläne keinen verbindlichen Rechtscharakter aufweisen, finden sie im Rahmen des § 35 III 1 Nr. 2 BauGB Berücksichtigung, soweit sie vergleichbar dem Flächennutzungsplan qualifizierte Darstellungen enthalten, die in den tatsächlichen Gegebenheiten ausreichend Widerhall finden.[1255]

4. Schädliche Umwelteinwirkungen

4129 Öffentliche Belange werden beeinträchtigt, wenn das Vorhaben schädliche Umwelteinwirkungen hervorrufen kann oder ihnen ausgesetzt ist (§ 35 III 1 Nr. 3 BauGB). Bei der Bestimmung der Zumutbarkeit von Immissionen haben die gesetzlichen Wertungen Bedeutung.[1256] Immissionen, die das nach § 5 Nr. 1 BImSchG zulässige Maß nicht überschreiten, begründen weder einen schweren noch unerträglichen Eingriff in das Eigentum noch verletzen sie das baurechtliche Rücksichtnahmegebot.[1257]

4130 Die Bedeutung der schädlichen Umwelteinwirkungen steht mit dem Gebot der nachbarlichen Rücksichtnahme in engem Zusammenhang. Ein bereits vorhandener immissionsträchtiger Industriebetrieb kann gegenüber einer heranrückenden Wohnbebauung aufgrund des Gebotes nachbarlicher Rücksichtnahme ebenso wie im nicht beplanten Innenbereich auch im Außenbereich Abwehrrechte geltend machen.[1258] Der Inhaber eines im Außenbereich privilegierten Betriebes hat grundsätzlich einen Abwehranspruch gegen ein im Außenbereich unzulässiges Nachbarvorhaben hat, wenn das in § 35 III 1 BauGB enthaltene drittschützende Gebot der Rücksichtnahme verletzt ist.

Beispiel: Ein Landwirt, von dessen Betrieb Immissionen ausgehen, kann sich auf die Unzulässigkeit eines Vorhabens im Außenbereich berufen, das dadurch schädlichen Umwelteinwirkungen ausgesetzt würde. Eine heranrückende Wohnbebauung verletzt einem bestehenden emittierenden Betrieb gegenüber das Gebot der Rücksichtnahme, wenn ihr Hinzutreten die rechtlichen Rahmenbedingungen, unter denen der Betrieb arbeiten muss, gegenüber der vorher gegebenen Lage verschlechtert. Das ist dann der Fall, wenn der Betrieb durch die hinzutretende Bebauung mit nachträglichen Auflagen rechnen muss.[1259]

4131 Noch nicht abschließend geklärt ist, ob und ggf. unter welchen Voraussetzungen bei der Vorhabenzulassung auf Erweiterungsabsichten eines benachbarten Betriebs Rücksicht zu nehmen ist. Alternativ in Betracht kommt eine Geltung des Prioritätsprinzips, nach dem derjenige den Vorrang genießt, dessen Genehmigungsantrag früher gestellt bzw. zur Entscheidungsreife gelangt ist.[1260]

4132 Auch den Vorgaben zum Umgang mit **Störfallbetrieben** kann durch das Rücksichtnahmegebot Rechnung getragen werden.[1261] Das in § 35 III 1 Nr. 3 BauGB enthaltene Rücksichtnahmegebot kann auch verletzt sein, wenn eine Kleinfeuerungsanlage trotz Einhaltung der

[1254] BVerwG NVwZ 2001, 1048; NJW 1980, 1537/1538; Mitschang/Reidt in BKL, BauGB, 2022, § 35 Rn. 102; Kment in Jarass/Kment, BauGB, 2022, § 35 Rn. 51.

[1255] Mitschang/Reidt in BKL, BauGB, 2022, § 35 Rn. 77; Kment in Jarass/Kment, BauGB, 2022, § 35 Rn. 51.

[1256] BVerwG NVwZ 2018, 509; Kment in Jarass/Kment, BauGB, 2022, § 35 Rn. 53

[1257] OVG Greifswald LKV 1999, 66.

[1258] OVG Lüneburg Beschl. v. 7.2.2024 – 1 ME 134/23, juris; BVerwG Urt. v. 27.6.2017 – 4 C 3.16, juris; NVwZ 1986, 469; Beschl. v. 11.1.1988 – 4 CB 49.87, juris; VGH Mannheim ZfBR 1990, 106; OVG Münster Beschl. v. 2.2.1999 – 10 B 2558/98, juris; Jeronim in Kröninger/Jeronim, BauGB/BauNVO, 2024, § 35 BauGB Rn. 34; Spieß in Jäde/Dirnberger, BauGB/BauNVO, 2022, § 35 BauGB Rn. 199.

[1259] OVG Lüneburg Beschl. v. 7.2.2024 1 ME 134/23, juris Rn. 6; RdL 2018, 318 = juris Rn. 23; die bloße Besorgnis, die Nachbarn könnten sich ohne rechtlichen Grund gegen die bestehende landwirtschaftliche Nutzung wenden und die Lage des landwirtschaftlichen Betriebs faktisch erschweren, ist dagegen rechtlich unbeachtlich OVG Lüneburg BauR 2022, 1753 = juris Rn. 12.

[1260] OVG Lüneburg Beschl. v. 7.2.2024 1 ME 134/23, juris Rn. 7; BauR 2022, 1021 = juris Rn. 28; BVerwG BauR 2001, 83 = juris Rn. 7 f.; OVG Lüneburg BauR 2019, 483 = juris Rn. 17; VGH München Beschl. v. 11.10.2022 – 15 ZB 22.867, juris Rn. 67 mwN; Söfker in EZBK, BauGB, 2019, § 35 Rn. 89.

[1261] BVerwG ZfBR 2013, 479 Rn. 5; Kment in Jarass/Kment, BauGB, 2022, § 35 Rn. 53.

Emissionsgrenzwerte der 1. BImSchV aufgrund der konkreten örtlichen Verhältnisse zu erheblichen Belästigungen der Nachbarschaft führt.[1262] Ob ein Bauvorhaben schädliche Umwelteinwirkungen hervorrufen kann, ist ausschließlich nach dem Gegenstand des konkreten Genehmigungsverfahrens zu beurteilen. Ob eine zu erwartende Folgebebauung zusätzliche Probleme aufwerfen wird, bleibt dagegen außer Betracht.[1263]

Konkretisierende Vorgaben in der Form von Immissionsgrenzwerten bzw. immissionsrichtwerten enthalten die aufgrundlage des § 48 BImSchG erlassenen Regelwerke, die **TA Luft** und die **TA Lärm**, die als normkonkretisierende Verwaltungsvorschriften von den Gerichten nur eingeschränkt in Frage gestellt werden können.[1264] Der TA Lärm kommt eine im gerichtlichen Verfahren zu beachtende Bindungswirkung zu, soweit sie für Geräusche den unbestimmten Rechtsbegriff der schädlichen Umwelteinwirkungen im Sinne des § 35 III 1 Nr. 3 BauGB, § 3 I BImSchG konkretisiert. Die normative Konkretisierung des gesetzlichen Maßstabs. für die Schädlichkeit von Geräuschen ist insoweit abschließend, als sie bestimmte Gebietsarten und Tageszeiten entsprechend ihrer Schutzbedürftigkeit bestimmten Immissionsrichtwerten zuordnet und das Verfahren der Ermittlung und Beurteilung der Geräuschimmissionen vorschreibt. Für eine einzelfallbezogene Beurteilung der Schädlichkeitsgrenze aufgrund tatrichterlicher Würdigung lässt das normkonkretisierende Regelungskonzept nur insoweit Raum, als die TA Lärm insbesondere durch Kann-Vorschriften und Bewertungsspannen Spielräume eröffnet.[1265] Die Zumutbarkeit von Geruchsbeeinträchtigungen kann nach der **Geruchsimmissionsrichtlinie** (GIRL) bewertet werden.[1266] 4133

Bei der Bestimmung der Zumutbarkeit von Belästigungen sind etwaige **Vorbelastungen schutzmindernd** zu berücksichtigen, die eine schutzbedürftige Nutzung an einem Standort vorfindet, der durch eine schon vorhandene emittierende Nutzung vorgeprägt ist.[1267] Im Umfang der Vorbelastung sind Immissionen zumutbar, auch wenn sie sonst in einem vergleichbaren Gebiet nicht hinnehmbar wären.[1268] Soll in einem erheblich vorbelasteten Gebiet ein weiteres emittierendes Vorhaben zugelassen werden, ist das jedenfalls dann möglich, wenn hierdurch die vorhandene Immissionssituation verbessert oder aber zumindest nicht verschlechtert wird.[1269] sofern die Vorbelastung die Grenze zur Gesundheitsgefahr noch nicht überschritten hat (Art. 2 II 1 GG) und das – immissionsschutzrechtlich nicht genehmigungsbedürftige – Vorhaben den Anforderungen des § 22 I BImSchG genügt.[1270] Sind diese Voraussetzungen erfüllt, steht § 35 III 1 Nr. 3 BauGB dem Vorhaben nicht entgegen.[1271] Auch die Planfeststellungsbehörde ist wegen der Situationsgebundenheit der betroffenen Grundstücke nicht gehindert, an eine tatsächlich bestehende **Vorbelastung** anzuknüpfen. Denn das Bau- und Nutzungsverhalten der betroffenen Grundeigentümer hat sich ebenso wie die Verkehrsanschauung und der Verkehrswert auf das Vorhandensein der Bestandstrasse eingestellt.[1272] 4134

5. Unwirtschaftliche Aufwendungen für öffentliche Einrichtungen

Öffentliche Belange werden nach § 35 III 1 Nr. 4 BauGB auch dann beeinträchtigt, wenn das Vorhaben unwirtschaftliche Aufwendungen für Straßen oder andere Verkehrseinrichtungen, für Anlagen der Versorgung oder Entsorgung, für die Sicherheit oder Gesundheit oder für sonstige Aufgaben erfordert. Die Regelung will sicherstellen, dass durch nicht privilegierte 4135

1262 BVerwG ZfBR 1999, 351.

1263 VGH Mannheim VBlBW 2004, 144.

1264 OVG Berlin-Brandenburg Beschl. v. 1.2.2024 – 3a S9 /23, juris Rn. 20; OVG Magdeburg Urt. v. 19.12.2023 – 2 L 74/19, juris Rn. 116 zur TA Luft; BVerwG Urt. v. 12.11.2020 – 4 A 13/18, juris Rn. 46; OVG Berlin-Brandenburg Urt. v. 11.5.2023 – OVG 3a A 31/23, juris Rn. 23.

1265 BVerwG Beschl. v. 25.2.2014 – 4 B 2.14, BeckRS 2014, 48862; BVerwG NVwZ 2008, 76; BVerwG NVwZ 2013, 372, Rappen BauR 2013, 874, David DVBl. 2013, 373, Kerkhoff, IBR 2013, 239, Kümmel, NZBau 2013, 220, Reidt, UPR 2013, 166. BVerwG BauR 2013, 739 Rn. 5.

1266 Jeronim in Kröninger/Jeronim, BauGB/BauNVO, 2024, § 35 BauGB Rn. 34.

1267 BVerwGE 59, 253; BVerwGE 71, 150; BVerwGE 77, 285; BVerwGE 88, 210; NVwZ 2011, 676; BVerwGE 145, 145 Rn. 16; Jeronim in Kröninger/Jeronim, BauGB/BauNVO, 2024, § 35 BauGB Rn. 34.

1268 BVerwG NVwZ 1991, 64; BVerwGE 87, 332; BVerwGE 88, 210.

1269 BVerwG NVwZ 1999, 523.

1270 BVerwG ZfBR 1983, 139; NVwZ 1991, 64.

1271 BVerwG NVwZ 2018, 509; Nies AgrarR 2018, 27; Paar/Schultz AgrB 2018, 153; Arnold/Klinck BauR 2017, 1938; Muckel JA 2018, 79; Füßer/Jacob SächsVBl 2018, 185; Füßer SächsVBl 2019, 241.

1272 BVerwG Beschl. v. 14.2.2017 – 4 VR 20.16, juris.

Außenbereichsvorhaben kein unwirtschaftlicher Aufwand an öffentlichen Einrichtungen entsteht. Dies gilt nicht nur für erforderliche Erschließungseinrichtungen, deren Fehlen zur planungsrechtlichen Unzulässigkeit auch eines nicht privilegierten Vorhabens führt (§ 35 II BauGB). Auch andere öffentliche Einrichtungen der Infrastruktur, wie etwa erforderliche Straßen und andere Verkehrseinrichtungen oder Anlagen der Ver- und Entsorgung sowie Einrichtungen der Sicherheit und Gesundheit müssen im Zeitpunkt der Verwirklichung des Vorhabens bereits vorhanden sein, wenn ein nicht privilegiertes Außenbereichsvorhaben planungsrechtlich zulässig sein soll. So kann die Gemeinde etwa nicht verpflichtet werden, für ein nicht privilegiertes Außenbereichsvorhaben Straßen oder andere Verkehrseinrichtungen zu bauen. Die Regelung geht allerdings noch weiter: Auch unwirtschaftliche Aufwendungen, die der Bauherr selbst übernehmen will, führen zur planungsrechtlichen Unzulässigkeit eines nicht privilegierten Außenbereichsvorhabens. Denn nach dem Gesetzeswortlaut kommt es lediglich auf die objektive Unwirtschaftlichkeit der Aufwendungen an – unabhängig davon, ob die Investitionen von öffentlicher oder privater Hand getragen werden. Drittschützend ist § 35 III 1 Nr. 4 BauGB nicht.[1273]

6. Belange des Naturschutzes, der Landschaftspflege und des Denkmalschutzes

4136 Nach § 35 III 1 Nr. 5 BauGB liegt eine Beeinträchtigung öffentlicher Belange auch vor, wenn das Vorhaben Belange des Naturschutzes und der Landschaftspflege, des Bodenschutzes, des Denkmalschutzes oder die natürliche Eigenart der Landschaft und ihren Erholungswert beeinträchtigt oder das Orts- und Landschaftsbild verunstaltet. Auch Belange des Natur- und Landschaftsschutzes oder des Denkmalschutzes [1274] können daher durch ein nicht privilegiertes Außenbereichsvorhaben beeinträchtigt werden, selbst wenn und soweit sie nicht bereits durch verbindliche Bestimmungen geregelt sind.[1275] Ob der Belang des Denkmalschutzes einem an sich privilegierten Vorhaben entgegensteht, beurteilt sich nicht nur nach Landesrecht, sondern auch Mindesterfordernissen des Bundesrechts. Dies ist in einer nachvollziehenden, keiner planerisch gestalterischen Abwägung zu prüfen.[1276] § 35 III 1 Nr. 5 BauGB gewährleistet allerdings nur ein Mindestmaß an Schutz an bundesrechtlich eigenständigem, von landesrechtlicher Regelung unabhängigem Denkmalschutz. Die Vorschrift greift unmittelbar selbst ein, wo grobe Verstöße in Frage stehen, etwa das privilegierte Außenbereichsvorhaben den landschaftsprägenden Eindruck eines benachbarten Baudenkmals stört, weil die besondere künstlerische, geschichtliche oder städtebauliche Bedeutung des Denkmals durch das Vorhaben geschmälert wird. Bei der nach § 35 III 1 Nr. 5 BauGB erforderlichen nachvollziehenden Abwägung, bei der die Schutzwürdigkeit des jeweils betroffenen Belangs sowie die Intensität und die Auswirkungen des Eingriffs dem Interesse an der Realisierung des privilegierten Vorhabens gegenüberzustellen sind, ist das Gewicht, das der Gesetzgeber der Privilegierung des Vorhabens im Außenbereich beimisst, besonders in Rechnung zu stellen.[1277] Wird durch ungenehmigte bauliche Maßnahmen die Denkmaleigenschaft eines im Außenbereich belegenen Bauwerks zerstört, kann die Genehmigungsfähigkeit der durchgeführten Maßnahmen nicht mehr am öffentlichen Belang des Denkmalschutzes (§ 35 III 1 Nr. 5 Alt. 4 BauGB) scheitern.[1278]

4137 In § 35 BauGB wird die Zulässigkeit von Außenbereichsvorhaben nicht in jeder Hinsicht abschließend geregelt. Es bleibt Raum für die Zulässigkeit einschränkende oder ausschließende landesrechtliche Regelungen im nicht-bodenrechtlichen Bereich. Das gilt insbesondere für das Natur- und Landschaftsschutzrecht, für das dem Bundesgesetzgeber zwar eine konkurrierende Gesetzgebungskompetenz zusteht (Art. 74 I Nr. 29 GG). Die Länder können aber durch Gesetz von den Bundesgesetzen abweichen (Art. 72 III 1 Nr. 2 GG). Die Länderabweichungsmöglichkeit besteht allerdings nicht bei den Grundzügen des Naturschutzes und im Artenschutz. Bauplanungsrecht einerseits und Natur- und Landschaftsschutzrecht andererseits sind auf Harmoni-

[1273] VGH München Beschl. v. 21.8.2017 – 1 ZB 14.1989, BeckRS 2017, 124685; Spieß in Jäde/Dirnberger, BauGB/BauNVO, 2022, § 35 BauGB Rn. 201.

[1274] Schmaltz BauR 2009, 761.

[1275] Spieß in Jäde/Dirnberger, BauGB/BauNVO, 2022, § 35 BauGB Rn. 203.

[1276] BVerwG ZfBR 2014, 773.

[1277] OVG Magdeburg ZfBR 2012, 796; BVerwG BauR 2009, 1564; BVerwG BauR 2002, 751; NVwZ 2009, 1231.

[1278] BVerwG NVwZ 2014, 454, Muckel JA 2014, 556, Kraus KommunalPraxis BY 2014, 195, Jäde NVwZ 2014, 455.

sierung angelegt. Ist ein Vorhaben nach landesrechtlichem Natur- bzw. Landschaftsschutzrecht nicht genehmigungsfähig, vermag sich auch die bebauungsrechtliche Erleichterung des Vorhabens im Außenbereich nicht durchzusetzen.[1279] Liegt eine Außenbereichsfläche in einem durch Rechtsverordnung festgesetzten Landschaftsschutzgebiet, so kann eine Vorbildwirkung für weitere Bauvorhaben nicht allein mit Hinweis auf das ausgewiesene Landschaftsschutzgebiet und das in ihm grundsätzlich bestehende Bauverbot ausgeschlossen werden.[1280]

Der Eigentümer eines geschützten Kulturdenkmals ist berechtigt, die denkmalrechtliche Genehmigung eines benachbarten Vorhabens anzufechten, wenn das Vorhaben die Denkmalwürdigkeit seines Anwesens möglicherweise erheblich beeinträchtigt. Ist ein Vorhaben in der Umgebung eines geschützten Kulturdenkmals denkmalrechtlich genehmigt, können wegen der Tatbestandswirkung der Genehmigung Belange des Denkmalschutzes im Sinne des § 35 III 1 Nr. 5 BauGB nicht beeinträchtigt sein. Das Wohl der Allgemeinheit ist nicht nur Grund, sondern auch Grenze für die dem Einzelnen aufzuerlegenden Eigentumsbelastungen. Einschränkungen der Eigentümerbefugnisse dürfen nicht weitergehen, als der Schutzzweck reicht, dem die Regelung dient. Aufgabe der Gerichte bei der Anwendung und Auslegung eigentumsbeschränkender Vorschriften ist es, die dem Gesetzgeber bei der inhaltlichen Ausgestaltung der Eigentümerbefugnisse gezogenen Grenzen zu beachten und gegebenenfalls durch verfassungskonforme Auslegung zu aktualisieren; die Eigentumsgarantie enthält auch einen Anspruch auf effektiven Rechtsschutz. Der zur Erhaltung verpflichtete Eigentümer hat ein schutzwürdiges Interesse daran, dass die Belastungen, die ihm infolge der Erhaltungspflicht zum Schutz des Denkmals auferlegt werden, den mit der Unterschutzstellung angestrebten Zweck auch tatsächlich und auf Dauer erreichen können. § 35 III 1 Nr. 5 BauGB gewährleistet ein Mindestmaß an bundesrechtlich eigenständigem, von landesrechtlicher Regelung unabhängigem Denkmalschutz; die Vorschrift hat im Verhältnis zu den denkmalrechtlichen Vorschriften, die nach § 29 II BauGB unberührt bleiben, eine Auffangfunktion.[1281] 4138

Hinweis: Eine Translozierung führt nicht automatisch zur Zerstörung eines Denkmals und damit zum Verlust seiner Denkmaleigenschaft.[1282]

7. Belange der Agrarstruktur, der Wasserwirtschaft und des Hochwasserschutzes

Nach § 35 III 1 Nr. 6 BauGB zählt auch die Beeinträchtigung von Maßnahmen zur Verbesserung der Agrarstruktur oder eine Gefährdung der Wasserwirtschaft oder des Hochwasserschutzes zu den öffentlichen Belangen, deren Beeinträchtigung zur Unzulässigkeit des Vorhabens führt. Nicht privilegierte Außenbereichsvorhaben sind planungsrechtlich unzulässig, wenn etwa Maßnahmen der Flurbereinigung beeinträchtigt würden oder Belange der Wasserwirtschaft oder der vorbeugende Hochwasserschutz gefährdet sind. Dies kann auch zur Unzulässigkeit von nicht privilegierten Vorhaben in Wasserschutzgebieten oder Überschwemmungsgebieten führen.[1283] Neben den Überschwemmungsgebieten werden auch Risikogebiete nach § 73 WHG erfasst. Sind die wasserwirtschaftlichen Belange entsprechend gewichtig, kann auch ein privilegiertes Vorhaben daran scheitern. § 78 I Nr. 2, III WHG sieht hier ein entsprechendes Genehmigungserfordernis und materielle Maßstäbe vor, durch deren Einhaltung ausgeschlossen werden muss, dass Belange des Hochwasserschutzes beeinträchtigt werden. Die Genehmigung darf nur erteilt werden, wenn im Einzelfall das Vorhaben (1) die Hochwasserrückhaltung nicht oder nur unwesentlich beeinträchtigt und der Verlust von verloren gehendem Rückhalteraum zeitgleich ausgeglichen wird, (2) den Wasserstand und den Abfluss bei Hochwasser nicht beeinträchtigt und (3) hochwasserangepasst ausgeführt wird oder wenn die nachteiligen Auswirkungen durch Nebenbestimmungen ausgeglichen werden können.[1284] 4139

[1279] BVerwG NVwZ 1985, 42 zu einem Auskiesungsverbot im Landschaftsschutzgebiet; NVwZ 1986, 203.

[1280] BVerwG ZfBR 2000, 278.

[1281] BVerwG NVwZ 2009, 1231; OVG Saarlouis LKRZ 2010, 21.

[1282] OVG Hamburg ZfBR 2013, 281.

[1283] Mitschang/Reidt in BKL, BauGB, 2022, § 35 Rn. 91; Kment in Jarass/Kment, BauGB, 2022, § 35 Rn. 62.

[1284] Stüer ZfBR 2007, 17. BVerwG DVBl. 2014, 1392. Stüer/Garbrock NVwZ 2014, 1377; Ruttloff NVwZ 2014, 1381, Kerkmann UPR 2014, 328, Sparwasser VBlBW 2014, 430; zum Hochwasserschutz in Baugenehmigungen Schmidt/Gärtner NVwZ 2018, 534.

Beispiel: In einem Überschwemmungsgebiet soll ein Windpark errichtet werden. Die Windenergie ist zwar nach § 35 I Nr. 5 BauGB grundsätzlich privilegiert. Werden jedoch Belange des Hochwasserschutzes erheblich beeinträchtigt, kann dies auch einem privilegierten Vorhaben entgegenstehen. Ein Windpark könnte etwa scheitern, wenn die Anlagen durch Hochwasser gefährdet werden oder nachteilige Auswirkungen auf den störungsfreien Abfluss des Hochwassers haben.

4140 Dabei kann das jeweilige Fachrecht bestimmen, in welchem Umfang fachrechtliche Belange durch die Verwirklichung eines nicht privilegierten Vorhabens beeinträchtigt werden. Aber auch wenn das Fachrecht keine Verbotstatbestände enthält, können sich aus den fachrechtlichen Belangen beeinträchtigte öffentliche Belange nach § 35 III 1 Nr. 6 BauGB ergeben. § 35 III 1 N3. 6 BauGB sichert einen Mindeststandard des Gewässerschutzes auch unabhängig von spezifischen Schutzvorschriften des Wasserrechts.[1285]

8. Splittersiedlung

4141 Öffentliche Belange werden nach § 35 III 1 Nr. 7 BauGB auch beeinträchtigt, wenn das Entstehen oder die Verfestigung einer Splittersiedlung zu befürchten ist.[1286] Splittersiedlungen sind nicht schon um ihrer selbst willen städtebaulich unerwünscht. Das ergibt sich schon daraus, dass der Gesetzgeber nicht schlechthin das Entstehen einer Splittersiedlung als Beeinträchtigung öffentlicher Belange wertet, sondern darauf abstellt, ob dieses Entstehen zu befürchten ist.[1287] Danach ist eine Verfestigung einer Splittersiedlung zu missbilligen, wenn in ihr ein Vorgang der Zersiedlung gesehen werden muss. Das ist, zumindest wenn es sich um Wohnbauten handelt, bei der Entstehung, der Erweiterung und auch der Verfestigung regelmäßig der Fall. Für das Vorliegen einer Zersiedlung streitet eine Vermutung. Als Grund für eine Missbilligung kommt in Betracht, dass das hinzutretende Vorhaben mit Ansprüchen verbunden ist, deren Befriedigung in der unmittelbaren Umgebung möglich sein sollte, die sich aber in der vorhandenen Splittersiedlung nicht befriedigen lassen. Die Unvereinbarkeit mit einer geordneten Siedlungsstruktur kann sich auch daraus ergeben, dass das Vorhaben eine noch nicht genau übersehbare **Vorbildwirkung** besitzt. Wesentlich kann außerdem das Verhältnis sein, das zwischen dem Umfang der bereits vorhandenen Splittersiedlung und dem hinzutretenden Vorhaben besteht. Fehlt es dem hinzutretenden Vorhaben an einer deutlichen Unterordnung, besteht also die Verfestigung etwa darin, dass mit ihm lediglich die zwischen zwei vorhandenen Bauten bestehende „Lücke" ausgefüllt werden soll, so wird dies in aller Regel siedlungsstrukturell bedenklich sein.[1288]

4142 Splittersiedlungen sind dann nicht unerwünscht, wenn es sich bei ihnen um die herkömmliche Siedlungsform in der Gegend handelt. Hierfür muss zum gehäuften, das Landschaftsbild zumindest mitdominierenden Vorkommen eine längere Tradition der in Rede stehenden Siedlungsform hinzutreten, die sie zum konstituierenden Element der örtlichen Kulturlandschaft macht und in der sich eine allgemeine örtliche Überzeugung, sie sei eine ortsangemessene städtebauliche Struktur, widerspiegelt.[1289]

4143 Der Begriff der Splittersiedlung beschränkt sich dabei nicht auf die zu Wohnzwecken bestimmten Gebäude. Auch darüber hinaus können alle baulichen Anlagen den Begriff der Splittersiedlung erfüllen, die zum auch nur gelegentlichen Aufenthalt von Menschen bestimmt sind.[1290] Hierzu können auch Lagerschuppen gehören, in denen sich notwendigerweise Menschen gelegentlich aufhalten können. Auch die Umnutzung etwa einer Soldatenunterkunft in ein Asylbewerberheim kann die Entstehung einer Splittersiedlung befürchten lassen, wenn sich aus der Nutzungsänderung eine entsprechende Vorbildfunktion für andere städtebaulich relevante Vorhaben ableitet.[1291] **Lauben**, die größer sind als für die kleingärtnerische Nutzung erforderlich, sind nach § 35 II und III BauGB unzulässig, weil sie die Entstehung einer Splitter-

[1285] Spieß in Jäde/Dirnberger, BauGB, 2022, § 35 Rn. 219.

[1286] Zum Begriff der Splittersiedlung BVerwG Beschl. v. 26.3.2024 – 4 B 1/24, juris; BVerwGE 54, 73; siehe auch OVG Münster Urt. v. 2.2.2024 – 10 A 307/22, juris; Beschl. v. 9.9.2020 – 10 A 4428/19, juris Rn. 10.

[1287] OVG Münster Urt. v. 6.1.2023 – 2 A 2666/21, juris Rn. 79 ff.

[1288] OVG Münster Urt. v. 6.1.2023 – 2 A 2666/21, juris Rn. 79.

[1289] OVG Lüneburg BauR 2024, 608 = juris Rn. 12.

[1290] BVerwG DVBl. 1977, 198.

[1291] OVG Greifswald BauR 1997, 617.

siedlung befürchten lassen. Die Beschränkung der zulässigen Höhe von Lauben auf Maße, die es ausschließen, dass Aufenthaltsräume eingerichtet werden können, die den landesbaurechtlichen Anforderungen an die lichte Höhe entsprechen, stehen im Einklang mit § 3 II BKleingG.[1292] Mit dem Begriff der Splittersiedlung wird der Gegensatz benannt zu dem Begriff des Ortsteils, der eine organische Siedlungsstruktur kennzeichnet.[1293] § 35 III BauGB gestattet auch nicht, eine Streubauweise, die sich als herkömmliche Siedlungsform privilegierter Baulichkeiten darstellt, zugunsten sonstiger Vorhaben fortzusetzen.[1294] Auch ist zur Beeinträchtigung öffentlicher Belange nicht der Nachweis erforderlich, dass die vermutete Befürchtung der Entstehung einer Splittersiedlung auch im Einzelfall tatsächlich besteht.[1295] Denn aus dem Vordringen einer Bebauung in den bisher von Bebauung freien Außenbereich hat die Rechtsprechung schon zu den Vorgängerfassungen des § 35 BauGB die Vermutung abgeleitet, dass damit der Vorgang einer mit der Funktion des Außenbereichs unvereinbaren Zersiedlung eingeleitet oder gar schon vollzogen wird.[1296] Die Verfestigung einer Splittersiedlung kann sich auch aus einem möglichen Berufungsfall für weitere bauliche Anlagen ergeben. Der öffentliche Belang der Entstehung oder Verfestigung einer Splittersiedlung wird nicht dadurch entkräftet, dass der Entwurf eines Flächennutzungsplans den Teil des Grundstücks als Baufläche darstellt, den der Bauherr bebauen will, denn Darstellungen eines Flächennutzungsplans haben unmittelbar keine solche positive Wirkung, sondern allenfalls Indizwirkung für tatsächliche, die Kraft öffentlicher Belange abschwächende Umstände.[1297]

Für den Tatbestand des Befürchtens der Verfestigung einer Splittersiedlung reicht es aus, dass 4144
die Gründe, die weiteren Vorhaben entgegengehalten werden könnten, an Überzeugungskraft einbüßen würden, wenn das jetzt beantragte Vorhaben nicht aus eben den Gründen versagt würde, mit der Genehmigung also ein sog. Berufungsfall geschaffen würde; mit der Versagung der Genehmigung soll bereits „den Anfängen gewehrt" werden.[1298] Dabei kommt es für die Beurteilung der Frage, ob die Genehmigung eines Vorhabens im Außenbereich im Hinblick auf eine Vorbildwirkung für weitere Bauvorhaben zur Verfestigung einer Splittersiedlung führt, nicht auf eine abschließende bebauungsrechtliche Prüfung zu „befürchtender" Folgevorhaben, insbesondere nicht auf die Prüfung einer etwaigen Beeinträchtigung anderer öffentlicher Belange durch ein Folgevorhaben, an. Das gilt in gleicher Weise für den Tatbestand des Befürchtens der Erweiterung einer Splittersiedlung. Der öffentliche Belang der Entstehung oder Verfestigung einer Splittersiedlung wird nicht dadurch entkräftet, dass der Entwurf eines Flächennutzungsplans den Teil des Grundstücks als Baufläche darstellt, den der Bauherr bebauen will, denn Darstellungen eines Flächennutzungsplans haben unmittelbar keine solche positive Wirkung, sondern allenfalls Indizwirkung für tatsächliche, die Kraft öffentlicher Belange abschwächende Umstände. Der einem Vorhaben entgegenstehende öffentliche Belang der Verfestigung und Erweiterung einer Splittersiedlung entfällt folglich nicht dadurch, dass Teile der Umgebungsbebauung zukünftig als Wohnbauflächen dargestellt werden sollen; er verliert – wenn überhaupt – allenfalls an Gewicht. Das gilt umso mehr, als die intendierte Änderung des Flächennutzungsplans noch gar nicht wirksam oder – als frühest denkbarer Zeitpunkt – zumindest „planreif" ist.[1299]

Unter der Verfestigung einer Splittersiedlung ist der Vorgang des Auffüllens des schon bisher 4145
in Anspruch genommenen räumlichen Bereichs zu verstehen, wobei nicht nur die Errichtung, sondern auch die – vom Vorhabenbegriff des § 29 I BauGB umfasste – Änderung der Nutzung einer baulichen Anlage die unerwünschte Verfestigung einer Splittersiedlung auslösen kann.[1300] Vor diesem Hintergrund ist kein tragfähiger Grund dafür ersichtlich, die – vom Vorhabenbegriff des § 29 I BauGB ebenfalls umfasste – Änderung (hier in der Form der baulichen Erwei-

---

1292 BVerwG NJW 1984, 1576.

1293 BVerwG BRS 50 (1990), Nr. 2; OVG Schleswig, Urt. v. 22.4.1993 – 1 L 252/91, juris; BVerwG BRS 22 Nr. 72. Zu Veränderungen in der Bewertung historisch gewachsener Strukturen BVerwG NVwZ 1986, 1014.

1294 BVerwG RdL 1974, 61.

1295 BVerwG NVwZ 1997, 899.

1296 BVerwGE 27, 137; NVwZ 1997, 899.

1297 BVerwG ZfBR 2014, 494; BauR 2000, 1173; NJW 1976, 1855; NVwZ 1985, 747; NVwZ 2003, 1261.

1298 BVerwG NVwZ 2012, 1631; ZfBR 2000, 278.

1299 BVerwG ZfBR 2014, 494; NVwZ 2003, 1261.

1300 BVerwG NVwZ 2012, 1631.

terung) vom Begriff der Verfestigung auszunehmen. Allerdings muss nicht jede hierdurch bewirkte Verfestigung einer Splittersiedlung notwendigerweise „unerwünscht“ sein. Neben dem Tatbestandsmerkmal der Verfestigung ist deshalb weiter zu untersuchen, ob die Verfestigung im Sinne eines Vorgangs der Zersiedelung unerwünscht ist. Hiervon ist unter anderem dann auszugehen, wenn das Vorhaben eine weit reichende oder doch nicht genau übersehbare Vorbildwirkung besitzt. Hierfür reicht es aus, dass bei einer Zulassung des Vorhabens weitere ähnliche Vorhaben in der Splittersiedlung nicht verhindert werden könnten und dadurch der Außenbereich weiter zersiedelt werden würde.[1301]

4146 Die Befürchtung, durch ein Vorhaben im Außenbereich könne eine Splittersiedlung entstehen, sich verfestigen oder erweitern, gilt nach § 35 III 1 Nr. 7 BauGB als Beeinträchtigung öffentlicher Belange und zwar auch, wenn durch das Vorhaben ein im Zusammenhang bebauter Ortsteil entstehen würde.[1302] Wird eine Splittersiedlung um die Hälfte ihres Bestandes vergrößert, ist regelmäßig iS des § 35 III 1 Nr. 7 BauGB die Verfestigung einer Splittersiedlung zu befürchten. Die erleichterte Zulässigkeit der Änderung der Nutzung eines landwirtschaftlichen Gebäudes gemäß § 35 IV 1 Nr. 1 BauGB setzt nach Buchstabe e der Vorschrift einen räumlich-funktionalen Zusammenhang mit der Hofstelle des landwirtschaftlichen Betriebes voraus, von dem das Gebäude seine bisherige Privilegierung nach § 35 I Nr. 1 BauGB ableitet.[1303]

4147 „Zu befürchten“ ist die Entstehung, Erweiterung oder Verfestigung einer Splittersiedlung (§ 35 III 1 Nr. 7 BauGB), wenn das Vorhaben zu einer „unerwünschten Splittersiedlung“ führt, weil mit ihr ein Vorgang der Zersiedelung eingeleitet oder gar schon vollzogen wird. Für den Begriff der Splittersiedlung ist allein auf die Siedlungsstruktur im jeweiligen Gemeindegebiet abzustellen. Ordnet sich das Vorhaben der vorhandenen Splittersiedlung nicht unter, kommt es auf die räumliche Begrenztheit des Außenbereichs für die Bewertung der Splittersiedlung nicht an.[1304] Mit der ausnahmsweise zulässigen Auffüllung einer Lücke innerhalb einer vorhandenen Splittersiedlung ist die Errichtung eines Ersatzbaus nicht vergleichbar. Wird in einer Splittersiedlung ein Gebäude beseitigt, kann der Grundsatz, dass der Außenbereich von allen Baulichkeiten freigehalten werden soll, die einer geordneten Siedlungsstruktur zuwiderlaufen, wieder Geltung beanspruchen. Bleibt der Bestand einer Splittersiedlung hingegen erhalten, ordnet sich das hinzutretende Vorhaben dem vorhandenen Bestand deutlich unter und ist es auch nicht aus anderen Gründen mit einer geordneten Siedlungsstruktur unvereinbar, kann die Auffüllung einer Lücke ausnahmsweise zulässig sein.[1305]

4148 Der Begriff der **Splittersiedlung** im Sinne von § 35 III 1 Nr. 7 BauGB erfasst nicht nur Anlagen, die zum Dauerwohnen geeignet und bestimmt sind.[1306] Die Entstehung einer Splittersiedlung kann auch durch die Ausuferung eines im Zusammenhang bebauten Ortsteils anzunehmen sein. Auch durch diese Vorgänge kann eine städtebaulich unerwünschte Zersiedlung des Außenbereichs eintreten. Voraussetzung für die Annahme einer Beeinträchtigung öffentlicher Belange ist aber, dass die Gefahr einer Zersiedlung konkret zu befürchten ist.[1307] Ob die Gefahr einer Splittersiedlung droht, ist nicht davon abhängig, ob die zu beurteilenden Flächen, von denen die Gefahr der Verfestigung oder Erweiterung ausgeht, im Eigentum des Bauherrn stehen.[1308] Bei einem im Außenbereich gelegenen **Schwarzbau**, dem der Belang der Verfestigung einer Splittersiedlung nach § 35 III 1 Nr. 7 BauGB entgegensteht und der keinen Bestandsschutz genießt, kann der Abbruch gefordert werden.[1309]

Beispiel: Einem nicht privilegierten Wohnhaus kann auch dann eine Beeinträchtigung des öffentlichen Belangs der unerwünschten Zersiedlung (§ 35 III 1 Nr. 7 BauGB) entgegen gehalten werden, wenn sich sein Standort im Bereich der Darstellung von Wohnbaufläche im Flächennutzungsplan befindet und dies für die von einer möglichen „Vorbildwirkung“ betroffenen Grundflächen im benachbarten Außenbereich nicht der Fall ist, deren Verwirklichung also zusätzlich den öffentlichen Belang nach § 35 III 1 Nr. 1 BauGB beeinträchtigen würde.[1310]

[1301] BVerwG ZfBR 2016, 799.
[1302] BVerwG ZfBR 2000, 425.
[1303] BVerwG NVwZ 2001, 1282.
[1304] BVerwG ZfBR 2004, 702.
[1305] BVerwG ZfBR 2005, 277.
[1306] OVG Lüneburg BauR 2005, 1967.
[1307] OVG Münster Beschl. v. 7.3.2006 – 10 A 1654/05, juris.
[1308] OVG Magdeburg BauR 2005, 1814.
[1309] OVG Berlin-Brandenburg Beschl. v. 31.1.2006 – 10 N 42.05, juris.
[1310] OVG Saarlouis NVwZ-RR 2007, 307.

Auch eine **Zersiedlung der Landschaft** ist ein öffentlicher Belang, der durch nicht privilegierte Vorhaben beeinträchtigt werden kann. So führt etwa die Errichtung eines **Wochenendhauses** im Außenbereich in aller Regel zu einem Vorgang der Zersiedlung der Landschaft und ist daher planungsrechtlich unzulässig.[1311] Auch Erweiterungen von Wochenendhäusern im Außenbereich sind nicht privilegiert und als nicht privilegierte Nutzungen planungsrechtlich unzulässig. Dabei ist der bauliche und funktionale Zusammenhang entscheidend. Ein solcher Zusammenhang bestimmt sich nach objektiven Kriterien, nämlich danach, ob der Anbau nach den bestehenden Verhältnissen geeignet ist, der Wochenendwohnnutzung zu dienen.[1312] Demgegenüber spielen die leicht veränderbare Weise der tatsächlichen Benutzung sowie die ebenfalls austauschbare Ausstattung und vorgeschlagene Änderungen bei dem zu Grunde zu legenden objektiven Maßstab keine Rolle.[1313] 4149

Die **Verfestigung einer Splittersiedlung** nach § 35 III 1 Nr. 7 BauGB kann sich auch daraus ergeben, dass mit der Genehmigung ein **Berufungsfall** geschaffen würde. Mit der Versagung der Genehmigung soll bereits „den Anfängen gewehrt" werden. 4150

Beispiel: Bei der Beurteilung, ob die Verfestigung einer Splittersiedlung zu befürchten ist, darf die Möglichkeit, dass auf dem Grundstück zwei Wohngebäude unter Beseitigung eines Schwimmbeckens und zweier Pferdeställe errichtet werden können, nicht außer Betracht bleiben. Denn Wohngebäude haben unter siedlungsstrukturellen Gesichtspunkten eine andere Bedeutung und ein anderes Gewicht als Nebenanlagen zu einem vorhandenen Wohnhaus. Ein Wohnbauvorhaben kann daher auch dann öffentliche Belange iS des § 35 III 1 Nr. 7 BauGB beeinträchtigen, wenn im Flächennutzungsplan für das vorgesehene Baugrundstück Wohnbebauung dargestellt ist. Bei der Beurteilung, ob die Genehmigung eines Vorhabens im Außenbereich im Hinblick auf eine Vorbildwirkung für weitere Bauvorhaben zur Verfestigung einer Splittersiedlung führt, kommt es daher nicht auf eine abschließende bauplanungsrechtliche Prüfung zu „befürchtender" Folgevorhaben und dadurch entstehender Beeinträchtigungen anderer öffentlicher Belange an.[1314]

Die Verfestigung einer Splittersiedlung iS des § 35 III 1 Nr. 7 BauGB ist allerdings nicht zu befürchten, wenn sich ein Wohnbauvorhaben der vorhandenen Bebauung unterordnet, sich – ohne zusätzliche Ansprüche oder Spannungen auszulösen – organisch in eine bestehende Baulücke einfügt und keine Vorbildwirkung hat.[1315] Es muss sich dabei allerdings um **einzelne Baulücken** handeln. Ein größerer unbebauter Bereich im Außenbereich kann nach diesen Grundsätzen nicht baulich geschlossen werden. Dies gilt auch für Grundstücke, die an landwirtschaftliche Flächen angrenzen, selbst aber nicht landwirtschaftlich genutzt werden. Denn regelmäßig ist das Merkmal des Entstehens oder der Erweiterung einer Splittersiedlung bei einer Erweiterung oder Verdichtung des baulichen Bestandes in derartigen Fällen gegeben.[1316] Bei einer Verfestigung einer Splittersiedlung, also einer Vergrößerung des Baubestandes innerhalb einer Splittersiedlung ohne zusätzliche Ausdehnung in die freie Landschaft hinein, ist konkret zu prüfen, worin die siedlungsstrukturell zu missbilligende Wirkung liegt.[1317] Derartige **Nachverdichtungen** im Außenbereich können dann zulässig sein, wenn es sich nur um eine Baulücke handelt und eine Vorbildwirkung für eine Vielzahl an Bezugsfällen ausgeschlossen ist.[1318] Dies gilt vor allem für kleinere Grundstücksbereiche, die – zumeist von Bebauung umschlossen – abweichend von der Regel nicht land- oder forstwirtschaftlich nutzbar sind und auch nicht als Erholungslandschaft für die Allgemeinheit in Betracht kommen.[1319] Die beabsichtigten Maßnahmen dürfen allerdings nicht Zersiedlungstendenzen begründen oder verstärken.[1320] Liegt eine zwar unerwünschte, aber bereits verfestigte Splittersiedlung vor, dann kann das Hinzutreten einer weiteren geringfügigen Ausbaumaßnahme – wie etwa einer Dachgaube bei einem vorhandenen Gebäude zu Wohnzwecken – zu einer weiteren Verfestigung nichts 4151

1311 BVerwG Beschl. v. 22.8.1988 – 4 CB 28.88, juris.
1312 BVerwG NVwZ 1990, 362.
1313 BVerwG Beschl. v. 27.2.1990 – 4 B 246.89, juris.
1314 VGH Mannheim NVwZ-RR 2000, 481.
1315 OVG Münster ZfBR 1996, 286.
1316 VGH Mannheim Urt. v. 23.3.1992 – 3 S 3103/91, juris.
1317 OVG Schleswig NuR 1995, 482; BVerwG BRS 22 Nr. 72.
1318 VGH Mannheim UPR 1991, 280.
1319 BVerwG BauR 1977, 403; Beschl. v. 18.1.1993 – 4 B 230.82, juris.
1320 BVerwG DVBl. 1968, 955; OVG Schleswig NuR 1994, 204.

mehr beitragen.[1321] Auch ein Nachbarschutz würde in diesen Fällen nicht erfolgreich sein, weil die durch die Erweiterung der Wohnnutzung im Gebäudeinnern hinzutretenden Beeinträchtigungen von der Nachbarschaft in aller Regel hinzunehmen sind. Die Beurteilung der vorhandenen Bebauung als eine zu missbilligende Splittersiedlung kann sich im Laufe der Zeit ändern. Ein Siedlungsvorgang kann durch eine Verfestigung einen Zustand erreichen, bei dem das Hinzutreten einzelner Bauten nicht mehr als Vorgang der Zersiedlung gewertet werden kann. Weitreichend ist eine Vorbildwirkung immer dann, wenn sich das Vorhaben und die weiteren Vorhaben, die nicht verhindert werden können, zusammen der vorhandenen Splittersiedlung nicht unterordnen, sondern diese erheblich verstärken und dadurch eine weitergehende Zersiedlung des Außenbereichs bewirken.[1322]

4152 Splittersiedlungen iSd § 35 III 1 Nr. 7 BauGB sind nicht unerwünscht, wenn es sich bei ihnen um die herkömmliche Siedlungsform in der Gegend handelt. Hierfür muss zum gehäuften, das Landschaftsbild zumindest mitdominierenden Vorkommen eine längere Tradition der in Rede stehenden Siedlungsform hinzutreten, die sie zum konstituierenden Element der örtlichen Kulturlandschaft macht und in der sich eine allgemeine örtliche Überzeugung, sie sei eine ortsangemessene städtebauliche Struktur, widerspiegelt.[1323]

9. Funktionsfähigkeit von Funkstellen und Radaranlagen

4153 Öffentliche Belange sind auch beeinträchtigt, wenn das Vorhaben die Funktionsfähigkeit von Funkstellen und Radaranlagen stört. Diese Belange sollen sich gegenüber nicht privilegierten Außenbereichsvorhaben durchsetzen. Aber auch gegenüber privilegierten Vorhaben kann die Funktionsfähigkeit von Funkstellen und Radaranlagen einen Vorrang für sich beanspruchen, wenn diese Belange ein entsprechendes Gewicht haben.[1324] Was unter dem Begriff der „Störung der Funktionsfähigkeit von Radaranlagen" zu verstehen ist, wird im Gesetz nicht näher erläutert. Aus den Gesetzesmaterialien ergibt sich, dass damit verdeutlich werden sollte, dass die Errichtung von Windenergieanlagen im Außenbereich nur zulässig sein soll, wenn das Vorhaben die Funktionsfähigkeit von Telekommunikations- und Radaranlagen nicht stört.[1325] Daraus leitet das OVG Koblenz ab, dass der Gesetzgeber die Möglichkeit, dass die Rotorblätter einer Windkraftanlage sich ganz oder teilweise durch den Erfassungsbereich eines Radarstrahls drehen, als einen typischen Fall einer möglichen Störwirkung iSv § 35 III 1 Nr. 8 BauGB ansieht und dabei auch die Privilegierung von Windkraftanlagen nach § 35 I BauGB in Rechnung gestellt hat. Dies spreche dafür, die Anforderungen an dieses Tatbestandsmerkmal des § 35 III 1 Nr. 8 BauGB nicht zu hoch anzusetzen.[1326]

4154 Die Vorschrift dient dem Anliegen der Flugsicherheit, die als öffentlicher Belang bereits nach geltendem Recht vor allem bei der Errichtung von Windenergieanlagen zu berücksichtigen ist. So kann durch Windenergieanlagen zum Beispiel die Funkverbindung gestört werden. Dies kann zu einem (vorübergehenden) Ausfall von Funkstrecken führen und die Flugsicherheit beeinträchtigen. Von den Wehrbereichsverwaltungen werden mittelfristig diesbezügliche Unterlagen zur Verfügung gestellt. Im Baugenehmigungsverfahren sind daher gegebenenfalls die für die Flugsicherheit zuständigen Stellen, insbesondere die Wehrbereichsverwaltungen, zu beteiligen. § 35 III 1 Nr. 8 BauGB entfaltet Drittschutz zugunsten der Betreiber von Radaranlagen.[1327] Eine rechtserhebliche Störung der Funktionsfähigkeit einer Radaranlage im Sinne von § 35 III 1 Nr. 8 BauGB setzt voraus, dass ihre technische Funktion in einem Maß beeinträchtigt wird, das sich auf die Aufgabenerfüllung des Betreibers auswirkt. Ob eine Windenergieanlage die Funktionsfähigkeit einer Wetterradaranlage des Deutschen Wetterdienstes (DWD) iSd § 35 III 1 Nr. 8 BauGB stört und ob diese Störung so gewichtig ist, dass sie der nach § 35 I

1321 BVerwG Beschl. v. 7.7.1994 – 4 B 131.94, juris; BRS 25 (1973), 164.

1322 OVG Münster NVwZ-RR 2008, 682; BVerwG BauR 2007, 1383; OVG Münster Urt. v. 28.2.2007 – 10 A 2273/05, juris.

1323 OVG Lüneburg Beschl. v. 23.1.2024 – 1 LA 57/23, juris Rn. 12.

1324 BVerwG BauR 2021, 1257; zur Störung der Funktionsfähigkeit" einer radargestützten elektronischen Luftkampfübungsanlage durch eine Windenergieanlage siehe OVG Koblenz BauR 2020, 1615.

1325 OVG Koblenz BauR 2020, 1615 = juris Rn. 90 unter Verweis auf die Begründung des Gesetzentwurfs der Bundesregierung, BT-Drucks. 15/2250, S. 55.

1326 OVG Koblenz BauR 2020, 1615 = juris Rn. 90.

1327 BVerwG NVwZ 2017, 160 = juris Rn. 12.

Nr. 5 BauGB im Außenbereich privilegiert zulässigen Windenergieanlage entgegensteht, unterliegt der uneingeschränkten gerichtlichen Überprüfung.[1328]

10. Planungsbedürfnis

Die in § 35 III BauGB aufgezählten Belange sind nicht abschließend. Vielmehr können einem Außenbereichsvorhaben auch weitere, unbenannte öffentliche Belange entgegengehalten werden. Als ein solcher Belang ist auch das sog. Planungserfordernis anerkannt.[1329] Dieser öffentliche Belang hat allerdings eine andere Qualität als die in § 35 III BauGB genannten Belange. Er bringt nach den Erläuterungen des OVG Münster zum Ausdruck, dass die in § 35 BauGB selbst enthaltenen Vorgaben nicht ausreichen, im Sinne des Konditionalprogrammes des § 35 BauGB eine Entscheidung über die Zulässigkeit eines beabsichtigten Vorhabens treffen zu können. Das im Außenbereich zu verwirklichende Vorhaben könne eine Konfliktlage mit so hoher Intensität für die berührten öffentlichen und privaten Belange auslösen, dass dies die in § 35 BauGB vorausgesetzte Entscheidungsfähigkeit des Zulassungsverfahrens übersteigen würde. Ein derartiges Koordinierungsbedürfnis werde vielfach dann zu bejahen sein, wenn die durch das Vorhaben berührten öffentlichen und privaten Belange einen in erster Linie planerischen Ausgleich erforderten, der seinerseits Gegenstand einer abwägenden Entscheidung zu sein habe. Eine in diesem Sinne abwägende Entscheidung sei nach der Gesetzeslage weder der Genehmigungsbehörde noch der Gemeinde im Rahmen des § 36 I BauGB zugestanden, sie ist nach Maßgabe der §§ 1 ff. BauGB allein in einem Bauleitplanverfahren zu treffen.[1330] 4155

Ob die Errichtung, Änderung oder Nutzungsänderung einer baulichen Anlage im Sinne des § 29 I BauGB ohne eine verbindliche Bauleitplanung öffentliche Belange beeinträchtigt, hängt nach der Rechtsprechung im Wesentlichen vom Umfang dieses Vorhabens ab. Dabei kommt es darauf an, in welcher Weise sich das Vorhaben in seiner Substanz und in seinen Auswirkungen in die vorhandene Umgebung einfügt. Das Erfordernis der Planbedürftigkeit muss im Einzelfall nach Lage der Dinge konkretisiert werden. Mehrere Gesichtspunkte können dafür ausschlaggebend sein. Ob ein Vorhaben planerischer Steuerung bedarf, wird zunächst davon abhängen, welche Probleme die Einordnung des Vorhabens in seine Umgebung aufwirft. Dafür geben die in § 35 III 1 BauGB benannten öffentlichen Belange bereits wichtige Anhaltspunkte. Auch der in § 35 III 2 BauGB betonte Gesichtspunkt der Raumbedeutsamkeit verweist mittelbar auf ein erforderliches planerisches Koordinierungsbedürfnis. Lässt sich die Koordination der Belange sachgerecht letztlich nur im Wege einer Abwägung sicherstellen, so ist dies auch ein hinreichendes Anzeichen für bodenrechtlich relevante Auswirkungen, die geeignet sind, ein Planungserfordernis zu begründen.[1331] 4156

Ein solches **Koordinierungsbedürfnis** – und daraus folgend ein Planungserfordernis – besteht insbesondere bei Vorhaben mit komplexen und schwer zu beherrschenden Umweltauswirkungen. Daraus folgt jedoch nicht, dass alle größeren Vorhaben wegen eines Planungserfordernisses nicht mehr nach § 35 BauGB zugelassen werden könnten. Fehlt es an einem den vorstehenden Ausführungen entsprechenden qualifizierten Planungsbedarf, ist ein Planungserfordernis zu verneinen. Ein solches Erfordernis besteht nicht schon dann, wenn ein planerisches Einschreiten einer geordneten städtebaulichen Entwicklung dienen würde und deshalb vernünftigerweise geboten wäre. Nicht jeder Bebauungsplan, den die Gemeinde aufstellen darf, muss auch aufgestellt werden. Die Bejahung eines Planungserfordernisses besitzt somit Ausnahmecharakter, weil anderenfalls § 35 BauGB als Zulassungsnorm weithin entwertet wäre.[1332] 4157

Das Erfordernis einer förmlichen Bauleitplanung bringt für den Vorhabenträger und den Nachbarn den Vorteil, dass auf der Grundlage eines wesentlich umfangreicheren Verfahrens zur Ermittlung von Belangen ein planerisches Austarieren und Ausbalancieren betroffener Interessen möglich ist. Diese Koordination unterschiedlicher Belange kann von der Einzelfallgenehmigung eines privilegierten Außenbereichsvorhabens nicht erwartet werden. Allgemeine pla- 4158

[1328] BVerwG NVwZ 2017, 160 = juris Rn. 16, 21.

[1329] OVG Münster BauR 2023, 1353 = juris Rn. 110; Urt. v. 12.6.2012 – 8 D 38/08.AK, juris Rn. 139; BVerwG BauR 2005, 832, juris Rn. 4; siehe auch Reidt UPR 2022, 81.

[1330] OVG Münster BauR 2023, 1353 = juris Rn. 110.

[1331] OVG Münster Urt. v. 12.06.2012 – 8 D 38/08.AK, juris Rn. 139; BVerwGE 117, 25 = juris Rn. 19; BauR 2005, 832 = juris Rn. 5.

[1332] OVG Münster Urt. v. 12.06.2012 – 8 D 38/08.AK, juris Rn. 148; BVerwGE 119, 25 = juris Rn. 16.

nungsrechtliche „Anliegen" der Gemeinde sind demgegenüber kein öffentlicher Belang iS des § 35 III BauGB. So sind bloße Wunschvorstellungen der Gemeinde, sofern sie nicht bereits ihren Niederschlag in konkreten Planungen gefunden haben, für die planungsrechtliche Beurteilung von Vorhaben im Außenbereich unbeachtlich. Auf derartige Vorstellungen kann es nur ankommen, wenn sie nicht nur in einer konkreten Beziehung zur städtebaulichen Ordnung stehen, sondern auch in den örtlichen Umständen eine Stütze finden.[1333] Gegenüber privilegierten Außenbereichsvorhaben kann sich der Nachbar dagegen nicht auf ein Planungsbedürfnis berufen.[1334] Sind öffentliche Belange allerdings so gewichtig, dass sie selbst einem privilegierten Vorhaben entgegenstehen, kann offen bleiben, ob das Vorhaben privilegiert oder nicht privilegiert ist.[1335]

4159 Die Zulassung eines Außenbereichsvorhabens kann am öffentlichen Belang des Planungserfordernisses scheitern. Dies gilt vor allem für nicht privilegierte Außenbereichsvorhaben. Ein solches Erfordernis liegt vor, wenn das Vorhaben einen Koordinierungsbedarf auslöst, dem nicht das Konditionalprogramm des § 35 BauGB, sondern nur eine Abwägung im Rahmen einer förmlichen Planung angemessen Rechnung zu tragen vermag. Besteht im Verhältnis benachbarter Gemeinden ein qualifizierter Abstimmungsbedarf iS des § 2 II 1 BauGB, so ist dies ein starkes Anzeichen dafür, dass die in § 35 III BauGB aufgeführten Zulassungsschranken nicht ausreichen, um ohne Abwägung im Rahmen einer förmlichen Planung eine Entscheidung über die Zulässigkeit des beabsichtigten Vorhabens treffen zu können. Von einem qualifizierten Abstimmungsbedarf ist dann auszugehen, wenn das Vorhaben die in § 11 III 1 BauNVO bezeichneten Merkmale aufweist. Die Bedeutung des § 2 II 1 BauGB im Rahmen des allgemeinen Abwägungsgebots liegt darin, dass eine Gemeinde die ihre eigenen Vorstellungen selbst um den Preis von gewichtigen Auswirkungen für die Nachbargemeinde durchsetzen möchte, einem erhöhten Rechtfertigungszwang in Gestalt der Pflicht zur (formellen und materiellen) Abstimmung im Rahmen einer förmlichen Planung unterliegt. Die Missachtung eines solchermaßen begründeten Planungserfordernisses berührt zugleich den durch § 2 II BauGB erfassten Rechtskreis und verletzt dadurch die Nachbargemeinde in eigenen Rechten.[1336]

4160 § 11 III BauNVO erfasst Betriebe, die entgegen dem städtebaulichen Leitbild, durch die Standorte des Einzelhandels eine funktionsnahe Beziehung zum Wohnen herstellen, an wohnungsfernen, verkehrlich schlecht oder nur mit dem Auto erreichbaren Standorten auf großer Fläche ein Warenangebot für den privaten Bedarf der Allgemeinheit bereithalten. Er zielt darauf ab, den Einzelhandel an den Standorten zu sichern, die in das städtebauliche Ordnungssystem funktionsgerecht eingebunden sind.[1337] Dass auf diese Weise die Wirtschaftsstruktur in den zentralen Versorgungsbereichen gestärkt wird, ist nicht Selbstzweck. Der Schutz der mittelständischen Wirtschaft dient nicht als Mittel dafür, bestimmte Wettbewerbsverhältnisse zu stabilisieren. Vielmehr soll sichergestellt werden, dass durch die Ansiedlung von Einzelhandelsbetrieben an peripheren Standorten nicht die wirtschaftliche Existenz derjenigen Betriebe bedroht oder gar vernichtet wird, die eine verbrauchernahe Versorgung gewährleisten.

4161 Ein subjektives Recht des Einzelnen auf eine gemeindliche Bauleitplanung gibt es nicht. Durch das Unterbleiben der Planaufstellung, selbst wenn diese objektiv-rechtlich geboten ist, kann der Eigentümer nicht in subjektiven Rechten verletzt sein. Weder § 1 VII BauGB noch § 3 BauGB verleihen dem Nachbarn ein mit der Anfechtungsklage gegen eine erteilte Baugenehmigung durchsetzbares Abwehrrecht.[1338]

[1333] BVerwG NVwZ 1998, 58. Aus nachvollziehbaren Vorstellungen der Gemeinde können sich jedoch sozusagen unabhängig davon öffentliche Belange ergeben, etwa wenn ein Grundstück in einer Übergangszone vom Innenbereich zur freien Landschaft bebaut werden soll, das gut einsehbar ist und der Baukörper auch von einem für ästhetische Eindrücke offenen Betrachter als für das Orts- und Landschaftsbild störend empfunden wird, so BVerwG ZfBR 1990, 293; Weyreuther Bauen im Außenbereich, 1979, 487.

[1334] BVerwG NVwZ-RR 1997, 682.

[1335] BVerwG BauR 1997, 444.

[1336] BVerwG NVwZ 2003, 86.

[1337] Zur Zentrenstärkung als städtebauliche Rechtfertigung für die Einzelhandelssteuerung Jaeger BauR 2009, 1674.

[1338] OVG Münster Beschl. v. 27.6.2023 – 10 B 478/23, juris Rn. 22.

11. Gesicherte Erschließung

4162 Auch bei nicht privilegierten Vorhaben muss die Erschließung nach § 35 II BauGB gesichert sein. Ist die Erschließung nicht gesichert, führt dies zur Unzulässigkeit des Vorhabens.[1339] Dabei ist ein außenbereichsadäquater Standard anzulegen. Zu den Mindestanforderungen der Erschließung eines nicht privilegierten Vorhabens gehört wie bei den privilegierten Vorhaben die verkehrliche Erschließung, die das Grundstück für den Fahrzeugverkehr vor allem im öffentlichen Interesse etwa mit Feuerwehrfahrzeugen erreichbar macht. Ferner muss zumindest der Anschluss an die Stromversorgung,[1340] die Versorgung mit gesundheitlich einwandfreiem Trinkwasser und Wasser für Löschzwecke sowie die unschädliche Beseitigung der Abwässer und der festen Abfallstoffe gewährleistet sein. Dabei ist der jeweiligen Nutzung Rechnung zu tragen. Bei privilegierten Vorhaben kann allerdings ein geringerer Anforderungsstand genügen, während für die nicht privilegierten Außenbereichsvorhaben in der Regel der Standard eines entsprechenden Innenbereichsvorhabens eingehalten werden muss. In einer Splittersiedlung mit einer Vielzahl von Wochenendhäusern mit zentraler Wasserversorgung und Abwasserentsorgung etwa ist ein Wochenendhaus durch eine Kleinkläranlage[1341] auf dem Grundstück hinsichtlich der Abwasserentsorgung nicht ausreichend erschlossen. Gesichert ist eine Erschließung, wenn die Anlage den Erfordernissen der Bebauung entsprechend hergestellt und bis zur Fertigstellung der anzuschließenden Bauten benutzbar sein wird. Die Gemeinde darf das **Erschließungsangebot** für ein im Außenbereich nicht privilegiertes Vorhaben auch dann ablehnen, wenn das Vorhaben öffentliche Belange nicht beeinträchtigt.[1342]

4163 Hinsichtlich der Erfordernisse der Erschließung von Außenbereichsvorhaben bedarf es einer Einzelfallprüfung. So besteht etwa zu einer Milderung der Anforderungen an die Sicherheit der Erschließung bei gewerblichen Vorhaben im Außenbereich, anders als bei Vorhaben, die einem forst- oder landwirtschaftlichen Betrieb dienen, in der Regel keine Veranlassung.[1343]

12. Nachbarschutz

4164 Nachbarschutz kann gegenüber privilegierten und nicht privilegierten Außenbereichsvorhaben nur verlangt werden, wenn das Vorhaben gegen das Gebot der nachbarlichen Rücksichtnahme verstößt.[1344] Der Nachbarschutz, der sich aus dem in § 35 III BauGB verankerten Rücksichtnahmegebot ergibt, setzt dabei eine schutzwürdige Position des Nachbarn gegenüber dem Vorhaben voraus. Denn Rücksicht zu nehmen ist nur auf solche Interessen des Nachbarn, die wehrfähig sind, weil sie nach der gesetzgeberischen Wertung, die im materiellen Recht ihren Niederschlag gefunden hat, schützenswert sind. Werden in diesem Sinn schutzwürdige Interessen des Nachbarn nicht beeinträchtigt, greift das Rücksichtnahmegebot nicht. Dabei kommt es nicht darauf an, ob die vom Nachbarn angefochtene Baugenehmigung objektivrechtlich rechtswidrig ist. Denn § 35 BauGB kommt nicht die Funktion einer allgemein nachbarschützenden Norm zu.[1345] Welche Anforderungen das Gebot der Rücksichtnahme stellt, hängt wesentlich von den jeweiligen Umständen des Einzelfalls ab. Je empfindlicher und schutzwürdiger die Stellung dessen ist, dem die Rücksichtnahme im gegebenen Zusammenhang zugutekommt, umso mehr kann an Rücksichtnahme verlangt werden. Je verständlicher und unabweisbarer die mit dem Vorhaben verfolgten Interessen sind, umso weniger braucht derjenige, der das Vorhaben verwirklichen will, Rücksicht zu nehmen.[1346]

Beispiel: Die Ausweisung eines eingeschränkten Industriegebiets, in dem nur Lagerhäuser, Lagerplätze, Betriebstankstellen sowie Stellplätze und Garagen zulässig sind, in unmittelbarer Nachbarschaft zu einer im Außenbereich gelegenen Junghennen-Aufzuchtanlage verstößt nicht

---

1339 BVerwG Beschl. v. 9.3.1990 – 4 B 145.88, juris.

1340 Die Frage, ob der durch eine Windkraftanlage erzeugte Strom abgenommen werden kann, berührt die Erschließung nicht, so OVG Schleswig Urt. v. 20.7.1995 – 1 L 165/95, juris.

1341 VGH Kassel RdL 1988, 234.

1342 BVerwG NJW 1986, 2775.

1343 So für Fragen der Abwasserbeseitigung VGH Mannheim Urt. v. 15.12.1994 – 8 S 2613/94, juris.

1344 Kment in Jarass/Kment, BauGB, 2022, § 35 Rn. 119; Rieger in Schrödter, BauGB, 2019, § 35 Rn. 264.

1345 BVerwG BRS 57 Nr. 224 (1995).

1346 OVG Münster Urt. v. 19.3.2024 – 22 D 147/23.AK, juris Rn. 123; BVerwGE 159, 187 = juris Rn. 11.

zu Lasten ihres Betreibers gegen das Rücksichtnahmegebot.[1347] Auch die Vorschriften über das Erfordernis einer UVP begründen kein nachbarliches Abwehrrecht. Ein Abwehrrecht des Nachbarn gegenüber einer im Außenbereich gelegenen, baurechtlich genehmigten Windenergieanlage ist regelmäßig nur gegeben, wenn ihre Errichtung und/oder ihr Betrieb gegen das in § 35 III 1 Nr. 3 BauGB verankerte Gebot der Rücksichtnahme oder gegen die Schutzvorschrift des § 5 I Nr. 1 BImSchG verstößt.[1348]

Beispiel: Der Eigentümer eines im allgemeinen Wohngebiet gelegenen Grundstücks hat gegen ein im Außenbereich gelegenes „Pensionsschiff" nur dann einen Abwehranspruch, wenn das Vorhaben gegen das in § 35 III BauGB verankerte Gebot der Rücksichtnahme verstößt, dh wenn von ihm insbesondere schädliche Umwelteinwirkungen oder eine „optisch bedrängende" Wirkung auf das Nachbargrundstück ausgehen.[1349]

Beispiel: Reicht bei einer im Außenbereich gelegenen „gemischten" Gaststätte, die keine reine Freiluftgaststätte ist, sondern sowohl einen Innenbetrieb als auch einen Außenbetrieb aufweist, der Außenbetrieb bis auf wenige Meter an den Ruhebereich der Wohngrundstücke eines angrenzenden reinen Wohngebiets heran, kann im Rahmen der durch das Rücksichtnahmegebot veranlassten Zumutbarkeitsprüfung bezüglich dieses Außenbetriebs nicht bloß auf die Richtwerte der TA Lärm bzw. einen hieraus gebildeten Mittelwert abgestellt werden, da diese Richtwerte nicht die besondere Lästigkeit der von einer Außengastronomie ausgehenden Immissionen erfassen.[1350] Die Besonderheiten der durch den Betrieb einer Gaststätte mit Schankvorgarten verursachten Lärmimmissionen[1351] sind einer Bewertung durch die TA Lärm nicht zugänglich.[1352]

4165 Der öffentliche **Belang einer optisch bedrängenden Wirkung**, der auch in den Anwendungsbereich des Rücksichtnahmegebots fallen kann, steht nach § 249 X BauGB einem Vorhaben nach § 35 I Nr. 5 BauGB, das der Erforschung, Entwicklung oder Nutzung der Windenergie dient, in der Regel nicht entgegen, wenn der Abstand von der Mitte des Mastfußes der Windenergieanlage bis zu einer zulässigen baulichen Nutzung zu Wohnzwecken mindestens der zweifachen Höhe der Windenergieanlage entspricht.[1353]

4166 Privilegierten Nutzern haben gegenüber benachbarten Vorhaben einen Rechtsschutz, der dem des Grundstückseigentümers in einem Plangebiet nahekommt; der privilegierte Nutzer kann sich kraft seiner besonderen Schutzbedürftigkeit auf die öffentlichen Belange des § 12 III 1 BauGB berufen, sofern deren Nichtbeachtung zugleich den Umfang seiner eigenen Privilegierung mindert, und berechtigt ihn zu einer störungspräventiven Abwehrklage gegen eine heranrückende Bebauung.[1354]

III. Teilprivilegierte Außenbereichsvorhaben (§ 35 IV BauGB)

4167 Nach § 35 IV BauGB sind bestimmte Vorhaben teilprivilegiert (begünstigt) in dem Sinne, dass ihnen einzelne öffentliche Belange nicht entgegengehalten werden können. Das Gesetz unterscheidet insgesamt sechs Teilprivilegierungsfälle. Es fallen darunter Folgenutzungen bisher landwirtschaftlich privilegierter Gebäude (§ 35 IV 1 Nr. 1 BauGB), die Neuerrichtung eines gleichartigen Wohngebäudes an gleicher Stelle (§ 35 IV 1 Nr. 2 BauGB), die alsbaldige Neuerrichtung eines durch außergewöhnliche Ereignisse zerstörten Gebäudes (§ 35 IV 1 Nr. 3 BauGB), die Änderung oder Nutzungsänderung von erhaltenswerten, das Bild der Kulturlandschaft prägenden Gebäuden (§ 35 IV 1 Nr. 4 BauGB), die Erweiterung von Wohngebäuden (§ 35 IV 1 Nr. 5 BauGB) und die angemessene bauliche Erweiterung eines zulässigerweise errichteten gewerblichen Betriebes (§ 35 IV 1 Nr. 6 BauGB).

[1347] VGH Mannheim Beschl. v. 20.5.1999 – 8 S 2652/98, juris.

[1348] VGH Mannheim NVwZ-RR 2004, 408.

[1349] OVG Berlin-Brandenburg Beschl. v. 20.11.2008 – 2 S 75.08, juris.

[1350] OVG Münster BauR 2010, 585.

[1351] Zur Anwendbarkeit der TA Lärm auf eine Gaststätte mit Innen- und Außenbetrieb BVerwG BauR 2010, 2070.

[1352] OVG Berlin-Brandenburg DVBl. 2010, 1185.

[1353] OVG Münster Urt. v. 19.3.2024 – 22 D 147/23.AK, juris Rn. 125; Urt. v. 11.12.2023 – 22 D 65/23.AK-, juris Rn. 85 f., vom 27.7.2023 – 22 D 100/22, juris Rn. 75 ff.; Urt. v. 27.4.2023 – 8 D 368/21.AK, juris Rn. 230 ff., BauR 2023, 1093.

[1354] Kment in Jarass/Kment, BauGB, 2022, § 35 Rn. 118.

§ 35 IV BauGB gilt für sonstige Vorhaben iSd § 35 II BauGB; sie findet keine Anwendung auf privilegiert zulässige Vorhaben nach § 35 I BauGB. Die Vorschrift ist abschließend geregelt, ihre entsprechende Anwendung ist nicht zulässig.[1355] Die Rechtsfolge des § 35 IV BauGB bezieht sich nur auf die genannten öffentlichen Belange; andere öffentliche Belange bleiben unberührt, können also eine Unzulässigkeit sonstiger Vorhaben, auch soweit sie nach § 35 Abs. 4 begünstigt sind, begründen.. Dies gilt auch hinsichtlich der gesicherten Erschließung.[1356] Auf die Einhaltung der Voraussetzungen des § 35 Abs. 4 haben Dritte keinen Anspruch.[1357] 4168

Bis zum Ablauf des 31.12.2027 gilt nach § 246 IX BauGB die Rechtsfolge des § 35 IV 1 BauGB für Vorhaben entsprechend, die der **Unterbringung von Flüchtlingen oder Asylbegehrenden** dienen, wenn das Vorhaben im unmittelbaren räumlichen Zusammenhang mit nach § 30 I oder § 34 BauGB zu beurteilenden bebauten Flächen innerhalb des Siedlungsbereichs erfolgen soll.[1358] Im Außenbereich gilt nach § 246 XIII BauGB unbeschadet des § 246 IX BauGB bis zum Ablauf des 31.12.2027 die Rechtsfolge des § 35 IV 1 BauGB entsprechend für 1. die auf längstens drei Jahre zu befristende Errichtung mobiler Unterkünfte für Flüchtlinge oder Asylbegehrende, 2. die Nutzungsänderung zulässigerweise errichteter baulicher Anlagen, auch wenn deren bisherige Nutzung aufgegeben wurde, in Aufnahmeeinrichtungen, Gemeinschaftsunterkünfte oder sonstige Unterkünfte für Flüchtlinge oder Asylbegehrende, einschließlich einer erforderlichen Erneuerung oder Erweiterung. Die in § 246 XIII 1 Nr. 1 BauGB genannte Frist von drei Jahren kann um weitere drei Jahre, längstens jedoch bis zum Ablauf des 31.12.2030 verlängert werden; für die Verlängerung gilt die Rechtsfolge des § 35 IV 1 BauGB entsprechend. Sofern die Frist bereits abgelaufen ist, gilt auch für die Entscheidung über die auf drei Jahre, längstens jedoch bis zum Ablauf des 31.12.2030 zu befristende erneute Zulässigkeit einer bereits errichteten mobilen Unterkunft für Flüchtlinge oder Asylbegehrende die Rechtsfolge des § 35 IV 1 BauGB entsprechend.[1359] 4169

Es handelt sich bei den teilprivilegierten Vorhaben um vom Grundsatz her nicht privilegierte Vorhaben nach § 35 II BauGB, die aber nicht daran scheitern, dass sie den Darstellungen des Flächennutzungsplans oder eines Landschaftsplans widersprechen, die natürliche Eigenart der Landschaft beeinträchtigen oder die Entstehung, Verfestigung oder Erweiterung einer Splittersiedlung befürchten lassen, soweit sie im Übrigen außenbereichsverträglich iS des § 35 III BauGB sind. Alle übrigen Belange werden auch bei den teilprivilegierten Außenbereichsvorhaben nach § 35 IV BauGB nicht für unbeachtlich erklärt.[1360] Dies wird durch den Verweis auf die übrige erforderliche Außenbereichsverträglichkeit in § 35 IV 1 BauGB ausdrücklich klargestellt. So kann ein nach § 35 IV BauGB im Außenbereich an sich begünstigtes Vorhaben nicht zugelassen werden, wenn es Belange des Natur- und Landschaftsschutzes beeinträchtigt.[1361] Einem nach § 35 IV 1 BauGB begünstigten Vorhaben darf daher nur eine Beeinträchtigung der in der Vorschrift genannten Belange nicht entgegengehalten werden. Das Entgegenstehen eines dieser Belange führt demgegenüber wegen ihrer stärkeren Gewichtigkeit zur Unzulässigkeit des begünstigten Vorhabens.[1362] 4170

1. Ausgangspunkt: Bestandsschutz

Den Teilprivilegierungsvorschriften des § 35 IV BauGB liegt der Gedanke des **erweiterten Bestandsschutzes** zu Grunde.[1363] Die engeren Voraussetzungen der eigentumskräftig verfestigten Anspruchsposition brauchen demgegenüber nicht erfüllt zu sein. Bestandsschutz iS der Eigentumsgarantie des Art. 14 GG rechtfertigt grundsätzlich nur die Wahrung des baulichen Bestandes und der bisherigen Nutzung in einer gewissen Variationsbreite, nicht jedoch eine durchgreifende **Nutzungsänderung**, bei der sich die planungsrechtliche Frage 4171

[1355] Söfker in EZBK, BauGB, 2019, § 35 Rn. 132.

[1356] Söfker in EZBK, BauGB, 2019, § 35 Rn. 133.

[1357] VGH München Urt. v. 4.8.2008 – 15 CS 08.1756, BeckRS 2008, 28146.

[1358] Näher dazu Söfker in EZBK, BauGB, 2019, § 35 Rn. 131a.

[1359] Dazu Scheidler ZfBR 2016, 27; Michler in Kröninger/Jeromin, BauGB/BauNVO, 2024, § 246 BauGB Rn. 15 ff.

[1360] BVerwG Beschl. v. 29.8.1991 – 4 B 136.91, juris.

[1361] BVerwG BBauBl.1994, 493.

[1362] VGH München DVBl. 2010, 861.

[1363] Söfker in EZBK, BauGB, 2019, § 35 Rn. 131.

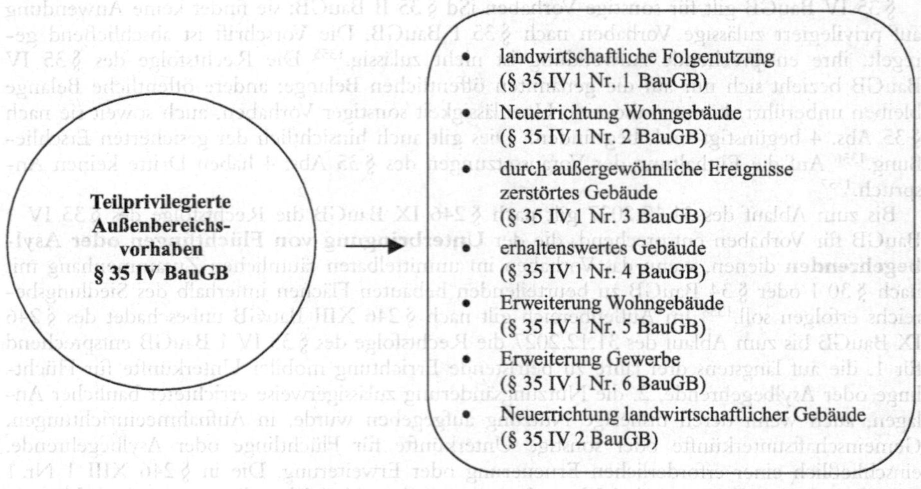

neu stellt.[1364] Wird die bisherige Nutzung aufgegeben, so ist wie folgt zu unterscheiden: Wird eine neue Nutzung aufgenommen, die nach der Verkehrsauffassung die bisherige Nutzung endgültig ersetzt, so entfällt der Bestandsschutz für die bisherige Nutzung. Wird keine neue Nutzung oder nur eine vorübergehend neue Nutzung aufgenommen, wirkt die bisherige Nutzung grundsätzlich fort, solange nach der Verkehrsauffassung mit einer Wiederaufnahme der vormaligen Nutzung gerechnet werden kann. Auch der Bestandsschutz für die bisherige Nutzung entfällt in diesen Fällen nicht. Vom Bestandsschutz sind solche Maßnahmen nicht mehr gedeckt, die einer Neuerrichtung oder einem **Ersatzbau** gleichkommen.[1365] Wenn die für die **Instandsetzung** notwendigen Arbeiten den Aufwand für einen Neubau erreichen, verlassen sie den Bereich zulässiger Erhaltungsmaßnahmen. Instandsetzungsarbeiten sind bauliche Maßnahmen, die zur Erhaltung des bestimmungsgemäßen Gebrauchs oder der baulichen Substanz vorgenommen werden, um die durch Abnutzung, Alterung oder Witterungseinflüsse entstandenen baulichen und sonstigen Mängel ordnungsgemäß zu beseitigen, ohne die Identität der baulichen Anlage zu verändern. Ein erheblicher Eingriff in die vorhandene Bausubstanz oder eine wesentliche Veränderung des Erscheinungsbildes gehen darüber hinaus.[1366]

Beispiel: Werden etwa die Außenwände und das Dach einer Bootshütte vollständig entfernt und hat die wiedererrichtete neue Bootshütte obendrein ein komplett neues Fundament erhalten, fehlt es – selbst bei unverändertem äußerem Erscheinungsbild – an einer Identität des wiederhergestellten Bauwerks mit dem ursprünglichen Bauwerk.[1367] Wird ein Gebäude, das in der Vergangenheit einem land- oder forstwirtschaftlichen Betrieb diente, auf unabsehbare Zeit aus dem Betrieb herausgelöst und für Zwecke der Forst- und Waldpflege weitergenutzt, die über den Rahmen der Freizeitgestaltung nicht hinausgehen, so liegt hierin nicht nur eine Nutzungs-, sondern zugleich auch eine Funktionsänderung, die zu einer Entprivilegierung führt. Damit entfällt auch der Bestandsschutz, der dem Gebäude zukommt.[1368] Wird die Nutzung eines Gebäudes aufgegeben, die nach § 35 I BauGB zur privilegierten Zulässigkeit der Anlage im Außenbereich führt, so stellt dies regelmäßig auch eine Änderung der Anlage dar mit der

[1364] Zum Bestandsschutz gegenüber einer Beseitigungsanordnung OVG Lüneburg Beschl. v. 13.12.2023 – 1 ME 121/23, juris Rn. 6; VG Karlsruhe Urt. v. 31.10.2023 – 2 K 4067/22, juris Rn. 66; zum Verlust des Bestandsschutzes OVG Münster BauR 2023, 2065; zur Bedeutung des Bestandsschutzes für eine Modernisierung und Instandsetzung OVG Greifswald Beschl. v. 19.7.2023 – 3 L 199/11, juris; OVG Magdeburg ZfBR 2023, 700; zum Bestandsschutz bei Erweiterung eines Anbaus OVG Münster Beschl. v. 16.5.2023 – 7 A 2901/21, juris Rn. 5.

[1365] BVerwGE 72, 362.

[1366] OVG Greifswald NordÖR 2009, 134, 179.

[1367] BVerwG Beschl. v. 19.4.1991 – 4 B 9.91, juris; Beschl. v. 4.12.1992 – 4 B 229.92, juris; VGH Mannheim, Urt. v. 17.9.1998 – 3 S 1934/96, juris.

[1368] BVerwG Beschl. v. 27.2.1993 – 4 B 5.93, juris.

Folge, dass eine Beseitigungsanordnung in Betracht kommt.[1369] Wird demgegenüber eine Gaststätte geschlossen, ohne dass eine neue Nutzung aufgenommen wird, wirkt die bisherige Nutzung nach der Verkehrsauffassung fort.

Die **Teilprivilegierungen** werden vom BVerwG als zulässige **Inhalts- und Schrankenbestimmungen** des **Eigentums** betrachtet, die einen unmittelbaren Rückgriff auf Art. 14 I 1 GG verschließen. Denn nach Auffassung des BVerwG gibt es ein Recht auf Zulassung eines Vorhabens außerhalb der gesetzlichen Regelungen nicht.[1370] Auch die Baufreiheit, die vom Schutzbereich des Eigentumsgrundrechts umfasst wird, ist nur nach Maßgabe des einfachen Rechts gewährleistet.[1371] Mit § 35 BauGB hat der Gesetzgeber für die bauliche Nutzung des Außenbereichs eine Inhalts- und Schrankenbestimmung im Sinne des Art. 14 I 2 GG getroffen. Bei § 35 IV BauGB handelt es sich um die gesetzliche Ausgestaltung der von der Rechtsprechung für den Außenbereich entwickelten Grundsätze des Bestandsschutzes und der eigentumskräftig verfestigten Anspruchsposition. Sind die in dieser Vorschrift genannten Tatbestandsvoraussetzungen nicht erfüllt, so scheidet Art. 14 I 1 GG als Grundlage für einen Zulassungsanspruch von vornherein aus.[1372] 4172

Ob eine im Außenbereich **aufgegebene Bebauung** weiterhin genutzt werden kann, entscheidet nach Auffassung des BVerwG § 35 IV BauGB.[1373] Der sog. passive Bestandsschutz entfällt danach, wenn der ursprünglich legale Bestand in seiner Substanz nicht mehr vorhanden ist. So kann etwa die Verwendung moderner Wiederherstellungsmaterialien zu einer Änderung der Bausubstanz führen und den Bestandsschutz entfallen lassen.[1374] Auf eine ursprüngliche Legalität kann sich nicht berufen, wer ein genehmigungsfreies Vorhaben verwirklicht hat, das nach § 29 BauGB 1986 nicht den Zulässigkeitsvoraussetzungen der §§ 30 bis 37 BauGB unterlag.[1375] Dem Gesetzgeber ist es nach Auffassung des BVerwG nicht verwehrt, Eigentumsrechten einen neuen Inhalt zu geben. Dies schließt auch die Ermächtigung ein, die bisherige Rechtslage zu Lasten der betroffenen Eigentümer zu ändern. So könne der Gesetzgeber das Entstehen von Rechten, die nach früherem Recht möglich waren, für die Zukunft ausschließen, und Befugnisse, die bisher mit dem Recht verbunden waren, einschränken oder ganz ausschließen.[1376] Eine wiederholte Erweiterung eines Wohngebäudes, die zur Schaffung einer dritten Wohnung führt, kann nicht unter den erleichterten Voraussetzungen des § 35 IV 1 Nr. 5 BauGB zugelassen werden. Dabei sind alle Gebäudeteile eines Hauses als Einheit zu betrachten. Für die Frage der deutlichen Unterordnung eines Vorhabens unter einen vorhandenen Bestand (dh Nichtverfestigung einer Splittersiedlung) kommt es auf das Verhältnis des hinzutretenden Vorhabens zu der bereits vorhandenen Splittersiedlung an. 4173

Eine **„weitreichende Vorbildwirkung"**, die ebenso eine Verfestigung einer **Splittersiedlung** befürchten lässt, liegt immer dann vor, wenn sich das Vorhaben und die weiteren Vorhaben, die nicht verhindert werden könnten, zusammen der vorhandenen Splittersiedlung nicht unterordnen, sondern diese erheblich verstärken und dadurch eine weitergehende Zersiedlung des Außenbereichs bewirken würden. Die Vorbildwirkung ist bereits dann gegeben, wenn bei einer Zulassung des Vorhabens weitere ähnliche Vorhaben in der Splittersiedlung nicht verhindert werden könnten und dadurch der Außenbereich zersiedelt würde. Weit reichend ist die Vorbildwirkung deshalb immer dann, wenn sich das Vorhaben und die weiteren Vorhaben, die nicht verhindert werden können, zusammen der vorhandenen Splittersiedlung nicht unterordnen, sondern diese erheblich verstärken und dadurch eine weitgehende Zersiedlung des Außenbereichs bewirken würden.[1377] 4174

1369 OVG Bautzen BauR 2013, 79, Thiel IBR 2012, 608 zur Beseitigungsanordnung bei Nutzungsaufgabe.

1370 BVerwGE 106, 228.

1371 BVerfGE 35, 263; BVerwG BRS 52 Nr. 78; NVwZ 2004, 982.

1372 BVerwG ZfBR 2007, 582.

1373 Die Errichtung einer vom Wohngebäude räumlich abgesetzten Garage ist nicht nach § 35 IV 1 Nr. 5 BauGB unter erleichterten Voraussetzungen zulässig, so BVerwG NVwZ 1998, 842.

1374 BVerwG NVwZ-RR 1997, 521. Bei der Entscheidung über eine Beseitigungsanordnung kann allerdings das besondere Alter einer baulichen Anlage bedeutsam sein.

1375 BVerwG NVwZ 1999, 297: kein erweiterter Bestandsschutz für abgebrannte Holzhütte.

1376 BVerwG Beschl. v. 3.12.1997 – 4 B 193.97, juris für die Anwendung der naturschutzrechtlichen Eingriffs- und Ausgleichsregelung auf die Erweiterung eines Torfabbaus, die ohne Genehmigung, aber materiell rechtmäßig begonnen worden war.

1377 BVerwG DVBl. 1999, 235.

4175 Die in § 34 I 1 BauGB verwendeten Tatbestandsmerkmale „Bebauungszusammenhang" und „Ortsteil" gehen nicht ineinander auf, sondern sind kumulativ anzuwenden.[1378] Die Annahme eines Bebauungskomplexes, der den Eindruck der Geschlossenheit vermittelt und deshalb als im Zusammenhang bebaut anzusehen ist, befreit nicht von der Prüfung, ob die Bebauung nach ihrem siedlungsstrukturellen Gewicht Ortsteilqualität hat. Unter **Verfestigung** einer **Splittersiedlung** ist der Vorgang des Auffüllens des schon bisher in Anspruch genommenen räumlichen Bereichs zu verstehen, wobei auch die vom Vorhabenbegriff des § 29 I BauGB umfasste Änderung der Nutzung einer baulichen Anlage die Verfestigung auslösen kann. Neben dem Tatbestandsmerkmal der Verfestigung ist weiter zu untersuchen, ob die Verfestigung im Sinne einer Zersiedelung unerwünscht ist. Gemeinsam ist beiden Voraussetzungen nur der Begriff der „Bebauung". Vermittelt eine aufeinanderfolgende Bebauung trotz vorhandener Baulücken den Eindruck der Geschlossenheit und Zusammengehörigkeit, liegt mithin ein Bebauungszusammenhang vor, an dem das zu bebauende Grundstück teilnimmt, ist in einem weiteren Schritt zu klären, ob dieser Bebauungszusammenhang Teil eines Bebauungskomplexes im Gebiet einer Gemeinde ist, der nach der Zahl der vorhandenen Bauten ein gewisses Gewicht besitzt und Ausdruck einer organischen Siedlungsstruktur ist.[1379] Denn nur bei Vorliegen eines im Zusammenhang bebauten Ortsteils kann Baurecht nach Maßgabe des § 34 I und 2 BauGB bestehen. Fehlt es dagegen an der Ortsteileigenschaft, ist § 34 BauGB nicht anwendbar. Daran ändert auch ein etwa bestehender Bebauungszusammenhang nichts, denn auch die das Gegenstück zum Ortsteil bildende Splittersiedlung kann im Sinne von § 34 I BauGB „im Zusammenhang bebaut" sein[1380] oder (sogar) die Merkmale eines Baugebiets im Sinne von §§ 2 bis 4, §§ 5 bis 9 BauNVO aufweisen.[1381]

4176 Für das Bestehen eines **Bebauungszusammenhangs** im Sinne von § 34 I BauGB ist ausschlaggebend, inwieweit die aufeinanderfolgende Bebauung trotz etwa vorhandener Baulücken nach der Verkehrsauffassung den Eindruck der Geschlossenheit und Zusammengehörigkeit vermittelt und die zur Bebauung vorgesehene Fläche (noch) diesem Zusammenhang angehört.[1382] Wie eng die Aufeinanderfolge von Baulichkeiten sein muss, um sich als zusammenhängende Bebauung darzustellen, ist nicht nach geografisch-mathematischen Maßstäben, sondern aufgrund einer umfassenden Würdigung der tatsächlichen örtlichen Gegebenheiten einzelfallbezogen zu entscheiden. Zu berücksichtigen sind dabei nur äußerlich erkennbare Umstände, dh mit dem Auge wahrnehmbare Gegebenheiten der vorhandenen Bebauung und der übrigen Geländeverhältnisse.[1383] Denn bei der Grenzziehung zwischen Innen- und Außenbereich geht es darum, inwieweit ein Grundstück zur Bebauung ansteht und sich aus dem tatsächlich Vorhandenen ein hinreichend verlässlicher Maßstab für die Zulassung weiterer Bebauung nach Art und Maß der baulichen Nutzung, der Bauweise und der überbaubaren Grundstücksfläche gewinnen lässt. Die (be-)wertende Betrachtung der konkreten tatsächlichen Verhältnisse kann sich angesichts dieser vom Gesetzgeber vorgegebenen Kriterien nur nach optisch wahrnehmbaren Merkmalen richten. Der Bebauungszusammenhang endet regelmäßig am letzten Baukörper.[1384] Örtliche Besonderheiten können es im Einzelfall aber ausnahmsweise rechtfertigen, ihm noch bis zu einem Geländehindernis, einer Erhebung oder einem Einschnitt (Damm, Böschung, Fluss, Waldrand o.ä.) ein oder mehrere Grundstücke zuzuordnen, die unbebaut sind oder trotz des Vorhandenseins von Baulichkeiten sonst nicht zur Prägung der Siedlungsstruktur beitragen. Maßgeblich ist dabei, ob diese besonderen topografischen oder geografischen Umstände den Eindruck der Geschlossenheit bzw. Zugehörigkeit einer Fläche zum Bebauungszusammenhang vermitteln.[1385] Ebenso wie ein Bebauungszusammenhang nicht unmittelbar mit dem letzten Baukörper zu enden braucht, verbietet sich umgekehrt die Annahme, dass notwendigerweise das letzte Grundstück in seinem gesamten Umfang vom Zusammenhang erfasst wird.[1386] Wie weit der Bebauungszusammenhang im Einzelfall reicht, kann daher stets nur das Ergebnis einer Bewertung des konkreten Sachverhalts sein. Bei dieser Einzelfallbetrachtung ist zu fragen, ob

[1378] BVerwG NVwZ 2012, 1631.
[1379] BVerwGE 152, 275 Rn. 11.
[1380] BVerwG ZfBR 2015, 548.
[1381] BVerwG ZfBR 2016, 799.
[1382] BVerwGE 31, 20; BVerwGE 41, 227; BVerwGE 75, 34; NVwZ-RR 1998, 157.
[1383] BVerwG NVwZ 1991, 879.
[1384] BVerwG BRS 25 Nr. 38; BauR 1974, 41; NVwZ 1999, 763.
[1385] BVerwG BauR 1975, 106; NVwZ-RR 1992, 227.
[1386] BVerwG BRS 20 Nr. 38; BRS 25 Nr. 39.

sich tragfähige Argumente dafür finden lassen, mit denen sich die Anwendbarkeit der Vorschriften über den unbeplanten Innenbereich rechtfertigen lässt. Fehlt es hieran, so liegt – deshalb – Außenbereich vor.[1387] Lassen sich mithin im Anschluss an eine die Merkmale des § 34 I BauGB erfüllende Bebauung keinerlei Merkmale ausmachen, die eine zum Außenbereich hin abgrenzbare Fläche markieren und diese deshalb als noch zum Bebauungszusammenhang gehörig erscheinen lassen, dann endet der Bebauungszusammenhang mit dem letzten Haus. Bloße Baumreihen oder Hecken, selbst wenn sie optisch markant in Erscheinung treten und/oder ihr Bestand dauerhaft gesichert sein sollte, sind nicht geeignet, den Eindruck der Geschlossenheit und Zugehörigkeit einer Fläche zum Bebauungszusammenhang zu erzeugen.[1388]

Bauliche Substanz und Nutzung unterliegen nicht unabhängig voneinander unterschiedlichen rechtlichen Regelungen. Bestandsschutz genießt die bauliche Anlage in ihrer durch die Nutzung bestimmten Funktion.[1389] Ist die Zulässigkeit der Errichtung von der Nutzungsweise abhängig, so bewahrt die Eigentumsgarantie vorbehaltlich des Grundsatzes der Verhältnismäßigkeit den Eigentümer bei Fortfall dieser Nutzung nach Auffassung des BVerwG nicht davor, das Bauwerk wieder zu beseitigen.[1390] Reicht eine Nutzungsuntersagung aus, um einen rechtmäßigen Zustand herbeizuführen, so hat die Bauordnungsbehörde es hiermit bewenden zu lassen. Dies setzt jedoch voraus, dass eine rechtmäßige Nutzung überhaupt in Betracht kommt. Lässt das geltende materielle Baurecht hierfür keinen Raum, so schließt das öffentliche Interesse an einer Durchsetzung der veränderten bebauungsrechtlichen Ordnung auch das Mittel der **Beseitigungsanordnung** ein.[1391] Dies kann jedoch in Einzelfällen zu unbefriedigenden Ergebnissen führen. 4177

Beispiel: In einer ehemaligen Ziegelei sind die Rohstoffe der Tongrube erschöpft. Der Betrieb fällt in Konkurs. Ein Erwerber fragt, ob er die aufstehenden Gebäude nutzen kann oder abbrechen muss. Ist keine privilegierte Nutzung nach § 35 I BauGB oder teilprivilegierte Nutzung nach § 35 IV BauGB in Aussicht, so könnte die Beseitigung der Gebäude verlangt werden, obwohl die Bebauung und Nutzung in der Vergangenheit legal war.

2. Änderungen landwirtschaftlicher Nutzungen

Teilprivilegiert ist nach § 35 IV 1 Nr. 1 BauGB die Änderung der bisherigen Nutzung eines privilegierten landwirtschaftlichen Zwecken dienenden Gebäudes nach § 35 I Nr. 1 BauGB unter verschiedenen Voraussetzungen, die das Gesetz wie folgt benennt: Das Vorhaben dient einer zweckmäßigen Verwendung erhaltenswerter Bausubstanz, die äußere Gestalt des Gebäudes bleibt im Wesentlichen gewahrt, die Aufgabe der bisherigen Nutzung liegt nicht länger als sieben Jahre zurück, das Gebäude ist vor mehr als sieben Jahren zulässigerweise errichtet worden, das Gebäude steht im räumlich-funktionalen Zusammenhang mit der Hofstelle des land- oder forstwirtschaftlichen Betriebes, im Falle der Änderung zu Wohnzwecken entstehen neben den bisher nach § 35 I Nr. 1 BauGB zulässigen Wohnungen höchstens drei Wohnungen je Hofstelle und es wird die Verpflichtung übernommen, keine Neubebauung als Ersatz für die aufgegebene Nutzung vorzunehmen, es sei denn, die Neubebauung wird im Interesse der Entwicklung des Betriebes iS des § 35 I Nr. 1 BauGB erforderlich. Die Vorschrift soll den Strukturwandel in der Landwirtschaft erleichtern. Den Landwirten und früheren Landwirten soll ein Wechsel von der bisher privilegierten Nutzung zu einer nicht privilegierten Nutzung ermöglicht werden; es geht um eine **Entprivilegierung land- und forstwirtschaftlicher Gebäude** im Außenbereich.[1392] Auch Gartenbaubetriebe fallen unter die Teilprivilegierung, wenn sein nach § 35 I Nr. 1 BauGB privilegiert war.[1393] 4178

Durch das **Baulandmobilisierungsgesetz 2021** hat die Vorschrift eine zusätzliche **Erweiterung** erfahren: Mit Blick auf den **Strukturwandel in der Landwirtschaft** soll im Außenbereich die Umnutzung von ehemals privilegierten landwirtschaftlichen Gebäuden insbesondere in Wohnungen erleichtert werden.[1394] Aus diesem Grund ist § 35 IV 1 Nr. 1 BauGB da- 4179

[1387] BVerwG BauR 1974, 104.
[1388] BVerwG ZfBR 2016, 67; BVerwG Beschl. v. 18.12.1987 – 4 B 249.87, juris.
[1389] Brenndörfer Reichweite und Grenzen des baurechtlichen Bestandsschutzes, Diss. 2008.
[1390] BVerwGE 34, 199; BVerwGE 47, 185.
[1391] BVerwGE 47, 185.
[1392] Söfker in EZBK, BauGB, 2019, § 35 Rn. 136.
[1393] Gröhn/Hellmann-Sieg NordÖR 2008, 369.
[1394] Söfker in EZBK, BauGB, 2021, § 35 Rn. 136a.

hingehend geändert worden, dass auch die **mehrfache Umnutzung** eines ehemals privilegierten landwirtschaftlichen Gebäudes erleichtert wird. Das soll durch die Ergänzung des bisherigen Satzteils „die Änderung der bisherigen Nutzung eines Gebäudes", um den Zusatz „das unter den Voraussetzungen des Abs. 1 Nr. 1 errichtet wurde", erreicht werden. Bisher war lediglich die einmalige Umnutzung eines früher landwirtschaftlich genutzten Gebäudes zulässig und es waren weitere Umnutzungen durch die erstmalige Umnutzung gesperrt. Die Anzahl der nach § 35 IV 1 Nr. 1 Buchstabe f BauGB zulässigen Wohnungen ist von drei auf **fünf Wohnungen je Hofstelle** erhöht worden.[1395]

4180 Der Begünstigungstatbestand zur Umnutzung landwirtschaftlicher Bausubstanz dient der Rechtsvereinheitlichung und soll den anhaltenden Prozess des landwirtschaftlichen Strukturwandels unterstützen. Erhaltenswerte Bausubstanz soll nach den Vorstellungen des Gesetzgebers auch dann weitergenutzt werden, wenn diese nicht mehr für landwirtschaftliche Zwecke erforderlich ist. Das Erfordernis einer ausreichenden Erschließung bei der Nutzungsumwandlung muss allerdings gesichert sein. Bereits die Neufassung des § 35 IV 1 Nr. 1 BauGB durch das BauROG 1998 hat die im Vergleich zu § 3 IV 1 Nr. 1 BauGB aF. günstigeren Voraussetzungen für eine erleichterte Umnutzung landwirtschaftlicher Gebäude aus § 4 III 1 Nr. 1 BauGB-MaßnG ohne Beschränkung auf den Wohnungsbau in das Dauerrecht überführt. Dabei hat der Gesetzgeber vor allem den Gesichtspunkt herausgestellt, dass das jeweilige Vorhaben einer zweckmäßigen Verwendung dienen muss (§ 35 IV 1 Nr. 1 a BauGB). Dieser bereits im Ansatz in den bisherigen Regelungen enthaltene Gedanke soll sicherstellen, dass das jeweilige Vorhaben einer zweckmäßigen Verwendung erhaltenswerter Bausubstanz dienen muss. Zur Vermeidung von Missbrauch besteht die Verpflichtung, künftig keine Ersatzbebauung für die aufgegebene Nutzung zu errichten.[1396] Die Teilprivilegierung in § 35 IV 1 Nr. 1 BauGB hat insgesamt acht Voraussetzungen.

4181 **a) Änderung einer bisher privilegierten landwirtschaftlichen Nutzung.** Teilprivilegiert ist nach § 35 IV 1 Nr. 1 BauGB die Änderung der bisher privilegierten Nutzung eines Gebäude iS des § 35 I Nr. 1 BauGB. Die Teilprivilegierung bezieht sich daher (ausschließlich) auf vormals privilegierte landwirtschaftliche Gebäude nach § 35 I Nr. 1 BauGB. Außerdem muss es sich um Nutzungsänderungen von derartigen Gebäuden handeln, wobei keine Rolle spielt, in welchem Umfang mit der Nutzungsänderung bauliche Maßnahmen verbunden sind. Auch **mehrfache Nutzungsänderungen** früherer landwirtschaftlich privilegierter Nutzungen sind seit dem Baulandmobilisierungsgesetz 2021 möglich. Die Begünstigung des § 35 IV 1 Nr. 1 BauGB setzt voraus, dass die privilegierte Nutzung tatsächlich aufgenommen worden ist. Fehlt es daran, so genügt es nicht, dass die Bauaufsichtsbehörde die bauliche Anlage für eine solche privilegierte Nutzung genehmigt hat.[1397]

4182 Die Gebäude müssen (früher) einem privilegierten landwirtschaftlichen Zweck nach § 35 I Nr. 1 BauGB gedient haben. Die vormals ebenfalls privilegiert zulässigen unechten Altenteilerhäuser (§ 35 I Nr. 2 BauGB aF.) und Landarbeiterstellen (§ 35 I Nr. 3 BauGB aF.) nehmen an der Teilprivilegierung des § 35 IV 1 Nr. 1 BauGB nicht teil.[1398] Die von der Nutzungsänderung betroffenen Gebäude müssen von dem Privilegierungszweck des § 35 I Nr. 1 BauGB in dem Sinne gedeckt sein, dass sie einer privilegierten landwirtschaftlichen Nutzung gedient haben. Nicht erforderlich ist, dass ein Genehmigungsanspruch zur Errichtung der Gebäude im Hinblick auf eine landwirtschaftliche Nutzung bestanden hätte. Daher ist eine privilegierte landwirtschaftliche Nutzung auch dann gegeben, wenn sie sich auf ein Gebäude bezieht, für das keine Neuerrichtungsgenehmigung hätte ausgesprochen werden können. Es reicht vielmehr als Voraussetzung für die Anwendbarkeit des § 35 IV 1 Nr. 1 BauGB, wenn das Gebäude in eine landwirtschaftliche Nutzung einbezogen worden ist. Bei den Voraussetzungen für eine teilprivilegierte Nutzungsänderung nach § 35 IV 1 Nr. 1 BauGB ist daher ein großzügigerer Maßstab hinsichtlich der vormaligen Privilegierung als landwirtschaftliche Nutzung anzulegen.[1399] Die erleichterte Nutzungsänderung eines Gebäudes ist auch dann möglich, wenn der ursprüngliche land- oder forstwirtschaftliche Betrieb vollständig aufgegeben worden ist.[1400]

1395 Siehe dazu Battis/Mitschang/Reidt NVwZ 2021, 905 (909); Scheidler NVwZ 2021, 1272 ff.

1396 Bundesregierung Gesetzentwurf zum BauROG 1998, S. 59.

1397 OVG Münster Urt. v. 26.7.2018 – 10 A 2600/15, BeckRS 2018, 17826.

1398 Söfker in EZBK, BauGB, 2021, § 35 Rn. 136b.

1399 VGH Mannheim Urt. v. 20.2.1997 – 5 S 3135/96, juris.

1400 OVG Koblenz NVwZ-RR 2018, 716.

§ 35 IV BauGB erklärt in den dort benannten Teilprivilegierungsfällen die Beeinträchtigung bestimmter öffentlicher Belange für unbeachtlich. Teilprivilegiert ist etwa die Aufgabe der Landwirtschaft unter Beibehaltung der Wohnnutzung (§ 35 IV 1 Nr. 1 BauGB). Aus der vormals im Zusammenhang mit dem landwirtschaftlichen Betrieb nach § 35 I Nr. 1 BauGB privilegierten Wohnnutzung wird bei Aufgabe der Landwirtschaft eine Wohnnutzung, die nach § 35 IV 1 Nr. 1 BauGB teilprivilegiert ist.[1401] 4183

b) Zweckmäßige Verwendung erhaltenswerter Bausubstanz. Die Nutzungsänderung bisher landwirtschaftlich genutzter Gebäude muss einer zweckmäßigen Verwendung erhaltenswerter Bausubstanz dienen (§ 35 IV 1 Nr. 1 a BauGB). Damit wird klargestellt, dass Nutzungsänderungen nur eine erhaltenswerte Bausubstanz betreffen kann. Der Begriff ist allerdings vergleichsweise konturenlos. Der Gesetzgeber hat damit einerseits dem Strukturwandel der Landwirtschaft Rechnung tragen wollen, zugleich aber die Begrenzung der Teilprivilegierungsregelung dort gesehen, wo eine erhaltenswerte Bausubstanz nicht mehr vorhanden ist oder die Nutzungsänderung im Hinblick auf die vorhandene Bausubstanz und vielleicht auch andere öffentliche Belange nicht zweckmäßig erscheint. 4184

Die vormals lediglich zugunsten des Wohnungsbaus bestehende erweiterte Teilprivilegierung ist bereits durch das BauROG auch auf andere und damit vor allem gewerbliche Nutzungen erstreckt worden. Dient das Vorhaben einer zweckmäßigen Verwendung erhaltenswerter Bausubstanz und sind die übrigen in § 35 IV 1 Nr. 1 BauGB genannten Voraussetzungen erfüllt, so sind auch Nutzungsänderungen, die nicht Wohnzwecken dienen, teilprivilegiert. Vor allem wird dies zu einer erleichterten planungsrechtlichen Zulässigkeit von gewerblichen Nutzungen in vormals landwirtschaftlich genutzten Gebäuden führen, soweit dies einer zweckmäßigen Verwendung einer erhaltenswerten Bausubstanz dient und die weiteren Voraussetzungen des § 35 IV 1 Nr. 1 BauGB erfüllt sind. 4185

c) Wahrung der äußeren Gestalt. Nach § 35 IV 1 Nr. 1 b BauGB muss bei der Nutzungsänderung die äußere Gestalt des Gebäudes im Wesentlichen gewahrt werden. Dies setzt Umnutzungen Grenzen, die sich im Erscheinungsbild nach außen hin deutlich bemerkbar machen.[1402] Vor allem wird dies auch dazu führen, dass gewerbliche Nutzungen ehemals landwirtschaftlicher Gebäude im Außenbereich nicht aus dem Rahmen fallen. Denn Nutzungsänderungen, die zu einer durchgreifenden Umgestaltung des äußeren Erscheinungsbildes des bisher landwirtschaftlichen Gebäudebestandes führen, sind danach planungsrechtlich nicht zulässig. Die Grenze der zulässigen Nutzungsänderung ist auch für eine beabsichtigte gewerbliche Nutzung dann überschritten, wenn das äußere Erscheinungsbild der Gebäudesubstanz wesentlich verändert wird. Damit soll die äußere Erscheinung der überkommenen landwirtschaftlichen Struktur erhalten bleiben. Soll etwa in einem ehemaligen Stallgebäude eine Autoreparaturwerkstatt eingerichtet werden, so würde diese Nutzungsänderung an den einschränkenden Voraussetzungen des § 35 IV 1 Nr. 1 b BauGB scheitern, wenn zugleich bisher landwirtschaftlich genutzte Freiflächen in größerem Umfang etwa als Abstellplatz genutzt werden müssten. Teilprivilegiert nach § 35 IV 1 Nr. 1 BauGB sind daher nur Nutzungsänderungen, die sich vorwiegend innerhalb des Gebäudes abspielen und nicht das äußere Erscheinungsbild der Gebäudesubstanz verändern. 4186

d) Siebenjahresfrist. Die Nutzungsänderung muss sich als einheitlicher Lebensvorgang darstellen, wobei die Aufgabe der Nutzung nach § 35 IV 1 Nr. 1 c BauGB nicht länger als sieben Jahre zurückliegen darf. Eine bereits länger als sieben Jahre zurückliegende landwirtschaftliche Nutzung kann daher grundsätzlich nicht Anknüpfungspunkt für die Teilprivilegierung nach § 35 IV 1 Nr. 1 BauGB sein. So kommt die Privilegierung nicht einem Gebäude zugute, das bereits seit mehr als sieben Jahren nicht mehr landwirtschaftlich genutzt wurde oder in dem eine auf Dauer angelegte neue Nutzung aufgenommen worden ist. Eine nur vorübergehende Einstellung der landwirtschaftlichen Tätigkeit etwa bei Todesfällen oder bei Eigentumswechsel oder auch in Fällen vorübergehender wirtschaftlicher Schwierigkeiten führt nach der Verkehrsauffassung nicht zur Aufgabe der Nutzung und steht daher einer Ausnutzung der Teilprivilegierung nicht entgegen. Der Beginn der Siebenjahresfrist hängt von der endgültigen Aufgabe der privilegierten Nutzung der gesamten Hofstelle ab. Bei einer nur teilweisen Auf- 4187

1401 BVerwG NVwZ 2004, 982.

1402 Söfker in EZBK, BauGB, 2021, § 35 Rn. 140; ob bereits der Einbau von zusätzlichen Dachgauben oder eine neue Fassade die äußere Gestaltung unzulässig verändert, ist eine Frage der wertenden Einschätzung im Einzelfall.

gabe ist entscheidend, ob der verbleibende Teilbetrieb als landwirtschaftlicher oder forstwirtschaftlicher Nebenerwerbsbetrieb zu beurteilen ist. Eine land- oder forstwirtschaftliche Betätigung unterhalb der Schwelle des Nebenerwerbsbetriebs erfüllt nicht mehr die Voraussetzungen der Privilegierung nach § 35 I Nr. 1 und bedeutet daher 1 eine Aufgabe des Betriebs iSv § 35 IV 1 Nr. 1 BauGB.[1403] Für die Aufgabe der bisherigen Nutzung reicht eine faktische Aufgabe der bisher privilegierten Nutzung; der Verkauf oder die Verpachtung sind nicht Voraussetzung für die Aufgabe.[1404]

4188 § 35 IV 1 Nr. 1 c BauGB ermöglicht dabei die Nutzungsänderung einzelner Gebäude unter Fortführung der land- oder forstwirtschaftlichen Hauptnutzung, aber auch die Folgenutzung zu Wohnzwecken bei **Betriebsaufgabe**. Wird der Betrieb aufgegeben, so muss die Nachfolgenutzung innerhalb von 7 Jahren beantragt werden. Dies gilt allerdings nicht für Gebäude der Hofstelle, die für Landwirtschaftszwecke verpachtet waren und noch darüber hinaus vom Pächter privilegiert genutzt worden sind. Hier läuft die Fünfjahresfrist für die Nachfolgenutzung mit der Aufgabe der land- oder forstwirtschaftlichen Nutzung in dem einzelnen Gebäude.

4189 Nach der Übergangsregelung des § 245 b II BauGB idF des GeROG 2009 können die Länder jedoch bestimmen, dass die Siebenjahresfrist nicht anzuwenden ist.[1405] Treffen die Länder eine entsprechende Nichtanwendungsregelung, so fallen in die Teilprivilegierungsmöglichkeit des § 35 IV 1 Nr. 1 BauGB auch Nutzungsänderungen von Gebäuden, deren landwirtschaftliche Nutzung vor mehr als sieben Jahren aufgegeben worden ist. Dann können auch länger anderweitig genutzte ehemals landwirtschaftlichen Zwecken dienende Gebäude an der Teilprivilegierungsmöglichkeit teilnehmen mit der Folge, dass Nutzungsänderungen nach Maßgabe der übrigen Voraussetzungen der Vorschrift die dort erwähnten Belange nicht entgegengehalten werden können. Die Entscheidung hierzu liegt bei den Ländern.

4190 **e) Zulässige Errichtung.** Die Teilprivilegierung soll nur einer Gebäudesubstanz zugutekommen, die vor mehr als sieben Jahren zulässigerweise errichtet worden ist. Dies setzt voraus, dass die Bausubstanz, die umgenutzt werden soll, bereits vor mehr als sieben Jahren vorhanden war und nicht etwa durch Verfall inzwischen den Bestandsschutz verloren hat. Für die bisherige landwirtschaftliche Nutzung muss in der Regel eine (unanfechtbare) Baugenehmigung erteilt worden sein. Aber auch wenn das Vorhaben ohne Erteilung einer Baugenehmigung den materiellen Zulässigkeitsvorschriften des § 35 I Nr. 1 BauGB entsprach, das Gebäude also einem landwirtschaftlichen Betrieb diente und nur einen untergeordneten Teil der Betriebsfläche einnahmen, ist das Vorhaben iS des § 35 IV 1 Nr. 1 d BauGB zulässigerweise errichtet und kann daher nach dieser Vorschrift teilprivilegiert sein.[1406] Übergangsweise geduldete Bauvorhaben sind demgegenüber nicht zulässigerweise errichtet.[1407] Es reicht allerdings auch aus, dass das Gebäude nicht nur für ganz kurze Zeit materiell legal war.

4191 **f) Räumlich-funktionaler Zusammenhang mit der Hofstelle.** Die Nutzungsänderung muss sich auf ein Gebäude beziehen, das in einem räumlich-funktionalen Zusammenhang mit der Hofstelle des land- oder forstwirtschaftlichen Betriebes steht (§ 35 IV 1 Nr. 1 d BauGB). Teilprivilegiert sind daher nur Gebäude, die eine räumliche und funktionale Nähe zur Hofstelle haben. Von der Hofstelle weit entfernt liegende Gebäude wie etwa Viehhütten oder frei in der Landschaft stehende Schuppen sind daher nicht teilprivilegiert. Der Gesetzgeber wollte damit der **Bodenschutzklausel** ausreichend Rechnung tragen und sicherstellen, dass nur eine Gebäudesubstanz in räumlich-funktionaler Zuordnung zur Hofstelle teilprivilegiert ist. Allerdings kann auch eine bereits aufgegebene Hofstelle entsprechende Nachwirkungen entfalten, sodass auch derartige Anlagen Teilprivilegierungswirkungen auslösen können.[1408] Ist etwa die landwirtschaftliche Hofstelle aufgegeben, so kann innerhalb der im Gesetz vorgesehenen Siebenjahresfrist (§ 35 IV 1 Nr. 1 c BauGB) eine Nutzungsänderung im räumlich-funktionalen Zusammenhang mit der ehemaligen Hofstelle erfolgen. Ehemals landwirtschaftlich genutzte Gebäude, die einen solchen Zusammenhang nicht aufweisen, sind demgegenüber nicht nach § 35 IV 1 Nr. 1 BauGB teilprivilegiert. Einzel liegende Nebengebäude wie etwa Ställe oder

---

[1403] Söfker in EZBK, BauGB, 2021, § 35 Rn. 142.
[1404] OVG Berlin-Brandenburg Urt. v. 18.5.2016 – OVG 6 B 74.15, BeckRS 2016, 47244 mwN.
[1405] Krautzberger/Stüer BauR 2009, 180; Söfker UPR 2009, 737.
[1406] Söfker in EZBK, BauGB, 2021, § 35 Rn. 143.
[1407] BVerwG Beschl. v. 3.11.1967 – 4 B 170.66, juris.
[1408] OOVG Koblemz ZfBR 2018, 378; Söfker in EZBK, BauGB, 2021, § 35 Rn. 143.

Scheunen, die keinen räumlichen Bezug zur Hofstelle haben, werden von der Teilprivilegierung nicht erfasst.

g) Begrenzung auf fünf Wohnungen. § 35 IV 1 Nr. 1 f BauGB erweitert die vormals bestehende Begrenzung durch das Baulandmobilisierungsgesetz 2021 auf fünf Wohnungen, wobei die fünf Wohnungen neben den nach § 35 I Nr. 1 BauGB privilegierten, der Landwirtschaft zugeordneten Wohnungen zulässig sind. Die nach dieser Vorschrift privilegierten landwirtschaftlichen Betriebswohnungen werden daher bei der Berechnung der nach § 35 IV 1 Nr. 1 f BauGB teilprivilegiert zulässigen Wohnungen nicht hinzugerechnet. Durch diese gesetzliche Regelung ist bereits durch die Vorgängerregelung ein vormals bestehender Streit entschieden, der sich auf die Einbeziehung von bereits vorhandenen privilegierten Wohnungen bezog. Will etwa ein Landwirt in ehemaligen Betriebsgebäuden Wohnungen einrichten, so sind in die Teilprivilegierung nach § 35 IV 1 Nr. 1 f BauGB die vorhandenen privilegierten Wohnungen nicht einzubeziehen. Neben den durch die landwirtschaftliche Betriebsführung gerechtfertigten Wohnungen können daher in ehemals landwirtschaftlich genutzten Betriebsgebäuden fünf Wohnungen errichtet werden. Ist der **landwirtschaftliche Betrieb aufgegeben**, so können im Umgriff der Hofstelle nach § 35 IV 1 Nr. 1 f BauGB fünf Wohnungen teilprivilegiert errichtet werden. Die im land- oder forstwirtschaftlichen Nutzungsbereich privilegierten Wohnungen behalten dabei ihren Sonderstatus, selbst wenn die Hofstelle aufgegeben wird. Für diesen Fall dürfen neben den bereits zulässigerweise vorhandenen, vormals privilegierten Wohnungen drei weitere Wohnungen ohne eine Zweckbindung an die Landwirtschaft errichtet werden. Die Privilegierung entfällt nicht deshalb, weil die Maßnahme bereits durchgeführt und daher nicht „beabsichtigt" ist. Verliert ein Bestandsgebäude im Außenbereich aufgrund genehmigter Nutzungsänderung zu einem Wohnhaus seine Privilegierung nach § 35 I 1 Nr. 1 BauGB, ist der Ausbau des Dachgeschosses als weitere Wohneinheit als sonstiges Vorhaben nach § 35 II BauGB zu beurteilen.[1409] 4192

h) Verpflichtungserklärung. In Fortschreibung der bisher geltenden Rechtslage fordert § 35 IV 1 Nr. 1 g BauGB, dass der Grundstückseigentümer die Verpflichtung übernimmt, keine Neubebauung als Ersatz für die aufgegebene Nutzung vorzunehmen, es sei denn, die Neubebauung wird im Interesse der Entwicklung des nach § 35 I Nr. 1 BauGB privilegierten landwirtschaftlichen Betriebes erforderlich. Hierdurch soll sichergestellt werden, dass nicht zunächst von den Vorteilen der Teilprivilegierung Gebrauch gemacht wird und im Anschluss daran eine neue (privilegierte) Gebäudesubstanz errichtet wird. Ganz allerdings ist der Ausschluss einer weiteren baulichen Entwicklung nicht gelungen. Eine Erweiterung der baulichen Substanz ist dann planungsrechtlich zulässig, wenn dies im Interesse der Entwicklung eines nach § 35 I Nr. 1 BauGB privilegierten landwirtschaftlichen Betriebes erforderlich ist. Die Verpflichtungserklärung schließt damit lediglich bauliche Erweiterungen aus, die nicht für sich nach § 35 I Nr. 1 BauGB privilegiert sind. 4193

i) Einzelfragen. § 35 IV 1 Nr. 1 BauGB erleichtert die Nutzungsänderung nur für solche baulichen Anlagen, die bisher tatsächlich iS des § 35 I Nr. 1 BauGB genutzt worden sind. Fehlt es hieran, so genügt es nicht, dass die bauliche Anlage nur für eine der bezeichneten privilegierten Nutzungen genehmigt worden ist.[1410] Denn Voraussetzung für die Begünstigung einer nicht privilegierten Nutzungsänderung einer baulichen Anlage im Außenbereich nach § 35 IV 1 Nr. 1 BauGB ist, dass die bauliche Anlage oder der für die Nutzungsänderung vorgesehene Anlageteil „bisher" tatsächlich nach § 35 I Nr. 1 BauGB privilegiert war und entsprechend genutzt worden ist.[1411] Sinn und Zweck der erweiterten Genehmigungsmöglichkeit nach § 35 IV 1 Nr. 1 BauGB besteht darin, die Nutzung „aufgegebener" landwirtschaftlicher Betriebsgebäude im Rahmen einer zweckmäßigen Verwendung erhaltenswerter Bausubstanz auch im Falle wesentlicher baulicher Änderungen zu erfassen und zu verbessern. Nur in diesem konkreten Rahmen – dh in sog. Entprivilegierungsfällen – und nicht ganz allgemein soll die Vorschrift unter Erhaltung vorhandener Bausubstanz einen Beitrag zum erleichterten Strukturwandel in der Landwirtschaft im ländlichen Raum leisten.[1412] § 35 IV 1 Nr. 1 BauGB erleichtert für Gebäude, die iS des § 35 I Nr. 1 BauGB genutzt worden sind, die Nutzungsänderung auch dann, wenn ihr Umbau für landwirtschaftliche Zwecke genehmigt und begonnen, jedoch in- 4194

1409 VG München Beschl. v. 13.5.2020 – 1 ZB 19.1663, BeckRS 2019, 15007.
1410 BVerwG BauR 1983, 448; ZfBR 1983, 32.
1411 BVerwG BauR 1994, 34; ZfBR 1983, 32.
1412 Jäde UPR 1991, 401.

folge Aufgabe des landwirtschaftlichen Betriebes nicht mehr genutzt worden ist.[1413] § 35 IV BauGB hat dabei den Charakter einer abschließenden Ausnahmevorschrift. Soweit diese enumerative Regelung nicht greift, verbleibt es bei dem Begriff des Vorhabens einer Nutzungsänderung, der Gebäude und Funktion umgreift. Mit der Teilprivilegierung wollte der Gesetzgeber Schwierigkeiten bei der Umstrukturierung der Landwirtschaft begegnen.[1414] Deshalb sollten bisher landwirtschaftliche Gebäude auch anderen Zwecken zugeführt werden dürfen, weil sie anderenfalls nach Betriebsaufgabe zu verfallen drohten. Eine Zersiedlung der Landschaft war dadurch nach Meinung des Gesetzgebers nicht zu befürchten, weil nur vorhandene Gebäude einer anderen Nutzung zugeführt werden durften.[1415] Liegen die Voraussetzungen der Teilprivilegierungsregelung in § 35 IV BauGB nicht vor, verbleibt es dabei, dass nicht privilegierte Vorhaben nach § 35 II BauGB zu beurteilen sind. Die Anwendung der Privilegierung des § 35 IV 1 Nr. 1 BauGB kommt allerdings nicht in Betracht, wenn die Frist zwischen der Aufgabe der Wohnnutzung und der Nutzungsänderung mehr als 7 Jahre beträgt[1416] (§ 35 IV 1 Nr. 1 c BauGB), wenn die Länder nach der Überleitungsvorschrift des § 245 b II BauGB keine anders lautende Regelung schaffen. Hat ein Gebäude teils landwirtschaftlichen, teils nicht landwirtschaftlichen Zwecken gedient, hängt die erleichterte Nutzungsänderung nach § 35 IV 1 Nr. 1 BauGB von dem Schwerpunkt der Nutzung ab. Ein Behelfsheim etwa, das überwiegend zur Unterbringung von Flüchtlingen genutzt worden ist, wird nicht dadurch zu einem landwirtschaftlich genutzten Gebäude, dass es zeitweise auch der Unterbringung eines landwirtschaftlichen Gehilfen diente.[1417]

4195 Von einer **Nutzungsänderung** im bebauungsrechtlichen Sinne ist immer dann auszugehen, wenn durch die Verwirklichung des Vorhabens die jeder Art von Nutzung eigene Variationsbreite verlassen wird und wenn ferner durch die Aufnahme dieser veränderten Nutzung bodenrechtliche Belange neu berührt werden, sodass sich die Genehmigungsfrage neu stellt.[1418]

Beispiel: Soll ein im Außenbereich gelegenes ehemals landwirtschaftlich genutztes Gebäude, in dem nachfolgend eine Pension betrieben worden ist, einer neuen, nicht privilegierten Nutzung zugeführt werden, so sind bei der bebauungsrechtlichen Beurteilung, ob das Vorhaben mit öffentlichen Belangen vereinbar ist, das Gebäude und die beabsichtigte Nutzungsänderung als Einheit zu betrachten.[1419]

4196 Die Teilprivilegierungsmöglichkeit nach § 35 IV 1 Nr. 1 BauGB besteht auch für Vorhaben, die keiner Baugenehmigung oder Bauanzeige bedürfen. Ist etwa die Änderung der Nutzung eines Weideunterstandes vom halb offenen Witterungsschutz für Weidevieh zur nichtbetrieblichen und dabei teilweise ständigen Unterbringung von Tieren sowie von Heuvorräten und Strohvorräten ohne wesentliche bauliche Veränderung vor sich gegangen, so kommt der Anlage die Vergünstigung des § 35 IV 1 Nr. 1 BauGB zugute. Auch eine derartige Anlage könnte daher unter den Voraussetzungen dieser Vorschriften umgebaut und umgenutzt werden.[1420] Es muss sich allerdings um bisher **landwirtschaftlich genutzte Gebäudesubstanz** nach § 35 I Nr. 1 BauGB handeln. Andere vormals privilegierte Gebäude wie etwa Gebäude, die einem ortsgebundenen gewerblichen Betrieb gedient haben, werden von der erleichterten Teilprivilegierungsmöglichkeit in § 35 IV 1 Nr. 1 BauGB nicht erfasst.[1421]

4197 § 35 IV 1 Nr. 1 BauGB ist nicht nur anzuwenden, wenn der landwirtschaftliche Betrieb ganz oder teilweise aufgegeben wird, sondern auch, wenn erhaltenswerte Bausubstanz durch eine nachhaltige Betriebsumstellung frei wird. Begünstigt ist nicht nur die Entprivilegierung ganzer Gebäude, sondern auch die von **Gebäudeteilen**. Wird ein Teil eines Gebäudes umgenutzt, dann kommt es regelmäßig nicht darauf an, ob die Bausubstanz dieses Teils, sondern ob die des gesamten Gebäudes erhaltenswert ist.[1422] Der Tatbestand des § 35 IV 1 Nr. 1 BauGB

[1413] BVerwG NVwZ 1985, 825.
[1414] BVerwGE 47, 185.
[1415] BVerwG ZfBR 1989, 72.
[1416] BVerwG NVwZ 1995, 296; VGH Mannheim RdL 1996, 37.
[1417] OVG Schleswig Urt. v. 8.6.1994 – 1 L 121/93, BeckRS 1994, 14241.
[1418] BVerwG ZfBR 1988, 195.
[1419] BVerwG ZfBR 1989, 72.
[1420] OVG Saarlouis RdL 1993, 148.
[1421] VGH Mannheim ZfBR 1992, 146.
[1422] VGH München BauR 2002, 48.

setzt allerdings voraus, dass das Gebäude, das umgebaut und umgenutzt werden soll, noch vorhanden ist.[1423]

§ 35 IV 1 Nr. 1 BauGB erfasst nur die Änderung der Nutzung eines Gebäudes im Sinne von § 35 I Nr. 1 BauGB, nicht die Nutzungsänderung von Anlagen, die möglicherweise nach § 35 I Nrn. 2 bis 5 BauGB privilegiert waren. Begünstigt ist nach § 35 IV 1 Nr. 1 BauGB nur die erstmalige Nutzungsänderung.[1424] 4198

Ein Gebäude war zu dem nach § 35 IV 1 Nr. 1 BauGB maßgeblichen Zeitpunkt bis zum 27.8.1996 nur dann errichtet, wenn es so weit fertig gestellt war, dass es bestimmungsgemäß genutzt werden konnte.[1425] Ein Antrag auf Erlass eines baurechtlichen Vorbescheides, in dem nicht über alle klärungsbedürftigen Fragen mit Bindungswirkung für das nachfolgende Baugenehmigungsverfahren entschieden wurde, wahrt nicht die Übergangsfrist des § 35 IV 1 Nr. 1 BauGB.[1426] 4199

3. Ersatzbau für landwirtschaftlich genutzte Gebäude

Seit der Städtebaurechts-Novelle 2013 können für landwirtschaftlich genutzte Gebäude unter den Voraussetzungen des § 35 IV 2 BauGB auch Ersatzbauten mit einer anderen Nutzung errichtet werden. Danach gilt In begründeten Einzelfällen die Rechtsfolge des § 35 IV 1 BauGB auch für die Neuerrichtung eines Gebäudes im Sinne des § 35 I Nr. 1 BauGB, dem eine andere Nutzung zugewiesen werden soll, wenn das ursprüngliche Gebäude vom äußeren Erscheinungsbild auch zur Wahrung der Kulturlandschaft erhaltenswert ist, keine stärkere Belastung des Außenbereichs zu erwarten ist als in Fällen des § 35 IV 1 BauGB und die Neuerrichtung auch mit nachbarlichen Interessen vereinbar ist, § 35 IV 1 Nr. 1 b bis g gilt entsprechend. § 35 IV 1 Nr. 1 a BauGB begünstigt Nutzungsänderungen bei Vorliegen einer erhaltenswerten Bausubstanz. § 35 IV 2 BauGB hat das jetzt auf Fälle einer optisch intakten Bausubstanz erweitert, die aber so marode ist, dass nur eine Neuerrichtung in Betracht kommt. 4200

4. Außenbereichsvorhaben zur Flüchtlingsunterbringung

Bis zum Ablauf des 31.12.2027 gilt die Rechtsfolge des § 35 IV 1 BauGB für Vorhaben entsprechend, die der Unterbringung von Flüchtlingen oder Asylbegehrenden dienen, wenn das Vorhaben im unmittelbaren räumlichen Zusammenhang mit nach § 30 I BauGB oder § 34 BauGB zu beurteilenden bebauten Flächen innerhalb des Siedlungsbereichs erfolgen soll. 4201

Die Zulässigkeit bestimmt sich dabei nach den für „begünstigte Vorhaben" nach § 35 IV BauGB geltenden Bestimmungen. Den „begünstigten" Vorhaben können danach die entgegenstehenden Darstellungen des Flächennutzungsplans oder eines Landschaftsplans, die natürliche Eigenart der Landschaft oder die Entstehung, Verfestigung oder Erweiterung einer Splittersiedlung nicht entgegengehalten werden. § 35 IV BauGB schließt im Wesentlichen an Bestandsvorhaben an, die insbesondere erweitert oder ihrer Nutzung nach geändert oder wieder aufgebaut werden sollen. 4202

Die Vorschrift enthält zwei einengende Voraussetzungen: Das Vorhaben muss zum einen im unmittelbaren räumlichen Zusammenhang mit einem bebauten Ortsteil liegen. Die Errichtung und Nutzung muss innerhalb des Siedlungsbereichs erfolgen. Der unmittelbare Zusammenhang mit einem bebauten Ortsteil kann sowohl Ortsteile mit Bebauungsplänen iS des § 30 I BauGB als auch Innenbereiche nach § 34 BauGB ohne Bebauungspläne betreffen. Die Vorschrift zielt damit insbesondere auf Flächen in Ortsteilen, die mangels Bebauungszusammenhang nicht nach § 34 I BauGB bebaubar sind. Ob der Terminus „Außenbereich im Innenbereich" – so der Bundesratsantrag[1427] – den Sachverhalt zutreffend oder gar abschließend beschreibt, kann offen bleiben. Die Regelung umfasst jedenfalls auch Ortsteilerweiterungen, das heißt Flächen, die in einer Randlage zu einem vorhandenen Ortsteil und daher im bisherigen Außenbereich liegen und damit nicht zum bebauten Ortsteil, wohl aber zum Siedlungsbereich gehören können. 4203

1423 VGH Mannheim VBlBW 2003, 320.

1424 OVG Saarlouis, Urt. v. 25.9.2001 – 2 Q 23/01, juris zur Umwandlung eines nach seiner Ausgestaltung auf Freizeit- oder gar Wohnnutzung hindeutenden Gebäudes in Räumlichkeiten zur Zucht und Aufbewahrung von Pflanzen eines behaupteten Gartenbaubetriebes, im Anschluss an BVerwG BRS 60 Nr. 98.

1425 BVerwG NVwZ-RR 2000, 758.

1426 BVerwG NVwZ-RR 2003, 173.

1427 BR-Drs. 419/14 (Beschluss); BT-Drs. 18/2752.

4204 Die Lage „innerhalb des Siedlungsbereichs" bezieht sich auf einen im BauGB nicht ausdrücklich benannten Tatbestand. Jedoch knüpft die Rechtsprechung an diesen Begriff an, zuletzt namentlich beim Begriff der „Innenentwicklung".[1428] Dies gilt etwa für Konversionsflächen sowie Flächen, die nach der städtebaulichen Entwicklung, dokumentiert etwa im Flächennutzungsplan oder in einem städtebaulichen Entwicklungskonzept, für eine bauliche Nutzung vorgesehene Flächen und für Flächen, deren tatsächliche Entwicklung eine bauliche Vorprägung aufweist. Auch der „Außenbereich im Innenbereich"[1429] fällt darunter. Dies könnte dafür sprechen, ähnlich wie beim Bebauungsplan der Innenentwicklung nach § 13a BauGB gewisse Abrundungen der vorhandenen Siedlungsentwicklung in den Außenbereich zu ermöglichen. Werden die Voraussetzungen des Bebauungsplans der Innenentwicklung allerdings nicht eingehalten, kann die Planung auch wegen der zu Unrecht ausgehebelten Umweltprüfung europarechtlich in eine Schieflage geraten.[1430]

4205 Für diese Fälle soll im Einzelfall auch eine Neuerrichtung von Gebäuden begünstigt werden. Grundvoraussetzung hierfür ist allerdings, dass das ursprüngliche Gebäude vom äußeren Erscheinungsbild zur Wahrung der Kulturlandschaft erhaltenswert erscheint und bei der Neuerrichtung der Außenbereichsschutz und nachbarliche Interessen gewahrt bleiben. Durch die entsprechende Anwendbarkeit der Voraussetzungen für die Nutzungsänderung bei Beibehaltung des Gebäudes (§ 35 IV 1 Nr. 1 b) bis g) BauGB) wird zudem verlangt, dass sich der Neubau im Wesentlichen an der äußeren Gestalt des bisherigen Gebäudes, einschließlich der Kubatur, orientiert.

4206 Im Außenbereich gilt nach § 246 XIII 1 BauGB unbeschadet des § 246 IX BauGB bis zum Ablauf des 31.12.2027 die Rechtsfolge des § 35 IV 1 entsprechend für 1. die auf längstens drei Jahre zu befristende Errichtung mobiler Unterkünfte für Flüchtlinge oder Asylbegehrende, 2. die Nutzungsänderung zulässigerweise errichteter baulicher Anlagen, auch wenn deren bisherige Nutzung aufgegeben wurde, in Aufnahmeeinrichtungen, Gemeinschaftsunterkünfte oder sonstige Unterkünfte für Flüchtlinge oder Asylbegehrende, einschließlich einer erforderlichen Erneuerung oder Erweiterung. Die genannte Frist von drei Jahren kann um weitere drei Jahre, längstens jedoch bis zum Ablauf des 31.12.2030 verlängert werden; für die Verlängerung gilt die Rechtsfolge des § 35 IV 1 BauGB entsprechend. Sofern die Frist bereits abgelaufen ist, gilt auch für die Entscheidung über die auf drei Jahre, längstens jedoch bis zum Ablauf des 31.12.2030 zu befristende erneute Zulässigkeit einer bereits errichteten mobilen Unterkunft für Flüchtlinge oder Asylbegehrende die Rechtsfolge des § 35 IV 1 BauGB entsprechend. Für Vorhaben nach § 246 XIII 1 BauGB gilt § 35 V 2 HS 1 und S. 3 BauGB entsprechend. Wird zum Zeitpunkt einer Nutzungsänderung nach § 246 XIII 1 Nr. 2 BauGB eine Nutzung zulässigerweise ausgeübt, kann diese im Anschluss wieder aufgenommen werden; im Übrigen gelten für eine nachfolgende Nutzungsänderung die allgemeinen Regeln.

4207 Von § 246 VIII bis XIII BauGB darf nach § 246 XIIIa BauGB nur Gebrauch gemacht werden, soweit dringend benötigte Unterkünfte im Gebiet der Gemeinde, in der sie entstehen sollen, nicht oder nicht rechtzeitig bereitgestellt werden können. Soweit auch bei Anwendung von § 246 VIII bis XIII BauGB dringend benötigte Unterkunftsmöglichkeiten im Gebiet der Gemeinde, in der sie entstehen sollen, nicht oder nicht rechtzeitig bereitgestellt werden können, kann bei Aufnahmeeinrichtungen, Gemeinschaftsunterkünften oder sonstigen Unterkünften für Flüchtlinge oder Asylbegehrende bis zum Ablauf des 31.12.2027 von den Vorschriften des BauGB oder den aufgrund des BauGB erlassenen Vorschriften in erforderlichem Umfang abgewichen werden (§ 246 XIV BauGB).

5. Ersatzbau für mängelbehaftete Gebäudesubstanz

4208 § 35 IV 1 Nr. 2 BauGB schafft Erleichterungen für die Zulässigkeit von Ersatzbauten. Nach dieser Vorschrift ist die Neuerrichtung eines gleichartigen Wohngebäudes an gleicher Stelle teilprivilegiert zulässig, wenn (a) das vorhandene Gebäude zulässigerweise errichtet worden ist, (b) das vorhandene Gebäude Missstände aufweist und (c) vom Eigentümer längere Zeit genutzt wird sowie (d) Tatsachen die Annahme rechtfertigen, dass das neu errichtete Gebäude für den Eigenbedarf des bisherigen Eigentümers oder seiner Familie genutzt wird. Hat der Eigentümer

[1428] OVG Koblenz Urt. v. 24.2.2010 – 1 C 10852/09, juris; OVG Saarlouis Urt. v. 4.10.2012 – 2 C 305/10, juris; hierzu auch Bienek/Krautzberger UPR 2008, 81; Uechtritz BauR 2007, 476.

[1429] Grundlegend bereits BVerwG DVBl. 1973, 641.

[1430] EuGH DVBl. 2013, 777 m. Anm. Stüer/Garbrock DVBl. 2013, 778.

das vorhandene Gebäude im Wege der Erbfolge von einem Voreigentümer erworben, der es seit längerer Zeit selbst genutzt hat, reicht es aus, wenn Tatsachen die Annahme rechtfertigen, dass das neu errichtete Gebäude für den Eigenbedarf des Eigentümers oder seiner Familie genutzt wird. Die Vorschrift ermöglicht damit einen Ersatzbau für eine zu Wohnzwecken genutzte Gebäudesubstanz, die Missstände oder Mängel aufweist. Nicht erforderlich sind so erhebliche Mängel, dass eine Sanierung mit wirtschaftlich vertretbaren Maßnahmen nicht mehr durchgeführt werden kann. Teilprivilegiert sind nur Wohngebäude, die vom Eigentümer selbst seit längerer Zeit genutzt worden sind. Ferien- oder Wochenendhäuser sind nicht nach dieser Vorschrift privilegiert.[1431]

§ 35 IV 1 Nr. 2 BauGB ermöglicht den Ersatz „abgängiger" Bausubstanz[1432] und geht mit diesem Inhalt über den Bestandsschutz hinaus. Danach endet der Bestandsschutz mit dem Untergang der Bausubstanz. Ein Wiederaufbau eines Gebäudes wird demgegenüber vom Bestandsschutz nicht gedeckt.[1433] Hat der Eigentümer das Wohngebäude im Wege der Erbfolge von einem Voreigentümer erworben, der es seit längerer Zeit selbst genutzt hat, reicht es aus, wenn Tatsachen die Annahme rechtfertigen, dass das neu errichtete Wohngebäude für den Eigenbedarf des Eigentümers oder seiner Familie genutzt wird. Geringfügige Erweiterungen des neuen Gebäudes gegenüber dem beseitigten Gebäude sowie geringfügige Abweichungen vom bisherigen Standort des Gebäudes[1434] sind zulässig (§ 35 IV 1 Nr. 2 BauGB). 4209

Nach § 35 IV 2 BauGB sind in den Fällen des § 35 IV 1 Nr. 2 und 3 BauGB, also bei der Neuerrichtung mängelbehafteter Wohngebäudesubstanz oder bei Ersatzbauten für durch außergewöhnliche Ereignisse zerstörte Gebäude geringfügige Erweiterungen des neuen Gebäudes gegenüber dem beseitigten oder zerstörten Gebäude sowie geringfügige Abweichungen vom bisherigen Standort des Gebäudes zulässig. Die Erweiterung oder Standortverschiebung darf sich nicht mehr als geringfügig auf die vom Ersatzbau betroffenen öffentlichen Belange auswirken.[1435] Die Vorschrift ermöglicht einen Ersatzbau bei Gebäuden, die **Mängel oder Missstände** aufweisen. Allerdings rechtfertigen nur gravierende, das Gebäude erheblich beeinträchtigende Mängel eine Ersatzbaumaßnahme. Bei leichteren Mängeln kommt lediglich eine Reparatur oder Gebäudesanierung in Betracht. Mit dem Begriff „vorhandenes Gebäudes" ist gemeint, dass das Gebäude zu Beginn der Bauarbeiten – bei Beginn der Neuerrichtung des Ersatzbaus – noch existent ist. Vorhergehender Abriss und Neuerrichtung müssen einen einheitlichen Lebenssachverhalt bilden.[1436] 4210

Erleichtert wird der Ersatzbau für **Wohngebäude**, also Gebäude, die überwiegend Wohnzwecken dienen. Einzelne Räume können jedoch durchaus anderen (etwa gewerblichen) Zwecken dienen. Nicht erleichtert zugelassen wird nach § 35 IV 1 Nr. 2 BauGB die Wiedererrichtung anderer Gebäude, die nicht Wohnzwecken gedient haben. So ist etwa der Abbruch und die Neuerrichtung eines Behelfsheims, das nach dem Kriege nur vorübergehend zur Unterbringung von Vertriebenen genutzt wurde, nicht nach § 35 IV 1 Nr. 2 BauGB erleichtert zulässig.[1437] Denn Behelfsbauten, die über lange Zeit keinen Wohnzwecken mehr gedient haben, nehmen an der erleichterten Zulässigkeit dieser Vorschrift nicht teil.[1438] Für derartige Behelfsheime kann daher auch nicht unter Inanspruchnahme der Teilprivilegierungsregelung in § 35 IV 1 Nr. 2 BauGB ein Ersatzgebäude errichtet werden. Auch die Errichtung eines Ersatzbaus für eine Ferien- oder Wochenendhausnutzung sollte nicht erleichtert werden. Dies gilt auch dann, wenn ein Gebäude ua von fünf Familienmitgliedern in der Weise abwechselnd genutzt wurde. Mit der Teilprivilegierung sollte die Verbesserung unzureichender Wohnverhältnisse durch Errichtung eines Ersatzbaus ermöglicht, nicht aber die Schaffung oder Erhaltung einer Erholungsmöglichkeit im Außenbereich gefördert werden.[1439] 4211

1431 BVerwG NJW 1982, 2512.

1432 BVerwG NVwZ 1989, 355.

1433 VGH Mannheim NVwZ-RR 1993, 599; allerdings BVerwG BauR 1975, 114. Danach kann der Wiederaufbau einer durch Brand oder ähnliche Ereignisse zerstörten baulichen Anlage sich ausnahmsweise aus dem Gesichtspunkt der eigentumskräftig verfestigten Anspruchsposition rechtfertigen.

1434 BVerwG BauR 1981, 249.

1435 BVerwG BauR 1981, 245; NVwZ 1982, 374; DVBl. 1991, 217.

1436 OVG Münster BauR 2015, 1963 = juris Rn. 76.

1437 OVG Schleswig Urt. v. 31.1.1997 – 1 L 170/96, juris.

1438 So für die Vorgängerregelung des § 4 III 1 Nr. 2 BauGB-MaßnG OVG Schleswig NuR 1996, 44.

1439 BVerwG BauR 2002, 1059.

4212 Das Gebäude muss zulässigerweise errichtet gewesen sein. Das vorhandene Gebäude ist nach § 35 IV 1 Nr. 2 a) BauGB zulässigerweise errichtet, wenn es entweder bauaufsichtlich genehmigt wurde oder im Zeitpunkt der Errichtung oder später während eines nennenswerten Zeitraums hätte genehmigt werden müssen.[1440] Dies setzt in aller Regel eine **Baugenehmigung** voraus. Übergangsweise geduldete Bauvorhaben sind demgegenüber nicht zulässigerweise errichtet.[1441] Es reicht allerdings auch aus, dass das Gebäude nicht nur für ganz kurze Zeit materiell legal war. Eine auf der Grundlage der früheren Fassung des § 19 BauGB erteilte Teilungsgenehmigung für ein Außenbereichsgrundstück verleiht allerdings einem vorhandenen, materiell illegalen und in dem Teilungsantrag ausgewiesenen Gebäude keine über die Rechtswirkungen des § 21 I BauGB 1986 hinausgehende materielle Legalität. Das Gebäude wird daher durch die Teilungsgenehmigung nicht zu einem „zulässigerweise errichteten" Gebäude iS von § 35 IV 1 Nr. 2 BauGB.[1442] Der Bauherr trägt für die Tatsache, dass das vorhandene Gebäude zulässigerweise errichtet wurde, die **Darlegungs- und Beweislast**.[1443] Ein Gebäude ist zulässigerweise errichtet, wenn es in Übereinstimmung mit dem materiellen Baurecht errichtet oder wenn eine Baugenehmigung oder sonstige bauaufsichtliche Zulassung erteilt worden ist.

4213 Die Teilprivilegierung kommt dem Eigentümer des mängelbehafteten Gebäudes zugute, der das Gebäude bereits seit längerer Zeit selbst genutzt hat. Dies setzt etwa eine vierjährige eigene Nutzung voraus.[1444] Erwirbt ein langjähriger Mieter das Grundstück, so muss die **Eigennutzung** zumindest bis zur Eigentumsübertragung andauern.[1445] Es reicht aus, dass der neue Eigentümer das Gebäude über längere Zeit selbst genutzt hat.[1446] Auf die längere Zeit, die der Eigentümer das abgängige Wohngebäude eigengenutzt haben muss, sind Wohnzeiten des Voreigentümers grundsätzlich nicht anzurechnen.[1447] Außerdem müssen Tatsachen die Annahme rechtfertigen, dass das Gebäude dem **Eigenbedarf** des Eigentümers oder seiner Familie dient. Besondere Regelungen enthält das Gesetz für den Fall der Erbfolge, bei der die Nutzungszeit des Voreigentümers angerechnet wird und Tatsachen die Annahme rechtfertigen, dass das neu errichtete Gebäude für den Eigenbedarf des Eigentümers oder seiner Familie genutzt wird. Die Baugenehmigungsbehörde soll die künftige Eigennutzung bei Erteilung der Baugenehmigung etwa durch Eintragung einer Baulast sicherstellen (§ 35 V BauGB). Die Art dieser Sicherstellung wird allerdings in § 35 V 3 BauGB nicht im Einzelnen festgelegt. Wer zur **Familie** gehört, bestimmt sich nach § 8 II des II. WoBauG.[1448]

4214 § 35 IV 1 Nr. 2 BauGB lässt nur die Neuerrichtung eines gleichartigen Wohngebäudes an gleicher Stelle zu. Die Gleichartigkeit bezieht sich auf jede bodenrechtlich beachtliche Beziehung, also insbesondere auf den Standort, das Bauvolumen, die Nutzung und die Funktion.[1449] Ein Gebäude, das bisher sowohl Wohnzwecken als auch landwirtschaftlichen Zwecken diente, kann danach durch ein ausschließlich Wohnzwecken dienendes Gebäude gleicher Größe ersetzt werden. Ein als Wohnhaus genutztes ehemaliges Bauernhaus mit einer Wohneinheit ist einem Ersatzgebäude mit zwei Wohnungen in zwei aneinander gesetzten, selbständig nutzbaren Haushälften nicht gleichartig iS des § 35 IV 1 Nr. 2 BauGB. Es darf auch nicht nach § 35 IV 1 Nr. 5 BauGB in einen derartigen Zwillingsbau umgebaut werden.[1450] Mit der Zahl der Wohneinheiten steigt die Zahl der Haushalte und damit typischerweise die Zahl der Bewohner, nimmt der Kraftfahrzeugverkehr zu und wird die Ver- und Entsorgung aufwändiger. Die zweite Wohneinheit verleiht dem Neubau im Vergleich zum

---

1440 OVG Münster BauR 2015, 1963 = juris Rn. 93.
1441 BVerwG Beschl. v. 3.11.1967 – 4 B 170.66, juris.
1442 OVG Lüneburg BauR 1990, 194; BVerwG NVwZ 1988, 532.
1443 OVG Berlin-Brandenburg ZfBR 2019, 283.
1444 Eine Eigennutzung von weniger als zwei Jahren ist zu kurz, BVerwG Beschl. v. 22.2.1996 – 4 B 25.96, juris. Es kommt auch nicht darauf an, durch welche Umstände der Eigentümer an einem längeren Eigennutzungszeitraum gehindert war.
1445 BVerwG NVwZ 1989, 355.
1446 BVerwG NVwZ 1989, 355.
1447 BVerwGE 62, 32; zu Ausnahmen BVerwG NJW 1981, 1225.
1448 BVerwGE 61, 285.
1449 OVG Münster BauR 2015, 1963 = juris Rn. 98; BVerwG NVwZ 2004, 982; BVerwGE 58, 124; BVerwGE 61, 290.
1450 BVerwG NVwZ 2004, 982.

vorhandenen Altbau mithin eine andere Qualität.[1451] Das ist mit dem Tatbestandsmerkmal der Gleichartigkeit nicht vereinbar.[1452] Bei Ersatzbauten nach § 35 IV Nr. 2 BauGB sind allerdings angemessene Erweiterungen der Wohnfläche zulässig.[1453] So können in die Berechnung auch Flächen der Altbausubstanz einbezogen werden, die bisher nicht Wohnzwecken gedient haben.[1454] Um einen Missbrauch der Begünstigungsregelung des § 35 IV 1 Nr. 2 BauGB zu verhindern, kann einer Baugenehmigung für ein Ersatzgebäude im Außenbereich nach § 35 V 4 BauGB eine Auflage beigefügt werden, wonach das neu errichtete Wohngebäude ausschließlich für den Eigenbedarf des bisherigen Eigentümer oder seiner Familie genutzt werden darf. Die Auflage steht unter dem Vorbehalt einer Überprüfung bei einer unvorhergesehenen wesentlichen Änderung der tatsächlichen Umstände.[1455]

Mit der Änderung von § 35 IV 1 Nr. 2 c BauGB durch das Baulandmobilisierungsgesetz, mit **4215** dem lediglich die Wörter „wurde oder" in die Vorgängervorschrift eingefügt worden sind, sollte nach dem Willen des Gesetzgebers ein Ersatzbau auch dann ermöglicht werden, wenn der Eigentümer des Grundstücks, auf dem der Ersatzbau errichtet werden soll, nicht mehr in dem zu ersetzenden Wohngebäude wohne, aber vormals darin gewohnt hat.[1456] Dafür, dass der Gesetzgeber mit dieser Änderung von dem Erfordernis der Personenidentität zwischen dem Eigentümer, von dem das vorhandene Wohngebäude genutzt wurde oder wird, und demjenigen, der das Ersatzwohngebäude errichten will, abrücken wollte, fehlt es an Anhaltspunkten. § 35 IV 1 Nr. 2c BauGB setzt vielmehr weiterhin voraus, dass der Eigentümer selbst das Wohngebäude bewohnt hat oder bewohnt.[1457]

Der Ersatzbau muss an der gleichen Stelle errichtet werden. Allerdings ist eine **geringfü- 4216 gige Standortabweichung** möglich. Diese kann sogar im Einzelfall aus Gründen der Wahrung öffentlicher Belange geboten sein. Dabei ist auf eine abwägende Bilanz der betroffenen öffentlichen Belange abzustellen.

Beispiel: Für ein abgängiges Gebäude soll ein Ersatzbau errichtet werden. Der bisherige Standort direkt am Wald wird um etwa 20 m verlegt. Für die neu in Anspruch genommene Fläche wird die bisher bebaute Fläche renaturiert. Die Standortverschiebung an eine exponiertere Stelle darf allerdings nicht zu einer zusätzlichen Beeinträchtigung etwa des Landschaftsbildes führen.[1458]

Das neue Gebäude muss dem bisherigen Gebäude gleichartig sein. Das neue Gebäude ist **4217** dem zerstörten Gebäude vor allem dann nicht „vergleichbar", dh nicht hinreichend gleichartig, wenn es von dessen objektiver Zweckbestimmung und Funktion wesentlich abweicht.[1459] **Geringfügige Erweiterungen** des neuen Gebäudes gegenüber dem Altbestand sind allerdings nach § 35 IV 2 BauGB zulässig. Hier wird es auf die Angemessenheit der Erweiterung auch im Hinblick auf die dadurch zusätzlich betroffenen öffentlichen Belange ankommen.[1460] Die Grenze für die Geringfügigkeit der Erweiterung lässt sich nicht in Prozentsätzen bestimmen. Ausschlaggebend ist vielmehr eine wertende Betrachtung, in die der Altbestand und das neue Gebäude einzustellen sind. Dabei sind Standort, Bauvolumen, Nutzung, Funktion und Auswirkungen des Gebäudes in eine bodenrechtliche Sicht einzustellen.[1461] Erweiterungsmaßnahmen sind im Falle ihrer Zulässigkeit ggf. durch naturschutzrechtliche Ausgleichs- oder Ersatzmaßnahmen zu kompensieren (§§ 14 bis 17 BNatSchG). § 35 IV 1 Nr. 2 BauGB enthält nicht das zusätzliche Merkmal der **beabsichtigten** Neuerrichtung. Auch durch eine bereits durchgeführte Baumaßnahme geht die Teilprivilegierung daher nicht verloren.

1451 BVerwGE 61, 285.
1452 BVerwG DÖV 1980, 765.
1453 Anton Meyer JA 2009, 278.
1454 BVerwG NVwZ 2004, 982 Zwillingshaus, etwa für Sortier- oder Kompressorräume der ursprünglichen Bausubstanz, die nicht zum Bewohnen geeignet waren.
1455 OVG Münster BauR 2009, 80.
1456 OVG Münster BRS 90 Nr. 70 (2022) = juris Rn. 15 unter Verweis auf BT-Drs. 19/24838, S. 28.
1457 OVG Münster BRS 90 Nr. 70 (2022) = juris Rn. 15.
1458 BVerwGE 61, 290.
1459 BVerwGE 58, 124 zum Wiederaufbau eines zerstörten Gebäudes.
1460 Anton Meyer JA 2009, 278.
1461 BVerwG DVBl. 1991, 217.

Beispiel: Die Baugenehmigungsbehörde erteilt eine Baugenehmigung für eine durchgreifende Renovierungsmaßnahme. Bei den Bauarbeiten fällt das Gebäude in sich zusammen. Wies das Gebäude durchgreifende Mängel auf, die einen Ersatzbau nach § 35 IV 1 Nr. 2 BauGB gerechtfertigt hätten, so entfallen die Teilprivilegierungsmöglichkeiten nach dieser Vorschrift nicht dadurch, dass das Gebäude bereits abgebrochen und erst teilweise wiederaufgebaut ist.

4218 Bei der künftigen Eigenbedarfsnutzung des Ersatzgebäudes iSd § 35 IV 1 Nr. 2 d BauGB handelt es sich um eine **Prognoseentscheidung**. Besteht begründeter Verdacht, dass der Neubau veräußert oder an familienfremde Personen vermietet werden soll, ist es Sache des Bauherrn darzutun, dass er das Gebäude für den Eigenbedarf bzw. für seine Familie benutzen wird.[1462]

4219 Ein Anspruch nach § 35 IV 1 Nr. 2 BauGB besteht allerdings nicht, wenn der durch die Vorschrift angestrebte Zweck bereits durch eine Genehmigung für einen Ersatzbau schon erreicht ist oder nur deshalb nicht erreicht werden konnte, weil der Antragsteller den Ersatzbau nicht der Genehmigung entsprechend nutzt.[1463] Um einen Missbrauch der Begünstigungsregelung des § 35 IV 1 Nr. 2 BauGB zu verhindern, kann einer Baugenehmigung für ein Ersatzgebäude im Außenbereich nach § 35 V 4 BauGB eine **Auflage** beigefügt werden, wonach das neu errichtete Wohngebäude ausschließlich für den **Eigenbedarf** des bisherigen Eigentümer oder seiner Familie genutzt werden darf.[1464] Die Auflage steht unter dem Vorbehalt einer Überprüfung bei einer unvorhergesehenen wesentlichen Änderung der tatsächlichen Umstände.[1465]

6. Ersatzbau für Brandzerstörung

4220 Teilprivilegiert nach § 35 IV 1 Nr. 3 BauGB ist die alsbaldige Neuerrichtung eines zulässigerweise errichteten, durch Brand, Naturereignisse oder andere außergewöhnliche Ereignisse zerstörten, gleichartigen Gebäudes an gleicher Stelle. Geringfügige Erweiterungen des neuen Gebäudes gegenüber dem zerstörten Gebäude sowie geringfügige Abweichungen vom bisherigen Standort des Gebäudes sind zulässig (§ 35 IV 2 BauGB). Die erleichterte Wiederaufbaumöglichkeit setzt eine Zerstörung des Gebäudes voraus und kommt auch anderen als privilegierten Gebäuden zugute.[1466] Es muss sich auch nicht um ein Wohngebäude gehandelt haben. Ein Gebäude ist iS des § 35 IV 1 Nr. 3 BauGB dann nicht durch Brand zerstört, wenn es trotz der entstandenen Schäden unter Wahrung seiner Identität wiederhergestellt werden kann, ohne dass sich die Frage seiner Standsicherheit insgesamt stellt. Wird ein Gebäude durch vom Eigentümer veranlasste Abriss- und Umbauarbeiten zerstört, liegt darin kein außergewöhnliches Ereignis iS des § 35 IV 1 Nr. 3 BauGB. § 35 IV 1 Nr. 3 BauGB erfasst auch nicht Baumaßnahmen an einem verfallenen und als Ruine zu bezeichnenden Gebäude, die praktisch einem Wiederaufbau gleichkommen. Eine Ruine ist dann gegeben, wenn der wesentliche Gestaltwert des Gebäudes zerstört ist.[1467] Vor allem ist der altersbedingte Verfall eines Gebäudes oder der im Laufe von Instandsetzungsarbeiten eintretende Einsturz eines morschen Mauerwerks kein außergewöhnliches Ereignis, das einen erleichterten Wiederaufbau rechtfertigt.[1468] Ein Bauherr, der ein vorhandenes Gebäude ersetzen will, muss sich im Rahmen von BauGB § 35 II BauGB so behandeln lassen, als wenn er an der vorgesehenen Stelle erstmalig ein Gebäude errichten wollte. Selbst die Unbewohnbarkeit eines Gebäudes wegen gesundheitsgefährdender Baumaterialien führt nicht dazu, dass das Gebäude als „durch andere außergewöhnliche Ereignisse" zerstört im Sinne von BauGB § 35 IV 1 Nr. 3 anzusehen wäre und es damit ein nach dieser Vorschrift begünstigtes Vorhaben darstellt.[1469]

4221 Das zerstörte Gebäude muss zulässigerweise errichtet worden sein.[1470] Dazu zählt jedes Gebäude, das zu irgendeinem Zeitpunkt genehmigt wurde und damit formell legal war oder über einen mehr als nur kurzen Zeitraum den öffentlich-rechtlichen Vorschriften entsprach und da-

[1462] OVG Münster BauR 2015, 1963 = juris Rn. 126.
[1463] VGH München BRS 47 (1987), 217.
[1464] Bischopink/Arnold BauR 2009, 65.
[1465] OVG Münster ZfBR 2009, 155 m. Anm. Bischopink BauR 2009, 65.
[1466] VGH Mannheim Urt. v. 14.9.1987 – 8 S 3226/86, juris.
[1467] OVG Saarlouis BRS 48 (1988), Nr. 74.
[1468] OVG Lüneburg ZfBR 2023, 581 = juris Rn. 12; BVerwG NJW 1982, 2512.
[1469] OVG Berlin-Brandenburg Beschl. v. 28.6.2011 – OVG 2 S 15.11, juris; BVerwG NVwZ 2004, 982.
[1470] BVerwG BRS 47 (1987), Nr. 83.

mit materiell legal war. Wurde das Altgebäude genehmigt, so war es formell legal und damit zulässigerweise errichtet – selbst dann, wenn die erteilte Genehmigung sich bei rückschauender Betrachtung als rechtswidrig erweisen sollte. Auch ein Gebäude, das nicht genehmigt wurde, ist dann zulässigerweise errichtet, wenn es den im Zeitpunkt seines Bestehens geltenden öffentlich-rechtlichen Vorschriften entsprach. Dabei reicht eine materiell-rechtliche Übereinstimmung mit dem öffentlichen Baurecht über einen mehr als nur ganz kurzen Zeitraum. Wich ein zerstörtes Gebäude allerdings von der Baugenehmigung erheblich ab und war es hinsichtlich der Abweichungen auch materiell-rechtlich nicht genehmigungsfähig, war es nicht zulässigerweise errichtet. Auch von der Bauaufsicht lediglich geduldete Gebäude sind nicht zulässigerweise errichtet.

Wird ein ursprünglich rechtmäßig errichtetes Gebäude baulich so sehr verändert, dass der Bestandsschutz des Altbestandes erlischt, so ist das veränderte Gebäude ebenfalls nicht iS von § 35 IV 1 Nr. 3 BauGB „zulässigerweise errichtet".[1471] Wird ein legal errichtetes Gebäude vor der Zerstörung durch ein Naturereignis durch ungenehmigte Umbaumaßnahmen verändert, so ist aufgrund eines Vergleiches zwischen dem genehmigten und dem s. Zt. geänderten Bestand zu beurteilen, ob das inzwischen zerstörte Gebäude noch zulässigerweise errichtet war.[1472] Nutzungsänderungen ohne erhebliche Umbaumaßnahmen lassen die Teilprivilegierung nicht entfallen. Wird etwa eine landwirtschaftliche Scheune zwischenzeitlich ohne erhebliche bauliche Veränderungen als Abstellplatz für Autos einer Autoreparaturwerkstatt genutzt, hindert dies eine Teilprivilegierung bei Brandzerstörung des Gebäudes nicht. Denn die landwirtschaftliche Nutzung hätte ohne Umbauarbeiten in der Scheune wieder aufgenommen werden können. Auch sind durch § 35 IV 1 Nr. 3 BauGB nicht nur landwirtschaftlichen Zwecken dienende Gebäude nach § 35 I Nr. 1 BauGB teilprivilegiert, sondern jede Bausubstanz, die durch ein außergewöhnliches Ereignis zerstört worden ist. Bestandsschutz soll dabei übrigens der Bausubstanz unabhängig von der Nutzung zukommen. Reine Nutzungsänderungen ohne durchgreifenden Eingriff in die Bausubstanz lassen daher die erleichterte Wiederaufbaumöglichkeit nicht entfallen. Ist etwa ein Gebäude ursprünglich zu landwirtschaftlichen Zwecken genutzt worden und ist die Privilegierung wegen Aufgabe der Landwirtschaft entfallen, so hindert dies nicht, das entprivilegierte Gebäude nach einer Zerstörung durch Brand oder durch ein anderes außergewöhnliches Ereignis wieder aufzubauen. Das Gebäude kann dann auch an der Teilprivilegierungsregelung in § 35 IV BauGB teilnehmen. Das wiedererrichtete Gebäude könnte daher auch unter den Voraussetzungen der vorgenannten Vorschriften erleichtert umgenutzt und etwa Wohnzwecken zugeordnet werden. Es könnte aber auch weiterhin landwirtschaftlichen Zwecken zur Verfügung stehen, selbst wenn der vormals bestehende eigenständige landwirtschaftliche Betrieb inzwischen aufgegeben ist und die Flächen und Gebäude verpachtet sind oder nur noch als Nebenerwerb genutzt werden. Im Fall des Wiederaufbaus einer zerstörten Anlage entbindet § 16 V BImSchG lediglich von der Pflicht, ein immissionsschutzrechtliches Genehmigungsverfahren durchzuführen, nicht jedoch von der Beachtung anderer behördlicher Genehmigungserfordernisse. Die Vorschrift lässt die Pflicht, ein Baugenehmigungsverfahren durchzuführen, unberührt.[1473] 4222

Das Gebäude muss durch **außergewöhnliche Ereignisse** zerstört worden sein. Hierzu nennt das Gesetz Brand oder Naturereignisse, zu denen etwa Sturmschäden, Erdbeben, Erdrutsch oder Überschwemmungen gehören. Auch andere außergewöhnliche Ereignisse wie etwa Explosion, Einwirkungen durch Manöver oder Flugzeugabsturz fallen darunter. **Eigeneinwirkungen des Eigentümers** sind jedoch kein außergewöhnliches Ereignis. Vor allem die Gebäudezerstörung bei Umbaumaßnahmen rechnet nicht zu den außergewöhnlichen Ereignissen, die eine Teilprivilegierung rechtfertigen. Allerdings kann der Gebäudeeinsturz bei Umbaumaßnahmen einen Anhaltspunkt dafür darstellen, dass der Altbestand erhebliche Missstände oder Mängel aufwies, der ggf. einen Wiederaufbau nach § 35 IV 1 Nr. 3 BauGB rechtfertigt. Sind mehrere Ursachen für den Gebäudeeinsturz ursächlich, muss nach dem Schwerpunkt der Ursache gefragt werden. Auch kann entscheidend sein, ob das außergewöhnliche Ereignis auch allein den Einsturz bewirkt hätte, wenn eine weitere Ursache nicht hinzugekommen wäre. 4223

1471 BVerwG ZfBR 1994, 297.
1472 VGH München Urt. v. 5.11.1993 – 26 B 92.1795, juris zur Brandzerstörung nach Umbau.
1473 BVerwG NVwZ 2012, 636; Reidt UPR 2012, 188.

Beispiel: Die Baugenehmigungsbehörde erteilt eine Genehmigung zum Umbau eines im Außenbereich gelegenen Gebäudes. Während der Umbauarbeiten wird das Dach teilweise abgefangen. Durch einen außergewöhnlichen Sturm, der in seiner Stärke nur jeweils nur sehr selten auftritt, wird das Gebäude zerstört. Wird durch Sachverständigengutachten oder auch auf der Grundlage einer Auskunft des zuständigen Wetteramtes nachgewiesen, dass das Gebäude ohne den Sturm nicht eingestürzt wäre und die Stützmaßnahmen für normale Witterungsverhältnisse ausreichend waren, besteht ein Genehmigungsanspruch nach § 35 IV 1 Nr. 3 BauGB.

4224 Ein außergewöhnliches Ereignis kann auch in **rechtswidrigen Einwirkungen Dritter** auf das Gebäude liegen, die nicht vom Bauherrn veranlasst worden sind. Ein außergewöhnliches Ereignis (der Zerstörung des alten Bauwerks) liegt allerdings nicht vor bei dem allmählichen Verfall eines etwa 100 Jahre alten Hauses, der bei Reparaturarbeiten offenkundig geworden ist und zur Zerstörung des Hauses geführt hat. Ein anderes außergewöhnliches Ereignis liegt insoweit nicht vor, wenn der altersbedingte Verfall der alten Bausubstanz die eigentliche Ursache der Zerstörung bildet. In diesem Fall kann selbst ein von außen hinzutretendes Ereignis hiervon nicht isoliert betrachtet werden.[1474] Die Beseitigung des Gebäudes im Rahmen einer öffentlichen Planung oder einer Enteignung stellt auch deshalb kein außergewöhnliches Ereignis dar, weil Planung und Enteignung selbst keine unmittelbare Einwirkung auf das Gebäude bewirken, sondern nur die rechtliche Grundlage dafür schaffen. Für derart abgebrochene Gebäude kann daher nicht nach § 35 IV 1 Nr. 3 BauGB ein gleichwertiger Ersatz in der Nähe des Altstandortes beansprucht werden. Es kann jedoch ein Genehmigungsanspruch nach § 35 IV 1 Nr. 2 BauGB gegeben sein, wenn die Gebäudesubstanz mit durchgreifenden Mängeln behaftet war. Ein rechtswidriger Eingriff eines Dritten ist nur dann ein außergewöhnliches Ereignis, wenn dessen Handeln darauf gerichtet ist, Zerstörung um ihrer selbst willen zu bewirken. Ein Wiederaufbauanspruch besteht nicht, wenn er sich auf ein Gebäude bezieht, das unter dem Grenzregime der ehemaligen DDR staatlich angeordnet oder zugelassen worden ist.[1475] Die Teilprivilegierung bezieht sich allerdings nicht auf die **Erschließung**. Hinsichtlich der gesicherten Erschließung enthält § 35 IV 1 Nr. 3 BauGB keine Erleichterungen. Insbesondere kann den Vorschriften nicht entnommen werden, dass die rechtliche Sicherung der Erschließung bei einem Ersatzbau generell von geringeren Anforderungen abhängt.[1476] § 35 IV 1 Nr. 3 BauGB ermöglicht die Wiedererrichtung solcher Vorhaben, die im Zeitpunkt ihrer Zerstörung Bestandsschutz genossen. Der Bestandsschutz, der durch eine Baugenehmigung vermittelt wird, erlischt, wenn die Genehmigung unwirksam wird. Dies kann der Fall sein, wenn eine zulässige Nutzung zeitweilig nicht ausgenutzt wird. Zur Beurteilung der Frage, nach welchem Zeitablauf ein Wechsel der Grundstückssituation den Bestandsschutz entfallen lässt, wurde ein Zeitmodell entwickelt.[1477]

4225 Der Wiederaufbau des Gebäudes muss **„alsbald"** erfolgen. Für die Voraussetzungen des § 35 IV 1 Nr. 3 BauGB kommt es maßgeblich auf den zeitlichen Zusammenhang zwischen der Zerstörung des Gebäudes und die Errichtung des Ersatzbaus an. Das Risiko des Wegfalls der Tatbestandsvoraussetzungen durch Zeitablauf trägt der Bauherr.[1478] Die Absicht, für ein zerstörtes Gebäude einen Neubau zu errichten, muss rechtzeitig bekundet worden sein. Da es entscheidend darauf ankommt, dass das Grundstück im Zeitpunkt des Wiederaufbaus noch durch das zerstörte Gebäude nachwirkend baulich geprägt ist und deshalb einen Ersatzbau „verträgt", genügt die bloße Erklärung, einen Wiederaufbau zu beabsichtigen, etwa in Form von wiederholten Anträgen auf Erteilung oder Verlängerung eines baurechtlichen Vorbescheids, nicht für die Bejahung des Tatbestandsmerkmals der „alsbaldigen Neuerrichtung".[1479] Ob ein Grundstück für den Wiederaufbau noch aufnahmefähig ist, entscheidet sich nach der Verkehrsauffassung. Diese rechnet innerhalb eines Jahres nach Zerstörung eines Bauwerks durch Brand, Naturereignisse oder andere außergewöhnliche Ereignisse stets mit dem Wiederaufbau, in der Regel aber auch noch im folgenden Jahr.[1480] Der Wiederaufbau eines Gebäudes, das durch außergewöhnliche

1474 OVG Lüneburg Beschl. v. 24.3.2023 – 1 ME 11/23, juris Rn. 12; BVerwG BRS 39 Nr. 89 = juris Rn. 19.

1475 OVG Greifswald Urt. v. 22.1.1998 – 3 L 234/96, juris.

1476 BVerwG NVwZ 1991, 1076. An die Erschließung dürfen allerdings keine überzogenen Anforderungen gestellt werden, VGH Mannheim Urt. v. 14.9.1987 – 8 S 3226/86, juris.

1477 BVerwG BauR 2007, 1697.

1478 OVG Münster BRS 90 Nr. 67 (2022) = juris Rn. 21.

1479 OVG Münster BRS 90 Nr. 67 (2022) = juris Rn. 18.

1480 BVerwG NJW 1982, 400.

Ereignisse zerstört wurde, ist regelmäßig dann alsbald beabsichtigt, wenn der Betroffene seine Absicht des Wiederaufbaus durch einen entsprechenden Genehmigungsantrag oder durch eine gleichwertige Erklärung in einem Zeitpunkt zu erkennen gegeben hat, in dem die bodenrechtliche Situation des Grundstücks infolge nachwirkender Prägung durch das zerstörte Gebäude für den Wiederaufbau noch aufnahmefähig war.[1481] Lässt ein Bauherr nach der Zerstörung eines im Außenbereich gelegenen Gebäudes **zwei Jahre** verstreichen, so muss er, um die Voraussetzungen des § 35 IV 1 Nr. 3 BauGB zu erfüllen, besondere Gründe dafür darlegen, dass die Zerstörung noch keinen als endgültig erscheinenden Zustand herbeigeführt hat.[1482] Das gilt auch dann, wenn ihm zwischenzeitlich aufgrund einer Erklärung, er wolle das Gebäude wiederaufbauen, ein Bauvorbescheid erteilt worden ist, den er aber nicht fristgerecht ausgenutzt hat.[1483] Die Dauer eines gerichtlichen Verfahrens darf sich allerdings nicht nachteilig für ihn auswirken. Ebenso können mehrjährige Verhandlungen mit der Behörde die Lage offen halten.[1484] Auch können persönliche Umstände, wie etwa eine einjährige Wehrdienstzeit die Frist entsprechend verlängern.[1485] Wird der Anspruch erst 10 Jahre nach Zerstörung des Gebäudes gegenüber der Behörde geltend gemacht, sind die Fristen verstrichen.[1486] Denn bei der zeitlichen Bewertung bleiben nur Zeitspannen völlig außer Betracht, in denen der Betroffene durch eine ablehnende Haltung der Behörden an der Umsetzung seines Wiederaufbauwillens gehindert wird.[1487]

Das vom BVerwG entwickelte **Zeitmodell** kann als Ausgangspunkt der Beurteilung, ob eine mehrjährige Nutzungsunterbrechung zu einer Unwirksamkeit der Baugenehmigung führt, nicht herangezogen werden. Der bloße Zeitablauf kann bei einer **Nutzungsunterbrechung** für sich allein genommen nicht zur Unwirksamkeit der ursprünglichen Baugenehmigung führen. Erforderlich ist daneben ein Verhalten des Grundstückseigentümers, das nach der Verkehrsauffassung als Verzicht auf die zukünftige Wiederaufnahme der Nutzung angesehen und im konkreten Einzelfall festgestellt werden muss. Die Abgrenzung der Nutzungsunterbrechung von der **Nutzungsaufgabe** lässt sich nicht abstrakt-generell, sondern nur nach den konkreten Umständen des Einzelfalls vornehmen. An die besonderen Umstände, die im Einzelfall den Schluss rechtfertigen sollen, der Grundstückseigentümer habe auf die ihm mit der Baugenehmigung eröffneten Nutzungsmöglichkeiten endgültig verzichtet, sind hohe Anforderungen zu stellen.[1488] Ein wesentliches Indiz für einen Verzichtswillen soll sich daraus ergeben können, dass der Eigentümer sich durch sein Verhalten selbst bestehender Nutzungsmöglichkeiten begibt, indem er etwa die bauliche Anlage bewusst dem Verfall preisgibt.[1489] 4226

Ein **gleichartiges Gebäude** liegt nur vor, wenn es nach Standort, nach Bauvolumen, nach der Nutzung und der objektiven Zweckbestimmung (Funktion) nicht wesentlich vom zerstörten Gebäude abweicht.[1490] An der Gleichartigkeit der Funktion fehlt es, wenn im Rahmen des Neubauvorhabens ein gegenüber der bisherigen Bausubstanz etwa doppelt so großes Gebäude entstehen soll.[1491] Auch muss das neue Gebäude hinsichtlich seiner Funktion und Nutzung mit dem zerstörten Gebäude vergleichbar sein.[1492] Eine Erweiterung, die dazu führt, dass das neue Gebäude den Charakter des ursprünglichen Gebäudes verliert, ist planungsrechtlich nicht zulässig.[1493] Wurde das zerstörte Gebäude etwa lediglich als Notunterkunft nach dem Kriege genutzt, so wäre die Errichtung eines neuen Gebäudes auch nur im Rahmen dieser Zweckbestimmung durch § 35 IV 1 Nr. 3 BauGB gerechtfertigt. Ein vergleichbares neues Gebäude iS des § 35 IV 1 Nr. 3 BauGB ist ein Bauwerk, das im Bauvolumen vergleichbar ist. Die Gleichartigkeit des Bauvolumens hängt nicht von der inneren Einteilung des Gebäudes oder der frü- 4227

1481 BVerwGE 58, 124 zum Wiederaufbau eines zerstörten Gebäudes.

1482 BVerwGE 64, 42.

1483 BVerwG Beschl. v. 17.5.1988 – 4 B 82.88, juris.

1484 BVerwG NJW 1987, 1656.

1485 VGH Mannheim ZfBR 1990, 106 für ein teilprivilegiertes Vorhaben nach § 35 IV 1 Nr. 1 aF.

1486 VGH München Urt. v. 16.11.1992 – 15 B 91.1546, juris.

1487 OVG Münster Urt. v. 30.1.1991 – 10 A 285/88, juris; VGH Mannheim BRS 50 (1990), Nr. 93.

1488 OVG Bautzen NVwZ-RR 2020, 469; VGH Kassel BauR 2016, 1294 = juris Rn. 9.

1489 OVG Bautzen NVwZ-RR 2020, 469 = juris Rn. 46.

1490 BVerwGE 61, 290; BauR 1980, 553; siehe auch VGH München Beschl. v. 8.2.2021 – 1 ZB 20.2258, juris Rn. 4.

1491 Nach § 35 IV 1 Nr. 3 BauGB 1986 und der Vorgängerfassung in § 35 V 1 Nr. 2 BBauG 1979 war bereits eine mehr als geringfügige Erweiterung des Gebäudes nicht zulässig, BVerwG NJW 1981, 1524.

1492 BVerwG DVBl. 1979, 626.

1493 OVG Schleswig Urt. v. 15.6.1994 – 1 L 89/93, juris.

heren Art der Nutzung einzelner Räume ab.[1494] „An gleicher Stelle“ wird ein abgebranntes Gebäude dann wiedererrichtet, wenn das Bauwerk am bisherigen Standort gebaut wird. Ob eine „geringfügige Abweichung vom bisherigen Standort“ zulässig ist, hängt davon ab, ob die in § 35 IV BauGB genannten Belange durch die Standortverschiebung zusätzlich nicht mehr als geringfügig betroffen werden. Einem Wiederaufbau eines eingestürzten Wohnhauses kann allerdings das Bauverbot in einem Landschaftsschutzgebiet entgegenstehen. Die darin liegende Härte ist nach dem Landschaftsrecht beabsichtigt.[1495]

4228 Das vorgenannte **„Zeitmodell“** kann allerdings nicht allgemein auf die zeitliche Geltung des Bestandsschutzes übertragen werden. Die genehmigte Nutzung der Ställe eines **landwirtschaftlichen Betriebs** für Schweinezucht und Schweinemast genießt trotz zwischenzeitlicher Nutzungsunterbrechung Bestandsschutz, solange die Baugenehmigung bezüglich der Nutzung nach § 43 II VwVfG wirksam bleibt. Das vom BVerwG zum Erlöschen des Bestandsschutzes für Außenbereichsvorhaben nach § 35 IV 1 Nr. 3 BauGB entwickelte „Zeitmodell“ stellt in diesen Fällen keine geeignete Beurteilungsgrundlage dar.[1496] Das zu § 35 IV 1 Nr. 3 BauGB entwickelte „Zeitmodell“ ist nicht anzuwenden, wenn die Frage beantwortet werden soll, wie lange eine **Nutzungsunterbrechung** dauern darf, ohne dass die Legalisierungswirkungen einer Baugenehmigung entfallen.[1497]

4229 Die Begünstigung einer betrieblichen Erweiterung gemäß § 35 IV 1 Nr. 6 BauGB oder die Begünstigung der Wiedererrichtung eines durch Brand zerstörten Gebäudes gemäß § 35 IV 1 Nr. 3 BauGB kann nicht unter dem Gesichtspunkt der nicht beabsichtigten Härte eine Befreiung vom Bauverbot einer Nationalparkverordnung begründen, weil die Begünstigungsregelungen des § 35 IV BauGB Belange des Naturschutzes gerade nicht überspielen.[1498]

7. Erhaltenswerte, kulturlandschaftsprägende Gebäude

4230 Nach § 35 IV 1 Nr. 4 BauGB ist teilprivilegiert auch die Änderung oder Nutzungsänderung von erhaltenswerten, das Bild der Kulturlandschaft prägenden Gebäuden, auch wenn sie aufgegeben sind, wenn das Vorhaben einer zweckmäßigen Verwendung der Gebäude und der Erhaltung des Gestaltwerts dient. Das Gesetz will die Weiternutzung wertvoller Gebäudesubstanz wie etwa von Burgen, Fachwerkhäusern oder Windmühlen, die von Verfall bedroht sind, ermöglichen. § 35 IV 1 Nr. 4 BauGB erleichtert als „Änderung von erhaltenswerten Gebäuden“ nicht den Wiederaufbau eines zur Ruine verfallenen Gebäudes.[1499] Soll eine Änderung oder Nutzungsänderung eines Gebäudes im Außenbereich begünstigt werden, weil es Teil einer kulturhistorisch bedeutsamen, die Landschaft prägenden Anlage ist, so muss eine erhaltenswerte, die Kulturlandschaft prägende Wirkung auch von dem Gebäude selbst ausgehen.[1500] Das Gebäude muss nach seinem äußeren Erscheinungsbild für die Baugestaltung und Baukultur einer Epoche aussagekräftig und für den Charakter der es umgebenden Kulturlandschaft typisch sein. Zwischen dem Bauwerk und der Kulturlandschaft muss eine erkennbare Wechselbeziehung in dem Sinne bestehen, dass die Kulturlandschaft ihre besondere Eigenart auch durch das Bauwerk erhält. Ein Gebäude prägt das Bild einer Kulturlandschaft, wenn eine erkennbare Wechselbeziehung zwischen dem Gebäude und der es umgebenden Kulturlandschaft – also der durch menschliche Einwirkung umgewandelten Naturlandschaft in ihrer hierdurch bewirkten typischen Erscheinungsform – in dem Sinne besteht, dass diese ihre besondere Eigenart auch durch das Gebäude erhält, weil es ihre konkrete Struktur mitbestimmt und für ihren Charakter ein typisches und damit prägendes Element darstellt.[1501] Demgegenüber soll die historische Bedeutung des Standortes eines Gebäudes, die im äußeren Erscheinungsbild des Bauwerks keinen Niederschlag findet, für sich allein nicht ausreichend sein, um eine die Kulturlandschaft prägende Wirkung zu begründen.[1502]

[1494] BVerwG NJW 1981, 2828.

[1495] OVG Münster Beschl. v. 6.3.2009 – 8 A 2064/08, juris; NVwZ-RR 2000, 210; Beschl. v. 13.6.1996 – 10 A 188/96, juris.

[1496] VGH Mannheim NVwZ-RR 2009, 715 zum Bestandsschutz für Schweinemastbetrieb.

[1497] OVG Lüneburg NVwZ-RR 2009, 910 zum Bestandsschutz bei Nutzungsunterbrechung.

[1498] OVG Greifswald Beschl. v. 19.7.2023 – 3 L 199/11, juris Rn. 45.

[1499] BVerwG NVwZ 1985, 184.

[1500] VGH München Beschl. v. 22.5.2023 – 2 ZB 22.987, juris Rn. 4; BVerwG BauR 1991, 181.

[1501] VGH München Beschl. v. 22.5.2023 – 2 ZB 22.987, juris Rn. 4.

[1502] OVG Münster Urt. v. 13.11.1998 – 11 A 2641/94, juris.

Die Gebäude müssen nicht unter **Denkmalschutz** stehen. Auch andere Gebäude können eine kulturhistorische oder landschaftsprägende Bedeutung haben.[1503] Auf § 35 IV 1 Nr. 4 BauGB können die zum Denkmalrecht entwickelten Grundsätze nicht einschränkungslos übertragen werden.[1504] Die Voraussetzungen des § 35 IV 1 Nr. 4 BauGB dürften zwar in der Regel erfüllt sein, wenn das Gebäude förmlich unter Denkmalschutz steht.[1505] Selbst bei Denkmälern kommt es für die Begünstigung nach § 35 IV 1 Nr. 4 BauGB letztlich darauf an, ob eine prägende Wirkung für die Kulturlandschaft vorhanden ist.[1506] 4231

Die erleichterte Zulassung eines Außenbereichsvorhabens nach § 35 IV 1 Nr. 4 BauGB ist nicht auf unwesentliche Änderungen oder Nutzungsänderungen beschränkt. Ausgeschlossen sind indes Veränderungen, die einer Neuerrichtung oder Erweiterung iS des § 35 IV 1 Nr. 2, 3, 5 und 6 BauGB gleichkommen.[1507] Durch § 35 IV 1 Nr. 4 BauGB soll dem drohenden Verfall von Baudenkmälern und anderen kulturell bedeutsamen Bauwerken vorgebeugt werden. Vorausgesetzt wird allerdings, dass ein Gebäude vorhanden ist, bei dem für Erhaltungsmaßnahmen überhaupt noch Raum ist. Dies schließt den Wiederaufbau von Ruinen oder von Anlagen, die jegliche Funktion verloren haben, ebenso aus wie Bauarbeiten an verfallenen Gebäuden, die einem Wiederaufbau gleichkommen.[1508] Nichts anderes gilt, wenn ein noch vorhandenes Gebäude in der Weise umgestaltet wird, dass an seiner Stelle ein Ersatzbau geschaffen wird. Das gilt auch für ein teilweise abgebrochenes und wiedererrichtetes Gebäude. Denn auch Änderungen dieser Art sind nicht darauf ausgerichtet, die vorgefundene Bausubstanz zu erhalten. Das wiederhergestellte Gebäude muss mit dem ursprünglich noch vorhandenen identisch sein. Daran fehlt es, wenn der mit der Umgestaltung verbundene Eingriff so intensiv ist, dass der frühere Baubestand im Gesamtgefüge der veränderten Anlage nicht mehr als Hauptsache erscheint. Eine Schrankenfunktion erfüllt bei der erleichterten Zulassung von Änderungen nach § 35 IV Nr. 4 BauGB darüber hinaus das Tatbestandselement der Erhaltung des Gestaltwerts. Hierdurch werden Umgestaltungen ausgeschlossen, die zwar die Identität der Anlage verändern, dem Gebäude aber ein im Vergleich zum früheren Zustand grundlegend anderes Erscheinungsbild verleihen. 4232

Auch im Fall einer Umnutzung zu Wohnzwecken nach § 35 IV 1 Nr. 4 BauGB muss das Vorhaben mit Blick auf die Zahl der geplanten und insgesamt entstehenden Wohnungen außenbereichsverträglich sein. Auch eine Nutzungsänderung zu Wohnzwecken nach § 35 IV 1 Nr. 4 BauGB nach einer vorherigen Nutzungsänderung zu Wohnzwecken nach § 35 Abs. 4 Satz 1 Nr. 1 BauGB ist daran zu messen.[1509] Das mit § 35 IV 1 Nr. 4 BauGB verfolgte Ziel, das Bild der Kulturlandschaft in ihrer durch eine bestimmte Besiedlung geformten Art zu erhalten, würde außerdem im Einzelfall verfehlt, wenn an einem ursprünglich nach dieser Vorschrift genehmigten Gebäude später Änderungen zugelassen würden, durch die gerade die Eigenschaft verloren ginge, der es seine gegenwärtige Existenz im Außenbereich verdankt.[1510] 4233

8. Erweiterung von Wohngebäuden

Teilprivilegiert ist nach § 35 IV 1 Nr. 5 BauGB auch die Erweiterung von zulässigerweise errichteten Wohngebäuden.[1511] Die Erweiterung steht unter der Voraussetzung, dass (a) das Gebäude zulässigerweise errichtet worden ist, (b) die Erweiterung im Verhältnis zum vorhandenen Gebäude und unter Berücksichtigung der Wohnbedürfnisse angemessen und (c) bei der Errichtung einer weiteren Wohnung rechtfertigen Tatsachen die Annahme, dass das Gebäude vom bisherigen Eigentümer oder seiner Familie selbst genutzt wird.[1512] 4234

1503 Der Umstand, dass ein Gebäude nicht unter Denkmalschutz gestellt wird, ist nicht mehr als ein Indiz gegen die Annahme von § 35 IV 1 Nr. 4 BauGB und kann jederzeit widerlegt werden, so OVG Schleswig Urt. v. 10.8.1994 – 1 L 140/93, juris.

1504 OVG Münster Beschl. v. 18.1.2023 – 2 A 72/22, juris Rn. 37.

1505 OVG Münster UPR 2023, 280 = juris Rn. 37; OVG Lüneburg BauR 2022, 459 = juris Rn. 25; Söfker in EZBK, BauGB, 2019, § 35 Rn. 155.

1506 OVG Münster UPR 2023, 280 = juris Rn. 37.

1507 BVerwG BauR 1994, 83.

1508 BVerwG ZfBR 1984, 302.

1509 OVG Münster BauR 2022, 1026 = juris Rn. 13.

1510 OVG Münster Beschl. v. 3.7.2018 – 10 A 1231/17, juris Rn. 15.

1511 Zum Neubau erhaltenswerter Gebäude im Außenbereich Gronemeyer BauR 2019, 1256.

1512 Zur Vorgängerregelung des § 35 IV 1 Nr. 5 BauGB/§ 4 III 1 Nr. 5 BauGB-MaßnG VGH München BRS 49 (1989), Nr. 106.

4235 § 35 IV 1 Nr. 5 BauGB erleichtert nur die Erweiterung von **Wohngebäuden**. Nach dem allgemeinen Sprachgebrauch sind hierunter Gebäude zu verstehen, die zum Wohnen bestimmt sind.[1513] Für die Errichtung oder Erweiterung einer **Ferienwohnung** ist diese Vorschrift nicht anwendbar.[1514] Die Erweiterung eines zulässigerweise im Außenbereich errichteten Wohngebäudes ist nur dann nach § 35 IV 1 Nr. 5 BauGB erleichtert zuzulassen, wenn auch der erweiterte Teil vom bisherigen Eigentümer und seiner Familie bewohnt werden soll.[1515] § 35 IV 1 Nr. 5 BauGB ist nicht erfüllt, wenn ein zweites Bauwerk, vom bestehenden Wohngebäude räumlich abgesetzt, als eigenständige bauliche Anlage errichtet wird.[1516] Wird die Nutzung eines Gebäudes aufgegeben, die nach § 35 I BauGB zur privilegierten Zulässigkeit der Anlage im Außenbereich führt, so stellt dies regelmäßig auch eine Änderung der Anlage dar mit der Folge, dass eine Beseitigungsanordnung in Betracht kommt.[1517]Zwar kann § 35 IV 1 Nr. 5 BauGB lange zurückliegende Vorgänge betreffen. Es werden aber regelhaft nicht nur Zeugen als Beweismittel in Betracht kommen, sondern auch Urkunden wie Bauanträge, Baugenehmigungen und Meldeunterlagen oder Objekte des Augenscheins wie etwa Fotografien und die vorhandene Bausubstanz. Für die Erfüllung des Wohnbegriffs sind das Nutzungskonzept und seine grundsätzliche Verwirklichung maßgeblich.[1518] Der baulichen Gestalt eines Gebäudes kann insoweit indizielle Bedeutung zukommen. Sie kommt in dem angegriffenen Urteil in der Formulierung zum Ausdruck, die baulichen Gegebenheiten seien Teil einer Gesamtbetrachtung. In dieser haben sie indizielle Bedeutung erlangt.[1519]

4236 Nach § 35 IV 1 Nr. 5 b BauGB setzt die begünstigte Erweiterung eines Wohngebäudes im Außenbereich voraus, dass die Erweiterung im Verhältnis zum vorhandenen Gebäude und unter Berücksichtigung der Wohnbedürfnisse angemessen ist. Der Sinn des § 35 IV 1 Nr. 5 BauGB besteht darin, die im Außenbereich an sich unzulässige bauliche Erweiterung von Wohngebäuden zur angemessenen Wohnraumversorgung des Eigentümers und seiner Familie zu erleichtern.[1520] Gleichzeitig normiert die Vorschrift Grenzen für diese Erleichterung.[1521] Dabei kommt es nicht auf die selbst bestimmten Bedürfnisse der Bewohner an, weil dies mit dem Grundsatz einer größtmöglichen Schonung des Außenbereichs nicht vereinbar wäre.[1522] Maßgeblich ist vielmehr eine objektive Bewertung der jeweiligen familiären Wohnbedürfnisse, die aufgrund einer umfassenden Würdigung aller Umstände des Einzelfalles zu bestimmen sind. Ist auf die individuellen Bedürfnisse abzustellen, so lässt sich die Angemessenheit nicht metrisch einheitlich bestimmen und entzieht sich damit einer rechtsgrundsätzlichen Klärung. Die Bewertung der Angemessenheit einer Wohnraumerweiterung im konkreten Einzelfall ist folglich Sache des Einzelfalls. Im Verhältnis zum vorhandenen Gebäude unangemessen ist eine Erweiterung, wenn sie zur Größe und Funktion des Gebäudes unverhältnismäßig wäre und dies zu einer erheblichen zusätzlichen Beeinträchtigung von Außenbereichsbelangen führen würde.[1523] Dabei darf eine an sich zulässige quantitative Vergrößerung nicht in eine andere Qualität umschlagen (zB Umbau von einem Einfamilienhaus zu einem Doppelhaus mit zwei selbstständig nutzbaren Haushälften).[1524]

4237 **Bestandsschutz** nach § 35 IV 1 Nr. 5 BauGB kann auch solchen Vorhaben nicht von vornherein versagt werden, deren ursprüngliche Errichtung nicht an bundesrechtlichen Zulässigkeitsvoraussetzungen zu messen war. Die gegenteilige Auffassung[1525] hat das BVerwG aufgegeben. Der Wortlaut **„zulässigerweise errichtet"** kennt eine solche Einschränkung nicht. Sie kann auch nicht mit dem Charakter des § 35 IV BauGB als eng auszulegender Ausnahmevorschrift begründet werden. § 35 IV 1 Nr. 5 Buchst. a BauGB soll verhindern, dass ein rechts-

---

[1513] Söfker in EZBK, BauGB, 2022, § 35 Rn. 196.
[1514] BVerwG ZfBR 1995, 54; VGH München NuR 1996, 411.
[1515] BVerwG NVwZ 1989, 355; BRS 49 (1989), Nr. 105.
[1516] BVerwG ZfBR 2008, 593.
[1517] OVG Bautzen BauR 2013, 79, Thiel IBR 2012, 608.
[1518] BVerwGE 160, 104 Rn. 17.
[1519] BVerwG BRS 87 Nr. 76 (2019).
[1520] BVerwG NVwZ-RR 1999, 295.
[1521] BVerwGE 61, 285; NVwZ 1989, 355.
[1522] BVerwG ZfBR 2008, 593.
[1523] VG Düsseldorf Urt. v. 31.8.2023 – 9 K 4933/21, juris Rn. 67; Söfker in EZBK, BauGB, 2021, § 35 Rn. 159.
[1524] VG Düsseldorf Urt. v. 31.8. 2023 – 9 K 4933/21, juris Rn. 67.
[1525] BVerwGE 107, 264.

widrig geschaffener Bestand als Anknüpfungspunkt für einen Bestandsschutz dient. Stellt das Bauplanungsrecht aber an ein Gebäude keine Anforderungen, so darf es der Bauherr errichten, ohne gegen Bauplanungsrecht zu verstoßen. Es erscheint nicht gerechtfertigt, den Bauherrn eines solchen Vorhabens – auch mit Blick auf seine finanziellen Aufwendungen – schlechter zu stellen als denjenigen, der ein materiell baurechtswidriges, aber formell genehmigtes Vorhaben ins Werk setzt.[1526] Findet eine bauaufsichtliche Kontrolle nicht statt, trägt der Bauherr für die Beachtung der bauplanungsrechtlichen Vorschriften zwar selbst die Verantwortung,[1527] dies gilt aber unabhängig davon, ob das bundesrechtliche Bauplanungsrecht Anforderungen an ein Vorhaben stellt.[1528]

Der Begriff der **„Familie"** iS von § 35 IV 1 Nr. 5 BauGB stimmt mit der Definition in § 8 4238 II des II. WoBauG überein. Ein geschiedener Ehepartner gehört nicht zur Familie.[1529] Für die Frage, ob die Erweiterung eines Wohngebäudes iS von § 35 IV 1 Nr. 5 BauGB unter Berücksichtigung der Wohnbedürfnisse angemessen ist[1530], kommt es nicht auf die selbstbestimmten Bedürfnisse der Bewohner an. Eine Orientierung für das Angemessene gibt § 39 I und II des II. WoBauG.[1531] Eine Wohnhauserweiterung gilt nur dann als angemessen, wenn sie gerade der Wohnraumversorgung der Familienangehörigen zu dienen bestimmt ist.[1532] Für § 35 IV 1 Nr. 5 BauGB gilt grundsätzlich nichts anderes. Unverändert ist Zweck der Vorschrift eine bessere Wohnraumversorgung. Die Erweiterung nach § 35 IV 1 Nr. 5 BauGB muss angemessen sein. Eine Verdoppelung der vorhandenen Wohnflächen kann nur ausnahmsweise zulässig sein, wenn das zu erweiternde Gebäude besonders klein und der Wohnbedarf der Familie des Eigentümers dadurch nicht annähernd gedeckt ist.[1533]

Die Erweiterung eines **Wochenendhauses** ist nur dann angemessen iS von § 35 IV 1 Nr. 5 4239 BauGB, wenn sie gerade der Wohnraumversorgung der Familienangehörigen dient.[1534] Zudem unterliegt die Angemessenheit der Erweiterung (§ 35 IV 1 Nr. 5 BauGB) dem Gebot der größtmöglichen Schonung des Außenbereichs. Eine Verdoppelung der vorhandenen Wohnflächen kann allenfalls dann zulässig sein, wenn das zu erweiternde Gebäude besonders klein und der Wohnbedarf der Familie des Eigentümers dadurch nicht annähernd gedeckt ist.[1535]

Angemessen ist eine Erweiterung eines Wohnhauses nicht, wenn das Vorhaben über durch- 4240 schnittliche Wohnerwartungen hinausgeht.[1536] So stellt etwa ein **Schwimmhallenanbau** nicht eine erforderliche und angemessene Erweiterung eines nicht privilegierten Außenbereichsvorhabens dar.[1537] Ein Wochenendhaus ist grundsätzlich nicht teilprivilegiert nach § 35 IV BauGB, weil sich diese Vorschriften nur auf eine Wohnnutzung beziehen.[1538] Ein Wochenendhaus dient aber bestimmungsgemäß nicht einer (Dauer-)Wohnnutzung, sondern nur dem vorübergehenden Aufenthalt.[1539] Deshalb ist weder die Errichtung noch die Erweiterung eines Wochenendhauses nach § 35 I BauGB privilegiert oder nach § 35 IV BauGB teilprivilegiert.[1540] Die Erweiterung eines **Wochenendhauses** wäre im Übrigen nur dann angemessen iS von § 35 IV 1 Nr. 5 BauGB, wenn sie gerade der Wohnraumversorgung der Familienangehörigen dient.[1541] Mehrmalige Erweiterungen, die zusammengenommen nicht mehr angemessen wären, sind nach § 35 IV 1 Nr. 5 BauGB nicht teilprivilegiert. Das gilt vor allem dann, wenn ein

1526 Jäde, UPR 1999, 298; Schröter Die bauplanungsrechtliche Zulässigkeit von Bauvorhaben im Außenbereich, 2013, S. 987 ff.

1527 BVerwGE 107, 264.

1528 BVerwG NVwZ 2016, 1477; Muckel JA 2016, 959; Schröer NVwZ 2016, 1480.

1529 OVG Lüneburg NVwZ 1999, 1362 siehe dort zu Voraussetzungen eines Ersatzbaus im Außenbereich; zur Erweiterung eines Gewerbebetriebes OVG Schleswig NVwZ 1999, 1363; zur Nutzungsänderung nach § 35 IV 1 Nr. 1 BauGB OVG Lüneburg NVwZ-RR 1999, 493.

1530 Anton Meyer JA 2009, 278.

1531 BVerwG NVwZ 1989, 355.

1532 BVerwG BRS 48 (1988), Nr. 75 (S. 190); OVG Lüneburg RdL 1999, 117.

1533 OVG Münster Beschl. v. 9.10.2008 – 10 A 731/07, juris.

1534 BVerwG BauR 1988, 699.

1535 OVG Münster Beschl. v. 9.10.2008 – 10 A 731/07, juris.

1536 OVG Lüneburg BRS 49 (1989), Nr. 105; OVG Schleswig Urt. v. 21.3.1995 – 1 L 116/94, juris.

1537 OVG Münster ZfBR 1994, 152.

1538 OVG Lüneburg NVwZ-RR 1994, 71.

1539 OVG Bremen NVwZ 1995, 606.

1540 BVerwG BauR 1988, 699.

1541 BVerwG BauR 1988, 699. Zum Begriff BRS 36 Nr. 104.

entsprechender Wohnbedarf nicht besteht.[1542] Nach § 35 IV 1 Nr. 5 BauGB sind unter den dort genannten Voraussetzungen höchstens zwei Wohnungen zulässig. Das Wohngebäude muss vom bisherigen Eigentümer oder seiner Familie selbst genutzt werden. Auch kann eine wiederholte Erweiterung eines Wohngebäudes, die zur Schaffung einer dritten Wohnung führt, nicht unter den erleichterten Voraussetzungen des § 35 IV 1 Nr. 5 BauGB zugelassen werden.[1543] Für die Frage der Angemessenheit einer Wohnraumerweiterung gemäß § 35 IV Nr. 5 BauGB kann als Orientierungshilfe auf die jeweiligen landesrechtlichen Förderrichtlinien zurückgegriffen werden.[1544]

9. Erweiterung gewerblicher Betriebe

4241 Ebenso teilprivilegiert ist § 35 IV 1 Nr. 6 BauGB die bauliche Erweiterung eines zulässigerweise errichteten gewerblichen Betriebs, wenn die Erweiterung im Verhältnis zum vorhandenen Gebäude und Betrieb angemessen ist.[1545] Zulässig errichtet ist ein gewerblicher Betrieb, wenn er formell legal errichtet worden ist, also für seine Errichtung s. Zt. eine (inzwischen bestandskräftige) Baugenehmigung erteilt worden ist.[1546] Zulässig errichtet worden ist ein Betrieb aber auch dann, wenn er zwar nicht baurechtlich genehmigt worden ist, er aber wegen seiner materiellen Legalität Bestandsschutz genießt.[1547] Dies wird vor allem für gewerbliche Nutzungen eine Bedeutung haben, deren Baugenehmigungen nicht mehr auffindbar sind. In derartigen Fällen hätte derjenige, der sich auf die formelle Legalität des Bauwerks beruft, dafür die Beweislast. Ist das Vorhaben materiell legal, können die erleichterten Zulässigkeitsregelungen in § 35 IV 1 Nr. 6 BauGB für Erweiterungsvorhaben in Anspruch genommen werden.

4242 Eine betriebliche Einheit nach § 35 IV 1 Nr. 6 BauGB setzt einen **funktionalen Zusammenhang** zwischen dem vorhandenen Gebäude und der beabsichtigten baulichen Erweiterung voraus.[1548] Die in § 35 IV 1 BauGB aufgeführten Belange sind unabhängig von ihrem Gewicht dann schlechthin unbeachtlich. Ein von § 35 IV 1 Nr. 6 BauGB privilegiertes Erweiterungsvorhaben muss nicht nur einen funktionalen, sondern auch einen **räumlichen Zusammenhang** zum vorhandenen Betrieb haben.[1549] Die Schaffung „gewerblicher Inseln" im Außenbereich ist von § 35 IV 1 Nr. 6 BauGB nicht gedeckt.[1550]

4243 Unter „Betrieb" ist die organisatorische Zusammenfassung von Betriebsanlagen und Betriebsmitteln auf einer bestimmten Betriebsfläche zu verstehen. Maßgeblich ist – wie bei § 35 I Nr. 1 BauGB – eine konkret betriebsbezogene Betrachtungsweise.[1551]In quantitativer Hinsicht ist zunächst auf den vorhandenen Gebäudebestand abzustellen, der für betriebliche Erweiterungen einen Rahmen gibt. Zudem muss die Erweiterung im Hinblick auf die Betriebsinteressen geboten sein. § 35 IV 1 Nr. 6 BauGB gilt nur für die Erweiterung von im Außenbereich gelegenen Gewerbebetrieben, nicht jedoch für die Erweiterung von im Innenbereich gelegenen Betrieben in den Außenbereich hinein.[1552] Allerdings ist nicht erforderlich, dass die gesamten bestehenden Betriebsanlagen sich ebenfalls im Außenbereich befinden.[1553] Derartige Erweiterungen unterliegen als sonstige Vorhaben iS von § 35 II BauGB den Beschränkungen des § 35 III BauGB.[1554]

4244 Bei der Beurteilung der **Angemessenheit** der baulichen Erweiterung eines zulässigerweise errichteten gewerblichen Betriebes im Außenbereich im Verhältnis zum vorhandenen Bestand

---

[1542] Mitschang/Reidt in BKL, BauGB, 2022, § 35 Rn. 98.

[1543] BVerwG NVwZ-RR 1999, 295.

[1544] VGH Kassel ZfBR 2011, 290 VGH München Beschl. v. 13.2.2006 – 15 CS 05.3346, juris.

[1545] OVG Münster BauR 1993, 201; Guldi NVwZ 1996, 849; Lau BauR 1981, 420; Schink DVBl. 1987, 545; Hoppe DVBl. 1990, 1009.

[1546] Zur planungsrechtlichen Ausweisung von Gewerbebetrieben Stich GewArch. 1996, 441.

[1547] VGH Mannheim ZfBR 1995, 224. Formell und materiell illegale Gewerbebetriebe im Außenbereich sind nicht teilprivilegiert, so BVerwG BRS 36 (1986) Nr. 105.

[1548] VG München Urt. v. 19.3.2024 – M 1 K 21.4049, juris Rn. 30; BVerwG ZfBR 1992, 45; Hoppe DVBl. 1990, 1009.

[1549] VG München Urt. v. 19.3.2024 – M 1 K 21.4049, juris Rn. 30; VGH Mannheim Beschl. v. 25.5.2022 – 3 S 542/22, juris Rn. 13; BVerwG NVwZ 2011, 884.

[1550] BVerwG Urt. v. 17.2.2011 – 4 C 9/10, juris Rn. 11.

[1551] BVerwG NVwZ 2011, 884.

[1552] BVerwG NVwZ 1994, 293.

[1553] VGH Mannheim Urt. v. 30.1.1991 – 3 S 1067/90, juris.

[1554] VGH Kassel UPR 1988, 315.

ist nur das vorhandene Betriebsgebäude in Betracht zu ziehen, nicht auch das auf dem Betriebsgelände vorhandene Wohnhaus des Betriebsinhabers.[1555] Die Erweiterung muss auch in einem angemessenen Verhältnis zum vorhandenen Betrieb stehen. Ein genaues prozentuales Verhältnis im Vergleich zum vorhandenen Bestand wird sich nicht angeben lassen. Eine Betriebserweiterung, die den bisherigen Betrieb verdoppelt, dürfte daher an der Angemessenheit der Erweiterung scheitern. Es wird dabei eine Vergrößerung um ein Drittel[1556] oder um die Hälfte des vorhandenen Bestandes als Obergrenze bezeichnet. Teilweise wird die Grenze auch nur durch wirtschaftliche Gründe markiert. Auch die Vergrößerung einer (nicht privilegierten) Hundepension von der Fläche und Zahl der unterzubringenden Hunde auf mehr als das Doppelte übersteigt die Grenzen einer angemessenen baulichen Erweiterung.[1557] Der Gesetzgeber verlangt ausdrücklich, dass die Erweiterung gerade im Verhältnis zu dem bereits vorhandenen Gebäude und Betrieb angemessen ist. Nur unter diesen Voraussetzungen erscheint es dem Gesetzgeber gerechtfertigt, die an sich gegebene Beeinträchtigung öffentlicher Belange zugunsten einer weiteren betrieblichen Entwicklung zurückzustellen.[1558] Allerdings kann bei einer Betriebserweiterung auch berücksichtigt werden, dass diese zugleich eine Verbesserung der bislang gegebenen Immissionslage bewirkt und damit auf eine Reduzierung der nachbarlichen Belastungen angelegt ist. Einen unmittelbaren Bezug auf schützenswerte Nachbarbelange hat § 35 IV 1 Nr. 6 BauGB allerdings nicht.[1559]

Die Vorschrift ermöglicht auch nicht die **mehrfache Erweiterung** des Gewerbebetriebes innerhalb kurzer Zeit. Vielmehr kann die Teilprivilegierung des § 35 IV 1 Nr. 6 BauGB nur jeweils einmal innerhalb deutlicher zeitlicher Abstände genutzt werden.[1560] So ist etwa die wiederholte Erhöhung der Bettenzahl eines im Außenbereich gelegenen Beherbergungsbetriebes innerhalb kurzer Zeit nicht angemessen iS von § 35 IV 1 Nr. 6 BauGB. Denn diese Vorschrift ermöglicht dem Bauherrn nicht, eine in quantitativer Hinsicht unangemessene bauliche Erweiterung dadurch zu erreichen, dass das einheitlich gedachte Vorhaben etwa iS einer „Salamitaktik" in verschiedene Abschnitte aufgespalten und dadurch formal als angemessen dargestellt wird.[1561] Es wird dazu vorgeschlagen, die mehrmalige Erweiterung dann zuzulassen, wenn sich die erste Erweiterung als geschäftlich erfolgreich erweist und hierdurch die folgende Erweiterung veranlasst ist. Büro- und Lagerflächen für einen Landhandel oder einen gartenbaulichen Nebenerwerbsbetrieb sind keine gemäß der Versorgung des Gebiets dienenden Läden oder Räume für die Berufsausübung freiberuflich Tätiger und solcher Gewerbetreibender, die ihren Beruf in ähnlicher Weise ausüben. Die bloße Nutzungsänderung eines Gebäudes stellt keine „bauliche Erweiterung" eines gewerblichen Betriebs gemäß § 35 IV 1 Nr. 6 BauGB dar.[1562] 4245

§ 35 IV 1 Nr. 6 BauGB verlangt nicht, dass die Erweiterung zur Fortführung des Betriebs notwendig ist. Dies beruht auf der Erkenntnis, dass dieses Zulässigkeitsmerkmal für die Genehmigungsbehörden nur unter erheblichem Aufwand nachvollziehbar war. An der grundsätzlichen Tendenz, Erweiterungsmaßnahmen im Interesse der Schonung des Außenbereichs enge Grenzen zu setzen, hat sich durch diese Modifikation nichts geändert. Das Tatbestandsmerkmal der Angemessenheit in § 35 IV 1 Nr. 6 BauGB lässt es nicht nur zu, sondern gebietet es, darauf Bedacht zu nehmen, ob eine Erweiterung sich als eine bloße durch frühere Erweiterungen zwangsläufig vorprogrammierte Folgemaßnahme erweist oder dazu dient, nachträglich veränderten betrieblichen Erfordernissen Rechnung zu tragen. Sind mehrere Erweiterungen miteinander innerlich verknüpft, so müssen sie bei der Angemessenheitsprüfung nach § 35 IV 1 Nr. 6 BauGB als Einheit bewertet werden. Soll ein im Außenbereich genehmigtes Gebäude teilweise zu einem anderen, nicht privilegierten Zweck genutzt werden, so ist über die Frage, ob dieses Vorhaben einer Nutzungsänderung öffentliche Belange beeinträchtigt, ebenfalls aufgrund einer einheitlichen Beurteilung zu entscheiden.[1563] Die Erleichterung der Zulassung von baulichen Erweiterungen zulässigerweise errichteter gewerblicher Betriebe gem. § 35 IV 1 4246

[1555] BVerwG UPR 1994, 226. Bloße Förderlichkeit für die Interessen des Bauherrn reicht nicht aus.

[1556] Guldi NVwZ 1996, 849.

[1557] Zum Hundegebell im Außenbereich Braun Jura 2009, 1380.

[1558] BVerwG Beschl. v. 5.12.1988 – 4 B 209.88, juris.

[1559] OVG Münster NWVBL 1994, 332.

[1560] Guldi NVwZ 1996, 849 setzt etwa einen Zeitraum von 10 Jahren für eine erneute Betriebserweiterung an.

[1561] VGH Mannheim GewArch. 1994, 342.

[1562] OVG Hamburg BauR 2009, 620.

[1563] Im Anschluss an BVerwG NVwZ-RR 1989, 340.

Nr. 6 BauGB gilt nicht für Nutzungsänderungen.[1564] Eine Berufung auf die Ausnahmeregelung des § 35 IV 1 Nr. 6 BauGB entfällt auch dann, wenn der Betriebsinhaber bei **wiederholten Betriebserweiterungen** das Ziel verfolgt, ein Gesamtvorhaben, das den Rahmen des Angemessenen sprengt, in Teilakte zu zerlegen und zeitlich gestaffelt auszuführen.[1565]

4247 Die Erweiterung eines im **Innenbereich** gelegenen Gewerbebetriebs in den Außenbereich hinein wird durch § 35 IV 1 Nr. 6 BauGB nicht erleichtert.[1566] Allen Fallgruppen des § 35 IV BauGB ist gemeinsam, dass die erleichterte Zulassung der durch ihn begünstigten Vorhaben eine bereits im Außenbereich bestehende bauliche Anlage voraussetzt. Eine Erstreckung der Begünstigung auch auf im Innenbereich gelegene Gewerbebetriebe würde das System der Abgrenzung von § 34 BauGB und § 35 BauGB sprengen.

IV. Rücksichtnahmegebot

4248 Auch im Außenbereich ist das Gebot der nachbarlichen Rücksichtnahme zu beachten.[1567] Zu den nach § 35 I BauGB zu berücksichtigenden öffentlichen Belangen zählen gemäß § 35 III 1 Nr. 3 BauGB auch schädliche Umwelteinwirkungen. Die Vorschrift ist eine einfachgesetzliche Konkretisierung des Gebots der Rücksichtnahme. Der Anwendungsbereich des Rücksichtnahmegebots reicht aber über den Bereich der schädlichen Umwelteinwirkungen iSv § 3 I BImSchG hinaus. Er erfasst auch solche Fälle, in denen nicht Immissionsbelastungen, sondern sonstige nachteilige Wirkungen des Vorhabens in Rede stehen. Vorhaben im Außenbereich können deshalb auch dann unzulässig sein, wenn sie in anderer Hinsicht nicht genügend Rücksicht auf die Interessen Dritter nehmen. Das gilt sowohl für privilegierte als auch für sonstige Vorhaben.[1568] Welche Anforderungen das Gebot der Rücksichtnahme stellt, hängt wesentlich von den jeweiligen Umständen des Einzelfalls ab. Je empfindlicher und schutzwürdiger die Stellung dessen ist, dem die Rücksichtnahme im gegebenen Zusammenhang zugutekommt, umso mehr kann an Rücksichtnahme verlangt werden. Je verständlicher und unabweisbarer die mit dem Vorhaben verfolgten Interessen sind, umso weniger braucht derjenige, der das Vorhaben verwirklichen will, Rücksicht zu nehmen.[1569]

4249 In Bereichen, in denen Nutzungen unterschiedlicher Art und mit unterschiedlicher Schutzwürdigkeit zusammentreffen, ist die Grundstücksnutzung mit einer gegenseitigen Pflicht zur Rücksichtnahme belastet. Das gilt sowohl für privilegierte als auch nicht privilegierte Vorhaben.[1570] Nach Auffassung des BVerwG wird Nachbarschutz nur nach Maßgabe der Bestimmungen des einfachen Rechts gewährt. Unmittelbar aus der Eigentumsgarantie kann Nachbarschutz demgegenüber nicht abgeleitet werden.[1571] Nachbarschutz kann sich dabei vor allem aus dem Bauplanungsrecht, dem Bauordnungsrecht, dem Immissionsschutzrecht oder dem Gaststättenrecht und weiteren Vorschriften ergeben,[1572] die auch das Interesse haben, die Belange des Nachbarn rechtlich zu schützen. Wer sein eigenes Grundstück in einer sonst zulässigen Weise baulich nutzen will, muss insoweit ein Vorrang zugestanden werden, als er berechtigte Interessen nicht zurückzustellen braucht, um gleichwertige fremde Interessen zu schonen.[1573] Das gilt verstärkt bei privilegierten Vorhaben, deren Interessen das Gesetz grundsätzlich höher bewertet wissen will, als es für die Interessen derer zutrifft, auf die Rücksicht genommen werden soll. Andererseits bietet sich bei der Bemessung dessen, was den durch ein Vorhaben Belästigten zugemutet werden kann, eine Anlehnung an die Begriffsbestimmungen des § 3 I

[1564] BVerwG ZfBR 1991, 83.

[1565] BVerwG NVwZ-RR 1993, 176.

[1566] BVerwG NVwZ 1994, 293.

[1567] OVG Lüneburg Beschl. v. 7.2.2024 – 1 ME 134/23, juris Rn. 6; Söfker in EZBK, BauGB, 2019, § 35 Rn. 88; Rieger in Schrödter, BauGB, 2019, § 35 Rn. 166; Kersten Baurecht, in Schoch/Eifert, Besonderes Verwaltungsrecht, 2023, Kap. 3 Rn. 291.

[1568] BVerwG NVwZ 2007, 336; NVwZ 1983, 609; Rieger in Schrödter, BauGB, 2019, § 35 Rn. 166.

[1569] OVG Münster Urt. v. 19.1.2024 – 22 D 29/23.AK, juris Rn. 103; BVerwGE 52, 122 = juris Rn. 22; BVerwGE 159, 187 = juris Rn. 11; VGH München Beschl. v. 11.10.2022 – 15 ZB 22.867, juris Rn. 25; BVerwGE 145, 145 = juris Rn. 16; VGH München Beschl. v. 9.6.2020 – 15 CS 20.901, juris Rn. 27; RdL 2021, 246 = juris Rn. 77; RdL 2022, 216 = juris Rn. 14;

[1570] BVerwG NVwZ 1986, 469.

[1571] Kersten Baurecht, in Schoch/Eifert, Besonderes Verwaltungsrecht, 2023, Kap. 3 Rn. 292, 367; BVerwG NVwZ 2018, 50.

[1572] Schröer DVBl. 1984, 426.

[1573] Grundlegend BVerwGE 52, 122.

BImSchG an. Für die Beurteilung von Immissionen bzw. schädlichen Umwelteinwirkungen iSv § 3 I BImSchG sind das Schutzniveau und damit der Nachbarschutz des bauplanungsrechtlichen Gebots der Rücksichtnahme einerseits und des § 5 I Nr. 1 BImSchG andererseits identisch.[1574]

Solange für die Ermittlung und Bewertung der auf Wohngrundstücke einwirkenden Geräusche (immissionsschutz-)rechtlich keine bestimmten Mess- und Berechnungsverfahren sowie Lärmwerte vorgegeben sind, bleibt es der tatrichterlichen Würdigung vorbehalten, unter Berücksichtigung der einzelnen Schallereignisse, ihres Schallpegels und ihrer Eigenart und ihres Zusammenwirkens die Erheblichkeit der Lärmbelästigungen zu beurteilen. Die Zumutbarkeitsgrenze ist aufgrund einer umfassenden Würdigung aller Umstände des Einzelfalls und insbesondere der Schutzwürdigkeit des jeweiligen (Bau-)Gebiets zu bestimmen.[1575] 4250

Das Gebot der Rücksichtnahme ist kein generelles Rechtsprinzip des öffentlichen Baurechts und verkörpert auch keine allgemeine Härteregelung, die über den speziellen Vorschriften des Städtebaurechts steht.[1576] Es ist vielmehr Bestandteil einzelner gesetzlicher Vorschriften des Baurechts und als solches etwa in den Tatbestandsmerkmalen des § 35 III 1 Nr. 3 und § 34 I 1 BauGB enthalten.[1577] Die Beantwortung der Frage, ob das Rücksichtnahmegebot verletzt ist und sich nachbarliche Abwehransprüche ergeben, setzt eine Einzelfallbeurteilung voraus. Im Außenbereich ist das Lärmschutzniveau eines Dorf- oder Mischgebiets einzuhalten.[1578] 4251

Beispiel: Wer im Einwirkungsbereich eines **Schießplatzes** baurechtlich genehmigte Anlagen errichtet, obwohl ihm die erheblichen Lärmeinwirkungen und die Absicht der uneingeschränkten Fortsetzung des Schießbetriebes bekannt ist, kann nicht unter dem Gesichtspunkt der Verwirkung verlangen, dass nunmehr der Betreiber, der die Baugenehmigung nicht angefochten hat, den Schießbetrieb auf ein Maß unterhalb der bestehenden Vorbelastung einschränkt.[1579] Der Eigentümer eines mit einem Landhaus bebauten Grundstücks kann allerdings verlangen, dass der von einem Truppenübungsplatz im Außenbereich ausgehende Lärm die Wohnnutzung des Gebäudes auch weiterhin zulässt. Im Rahmen des Gebotes gegenseitiger Rücksichtnahme kann es für die Bestimmung der Schutzwürdigkeit des nachbarlichen Abwehrinteresses von Bedeutung sein, ob sich das nach § 35 I BauGB privilegierte Vorhaben fernab von jeglicher Bebauung oder in einer dem Ortsrand benachbarten Lage befindet.[1580]

Beispiel: Lagert ein Landwirt **Heuballen** bis zu einer Höhe von 4,50 m unmittelbar gegenüber einer Neubausiedlung, kann dies trotz der Privilegierung des Landwirts gegen das nachbarschützende Gebot der Rücksichtnahme verstoßen (Verbot schikanierender Baumaßnahmen).[1581]

Beispiel: Die Schutzwürdigkeit einer vorhandenen Wohnbebauung wird mit der Unanfechtbarkeit der Genehmigung eines Betriebes und der Aufnahme der legalen gewerblichen Nutzung gemindert. Bei einer Erweiterung eines Betriebes wie etwa einer landwirtschaftlichen Hofstelle mit genehmigter Schweinehaltung ist nur zu prüfen, ob eine Verschlechterung der Immissionslage zu erwarten ist. Ist dies nicht der Fall, ist nur zu prüfen, ob die vorhandenen Immissionen bereits die Grenze des schweren und unerträglichen Eingriffs überschreiten oder die Voraussetzungen des § 22 BImSchG vorliegen.[1582]

Beispiel: Zur Ermittlung der Schutzwürdigkeit einer im Außenbereich vorhandenen Wohnbebauung ist wesentlich auf den Inhalt der ihr zugrunde liegenden Baugenehmigung abzustellen. Bei einer im Jahre 1955 – noch vor Erlass der BauNVO – erteilten Baugenehmigung für ein einem Mühlenbetrieb benachbartes Wohngebäude kann ohne nähere Anhaltspunkte in der Baugenehmigung nicht davon ausgegangen werden, dass die Wohnnutzung lediglich das Schutzniveau von Betriebsleiterwohnungen im Sinne von § 8 III Nr. 1 BauNVO beanspruchen kann.[1583]

1574 BVerwG Beschl. v. 27.10.2023 – 7 B 10/23, juris Rn. 9.

1575 BVerwG ZfBR 2018, 73.

1576 Kersten Baurecht, in Schoch/Eifert, Besonderes Verwaltungsrecht, 2024, Kap. 3 Rn. 367

1577 BVerwG Beschl. v. 5.12.2019 – 4 B 22.19, juris; BVerwGE 159, 187.

1578 OVG Münster Beschl. v. 14.6.2012 – 2 B 379/12.NE, juris.

1579 BVerwG DVBl. 1991, 880.

1580 BVerwG Beschl. v. 1.9.1993 – 4 B 93.93, juris.

1581 OVG Lüneburg BauR 2006, 1442.

1582 BVerwG Beschl. v. 11.1.2006 – 4 B 80.05 und 81.05, juris zur Erweiterung einer landwirtschaftlichen Hofstelle mit genehmigter Schweinehaltung.

1583 OVG Koblenz NVwZ-RR 2011, 638.

Hinweis: Bei einem Nebeneinander landwirtschaftlicher Betriebe im Außenbereich ist die im Rahmen des Rücksichtnahmegebotes zu beachtende Zumutbarkeitsschwelle erst überschritten, wenn sich die Immissionen, insbesondere soweit sie auf die zu den landwirtschaftlichen Anwesen gehörenden Wohngebäude einwirken, der Grenze des Erträglichen nähern. Für einen aufgegebenen Landwirtschaftsbetrieb im Außenbereich ergibt sich dabei eine nachwirkende Pflicht zur Rücksichtnahme gegenüber landwirtschaftstypischen Immissionen.[1584]

4252 Das Vorhaben kann allerdings im Hinblick auf andere Belange rücksichtslos und deshalb unzulässig sein.[1585] Ein **privilegiertes Vorhaben** ist nach Maßgabe des Rücksichtnahmegebotes auch gegen eine **heranrückende Wohnbebauung** geschützt.[1586] Einen Abwehranspruch gegen ein im Außenbereich unzulässiges Nachbarvorhaben hat der Inhaber eines im Außenbereich privilegierten Betriebes, wenn das in einzelnen Tatbestandsvarianten des § 35 III 1 BauGB enthaltene drittschützende Gebot der Rücksichtnahme verletzt ist. Gemessen hieran kann sich ein Landwirt, von dessen vorhandenem Betrieb Immissionen ausgehen, auf die Unzulässigkeit eines Vorhabens im Außenbereich, das dadurch schädlichen Umwelteinwirkungen ausgesetzt würde (§ 35 III 1 Nr. 3 BauGB), berufen. Heranrückende Wohnbebauung verletzt gegenüber einem bestehenden emittierenden Betrieb das Gebot der Rücksichtnahme, wenn ihr Hinzutreten die rechtlichen Rahmenbedingungen, unter denen der Betrieb arbeiten muss, gegenüber der vorher gegebenen Lage verschlechtert. Das ist dann der Fall, wenn der Betrieb durch die hinzutretende Bebauung mit nachträglichen Auflagen rechnen muss.[1587]

4253 Ein privilegiertes Außenbereichsvorhaben kann auch gegen eine **weitere privilegierte Nutzung** geschützt sein, wenn hierdurch die bisherige privilegierte Nutzung nicht mehr möglich ist oder Einschränkungen unterliegt. So kann sich etwa der Inhaber eines landwirtschaftlichen Betriebes dagegen wehren, dass in der Nachbarschaft eine weitere immissionsträchtige Nutzung zugelassen wird, wenn dadurch die bisherigen Nutzungsmöglichkeiten der vorhandenen landwirtschaftlichen Nutzung beeinträchtigt werden.[1588] § 35 I Nr. 1 BauGB verleiht allerdings kein Recht auf Verhinderung eines ebenfalls privilegierten landwirtschaftlichen Vorhabens mit der Begründung, das Immissionspotenzial sei nach Genehmigung des weiteren Vorhabens möglicherweise erschöpft, sodass weitere emittierende Vorhaben nicht mehr genehmigt werden könnten oder der Einwendungsführer seinen Betrieb nicht über den vorhandenen Bestand erweitern könnte.[1589] Insofern ist die Rechtslage vergleichbar mit der planungsrechtlichen Situation im ausgewiesenen oder faktischen Dorfgebiet, bei dem ebenfalls ein Abwehranspruch eines landwirtschaftlichen Betriebes gegenüber einem anderen landwirtschaftlichen Betrieb nicht besteht.[1590] Es muss vielmehr dargelegt werden, dass die bisherige privilegierte Nutzung im Hinblick auf die beabsichtigte neue Nutzung Einschränkungen zu erwarten hat.[1591] Ebenso besteht für einen privilegierten landwirtschaftlichen Betrieb kein Abwehranspruch gegenüber einer Einrichtung der öffentlichen Freizeitbetätigung wie etwa dem Wintersport.[1592] Auch hat der Eigentümer eines im Außenbereich gelegenen Waldes keinen Rechtsanspruch darauf, dass ein im Innenbereich gelegenes Grundstück als Schutzstreifen für den Wald von einer Bebauung freigehalten wird.[1593] Zwar ist die forstwirtschaftliche Nutzung nach § 35 I Nr. 1 BauGB im Außenbereich privilegiert und vermittelt ebenso wie die landwirtschaftliche Nutzung eine bevorrechtigte Zulässigkeit. Diese erstreckt sich jedoch nicht darauf, auch den Innenbereich für die privilegierte Nutzung in Anspruch zu nehmen.[1594] Der Eigentümer eines bestehenden Gewerbebetriebes kann sich auch dann nicht gegen eine hinzukommende Wohnbebauung wenden, wenn in der Umgebung bereits Wohngebäude vorhanden sind, auf die der

[1584] OVG Münster Beschl. v. 16.3.2009 – 10 A 259/08, juris.

[1585] So BVerwG NVwZ 1987, 128; NVwZ 1989, 1060.

[1586] Zum Abwehranspruch eines Landwirts gegen heranrückende Wohnbebauung OVG Lüneburg Beschl. v. 7.2.2024 – 1 ME 134/23, juris Rn. 8.

[1587] OVG Lüneburg Beschl. v. 7.2.2024 – 1 ME 134/23, juris Rn. 8.

[1588] OVG Münster AgrarR 1989, 138f; BVerwG NVwZ 1988, 1019.

[1589] VGH Mannheim Urt. v. 3.11.1994 – 8 S 2376/94, juris. Auch gegenüber ebenfalls privilegierten Vorhaben der öffentlichen Hand besteht nur ein eingeschränkter Abwehranspruch, so BVerwG DVBl. 1969, 258.

[1590] So für eine Intensivschweinemasthaltung im faktischen Dorfgebiet BVerwG NVwZ 1993, 1184.

[1591] OVG Lüneburg NVwZ 1989, 269.

[1592] VGH München BauR 1993, 66.

[1593] VGH Kassel NVwZ-RR 1990, 127.

[1594] VGH München UPR 1993, 311.

Betrieb in gleicher Weise Rücksicht nehmen muss.[1595] Das gilt auch für einen landwirtschaftlichen Betrieb.[1596] Auch steht dem Inhaber eines landwirtschaftlichen Betriebes im Außenbereich ein Abwehranspruch gegen den Ausbau eines benachbarten ehemaligen landwirtschaftlichen Anwesens in eine Gaststätte nicht zu, wenn er keine betrieblichen Einschränkungen oder sonstigen Beeinträchtigungen zu befürchten hat.[1597]

Ein privilegiertes Vorhaben muss ggf. auch auf ein ausgewiesenes Wohngebiet Rücksicht nehmen, selbst wenn der der Wohngebietsausweisung zu Grunde liegende Bebauungsplan noch nicht verwirklicht ist. Denn die Rücksichtnahme kann sich auch auf Vorhaben beziehen, die planungsrechtlich zulässig, aber noch nicht verwirklicht sind.[1598] Im Außenbereich wird man hinsichtlich der zumutbaren Immissionsbelastung etwa von **Mischgebietswerten** ausgehen können.[1599] So müssen Belastungen bauplanungsrechtlicher Art wie etwa Geräuschimmissionen auf der Grundlage zulässiger Benutzung in einer Siedlungsrandlage im Übergang zum Außenbereich bis zum Grad einer im Mischgebiet zulässigen Belastung hingenommen werden.[1600] Eine Unterscheidung nach schutzbedürftigen Wohngebieten bebaut etwa mit Einfamilienhäusern und weniger schutzbedürftigen Wohngebieten etwa mit Mehrfamilienhäusern findet im Baurecht nicht statt.[1601] Dies gilt auch für das Rücksichtnahmegebot im Außenbereich. Allerdings kann je nach Schutzbedürftigkeit des privilegierten Betriebes auch ein strengerer Maßstab anzulegen sein. Dies wird etwa bei Heilstätten oder Kliniken anzunehmen sein.[1602] 4254

Auch ein **nicht privilegiertes Vorhaben** im Außenbereich kann Nachbarschutz für sich geltend machen. Allerdings ist der Nachbarschutz über das Gebot der nachbarlichen Rücksichtnahme in derartigen Fällen nur eingeschränkt.[1603] Die nicht privilegierte Außenbereichsnutzung hat vielmehr andere Nutzungen des Außenbereichs grundsätzlich hinzunehmen, soweit die Zumutbarkeitsschwelle nicht überschritten ist.[1604] Auch muss der Eigentümer eines Außenbereichsgrundstücks damit rechnen, dass außerhalb seines Grundstücks öffentliche Verkehrswege gebaut werden.[1605] Der Eigentümer eines nicht privilegierten Sägewerks mit teilweise formell und materiell unzulässigen baulichen Anlagen ist vom Grundsatz her allerdings nicht mit allen Abwehransprüchen gegen eine heranrückende Wohnbebauung ausgeschlossen. Soweit die Wohnbebauung aber im Zusammenhang mit einer privilegierten landwirtschaftlichen Nutzung steht, sind jedoch lediglich geringere Abwehrmöglichkeiten gegeben.[1606] Auch der Betreiber einer nicht privilegierten Motorsportanlage hat keinen umfassenden Abwehranspruch gegen eine heranrückende Wohnbebauung. Diese ist vielmehr von einer nicht privilegierten Nutzung im Rahmen der Zumutbarkeit grundsätzlich hinzunehmen.[1607] 4255

Hinweis: Ein Wohnnachbar hat keinen Abwehranspruch gegenüber einer ebenfalls zu einem Wohnhaus gehörenden Garage und einer Werkstatt, die in 65 m Entfernung liegt.[1608] Auch eine nicht privilegierte Wohnnutzung hat keinen umfassenden Schutz gegenüber den Lärm- und Geruchsimmissionen eines heranrückenden Schlachthofes.[1609]

Soweit für das Gebot der nachbarlichen Rücksichtnahme gesetzgeberische Wertungen nicht bestehen, ist im Einzelfall festzulegen, in welchem Umfang auf schutzbedürftige Nutzungen in der Nachbarschaft Rücksicht zu nehmen ist. Dabei können auch technische Regelwerke zur Orientierung dienen. So ist es etwa vertretbar, für die Frage des gebotenen Mindestabstandes 4256

1595 BVerwG NVwZ 1984, 646; VGH Mannheim ZfBR 1990, 106.

1596 VGH München BRS 48 (1988), 165.

1597 VGH München BRS 48 (1988), Nr. 165.

1598 VGH Mannheim NVwZ-RR 1990, 233.

1599 VGH München BauR 1993, 66.

1600 OVG Münster Beschl. v. 28.2.1992 – 10 B 950/92, juris; Beschl. v. 9.4.1992 – 10 B 816/92, juris; Beschl. v. 14.5.1992 – 10 B 950/92, juris; Beschl. v. 31.7.1992 – 10 B 3144/92, juris.

1601 OVG Münster, B. v. 31.7.1992 – 10 B 3144/92, juris

1602 Zur privilegierten Zulässigkeit einer Privatklinik BVerwG Beschl. v. 9.1.1985 – 4 B 279.84, juris.

1603 VGH München Urt. v. 17.11.1994 – 14 CS 94.3426, juris.

1604 VGH Mannheim RdL 1996, 92; BauR 1996, 830.

1605 BVerwG NVwZ 1997, 165.

1606 OVG Münster Urt. v. 26.7.1995 – 7 A 2179/93, juris.

1607 VGH Mannheim DVBl. 1994, 354.

1608 VGH Mannheim UPR 1990, 40.

1609 VGH Mannheim BauR 1996, 830; VGH Kassel RdL 1997, 63; VGH Kassel ZfBR 1999, 112.

zwischen einem bestehenden Rinderzuchtbetrieb[1610] und einer geplanten Wohnbebauung auf den Entwurf der VDI-Richtlinie 3473 – „Emissionsminderung Tierhaltung Rinder"[1611] oder auch die VDI-Richtlinie 3471 „Emissionsminderung Tierhaltung – Schweine"[1612] – zurückzugreifen,[1613] um die Frage der Zumutbarkeit von Geruchsemissionen und damit verbundene Gefahren betriebseinschränkender Auflagen zugunsten des landwirtschaftlichen Betriebes zu klären.[1614] Dabei kann es allerdings unzulässig sein, die zwischen Rinderzuchtbetrieb und Wohnnutzung erforderlichen Mindestabstände zu halbieren. Auch enthält die VDI-Richtlinie 3471 zur Bestimmung des erforderlichen Abstandes nur Anhaltspunkte, die der Prüfung nach den konkreten Umständen des Einzelfalls bedürfen.[1615] Dabei spielt vor allem die Frage der Zumutbarkeit aufgrund der vorhandenen bauplanungsrechtlichen Situation, der jeweiligen Gebietsprägung und ggf. einer bestehenden Vorbelastung eine Rolle. Die Empfehlungen der VDI-Richtlinie 3471 beziehen sich auf Abstände der Tierhaltung zur Wohnbebauung und nicht zu Wohngrundstücken. Ein Schweinestall im Außenbereich ist nicht deshalb unzulässig, weil ein anderer Standort auf dem Baugrundstück den Nachbarn weniger beeinträchtigen würde. Ein landwirtschaftlicher Betrieb mit Reiterhof und Pension genießt gegenüber einem Schweinestall im Außenbereich keinen höheren Schutz als eine Wohnbebauung.[1616]

4257 Maßgeblich für die Bestimmung der **Zumutbarkeitsgrenze** bleiben die konkreten Umstände des Einzelfalls. Das gilt auch für das in der **Geruchsimmissions-Richtlinie (GIRL)** enthaltene Irrelevanzkriterium von 2% der Jahresgeruchsstunden. Die GIRL ist weder Rechtsnorm, noch kommt ihr die Qualität einer normkonkretisierenden Verwaltungsvorschrift zu. Sie ist ein technisches Regelwerk, das für die Beurteilung der Zumutbarkeit von Gerüchen nicht rechtssatzartig, insbesondere nicht im Sinne einer Grenzwertregelung, sondern lediglich in ihrer Bedeutung eines antizipierten generellen Sachverständigengutachtens[1617] als Orientierungshilfe herangezogen werden darf.[1618] Auch ihre Auslegung ist deshalb nicht Rechtsanwendung, sondern auf der Grundlage des in der Richtlinie zusammengefassten sachverständigen Wissens Tatsachenfeststellung. Maßgeblich für die Bestimmung der Zumutbarkeitsgrenze bleiben die konkreten Umstände des Einzelfalls, die einer umfassenden Würdigung zu unterziehen sind. Das gilt auch für das in der Geruchsimmissions-Richtlinie enthaltene Irrelevanzkriterium von 2% der Jahresgeruchsstunden. Hierauf bezogene Fragen betreffen ebenfalls nur die gerichtliche Tatsachenfeststellung[1619] und sind einer revisionsgerichtlichen Überprüfung entzogen.[1620]

4258 In einem **Dorfgebiet** ist vorrangig auf die Belange der land- und forstwirtschaftlichen Betriebe Rücksicht zu nehmen (§ 5 I 2 BauNVO). Diese Rücksichtnahme gilt vor allem für andere Nutzungen, die sich durch die landwirtschaftliche Nutzung beeinträchtigt fühlen. Landwirtschaftliche Betriebe im Dorfgebiet sind daher nicht als „latente Störer" anzusehen.[1621] Vielmehr haben die anderen Nutzungen auf die landwirtschaftliche Nutzung Rücksicht zu nehmen. Nachbarbelange sind nur dann einzustellen, wenn sie konkret beeinträchtigt werden können. Liegt allerdings ein Verstoß gegen das Gebot der nachbarlichen Rücksicht-

[1610] Zur Zulässigkeit der Erweiterung eines im Außenbereich gelegenen Rinderstalls in der Nähe des Wohnhauses eines anderen Landwirts, der auf seinem Grundstück ebenfalls Rinder hält, VGH Mannheim RdL 1997, 237.

[1611] BVerwG NVwZ 1999, 63 zur Schweinehaltung im Nahbereich einer Wohnbebauung; VGH Mannheim AgrarR UPR 1995, 110; VG Weimar ThürVBl. 1999, 22; OVG Lüneburg RdL 1999, 90.

[1612] OVG Münster NVwZ-RR 1996, 3; AgrarR 1996, 329; VGH München NVwZ-RR 1990, 529 zu einer unzulässigen Wohnbebauung in Ortsrandlage und in unmittelbarer Nähe eines im Innenbereich gelegenen landwirtschaftlichen Betriebes; AgrarR 1989, 138; Ziegler AgrarR 1993, 297.

[1613] Zur Beurteilung der Zumutbarkeit einer Schafhaltung nach der VDI-Richtlinie 3473 „Emissionsminderung Tierhaltung – Rinder" OVG Münster Urt. v. 15.8.1996 – 7 A 1727/93, juris; VGH Mannheim Urt. v. 7.1.1998 – 8 S 1337/97, juris.

[1614] Zur Zumutbarkeit der durch Tierhaltung verursachten Lärmbelästigung und Geruchsbelästigung für die Bewohner eines Dorfgebietes mit landwirtschaftlicher Nutzung VG Trier WuM 1992, 202 – Tierhaltung; zur immissionsschutzrechtlichen Genehmigung für eine Massentierhaltung BVerwG NVwZ-RR 1989, 621.

[1615] VGH München NVwZ-RR 1995, 430.

[1616] OVG Lüneburg BauR 2000, 364.

[1617] BVerwG BRS 83 Nr. 43 (2015) Rn. 5.

[1618] BVerwGE 159, 187 Rn. 12.

[1619] BVerwG Beschl. v. 21.12.1999 – 7 B 116.99, juris.

[1620] BVerwG BRS 86 Nr 158 (2018); Rosin DVBl. 2019, 951; Kümper NVwZ 2019, 206.

[1621] VG Weimar ThürVBl. 1999, 22; OVG Lüneburg RdL 1999, 90.

nahme vor, so hilft eine übernommene Baulast dann nicht weiter, wenn schwere Beeinträchtigungen etwa der Gesundheit zu erwarten sind.[1622]

Eine **Kleinfeuerungsanlage** kann auch bei Einhaltung der Emissionsgrenzwerte der 1. BImSchV im Einzelfall aufgrund der konkreten örtlichen Verhältnisse zu erheblichen Belästigungen der Nachbarschaft führen und damit auch das in § 35 III Nr. 3 BauGB enthaltene baurechtliche Rücksichtnahmegebot verletzen.[1623] Die Pflicht, eine Wiederholungsmessung an einer Kleinfeuerungsanlage durchführen zu lassen, stellt allerdings eine Duldungs- und keine Handlungspflicht dar. Hiergegen wird nicht verstoßen, wenn der Anlagenbetreiber dem Schornsteinfegermeister keinen Termin für die Durchführung der Messung benennt.[1624] Auch liegt darin keine Ordnungswidrigkeit nach § 62 I Nr. 7 BImSchG. 4259

Der Nachbarschutz bestimmt sich im Außenbereich ausschließlich nach dem in § 35 BauGB niedergelegten Rücksichtnahmegebot. Aus § 1 III BauGB, wonach die Gemeinden Bauleitpläne aufzustellen haben, sobald und soweit es erforderlich ist, aus dem in § 1 VII BauGB niedergelegten Abwägungsgebot oder aus den Beteiligungsmöglichkeiten in der Öffentlichkeitsbeteiligung nach § 3 BauGB lässt sich ein Nachbarschutz nicht herleiten. Gegen die Erteilung einer Baugenehmigung verleiht daher weder § 1 III und VII BauGB noch § 3 BauGB dem Nachbarn ein mit der Anfechtungsklage durchsetzbares Abwehrrecht.[1625] Zwar würde im Falle der Aufstellung eines Bebauungsplans eine Öffentlichkeitsbeteiligung nach § 3 BauGB erforderlich. Der Nachbar hätte in einem derartigen Planaufstellungsverfahren die Möglichkeit, seine Belange und Vorstellungen zur planungsrechtlichen Ausweisung der planbetroffenen Grundstücksflächen in die Planungsentscheidung einzubringen. Wird aber ein solches Planverfahren nicht durchgeführt, bestehen solche Mitwirkungsmöglichkeiten von betroffenen Nachbarn nicht. Ob eine Gemeinde ein Vorhaben im Außenbereich zum Anlass dafür nimmt, ein Bauleitplanverfahren einzuleiten, liegt in ihrer eigenen Verantwortung. Rechtsansprüche des Nachbarn eines Außenbereichsvorhabens auf Einleitung eines solchen Verfahrens bestehen nicht.[1626] 4260

Eine **Nachbargemeinde** kann sich gegen ein Außenbereichsvorhaben erfolgreich wehren, wenn interkommunale Belange[1627] verletzt werden.[1628] Eine Klagebefugnis gegen Baugenehmigungen im Bereich einer Nachbargemeinde besteht allerdings nur dann, wenn die klagende Gemeinde sich auf hinreichend bestimmte eigene Planungen berufen kann. An hinreichend konkreten Planungen fehlt es, wenn die klagende Gemeinde lediglich darauf verweisen kann, dass ihr Flächennutzungsplan Anschlussbereiche als Flächen für die Landwirtschaft oder Wald darstellt. Denn die planerische Aussage, die sich aus einer solchen Darstellung ergibt, geht nicht über den Regelungsgehalt des § 35 II BauGB hinaus. Knüpft der Flächennutzungsplan lediglich an die Funktionen an, die der Gesetzgeber dem Außenbereich ohnehin zuweist, fehlt es an einer qualifizierten Standortzuweisung, über die sich die Nachbargemeinde nur unter erschwerten Voraussetzungen hinwegsetzen dürfte.[1629] 4261

V. Außenbereichssatzung (§ 35 VI BauGB)

Für bebaute Bereiche im Außenbereich, die nicht überwiegend landwirtschaftlich geprägt sind und in denen eine Wohnbebauung von einigem Gewicht vorhanden ist, kann die Gemeinde gem. § 35 VI BauGB durch Satzung bestimmen, dass Wohnzwecken dienenden Vorhaben bestimmte, in der Vorschrift benannte öffentliche Belange nicht entgegengehalten werden können. Der Bau von Wohnhäusern im Außenbereich ist nur bei einer entsprechenden Außenbereichssatzung begünstigt.[1630] Die Satzung kann auch auf Vorhaben erstreckt werden, die kleineren Handwerks- und Gewerbebetrieben dienen. Durch die Außenbereichssatzung soll die planungsrechtliche Zulässigkeit von nicht privilegierten Vorhaben im Außenbe- 4262

1622 Für eine noch weitergehende Unbeachtlichkeit der Baulast OVG Greifswald Urt. v. 9.2.1999 – 3 M 133/98, juris.
1623 BVerwG ZfBR 1999, 351.
1624 OLG München NVwZ-RR 2000, 280.
1625 BVerwG NVwZ-RR 1997, 682.
1626 BVerwG NVwZ-RR 1997, 682.
1627 Zur interkommunalen Abstimmung s. Rn. .
1628 Bröll BayVBl. 1979, 353; Reidt LKV 1994, 93.
1629 So für die Fachplanung BVerwG Beschl. v. 22.6.1993 – 4 B 45.93, juris.
1630 BVerwG NVwZ 1990, 962.

reich[1631] maßvoll erweitert werden. Sie rechtfertigt sich nach Auffassung ihrer Befürworter aus dem Schutz vor Zersiedlung des Außenbereichs, weil mit diesem Instrument insbesondere in von Streusiedlungen geprägten Bereichen ein städtebaulich angemessener Ausgleich gefunden werden kann. Welche Anforderungen das Gesetz an einen bebauten Bereich im Außenbereich nach § 35 VI 1 BauGB stellt, hat das BVerwG wie folgt beschrieben:[1632] Danach muss die vorhandene Bebauung auf eine weitere Bebauung im Wege der baulichen Verdichtung hindeuten und eine gewisse Zusammengehörigkeit und Geschlossenheit erkennen lassen, die sie als Weiler, Splittersiedlung oder sonstigen Siedlungsansatz qualifiziert. Sie muss dabei in einem der Verdichtung zugänglichen Zusammenhang stehen; die Freiflächen dürfen diesen Zusammenhang nicht unterbrechen. Ob eine solche Unterbrechung vorliegt oder nicht, ist nach einer echten Wertung und Bewertung des konkreten Sachverhalts zu beurteilen.[1633]

4263 Eine Außenbereichssatzung beschränkt nicht die Nutzungsbefugnisse, die das Eigentum vermittelt; vielmehr hat sie ausschließlich eine positive, die Zulässigkeit bestimmter nicht privilegierter Vorhaben unterstützende, aber keine negative Wirkung.[1634] Der Inhalt der Satzung nach § 35 VI BauGB beschränkt sich darauf, bestimmte öffentliche Belange bei der Anwendung auf Wohnbauvorhaben sowie die übrigen in § 35 VI 2 BauGB genannten Vorhaben als Genehmigungshindernisse auszuschließen. Alle übrigen unter § 35 II und III BauGB fallenden Belange, insbesondere auch Interessen Dritter, die bei der Genehmigung nach § 35 II BauGB im Rahmen des Rücksichtnahmegebotes zu berücksichtigen sind, werden in ihrer Wirksamkeit von der Satzung in keiner Weise betroffen und können einem Vorhaben weiterhin entgegengehalten werden.[1635]

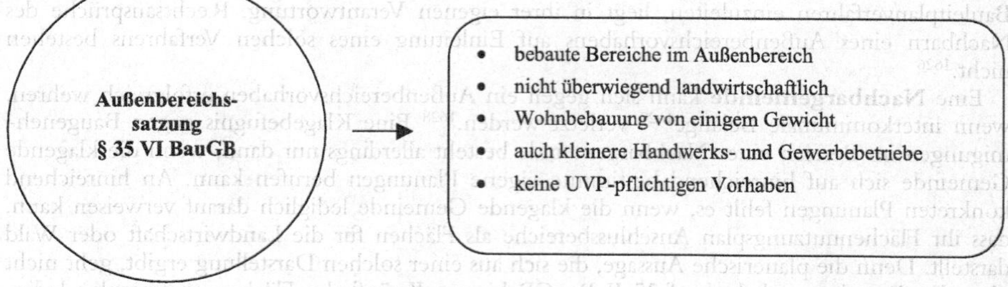

4264 Im dünn besiedelten ländlichen Raum kann nach den örtlichen Gegebenheiten eine Wohnbebauung von einigem Gewicht vielleicht bereits bei fünf Häusern angenommen werden. Der Geltungsbereich einer Außenbereichssatzung darf allerdings nicht über die vorhandene Bebauung hinausgreifen. Eine Außenbereichssatzung darf nicht zur Folge haben, dass im Falle der Bebauung der von ihr erfassten Grundstücke ein Ortsteil entsteht.[1636] An das in § 35 VI 1 BauGB enthaltene Tatbestandsmerkmal der „Wohnbebauung von einigem Gewicht" dürfen nicht dieselben Anforderungen gestellt werden wie an den gleichen Begriff, der in § 34 I BauGB zur Bestimmung des Ortsteils verwendet wird. Für eine Wohnbebauung von einigem Gewicht im Sinn dieser Vorschrift genügt es daher, dass in dem betreffenden Bereich eine Wohnbebauung vorhanden ist, die nach Zahl und Größe der Gebäude im Verhältnis zu der sonstigen Bebauung nicht völlig untergeordnet ist. Eine aus vier Wohnhäusern und fünf größeren Wirtschaftsgebäuden bestehende Bebauung ist überwiegend landwirtschaftlich geprägt, wenn zumindest zwei der Wohnhäuser noch existierenden landwirtschaftlichen Betrieben zugeordnet sind und zumindest vier der Wirtschaftsgebäude derzeit immer noch landwirtschaftlich genutzt werden.[1637] Ein **bebauter Bereich** iS des § 35 VI 1 BauGB ist allerdings nur gegeben, wenn der Außenbereich wegen der vorhandenen Bebauung seine Funktion, als Frei-

---

1631 Hoppe DVBl. 1990, 1009.
1632 BVerwGE 126, 233.
1633 BVerwG BRS 88 Nr 45 (2020); BVerwG BRS 57 Nr. 93 zum Bebauungszusammenhang.
1634 BVerwG BauR 2020, 237.
1635 OVG Münster BauR 2021, 1811 = juris Rn. 20.
1636 OVG Greifswald BauR 2002, 135.
1637 VGH Mannheim Urt. v. 27.2.2003 – 8 S 2681/02, juris.

raum oder als Fläche für privilegiert zulässige Vorhaben zu dienen, nur noch mit wesentlichen Einschränkungen erfüllen kann. Die vorhandene Bebauung muss auf eine weitere Bebauung im Wege der baulichen Verdichtung hindeuten. Für das erforderliche Gewicht der Wohnbebauung kommt es auf die siedlungsstrukturellen Gegebenheiten in der Gemeinde oder der weiteren Umgebung nicht an.[1638]

Das **Aufstellungsverfahren** ist dem für **Innenbereichssatzungen** angenähert. Die Sat- 4265
zung muss mit einer geordneten städtebaulichen Entwicklung vereinbar sein (§ 35 VI 1 Nr. 1 BauGB). Die Zulässigkeit von UVP-pflichtigen oder vorprüfungspflichtigen Vorhaben mit erheblichen nachteiligen Umweltauswirkungen nach Anlage 1 zum UVPG „Liste der UVP-pflichtigen Vorhaben" darf nicht begründet werden. Auch dürfen keine Belange von Habitat- oder Vogelschutzgebieten beeinträchtigt werden. Bei der Aufstellung kann eine vereinfachte Öffentlichkeits- und Behördenbeteiligung nach § 13 II Nr. 2 und 3 BauGB durchgeführt werden. Die vereinfachte Öffentlichkeitsbeteiligung wird sich vor allem dann empfehlen, wenn die Betroffenen bekannt sind und daher einzeln beteiligt werden können. Eine Genehmigung der höheren Verwaltungsbehörde ist nicht erforderlich. In der Satzung können nähere Bestimmungen über die planungsrechtliche Zulässigkeit getroffen werden (§ 35 VI 3 BauGB). Auch ohne ausdrückliche Erwähnung in § 35 VI BauGB können danach ergänzende Festsetzungen getroffen werden, die über die eigentliche Wohnbebauung hinausgehen. Die planungsrechtliche Zulässigkeit eines Vorhabens im Geltungsbereich einer Außenbereichssatzung richtet sich nach § 35 BauGB. Das Satzungsgebiet wird also – im Gegensatz zu den Innenbereichssatzungen nach § 34 IV 1 Nr. 1, 2 und 3 BauGB – nicht Innenbereich, sondern bleibt Außenbereich. Im Unterschied zu den Innenbereichssatzungen des § 34 IV BauGB begründet die Außenbereichssatzung unmittelbar kein Baurecht. Sie führt nur zur erleichterten Zulassung bestimmter Vorhaben, indem sie bestimmte in § 35 III BauGB benannte, von Außenbereichsvorhaben regelmäßig beeinträchtigte öffentliche Belange ausräumt. Die teilprivilegierten Vorhaben nach § 35 IV BauGB sind durch den Gesetzgeber enumerativ benannt und betreffen im Wesentlichen die Umnutzung und den Umbau vorhandener Bausubstanz. Im Unterschied dazu entscheidet bei der Außenbereichssatzung die einzelne Gemeinde im Rahmen ihrer Planungshoheit über die erleichterte Zulässigkeit von Bauvorhaben, die vor allem auch Neubauten sein können.

Begünstigt werden Vorhaben, die **Wohnzwecken** dienlich sind. Nach § 35 VI 2 BauGB 4266
kann die Satzung aber auch auf Vorhaben erstreckt werden, die kleinere Handwerks- und Gewerbebetrieben dienen. Der Begriff „klein" ist städtebaulich-strukturell zu verstehen. Die Vorhaben müssen der kleinteiligen Baustruktur von Außenbereichssiedlungen (Splittersiedlungen, Weilern) entsprechen. Die gewerbliche Nutzung soll jedoch gegenüber der Wohnnutzung nachrangig sein.

Die Außenbereichssatzung kann nur in einem sehr begrenzten Umfang **Konfliktsituatio-** 4267
nen bewältigen, wie sie in Übergangsbereichen zwischen Innen- und Außenbereichen auftreten. Sie kann zudem ihrerseits Konfliktstoff bergen, der sich aus der Inanspruchnahme von Freiflächen im Außenbereich ergibt. Werden hierdurch jedoch zusätzliche städtebauliche Probleme aufgeworfen, ist die Außenbereichssatzung nicht das geeignete Instrument, da sie zu einer generellen Bewältigung von Konfliktlagen nicht in der Lage ist.[1639] Bei derartigen Konfliktsituationen bedarf es vielmehr einer förmlichen Bauleitplanung und entsprechender Festsetzungen in einem Bebauungsplan oder entsprechender Regelungen in einem Vorhaben- oder Erschließungsplan.

Die Außenbereichssatzung hat ausschließlich eine positive, die Zulässigkeit bestimmter nicht 4268
privilegierter Vorhaben unterstützende, aber keine negative Wirkung. Sie lässt die Anwendbarkeit des § 35 I BauGB hinsichtlich der dort benannten privilegierten Vorhaben unberührt. Die Privilegierung nach § 35 I BauGB kann daher durch eine Satzung nach § 35 VI BauGB nicht ausgeschlossen werden.[1640] Bei der Entscheidung darüber, ob durch eine Satzung nach § 35 VI BauGB bestimmte öffentliche Belange im Interesse der Verwirklichung eines Wohnzwecken dienenden Vorhabens zurückgestellt werden sollen, sind private Belange von Eigentümern benachbarter Grundstücke im Außenbereich, die zu nicht privilegierten Wohnzwecken genutzt werden und in den Anwendungsbereich des Rücksichtnahmegebots fallen, regelmäßig nicht in

---

1638 BVerwGE 126, 233 m. Anm. Otto DVP 2007, 168.
1639 Degenhart DVBl. 1993, 177.
1640 BVerwG BauR 2004, 1131.

die Abwägung einzustellen. Sie können nicht die Antragsbefugnis nach § 47 II 1 VwGO für einen **Normenkontrollantrag** gegen eine Außenbereichssatzung begründen.[1641]

4269 Die Außenbereichssatzung hat aus gemeindlicher Sicht den Vorteil, dass die für Flächennutzungs- und Bebauungspläne geltenden Bindungen an die Ziele der Raumordnung nicht in gleicher Weise bestehen. Nach § 1 IV BauGB sind die Bauleitpläne den Zielen der Raumordnung anzupassen. Zu den Bauleitplänen gehören nach § 1 II BauGB (nur) der Flächennutzungsplan und der Bebauungsplan, nicht jedoch die anderen städtebaulichen Satzungen. Eine strikte Bindung der Außenbereichssatzung an die Ziele der Raumordnung besteht nicht. Auch im Flächennutzungsplan müssen die Flächen nicht als Bauflächen ausgewiesen sein. Allerdings muss die Außenbereichssatzung nach § 35 VI 4 Nr. 1 BauGB mit einer geordneten städtebaulichen Entwicklung vereinbar sein. Zudem dürfen durch Außenbereichssatzungen keine **UVP-pflichtigen Vorhaben** zugelassen werden.

4270 § 244 VII BauGB stellt sicher, dass Verfahren zur Aufstellung von Außenbereichssatzungen nach § 35 VI BauGB die noch vor Inkrafttreten des EAG Bau 2004 förmlich eingeleitet worden sind, auch nach Inkrafttreten des EAG Bau 2004 noch bis zum 20.7.2006 nach bisherigem Recht abgeschlossen werden konnten. Die Satzungen gelten nach § 233 II BauGB fort und entfalten entsprechend ihren Bestimmungen unter anderem die Rechtsfolge, dass Wohnzwecken dienenden Vorhaben iS des § 35 II BauGB nicht entgegengehalten werden kann, sie würden einer Darstellung im Flächennutzungsplan über Flächen für die Landwirtschaft oder Wald widersprechen oder die Entstehung oder Verfestigung einer Splittersiedlung befürchten lassen.

[1641] VGH München Beschl. v. 8.1.2024 – 1 NE 23.1701, juris Rn. 12; BVerwG BauR 2020, 237; 121534; OVG Berlin-Brandenburg NVwZ-RR 2018, 923; OVG Münster Urt. v. 27.3.2015 – 7 D 94/13. NE, BeckRS 2015, 44200; VGH München Urt. v. 7.8.2017 –2 N 14.1850, BeckRS 2017.

D. Grundstrukturen des Europäischen Umweltrechts

Prägend für Struktur und Inhalt des Umweltrechts in Deutschland ist vor allem das EU-Recht.[1] Es wird angenommen, dass je nach Berechnungsmethode ca. 70 bis 80 % des deutschen Umweltrechts auf EU-Recht beruhen.[2] Das betrifft sowohl das Verfahrensrecht als auch das materielle Umwelt- und Planungsrecht, wobei das Unionsrecht die Bedeutung der Verfahrens- und Beteiligungsvorschriften sowie der Klagemöglichkeiten besonders betont.[3] Das in Deutschland zu beachtende Umweltrecht entstammt insoweit einem Mehrebenensystem vom EU-Recht über das Bundesrecht, je nach Gesetzgebungskompetenz über das Landesrecht bis hin zu örtlichen Satzungen in ordnungsbehördlichen Verordnungen.[4] **4271**

1. Teil. Systematik des EU-Umweltrechts

I. Zuständigkeiten der Europäischen Union

Nach Art. 3 III 1 EUV wirkt die Union auf die nachhaltige Entwicklung Europas auf der Grundlage eines ausgewogenen Wirtschaftswachstums und von Preisstabilität, eine in hohem Maße wettbewerbsfähige soziale Marktwirtschaft, die auf Vollbeschäftigung und sozialen Fortschritt abzielt, sowie ein hohes Maß an Umweltschutz und Verbesserung der Umweltqualität hin. Nach Art. 4 I AEUV teilt die Union ihre Zuständigkeit mit den Mitgliedstaaten, wenn ihr die Verträge außerhalb der in den Art. 3 und 6 AEUV genannten Bereiche eine Zuständigkeit übertragen. Die von der Union mit den Mitgliedstaaten geteilte Zuständigkeit erstreckt sich unter anderem nach Art. 4 II AEUV auf den Hauptbereich der Umwelt. Darüber hinaus müssen die Erfordernisse des Umweltschutzes nach Art. 11 AEUV bei der Festlegung und Durchführung der Unionspolitiken und -maßnahmen insbesondere zur Förderung einer nachhaltigen Entwicklung einbezogen werden. Über den engeren Bereich des Umweltschutzes hinaus wirken außerdem Regelungen zur Rechtsangleichung in Art. 114 III–X AEUV, die sich auf alle für den freien Warenverkehr relevanten Rechts- und Verwaltungsvorschriften der Mitgliedstaaten beziehen und für alle Harmonisierungsmaßnahmen ein hohes Umweltschutzniveau einfordern.[5] **4272**

Für die **Abgrenzung der Zuständigkeiten** der Union gilt nach Art. 5 I 1 EUV der Grundsatz der begrenzten Einzelermächtigung.[6] Für die Ausübung der Zuständigkeiten der Union gelten die **Grundsätze der Subsidiarität und der Verhältnismäßigkeit**. Nach dem **Grundsatz der begrenzten Einzelermächtigung** wird die Union nur innerhalb der Grenzen der Zuständigkeiten tätig, die die Mitgliedstaaten ihr in den Verträgen zur Verwirklichung der darin niedergelegten Ziele übertragen haben. Alle der Union nicht in den Verträgen übertragenen Zuständigkeiten verbleiben bei den Mitgliedstaaten. Nach dem Subsidiaritätsprinzip wird die Union gem. Art. 5 III 1 EUV in den Bereichen, die nicht in ihre ausschließliche Zuständigkeit fallen, nur tätig, sofern und soweit die Ziele der in Betracht gezogenen Maßnahmen von den Mitgliedstaaten weder auf zentraler noch auf regionaler oder lokaler Ebene aus- **4273**

---

1 Eifert Umweltschutzrecht in Schoch/Eifert, Besonderes Verwaltungsrecht, 2023, Kap. 5 Rn. 18; zum Unionsrecht als Fixpunkt der neueren deutschen Umweltgesetzgebung Durner in Herdegen/Masing/Poscher/Gärditz, Handbuch des Verfassungsrechts, 2021, § 26 Umweltverfassungsrecht Rn. 18, 19; Callies EU-Umweltrecht, in Rehbinder/Schink, Grundzüge des Umweltrechts, 2018, Kap. 2; Appel Europäisches Umweltverfassungsrecht, in Koch/Hofmann/Reese, Handbuch Umweltrecht, 2024, § 2.

2 Kahl/Gärditz Umweltrecht, 2023, § 2 Rn. 2.

3 Eifert Umweltschutzrecht in Schoch/Eifert, Besonderes Verwaltungsrecht, 2023, Kap. 5 Rn. 21.

4 Zum Umweltverbund als institutioneller Rahmen des europäischen Umweltrechts Callies EU-Umweltrecht in Rehbinder/Schink, Grundzüge des Umweltrechts, 2018, Kap. 2 Rn. 1 ff.

5 Appel Europäisches und nationales Umweltverfassungsrecht, in Koch/Hoffmann/Reese, Handbuch Umweltrecht, 2024, § 2 Rn. 29.

6 Zu Art. 5 EUV als Schlüsselnorm europäischer Kompetenzausübung Callies EU-Umweltrecht in Rehbinder/Schink, Grundzüge des Umweltrechts, 2018, Kap. 2 Rn. 19; Callies in Callies/Ruffert, EUV – AEUV, 2022, Art. 5 AEUV Rn. 1 f.; Geiger/Kirchmair in Geiger/Khan/Kotzur/Kirchmair, EUV-AEUV, 2021, Art. 5 EUV Rn.1 ff;

reichend verwirklicht werden können, sondern vielmehr wegen ihres Umfangs oder ihrer Wirkungen auf Unionsebene besser zu verwirklichen sind.[7]

II. Umweltaktionsprogramme

4274 Das Europäische Parlament und der Rat beschließen gemäß dem ordentlichen Gesetzgebungsverfahren und nach Anhörung des Wirtschafts- und Sozialausschusses sowie des Ausschusses der Regionen nach Art. 192 III AEUV allgemeine Aktionsprogramme, in denen die vorrangigen Ziele festgelegt werden. Auf dieser Grundlage erlässt die Umweltaktionsprogramme als Rahmenvorgaben für die Umweltpolitik der Europäischen Union, in denen die wichtigsten mittelfristigen und langfristigen Ziele der europäischen Umweltpolitik in Form eines strategischen Grundgerüsts gegebenenfalls mit konkreten Aktionsmaßnahmen formuliert und festgeschrieben werden. Das aktuelle 8. Umweltaktionsprogramm erstreckt sich auf den Zeitraum 2022 bis 2030.[8]

4275 Der **Green Deal der EU** ist in diesem Sinne kein Umweltaktionsprogramm der EU, jedoch eine ganzheitliche Strategie, welche die Nachhaltigkeit in Europa umfassend verwirklichen soll. Namentlich im Energiebereich, in der Kreislaufwirtschaft und im Gebäudesektor will die EU in eine faire und wohlhabende Gesellschaft umwandeln, mit einer modernen, ressourceneffizienten und wettbewerbsfähigen Wirtschaft, in der es 2050 keine Netto-Treibhausgasemissionen mehr gibt, in der die Umwelt und die Gesundheit der Bürgerinnen und Bürger geschützt sind und das Wirtschaftswachstum von der Ressourcennutzung abgekoppelt ist.[9] Nur so ist Wachstum durch Klimaschutz möglich, wie es das EU-Klimapaket ausführlich niederlegt.[10] Ein wesentliches Instrument ist dabei die Kreislaufwirtschaft, die als eigenständige Säule des Green Deal folgende Bereiche umfasst: ambitioniertere Klimaschutzziele der EU für 2030 und 2050, Versorgung mit sauberer, erschwinglicher und sicherer Energie, Mobilisierung der Industrie für eine saubere und kreislauforientierte Wirtschaft, energie- und ressourcenschonendes Bauen und Renovieren.

III. Umweltrecht der Europäischen Union

4276 Zum Umweltrecht der EU gehören die in den europäischen Verträgen enthaltenen oder von den Organen der EU erlassenen umweltschutzbezogenen Regelungen, die innerhalb der Union und in ihren Mitgliedstaaten unmittelbar oder mittelbar gelten. Unterschieden wird zwischen dem in den europäischen Verträgen geregelten **Primärrecht** und dem durch die Organe geschaffenen **Sekundärrecht**. Das Primärrecht enthält die grundlegenden, rahmensetzenden und kompetenzbegründenden Aussagen zum Umweltschutz. Das Sekundärrecht hingegen bestimmt die von den Organen auf dieser Grundlage verlassenen, konkreten materiell-rechtlichen und verfahrensrechtlichen Regelungen.[11]

1. Umweltprimärrecht

4277 Art. 3 III 2 EUV bestimmt, dass die Union auf die nachhaltige Entwicklung Europas auf der Grundlage eines ausgewogenen Wirtschaftswachstums und von Preisstabilität, eine in hohem Maße wettbewerbsfähige soziale Marktwirtschaft, die auf Vollbeschäftigung und sozialen Fortschritt abzielt, sowie ein hohes Maß an Umweltschutz und Verbesserung der Umweltqualität hin. Sie fördert den wissenschaftlichen und technischen Fortschritt hinwirkt.

---

[7] Kritisch dazu wegen fehlender Kriterien zur Begrenzung des sich daraus für den Rat ergebenden Beurteilungsspielraums Schlacke Umweltrecht, 2023, § 7 Rn. 9; siehe auch Kloepfer/Durner Umweltrecht, 2020, § 7 Rn. 17.

[8] Dazu Hoffmann NVwZ 2022, 856; Appel Europäisches und nationales Umweltverfassungsrecht, in Koch/Hoffmann/Reese, Handbuch Umweltrecht, 2024, § 2 Rn. 23.

[9] Mitteilung der Kommission an das Europäische Parlament, den Rat, den Europäischen Wirtschafts- und Sozialausschuss und den Ausschuss der Regionen – „Investitionsplan für ein zukunftsfähiges Europa, Investitionsplan für den europäischen Grünen Deal" COM (2020) 21 final. Ziff. 1 (Einleitung). Näher dazu Frenz AbfallR 2021, 104 ff.; Frenz/Beckmann AbfallR 2022, 178; Schlacke Umweltrecht, 2023, § 7 Rn. 24; Ullreich/Mathias KlimaRZ 2024, 1; Jacobs KlimaRZ 2024, 22; Momsen/Sandbrink ZRP 2023, 76; Spannowsky ZfBR 2023, 643

[10] Frenz in ders.; Gesamtkommentar Klimaschutzrecht, 2022, Einf. A Klimaschutz in der EU, Rn. 60.

[11] Näher dazu Appel Europäisches und nationales Umweltverfassungsrecht, in Koch/Hoffmann/Reese, Handbuch Umweltrecht, 2018, § 2 Rn. 13 ff.; Nowak NuR 2015, 375.

a) Umweltgrundrecht. Ein eigenständiges Umweltgrundrecht enthält das europäischen Primärrecht nicht.[12] Ein solches ergibt sich auch nicht aus Art. 37 GRCh. Danach müssen ein hohes Umweltschutzniveau und die Verbesserung der Umweltqualität in die Politik der Union einbezogen und nach dem Grundsatz der nachhaltigen Entwicklung sichergestellt werden; Frenz Handbuch Europarecht, Bd. 4/II Europäische Grundrechte, 2024, § 8 Rn.4906.[13] Mittelbar hat allerdings Art. 47 GRCh verfahrensgrundrechtliche Bedeutung im Bereich des Umweltschutzes. Art. 9 IV und V des Aarhus-Übereinkommens ist nach der Rechtsprechung des EuGH im Licht von Art. 47 GRCh dahin auszulegen, dass das Gericht, das über die Verurteilung einer Partei zur Tragung der Kosten zu befinden hat, die in einem Rechtsstreit in einer Umweltangelegenheit unterlegen ist, sämtliche Umstände des Einzelfalls, einschließlich des Interesses dieser Partei und des mit dem Umweltschutz verbundenen Allgemeininteresses, zu berücksichtigen hat, um die Einhaltung der Anforderung zu gewährleisten, dass Gerichtsverfahren nicht übermäßig teuer sein dürfen.[14] 4278

b) Ziele und Prinzipien des EU-Umweltrechts. Art. 191 bis 193 AEUV enthalten kompetenzrechtliche und inhaltliche Regelungen, in denen die Ziele und Prinzipien des europäischen Umweltschutzes näher eingegrenzt werden. Nach Art. 191 AEUV trägt die Umweltpolitik der Union zur Verfolgung bestimmter Umweltziele bei. Dazu gehören die Erhaltung und Schutz der Umwelt sowie Verbesserung ihrer Qualität; der Schutz der menschlichen Gesundheit; die umsichtige und rationelle Verwendung der natürlichen Ressourcen und die Förderung von Maßnahmen auf internationaler Ebene zur Bewältigung regionaler oder globaler Umweltprobleme und insbesondere zur Bekämpfung des Klimawandels. Die Regelungen des Art. 191 AEUV zieht der EuGH heran, um das Sekundärrecht auf seine Vereinbarkeit mit dem Primärrecht zu überprüfen. Der Regelungsgehalt des Art. 191 AEUV ist insoweit verbindlich und justiziabel.[15] Für die Mitgliedstaaten ist Art. 191 AEUV nicht unmittelbar verbindlich, weil Adressat der Regelung die Europäische Union ist. Allerdings muss das für die Mitgliedstaaten verbindliche Sekundärrecht der Union im Einklang mit den Vorgaben des Art. 191 AEUV ausgelegt werden. Außerdem kann Art. 191 AEUV bei der Rechtfertigung von Einschränkungen der Warenverkehrsfreiheit herangezogen werden können.[16] Die Umweltpolitik der Union zielt unter Berücksichtigung der unterschiedlichen Gegebenheiten in den einzelnen Regionen der Union auf ein hohes Schutzniveau ab. Sie beruht auf den Grundsätzen der Vorsorge und Vorbeugung, auf dem Grundsatz, Umweltbeeinträchtigungen mit Vorrang an ihrem Ursprung zu bekämpfen, sowie auf dem Verursacherprinzip (Art. 191 II AEUV). Sie beruht auf den Grundsätzen der **Vorsorge** und **Vorbeugung**, auf dem Grundsatz, Umweltbeeinträchtigungen mit Vorrang an ihrem Ursprung zu bekämpfen (**Ursprungsprinzip**),[17] sowie auf dem **Verursacherprinzip**. Im Hinblick hierauf umfassen die den Erfordernissen des Umweltschutzes entsprechenden Harmonisierungsmaßnahmen gegebenenfalls eine Schutzklausel, mit der die Mitgliedstaaten ermächtigt werden, aus nicht wirtschaftlich bedingten umweltpolitischen Gründen vorläufige Maßnahmen zu treffen, die einem Kontrollverfahren der Union unterliegen (vgl. Art. 191 II AEUV). Die genannten Umweltprinzipien sind für den Erlass und auch für die Auslegung geltenden Sekundärrechts der EU von Bedeutung.[18] 4279

Das **Vorsorgeprinzip** ist ein Leitprinzip moderner und nachhaltiger Umweltpolitik auf europäischer und deutscher Ebene. Es zielt darauf ab, innerhalb rechtsstaatlicher Grenzen, ins- 4280

---

[12] Kahl in Streinz, EUV/AEUV, 2018 Art. 191 AEUV Rn. 27; Appel Europäisches und nationales Umweltverfassungsrecht, in Koch/Hoffmann/Reese, Handbuch Umweltrecht, 2018, § 2 Rn. 16; siehe auch Callies ZUR 2021, 323; zu einem Klimagrundrecht Frenz DÖV 2021, 715; Frenz EWS 2022, 247; Buser KlimaRZ 2023, 140.

[13] Siehe dazu Ruffert/Callies, in Callies/Ruffert, EUV-AEUV, 2022, Art. 37 GRCh, Rn. 1: „zusammengebastelte Konstruktion, bei der man sich nicht auf ein Umweltgrundrecht einigen konnte."; Frenz Handbuch Europarecht, Bd 4/II Europäische Grundrechte, 2024, § 8 Rn. 4906.

[14] EuGH Urt. v. 11.1.2024 – C.252/22, juris.

[15] Appel Europäisches und nationales Umweltverfassungsrecht, in Koch/Hoffmann/Reese, Handbuch Umweltrecht, 2018, § 2 Rn. 24.

[16] Appel Europäisches und nationales Umweltverfassungsrecht, in Koch/Hoffmann/Reese, Handbuch Umweltrecht, 2018, § 2 Rn. 24.

[17] Zur Umsetzung eines gemeinschaftsrechtlichen Grundsatzes entstehungsortnaher Abfallentsorgung ins deutsche Planungsrecht David DÖV 1992, 697.

[18] Näher zu den Umweltprinzipien des europäischen Umweltrechts Callies EU-Umweltrecht in Rehbinder/Schink, Grundzüge des Umweltrechts, 2018, Kap. 2 Rn. 67 ff.; Appel Europäisches und nationales Umweltverfassungsrecht, in Koch/Hoffmann/Reese, Handbuch Umweltrecht, 2024, § 2 Rn. 28 ff.

besondere solchen des Verhältnismäßigkeitsgrundsatzes, einem Schadenseintritt und einer Gefahrenrealisierung nach Möglichkeit vorzubeugen und insoweit Risikovorsorge zu betreiben und durch schonenden Umgang mit den zur Verfügung stehenden Ressourcen die ökologischen Grundlagen langfristig zu sichern.[19] Das Vorsorgeprinzip ist nicht nur in Art. 191 AEUV, sondern auch in Art. 20a GG und einfachgesetzlich in zahlreichen Umweltgesetzen verankert.[20] Grundgedanke des in Art. 191 II 2 AEUV geregelten Vorsorge- und Vorbeugeprinzips ist die Erkenntnis, dass Umweltbelastungen vorrangig mit vorbeugenden Maßnahmen begegnet werden soll, um Umweltschäden zu vermeiden oder wenigstens zu verringern, statt sie nach ihrem Eintritt zu beseitigen. Das beinhaltet auch ein Gebot der Schadensminimierung, so dass etwa Belastungsgrenzen nicht ausgeschöpft werden dürfen und grundsätzlich die technisch möglichen und wirtschaftlich tragbaren Maßnahmen zur Vermeidung oder Verminderung von Umweltbelastungen zu ergreifen sind.[21] Eine trennscharfe Unterscheidung zwischen dem Vorsorgeprinzip und dem Vorbeugeprinzip gibt es wohl nicht. Die Abgrenzung soll im Wesentlichen so vorgenommen werden, dass das Vorbeugeprinzip den Präventionsgedanken zum Ausdruck bringt, so dass Umweltbelastungen soweit möglich und zulässig zu vermeiden sind, während das Vorsorgeprinzip außerdem noch zum Ausdruck bringt, dass auch dann, wenn Ursache-Wirkungs-Zusammenhänge von Umweltbelastungen noch nicht geklärt sind, wenn insbesondere nur von Umweltrisiken und noch nicht von Umweltgefahren gesprochen werden kann, bereits Maßnahmen zur Begegnung solcher Risiken angezeigt sein können.[22]

4281 Nach dem **Ursprungsprinzip** haben umweltschützende Maßnahmen möglichst dort anzusetzen, wo die Umweltbeeinträchtigungen entstehen, das heißt am Ursprung oder an der Quelle dieser Umweltbeeinträchtigungen.[23] Als Beispiel für eine Umsetzung dieser primärrechtlichen Umweltprinzipien auf der Ebene des Sekundärrechts kann Art. 16 AbfRRL gelten, mit dem das Ursprungsprinzip konkretisiert wird. Die Mitgliedstaaten treffen danach in Zusammenarbeit mit anderen Mitgliedstaaten, wenn dies notwendig oder zweckmäßig ist, geeignete Maßnahmen, um ein integriertes und angemessenes Netz von Abfallbeseitigungsanlagen und Anlagen zur Verwertung von gemischten Siedlungsabfällen, die von privaten Haushaltungen eingesammelt worden sind, zu errichten, auch wenn dabei Abfälle anderer Erzeuger eingesammelt werden; die besten verfügbaren Techniken sind dabei zu berücksichtigen. Abweichend von der Verordnung (EG) Nr. 1013/2006 können die Mitgliedstaaten zum Schutz ihres Netzes eingehende Abfallverbringungen zu Verbrennungsanlagen, die als Verwertung eingestuft sind, begrenzen, wenn erwiesen ist, dass solche Verbringungen zur Folge hätten, dass inländische Abfälle beseitigt werden müssten oder dass Abfälle in einer Weise zu behandeln wären, die nicht mit ihren Abfallbewirtschaftungsplänen vereinbar ist. Die Mitgliedstaaten unterrichten die Kommission über diesbezügliche Entscheidungen. Die Mitgliedstaaten können auch ausgehende Verbringungen von Abfällen aus Umweltschutzgründen gemäß der Verordnung (EG) Nr. 1013/2006 begrenzen. Das Netz ist nach Art. 16 II AbfRRL so zu konzipieren, dass es der Gemeinschaft insgesamt ermöglicht, die Autarkie bei der Abfallbeseitigung sowie bei der Verwertung von Abfällen nach Art. 16 I AbfRR zu erreichen, und dass es jedem einzelnen Mitgliedstaat ermöglicht, dieses Ziel selbst anzustreben, wobei die geografischen Gegebenheiten oder der Bedarf an Spezialanlagen für bestimmte Abfallarten berücksichtigt werden. Das Netz muss es nach Art. 16 III AbfRRL gestatten, dass die Abfälle in einer der am nächsten gelegenen geeigneten Anlagen beseitigt bzw. verwertet werden, und zwar unter Einsatz von Verfahren und Technologien, die am besten geeignet sind, um ein hohes Niveau des Gesundheits- und Umweltschutzes zu gewährleisten. Die Grundsätze der Nähe und der Entsorgungsautarkie bedeuten nach Art. 16 IV AbRRL nicht, dass jeder Mitgliedstaat über die gesamte Bandbreite von Anlagen zur endgültigen Verwertung verfügen muss.[24]

---

[19] Näher dazu Kotzur/Niehaus AEUV-AEUV, 2023, Art. 191 AEUV Rn. 18; Kahl/Gärditz Umweltrecht, 2023, § 4 Rn. 22; Schlacke Umweltrecht, 2023, § 3 Rn. 3

[20] Kahl/Gärditz Umweltrecht, 2023, § 4 Rn. 22.

[21] Epiney in Landmann/Rohmer, Umweltrecht, 2012, Art. 191 AEUV Rn. 23.

[22] Epiney in Landmann/Rohmer, Umweltrecht, 2012, Art. 191 AEUV Rn. 24.

[23] Kotzur/Niehaus AEUV, 2023, Art. 191 AEUV Rn. 18; Epiney in Landmann/Rohmer, Umweltrecht, 2012, Art. 191 AEUV Rn. 33; Appel Europäisches und nationales Umweltverfassungsrecht, in Koch/Hoffmann/Reese, Handbuch Umweltrecht, 2024, § 2 Rn. 38.

[24] Siehe dazu Beckmann in Landmann/Rohmer, Umweltrecht, 2021, § 30 Rn. 15; Beckmann Kreislaufwirtschafts- und Abfallrecht, 2007, Rn. 25, 153; Reich/Hipp DÖV 2013, 172 ff.; OLG Düsseldorf Beschl. v. 20.12.2017 NZBau 2018, 373; Frenz UPR 2009, 241 ff.; Höfling/Lang, Einzugsbereiche und Verbringungsbeschränkungen in der Abfallwirtschaft, 2000; Dieckmann Das Abfallrecht der Europäischen Gemein-

4282 Das **Verursacherprinzip** ist ein im europäischen und deutschen Umweltrecht umfassend wirkendes Prinzip.[25] Es gilt im Bereich des Bodenschutzes und der Altlastensanierung, im Gewässerschutzrecht, bei der naturschutzrechtlichen Eingriffsregelung, bei der Entsorgung von Abfällen durch Abfallerzeuger. Erzeuger von Abfällen ist nach § 3 VIII KrWG jede natürliche oder juristische Person, durch deren Tätigkeit Abfälle anfallen (Ersterzeuger) oder die Vorbehandlungen, Mischungen oder sonstige Behandlungen vornimmt, die eine Veränderung der Beschaffenheit oder der Zusammensetzung dieser Abfälle bewirken (Zweiterzeuger). Abfallerzeuger ist grundsätzlich derjenige, der als Inhaber der tatsächlichen Sachherrschaft die letzte Ursache für die Umwandlung einer Sache zu Abfall gesetzt hat. Ausnahmsweise kann aber auch eine andere, vorgelagert handelnde Person als Abfallerzeuger zu qualifizieren sein, wenn ihr Verhalten sich aufgrund besonderer Umstände bei wertender Betrachtung als wesentliche Ursache für die Abfallentstehung darstellt.[26] Bei Abfällen, die durch Schadensfälle oder sonstige außergewöhnliche Ereignisse entstehen, soll in einer Kette von mehreren Ursachen auch die jeweilige Risikosphäre berücksichtigt werden.

4283 Die Abfallerzeugerverantwortung nach dem Verursacherprinzip kann nach der Rechtsprechung im Einzelfall sehr weit reichen. So hat der EuGH im Falle eines auf hoher See havarierten Tankers die Inanspruchnahme des Herstellers des Tankers für die Entsorgung des mit dem Tanker beförderten Schweröls als Abfallerzeuger bestätigt.[27] Das BVerwG hat in einem Fall, in dem eine Anlage in Brand geraten war und die Feuerwehr das erheblich kontaminierte Löschwasser aufgefangen und gesondert gelagert hatte, die Inanspruchnahme der Betreiberin der abgebrannten Anlage als Abfallerzeugerin des Löschwassers bejaht. Das Löschwasser sei zwar nicht durch eine eigene Tätigkeit der Anlageninhaberin angefallen. Diese habe aber eine erste Ursache für ein Tätigwerden der Feuerwehr gesetzt, da das Feuer von ihrem Betrieb ausgegangen sei.[28]

4284 Allgemeiner formuliert besagt das Verursacherprinzip, wem einzelne Umweltbeeinträchtigungen zuzurechnen sind, wer ordnungsrechtlich für die Beseitigung bzw. Verminderung der Umweltbeeinträchtigung verantwortlich ist und wen die Kosten für die Schadensbeseitigung treffen sollen. Das Verursacherprinzip ist insoweit kein reines Kostenzurechnungsprinzip; sondern auch Maßstab für eine Zurechnung ordnungsrechtlicher Pflichten, die über Gebote, Verbote und Auflagen durchgesetzt werden können. Es gilt zB im Bereich des Bodenschutzes und der Altlastensanierung, beim Gewässerschutz, bei der naturschutzrechtlichen Eingriffsregelung und im Zusammenhang mit der Entsorgungspflicht von Abfallerzeugern.[29] Begrenzt wir das Verursacherprinzip durch das das gegenläufige **Gemeinlastprinzip**, demzufolge die wirtschaftlichen Folgen von Umweltschäden der Gemeinschaft als Gemeinwesen und damit letztlich den Steuerzahlern auferlegt werden.[30]

4285 **c) Abwägungsdirektiven.** Bei der Erarbeitung ihrer Umweltpolitik berücksichtigt die Union nach Art. 191 III AEUV die verfügbaren wissenschaftlichen und technischen Daten; die Umweltbedingungen in den einzelnen Regionen der Union; die Vorteile und die Belastung aufgrund des Tätigwerdens bzw. eines Nichttätigwerdens; die wirtschaftliche und soziale Entwicklung der Union insgesamt sowie die ausgewogene Entwicklung ihrer Regionen. Die Berücksichtigungsgebote des Art. 191 II AEUV gelten als Abwägungsdirektiven, die im Verfahren nachvollziehbar zu ermitteln und zu bewerten und mit dem entsprechenden Gewicht in die Abwägung einzustellen sind. Aus ihnen ergeben sich aber keine konkreten Vorgaben dazu, mit

---

schaft, 1994, 138; Jarass NuR 1998, 397 (399); v. Wilmowsky NVwZ 1999, 597, 598; EuGH, NVwZ 1992, 871; NVwZ 1993, 872 (873).

25 Hoppe/Beckmann/Kauch Umweltrecht, 2000, § 1 Rn. 81 ff, 144 ff; Kloepfer Umweltrecht, 2016 § 4 Rn. 92 ff; Appel Europäisches und nationales Umweltverfassungsrecht, in Koch/Hoffmann/Reese, Handbuch Umweltrecht, 2024, § 2 Rn. 40.

26 Beckmann in Landmann/Rohmer, Umweltrecht, 2020, § 3 Rn. 118; BVerwG NVwZ 2015, 153; OVG Münster Urt. v. 10.8.2012 – 20 A 222/10, juris Rn. 35; Frenz AbfallR 2014, 135; Krahnefeld NVwZ 2015, 156.

27 EuGH EuZW 2008, 433.

28 BVerwG NVwZ 2015, 153.

29 Schlacke Umweltrecht, 2023, § 3 Rn. 11; Kahl/Gärditz Umweltrecht, 2023, § 4 Rn. 28; siehe auch Epiney in Landmann/Rohmer, 2012, Art. 191 AEUV Rn. 38, und Callies EU-Umweltrecht in Rehbinder/Schink, Grundzüge des Umweltrechts, 2018, Kap. 2 Rn. 79, die das Verursacherprinzip in erster Linie als Kostenzurechnungsprinzip verstehen; siehe auch Kotzur/Niehaus in Geiger/Khan/Kotzur/Kirchmair, EUV-AEUV, 2023, Art. 191 AEUV Rn. 19.

30 Hoppe/Beckmann/Kauch Umweltrecht, 2000, § 1 Rn. 149 f.

welchem Gewicht und welchen Folgen für das Schutzniveau sie sich bei der Abwägung auswirken. Die gerichtliche Kontrolle der Beachtung dieser Abwägungsdirektiven ist darauf beschränkt, ob die Berücksichtigungsgebote erkannt, die entsprechenden Belange in die Abwägung eingestellt und keine unvertretbaren Fehlgewichtungen vorgenommen worden sind.[31]

4286 **d) Verstärkte Schutzmaßnahmen.** Einzelne Schutzmaßnahmen, die aufgrund des Art. 192 AEUV getroffen werden, hindern die Mitgliedstaaten nach Art. 193 AEUV nicht daran, verstärkte Schutzmaßnahmen beizubehalten oder zu ergreifen. Die betreffenden Maßnahmen müssen mit den Verträgen vereinbar sein. Sie werden der Kommission notifiziert.[32] Art. 193 AEUV bestimmt die Voraussetzungen für schärfere nationale Umweltschutzmaßnahmen für den Fall, dass an sich eine abschließende Unionsregelung vorliegt.[33] Art. 193 AEUV beseitigt diese Sperrwirkung und eröffnet den Mitgliedstaaten die Möglichkeit, unter den in Art. 193 AEUV genannten Voraussetzungen auch bei einer Vollharmonisierung strengere Umweltschutzmaßnahmen anzuordnen. Fehlt es an einer Vollharmonisierung, bedarf es der Schutzverstärkung durch Art. 193 AEUV nicht. In nicht vollständig harmonisierten Bereichen kommt es für die Zulässigkeit nationaler Alleingänge auf allgemeine Vertragsbestimmungen, insbesondere der Grundfreiheiten und vor allem der Warenverkehrsfreiheit gemäß Art. 34 ff. AEUV an.[34]

2. Handlungsinstrumente des Sekundärrechts

4287 Das Recht der EU kennt als Handlungsinstrumente des Sekundärrechts Verordnungen, Richtlinien, Beschlüsse, Empfehlungen und Stellungnahmen.[35] Gem. Art. 288 III AEUV richten sich die EU-Richtlinien an die Mitgliedstaaten und werden grundsätzlich erst durch eine Umsetzung in das jeweilige nationale Recht für den Einzelnen verbindlich; sie sind hinsichtlich des zu erreichenden Ziels verbindlich, überlassen jedoch den innerstaatlichen Stellen die Wahl der Form und der Mittel. Die Umsetzung muss in Deutschland durch Gesetz oder Rechtsverordnung vorgenommen werden; der Erlass wesentlicher Regelungen in der Form (normenkonkretisierender) Verwaltungsvorschriften reicht nach Auffassung des EuGH für eine Umsetzung grundsätzlich nicht aus.[36] Nicht zuletzt deshalb wurden zB die Anforderungen an eine umweltverträgliche Abfallbeseitigung durch Verordnung, nämlich durch die Deponieverordnung konkretisiert und nicht allein, wie zuvor, in Technischen Anleitungen als Verwaltungsvorschriften geregelt. Sofern eine EU-Richtlinie trotz Ablaufs der dafür gesetzten Frist (noch) nicht oder nicht vollständig in nationales Recht transformiert ist, kann sie auch ohne Umsetzung Direktwirkung für den Einzelnen entfalten, sofern die Umsetzungsfrist abgelaufen ist und die einschlägigen Bestimmungen der Richtlinie inhaltlich unbedingt und hinreichend bestimmt sind.

4288 **Verordnungen** haben nach Art. 288 II 1 AEUV allgemeine Geltung. Sie sind in allen ihren Teilen verbindlich und gelten unmittelbar in jedem Mitgliedstaat. Einer Umsetzung in nationales Recht bedürfen sie nicht. Beispiele für unmittelbar verbindliche europäische Verordnungen sind die EU-BatterieVO und die EU-AbfVerbrV.[37] Der EuGH hält nationale Gesetze auch dann für unionsrechtswidrig, wenn sie europäische Verordnungen inhaltsgleich übernehmen.[38]

---

[31] Appel Europäisches und nationales Umweltverfassungsrecht, in Koch/Hoffmann/Reese, Handbuch Umweltrecht, 2018, § 2 Rn. 27; näher zu den Berücksichtigungs- und Abwägungspflichten nach Art. 191 III AEUV Callies in Callies/Ruffert, EUV-AEUV, 2022, Art. 192 AEUV Rn. 45 ff.

[32] Näher dazu Callies EU-Umweltrecht in Rehbinder/Schink, Grundzüge des Umweltrechts, 2018, Kap. 2 Rn. 51 ff.

[33] Kahl in Streinz, EUV/AEUV, 2018, Art. 193 Rn. 2; im Einzelnen dazu auch Callies in Callies/Ruffert, EUV-AEUV, 2022, Art. 193 AEUV Rn. 11; Kotzur/Niehaus in Geiger/Khan/Kotzur/Kirchmair, EUV-AEUV, 2023, Art. 193 AEUV Rn. 1

[34] Kahl in Streinz, EUV/AEUV, 2018, Art. 193 Rn. 2.

[35] Siehe dazu im Einzelnen Ruffert in Callies/Ruffert, EUV-AEUV, 2021, Art. 288 AEUV Rn. 1 ff; Kotzur in Geiger/Khan/Kotzur/Kirchmair, EUV-AEUV, 2023, Art. 288 AEUV Rn. 11.

[36] EuGH NVwZ 1991, 866 und 868.

[37] Zur EU-BattV Ruttloff/Wagner/Misztl ZfPC 2023, 54; Mezey/Veidt AbfallR 2023, 162; Uhlig/Köpper KlmaRZ 2023, 279; Dieckmann/Ordes AbfallR 2022, 17; zur EU-AbfVerbrV Zaroffe AbfallR 2021, 39; Kropp AbfallR 2020, 98

[38] EuGH Urt. v. 10.10.1973 – 34/73, BeckRS 2004, 70873; Appel Europäisches und nationales Umweltverfassungsrecht, in Koch/Hoffmann/Reese, Handbuch Umweltrecht, 2024, § 2 Rn. 19.

Wenn neben einer europäischen Verordnung auch ein nationales Gesetz verabschiedet wird, ergänzt dieses die Regelungen der Verordnung. Ein Beispiel dafür ist das AbfVerbrG des Bundes, das die Regelungen der EU-AbfVerbrV ergänzt.

Beschlüsse sind nach Art. 288 IV AEUV begründungspflichtige verbindliche Rechtsakte für Einzelfälle. Sie spielen im Bereich des Umweltschutzes zB bei der Vergabe von Umweltzeichen, der Genehmigung staatlicher Beihilfen für Umweltschutzvorhaben, der Mittelvergabe aus einschlägigen Fonds oder bei der Konkretisierung einzelner Richtlinien eine Rolle.[39] **Empfehlungen und Stellungnahmen** sind nach Art. 288 V AEUV grundsätzlich unverbindliche Handlungsformen der Unionsorgane; sie können bei der Auslegung von Richtlinien und Verordnungen berücksichtigt werden. **4289**

3. Historische Entwicklung

Die europäische Einigung wurde durch die Gründung der **Europäischen Wirtschaftsgemeinschaft**, der Gemeinschaft für Kohle und Stahl und der Euratom[40] zwischen sechs europäischen Staaten in den Römischen Verträgen grundgelegt. Einen weiteren Bedeutungsgewinn konnte die Europäische Gemeinschaft 1987 durch die **Einheitliche Europäische Akte (EEA)**[41] erreichen. Das System der Einstimmigkeit bei Beschlüssen der Mitgliedstaaten wurde durch ein Mehrheitsprinzip ergänzt, die Rechte der Europäischen Kommission gegenüber dem Rat erheblich erweitert und ein gemeinsamer europäischer Binnenmarkt für Waren, Personen, Dienstleistungen und Kapital bereits zum 31.12.1992 eingeführt. In weiteren Etappen erfolgte im Jahre 2004 eine Osterweiterung auf inzwischen fünfundzwanzig Mitgliedstaaten. Damit besitzen ca. 450 Mio. Europäer eine gemeinsame Rechtsordnung, gemeinsame Institutionen und einen gemeinsamen Markt. Der **Europäische Unionsvertrag** von **Maastricht**[42] hat die Rechte der Europäischen Gemeinschaft erheblich erweitert und brachte als wesentliche Änderungen neue politische Ziele wie die Wirtschafts- und Währungsunion und die Unionsbürgerschaft. **4290**

In Fortentwicklung des **Unionsvertrages** fand im Jahre 1996/1997 eine Konferenz zur Revision des Unionsvertrages statt. Sie führte am 2.10.1997 zur Unterzeichnung des **Vertrages von Amsterdam**. Dieser Vertrag begründet einen weiteren Schritt zur Festigung der Union und zur Vorbereitung neuer Erweiterungen. Er ist am 1.5.1999 in Kraft getreten. Der Vertrag weitete die Befugnisse des Europäischen Parlaments erheblich aus, indem er seine Rechte im Mitentscheidungsverfahren stärkte. Das Mitentscheidungsverfahren war in einigen Bereichen bereits im Vertrag von Maastricht eingeführt worden und stellte das Parlament auf die Stufe des Rates. Mit dem Vertrag von Amsterdam galt das Mitentscheidungsverfahren nun in fast allen Bereichen, in denen der Rat mit qualifizierter Mehrheit entschied. Eine wichtige Ausnahme bildete allerdings weiterhin die Landwirtschaft – der größte Finanzposten der Europäischen Union. Auch bei der Ernennung der Kommission wurden die Rechte des Europäischen Parlaments erweitert: Nach Inkrafttreten des Vertrags von Amsterdam musste das Parlament nicht nur der Ernennung der Kommission als ganzer zustimmen, sondern auch vorab der Ernennung des Kommissionspräsidenten. **4291**

Grundlage der Union sind die Europäischen Gemeinschaften ergänzt durch die mit dem **EU-Vertrag** eingeführten Politiken und Formen der Zusammenarbeit. Der **Vertrag von Maastricht** enthält in Titel I gemeinsame Bestimmungen und in Titel VIII Schlussbestimmungen. Beide Titel gelten für die Gesamtheit der Union. Titel II, II und IV ändern die bestehenden Verträge zur Gründung der drei Europäischen Gemeinschaften (EG, EAG und EGKS). Die Europäische Wirtschaftsgemeinschaft (EWG) hat die Bezeichnung Europäische Gemeinschaft (EG) erhalten. Die neuen Formen der Zusammenarbeit zwischen den Mitgliedstaaten der Gemeinschaft sind in Titel V hinsichtlich der gemeinsamen Außen- und Sicherheitspolitik und in Titel VI hinsichtlich der polizeilichen und justiziellen Zusammenarbeit in Strafsachen geregelt. Ein weiterer Titel VII enthält Regeln über eine verstärkte Zusammenarbeit einzelner Staaten. Zugleich wurde durch den Vertrag von Amsterdam der EG-Vertrag ergänzt und redaktionell überarbeitet. **4292**

---

[39] Appel Europäisches und nationales Umweltverfassungsrecht, in Koch/Hoffmann/Reese, Handbuch Umweltrecht, 2024, § 2 Rn. 22.

[40] BGBl. II 1957, 766.

[41] Vom 28.2.1986 (BGBl. II 1986, 1104), in Kraft seit dem 1.7.1987; siehe dazu den Überblick bei Kahl/Gärditz Umweltrecht, § 2 Rn. 4 ff.

[42] Vom 7.2.1992 (BGBl. II 1992, 1253); BVerfG NJW 1994, 2207.

4293 Der **Vertrag von Nizza** ist ein Vertrag zur **Änderung** des Vertrags über die Europäische Union und der Verträge zur Gründung der Europäischen Gemeinschaften, also des E-Vertrags, des EURATOM-Vertrags und des bei der Unterzeichnung noch in Kraft befindlichen EGKS-Vertrags, sowie einiger damit zusammenhängender Rechtsakte. Als wichtigste Änderung galt, dass in vielen Bereichen Beschlüsse mit qualifizierter Mehrheit statt mit Einstimmigkeit zur Regel wurden. Der Vertrag wurde von den Staats- und Regierungschefs der Europäischen Union anlässlich ihres Zusammentreffens im Europäischen Rat in Nizza am 11.12.2000 beschlossen und am 26.2.2001 unterzeichnet. Er trat am 1.2.2003 in Kraft. Da der EGKS-Vertrag bereits am 23.7.2002 ausgelaufen war, waren mit Ausnahme des Protokolls über die finanziellen Folgen des Ablaufs des EGKS-Vertrags und über den Forschungsfonds für Kohle und Stahl alle durch den Vertrag von Nizza vorgesehenen Änderungen des EGKS-Vertrags gegenstandslos. Bemerkenswert ist die dem Vertrag von Nizza beigefügte „Erklärung (Nr. 23) zur Zukunft der Union", womit bereits in Nizza die nächste Änderung (sog. Post-Nizza-Prozess) eingeleitet wurde, da die „Amsterdam left-overs" immer noch nicht abgearbeitet waren. Im Rahmen dieser Diskussion sollten folgende vier Fragen behandelt werden: die Abgrenzung der Zuständigkeiten, die Rolle der nationalen Parlamente, die Vereinfachung der Verträge und der Status der außerhalb der Verträge stehende Charta der Grundrechte der Europäischen Union, die am 9.11.2001 erstmals feierlich verkündet wurde.[43]

4294 Der durch den Vertrag von Nizza geschaffene Rechtsstand wurde erst zum 1.12.2009 durch den **Vertrag von Lissabon** erneut geändert. Zuvor scheiterte im Sommer 2005 der **Vertrag über eine Verfassung für Europa**, der alle früheren Gründungs- und Revisionsverträge und somit auch den Vertrag von Nizza aufheben sollte (Art. IV-437 EU-VV). Inhaltlich übernahm der Vertrag von Lissabon die wesentlichen Elemente des EU-Verfassungsvertrags, der 2005 in einem Referendum in Frankreich und in den Niederlanden abgelehnt worden war. Im Gegensatz zum Verfassungsvertrag ersetzte er EU- und EG-Vertrag aber nicht, sondern änderte sie nur ab. Zu den **Neuerungen** des Vertrags von Lissabon zählten unter anderem die rechtliche Fusion von Europäischer Union und Europäischer Gemeinschaft, die Ausweitung des Mitentscheidungsverfahrens auf die polizeiliche und justizielle Zusammenarbeit in Strafsachen, die stärkere Beteiligung der nationalen Parlamente bei der Rechtsetzung der EU, die Einführung einer Europäischen Bürgerinitiative, das neue Amt des Präsidenten des Europäischen Rates, der Ausbau der Kompetenzen des Hohen Vertreters der EU für Außen- und Sicherheitspolitik, die Gründung eines Europäischen Auswärtigen Dienstes, die Rechtsverbindlichkeit der **EU-Grundrechtecharta** und die erstmalige Regelung eines **EU-Austritts**. Vor dem Vertrag von Lissabon waren EU- und EG-Vertrag zuletzt durch den Vertrag von Nizza von 2003 und durch die zwischenzeitlich erfolgten Beitritte neuer Mitgliedstaaten geändert worden. Die Regelungen zu EU-Militäreinsätzen aus dem Nizza-Vertrag wurden erweitert und damit das Wirtschaftsbündnis zum Verteidigungsbündnis weiterentwickelt. Der Vertrag von Lissabon ist daher ein „Änderungsvertrag", der im Wesentlichen aus den beschlossenen Veränderungen an den bisherigen Verträgen besteht.

4. Vorrang des EU-Umweltrechts

4295 Wegen des Vorrangs des Unionsrechts vor dem nationalen Recht verdrängt das höherrangige Unionsrecht das nationale Recht.[44] Dieser Vorrang des Unionsrechts führt nicht zur Nichtigkeit, sondern zu einem **Anwendungsvorrang** des Unionsrechts. Die Mitgliedstaaten dürfen Normen ihres innerstaatlichen Rechts nicht mehr anwenden, wenn sie mit Unionsrecht nicht vereinbar sind. Dieser Anwendungsvorrang erstreckt sich auf nationale Vorschriften, deren Anwendung die Verwirklichung von Unionsrecht unmöglich macht oder wesentlich erschwert.[45]

4296 In seinem EZB-Urteil weist das BVerfG allerdings darauf hin, dass der mit der Funktionszuweisung des Art. 19 I 2 EUV verbundene Rechtsprechungs-auftrag des EuGH dort endet, wo eine Auslegung der Verträge nicht mehr nachvollziehbar und daher objektiv willkürlich ist. Überschreitet der EuGH diese Grenze, ist sein Handeln vom Mandat des Art. 19 I 2 EUV in Verbindung mit dem Zustimmungsgesetz nach der Rechtsprechung des BVerfG nicht mehr

---

[43] ABl. EG C 364 vom 18.12.2000.

[44] Zu diesem Vorrang Schlacke Umweltrecht, 2023, § 7 Rn. 22; Nettesheim in Grabitz/Hilf/Nettesheim, AEUV, 2023, Art. 1 Rn. 71; Appel Europäisches und nationales Umweltverfassungsrecht in Koch/Hoffmann/Reese, Handbuch Umweltrecht, 2024, § 2 Rn. 77 ff; grundlegend schon EuGH NJW 1964, 2371.

[45] Ruttloff in Karpenstein/Kotzur/Vasel, Handbuch Rechtsschutz in der Europäischen Union; 2024, § 31 Rn. 1; Schlacke Umweltrecht, 2023, § 7 Rn. 22 mwN zur Rechtsprechung des EuGH.

gedeckt, so dass seiner Entscheidung jedenfalls für Deutschland das gem. Art. 23 I 2 in Verbindung mit Art. 20 I und II GG und Art. 79 III GG erforderliche Mindestmaß an demokratischer Legitimation fehlt.[46] In der Entscheidung zur Auslegung des Primärrechts bei der Bestimmung des Mandats bei der EZB hat das BVerfG[47] allerdings Grenzen der Rechtsprechung des EuGH aufgezeigt und sich auf der Grundlage der Struktursicherungsklausel in Art. 23 GG das Recht ausbedungen, willkürlich erscheinende Entscheidungen des EuGH unangewendet zu lassen und dies auch für die deutschen staatlichen Organe für verbindlich zu erklären: Stellt sich bei einer Ultra-vires- oder Identitätskontrolle die Frage nach der Gültigkeit oder Auslegung einer Maßnahme von Organen, Einrichtungen und sonstigen Stellen der Europäischen Union, so legt das BVerfG seiner Prüfung grundsätzlich den Inhalt und die Beurteilung zugrunde, die die Maßnahme durch den Gerichtshof der Europäischen Union erhalten hat. Der mit der Funktionszuweisung des Art. 19 I 2 EUV verbundene Rechtsprechungsauftrag des Gerichtshofs der Europäischen Union endet dort, wo eine Auslegung der Verträge nicht mehr nachvollziehbar und daher objektiv willkürlich ist. Überschreitet der Gerichtshof diese Grenze, ist sein Handeln vom Mandat des Art. 19 I 2 EUV in Verbindung mit dem Zustimmungsgesetz nicht mehr gedeckt, sodass seiner Entscheidung jedenfalls für Deutschland das gemäß Art. 23 I 2 in Verbindung mit Art. 20 I und II und Art. 79 III GG erforderliche Mindestmaß an demokratischer Legitimation fehlt. Bei der Berührung fundamentaler Belange der Mitgliedstaaten, wie dies bei der Auslegung der Verbandskompetenz der Europäischen Union und ihres demokratisch legitimierten Integrationsprogramms in der Regel der Fall ist, darf die gerichtliche Kontrolle die behaupteten Absichten der Europäischen Zentralbank nicht unbesehen übernehmen.

Die Kombination eines weiten Ermessens des handelnden Organs und einer Begrenzung der gerichtlichen Kontrolldichte durch den Gerichtshof der Europäischen Union trägt dem Prinzip der begrenzten Einzelermächtigung offensichtlich nicht hinreichend Rechnung und eröffnet den Weg zu einer kontinuierlichen Erosion mitgliedstaatlicher Zuständigkeiten. Die Wahrung der kompetenziellen Grundlagen der Europäischen Union hat entscheidende Bedeutung für die Gewährleistung des demokratischen Prinzips. Die Finalität des Integrationsprogramms darf nicht dazu führen, dass das Prinzip der begrenzten Einzelermächtigung als eines der Fundamentalprinzipien der Europäischen Union faktisch außer Kraft gesetzt wird. Der Grundsatz der Verhältnismäßigkeit bei der Kompetenzabgrenzung zwischen der Europäischen Union und den Mitgliedstaaten und die damit verbundene wertende Gesamtbetrachtung besitzen ein für das Demokratieprinzip und den Grundsatz der Volkssouveränität erhebliches Gewicht. Ihre Missachtung ist geeignet, die kompetenziellen Grundlagen der Europäischen Union zu verschieben und das Prinzip der begrenzten Einzelermächtigung zu unterlaufen. Die Verhältnismäßigkeit eines Programms zum Ankauf von Staatsanleihen setzt neben seiner Eignung zur Erreichung des angestrebten Ziels und seiner Erforderlichkeit voraus, dass das währungspolitische Ziel und die wirtschaftspolitischen Auswirkungen benannt, gewichtet und gegeneinander abgewogen werden. Die unbedingte Verfolgung des währungspolitischen Ziels unter Ausblendung der mit dem Programm verbundenen wirtschaftspolitischen Auswirkungen missachtet offensichtlich den Grundsatz der Verhältnismäßigkeit aus Art. 5 I 2 und IV EUV. Dass das Europäische System der Zentralbanken keine Wirtschafts- und Sozialpolitik betreiben darf, schließt es nicht aus, unter dem Gesichtspunkt des Art. 5 I 2 und IV EUV die Auswirkungen zu erfassen, die ein Ankaufprogramm für Staatsanleihen etwa für die Staatsverschuldung, Sparguthaben, Altersvorsorge, Immobilienpreise, das Überleben wirtschaftlich nicht überlebensfähiger Unternehmen hat, und sie – im Rahmen einer wertenden Gesamtbetrachtung – zu dem angestrebten und erreichbaren währungspolitischen Ziel in Beziehung zu setzen. 4297

5. Unionsrechtskonforme Auslegung des nationalen Umweltrechts

Im Verwaltungsprozess erfährt die Bindung des Richters an nationales Recht eine Einschränkung durch den Anwendungsvorrang des Unionsrechts; er kann eine unionsrechtskonforme Auslegung der Vorschriften des nationalen Rechts gebieten, um eine Harmonisierung der 4298

[46] BVerfGE NJW 2020, 857 – EZB; siehe dazu Erbguth DVBl.. 2021, 209; Meßerschmidt DÖV 2021, 277; Frenz DVBl.. 2020, 1017; Calliess NVwZ 2020, 897; Kahl NVwZ 2020, 824; BVerfGE 123, 267 – Lissabon; BVerfGE 73, 339, 375 – Solange II.

[47] BVerfG NJW 2020, 857.

Rechtsordnungen zu erreichen.[48] Die Verwaltungsgerichte besitzen die Kompetenz zur Auslegung des entscheidungserheblichen Unionsrechts sowie in diesem Rahmen zur Klärung der Verbindlichkeit unionsrechtlicher Vorgaben für das innerstaatliche Recht. Sie sind aufgrund des Umsetzungsgebots nach Art. 288 III AEUV in Verbindung mit der Unionstreue (Art. 4 III EUV) auch verpflichtet, bei der Anwendung innerstaatlichen Rechtsdiese dieses so weit wie möglich anhand des Wortlauts und des Zwecks der Richtlinie auszulegen, um das in der Richtlinie festgelegte Ergebnis zu erreichen. Bei im Verhältnis zum Unionsrecht ungeklärtem nationalen Umsetzungsrecht haben die Fachgerichte zu prüfen, ob der EuGH im Wege des Vorabentscheidungsverfahrens nach Art. 267 III AEUV anzurufen ist. Insoweit scheidet eine Vorlage an das BVerfG nach Art. 100 I 1 GG aus. Kommt das Gericht seiner Vorlagepflicht nicht nach, kann dies einen Entzug des gesetzlichen Richters iSv Art. 101 I 2 GG bedeuten.[49]

4299 Spezifische Konsequenzen hat der Anwendungsvorrang des Unionsrechts auch für die Bauleitplanung. Wegen des Anwendungsvorrangs des Unionsrechts wird anders als bei der planerischen Eingriffsregelung und anders als bei anderen Belangen des § 1 VII BauGB bei den Natura 2000 – Gebieten die Abwägung nach § 1 VII BauGB durch § 1a IV BauGB eingeschränkt. Das Ergebnis der naturschutzrechtlichen Verträglichkeitsprüfung kann danach nicht durch die Abwägung nach § 1 VII BauGB überwunden werden.[50]

2. Teil. Umwelt- und naturschutzbezogene EU-Richtlinien

4300 Wichtige Vorgaben für die umweltrechtliche Planung enthalten die umwelt- und naturschutzbezogenen EU-Richtlinien mit ihren Umsetzungsakten in Bundes- und Landesrecht. Das sekundäre Umweltrecht der Europäischen Union setzt sich, insoweit vergleichbar dem deutschen Recht, aus allgemeineren, in verschiedenen Umweltbereichen zur Anwendung kommenden Regelwerken, aus umweltmedienbezogenen Regelungen, die sich auf den Immissionsschutz, den Gewässerschutz und den Bodenschutz beziehen, aus stoff- und tätigkeitsbezogenen Bestimmungen, insbesondere des Gefahrstoff- und Chemikalienrechts, und aus ressourcenbezogenen Bestimmungen des Kreislaufwirtschaftsrechts.[51] Ende Dezember 2023 haben die EU-Mitgliedstaaten eine Ökodesign-Verordnung beschlossen. Danach sollen nur noch solche Produkte auf den Binnenmarkt kommen, die ressourcensparend hergestellt wurden, langlebig und reparierbar sowie energieeffizient sind. Mit der Verordnung will die EU vor allem die Vernichtung von gebrauchsfähigen Konsumartikeln wie Textilien und Schuhen stoppen. Die VO sieht Maßnahmen vor, die bislang der „erweiterten Herstellerverantwortung" der Abfallrahmenrichtlinie und damit der Produktverantwortung des Kreislaufwirtschaftsgesetzes vorbehalten sind. Ein zentraler Baustein ist ein „Warenvernichtungsverbot". Es wird befürchtet, dass die **EU-ÖkodesignVO** zu einer Schwächung der Kreislaufwirtschaft führt.[52]

4301 Zum **allgemeinen Umweltrecht** der EU im vorgenannten Sinne gehören insbesondere
Richtlinie 2003/4/EG des Europäischen Parlaments und des Rates vom 28. Januar 2003 über den Zugang der Öffentlichkeit zu Umweltinformationen (**Umweltinformationsrichtlinie),**
Richtlinie 2003/35/EG des Europäischen Parlaments und des Rates. vom 26. Mai 2003. über die Beteiligung der Öffentlichkeit bei der Ausarbeitung bestimmter umweltbezogener Pläne und Programme und zur Änderung der Richtlinien 85/337/EWG und zur Änderung der Richtlinien 85/337/EWG und 96/61/EG des Rates in Bezug auf die Öffentlichkeitsbeteiligung und den Zugang zu Gerichten (**Öffentlichkeitsbeteiligungsrichtlinie**),
Richtlinie 2001/42/EG des Europäischen Parlaments und des Rates vom 27. Juni 2001 über die Prüfung der Umweltauswirkungen bestimmter Pläne und Programme (**SUP-Richtlinie**),

[48] Stelkens/Panzer in Schoch/Schneider, Verwaltungsrecht, 2013, § 1 VwGO Rn. 48; Appel Europäisches und nationales Umweltverfassungsrecht in Koch/Hoffmann/Reese, Handbuch Umweltrecht, 2024, § 2 Rn. 86; Mankowski in Karpenstein/Kotzur/Vasel Handbuch Rechtsschutz in der Europäischen Union, 2024, § 33 Rn. 169.

[49] Stelkens/Panzer in Schoch/Schneider, Verwaltungsrecht, 2013, § 1 VwGO Rn. 48.

[50] BVerwGE 120, 299; Battis in BKL, BauGB, 2022, § 1a Rn. 29.

[51] Zur Systematik Callies in Rehbinder/Schink, 2018, Grundzüge des Umweltrechts, S. 65 ff.

[52] Zur EU-Ökodesign-Verordnung und zum „Warenvernichtungsverbot" siehe Petersen/Massow ZUR 2023, 67; Beckmann Obhutspflicht und Warenvernichtungsverbot in Doumet/Friedrich/Lemperle, Kreislauf-Wirtschaft-Recht, FS für Petersen, Berlin 2023, 113.

Richtlinie 2011/92/EU des Europäischen Parlaments und des Rates vom 13. Dezember 2011 über die Umweltverträglichkeitsprüfung bei bestimmten öffentlichen und privaten Projekten (**Projekt-UVP-Richtlinie**),
Richtlinie 2010/75/EU des Europäischen Parlaments und des Rates vom 24.11.2010 über Industrieemissionen (integrierte Vermeidung und Verminderung der Umweltverschmutzung – **IE-Richtlinie**),
Richtlinie 2004/35/EG des Europäischen Parlaments und des Rates vom 21. April 2004 über Umwelthaftung zur Vermeidung und Sanierung von Umweltschäden (**Umwelthaftungs-RL**),
Verordnung (EG) Nr. 66/2010 des Europäischen Parlaments und des Rates vom 25. November 2009 über das EU-Umweltzeichen (**EU-UmweltzeichenVO**),
Verordnung (EG) Nr. 1221/2009 des Europäischen Parlaments und des Rates vom 25. November 2009 über die freiwillige Teilnahme von Organisationen an einem Gemeinschaftssystem für Umweltmanagement und Umweltbetriebsprüfung und zur Aufhebung der Verordnung (EG) Nr. 761/2001, sowie der Beschlüsse der Kommission 2001/681/EG und 2006/193/EG (**EG-Umweltaudit-VO**),

Zum besonderen Teil des EU-Umweltrechts gehören unter anderem 4302
Richtlinie 2008/50/EG des Europäischen Parlaments und des Rates vom 21. Mai 2008 über Luftqualität und saubere Luft für Europa (**Luftqualitätsrichtlinie**),
Richtlinie 2000/14/EG über umweltbelastende Geräuschemissionen von zur Verwendung im Freien vorgesehenen Geräten und Maschinen,
Richtlinie 2002/49/EG des Europäischen Parlaments und des Rates vom 25. Juni 2002 über die Bewertung und Bekämpfung von Umgebungslärm,

Richtlinie 2000/60/EG des Europäischen Parlaments und des Rates vom 23. Oktober 2000 zur Schaffung eines Ordnungsrahmens für Maßnahmen der Gemeinschaft im Bereich der Wasserpolitik (**Wasserrahmenrichtlinie**)

Vorschlag für eine Richtlinie des Europäischen Parlaments und des Rates zur Bodenüberwachung und -resilienz (**Bodenüberwachungsgesetz**), 4303
Richtlinie 92/43/EWG des Rates vom 21. Mai 1992 zur Erhaltung der natürlichen Lebensräume sowie der wildlebenden Tiere und Pflanzen (**FFH-Richtlinie**),
Richtlinie 2009/147/EG des Europäischen Parlaments und des Rates vom 30. November 2009 über die Erhaltung der wildlebenden Vogelarten (**Vogelschutzrichtlinie**),
Richtlinie 1999/22/EG über die Haltung von Wildtieren in Zoos vom 29.3.1999 (**Zoorichtlinie**),[53]
Verordnung (EU) 2022/2577 des Rates vom 22. Dezember 2022 zur Festlegung eines Rahmens für einen beschleunigten Ausbau der Nutzung erneuerbarer Energien (**EU-NotfallVO**),

Vorschlag für eine Verordnung des Europäischen Parlaments und des Rates über die Wiederherstellung der Natur (**EU-Renaturierungsgesetz**),[54] 4304
Richtlinie (EU) 2023/2413 des Europäischen Parlaments und des Rates vom vom 18. Oktober 2023 zur Änderung der Richtlinie (EU) 2018/2001, der Verordnung (EU) 2018/1999 und der Richtlinie 98/70/EG im **Hinblick auf die Förderung von Energie aus erneuerbaren Quellen und zur Aufhebung der Richtlinie (EU) 2015/652 des Rates (RED III-Richtlinie**),
Verordnung (EG) Nr. 1907/2006 des Europäischen Parlaments und des Rates vom 18. Dezember 2006 zur Registrierung, Bewertung, Zulassung und Beschränkung chemischer Stoffe (REACH), zur Schaffung einer Europäischen Chemikalienagentur, zur Änderung der Richtlinie 1999/45/EG und zur Aufhebung der Verordnung (EWG) Nr. 793/93 des Rates, der Verordnung (EG) Nr. 1488/94 der Kommission, der Richtlinie 76/769/EWG des Rates sowie der Richtlinien 91/155/EWG, 93/67/EWG, 93/105/EG und 2000/21/EG der Kommission (**REACH-VO**),

---

[53] Zur Konzeption des Lebensschutzes des Tierschutzgesetzes für Tiere in Zoos und Tiergärten siehe Beckmann DVBl.. 2024, 75; zum Populationsmanagement im Zoo Beckmann DVBl.. 2024, 206.

[54] Zu zahlreichen weiteren EU-Verordnungen für den Bereich des Naturschutzes siehe Schlacke Umweltrecht, 2023 § 10 Rn. 4.

Richtlinie 2008/98/EG des europäischen Parlaments und des Rates vom 19. November 2008 über Abfälle und zur Aufhebung bestimmter Richtlinien (**Abfallrahmenrichtlinie**),

Verordnung (EG) Nummer 1013/2006 des Europäischen Parlaments und des Rates vom 14. Juni 2006 über die Verbringung von Abfällen (**VVA**),

Verordnung (EU) 2023/1542 des Europäischen Parlaments und des Rates vom 12. Juli 2023 über Batterien und Altbatterien, zur Änderung der Richtlinie 2008/98/EG und der Verordnung (EU) 2019/1020 und zur Aufhebung der Richtlinie 2006/66/EG (**EU-BattV**),

4305 **Vorschlag** für eine Verordnung des Europäischen Parlaments und des Rates zur Schaffung eines Rahmens für die Festlegung von Ökodesign-Anforderungen für nachhaltige Produkte und zur Aufhebung der Richtlinie 2009/125/EG (**Öko-Design-VO**).

I. EU-Richtlinien zur Umsetzung der Århus-Konvention

4306 Vorgaben für das Umweltrecht ergeben sich auch aus dem UN ECE-Übereinkommen[55] über den Zugang zu Informationen, die Öffentlichkeitsbeteiligung an Entscheidungsverfahren und den Zugang zu Gerichten (Århus-Konvention). Diese wurde im Jahre 1998[56] im dänischen Århus von allen EG-Mitgliedstaaten und der Europäischen Gemeinschaft unterzeichnet und ist am 30.10.2001 in Kraft getreten. Deutschland hat die Århus-Konvention 2006 ratifiziert.[57] Die Konvention hat weitreichende Folgen für das Umweltrecht und beruht auf einem Dreisäulenmodell: Die Vertragsparteien verpflichten sich darin, das Recht der Öffentlichkeit auf Zugang zu Umweltinformationen (Säule 1), auf Beteiligung an umweltbezogenen Entscheidungsverfahren (Säule 2) und auf Zugang zu Gerichten in Umweltangelegenheiten (Säule 3) zu gewährleisten.

4307 Die erste Säule (Art. 4 und 5 Århus-Konvention) regelt den **Zugang zu Umweltinformationen**. Die Öffentlichkeit soll das Recht auf Zugang zu Umweltinformationen erhalten, wobei dieser Anspruch nicht nur gegenüber den Verwaltungsbehörden im engeren Sinn besteht, sondern ebenso gegenüber Privaten, die bestimmte öffentliche Aufgaben im Bereich des Umweltschutzes wahrnehmen. Die auskunftspflichtigen Stellen können aus bestimmten Gründen die Erteilung von Informationen verweigern. Das Übereinkommen regelt nicht nur den Informationszugang auf Antrag, sondern auch die aktive Verbreitung von Informationen, die zunehmend in elektronischen Datenbanken zur Verfügung stehen sollen. Die zweite Säule regelt im Wesentlichen die Beteiligung der Öffentlichkeit an bestimmten umweltrelevanten Entscheidungsverfahren (Art. 6 Århus-Konvention). Die Verfahren, die einer Öffentlichkeitsbeteiligung unterliegen, sind in einem eigenen Anhang aufgelistet. Darüber hinaus sieht das Übereinkommen auch eine Öffentlichkeitsbeteiligung bei sonstigen Tätigkeiten vor, die eine erhebliche Auswirkung auf die Umwelt haben können. Die zweite Säule enthält des Weiteren Bestimmungen zur **Öffentlichkeitsbeteiligung** an Verfahren zur Erstellung umweltbezogener Pläne, Programme und in abgeschwächter Weise auch von Politiken (Art. 7 Århus-Konvention). Effektive Öffentlichkeitsbeteiligung soll auch bei der Vorbereitung von Rechtsnormen, die erhebliche Auswirkungen auf die Umwelt haben können, gefördert werden (Art. 8 Århus-Konvention). Die dritte Säule des Übereinkommens behandelt den **„Zugang zu Gerichten"** in Umweltangelegenheiten (Art. 9 Århus-Konvention). Die darin enthaltenen Bestimmungen sollen insbesondere garantieren, dass die Rechte aus der ersten und der zweiten Säule wirksam vor einer unabhängigen Instanz eingefordert werden können.

Die Århus-Konvention, die durch das **Ratifizierungsgesetz**[58] auch für Deutschland verbindlich geworden ist, wird auf europäischer Ebene durch mehrere Rechtsakte umgesetzt:

---

[55] United Nations Economic Commission for Europe = Wirtschaftskommission der Vereinten Nationen für Europa.

[56] Die Bundesrepublik Deutschland hat die Konvention am 21.12.1998 in Århus (Dänemark) unterzeichnet.

[57] Gesetz zu dem Übereinkommen vom 25.6.1998 über den Zugang zu Informationen, die Öffentlichkeitsbeteiligung an Entscheidungsverfahren und den Zugang zu den Gerichten in Umweltangelegenheiten (Århus-Übereinkommen) vom 9.12.2006 BGBl. II 1251).

[58] Gesetz zu dem Übereinkommen vom 25.6.1998 über den Zugang zu Informationen, die Öffentlichkeitsbeteiligung an Entscheidungsverfahren und den Zugang zu den Gerichten in Umweltangelegenheiten (Århus-Übereinkommen) vom 9.12.2006 BGBl. II 1251).

Richtlinie 2003/4/EG vom 28. Januar 2003 über den Zugang der Öffentlichkeit zu Umweltinformationen und zur Aufhebung der Richtlinie 90/313/EWG des Rates (Umweltinformationsrichtlinie),

Richtlinie 2003/35/EG vom 26. Mai 2003 über die Beteiligung der Öffentlichkeit bei der Ausarbeitung bestimmter umweltbezogener Pläne und Programme und zur Änderung der Richtlinien 85/337/EWG und 91/61/EG des Rates in Bezug auf die Öffentlichkeitsbeteiligung und den Zugang zu Gerichten (Öffentlichkeitsbeteiligungsrichtlinie) sowie die Richtlinie 2001/42/EG vom 27. Juni 2001 über die Prüfung der Auswirkungen bestimmter Pläne und Programme (SUP-Richtlinie),
Verordnung (EG) Nummer 1367/2006 vom 6. September 2006 zur Anwendung der Bestimmungen des Aarhus-Übereinkommens auf Organe und Einrichtungen der Europäischen Gemeinschaft (Aarhus-Verordnung).

Die **Umweltinformationsrichtlinie** wurde durch eine Novelle des Umweltinformationsgesetzes umgesetzt. Durch das Umweltinformationsgesetz werden alle Stellen der öffentlichen Verwaltung zur Herausgabe von Umweltinformationen verpflichtet. Ziel der **Öffentlichkeitsbeteiligungsrichtlinie** ist es, das Recht auf Beteiligung der Öffentlichkeit an Entscheidungsverfahren in Umweltangelegenheiten zu gewährleisten sowie den Zugang zu Gerichten in den umweltrechtlichen Verfahren zu eröffnen, in denen Beteiligungsrechte der Öffentlichkeit vorgesehen sind. Die Öffentlichkeitsbeteiligungsrichtlinie sieht zu diesem Zweck eine eingeschränkte Verbandsklage für Umweltverbände vor. Die Öffentlichkeitsbeteiligungsrichtlinie ist durch das Gesetz über die Öffentlichkeitsbeteiligung in Umweltangelegenheiten **(Öffentlichkeitsbeteiligungsgesetz)**[59] und das Gesetz über ergänzende Vorschriften zu Rechtsbehelfen in Umweltangelegenheiten **(Umwelt-Rechtsbehelfsgesetz)** [60] umgesetzt worden. 4308

Bei dem UmwRG handelt es sich um ein umweltspezifisches Sonderverwaltungsprozessrecht, das ergänzend zur VwGO besondere Bestimmungen zur Klagebefugnis (§ 2 UmwRG), zur Anerkennung von Umweltvereinigungen (§ 3 UmwRG), zur Begründetheit (§ 4 UmwRG), zur gerichtlichen Kontrolle von Verfahrensfehlern (§ 4 UmwRG), eine spezielle Missbrauchsklausel, eine besondere Klagebegründungsfrist (§ 6 UmwRG) und auch teils abweichende Regelungen für atypische Rechtsbehelfe (§ 7 II UmwRG) enthält, die nicht nur für die anerkannten Vereinigungen (§ 3 UmwRG), sondern teilweise auch für Individualkläger gelten (vgl. § 4 III UmwRG). Das UmwRG musste bereits verschiedentlich novelliert werden, weil es mit dem Unionsrecht unvereinbar war. 4309

Mit Stand vom 30.4.2024 liegt ein weiterer Gesetzentwurf zur Änderung des UmwRG vor (Referentenentwurf des Bundesministeriums für Umwelt, Naturschutz, nukleare Sicherheit und Verbraucherschutz). Ziel dieser erneuten Änderungsabsicht ist es, die deutschen Regelungen zum Gerichtszugang in Umweltangelegenheiten an die Anforderungen der Aarhus-Konvention und an entsprechende unionsrechtliche Vorgaben anzupassen. Die Änderungen dienen der Umsetzung des Beschlusses VII/8g der Konferenz der Vertragsstaaten der AK vom 20.10.2021. Dort wurde bestätigt, dass das Anerkennungskriterium des Prinzips der Binnendemokratie nach § 3 I 2 Nr. 5 UmwRG gegen das Völkerrecht verstößt. Daher muss dieses Kriterium des UmwRG entfallen. Außerdem soll europäische und nationale Rechtsprechung zum Anwendungsbereich des UmwRG gesetzlich geregelt werden. Dabei soll das Urteil des EuGH vom 8.11. 2022 umgesetzt werden.[61] Darin hatte der EuGH entschieden, dass EU-Mitgliedstaaten den sachlichen Anwendungsbereich von Art. 9 III AK nicht dadurch einschränken dürfen, dass sie bestimmte Klagegegenstände, zB Produktzulassungen, von den Klagemöglich- 4310

---

[59] Gesetz über die Öffentlichkeitsbeteiligung in Umweltangelegenheiten v. 9.12.2006 (BGBl. I S. 2819). Bundesregierung, Entwurf eines Gesetzes über die Öffentlichkeitsbeteiligung in Umweltangelegenheiten nach der EG-Richtlinie 2003/35/EG (Öffentlichkeitsbeteiligungsgesetz), Referentenentwurf vom 21.2.2005, Gesetzentwurf v. 4.9.2006 (Drs. 16/2494), Beschlussempfehlung und Bericht des Ausschusses für Umwelt, Naturschutz und Reaktorsicherheit (16. Ausschuss) vom 6.11.2006 (Drs. 16/3311).

[60] Gesetz über ergänzende Vorschriften zu Rechtsbehelfen in Umweltangelegenheiten nach der EG-Richtlinie 2003/35/EG (Umwelt-Rechtsbehelfsgesetz), vom 7.12.2006 (BGBl. I 2816); zur Bedeutung des Rechtsschutzes im Umweltrecht Schwerdtfeger in Koch/Hofmann/Reese, Handbuch Umweltrecht, 2024, § 4 Rn. 1 ff.; Franzius ZUR 2024, 195; Kahl/Gärditz Umweltrecht, 2023, § 5 Rn. 1.

[61] EuGH NVwZ 2023, 47; dazu Bunge NuR 2023, 675; Guckelberger/Mitschang NJW 2022, 3747; Sobotta EuZW 2023, 75; nach Ressortabstimmung und Verbändeanhörung wurde der Entwurf der Gesetzesänderung am 21.8.2024 vom Bundeskabinett beschlossen und an Bundesrat und Bundestag weitergeleitet.

keiten der anerkannten Umweltvereinigungen ausnehmen. Außerdem hat das BVerwG mit Urteil vom 26.1.2023 entschieden, dass anerkannte Umweltvereinigungen bei möglichen Verstößen einer behördlichen Entscheidung gegen europäisches Umweltrecht auch gegen solche Pläne und Programme klagebefugt sind, die keiner Pflicht zur Durchführung einer Strategischen Umweltprüfung unterliegen.[62] Auch insoweit muss das UmwRG geändert werden.

II. UVP-Richtlinie

4311 Die Europäische Union hat mit der UVP-Richtlinie und der SUP-Richtlinie für bestimmte Projekte, Pläne und Programme eine Umweltprüfung vorgeschrieben, die zu den wichtigsten Instrumenten des integrativen und vorsorgenden Umweltschutzes gehört.[63] Gegenstand der UVP-Richtlinie ist nach Art, 1 I UVP-Richtlinie die Umweltverträglichkeitsprüfung bei öffentlichen und privaten Projekten, die möglicherweise erhebliche Auswirkungen auf die Umwelt haben.[64]

1. Europarechtliche Vorgaben

4312 Die Richtlinie über die Umweltverträglichkeitsprüfung bei bestimmten öffentlichen und privaten Projekten (UVP-Richtlinie – UVP-RL) wurde 1985 erlassen und durch die UVP-Änderungsrichtlinie im Jahre 1997 sowie die Öffentlichkeitsbeteiligungs-Richtlinie 2003/35/EG geändert. Mit der Richtlinie 2011/92/EU vom 13.12.2021 wurde die Richtlinie neu gefasst und auf Art. 192 AEUV gestützt. Weitreichende Änderungen erfuhr die UVP-RL 2014/52/EU durch die UVP-Änderungsrichtlinie aus dem Jahr 2014, die durch das im Jahr 2017 verabschiedete Gesetz zur Modernisierung des Rechts der Umweltverträglichkeitsprüfung umgesetzt wurde, das sich allerdings nicht mit der Anpassung des UVPG an die geänderte UVP-RL begnügte, sondern weitergehende Änderungen an dem Gesetz vornahm.[65]

4313 Nach Art. 2 I UVP-RL treffen die Mitgliedstaaten die erforderlichen Maßnahmen, damit vor Erteilung der Genehmigung die Projekte, bei denen unter anderem aufgrund ihrer Art, ihrer Größe oder ihres Standortes mit erheblichen Auswirkungen auf die Umwelt zu rechnen ist, einer Genehmigungspflicht unterworfen und einer Prüfung in Bezug auf ihre Auswirkungen unterzogen werden. Die Umweltverträglichkeitsprüfung kann nach Art. 2 II UVP-RL in den Mitgliedstaaten im Rahmen der bestehenden Verfahren zur Genehmigung der Projekte durchgeführt werden oder, falls solche nicht bestehen, im Rahmen anderer Verfahren oder der Verfahren, die einzuführen sind, um den Zielen dieser Richtlinie zu entsprechen. Deutschland hat sich für eine **Integration der Umweltverträglichkeitsprüfung in bestehende Zulassungsverfahren** entschieden. Nach § 3 UVPG ist die Umweltverträglichkeitsprüfung unselbständiger Teil verwaltungsbehördlicher Verfahren, die Zulassungsentscheidungen dienen.

4314 **a) Begriff.** Die Umweltverträglichkeitsprüfung identifiziert, beschreibt und bewertet nach Art. 3 UVP-RL in geeigneter Weise nach Maßgabe eines jeden Einzelfalls gemäß den Art. 4 bis 12 UVP-RL die unmittelbaren und mittelbaren Auswirkungen eines Projekts auf folgende Faktoren: a) Mensch, Fauna und Flora; b) Boden, Wasser, Luft, Klima und Landschaft; c) Sachgüter und kulturelles Erbe; d) die Wechselwirkung zwischen den unter Buchstaben a, b und c genannten Faktoren.

4315 **b) Projekte.** Nach Art. 1 II a UVP-RL sind Projekte, für die eine UVP erforderlich werden kann, die Errichtung von baulichen oder sonstigen Anlagen und sonstige Eingriffe in Natur und Landschaft einschließlich derjenigen zum Abbau von Bodenschätzen. Die Projekte, für die eine Umweltverträglichkeitsprüfung erforderlich ist, sind in Art. 4 UVP-RL definiert. Projekte des Anhangs I werden nach Art. 4 I UVP-RL obligatorisch vorbehaltlich des Art. 2 IV UVP-RL einer Prüfung gemäß den Art. 5 bis 10 UVP-Richtlinie unterzogen. Bei Projekten des Anhangs II der Richtlinie bestimmen nach Art. 4 II 1 UVP-RL die Mitgliedstaaten vorbehaltlich

[62] 7 BVerwG NVwZ 2023, 1762 = juris Rn. 11 mit Anmerkung Klinger ZUR 2023, 422.

[63] Schink in Schink/Reidt/Mitschang UVPG/UmwRG, 2023, Einf. Rn. 1.

[64] Überblick zum Verfahren bei Ramsauer in Koch/Hofmann/Reese, Handbuch Umweltrecht, 2024, § 3 Rn. 138 ff; Kahl/Gärditz Umweltrecht, 2023, § 4 Rn. 85 ff

[65] Zur unionsrechtlichen Rechtsentwicklung Winkler in Beckmann/Kment, UVPG/UmwRG, 2023, Einl. Rn. 10 ff; zum UVPG-Modernisierungsgesetz Beckmann Die „Modernisierung" des Rechts der Umweltverträglichkeitsprüfung – ein gelungener Versuch zur Erhöhung der Vollzugstauglichkeit des UVPG? in FS für Erbguth, 2019, 447

des Art. 2 IV UVP-RL, ob das Projekt einer UVP unterzogen werden muss. Die Mitgliedstaaten treffen nach Art. 4 II 2 UVP-RL diese Entscheidung anhand a) einer Einzelfalluntersuchung oder b) der von den Mitgliedstaaten festgelegten Schwellenwerte bzw. Kriterien. Die Mitgliedstaaten können entscheiden, beide unter den Buchstaben a und b genannten Verfahren anzuwenden (Art. 4 II 3 UVP-RL). Bei der Einzelfalluntersuchung oder der Festlegung von Schwellenwerten bzw. Kriterien im Sinne des Art. 4 II UVP-RL sind gem. Art. 4 III UVP-RL die relevanten Auswahlkriterien des Anhangs III der Richtlinie zu berücksichtigen. Nach Art. 4 IV UVP-RL stellen die Mitgliedstaaten sicher, dass die gem. Art. 4 II UVP-RL getroffenen Entscheidungen der zuständigen Behörden der Öffentlichkeit zugänglich gemacht werden.

Die Begriffe der „Projekte" oder „Pläne und Programme", die eine UVP- bzw. SUP-Pflicht auslösen, sind sehr weit gefasst[66] und beziehen auch Änderungen von Vorhaben ein.[67] Auch Aktionsprogramme mit Umweltauswirkungen fallen unter die SUP-RL.[68] Nur die Änderung oder Erweiterung eines genehmigten Projektes ist allerdings ein der UVP-RL unterfallendes Projekt, die bloße Verlängerung einer bestehenden Genehmigung oder ein Nachrüstprogramm ohne Änderung des materiellen Zustandes ohne zusätzliche erhebliche nachteilige Umweltauswirkungen nicht.[69] Bei Plänen für **kleinräumige Gebiete** auf nationaler Ebene hat der Gesetzgeber zwar einen Spielraum. Art. 3 V iV mit Art. 3 III SUP-RL steht nationalen Regelungen allerdings entgegen, die allgemein und ohne Einzelfallprüfung vorsehen, dass eine Prüfung nach der SUP-RL dann nicht durchgeführt werden muss, wenn sich die Pläne, die die Nutzung kleiner Gebiete auf lokaler Ebene festlegen, nur auf einen Gegenstand wirtschaftlicher Betätigung beziehen. Auch eine nach der UVP-RL für bestimmte öffentliche und private Projekte durchgeführte UVP entbindet nicht von der Verpflichtung, eine nach der SUP-RL für Pläne und Programme erforderliche Umweltprüfung durchzuführen. Die Mitgliedstaaten sind dabei nicht verpflichtet, in ihren innerstaatlichen Rechtsordnungen koordinierte oder gemeinsame Verfahren vorzusehen, die den Anforderungen der UVP-RL und der SUP-RL genügt.[70] Die Prüfung der unmittelbaren und mittelbaren Wirkungen eines Projektes muss dabei in vollem Umfang vor der Genehmigung durchgeführt werden. Der Mitgliedstaat kann die Verwirklichung der Ziele der UVP-RL zwar zwei verschiedenen Behörden übertragen, muss aber gewährleisten, dass die jeweiligen Befugnisse dieser Behörden und die Regeln über ihre Ausübung gewährleisten, dass eine UVP vollständig und rechtzeitig, dh vor Erteilung der Genehmigung im Sinne dieser Richtlinie durchgeführt wird.[71] 4316

Bei den **Anhang II-Projekten** haben die Mitgliedstaaten eine größere Eigenverantwortung. Zu diesem Zweck können die Mitgliedstaaten insbesondere bestimmte Arten von Projekten, die einer Prüfung zu unterziehen sind, bestimmen oder Kriterien und/oder Schwellenwerte aufstellen, anhand deren bestimmt werden kann, welche von den Projekten der im Anhang II aufgezählten Klassen einer Umweltverträglichkeitsprüfung unterzogen werden sollen (Art. 4 UVP-RL). Die Mitgliedstaaten sind allerdings zu einer sorgfältigen Prüfung verpflichtet und dürfen nicht von vornherein ganze Klassen der Projekte nach Anhang II aus der UVP-Pflicht ausnehmen. Denn nach der Rechtsprechung des EuGH verleiht Art. 4 II UVP-RL den Mitgliedstaaten nicht die Befugnis, bei einer oder mehreren Klassen des Anhangs II die Möglichkeit einer Prüfung vollständig und endgültig auszuschließen.[72] Dabei ist zu klären, wie der Begriff „Klassen von Projekten" iS des Art. 4 UVP-RL auszulegen ist. Der EuGH hat wegen dieses Grundsatzes den Mitgliedstaaten durch Art. 4 II UVP-RL eingeräumte Ermessensspielraum durch die in Art. 2 I UVP-RL festgelegte Prüfungspflicht begrenzt.[73] Mit den in Art. 4 II UVP-RL erwähnten Kriterien und/oder Schwellenwerten werde das Ziel verfolgt, die Beurteilung der konkreten Merkmale eines Projekts zu erleichtern, damit bestimmt werden kann, ob es der Prüfungspflicht unterliegt. Dagegen ist es nicht ihr Zweck, bestimmte Klassen der in Anhang II aufgeführten Projekte, die im Gebiet eines Mitgliedstaats in Betracht kommen, von vornherein insgesamt von dieser Pflicht auszunehmen.[74] Die UVP-RL räumt den Mitgliedstaa- 4317

[66] EuGH NVwZ 2009, 1553.
[67] EuGH NuR 2008, 255.
[68] EuGH EurUP 2010, 245.
[69] EuGH NuR 2011, 282; NVwZ-RR 2012,692.
[70] EuGH NVwZ 2012, 291.
[71] EuGH NVwZ 2011, 929.
[72] EuGH Urt. v. 2.5.1996 – Rs. C-133/94 – Kommission/Belgien Slg. 1996, I-2323, Rn. 43.
[73] EuGH Urt. v. 24.10.1996 – Rs. C-72/95 – Kraaijeveld, Slg. 1996, I-5403, Rn. 50.
[74] EuGH Urt. v. 22.10.1998 – Rs C-301/95 – Kommission gegen Deutschland.

ten folglich Ermessen ein. Sie hindert sie daher nicht daran, andere Methoden zu verwenden, um die Projekte zu bestimmen, bei denen eine Umweltverträglichkeitsprüfung gemäß der RL erforderlich ist. Die UVP-RL schließt also eine Methode nicht aus, die nach der auf der Grundlage einer individuellen Untersuchung jedes einzelnen betroffenen Projekts oder auf Grund eines nationalen Gesetzes ein spezifisches, unter Anhang II der UVP-RL fallendes Projekt als ein Projekt bestimmt wird, das einem Verfahren zur Prüfung seiner Auswirkungen auf die Umwelt nicht unterzogen zu werden braucht. Die die gewählte Methode darf unabhängig davon, welche Methode ein Mitgliedstaat wählt, die Erreichung des Zieles der Richtlinie nicht beeinträchtigen. Ein Projekt, das erhebliche Auswirkungen auf die Umwelt iS der UVP-RL haben könnte, darf einer UVP nicht entzogen werden, es sei denn, das von der Prüfung ausgenommene Projekt lässt nach einer Gesamtbeurteilung keine erheblichen Auswirkungen auf die Umwelt erkennen. Dabei ist es Sache des nationalen Gerichts festzustellen, ob die zuständigen Behörden auf der Grundlage der von ihnen durchgeführten Einzelfallprüfung, die Erheblichkeit der Auswirkungen des Projekts auf die Umwelt entsprechend der Richtlinie richtig beurteilt haben.[75] Auch eine **Änderung eines Projektes des Anhangs II** kann unter die Prüfungspflicht fallen.[76] Auch sind die Mitgliedstaaten nicht berechtigt, bei den Projekten des **Anhangs II Schwellenwerte** einzuführen, bei deren Nichterreichen eine UVP nicht erforderlich ist. Art. 4 II UVP-RL räumt den Mitgliedstaaten zwar einen Ermessensspielraum ein. Die Kriterien und/oder Schellenwerte dürfen aber nicht ausschließlich nach der Größe der Projekte bestimmt werden, sondern müssen auch die Art und den jeweiligen Standort berücksichtigen. Denn tatsächlich kann auch ein Projekt von geringer Größe erhebliche Auswirkungen auf die Umwelt haben, wenn es etwa an einem Standort verwirklicht werden soll, an dem die in Art. 3 UVP-RL genannten Umweltfaktoren wie Fauna und Flora, Boden, Wasser, Klima oder kulturelles Erbe empfindlich auf die geringste Veränderung reagieren. Ebenso ist bei einem Projekt mit erheblichen Auswirkungen auf die Umwelt zu rechnen, das wegen seiner Art und ungeachtet seiner Größe diese Umweltfaktoren grundlegend zu verändern droht.

Beispiel: Eine Aufforstung, die in Gebieten aktiver Flächenmoore ihrem Wesen und ihrem Standort nach die Ökosysteme der Moore zerstört und den irreversiblen Verlust intakter, seltener und wissenschaftlich wertvoller Biotope nach sich zieht, kann erhebliche Auswirkungen auf Umweltbelange haben. Ein derartiges Projekt kann außerdem zu einer Übersäuerung und Eutrophierung der Gewässer führen.[77]

4318 So würde ein Mitgliedstaat, der die **Kriterien** und/oder **Schwellenwerte** so festlegte, dass in der Praxis alle Projekte einer bestimmten Art von vornherein von der Pflicht zur Untersuchung ihrer Auswirkungen ausgenommen wären, den Ermessensspielraum überschreiten, über den er nach den Art. 2 I und 4 II UVP-RL verfügt, es sei denn, auf Grund einer Gesamtbeurteilung aller ausgenommenen Projekte wäre davon auszugehen, dass bei ihnen nicht mit erheblichen Auswirkungen auf die Umwelt zu rechnen ist.[78] Eine solche Überschreitung läge vor, wenn ein Mitgliedstaat lediglich ein Kriterium der Projektgröße festlegte, ohne sich außerdem zu vergewissern, dass das Regelungsziel nicht durch die Aufsplitterung von Projekten umgangen würde. Bleibt die kumulative Wirkung von Projekten unberücksichtigt, so hat dies praktisch zur Folge, dass sämtliche Projekte einer bestimmten Art der Verträglichkeitsprüfung entzogen werden können, obgleich sie zusammengenommen erhebliche Auswirkungen auf die Umwelt iS von Art. 2 I der Richtlinie haben können.[79] Art. 6 III der Richtlinie 92/43/EWG des Rates vom 21.5.1992 zur Erhaltung der natürlichen Lebensräume sowie der wildlebenden Tiere und Pflanzen ist dahin auszulegen, dass für die Feststellung, ob es erforderlich ist, anschließend eine Prüfung der Verträglichkeit eines Plans oder Projekts mit einem betroffenen Gebiet durchzuführen, Maßnahmen, die die nachteiligen Auswirkungen dieses Plans oder Projekts auf das betroffene Gebiet vermeiden oder vermindern sollen, während der vorhergehenden Vorprüfungsphase nicht berücksichtigt werden dürfen.[80]

4319 Die Mitgliedstaaten können nach Art. 1 III UVP-RL auf Grundlage einer Einzelfallbetrachtung, sofern eine solche nach innerstaatlichem Recht vorgesehen ist, entscheiden, die UVP-

[75] EuGH Urt. v. 16.9.1999 – Rs. C-435/97 – WWF gegen Autonomie Provinz Bozen.
[76] EuGH Urt. v. 16.9.1999 – Rs. C-435/97 – WWF gegen Autonomie Provinz Bozen.
[77] EuGH Urt. v. 21.9.1999 – Rs. C-382/96 – Kommission gegen Irland.
[78] EuGH Urt. v. 24.10.1996 – Rs. C-72/95 – Kraaijeveld, Slg. 1996, I-5403, Rn. 52.
[79] EuGH Urt. v. 21.9.1999 – Rs. C-382/96 – Kommission gegen Irland.
[80] EuGH NuR 2018, 325; Ruge UPR 2019, 456.

RL nicht auf Projekte anzuwenden, die Zwecken der **Landesverteidigung** dienen, wenn sie der Auffassung sind, dass sich eine derartige Anwendung negativ auf diese Zwecke auswirken würde. Dazu gehören allerdings nicht Projekte, die neben der militärischen Nutzung überwiegend zivil genutzt werden.[81]

Die UVP-RL gilt nach Art. 1 IV UVP-RL nicht für Projekte, die im Einzelnen durch einen besonderen **einzelstaatlichen Gesetzgebungsakt** genehmigt werden, da die mit dieser Richtlinie verfolgten Ziele, einschließlich desjenigen der Bereitstellung von Informationen, im Wege des Gesetzgebungsverfahrens erreicht werden. Ein Projekt wird allerdings nicht in diesem Sinne durch ein Gesetz genehmigt, wenn das Gesetz nicht die zur Prüfung der Auswirkungen des Projekts auf die Umwelt erforderlichen Angaben enthält, sondern die Durchführung einer entsprechenden Studie vorschreibt, und zum anderen vorsieht, dass der Projektträger das Recht zur Durchführung des Projekts auf Grund des Erlasses anderer Akte erhält. Ein Projekt, das zwar in einer programmatischen Gesetzesnorm vorgesehen ist, aber in einem eigenen Verwaltungsverfahren genehmigt worden ist oder genehmigt werden muss, wird nicht nach Art. 1 V UVP-RL von der UVP befreit. Die Anforderungen, denen eine solche Norm sowie das Verfahren, in dem sie erlassen worden ist, entsprechen muss, damit die Ziele der Richtlinie einschließlich des Zieles der Bereitstellung von Informationen erreicht werden, bestehen in der Genehmigung dieses Projekts durch einen besonderen Gesetzgebungsakt, der alle Angaben enthält, die im Hinblick auf die Prüfung der Auswirkungen dieses Projekts auf die Umwelt erheblich sein können. Das Gesetz muss daher selbst auf der Grundlage einer entsprechenden UVP ergehen. Anderenfalls besteht die UVP-Pflicht fort.[82] 4320

Unbeschadet des Art. 7 UVP-RL können die Mitgliedstaaten nach Art. 2 IV UVP-RL in Ausnahmefällen ein einzelnes Projekt ganz oder teilweise von den Bestimmungen der UVP-RL ausnehmen. In diesem Fall müssen die Mitgliedstaaten: a) prüfen, ob eine andere Form der Prüfung angemessen ist; b) der betroffenen Öffentlichkeit die im Rahmen anderer Formen der Prüfung nach Buchstabe a gewonnenen Informationen, die Informationen betreffend die Entscheidung, die die Ausnahme gewährt, und die Gründe für die Gewährung der Ausnahme zugänglich machen; c) die Kommission vor Erteilung der Genehmigung über die Gründe für die Gewährung dieser Ausnahme unterrichten und ihr die Informationen übermitteln, die sie gegebenenfalls ihren eigenen Staatsangehörigen zur Verfügung stellen. Die Kommission übermittelt den anderen Mitgliedstaaten unverzüglich die ihr zugegangenen Unterlagen (Art. 1 IV UVP-RL). 4321

c) Screening. Bei Projekten, die einer Umweltverträglichkeitsprüfung zu unterziehen sind, ergreifen die Mitgliedstaaten nach Art. 5 I UVP-RL die erforderlichen Maßnahmen, um sicherzustellen, dass der Projektträger die in Anhang IV der Richtlinie genannten Angaben in geeigneter Form vorlegt, soweit a) die Mitgliedstaaten der Auffassung sind, dass die Angaben in einem bestimmten Stadium des Genehmigungsverfahrens und in Anbetracht der besonderen Merkmale eines bestimmten Projekts oder einer bestimmten Art von Projekten und der möglicherweise beeinträchtigten Umwelt von Bedeutung sind; b) die Mitgliedstaaten der Auffassung sind, dass von dem Projektträger unter anderem unter Berücksichtigung des Kenntnisstandes und der Prüfungsmethoden billigerweise verlangt werden kann, dass er die Angaben zusammenstellt. 4322

Die Mitgliedstaaten müssen nach Art. 5 II UVP-RL sicherzustellen, dass die zuständige Behörde eine Stellungnahme dazu abgibt, welche Angaben vom Projektträger vorzulegen sind, sofern der Projektträger vor Einreichung eines Genehmigungsantrags darum ersucht. Die zuständige Behörde hört vor Abgabe ihrer Stellungnahme den Projektträger sowie die in Art. 6 I UVP-RL genannte Behörden an. Die Abgabe einer Stellungnahme hindert die Behörde nicht daran, den Projektträger in der Folge um weitere Angaben zu ersuchen. Die Mitgliedstaaten können von den zuständigen Behörden die Abgabe einer solchen Stellungnahme verlangen, unabhängig davon, ob der Projektträger dies beantragt hat (Art. 5 II UVP-RL). Welche Unterlagen mindestens vom Projektträger vorzulegen sind, legt Art. 5 III UVP-RL fest. Die Mitgliedstaaten müssen nach Art. 5 IV UVP-RL dafür sorgen, dass die Behörden, die über relevante Informationen verfügen, diese dem Projektträger zur Verfügung stellen. 4323

d) Behördenbeteiligung. Die Mitgliedstaaten treffen nach Art. 6 I 1 UVP-RL die erforderlichen Maßnahmen, damit die Behörden, die in ihrem umweltbezogenen Aufgabenbereich 4324

[81] EuGH Urt. v. 16.9.1999 – Rs. C-435/97 – WWF gegen Autonomie Provinz Bozen.
[82] EuGH Urt. v. 16.9.1999 – Rs. C-435/97 – WWF gegen Autonomie Provinz Bozen.

von dem Projekt berührt sein könnten, die Möglichkeit haben, ihre Stellungnahme zu den Angaben des Projektträgers und zu dem Antrag auf Genehmigung abzugeben. Zu diesem Zweck bestimmen die Mitgliedstaaten allgemein oder von Fall zu Fall die Behörden, die anzuhören sind. Diesen Behörden werden die nach Art. 5 UVP-RL eingeholten Informationen mitgeteilt (Art. 6 I 1 UVP-RL).

4325 **e) Beteiligung der Öffentlichkeit.** Art. 1 II UVP-RL unterscheidet zwischen der allgemeinen Öffentlichkeit und der betroffenen Öffentlichkeit. Die allgemeine Öffentlichkeit besteht aus natürlichen oder juristischen Personen und, in Übereinstimmung mit den innerstaatlichen Rechtsvorschriften oder der innerstaatlichen Praxis, deren Vereinigungen, Organisationen oder Gruppen. Der Begriff der allgemeinen Öffentlichkeit hat vor allem für die erstmalige Verfahrensbeteiligung Bedeutung. Davon unterscheidet Art. 1 II UVP-RL die betroffene Öffentlichkeit. Es handelt sich dabei um die von umweltbezogenen Entscheidungsverfahren gem. Art. 2 II UVP-RL betroffene oder wahrscheinlich betroffene Öffentlichkeit oder die (allgemeine) Öffentlichkeit mit einem Interesse daran. Im Sinne dieser Begriffsbestimmung haben Nichtregierungsorganisationen, die sich für den Umweltschutz einsetzen und allen nach innerstaatlichem Recht geltenden Voraussetzungen erfüllen, ein Interesse. Ist also die betroffene Öffentlichkeit zu beteiligen, so sind dies in ihren abwägungserheblichen Belangen betroffene Bürger sowie die anerkannten Naturschutzvereinigungen. Die allgemeine Öffentlichkeitsbeteiligung umfasst daher nach Maßgabe der jeweiligen Regelungen in den Mitgliedstaaten alle Bürger, während die Beteiligung der betroffenen Öffentlichkeit auf denjenigen Personenkreis begrenzt werden kann, der in seinen abwägungserheblichen Belangen betroffen ist. Zudem sind die anerkannten Naturschutzvereinigungen zu beteiligen.

4326 Die Öffentlichkeit wird nach Art. 6 II UVP-RL durch **öffentliche Bekanntmachung** oder auf einem anderen geeigneten Wege, wie durch elektronische Medien, soweit diese zur Verfügung stehen, frühzeitig, spätestens jedoch, sobald die Informationen nach vernünftigem Ermessen zur Verfügung gestellt werden können, über das Vorhaben informiert. Die dazu erforderlichen Mindestinformationen der öffentlichen Bekanntmachung listet Art. 6 II UVP-RL im Einzelnen auf. Art. 6 III UVP-RL bestimmt, welche Unterlagen und Informationen der betroffenen Öffentlichkeit innerhalb eines angemessenen zeitlichen Rahmens zugänglich gemacht werden müssen.

4327 Die betroffene Öffentlichkeit muss nach Art. 6 IV UVP-RL frühzeitig und in effektiver Weise die Möglichkeit erhalten, sich zu beteiligen, und hat zu diesem Zweck das Recht, der zuständigen Behörde bzw. den zuständigen Behörden gegenüber Stellung zu nehmen und Meinungen zu äußern, wenn alle Optionen noch offenstehen und bevor die Entscheidung über den Genehmigungsantrag getroffen wird. Die genauen Vorkehrungen für die Unterrichtung der Öffentlichkeit und die Anhörung der betroffenen Öffentlichkeit werden von den Mitgliedstaaten festgelegt. Der Zeitrahmen für die verschiedenen Phasen muss so gewählt werden, dass ausreichend Zeit zur Verfügung steht, um die Öffentlichkeit zu informieren, und dass der betroffenen Öffentlichkeit ausreichend Zeit zur effektiven Vorbereitung und Beteiligung während des umweltbezogenen Entscheidungsverfahrens gegeben wird (Art. 6 V und VI UVP-RL). Ergänzende Vorgaben zur **grenzüberschreitenden Beteiligung** enthält Art. 7 UVP-RL.

4328 **f) Berücksichtigung der UVP.** Die Ergebnisse der Anhörungen und die eingeholten Angaben sind beim Genehmigungsverfahren nach Art. 8 UVP-RL zu berücksichtigen. Die UVP soll die **Beeinträchtigungen** und **Auswirkungen** eines Vorhabens vor dessen Durchführung überprüfen. Sie ist umfassend, integrativ und fachübergreifend. Hierdurch soll den Schwächen einer lediglich sektoralen Betrachtung entgegengewirkt werden. Dieses Ziel soll über eine Identifikation, Beschreibung und Bewertung der unmittelbaren und mittelbaren Auswirkungen eines Vorhabens verwirklicht werden. Dabei muss sich die Prüfung auch auf mögliche ökologische **Wechselwirkungen** erstrecken.

4329 Die UVP dient vor allem der **Informationsbeschaffung** und soll gewährleisten, dass die Umweltbelange ausreichend bei der Entscheidung berücksichtigt werden. Die umweltrechtlichen Belange sind nach Art. 3, 8 UVP-RL zu bewerten und bei der Entscheidung zu berücksichtigen. **Bewertungskriterien** sind die in Art. 3 UVP-RL genannten Schutzgüter Mensch, Fauna, Flora, Boden und Wasser. Die Berücksichtigung von Umweltbelangen hat im Rahmen der Gesamtentscheidung zu erfolgen. Dabei ist über eine lediglich begutachtende Funktion hinaus eine abwägende Bewertung der Umweltbelange in der Abwägung mit anderen Belangen erforderlich. Allerdings liefert die UVP-RL keine Maßstäbe, welche diese Pflichten konkretisieren. Mit der Bewertung ist keine Präjudizierung der späteren Entscheidung iS eines einseitigen Vorrangs verbunden. So gehört es auch nicht zur Aufgabe der Bewertung, unter Abwägung mit gegenläufigen wirtschaftlichen und anderen Belangen festzustellen, ob ein Umweltrisiko zumutbar ist. Bewertungskriterien sind die in Art. 3 UVP-RL genannten Rechtsgüter wie Menschen, Fauna, Flora, Boden und Wasser. Die Berücksichtigung der UVP und die in diesem Rahmen vorzunehmende Bewertung der Umweltbelange sind in die **Gesamtentscheidung** einzubringen. Dabei ist eine Abwägung zwischen den verschiedenen gegenläufigen Belangen unter Einstellung der Umweltbelange vorzunehmen. Die UVP führt nicht dazu, dass die Umweltbelange einen prinzipiellen oder relativen Vorrang genießen. Die ökologischen Belange sind vielmehr neben anderen in die abwägende Gesamtentscheidung einzubringen und dort zu verarbeiten.

g) Bekanntgabe der Entscheidung. Wurde eine Entscheidung über die Erteilung oder 4330
die Verweigerung einer Genehmigung getroffen, so ist diese nach Art. 9 I UVP-RL der Öffentlichkeit bekannt zu gebe. Art. 9 I UVP-RL schreibt den Mitgliedstaaten detailliert vor, welche Angaben der Öffentlichkeit dazu zugänglich zu machen sind. Die zuständige Behörde unterrichtet außerdem die gem. Art. 7 UVP-RL konsultierten Mitgliedstaaten und übermittelt dazu die erforderlichen Angaben. Die konsultierten Mitgliedstaaten stellen sicher, dass diese Informationen der betroffenen Öffentlichkeit in ihrem eigenen Hoheitsgebiet in geeigneter Weise zugänglich gemacht werden.

h) Geheimhaltung. Die Bestimmungen der UVP-RL berühren nach Art. 10 UVP-RL 4331
nicht die Verpflichtung der zuständigen Behörden, die von den einzelstaatlichen Rechts- und Verwaltungsvorschriften und der herrschenden Rechtspraxis auferlegten Beschränkungen zur Wahrung der gewerblichen und handelsbezogenen Geheimnisse einschließlich des geistigen Eigentums und des öffentlichen Interesses zu beachten. Soweit Art. 7 UVP-RL wegen erheblicher Auswirkungen auf die Umwelt eines anderen Mitgliedstaats Anwendung findet, unterliegen die Übermittlung von Angaben an einen anderen Mitgliedstaat und der Empfang von Angaben eines anderen Mitgliedstaats den Beschränkungen, die in dem Mitgliedstaat gelten, in dem das Projekt durchgeführt werden soll.

i) Rechtsschutz. Die Mitgliedstaaten müssen nach Art. 11 I UVP-RL sicherstellen, dass 4332
Mitglieder der betroffenen Öffentlichkeit, die a) ein ausreichendes Interesse haben oder alternativ b) eine Rechtsverletzung geltend machen, sofern das Verwaltungsverfahrensrecht bzw. Verwaltungsprozessrecht eines Mitgliedstaats dies als Voraussetzung erfordert, Zugang zu einem Überprüfungsverfahren vor einem Gericht oder einer anderen auf gesetzlicher Grundlage geschaffenen unabhängigen und unparteiischen Stelle haben, um die materiellrechtliche und verfahrensrechtliche Rechtmäßigkeit von Entscheidungen, Handlungen oder Unterlassungen anzufechten, für die die Bestimmungen dieser Richtlinie über die Öffentlichkeitsbeteiligung gelten. Die Mitgliedstaaten legen nach Art. 11 II UVP-RL fest, in welchem Verfahrensstadium die Entscheidungen, Handlungen oder Unterlassungen angefochten werden können. Was als ausreichendes Interesse und als Rechtsverletzung gilt, bestimmen die Mitgliedstaaten nach Art. 11 III 1 UVP-RL im Einklang mit dem Ziel, der betroffenen Öffentlichkeit einen weiten Zugang zu Gerichten zu gewähren. Zu diesem Zweck gilt nach Art. 11 III 2 UVP-RL das Interesse jeder Nichtregierungsorganisation, welche die in Art. 1 II UVP-RL genannten Voraussetzungen erfüllt, als ausreichend im Sinne von Art. 11 Ia UVP-RL. Derartige Organisationen gelten auch als Träger von Rechten, die im Sinne von Art. 11 I b UVP-RL verletzt werden können. Die Möglichkeit eines vorausgehenden Überprüfungsverfahrens bei einer Verwaltungsbehörde wird durch die UVP-RL nach Art. 11 IV UVP-RL nicht ausgeschlossen und lässt das Erfordernis einer Ausschöpfung der verwaltungsbehördlichen Überprüfungsverfahren vor der Einleitung gerichtlicher Überprüfungsverfahren unberührt, sofern ein derartiges Erfordernis nach innerstaatlichem Recht besteht. Die betreffenden Verfahren müssen fair, gerecht, zügig und nicht übermäßig teuer durchgeführt werden.

Um die Effektivität des Rechtsschutzes zu fördern, müssen die Mitgliedstaaten nach Art. 11 4333
V UVP-RL sicherstellen, dass der Öffentlichkeit praktische Informationen über den Zugang zu verwaltungsbehördlichen und gerichtlichen Überprüfungsverfahren zugänglich gemacht werden. Den Mitgliedern der betroffenen Öffentlichkeit muss ein ausreichender Rechtsschutz eröffnet sein, unabhängig davon, welche Rolle sie in dem Verfahren über den Genehmigungsantrag vor dieser Stelle durch ihre Beteiligung an und ihre Äußerung an diesem Verfahren spielen konnten. Diese Beteiligung hat daher keine Auswirkungen auf die Voraussetzungen für die

Ausübung des Anfechtungsrechts.[83] Auch muss die Möglichkeit eines Eilrechtsschutzes bestehen.[84]

4334 Zu Art. 11 UVP-RL erläutert der EuGH, da die Mitglieder der betroffenen Öffentlichkeit gemäß Art. 11 UVP-RL und Art. 25 IE-RL Zugang zu einem Überprüfungsverfahren vor einem Gericht haben müssten, um die materiell-rechtliche und verfahrensrechtliche Rechtmäßigkeit von Entscheidungen, Handlungen oder Unterlassungen im Sinne dieser Richtlinien anfechten zu können, sei die nationale Vorschrift eines Mitgliedstaats, nach der die Aufhebung eines Verwaltungsaktes voraussetzt, dass die vom Gericht festgestellte Rechtswidrigkeit auch einen Verstoß gegen ein subjektives Recht des Klägers beinhaltet, nicht als ein Verstoß gegen die genannten Richtlinienvorschriften anzusehen.[85] Wenn die Mitgliedstaaten nach den genannten Bestimmungen der Richtlinien 2011/92 und 2010/75 die Zulässigkeit von Rechtsbehelfen Einzelner gegen Entscheidungen, Handlungen oder Unterlassungen, die in den Anwendungsbereich dieser Richtlinien fallen, von Voraussetzungen wie dem Erfordernis einer Verletzung eines subjektiven Rechts abhängig machen könnten, dürften sie auch vorschreiben, dass die Aufhebung einer Verwaltungsentscheidung durch das zuständige Gericht die Verletzung eines subjektiven Rechts auf Seiten des Klägers voraussetze. Insbesondere stehe es dem nationalen Gesetzgeber in diesem Zusammenhang frei, die Rechte, deren Verletzung ein Einzelner im Rahmen eines gerichtlichen Rechtsbehelfs gegen eine Entscheidung, Handlung oder Unterlassung im Sinne von Art. 11 UVP-RL geltend machen könne, auf subjektive Rechte zu beschränken. Eine solche Beschränkung könne jedoch nicht als solche auf Umweltverbände angewandt werden.[86] Art. 11 UVP-RL hindere die Mitgliedstaaten daran, die Anwendbarkeit der zur Umsetzung dieses Artikels ergangenen Vorschriften auf den Fall zu beschränken, dass die Rechtmäßigkeit einer Entscheidung aufgrund einer unterbliebenen UVP angefochten werde, und nicht auf den Fall zu erstrecken, dass eine solche Prüfung zwar durchgeführt wurde, aber fehlerhaft gewesen sei. Demzufolge verstoße eine nationale Umsetzungsvorschrift, nach der eine behördliche Genehmigung nur dann aufgehoben werden könne, wenn sie nicht auf der Grundlage einer formgerechten Umweltverträglichkeitsprüfung oder Vorprüfung erteilt worden sei, gegen die genannte Vorschrift. Die Tatsache, dass eine andere nationale Vorschrift die Möglichkeit eines Zugangs zu den Gerichten vorsehe, wenn eine UVP oder eine Vorprüfung durchgeführt worden sei, jedoch mit einem Verfahrensfehler behaftet sei, da sie ihrerseits die Einlegung eines Rechtsbehelfs im Sinne von Art. 11 UVP-RL Beschränkungen unterwerfe, könne die genannte Unvereinbarkeit nicht beseitigen. Der Mitgliedstaat, der diese Vorschriften erlassen habe, verstoße gegen seine Pflicht, die Bestimmungen der Richtlinie so umzusetzen, dass sie unzweifelhaft verbindlich und so konkret, bestimmt und klar seien, dass sie dem Erfordernis der Rechtssicherheit genügten.[87]

4335 Ein Mitgliedstaat, der die Aufhebung von Entscheidungen aufgrund von **Verfahrensfehlern** auf das Fehlen einer Umweltverträglichkeitsprüfung oder der Vorprüfung sowie auf Fälle beschränke, in denen der Kläger nachweise, dass der Verfahrensfehler für das Ergebnis der Entscheidung kausal gewesen sei, verstoße gegen seine Verpflichtungen aus Art. 11 UVP-RL. Eine solche Beschränkung erschwere die Ausübung des Rechts auf Einlegung von Rechtsbehelfen übermäßig und laufe dem Ziel dieser Richtlinie, den Mitgliedern der betroffenen Öffentlichkeit einen weitreichenden Zugang zu Gerichten zu gewähren, zuwider. Würde die Aufhebung einer mit einem Verfahrensfehler behafteten Verwaltungsentscheidung nämlich allein deshalb verweigert, weil der Rechtsbehelfsführer nicht nachgewiesen habe, dass dieser Fehler auf diese Entscheidung Auswirkungen in der Sache gehabt habe, würde dieser unionsrechtlichen Vorschrift – insbesondere in Anbetracht der Komplexität der fraglichen Verfahren und des technischen Charakters von Umweltverträglichkeitsprüfungen – ihre praktische Wirksamkeit genommen. Demnach könne eine Rechtsverletzung iSv. Art. 11 UVP-RL nur dann verneint werden, wenn das Gericht oder die Stelle, ohne dem Rechtsbehelfsführer in irgendeiner Form die Beweislast für den Kausalzusammenhang zwischen dem Verfahrensfehler und dem Ergebnis der angefochtenen Entscheidung aufzubürden, gegebenenfalls anhand der vom Bauherrn oder von den zuständigen Behörden vorgelegten Beweise und, allgemeiner, der gesamten dem Gericht oder der Stelle vorliegenden Akte zu der Feststellung in der Lage sei, dass die angegriffene

[83] EuGH NVwZ 2009, 1553.
[84] EuGH NVwZ 2013, 347.
[85] EuGH NVwZ 2015, 1665 = juris Rn. 28, 32, 63.
[86] EuGH NVwZ 2015, 1665 = juris Rn. 28, 32, 63.
[87] EuGH NVwZ 2015, 1665 = juris Rn. 28, 32, 63.

Entscheidung ohne den vom Rechtsbehelfsführer geltend gemachten Verfahrensfehler nicht anders ausgefallen wäre.[88]

Der EuGH hat außerdem entschieden, dass, obwohl sich seine Erwägungen auf eine der Zulässigkeitsvoraussetzungen für ein gerichtliches Überprüfungsverfahren beziehen würden, diese auch für vom nationalen Gesetzgeber festgelegte Bedingungen gelten würden, die eine Beschränkung der gerichtlichen Kontrolle in der Sache bewirkten. Mit Art. 11 UVP-RL und Art. 25 IE-RL sei es unvereinbar, dass aufgrund einer nationalen Vorschrift die Klagebefugnis und der Umfang der gerichtlichen Kontrolle auf Einwendungen beschränkt würden, die bereits innerhalb der Einwendungsfrist im Verwaltungsverfahren, das zur Annahme der Entscheidung geführt habe, eingebracht worden seien. Zwar sei weder nach Art. 11 IV UVP- RL noch nach Art. 25 IV IE-RL ausgeschlossen, dass einem gerichtlichen Rechtsbehelf ein verwaltungsbehördliches Überprüfungsverfahren vorausgehe, und beide Vorschriften stünden auch keiner nationalen Regelung entgegen, wonach der Rechtsbehelfsführer verpflichtet werde, sämtliche verwaltungsbehördlichen Rechtsbehelfe auszuschöpfen, bevor er einen gerichtlichen Rechtsbehelf einlegen könne, doch ließen es diese unionsrechtlichen Vorschriften nicht zu, die Gründe, auf die er einen gerichtlichen Rechtsbehelf stützen kann, zu beschränken.[89] Eine materielle Präklusion im Geltungsbereich der genannten Richtlinien ist damit unionsrechtswidrig. Der deutsche Gesetzgeber hat darauf unter anderem durch eine Regelung in § 7 IV UmwRG reagiert, wonach § 73 IV 3 bis 6 VwVfG, auch in den Fällen von § 73 VIII VwVfG, keine Anwendung findet.[90] 4336

Zwar hat der EuGH den Gesetzgebern der Mitgliedstaaten es ausdrücklich ermöglicht, eine solche Präklusionsregelung für Fälle eines missbräuchlichen Unterlassens von Einwendungen einzuführen oder beizubehalten. Davon hat der deutsche Gesetzgeber in § 5 UmwRG Gebrauch gemacht. Einwendungen, die eine Person oder eine Vereinigung im Sinne des § 4 III 1 UmwRG erstmals im Rechtsbehelfsverfahren erhebt, bleiben danach unberücksichtigt, wenn die erstmalige Geltendmachung im Rechtsbehelfsverfahren missbräuchlich oder unredlich ist. Allerdings ist die Annahme eines in diesem Sinne treuwidrigen Verhaltens restriktiv zu handhaben.[91] Die Interpretation und Anwendung des § 5 UmwRG darf nicht dazu führen, dass die wegen Unionsrechtswidrigkeit abgeschaffte materielle Präklusionswirkung in umweltrechtlich relevanten Zulassungs- oder Planungsverfahren faktisch wiederhergestellt wird.[92] 4337

Selbst bestandskräftige Zulassungsentscheidungen im Planfeststellungs- und Immissionsschutzrecht sind nicht mehr vor einem später in Kraft tretenden Europarecht gefeit. Soweit die laufenden Maßnahmen ein neues Projekt im Sinne der UVP oder Habitat-RL darstellen, unterfallen sie in vollem Umfang der UVP- nach Art. 1 UVP-RL und der Verträglichkeits- und Abweichungsprüfung des Art. 6 III und IV Habitat-RL[93]. Solche Maßnahmen dürfen trotz einer bestandskräftigen Zulassungsentscheidung erst nach einer entsprechenden neuen Zulassung ausgeführt werden, bei der die FFH-Belange in vollem Umfang abgeprüft werden. Aber auch wenn die ursprüngliche Zulassung künftige Maßnahmen als Teil eines einheitlichen Projektes bereits umfasst hat, sind zusätzliche Anforderungen eines später ausgewiesenen FFH-Gebiets zu erfüllen. Bereits mit seiner Meldung darf das Gebiet von gemeinschaftlicher Bedeutung keinen Eingriffen ausgesetzt werden, die seine ökologischen Merkmale ernsthaft beeinträchtigen könnte (Art. 6 I Habitat-RL). Mit der Aufnahme in die Kommissionsliste müssen nach Art. 6 I Habitat-RL Verschlechterungen und Störungen vermieden werden, die sich im Hinblick auf die Ziele dieser Richtlinie erheblich auswirken können. Das hatte bereits die EU-Kommission in ihrer Stellungnahme zur Klage der Stadt Papenburg betreffend die Emsvertiefung und das Emssperrwerk zum Ausdruck gebracht[94]. 4338

---

[88] EuGH NVwZ 2015, 1665 = juris Rn. 56 ff, 104.

[89] EuGH NVwZ 2015, 1665 = juris Rn. 76, 79, 104.

[90] VGH Mannheim Urt. v. 13.11.2023 – 6 S 1667/22, juris Rn. 37.

[91] VG Stuttgart Beschl. v. 12.10.2023 – 2 K 4527/23, juris Rn. 26; OVG Hamburg Beschl. v. 15.8.2018 – 1 Es 1/18.P, juris Rn. 59; VG Cottbus Beschl. v. 16.3.2022 – VG 3 L 381/21, juris Rn. 7.

[92] VG Stuttgart Beschl. v. 12.10.2023 – 2 K 4527/23, juris Rn. 26; vgl. BVerwG Urt. v. 12.6.2019 – 9 A 2.18, juris Rn. 39.

[93] EuGH Urt. v. 14.1.2010 – C-226/08, Papenburger Emsvertiefung; Stüer DVBl. 2009, 1; Stüer/Stüer DVBl. 2010, 245; Storost DVBl. 2009, 673,

[94] Sitzungsbericht C-226.08.

2. Umsetzung durch das UVPG

4339 Die UVP-RL ist 1985 durch das UVPG und durch das Gesetz zur Umsetzung der UVP-Änderungsrichtlinie, der IVU-Richtlinie und weiterer EG-Richtlinien zum Umweltschutz vom 27.07.2001in das deutsche Recht umgesetzt worden.[95]

4340 Für bestimmte Anlagen und Vorhaben sind die Anforderungen der Umweltverträglichkeitsprüfung jedoch speziell geregelt. Die Abgrenzung zwischen Verfahrensvorgaben des UVPG und denen des Fachrechts ergibt sich aus § 1 IV 4 UVPG. Danach findet das UVPG grundsätzlich nur dann Anwendung, wenn Rechtsvorschriften des Bundes oder der Länder die Umweltverträglichkeitsprüfung nicht näher bestimmen oder die wesentlichen Anforderungen des UVPG nicht beachten. Rechtsvorschriften mit weitergehenden Anforderungen bleiben hingegen unberührt. Das UVPG ist also insoweit subsidiär.[96] § 1 IV UVPG sieht allerdings vor, dass die Bestimmungen des UVPG nur dann zur Anwendung kommen, wenn fachrechtliche Vorgaben wesentliche Anforderung des UVPG nicht beachten. Damit sollen kleinere Abweichungen von den Anforderungen toleriert werden. Aber auch hier gilt, dass im Zweifel zur Vermeidung von Verfahrensrisiken die strengeren Anforderungen beachtet werden sollten. Hält die zuständige Behörde die Erheblichkeit der Umweltauswirkungen für möglich, muss sie im Zweifel ein neues Beteiligungsverfahren durchführen. Das liegt auch im Interesse des Vorhabenträgers. Denn die Frage, ob erhebliche Umweltauswirkungen möglich sind, unterliegt der umfassenden gerichtlichen Überprüfung, so dass bei einem Verzicht auf ein erneutes Beteiligungsverfahren das Risiko einer gerichtlichen Beanstandung besteht. Ähnliches gilt für die nicht abschließend geklärte Frage, ob ein erneuter Erörterungstermin durchgeführt werden muss.[97]

4341 Das UVP-Verfahren ist für **BImSchG-Anlagen** nach § 10 X 2 BImSchG speziell und abschließend in der 9. BImSchV geregelt. Die Verfahrensregelungen der 9. BImSchV entsprechen jedoch den Anforderungen des UVPG iSd § 1 IV.1 UVPG, weshalb insoweit gem. § 1 II 3 der 9. BImSchV allein die Vorgaben der 9. BImSchV gelten.[98]

4342 Für **Anlagen nach dem Atomgesetz** regelt § 2a AtG Folgendes: Besteht nach dem UVPG eine Verpflichtung zur Durchführung einer Umweltverträglichkeitsprüfung für Vorhaben, die einer Genehmigung oder Planfeststellung nach dem AtG oder einer auf Grund dieses Gesetzes erlassenen Rechtsverordnung bedürfen, ist die Umweltverträglichkeitsprüfung unselbständiger Teil der Verfahren zur Erteilung der nach dem AtG erforderlichen Genehmigung oder Planfeststellung. Die Umweltverträglichkeitsprüfung ist nach den Vorschriften des § 7 IV 1 und 2 AtG und der Rechtsverordnung nach § 7 IV 3 AtG über den Gegenstand der Umweltverträglichkeitsprüfung, die Antragsunterlagen, die Bekanntmachung des Vorhabens und des Erörterungstermins, die Auslegung und Zugänglichmachung, auch über das einschlägige zentrale Internetportal nach dem Gesetz über die Umweltverträglichkeitsprüfung von Antragsunterlagen, die Erhebung von Einwendungen, die Beteiligung von Behörden, die Durchführung des Erörterungstermins, den Inhalt des Genehmigungsbescheids und die Zustellung, öffentliche Bekanntmachung und Zugänglichmachung, auch über das einschlägige zentrale Internetportal nach dem UVPG der Entscheidung durchzuführen. § 31 UVPG sowie § 9b II und V Nr. 1 AtG bleiben unberührt. Besteht nach dem Gesetz über die Umweltverträglichkeitsprüfung eine Verpflichtung zur Durchführung einer Vorprüfung für Vorhaben, die einer Genehmigung oder Planfeststellung nach diesem Gesetz oder einer auf Grund dieses Gesetzes erlassenen Rechtsverordnung bedürfen, wird die Vorprüfung nach den Bestimmungen des Gesetzes über die Umweltverträglichkeitsprüfung durchgeführt.[99]

---

[95] Verkündet als Art. 1 des Gesetzes zur Umsetzung der UVP-RL des Rates vom 27.6.1985 über die Umweltverträglichkeitsprüfung bei bestimmten öffentlichen und privaten Vorhaben (85/337/EWG) v. 12.2.1990 (BGBl. I, S.205), geändert durch die Richtlinie des Rates v. 3.3.1997 (97/11/EG) – ABl. Nr. L 73, 5 – (UVP-Richtlinie); zur unionsrechtlichen Entwicklung Winkler in Beckmann/Kment, UVPG/UmwRG, 2023, Einl. Rn. 10 ff; zur Umsetzung der Richtlinien durch das UVPG Winkler in Beckmann/Kment, UVPG/UmwRG, 2023, Einl. Rn. 46 ff.; siehe auch Schink in Schink/Reidt/Mitschang, UVPG/UmwRG, 2023, Rn. 2 ff.

[96] siehe dazu Hagmann in Beckmann/Kment, UVPG/UmwRG, 2023, § 18 Rn. 15.

[97] BVerwG Urt. v. 16.6.2016 – 9 A 4/15 juris Rn. 17; Urt. v. 20.3.2015 – 9 A 1/14, Rn. 18.

[98] BVerwG NVwZ-RR 2017, 229 Rn.14; VGH Mannheim NuR 2019, 419.

[99] Siehe dazu Franßen/Bongartz in Frenz, Atomrecht, 2024, § 2a Rn. 1 ff.

Bei **bergbaulichen Vorhaben**, die in der Anlage 1 des BBergG aufgeführt sind und dem Bergrecht unterliegen, werden die Umweltverträglichkeitsprüfung und die Überwachung des Vorhabens nach den Vorschriften des BBergG durchgeführt.[100] 4343

Werden **Bebauungspläne** iSd § 2 VI Nr. 3 UVPG, insbesondere bei Vorhaben nach Anlage 1 Nr. 18.1 bis 18.9, aufgestellt, geändert oder ergänzt, so wird die Umweltverträglichkeitsprüfung einschließlich der Vorprüfung nach den §§ 1 und 2 I und II UVPG sowie nach den §§ 3 bis 13 UVPG im Aufstellungsverfahren als Umweltprüfung sowie die Überwachung nach den Vorschriften des Baugesetzbuchs durchgeführt. Eine nach dem UVPG vorgeschriebene Vorprüfung entfällt, wenn für den aufzustellenden Bebauungsplan eine Umweltprüfung nach den Vorschriften des Baugesetzbuchs durchgeführt wird. Besteht für die Aufstellung, Änderung oder Ergänzung eines Bauleitplans nach diesem Gesetz eine Verpflichtung zur Durchführung einer Strategischen Umweltprüfung, wird hierfür unbeschadet der §§ 13 und 13a BauGB eine Umweltprüfung einschließlich der Überwachung nach den Vorschriften des Baugesetzbuchs durchgeführt (§ 50 BauGB). 4344

Das UVPG, mit dem die UVP in das deutsche Recht eingeführt wurde, trat erst mit einer Verzögerung von zwei Jahren am 01.08.1990 in Kraft. Für die atomrechtlichen und immissionsschutzrechtlichen Verfahren kam es zu weiteren Verzögerungen, weil nach Art. 14 II und III des Umsetzungsartikelgesetzes das UVPG für diese Verfahren erst dann in Kraft treten sollte, wenn die entsprechenden Verfahrensverordnungen an die Erfordernisse der Umweltverträglichkeitsprüfung angepasst worden waren. Schwierigkeiten bei der Umsetzung der UVP-RL ergaben sich insbesondere aus dem schon erwähnten Wunsch, Änderungen des deutschen Zulassungsrechts bei der Einführung einer Umweltverträglichkeitsprüfung möglichst zu vermeiden, jedenfalls keine dogmatischen Systembrüche herbeizuführen. Die Bedenken betrafen insbesondere die immissionsschutzrechtlichen Genehmigungsverfahren, die einen sehr bedeutenden Anteil der UVP-pflichtigen Vorhaben ausmachen. Es wurde befürchtet, dass der Anlagenbegriff des Immissionsschutzrechts zu Berücksichtigungslücken führen würde, weil er hinter dem Projektbegriff der UVP-RL zurückbleibe. Außerdem wurde bemängelt, dass die Schutzrichtung des deutschen Immissionsschutzrechts einmedial auf die Reinhaltung der Luft ausgerichtet sei und deshalb Wechselwirkungen zwischen verschiedenen Umweltmedien nicht hinreichend berücksichtigen könne. Beanstandet wurden zudem noch die nur eingeschränkte Konzentrationswirkung des § 13 BImSchG und fehlende Möglichkeiten einer hinreichenden Alternativenprüfung im immissionsschutzrechtlichen Verfahren.[101] 4345

Trotz dieser und weiterer Bedenken blieb der Gesetzgeber bei seiner Strategie einer möglichst schlanken, systemkonformen Umsetzung der UVP-RL in das deutsche Recht. Er blieb bei seinem verfahrensbezogenen Ansatz der Umweltverträglichkeitsprüfung, der sich durch eine Integration der UVP in die bestehenden Genehmigungsverfahren umsetzen lassen sollte. Eine Verschärfung des materiellen Zulassungsrechts für UVP-pflichtige Vorhaben im Sinne strengerer Grenzwerte oder erweiterter Verbotstatbestände wurde nicht für erforderlich gehalten;[102] die materiell-rechtlichen Zulassungstatbestände wurden allerdings in der Folge partiell zur Ermöglichung eines integrativen und medienübergreifenden Prüfungsansatzes angepasst bzw. geöffnet. 4346

Das im Jahre 2017 verabschiedete **Gesetz zur Modernisierung des Rechts der Umweltverträglichkeitsprüfung** diente in erster Linie zwar der Anpassung des Bundesrechts an die Vorgaben der Richtlinie 2014/52/EU des Europäischen Parlaments und des Rates vom 16.04.2014 zur Änderung der Richtlinie 2011/92/EU über die Umweltverträglichkeitsprüfung bei bestimmten öffentlichen und privaten Projekten. Für die Anpassung waren Änderungen im UVPG, im BBergG sowie in weiteren Vorschriften erforderlich. Änderungen waren ua notwendig bei den Bestimmungen über die Durchführung der UVP-Vorprüfung und der Umweltverträglichkeitsprüfung, insbesondere im Hinblick auf eine Berücksichtigung des Flächenschutzes, des Klimaschutzes und der Klimaanpassung, der Energieeffizienz und von Unfall- und Katastrophenrisiken. Neue und detailliertere Vorgaben, die der Umsetzung in das deutsche Recht bedurften, enthält die UVP-Änderungsrichtlinie außerdem für den UVP-Be- 4347

---

[100] Siehe dazu Beckmann in Beckmann/Kment, UVPG/UmwRG, 2023, § 51 Rn. 1 ff.; Wittmann in Landmann/Rohmer, Umweltrecht, 2022, § 51 UVPG Rn. 1 ff.; Beckmann in Frenz, BBergG, 2019 § 57a Rn. 1 ff.; Keienburg/Wiesendahl in Kühne/von Hammerstein u.a., BBergG, 2023, § 57a Rn. 1 ff; Dammert/Brückner ZUR 2023, 30; OVG Saarlouis Urt. v. 20.6.2023 – 2 C 251/21, juris.

[101] Siehe dazu Schink/Erbguth DVBl. 1991, 413.

[102] kritisch dazu Erbguth VR 1990, 293.

richt und für die Öffentlichkeitsbeteiligung. Zur Information der Öffentlichkeit sollen verstärkt elektronische Instrumente eingesetzt und zentrale Internetportale eingerichtet werden.[103]

4348 Die ursprüngliche Vorstellung, dass sich durch die Einführung der UVP für die Vorhaben, die auf der Grundlage eines Genehmigungsverfahrens mit Öffentlichkeitsbeteiligung zu genehmigen sind, keine wesentlichen Änderungen ergeben würden, hat sich mittlerweile als Illusion erwiesen. Die Verfahrensanforderungen werden zunehmend höher; einzelne Verfahrensanforderungen wachsen sich zu veritablen, eigenständigen Verfahrensschritten oder sogar Zwischenverfahren aus. Schon die Feststellung, ob überhaupt eine UVP-Pflicht besteht, ist in Einzelfällen kompliziert. Gestiegen sind die Verfahrensanforderungen an die UVP-Vorprüfung, an die Erstellung des Umweltberichts sowie an die Formulierung des Zulassungsbescheids. Nicht zuletzt werden die Mitgliedstaaten durch Art. 8a IV UVP-Änderungsrichtlinie 2014 verpflichtet, Verfahren zur Überwachung erheblich nachteiliger Auswirkungen auf die Umwelt festzulegen. Ein solches Monitoring war für die Umweltverträglichkeitsprüfung in der Vergangenheit nicht vorgesehen. § 28 UVPG schreibt deshalb behördliche bzw. betriebliche Überwachungsmaßnahmen vor, wobei allerdings der Vorrang fachgesetzlicher Überwachungsvorschriften zu beachten ist. Von einer Vereinfachung des Verfahrens und einer Erhöhung der Anwendungsfreundlichkeit der UVP-Vorschriften kann man insoweit nur bedingt sprechen.[104]

4349 Der Gesetzgeber wollte mit einer Modernisierung des UVP-Rechts aber außerdem und ohne unionsrechtliche Veranlassung die Transparenz der UVP und damit auch der Verwaltungsverfahren erhöhen, deren integraler Bestandteil die UVP ist. Die europarechtlich veranlasste Novelle sollte insoweit auch das UVP-Recht insgesamt vereinfachen, harmonisieren und anwenderfreundlicher ausgestalten, ohne dabei allerdings qualitative Abstriche von den Anforderungen des UVP-Rechts in Kauf zu nehmen. Dies Bemühungen galten insbesondere den Vorschriften, nach denen sich die UVP-Pflicht bestimmt. Die sehr offen gefassten Bestimmungen dazu sollten unter Berücksichtigung der Rechtsprechung klarere Konturen erhalten. Damit wollte der Gesetzgeber ausweislich der Gesetzesbegründung einem dringenden Bedürfnis der Praxis nachkommen.[105] In der Gesetzesbegründung wird ausdrücklich darauf hingewiesen, dass nach §4 UmwRG das Unterbleiben einer erforderlichen UVP Gegenstand eines Rechtsbehelfsverfahrens sein und zur Aufhebung der Zulassungsentscheidung führen kann. Auch Verfahrensfehler bei der Durchführung einer UVP seien justiziabel. Entsprechende Klagen beschäftigten zunehmend die Verwaltungsgerichte. Der Grund liege nicht zuletzt darin, dass sich Inhalt und Reichweite zentraler UVP-Vorschriften in ihrer bisherigen Fassung zum Teil nur schwer erschließen ließen. Die daraus folgenden Rechtsunsicherheiten erschwerten und verzögerten die Genehmigungsverfahren und belasteten Vorhabenträger ebenso wie Behörden und Gerichte. Um dieser Entwicklung entgegenzutreten, bedürfe es einer grundlegenden Überarbeitung und Neufassung intransparenter, missverständlicher oder nicht vollzugsgerechter Bestimmungen.[106] Diese Begründung des UVP-Modernisierungsgesetzes enthält ein bemerkenswertes Eingeständnis gesetzgeberischer Mängel. Die (späte) Einsicht in die mangelnde Vollzugstauglichkeit von Bestimmungen des UVPG steht im Zusammenhang mit der unionsrechtlichen Veranlassung, das UmwRG im Sinne eines effektiven Rechtsschutzes für Umweltverbände und Individualkläger bereits mehrfach zu novellieren. Erst seitdem die deutschen Verwaltungsgerichte durch den EuGH gezwungen werden, Mängeln des UVP-Verfahrens nachzugehen, sie nicht ohne weiteres und vollständig als nicht drittschützend oder unbeachtlich unberücksichtigt zu lassen, sondern verfahrensfehlerhaft zustande gekommene Zulassungen aufzuheben oder zumindest ihre Rechtswidrigkeit festzustellen, wächst die Einsicht, dass zahl-

---

[103] Siehe dazu Beckmann Die „Modernisierung" des Rechts der Umweltverträglichkeitsprüfung, in FS für Erbguth, 2019, 441 (447); Balla/Borkenhagen/Günnewig ZUR 2019, 323; Erbguth UPR 2018, 121; zur Vorprüfung und Feststellung der UVP-Pflicht nach dem UVPG 2017, Henke I+E 2018, 154; zu Neuerungen im Recht der Umweltverträglichkeitsprüfung – Eine Bestandsaufnahme nach der UVPG-Novelle 2017, Leidinger/Stickel UPR 2019, 327; zur Umweltverträglichkeitsprüfung nach dem neuen UVPG im Planfeststellungsverfahren, Lieber UPR 2018, 441; Schenk EuRUP 2018, 174; Schink NuR 2018, 21.

[104] dazu Beckmann Die „Modernisierung" des Rechts der Umweltverträglichkeitsprüfung in FS für Erbguth, 2019, 441 (450).

[105] Gesetzesbegründung der Bundesregierung BT-Drs. 18/11499, S. 1.

[106] Gesetzesbegründung der Bundesregierung BT-Drs. 18/11499, S. 2.

reiche Bestimmungen des UVPG intransparent, missverständlich oder nicht vollzugsgerecht waren oder noch sind.[107]

a) Verfahrensbezogene Prüfungsansatz. Sinn und Zweck der Umweltprüfung bestehen darin, dass besonders umweltrelevante Zulassungsentscheidungen erst dann getroffen werden dürfen, wenn vorhersehbare Umweltfolgen solcher Projekte zuvor unter ordnungsgemäßer Beteiligung der Öffentlichkeit und der Fachbehörden hinreichend genau ermittelt und bewertet worden sind und bei der Entscheidung berücksichtigt werden. Kerngedanke der UVP ist es, vor Zulassung eines potenziell umweltbelastenden Vorhabens dessen Umweltfolgen in einem rechtlich geordneten und transparenten Verfahren möglichst genau zu prüfen und bei der anschließenden Entscheidung über die Zulassung des Vorhabens zu berücksichtigen. Das ist eigentlich eine nicht besonders revolutionäre Idee, denn auch unabhängig von einer UVP-Pflicht müssen vor der Zulassung umweltrelevanter Vorhaben deren erhebliche Umweltfolgen in einem Zulassungsverfahren, gegebenenfalls mit Öffentlichkeitsbeteiligung, umfassend geprüft werden. Mit Hilfe der Umweltverträglichkeitsprüfung sollte letztlich der Rechtfertigungsdruck erhöht werden, der sich für die Genehmigungsbehörde daraus ergibt, dass die Umweltfolgen eines Projekts in einem streng formalisierten Verfahren umfassend ermittelt, behördlich zusammenfassend dargestellt und bewertet worden sind. Das verschafft den Umweltbelangen zwar keinen formalen Vorrang vor anderen Belangen und ändert auch an den materiell-rechtlichen Zulassungsvoraussetzungen nichts; faktisch sorgt jedoch die besonders sorgfältige Aufbereitung der Umweltfolgen, ihre zusammenfassende Darstellung und noch nicht mit gegenläufigen Interessen und Belangen abgewogene Bewertung zumeist dafür, dass den Umweltbelangen bei der Zulassungsentscheidung ein größeres Gewicht beigemessen oder eine zumindest größere Aufmerksamkeit gewidmet wird als anderen, etwa wirtschaftlichen oder sozialen Belangen.[108] Der Erfolg der UVP als Verfahrensinstrument bemisst sich dabei weniger an der Zahl der wegen der festgestellten Umweltfolgen versagten Genehmigungen, sondern eher an den Nebenbestimmungen und Schutzvorkehrungen, die zum Wohl der Umwelt den Zulassungsentscheidungen beigefügt bzw. mit ihnen oder nachträglich angeordnet worden sind.[109] Die Zweifel, ob das Instrument der Umweltverträglichkeitsprüfung das vorhandene Schutzniveau bei der Zulassung von Vorhaben verbessern kann, sind insoweit nicht berechtigt.[110] Umweltverträglichkeitsprüfung und strategische Umweltprüfung zählen zu den wichtigsten Instrumenten des integrativen Umweltschutzes.[111] 4350

Mit Hilfe der Umweltverträglichkeitsprüfung soll allerdings kein ansonsten zulassungsfähiges Vorhaben verhindert werden. Die Genehmigungsfähigkeit des Vorhabens setzt nicht voraus, dass dem Vorhaben eine Umweltverträglichkeit bescheinigt werden kann. Es handelt sich um eine Umweltfolgenuntersuchung und nicht – wie der Begriff der Umweltverträglichkeitsprüfung suggeriert – um die Prüfung, ob eine Genehmigung für das Vorhaben wegen einer Umweltunverträglichkeit zu versagen ist. Dementsprechend verschärft das UVP-Recht die materiellen Zulassungsvoraussetzungen auch nicht, was allerdings nicht bedeutet, dass die UVP-Vorschriften keinen materiellen-rechtlichen Gehalt haben.[112] 4351

Der Schutz der Umwelt soll auf prozeduralem Wege befördert werden. Dabei meint prozedural allerdings nicht nur die Anforderungen an das Zulassungsverfahren im eigentlichen Sinne, sondern auch verfahrenstechnische Anforderungen an die Entscheidungsfindung unmittelbar, die sich insbesondere aus der Verpflichtung zur Erarbeitung einer zusammenfassenden Darstellung und der Bewertung und Berücksichtigung der Umweltfolgen auf der Grundlage dieser zusammenfassenden Darstellung bei der Entscheidung über die Zulassung des Vorhabens oder die Versagung der Zulassung ergeben. Es lässt sich insoweit zwischen Verfahrensanforderungen, die die äußere Ordnung des Verfahrens, dh den Verfahrensablauf als solchen betreffen, und materiell-rechtlichen Vorgaben differenzieren, die den Prozess der Willens- und Entschei- 4352

[107] zum Bedeutungszuwachs der Umweltverträglichkeitsprüfung infolge des UmwRG Schenk EuRUP 2018, 174, 175; Schink NuR 2018, 21 f.

[108] Schenk EuRUP 2018, 174, 175; Schink NuR 2018, 21, 22.

[109] Beckmann ZUR 2014, 541.

[110] siehe zu diesen Zweifeln Schmidt-Preuß DVBl. 1995, 485; Schink NuR 2018, 21.

[111] so zu Recht Schink in Schink/Reidt/Mitschang, UVPG/UmwRG, 2023, Einleitung Rn. 1.

[112] Zum materiell-rechtlichen Gehalt des UVPG Beckmann in Beckmann/Kment, UVPG/UmwRG, 2023, § 25 Rn. 7; Breuer/Gärditz, Öffentliches und privates Wasserrecht, 2017, Rn. 1224; Kahl/Gärditz Umweltrecht, 2023, § 4 Rn. 89; ein materiell-rechtlicher Aspekt ergibt sich allerdings aus der Anforderung, die (globalen) Klimafolgen eines Vorhabens bei der Umweltprüfung zu berücksichtigen.

dungsbildung selbst steuern.[113] Zu den Verfahrensbestimmungen im engeren Sinne gehören Regelungen über den Beginn des Verfahrens, die Beteiligung anderer Behörden und der Öffentlichkeit sowie sonstige Verfahrensschritte, wie etwa die Durchführung einer Vorprüfung. Nicht zum äußeren Verfahrensgang in diesem Sinne gehört dagegen der durch materiell-rechtliche Vorgaben gesteuerte Prozess der Willens- und Entscheidungsbildung.[114]

4353 Die obligatorische **Beteiligung der Öffentlichkeit** im UVP-Verfahren dient einem doppelten Zweck: Sie soll Informationen, Meinungen und Bedenken zum Vorhaben sammeln und ihre Berücksichtigung ermöglichen; die Öffentlichkeitsbeteiligung soll außerdem den Entscheidungsprozess „nachvollziehbarer und transparenter" machen und hierdurch das öffentliche Bewusstsein für Umweltbelange und die öffentliche Unterstützung und damit auch die Akzeptanz des Vorhabens stärken.[115] Darin liegt ein Kern des prozeduralen Legitimationskonzepts,[116] das die Umweltprüfung zB von der FFH-Verträglichkeitsprüfung unterscheidet, die nicht allein verfahrensrechtlicher Natur ist, sondern bei der spezielle materielle Zulassungsvoraussetzungen geprüft werden müssen, die häufig genug zu einer Versagung der Zulassung führen.[117]

4354 Während dieser prozedurale Ansatz auf europäischer Ebene durch die Vorstellung legitimiert wird, dass eine Entscheidungsrichtigkeit sich zumeist nicht materiell-inhaltlich im Sinne einer bei der Gesetzesauslegung stets ableitbaren, einzig richtigen Entscheidung begründen lässt, sondern das Ergebnis eines ordnungsgemäß durchgeführten Entscheidungsverfahrens ist, stieß dieser Verfahrensbezug auf deutscher Ebene weitgehend auch deshalb auf große Sympathie, weil sich unter Verweis auf die dienende Funktion des Verwaltungsverfahrens und die sich daraus ableitende Unbeachtlichkeit von Verfahrensfehlern auch eine reduzierte Durchschlagskraft etwaiger Verstöße gegen UVP-Bestimmungen auf den Bestand der Genehmigungen erreichen ließ.[118]

4355 **b) Systematik des UVPG.** Teil 1 des UVPG (§§ 1 bis 3 UVPG) enthält allgemeine Vorschriften für die Umweltprüfung, dient insoweit sowohl der Umsetzung der UVP-RL als auch der SUP-Richtlinie. Teil 2 des UVPG (§§ 4 bis 32 UVPG) bestimmt die rechtlichen Rahmenbedingungen für die Umweltverträglichkeitsprüfung und dient damit zentral der Umsetzung der UVP-RL, während Teil 3 (§§ 33 bis 53 UVPG) Voraussetzungen und Verfahrensschritte der SUP bestimmt und damit die entsprechende Richtlinie umsetzt. Teil 4 (§§ 47 bis 53 UVPG) enthält besondere Verfahrensvorschriften für bestimmte Umweltprüfungen, Teil 5 (§§ 54 bis 63 UVPG) Bestimmungen zu grenzüberschreitenden Umweltprüfungen, wobei Abschnitt 1 dieses Teils die grenzüberschreitende Umweltverträglichkeitsprüfung, Abschnitt 2 die grenzüberschreitende Strategische Umweltprüfung regelt. Teil 4 und 5 des UVPG setzen insoweit die UVP-RL und die SUP-Richtlinie um. Dasselbe gilt für Teile (§§ 65 bis 69 UVPG) Vorschriften für bestimmte Leitungsanlagen und Teil 7 (§§ 70 bis 74) mit allgemeinen Schlussvorschriften. Die Anlagen 1 bis 4 des UVPG ergänzen die Bestimmungen zur Umsetzung der UVP-RL; die Anlagen 5 und 6 hingegen dienen der Umsetzung der SUP-Richtlinie.

4356 **c) Grundstrukturen und Grundbegriffe.** Das UVPG regelt Anforderungen an Umweltverträglichkeitsprüfungen für Projekte und strategische Umweltprüfungen für Pläne und Programme. Als Oberbegriff für Umweltverträglichkeitsprüfungen und Strategische Umweltprüfungen verwendet der Gesetzgeber den Begriff der Umweltprüfung (§ 1 X UVPG). Umweltprüfungen umfassen nach § 3 UVPG die Ermittlung, Beschreibung und Bewertung der erheblichen Auswirkungen eines Vorhabens oder eines Plans oder Programms auf die Schutzgüter. Sie dienen einer wirksamen Umweltvorsorge nach Maßgabe der geltenden Gesetze und werden nach einheitlichen Grundsätzen sowie unter Beteiligung der Öffentlichkeit durchgeführt.

4357 **Umweltauswirkungen** iSd UVPG sind unmittelbare und mittelbare Auswirkungen eines Vorhabens oder der Durchführung eines Plans oder Programms auf die Schutzgüter. Es kann sich um positive und um negative Auswirkungen handeln. Ausreichend ist es, dass die Ände-

[113] siehe zur Systematik von Verfahrensfehlern im Sinne von § 4 UmwRG BVerwG Urt. v. 19.12.2017 – 7 A 9/17, 7 A 9/17, 7 A 12/12, juris Rn. 22.

[114] Beckmann Die „Modernisierung" des Rechts der Umweltverträglichkeitsprüfung – ein gelungener Ver-such zur Erhöhung der Vollzugstauglichkeit des UVPG? in FS für Erbguth, 2019, 441 (446).

[115] 16. Erwägungsgrund der UVP-RL.

[116] Winkler in Beckmann/Kment, UVPG/UmwRG, 2023, Vorbemerkung Rn. 3.

[117] Siehe dazu im Einzelnen Möckel in Schlacke, BNatSchG, 2024, § 34 Rn. 51 ff.; Frenz in Frenz/Müggenborg, BNatSchG, 2021, § 34 Rn. 77 ff.

[118] Kritisch dazu Erbguth ZUR 2014, 515 (520).

rungen nach den konkreten Gegebenheiten des Einzelfalls hervorgerufen werden können, also möglich sind. Annahmen spekulativer Art genügen hierfür jedoch nicht.[119] Die UVP ist kein Suchverfahren, das dem Zweck dient, Umweltauswirkungen aufzudecken, deren Erfassung sich herkömmlichen Erkenntnismitteln entzieht. Grundlage der Beurteilung sind vielmehr der gegenwärtige Wissensstand und die gegenwärtigen **Prüfungsmethoden**; der Ermittlungsaufwand muss dem Vorhabenträger zumutbar sein.[120] Einer gesonderten Anerkennung der anzuwendenden Prüfungsmethoden durch Verwaltungsakt oder sonstigen Rechtsakt bedarf es nur, soweit dies fachrechtlich vorgeschrieben ist.

Dies schließt auch solche Auswirkungen des Vorhabens ein, die aufgrund von dessen Anfälligkeit für **schwere Unfälle oder Katastrophen** zu erwarten sind, soweit diese schweren Unfälle oder Katastrophen für das Vorhaben relevant sind (§ 2 II 2 UVPG). Inwieweit die Umweltauswirkungen, die aufgrund der in § 2 II 2 UVPG genannten Anfälligkeit des Vorhabens für schwere Unfälle oder Katastrophen entstehen können, für das jeweilige Vorhaben von Bedeutung sind, ist nach den einschlägigen Vorschriften des Fachrechts zu bestimmen.[121] § 2 II 2 UVPG dient der Umsetzung von Art. 3 II UVP-RL in der Fassung der Richtlinie 2014/52/EU. Als Beispiele für die zu berücksichtigenden Unfall- und Katastrophenrisiken werden in Erwägungsgrund 15 der Richtlinie die Anforderungen der Richtlinie 2012/18/EU (Seveso III-RL) und der Richtlinie 2009/71/Euratom genannt. Von § 2 II 2 UVPG erfasst sind auch Umweltauswirkungen, die sich aus der Anfälligkeit des Vorhabens gegenüber **klimawandelbedingten Naturkatastrophen** ergeben. Soweit hinreichende wissenschaftliche Erkenntnisse vorliegen, sind auch die Umweltauswirkungen wegen der Anfälligkeit eines Vorhabens gegenüber klimabedingten Naturgefahren (**klimawandelbedingte Umweltauswirkungen**) zu berücksichtigen. Davon zu unterscheiden sind nach dem Entwurf der UVPVwV 2023 die Auswirkungen des Klimawandels auf die allgemeine Funktionsfähigkeit und Wirtschaftlichkeit des Vorhabens (Climate Proofing), die nicht Gegenstand der UVP sind. Als klimawandelbedingte Naturkatastrophen, die für die Umweltauswirkungen des Vorhabens relevant sein können, kommen derzeit insbesondere Starkregen, Flusshochwasser, Trockenperioden / Dürre, Meeresspiegelanstieg, Sturmfluten und Hitze in Betracht. Der lediglich klarstellende Einbezug der Anfälligkeit des Vorhabens für die Folgen des Klimawandels in das Recht der UVP beruht auf der Richtlinie 2014/52/EU (vgl. Anhang III Nr. 1 f und Anhang IV Nr. 5 f UVP-RL). Dabei kommt es nicht entscheidend darauf an, ob die Naturgefahr, die auf die vom Vorhaben ausgehenden Umweltauswirkungen möglicherweise Einfluss nimmt, durch den Klimawandel bedingt ist oder nicht, zumal eine solche Unterscheidung nicht eindeutig möglich ist.[122] § 2 II 2 UVPG ist für die Einbeziehung von Umweltauswirkungen, die durch Naturereignisse hervorgerufen werden, nicht abschließend. Dementsprechend hängt die Einbeziehung und Berücksichtigung der Folgen von Naturereignissen nicht notwendiger Weise davon ab, ob sie für sich genommen ein katastrophales Schadensausmaß erreichen, sondern ob sie geeignet sind, Auswirkungen des Vorhabens auf die Schutzgüter hervorzurufen und ob sie nach dem Fachrecht relevant sind.[123] 4358

Zu prüfen sind die Umweltauswirkungen im **Einwirkungsbereich** des Projekts oder Plans. Einwirkungsbereich ist nach § 2 XI UVPG das geographische Gebiet, in dem Umweltauswirkungen auftreten, die für die Zulassung eines Vorhabens relevant sind.[124] 4359

Schutzgüter des UVPG sind 1. Menschen, insbesondere die menschliche Gesundheit, 2. Tiere, Pflanzen und die biologische Vielfalt, 3. Fläche, Boden, Wasser, Luft, Klima und Landschaft, 4. kulturelles Erbe und sonstige Sachgüter sowie 5. die Wechselwirkung zwischen den vorgenannten Schutzgütern. 4360

---

119 BVerwGE 151, 138 = juris Rn. 29.

120 Entwurf UVPVwV 2023 Nr. 2.2.1 unter Verweis auf § 16 V 1 und 2 UVPG.

121 Entwurf UVPVwV 2023 Nr. 2.2.3.

122 Entwurf UVPVwV 2023 Nr. 2.2.3.

123 Entwurf UVPVwV 2023 Nr. 2.2.3.

124 Siehe dazu OVG Lüneburg BauR 2023, 56 = juris Rn. 70, wonach die Legaldefinition des Einwirkungsbereichs nach § 2 XI UVPG auch für die nachträgliche Kumulation im Rahmen des UVPG herangezogen werden kann; dazu auch Entwurf UVPVwV 2023 Nr. 10.4.3; siehe auch BVerwG ZfBR 2020, 680 = juris 16, das darauf hinweist, dass die Praxis von Behörden und Verwaltungsgerichten, nach der ein Überschneiden oder Berühren der Einwirkungsbereiche von zwei Windenergieanlagen regelmäßig verneint wird, wenn zwischen ihnen eine Entfernung von mehr als dem Zehnfachen des Rotordurchmessers liege, kein Rechtssatz sei, dass der zehnfache Rotordurchmesser in diesem Zusammenhang keinen rechtsverbindlichen Grenzwert darstelle und sich daran auch durch § 2 XI UVPG nichts geändert habe.

4361 Zu den Schutzgütern des UVPG zählt nach § 2 I Nr. 3 UVPG auch das **Klima**. Unter der Geltung des UVPG 2010 war der Begriff des Klimas nur im Sinne des standortbezogenen lokalen Klimas zu verstehen. Gem. § 2 I Nr. 3 UVPG in der Fassung vom 20.7.2017 ist Schutzgut im Sinne des Gesetzes auch das großräumige Klima.[125] In Erwägungsgrund 7 der UVP-Änderungsrichtlinie heißt es dazu, im Laufe des vergangenen Jahrzehnts hätten Umweltthemen wie Ressourceneffizienz und Nachhaltigkeit, Schutz der biologischen Vielfalt, Klimawandel und Unfall- und Katastrophenrisiken in der Politikgestaltung zunehmend an Bedeutung gewonnen. Sie sollten daher wichtige Bestandteile der Bewertung und Entscheidungsfindung sein. Und weiter heißt es in Erwägungsgrund 13, der Klimawandel werde weiter Umweltschäden verursachen und die wirtschaftliche Entwicklung gefährden. Diesbezüglich sei es angezeigt, die Auswirkungen von Projekten auf das Klima (zB Treibhausgasemissionen) und ihre Anfälligkeit in Bezug auf den Klimawandel zu bewerten. § 16 III UVPG iVm Nr. 4 c) gg) und hh) verlangen im **UVP-Bericht** Angaben über Auswirkungen des Vorhabens auf das Klima, zB durch Art und Ausmaß der Treibhausgasemissionen, die Anfälligkeit des Vorhabens gegenüber Folgen des Klimawandels (zB durch erhöhte Hochwassergefahr am Standort). Art. 20a GG verpflichtet den Staat zum Klimaschutz und zur Herstellung von Klimaneutralität. Klimaschutz genießt aber keinen unbedingten Vorrang gegenüber anderen Belangen, sondern ist im Konfliktfall in einen Ausgleich mit anderen Verfassungsrechtsgütern und Verfassungsprinzipien zu bringen. Das relative Gewicht des Klimaschutzes nimmt in der Abwägung bei fortschreitendem Klimawandel weiter zu. Besteht wissenschaftliche Ungewissheit über umweltrelevante Ursachenzusammenhänge, schließt die durch Art. 20a GG dem Gesetzgeber auch zugunsten künftiger Generationen aufgegebene besondere Sorgfaltspflicht ein, bereits belastbare Hinweise auf die Möglichkeit gravierender oder irreversibler Beeinträchtigungen zu berücksichtigen. Vereinbarkeit mit Art. 20a GG ist Voraussetzung für die Rechtfertigung staatlicher Eingriffe in Grundrecht.[126]

4362 **Klimafolgen** eines Vorhabens sind auch bei der UVP für eine immissionsschutzrechtlich genehmigungsbedürftige Anlage zu prüfen. In welcher Weise diese Folgen dort berücksichtigt werden können, ist jedoch umstritten.[127] Zum Teil wird angenommen, § 13 I 1 KSG könne bei der gebundenen Kontrollerlaubnis einer immissionsschutzrechtlichen Genehmigung über § 6 I Nr. 2 BImSchG als entgegenstehende „andere öffentlich-rechtliche" Vorschrift zur Anwendung kommen.[128] Nach anderer Ansicht kann § 13 I 1 KSG bei Kontrollerlaubnissen nicht hinreichend Berücksichtigung finden, so dass die als Anspruch ausgestaltete Rechtsgrundlage immissionsschutzrechtlicher Genehmigungen durch eine Ermessenszuweisung zu ersetzen sei.[129]

4363 Die Voraussetzungen der BImSchG-Genehmigung sind abschließend in den §§ 5, 6 BImSchG geregelt. Das UVPG verändert diese Genehmigungsvoraussetzungen nicht. Die Ergebnisse der UVP zu den Klimafolgen des Vorhabens können nur über die Genehmigungsvoraussetzungen der §§ 5, 6 BImSchG berücksichtigt werden. Für Anlagen, die dem TEHG unterliegen, sieht § 5 II 1 BImSchG vor, dass Anforderungen zur Begrenzung der Emission von Treibhausgasen nur zulässig sind, um sicherzustellen, dass im Einwirkungsbereich der Anlage keine schädlichen Umwelteinwirkungen entstehen. Zur Erfüllung der Pflicht zur effizienten Verwendung von Energie in Bezug auf Kohlendioxidemissionen dürfen keine Anforderungen gestellt werden, die über das TEHG hinausgehen (§ 5 II 3 BImSchG). Daher wird bei vom TEHG erfassten Anlagen der globale Klimaschutz durch das spezielle Klimaschutzrecht des TEHG geregelt und nicht durch das allgemeine Immissionsschutzrecht des BImSchG. Lediglich der Schutz vor schädlichen Umwelteinwirkungen im unmittelbaren Einwirkungsbereich der betreffenden Anlage bleibt noch möglicher Reglungsgegenstand des allgemeinen Immissionsschutzrechts des BImSchG. Soweit das TEHG nicht eingreift, ist nach einer Ansicht der Anwendungsbereich des BImSchG anlagenbezogen auszulegen. Da der Beitrag einer Anlage zu globalen Klimaveränderungen zu unbestimmt sei, falle das globale Klima nicht unter die Schutzzwecke des BImSchG. Die Gegenauffassung verweist auf § 5 II BImSchG und die §§ 37a ff. BImSchG, die jeweils auf den globalen Klimaschutz Bezug nehmen. § 5 II BImSchG legt aus dieser Sicht den Umkehrschluss nahe, dass für Anlagen, die nicht dem Emissionshandel

---

[125] BVerwG Urt. v. 24.2.2021 – 9 A 8/20, juris.
[126] BVerfG Beschl. v. 24.3.2021 – 1 BvR 2656/18 u.a., juris.
[127] Siehe dazu Kling ZUR 2024, 141; Erbguth UPR 2023, 241; Verheyen ua, NVwZ 2023, 113 (114).
[128] Verheyen ua, NVwZ 2023, 113 (114).
[129] Erbguth UPR 2023, 241 (245).

unterliegen, der globale Klimaschutz in den Anwendungsbereich des BImSchG fällt. Zweck des BImSchG ist es, die in § 1 BImSchG genannten Güter vor schädlichen Umwelteinwirkungen zu schützen und dem Entstehen schädlicher Umwelteinwirkungen vorzubeugen. Das Klima wird nicht ausdrücklich als Schutzgut benannt. Ein Bezug zum Klimaschutz ergibt sich jedoch aus § 1 I BImSchG, der zu seinen Schutzgütern auch die **Atmosphäre** zählt. Hierunter ist die Lufthülle der Erde zu verstehen. Erfasst werden die Temperatur- und Windverhältnisse, sowie andere meteorologische Aspekte, weshalb das Schutzgut der Atmosphäre grundsätzlich auch das Klima einschließt. Genehmigungsbedürftige Anlagen sind nach § 5 I BImSchG so zu errichten und zu betreiben, dass zur Gewährleistung eines hohen Schutzniveaus für die Umwelt insgesamt 1. schädliche Umwelteinwirkungen und sonstige Gefahren, erhebliche Nachteile und erhebliche Belästigungen für die Allgemeinheit und die Nachbarschaft nicht hervorgerufen werden können; 2. Vorsorge gegen schädliche Umwelteinwirkungen und sonstige Gefahren, erhebliche Nachteile und erhebliche Belästigungen getroffen wird, insbesondere durch die dem Stand der Technik entsprechenden Maßnahmen. Schädliche Umwelteinwirkungen sind nach § 3 I BImSchG Immissionen, die nach Art, Ausmaß oder Dauer geeignet sind, Gefahren, erhebliche Nachteile oder erhebliche Belästigungen für die Allgemeinheit oder die Nachbarschaft herbeizuführen. Maßgeblich sind nur die Auswirkungen, die von dem Vorhaben selbst herrühren. Nur diese sind genehmigungsrelevant. Nicht zu berücksichtigen sind Auswirkungen anderer umweltbeeinträchtigender Maßnahmen, die zum Klimawandel durch Emission von Treibhausgasen beitragen. Solche anderweitigen Ursachen des Klimawandels sind weder dem in Rede stehenden Vorhaben, dessen Planung und Durchführung eine grundrechtlich geschützte Freiheitsbetätigung des Vorhabenträgers darstellt, noch der staatlichen Zulassung desselben zuzurechnen.[130]

Im Entwurf der UVPVwV 2023 Nr. 16.3 wird dazu erläutert, Anforderungen zum Schutz 4364
des globalen Klimas ergäben sich beispielsweise aus bestimmten Zulassungstatbeständen, die unbestimmte Rechtsbegriffe enthalten (zB bergrechtliche Betriebspläne) oder bei denen ein Ermessen eröffnet wird (zB wasserrechtliche Erlaubnisse und Bewilligungen) sowie bei allen Planfeststellungen, bei denen das Abwägungsgebot gelte, jeweils in Verbindung mit § 13 KSG (Berücksichtigungsgebot). Kein Gegenstand des UVP-Berichts seien Klimaschutzbelange demgegenüber, soweit das einschlägige Zulassungsrecht die Voraussetzungen abschließend bestimmt und dabei für Klimaschutzbelange keinen Raum lasse. Dies sei zB bei immissionsschutzrechtlich genehmigungsbedürftigen Anlagen der Fall, soweit es um eine Anlage geht, die dem Europäischen Emissionshandel unterliege (vgl. § 5 II BImSchG). Bei anderen immissionsschutzrechtlich genehmigungsbedürftigen Anlagen ist § 13 KSG gemäß § 6 I Nr. 2 BImSchG als „andere öffentlich-rechtliche Vorschrift" zu beachten, soweit weitere mit einzubeziehende öffentlich-rechtliche Vorschriften ihrerseits Raum für die Berücksichtigung von Klimaschutzbelangen bieten würden.

Ob es allerdings tatsächlich unionsrechtskonform wäre, wenn eine Berücksichtigung globaler 4365
Umweltfolgen bei der UVP für immissionsschutzrechtliche Genehmigungen mit dem Argument unterbliebe, der Zulassungstatbestand gebe dafür bei Anlagen, die in den Anwendungsbereich des TEHG fielen, keinen Anlass, ist sehr zweifelhaft. Ein Zulassungstatbestand des BImSchG, der die von der UVP-RL geforderte Berücksichtigung globaler Klimafolgen nicht ermöglicht, wäre, vorbehaltlich der Möglichkeiten einer unionsrechtskonformen Auslegung, vielmehr unionsrechtswidrig. Aus Sicht der Rechtsanwendungspraxis wäre es zu begrüßen, wenn klargestellt würde, dass sich unabhängig von der Art des jeweiligen Zulassungsverfahrens bereits aus der UVP-RL und dem UVPG eine Pflicht zur Ermittlung und Bewertung der globalen Klimafolgen ergeben kann und erläutert würde, wie die ermittelten Klimafolgen materiell bei gebundenen Zulassungsentscheidungen, namentlich in immissionsschutzrechtlichen Genehmigungsverfahren, zu berücksichtigen sind. Der Deutsche Anwaltverein weist in einer Stellungnahme zu dem Entwurf der UVPVwV 2023 darauf hin, dass in immissionsschutzrechtlichen Zulassungsverfahren eine große Unsicherheit im Umgang mit den Klimawirkungen bestehe. Dies rühre im Wesentlichen daher, dass Grenzwerte oder andere (unter-)gesetzliche Vorgaben zum Schutz des (globalen) Klimas bislang fehlten. Eine Verwaltungsvorschrift zum UVPG könne dies auch nicht leisten. Gleichwohl sollte in der UVPVwV klargestellt werden, dass Art. 3 lit. b) der UVP-RL die Berücksichtigung der unmittelbaren und mittelbaren Aus-

[130] OVG Münster Beschl. v. 29.12.2021 – 20 B 1690/21, juris; das OVG meint, die mangelnde Relevanz der CO_2-Bilanz des Vorhabens im Hinblick auf das globale Klima ergebe sich bei einem Vergleich mit den Größenordnungen der zur Erreichung der nationalen Klimaschutzziele bis 2030 festgelegten zulässigen Jahresemissionsmengen an CO_2; das ist jedoch unzutreffend.

wirkungen auf das Klima (umgesetzt in § 2 I Nr. 3 UVPG) grundsätzlich unabhängig von dem jeweiligen mitgliedstaatlichen Zulassungsregime fordere. Dies erstrecke sich nicht nur auf das lokale und regionale Klima, sondern auch auf das globale Klima. Auch in einem immissionsschutzrechtlichen Genehmigungsverfahren folgt also die Pflicht, die Auswirkungen auf das Klima in die vorzunehmende Bewertung einzubeziehen, bereits aus dem UVP-Recht. Eine Ausnahme gelte, soweit das Fachrecht eine abschließende Regelung treffe – wie es das BVerwG unter Verweis auf § 5 II BImSchG für Anforderungen zur Begrenzung von Emissionen von Treibhausgasemissionen von genehmigungsbedürftigen Anlagen angenommen habe, die dem Anwendungsbereich des Treibhausgas-Emissionshandelsgesetzes unterliegen würden. Eine davon zu trennende Fragestellung sei, wie das entsprechende Ergebnis der UVP dann im jeweiligen Zulassungsrecht des konkreten Vorhabens materiell zu berücksichtigen sei, dh in welchem Umfang die Genehmigungsbehörde über die UVP-rechtlich geforderte Bewertung der Klimaauswirkungen hinausgehend die Klimabelange bei der Zulassungsentscheidung berücksichtigen könne und müsse. Einerseits erschiene eine Erstreckung der Umweltverträglichkeitsprüfung auf globale Klimafolgen des Vorhabens, die von vornherein für die Entscheidung über die Zulässigkeit des Vorhabens keine Bedeutung haben könne, fragwürdig und mit der Systematik des UVP-Rechts schwer vereinbar. Die Klimafolgenprüfung sei kein Selbstzweck, sondern sie habe eine dienende Funktion für die behördliche Zulassungsentscheidung. Andererseits entstünde eine kaum hinnehmbare Rechtsunsicherheit, wenn im immissionsschutzrechtlichen Genehmigungsverfahren unter Hinweis auf eine Klimafolgenbetrachtung eine immissionsschutzrechtliche Genehmigung versagt oder substanziell eingeschränkt werden könnte, solange es an konkreten Bewertungsmaßstäben fehle. Gleiches gilt ohne konkrete Maßstäbe für ein unspezifisches „Optimierungsgebot", nach dem die Genehmigungsbehörde unter Hinweis auf Klimabelange Veränderungen eines Vorhabens fordern könnte, zumal dies selbst bei Abwägungsentscheidungen und damit im Anwendungsbereich des § 13 KSG nicht vorgesehen sei.[131]

4366 Das Unionsrecht ist, was die verfahrensrechtliche Implementation der Umweltprüfung in bestehende Verwaltungsverfahren angeht, offen. Es überlässt den Mitgliedstaaten, Umweltverträglichkeitsprüfungen im Rahmen der bestehenden Verfahren zur Genehmigung der Projekte durchzuführen oder eigenständige Prüfverfahren einzuführen. Entscheidend ist allein, dass die Verfahren geeignet sind, eine unionsrechtskonforme Umweltprüfung sicherzustellen. Die UVP ist gem. § 4 UVPG **unselbstständiger Teil verwaltungsbehördlicher Verfahren**, die der Entscheidung über die Zulässigkeit von Vorhaben dienen. Die UVP ist insoweit, wie von der UVP-RL ausdrücklich zugelassen, in bestehende Verfahren integriert worden. Es sind daher weder neue UVP-Behörden, noch gesonderte UVP-Verfahren eingeführt worden. Dem UVPG liegt mit dieser Bestimmung ein Konzept zugrunde, das auf die Einführung zusätzlicher bürokratischer Verfahren sowie auf die Schaffung neuer Behörden verzichtet und die UVP deshalb in die bereits bestehenden fachgesetzlichen Verfahren integriert.[132] Das ist im Sinne der Vermeidung zusätzlichen Verfahrensaufwands zu begrüßen.[133] Der Ablauf der Zulassungsverfahren und die Behördenzuständigkeit richten sich deshalb auch in Ansehung des UVPG grundsätzlich nach den einschlägigen fachgesetzlichen Regelungen.[134] § 4 UVPG stellt klar, dass die UVP ein Verfahrensbestandteil ist. Die UVP ist nicht nur ein Gutachten, eine Umweltverträglichkeitsstudie oder ein Umweltbericht.[135] Andererseits ist UVP auch kein eigenständiges Verfahren, wohl aber ist sie ein der Entscheidung vorgeschalteter **Zwischenschritt**. Sie ist in den Ablauf eines anderen Verwaltungsverfahrens, des Trägerverfahrens, eingebunden, das der Entscheidung über die Zulassung des Vorhabens dient, und hat dort die Aufgabe, zur Ermittlung, Beschreibung und Bewertung des entscheidungserheblichen Sachverhalts beizutragen.[136]

---

[131] Stellungnahme des Deutschen Anwaltvereins durch den Ausschuss Umweltrecht zur Neufassung der Allgemeinen Verwaltungsvorschrift zur Ausführung des Gesetzes über die Umweltverträglichkeitsprüfung 2023 (UVPVwV 2023) Nr.: 71/2023 Berlin, 2023, abrufbar auf der Homepage des DAV, mit Verweis auf BVerwG Beschl. v. 22.6.2023 – 7 VR 3.23, BeckRS 2023, 19712, Rn. 40 m. w. N.; siehe zu § 13 KSG auch Kling ZUR 2024, 141; Erbguth UPR 2023, 241; Verheyen ua NVwZ 2023, 113.

[132] Dazu bereits Begr. RegEntw. UVPG 1990, BT-Drs 11/3919, S. 15; Bauer in Beckmann/Kment, UVPG/UmwRG, 2023, § 4 UVPG Rn. 1.

[133] Bauer in Beckmann/Kment, UVPG/UmwRG, 2023, § 4 UVPG Rn. 6.

[134] Bauer in Beckmann/Kment, UVPG/UmwRG, 2023, § 4 UVPG Rn. 6; Bohne ZfB 1989, 93, 99; Dienes ET 1990, 727, 728.

[135] Bauer in Beckmann/Kment, UVPG/UmwRG, 2023, § 4 UVPG Rn. 7.

[136] So bereits Begr. RegEntw. UVPG 1990, BT-Drs 11/3919, S. 21.

Bei der ursprünglichen Implementation der Umweltverträglichkeitsprüfung in das deutsche Recht ging der Gesetzgeber von verschiedenen Prämissen aus, die es erlauben sollten, das deutsche Recht trotz Einführung der UVP weitgehend unverändert zu lassen. Der Gesetzgeber nahm an, dass das deutsche Zulassungsrecht ohne grundlegende Systembrüche tauglich war, eine unionsrechtskonforme Umweltverträglichkeitsprüfung zur ermöglichen. Auf die Einführung eines eigenständigen Zulassungsverfahrens für die Vorhaben, die einer Umweltverträglichkeitsprüfung zu unterziehen waren, sollte und konnte verzichtet werden. Stattdessen sollte die Umweltverträglichkeitsprüfung in die bestehenden Zulassungsverfahren integriert werden, die für eine verfahrenstechnische Aufnahme der Umweltverträglichkeitsprüfung als geeignet angesehen wurden. Eine grundsätzliche Veränderung des materiellen Zulassungsrechts wurde vom Gesetzgeber genauso wenig für notwendig gehalten. Ob und inwieweit das materielle Zulassungsrecht, insbesondere der gebundenen Kontrollerlaubnisse und vor allem der immissionsschutzrechtlich genehmigungsbedürftigen Anlagen, geeignet ist, den medienübergreifenden, integrativen Prüfungsansatz der UVP umzusetzen, war lange Zeit hoch umstritten.[137] 4367

Umweltverträglichkeitsprüfungen sind nur bei **Zulassungsentscheidungen** erforderlich. Zulassungsentscheidungen sind 1. die Bewilligung, die Erlaubnis, die Genehmigung, der Planfeststellungsbeschluss und sonstige behördliche Entscheidungen über die Zulässigkeit von Vorhaben, die in einem Verwaltungsverfahren getroffen werden, einschließlich des Vorbescheids, der Teilgenehmigung und anderer Teilzulassungen, mit Ausnahme von Anzeigeverfahren, 2. Linienbestimmungen und andere Entscheidungen in vorgelagerten Verfahren nach § 47 UVPG, 3. Beschlüsse nach § 10 BauGB über die Aufstellung, Änderung oder Ergänzung von Bebauungsplänen, durch die die Zulässigkeit von bestimmten Vorhaben im Sinne der Anlage 1 begründet werden soll, sowie Beschlüsse nach § 10 BauGB über Bebauungspläne, die Planfeststellungsbeschlüsse für Vorhaben im Sinne der Anlage 1 ersetzen. 4368

Zielabweichungen nach § 6 II 1 ROG sind nach der Rechtsprechung des BVerwG keine Zulassungsentscheidung im Sinne des § 2 VI UVPG. § 2 VI Nr. 1 UVPG nennt als Zulassungsentscheidungen die Bewilligung, die Erlaubnis, die Genehmigung, den Planfeststellungsbeschluss und sonstige behördliche Entscheidungen über die Zulässigkeit von Vorhaben, die in einem Verwaltungsverfahren getroffen würden, einschließlich des Vorbescheids, der Teilgenehmigung und anderer Teilzulassungen. Zulassungsentscheidungen in diesem Sinne seien nur Entscheidungen, durch die abschließend über die formellen und materiellen Zulassungsvoraussetzungen eines Vorhabens entschieden werde. Einen solchen Inhalt habe die Zielabweichung nicht. Sie stelle nachfolgende Planungen und Zulassungsentscheidungen lediglich von der Beachtung entgegenstehender Ziele der Raumordnung frei, gewähre aber kein Recht zur Ausführung eines Vorhabens. Die Zielabweichung sei auch kein Beschluss nach § 10 BauGB, der § 2 VI Nr. 3 UVPG unterfiele.[138] 4369

Ob das Urteil des BVerwG überzeugend ist, kann man bezweifeln. Die zuständige Behörde stellt nach § 5 I 1 UVPG auf der Grundlage geeigneter Angaben des Vorhabenträgers sowie eigener Informationen unverzüglich fest, ob nach den §§ 6-14 UVPG für das Vorhaben eine Pflicht zur Durchführung einer Umweltverträglichkeitsprüfung besteht. Es kommt insoweit darauf an, ob für ein Vorhaben in Anl. 1 des UVPG eine obligatorische UVP-Pflicht oder aber die Pflicht zur Vorprüfung zur Feststellung einer UVP-Pflicht besteht. Handelt es sich um ein Vorhaben in diesem Sinne, stellt sich die Frage, ob die Gestattung einer Zielabweichung für ein solches Vorhaben eine Zulassungsentscheidung im Sinne von § 2 VI Nr. 1 UVPG sein kann. Der Begriff der Zulassungsentscheidung ist grundsätzlich weit zu verstehen.[139] Ausgehend von § 2 VI Nr. 1 UVPG sind Zulassungsentscheidungen die Bewilligung, die Erlaubnis, die Genehmigung, der Planfeststellungsbeschluss sowie sonstige behördliche Entscheidungen über die Zulässigkeit von Vorhaben, die in einem Verwaltungsverfahren getroffen werden, einschließlich des Vorbescheids, der Teilgenehmigung und anderer Teilzulassungen, mit Ausnahme von Anzeigeverfahren. Aus dem Begriff der „sonstigen behördlichen Entscheidungen über die Zuläs- 4370

---

[137] Näher dazu Beckmann in Beckmann/Kment, UVPG/UmwRG, 2023, § 25 Rn. 7 ff.

[138] BVerwG Urt. v. 28.9.2023 – 4 C 6/21, juris Rn. 12; BVerwGE 167, 250 Rn. 16; OVG Koblenz Urt. v. 15.2.2017 – 8 A 20717/16, juris Rn. 35; VGH Kassel Urt. v. 31.5.2021 4 A 61019, juris Rn. 40; VG Gießen Urt. v. 23.1.2019 – 1 K 9645/17.GI, juris Rn. 53 ff.; aA Schieferdecker in Beckmann/Kment, UVPG/UmwRG, 2023, § 1 UmwRG Rn. 34; Guckelberger NuR 2020, 217, 218; Beckmann EuRUP 2024, 15 (25).

[139] OVG Greifswald Beschl. v. 31.1.2017 – 1 M 38/17, juris Rn. 9; OVG Koblenz Beschl. v. 4.3.2016 – 8 B 10233/16, juris Rn. 5; VG Lüneburg Urt. v. 6.5.2021 – 2 A 6/20, juris Rn. 29.

sigkeit von Vorhaben" erhellt, dass grundsätzlich sämtliche Entscheidungen von dem Begriff der Zulassungsentscheidung erfasst sein sollen, durch die der Vorhabenträger das Recht zur Durchführung eines Vorhabens erhält und die für die Zulassung des Vorhabens erforderlich sind. Dazu zählen auch Teilentscheidungen im Rahmen mehrstufiger Genehmigungsverfahren sowie vorgelagerte Entscheidungen.[140]

4371 Dazu wurde allerdings schon vor dem Urteil des BVerwG 28.9.2023 die Ansicht vertreten, eine Zielabweichungsgestattung sei keine Zulassungsentscheidung in dem vorgenannten Sinne, weil sich der Regelungsgegenstand einer Zielabweichungsentscheidung von demjenigen einer Zulassungsentscheidung unterscheide. Eine Zulassungsentscheidung beziehe sich auf ein bestimmtes Vorhaben und arbeite – ggf. auch in abgeschichteter Weise durch Teilentscheidungen – die Vorschriften, die die Zulässigkeit des Vorhabens regeln, verbindlich ab. Demgegenüber betreffe eine Zielabweichungsentscheidung die Pflicht des § 4 I 1 ROG, Ziele der Raumordnung zu beachten. Die Zielabweichungsentscheidung entbinde nur von dieser Zielbeachtenspflicht und betreffe damit allein die Ebene der Raumordnung und nicht die der Zulassung.[141] Überzeugend ist das aber nicht. Die rechtliche Wirkung einer Zielabweichungsentscheidung besteht darin, dass ein verbindliches Ziel der Raumordnung in einem konkreten Einzelfall für eine raumbedeutsame Planung oder für eine Zulassungsentscheidung von der Zielbindung „aus raumordnerischer Sicht freigegeben" wird, mit der Folge, dass kein inhaltlicher Widerspruch zwischen der Planung und dem Vorhaben mehr besteht.[142] Die Zielabweichungsentscheidung stellt aber nicht nur fest, dass ein Ziel der Raumordnung im konkreten Fall nicht beachtlich ist; vielmehr gestattet die zuständige Raumordnungsbehörde mit ihrer Zielabweichungsentscheidung eine Abweichung von einem Raumordnungsziel und gibt dazu einem entsprechenden Antrag des Vorhabenträgers statt. Es handelt sich insoweit sehr wohl um eine Gestattung der zuständigen Behörde auf Antrag eines Antragsberechtigten und damit durchaus auch um eine Zulassungsentscheidung für ein bestimmtes raumbedeutsames Vorhaben, die zwar, wie auch andere Genehmigungen, insbesondere Teilgenehmigungen, die Errichtung und den Betrieb des Vorhabens bzw. der Anlage noch nicht freigibt, die jedoch, insoweit ähnlich einem Vorbescheid und anders als das Ergebnis einer Raumverträglichkeitsprüfung,[143] die die Nichtgeltung eines ansonsten verbindlichen Ziels der Raumordnung verbindlich und abschließend entscheidet und, insoweit ähnlich einer Teilgenehmigung, die Abweichung entsprechend einem dazu gestellten Antrags gestattet. Keineswegs betrifft die Zielabweichungsentscheidung nur die nicht auf ein konkretes raumbedeutsames Vorhaben bezogene Ebene der Raumordnung. Vielmehr setzt die Prüfung der Abweichungsvoraussetzungen, nämlich der städtebaulichen Vertretbarkeit und des Unberührtseins der Grundzüge der Planung, eine zwingende Befassung mit Art und Umfang sowie mit den Umweltauswirkungen eines solchen Vorhabens voraus.[144]

4372 Eine **Strategische Umweltprüfung** ist nach § 35 UVPG durchzuführen bei **Plänen und Programmen**, die 1. in der Anlage 5 Nr. 1 UVPG aufgeführt sind oder 2. in der Anlage 5 Nr. 2 UVPG aufgeführt sind und für Entscheidungen über die Zulässigkeit von in der Anlage 1 aufgeführten Vorhaben oder von Vorhaben, die nach Landesrecht einer Umweltverträglichkeitsprüfung oder Vorprüfung des Einzelfalls bedürfen, einen Rahmen setzen. Pläne und Programme iSd UVPG sind nur solche bundesrechtlich oder durch Rechtsakte der Europäischen Union vorgesehenen Pläne und Programme, die 1. von einer Behörde ausgearbeitet und angenommen werden, 2. von einer Behörde zur Annahme durch eine Regierung oder im Wege eines Gesetzgebungsverfahrens ausgearbeitet werden oder 3. von einem Dritten zur Annahme durch eine Behörde ausgearbeitet werden. Ausgenommen sind Pläne und Programme, die ausschließlich Zwecken der Verteidigung oder der Bewältigung von Katastrophenfällen dienen, sowie Finanz- und Haushaltspläne und -programme (§ 2 VII UVPG).

---

140 EuGH Urt. v. 4.5.2006 – C-508/03, juris Rn. 102 ff.; OVG Lüneburg Beschl. v. 30.7.2013 – 12 MN 300/12, juris Rn. 14; VG Lüneburg Urt. v.6.5.2021 – 2 A 6/20, juris Rn. 29.

141 VGH Kassel Beschl. v. 15.8.2019 – 4 B 1303/19, juris Rn. 36; VG Lüneburg Urt. v. 6.5.2021 – 2 A 6/20, juris Rn. 29; zustimmend Kümper ZUR 2023, 168 (169).

142 BVerwG Beschl. v.25.6.2007 – 4 BN 17.07, juris Rn. 8; OVG Bautzen Urt. v. 9.2.2023 – 1 C 27/22, juris Rn. 26.

143 Die Raumordnungsbehörde übermittelt dem Vorhabenträger das Ergebnis ihrer Prüfung nach § 15 I 4 ROG in Form einer gutachterlichen Stellungnahme.

144 Beckmann EuRUP 2024, 15 (25).

Bei einem **Sofortprogramm iSd** § 8 II iVm I KSG handelt es sich ebenfalls um einen Plan bzw. ein Programm iSd § 2 VII UVPG. Denn Pläne und Programme sind gem. § 2 VII 1 Nr. 2 UVPG auch solche bundesrechtlich oder durch Rechtsakte der Europäischen Union vorgesehenen Pläne oder Programme, die „von einer Behörde zur Annahme durch eine Regierung oder im Wege eines Gesetzgebungsverfahrens ausgearbeitet werden". Um ein solches Programm handelt es sich bei dem auf die Vorlage der nach § 4 IV KSG zuständigen Bundesministerien als den ausarbeitenden Behörden hin von der Bundesregierung zu beschließendem Programm mit Sofortmaßnahmen, die die Einhaltung der Jahresemissionsmengen im Gebäude- und Verkehrssektor für die auf eine Überschreitung folgenden Jahre sicherstellen sollen.[145] 4373

Nach § 35 II 1 UVPG ist bei nicht unter § 35 I UVPG fallenden Plänen und Programmen eine Strategische Umweltprüfung nur dann durchzuführen, wenn sie für die Entscheidung über die Zulässigkeit von in der Anlage 1 zum Gesetz über die Umweltverträglichkeitsprüfung aufgeführten oder anderen Vorhaben einen Rahmen setzen und nach einer Vorprüfung im Einzelfall voraussichtlich erhebliche Umweltauswirkungen haben. Zu den Plänen und Programmen in diesem Sinne gehören auch solche bundes-rechtlich vorgesehenen Pläne und Programme, die von einem Dritten zur Annahme durch eine Behörde ausgearbeitet werden (§ 2 VII 1 Nr. 3 UVPG). Der Begriff des Plans ist weit auszulegen[146] und umfasst eine große Bandbreite von Entscheidungen mit Steuerungswirkung für nachgelagerte behördliche Entscheidungen, bei denen der Plan zu beachten oder zu berücksichtigen ist.[147] Das trifft nach Ansicht des BVerwG auf einen vom Sanierungspflichtigen ausgearbeiteten und von der zuständigen Behörde durch eine Verbindlichkeitserklärung nach § 13 VI 1 BBodSchG angenommenen **bodenrechtlichen Sanierungsplan** zu. Er sei infolge der Feststellungswirkung der Verbindlicherklärung insbesondere bei der behördlichen Überwachung der Sanierung und dem Erlass behördlicher Sanierungsanordnungen zu beachten. Durch den Sanierungsplan werde auch ein Rahmen für die Entscheidung über die Zulässigkeit von Vorhaben gesetzt. Das sei gem. § 35 III UVPG der Fall, wenn Pläne und Programme Festlegungen mit Bedeutung für spätere Zulassungsentscheidungen, insbesondere zum Bedarf, zur Größe, zum Standort, zur Beschaffenheit, zu Betriebsbedingungen von Vorhaben oder zur Inanspruchnahme von Ressourcen, enthielten.[148] 4374

d) Anwendungsbereich. Das UVPG gilt für 1. die in Anlage 1 des Gesetzes aufgeführten Vorhaben, 2. die in Anlage 5 des UVPG aufgeführten Pläne und Programme, 3. sonstige Pläne und Programme, für die nach den §§ 35 bis 37 UVPG eine Strategische Umweltprüfung oder Vorprüfung durchzuführen ist, sowie 4. die grenzüberschreitende Behörden- und Öffentlichkeitsbeteiligung bei UVP-pflichtigen Vorhaben im Ausland nach den §§ 58 und 59 UVPG und bei SUP-pflichtigen Plänen und Programmen eines anderen Staates nach den §§ 62 und 63 UVPG. 4375

Bei Vorhaben oder Teilen von Vorhaben, die ausschließlich Zwecken der **Verteidigung** dienen, kann das Bundesministerium der Verteidigung oder eine von ihm benannte Stelle im Einzelfall entscheiden, dieses Gesetz ganz oder teilweise nicht anzuwenden, soweit sich die Anwendung nach Einschätzung des Bundesministeriums der Verteidigung oder der von ihm benannten Stelle nachteilig auf die Erfüllung dieser Zwecke auswirken würde, insbesondere wegen Eilbedürftigkeit des Vorhabens oder aus Gründen der Geheimhaltung. Zwecke der Verteidigung schließen auch zwischenstaatliche Verpflichtungen ein. Bei der Entscheidung ist der Schutz vor erheblichen nachteiligen Umweltauswirkungen zu berücksichtigen. Sonstige Rechtsvorschriften, die das Zulassungsverfahren betreffen, bleiben unberührt. Auch wenn das Vorhaben ausschließlich Verteidigungszwecken dient, ist jeweils im Einzelfall zu entscheiden, inwieweit der Schutz dieser Belange Einschränkungen bei der UVP notwendig macht. So kann es u.U. ausreichend sein, Einschränkungen bei der Öffentlichkeitsbeteiligung vorzunehmen.[149] Wird eine Entscheidung zur vollständigen oder teilweisen Nichtanwendung des UVPG getroffen, unterrichtet das Bundesministerium der Verteidigung hierüber das für Umwelt zuständige Ministerium des betroffenen Landes unverzüglich sowie das Bundesministe- 4376

---

145 OVG Berlin-Brandenburg Urt. v. 30.11.2023 – 11 A 1/23, juris Rn. 47.
146 BVerwG NVwZ 2024 = juris Rn. 23; EuGH Urt. v. 12.6.2019 – C-43/18, juris Rn. 36.
147 BVerwG NVwZ 2024 = juris Rn. 23; ZfBR 2022, 684 = juris Rn. 4.
148 BVerwG NVwZ 2024 = juris Rn. 24; EuGH Urt. v. 22.2.2022 – C-300/20, juris Rn. 60 ff.
149 Entwurf UVPVwV 2023Nr. 1.1.

rium für Umwelt, Naturschutz, nukleare Sicherheit und Verbraucherschutz spätestens bis zum Ablauf des 31.3. des Folgejahres (1 II UVPG).[150]

4377 Bei Vorhaben oder Teilen von Vorhaben, die ausschließlich der **Bewältigung von Katastrophenfällen** dienen, kann die zuständige Behörde im Einzelfall entscheiden, das UVPG ganz oder teilweise nicht anzuwenden, soweit sich die Anwendung nach Einschätzung der zuständigen Behörde negativ auf die Erfüllung dieses Zwecks auswirken würde. Bei der Entscheidung ist der Schutz vor erheblichen nachteiligen Umweltauswirkungen zu berücksichtigen. Sonstige Rechtsvorschriften, die das Zulassungsverfahren betreffen, bleiben unberührt.

4378 Das UVPG findet Anwendung, soweit Rechtsvorschriften des Bundes oder der Länder die Umweltverträglichkeitsprüfung nicht näher bestimmen oder die wesentlichen Anforderungen dieses Gesetzes nicht beachten. Rechtsvorschriften mit weitergehenden Anforderungen bleiben unberührt (§ 1 IV UVPG). Abweichend von § 1 IV UVPG hat die für die Zulassungsentscheidung zuständige Behörde gem. § 4 I LNGG bei Vorhaben nach § 2 LNGG (**Anlagen für den Einsatz von verflüssigtem Erdgas**) das UVPG nach Maßgabe der Absätze 2 bis 5 nicht anzuwenden, wenn eine beschleunigte Zulassung des konkreten Vorhabens geeignet ist, einen relevanten Beitrag zu leisten, um eine Krise der Gasversorgung zu bewältigen oder abzuwenden. Wird nach § 4 I LNGG keine Umweltverträglichkeitsprüfung durchgeführt, entfallen auch die entsprechenden, in fachrechtlichen Vorschriften geregelten Pflichten der Antragsteller und Aufgaben der Behörden (§ 4 II LNGG). Der Wegfall der Umweltverträglichkeitsprüfung gemäß § 4 I LNGG steht nach Auffassung des BVerwG mit Unionsrecht im Einklang.[151] Der Verzicht auf eine Umweltverträglichkeits(vor)prüfung nach § 4 LNGG muss aber auch bei einem Änderungsvorhaben nach § 9 UVPG geeignet sein, die Zulassung des konkreten Vorhabens nach § 2 LNGG zu beschleunigen.[152]

4379 Das BVerwG führt dazu aus, unter den in § 4 I LNGG genannten Voraussetzungen gelte es nach Einschätzung des Gesetzgebers auch eine in Monaten oder Wochen gemessene Verfahrensverzögerung und daraus potentiell resultierende Gasversorgungslücken unbedingt zu vermeiden. Von einem relevanten Beitrag zur Bewältigung oder Abwendung einer **Gasversorgungskrise** sei regelmäßig auszugehen, wenn über die konkrete Anlage mehr als nur geringfügig LNG eingespeist werden könne und solle und eine **Gasmangellage** vorliege oder drohe. Für eine Gasmangellage sei eine **Gaswarnstufe** nach dem Notfallplan Gas nach der Verordnung (EU) 2017/1938 des Europäischen Parlaments und des Rates vom 25. Oktober 2017 über Maßnahmen zur Gewährleistung der sicheren Gasversorgung und zur Aufhebung der Verordnung (EU) Nr. 994/2010 (ABl. L 280 S. 1), zuletzt geändert durch Verordnung (EU) 2022/1032 vom 29. Juni 2022 (ABl. L 173 S. 17, ber. L 245 S. 70), ein Indiz. Eine Gasmangellage entfalle, wenn die Versorgung zwischenzeitlich durch andere neu hinzugekommene sichere Bezugsquellen dauerhaft gesichert sei. Von einem mengenmäßig relevanten Beitrag könne regelmäßig ausgegangen werden, wenn das Vorhaben eine jährliche Regasifizierungskapazität von zumindest 5 Mrd. cbm erreiche oder überschreite. Anbindungsleitungen nach § 2 I Nr. 3 LNGG leisteten regelmäßig einen relevanten Beitrag dazu, eine Krise der Gasversorgung abzuwenden, wenn sie zur Anbindung einer Anlage, für die die Behörde nach ihrer Einschätzung von einem solchen Beitrag ausgeht, an das Fernleitungsnetz benötigt würden.[153]

4380 UVP-pflichtig sind nach der **Liste „UVP-pflichtige Vorhaben"** der Anlage 1 des UVPG alle bedeutsamen Planfeststellungsverfahren und vor allem auch zahlreiche immissionsschutzrechtliche Vorhaben. Anlage 1 des UVPG macht mit einem X ins Spalte 1 kenntlich, wenn das Vorhaben zwingend UVP-pflichtig ist. Mit dem Buchstaben A bestimmt der Gesetzgeber in Spalte 2 der Liste, dass eine allgemeine Vorprüfung des Einzelfalls notwendig ist. Mit dem Buchstaben S in Spalte 2 ordnet der Gesetzgeber eine E standortbezogene Vorprüfung des Einzelfalls an. Hinsichtlich der Festlegung von Schwellenwerten oder Kriterien, um zu bestimmen, ob ein Projekt einer UVP unterzogen werden muss, räumt Art. 4 II b RL 2011/92/EU den Mitgliedstaaten zwar einen Wertungsspielraum ein. Dieser Spielraum wird jedoch durch die in Art. 2 I der Richtlinie 2011/92/EU festgelegte Pflicht begrenzt, die Projekte, bei denen

---

150 Bauer in Beckmann/Kment, UVPG/UmwRG, 2023, § 1 UVPG Rn. 12 nimmt an, dass § 1 II UVPG dem Bundesverteidigungsministerium einen Entscheidungsspielraum einräumt.

151 BVerwG NVwZ 2023, 1657 mit Anmerkung von Römling NVwZ 2023, 1662; siehe Verhyen/Bohlmann EuRUP 2023, 117; kritisch zum Urteil des BVerwG vom 22.6.2023 auch Kment JZ 2023, 1087; Kment/Fimpel NuR 2022, 599; siehe auch Guckelberger UPR 2023, 452.

152 BVerwG NVwZ 2024, 500.

153 BVerwG ZUR 2023, 677 = juris Rn. 13.

ua aufgrund ihrer Art, ihrer Größe oder ihres Standorts mit erheblichen Auswirkungen auf die Umwelt zu rechnen ist, einer Untersuchung ihrer Auswirkungen zu unterziehen. Für einen bei der Einzelfalluntersuchung anzuerkennenden Wertungsspielraum kann nichts anderes gelten.[154]

Vorhaben sind gem. § 2 IV UVPG nach Maßgabe der Anlage 1 des UVPG 1. bei Neuvorhaben a) die Errichtung und der Betrieb einer technischen Anlage, b) der Bau einer sonstigen Anlage, die Durchführung einer sonstigen in Natur und Landschaft eingreifenden Maßnahme, 2. bei Änderungsvorhaben a) die Änderung, einschließlich der Erweiterung, der Lage, der Beschaffenheit oder des Betriebs einer technischen Anlage, b) die Änderung, einschließlich der Erweiterung, der Lage oder der Beschaffenheit einer sonstigen Anlage, c) die Änderung, einschließlich der Erweiterung, der Durchführung einer sonstigen in Natur und Landschaft eingreifenden Maßnahme. Die UVP ist vorhabenbezogen und knüpft an den Vorhabenbegriff des jeweiligen Fachrechts an. Die UVP ist ein unselbständiger Teil des verwaltungsbehördlichen Verfahrens, welches der Entscheidung über die Zulassung des Vorhabens dient. Nur die Auswirkungen des konkret zu beurteilenden Vorhabens sind Gegenstand einer UVP.[155] 4381

§ 2 IV UVPG hat nicht den Zweck, Umfang und Reichweite der UVP zu bestimmen. Insofern unterscheidet sich der UVP-rechtliche Vorhabenbegriff gemäß § 2 IV UVPG nach seiner Funktion vom Begriff des Vorhabens im fachrechtlichen Sinne, der den Gegenstand des Zulassungsverfahrens bezeichnet. Da die UVP gem. § 4 UVPG unselbständiger Teil von Zulassungsverfahren ist, die Zulassungsentscheidungen nach § 2 VI UVPG dienen (sog. Trägerverfahren) und da die UVP dazu dient, die fachgesetzliche Sachentscheidung durch Ermittlung, Beschreibung und Bewertung der Umweltauswirkungen des Vorhabens vorzubereiten, richten sich Inhalt und Umfang der UVP regelmäßig nach dem Gegenstand des Trägerverfahrens (für den UVP-Bericht siehe § 16 IV 1 UVPG). In diesem Sinne ist auch der UVP-rechtliche Vorhabenbegriff unselbständig, das heißt das UVP-Vorhaben ist regelmäßig mit dem fachrechtlichen Vorhaben identisch.[156] 4382

Beispiel: Die Frage, ob ein bestehendes Vorhaben geändert oder erweitert wird, beurteilt sich nach dem materiellen Recht. Der Vorhabenbegriff ist dabei nicht mit dem in § 17 I 1 FStrG, § 18 I 1 AEG verwendeten Begriff der die Planfeststellung auslösenden Maßnahmen von Bau und Änderung eines Verkehrswegs identisch. Vielmehr umfasst das „Vorhaben" im Sinne des Fachrechts auch die vorhabenbedingten Ausgleichs- und Ersatzmaßnahmen. In der nachträglichen Ergänzung von Maßnahmen der Realkompensation liegt daher eine Änderung des Vorhabens. Zudem enthält der Planänderungsbeschluss im verfügenden Teil eine Verkleinerung der Ankerzone.[157]

Linienförmig verlaufende Infrastrukturprojekte wie Bundesfernstraßen, Schienenwege und Wasserstraßen sowie Strom-, Gas- und sonstige Rohrleitungen (lineare Vorhaben) werden häufig in Abschnitte aufgeteilt, die nacheinander zugelassen und baulich realisiert werden. Zulassungsrechtlich ist eine solche **Abschnittsbildung** möglich, wenn die Aufteilung aus Verfahrenssicht unter Berücksichtigung aller Umstände zweckmäßig erscheint. Der Vorhabenabschnitt, dessen Zulassung beantragt wird, bildet dann grundsätzlich auch für die UVP das maßgebliche Vorhaben. Nach der Rechtsprechung des BVerwG sind die verfahrens- und materiellrechtlichen Anforderungen an die fernstraßenrechtliche Planfeststellung einheitlich auf denselben Abschnitt als Vorhaben im fernstraßenrechtlichen Sinne zu beziehen. Auch der Vorhabenbegriff des UVPG knüpft an den fachplanerischen Vorhabenbegriff an. Die UVP-RL schränkt die nach nationalem Recht bestehende Möglichkeit, ein Gesamtprojekt in mehreren Teilabschnitten durchzuführen, jedenfalls dann nicht ein, wenn die Pflicht zur Durchführung einer UVP für jeden dieser Abschnitte unberührt bleibt.[158] 4383

Für die Feststellung, ob eine UVP durchzuführen ist, kann eine Aufteilung eines Vorhabens in Abschnitte nicht ohne weiteres bewirken, dass eine notwendige UVP unterbleibt. Vielmehr muss das Gesamtvorhaben mit in den Blick genommen werden. Ausschlaggebend für die Beurteilung sind die Umstände des Einzelfalls. Eine Einbeziehung weiterer Vorhabenabschnitte kommt bei der Feststellung der UVP-Pflicht für solche Teile des Gesamtvorhabens in Betracht, 4384

154 BVerwG Urt. v. 18.6.2020 – 3 C 2/19, juris.

155 OVG Saarlouis Urt. v. 20.6.2023, juris Rn. 55; OVG Münster Beschl. v. 11.5.2023, juris Rn. 50; VGH Mannheim Urt. v. 01.02.2023, juris Rn. 65.

156 Entwurf UVPVwV 2023 Nr. 2.4.1.

157 BVerwG Urt. v. 14.12.2022 – 9 A 18/21, juris Rn. 28

158 BVerwG Urt. v. 7.7.2022 – 9 A 5/21, juris Rn. 16.

bei denen bereits eine planerische Verfestigung besteht. Eine solche Verfestigung kann anzunehmen sein, wenn das Gesamtvorhaben schon Gegenstand einer Linienbestimmung oder einer Bundesfachplanung nach § 4 NABEG war. Bloße Planungsabsichten des Vorhabenträgers, die noch mit Unsicherheiten verbunden sind, genügen dagegen nicht. Eine Beschränkung auf den aktuell anstehenden Streckenabschnitt kann bei der Prüfung der UVP-Pflicht dann gerechtfertigt sein, wenn der Vorhabenträger das Projekt wegen noch bestehender Unsicherheiten bei der Realisierung des Gesamtvorhabens von vornherein so plant, dass bereits dem beantragten Teil des Vorhabens auch ohne Realisierung des Gesamtvorhabens für sich ein eigenständiger Zweck zukommt.[159]

4385 Der Vorhabenbegriff ist auch für evtl. **Alternativenprüfungen** maßgeblich. Alternativen, die auf ein anderes Projekt hinauslaufen, sind nicht planungs- oder genehmigungsrelevant. Es geht vielmehr allein um alternative Mittel zur Erreichung des vom Vorhabenträger verfolgten Projekts.[160] Dementsprechend ist die Bestimmung des Vorhabens auch für den Umfang der als vernünftig in Frage kommender Alternativen entscheidend. Inwieweit im Einzelfall Abstriche von einem Vorhaben hinzunehmen sind, hängt maßgebend von seinem Gewicht und dem Grad seiner Erreichbarkeit im jeweiligen Einzelfall ab.

4386 **e) Feststellung der UVP-Plicht.** Schon die Feststellung der zuständigen Behörde, ob ein Vorhaben UVP-pflichtig ist, kann im Einzelfall schwierig werden. Nach § 5 I 1 UVPG stellt die Behörde auf der Grundlage geeigneter Angaben des Vorhabenträgers sowie eigener Informationen unverzüglich fest, ob nach den §§ 6 bis 14a UVPG für das Vorhaben eine Pflicht zur Durchführung einer Umweltverträglichkeitsprüfung besteht oder nicht. Diese Feststellung trifft die Behörde nach § 5 I 2 UVPG auf Antrag des Vorhabenträgers oder bei einem Antrag nach § 15 UVPG (Unterrichtung über den Untersuchungsrahmen) oder von Amts wegen nach Beginn des Verfahrens, das der Zulassungsentscheidung dient. Die Feststellung ist nach § 5 II 1 UVPG nicht selbstständig anfechtbar. Die Feststellung der UVP-Pflicht ist erforderlich unabhängig davon, ob ein unbedingt UVP-pflichtiges oder ein vorprüfungspflichtiges Vorhaben in Rede steht. Ist im Ausnahmefall gesetzlich nicht geregelt, in welches Verfahren die UVP zu integrieren ist, trifft die zuständige Behörde im Rahmen des Verfahrensermessens auch insoweit eine Entscheidung über das Trägerverfahren.

4387 Eine vom Vorhabenträger nach § 25 III VwVfG durchgeführte **frühe Öffentlichkeitsbeteiligung** ersetzt nicht die Durchführung eines Scoping-Verfahrens. In geeigneten Fällen soll aber eine Verständigung mit dem Vorhabenträger erfolgen, die frühe Öffentlichkeitsbeteiligung mit dem Scoping zu verbinden. Eine Besprechung nach § 15 III UVPG könne zB genutzt werden, um der Öffentlichkeit Gelegenheit zur Äußerung und zur Erörterung iSv. § 25 III 3 VwVfG zu geben.[161]

4388 Der Vorhabenträger bestimmt mit seinem Antrag Gegenstand und Umfang des Vorhabens.[162]Der Vorhabenträger kann verschiedene Vorhaben, zB mehrere genehmigungsbedürftige Anlagen, in einem Antrag und damit auch in einem einheitlichen Zulassungsverfahren zusammenfassen. Erstreckt sich der Genehmigungsantrag auf mehrere genehmigungspflichtige Änderungen, von denen lediglich eine der UVP-Pflicht unterliegt, dann ist das Vorhaben insgesamt UVP-pflichtig. Die UVP kann insoweit in einem einheitlichen Änderungsvorhaben nicht auf die Änderung beschränkt werden, welche zB durch das Überschreiten bestimmter Leistungswerte die UVP-Pflicht auslöst.

4389 Die **Konzentrationswirkung** von Planfeststellung und immissionsschutzrechtlicher Genehmigung führt dazu, dass ein fachrechtliches Vorhaben nicht selten die Merkmale mehrerer Ordnungsnummern der Anlage 1 UVPG erfüllt. Aufgrund der Integration der UVP in das Zulassungsverfahren (§ 4 UVPG) ist dann das fachrechtliche Vorhaben zugleich UVP-rechtlich als lediglich ein Vorhaben zu behandeln. Da jedoch die Konzentrationswirkung fachrechtlicher Zulassungsverfahren beschränkt ist und da die UVP einen umfassenden, medienübergreifenden Ansatz bei der Ermittlung, Beschreibung und Bewertung von Umweltauswirkungen verfolgt, kann das UVP-rechtliche Vorhaben in Ausnahmefällen auch über die Grenzen des fachrechtlichen Vorhabens hinausgehen, wenn für die Zulassung eines einheitlichen Lebenssachverhalts

---

[159] Entwurf UVPVwV 2023 Nr. 2.4.8.1.

[160] BVerwG Urt. v. 9.2.2017 – 7 A 2/15, juris Rn. 411; BVerwG Urt. v. 11.8.2016 – 7 A 1/15, juris Rn. 139; Beckmann DVBl.. 2022, 809.

[161] Entwurf UVPVwV 2023 Nr. 15.1.1.

[162] OVG Saarlouis Urt. v. 20.6.2023, juris 55; BVerwG Urt. v. 11.8.2016, juris Rn. 34.

mehrere Zulassungsverfahren erforderlich sind.[163] Besteht ein fachrechtliches Vorhaben aus mehreren zulassungspflichtigen Maßnahmen und schließt eine Zulassung aufgrund ihrer Konzentrationswirkung die anderen Zulassungen mit ein (zB Planfeststellungsbeschluss, immissionsschutzrechtliche Genehmigung), so ist für das Vorhaben eine umfassende UVP durchzuführen, wenn eine oder mehrere der Maßnahmen eine UVP-Pflicht aufgrund einer Ordnungsnummer der Anlage 1 zum UVPG auslösen. Die UVP bezieht sich dann auf alle Auswirkungen der zum Vorhaben gehörenden Maßnahmen.[164] Von einem einheitlichen Vorhaben ist auch dann auszugehen, wenn ein fachrechtliches Vorhaben aus einer Hauptanlage mit mehreren Nebeneinrichtungen besteht und nur eine der Nebeneinrichtungen die Merkmale einer Ordnungsnummer nach der Anlage 1 UVPG aufweist.[165] Der Umfang der allgemeinen Vorprüfung (und der UVP) wird grundsätzlich nicht dadurch reduziert, dass mangels umfassender Konzentrationswirkung in § 13 BImSchG ein paralleles wasserrechtliches Erlaubnisverfahren durchgeführt werden muss. Sind mehrere Behörden für parallel erforderliche Zulassungen zuständig, sieht § 31 UVPG die Zuständigkeit einer federführenden Behörde vor.[166]

Treffen mehrere planfeststellungsbedürftige Vorhaben derart zusammen, dass für diese Vor- **4390**
haben nur eine einheitliche Entscheidung möglich ist (§ 78 VwVfG), führt dies nicht notwendiger Weise dazu, dass diese Vorhaben zusammen ein Vorhaben im Sinne von § 2 IV UVPG bilden. Zwar folgt aus der Gestaltungsfreiheit eines Vorhabenträgers, dass er in gewissen Grenzen mehrere planfeststellungspflichtige Vorhaben im Sinne des Fachplanungsrechts zusammenfassen kann mit der Folge, dass dies auch ein Vorhaben im Sinne des UVPG darstellt. Wie bei der Abschnittsbildung auch ist der Vorhabenträger dabei (…) den materiell-rechtlichen Grenzen des Planungsrechts unterworfen, das den Rahmen für die planerische Ausgestaltung vorgibt. Schranken ergeben sich dabei maßgeblich auch aus dem Abwägungsgebot. In diesem Fall des Vorliegens mehrerer Vorhaben bedarf es jeweils einer eigenen UVP derart, dass für jedes der Vorhaben dessen Umweltauswirkungen ermittelt zusammengefasst dargestellt und bewertet werden müssen und zudem – bei beabsichtigter Verwirklichung der Vorhaben in engem zeitlichem Zusammenhang einer summierenden Betrachtung ihrer nachteiligen Umweltauswirkungen.[167]

Zuständige Behörde ist die durch Bundes- oder Landesgesetz oder auf andere Weise vom **4391**
jeweiligen Verwaltungsträger für die durchzuführende Aufgabe bestimmte Behörde. Regelmäßig ist für die Feststellung der UVP-Pflicht und die Durchführung der verschiedenen Verfahrensschritte der UVP die Behörde zuständig, die für das verwaltungsbehördliche Verfahren iSv § 4 UVPG zuständig ist, dessen unselbständiger Teil die UVP ist.[168] Abweichend können je nach Verfahren für einzelne Verfahrensschritte auch unterschiedliche Behörden zuständig sein, zB wenn zwischen Anhörungs- und Planfeststellungsbehörde unterschieden wird. Bei **parallelen Zulassungsverfahren** (§ 31 II UVPG) bestimmen die Länder unter den mehreren zuständigen Landesbehörden die federführende Behörde. Die **federführende Behörde** stellt fest, ob aus §§ 6 bis 14 UVPG eine UVP-Pflicht für das Vorhaben folgt.

Werden **Bebauungspläne** iSv. § 2 VI 6 Nr. 3 UVPG, insbesondere bei Vorhaben nach Anl. **4392**
1 Nr. 18.1 bis 18.9, aufgestellt, geändert oder ergänzt, wird die UVP einschließlich der Vorprüfung im Aufstellungsverfahren als Umweltprüfung nach dem BauGB durchgeführt (§ 50 I 1 UVPG). Eine nach dem UVPG vorgeschriebene Vorprüfung entfällt, wenn für den aufzustellenden Bebauungsplan eine Umweltprüfung nach den Vorschriften des BauGB durchgeführt wird (§ 50 I 2 UVPG). Besteht für Aufstellung eines Bauleitplans nach UVPG eine Verpflichtung zur Durchführung einer SUP, wird eine Umweltprüfung nach BauGB durchgeführt (§ 50 II UVPG). Wird die UVP in einem Aufstellungsverfahren für einen B-Plan und in einem nachfolgenden Zulassungsverfahren durchgeführt, soll die UVP im nachfolgenden Zulassungsverfahren auf zusätzliche oder andere erhebliche Umweltauswirkungen des Vorhabens beschränkt werden (§ 50 III UVPG). Für die Belange des Umweltschutzes wird nach § 2 IV BauGB eine Umweltprüfung durchgeführt, in der die voraussichtlichen erheblichen Umweltauswirkungen ermittelt werden und in einem Umweltbericht beschrieben und bewertet werden. Die Gemeinde legt dazu für jeden Bauleitplan fest, in welchem Umfang und Detaillie-

[163] Entwurf UVPVwV 2023 Nr. 2.4.1.
[164] Entwurf UVPVwV 2023 Nr. 2.4.2.
[165] Entwurf UVPVwV 2023 Nr. 2.4.3.
[166] VGH Mannheim Beschl. v. 23.2.2021 – 10 S 1327/20, juris.
[167] Entwurf UVPVwV 2023 Nr. 2.4.3.
[168] Entwurf UVPVwV 2023 Nr. 2.1.

rungsgrad die Ermittlung der Belange für die Abwägung erforderlich ist. Die Umweltprüfung bezieht sich auf das, was nach gegenwärtigem Wissensstand und allgemein anerkannten Prüfmethoden sowie nach Inhalt und Detaillierungsgrad des Bauleitplans angemessenerweise verlangt werden kann. Das Ergebnis der Umweltprüfung ist in der Abwägung zu berücksichtigen § 2 IV BauGB). Bei in den Anwendungsbereich des UVPG fallenden UVP-pflichtigen Vorhaben insbesondere nach Anlage 1 Nr. 18.1 bis 18.9 UVPG besteht die Prüfpflicht grundsätzlich sowohl bei der Planaufstellung als auch bei der Vorhabenzulassung. Die in § 50 UVPG angelegte abschichtende Betrachtung der Umweltauswirkungen eines Vorhabens ist europarechtlich geboten.[169]

4393 Die Feststellung muss **unverzüglich**, dh ohne schuldhaftes Zögern, getroffen werden.[170] Voraussetzung ist, dass der Vorhabenträger die erforderlichen und prüffähigen **Unterlagen** zeitgerecht vorlegt.[171] Bei Durchführung einer Vorprüfung trifft die zuständige Behörde die Feststellung zügig und spätestens sechs Wochen nach Erhalt der erforderlichen Angaben (§ 7 VI 1 UVPG). In Ausnahmefällen kann sie die Frist für die Feststellung um bis zu drei Wochen oder, wenn dies wegen der besonderen Schwierigkeit der Prüfung erforderlich ist, um bis zu sechs Wochen verlängern (§ 7VI 2 UVPG). Bei Antrag auf Unterrichtung über den Untersuchungsrahmen und bei Feststellung von Amts wegen nach Beginn des Zulassungsverfahrens sollte die Feststellung der UVP-Pflicht vor Durchführung des Scoping-Termins und vor der Anforderung der Scoping-Unterlagen erfolgen.

4394 Die UVP-Pflicht besteht nach § 7 I 3 UVPG, wenn das Neuvorhaben nach Einschätzung der zuständigen Behörde erhebliche nachteilige Umweltauswirkungen haben kann, die nach § 25 II UVPG bei der Zulassungsentscheidung zu berücksichtigen wären. Was in diesem Sinne erheblich ist, bestimmt sich nach dem jeweiligen materiellen Zulassungsrecht.[172] Dazu erläutert der VGH München im Ausgangspunkt zutreffend, dass nachteilige Umweltauswirkungen nicht allein solche Auswirkungen sind, die nach Maßgabe des materiellen Zulassungsrechts zur Versagung der Zulassung führen können, sondern auch solche, die in der Abwägung Beachtung verlangen.[173] Allerdings löse, so der VGH München, nicht jeder abwägungserhebliche Umweltbelang die Pflicht zur Durchführung einer Umweltverträglichkeitsprüfung aus. Es bedürfe vielmehr bereits in der Vorprüfung einer Gewichtung der abwägungserheblichen Belange unter Berücksichtigung der in der Anlage 3 zum UVPG aufgeführten vorhaben- und standortbezogenen Kriterien.[174] Diese Gewichtung habe sich an dem Zweck der UVP zu orientieren, die Abwägung der Planfeststellungsbehörde vorzubereiten. Könnten nachteilige Umweltauswirkungen das Abwägungsergebnis nicht beeinflussen, sei eine Umweltverträglichkeitsprüfung allein wegen ihnen nicht erforderlich.[175] Diesen Erläuterungen des VGH München ist mit Vorsicht zu begegnen. Wenn von vornherein feststeht, dass bestimmte nachteilige Umweltauswirkungen so gering sind, dass sie bei der Abwägungsentscheidung über die Zulassung keine Rolle spielen können, dann sind sie nicht abwägungserheblich, so dass die These des VGH München, es gebe abwägungserhebliche Umweltbelange, die bei der Abwägung keine Rolle spielen können, sich im Kreis dreht. Wenn eine Umweltauswirkung erheblich und abwägungsrelevant ist, muss sie im Rahmen der Vorprüfung zur UVP führen; ist sie hingegen nicht erheblich und damit auch nicht abwägungsrelevant, begründet sie kein UVP-Erfordernis. Von der von dieser Rechtsprechung eröffneten Möglichkeit, von einer UVP abzusehen, obwohl eine erhebliche Umwelteinwirkung festgestellt wird, mit der Begründung, ihr Gewicht erweise sie im Rahmen der planerischen Abwägung als unerheblich, birgt ein großes Risiko, das sich daraus ergibt, dass die Abwägung erst nach Durchführung des Zulassungsverfahrens mit Öffentlichkeitsbeteiligung stattfindet und dass deshalb die Entscheidung im Rahmen der Vorprüfung, die festgestellte nachteilige Umweltauswirkung werde sich in der späteren Abwägung

169 OVG Lüneburg BauR 2022, 1475 = juris Rn. 20, 21.

170 Keller in Beckmann/Kment, UVPG/UmwRG, 2023, § 1 UVPG Rn. 9.

171 Keller in Beckmann/Kment, UVPG/UmwRG, 2023, § 5 UVPG Rn. 6.

172 OVG Lüneburg BauR 2024, 474 = juris Rn. 29; BauR 2022, 48.

173 VGH München Beschl. v. 19.9.2022 – 8 CS 22.1552, juris Rn. 43; BVerwGE 148, 353 = juris Rn. 37.

174 VGH München Beschl. v. 19.9.2022 – 8 CS 22.1552, juris Rn. 43; BVerwGE 168, 287 = juris Rn. 29 mwN.

175 VGH München Beschl. v. 19.9.2022 – 8 CS 22.1552, juris Rn. 43; BVerwGE 168, 287 = juris Rn. 29; UPR 2020, 264 = juris Rn. 23.

nicht auswirken, auch nicht mit Blick auf eine Nebenbestimmung, sich als verfrüht erweisen kann.[176]

Sofern entscheidungsrelevante Informationen bei der zuständigen Behörde nicht verfügbar sind, muss die Behörde im Rahmen der **Amtsermittlungspflicht** den Sachverhalt weiter aufklären. Den Vorhabenträger trifft eine **Beibringungsobliegenheit**.[177] Lässt sich auf Grundlage der eingereichten Unterlagen auch nach Nachbesserungsaufforderung die UVP-Pflicht nach den §§ 6 bis 14 UVPG nicht beurteilen, kann die Behörde die weitere Bearbeitung ablehnen. Im Rahmen der Vorprüfung führen unzureichende Unterlagen im Zweifel zur Bejahung der UVP-Pflicht, da die „Möglichkeit" nachteiliger Umwelteinwirkungen nicht auszuschließen ist.[178] Im Rahmen der Vorprüfung hat die Zulassungsbehörde eine eigenständige Entscheidung über die Durchführung einer UVP zu treffen. Sie darf sich nicht darauf beschränken, die Unterlagen des Antragstellers zu überprüfen. Die Genehmigungsbehörde, nicht der Antragsteller oder ein mit der Vorprüfung beauftragter Gutachter, ist für die Durchführung des Verwaltungsverfahrens zuständig und verantwortlich. Dieser Aufgabe genügt die Behörde nicht, wenn sie lediglich die vorgelegten Unterlagen überprüft, ohne sich eine eigene Meinung zu bilden.[179] 4395

Stellt sich im Genehmigungsverfahren heraus, dass die UVP-Pflicht zu Unrecht verneint worden ist, muss die UVP nachgeholt werden. Ist eine Vorprüfung zu Unrecht ganz unterblieben oder fehlerhaft durchgeführt worden, kann sie bis zum Abschluss der letzten Tatsacheninstanz im gerichtlichen Verfahren nachgeholt bzw. geheilt werden.[180] Stellt sich im Genehmigungsverfahren heraus, dass nachteilige Umweltauswirkungen nicht auszuschließen sind, bedeutet dies nicht, dass eine UVP durchgeführt oder eine Vorprüfung nachgeholt werden muss, wenn eine ordnungsgemäße Vorprüfung im Einzelfall stattgefunden hat. Entscheidend ist überschlägige Bewertung der zuständigen Behörde im Vorfeld des Zulassungsverfahrens. 4396

Die weiteren Bestimmungen über die Feststellung der UVP-Pflicht sind kompliziert; es sind eine ganze Reihe unterschiedlicher Fallgestaltungen zu berücksichtigen. Hinzu kommen formalisierte Anforderungen an die Angaben des Vorhabenträgers zur Vorbereitung der Vorprüfung, die in Anlage 2 des UVPG aufgelistet sind, sowie Kriterien für die Vorprüfung im Rahmen der Umweltverträglichkeitsprüfung, die sich aus Anlage 3 des Gesetzes ergeben. Dass sich die Feststellung der UVP-Pflicht zu einem eigenständigen Verfahrensschritt, wenn nicht gar zu einem eigenen (Vor-)Verfahren entwickelt hat, verdeutlicht ua die Fristregelung des § 7 VI UVPG. Nach § 7 VI 1 UVPG trifft die zuständige Behörde die Feststellung der UVP-Pflicht zügig und spätestens sechs Wochen nach Erhalt der nach § 7 IV UVPG erforderlichen Angaben. In Ausnahmefällen kann sie gem. § 7 VI 2 UVPG die Frist für die Frist bis zu drei Wochen oder, wenn dies wegen der besonderen Schwierigkeiten der Prüfung nicht ausreicht, um bis zu sechs Wochen verlängern. Nimmt man die Zeit hinzu, die der Vorhabenträger benötigt, um die für die Vorprüfung erforderlichen Unterlagen zusammenzustellen und bei der zuständigen Behörde einzureichen, dann kann allein das Vorprüfungsverfahren zur Klärung der Frage, ob überhaupt eine UVP-Pflicht besteht, Zeiträume in Anspruch nehmen, die anderenorts für die Erteilung einer immissionsschutzrechtlichen Genehmigung im vereinfachten Verfahren mit drei Monaten vorgesehen sind (§ 10 VI a 1 BImSchG). Unionsrechtlich wären sogar die Einführung einer gesetzlichen Frist von bis zu 90 Tage bis zur Feststellung mit unbegrenzter Verlängerungsmöglichkeit zulässig gewesen.[181] 4397

Hinsichtlich der Feststellung der UVP-Pflicht ist zwischen einer **unbedingten UVP-Pflicht** für bestimmte **Neubauvorhaben** und den Vorhaben zu unterscheiden, über deren UVP-pflichtigkeit erst im Rahmen einer **Vorprüfung** entschieden werden kann. Für entsprechend in der Anlage 1 gekennzeichnete Neubauvorhaben muss eine UVP nach § 6 S. 1 UVPG durchgeführt werden, wenn die zur Bestimmung der Art des Vorhabens genannten Merkmale 4398

176 Siehe dazu die Stellungnahme des Umweltrechtsausschusses des Deutschen Anwaltvereins zum Entwurf der Neufassung der UVPVwV 2023, S. 6; siehe dazu auch OVG Lüneburg BauR 2024, 474 = juris Rn. 30; BVerwG NVwZ 2015, 85; näher Tepperwien in Schink/Reidt/Mitschang, UVPG/UmwRG, 2023, § 7 Rn. 5.

177 Keller in Beckmann/Kment, UVPG/UmwRG, 2023, § 1 UVPG Rn. 10.

178 Siehe dazu Keller in Beckmann/Kment, UVPG/UmwRG, 2023, § 1 UVPG Rn. 7, 8.

179 OVG Lüneburg Urt. v. 8.7.2021, juris Rn. 36; VG Braunschweig Urt. v. 7.8.2019 – 6 A 159/17, juris.

180 BVerwG NVwZ 2008, 1349.

181 Beckmann Die „Modernisierung" des Rechts der Umweltverträglichkeitsprüfung – ein gelungener Versuch zur Erhöhung der Vollzugstauglichkeit des UVPG? in FS für Erbguth, 2019, 441 (452).

vorliegen. Sofern Größen- oder Leistungswerte angegeben sind, besteht die UVP-Pflicht nach § 6 S. 2 UVPG, wenn die Werte erreicht oder überschritten werden. Neuvorhaben sind die Errichtung und der Betrieb einer technischen Anlage, der Bau einer sonstigen Anlage und die Durchführung einer sonstigen in Natur und Landschaft eingreifenden Maßnahme. Die Herstellung vorgefertigter Anlagenteile (etwa Baumaterialien) an einem anderen Ort als dem geplanten Standort erfolgt, fällt nicht unter den Begriff der „Errichtung".[182] Bei technischen Anlagen ist nicht nur die Errichtung, sondern auch der Betrieb UVP-pflichtig. Technische Anlagen sind insbesondere immissionsschutzrechtlich genehmigungsbedürftige Anlagen, Anlagen des Abfall- und Wasserrechts sowie Leitungsanlagen und andere Anlagen. Bei sonstigen Anlagen ist nur der Bau, dh die Errichtung, nicht jedoch der Betrieb UVP-pflichtig. Bei Flughäfen besteht eine UVP-Pflicht für bauliche Änderungen, die eine „flugbetriebliche Relevanz" haben. Für Eingriffe in Natur und Landschaft ist das Begriffsverständnis des § 14 I BNatSchG maßgeblich.

4399 Die Vorprüfung entfällt gem. § 7 III UVPG, wenn der Vorhabenträger die Durchführung einer UVP beantragt und die zuständige Behörde das Entfallen der Vorprüfung als zweckmäßig erachtet. Für diese Neuvorhaben besteht die UVP-Pflicht. Die Entscheidung der zuständigen Behörde ist nicht anfechtbar. Die Behörde kann ihre Erklärung, dass das Entfallen der Vorprüfung zweckmäßig ist, zurücknehmen. Es bleibt dann die Vorprüfungspflicht. Eine UVP-Pflicht besteht nach einer solchen Rücknahme nicht.[183] Der Antrag des Vorhabenträgers auf Durchführung einer UVP löst gem. § 7 III 2 UVPG nur dann eine UVP-Plicht aus, wenn für das Neuvorhaben sonst zunächst eine Vorprüfung nach § 7 und II UVPG erforderlich gewesen wäre.[184]

4400 Nicht unerhebliche Erleichterungen für die zuständigen Behörden erwartete die Bundesregierung von durch das UVP-Modernisierungsgesetz eingeführten, klareren und detaillierteren Vorschriften für das Verfahren der UVP-Vorprüfung.[185] In der Mehrzahl der Fälle sollte sich der Zeitaufwand für die Prüfung der Vorprüfungsunterlagen nach § 7 UVPG verringern, auch wenn im Einzelfall der höhere Detaillierungsgrad der Anforderungen dazu führen könne, dass die Vorprüfungsunterlagen umfangreicher ausfallen müssten als nach bisherigem Recht.[186] § 7 UVPG enthält dazu eine Reihe von eher klarstellenden Regelungen, die eine schon zuvor übliche Verfahrenspraxis bei der Durchführung der Vorprüfung gesetzgeberisch nachvollziehen.[187] Das ändert aber nichts daran, dass die Systematik unübersichtlich bleibt und dass die Anforderungen an die vom Vorhabenträger beizubringenden Angaben für die Vorprüfung gestiegen sind.

4401 Zu unterscheiden ist zwischen einer **allgemeinen Vorprüfung** (§ 7 I UVPG) und einer **standortbezogenen Vorprüfung** (§ 7 II UVPG). Stellt sich bei der allgemeinen Vorprüfung heraus, dass ein **Störfallrisiko** besteht, muss noch die Sonderregelung des § 8 UVPG berücksichtigt werden.[188] Außerdem differenziert der Gesetzgeber zwischen der Vorprüfung bei **Neuvorhaben** (§ 7 UVPG) und bei **Änderungsvorhaben** (§ 9 UVPG). Bei den Änderungsvorhaben muss weiter danach unterschieden werden, ob für das Vorhaben in der Vergangenheit bereits eine Umweltverträglichkeitsprüfung durchgeführt worden ist (§ 9 I UVPG) oder ob für das Vorhaben noch keine Umweltverträglichkeitsprüfung durchgeführt wurde (§ 9 II, III UVPG). Bei den Änderungsvorhaben müssen außerdem wiederum unbedingt UVP-pflichtige und lediglich vorprüfungspflichtige Vorhaben unterschieden werden. Besonders übersichtlich oder gar anwendungsfreundlich ist diese komplexe Systematik nicht.[189] Änderungsvorhaben sind die Änderung, einschließlich der Erweiterung, der Lage, der Beschaffenheit oder des Betriebs einer technischen Anlage, die Änderung, einschließlich der Erweiterung, der Lage oder der Beschaffenheit einer sonstigen Anlage, die Änderung, einschließlich der Erweiterung, der Durchführung einer sonstigen in Natur und Landschaft eingreifenden Maßnahme. Eine Änderung kann nur vorliegen, wenn das Vorhaben vom Regelungsgehalt einer bestandskräftigen

---

[182] OVG Berlin-Brandenburg Urt. v. 12.3.2020 – 11 A 7.18, juris; Beschl. v. 23.7.2019 – 11 S 80.18, juris.

[183] OVG Koblenz Beschl. v. 09.02.2021 – 1 B 11505/20, juris.

[184] OVG Münster Urt. v. 04.05.2022.

[185] BR-Drs. 164/17, S. 78; zur Vorprüfung siehe Pauli/Hagemann UPR 2018, 8; Balla NuR 2017, 239.

[186] BR-Drs. 164/17, S. 78.

[187] Gesetzesbegründung der Bundesregierung, BR-Drs. 164/17, S. 84.

[188] Zum Störfallbetrieb in der Umweltverträglichkeitsprüfung und zu Besonderheiten und Anforderungen an den Inhalt des UVP-Berichts zum vorbeugenden Gefahrenschutz Weiser-Saulin EurUP 2023, 67.

[189] Siehe dazu im Einzelnen auch Pauli/Hagemann UPR 2018, 8 ff.

früheren Zulassungsentscheidung nicht mehr gedeckt ist. Schon Zugelassenes bedarf keiner erneuten Zulassung.[190]

Wird ein Vorhaben geändert, für das in §6 UVPG iVm Anlage 1 UVPG kein Größen- oder Leistungswert vorgeschrieben ist, wird eine allgemeine Vorprüfung nach §9 I 2 UVPG iVm §9 I 1 Nr. 2 UVPG durchgeführt. Abweichend vom Wortlaut des §9 I 2 UVPG kann allerdings auch bei der Änderung von solchen Vorhaben eine unbedingte UVP-Pflicht anstatt einer Vorprüfungspflicht bestehen. Das ist der Fall, wenn die Änderung eines solchen Vorhabens hinsichtlich der Auswirkungen auf die Umwelt mit ähnlichen Gefahren behaftet ist wie das bestehende Vorhaben selbst.[191] 4402

Dass eine erforderliche UVP-Vorprüfung zunächst nicht durchgeführt wurde, ist unschädlich, wenn die Vorprüfungspflicht im Laufe des Genehmigungsverfahrens durch Aufgabe eines kumulierenden Vorhabens entfällt.[192] 4403

Die **Abgrenzung von Neuvorhaben und Änderungsvorhaben** kann im Einzelfall schwierig sein. Während bei Neuvorhaben nach §6 UVPG eine unbedingte UVP-Pflicht bestehen kann, hängt die UVP-Pflicht bei Änderungsvorhaben nach §9 UVPG von weiteren Voraussetzungen ab. Die Erweiterung einer Anlage ist dann keine Neuanlage, wenn es sich um die bloße Vergrößerung oder die Errichtung einer gleichartigen Anlage handelt. Erreicht die Änderung (Erweiterung in quantitativer Hinsicht, Änderung der Beschaffenheit der Bestandsanlage in qualitativer Hinsicht) eine Dimension, dass der **Kernbestand** der Anlage überwiegend oder sogar vollständig verändert wird, und ändert sich die Gesamtkonzeption der Anlage, bedarf es einer Neugenehmigung. Dies kann zB dann der Fall sein, wenn die Änderung zu einer Verdoppelung der Anlagenkapazität führt oder sogar darüber hinaus reicht. 4404

Beispiel Autobahntalbrücke: Bei einem (Ersatz-)Neubau einer bisher vierstreifigen Autobahntalbrücke in einer dem sechsstreifigen Ausbau genügenden Breite handelt es sich um eine Änderung einer Bundesfernstraße in Form der erheblichen baulichen Umgestaltung (§17 I 2 Nr. 2 FStrG). Nach dem Gesetz zur weiteren Beschleunigung von Planungs- und Genehmigungsverfahren im Verkehrsbereich soll das Kriterium einer erheblichen baulichen Umgestaltung der Abgrenzung der Änderung zu reinen konstruktiven Anpassungen der Straße an aktuelle Regelwerke, Standards, Sicherheits- oder Verkehrsbedürfnisse dienen. Unwesentliche oder nur temporäre Verlegungen einer Bundesfernstraße ohne Kapazitätserweiterung zB im Rahmen einer erhaltungsbedingten Erneuerung (Ersatzneubauten) bestehender Brückenbauwerke sind keine Änderung. Da diese Baumaßnahmen regelmäßig – ohne die Leistungsfähigkeit der Straße und die Verkehrsmengen zu erhöhen – nur auf eine Substanzerhaltung und eventuelle Anpassung an aktualisierte Regelquerschnitte sowie auf sonstige konstruktive Verbesserungen zielten, ist es gerechtfertigt, sie keinem umfassenden erneuten Genehmigungsverfahren zu unterwerfen und als Unterhaltung zu qualifizieren.[193]

Die Prüfung der UVP-Pflicht ist eine Vollprüfung, soweit es um die Tatbestandsvoraussetzungen der Anlage 1 sowie der §§9ff. UVPG geht. Die bei einer Vorprüfung entscheidende Frage, ob das Vorhaben erhebliche nachteilige Umweltauswirkungen haben kann, ist nach §7 I UVPG als überschlägige Prüfung durchzuführen Die aufgrund der Vorprüfung getroffene behördliche Beurteilung der UVP-Pflichtigkeit unterliegt insoweit nur eingeschränkter gerichtlicher Kontrolle. Die Einschätzung, dass eine Umweltverträglichkeitsprüfung nicht erforderlich ist, ist im gerichtlichen Verfahren gegen die Zulassungsentscheidung nur daraufhin zu überprüfen, ob die Vorprüfung entsprechend den Vorgaben des §7 UVPG durchgeführt worden und ob das Ergebnis der Vorprüfung nachvollziehbar ist. Dementsprechend muss eine Vorprüfung überhaupt stattgefunden haben und das Ergebnis darf keine Rechtsfehler aufweisen, die seine Nachvollziehbarkeit ausschließen. Die **gerichtliche Prüfung** erstreckt sich auf die Frage, ob die Behörde den Rechtsbegriff der Erheblichkeit zutreffend ausgelegt hat. Diese Beschränkung verdeutlicht, dass der zuständigen Behörde für ihre prognostische Beurteilung ein Einschätzungsspielraum zusteht. Gefordert ist eine **Plausibilitätskontrolle**, bei der die von der Behörde für ihr Prüfergebnis gegebene Begründung zugrunde zu legen ist.[194] Dies bedeutet 4405

[190] VGH Kassel Urt. v. 17.2.2021, juris Rn. 56; BVerwG Urt. v. 18.12.2014 – 4 C 36/13, juris.

[191] EuGH Urt. v. 29.7.2019 – Doel C-411/17 juris Rn. 78; Entwurf UVPVwV 2023 Nr. 9.1.2.

[192] OVG Lüneburg Beschl. v. 23.7.2020 – 1 ME 64/20, juris.

[193] OVG Münster Beschl. v. 11.05.2023 – 11 B 106/23.AK, juris Rn. 19.

[194] OVG Berlin-Brandenburg Urt. v. 7.6.2023 – OVG 3a A 57/23, juris Rn. 20; BVerwG Urt. v. 25.6.2014 – 9 A 1.13, juris Rn. 26; OVG Münster Urt. v. 18.5.2017 – 8 A 975/15, juris Rn. 113.

zugleich, dass nachträglich gewonnene Erkenntnisse, die die Auswirkungen in einem anderen Licht erscheinen lassen könnten, für die Tragfähigkeit des Prüfergebnisses und damit der verfahrenslenkenden Entscheidung über die Notwendigkeit einer Umweltverträglichkeitsprüfung nicht maßgeblich sein können.[195] Nachvollziehbarkeitskontrolle bedeutet, dass das Ergebnis der behördlichen Prognose durch das Gericht nicht auf materielle Richtigkeit, sondern lediglich auf Plausibilität zu überprüfen ist, wobei die von der Behörde für ihr Prüfergebnis gegebene Begründung zugrunde zu legen ist. Die eingeschränkte Gerichtskontrolle gilt auch für Klagen eines Vorhabenträgers gegen die Ablehnung seines Genehmigungsantrags, weil er keinen UVP-Bericht vorlegen wollte.

4406 Außerdem ist zu berücksichtigen, dass bei einer Vorprüfung nur überschlägig zu prüfen ist.[196] Die Einschätzung, eine UVP solle unterbleiben, ist im gerichtlichen Verfahren betreffend die Entscheidung über die Zulässigkeit des Vorhabens nur daraufhin zu überprüfen, ob die Vorprüfung entsprechend den Vorgaben des § 7 UVPG durchgeführt worden und das Ergebnis nachvollziehbar ist. Dementsprechend muss eine Vorprüfung überhaupt stattgefunden haben, und das Ergebnis darf keine Rechtsfehler aufweisen, die seine Nachvollziehbarkeit ausschließen. Der zuständigen Behörde steht für ihre prognostische Beurteilung ein **Einschätzungsspielraum** zu.[197] Die Behörde darf einerseits nicht bereits im Rahmen der Vorprüfung mit einer der UVP vergleichbaren Prüftiefe „durchermitteln" und damit die eigentliche UVP unter Missachtung der für diese obligatorische Öffentlichkeitsbeteiligung vorwegnehmen. Sie ist vielmehr auf eine **überschlägige Vorausschau** beschränkt. Andererseits darf sich die Vorprüfung nicht in einer oberflächlichen Abschätzung spekulativen Charakters erschöpfen, sondern muss auf der Grundlage geeigneter und ausreichender Informationen erfolgen. Bei der Prüfung der Nachvollziehbarkeit des Ergebnisses der UVP-Vorprüfung kommt der von § 5 II UVPG angeordneten Dokumentation der Durchführung und des Ergebnisses der Vorprüfung eine maßgebliche Bedeutung zu. Sie ist das zentrale Erkenntnismittel dafür, ob die Behörde von dem ihr im Rahmen der Vorprüfung zustehenden Einschätzungsspielraum fehlerfrei Gebrauch gemacht hat.[198]

4407 Die Behörde darf nicht bereits im Rahmen der Vorprüfung mit einer der Umweltverträglichkeitsprüfung vergleichbaren Dichte prüfen und damit die eigentliche Umweltverträglichkeitsprüfung unter Missachtung der für die UVP obligatorischen Öffentlichkeitsbeteiligung vorwegnehmen. Andererseits darf sich die Vorprüfung aber auch nicht mit einer lediglich oberflächlichen Abschätzung begnügen; sie muss auf der Grundlage geeigneter und ausreichender Informationen stattfinden.[199] Auch wenn der Gesetzgeber die gerichtliche Nachprüfbarkeit der Einschätzung der zuständigen Behörde im Rahmen der Vorprüfung durch § 7 III 2 UVPG eingeschränkt hat, bleiben die Risiken eines gerichtlichen Verfahrens in diesem Zusammenhang hoch. Denn der Kriterienkatalog der Anlage 3 des Gesetzes für die Vorprüfung im Rahmen der Umweltverträglichkeitsprüfung ist sehr weit gefasst, so dass es hinreichende Möglichkeiten gibt, im Rahmen einer gerichtlichen Auseinandersetzung eine Missachtung der Vorgaben des § 7 UVPG bzw. eine nicht hinreichende Nachvollziehbarkeit des Ergebnisses der Vorprüfung zu beanstanden. In diesem Zusammenhang sollte erwähnt werden, dass nach § 7 VII UVPG die Durchführung und das Ergebnis der allgemeinen und der standortbezogenen Vorprüfung zu dokumentieren sind. Die Entscheidung muss nach der Rechtsprechung des BVerwG alle Angaben enthalten oder als Anlage umfassen, die erforderlich sind, um kontrollieren zu können, dass sie auf eine angemessene, den Anforderungen der UVP-RL entsprechende Vorprüfung gestützt ist.[200]

---

[195] BVerwGE 148, 353; BVerwGE 151, 138; OVG Münster Urt. v. 18.05.2017 – 8 A 870/15, juris Rn. 107; zur Plausibilität als richterlichem Kontrollmaßstab siehe Beckmann in FS Seibert, 2020, 13 ff.

[196] siehe dazu OVG Münster BauR 2023, 1093 = juris Rn. 91; VGH Mannheim Beschl. v. 7.7.2016 – 3 S 942/16, juris Rn. 35; Schenk EurUP 2018, 174 (178); Keller in Beckmann/Kment, UVPG/UmwRG, 2023, § 1 UVPG Rn. 26, der von einem Spagat zwischen zwei Extremen nämlich zwischen Vollkontrolle und lediglich (zu) oberflächlicher Prüfung, spricht; siehe auch Seibert NVwZ 2019, 337 (40); Beckmann ZUR 2014, 541 (542); zur Prüfungstiefe der Verwaltungsgerichte im Eilverfahren Keller in Beckmann/Kment, UVPG/UmwRG, 2023, § 1 UVPG Rn. 28; VGH Mannheim Beschl. v 23.2.2016 – 3 S 2225/15, juris.

[197] OVG Münster BauR 2023, 1093 = juris Rn. 91.

[198] OVG Münster BauR 2023, 1093 = juris Rn. 91; BVerwG Urt. v. 24.5.2018 – 4 C 4.17, juris; OVG Münster Urt. v. 22.11.2021 – 8 A 973/15, juris.

[199] BVerwG UPR 2014, 444; OVG Münster Urt. v. 18.5.2017 – 8 A 870/15, juris Rn. 103.

[200] BVerwG NVwZ 2018, 264; siehe dazu Schenk EuRUP 2018, 174 (179).

Beispiel: Das Ergebnis einer Vorprüfung nach dem UVPG ist nicht nachvollziehbar iSv. § 5 III 2 UVPG, wenn das die Vorprüfungspflicht auslösende Vorhaben in den von der Behörde zugrunde gelegten Unterlagen keine Erwähnung findet.[201]

Hinzu kommt, dass die Entscheidungskriterien für die allgemeine Vorprüfung keine konkreten Grenz- oder Schwellenwerte enthalten, bei deren Überschreitung eine UVP-Pflicht feststehen würde. Vielmehr handelt es sich eher um Merkposten oder Leitgedanken, anhand derer eine Bewertung vorgenommen werden kann.[202] Der Vorhabenträger ist deshalb im Zweifel gut beraten, die Durchführung einer Umweltverträglichkeitsprüfung für ein Neuvorhaben zu beantragen.[203] In diesem Fall entfällt nach § 7 III 1 UVPG die Vorprüfung, wenn die zuständige Behörde das Entfallen der Vorprüfung als zweckmäßig erachtet. Für diese Neuvorhaben besteht dann nach § 7 III 3 UVPG die UVP-Pflicht. Die Entscheidung der zuständigen Behörde ist nach § 7 III 4 UVPG nicht anfechtbar. Die Zeiten, in denen Vorhabenträger sich mit Hilfe ihrer Gutachter und Berater darum bemühten, einer Umweltverträglichkeitsprüfung mit Öffentlichkeitsbeteiligung durch den Nachweis im Rahmen einer Vorprüfung, das von dem Vorhaben keine relevanten Umweltauswirkungen ausgehen, auszuweichen, ist angesichts der damit verbundenen Risiken weitgehend vorüber.[204] Immerhin kann eine Vorprüfung nachgeholt werden; kommt sie allerdings zu dem Ergebnis einer UVP-Pflicht, muss auch diese, soweit dies noch zulässig ist, nachgeholt werden. Das kann üble Zeitverzögerungen zur Folge haben. 4408

Die Feststellung der UVP-Pflicht ist nach § 5 III 1 UVPG nicht isoliert anfechtbar. Überwiegend wird davon ausgegangen, dass es sich bei der Feststellung um eine unselbständige Verfahrenshandlung und nicht um einen Verwaltungsakt handelt. § 5 III 1 UVPG entspricht insoweit der allgemeineren Regelung des § 44 a S. 1 VwGO.[205] 4409

Nachdem der EuGH gemahnt hatte, die Mitgliedstaaten hätten sich zu vergewissern, dass das Regelungsziel der UVP-RL nicht durch die Aufsplitterung von Vorhaben umgangen werden kann,[206] hat der deutsche Gesetzgeber versucht, eine solche Umgehung durch eine **Kumulationsregelung** zu verhindern, die allerdings zu erheblichen Anwendungsproblemen führte. Deshalb hat der Gesetzgeber sich mit dem UVP-Modernisierungsgesetz darum bemüht, die Kumulationsfälle in den §§ 10-13 UVPG verständlicher und rechtssicherer zu formulieren. So begrüßenswert die Neuregelung ist, weil die Kumulationsrechtsprechung zur bisherigen Regelung kaum noch im Gesetz selbst nachvollzogen werden konnte, so deutlich wird jedoch auch mit ihr, welche erheblichen Schwierigkeiten allein die Feststellung der UVP-Pflicht auslöst.[207] Immerhin wird man sagen können, dass derjenige, der sich mit der auf den ersten Blick verwirrenden Systematik der Neuregelungen vertraut gemacht hat, einen durchaus bedeutenden Fortschritt bei der Vollzugstauglichkeit der Regelungen zur Kumulationsproblematik erkennt. 4410

Kumulierende Vorhaben liegen nach § 10 IV UVPG vor, wenn mehrere Vorhaben derselben Art von einem oder mehreren Vorhabenträgern durchgeführt werden und in einem engen Zusammenhang stehen. Ein enger Zusammenhang liegt vor, wenn sich der Einwirkungsbereich der Vorhaben überschneidet und die Vorhaben funktional und wirtschaftlich aufeinander bezogen sind. Technische und sonstige Anlagen müssen zusätzlich mit gemeinsamen betrieblichen oder baulichen Einrichtungen verbunden sein. Das Merkmal des funktionalen 4411

---

[201] OVG Münster Beschl. v. 11.5.2023 – 11 B 106/23, juris Rn. 40.

[202] Beckmann DVBl. 2004, 791 (797).

[203] Beckmann DVBl. 2004, 791 (795).

[204] Schenk EuRUP 2018, 174, 182, empfiehlt, die Vorgaben des UVPG nicht nur ernst zu nehmen, sondern auch der Versuchung zu widerstehen, letztlich zur Vermeidung des aufwendigen Verfahrens der Öffentlichkeitsbeteiligung im Rahmen der Vorprüfung zu tief in die Sache einzusteigen. Das könne sich als Bumerang erweisen.

[205] Keller in Beckmann/Kment, UVPG/UmwRG, 2023, § 1 UVPG Rn. 24; siehe auch OVG Lüneburg BauR 2023, 1931 = juris Rn. 100: „Hat im Verwaltungsverfahren zur Erteilung eines Vorbescheids eine allgemeine Vorprüfung der Umweltverträglichkeit stattzufinden, kann das Gericht nur dann auf eine Verpflichtungsklage des Vorhabenträgers zu dessen Gunsten durchentscheiden, wenn entweder eine Umweltverträglichkeitsprüfung bereits durchgeführt worden ist oder wenn schon eine die UVP-Pflicht des Vorhabens verneinende allgemeine Vorprüfung vorliegt, die dem Maßstab des § 5 III 2 UVPG genügt."

[206] EuGH Urt. v. 21.9.1999 – C-392/96, Rn. 73; Urt. v. 25.07.8 C-142/07, Rn. 44.

[207] Schenk EuRUP 2018, 174 (177) hält insbesondere die §§ 11, 12 UVPG für nicht sehr rechtsanwenderfreundlich.

und wirtschaftlichen Zusammenhangs in § 10 IV UVPG knüpft an das Verbot an, eine UVP durch die Aufsplitterung in Einzelvorhaben zu umgehen.

Beispiel Schweinestall im Familienprojekt: Die Legaldefinition des Einwirkungsbereichs nach § 2 XI UVPG kann auch für die nachträgliche Kumulation herangezogen werden. Eine Überschneidung von Immissionsradien reicht zur Annahme eines gemeinsamen Einwirkungsbereichs; im Überschneidungsbereich muss auch ein schutzwürdiges Objekt liegen, auf das die Immissionen einwirken. Eine funktionale und wirtschaftliche Verschränkung im Sinne eines planvollen Vorgehens liegt bei einem sog. Familienprojekt (zB in der Landwirtschaft) vor. Eine gemeinsame bauliche oder betriebliche Einrichtung iS von § 10 IV 2 UVPG, die landwirtschaftliche Ställe mit Tierhaltung verbinden, können auch ein gemeinsam zu Verwaltungszwecken genutztes Gebäude, zB Hofstelle mit Büroräumen, und eine zur Gülleverwertung verwendete Biogasanlage sein.

4412 **Hinzutretende kumulierende Vorhaben** liegen nach § 11 UVPG vor, wenn zu einem beantragten oder bestehenden Vorhaben (früheren Vorhaben) nachträglich ein kumulierendes Vorhaben hinzutritt. Wenn das frühere Vorhaben zugelassen worden ist, besteht für den Fall, dass für das frühere Vorhaben bereits eine UVP durchgeführt worden ist, für das hinzutretende kumulierende Vorhaben die UVP-Pflicht, wenn es allein die Größen- oder Leistungswerte für die UVP-Pflicht erreicht oder Eine allgemeine Vorprüfung des Einzelfalls ergibt, dass durch sein Hinzutreten zusätzliche erhebliche nachteilige oder andere erhebliche nachteilige Umweltauswirkungen hervorgerufen werden können. Ist das frühere Vorhaben zugelassen und hierfür keine UVP durchgeführt worden, ist für das kumulierende Vorhaben eine UVP nach § 11 III UVPG durchzuführen, wenn die kumulierenden Vorhaben zusammen die Größen- oder Leistungswerte des § 6 UVPG erreichen oder überschreiten Eine allgemeine Vorprüfung ist erforderlich, wenn die kumulierenden Vorhaben zusammen die Größen- oder Leistungswerte für die Vorprüfung erstmals oder erneut erreichen oder überschreiten. Eine standortbezogene Vorprüfung ist notwendig, wenn die kumulierenden Vorhaben zusammen die Größen- oder Leistungswerte für die standortbezogene Vorprüfung erreichen oder überschreiten. Erreichen oder überschreiten in Fällen des § 11 III UVPG die kumulierenden Vorhaben zwar zusammen die maßgeblichen Größen- oder Leistungswerte nach § 6 UVPG, werden jedoch für das hinzutretende kumulierende Vorhaben weder der Prüfwert für die standortbezogene Vorprüfung noch der Prüfwert für die allgemeine Vorprüfung erreicht oder überschritten, so besteht für das hinzutretende kumulierende Vorhaben die UVP-Pflicht nur, wenn die allgemeine Vorprüfung ergibt, dass durch sein Hinzutreten zusätzliche erhebliche nachteilige oder andere erhebliche nachteilige Umweltauswirkungen eintreten können (§ 11 IV UVPG).

4413 Wenn für das frühere Vorhaben zum Zeitpunkt der Antragstellung für das hinzutretende kumulierende Vorhaben noch keine Zulassungsentscheidung getroffen worden ist, so besteht nach § 12 I UVPG für den Fall, dass für das frühere Vorhaben allein die UVP-Pflicht besteht, für das hinzutretende kumulierende Vorhaben die UVP-Pflicht, wenn das hinzutretende Vorhaben allein die Größen- und Leistungswerte für die UVP-Pflicht gem. § 6 UVPG erreicht oder überschreitet oder die allgemeine Vorprüfung ergibt, dass durch das hinzutretende Vorhaben zusätzliche erhebliche nachteilige oder andere erhebliche Umweltauswirkungen hervorgerufen werden können.

4414 Wenn für das frühere Vorhaben zum Zeitpunkt der Antragstellung für das hinzutretende kumulierende Vorhaben noch keine Zulassungsentscheidung getroffen worden ist, so ist gem. § 12 II UVPG für den Fall, dass für das frühere Vorhaben allein keine UVP-Pflicht besteht und die Antragsunterlagen für dieses Zulassungsverfahren bereits vollständig eingereicht sind, für das hinzutretende kumulierende Vorhaben die UVP durchzuführen, wenn die kumulierenden Vorhaben zusammen die maßgeblichen Größen- oder Leistungswerte nach § 6 UVPG erreichen oder überschreiten, die allgemeine Vorprüfung durchzuführen, wenn die kumulierenden Vorhaben zusammen die Prüfwerte für die allgemeine Vorprüfung erstmals oder erneut erreichen oder überschreiten, oder die standortbezogene Vorprüfung durchzuführen, wenn die kumulierenden Vorhaben zusammen die Prüfwerte für die standortbezogene Vorprüfung erstmals oder erneut erreichen oder überschreiten. Für das frühere Vorhaben besteht keine UVP-Pflicht und keine Pflicht zur Durchführung einer Vorprüfung.

4415 Wenn für das frühere Vorhaben zum Zeitpunkt der Antragstellung für das hinzutretende kumulierende Vorhaben noch keine Zulassungsentscheidung getroffen worden ist, so ist für den Fall, dass für das frühere Vorhaben allein keine UVP-Pflicht besteht und die Antragsunterlagen für dieses Zulassungsverfahren noch nicht vollständig eingereicht sind, nach § 12 III UVPG für die kumulierenden Vorhaben jeweils eine Umweltverträglichkeitsprüfung durchzuführen, wenn die kumulierenden Vorhaben zusammen die maßgeblichen Größen- oder Leistungswerte nach § 6 UVPG erreichen oder überschreiten, eine allgemeine Vorprüfung durchzuführen, wenn die kumulierenden Vorhaben zusammen die Prüfwerte für eine allgemeine Vorprüfung erstmals oder erneut erreichen oder überschreiten, oder eine standortbezogene Vorprüfung durchzuführen, wenn die kumulierenden Vorhaben zusammen die Prüfwerte für eine standortbezogene Vorprüfung erstmals oder erneut erreichen oder überschreiten.

Für die in Anlage 1 Nr. 18.5, 18.7 und 18.8 des UVPG aufgeführten Industriezonen und Städtebauprojekte gelten die §§ 10 bis 12 UVPG nach § 13 UVPG nicht. Wird ein Städtebauprojekt oder eine Industriezone nach Anlage UVPG 1 Nrn. 18.5, 18.7 und 18.8 geändert, gilt nach § 9 II 2 UVPG die vorgenannte Regelung des § 9 II 1 UVPG mit der Maßgabe, dass allein durch die Änderung der Größen- oder Leistungswert nach § 9 II 1 Nr. 1 oder der Prüfwert nach § 9 II 1 Nr. 2 UVPG erreicht oder überschritten wird. Mit dieser Ausnahme von den Kumulationsvorschriften soll vermieden werden, dass bei vielen Städtebauprojekten, die im Anschluss an schon bebaute Bereiche realisiert werden sollen, aufgrund der Kumulation eine UVP-Pflicht entsteht, selbst wenn das jeweiligen Vorhaben (weit) unter den Größen–, Leistungs- oder Prüfwerten bleibt. 4416

§ 14a UVPG regelt seit Ende 2020 den Verzicht auf eine UVP bei besonderen Änderungen zur **Modernisierung und Digitalisierung von Schienenwegen**. Der Zweck der Regelung ist nach der Vorstellung des Gesetzgebers die Verfahrensbeschleunigung und die Investitionserleichterung. Hierfür wurden ua »die Elektrifizierung von Schienenstrecken und andere kleinere Vorhaben« bei der Änderung von Schienenwegen und sonstigen Bahnbetriebsanlagen von der Planfeststellungs- und Plangenehmigungspflicht freigestellt. 2021 wurde § 14 a UVPG geändert und durch die Nr. 1 in Abs. 1 ergänzt (**Wiederausstattung einer Bahntrasse nach Naturkatastrophe**). Die Befreiung von der UVP-Pflicht durch § 14a I UVPG ist unionsrechtskonform, weil die in den Nrn. 1–7 genannten Einzelmaßnahmen weder unter Nr. 7 a Anhang I der UVP-RL noch unter Nr. 10 lit. c Anhang II der UVP-RL fallen. 4417

Bei der **standortbezogenen Vorprüfung** ist der Prüfumfang im Vergleich zur allgemeinen Vorprüfung eingeschränkt. Zunächst ist zu prüfen, ob ein oder mehrere der unter Nr. 2.3 der Anlage 3 zum UVPG (Schutzkriterien) aufgeführten ökologisch empfindlichen Gebiete, die sich am Standort des Vorhabens selbst oder in dessen Umgebung befinden, durch Umweltauswirkungen des Vorhabens betroffen sein können (§ 7 II 3 UVPG). Nr. 2.3 der Anlage 3 zum UVPG ist nicht abschließend. Weiter ist zu berücksichtigen sind etwaige Konkretisierungen in den einzelnen Gesetzen der Länder zur Umweltverträglichkeitsprüfung oder die Ausweisung weiterer empfindlicher Gebiete aufgrund anderer fachrechtlicher Vorschriften. Kann ausgeschlossen werden, dass ein solches Gebiet betroffen sein wird, bedarf das Vorhaben keiner UVP (§ 7 II 4 UVPG). Die unter den Nrn. 2.1 und 2.2 der Anlage 3 zum UVPG aufgeführten Nutzungs- und Qualitätskriterien sind bei dieser Eingangsprüfung nicht zu prüfen (§ 7 II 3 UVPG).[208] Ist ein ökologisch empfindliches Gebiet durch die Auswirkungen eines Vorhabens betroffen, ist auf einer zweiten Stufe die standortbezogene Vorprüfung anhand aller Kriterien der Anlage 3 zum UVPG (§ 7 II 5 UVPG) durchzuführen. Bei der Anwendung dieser Kriterien sind nur diejenigen Auswirkungen des Vorhabens relevant, die die besondere Empfindlichkeit oder die Schutzziele des Gebietes betreffen können. Wenn das Vorhaben nach der betreffenden Schutzgebietsverordnung oder aufgrund von Festsetzungen in einem Landschaftsplan einer Ausnahme bedarf und die Schutzziele des Gebiets beeinträchtigt werden können, ist dies ein Indiz für die Möglichkeit erheblicher nachteiliger Umweltauswirkungen.[209] 4418

Sofern eine Vorprüfung vorgenommen worden ist, gibt die zuständige Behörde die Feststellung der Öffentlichkeit nach § 5 II UVPG bekannt. Dabei gibt sie die **wesentlichen Gründe** für das Bestehen oder Nichtbestehen der UVP-Pflicht unter Hinweis auf die jeweils einschlägigen Kriterien nach Anlage 3 an. Die Begründungspflicht steht im Zusammenhang mit der gerichtlichen Überprüfung nach § 4 UmwRG und mit der geforderten Öffentlichkeitsbeteiligung.[210] Eine durchgeführte Vorprüfung des Einzelfalls zur Feststellung der UVP-Pflichtigkeit, die nicht dem Maßstab des § 5 III 2 UVPG genügt, ist nach § 4 I 2 UmwRG ein absoluter 4419

208 Entwurf UVPVwV 2023 Nr. 7.2.1.
209 Entwurf UVPVwV 2023 Nr. 7.2.2.
210 Keller in Beckmann/Kment, UVPG/UmwRG, 2023, § 1 UVPG Rn. 19.

Verfahrensfehler.[211] Die in § 5 II UVPG geregelte Pflicht zur „Bekanntgabe" ist nicht gleichbedeutend mit der öffentlichen „Bekanntmachung" iSd § 73 VwVfG oder des § 10 III 1 BImSchG (= Bekanntmachung im Amtsblatt und der örtlichen Tageszeitung). Vielmehr steht die Form der Bekanntgabe im Ermessen. Voraussetzung ist, dass die vom Vorhaben möglicherweise Betroffenen von der Feststellung Kenntnis erlangen können. In der Regel empfiehlt sich nach dem Entwurf der UVPVwV 2023 eine Veröffentlichung im jeweils einschlägigen UVP-Portal (vgl. § 20 I 1 UVPG), ergänzt durch amtliche Aushänge, Veröffentlichungen im Amtsblatt der zuständigen Behörde, in der Regionalpresse, auf der Internetseite der Zulassungsbehörde oder der betroffenen Kommunen, soweit dies nach Einschätzung der zuständigen Behörde angemessen und zumutbar ist.[212]

4420 Bei Feststellung der UVP-Pflicht kann die Bekanntgabe mit der Bekanntmachung nach § 19 UVPG zu Beginn der Öffentlichkeitsbeteiligung verbunden werden. Die Feststellung der obligatorischen UVP-Pflicht bedarf keiner gesonderten Bekanntgabe an die Öffentlichkeit (§ 5 II UVPG). Gelangt die Behörde zu dem Ergebnis, dass keine UVP-Pflicht besteht, geht sie auch darauf ein, welche Merkmale des Vorhabens oder des Standorts oder welche Vorkehrungen für diese Einschätzung maßgeblich sind. Damit wird sichergestellt, dass die Ablehnung der UVP-Pflicht für die Öffentlichkeit und für Gerichte bei ihrer Überprüfung nach § 5 III 2 UVPG nachvollziehbar ist. Zur ausreichenden Dokumentation muss die Entscheidung, keine UVP durchzuführen, alle Angaben enthalten oder als Anlage umfassen, die erforderlich sind, um kontrollieren zu können, dass sie auf eine angemessene, den Anforderungen der UVP-RL entsprechende Vorprüfung gestützt ist. Dem wird entsprochen, wenn die der Vorprüfung zugrunde gelegten Unterlagen, die wesentlichen Prüfschritte und die dabei gewonnenen Erkenntnisse über nachteilige Umweltauswirkungen zumindest grob skizziert in der Zulassungsentscheidung oder in einem zu den Verwaltungsakten genommenen Dokument niedergelegt sind.

4421 **f) Ersatzneubauten und Bau von Radwegen an Bundesstraßen**. Keiner Umweltverträglichkeitsprüfung bedürfen nach § 14c I 1 UVPG unselbständige Teile von Ausbaumaßnahmen, die im Verlauf von Bundesautobahnen oder Bundesstraßen eine durchgehende Länge von bis zu 1.500 m haben, soweit deren vorgezogene Durchführung zur unterhaltungsbedingten **Erneuerung von Brückenbauwerken** erforderlich ist. Als unselbstständige Teile von Ausbaumaßnahmen im Sinne des § 14c I 1 UVPG gelten nach § 14 I 2 UVPG vorgezogene Abschnitte eines Streckenausbaus, wenn der unselbständige Teil der Ausbaumaßnahme keine unmittelbare verkehrliche Kapazitätserweiterung bewirkt. Eine allgemeine Vorprüfung entsprechend § 7 I UVPG ist nach § 14c II UVPG in den Fällen des § 14c I UVPG zur Feststellung der UVP-Pflicht durchzuführen, wenn durch die vorgezogene Baumaßnahme ein Natura 2000-Gebiet betroffen sein kann.

4422 § 14c UVPG ist zum Jahresende 2023 in das UVPG eingefügt worden. Als Sonderregelung zu § 9 UVPG schafft die Vorschrift Verfahrensvereinfachungen für die erhaltungsbedingte Erneuerung von Brückenbauwerken im Zuge von Bundesautobahnen und Bundesstraßen, die mit einer baulichen Erweiterung im Vorgriff auf einen späteren Ausbau der jeweiligen Strecke verbunden werden. Sie gilt nur für Baumaßnahmen im Zusammenhang mit dem Ersatz eines Brückenbauwerks und nicht für Maßnahmen zur Änderung eines kompletten Streckenabschnitts. Dier Gesetzesbegründung erläutert dazu, die Maßnahmen seien zum Zeitpunkt ihrer Umsetzung nicht auf die Steigerung des Verkehrs ausgerichtet, sondern auf die Aufrechterhaltung des ordnungsgemäßen Betriebs der Infrastruktur. Die Vorwegnahme des zukünftigen Ausbaus (beispielsweise die Erweiterung eines Brückenbauwerks um zwei Fahrstreifen) erfolge aus rein wirtschaftlichen Gründen. Aus Gründen der Verkehrssicherheit könnten zusätzlich auf einer Ersatzbrücke gebaute Fahrstreifen ohnehin erst dann freigegeben werden, wenn auch die sich anschließenden Streckenbereiche ausgebaut seien.[213]

4423 Auf Grundlage dieser Sonderregelung sei eine Umweltverträglichkeitsprüfung entbehrlich, wenn der Bauwerkszustand eine vorgezogene erhaltungsbedingte Erneuerung erfordert. Die erhaltungsbedingte Erneuerung bedürfe als Unterhaltungsmaßnahme keiner Umweltverträglichkeitsprüfung.[214] Von der erhaltungsbedingten Erneuerung sei auch die Anpassung des Bauwerks

[211] Keller in Beckmann/Kment, UVPG/UmwRG, 2023, § 1 UVPG Rn. 19.
[212] Entwurf UVPVwV 2023 Nr. 5.2.1.
[213] BT-Drucks. 20/6879, S. 111.
[214] BT-Drucks. 20/6879, S. 111 unter Verweis auf BVerwG Urt. v. 11.8.2016 – 7 A 1.15, juris LS 1 und Rn. 34.

an aktuelle Regelwerke, Standards, Sicherheits- und Verkehrsbedürfnisse erfasst, die Bestandteil der Unterhaltungsmaßnahme und keine bauliche Änderung seien. Die Planung und die Durchführung dieser Maßnahmen würden damit beschleunigt, ohne das materielle Schutzniveau für Natur und Umwelt abzusenken. Durch die beschleunigte Erneuerung von Brücken mit einer geringen Restnutzungsdauer solle vermieden werden, dass Streckenabschnitte der Bundesfernstraßen wegen eines unzureichenden Bauwerkszustands über längere Zeiträume vollständig gesperrt werden müssten. Die vollständige Sperrung von Autobahnabschnitten habe gravierende Verkehrsbeeinträchtigungen zur Folge und könne in der betroffenen Region mit wirtschaftlichen und sozialen Nachteilen verbunden sein. Im Bereich der Umleitungsstrecken seien die Anwohner regelmäßig erheblichen Belästigungen durch gestiegenen Verkehrslärm sowie zusätzliche Luftschadstoffe und damit gesundheitlichen Risiken ausgesetzt. Zudem würden durch den gestörten Verkehrsfluss höhere CO_2-Emissionen verursacht. Mit dem vorgezogenen Ausbau des Brückenbauwerks werde die Entscheidung über den später geplanten Ausbau der Strecke nicht vorweggenommen. Diese Entscheidung sei in einem nachgelagerten Planfeststellungsverfahren zu treffen, welches die Durchführung einer Umweltverträglichkeitsprüfung bzw. einer Vorprüfung im Einzelfall beinhalte, in der ua die verkehrsbedingten Umwelteinwirkungen durch die kapazitätserhöhende Wirkung des Gesamtvorhabens ermittelt und bewertet würden.[215]

Die Durchführung vorgezogener Ausbaumaßnahmen, die eine Länge von 1.500 m nicht überschreiten würden, seien nicht mit erheblichen Umweltauswirkungen verbunden. Umweltauswirkungen, die auf die kapazitätserhöhende Wirkung des Ausbaus zurückzuführen seien, entstünden erst nach der Verkehrsfreigabe des ausgebauten Streckenabschnitts. Die mit dem vorgezogenen Ausbau des Brückenbauwerks verbundenen verkehrsmengenunabhängigen zusätzlichen Umweltauswirkungen sind als gering zu bewerten. Maßgeblich seien die über eine erhaltungsbedingte Erneuerung hinausgehenden – also nur durch den Ausbau bedingten – Umweltauswirkungen. In dieser Hinsicht sei nur in geringem Maße mit zusätzlichen Flächeninanspruchnahmen zu rechnen. Dies betreffe die baubedingten Flächeninanspruchnahmen (Baufeldfreimachungen, Zuwege), als auch die Flächeninanspruchnahmen durch das Brückenbauwerk selbst. Dies werde durch die Einschränkung auf eine durchgehende Länge von 1.500 m sichergestellt. Die Erweiterung um zusätzliche Fahrstreifen einschließlich uU notwendiger Anpassung von Ein- und Ausfädelungsstreifen dürften demnach eine Länge von 1.500 m nicht überschreiten. Dabei sei zu berücksichtigen, dass im Bereich der Trasse keine Vollversiegelung erfolge. Lediglich die Brückenpfeiler seien zu versetzen bzw. zu verbreitern. Auch eventuell zusätzliche Barrierewirkungen durch die Verbreiterung des Brückenbauwerks wären als gering einzustufen.[216] 4424

Keiner Umweltverträglichkeitsprüfung bedarf nach § 14d I UVPG die Änderung einer Bundesstraße durch den Bau eines **straßenbegleitenden Radweges** mit einer durchgehenden Länge von bis zu 10 km. Eine allgemeine Vorprüfung entsprechend § 7 I UVPG wird in den Fällen des § 14d I UVPG zur Feststellung der UVP-Pflicht durchgeführt, wenn durch die Baumaßnahme ein Natura 2000-Gebiet betroffen sein kann. Zur Erläuterung des ebenfalls Ende 2023 eingeführten § 14d UVPG führt die Gesetzesbegründung an, es werde im Einklang mit Art. II b UVP-RL und den Auswahlkriterien des Anhangs III der UVP-RL ein längenbezogener Schwellenwert festgelegt, bei dessen Unterschreitung einzelne Vorhaben nicht UVP-pflichtig seien. Die EU-Mitgliedstaaten hätten insofern einen Ermessensspielraum bei der Festlegung von Projektarten, die einer Prüfung zu unterziehen seien bzw. bei der Festlegung der anzuwendenden Kriterien und/oder Schwellenwerte. Dieser Spielraum werde durch Art. 2 I UVP-RL begrenzt, der festlege, dass Projekte, bei denen unter anderem aufgrund ihrer Art, ihrer Größe oder ihres Standortes mit erheblichen Auswirkungen auf die Umwelt zu rechnen sei, einer Prüfung in Bezug auf ihre Auswirkungen zu unterziehen seien. Durch den Bau oder die Erweiterung von straßenbegleitenden (unselbständigen) Radwegen sei mit erheblichen Auswirkungen auf die Umwelt nicht zu rechnen. Zu berücksichtigen seien insofern der gegenüber sonstigen Verkehrsinfrastrukturmaßnahmen geringere Ausbauumfang, das Fehlen betriebsbedingter Beeinträchtigungen durch Lärm, Schadstoffe und Erschütterungen sowie die positiven Umwelteffekte von Trassenbündelungen bei der Anlage von Radwegen neben vorhandenen Straßen.[217] 4425

215 BT-Drucks. 20/6879, S. 111.

216 BT-Drucks. 20/6879, S. 111.

217 BT-Drucks. 20/6879, S. 112.

4426 **g) Unterrichtung über den Untersuchungsrahmen.** Ein weiterer Verfahrensschritt, der sich nach dem Vorprüfungsverfahren zu einem nahezu eigenständigen Zwischenverfahren entwickelt hat, ist die Unterrichtung über den Untersuchungsrahmen gem. § 15 UVPG. Auf Antrag des Vorhabenträgers oder wenn die zuständige Behörde es für zweckmäßig hält, unterrichtet und berät die zuständige Behörde danach den Vorhabenträger entsprechend dem Planungsstand des Vorhabens frühzeitig über Inhalt, Umfang und Detailtiefe der Angaben, die der Vorhabenträger voraussichtlich in den UVP-Bericht aufnehmen muss (Untersuchungsrahmen). Die Unterrichtung und Beratung können sich auch auf weitere Gesichtspunkte des Verfahrens, insbesondere auf dessen zeitlichen Ablauf, auf die zu beteiligenden Behörden oder auf die Einholung von Sachverständigengutachten erstrecken. Verfügen die zuständige Behörde oder die zu beteiligenden Behörden über Informationen, die für die Erarbeitung des UVP-Berichts zweckdienlich sind, so stellen sie diese Informationen dem Vorhabenträger zur Verfügung (§ 15 I UVPG).

4427 Eine wesentliche Funktion des Unterrichtungsverfahrens nach § 15 UVPG liegt in der Vermeidung eines unnötigen Untersuchungsaufwands durch die frühzeitige Orientierung des UVP-Berichts auf die maßgeblichen materiell-rechtlichen Entscheidungsmaßstäbe. Das Unterrichtungsverfahren wird als „Scoping" bezeichnet und ist systematisch von dem sog. „Screening" abzugrenzen, der in den §§ 5 bis 14 UVPG geregelten Prüfung, ob eine UVP-Pflicht im Einzelfall besteht.[218] Das Screening muss dem Scoping vorangehen, weil die Verpflichtung zur Vorlage eines UVP-Berichts eine UVP-Pflicht voraussetzt. Das Unterrichtungsverfahren nach § 15 UVPG gliedert sich in drei Abschnitte: Es wird durch einen Antrag des Vorhabenträgers oder durch die zuständige Behörde, wenn sie dies für zweckmäßig hält, eingeleitet. Danach kann die zuständige Behörde dem Vorhabenträger sowie den nach § 17 UVPG zu beteiligenden Behörden Gelegenheit zu einer Besprechung geben. Im Anschluss daran unterrichtet die zuständige Behörde den Vorhabenträger über Inhalt, Umfang und Detailtiefe der Angaben, die der Vorhabenträger voraussichtlich in den UVP-Bericht aufnehmen muss.

4428 Die Unterrichtung und Beratung können sich auch auf weitere Gesichtspunkte des Verfahrens, insbesondere auf dessen zeitlichen Ablauf, auf die zu beteiligenden Behörden oder auf die Einholung von Sachverständigengutachten erstrecken. Verfügen die zuständige Behörde oder die nach § 17 UVPG zu beteiligenden Behörden über Informationen, die für die Erarbeitung des UVP-Berichts zweckdienlich sind, stellen sie diese Informationen dem Vorhabenträger zur Verfügung. Die zuständige Behörde berät den Vorhabenträger nach § 15 V UVPG auch nach der Unterrichtung weiter über den Prüfungsrahmen, soweit dies für eine zügige und sachgerechte Prüfung des Verfahrens zweckmäßig ist.

4429 Das Scoping dient der Unterstützung des Vorhabenträgers bei der Vorbereitung seines UVP-Berichts. Es handelt sich um einen Verfahrensschritt zu Beginn des Genehmigungsverfahrens; es findet regelmäßig zeitlich sogar vor dem Beginn des eigentlichen Zulassungsverfahrens statt, das mit der Einreichung des Genehmigungsantrags beginnt.[219] Gerade bei komplexeren, längerdauernden Vorhaben kann es angezeigt sein, das Unterrichtungsverfahren zu einem späteren Zeitpunkt des Verfahrens zu ergänzen oder zu wiederholen, wenn sich aufgrund neuerer Erkenntnisse aus dem Verfahren abzeichnet, dass der bislang vorgelegte UVP-Bericht unzureichend ist. Deshalb berät die zuständige Behörde den Vorhabenträger nach § 15 V UVPG auch nach der Unterrichtung über den Untersuchungsrahmen, soweit dies für eine zügige und sachgerechte Durchführung des Verfahrens zweckmäßig ist. Eine solche kontinuierliche Beratungspflicht ergibt sich auch schon aus § 25 I VwVfG. Das Unterrichtungsverfahren darf den Inhalt der nachfolgenden Verfahrensschritte nicht vorwegnehmen. Die zuständige Behörde trifft eine Beratungs- und Informationspflicht; es handelt sich insoweit um eine spezialgesetzliche Regelung zu § 25 VwVfG. § 15 UVPG konkretisiert das umweltrechtliche **Kooperationsprinzip**. Mit der Verpflichtung des Vorhabenträgers zur Vorlage des UVP-Berichts wird der im Verwaltungsverfahren geltende Amtsermittlungsgrundsatz gemäß § 24 VwVfG eingeschränkt. Der Vorhabenträger hat, wenn er für das von ihm geplante Vorhaben eine Zulassung erreichen will, die Verpflichtung, das Genehmigungsverfahren von Anfang an mitzugestalten. Allerdings bleibt die zuständige Behörde für die Ermittlung des für die Entscheidung über den Genehmigungsantrag aufzuklärenden Sachverhalts verantwortlich. Die vom Vorhabenträger dazu vorzulegenden Unterlagen sind für diese Sachverhaltsaufklärung eine wesentliche, beileibe jedoch nicht die einzige Quelle. Vielmehr ergeben sich zumeist wesentliche weitere Informationen insbe-

[218] Beckmann in Landmann/Rohmer Umweltrecht, 2020, § 15 UVPG Rn. 3.
[219] Beckmann in Landmann/Rohmer Umweltrecht, 2020, § 15 UVPG Rn. 4.

sondere aus der Behörden- und Öffentlichkeitsbeteiligung, aus öffentlich zugänglichen Quellen oder amtlichen Mitteilungen.

Vor der Unterrichtung über den Untersuchungsrahmen kann die zuständige Behörde dem Vorhabenträger sowie den nach § 17 UVPG zu beteiligenden Behörden Gelegenheit zu einer **Besprechung** geben. Die Besprechung soll sich auf den Gegenstand, den Umfang und die Methoden der Umweltverträglichkeitsprüfung erstrecken. Zur Besprechung kann die zuständige Behörde hinzuziehen: 1. Sachverständige, 2. nach § 55 UVPG zu beteiligende Behörden, 3. nach § 3 UmwRG anerkannte Umweltvereinigungen sowie 4. sonstige Dritte. Das Ergebnis der Besprechung wird von der zuständigen Behörde dokumentiert (§ 15 III UVPG). 4430

Ist das Vorhaben **Bestandteil eines mehrstufigen Planungs- und Zulassungsprozesses** und ist dem Verfahren nach § 4 ein anderes Planungs- oder Zulassungsverfahren vorausgegangen, als dessen Bestandteil eine Umweltprüfung durchgeführt wurde, soll sich die Umweltverträglichkeitsprüfung auf zusätzliche erhebliche oder andere erhebliche Umweltauswirkungen sowie auf erforderliche Aktualisierungen und Vertiefungen beschränken (§ 15 IV UVPG). 4431

Die zuständige Behörde berät den Vorhabenträger auch nach der Unterrichtung über den Untersuchungsrahmen, soweit dies für eine zügige und sachgerechte Durchführung des Verfahrens zweckmäßig ist (§ 15 V UVPG). 4432

Auch der Verfahrensschritt der Unterrichtung über den Untersuchungsrahmen findet auf Antrag des Vorhabenträgers – oder wenn die zuständige Behörde dies für zweckmäßig hält – statt. Auch für diesen zweiten Verfahrensschritt muss der Vorhabenträger nach § 15 II UVPG geeignete Unterlagen vorlegen. Insgesamt legt der Vorhabenträger demnach in einem ersten Schritt geeignete Unterlagen zur Feststellung der UVP-Pflicht, in einem zweiten Schritt geeignete Unterlagen für die Unterrichtung über den Untersuchungsrahmen und in einem dritten Schritt dann den UVP-Bericht mit den eigentlichen Angaben für die Umweltverträglichkeitsprüfung vor. Natürlich lassen sich die jeweils vorgelegten Angaben für den jeweils kommenden Schritt ausbauen; das ändert aber nichts daran, dass der Verfahrensaufwand durch diese schrittweise Vorbereitung und Einreichung von Unterlagen erheblich ist. 4433

Auch die verschiedenen Dokumentationspflichten der Behörde verstärken den Trend zur Bürokratisierung des Verfahrens; auch sie kosten wertvolle Zeit der Behördenmitarbeiter. Der Verfahrensschritt einer Unterrichtung über den Untersuchungsrahmen ist insoweit ein weiteres Beispiel für die Formalisierung an sich informaler Abstimmungen und für die zunehmende Bürokratisierung einer im Grundsatz selbstverständlich zu begrüßenden und im Regelfall auch unbedingt erforderlichen Antragsberatung durch die Genehmigungsbehörde. 4434

Die Unterrichtung über den Untersuchungsrahmen dient der frühzeitigen Abstimmung der Pflicht des Vorhabenträgers nach § 16 UVPG, einen **UVP-Bericht** vorzulegen. Eine Unterrichtung über den Untersuchungsrahmen ist letztlich nichts anderes als ein spezifischer Fall der Beratung und Auskunft, die nach § 25 II 1 VwVfG ohnehin in den Verwaltungsverfahren von der Behörde zu leisten ist. Schon nach dieser Vorschrift erörtert die Behörde, soweit erforderlich, bereits vor Stellung eines Antrags mit dem zukünftigen Antragsteller, welche Nachweise und Unterlagen von ihm zu erbringen sind und in welcher Weise das Verfahren beschleunigt werden kann. § 15 UVPG trägt dem praktischen Bedürfnis nach einer Abstimmung zwischen dem Vorhabenträger und der Genehmigungsbehörde Rechnung, allerdings unter Preisgabe dieses im Ausgangspunkt eher informellen Dialogs zugunsten eines durchreglementierten, formalisierten Vorverfahrens mit Dokumentationspflichten und Beteiligungsmöglichkeiten, so dass man von einer „(Teil-) Formalisierung ansonsten informalen Verwaltungshandelns" sprechen kann. Das, was eigentlich als Hilfestellung für den Vorhabenträger gedacht ist, gerät zu einem eigenständigen Verfahrensschritt mit erheblichem Verfahrensaufwand ohne allerdings einen entsprechenden Vertrauensschutz darauf zu bewirken, in späteren Phasen des Zulassungsverfahrens nicht mit Nachforderungen zur Ergänzung von Antragsunterlagen konfrontiert zu werden. Noch erheblich weiter formalisieren und bürokratisieren würde sich dieser Verfahrensschritt, wenn der Empfehlung gefolgt würde, eine Abstimmung über den Untersuchungsrahmen stets verpflichtend vorzusehen und hierbei auch noch ausnahmslos zur Beteiligung der Öffentlichkeit zu verpflichten.[220] 4435

h) UVP-Bericht. § 16 UVPG verpflichtet den Vorhabenträger, der zuständigen Behörde einen UVP-Bericht über die voraussichtlichen Umweltauswirkungen seines Vorhabens mit bestimmten Mindestangaben vorzulegen. Mit dieser Vorschrift wurde ein für die Durchführung 4436

[220] Zu dieser Forderung Schink NuR 2018, 21, 27.

der UVP zentraler Verfahrensschritt – die Verpflichtung des Vorhabenträgers zur Vorlage qualifizierter Unterlagen über die Umweltauswirkungen des Vorhabens – im UVP-Modernisierungsgesetz umfassend neu geregelt. Wie schon nach den bisherigen Bestimmungen sind die Angaben des Vorhabenträgers Grundlage für nachfolgenden Verfahrensschritte, insbesondere für die Beteiligung anderer Behörden (§ 17 UVPG) und der Öffentlichkeit (§ 18 UVPG) sowie für die zusammenfassende Darstellung (§ 24 UVPG) und die begründete Bewertung (§ 25 I UVPG) der Umweltauswirkungen durch die zuständige Behörde. Die Anforderungen an die beizubringenden Angaben wurden mit der neu gefassten Vorschrift neu gegliedert und klarer gefasst. Problematisch sind die sich aus dieser Vorschrift ergebenden, zum Teil ausufernden Anforderungen an die von dem Vorhabenträger vorzulegenden Unterlagen. Zwar enthält § 16 V 2 UVPG die Maßgabe, dass der UVP-Bericht nur die Angaben enthalten muss, die der Vorhabenträger mit zumutbarem Aufwand ermitteln kann. Zwar ist der Vorhabenträger nicht verpflichtet, der Unterrichtung über Inhalt, Umfang und Detailtiefe der Angaben durch die zuständige Behörde zu folgen.[221] Er riskiert allerdings eine Ablehnung seines Antrags, wenn er die von der Behörde verlangten Angaben verweigert;[222] verzichtet hingegen die zuständige Behörde unter Verweis auf den Verhältnismäßigkeitsgrundsatz nach § 16 V 2 UVPG auf bestimmte Angaben, besteht das Risiko, dass ein Gericht die Vorlage dieser Angaben doch für angemessen hält und damit die Umweltverträglichkeitsprüfung als unzureichend ansieht.

4437 Hinzu kommt, dass das Merkmal der Zumutbarkeit anhand eines objektivierten Maßstabs gemessen wird. Der für den UVP-Bericht maßgebliche Ermittlungs- und Detaillierungsgrad soll aus nachvollziehbaren Gründen nicht von der wirtschaftlichen Leistungsfähigkeit des jeweiligen Vorhabenträgers abhängen.[223] Das bedeutet allerdings auch, dass Vorhabenträger, für die die Beschaffung der geforderten Angaben aus Gründen ihrer eigenen, individuellen wirtschaftlichen Leistungsfähigkeit unzumutbar ist, auf die Genehmigung und damit auch die Realisierung ihres Vorhabens verzichten müssen.

4438 Der Vorhabenträger hat der zuständigen Behörde nach § 16 I 1 UVPG einen UVP-Bericht zu den voraussichtlichen Umweltauswirkungen des Vorhabens vorzulegen, der zumindest folgende **Mindestangaben** enthält: 1. eine Beschreibung des Vorhabens mit Angaben zum Standort, zur Art, zum Umfang und zur Ausgestaltung, zur Größe und zu anderen wesentlichen Merkmalen des Vorhabens, 2. eine Beschreibung der Umwelt und ihrer Bestandteile im Einwirkungsbereich des Vorhabens, 3. eine Beschreibung der Merkmale des Vorhabens und des Standorts, mit denen das Auftreten erheblicher nachteiliger Umweltauswirkungen des Vorhabens ausgeschlossen, vermindert oder ausgeglichen werden soll, 4. eine Beschreibung der geplanten Maßnahmen, mit denen das Auftreten erheblicher nachteiliger Umweltauswirkungen des Vorhabens ausgeschlossen, vermindert oder ausgeglichen werden soll, sowie eine Beschreibung geplanter Ersatzmaßnahmen, 5. eine Beschreibung der zu erwartenden erheblichen Umweltauswirkungen des Vorhabens, 6. eine Beschreibung der vernünftigen Alternativen, die für das Vorhaben und seine spezifischen Merkmale relevant und vom Vorhabenträger geprüft worden sind, und die Angabe der wesentlichen Gründe für die getroffene Wahl unter Berücksichtigung der jeweiligen Umweltauswirkungen sowie 7. eine allgemein verständliche, nichttechnische Zusammenfassung des UVP-Berichts.

4439 Bei einem Vorhaben, das einzeln oder im Zusammenwirken mit anderen Vorhaben, Projekten oder Plänen geeignet ist, ein **Natura 2000-Gebiet** erheblich zu beeinträchtigen, muss der UVP-Bericht nach § 16 I 2 UVPG Angaben zu den Auswirkungen des Vorhabens auf die Erhaltungsziele dieses Gebiets enthalten. Gem. § 16 III UVPG muss der UVP-Bericht muss auch die in Anlage 4 genannten **weiteren Angaben** enthalten, soweit diese Angaben für das Vorhaben von Bedeutung sind.

4440 Bei der Darstellung der Umweltauswirkungen im UVP-Bericht sind auch **Vorbelastungen** zu beschreiben. Gegenstand der Ermittlung und Beschreibung sind Aussagen über den derzeitigen Zustand der Umwelt im Einwirkungsbereich des Vorhabens, soweit entscheidungsrelevant unter Einbeziehung der Vorbelastung (§ 16 I 1 Nr. 2 UVPG). Zu den Vorbelastungen

---

[221] Kment in Beckmann/Kment, UVPG/UmwRG, 2023, § 15 UVPG Rn. 28.

[222] zum Rechtsschutz des Vorhabenträgers gegen die zu weitreichende Forderung nach ergänzenden Unterlagen siehe Reidt/Augustin in Schink/Reidt/Mitschang, UVPG, § 15 Rn. 32 f.; ein solcher Rechtsschutz kommt allerdings schon aus Zeitgründen zumeist nicht ernstlich in Betracht.

[223] Reidt/Augustin in Schink/Reidt/Mitschang, UVPG, § 16 Rn. 45; Gesetzesbegründung, BT-Drs. 11/3919, Seite 24; siehe auch Kment in Beckmann/Kment, UVPG, 2023, § 16 Rn. 15.

zählen nach Maßgabe des Fachrechts auch Belastungen durch andere bestehende Vorhaben derselben oder einer anderen Art sowie bei Änderungs- oder Erweiterungsvorhaben durch das zu ändernde oder zu erweiternde Vorhaben selbst. Dies gilt auch für Vorhaben, die Gegenstand paralleler oder verbundener Zulassungsverfahren sind. Als Vorbelastung können nach Maßgabe des Fachrechts auch zu erwartende Belastungen aufgrund wirtschaftlicher, verkehrlicher, technischer und sonstiger Entwicklungen gehören, mit denen aufgrund bereits erteilter Genehmigungen oder bestehender Pläne (zB Bebauungspläne) zu rechnen ist und die zu einer wesentlichen Veränderung des derzeitigen Umweltzustandes führen können. Maßgebend dafür, wie Vorbelastungen bei der Ermittlung der Umweltauswirkungen einzubeziehen sind, sind die Vorgaben des Fachrechts.[224]

Nach § 16 II UVPG ist der UVP-Bericht zu einem solchen Zeitpunkt vorzulegen, dass er mit den übrigen Unterlagen ausgelegt werden kann. Der Vorhabenträger muss den UVP-Bericht demnach nicht notwendigerweise schon zu Beginn des Verfahrens, das heißt mit dem Zulassungsantrag vorlegen. Bei Einreichung des Zulassungsantrags müssen nicht schon sämtliche Antragsunterlagen beigefügt sein. Denn § 15 UVPG sieht die Möglichkeit vor, dass die Behörde erst nach Eröffnung des Zulassungsverfahrens den Vorhabenträger über Inhalt, Umfang und Detailtiefe der Angaben unterrichtet, die in den UVP-Bericht aufzunehmen sind. Es genügt daher, wenn der UVP-Bericht so rechtzeitig vorgelegt wird, dass er zusammen mit den übrigen Unterlagen öffentlich ausgelegt werden kann.[225] 4441

Inhalt und Umfang des UVP-Berichts bestimmen sich im Übrigen nach den Rechtsvorschriften, die für die Zulassungsentscheidung maßgebend sind. Damit stellt der Gesetzgeber klar, dass Umweltauswirkungen, die für die Entscheidung über den Zulassungsantrag nach den Zulassungsvoraussetzungen oder im Rahmen eines eingeräumten Verwaltungsermessens oder der erforderlichen planerischen Abwägung nicht erheblich sind, auch nicht untersucht werden müssen. In den Fällen des § 15 UVPG stützt der Vorhabenträger den UVP-Bericht zusätzlich auf den Untersuchungsrahmen; insoweit hat sich der Vorhabenträger bei der Erarbeitung des UVP-Berichts an dem Untersuchungsrahmen zu orientieren, den die zuständige Behörde abgesteckt hat, wobei die Unterrichtung über den Untersuchungsrahmen sich lediglich auf die Angaben bezieht, die zum Zeitpunkt der Unterrichtung voraussichtlich für die Entscheidung über den Zulassungsantrag benötigt werden. Es handelt sich insoweit nicht um eine abschließend verbindliche Absteckung des Untersuchungsrahmens. Der Vorhabenträger muss nach § 16 VII 1 UVPG durch geeignete Maßnahmen sicherstellen, dass der UVP-Bericht den Anforderungen nach § 16 I bis VI UVPG entspricht. Die zuständige Behörde hat nach § 16 VII 2 UVPG **Nachbesserungen** innerhalb einer angemessenen Frist zu verlangen, soweit der Bericht den Anforderungen nicht entspricht. 4442

Die UVP stellt das umweltbezogene Tatsachenmaterial dar und bereitet es für die nach Maßgabe des jeweiligen Fachgesetzes durchzuführende Zulassungsentscheidung auf. Dies gilt nach nationalem Recht ebenso wie nach der UVP-RL. Die UVP ist auch im Unionsrecht auf die Zulassungsentscheidung bezogen, eine Beschreibung von Umweltauswirkungen um ihrer selbst willen fordert die UVP-RL nicht.[226] 4443

Der UVP-Bericht muss nach § 16 V UVPG den gegenwärtigen **Wissensstand** und gegenwärtige **Prüfmethoden** berücksichtigen. Er muss die Angaben enthalten, die der Vorhabenträger mit zumutbarem Aufwand ermitteln kann. Die Angaben müssen ausreichend sein, um 1. der zuständigen Behörde eine begründete Bewertung der Umweltauswirkungen des Vorhabens nach § 25 Absatz 1 zu ermöglichen und 2. Dritten die Beurteilung zu ermöglichen, ob und in welchem Umfang sie von den Umweltauswirkungen des Vorhabens betroffen sein können. Zur **Vermeidung von Mehrfachprüfungen** hat der Vorhabenträger nach § 16 VI UVPG die vorhandenen Ergebnisse anderer rechtlich vorgeschriebener Prüfungen in den UVP-Bericht einzubeziehen. 4444

Ein (absoluter) **Verfahrensfehler** nach § 4 I Nr. 3 UmwRG liegt vor, wenn im Rahmen der Öffentlichkeitsbeteiligung ausgelegte Unterlagen die für die Beteiligung der Öffentlichkeit wesentliche Anstoßfunktion nach § 16 V 3 Nr. 2 UVPG nicht erfüllen. Davon kann erst dann ausgegangen werden, wenn die ausgelegten Unterlagen grob unvollständig sind oder schwer- 4445

---

224 Entwurf UVPVwV 2023 Nr. 16.1.4.2.
225 Entwurf UVPVwV 2023 Nr. 16.1.4.6.
226 BVerwG Beschl. v. 18.02.2021 – 4 B 25/20, juris.

wiegende Fehler enthalten, so dass das zentrale gesetzgeberische Anliegen einer frühzeitigen und effektiven Öffentlichkeitsbeteiligung grundsätzlich in Frage gestellt wäre.[227]

4446 Sind **kumulierende Vorhaben**, für die jeweils eine Umweltverträglichkeitsprüfung durchzuführen ist, **Gegenstand paralleler oder verbundener Zulassungsverfahren**, so können die Vorhabenträger einen gemeinsamen UVP-Bericht vorlegen. Legen sie getrennte UVP-Berichte vor, so sind darin auch jeweils die Umweltauswirkungen der anderen kumulierenden Vorhaben als Vorbelastung zu berücksichtigen (§ 16 VIII UVPG). Der Vorhabenträger hat den UVP-Bericht nach § 16 IX UVPG auch **elektronisch** vorzulegen.

4447 **i) Behörden- und Öffentlichkeitsbeteiligung**. Das in § 17 UVPG geregelte Verfahren zur Beteiligung anderer Behörden und die in den §§ 18 ff. UVPG geregelte Öffentlichkeitsbeteiligung sind durch das UVP-Modernisierungsgesetz im Wesentlichen unverändert geblieben. Neu geordnet wurde in einem eigenen Abschnitt allerdings das Verfahren der grenzüberschreitenden Umweltprüfung.[228] § 17 UVPG enthält eine Vorschrift zu Beteiligung anderer Behörden, die sich allerdings nur auf solche Behörden bezieht, deren umweltbezogene Aufgabenbereich durch das Vorhaben berührt wird. Eine in diesem Sinne auf die Beteiligung von Umweltbehörden beschränkte Regelung ist neben der allgemeinen Regelung zur Behördenbeteiligung aus dem jeweiligen Zulassungsverfahren wenig hilfreich. Neuerungen bei der Ausgestaltung der Öffentlichkeitsbeteiligung betreffen verstärkte Nutzung elektronischer Medien und die Einführung von zentralen Internetportalen.

4448 Die zuständige Behörde unterrichtet die **Behörden**, deren umweltbezogener Aufgabenbereich durch das Vorhaben berührt wird, einschließlich der von dem Vorhaben betroffenen Gemeinden und Landkreise sowie der sonstigen im Landesrecht vorgesehenen Gebietskörperschaften, über das Vorhaben und übermittelt ihnen den UVP-Bericht. Die zuständige Behörde holt die Stellungnahmen der unterrichteten Behörden ein. Für die Stellungnahmen gilt § 73 III a VwVfG entsprechend (§ 17 UVPG). Die Behörden haben nach § 73 III a VwVfG ihre Stellungnahme innerhalb einer von der Anhörungsbehörde zu setzenden **Frist** abzugeben, die drei Monate nicht überschreiten darf. Stellungnahmen, die nach Ablauf der Frist nach Satz 1 eingehen, sind zu berücksichtigen, wenn der Planfeststellungsbehörde die vorgebrachten Belange bekannt sind oder hätten bekannt sein müssen oder für die Rechtmäßigkeit der Entscheidung von Bedeutung sind; im Übrigen können sie berücksichtigt werden.

4449 Nach § 18 I 1 UVPG beteiligt die zuständige Behörde die Öffentlichkeit zu den Umweltauswirkungen des Vorhabens. Der **betroffenen Öffentlichkeit** wird im Rahmen der Beteiligung **Gelegenheit zur Äußerung** gegeben. Dabei sollen nach dem UmwRG anerkannte **Vereinigungen** die zuständige Behörde in einer dem Umweltschutz dienenden Weise unterstützen. Das Beteiligungsverfahren muss den Anforderungen des § 73 III 1 und 2 und V bis VII VwVfG entsprechen. Die Gemeinden müssen nach § 73 III 1 VwVfG den Plan innerhalb von drei Wochen nach Zugang für die Dauer eines Monats zur Einsicht auslegen. Ist durch Rechtsvorschrift die Auslegung von Dokumenten zur Einsicht angeordnet, so ist sie nach § 27 b I 1 VwVfG dadurch zu bewirken, dass die Dokumente zugänglich gemacht werden 1. auf einer Internetseite der für die Auslegung zuständigen Behörde oder ihres Verwaltungsträgers und 2. auf mindestens eine andere Weise. Ist eine Veröffentlichung der auszulegenden Unterlagen im Internet, insbesondere aus technischen Gründen, nicht möglich, so wird die angeordnete Auslegung zur Einsicht durch die andere Zugangsmöglichkeit nach § 27 b I 1 Nr. 2 VwVfG bewirkt. Die Anhörungsbehörde bestimmt nach § 73 III 2 VwVfG, in welcher der Gemeinden eine andere Zugangsmöglichkeit nach § 27b I 1 Nr. 2 VwVfG zur Verfügung zu stellen ist und legt im Benehmen mit der jeweiligen Gemeinde die Zugangsmöglichkeit fest.

4450 Die Gemeinden, in denen der Plan auszulegen ist, haben die Auslegung nach § 73 V 1 VwVfG vorher ortsüblich bekannt zu machen. In der Bekanntmachung ist darauf hinzuweisen, 1. wo und in welchem Zeitraum der Plan zur Einsicht ausgelegt ist; 2. dass etwaige Einwendungen oder Stellungnahmen von Vereinigungen nach § 73 IV 5 VwVfG bei den in der Bekanntmachung zu bezeichnenden Stellen innerhalb der Einwendungsfrist vorzubringen sind; 3. dass bei Ausbleiben eines Beteiligten in dem Erörterungstermin auch ohne ihn verhandelt werden kann; 4. dass a) die Personen, die Einwendungen erhoben haben, oder die Vereinigungen, die Stellungnahmen abgegeben haben, von dem Erörterungstermin durch öffentliche Bekannt-

[227] VGH Mannheim NVwZ 2023, 767 = juris Rn. 32; BVerwGE 155, 91 = juris Rn. 34; BVerwG NVwZ 2020, 1199 = juris Rn. 9.

[228] Grandjot DVBl.. 2018, 164.

machung benachrichtigt werden können, b) die Zustellung der Entscheidung über die Einwendungen durch öffentliche Bekanntmachung ersetzt werden kann, wenn mehr als 50 Benachrichtigungen oder Zustellungen vorzunehmen sind. Nicht ortsansässige Betroffene, deren Person und Aufenthalt bekannt sind oder sich innerhalb angemessener Frist ermitteln lassen, sollen nach § 73 V 3 VwVfG auf Veranlassung der Anhörungsbehörde von der Auslegung mit dem Hinweis nach § 73 V 2 VwVfG benachrichtigt werden.

Ist durch Rechtsvorschrift eine öffentliche oder ortsübliche Bekanntmachung angeordnet, so ist diese nach § 27a I VwVfG dadurch zu bewirken, dass der Inhalt der Bekanntmachung auch auf einer Internetseite der Behörde oder ihres Verwaltungsträgers zugänglich gemacht wird. Soweit durch Rechtsvorschrift nichts anderes bestimmt ist, ist für die Einhaltung einer vorgeschriebenen Frist die Zugänglichmachung im Internet nach maßgeblich. Das gilt nach § 27a II VwVfG nicht, wenn eine Zugänglichmachung im Internet, insbesondere aus technischen Gründen, nicht möglich ist.[229] **4451**

Nach Ablauf der Einwendungsfrist hat die Anhörungsbehörde gem. § 73 VI 1 VwVfG die rechtzeitig gegen den Plan erhobenen Einwendungen, die rechtzeitig abgegebenen Stellungnahmen von Vereinigungen nach § 73 IV 5 VwVfG sowie die Stellungnahmen der Behörden zu dem Plan mit dem Träger des Vorhabens, den Behörden, den Betroffenen sowie denjenigen, die Einwendungen erhoben oder Stellungnahmen abgegeben haben, zu erörtern. Der Erörterungstermin ist mindestens eine Woche vorher ortsüblich bekannt zu machen. Die Behörden, der Träger des Vorhabens und diejenigen, die Einwendungen erhoben oder Stellungnahmen abgegeben haben, sind von dem Erörterungstermin zu benachrichtigen. Ist durch Rechtsvorschrift eine Erörterung, insbesondere ein Erörterungstermin, eine mündliche Verhandlung oder eine Antragskonferenz angeordnet, kann sie nach § 27 c I VwVfG ersetzt werden 1. durch eine Onlinekonsultation oder 2. mit Einwilligung der zur Teilnahme Berechtigten durch eine Video- oder Telefonkonferenz. Bei einer **Online-Konsultation** ist nach § 27 c II 1 VwVfG den zur Teilnahme Berechtigten innerhalb einer vorher bekannt zu machenden Frist Gelegenheit zu geben, sich schriftlich oder elektronisch zu äußern. Die Frist soll mindestens eine Woche betragen. Werden für die Online-Konsultation Informationen zur Verfügung gestellt, so gilt § 27b IV entsprechend (§ 27 c II VwVfG). **4452**

Sind außer der Benachrichtigung der Behörden und des Trägers des Vorhabens mehr als 50 Benachrichtigungen vorzunehmen, so können diese Benachrichtigungen durch öffentliche Bekanntmachung ersetzt werden. Die öffentliche Bekanntmachung wird dadurch bewirkt, dass abweichend von § 73 VI 2 VwVfG der Erörterungstermin im amtlichen Veröffentlichungsblatt der Anhörungsbehörde und außerdem in örtlichen Tageszeitungen bekannt gemacht wird, die in dem Bereich verbreitet sind, in dem sich das Vorhaben voraussichtlich auswirken wird; maßgebend für die Frist nach § 73 VI 2 VwVfG ist die Bekanntgabe im amtlichen Veröffentlichungsblatt. 6Im Übrigen gelten für die Erörterung die Vorschriften über die mündliche Verhandlung im förmlichen Verwaltungsverfahren (§ 67 I 3, II Nr. 1 und 4 und III, § 68 VwVfG) entsprechend. Die Anhörungsbehörde schließt die Erörterung innerhalb von drei Monaten nach Ablauf der Einwendungsfrist ab (§ 73 VI VwVfG). Abweichend davon kann der Erörterungstermin bereits in der Bekanntmachung nach § 73 V VwVfG bestimmt werden. **4453**

Bei der **Bekanntmachung zu Beginn des Beteiligungsverfahrens** unterrichtet die zuständige Behörde nach § 19 I UVPG die Öffentlichkeit 1. über den Antrag auf Zulassungsentscheidung oder über eine sonstige Handlung des Vorhabenträgers zur Einleitung eines Verfahrens, in dem die Umweltverträglichkeit geprüft wird, 2. über die Feststellung der UVP-Pflicht des Vorhabens nach § 5 sowie, falls erforderlich, über die Durchführung einer grenzüberschreitenden Beteiligung nach den §§ 54 bis 56 UVPG, über die für das Verfahren und für die Zulassungsentscheidung jeweils zuständigen Behörden, bei denen weitere relevante Informationen erhältlich sind und bei denen Äußerungen oder Fragen eingereicht werden können, sowie über die festgelegten Fristen zur Übermittlung dieser Äußerungen oder Fragen, 4. über die Art einer möglichen Zulassungsentscheidung, 5. darüber, dass ein UVP-Bericht vorgelegt wurde, 6. über die Bezeichnung der das Vorhaben betreffenden entscheidungserheblichen Berichte und Empfehlungen, die der zuständigen Behörde zum Zeitpunkt des Beginns des Beteiligungsverfahrens vorliegen, 7. darüber, wo und in welchem Zeitraum die Unterlagen nach den Nrn. 5 und 6 zur Einsicht ausgelegt werden sowie 8. über weitere Einzelheiten des Verfahrens der Beteiligung der Öffentlichkeit. **4454**

---

[229] Zu den §§ 27a bis 27 c VwVfG Prell/Altmiks NVwZ 2024, 105; siehe auch Kenyeressy UPR 2023, 134.

4455 Im Rahmen des Beteiligungsverfahrens legt die zuständige Behörde nach § 19 II UVPG zumindest folgende **Unterlagen zur Einsicht** für die Öffentlichkeit aus: 1. den UVP-Bericht, 2. die das Vorhaben betreffenden entscheidungserheblichen Berichte und Empfehlungen, die der zuständigen Behörde zum Zeitpunkt des Beginns des Beteiligungsverfahrens vorgelegen haben. In Verfahren nach § 18 II und § 1 AtVfV können die Unterlagen abweichend von § 18 I 4 UVPG bei der Genehmigungsbehörde oder bei einer geeigneten Stelle in der Nähe des Standorts des Vorhabens ausgelegt werden (§ 19 II UVPG). Weitere Informationen, die für die Zulassungsentscheidung von Bedeutung sein können und die der zuständigen Behörde erst nach Beginn des Beteiligungsverfahrens vorliegen, sind der Öffentlichkeit nach den Bestimmungen des Bundes und der Länder über den Zugang zu Umweltinformationen zugänglich zu machen (§ 19 III UVPG).

4456 Die nach § 16 V 3 Nr. 2 UVPG ausgelegten Unterlagen müssen eine **Anstoßwirkung** entfalten. Ein Verfahrensfehler iSd § 4 I 1 Nr. 3 UmwRG liegt vor, wenn im Rahmen der Öffentlichkeitsbeteiligung ausgelegte Unterlagen die für die Beteiligung der Öffentlichkeit wesentliche Anstoßfunktion nicht erfüllen.[230] Von den Umständen des Einzelfalls hängt es ab, ob ein inhaltlicher **Fehler eines Fachgutachtens** dazu führt, dass Dritte nicht mehr beurteilen können, ob und in welchem Umfang sie von den Umweltauswirkungen des Vorhabens betroffen sein können.[231] Auch insoweit reicht es nicht aus, dass ausweislich der ausgelegten Fachgutachten einzelne Umweltauswirkungen nicht mit einer hinreichenden Tiefe ermittelt, einzelne Angaben fehlerhaft, Unterlagen unzureichend oder Bewertungen fragwürdig sind. Die Öffentlichkeitsbeteiligung dient gerade dazu, derartige Fehler oder Unzulänglichkeiten aufzuspüren, damit diese behoben werden können. Sie wäre nach ihrem Sinn und Zweck entbehrlich, wenn eine in jeder Hinsicht fehlerfreie UVP Voraussetzung für eine rechtmäßige Öffentlichkeitsbeteiligung wäre. Verfehlt wird die Anstoßfunktion erst, wenn die ausgelegten Unterlagen grob unvollständig sind oder schwerwiegende Fehler enthalten, so dass das zentrale gesetzgeberische Anliegen einer frühzeitigen und effektiven Öffentlichkeitsbeteiligung grundsätzlich in Frage gestellt ist.[232]

4457 Für die Zugänglichmachung des Inhalts der Bekanntmachung nach § 19 I UVPG und der nach § 19 II UVPG auszulegenden Unterlagen im Internet richten Bund und Länder **zentrale Internetportale** nach § 20 I UVPG ein. Die Zugänglichmachung erfolgt im zentralen Internetportal des Bundes, wenn die Zulassungsbehörde eine Bundesbehörde ist. Für den Aufbau und Betrieb des zentralen Internetportals des Bundes ist das Umweltbundesamt zuständig. Die zuständige Behörde macht den Inhalt der Bekanntmachung nach § 19 I UVPG und die in § 19 II 1 Nr. 1 und 2 UVPG genannten Unterlagen über das einschlägige zentrale Internetportal zugänglich (§ 20 II UVPG).

4458 Die betroffene Öffentlichkeit kann sich nach § 21 I UVPG im Rahmen der Beteiligung schriftlich oder zur Niederschrift bei der zuständigen Behörde äußern. Die Äußerungsfrist endet nach § 21 II UVPG einen Monat nach Ablauf der Frist für die Auslegung der Unterlagen. Bei Vorhaben, für die Unterlagen in erheblichem Umfang eingereicht worden sind, kann die zuständige Behörde eine längere **Äußerungsfrist** festlegen. Die Äußerungsfrist darf die nach § 73 IIIa 1 VwVfG zu setzende Frist nicht überschreiten (§ 21 III UVPG). Mit Ablauf der Äußerungsfrist sind für das Verfahren (**Verfahrenspräklusion**) über die Zulässigkeit des Vorhabens alle Äußerungen, die nicht auf besonderen privatrechtlichen Titeln beruhen, ausgeschlossen. Hierauf weist die zuständige Behörde in der Bekanntmachung der Auslegung oder bei der Bekanntgabe der Äußerungsfrist hin (§ 21 IV UVPG). Die Äußerungsfrist gilt nach § 21 V UVPG auch für solche Einwendungen, die sich nicht auf die Umweltauswirkungen des Vorhabens beziehen.

4459 Von erheblich praktischer Bedeutung ist die Frage nach der **erneuten Beteiligung der Öffentlichkeit** bei Änderungen im Laufe des Verfahrens. Sie wird in § 22 UVPG geregelt. Die Vorschrift bestimmt, unter welchen Voraussetzungen es einer erneuten Öffentlichkeitsbeteiligung bei Änderungen der Antragsunterlagen bedarf. Nach § 22 I 1 UVPG ist im Falle der Änderung von Unterlagen, die nach § 19 II UVPG auszulegen sind, die Öffentlichkeit grund-

---

[230] VGH Mannheim NVwZ 2023, 767 = juris Rn. 32; BVerwGE 155, 91 = juris Rn. 34; BVerwG NVwZ 2020, 1199 = juris Rn. 9.

[231] VGH Mannheim NVwZ 2023, 767 = juris Rn. 32; BVerwG NVwZ 2020, 1199 = juris Rn. 9; NVwZ 2016, 1257 = juris Rn. 7.

[232] VGH Mannheim NVwZ 2023, 767 = juris Rn. 32; BVerwG NVwZ 2020, 1199 = juris Rn. 9; Urt. v. 7.1.2020 – 4 B 74.17, juris Rn. 9; OVG Münster Urt. v. 1.3.2021 – 8 A 1183/18, juris Rn. 98; Seibert NVwZ 2019, 337 (340).

sätzlich erneut zu beteiligen. Die Änderung des Vorhabens ist keine Voraussetzung für die Pflicht zur erneuten Öffentlichkeitsbeteiligung. Ausreichend ist vielmehr, dass die zuvor ausgelegten Unterlagen einen wesentlichen Fehler oder erhebliche Lücken bei Darstellung der Umweltauswirkungen aufweisen und daher in einem wesentlichen Teil ergänzt oder korrigiert werden müssen. Dies ist nach der Gesetzesbegründung zB dann der Fall, wenn eine nach Gegenstand, Systematik und Ermittlungstiefe neue oder über die bisherigen Untersuchungen wesentlich hinausgehende Prüfung der Umweltbetroffenheiten stattfindet, die ihren Niederschlag in einer neuen entscheidungserheblichen Unterlage über die Umweltauswirkungen des Vorhabens findet[233] Nach § 22 I 2 UVPG beschränkt sich der Gegenstand der erneuten Öffentlichkeitsbeteiligung auf die vorgesehenen Änderungen. Das ist im Sinne einer Vermeidung von Verfahrensverzögerungen, wenngleich sich in der Praxis hierzu durchaus Abgrenzungsschwierigkeiten ergeben.[234] Für die von der Änderung nicht berührten Teile des Vorhabens eröffnet die Vorschrift daher keine erneute Möglichkeit zur Erhebung von Einwendungen, was aber angesichts der fehlenden materiellen Präklusion letztlich bedeutungslos ist und lediglich bedeutet, dass darüber nicht mehr zwingend im Verwaltungsverfahren zu erörtern ist. Nach § 22 II UVPG kann von einer weiteren Öffentlichkeitsbeteiligung abgesehen werden, wenn aufgrund der Änderung keine zusätzlichen oder anderen erheblichen Umweltauswirkungen zu besorgen sind. Die Regelung entspricht dem § 9 I 4 UVPG aF und § 8 II 3 der 9. BImSchV. Allerdings bleiben fachrechtliche Regelungen, wonach eine erneute Öffentlichkeitsbeteiligung auch dann erforderlich ist, wenn durch die Änderung nachteilige Auswirkungen auf Dritte zu erwarten sind (vgl. zB § II 1 der 9. BImSchV), unberührt.

Fraglich ist, ob ein erneuter **Erörterungstermin** stattfinden muss. Dagegen könnte sprechen, dass ein solcher europarechtlich nicht gefordert ist. Dafür spricht jedoch, dass § 22 I UVPG von einer erneuten Beteiligung der Öffentlichkeit spricht und amit auf die Vorschriften der §§ 18 ff UVPG vereist, ohne insoweit Einschränkungen hinsichtlich des Erörterungstermins anzusprechen.[235] 4460

j) Zusammenfassende Darstellung. Nach § 24 I 1 UVPG erarbeitet die zuständige Behörde eine zusammenfassende Darstellung der Umweltauswirkungen des Vorhabens. Die zusammenfassende Darstellung hat sich neben den Umweltauswirkungen des Vorhabens auf die Merkmale des Vorhabens und des Standorts zu erstrecken, mit denen erhebliche nachteilige Umweltauswirkungen ausgeschlossen, vermindert oder ausgeglichen werden sollen. Außerdem müssen die Maßnahmen dargestellt werden, mit denen erhebliche nachteilige Umweltauswirkungen ausgeschlossen, vermindert oder ausgeglichen werden sollen. Nicht zuletzt müssen auch Ersatzmaßnahmen bei Eingriffen und in Natur und Landschaft dargestellt werden. Die Erarbeitung der zusammenfassenden Darstellung erfolgt nach § 24 I 2 UVPG auf der Grundlage des UVP-Berichts, der behördlichen Stellungnahmen sowie der Äußerungen der betroffenen Öffentlichkeit und auf Basis der Ergebnisse eigener Ermittlungen der Behörde. 4461

Gem. § 26 I Nr. 3 b UVPG ist die zusammenfassende Darstellung obligatorischer Teil der Begründung der Zulassungsentscheidung. Die zusammenfassende Darstellung wird dementsprechend mit der Bekanntmachung der Entscheidung nach § 27 S. 1 UVPG veröffentlicht. Die Erarbeitung der zusammenfassenden Darstellung soll nach § 24 II UVPG möglichst innerhalb eines Monats nach Abschluss der Erörterung im Beteiligungsverfahren erarbeitet sein. Die Frist ist für größere Vorhaben – die typischerweise der UVP-Pflicht unterliegen – kurz. Das ist im Sinne einer Verfahrensbeschleunigung zwar erfreulich, aber gerade für Vorhaben, deren Verfahren sich aufgrund ihrer Komplexität hinzieht, zumeist unrealistisch. Es handelt sich allerdings auch nicht um eine zwingende, dh nicht ausnahmefähige Vorgabe, wie sich aus der Sollformulierung ergibt. Jedoch bedarf es für eine Überschreitung der Frist im Ausnahmefall einer Rechtfertigung. Für den Regelfall jedenfalls muss die zusammenfassende Darstellung innerhalb eines Monats erarbeitet sein. Besonders problematisch dürfte die Einhaltung der Monatsfrist sein, wenn im Falle der Erforderlichkeit paralleler Zulassungen eine gemeinsame zusammenfassende Darstellung notwendig ist (§ 31 IV 1 UVPG). In einem solchen Fall soll nach § 31 IV 3 UVPG die federführende Behörde allein die zusammenfassende Darstellung erarbeiten (§ 31 II 1 Nr. 3 UVPG) und auf der Grundlage dieser zusammenfassenden Darstellung gemeinsam mit den parallel zuständigen Zulassungsbehörden eine Gesamtbewertung der Umweltauswir- 4462

[233] Gesetzesbegründung, BT-Drs. 1811499, S. 92 unter Verweis auf BVerwG Urt. v. 28.4.2016 – 9 A 9/15, juris Rn. 32 ff.

[234] Dippel in Schink/Reidt/Mitschang, UVPG/UmwRG, 2023, § 22 Rn. 6.

[235] Hagmann in Beckmann/Kment, UVPG/UmwRG, 2023, § 22 Rn. 16.

kungen des Vorhabens vornehmen und diese Gesamtbewertung dann bei der Zulassungsentscheidung berücksichtigen, wobei die federführende Behörde das Zusammenwirken der Zulassungsbehörden sicherstellen soll. Eine solche gemeinsame zusammenfassende Darstellung innerhalb eines Monats nach dem Abschluss der Erörterung Beteiligungsverfahren zu erarbeiten, dürfte schwierig werden. In zahlreichen Fällen dürfte der Monat schon verstrichen sein, bevor ein Wort- oder Ergebnisprotokoll des Erörterungstermins vorliegt. Damit die Monatsfrist jedenfalls im Regelfall eingehalten werden kann, muss bereits vor dem Erörterungstermin eine intensive Auseinandersetzung mit den Stellungnahmen und Einwendungen, Gutachten und Antragsunterlagen stattfinden, so dass nicht nur eine sachgerechte Erörterung, sondern auch nach der Erörterung eine unverzügliche Erarbeitung der zusammenfassenden Darstellung möglich wird.

4463 Dass die zusammenfassende Darstellung Teil der Entscheidungsbegründung sein muss (§ 26 I Nr. 3b UVPG), bedeutet nicht, dass innerhalb der Monatsfrist des § 24 II UVPG bereits der Bescheid über die Zulassung oder Ablehnung des Vorhabens vorliegen muss. Vielmehr muss in Vorbereitung auf den Erlass des Bescheids dieser Teil der Entscheidungsbegründung im Regelfall bereits innerhalb eines Monats nach dem Abschluss der Erörterung im Beteiligungsverfahren erarbeitet worden sein. Es handelt sich insoweit bei der zusammenfassenden Darstellung, die innerhalb der Monatsfrist erarbeitet worden ist, regelmäßig um ein zunächst noch behördeninternes Dokument, das in die spätere Entscheidungsbegründung einzubeziehen ist. Es ist allerdings gemäß § 25 IIII UVPG darauf zu achten, dass bei der Entscheidung über die Zulassung des Vorhabens die zusammenfassende Darstellung und die begründete Bewertung nach Einschätzung der zuständigen Behörde hinreichend aktuell sind.

4464 **k) Bewerten und Berücksichtigen.** Auf der Grundlage der zusammenfassenden Darstellung bewertet die zuständige Behörde die Umweltauswirkungen des Vorhabens im Hinblick auf eine wirksame Umweltvorsorge im Sinne des § 3 nach Maßgabe der geltenden Gesetze. Die Bewertung ist zu begründen. Bei der Entscheidung über die Zulässigkeit des Vorhabens berücksichtigt die zuständige Behörde die begründete Bewertung nach dem in Absatz 1 bestimmten Maßstab. Bei der Entscheidung über die Zulassung des Vorhabens müssen die zusammenfassende Darstellung und die begründete Bewertung nach Einschätzung der zuständigen Behörde hinreichend aktuell sein (§ 25 UVPG).

4465 § 25 regelt die Schnittstelle zwischen dem UVP-Verfahren und der Zulassungsentscheidung; § 25 UVPG zählt zu den Bestimmungen des UVPG, die einen materiell-rechtlichen Gehalt haben, weil die Vorschrift die Maßstäbe anspricht, die für die materielle Bewertung der Umweltfolgen und auch für deren Berücksichtigung bei der Zulassungsentscheidung anzulegen sind.[236] Durch das UVPG und die UVP-RL werden die materiell-rechtlichen Zulassungsvoraussetzungen für UVP-pflichtige Vorhaben jedoch nicht verändert. Materiell-rechtlicher Gehalt bedeutet insoweit nicht eine Verschärfung oder Veränderung von Zulassungsvoraussetzungen.[237] Daran hat sich durch das UVP-Modernisierungsgesetz – wie ausdrücklich in der Gesetzesbegründung bestätigt wird – im Jahr 2017 nichts geändert. Von einem materiell-rechtlichen Gehalt lässt sich insoweit sprechen, als § 25 UVPG nicht nur Anforderungen an das Verwaltungsverfahren, sondern an die Zulassungsentscheidung selbst stellt, indem auf die Entscheidungsmaßstäbe der geltenden Gesetze im Hinblick auf eine wirksame Umweltvorsorge hingewiesen und in § 25 II UVPG eine Berücksichtigung der begründeten Bewertung nach dem Entscheidungsmaßstab des § 25 I UVPG verlangt wird.

4466 Die Diskussion um den sogenannten materiell-rechtlichen Gehalt des UVPG erinnert an die ähnliche Frage, ob es sich bei den Anforderungen an den Abwägungsvorgang einer planerischen Entscheidung um Verfahrensanforderungen oder um materiell-rechtliche Anforderungen handelt. Abwägungsvorgang und Abwägungsergebnis betreffen die materielle Planungsentscheidung, nicht das Planungsverfahren, das dieser Entscheidung vorangeht, dessen Ergebnis die Planungsentscheidung ist. Dementsprechend ist es rechtsdogmatisch verfehlt, Mängel des Abwägungsvorgangs als Verfahrensfehler einzuordnen.[238] Und lediglich in diesem Sinne hat auch das UVPG einen materiell-rechtlichen Gehalt, weil es über die Regelungen zum Verfahren hinaus auch Anforderungen an die eigentliche Entscheidungsfindung formuliert. Dementspre-

[236] Näher dazu Beckmann in Beckmann/Kment, UVP/UmwRG, 2023, § 25 UVPG Rn. 7 Breuer/Gärditz Öffentliches und privates Wasserrecht, 2017, Rn. 1224; Kahl/Gärditz Umweltrecht, § 4 Rn. 82.
[237] siehe dazu Schink NuR 2018, 21 (22).
[238] Beckmann BauR 2016, 1417 (1420).

chend liegt beispielsweise auch kein Verfahrensfehler im Sinne von § 4 Ia UmwRG, sondern ein materieller Fehler vor, wenn sich die Behörde unzureichend mit einem Gesundheitsrisiko durch von der Tierhaltungsanlage ausgehende Bioaeresole für die im Umfeld der Anlage wohnenden Menschen befasst hat und deshalb fraglich ist, ob die von ihr vorgenommene Bewertung der Umweltauswirkungen des Vorhabens zutrifft.[239]

Neben § 25 UVPG finden sich weitere materiell-rechtliche Ansätze im vorgenannten Sinne 4467
auch in § 2 I und II UVPG (Definition der Schutzgüter, auf die sich die Beschreibung der Umweltauswirkungen bezieht, und der Umweltauswirkungen), § 3 UVPG (Grundsätze für Umweltprüfungen), § 15 UVPG (Unterrichtung über den Untersuchungsrahmen), § 16 UVPG (Inhalt und Umfang des UVP-Berichts) und § 24 UVPG (zusammenfassende Darstellung der Umweltauswirkungen).

§ 25 UVPG verändert die Voraussetzungen und Entscheidungsmaßstäbe der Zulassungsent- 4468
scheidung nicht. Die UVP dient der Entscheidungsvorbereitung; sie liefert Beurteilungsgrundlagen für die Prüfung der materiell-rechtlichen Anforderungen des jeweiligen Fachrechts. Die UVP stellt das umweltbezogene Tatsachenmaterial dar und bereitet es für die nach Maßgabe des jeweiligen Fachgesetzes durchzuführende Zulassungsentscheidung auf. Dies gilt nach nationalem Recht ebenso wie nach der UVP-RL. Die UVP ist auch im Unionsrecht auf die Zulassungsentscheidung bezogen, eine Beschreibung von Umweltauswirkungen um ihrer selbst willen fordert die UVP-RL nicht.[240] Dementsprechend soll auch die Bewertung der Umweltauswirkungen nach § 25 I UVPG dazu dienen, die Berücksichtigung des Ergebnisses der UVP in der das Zulassungsverfahren abschließenden Entscheidung nach § 25 II UVPG vorzubereiten. Die begründete Bewertung der Umweltauswirkungen nach § 25 I UVPG ist das Kernstück der UVP. Das BVerwG[241] führt in diesem Zusammenhang aus, die UVP umfasse die Ermittlung, Beschreibung und Bewertung der erheblichen Auswirkungen eines Vorhabens oder eines Plans oder Programms auf die Schutzgüter (§ 3 Satz 1 UVPG). Sie strukturiere das Verfahren im Vorfeld der Sachentscheidung durch die Phasen der Informationsgewinnung und der Informationsverarbeitung und vollziehe sich in verschiedenen Verfahrensschritten (zB Unterrichtung über den Untersuchungsrahmen, Beteiligung anderer Behörden und der Öffentlichkeit, zusammenfassende Darstellung, begründete Bewertung, Bekanntmachung), die ordnungsgemäß durchgeführt werden müssten. Dazu gehöre mit Blick auf das zentrale gesetzgeberische Anliegen einer frühzeitigen und effektiven Öffentlichkeitsbeteiligung, dass die ausgelegten Unterlagen die nach § 16 V 3 Nr. 2 UVPG erforderliche Anstoßwirkung entfalteten. Von den einzelnen Verfahrensschritten und ihrer Durchführung zu unterscheiden seien die Anforderungen an ihre inhaltliche Ausgestaltung, die vor allem in den §§ 16, 24 I UVPG und § 25 III UVPG ihren Niederschlag fänden. Sie würden von den materiell-rechtlichen Maßstäben der im jeweiligen Einzelfall einschlägigen Fachgesetze geprägt, für deren Prüfung die UVP durch Zusammenstellung und Aufbereitung des umweltbezogenen Tatsachenmaterials den Rahmen und die Grundlage bilde. Diese besondere Funktion der UVP finde auch in § 3 I 2 UVPG ihren Ausdruck. Danach diene die UVP einer wirksamen Umweltvorsorge nach Maßgabe der geltenden Gesetze. Daran, dass das UVPG – ebenso wie die UVP-RL – keine eigenständigen materiellen Prüf- und Bewertungsmaßstäbe dafür liefere, welcher Rang den Umweltbelangen im Rahmen der Zulassungsentscheidung zukomme[242] habe auch das UVP-Modernisierungsgesetz nichts geändert. Die Entscheidungsstruktur der maßgeblichen fachrechtlichen Vorschriften bleibe von der Novelle unangetastet. Das bestätige auch die Regelung zur Berücksichtigungspflicht in § 25 I und II UVPG, die – wie bereits die Vorgängerregelung in § 12 UVPG aF – mit dem Verweis auf die geltenden Gesetze ebenfalls klarstelle, dass es mangels eigenständiger materiell-rechtlicher Vorgaben im UVPG auf die fachrechtlichen Zulassungsvoraussetzungen ankomme.[243]

Die Bewertung der Umweltfolgen nach § 25 I UVPG erfolgt nach Maßgabe der geltenden 4469
Gesetze. Das Bewerten der Umweltauswirkungen beschränkt sich nicht auf eine abstrakte Anwendung von Rechtsregeln, dh auf eine Subsumtion unter die jeweiligen Zulassungsvoraussetzungen für das Vorhaben. Die Zulassungsvoraussetzungen bilden aber den verbindlichen Rahmen, innerhalb dessen sich die Bewertung zu vollziehen hat. Soweit die anzuwendenden

239 OVG Magdeburg Urt. v. 6.7.2016 – 2 L 84/14, juris Rn. 187.
240 BVerwG Beschl. v. 18.02.2021 – 4 B 25/20, juris.
241 BVerwG Urt. v. 28.11.2017 – 7 A 17/12, juris Rn. 28.
242 BVerwGE 100, 238, 243; BT-Drs. 18/11499 S. 76.
243 BVerwG Urt. v. 28.11.2017 – 7 A 17/12, juris Rn. 28 unter Verweis auf BT-Drs. 18/11499 S. 94.

Rechtsmaßstäbe keine konkrete Aussage zur Umweltverträglichkeit bzw. zur Zulassungsfähigkeit des beabsichtigten Projekts treffen, müssen **außerrechtliche Bewertungsmaßstäbe** herangezogen werden. Die Anwendung eines gesetzlichen Tatbestands setzt voraus, die Auslegung des gesetzlichen Tatbestands mit Hilfe juristischer Auslegungsregeln, die Feststellung des entscheidungserheblichen Sachverhalts auf der Grundlage des im Verwaltungsverfahren nach § 24 VwVfG und im Verwaltungsprozess nach § 86 VwGO geltenden Untersuchungsgrundsatzes, die Subsumtion des Sachverhalts unter die Voraussetzungen des ordnungsgemäß ausgelegten gesetzlichen Tatbestands. Außerrechtliche Bewertungsmaßstäbe, insbesondere Fachkonventionen, dienen auf der zweiten Ebene der Feststellung des entscheidungserheblichen Sachverhalts. Bewertungsmaßstäbe, die keine Rechtsvorschriften sind, haben die Funktion, als Auslegungshilfe oder als Maßstäbe der Ermessensausübung zu dienen. Die Bewertung der Umweltauswirkungen ist ein Verfahren, in dem Aussagen über den Grad der Wahrscheinlichkeit von Veränderungen der Umwelt aufgrund eines Vorhabens und über die Schädlichkeit dieser möglichen Veränderungen gemacht werden, indem eine Abschätzung des mit einem Vorhaben vorhandenen Umweltrisikos hinsichtlich der Eintrittswahrscheinlichkeit und von Art und Umfang erfolgt.

4470 Das BVerfG hat mit seinem Rotmilan-Beschluss v. 23.10.2018[244] darauf hingewiesen, dass der Gesetzgeber gehalten sein kann, gesetzliche Tatbestandsmerkmale zumindest durch eine untergesetzliche Maßstabsbildung zu konkretisieren. Das 4. Gesetz zur Änderung des BNatSchG führt dazu bundeseinheitliche Standards zur Beurteilung einer signifikanten Erhöhung des Tötungs- und Verletzungsrisikos für bestimmte, besonders kollisionsgefährdete Brutvögel durch Windenergieanlagen an Land ein. Eine signifikante Risikoerhöhung ist danach grds. abhängig von bestimmten Abständen zwischen Brutplätzen und WEA; dazu unterscheidet der Gesetzgeber zwischen spezifischen Nahbereichen, zentralen und erweiterten Prüfbereichen für einzeln Vogelarten. Die sich aus dem Abstand ergebenden Vermutungen für eine signifikante Risikoerhöhung können widerlegt werden (zB durch Habitatpotentialanalysen, Raumnutzungsanalysen, Risikominimierung durch Schutzmaßnahmen).

4471 Nicht umweltbezogene Anforderungen und die Abwägung umweltbezogener Belange mit anderen Belangen (zB Verbesserung der Verkehrsverhältnisse, Schaffung oder Erhalt von Arbeitsplätzen) bleiben bei der begründeten Bewertung außer Betracht.[245] Nach Maßgabe des einschlägigen Fachrechts ist zu beurteilen, ob und inwieweit die Umweltauswirkungen im Hinblick auf eine wirksame Umweltvorsorge zu vernachlässigen oder hinzunehmen sind (unerhebliche Umweltauswirkungen) oder nicht ohne weiteres oder gar nicht hinzunehmen sind (erhebliche Umweltauswirkungen). Entscheidend hierfür ist, ob das einschlägige Fachrecht den Umweltauswirkungen ein so hohes Gewicht beimisst, dass die Zulassung des Vorhabens aus Umweltgesichtspunkten versagt werden muss oder im Rahmen des behördlichen Ermessens versagt werden kann oder die Zulassung des Vorhabens – abweichend vom Zulassungsantrag des Vorhabenträgers – von der Durchführung bestimmter zusätzlicher Vermeidungs-, Verminderungs-, oder Ausgleichs oder Ersatzmaßnahmen zugunsten eines in § 2 I UVPG genannten Schutzgutes abhängig gemacht werden kann. Dementsprechend sind auch Umweltauswirkungen erheblich, die im Rahmen einer im Fachrecht vorgesehenen planerischen Abwägung den Erlass von Nebenbestimmungen oder von besonderen Betriebsregelungen zum Schutz der Schutzgüter des § 2 I UVPG begründen.[246]

4472 Im Entwurf der UVPVwV Nr. 7.1.2 wird erläutert, dass der Begriff der „erheblichen nachteiligen Umweltauswirkungen" im Sinne des UVPG nicht gleichbedeutend mit dem der „erheblichen Beeinträchtigung von Natur und Landschaft" iSd naturschutzrechtlichen Eingriffsregelung des BNatSchG sei. Insoweit bedinge nicht jede „erhebliche Beeinträchtigung" iSd naturschutzrechtlichen Eingriffsregelung nach § 13 BNatSchG automatisch „erhebliche nachteilige Umweltauswirkungen" im Sinne des UVPG und damit das Erfordernis einer UVP. Nach Anlage 3 zum UVPG seien hierfür noch weitere Kriterien (siehe die Kriterien zur Bewertung von Art und Merkmalen der möglichen Auswirkungen gemäß Nr. 3 der Anlage 3 zum UVPG heranzuziehen. Könnten im Rahmen der Prüfung, ob eine FFH-VP durchzuführen seit (FFH-Vorprüfung), erhebliche Beeinträchtigungen eines Natura 2000-Gebiets durch das betreffende Projekt als solches oder im Zusammenwirken mit anderen Projekten oder Plänen im Sinne des § 34 Absatz 1 Satz 1 BNatSchG nicht ausgeschlossen werden, folge daraus neben der Pflicht

---

244 BVerfGE 149, 407, Rn. 24.
245 Entwurf UVPVwV 2023
246 Entwurf UVPVwV 2023

zur Durchführung der FFH-VP zugleich die Erforderlichkeit einer UVP. Die FFH-VP sei dann gem. § 32 Satz 1 UVPG im Zulassungsverfahren vorzunehmen und solle koordiniert mit der UVP durchgeführt werden. Ergebe die Vorprüfung, dass das Vorhaben gegen Zugriffsverbote des § 44 I BNatSchG unter Berücksichtigung von § 44 V BNatSchG verstoße und dass demnach die Zulassung des Vorhabens von der Erteilung einer artenschutzrechtlichen Ausnahmegenehmigung abhänge, sei die Möglichkeit erheblicher nachteiliger Umweltweltauswirkungen gegeben und eine UVP somit durchzuführen.

Für die Ermittlung der **klimarelevanten Auswirkungen** oder für deren Bewertung gibt es gegenwärtig keine konkreten Vorgaben. Das KSG ist ein Rahmengesetz, das sich in erster Linie an den Gesetzgeber richtet. Bisher existieren keine Rechtsverordnungen, Verwaltungsvorschriften, Ausführungsvorschriften, Leitfäden, Handreichungen oder Ähnliches, die die Verwaltungsbehörden bei der praktischen Umsetzung ihrer Ermittlungs- und Bewertungspflichten zugrunde legen könnten. Das führt zwar nicht dazu, dass das Berücksichtigungsgebot zurzeit nicht handhabbar wäre und keine Anwendung finden würde, ist aber von Bedeutung für die Frage, was die Behörde für eine sachgerechte Erfüllung ihrer Berücksichtigungspflicht leisten muss. Die Anforderungen dürfen dabei nicht überspannt werden, müssen „mit Augenmaß" inhaltlich bestimmt und konkretisiert werden und dürfen der Behörde keinen unzumutbaren Aufwand abverlangen.[247] 4473

Die Bewertung der Umweltauswirkungen bezieht sich zunächst auf die einzelnen in § 2 I Nr. 1 bis 4 UVPG genannten Schutzgüter (**Einzelbewertung**). Zusätzlich ist eine **Gesamtbewertung** vorzunehmen. Dabei werden Art, Ausmaß und Intensität der Folgen für sämtliche Schutzgüter gemeinsam beurteilt. Diese medienübergreifende Bewertung erstreckt sich zum einen auf die Wechselwirkungen zwischen den einzelnen Schutzgütern (§ 2 I Nr. 5 UVPG). Zum anderen ist einzuschätzen, ob Auswirkungen, die bei der Einzelbewertung jeweils für sich noch hinnehmbar sind, auch in ihrer Gesamtheit als unerheblich anzusehen sind. Von Bedeutung ist dies insbesondere dann, wenn es sich um Grenzbelastungen handelt, die die Anforderungen jeweils gerade noch einhalten. Die Gesamtbewertung der Umweltauswirkungen darf nicht segmentiert und unterschiedlichen Behörden zugewiesen werden. § 31 IV UVPG: Wird über die Zulässigkeit eines Vorhabens im Rahmen mehrerer Verfahren entschieden, so wird eine gemeinsame zusammenfassende Darstellung nach § 24 UVPG für das gesamte Vorhaben erstellt. Auf der Grundlage der zusammenfassenden Darstellung nehmen die Zulassungsbehörden eine Gesamtbewertung der Umweltauswirkungen des Vorhabens vor. Gesamtbewertung bedeutet nicht, dass die UVP mit der Feststellung „umweltverträglich" oder „umweltunverträglich" endet. Vielmehr geht es darum, die von dem Vorhaben ausgehenden Umweltauswirkungen zusammenzufassen, zueinander in Beziehung zu setzen und in verbalargumentativer Form zu gewichten. Im Sinne einer Gesamtbewertung sind die Vor- und Nachteile des Projekts aus der Sicht des Umweltschutzes mit Blick auf die Zulassungsvoraussetzungen abzuwägen und zu gewichten. Eine Gesamtbewertung setzt weder eine quantitative noch eine qualitative Saldierung der Umweltauswirkungen voraus. Eine Abwägung von Umweltbelangen mit anderen Belangen im Rahmen der Bewertung widerspricht dem Zweck der UVP, weil die UVP eine eigenständige, exklusive Darstellung und isolierte Bewertung der Umweltauswirkungen ermöglichen soll. Außer Betracht bleiben nicht umweltbezogene Anforderungen der Fachgesetze (zB Belange der öffentlichen Sicherheit oder Ordnung) und die Abwägung umweltbezogener Belange mit anderen Belangen (zB Verbesserung der Verkehrsverhältnisse, Schaffung oder Erhaltung von Arbeitsplätzen). 4474

Das UVPG schreibt keine **Alternativenprüfung** durch den Projektträger bzw. durch die Zulassungsbehörde vor. Die Prüfung nach § 25 ist strikt projektbezogen. Vorhabenträger und zuständige Behörde sind rechtlich befugt, die UVP auf diejenige Variante zu beschränken, die nach dem aktuellen Planungstand ernstlich in Betracht kommt. Nach § 16 I Nr. 6 UVPG enthält der UVP-Bericht eine **Beschreibung der vernünftigen Alternativen**, die für das Vorhaben und seine spezifischen Merkmale relevant und vom Vorhabenträger geprüft worden sind, und die Angabe der wesentlichen Gründe für die getroffene Wahl unter Berücksichtigung der jeweiligen Umweltauswirkungen. Dies soll auch dann bereits gelten, wenn die Alternativen bereits in einem frühen Planungsstadium vom Vorhabenträger verworfen worden sind.[248] Eine weitergehende Notwendigkeit der Bewertung von Alternativen kann sich aus dem Fachplanungsrecht (Abwägungsgebot) oder dem Umweltrecht ergeben. Im Rahmen von Vorsorgevor- 4475

---

[247] BVerwG Urt. v. 4.5.2022 -9 A 7/21, juris.

[248] EuGH Urt. v. 7.11.2018 -C-461/17 – Holohan u.a., juris Rn. 69.

gaben kann die zuständige Behörde eine Optimierung von Anlagen verlangen und insoweit auch eine alternative Ausgestaltung von technischen Verfahrensabläufen verlangen. Technische, stoffliche und organisatorische Verfahrensalternativen gehören insoweit zum Prüfungsumfang der immissionsschutzrechtlichen Zulassung. Eine naturschutzrechtliche Pflicht zur Alternativenprüfung kann sich aus § 34 III Nr. 2 BNatSchG zum Schutz von Natura-2000-Gebieten, im Rahmen des Artenschutzes (§ 45 VII 2 BNatSchG) oder des Eingriffsausgleichs ergeben. Auch aus dem Berücksichtigungsgebot des § 13 I KSG kann sich das Erfordernis der Alternativenprüfung ergeben.[249]

4476 Nach Anlage 4 Nr. 2 UVPG sind nur die Alternativen zur prüfen, die für das Vorhaben und seine Merkmale relevant sind. Demnach muss der Vorhabenträger für die Prüfung von Alternativen keinen unangemessen hohen Aufwand leisten. Als Alternativlösungen kommen nur solche Lösungen in Betracht, die die Identität des geplanten Vorhabens unberührt lassen. Vernünftig sind solche Alternativen, die zur Erreichung der Vorhabenziele mit zumutbarem Aufwand umgesetzt werden können und insbesondere auch aus umwelt- bzw. genehmigungsrechtlicher Sicht ernsthaft in Betracht kommen.[250] Bei der Erläuterung, weshalb dem gewählten Vorhaben der Vorzug vor den betrachteten Alternativen gegeben wird, ist auf die jeweiligen Umweltauswirkungen einzugehen. Erforderlich ist somit eine vergleichende Darstellung der Umweltauswirkungen, die bei dem gewählten Vorhaben und den geprüften Alternativen auftreten können.[251]

4477 Nach § 25 I 2 UVPG ist die Bewertung zu begründen. Die **Begründung** stützt sich auf die zusammenfassende Darstellung der Umweltauswirkungen nach § 24 UVPG; diese bezieht sich auf 1. Umweltauswirkungen des Vorhabens, 2. Merkmale des Vorhabens und des Standorts, mit denen erhebliche nachteilige Umweltauswirkungen ausgeschlossen, vermindert oder ausgeglichen werden sollen, und 3. Maßnahmen, mit denen erhebliche nachteilige Umweltauswirkungen ausgeschlossen, vermindert oder ausgeglichen werden sollen, sowie 4. Ersatzmaßnahmen bei Eingriffen in Natur und Landschaft. Die Erarbeitung erfolgt auf der Grundlage des UVP-Berichts, der behördlichen Stellungnahmen nach § 17 II UVPG und § 55 IV UVPG, der Äußerungen der betroffenen Öffentlichkeit nach den §§ 21 und 56 UVPG und der Ergebnisse eigener Ermittlungen.

4478 Die zuständige Behörde darf das Bewertungsergebnis bei dessen **Berücksichtigung** nach § 25 II UVPG nicht nur zur Kenntnis nehmen, sondern muss sich inhaltlich mit dem Bewertungsergebnis auseinandersetzen. Da die Berücksichtigung erst bei der Entscheidung über die Zulässigkeit des beantragten Vorhabens stattfindet, gehört sie nicht mehr zur UVP. Die UVP schließt mit der Bewertung ab. Die Berücksichtigung des Bewertungsergebnisses kann dazu führen, dass das Vorhaben zugelassen wird, obwohl es nachteilige Auswirkungen auf die Umwelt haben wird, weil andere für die Entscheidung rechtlich oder tatsächlich bedeutsame Gesichtspunkte überwiegen oder vorgehen. Inwieweit sich das Bewertungsergebnis bei der Zulassungsentscheidung auswirkt, ist insoweit eine Frage des Einzelfalls. Das Bewertungsergebnis kann zur Genehmigungsunfähigkeit des Vorhabens, aber auch zu seiner Veränderung oder zu Nebenbestimmungen und Schutzauflagen führen. Auch nach Durchführung einer UVP kommt den Umweltbelangen bei der Zulassung kein abstrakter Vorrang gegenüber anderen betroffenen privaten oder öffentlichen Belangen zu. Durch die UVP sollen Umweltbelange nicht in ihrer Bedeutung verstärkt werden. Ein abstrakter Vorrang der Umweltbelange wäre mit dem Verhältnismäßigkeitsgrundsatz, auf dem die Abwägung unterschiedlicher Belange in staatlichen Abwägungsprozessen beruht, unvereinbar. Allerdings ist der Gesetzgeber in der Lage, den Abwägungsprozess durch gesetzliche Vorgaben zu steuern. Über die umfassende Ermittlung und Bewertung der mit dem beabsichtigten Vorhaben verbundenen Folgen wird Umweltbelangen faktisch zu einem besonderen Gewicht verholfen. Auch der Klima-Beschluss des BVerfG 2021 ändert daran nichts.

4479 Mit dem Verweis auf eine **wirksame Umweltvorsorge** iSd § 3 UVPG werden die materiellen Maßstäbe für die Bewertung und für die Berücksichtigung nicht verändert. Der Verweis führt nicht zu einer unterschiedlichen Auslegung fachgesetzlicher Zulassungsvoraussetzungen, kann aber bei Abwägungs- und Ermessensentscheidungen eine Rolle spielen.

4480 Über das Ergebnis der Bewertung ist die Öffentlichkeit nach den Vorschriften des Bundes oder der Länder über den Zugang zu **Umweltinformationen** (§ 10 II 1 Nr. 5 und 6 sowie

[249] Entwurf UVPVwV 2023 Nr. 16.1.5.
[250] Entwurf UVPVwV 2023 Nr. 16.1.5.
[251] Entwurf UVPVwV 2023 Nr. 16.1.5.

Satz 2 UIG) aktiv zu unterrichten. Da die begründete Bewertung Teil der Begründung der Zulassungsentscheidung ist (§ 26 I 1 Nr. 3c UVPG), genügt zur Erfüllung der Pflicht zur Unterrichtung der Öffentlichkeit nach § 10 II 2 und III 2 UIG oder den entsprechenden Vorschriften des Landesrechts die Zugänglichmachung des Zulassungsbescheids im UVP-Portal nach § 27 I 2 UVPG iVm § 20 UVPG.

Bei der Entscheidung über die Zulassung des Vorhabens müssen die zusammenfassende Darstellung und die begründete Bewertung gem. § 25 III UVPG nach Einschätzung der zuständigen Behörde **hinreichend aktuell** sein. Die zusammenfassende Darstellung und begründete Bewertung sind dann nicht mehr hinreichend aktuell, wenn sich die tatsächlichen oder rechtlichen Umstände zwischenzeitlich so verändert haben, dass diese Unterlagen für die Zulassungsentscheidung keine tragfähige Entscheidungsgrundlage mehr bieten. Zum **Artenschutz** wird vertreten, Datenbestände seien in der Regel dann hinreichend aktuell, wenn die Erhebungen im Gelände nicht länger als fünf Jahre zurückliegen und nach Durchführung von Geländearbeiten keine erheblichen Veränderungen des Standortes oder der anthropogenen Einflüsse eingetreten sind. Als Leitlinie kann es nach Ansicht des BVerwG sinnvoll sein, die Tauglichkeit der Datengrundlage an einer zeitlichen Grenze auszurichten. Eine solche Grenze kann aber nur einen allgemeinen Anhalt bieten. Die Aktualität der Datengrundlage ist nach Maßgabe praktischer Vernunft unter Berücksichtigung der jeweiligen Einzelfallumstände zu beurteilen. Bei einem großflächigen Untersuchungsgebiet kann die Aktualisierung von Datenbeständen in einem Teilgebiet auch Rückschlüsse auf die Verlässlichkeit älterer Daten für ein anderes Teilgebiet zulassen; eine fortlaufende Aktualisierung aller Bestandsdaten kann nicht verlangt werden.[252] 4481

Nach § 4 I 1 Nr. 1 a UmwRG kann die Aufhebung der Zulassung verlangt werden, wenn eine erforderliche UVP weder durchgeführt noch nachgeholt worden ist. Fraglich ist, ob das Fehlen einer begründeten Bewertung der Umweltauswirkungen bzw. eine mangelnde Berücksichtigung des Ergebnisses der Bewertung bei der Entscheidung über die Zulässigkeit des Vorhabens einen derart schwerwiegenden Mangel darstellt, dass man davon ausgehen muss, dass eine UVP gar nicht durchgeführt worden ist. Das ist zu bejahen, wenn es tatsächlich an einer begründeten Bewertung der Umweltauswirkungen vollständig fehlt bzw. wenn das Ergebnis dieser Bewertung bei der Entscheidung über die Zulässigkeit des Vorhabens vollständig ausgeblendet worden ist. Gem. § 4 I b 3 UmwRG kann das Gericht auf Antrag anordnen, dass die Verhandlung bis zur Heilung von Verfahrensfehlern im Sinne von § 4 I und Ia UmwRG ausgesetzt wird, soweit dies im Sinne der Verfahrenskonzentration sachdienlich ist. Voraussetzung dafür ist, dass eine Heilung im ergänzenden Verfahren möglich ist. Eine Aussetzung des gerichtlichen Verfahrens nach § 4 Ib 3 UmwRG ist auch dann zweifelhaft, wenn man die in Rede stehenden Mängel nicht als Verfahrensfehler, sondern als materielle Mängel der Zulassung ansieht. Dies liegt jedenfalls für die fehlende Berücksichtigung der begründeten Bewertung der Umweltauswirkungen bei der Zulassungsentscheidung nicht fern. Geht man von einem materiell-rechtlichen Mangel aus, stellt sich die Frage, ob § 4 A Ib 3 UmwRG auf einem solchen Mangel anwendbar ist, weil sich die Vorschrift nach ihrem Wortlaut jedenfalls nur auf die Heilung von Verfahrensfehlern bezieht. Das ist zweifelhaft. Gem. § 4 Abs. 1b Satz 3 UmwRG kann das Gericht auf Antrag anordnen, dass die Verhandlung bis zur Heilung von Verfahrensfehlern im Sinne von § 4 Abs. 1 und 1 a UmwRG ausgesetzt wird, soweit dies im Sinne der Verfahrenskonzentration sachdienlich ist. Voraussetzung dafür ist, dass eine Heilung im ergänzenden Verfahren möglich ist. Eine Aussetzung des gerichtlichen Verfahrens nach § 4 Ib 3 UmwRG ist auch dann zweifelhaft, wenn man die in Rede stehenden Mängel nicht als Verfahrensfehler, sondern als materielle Mängel der Zulassung ansieht. Dies liegt jedenfalls für die fehlende Berücksichtigung der begründeten Bewertung der Umweltauswirkungen bei der Zulassungsentscheidung nicht fern. Geht man von einem materiell-rechtlichen Mangel aus, stellt sich die Frage, ob § 4 Ib 3 UmwRG auf einem solchen Mangel anwendbar ist, weil sich die Vorschrift nach ihrem Wortlaut jedenfalls nur auf die Heilung von Verfahrensfehlern bezieht. Das ist zweifelhaft. 4482

Ist die begründete Bewertung der Umweltauswirkungen nicht unterblieben, sondern lediglich unzureichend, dann handelt es sich um einen relativen Verfahrensfehler im Sinne von § 4 I a UmwRG. Dieser Mangel führt gemäß § 4 I b Satz 1 UmwRG nur dann zur Aufhebung der Zulassungsentscheidung, wenn der Mangel nicht durch eine Entscheidungsergänzung oder 4483

[252] BVerwG Urt. v. 9.2.2017 – 7 A 2/15, juris Rn. 149; OVG Münster Beschl. v. 29.11.2017 – 8 B 663/17, juris Rn. 18.

ein ergänzendes Verfahren behoben werden kann. Außerdem ist § 46 VwVfG anzuwenden. Lässt sich durch das Gericht nicht aufklären, ob die mangelhafte Bewertung der Umweltauswirkungen die Zulassungsentscheidung beeinflusst hat, wird nach § 4 Ia 2 UmwRG eine Beeinflussung vermutet. Nichts anderes gilt für die unzureichende Berücksichtigung der begründeten Bewertung der Umweltauswirkungen bei der Zulassungsentscheidung. Auch dabei handelt es sich – im Gegensatz zu dem vollständigen Fehlen einer solchen Berücksichtigung – um einen relativen Verfahrensfehler, der nur dann zur Aufhebung der Zulassungsentscheidung führt, wenn dieser Mangel nicht durch eine Entscheidungsergänzung oder durch ein ergänzendes Verfahren behoben werden kann.

4484 **l) Inhalt des Bescheids.** § 26 UVPG enthält Vorgaben für den Mindestinhalt des Bescheids über die Zulassung oder die Ablehnung des Vorhabens. Die UVP-Änderungsrichtlinie 2014 bestimmt erstmalig inhaltliche Anforderungen an diese Entscheidung überlässt diese damit nicht mehr den Mitgliedstaaten. Das führt im deutschen Recht zwar nicht zu fundamentalen Veränderungen, weil sich bereits aus § 39 I 2 VwVfG ergibt, dass in die Begründung eines solchen Bescheids die wesentlichen rechtlichen und tatsächlichen Gründe der Behördenentscheidung mitzuteilen sind.[253] Allerdings stellt sich schon die Frage, warum der Gesetzgeber es für notwendig gehalten hat, ausdrücklich vorzuschreiben, dass in dem Bescheid die umweltbezogenen Nebenbestimmungen aufzunehmen sind, sofern sie mit der Zulassungsentscheidung verbunden sind. Denn es dürfte auch unabhängig von einer solchen Regelung im deutschen Recht unzweifelhaft sein, dass sämtliche Nebenbestimmungen zu einem Verwaltungsakt, seien sie umweltbezogen oder nicht, in dem Genehmigungsbescheid aufgenommen werden müssen. Nebenbestimmungen eines Verwaltungsakts sind Bestandteile dieses Verwaltungsakts, die von dessen Hauptregelung abhängen und mit dieser Hauptregelung aufgrund einer einheitlichen Behördenentscheidung erlassen werden. Dementsprechend ist eine solche Regelung im UVPG überflüssig; sie dient offenbar lediglich dem Beleg, dass die UVP-Änderungsrichtlinie vollständig umgesetzt worden ist. § 26 III UVPG verweist im Übrigen für den Inhalt des Bescheids auf die einschlägigen fachrechtlichen Vorschriften. Es muss also auch in diesem Zusammenhang immer auch das Verfahrensrecht des Fachrechts beachtet werden. Diese ständige Doppelgleisigkeit der Verfahrensanforderungen ist für den Adressaten dieser Regelungen unpraktikabel.

4485 **m) Bekanntmachung des Bescheids.** Die zuständige Behörde hat in entsprechender Anwendung des § 74 V 2 VwVfG die Entscheidung zur Zulassung oder Ablehnung des Vorhabens öffentlich bekannt zu machen sowie in entsprechender Anwendung des § 74 IV 2 VwVfG den Bescheid zur Einsicht auszulegen. § 20 UVPG gilt hierfür entsprechend. Soweit der Bescheid geheimhaltungsbedürftige Angaben im Sinne von § 23 II UVPG enthält, sind die entsprechenden Stellen unkenntlich zu machen (§ 27 I UVPG).

4486 Abweichend davon kann nach § 27 II UVPG in einem Verfahren nach § 18 II UVPG die Öffentlichkeit in einem geeigneten Publikationsorgan über das Ergebnis des Verfahrens unterrichtet werden und das Ergebnis des Verfahrens mit Begründung und einer Information über Rechtsbehelfe kann entsprechend dem in § 19 II 2 UVPG geregelten Verfahren öffentlich ausgelegt werden.

4487 **n) Teilzulassungen.** In Verfahren zur Vorbereitung eines Vorbescheids und zur Erteilung einer ersten Teilgenehmigung oder einer sonstigen ersten Teilzulassung hat sich die Umweltverträglichkeitsprüfung vorläufig auf die nach dem jeweiligen Planungsstand erkennbaren Umweltauswirkungen des Gesamtvorhabens zu erstrecken und abschließend auf die Umweltauswirkungen, die Gegenstand der Teilzulassung sind. Dem jeweiligen Umfang der Umweltverträglichkeitsprüfung ist bei der Unterrichtung über den Untersuchungsrahmen und beim UVP-Bericht Rechnung zu tragen.

4488 Bei weiteren Teilzulassungen soll nach § 29 II UVPG die Umweltverträglichkeitsprüfung auf zusätzliche erhebliche oder andere erhebliche Umweltauswirkungen des Vorhabens beschränkt werden. Absatz 1 gilt entsprechend. Ist für ein Vorhaben bereits eine Teilzulassung nach § 29 UVPG erteilt worden, so ist nach § 30 I 1 UVPG im Verfahren zur Erteilung der Zulassung oder weiterer Teilzulassungen eine erneute Beteiligung der Öffentlichkeit erforderlich. Sie ist jedoch auf den Gegenstand der weiteren Teilzulassung zu beschränken. Hierauf weist die zuständige Behörde in der Bekanntmachung hin. Die zuständige Behörde kann nach § 30 II 1 UVPG von einer erneuten Beteiligung der Öffentlichkeit absehen, soweit zusätzliche erheb-

[253] Kümper in Schink/Reidt/Mitschang, UVPG/UmwRG, 2023 § 26 Rn. 3; Beckmann in Beckmann/Kment, UVPG/UmwRG, 2023, § 26 Rn. 10.

liche oder andere erhebliche Umweltauswirkungen nicht zu besorgen sind. Dies ist insbesondere dann der Fall, wenn solche Umweltauswirkungen durch die vom Vorhabenträger vorgesehenen Vorkehrungen ausgeschlossen werden.

o) Zulassung durch mehrere Behörden. Bedarf ein Vorhaben der Zulassung durch mehrere Landesbehörden, so bestimmen die Länder nach § 31 I UVPG eine **federführende Behörde**. Die federführende Behörde ist nach § 31 II 1 UVPG zumindest für folgende Aufgaben zuständig: 1. die Feststellung der UVP-Pflicht (§ 5 UVPG), 2. die Unterrichtung über den Untersuchungsrahmen (§ 15 UVPG), 3. die Erarbeitung der zusammenfassenden Darstellung (§ 24 UVPG), 4. die Benachrichtigung eines anderen Staates (§ 54 UVPG), 5. die grenzüberschreitende Behördenbeteiligung (§ 55 I bis IV und VI UVPG) und 6. die grenzüberschreitende Öffentlichkeitsbeteiligung (§ 56 UVPG). 4489

Die Länder können der federführenden Behörde nach § 31 II 2 UVPG weitere verfahrensrechtliche Zuständigkeiten übertragen. Die federführende Behörde nimmt ihre Aufgaben im Zusammenwirken zumindest mit denjenigen Zulassungsbehörden und mit derjenigen für Naturschutz und Landschaftspflege zuständigen Behörde wahr, deren Aufgabenbereich durch das Vorhaben berührt wird. Sie erfüllt diese Aufgaben nach den Verfahrensvorschriften, die für die Umweltverträglichkeitsprüfung in dem von ihr durchzuführenden Zulassungsverfahren gelten (§ 31 II 3 und 4 UVPG). 4490

Bedarf ein Vorhaben einer Genehmigung nach dem **Atomgesetz** sowie einer Zulassung durch eine oder mehrere weitere Behörden und ist eine der zuständigen Behörden eine Bundesbehörde, so ist die atomrechtliche Genehmigungsbehörde federführende Behörde. Sie ist neben den in § 31 II 1 UVPG genannten Aufgaben auch für die Beteiligung der Öffentlichkeit (§§ 18 und 19 UVPG) zuständig (§ 31 III UVPG). 4491

Wird über die Zulässigkeit eines Vorhabens im Rahmen mehrerer Verfahren entschieden, so wird gem. § 31 IV UVPG eine **gemeinsame zusammenfassende Darstellung** nach § 24 für das gesamte Vorhaben erstellt. Auf der Grundlage der zusammenfassenden Darstellung nehmen die Zulassungsbehörden eine **Gesamtbewertung der Umweltauswirkungen** des Vorhabens vor und berücksichtigen nach § 25 II UVPG die Gesamtbewertung bei den Zulassungsentscheidungen. Die federführende Behörde stellt das Zusammenwirken der Zulassungsbehörden sicher. 4492

p) Verbundene Prüfverfahren. Für ein Vorhaben, das einzeln oder im Zusammenwirken mit anderen Vorhaben, Projekten oder Plänen geeignet ist, ein Natura 2000-Gebiet erheblich zu beeinträchtigen, wird die Verträglichkeitsprüfung nach § 34 I BNatSchG im Verfahren zur Zulassungsentscheidung des Vorhabens vorgenommen. Die Umweltverträglichkeitsprüfung kann mit der Prüfung nach Satz 1 und mit anderen Prüfungen zur Ermittlung oder Bewertung von Umweltauswirkungen verbunden werden. 4493

III. Plan-UP-RL

Im Anschluss an die Projekt-UVP-RL 1985 und die UVP-Änderungsrichtlinie 1997, die sich auf Projekte beziehen (Projekt-UVP) ist durch die Richtlinie 2001/42/EG des Europäischen Parlaments und des Rates vom 27. Juni 2001 über die Prüfung der Umweltauswirkungen bestimmter Pläne und Programme (Plan-UP-RL)[254] eine Umweltprüfung für Pläne und Programme eingeführt worden, die auch als „Strategische Umweltprüfung (SUP) bezeichnet wird. 4494

1. Europarechtliche Vorgaben

Art. 1 SUP-RL „Ziele" enthält die Zielsetzung der Richtlinie, durch Einführung einer Umweltprüfung dazu beizutragen, dass Umwelterwägungen bei der Ausarbeitung und Annahme von Plänen und Programmen einbezogen werden. Art. 2 SUP-RL „Begriffsbestimmungen" bezeichnet näher, was im Sinne der Richtlinie unter „Pläne und Programme", „Politiken", „Umweltprüfung", „Umweltbericht" und „Öffentlichkeit" zu verstehen ist. Art. 3 SUP-RL regelt den „Geltungsbereich" der Richtlinie. Absatz 2 legt fest, welche Pläne und Programme potenziell so umweltgefährdend sind, dass sie zwingend einer Umweltprüfung nach der Richtlinie zu unterziehen sind, während die Absätze 3 und 4 „weichere" Screening-Bestimmungen 4495

[254] SUP- Richtlinie des Europäischen Parlamentes und des Rates vom 27.6.2001 über die Prüfung der Umweltauswirkungen bestimmter Pläne und Programme ABl. vom 21.7.2001, Nr. L 197, S. 30.

für nur unter Umständen prüfungspflichtige Pläne und Programme enthalten. Art. 3 V SUP-RL regelt in Verbindung mit Anhang II die Frage, auf welche Weise die Mitgliedstaaten im nationalen Recht für die unter Absatz 3 und 4 fallenden Pläne und Programme festlegen bzw. ermitteln können, ob insofern erhebliche Umweltauswirkungen zu befürchten sind. Die Kriterien des Anhangs II müssen hierbei in jedem Fall berücksichtigt werden. In den Artikeln 4 bis 9 SUP-RL ist das eigentliche Verfahren, die Umweltprüfung, geregelt. Kern des Verfahrens ist die Erstellung eines Umweltberichts (Art. 5 SUP-RL), in dem die Umweltauswirkungen ermittelt, beschrieben und bewertet werden müssen. Anhang I legt fest, welche Informationen zu diesem Zweck vorzulegen sind, ua die Nullvarianten- und Alternativenprüfung. Dem Anhang I der SUP-RL kommt in inhaltlich-methodischer Hinsicht besondere Bedeutung zu, weil hier die Inhalte von Umweltberichten rahmensetzend vorgegeben werden.[255] Die Öffentlichkeits- und Behördenbeteiligung ist im Wesentlichen in den Art. 6 SUP-RL „Konsultationen" und Art. 7 SUP-RL „Grenzüberschreitende Behördenbeteiligung" geregelt. Art. 10 SUP-RL regelt die Überwachung („Monitoring") der Umweltauswirkungen bei der Durchführung der Programme und Pläne durch die Mitgliedstaaten und in Art. 11 SUP-RL wird das Verhältnis der Richtlinie zu anderen Rechtsakten der EU, insbesondere zur UVP-RL, festgelegt. Deren Anforderungen müssen zwar gleichwohl erfüllt werden (Absatz 1), es wird aber die Möglichkeit eingeräumt, koordinierte oder gemeinsame Verfahren zur Erfüllung der einschlägigen Rechtsvorschriften vorzusehen, um Mehrfachprüfungen zu vermeiden (Absatz 2). Nach Art. 12 SUP-RL tauschen die Mitgliedstaaten und die Kommission Informationen über die Anwendung der Richtlinie aus Art. 13 SUP-RL enthält Bestimmungen zur Umsetzung der Richtlinie[256] und ferner eine Bestimmung, gemäß der die Mitgliedstaaten der Kommission eine Liste von Typen von Plänen und Programmen übermitteln, die sie aufgrund der Richtlinie einer Umweltprüfung unterziehen.

4496 Die SUP-RL soll dazu beitragen, in der Europäischen Union ein **hohes Umweltschutzniveau** sicherzustellen. Sie soll bewirken, dass Umwelterwägungen bei der Ausarbeitung und Annahme von Plänen und Programmen angemessen Rechnung getragen werden. Hierzu sollen bestimmte Pläne und Programme, die voraussichtlich erhebliche Umweltauswirkungen haben, einer Strategischen Umweltprüfung unterzogen werden. Dadurch soll gewährleistet werden, dass derartige Auswirkungen bei der Ausarbeitung und vor der Annahme der Pläne und Programme im erforderlichen Maße berücksichtigt werden. Dem Erwägungsgrund 5 der SUP-RL zufolge soll die Strategische Umweltprüfung den Unternehmen zugutekommen, da mit ihr über die frühzeitige Berücksichtigung von Umweltbelangen mehr Planungssicherheit geschaffen wird. Außerdem soll die „Einbeziehung eines breiteren Spektrums von Faktoren bei der Entscheidungsfindung zu nachhaltigeren und wirksameren Lösungen beitragen". Eine Strategische Umweltprüfung soll daher bereits bei der Aufstellung von Plänen und Programmen und nicht erst in den anschließenden Zulassungsverfahren für konkrete Vorhaben durchgeführt werden. Für die Zulassungsebene soll aber weiterhin das Instrument der UVP nach Maßgabe der UVP-RL und der UVP-Änd-Richtlinie angewendet werden.

4497 Der **Gegenstand der UVP** lässt sich Art. 3 der UVP-RL entnehmen: „Die Umweltverträglichkeitsprüfung identifiziert ... Auswirkungen eines Projekts auf folgende Faktoren: Mensch, Fauna, Flora, Boden, Wasser, Luft, Klima und Landschaft. Die Wechselwirkung zwischen den unter dem ersten und dem zweiten Gedankenstrich genannten Faktoren, Sachgüter und das kulturelle Erbe." Durch die UVP-Änd-Richtlinie 1997 sind diese Faktoren aufgewertet worden, indem nunmehr die Reihenfolge lautet: Mensch, Fauna, Flora, Boden, Wasser, Luft, Klima und Landschaft, Sachgüter und kulturelles Erbe. Die Wechselwirkung zwischen den unter dem ersten, dem zweiten und dem dritten Gedankenstrich genannten Faktoren.

4498 Die SUP-RL knüpft an die Projekt-UVP-RL an. Deshalb die Annahme berechtigt, dass die Richtlinien einen identischen Umweltbegriff zugrunde legen. Das wird auch durch den Anhang I der SUP-RL bestätigt, der die Informationen des Umweltberichts aufführt. Hier werden die umweltrelevanten Auswirkungen wie folgt benannt: „Die Informationen, die gemäß Art. 5 I nach Maßgabe von Art. 5 II und III vorzulegen sind, umfassen ... die voraussichtlichen erheblichen Umweltauswirkungen,[257] einschließlich auf Aspekte wie die biologische Vielfalt,

[255] Jacoby UVP-Report 2001, S. 28.

[256] Die Umsetzungsfrist ist auf Druck des Rates von 2 auf 3 Jahre erhöht worden, sodass bis zum 21.7.2004 das nationale Recht angepasst werden musste.

[257] Einschließlich sekundärer, kumulativer, synergetischer, kurz-, mittel- und langfristiger, ständiger und vorübergehender, positiver und negativer Auswirkungen.

die Bevölkerung, die Gesundheit des Menschen, Fauna, Flora, Boden, Wasser, Luft, klimatische Faktoren, Sachwerte, das kulturelle Erbe einschließlich des architektonischen und archäologischen Erbes, die Landschaft und die Wechselbeziehung zwischen den genannten Faktoren."

Ziel der **SUP-RL** ist es, im Hinblick auf die Förderung einer nachhaltigen Entwicklung ein hohes Umweltschutzniveau sicherzustellen und dazu beizutragen, dass Umwelterwägungen bei der Ausarbeitung und Annahme von Plänen und Programmen einbezogen werden, indem dafür gesorgt wird, dass bestimmte Pläne und Programme, die voraussichtlich erhebliche Umweltauswirkungen haben, einer Umweltprüfung unterzogen werden (Art. 1 SUP-RL).[258] **4499**

Die SUP-RL versteht unter **„Plänen"** und **„Programmen"** Pläne und Programme, einschließlich der von der Europäischen Gemeinschaft mitfinanzierten, sowie deren Änderungen, die von einer Behörde auf nationaler, regionaler oder lokaler Ebene ausgearbeitet und/oder angenommen werden oder die von einer Behörde für die Annahme durch das Parlament oder die Regierung im Wege eines Gesetzgebungsverfahrens ausgearbeitet werden und die auf Grund von Rechts- oder Verwaltungsvorschriften erstellt werden müssen (Art. 2 a SUP-RL). Auch bei einem Sofortprogramm iSd § 8 II iVm I KSG handelt es sich um einen Plan bzw. ein Programm im Sinne des § 2 VII UVPG. Denn Pläne und Programme in diesem Sinne sind gem. § 2 VII 1 Nr. 2 UVPG auch solche bundesrechtlich oder durch Rechtsakte der Europäischen Union vorgesehenen Pläne oder Programme, die „von einer Behörde zur Annahme durch eine Regierung oder im Wege eines Gesetzgebungsverfahrens ausgearbeitet werden". Um ein solches Programm handelt es sich bei dem auf die Vorlage der nach § 4 IV KSG zuständigen Bundesministerien als den ausarbeitenden Behörden hin von der Bundesregierung zu beschließenden Programm mit Sofortmaßnahmen, die die Einhaltung der Jahresemissionsmengen im Gebäude- und Verkehrssektor für die auf eine Überschreitung folgenden Jahre sicherstellen sollen.[259] **4500**

Auch die **Abweichung von Zielen der Raumordnung** nach § 6 II ROG ist ein „Plan oder Programm" im Sinne von § 2 VII UVPG. Der Begriff lehnt sich, so das BVerwG, an den weiten Planbegriff der Plan-UVP-RL 2001/42/EG an. Nach der Rechtsprechung des EuGH schließe der Begriff „Pläne und Programm"" im Sinne der SUP-Richtlinie nicht nur ihre Ausarbeitung, sondern auch ihre Änderung, einschließlich geringfügiger Änderungen, ein. Er umfasse auch Rechtsakte, die es, ohne einen Plan oder ein Programm zu ändern, gleichwohl erlaubten, von bestimmten Teilen des durch diesen Plan oder dieses Programm gesetzten Rahmens für die künftige Genehmigung von UVP-pflichtigen Projekten abzuweichen. Sie müssten zudem zumindest für die im Bereich der Erteilung von Projektgenehmigungen zuständigen Behörden verbindlich sein.[260] Weder die Anlage 5 zum UVPG noch das Raumordnungsgesetz oder landesrechtliche Vorschriften bestimmten für die Zielabweichung allerdings eine SUP-Pflicht oder eine Vorprüfungspflicht. Das sei unionsrechtlich unbedenklich. Die SUP-Richtlinie zwinge nicht dazu, für alle Pläne und Programme die Durchführung einer formalisierten Umweltprüfung oder Vorprüfung anzuordnen. Durch eine Auslegung des § 6 II 1 ROG aF, die auch die unionsrechtliche Prägung des Raumordnungsrechts in den Blick nehme, könne sichergestellt werden, dass eine Zielabweichung nur in den Fällen zugelassen werde, in denen die SUP-RL keine Umweltprüfung verlange.[261] **4501**

Das wird vom BVerwG weiter folgendes erläutert: Die SUP-RL verfolge das Ziel, im Hinblick auf die Förderung einer nachhaltigen Entwicklung ein hohes Umweltschutzniveau sicherzustellen und dazu beizutragen, dass Umwelterwägungen bei der Ausarbeitung und Annahme von Plänen und Programmen einbezogen würden. Zu diesem Zweck bestimme Art. 3 I SUP-RL, dass die unter Art. 3 II bis IV SUP-RL fallenden Pläne und Programme, die **4502**

---

258 Zur Entstehungsgeschichte Entwurf für eine Richtlinie über die Umweltverträglichkeitsprüfung bei Politiken, Plänen und Programmen vom 16.8.1990, Vorlage der Kommission an den Rat, XII/194/90-DE; Wagner UVP-Report 1991, S. 98 f.; Entwurf für eine Richtlinie über die Umweltverträglichkeitsprüfung bei Politiken, Plänen und Programmen vom 4.6.1991, Vorlage der Kommission an den Rat, XI/194/90-DE.REV.4, S. 2; Entwurf einer Richtlinie zur strategischen Umweltprüfung vom 7.4.1995 (überarbeiteter Entwurf vom 19.5.1995); Wagner UVP-Report 1995, S. 166 ff; Kläne Strategische Umweltprüfung (SUP) in der Bauleitplanung, Osnabrück 2002.

259 OVG Berlin-Brandenburg NVwZ 2024, 598.

260 BVerwG Urt. v. 28.9.2023 – 4 C 6/21, juris Rn. 19 unter Bezugnahme auf EuGH Urt. v. 9.3.2023 – C-9/22, Rn. 38 ff. und 48.

261 BVerwG Urt. v. 28.9.2023 – 4 C 6/21, juris Rn. 21.

voraussichtlich erhebliche Umweltauswirkungen hätten, einer Umweltprüfung nach Art. 4 bis 9 SUP-RL unterzogen würden. Für Pläne und Programme nach Art. 3 III und IV SUP-RL bestimmten die Mitgliedstaaten, ob diese voraussichtlich erhebliche Umweltauswirkungen hätten. Diese Entscheidung hätten die Mitgliedstaaten gemäß Art. 3 V 1 SUP-RL entweder durch Einzelfallprüfung oder durch Festlegung von Arten von Plänen und Programmen oder durch eine Kombination dieser beiden Ansätze zu treffen. Sie müssten in jedem Fall die einschlägigen Kriterien des Anhangs II berücksichtigen, um sicherzustellen, dass Pläne und Programme, die voraussichtlich erhebliche Umweltauswirkungen haben würden, von der Richtlinie erfasst würden. Bei der Umsetzung dieser Vorgaben sei den Mitgliedstaaten ein begrenzter Ermessensspielraum eingeräumt. Die Mitgliedstaaten müssten sicherstellen, dass sämtliche Pläne und Programme, die voraussichtlich erhebliche Umweltauswirkungen haben würden, einer Umweltprüfung unterzogen würden. Während die Erreichung des in Art. 3 I SUP-RL normierten Ziels strikt vorgegeben sei, können die Mitgliedstaaten bei den Modalitäten, mit denen dieses Ziel erreicht werden soll, eine Auswahl unter den in der Richtlinie aufgezählten Varianten – Einzelfallprüfung, Artfestlegung oder Kombination von beiden – treffen. Durch die nach Art. 3 V SUP-RL gewählten Mechanismen müsse gewährleistet sein.[262]

4503 § 6 II 1 ROG trage dem mit dem Tatbestandsmerkmal der „Grundzüge der Planung" Rechnung, das materiell-rechtlich eine Einzelfallprüfung iSv. Art. 3 V SUP-RL umfasse. Auf diese Weise sei sichergestellt, dass eine Zielabweichung nur dann zugelassen werde, wenn voraussichtlich erhebliche Umweltauswirkungen ausgeschlossen seien. Der Regelungssystematik der §§ 7, 8 ROG liege die Annahme zugrunde, dass voraussichtlich erhebliche Umweltauswirkungen ein Planungsbedürfnis begründen würden, dessen Bewältigung dem zuständigen Plangeber im dafür vorgesehenen Verfahren vorbehalten sei. Gemäß § 7 II 1 ROG seien bei der Aufstellung der Raumordnungspläne die öffentlichen und privaten Belange, soweit sie auf der jeweiligen Planungsebene erkennbar und von Bedeutung seien, gegeneinander und untereinander abzuwägen. In der Abwägung sei das Ergebnis der vorangehenden Umweltprüfung, in der die voraussichtlichen erheblichen Auswirkungen auf die Umweltbelange zu ermitteln und in einem Umweltbericht frühzeitig zu beschreiben und zu bewerten seien, zu berücksichtigen (§ 7 II 2 ROG). Danach obliege es dem Plangeber, bei der Bestimmung der Grundzüge der Planung – insbesondere der Festlegung von Zielen nach § 3 I Nr. 2 ROG – zugleich die Umweltauswirkungen planerisch zu bewältigen. Dieser Zusammenhang komme auch in § 8 II ROG zum Ausdruck. Hiernach könne selbst bei geringfügigen Planänderungen nur dann von einer Umweltprüfung abgesehen werden, wenn durch eine überschlägige Prüfung unter Berücksichtigung der in Anlage 2 genannten Kriterien festgestellt würde, dass sie voraussichtlich keine erheblichen Umweltauswirkungen haben werden. Daraus folge, dass die Grundzüge der Planung auch dann berührt sind, wenn voraussichtlich erhebliche Umweltauswirkungen durch die Zielabweichung nicht ausgeschlossen werden könnten, die auf dieser Planungsebene erkennbar seien (§ 7 II 1 ROG) und bei der planerischen Entscheidung über den Raumordnungsplan nicht berücksichtigt würden. Diese Prüfung sei von der für die Zielabweichung zuständigen Behörde vorzunehmen. Dabei seien die in der Anlage 2 zu § 8 II ROG genannten Kriterien entsprechend heranzuziehen. Der Umfang und die räumliche Ausdehnung der Auswirkungen (vgl. Nr. 2.4 Anlage 2 ROG) und damit auch die Größe der von der Abweichung erfassten Fläche spielten mithin ebenso eine Rolle wie ihre Bedeutung und Sensibilität (vgl. Nr. 2.5 und 2.6 Anlage 2 ROG). Maßgeblich sei ferner, um welche Art von Zielfestlegung – flächendeckend oder spezifisch – es gehe. Diene die Zielabweichung der Änderung eines spezifisch festgelegten Standorts für ein raumbedeutsames Vorhaben, würden die Grundzüge der Planung in der Regel berührt sein. § 9 V 1 ROG in der seit dem 28.9.2023 geltenden Fassung stehe der Auslegung, dass das Tatbestandsmerkmal der „Grundzüge der Planung" in § 6 II 1 ROG a. F. materiell-rechtlich auch die Prüfung voraussichtlich erheblicher Umweltauswirkungen erfasse, nicht entgegen. Die neu eingefügte Regelung solle geringfügige Planänderungen unter erleichterten Voraussetzungen, insbesondere durch eine Beschränkung der Öffentlichkeitsbeteiligung ermöglichen. Sie differenziere zwar zwischen den Grundzügen der Planung (Nr. 1) und der Vorprüfung nach § 8 II 1 ROG (Nr. 2). Der prozedurale Verweis auf die Vorprüfung in Nr. 2 stelle aber die materiell-rechtliche Verknüpfung der Grundzüge der Planung und der Umweltauswirkungen nicht in Frage.[263]

---

[262] BVerwG Urt. v. 28.9.2023 – 4 C 6/21, juris Rn. 28.

[263] BVerwG Urt. v. 28.9.2023 – 4 C 6/21, juris Rn. 32.

Die **Pläne** und **Programme**, die voraussichtlich erhebliche Umweltauswirkungen haben, werden einer Umweltprüfung nach Art. 4 bis 9 SUP unterzogen. Dabei wird die obligatorische Umweltprüfung (Art. 3 II SUP-RL) und die konditionale Umweltprüfung[264] (Art. 3 III und IV SUP-RL) unterschieden. Bei allen Plänen und Programmen, die in den Bereichen Landwirtschaft, Forstwirtschaft, Fischerei, Energie, Industrie, Verkehr, Abfallwirtschaft, Wasserwirtschaft, Telekommunikation, Fremdenverkehr, Raumordnung oder Bodennutzung ausgearbeitet werden und durch die der Rahmen für die künftige Genehmigung der in den Anhängen I und II der UVP-RL aufgeführten Projekte gesetzt wird oder bei denen angesichts der voraussichtlichen Auswirkungen auf Gebiete einer Prüfung nach Art. 6 oder 7 FFH-Richtlinie für erforderlich erachtet wird, ist eine SUP durchzuführen. Für die rahmensetzende Wirkung der Pläne ist die Steuerungswirkung von Plänen und nicht die strikte rechtliche Verbindlichkeit der Planvorgaben für die Zulassung eines UVP-Projekts entscheidend. Aus der Sicht der Kommission reicht es aus, wenn Pläne nachfolgende Zulassungsentscheidungen „beeinflussen“.[265] 4504

Die **SUP-RL** regelt die EG-rechtlichen Anforderungen der Umweltprüfung bei der Aufstellung oder Änderung von bestimmten Plänen und Programmen. Die erfassten Pläne und Programme, die Pflicht zur Durchführung einer Umweltprüfung sowie die Ausgestaltung der Umweltprüfung werden in der SUP-RL näher bestimmt. Nach Art. 3 II SUP-RL werden vor allem Pläne und Programme aus bestimmten Sachbereichen, die einen Rahmen für die künftige Zulassung von Projekten nach den Anhängen I und II der UVP-RL setzen, einer Strategischen Umweltprüfung unterzogen. Umweltprüfungspflichtig sind ferner Pläne und Programme, die gemäß FFH-RL zu prüfen sind. Bei Plänen und Programmen nach Art. 3 II der SUP-RL, die die Nutzung kleiner Gebiete auf lokaler Ebene festlegen oder die nur geringfügig geändert werden, bestimmen nach Art. 3 III bis V der SUP-RL die Mitgliedstaaten, unter welchen Voraussetzungen erhebliche Umweltauswirkungen zu erwarten sind und damit eine Strategische Umweltprüfung durchzuführen ist. Entsprechendes gilt für Pläne und Programme, die einen Rahmen für die künftige Zulassung von Projekten setzen, aber nicht unter Art. 3 II der SUP-RL fallen. 4505

Erfasst werden Pläne und Programme, die aufgrund von Rechts- oder Verwaltungsvorschriften aufgestellt werden. Nicht der Umweltprüfung unterliegen daher alle Pläne und Programme, deren Aufstellung rechtlich nicht vorgesehen ist. Dies gilt insbesondere für Pläne, die ausschließlich politischen Charakter haben. Die Aufstellungspflicht kann sich dabei auch aus der Kompetenzzuweisung des GG ergeben. Ein Beispiel dafür war etwa bis zum Inkrafttreten der Föderalismusreform die Rahmengesetzgebung des Bundes nach Art. 75 GG, auf deren Grundlage der Bund Rahmenregelungen erließ, die von den Ländern auszufüllen waren. Regelungen in diesem Bereich unterfielen bei Vorliegen der Voraussetzungen im Übrigen der SUP-Pflicht. Die ausfüllenden Regelungen selbst waren dabei von den Ländern zu erlassen. 4506

Die Behörde muss zur Ausarbeitung, Annahme oder Änderung des Plans oder Programms **verpflichtet** sein. Ob eine derartige Pflicht besteht, muss den jeweiligen Vorschriften entnommen werden. Derartige Pflichten können sich auch dann ergeben, wenn der Plan oder das Programm in den nachfolgenden Verwaltungsentscheidungen einen rechtlichen Stellenwert im Sinne eines Berücksichtigungserfordernisses hat. 4507

Beispiel: So ergibt sich etwa aus dem Bedarfsplan des Bundes die Planrechtfertigung für die in ihm benannten Vorhaben. Der Bebauungsplan ist erforderlich für die Zulässigkeit bestimmter Vorhaben und wird aus dem Flächennutzungsplan entwickelt. Derartige Pläne sind daher in das jeweilige förmliche Verfahren integriert und unterliegen daher der SUP.

Neben die **obligatorische SUP** tritt die **konditionale SUP**. Hierunter fallende Pläne und Programme, welche die Nutzung kleiner Gebiete auf lokaler Ebene festlegen, sowie geringfügige Änderungen der vorgenannten Pläne und Programme bedürfen nur dann einer Umweltprüfung, wenn die Mitgliedstaaten bestimmen, dass sie voraussichtlich erhebliche Umweltauswirkungen haben. Bei anderen, nicht unter die obligatorische Umweltprüfung fallenden Plänen und Programmen mit rahmensetzender Wirkung für die künftige Genehmigung bestimmen die Mitgliedstaaten unter Berücksichtigung der einschlägigen Kriterien des Anhangs II der SUP-RL, ob mit voraussichtlich mit erheblichen Umweltauswirkungen zu rechnen ist (Art. 3 IV SUP-RL). Dabei kann der Mitgliedstaat entweder eine Einzelfallprüfung anordnen oder 4508

[264] Jacoby UVP-Report 2000, S. 38; Bruns/Kahl NuL 2000, S. 309.

[265] Nr. 1.7 der Begründung zum KOM-E-1997 (abgedruckt in BT-Drs. 277/97, S. 3); Platzer RdU 1998, S. 3.

bestimmte Arten von Plänen und Programmen für UP-pflichtig erklären oder aber auch beide Modelle kombinieren (Art. 3 V SUP-RL).[266]

4509 Die Umweltprüfung gliedert sich nach der SUP-RL in verschiedene **Verfahrensschritte**:
- **Feststellung der Notwendigkeit einer Strategischen Umweltprüfung**: obligatorische SUP-Pflicht von Plänen und Programmen nach Art. 3 II der SUP-RL oder Vorprüfung des Einzelfalls bzw. Artfestlegung nach Art. 3 III bis VII der SUP-RL;
- **Festlegung des Untersuchungsrahmens** und Bestimmung der in den Umweltbericht aufzunehmenden Informationen **(„Scoping")** nach Art. 5 IV der SUP-RL;
- **Erstellung des Umweltberichts** nach Art. 5 I bis III der SUP-RL;
- **Konsultationen** (Behörden- und Öffentlichkeitsbeteiligung, grenzüberschreitende Beteiligung) nach Art. 6 und 7 der SUP-RL;
- **Berücksichtigung** des Umweltberichts und der Ergebnisse durchgeführter Konsultationen bei der weiteren **Entscheidungsfindung** nach Art. 8 der SUP-RL;
- **Bekanntgabe der Entscheidung** nach Art. 9 der SUP-RL;
- Überwachung **(„Monitoring")** nach Art. 10 der SUP-RL.

4510 Die SUP-RL verfolgt gemäß Art. 1 das Ziel, im Hinblick auf die Förderung einer nachhaltigen Entwicklung ein hohes Umweltschutzniveau sicherzustellen und dazu beizutragen, dass Umwelterwägungen bei der Ausarbeitung und Annahme von Plänen und Programmen einbezogen werden. Zu diesem Zweck bestimmt Art. 3 I SUP-RL, dass die unter Art. 3 II bis IV SUP-RL fallenden Pläne und Programme, die voraussichtlich erhebliche Umweltauswirkungen haben, einer Umweltprüfung nach Art. 4 bis 9 SUP-RL unterzogen werden. Während Art. 3 II SUP-RL Pläne und Programme zum einen anhand der UVP-Pflichtigkeit der damit ermöglichten Projekte (Art. 3 II a SUP-RL) und zum anderen anhand der Erforderlichkeit einer Prüfung nach Maßgabe der FFH-RL (Art. 3 II b SUP-RL) bezeichnet, die grundsätzlich einer Umweltprüfung unterzogen werden müssen, ist gemäß dem Vorbehalt nach Art. 3 III SUP-RL eine Umweltprüfung bei Plänen und Programmen der vorgenannten Art, die lediglich die Nutzung kleiner Gebiete auf lokaler Ebene festlegen oder nur geringfügige Änderungen vorsehen, nur dann erforderlich, wenn die Mitgliedstaaten bestimmen, dass sie voraussichtlich erhebliche Umweltauswirkungen haben.[267] Entsprechendes gilt nach Art. 3 IV SUP-RL für andere Pläne und Programme. Sowohl bei Plänen und Programmen nach Art. 3 III als auch bei solchen nach IV SUP-RL haben die Mitgliedstaaten diese Entscheidung gemäß Art. 3 V 1 SUP-RL entweder durch Einzelfallprüfung oder durch Festlegung von Arten von Plänen und Programmen oder durch eine Kombination dieser beiden Ansätze zu treffen. Sie müssen in jedem Fall die einschlägigen Kriterien des Anhangs II berücksichtigen, um sicherzustellen, dass Pläne und Programme, die voraussichtlich erhebliche Umweltauswirkungen haben, von der Richtlinie erfasst werden (Art. 3 V 2 SUP-RL).[268]

4511 Bei der Umsetzung dieser Vorgaben ist den Mitgliedstaaten ein Ermessensspielraum eingeräumt. Dieses Ermessen ist jedoch eingeschränkt. In der Sache müssen die Mitgliedstaaten sicherstellen, dass sämtliche Pläne und Programme, die voraussichtlich erhebliche Umweltauswirkungen haben, einer Umweltprüfung unterzogen werden.[269] Während die Erreichung des in Art. 3 I SUP-RL normierten Ziels strikt vorgegeben ist, können die Mitgliedstaaten bei den Modalitäten, mit denen dieses Ziel erreicht werden soll, eine Auswahl unter den in der Richtlinie aufgezählten Varianten – Einzelfallprüfung, Artfestlegung oder Kombination von beiden – treffen. Wenn durch die in Art. 3 V SUP-RL genannten Mechanismen gewährleistet sein soll, dass kein Plan, der voraussichtlich erhebliche Umweltauswirkungen hat, der Umweltprüfung entzogen wird, sind für die Artfestlegung strenge Maßstäbe zu beachten. Diese sind nur dann gewahrt, wenn angesichts der nach Maßgabe der einschlägigen Kriterien nach Art. 3 V 2 SUP-RL iVm Anhang II der Richtlinie für die Art des Plans geltenden qualitativen Voraussetzungen davon auszugehen ist, dass erhebliche Umweltauswirkungen „a priori", dh von vornherein, nicht eintreten werden.[270] Bei der Artfestlegung muss danach durch die – weite und umfassende – Umschreibung der Voraussetzungen gewährleistet sein, dass für jeden mög-

[266] Kläne Strategische Umweltprüfung (SUP) in der Bauleitplanung, Osnabrück 2002.
[267] Siehe dazu BVerwG NVwZ 2023, 1652 = juris Rn. 11.
[268] BVerwG NVwZ 2023, 1652 = juris Rn. 11.
[269] BVerwG NVwZ 2023, 1652 = juris Rn. 12; EuGH, Urt. v. 22.9.2011 – C-295/10 Rn. 46, 53; Urt. v. 10.9.2015 – C-473/14, Rn. 47; Urt. v. 21.12.2016 – C-444/15, Rn. 53.
[270] BVerwG NVwZ 2023, 1652 = juris Rn. 12 unter Verweis auf EuGH Urt. v. 18.4.2013 – C-463/11, Rn. 39.

lichen Einzelfall erhebliche Umweltauswirkungen durch den Plan ausgeschlossen sind. Eine Artfestlegung, mit der das Ziel des Art. 3 I SUP-RL lediglich im Wege einer typisierenden bzw. pauschalierenden Betrachtungsweise, dh im Allgemeinen und regelhaft, aber zugleich verbunden mit der Hinnahme von Ausnahmen, erreicht wird, ist unzulänglich.[271]

§ 13b BauGB aF war mit Art. 3 I und V SUP-RL unvereinbar.[272] Der Bundesgesetzgeber hat § 13 b BauGB klarstellend förmlich aufgehoben und durch §215a BauGB ersetzt. Das BVerwG erläutert dazu, der Gesetzgeber habe sich dafür entschieden, gemäß Art. 3 V 1 Alt. 2 SUP-RL bestimmte Arten von Plänen festzulegen. Diese seien neben dem zeitlichen Anwendungsbereich der Vorschrift, der für die Beurteilung von Umweltauswirkungen von vornherein unbeachtlich sei, durch eine quantitative (Grundflächenbegrenzung) und zwei qualitative (Beschränkung auf Wohnnutzung sowie Anschluss der überplanten, im Außenbereich gelegenen Fläche an im Zusammenhang bebaute Ortsteile) Voraussetzungen gekennzeichnet. Das sei jedoch unzureichend. Denn bei den so umschriebenen Plänen könnten erhebliche Umweltauswirkungen nicht in jedem Fall ausgeschlossen werden. Der von § 13b BauGB ermöglichte Zugriff auf Außenbereichsflächen schließe auch bei einer flächenmäßig begrenzten Wohnbebauung in der Nachbarschaft zu einem im Zusammenhang bebauten Ortsteil nicht aus, dass mittels des beschleunigten Verfahrens Bebauungspläne erlassen werden könnten, die voraussichtlich erhebliche Umweltauswirkungen haben würden. Das gelte schon wegen der ganz unterschiedlichen bisherigen Nutzung der potenziell betroffenen Flächen und der Bandbreite ihrer ökologischen Wertigkeit (vgl. Anhang II der SUP-RL Nr. 1 Spiegelstrich 1, 3 und 4). So könnten etwa Wiesenflächen in ihren unterschiedlichen Erscheinungsformen (zB Feuchtwiese, Magerwiese) Lebensraum für zahlreiche Tier- und Pflanzenarten bieten und somit zur Artenvielfalt beitragen. Davon sei auch bei Streuobstwiesen und bei bewaldeten Flächen auszugehen, selbst wenn diese keinem besonderen naturschutzrechtlichen Schutzregime (§ 20 II BNatSchG) unterlägen. Der Umstand, dass sich die überplanbaren Außenbereichsflächen an einen bebauten Ortsteil anschließen müssten, führe auf kein anderes Ergebnis. Das folge schon daraus, dass die bereits vorhandene Bebauung nichts über die umweltrelevanten Eigenschaften der sich anschließenden Außenbereichsflächen aussage. Auf eine vermeintliche Prägung durch die benachbarte Bebauung und einen damit einhergehenden Verlust der Schutzwürdigkeit könne nicht abgestellt werden. Zudem könnten gerade besonders schützenswerte Flächen im Außenbereich die Grenze für eine Siedlungstätigkeit markieren. Anders als im Rahmen der von § 13a BauGB privilegierten Innenentwicklung[273] lasse sich für eine – wie von § 13b BauGB ermögliche – Außenentwicklung daher gerade keine Art von Plänen und Programmen definieren, die a priori voraussichtlich keine erheblichen Umweltauswirkungen habe. Das gelte selbst dann, wenn es sich nur um eine „kleine Fläche“ iSv Art. 3 III SUP-RL handelt. Damit könne offenbleiben, welche Anforderungen an die Erheblichkeit von Umweltauswirkungen von Plänen und Programmen zu stellen seien.[274] 4512

Die damit vom BVerwG festgestellte Unionsrechtswidrigkeit des § 13 b BauGB führte zu einer Kollision von nationalem mit Unionsrecht, die nach den Grundsätzen zum Anwendungsvorrang des Unionsrechts aufzulösen sei. Bei einem Konflikt zwischen dem Unionsrecht und dem nationalen Recht sei es Sache des nationalen Gerichts, das innerstaatliche Gesetz unter voller Ausschöpfung des Beurteilungsspielraums, den ihm das nationale Recht einräumt, in Übereinstimmung mit den Anforderungen des Unionsrechts auszulegen und anzuwenden; soweit eine solche unionsrechtskonforme Auslegung nicht möglich sei, dürfe es entgegenstehende innerstaatliche Vorschriften nicht anwenden. Eine vorrangige unionsrechtskonforme Auslegung des § 13b BauGB scheide aus. Es sei nicht Sache des Gerichts, eine eindeutige gesetzliche Regelung contra legem durch eine anderslautende zu ersetzen, um das gesetzgeberische Ziel einer Verfahrenserleichterung zu verwirklichen.[275] 4513

Der Gesetzgeber hat auf das Urteil des BVerwG durch die Einfügung des § 215a BauGB reagiert. Der § 215a BauGB regelt, dass die Gemeinden eine sog. umweltrechtliche Vorprüfung durchführen müssen. Falls diese Vorprüfung Anhaltspunkte für erhebliche Umweltauswirkungen ergibt, und nur dann, muss eine vollständige Umweltprüfung durchgeführt werden. Die sonstigen Erleichterungen des vereinfachten Verfahrens wie der Verzicht auf die frühzeitige 4514

---

[271] BVerwG NVwZ 2023, 1652 = juris Rn. 12.
[272] Siehe auch OVG Koblenz Urt. v. 13.12.2023 – 8 C 10354/22.OVG, juris Rn. 46.
[273] Siehe zu dessen Vereinbarkeit mit dem Unionsrecht EuGH Urt. v. 18.4.2013 – C-463/11, Rn. 39.
[274] BVerwG NVwZ 2023, 1652 = juris Rn. 15.
[275] BVerwG NVwZ 2023, 1652 = juris Rn. 17.

Öffentlichkeitsbeteiligung und das Absehen des Gebots der Entwicklung des Bebauungsplans aus dem Flächennutzungsplan bleiben bestehen. Die Neuregelung hält den Mehraufwand für die betroffenen Gemeinden so gering wie nach dem Europarecht möglich.[276]

4515 Um den Vorgaben der SUP-RL Rechnung zu tragen, bedarf es außerdem einer restriktiven Anwendung von § 13a BauGB, die sicherstellt, dass Pläne iSd Art. 3 III SUP-RL nur dann vom Regelerfordernis einer Umweltprüfung ausgenommen sind, wenn ihre Verwirklichung auch tatsächlich keine zusätzlichen erheblichen Umweltauswirkungen erwarten lässt.[277]

4516 Mit Beschl. v. 4.7.2023 hat das OVG Lüneburg dem EuGH die Frage vorgelegt, ob sich aus der SUP-RL und der FFH-RL ergibt, dass vor dem Erlass einer naturschutzrechtlichen Schutzgebietsverordnung eine SUP durchzuführen oder jedenfalls eine Entscheidung des Mitgliedstaats über die Durchführung einer solchen Prüfung zu treffen ist. Nach Art. 3 II b SUP-RL unterliegen Pläne und Programme, die voraussichtlich erhebliche Umweltauswirkungen haben, der Umweltprüfung, wenn bei ihnen angesichts der voraussichtlichen Auswirkungen auf die Gebiete eine Prüfung nach Art. 6 oder 7 der FFH-RL für erforderlich erachtet wird. Nach Art. 6 III FFH-RL unterliegen Pläne oder Projekte, die nicht unmittelbar mit der Verwaltung des Gebietes in Verbindung stehen oder hierfür nicht notwendig sind, die ein solches Gebiet jedoch einzeln oder in Zusammenwirken mit anderen Plänen oder Projekten erheblich beeinträchtigen können, der Pflicht zur Durchführung einer Umweltverträglichkeitsprüfung. Landschaftsschutzgebietsverordnungen enthalten ihrerseits im Interesse des Landschaftsschutzes eine Fülle an Verboten und Beschränkungen, von denen es aus Gründen der Verhältnismäßigkeit stets auch Ausnahmen gibt. Dass es solche Ausnahmen, die hier Befreiungen genannt werden, geben darf, regelt bereits § 67 BNatSchG. So kann etwa die Errichtung von Gebäuden in einem Landschaftsschutzgebiet über die Ausnahmeregelung einer Landschaftsschutzgebietsverordnung unter bestimmten Voraussetzungen zugelassen werden. Es stellt sich daher die Frage, ob auch die Ausnahmevorschriften einer Landschaftsschutzgebietsverordnung unmittelbar der Verwaltung des Landschaftsschutzgebietes dienen oder nicht. Denn nur wenn sie nicht der Verwaltung des Gebietes dienen, unterliegen Pläne oder Projekte der Pflicht zur Durchführung einer Umweltverträglichkeitsprüfung.

4517 Eine Pflicht zur Durchführung einer SUP vor Erlass der LSG-Verordnung folgt nach Ansicht des OVG Lüneburg nicht aus § 35 I UVPG, da Natur- bzw. Landschaftsschutzgebietsverordnungen weder in Nummer 1 noch in Nummer 2 der Anlage 5 zum UVPG aufgeführt seien. Auch nach niedersächsischem Landesrecht ergebe sich insoweit keine SUP-Pflicht. Das OVG Lüneburg gehe davon aus, dass auch aus § 35 II 1 UVPG keine SUP-Vorprüfungspflicht folge, soweit es in dieser Vorschrift um Pläne und Programme gehe, die einen Rahmen für die Entscheidung über die Zulässigkeit von in der Anlage 1 zum UVPG aufgeführten Vorhaben setzten.[278]

4518 Die Umweltprüfung wird während der **Ausarbeitung** und **vor der Annahme** eines Plans oder Programms oder dessen Einbringung in das Gesetzgebungsverfahren durchgeführt. Die Mitgliedstaaten können die Anforderungen der Umweltprüfung in bestehende verfahren übernehmen oder auch neue Verfahren einrichten. Gehören Pläne und Programme zu einer Plan- oder Programmhierarchie, so soll zur Vermeidung einer Mehrfachprüfung eine Abschichtung der Umweltprüfung auf den verschiedenen Ebenen stattfinden (Art. 4 SUP-RL).

4519 Die SUP ist nur bei behördlichen Planungsverfahren durchzuführen. Einbezogen sind dabei auch Pläne und Programme, die zunächst von Privaten entworfen, dann aber von einer Behörde angenommen werden. Eine Strategische Umweltprüfung ist ferner bei solchen Plänen und Programmen durchzuführen, die von einer Behörde – wozu auch die Ministerialverwaltung gehört – vorbereitet und anschließend von einer Regierung oder im Wege eines Gesetzgebungsverfahrens angenommen werden. In diesen Fällen hat die Strategische Umweltprüfung nur in der Phase der Ausarbeitung des Plan- oder Programmentwurfs durch die Behörde zu erfolgen. Eine erneute Strategische Umweltprüfung vor der Regierungsentscheidung oder innerhalb des Gesetzgebungsverfahrens ist dagegen nicht erforderlich. Eine Annahme durch eine Regierung liegt auch bei der Verabschiedung einer Rechtsverordnung durch Kabinettbeschluss vor.

4520 Die Umweltprüfung wird im **Umweltbericht** niedergelegt, der sich damit als das zentrale Dokument des Prüfverfahrens erweist. Darin werden die voraussichtlichen erheblichen Auswir-

[276] Siehe auch Kerkmann/Saame BauR 2024, 20.
[277] OVG Saarlouis Beschl. v. 25.1.2024 – 2 C 186/22, juris Rn. 51.
[278] OVG Lüneburg NuR 2023, 498 = juris Rn. 190.

kungen, die die Durchführung des Plans oder Programms auf die Umwelt hat, sowie vernünftige Alternativen, die die Ziele und den geografischen Anwendungsbereich des Plans oder Programms berücksichtigen, ermittelt, beschrieben und bewertet. Die Kriterien der Prüfung sind in Anhang I der SUP-RL angegeben. Der Umweltbericht enthält die Angaben, die vernünftigerweise verlangt werden können, und berücksichtigt dabei den gegenwärtigen Wissensstand und aktuelle Prüfmethoden, Inhalt und Detaillierungsgrad des Plans oder Programms, dessen Stellung im Entscheidungsprozess sowie das Ausmaß, in dem bestimmte Aspekte zur Vermeidung von Mehrfachprüfungen auf den unterschiedlichen Ebenen dieses Prozesses am besten geprüft werden können (Art. 5 SUP-RL). Hierdurch kann dem Stufen- und Prozesscharakter der Planung und dem Umstand Rechnung getragen werden, dass die einzelnen Planungsstufen aufeinander aufbauen bzw. sich voneinander ableiten. Die Umweltprüfung muss in diesen gestuften Prozess eingebettet werden.

Wesentliches Element der Umweltprüfung ist die **Beteiligung der Öffentlichkeit** und der **Behörden**. Im Rahmen dieser **Konsultationsverfahren** werden der Entwurf des Plans oder Programms den Behörden und der Öffentlichkeit zugänglich gemacht. Ihnen wird frühzeitig und effektiv Gelegenheit gegeben, vor der Annahme des Plans oder Programms oder der Einbringung in das Gesetzgebungsverfahren zum Plan- oder Programmentwurf Stellung zu nehmen. Die Mitgliedstaaten bestimmen dabei, was unter der „Öffentlichkeit" zu verstehen ist. Der Begriff schließt die Teile der Öffentlichkeit ein, die vom Entscheidungsprozess betroffen sind oder voraussichtlich betroffen sein werden oder ein Interesse daran haben, darunter auch relevante Nichtregierungsorganisationen. 4521

Bei grenzüberschreitenden Auswirkungen der Pläne und Programme ist eine **grenzüberschreitende Konsultation** anderer Mitgliedstaaten durchzuführen (Art. 7 SUP-RL). 4522

Der Umweltbericht, die Stellungnahmen und die Ergebnisse der grenzüberschreitenden Konsultationen werden bei der Ausarbeitung und vor der Annahme des Plans oder Programms oder vor dessen Einbringung in das Gesetzgebungsverfahren **berücksichtigt** (Art. 8 SUP-RL). Damit soll sichergestellt werden, dass die Ergebnisse der Umweltprüfung in die Entscheidung eingehen. Die SUP-RL nimmt zwar keinen unmittelbaren Einfluss auf die Umweltstandards. Die in der Umweltprüfung ermittelten Belange gehen jedoch in die Entscheidung ein und nehmen daher mittelbar auf die Planungsentscheidung Einfluss. 4523

Die getroffene Entscheidung ist der Öffentlichkeit bekannt zu machen. Die **Bekanntmachung** umfasst (1) den angenommenen Plan oder das angenommene Programm, (2) eine zusammenfassende Erklärung, wie Umwelterwägungen in den Plan oder das Programm einbezogen wurden, wie der Umweltbericht, die abgegebenen Stellungnahmen und Konsultationen berücksichtigt wurden und aus welchen Gründen der angenommene Plan oder das angenommene Programm nach Abwägung mit den vernünftigen Alternativen gewählt wurde und (3) die Maßnahmen, die zur Überwachung beschlossen wurden (Art. 9 SUP-RL). Die Bekanntmachung der Entscheidung beinhaltet daher neben dem Plan oder Programm auch eine zusammenfassende Erklärung im Sinne einer Gesamtabwägung (gelegentlich auch als **Presseerklärung** bezeichnet), in der die wesentlichen Abwägungsgesichtspunkte dargelegt werden. Zudem muss bereits mit der Bekanntmachung ein Überblick über die beabsichtigten Überwachungsmaßnahmen als Kernbestandteil des Monitoring gegeben werden (Art. 9 PSUP-RL). Art. 9 Ib SUP-RL verlangt allerdings lediglich, dass der Öffentlichkeit eine zusammenfassende Erklärung zugänglich gemacht wird, wie die abgegebenen Stellungnahmen berücksichtigt wurden. Eine individuelle Begründung schreibt er hingegen nicht vor.[279] 4524

Art. 10 SUP-RL verpflichtet zu einem **Monitoring**. Die Mitgliedstaaten überwachen danach die erheblichen Auswirkungen der Durchführung der Pläne und Programme auf die Umwelt, um unter anderem frühzeitig unvorhergesehene negative Auswirkungen zu ermitteln und um in der Lage zu sein, geeignete Abhilfemaßnahmen zu ergreifen. Zur Erfüllung der Anforderungen können bestehende Überwachungsmechanismen angewandt werden, um Doppelarbeit bei der Überwachung zu vermeiden. Art. 12 SUP-RL verpflichtet die Mitgliedstaaten zur Information, zu Berichten und zu einer Überprüfung. Die Mitgliedstaaten stellen sicher, dass die Umweltberichte von ausreichender Qualität sind, um die Anforderungen der Richtlinie zu erfüllen, und unterrichten die Kommission über alle Maßnahmen, die sie bezüglich der Qualität dieser Berichte ergreifen. Diese Pflicht zur **Qualitätssicherung** der Pläne und Programme ist an die Mitgliedstaaten gerichtet und soll durch entsprechende gesetzliche Vorgaben die einzelnen Pläne und Programme erfassen. Von Plänen und Programmen, die den 4525

---

[279] BVerwG NVwZ 2020, 788.

verfahrensrechtlichen Anforderungen der SUP-RL entsprechen, dürfte die Vermutung für eine entsprechende Qualität der Planung ausgehen. Zudem ist der Plan- oder Programmgeber zu einem Monitoring verpflichtet. Auch hierdurch kann zu einer entsprechenden Qualitätssicherung beigetragen werden. Zusätzliche verfahrensrechtliche oder gar inhaltliche Vorgaben der Mitgliedstaaten für die planerischen Einzelentscheidungen zur Qualitätssicherung sind daher europarechtlich nicht geboten.

4526 In Anbetracht des Ziels der SUP-RL über die Prüfung der Umweltauswirkungen bestimmter Pläne und Programme, das darin besteht, ein **hohes Umweltschutzniveau** sicherzustellen, sind die Bestimmungen, die den Geltungsbereich dieser Richtlinie abgrenzen, und insbesondere jene, die die Definitionen der von ihr erfassten Rechtsakte aufführen, weit auszulegen. Jede Ausnahme oder Beschränkung in Bezug auf diese Bestimmungen ist folglich eng auszulegen. Art. 2 Buchst. a und Art. 3 II Buchst. a der SUP-RL über die Prüfung der Umweltauswirkungen bestimmter Pläne und Programme sind dahin auszulegen, dass beim Erlass eines Rechtsakts, der einen unter die SUP-RL fallenden Plan oder ein hierunter fallendes Programm zur Raumordnung und Bodennutzung enthält, mit dem ein bestehender Plan oder ein bestehendes Programm geändert wird, die Verpflichtung zur Vornahme einer Umweltprüfung nach dieser Richtlinie nicht deshalb entfallen kann, weil durch diesen Rechtsakt ein Bauleitplan konkretisiert und umgesetzt werden soll, der durch einen höherrangigen Rechtsakt aufgestellt wurde, der selbst keiner solchen Umweltprüfung unterzogen wurde. Eine solche Auslegung wäre nämlich nicht mit den Zielen der SUP-RL vereinbar und würde deren praktische Wirksamkeit beeinträchtigen, da sie bedeuten würde, dass eine potenziell umfassende Kategorie von Rechtsakten zur Änderung von Plänen und Programmen, die erhebliche Auswirkungen auf die Umwelt haben könnte, grundsätzlich vom Geltungsbereich dieser Richtlinie ausgenommen ist, obwohl diese von Art. 2a und Art. 3 IIa ausdrücklich erfasst werden. Es ist Sache des nationalen Gerichts, zu prüfen, ob eine Umweltverträglichkeitsprüfung nach der UVP-RL oder nach einer „anderen Rechtsvorschrift der Gemeinschaft“ im Sinne von Art. 11 I SUP-RL als Ausdruck eines koordinierten oder gemeinsamen Verfahrens im Sinne von Art. 11 II dieser Richtlinie aufgefasst werden kann und ob dieses bereits alle Anforderungen der SUP-RL erfasst, in welchem Fall keine Verpflichtung mehr bestünde, eine weitere Prüfung im Sinne dieser Richtlinie vorzunehmen.[280]

4527 **Art. 2 a und Art. 3 II a** der SUP-RL über die Prüfung der Umweltauswirkungen bestimmter Pläne und Programme sind dahin auszulegen, dass ein Regelungserlass, der verschiedene Bestimmungen über die Errichtung von **Windkraftanlagen** enthält, die im Rahmen der Erteilung von verwaltungsrechtlichen Genehmigungen für die Errichtung und den Betrieb solcher Anlagen einzuhalten sind, unter den Begriff „Pläne und Programme“ im Sinne dieser Richtlinie fällt. Die Prüfung der in diesen Bestimmungen vorgesehenen Kriterien zur Klärung der Frage, ob ein Erlass unter den genannten Begriff fallen kann, ist nämlich insbesondere im Licht des Ziels dieser Richtlinie vorzunehmen, das darin besteht, dass Entscheidungen, die voraussichtlich erhebliche Umweltauswirkungen haben, einer Umweltprüfung unterzogen werden. Im Übrigen sollten mögliche Strategien zur Umgehung der in der SUP-RL genannten Verpflichtungen, die die Maßnahmen zerstückeln könnten und so die praktische Wirksamkeit dieser Richtlinie verringern, vermieden werden. In Anbetracht dieses Ziels bezieht sich der Begriff „Pläne und Programme“ auf jeden Rechtsakt, der dadurch, dass er die in dem betreffenden Bereich anwendbaren Regeln und Verfahren zur Kontrolle festlegt, eine signifikante Gesamtheit von Kriterien und Modalitäten für die Genehmigung und Durchführung eines oder mehrerer Projekte aufstellt, die voraussichtlich erhebliche Umweltauswirkungen haben. Insoweit haben die technischen Normen, die Betriebsmodalitäten, die Unfall- und Brandverhütung, die Geräuschpegelnormen, die Wiederinstandsetzung und die Leistung einer Sicherheit für Windkraftanlagen ein hinreichend signifikantes Gewicht und Ausmaß, um die in dem betreffenden Bereich geltenden Voraussetzungen zu regeln, und die mit diesen Normen getroffenen Entscheidungen insbesondere umweltpolitischer Art sollen dazu beitragen, die Voraussetzungen festzulegen, unter denen die konkreten Vorhaben der Errichtung und des Betriebs von Windkraftstandorten künftig genehmigt werden können.[281]

4528 **SUP** und **Projekt-UVP** finden in einem gestuften Verfahren statt, das sich von der hochstufigen Bundesplanung, soweit vorhanden, über die Raumordnung und Landesplanung bis zur konkreten Projektzulassung in der Planfeststellung erstreckt. Auch das EU-Recht geht von

---

[280] EuGH NuR 2015, 701.

[281] EuGH NVwZ 2017, 378; Bunge NuR 2017, 447; Wegner NuR 2017, 605; Faßbender ZUR 2018, 323.

diesem gestuften Entscheidungsverfahren aus. Pläne und Programme mit rahmenbildender Funktion für künftige Genehmigungsverfahren unterliegen unter den Voraussetzungen der Art. 2 und 3 SUP-RL der Umweltprüfung. Projekte, bei denen unter anderem auf Grund ihrer Art, Größe oder ihres Standortes mit erheblichen Umweltauswirkungen zu rechnen ist, sind einer Genehmigungspflicht zu unterwerfen und einer UVP zu unterziehen (Art. 2 I UVP-RL). Die Projekte sind in Art. 4 UVP-RL definiert und unterscheiden sich in Projekte des Anhangs I, für die zwingend eine UVP durchzuführen ist, und Projekte des Anhangs II, die nach Maßgabe der Regelungen der Mitgliedstaaten einer fakultativen UVP unterliegen. Während sich die SUP-RL auf für Genehmigungen und Projekte rahmensetzende Pläne und Programme bezieht, werden von der UVP-RL Projekte betroffen, die einem konkreten Genehmigungsverfahren unterliegen. Die Schnittstelle zwischen beiden Richtlinien ist also der Beginn des Genehmigungsverfahrens, mit dem der Anwendungsbereich der SUP-RL in den der UVP-RL übergeht.

SUP-RL und **UVP-RL** bilden keinen Gegensatz, sondern haben Gemeinsamkeiten: Beide 4529
Richtlinien sehen einen Umweltbericht vor (Art. 5 SUP-RL, Art. 5 III UVP-RL). Die Umweltprüfung geht allerdings hinsichtlich der zu prüfenden Alternativen weiter. Auch ist bei der SUP-RL ein Monitoring vorgesehen. Im Umweltbericht werden die voraussichtlich erheblichen Auswirkungen, welche die Durchführung des Plans oder Programms auf die Umwelt hat, sowie vernünftige Alternativen, welche die Ziele und den geografischen Anwendungsbereich des Plans oder Programms berücksichtigen, ermittelt, beschrieben und bewertet. Beide Richtlinien sehen eine Behörden- und eine Öffentlichkeitsbeteiligung vor (Art. 6 SUP-RL, Art. 6 UVP-RL). Die Behördenbeteiligung und Öffentlichkeitsbeteiligung ist dabei allerdings tendenziell bei der Zulassung von Projekten differenzierter angelegt als bei (hochstufigen) Plänen und Programmen. Hier kann der Mitgliedstaat bestimmen, was unter Öffentlichkeit iS des Art. 6 II SUP-RL zu verstehen ist (Art. 6 IV SUP-RL). Die SUP für Pläne und Programme und die UVP für die Zulassung von Projekten ergänzen sich daher. Die rechtlichen Anforderungen sind den jeweiligen Stufen von Planung und Zulassung zugeordnet. Die Anforderungen an die SUP bzw. UVP sind nach den beiden Richtlinien umso geringer, je mehr lediglich hochstufige Planungen oder Programme betroffen sind. Die Anforderungen sind umso höher, je konkreter der Bereich der Zulassungsentscheidung ansteht. Dabei kann die UVP bereits in vorgelagerten Planungsstufen erfolgen (Art. 2 I UVP-RL: „vor Erteilung der Genehmigung").

Insoweit können sich bei der SUP und der UVP auch tendenziell etwas **andere Schwer-** 4530
punkte entwickeln: Die UVP ist auf die Verwirklichung eines konkreten Projektes gerichtet. Auf der Plan- und Programmebene werden dagegen oft eine Vielzahl von Maßnahmen, Vorhaben oder Planungen in einem größeren Raum und die sich hieraus ergebenen Summenwirkungen wiederum unter noch relativ globalen Vorgaben untersucht und ermittelt.[282] Auch aus diesen unterschiedlichen Funktionen ergeben sich detaillierte projektbezogene Untersuchungen erst auf der Ebene der UVP.

Gehören Pläne und Programme zu einer **Plan-** oder **Programmhierarchie**, so berücksich- 4531
tigen die Mitgliedstaaten zur Vermeidung von Mehrfachprüfungen die Tatsache, dass die Prüfung gem. der SUP-RL auf verschiedenen Stufen dieser Hierarchie durchgeführt wird (Art. 4 III SUP-RL). Dies gilt vor allem auch für den Umweltbericht (Art. 5 II und III SUP-RL). Auch kann die Umweltprüfung der SUP-RL insbesondere mit der UVP nach der UVP-RL harmonisiert werden (Art. 11 I SUP-RL). Hier können die Mitgliedstaaten koordinierte oder gemeinsame Verfahren vorsehen. Die SUP-RL gibt den Mitgliedstaaten daher einen Spielraum, die Umweltprüfung auf die einzelnen Planungsstufen zu verteilen. Das Modell einer gestuften Prüfung auf den einzelnen Planungsebenen ist in der SUP-RL daher angelegt. Art. 2a SUP-RL ist dahin auszulegen, dass ein von der Regierung einer föderalen Einheit eines Mitgliedstaats angenommener Erlass und ein von ihr erlassenes Rundschreiben, die jeweils unterschiedliche Bestimmungen über die Errichtung und den Betrieb von Windkraftanlagen enthalten, unter den Begriff „Pläne und Programme" fallen. Art. 3 IIa SUP-RL ist dahin auszulegen, dass ein Erlass und ein Rundschreiben, die jeweils unterschiedliche Bestimmungen über die Errichtung und den Betrieb von Windkraftanlagen enthalten, darunter Maßnahmen in Bezug auf Schattenwurf, Sicherheit und Geräuschpegelnormen, Pläne und Programme darstellen, die nach dieser Bestimmung einer Umweltprüfung unterzogen werden müssen.

Ein nationales Gericht kann, wenn sich herausstellt, dass vor der Annahme des Erlasses und 4532
des Rundschreibens, auf die eine vor ihm angefochtene Genehmigung für die Errichtung und

---

[282] Jacoby in Hübler, UVP bei Plänen und Programmen, S. 17.

den Betrieb von Windkraftanlagen gestützt ist, eine Umweltprüfung im Sinne der SUP-RL hätte vorgenommen werden müssen, so dass die beiden Rechtsakte und die Genehmigung nicht mit dem Unionsrecht in Einklang stehen, die Wirkungen dieser Rechtsakte und dieser Genehmigung nur dann aufrechterhalten, wenn ihm dies im Rahmen des bei ihm anhängigen Rechtsstreits durch das innerstaatliche Recht gestattet ist und wenn sich die Aufhebung der Genehmigung signifikant auf die Stromversorgung des gesamten betreffenden Mitgliedstaats auswirken könnte, und zwar nur während des Zeitraums, der absolut notwendig ist, um dieser Rechtswidrigkeit abzuhelfen. Dies wird gegebenenfalls das vorlegende Gericht im Ausgangsrechtsstreit zu beurteilen haben.[283]

4533 Auch höherstufige Pläne und Programme als Vorgaben für Zulassungsentscheidungen unterliegen in aller Regel der Umweltprüfung. Nicht nur UVP-pflichtige Zulassungsentscheidungen, sondern auch SUP-pflichtige Pläne und Programme unterliegen der Umweltprüfung. Das hat der EuGH aus Art. 2 SUP-RL abgeleitet. Der Ausdruck „Pläne und Programme" bezeichnet danach „Pläne und Programme … sowie deren Änderungen, die von einer Behörde auf nationaler, regionaler oder lokaler Ebene ausgearbeitet und/oder angenommen werden oder die von einer Behörde für die Annahme durch das Parlament oder die Regierung im Wege eines Gesetzgebungsverfahrens ausgearbeitet werden und die aufgrund von Rechts- oder Verwaltungsvorschriften erstellt werden müssen". Um eine effektive Umsetzung des Europarechts zu gewährleisten, hat der EuGH Zweifel in der Auslegung durch eine möglichst weitgehende Anwendung des Geltungsbereichs der Richtlinie bei Seite geschoben. Dieses Effizienzgebot („effet utile"), dh eine an dem Zweck des Unionsrechts ausgerichtete Auslegung (Art. 4 III AEUV) soll selbst dann gelten, wenn dazu – wie hier – der engere Wortlaut der Vorschrift schon etwas übergebügelt werden muss.

2. Umsetzung durch das EAG Bau 2004 und das SUPG (Überblick)

4534 Die SUP-RL wurde durch drei Gesetzgebungsvorhaben umgesetzt: Das EAG Bau 2004, das SUPG und ergänzende gesetzliche Regelungen des Fachplanungsrechts. Das EAG Bau 2004 hat die Vorgaben der SUP-RL in das Städtebaurecht umgesetzt. Bauleitpläne unterliegen danach in der Regel einer Umweltprüfung, die den Vorgaben der SUP-RL entspricht. Das Verfahren zur Aufstellung von Flächennutzungsplänen und Bebauungsplänen wird einer Umweltprüfung unterzogen, die zugleich von einer Öffentlichkeitsbeteiligung und einer Behördenbeteiligung begleitet ist. Die in der Umweltprüfung ermittelten und bewerteten Belange gehen in die Abwägungsentscheidung ein.

4535 Die Umsetzung in das **Fachplanungsrecht** ist mit dem **SUPG** erfolgt. Durch entsprechende Regelungen im UVPG hat die SUP neben der UVP ihren eigenständigen Platz gefunden. Das UVPG bezieht sich auf Vorhaben, Pläne und Programme und führt die UVP und die SUP zu einer Umweltprüfung zusammen (§ 1 Nr. 1 UVPG). Die Ergebnisse der Umweltprüfung sollen so früh wie möglich bei Planungen und Entscheidungen berücksichtigt werden. Pläne und Programme unterliegen unter den im UVPG genannten Voraussetzungen der SUP. Vorhaben sind nach Maßgabe der Anlage 1 zum SUPG UVP-pflichtig. SUP und UVP stehen dabei in einem Stufenverhältnis. Für Pläne und Programme wird eine SUP durchgeführt. Für konkrete Vorhaben schließt sich eine UVP an. Um **Doppelprüfungen** zu vermeiden, ist im Rahmen der Zulassungsentscheidung eine UVP nur noch in dem Umfang durchzuführen, wie eine SUP auf der Ebene der Pläne und Programme noch nicht stattgefunden hat.

4536 Zur Umsetzung der SUP-RL unterliegen der SUP in sachlicher Hinsicht Pläne und Programme aus den Sektoren Landwirtschaft, Forstwirtschaft, Fischerei, Energie, Industrie einschließlich des Bergbaus, Verkehr, Abfallwirtschaft, Wasserwirtschaft, Telekommunikation, Fremdenverkehr, Raumordnung oder Bodennutzung, die in der Anlage 3 zum UVPG aufgeführt sind, sowie für sonstige Pläne und Programme, für die nach den §§ 33 bis 37 UVPG eine SUP oder Vorprüfung durchzuführen ist. Die näheren Einzelheiten ergeben sich dabei aus der Anlage 3 zum UVPG. Mit der Regelung wird klargestellt, dass neben den obligatorisch SUP-pflichtigen Plänen und Programmen (§ 35 I Nr. 1 UVPG) sowie den fakultativ SUP-pflichtigen Vorhaben (§ 35 I Nr. 2 UVPG) auch andere Pläne und Programme SUP-pflichtig sein können, wenn sie entsprechende rahmensetzende Vorgaben für UVP-pflichtige Vorhaben haben (§ 35 II UVPG).

[283] EuGH Urt. v. 25.6.2020 – C 24/19, juris.

Kernelement der Umweltprüfung sind die Regelungen über die **Strategische Umweltprüfung** in den §§ 33 bis 46 UVPG. Die Vorschriften gliedern sich in Abschnitte über die **Voraussetzungen** für die Strategische Umweltprüfung (§§ 33 bis 37 UVPG) und für die **Verfahrensschritte** der Strategischen Umweltprüfung (§§ 38 bis 46 UVPG). Der Begriff „Pläne und Programme" wird im Sinne der SUP-RL definiert (§ 2 VII UVPG). Es werden Regelungen über die SUP-Pflicht von Plänen und Programmen eingeführt. Für bestimmte Pläne und Programme, die in einer Anlage abschließend aufgeführt sind, besteht eine obligatorische SUP-Pflicht, wenn die angegebenen Merkmale erfüllt sind (§ 35 I Nr. 1 UVPG iVm Anlage 5 Nr. 1 zum UVPG). Zwingend SUP-pflichtig sind ferner Pläne und Programme, die einer Verträglichkeitsprüfung nach § 34 BNatSchG unterliegen (§ 36 UVPG). Bei anderen Plänen und Programmen wird die Notwendigkeit einer Strategischen Umweltprüfung vom Ergebnis einer Vorprüfung des Einzelfalls abhängig gemacht (§ 35 und § 37 UVPG). Die zuständige Behörde wird verpflichtet, frühzeitig festzustellen, ob eine Pflicht zur Durchführung einer Strategischen Umweltprüfung besteht (§ 34 UVPG). Die Behörde hat dabei anhand der Vorgaben der §§ 35 bis 37 UVPG zu prüfen, ob der konkrete Plan oder das konkrete Programm SUP-pflichtig ist. 4537

Die Feststellung der SUP-Pflicht ist, sofern eine Vorprüfung des Einzelfalls nach § 35 II oder § 37 UVPG vorgenommen worden ist, der Öffentlichkeit nach den Bestimmungen des Bundes und der Länder über den Zugang zu Umweltinformationen zugänglich zu machen; soll eine Strategische Umweltprüfung unterbleiben, ist dies einschließlich der dafür wesentlichen Gründe bekannt zu geben. Die Feststellung ist nicht selbständig anfechtbar (§ 34 II UVPG. 4538

Abfallwirtschaftskonzepte nach § 21 KrWG sind nach Nr. 2.3 der Anlage 5 zum UVPG SUP-pflichtige Pläne; für sie ist nach § 35 I Nr. 2 UVPG eine strategische Umweltprüfung durchzuführen, wenn sie für Entscheidungen über die Zulässigkeit von in der Anl. 1 zum UVPG aufgeführten Vorhaben oder von Vorhaben, die nach Landesrecht iner Umweltverträglichkeitsprüfung oder Vorprüfung des Einzelfalls bedürfen, einen Rahmen setzen.[284] Gemäß § 30 I Nr. 2 UVPG i. V. m. Anl. 5 des UVPG besteht auch bei **Abfallwirtschaftsplänen** die Pflicht zu prüfen, ob eine strategische Umweltprüfung durchzuführen ist. Eine solche ist erforderlich, wenn mit dem aufgestellten Abfallwirtschaftsplan ein Rahmen für Vorhaben, die nach Bundesrecht oder Landesrecht einer Umweltverträglichkeitsprüfung oder einer Vorprüfung des Einzelfalls zur Feststellung der UVP-Pflicht bedürfen, geschaffen wird. Ein Rahmen in diesem Sinne wird dann gesetzt, wenn im Abfallwirtschaftsplan Festlegungen mit Bedeutung für spätere Zulassungsentscheidungen enthalten sind, insbesondere zum Bedarf, zur Größe, zum Standort, zur Beschaffenheit und zu Betriebsbedingungen von Vorhaben oder zur Inanspruchnahme von Ressourcen. Nach § 34 I UVPG hat die zuständige Behörde frühzeitig festzustellen, ob nach den §§ 35-37 UVPG eine Verpflichtung zur Durchführung einer strategischen Umweltprüfung besteht.[285] 4539

§ 39 UVPG sieht als zentrales Element der Strategischen Umweltprüfung eine **frühzeitige Festlegung des Untersuchungsrahmens** sowie die Konkretisierung der für den Umweltbericht benötigten Angaben **(„Scoping")** vor. Es muss ein Umweltbericht (§ 40 UVPG) erstellt werden, in welchem die voraussichtlichen erheblichen Umweltauswirkungen sowie vernünftige Alternativen ermittelt, beschrieben und bewertet werden. Das Gesetz sieht einen Katalog von Angaben vor, welche der Umweltbericht mindestens enthalten muss. Es ist eine Behörden- und Öffentlichkeitsbeteiligung, ggf. auch im grenzüberschreitenden Rahmen, durchzuführen (§§ 41 bis 42 UVPG). Der Begriff der „Öffentlichkeit" wird im Sinne der SUP-RL sowie der Öffentlichkeitsbeteiligungsrichtlinie 2003/35/EG definiert (§ 2 VI UVPG). Nach Abschluss der Behörden- und Öffentlichkeitsbeteiligung überprüft die Behörde die Darstellungen und Bewertungen des Umweltberichts unter Berücksichtigung der ihr übermittelten Stellungnahmen und Äußerungen; das Ergebnis ist im weiteren Planaufstellungs- oder -änderungsverfahren zu berücksichtigen (§ 43 UVPG). Die Entscheidung über die Annahme des Plans oder Programms muss den Behörden und der Öffentlichkeit bekannt gegeben werden (§ 44 UVPG). Bei der Annahme sind der Plan oder das Programm sowie bestimmte Informationen über das Ergebnis der Umweltprüfung zur Einsicht auszulegen (§ 44 II UVPG). Erhebliche Umweltauswirkungen, die bei der Durchführung des Plans oder Programms auftreten können, sind behördlich zu überwachen (§ 45 UVPG). 4540

---

[284] Beckmann in Landmann/Rohmer, Umweltrecht, 2021, § 21 KrWG Rn. 26.
[285] Beckmann in Landmann/Rohmer, Umweltrecht, 2021, § 31 KrWG Rn. 37.

4541 Die SUP ist **unselbständiger Teil** der jeweiligen Trägerverfahren und damit in diese Verfahren integriert (§ 4 UVPG).[286] Die nach dem UVPG erforderlichen Verfahrensschritte werden im Rahmen der jeweiligen Verfahren zur Aufstellung der Pläne und Programme durchgeführt. Dabei ist von den jeweiligen Verfahrensregelungen für das Trägerverfahren auszugehen. Soweit die Regelungen hinter den Vorgaben des UVPG zurückbleiben, sind ergänzend die Vorschriften des UVPG (insbesondere §§ 34 bis 53 UPVG) heranzuziehen.

3. Verhältnis von SUP und UVP

4542 Die Umweltprüfung wird als UVP oder SUP durchgeführt (§ 1 Nr. 1 UVPG). Die SUP erfasst die vorgelagerten Pläne und Programme, die einen Rahmen für nachfolgende Zulassungsentscheidung setzen. Die UVP begleitet demgegenüber die jeweiligen Zulassungsentscheidungen.

4543 **Pläne und Programme** iSd UVPG sind nach § 2 VII 1 UVPG nur solche bundesrechtlich oder durch Rechtsakte der Europäischen Union vorgesehenen Pläne und Programme, die 1. von einer Behörde ausgearbeitet und angenommen werden, 2. von einer Behörde zur Annahme durch eine Regierung oder im Wege eines Gesetzgebungsverfahrens ausgearbeitet werden oder 3. von einem Dritten zur Annahme durch eine Behörde ausgearbeitet werden. Hierunter fallen wohl nicht nur solche Pläne und Programme, für deren Aufstellung eine gesetzliche Verpflichtung besteht, sondern auch solche, die in dem nachfolgenden Zulassungsverfahren als verbindliche Vorgabe oder als abwägungserhebliche Planung bedeutsam sind. Ausgenommen sind nach § 2 VII 2 UVP Pläne und Programme, die ausschließlich Zwecken der Verteidigung oder der Bewältigung von Katastrophenfällen dienen, sowie Finanz- und Haushaltspläne und -programme.

4544 **Planfeststellung und Plangenehmigung** fallen zwar in den Bereich des Fachplanungsrechts und gelten auch als Planungsentscheidungen mit planerischer Abwägung. Im Zusammenhang mit der Strategischen Umweltprüfung gilt dies nicht.[287] Nach Art. 3 II und IV SUP-RL sowie § 35 III UVPG haben Pläne für Vorhaben rahmensetzende und nicht zulassende Funktion. Planfeststellungen und Plangenehmigungen sind jedoch (auch) Zulassungsentscheidungen, so dass in diesem Zusammenhang als Teil des Zulassungsrechts zu verstehen sind und deshalb UVP-pflichtig und nicht SUP-pflichtig sind.[288]

4545 Zulassungsentscheidungen sind 1. die Bewilligung, die Erlaubnis, die Genehmigung, der Planfeststellungsbeschluss und sonstige behördliche Entscheidungen über die Zulässigkeit von Vorhaben, die in einem Verwaltungsverfahren getroffen werden, einschließlich des Vorbescheids, der Teilgenehmigung und anderer Teilzulassungen, mit Ausnahme von Anzeigeverfahren, 2. Linienbestimmungen und andere Entscheidungen in vorgelagerten Verfahren nach § 47 UVPG, 3. Beschlüsse nach § 10 BauGB über die Aufstellung, Änderung oder Ergänzung von Bebauungsplänen, durch die die Zulässigkeit von bestimmten Vorhaben im Sinne der Anlage 1 des UVPG begründet werden soll, sowie Beschlüsse nach § 10 BauGB über Bebauungspläne, die Planfeststellungsbeschlüsse für Vorhaben im Sinne der Anlage 1 des UVPG.

4546 Die Zulassungsentscheidungen betreffen konkrete Vorhaben (§ 2 IV UVPG). Darunter fallen 1. bei Neuvorhaben a) die Errichtung und der Betrieb einer technischen Anlage, b) der Bau einer sonstigen Anlage, c) die Durchführung einer sonstigen in Natur und Landschaft eingreifenden Maßnahme, 2. bei Änderungsvorhaben a) die Änderung, einschließlich der Erweiterung, der Lage, der Beschaffenheit oder des Betriebs einer technischen Anlage, b) die Änderung, einschließlich der Erweiterung, der Lage oder der Beschaffenheit einer sonstigen Anlage, c) die Änderung, einschließlich der Erweiterung, der Durchführung einer sonstigen in Natur und Landschaft eingreifenden Maßnahme. Die Zulassungsentscheidung unterliegt nach Maßgabe der Anlage 1 zum UVPG „Liste der UVP-pflichtigen Vorhaben" einer UVP-Pflicht bzw. einer UVP-Vorprüfungspflicht.

4547 Zu Plänen und Programmen gehören hingegen nur die konkrete Projektzulassungen vorbereitende Entscheidungen. Kennzeichnend für die vorbereitende Planung ist die Einräumung entsprechender Gestaltungs- und Planungsspielräume, die zwar auch im Zusammenhang mit

[286] VGH München DVBl. 2006, 787.

[287] Peters/Balla/Hesselbarth UVPG, 2019, § 2 Rn. 35.

[288] Peters/Balla/Hesselbarth UVPG, 2019, § 2 Rn. 35; zum Charakter der Planfeststellung zwischen Zulassungsverfahren und Planung Beckmann in Erbguth, Planungsrecht in der gerichtlichen Kontrolle, 2011, 123.

konkreten Zulassungsentscheidungen eingeräumt sein können, die aber für die Programme und Pläne kennzeichnend sind. Auch die Möglichkeit, im Rahmen der Planungen Alternativen und Varianten abwägend zu betrachten, ist für die Planung auf dieser vorgelagerten Ebene entscheidend. Keine Planung ist demgegenüber die Konzeption technischer Normen oder sonstiger abstrakt-genereller Rechtsvorschriften, die allgemeine Vorgaben für eine unbestimmte Vielzahl von Fällen enthalten.[289]

Für umweltrelevante Pläne und Programme sowie Zulassungsentscheidungen ergibt sich damit nach Maßgabe der Anlagen 1 bis 4 zum UVPG ein **lückenloses System** der **Umweltprüfung**, die auf der Ebene der Pläne und Programme als SUP und auf der Ebene der Zulassungsentscheidungen über konkrete Projekte und Vorhaben als UVP durchgeführt wird. **Doppelprüfungen** sind dabei zu vermeiden. Sind Pläne und Programme Bestandteil eines mehrstufigen Planungs- und Zulassungsprozesses, soll nach § 39 III 1 UVPG zur Vermeidung von Mehrfachprüfungen bei der Festlegung des Untersuchungsrahmens bestimmt werden, auf welcher der Stufen dieses Prozesses bestimmte Umweltauswirkungen schwerpunktmäßig geprüft werden sollen. Dabei sind nach § 39 III 2 UVPG Art und Umfang der Umweltauswirkungen, fachliche Erfordernisse sowie Inhalt und Entscheidungsgegenstand des Plans oder Programms zu berücksichtigen. Bei nachfolgenden Plänen und Programmen sowie bei der nachfolgenden Zulassung von Vorhaben, für die der Plan oder das Programm einen Rahmen setzt, soll sich die Umweltprüfung gem. § 39 III 3 UVPG auf zusätzliche oder andere erhebliche Umweltauswirkungen sowie auf erforderliche Aktualisierungen und Vertiefungen beschränken. 4548

Dies gilt sowohl für die SUP auf verschiedenen Planungsebenen als auch für das Verhältnis zwischen SUP und UVP. Für die **Linienbestimmung** nach § 16 I FStrG und für die Linienbestimmung nach § 13 I WaStrG sowie im Verfahren zur **Genehmigung von Flugplätzen** nach § 6 I LuftVG wird bei Vorhaben nach § 47 I 1 UVPG die Umweltverträglichkeit nach dem jeweiligen Planungsstand des Vorhabens geprüft. Im nachfolgenden Zulassungsverfahren kann nach § 47 III UVPG die Prüfung der Umweltverträglichkeit auf zusätzliche erhebliche oder andere erhebliche Umweltauswirkungen des Vorhabens beschränkt werden. In der **Raumverträglichkeitsprüfung** erfolgt nach § 49 S. 1 UVPG die Prüfung der Umweltauswirkungen nur nach Maßgabe des Raumordnungsgesetzes. Die Umweltverträglichkeitsprüfung im nachfolgenden behördlichen Verfahren, das der Zulassungsentscheidung dient, kann nach § 49 S. 2 UVPG umfasst eine vertiefte Prüfung der in der Raumverträglichkeitsprüfung nur überschlägig geprüften Umweltauswirkungen. Nach § 15 I 2 Nr. 3 ROG ist Gegenstand der Raumverträglichkeitsprüfung eine überschlägige Prüfung der Auswirkungen des Vorhabens auf die Schutzgüter nach § 2 I UVPG unter Berücksichtigung der Kriterien nach Anlage 3 des UVPG. Im nachfolgenden Zulassungsverfahren soll nach § 15 V 3 ROG die Prüfung auf Belange beschränkt werden, die nicht Gegenstand der Raumverträglichkeitsprüfung waren, jedoch bleibt die Prüfung der Umweltauswirkungen im Rahmen der Umweltverträglichkeitsprüfung nach dem Gesetz über die Umweltverträglichkeitsprüfung und nach Maßgabe des Fachrechts im Rahmen des Zulassungsverfahrens unberührt.[290] Ob ein Vorhaben erhebliche nachteilige Umweltauswirkungen haben kann (§ 7 I 3 UVPG), kann auf Vorhabenzulassungsebene nach anderen Maßstäben zu beurteilen sein als auf Planebene. Maßgeblich sind die Anforderungen des jeweiligen materiellen Zulassungsrechts.[291] 4549

Wird die Umweltverträglichkeitsprüfung in einem **Aufstellungsverfahren für einen Bebauungsplan** und in einem nachfolgenden Zulassungsverfahren durchgeführt, soll die Umweltverträglichkeitsprüfung nach § 50 III UVPG im nachfolgenden Zulassungsverfahren auf zusätzliche oder andere erhebliche Umweltauswirkungen des Vorhabens beschränkt werden.[292] Die Anwendung des § 50 III UVPG auf der Vorhabenzulassungsebene setzt voraus, dass eine 4550

289 Zu Planungsbegriff der Strategischen Umweltprüfung BVerwG NVwZ 2024, 66; OVG Lüneburg NuR 2023, 498; zum Planungscharakter eines integrierten Energie- und Klimaschutzkonzepts VGH Mannheim ZUR 2023, 238; zum Planungscharakter einer Schifffahrts- und Hafenverordnung OVG Magdeburg Urt. v. 29.9.2022 – 3 K 213/19, juris Rn. 121; zum Planungscharakter einer städtebaulichen Entwicklungssatzung VGH Mannheim ZfBR 2022, 71 = juris Rn. 66.

290 Zum Verzicht auf die Durchführung einer UVP bei der Raumverträglichkeitsprüfung Kment ZUR 2024, 38 (43).

291 OVG Lüneburg NVwZ-RR 2022, 133 = juris Rn. 23.

292 Siehe dazu OVG Schleswig Beschl. v. 8.11.2021 – 5 LA 6/19, juris Rn. 10; OVG Lüneburg BauR 2022, 1475.

Umweltprüfung auf Planebene ordnungsgemäß durchgeführt worden ist; nur insoweit tritt auf der Zulassungsebene ein Entlastungseffekt ein.[293]

4551 Nach § 8 III ROG soll die Umweltprüfung bei der **Aufstellung eines Raumordnungsplans** auf zusätzliche oder andere erhebliche Umweltauswirkungen beschränkt werden, wenn in anderen das Plangebiet ganz oder teilweise umfassenden Plänen oder Programmen bereits eine Umweltprüfung durchgeführt wurde. Die Umweltprüfung kann mit anderen Prüfungen zur Ermittlung oder Bewertung von Umweltauswirkungen verbunden werden.

4552 Für **bergbauliche Vorhaben**, die einem besonderen Verfahren im Sinne des § 54 II 3 BBergG unterliegen (zB Braunkohlenplanverfahren), finden § 52 II 2a BBergG, § 11 I WHG und § 17 X BNatSchG und entsprechende Vorschriften über Verfahren zur Durchführung der Umweltverträglichkeitsprüfung in anderen Rechtsvorschriften keine Anwendung, wenn in diesem Verfahren die Durchführung einer Umweltverträglichkeitsprüfung gewährleistet ist, die den Anforderungen dieses Gesetzes entspricht (§ 52 IIb BBergG).[294]

4553 **Bestehende Pläne und Programme** werden von der SUP-RL nicht erfasst. Vielmehr bezieht sie sich (lediglich) auf Pläne und Programme, die **neu aufgestellt** oder **geändert** werden. Ob sich hieraus **Umsetzungsdefizite** für konkrete Zulassungsentscheidungen ergeben, beurteilt sich nach den Voraussetzungen des jeweiligen Zulassungsrechts. Die **Vorhabenzulassung** hat in der Regel eine eigenständige rechtliche Grundlage. Soweit sie auf vorgelagerte Planungsentscheidungen zurückgreift, bestimmt sich nach dem jeweiligen Zulassungsrecht, welchen Stellenwert diese Vorgaben für die Zulassungsentscheidung haben. Soll etwa aus dem Bedarfsplan des Bundes die Planrechtfertigung für das Vorhaben abgeleitet werden, muss der Bedarfsplan den rechtlichen Anforderungen entsprechen. Allerdings kann diese Funktion auch einem Bedarfsplan zukommen, der auf der Grundlage der bisherigen Regelungen aufgestellt worden ist, sodass seine Aussagen fortgelten. Anders könnte sich die Rechtslage allerdings darstellen, wenn die Geltungsfristen des Bedarfsplans, die vom Gesetzgeber auf 5 Jahre bestimmt sind, abgelaufen sind. Dann ist der Bedarfsplan neu aufzustellen mit der Folge, dass die Vorgaben der SUP-RL zu beachten sind.

4554 Die SUP-Pflicht von Plänen und Programmen lässt daher die auf den **früheren Rechtsgrundlagen** verabschiedeten **Pläne und Programme** nicht automatisch außer Kraft treten. Auch werden durch den Ablauf der Umsetzungsfrist der SUP-RL nicht sozusagen automatisch Zulassungsentscheidungen gesperrt, bis die Umsetzung der SUP-RL in entsprechende Pläne oder Programme erfolgt ist. Konkrete Zulassungsentscheidungen sind vielmehr auch weiterhin ohne vorherige Anpassung von Plänen und Programmen zulässig. Allerdings kann sich ein Erfordernis zur Aufstellung von höherstufigen Plänen und Programmen in dem Umfang ergeben, wie die vorgelagerten Planungsentscheidungen einen Stellenwert in der Zulassungsentscheidung haben.

Beispiel: Wird etwa die Planrechtfertigung aus dem Bedarfsplan abgeleitet, so kann dieser nur im Rahmen seiner zeitlichen Geltung diese Planrechtfertigung vermitteln. Ist der Zeitraum seiner Geltung abgelaufen, unterliegt er nach Maßgabe der europarechtlichen Anforderungen der SUP-Pflicht mit der Folge, dass er nur nach Durchführung der entsprechenden Verfahrensschritte die Planrechtfertigung vermitteln kann. Dies setzt allerdings voraus, dass der jeweilige Plan nicht nur nach Ablauf einer bestimmten Zeit neu aufgestellt werden soll, sondern außer Kraft tritt. Ein solches automatisches Außerkrafttreten wird für den Bedarfsplan bisher nicht angenommen.

4. SUP-Pflicht (§§ 35, 36 UVPG)

4555 Eine Pflicht zur SUP besteht in vier Bereichen (§§ 35, 36 UVPG):
– für Pläne und Programme, die in der Anlage 5 Nr. 1 zum UVPG aufgeführt sind (§ 35 I Nr. 1 UVPG),
– für Pläne und Programme, die in der Anlage 5 Nr. 2 zum UVPG für Vorhaben, die umweltprüfungspflichtig oder vorprüfungspflichtig mit erheblichen nachteiligen Umweltauswirkungen sind (§ 35 I Nr. 2 UVPG),
– für Pläne und Programme, die für umweltprüfungspflichtige oder vorprüfungspflichtige Vorhaben mit erheblichen nachteiligen Umweltauswirkungen einen Rahmen setzen und nach einer Einzelfallprüfung erhebliche Umweltauswirkungen haben (§ 35 II UVPG).

[293] OVG Lüneburg NVwZ-RR 2022, 133 = juris Rn. 20.
[294] Siehe dazu Beckmann in Frenz, BBergG, 2019, § 52 Rn. 100.

– Für Pläne und Programme, die einer Verträglichkeitsprüfung nach § 36 1 Nr. 2 BNatSchG unterliegen, also möglicherweise erhebliche Auswirkungen auf Habitate oder Vogelschutzgebiete haben (§ 36 UVPG).

Pläne und Programme setzen einen Rahmen für die Entscheidung über die Zulässigkeit von Vorhaben, wenn sie Festlegungen mit Bedeutung für spätere Zulassungsentscheidungen insbesondere zum Bedarf, zur Größe, zum Standort, zur Beschaffenheit, zu Betriebsbedingungen von Vorhaben oder zur Inanspruchnahme von Ressourcen enthalten (§ 35 UVPG). Im Unterschied zum EAG Bau 2004, das eine generelle Prüfungspflicht eingeführt hat, behält das UVPG daher die differenzierende Systematik der SUP-RL bei und unterscheidet zwischen den Verfahren, die zwingend umweltprüfungspflichtig sind und jenen, für die erst eine Vorprüfung (Screening) über das Erfordernis einer Umweltprüfung entscheidet. Die jeweiligen Verfahrensanforderungen sind der **Anlage 5 zum UVPG** zu entnehmen. 4556

Die **Anlage 5 Nr. 1 zum UVPG** benennt Pläne und Programme mit einer obligatorischen SUP gem. § 35 I Nr. 1 UVPG. Die Liste erfasst Bereiche aus den Vorgaben in Art. 3 II a SUP-RL. Die Planungen setzen einen Rahmen für UVP-pflichtige Vorhaben nach Bundes- oder Landesrecht. Hinsichtlich einer obligatorischen SUP-Pflicht ist die Liste für den Regelungsbereich des Bundes abschließend. **Anlage 5 Nr. 2 zum UVPG** erfasst Pläne und Programme, die einen Rahmen für UVP-pflichtige Vorhaben nach Anlage 1 zum UVPG „Liste der UVP-pflichtigen Vorhaben" oder für Vorhaben setzen, die nach Landesrecht einer UVP oder einer Vorprüfung bedürfen. Das sind nicht nur Vorhaben, die nach der Anlage 1 zwingend UVP-pflichtig sind, sondern auch solche, die einer UVP-Vorprüfungspflicht unterliegen und die mit erheblichen nachteiligen Umweltauswirkungen verbunden sind. Das Erfordernis einer SUP hängt in diesem Bereich von Plänen und Programmen zunächst nur davon ab, dass für die Vorhaben eine UVP-Pflicht bzw. Vorprüfungspflicht besteht. Allerdings schließt sich – vergleichbar mit der Vorprüfung bei Vorhaben – auf der Planebene eine Vorprüfung des Einzelfalls an (§ 35 IV UVPG). Die zuständige Behörde hat dabei aufgrund einer überschlägigen Prüfung unter Berücksichtigung der in der **Anlage 6 zum UVPG** aufgeführten Kriterien einzuschätzen, ob der Plan oder das Programm voraussichtlich erhebliche Umweltauswirkungen hat, die im weiteren Aufstellungsverfahren nach § 43 II UVPG zu berücksichtigen wären. Dabei sind Vermeidungs- und Minderungsmaßnahmen mit offensichtlichen Auswirkungen in die Prüfung einzustellen. Eine weitere Prüfung, ob die Pläne oder Programme einem der Sachbereiche in Art. 3 II a SUP-RL zugeordnet werden können, ist nicht mehr erforderlich. Die Aufzählung der Pläne und Programme in Anlage 5 Nr. 2 zum UVPG ist für den Bereich des Bundes ebenfalls abschließend. 4557

5. Obligatorisch SUP-pflichtige Planungen (§ 35 I Nr. 1 UVPG)

Die obligatorisch SUP-pflichtigen Pläne und Programme sind in § 35 UVPG und in der Anlage 5 Nr. 1 zum UVPG aufgeführt. Hinzu treten Pläne und Programme, die einer Verträglichkeitsprüfung nach § 35 I Nr. 2 BNatSchG bedürfen. 4558

a) Verkehrswegeplanungen auf Bundesebene. Der SUP unterfallen zwingend die **Verkehrswegeplanungen** auf Bundesebene einschließlich der **Bedarfspläne** nach einem Verkehrswegeausbaugesetz des Bundes (§ 53 UVPG). Hierzu gehören der Bundesverkehrswegeplan sowie die Bedarfsgesetze des Bundes, die bisher für den Straßenbau, die Schienenwege und den Wasserstraßenbau bestehen. Aber auch verkehrsträgerübergreifende Pläne und Programme auf Bundesebene wie zB Antistauprogramme, werden von dem Begriff der Verkehrswegeplanungen umfasst. Das Erfordernis einer Umweltprüfung des Bundesverkehrswegeplans und der Bedarfspläne ist allerdings keinesfalls zwingend. Für den **Bundesverkehrswegeplan** besteht eine Umweltprüfungspflicht wohl deshalb nicht, weil dieser nicht aufgrund einer (gesetzlichen) Verpflichtung aufgestellt werden muss. Auch bei den in Gesetzesform ergehenden Bedarfsplänen besteht eine Verpflichtung zu deren Aufstellung nicht. Allerdings haben die vorgenannten Pläne rahmensetzende Bedeutung für die nachfolgenden Zulassungsentscheidungen. Eine Bundesfernstraße, eine Eisenbahnlinie oder eine Wasserstraße werden nur gebaut oder ausgebaut, wenn sie im Bundesverkehrswegeplan und im Bedarfsplan aufgeführt sind. Wegen dieser rahmensetzenden Bedeutung sind die vorgenannten Pläne nach der Anlage 5 Nr. 1.1 (Liste „SUP-pflichtige Programme und Pläne") zum UVPG einer obligatorischen Umweltprüfungspflicht unterzogen worden. 4559

4560 Die **Linienbestimmung** nach § 47 UVPG unterfällt der UVP-Pflicht (§ 2 VI Nr. 2 UVPG). Damit ist sichergestellt, dass die Planungs- und Zulassungsentscheidungen auf den verschiedenen Ebenen einer Umweltprüfung entweder als SUP oder als UVP unterzogen werden.

4561 **b) Ausbaupläne nach § 12 LuftVG.** Eine obligatorische Umweltprüfungspflicht besteht auch für Ausbaupläne nach § 12 LuftVG, wenn diese bei ihrer Aufstellung oder Änderung über den Umfang der Entscheidung nach § 8 I und II LuftVG wesentlich hinausgehen. Die Festlegung von Bauschutzbereichen, wie sie mit der Genehmigung von Flughäfen regelmäßig verbunden ist, bedarf daher einer Umweltprüfung mit Behörden- und Öffentlichkeitsbeteiligung. Damit ist ein Beteiligungserfordernis der betroffenen Öffentlichkeit verbunden (§ 42 UVPG). Die Ausbaupläne steuern den Bauschutzbereich, weil Baugenehmigungen für die Errichtung von Bauwerken nur mit Zustimmung der Luftfahrtbehörde erteilt werden können. Die Ausbaupläne setzen einen Rahmen für die nachfolgenden Zulassungsentscheidungen, weil bestimmte Nutzungen oder die Höhe von Bauwerken im Bauschutzbereich aus Sicherheitsgründen nur eingeschränkt genehmigungsfähig sind.

4562 **c) Risikomanagementpläne nach § 75 WHG**. Ebenfalls einer obligatorischen SUP-Pflicht unterliegen Risikomanagementpläne nach § 75 WHG. Die Risikomanagementpläne dienen dazu, die nachteiligen Folgen, die an oberirdischen Gewässern mindestens von einem Hochwasser mit mittlerer Wahrscheinlichkeit und bei Schutz von Küstengebieten mindestens von zwei Extremereignissen ausgehen, zu verringern, soweit die möglich und verhältnismäßig ist. Die Pläne legen für die Risikogebiete angemessene Ziele für das Risikomanagement fest, insbesondere zur Verringerung möglicher nachteiliger Hochwasserfolgen für die in § 73 I 2 WHG genannten Schutzgebiete und soweit erforderlich, für nichtbauliche Maßnahmen der Hochwasserversorgung und für die Verminderung der Hochwasserwahrscheinlichkeit. In den Risikomanagementplänen sind zur Erreichung der vorgenannten Ziele Maßnahmen aufzunehmen (§ 75 III WHG). Das Verfahren zur Aufstellung der Hochwasserschutzpläne muss den Anforderungen des UVPG an die SUP genügen.

4563 **d) Maßnahmenprogramme nach § 82 WHG**. In die Maßnahmenprogramme sind grundlegende sowie ergänzende Maßnahmen zur Erreichung von Bewirtschaftungszielen aufzunehmen. Grundlegende Maßnahmen setzen die in Art. 11 III der EU-WRRL um (§ 82 WHG). Zusätzlich zu den grundlegenden Maßnahmen sind ergänzende Maßnahmen aufzunehmen (§ 82 IV WHG). Durch die Maßnahmenprogramme wird der Entscheidungsspielraum für die künftige Genehmigung der Errichtung oder wesentlichen Änderung von Anlagen in oder an Gewässern eingeschränkt. Das Verfahren zur Aufstellung des Maßnahmenprogramms muss den Anforderungen des UVPG an die Umweltprüfung entsprechen.

4564 **e) Raumordnungsplanungen nach den §§ 8, 9 ROG.** Raumordnungspläne nach den §§ 8, 9 ROG setzen einen Rahmen für künftige Zulassungsentscheidungen und unterliegen daher ebenfalls einer obligatorischen SUP. In ihnen werden die Ziele der Raumordnung festgelegt, die für die Bauleitplanung verbindlich sind. Dies gilt sowohl für die Raumordnungspläne, die für das gesamte Landesgebiet aufgestellt werden (§ 8 ROG) als auch für die Regionalpläne für Teile des Landesgebietes. Entsprechende Vorgaben für die Umweltprüfung sind in § 9 ROG enthalten. Die dort vorgenommene Umsetzung entspricht den Vorgaben des UVPG, sodass insoweit keine zusätzlichen Anforderungen aus dem UVPG zu beachten sind.

4565 **f) Raumordnungsplanungen des Bundes für den Gesamtraum** und in der **deutschen ausschließlichen Wirtschaftszone (AWZ) nach § 17 ROG**. Das zuständige Bundesministerium kann Raumordnungspläne für das Bundesgebiet mit Festlegung länderübergreifender Standortkonzepte und für die ausschließliche Wirtschaftszone aufstellen, die von öffentlichen Stellen bei ihren raumbedeutsamen Planungen und Maßnahmen nach § 4 I ROG zu beachten sind. Die Planungen in diesem Bereich setzen daher einen Rahmen für die Zulassung von UVP-pflichtigen Vorhaben in der AWZ und unterliegen damit einer SUP (§§ 17 V, 9 ROG).

4566 **g) Bauleitplanungen.** Flächennutzungspläne und Bebauungspläne nach den §§ 6, 10 BauGB sind nach Maßgabe des BauGB umweltprüfungspflichtig. Das UVPG ordnet zwar ebenfalls eine Umweltprüfungspflicht an, überlässt deren rechtliche Ausgestaltung aber dem BauGB. Das Verhältnis von Umweltprüfung zur UVP ist in § 50 UVPG geregelt. Zusätzliche Anforderungen, die über die Regelungen des BauGB mit ihren Verweisungen hinausgehen, stellt das UVPG nicht.

h) Maßnahmenprogramme nach § 45h WHG. Auf der Grundlage einer Anfangsbewertung nach § 45c I WHG und der nach § 45e Satz 1 WHG festgelegten Ziele waren bis zum 31.12.2015 Maßnahmenprogramme aufzustellen, die dem Prinzip einer nachhaltigen Entwicklung Rechnung tragen. Die Maßnahmenprogramme umfassen die kostenwirksamen Maßnahmen, die erforderlich sind, um den guten Zustand der Meeresgewässer zu erreichen oder zu erhalten. 4567

i) Bundesbedarfspläne nach § 12e EnWG. Die Regulierungsbehörde übermittelt nach § 12 e I 1 EnWG den Netzentwicklungsplan mindestens alle vier Jahre der Bundesregierung als Entwurf für einen Bundesbedarfsplan. Die Bundesregierung legt den Entwurf des Bundesbedarfsplans mindestens alle vier Jahre dem Bundesgesetzgeber vor. Die Regulierungsbehörde hat auch bei wesentlichen Änderungen des Netzentwicklungsplans so zu verfahren. Mit Erlass des Bundesbedarfsplans durch den Bundesgesetzgeber wird für die darin enthaltenen Vorhaben die energiewirtschaftliche Notwendigkeit und der vordringliche Bedarf festgestellt. Die Feststellungen sind für die Betreiber von Übertragungsnetzen sowie für die Planfeststellung und die Plangenehmigung nach den § 43 bis § 43d und § 18 bis § 24 NABEG verbindlich (§ 12e IV EnWG. Für die Änderung von Bundesbedarfsplänen gilt § 37 Satz 1 UVPG. Werden Pläne und Programme nach § 35 I UVPG und § 36 UVPG nur geringfügig geändert oder legen sie die Nutzung kleiner Gebiete auf lokaler Ebene fest, so ist eine Strategische Umweltprüfung nach § 37 S. 1 UVPG nur dann durchzuführen, wenn eine Vorprüfung des Einzelfalls im Sinne von § 35 IV UVPG ergibt, dass der Plan oder das Programm voraussichtlich erhebliche Umweltauswirkungen hat. 4568

j) Bundesfachplanungen nach den §§ 4 und 5 des Netzausbaubeschleunigungsgesetzes Übertragungsnetz. Für die in einem Gesetz über den Bundesbedarfsplan nach § 12e IV 1 EnWG als länderübergreifend oder grenzüberschreitend oder als Offshore-Anbindungsleitungen gekennzeichneten Höchstspannungsleitungen werden durch die Bundesfachplanung Trassenkorridore bestimmt. Diese sind die Grundlage für die nachfolgenden Planfeststellungsverfahren. Die Bundesnetzagentur bestimmt nach § 5 I 1 NABEG in der Bundesfachplanung zur Erfüllung der in § 1 I EnWG genannten Zwecke Trassenkorridore von im Bundesbedarfsplan aufgeführten Höchstspannungsleitungen. Die Bundesnetzagentur prüft, ob der Verwirklichung des Vorhabens in einem Trassenkorridor überwiegende öffentliche oder private Belange entgegenstehen. 4569

k) Nationale Aktionsprogramme nach Artikel 5 I der Richtlinie 91/676/EWG. Zur Verwirklichung der in Art. 1 der Nitrat-RL 91-676 genannten Ziele legen die Mitgliedstaaten innerhalb von zwei Jahren nach der ersten Ausweisung der gefährdeten Gebiete nach Art. 3 II oder innerhalb eines Jahres nach jeder ergänzenden Ausweisung nach Art. 3 IV der Richtlinie Aktionsprogramme für die als gefährdet ausgewiesenen Gebiete fest. Ein Aktionsprogramm kann sich auf alle gefährdeten Gebiete im Gebiet eines Mitgliedstaates erstrecken, oder es können verschiedene Programme für verschiedene gefährdete Gebiete oder Teilgebiete festgelegt werden, wenn der Mitgliedstaat dies für angebracht hält. 4570

l) Nationales Entsorgungsprogramm nach § 2c AtG. Die Bundesregierung legt nach § 2c I AtG in einem Nationalen Entsorgungsprogramm dar, wie die nationale Strategie für eine verantwortungsvolle und sichere Entsorgung abgebrannter Brennelemente und radioaktiver Abfälle umgesetzt werden soll. Die Pflichtzur strategischen Umweltprüfung folgt aus § 35 I Nr. 1 UVPG iVm Nr. 1.13 der Anlage zum UVPG. 4571

m) Festlegung der Standortregionen für die übertägige Erkundung nach § 15 II Standortauswahlgesetz. Nach § 15 III StandAG wird die übertägig zu erkundenden Standortregionen und das weitere Verfahren mit den Gebieten, zu denen keine hinreichenden Informationen für die Anwendung der Kriterien nach den § 22 bis § 24 StandAG vorliegen, durch Bundesgesetz bestimmt. 4572

n) Flächenentwicklungspläne nach § 5 des WindSeeG. Der Flächenentwicklungsplan trifft nach 3 4 WindSeeG fachplanerische Festlegungen für die ausschließliche Wirtschaftszone. Er kann fachplanerische Festlegungen für Gebiete, Flächen, die zeitliche Reihenfolge der Ausschreibungen der Flächen, die Kalenderjahre der Inbetriebnahmen und die voraussichtlich zu installierende Leistung sowie für Testfelder und sonstige Energiegewinnungsbereiche für das Küstenmeer treffen. Der Flächenentwicklungsplan enthält nach § 5 I 1 WindSeeG für den Zeitraum ab dem Jahr 2026 für die ausschließliche Wirtschaftszone und nach Maßgabe der folgenden Bestimmungen für das Küstenmeer Festlegungen über 1. Gebiete; im Küstenmeer können Gebiete nur festgelegt werden, wenn das zuständige Land die Gebiete als möglichen 4573

Gegenstand des Flächenentwicklungsplans ausgewiesen hat, 2. Flächen in den nach Nummer 1 festgelegten Gebieten; im Küstenmeer können Flächen nur festgelegt werden, wenn das zuständige Land die Flächen als möglichen Gegenstand des Flächenentwicklungsplans ausgewiesen hat, 3. die zeitliche Reihenfolge, in der die festgelegten Flächen zur Ausschreibung nach Teil 3 Abschnitt 2 und 5 kommen sollen, einschließlich der Benennung der jeweiligen Kalenderjahre, sowie die Festlegung, ob die Fläche zentral voruntersucht werden soll, 4. die Kalenderjahre einschließlich des Quartals im jeweiligen Kalenderjahr, in denen auf den festgelegten Flächen jeweils die bezuschlagten Windenergieanlagen auf See und die entsprechende Offshore-Anbindungsleitung in Betrieb genommen werden sollen sowie die Quartale im jeweiligen Kalenderjahr, in welchen der Kabeleinzug der Innerparkverkabelung der bezuschlagten Windenergieanlagen auf See an die Konverter- oder die Umspannplattform erfolgen soll, 5. die in den festgelegten Gebieten und auf den festgelegten Flächen jeweils voraussichtlich zu installierende Leistung von Windenergieanlagen auf See, 6. Standorte von Konverterplattformen, Sammelplattformen und, soweit wie möglich, Umspannanlagen, 7. Trassen oder Trassenkorridore für Offshore-Anbindungsleitungen, 8. Orte, an denen die Offshore-Anbindungsleitungen die Grenze zwischen der ausschließlichen Wirtschaftszone und dem Küstenmeer überschreiten, 9. Trassen oder Trassenkorridore für grenzüberschreitende Stromleitungen, 10. Trassen oder Trassenkorridore für mögliche Verbindungen der in den Nummern 1, 2, 6, 7 und 9 genannten Anlagen, Trassen oder Trassenkorridore untereinander und 11. standardisierte Technikgrundsätze und Planungsgrundsätze.

4574 **o) Feststellungen der Eignung einer Fläche und der installierbaren Leistung auf der Fläche nach § 12 V WindSeeG.** Ergibt eine Eignungsprüfung, dass eine Fläche zur Ausschreibung nach Teil 3 Abschnitt 5 WindSeeG geeignet ist, werden als Grundlage für die spätere Ausschreibung durch die Bundesnetzagentur dieses Ergebnis und die zu installierende Leistung auf dieser Fläche durch Rechtsverordnung festgestellt. Zugleich wird in der Rechtsverordnung festgestellt, dass die Realisierung von Windenergieanlagen auf See auf der zentral voruntersuchten Fläche aus Gründen eines überragenden öffentlichen Interesses und im Interesse der öffentlichen Sicherheit erforderlich ist.[295]

6. SUP-Pflicht bei Rahmensetzung (§ 35 I Nr. 2 UVPG)

4575 Während die in Nr. 1 der Anlage 5 zum UVPG aufgeführten Planungen obligatorisch der Pflicht zur Strategischen Umweltprüfung unterliegen, wird eine Umweltprüfungspflicht bei Plänen und Programmen nach Nr. 2 der Anlage 5 zum UVPG nur ausgelöst, wenn diese Planungen für UVP-pflichtige oder vorprüfungspflichtige Vorhaben mit erheblichen nachteiligen Umweltauswirkungen einen Rahmen setzen und eine Vorprüfung ergibt, dass die Verwirklichung der geplanten Vorhaben voraussichtlich erhebliche Umweltauswirkungen haben wird. Die Pflicht zur Umweltprüfung ist daher bei dieser Gruppe davon abhängig, dass sie für Vorhaben der Anlage 1 zum UVPG „Liste der UVP-pflichtigen Vorhaben" einen Rahmen setzen und erhebliche Umweltauswirkungen zu erwarten sind. Für den rahmensetzenden Charakter der Pläne und Programme reicht bereits aus, dass ihre Vorgaben bei der späteren Zulassungsentscheidung zu berücksichtigen sind (§ 35 III UVG).

4576 **a) Lärmaktionspläne nach § 47 d BImSchG.** Zur Umsetzung der Umgebungslärmrichtlinie werden Lärmaktionspläne aufgestellt. Sie unterliegen einer SUP, wenn sie einen Rahmen für UVP-pflichtige Vorhaben setzen. Die Lärmaktionspläne werden im Zusammenhang mit der Umsetzung der Umgebungslärm-Richtlinie aufgestellt.[296]

Beispiel: Die Lärmaktionspläne weisen konkrete Maßnahmen für UVP-pflichtige Vorhaben wie etwa Nachrüstungserfordernisse für genehmigungsbedürftige immissionsschutzrechtliche Anlagen aus.

4577 **b) Luftreinhaltepläne nach § 47 I BImSchG.**[297] Bei Überschreitung von in einer Rechtsverordnung festgelegten Grenzwerten sind Luftreinhaltepläne aufzustellen, in denen die erforderlichen Maßnahmen zur dauerhaften Verminderung von Luftverunreinigungen festgelegt

[295] Zur planungsrechtlichen Bedeutung des überragenden Interesses an der Errichtung und dem Betrieb von Anlagen der Erneuerbaren Energien Appel/Pfeuffer DVBl.. 2024, 537.

[296] Dazu Kröner UPR 2013, 89; Enderle UPR 2019, 255; Berkemann I+E 2018, 130.

[297] Siehe dazu Appel/Stark NVwZ 2019, 1552; Berkemann ZUR 2019, 412; Brandt NVwZ 2018, 945; Hofmann NVwZ 2018, 928; Klinger ZUR 2019, 131.

werden. Die Luftreinhaltepläne dienen der Umsetzung der Luftqualitätsrichtlinie 1996 und der Tochterrichtlinie 1999. Die Luftreinhaltepläne unterliegen der SUP, wenn die dort ausgewiesenen Maßnahmen einen Rahmen für die Zulassung UVP-pflichtiger Vorhaben setzen.[298]

c) Abfallwirtschaftskonzepte nach § 21 KrWG. Die öffentlich-rechtlichen Entsorgungsträger haben Abfallwirtschaftskonzepte und Abfallbilanzen über die Verwertung, insbesondere der Vorbereitung zur Wiederverwertung und des Recyclings und die Beseitigung der in ihrem Gebiet anfallenden und ihnen zu überlassenden Abfälle zu erstellen. Die Anforderungen an die Abfallwirtschaftskonzepte und Abfallbilanzen richten sich nach Landesrecht. Abfallwirtschaftskonzepte unterliegen der SUP, wenn sie einen Rahmen für UVP-pflichtige Vorhaben setzen. Ob ein solcher Rahmen gesetzt wird, hängt von dem Inhalt des Konzeptes ab. Das kann zB der Fall sein, wenn im Abfallwirtschaftskonzept neue Beseitigungsanlagen (Standort- oder Anlagenplanung) oder Entsorgungswege ausgewiesen werden.[299] 4578

Die zur Verwertung und Beseitigung Verpflichteten können Dritte mit der Erfüllung ihrer Pflichten beauftragen. Ihre Verantwortlichkeit für die Erfüllung der Pflichten bleibt hiervon unberührt und so lange bestehen, bis die Entsorgung endgültig und ordnungsgemäß abgeschlossen ist. Die beauftragten Dritten müssen über die erforderliche Zuverlässigkeit verfügen. Das gilt auch für die Fortschreibung der Abfallwirtschaftskonzepte durch Dritte, die Behörden im Sinne der SUP-RL sind. Die von diesen Dritten erstellten Abfallwirtschaftskonzepte oder deren Fortschreibung unterliegen der SUP, wenn sie einen Rahmen für UVP-pflichtige bzw. vorprüfungspflichtige Vorhaben mit erheblichen nachteiligen Umweltauswirkungen setzen. Dies wiederum hängt von dem Inhalt des Konzepts ab. 4579

d) Abfallwirtschaftspläne nach § 30 KrWG. Die Länder stellen für ihr Gebiet Abfallwirtschaftspläne nach überörtlichen Gesichtspunkten auf. Die Abfallwirtschaftspläne stellen dar: (1) die Ziele der Abfallvermeidung, der Abfallverwertung, insbesondere der Vorbereitung zur Wiederverwendung und des Recyclings, sowie der Abfallbeseitigung, (2) die bestehende Situation der Abfallbewirtschaftung, (3) die erforderlichen Maßnahmen zur Verbesserung der Abfallverwertung und Abfallbeseitigung einschließlich einer Bewertung ihrer Eignung zur Zielerreichung sowie (4) die Abfallentsorgungsanlagen, die zur Sicherung der Beseitigung von Abfällen sowie der Verwertung von gemischten Abfällen aus privaten Haushaltungen einschließlich solcher, die dabei auch in anderen Herkunftsbereichen gesammelt werden, im Inland erforderlich sind. Die Abfallwirtschaftspläne weisen Folgendes aus: (1) die zugelassenen Abfallentsorgungsanlagen sowie (2) die Flächen, die für Deponien, für sonstige Abfallbeseitigungsanlagen sowie für Abfallentsorgungsanlagen im Sinne des § 30 I 2 Nr. 4 KrWG geeignet sind. Die Abfallwirtschaftspläne können nach § 30 I 4 KrWGferner bestimmen, welcher Entsorgungsträger vorgesehen ist und welcher Abfallentsorgungsanlage sich die Entsorgungspflichtigen zu bedienen haben. Die Flächenausweisung nach § 30 I 3 Nr. 2 KrWG ist allerdings keine Voraussetzung für die Planfeststellung oder Genehmigung der in § 35 KrWG aufgeführten Abfallbeseitigungsanlagen. 4580

Gemäß § 35 I Nr. 2 UVPG iVm Anl. 5 des UVPG besteht bei Abfallwirtschaftsplänen die Pflicht zu prüfen, ob eine strategische Umweltprüfung durchzuführen ist. Eine solche ist erforderlich, wenn mit dem aufgestellten Abfallwirtschaftsplan ein Rahmen für Vorhaben, die nach Bundesrecht oder Landesrecht einer Umweltverträglichkeitsprüfung oder einer Vorprüfung des Einzelfalls zur Feststellung der UVP-Pflicht bedürfen, geschaffen wird. Ein Rahmen in diesem Sinne wird dann gesetzt, wenn im Abfallwirtschaftsplan Festlegungen mit Bedeutung für spätere Zulassungsentscheidungen enthalten sind, insbesondere zum Bedarf, zur Größe, zum Standort, zur Beschaffenheit und zu Betriebsbedingungen von Vorhaben oder zur Inanspruchnahme von Ressourcen. Nach § 34 I UVPG hat die zuständige Behörde frühzeitig festzustellen, ob nach den §§ 35-37 UVPG eine Verpflichtung zur Durchführung einer strategischen Umweltprüfung besteht.[300] 4581

e) Abfallvermeidungsprogramme nach § 33 KrWG. Der Bund erstellt nach § 33 I 1 KrWG ein Abfallvermeidungsprogramm, an dem sich die Länder beteiligen können. Das Abfallvermeidungsprogramm legt Abfallvermeidungsziele fest, die Ziele darauf gerichtet sind, das Wirtschaftswachstum und die mit der Abfallerzeugung verbundenen Auswirkungen auf Mensch und Umwelt zu entkoppeln und sieht dafür bestimmte Abfallvermeidungsmaßnahmen vor. 4582

---

298 Zur Fortschreibung eines Luftreinhalteplans BVerwG NVwZ 2021, 1783; NVwZ 2022, 330.

299 Dazu Beckmann in Landmann/Rohmer, Umweltrecht, 2021, § 21 KrWG Rn. 26.

300 Beckmann in Landmann/Rohmer, Umweltrecht, 2022, § 31 KrWG Rn. 37.

4583 Nach § 35 I Nr. 2 UVPG iV Nr. 2.6 Anlage 5 des UVPG ist eine Strategische Umweltprüfung bei Abfallvermeidungsprogrammen nach § 33 KrWG durchzuführen, wenn sie für Entscheidungen über die Zulässigkeit von in Anlage 1 UVPG aufgeführten Vorhaben oder von Vorhaben, die nach Landesrecht einer UVP oder Vorprüfung des Einzelfalls bedürfen, einen Rahmen setzen. Dies ist nach § 35 Abs. 3 UVPG der Fall, wenn sie Festlegungen mit Bedeutung für spätere Zulassungsentscheidungen, insbesondere zum Bedarf, zur Größe, zum Standort, zur Beschaffenheit, zu Betriebsbedingungen von Vorhaben oder zur Inanspruchnahme von Ressourcen, enthalten.[301] Voraussetzung für die Annahme, dass ein Abfallvermeidungsprogramm in diesem Sinne für spätere Zulassungsentscheidungen einen Rahmen setzt, ist die Verbindlichkeit des gesetzlichen Rahmens. Denn nur mit einer solchen Rechtsverbindlichkeit kann auf die Entscheidung über die Zulässigkeit von Vorhaben eingewirkt werden. Dass Aussagen eines Abfallvermeidungsprogramms im Sinne einer zwingend zu beachtenden Zulassungsvoraussetzung einen verbindlichen Rahmen setzen, etwa bei der Entscheidung über den Antrag auf Erteilung einer immissionsschutzrechtlichen Genehmigung, ist eher unwahrscheinlich. Die Voraussetzung der Rechtsverbindlichkeit wird allerdings bereits dann erfüllt, wenn die Aussagen des Abfallvermeidungsprogramms abwägungs- oder ermessensrelevant sind. Nicht erforderlich ist hingegen, dass die Inhalte zwingend zu beachten sind.[302] Bei der Zulassung von planfeststellungsbedürftigen Vorhaben, insbesondere bei der Planfeststellung von Abfalldeponien, kommt zwar grundsätzlich eine Berücksichtigung von Planinhalten bei der planerischen Abwägung in Betracht. Allerdings dürften Gesichtspunkte der Abfallvermeidung kaum bei der Zulassung einer Abfallbeseitigungsanlage eine Rolle spielen, die nur noch die Abfälle beseitigen kann, die bereits angefallen sind und insoweit nicht vermieden werden konnten bzw. vermieden worden sind und nicht verwertet werden. Die Frage, ob und inwieweit bei der Erstellung eines Abfallvermeidungsprogramms tatsächlich eine strategische Umweltprüfung erforderlich wird, ist abhängig von konkreten Planinhalt und muss insoweit im jeweiligen Einzelfall geprüft werden.[303]

4584 **f) Operationelle Programme aus Europäischen Fonds.** Nach Nr. 2.7 der Anlage 5 des UVPG bedürfen nach § 35 I Nr. 2 UVPG bei Rahmensetzung auch Operationelle Programme aus dem Europäischen Fonds für Regionale Entwicklung, dem Europäischen Sozialfonds, dem Kohäsionsfonds und dem Europäischen Meeres- und Fischereifonds sowie Entwicklungsprogramme für den ländlichen Raum aus dem Europäischen Landwirtschaftsfonds für die Entwicklung des ländlichen Raumes einer Strategischen Umweltprüfung.

4585 **g) Pläne und Maßnahmen des Strahlenschutzes.** Nach Nr. 2.8 der Anlage 5 des UVPG bedürfen nach § 35 I Nr. 2 UVPG bei Rahmensetzung besondere Notfallpläne des Bundes oder der Länder nach § 99 II Nr. 9 oder § 100 StrlSchG, jeweils auch iVm § 103 I StrlSchG, für die Entsorgung von Abfällen bei möglichen Notfällen einer Strategischen Umweltprüfung. Auf Vorschlag der für die jeweiligen Sachbereiche zuständigen Bundesministerien ergänzt und konkretisiert die Bundesregierung nach § 99 I 1 StrlSchG den allgemeinen Notfallplan des Bundes durch besondere Notfallpläne des Bundes. Die besonderen Notfallpläne des Bundes werden gem. § 99 I 2 StrlSchG als allgemeine Verwaltungsvorschriften mit Zustimmung des Bundesrates beschlossen. In den besonderen Notfallplänen des Bundes sind die Planungen insbesondere für verschiedene Anwendungsbereiche darzustellen, unter anderem für die Entsorgung von Abfällen und für die Beseitigung von Abwasser sowie für die Errichtung und den Betrieb der in § 95 I 2 StrlSchG genannten Anlagen. Dazu gehören 1. Anlagen, in denen kontaminierte Abfälle entsorgt werden, 2. Abwasseranlagen, die Abwasser aufnehmen, das durch einen Notfall kontaminiert ist oder kontaminiert sein kann, und 3. Anlagen, in denen diese Abfälle oder diese sonstigen Gegenstände oder Stoffe insbesondere als Brennstoff, Rohstoff, Material, Vorprodukt, Schmier-, Löse- oder sonstiges Hilfsmittel gelagert, eingesetzt oder behandelt werden oder gelagert, eingesetzt oder behandelt werden können.

4586 Nach Nr. 2.8 der Anlage 5 des UVPG bedürfen nach § 35 I Nr. 2 UVPG bei Rahmensetzung auch Pläne des Bundes oder der Länder nach § 118 II oder V StrlSchG, jeweils auch in

---

[301] näher dazu Leidinger in Beckmann/Kment, UVPG/UmwRG, 2023, § 35 UVPG Rn. 17 ff.; Beckmann in Landmann/Rohmer, Umweltrecht, 2022, § 33 KrWG Rn. 100.

[302] Beckmann in Landmann/Rohmer, Umweltrecht, 2022, § 33 KrWG Rn. 100; Leidinger in Beckmann/Kment, UVPG/UmwRG, 2023, § 35 Rn. 39; zustimmend Versmann in Jarass/Petersen, KrWG, 2022, § 33 Rn. 46.

[303] Beckmann in Landmann/Rohmer, Umweltrecht, 2022, § 33 KrWG Rn. 101.

Verbindung mit § 103 I StrlSchG für die Entsorgung von Abfällen einer Strategischen Umweltprüfung. Wenn sich bei einem überregionalen oder regionalen Notfall die radiologische Lage im Wesentlichen stabilisiert hat, schätzt das Bundesministerium für Umwelt, Naturschutz und nukleare Sicherheit nach § 118 I 1 StrlSchG im Rahmen der Wirksamkeitsprüfung nach § 111 II StrlSchG auch ab, ob die effektive Dosis bei der betroffenen Bevölkerung infolge des Notfalls voraussichtlich im folgenden Jahr im Bundesgebiet oder in Teilen des Bundesgebietes noch den Wert von 1 Millisievert im Jahr überschreiten wird. Soweit der Wert von 1 Millisievert voraussichtlich im folgenden Jahr im Bundesgebiet oder in Teilen des Bundesgebietes noch überschritten wird, erstrecken sich die von den zuständigen Bundesministerien nach § 111 III und IV StrlSchG vorzunehmenden Prüfungen 1. auch darauf, ob und wie lange angemessene Schutzmaßnahmen und andere Maßnahmen nach Teil 3 im Bundesgebiet oder Teilen des Bundesgebietes noch erforderlich sind, um sicherzustellen, dass die effektive Dosis bei der betroffenen Bevölkerung so bald wie möglich den Wert von 20 Millisievert unterschreitet sowie 2. darauf, ob und ab welchem Zeitpunkt bei Anwendung der Rechtsvorschriften über bestehende Expositionssituationen durch angemessene Schutz-, Sanierungs- oder andere Maßnahmen erreicht werden kann, dass die effektive Dosis weiter reduziert wird und den nach Absatz 4 festzusetzenden Referenzwert so weit wie möglich unterschreitet. Wenn eine Reduzierung der effektiven Dosis möglich ist, erlässt die Bundesregierung nach § 118 II 1 StrlSchG in entsprechender Anwendung der §§ 92 und 97 I bis IV 1 bis 3 sowie des § 98 StrlSchG auf Vorschlag des Bundesministeriums für Umwelt, Naturschutz und nukleare Sicherheit einen **Plan des Bundes zum Schutz der Bevölkerung** in der nach dem Notfall bestehenden Expositionssituation. Dieser Plan wird als allgemeine Verwaltungsvorschrift mit Zustimmung des Bundesrates beschlossen. Soweit dies für einen angemessenen Schutz der Bevölkerung erforderlich ist, stellen die Länder, soweit die Länder für die Planung oder Durchführung von Maßnahmen nach § 118 I 2 Nr. 2 StrlSchG zuständig sind, gem. § 118 V StrlSchG Landespläne auf, welche die Pläne des Bundes nach den § 118 II und III StrlSchG für diese bestehende Expositionssituation ergänzen und konkretisieren.

Nach Nr. 2.10 der Anlage 5 des UVPG bedarf nach § 35 I Nr. 2 UVPG bei Rahmensetzung auch Bestimmung von Maßnahmen durch Rechtsverordnung nach § 123 II StrlSchG einer Strategischen Umweltprüfung. Wer ein Gebäude mit Aufenthaltsräumen oder Arbeitsplätzen errichtet, hat nach § 123 I 1 StrlSchG geeignete Maßnahmen zu treffen, um den Zutritt von Radon aus dem Baugrund zu verhindern oder erheblich zu erschweren. Diese Pflicht gilt gem. § 123 I 2 StrlSchG als erfüllt, wenn 1. die nach den allgemein anerkannten Regeln der Technik erforderlichen Maßnahmen zum Feuchteschutz eingehalten werden und 2. in den nach § 121 I 1 festgelegten Gebieten zusätzlich die in der Rechtsverordnung nach § 123 II StrlSchG bestimmten Maßnahmen eingehalten werden. Die Bundesregierung wird nach § 123 II StrlSchG ermächtigt, durch Rechtsverordnung mit Zustimmung des Bundesrates weitere Maßnahmen zum Schutz vor Radon für zu errichtende Gebäude innerhalb der nach § 121 I Satz 1 StrlSchG festgelegten Gebiete zu bestimmen. Dafür kann eine Strategische Umweltprüfung erforderlich sein. 4587

Nach Nr. 2.11 der Anlage 5 des UVPG bedarf nach § 35 I Nr. 2 UVPG bei Rahmensetzung auch **Radonmaßnahmenplan** nach § 122 I StrlSchG einer Strategischen Umweltprüfung. Der Radonmaßnahmenplan erläutert Maßnahmen nach dem StrlSchG und enthält Ziele für die Bewältigung der langfristigen Risiken der Exposition durch Radon in Aufenthaltsräumen und an Arbeitsplätzen in Innenräumen hinsichtlich sämtlicher Quellen, aus denen Radon zutritt, sei es aus dem Boden, aus Bauprodukten oder aus dem Wasser. Das Bundesministerium für Umwelt, Naturschutz und nukleare Sicherheit erstellt den Radonmaßnahmenplan unter Beteiligung der Länder. 4588

h) Aktionspläne nach § 40d BNatschG. Das Bundesministerium für Umwelt, Naturschutz und nukleare Sicherheit beschließt nach Anhörung der Länder im Einvernehmen mit dem Bundesministerium für Verkehr und digitale Infrastruktur sowie dem Bundesministerium für Ernährung und Landwirtschaft einen Aktionsplan zu den **Einbringungs- und Ausbreitungspfaden invasiver Arten** nach § 7 II Nr. 9 a BNatSchG. Das gilt auch für invasive Arten nach § 7 II Nr. 9 b BNatSchG, soweit die Kommission insoweit in einem Durchführungsrechtsakt nach Art. 11 II 2 (EU) Nr. 1143/2014 eine Anwendung des Art. 13 (EU) Nr. 1143/2014 vorsieht, sowie für invasive Arten, die in einer Rechtsverordnung § 54 IV 1 Nr. 3 aufgeführt sind. Solche Aktionspläne bedürfen nach § 35 I Nr. 2 UVPG unter den dort genannten Voraussetzungen ebenfalls einer Strategischen Umweltprüfung. 4589

4590 **i) Klimaschutzprogramme nach § 9 KSG.** Auch Klimaschutzprogramme können nach Nr. 2.13 der Anlage 5 des UVPG einer Strategischen Umweltprüfung bedürfen. Die Bundesregierung beschließt nach § 9 I 1 KSG mindestens nach jeder Fortschreibung des Klimaschutzplans ein Klimaschutzprogramm; darüber hinaus wird nach § 9 I 2 KSG bei Zielverfehlungen eine Aktualisierung des bestehenden Klimaschutzprogramms um Maßnahmen nach § 8 II KSG vorgenommen. In jedem Klimaschutzprogramm legt die Bundesregierung unter Berücksichtigung des jeweils aktuellen Klimaschutz-Projektionsberichts nach § 10 II KSG fest, welche Maßnahmen sie zur Erreichung der nationalen Klimaschutzziele in den einzelnen Sektoren ergreifen wird.[304]

4591 **j) Wärmenetzen oder als Wasserstoffnetzausbaugebiet.** Auch Entscheidungen über die Ausweisung als Gebiet zum Neu- oder Ausbau von Wärmenetzen oder als Wasserstoffnetzausbaugebiet nach § 26 Wärmeplanungsgesetz (WPG) können nach Nr. 2.14 der Anlage 5 des UVPG einer Strategischen Umweltprüfung bedürfen. Wärmenetz sind nach § 3 I Nr. 17 WPG eine Einrichtung zur leitungsgebundenen Versorgung mit Wärme, die kein Gebäudenetz im Sinne des § 3 I 1 Nr. 9a des Gebäudeenergiegesetzes in der am 1. Januar 2024 geltenden Fassung ist. Ein **Wärmenetzgebiet** ist nach § 3 I Nr. 17 WPG ein beplantes Teilgebiet, in dem ein **Wärmenetz** besteht oder geplant ist und ein erheblicher Anteil der ansässigen Letztverbraucher über das Wärmenetz versorgt werden soll, wobei innerhalb der Wärmenetzgebiete zu unterscheiden ist zwischen a) **Wärmenetzverdichtungsgebieten**, das sind beplante Teilgebiete, in denen Letztverbraucher, die sich in unmittelbarer Nähe zu einem bestehenden Wärmenetz befinden, mit diesem verbunden werden sollen, ohne dass hierfür der Ausbau des Wärmenetzes nach Buchstabe b erforderlich würde, b) **Wärmenetzausbaugebieten**, das sind beplante Teilgebiete, in denen es bislang kein Wärmenetz gibt und die durch den Neubau von Wärmeleitungen erstmals an ein bestehendes Wärmenetz angeschlossen werden sollen, c) **Wärmenetzneubaugebieten**, das sind beplante Teilgebiete, die an ein neues Wärmenetz nach Nummer 7 angeschlossen werden sollen.

7. Sonstige fakultative SUP (§ 35 II UVPG)

4592 Für andere Sektoren, die nicht unter die Anlage 5 Nr. 1 und 2 fallen, ist eine SUP nur erforderlich, wenn die Pläne und Programme für die Entscheidung über die Zulässigkeit UVP-pflichtiger Vorhaben einen **Rahmen** setzen und nach einer Vorprüfung des Einzelfalls voraussichtlich erhebliche Umweltauswirkungen haben (§ 35 II UVPG).[305] Pläne und Programme setzen nach § 35 III UVPG einen Rahmen für die Entscheidung über die Zulässigkeit von Vorhaben, wenn sie Festlegungen mit Bedeutung für spätere Zulassungsentscheidungen, insbesondere zum Bedarf, zur Größe, zum Standort, zur Beschaffenheit, zu Betriebsbedingungen von Vorhaben oder zur Inanspruchnahme von Ressourcen, enthalten.

4593 Die zuständige Behörde hat aufgrund einer überschlägigen Prüfung unter Berücksichtigung der in Anlage 4 zum UVPG aufgeführten Kriterien einzuschätzen, ob der Plan oder das Programm voraussichtlich erhebliche Umweltauswirkungen hat, die im weiteren Aufstellungsverfahren nach § 43 II UVPG zu berücksichtigen wären. Dabei ist zu berücksichtigen, inwieweit Umweltauswirkungen durch Vermeidungs- und Verminderungsmaßnahmen offensichtlich ausgeschlossen werden. Die Behörde hat bei der Vorprüfung des Einzelfalls lediglich **überschlägig** abzuschätzen, ob der Plan oder das Programm erhebliche positive oder negative Umweltauswirkungen haben kann. Die Vorprüfung hat dagegen nicht das Ziel, mit einer in alle Einzelheiten gehenden Untersuchung das Vorliegen erheblicher Umweltauswirkungen abschließend festzustellen. Dabei sind nur Umweltauswirkungen zu berücksichtigen, die im weiteren Aufstellungsverfahren nach § 43 UVPG von Bedeutung sind. Vermeidungs- und Verminderungsmaßnahmen, durch die Umweltauswirkungen offensichtlich ausgeschlossen werden können, müssen berücksichtigt werden.

---

304 Siehe im Einzelnen dazu Guckelberger in Fellenberg/Guckelberger, Klimaschutzrecht, 2022, § 9 Rn. 1 ff.; Lorenzen in Kahl/Gärditz, Umweltrecht, 2023, § 6 Rn. 56; Albrecht NuR 2020, 370 (376); Klinger ZUR 2020, 259; EurUP 2020, 338 (339 ff.); Franzius ZUR 2023, 199; Reese ZUR 2020, 641 (642).

305 Näher dazu Leidinger in Beckmann/Kment, UVPG/UmwRG, 2023, § 35 UVPG Rn. 21 ff.

8. SUP-Pflicht bei Plänen im Habitat- und Vogelschutzbereich (§ 36 UVPG)

Auch Pläne, die einer Verträglichkeitsprüfung nach § 36 1 Nr. 2 BNatSchG unterliegen, sind SUP-pflichtig. Die Vorschrift dient der Umsetzung von Art. 3 II b der SUP-RL. Die SUP-Pflicht gilt dabei nicht für alle Pläne nach dem BNatSchG, sondern nur für Pläne und Programme nach § 2 VII UVPG. § 36 S. 1 Nr. 2 BNatSchG bezieht sich auf Pläne, die bei behördlichen Entscheidungen zu beachten oder zu berücksichtigen sind. Das betrifft alle Pläne mit mindestens behördeninterner Verbindlichkeit, nicht jedoch private Pläne eines Vorhabenträgers.[306] Ob eine Verträglichkeitsprüfung durchzuführen ist, hängt davon ab, ob bei der Vorprüfung die Gefahr einer erheblichen Beeinträchtigung von Natura-2000-Gebieten ausgeschlossen werden kann.[307] 4594

Das BNatSchG enthält keine eigene Legaldefinition des Planbegriffs. § 36 Satz 1 Nr. 2 BNatSchG erfasst nach seinem Wortlaut Pläne, die bei behördlichen Entscheidungen zu beachten oder zu berücksichtigen sind. Dies sind Pläne, die für die Zulassung schutzgebietsrelevanter Bodennutzungen bedeutsam sein können und deren Festlegungen nachfolgende Zulassungsverfahren beeinflussen.[308] Erfasst werden in erster Linie die in § 36 Satz 2 BNatSchG ausdrücklich genannten Raumordnungspläne, aber auch forstwirtschaftliche Rahmenpläne. Unter § 36 S. 1 Nr. 2 BNatSchG können zB Abfallwirtschaftspläne gem. § 30 KrWG, Landschaftspläne gem. § 8 f BNatSchG, Bewirtschaftungspläne nach § 82 f WHG und Sanierungspläne nach § 13 BBodSchG fallen.[309] 4595

§ 36 S. 2 BNatSchG bestimmt, dass für Raumordnungspläne und Bauleitpläne keine Verträglichkeitsprüfung nach § 34 I 1 BNatSchG erforderlich ist. Diese Pläne müssen auch dann nicht einer Verträglichkeitsprüfung hinsichtlich der Erhaltungsziele eines Natura-2000-Gebiets unterzogen werden, wenn sie einzeln oder im Zusammenwirken mit anderen Projekten oder Plänen geeignet sind, das Gebiet erheblich zu beeinträchtigen. Diese Ausnahme ist zu rechtfertigen, weil § 7 VI ROG und § 1a II Nr. 4 BauGB Vorschriften enthalten, die zu einer Verträglichkeitsprüfung verpflichten.[310] 4596

Zur Klärung der Frage, ob bestimmte Bestandteile einer Verordnung zur Ausweisung eines Landschaftsschutzgebiets eine Pflicht zur Durchführung einer Strategischen Umweltprüfung nach Art. 3 II b SUP-RL iVm Art. 6 III FFH-RL auslösen, hat das OVG Lüneburg den EuGH um eine Vorabentscheidung gebeten.[311] 4597

9. Ausnahmen von der SUP-Pflicht (§ 37 UVPG)

Werden Pläne und Programme nach § 35 I UVPG und § 36 UVPG nur geringfügig geändert oder legen sie die Nutzung kleiner Gebiete auf lokaler Ebene fest, ist nach § 37 S. 1 UVPG eine Strategische Umweltprüfung nur dann durchzuführen, wenn eine Vorprüfung des Einzelfalls im Sinne von § 35 IV UVPG ergibt, dass der Plan oder das Programm voraussichtlich erhebliche Umweltauswirkungen hat. Die §§ 13 und 13a BauGB sowie § 8 II ROG bleiben unberührt. Eine SUP ist hier nur durchzuführen, wenn eine Vorprüfung des Einzelfalls erhebliche Auswirkungen auf der späteren Projektebene erkennen lässt. Für Pläne und Programme in den Bereichen Wasserhaushalt, Raumordnung und Forstwirtschaft treffen die Länder entsprechende eigenständige Regelungen. Werden daher durch die Programme und Pläne nur kleinräumige Gebiete betroffen, ist die SUP-Pflicht von einer entsprechenden Vorprüfung des Einzelfalls abhängig. Auf eine SUP kann danach verzichtet werden, wenn es sich um Änderungen bereits bestehender Pläne oder Programme mit lediglich geringfügigen Auswirkungen oder um Planungen handelt, die nur einen kleinräumigen Bereich betreffen. 4598

Ausgeschlossen ist eine Anwendung des § 37 UVPG auf Bauleitpläne und auf Raumordnungspläne, für die speziellere Bestimmungen gelten (§§ 13, 13a BauGB und 8 II ROG).[312] 4599

---

306 Möckel in Schlacke, BNatSchG. 2024, § 36 Rn. 16.

307 Möckel in Schlacke, BNatSchG. 2024, § 36 Rn. 16.

308 OVG Bautzen ZUR 2020, 612 = juris Rn. 56; Gellermann in Landmann/Rohmer, Umweltrecht, 2011, § 36 BNatSchG Rn. 5.

309 Schink in Schink/Reidt/Mitschang, UVPG, 2023, § 36 Rn. 5; Ewer in Lütkes/Ewer, BNatSchG, 2018, § 36 Rn. 7.

310 Müggenborg in Frenz/Müggenborg, BNatSchG, 2021, § 36 Rn. 5; J. Schumacher/A. Schumacher in Schumacher/Fischer-Hüftle, BNatSchG, 2021, § 36 Rn. 21, 23.

311 OVG Lüneburg NuR 2023, 498; dazu Müggenborg UPR 2023, 281; Heß NuR 2023, 821.

312 Leidinger in Beckmann/Kment, UVPG/UmwRG, 2023, § 37 UVPG Rn. 5.

10. Festlegung des Untersuchungsrahmens (§ 39 UVPG)

4600 Die für die Strategische Umweltprüfung zuständige Behörde legt nach § 39 I 1 UVPG den Untersuchungsrahmen der Strategischen Umweltprüfung einschließlich des Umfangs und Detaillierungsgrads der in den Umweltbericht nach § 40 UVPG aufzunehmenden Angaben fest.

4601 Der Untersuchungsrahmen einschließlich des Umfangs und Detaillierungsgrads der in den Umweltbericht aufzunehmenden Angaben bestimmt sich gem. § 39 II 1 UVPG unter Berücksichtigung von § 33 UVPG in Verbindung mit § 2 I UVPG nach den Rechtsvorschriften, die für die Entscheidung über die Ausarbeitung, Annahme oder Änderung des Plans oder Programms maßgebend sind. Der **Umweltbericht** enthält nach § 39 II 2 UVPG die Angaben, die mit zumutbarem Aufwand ermittelt werden können, und berücksichtigt dabei den gegenwärtigen Wissensstand und der Behörde bekannte Äußerungen der Öffentlichkeit, allgemein anerkannte Prüfungsmethoden, Inhalt und Detaillierungsgrad des Plans oder Programms sowie dessen Stellung im Entscheidungsprozess.

4602 Sind Pläne und Programme Bestandteil eines mehrstufigen Planungs- und Zulassungsprozesses, soll nach § 39 III 1 UVPG zur **Vermeidung von Mehrfachprüfungen** bei der Festlegung des Untersuchungsrahmens bestimmt werden, auf welcher der Stufen dieses Prozesses bestimmte Umweltauswirkungen schwerpunktmäßig geprüft werden sollen. Dabei sind nach § 39 III 2 UVPG Art und Umfang der Umweltauswirkungen, fachliche Erfordernisse sowie Inhalt und Entscheidungsgegenstand des Plans oder Programms zu berücksichtigen. Bei nachfolgenden Plänen und Programmen sowie bei der nachfolgenden Zulassung von Vorhaben, für die der Plan oder das Programm einen Rahmen setzt, soll sich die Umweltprüfung auf zusätzliche oder andere erhebliche Umweltauswirkungen sowie auf erforderliche Aktualisierungen und Vertiefungen beschränken (§ 39 III 3 UVPG).

4603 Die Behörden, deren umwelt- und gesundheitsbezogener Aufgabenbereich durch den Plan oder das Programm berührt wird, werden nach § 39 IV 1 UVPG bei der Festlegung des Untersuchungsrahmens der Strategischen Umweltprüfung sowie des Umfangs und Detaillierungsgrads der in den Umweltbericht aufzunehmenden Angaben beteiligt. Die zuständige Behörde gibt nach § 39 IV 2 UVPG auf der Grundlage geeigneter Informationen den zu beteiligenden Behörden Gelegenheit zu einer Besprechung oder zur Stellungnahme über die nach Absatz 1 zu treffenden Festlegungen. Sachverständige, betroffene Gemeinden, nach § 60 I UVPG zu beteiligende Behörden, nach § 3 UmwRG anerkannte Umweltvereinigungen sowie sonstige Dritte können hinzugezogen werden. Verfügen die zu beteiligenden Behörden über Informationen, die für den Umweltbericht zweckdienlich sind, übermitteln sie diese der zuständigen Behörde (§ 39 IV 3 und 4 UVPG).[313]

11. Umweltbericht (§ 40 UVPG)

4604 Die Ergebnisse der Umweltprüfung werden im Umweltbericht zusammengefasst (§ 40 UVPG). Es werden dabei die voraussichtlichen erheblichen Umweltauswirkungen der Durchführung des Plans oder Programms sowie vernünftige Alternativen ermittelt, beschrieben und bewertet.[314] Der Begriff der Umweltauswirkungen erfasst dabei positive als auch negative Auswirkungen auf die Umwelt. Erhebliche Umweltauswirkungen sind im Umweltbericht zu ermitteln, zu beschreiben und zu bewerten. Dabei müssen auch **vernünftige Alternativen** in die Überprüfung einbezogen werden (Art. 5 I SUP-RL). Ernstlich in Betracht kommen nur Alternativen, die mit einem zumutbaren Aufwand ermittelt werden können, wobei der geografische Anwendungsbereich der Planung sowie der räumliche Zuständigkeitsbereich der Planungsbehörde zu berücksichtigen sind.

4605 Das BVerwG erläutert zur Standortalternativenprüfung der Regionalplanung, der Standort insbesondere von Großvorhaben, mit denen Umweltauswirkungen in bedeutendem Ausmaß verbunden sein könnten, solle nicht auf der Grundlage einer räumlich unangemessen verengten Perspektive festgelegt werden, die die Möglichkeit einer Reduzierung von Umweltbelastungen durch eine optimierte Standortwahl nicht hinreichend in den Blick nehme. Eine so verstandene „je-desto-Formel“, die auf eine Relation zwischen zu erwartenden Umweltauswirkungen und

[313] Im Einzelnen dazu Kment in Beckmann/Kment, UVPG/UmwRG, 2023, § 39 UVPG Rn. 42 ff.

[314] Zu den Anforderungen an Alternativenprüfungen Schink UPR 2022, 206; Beckmann DVBl.. 2022, 809; Kment in Beckmann/Kment, UVPG/UmwRG, 2023, § 40 UVPG Rn. 19 ff.; BVerwG Urt. v. 7.12.2023 – 4 CN 6/12, juris.

der Bemessung des Untersuchungsraums verweise, begegne keinen grundsätzlichen Bedenken, sondern bringe eine im Interesse der Effektivierung des Umweltschutzes naheliegende Überlegung zum Ausdruck. Diese allgemeine Leitlinie bedürfe jedoch bei der praktischen Umsetzung einer näheren Ausfüllung und Konkretisierung. Eine wesentliche normative Orientierung erführen die Verhältnismäßigkeitserwägungen durch das Gebot der Berücksichtigung zum einen örtlich radizierter Ziele des Raumordnungsplans im Sinne der verfolgten Plankonzeption und zum anderen des räumlichen Geltungsbereichs des Plans. Ziele die beabsichtigte Änderung des Regionalplans auf ein Vorhaben, dessen Verwirklichung bedeutende umweltrechtliche Konfliktlagen mit sich bringen könne, könne Anlass bestehen, den Untersuchungsraum der Alternativenprüfung über den Geltungsbereich des Regionalplans hinaus zu erstrecken.[315]

Nach § 40 II UVPG muss der Umweltbericht folgende Angaben enthalten: **4606**
– Kurzdarstellung des Inhalts und der wichtigsten Ziele des Plans oder Programms sowie der Beziehung zu anderen relevanten Plänen und Programmen,
– Darstellung der für den Plan oder das Programm geltenden Ziele des Umweltschutzes sowie der Art, wie diese Ziele und sonstige Umwelterwägungen bei der Ausarbeitung des Plans oder des Programms berücksichtigt wurden,
– Darstellung der Merkmale der Umwelt, des derzeitigen Umweltzustands sowie dessen voraussichtliche Entwicklung bei Nichtdurchführung des Plans oder des Programms,
– Angabe der derzeitigen für den Plan oder das Programm bedeutsamen Umweltprobleme, insbesondere der Probleme, die sich auf ökologisch empfindliche Gebiete nach Nummer 2.6 der Anlage 4 zum UVPG beziehen,
– Beschreibung der voraussichtlichen erheblichen Auswirkungen auf die Umwelt nach § 2 IV 2 in Verbindung mit § 2 I 2 UVPG,
– Darstellung der Maßnahmen, die geplant sind, um erhebliche nachteilige Umweltauswirkungen aufgrund der Durchführung des Plans oder des Programms zu verhindern, zu verringern und soweit wie möglich auszugleichen,
– Hinweise auf Schwierigkeiten, die bei der Zusammenstellung der Angaben aufgetreten sind, zum Beispiel technische Lücken oder fehlende Kenntnisse,
– Kurzdarstellung der Gründe für die Wahl der geprüften Alternativen sowie eine Beschreibung, wie diese Prüfung durchgeführt wurde,
– Darstellung der geplanten Überwachungsmaßnahmen gemäß § 45 UVPG.

Die **Prüfung von Alternativen** gilt als zentrales Element der plan- und programmbezogenen Umweltprüfung nach § 33 UVPG. Auf der späteren Ebene der Vorhabenzulassung komme eine Alternativenprüfung meist zu spät; im Sinne einer effektiven Umweltvorsorge sei es deshalb notwendig, Alternativen bereits zu einem möglichst frühen Planungsstadium zu ermitteln, zu bewerten und zu berücksichtigen.[316] Die Notwendigkeit einer Berücksichtigung von naheliegenden oder sich aufdrängenden Planungsalternativen ergibt sich schon aus dem für alle staatlichen Planungen geltenden Abwägungsgebot, das wiederum aus dem Rechtsstaatsprinzip des Art. 20 I GG und dem daraus entwickelten Grundsatz der Verhältnismäßigkeit abgeleitet wird.[317] Einfachgesetzlich ist es für die Landes- und Regionalplanung in § 7 II 1 ROG geregelt. § 8 I ROG verpflichtet die für den Raumordnungsplan zuständige Stelle, eine Umweltprüfung durchzuführen, in der die voraussichtlichen erheblichen Umweltauswirkungen zu ermitteln und in einem Umweltbericht frühzeitig zu beschreiben und zu bewerten sind, wobei der Umweltbericht die Angaben nach der Anlage 1 zum ROG enthalten muss.[318] Der Umweltbericht nach § 8 I ROG muss nach Nr. 2 d) der Anlage 1 zum ROG eine Beschreibung und Bewertung der Umweltauswirkungen enthalten, die in der Umweltprüfung nach § 8 I ROG ermittelt wurden, mit Angaben auch zu den in Betracht kommenden anderweitigen Planungsmöglichkeiten, wobei jedoch die Ziele und der räumliche Geltungsbereich des Raumordnungsplans zu berücksichtigen sind. Und schließlich fordert § 40 I 2 UVPG, dass bei der Erstellung eines Umweltberichts für die strategische Umweltprüfung die voraussichtlichen erheblichen Umweltauswirkungen der Durchführung des Plans oder Programms sowie vernünftiger Alternativen ermittelt, beschrieben und bewertet werden. Anderweitige Planungsmöglichkeiten bzw. vernünftige Alternativen sind insoweit nach § 8 Abs. 1 ROG muss nach **4607**

[315] BVerwG Urt. v. 7.12.2023 – 4 CN 6/12, juris.

[316] Siehe dazu Kment in Beckmann/Kment, UVPG/UmwRG, 2023, § 40 UVPG Rn. 18.

[317] OVG Schleswig Beschl. v. 13.01.2022 – 2 B 10006/21, juris Rn. 30.

[318] ausführlicher dazu Kümper ZUR 2012, 74; Schrödter LKV 2008, 109; Uechtritz ZUR 2006, 9; Grotefels NWVBL 2007, 41, Scheidler NVwZ 2010, 19.

Nr. 2 d) der Anlage 1 zum ROG und nach § 40 I 2 UVPG zu bedenken, als auch mit ihrer Hilfe die zuvor ordnungsgemäß aufgestellten Planungsziele befördert werden können.

4608 Für die Alternativenprüfung muss unterschieden werden zwischen der Frage, inwieweit Planungsalternativen zur Erreichung oder Beförderung eines vom Planungsträger formulierten Planungsziels zu ermitteln, zu beschreiben und zu bewerten sind, und der weiteren Frage, ob schon bei der Formulierung eines Planungsziels Planungsalternativen berücksichtigt werden müssen. Die nach § 40 I 1 UVPG geforderten Angaben zu vernünftigen Alternativen beziehen sich ausschließlich auf die Realisierung der vom Planungsträger verfolgten Planungsziele. Bei der aber schon für die Formulierung von Planungszielen und in der Folge für die Festlegung von Zielen der Raumordnung notwendigen Abwägung können in Grenzen Planungsalternativen auch schon bei der Aufstellung von Zielen der Raumordnung, insbesondere bei der Festlegung von Vorranggebieten, zu berücksichtigen sein. Planungsziele dürfen auch nicht (künstlich) mit der Absicht verengt werden, eine ansonsten notwendig werdende Ermittlung, Beschreibung und Bewertung von Planungsalternativen zu unterlassen.

4609 Die Rechtsprechung zur Alternativenprüfung im Rahmen des Abwägungsgebots bezieht sich in weiten Teilen auf Planfeststellungsverfahren des Fachplanungsrechts.[319] Sie ist nicht unreflektiert auf die Raumordnung übertragbar. Bei der Planfeststellung handelt es sich um ein Instrument, das anders als die Regionalplanung Elemente der Planung und Vorhabenzulassung zusammenführt.[320] Für Planfeststellungsverfahren bedarf es keiner strategischen Umweltprüfung, sondern einer Umweltverträglichkeitsprüfung. Die Raumplanung sichert Standorte insbesondere durch die Festlegung von Vorranggebieten. Anders als die Planfeststellung lässt die Landes- und Regionalplanung keine Vorhaben zu. Außerdem verfolgt die Raumplanung eine ausschließlich auf das Land oder die Region bezogene Planungsperspektive, die sich unter anderem in einem gröberen Planungsmaßstab niederschlägt und auch nur ausnahmsweise parzellenscharfe Festlegungen rechtfertigt. Insoweit sind auch die Anforderungen an eine Alternativenprüfung unterschiedlich. Grundsätzlich ist ein Planfeststellungsverfahren für eine flächendeckende Standortsuche im Sinne eines umfassenden Standortauswahlverfahrens ungeeignet. Flächendeckende Standortsuchen können insoweit eher Gegenstand der Landes- und Regionalplanung sein. Eine fehlende Raumplanung führt aber nicht zu einer grundsätzlichen Aufgabenverschiebung dergestalt, dass nunmehr im Rahmen der Planfeststellung die dem vorgelagerten Planungsträger gesetzlich überantwortete umfassende Alternativenprüfung durchzuführen ist.[321]

4610 Für die Abwägung nach § 7 II ROG ist die Sach- und Rechtlage im Zeitpunkt der Beschlussfassung über den Raumordnungsplan maßgebend (§ 12 III 1 ROG). Bis zum Zeitpunkt der Beschlussfassung müssen alle abwägungserheblichen Änderungen der Sach- und Rechtslage im Abwägungsvorgang und im Abwägungsergebnis noch berücksichtigt werden.[322] Die Abwägungsentscheidung für eine Flächenauswahl muss hinreichend in der Begründung oder den Verfahrensakten dokumentiert und nachvollziehbar sein.[323] Das Abwägungsgebot verlangt, dass ernsthaft sich anbietende Alternativlösungen bei der Zusammenstellung des abwägungserheblichen Materials berücksichtigt werden und mit der ihnen objektiv zukommenden Bedeutung

[319] VGH München Urt. v. 22.2.2022 – 8 A 20.40006, 8 A 20.40007, juris Rn. 62; OVG Münster Beschl. v. 29.12.2021 – 20 B 1690/21, juris Rn. 73 ff.; BVerwG Urt. v. 9.11.2017 – 3 A 4.15, juris Rn. 98 mwN; BVerwG Urt. v. 12.4.2018 – 3 A 10/15, juris Rn. 56; BVerwG Urt. v. 9.11.2017 – 3 A 4.15, juris Rn. 98 m.w.N; siehe aber auch zur Bauleitplanung VGH München Urt. v. 25.1.2022 – 9 N 19.2169, juris Rn. 25; BVerwG Beschl. v. 10.4.2014 – 4 BN 49/13, juris Rn. 12; zur Alternativenprüfung bei der Festsetzung eines Wasserschutzgebiets siehe BVerwG Beschl. v. 22.10.2021 – 7 BN 1/20, juris, Rn. 11; zur Alternativenprüfung beim vorhabenbezogenen Bebauungsplan OVG Münster ZUR 2021, 689; Beckmann in Beckmann/Kment, UVPG/UmwRG, 2023, § 25 UVPG Rn. 69 ff.

[320] Beckmann Planfeststellung zwischen Zulassungsverfahren und Planung. Steht die Zukunft der Planfeststellung auf dem Spiel? in Erbguth (Hrsg.), Planungsrecht in der gerichtlichen Kontrolle, 2011, S. 123 ff.- 156.

[321] Beckmann in Beckmann/Kment, UVPG/UmwRG, 2023, § 25 UVPG Rn. 82; Hoppe/Beckmann DÖV 1990, 769; Beckmann DVBl. 1994, 236, 237 ff; für private Vorhabenträger bei der abfallrechtlichen Planfeststellung siehe auch OVG Lüneburg Urt. v. 4.7.2017 – 7 KS 7/15, juris Rn. 241, wonach einem privaten Vorhabenträger mit nur beschränkt zur Verfügung stehenden Flächen eine unbegrenzte Standortsuche nicht abverlangt werden kann.

[322] Beckmann Raumordnungsrecht in Hoppenberg/de Witt, Handbuch des öffentlichen Baurechts, 2024, Rn. 204.

[323] OVG Lüneburg ZfBR 2011, 488, 489; OVG Münster ZUR 2013, 174

in die vergleichende Prüfung der von den möglichen Alternativen jeweils berührten öffentlichen und privaten Belange Eingang finden.[324] Die Auswahl unter verschiedenen, ernstlich in Betracht kommenden Ausführungsvarianten eines Vorhabens bleibt aber ungeachtet hierbei zu beachtender, rechtlich zwingender Vorgaben eine fachplanerische Abwägungsentscheidung. Ein Gericht kann die Ausübung der dazu eingeräumten planerischen Gestaltungsfreiheit nur auf die Einhaltung der Grenzen dieser Gestaltungsfreiheit überprüfen. Diese Grenzen sind nach der Rechtsprechung nur dann überschritten, wenn der Behörde bei der Auswahl infolge einer fehlerhaften Ermittlung, Bewertung oder Gewichtung einzelner Belange ein rechtserheblicher Fehler unterlaufen ist oder wenn sich unter Berücksichtigung aller abwägungserheblichen Belange eine andere als die gewählte Variante eindeutig als die bessere hätte aufdrängen müssen. Letzteres soll nicht bereits dann anzunehmen sein, wenn für eine andere planerische Lösung einleuchtende Gründe angeführt werden können. Die Grenze der planerischen Gestaltungsfreiheit bei der Auswahl zwischen verschiedenen Varianten sei erst dann überschritten, wenn eine alternative Variante sich unter Berücksichtigung aller abwägungserheblichen Belange eindeutig als die bessere, weil öffentliche und private Belange insgesamt schonendere darstellen würde.[325]

Als Alternativen kommen Konzeptalternativen, Standortalternativen und alternative Ausführungen bzw. Dimensionierungen von vorgesehenen Nutzungen oder konkreten Vorhaben in Betracht.[326] Bei der Raumplanung liegt der Schwerpunkt der Alternativenprüfung auf der Betrachtung von Standortalternativen, dh der räumlichen Verortung einer bestimmten Nutzung im jeweiligen Planungsraum, wenn und soweit es bei der Formulierung eines Planungsziels nicht um die konkrete Nachfolgenutzung für einen individuellen Standort geht. Im Einzelfall können auch konzeptionelle Alternativen bzw. alternative Planungskonzepte geprüft werden, soweit das Raumordnungsrecht oder die Festlegungen des Landesentwicklungsplans dafür Spielraum lassen.[327] Sofern erhebliche Umweltauswirkungen nicht ausgeschlossen werden können, muss nicht jeder Alternative grundsätzlich die gleiche Aufmerksamkeit geschenkt werden. Der jeweiligen Alternative ist nur soweit nachzugehen, bis erkennbar wird, dass sie nicht eindeutig vorzugswürdig ist. Bei der Auswahl der in Betracht kommenden Alternativen sei der räumliche Geltungsbereich des Raumordnungsplans zu berücksichtigen. Für die Prüfung von Alternativen im Zuge von vorhabenbezogenen Regionalplanverfahren wird eine gestufte Vorgehensweise empfohlen.[328] Dabei könne sich der Suchraum für mögliche Alternativen zunächst auf den Geltungsbereich des Regionalplanverfahrens beschränken. In diesem Zusammenhang seien insbesondere kleinräumige Standortverschiebungen sowie Möglichkeiten der Vermeidung von Beeinträchtigungen zu prüfen. Sofern unter Berücksichtigung der genannten kleinräumigen Alternativen erhebliche Umweltauswirkungen der beabsichtigten Planfestlegung zu erwarten seien, sei eine räumlich erweiterte Betrachtung erforderlich. Bei Planungen, die auf einen Vorhabenträger/Investor zurückgingen und die der Erweiterung eines vorhandenen Betriebsstandortes oder der Verwertung eines bestimmten bereits im Eigentum des Vorhabenträgers vorhandenen Grundstücks dienten, werde zunächst davon ausgegangen, dass der Vorhabenträger nur alternative Ausführungen bzw. Dimensionierungen am jeweiligen Standort darlegen könne. Sofern diese Planungen mit voraussichtlichen erheblichen Umweltauswirkungen verbunden seien und der Vorhabenträger keine anderen Alternativen darlegen könne, entscheide die Regionalplanungsbehörde darüber, ob die Voraussetzungen für die Entscheidung über eine Änderung des Regionalplans vorliegen oder ob sie selbst weitere Alternativen prüfen wolle.[329] 4611

Als in Betracht kommende anderweitige Planungsmöglichkeit sind nur solche Planungen anzusehen, die nicht die Identität des Vorhabens oder einer Planung berühren und insoweit nicht auf ein anderes Projekt bzw. ein anderes Planungsziel hinauslaufen, weil damit die vom 4612

[324] OVG Münster Beschl. v. 29.12.2021 – 20 B 1690/21, juris Rn. 73 ff.; BVerwG NVwZ 2009, 986; Uebbing Umweltprüfung bei Raumordnungsplänen, 2004, S. 173; L. Schlarmann, Die Alternativenprüfung im Planungsrecht, 1991.

[325] OVG Münster Beschl. v. 29.12.2021 – 20 B 1690/21, juris Rn. 75; BVerwG NVwZ 2018, 1799.

[326] Uebbing Umweltprüfung bei Raumordnungsplänen, 2004, S. 170.

[327] Leitfaden zur Durchführung der Umweltprüfung in der nordrhein-westfälischen Regionalplanung, 2020, S. 28.

[328] Leitfaden zur Durchführung der Umweltprüfung in der nordrhein-westfälischen Regionalplanung, 2020, S. 29 f.

[329] Leitfaden zur Durchführung der Umweltprüfung in der nordrhein-westfälischen Regionalplanung, 2020, S. 29 f.

Vorhaben- bzw. Planungsträger in zulässiger Weise verfolgten Planungsziele nicht verwirklicht werden können.[330] Das Gericht kann das Planungsermessen insoweit nur in Grenzen überprüfen, die überschritten sind, wenn der Behörde bei der Auswahl infolge einer fehlerhaften Ermittlung, Bewertung oder Gewichtung einzelner Belange ein rechtserheblicher Fehler unterlaufen ist oder wenn sich unter Berücksichtigung aller abwägungserheblichen Belange eine andere als die gewählte Variante eindeutig als die bessere hätte aufdrängen müssen. Letzteres ist nicht bereits dann anzunehmen, wenn für eine andere planerische Lösung ebenfalls einleuchtende Gründe angeführt werden können.[331] Die Grenze der planerischen Gestaltungsfreiheit bei der Auswahl zwischen verschiedenen Varianten ist erst dann überschritten, wenn eine alternative Variante sich unter Berücksichtigung aller abwägungserheblichen Belange eindeutig als die bessere, weil öffentliche und private Belange insgesamt schonendere darstellen würde. Die Planungsbehörde muss den Sachverhalt allerdings nur soweit klären, wie dies für eine sachgerechte Entscheidung und eine zweckmäßige Gestaltung des Verfahrens erforderlich ist. Erforderlich ist mithin, dass sich die alternative Lösung der Behörde hätte aufdrängen müssen.[332]

4613 Die sich schon aus § 7 II 1 ROG für Raumordnungspläne ergebende Notwendigkeit, ggfls. auch Planungsalternativen zu ermitteln, zu beschreiben und zu bewerten, wird durch § 40 I 2 UVPG bestätigt. Dabei muss allerdings unterschieden werden: Vernünftige Alternativen iSv. § 40 I 2 UVPG betreffen nicht die Entscheidung für das eine oder andere Planungsziel, sondern Planungsalternativen, mit denen das zuvor bereits formulierte Planungsziel umgesetzt werden kann. Soweit die Aufstellung eines Planungsziels und insbesondere die Festlegung eines Ziels der Raumordnung auf einer ordnungsgemäßen planerischen Abwägung beruhen müssen, können Planungsalternativen auch für diese Abwägung und Entscheidung für ein bestimmtes Planungsziel an einem konkreten Standort nach Maßgabe des allgemeinen Abwägungsgebots eine Rolle spielen.

4614 Zu § 40 I 1 UVPG wird angemerkt, die strategische Umweltprüfung für Pläne sei gerade deshalb eingeführt worden, um im Unterschied zur UVP vor allem Fragen des Bedarfs und der Alternativen zu prüfen und zu vergleichen. Die Alternativenprüfung sei insoweit ein Hauptargument für die Einführung der SUP gewesen.[333] Hinsichtlich des Anwendungsbereichs des § 40 UVPG gilt Folgendes: Grundsätzlich ist ein Umweltbericht für alle Pläne und Programme zu erstellen, die gem. den §§ 35 ff. UVPG umweltprüfungspflichtig sind. Nicht erfasst sind jedoch gem. § 50 II UVPG Bauleitpläne, für die die Vorschriften des BauGB vorrangig sind. Im Bereich der Landschaftsplanung obliegt es gem. § 52 UVPG den Ländern, die Erforderlichkeit und Durchführung der SUP durch ergänzende Rechtsvorschriften zu regeln. Für die Raumplanung gilt vorrangig § 8 ROG in Verbindung mit der Anlage 1 zum ROG; Anforderungen des § 40 I 1 UVPG sind ergänzend heranzuziehen.[334] Nach Nr. 2 d) der Anlage 1 zum ROG muss der Umweltbericht Angaben über in Betracht kommende anderweitige Planungsmöglichkeiten enthalten, wobei die Ziele und der räumliche Geltungsbereich des Raumordnungsplans zu berücksichtigen sind. Nach dem Wortlaut könnte die Pflicht zur Alternativenprüfung des § 8 I ROG in Verbindung mit Nr. 2 d) der Anlage 1 zum ROG weniger streng ausfallen als die Alternativenprüfung des § 40 I 2 UVPG, die sich auf die Ermittlung, Beschreibung und Bewertung „vernünftiger Alternativen" bezieht, während das ROG sich auf die Forderung nach einer Einbeziehung anderweitiger Planungsmöglichkeiten unter Berücksichtigung der Ziele und des räumlichen Geltungsbereichs des Raumordnungsplans beschränkt.

---

330 VGH München Urt. v. 15.3.2021 – 8 A 18.40041, juris Rn. 54; BVerwG NVwZ 2018, 1799, Rn. 54; Urt. v. 17.1.2007 – 9 A 20.05, juris Rn. 143; Urt. v. 22.6.2015 – 4 B 61.14, juris Rn. 17.

331 OVG Münster Beschl. v. 29.12.2021 – 20 B 1690/21, juris Rn. 75; BVerwG NVwZ 2018, 1799.

332 BVerwG Urt. v. 6.4.2017 – 4 A 2.16 u.a., juris Rn. 63; BVerwGE 133, 239 Rn. 131; NVwZ 2009, 521; VGH München Beschl. v. 14.6.2017 – 8 ZB 16.955, juris Rn. 16; Urt. v. 4.4.2017 – 8 B 16.43, juris Rn. 32.

333 Faßbender ZUR 2018, 323; Uebbing Umweltprüfung bei Raumordnungsplänen, 2004, 164. Schink Umweltprüfung für Pläne und Programme. Gemeinschaftsrechtliche Vorgaben und Fachplanung, in Gesellschaft für Umweltrecht, 2005, S. 94, 146; Uechtritz Umweltprüfung für Pläne und Programme. Gemeinschaftsrechtliche Vorgaben und Fachplanung, in Gesellschaft für Umweltrecht, Berlin 2005, S. 167, 217.

334 Kment in Beckmann/Kment, UVPG/UmwRG, 2023, § 40 Rn. 8 unter Verweis auf die Gesetzesbegründung v. 29.6.2004, BT-Drs. 15/3441, S. 39; Faßbender in Kment, ROG, 2019, § 8 Rn. 21; Spannowsky in Spannowsky/Runkel/Goppel, ROG, 2018, § 8 Rn. 17; aA Kloepfer Umweltrecht, 2016, § 5 Rn. 703.

Fraglich ist, ob sich die Pflicht zur Alternativenprüfung nach § 8 I 1 ROG iVm Anl. 1 Nr. 2 d) ROG von den Anforderungen des § 40 I 2 UVPG unterscheidet, und ob bejahendenfalls die Regelung des ROG vorgeht. Der Leitfaden zur Umweltprüfung Regionalplanung NRW erläutert dazu, der Begriff der „vernünftigen Alternativen" in § 40 I 2 UVPG verweise darauf, dass für die Beschreibung und Bewertung von Alternativen das Verhältnismäßigkeitsgebot gelte bzw. eine Zumutbarkeitsgrenze anzunehmen sei. Nach Anlage 1 des ROG sei die Auswahl der zu betrachtenden Alternativen insbesondere vor dem Hintergrund der Ziele und des räumlichen Geltungsbereichs des Regionalplans vorzunehmen. Die in der Anlage 1 unter Nr. 2 d) genannten Ziele des Plans seien in diesem Zusammenhang nicht als Raumordnungsziele im Sinne von § 3 ROG, sondern als Planungskonzept aufzufassen. Als Alternativen müssten daher nur solche in die Umweltprüfung einbezogen werden, bei denen das angestrebte Planungskonzept – unter dem Vorbehalt gewisser Abstriche – verwirklicht werden könne und die dem Planungsziel des Planungsträgers nicht völlig entgegenlaufen würden. Unter dem Gesichtspunkt gewisser Abstriche von Planungskonzepten seien Alternativen umso eher als „vernünftig" anzunehmen, je erheblicher die negativen Auswirkungen des ursprünglich bevorzugten Planungskonzepte und je größer die Vorteile einer Alternativlösung für die Umwelt einzuschätzen seien. Planungskonzepte dürften deshalb in der Regel nicht soweit eingegrenzt werden, dass umweltunverträgliche Planungen als „alternativlos" erschienen.[335] Die Ansicht des Leitfadens spricht dafür, die Ermittlung von vernünftigen Alternativen im Sinne von § 40 I 2 UVPG bzw. von in Betracht kommenden anderweitigen Planungsmöglichkeiten im Sinne von Nr. 2 d der Anlage 1 zum ROG übereinstimmend dahingehend zu verstehen, das lediglich solche Alternativen in Betracht zu ziehen sind, die eine Verwirklichung des Planungsziels innerhalb des Planungsgebiets oder allenfalls des Zuständigkeitsbereichs des Planungsträgers, nicht jedoch im Zuständigkeitsbereich eines anderen Planungsträgers ermöglichen. Davon zu unterscheiden ist die Frage, ob bei der Formulierung eines Planungsziels und der dazu notwendigen Abwägung nach § 7 II 1 ROG die Möglichkeiten, ein Vorhaben anderenorts außerhalb des Plan- und Zuständigkeitsbereichs zu realisieren, berücksichtigt werden können oder sogar müssen. Das soll im Nachfolgenden noch erörtert werden. 4615

Die Pflicht, einen Umweltbericht frühzeitig zu erstellen und dort Angaben zu vernünftigen Alternativen zu machen, nach § 40 I 1 UVPG trifft die zuständige Behörde. Sie kann sich nicht darauf beschränken, unreflektiert eine Prüfung von Alternativen eines privaten Vorhabenträgers zu übernehmen, sondern hat selbst zu entscheiden, ob und ggfls. welche Prüfung von Alternativen für den Umweltbericht, gemessen an den eigenen Planungszielen, relevant ist und inwieweit im Rahmen der gebotenen Abwägung Alternativen eine Rolle spielen. Ein zentraler Unterschied besteht allerdings grundsätzlich insoweit als die Alternativenprüfung für den Umweltbericht sich auf die unterschiedlichen Umweltfolgen der Planung und der dazu ermittelten vernünftigen Alternativen bezieht, während sich die Prüfung sich aufdrängender oder naheliegender Alternativen im Rahmen der planerischen Abwägung grundsätzlich auf sämtliche relevanten Planungsbelange erstreckt. Hinzu kommt, dass Alternativen iSv. § 40 I 2 UVPG sich innerhalb der Planungsziele bewegen, während die planerische Abwägung auch Alternativen zu den Planungsziele selbst betreffen können. 4616

Zum Teil wird angenommen, zur Auslegung des Begriffs der vernünftigen Alternativen im Sinne von § 40 I 2 UVPG könne auf die zur Alternativenprüfung in der planerischen Abwägung ergangene Rechtsprechung zurückgegriffen werden. Es wären für den Umweltbericht danach nur solche Alternativen zu ermitteln, zu beschreiben und zu bewerten, die sich „ernsthaft aufdrängen" oder „ernsthaft in Betracht kommen".[336] Dagegen wird jedoch eingewandt, 4617

---

[335] Leitfaden zur Durchführung der Umweltprüfung in der nordrhein-westfälischen Regionalplanung, 2020, S. 27.

[336] so zB Sauthoff ZUR 2006, 15; siehe dazu ausführlicher Kment in Beckmann/Kment, UVPG/UmwRG, 2023, § 40 Rn. 20 ff.; Peters/Balla/Hesselbarth UVPG, 2019, § 40 Rn. 6; zur Alternativenprüfung auf der Ebene der Regionalplanung Reidt UPR 2022, 81 (84); Runkel in Spannowsky/Runkel/Goppel, ROG, 2018, § 7 Rn. 51; zur Alternativenprüfung bei der Aufstellung eines Bebauungsplans siehe VGH Mannheim Urt. v. 22.5.2019 – 8 S 2431/17, juris Rn. 81 ff, wonach die grundsätzliche Pflicht zu einer Alternativenprüfung nicht nur zu dem Planentwurf als solchem, sondern auch zu Einzelfestsetzungen veranlasst sein kann und wonach ein Bebauungsplan bzw. eine Einzelfestsetzung sich unter diesem Gesichtspunkt jedoch – wie im Fachplanungsrecht – nur dann als auch im Ergebnis fehlerhaft erweist, wenn sich eine andere als die gewählte Lösung unter Berücksichtigung aller abwägungserheblicher Belange eindeutig als die bessere, weil öffentliche und private Belange insgesamt schonendere Variante hätte aufdrängen müssen.

dass es qualitative Unterschiede zwischen der Alternativenprüfung für den Umweltbericht und der Alternativenprüfung im Rahmen der planerischen Abwägung gebe. Die planerische Pflicht zur Alternativenprüfung sei ein Element der Abwägungsentscheidung und werde deshalb aus dem Abwägungsgebot hergeleitet. Bei Abwägungsmängeln ergäben sich die Fehlerfolgen nach den zum Abwägungsgebot entwickelten Prinzipien. Der Kreis der zu erhebenden Alternativen werde maßgeblich in Abhängigkeit von ihrer Einflussnahme auf das Abwägungsergebnis bestimmt und zumeist restriktiv definiert. Demgegenüber unterstellten weder das UVPG noch die SUP-RL die umweltrelevanten Belange einem vergleichbaren Abwägungsvorbehalt. Diese Regelungen setzten eher auf einer umfassende Informationsbeschaffung und damit auf eine verfahrensrechtliche Stärkung der Umweltbelange. Daraus ergebe sich auch ein abweichendes Anforderungsprofil an die Verhältnismäßigkeit der Alternativenprüfung. Das UVPG stelle insoweit höhere Anforderungen. Erst wenn ein Missverhältnis zwischen Untersuchungsaufwand und Nutzen entstehe, werde die Grenze der Zumutbarkeit überschritten. Die Prüfung von Alternativen müsse auch nicht nahe liegenden Alternativen einbeziehen und alle Alternativen erfassen, die nicht offensichtlich – ohne vernünftige Zweifel – fern lägen.[337]

4618 Das OVG Münster führt in den Datteln-Urteilen vom 26.8.2021 dazu aus, berücksichtige man die primären Ziele der SUP-RL, nämlich die verfahrensrechtliche Stärkung der Umweltbelange, und die dem Plangeber zu diesem Zweck aufgegebene Verpflichtung, sich frühzeitig umfassende Informationen über die planbedingten Umweltauswirkungen zu beschaffen, unterliege die Bewertung der Verhältnismäßigkeit im Rahmen der von der SUP-RL vorgegebenen Ermittlung „vernünftiger" Alternativen einem strengeren Maßstab als die abschließende Bewertung der Verhältnismäßigkeit im Rahmen der Alternativenprüfung als Element der Abwägungsentscheidung. Erst dann, wenn ein Missverhältnis zwischen dem Aufwand für die Ermittlung anderweitiger Planungsmöglichkeiten und dem möglichen Nutzen des Ermittlungsergebnisses anzunehmen sei, stehe die Zumutbarkeit in Frage.[338] Ob eine solche Sichtweise zutreffend ist, kann man bezweifeln, weil eine Umweltprüfung einschließlich der Alternativenprüfung grundsätzlich nicht weitergehen kann, als wie das Entscheidungsprogramm, das bei der Zulassungs- oder Planungsentscheidung nach dem materiellen Recht abzuarbeiten ist. § 40 I 2 UVPG enthält keine Zulassungsvoraussetzungen oder materiell-rechtliche Anforderungen an die Planung; die Vorschrift bestimmt lediglich Anforderungen an die Angaben, die im Umweltbericht zu machen sind; sie ist insoweit verfahrensrechtlicher Natur. Man könnte sich deshalb der Sichtweise des OVG Münster nur dann anschließen, wenn man akzeptieren wollte, dass die EU-Richtlinie und Umsetzungsregelungen d des UVPG, obwohl sie sich nur verfahrensrechtlich auf Angaben zum Umweltbericht beziehen, das materielle Prüf- und Entscheidungsprogramm der Raumplanung und damit die Pflicht zur Alternativenprüfung erweitern. Auch dann wäre aber zu bedenken, dass die Pflicht zur Alternativenprüfung nach § 40 I 2 UVPG entsprechend der Vorgabe des Art. 5 I SUP-RL sich auf das Plangebiet bezieht und nur unter Berücksichtigung der Planungsziele besteht. Zur Notwendigkeit der Berücksichtigung von Alternativen bei der Formulierung von Planungszielen äußert sich weder Art. I SUP-RL noch die diese EU-Vorgabe umsetzende Vorschrift des § 40 I 2 UVPG. Diese Regelung verschärft insoweit auch nicht die Anforderungen der bei der Formulierung von Planungszielen und bei der Festlegung von Zielen der Raumordnung notwendigen planerischen Abwägung.

4619 Nach Art. 5 I SUP-RL sind „vernünftige Alternativen, die die Ziele und den geographischen Anwendungsbereich des Plans oder Programms berücksichtigen", zu ermitteln, zu beschreiben und zu bewerten. Zur Umsetzung dieser Richtlinienvorgabe dient für alle Pläne, die einer Umweltprüfung bedürfen, § 40 I 2 UVPG, der dazu verpflichtet, vernünftige Alternativen zu ermitteln, zu beschreiben und zu bewerten, ohne die Begrenzung der Alternativenprüfung durch die in der Richtlinie vorgesehenen Berücksichtigung der Ziele und des räumlichen Anwendungsbereichs des Plans zu erwähnen. Nach der Rechtsprechung soll es von den Umständen des Einzelfalls abhängen, welche planbedingten Auswirkungen auf die Umwelt „vernünftigerweise" in den Umweltbericht aufgenommen werden müssen und als erheblich anzusehen sind.[339] Die Beschränkung der Alternativenprüfung auf **vernünftige Alternativen** im

[337] Kment in Beckmann/Kment, UVPG/UmwRG, 2023, § 40 Rn. 20 ff.; Schink in Schink/Reidt/Mitschang, UVPG, 2023, § 40 Rn. 14; Balla/Borkenhagen/Günnewig ZUR 2019, 323 (330).

[338] OVG Münster Urt. v. 26.8.2021 – 10 D 106/14.NE, juris Rn. 106; siehe dazu aber auch BVerwG Urt. v. 7.12.2023 – 4 CN 6/22, juris.

[339] OVG Münster Urt. v. 26.8.2021 – 10 D 106/14.NE, juris Rn. 97; BVerwG Beschl. v. 24.5.2011 – 4 BN 45.10, juris, Rn. 5; Beschl. v. 18.1.2011 – 7 B 19.10, juris, Rn. 64.

Sinne von Art. 5 I SUP-RL trägt dem **Grundsatz der Verhältnismäßigkeitsgrundsatz** und insbesondere einer Zumutbarkeitsgrenze Rechnung.[340] Die Pflicht zur Ermittlung von Alternativen endet insoweit dort, wo weitere Untersuchungen zu Alternativplanungen einen unverhältnismäßigen Aufwand erfordern würden.[341] Was im Einzelfall in diesem Sinne „vernünftig" ist, mag sich insoweit unter anderem auch nach den voraussichtlichen Auswirkungen der Planung auf die Umwelt richten. Je erheblicher die zu erwartenden Auswirkungen der Planung auf die Umwelt und je dringender die sich daraus ergebenden Bedürfnisse nach planerischer Konfliktbewältigung voraussichtlich sind, desto eher sind umfängliche beziehungsweise detaillierte Untersuchungen zur Ermittlung von Alternativen zu der ursprünglich in den Blick genommenen Planung verhältnismäßig und dem Plangeber zumutbar.[342] Entscheidend sind aber die Planungsziele, für deren Realisierung anderweitige Planungsmöglichkeiten in Betracht zu ziehen sind.

Zweifel an der Vernünftigkeit einer Alternative können aber auch dann bestehen, wenn die **4620** Realisierung einer bestimmten Planung oder bei einer vorhabenbedingten Planung eines bestimmten Vorhabens aus eigentumsrechtlichen Gründen nicht in Frage kommt. Um ernsthaft in Betracht zu kommen, muss zumindest die Chance bestehen, dass das Planungsvorhaben nicht an der fehlenden zivilrechtlichen Verfügungsbefugnis scheitert.[343] Zutreffend hat aber das OVG Lüneburg für die Alternativenprüfung in einem abfallrechtlichen Planfeststellungsverfahren darauf hingewiesen, dass eine noch fehlende Flächenverfügbarkeit an anderen Standorten nicht per se ein unüberwindbares Zulassungshindernis darstellt, so dass mit diesem Argument nicht gerechtfertigt werden kann, Standortalternativen auf Fremdgrundstücken von vornherein nicht in Erwägung zu ziehen.[344] Das OVG Lüneburg erläutert dazu, die Tatsache, dass eine geplante Abfallentsorgungsanlage nur unter Inanspruchnahme von Grundstücken, die dem Träger des Vorhabens nicht gehören, errichtet werden könne, sei ein bestimmender Faktor für die von der Planfeststellungsbehörde vorzunehmende Einzelfallprüfung. Bei dem Prüfschritt der Einhaltung des Abwägungsgebotes stelle sich die entscheidende Frage, ob die mit dem Vorhaben verfolgten Gemeinwohlinteressen so gewichtig seien, dass der Träger des Vorhabens auf das konkret betroffene fremde Eigentum solle zugreifen dürfen, anstatt die Anlage auf eigenem oder freihändig zu erwerbendem Grund und Boden zu verwirklichen. Das hänge davon ab, wie gewichtig die durch das Vorhaben zu erfüllende Aufgabe sei, ein Gesichtspunkt, der besonders bei privaten Trägern sorgfältiger Prüfung bedürfe. Außerdem sei von Bedeutung, ob und gegebenenfalls welche fachbezogenen Gründe gerade für den gewählten Standort im Unterschied zu in Betracht kommenden Alternativstandorten sprächen.[345] Die Alternativenprüfung bei der abfallrechtlichen Planfeststellung ergangene Rechtsprechung hat auch für die planerische Abwägung der Regionalplanung Bedeutung. Auch bei ihr können Standortalternativen nicht allein unter Verweis auf eine noch fehlende zivilrechtliche Verfügbarkeit unberücksichtigt bleiben bzw. erst gar nicht ermittelt werden.

12. Behördenbeteiligung (§ 41 UVPG)

Die zuständige Behörde übermittelt nach § 41 S. 1 UVPG den Behörden, deren umwelt- **4621** und gesundheitsbezogener Aufgabenbereich durch den Plan oder das Programm berührt wird, den Entwurf des Plans oder Programms sowie den Umweltbericht und holt die Stellungnahmen dieser Behörden ein. Die zuständige Behörde setzt nach § 41 S. 2 UVPG für die Abgabe der Stellungnahmen eine **angemessene Frist** von mindestens einem Monat. Die Behördenbeteiligung kann zeitgleich mit der förmlichen Öffentlichkeitsbeteiligung (§ 42 UVPG) durchgeführt werden.

---

340 Kment in Beckmann/Kment, UVPG/UmwRG, 2023, § 40 UVPG Rn. 20; Schink in Schink/Reidt/Mitschang, UVPG/UmwRG, 2023, § 40 Rn. 14; Spannowsky UPR 2005, 401, 404; Kment NVwZ 2016, 1762, 1766; Uebbing Umweltprüfung bei Raumordnungsplänen, 2004, S. 166; OVG Münster Urt. v. 26.8.2021 – 10 D 106/14.NE, juris Rn. 97.

341 Uebbing Umweltprüfung bei Raumordnungsplänen, 2004, S. 166.

342 OVG Münster Urt. v. 26.8.2021 – 10 D 106/14.NE, juris Rn. 97; Faßbender in Kment, ROG, 2019, § 8 Rn. 74; Schiller UPR 2016, Seite 457 ff.

343 Uebbing Umweltprüfung bei Raumordnungsplänen, 2004, S. 167.

344 OVG Lüneburg Urt. v. 4.7.2017 – 7 KS 7/15, juris Rn. 246.

345 OVG Lüneburg Urt. v. 4.7.2017 – 7 KS 7/15, juris Rn. 246; BVerwG NVwZ 1990, 969.

13. Öffentlichkeitsbeteiligung (§ 42 UVPG)

4622 Die Öffentlichkeitsbeteiligung erfolgt gem. § 42 I UVPG nach den Grundsätzen der §§ 18 I, 19, 21 I und 22 UVPG. Der Entwurf des Plans oder Programms, der Umweltbericht sowie weitere Unterlagen, deren Einbeziehung die zuständige Behörde für zweckmäßig hält, werden gem. § 42 II 1 UVPG frühzeitig für einen angemessenen Zeitraum von mindestens einem Monat öffentlich ausgelegt. Die Auslegungsorte sind nach § 42 II 2 UVPG unter Berücksichtigung von Art und Inhalt des Plans oder Programms von der zuständigen Behörde so festzulegen, dass eine wirksame Beteiligung der betroffenen Öffentlichkeit gewährleistet ist.

4623 Die betroffene Öffentlichkeit kann sich nach § 42 III 1 UVPG zu dem Entwurf des Plans oder Programms und zu dem Umweltbericht äußern. Die zuständige Behörde bestimmt gem. § 42 III 2 UVPG für die Äußerung eine angemessene Frist von mindestens einem Monat nach Ende der Auslegungsfrist. Mit Ablauf der Äußerungsfrist sind alle Äußerungen ausgeschlossen, die nicht auf besonderen privatrechtlichen Titeln beruhen. Hierauf ist in der Bekanntmachung der Auslegung oder bei der Bekanntgabe der Äußerungsfrist hinzuweisen. Ein Erörterungstermin ist durchzuführen, soweit Rechtsvorschriften des Bundes dies für bestimmte Pläne und Programme vorsehen (§ 42 III 3 bis 5 UVPG).

4624 Auf die Offenlage ist durch vorherige ortsübliche Bekanntmachung hinzuweisen. Es gelten dafür die verfahrensrechtlichen Anforderungen des § 73 V VwVfG. Die betroffene Öffentlichkeit kann sich zu dem Plan oder Programm und zu dem Umweltbericht äußern. Hierfür ist eine angemessene, ebenfalls mindestens einen Monat dauernde Frist einzuräumen. Es muss dabei eine wirksame Beteiligung der betroffenen Öffentlichkeit sichergestellt werden (entsprechend § 42 II 2 UVPG). Dabei wird die Stellungnahmefrist mindestens auf die gesamte Offenlagezeit bemessen sein müssen. Allerdings kann die Behörde auch noch nach Ablauf der Offenlagefrist eine Nachfrist zur Stellungnahme einzuräumen, wie dies im Planfeststellungsverfahren gesetzlich angeordnet ist (§ 73 IV 1 VwVfG).

4625 Zu beteiligen ist die **betroffene Öffentlichkeit**, also jede Person, deren Belange durch den Plan oder ein Programm berührt werden; hierzu gehören auch Vereinigungen, deren satzungsmäßiger Aufgabenbereich hierdurch berührt wird, darunter auch Vereinigungen zur Förderung des Umweltschutzes (§ 2 VI UVPG). Die Abgrenzung von der (allgemeinen) Öffentlichkeit kann allerdings Schwierigkeiten bereiten. Es fallen darunter Personen, die in ihren Rechten aber auch abwägungserheblichen Belangen betroffen sind (§ 73 IV VwVfG). Der Begriff der „berührten Belange" ist aus § 73 IV 1 VwVfG übernommen. Damit wird klargestellt, dass insbesondere jeder, dessen Belange durch eine Entscheidung oder durch einen Plan oder ein Programm berührt werden, Teil der betroffenen Öffentlichkeit ist, die sich bei der Beteiligung am Verfahren äußern darf. Für die Berechtigung, sich bei der UVP und der SUP zu äußern, gelten damit hier die gleichen Grundsätze, die bei der Öffentlichkeitsbeteiligung im deutschen Recht auch sonst anzuwenden sind. Der Begriff der „Belange" ist dabei weiter zu verstehen als der der eigenen Rechte. Er umfasst alle öffentlich-rechtlich oder zivilrechtlich begründeten eigenen Rechte sowie wirtschaftliche, ökologische, soziale, kulturelle, ideelle oder sonstige nicht unredlich erworbene und deshalb anerkennenswerte eigene Interessen des jeweiligen Beteiligten, die in die Entscheidung einzustellen sind. Demgegenüber stellt die Wahrnehmung von Interessen allein zum Schutz der Allgemeinheit oder des Gemeinwohls grundsätzlich keinen individuell zu berücksichtigen Belang dar. Es reicht allerdings aus, dass eine Betroffenheit zumindest möglich erscheint. Auch nach den europarechtlichen Anforderungen sind Personen und Naturschutzvereinigungen zu beteiligen, wenn sie entweder vom Entscheidungsverfahren betroffen oder wahrscheinlich betroffen sind oder ein Interesse daran haben (Art. 6 IV SUP-RL). Zweckmäßigerweise sollten eingehende Stellungnahmen insgesamt auf ihren Gehalt ausgewertet und, soweit erforderlich, bei der Planung berücksichtigt werden – unabhängig davon, ob sie im engeren Sinne von einer Person vorgebracht worden ist, die durch die Planung oder das Programm betroffen ist. Im Übrigen bleiben weitergehende Beteiligungsrechte wie die in den Verfahren des Immissionsschutzrechts (4. BImSchV) unberührt.

4626 Während sich in Planfeststellungsverfahren in der Regel ein **Erörterungstermin** anschließt, bei dem die rechtzeitig erhobenen Stellungnahmen mit den Behörden und der Öffentlichkeit verhandelt werden (§ 73 VI UVPG), findet bei den SUP-pflichtigen Plänen und Programmen ein Erörterungstermin nur statt, soweit die jeweiligen **Regelungen des Trägerverfahrens** dies vorsehen. Insoweit bestimmt das Trägerverfahren, ob lediglich eine Möglichkeit zur Stellungnahme zu den ausgelegten Planungen besteht oder ob darüber hinaus auch eine Erörterung der eingegangenen Stellungnahmen durchzuführen ist.

Im Gegensatz zu Planfeststellungsverfahren oder immissionsschutzrechtlichen Verfahren ist die Öffentlichkeitsbeteiligung nicht mit einer **Präklusion** verbunden. Nicht rechtzeitig vorgebrachte Einwendungen führen daher nicht zu einem Einwendungsausschluss, wie er etwa für das Planfeststellungsverfahren angeordnet ist (§ 73 IV VwVfG). Die Beteiligung betrifft allerdings auch keine konkreten Zulassungsentscheidungen, sondern Pläne und Programme auf einer vorgelagerten Verfahrensstufe. Wegen dieses vorgelagerten Charakters der Planungen soll die Beteiligungsmöglichkeit zwar der betroffenen Öffentlichkeit Rechte vermitteln, nicht zugleich aber Mitwirkungslasten begründen, bei deren Verletzung der nicht erhobene Einwand im Sinne einer materiellen Präklusion ausgeschlossen ist. 4627

Nach § 42 I iVm § 22 UVPG ist eine **erneute Beteiligung der Öffentlichkeit** erforderlich, wenn der Vorhabenträger im Laufe des Verfahrens die Unterlagen, die nach § 19 II UVPG auszulegen sind, ändert. Von einer erneuten Beteiligung der Öffentlichkeit soll abgesehen werden, wenn zusätzliche erhebliche oder andere erhebliche Umweltauswirkungen nicht zu besorgen sind. Wenn bereits bekannte Umweltauswirkungen verschärft werden, ist von zusätzlichen Umweltauswirkungen im Sinne von § 22 II UVPG auszugehen. Andere erhebliche Umweltauswirkungen liegen vor, wenn (nicht nur unerhebliche) Umweltauswirkungen neu hinzutreten.[346] Insbesondere bei einer erstmaligen Beeinträchtigung eines Schutzgutes infolge der nachträglichen Änderung der ausgelegten Unterlagen, spricht für eine Pflicht zur erneuten Öffentlichkeitsbeteiligung der Gedanke der **Anstoßfunktion** (vgl. § 40 II 2 UVPG), da die neue Beeinträchtigung in den bisher ausgelegten Unterlagen nicht enthalten war und auch nicht enthalten sein konnte. Unterbleibt eine danach gebotene erneute Öffentlichkeitsbeteiligung bzw. Anhörung oder weist das Anhörungsverfahren Mängel auf, die die Funktionsfähigkeit der Anhörung beeinträchtigen, so leidet das Normsetzungsverfahren an einem wesentlichen Mangel, der Folgen für die Rechtsgültigkeit der Norm hat.[347] 4628

14. Grenzüberschreitende Beteiligung (§ 60 UVPG)

Hat der Plan oder das Programm erhebliche Auswirkungen auch auf einen anderen Mitgliedstaat, findet eine grenzüberschreitende Beteiligung der Behörden und der Öffentlichkeit statt, die den Grundsätzen der §§ 54, 56 UVPG entspricht (§ 60 UVPG). Die Behördenbeteiligung erfolgt durch entsprechende Information der von dem Nachbarstaat benannten Behörde. Diese beteiligt ggf. weitere Behörden des anderen Mitgliedstaates (§ 56 UVPG). 4629

Für die Öffentlichkeitsbeteiligung des Nachbarstaates gelten die in § 56 UVPG aufgeführten Grundsätze. Das Vorhaben ist zu diesem Zweck in geeigneter Weise in dem Nachbarstaat bekannt zu machen. Dabei ist anzugeben, bei welcher Behörde Einwendungen erhoben werden können. 4630

15. Abschließende Bewertung und Berücksichtigung (§ 43 UVPG)

Nach Abschluss der Behörden- und Öffentlichkeitsbeteiligung überprüft die zuständige Behörde die Darstellungen und Bewertungen des Umweltberichts unter Berücksichtigung der eingegangenen Stellungnahmen und Äußerungen (§ 43 UVPG). Das Ergebnis der Überprüfung ist entsprechend zu berücksichtigen. Die Umweltbelange haben damit keinen abstrakten Vorrang gegenüber anderen Belangen, sind aber mit ihrem Gewicht entsprechend in der Abwägung zu berücksichtigen. 4631

16. Bekanntgabe der Entscheidung (§ 44 UVPG)

Der Plan oder das Programm sind nach dessen Annahme öffentlich bekannt zu machen. Auch die Ablehnung des Plans kann öffentlich bekannt gemacht werden. Dies steht jedoch im Ermessen der Behörde. Eine Pflicht zur Bekanntgabe der Entscheidung auch im Falle der Ablehnung des Antrags besteht allerdings nicht.[348] Im Falle der Annahme des Plans oder Programms sind folgende **Informationen** zur Einsicht auszulegen: 4632

---

346 VGH München ZUR 2022, 365 = juris Rn. 32; Hofmann in Landmann/Rohmer, Umweltrecht, 2021, § 22 UVPG Rn. 16 f.

347 VGH München ZUR 2022, 365 = juris Rn. 32; BVerfGE 127, 293 = juris Rn. 127.

348 Die vom Bundestag ursprünglich verabschiedete Fassung sah eine Pflicht zur Bekanntgabe auch einer ablehnenden Entscheidung vor, so BT-Drucks. 15/4501 vom 15.12.2004.

– der angenommene Plan oder das angenommene Programm,
– eine zusammenfassende Erklärung, wie Umwelterwägungen in den Plan oder das Programm einbezogen wurden, wie der Umweltbericht nach § 40 UVPG sowie die Stellungnahmen und Äußerungen nach den §§ 41, 42, 60 II und 61 I UVPG berücksichtigt wurden und aus welchen Gründen der angenommene Plan oder das angenommene Programm nach Abwägung mit den geprüften Alternativen gewählt wurde, sowie
– eine Aufstellung der Überwachungsmaßnahmen nach § 45 UVPG
– eine Rechtsbehelfsbelehrung, soweit über die Annahme des Plans oder Programms nicht durch Gesetz entschieden wird.

4633 Neben dem angenommenen Plan oder Programm muss auch eine **zusammenfassende Erklärung** vorliegen, die darstellt, wie die Umwelterwägungen in die Planungen eingegangen sind. Die zusammenfassende Erklärung sowie die Aufstellung zu den Überwachungsmaßnahmen sind nicht Gegenstand der Beteiligung, sondern werden (erst) im Anschluss an die Öffentlichkeits- und Behördenbeteiligung bei der Entscheidung über den Plan oder das Programm festgelegt. Die Grundzüge der Überwachung müssen bereits bei der Verabschiedung des Plans oder Programms feststehen und der Öffentlichkeit durch Einsichtnahmemöglichkeit zur Verfügung gestellt werden.

17. Monitoring (§ 45 UVPG)

4634 Die erheblichen Umweltauswirkungen, die sich aus der Durchführung des Plans oder Programms ergeben, sind zu überwachen, um insbesondere frühzeitig unvorhergesehene nachteilige Auswirkungen zu ermitteln und in der Lage zu sein, geeignete Abhilfemaßnahmen ergreifen zu können (§ 45 UVPG). Die erforderlichen Überwachungsmaßnahmen sind mit der Annahme des Plans oder Programms auf der Grundlage der Angaben im Umweltbericht festzulegen. Die Überwachung obliegt in der Regel der für die SUP zuständigen Behörde. Andere Behörden haben ihre Kenntnisse der zuständigen Behörde zu übermitteln und auf Verlangen alle Umweltinformationen zur Verfügung zu stellen, die zur Wahrnehmung der Überwachungsaufgaben erforderlich sind. Das Monitoring wird dadurch einerseits bei der für die SUP zuständigen Behörde gebündelt, andererseits soll sichergestellt werden, dass die bei anderen Fachbehörden verfügbaren Informationen in das Monitoring eingebracht werden. Die Ergebnisse des Monitorings sind der Öffentlichkeit sowie den betroffenen Behörden zugänglich zu machen.

IV. Umweltinformationsrichtlinie

4635 Art. 15 AEUV enthält einen Grundsatz der Offenheit. Um eine verantwortungsvolle Verwaltung zu fördern und die Beteiligung der Zivilgesellschaft sicherzustellen, handeln die Organe, Einrichtungen und sonstigen Stellen der Union nach Art. 15 I 1 AEUV unter weitestgehender Beachtung des Grundsatzes der Offenheit. Jeder Unionsbürger sowie jede natürliche oder juristische Person mit Wohnsitz oder satzungsgemäßem Sitz in einem Mitgliedstaat hat nach Art. 15 III AEUV das Recht auf Zugang zu Dokumenten der Organe, Einrichtungen und sonstigen Stellen der Union, unabhängig von der Form der für diese Dokumente verwendeten Träger, vorbehaltlich der Grundsätze und Bedingungen, die nach diesem Absatz festzulegen sind. Die Organe, Einrichtungen und sonstigen Stellen der Europäischen Union gewährleisten die Transparenz ihrer Tätigkeit.

4636 Angesichts der großen Bedeutung der Verfügbarkeit der vollständigen und relevanten Informationen für die EU-Umweltpolitik und der Information der Öffentlichkeit für einen effektiven Vollzug des EU-Umweltrechts hat die Europäische Union Regelungen zur Umweltinformation in materieller du verfahrensmäßiger Hinsicht zunehmend ausgeweitet.[349] Fragen der Umweltinformation werden in zahlreichen Richtlinien angesprochen. Dazu gehört zB die UVP-RL, die eine Zulassung von umweltrelevanten Vorhaben nur nach einem Prüfverfahren unter Beteiligung einer hinreichend informierten Öffentlichkeit erlaubt. Auf der Grundlage der VO 66/2010 können EU-Umweltzeichen vergeben werden, durch die im Interesse der

---

[349] Epiney Umweltrecht der Europäischen Union, 2019 Kap. 6 Rn. 2; zur Bedeutung von Informationen für den Umweltschutz siehe auch Reidt/Schiller in Landmann/Rohmer Umweltrecht, 2019, UIG Vorbem. Rn. 1; Kloepfer Umweltrecht, 2016, § 5 Rn. 311 ff.; Ramsauer in Koch/Hofmann/Reese, Handbuch Umweltrecht, 2024, § 3 Rn. 157; Kluth NVwZ 2024, 24; Burger DVBl.. 2024, 321.

Verwirklichung des Binnenmarktes die Vergabe sog. „Umweltlabels" vereinheitlicht werden soll. Regelungen über Melde-, Berichterstattungs-, Übermittlungs- und Bekanntmachungspflichten in fast allen verwaltungsrechtlichen Bereichen. Zu erwähnen ist in diesem Zusammenhang die Öffentlichkeitsbeteiligungsrichtlinie 2003/4/EG. Die Umweltinformationsrichtlinie (UI-RL 2003)[350] gewährt jedem gegenüber Behörden und bestimmten Personen des Privatrechts einen Anspruch auf freien Zugang zu Informationen über die Umwelt. Die Richtlinie ist durch das Umweltinformationsgesetz 2004 (UIG) in deutsches Recht umgesetzt worden.[351]

Zugang zu Umweltinformation sichert völkerrechtlich auch die **Arhus-Konvention**. Jeder natürlichen oder juristischen Person (unabhängig von ihrer Staatsangehörigkeit oder ihrem Geschäftssitz) sowie Verbänden oder sonstigen Organisationen ist – nach den der Konvention zu entnehmenden Modalitäten – ein subjektives Recht auf Zugang zu bei Behördenbefindlichen Umweltinformationen einzuräumen, das unabhängig von einem Interesse besteht (Art. 4 I AK). Ausnahmen sind nur in abschließend aufgeführten Fällen möglich (Art. 4 III, IV AK), wobei dem Verhältnismäßigkeitsgrundsatz Rechnung zu tragen ist. Dieser Informationszugangsanspruch inspirierte sich ersichtlich von der RL 90/313 (Umweltinformationsrichtlinie), wobei die Bestimmungen der Aarhus-Konvention in einigen Punkten aber weitergehende Informationsrechte implizieren.[352] **4637**

Nicht zuletzt ist die Informationsfreiheit auch grundrechtlich geschützt, wenngleich es kein explizites Recht auf freien Zugang zu Umweltinformationen im Grundgesetz gibt.[353] Für die in Art. 5 I 1 GG gewährleistete Informationsfreiheit ist wesensbestimmend ein Bezug zum Demokratieprinzip des Art. 20 I GG, weil ein demokratischer Staat nicht ohne freie und möglichst gut informierte öffentliche Meinung bestehen kann. Außerdem gehört die Informationsfreiheit zu den elementaren Bedürfnissen des Menschen, sich aus möglichst vielen Quellen zu unterrichten, das eigene Wissen zu erweitern und sich so als Persönlichkeit zu entfalten.[354] Zudem ist in der modernen Industriegesellschaft der Besitz von Informationen von wesentlicher Bedeutung für die soziale Stellung des Einzelnen. Das Grundrecht der Informationsfreiheit ist wie das Grundrecht der freien Meinungsäußerung eine der wichtigsten Voraussetzungen der freiheitlichen Demokratie. Nicht zuletzt sind Informationsmöglichkeiten und vor allem das in § 29 VwVfG einfachgesetzlich geregelte Akteneinsichtsrecht Grundvoraussetzung für den nach Art. 19 I GG gewährleisteten effektiven Rechtsschutz. Art. 5 I 1 GG begründet allerdings kein Recht auf Informationszugang, sondern nur das Recht, sich aus allgemein zugänglichen Quellen ungehindert zu unterrichten. Allgemein zugänglich ist eine Informationsquelle, wenn sie technisch geeignet und bestimmt ist, einem individuell nicht bestimmten Personenkreis Informationen zu verschaffen.[355] **4638**

1. Europarechtliche Vorgaben

Die UI-RL soll den erweiterten Zugang der Öffentlichkeit zu umweltbezogenen Informationen fördern und zu einer Verbreiterung dieser Informationen beitragen. Hierdurch soll zugleich das Umweltbewusstsein geschärft, ein freier Meinungsaustausch und eine wirksame Teilnahme der Öffentlichkeit an Entscheidungsverfahren in Umweltfragen ermöglicht und **4639**

---

[350] Richtlinie des Europäischen Parlaments und des Rates über den Zugang der Öffentlichkeit zu Umweltinformationen und zur Aufhebung der Richtlinie 90/313/EWG des Rates v. 28.1.2003 (2003/4/EG) Abl. EG 2003 L 41, 26. Aufgehoben wurde die Umweltinformationsrichtlinie vom 7.6.1990 (90/313/EWG) ABl. EG 1990 Nr. L 198, S. 56 = NVwZ 1990, 844; Engel Die UI-Richtlinie 1993; Erichsen/Scherzberg UI-Richtlinie 1992; Fluck/Theuer UIG; Winter (Hrsg.) Öffentlichkeit von Umweltinformationen 1990.

[351] Gesetz zur Neugestaltung des Umweltinformationsgesetzes und zur Änderung der Rechtsgrundlagen zum Emissionshandel v. 22.12.2004 (BGBl. I 3704).

[352] Epiney Umweltrecht der Europäischen Union, 2019 Kap. 6 Rn. 5; Kloepfer Umweltrecht, 2016, § 8 Rn. 183; zu „Umweltinformationen unter europäischen Einfluss" Guckelberger VerwArch 105 (2014), 411; zur Geschichte des Umweltinformationsrechts und zu allgemeinen Anspruchsvoraussetzungen Guckelberger NuR 2018, 378;

[353] Kahl/Gärditz Umweltrecht, 2023, § 5 Rn. 178; Pauly/Krieg DVBl. 2014, 265 (267 f.); Reidt/Schiller in Landmann/Rohmer Umweltrecht, 2019, UIG Vorbem. Rn. 52.

[354] Bethge in Sachs, GG, 2021, Art. 5 Rn. 51 ff.

[355] Reidt/Schiller in Landmann/Rohmer Umweltrecht, 2019, UIG Vorbem. Rn. 53 mwN zur Rechtsprechung;

mittelbar ein Beitrag zur Verbesserung des Umweltschutzes geleistet werden.[356] Die Richtlinie dient zugleich der Umsetzung der ersten Säule der Århus-Konvention. Es soll gewährleistet werden, dass jede natürliche oder juristische Person ohne Geltendmachung eines Interesses ein Recht auf Zugang zu bei Behörden vorhandenen oder für diese bereitgestellten Umweltinformationen hat. Ferner sollen die bei Behörden vorhandenen Umweltinformationen insbesondere auch unter Verwendung von Informations- und Kommunikationstechnologien so umfassend wie möglich der Öffentlichkeit zugänglich gemacht und verbreitet werden. Mit der UI-RL wird das Ziel verfolgt, das Recht auf Zugang zu Umweltinformationen, die bei Behörden vorhanden sind oder für sie bereitgehalten werden, zu gewährleisten und die grundlegenden Voraussetzungen und praktischen Vorkehrungen für die Ausübung der Informationsrechte festzulegen. Zudem sollen die Behörden Umweltinformationen selbstverständlich zunehmend öffentlich zugänglich machen und verbreiten, um die Öffentlichkeit möglichst umfassend und systematisch über Umweltdaten zu informieren. Dafür wird die Verwendung insbesondere von Computer-Telekommunikation und/oder elektronischen Technologien gefördert, soweit diese verfügbar sind (Art. 1 UI-RL).

4640 **Informationen** über die Umwelt sind alle in schriftlicher, visueller, akustischer, elektronischer oder sonstiger materielle Form vorliegenden Informationen über den Zustand der Umwelt. Hierunter fallen auch Informationen über den Zustand der Gewässer, der Luft, des Bodens, der Tier- und Pflanzenwelt und der natürlichen Lebensräume sowie über Tätigkeiten (einschließlich solcher, von denen Belästigungen wie beispielsweise Lärm ausgehen) oder Maßnahmen, die diesen Zustand beeinträchtigen oder beeinträchtigen können, und über Tätigkeiten oder Maßnahmen zum Schutz dieser Umweltbereiche einschließlich verwaltungstechnischer Maßnahmen und Programme zum Umweltschutz (Art. 2 UI-RL). Zu den Behörden gehören über die traditionelle öffentliche Verwaltung hinaus auch natürliche oder juristische Personen, die aufgrund innerstaatlichen Rechts Aufgaben der öffentlichen Verwaltung im Zusammenhang mit der Umwelt wahrnehmen (Art. 2 Nr. 2 UI-RL). In der Richtlinie wird veranlasst, jedem Bürger in der Gemeinschaft voraussetzungslos und verfahrensunabhängig den Zugang zu allen bei öffentlichen Stellen im Bereich der Umweltpflege vorhandenen Umweltinformationen zu eröffnen. Die Informationen sind auf einen entsprechenden Antrag in der Regel innerhalb eines Monats zur Verfügung zu stellen, bei umfangreicheren Informationen innerhalb von zwei Monaten (Art. 3 UI-RL). Die Informationen sollen nach Möglichkeit in der vom Antragsteller erwünschten Form zur Verfügung gestellt werden (Art. 3 IV UI-RL). Die Behörden sollen die Öffentlichkeit in dem Bemühen um Zugang zu Informationen unterstützen (Art. 3 V UI-RL). Die Richtlinie verfolgt den Zweck, die Öffentlichkeit als Forum der Kommunikation in die Legitimations- und Kontrollzüge der Staatsorganisation einzubeziehen. Hier, so ist es formuliert worden, erschließen sich „neue Dimensionen der verwaltungsrechtlichen Systembildung."[357] Die Mitgliedstaaten können allerdings vorsehen, dass ein Antrag auf Zugang zu einer derartigen Umweltinformationen abgelehnt wird, wenn die Informationen bei der Behörde nicht vorhanden sind, der Antrag offensichtlich rechtsmissbräuchlich ist, der Antrag zu allgemein formuliert worden ist, das Material gerade vervollständigt wird oder der Antrag auf noch nicht abgeschlossene Schriftstücke gerichtet ist oder der Antrag interne Mitteilungen betrifft (Art, 4 I UI-RL). Auch bei den in Art. 4 II UI-RL genannten negativen Auswirkungen kann der Antrag auf Umweltinformationen abgelehnt werden. Die Ablehnungsanträge sind jedoch eng auszulegen. Der Zugang zu öffentlichen Verzeichnissen oder Listen, die gem. Art. 3 V UI-RL eingerichtet und geführt werden, und die Einsichtnahme in die beantragten Informationen an Ort und Stelle sind gebührenfrei. Für die Bereitstellung von Umweltinformationen dürfen im Übrigen nur **angemessene Gebühren erhoben** werden. Gegen die Ablehnung oder unzulängliche Behandlung eines Antrags auf Umweltinformation steht den Antragstellern der Rechtsweg offen. Der Antragsteller hat nach Maßgabe der nationalen Regelungen einen Anspruch auf unabhängige und unabhängige Prüfung. Das Verfahren muss zügig verlaufen und darf keine oder nur geringe Kosten verursachen (Art. 6 UI-RL). Die Mitgliedstaaten sind zudem verpflichtet, für eine Verbreitung der bei den Behörden verfügbaren Umweltinformationen Sorge zu tragen. Dabei sollen – soweit verfügbar – die Computer-Telekommunikation sowie elektronische Technologien verwendet werden. Zugleich sorgen die Mitgliedstaaten dafür, dass Umweltinformationen zunehmend in diesen digitalen Medien zur

[356] So der Erwägungsgrund 1 der UI-RL.

[357] Schmidt-Aßmann Zur Europäisierung des allgemeinen Verwaltungsrechts FS Lerche, 1993, S. 513; Erichsen NVwZ 1992, 409.

Verfügung gestellt werden (Art. 7 UI-RL). Die öffentlich zugänglichen Informationen der Behörden umfassen die rechtlichen Grundlagen der Umweltinformationen ebenso wie einen Umweltzustandsbericht und weitere Daten einschließlich einer ggf. erfolgten Umweltprüfung und Risikobewertung (Art. 7 II UI-RL). Die bereit gestellten Umweltinformationen sollen nach Möglichkeit aktuell, exakt und vergleichbar sein (Art. 8 UI-RL).

Art. 5 II UI-RL ist dahin auszulegen, dass eine Gebühr, die für die Bereitstellung einer be- **4641** stimmten Art von Umweltinformationen erhoben wird, keinen Anteil an den Kosten für die Führung einer Datenbank, die zu diesem Zweck von der Behörde genutzt wird, enthalten darf, wohl aber auf die Arbeitszeit der Bediensteten dieser Behörde für die Beantwortung einzelner Anträge entfallende, bei der Festsetzung der Gebühr ordnungsgemäß berücksichtigte Gemeinkosten umfassen kann, sofern die Gesamthöhe dieser Gebühr eine angemessene Höhe nicht überschreitet.

Aus Art. 5 I UI-RL in Verbindung mit Art. 3 Vc UI-RL folgt nämlich, dass grundsätzlich **4642** nur die Kosten, die sich nicht aus der Einrichtung und der Führung dieser Verzeichnisse und Listen sowie dem Aufbau und der Unterhaltung von Einrichtungen zur Einsichtnahme ergeben, der Bereitstellung von Umweltinformationen zuzurechnen sind, für die die nationalen Behörden auf der Grundlage von Art. 5 II der Richtlinie 2003/4 eine Gebühr erheben können. Solche Kosten umfassen nicht nur Post- und Fotokopiergebühren, sondern auch die Kosten, die auf die Arbeitszeit der Bediensteten der betroffenen Behörde für die Beantwortung eines einzelnen Antrags auf Informationen entfallen, was u. a die Zeit für die Suche und Erstellung der Informationen in dem gewünschten Format umfasst. Außerdem können im Hinblick auf die Verwendung des Begriffs der tatsächlichen Kosten im 18. Erwägungsgrund der UI-RL ordnungsgemäß berücksichtigte Gemeinkosten in die Berechnung der in Art. 5 II UI-RL vorgesehenen Gebühr grundsätzlich einbezogen werden. Die Einbeziehung der Gemeinkosten in die Berechnung dieser Gebühr entspricht nämlich den allgemeinen Buchführungsgrundsätzen. Allerdings können diese Kosten nur soweit in die Berechnung dieser Gebühr einbezogen werden, als sie sich auf einen Kostenbestandteil beziehen, der mit der Bereitstellung von Umweltinformationen in Zusammenhang steht.

Was die zweite in Art. 5 II UI-RL festgelegte Voraussetzung angeht, nach der die Gesamt- **4643** höhe der in dieser Bestimmung vorgesehenen Gebühr einen angemessenen Betrag nicht überschreiten darf, darf die Auslegung des Begriffs der angemessenen Höhe Einzelne, die Informationen erhalten möchten, hiervon nicht abhalten oder ihr Recht auf Zugang zu diesen Informationen nicht beschränken. Bei der Beurteilung der Frage, ob eine gemäß Art. 5 II UI-RL erhobene Gebühr abschreckende Wirkung hat, ist sowohl die wirtschaftliche Situation desjenigen, der die Information beantragt, als auch das mit dem Umweltschutz verbundene Allgemeininteresse zu berücksichtigen. Diese Beurteilung darf also nicht nur anhand der wirtschaftlichen Situation des Betroffenen vorgenommen werden, sondern muss auch auf einer objektiven Bewertung der Höhe dieser Gebühr beruhen. Diese Gebühr darf daher weder die finanzielle Leistungsfähigkeit des Betroffenen übersteigen noch in irgendeiner Weise objektiv unangemessen erscheinen. Im Übrigen enthebt der bloße Umstand, dass eine Gebühr im Hinblick auf die wirtschaftliche Situation der betroffenen Personen nicht abschreckend ist, die Behörde nicht ihrer Verpflichtung, sicherzustellen, dass diese Gebühren unter Berücksichtigung des mit dem Umweltschutz verbundenen Allgemeininteresses auch der Öffentlichkeit nicht unangemessen erscheinen.

Art. 6 I UI-RL ist dahin auszulegen, dass er nationalen Rechtsvorschriften nicht entgegen- **4644** steht, nach denen die Angemessenheit der Gebühr, die für die Bereitstellung einer bestimmten Art von Umweltinformationen erhoben wird, wie im anwendbaren nationalen Recht, nur einer beschränkten Überprüfung durch die Verwaltung und die Gerichte unterliegt, sofern diese Überprüfung anhand objektiver Kriterien vorgenommen wird und gemäß den Grundsätzen der Äquivalenz und der Effektivität die Frage umfasst, ob die Behörde, die diese Gebühr erhebt, die in Art. 5 II dieser Richtlinie vorgesehenen Voraussetzungen eingehalten hat, was zu beurteilen Aufgabe des nationalen Gerichts ist.

In der UI-RL legen die Begriffe „überprüft werden" und „auf dem Verwaltungsweg über- **4645** prüft werden" in Art. 6 I sowie der Begriff „überprüft" in Art. 6 II nämlich nicht den Umfang der von dieser Richtlinie geforderten Überprüfung durch die Verwaltung und die Gerichte fest. Da es im Unionsrecht an einer Klarstellung fehlt, ist die Festlegung dieses Umfangs, vorbehaltlich der Beachtung der Grundsätze der Äquivalenz und der Effektivität, Sache der mitgliedstaatlichen Rechtsordnungen. Das Bestehen einer effektiven Überprüfung der Erhebung einer Gebühr für die Bereitstellung von Umweltinformationen durch die Verwaltung und die

Gerichte ist insoweit untrennbar mit der Erreichung des vom Unionsgesetzgeber mit dem Erlass der Richtlinie 2003/4 verfolgten Ziel verbunden, nämlich, die Vereinbarkeit des Unionsrechts mit dem Übereinkommen von Århus durch eine allgemeine Regelung sicherzustellen, die gewährleistet, dass jede natürliche oder juristische Person eines Mitgliedstaats ein Recht auf Zugang zu bei Behörden vorhandenen oder für diese bereitgehaltenen Umweltinformationen hat, ohne hierfür ein Interesse geltend machen zu müssen.

4646 Der Effektivitätsgrundsatz erfordert, dass der Schutz der Rechte, die die Einzelnen aus dem Unionsrecht ableiten, nicht Bedingungen unterliegt, die die Ausübung dieser Rechte praktisch unmöglich machen oder übermäßig erschweren. Die Ausübung der von der Unionsrechtsordnung verliehenen Rechte wird nicht allein dadurch, dass das Verfahren der gerichtlichen Nachprüfung verwaltungsbehördlicher Entscheidungen keine umfassende Nachprüfung dieser Entscheidungen ermöglicht, praktisch unmöglich gemacht oder übermäßig erschwert. Jedoch muss jedes nationale Verfahren der gerichtlichen Nachprüfung dem mit einer Anfechtungsklage gegen eine solche Entscheidung befassten Gericht ermöglichen, im Rahmen der Überprüfung der Rechtmäßigkeit dieser Entscheidung die maßgebenden Grundsätze und Vorschriften des Unionsrechts tatsächlich anzuwenden. Folglich steht eine beschränkte gerichtliche Kontrolle der Beurteilung bestimmter tatsächlicher Fragen im Einklang mit dem Unionsrecht, sofern sie dem mit einer Anfechtungsklage gegen eine solche Entscheidung befassten Gericht ermöglicht, im Rahmen der Prüfung ihrer Rechtmäßigkeit die maßgebenden Grundsätze und Vorschriften des Unionsrechts tatsächlich anzuwenden.[358]

2. Umsetzung durch das Umweltinformationsgesetz

4647 Die UI-Richtlinie ist durch das Umweltinformationsgesetz (UIG 2005)[359] umgesetzt worden. Das UIG steht im Zusammenhang eines umfassenderen Informationsfreiheitsrechts zu dem unter anderem das Informationsfreiheitsgesetz des Bundes und entsprechende Landesinformationsfreiheitsgesetze und auch das Verbraucherinformationsgesetz aus dem Jahr 2013 gehören.[360]

4648 **a) Zweck und Anwendungsbereich Zweck des Gesetzes.** Nach § 1 I UIG ist es Zweck des UIG, den rechtlichen Rahmen für den freien Zugang zu Umweltinformationen bei informationspflichtigen Stellen sowie für die Vorbereitung dieser Umweltinformationen zu schaffen. Das UIG gilt für informationspflichtige Stellen des Bundes und der bundesunmittelbaren juristischen Personen des öffentlichen Rechts (§ 1 II UIG).

4649 **b) Begriffsbestimmungen**. Nach § 2 I Nr. 1 UIG sind **informationspflichtige Stellen** 1. die Regierung und andere Stellen der öffentlichen Verwaltung. Gremien, die diese Stellen beraten, gelten als Teil der Stelle, die deren Mitglieder beruft. Zu den informationspflichtigen Stellen gehören nicht a) die obersten Bundesbehörden, soweit und solange sie im Rahmen der Gesetzgebung tätig werden, und b) Gerichte des Bundes, soweit sie nicht Aufgaben der öffentlichen Verwaltung wahrnehmen; 2. natürliche oder juristische Personen des Privatrechts, soweit sie öffentliche Aufgaben wahrnehmen oder öffentliche Dienstleistungen erbringen, die im Zusammenhang mit der Umwelt stehen, insbesondere solche der umweltbezogenen Daseinsvorsorge, und dabei der Kontrolle des Bundes oder einer unter der Aufsicht des Bundes stehenden juristischen Person des öffentlichen Rechts unterliegen.

4650 Nicht jede Information, die im Rahmen der Gesetzgebung Verwendung findet, unterfällt der Sperrwirkung des § 2 I Nr. 1 Satz 3 a UIG. Vielmehr ist zwischen Informationen zu unterscheiden, die im Rahmen der Gesetzgebung generiert werden und solchen, die in einem anderen Zusammenhang anfallen und als Materialien in einen gesetzgeberischen Prozess eingebracht werden. Anknüpfend an den einschlägigen Gesetzentwurf zur Änderung des Umweltinformationsgesetzes ist maßgeblich, ob die von einer Anfrage erfassten Informationen aus

[358] EuGH NVwZ 2015, 1588.

[359] Gesetz zur Neugestaltung des Umweltinformationsgesetzes und zur Änderung der Rechtsgrundlagen zum Emissionshandel v. 22.12.2004 (BGBl. I S. 3704); zur Vorgängerregelung das Umweltinformationsgesetz i.d.F der Bekanntmachung vom 23.8.2001 (BGBl. I S. 2218), Neubekanntmachung des UIG vom 16.7.1994 in der ab 3.8.2001 geltenden Fassung; Faber DVBl. 1995, 722; Erbguth/Stollmann UPR 1994, 81; Fluck/Theuer UIG; Röger UIG 1995; Scherzberg DVBl. 1994, 733.

[360] Reidt/Schiller in Landmann/Rohmer Umweltrecht, 2019, UIG Vorbem. Rn. 12 f mit einem Überblick zu den Informationsfreiheitsgesetzen der Länder; Schmitz/Jastrow NVwZ 2005, 984; Kugelmann NJW 2005, 3609.

einer Tätigkeit der obersten Bundesbehörde im Zusammenhang mit einem konkreten Gesetzgebungsverfahren oder im Zusammenhang mit anderen Aufgaben resultieren. Nur die anlässlich eines konkreten Gesetzgebungsverfahrens generierten Informationen unterfallen dem Tatbestand des § 2 I Nr. 1 Satz 3 a UIG. Schutzgüter dieser Bereichsausnahme sind die ungehinderte interne Willensbildung der in einen Gesetzgebungsprozess eingebundenen obersten Bundesbehörde und der hierdurch gewährleistete ordnungsgemäße Ablauf des Gesetzgebungsverfahrens Diese Schutzgüter werden nicht berührt, wenn Zugang zu Informationen gewährt wird, die außerhalb des konkreten Gesetzgebungsverfahrens generiert worden sind.[361]

Eine informationspflichtige Stelle verfügt über Umweltinformationen, wenn diese bei ihr vorhanden sind oder für sie bereitgehalten werden. Ein Bereithalten liegt vor, wenn eine natürliche oder juristische Person, die selbst nicht informationspflichtige Stelle ist, Umweltinformationen für eine informationspflichtige Stelle im Sinne des Absatzes 1 aufbewahrt, auf die diese Stelle einen Übermittlungsanspruch hat (§ 2 IV UIG). Was es mit dem „Verfügen über eine Information““ auf sich hat, das Voraussetzung für einen darauf gerichteten Anspruch ist, erläutert das OVG Hamburg wie folgt. Für das „Verfügen“ komme es maßgeblich auf den **Zeitpunkt des Eingangs des Informationszugangsantrags** und nicht erst auf den Zeitpunkt der Entscheidung der Behörde oder gar des Gerichts an. Das materielle Recht gebe insoweit verbindlich vor, dass es sich nicht um einen „dynamischen Antrag“ handele. Vielmehr werde der Streitgegenstand im Zeitpunkt des Eingangs des Umweltinformationsbegehrens auf die in diesem Moment bereits der Behörde vorliegenden Umweltinformationen „fixiert“. Es gebe keinen generellen Anspruch auf zukünftige Informationen. Nur so könne erreicht werden, dass die Behörde das Verfahren „unter Kontrolle“ halten könne. Nur bei diesem Verständnis erscheine es überhaupt möglich, dass die Behörde die maßgebliche Monatsfrist des § 3 III 2 Nr. 1 UIG, die mit dem Eingang des Informationsantrags an die informationspflichtige Stelle zu laufen beginne, einhalten könne.[362] 4651

Umweltinformationen sind nach § 2 III UIG unabhängig von der Art ihrer Speicherung alle Daten über 1. den Zustand von Umweltbestandteilen wie Luft und Atmosphäre, Wasser, Boden, Landschaft und natürliche Lebensräume einschließlich Feuchtgebiete, Küsten- und Meeresgebiete, die Artenvielfalt und ihre Bestandteile, einschließlich gentechnisch veränderter Organismen, sowie die Wechselwirkungen zwischen diesen Bestandteilen; 2. Faktoren wie Stoffe, Energie, Lärm und Strahlung, Abfälle aller Art sowie Emissionen, Ableitungen und sonstige Freisetzungen von Stoffen in die Umwelt, die sich auf die Umweltbestandteile im Sinne der Nr. 1 auswirken oder wahrscheinlich auswirken; 3. Maßnahmen oder Tätigkeiten, die a) sich auf die Umweltbestandteile im Sinne der Nr. 1 oder auf Faktoren im Sinne der Nr. 2 auswirken oder wahrscheinlich auswirken oder b) den Schutz von Umweltbestandteilen im Sinne der Nr. 1 bezwecken; zu den Maßnahmen gehören auch politische Konzepte, Rechts- und Verwaltungsvorschriften, Abkommen, Umweltvereinbarungen, Pläne und Programme; 4. Berichte über die Umsetzung des Umweltrechts; 5. Kosten-Nutzen-Analysen oder sonstige wirtschaftliche Analysen und Annahmen, die zur Vorbereitung oder Durchführung von Maßnahmen oder Tätigkeiten im Sinne der Nr. 3 verwendet werden, und 6. den Zustand der menschlichen Gesundheit und Sicherheit, die Lebensbedingungen des Menschen sowie Kulturstätten und Bauwerke, soweit sie jeweils vom Zustand der Umweltbestandteile im Sinne der Nr. 1 oder von Faktoren, Maßnahmen oder Tätigkeiten im Sinne der Nrn. 2 und 3 betroffen sind oder sein können; hierzu gehört auch die Kontamination der Lebensmittelkette. 4652

Ob Maßnahmen oder Tätigkeiten iSd § 2 III Nr. 3 UIG sich auf Umweltbestandteile oder -faktoren wahrscheinlich auswirken können, kann in Anlehnung an den allgemeinen ordnungsrechtlichen Wahrscheinlichkeitsmaßstab festgestellt werden; es genügt die nicht nur fernliegende oder theoretische Möglichkeit einer Beeinträchtigung.[363] 4653

Eine informationspflichtige Stelle verfügt nach § 2 IV 1 UIG über Umweltinformationen, wenn diese bei ihr vorhanden sind oder für sie bereitgehalten werden. Ein Bereithalten liegt vor, wenn eine natürliche oder juristische Person, die selbst nicht informationspflichtige Stelle ist, Umweltinformationen für eine informationspflichtige Stelle im Sinne des Absatzes 1 aufbewahrt, auf die diese Stelle einen Übermittlungsanspruch hat. Ein Bereithalten von Umweltinformationen liegt auch vor, wenn die zuständige Behörde nur auf Anfrage Zugriff auf die betreffenden Aufzeichnungen über den Einsatz von Pflanzenschutzmitteln hat, diese also nicht 4654

---

361 BVerwG NVwZ 2021, 1621.
362 OVG Hamburg NordÖR 2023, 274 = juris Rn. 79; BVerwG NuR 2022, 431= juris Rn. 35
363 BVerwG NVwZ 2019, 1514.

von den nicht informationspflichtigen Dritten proaktiv an die zuständige Behörde übermittelt werden.[364]

4655 Vom Umweltinformationsbegriff erfasst sind „alle Daten über" Maßnahmen oder Tätigkeiten mit Umweltbezug, ohne dass es eines unmittelbaren Zusammenhangs der Daten mit der Umwelt bedarf.[365] Nicht zu solchen Umweltinformationen zählen nach Ansicht des BVerwG Informationen zu tierschutzrechtlichen Verstößen bei Transport und Aufenthalt von Tieren. Tierschutzrechtliche Informationen bezögen sich insbesondere nicht auf das Schutzgut der Artenvielfalt und ihrer Bestandteile, selbst wenn diese Begriffe – wie es geboten sei – weit ausgelegt würden.[366]

4656 **c) Anspruch auf Zugang zu Umweltinformationen**. Nach § 3 I 1 UIG hat jede Person nach Maßgabe des UIG Anspruch auf freien Zugang zu Umweltinformationen, über die eine informationspflichtige Stelle verfügt, ohne ein rechtliches Interesse darlegen zu müssen. Daneben bleiben andere Ansprüche auf Zugang zu Informationen unberührt (§ 3 I 2 UIG).[367] Ansprüche aus dem UIG stehen selbständig neben den spezialgesetzlichen Regelungen und werden nicht Teil von Planfeststellungs- oder UVP-Verfahren.[368] Der Antragsteller muss für sein Informationsbegehren weder eine Begründung noch ein Interesse vortragen.

4657 Der Zugang kann durch **Auskunftserteilung**, **Gewährung von Akteneinsicht** oder in sonstiger Weise eröffnet werden. Wird eine bestimmte Art des Informationszugangs beantragt, so darf dieser nur aus gewichtigen Gründen auf andere Art eröffnet werden. Als gewichtiger Grund gilt insbesondere ein deutlich höherer Verwaltungsaufwand. Soweit Umweltinformationen der antragstellenden Person bereits auf andere, leicht zugängliche Art, insbesondere durch Verbreitung nach § 10 UIG, zur Verfügung stehen, kann die informationspflichtige Stelle die Person auf diese Art des Informationszugangs verweisen (§ 3 II UIG).

4658 Soweit ein Anspruch besteht, sind die Umweltinformationen des Antragstellers unter Berücksichtigung etwaiger von ihm angegebener Zeitpunkte, spätestens jedoch mit Ablauf der Frist nach § 3 III 2 Nr. 1 oder Nr. 2 UIG zugänglich zu machen. Die Frist beginnt mit Eingang des Antrags bei der informationspflichtigen Stelle, die über die Informationen verfügt, und endet 1. mit Ablauf eines Monats oder 2. soweit Umweltinformationen derart umfangreich und komplex sind, dass die in Nr. 1 genannte Frist nicht eingehalten werden kann, mit Ablauf von zwei Monaten § 3 II 2 UIG).

4659 **d) Antrag und Verfahren**. Umweltinformationen werden gem. § 4 I UIG von einer informationspflichtigen Stelle auf Antrag zugänglich gemacht. Der Antrag muss erkennen lassen, zu welchen Umweltinformationen der Zugang gewünscht wird. Ist der Antrag zu unbestimmt, so ist der antragstellenden Person dies innerhalb eines Monats mitzuteilen und Gelegenheit zur Präzisierung des Antrags zu geben. Kommt die antragstellende Person der Aufforderung zur Präzisierung nach, beginnt der Lauf der Frist zur Beantwortung von Anträgen erneut. Die Informationssuchenden sind bei der Stellung und Präzisierung von Anträgen zu unterstützen (§ 4 II UIG). Wird Zugang zu Umweltinformationen beansprucht, genügt es regelmäßig, wenn der Informationssuchende wahlweise die ihn interessierenden Umweltauswirkungen, Maßnahmen oder Daten benennt. Die informationspflichtigen Stellen sowie gegebenenfalls die Gerichte haben über das Vorliegen der weiteren Anspruchsvoraussetzungen zu befinden; dem Informationssuchenden bleibt es unbenommen, im Lauf des Verwaltungsverfahrens eine Erweiterung seines Informationsbegehrens vorzunehmen.[369]

4660 Die Informationspflicht nach § 2 I 1 UIG erstreckt sich neben dem öffentlich-rechtlichen (hoheitlichen oder schlicht hoheitlichen) auch auf das verwaltungsprivatrechtliche und fiskalische Handeln öffentlicher Stellen.[370] Wird der Antrag bei einer informationspflichtigen Stelle gestellt, die nicht über die Umweltinformationen verfügt, leitet sie den Antrag an die über die begehrten Informationen verfügende Stelle weiter, wenn ihr diese bekannt ist, und unterrichtet die antragstellende Person hierüber. Anstelle der Weiterleitung des Antrags kann sie die antrag-

---

364 VG Karlsruhe ZUR 2020, 564; siehe VG Stuttgart ZUR 2020, 632.

365 VGH Mannheim NVwZ-RR 2018, 30; BVerwG Urt. v. 23.2.2017 –7 C 31/15, BeckRS 2017, 112191.

366 BVerwG NVwZ 2020, 880 = juris Rn. 22 mit Anm. Gerhold NVwZ 2020, 883.

367 Aktuelle Rechts- und Vollzugsfragen aus dem Umweltinformationsrecht Micha UPR 2022, 415.

368 Kahl/Gärditz Umweltrecht, 2023, § 4 Rn. 186; BVerwG NVwZ 2007, 1095.

369 VGH Mannheim NVwZ-RR 2018, 30.

370 VG Berlin Urt. v. 29.1.2024 – 2 K 41/23, juris Rn. 29.

stellende Person auch auf andere ihr bekannte informationspflichtige Stellen hinweisen, die über die Informationen verfügen (§ 4 III UIG).

Wird eine andere als die beantragte Art des Informationszugangs iSd § 3 II UIG eröffnet, ist dies innerhalb der Frist nach § 3 III 2 Nr. 1 UIG unter Angabe der Gründe mitzuteilen (§ 4 IV UIG). Über die Geltung der längeren Frist nach § 3 III 2 Nr. 2 UIG ist die antragstellende Person spätestens mit Ablauf der Frist nach § 3 III 2 Nr. 1 UIG unter Angabe der Gründe zu unterrichten. 4661

e) Ablehnung des Antrags. Wird der Antrag ganz oder teilweise nach den §§ 8, 9 UIG abgelehnt, ist die antragstellende Person innerhalb der Fristen nach § 3 III 2 UIG hierüber zu unterrichten. Eine Ablehnung liegt auch dann vor, wenn nach § 3 II UIG der Informationszugang auf andere Art gewährt oder die antragstellende Person auf eine andere Art des Informationszugangs verwiesen wird. Der antragstellenden Person sind die Gründe für die Ablehnung mitzuteilen; in den Fällen des § 8 II Nr. 4 UIG ist darüber hinaus die Stelle, die das Material vorbereitet, sowie der voraussichtliche Zeitpunkt der Fertigstellung mitzuteilen. § 39 II VwVfG findet keine Anwendung (§ 5 I UIG). 4662

Wenn der Antrag schriftlich gestellt wurde oder die antragstellende Person dies begehrt, erfolgt die Ablehnung in schriftlicher Form. Sie ist auf Verlangen der antragstellenden Person in elektronischer Form mitzuteilen, wenn der Zugang hierfür eröffnet ist (§ 5 II UIG). Liegt ein Ablehnungsgrund nach § 8 UIG oder § 9 UIG vor, sind die hiervon nicht betroffenen Informationen zugänglich zu machen, soweit es möglich ist, die betroffenen Informationen auszusondern (§ 5 III UIG). Die antragstellende Person ist im Falle der vollständigen oder teilweisen Ablehnung eines Antrags auch über die Rechtsschutzmöglichkeiten gegen die Entscheidung sowie darüber zu belehren, bei welcher Stelle und innerhalb welcher Frist um Rechtsschutz nachgesucht werden kann (§ 5 IV UIG). 4663

f) Rechtsschutz. Für Streitigkeiten nach dem UIG ist der **Verwaltungsrechtsweg** gegeben. Gegen die Entscheidung durch eine Stelle der öffentlichen Verwaltung iSd § 2 I Nr. 1 UIG ist ein **Widerspruchsverfahren** nach § 68 bis § 73 VwGO auch dann durchzuführen, wenn die Entscheidung von einer obersten Bundesbehörde getroffen worden ist. Ist die antragstellende Person der Auffassung, dass eine informationspflichtige Stelle im Sinne des § 2 I Nr. 2 UIG den Antrag nicht vollständig erfüllt hat, kann sie die Entscheidung der informationspflichtigen Stelle nach § 6 IV UIG überprüfen lassen. Die Überprüfung ist nicht Voraussetzung für die Erhebung der Klage. Eine Klage gegen die zuständige Stelle nach § 13 I UIG ist ausgeschlossen (§ 6 III UIG). 4664

Der Anspruch auf **nochmalige Prüfung** ist gegenüber der informationspflichtigen Stelle iSd § 2 I Nummer UIG § 2 I Nr. 2 UIG innerhalb eines Monats, nachdem diese Stelle mitgeteilt hat, dass der Anspruch nicht oder nicht vollständig erfüllt werden kann, schriftlich geltend zu machen. Die informationspflichtige Stelle hat der antragstellenden Person das Ergebnis ihrer nochmaligen Prüfung innerhalb eines Monats zu übermitteln (§ 6 IV UIG). Durch Landesgesetz kann für Streitigkeiten um Ansprüche gegen private informationspflichtige Stellen auf Grund von landesrechtlichen Vorschriften über den Zugang zu Umweltinformationen der Verwaltungsrechtsweg vorgesehen werden (§ 6 V UIG). 4665

g) Ablehnungsgründe. Der Informationsanspruch kann zum Schutz öffentlicher und zum Schutz privater belange unter den Voraussetzungen der §§ 8, 9 UIG abgelehnt werden. 4666

§ 8 UIG bestimmt: Soweit das Bekanntgeben der Informationen nachteilige Auswirkungen hätte auf 1. die internationalen Beziehungen, die Verteidigung oder bedeutsame Schutzgüter der öffentlichen Sicherheit, 2. die Vertraulichkeit der Beratungen von informationspflichtigen Stellen iSd § 2 I, III UIG die Durchführung eines laufenden Gerichtsverfahrens, den Anspruch einer Person auf ein faires Verfahren oder die Durchführung strafrechtlicher, ordnungswidrigkeitenrechtlicher oder disziplinarrechtlicher Ermittlungen[371] oder 4. den Zustand der Umwelt und ihrer Bestandteile iSd § 2 III Nr. 1 oder Schutzgüter iSd § 2 III Nr. 6 UIG, ist der Antrag abzulehnen, es sei denn, das öffentliche Interesse an der Bekanntgabe überwiegt. Der Zugang zu Umweltinformationen über Emissionen kann nicht unter Berufung auf die in den Nrn. 2 und 4 genannten Gründe abgelehnt werden.[372] Soweit nach § 8 I Nr. 3 UIG der 4667

---

[371] Zu Anforderung an die Darlegung des Ausschlussgrundes des § 8 I 1 Nr. 3 Alt. 1 UIG OVG Berlin-Brandenburg Beschl. v 5.11.2021 – 12 N 11/20, juris Rn. 9.

[372] Zur Ablehnung von Umweltinformationsanträgen zum Schutz öffentlicher Belange Guckelberger NuR 2018, 436.

Informationsanspruch nicht während der Dauer eines Gerichtsverfahrens, eines strafrechtlichen Ermittlungsverfahrens oder eines Ordnungswidrigkeitenverfahrens hinsichtlich derjenigen Daten, die Gegenstand des jeweiligen Verfahrens sind, ausgeschlossen ist, gilt diese Beschränkung des Informationsanspruchs nicht für die Dauer verwaltungsbehördlicher Verfahren. Die entsprechende Regelung musste nach einer Beanstandung durch den EuGH gestrichen werden.[373]

4668 Soweit ein Antrag 1. offensichtlich missbräuchlich gestellt wurde, 2. sich auf interne Mitteilungen der informationspflichtigen Stellen iSd § 2 I UIG bezieht, 3. bei einer Stelle, die nicht über die Umweltinformationen verfügt, gestellt wird, sofern er nicht nach § 4 III UIG weitergeleitet werden kann, 4. sich auf die Zugänglichmachung von Material, das gerade vervollständigt wird, noch nicht abgeschlossener Schriftstücke oder noch nicht aufbereiteter Daten bezieht oder 5. zu unbestimmt ist und auf Aufforderung der informationspflichtigen Stelle nach § 4 II UIG nicht innerhalb einer angemessenen Frist präzisiert wird, ist er abzulehnen, es sei denn, das öffentliche Interesse an der Bekanntgabe überwiegt.

4669 **§ 9 UIG** lautet: Soweit 1. durch das Bekanntgeben der Informationen personenbezogene Daten offenbart und dadurch Interessen der Betroffenen erheblich beeinträchtigt würden, 2. Rechte am geistigen Eigentum, insbesondere Urheberrechte, durch das Zugänglichmachen von Umweltinformationen verletzt würden oder 3. durch das Bekanntgeben Betriebs- oder Geschäftsgeheimnisse zugänglich gemacht würden oder die Informationen dem Steuergeheimnis oder dem Statistikgeheimnis unterliegen, ist der Antrag abzulehnen, es sei denn, die Betroffenen haben zugestimmt oder das öffentliche Interesse an der Bekanntgabe überwiegt.[374] Bei der Einräumung eines Rechts auf Informationszugang muss der Gesetzgeber die Grundrechte der zur Information Verpflichteten, insbesondere der **Geschäfts- und Betriebsgeheimnisse** beachten, die durch die Grundrechte auf Berufsfreiheit (Art. 12 I GG) und Eigentumsgarantie (Art. 14 I GG) geschützt werden.[375] Betriebs- und Geschäftsgeheimnisse sind alle auf ein Unternehmen bezogenen Tatsachen, Umstände und Vorgänge, die nicht offenkundig, sondern nur einem begrenzten Personenkreis zugänglich sind und an deren Nichtverbreitung der Rechtsträger ein berechtigtes Interesse hat. Betriebsgeheimnisse umfassen im Wesentlichen technisches Wissen im weitesten Sinne; Geschäftsgeheimnisse betreffen vornehmlich kaufmännisches Wissen.[376]

4670 Zu § 9 I 1 Nr. 1 UIG führt das BVerwG aus, die Vorschrift verstoße weder gegen die Umweltinformationsrichtlinie noch gegen Grundrechte, soweit sie die Ablehnung eines Antrags auf Zugang zu Umweltinformationen im Fall der Offenbarung personenbezogener Daten auf einer ersten, der einzelfallbezogenen Abwägung von Bekanntgabe- und Geheimhaltungsinteresse vorgelagerten Stufe davon abhängig macht, dass durch die Offenbarung der Daten Interessen der Betroffenen erheblich beeinträchtigt würden. Das allgemeine Risiko, dass nach dem Umweltinformationsgesetz zugänglich gemachte personenbezogene Daten durch den Antragsteller oder Dritte im Internet weiterverbreitet werden könnten, vermag eine erhebliche Interessenbeeinträchtigung im Sinne von § 9 I 1 Nr. 1 UIG nicht zu begründen.[377]

4671 Eine Legaldefinition des Begriffs „Geschäftsgeheimnis“ auf Bundesebene enthält § 2 Nr. 1 GeschGehG. Die Vorschrift setzt Art. 2 Nr. 1 der Geschäftsgeheimnis-Richtlinie29 der EU in deutsches Recht um. Diese Definition unterscheidet sich in einigen Punkten von der Definition der deutschen Rechtsprechung.[378] Allerdings verdrängt die Definition des GeschGehG nicht den Geheimnisbegriff des Umweltinformationsrechts,

4672 Der Zugang zu **Umweltinformationen über Emissionen** kann nicht unter Berufung auf die in den Nummern 1 und 3 genannten Gründe abgelehnt werden. Der Zugang zu dem Inhalt einer Emissionserklärung ist verschiedentlich speziell geregelt. Für Emissionserklärungen

---

[373] EuGH NVwZ 1999, 1209.

[374] Zu Geschäftsgeheimnissen Goldhammer NVwZ 2017, 1809; Lohmann NuR 2018, 607; zum Schutz des Urheberechts bei Informationszugangsansprüchen Schnabel GRUR 2018, 780; Schoch ZGI 2023, 251; Lohmann EuRUP 2023, 378; zum Begriff des Geschäftsgeheimnisses Römling NVwZ 2022, 463.

[375] Reidt/Schiller in Landmann/Rohmer Umweltrecht, 2019, UIG-Vorbem. Rn 57; BVerwG NVwZ 2017, 1775 = juris Rn. 90; Jarass in Jarass/Pieroth, GG, 2022, Art. 12 Rn. 11, Art. 14 Rn. 18; siehe auch Lohmann EuRUP 2023, 378.

[376] BVerwG Urt. v. 14.12.2023 – 3 C 7/22, juris Rn. 26; BVerfGE 158, 1 Rn. 50 mwN; zur Definition des Geheimnisses auch Lohmann EuRUP 2023, 378 (380).

[377] BVerwG NuR 2023, 330 = juris Rn. 12.

[378] Lohmann EuRUP 2023, 378 (381).

eines Deponiebetreibers nach § 41 I 1 KrWG verweist § 41 III KrWG auf § 27 III BImSchG. Nach § 27 III 1 BImSchG ist der Inhalt der Emissionserklärung Dritten auf Antrag bekannt zu geben. Einzelangaben der Emissionserklärung dürfen gem. § 27 III 2 BImSchG nicht veröffentlicht oder Dritten bekannt gegeben werden, wenn aus diesen Rückschlüsse auf Betriebs- oder Geschäftsgeheimnisse gezogen werden können. Bei Abgabe der Emissionserklärung hat der Betreiber der zuständigen Behörde mitzuteilen und zu begründen, welche Einzelangaben der Emissionserklärung Rückschlüsse auf Betriebs- oder Geschäftsgeheimnisse erlauben (§ 27 III 3 BImSchG).[379] Ob Informationen über Vorgänge innerhalb einer Anlage Umweltinformationen über Emissionen sein können, wenn die Vorgänge nicht in der Anlage verharren und maßgeblich für die Freisetzung von Stoffen in die Umwelt sind, ist umstritten.[380]

Vor der Entscheidung über die Offenbarung der durch § 27 III 1 Nr. 1 bis 3 BImSchG geschützten Informationen sind die Betroffenen anzuhören. Die informationspflichtige Stelle hat in der Regel von einer Betroffenheit im Sinne des Satzes 1 Nummer 3 auszugehen, soweit übermittelte Informationen als Betriebs- und Geschäftsgeheimnisse gekennzeichnet sind. Soweit die informationspflichtige Stelle dies verlangt, haben mögliche Betroffene im Einzelnen darzulegen, dass ein Betriebs- oder Geschäftsgeheimnis vorliegt. **4673**

Umweltinformationen, die private Dritte einer informationspflichtigen Stelle übermittelt haben, ohne rechtlich dazu verpflichtet zu sein oder rechtlich verpflichtet werden zu können, und deren Offenbarung nachteilige Auswirkungen auf die Interessen der Dritten hätte, dürfen ohne deren Einwilligung anderen nicht zugänglich gemacht werden, es sei denn, das öffentliche Interesse an der Bekanntgabe überwiegt. Der Zugang zu Umweltinformationen über Emissionen kann nicht unter Berufung auf die in Satz 1 genannten Gründe abgelehnt werden. **4674**

Liegt ein Ablehnungsgrund nach den genannten Vorschriften vor, so sind gem. § 5 III UIG die hiervon nicht betroffenen Informationen zugänglich zu machen, soweit es möglich ist, die betroffene Information auszusondern. **4675**

h) Verbreitung von Umweltinformationen. Die informationspflichtigen Stellen unterrichten die Öffentlichkeit gem. § 10 I 1 UIG in angemessenem Umfang aktiv und systematisch über die Umwelt. In diesem Rahmen verbreiten sie Umweltinformationen, die für ihre Aufgaben von Bedeutung sind und über die sie verfügen (§ 10 I 2 UIG). Im Rahmen einer aktiven Unterrichtung der Öffentlichkeit über die Umwelt (§ 10 UIG) im Wege niedrigschwelliger Informationsangebote, die Rezipienten insbesondere unabhängig von ihrem Bildungsstand und ihrem Interesse an Umweltthemen erreichen sollen, sind auch **Vereinfachungen** der dargestellten Umweltinformationen zulässig.[381] Wann eine Umweltinformation hinreichend exakt ist, lässt sich nicht abstrakt feststellen, sondern ist stets bezogen auf den jeweils mit ihr verfolgten Informationszweck zu bestimmen. geringerer Grad an Exaktheit kann nicht nur legitim, sondern rechtlich sogar gebotenen sein. Hinzu kommt, dass im Hinblick auf den Zweck des freien Zugangs der Öffentlichkeit zu Umweltinformationen mit einer Veröffentlichung von Umweltinformationen in vielen Fällen (insbesondere bei in der Öffentlichkeit diskutierten Sachverhalten) nicht zugewartet werden kann, bis auch letzte Zweifel hinsichtlich deren Richtigkeit ausgeräumt sind. Eine notwendige Einschränkung der Exaktheit von Umweltinformationen ergibt sich zudem aus Kosten-Nutzen-Erwägungen in dem Sinne, dass der Aufwand für die Veröffentlichung von Umweltinformationen nicht so groß sein darf, dass die nach § 10 I UIG gebotene permanente und zeitnahe Information der Öffentlichkeit im Ergebnis nicht mehr realisierbar ist.[382] **4676**

Stellt sich eine Information nachträglich als falsch heraus oder trifft sie aufgrund einer nachträglichen Veränderung der Umstände nicht mehr zu, muss die Behörde mit der Löschung oder der Richtigstellung / Aktualisierung der Information reagieren. Außerdem ist eine hinreichend klare und verständliche Darstellung der Bewertung festgestellter Mängel gegenüber der Öffentlichkeit notwendig. Unzulässig sind unter anderem irreführende, missverständliche oder solche Formulierungen, die Raum für Spekulation bieten.[383] **4677**

---

379 Beckmann in Landmann/Rohmer, Umweltrecht, 2012, § 42 KrWG Rn. 13.

380 Bejahend OVG Berlin-Brandenburg Urt. v. 18.1.2018 – OVG 12 B 14.16, juris Rn. 26; verneinend OVG Lüneburg NVwZ 2020, 1606.

381 VGH Mannheim VBLBW 2022, 85 = juris Rn. 12.

382 VGH Mannheim VBLBW 2022, 85 = juris Rn. 12.

383 OVG Münster NVwZ-RR 2023, 316.

4678 Im **Falle einer unmittelbaren Bedrohung** der menschlichen Gesundheit oder der Umwelt haben die informationspflichtigen Stellen sämtliche Informationen, über die sie verfügen und die es der eventuell betroffenen Öffentlichkeit ermöglichen könnten, Maßnahmen zur Abwendung oder Begrenzung von Schäden infolge dieser Bedrohung zu ergreifen, unmittelbar und unverzüglich zu verbreiten; dies gilt unabhängig davon, ob diese Folge menschlicher Tätigkeit oder einer natürlichen Ursache ist. Verfügen mehrere informationspflichtige Stellen über solche Informationen, sollen sie sich bei deren Verbreitung abstimmen (§ 10 V UIG).

4679 Die Bundesregierung veröffentlicht nach § 11 UIG regelmäßig im Abstand von nicht mehr als vier Jahren einen **Umweltzustandsbericht**.

4680 **i) Gebühren und Auslagen**. Für die Übermittlung von Informationen auf Grund des UIG werden Gebühren und Auslagen erhoben. Dies gilt nicht für die Erteilung mündlicher und einfacher schriftlicher Auskünfte, die Einsichtnahme in Umweltinformationen vor Ort, Maßnahmen und Vorkehrungen nach § 7 I und II UIG sowie die Unterrichtung der Öffentlichkeit nach den §§ 10 und § 11 UIG. Die Gebühren sind auch unter Berücksichtigung des Verwaltungsaufwandes so zu bemessen, dass der Informationsanspruch nach § 3 I UIG wirksam in Anspruch genommen werden kann.

V. Fauna-Flora-Habitat-Richtlinie

4681 Durch die Vogelschutz-Richtlinie (VS-RL) und die FFH-Richtlinie (FFH-RL) ist das Europarecht stärker in den Mittelpunkt auch des Fachplanungsrechts getreten. Dazu liegen zahlreiche Entscheidungen des EuGH.[384] Nach Art. 23 FFH-RL wird ein **kohärentes europäisches ökologisches Netz besonderer Schutzgebiete** mit der Bezeichnung „Natura 2000" errichtet. Dieses Netz besteht aus Gebieten, die die natürlichen Lebensraumtypen des Anhangs I sowie die Habitate der Arten des Anhang II umfassen, und muss den Fortbestand oder gegebenenfalls die Wiederherstellung eines günstigen Erhaltungszustandes dieser natürlichen Lebensraumtypen und Habitate der Arten in ihrem natürlichen Verbreitungsgebiet gewährleisten. Das Netz „Natura 2000" umfasst auch die von den Mitgliedstaaten aufgrund der Richtlinie 79/409/EWG ausgewiesenen besonderen Schutzgebiete. Nach Art. 3 II FFH-RL trägt jeder Staat im Verhältnis der in seinem Hoheitsgebiet vorhandenen in Absatz 1 genannten natürlichen Lebensraumtypen und Habitate der Arten zur Errichtung von Natura 2000 bei. Zu diesen Zweck weist er nach den Bestimmungen des Art. 4 FFH-RL Gebiete als besondere Schutzgebiete aus, wobei er den in Art. 3 I FFH-RL genannten Zielen Rechnung trägt.[385]

4682 Die Mitgliedstaaten werden sich, wo sie dies für erforderlich halten, bemühen, die ökologische Kohärenz von Natura 2000 durch die Erhaltung und gegebenenfalls die Schaffung der in Art. 10 FFH-RL genannten Landschaftselemente, die von ausschlaggebender Bedeutung für wildlebende Tiere und Pflanzen sind, zu verbessern (Art. 3 III FFH-RL).

4683 Die Ausweisung eines Vogelschutzgebiets setzt voraus, dass die zuständigen Behörden gestützt auf die besten verfügbaren wissenschaftlichen Erkenntnisse zu der Überzeugung gelangt sind, dass die betreffenden Flächen zu den für den Vogelschutz geeignetsten Gebieten zählen.[386]

4684 Hat ein Mitgliedstaat ein **faktisches Vogelschutzgebiet**, das die Voraussetzungen der VS-RL erfüllt, nicht gemeldet oder nicht ordnungsgemäß in nationales Recht umgesetzt, so sind unverträgliche Eingriffe nur aus Gründen der Wahrung von Leib und Leben oder im Interesse des Gebietes selbst zulässig.[387] Die gerichtliche Anerkennung eines faktischen Vogelschutzge-

[384] EuGH Urt. v. 4.3.2021 – C-473/19, juris – Skydda Skogen, dazu Lau NuR 2021, 462; Gellermann NuR 2021, 182; Urt. v. 10.10.2019 – C-g74/17, juris; NVwZ 2019, 222 mit Anmerkung Gellermann NuR 2019, 747 und Frenz NuR 2020, 94; NVwZ 2016, 595 mit Anmerkung Mayer EuRUP 2016, 151 und Stüer/Stüer DVBl. 2016, 571; NVwZ 2001, 421; ZUR 2000, 343; DVBl. 2000, 1841; NuR 2001, 207; DVBl. 2001, 359; E. v. 14.6.2001 – Rs. C 230/00 – ABl. EG 2001, Nr. C 212, 5 – Belgien; E. v. 11.9.2001 – Rs. C-220/99 – ABl. EG Nr. C 289, 2 – Frankreich; E. v. 11.9.2001 – Rs. C-67/99 – ABl. EG 2001, Nr. C 289, 1 – Irland; DVBl. 2001, 1826 – Deutschland; E. v. 23.10.2001 – Rs. C-510/99 – Guyana-Verordnung; E. v. 30.1.2002 – Rs. C-103/00 – Meeresschildkröte Griechenland.

[385] Siehe dazu Schlacke Umweltrecht, 2023, § 10 Rn. 51; Möckel in Schlacke, BNatSchG, 2024, § 34 Rn. 10 ff.; Frenz in Frenz/Müggenborg, BNatSchG, 2021, § 34 Rn. 1 ff.

[386] BVerwG Beschl. v. 13.6.2022 – 7 B 10/21, juris Rn. 11.

[387] VG Köln Beschl. v. 19.1.2023 – 14 L 387/22, juris Rn. 93; OVG Koblenz ZNER 2023, 331 = juris Rn. 71; BVerwG Beschl. v. 15.12.2022 – 4 BN 15/22, juris Rn. 12; Urt. v. 27.3.2014 – 4 CN 43/13, juris, Rn. 16 f.; VGH Mannheim Urt. v. 13.10.2023 – 14 S 237/22, juris Rn. 76; BVerwG Urt. v. 1.4.2004 – 4

biets kommt im Falle eines abgeschlossenen Gebietsauswahl- und Meldeverfahrens allerdings nur in Betracht, wenn die Nichteinbeziehung des Gebiets in ein gemeldetes Vogelschutzgebiet auf sachwidrigen Erwägungen beruht; an die Behauptung, die Abgrenzung eines ausgewiesenen Vogelschutzgebiets sei aus ornithologischer Sicht nicht vertretbar, sind besondere und gesteigerte Anforderungen zu stellen.[388] Mit dem Fortschreiten des mitgliedstaatlichen Auswahl- und Meldeverfahrens steigen die prozessualen Darlegungsanforderungen an die Behauptung, es gebe ein (nicht erklärtes) „faktisches" Vogelschutzgebiet, das eine „Lücke im Netz" schließen soll. Ein Bundesland kann das Bestehen eines faktischen Vogelschutzgebiets aber nicht dadurch ausschließen, dass es sein Gebietsauswahlverfahren für beendet erklärt.[389]

Ein faktisches Vogelschutzgebiet unterliegt den im Vergleich zur FFH-RL strengeren Verpflichtungen aus Art. 4 IV 1 VS-RL. Danach kann das Verbot erheblicher Beeinträchtigungen des Gebiets nur zugunsten überragender Gemeinwohlbelange überwunden werden. Der durch Art. 7 FFH-RL angeordnete Regimewechsel für (rechtswirksam) ausgewiesene Vogelschutzgebiete, wonach die Verpflichtungen nach Art. 6 FFH-RL an die Stelle der strengeren Pflichten aus Art. 4 IV 1 VS-RL treten, erfolgt erst dann, wenn die Erhaltungsziele bezogen auf das jeweilige Gebiet verbindlich festgelegt wurden.[390] 4685

Das FFH-Regime, das unverträgliche Eingriffe auch aus überwiegenden Gründen des öffentlichen Wohls zulässt, ist für ein solches faktisches Vogelschutzgebiet nicht anwendbar, weil die Voraussetzungen des Art. 7 FFH-RL nicht vorliegen. Auch die FFH-RL selbst stellt an unverträgliche Eingriffe in potenzielle Habitate erhöhte Anforderungen.[391] Die Anwendung des strengen Vogelschutz-Regimes gleicht einer Bestrafungsaktion für Projekte, die nicht rechtzeitig dem europäischen Habitatschutz unterstellt worden sind. Auch aus der UVP-RL können sich Anforderungen ergeben, die dem Natur- und Landschaftsschutz dienen und die bei der Zulassung von Fachplanungsvorhaben zu beachten sind.[392] 4686

Die strengere naturschutzrechtliche Sicht hat ihren Grund: Denn in den letzten Jahrzehnten ist in Europa ein besorgniserregender Rückgang zahlreicher wildlebender Tier- und Pflanzenarten festzustellen. Als eine Ursache dafür wird ein starkes Wachstumsstreben der Industriegesellschaft verantwortlich gemacht, das die Gefahr der Zerstörung der natürlichen Lebensgrundlagen in sich birgt. Die FFH-RL, die erstmals eine gemeinschaftsweite verbindliche Vorgabe zur Erhaltung und Entwicklung des europäischen Naturerbes enthält, verpflichtet zur Bekämpfung dieser Gefahren die Mitgliedstaaten, nach Auswahlverfahren Listen für Gebiete mit speziellen schutzbedürftigen Lebensräumen und Habitaten von gemeinschaftlicher Bedeutung aufzustellen, über die ein europäischer Ausschuss befindet.[393] Bis zum Jahre 2001 waren die besonderen Schutzgebiete in rechtlich verbindlicher Form auszuweisen und für die nötigen Erhaltungsmaßnahmen festzustellen wie beispielsweise Verhaltensregeln, Pflück- und Sammelverbote, Fang- und Tötungsverbote. Zugleich soll in Verbindung mit den Schutzgebieten der Vogelschutz-Richtlinie ein kohärentes europäisches ökologisches Netz besonderer Schutzgebiete (Natura 2000) geschaffen werden. Dieses gemeinschaftsweite Biotopverbundnetz soll den Fortbestand bzw. die Wiederherstellung eines günstigen Erhaltungszustandes der in Anhang I genannten natürlichen Lebensraumtypen sowie der Habitate der Arten des Anhangs II in ihrem natürlichen Verbreitungsgebiet gewährleisten. 4687

Das **EU-Renaturierungsgesetz**, auf das sich Parlament und Rat Anfang 2024 geeinigt haben, soll für eine Wiederherstellung geschädigter Ökosysteme in allen Mitgliedstaaten sorgen und damit zur Verwirklichung der Klima- und Artenschutzziele der EU beitragen. Die Mitgliedstaaten müssen danach bis 2030 mindestens 30 % der Lebensräume, für die die neuen Vorschriften gelten (von Wäldern, Grünland und Feuchtgebieten bis hin zu Flüssen, Seen und Korallenriffen) von einem schlechte in einen guten Zustand versetzen; bis 2040 sollen es 60%, bis 2050 90% 4688

C 2.03, juris Rn. 24 ff.; Beschl. v. 13.3.2008 – 9 VR 9.07, juris Rn. 11 ff.; Beschl. v. 4.4.2011 – 4 B 77.09, juris Rn. 49; Zur nachträglichen Einbeziehung weiterer Vogelarten in den Schutz eines faktischen Vogelschutzgebiets Beckmann NuR 2020, 289.

388 OVG Koblenz ZNER 2023, 331 = juris Rn. 71; siehe auch Lau NuR 2023, 299.

389 BVerwG Beschl. v. 15.12.2022 – 4 BN 15/22, juris Rn. 12.

390 VG Köln Beschl. v. 19.1.2023 – 14 L 387/22, juris Rn. 93; BVerwG Beschl. v. 22.6.2015 – 4 B 59.14, juris, Rn. 6; Urt. v. 27.3.2014 – 4 CN 3.13, juris, Rn. 16 ff.

391 EuGH Urt. v. 11.7.1996 – Rs. C-44/95 – EuGH Slg. 1996-7, I-3805 – Lappelbank.

392 EuGH NVwZ 2001, 421.

393 Zum Artenschutz Freytag/Iven NuR 1995, 109; Iven NuR 1996, 373; Schmidt-Räntsch Artenschutzrecht 1990; Wagner NuR 1990, 396.

sein. Wenn ein Gebiet wieder in einem guten Zustand ist, müssen die Mitgliedstaaten sicherstellen, dass es zu keiner wesentlichen Verschlechterung kommt. Sie müssen außerdem nationale Sanierungspläne erstellen, in denen sie angeben, wie sie diese Ziele erreichen wollen.

1. Verfahren der Schutzgebietsausweisung

4689 Das Verfahren zur Ausweisung von Schutzgebieten ist in Art. 4 FFH-RL wie folgt geregelt: Die Mitgliedstaaten sind verpflichtet, bei der Kommission eine Liste mit Gebieten einzureichen, die als Schutzgebiet im Rahmen von „Natura 2000" in Betracht kommen (Art. 4 I FFH-RL). Die Liste sollte der Kommission binnen drei Jahren nach Bekanntgabe der Richtlinie[394] zeitgleich mit den Informationen über die einzelnen Gebiete zugeleitet werden. Die Kommission erstellt dann jeweils im Einvernehmen mit den Mitgliedstaaten aus den nationalen Listen den Entwurf einer Liste der Gebiete von gemeinschaftlicher Bedeutung (Art. 4 II FFH-RL). Sie legt bei der Zusammenstellung die in der Richtlinie genannten fachlichen Kriterien zu Grunde. Der Entwurf wird dem mit der Richtlinie eingerichteten Habitatausschuss (Art. 20 FFH-RL) zur Stellungnahme vorgelegt. Stimmt der Ausschuss dem Vorschlag der Kommission zu, nimmt diese die Gebiete in die binnen sechs Jahren nach Verabschiedung der Richtlinie zu erstellende endgültige Liste der Gebiete von gemeinschaftsrechtlicher Bedeutung auf (Art. 4 III, Art. 21 II FFH-RL). Die Liste wird den Mitgliedstaaten als Entscheidung mitgeteilt.[395] Mit der Eintragung in die Gemeinschaftsliste beginnt die Verpflichtung des betreffenden Mitgliedstaates zur schnellstmöglichen Ausweisung des betreffenden Gebietes als besonderes Schutzgebiet.[396] Die Ausweisung hat dabei spätestens sechs Jahre nach Eintragung in die Gemeinschaftsliste zu erfolgen.[397] Außerdem unterliegt das Gebiet mit der Eintragung durch die Kommission und damit schon vor einer nationalen Ausweisung den Bestimmungen des Art. 6 II bis IV FFH-RL (Art. 4 V FFH-RL). Die Kommission hat auf der Grundlage entsprechender Meldungen inzwischen Kommissionslisten aufgestellt und gemeldete Gebiete entsprechend gelistet.

4690 Art. 4 I 4 VS-RL räumt den Mitgliedstaaten einen fachlichen **Beurteilungsspielraum** in der Frage ein, welche Gebiete nach ornithologischen Kriterien für die Erhaltung der zu schützenden Vogelarten „zahlen- und flächenmäßig" am geeignetsten sind.[398] Die Eignungsfaktoren mehrerer Gebiete sind hierbei vergleichend zu bewerten. Gehört ein Gebiet danach zu den „geeignetsten" Gebieten, ist es zum Vogelschutzgebiet zu erklären. Dabei sind unterschiedliche fachliche Wertungen möglich; die Nichtmeldung eines Gebiets ist dann nicht zu beanstanden, wenn sie fachwissenschaftlich vertretbar ist. Die **Vertretbarkeitskontrolle** umfasst auch die Netzbildung in den einzelnen Ländern, hat jedoch ebenfalls den fachlichen Beurteilungsspielraum des Mitgliedstaates zu beachten. In dem Maße, in dem sich die Gebietsvor-

[394] Die Bekanntgabefrist ist bereits am 14.6.1995 abgelaufen.

[395] Freytag/Iven NuR 1995, 109. Gem. Art. 4 III FFH-RL ist die Gemeinschaftsliste binnen 6 Jahren nach Bekanntgabe der Richtlinie aufzustellen und hätte daher bis zum 4.6.1998 erstellt werden müssen.

[396] Art. 6 FFH-RL: (1) Für die besonderen Schutzgebiete legen die Mitgliedstaaten die nötigen Erhaltungsmaßnahmen fest, die ggf. geeignete, eigens für die Gebiete aufgestellte oder in andere Entwicklungspläne integrierte Bewirtschaftungspläne und geeignete Maßnahmen rechtlicher, administrativer oder vertraglicher Art umfassen, die den ökologischen Erfordernissen der natürlichen Lebensraumtypen nach Anhang I und der Art nach Anhang II entsprechen, die in diesen Gebieten vorkommen. (2) Die Mitgliedstaaten treffen die geeigneten Maßnahmen, um in den besonderen Schutzgebieten die Verschlechterung der natürlichen Lebensräume und der Habitate der Arten sowie Störungen von Arten, für die die Gebiete ausgewiesen worden sind, zu vermeiden, sofern solche Störungen sich im Hinblick auf die Ziele dieser Richtlinie erheblich auswirken könnten. (3) Pläne oder Projekte, die nicht unmittelbar mit der Verwaltung des Gebietes in Verbindung stehen oder hierfür nicht notwendig sind, die ein solches Gebiet jedoch einzeln oder im Zusammenwirken mit anderen Plänen und Projekten erheblich beeinträchtigen könnten, erfordern eine Prüfung auf Verträglichkeit mit den für dieses Gebiet festgelegten Erhaltungszielen. Unter Berücksichtigung der Ergebnisse der Verträglichkeitsprüfung und vorbehaltlich des Abs. 4 stimmen die zuständigen einzelstaatlichen Behörden dem Plan bzw. Projekt nur zu, wenn sie festgestellt haben, dass das Gebiet als solches nicht beeinträchtigt wird, und nachdem sie ggf. die Öffentlichkeit angehört haben."

[397] Unter der Annahme, dass die Gemeinschaftsliste bis zum 4.6.1998 erstellt werden sollte, wäre diese Frist am 4.6.2004 abgelaufen; allerdings ist die Schutzgebietsausweisung in Deutschland immer noch nicht abgeschlossen; siehe dazu Schlacke Umweltrecht, 2023, § 10 Fn. 263.

[398] OVG Koblenz ZNER 2023, 331 = juris Rn. 71; BVerwG Urt. v. 27.3.2014 – 4 CN 43/13, juris, Rn. 16; Urt. v. 6.4.2017 – 4 A 16/16, juris, Rn. 19; Beschl. v. 15.12.2022 – 4 BN 18/22, juris, Rn. 12 f.; OVG Münster Urt. v. 1.3.2021 – 8 A 1183/18, juris Rn. 281.

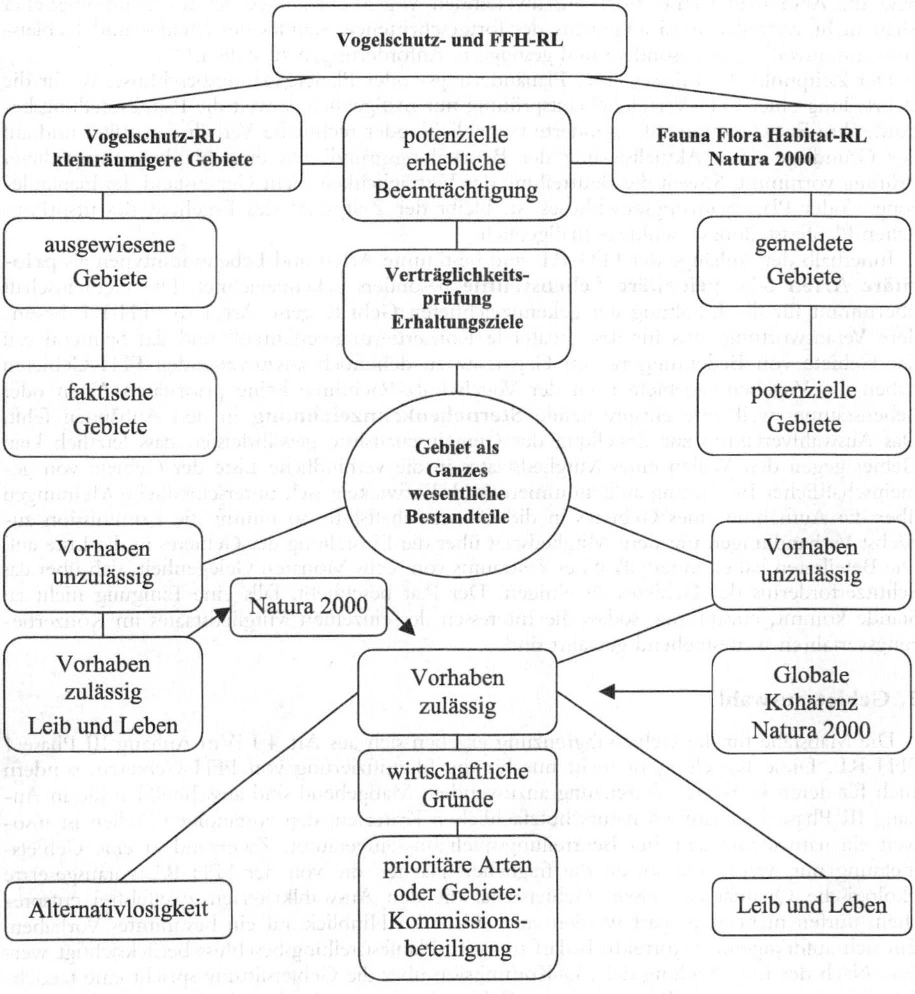

schläge eines Landes zu einem **kohärenten Netz** verdichten, verringert sich die richterliche **Kontrolldichte**. Mit dem Fortschreiten des Auswahl- und Meldeverfahrens steigen die **prozessualen Darlegungsanforderungen** für die Existenz eines (nicht erklärten) „faktischen" Vogelschutzgebiets, welches eine „Lücke im Netz" schließen soll. Entsprechendes gilt für die zutreffende Gebietsabgrenzung. Die gerichtliche Anerkennung eines faktischen Vogelschutzgebiets kommt im Falle eines abgeschlossenen Gebietsauswahl- und -meldeverfahrens deshalb nur in Betracht, wenn der Nachweis geführt werden kann, dass die Nichteinbeziehung des Gebiets in ein gemeldetes Vogelschutzgebiet auf sachwidrigen Erwägungen beruht. Dies gilt auch für im IBA (Important Bird Area) – Verzeichnis aufgeführte Gebiete. Während im Falle einer bis dahin unterbliebenen Gebietsmeldung eine widerlegliche Vermutung dafür spricht, dass ein im IBA-Verzeichnis aufgeführtes Gebiet ein faktisches Vogelschutzgebiet ist, greift nach einem abgeschlossenen mitgliedstaatlichen Auswahl- und Meldeverfahren umgekehrt die Vermutung, dass ein faktisches Vogelschutzgebiet außerhalb des gemeldeten Vogelschutzgebiets nicht existiert. Eine Widerlegung ist insoweit nur durch den Nachweis sachwidriger Erwägungen bei der Gebietsabgrenzung möglich.[399] An die Behauptung, es gebe ein faktisches Vogelschutzgebiet

[399] OVG Koblenz ZNER 2023, 331 = juris Rn. 71; BVerwG Urt. v. 27.3.2014 – 4 CN 43/13, juris, Rn. 24; Urt. v. 6.4. 2017 – 4 A 16/16, juris, Rn.19; Beschl. v. 15.12.2022 – 4 BN 18/22, juris, Rn. 12 f.

bzw. die Abgrenzung eines noch auszuweisenden Vogelschutzgebiets sei aus ornithologischer Sicht nicht vertretbar, sind angesichts des fortgeschrittenen Standes des Melde- und Gebietsausweisungsverfahrens besondere und gesteigerte Anforderungen zu stellen.[400]

4691 Der Zeitpunkt des Erlasses eines Planänderungs- oder Planergänzungsbeschlusses ist für die Beurteilung einer FFH-Verträglichkeitsprüfung nur maßgeblich, soweit die Planfeststellungsbehörde ihre Entscheidung auf veränderte tatsächliche oder rechtliche Verhältnisse stützt und auf der Grundlage einer Aktualisierung der Beurteilungsgrundlagen eine Neubewertung dieser Prüfung vornimmt. Soweit die Beurteilung der Verträglichkeit nicht Gegenstand des Planänderungs- oder Planergänzungsbeschlusses ist, bleibt der Zeitpunkt des Ergehens des ursprünglichen Planfeststellungsbeschlusses maßgeblich.

4692 Innerhalb der Anhänge der FFH-RL sind bestimmte Arten und Lebensraumtypen als **prioritäre Arten** oder **prioritäre Lebensräume** besonders gekennzeichnet. Die Gemeinschaft übernimmt für die Erhaltung der gekennzeichneten Gebiete gem. Art. 1 d) FFH-RL besondere Verantwortung, was für das „bilaterale Konzertierungsverfahren“ und das Schutzniveau der Gebiete von Bedeutung ist. Im Gegensatz zu den noch auszuweisenden FFH-Gebieten haben die Vogelschutzgebiete nach der Vogelschutz-Richtlinie keine prioritären Arten oder Lebensräume, weil eine entsprechende **Sternchenkennzeichnung** in den Anhängen fehlt. Das Auswahlverfahren zur Erstellung der Gemeinschaftsliste gewährleistet, dass letztlich kein Gebiet gegen den Willen eines Mitgliedstaates in die verbindliche Liste der Gebiete von gemeinschaftlicher Bedeutung aufgenommen wird. Entwickeln sich unterschiedliche Meinungen über die Aufnahme eines Gebietes in die Gemeinschaftsliste, so nimmt die Kommission zunächst Verhandlungen mit dem Mitgliedstaat über die Einstellung des Gebietes in die Liste auf. Die Beteiligten haben innerhalb eines Zeitraums von sechs Monaten Gelegenheit, sich über das Schutzerfordernis des Gebietes zu einigen. Der Rat beschließt, falls eine Einigung nicht zu Stande kommt, einstimmig, sodass die Interessen des einzelnen Mitgliedstaates im Konzertierungsverfahren weitestgehend gewahrt sind.

2. Gebietsauswahl

4693 Die Maßstäbe für die Gebietsabgrenzung ergeben sich aus Art. 4 I iVm Anhang III Phase 1 FFH-RL. Diese Regelung ist nicht nur für die Identifizierung von FFH-Gebieten, sondern auch für deren konkrete Abgrenzung anzuwenden. Maßgebend sind ausschließlich die in Anhang III Phase 1 genannten naturschutzfachlichen Kriterien; den zuständigen Stellen ist insoweit ein naturschutzfachlicher Beurteilungsspielraum eingeräumt. Zwingend ist eine Gebietsmeldung nur, wenn und soweit die fraglichen Flächen die von der FFH-RL vorausgesetzte ökologische Qualität aufweisen. Gebietsteile, die den Auswahlkriterien zweifelsfrei entsprechen, dürfen nicht ausgespart werden, auch nicht im Hinblick auf ein bestimmtes Vorhaben. Ein sich aufdrängender Korrekturbedarf muss im Planfeststellungsbeschluss berücksichtigt werden. Nach der Entscheidung der EU-Kommission über die Gebietslistung spricht eine tatsächliche Vermutung für die Richtigkeit der Gebietsabgrenzung. Deshalb bedürfen Einwände dagegen einer besonderen Substantiierung; sie müssen geeignet sein, die Vermutung zu widerlege.[401]

4694 Nach Art. 4 I FFH-RL darf ein Mitgliedstaat den Anforderungen von Wirtschaft, Gesellschaft und Kultur sowie den regionalen und örtlichen Besonderheiten, wie sie in Art. 2 III FFH-RL dieser genannt sind, nicht Rechnung tragen, wenn er über die Auswahl und Abgrenzung der Gebiete entscheidet, die der Kommission zur Bestimmung als Gebiete von gemeinschaftlicher Bedeutung vorgeschlagen werden sollen.[402] Um den Entwurf einer Liste der Gebiete von gemeinschaftlicher Bedeutung zu erstellen, der zur Errichtung eines kohärenten europäischen ökologischen Netzes besonderer Schutzgebiete führen kann, muss die Kommission über ein umfassendes Verzeichnis der Gebiete verfügen, denen auf nationaler Ebene erhebliche ökologische Bedeutung für das Ziel der Erhaltung der natürlichen Lebensräume sowie der wild lebenden Tiere und Pflanzen im Sinne der FFH-RL zukommt. Nur auf diese Weise

[400] OVG Koblenz ZNER 2023, 331 = juris Rn. 71; BVerwG Beschl. v. 13.3.2008 – 9 VR 9/07, juris, Rn. 16; OVG Münster Urt. v. 1.3.2021 – 8 A 1183/18, juris, Rn. 281.

[401] BVerwG NVwZ 2013, 1218; NVwZ 2010, 1225; NVwZ 2014, 714; Bier NdsVBl. 2014, 233; Gellermann NuR 2014, 597 zur Methode der „faunistischen Potentialanalyse“ zur Bestandserfassung von Fledermäusen.

[402] EuGH NVwZ 2001, 1147.

ist das in Art. 3 II UA 1 FFH-RL gesetzte Ziel der Wahrung oder Wiederherstellung eines günstigen Erhaltungszustands dieser natürlichen Lebensraumtypen und Habitate der Arten in ihrem natürlichen Verbreitungsgebiet, das sich über eine oder mehrere Binnengrenzen der Union erstrecken kann, zu erreichen. Angesichts der Tatsache, dass ein Mitgliedstaat, wenn er die nationale Liste der Gebiete erstellt, nicht genau und im Einzelnen wissen kann, wie die Situation der Habitate in den anderen Mitgliedstaaten ist, kann er nicht von sich aus wegen Anforderungen von Wirtschaft, Gesellschaft und Kultur oder wegen regionaler und örtlicher Besonderheiten Gebiete ausnehmen, denen auf nationaler Ebene erhebliche ökologische Bedeutung für das Ziel der Erhaltung zukommt, ohne damit die Verwirklichung dieses Zieles auf Gemeinschaftsebene zu gefährden.[403]

Art. 4 II UA 1 FFH-RL ist dahin auszulegen, dass er es einem Mitgliedstaat nicht erlaubt, sein Einvernehmen zur Aufnahme eines oder mehrerer Gebiete in einen von der Europäischen Kommission erstellten Entwurf einer Liste der Gebiete von gemeinschaftlicher Bedeutung aus anderen als naturschutzfachlichen Gründen zu verweigern.[404] Weist ein Lebensraum die prägenden Merkmale eines nach Anhang I FFH-RL geschützten Lebensraumtyps auf, so ist er als vollwertige Ausprägung und nicht als bloße Entwicklungsfläche dieses Typs zu erfassen, auch wenn sein Bestand durch äußere Einflüsse gefährdet wird.[405] Sind dem Gebietsschutz des Art. 6 FFH-RL unterfallende Vorkommen von Tierarten auf gebietsexterne Nahrungshabitate zwingend angewiesen, um in einem günstigen Erhaltungszustand zu verbleiben, so ist das FFH-Gebiet im Regelfall des Art. 4 I 1 FFH-RL falsch abgegrenzt und muss auf diese Nahrungshabitate ausgedehnt werden. Dagegen wäre es systemwidrig, die Nahrungshabitate losgelöst von der Gebietsabgrenzung als durch die Erhaltungsziele des Gebiets mitumfasst zu behandeln.[406] Weist ein Lebensraum die prägenden Merkmale eines nach Anhang I der Habitat-RL geschützten Lebensraumtyps auf, so ist er als vollwertige Ausprägung und nicht als bloße Entwicklungsfläche dieses Typs zu erfassen, auch wenn sein Bestand durch äußere Einflüsse gefährdet wird.[407] 4695

Nach Ausweisung eines FFH-Gebiets kann sich die Planfeststellungsbehörde hinsichtlich der Gebietsabgrenzung nicht mehr auf den ihr bei der Anwendung der Auswahlkriterien in Phase 1 des Ausweisungsprozesses zustehenden naturschutzfachlichen Einschätzungsspielraum berufen; dies gilt gleichermaßen für nachgemeldete Gebiete.[408] 4696

3. Schutzumfang

Die in der Gemeinschaftsliste ausgewiesenen Schutzgebiete unterliegen den Bindungen des Art. 6 FFH-RL. Die Mitgliedstaaten werden durch Art. 6 I FFH-RL verpflichtet, für ein Schutzgebiet der Natura 2000 alle nötigen Erhaltungsmaßnahmen zu treffen. Die Richtlinie macht dabei allerdings keine konkreten Vorgaben bezüglich der Form der Maßnahmenumsetzung. In Art. 6 II FFH-RL ist ein Verschlechterungs- und Störungsverbot niedergelegt, das grundsätzlich jede Verschlechterung der natürlichen Lebensräume und Habitate der Arten sowie Störungen der geschützten Arten vermeiden soll. Das Störungsverbot bezieht sich allerdings nicht auf sämtliche in einem besonderen Schutzgebiet vorkommenden Arten, sondern nur auf diejenigen Arten, derentwegen die Schutzgebietsausweisung erfolgt.[409] Art. 6 III 1 FFH-RL fordert eine Verträglichkeitsprüfung für Pläne und Projekte, die ein besonderes Schutzgebiet erheblich beeinträchtigten können. Es reicht dabei die Möglichkeit einer Beeinträchtigung der erwähnten Schutzgüter aus. Die bei der **Vorprüfung** nach Art. 6 III 1 der FFH-RL anzulegenden Maßstäbe sind allerdings nicht identisch mit den Maßstäben für die Verträglichkeitsprüfung selbst. Bei der Vorprüfung ist nur zu untersuchen, ob erhebliche Beeinträchtigungen des Schutzgebietes ernstlich zu besorgen sind. Eine FFH-Verträglichkeitsprüfung ist durchzuführen, wenn und soweit Beeinträchtigungen eines Natura-2000-Gebiets nach Maßgabe seiner Erhaltungsziele nicht offensichtlich ausgeschlossen werden können, also zu- 4697

403 EuGH NVwZ 2001, 1147.

404 EuGH NVwZ 2010, 310; Stüer DVBl. 2010, 245; Gärditz DVBl. 2010, 247.

405 BVerwG NuR 2011, 866; NVwZ 2004, 861.

406 BVerwG NVwZ 2010, 1225; Frenz NuR 2011, 405; Anger RdE 2011, 84; Fortentwicklung von BVerwG NVwZ 2010, 319; Stüer DVBl. 2010, 178; EuGH NuR 2009, 773; EuGH NuR 2007, 477.

407 BVerwG NVwZ 2011, 1124.

408 BVerwG NVwZ 2017, 409; BVerwGE 128, 358 Rn. 29; BVerwGE 145, 96.

409 Gellermann NuR 1996, 548.

mindest vernünftige Zweifel am Ausbleiben von erheblichen Beeinträchtigungen bestehen. Hierzu ist der eigentlichen Verträglichkeitsprüfung eine **Vorprüfung** (sogenanntes Screening) vorgeschaltet. Die hierbei anzulegenden Maßstäbe sind nicht identisch mit den Maßstäben für die Verträglichkeitsprüfung selbst.[410] Erst wenn das zu bejahen ist, schließt sich die Verträglichkeitsprüfung mit ihren Anforderungen an den diese Besorgnis ausräumenden naturschutzfachlichen Gegenbeweis an.[411] Die nach Art. 6 III FFH-RL gebotene Vorprüfung braucht nicht formalisiert durchgeführt zu werden. Kann im Zeitpunkt des Erlasses eines Planfeststellungsbeschlusses eine Beeinträchtigung der Erhaltungsziele eines FFH-Gebiets ohne vertiefte Prüfung ausgeschlossen werden, so stellt der Verzicht auf eine Verträglichkeitsprüfung unabhängig davon, auf welche Weise die Planfeststellungsbehörde sich diese Gewissheit verschafft hat, keinen Rechtsfehler dar.[412] Während Art. 6 II FFH-RL seinen Wirkungskreis räumlich auf das **Schutzgebiet** begrenzt, erfasst Art. 6 FFH-RL auch Einflüsse in den **Pufferzonen** um die eigentliche Kernzone des Schutzgebietes.[413] Art. 6 III 2 FFH-RL beinhaltet einen **Verträglichkeitsgrundsatz**, von dem aber unter den Voraussetzungen des Art. 6 IV FFH-RL abgewichen werden kann. Unter die nach der FFH-RL geschützten Gebiete fallen – solange ausgewiesene FFH-Gebiete noch fehlen – „erklärte" oder „anerkannte" Habitate. Vorhaben und Pläne in FFH-Gebieten und Vogelschutzgebieten mit erheblich beeinträchtigenden Auswirkungen (Art. 6 III FFH-RL) dürfen in den Schutzgebieten nur zugelassen werden, wenn nach Durchführung einer Verträglichkeitsprüfung mit den für diese Gebiete festgelegten Erhaltungszielen und nach Anhörung der Öffentlichkeit festgestellt wurde, dass entweder das Gebiet als solches nicht beeinträchtigt wird oder die Maßnahme aus zwingenden Gründen des überwiegenden öffentlichen Interesses einschließlich solcher sozialer und wirtschaftlicher Art erforderlich ist und Alternativlösungen nicht vorhanden sind. In diesem Fall sind erforderliche Kohärenzmaßnahmen zu treffen. Auch ist die EG-Kommission zu unterrichten (Art. 6 IV UA 1 FFH-RL). Reine Privatinteressen sind allerdings auszuklammern. Der Eingriff in ausgewiesene oder potenzielle Schutzgebiete mit erheblich beeinträchtigenden Auswirkungen erfordert daher in der Planungsentscheidung eine Abwägung (auch) nach den Maßstäben des Art. 6 IV UA 1 FFH-RL. Diese Prüfung dürfte im Planfeststellungsverfahren durch das Abwägungsgebot abgedeckt sein. Denn auch dort sind die betroffenen Interessen gegeneinander und untereinander gerecht abzuwägen. Zu den betroffenen und in die Abwägung einzustellenden Belangen gehören auch die in der FFH-RL erwähnten Betroffenheiten.

4698 Bei **prioritären natürlichen Lebensraumtypen und/oder prioritären Arten** sind die rechtlichen Anforderungen gesteigert. Wird ein prioritäres Gebiet betroffen, können als die Beeinträchtigung rechtfertigenden Gründe nur die Gesundheit der Menschen, die öffentliche Sicherheit oder positive Auswirkungen auf die Umwelt geltend gemacht werden. Weitere **zwingende Gründe des überwiegenden öffentlichen Interesses** dürfen im Schutzbereich des Art. 6 IV UA 2 FFH-RL förmlich erst nach einer **Stellungnahme der Kommission** berücksichtigt werden.[414] Nach Auffassung des EuGH können im Rahmen des Art. 6 IV FFH-RL durchaus auch vielfältige **Abwägungsbelange** eine Rolle spielen.[415] Zudem ist bei Planungen oder Vorhaben in prioritären Gebieten oder Eingriffen in prioritäre natürliche Lebensraumtypen eine Stellungnahme der EG-Kommission einzuholen (Art. 6 IV UA 2 FFH-RL). Nach Auffassung des EuGH sind auch solche Gebiete, die nicht als Vogelschutzgebiete ausgewiesen sind, aber die objektiv-rechtlichen rein naturschutzfachlichen, ornithologischen Kriterien für ein solches Gebiet erfüllen, nach Maßgabe des Art. 4 IV VS-RL zu schützen. Grundgedanke des EuGH in der Santona-Entscheidung[416] ist die Überlegung, dass sich ein Mitgliedstaat nicht von seinen nach der Vogelschutzrichtlinie bestehenden Verpflichtungen eigenhändig freizeichnen kann. Der Schutz eines Gebietes nach der Vogelschutzrichtlinie hängt also davon ab, ob das Ge-

[410] OVG Bautzen BauR 2013, 1096; BVerwG NVwZ 2010, 319; Stüer DVBl. 2010, 178; BVerwGE 137, 74; Jeromin BauR 2011, 456; Sydow NVwZ 2010, 1534; Brietzke StG 2012, 497; Söfker ZfBR 2013, 13; Brand ZNER 2010, 476.

[411] BVerwG NVwZ 2008, 210; BVerwG DVBl. 2007, 706 m. Anm. Stüer DVBl. 2007, 1147.

[412] BVerwG NuR 2011, 866; NVwZ 2004, 861.

[413] Freytag/Iven NuR 1995, 109; Ssymak NuR 1994, 395.

[414] In der Leybucht-Entscheidung schließt der EuGH bei der Festlegung der Gebiete die Berücksichtigung wirtschaftlicher und freizeitbedingter Erfordernisse von der Abwägung mit Umweltbelangen besonderer Schutzgebiete ausdrücklich aus, so EuGH NuR 1991, 249; NuR 1994, 521.

[415] EuGH ZUR 1996, 251.

[416] EuGH ZUR 1994, 305.

biet nach den Maßstäben der Vogelschutzrichtlinie zu schützen wäre.[417] Dann aber ergibt sich ein vergleichsweise strenger Schutz.[418] Art. 6 IV UA 1 und 2 FFH-RL knüpfen nach Wortlaut und Systematik an „negative Ergebnisse der Verträglichkeitsprüfung“ an. Gegenstand der Verträglichkeitsprüfung ist die Verträglichkeit eines Projekts mit den Schutzzielen des betreffenden Gebiets. Gehört der Schutz eines prioritären Lebensraumtyps nicht zu den Erhaltungszielen des Gebiets, kann die Verträglichkeitsprüfung bezogen auf diesen Lebensraumtyp nicht – wie in Art. 6 IV FFH-RL vorausgesetzt – zu einem negativen Ergebnis führen.[419]

Eine vollständige Erfassung der Tier- und Pflanzenwelt ist nicht erforderlich. Vielmehr kann es ausreichend sein, wenn für den Untersuchungsraum besonders bedeutsame **Repräsentanten** an Tier- und Pflanzengruppen festgestellt werden und wenn für die Bewertung des Eingriffs auf bestimmte Indikationsgruppen abgestellt wird. Erfolgt die naturschutzrechtliche Bewertung planungsbetroffener Grundstücke nach einer mit den Naturschutzbehörden im Einzelnen abgestimmten Wertigkeitsskala, so kann ein Fehler bei der Einstufung nur dann zur Planaufhebung oder zur Feststellung der Rechtswidrigkeit des Planfeststellungsbeschlusses führen, wenn seine Vermeidung im Planfeststellungsverfahren nicht lediglich zu einer Veränderung der Kompensationsflächenberechnung geführt hätte. Der Bewertungsfehler muss vielmehr auf die Abwägung und damit Grundstücksinanspruchnahme durchschlagen.[420] 4699

Der Schutz der Natura 2000-Gebiete wird durch das in Art, 6 II-IV FFH-RL vorgesehene Verschlechterungsverbot und durch die FFH-Verträglichkeitsprüfung gesichert.[421] Das Verschlechterungsverbot ist in § 33 BNatSchG, das Erfordernis der Verträglichkeitsprüfung in § 34 BNatSchG umgesetzt worden. 4700

4. Verschlechterungsverbot

Nach Art. 6 II FFH-RL treffen die Mitgliedstaaten treffen die geeigneten Maßnahmen, um in den besonderen Schutzgebieten die Verschlechterung der natürlichen Lebensräume und der Habitate der Arten sowie Störungen von Arten, für die die Gebiete ausgewiesen worden sind, zu vermeiden, sofern solche Störungen sich im Hinblick auf die Ziele dieser Richtlinie erheblich auswirken könnten. Art. 7 FFH-RL erstreckt das Verschlechterungsverbot auf ausgewiesene Vogelschutzgebiete.[422] Art. 6 II FFH-RL enthält eine **allgemeine Schutzpflicht**, die eine laufende Verpflichtung der Mitgliedstaaten begründet.[423] Die Mitgliedstaaten müssen in erster Linie Vermeidungsmaßnahmen ergreifen, um Verschlechterungen zu verhindern. Dazu müssen die Mitgliedstaaten behördliche Überwachungen von Tätigkeiten und Anlagen sowie Sanktionsmaßnahmen einschließlich eines entsprechenden Verwaltungsvollzugs vorsehen.[424] Ist eine Verschlechterung oder Störung gleichwohl eingetreten, verpflichtet Art. 6 II FFH-RL zu Maßnahmen, mit denen die eingetretenen Verschlechterungen beseitigt und der frühere Zustand wiederhergestellt werden kann. Dazu soll sogar eine Betriebsstilllegung notwendig werden können, wenn sich anders der notwendige Gebietsschutz nicht erreichen lässt. Selbst eine bestandskräftige Zulassung soll insoweit keinen Vertrauensschutz gegen derartige Maßnahmen bewirken können.[425] 4701

Art. 6 II FFH-RL ist dahin auszulegen, dass ein Plan oder Projekt, der bzw. das nicht unmittelbar der bzw. das nicht unmittelbar mit der Verwaltung des betreffenden Gebiets in Verbindung steht oder hierfür nicht notwendig ist und im Anschluss an eine nicht den Anforderungen von Art. 6 III dieser Richtlinie entsprechende Untersuchung vor der Aufnahme des Gebiets in die Liste der Gebiete von gemeinschaftlicher Bedeutung genehmigt worden ist, vor 4702

---

417 EuGH ZUR 1996, 251.

418 EuGH DVBl. 2001, 359; Stüer DVBl. 2002, 940.

419 BVerwG Beschl. v. 14.4.2011 – 4 B 77.09, juris; NVwZ-RR 2011, 126, juris; Beschl. v. v. 9.7.2009 – 4 C 12.07, juris; NVwZ 2008, 1238; EuGH NuR 2008, 101; NuR 2008, 101.

420 BVerwG DVBl. 1998, 356; UPR 1998, 295.

421 Schlacke Umweltrecht, 2023, § 10 Rn. 53; zum Verschlechterungsverbot Erbguth/Schubert DVBl.. 2006, 591 (596).

422 Möckel in Schlacke, BNatSchG, 2024, § 33 Rn. 2.

423 EuGH NuR 2016, 119; Schumacher/Schumacher in Schumacher/Fischer-Hüftle, BNatSchG, 2021, § 33 Rn. 47.

424 EuGH NVwZ 2019, 222 = juris Rn. 137; Möckel in Schlacke, BNatSchG, 2024, § 33 Rn. 2; dazu Gellermann NuR 2019, 747; Frenz NuR 2020, 94.

425 Möckel in Schlacke, BNatSchG, 2024, § 33 Rn. 2.

seiner Ausführung von den zuständigen Behörden einer **nachträglichen Prüfung auf Verträglichkeit** mit diesem Gebiet zu unterziehen ist, wenn diese Prüfung die einzige geeignete Maßnahme darstellt, um zu verhindern, dass die Ausführung dieses Plans oder Projekts zu einer Verschlechterung oder zu Störungen führt, die sich im Hinblick auf die Ziele dieser Richtlinie erheblich auswirken könnten. Es ist Sache des nationalen Gerichts, zu prüfen, ob diese Voraussetzungen erfüllt sind. Bei der in Art. 6 II FFH-RL vorgesehenen allgemeinen Schutzpflicht fest, geeignete Schutzmaßnahmen zu ergreifen, um eine Verschlechterung sowie Störungen, die sich im Hinblick auf die Ziele dieser Richtlinie erheblich auswirken könnten, zu vermeiden, handelt es sich nämlich um eine laufende Verpflichtung. Wenn eine Wahrscheinlichkeit oder Gefahr einer solchen Verschlechterung oder solcher Störungen auftreten kann, weil ein Plan oder Projekt nicht – unter dem Gesichtspunkt einer geeigneten Maßnahme im Sinne dieses Art. 6 II – auf der Grundlage der besten wissenschaftlichen Erkenntnisse einer nachträglichen Prüfung auf Verträglichkeit mit dem betreffenden Gebiet unterzogen wurde, konkretisiert sich insoweit die allgemeine Schutzpflicht in einer Pflicht zur Durchführung dieser Prüfung.

4703 Wenn Art. 6 II FFH-RL eine Verpflichtung begründet, eine nachträgliche Prüfung eines Plans oder Projekts auf Verträglichkeit mit dem betreffenden Gebiet vorzunehmen, muss eine solche Prüfung die zuständige Behörde in die Lage versetzen, sicherzustellen, dass die Ausführung dieses Plans oder Projekts nicht zu einer Verschlechterung oder zu Störungen führt, die sich im Hinblick auf die Ziele dieser Richtlinie erheblich auswirken könnten. Wenn sich eine nachträgliche Prüfung als eine geeignete Maßnahme erweist, muss diese Prüfung detailliert aufzeigen, welche Risiken einer Verschlechterung oder von Störungen, die sich im Sinne dieser Bestimmung erheblich auswirken könnten, mit der Ausführung des betreffenden Plans oder Projekts verbunden sind, und den Anforderungen von Art. 6 III FFH-RL entsprechen. Außerdem ist eine Prüfung, die den Anforderungen von Art. 6 III FFH-RL genügt, in all den Fällen erforderlich, in denen entsprechend Art. 6 IV ein mit den Erhaltungszielen des betreffenden Gebiets unvereinbares Projekt aus zwingenden Gründen des überwiegenden öffentlichen Interesses durchgeführt werden muss.

4704 Ergibt eine neue Prüfung, dass der Bau oder die Inbetriebnahme eines Bauwerks eine Verschlechterung oder Störungen, die sich auf die Ziele der FFH-RL erheblich auswirken könnten, bereits verursacht hat oder zu verursachen droht, bleibt die Möglichkeit, Art. 6 IV FFH-RL analog anzuwenden. Diese Bestimmung ist jedoch als Ausnahme von dem in Art. 6 III 2 FFH-RL festgelegten Genehmigungskriterium eng auszulegen. Insoweit ist Art. 6 IV FFH-RL dahin auszulegen, dass die Anforderungen an die im Rahmen der Prüfung von alternativen Lösungen durchgeführte Kontrolle nicht deshalb verändert werden können, weil der Plan oder das Projekt bereits ausgeführt worden ist. Bei der Suche nach einer Alternative dürfen jedoch weder eine etwaige Verschlechterung und Störungen, die durch den Bau und die Inbetriebnahme des fraglichen Bauwerks hervorgerufen werden, noch etwaige Vorteile, die dieses mit sich bringt, außer Acht gelassen werden. Somit verlangt die Prüfung der **Alternativlösungen**, dass die ökologischen Folgen des Fortbestands oder die Begrenzung der Nutzung des fraglichen Bauwerks einschließlich seiner Schließung, ja sogar seines Abrisses, auf der einen und die überwiegenden öffentlichen Interessen, die zu seiner Errichtung geführt haben, auf der anderen Seite gegeneinander abgewogen werden. Zu den wirtschaftlichen Kosten der Maßnahmen einschließlich des Abrisses eines bereits errichteten Bauwerks, die im Rahmen der Alternativenprüfung berücksichtigt werden können, kommt diesen Kosten nicht die gleiche Bedeutung zu wie dem mit der FFH-RL verfolgten Ziel der Erhaltung der natürlichen Lebensräume sowie der wildlebenden Tiere und Pflanzen. Unter Berücksichtigung der engen Auslegung von Art. 6 IV FFH-RL kann somit nicht zugelassen werden, dass bei der Wahl von Alternativlösungen allein auf die wirtschaftlichen Kosten solcher Maßnahmen abgestellt wird.[426]

5. Verträglichkeitsprüfung

4705 Pläne oder Projekte, die nicht unmittelbar mit der Verwaltung des Gebietes in Verbindung stehen oder hierfür nicht notwendig sind, die ein solches Gebiet jedoch einzeln oder in Zusammenwirkung mit anderen Plänen und Projekten erheblich beeinträchtigen könnten, erfordern nach Art. 6 III FFH-RL eine Prüfung auf Verträglichkeit mit den für dieses Gebiet festge-

---

[426] EuGH NVwZ 2016, 595; Stüer/Stüer DVBl. 2016, 571; Mayer EurUP 2016, 151; Geiger/Mader GewArch 2017, 366; Frenz NuR 2020, 94; Beier NVwZ 2016, 575; Storost UPR 2016, 147.

legten Erhaltungszielen. Unter Berücksichtigung der Ergebnisse der Verträglichkeitsprüfung und vorbehaltlich des Art. 6 IV FFH-RL stimmen die zuständigen einzelstaatlichen Behörden dem Plan bzw. Projekt nur zu, wenn sie festgestellt haben, dass das Gebiet als solches nicht beeinträchtigt wird, und nachdem sie gegebenenfalls die Öffentlichkeit angehört haben. Ist trotz negativer Ergebnisse der Verträglichkeitsprüfung aus zwingenden Gründen des überwiegenden öffentlichen Interesses einschließlich solcher sozialer oder wirtschaftlicher Art ein Plan oder Projekt durchzuführen und ist eine Alternativlösung nicht vorhanden, so ergreift der Mitgliedstaat nach Art. 6 IV FFH-RL alle notwendigen Ausgleichsmaßnahmen, um sicherzustellen, dass die globale Kohärenz von Natura 2000 geschützt ist. Der Mitgliedstaat unterrichtet die Kommission über die von ihm ergriffenen Ausgleichsmaßnahmen.

Ist das betreffende Gebiet ein Gebiet, das einen prioritären natürlichen Lebensraumtyp **4706**
und/oder eine prioritäre Art einschließt, so können nur Erwägungen im Zusammenhang mit der Gesundheit des Menschen und der öffentlichen Sicherheit oder im Zusammenhang mit maßgeblichen günstigen Auswirkungen für die Umwelt oder, nach Stellungnahme der Kommission, andere zwingende Gründe des überwiegenden öffentlichen Interesses geltend gemacht werden. Projekte, die genehmigt wurden, bevor das Gebiet, in dem sie verwirklicht werden sollen, in die Liste der Gebiete von gemeinschaftlicher Bedeutung aufgenommen wurde, unterliegen nicht den sich aus Art. 6 III FFH-RL ergebenden Vorgaben über eine Ex-ante-Prüfung auf ihre Verträglichkeit mit dem betreffenden Gebiet. Dies folgt aus Art. 4 V FFH-RL.[427] Die Ausführung eines solchen Projekts fällt gleichwohl unter Art. 6 II FFH-RL.[428] Zwar verfügen die Mitgliedstaaten in Bezug auf die nach Art. 6 II FFH-RL zu treffenden „geeigneten Maßnahmen" grundsätzlich über ein Ermessen. Besteht aber die Wahrscheinlichkeit oder Gefahr einer Verschlechterung der Lebensräume oder der Störung von Arten, weil das Projekt keiner genügenden Verträglichkeitsprüfung unterzogen wurde, konkretisiert sich die allgemeine Schutzpflicht des Art. 6 II FFH-RL zu einer Pflicht zur Durchführung einer nachträglichen FFH-Verträglichkeitsprüfung nach Art. 6 III FFH-RL. Dies gilt vor allem dann, wenn das Projekt über eine Ausnahme nach Art. 6 IV FFH-RL genehmigt werden soll. Eine solche nachträglich durchzuführende FFH-Verträglichkeitsprüfung muss auf den aktuellen Zeitpunkt der Prüfung abstellen.

Der EuGH hat strenge Anforderungen an die Verträglichkeit eines Vorhabens gestellt und **4707**
dazu ausgeführt, eine Tätigkeit wie die mechanische Herzmuschelfischerei, die seit vielen Jahren ausgeübt werde, für die jedoch jedes Jahr eine Lizenz für einen begrenzten Zeitraum erteilt werde, wobei jedes Mal aufs Neue beurteilt werde, ob und, wenn ja, in welchem Gebiet diese Tätigkeit ausgeübt werden dürfe, fällt unter den Begriff „Plan" oder „Projekt" iSv. von Art. 6 III FFH-RL.[429] Art. 6 III FFH-RL führt ein Verfahren ein, das mit Hilfe einer vorherigen Prüfung gewährleisten soll, dass Pläne oder Projekte, die nicht unmittelbar mit der Verwaltung des betreffenden Gebietes in Verbindung stehen oder hierfür nicht notwendig sind, die dieses jedoch erheblich beeinträchtigen könnten, nur genehmigt werden, soweit sie dieses Gebiet als solches nicht beeinträchtigen. Dagegen legt Art. 6 II FFH-RL eine allgemeine Schutzpflicht fest, die darin besteht, Verschlechterungen und Störungen zu vermeiden, die sich im Hinblick auf die Ziele der FFH-RL erheblich auswirken könnten; er kann nicht gleichzeitig mit Art. 6 III angewandt werden.

Aus Art. 6 III 1 FFH-RL ergibt sich, dass Pläne oder Projekte, die nicht unmittelbar mit **4708**
der Verwaltung eines Gebietes in Verbindung stehen oder hierfür nicht notwendig sind, dieses Gebiet erheblich beeinträchtigen könnten, wenn sie drohen, die für dieses Gebiet festgelegten Erhaltungsziele zu gefährden. Die Beurteilung dieser Gefahr ist namentlich im Licht der besonderen Merkmale und Umweltbedingungen des von solchen Plänen oder Projekten betroffenen Gebietes vorzunehmen. Nach Art. 6 III FFH-RL bedeutet eine Prüfung der Pläne und Projekte auf Verträglichkeit für das betreffende Gebiet, dass vor deren Genehmigung unter Berücksichtigung der besten einschlägigen wissenschaftlichen Erkenntnisse sämtliche Gesichtspunkte der Pläne oder Projekte zu ermitteln sind, die für sich oder in Verbindung mit anderen Plänen oder Projekten die für dieses Gebiet festgelegten Erhaltungsziele beeinträchtigen können. Die zuständigen Behörden dürfen unter Berücksichtigung dieser Prüfung die Genehmigung nur erteilen, wenn sie Gewissheit darüber erlangt haben, dass sich das Vorhaben nicht nachteilig auf dieses Gebiet als solches auswirkt. Dies ist dann der Fall, wenn aus wissenschaft-

[427] Im Anschluss an EuGH NVwZ 2016, 595.
[428] EuGH NVwZ 2016, 595.
[429] EuGH NuR 2004, 788.

licher Sicht kein vernünftiger Zweifel daran besteht, dass es keine solchen Auswirkungen gibt.[430]

4709 Auch in weiteren Entscheidungen betont der EuGH, dass das Habitatschutzsystem strenge Anforderungen an die Verträglichkeit eines Vorhabens stellt. Ein nationales Gericht kann bei der Untersuchung der Rechtmäßigkeit der Genehmigung eines Planes oder eines Projekts im Sinne von Art. 6 III FFH-RL prüfen, ob die durch diese Bestimmung gezogenen Grenzen für den Ermessensspielraum der zuständigen nationalen Behörden eingehalten worden sind, auch wenn diese Richtlinie trotz Ablaufs der hierfür gesetzten Frist nicht in das nationale Recht des betreffenden Mitgliedstaats umgesetzt worden ist. Denn die praktische Wirksamkeit der FFH-RL würde abgeschwächt, wenn in einem solchen Fall die Bürger sich vor Gericht hierauf nicht berufen und die nationalen Gerichte sie nicht berücksichtigen könnten.[431]

4710 Art. 6 III FFH-RL, der für Pläne oder Projekte, die nicht unmittelbar mit der Verwaltung eines besonderen Schutzgebiets in Verbindung stehen oder hierfür nicht notwendig sind, die ein solches Gebiet jedoch einzeln oder in Zusammenwirkung mit anderen Plänen und Projekten „erheblich" beeinträchtigen könnten, eine Pflicht zur Prüfung auf Verträglichkeit mit den für dieses Gebiet festgelegten Erhaltungszielen aufstellt, kann einen Mitgliedstaat nicht ermächtigen, nationale Vorschriften zu erlassen, die Bewirtschaftungsprojekte aufgrund des geringen Umfangs der veranschlagten Kosten oder aufgrund der in Rede stehenden besonderen Tätigkeitsbereiche allgemein von der Pflicht zur UVP ausnähmen.[432] Art. 6 III FFH-RL bestimmt in Verbindung mit Art. 7 FFH-RL, dass Pläne oder Projekte, die nicht unmittelbar mit der Verwaltung eines nach Art. 4 VS-RL zum Schutzgebiet erklärten Gebietes in Verbindung stehen oder hierfür nicht notwendig sind, die dieses jedoch einzeln oder in Zusammenwirkung mit anderen Plänen und Projekten erheblich beeinträchtigen könnten, eine Prüfung auf Verträglichkeit mit den für dieses Schutzgebiet festgelegten Erhaltungszielen erfordern.

4711 Die nach Art. 6 III FFH-RL gebotene Vorprüfung braucht nicht formalisiert durchgeführt zu werden. Kann im Zeitpunkt des Erlasses eines Planfeststellungsbeschlusses eine Beeinträchtigung der Erhaltungsziele eines FFH-Gebiets ohne vertiefte Prüfung ausgeschlossen werden, so stellt der Verzicht auf eine Verträglichkeitsprüfung unabhängig davon, auf welche Weise die Planfeststellungsbehörde sich diese Gewissheit verschafft hat, keinen Rechtsfehler dar.[433]

4712 Für die Frage, ob und bis zu welcher Grenze bei der Prüfung der FFH-Verträglichkeit eines Projekts geringfügige anlagenbedingte **Zusatzbelastungen an Stickstoffdepositionen** als irrelevant unberücksichtigt bleiben können, kommt es nach der Rechtsprechung des BVerwG darauf an, ob dies dem einschlägigen Erhaltungsziel zuwiderläuft. Damit ist grundsätzlich jede Überschreitung eines Werts, der die Grenze der nach naturschutzfachlicher Einschätzung für das Erhaltungsziel unbedenklichen Auswirkungen bestimmter Art markiert, als erheblich anzusehen.[434] Ob erhebliche Beeinträchtigungen der Erhaltungsziele von FFH-Gebieten durch Stickstoffdepositionen ernstlich zu besorgen sind, beantwortet sich nicht nach pauschalen oder nur auf den Menschen abstellenden Luftkonzentrationswerten der TA Luft oder der 22. (bzw. 39.) BImSchV. Für die Verträglichkeitsprüfung reicht der allgemein zum Schutz der Vegetation dienende Luftkonzentrationsgrenzwert für Stickstoffoxide in § 3 VI der 22. BImSchV (jetzt § 3 der 39. BImSchV) als verlässlicher Beurteilungsmaßstab für die, je spezielle Empfindlichkeiten aufweisenden, FFH-Lebensraumtypen nicht aus. Größere Aussagekraft für die Beurteilung hat das Konzept der **Critical Loads** (CL), das im Rahmen der UN-ECE-Luftreinhaltekonvention entwickelt worden ist. Critical Loads sollen naturwissenschaftlich begründete Belastungsgrenzen für Vegetationstypen oder andere Schutzgüter umschreiben, bei deren Einhaltung eine Luftschadstoffdeposition auch langfristig keine signifikant schädlichen Effekte erwarten lässt. Das Konzept der Critical Loads und die Anwendung eines **vorhabenbezogenen Abschneidewerts** in Höhe von 0,3 kg N/ha/a sind bei der FFH-Verträglichkeitsprüfung für eutrophierende Stickstoffeinträge vom BVerwG akzeptiert worden.[435]

[430] EuGH NuR 2004, 788.

[431] EuGH NuR 2004, 788; Gellermann NuR 2004, 769.

[432] EuGH ZUR 2000, 343.

[433] BVerwG NuR 2011, 866; NVwZ 2004, 861.

[434] BVerwG Beschl. v. 10.11.2009 – 9 B 28.09, juris Rn. 6; Urt. v. 14.4.2010 – 9 A 5.08, juris Rn. 91; OVG Magdeburg Urt. v. 19.12.2023 – 2 L 74/19, juris Rn. 112.

[435] BVerwG Urt. v. 29.9.2011 – 7 C 21.09, juris Rn. 41; Urt. v. 15.5.2019 – 7 C 2/17, juris Rn. 32; OVG Magdeburg Urt. v. 19.12.2023 – 2 L 74/19, juris Rn. 112.

Das Abschneidekriterium kennzeichnet die Höhe der Stickstoffdeposition, ab der diese nach dem aktuellen Stand der Wissenschaft einer bestimmten Quelle oder einem bestimmten Vorhaben valide zugeordnet werden kann. Die Anwendung eines absoluten vorhabenbezogenen Abschneidekriteriums dient auch der Bestimmung des Einwirkungsbereichs der geplanten Anlage und damit des Untersuchungsraums bzw. -umfangs der FFH-Verträglichkeitsprüfung.[436] Zusatzbelastungen durch Stickstoffeintrag unterhalb eines absoluten Wertes von 0,3 kg N/ha/a bzw. 3 % eines CL sind irrelevant.[437] Die Neufassung der TA Luft vom 18.8.2021 (TA Luft 2021) hat das vorhabenbezogene Abschneidekriterium von 0,3 kg N/ha/a in Nr. 4.8 in Verbindung mit Anhang 8 aufgegriffen.[438] **4713**

Bei der FFH-Verträglichkeitsprüfung sind die charakteristischen Arten auszuwählen, die einen deutlichen Vorkommensschwerpunkt im jeweiligen Lebensraumtyp aufweisen bzw. die Erhaltung ihrer Populationen muss unmittelbar an den Erhalt des jeweiligen Lebensraumtyps gebunden sein. Die Arten müssen für das Erkennen und Bewerten von Beeinträchtigungen relevant sein, dh es sind Arten auszuwählen, die eine Indikatorfunktion für potenzielle Auswirkungen des Vorhabens auf den Lebensraumtyp besitzen.[439] Tatsachen, die außerhalb des FFH-Gebiets artenschutzrechtlich zu berücksichtigen sind, wirken sich auf die Rechtmäßigkeit der FFH-Verträglichkeitsprüfung nicht aus.[440] Ein **Monitoring** kann dazu dienen, aufgrund einer fachgerecht vorgenommenen Risikobewertung verbleibenden Unsicherheiten Rechnung zu tragen, die sich aus nicht behebbaren naturschutzfachlichen Erkenntnislücken ergeben, sofern ggf. wirksame Reaktionsmöglichkeiten zur Verfügung stehen. Es stellt hingegen kein zulässiges Mittel dar, um behördliche Ermittlungs- und Bewertungsdefizite zu kompensieren.[441] **4714**

Das BVerwG hat sich mit der Frage, welcher Zeitpunkt für eine nachträgliche Verträglichkeitsprüfung (nach Art. 6 III FFH-RL) zugrunde zu legen ist, für den Fall einer Fehlerheilung in einem ergänzenden Verfahren beschäftigt. Danach hängt der Zeitpunkt maßgeblich von der Zielrichtung des ergänzenden Verfahrens ab. Beschränkt es sich darauf, einen punktuellen Fehler der früheren Entscheidung zu heilen, so bleibt der Zeitpunkt des (ersten) Planfeststellungsbeschlusses maßgeblich. Abweichendes gilt dagegen, wenn die Planfeststellungsbehörde ihre Entscheidung im ergänzenden Verfahren auf veränderte tatsächliche oder rechtliche Verhältnisse stützt und auf der Grundlage einer Aktualisierung der Beurteilungsgrundlagen eine Neubewertung der Verträglichkeitsuntersuchung vornimmt. Dann ist der Zeitpunkt der Aktualisierung maßgeblich.[442] Bei negativem Ausgang der FFH-Verträglichkeitsüberprüfung ist eine Abweichungsprüfung gemäß Art. 6 IV FFH-RL durchzuführen. Die Regelung findet auf eine nachträgliche Prüfung, wie sie nach Art. 6 II FFH-RL zum Zwecke der Fehlerheilung durchzuführen ist, entsprechende Anwendung; sie ist als Ausnahmeregelung grundsätzlich eng auszulegen.[443] Dabei ist unter den hier gegebenen Umständen danach zu fragen, ob der Fortbestand des schon errichteten Brückenbauwerks und die Aufrechterhaltung des Verkehrsbetriebs durch zwingende Gründe des überwiegenden öffentlichen Interesses gerechtfertigt sind. Das Gewicht des öffentlichen Interesses wird dabei in erster Linie bestimmt durch das Ausmaß der verkehrlichen und sonstigen Verbesserungen, die durch die Brücke erreicht wurden und weiterhin erreicht werden sollen. Das Gewicht des FFH-Gebietsschutzes (Integritätsinteresse) hängt vom Ausmaß der noch zu ermittelnden Beeinträchtigungen ab. Grundlage dafür ist die neu zu erstellende FFH-Verträglichkeits- und Artenschutzprüfung in Bezug auf den aktuellen Beurteilungszeitpunkt.[444] **4715**

Art. 6 III FFH-RL ist dahin auszulegen, dass Maßnahmen, die in einem Plan oder Projekt enthalten sind, der oder das nicht unmittelbar mit der Verwaltung eines Gebiets von gemeinschaftlicher Bedeutung in Verbindung steht oder hierfür nicht notwendig ist, und die vorsehen, dass vor der Verwirklichung schädlicher Auswirkungen auf einen in dem Gebiet vorhandenen natürlichen Lebensraumtyp ein künftiges Areal dieser Art entwickelt wird, dessen Entwicklung **4716**

---

[436] BVerwG Urt. v. 12.6.2019 – 9 A 2.18, juris Rn. 70; Urt. v. 15.5.2019 – 7 C 2/17, juris Rn. 33; Urt. v. 21.1.2021 – 7 C 9.19, juris Rn.29; OVG Magdeburg Urt. v. 19.12.2023 – 2 L 74/19, juris Rn. 113.

[437] BVerwG Urt. v.23.4.2014 – 9 A 25.12, juris Rn. 45; Urt. v. 12.6.2019, – 9 A 2.18, juris Rn. 69, 71.

[438] OVG Magdeburg Urt. v. 19.12.2023 – 2 L 74/19, juris Rn. 113; OVG Münster Urt. v. 10.11.2022 – 10 A 1938/18, juris Rn. 190.

[439] BVerwG NVwZ 2013, 805.

[440] BVerwG NVwZ 2013, 805.

[441] BVerwG NuR 2011, 866; NVwZ 2004, 861.

[442] BVerwGE 130, 299 Rn. 31, 131; BVerwGE 136, 291 Rn. 29; EuGH NVwZ 2016, 595.

[443] EuGH NVwZ 2016, 595 = juris Rn. 55 ff. und 71.

[444] BVerwG NVwZ 2016, 1631; Weuthen NVwZ 2016, 1639.

aber erst nach der Prüfung der Erheblichkeit der etwaigen Beeinträchtigung dieses Gebiets als solchem abgeschlossen sein wird, bei dieser Prüfung nicht berücksichtigt werden können. Derartige Maßnahmen könnten nur dann als Ausgleichsmaßnahmen im Sinne von Art. 6 IV der Richtlinie eingestuft werden, wenn die in dieser Bestimmung festgelegten Voraussetzungen erfüllt sind.

4717 Die schädlichen Auswirkungen von Plänen oder Projekten, die nicht unmittelbar mit der Verwaltung eines besonderen Schutzgebiets in Verbindung stehen oder hierfür nicht notwendig sind und die das Gebiet als solches beeinträchtigen, fallen nämlich nicht unter Art. 6 III FFH-RL. Im Übrigen ist diese Bestimmung als Ausnahme von dem in Art. 6 III 2 FFH-RL festgelegten Genehmigungskriterium im Hinblick auf Art. 6 IV FFH-RL eng auszulegen und kommt erst zur Anwendung, nachdem die Auswirkungen eines Plans oder Projekts gemäß Art. 6 III analysiert wurden. Die Beeinträchtigungen des betreffenden Gebiets müssen genau identifiziert werden, um die Art etwaiger Ausgleichsmaßnahmen bestimmen zu können. Für die Anwendung von Art. 6 IV FFH-RL ist es unerlässlich, dass die Auswirkungen auf die für das fragliche Gebiet festgelegten Erhaltungsziele bekannt sind, da anderenfalls die Voraussetzungen für die Anwendung dieser Ausnahmeregelung nicht geprüft werden können. Die Prüfung etwaiger zwingender Gründe des überwiegenden öffentlichen Interesses und der Frage, ob weniger nachteilige Alternativen bestehen, erfordert nämlich eine Abwägung mit den Gebietsbeeinträchtigungen, die mit dem Plan oder Projekt verbunden sind.[445]

4718 Ein nationales Gericht kann, wenn das innerstaatliche Recht es zulässt, ausnahmsweise und im Einzelfall bestimmte Wirkungen einer Feststellung der Rechtswidrigkeit einer Bestimmung des nationalen Rechts zeitlich begrenzen, die unter Verstoß gegen die in der SUP-RL vorgesehenen Pflichten, insbesondere diejenigen, die sich aus Art. 6 III FFH-RL ergeben, erlassen wurde, sofern eine solche Begrenzung durch ein zwingendes Erfordernis im Zusammenhang mit dem Umweltschutz geboten ist und unter Berücksichtigung der besonderen Umstände der Rechtssache, mit der es befasst ist. Diese Ausnahmebefugnis kann jedoch nur ausgeübt werden, wenn alle Voraussetzungen erfüllt sind, nämlich: dass die angefochtene Bestimmung des nationalen Rechts eine Maßnahme zur ordnungsgemäßen Umsetzung des Umweltschutzrechts der Union darstellt; dass die Verabschiedung und das Inkrafttreten einer neuen Bestimmung des nationalen Rechts es nicht ermöglichen, die sich aus der Nichtigerklärung der angefochtenen Bestimmung des nationalen Rechts ergebenden schädigenden Auswirkungen auf die Umwelt zu vermeiden; dass die Nichtigerklärung der Bestimmung des nationalen Rechts zur Folge hätte, dass hinsichtlich der Umsetzung des Umweltschutzrechts der Union ein rechtliches Vakuum geschaffen würde, das insofern noch nachteiliger für die Umwelt wäre, als die Nichtigerklärung zu einem geringeren Schutz führen würde und damit dem wesentlichen Zweck des Unionsrechts zuwiderliefe; dass eine ausnahmsweise Aufrechterhaltung der Wirkungen der angefochtenen Bestimmung des nationalen Rechts nur den Zeitraum umfasst, der zwingend notwendig ist, um Maßnahmen zu erlassen, die die Beseitigung der festgestellten Unregelmäßigkeit ermöglichen. Beim gegenwärtigen Stand des Unionsrechts ist ein nationales Gericht, dessen Entscheidungen selbst nicht mehr mit Rechtsmitteln angefochten werden können, grundsätzlich verpflichtet, den Gerichtshof um Vorabentscheidung zu ersuchen, damit dieser beurteilen kann, ob als unionsrechtswidrig angesehene Bestimmungen des innerstaatlichen Rechts in Anbetracht eines zwingenden Erfordernisses im Zusammenhang mit dem Umweltschutz und unter Berücksichtigung der besonderen Umstände der bei diesem Gericht anhängigen Rechtssache ausnahmsweise vorläufig aufrechterhalten werden können. Das nationale Gericht wird von dieser Pflicht nur entbunden, wenn es davon überzeugt ist – was es substantiiert nachzuweisen hat -, dass kein vernünftiger Zweifel hinsichtlich der Auslegung und Anwendung der Voraussetzungen besteht.[446]

6. Umsetzung durch das BNatSchG

4719 Die Richtlinie ist 1998 durch die §§ 32 bis 34 BNatSchG in das deutsche Naturschutzrecht umgesetzt worden. In § 7 BNatSchG werden im Anschluss an die FFH-RL verschiedene Begriffe im Zusammenhang mit dem Europäischen Netz „Natura 2000“ definiert.[447] Auf eine

---

445 EuGH NVwZ 2016, 1548; Franzius NVwZ 2016, 1552.
446 EuGH NuR 2016, 625; EuGH NVwZ 2012, 553.
447 Zum aktuellen Stand der Umsetzung in der Europäischen Union und in Deutschland siehe Möckel in Schlacke, BNatSchG, 2024, § 32 BNatSchG Rn. 9 f., 11. Ff.

Klage der EU-Kommission hat der EuGH mit Urteil vom 21.9.2023 eine unzureichende Umsetzung der FFH-RL durch Deutschland festgestellt und Folgendes entschieden: Deutschland hat dadurch, dass es 88 der 4.606 Gebiete von gemeinschaftlicher Bedeutung, die von der Kommission in der Liste von Gebieten von gemeinschaftlicher Bedeutung aufgeführt sind, nicht als besondere Schutzgebiete ausgewiesen hat, gegen seine Verpflichtungen aus Art. 4 IV FFH-RL verstoßen. Deutschland hat außerdem dadurch, dass es für 88 der 4.606 genannten Gebiete von gemeinschaftlicher Bedeutung keine detaillierten Erhaltungsziele festgelegt hat, gegen Verpflichtungen aus Art. 4 IV FFH-RL verstoßen. Deutschland hat dadurch, dass es für 737 der 4.606 Gebiete von gemeinschaftlicher Bedeutung nicht die nötigen Erhaltungsmaßnahmen festgelegt hat, gegen Verpflichtungen aus Art. 6 I FFH-RL verstoßen.[448]

a) Schutzgebiete. § 32 I BNatSchG verpflichtet die Länder, FFH-Gebiete nach Maßgabe von Art. 4 FFH-RL auszuwählen. Die Länder stellen dabei das Benehmen mit dem Bundesumweltministerium her. Die ausgewählten Gebiete werden der Kommission vom Bundesumweltministerium benannt. Die Länder erklären die in die Liste der Gebiete von gemeinschaftlicher Bedeutung eingetragenen Gebiete nach Maßgabe des Art. 4 IV FFH-RL entsprechend den jeweiligen Erhaltungszielen zu geschützten Teilen von Natur und Landschaft iS des § 32 II BNatSchG. Nach § 32 III BNatSchG bestimmt die Schutzerklärung den Schutzzweck entsprechend den jeweiligen Erhaltungszielen und die erforderlichen Gebietsabgrenzungen. Es soll dargestellt werden, ob prioritäre Biotope oder prioritäre Arten zu schützen sind. Durch geeignete Gebote und Verbote sowie Pflege- und Entwicklungsmaßnahmen ist sicherzustellen, dass den Anforderungen des Art. 6 FFH-RL. Die Unterschutzstellung nach § 32 II und III BNatSchG kann unterbleiben, soweit nach anderen Rechtsvorschriften und gebietsbezogener Bestimmungen des Landesrechts, nach Verwaltungsvorschriften, durch die Verfügungsbefugnis eines öffentlichen oder gemeinnützigen Trägers oder durch vertragliche Vereinbarungen ein gleichwertiger Schutz gewährleistet ist. 4720

Der deutsche Gesetzgeber hat sich entschieden, für die Natura 2000-Gebiete **keine eigene Gebietskategorie** vorzusehen.[449] Nach § 32 II BNatSchG sind diese Gebiete entsprechend den jeweiligen Erhaltungszielen zu geschützten Teilen von Natur und Landschaft iSd § 20 II BNatSchG zu erklären. Danach können Teile von Natur und Landschaft geschützt werden 1. nach Maßgabe des § 23 BNatSchG als Naturschutzgebiet, 2. nach Maßgabe des § 24 BNatSchG als Nationalpark oder als Nationales Naturmonument, 3. als Biosphärenreservat, 4. nach Maßgabe des § 26 BNatSchG als Landschaftsschutzgebiet, 5. als Naturpark, 6. als Naturdenkmal oder 7. als geschützter Landschaftsbestandteil. Nach §§ 32 III BNatSchG bestimmt die Schutzerklärung den Schutzzweck entsprechend den jeweiligen Erhaltungszielen und die erforderlichen Gebietsbegrenzungen. Es soll dargestellt werden, ob prioritäre natürliche Lebensraumtypen oder prioritäre Arten zu schützen sind. Durch geeignete Gebote und Verbote sowie Pflege- und Entwicklungsmaßnahmen ist sicherzustellen, dass den Anforderungen des Art. 6 FFH-RL entsprochen wird. Weiter gehende Schutzvorschriften bleiben unberührt. Die Unterschutzstellung nach § 32 II und III BNatSchG kann unterbleiben, soweit nach anderen Rechtsvorschriften einschließlich dieses Gesetzes und gebietsbezogener Bestimmungen des Landesrechts, nach Verwaltungsvorschriften, durch die Verfügungsbefugnis eines öffentlichen oder gemeinnützigen Trägers oder durch vertragliche Vereinbarungen ein gleichwertiger Schutz gewährleistet ist § 32 IV BNatSchG). Auf der Grundlage des § 32 IV BNatSchG ist eine Ausweisung von Natura 2000-Gebieten unter Verzicht auf klassische Schutzgebietsverordnungen iSd § 20 II BNatSchG durch umfassende gebietsbezogene Rechtsverordnungen der Länder zulässig.[450] 4721

In Betracht kommen in erster Linie die strengeren Kategorien des Naturschutzgebietes (§ 23 BNatSchG), des Nationalparks und des Nationalen Naturmonuments (§ 24 BNatSchG). Bei kleinflächigeren Schutzgegenständen sollen geschützte Landschaftsbestandteile ausreichen. Die Eignung von Landschaftsschutzgebieten (§ 26 BNatSchG) wird im Schrifttum problematisiert,[451] von der Rechtsprechung d im Einzelfall jedoch für hinreichend gehalten, den für ein Natura 2000-Gebiet notwendigen Schutz zu vermitteln.[452] Nachdem der Gesetzgeber 2009 4722

448 EuGH NVwZ 2023, 1891; siehe dazu Frenz NuR 2023, 825; Zinke UPR 2023, 484; Möckel in Schlacke, BNatSchG, 2024, Vorbem. zu §§ 31 bis 36 BNatSchG Rn. 14 ff.

449 OVG Weimar NuR 2023, 568 = juris Rn. 79.

450 OVG Magdeburg NuR 2022, 716 = juris Rn. 52; Wolf ZUR 2005, 449 (452); Gellermann in Landmann/Rohmer, Umweltrecht, 2010, § 32 BNatSchG Rn. 10.

451 Siehe zB Möckel in Schlacke, BNatSchG, 2024, § 32 Rn. 77; Fischer-Hüftle ZUR 1999, 67

452 VGH Kassel NVwZ 2006, 230, 231; OVG Lüneburg NuR 2009, 719, 723.

den Schutzzeck des Landschaftsschutzgebiets erweitert hat und § 26 II BNatSchG auch spezifische Gebote und Verbote ermöglicht im Hinblick auf besondere Schutzzwecke, kann auch die Ausweisung von Landschaftsschutzgebieten bei entsprechender Formulierung und Ausgestaltung einen hinreichenden Schutz für Natura 2000-Gebiete sichern. Die Kategorie des Biosphärenreservats (§ 25 BNatSchG) wird – jenseits ihrer Kernzonen – regelmäßig nicht zur Einrichtung eines Natura 2000-Gebietes genügen. Die Kategorie des Naturparks kommt nicht in Betracht, weil sie ausweislich des § 27 BNatSchG weniger dem Schutz als vielmehr der Entwicklung und Pflege natur- und landschaftsschutzwürdiger Flächen gewidmet ist.

4723 **b) Eigentumsbeschränkungen.** Führen Beschränkungen des Eigentums, die sich auf Grund von Vorschriften dieses Gesetzes, Rechtsvorschriften, die aufgrund des BNatSchG erlassen worden sind oder fortgelten, oder Naturschutzrecht der Länder ergeben, im Einzelfall zu einer unzumutbaren Belastung, der nicht durch andere Maßnahmen, insbesondere die Gewährung einer Ausnahme oder Befreiung abgeholfen werden kann, ist eine angemessene Entschädigung zu leisten. § 68 I BNatSchG kann zB herangezogen werden, wenn Verbote des gesetzlichen Biotopschutzes (§ 30 II BNatSchG), des Habitat- und Artenschutzes (zB §§ 33 I, 44 I BNatSchG), Bauverbote an Gewässern (§ 61 I BNatSchG) oder Verbote einer auf landesrechtlicher Ermächtigungsgrundlage erlassenen Schutzverordnung (§§ 22 ff. BNatSchG) im Einzelfall unzumutbare Beschränkungen mit sich bringen.[453] § 68 BNatSchG ist auch anwendbar, wenn es um Schutzfestsetzungen für Natura 2000-Gebiete geht. Dies ergibt sich daraus, dass die Bestimmungen des BNatSchG über die einzelnen Schutzgebiete nicht danach differenzieren, aufgrund welcher Vorschrift des BNatSchG die Eigentumsbeschränkung durch eine Schutzgebietsfestsetzung notwendig wird.[454] Außerdem ist eine solche Entschädigungsregelung für unverhältnismäßige Inhalts- und Schrankenbestimmungen auch europarechtlich nach Art. 17 I GRCh erforderlich.[455]

4724 Fraglich ist allerdings, ob und ggfls. in welcher Weise unverhältnismäßige Eigentumsbeeinträchtigungen entschädigt werden müssen, wenn es an einer Schutzgebietsfestlegung nach dem BNatSchG, wenn es also um faktische Vogelschutzgebiete und potenzielle FFH-Gebiete geht, deren Schutz mangels Ausnahmemöglichkeit grundsätzlich eher noch strenger ausfällt, als der unter Schutz gestellten Natura 2000-Gebiete. Eigentumsschutz bedeutet nicht nur Entschädigung bei unzumutbaren Beeinträchtigungen, sondern auch Beteiligung eigentumsrechtlich Betroffener in einem Unterschutzstellungsverfahren, das zumeist im Landesrecht geregelt ist.[456] In ein faktisches Vogelschutzgebiet und in ein potenzielles FFH-Gebiet kann ein Grundstück jedoch einbezogen werden, ohne dass ein Verfahren der Beteiligung stattfindet. Das gilt zB dann, wenn durch eine nachträgliche Einstufung einer Vogelart als wertbestimmend für ein bestimmtes Vogelschutzgebiet ein Grundstück in ein faktisches Vogelschutzgebiet einbezogen wird, ohne dass ein erneutes Meldeverfahren nach der Vogelschutzrichtlinie mit einer Ergänzung des Standarddatenbogens noch eine Beteiligung der betroffenen Grundstückseigentümer stattfindet. Über einen solchen Fall hat das BVerwG mit Urteil vom 17.12.2021 entschieden.[457] Dort hatte ein Deponiebetreiber zur Erweiterung seiner Deponie ein Grundstück erworben, das erst durch eine nachträgliche Einstufung einer dort vorkommenden Vogelart als wertbestimmend für ein bestimmtes Vogelschutzgebiet an dem Schutz eines faktischen Vogelschutzgebiets als geeignete Deponieerweiterungsfläche ausschied, ohne dass er zu dieser Einbeziehung in den Schutz eines faktischen Vogelschutzgebiets in irgendeiner Weise zuvor angehört worden wäre.

4725 Das BVerwG meinte dazu, dass hierdurch der grundgesetzliche oder über Art. 6 EUV iVm Art. 51 I, Art. 17 I der EU-Grundrechtecharta (GRCh) verbürgte Schutz des Eigentums nicht verletzt wäre. Mit Rücksicht auf das insoweit vollvereinheitlichte Unionsrecht sind die deutschen Grundrechte nicht anwendbar.[458] Die unionsgrundrechtliche Eigentumsgarantie sei nicht verletzt. Sie erstrecke sich nicht auf bloße Erwerbsaussichten und Gewinnerwartungen, wie sie wegen der beabsichtigten Deponieerweiterung in Rede stünden. Berufsfreiheit und unternehmerische Freiheit (Art. 15 I, Art. 16 GRCh) unterlägen Beschränkungen nach Maßgabe von

---

453 Gellermann in Landmann/Rohmer Umweltrecht, 2015, § 68 Rn. 6.

454 Möckel in Schlacke, BNatSchG, 2024, § 32 Rn. 76 ff; Sauthoff in Schlacke, BNatSchG, 2024, § 68 Rn. 6.

455 Sauthoff in Schlacke, BNatSchG, 2024, § 68 Rn. 6; Ziegler NVwZ 2017, 122.

456 Hendrischke in Schlacke, BNatSchG, 2024, § 22 Rn. 34.

457 BVerwG NVwZ 2022, 803; sieh dazu und insbesondere zur nachträglichen Einbeziehung weiterer Vogelarten in den Schutz eines faktischen Vogelschutzgebiets Beckmann NuR 2020, 289.

458 BVerwG NVwZ 2022, 803 = juris Rn. 32 mit Verweis auf BVerfGE 152, 216 Rn. 43 ff.

Art. 52 I GRCh. Sie seien, wie auch das Eigentumsrecht, nicht absolut gewährleistet, sondern im Zusammenhang mit ihrer gesellschaftlichen Funktion zu sehen. Die Ausübung dieser Freiheiten könne daher Beschränkungen unterworfen werden, sofern diese tatsächlich den dem Gemeinwohl dienenden Zielen der Europäischen Union entsprechen und keinen im Hinblick auf den verfolgten Zweck unverhältnismäßigen und untragbaren Eingriff darstellen würden, der diese Rechte in ihrem Wesensgehalt antaste. Gemessen daran und im Hinblick auf den hohen Stellenwert, den das Unionsrecht dem Umweltschutz beimesse (Art. 11, 191 AEUV), seien die mit dem strengen Schutzregime für faktische Vogelschutzgebiete verbundenen Freiheitsbeschränkungen den Betroffenen im überwiegenden Allgemeininteresse zumutbar.[459]

Ob diese Rechtsprechung wirklich überzeugt, mag man bezweifeln. Die Nichtanwendung der deutschen Grundrechte als Kontrollmaßstab beruht allein auf der Anerkennung eines Anwendungsvorrangs des Unionsrechts und lässt die Geltung der Grundrechte des Grundgesetzes als solche unberührt. Sie bleiben dahinterliegend ruhend in Kraft. Dementsprechend erkennt das BVerfG einen die Überprüfung an den Grundrechten des Grundgesetzes ausschließenden Anwendungsvorrang des Unionsrechts nur unter dem Vorbehalt an, dass der Grundrechtsschutz durch die stattdessen zur Anwendung kommenden Grundrechte der Union hinreichend wirksam ist.[460] Mit dem Anspruch auf effektiven Rechtsschutz (Art. 19 IV GG) und mit dem vom BVerfG aus Art. 14 GG abgeleiteten „Grundrechtsschutz durch Verfahren" ist es kaum vereinbar, dass ein Grundstück den schwerwiegenden Rechtsfolgen eines faktischen Vogelschutzgebiets durch eine nachträgliche Einstufung einer dort vorkommenden Vogelart als wertbestimmend ausgesetzt wird, ohne dass die betroffenen Grundstückseigentümer die Gelegenheit erhalten sich dazu auch nur zu äußern. Das BVerfG hat jedoch entschieden, dass Grundrechtsschutz nicht nur materiell-rechtlich, sondern auch verfahrensrechtlich geboten ist. Es gehe nicht nur darum eine Genehmigungsbehörde an strenge materiellrechtliche Genehmigungsvoraussetzungen zu binden. Vielmehr muss der staatlichen Schutzpflicht und Mitverantwortung auch verfahrensrechtlich dadurch Rechnung getragen werden, dass die materiell-rechtliche Zulässigkeit einer Grundrechtsbeeinträchtigung in einem behördlichen Verfahren geprüft wird, an dem sich die Betroffenen beteiligen können. Diese sollen nicht nur berechtigt sein, gegen von ihnen befürchtete Grundrechtsverletzungen klagen zu können; vielmehr muss es eine Vorverlagerung des Rechtsschutzes geben, indem bereits im behördlichen Verfahren Einwendungen gegen das Vorhaben oder die Planung erhoben werden können.[461] Dementsprechend sehen die Ländergesetze grundsätzlich auch Öffentlichkeitsbeteiligungen vor. § 23 II 5 iVm § 15 IV NatSchG LSA sieht beispielsweise vor, dass vor der Schutzgebietsausweisung nach § 23 II NatSchG LSA die Eigentümer und sonstigen Nutzungsberechtigten der voraussichtlich betroffenen Grundstücke in geeigneter Weise über die Bedeutung und die Auswirkungen der Unterschutzstellung zu informieren. Ihnen ist Gelegenheit zur Stellungnahme zu geben.[462] Bei der nachträglichen Ausdehnung der Rechtsfolgen eines faktischen Vogelschutzgebiets fehlt es jedoch an einer solchen Beteiligung. 4726

c) Allgemeine Schutzvorschriften. Das **Verschlechterungsverbot** des Art. 6 II FFH-RL ist durch **§ 33 BNatSchG** umgesetzt worden.[463] Nach § 33 I 1 BNatSchG sind alle Veränderungen und Störungen, die zu einer erheblichen Beeinträchtigung eines Natura 2000-Gebiets in seinen für die Erhaltungsziele oder den Schutzzweck maßgeblichen Bestandteilen führen können, unzulässig. Die für Naturschutz und Landschaftspflege zuständige Behörde kann nach § 33 I 2 BNatSchG unter den Voraussetzungen des § 34 III bis V BNatSchG Ausnahmen von dem Verbot des Satzes 1 sowie von Verboten im Sinne des § 32 III BNatSchG zulassen.[464] Die Frage, ob zB von einer konkreten landwirtschaftlichen Nutzung eine solche Beeinträchtigung droht, ist eine naturschutzfachliche Frage, die der für die Unterschutzstellung zuständige Normgeber durch die Schutzgebietsausweisung und die Schutzgebietspflege zu regeln hat.[465] Für die Frage, welches die nach nationalem Recht zutreffende Ermächtigungsgrundlage ist, hat 4727

[459] BVerwG NVwZ 2022, 803 = juris Rn. 32.

[460] BVerfGE 152, 216 = juris Rn. 47.

[461] Grundlegend dazu BVerfG NJW 1980, 759; siehe auch Jarass in Jarass/Pieroth, GG, 2022, Art. 14 Rn. 51; zum Grundrechtsschutz durch Verfahren in Deutschland und in der EU Kahl VerwArch 2004, 1.

[462] Siehe dazu OVG Magdeburg Urt. v. 27.6.2023 – 2 K 138/19, juris Rn. 240.

[463] OVG Münster Beschl. v. 17.4.2023 – 21 B 119/23, juris Rn. 10.

[464] OVG Münster Beschl. v. 17.4.2023 – 21 B 119/23, juris Rn. 14; BVerwG Urt. v. 25.11.2021 – 7 C 6.20, juris Rn. 42; Urt. v. 6.11.2012 – 9 A 17.11, juris Rn. 89.

[465] OVG Lüneburg NVwZ-RR 2023, 762; BVerwGE 145, 40; BVerwG NVwZ 2022 = juris Rn. 42.

es keine Auswirkungen, ob diese Ermächtigungsgrundlage unionsrechtskonform dahingehend auszulegen ist, dass vor Ausnahmeerteilung zwingend eine nachträgliche, an den Anforderungen des Art. 6 III FFH-RL orientierte FFH-Verträglichkeitsprüfung durchzuführen ist.[466]

4728 **d) Verträglichkeit und Zulässigkeit von Projekten.** Der Umsetzung des Art. 6 III FFH-RL dient **§ 34 BNatSchG**. Die projektbezogene Vorschrift des § 34 BNatSchG ist die gegenüber 33 I BNatSchG die speziellere Norm . Sie betrifft aber ausschließlich die Prüfung der Verträglichkeit eines Projekts mit den Erhaltungszielen eines Natura 2000-Gebiets vor dessen Verwirklichung.[467] Projekte mit möglicherweise erheblichen Eingriffen sind danach vor ihrer Zulassung oder Durchführung auf ihre Verträglichkeit mit den Erhaltungszielen eines Gebietes mit gemeinschaftlicher Bedeutung oder eines Europäischen Vogelschutzgebietes zu überprüfen. Besondere Anforderungen stellen sich bei einem negativen Ausgang der Verträglichkeitsprüfung.

4729 Ergibt die Prüfung der Verträglichkeit, dass das Projekt zu erheblichen Beeinträchtigungen eines in § 34 I BNatSchG genannten Gebiets in seinen Erhaltungszielen oder den Schutzzweck maßgeblichen Bestandteilen führen kann, ist es nach § 34 II BNatSchG grundsätzlich unzulässig. Es darf allerdings trotz eines negativen Ausgangs der Verträglichkeitsprüfung nach § 34 III BNatSchG zugelassen und durchgeführt werden, soweit es aus zwingenden Gründen des überwiegenden öffentlichen Interesses, einschließlich solcher sozialer und wirtschaftlicher Art, notwendig ist und zumutbare Alternativen, den mit dem Projekt verfolgten Zweck an anderer Stelle ohne oder mit geringeren Beeinträchtigungen zu erreichen, nicht gegeben sind. Die Prüfpflicht setzt ein, wenn nach einer Vorprüfung die ernsthafte Möglichkeit besteht, dass ein Projekt zu einer erheblichen Gebietsbeeinträchtigung führen könnte.[468]

4730 Ein **Projekt** iSd § 34 I 1 BNatSchG liegt vor, wenn die Wahrscheinlichkeit oder die Gefahr besteht, dass die eingreifende Tätigkeit – einzeln oder in Zusammenwirken mit anderen Plänen und Projekten – das betreffende Natura-2000-Gebiet erheblich beeinträchtigt. Unter Berücksichtigung des Vorsorgeprinzips ist der notwendige Grad der Wahrscheinlichkeit dann erreicht, wenn anhand objektiver Umstände nicht ausgeschlossen werden kann, dass das jeweilige Projekt das fragliche Gebiet erheblich beeinträchtigt.[469] Eine Einordnung einer bereits seit langem ausgeübten Tätigkeit als ein- und dasselbe Projekt mit der Folge, dass für dieses Projekt keine erneute Verträglichkeitsprüfung erforderlich ist, kommt nur dann in Betracht, wenn es sich um die Fortsetzung der bisherigen Tätigkeit handelt und insbesondere die Orte und Umstände der Ausführung dieselben bleiben.[470] Ob ein Projekt aufgrund einer geringen Flächeninanspruchnahme etwa von Lebensraumtypflächen als nicht zu einer erheblichen Beeinträchtigung eines FFH-Gebiets führend angesehen werden kann, kann regelmäßig nicht bereits in der lediglich summarisch vorzunehmenden Vorprüfung ("Screening"), sondern vielmehr erst im Rahmen der eigentlichen FFH-Verträglichkeitsprüfung beurteilt werden.[471]

4731 Die **landwirtschaftliche Bodennutzung** unterfällt nur ausnahmsweise dem Projektbegriff, nämlich dann, wenn sie die Ziele des Naturschutzes und der Landschaftspflege nicht berücksichtigt oder wenn anhand weiterer objektiver Umstände nicht ausgeschlossen werden kann, dass ein Plan oder Projekt das fragliche Gebiet erheblich beeinträchtigt. Dies ist bei einer der „guten fachlichen Praxis" nach § 5 II BNatSchG entsprechenden Bewirtschaftung gerade nicht der Fall.[472]

4732 **Fortlaufende Unterhaltungsmaßnahmen** in der Fahrrinne von Ästuarien, die nicht unmittelbar mit der Verwaltung des Gebiets in Verbindung stehen oder hierfür nicht notwendig sind und die bereits vor Ablauf der Umsetzungsfrist der FFH-RL nach nationalem Recht genehmigt wurden, bei ihrer Fortsetzung nach Aufnahme des Gebiets in die Liste der Gebiete von gemeinschaftlicher Bedeutung gemäß Art. 4 II UA 3 FFH-RL einer Verträglichkeitsprüfung nach diesen Vorschriften zu unterziehen sind, soweit sie ein Projekt darstellen und das betreffende Gebiet erheblich beeinträchtigen könnten. Wenn diese Unterhaltungsmaßnahmen

[466] OVG Münster Beschl. v. 17.4.2023 – 21 B 119/23, juris Rn. 16.

[467] OVG Magdeburg Beschl. v. 28.11.2023 – 1 L 70, 20, juris.

[468] Ausführlicher dazu Durner DVBl.. 2023, 237.

[469] OVG Lüneburg NuR 2024, 61 = juris Rn. 16; EuGH Urt. v. 13.12.2007 – C-418/04, juris Rn. 226; Urt. v. 7.9.2004 – C-127/02, juris Rn. 45.

[470] OVG Lüneburg NuR 2024, 61 = juris Rn. 16; EuGH Urt. v. 7.11.2018 – C-293/17 u.a, juris Rn. 83; Urt. v. 14.1.2010 – C-226/08, juris Rn. 47.

[471] OVG Lüneburg NuR 2024, 61 = juris Rn. 19.

[472] OVG Lüneburg ZUR 2022, 678 = juris Rn. 40

ua im Hinblick darauf, dass sie wiederkehrend anfallen, auf ihre Art oder auf die Umstände ihrer Ausführung als einheitliche Maßnahme betrachtet werden können, insbesondere, wenn sie den Zweck haben, eine bestimmte Tiefe der Fahrrinne durch regelmäßige und hierzu erforderliche Ausbaggerungen beizubehalten, können sie als ein einziges Projekt im Sinne von Art. 6 III der Habitat-RL angesehen werden.[473]

Maßgebliches Beurteilungskriterium für die Verträglichkeitsprüfung ist der günstige Er- 4733
haltungszustand der geschützten Lebensräume und Arten; dieser muss trotz Durchführung des Vorhabens stabil bleiben, ein bestehender schlechter Erhaltungszustand darf nicht weiter verschlechtert werden. Die Verträglichkeitsprüfung ist nach der Rechtsprechung des BVerG nicht auf ein wissenschaftlich nicht nachweisbares „Nullrisiko" auszurichten. Ein Projekt ist zulässig, wenn nach Abschluss der Verträglichkeitsprüfung unter Berücksichtigung der besten einschlägigen wissenschaftlichen Erkenntnisse, dh nach Ausschöpfung aller wissenschaftlichen Mittel und Quellen kein vernünftiger Zweifel verbleibt, dass erhebliche Beeinträchtigungen vermieden werden. Die Prüfung darf nicht lückenhaft sein und muss vollständige, präzise und endgültige Feststellungen enthalten. Soweit sich Unsicherheiten über Wirkungszusammenhänge auch bei Ausschöpfung der einschlägigen Erkenntnismittel nicht ausräumen lassen, ist es zulässig, mit Prognosewahrscheinlichkeiten und Schätzungen zu arbeiten, die kenntlich gemacht und begründet werden müssen. Zugunsten des Projekts dürfen die vom Vorhabenträger geplanten oder von der Planfeststellungsbehörde angeordneten Schutz- und Kompensationsmaßnahmen berücksichtigt werden, sofern sie sicherstellen, dass erhebliche Beeinträchtigungen verhindert werden.[474]

Die **Prüfungsanforderungen** im Rahmen einer nach § 34 I BNatSchG erforderlichen 4734
FFH-Verträglichkeitsprüfung sind sachnotwendig von den im Rahmen der Planung verfügbaren Detailkenntnissen abhängig, die Festlegung gegebenenfalls erforderlicher Kohärenzsicherungsmaßnahmen ist an die Leistungsgrenzen des jeweiligen planerischen Instruments gebunden. Nach Maßgabe dieser Erkenntnis- und Leistungsgrenzen der Planung kann eine nach § 34 I BNatSchG erforderliche FFH-Verträglichkeitsprüfung auch auf ein nachfolgendes immissionsschutzrechtliches Genehmigungsverfahren verlagert werden. Im Rahmen einer FFH-Verträglichkeitsprüfung ist nach einer sorgfältigen Bestandserfassung und -bewertung der für die Erreichung der Erhaltungsziele maßgeblichen Bestandteile des FFH-Gebiets gemäß dem Standard der besten einschlägigen wissenschaftlichen Erkenntnisse eine dem vorgenannten Standard entsprechende Erfassung und Bewertung projektbedingter Auswirkungen auf die maßgeblichen Gebietsbestandteile durchzuführen, wobei es sich um bau-, anlage- und betriebsbedingte Wirkungen handeln, die von Einfluss auf die maßgeblichen Bestandteile sein können. Neben direkten Flächenverlusten durch Überbauung oder Versiegelung ist dabei etwa auch an Veränderungen der Wasserverhältnisse, an Barrierewirkungen und Individuenverluste bzw. an die Vergrämung geschützter Arten zu denken.[475]

Die Behörde bestimmt grundsätzlich Art und Umfang der Ermittlungen selbst; sie muss 4735
jedoch nach einer Methode verfahren, die den besten einschlägigen wissenschaftlichen Erkenntnissen entspricht.[476]

Besondere Qualifizierungen enthält **§ 34 IV BNatSchG** im Anschluss an Art. 6 IV FFH-RL 4736
für **Gebiete mit prioritären Biotopen** oder **prioritären Arten**. Können von dem Projekt im Gebiet vorkommende prioritäre natürliche Lebensraumtypen oder prioritäre Arten betroffen werden, können als zwingende Gründe des überwiegenden öffentlichen Interesses nur solche im Zusammenhang mit der Gesundheit des Menschen, der öffentlichen Sicherheit, einschließlich der Verteidigung und des Schutzes der Zivilbevölkerung, oder den maßgeblich günstigen Auswirkungen des Projekts auf die Umwelt geltend gemacht werden. **Sonstige Gründe** iS des § 34 III Nr. 1 BNatSchG können nur berücksichtigt werden, wenn die zuständige Behörde zuvor über das Bundesumweltministerium eine Stellungnahme der Kommission eingeholt hat. Soll das Projekt zugelassen oder durchgeführt werden, sind die zur Sicherung des Zusammenhangs des **Europäischen Netzes „Natura 2000"** notwendigen Maßnahmen vorzusehen. Die zuständige Behörde unterrichtet die Kommission über das Bundesumweltmi-

473 EuGH NVwZ 2010, 310; Stüer DVBl. 2010, 245; Gärditz DVBl. 2010, 247.

474 BVerwG NVwZ 2023, 1076 0 juris Rn. 54; BVerwGE 170, 33 Rn. 364.

475 OVG Lüneburg NuR 2024, 61 = juris Rn. 21; BVerwG Urt. v. 6.4.2017 – 4 A 16.16, juris Rn. 34; zu Rechtsfragen gutachterlicher Zustandsbewertungen und Prognosen im Umweltrecht siehe Durner DVBl.. 2023, 237.

476 Durner DVBl.. 2023, 237 (239); BVerwGE 130, 299; Vallendar EuRUP 2021, 14 (15).

nisterium über die getroffenen Maßnahmen. Diese verfahrensrechtlichen und inhaltlichen Vorgaben des § 34 BNatSchG gelten auch für die Linienbestimmung nach § 16 FStrG, § 13 WaStrG und vormals § 2 VerkPlBG sowie bei sonstigen Plänen (§ 36 1 BNatSchG). Bei einer Alternativenprüfung nach § 34 III Nr. 2 BNatSchG müssen nur die Alternativen untersucht werden, die der Unternehmensträger in rechtlicher und tatsächlicher Hinsicht unter Zumutbarkeitsgesichtspunkten verwirklichen kann. Eine weiter gehende Prüfungspflicht besteht nicht.[477]

4737 **e) Baurecht.** Das Verhältnis des Habitatschutzes zum Baurecht ist in den (§§ 34 VIII, 36 BNatSchG) geregelt. Bei Bauleitplänen und Ergänzungssatzungen im nicht beplanten Innenbereich (§ 34 IV 1 Nr. 3 BauGB) sind die Vorschriften über die Verträglichkeitsuntersuchung und die Unzulässigkeit von Projekten in § 34 I 2, II bis V BNatSchG entsprechend anzuwenden (§ 36 1 BNatSchG, Satz 2 nimmt lediglich § 34 I 1 BNatSchG aus, § 35 2 BNatSchG 2002). Im Geltungsbereich eines Bebauungsplans und während der Planaufstellung bedarf es einer gesonderten Anwendung des § 34 BNatSchG nicht (§ 34 VIII BNatSchG), weil die Belange des Europäischen Netzes „Natura 2000" in der Bauleitplanung nach § 1 a IV BauGB ohnehin beachtet werden. Für Vorhaben im Innenbereich und im Außenbereich sowie für Bebauungspläne, die eine Planfeststellung ersetzen, ist § 34 BNatSchG unmittelbar anzuwenden (§ 34 VIII BNatSchG).

7. Abweichungsprüfung

4738 Projekte oder Pläne können unter den Voraussetzungen des Art. 6 FFH-RL (§ 34 BNatSchG) zugelassen werden. Die Vorschrift bezieht sich auf FFH-Gebiete und auf Vogelschutzgebiete, die unter den Voraussetzungen des Art. 7 FFH-RL in das Habitatschutzsystem übergegangen sind. Projekte und Pläne, die zu erheblichen Eingriffen führen können, unterliegen einer Verträglichkeitsprüfung. Ist das Projekt im Hinblick auf die Erhaltungsziele des Gebietes oder den Schutzzweck seiner maßgeblichen Bestandteile unverträglich, so ist es grundsätzlich unzulässig. Es kann aber aus zwingenden Gründen des überwiegenden öffentlichen Interesses einschließlich solcher sozialer oder wirtschaftlicher Art zugelassen werden, wenn eine zumutbare Alternative mit geringeren Beeinträchtigungen nicht gegeben ist. Die Abweichungsentscheidung ist gerichtlich voll überprüfbar.[478]

4739 Soll das Projekt aus wirtschaftlichen Gründen zugelassen werden, so ist bei dem Vorhandensein prioritärer (besonders schützenswerter) Biotope oder Arten zunächst die Brüsseler Kommission zu beteiligen. Zudem sind dann entsprechende **Kohärenzmaßnahmen** zur Sicherung des Netzes Natura 2000 durchzuführen (Art. 6 IV FFH-RL, § 34 V BNatSchG). Im Rahmen des Projekts vorgesehene Maßnahmen, die sicherstellen, dass Beeinträchtigungen der Erhaltungsziele eines Gebiets gar nicht erst entstehen können oder minimiert werden, sind bei der Verträglichkeitsprüfung zu berücksichtigen.[479] Bewirkt ein Vorhaben gemessen an den Erhaltungszielen des Gebietes zu einem unverträglichen Eingriff, ist es grundsätzlich unzulässig. Es kann dann nur aufgrund einer Abweichungsprüfung zugelassen werden, wenn zwingende Gründe des überwiegenden öffentlichen Interesses das Vorhaben rechtfertigen, zumutbare Alternativen nicht zur Verfügung stehen und die erforderlichen Kohärenzmaßnahmen zur Sicherung des Kohärenzsystems „Natura 2000" getroffen worden sind. Hierzu hat der EuGH folgende Grundsätze aufgestellt: Art. 6 IV FFH-RL, der es unter bestimmten Voraussetzungen erlaubt, einen Plan oder ein Projekt durchzuführen, dessen Prüfung nach Art. 6 III 1FFH-RL negative Ergebnisse erbracht hat, ist als Ausnahme von dem in Art. 6 III 2 FFH-RL festgelegten Genehmigungskriterium eng auszulegen. So ist die Durchführung eines Plans oder Projekts nach Art. 6 IV FFH-RL insbesondere von der Voraussetzung abhängig, dass das **Fehlen von Alternativlösungen** nachgewiesen wird. Daraus folgt, dass ein Mitgliedstaat gegen seine Verpflichtungen aus Art. 6 IV FFH-RL verstößt, wenn er trotz negativer Ergebnisse der UVP ein Projekt durchführt, ohne nachgewiesen zu haben, dass für dieses Projekt keine Alternativlösungen vorhanden waren.[480]

4740 **a) Zwingende Gründe des überwiegenden öffentlichen Interesses.** Ein unverträglicher Eingriff kann im Rahmen einer Abweichungsprüfung nur aus zwingenden Gründen des über-

---

477 VG Gera LKV 2002, 241.

478 BVerwGE 128, 1 Rn. 110 ff.; Möckel in Schlacke, BNatSchG, 2024, § 34 Rn. 140.

479 BVerwG Urt. v. 8.10.2002 – 9 VR 16.02 – 9 A 48.02, juris.

480 EuGH ZUR 2007, 89-90.

wiegenden öffentlichen Interesses zugelassen werden. Die Gewichtung des öffentlichen Interesses muss dabei den Ausnahmecharakter einer Abweichungsentscheidung gemäß Art. 6 I FFH-RL berücksichtigen. Nicht jedem Vorhaben, welcher das Erfordernis der Planrechtfertigung erfüllt, kommt ein besonderes Gewicht zu. Kohärenzsicherungsmaßnahmen können das Gewicht des Integritätsinteresses mindern. Voraussetzung hierfür ist jedoch, dass sie einen Beitrag auch zur Erhaltung der Integrität des FFH-Gebiets leisten.[481] Dabei können neben den Gebietsschutzinteressen selbst oder zur Wahrung von Leib und Leben grundsätzlich auch wirtschaftliche Gründe den Eingriff rechtfertigen. Werden prioritäre Arten oder Biotope in Mitleidenschaft gezogen, muss zunächst die EU-Kommission beteiligt werden. Die Zulässigkeit fordert eine konkrete Prüfung, ob der Eingriff angesichts der damit verbundenen unverträglichen Auswirkungen auf die Erhaltungsziele des Gebietes durch zwingende Gründe des überwiegenden öffentlichen Interesses gerechtfertigt ist. Die Ausweisung etwa einer Straße oder eines Wasserweges im Bedarfsplan des Bundes oder als Projekt von vordringlichem Bedarf nach dem Infrastrukturplanungs-Beschleunigungsgesetz reicht dazu allein nicht aus, wenngleich eine solche Ausweisung einen durchaus beachtlichen Indizcharakter hat. Es ist vielmehr eine individuelle Abwägungsentscheidung zu treffen, bei der die aus der Verträglichkeitsprüfung überschießenden, nachteilig betroffenen Integritätsinteressen durch die Vorhabeninteressen überwunden werden müssen. Die nach verträglichen Beeinträchtigungen müssen dabei im Kern erkannt und in die Abwägung eingestellt werden. Bei der Gewichtung und Bewertung von FFH-Belangen und den Vorhabeninteressen verbleiben jedoch die Spielräume, die auch bei der naturschutzrechtlichen Abwägung bestehen.[482] Ein im Rahmen der Prüfung des Art. 6 IV FFH-RL berücksichtigungsfähiger Abweichungsgrund liegt vor, wenn ein Vorhaben den Vorgaben der fachplanerischen Planrechtfertigung entspricht. Damit gilt der diesbezüglich für die Überprüfung von Verkehrsprognosen entwickelte rechtliche Maßstab auch bei der Prüfung von Abweichungsgründen im Sinne des Art. 6 IV FFH-RL. Ob der Abweichungsgrund der FFH-Belange überwiegt, hängt von dem Ergebnis der im Weiteren erforderlichen konkreten Abwägung ab.[483] Gefordert wird, dass die öffentlichen Interessen „eindeutig" überwiegen.[484]

Nicht berücksichtigungsfähig sind rein **private Interessen**; es reicht also nicht aus, dass ein öffentlicher Zweck bei einem im Übrigen rein privatwirtschaftlichen Vorhaben als Nebenzweck erkennbar wird. Das schließt es allerdings nicht aus, dass auch bei einem Vorhaben eines privaten Unternehmens zwingende Gründe des überwiegenden öffentlichen Interesses festgestellt werden. Das kann zB für Infrastrukturprojekt eines privaten Vorhabenträgers, etwa für Flughäfen, Abfallentsorgungsanlagen oder für den Abbau von Bodenschätzen gelten.[485] 4741

b) Keine zumutbaren Alternativen. Im Geltungsbereich des europäischen Habitatschutzes ergeben sich erhöhte Abwägungserfordernisse hinsichtlich der Alternativenprüfung. Vor dem Hintergrund der erhöhten Anforderungen der FFH-RL etwa genügt nicht allein die abstrakte Feststellung, dass sowohl an der einen als auch an der anderen Stelle ein (potentielles) FFH-Gebiet beeinträchtigt wird. Vielmehr sind die verschiedenen Alternativen hinsichtlich ihrer Auswirkungen auf die Naturschutzbelange zu vergleichen. Ein solcher Vergleich ist nur dann nicht erforderlich, wenn sich aus anderen Gemeinwohlgründen ergibt, dass es unverhältnismäßig wäre, den Planungsträger auf die Alternativlösung zu verweisen.[486] Denn Art. 6 IV FFH-RL begründet ein strikt beachtliches Vermeidungsgebot, das zulasten des Integritätsinteresses des durch Art. 4 FFH-RL festgelegten kohärenten Systems nicht bereits durchbrochen werden darf, wenn dies nach den Abwägungsregeln des deutschen Planungsrechts vertretbar erscheint. Vielmehr muss die Konzeption größtmöglicher Schonung der durch die FFH-RL geschützten Rechtsgüter beachtet werden. Lässt sich demgemäß das Planungsziel an einem nach dem Schutzkonzept der FFH-RL günstigeren Standort oder mit geringerer Eingriffsin- 4742

---

481 BVerwG NVwZ 2010, 123.

482 BVerwG DVBl. 2007, 641.

483 BVerwG Beschl. v. 14.4.2011 – 4 B 77.09, juris; NVwZ-RR 2011, 126; NVwZ 2008, 1238; EuGH NuR 2008, 101; zum Verhältnis öffentlicher Interesse an der Rohstoffgewinnung und Belangen des Natur- und Klimachutzes bei der Prüfung von Ausnahmen nach § 34 III BNatSchG siehe Frenz NuR 2023, 433; zur landwirtschaftlichen Bodennutzung in Natura 2000-Gebieten Zinke UPR 2023, 484.

484 Möckel in Schlacke, BNatSchG, 2024, § 34 Rn. 141; Schumacher/Schumacher in Schumacher/Fischer-Hüftle, BNatSchG, 2021, § 34 Rn. 127; zweifelnd insoweit Frenz in Frenz/Müggenborg, BNatSchG, 2021, § 34 Rn. 133.

485 Frenz in Frenz/Müggenborg, BNatSchG, 2021, § 34 Rn. 135.

486 BVerwG NVwZ 2002, 1243; Stüer DVBl. 2002, 940.

tensität verwirklichen, muss der Vorhabenträger von dieser Möglichkeit Gebrauch machen.[487] Im Rahmen der Angemessenheitsprüfung sind allerdings auch naturschutzexterne Gesichtspunkte zu berücksichtigen.

4743 Eine Alternativlösung iS des Art. 6 IV FFH-RL ist nur dann gegeben, wenn sich das Planungsziel trotz ggf. hinnehmbarer Abstriche auch mit ihr erreichen lässt. Der Vorhabenträger braucht sich auf eine technisch mögliche Alternativlösung nicht verweisen zu lassen, wenn sich Art. 6 IV FFH-RL am Alternativstandort als ebenso wirksame Zulassungssperre erweist wie an dem von ihm gewählten Standort. Der Vorhabenträger darf aber auch von einer Alternativlösung Abstand nehmen, die technisch an sich machbar und rechtlich zulässig ist, ihm aber Opfer abverlangt, die außer Verhältnis zu dem mit ihr erreichbaren Gewinn für Natur und Umwelt stehen. Eine Alternativlösung darf auch aus naturschutzexternen Gründen im Rahmen der Angemessenheitsprüfung als unverhältnismäßiges Mittel verworfen werden.[488] Gesichtspunkte der Kostenhöhe einer Maßnahme haben bei der fachplanerischen Abwägung allerdings ein höheres Gewicht als im Rahmen des Art. 6 IV 3 FFH-RL.[489] Wieweit das Anliegen, das Verkehrslärmniveau im innerörtlichen Bereich zu senken, oder das Interesse, die Projektkosten in Grenzen zu halten, bei der Verhältnismäßigkeitsprüfung durchschlägt, hängt von dem Gewicht ab, das ihm im konkreten Fall zukommt.[490] Die Planfeststellungsbehörde muss nicht für jeden einzelnen Planungsabschnitt die Umweltverträglichkeitsprüfung für das Gesamtvorhaben stets erneut durchprüfen. Sie kann vielmehr, solange keine berechtigten Zweifel an der Richtigkeit der Gesamtumweltverträglichkeitsprüfung bestehen, deren Ergebnis für die konkrete Vorhabenplanung übernehmen.[491]

4744 Im Vergleich zu dem Vorhaben dürfen keine zumutbaren Alternativen zur Verfügung stehen. Hierzu hat das BVerwG folgende Grundsätze aufgestellt: Eine Alternativlösung ist im Sinne des Art. 6 IV UA 1 FFH-RL nicht vorhanden, wenn sich diese nur mit einem unverhältnismäßigen Kostenaufwand verwirklichen ließe. Die Beurteilung unterliegt nicht der fachplanerischen Abwägung gemäß § 17 I 2 FStrG oder einer anderweitigen Ermessensentscheidung der Planfeststellungsbehörde. Sollen mit dem Bau einer Ortsumgehungsstraße innerörtliche Unfallschwerpunkte entschärft und weitere Verkehrsunfälle mit Todes- und Verletzungsfolgen vermieden werden, so können diesem Ziel „Erwägungen im Zusammenhang mit der Gesundheit des Menschen" im Sinne des Art. 6 IV UA 2 FFH-RL zugrunde liegen. Gleiches gilt, wenn bestehende schädliche Umwelteinwirkungen durch Lärm und Autoabgase zugunsten der Anwohner der Ortsdurchfahrtsstraße vermieden oder erheblich verringert werden sollen. Auch „Erwägungen im Zusammenhang mit der Gesundheit des Menschen" im Sinne des Art. 6 IV UA 2 FFH-RL können eine erhebliche Beeinträchtigung eines FFH-Gebiets nur rechtfertigen, wenn es sich bei ihnen um „zwingende Gründe des überwiegenden öffentlichen Interesses" im Sinne des Art. 6 IV UA 1 FFH-RL handelt. Bei abschnittsweiser Planung hat sich die erforderliche Prognose auf die Gesamtplanung zu erstrecken.[492] Eine Alternativlösung im Sinne des Art. 6 IV FFH-RL ist nur dann gegeben, wenn sich das Planungsziel trotz ggf. hinnehmbarer Abstriche auch mit ihr erreichen lässt. Der Vorhabenträger braucht sich auf eine technisch mögliche Alternativlösung nicht verweisen zu lassen, wenn sich Art. 6 IV FFH-RL am Alternativstandort als ebenso wirksame Zulassungssperre erweist wie an dem von ihm gewählten Standort. Der Vorhabenträger darf von einer Alternativlösung Abstand nehmen, die technisch an sich machbar und rechtlich zulässig ist, ihm aber Opfer abverlangt, die außer Verhältnis zu dem mit ihr erreichbaren Gewinn für Natur und Umwelt stehen.[493]

4745 Mit § 34 III Nr. 2 BNatSchG wird Art. 6 IV FFH-RL umgesetzt. Der Begriff der Alternative ist deshalb aus der Funktion des durch Art. 4 FFH-RL begründeten Schutzregimes zu verstehen. Er steht in engem Zusammenhang mit den mit einem Vorhaben verfolgten Planungszielen. Zwar darf eine Autobahn nach der vom Gesetzgeber in § 1 I FStrG getroffenen Grundentscheidung grundsätzlich nur gebaut werden, wenn für sie ein überörtlicher Verkehrsbedarf besteht. Eine Bündelung mit anderen – lokalen oder regionalen – Zielen ist aber nicht von

[487] BVerwG NVwZ 2002, 1243; NVwZ 2001, 673; NVwZ 2000, 1171.
[488] BVerwG NVwZ 2002, 1243.
[489] BVerwG NVwZ 2002, 1103; NVwZ 2000, 1171.
[490] BVerwG NVwZ 2002, 1243.
[491] BVerwG Beschl. v. 2.10.2002 – 9 VR 11.02, juris.
[492] BVerwG NVwZ 2000, 1171.
[493] BVerwG NVwZ 2002, 1243.

vornherein ausgeschlossen.[494] Lässt sich das Planungsziel bzw. das Planungszielbündel an einem günstigeren Standort oder mit geringerer Eingriffsintensität verwirklichen, so muss der Projektträger von dieser Möglichkeit Gebrauch machen. Ein Ermessen wird ihm insoweit nicht eingeräumt. Art. 6 IV UA 1 FFH-RL bzw. § 34 III Nr. 2 BNatSchG enthalten ein strikt zu beachtendes Vermeidungsgebot. Inwieweit Abstriche von einem Planungsziel hinzunehmen sind, hängt maßgebend von seinem Gewicht und dem Grad seiner Erreichbarkeit im jeweiligen Einzelfall ab.[495] Nur gewichtige naturschutzexterne Gründe können es danach rechtfertigen, zulasten des Integritätsinteresses des durch Art. 4 FFH-RL festgelegten kohärenten Systems eine Alternativlösung auszuschließen. Der Vorhabenträger darf von einer ihm technisch an sich möglichen Alternative erst Abstand nehmen, wenn diese ihm unverhältnismäßige Opfer abverlangt oder andere Gemeinwohlbelange erheblich beeinträchtigt; hierzu zählen auch Kostengründe. Der Vorhabenträger braucht sich nicht auf eine Alternativlösung verweisen zu lassen, wenn diese auf ein anderes Projekt hinausläuft, weil die vom Vorhabenträger in zulässiger Weise verfolgten Ziele nicht mehr verwirklicht werden könnten, oder auf eine Alternative, bei der sich die naturschutzrechtlichen Schutzvorschriften als ebenso wirksame Zulassungssperre erweisen wie an dem von ihm gewählten Standort.[496]

Die Prüfung einer zumutbaren Alternative iSd § 34 III Nr. 2 BNatSchG darf auch dann, 4746
wenn auf den vorgelagerten Planungsstufen noch keine korridorübergreifende FFH-Verträglichkeitsprüfung durchgeführt werden musste, nicht auf den „Planungskorridor" beschränkt werden, sondern hat – unter summarischer Würdigung des jeweiligen Beeinträchtigungspotenzials – Trassen in Alternativkorridoren einzubeziehen.[497] Eine Stadtautobahn ist gegenüber einer Fernautobahn nicht ohne Weiteres ein „anderes Projekt", das bei der Alternativenprüfung nach Art. 6 IV UA 1 FFH-RL bzw. § 34 III Nr. 2 BNatSchG von vornherein außer Betracht bleiben darf.[498] Hat die Behörde im Planfeststellungsverfahren keine grundlegend neue Alternativenprüfung durchgeführt, so ist dies im Hinblick darauf, dass die vom Kläger bevorzugte Trassenführung bereits in einem früheren Stadium als ungeeignet ausgeschieden wurde, nicht zu beanstanden. Eine weniger geeignete Variante, kann die Behörde schon aufgrund einer Grobanalyse in einem früheren Stadium ausscheiden.[499] In der Alternativenprüfung, die einer Abweichungsentscheidung vorauszugehen hat, brauchen Planungsalternativen nur so weitgehend ausgearbeitet und untersucht zu werden, dass sich einschätzen lässt, ob sie für – prioritäre oder nicht prioritäre – FFH-Schutzgüter ein erhebliches Beeinträchtigungspotenzial bergen.[500] Alternativen scheiden ebenfalls aus, wenn sie einen unvertretbaren Eingriff in andere Fachplanungen bedeuten. Die eisenbahnrechtliche Zweckbindung von Bahnanlagen stellt dabei ein in der fernstraßenrechtlichen Planfeststellung unüberwindbares Planungshindernis dar, das es ausschließt, die der Bindung unterliegenden Bahnflächen für das geplante Straßenbauvorhaben in Anspruch zu nehmen.[501]

c) Kohärenzmaßnahmen. Bei unverträglichen Eingriffen sind die notwendigen Aus- 4747
gleichsmaßnahmen zu ergreifen, um sicherzustellen, dass die globale Kohärenz von Natura 2000 geschützt ist. Der Mitgliedstaat unterrichtet die Kommission über die von ihm ergriffenen Ausgleichsmaßnahen. Durch die Kohärenzmaßnahmen soll trotz der Eingriffe in das FFH- oder Vogelschutzgebiet das kohärente Netz Natura 2000 gewahrt werden. Dabei können auch naturschutzrechtliche Kompensationsmaßnahmen, die nach §§ 15 II, 16 BNatSchG erforderlich sind, als Kohärenzmaßnahmen berücksichtigt werden. Die Maßnahmen zur Sicherung des Zusammenhangs des Netzes Natura 2000 müssen nicht stets bereits zum Zeitpunkt der Genehmigung erheblicher Beeinträchtigungen eines FFH-Gebiets wirksam sein.[502]

---

494 BVerwG NVwZ 2002, 1243.

495 BVerwG NVwZ 2009, 910 Rn. 62; Urt. v. 16.7.2007 – 4 B 71.06, juris Rn. 42.

496 BVerwG NVwZ 2013, 1218; BVerwGE 145, 40 Rn. 70; BVerwG NVwZ 2014, 714, Bier NdsVBl. 2014, 233, Gellermann NuR 2014, 597.

497 BVerwG NVwZ 2013, 1218.

498 BVerwG NVwZ 2014, 714; Bier NdsVBl. 2014, 233, Gellermann NuR 2014, 597.

499 BVerwG NVwZ 2009, 302; Schübel-Pfister JuS 2009, 517; Gellermann NuR 2009, 85; Louis NuR 2009, 91; Steeck NVwZ 2009, 616.

500 BVerwG NVwZ 2008, 1238.

501 BVerwG NVwZ 2008, 1238.

502 BVerwG Beschl. v. 14.4.2011 – 4 B 77.09, juris; Beschl. 4.11.2010 – 9 B 85.09, juris; Beschl. v. 9.7.2009 – 4 C 12.07, juris; NVwZ 2008, 1238; EuGH NuR 2008, 101; siehe auch VG Cottbus ZfB 2022, 21 = juris Rn. 88.

4748 Wird ein Projekt nach § 34 III und 4 BNatSchG zugelassen, sind nach § 34 V BNatSchG die zur Sicherung des Zusammenhangs des Netzes Natura 2000 notwendigen Maßnahmen vorzusehen. Die durch die Beeinträchtigung entstehende Funktionseinbuße im FFH-Gebiet ist durch Maßnahmen, die zu dem Projekt hinzutreten, zu kompensieren. Die Ausgestaltung der Kohärenzsicherungsmaßnahmen hat sich funktionsbezogen an der jeweiligen Beeinträchtigung auszurichten, derentwegen sie ergriffen wird.[503] Sie muss die beeinträchtigten Lebensräume und Arten in vergleichbaren Dimensionen erfassen, sich auf die gleiche biogeographische Region im gleichen Mitgliedstaat beziehen und Funktionen vorsehen, die mit den Funktionen, aufgrund deren die Auswahl des ursprünglichen Gebiets begründet war, vergleichbar sind.[504] Zu den Maßnahmen gehören die Wiederherstellung oder die Verbesserung des verbleibenden Lebensraums oder die Neuanlage eines Lebensraums, der in das Netz Natura 2000 einzugliedern ist. Der Ausgleich zur Kohärenzsicherung muss nicht notwendig unmittelbar am Ort der Beeinträchtigung erfolgen; es reicht vielmehr aus, dass die Einbuße ersetzt wird, die das Gebiet hinsichtlich seiner Funktion für die biogeographische Verteilung der beeinträchtigten Lebensräume und Arten erleidet. In zeitlicher Hinsicht muss zumindest sichergestellt sein, dass das Gebiet unter dem Aspekt des beeinträchtigten Erhaltungsziels nicht irreversibel geschädigt wird.[505] Ist das gewährleistet, lässt sich die Beeinträchtigung aber – wie im Regelfall – nicht zeitnah ausgleichen, so ist es hinnehmbar, wenn die Kohärenzsicherungsmaßnahmen rechtzeitig bis zur Vollendung des Vorhabens ergriffen, die Funktionseinbußen hingegen erst auf längere Sicht wettgemacht werden.

4749 Die Eignung einer Kohärenzsicherungsmaßnahme ist ausschließlich nach **naturschutzfachlichen Maßstäben** zu beurteilen. An die Beurteilung sind weniger strenge Anforderungen zu stellen als an diejenigen der Eignung von **Schadensvermeidungs- und Minderungsmaßnahmen**. Während für letztere der volle Nachweis ihrer Wirksamkeit zu fordern ist, weil sich nur so die notwendige Gewissheit über die Verträglichkeit eines Plans oder Projekts gewinnen lässt, genügt es für die Eignung einer Kohärenzsicherungsmaßnahme, dass nach aktuellem wissenschaftlichen Erkenntnisstand eine hohe Wahrscheinlichkeit ihrer Wirksamkeit besteht. Anders als bei der Schadensvermeidung und -minderung geht es bei der Kohärenzsicherung typischerweise darum, Lebensräume oder Habitate wiederherzustellen oder neu zu entwickeln. Dieser Prozess ist in aller Regel mit Unwägbarkeiten verbunden. Deshalb lässt sich der Erfolg der Maßnahme nicht von vornherein sicher feststellen, sondern nur prognostisch abschätzen. Würde man gleichwohl die Gewissheit des Erfolgseintritts fordern, müsste eine positive Abwägungsentscheidung regelmäßig am Kohärenzerfordernis scheitern. Das widerspräche dem Regelungszweck des Art. 6 IV UA 1 FFH-RL. Schon mit Rücksicht auf den prognostischen Charakter der Eignungsbeurteilung verfügt die Planfeststellungsbehörde bei der Entscheidung über Kohärenzsicherungsmaßnahmen über eine naturschutzfachliche Einschätzungsprärogative. Das Gericht hat seine Prüfung insoweit auf eine Vertretbarkeitskontrolle zu beschränken. Um sie vornehmen zu können, muss die Eingriffs- und Kompensationsbilanz im Planfeststellungsbeschluss nachvollziehbar offengelegt werden. Dafür genügt eine verbal-argumentative Darstellung, sofern sie rational nachvollziehbar ist und erkennen lässt, ob der Bilanzierung naturschutzfachlich begründbare Erwägungen zugrunde liegen[506]

4750 Die Abgrenzung von **Vermeidungs- und Verminderungsmaßnahmen**, die bereits bei der Verträglichkeitsprüfung zu berücksichtigen sind, und den Kohärenzmaßnahmen wird vom EuGH eher streng gehandhabt. In der Verträglichkeitsprüfung sind solche in das Projekt aufgenommene Maßnahmen zu berücksichtigen, mit denen unmittelbar verursachte schädliche Auswirkungen auf ein Natura-2000-Gebiet verhindert oder verringert werden, nicht dagegen solche Maßnahmen, mit denen schädliche Auswirkungen auf das Gebiet nur ausgeglichen werden sollen. Lassen sich die positiven Auswirkungen der künftigen Schaffung eines neuen Lebensraums, der den Verlust an Fläche und Qualität desselben Lebensraumtyps in einem Schutzgebiet ausgleichen soll, nur schwer vorhersehen und wird vielfach erst mit geraumer zeitlicher Verzögerung erkennbar sein, handelt es sich nicht um Schadensminderungs- sondern Kompensationsmaßnahmen. Denn nach Auffassung des EuGH soll verhindert werden, dass die Behörde

---

503 BVerwG NVwZ 2023, 671 = juris Rn, 159; BVerwGE 145, 40 Rn. 82; BVerwGE 158, 1 Rn. 418.

504 EU-Kommission, Natura 2000 – Gebietsmanagement – Die Vorgaben des Artikels 6 der Habitat-Richtlinie 92/43/EWG, 2000, S. 49.

505 BVerwG DVBl. 2007, 706, m. Anm. Stüer DVBl. 2007, 1147.

506 BVerwG NVwZ 2014, 714; Bier NdsVBl. 2014, 233, Gellermann NuR 2014, 597.

mit Maßnahmen, die in Wirklichkeit Ausgleichsmaßnahmen entsprechen, das spezifische Verfahren des Art. 6 IV FFH-RL umgeht.[507]

Beispiel: Eine **Fischtreppe** stellt daher eine bloße Ausgleichsmaßnahme dar, wenn sie nicht verhindert, dass ein Teil der Fische und des Fischlaichs im Zuge der Durchlaufkühlung zu Schaden kommt. Eine Schadensminderungs- bzw. Schutzmaßnahme im eigentlichen Sinne ist sie nur, wenn die Stabilität der Fischpopulationen in den stromauf gelegenen Schutzgebieten der Elbe gesichert wird, indem anderen – zu den jeweiligen Populationen gehörenden – Fischen in größerer Anzahl der Aufstieg ermöglicht wird.[508] Maßnahmen zur Umsiedlung von Arten mit einem kleinen Aktionsradius **(Kammmolch)** können bereits im Rahmen der Verträglichkeitsprüfung zu berücksichtigende Schadensvermeidungsmaßnahmen darstellen, wenn die funktionelle Verbindung zu einer Fortpflanzungs- oder Ruhestätte erhalten bleibt und diese nach Durchführung der Maßnahmen mindestens die gleiche (oder eine größere) Ausdehnung und eine gleiche (oder bessere) Qualität für die zu schützende Art hat. Bei der nach Art. 1 e) FFH-RL vorzunehmenden Prüfung der Auswirkungen eines Projekts auf die charakteristischen Arten eines Lebensraumtyps ist zu untersuchen, ob der Erhaltungszustand der Arten gerade in den Lebensraumtypen, für die sie charakteristisch sind, günstig bleibt.[509]

Die Ausgestaltung von Kohärenzsicherungsmaßnahmen nach Art. 6 IV UA 1 FFH-RL hat sich funktionsbezogen an der erheblichen Beeinträchtigung auszurichten, derentwegen sie ergriffen werden. Der Funktionsbezug ist das maßgebliche Kriterium nicht nur zur Bestimmung von Art und Umfang der Kohärenzsicherungsmaßnahmen, sondern auch zur Bestimmung des notwendigen räumlichen und zeitlichen Zusammenhangs zwischen der Gebietsbeeinträchtigung und den Maßnahmen. Für die Eignung einer Kohärenzsicherungsmaßnahme genügt es, dass nach aktuellem wissenschaftlichen Erkenntnisstand eine hohe Wahrscheinlichkeit ihrer Wirksamkeit besteht. 4751

Die gezielte Wiederherstellung tiefreichend geschädigter Flächen von FFH-rechtlich geschützten Lebensraumtypen oder von Habitaten geschützter Arten kann jedenfalls dann eine Maßnahme der Kohärenzsicherung darstellen, wenn Maßnahmen gemäß den Vorgaben des Art. 6 I und 2 FFH-RL noch nicht in einem Managementplan oder in vergleichbaren Plänen bestimmt sind. 4752

Bei der Entscheidung über Kohärenzsicherungsmaßnahmen verfügt die Planfeststellungsbehörde über eine **naturschutzfachliche Einschätzungsprärogative**.[510] Die Regelung von Einzelheiten des Kohärenzausgleichs kann einem ergänzenden Planfeststellungsbeschluss vor allem dann vorbehalten bleiben, wenn die Durchführung der notwendigen Kohärenzsicherungsmaßnahmen nicht ungewiss ist. Eingriffe in Natur und Landschaft können auch auf Flächen zulässig sein, auf denen Beeinträchtigungen von Natur und Landschaft durch einen an anderer Stelle vorgenommenen Eingriff auszugleichen sind.[511] 4753

d) Beteiligung der EU-Kommission. Werden prioritäre Arten oder Biotope in Mitleidenschaft gezogen, so ist vor Zulassung des Eingriffs die EU-Kommission zu beteiligen. Die Kommissionsbeteiligung ist nicht bereits dann erforderlich, wen in dem schützenswerten Gebiet prioritäre Arten oder Lebensraumtypen vorhanden sind, sondern erst dann, wenn prioritäre Arten oder Lebensraumtypen konkret betroffen und in Mitleidenschaft gezogen sind. Eine Stellungnahme der Kommission gemäß Art. 6 IV UA 2 FFH-RL ist nicht bereits dann einzuholen, wenn in einem FFH-Gebiet ein prioritärer Lebensraumtyp lediglich vorhanden ist.[512] Vielmehr ist eine Kommissionsbeteiligung erst dann erforderlich, wenn geschützte prioritäre Arten oder Lebensraumtypen nach der FFH-RL in Mitleidenschaft gezogen werden.[513] Bei der Verträglichkeitsprüfung sind auch Summationswirkungen zu berücksichtigen. Die Verträglichkeitsprüfung ist demnach auch auf solche Beeinträchtigungen der Erhaltungsziele eines Gebiets von gemeinschaftlicher Bedeutung oder eines Europäischen Vogelschutzgebiets zu erstrecken, die sich durch Pläne und Projekte im Zusammenwirken mit anderen Plänen und Projekten 4754

507 EuGH Urt. v. 15.5.2014 – Rs. C-521/12 -.

508 BVerwG NuR 2014, 785.

509 BVerwG NVwZ 2013, 1218.

510 BVerwG NVwZ 2008, 1238; Urt. v. 27.6.2013 – 4 C 1/12, juris; Urt. v. 28.4.2016 – 9 A 9.15, juris Rn. 128, 132; OVG Schleswig Urt. v. 13.12.2023 – 4 KS 2/22, juris Rn. 111.

511 BVerwG NVwZ 2005, 1422.

512 So in der Tendenz noch BVerwG DVBl. 2007, 706, m. Anm. Stüer DVBl. 2007, 1147.

513 BVerwG NVwZ 2010, 123.

ergeben können. Dazu müssen die Auswirkungen der anderen Pläne und Projekte und damit das Ausmaß der Summationswirkung jedoch verlässlich absehbar sein. Das ist im Fall eines Projektes wie dem Vorhaben der Errichtung und des Betriebs einer Windkraftanlage grundsätzlich erst dann der Fall, wenn die hierfür erforderliche Genehmigung erteilt ist.[514] Ein Projekt, das „in Zusammenwirkung" mit dem Vorhaben ein FFH-Gebiet tatsächlich erheblich beeinträchtigen kann, ist auch dann nach Art. 6 III 1 FFH-RL einer Verträglichkeitsprüfung zu unterziehen, wenn es in größerer Entfernung zu dem Vorhaben durchgeführt wird. Es hängt von den konkreten Umständen des Einzelfalles ab, wie nahe verschiedene Projekte räumlich beieinander liegen müssen, um in diesem Sinne ein geschütztes Gebiet „in Zusammenwirkung" erheblich beeinträchtigen zu können.[515] Ob sich die gebotene Gewissheit von Summationswirkungen schon zu einem früheren Zeitpunkt ergeben kann, ist bisher noch nicht abschließend geklärt.[516]

4755 e) **Summationswirkungen.** Bei der Verträglichkeitsprüfung sind auch Summationswirkungen zu berücksichtigen.[517] Die Verträglichkeitsprüfung ist demnach auch auf solche Beeinträchtigungen der Erhaltungsziele eines Gebiets von gemeinschaftlicher Bedeutung oder eines Europäischen Vogelschutzgebiets zu erstrecken, die sich durch Pläne und Projekte im Zusammenwirken mit anderen Plänen und Projekten ergeben können. Dazu müssen die Auswirkungen der anderen Pläne und Projekte und damit das Ausmaß der Summationswirkung jedoch verlässlich absehbar sein. Das ist im Fall eines Projektes wie dem Vorhaben der Errichtung und des Betriebs einer Windkraftanlage grundsätzlich erst dann der Fall, wenn die hierfür erforderliche Genehmigung erteilt ist.[518] Ein Projekt, das „in Zusammenwirkung" mit dem Vorhaben ein FFH-Gebiet tatsächlich erheblich beeinträchtigen kann, ist auch dann nach Art. 6 III 1 FFH-RL einer Verträglichkeitsprüfung zu unterziehen, wenn es in größerer Entfernung zu dem Vorhaben durchgeführt wird. Es hängt von den konkreten Umständen des Einzelfalles ab, wie nahe verschiedene Projekte räumlich beieinander liegen müssen, um in diesem Sinne ein geschütztes Gebiet „in Zusammenwirkung" erheblich beeinträchtigen zu können.[519]

4756 Die Verträglichkeitsprüfung hat Beeinträchtigungen der Erhaltungsziele eines FFH-Gebiets einzubeziehen, die sich durch ein Zusammenwirken mit anderen Plänen oder Projekten ergeben können. Dazu müssen die Auswirkungen der anderen Pläne oder Projekte und damit das Ausmaß der Summationswirkung aber verlässlich absehbar sein. Das ist grundsätzlich erst dann der Fall, wenn die hierfür erforderliche Zulassung erteilt ist. An der gebotenen Gewissheit fehlt es, wenn bei Erlass des Planfeststellungsbeschlusses noch nicht absehbar ist, ob und wann das weitere Projekt realisiert werden wird. Das ist in der Regel der Fall bei Straßen, die im Bedarfsplan für Bundesfernstraßen als Straße des „weiteren Bedarfs" dargestellt sind.[520] Bei der Prüfung einer erheblichen Beeinträchtigung müssen kumulative Wirkungen nicht berücksichtigt werden, wenn bereits das Projekt für sich genommen die Erheblichkeitsschwelle überschreitet. Diese Auffassung steht mit dem Wortlaut des Art. 6 III 1 FFH-RL, wonach Projekte, die geeignet sind, ein Schutzgebiet „einzeln oder in Zusammenwirkung mit anderen Plänen und Projekten" erheblich zu beeinträchtigen, einer Verträglichkeitsprüfung zu unterziehen sind, und dem Zweck der Regelung offensichtlich in Einklang.

4757 Andere Pläne und Projekte sind dann in die Verträglichkeitsprüfung (Summationsprüfung) nach § 34 I 1 BNatSchG einzubeziehen, wenn ihre Auswirkungen und damit das Ausmaß der Summationswirkung verlässlich absehbar sind. Das ist grundsätzlich nicht schon mit Einreichung prüffähiger Unterlagen oder der Auslegung der Unterlagen, sondern erst dann der Fall, wenn die erforderlichen Zulassungsentscheidungen erteilt sind.[521] Der vorhabenbezogene Abschneidewert für eutrophierende Stickstoffeinträge in Höhe von 0,3 kg N/(ha*a) bedarf auch im Hinblick auf Summationswirkungen mehrerer Vorhaben keiner Korrektur.[522] Eine Rück-

[514] BVerwG NVwZ 2008, 1238.
[515] BVerwG NVwZ 2009, 320.
[516] BVerwG BRS 80 Nr. 123 (2000-2013).
[517] BVerwG NVwZ 2021, 1295 = juris Rn. 29; BVerwGE 166, 1 = juris Rn. 70; OVG Magdeburg Urt. v. 19.12.2023 – 2 L 74/19, juris Rn. 113.
[518] BVerwG NVwZ 2008, 1238.
[519] BVerwG NVwZ 2009, 320.
[520] BVerwG NuR 2012, 125.
[521] BVerwG BRS 80 Nr 123 (2000-2013); BVerwGE 158, 1 Rn. 219.
[522] BVerwG NVwZ 2019, 1597; Schenk NVwZ 2019, 1804.

beziehung der Summationsprüfung auf den Zeitpunkt der Unterschutzstellung der FFH-Gebiete ist in der Regel nicht geboten.[523]

Zwar muss die Verträglichkeitsprüfung bei der Ermittlung, ob von einem Projekt oder Plan erhebliche Beeinträchtigungen ausgehen, kumulative Wirkungen berücksichtigen, die sich aus dem Zusammenwirken mit anderen Projekten ergeben. Kumulative Effekte müssen in die Prüfung allerdings nicht einbezogen werden, wenn bereits aufgrund der von dem Projekt selbst ausgehenden Wirkungen eine erhebliche Beeinträchtigung zu bejahen ist.[524] Zweck der kumulativen Betrachtung im Rahmen der Erheblichkeitsprüfung ist es, zu verhindern, dass aus für sich genommen geringen Auswirkungen durch Zusammenwirkung mit anderen eine erhebliche Auswirkung erwächst. Hierdurch soll eine schleichende Beeinträchtigung durch nacheinander genehmigte, jeweils für sich genommen das Gebiet nicht erheblich beeinträchtigende Projekte verhindert werden[525]. Für die Aktivierung der Verbotsfolge des Art. 6 III 2 FFH-RL genügt es aber bereits, wenn das Projekt für sich allein genommen die Erheblichkeitsschwelle überschreitet. Der Vorhabenträger kann das Projekt dann nicht ohne Durchführung einer Ausnahmeprüfung nach Art. 6 IV FFH-RL durchführen. Im Rahmen dieser Prüfung sind bei der Ermittlung des betroffenen Integritätsinteresses und der zu ergreifenden Ausgleichsmaßnahmen etwaige kumulative Effekte zu betrachten.[526] 4758

f) Mängel der Verträglichkeitsprüfung in der Abweichungsentscheidung. Bei Eingriffen in die vorgenannten Schutzgüter hat es sich eingebürgert, neben der Prüfung der Verträglichkeit mit den Erhaltungszielen des Schutzgebietes vorsorglich eine Abweichungsprüfung vorzunehmen, bei denen in einem gewissen Umfang erhebliche Beeinträchtigungen bzw. die Erfüllung von Verbotstatbeständen unterstellt wird.[527] Das kann insbesondere dann gelten, wenn sich ein atypischer Geschehensablauf nicht sicher ausschließen lässt oder beim Artenschutz Risiken bestehen können, die zur Erfüllung von Verbotstatbeständen führen könnten.[528] Das schwächt keinesfalls die Überzeugungskraft der Verträglichkeitsprüfung und ist auch dann unschädlich, wenn sich das Vorhaben am Ende als verträglich erweist und die doppelte Sicherheit einer Abweichungsprüfung nicht benötigt wird.[529] Natürlich muss auch eine hilfsweise durchgeführte Ausnahme- oder Abweichungsprüfung den rechtlichen Anforderungen genügen. Vorsorglich durchgeführte Abweichungsprüfungen sind nicht generell unzulässig. Vielmehr kann es sich in Zweifelsfällen durchaus empfehlen, trotz der voraussichtlich bestehenden Verträglichkeit des Vorhabens vorsorglich eine Abweichungsprüfung anzuschließen. Hierzu hat das BVerwG im Beschluss zur **Hochmoselquerung** folgende Grundsätze aufgestellt: Die fehlerhafte Annahme der Planfeststellungsbehörde, ein Vorhaben sei mit den Erhaltungszielen eines FFH-Gebiets verträglich, schlägt auf eine hilfsweise getroffene Abweichungsentscheidung iSd Art. 6 IV FFH-RL ausnahmsweise dann nicht durch, wenn die Behörde die tatsächlich in Rechnung zu stellenden Beeinträchtigungen im Wege der Wahrunterstellung qualitativ und quantitativ zutreffend zugrunde gelegt hat. Es können dann im Wege einer „Worst-Case-Betrachtung" hilfsweise die qualitativ und quantitativ in Rechnung zu stellenden Beeinträchtigungen und ihre Erheblichkeit unterstellt und der Abwägung zugrunde gelegt werden.[530] 4759

g) Mangelnde Kausalität. In Fortentwicklung der bereits im Urteil zur Eifelautobahn (A 60)[531] aufgestellten Grundsätze hält das BVerwG auch im Bereich der Abweichungsprüfung an dem Erfordernis der Kausalität eines Fehlers für das Ergebnis fest. Mängel der Abweichungsprüfung sind in entsprechender Anwendung des § 75 I a VwVfG danach unerheblich, wenn sie sich auf das Prüfungsergebnis nicht ausgewirkt haben können. Sind in einem FFH-Gebiet nur nicht prioritäre Lebensraumtypen oder Arten erheblich beeinträchtigt, während prioritäre Lebensraumtypen oder Arten nicht beeinträchtigt werden können, so können auch ohne vorherige Kommissionsbeteiligung Allgemeinbelange der Verkehrssicherheit und des Umweltschutzes bei der Beurteilung eines Abweichungsgrundes iSd Art. 6 IV UA 1 FFH-RL zumin- 4760

---

523 BVerwG NVwZ 2019, 1597; Schenk NVwZ 2019, 1804.
524 EuGH NuR 2012, 42.
525 BVerwG DVBl. 2012, 1568, Stüer NVwZ-RR 2012, 922.
526 BVerwG UPR 2014, 387.
527 Zum Folgenden Stüer DVBl. 2014, 1273.
528 BVerwG DVBl. 2009, 259; DVBl. 2010, 395; DVBl. 2012, 34.
529 BVerwG DVBl. 2012, 443 m. Anm. Stüer/Bergt.
530 BVerwG NVwZ 2008, 1115.
531 BVerwG DVBl. 1996, 677; BVerwGE 122, 207; Stüer/Hönig DVBl. 2004, 481

dest ergänzend berücksichtigt werden.[532] Verstöße gegen zwingende Vorschriften des nationalen oder unionsrechtlichen Naturschutzrechts, namentlich des Habitats- und Vogelschutzes, können dann nicht zu einer Aufhebung des Planfeststellungsbeschlusses führen, wenn die Planung lediglich an Mängeln leidet, die für die Sachentscheidung nicht von Einfluss gewesen sind.[533]

4761 **h) Nachträgliche Vollzugsanpassung.** Eine Übereinstimmung mit Europarecht kann durch nachträgliche Vollzugsanpassung hergestellt werden. Denn weder EG-Recht noch nationales Recht beinhalten einen Rechtssatz des Inhalts, dass ein mit dem Vollzug einer Neuregelung des nationalen Rechts einhergehender Verstoß gegen Europarecht bis zur Aufhebung des nationalen Rechtsakts fortdauert.[534]

4762 **i) Ergänzendes Verfahren.** Ein Verstoß gegen die Vogelschutz-RL kann in einem ergänzenden Verfahren nach § 17 VIc FStrG behoben werden, indem die Voraussetzungen für den Wechsel in das Schutzregime der Habitat-RL geschaffen und die Schutz- und Ausnahmebestimmungen des Art. 6 III und IV FFH-RL bzw. des § 34 BNatSchG nachträglich angewandt werden.[535]

8. Rechtsschutz

4763 EU-Richtlinien sind zwar in erster Linie an die Mitgliedstaaten gerichtet und bedürfen einer Umsetzung in das nationale Recht. Das europäische Richtlinienrecht kann allerdings auch unmittelbar zugunsten des Bürgers wirken, wenn die Umsetzungsfristen abgelaufen sind und das Gemeinschaftsrecht entsprechend aussagekräftig ist. Das wird von der Rechtsprechung auch für die FFH-RL und VS-RL angenommen.[536] Zutreffend wird erläutert, dass das Habitatschutzrecht eine klassische Domäne des Verbandsklagerechts ist.[537] Anerkannte Umweltvereinigungen können losgelöst von einer möglichen Rechtsverletzung die Missachtung von Vorschriften des Habitatschutzrechts vor Gericht rügen. Drittschutz zugunsten Privater vermittelt § 34 BNatSchG nicht. Projektträger können jedoch in verschiedenen Fallgestaltungen Rechtsschutz beanspruchen.

4764 **a) Verbandsklagen.** Umweltvereinigungen können eine Beachtung der Vorgaben des § 34 BNatSchG im Rahmen der nach § 1 UmwRG gegebenen Klagemöglichkeiten beanspruchen. Die FFH-RL und die VS-RL machen selbst keine Aussage zu den Klagerechten anerkannter Naturschutzverbände.[538] Klagerechte ergeben sich jedoch aus § 64 BNatSchG[539] und aus § 2 UmwRG, wobei beide Klagemöglichkeiten parallel bestehen, es sei denn, aus § 1 III UmwRG ergibt sich etwas anderes, wonach die Anwendung des § 64 BNatSchG für Planfeststellungsverfahren ausgeschlossen ist, die unter § 1 I 1 Nr. 1, 2 und 5 UmwRG fallen.[540]

4765 **b) Projektträger und Eigentumsbetroffene.** Gegen die Auswahl und Meldung von FFH-Gebieten gibt es keinen vorbeugenden Rechtsschutz vor deutschen Verwaltungsgerichten.[541] Es fehlt insoweit sowohl an einem feststellungsfähigen Rechtsverhältnis als auch an dem erforderlichen qualifizierten Rechtsschutzinteresse.[542]

4766 Gegen die förmliche Unterschutzstellung eines Europäischen Vogelschutz- oder FFH-Gebiets kommt jedoch eine Normenkontrolle nach § 47 VwGO, soweit landesrechtlich zugelas-

---

532 BVerwG NVwZ 2008, 1238.

533 BVerwG NuR 2012, 710.

534 BVerwG AbfallR 2009, 92 – Europarechtswidrigkeit der Verpackungsverordnung.

535 BVerwG NVwZ 2004, 1114.

536 BVerwGE 107, 1; NVwZ 2002, 1243.

537 Frenz in Frenz/Müggenborg, BNatSchG, 2021, § 34 Rn. 195.

538 BVerwG NVwZ 1997, 491 (493); Kause in Hoppenberg/de Witt, Handbuch des öffentlichen Baurechts, 2022, Naturschutz Rn. 915.

539 Die Bundesregierung beabsichtigt ausweislich eines Referentenentwurfs mit Stand vom 30.4.2024 § 64 BNatSchG aufzuheben und die Regelungsinhalte des bisherigen § 64 BNatSchG in den Katalog des § 1 I 1 Satz 1 UmwRG als neue Nr. 5a zu überführen.

540 Kause in Hoppenberg/de Witt, Handbuch des öffentlichen Baurechts, 2022, Naturschutz Rn. 915; Leppin in Lütkes/Ewer BNatSchG, 2018, § 64 Rn. 1.

541 Hünnekens in Johlen/Oerder, Verwaltungsrecht, 2023, § 11 Rn. 125; OVG Lüneburg NuR 2000, 711; OVG Bremen NuR 2005, 654; BVerwG 7 NuR 2006, 572. Frenz in Müggenborg/Frenz, BNatSchG, 2021, § 32 Rn. 27.

542 OVG Münster NuR 2003, 706.

sen, und einer Inzidentkontrolle im Rahmen einer verwaltungsgerichtlichen Anfechtungs-, Verpflichtungs- oder Feststellungsklage in Betracht. In solchen Verwaltungsstreitverfahren ist zu prüfen, ob bei der Auswahl des betreffenden Gebietes, seiner Aufnahme in die Gemeinschaftsliste und bei der Festsetzung der hierauf bezogenen Erhaltungsziele und Schutzanordnungen die zwingenden Vorgaben der Vogelschutz- bzw. FFH-Richtlinie beachtet und fehlerfrei angewandt wurden. Dabei ist das mitgliedstaatliche Auswahlermessen zu berücksichtigen. Allerdings darf das Verwaltungsgericht, sollte es zu der Feststellung gelangen, die Gebietsauswahl sei nicht in Übereinstimmung mit dem Europarecht erfolgt, eine Schutzgebietsverordnung aus diesem Grunde nicht unmittelbar selbst für nichtig erklären, sondern es muss das Verfahren zunächst aussetzen und eine Vorabentscheidung des EuGH einholen.[543]

Die Bestimmungen einer Schutzgebietsverordnung dienen grundsätzlich ausschließlich den in den einschlägigen Ermächtigungsnormen des Naturschutzrechts genannten öffentlichen Interessen. Sie dienen insbesondere nicht den privaten Interessen der Grundstückseigentümer im Schutzgebiet. Daher kann ein drittbetroffener Nachbar durch eine einem anderen Eigentümer erteilte Befreiung von den Verbotsvorschriften nicht in eigenen subjektiv-öffentlichen Rechten verletzt sein.[544] 4767

Der **enteignungsbetroffene Grundstückseigentümer** kann sich auf die gemeinschaftsrechtlichen Vorgaben bzw. die artenschutzrechtlichen Vorschriften des BNatSchG in ihrer Eigenschaft als öffentliche Interessen berufen, wenn durch deren Verletzung sein Grundstück in Anspruch genommen wird, bei ihrer Beachtung jedoch verschont bliebe.[545] Entscheidend ist, dass eine naturschutzrechtliche Vorschrift missachtet wurde, welche ursächlich für die Eigentumsinanspruchnahme ist. Haben die Mängel hingegen keinen Einfluss auf die Entscheidung oder sind sie durch Planergänzung zu beheben, begründen sie keinen Anspruch auf Aufhebung.[546] 4768

Verlangt die zuständige Behörde, zur Prüfung der Verträglichkeit erforderliche Unterlagen vorzulegen, obwohl es für das Projekt keiner Verträglichkeitsprüfung nach § 34 BNatSchG bedarf, kann der Projektträger bei Weigerung, solche Unterlagen vorzulegen und nach Erteilung eines Ablehnungsbescheids Verpflichtungsklage in der Form einer Bescheidungsklage erheben. Ein isolierter Rechtsstreit um das Erfordernis einer Verträglichkeitsprüfung ist hingegen unzulässig, weil es sich bei der Aufforderung der Behörden zur Vorlage der für die Verträglichkeitsprüfung erforderlichen Unterlagen um eine einer isolierten Anfechtung nach § 44a VwGO entzogene Verfahrenshandlung handelt.[547] 4769

Lehnt die zuständige Behörde den Zulassungsantrag ab, weil die Voraussetzungen für eine zur Realisierung des Projekts erforderlichen Abweichung nicht vorliegen, kann der Projektträger Verpflichtungsklage mit der Begründung erheben, dass die Voraussetzungen nach § 34 III BNatSchG für eine Abweichung vorliegen. 4770

Ob die **FFH-Verträglichkeitsprüfung** nach besten wissenschaftlichen Erkenntnissen vorgenommen wurde, unterliegt grundsätzlich der **vollen gerichtlichen Kontrolle**. Diese kann aber in bestimmten Zusammenhängen – etwa bei der Auswahl einer Untersuchungsmethode oder bei Prognosen und Schätzungen zur Überwindung wissenschaftlich nicht ausräumbarer Unsicherheiten – an funktionale Grenzen stoßen. Der Zeitpunkt des Erlasses eines Planänderungs- oder Planergänzungsbeschlusses ist für die Beurteilung einer FFH-Verträglichkeitsprüfung nur maßgeblich, soweit die Planfeststellungsbehörde ihre Entscheidung auf veränderte tatsächliche oder rechtliche Verhältnisse stützt und auf der Grundlage einer Aktualisierung der Beurteilungsgrundlagen eine Neubewertung dieser Prüfung vornimmt. Soweit die Beurteilung der Verträglichkeit nicht Gegenstand des Planänderungs- oder Planergänzungsbeschlusses ist, bleibt der Zeitpunkt des Ergehens des ursprünglichen Planfeststellungsbeschlusses maßgeblich.[548] 4771

---

543 Hünnekens in Johlen/Oerder, Verwaltungsrecht, 2023, § 11 Rn. 125.

544 Dreier in Hoppenberg/de Witt, Handbuch des öffentlichen Baurechts, 2022, Naturschutz Rn. 461.

545 BVerwG NVwZ 2008, 563 (568); NVwZ 1983, 2459 (2459); Kause in Hoppenberg/de Witt, Handbuch des öffentlichen Baurechts, 2022, Naturschutz Rn. 915.

546 BVerwG NVwZ-RR 2015, 250 (251); Kause in Hoppenberg/de Witt, Handbuch des öffentlichen Baurechts, 2022, Naturschutz Rn. 915.

547 Ewer in Lütges/Ewer, BNatSchG, 2018, § 34 Rn. 83.

548 BVerwGE 136, 291 Rn. 29; ZUR 2016, 675; BVerwG DVBl. 2018, 136; Stüer/Stüer DVBl. 2018, 1367.

VI. Vogelschutz-Richtlinie

4772 Vorgaben für den europäischen Vogelschutz sind in Art. 4 VS-RL geregelt. Danach unterliegen Gebiete, welche die fachlichen Voraussetzungen eines europäischen Vogelschutzgebietes erfüllen, einem strengen Schutzsystem. Eingriffe, mit denen sich erhebliche negative Auswirkungen verbinden, sind danach grundsätzlich unzulässig. Faktische Vogelschutzgebiete, die zwar die fachlichen Kriterien für eine Meldung erfüllen, aber bisher nicht durch die Ausweisung eines Naturschutzgebietes oder eines Landschaftsschutzgebietes oder durch eine entsprechende gesetzliche in nationales Recht umgesetzt worden sind, entfalten eine generelle Wehrfähigkeit gegenüber Eingriffen, die das Gebiet auch nur möglicherweise beeinträchtigen könnten.

4773 Die durch die VS-RL bereits geschützten Gebiete werden durch die FFH-RL Teil eines kohärenten europäischen ökologischen Netzes („Natura 2000"). Nach einer entsprechenden Anerkennung und Ausweisung eines Vogelschutzgebiets sind dann hinsichtlich des Gebietsschutzes die Regelungen des FFH-RL anzuwenden (Art. 7 FFH-RL). Nach Art. 2 VS-RL treffen die Mitgliedstaaten die erforderlichen Maßnahmen, um die Bestände aller unter Art. 1 VS-RL fallende Vogelarten auf einem Stand zu halten oder auf einen Stand zu bringen, der insbesondere den ökologischen, wissenschaftlichen und kulturellen Erfordernissen entspricht. Nach Art. 3 VS-RL treffen die Mitgliedstaaten unter Berücksichtigung der in Art. 2 VS-RL genannten Erfordernisse die erforderlichen Maßnahmen, um für alle unter Art. 1 VS-RL fallenden Vogelarten eine ausreichende Vielfalt und eine ausreichende Flächengröße der Lebensräume zu erhalten oder wiederherzustellen. Zur Erhaltung und Wiederherstellung der Lebensstätten und Lebensräume gehören insbesondere folgende Maßnahmen: Errichtung von Schutzgebieten, Pflege und ökologisch richtige Gestaltung der Lebensräume in und außerhalb von Schutzgebieten, Wiederherstellung zerstörter Lebensstätten sowie Neuschaffung von Lebensstätten. Die deutschen Behörden haben nach Art. 4 III VS-RL[549] die EU-Kommission von schützenswerten Gebieten entsprechend zu unterrichten. Im Rahmen des kohärenten Netzes **„Natura 2000"** ist eine Aktualisierung der Daten über die Schutzgebiete vorgesehen. Die VS-RL beruht auf der Erkenntnis, dass der zu verzeichnende Rückgang wildlebender Vogelarten im europäischen Gebiet der Mitgliedstaaten eine ernsthafte Gefahr für die Erhaltung der natürlichen Umwelt, insbesondere für das biologische Gleichgewicht, darstellt. Darum wird in der VS-RL der Schwerpunkt auf die Wiederherstellung einer ausreichenden Vielfalt und einer ausreichenden Flächengröße der Lebensräume gelegt. Als Maßnahme dafür werden vor allem die Errichtung von Schutzgebieten und Lebensstätten und die Wiederherstellung zerstörter Lebensräume vorgesehen.[550]

1. Gebietsauswahl

4774 Das im Allgemeinen unter der Abkürzung IBA bekannte Verzeichnis der Gebiete von großer Bedeutung für die Erhaltung der wild lebenden Vogelarten[551] enthält, obwohl es für die betreffenden Mitgliedstaaten rechtlich nicht verbindlich ist, wissenschaftliche Beweismittel für die Beurteilung der Frage, ob ein Mitgliedstaat seiner Verpflichtung nachgekommen ist, diejenigen Gebiete zu besonderen Schutzgebieten zu erklären, die zahlen- und flächenmäßig für die Erhaltung der geschützten Arten am geeignetsten sind.[552] Für ein Gebiet, das die Kriterien für eine Ausweisung als Vogelschutzgebiet erfüllt, sind besondere Schutzmaßnahmen zu treffen, die geeignet sind, das Überleben und die Vermehrung der in Anhang I der VS-RL aufgeführten Vogelarten sicherzustellen.[553]

4775 Art. 4 I 1 VS-RL bestimmt, dass in Bezug auf die in Anhang I der Richtlinie aufgeführten Arten zur Sicherung ihres Überlebens und ihrer Vermehrung in ihrem Verbreitungsgebiet besondere Schutzmaßnahmen hinsichtlich ihrer Lebensräume anzuwenden sind. Die Mitgliedstaaten sind unter anderem verpflichtet, die für die Erhaltung dieser Vogelarten zahlen- und

---

549 Art. 4 III VS-RL: Die Mitgliedstaaten übermitteln der Kommission alle sachdienlichen Informationen, so dass diese geeignete Initiativen im Hinblick auf die erforderliche Koordinierung ergreifen kann, damit die in I und die in II genannten Gebiete ein zusammenhängendes Netz darstellen, das dem Erfordernissen des Schutzes der Arten in den geografischen Meeres- und Landgebieten, in dem diese Richtlinie Anwendung findet, Rechnung trägt.

550 Kommission Zweiter Bericht über die Anwendung der RL 97/409/EWG, KOMM (93) 572.

551 Inventory of Important Bird Areas in the European Community.

552 *EuGH NVwZ 2008, 657.*

553 EuGH NVwZ 2001, 549-550; Murswiek JuS 2001, 824; Maaß ZUR 2001, 80.

flächenmäßig geeignetsten Gebiete zu besonderen Schutzgebieten zu erklären und nach Art. 4 IV 1 VS-RL geeignete Maßnahmen zu treffen, um die Verschmutzung oder Beeinträchtigung der Lebensräume in den Schutzgebieten zu vermeiden. Nach der Rechtsprechung des Europäischen Gerichtshofs setzt die Ausweisung eines Vogelschutzgebiets voraus, dass die zuständigen Behörden gestützt auf die besten verfügbaren wissenschaftlichen Erkenntnisse zu der Überzeugung gelangt sind, dass die betreffenden Flächen zu den für den Vogelschutz geeignetsten Gebieten zählen. Die besten verfügbaren wissenschaftlichen Erkenntnisse müssen zum Zeitpunkt der Gebietsauswahl gegeben sein.[554]

Dass Art. 4 VS-RL die Mitgliedstaaten verpflichtet, ein Europäisches Vogelschutzgebiet mit einem rechtlichen Schutzstatus auszustatten, der gewährleistet, dass dort die Verschlechterung der natürlichen Lebensräume und der Habitate der Arten sowie erhebliche Störungen derselben vermieden werden, begründet nicht die Befugnis, **Flugbeschränkungen** für bemannte Luftfahrzeuge über dem Boden oder Wasser nach dem BNatSchG zu erlassen. Die gebotene Bestimmtheit der gesetzlichen Zuständigkeitsordnung schließt es aus, dass verschiedene Behörden zur verbindlichen Regelung einer solchen Frage nebeneinander zuständig sind.[555] **4776**

Das Beeinträchtigungs- und Störungsverbot des Art. 4 IV 1 VS-RL ist auch dann zu beachten, wenn ein Mitgliedstaat ein Gebiet nicht zum Vogelschutzgebiet erklärt hat, obwohl dies hätte geschehen müssen. In diesem Fall erfährt das betroffene Gebiet als sog. **faktisches Vogelschutzgebiet** bis zu seiner ordnungsgemäßen Unterschutzstellung den strengen Schutz des Art. 4 IV 1 V-RL.[556] **4777**

Art. 4 I 4 VS-RL eröffnet den Mitgliedstaaten einen fachlichen **Beurteilungsspielraum** in der Frage, welche Gebiete nach ornithologischen Kriterien für die Erhaltung der zu schützenden Vogelarten „zahlen- und flächenmäßig" am geeignetsten sind. Die Eignungsfaktoren mehrerer Gebiete sind hierbei vergleichend zu bewerten. Gehört ein Gebiet danach zu den „geeignetsten" Gebieten, ist es zum Vogelschutzgebiet zu erklären. Dabei sind allerdings unterschiedliche fachliche Wertungen möglich; die Nichtmeldung eines Gebiets ist dann nicht zu beanstanden, wenn sie fachwissenschaftlich vertretbar ist. Die **Vertretbarkeitskontrolle** umfasst hierbei auch die **Netzbildung** in den einzelnen Ländern, hat jedoch insoweit ebenfalls den fachlichen Beurteilungsspielraum des Mitgliedstaates zu beachten. In dem Maße, in dem sich die Gebietsvorschläge eines Landes zu einem kohärenten Netz verdichten, verringert sich die richterliche Kontrolldichte. Mit dem Fortschreiten des Auswahl- und Meldeverfahrens steigen die prozessualen Darlegungsanforderungen für die Existenz eines (nicht erklärten) „faktischen" Vogelschutzgebiets, welches eine „Lücke im Netz" schließen soll. Entsprechendes gilt für die zutreffende Gebietsabgrenzung. Die gerichtliche Anerkennung eines faktischen Vogelschutzgebiets kommt im Falle eines abgeschlossenen Gebietsauswahl- und -meldeverfahrens deshalb nur in Betracht, wenn der Nachweis geführt werden kann, dass die Nichteinbeziehung des Gebiets in ein gemeldetes Vogelschutzgebiet auf sachwidrigen Erwägungen beruht. Dies gilt auch für im IBA (Important Bird Area) – Verzeichnis aufgeführte Gebiete. Während im Falle einer bis dahin unterbliebenen Gebietsmeldung eine widerlegliche Vermutung dafür spricht, dass ein im IBA-Verzeichnis aufgeführtes Gebiet ein faktisches Vogelschutzgebiet ist, greift nach einem abgeschlossenen mitgliedstaatlichen Auswahl- und Meldeverfahren umgekehrt die Vermutung, dass ein faktisches Vogelschutzgebiet außerhalb des gemeldeten Vogelschutzgebiets nicht existiert. Eine Widerlegung ist insoweit nur durch den Nachweis sachwidriger Erwägungen bei der Gebietsabgrenzung möglich.[557] **4778**

An die Behauptung, es gebe ein faktisches Vogelschutzgebiet bzw. die Abgrenzung eines noch auszuweisenden Vogelschutzgebiets sei aus ornithologischer Sicht nicht vertretbar, sind angesichts des fortgeschrittenen Standes des Melde- und Gebietsausweisungsverfahrens besondere und gesteigerte Anforderungen zu stellen.[558] Ein Mitgliedstaat ist nicht berechtigt, bei der **4779**

[554] EuGH Urt. v. 13.12.2007 – C-418/04, juris Rn. 63; BVerwG Beschl. v. 13.6.2022 – 7 B 10/21, juris Rn. 11.

[555] BVerwG NVwZ 2023, 1071 = juris Rn. 19.

[556] OVG Koblenz ZNER 2023, 331 = juris Rn. 70; BVerwG Urt. v. 27.3.2014 – 4 CN 43/13, juris, Rn. 16 f. m. w. N.

[557] OVG Koblenz ZNER 2023, 331 = juris Rn. 71; BVerwG Urt. v. 27.3.2014 – 4 CN 43/13, juris, Rn. 24 f., Urt. v. 6.4.2017 – 4 A 16/16, juris, Rn.19; Beschl. v. 15.12.2022 – 4 BN 18/22, juris, Rn. 12 f.

[558] OVG Koblenz ZNER 2023, 331 = juris Rn. 71; BVerwG Beschl. v. 15.12.2022 – 4 BN 15/22, juris Rn. 12; Beschl. v. 13.3.2008 – 9 VR 9/07, juris, Rn. 16; OVG Münster Urt. v. 1.3.2021 – 8 A 1183/18, juris, Rn. 281.

Auswahl und Abgrenzung eines besonderen Schutzgebiets wirtschaftliche Erfordernisse zu berücksichtigen.[559] Das geht auch dann nicht, wenn sie zwingende Gründe des überwiegenden öffentlichen Interesses darstellen, wie sie in Art. 6 IV FFH-RL genannt sind. Diese Bestimmung hat zwar das Spektrum der Gründe, die eine Beeinträchtigung eines besonderen Schutzgebiets rechtfertigen können, durch ausdrückliche Aufnahme der Gründe sozialer oder wirtschaftlicher Art erweitert, aber für die Anfangsphase der Klassifizierung nach Art. 4 I und II VS-RL keine Änderung eingeführt, so dass die Klassifizierung als besondere Schutzgebiete in jedem Fall anhand der fachlichen Kriterien zu erfolgen hat.[560] Ein Bundesland kann das Bestehen eines faktischen Vogelschutzgebiets auch nicht dadurch ausschließen, dass es sein Gebietsauswahlverfahren für beendet erklärt.[561]

4780 Der fachliche Beurteilungsspielraum der Mitgliedstaaten bei der Auswahl der geeignetsten Gebiete bezieht sich nicht darauf, diejenigen Gebiete zu besonderen Schutzgebieten zu erklären, die nach ornithologischen Kriterien am geeignetsten erscheinen, sondern nur auf die Anwendung dieser Kriterien für die Bestimmung der Gebiete, die für die Erhaltung der betreffenden Arten am geeignetsten sind. Hat somit ein Mitgliedstaat Gegenden zu besonderen Schutzgebieten erklärt, deren Zahl und Gesamtfläche offensichtlich unter der Zahl und Gesamtfläche der Gegenden liegen, die als am geeignetsten angesehen werden, so hat der Mitgliedstaat gegen seine Verpflichtung aus Art. 4 I VS-RL verstoßen.[562] Wenn die Erklärung des betreffenden Vogelschutzgebiets im Einklang mit den Anforderungen des Europäischen Naturschutzrechts erfolgt ist, steht der Umstand, dass das Bundesland an anderer Stelle ein weiteres Vogelschutzgebiet hätte ausweisen müssen, dem Regimewechsel (Art. 7 FFH-RL) nicht entgegen.[563]

4781 Für welche Arten ein Gebiet ausgewiesen wurde, ergibt sich aus dem **Standarddatenbogen**, falls nicht andere Dokumente, zB Regelungen über das Schutzgebiet, weitergehende Erhaltungsziele dokumentieren.[564] Der Standarddatenbogen ist der Kommission zu übermitteln. Der Mitgliedstaat ist nicht verpflichtet, alle im Standarddatenbogen aufgeführten Vogelarten in die Festlegung der Erhaltungsziele für das entsprechende Gebiet einzubeziehen. Es kommt darauf an, inwieweit den Auflistungen im Standarddatenbogen die Erklärung zu entnehmen ist, dass das Gebiet gerade aufgrund bestimmter Vogelarten ausgewählt wurde. Die Erhaltungsziele eines Vogelschutzgebietes müssen nicht notwendig alle im Gebiet vorkommenden Arten nach Anhang I der Vogelschutzrichtlinie umfassen, sondern nur solche, deren Schutz die Ausweisung des Gebietes letztlich gerechtfertigt hat. Dabei kann es sich mit Blick auf Art. 4 I VS-RL nur um die für das Gebiet charakteristischen Vogelarten handeln.[565]

4782 Diese Grundsätze gelten nach der Rechtsprechung des BVerwG auch für ein zwar gemeldetes, aber nicht förmlich unter Schutz gestelltes – faktisches – Vogelschutzgebiet im Hinblick auf die Identifizierung der für die Auswahl und Meldung dieses Gebiets maßgeblichen – wertbestimmenden – Arten, hinsichtlich derer das strenge Schutzregime der Vogelschutzrichtlinie gilt. Insoweit spricht nach Abschluss des nationalen Gebietsauswahl- und -meldeverfahrens eine **Vermutung** dafür, dass der aus dem Standarddatenbogen sich ergebende Katalog der für das gemeldete Gebiet wertbestimmenden Arten vollständig und abschließend ist. Dies folgt aus dem fachlichen Beurteilungsspielraum der Mitgliedstaaten im Hinblick auf die Frage, welche Gebiete nach ornithologischen Kriterien für die Erhaltung der zu schützenden Vogelarten „zahlen- und flächenmäßig" am geeignetsten sind. Diese Frage muss stets im Hinblick auf ein mögliches Vorkommen einer oder mehrerer der in Anhang I der Vogelschutzrichtlinie aufgeführten Arten oder regelmäßig auftretender Zugvogelarten beantwortet werden. Deshalb ist eine fachlich vertretbare Nichteinbeziehung einer bestimmten Art in den Kreis der für ein gemeldetes Gebiet wertbestimmenden Arten ebenso wenig zu beanstanden, wie es die Nichtmeldung eines Gebiets ist, wenn sie fachlich vertretbar ist. In dem Maße, in dem sich die Gebietsvorschläge eines Landes zu einem kohärenten Netz verdichten, die richterliche Kontrolldichte hinsichtlich der Frage der Gebietsauswahl und -abgrenzung in der Folge verringert und die prozessualen Darlegungsanforderungen für die Behauptung eines nicht gemeldeten faktischen

---

559 VGH Mannheim Urt. v. 1.7.2021 – 5 S 1770/18, juris Rn. 48.
560 EuGH ZUR 1996, 251; Otto NJ 1998, 163; Winter ZUR 1996, 254.
561 BVerwG Beschl. v. 15.12.2022 – 4 BN 15/22, juris Rn. 12.
562 EuGH NuR 1998, 538; Iven NuR 1998, 528.
563 BVerwG NVwZ 2010, 1289.
564 BVerwG NVwZ 2022, 803 = juris Rn. 26.
565 BVerwG NVwZ 2022, 803 = juris Rn. 26; NVwZ-RR 2017, 768 Rn. 29 mwN.

Vogelschutzgebiets steigen, führt das Voranschreiten des mitgliedstaatlichen Auswahl- und Meldeverfahrens auch zu einer Steigerung der Darlegungsanforderungen für die Geltendmachung einer Unvollständigkeit einer Gebietsmeldung im Hinblick auf die für das betreffende Gebiet wertbestimmenden Arten. Nach Abschluss des Auswahl- und Meldeverfahrens greift deshalb eine Vermutung des Inhalts, dass außer den in der Gebietsmeldung angegebenen keine weiteren wertbestimmenden Arten in dem Gebiet vorhanden sind, die nur durch den Nachweis widerlegt werden kann, dass die Meldung einer Art. als wertbestimmende sachwidrig unterblieben ist.[566]

2. Erhaltungsziele und Schutzzwecke

Die Vogelschutz-Richtlinie strebt die Erhaltung **sämtlicher wildlebender Vogelarten**, die 4783
im europäischen Gebiet der Mitgliedstaaten heimisch sind, und den Schutz, die Bewirtschaftung sowie die Regulierung dieser Arten an. Allerdings lässt sich der Vogelschutz-Richtlinie nicht entnehmen, wann eine Vogelart als heimisch gilt. Nach Auffassung des EuGH schützt die Vogelschutz-Richtlinie diejenigen Vogelarten, die natürlicherweise oder gewöhnlich im europäischen Gebiet der Mitgliedstaaten leben, einschließlich jener Vögel, die sich nur vorübergehenden in einem Mitgliedstaat aufhalten.[567] Außerdem sind diejenigen wildlebenden Vogelarten geschützt, die im europäischen Gebiet eines anderen Mitgliedstaates heimisch sind, jedoch lebend oder tot in ein für sie nicht natürlicherweise oder gewöhnliches Gebiet eines Mitgliedsstaates gebracht werden oder dort gehalten oder vermarktet werden. Für Vögel, die in Gefangenschaft geschlüpft sind und aufgezogen wurden, entfaltet die Richtlinie keine Wirkung.[568] Nach Art. 2 VS-RL treffen die Mitgliedstaaten die erforderlichen Maßnahmen, um die Bestände aller im europäischen Gebiet der Mitgliedstaaten heimisch wildlebenden Vogelarten auf einem Stand zu halten oder auf einen Stand zu bringen, der insbesondere den ökologischen, wissenschaftlichen und kulturellen Erfordernissen entspricht, wobei den wirtschaftlichen und freizeitbedingten Erfordernissen Rechnung getragen wird. Der Vogelschutz ist daher mit anderen öffentlichen Belangen abzuwägen. In den Art. 3 ff. VS-RL folgen einige konkrete Schutzvorschriften, wie bestimmte artenschutzrechtliche Verbote, die beispielsweise das Fangen und Töten von Vögeln oder die Zerstörung ihrer Brutstätten betreffen. Darüber hinaus können die Mitgliedstaaten gem. Art. 14 VS-RL strengere Maßstäbe ergreifen.

Die Mitgliedstaaten sind verpflichtet, nach Maßgabe der in der Vogelschutz-Richtlinie ge- 4784
nannten **Kriterien** Vogelschutzgebiete auszuwählen und unter Schutz zu stellen. Art. 3 VS-RL gewährleistet ein allgemeines Schutzregime zur Erhaltung sämtlicher wildlebender Vogelarten in der Europäischen Union. Die Mitgliedstaaten haben unter Berücksichtigung der in Art. 2 genannten Erfordernisse alle „erforderlichen Maßnahmen" zur Erhaltung oder Herstellung einer ausreichenden Vielfalt und einer flächenmäßig ausreichenden Größe der Lebensräume europäischer Vogelarten zu treffen. Dazu gehört die Einrichtung von Schutzgebieten sowie die Pflege und ökologisch richtige Gestaltung der Lebensräume in und außerhalb von Schutzgebieten, die Wiederherstellung zerstörter Lebensräume sowie die Neuschaffung von Lebensstätten.

Art. 4 VS-RL enthält ein darüber hinausgehendes strengeres Schutzregime, das für besonders 4785
schützenswerte Vogelarten – wie zB vom Aussterben bedrohte, besonders empfindliche oder sehr seltene Arten – gilt. Für die in Anhang I der Vogelschutz-Richtlinie aufgeführten Arten sind besondere Schutzmaßnahmen hinsichtlich ihrer Lebensräume anzuwenden, um ihr Überleben und ihre Vermehrung in ihrem Verbreitungsgebiet sicherzustellen. Die Mitgliedstaaten erklären insbesondere die für die Erhaltung dieser Arten zahlen- und flächenmäßig geeignetsten Gebiete zu Schutzgebieten, wobei die Erfordernisse des Schutzes dieser Arten in dem geografischen Meeres- und Landgebiet, in dem die Vogelschutz-Richtlinie Anwendung findet, zu berücksichtigen sind (Art. 4 I VS-RL). Auch treffen die Mitgliedstaaten unter Berücksichtigung der Schutzerfordernisse in dem geografischen Meeres- und Landgebiet, in dem die Vogelschutz-Richtlinie anzuwenden ist, entsprechende Maßnahmen für die im Anhang I nicht aufgeführten, regelmäßig auftretenden Zugvogelarten hinsichtlich ihrer Vermehrungs- und Überwachungsgebiete sowie der Rastplätze in ihren Wanderungsgebieten. Dabei ist der Schutz der Feuchtgebiete besonders zu gewährleisten (Art. 4 II VS-RL). Aus diesen Vorschriften ergeben

566 BVerwG NVwZ 2022, 803 = juris Rn. 27.
567 EuGH, Urt. v. 8.7.1987 – Rs. 247/85, juris.
568 EuGH Urt. v. 8.2.1996 – Rs. C-149/94, juris.

sich unmittelbare Verpflichtungen der Mitgliedstaaten. Sie haben die geeignetsten Gebiete mit einem entsprechend hohen Schutzniveau auszuweisen.[569] Der Schutzstatus muss gewährleisten, dass ein Überleben und eine Vermehrung der im Anhang I aufgeführten Vogelarten sowie die Vermehrung, die Mauser und die Überwinterung der nicht in Anhang I aufgeführten, regelmäßig auftretenden Zugvogelarten sichergestellt ist.[570] Durch eine sachdienliche Information der Kommission soll eine erforderliche Koordination sichergestellt und ein zusammenhängendes Netz der Gebiete entwickelt werden (Art. 4 III VS-RL). Die Mitgliedstaaten haben für die geeignetsten Gebiete einen entsprechend hohen **Schutzstandard** sicherzustellen. Dazu reicht es nicht aus, wenn in den schützenswerten Gebieten lediglich die Jagd auf wildlebende Tiere verboten ist, im Übrigen Eingriffe in das Gebiet jedoch zulässig bleiben.[571]

4786 Damit enthält Art. 4 VS-RL im Gegensatz zu Art. 3 VS-RL, der die Ausweisung eines Schutzgebietes als mögliche Schutzmaßnahmen für Vögel darstellt, einen strengeren Schutz, der sich an die Ausweisung besonderer Schutzgebiete anknüpft.[572] Die Auswahl der Schutzgebiete und die Festlegung der Schutzprogramme sind nicht beliebig mit anderen Interessen abwägbar. Insbesondere sind bei diesen besonderen Schutzgebieten nur übergeordnete Schutzinteressen gegenüber dem Vogelschutz vorrangig, nicht jedoch einfache wirtschaftliche Interessen, wenn sie nicht zugleich übergeordnete Gemeinwohlinteressen darstellen.[573] Die Art. 3 und 4 VS-RL begründen dabei die Verpflichtung der Mitgliedstaaten, die Lebensräume als solche auf Grund ihres ökologischen Wertes zu bewahren, zu erhalten und wiederherzustellen.[574] Die Mitgliedstaaten haben bei der Unterschutzstellung der „zahlen- und flächenmäßig geeignetsten Gebiete" einen fachlichen Beurteilungsspielraum und ein fachliches Auswahlermessen.[575] Verlangt aber die Beachtung ornithologischer Kriterien die Ausweisung eines Vogelschutzgebietes, so kann sich der bestehende Ermessensspielraum auf null reduzieren.[576] Der Mitgliedstaat ist dann so zu behandeln, als habe er das Vogelschutzgebiet ausgewiesen **(faktisches Vogelschutzgebiet)**.[577] Der Schutz ist dann sogar noch strenger.

4787 Die Mitgliedstaaten treffen nach Art. 4 IV VS-RL geeignete Maßnahmen, um die Verschmutzung oder Beeinträchtigung der Lebensräume sowie die Belästigung der Vögel, sofern sich diese auf die Zielsetzungen dieses Artikels erheblich auswirken, in den in Art. 4 I und II VS-RL genannten Schutzgebieten zu vermeiden. Die Mitgliedstaaten bemühen sich ferner, auch außerhalb dieser Schutzgebiete die Verschmutzung oder Beeinträchtigung der Lebensräume zu vermeiden. Veränderungen oder Eingriffe in das Gebiet sind allerdings nicht generell unzulässig, sondern nur dann, wenn der Eingriff unverträglich ist. Dazu ist ein Eingriff mit entsprechend erheblichen Auswirkungen erforderlich. Eingriffe, die nicht zu einer erheblichen Verschmutzung oder Beeinträchtigung der Lebensräume der zu schützenden Vögel führen, sind auch in einem Vogelschutzgebiet zulässig.[578]

4788 Für Vorhaben, die in ein Vogelschutzgebiet eingreifen, ist daher eine **Verträglichkeitsprüfung** vorzunehmen. Ist die Verträglichkeitsprüfung in dem Sinne negativ, dass das Gebiet als Ganzes oder wesentliche Bestandteile des Gebietes erheblich beeinträchtigt werden, ist der Eingriff unzulässig. Er kann – allerdings ohne das Erfordernis einer Kommissionsbeteiligung – nur aus Gründen des Gebietsschutzes selbst oder zur Wahrung von Leib und Leben zugelassen werden. Wirtschaftliche Gründe können demgegenüber einen nicht verträglichen Eingriff in ein Vogelschutzgebiet nicht rechtfertigen. Projekte außerhalb eines ausgewiesenen oder faktischen Vogelschutzgebietes führen jedoch nicht zu einer Gebietsverkleinerung und sind nur dann bedeutsam, wenn von dem Vorhaben entsprechende Auswirkungen auf das Gebiet selbst ausgehen. Davon ist jedoch nur auszugehen, wenn diese Auswirkungen nachgewiesen sind.[579] Das Schutzsystem der Vogelschutz-Richtlinie ist somit hinsichtlich der Abweichungsprüfung stren-

---

[569] EuGH ZUR 1999, 148.
[570] EuGH ZUR 1999, 148; NuR 2000, 206.
[571] EuGH ZUR 1999, 148.
[572] Fisahn/Cremer NuR 1997, 268.
[573] EuGH ZUR 1995, 251; NuR 1994, 521; NuR 2000, 206.
[574] EuGH NuR 1994, 521.
[575] EuGH NuR 1991, 249; NuR 1994, 521; Feik RdU 1997, 3; Iven NuR 1996, 373.
[576] EuGH NuR 1994, 521.
[577] Fisahn/Cremer NuR 1997, 268; Freytag/Iven NuR 1995, 109; Iven NuR 1996, 373; Krämer EuGRZ 1995, 45.
[578] EuGH ZUR 1999, 148.
[579] EuGH NuR 2000, 206.

ger als der Gebietsschutz nach der FFH-RL. Während unverträgliche Eingriffe in ein Vogelschutzgebiet nur aus Gründen des Gebietsschutzes selbst oder zur Wahrung von Leib und Leben zulässig sind, kann ein unverträglicher Eingriff in ein FFH-Gebiet in der Regel auch aus wirtschaftlichen Gründen zugelassen werden.

3. Schutzpflichten

Art. 4 IV 1 VS-RL erlegt den Mitgliedstaaten die Pflicht auf, geeignete Maßnahmen zu treffen, um insbesondere die Beeinträchtigung der Lebensräume in den nach Art. 4 I VS-RL ausgewiesenen besonderen Schutzgebieten sowie in den für die Erhaltung der Wildvogelfauna geeignetsten Gebieten zu vermeiden, auch wenn diese Gebiete rechtswidrig nicht zu besonderen Schutzgebieten erklärt wurden. Folglich kann hinsichtlich dieser Gebiete ein Verstoß gegen Art. 4 IV 1 VS-RL nur dann vorliegen, wenn die betreffenden Gebiete zu den zahlen- und flächenmäßig für die Erhaltung geschützter Arten geeignetsten Gebieten im Sinne von Art. 4 I UA 4 VS-RL gehören, in dem die Kriterien für eine solche Einstufung aufgeführt sind, und wenn tatsächlich eine Beeinträchtigung der Gebiete eingetreten ist. Selbst wenn das gemeinschaftliche Beihilfesystem für die Landwirtschaft eine mit den Erhaltungsanforderungen der VS-RL vereinbare Landwirtschaft benachteiligen sollte, würde das einem Mitgliedstaat nicht erlauben, sich seinen Verpflichtungen aus der VS-RL und insbesondere aus Art. 4 IV 1 VS-RL zu entziehen. Ein Verstoß gegen Art. 4 IV VS-RL durch die Umwidmung einer Teilfläche eines durch einen Rechtsakt zum besonderen Schutzgebiet erklärten Gebietes infolge der Verkleinerung der Fläche des Schutzgebiets kann nur dann vorliegen, wenn die betreffende Fläche zu dem besonderen Schutzgebiet gehört hat.[580] 4789

Art. 4 I und II VS-RL verpflichtet die Mitgliedstaaten dazu, die dort behandelten besonderen Schutzgebiete mit einem rechtlichen Schutzstatus auszustatten, der geeignet ist, ua das Überleben und die Vermehrung der in Anhang I der VS-RL aufgeführten Vogelarten sowie die Vermehrung, die Mauser und die Überwinterung der nicht in diesem Anhang aufgeführten, regelmäßig auftretenden Zugvogelarten sicherzustellen. Eine Schutzregelung, nach der ein besonderes Schutzgebiet nur den Status des Gemeinguts und eines maritimen Tierschutzgebiets besitzt, genügt, wenn sie außer im Bereich der Jagd keine konkreten Maßnahmen umfasst, nicht, um einen ausreichenden Schutz im Sinne der genannten Bestimmungen sicherzustellen. Die Mitgliedstaaten müssen gemäß Art. 4 IV VS-RL geeignete Maßnahmen treffen, um die Verschmutzung und Beeinträchtigung der Lebensräume der betreffenden Arten zu vermeiden. Dies gilt auch für ein Gebiet, das nicht zum besonderen Schutzgebiet erklärt wurde, obwohl dies nach der VS-RL hätte geschehen müssen. Folglich kann ein Verstoß gegen diese Bestimmung nur dann vorliegen, wenn das betreffende Gebiet zu den zahlen- und flächenmäßig für die Erhaltung geschützter Arten geeignetsten Gebieten im Sinne von Art. 4 I UA 4 VS-RL gehört, der die Kriterien für eine solche Einstufung enthält. Insoweit beweist die bloße Tatsache, dass ein Gebiet vom Mitgliedstaat in ein Verzeichnis der Gebiete von Bedeutung für die Erhaltung der Vögel aufgenommen wurde, nicht, dass es zum besonderen Schutzgebiet erklärt werden musste.[581] Ein Mitgliedstaat kann sich nicht auf Bestimmungen, Übungen oder Umstände seiner internen Rechtsordnung berufen, um die Nichteinhaltung der in einer Richtlinie festgelegten Verpflichtungen und Fristen zu rechtfertigen.[582] Ein Mitgliedstaat der EU ist nicht verpflichtet, in die Festlegung der Erhaltungsziele für ein Vogelschutzgebiet alle im Standarddatenbogen aufgeführten Vogelarten einzubeziehen. Vielmehr kommt es darauf an, inwieweit den Auflistungen im Standarddatenbogen die Erklärung zu entnehmen ist, dass das Gebiet gerade aufgrund bestimmter Vogelarten ausgewählt wurde.[583] 4790

Anders als für den Verlust von **LRT-Flächen** ist für den Verlust von Habitatflächen geschützter Arten **nicht jeder Flächenverlust** oberhalb einer **Bagatellgrenze** erheblich. Während die Definition eines günstigen Erhaltungszustandes in Art. 1 FFH-RL für den natürlichen Lebensraum ua darauf abstellt, ob die Flächen, die er im natürlichen Verbreitungsgebiet einnimmt, mindestens beständig sind, kommt es für den **günstigen Erhaltungszustand** einer Art nicht auf die Beständigkeit der Habitatfläche, sondern auf die Beständigkeit der Art an. Verluste von Habitatflächen führen deshalb nicht ohne Weiteres zu einer Verschlechterung des 4791

[580] EuGH ZUR 2000, 222.
[581] EuGH ZUR 1999, 148; Maaß ZUR 1999, 150.
[582] EuGH ZUR 1999, 148-150; Maaß ZUR 1999, 150.
[583] BVerwG NVwZ 2008, 1115.

Erhaltungszustandes der geschützten Art. Entscheidendes Beurteilungskriterium ist vielmehr das der Stabilität, das die Fähigkeit umschreibt, nach einer Störung wieder zum ursprünglichen Gleichgewicht zurückzukehren. Ist eine Population dazu in der Lage, sei es, dass sie für ihren dauerhaften Bestand in der bisherigen Qualität und Quantität auf die verlorengehende Fläche nicht angewiesen ist, sei es, dass sie auf andere Flächen ohne Qualitäts- und Quantitätseinbußen ausweichen kann, so bleibt ein günstiger Erhaltungszustand erhalten und ist demgemäß eine erhebliche Beeinträchtigung zu verneinen.[584]

4. Faktische Vogelschutzgebiete

4792 Eingriffe in faktische Vogelschutzgebiete, die nicht in nationales Recht umgesetzt und damit nicht von dem Mitgliedstaat anerkannt sind, unterliegen einem noch strengeren Schutz. Jeder mögliche erhebliche Eingriff ist unzulässig. Eine Verträglichkeitsprüfung ist erst möglich, wenn das Gebiet ausreichend durch nationale Regelungen unter Schutz gestellt ist und über Art. 7 FFH-RL das Habitat-Schutzsystem, mit der Verträglichkeits- und Abweichungsprüfung in Art. 6 FFH-RL anwendbar wird. Der EuGH hat in einem Verfahren gegen die Französische Republik erstmals dazu Stellung genommen, ob die Art. 6 II bis IV FFH-RL auf Vogelschutzgebiete anzuwenden ist, die nicht zu besonderen Schutzgebieten iS der FFH-RL erklärt wurden, obwohl dies erforderlich gewesen wäre. Art. 7 FFH-RL sieht dazu vor, dass das strengere Regime der Vogelschutz-Richtlinie in das Habitat-Regime überführt wird, sodass unter den Voraussetzungen des Art. 6 FFH-RL auch aus wirtschaftlichen Gründen ein an sich unverträglicher Eingriff in ein Vogelschutzgebiet gerechtfertigt werden kann. Der Übergang in das weniger strenge Schutzregime der FFH-RL ist in einem Vogelschutzgebiet nach Auffassung des EuGH aber nur dann möglich, wenn das Gebiet der Kommission ordnungsgemäß gemeldet und nach nationalem Recht unter Schutz gestellt worden ist. Anderenfalls sind entgegen der Auffassung der Kommission die strengere Vorschrift des Art. 4 IV 1 VS-RL weiterhin anwendbar. Der EuGH hat sich dabei offenbar von der Überlegung leiten lassen, dass den Mitgliedstaaten aus der Missachtung ihrer gemeinschaftsrechtlichen Pflichten kein Vorteil erwachsen dürfe. Vielmehr schaffe die Beibehaltung der Dualität der Regelungen von Vogelschutz-Richtlinie und FFH-RL in diesen Fällen einen Anreiz für die Mitgliedstaaten, besondere Schutzgebiete auszuweisen. Ihnen werde dadurch die Möglichkeit eröffnet, sich eines Verfahrens zu bedienen, das es ihnen erlaubt, auch aus zwingenden Gründen des überwiegenden öffentlichen Interesses einschließlich solcher sozialer oder wirtschaftlicher Art einen Plan oder Vorhaben zu beschließen, der oder das ein besonderes Schutzgebiet beeinträchtigt.[585]

4793 **a) Schutzstatus faktischer Vogelschutzgebiete.** Gebiete, die nicht zu Vogelschutzgebieten erklärt wurden, obwohl dies nach Art. 4 I UA 4 VS-RL erforderlich gewesen wäre („faktische Vogelschutzgebiete"), unterliegen nicht der Schutzregelung des Art. 6 II bis IV FFH-RL, sondern der strengeren Regelung des Art. 4 IV 1 VS-RL.[586] Der Übergang in das Schutzregime der FFH-RL setzt nach Art. 7 FFH-RL eine endgültige rechtsverbindliche außenwirksame Erklärung eines Gebietes zum besonderen Schutzgebiet (Vogelschutzgebiet) voraus. Die Meldung eines Gebietes an die Europäische Kommission und die einstweilige naturschutzrechtliche Sicherstellung eines Gebietes lösen den Regimewechsel (noch) nicht aus. Ein Straßenbauvorhaben in einem „faktischen" (nicht erklärten) Vogelschutzgebiet ist nach Art. 4 IV 1 VS-RL grundsätzlich unzulässig, wenn es durch die Verkleinerung des Gebiets zum Verlust mehrerer Brut- und Nahrungsreviere führen würde, die einem Hauptvorkommen einer der Vogelarten in Anhang I der VS-RL dienen.[587] Aufgrund der VS-RL gibt es „faktische" Vogelschutzgebiete, welche die Qualität des Art. 4 IV VS-RL haben. An dem damit begründeten Schutzstatus hat die FFH-RL – unabhängig von dem maßgebenden Schutzregime – nichts geändert.[588] Gebiete, die nach den Kriterien der VS-RL förmlich unter Vogelschutz hätten gestellt werden müssen, aber nicht als Vogelschutzgebiet ausgewiesen worden sind, unterliegen daher dem strengen Schutzregime des Art. 4 IV 1 VS-RL.[589]

---

584 BVerwG NVwZ 2008, 1238; BVerwG NuR 2014, 638.

585 EuGH DVBl. 2001, 359.

586 EuGH Urt. v. 7.12.2000 – Rs. C-374/98 -, Slg. 2000, 1 -10799 – Basses Corbieres.

587 BVerwG NVwZ 2004, 1114l.

588 BVerwG NVwZ 1999, 528.

589 BVerwG Beschl. v. 13.3.2008 – 9 VR 9.07, juris; Fehrensen NuR 2008, 483.

Der Wechsel des Schutzregimes gemäß Art. 7 FFH-RL von Art. 4 IV 1 VS-RL zu Art. 6 II FFH-RL tritt unabhängig davon ein, ob eine Schutzgebietsausweisung die materiell-rechtlichen Anforderungen nach Art. 4 I und II VS-RL (409/79) oder nach Art. 6 II FFH-RL an die zu treffenden Schutzmaßnahmen erfüllt.[590] 4794

Nach Art. 4 I 4 VS-RL erklären die Mitgliedstaaten insbesondere die für die Erhaltung dieser Arten zahlenmäßig und flächenmäßig geeignetsten Gebiete zu Vogelschutzgebieten. Als faktisches Vogelschutzgebiet ist ein Gebiet nur dann einzustufen, wenn es aus ornithologischer Sicht für die Erhaltung der im Anhang I der VS-RL aufgeführten Vogelarten oder der in Art. 4 II VS-RL genannten Zugvogelarten von so hervorragender Bedeutung ist, dass es in dem Mitgliedstaat zu den zahlen- und flächenmäßig geeignetsten iS des Art. 4 I 4 VS-RL gehört.[591] Als faktisches Vogelschutzgebiet können daher nur solche Flächen behandelt werden, bei denen der Ausweisungsspielraum des Staates geradezu auf null reduziert ist[592] oder der Mitgliedstaat selbst das Vogelschutzgebiet für melde- und ausweisungsbedürftig hält. Je mehr der im Anhang I aufgeführten oder in Art. 4 II VS-RL genannten Vogelarten in einem Gebiet in einer erheblichen Anzahl von Exemplaren vorkommen, desto höher ist der Wert als Lebensraum einzuschätzen. Je bedrohter, seltener oder empfindlicher die Arten sind, desto größere Bedeutung ist dem Gebiet beizumessen, das die für ihr Leben und ihre Fortpflanzung ausschlaggebenden physischen und biologischen Elemente aufweist. Nur Lebensräume und Habitate, die unter Berücksichtigung dieser Maßstäbe für sich betrachtet in signifikanter Weise zur Arterhaltung in dem betreffenden Mitgliedstaat beitragen, gehören zum Kreis der iS des Art. 4 VS-RL geeignetsten Gebiete.[593] Die „Erklärung" zum besonderen Schutzgebiet nach Art. 4 I VS-RL, die nach Art. 7 FFH-RL den **Wechsel des Schutzregimes** auslöst, setzt eine endgültige rechtsverbindliche Entscheidung mit Außenwirkung voraus. Bei der Unterschutzstellung eines EU-Vogelschutzgebiets etwa durch Festsetzung eines Landschaftsschutzgebiets handelt es sich um einen Akt der Erfüllung einer durch § 32 II BNatSchG sowie durch Art. 4 I, II VS-RL begründeten Rechtspflicht.[594] Eine Verordnung, die nur das Vogelschutzgebiet abgrenzt und die geschützten Vogelarten benennt, ohne die Schutz- und Erhaltungsziele festzulegen, erfüllt nicht die Anforderungen des Art. 7 FFH-RL iVm Art. 4 I und II VS-RL an eine Überführung des Gebiets in das FFH-Regime.[595] Die einen Regimewechsel herbeiführende weitere Konkretisierung des Schutzstatus kann nach Maßgabe des § 32 IV BNatSchG auch durch vertragliche Vereinbarungen erfolgen.[596] 4795

Auch wenn die Eigenschaft eines faktischen Vogelschutzgebietes während des Planfeststellungsverfahrens von keiner Seite vorgetragen worden ist, soll es sich um ein solches Gebiet handeln können. Auf die Erkennbarkeit des Gebietes für die Planfeststellungsbehörde komme es nicht an.[597] Das ist allerdings zweifelhaft. Denn ein Gebiet, das sich der Planfeststellungsbehörde nicht als ein besonders geeignetes Gebiet aufdrängt, kann nicht ein faktisches Vogelschutzgebiet sein. Fraglich ist auch, ob der fachliche Bewertungsspielraum der Planfeststellungsbehörde dadurch eingeschränkt werden kann, dass die Landesregierung im Nachhinein ein bestimmtes Gebiet meldet und die Gebietsabgrenzung damit auch für bereits zuvor erlassene Planfeststellungsbeschlüsse verbindlich ist.[598] 4796

Der **Schutzstandard**, der in einem nicht erklärten faktischen Vogelschutzgebiet zu wahren ist, beurteilt sich nach Art. 4 IV 1 VS-RL. Danach sind nur überragende Gemeinwohlbelange, wie etwa der Schutz des Lebens und der Gesundheit von Menschen oder der Schutz der öffentlichen Sicherheit sowie die Schutzinteressen des Gebietes selbst, geeignet, bei erheblichen Beeinträchtigungen das Beeinträchtigungs- und das Störungsverbot des Art. 4 IV 1 VS-RL zu überwinden.[599] Um einen Eingriff durch einen Plan oder ein Projekt in ein solches Gebiet zu 4797

---

[590] BVerwG Beschl. v. 14.4.2011 – 4 B 77.09, juris; NVwZ-RR 2011, 126; NVwZ 2008, 1238; EuGH NuR 2008, 101.

[591] BVerwG NVwZ 2002, 1103; OVG Koblenz NuR 2003, 438; BVerwG NVwZ 2004, 98.

[592] OVG Schleswig ZUR 2001, 282.

[593] BVerwG NVwZ 2002, 1103.

[594] OVG Lüneburg NVwZ-RR 2013, 220; BVerwG NVwZ 2010, 1289.

[595] BVerwGE 120, 276.

[596] BVerwG NVwZ 2014, 1008.

[597] OVG Koblenz DVBl. 2003, 200; nachfolgend BVerwG NVwZ 2004, 1114.

[598] So OVG Koblenz DVBl. 2003, 200; BVerwG DVBl. 2004, 1115.

[599] EuGH NVwZ 1991, 559; OVG Koblenz DVBl. 2003, 200: schon die Beeinträchtigung von maximal zwei Brutrevieren des Mittelspechts sowie jeweils maximal einem Brutrevier des Grau- und Schwarzspechts

rechtfertigen, soll keine gesamtgebietsbezogene Relativierung erfolgen dürfen.[600] Der geringere Schutzstatus eines FFH-Gebiets wird für ein faktisches Vogelschutzgebiet erst erreicht, wenn der Mitgliedstaat das Gebiet zum besonderen Schutzgebiet erklärt hat oder er es als solches anerkannt hat. Eine einstweilige Sicherstellungsverordnung reicht nach der Rechtsprechung nicht aus. Vielmehr ist eine endgültige Sicherstellung durch verbindliche nationale Regelungen erforderlich.[601] Außerdem wird die vorherige Bekanntmachung im Bundesanzeiger für den Wechsel vom Vogelschutz- in das FFH-Regime für erforderlich gehalten.[602]

4798 **b) Nachträgliche Gebietsmeldung.** Das strenge Schutzregime des Art. 4 IV 1 VS-RL für faktische Vogelschutzgebiete entfällt nicht „im Nachhinein" dadurch, dass das Land nach Inkraftsetzung eines Bebauungsplans, der in dem betreffenden Gebiet eine Straßentrasse festsetzt, ein Vogelschutzgebiet an die EU-Kommission nachmeldet, das an die Straßentrasse heranreicht, diese aber nicht in das Schutzgebiet einbezieht. Das strenge Schutzregime für faktische Vogelschutzgebiete bezweckt auch, eine an ornithologisch-fachlichen Kriterien ausgerichtete Gebietsausweisung und -abgrenzung offen zu halten und nicht durch vorangehende beeinträchtigende Planungen unrealistisch werden zu lassen.[603]

4799 Das strenge Schutzregime des Art. 4 IV 1 V-RL für faktische Vogelschutzgebiete entfällt danach nicht »im Nachhinein« dadurch, dass das Land nach Inkraftsetzung eines Bebauungsplans, der in dem betreffenden Gebiet eine Straßentrasse festsetzt, ein Vogelschutzgebiet an die EU-Kommission nachmeldet, das an die Straßentrasse heranreicht, diese aber nicht in das Schutzgebiet einbezieht. Das strenge Schutzregime für faktische Vogelschutzgebiete bezweckt auch, eine an ornithologisch-fachlichen Kriterien ausgerichtete Gebietsausweisung und -abgrenzung offen zu halten und nicht durch vorangehende beeinträchtigende Planungen unrealistisch werden zu lassen.

5. Übergang in das Habitatschutzsystem

4800 Art. 4 IV VS-RL verpflichtet die Mitgliedstaaten, geeignete Maßnahmen zu treffen, um die Verschmutzung oder Beeinträchtigung der Lebensräume sowie die Belästigung der Vögel, sofern sich diese auf die Zielsetzungen dieses Artikels erheblich auswirken, in den besonderen Schutzgebieten zu vermeiden. Die Mitgliedstaaten haben die Verpflichtungen, die sich ua aus dieser Bestimmung ergeben, auch dann zu beachten, wenn das betreffende Gebiet nicht zum besonderen Schutzgebiet erklärt wurde, obwohl dies hätte geschehen müssen.[604] Art. 7 FFH-RL bestimmt ausdrücklich, dass Art. 6 II bis IV FFH-RL anstelle des Art. 4 IV 1 VS-RL für die Gebiete gilt, die nach Art. 4 I oder II VS-RL zu besonderen Schutzgebieten erklärt wurden. Legt man Art. 7 FFH-RL wörtlich aus, so fallen somit nur die zu besonderen Schutzgebieten erklärten Gebiete unter Art. 6 II bis IV FFH-RL. Der Umstand, dass die Schutzregelung des Art. 4 IV 1 VS-RL für Gebiete gilt, die nicht zu besonderen Schutzgebieten erklärt wurden, obwohl dies erforderlich gewesen wäre, bedeutet für sich allein nicht, dass die Schutzregelung des Art. 6 II bis IV FFH-RL für die betreffenden Gebiete an die Stelle der erstgenannten Regelung tritt.[605] Im Hinblick auf die zu Schutzgebieten erklärten Gebiete sieht Art. 7 FFH-RL vor, dass die Verpflichtungen, die sich aus Art. 4 IV 1 VS-RL ergeben, ab dem Datum für die Anwendung der letztgenannten Richtlinie bzw. danach ab dem Datum, zu dem das betreffende Gebiet entsprechend der VS-RL zum Schutzgebiet erklärt wird, ua durch die Verpflichtungen nach Art. 6 II FFH-RL ersetzt werden.[606]

---

sollen für eine erhebliche Beeinträchtigung eines Vogelschutzgebiets ausreichend sein; nachfolgend BVerwG, DVBl. 2004, 1115.

600 So OVG Koblenz DVBl. 2003, 200; nachfolgend BVerwG DVBl. 2004, 1115.

601 OVG Koblenz DVBl. 2003, 200; BVerwG DVBl. 2004, 1115; EuGH BRS 80 Nr. 58 (2000-2013).

602 OVG Koblenz DVBl. 2003, 200; BVerwG NVwZ 2004, 1114. Das kann allerdings nur dann gelten, wenn das Landesrecht einen endgültigen Schutzstatus erst von der Bekanntmachung im Bundesanzeiger abhängig macht.

603 BVerwG DVBl. 2014, 983; Stüer DVBl. 2014, 987; Krappel NVwZ 2014, 1027 zu OVG NuR 2008, 805.

604 EuGH NVwZ 2008, 657.

605 EuGH NVwZ 2001, 549; Murswiek JuS 2001, 824; Maaß ZUR 2001, 80.

606 EuGH NVwZ 2002, 1228.

VII. Artenschutz

Der Artenschutz umfasst nach § 37 I 2 BNatSchG 1. den Schutz der Tiere und Pflanzen wild lebender Arten und ihrer Lebensgemeinschaften vor Beeinträchtigungen durch den Menschen und die Gewährleistung ihrer sonstigen Lebensbedingungen, 2.den Schutz der Lebensstätten und Biotope der wild lebenden Tier- und Pflanzenarten sowie 3. die Wiederansiedlung von Tieren und Pflanzen verdrängter wild lebender Arten in geeigneten Biotopen innerhalb ihres natürlichen Verbreitungsgebiets. Die Vorschriften des Pflanzenschutzrechts, des Tierschutzrechts, des Seuchenrechts sowie des Forst-, Jagd- und Fischereirechts bleiben von den Vorschriften der §§ 37 ff. BNatschG zu Artenschutz unberührt. Nach überwiegender Auffassung kommt den Vorschriften anderer Rechtsgebiete, auch solchen des Tierschutzrechts, jedoch kein genereller Vorrang vor jenen des Artenschutzrechts zu.[607] Daher soll sich das Verhältnis der angesprochenen Rechtsgebiete nach allgemeinen Kollisionsregeln bestimmen, insbesondere nach dem Grundsatz, dass das speziellere Recht in der Anwendung dem allgemeineren Recht vorgeht. Während es dem Artenschutzrecht in erster Linie um die Bewahrung von Tier- und Pflanzenarten geht, besteht der Zweck des Tierschutzrechts darin, Leben und Wohlbefinden auch des einzelnen Tieres zu schützen (§ 1 TierSchG). Diese unterschiedlichen Schutzrichtungen führen dazu, dass beide Rechtsgebiete einander ergänzen und im Regelfall nebeneinander zur Anwendung gelangen können oder jedenfalls bei der Auslegung der Vorschriften wechselseitig zu berücksichtigen sind.[608] 4801

Zu den europa- und völkerrechtlichen Vorgaben für das Artenschutzrecht zählen das Bonner Übereinkommen v. 23.6.1979 zur Erhaltung der wandernden wildlebenden Tierarten sowie das Berner Übereinkommen v. 19.9.1979 über die Erhaltung der europäischen wildlebenden Pflanzen und Tiere und ihrer natürlichen Lebensräume, das Washingtoner Artenschutzübereinkommen und die Artenschutz-VO kommen einschließlich dazu erlassener Durchführungsverordnungen., die dieses Abkommen für alle Mitgliedstaaten auf europäischer Ebene einheitlich umsetzen und dazu Regelungen zur Einfuhr, Ausfuhr und Wiederausfuhr von Exemplaren bedrohter Arten enthalten, die für den Artenschutz sehr wichtig sind, für das Bau- und Fachplanungsrecht nicht zur Anwendung gelangen.[609] Hinzu kommen eine Reihe weiterer europäischer Verordnungen und Richtlinien, zu denen Dazu gehören die VS-RL und die FFH-RL sowie weitere Verordnungen und Richtlinien zu speziellen Problemkreisen gehören.[610] 4802

Angesichts seiner Durchsetzungsfähigkeit gegenüber Planungen und Zulassungsentscheidungen ist das in das deutsche Artenschutzrecht (§§ 39 ff. BNatSchG) umgesetzte EU-Artenschutzrecht von erheblicher praktischer Bedeutung für das Bau- und Fachplanungsrecht.[611] Es behält auch für bereits genehmigte und errichtete bzw. in Betrieb genommene Vorhaben Bedeutung.[612] Eine erteilte Baugenehmigung enthält allerdings grundsätzlich die Feststellung, dass im Zeitpunkt der Genehmigungserteilung das Vorhaben, ggf. unter Beachtung von Nebenbestimmungen, mit den zu prüfenden öffentlich-rechtlichen Vorschriften und damit auch mit den naturschutzrechtlichen Vorschriften des § 44 BNatschG vereinbar ist. Die **Legalisierungswirkung der Baugenehmigung** steht daher einer naturschutzrechtlichen Anordnung nach § 3 II BNatschG, die sich nicht auf nachträgliche Sachverhalts- oder Rechtsänderungen oder Erkenntnisse stützt, grundsätzlich entgegen. Dies soll allerdings nur gelten, soweit ihr Genehmigungsgegenstand reicht.[613] 4803

---

607 Siehe dazu Beckmann DVBl.. 2024, 75; Gellermann in Landmann/Rohmer, Umweltrecht, 2011, § 37 BNatSchG Rn. 11; VerfGH Koblenz NuR 2001, 213 (215); VGH Mannheim, NuR 2000, 149 (151); OLG Köln NuR 2010, 300; OVG Lüneburg Urt. v. 25.5.2016 – 4 KN 154/13, juris Rn. 49; OLG Hamm Urt. v. 29.5.2017 – 5 U 156/15, BeckRS 2017, 114865, Rn. 82.

608 Hellenbroich in Frenz/Müggenborg, BNatSchG, 2021, § 37 Rn. 14; zum Populationsmanagement im Zoo als Strategie des Artenschutzes Beckmann DVBl.. 2024, 206.

609 De Witt Artenschutz in Hoppenberg/de Witt, Handbuch des öffentlichen Baurechts, 2023, Rn. 3; näher dazu Fellenberg in Lütkes/Ewer, BNatSchG, 2018, § 37 Rn. 10.

610 Gläß in BeckOK Umweltrecht, § 37 BNatSchG, 2024 Rn. 6.

611 Kahl/Gärditz Umweltrecht, 2023, § 10 Rn. 138; Lütkes NVwZ 2008, 598 (599); Appel/Rietzler NuR 2017, 227 (228 ff).

612 Kahl/Gärditz Umweltrecht, 2023, § 10 Rn. 138; Lau NuR 2018, 840 (842 ff.); Lau NuR 2018, 653 ff.; zum Bestandsschutz Kautz UPR 2018, 474 (476 ff.).

613 VGH Kassel Beschl. v. 10.1.2024 – 4 B 868/23, juris Rn. 16; Frenz/Hendrischke in Frenz/Müggenborg, BNatSchG, 2021, § 3, juris 35; für eine immissionsschutzrechtliche Genehmigung auch OVG Lüne-

4804 Die praktische Relevanz besteht insbesondere angesichts des individuenbezogenen Ansatzes der besonderen artenschutzrechtlichen Verbote, die flächendeckend, also auch außerhalb von Schutzgebieten gelten.[614] Das Artenschutzrecht ergänzt das gebietsbezogene Naturschutzrecht durch einen flächendeckenden Schutz einzelner Tiere und Pflanzen unabhängig von ihrem Gebietsbezug.[615] Zwischen den Artenschutz und dem Gebietsschutz gibt es Parallelitäten, die dazu führen, dass die, obwohl es sich grundsätzlich um unterschiedliche Regelungsgebiete handelt, Rechtsprechung zum Gebietsschutz auch für den Artenschutz von Bedeutung ist.[616] Gleichwohl können die für den Habitatschutz geltenden Anforderungen nicht unbesehen und unterschiedslos auf den allgemeinen Artenschutz übertragen werden.[617]

4805 Die Prüfung, ob einem Vorhaben Verbote des Artenschutzes entgegenstehen, hängt vor allem auch von deiner ausreichenden Ermittlung und Bestandsaufnahme des von dem Vorhaben betroffenen Bereichs voraus. Art und Umfang der artenschutzrechtlichen Bestandsaufnahme werden durch die Vorgaben der FFH-RL und der Vogelschutzrichtlinie beeinflusst. Die FFH-RL errichtet ein strenges Schutzregime zur Erhaltung der geschützten Habitate der Tier- und Pflanzenarten.[618] Dieses strenge Schutzregime gilt sowohl für die besonderen Schutzgebiete des kohärenten europäischen ökologischen Netzes „Natura 2000" als auch für den allgemeinen Artenschutz. Für den Habitatschutz bestimmt die FFH-RL besonders hohe Schutzvorkehrungen, wonach Pläne und Projekte, die ein solches besonderes Schutzgebiet erheblich beeinträchtigen könnten, zuvor auf ihre Verträglichkeit mit den für dieses Gebiet festgelegten Erhaltungszielen überprüft werden müssen und wonach bei einem negativen Ergebnis der Verträglichkeitsprüfung das Vorhaben nur bei Vorliegen strenger Abweichungsvoraussetzungen zugelassen werden kann.[619]

4806 Habitatschutz und Artenschutz bleiben trotz ihrer gemeinsamen Zielrichtung zwei selbstständig nebeneinander stehende Rechtsbereiche, die in unterschiedlichen Vorschriften mit je eigenem Gehalt und unterschiedlichen Prüfprogrammen geregelt sind.[620] Ein den Anforderungen des Art. 6 III, IV FFH-RL vergleichbares formalisiertes Prüfungsverfahren kennt der allgemeine Artenschutz nicht. Ein wesentlicher Unterschied zwischen dem Habitatschutz und dem allgemeinen Artenschutz ergibt sich auch aus dem Schutzobjekt. Beim FFH-Gebietsschutz geht es um einen durch die Gebietsmeldung und Aufnahme in das „Natura-2000"-Netz in seinen Grenzen festgelegten Naturraum, für den die Schutzziele bereits feststehen. Geschützt ist danach nicht das Gebiet in all seiner Habitat- und Artenvielfalt, sondern nur wegen der Lebensräume und Arten, die als Erhaltungsziel definiert sind. Beim allgemeinen Artenschutz hingegen muss erst ermittelt werden, welche Arten in dem Untersuchungsraum vorkommen. Die Bestandsaufnahme dafür ist insoweit breiter angelegt und nach Ansicht des BVerwG auch fehleranfälliger.[621]

4807 Die artenschutzrechtlichen Vorschriften sind grundsätzlich nicht drittschützend.[622]

1. Artenschutzrechtliche Vorgaben der FFH-RL

4808 Die FFH-RL hat nach Art. 2 I FFH-RL das Ziel, zur Sicherung der Artenvielfalt durch die Erhaltung der natürlichen Lebensräume sowie der wildlebenden Tiere und Pflanzen im europäischen Gebiet der Mitgliedstaaten, für das der Vertrag Geltung hat, beizutragen. Die auf-

burg Urt. v. 13.3.2019 – 12 LB 125/18, juris; Urt. v. 5.7.2022 – 12 KS 121/21, juris; BVerwG Urt. v. 19.12.2023 – 7 C 4.22, juris.

614 Lütkes in Lütkes/Ewer, BNatSchG, 2018, § 37 Rn. 24; zum individuenbezogenen Artenschutz BVerwGE 133, 239 Rn. 66, wonach der Artenschutz auf der Ebene der Individuen einsetzt, grundsätzlich aber dem Erhalt der Art dient; Philipp NVwZ 2008, 593 (596).

615 Kahl/Gärditz Umweltrecht, 2023, § 10 Rn. 138.

616 De Witt Artenschutz in Hoppenberg/de Witt, Handbuch des öffentlichen Baurechts, 2023, Rn. 3 mit Verweis auf BVerwG NVwZ 2006, 1161 (1163 f.).

617 BVerwG NVwZ 2009, 302.

618 BVerwG NVwZ 2009, 302 (306); EuGH EuZW 2004, 730 Rn. 58.

619 BVerwG NVwZ 2009, 302 (306); EuGH NVwZ 2004, 841; EuZW 2004, 730; BVerwGE 128, 1; NVwZ 2007, 1054.

620 BVerwG NVwZ 2009, 302 (306); NVwZ 2008, 1115.

621 BVerwG NVwZ 2009, 302 (307).

622 VGH München Beschl. v. 26.7.2023 – 22 S AS 23.40022, juris Rn. 46; Urt. v. 10.7.2019 – 22 B 17.124, juris Rn. 36; Urt. v. 14.3.2017 – 22 B 17.12, juris Rn. 40 ff.; OVG Münster Beschl. v. 21.2.2020 – 8 A 3269/18, juris Rn. 31 f.; OVG Koblenz Beschl. v. 8.5.2019 – 8 B 10483/19, juris Rn. 26.

grund der FFH-RL getroffenen Maßnahmen zielen nach Art. 2 II FFH-RL darauf ab, einen günstigen Erhaltungszustand der natürlichen Lebensräume und wildlebenden Tier- und Pflanzenarten von gemeinschaftlichem Interesse zu bewahren oder wiederherzustellen. Zur Erreichung dieses Ziels verpflichtet die Richtlinie die Mitgliedstaaten nicht nur zur Errichtung des Netzes „Natura 2000", sondern etabliert parallel dazu **ein gebietsunabhängiges Schutzsystem für bedrohte Tier und Pflanzenarten** (Art. 12-16 FFH-RL).

a) Strenges Schutzsystem für Tierarten. Nach Art. 12 I FFH-RL treffen die Mitgliedstaaten die notwendigen Maßnahmen, um ein strenges Schutzsystem für die in Anhang IVa genannten Tierarten in deren natürlichen Verbreitungsgebieten einzuführen; dieses verbietet: a) alle absichtlichen Formen des Fangs oder der Tötung von aus der Natur entnommenen Exemplaren dieser Arten; b) jede absichtliche Störung dieser Arten, insbesondere während der Fortpflanzungs-, Aufzucht-, Überwinterungs- und Wanderungszeiten; c) jede absichtliche Zerstörung oder Entnahme von Eiern aus der Natur; d) jede Beschädigung oder Vernichtung der Fortpflanzungs- oder Ruhestätten. **4809**

Für diese Arten müssen die Mitgliedstaaten nach Art. 12 II FFH-RL Besitz, Transport, Handel oder Austausch und Angebot zum Verkauf oder Austausch von aus der Natur entnommenen Exemplaren verbieten; vor Beginn der Anwendbarkeit dieser Richtlinie rechtmäßig entnommene Exemplare sind hiervon ausgenommen. Die Verbote nach Art. 12 Ia und b sowie nach Art. 12 II FFH-RL gelten nach Art. 12 III FFH-RL für alle Lebensstadien der Tiere im Sinne des Art. 12 FFH-RL. Die Mitgliedstaaten führen nach Art. 12 IV 1 FFH-RL ein System zur fortlaufenden Überwachung des unbeabsichtigten Fangs oder Tötens der in Anhang IV Buchstabe a) genannten Tierarten ein. Anhand der gesammelten Informationen leiten die Mitgliedstaaten diejenigen weiteren Untersuchungs- oder Erhaltungsmaßnahmen ein, die erforderlich sind, um sicherzustellen, dass der unbeabsichtigte Fang oder das unbeabsichtigte Töten keine signifikanten negativen Auswirkungen auf die betreffenden Arten haben. **4810**

b) Striktes Schutzsystem für Pflanzenarten. Nach Art. 13 I FFH-RL ergreifen die Mitgliedstaaten die erforderlichen Maßnahmen, um ein striktes Schutzsystem für die in Anhang IV b angegebenen Pflanzenarten aufzubauen. Das strikte Schutzsystem muss Folgendes verbieten: a) absichtliches Pflücken, Sammeln, Abschneiden, Ausgraben oder Vernichten von Exemplaren solcher Pflanzen in deren Verbreitungsräumen in der Natur; b) Besitz, Transport, Handel oder Austausch und Angebot zum Verkauf oder zum Austausch von aus der Natur entnommenen Exemplaren solcher Pflanzen; vor Beginn der Anwendbarkeit dieser Richtlinie rechtmäßig entnommene Exemplare sind hiervon ausgenommen. **4811**

Die genannten müssen nach Art. 13 II FFH-RL für alle Lebensstadien der Pflanzen im Sinne des Art. 13 FFH-RL gelten. **4812**

c) Abweichungsmöglichkeiten. Sofern es keine anderweitige zufriedenstellende Lösung gibt und unter der Bedingung, dass die Populationen der betroffenen Art in ihrem natürlichen Verbreitungsgebiet trotz der Ausnahmeregelung ohne Beeinträchtigung in einem günstigen Erhaltungszustand verweilen, können die Mitgliedstaaten nach Art. 16 I FFH-RL von den Bestimmungen der Art. 12, 13 und 14 sowie 15a und b FFH-RL im folgenden Sinne abweichen: a) zum Schutz der wildlebenden Tiere und Pflanzen und zur Erhaltung der natürlichen Lebensräume; b) zur Verhütung ernster Schäden insbesondere an Kulturen und in der Tierhaltung sowie an Wäldern, Fischgründen und Gewässern sowie an sonstigen Formen von Eigentum; c) im Interesse der Volksgesundheit und der öffentlichen Sicherheit oder aus anderen zwingenden Gründen des überwiegenden öffentlichen Interesses, einschließlich solcher sozialer oder wirtschaftlicher Art oder positiver Folgen für die Umwelt; d) zu Zwecken der Forschung und des Unterrichts, der Bestandsauffüllung und Wiederansiedlung und der für diese Zwecke erforderlichen Aufzucht, einschließlich der künstlichen Vermehrung von Pflanzen; e) um unter strenger Kontrolle, selektiv und in beschränktem Ausmaß die Entnahme oder Haltung einer begrenzten und von den zuständigen einzelstaatlichen Behörden spezifizierten Anzahl von Exemplaren bestimmter Tier- und Pflanzenarten des Anhangs IV zu erlauben. **4813**

2. Artenschutzrechtliche Vorgaben der VS-RL

Für den Artenschutz im Anwendungsbereich des Bau- und Fachplanungsrechts ist die Vogelschutzrichtlinie von erheblicher Bedeutung. Sie enthält neben der Verpflichtung der Mitgliedstaaten, ornithologisch wertvolle Lebensräume zu sichern und besondere Vogel- **4814** schutzgebiete einzurichten, auch Regelungen zum Schutze sämtlicher europäischer Vogelarten.[623]

4815 **a) Artenschutzrechtlicher Anwendungsbereich.** Die Richtlinie betrifft nach Art. 1 VS-RL die Erhaltung sämtlicher wildlebenden Vogelarten, die im europäischen Gebiet der Mitgliedstaaten, auf welches der Vertrag Anwendung findet, heimisch sind. Sie hat den Schutz, die Bewirtschaftung und die Regulierung dieser Arten zum Ziel und regelt die Nutzung dieser Arten. Sie gilt nach Art. 1 II VS-RL für Vögel, ihre Eier, Nester und Lebensräume. Der EuGH hat zum Anwendungsbereich der VS-RL ausgeführt: Die VS-RL gilt für Vogelunterarten, die nur außerhalb des europäischen Gebietes der Mitgliedstaaten wildlebend vorkommen, sofern die Art, zu der sie gehören, oder andere Unterarten dieser Art in diesem Gebiet wildlebend vorkommen.[624]

4816 Die Umsetzung einer Richtlinie in innerstaatliches Recht erfordert nicht notwendig eine förmliche, wörtliche Übernahme ihrer Bestimmungen in eine ausdrückliche, besondere Rechts- oder Verwaltungsvorschrift; vielmehr kann auch ein allgemeiner rechtlicher Kontext genügen, wenn dieser tatsächlich die vollständige Anwendung der Richtlinie hinreichend klar und bestimmt gewährleistet. Der Genauigkeit der Umsetzung kommt jedoch im Fall der VS-RL insofern besondere Bedeutung zu, als die Verwaltung des gemeinsamen Erbes den Mitgliedstaaten für ihr jeweiliges Hoheitsgebiet anvertraut ist.[625]

4817 **b) Allgemeine Schutzpflichten.** Die Mitgliedstaaten treffen nach Art. 2 VS-RL die erforderlichen Maßnahmen, um die Bestände aller unter Art. 1 VS-RL fallenden Vogelarten auf einem Stand zu halten oder auf einen Stand zu bringen, der insbesondere den ökologischen, wissenschaftlichen und kulturellen Erfordernissen entspricht, wobei den wirtschaftlichen und freizeitbedingten Erfordernissen Rechnung getragen wird. Nach Art. 3 I VS-RL sind die Mitgliedstaaten verpflichtet, unter Berücksichtigung der in Art. 2 VS-RL genannten Erfordernisse die erforderlichen Maßnahmen zu treffen, um für alle unter Art. 1 VS-RL fallenden Vogelarten eine ausreichende Vielfalt und eine ausreichende Flächengröße der Lebensräume zu erhalten oder wieder herzustellen. Zur Erhaltung und Wiederherstellung der Lebensstätten und Lebensräume gehören nach Art. 5 II VS-RL insbesondere folgende Maßnahmen: a) Einrichtung von Schutzgebieten; b) Pflege und ökologisch richtige Gestaltung der Lebensräume in und außerhalb von Schutzgebieten; c) Wiederherstellung zerstörter Lebensstätten; d) Neuschaffung von Lebensstätten.

4818 **c) Besondere Schutzpflichten.** Auf die in Anhang I der VS-RL aufgeführten Arten sind nach Art, 4 I 1 VS-RL besondere Schutzmaßnahmen hinsichtlich ihrer Lebensräume anzuwenden, um ihr Überleben und ihre Vermehrung in ihrem Verbreitungsgebiet sicherzustellen. In diesem Zusammenhang sind nach Art. 4 I 2 VS-RL zu berücksichtigen: a) vom Aussterben bedrohte Arten; b) gegen bestimmte Veränderungen ihrer Lebensräume empfindliche Arten; c) Arten, die wegen ihres geringen Bestands oder ihrer beschränkten örtlichen Verbreitung als selten gelten; d) andere Arten, die aufgrund des spezifischen Charakters ihres Lebensraums einer besonderen Aufmerksamkeit bedürfen.

4819 Bei den Bewertungen werden nach Art. 4 I 3 VS-RL Tendenzen und Schwankungen der Bestände der Vogelarten berücksichtigt. Die Mitgliedstaaten erklären insbesondere die für die Erhaltung dieser Arten zahlen- und flächenmäßig geeignetsten Gebiete zu Schutzgebieten, wobei die Erfordernisse des Schutzes dieser Arten in dem geografischen Meeres- und Landgebiet, in dem diese Richtlinie Anwendung findet, zu berücksichtigen sind (Art. 4 I 4 VS-RL). Die Mitgliedstaaten treffen nach Art. 4 II VS-RL unter Berücksichtigung der Schutzerfordernisse in dem geografischen Meeres- und Landgebiet, in dem diese Richtlinie Anwendung findet, entsprechende Maßnahmen für die nicht in Anhang I aufgeführten, regelmäßig auftretenden Zugvogelarten hinsichtlich ihrer Vermehrungs-, Mauser- und Überwinterungsgebiete sowie der Rastplätze in ihren Wanderungsgebieten. Zu diesem Zweck messen die Mitgliedstaaten dem Schutz der Feuchtgebiete und ganz besonders der international bedeutsamen Feuchtgebiete besondere Bedeutung bei.

4820 Art. 4 III VS-RL verpflichtet die Mitgliedstaaten, der Kommission alle sachdienlichen Informationen zu übermitteln, so dass die Kommission geeignete Initiativen im Hinblick auf die

---

[623] De Witt Artenschutz in Hoppenberg/de Witt, Handbuch des öffentlichen Baurechts, 2023, Rn. 6; zum Zweck der VS-RL Stüber NuR 1998, 531; Möckel NuR 2014, 381.
[624] EuGH Urt. v. 8.2.1996 – C-202/94, juris.
[625] EuGH NuR 2001, 207.

erforderliche Koordinierung ergreifen kann, damit die in Art. 4 I VS-RL und die in Art. 4 II VS-RL genannten Gebiete ein zusammenhängendes Netz darstellen, das den Erfordernissen des Schutzes der Arten in dem geografischen Meeres- und Landgebiet, in dem diese Richtlinie Anwendung findet, Rechnung trägt. Gem. Art. 4 IV VS-RL treffen die Mitgliedstaaten geeignete Maßnahmen, um die Verschmutzung oder Beeinträchtigung der Lebensräume sowie die Belästigung der Vögel, sofern sich diese auf die Zielsetzungen des Art. 4 VS-RL erheblich auswirken, in den Art. 4 I und II VS-RL genannten Schutzgebieten zu vermeiden. Die Mitgliedstaaten müssen sich außerdem bemühen, auch außerhalb dieser Schutzgebiete die Verschmutzung oder Beeinträchtigung der Lebensräume zu vermeiden.

d) Verbote. Unbeschadet der Art. 7 und 9 VS-RL erlassen die Mitgliedstaaten nach Art. 5 VS-RL die erforderlichen Maßnahmen zur Schaffung einer allgemeinen Regelung zum Schutz aller unter Art. 1 VS-RL fallenden Vogelarten, insbesondere das Verbot a) des absichtlichen Tötens oder Fangens, ungeachtet der angewandten Methode; b) der absichtlichen Zerstörung oder Beschädigung von Nestern und Eiern und der Entfernung von Nestern; c) des Sammelns der Eier in der Natur und des Besitzes dieser Eier, auch in leerem Zustand; d) ihres absichtlichen Störens, insbesondere während der Brut- und Aufzuchtzeit, sofern sich diese Störung auf die Zielsetzung dieser Richtlinie erheblich auswirkt; e) des Haltens von Vögeln der Arten, die nicht bejagt oder gefangen werden dürfen. 4821

Davon unbenommen sind nach Art. 7 VS-RL Möglichkeiten der **Jagd.** Die in Anhang II aufgeführten Arten dürfen gem. Art. 7 I 1 VS-RL aufgrund ihrer Populationsgröße, ihrer geografischen Verbreitung und ihrer Vermehrungsfähigkeit in der gesamten Gemeinschaft im Rahmen der einzelstaatlichen Rechtsvorschriften bejagt werden. Die Mitgliedstaaten haben nach Art. 7 I 2 VS-RL aber dafür zu sorgen, dass die Jagd auf diese Vogelarten die Anstrengungen, die in ihrem Verbreitungsgebiet zu ihrer Erhaltung unternommen werden, nicht zunichtemacht. Die in Anhang II Teil A aufgeführten Arten dürfen nach Art. 7 II VS-RL in dem geografischen Meeres- und Landgebiet, in dem diese Richtlinie Anwendung findet, bejagt werden. Die in Anhang II Teil B aufgeführten Arten dürfen nur in den Mitgliedstaaten, bei denen sie angegeben sind, bejagt werden (Art. 7 III VS-RL). Die nationalen Behörden sind nach der VS-RL nicht befugt, nach Zug- oder jagdbaren Wasservogelarten gestaffelte Daten für das Ende der Jagdzeit festzusetzen, es sei denn, der betreffende Mitgliedstaat kann für jeden Einzelfall anhand geeigneter wissenschaftlicher und technischer Daten nachweisen, dass eine solche Staffelung einen lückenlosen Schutz der Vogelarten, die von dieser Staffelung betroffen werden können, nicht verhindert. 4822

e) Handelsbeschränkungen. Art. 6 VS-RL verpflichtet die Mitgliedstaaten, für alle unter Art. 1 VS-RL fallenden Vogelarten den Verkauf von lebenden und toten Vögeln und von deren ohne weiteres erkennbaren Teilen oder aus diesen Tieren gewonnenen Erzeugnissen sowie deren Beförderung und Halten für den Verkauf und das Anbieten zum Verkauf, zu untersagen. Dieses Untersagungsgebot gilt für die in Anhang III Teil A VS-RL genannten Arten nicht, sofern die Vögel rechtmäßig getötet oder gefangen oder sonst rechtmäßig erworben worden sind. Nach Art. 6 III VS-RL können die Mitgliedstaaten in ihrem Gebiet die Tätigkeiten nach Art. 6 I VS-RL bei den in Anhang III Teil B aufgeführten Vogelarten genehmigen und dabei Beschränkungen vorsehen, sofern die Vögel rechtmäßig getötet oder gefangen oder sonst rechtmäßig erworben worden sind. 4823

f) Abweichung von Verbotstatbeständen. Nach Art. 9 VS-RL können die Mitgliedstaaten, sofern es keine andere zufriedenstellende Lösung gibt, aus den nachstehenden Gründen von den Geboten und Verboten der Art. 5 bis 8 VS-RL abweichen: a) im Interesse der Gesundheit und der öffentlichen Sicherheit, im Interesse der Sicherheit der Luftfahrt, zur Abwendung erheblicher Schäden an Kulturen, Viehbeständen, Wäldern, Fischereigebieten und Gewässern, zum Schutz der Pflanzen- und Tierwelt; b) zu Forschungs- und Unterrichtszwecken, zur Aufstockung der Bestände, zur Wiederansiedlung und zur Aufzucht im Zusammenhang mit diesen Maßnahmen; c) um unter streng überwachten Bedingungen selektiv den Fang, die Haltung oder jede andere vernünftige Nutzung bestimmter Vogelarten in geringen Mengen zu ermöglichen. 4824

Nach Art. 9 I c VS-RL müssen die Mitgliedstaaten unabhängig von der internen Verteilung der Zuständigkeiten in der nationalen Rechtsordnung bei Erlass der Maßnahmen zur Umsetzung dieser Bestimmung sicherstellen, dass in allen Fällen der Inanspruchnahme der dort vorgesehenen Abweichung und für alle geschützten Arten die zugelassenen jagdlichen Entnahmen 4825 eine Obergrenze nicht überschreiten, die der in dieser Vorschrift verfügten Begrenzung dieser Entnahmen auf geringe Mengen entspricht und die auf der Grundlage streng wissenschaftlicher Erkenntnisse festzusetzen ist.[626]

4826 Da es sich bei Art. 9 VS-RL um eine Ausnahmeregelung handelt, die eng auszulegen ist und bei der die Beweislast für das Vorliegen der erforderlichen Voraussetzungen für jede Abweichung die Stelle treffen muss, die über sie entscheidet, sind die Mitgliedstaaten verpflichtet, sicherzustellen, dass jeder Eingriff, der die geschützten Arten betrifft, nur auf der Grundlage von Entscheidungen genehmigt wird, die mit einer genauen und angemessenen Begründung versehen sind, in der auf die in Art. 9 I und 2 der VS-RL vorgesehenen Gründe, Bedingungen und Anforderungen Bezug genommen wird.[627] Für die Ausnahmevoraussetzungen in der VS-RL gelten dieselben Grundsätze wie bei der FFH-RL. Mit den Interessen, die von Art. 9 I a dritter Gedankenstrich der VS-RL geschützt werden, ist der Schutz vor Schäden an sonstigen Formen von Eigentum nicht gleichzusetzen.[628] Art. 9 I c VS-RL ist dahin auszulegen, dass ein Mitgliedstaat berechtigt ist, den Fang geschützter Arten, der eine vernünftige Nutzung im Sinne der genannten Bestimmung sein kann, zuzulassen, sofern es keine andere zufriedenstellende Lösung gibt, um in den Einrichtungen, in denen Vögel zu Freizeitzwecken gezüchtet werden, die Nachteile der Inzucht, die sich aus zu zahlreichen endogenen Kreuzungen ergeben, zu vermeiden. Die Anzahl der Exemplare, die gefangen werden dürfen, ist dabei in einer Höhe festzusetzen, die zur Vermeidung der Nachteile objektiv notwendig ist, wobei auf jeden Fall die in dieser Bestimmung genannte Höchstgrenze der „geringen Mengen" zu beachten ist.[629]

4827 Bei den in Art. 9 I VS-RL genannten Abweichungen muss nach Art. 9 II VS-RL Folgendes angegeben werden: a) für welche Vogelarten die Abweichungen gelten; b) die zugelassenen Fang- oder Tötungsmittel, -einrichtungen und -methoden; c) die Art der Risiken und die zeitlichen und örtlichen Umstände, unter denen diese Abweichungen getroffen werden können; d) die Stelle, die befugt ist zu erklären, dass die erforderlichen Voraussetzungen gegeben sind, und zu beschließen, welche Mittel, Einrichtungen und Methoden in welchem Rahmen von wem angewandt werden können; e) welche Kontrollen vorzunehmen sind.

3. Kleine Artenschutznovelle

4828 Das Gemeinschaftsrecht besitzt grundsätzlich Vorrang gegenüber dem nationalen Recht. Aus europarechtlicher Sicht ergibt sich dies aus den Gründungsverträgen (Art. 249 III EGV). Aus staatsrechtlicher Sicht folgt der Vorrang des Gemeinschaftsrechts aus der Zustimmung des Gesetzgebers zu den Gemeinschaftsverträgen und der Integrationsermächtigung des Art. 24 I GG. Vorrang des Gemeinschaftsrechts bedeutet jedoch keinen Geltungsvorrang, sondern einen bloßen Anwendungsvorrang. Die deutsche Rechtsvorschrift, die mit einer gemeinschaftsrechtlichen Regelung nicht vereinbar ist, ist daher nicht nichtig, sondern lediglich im Einzelfall unanwendbar.[630]

4829 Aus den gleichen Gründen war wohl auch von der Europarechtswidrigkeit des § 43 IV 1 BNatSchG 2002 im Hinblick auf Art. 5 bis 7 und 9 VS-RL auszugehen. Denn auch hier galt: Der Verweis auf einen nach § 19 BNatSchG 2002 zugelassenen Eingriff machte nicht hinreichend klar und bestimmt[631] deutlich, ob bei der Zulassung des Vorhabens die Verbots- und Ausnahmeregelungen der Vogelschutz-Richtlinie beachtet worden sind. Dies ergab sich weder aus den in § 43 IV 1 BNatSchG 2002 noch aus den in § 19 BNatSchG genannten Voraussetzungen. Ist der Ausnahmetatbestand daher zu unbestimmt, war einzige Voraussetzung des § 43 IV 1 BNatSchG 2002 die nicht absichtliche Beeinträchtigung der dort genannten Schutzobjekte. Für diese Sichtweise sprach auch, dass die naturschutzrechtliche Eingriffsregelung in erster Linie Kompensationsmodell und nicht vorrangig Zulassungsschranke für umweltrelevante Vorhaben ist,[632] mithin für die Durchsetzung zwingenden Artenschutzes nicht geeignet ist.

[626] EuGH NuR 2007, 196.
[627] EuGH NuR 2007, 196.
[628] EuGH NuR 2007, 537.
[629] EuGH Urt. v. 12.12.1996 – C-10/96, juris.
[630] BVerwGE 87, 154 m. Hinw. auf EuGH, Urt. v. 4.4.1968 – Rs. 34/67 –, Slg. 1968, 363 und Urt. v. 9.3.1978 – Rs. 106/77 – Slg. 1978, 629 (646) und BVerfG DVBl. 1988, 38. Zu Artenschutz in Genehmigung und Planfeststellung Lütkes NVwZ 2008, 598.
[631] EuGH NuR 2006, 166 (Rn. 59/60).
[632] BVerwG NVwZ 2004, 1486.

Durch das Erste Änderungsgesetz zum BNatSchG, dessen Regelungen in die §§ 44, 45, 67 BNatSchG 2010 übernommen wurden, stellte der Gesetzgeber das Artenschutzrecht auf eine neue gesetzliche Grundlage.[633] Die gesetzlichen Regelungen zu artenschutzrechtlichen Eingriffen bestimmen ein spezifisches Prüfungssystem: Besonders geschützte Arten und streng geschützte Arten (nationale geschützte Arten) sowie geschützte Arten nach Anhang IV der FFH-RL und die nach der VS-RL geschützten Vögel (europarechtlich geschützte Arten) werden durch die Verbotstatbestände in § 44 BNatSchG geschützt. Sonderregelungen gelten für die land-, forst- oder fischereiwirtschaftliche Bodennutzung bei der Einhaltung einer guten fachlichen Praxis (§ 44 IV BNatSchG) sowie für Eingriffe, die auf der Grundlage des (§ 15 BNatSchG 2002) oder des BauGB § 44 V BNatSchG erfolgen. Es schließt sich ggf. die Prüfung von Ausnahmen (§ 45 VII BNatSchG) bzw. von Befreiungen § 67 BNatSchG an.[634] 4830

4. Allgemeiner Artenschutz im BNatSchG

Der Gesetzgeber differenziert im BNatSchG entsprechend dem EU-Artenschutzrecht zwischen einem allgemeinen und einem besonderen Artenschutz. Die §§ 39 ff. BNatSchG enthalten Regelungen zum **allgemeinen Artenschutz**, der wild lebenden Tieren und Pflanzen (vgl. § 7 II Nr. 1 und 2 BNatSchG) unabhängig von einem besonderen Schutzstatus einen **Mindestschutz**gewährt; der **besondere Artenschutz** ist in den §§ 44 ff. BNatSchG für besonders geschützte Arten mit einer arten- und gefährdungsspezifischen Schutzausrichtung geregelt.[635] 4831

Das Artenschutzregime des BNatSchG besteht aus drei Stufen. Alle wildlebenden Tiere und Pflanzen genießen einen allgemeinen Schutz. Ein verstärkter Schutz gilt den besonders geschützten Arten (§ 7 II Nr. 13 BNatSchG). Das höchste Schutzniveau sieht der Gesetzgeber für streng geschützte Arten vor.[636] Die Zuordnung einzelner Arten zu den Schutzklassen erfolgt durch Verweisungen in § 7 II Nr. 13–14 BNatSchG auf verschiedene Artenlisten, die in anderen nationalen und europäischen Regelungswerken enthalten sind und so auch den Artenschutzauftrag nach Art. 12 FFH-RL erfüllen. 4832

Für den allgemeinen Schutz wild lebender Tiere und Pflanzen sieht § 39 I BNatSchG ein Verbot vor. Danach ist es verboten, 1. wild lebende Tiere mutwillig zu beunruhigen oder ohne vernünftigen Grund zu fangen, zu verletzen oder zu töten, 2. wild lebende Pflanzen ohne vernünftigen Grund von ihrem Standort zu entnehmen oder zu nutzen oder ihre Bestände niederzuschlagen oder auf sonstige Weise zu verwüsten, 3. Lebensstätten wild lebender Tiere und Pflanzen ohne vernünftigen Grund zu beeinträchtigen oder zu zerstören. 4833

Mit dem Gesetz zum **Schutz der Insektenvielfalt** in Deutschland und zur Änderung weiterer Vorschriften vom 18.08.2021 fügte der Gesetzgeber dem allgemeinen Artenschutz mit § 41a BNatSchG eine Regelung zum Schutz von Tieren und Pflanzen vor nachteiligen Auswirkungen von Beleuchtungen hinzu. Diese Vorschrift tritt allerdings erst in Kraft, wenn das Bundesumweltministerium von einer Verordnungsermächtigung nach § 54 IVd BNatSchG Gebrauch gemacht hat, die Einzelheiten zum Schutz von Tieren und Pflanzen vor nachteiligen Auswirkungen von Lichtimmissionen regeln soll.[637] 4834

Neu zu errichtende Beleuchtungen an Straßen und Wegen, Außenbeleuchtungen baulicher Anlagen und Grundstücke sowie beleuchtete oder lichtemittierende Werbeanlangen sind nach § 41a I 1 BNatSchG, nachdem die Vorschrift in Kraft getreten ist, technisch und konstruktiv so anzubringen, mit Leuchtmitteln zu versehen und so zu betreiben, dass Tiere und Pflanzen wild lebender Arten vor nachteiligen Auswirkungen durch Lichtimmissionen geschützt sind, die nach Maßgabe einer Rechtsverordnung nach § 54 IV 4d Nr. 1 und 2 BNatSchG zu vermeiden sind. Das gilt auch für die wesentliche Änderung der dort genannten Beleuchtungen von Straßen und Wegen, baulichen Anlagen und Grundstücken sowie Werbeanlagen. Bestehende Be- 4835

---

633 Erstes Gesetz zur Änderung des Bundesnaturschutzgesetzes BT-Drs. 16/5100; BT-Drs. 16/6780; BR-Drs. 733/07; Stüer in Battis/Söfker/Stüer, FS Krautzberger, 2008, S. 63.

634 Zu Artenschutz in Genehmigung und Planfeststellung Lütkes NVwZ 2008, 598.

635 Zum Überblick dazu Kahl/Gärditz Umweltrecht, 2023, § 10 Rn. 138 ff; zum Verhältnis von Habitatschutz und Artenschutz BVerwG NVwZ 2009, 302 (306).

636 Gläß in BeckOK Umweltrecht, 2024, § 39 vor Rn. 1; Kahl/Gärditz Umweltrecht, 2023, § 10 Rn. 139.

637 Siehe dazu BGBl 2021 I Nr. 59 vom 30.08.2021 und dort Art. 4 III des Gesetzes; Huggins/Zimmermann DVBl.. 2022, 20; Richer EuRUP 2022, 428.

leuchtungen an öffentlichen Straßen und Wegen sind nach Maßgabe der genannten Rechtsverordnung um- oder nachzurüsten. Bedarf die Errichtung oder wesentliche Änderung einer Straße, eines Weges, einer baulichen Anlage oder einer Werbeanlage oder die Errichtung oder wesentliche Änderung der Beleuchtung einer solchen Anlage nach anderen Rechtsvorschriften einer behördlichen Zulassung oder einer Anzeige an eine Behörde oder wird sie oder er von einer Behörde errichtet oder geändert, so hat diese Behörde zugleich die erforderlichen Anordnungen zu treffen. Sie kann insbesondere nach Art und Umfang der Beleuchtung angemessene konstruktive oder technische Schutzmaßnahmen anordnen. Die Entscheidung ist im Benehmen mit der für Naturschutz und Landschaftspflege zuständigen Behörde zu treffen, soweit nicht nach Bundes- oder Landesrecht eine weiter gehende Form der Beteiligung vorgeschrieben ist oder die für Naturschutz und Landschaftspflege zuständige Behörde selbst entscheidet (§ 41a II BNatSchG).[638]

4836 Die Errichtung oder wesentliche Änderung von Beleuchtungen im vorgenannten Sinne, die nicht von einer Behörde durchgeführt wird und keiner behördlichen Zulassung oder Anzeige nach anderen Rechtsvorschriften bedarf, ist der für Naturschutz und Landschaftspflege zuständigen Behörde vor ihrer Durchführung schriftlich oder elektronisch anzuzeigen, wenn die hiervon ausgehenden Lichtemissionen geeignet sind, erhebliche nachteilige Auswirkungen auf Tiere und Pflanzen wild lebender Arten hervorzurufen. Näheres dazu regelt die Rechtsverordnung nach § 54 IVd Nr. 4 BNatSchG. Die Behörde hat die bei der Anzeige vorgelegten Unterlagen zu prüfen und kann bei Unvollständigkeit der Unterlagen die Einreichung weiterer Unterlagen verlangen (§ 41a III BNatSchG).

4837 Nach § 3 I 1 BImSchG sind schädliche Umwelteinwirkungen im immissionsschutzrechtlichen Sinne Immissionen, die nach Art, Ausmaß oder Dauer geeignet sind, Gefahren, erhebliche Nachteile oder erhebliche Belästigungen für die Allgemeinheit oder die Nachbarschaft herbeizuführen. Immissionen im Sinne des BImSchG sind auf Menschen, Tiere und Pflanzen, den Boden, das Wasser, die Atmosphäre sowie Kultur- und sonstige Sachgüter einwirkende Luftverunreinigungen, Geräusche, Erschütterungen, Licht, Wärme, Strahlen und ähnliche Umwelteinwirkungen. Lichtimmissionen können in diesem Sinne zu schädlichen Umwelteinwirkungen führen.[639] Mit Blick auf den Anlagenbezug des Immissionsschutzrechts stellt sich die Frage, ob Lichtinstallationen ortsfeste Anlage im Sinne von § 3 V BImSchG sein können. Denn das Immissionsschutzrecht des Bundes enthält im Wesentlichen anlagenbezogenes Recht für genehmigungsbedürftige und nicht genehmigungsbedürftige, ortsfeste Anlagen. Soweit Lichtquellen in aller Regel entweder über einen Lichtmast oder durch eine Verbindung mit einer baulichen Anlage mit dem Erdboden verbunden sind, handelt es sich bei ihnen um ortsfeste Einrichtungen, die Anlagen im immissionsschutzrechtlichen Sinne sind.[640] Auf Lichtanlagen, die nicht Teil einer immissionsschutzrechtlich genehmigungsbedürftigen Hauptanlage sind, finden grundsätzlich die Pflichten des § 22 I 1 BImSchG Anwendung.[641] Für Anlagen, die nicht gewerblichen Zwecken dienen und nicht im Rahmen wirtschaftlicher Unternehmungen Verwendung finden, gilt die Verpflichtung des § 22 I 1 BImSchG allerdings nur, soweit sie auf die Verhinderung oder Beschränkung von schädlichen Umwelteinwirkungen durch Luftverunreinigungen, Geräusche oder von Funkanlagen ausgehende nichtionisierende Strahlen gerichtet ist. Aber selbst für nicht gewerblichen Zwecken dienende Anlagen bleiben Lichtimmissionen durchaus genehmigungsrelevant. Sie können zB im Rahmen des baurechtlichen Rücksichtnahmegebots beachtlich bleiben.[642]

---

[638] Siehe zu § 41a BNatSchG Schomerus ZUR 2022, 271.

[639] Gemeinsamer Runderlass des Umweltministeriums und des Bauministeriums NRW vom 1.12.2014, Nr. 1; LAI, Hinweise zur Messung, Beurteilung und Minderung von Lichtimmissionen, 2012, S. 2; Wissenschaftliche Dienste des Deutschen Bundestags, Sachstandsbericht: Lichtverschmutzung. Rechtliche Regelungen zur Beschränkung von Beleuchtung in Deutschland und ausgewählten europäischen Staaten, Januar 2019, S. 4; Borchers/Schomerus NuR 2015, 614, 616; Walkling/Stockmar, Normen, Richtlinien und Empfehlungen zur Begrenzung von Lichtimmissionen, in: Held/Hölker/Jessel, Schutz der Nacht – Lichtverschmutzung, Biodiversität und Nachtlandschaft, BfN-Skripten 336, 2013, S. 137; Huggins I+E 2020, 10.

[640] Huggins I+E 2020, 10 (11); Jarass, BImSchG, 2022, § 3 Rn. 75.

[641] Huggins I+E 2020, 10 (12).

[642] VGH Mannheim Urt. v. 18.11.2010 – 5 S 2112/09, juris Rn. 38; Borchers/Schomerus NuR 2015, 614 (617).

Rechtsverbindliche Vorschriften zur näheren Bestimmung der immissionsschutzrechtlichen Erheblichkeitsschwelle bei Lichtimmissionen fehlen bislang noch.[643] Hinweise oder Leitlinien zur Beurteilung der Auswirkungen von Lichtimmissionen auf Pflanzen gibt es nicht.[644] In rechtlicher Hinsicht beurteilt sich die Zumutbarkeit nach der tatsächlichen und rechtlichen Schutzwürdigkeit und Schutzbedürftigkeit, wobei wertende Elemente wie Herkömmlichkeit, soziale Adäquanz und allgemeine Akzeptanz in eine wertende Gesamtbeurteilung im Sinne einer Güterabwägung einbeziehen sind.[645] Die rechtliche Schutzwürdigkeit von Nachbarn knüpft an die bauplanungsrechtliche Einstufung des Immissionsorts an. Nach § 22 I 1 Nr. 1 BImSchG ist der Anlagenbetreiber verpflichtet, schädliche Umwelteinwirkungen nach dem Stand der Technik zu vermeiden. Schädliche Umwelteinwirkungen sind nach § 3 I BImSchG Immissionen, die nach Art, Ausmaß oder Dauer geeignet sind, Gefahren, erhebliche Nachteile oder erhebliche Belästigungen für die Allgemeinheit oder die Nachbarschaft herbeizuführen. Zu klären ist deshalb, ob und unter welchen Umständen Lichtimmissionen einer entsprechenden Lichtinstallation Gefahren, Nachteile oder Belästigungen hervorrufen, die im Sinne der genannten Vorschrift auch erheblich sind. Eine Gefahr liegt vor, wenn die Immissionen mit hinreichender Wahrscheinlichkeit den Eintritt eines Schadens verursachen. Ein Schaden ist jede erhebliche Beeinträchtigung eines Rechtsguts. Geschütztes Rechtsgut ist neben der Nachbarschaft auch die Allgemeinheit, worunter neben Personen auch Tiere und Pflanzen sowie die Artenvielfalt zählen.[646] Bei Lichtimmissionen wird eine Gefahr angenommen, wenn diese eine Verbotsnorm zu verletzen drohen. Dies soll insbesondere für die Verletzung der artenschutzrechtlichen Verbote des § 44 I BNatSchG oder bei einem Verstoß gegen § 33 I BNatSchG gelten.[647] 4838

Für die Frage, ob Beeinträchtigungen das zumutbare Maß überschreiten und damit eine erhebliche Belästigung im Sinne von § 3 I BImSchG darstellen, ist grundsätzlich ein objektivierter Maßstab – nämlich das Empfinden eines verständigen Durchschnittsmenschen, nicht die individuelle Einstellung eines besonders empfindlichen Nachbarn – zugrunde zu legen.[648] 4839

Wenn und soweit keine zwingenden naturschutzrechtlichen Verbote in Rede stehen, kommt es hinsichtlich möglicher Nachteile und Belästigungen durch Lichtimmissionen darauf an, ob diese Nachteile oder Belästigungen erheblich sind. Was unter erheblich in diesem Zusammenhang zu verstehen ist, ist allerdings nicht abschließend geklärt. Erforderlich soll eine Abwägung sein, die zwischen den Anforderungen des Umweltschutzes und möglichen Industrieförderzwecken oder anderen öffentlichen Belangen, die für das Vorhaben sprechen, eine Gesamtabwägung vornimmt.[649] Nach der Rechtsprechung des BVerwG muss außerdem auf die soziale Adäquanz der Immissionen abgestellt werden. Mit einem solchen Adäquanzkriterium sind zB Lärmemissionen durch Glockenläuten oder durch Sirenen für den Feueralarm als sozialadäquat und damit unerheblich eingestuft worden.[650] Ob sich diese Rechtsprechung zu Geräuschimmissionen auch auf Lichtimmissionen übertragen lässt, wird jedoch zu Recht bezweifelt,[651] weil Kriterien der Sozialadäquanz keine Beeinträchtigungen von Natur und Umwelt durch Lichtimmissionen relativieren können. Entscheidender als eine Sozialadäquanz der Lichtimmission sollen deshalb Schutzwürdigkeit und Schutzbedürftigkeit des betroffenen Gebiets sein, unab- 4840

---

643 Wissenschaftliche Dienste des Deutschen Bundestags, Sachstandsbericht: Lichtverschmutzung. Rechtliche Regelungen zur Beschränkung von Beleuchtung in Deutschland und ausgewählten europäischen Staaten, Januar 2019, S. 5; VG München Urt. v. 15.3.2019 – M 19 K 17.4863, BeckRS 2018, 34074, Rn. 27.

644 Heilshorn/Sparwasser in Landmann/Rohmer, Umweltrecht, 2021, § 22 BImSchG Rn. 27; VGH Mannheim Urt. v. 18.11.2010 – 5 S 2112/09, juris Rn. 39.

645 OVG Münster Urt. v. 15.03.2007 – 10 A 998/06, juris, Rn. 71; Wissenschaftliche Dienste des Deutschen Bundestags, Sachstandsbericht: Lichtverschmutzung. Rechtliche Regelungen zur Beschränkung von Beleuchtung in Deutschland und ausgewählten europäischen Staaten, Januar 2019, S. 5.

646 Huggins I+E 2020, 10 (12); Jarass BImSchG, 2022, § 3 Rn. 31; Kloepfer Umweltrecht, 2016, § 15 Rn. 204.

647 Huggins/Schlacke Schutz von Arten vor Glas und Licht, 2019, S. 165; Huggins I+E 2020, 10 (13).

648 OVG Münster Beschl. v. 26.1.2024 – 8 B 1072/23.AK, juris Rn. 67; BVerwG Beschl. v. 8.11.2021 – 7 B 2.21, juris Rn. 12; OVG Münster Urt. v. 5.10.2020 – 8 A 894/17, juris Rn. 266 f.; Urt. v. 27.10.2022 – 22 D 64/21.AK, juris Rn. 61 ff.

649 Huggins/Schlacke Schutz von Arten vor Glas und Licht, 2019, S. 146; Huggins I+E 2020, 10 (14); Hofmann/Koch in Koch/Hofmann/Reese in Handbuch Umweltrecht, 2024, § 5 Rn. 134 für den Lärmschutz.

650 BVerwG NJW 1988, 2396 (2397); kritisch dazu Huggins I+E 2020, 10 (14).

651 Huggins I+E 2020, 10 (14).

hängig davon, ob sich diese aus dem erforderlichen Schutz von Menschen oder von Natur und Umwelt ergeben.[652] Ein auf Gebietstypen der BauNVO abstellender Maßstab hilft mit Blick auf nachteilig betroffene Naturschutzbelange nicht weiter, weil und soweit die BauNVO einen verhältnismäßigen Ausgleich unterschiedlicher menschlicher Interessen bezweckt, nicht jedoch auf den erforderlichen Naturschutz abstellt.[653] Abgestellt werden sollte stattdessen auf die jeweilige Eigenart des betroffenen Gebiets, insbesondere darauf, ob und inwieweit das Gebiet dem Rückzugs- und Ruhebedürfnis von Menschen oder von Tierarten dient.[654] Insoweit könne auf eine pauschalierte Empfindlichkeit des Schutzguts, etwa eines Habitats oder von bestimmten Tieren abgestellt werden. Die Schutzinteressen sind mit Nutzungsinteressen im jeweiligen Gebiet abzuwägen. Eine solche Abwägung soll insbesondere dann zu Ungunsten des Lichtemittenten ausfallen, wenn dieser an der konkreten Emission kein Interesse hat, weil die Lichtimmission für den Beleuchtungszweck nicht erforderlich ist. Bei besonders empfindlichen Tieren und Pflanzen soll es bei der Prüfung, ob ihre Beeinträchtigung ein erheblicher Nachteil oder gar ein Schaden ist, im Regelfall auf eine Güterabwägung ankommen.[655] Da es an einer Konkretisierung der Schädlichkeitsschwelle durch eine Rechtsverordnung fehlt, bedarf es aber grundsätzlich insoweit einer Einzelfallentscheidung zur Feststellung der Erheblichkeit einer Beeinträchtigung durch Lichtimmissionen.[656]

4841 Liegen schädliche Umwelteinwirkungen durch eine Lichtimmission vor, ist der Betreiber verpflichtet, Vermeidungsmaßnahmen zu ergreifen, die dem Stand der Technik entsprechen. Der Stand der Technik ist gemäß § 3 VI BImSchG als Entwicklungsstand fortschrittlicher Verfahren, Einrichtungen oder Betriebsweisen, der die praktische Eignung einer Maßnahme zur Begrenzung von Emissionen oder sonst zur Vermeidung oder Verminderung von Auswirkungen auf die Umwelt insgesamt gesichert erscheinen lässt, definiert. Zu prüfen sind insoweit insbesondere die Wahl des Leuchtmittels, die Wahl der Beleuchtungsstärke und der Lichtfarbe, Abstimmungen der Leuchtmittel, die Lichtpunkthöhe, die Konstruktion des Leuchtengehäuses, technische Lampensteuerungen durch Zeitschaltuhren, Dimmer und Bewegungsmelder, etc. Der LAI empfiehlt, ortsfeste Lichtquellen in der freien Natur, wo immer möglich, zu vermeiden. Ihre Wirkung reiche umso weiter, je größer die Lichtpunkthöhe und je größer die Leuchtdichte bzw. die Lichtstärke in Richtung oberer Halbraum und etwa horizontal seien. Wenn ortsfeste Lichtquellen in der freien Natur unvermeidbar seien, müssten die Lichtquellen so niedrig wie möglich angebracht werden. Eine größere Lichtpunktzahl geringer Höhe und Leistung sei gegenüber wenigen Lichtpunkten großer Höhe und Leistung vorzuziehen.[657] In empfindlichen Bereichen seien grundsätzlich nur solche Lichtquellen zu verwenden, deren Abstrahlung nach oben und in etwa horizontaler Richtung durch Abschirmung weitgehend verhindert werde. Anlagen für eine künstliche Beleuchtung sollten nur so lange wie notwendig betrieben werden. Dies gelte insbesondere auch für die Abstrahlung von Gebäuden, wo eine Begrenzung der Lichtabstrahlung in den unteren Halbraum nicht möglich und daher eine erhebliche Fernwirkung der Lichtquellen unvermeidlich sei. Solche Lichtquellen sollten nach den Empfehlungen des LAI in den späteren Nachtstunden, während deren die gewünschte Wirksamkeit wegen des fehlenden Publikums ohnehin gering sei, abgeschaltet werden.

4842 Sind schädliche Umwelteinwirkungen durch Maßnahmen (zB durch Emissionsbegrenzungen) nach dem Stand der Technik nicht vermeidbar, besteht eine Minimierungspflicht im Sinne von § 22 I 1 Nr. 2 BImSchG. Unvermeidbar sind Lichtemissionen, die in Richtung der zu beleuchtenden Bereiche abgegeben werden, die auf die erforderliche Beleuchtungsstärke

---

[652] LAI-Hinweise zur Messung, Beurteilung und Minderung von Lichtimmissionen, 2012, S. 3; Huggins I+E 2020, 10, 14 unter Verweis auf BVerwG ZfBR 2010, 792; NVwZ 1992, 886; Jarass BImSchG, 2022, § 3 Rn. 62; siehe auch OVG Münster NVwZ-RR 2016, 849.

[653] siehe dazu die Hinweise über die schädliche Einwirkung von Beleuchtungsanlagen auf Tiere – insbesondere auf Vögel und Insekten – und Vorschläge zu deren Minderung, in: LAI, Hinweise zur Messung, Beurteilung und Minderung von Lichtimmissionen, Anhang 1.

[654] Huggins I+E 2020, 10 (15); Dietlein in Landmann/Rohmer, Umweltrecht, 2021, § 5 BImSchG Rn. 69.

[655] Dietlein in Landmann/Rohmer, Umweltrecht, 2021, § 5 BImSchG Rn. 69.

[656] OVG Münster Urt. v. 15.3.2007 – 10 A 998/06, juris Rn. 73; VG Aachen Urt. v. 28.8.2012 – 3 K 2277/10, juris Rn. 54; Thiel in Landmann/Rohmer, Umweltrecht, § 3 BImSchG Rn. 46; Gemeinsamer Runderlass des Umweltministeriums und des Bauministeriums NRW vom 1.12.2014, Nr. 1; Huggins I+E *2020, 10 (15)*.

[657] LAI, Hinweise zur Messung, Beurteilung und Minderung von Lichtimmissionen, 2012, S. 19.

reduziert sind, die nur in Zeiten des Bedarfs eingeschaltet werden und gegebenenfalls so ausgestaltet sind, dass ein Farbsehen möglich ist. Es bedarf insoweit aus immissionsschutzrechtlicher Sicht der Prüfung, ob durch eine geplante Lichtinstallation schädliche Umwelteinwirkungen zu befürchten sind, ob erhebliche Beeinträchtigungen zu befürchten sind und ob und inwieweit Vermeidungs- oder Minimierungsmaßnahmen erforderlich sind.

Auf eine Feststellung der Erheblichkeit von Lichtimmissionen im immissionsschutzrechtlichen Sinne kommt es allerdings nicht an, wenn Lichtimmissionen mit zwingenden Anforderungen des Naturschutzrechts unvereinbar sind, solange § 41a BNatSchG und die dazugehörige Rechtsverordnung noch nicht in Kraft sind insbesondere weil sie gegen § 34 BNatSchG oder gegen Verbote des besonderen Artenschutzes nach § 44 BNatSchG verstoßen. In einem solchen Fall muss die Beleuchtung unterbleiben, es sei denn, es liegen Voraussetzungen vor, die eine Ausnahme von diesen Verboten rechtfertigen. Lichtimmissionen waren in der Vergangenheit zwar ein eher vernachlässigtes Thema des Naturschutzes.[658] 4843

5. Besonderer Artenschutz im BNatSchG

Vorschriften für besonders geschützte und bestimmte andere Tier- und Pflanzenarten enthält § 44 BNatSchG; Ausnahmen von den Verbotstatbeständen des § 44 BNatSchG lässt § 45 BNatSchG zu. 4844

a) Verbotstatbestände (§ 44 I BNatSchG). Als Schlüsselvorschrift des besonderen Artenschutzes gilt § 44 BNatSchG.[659] Die Vorschrift setzt Art. 12 I FFH-RL um und richtet sich an Private und öffentliche Entscheidungsträger. Sie gilt mittelbar auch für die Bauleitplanung, obwohl die Aufstellung eines Bauleitplans selbst noch nicht unter das Zugriffsverbot fällt, weil erst die Realisierung eines Vorhabens den Tatbestand des Verbotes verwirklicht. Ein Bauleitplan ist aber schon nicht iSv. § 1 III BauGB erforderlich, wenn die Planverwirklichung unvermeidbar gegen ein Zugriffsverbot des § 44 I BNatSchG verstieße. § 44 I BNatSchG entfaltet somit für die Bebauungsplanung mittelbare Wirkung.[660] 4845

§ 44 I BNatSchG enthält verschiedene **allgemeine Zugriffsverbote**, § 44 II, III BNatSchG **Besitz- und Vermarktungsverbote**. Nach § 44 I BNatSchG ist es verboten, (1) wild lebenden Tieren der besonders geschützten Arten nachzustellen, sie zu fangen, zu verletzen oder zu töten oder ihre Entwicklungsformen aus der Natur zu entnehmen, zu beschädigen oder zu zerstören, (2) wild lebende Tiere der streng geschützten Arten und der europäischen Vogelarten während der Fortpflanzungs-, Aufzucht-, Mauser-, Überwinterungs- und Wanderungszeiten erheblich zu stören; eine erhebliche Störung liegt vor, wenn sich durch die Störung der Erhaltungszustand der lokalen Population einer Art verschlechtert, (3) Fortpflanzungs- oder Ruhestätten der wild lebenden Tiere der besonders geschützten Arten aus der Natur zu entnehmen, zu beschädigen oder zu zerstören, (4) wild lebende Pflanzen der besonders geschützten Arten oder ihre Entwicklungsformen aus der Natur zu entnehmen, sie oder ihre Standorte zu beschädigen oder zu zerstören (Zugriffsverbote). 4846

Der Gesetzgeber verfolgt mit 44 I BNatSchG einen **individuenbezogenen Ansatz**, so dass grundsätzlich schon die Tötung einzelner Exemplare einer Art verboten ist und eine schlicht populationsbezogene Relativierung unzulässig ist.[661] Nach ständiger Rechtsprechung des Bundesverwaltungsgerichts ist der Tatbestand des Tötungsverbots mit Blick auf die bei Errichtung und Betrieb eines Vorhabens nie völlig auszuschließende Gefährdung geschützter Tiere allerdings erst dann erfüllt, wenn das Vorhaben dieses Risiko in einer für die betroffene Tierart signifikanten Weise erhöht. Auf Vorsatz oder Vorwerfbarkeit kommt es nicht an, sondern vielmehr nur auf die artenschutzrechtlich missbilligte Folge.[662] 4847

Die artenschutzrechtlichen Zugriffsverbote sind auch für die **Eingriffsregelung** relevant. Das Kriterium der erheblichen Beeinträchtigung im Sinne des §§ 13, 14 I BNatSchG als Anknüpfungspunkt für etwaige Verpflichtungen nach § 15 I BNatSchG wird durch die materiell- 4848

---

658 Schomerus ZUR 2022, 271; Borchers/Schomerus NuR 2015, 614; zu nachteilige Auswirkungen von Lichtimmissionen auf ein FFH-Gebiet siehe OVG Münster Beschl. v. 22.1.2024 – 21 B 1144/23, juris.

659 Kahl/Gärditz Umweltrecht, 2023, § 10 Rn. 141.

660 Kahl/Gärditz Umweltrecht, 2023, § 10 Rn. 149.

661 EuGH NVwZ 2021, 545 = juris Rn. 54 ff.; BVerwGE 166, 321 = juris Rn. 19; VGH Mannheim Urt. v. 31.8.2013 – 14 S 2140/22, juris Rn. 35.

662 Gellermann NuR 2008, 592; VG Cottbus NuR 2014, 67 (68); Otto DVBl. 2012, 936 (938); Kahl/Gärditz Umweltrecht, 2023, § 10 Rn. 142.

rechtlichen Regelungen des Artenschutzrechts geprägt.[663] Soweit keine Verstöße gegen artenschutzrechtliche Zugriffsverbote festzustellen sind, liegen deshalb in Bezug auf die insoweit geschützten Arten auch keine erheblichen Beeinträchtigungen im Sinne der Eingriffsregelung vor. Die Erhöhung des Tötungsrisikos, das nicht die Signifikanzschwelle des § 44 I Nr. 1 BNatSchG erreicht, bedarf dementsprechend keiner Kompensation.[664]

4849 **b) Sonderregelungen für Land-, Forst- und Fischereiwirtschaft** (§ 44 IV BNatSchG). Entspricht die land-, forst- und fischereiwirtschaftliche Bodennutzung und die Verwertung der dabei gewonnenen Erzeugnisse den in § 5 II bis II BNatSchG genannten Anforderungen sowie den sich aus § 17 II BBodSchG und dem Recht der Land-, Forst- und Fischereiwirtschaft ergebenden Anforderungen an die gute fachliche Praxis, verstößt sie nicht gegen die Zugriffs-, Besitz- und Vermarktungsverbote. Sind in Anhang IV der Richtlinie 92/43/EWG aufgeführte Arten, europäische Vogelarten oder solche Arten, die in einer Rechtsverordnung nach § 54 I Nr. 2 BNatSchG aufgeführt sind, betroffen, gilt dies nur, soweit sich der Erhaltungszustand der lokalen Population einer Art durch die Bewirtschaftung nicht verschlechtert. Soweit dies nicht durch anderweitige Schutzmaßnahmen, insbesondere durch Maßnahmen des Gebietsschutzes, Artenschutzprogramme, vertragliche Vereinbarungen oder gezielte Aufklärung sichergestellt ist, ordnet die zuständige Behörde gegenüber den verursachenden Land-, Forst- oder Fischwirten die erforderlichen Bewirtschaftungsvorgaben an. Befugnisse nach Landesrecht zur Anordnung oder zum Erlass entsprechender Vorgaben durch Allgemeinverfügung oder Rechtsverordnung bleiben unberührt.

4850 **c) Sonderregelungen für Eingriffsvorhaben und für Vorhaben nach § 18 II 1 BNatSchG** (§ 44 V BNatSchG). Für nach § 15 I BNatSchG unvermeidbare Beeinträchtigungen durch Eingriffe in Natur und Landschaft, die nach § 17 I oder III BNatSchG zugelassen oder von einer Behörde durchgeführt werden, sowie für Vorhaben im Sinne des § 18 II 1 BNatSchG gelten die Zugriffs-, Besitz- und Vermarktungsverbote nach Maßgabe der § 44 V 2 bis 5 BNatSchG.

4851 Sind in Anhang IVa der Richtlinie 92/43/EWG aufgeführte Tierarten, europäische Vogelarten oder solche Arten betroffen, die in einer Rechtsverordnung nach § 54 I Nr. 2 BNatSchG aufgeführt sind, liegt ein Verstoß gegen 1. das Tötungs- und Verletzungsverbot nach § 44 I Nr. 1 BNatSchG nicht vor, wenn die Beeinträchtigung durch den Eingriff oder das Vorhaben das Tötungs- und Verletzungsrisiko für Exemplare der betroffenen Arten nicht signifikant erhöht und diese Beeinträchtigung bei Anwendung der gebotenen, fachlich anerkannten Schutzmaßnahmen nicht vermieden werden kann, 2. das Verbot des Nachstellens und Fangens wild lebender Tiere und der Entnahme, Beschädigung oder Zerstörung ihrer Entwicklungsformen nach § 44 I Nr. 2 BNatSchG nicht vor, wenn die Tiere oder ihre Entwicklungsformen im Rahmen einer erforderlichen Maßnahme, die auf den Schutz der Tiere vor Tötung oder Verletzung oder ihrer Entwicklungsformen vor Entnahme, Beschädigung oder Zerstörung und die Erhaltung der ökologischen Funktion der Fortpflanzungs- oder Ruhestätten im räumlichen Zusammenhang gerichtet ist, beeinträchtigt werden und diese Beeinträchtigungen unvermeidbar sind, 3. das Verbot nach § 44 I Nr. 3 BNatSchG nicht vor, wenn die ökologische Funktion der von dem Eingriff oder Vorhaben betroffenen Fortpflanzungs- und Ruhestätten im räumlichen Zusammenhang weiterhin erfüllt wird.

4852 Der Tatbestand des **Tötungsverbots** in § 44 I Nr. 1 BNatSchG ist erst dann erfüllt, wenn das Vorhaben das Risiko in einer für die betroffene Tierart signifikanten Weise erhöht. Der Gesetzgeber hat das vom BVerwG entwickelte **Signifikanzkriterium** durch das Gesetz zur Änderung des Bundesnaturschutzgesetzes vom 15.9.2017[665] in die Neufassung des § 44 Abs. 5 Satz 2 Nr. 1 BNatSchG aufgenommen. Danach liegt ein Verstoß gegen das Tötungs- und Verletzungsverbot nicht vor, wenn die Beeinträchtigung durch den Eingriff oder das Vorhaben auch unter Berücksichtigung von Vermeidungsmaßnahmen das Tötungs- und Verletzungsrisiko für Exemplare der betroffenen Art nicht signifikant erhöht und diese Beeinträchtigung unvermeidbar ist.[666] Das Kriterium der Signifikanz trägt dem Umstand Rechnung, dass für Tiere

[663] VGH Mannheim Urt. v. 20.12.2023 – 14 S 218/23, juris Rn. 142; OVG Münster Urt. v. 24.8.2023 – 22 D 201/22.AK juris Rn. 203 f.; BVerwG Beschl. v. 6.3.2014 – 9 C 6.12 juris Rn. 65; ZUR 2012, 95 Rn. 108 ff.

[664] VGH Mannheim Urt. v. 20.12.2023 – 14 S 218/23, juris Rn. 142.

[665] BGBl. I S. 3434.

[666] BVerwG Urt. v. 6.10.2022 – 7 C 4.21, juris, Rn. 23.

bereits vorhabenunabhängig ein allgemeines Tötungsrisiko besteht. Dieses ergibt sich nicht nur aus dem allgemeinen Naturgeschehen, sondern kann auch dann sozialadäquat und insoweit hinnehmbar sein, wenn es zwar vom Menschen verursacht ist, aber nur einzelne Individuen betrifft. Tiere leben nicht in einer unberührten, sondern in einer vom Menschen gestalteten Landschaft. Das damit verbundene Grundrisiko hält das BVerwG und ihm folgend auch der Gesetzgeber für hinnehmbar. Nur jenseits dieses Grundrisikos greift der Schutz des § 44 I Nr. 1 BNatSchG. Das bedeutet nicht, dass gerade in einem Umfeld, in dem bereits aufgrund anderweitiger Vorbelastungen ein erhöhtes Tötungsrisiko besteht, eine umso größere Gefährdung zulässig wäre. Umstände, die für die Beurteilung der Signifikanz eine Rolle spielen, sind vielmehr insbesondere artspezifische Verhaltensweisen, häufige Frequentierung des durchschnittenen Raums und die Wirksamkeit vorgesehener Schutzmaßnahmen.[667] In Abhängigkeit von der jeweiligen Art sei der Schutz eines jeden einzelnen Individuums und seiner Entwicklungsformen in jeder Fallkonstellation weder tatsächlich leistbar noch biologisch sinnvoll und verhältnismäßig ist. Dies gilt insbesondere dann, wenn etwa der Verlust eines hohen Anteils der Gesamtpopulation von Entwicklungsstadien und Jungtieren einer Art ohnehin Teil der Entwicklungsstrategie dieser Art sei.[668] Auch bei der Beurteilung der Frage, ob das Tötungsrisiko signifikant erhöht ist, ist die verwaltungsgerichtliche Kontrolle wie bei der Bestandserhebung unter den oben genannten Voraussetzungen auf eine Plausibilitätskontrolle beschränkt.[669]

Im Fall von **baubedingten Tötungen** soll für die Beurteilung, ob das Tötungsrisiko signifikant erhöht ist, darauf abzustellen sein, ob nur wenige einzelne Tiere im Baufeld verbleiben. Dies lasse den individuenbezogenen Schutzansatz des Tötungs- und Verletzungsverbots unberührt und trage dem Umstand Rechnung, dass bauliche Aktivitäten grundsätzlich an jeder Stelle wild lebende Tiere treffen könnten, jedoch nur solche Risiken als sozialadäquat und damit als nicht signifikant erhöht angesehen werden könnten, die auch durch Vermeidungsmaßnahmen nicht beherrschbare Schwerpunktvorkommen von Tieren besonders geschützter Arten meiden.[670] 4853

d) Vorgezogene Ausgleichsmaßnahmen. Soweit erforderlich, können auch vorgezogene Ausgleichsmaßnahmen festgelegt werden. Für Standorte wild lebender Pflanzen der in Anhang IV Buchstabe b der FFH-RL aufgeführten Arten gelten die Sätze 2 und 3 entsprechend. Sind andere besonders geschützte Arten betroffen, liegt bei Handlungen zur Durchführung eines Eingriffs oder Vorhabens kein Verstoß gegen die Zugriffs-, Besitz- und Vermarktungsverbote vor. Vorgezogene Ausgleichsmaßnahmen nach § 44 V 3 BNatSchG können die Geltung des Tötungsverbots nach § 44 I Nr. 1 BNatSchG vermeiden. Für den Artenschutz ist es gleich, ob die durch ein Vorhaben verursachten Beeinträchtigungen von vornherein als artenschutzverträglich einzustufen sind oder ob sie diese Eigenschaft erst dadurch erlangen, dass entsprechende Schutzvorkehrungen angeordnet und getroffen werden. Das bedeutet, dass auch die in § 44 V 3 BNatSchG ausdrücklich geregelten, auf das Schädigungsverbot nach § 44 I Nr. 3 BNatSchG zugeschnittenen funktionserhaltenden Maßnahmen (**CEF-Maßnahmen**) multifunktional wirken können, so dass sie zugleich auch den Eintritt des Tötungsverbots nach § 44 I Nr. 1 BNatSchG verhindern.[671] 4854

e) Sonderregelungen für Windenergieanlagen an Land.[672] Für die fachliche Beurteilung, ob nach § 44 V 2 Nr. 1 BNatSchG das Tötungs- und Verletzungsrisiko für Exemplare 4855

[667] BVerwG Urt. v. 27.11.2018 – 9 A 8.1, juris, Rn. 97; Beschl. v. 8.3.2018 – 9 B 25.17, juris Rn. 11; OVG Münster Beschl. v. 1.4.2019 – 8 B 1013/18, juris Rn. 10; Urt. v. 29.3.2017 – 11 D 70/09.AK, juris Rn. 552; VG Köln Beschl. v. 20.10.2023 – 14 L 1604/23, juris Rn. 45.

[668] OVG Lüneburg Urt. v. 31.7.2018 – 7 KS 17/16, juris, Rn. 255; VG Köln Beschl. v. 20.10.2023 – 14 L 1604/23, juris Rn. 47.

[669] VG Köln Beschl. v. 20.10.2023 – 14 L 1604/23, juris Rn. 50; BVerwG Beschl. v. 8.3.2018 – 9 B 25.17, juris, Rn. 12; Urt. v. 21.11.2013 – 7 C 40.11, juris, Rn. 14.

[670] Lau in Frenz/Müggenborg, BNatSchG, 2021, § 44 Rn. 68; BVerwG Urt. v. 8.1.2014 – 9 A 4.13, juris Rn. 98; zur rodungsbedingten Tötung einzelner Fledermaus-Individuen VGH Kassel Urt. v. 17.2.2021 – 2 A 698/16, juris, Rn. 192; BVerwG Urt. v. 6.10.2022 – 7 C 4.21 juris, Rn. 25 ff.; zu betriebsbedingten Kollisionsrisiken bei einer Ortsumgehung mit der Folge einer signifikanten Erhöhung des Tötungsrisikos VGH Mannheim VBLBW 2024, II-III.

[671] BVerwG Urt. v. 6.10.2022 – 7 C 4.21, juris, Rn. 24; VG Köln Beschl. v. 20.10.2023 – 14 L 1604/23, juris Rn. 51.

[672] Siehe dazu auch die unmittelbar geltenden Sonderbestimmungen der EU-EU-NotfallVO; zu § 45 b BNatSchG siehe auch Rieger NVwZ 2023, 1042; Gellermann NuR 2022, 589; Rieger UPR 2022, 453.

kollisionsgefährdeter Brutvogelarten im Umfeld ihrer Brutplätze durch den Betrieb von Windenergieanlagen signifikant erhöht ist, gelten nach § 45 b I 1 BNatSchG die Maßgaben der § 45b II bis V BNatSchG. Liegt zwischen dem Brutplatz einer Brutvogelart und der Windenergieanlage ein Abstand, der geringer ist als der in Anlage 1 Abschnitt 1 zum BNatSchG für diese Brutvogelart festgelegte Nahbereich, so ist das Tötungs- und Verletzungsrisiko der den Brutplatz nutzenden Exemplare signifikant erhöht (§ 45 b II BNatSchG). Liegt zwischen dem Brutplatz einer Brutvogelart und der Windenergieanlage ein Abstand, der größer als der Nahbereich und geringer als der zentrale Prüfbereich ist, die in Anlage 1 Abschnitt 1 zum BNatSchG für diese Brutvogelart festgelegt sind, so bestehen in der Regel Anhaltspunkte dafür, dass das Tötungs- und Verletzungsrisiko der den Brutplatz nutzenden Exemplare signifikant erhöht ist, soweit 1. eine signifikante Risikoerhöhung nicht auf der Grundlage einer **Habitatpotentialanalyse** oder einer auf Verlangen des Trägers des Vorhabens durchgeführten **Raumnutzungsanalyse** widerlegt werden kann oder 2. die signifikante Risikoerhöhung nicht durch **fachlich anerkannte Schutzmaßnahmen** hinreichend gemindert werden kann; werden entweder **Antikollisionssysteme** genutzt, **Abschaltungen** bei landwirtschaftlichen Ereignissen angeordnet, **attraktive Ausweichnahrungshabitate** angelegt oder **phänologiebedingte Abschaltungen** angeordnet, so ist für die betreffende Art in der Regel davon auszugehen, dass die Risikoerhöhung hinreichend gemindert wird (§ 45b III BNatSchG).

4856 Liegt zwischen dem Brutplatz einer Brutvogelart und der Windenergieanlage ein Abstand, der größer als der zentrale Prüfbereich und höchstens so groß ist wie der erweiterte Prüfbereich, die in Anlage 1 Abschnitt 1 zum BNatSchG für diese Brutvogelart festgelegt sind, so ist das Tötungs- und Verletzungsrisiko der den Brutplatz nutzenden Exemplare nicht signifikant erhöht, es sei denn, 1. die **Aufenthaltswahrscheinlichkeit** dieser Exemplare in dem vom Rotor überstrichenen Bereich der Windenergieanlage ist aufgrund **artspezifischer Habitatnutzung** oder **funktionaler Beziehungen** deutlich erhöht und 2. die signifikante Risikoerhöhung, die aus der erhöhten Aufenthaltswahrscheinlichkeit folgt, kann nicht durch fachlich anerkannte Schutzmaßnahmen hinreichend verringert werden. Zur Feststellung des Vorliegens eines Brutplatzes sind **behördliche Kataster** und **behördliche Datenbanken** heranzuziehen; Kartierungen durch den Vorhabenträger sind nicht erforderlich (§ 45b IV BNatSchG).

4857 Liegt zwischen dem Brutplatz einer Brutvogelart und der Windenergieanlage ein Abstand, der größer als der in Anlage 1 Abschnitt 1 für diese Brutvogelart festgelegte erweiterte Prüfbereich ist, so ist das Tötungs- und Verletzungsrisiko der den Brutplatz nutzenden Exemplare nicht signifikant erhöht; Schutzmaßnahmen sind insoweit nicht erforderlich (§ 45 b V BNatSchG).

4858 Fachlich anerkannte Schutzmaßnahmen für die in Anlage 1 Abschnitt 1 genannten Brutvogelarten sind insbesondere die in Anlage 1 Abschnitt 2 genannten Schutzmaßnahmen. Die beispielhafte Aufzählung von Schutzmaßnahmen nach Abschnitt 2 der Anlage 1 zu § 45b I bis V BNatSchG zur Vermeidung der Tötung oder Verletzung von Exemplaren europäischer Vogelarten nach dem dortigen Abschnitt 1 durch Windenergieanlagen wird nicht als abschließende Konkretisierung einzelner Standardmaßnahmen bzw. eines Mindeststandards verstanden, von der in ihrem Anwendungsbereich unter keinem denkbaren Gesichtspunkt abgewichen werden darf. Die gesetzgeberische Vorgabe des § 45b III Nr. 2, 2. HS BNatSchG kann nicht nur zum Tragen kommen, wenn die in Abschnitt 2 beschriebenen fachlich anerkannten Maßnahmen buchstabengetreu übernommen werden.[673]

4859 Die Anordnung von Schutzmaßnahmen, die die Abschaltung von Windenergieanlagen betreffen, gilt unter Berücksichtigung weiterer Schutzmaßnahmen auch für andere besonders geschützte Arten als unzumutbar, soweit sie den Jahresenergieertrag verringern 1. um mehr als 8 % bei Standorten mit einem Gütefaktor im Sinne des § 36h I 5 EEG, von 90 % oder mehr oder 2. im Übrigen um mehr als 6%. Die Berechnung erfolgt nach Anlage 2 zum BNatSchG. Dabei werden Investitionskosten für Schutzmaßnahmen ab 17.000 Euro je Megawatt angerechnet. Schutzmaßnahmen, die im Sinne des Satzes 2 als unzumutbar gelten, können auf Verlangen des Trägers des Vorhabens angeordnet werden (§ 45b VI BNatSchG).

4860 **Nisthilfen** für kollisionsgefährdete Vogel- und Fledermausarten dürfen in einem Umkreis von 1.500 m um errichtete Windenergieanlagen sowie innerhalb von Gebieten, die in einem Raumordnungsplan oder in einem Flächennutzungsplan für die Windenergienutzung ausgewiesen sind, nicht angebracht werden (§ 45 VII BNatSchG). Diese Vorschrift findet jedoch keine Anwendung, wenn die Nistkästen im Zuge einer Maßnahme nach § 44 III 3 BNatSchG angebracht werden, die der Vermeidung eines Verstoßes gegen § 44 I Nr. 3 BNatSchG im

[673] OVG Münster ZNER 2023, 437= juris Rn. 99.

Rahmen der Zulassung einer WEA dient. In dieser Hinsicht ist nach Auffassung des VGH Mannheim eine teleologische Reduktion der Vorschrift angezeigt. Ausweislich der Begründung des Gesetzentwurfs soll die Vorschrift vermeiden, dass aufgrund der Nähe von Brut- und Nistplätzen kollisionsgefährdeter Vogel- und Fledermausarten und von WEA bestehende Konflikte sich verschärfen oder neue Problematiken geschaffen werden. Eine solche grundsätzlich zu vermeidende Risikoerhöhung für die gefährdeten Arten sei jedoch dann nicht gegeben, wenn eine vorgefundene und bereits mit einem Gefahrenpotenzial verbundene Lage durch eine Ausgleichsmaßnahme lediglich beibehalten, nicht aber verschlimmert werde.[674] Dem Gedanken des § 45b VII BNatSchG ist in diesen Fällen etwa im Rahmen der ökologischen Baubegleitung durch die Herstellung eines möglichst großen Abstands zwischen Nisthilfen und WEA-Standort bei gleichzeitiger Wahrung des räumlichen Zusammenhangs. Rechnung zu tragen.[675] § 45b VII BNatSchG verbleibt insoweit ein substantieller Anwendungsbereich, etwa wenn Nisthilfen außerhalb ohne Bezug zu § 44 I Nr. 3, V 3 BNatSchG angebracht werden oder wenn es nicht um die Zulassung von WEA, sondern um andere Vorhaben geht.

Nach § 45 b VIII BNatSchG gelten **Ausnahmemöglichkeiten** des § 45 VII BNatSchG mit 4861
Maßgaben.

f) Repowering von Windenergieanlagen an Land.[676] Weitere Besonderheiten gelten nach 4862
§ 45 c BNatSchG für das Repowering von Windenergieanlagen an Land. Abweichend von § 16b II 2 BImSchG werden auch neue Windenergieanlagen erfasst, die innerhalb von 48 Monaten nach dem Rückbau der Bestandsanlage errichtet werden und der Abstand zwischen der Bestandsanlage und der neuen Anlage höchstens das Fünffache der Gesamthöhe der neuen Anlage beträgt. Der Umfang der artenschutzrechtlichen Prüfung wird gem. § 45c II BNatSchG durch das Änderungsgenehmigungsverfahren nach § 16b I BImSchG nicht berührt. Die Auswirkungen der zu ersetzenden Bestandsanlagen müssen bei der artenschutzrechtlichen Prüfung als Vorbelastung berücksichtigt werden. Dabei sind insbesondere folgende Umstände einzubeziehen: 1. die Anzahl, die Höhe, die Rotorfläche, der Rotordurchgang und die planungsrechtliche Zuordnung der Bestandsanlagen, 2. die Lage der Brutplätze kollisionsgefährdeter Arten, 3. die Berücksichtigung der Belange des Artenschutzes zum Zeitpunkt der Genehmigung und 4. die durchgeführten Schutzmaßnahmen. Soweit die Auswirkungen der Neuanlagen unter Berücksichtigung der gebotenen, fachlich anerkannten Schutzmaßnahmen geringer als oder gleich sind wie die der Bestandsanlagen, ist davon auszugehen, dass die Signifikanzschwelle in der Regel nicht überschritten ist, es sei denn, der Standort liegt in einem Natura 2000-Gebiet mit kollisionsgefährdeten oder störungsempfindlichen Vogel- oder Fledermausarten (§ 45 c II BNatSchG).

Bei der Festsetzung einer Kompensation aufgrund einer Beeinträchtigung des Landschafts- 4863
bildes ist nach § 45c III BNatSchG die Kompensation abzuziehen, die für die zu ersetzende Bestandsanlage bereits geleistet worden ist. Abweichend von § 45b VIII Nr. 2 und 3 gilt § 45 VII 2 BNatSchG für Repowering von Windenergieanlagen an Land nach § 16b I und II BImSchG mit der Maßgabe, dass Standortalternativen in der Regel nicht zumutbar sind, es sei denn, der Standort liegt in einem Natura 2000-Gebiet mit kollisionsgefährdeten oder störungsempfindlichen Vogel- oder Fledermausarten (§ 45 c IV BNatSchG).

g) Weitergehender Standardisierungsbedarf. Unabhängig davon, ob man die speziellen 4864
Regelungen für Windenergieanlagen in den §§ 45 b, 45 c und in der Anlage 1 des BNatSchG für praxistauglich und unionsrechtskonform hält, besteht weiterreichender Konkretisierungsbedarf, weil das Signifikanzkriterium des Tötungsverbots natürlich nicht nur für Windenergieanlagen gilt. Mit Recht wurde „von der zum Teil verheerenden Wirkung offener methodischer und fachlicher Fragen in der Praxis" gesprochen.[677] Dies gilt sowohl für die Eingriffsregelung als auch für den besonderen Artenschutz (§§ 44 ff. BNatSchG).[678] Wegen Komplexität der

---

674 VGH Mannheim Urt. v. 20.12.2023 – 14 S 218/23, juris Rn. 137 unter Verweis auf BT-Drs. 20/2354 S. 26 und auf BVerwG Urt. v. 31.3.2023 – 4 A 10.21, juris Rn. 100.

675 VGH Mannheim Urt. v. 20.12.2023 – 14 S 218/23, juris Rn. 137; Urt. v. 31.8.2023 – 14 S 2140/22, juris Rn. 72 ff.

676 Siehe dazu auch die unmittelbar geltenden Sonderbestimmungen der EU-EU-NotfallVO, insbesondere auch Art. 5 EU-NotfallVO zum Repowering von Anlagen zur Erzeugung von Strom aus erneuerbaren Quellen.

677 Fellenberg NVwZ 2019, 177 (185).

678 Siehe dazu die Stellungnahme des Umweltrechtsausschuss des Deutschen Anwaltvereins SN 7/22 vom 14.2.2022, S. 12.

fachlichen und rechtlichen Fragen wurde eine **Einschätzungsprärogative** der Behörde insbesondere für die Bestandserfassung, die Quantifizierung möglicher Betroffenheiten und die Beurteilung ihrer populationsbezogenen Wirkungen anerkannt. Die gerichtliche Kontrolle sei darauf beschränkt, ob die Einschätzung der Planfeststellungsbehörde im konkreten Einzelfall naturschutzfachlich vertretbar ist und nicht auf einem unzulänglichen oder gar ungeeigneten Bewertungsverfahren beruht.[679] Das BVerfG ist dem in seiner Rotmilan-Entscheidung[680] zwar rechtsdogmatisch nicht gefolgt; seien Rechtsprechung führt in der Folge aber kaum zu anderen Ergebnissen bzw. zu einer größeren oder geringeren Kontrolldichte. Stößt die gerichtliche Kontrolle nach weitest möglicher Aufklärung an die Grenzen der Erkenntnisse der ökologischen Wissenschaft und Praxis, zwingt die Rechtsschutzgarantie des Art. 19 IV 1 GG das Gericht nach Ansicht des BVerfG nicht zu weiteren Ermittlungen, sondern erlaubt ihm, seiner Entscheidung insoweit die plausible Einschätzung der Behörde zu der fachlichen Frage zugrunde zu legen.[681] Die Einschränkung der Kontrolle folge nicht aus einer der Verwaltung eingeräumten Einschätzungsprärogative und bedürfe deshalb keiner besonderen gesetzlichen Ermächtigung. Das Bundesverfassungsgericht stellte fest, der Gesetzgeber dürfe in grundrechtsrelevanten Bereichen der Rechtsanwendung nicht ohne weitere Maßgaben auf Dauer Entscheidungen in einem fachwissenschaftlichen „Erkenntnisvakuum" übertragen, das weder Verwaltung noch Gerichte selbst auszufüllen vermögen. Der Gesetzgeber möge kurzfristig darauf vertrauen können, dass sich fachliche Wissenslücken durch Erkenntnisfortschritte in Fachkreisen und Wissenschaft schließen. Längerfristig dürfe der Gesetzgeber nicht tatenlos zusehen, „weil er sich so seiner inhaltlichen Entscheidungsverantwortung entzieht, privatem Fachwissen ungesteuert weitreichenden Einfluss auf staatliche Entscheidungen eröffnet und eine einheitliche Rechtsanwendung nicht gewährleistet ist."

4865 Die Diskussion über eine solche Art verwaltungsgerichtlicher Kontrollrestriktion kann nicht ausschließlich bipolar mit Blick auf das Verhältnis zwischen Exekutive und Judikative geführt werden.[682] Das zentrale Argument des BVerfG für die Zurücknahme der gerichtlichen Kontrolldichte besteht in seiner Annahme, dass die gerichtliche Entscheidung angesichts der sowohl für die Behörde als auch für das Gericht bestehenden **naturschutzfachlichen Erkenntnisdefizite** keinen Anlass für die Vermutung bietet, sie könne richtiger als die Behördenentscheidung sein. Da die Richtigkeitsgewähr des Ergebnisses bei der Gerichtsentscheidung nicht größer sein soll als bei der Behördenentscheidung, soll nach Art. 19 IV 1 GG zu gewährender Rechtsschutz nicht geboten sein.[683] Dass jedoch weder Gerichte noch die Behörde angesichts der beklagten Erkenntnisdefizite eine hinreichende Richtigkeitsgewähr für ihre Entscheidung bieten können, wird bei einer solchen Argumentation zulasten derjenigen ausgeblendet, die von einem behördlichen Verbot oder von der Ablehnung einer Zulassung nachteilig betroffen werden. Zutreffend wird deshalb eingewandt, das vom BVerfG beschriebene Erkenntnisdefizit sei allenfalls eine faktische, objektive Grenze der Rechtsanwendung schlechthin, die alle an Recht und Gesetz gebundenen Staatsorgane (und natürlich auch sonstige Pflichtadressaten gesetzlicher Regelungen) gleichermaßen treffe.[684]

4866 Die Debatte kann deshalb nicht nur um die Abgrenzung von Kompetenzen der Staatsgewalten geführt werden; sie muss vielmehr bedenken, dass Umweltrechtsstreitigkeiten nicht immer, aber doch zumeist mehrpolig zwischen staatlichen Behörden, Drittbetroffenen und Vorhabenträgern geführt werden. Wenn es im Sinne der Ausführungen des BVerfG für die Gerichte objektiv unmöglich ist, sich davon zu überzeugen, ob die Behördenentscheidung richtig oder falsch ist, dann ist auch für einen Vorhabenträger nicht erkennbar, ob sein Vorhaben rechtmäßig ist oder nicht. Beratende Anwältinnen und Anwälte stehen dann ebenfalls vor einer unlösbaren Aufgabe. Die unterstellte Unmöglichkeit, den entscheidungsrelevanten Sachverhalt angesichts struktureller Erkenntnisdefizite hinreichend aufzuklären, ist insoweit rechtsstaatlich nicht akzeptabel und mit ihr eine Kontrollrestriktion nicht zu rechtfertigen. Zu Recht

---

679 zB BVerwG ZUR 2017, 424.

680 BVerfG NVwZ 2019, 52; Eichberger NVwZ 2019, 1560; Dolde NVwZ 2019, 1567.

681 Zu Plausibilitätsmaßstäben richterlicher Kontrollen siehe Beckmann Rechtstheorie 2022, 249.

682 Wenn Kment EuRUP 2020, 317, 319, in diesem Zusammenhang von der „Demarkationslinie zwischen den beiden Gewalten" spricht, verdeutlicht dies die eine verkürzte Perspektive durch Ausblendung der eigentlichen Adressaten der in Rede stehenden Verbotsregellungen.

683 Zu objektive Grenzen der gerichtlichen Kontrolle im Artenschutzrecht siehe Kahl in FS Seibert, 2020, 167 (177).

684 Sachs DVBl. 2020, 311 (314).

wird eingewandt, wenn weder der Behörde noch dem Gericht eine belastbare Einschätzung der Signifikanz des Tötungsrisikos möglich sei, dann sei die materielle Rechtmäßigkeit des Gesetzes zweifelhaft.[685] Wenn es tatsächlich so ist, dass es unterschiedliche Positionen geben kann, die mangels hinreichender naturschutzfachlicher Erkenntnis jeweils nicht als falsch oder richtig eingeordnet werden können, dann spricht dies keineswegs für eine Einschätzungsprärogative der Behörde oder eine andere Art der Kontrollrestriktion.[686]

Wichtig ist deshalb die Mahnung des BVerfG an den Gesetzgeber: Auch wenn die eingeschränkte gerichtliche Kontrolle noch mit Art. 19 IV 1 GG vereinbar sei, könne eine gesetzliche Regelung, welche auf ungeklärte naturschutzfachliche Zusammenhänge verweise, mit Blick auf die Grundrechte und den aus dem Demokratie- und Rechtsstaatsprinzip abgeleiteten Wesentlichkeitsgrundsatz verfassungsrechtlich zweifelhaft sein. In grundrechtsrelevanten Bereichen dürfe der Gesetzgeber der Rechtsanwendung nicht ohne weitere Maßgaben auf Dauer Entscheidungen in einem fachwissenschaftlichen „Erkenntnisvakuum" übertragen, das weder die Verwaltung noch Gerichte selbst ausfüllen könnten. Der Gesetzgeber könne, je nach Grundrechtsbetroffenheit, zwar kurzfristig noch darauf vertrauen, dass sich fachliche Wissenslücken durch Erkenntnisfortschritte in Fachkreisen und Wissenschaft schließen. Längerfristig dürfe der Gesetzgeber dem jedoch nicht tatenlos zusehen, weil er sich so seiner Entscheidungsverantwortung entziehe, privatem Fachwissen ungesteuert weitreichenden Einfluss auf staatliche Entscheidungen eröffne und eine einheitliche Rechtsanwendung nicht gewährleistet sei. Der Gesetzgeber müsse dann, sofern die fachlichen Zusammenhänge weiter ungeklärt seien, für eine zumindest untergesetzliche Maßstabsbildung beispielsweise durch Einsetzung fachkundiger Gremien zur Festlegung einheitlicher Maßstäbe und Methoden sorgen oder wenigstens genauere Regeln für die behördliche Entscheidung zwischen mehreren vertretbaren Auffassungen vorgeben.[687] 4867

Fraglich bleibt aber, mit welcher Begründung ein auch nur vorübergehendes Erkenntnisvakuum zu rechtfertigen ist, warum also Vorhabenträger und andere Gesetzesadressaten einschließlich ihrer anwaltlichen Berater mit Regelungen konfrontiert werden dürfen, deren Beachtung angesichts dieses sog. Erkenntnisvakuums auch von ihnen gar nicht sichergestellt werden kann.[688] Lässt sich ein entscheidungsrelevanter Sachverhalt tatsächlich angesichts von Erkenntnisdefiziten objektiv nicht feststellen, dann ist entweder die Norm unanwendbar oder aber eine Beweislastentscheidung notwendig. Ob mit der vom BVerfG eingeführten rechtsdogmatischen Figur des strukturellen tatsächlichen Erkenntnisdefizits eine Lösung dieser Fälle nach **Beweislastregeln** ausscheidet, ist allerdings umstritten.[689] Einer solchen Beweislastlösung wird ein „doppeltes Misstrauen" entgegengehalten, der Verwaltungsgerichtsbarkeit, die sich nur selten nur selten an Beweislastregeln orientiere und dem Gesetzgeber, der im Zivilrecht zwar häufig mit dem Blick auf die Beweislast formuliere, im besonderen Verwaltungsrecht und insbesondere im Naturschutzrecht eine solche Orientierung jedoch vermissen lasse.[690] Dazu wird erwidert, eine Lösung nach Beweislastregeln sei nicht ausgeschlossen. Die materielle Beweislast, die auch im Verwaltungsprozess trotz des Amtsermittlungsgrundsatzes eine wichtige Rolle spiele, stelle sich aber erst, wenn eine entscheidungserhebliche Tatsache nicht geklärt werden könne. Soweit die Verwaltungsbehörde indes in den Fällen eines strukturellen tatsächlichen Erkenntnisdefizits zu einer vertretbaren Antwort auf eine Tatsachenfrage gelange, sei die Frage, wenn man den der Behörde eingeräumten Erkenntnisspielraum ernst nehmen würde, geklärt. Für eine Beweislastentscheidung bestehe dann keine Notwendigkeit. Könne sich die Behörde hingegen nicht davon überzeugen, dass einer bestimmten Auffassung zu einer Tatsachenfrage zu folgen sei, bleibe, wenn das Gericht dies genauso sehe, die Tatsachenfrage ungeklärt und insoweit stelle sich dann eine Frage der materiellen Beweislast.[691] Dass Fragen der materiellen 4868

685 Kahl in FS für Seibert, 2020, 167 (179); Kahl/Burs DVBl.. 2016, 1157 (1160).

686 Sachs DVBl. 2020, 311, 314; siehe auch Gassner DVBl. 2019, 1370; Reinhardt NVwZ 2019, 198.

687 zu den Konsequenzen, die es hätte, wenn der Gesetzgeber über den vom BVerfG zugestandenen Zeitraum hinaus untätig bleibt, siehe Dolde NVwZ 2019, 1567 (1568 f.).

688 kritisch dazu mit Recht Kahl in FS für Seibert, 2020, 167 (179).

689 Verneinend Külpmann DVBl. 2019, 140 (144); skeptisch auch Kment EuRUP 2020, 317 (324); aA Eichberger NVwZ 2019, 1560 (1565).

690 Külpmann DVBl. 2019, 140 (144); zur Kritik an der verbreiteten Praxis von Tatsachenermittlungen der Verwaltungsgerichte außerhalb förmlicher Beweisverfahren Beckmann DVBl.. 2019, 1172 (1178); Berkemann DÖV 2020, 516.

691 Eichberger NVwZ 2019, 1560 (1565).

Beweislast in Fällen, in denen es tatsächlich ein naturschutzfachliches Erkenntnisdefizit gibt, keine Rolle spielen sollen, leuchtet nicht ein. Wenn tatsächlich angesichts solcher Erkenntnisdefizite keine Möglichkeit besteht, die für die Anwendung der Vorschrift relevante Sachverhaltsfrage aufzuklären, dann ist diese Tatsache eben nicht erweislich, dann kann es letztlich nur eine Antwort nach Regeln der materiellen Beweislast geben. Es reicht insoweit nicht aus, Gesetzgebung und Rechtsprechung Misstrauen entgegenzubringen, weil diese sich im besonderen Verwaltungsrecht nicht hinreichend an Beweislastregeln orientieren.[692] Insoweit überzeugt aber auch die Auffassung nicht, dass bei entsprechender Einräumung eines Erkenntnisspielraums für die Behörde kein Raum mehr für eine Beweislastentscheidung sei. Was sollte einen solchen Erkenntnisspielraum der Behörde rechtfertigen, wenn die Grundannahme stimmt, dass es ein Erkenntnisdefizit besteht, dass also der entscheidungserhebliche Sachverhalt gar nicht aufklärbar ist. Wenn es dieses Erkenntnisdefizit gibt, trifft es nicht nur das Gericht, sondern auch die Behörde und den Vorhabenträger. Zudem bleibt die Frage, ob der Gesetzgeber verbindliche Vorgaben machen kann, deren Beachtung naturwissenschaftliche Erkenntnisse voraussetzt, an denen es schlichtweg mangelt.

4869 Der Verweis des BVerfG in seinem Rotmilan-Beschluss auf eine verbleibende **Plausibilitätskontrolle** der Gerichte ist im Übrigen kaum geeignet, das rechtsstaatliche Defizit zu verringern,[693] das sich daraus ergibt, dass weder die Behörde noch das zuständige Gericht und dementsprechend auch nicht die eigentlichen Adressaten der gesetzlichen Regelung in der Lage sind, den zur Anwendung einer Rechtsvorschrift zu ermittelnden Sachverhalt angesichts struktureller Erkenntnisdefizite aufzuklären. Eine überzeugende Dogmatik der richterlichen Plausibilitätskontrolle ist nicht ersichtlich.[694] Die richterliche Einordnung eines Sachvortrags der Behörde als plausibel oder unplausibel, gibt zumeist eher Anlass für die Nachfrage, ob damit lediglich eine weitere Aufklärung des Sachverhalts mit Mitteln einer förmlichen Beweiserhebung vermieden werden soll, ob damit nur eine zu kurz geratene Rechts- oder Sachprüfung gerechtfertigt werden soll oder ob sich ein Gericht vielleicht nur vorzeitig einer umfassenden Kontrolle entziehen möchte.[695] Das Ergebnis einer gerichtlichen Plausibilitätskontrolle ist mangels konkreter Maßstäbe, die dabei gelten sollen, zumeist unabsehbar und rechtsstaatlich kaum weniger problematisch, weil die Parteien eines Verwaltungsprozesses einen Anspruch darauf haben, zu erfahren, was Recht ist, nicht was überwiegend wahrscheinlich oder plausibel ist.

4870 Die Notwendigkeit der vom BVerfG angemahnten Normenkonkretisierung geht deutlich über den vom BVerfG angesprochenen Fall ungeklärter naturschutzfachlicher Zusammenhänge hinaus. Denn ähnliche Erkenntnisdefizite gibt es auch in anderen naturwissenschaftlich-technischen Zusammenhängen.[696] Berechtigt ist deshalb der Vorwurf, dass Legislative und Exekutive ihrem Regelungsauftrag nicht immer hinreichend nachkommen und damit Gerichte veranlassen, verbleibende Regelungsdefizite insbesondere zur Umsetzung des Unionsrechts durch nur schwer prognostizierbare, gerichtliche Normergänzungen oder -konkretisierungen auszugleichen. Die Mahnung „Normkonkretisierung tut not!" ist berechtigt.[697] Inwieweit eine solche Normkonkretisierung aber untergesetzlich zulässig ist, ob und inwieweit bei wesentlichen Entscheidungen der Gesetzesvorbehalt greift, ob normenkonkretisierende Verwaltungsvorschriften verfassungsrechtlich und auch unionsrechtlich ausreichend legitimieren können,[698] sind weitere Fragen, die sich nicht zuletzt auch nach dem Klima-Beschluss des BVerfG neu stellen können.

4871 Nicht nur verfassungsrechtlich ist die Standardisierung erforderlich. Sie ist auch dringend notwendig, um die Vorschriften handhabbar zu machen und um ein Mindestmaß an Planungs-

---

692 Sachs DVBl.. 2020311, 316.

693 A.A. allerdings Eichberger NVwZ 2019, 1560 (1565).

694 Näher dazu Beckmann in FS für Seibert, 2020, 13 ff.

695 Zum Verdacht des „eines vorzeitigen in die Büsche Schlagens" Külpmann DVBl.. 2019, 140 (144); ausführlicher dazu Beckmann Plausibilität als richterlicher Kontrollmaßstab in FS für Seibert, 2020, 13 ff.

696 Eichberger NVwZ 2019, 1560; siehe auch Kment EuRUP 2020, 317, der daran erinnert, dass der Umgang mit Nicht-Wissen ein Ewigkeitsthema des Verwaltungsrechts ist.

697 Dolde NVwZ 2019, 1567; siehe auch Beckmann Funktionswandel der Verwaltungsgerichtsbarkeit unter dem Einfluss des Unionsrechts – Umfang des Verwaltungsrechtsschutzes auf den Prüfstand, in: Verhandlungen des 71. Deutschen Juristentags Essen 2016, N 79, N 91 ff.

698 Kritisch dazu Kment EuRUP 2020, 317 (327).

und Rechtssicherheit sowie eine einheitliche Rechtsanwendung zu ermöglichen und um Genehmigungs- und Gerichtsverfahren zu beschleunigen.[699]

h) Artenschutzrechtliche Bestandsaufnahme. Die Prüfung, ob naturschutzrechtliche Verbote, insbesondere solche wie § 44 BNatSchG, eingreifen, setzt eine ausreichende Ermittlung und Bestandsaufnahme der im Trassenbereich vorhandenen Tierarten und ihrer Lebensräume voraus. Das verpflichtet die Behörde aber nicht, ein lückenloses Arteninventar zu erstellen. Die Untersuchungstiefe für die Ermittlung und Bestandsaufnahme der vorhandenen Tierarten und ihrer Lebensräume hängt maßgeblich von den naturräumlichen Gegebenheiten im Einzelfall ab.[700] Bei der Prüfung, ob artenschutzrechtliche Verbotstatbestände erfüllt sind, steht der Planfeststellungsbehörde eine naturschutzfachliche Einschätzungsprärogative sowohl bei der ökologischen Bestandsaufnahme als auch bei deren Bewertung zu, namentlich bei der Quantifizierung möglicher Betroffenheiten und bei der Beurteilung ihrer populationsbezogenen Wirkungen. Die gerichtliche Kontrolle ist darauf beschränkt, ob die Einschätzungen der Planfeststellungsbehörde im konkreten Einzelfall naturschutzfachlich vertretbar sind und nicht auf einem unzulänglichen oder gar ungeeigneten Bewertungsverfahren beruhen.[701] Behauptete artenschutzrechtliche Mängel oder Unsicherheiten eines Planfeststellungsbeschlusses, die nach Art und Umfang im Rahmen eines naturschutzfachlichen Monitorings oder einer qualifizierten begleitenden ökologischen Bauüberwachung aufgefangen (erkannt und behoben) werden können, können der Anfechtungsklage eines von der enteignungsrechtlichen Vorwirkung Betroffenen grundsätzlich nicht zum Erfolg verhelfen. Nach Erlass des Planfeststellungsbeschlusses durchgeführte Erhebungen in einem Naturraum sind in der Regel nicht geeignet, eine der Planung zugrunde liegende frühere, nach Methodik und Umfang ordnungsgemäße artenschutzrechtliche Bestandsaufnahme in Frage zu stellen.[702] 4872

i) Ausnahmeprüfung (§ 45 VII BNatSchG). Erfüllt der Eingriff den Verbotstatbestand des § 44 I BNatSchG und ist er auch nicht nach § 44 V BNatSchG unbeachtlich, so schließt sich nach § 45 VII BNatSchG eine Ausnahmeprüfung an, die das gesamte Entscheidungsprogramm der FFH-RL und der VS-RL aufgreift. Die nach Landesrecht zuständigen Behörden können danach von den artenschutzrechtlichen Verboten des § 44 BNatSchG im Einzelfall weitere Ausnahmen zulassen. 4873

Ausnahmen von artenschutzrechtlichen Verboten des § 44 BNatSchG werden nach dem Regelungsregime des § 45 VII BNatSchG einerseits im Wege der Einzelfallausnahme und andererseits im Wege allgemeiner Ausnahmen durch Verordnungen ermöglicht.[703] Mit dieser Systematik des § 45 VII BNatSchG ist es nicht zu vereinbaren, wenn eine Landesregelung die Frage der Höchstzahl ausnahmsweise zulässiger Tötungen von Exemplaren einer streng geschützten Art als einen zentralen Aspekt der quantitativen Reichweite einer Ausnahmeregelung nicht selbst regelt, sondern lediglich die Bekanntgabe einer abstrakt generellen Höchstzahl vorsieht, die ihrerseits weder in Verordnungsform erfolgt noch eine Einzelfallregelung darstellt.[704] 4874

Ausnahmen können nach § 45 VII 1 BNatSchG zugelassen werden 1. zur Abwendung ernster land-, forst-, fischerei oder wasserwirtschaftlicher oder sonstiger **ernster wirtschaftlicher Schäden,**[705] 2. zum Schutz der natürlich vorkommenden Tier- und Pflanzenwelt, 3. für Zwecke der Forschung, Lehre, Bildung oder Wiederansiedlung oder diesen Zwecken dienende Maßnahmen der Aufzucht oder künstlichen Vermehrung,[706] 4. im Interesse der Gesundheit des 4875

---

699 So auch Sachverständigenrat für Umweltfragen, Klimaschutz braucht Rückenwind: Für einen konsequenten Ausbau der Windenergie an Land, Impulspapier Oktober 2021, S. 1, 4.

700 BVerwG Beschl. v. 18.6.2007 – 9 VR 13.06, juris.

701 BVerwG NVwZ 2009, 302; Schübel-Pfister JuS 2009, 517; Gellermann NuR 2009, 85; Louis NuR 2009, 91; Steeck NVwZ 2009, 616.

702 BVerwG DVBl. 2010, 395.

703 VGH München ZUR 2024, 136 = juris Rn. 66.

704 VGH München ZUR 2024, 136 = juris Rn. 66, 68.

705 Nach § 5 I Wolfsverordnung NRW (WolfsVO NRW) vom 25.3.2022 liegt ein ernster wirtschaftlicher Schaden im Sinne von § 45 VII 1 Nr. 1 BNatSchG vor, wenn die oberste Naturschutzbehörde auf Grundlage von Dokumenten des Landesamtes für Natur, Umwelt und Verbraucherschutz (LANUV) bestätigt, dass ein Schaden droht, der mehr als nur geringfügig und damit von einigem Gewicht ist, sieh dazu VG Düsseldorf Beschl. v. 17.1.2024 – 28 L 3349/23, juris Rn. 37.

706 Siehe dazu VGH München Urt. v. 20.7.2023 – 22 A 22.40030, juris Rn. 14, wonach der Wortlaut des § 45 VII 1 Nr. 3 BNatSchG keine Anhaltspunkte dafür enthält, dass sich die Forschung auf das betroffene Tier beschränken müsste; so auch VGH Mannheim Urt. v. 5.10.2022 – 10 S 1485/21, juris Rn. 79 f.

Menschen, der öffentlichen Sicherheit, einschließlich der Verteidigung und des Schutzes der Zivilbevölkerung, oder der maßgeblich günstigen Auswirkungen auf die Umwelt oder 5. aus anderen **zwingenden Gründen des überwiegenden öffentlichen Interesses** einschließlich solcher sozialer oder wirtschaftlicher Art.

4876 § 45 VII BNatSchG dient dazu, Ausnahmen zu regeln, die aus Gründen des öffentlichen Interesses in Betracht kommen. Mit dem Begriffswechsel durch die Änderung im Gesetz vom 4. März 2020 von „erheblich" auf „ernst" soll zwar immer noch zum Ausdruck gebracht werden, dass ein mehr als nur geringfügiger Schaden vorliegen bzw. zu erwarten sein muss, es aber keiner unzumutbaren Belastung, insbesondere keiner Existenzgefährdung oder eines unerträglichen Eingriffs in das Recht am eingerichteten und ausgeübten Gewerbebetrieb, bedarf.[707] Der Begriff des ernsten Schadens ist auf EU-Richtlinien zurückzuführen und in deren Sinne zu verstehen. Da die EU-rechtlichen Begriffe ihrer Funktion nach die rechtliche Grenzlinie zwischen dem eigentumsrechtlich Hinnehmbaren und solchen Belastungen markieren, die dem Eigentümer auch in Ansehung der besonderen Bedeutung des Artenschutzes nicht mehr zumutbar sind, kann von einem ernsten Schaden iSd § 45 VII 1 Nr. 1 BNatSchG nur gesprochen werden, wenn die Pflicht zur Beachtung der artenschutzrechtlichen Verbote in Ansehung der Gegebenheiten des Einzelfalles grundrechtsrelevante Ausmaße erreicht.[708] Für die zu erstellende **Gefahrenprognose** kommt es nicht darauf an, ob bereits ein ernster Schaden eingetreten ist, sondern ob ein solcher Schaden in der Zukunft droht.[709]

4877 Eine Ausnahme darf nach § 45 VII 2 BNatSchG nur zugelassen werden, wenn **zumutbare Alternativen** nicht gegeben sind und sich der Erhaltungszustand der Populationen einer Art nicht verschlechtert, soweit nicht Art. 16 I FFH-RL weitergehende Anforderungen enthält. Art. 16 III FFH-RL und Art. 9 II VS-RL sind zu beachten. Die Landesregierungen können Ausnahmen auch allgemein durch Rechtsverordnung zulassen. Sie können die Ermächtigung nach Satz 4 durch Rechtsverordnung auf andere Landesbehörden übertragen (§ 45 VII 3-5 BNatSchG). Maßgeblich für den Vergleich im Sinne des § 45 VII 2 BNatSchG können nur solche Alternativen sein, die mit der planfestgestellten Antragsvariante insoweit vergleichbar sind, als die gerechtfertigten Planungsziele des Vorhabenträgers in annähernd gleichem Umfang erreicht werden können.[710]

4878 Die Unzulässigkeit der Erteilung einer Ausnahme bei Verfügbarkeit zumutbarer Alternativen trägt den Vorgaben des Art. 16 I FFH-RL Rechnung, wonach eine Verbotsausnahme nur in Frage kommt, wenn es keine anderweitige zufriedenstellende Lösung gibt. § 45 VII 2 BNatSchG postuliert dazu ein strikt beachtliches Vermeidungsgebot; ein Ermessen ist der Planfeststellungsbehörde insoweit nicht eingeräumt.[711] Hinsichtlich der artenschutzrechtlichen Zumutbarkeit von Alternativen gilt insoweit nichts anderes als bei der gebietsschutzrechtlichen Alternativenprüfung nach § 34 III Nr. 2 BNatSchG. Als Alternative kommen nur solche Alternativen in Betracht, mit denen sich die konkreten Ziele noch – wenn auch unter gewissen Abstrichen am Zielerfüllungsgrad – verwirklichen lassen. Eine planerische Variante, die nicht verwirklicht werden kann, ohne dass selbständige Teilziele, die mit dem Vorhaben verfolgt werden, aufgegeben werden müssen, sind von der Planfeststellungsbehörde nicht zu berücksichtigen.[712] Eine sog.

---

[707] VG Düsseldorf Beschl. v. 17.1.2024 – 28 L 3349/23, juris Rn. 38; Lau in Frenz/Müggenborg, BNatSchG, 2021, § 45 Rn. 17.

[708] VG Düsseldorf Beschl. v. 17.1.2024 – 28 L 3349/23, juris Rn. 40; Gellermann in Landmann/Rohmer, Umweltrecht, 2020, § 45 Rn. 23.

[709] VG Düsseldorf Beschl. v. 17.1.2024 – 28 L 3349/23, juris Rn. 43; OVG Lüneburg Beschl. v. 24.11.2020 – 4 ME 199/20, juris Rn. 11; Beschl. v. 26.6.2020 – 4 ME 116/20, juris Rn. 24; zur Erteilung einer artenschutzrechtliche Ausnahmegenehmigung und Befreiung zum Abschuss zweier Wölfe meint das VG Kassel – Beschl. v. 8.11.2023 – 12 L 1765/23.KS, juris Rn. 26 – zu einer solchen Prognose: „Überwindet ein Wolf mehrfach, mindestens zweimal den ordnungsgemäß errichteten und funktionstüchtig betriebenen Grundschutz für Weidetiere, ist davon auszugehen, dass dieser Wolf gelernt hat, dass Weidetiere eine leicht erlegbare Beute sind, sodass er auch künftig einen Weg suchen wird, Schutzmaßnahmen zu überwinden. Aus dem einmaligen Überwinden des Grundschutzes kann jedoch nicht ohne Weiteres geschlossen werden, dass sich dieser wiederholt."

[710] VGH Mannheim Urt. v. 5.10.2023 – 5 S 2371/21, juris Rn. 79.

[711] VGH Mannheim Urt. v. 5.10.2023 – 5 S 2371/21, juris Rn. 73; zu Art. 6 IV FFH-RL BVerwGE 148, 373 = juris Rn. 74.

[712] VGH Mannheim Urt. v. 5.10.2023 – 5 S 2371/21, juris Rn. 73; BVerwG Beschl. v. 14.4.2014 – 4 B 77.09 juris Rn. 71; sieh auch Beckmann DVBl. 2022, 809.

Nullvariante und System- oder Konzeptalternativen, die auf ein anderes Vorhaben hinauslaufen, scheiden daher als Alternative von vornherein aus.

Vorzugswürdig können außerdem nur solche Alternativen sein, die zumutbar sind. Das sind nur die Alternativen, deren Verwirklichungsaufwand unter Berücksichtigung naturschutzexterner Gründe nicht außer Verhältnis zu dem mit ihnen erreichbaren Gewinn für den Naturschutz steht.[713] Der Vorhabenträger kann deshalb nicht auf eine Alternative verwiesen werden, wenn diese ihm unverhältnismäßige Opfer abverlangt oder andere Gemeinwohlbelange erheblich beeinträchtigt; hierzu zählen auch **Kostengründe**.[714] Ob Kosten außer Verhältnis zu dem naturschutzfachlichen Gewinn stehen, ist am Gewicht der beeinträchtigten gemeinschaftlichen Schutzgüter zu messen. Richtschnur hierfür sind die Schwere der Beeinträchtigung und die Anzahl und Bedeutung der gemeinschaftsrechtlich geschützten Rechtsgüter. Für den Gebietsschutz ergibt sich daraus, dass je größeren Gewinn eine Alternativlösung für die Wahrung der Erhaltungsziele verspricht, desto umfassendere Vermeidungsanstrengungen auch unter Einschluss finanzieller Mittel der Vorhabenträger zu unternehmen hat.[715] Dies kann entsprechend auf den Artenschutz übertragen werden. 4879

Die Anforderungen an diese Voraussetzungen steigen mit dem Maß der Beeinträchtigung der naturschutzrechtlichen Integritätsinteressen. Bei vergleichsweise geringfügigen Beeinträchtigungen oder fernliegenden Risiken entspricht es dem Grundsatz der Verhältnismäßigkeit, den Ball auch bei den Anforderungen an die Ausnahmevoraussetzungen vergleichsweise flach zu halten. Verbleibende Unsicherheiten können durch ein **Monitoring** und durch ein Maßnahmenbündel aufgefangen werden, das nur für den Fall eines ungünstiges Verlaufs angeordnet wird.[716] Nicht jeder Verlust einer lokalen Population ist allerdings mit einer Verschlechterung des Erhaltungszustandes gleichzusetzen. Für einen günstigen Erhaltungszustand genügt es vielmehr, wenn die betroffene Population als solche bei einer gebietsbezogenen Gesamtbetrachtung, also in einem Gebiet der biogeografischen Region, das über das Plangebiet hinausgeht, als lebensfähiges Element erhalten bleibt. Auch stellt die Alternativenprüfung an die Ausnahmeentscheidung regelmäßig keine unüberwindbaren Hürden. Zwar sind gewisse Abstriche von dem Vorhaben hinzunehmen.[717] Das Gesamtprojekt muss aber nicht an den artenschutzrechtlichen Anforderungen scheitern. 4880

Nach § 45 VII 1 Nr. 5 BNatSchG können die zuständigen Naturschutzbehörden – wegen der Konzentrationswirkung des Planfeststellungsbeschlusses auch die Planfeststellungsbehörden – im Einzelfall Ausnahmen von den Verboten des § 44 BNatSchG aus zwingenden Gründen des überwiegenden öffentlichen Interesses einschließlich solcher sozialer oder wirtschaftlicher Art zulassen. Darüber hinaus erfordert eine Ausnahme nach § 45 VII 2 BNatSchG, dass zumutbare Alternativen nicht gegeben sind und sich der Erhaltungszustand der Populationen einer Art nicht verschlechtert. Anders als beim Verbotstatbestand des § 44 I Nr. 2 BNatSchG ist im Rahmen der Ausnahme nicht der Erhaltungszustand des von dem Vorhaben unmittelbar betroffenen lokalen Vorkommens maßgeblich, sondern eine gebietsbezogene Gesamtbetrachtung anzustellen, die auch die anderen (Teil-)Populationen der Art in ihrem natürlichen Verbreitungsgebiet in den Blick nimmt. Entscheidend ist, ob die Gesamtheit der Populationen in ihrem natürlichen Verbreitungsgebiet, das über das Plangebiet hinausreicht, als lebensfähiges Element erhalten bleibt. 4881

Allerdings hat der Gesetzgeber eine **Angstklausel** hinzugefügt: Art. 16 FFH-RL und Art. 9 VS-RL dürfen keine weitergehenden Anforderungen enthalten. Mit diesem Vorbehalt soll die Europatauglichkeit der Novelle sichergestellt werden.[718] 4882

Zwingende Gründe des überwiegenden öffentlichen Interesses können es rechtfertigen, eine Abweichung auch von den Verboten der VS-RL zuzulassen. Ein im Befreiungsbescheid vorgegebenes artenschutzrechtliches Ausgleichskonzept bedarf einer dauerhaften rechtlichen **Absicherung**. Diese ist für Flächen, die nicht in den Bebauungsplan aufgenommen worden 4883

---

713 VGH Mannheim Urt. v. 5.10.2023 – 5 S 2371/21, juris Rn. 73; BVerwGE 116, 253= juris Rn. 37; BVerwGE 110, 302 = juris Rn. 30 f.

714 VGH Mannheim Urt. v. 5.10.2023 – 5 S 2371/21, juris Rn. 73; BVerwGE 148, 373 = juris Rn. 74, Urt. v. 23.4.2013 – 9 A 25.12. juris Rn. 78.

715 VGH Mannheim Urt. v. 5.10.2023 – 5 S 2371/21, juris Rn. 73; BVerwGE 116, 254= juris Rn. 41.

716 BVerwG DVBl. 2011, 36 m. Anm. Stüer/Stüer.

717 BVerwG NVwZ 2000, 1171; NVwZ 2002, 1243; NVwZ 2002, 1243.

718 In der ersten Runde des Vertragsverletzungsverfahrens hat der EuGH einen pauschalen Verweis auf das europäische Richtlinienrecht allerdings nicht grenzenlos anerkannt, EuGH NVwZ 2006, 319.

sind, sich auch nicht im Eigentum der Gemeinde befinden und über die die Gemeinde (lediglich) einen Pachtvertrag lediglich über einen Zeitraum von 10 Jahren geschlossen hat, nicht gewährleistet.[719] Abweichend von dem Grundsatz, dass es für die gerichtliche Kontrolle eines Planfeststellungsbeschlusses auf die Sach- und Rechtslage bei dessen Erlass ankommt, sind **Rechtsänderungen**, die zum Fortfall eines Rechtsverstoßes des Beschlusses führen, bei der Überprüfung zu berücksichtigen.[720]

4884 **j) Befreiungen** (§ 67 BNatSchG). Auch bei einem nicht durch Ausnahmen zu rechtfertigenden Verstoß gegen die artenschutzrechtlichen Verbote kann eine Befreiung erteilt werden, wenn die Durchführung der Vorschriften zu einer unzumutbaren Belastung führen würde. Hier hat der auch im Europarecht geltende Verhältnismäßigkeitsgrundsatz (Art. 5 III EUV) seinen Standort.[721] Bei der Beurteilung der Erheblichkeit muss der Behörde ebenso wie beim EU-Gebietsschutz auch im Bereich des Artenschutzes ein fachlicher Spielraum zukommen, der nur einer eingeschränkten gerichtlichen Kontrolle zugänglich ist.

4885 An die Erstellung der Gutachten dürfen keine übertriebenen Anforderungen gestellt werden. Es ist durchaus sachgerecht, dass die Zulassungsbehörde Gutachten verwertet, die vom Antragsteller in Auftrag gegeben worden sind, solange die Ergebnisse nachvollziehbar und plausibel sind. Bestehen ernstliche Zweifel, hat die Behörde ein ergänzendes Gutachten einzuholen. Auch raumstrukturelle Entwicklungs- und Erschließungsabsichten sind prinzipiell geeignet, sich im Rahmen einer Befreiungsentscheidung iSv. § 67 iVm Art. 16 I c) FFH -RL gegenüber einem gegenläufigen Belang des Artenschutzes durchsetzen zu können; die Entscheidung darüber hängt vom jeweiligen Gewicht der widerstreitenden Belange ab.[722]

4886 **k) Bauplanungsrecht und Artenschutz.** Mit der Beachtung der naturschutzrechtlichen Eingriffsregelung ist auch bei der Aufstellung eines Bebauungsplans die artenschutzrechtliche Prüfung noch nicht erledigt. Denn anders als bei der Eingriffsregelung (§ 18 BNatSchG) sind die artenschutzrechtlichen Regelungen der §§ 44, 45, 67 BNatSchG auch für Vorhaben im Geltungsbereich des BauGB anwendbar. Die artenschutzrechtlichen Tötungs- und Störungsverbote des § 44 I Nr. 1 und 3 BNatSchG gelten allerdings nicht uneingeschränkt.[723] Die Verbotstatbestände sind nach § 44 V 1 BNatSchG in diesen Fällen im Plangebiet und bei Innenbereichsvorhaben nicht erfüllt, wenn die ökologische Funktion der von dem Eingriff oder Vorhaben betroffenen Fortpflanzungs- oder Ruhestätten im räumlichen Zusammenhang weiterhin erfüllen wird. Soweit erforderlich, können auch hier vorgezogene Ausgleichsmaßnahmen festgesetzt werden. Die CEF-Maßnahmen können nach den Modellen des § 1 a III BauGB im Bebauungsplan festgesetzt oder in städtebaulichen Verträgen vereinbart werden.[724] Diese Möglichkeit dürfte auch im Innenbereich bestehen. Da die artenschutzrechtliche Prüfung mit der planungsrechtlichen Zulässigkeit des Vorhabens nicht abgeschlossen ist, sondern gesondert nach §§ 44, 45, 67 BNatSchG erfolgt, können Einzelfragen im Bau- oder immissionsschutzrechtlichen Genehmigungsverfahren feinjustiert werden.[725]

4887 Bei der Aufstellung eines Bebauungsplans muss daher über die allgemeine Abwägung hinaus der Artenschutz in dem gebotenen Umfang abgeprüft werden. Diese Prüfungsnotwendigkeit gilt auch für Innen- und Außenbereichsvorhaben. Vor allem sind auch die Innenbereichsvorhaben nicht automatisch von den artenschutzrechtlichen Verbotstatbeständen freigestellt.[726]

4888 Sollen durch einen Bebauungsplan Eingriffe zugelassen werden, die artenschutzrechtliche Verbotstatbestände erfüllen, sind die Ausnahmevoraussetzungen des § 44 VII BNatSchG abzuarbeiten. Bleiben unzumutbare Belastungen, kann nach § 67 BNatSchG eine Befreiung erteilt werden. Der Begriff „offenbar nicht beabsichtigten Härte", wie er für die Befreiungen von den Festsetzungen des Bebauungsplans in § 31 II Nr. 3 BauGB verwendet wird, ist vom Gesetzgeber im Hinblick auf die sehr strenge baurechtliche Rechtsprechung wohl bewusst vermieden

[719] VGH Kassel ZUR 2009, 504; VGH Kassel BauR 2009, 766.

[720] BVerwG NVwZ 2008, 1238; Steeck NVwZ 2009, 616.

[721] Stüer NVwZ 2007, 1054.

[722] BVerwG NVwZ 2009, 320; siehe auch die BVerwG Beschl. v. 5.12.2008 – 9 B 29.08, juris.

[723] Zum Artenschutz in der Bauleitplanung Köck ZUR 2006, 518; Pauli BauR 2008, 759; Dziallas NZBau 2008, 429. Zu den Zugriffsverboten im Zulassungs- und Bauleitplanverfahren Louis NuR 2009, 91.

[724] BVerwG BauR 2003, 209.

[725] Stüer in FS Krautzberger, 2008, S. 63; Schuster VBLBW 2009, 174. Zum besonderen Artenschutzrecht in der kommunalen Bauleitplanung Gellermann NuR 2007, 132; Fischer NuR 2007, 307.

[726] BVerwG NVwZ 2001, 1040.

worden. Vielmehr soll für eine Befreiung ausreichend sein, dass die Belastung vor dem Hintergrund des auch das Europarecht kennzeichnenden allgemeinen Verhältnismäßigkeitsgrundsatzes unzumutbar ist. Hier bestimmt eine nachvollziehende Abwägung mit entsprechenden behördlichen Spielräumen die Szene, in die neben naturschutzfachlichen auch wirtschaftliche Gesichtspunkte eingestellt werden können.[727] Für Vorhaben im Außenbereich sind die artenschutzrechtlichen Regelungen in §§ 44, 45, 67 BNatSchG in voller Breite anzuwenden.

Die artenschutzrechtlichen Tötungs- und Störungsverbote des § 44 I Nr. 1 und 3 BNatSchG 4889
gelten nicht uneingeschränkt.[728] Die Verbotstatbestände sind nach § 44 V 1 BNatSchG in diesen Fällen im Plangebiet und bei Innenbereichsvorhaben nicht erfüllt, wenn die ökologische Funktion der von dem Eingriff oder Vorhaben betroffenen Fortpflanzungs- oder Ruhestätten im räumlichen Zusammenhang weiterhin erfüllt wird. Soweit erforderlich, können auch hier vorgezogene Ausgleichsmaßnahmen festgesetzt werden. Die CEF-Maßnahmen können nach den Modellen des § 1 a III BauGB im Bebauungsplan festgesetzt oder in städtebaulichen Verträgen vereinbart werden.[729] Diese Möglichkeit bestehen auch im Innenbereich. Da die artenschutzrechtliche Prüfung mit der planungsrechtlichen Zulässigkeit des Vorhabens nicht abgeschlossen ist, sondern gesondert nach §§ 44, 45, 67 BNatSchG erfolgt, können Einzelfragen im Bau- oder immissionsschutzrechtlichen Genehmigungsverfahren feinjustiert werden.[730] Allerdings darf der Bebauungsplan nicht an unüberwindbaren Anforderungen des Artenschutzes scheitern, sodass sich bereits im Zeitpunkt der Planaufstellung zwingende Versagungsgründe für die dort zugelassenen Vorhaben ergeben.

Die Verbotstatbestände des § 44 I BNatSchG sind abzuarbeiten und es ist ggf. zu fragen, ob 4890
der ökologische Funktionszusammenhang weiterhin gewahrt ist. Die dem konkreten Bewertungsverfahren zu Grunde liegenden Ansätze müssen naturschutzfachlich vertretbar sein. Zu den abwägend zu berücksichtigenden Bestandteilen des Naturhaushalts im Sinne von § 1 VI Nr. 7a BauGB gehören auch Tiere und Pflanzen, so dass eventuelle Auswirkungen namentlich auf geschützte Tier- und Pflanzenarten bei der Abarbeitung des Folgenbewältigungsprogramms der Eingriffsregelung zu berücksichtigen sind. Dabei ersetzt diese Abwägung nicht die Prüfung eventueller Verstöße gegen die artenschutzrechtlichen Verbote des § 44 BNatSchG. Abwägung und Prüfung möglicher bestehender artenschutzrechtlicher Verbote stehen vielmehr nebeneinander.[731]

VIII. EU-Notfall-VO

Mit der Verordnung (EU) 2022/2577 zur Festlegung eines Rahmens für einen beschleu- 4891
nigten Ausbau der Nutzung erneuerbarer Energien verfolgt die EU das Ziel verfolgt, die Energiekrise zu bewältigen, die Abhängigkeit der EU von fossilen Brennstoffen aus Russland zu verringern und die Verwirklichung der Klimaziele der EU weiter voranzubringen, indem das Genehmigungsverfahren und die Einleitung von Projekten im Bereich der erneuerbaren Energien beschleunigt werden.[732] Die EU-Notfall-VO trat am 30.12.2022 in Kraft und galt zunächst für einen Zeitraum von 18 Monaten. Der Rat hat sich darauf geeinigt, die Geltungsdauer einiger geänderter Bestimmungen der Verordnung bis zum 30.6.2025 zu verlängern.

Die EU-Notfall-VO bemüht sich um eine Beschleunigung von Vorhaben der Erneuerbaren 4892
Energien auf zwei Wegen: Sie enthält Verfahrenserleichterungen durch die Festlegung von kurzen, verbindlichen Entscheidungsfristen, die Schaffung einer Genehmigungsfiktion für Solaranlagen mit einer Kapazität von höchstens 50 kW sowie durch Regelungen zur Beschränkung bzw. Aufhebung der UVP und der UVP-Vorprüfung. Zusätzlich ändert die EU-Notfall-VO materielle Vorgaben durch die Einführung einer verbindlichen Wertungsentscheidung zu-

727 BVerwG NVwZ 2007, 581; NVwZ 2001, 673 – A 71.

728 Zum Artenschutz in der Bauleitplanung Köck ZUR 2006, 518; Pauli BauR 2008, 759; Dziallas NZBau 2008, 429. Zu den Zugriffsverboten im Zulassungs- und Bauleitplanverfahren Louis NuR 2009, 91.

729 BVerwG BauR 2003, 209.

730 Stüer in FS Krautzberger, 2008, 63; Schuster VBLBW 2009, 174. Zum besonderen Artenschutzrecht in der kommunalen Bauleitplanung Gellermann NuR 2007, 132; Fischer NuR 2007, 307.

731 OVG Münster Beschl. v. 6.2.2009 – 7 B 1767/08, juris; OVG Münster NuR 2009, 421.

732 Siehe dazu Ruge NVwZ 2023, 870; Ruge NVwZ 2023, 1033 zur Bedeutung der EU-NotfallVO in § 43m EnWG, § 72a WindSeeG und § 6 WindBG; Thierjung DVBl.. 2024, 529; siehe auch Rieger NVwZ 2023, 1042 zum Konflikt zwischen dem Ausbau der Windenergie und dem Artenschutz; siehe Sailer/Deutinger EuRUP 2024, 70; Wulff NVwZ 2024, 368.

gunsten des EE-Ausbaus. Außerdem schafft sie eine Rechtsgrundlage für die Mitgliedstaaten, Befreiungen für EE-Projekte in hierfür vorgesehenen Gebieten unter Beachtung weiterer Vorgaben nicht nur für die verfahrensrechtliche UVP, sondern auch hinsichtlich artenschutzrechtlicher Bestimmungen zu erteilen.[733]

4893 Im Zusammenhang mit dieser Verordnung wird gefragt, ob sie eine Revolution im EU-Umweltrecht bedeutet, weil sie erstmals das Niveau des EU-Umweltrechts, wenn auch nur temporär, absenkt.[734] Die EU-Notfall-VO sieht für den beschleunigten Ausbau von EE-Anlagen und zugehöriger Stromnetze eine Generalausnahme von artenschutzrechtlichen Verbotstatbeständen des EU-Rechts, eine Regelung für Ausgleichszahlungen statt „Minderungsmaßnahmen" und die Befreiung von der UVP-Pflicht vor. Diese Änderungen werden als Systembruch mit dem geltenden EU-Umweltrecht verstanden. Ob die erhoffte Beschleunigungswirkung durch die Verordnung eintritt, wird bezweifelt.[735]

1. Erwägungsgründe

4894 In Erwägungsgrund 1 dieser Verordnung verweist der Rat der Europäischen Union, darauf, dass der russische Angriffskrieg gegen die Ukraine und die beispiellose Reduzierung der Erdgaslieferungen aus Russland in die Mitgliedstaaten die Versorgungssicherheit der Union und ihrer Mitgliedstaaten gefährden. Gleichzeitig hätten der Einsatz der Gasversorgung als Waffe und die Manipulation der Märkte durch vorsätzliche Unterbrechungen der Gasflüsse durch die Russische Föderation zu sprunghaft ansteigenden Energiepreisen in der Union geführt, was nicht nur die Wirtschaft in der Union gefährde, sondern auch die Versorgungssicherheit ernsthaft bedrohe. Ein rascher Ausbau der Nutzung erneuerbarer Energien könne dazu beitragen, die Auswirkungen der aktuellen Energiekrise abzufedern, indem ein Schutz gegen das Vorgehen Russlands aufgebaut werde. Erneuerbare Energien könnten einen erheblichen Beitrag dazu leisten, dem Einsatz der Energieversorgung als Waffe durch Russland entgegenzuwirken, indem sie die Versorgungssicherheit der Union verbesserten, die Marktvolatilität eindämmten und die Energiepreise verringerten.

4895 Weiter heißt es in Erwägungsgrund 7, angesichts der akuten Ausnahmesituation im Energiebereich sollten die Mitgliedstaaten Ausnahmen von bestimmten in Rechtsvorschriften der Union im Bereich Umwelt festgelegten Prüfungspflichten für Projekte im Bereich der erneuerbaren Energien sowie für Projekte im Bereich Energiespeicherung und Stromnetze, die für die Integration erneuerbarer Energien in das Elektrizitätssystem erforderlich sind, einführen können. Zur Einführung dieser Ausnahmen müssten zwei Bedingungen erfüllt sein, nämlich, dass das Projekt in einem für erneuerbare Energien oder Stromnetze vorgesehenen Gebiet durchgeführt werde und dass dieses Gebiet einer strategischen Umweltprüfung unterzogen worden sei. Darüber hinaus sollten verhältnismäßige Minderungsmaßnahmen oder, falls diese nicht verfügbar seien, Ausgleichsmaßnahmen ergriffen werden, um den Artenschutz sicherzustellen.

4896 Die Verordnung solle, so Erwägungsgrund 7, für Verfahren zur Genehmigungserteilung gelten, deren Anfangsdatum in ihrem Anwendungszeitraum liegt. Angesichts des Ziels der Verordnung sowie der Notlage und des außergewöhnlichen Kontextes ihrer Annahme – insbesondere unter Berücksichtigung dessen, dass eine kurzfristige Beschleunigung des Ausbaus erneuerbarer Energien in der Union die Anwendung der Bestimmungen dieser Verordnung auf laufende Verfahren zur Genehmigungserteilung rechtfertigt, sollten die Mitgliedstaaten die Möglichkeit haben, diese Verordnung oder einige ihrer Bestimmungen auf laufende Verfahren zur Genehmigungserteilung anzuwenden, bei denen die zuständige Behörde noch keine endgültige Entscheidung getroffen habe, sofern bei der Anwendung dieser Vorschriften die bereits bestehenden Rechte Dritter und deren berechtigte Erwartungen gebührend geachtet würden. Daher sollten die Mitgliedstaaten dafür sorgen, dass die Anwendung der Verordnung auf laufende Verfahren zur Genehmigungserteilung verhältnismäßig sei und die Rechte und die berechtigten Erwartungen aller interessierten Parteien angemessen schütze.

---

733 Näher dazu Thierjung DVBL 2024, 529 (530)
734 Ruge NVwZ 2023, 870.
735 Ruge NVwZ 2023, 870.

2. Gegenstand und Anwendungsbereich

Mit der Verordnung werden nach Art. 1 EU-Notfall-VO vorübergehende Notfallvorschriften festgelegt, um das Verfahren zur Genehmigungserteilung für die Erzeugung von Energie aus erneuerbaren Energiequellen zu beschleunigen, wobei ein besonderer Schwerpunkt auf bestimmten Technologien für erneuerbare Energien oder bestimmten Arten von Projekten für erneuerbare Energien liegt, mit denen eine kurzfristige Beschleunigung des Ausbaus der Nutzung erneuerbarer Energien in der Union erreicht werden kann. Die Verordnung gilt für alle Verfahren zur Genehmigungserteilung, deren Beginn innerhalb ihrer Geltungsdauer liegt, und sie lässt nationale Bestimmungen unberührt, mit denen kürzere als die in den Art. 4, 5 und 7 EU-Notfall-VO vorgesehenen Fristen festgelegt werden. Die Mitgliedstaaten können diese Verordnung auch auf laufende Verfahren zur Genehmigungserteilung anwenden, bei denen vor dem 30.12.2022 noch keine endgültige Entscheidung ergangen ist, sofern das Verfahren zur Genehmigungserteilung damit verkürzt wird und bereits bestehende Rechte Dritter gewahrt werden. 4897

Geht man davon aus, dass für die Rechtmäßigkeit von Planfeststellungsbeschlüssen die Rechtslage im Zeitpunkt des Erlasses des Planfeststellungsbeschlusses maßgeblich ist, dann ist fraglich, ob die Verordnung mit ihren Ausnahmeregelungen vom EU-Umweltrecht in Art. 6 EU-Notfall-VO nur gilt, wenn die Genehmigung innerhalb dieses Zeitraums erteilt wird. Dem wird entgegenhalten, dass das EU-Recht keine Rücksicht auf diese mitgliedstaatliche Rechtslage zum Maßgeblichen Zeitpunkt für die Beurteilung der Sach- und Rechtslage nimmt und dass es deshalb für die Anwendbarkeit der EU-Notfall-VO nur darauf ankommt, dass das Zulassungsverfahren innerhalb der Geltungsdauer der Verordnung begonnen wurde und dann auch nach Außerkrafttreten der Verordnung nach deren Vorschriften zu Ende zu führen ist.[736] 4898

Art. 2 Ia EU-Notfall-VO definiert, was nach der Verordnung als „Verfahren zur Genehmigungserteilung" zu verstehen ist. „Verfahren zur Genehmigungserteilung" bezeichnet das Verfahren, danach a) das alle einschlägigen behördlichen Genehmigungen für den Bau, das Repowering und den Betrieb von Anlagen zur Erzeugung von Energie aus erneuerbaren Quellen, einschließlich Wärmepumpen, der Energiespeicheranlagen am selben Standort sowie der für deren Netzanschluss erforderlichen Anlagen umfasst, einschließlich, soweit vorgeschrieben, Genehmigungen für den Netzanschluss und Umweltverträglichkeitsprüfungen, und b) das alle behördlichen Stufen umfasst, mit der Bestätigung des Eingangs des vollständigen Antrags bei der zuständigen Behörde beginnt und mit der Mitteilung der endgültigen Entscheidung über das Ergebnis des Verfahrens durch die zuständige Behörde endet. 4899

3. Überwiegendes öffentliches Interesse

Für die Zwecke des Art. 6 IV und des Art, 16 I c FFH-RL, des Art. 4 VII WRRL und des Art. 9 a VS-RL wird bei der Abwägung rechtlicher Interessen nach Art. 3 I 1 EU-Notfall-VO im Einzelfall angenommen, dass die Planung, der Bau und der Betrieb von Anlagen und Einrichtungen zur Erzeugung von Energie aus erneuerbaren Quellen sowie ihr Netzanschluss, das betreffende Netz selbst und die Speicheranlagen im überwiegenden öffentlichen Interesse liegen und der öffentlichen Gesundheit und Sicherheit dienen. Die Mitgliedstaaten können die Anwendung dieser Bestimmungen im Einklang mit den Prioritäten ihrer integrierten nationalen Energie- und Klimapläne auf bestimmte Teile ihres Hoheitsgebiets sowie auf bestimmte Arten von Technologien oder Projekten mit bestimmten technischen Eigenschaften beschränken. 4900

Nach Art. 3 II EU-Notfall-VO stellen die Mitgliedstaaten zumindest bei Projekten, die als Projekte von überwiegendem öffentlichen Interesse anerkannt wurden, sicher, dass im Verfahren zur Planung und Genehmigungserteilung der Bau und Betrieb von Anlagen und Einrichtungen zur Erzeugung von Energie aus erneuerbaren Quellen und der damit verbundene Ausbau der Netzinfrastruktur bei der fallweisen Abwägung der Rechtsinteressen **Priorität** erhalten. Diese Prioritätsregelung gilt überall dort, wo das deutsche Recht Abwägungsspielräume eröffnet, bei denen Prioritäten gesetzt werden können, zB Ermessensentscheidungen über die Erteilung von fachrechtlichen Ausnahmen (§ 30 III, § 34 III BNatSchG, § 31 WHG) und fachplanerische Abwägungsentscheidungen (zB nach § 43 III EnWG und § 18 IV NABEG). Die 4901

[736] Ruge NVwZ 2023, 870 (872), der dazu auch auf ausdrückliche Regelungen in § 6 II 3 WindBG, § 43 m III 3 EnWG und § 72a III 3 WindSeeG verweist.

Priorisierung des Art. 3 II EU-Notfall-VO dürfte allerdings nicht im Sinne einer Ermessensreduzierung auf Null und auch nicht im Sinne eines absoluten Vorrangs, sondern eher im Sinne eines Optimierungsgebots nach deutschem Recht zu verstehen sein.[737]

4902 In Bezug auf den Artenschutz findet der vorstehende Satz nur Anwendung, wenn und soweit geeignete **Artenschutzmaßnahmen**, die zur Erhaltung oder Wiederherstellung eines günstigen Erhaltungszustands der Populationen der Art beitragen, ergriffen werden und für diesen Zweck ausreichende Finanzmittel und Flächen bereitgestellt werden.

4. Beschleunigung des Verfahrens für Solarenergieanlagen

4903 Das Verfahren zur Genehmigungserteilung für die Installation von Solarenergieanlagen und von Energiespeicheranlagen am selben Standort, einschließlich gebäudeintegrierter Solaranlagen und Solarenergieanlagen auf Dächern, auf bestehenden oder künftigen künstlichen Strukturen, mit Ausnahme künstlicher Wasserflächen, darf nach Art. 4 I EU-Notfall-VO nicht länger dauern als **drei Monate**, wenn das Hauptziel dieser Strukturen nicht in der Erzeugung von Solarenergie besteht.

4904 Abweichend von Art. 4 II der Richtlinie 2011/92/EU und Anhang II Nr. 3 a und b allein oder in Verbindung mit Anhang II Nr. 13 a der genannten Richtlinie sind diese Solarenergieanlagen von der gegebenenfalls anwendbaren Anforderung ausgenommen, zu bestimmen, ob für das Projekt eine **Umweltverträglichkeitsprüfung** erforderlich ist, oder eine gesonderte Umweltverträglichkeitsprüfung durchzuführen. Die Mitgliedstaaten können gem. Art. 4 II EU-Notfall-VO bestimmte Gebiete oder Strukturen aus Gründen des Schutzes kulturellen oder historischen Erbes oder aus Gründen der nationalen Verteidigung oder aus Sicherheitsgründen von den Bestimmungen des Absatzes 1 ausnehmen. Beim Verfahren zur Genehmigungserteilung für die Installation von Solarenergieanlagen, einschließlich für Eigenversorgern im Bereich der erneuerbaren Energien, mit einer Kapazität von höchstens 50 kW gilt die Genehmigung gem. Art. 4 III EU-Notfall-VO als erteilt, wenn die zuständigen Behörden oder Stellen innerhalb eines Monats nach der Antragstellung keine Antwort übermittelt haben, sofern die Kapazität der Solarenergieanlagen die bestehende Kapazität des Anschlusses an das Verteilernetz nicht übersteigt. Führt die Anwendung des in Art. 4 III EU-EU-Notfall-VO genannten Schwellenwerts zu einem erheblichen Verwaltungsaufwand oder zu Einschränkungen beim Betrieb des Stromnetzes, so können die Mitgliedstaaten einen niedrigeren Schwellenwert anwenden, sofern dieser über 10,8 kW liegt (Art. 4 IV EU-Notfall-VO). Alle Entscheidungen, die auf den in Art. 4 I EU-EU-Notfall-VO genannten Verfahren zur Genehmigungserteilung beruhen, müssen nach Art. 4 V EU-Notfall-VO im Einklang mit bestehenden Verpflichtungen veröffentlicht werden.

5. Repowering von Anlagen zur Erzeugung von regenerativem Strom

4905 Das Verfahren zur Genehmigungserteilung für Repowering-Projekte, darunter auch Genehmigungen für den Ausbau von Anlagen, die für den Netzanschluss erforderlich sind, wenn das Repowering zu einer Kapazitätserhöhung führt, darf nicht länger dauern als **sechs Monate**, einschließlich etwaiger Umweltverträglichkeitsprüfungen, die nach einschlägigen Rechtsvorschriften erforderlich sind (Art. 5 I EU-Notfall-VO). Führt das Repowering nicht zu einer Erhöhung der Kapazität der Anlage zur Erzeugung von Strom aus erneuerbaren Quellen um mehr als 15 %, so werden Netzanschlüsse an das Übertragungs- oder Verteilernetz gem. Art. 5 II EU-Notfall-VO unbeschadet der Notwendigkeit, potenzielle Umweltauswirkungen gem. Art. 5 III EU-Notfall-VO zu prüfen, innerhalb von drei Monaten nach der Antragstellung bei der betreffenden Stelle genehmigt, sofern keine begründeten Sicherheitsbedenken bestehen und keine technische Inkompatibilität mit Netzkomponenten vorliegt. Ist es für das Repowering einer Anlage zur Erzeugung von Strom aus erneuerbaren Quellen oder der Ausbau einer damit verbundenen Netzinfrastruktur, die für die Integration erneuerbarer Energien in das Stromnetz erforderlich ist, erforderlich zu bestimmen, ob für das Projekt ein Verfahren zur **Umweltverträglichkeitsprüfung** oder eine Umweltverträglichkeitsprüfung erforderlich ist, so beschränkt sich nach Art. 5 III EU-Notfall-VO diese Ermittlung und/oder Umweltverträglichkeitsprüfung auf die potenziellen erheblichen Auswirkungen der Änderung oder Erweiterung im Vergleich zum ursprünglichen Projekt. Sind für das Repowering von Solaranlagen keine

[737] Ruge NVwZ 2023, 870 (873).

zusätzlichen Flächen erforderlich und entspricht es den geltenden Umweltschutzmaßnahmen, die für die ursprüngliche Anlage festgelegt wurden, so wird das Projekt von einer etwaigen Anforderung ausgenommen, zu bestimmen, ob für das Projekt eine Umweltverträglichkeitsprüfung erforderlich ist (Art. 5 IV EU-Notfall-VO).

6. Beschleunigung weiterer Verfahren

Anforderungen an die Beschleunigung des Verfahrens zur Genehmigungserteilung für Projekte im Bereich der erneuerbaren Energien und für die damit verbundene Netzinfrastruktur, die für die Integration erneuerbarer Energien in das System erforderlich ist, enthält Art. 6 EU-Notfall-VO. Von dieser Ausnahmemöglichkeit hat Deutschland für die Errichtung von Windenergieanlagen in § 6 WindBG, für Stromnetzausbau onshore in § 43m EnWG und für den Stromnetzausbau offshore in § 72a WindSeeG Gebrauch gemacht. Damit wurde vorübergehend die Nichtanwendung der artenschutzrechtlichen Verbotstatbestände des § 44 I BNatschG sowie des UVP-Berichts beschlossen sowie weitere Konkretisierungen der Notfall-VO vorgenommen.[738] 4906

Die Beschleunigung des Ausbaus der Nutzung von Wärmepumpen ist in Art. 7 EU-Notfall-VO geregelt. Art. 8 EU-Notfall-VO bestimmt Fristen für das Verfahren zur Genehmigungserteilung für die Installation von Solarenergieanlagen, das Repowering von Anlagen zur Erzeugung von Strom aus erneuerbaren Quellen und den Einsatz von Wärmepumpen. 4907

7. Unmittelbare Geltung in den Mitgliedstaaten

Die einzelnen Regelungen der EU-Notfall-VO sind, soweit sie keinen Umsetzungsakt der Mitgliedstaaten erfordern, in den Mitgliedsstaaten der EU unmittelbar anzuwendendes Recht; sie verdrängen grundsätzlich entgegenstehendes nationales Recht. Die Genehmigungsbehörden bzw. auch Planungsträger müssen die Verordnung anwenden und entgegenstehendes nationales Recht außer Acht lassen. Der ergänzenden Umsetzung in das deutsche Recht diente auch das Artikelgesetz zur Änderung des Raumordnungsgesetzes und anderer Vorschriften. 4908

IX. Richtlinie zum Ausbau Erneuerbarer Energien (RED lll)

Am 31.10.2023 ist die europäische Erneuerbare Energien Richtlinie (EU) 2023/2413 (RED III) im europäischen Amtsblatt veröffentlicht worden. Ihre offizielle Inkraftsetzung erfolgt am 20.11.2023. Die Mitgliedstaaten haben bis zum 21.05.2025 Zeit, die Umsetzung in ihre nationale Gesetzgebung vorzunehmen. Die Richtlinie hat zum Ziel, die **Ausbauziele für erneuerbare Energien** zu erhöhen, **sektorspezifische Unterziele** festzulegen und Genehmigungsverfahren zu beschleunigen. Bei der Revision wurde ua das Ziel Erneuerbarer Energien am Gesamtenergieverbrauch bis 2030 auf 42,5 % erhöht. 4909

1. Überblick zum Inhalt

Die Richtlinie sieht sektorspezifische Ziele für Industrie, Verkehr und den Gebäudesektor vor. In der Industrie soll der Anteil an Energie aus Wind und Sonne jährlich um 1,6 Prozentpunkte erhöht werden. Außerdem sollen 42 % des in der Industrie verwendeten Wasserstoffs bis 2030 aus strombasierten erneuerbaren Kraftstoffen, möglichst aus grünem Wasserstoff stammen und bis 2035 insgesamt 60 % des Anteils ausmachen. 4910

Die Richtlinie fordert außerdem beschleunigte Genehmigungsverfahren für erneuerbare Energien. Die Mitgliedstaaten sollen Ausbaugebiete ausweisen, in denen Projekte in einem vereinfachten Verfahren genehmigt werden können. In den **Beschleunigungsgebieten** darf das Genehmigungsverfahren für Solar- und Windanlagen nicht länger als zwölf Monate, für Offshore-Anlagen nicht länger als zwei Jahre dauern. In diesen Gebieten entfallen die Umwelt- und Artenschutzprüfung auf Projektebene und gelten stattdessen für das Gesamtgebiet. Außerdem hat der Populationsschutz Priorität über dem Schutz individueller Tiere. Ausgenommen davon sind Natura-2000-Gebiete. Darüber hinaus sollen Anträge automatisch genehmigt werden, wenn sich die Genehmigungsbehörden nicht rechtzeitig Rückmeldung geben. 4911

Zur Erläuterung der Richtlinie heißt es in den Erwägungsgründen 1 und 2, im Zusammenhang mit dem europäischen Grünen Deal sei mit der Verordnung (EU) 2021/1119 des Euro- 4912

[738] Ruge NVwZ 2023, 870 (871).

päischen Parlaments und des Rates das Ziel der Klimaneutralität in der Union bis 2050 und ein Zwischenziel einer Verringerung der Nettotreibhausgasemissionen (THG-Emissionen) um mindestens 55 % gegenüber dem Stand von 1990 bis 2030 festgelegt worden. Das Ziel der Klimaneutralität der Union erfordere eine gerechte Energiewende, bei der kein Gebiet und kein Bürger zurückgelassen werde, eine der Energieeffizienz und einen wesentlich höheren Anteil von Energie aus erneuerbaren Quellen in einem integrierten Energiesystem. Energie aus erneuerbaren Quellen spielt bei der Verwirklichung dieser Ziele eine wesentliche Rolle, da derzeit über 75 % der gesamten THG-Emissionen in der Union auf den Wirtschaftszweig Energie entfielen. Durch die Verringerung dieser THG-Emissionen könne Energie aus erneuerbaren Quellen auch zur Bewältigung umweltbezogener Herausforderungen, zB des Verlusts an biologischer Vielfalt, und zur Verringerung der Umweltverschmutzung im Einklang mit den Zielen der Mitteilung der Kommission vom 12.05.2021 mit dem Titel „Auf dem Weg zu einem gesunden Planeten für alle EU-Aktionsplan: „Schadstofffreiheit von Luft, Wasser und Boden" beitragen. Der Übergang zu einer grünen, auf erneuerbarer Energie gestützten Wirtschaft werde dazu beitragen, die Ziele des Beschlusses (EU) 2022/591 des Europäischen Parlaments und des Rates zu erreichen, der auch darauf abziele, den Zustand der Umwelt zu schützen, wiederherzustellen und zu verbessern, indem unter anderem der Rückgang der biologischen Vielfalt aufgehalten und diese Tendenz umgekehrt werde. Aufgrund der geringeren Anfälligkeit der Energie aus erneuerbaren Quellen für Preisschocks im Vergleich zu fossilen Brennstoffen könne der Energie aus erneuerbaren Quellen eine zentrale Funktion bei der Bekämpfung der Energiearmut zukommen. Erneuerbare Energie könne auch mit weitreichenden sozioökonomischen Vorteilen einhergehen, indem neue Arbeitsplätze geschaffen würden und die Wirtschaft vor Ort gefördert werde, während der wachsenden Nachfrage nach Technologie im Bereich erneuerbare Energie auf dem Binnenmarkt und weltweit Rechnung getragen werde.[739]

2. Umsetzung in deutsches Recht

4913 Das Bundesministerium für Wirtschaft und Klimaschutz, des Bundesministeriums für Wohnen, Stadtentwicklung und Bauwesen und des Bundesministeriums für Umwelt, Naturschutz, nukleare Sicherheit und Verbraucherschutz hat dazu mit Stand vom 02.04.2024 den Referentenentwurf eines Gesetzes zur Umsetzung der Richtlinie (EU) 2023/2413 im Bereich Windenergie an Land und Solarenergie vorgelegt.

4914 Danach sind Änderungen des WindBG, des BauGB, des ROG, des BImSchG, des EEG vorgesehen. In Aussicht genommen wird mit dem Referentenentwurf die planerische Ausweisung von Beschleunigungsgebieten. Im BauGB sowie im ROG soll eine Verpflichtung geregelt werden, sogenannte Beschleunigungsgebiete für erneuerbare Energie auszuweisen bzw. festzulegen. Für Vorhaben im Bereich Windenergie an Land in den Beschleunigungsgebieten werden die Anforderungen an die Genehmigungsverfahren im WindBG geregelt. Erleichterungen der Richtlinie (EU) 2018/2001 im Bereich der Umweltverträglichkeitsprüfung, bei der Prüfung nach § 34 BNatSchG, bei der artenschutzrechtlichen Prüfung und bei der Prüfung der Vereinbarkeit des Vorhabens mit den Bewirtschaftungszielen des WHG sollen übernommen werden. Genehmigungsverfahren auch außerhalb von Beschleunigungsgebieten sollen im BImSchG umgesetzt werden. Nicht zuletzt ist ein Monitoring der Beschleunigungsgebiete vorgesehen.

4915 Gegen den Referentenwurf sind erhebliche Bedenken vorgetragen worden. Vorgetragen werden unter anderem Zweifel an der Unionsrechtskonformität des Gesetzesentwurfs.[740] Nach der bisherigen Systematik des WindBG seien bei der ersten Umsetzung der RED III beste-

[739] Zur Novelle der Erneuerbaren_Energien-Richtlinie Hendrischke/Drewing EuRUP 2024, 86; zur Beschleunigung des Erneuerbaren Ausbaus durch die EU-NotfallVO und durch die novellierte Erneuerbare-Energien-Richtlinie Sailer/Deutinger EuRUP 2024, 70; Schlacke/Thierjung DVBl.. 2023, 635; Ruge NVwZ 2023, 870; Sobotta NVwZ 2023, 1609; Schwerdtfeger EuRUP 2023, 365; Lehnert/Traum ZNER 2023, 457; Kliem ZNER 2023, 462.

[740] Siehe dazu die Stellungnahme des Deutschen Anwaltvereins durch die Ausschüsse Umweltrecht und Verwaltungsrecht zum Referentenentwurf des Bundesministeriums für Wirtschaft und Klimaschutz, des Bundesministeriums für Wohnen, Stadtentwicklung und Bauwesen und des Bundesministeriums für Umwelt, Naturschutz, nukleare Sicherheit und Verbraucherschutz eines Gesetzes zur Umsetzung der Richtlinie (EU) 2023/2413 im Bereich Windenergie an Land und Solarenergie aus 2024.

hende Vorranggebiete in Raumordnungsplänen und Flächennutzungsplänen als Windenergiegebiete automatisiert umgewidmet worden, was lediglich an die Voraussetzung geknüpft gewesen sei, dass bei Planaufstellung eine SUP bzw. Umweltprüfung stattgefunden habe und das Windenenergiegebiet nicht in einem Natura-2000-Gebiet liege. Dann hätte eine artenschutzrechtliche Prüfung auf Genehmigungsebene entfallen dürfen. Bereits insoweit sei die Unionsrechtskonformität zweifelhaft, weil die Richtlinie davon ausgehe, dass die Windenergiegebiete „hochgezont" und damit auf der Ebene der Ausweisung der Gebiete auf ihre Umweltauswirkungen geprüft und entsprechende Vermeidungs- und Minderungsmaßnahmen auf Verordnungsebene festgelegt worden seien. Hieran habe es aber bei der Mehrzahl der umgewidmeten Vorranggebiete gefehlt. Durch das neue Gesetze sollten nunmehr sogar alle Windenergiegebiete mit Ausnahme derjenigen Gebiete oder Gebietsteile, die unter einen Ausschlusstatbestand fielen, zusätzlich als Beschleunigungsgebiete ausgewiesen werden. In diesen Gebieten entfielen die Umweltprüfungen praktisch vollständig und würden ersetzt durch eine überschlägige Prüfung, für die aber keine aktuellen Daten erhoben werden müssten, sondern ein Rückgriff auf Bestandsdaten bis zu einem Alter von 5 Jahren gestattet sei, die heranzuziehen seien, um über Schutz- und Minderungsmaßnahmen zu entscheiden. Damit werde ignoriert, dass die Ausnahmen von den formellen und materiellen Umweltschutzvorgaben nach der RED III – Richtlinie nur dann möglich seien, wenn vorher tatsächlich geprüft worden sei, dass keine Umweltauswirkungen entstehen würden, es also entweder eine Überprüfung bei Ausweisung der Gebiete mit entsprechenden Schutz- und Minderungsvorgaben gegebenen haben müssen oder aber im späteren Genehmigungsverfahren. Der Richtliniengeber wolle damit nur solche Gebiete festgelegt wissen, bei denen klar sei, dass keine Konflikte entstünden. Nach dem Referentenentwurf sollten aber Gebiete ausgewiesen werden, in denen gar nicht mehr geprüft werden müsse.[741] Das Bundeskabinett hat am 24.7.2024 den Entwurf des Umsetzungsgesetzes beschlossen, der erhebliche Änderungen des Referentenentwurfs enthält und ausschließlich im Bundestag und Bundesrat beraten werden soll.

X. Wasserrahmenrichtlinie

Von entscheidender Bedeutung für die Wasserwirtschaft ist die EU-Wasserrahmenrichtlinie (WRRL), die Ende 2020 in Kraft trat und das bis dahin schon als eines der schon am längsten europäisch geregelten Rechtsgebiete bestehende zusammenfassen und auf ein höheres Schutzniveau anlegen sollte.[742] Die WRRL war bis zum 22.12.2003 in nationales Recht umzusetzen. Wegen nicht fristgerechter normativer Umsetzung in den Bundesländern wurde Deutschland im Dezember 2005 durch den EuGH verurteilt; mit der 2006 in Kraft getretenen Föderalismusreform bekam der Bund eine Vollkompetenz auch im Bereich des Gewässerschutzrechts (Art. 74 I Nr. 32 GG). Allerdings sieht Art. 72 III GG weitreichende Abweichungsrechte der Länder vorgesehen, von denen die Länder seit 2010 Gebrauch machen können. 4916

Die EU zielt mit der WRRL auf die Vermeidung und Verminderung von Schad- und Nährstoffeinleitungen und auf die Verbesserung der ökologischen Gewässerqualität ab. Dazu sollen nach der WRRL bestimmte Qualitätsziele der Gewässer sowie eine nachhaltige Wassernutzung auf der Grundlage eines langfristigen Ressourcenschutzes erreichen. Art. 9 WRRL fordert zudem eine kostendeckende Wassernutzung, die nach dem Verursacherprinzip eine umwelt- und ressourcenabhängige Kostenlast zuweist.[743] Die WRRL ist in Deutschland im WHG, in der Verordnung zum Schutz der Oberflächengewässer (OGewV) und in der Grundwasserverordnung (GrwV) umgesetzt worden. 4917

Neben der WRRL gibt es weitere europarechtliche Regelungen als Tochterrichtlinien der WRRL. Dazu zählen die Gewässerschutzrichtlinie (2006/11/EG), die Grundwasserrichtlinie (2006/118/EG), die Nitratrichtlinie (91/676/EWG), die Kommunalabwasserrichtlinie (91/1271/ 4918

[741] Stellungnahme des Deutschen Anwaltvereins durch die Ausschüsse Umweltrecht und Verwaltungsrecht, 2024.

[742] Näher dazu Elgeti/Hurck Wasser und Baurecht – Wasserrahmen- und Hochwasserrisikomanagement-Richtlinien Hoppenberg/de Witt, Handbuch des öffentlichen Baurechts, 2023, Rn. 8 ff; Laskowski/Reese/Ziehm Wasserrecht in Koch/Hofmann/Reese, Handbuch Umweltrecht, 2024, Rn. 27 ff.; Kahl/Gärditz Umweltrecht, 2023, § 8 Rn. 5.

[743] Elgeti/Hurck Wasser und Baurecht – Wasserrahmen- und Hochwasserrisikomanagement-Richtlinien Hoppenberg/de Witt, Handbuch des öffentlichen Baurechts, 2023, Rn. 27.

EWG), die Badegewässerrichtlinie (2006/7/EG), die Trinkwasserrichtlinie (98/83/EG), die Meeresstrategie-Rahmenrichtlinie 2008/56/EG und die IVU-Richtlinie (2008/1/EG).

4919 Neben der WRRL ist auch die **Hochwasserrisikomanagement-Richtlinie** 2007/60/EG für die Planung von erheblicher Bedeutung. Sie soll einen Rahmen für die Bewertung und das Management von Hochwasserrisiken zur Verringerung der hochwasserbedingten nachteiligen Folgen auf die menschliche Gesundheit, die Umwelt, das Kulturerbe und die wirtschaftlichen Tätigkeiten in der Gemeinschaft zu schaffen.

1. Systematik des EU-Wasserrechts

4920 **a) Ziel der WRRL.** Ziel dieser Richtlinie ist nach Art. 1 WRRL die Schaffung eines Ordnungsrahmens für den Schutz der Binnenoberflächengewässer, der Übergangsgewässer, der Küstengewässer und des Grundwassers zwecks a) Vermeidung einer weiteren Verschlechterung sowie Schutz und Verbesserung des Zustands der aquatischen Ökosysteme und der direkt von ihnen abhängenden Landökosysteme und Feuchtgebiete im Hinblick auf deren Wasserhaushalt, b) Förderung einer nachhaltigen Wassernutzung auf der Grundlage eines langfristigen Schutzes der vorhandenen Ressourcen, c) Anstrebens eines stärkeren Schutzes und einer Verbesserung der aquatischen Umwelt, unter anderem durch spezifische Maßnahmen zur schrittweisen Reduzierung von Einleitungen, Emissionen und Verlusten von prioritären Stoffen und durch die Beendigung oder schrittweise Einstellung von Einleitungen, Emissionen und Verlusten von prioritären gefährlichen Stoffen; d) Sicherstellung einer schrittweisen Reduzierung der Verschmutzung des Grundwassers und Verhinderung seiner weiteren Verschmutzung; und e) Beitrag zur Minderung der Auswirkungen von Überschwemmungen und Dürren.

4921 Die WRRL soll damit nach Art. 1 II WRRL beitragen zu einer ausreichenden Versorgung mit Oberflächen- und Grundwasser guter Qualität, wie es für eine nachhaltige, ausgewogene und gerechte Wassernutzung erforderlich ist; zu einer wesentlichen Reduzierung der Grundwasserverschmutzung; zum Schutz der Hoheitsgewässer und der Meeresgewässer; zur Verwirklichung der Ziele der einschlägigen internationalen Übereinkommen einschließlich derjenigen, die auf die Vermeidung und Beseitigung der Verschmutzung der Meeresumwelt abzielen, durch Gemeinschaftsmaßnahmen gemäß Art. 16 III WRRL zur Beendigung oder schrittweisen Einstellung von Einleitungen, Emissionen oder Verlusten von prioritären gefährlichen Stoffen, und zwar mit dem Endziel, in der Meeresumwelt für natürlich anfallende Stoffe Konzentrationen in der Nähe der Hintergrundwerte und für anthropogene synthetische Stoffe Konzentrationen nahe Null zu erreichen.

4922 **b) Flussgebietseinheiten für die Gewässerbewirtschaftung.** Art. 3 WRRL verpflichtet die Mitgliedstaaten, die einzelnen Einzugsgebiete innerhalb ihres jeweiligen Hoheitsgebiets zu bestimmen und sie für die Zwecke der WRRL jeweils einer Flussgebietseinheit zuzuordnen. Kleine Einzugsgebiete können gegebenenfalls mit größeren Einzugsgebieten zusammengelegt werden oder mit benachbarten kleinen Einzugsgebieten eine Flussgebietseinheit bilden. Grundwässer, die nicht in vollem Umfang in einem einzigen Einzugsgebiet liegen, müssen genau bestimmt und der am nächsten gelegenen oder am besten geeigneten Flussgebietseinheit zugeordnet werden. Auch die Küstengewässer müssen bestimmt und der bzw. den am nächsten gelegenen oder am besten geeigneten Flussgebietseinheit(en) zugeordnet werden.

4923 In Deutschland wurden mit Donau, Eider, Elbe, Ems, Maas, Oder, Rhein, Schlei und Trave, Warnow und Peene, Weser zehn Flussgebietseinheiten mit den entsprechenden Flusseinzugsgebieten bestimmt. Erstreckt sich eine Flussgebietseinheit auf das Gebiet mehrerer Bundesländer und muss das für diese Flussgebietseinheit erstellte Maßnahmenprogramm (§ 82 WHG) geändert werden, folgt aus § 7 II WHG, dass diese Änderungspflicht sämtliche Bundesländer, auf deren Gebiet sich die Flussgebietseinheit erstreckt, gemeinschaftlich trifft.[744]

4924 Nach Art. 3 II WRRL müssen die Mitgliedstaaten für geeignete Verwaltungsvereinbarungen, einschließlich der Bestimmung der geeigneten zuständigen Behörde, sorgen, damit die WRRL innerhalb jeder Flussgebietseinheit ihres Hoheitsgebiets angewandt wird. Außerdem haben die Mitgliedstaaten nach Art. 3 III WRRL dafür zu sorgen, dass ein Einzugsgebiet, das auf dem Hoheitsgebiet von mehr als einem Mitgliedstaat liegt, einer internationalen Flussgebietseinheit zugeordnet wird. Auf Antrag der betroffenen Mitgliedstaaten wird die Kommission tätig, um die Zuordnung zu derartigen internationalen Flussgebietseinheiten zu erleichtern. Je-

744 OVG Lüneburg UWP 2023, 311 = juris 200.

der Mitgliedstaat sorgt für die geeigneten Verwaltungsvereinbarungen, einschließlich der Bestimmung der geeigneten zuständigen Behörde, damit diese Richtlinie innerhalb des in sein Hoheitsgebiet fallenden Teils einer internationalen Flussgebietseinheit angewandt wird.

Nach Art. 3 IV WRRL müssen die Mitgliedstaaten dafür sorgen, dass die Anforderungen der WRRL zur Erreichung der **Umweltziele** nach Art. 4 WRRL und insbesondere alle **Maßnahmenprogramme** für die gesamte Flussgebietseinheit koordiniert werden. Im Falle internationaler Flussgebietseinheiten sorgen die betroffenen Mitgliedstaaten gemeinsam für diese Koordinierung und können zu diesem Zweck bestehende Strukturen nutzen, die auf internationale Übereinkommen zurückgehen. Auf Antrag der betroffenen Mitgliedstaaten wird die Kommission tätig, um die Festlegung der Maßnahmenprogramme zu erleichtern. 4925

Die Pflicht, für jede Flussgebietseinheit ein Maßnahmenprogramm aufzustellen, ist durch § 82 I 1 WHG umgesetzt und an die jeweils zuständigen Behörden der beklagten Länder adressiert worden. Diese Verpflichtung kann bei einer ländergebietsübergreifenden Flussgebietseinheit nur von davon betroffenen Ländern gemeinsam erfüllt werden; ein darauf gerichteter Anspruch gegenüber den Ländern kann nur einheitlich entschieden werden. Denn alle beteiligten Länder sind verpflichtet, gemäß den §§ 82 I 1, 7 I WHG ein zur Erreichung der gesetzlich bestimmten Bewirtschaftungsziele unter anderem nach § 47 WHG (Art. 4 I b WRRL) geeignetes Maßnahmenprogramm für die gesamte Flussgebietseinheit Ems zu erstellen und hierzu ihre jeweiligen wasserwirtschaftlichen Planungen und Maßnahmen gemäß § 7 II WHG zu koordinieren.[745] 4926

Art. 3 WRRL und dem folgend § 7 WHG verfolgen einen ganzheitlichen Ansatz der Wasserbewirtschaftung. Die Gewässer sind nicht mehr nach einzelnen fachlichen Aspekten und durch Verwaltungsbezirke abgegrenzten Gewässerabschnitten, sondern ganzheitlich in Flussgebietseinheiten von der Quelle bis zur Mündung mit allen Zuflüssen zu bewirtschaften. Die Flussgebietseinheiten sind allein durch die hydrologischen Gegebenheiten bestimmt. Zur Klarstellung sind sie in § 7 I WHG aufgezählt. Bezogen auf jede Flussgebietseinheit hat die Bewirtschaftungsplanung, unter anderem durch ein Maßnahmenprogramm nach § 82 WHG (Art. 11 WRRL), zu erfolgen, um so dem Ziel einer großräumig angelegten und integrativen Gewässerbewirtschaftung zu dienen. Diesem Ziel kann mit von vornherein lediglich für Teileinzugsgebiete von Flussgebietseinheiten konzipierten Maßnahmenprogrammen (etwa bezogen auf die Grenzen von Verwaltungsbezirken) nicht hinreichend Rechnung getragen werden, weil andernfalls die räumlichen und gewässerspezifischen Wirkungen von Maßnahmen auf andere Einzugsgebiete bzw. die gesamte Flussgebietseinheit nur unzureichend berücksichtigt werden.[746] 4927

Nach § 7 II WHG (Art. 3 IV WRRL) koordinieren die zuständigen Behörden der Länder untereinander ihre wasserwirtschaftlichen Planungen und Maßnahmen, soweit die Belange der flussgebietsbezogenen Gewässerbewirtschaftung dies erfordern. Diese **allgemeine Koordinierungspflicht** gilt auch für die Erstellung eines Maßnahmenprogramms nach § 82 WHG.[747] 4928

c) Umweltziele. Zentrales Umweltziel der WRRL ist es nach Art. 4 Abs. 1 WRRL, einen „guten Zustand" aller Gewässer, dh der Oberflächengewässer einschließlich der Ästuare und Küstengewässer als auch des Grundwassers, zu erreichen. Als Referenzwert für diesen „guten Zustand" gilt ein „sehr guter Zustand", der weitgehend mit dem natürlichen Zustand eines Gewässers übereinstimmt (**Verbesserungsgebot**). 4929

Hinsichtlich des zu erreichenden guten Zustands ist für **Oberflächengewässer** zwischen einem guten chemischen Zustand und einem guten ökologischen Zustand zu differenzieren, wobei es für die Bewertung des Gesamtzustands eines Oberflächengewässers auf den jeweils schlechteren Wert beider Zustände ankommt. Der Zustand eines Oberflächengewässers ist deshalb nur dann gut, wenn sowohl der chemische als auch der ökologische Zustand gut sind. **Emissionsgrenzwerte** und **Umweltqualitätsziele** sind gleichermaßen verbindlich, wobei in jedem Einzelfall das jeweils strengere Konzept maßgeblich ist. 4930

Der **ökologische Zustand** bemisst sich nach biologischen, hydromorphologischen und physikalisch-chemischen Parametern; außerdem ist der Habitatzustand zu bewerten. Zur Bewertung des **chemischen Zustandes** ist eine Liste prioritärer Stoffe heranzuziehen, die sich auf etwa 45 **Schadstoffe** und Stoffgruppen erstreckt. Für diese Stoffe wurden **Qualitätsziele** 4931

---

745 OVG Lüneburg UWP 2023, 311 = juris 201.

746 BVerwGE 158, 1 (135 f.) = juris Rn. 586; OVG Lüneburg UWP 2023, 311 = juris 202.

747 OVG Lüneburg UWP 2023, 311 = juris 204.

durch die RL 2008/105/EG über Umweltsqualitätsnorm im Bereich Wasserpolitik und die RL 2013/39/EU in Bezug auf prioritäre Stoffe im Bereich der Wasserpolitik festgelegt, die **Jahresmittelwerte** und **Maximalkonzentrationen** für die Zusammensetzung des Wassers der Oberflächengewässer enthalten. Maßnahmen zur Begrenzung der Emissionen prioritärer Stoffe bestimmen die Richtlinien dagegen nicht.[748] Für den „guten Zustand" muss ein „guten mengenmäßigen und chemischen Zustand" erhalten oder wiederherzgestellt werden (Art. 4 I b ii WRRL). Das schließt die Gewährleistung eines Gleichgewichts zwischen Grundwasserentnahme und -neubildung ein. Direkte Einleitungen von Schadstoffen in das Grundwasser sind verboten; indirekte Einleitungen sind zu verhindern oder zu begrenzen.

4932 Neben dem Verbesserungsgebot folgt aus Art. 4 I a WRRL eine Pflicht zur Verhinderung der Verschlechterung des Zustands von Wasserkörpern (**Verschlechterungsverbot**). Die Pflicht zur Vermeidung einer Verschlechterung gilt in jedem Stadium der Durchführung der Richtlinie und für jeden Typ und jeden Zustand eines Oberflächenwasserkörpers, für den ein Bewirtschaftungsplan erlassen wurde.[749] Nicht jeder zusätzliche Schadstoffeintrag oder jede sonstige ungünstige Entwicklung stellt führt zwingend zu einer Verschlechterung in diesem Sinne. Verändert sich jedoch zumindest eine Qualitätskomponente, zB der ökologische Zustand von „gut" zu „mäßig", liegt eine erhebliche Verschlechterung vor, auch wenn das Gewässer insgesamt in seiner Einstufung gleichbleibt.[750] Ob eine Verschlechterung des ökologischen Zustandes eines oberirdischen Gewässers vorliegt, hängt davon ab, ob eine einzelne Qualitätskomponente durch das Vorhaben in eine schlechtere Klasse geraten würde. Wenn eine Qualitätskomponente sich schon in der niedrigsten Klasse befindet, ist jede weitere Verschlechterung dieser Komponente eine Verschlechterung des Zustands eines Oberflächenwasserkörpers. Der Zustand eines Gewässers verändert sich insoweit nicht erst dann nachteilig, wenn eine Zustandsklasse des Gewässers insgesamt herabgestuft wird.[751]

4933 Dies gilt entsprechend für die **Verschlechterung des mengenmäßigen Zustands eines Grundwasserkörpers** auch wenn nach Ziffer 2.2.4 des Anhangs V zur WRRL und in § 4 I GrwV hinsichtlich des mengenmäßigen Zustands des Grundwassers nur zwischen zwei Qualitätsstufen („gut" und „schlecht") unterschieden wird.[752] Der EuGH hat entschieden, dass die Tragweite des Begriffs der Verschlechterung des Zustands von Gewässern unabhängig von der Art des betroffenen Gewässers durch dieselben Grundsätze determiniert wird, so dass die Ziele der WRRL sowohl für Oberflächengewässer als auch für Grundwasser, die aus Art. 4 I WRRL für diese Gewässerarten folgen, weitgehend identisch sind.[753]

4934 Nach § 12 II WHG in Verbindung mit § 27 I und II WHG sowie § 47 I WHG müssen sich wasserrechtliche Zulassungen an den Bewirtschaftungszielen für Gewässer ausrichten. Das Verschlechterungsverbot ist eines der Bewirtschaftungsziele nach dem WHG. Grundsätzlich kann jede Zulassung eines Vorhabens eine Verschlechterung des Zustands von Wasserkörpern im Sinne der §§ 27 und 47 WHG zur Folge haben.

4935 Das Verschlechterungsverbot und die Pflicht zur Zielerhaltung bzw. Zielerreichung im Hinblick auf den „guten Zustand" gelten unmittelbar bei Entscheidung über die Erteilung der Genehmigung eines Vorhabens und damit nicht nur im Rahmen von Bewirtschaftungsplänen.[754] Es verstößt allerdings nicht gegen das Verschlechterungsverbot gemäß § 27 I und 2 WHG,

---

[748] Näher dazu Laskowski/Reese/Ziehm Wasserrecht in Koch/Hofmann/Reese, Handbuch Umweltrecht, 2024, Rn. 29.

[749] EuGH NVwZ 2016, 1161; Laskowski/Ziehm Gewässerschutzrecht in Koch/Hofmann/Reese, Umweltrecht, 2018, Rn. 33; zum Verschlechterungsverbot im Planfeststellungsverfahren Höhne UPR 2023, 435; siehe auch Schäfer DÖV 2023, 663; Reinhardt UPR 2023, 288; Spannowsky UPR 2021, 459.

[750] EuGH NVwZ 2015, 1041; BVerwG NVwZ 2016, 1735; Hufen JuS 2017, 382; BVerwG NVwZ 2016, 844 (847 f.); Laskowski/Ziehm Gewässerschutzrecht in Koch/Hofmann/Reese, Umweltrecht, 2018, Rn. 34.

[751] EuGH NVwZ 2015, 1041; VG Düsseldorf Urt. v. 14.2.2023 – 17 K 2006/20, juris Rn. 85; Urt. v. 30.3.2021 – 17 K 7316/18, juris Rn. 57 mwN.

[752] VG Düsseldorf Urt. v. 14.2.2023 – 17 K 2006/20, juris Rn. 87; OVG Berlin-Brandenburg Urt. v. 20.12.2018 – OVG 6 B 1.17, juris Rn. 32; VG Frankfurt (Oder) Urt. v. 4.3.2022 – 5 K 469/21, juris Rn. 180.

[753] EuGH Urt. v. 28.5.2020 – C-535/18, juris Rn. 91 ff; VG Düsseldorf Urt. v. 14.2.2023 – 17 K 2006/20, juris Rn. 89.

[754] Laskowski/Reese/Ziehm Wasserrecht in Koch/Hofmann/Reese, Handbuch Umweltrecht, 2024, Rn. 79.

Art. 4 I WRRL, wenn die Planfeststellungsbehörde im Einflussbereich des Vorhabens gelegene Gewässer mit einem Einzugsgebiet von weniger als 10 km², die nicht Gegenstand eines Bewirtschaftungsplans sind, so schützt, wie dies zum Schutz und zur Verbesserung der mit ihnen verbundenen größeren Gewässer erforderlich ist.

Grundlage für die Beurteilung, ob durch ein Vorhaben eine Verschlechterung eintritt, ist der tatsächlich vorhandene Zustand des Wasserkörpers zum Zeitpunkt der Behördenentscheidung über die Zulassung des Vorhabens. Dieser Ausgangszustand ist im Bewirtschaftungsplan dokumentiert. Liegen der Behörde aktuellere Erkenntnisse vor, sind diese bei der Beurteilung einer Verschlechterung einzubeziehen. Maßgeblicher Ort für die Beurteilung der Verschlechterung ist eine repräsentative Messstelle im Wasserkörper. Für Grundwasserkörper sind in der Regel mehrere repräsentative Messstellen festgelegt. 4936

Das Verschlechterungsverbot des Art. 4 WRRL ist nach der Rechtsprechung des EuGH dahin auszulegen, dass es den Mitgliedstaaten nicht erlaubt ist, bei der Beurteilung, ob ein konkretes Programm oder Vorhaben mit dem Ziel der Verhinderung einer Verschlechterung der Wasserqualität vereinbar ist, **vorübergehende Auswirkungen von kurzer Dauer** und ohne langfristige Folgen für die Gewässer nicht zu berücksichtigen, es sei denn, dass sich diese Auswirkungen ihrem Wesen nach offensichtlich nur geringfügig auf den Zustand der betroffenen Wasserkörper auswirken und im Sinne dieser Bestimmung nicht zu einer „Verschlechterung" ihres Zustands führen können. Stellen die zuständigen nationalen Behörden im Rahmen des Genehmigungsverfahrens eines Programms oder eines Vorhabens fest, dass es zu einer solchen Verschlechterung führen kann, kann dieses Programm oder Vorhaben auch im Fall einer bloß vorübergehenden Verschlechterung nur dann genehmigt werden, wenn die Bedingungen von Art. 4 VII WRRL erfüllt sind.[755] 4937

Zum Ausgleich widerstreitender Interessen des Gewässerschutzes einerseits und der Gewässernutzung andererseits haben die Behörden der Mitgliedstaaten nach Art. 4 VII WRRL öffentliche Interessen mit den negativen Folgen eines Vorhabens für die Erreichung der Umweltziele der WRRL abzuwägen, so dass zB das öffentliche Interesse an der Erzeugung regenerativer Energien Belange der WRRL überwiegen kann. Art. 4 VII WRRL gerät insoweit von einer Ausnahmeregelung zu einer Abwägungsklausel.[756] 4938

Bei der Prüfung der Frage, ob ein konkretes Vorhaben in einem übergeordneten öffentlichen Interesse im Sinne von Art. 4 VII Buchst. c WRRL liegt, ist den Mitgliedstaaten ein gewisses Ermessen einzuräumen. Die WRRL, die auf der Grundlage von Art. 192 I AEUV erlassen worden ist, legt nämlich allgemeine Grundsätze und einen Handlungsrahmen für den Gewässerschutz fest und soll die grundlegenden Prinzipien und Strukturen für den Schutz und den nachhaltigen Gebrauch von Wasser in der Union koordinieren, integrieren und langfristig weiterentwickeln. Diese Grundsätze und dieser Rahmen sind später von den Mitgliedstaaten durch den Erlass konkreter Maßnahmen weiterzuentwickeln. Somit zielt die WRRL nicht auf eine vollständige Harmonisierung der wasserrechtlichen Vorschriften der Mitgliedstaaten ab. Daher kann ein Mitgliedstaat im Rahmen dieses Ermessens zu Recht annehmen, dass ein Vorhaben, das auf die Förderung erneuerbarer Energien durch Wasserkraft abzielt, im übergeordneten öffentlichen Interesse liegt. Art. 194 I AEUV sieht nämlich vor, dass die Energiepolitik der Union im Geiste der Solidarität zwischen den Mitgliedstaaten im Rahmen der Verwirklichung oder des Funktionierens des Binnenmarkts und unter Berücksichtigung der Notwendigkeit der Erhaltung und Verbesserung der Umwelt folgende Ziele verfolgt: Sicherstellung des Funktionierens des Energiemarkts, Gewährleistung der Energieversorgungssicherheit in der Union, Förderung der Energieeffizienz und von Energieeinsparungen sowie Entwicklung neuer und erneuerbarer Energiequellen und Förderung der Interkonnexion der Energienetze. Darüber hinaus ist die Förderung erneuerbarer Energiequellen, die für die Union von hoher Priorität ist, ua im Hinblick darauf gerechtfertigt, dass die Nutzung dieser Energiequellen zum Umweltschutz und zur nachhaltigen Entwicklung beiträgt und zur Sicherheit und Diversifizierung der Energieversorgung beitragen und die Erreichung der Zielvorgaben des Kyoto-Protokolls zum Rahmenübereinkommen der Vereinten Nationen über Klimaänderungen beschleunigen kann.[757] 4939

---

[755] EuGH NVwZ 2022, 1033 mit Anmerkung von Reinhardt NVwZ 2022, 1036.

[756] EuGH NVwZ 2016, 1161; Kritisch dazu Reinhardt NVwZ 2016, 1167; siehe auch Laskowski/Reese/Ziehm Wasserrecht in Koch/Hofmann/Reese, Handbuch Umweltrecht, 2024, Rn. 85; OVG Münster ZUR 2012, 372.

[757] EuGH NVwZ 2016, 1161; Stüer/Stüer DVBl. 2016, 913; Faßbender EurUP 2017, 152; Schütte EuZW 2016, 503; Faßbender NuR 2017, 433; Krause NuR 2017, 746; Reinhardt NVwZ 2016, 1167.

4940 Vergleichbar mit der Ausnahme im Artenschutz (Art. 16 FFH-RL und Art. 5, 9 VS-RL, § 45 VII BNatSchG) oder der Abweichungsprüfung bei erheblich beeinträchtigten europäischen Schutzgebieten (Art. 6 IV FFH-RL, § 34 BNatSchG) enthält Art. 4 VII WRRL eine Ausnahmeregelung. Die Mitgliedstaaten verstoßen danach nicht gegen die WRRL, wenn das Nichterreichen eines guten Grundwasserzustandes, eines guten ökologischen Zustands oder gegebenenfalls eines guten ökologischen Potenzials oder das Nichtverhindern einer Verschlechterung des Zustands eines Oberflächen- oder Grundwasserkörpers die Folge von neuen Änderungen der physischen Eigenschaften eines Oberflächenwasserkörpers oder von Änderungen des Pegels von Grundwasserkörpern ist, oder das Nichtverhindern einer Verschlechterung von einem sehr guten zu einem guten Zustand eines Oberflächenwasserkörpers die Folge einer neuen nachhaltigen Entwicklungstätigkeit des Menschen ist und die folgenden Bedingungen alle erfüllt sind: a) Es werden alle praktikablen Vorkehrungen getroffen, um die negativen Auswirkungen auf den Zustand des Wasserkörpers zu mindern; b) die Gründe für die Änderungen werden in dem in Art. 13 genannten Bewirtschaftungsplan für das Einzugsgebiet im Einzelnen dargelegt, und die Ziele werden alle sechs Jahre überprüft; c) die Gründe für die Änderungen sind von übergeordnetem öffentlichem Interesse und/oder der Nutzen, den die Verwirklichung der in Abs. 1 genannten Ziele für die Umwelt und die Gesellschaft hat, wird übertroffen durch den Nutzen der neuen Änderungen für die menschliche Gesundheit, die Erhaltung der Sicherheit der Menschen oder die nachhaltige Entwicklung; und d) die nutzbringenden Ziele, denen diese Änderungen des Wasserkörpers dienen sollen, können aus Gründen der technischen Durchführbarkeit oder aufgrund unverhältnismäßiger Kosten nicht durch andere Mittel, die eine wesentlich bessere Umweltoption darstellen, erreicht werden.

4941 Eine Ausnahme kann für Eingriffe erteilt werden, die eine Folge von neuen Änderungen der physischen Eigenschaften eines Oberflächenwasserkörpers oder auch eine Folge neuer nachhaltiger Entwicklungstätigkeit des Menschen, zu der auch die Schifffahrt oder Häfen (Art. 4 III a ii WRRL) rechnen. Das setzt allerdings eine entsprechende Ermittlung und Bewertung der durch das Projekt eintretenden nachteiligen wasserkörperbezogenen Auswirkungen voraus, auf deren Grundlage die Einhaltung der kumulativen Ausnahmevoraussetzungen des Art. 4 VII a) bis d) WRRL sichergestellt werden kann. Dazu gehören (a) Vermeidungs- und Minderungsmaßnahmen und (b) die Darlegung der Gründe für den Eingriff im Bewirtschaftungsplan. Zudem müssen (c) die Gründe für die Änderungen von übergeordnetem öffentlichem Interesse oder überwiegendem Nutzen für die menschliche Gesundheit, die Erhaltung der Sicherheit des Menschen oder der nachhaltigen Entwicklung sein. Auch muss sich (d) das Vorhaben auch vor dem Hintergrund der Verhältnismäßigkeit bei Prüfung wesentlich besserer Umweltoptionen sozusagen durch eine positive Schaden-Nutzen-Bilanz rechtfertigen.

4942 Die Voraussetzungen sind daher vom **Prüfungsansatz** ähnlich wie bei der **Ausnahmeprüfung** bei unverträglichen Eingriffen in ein Gebiet von gemeinschaftlicher Bedeutung nach Art. 6 IV FFH-RL oder der VS-RL (über Art. 7 FFH-RL) oder einer Ausnahmeprüfung im Artenschutz (Art. 12 bis 16 FFH-RL und Art. 5, 9 VS-RL). Vom Ansatz her wird das bei den Vertiefungsmaßnahmen von Bundeswasserstraßen beispielsweise an Elbe, Weser oder Ems gegeben sein. Allerdings bedarf es dazu einer konkreten Abschätzung der Auswirkungen, der Vermeidungs- und Minderungsmaßnahmen sowie der jeweiligen Gründe des überwiegenden öffentlichen Interesses. Ganz gleich, wie die genaue Abgrenzung des Verschlechterungsverbotes und des Verbesserungsgebotes der WRRL in seinen Verästelungen auch auszulegen ist, für die Praxis beginnt damit erst die eigentliche fachliche Arbeit. Denn mit der Klärung der rechtlichen Grundsatzfragen durch den EuGH ist noch nicht ausreichend aufgearbeitet und entschieden, welche konkreten Auswirkungen mit den Eingriffen für die Schutzgüter der WRRL verbunden sind. Und erst auf der Grundlage einer entsprechenden Bestandsaufnahme und der fachlichen Beurteilung der Auswirkungen des Vorhabens kann entschieden werden, ob die jeweiligen Eingriffe erheblich sind, etwa weil sie die Bagatellgrenze überschreiten, oder wie eine summierende Betrachtung in die Prüfung eingeht. Erst nach dieser fachlichen Grundlagenarbeit kann auch die Prüfung beginnen, ob bei einer anzunehmenden Verschlechterung der Eingriff ausnahmsweise zugelassen werden kann (§ 31 II WHG/Art. 4 VII WRRL).

4943 In dem Dilemma fehlender fachlicher Kriterien gewährt das BVerwG den Zulassungsbehörden allerdings einen fachlichen Entscheidungsspielraum, der zugleich aber auf die Nachvollziehbarkeit der Methoden und der gefundenen Ergebnisse zu kontrollieren ist.

4944 Es besteht hinsichtlich der fachlichen Beurteilungen nur eine **eingeschränkte gerichtliche Kontrolldichte**. Vom Ansatz her ähnliche Entscheidungsspielräume hatte das BVerwG den

Behörden bereits bei der naturschutzrechtlichen Eingriffsregelung zugebilligt und die Grenze des Abwägungsgebotes[758] als äußeren Rahmen markiert, den die Zulassungsbehörden einzuhalten haben.[759] In der Tendenz dürfte die Gerichtskontrolle bei der Überwachung der Vorgaben der WRRL zwar einerseits intensiver sein als bei der naturschutzrechtlichen Eingriffsregelung aber auf der anderen Seite nicht jene drakonische Strenge erreichen, wie sie nach dem Urteil zur Halle-Westumfahrung[760] für den europäischen Gebietsschutz angenommen wird.

Bei Eingriffen in die vorgenannten Schutzgüter hat es sich eingebürgert, neben der Prüfung der Verträglichkeit mit den Erhaltungszielen des Schutzgebietes und der Prüfung der artenschutzrechtlichen Verbotstatbestände vorsorglich eine Abweichungsprüfung vorzunehmen, bei denen in einem gewissen Umfang erhebliche Beeinträchtigungen bzw. die Erfüllung von Verbotstatbeständen unterstellt wird. Das kann insbesondere dann gelten, wenn sich ein atypischer Geschehensablauf nicht sicher ausschließen lässt oder im Artenschutz Risiken bestehen können, die zur Erfüllung von Verbotstatbeständen führen könnten.[761] Das schwächt keinesfalls die Überzeugungskraft der Verträglichkeitsprüfung und ist auch dann unschädlich, wenn sich das Vorhaben am Ende als verträglich erweist und die doppelte Sicherheit einer Abweichungsprüfung nicht benötigt wird.[762] Es könnte sich daher in kritischen Fällen empfehlen, auch hinsichtlich der **Anforderung der WRRL** an die Gewässerqualität entsprechend vorzugehen, um sozusagen mit doppelter Sicherheit zu arbeiten.[763] 4945

Art. 4 I a iv WRRL enthält zusätzlich zum Verschlechterungsverbot und dem Ziel des guten Zustandes der Oberflächengewässer noch das Umweltziel eines **Phasing-Out** für bestimmte Schadstoffe, insbesondere für **Quecksilber**. Diese Umweltziel soll dazu führen, dass die Mitgliedstaaten bis spätestens 2028 den Eintrag von Quecksilber aus anthropogenen Quellen beenden, um in den Oberflächengewässern eine Quecksilberkonzentration nahe der natürlichen Hintergrundbelastung zu erreichen.[764] 4946

Nach Auffassung des BVerwG[765] beziehen sich diese Verpflichtungen nicht nur auf die Bewirtschaftungspläne (Art. 13 WRRL) mit ihren programmatischen Anforderungen, sondern auch auf die Zulassung einzelner Projekte und abgesehen von Bagatellfällen auf jede Verschlechterung, auch wenn mit dem Eingriff eine Veränderung der Zustandsklasse der jeweiligen Wasserkörper nicht verbunden ist. Nachteilige Veränderungen des Oberflächenwasserkörpers durch Projekte wären danach generell unzulässig, wenn sie – ggf. auch bei summierender Betrachtung mit anderen Projekten[766] – die Bagatellgrenze überschreiten. Dafür dürften ähnlich wie bei der FFH-Verträglichkeitsprüfung und speziell durch Schadstoffeintrag bei Überschreitung der „critical loads"[767] strenge Maßstäbe gelten, für deren Einhaltung der Vorhabenträger und die entscheidende Behörde die Darlegungs- und Beweislast tragen.[768] Die Messlatte hängt hierfür sehr hoch. Ob sich daneben aus dem Verbesserungsgebot weitere Zulässigkeitsschranken ergeben, kann bei dieser strengen Auslegung der Anforderungen an das Verschlechterungsverbot zumeist offenbleiben. Das schließt die Frage ein, ob die Verpflichtung der Mitgliedstaaten, notwendige Maßnahmen mit dem Ziel zu treffen, die Verschmutzung durch prioritäre Stoffe schrittweise zu reduzieren und die Einleitung, Emissionen und Verluste prioritärer 4947

---

758 BVerwG DVBl. 1970, 414; DVBl. 1980, 233.

759 BVerwG NVwZ 2007, 581.

760 BVerwG DVBl. 2007, 706, m. Anm. Stüer DVBl. 2007, 1147; Bönsel NuR 2007, 796, Günes EurUP 2007, 220, Steeck NVwZ 2009, 61, Kremer ZUR 2007, 299; OVG Münster Urt. v. 1.12.2011 – 8 D 58/08/AK, juris mit Anm. Stüer/Stüer DVBl. 2012, 344; BVerwG Beschl. v. 5.9.2012 – 7 B 24.12, juris mit Anm. Stüer/Stüer DVBl. 2012, 1568.

761 BVerwG NVwZ 2009, 302; DVBl. 2010, 395; DVBl. 2012, 34.

762 BVerwG DVBl. 2012, 443 mit Anm. Stüer/Bergt.

763 BVerwG NVwZ 2008, 1238; NVwZ 2009, 1498; OVG Münster DVBl. 2013, 374.

764 Laskowski/Reese/Ziehm Wasserrecht in Koch/Hofmann/Reese, Handbuch Umweltrecht, 2024, Rn. 98 f; Laskowski ZUR 2013, 131 ff.; Ekardt/Steffenhagen NuR 2010, 705 ff.; Köck/Möckel NVwZ 2010, 1390 ff.; Ginzky ZUR 2009, 242 ff.; Gellermann NVwZ 2012, 850 ff; Jekel/Munk ZUR 2013, 403; Breuer/Gärditz, Öffentliches und privates Wasserrecht, 2017, Rn. 186 ff.

765 BVerwG DVBl. 2013, 1450 mit Anm. Stüer/Stüer, Weservertiefung; BVerwG DVBl. 2015, 96; Franzius NVwZ 2015, 176.

766 OVG Münster DVBl. 2012, 244 mit Anm. Stüer/Stüer, 245; BVerwG NVwZ-RR 2012, 922.

767 BVerwG NVwZ 2010, 1225.

768 BVerwG DVBl. 2007, 706, mit Anm. Stüer DVBl. 2007, 1147; Bönsel NuR 2007, 796, Günes EurUP 2007, 220, Steeck NVwZ 2009, 61, Kremer ZUR 2007, 299.

gefährlicher Stoffe zu beenden oder schrittweise einzustellen (phasing-out) schon vor Ablauf der Umsetzungsfristen konkrete Verpflichtungen beinhaltet, die über ein nur als Appell verstandenes Verschlechterungsverbot hinausgehen. Im Kern geht es also um die Frage, ob Art. 4 I a) WRRL einen reinen **Programmsatz** beinhaltet, der zwar für Maßnahmenprogramme (Art. 11 WRRL) und Bewirtschaftungspläne (Art. 13 WRRL) gilt, nicht jedoch zugleich Vorgaben für die Zulassung von einzelnen Projekten enthält. Werden Bagatellgrenzen überschritten, so sind nach Auffassung des BVerwG Großprojekte mit nachteiligen Einwirkungen auf Oberflächengewässer nur durchsetzbar, wenn sie sich durch eine Ausnahme nach Art. 4 VII WRRL rechtfertigen. Das gilt nicht nur für die norddeutschen Küstengewässer, sondern für die Oberflächengewässer allgemein.

4948 Auf objektive Verstöße gegen die in der WRRL und §§ 27 und 47 WHG festgeschriebenen Ziele des wasserrechtlichen Verschlechterungsverbots und Verbesserungsgebots können sich neben Umweltverbänden nur diejenigen berufen, die zu den Mitgliedern der von einem Projekt betroffenen Öffentlichkeit gehören. Dies beschränkt sich auf den Kreis der unmittelbar Betroffenen, zu dem diejenigen Personen zählen, deren rechtmäßige Nutzung des Gewässers durch die gerügte Verletzung beeinträchtigt werden kann. Keine unmittelbare Betroffenheit liegt dagegen bei denjenigen vor, die lediglich das öffentliche Wasserversorgungsnetz nutzen, ohne über ein besonderes Entnahmerecht zu verfügen.[769]

4949 **d) Planungsinstrumente der WRRL.** Für jede Flussgebietseinheit musste nach Art. 13 I 1 WRRL bis Ende 2009 ein **Bewirtschaftungsplan** für die zugeordneten Flusseinzugsgebiete aufgestellt sein, der Grundlage für Planung und Umsetzung der nach der WRRL zu erreichenden Ziele ist. Die Nutzungen der Gewässer einer Flussgebietseinheit müssen auf der Ebene des Bewirtschaftungsplans planerisch koordiniert werden. Für Gewässer, die die Umweltziele nicht erfüllen, müssen die Bewirtschaftungspläne **Maßnahmenprogramme** vorsehen, die konkrete Maßnahmen festlegen, um die Ziele der WRRL zu erreichen, wobei neben wasserrechtlichen Vorgaben auch andere Politikbereiche, insbesondere solche der Landwirtschaft, der Raumordnung, des Naturschutzes und des Bodenschutzes einzubeziehen sind.[770] Welche Inhalte die Bewirtschaftungspläne im Einzelnen enthalten müssen, bestimmt nach Art. 13 IV WRRL Anhang VII der WRRL.

4950 Umgesetzt ist die Verpflichtung in das deutsche Recht über § 82 WHG. Für jede Flussgebietseinheit ist nach § 82 I 1 WHG nach Maßgabe der von § 82 II bis VI WHG ein Maßnahmenprogramm aufzustellen, um die Bewirtschaftungsziele nach Maßgabe der §§ 27 bis 31, 44 und 47 WHG zu erreichen. Die Ziele der Raumordnung sind zu beachten; die Grundsätze und sonstigen Erfordernisse der Raumordnung sind zu berücksichtigen (§ 82 II 2 WHG).

Beispiel Verpflichtung zur Nachbesserung eines Maßnahmenprogramms. Genügt ein Maßnahmenprogramm (§ 82 WHG) hinsichtlich des das Grundwasser betreffenden Verbesserungsgebotes (§ 47 I Nr. 3 WHG) nicht den gesetzlichen Anforderungen und muss daher geändert werden, hat die zuständige Behörde die Änderung so vorzunehmen, dass wenn sie weder eine Fristverlängerung in Anspruch nimmt (§ 29 II bis IV i.V.m. § 47 II WHG), noch ein abweichendes Bewirtschaftungsziel bestimmt (§ 30 i.V.m. § 47 III WHG), noch eine Ausnahme von den Bewirtschaftungszielen geltend macht (§ 31 I, II 1, III i.V.m. § 47 II WHG) dem Verbesserungsgebot schnellstmöglich entsprochen wird. Ein Planungsermessen, das die Bestimmung eines späteren als des schnellstmöglich erreichbaren Zeitpunktes für die Verwirklichung des Verbesserungsgebotes zuließe, besteht in diesem Fall nicht. Vor diesem Hintergrund ist die zuständige Behörde auch nicht generell befugt, den laufenden Bewirtschaftungszeitraum stets dergestalt auszuschöpfen, dass das Verbesserungsgebot erst an dessen Ende Verwirklichung findet.

4951 Ein **anerkannter Umweltverband** kann die zuständige Behörde im laufenden Bewirtschaftungszeitraum mittels der **allgemeinen Leistungsklage** auf eine Änderung eines Maßnahmenprogrammes im Sinne von § 82 V WHG in Anspruch nehmen.[771] Im Rahmen eines solchen Klageverfahrens ist der Umweltverband grundsätzlich nicht gezwungen, konkrete Änderungen des Maßnahmenprogrammes geltend zu machen, insbesondere ist er nicht gehalten, die Aufnahme konkret von ihm zu benennenden Maßnahmen in das Programm zu fordern.

[769] BVerwG Urt. v. 21.11.2023 – 9 A 11/21, juris Rn. 33 BVerwGE 170, 378 = juris Rn. 43 ff.; EuGH Urt. v. 28.5.2020 – C-535/18, juris Rn. 123 ff.

[770] Laskowski/Reese/Ziehm Wasserrecht in Koch/Hofmann/Reese, Handbuch Umweltrecht, 2024 Rn. 86.

[771] OVG Lüneburg UWP 2023, 311 = juris Rn. 93, 96, 114.

Ein Klageantrag, der lediglich auf eine Änderung des Maßnahmenprogrammes dahingehend gerichtet ist, dass dieses nach Änderung zur Erreichung eines bestimmten (Bewirtschaftungs-) Zieles geeignet ist, wird vor dem Hintergrund der planerischen Gestaltungsfreiheit der zuständigen Behörde regelmäßig hinreichend bestimmt sein.[772]

Liegt eine internationale Flussgebietseinheit vollständig im Gemeinschaftsgebiet, so sorgen die Mitgliedstaaten nach Art. 13 II 1 WRRL für eine Koordinierung im Hinblick auf die Erstellung eines einzigen internationalen Bewirtschaftungsplans für die Einzugsgebiete. Wird kein solcher internationaler Bewirtschaftungsplan für die Einzugsgebiete erstellt, so erstellen die Mitgliedstaaten im Hinblick auf das Erreichen der Ziele dieser Richtlinie Bewirtschaftungspläne zumindest für die in ihrem jeweiligen Hoheitsgebiet liegenden Teile der internationalen Flussgebietseinheit (Art. 13 II 2 WRRL). Erstreckt sich eine internationale Flussgebietseinheit über die Grenzen der Gemeinschaft hinaus, so bemühen sich die Mitgliedstaaten darum, dass ein einziger Bewirtschaftungsplan für die Einzugsgebiete erstellt wird; falls dies nicht möglich ist, muss der Plan zumindest den Teil der internationalen Flussgebietseinheit erfassen, der in ihrem jeweiligen Hoheitsgebiet liegt (Art. 13 III WRRL). 4952

Die Bewirtschaftungspläne für die Einzugsgebiete können durch detailliertere Programme und Bewirtschaftungspläne für Teilgebiete, Sektoren, Problembereiche oder Gewässertypen ergänzt werden, die sich mit besonderen Aspekten der Wasserwirtschaft befassen. Die Durchführung dieser Maßnahmen befreit die Mitgliedstaaten nicht von den übrigen Verpflichtungen im Rahmen dieser Richtlinie (Art. 13 V WRRL). 4953

Die Bewirtschaftungspläne für die Einzugsgebiete werden spätestens 15 Jahre nach Inkrafttreten der WRRL und danach alle sechs Jahre überprüft und aktualisiert (Art. 13 VII WRRL). 4954

Art. 14 I 1 WRRL bestimmt, dass die Mitgliedstaaten die aktive Beteiligung aller interessierten Stellen an der Umsetzung der WRRL, insbesondere an der Aufstellung, Überprüfung und Aktualisierung der Bewirtschaftungspläne für die Einzugsgebiete fördern. Die Mitgliedstaaten müssen dafür sorgen, dass sie für jede Flussgebietseinheit folgendes veröffentlichen und der Öffentlichkeit, einschließlich den Nutzern, zugänglich machen, damit diese Stellung nehmen kann: a) einen Zeitplan und ein Arbeitsprogramm für die Aufstellung des Plans, einschließlich einer Erklärung über die zu treffenden Anhörungsmaßnahmen, und zwar spätestens drei Jahre vor Beginn des Zeitraums, auf den sich der Plan bezieht; b) einen vorläufigen Überblick über die für das Einzugsgebiet festgestellten wichtigen Wasserbewirtschaftungsfragen, und zwar spätestens zwei Jahre vor Beginn des Zeitraums, auf den sich der Plan bezieht; c) Entwürfe des Bewirtschaftungsplans für die Einzugsgebiete, und zwar spätestens ein Jahr vor Beginn des Zeitraums, auf den sich der Bewirtschaftungsplan bezieht. Ein bestimmtes Maß an Formalisierung des Beteiligungsverfahrens gibt die WRRL nicht vor; allerdings bedürfen Maßnahmenprogramme einer SUP nach Art. 3 IIa RL 2001/42/EG und insoweit auch einer formalen Öffentlichkeitsbeteiligung. 4955

XI. Luftqualitätsrichtlinie

Zur Überwachung der Luftqualität führen die zuständigen Behörden gem. § 44 I BImSchG regelmäßige Untersuchungen nach den Anforderungen der Rechtsverordnungen nach 48a I oder I a BImSchG durch. Die Landesregierungen oder die von ihnen bestimmten Stellen werden durch § 44 II BImSchG ermächtigt, durch Rechtsverordnungen Untersuchungsgebiete festzulegen, in denen Art und Umfang bestimmter nicht von § 44 I BImSchG erfasster Luftverunreinigungen in der Atmosphäre, die schädliche Umwelteinwirkungen hervorrufen können, in einem bestimmten Zeitraum oder fortlaufend festzustellen sowie die für die Entstehung der Luftverunreinigungen und ihrer Ausbreitung bedeutsamen Umstände zu untersuchen sind. Zur Erfüllung von bindenden Rechtsakten der Europäischen Gemeinschaften oder der Europäischen Union kann die Bundesregierung nach § 48 a I 1 BImSchG zu dem in § 1 BImSchG genannten Zweck mit Zustimmung des Bundesrates Rechtsverordnungen über die Festsetzung von Immissions- und Emissionswerten einschließlich der Verfahren zur Ermittlung sowie Maßnahmen zur Einhaltung dieser Werte und zur Überwachung und Messung erlassen. In den Rechtsverordnungen kann nach § 48a I 2 BImSchG auch geregelt werden, wie die Bevölkerung zu unterrichten ist. Über die Erfüllung von bindenden Rechtsakten der Europäischen Gemeinschaften oder der Europäischen Union hinaus kann die Bundesregierung zu dem in § 1 BImSchG genannten Zweck mit Zustimmung des Bundesrates Rechtsverordnungen über die 4956

[772] OVG Lüneburg UWP 2023, 311 = juris Rn. 103.

Festlegung von Immissionswerten für weitere Schadstoffe einschließlich der Verfahren zur Ermittlung sowie Maßnahmen zur Einhaltung dieser Werte und zur Überwachung und Messung erlassen (§ 48a Ia BImSchG).

4957 Diese Regelungen dienen der Umsetzung der Luftqualitätsrahmenrichtlinie (1996/62/EG) und ihrer vier „Tochterrichtlinien" (1999/30/EG, 2000/69/EG, 2003/3/EG und 2004/107/EG), die mit Ausnahme der RL 2004/107/EG in der am 11.6.2008 in Kraft getretenen „Richtlinie über Luftqualität und saubere Luft für Europa" (2008/50/EG) 2010 zusammengefasst worden sind.[773]

4958 Luftverschmutzung gilt als das größte Umweltrisiko für die Gesundheit und als eine der Hauptursachen für chronische Krankheiten wie Schlaganfall, Krebs und Diabetes.[774] In der Europäischen Union sterben jährlich 300.000 Menschen vorzeitig aufgrund schlechter Luftqualität. 2021 waren 97 Prozent der urbanen EU-Bevölkerung Feinstaubpartikelkonzentrationen ausgesetzt, die über den von der Weltgesundheitsorganisation (WHO) empfohlenen Grenzwerten lagen. Die Richtlinie des Europäischen Parlaments und des Rates vom 21.5.2008 über Luftqualität und saubere Luft für Europa (Richtlinie 2008/50) ist Gegenstand zahlreicher Entscheidungen des EuGH, der in neunzehn Vertragsverletzungsverfahren festgestellt hat, dass dreizehn Mitgliedsstaaten teils systematisch und anhaltend die Luftqualitätsstandards nicht einhalten.[775]

4959 Für die Umsetzung der Luftqualitäts-RL in das deutsche Recht besitzt der Bundesgesetzgeber auf dem Gebiet der Luftreinhaltung unter Einbeziehung der Verkehrsimmissionen weitgehend eine konkurrierende Gesetzgebungskompetenz (Art. 74 I Nr. 22 und Art. 74 I Nr. 24 GG). Die Luftqualitätsziele sind im Wesentlichen in der 39. BImSchV, die Überwachung und Verbesserung der Luftqualität und die Luftrheinhalteplanung ist in den §§ 44 bis 47, 48a BImSchG geregelt.

1. Systematik der Luftqualitätsrichtlinie

4960 Ziele der Luftqualitäts-RL sind die Definition und die Festlegung von unionsweiten Luftqualitätszielen, die Beurteilung der Luftqualität in den Mitgliedstaaten anhand einheitlicher Methoden und Kriterien, die Verfügbarkeit von sachdienlichen Informationen über die Luftqualität und die Unterrichtung der Öffentlichkeit hierüber.[776]

4961 **a) Gegenstand der Richtlinie.** Die in der Luftqualitäts-RL festgelegten Maßnahmen dienen folgenden Zielen: 1. Definition und Festlegung von Luftqualitätszielen zur Vermeidung, Verhütung oder Verringerung schädlicher Auswirkungen auf die menschliche Gesundheit und die Umwelt insgesamt; 2. Beurteilung der Luftqualität in den Mitgliedstaaten anhand einheitlicher Methoden und Kriterien; 3. Gewinnung von Informationen über die Luftqualität als Beitrag zur Bekämpfung von Luftverschmutzungen und -belastungen und zur Überwachung der langfristigen Tendenzen und der Verbesserungen, die aufgrund einzelstaatlicher und gemeinschaftlicher Maßnahmen erzielt werden; 4. Gewährleistung des Zugangs der Öffentlichkeit zu solchen Informationen über die Luftqualität; 5. Erhaltung der Luftqualität dort, wo sie gut ist, und Verbesserung der Luftqualität, wo das nicht der Fall ist; 6. Förderung der verstärkten Zusammenarbeit zwischen den Mitgliedstaaten bei der Verringerung der Luftverschmutzung.

4962 **b) Verantwortungsbereiche.** Die Mitgliedstaaten benennen nach Art. 3 Luftqualitäts-RL auf den entsprechenden Ebenen die zuständigen Behörden und Stellen, denen die nachstehenden Aufgaben übertragen werden: a) Beurteilung der Luftqualität; b) Zulassung vom Messsystemen (Methoden, Ausrüstung, Netze, Laboratorien); c) Sicherstellung der Genauigkeit der Messungen; d) Analyse der Beurteilungsmethoden; e) Koordinierung gemeinschaftlicher, von der Kommission durchgeführter Qualitätssicherungsprogramme in ihrem Hoheitsgebiet; f) Zusammenarbeit mit den übrigen Mitgliedstaaten und der Kommission.

4963 **c) Festlegung von Gebieten und Ballungsräumen.** Die Mitgliedstaaten legen nach Art. 3 Luftqualitäts-RL in ihrem gesamten Hoheitsgebiet Gebiete und Ballungsräume fest. In

---

773 Siehe dazu Koch/Hofmann Immissionsschutzrecht in Hofmann/Koch/Reese, Handbuch Umweltrecht, 2024, § 5 Rn. 33 ff.; Schlacke Umweltrecht, 2023, § 9 Rn. 5.

774 Wegener/Wilkens ZUR 2023, 545.

775 Wegener/Wilkens ZUR 2023, 545.

776 Siehe dazu Kloepfer Umweltrecht, 2016, § 15 Rn. 65; Koch/Hofmann in Koch/Hofmann/Reese, Handbuch Umweltrecht, 2018, § 4 Rn. 25.

allen Gebieten und Ballungsräumen wird die Luftqualität beurteilt und unter Kontrolle gehalten.

d) Kriterien und Verfahren zur Beurteilung der Luftqualität. Art. 5–11 Luftqualitäts-RL bestimmen die Kriterien und regeln das Verfahren zur Beurteilung der Luftqualität für bestimmte Luftschadstoffe, zu denen Schwefeldioxid, Stickstoffdioxid und Stickstoffoxide, Partikel, Blei, Benzol und Kohlenmonoxid sowie Ozon gehören und zu denen die verschiedene Anhänge der Luftqualitäts-RL detaillierte Vorgaben enthalten. 4964

Die Luftqualitäts-RL bestimmt quellenunabhängige Immissionsgrenzwerte; das Mess- und Beurteilungsverfahren für diese Immissionsgrenzwerte ist ebenfalls quellenunabhängig.[777] Die Luftqualitäts-RL fordert von den Mitgliedstaaten die kategorische Einhaltung dieser Immissionsgrenzwerte, lässt den Mitgliedstaaten weitgehend frei Hand bei der Frage, wie sie die Einhaltung der Immissionsgrenzwertesicherstellen. Es wird ihnen (lediglich) im Sinne einer verschuldensunabhängigen „Ergebnisverpflichtung" die Aufgabe übertragen, für die Beachtung der Grenzwerte als Ziele der Richtlinie iSv Art. 288 III AEUV mit ihren Mitteln dauerhaft zu sorgen.[778] Ein Mitgliedstaat, der zeitweise auf unüberwindliche Schwierigkeiten stößt, die ihn an der Erfüllung der unionsrechtlichen Verpflichtungen hindern, kann sich auf höhere Gewalt nur für den Zeitraum berufen, der zur Ausräumung dieser Schwierigkeiten erforderlich ist.[779] Luftqualitätsstandards und Emissionshöchstmengen zur Umsetzung der Luftqualitäts-RL bestimmt die 39. BImSchV. 4965

e) Kontrolle der Luftqualität. Art. 12 bis 22 Luftqualitäts-RL stellen Anforderungen an die Kontrolle der Luftqualität. Dazu gehört die Pflicht der Mitgliedstaaten, die erforderlichen Maßnahmen, die keine unverhältnismäßigen Kosten verursachen, zu treffen, um sicherzustellen, dass die Zielwerte und die langfristigen Ziele erreicht werden (Art. 17 I Luftqualitäts-RL). Zur Auswahl der Maßnahmen haben die Mitgliedstaaten einen erheblichen Ermessensspielraum. 4966

f) Pläne zur Luftreinhaltung. Art. 23 bis 25 Luftqualitäts-RL enthalten Vorschriften über Pläne zur Luftreinhaltung. Überschreiten in bestimmten Gebieten oder Ballungsräumen die Schadstoffwerte in der Luft einen Grenzwert oder Zielwert zuzüglich einer jeweils dafür geltenden Toleranzmarge, sorgen die Mitgliedstaaten nach Art. 23 I Luftqualitäts-RL dafür, dass für diese Gebiete oder Ballungsräume Luftqualitätspläne erstellt werden, um die entsprechenden in den Anhängen der Richtlinie festgelegten Grenzwerte oder Zielwerte einzuhalten. Im Falle der Überschreitung dieser Grenzwerte, für die die Frist für die Erreichung bereits verstrichen ist, enthalten die Luftqualitätspläne geeignete Maßnahmen, damit der Zeitraum der Nichteinhaltung so kurz wie möglich gehalten werden kann. Die genannten Pläne können zusätzlich gezielte Maßnahmen zum Schutz empfindlicher Bevölkerungsgruppen, einschließlich Maßnahmen zum Schutz von Kindern, vorsehen. Nach der Konzeption des europäischen Gesetzgebers sind Maßnahmenpläne die zentralen „Vollzugsinstrumente" der Mitgliedstaaten, die Planungsaufträge beziehen sich auf die Umweltziele der EU und sollen bewirken, dass die nationalen Pläne sicherstellen, dass die EU-Umweltziele erreicht werden.[780] Soweit die Maßnahmenpläne Umweltqualitätsziele realisieren, sind sie auch Bewirtschaftungsinstrumente, weil sie Bewirtschaftungsentscheidungen treffen, indem sie Bewirtschaftungsziele für ein Planungsgebiet festlegen und durch Vorgabe von Maßnahmen die Nutzungen steuern.[781] 4967

Besteht in einem bestimmten Gebiet oder Ballungsraum die Gefahr, dass die Schadstoffwerte eine oder mehrere der in Anhang XII festgelegten Alarmschwellen überschreiten, erstellen die Mitgliedstaaten nach Art. 24 I Luftqualitäts-RL Pläne mit den Maßnahmen, die kurzfristig zu ergreifen sind, um die Gefahr der Überschreitung zu verringern oder deren Dauer zu beschränken. Besteht diese Gefahr bei einem oder mehreren der in den Anhängen genannten Grenzwerte oder Zielwerte, können die Mitgliedstaaten gegebenenfalls solche **Pläne für kurzfristige Maßnahmen** erstellen. Besteht die Gefahr einer Überschreitung der festgelegten Alarmschwelle für Ozon, müssen die Mitgliedstaaten solche Pläne für kurzfristige Maßnahmen jedoch nur dann erstellen, wenn ihrer Ansicht nach unter Berücksichtigung der in ihrem Land gegebenen geografischen, meteorologischen und wirtschaftlichen Bedingungen ein nennens- 4968

777 Siehe dazu Hofmann NVwZ 2018, 928 (929).
778 EuGH NVwZ 2015, 419 (420); Hofmann NVwZ 2018, 928 (929).
779 EuGH Urt. v. 19.12.2012 – C-68/11, BeckRS 2012, 82707.
780 Knappe ZUR 2023, 215 (216).
781 Knappe ZUR 2023, 215 (218).

wertes Potenzial zur Minderung der Gefahr, der Dauer oder des Ausmaßes einer solchen Überschreitung besteht (Art. 24 II 1 Luftqualitäts-RL). In diesen Plänen für kurzfristige Maßnahmen können im Einzelfall wirkungsvolle Maßnahmen zur Kontrolle und, soweit erforderlich, zur Aussetzung der Tätigkeiten vorgesehen werden, die zur Gefahr einer Überschreitung der entsprechenden Grenzwerte, Zielwerte oder Alarmschwellen beitragen. Diese Pläne können Maßnahmen in Bezug auf den Kraftfahrzeugverkehr, Bautätigkeiten, Schiffe an Liegeplätzen sowie den Betrieb von Industrieanlagen oder die Verwendung von Erzeugnissen und den Bereich Haushaltsheizungen umfassen. Außerdem können in diesen Plänen gezielte Maßnahmen zum Schutz empfindlicher Bevölkerungsgruppen, einschließlich Maßnahmen zum Schutz von Kindern, in Betracht gezogen werden (Art. 24 II Luftqualitäts-RL).[782]

4969 Umgesetzt hat der Bundesgesetzgeber die Verpflichtung zur Luftqualitätsplanung in § 47 BImSchG. Zu differenzieren ist danach zwischen **Luftreinhalteplänen** iSv § 47 I BImSchG und Plänen für kurzfristige Maßnahmen, sog. **Aktionspläne**, nach § 47 II BImSchG. Nach Ansicht des BVerwG sind Luftreinhaltepläne und Aktionspläne als Handlungspläne konzipiert, die in ihrer Rechtsnatur Verwaltungsvorschriften ähnlich sind und für Private und für Anlagenbetreiber weder Rechte noch Pflichten begründen. Die Pflicht zur Aufstellung eines Luftreinhalteplans erlischt nicht deshalb, weil der betreffende Jahresgrenzwert in einem Folgejahr nicht mehr überschritten wird. Hinzu kommen muss, dass auch in der absehbaren Zukunft keine erneuten Grenzwertüberschreitungen zu erwarten sind und deshalb für eine Luftreinhalteplanung kein Anlass mehr besteht.[783]

4970 Die zuständigen Behörden sind verpflichtet, die Wirksamkeit der geplanten Maßnahmen zu kontrollieren. Gegebenenfalls müssen zusätzliche und weitergehende Maßnahmen (auch Verkehrsverbote) ergriffen werden, wenn nur auf diese Weise eine schnellstmögliche Einhaltung der Immissionsgrenzwerte möglich ist.[784] In Betracht kommt auch eine Rechtspflicht zur Fortschreibung im Sinne einer Aufhebung einzelner Maßnahmen.[785] Ergibt eine hinreichend konservative Prognose, dass die künftige (dauerhafte) Einhaltung der Grenzwerte auch ohne die zu überprüfenden Maßnahmen des Luftreinhalteplans zu erwarten ist, besteht eine Rechtspflicht zur Aufhebung der insoweit unverhältnismäßig gewordenen Maßnahme.

4971 Eine rechtmäßige Luftreinhalteplanung setzt voraus, dass sie auf einer ordnungsgemäßen **Prognose** der Entwicklung der Immissionswerte beruht. Diese ist gerichtlich nur eingeschränkt daraufhin überprüfbar, ob sie methodisch einwandfrei erarbeitet worden ist, nicht auf unrealistischen Annahmen beruht und ob das Prognoseergebnis einleuchtend begründet worden ist.[786] Der Plangeber ist grundsätzlich nicht gehindert, seine einem Luftreinhalteplan zugrunde liegenden Prognosen nachträglich zu aktualisieren.[787] Eine Verpflichtung zur Fortschreibung eines Luftreinhalteplans besteht nicht, soweit sich eine im Zeitpunkt der Beschlussfassung über den Luftreinhalteplan nicht hinreichend gesicherte Immissionsprognose aufgrund späterer tatsächlicher Veränderungen oder neuer Erkenntnisse im Nachhinein als tragfähig erweist. Die Möglichkeit einer **mehrstufigen Luftreinhalteplanung** kommt nur für den Fall in Betracht, dass sich eine rechtmäßige Prognose im Nachhinein als unzutreffend herausstellen sollte (**fehlgeschlagene Prognose**), nicht hingegen auch für den Fall, dass eine Prognose mit Mängeln behaftet ist (**fehlerhafte Prognose**).[788]

4972 Bei der Aufstellung von Luftreinhalteplänen verfügen die zuständigen Behörden über einen „gewissen Spielraum", der unter Wahrung des Grundsatzes der Verhältnismäßigkeit auszuüben ist. Dies gilt auch für die prinzipiell zulässige Festlegung von Verkehrsverboten und -beschränkungen, und zwar nicht nur für deren Ausgestaltung, sondern auch schon für die vorgelagerte Frage, ob eine Maßnahme in den Luftreinhalteplan aufzunehmen ist.[789] Bei der Umsetzung einer in einem Luftreinhalteplan vorgesehenen verkehrsbeschränkenden Maßnahme kommt der

---

782 Zu Erfahrungen mit dem Instrument der europäisierten Maßnahmenplanung Knappe ZUR 2023, 215.

783 BVerwG NVwZ 2021, 1783 = juris Rn. 21.

784 OVG Münster NVwZ-RR 2019, 1040; Urt. v. 12.9.2019 – 8 A 4775/18, BeckRS 2019, 31049 Rn. 101; BVerwG NVwZ 2020, 1196); ausführlicher dazu Couzinet/Uechtritz NVwZ 2021, 1258 (1259).

785 Couzinet/Uechtritz NVwZ 2021, 1258 (1261).

786 OVG Münster Beschl. v. 8.1.2023 – 8 B 534/23, juris 12; BVerwG Urt. v. 27.2.2020 – 7 C 3.19, juris 24; OVG Münster Urt. v. 31.7.2019 – 8 A 2851/18, juris Rn. 168 ff.

787 BVerwG NVwZ 2021, 1783 = juris Rn, 32, 34.

788 BVerwG NVwZ 2022, 337 = juris Rn. 27, 41.

789 OVG Münster Beschl. v. 8.1.2023 – 8 B 534/23, juris Rn. 14; BVerwG Urt. v. 28.5.2021 – 7 C 4.20, juris Rn. 25.

Straßenverkehrsbehörde kein Ermessen zu. Allerdings ist der Luftreinhalteplan im Rahmen des Klageverfahrens gegen die auf dem Plan beruhenden verkehrsrechtlichen Anordnungen inzident auf seine Rechtmäßigkeit zu überprüfen.[790]

Nach § 47 II BImSchG ist die zuständige Behörde unter bestimmten Voraussetzungen zur Aufstellung eines Aktionsplans verpflichtet. Wenn die Gefahr besteht, dass die durch eine Rechtsverordnung zur Umsetzung europäischen Gemeinschaftsrechts festgelegten Immissionsgrenzwerte überschritten werden, hat sie einen Aktionsplan aufzustellen, der festlegt, welche Maßnahmen kurzfristig zu ergreifen sind. Die im Aktionsplan festgelegten Maßnahmen müssen geeignet sein, die Gefahr der Überschreitung zu verringern oder den Zeitraum, während dessen die Werte überschritten werden, zu verkürzen (§ 47 II 1 und II iVm § 48a I BImSchG). Die Maßnahmen, die ein Aktionsplan festlegt, sind durch Anordnungen oder sonstige Entscheidungen der zuständigen Träger öffentlicher Verwaltung durchzusetzen (§ 47 VI BImSchG). 4973

Nach § 47 IV 1 BImSchG sind die Maßnahmen entsprechend des Verursacheranteils unter Beachtung des Grundsatzes der Verhältnismäßigkeit gegen alle Emittenten zu richten, die zum Überschreiten der Immissionswerte oder in einem Untersuchungsgebiet im Sinne des § 44 II BImSchG zu sonstigen schädlichen Umwelteinwirkungen beitragen. Werden in Plänen nach § 47 I oder II BImSchG **Maßnahmen im Straßenverkehr** erforderlich, sind diese im Einvernehmen mit den zuständigen Straßenbau- und Straßenverkehrsbehörden festzulegen. Werden Immissionswerte hinsichtlich mehrerer Schadstoffe überschritten, ist ein alle Schadstoffe erfassender Plan aufzustellen. Werden Immissionswerte durch Emissionen überschritten, die außerhalb des Plangebiets verursacht werden, hat auch die dort zuständige Behörde einen Plan aufzustellen (§ 47 IV BImSchG). 4974

Rechtsgrundlage für die Anordnung von Verkehrsbeschränkungen aus Gründen der Luftreinhaltung, insbesondere auch von **Dieselfahrverboten**, ist § 40 I 1 BImSchG. Danach beschränkt oder verbietet die zuständige Straßenverkehrsbehörde den Kraftfahrzeugverkehr nach Maßgabe der straßenverkehrsrechtlichen Vorschriften, soweit ein Luftreinhalteplan oder ein Aktionsplan dies vorsehen. Die Straßenverkehrsbehörde kann im Einvernehmen mit der für den Immissionsschutz zuständigen Behörde Ausnahmen von Verboten oder Beschränkungen des Kraftfahrzeugverkehrs zulassen, wenn unaufschiebbare und überwiegende Gründe des Wohls der Allgemeinheit dies erfordern. Die zuständige Straßenverkehrsbehörde kann den Kraftfahrzeugverkehr nach Maßgabe der straßenverkehrsrechtlichen Vorschriften auf bestimmten Straßen oder in bestimmten Gebieten verbieten oder beschränken, wenn der Kraftfahrzeugverkehr zur Überschreitung von in Rechtsverordnungen nach § 48a Ia BImSchG festgelegten Immissionswerten beiträgt und soweit die für den Immissionsschutz zuständige Behörde dies im Hinblick auf die örtlichen Verhältnisse für geboten hält, um schädliche Umwelteinwirkungen durch Luftverunreinigungen zu vermindern oder deren Entstehen zu vermeiden. Hierbei sind die Verkehrsbedürfnisse und die städtebaulichen Belange zu berücksichtigen § 40 II BImSchG).[791] 4975

Verbote des Kraftfahrzeugverkehrs für Kraftfahrzeuge mit Selbstzündungsmotor kommen nach § 47 IVa 1 BImSchG wegen der Überschreitung des Immissionsgrenzwertes für Stickstoffdioxid in der Regel nur in Gebieten in Betracht, in denen der Wert von 50 Mikrogramm Stickstoffdioxid pro Kubikmeter Luft im Jahresmittel überschritten worden ist. Bestimmte, in § 47 IVa 2 BImSchG aufgelistete Kraftfahrzeuge sind von Verkehrsverboten ausgenommen.[792] Diese Regelung soll Dieselfahrverboten entgegenwirken, um die nach der Rechtsprechung des BVerwG Luftreinhaltepläne zu ergänzen sein sollten;[793] sie beschränkt das planerische Ermessen der den Luftreinhalteplan aufstellenden Behörde, indem Dieselfahrverbote wegen der Überschreitung des Immissionsgrenzwertes für Stickstoffdioxid in der Regel nur für solche Gebiete möglich sind, in denen der Wert von 50 μg/m3 im Jahresmittel überschritten worden ist. Außerdem werden die dort genannten Kraftfahrzeuge von Verkehrsver- 4976

---

790 OVG Münster Beschl. v. 8.1.2023 – 8 B 534/23, juris Rn. 9.

791 Siehe dazu OVG Hamburg NVwZ 2019, 1774 (1775) = juris Rn. 11; BVerwG NVwZ 2018, 883 = juris Rn. 21.

792 Zu dieser durch das 13. BImSchG-Änderungsgesetz 2019 in das Gesetz aufgenommenen Sonderregelung siehe Scheidler NVwZ 2019, 751; zu Zweifeln an der Europarechtskonformität von § 47 IVa BImSchG OVG Hamburg NVwZ 2019, 1774; VGH Mannheim NVwZ 2019, 813; zur Bedeutung von § 47 IVa BImSchG für die Luftreinhalteplanung siehe auch Appel/Stark NVwZ 2019, 1552.

793 BVerwG NVwZ 2018, 890; NVwZ 2018, NJW 2018, 2067; Scheidler UPR 2018, 287; Rebler UPR 2019, 7; Klinger ZUR 2018, 272; Franzius NuR 2018, 433; Ruffert JuS 2018, 824; Giesberts NVwZ 2018, 1276; Kümmel NVwZ 2018, 894; Hofmann NVwZ 2018, 928.

boten ausgenommen, nämlich insbesondere Fahrzeuge mit den Schadstoffklassen Euro 4 und 5, die im realen Fahrbetrieb weniger als 270 Milligramm pro km ausstoßen sowie Fahrzeuge der Schadstoffklasse Euro 6. Der VGH Mannheim ist der Ansicht, dass diese Regelung, wenn sie so verstanden würde, dass „im Regelfall" bedeute, typischerweise sei auf Fahrverbote zu verzichten, wenn die Immissionsbelastung 50 Mikrogramm pro Kubikmeter nicht überschreite, nicht unionsrechtskonform wäre, sondern gegen den Anwendungsvorrang des Unionsrechts verstieße und insoweit weder von Gerichten noch von Behörden beachtet werden dürften.[794]

4977 Nach Ansicht des BVerwG sind Aktionspläne von der Behörde im Allgemeininteresse aufzustellen. Die Pflicht zur Aufstellung eines Aktionsplans dient nicht dem Schutz subjektiver Rechte Dritter. Anwohner von Gebieten und Ballungsräumen, in denen unzulässige Überschreitungen des Immissionsgrenzwerts drohen, sind nicht derart in den Schutzzweck des Gesetzes einbezogen, dass sich hieraus ein Anspruch gerade auf Aufstellung eines Aktionsplans ergäbe. Die Zweistufigkeit des Luftqualitätsrechts, das in einer ersten Stufe die Aufstellung von entsprechende Maßnahmen festlegenden Luftreinhalteplänen und Aktionsplänen vorsieht und in einer zweiten Stufe die Durchsetzung der festgelegten Maßnahmen regelt hat zur Folge, dass die Aufstellung der Pläne keine subjektiven Rechte Dritter berührt.[795]

2. Novellierung der Richtlinie

4978 Die aktuell geltenden Grenzwerte für Feinstaub und Stickstoffdioxid sind Ende 2023 mehr als 20 Jahre alt und entsprechen nicht den heutigen wissenschaftlichen Erkenntnissen über die gesundheitlichen Auswirkungen von Luftverschmutzung. Die EU-Kommission hat deshalb im Oktober 2022 eine Überarbeitung der Luftqualitäts-RL vorgeschlagen. Die EU-Kommission plädiert in ihrem Entwurf für schärfere Grenzwerte, die sich stärker an 2021 veröffentlichten Richtwerten der WHO orientieren. Neben dem Schwerpunkt zur verpflichtenden Einhaltung von Grenzwerten auch an hochbelasteten, zB verkehrsnahen Standorten sieht der Richtlinienentwurf eine kontinuierliche Senkung der durchschnittlichen Belastung mit Stickstoffdioxid und Feinstaub (PM2,5) bis zur Erreichung der WHO-Richtwerte vor.

3. Rechtsschutz

4979 **a) Klagebefugnis von Umweltvereinigungen und Privatpersonen.** Umweltvereinigungen können nach der Rechtsprechung des BVerwG geltend machen, durch die Ablehnung der Aufstellung eines Luftreinhalteplans, der den Anforderungen des § 47 I BImSchG i. V. mit § 27 der 39. BImSchV genügt, in seinen Rechten verletzt zu sein. § 47 I BImSchG räumt nicht nur unmittelbar betroffenen natürlichen Personen, sondern auch nach § 3 UmwRG anerkannten Umweltverbänden das Recht ein, die Aufstellung eines den zwingenden Vorschriften des Luftqualitätsrechts entsprechenden Luftreinhalteplans zu verlangen.[796] Personen, deren Gesundheit durch Grenzwertüberschreitungen gefährdet sein kann, kann ein Anspruch auf Planerlass oder Fortschreibung des Plans zustehen, der im Wege einer allgemeinen Leistungsklage durchgesetzt werden kann.[797] Da die Aufstellung von Aktionsplänen im Ermessen stehen, besteht nur ein Anspruch auf eine fehlerfreie Ausübung dieses Ermessens.[798]

4980 **b) Zwangshaft zur Durchsetzung von Maßnahmen zur Verbesserung der Luftqualität.** Nach der Rechtsprechung des EuGH ist das Unionsrecht, insbesondere Art. 47 I GRCh, dahin auszulegen, dass unter Umständen, die durch die beharrliche Weigerung einer nationalen

---

[794] VGH Mannheim NVwZ 2019, 813.

[795] BVerwG ZUR 2007, 360 (361).

[796] BVerwG NVwZ 2014, 64; Knappe ZUR 2023, 215 (220); ob sich angesichts der Rechtsprechung des EuGH zur Luftqualitäts-RL, wonach diese keine subjektiven Rechte vermitteln soll, auch die Auslegung der zu ihrer Umsetzung dienenden Vorschriften des BImSchG und der 39. BImSchV ändern wird, bleibt abzuwarten; siehe dazu Hoppenberg/Paar/Schäfer in Hoppenberg/de Witt, Handbuch des öffentlichen Baurechts, Werkstand 2023, Öffentlich-rechtlicher Nachbarschutz, Rn. 561, die zum Nachbarschutz durch die 39. BImSchV ausführen, da die der 39. BImSchV zu Grunde liegende europarechtliche Luftqualitäts-RL (auch) dem Schutz der menschlichen Gesundheit dienen soll, sei die drittschützende Wirkung der Grenzwerte der 39. BImSchV weitgehend anerkannt.

[797] Siehe dazu Jarass BImSchG, 2022, § 47 Rn. 66; Schlacke/Droste JA 2021, 37.

[798] Jarass BImSchG, 2022, § 47 Rn. 66.

Behörde gekennzeichnet sind, einer gerichtlichen Entscheidung nachzukommen, mit der ihr aufgegeben wird, eine klare, genaue und unbedingte Verpflichtung zu erfüllen, die sich aus dem Unionsrecht, etwa aus Luftqualitäts-RL ergibt, das zuständige nationale Gericht Zwangshaft gegen Amtsträger der Behörde zu verhängen hat, wenn es in den Bestimmungen des innerstaatlichen Rechts eine hinreichend zugängliche, präzise und in ihrer Anwendung vorhersehbare Rechtsgrundlage für den Erlass einer solchen Zwangsmaßnahme gibt und wenn die damit verbundene Einschränkung des durch Art. 6 GRCh garantierten Rechts auf Freiheit den übrigen insoweit in ihrem Art. 52 I GRCh aufgestellten Voraussetzungen genügt. Fehlt im innerstaatlichen Recht hingegen eine solche Rechtsgrundlage, ermächtigt das Unionsrecht das nationale Gericht nicht, auf eine derartige Maßnahme zurückzugreifen.[799]

c) Unionsrechtlicher Ersatzanspruch. Nach der Rechtsprechung des EuGH haben Geschädigte einen Ersatzanspruch, wenn eine unionsrechtliche Norm, gegen die verstoßen wird, bezweckt, den Geschädigten Rechte haftungsrechtlicher Art zu verleihen, wenn der Verstoß gegen die Norm hinreichend qualifiziert ist und wenn zwischen diesem Verstoß und dem den Geschädigten entstandenen Schaden ein unmittelbarer Kausalzusammenhang besteht.[800] Zu Art. 3 und 7 Luftqualitäts-RL führt der EuGH aus, sie seien dahin auszulegen, dass sie nicht bezwecken, dem Einzelnen individuelle Rechte zu verleihen, die für ihn einen Schadensersatzanspruch gegen einen Mitgliedstaat nach dem Grundsatz der Haftung des Staates für Schäden begründen können, die dem Einzelnen durch den Staat zuzurechnende Verstöße gegen das Unionsrecht entstehen.[801] 4981

Schäden, welche durch Erkrankungen auf Grund verschmutzter Luft infolge der Überschreitung von Emissionsgrenzwerten verursacht werden, sind somit nach unionsrechtlichen Staatshaftungsgrundsätzen grundsätzlich nicht ersatzfähig. Betroffene sind insoweit gehalten, sich an nationale Behörden und Gerichte zu wenden, um zB den Erlass von Luftreinehaltemaßnahmen zu erwirken.[802] 4982

d) Amtshaftungsanspruch nach § 839 I 1 BGB i.V.m. Art. 34 GG. Dass der EuGH einen unionsrechtlichen Entschädigungsanspruch ablehnt, bedeutet nicht, dass auch ein Amtshaftungsanspruch nach deutschem Recht von vornherein auszuschließen wäre. Jedenfalls bleibt die Inanspruchnahme einzelner Mitgliedsstaaten aufgrund nationaler Vorschriften von dem Urteil vom 22.12.2022 des EuGH zur Luftqualitäts-RL unberührt. Bei einem Verstoß gegen EU-Recht im Verwaltungsvollzug, kommt neben dem unionsrechtlichen Staatshaftungsanspruch nach allgemeinen Grundsätzen auch ein Amtshaftungsanspruch in Betracht, weil die Amtspflicht zu rechtmäßigem Verhalten die Beachtung des Unionsrechts einschließt.[803] Voraussetzung für einen Amtshaftungsanspruch nach § 839 I 1 BGB i.V.m. Art. 34 S. 1 GG wäre, dass mit der Nichteinhaltung von Emissionsgrenzwerten aus der Luftqualitäts-RL bzw. der unzureichenden Ergreifung entsprechender Luftreinhaltemaßnahmen eine drittbezogene Amtspflicht verletzt wurde. Art. 23 Luftqualitäts-RL und § 47 BImSchG begründen eine staatliche Pflicht zur Einleitung von Luftreinhaltemaßnahmen. Ob eine solche Amtspflicht drittbezogen ist, kann man bezweifeln. Eine Amtspflicht ist drittbezogen, wenn diese nicht allein dem Allgemeinwohl, sondern auch dem Interesse Einzelner dienen soll. Dafür, dass dies bei den Verpflichtungen aus der Luftqualitäts-RL anzunehmen sein könnte, spricht angesichts der Entscheidung des EuGH wenig, weil dieser annimmt, dass die Luftqualitäts-RL lediglich allgemeine Ziele des Umwelt- und Gesundheitsschutzes verfolgt, jedoch keine individuellen Rechte verleihen will.[804] 4983

[799] EuGH NJW 2020, 977 mit Kurzanmerkung Worms; zu diesem Urteil und zu effektiven Zwangsmitteln zur Durchsetzung verwaltungsgerichtlicher Leistungsurteile gegenüber Behörden Will NJW 2020, 963.

[800] EuGH NVwZ 2023, 321, Rn. 43-44; EuGRZ 2022, 533, Rn. 31; Wegener/Wilkens ZUR 2023, 545 (546).

[801] EuGH NJW 2023, 827 (830) mit Anmerkung Worms; siehe auch Wegener/Wilkens ZUR 2023, 545.

[802] Dobiosch/Stehl KlimR 2023, 116.

[803] Dobiosch/Stehl KlimR 2023, 116 (117).

[804] Dobiosch/Stehl KlimR 2023, 116 (118); zur Staatshaftung für Luftverschmutzung – Umweltschutz vor den Zivilgerichten siehe auch Rapp ZUR 2021, 541.

XII. Umgebungslärm-Richtlinie

4984 Umgebungslärm gilt als eines der größten Umweltprobleme in Europa. Um diesen Lärm zu reduzieren, wurde 2002 die EU-Umgebungslärmrichtlinie erlassen.[805] Nach den Erkenntnissen der Europäischen Umweltagentur (EUA) ist Lärm nach der Luftverschmutzung der zweitwichtigste Faktor für umweltbedingte Erkrankungen. Eine längere Exposition gegenüber einem hohen Maß an Lärmbelastung kann schwerwiegende gesundheitliche Auswirkungen nach sich ziehen, darunter Bluthochdruck, Herz-Kreislauf-Erkrankungen und vorzeitige Todesfälle, und die physische und psychische Gesundheit sowie das Wohlbefinden erheblich beeinträchtigen (ua durch chronische Störungen wie ein hohes Maß an Schlafstörungen, Stress und/oder Belästigung). 20 % der EU-Bevölkerung – einer von fünf Menschen in allen Altersgruppen – leben in Gebieten mit gesundheitsschädlichem Lärmpegel.[806] Die Kommission berichtet, die EU habe sich im Rahmen des europäischen Grünen Deals zur Umsetzung eines Null-Schadstoff-Ziels für eine schadstofffreie Umwelt verpflichtet. Der **Aktionsplan für Schadstofffreiheit** aus dem Jahr 2021 umfasse auch das spezifische Ziel, die Zahl der Menschen, die einer chronischen Belastung durch Verkehrslärm ausgesetzt sind, bis 2030 gegenüber 2017 um 30 % zu senken. Im Aktionsplan für Schadstofffreiheit wird zudem hervorgehoben, dass die Aktionspläne zur Lärmbekämpfung der Mitgliedstaaten durch die parallele Erweiterung des sauberen öffentlichen Nahverkehrs und die Förderung einer aktiveren Mobilität besser in die Pläne für eine nachhaltige urbane Mobilität integriert werden sollten.

4985 Ziel der EU-Umgebungslärmrichtlinie ist es, schädliche Auswirkungen durch Umgebungslärm zu verhindern, ihnen vorzubeugen oder sie zu mindern. Gegenstand der Richtlinie sind die großen Quellen des Umgebungslärms, nämlich Hauptverkehrsstraßen, Haupteisenbahnstrecken, Großflughäfen und Ballungsräume. Nach dem Konzept der Richtlinie soll die Belastung durch Umgebungslärm ermittelt und in **Lärmkarten** dargestellt und die Öffentlichkeit über den Umgebungslärm und seine Auswirkungen informiert werden. Für Belastungsbereiche werden **Aktionspläne** ausgearbeitet. Sie sollen Lärmproblemen entgegenwirken und Lärmauswirkungen regeln. Sie können **Maßnahmen zur Lärmminderung** enthalten. Ruhige Gebiete sollen gegen eine Zunahme des Lärms geschützt werden. Die Öffentlichkeit kann bei der Aktionsplanung mitwirken. Ermittelte Daten zur Belastung durch Umgebungslärm sollen Grundlage für Maßnahmen zur Lärmminderung an der Quelle sein.[807]

4986 Dabei geht nicht nur Gesundheitsgefährdungen, sondern auch um Lärmbelästigungen und vor allem nicht nur um Innenschallpegel, sondern auch um Außenschallpegel. Die Umgebungslärmrichtlinie begründet keine subjektiven Rechte.[808] Die Umgebungslärm-RL ist seit ihrem Erlass verschiedentlich geändert worden; die wichtigsten Änderungen betreffen die Einführung gemeinsamer Lärmbewertungsmethoden. Umgesetzt in das deutsche Recht wurde die Richtlinie durch die §§ 47 a bis 47 f BImSchG. Aus den Vorschriften des Sechsten Teils des BImSchG zur Regelung der Lärmminderungsplanung (§§ 47a bis 47f) ergeben sich zwar Pflichten der zuständigen Behörden zur Erarbeitung von Lärmkarten und zur Aufstellung von Lärmaktionsplänen, jedoch keine Schutzansprüche einzelner Immissionsbetroffener.[809]

---

[805] Richtlinie 2002/49/EG des Europäischen Parlaments und des Rates vom 25.6.2002 über die Bewertung und Bekämpfung von Umgebungslärm (ABl. EG v. 18.7.2002 L189/12); Empfehlungen der Kommission vom 6.8. 2003 über Leitlinien für die geänderten vorläufigen Berechnungsmethoden für Industrie-, Flug-, Straßenverkehrs- und Eisenbahnlärm und diesbezügliche Emissionsdaten (ABl. EG v. 22.8.2003 L 212/49); siehe dazu Pache Umwelt und Verkehr in Koch/Hofmann/Reese, Handbuch Umweltrecht, 2024, § 16 Rn. 312

[806] Siehe dazu den Bericht der EU-Kommission über die Durchführung der Richtlinie über Umgebungslärm gemäß Artikel 11 der Richtlinie 2002/49/EG vom 20.3.2023.

[807] Zum Konzept der Umgebungslärm-RL Wysk in BeckOK Umweltrecht, 2024, § 47a BImSchG Rn. 3; Zum Nachbarschutz vor Umgebungslärm siehe Hoppenberg/Paar/Schäfer Öffentlich-rechtlicher Nachbarschutz, in Hoppenberg/de Witt, Handbuch des öffentlichen Baurechts, 2023, Rn. 562.

[808] OVG Schleswig Beschl. v. 1.4.2020 – 5 LA 1/19, juris Rn. 28.

[809] OVG Schleswig Beschl. v. 1.4.2020 – 5 LA 1/19, juris Rn. 22; BVerwG Urt. v. 10.10.2012 – 9 A 20.11, juris Rn. 30; OVG Schleswig Urt. v. 9.11.2017 – 2 LB 22/13, Rn. 138 ff.; BVerwG Beschl. v. 7.1.2019 – 7 B 16.18, juris Rn. 10; Urt. v. 28.11.2019 – 7 C 2.18, juris Rn. 17; zum Rechtschutz bei der Lärmminderungsplanung Scheidler UPR 2019, 1.

1. Europarechtliche Vorgaben

Die Umgebungslärm-Richtlinie soll ein hohes Gesundheits- und Umweltschutzniveau gewährleisten und schafft die Grundlage für eine Weiterentwicklung und Ergänzung der bestehenden Gemeinschaftsmaßnahmen in Bezug auf die Lärmemissionen der wichtigsten Lärmquellen von Straßen- und Schienenfahrzeugen, Infrastruktureinrichtungen, Flugzeugen, Geräten, die für die Verwendung im Freien vorgesehen sind, Ausrüstungen für die Industrie sowie ortsbewegliche Maschinen.[810] Auf der Grundlage einer Ermittlung und Bewertung des Umgebungslärms sollen Maßnahmen zu seiner Bekämpfung getroffen werden. Bestimmte Kategorien von Lärm, beispielsweise Lärm in Verkehrsmitteln oder Lärm verursacht innerhalb von Wohnungen, fallen nicht unter die Umgebungslärm-Richtlinie. Als Eckpunkte des europäischen Lärmkonzepts sind zu nennen: Bis Mitte 2007 sollten die strategischen Lärmkarten ausgearbeitet sein (Art. 7 Umgebungslärm-RL), die den Mindestanforderungen nach Anhang IV genügen müssen. Insgesamt geht es um die Kartierung von ca. 12.000 km Bundesautobahnen, 41.000 km Bundesstraßen, ca. 80 städtischen Ballungsräumen und 11 Großflughäfen sowie des Schienennetzes von ca. 12.500 km. Ein gutes Jahr später sollten von den zuständigen nationalen Behörden die Aktionspläne ausgearbeitet sein, in denen die Lärmprobleme und Lärmauswirkungen aber auch Lärmminderungsmaßnahmen geregelt werden (Art. 8 Umgebungslärm-RL). Dabei treten vor allem Orte in der Nähe von Hauptverkehrsstraßen mit einem Verkehrsaufkommen von über sechs Millionen Kraftfahrzeugen pro Jahr, in der Nähe der Haupteisenbahnstrecken mit einem Verkehrsaufkommen von über 60.000 Zügen pro Jahr und Großflughäfen sowie Ballungsräume mit mehr als 250.000 Einwohnern ins Blickfeld. Ziel dieser Pläne soll es auch sein, ruhige Gebiete gegen eine Zunahme des Lärms zu schützen. Die jeweils zu treffenden Maßnahmen sind in das Ermessen der Mitgliedstaaten gestellt. In einem weiteren Schritt sind die Aktionspläne bis Mitte des Jahres 2013 um entsprechende vorrangige Maßnahmen zu ergänzen. Auch ist eine Information der Öffentlichkeit vorgesehen (Art. 9 Umgebungslärm-Richtlinie). Die einzelnen Verpflichtungen der Mitgliedstaaten werden von entsprechenden Berichtspflichten begleitet (Art. 11 Umgebungslärm-RL).[811] 4987

Ziel der Richtlinie ist es, ein gemeinsames Konzept festzulegen, um vorzugsweise schädliche Auswirkungen einschließlich Belästigungen, durch Umgebungslärm zu verhindern, ihnen vorzubeugen oder sie zu mindern (Art. 1 I Umgebungslärm-RL). Die Richtlinie enthält hierfür ein schrittweises Maßnahmenkonzept: 4988

- Ermittlung der Belastung durch Umgebungslärm anhand von Lärmkarten nach für die Mitgliedstaaten gemeinsamen Bewertungsmethoden,
- Sicherstellung der Information der Öffentlichkeit über Umgebungslärm und seine Auswirkungen,
- Auf der Grundlage der Ergebnisse der Lärmkarten Annahme von Aktionsplänen durch die Mitgliedstaaten mit dem Ziel, den Umgebungslärm soweit erforderlich und insbesondere in Fällen, in denen das Ausmaß der Belastung gesundheitsschädliche Auswirkungen haben kann, zu verhindern und zu mindern und die Umweltqualität in den Fällen zu erhalten, in denen sie zufrieden stellend ist.

Am Anfang standen die gesetzlichen Regelungen, die bis zum 18.7.2004 umzusetzen waren. Sodann waren die Belastungen durch Umgebungslärm Anhang von **Lärmkarten** zu ermitteln. Auf der Grundlage der Lärmkarten waren **Lärmaktionspläne** aufzustellen. Dir Richtlinie betrifft den Umgebungslärm, dem Menschen insbesondere in bebauten Gebieten, in öffentlichen Parks oder anderen ruhigen Gebieten eines Ballungsraums, in ruhigen Gebieten auf dem Land, in der Umgebung von Schulgebäuden, Krankenhäusern und anderen lärmempfindlichen Gebäuden und Gebieten ausgesetzt sind. Die Richtlinie gilt nicht für Lärm, der von den davon betroffenen Personen selbst verursacht worden ist, und auch nicht für Lärm durch Tätigkeiten innerhalb von Wohnungen, Nachbarschaftslärm, Lärm am Arbeitsplatz, in Verkehrsmitteln oder Lärm, der auf militärische Tätigkeiten in militärischen Gebieten zurückzuführen ist (Art. 2 Umgebungslärm-RL). Zu dem beachtlichen Umgebungslärm gehört nicht nur der gesundheitsschädliche Lärm, sondern auch eine Geräuschkulisse, die als unerwünscht empfunden wird (Art. 2 II Umgebungslärm-RL). Unter **Ballungsraum** wird 4989

[810] Zur Lärmschutzpolitik der Europäischen Union Wysk in BeckOK Umweltrecht, Werkstand 2024, § 47a BImSchG Rn. 1 ff.

[811] Eingehend Fickert DVBl. 2004, 1253.

dabei ein durch den Mitgliedstaat festgelegter Teil seines Gebietes mit einer Einwohnerzahl von über 100.000 Einwohnern und von mehr als 1.000 Einwohnern pro km² verstanden. Die zuständigen Behörden legen auch „ruhige Gebiete in einem Ballungsraum" ebenso wie „ruhige Gebiete auf dem Lande" fest. Besondere Maßnahmen sind für Hauptverkehrsstraßen (über 3 Mio. Fahrzeuge pro Jahr), Haupteisenbahnstrecken (mindestens 30.000 Züge im Jahr) und Großflughäfen (über 50.000 Starts- oder Landungen pro Jahr) vorgesehen (§ 47 b BImSchG). Informationen über die aktuelle oder voraussichtliche Lärmsituation werden in ausgearbeiteten Lärmkarten dargestellt. **Lärmkarten** sollen eine Gesamtbewertung der auf verschiedene Lärmquellen zurückzuführende Lärmbelastungen in einem bestimmten Gebiet enthalten und die Grundlage für Lärmaktionspläne bilden, in denen Regelungen von Lärmproblemen und von Lärmauswirkungen, erforderlichenfalls einschließlich der Lärmminderung, enthalten sind. Akustische Planungen sollen dem vorbeugenden Lärmschutz durch geplante Maßnahmen wie Raumordnung, Systemtechnik für eine Verkehrssteuerung, Verkehrsplanung, Lärmschutz durch Schalldämpfungsmaßnahmen und Schallschutz an den Lärmquellen dienen (Art. 3 Umgebungslärm-RL). Die zuständigen Behörden für die Ausarbeitung und ggf. die Genehmigung der Lärmkarten und Aktionsplänen für Ballungsräume, Hauptverkehrsstraßen, Haupteisenbahnstrecken und Großflughäfen sowie die Sammlung von Lärmkarten und Aktionsplänen werden von den Mitgliedstaaten bestimmt (Art. 4 Umgebungslärm-RL). Die Richtlinie führt Lärmindizes L^{DEN} und L^{NIGHT} ein. Bestehende nationale Berechnungsmethoden für Lärmindizes (Berechnungs- und Messmethoden) können noch weiter angewendet werden, bis die Anwendung gemeinsamer Bewertungsmethoden von der Europäischen Kommission verbindlich vorgeschrieben wird (Art. 6 I und II Umgebungslärm-RL). Die **Strategischen Lärmkarten** für sämtliche Ballungsräume mit mehr als 250.000 Einwohnern, Hauptverkehrsstraßen mit einem Verkehrsaufkommen von über 6 Mio. Kraftfahrzeugen pro Jahr, Haupteisenbahnstrecken mit einem Verkehrsaufkommen von über 60.000 Zügen und Großflughäfen sollten bis zum 30.6.2007 ausgearbeitet und soweit erforderlich genehmigt sein (Art. 7 I Umgebungslärm-RL). Die strategischen Lärmkarten für sämtliche Ballungsräume, Hauptverkehrsstraßen und Haupteisenbahnstrecken werden von den zuständigen Behörden bis zum 30.6.2012 ausgearbeitet und ggf. genehmigt. Zuvor teilen die Mitgliedstaaten der Kommission bis zum 31.12.2008 sämtliche Ballungsräume sowie sämtliche Hauptverkehrsstraßen und Haupteisenbahnstrecken in ihrem Hoheitsgebiet mit (Art. 7 III Umgebungslärm-RL). Auf der Grundlage der Lärmkarten sollten bis zum 18.7.2008 **Aktionspläne** ausgearbeitet werden. Die Pläne sollen für Orte in der Nähe von Hauptverkehrsstraßen, Haupteisenbahnstrecken und Großflughäfen sowie Ballungsräume mit mehr als 250.000 Einwohnern ein entsprechendes Maßnahmenbündel einschließlich der Lärmminderung enthalten. Die zuständigen Behörden haben allerdings bei der Auswahl der Maßnahmen einen nicht unerheblichen Beurteilungs- und Planungsspielraum. Denn die in den Plänen genannten Maßnahmen sind in das Ermessen der zuständigen Behörden gestellt, sollten aber insbesondere auf die Prioritäten eingehen, die sich ggf. aus der Überschreitung relevanter Grenzwerte oder aufgrund anderer von den Mitgliedstaaten festgelegter Kriterien ergeben, und insbesondere für die wichtigsten Bereiche gelten, wie sie in den strategischen Lärmkarten ausgewiesen wurden. Bei der Aufstellung der Aktionspläne ist die **Öffentlichkeit** rechtzeitig und effektiv durch Information und Stellungnahmemöglichkeit zu beteiligen. Dabei können gemeinsame Verfahren vorgesehen werden (Art. 8 VII Umgebungslärm-RL). Über die strategischen Lärmkarten ist die Öffentlichkeit auch unter Einsatz der verfügbaren Informationstechnologien angemessen zu informieren. Die Information muss deutlich, verständlich und zugänglich sein. Eine Zusammenfassung mit den wichtigsten Punkten muss der Öffentlichkeit zur Verfügung gestellt werden (Art. 9 Umgebungslärm-RL). Die gewonnenen Daten sind durch die Mitgliedstaaten zu sammeln und von ihnen und der Kommission zu veröffentlichen (Art. 10 Umgebungslärm-RL). Nach Art. 11 Umgebungslärm-RL hat die Kommission dem Europäischen Parlament bis zum 18.7.2009 entsprechend zu berichten. Die **Anhänge** behandeln Lärmindizes (Anhang I), Bewertungsmethoden für Lärmindizes (Anhang II), Methoden zur Bewertung der gesundheitsschädlichen Auswirkungen (Anhang III), Mindestanforderungen für die Ausarbeitung strategischer Lärmkarten (Anhang IV), Mindestanforderungen für Aktionspläne (Anhang V) und zu den der Kommission zu übermittelnden Angaben (Anhang VI).[812] Die

[812] Zu den Berechnungsmethoden Empfehlungen der Kommission über Leitlinien für die geänderten vorläufigen Berechnungsmethoden für Industrie-, Flug-, Straßenverkehrs- und Eisenbahnlärm und diesbezügliche Emissionsdaten vom 6.8.2003, Abl. L 212/49.

europarechtlichen Regelungen enthalten allerdings keine Vorgaben für materielle Standards. Vielmehr bleibt dies den Mitgliedstaaten überlassen, die darüber ohne materielle Vorgaben durch das Europarecht frei entscheiden können. Vor diesem Hintergrund wird durch die Umgebungslärm-RL überverfahrensrechtliche Regelungen hinaus auch kein einheitlicher Standard des Umgebungslärmschutzes erreicht.[813]

2. Umsetzung durch Änderung des BImSchG

Die Umgebungs-RL ist durch eine Änderung des BImSchG umgesetzt worden.[814] Zugleich hat die Gesetzesänderung die SUP-RL hinsichtlich umweltrelevanter Planungen auf dem Gebiet der Lärmminderung umgesetzt. Die Änderung des BImSchG enthält in ihren Schwerpunkten Regelungen über die Aufstellung und die Inhalte von Lärmkarten, über die Aufstellung und die Inhalte von Lärmaktionsplänen, über die zuständigen Behörden sowie entsprechende Ermächtigungen für nähere Bestimmungen durch Rechtsverordnung der Bundesregierung. Nach dem Beispiel der Regelungen zum anlagenbezogenen Schallschutz ist das Wesentliche der Richtlinie im BImSchG umgesetzt worden. Die Anforderungen an Lärmkarten, Aktionspläne und an die jeweiligen Verfahren sind durch Rechtsverordnungen zu konkretisieren. Die Vorschriften haben im „Sechsten Teil" des BImSchG mit der Überschrift „Lärmminderungsplanung" ihren Platz und knüpfen an das vorhandene Instrumentarium des BImSchG an. Die in den Lärmaktionsplänen ausgewiesenen Werte sollen von der Fachplanung bei der Abwägung berücksichtigt werden, sind also nicht strikt bindend. Die Vorschriften umfassen auch den Bereich Fluglärm, soweit es sich um die Kartierung und Aktionsplanung handelt. Dies bedingt eine entsprechende Änderung des § 2 BImSchG. Bei der Lärmsanierung ist auch eine summierende Betrachtung verschiedener Lärmquellen durchzuführen.[815] In Umsetzung der Umgebungslärm-RL haben die Gemeinden oder die nach Landesrecht zuständigen Behörden örtliche Lärmkartierungen aufzustellen, in denen die Lärmquellen und der Umgebungslärm angegeben werden (§ 47 c BImSchG). Die zuständigen Behörden sollten danach bis zum 30.6.2007 bezogen auf das vorangegangene Kalenderjahr Lärmkarten für Ballungsräume mit mehr als 250.000 E sowie für Hauptverkehrsstraßen mit einem Verkehrsaufkommen von über sechs Millionen Kraftfahrzeugen pro Jahr, Haupteisenbahnstrecken mit einem Verkehrsaufkommen von über 60.000 Zügen pro Jahr und Großflughäfen ausarbeiten. Gleiches gilt bis zum 30.6.2012 und danach alle fünf Jahre für sämtliche Ballungsräume sowie für sämtliche Hauptverkehrsstraßen und Haupteisenbahnstrecken. Die Lärmkarten werden mindestens alle 5 Jahre nach dem Zeitpunkt ihrer Erstellung überprüft und bei Bedarf überarbeitet. Zugleich haben die zuständigen Behörden entsprechende Berichtspflichten (§ 47 c V und VI BImSchG). Mit dieser Regelung wurde die frühere Regelung in § 47 a BImSchG aufgegriffen und die Terminologie den weiteren Vorschriften zur Lärmminderungsplanung angepasst. Zugleich ist Art. 7 iVm Anhang IV der Umgebungslärm-RL umgesetzt worden. Für die Aufstellung der Lärmkarten sind von den zuständigen Behörden die erforderlichen Daten zur Verfügung zu stellen. Für Wohngebiete und andere schutzwürdige Gebiete sind von den Gemeinden oder den nach Landesrecht zuständigen Behörden Lärmaktionspläne aufzustellen (§ 47 d BImSchG). Maßnahmen, die Lärmaktionspläne festlegen, sind durch Anordnungen oder sonstige Entscheidungen der zuständigen Träger öffentlicher Verwaltung nach den jeweiligen Gesetzen umzusetzen. Andere Planungsträger haben planungsrechtliche Festsetzungen der Lärmaktionspläne bei ihren Planungen nach den dafür geltenden Rechtsvorschriften zu berücksichtigen. Den Lärmaktionsplänen kommt für die Fachplanung keine absolute Bindung zu. Vielmehr enthalten sie abwägungserhebliche Belange, die in der jeweiligen Zulassungsentscheidung zu berücksichtigen ist. Für die Umgebung von Hauptverkehrsstraßen, Haupteisenbahnstrecken und Hauptverkehrsflughäfen sowie für Ballungsräume sollen von den zuständigen Behörden Lärmaktionspläne aufgestellt werden

(Randnummer: 4990)

---

813 Zum Verhältnis der europarechtlichen Vorgaben zum traditionellen deutschen Lärmschutzkonzept beim Bau von Verkehrswegen Fickert DVBl. 2004, 1253.

814 Gesetzentwurf zur Umsetzung der EG-Richtlinie über die Bewertung und Bekämpfung von Umgebungslärm, Gesetzentwurf der Bundesregierung, Drs. 15/3782 vom 27.9.2004; Drs. 15/3921; Drs. 15/4024 vom 26.10.2004; Drs. 15/4377; Drs. 15/4412; Drs. 15/5734 v. 16.6.2005; siehe dazu Beye EuRUP 2017, 242 ff.; Wysk in BeckOK Umweltrecht, Werkstand 2024, § 47a BImSchG Rn. 5.

815 Zu Summationen verschiedener Lärmquellen Halama/Stüer NVwZ 2003, 132; Halama VBlBW 2006, 132.

(§ 47 d BImSchG). Die Lärmaktionspläne sind für die Hauptlärmquellen aufzustellen und beziehen sich daher nicht lediglich auf großräumige Orte, sondern sind auf die einzelnen Hauptlärmquellen ausgelegt. Der Entscheidungsträger hat dabei einen entsprechenden Gestaltungsfreiraum, ist allerdings auf das Ziel verpflichtet, den Umgebungslärm nach Möglichkeit zu vermeiden oder zu minimieren. Auch unerwünschte Geräusche und nicht erst schädliche Umwelteinwirkungen durch Geräusche sind dabei in die Erwägungen einzubeziehen. Dazu kommen unterschiedliche Maßnahmen der Lärmbekämpfung wie zB Verkehrsplanungen, Raumordnung, technische Maßnahmen an der Geräuschquelle, Wahl von Quellen mit geringerer Lärmentwicklung, Verringerung der Schallübertragung, rechtliche oder wirtschaftliche Maßnahmen oder Anreize in Betracht. Verbindliche Grenzwerte oder ein bestimmtes methodisches Vorgehen in der Bewertung der Lärmverursachung und der Schutzgüter sind den Behörden durch die Umgebungslärm-Richtlinie nicht vorgegeben. Allerdings entspricht es dem Vertragsziel eines hohen Gesundheitsschutz- und Umweltschutzniveaus, anspruchsvolle Ziele und Zielwerte als Orientierung für die Lärmminderungsplanung vorzugeben. Das BImSchG legt dazu aber keine verbindlichen Grenzwerte fest, sondern überlässt die Beurteilung des Umgebungslärms den planenden Behörden im Einzelfall. Auch die der Bundesregierung erteilte Ermächtigung in § 47 f BImSchG umfasst nicht die Festlegung von bindenden Grenzwerten.

4991 Die **Öffentlichkeit** wird zu Vorschlägen zu Lärmaktionsplänen gehört. Sie erhält rechtzeitig und effektiv die Möglichkeit, an der Ausarbeitung und der Überprüfung der Lärmaktionspläne mitzuwirken. Die Ergebnisse der Mitwirkung sind zu berücksichtigen. Die Öffentlichkeit ist über die getroffenen Entscheidungen zu unterrichten. Es sind angemessene Fristen mit einer ausreichenden ´Zeitspanne für jede Phase der Beteiligung vorzusehen (§ 47 d IV BImSchG). Aus den §§ 47a bis 47f BImSchG ergeben sich zwar Pflichten der zuständigen Behörden zur Erarbeitung von Lärmkarten und zur Aufstellung von Lärmaktionsplänen, jedoch keine Schutzansprüche einzelner Immissionsbetroffener.[816]

4992 § 47 e BImSchG bestimmt die **zuständigen Behörden**. Für die Aufgabe der Lärmminderungsplanung sind grundsätzlich die Gemeinden oder die nach Landesrecht zuständigen Behörden zuständig. Das Eisenbahn-Bundesamt ist ua für die Ausarbeitung der Lärmkarten für Schienenwege von Eisenbahnen des Bundes nach § 47 c BImSchG zuständig. Mit der Umsetzung der Umgebungslärm-Richtlinie in deutsches Recht sind nicht unerhebliche **Kosten** verbunden. Die Kostenschätzungen für die Erstellung der Lärmkartierung schwanken allerdings zwischen 0,20 Euro bis 1,5 Euro je Einwohner. Für das Gesamtvorhaben einschließlich der zu treffenden Maßnahmen liegen die Schätzungen zwischen 40 Mrd. und 72 Mrd. Euro. Die öffentlichen Haushalte werden einen erheblichen Teil dieser Kosten aufbringen müssen. Solange allerdings materielle Standards für den Schutz gegen Umgebungslärm noch nicht definiert sind, gleicht die Abschätzung wohl eher einer Rechnung mit einigen Unbekannten. Viel wird davon abhängen, welche **materiellen Standards** in Gestalt von Immissionsgrenzwerten der deutsche Gesetz- und Verordnungsgeber vorgibt. Hier fehlt es an bindenden Regelungen im Europarecht und auch § 47 f. BImSchG enthält keine Ermächtigung der Bundesregierung dazu, diese Standards über verfahrensrechtliche Vorgaben hinaus festzulegen. Allerdings könnte sich auf der Grundlage der Lärmaktionspläne das Erfordernis ergeben, Maßnahmen der **Lärmsanierung** dort durchzuführen, wo die Grenzwerte für die Lärmsanierung überschritten werden. Die Grenzwerte werden allgemein für Krankenhäuser, Schulen, Kurheime und Altenheime sowie reine und allgemeine Wohngebiete mit 70/60 dB(A) tags/nachts angesetzt. Für Kern-, Dorf-, und Mischgebiete werden sie bei 72/62 dB(A) tags/nachts und für Gewerbe- und Industriegebiete mit 75/65 dB(A) tags/nachts angenommen. Werden diese Grenzwerte für die **Sanierung** angelegt, könnten in den Lärmaktionsplänen entsprechende Sanierungspflichten offenbar werden, welche die zuständigen Behörden zu einem Handeln durch Planung und tatsächliche Lärmschutzmaßnahmen zwingen.

XIII. IE-Richtlinie

4993 Die Richtlinie 2010/75/EU vom 24.11.2010 über Industrieemissionen (integrierte Vermeidung und Verminderung der Umweltverschmutzung (IE-Richtlinie oder wie im englischen Sprachraum IE-RL genannt) gilt als das bedeutendste Instrument der EU zur Bekämpfung von Umweltbeeinträchtigungen von Industrieanlagen. Im Jahr 2022 fielen EU-weit 55.000 Anla-

816 OVG Schleswig NordÖR 2020, 303 = juris Rn. 22.

gen und in Deutschland rund 13.000 Industrie- und größere Tierhaltungsanlagen in den Anwendungsbereich der Richtline.[817] Die IE-RL verfolgt insbesondere das Ziel, Umweltstandards in Europa anzugleichen und dadurch gerechtere Wettbewerbsbedingungen zu schaffen. Eine der wesentlichen Weiterentwicklungen gegenüber der IVU-Richtlinie ist die Stärkung der **BVT-Merkblätter**, welche Regelungen über die besten verfügbaren Techniken in den Bereichen der besonders umweltrelevanten Industrieanlagen enthalten und die in einem Informationsaustausch, im sogenannten Sevilla-Prozess, erarbeitet werden. In Deutschland wurde die IE-RL mit dem Gesetz zur Umsetzung der Richtlinie über Industrieemissionen vom 08.04.2013 und zwei Artikelverordnungen vom 02.05.2013 in nationales Recht umgesetzt. Die Vorschriften sind seit dem 02.05.2013 in Kraft. Änderungen erfolgten vor allem im BImSchG, im KrWG und im WHG.

Rechtsakte des sekundären Gemeinschaftsrechts, die wie die IE-RL aufgrund des Art. 192 AEUV erlassen worden sind, hindern die Mitgliedstaaten nicht, verstärkte Schutzmaßnahmen beizubehalten oder zu ergreifen (Art. 193 Satz 1 AEUV). Im Umweltbereich verfolgt primäres Gemeinschaftsrecht keine vollständige Harmonisierung.[818] 4994

1. Novelle der IE-RL

Die EU-Kommission hatte am 5.4.2022 den Vorschlag für eine Änderung der IE-RL vorgelegt.[819] Diese Änderung gilt als wichtiges Instrument des Europäischen Green Deal.[820] Ziel ist es, die Wirksamkeit der IE-RL bei der Vermeidung von Emissionen zu verbessern oder, wo dies nicht möglich ist, Schadstoffemissionen durch Agrar- und Industrieanlagen an der Quelle zu minimieren durch eine fortgesetzte oder beschleunigte Abnahme der Emissionswerte, um schädliche Auswirkungen auf Gesundheit und Umwelt zu verhindern oder zu reduzieren. Außerdem soll der Zugang von Privatpersonen und Zivilgesellschaft zu Informationen, zur Beteiligung an Entscheidungsverfahren sowie zu Gerichten (einschließlich wirksamer Rechtsbehelfe) im Zusammenhang mit der Genehmigung, dem Betrieb und der Kontrolle der unter die Richtlinie fallenden Anlagen verbessert werden. Zudem sollen Rechtsvorschriften vereinfacht und der Verwaltungsaufwand verringert werden. Gefördert werden soll die Einführung von innovativen Technologien und Techniken während des sich derzeit vollziehenden industriellen Wandels durch die unverzügliche Überarbeitung der Referenzdokumente für die besten verfügbaren Techniken („BVT-Merkblätter"), wenn innovative Techniken mit nachweislich besseren Leistungen verfügbar werden. Unterstützt werden sollen der Übergang zur Verwendung von sichereren und weniger toxischen Chemikalien, ein besserer Ressourceneffizienz (Energie, Wasser und Abfallvermeidung) und eine bessere Umsetzung des Kreislaufprinzips sowie die Dekarbonisierung durch die Förderung von Synergieeffekten bei der Verwendung von und Investitionen in Techniken. Nicht zuletzt sollen schädliche Auswirkungen von Agrar- und Industrietätigkeiten, die derzeit nicht in den Geltungsbereich der Industrieemissionsrichtlinie fallen, auf Gesundheit und Umwelt, verringert werden. Der Umweltausschuss des Europäischen Parlaments hat im Januar 2024 eine vorläufige Einigung zu einem Revisionsentwurf zur Änderung der IE-RL beschlossen. Die geplante Novelle der Richtlinie wird einen beachtlichen Änderungsbedarf im deutschen Recht, vor allem im BImSchG und verschiedenen BImSchV auslösen.[821] 4995

Nach dem Vorschlag der EU-Kommission sollte ursprünglich in einem Art. 79a IE.RL bestimmt werden, dass die Mitgliedstaaten kollektive Schadensersatzklagen von Nichtregierungsorganisationen (NGOs) ermöglichen müssen, um solche Entschädigungsansprüche durchzusetzen. nach der politischen Einigung von Rat und Parlament nicht mehr in Art. 79a IE-RL. Rat und Parlament haben indes das grundsätzliche Konzept beibehalten, wonach die Mitgliedstaaten sicherstellen müssen, dass Personen im Falle einer Schädigung ihrer Gesundheit infolge eines Verstoßes gegen die innerstaatlichen Vorschriften zur Umsetzung der Richtlinie Anspruch auf Schadensersatz geltend machen können.[822] Nach intensiven Verhandlungen im Rat und 4996

---

817 Suhr UWP 2023, 216.

818 BVerwG UWP 2023, 284 = juris Rn. 11; EuGH NVwZ 2001, 313.

819 Siehe dazu Suhr UWP 2023, 216

820 Dau Üffing UWP 2023, 156; zur Haftung für die Verletzung der menschlichen Gesundheit im Umweltrecht auf der Grundlage eines neuen Art. 79a IE-RL Schweiger/Mayr UWP 2024, 27.

821 Im Einzelnen dazu Suhr UWP 2023, 216 ff.

822 Schweiger/Mayr UWP 2024, 27

Parlament der EU ist die neue IE-RL am 15.7.2024 im EU-Amtsblatt erschienen. Die Mitgliedstaaten haben 22 Monate Zeit, sie in nationales Recht umzusetzen.

2. Systematik der IE-RL

4997 Die Richtlinie enthält Regelungen zur Genehmigung, zum Betrieb und zur Stilllegung von Industrieanlagen. Sie regelt die integrierte Vermeidung und Verminderung der Umweltverschmutzung infolge industrieller Tätigkeiten. Hierzu gehören Anlagen der Energiewirtschaft sowie der Herstellung und Bearbeitung von Metallen, der Metall verarbeitenden und der chemischen Industrie und der Abfallbehandlung sowie sonstiger Industriezweige. Die RL sieht auch Vorschriften zur Vermeidung und, sofern dies nicht möglich ist, zur Verminderung von Emissionen in Luft, Wasser und Boden und zur Abfallvermeidung vor, um ein hohes Schutzniveau für die Umwelt insgesamt zu erreichen (Art. 1 IE-RL). Die RL gilt für die in den Kapiteln II bis VI genannten industriellen Tätigkeiten, die eine Umweltverschmutzung verursachen (Art. 2 IE-RL). Neu sind insbesondere verschärfte Grenzwerte für Kraftwerke und andere „Großfeuerungsanlagen", die Verbindlichkeit der „BVT-Schlussfolgerungen" der europäischen Merkblättern zu besten verfügbaren Techniken (BVT-Merkblätter) bei der Industrieanlagengenehmigung, die Einführung eines „Ausgangszustandsberichtes" über Boden und Grundwasser sowie die Verpflichtung zur systematischen und regelmäßigen Überwachung der Industrieanlagen sowie die Pflicht zur Veröffentlichung der Überwachungsberichte.

4998 **a) Zielsetzung.** Die Richtlinie verfolgt das Ziel, die Umweltverschmutzung durch Industrieanlagen durch eine integrierte Genehmigung zu vermeiden oder so weit wie möglich zu vermindern. Dafür müssen Industrieanlagen die besten verfügbaren Techniken (BVT) einsetzen, die in den BVT-Merkblättern der EU-Kommission veröffentlicht sind. Die BVT-Merkblätter (engl. BREF documents) werden von einem Autor der EU-Kommission unter Mitwirkung von Vertretern aus Behörden, Industrie und Umweltschutzverbänden in einem 2- bis 5-jährigen Diskussionsprozess erstellt (sogenannter Sevilla-Prozess). Die BVT-Merkblätter sind die Grundlage der BVT-Schlussfolgerungen. Über den im Sevilla-Prozess erstellten Text der BVT-Schlussfolgerungen stimmen die EU-Mitgliedstaaten ab. Anschließend werden die BVT-Schlussfolgerungen in alle EU-Sprachen übersetzt und im EU-Amtsblatt veröffentlicht. Die BVT-Schlussfolgerungen enthalten verbindliche Vorgaben (insbesondere zu Emissionswerten) zur Genehmigung der betroffenen Anlagen. Die Umsetzung der Vorgaben in den Industrieanlagen müssen die Behörden der Mitgliedstaaten spätestens vier Jahre nach Veröffentlichung der BVT-Schlussfolgerungen sicherstellen.

4999 Der **Integrationsansatz** der IE-RL kommt auch in den Grundpflichten zu Schutz und Vorsorge gegen Umweltverschmutzungen (Erwägungsgrund 2 und Art. 11 a) IE-RL) zum Ausdruck. Dies betrifft Freisetzungen von Stoffen und anderen Erscheinungen in Luft, Wasser oder Boden. Bei der Vorsorge gegen solche Umweltverschmutzungen sind insbesondere die besten verfügbaren Techniken einzusetzen, die auf ein allgemein hohes Schutzniveau für die Umwelt insgesamt zielen. Dass integrierte Konzept beschränkt sich aber nicht auf Maßnahmen zum Schutz und zur Vorsorge gegen die durch Emissionen hervorgerufenen Umweltverschmutzungen. Es erfasst bei den materiellrechtlichen Anforderungen insbesondere mit den abfall-, energie- und unfallbezogenen Grundpflichten alle nachteiligen Auswirkungen des Betriebs der Anlage. Verfahrensrechtlich muss zudem bei mehreren Zulassungsbehörden zur Sicherstellung eines wirksamen integrierten Konzepts eine Koordinierung des Genehmigungsverfahrens und der Genehmigungsauflagen erfolgen. EU-Richtlinien sind gem. Art. 249 EGV hinsichtlich des zu erreichenden Ziels verbindlich. Den Mitgliedsstaaten bleibt die Wahl der Form und Mittel bei der Umsetzung von Richtlinien in das nationale Recht überlassen. Wird das europäische Richtlinienrecht nicht rechtzeitig umgesetzt, können sich unmittelbare Wirkungen zugunsten von Adressaten des Europarechts ergeben, wenn die Regelungen sich an Unionsbürger oder Organisationen in den Mitgliedstaaten richten und vollzugsfähig sind.

5000 **b) Geltungsbereich.** Die IE-RL ist anzuwenden bei bestimmten **industriellen Tätigkeiten**, die in Art. 1 IE-RL iVm Anhang I der IE-RL abschließend aufgezählt sind. Hierzu gehören Anlagen der Energiewirtschaft sowie der Herstellung und Bearbeitung von Metallen, der Metall verarbeitenden und der chemischen Industrie und der Abfallbehandlung sowie sonstiger Industriezweige. Der Geltungsbereich der Richtlinie betrifft folgende Industriezweige: Energiewirtschaft (zB Verbrennungsanlagen ab 50 MW Feuerungswärmeleistung, Öl-/Gasraffinerien), Herstellung und Verarbeitung von Eisen und Nichteisenmetallen (zB Stahlerzeugung ab

2,5 t/h), Mineralverarbeitende Industrie (zB Zementwerk-Drehrohröfen ab 500 t/d, Kalköfen ab 50 t/d, Glasöfen ab 20 t/d), Chemische Industrie (zB Herstellung von Chemikalien, Düngemittel, Pflanzenschutzmittel), Abfallbehandlungsanlagen zur Verwertung und Beseitigung (zB Deponie, Verbrennung, Mitverbrennung), Herstellung von Zellstoff, Herstellung von Papier und Pappe (ab 20 t/d), Herstellung von Span-, OSB- und Faserplatten auf Holzbasis (ab 600 m3/d), Vorbehandlung oder Färben von Textilfasern und Textilien (ab 10 t/d), Gerben von Häuten oder Fellen (ab 12 t/d), Nahrungsmittelproduktion (zB Schlachthäuser ab 50 t/d Schlachtkörper, Milchverarbeitung ab 200 t/d), Tierkörperbeseitigung (ab 10 t/d), Intensivtierhaltung (zB Geflügel ab 40.000 Plätzen, Mastschweine ab 2000 Plätzen je 30 kg), Oberflächenbehandlung mit organischen Lösemitteln ab 150 kg/h oder 200 t/Jahr (zB Appretieren, Bedrucken, Beschichten, Entfetten, Imprägnieren, Kleben, Lackieren, Textil-/Teile-Reinigen und/oder Tränken), Kohlenstoffherstellung, CO_2-Abscheidung, Konservierung von Holz und Holzerzeugnissen (ab 75 m3/d) und bestimmte industrielle Abwasserbehandlungsanlagen.

c) BVT-Schlussfolgerungen. Die IE-RL verlangt die verbindliche Einhaltung der mit den besten verfügbaren Techniken assoziierten Emissionswerte spätestens vier Jahre nachdem diese als BVT-Schlussfolgerungen im EU-Amtsblatt veröffentlicht wurden (zB Staub-Tagesmittelwert für Sinteranlagen in der Eisen- und Stahlerzeugung: 1-15 mg/Nm3 oder in Altanlagen 20-40 mg/Nm3, falls Gewebefilter dort nicht angewendet werden können). Um die in den BVT-Schlussfolgerungen festgelegten Emissionswerte beim Betrieb der Anlage sicherzustellen, müssen von den Genehmigungsbehörden entsprechend niedrige Grenzwerte festgelegt werden. **5001**

Die Umsetzung der IE-RL in Deutschland erlaubt nicht wie in anderen Mitgliedstaaten die Abweichung von BVT-Anforderungen wegen des geografischen Standorts und der lokalen Umweltbedingungen. Das heißt, die mit BVT verbundenen Mindeststandards sind überall gleichermaßen einzuhalten, unabhängig davon, ob die Anlage sich zB in einem städtischen oder in weniger belastetem ländlichen Gebiete befindet bzw. unabhängig davon, ob deren Abwasser in einen größeren oder kleineren Fluss oder ins Meer eingeleitet wird. Ausnahmen sind lediglich dann zulässig, wenn wegen technischer Merkmale der betroffenen Anlage die Anwendung der BVT-Werte unverhältnismäßig wäre oder wenn für maximal neun Monate Zukunftstechniken erprobt oder angewendet werden sollen. Zukunftstechniken sind so definiert, dass sie entweder ein höheres Umweltschutzniveau erreichen oder das gleiche Schutzniveau mit geringeren Kosten. **5002**

Die IE-RL verlangt nicht nur die Berücksichtigung der besten verfügbaren Techniken (BVT), wie dies die IVU-RL vorsah, sondern die verbindliche Einhaltung der BVT-Schlussfolgerungen. Die Mitgliedstaaten können allerdings nach Art. 15 IV IE-RL in besonderen Fällen davon abweichen, wenn die Einhaltung der Emissionsgrenzwerte gemessen am Umweltnutzen wegen des geografischen Standorts und der lokalen Umweltbedingungen oder der technischen Merkmale der betroffenen Anlage zu unverhältnismäßigen Kosten führen würde. Vorübergehende Abweichungen für höchstens 9 Monate können für die Erprobung und Anwendung von Zukunftstechniken zugelassen werden (Art. 15 V IE-RL). Die im Juli 2024 geänderte RL verpflichtet zur Festlegung strengerer Grenzwerte. **5003**

d) Ausgangszustandsbericht. Nach Art. 22 II IE-RL hat der Betreiber mit Blick auf eine mögliche Verschmutzung des Bodens und des Grundwassers auf dem Gelände der Anlage einen Bericht über den Ausgangszustand zu erstellen. Die Regelung ist in § 5 IV BImSchG umgesetzt. Der Ausgangszustandsbericht muss danach vor der Inbetriebnahme der Anlage erstellt sein, gehört aber nicht zu den eigentlichen Genehmigungsvoraussetzungen. Der Bericht dient nach der IE-RL der Beweissicherung, wie im Falle der späteren Beseitigung der Anlage nach deren Stilllegung zu verfahren ist. Die Verpflichtung zur Erstellung eines Ausgangszustandsberichts kann durchaus gravierende Auswirkungen für das Bodenschutzrecht haben. Vor allem könnte die Behörde den Ausgangszustandsbericht möglicherweise zum Anlass nehmen, zu Lasten der Anlagenbetreiber entsprechende Maßnahmen zu verlangen. Dann würde das Immissionsschutzrecht unzulässig mit dem Bodenschutzrecht verknüpft. **5004**

e) Genehmigungsvorbehalt und Verfahrensanforderungen. Verfahrensrechtlich bestimmt die IE-RL den Kreis der die genehmigungspflichtigen Anlagen und Anforderungen zum Genehmigungsantrag, zur Öffentlichkeitsbeteiligung und zu Auflagen. **5005**

Das Errichten und Betreiben der der RL unterfallenden Anlagen wird unter nach Art. 4 I IE-RL einen Genehmigungsvorbehalt gestellt, der nicht allein auf bestimmte Tätigkeiten, bei denen bestimmte Stoffe verarbeitet werden oder anfallen, bezogen ist, sondern mit dem in **5006**

Art. 2 Nr. 3 IE-RL näher definierten Begriff der Anlage verknüpft. In materieller Hinsicht regelt die Richtlinie in Fortsetzung der IVU-RL Grundpflichten und Genehmigungsvoraussetzungen für den Betrieb von Vorhaben bestehender und neuer Industrieanlagen. Sie beziehen sich auf die integrierte Vermeidung und Verminderung der Freisetzung von Stoffen, Erschütterungen, Wärme oder Lärm in Luft, Wasser und Boden, unter Einbeziehung der Abfallwirtschaft, außerdem die Einhaltung der Umweltqualitätsnormen sowie einer regelmäßigen Überprüfung und ggf. Anpassung der Genehmigungsauflagen. In verfahrensrechtlicher Hinsicht finden sich ua Regelungen betreffend die genehmigungspflichtigen Anlagen, den Genehmigungsantrag, die Öffentlichkeitsbeteiligung und Auflagen. Die Richtlinie überschreitet ebenso wie die IE-RL einen spezifisch medialen Schutzansatz und richtet sich auf übermediale Voraussetzungen für die Genehmigung des Betriebes von Industrieanlagen. Der Genehmigungsvorbehalt des Art. 4 IE-RL ist nicht allein auf bestimmte Tätigkeiten, bei denen bestimmte Stoffe verarbeitet werden oder anfallen, bezogen, sondern mit dem in Art. 2 Nr. 3 der IE-RL näher definierten Begriff der Anlage verknüpft.

5007 Die betroffene Öffentlichkeit hat Anspruch auf eine frühzeitige und effektive Beteiligung am Genehmigungsverfahren (Art. 24 IE-RL).[823] Den Mitgliedern der betroffenen Öffentlichkeit mit einem ausreichenden Interesse oder diejenigen, die eine Rechtsverletzung geltend machen, ist ein Zugang zu einem Überprüfungsverfahren vor einem Gericht oder einer anderen auf gesetzlicher Grundlage geschaffenen unabhängigen und unparteiischen Stelle zu eröffnen, um die materiell-rechtliche und verfahrensrechtliche Rechtmäßigkeit von Entscheidungen, Handlungen oder Unterlassungen nach Art. 24 IE-RL anzufechten. Auch werden den Verbänden entsprechende Klagerechte eingeräumt (Art. 25 IE-RL).

5008 **f) Materiell-rechtliche Integration.** In materieller Hinsicht regelt die Richtlinie Grundpflichten und Genehmigungsvoraussetzungen für den Betrieb von Vorhaben bestehender und neuer Industrieanlagen. Sie beziehen sich auf die integrierte Vermeidung und Verminderung der Freisetzung von Stoffen, Erschütterungen, Wärme oder Lärm in Luft, Wasser und Boden, unter Einbeziehung der Abfallwirtschaft, außerdem die Einhaltung der Umweltqualitätsnormen sowie einer regelmäßigen Überprüfung und ggf. Anpassung der Genehmigungsauflagen. Die IE-RL beschränkt sich nicht auf eine Integration von Verfahren, sondern verlangt eine materiell-rechtliche Integration aller umweltrelevanten Anforderungen an den Betrieb der Anlage, wie sich aus Art. 5 und 9 IE-RL ergibt. Das europäische Anlagenzulassungsrecht enthält in Art. 11 1 g) und h) IE-RL eine Grundpflicht zur Vermeidung und Beseitigung von Abfällen. Hierdurch wird ein grundsätzlicher Vorrang der Vermeidung vor der Verwertung und der Beseitigung eingeführt. § 5 I Nr. 3 BImSchG enthält demgegenüber nur einen relativen Vorrang der Abfallvermeidung. Die Vermeidungspflicht entfällt, wenn die Abfälle einer ordnungsgemäßen und schadlosen Verwertung zugeführt werden. Zudem enthält das europäische Umweltrecht in Art. 11 IE-RL eine Grundpflicht zur effizienten Energieverwertung und verpflichtet den Anlagenbetreiber zur Verhinderung von Unfällen und zur Begrenzung von Unfallfolgen. Entsprechende Betreiberpflichten ergeben sich bei der Stilllegung.

3. Umsetzung in Deutschland

5009 Die Richtlinie wurde durch das Gesetz zur Umsetzung der RL über Industrieemissionen[824] umgesetzt worden. Das Artikelgesetz änderte hauptsächlich das Immissionsschutzrecht aber auch das Wasserrecht, das Abfallrecht und das UVPG mit seinen Anlagen. Gegenständlich ging es bei der Umsetzung vor allem um die in Anhang 1 der Richtlinie enumerativ aufgeführten Anlagen, die als „Industrieemissions-Anlagen" bezeichnet werden können. Hier liegt der Schwerpunkt der Richtlinie ebenso wie der Umsetzungsvorschriften. Hinzu traten Regelungen für Titandioxid-Anlagen und für Lösemittel-Anlagen. In Deutschland ist die Umsetzung durch Novellen vor allem des BImSchG, des WHG und des KrWG erfolgt. Außerdem wurden die 2. BImSchV für Anlagen, die organische Lösungsmittel verwenden, die 4. BImSchV über die genehmigungsbedürftigen Anlagen, die 5. BImSchV über Immissionsschutz- und Störfallbeauftragte, die 9. BImSchV über Genehmigungsverfahren, die 13. BImSchV für Kraftwerken mit mehr als 50 MW Leistung, die 17. BImSchV für Müllverbrennung und Müll-Mitverbrennung in Zementwerken und anderen Anlagen, die 25. BImSchV für Anlagen zur Herstellung

[823] Erfordernis der Öffentlichkeitsbeteiligung bei Änderung oder Erweiterung des Betriebs einer die Schwellenwerte der IE-RL überschreitenden Anlage Schmidhäuser UWP 2022, 142.
[824] Vom 8.4.2013 BGBl 2013, 734.

von Titandioxid, die 31. BImSchV für Anlagen, die organische Lösungsmittel verwenden sowie die 41. BImSchV mit der Bekanntgabeverordnung geändert. Änderungen ergaben sich auch bei der Industriekläranlagen-Zulassungs- und Überwachungsverordnung (IZÜV), der Abwasserverordnung (AbwV)der Deponieverordnung (DepV), der EMAS-Privilegierungsverordnung, der Verordnung über Emissionserklärungen und der Verordnung über Anlagen zur Feuerbestattung. Betroffen sind mehrere hundert Intensivtierhaltungsanlagen sowie mehr als 9.000 industrielle Anlagen von der Industrieemissionsrichtlinie betroffen, davon ca. 1.800 Großfeuerungsanlagen, 130 Abfallverbrennungsanlagen und Anlagen zur Abfallmitverbrennung (v.a. Zementwerke), 7.069 Lösemittel einsetzende Anlagen (davon 329 große und 6.740 kleine bzw. mittlere Anlagen) und 6 Titandioxid produzierende Anlagen.

Die überwiegende Zahl der in den Anwendungsbereich der IE-RL fallenden Vorhaben sind immissionsschutzrechtlich genehmigungsbedürftig. Deshalb sei auf zur Umsetzung der IE-RL in das deutsche Recht auf das Immissionsschutzrecht näher eingegangen.[825] Änderungen betreffen das BImSchG, die 4. BImSchV und die 9. BImSchV. Ergänzt um einige Anlagentypen und neu systematisiert wurde Katalog der genehmigungspflichtigen Anlagen im Anhang zur 4. BImSchV. Nach § 3 der 4. BImSchV sind die Anlagen des Anhangs I der IE-RL im Anhang 1 der 4. BImSchV entsprechend gekennzeichnet worden. 5010

a) Ausgangszustandsbericht. Der Antragsteller, der beabsichtigt, eine Anlage nach der IE-RL zu betreiben, in der relevante gefährliche Stoffe verwendet, erzeugt oder freigesetzt werden, hat nach § 10 Ia 1 BImSchG mit den Unterlagen nach § 10 I BImSchG einen Bericht über den Ausgangszustand vorzulegen, wenn und soweit eine Verschmutzung des Bodens oder des Grundwassers auf dem Anlagengrundstück durch die relevanten gefährlichen Stoffe möglich ist. Die Möglichkeit einer Verschmutzung des Bodens oder des Grundwassers besteht nicht, wenn auf Grund der tatsächlichen Umstände ein Eintrag ausgeschlossen werden kann (§ 10 Ia 2 BImSchG. Gefährliche Stoffe sind nach § 3 IX BImSchG Stoffe oder Gemische gemäß Art. 3 der Verordnung (EG) Nr. 1272/2008. Relevant sind diese Stoffe gemäß § 3 X BImSchG, wenn sie in erheblichem Umfang in der Anlage verwendet, erzeugt oder freigesetzt werden und sie ihrer Art nach eine Verschmutzung des Bodens oder des Grundwassers auf dem Anlagengrundstück verursachen können. Der Inhalt des Ausgangszustandsbericht wird durch § 4 IV der 9. BImSchV bestimmt. Danach muss der Ausgangszustandsbericht Informationen über die derzeitige Nutzung und falls verfügbar über die frühere Nutzung sowie Informationen, die den Zustand zum Zeitpunkt der Erstellung des Ausgangszustandsberichts wiedergeben, enthalten. Neue Messungen sind nur dann durchzuführen, wenn bereits vorliegende Daten nicht den aktuellen Zustand widerspiegeln. Das Untersuchungsgebiet ist § 4 IV 4 der 9. BImSchV auf den Bereich des Anlagengrundstücks begrenzt, auf den sich der Stoff auswirkt. 5011

Nach § 21 I Nr. 3 der 9. BImSchV ist der Ausgangszustandsbericht Teil der Genehmigungsentscheidung. Er wird damit von der Feststellungswirkung der Genehmigung erfasst, was seiner Funktion zur „Beweissicherung" dient.[826] 5012

b) Rückführungspflicht. Wurden nach dem 7.1.2013 auf Grund des Betriebs einer Anlage nach der IE-RL erhebliche Bodenverschmutzungen oder erhebliche Grundwasserverschmutzungen durch relevante gefährliche Stoffe im Vergleich zu dem im Bericht über den Ausgangszustand angegebenen Zustand verursacht, so ist der Betreiber nach § 5 IV 1 BImSchG nach Einstellung des Betriebs der Anlage verpflichtet, soweit dies verhältnismäßig ist, Maßnahmen zur Beseitigung dieser Verschmutzung zu ergreifen, um das Anlagengrundstück in jenen Ausgangszustand zurückzuführen. Wann eine Verschmutzung „erheblich" im Vergleich zum Ausgangszustand ist, hat der Gesetzgeber nicht konkretisiert. Die Rückführung hat nur zu erfolgen, soweit diese verhältnismäßig ist. Im Rahmen der **Verhältnismäßigkeitsprüfung** sind auch bestehende anderweitige Vereinbarungen zwischen Betreiber und Behörde (zB Altlastensanierungsverträge) zu berücksichtigen.[827] Die zuständige Behörde hat der Öffentlichkeit relevante Informationen zu diesen vom Betreiber getroffenen Maßnahmen zugänglich zu machen, und zwar auch über das Internet. Soweit Informationen Geschäfts- oder Betriebsgeheimnisse enthalten, gilt § § 10 II BImSchG entsprechend (§ 5 IV 2 und 3 BImSchG). 5013

---

825 Siehe zur Umsetzung der IE-RL im Immissionsschutzrecht auch Betenstedt/Grandjot/Waskow ZUR 2013, 395.

826 Betenstedt/Grandjot/Waskow ZUR 2013, 395 (397).

827 Betenstedt/Grandjot/Waskow ZUR 2013, 395 (398).

5014 **c) BVT-Verbindlichkeit.** Gemäß § 5 I Nr. 2 BImSchG ist Vorsorge gegen schädliche Umwelteinwirkungen, insbesondere durch die dem „Stand der Technik" entsprechenden Maßnahmen zu treffen. Über die Legaldefinition des Standes der Technik in § 3 VI iVm Nr. 12 werden bei der Festlegung der entsprechenden Anforderungen BVT-Merkblätter berücksichtigt. Bei der Konkretisierung des Begriffs „Stand der Technik" im untergesetzlichen Regelwerk werden die BVT grundsätzlich strikt angewendet. Nach jeder Veröffentlichung einer BVT-Schlussfolgerung ist gem. § 7 Ia 1 BImSchG unverzüglich vom **Verordnungsgeber** zu gewährleisten, dass für Anlagen nach der IE-RL bei der Festlegung von Emissionsgrenzwerten die Emissionen unter normalen Betriebsbedingungen die in den BVT-Schlussfolgerungen genannten Emissionsbandbreiten nicht überschreiten. Eine vergleichbare Bestimmung enthält § 48 Ia 1 BImSchG für **Verwaltungsvorschriften.** Die Festlegung weniger strenger Emissionsgrenzwerte erfolgt in erster Linie durch den untergesetzlichen Vorschriftengeber (§ 7 I b Nr. 1 a) und § 48 Ib Nr. 1 a) BImSchG.

5015 **d) Aktualisierung von Genehmigungen.** Nach § 52 I 2 BImSchG haben die zuständigen Behörden die Genehmigungen regelmäßig zu überprüfen und ggf. auf den neuesten Stand zu bringen. Bei Anlagen nach der IE-RL ist gem. § 52 I 5 BImSchG innerhalb von vier Jahren nach der Veröffentlichung von BVT-Schlussfolgerungen zur Haupttätigkeit 1.eine Überprüfung und gegebenenfalls Aktualisierung der Genehmigung im Sinne von Satz 3 vorzunehmen und 2. sicherzustellen, dass die betreffende Anlage die Genehmigungsanforderungen nach § 6 I Nr. 1 BImSchG und der Nebenbestimmungen nach § 12 BImSchG einhält. Das gilt auch für Genehmigungen, die nach Veröffentlichung von BVT-Schlussfolgerungen auf der Grundlage der bislang geltenden Rechts- und Verwaltungsvorschriften erteilt worden sind. Wird festgestellt, dass eine Einhaltung der nachträglichen Anordnung nach § 17 BImSchG oder der Genehmigung innerhalb der in § 52 I 5 BImSchG bestimmten Frist wegen technischer Merkmale der betroffenen Anlage unverhältnismäßig wäre, kann die zuständige Behörde einen längeren Zeitraum festlegen. Als Teil jeder Überprüfung der Genehmigung hat die zuständige Behörde die Festlegung weniger strenger Emissionsbegrenzungen nach § 7 I b 1 Nr. 2a BImSchG, § 12 Absatz 1b 1 Nr. 1BImSchG, § 17 II b 1 Nr. 1 und § 48 I b 1 Nr. 2 a BImSchG erneut zu bewerten.

5016 **e) Behördliche Überwachung.** Zur regelmäßigen Überwachung von Anlagen nach der IE-RL in ihrem Zuständigkeitsbereich stellen die zuständigen Behörden Überwachungspläne und Überwachungsprogramme gemäß § 52a BImSchG auf. Zur Überwachung gehören Vor-Ort-Besichtigungen, Überwachung der Emissionen und Überprüfung interner Berichte und Folgedokumente, Überprüfung der Eigenkontrolle, Prüfung der angewandten Techniken und der Eignung des Umweltmanagements der Anlage zur Sicherstellung der Anforderungen nach § 6 I Nr. 1 BImSchG.

5017 **Überwachungspläne** haben nach § 52a I 1 BImSchG Folgendes zu enthalten: 1. den räumlichen Geltungsbereich des Plans, 2.eine allgemeine Bewertung der wichtigen Umweltprobleme im Geltungsbereich des Plans, 3. ein Verzeichnis der in den Geltungsbereich des Plans fallenden Anlagen, 4. Verfahren für die Aufstellung von Programmen für die regelmäßige Überwachung, 5. Verfahren für die Überwachung aus besonderem Anlass sowie 6. soweit erforderlich, Bestimmungen für die Zusammenarbeit zwischen verschiedenen Überwachungsbehörden. Die Überwachungspläne sind von den zuständigen Behörden regelmäßig zu überprüfen und, soweit erforderlich, zu aktualisieren (§ 52a I BImSchG).[828]

5018 Auf der Grundlage der Überwachungspläne erstellen oder aktualisieren die zuständigen Behörden nach § 52a II BImSchG regelmäßig **Überwachungsprogramme**, in denen auch die Zeiträume angegeben sind, in denen Vor-Ort-Besichtigungen stattfinden müssen. In welchem zeitlichen Abstand Anlagen vor Ort besichtigt werden müssen, richtet sich nach einer systematischen Beurteilung der mit der Anlage verbundenen Umweltrisiken insbesondere anhand der folgenden Kriterien: 1. mögliche und tatsächliche Auswirkungen der betreffenden Anlage auf die menschliche Gesundheit und auf die Umwelt unter Berücksichtigung der Emissionswerte und -typen, der Empfindlichkeit der örtlichen Umgebung und des von der Anlage ausgehenden Unfallrisikos, 2. bisherige Einhaltung der Genehmigungsanforderungen und der Nebenbestimmungen, 3. Eintragung eines Unternehmens in ein EMAS-Verzeichnis.

5019 Der Abstand zwischen zwei Vor-Ort-Besichtigungen darf die folgenden Zeiträume nicht überschreiten: 1. ein Jahr bei Anlagen, die der höchsten Risikostufe unterfallen, sowie 2. drei

---

[828] Zu ausgewählten Rechtsfragen der Umweltinspektion Raad/Volkhausen UWP 2023, 125.

Jahre bei Anlagen, die der niedrigsten Risikostufe unterfallen. Wurde bei einer Überwachung festgestellt, dass der Betreiber einer Anlage in schwerwiegender Weise gegen die Genehmigung verstößt, hat die zuständige Behörde innerhalb von sechs Monaten nach der Feststellung des Verstoßes eine zusätzliche Vor-Ort-Besichtigung durchzuführen. Die zuständigen Behörden führen unabhängig davon bei Beschwerden wegen ernsthafter Umweltbeeinträchtigungen, bei Ereignissen mit erheblichen Umweltauswirkungen und bei Verstößen gegen die Vorschriften dieses Gesetzes oder der auf Grund dieses Gesetzes erlassenen Rechtsverordnungen eine Überwachung durch (§ 52a III und IV BImSchG.

f) Umweltinspektionsbericht. Nach jeder Vor-Ort-Besichtigung einer Anlage erstellt die zuständige Behörde einen Umweltinspektionsbericht mit den relevanten Feststellungen über die Einhaltung der Genehmigungsanforderungen nach § 6 I Nr. 1 BImSchG und der Nebenbestimmungen nach § 12 BImSchG sowie mit Schlussfolgerungen, ob weitere Maßnahmen notwendig sind.[829] Der Bericht ist dem Betreiber innerhalb von zwei Monaten nach der Vor-Ort-Besichtigung durch die zuständige Behörde zu übermitteln. Der Bericht ist der Öffentlichkeit nach den Vorschriften über den Zugang zu Umweltinformationen innerhalb von vier Monaten nach der Vor-Ort-Besichtigung zugänglich zu machen (§ 52a V BImSchG). 5020

Grundrechtsrelevanz der Veröffentlichung. Die Veröffentlichung des Umweltinspektionsberichts berührt unmittelbar die unternehmerische Tätigkeit des Anlagenbetreibers. Angaben über die Einhaltung der Genehmigungsanforderungen sowie der Nebenbestimmungen nach § 12 BImSchG und Schlussfolgerungen, ob weitere Maßnahmen erforderlich sind, betreffen sachliche Verhältnisse des Unternehmens und sind insoweit personenbezogene Daten. Zweck des Zugänglichmachens der Berichte ist die Information der Öffentlichkeit – also auch möglicher Kunden und Geschäftspartner – darüber, ob das Unternehmen seinen Verpflichtungen aus dem Genehmigungsbescheid nachkommt. Der Inhalt des Berichts kann daher ua einen wettbewerbsrelevanten Eindruck über die Zuverlässigkeit des Unternehmens vermitteln.[830] Die Veröffentlichung von Mängeln des Anlagenbetriebs und die damit verbundene **„Prangerwirkung"** soll den Anlagenbetreiber unabhängig von der Möglichkeit ordnungsrechtlicher Verfügungen zur Unterlassung eines genehmigungsabweichenden Betriebs veranlassen, umgehend die beanstandeten Mängel abzustellen. Es liegt insoweit auf der Hand, dass die Veröffentlichung eines kritischen Umweltinspektionsberichts geschäftsschädigende Wirkung haben kann. Natürliche und juristische Personen des privaten Rechts können sich deshalb gegenüber der Veröffentlichung von Umweltinspektionsberichten im Internet oder in sonstiger Weise sowohl auf das Grundrecht auf informationelle Selbstbestimmung (Art. 2 I GG) als auch auf das Grundrecht auf Berufsfreiheit (Art. 12 GG) berufen.[831] Die Veröffentlichung unrichtiger Inspektionsberichte, etwa solcher, die Mängel behaupten, die nicht bestehen, oder solcher, zu denen der Anlagenbetreiber vor der Veröffentlichung nicht ordnungsgemäß angehört worden ist, ist nicht nur rechtswidrig. Sie verletzt auch Grundrechte des Anlagenbetreibers. 5021

Der zulässige Inhalt eines Inspektionsberichts ergibt sich aus § 52a V 1 BImSchG. Danach erstellt die zuständige Behörde einen Bericht mit den relevanten Feststellungen über die Einhaltung der Genehmigungsanforderungen nach § 6 I Nr. 1 BImSchG und der Nebenbestimmungen nach § 12 BImSchG sowie mit Schlussfolgerungen, ob weitere Maßnahmen zur Erzwingung eines genehmigungskonformen Betriebs notwendig sind. 5022

Der Inspektionsbericht bezieht sich auf Feststellungen im Rahmen des Inspektionstermins, über den berichtet wird und erstreckt sich insoweit nicht auf Informationen oder Erkenntnisse aus anderen behördlichen Verfahren, seien es ordnungsrechtliche Verfahren mit dem Ziel einer nachträglichen Anordnung, seien es (Änderungs-) Genehmigungsverfahren oder seien es Erkenntnisse aus sonstigen Mitteilungen oder Berichten des Anlagenbetreibers an die Überwachungsbehörde, die nicht im Zusammenhang mit dem Inspektionstermin stehen. Der Inspektionsbericht ist kein vollständiger Bericht über den aktuellen Zustand einer genehmigungsbedürftigen Anlage bzw. über die Mängelfreiheit des Anlagenbetriebs. Es handelt sich vielmehr um einen Bericht über eine konkrete Vor-Ort-Besichtigung einer IE-Anlage an einem bestimmten Tag. Was nicht Ergebnis einer solchen Vor-Ort-Besichtigung ist, gehört 5023

[829] Dazu Beckmann I+E 2015, 58; Franßen I+E 2015, 23; Schoppen AbfallR 2015, 234; Kment/Pleiner ZUR 2015, 330.

[830] OVG Münster Beschl. v. 30.10.2014 – 8 B 721/14, juris Rn. 8; NVwZ-RR 2023, 316.

[831] OVG Münster Beschl. v. 6.11.2014 – 8 B 1101/14, juris Rn. 7.

dementsprechend auch nicht in den Bericht und kann auch nicht im Rahmen eines solchen Inspektionsberichts als Ergebnis eines solchen Inspektionstermins veröffentlicht werden.

5024 **Rechtmäßigkeit des Inspektionsberichts.** Die grundsätzliche Zulässigkeit eines Vor-Ort-Termins im Rahmen einer Umweltinspektion ergibt sich unmittelbar aus §§ 52 II1, Ib 2, 52 a II BImSchG. Vor-Ort-Termine sind danach in regelmäßigen Abständen durchzuführen. Hinzu kommt, dass Anlagenbetreiber den Angehörigen der zuständigen Behörden nach § 52 II 1 BImSchG Zutritt zu den Anlagengrundstücken zu verschaffen haben. Die grundsätzliche Zulässigkeit von Inspektionsterminen ändert aber nichts daran, dass bei der Durchführung eines Inspektionstermins verfahrensrechtliche Anforderungen zu beachten sind.

5025 **Vor-Ort-Besichtigung.** Aus den Vorschriften über die Notwendigkeit von Vor-Ort-Besichtigungen im Rahmen der immissionsschutzrechtlichen Überwachung ergibt sich nicht bloß die Berechtigung, das Betretungsrecht einzufordern, sondern unmittelbar das Betretungsrecht selbst.[832] Eine Vor-Ort-Besichtigung ist, wenn sie von dem Anlagenbetreiber gestattet wird, lediglich schlicht-hoheitliches Verwaltungshandeln. Des Erlasses eines Verwaltungsaktes bedarf es insoweit nicht.[833] Gestattet der Anlagenbetreiber den Zutritt dagegen nicht, zB weil er ihn angesichts einer fehlenden Vorankündigung oder angesichts des Termins außerhalb normaler Betriebszeiten für unverhältnismäßig hält, dann kann die zuständige Überwachungsbehörde die Gestattungspflicht des Anlagenbetreibers grundsätzlich ordnungsrechtlich durchsetzen. Das setzt allerdings den Erlass eines entsprechenden Verwaltungsakts voraus.[834] Ein solcher Verwaltungsakt kann schriftlich, aber auch mündlich sogar noch vor Ort erlassen werden. Er wird allerdings gem. § 43 I VwVfG erst dann wirksam, wenn er dem Anlagenbetreiber nach § 41 I 1 VwVfG ordnungsgemäß bekannt gegeben worden ist. Ist ein Bevollmächtigter bestellt, so kann die Bekanntgabe nach § 41 I 2 VwVfG gegenüber dem Bevollmächtigten vorgenommen werden. Grundsätzlich muss deshalb im Falle einer Verweigerung des Zutritts zu dem Anlagengrundstück bei einer unangekündigten Vor-Ort-Besichtigung zur Durchsetzung der Gestattungspflicht zunächst eine Ordnungsverfügung ergehen, die an den bevollmächtigten Geschäftsführer des Anlagenbetreibers bekannt zu geben ist. Nur in besonderen Ausnahmefällen kann Verwaltungszwang ohne vorausgehenden Verwaltungsakt angewendet werden, nämlich wenn das zur Abwehr einer gegenwärtigen Gefahr notwendig ist und die Vollzugsbehörde dabei innerhalb ihrer Befugnisse handelt (vgl. zB § 55 II VwVG NRW). Eine gegenwärtige Gefahr im Sinne des § 55 II VwVG NRW liegt bei einer Sachlage vor, bei der die Einwirkung des schädigenden Ereignisses schon begonnen hat oder bei der diese Einwirkung unmittelbar oder in allernächster Zeit mit sehr hoher Wahrscheinlichkeit bevorsteht, so dass keine Zeit mehr bleibt, eine Ordnungsverfügung, sei sie auch nur mündlich, zu erlassen. Das ist im Zusammenhang mit einer unangemeldeten, gleichwohl aber von der Behörde vorbereiteten und zeitlich geplanten Umweltinspektion kaum jemals anzunehmen. Die Behördenvertreter sind insoweit regelmäßig nicht berechtigt, das Anlagengrundstück ohne vorherigen Erlass einer entsprechenden Ordnungsverfügung zu betreten, wenn ihnen der Zutritt nicht vom Anlagenbetreiber freiwillig gestattet worden ist.

5026 Vor-Ort-Besichtigungen können selbstverständlich auch unangemeldet stattfinden.[835] Allerdings können solche unangemeldeten Besichtigungen den Anlagenbetrieb und auch die Sicherheit des Betriebs beeinträchtigen und gegebenenfalls auch eine Beteiligung verantwortlicher Mitarbeiter des Anlagenbetreibers an der Besichtigung erschweren. Vor-Ort-Besichtigungen müssen deshalb, soweit der Zweck des Zutritts- und des Prüfungsrechts dadurch nicht vereitelt wird, zur Wahrung des Grundsatzes der Verhältnismäßigkeit angekündigt werden.[836] Es ist daher nicht zulässig, sämtliche Vor-Ort-Besichtigungen unangemeldet durchzuführen. Vielmehr bedarf es jeweils eines rechtfertigenden Grundes für eine unangemeldete Besichtigung. Die Überwachungsbehörden haben teilweise Gründe, die aus ihrer Sicht eine unangekündigte Vor-Ort-Besichtigung rechtfertigen können, in ihren Überwachungskonzepten aufgelistet und im Internet veröffentlicht. Genannt werden zur Rechtfertigung unangemeldeter Inspektionen im Ausnahmefall zB Beschwerden über schwerwiegende Umweltverstöße oder wiederkehrende Beschwerden, Immissionswertüberschreitungen, schwerwiegende Mängel bei einer vorherigen Inspektion, häufige Verstöße gegen Betreiberpflichten oder Auflagen, die

---

832 VG Gelsenkirchen Beschl. v. 30.1.2008 – 14 L 1330/07, juris Rn. 39.
833 BVerwG NVwZ 2023, 435 = juris Rn. 24.
834 Jarass BImSchG, 2022, § 52 Rn. 59.
835 BVerwG NVwZ 2023, 435 = juris Rn. 24.
836 Jarass BImSchG, 2022, § 52 Rn. 46.

Überprüfung einer Ordnungsverfügung zur Mängelbehebung und die berechtigte Besorgnis einer Beweismittelvernichtung. Ob alle diese Gründe tatsächlich eine unangemeldete Inspektion rechtfertigen, ist zweifelhaft. Beschwerden über schwerwiegende Umweltverstöße oder wiederkehrende, möglicherweise unberechtigte Beschwerden sind genauso wenig ein überzeugender Grund für eine unangemeldete Überprüfung wie allein die Tatsache, dass ein Immissionswert überschritten worden ist. Entscheidend dürfte vielmehr ausschließlich sein, ob durch eine (möglicherweise kurze) Vorankündigung tatsächlich der Überwachungszweck gefährdet wird, weil der Anlagenbetreiber die Ursachen für eine Beanstandung kurzfristig beseitigen kann. Liegen derartige oder vergleichbare Gründe nicht vor, muss die Vor-Ort-Besichtigung so rechtzeitig angekündigt werden, dass sich der Anlagenbetreiber auf die damit möglicherweise verbundenen Beeinträchtigungen organisatorisch einstellen und dafür Sorge tragen kann, dass die aus seiner Sicht notwendigerweise zu beteiligenden Mitarbeiter (Geschäftsführer, Niederlassungs- oder Betriebsleiter, Umweltbeauftragte) anwesend sein können. Dazu gehört auch eine Ankündigung der Schwerpunkte der bevorstehenden Überprüfung.[837]

Zeitliche Beschränkungen für die Vor-Ort-Besichtigungen ergeben sich aus den §§ 52, 52 a BImSchG unmittelbar nicht. Gleichwohl ist anerkannt, dass der Verhältnismäßigkeitsgrundsatz auch insoweit Grenzen setzt. Eine Besichtigung außerhalb normaler Betriebs- und Geschäftszeiten ist unverhältnismäßig, wenn für eine solche Besichtigung auch die normalen Betriebszeiten in Betracht kommen.[838] Insoweit ist auf berechtigte Belange des Anlagenbetreibers, insbesondere dessen Interesse daran, mit qualifizierten und zuständigen Verantwortlichen die Inspektion begleiten sowie sich organisatorisch auf eventuelle Störungen der Betriebsabläufe durch eine Umweltinspektion einstellen zu können, Rücksicht zu nehmen. Werden die verfahrens- und verfassungsrechtlichen Anforderungen des Verhältnismäßigkeitsgrundsatzes missachtet, handelt es sich um eine rechtswidrige Überwachungsmaßnahme. 5027

Das BVerwG ist allerdings der Ansicht. unangekündigte Kontrollen seien regelmäßig auch verhältnismäßig im engeren Sinne. Entgegenstehende, von atypischen Einzelfällen unabhängige allgemein schutzwürdige Interessen der Eigentümer und Betreiber von Anlagen, die für eine mindestens regelmäßige vorherige Ankündigung des Zutrittsbegehrens streiten könnten, hätten gegenüber dem öffentlichen Interesse an einer möglichst effektiven Anlagenüberwachung kein höheres Gewicht. Eine unzumutbare Belastung der Eigentümer und Betreiber durch (auch) nicht angekündigte Vor-Ort-Kontrollen sei nicht ersichtlich.[839] Eine übermäßige, durch den Kontrollzweck nicht gerechtfertigte Störung der Betriebsabläufe könne und müsse regelmäßig durch die konkrete Gestaltung der Kontrolle vermieden werden. Dazu gehöre, dass sich die die Kontrolle durchführenden Behördenmitarbeiter zu Beginn der Inspektion bei der an dem betreffenden Tag vor Ort anwesenden, für den Betrieb der Anlage verantwortlichen, das Hausrecht ausübenden Person anmelden und die für den kontrollierten Betrieb maßgeblichen Sicherheitsvorschriften, zB das Anlegen von Schutzausrüstung, beachten müssten. Erschienen Kontrolleure unangekündigt auf einem Betriebsgelände, müssten sie zudem gegebenenfalls damit rechnen, weder den Betriebsinhaber selbst noch eine verantwortliche Person anzutreffen, weil sich diese naturgemäß nicht vorab auf die Kontrolle einstellen könnten. Die Kontrolleure müssen auch damit rechnen, dass eine unangekündigte Kontrolle mit anderen, sachlich gerechtfertigten und nicht bloß vorgeschobenen Terminen der verantwortlichen Person kollidiere.[840] 5028

Die Veröffentlichung eines Berichts über eine rechtswidrige Überwachungsmaßnahme ist nicht zulässig. Der Anlagenbetreiber kann sich dagegen mit einem Antrag auf Erlass einer einstweiligen Anordnung zur Wehr setzen. 5029

Das OVG Münster hat zutreffend darauf hingewiesen, dass die Anlagenbetreiber zwar nicht vor der aktiven Verbreitung zutreffender und sachlich gehaltener Informationen und auch nicht vor informationsbedingten Imageschäden und Umsatzeinbußen geschützt seien und dass die Transparenz am Markt dessen Funktionsfähigkeit fördere.[841] Dementsprechend muss der Anlagenbetreiber die Veröffentlichung eines inhaltlich unzutreffenden Inspektionsberichts nicht akzeptieren. Denn ein unzutreffender Bericht würde die erwähnten Grundrechte des Anlagenbetreibers verletzen. 5030

837 VGH Mannheim NVwZ 2001, 574.
838 Jarass BImSchG, 2922, § 52 Rn. 43.
839 BVerwG NVwZ 2023, 45 = juris Rn. 24; NVwZ-RR 2022, 670 = juris Rn. 17.
840 BVerwG NVwZ 2023, 45 = juris Rn. 25; NVwZ-RR 2022, 670 = juris Rn. 18.
841 OVG Münster Beschl. v. 6.11.2014 – 8 B 1101/14, juris Rn. 28.

5031 **Mängelkategorisierung.** Fraglich ist, ob die gesetzliche Ermächtigung, den Inspektionsbericht zu veröffentlichen, sich auch auf eine Bewertung festgestellter Mängel (zB als erheblich oder schwerwiegend) erstreckt. Zum Teil wird die Ansicht vertreten, dass es für die Veröffentlichung einer Mängelbewertung an einer hinreichenden Ermächtigungsgrundlage fehlt. Die gesetzlichen Regelungen in § 52 a V BImSchG rechtfertigten nicht die Bewertung der bei einer Umweltinspektion festgestellten Mängel als „erheblich". In § 52 a V BImSchG sei lediglich allgemein von „relevanten Feststellungen" die Rede, die zu veröffentlichen bzw. zu verbreiten seien. Hingegen sei nicht vorgesehen, dass und unter welchen Voraussetzungen festgestellte Mängel einer überwachten Anlage in dem zur Veröffentlichung vorgesehenen Bericht in qualifizierter Weise – etwa als „erheblich" – zu kennzeichnen sind.[842] Nach anderer Auffassung bestehen gegen die Veröffentlichung einer solchen Mängelkategorisierung jedoch keine durchgreifenden verfassungsrechtlichen Bedenken. Der Umweltinspektionsbericht solle gemäß § 52 a V 1 BImSchG nicht nur die relevanten Feststellungen über die Einhaltung der Genehmigungsanforderungen und der Nebenbestimmungen enthalten, sondern auch die entsprechenden Schlussfolgerungen dazu, ob weitere Maßnahmen notwendig sind. Das schließe denknotwendig die rechtliche Bewertung der festgestellten Mängel und deren Einordnung als erheblich oder unerheblich ein.[843] Nach § 52 a V 3 BImSchG sei der Umweltinspektionsbericht insgesamt zugänglich zu machen, ohne bestimmte Teile auszunehmen. Dies schließe die Ermächtigung der zuständigen Behörde ein, den Umweltinspektionsbericht nicht nur in Teilen, sondern insgesamt – einschließlich der Bewertungen – der Öffentlichkeit im Internet zugänglich zu machen.[844] Nach Ansicht des OVG Münster dient die Veröffentlichung des Ergebnisses der Besichtigung einschließlich der Bewertung und der Schlussfolgerungen dazu, die Öffentlichkeit zum einen über Verstöße („relevante Feststellungen") gegen die spezifisch umweltbezogenen Vorgaben der Genehmigung nach § 6 I Nr. 1 BImSchG einschließlich der Nebenbestimmungen und zum anderen über die von der Behörde vor diesem Hintergrund eingeleiteten oder beabsichtigten Maßnahmen zu unterrichten. Diese inhaltliche Grenze entspreche der Zwecksetzung des zugrundeliegenden Unionsrechts, mit dem erweiterten Zugang der Öffentlichkeit zu umweltbezogenen Informationen dazu beizutragen, das Umweltbewusstsein zu schärfen, einen freien Meinungsaustausch und eine wirksamere Teilnahme der Öffentlichkeit an Entscheidungsverfahren in Umweltfragen zu ermöglichen und so den Umweltschutz und die Umweltqualität zu verbessern. Der Grundrechtseingriff durch § 52 a V 3 BImSchG sei auch verhältnismäßig. Der Gesetzgeber verfolge mit der Veröffentlichung der umweltbezogenen Informationen legitime Gemeinwohlziele. Sie dienten der Umsetzung unionsrechtlicher Regelungen, die die Verbesserung der Umweltqualität und des Umweltschutzes bezwecken. Dies solle durch erhöhte Transparenz umweltrelevanter Betätigungen Einzelner und der Entscheidungsfindungsprozesse der zuständigen Behörden erreicht werden. An der vom Unionsrecht vorausgesetzten Eignung der Veröffentlichung der Umweltinspektionsberichte, diesen Zweck zu fördern, bestünden keine Zweifel. Es fehle auch nicht deshalb an der Erforderlichkeit, weil mit der Veröffentlichung nur der festgestellten Verstöße und der Schlussfolgerungen ohne eine Bewertung der Verstöße bezogen auf die gesetzliche Zielsetzung ein gleich geeignetes und den betroffenen Betreiber weniger belastendes Mittel gegeben wäre. Die Veröffentlichung der festgestellten Verstöße und der Schlussfolgerungen allein sei nicht in gleicher Weise geeignet, die Transparenz umweltrelevanter Betätigungen und behördlicher Entscheidungen zu erhöhen. Die Öffentlichkeit könne ohne eine Bewertung des Verstoßes weder dessen Umweltrelevanz noch die behördlichen Reaktionen nachvollziehen. § 52 a V 3 BImSchG wahre auch das Gebot der Verhältnismäßigkeit im engeren Sinne. Das Interesse der Allgemeinheit an einem wirksamen Umweltschutz überwiege das Interesse der betroffenen Unternehmen, von geschäfts- und rufschädigenden Umweltinspektionsberichten verschont zu bleiben. Zwar sei der Eingriff in den grundrechtlich geschützten Freiheitsraum der betroffenen Betreiber nicht unerheblich. Die Betreiber hätten aufgrund der Veröffentlichung eines genehmigungswidrigen Verhaltens negative wirtschaftliche Folgen zu gewärtigen, die auch langfristiger Art sein können. Das Gewicht dieser Folgen werde allerdings dadurch gemildert, dass die betroffenen Unternehmen selbst den Anlass für die Veröffentlichung gäben. Die Betreiber der Anlagen kennten den Inhalt des Genehmigungsbescheids. Sie seien verpflichtet, die Anforderungen der Genehmigung zu

---

[842] VG Arnsberg Beschl. v. 10.6.2014 – 4 L 867/13, juris Rn. 27; VG Düsseldorf Beschl. v.12.1.2015 – 3 L 2899/14, juris Rn. 17; VG Düsseldorf Urt. v. 22.1.2015 – 3 K 5152/14, juris Rn. 24.

[843] VG Köln Beschl. v. 22.8.2014 – 13 L 1473/14, juris Rn. 10.

[844] VG Köln Beschl. v. 22.8.2014 – 13 L 1473/14, juris Rn. 10.

erfüllen, und sie hätten die Erfüllung dieser Vorgaben aufgrund ihrer innerbetrieblichen Einflussmöglichkeiten auch regelmäßig in der Hand. Erfüllten sie ihre Verpflichtungen, werde die Veröffentlichung für sie negativer Umweltinspektionsberichte vermieden.[845]

Soweit zur Begründung einer Schlussfolgerung, dass bestimmte Maßnahmen zur Mängelbeseitigung erforderlich sind, ein festgestellter Mangel bewertet wird, dürfte dagegen nichts einzuwenden sein, weil der Gesetzgeber eine Berichterstattung über die Schlussfolgerungen ausdrücklich verlangt. Für davon losgelöste Bewertungen fehlt es allerdings an einer hinreichenden Ermächtigungsgrundlage. § 52 a V 3 BImSchG sieht zwar vor, dass der Bericht nach den Vorschriften des UIG zugänglich zu machen ist. § 10 III 1 UIG verlangt aber nur eine Verbreitung von Umweltinformationen in einer für die Öffentlichkeit verständlicher Form. Zur Erläuterung bzw. zur Verständlichmachung einer Abweichung von einer Genehmigung ist insoweit aber eine schematische Mängelkategorisierung nicht zwingend erforderlich. Auch die Verpflichtung der informationspflichtigen Stellen nach § 7 III UIG, soweit möglich zu gewährleisten, dass Umweltinformationen „vergleichbar" sein sollen, bedeutet nicht, dass eine Verpflichtung bestünde, die im Rahmen einer Umweltinspektion bei einer bestimmten Anlage festgestellten Mängel zu bewerten, dass sie mit festgestellten Mängeln anderer Anlagen vergleichbar sind. Vergleichbar im Sinne von § 7 III 1 UIG sind Umweltinformationen, wenn sie auf herkömmlichen wissenschaftlichen und üblicherweise verwendeten Bemessungsparametern beruhen.[846] Angesichts der Einzelfallbezogenheit einer auf die Einhaltung von Genehmigungen gerichteten Umweltinspektion kann es auf eine Vergleichbarkeit, die über die Aussage, dass von der Genehmigung im konkreten Fall abgewichen worden ist, hinausgeht, nicht ankommen. § 7 III 1 UIG verpflichtet und berechtigt insoweit auch nicht zu einer weitergehenden Mängelbewertung. Auch aus § 52 III 2 BImSchG lässt sich eine Ermächtigung für eine solche Mängelbewertung nicht ableiten.[847] Nach dieser Vorschrift hat die Genehmigungsbehörde eine zusätzliche Vor-Ort-Besichtigung innerhalb von sechs Monaten nach Feststellung eines Mangels durchzuführen, wenn es sich dabei um einen schwerwiegenden Verstoß gegen die Genehmigung handelt. Es geht in § 52 a III 2 BImSchG nicht um weitere Maßnahmen im Sinne von § 52 V 1 BImSchG. Denn dabei handelt es sich um Maßnahmen, die dem Anlagenbetreiber gegebenenfalls abverlangt werden, um den beanstandeten Mangel zu beseitigen, während § 52 a III 2 BImSchG eine Überwachungsmaßnahme der Behörde regelt. Dass die zuständige Behörde bei schwerwiegenden Mängeln innerhalb von sechs Monaten nach deren Feststellung eine erneute Inspektion durchführen muss, ist insoweit kein überzeugender Grund für die Veröffentlichung einer dahingehenden Schlussfolgerung im Sinne von § 52 a V BImSchG. 5032

Unzutreffend dürfte es auch sein, bei der Bewertung der festgestellten Mängel auf einen Verstoß gegen materielle oder formelle Anforderungen abzustellen. Der Gesetzgeber erwartet nach § 52 a V 1 BImSchG von der zuständigen Behörde einen Bericht über relevante Feststellungen über die Einhaltung der Genehmigungsanforderungen nach § 6 I Nr. 1 BImSchG sowie der Nebenbestimmungen nach § 12 BImSchG. Dementsprechend ist nicht über jeden umweltrelevanten Verstoß gegen eine materielle oder formelle Anforderung an den Anlagenbetrieb zu berichten. Gegenstand des Inspektionsberichts ist ausschließlich die immissionsschutzrechtliche Genehmigungskonformität des Anlagenbetriebs und nicht die darüber hinausgehende Vereinbarkeit des Betriebs mit sonstigen materiellen oder formellen Anforderungen, zB Anforderungen, die nicht als Voraussetzung für die Erteilung einer immissionsschutzrechtlichen Genehmigung zu beachten sind oder die sich aus der unmittelbaren Anwendung von Gesetzen oder Verordnungen nach Erlass einer Genehmigung ergeben, ohne dass die Genehmigung durch eine nachträgliche Anordnung angepasst worden wäre. 5033

Die Veröffentlichung geringfügiger Mängel, die definitionsgemäß „augenscheinlich" überhaupt nicht zu Umweltbeeinträchtigungen führen können, ist wegen der sich aus der Veröffentlichung gleichwohl ergebenden Prangerwirkung unverhältnismäßig. Ausgehend von dem Sinn und Zweck der Umweltinspektion, die Überwachung zum Schutz der Umwelt zu intensivieren, sind Mängel, die „augenscheinlich" gar nicht zu Umweltbeeinträchtigungen führen können, schlichtweg nicht berichtenswert.[848] 5034

---

845 OVG Münster Beschl. v. 6.11.2014 – 8 B 1101/14, juris Rn. 28.

846 Reidt/Schiller in Landmann/Rohmer, Umweltrecht, 2019, § 7 UIG Rn. 10.

847 So aber OVG Münster NVwZ 2015, 304 (308).

848 auch das VG Köln setzt offenbar für eine Veröffentlichung eines Mangels die Gefahr einer Umweltbeeinträchtigung voraus, siehe Beschl. v. 22.8.2014 – 13 L 1473/14, juris Rn. 17.

5035 Geht man davon aus, dass die Überwachungsbehörde berechtigt ist, die Abweichungen von der Genehmigung nicht nur festzustellen und darüber zu berichten, sondern sie auch nach bestimmten Mängelkategorien zu bewerten, dann dürfte eine Qualifizierung als „geringfügig" oder „erheblich" allein regelmäßig nicht ausreichen, um die vom OVG Münster angesprochenen Transparenzanforderungen der §§ 10 III, 7 III UIG zu erfüllen.[849] Ohne nähere Erläuterungen oder eine Offenlegung der diese Qualifizierung tragenden Maßstäbe hätten diese Angaben keine ausreichende Aussagekraft oder verursachten möglicherweise sogar Fehlvorstellungen. Dem Gebot des § 10 III UIG, Umweltinformationen nur in einer für die Öffentlichkeit verständlichen Darstellung zu verbreiten, dürfte, für den Fall, dass man überhaupt von einer hinreichenden gesetzlichen Ermächtigung für eine Mängelbewertung ausgeht, nicht allein dadurch Rechnung zu tragen sein, dass eine pauschalisierende Kategorisierung eingeführt wird und sich die Behörde damit begnügt, einen lediglich stichwortartig bezeichneten Mangel einer bestimmten Mängelkategorie begründungslos zuzuordnen.

5036 Der Gesetzgeber hat nicht geregelt, ob und gegebenenfalls zu welchem Zeitpunkt ein Inspektionsbericht, der über die Homepage der Überwachungsbehörde öffentlich zugänglich gemacht wird, dort gelöscht oder geändert werden muss. § 52 a V BImSchG fordert nicht, dass eine einmal erfolgte Mangelfeststellung bei einer späteren Beseitigung bzw. Behebung des Mangels vollständig wegfallen muss. Allerdings ist auch in diesem Zusammenhang der Grundsatz der Verhältnismäßigkeit zu beachten. Werden die Mängel bereits vor der Veröffentlichung des Berichts beseitigt, muss dieses im Bericht noch vor der Veröffentlichung vermerkt werden. Werden die Mängel nach der Veröffentlichung des Berichts beseitigt, hat der Anlagenbetreiber einen Anspruch auf einen ergänzenden Hinweis dazu.

XIV. Umwelt-Audit-VO

5037 In manchen Richtlinien findet eine Verlagerung der Verfahrensverantwortung in der Weise statt, dass die permanente Überwachung durch den Betreiber selbst ausführlich geregelt wird.[850] In engem Zusammenhang damit steht die Regelung der Umwelt-Audit-Verordnung aus dem Jahre 2009 über „die freiwillige Teilnahme von Organisationen an einem Gemeinschaftssystem für das Umweltmanagement und die Umweltbetriebsprüfung".[851] Die Eigenverantwortung der Unternehmen soll durch ein europaweites System des freiwilligen betrieblichen Umweltschutzes gestärkt werden, das durch weitgehende Selbstorganisation und Selbstkontrolle der Unternehmen gekennzeichnet ist. Umweltmanagement und Umweltbetriebsprüfung wurden bereits in der EG-Umwelt-Audit-VO grundgelegt.[852]

1. Systematik der Umwelt-Audit-VO

5038 Die EG-Umwelt-Audit-VO sieht vor, dass die Mitgliedstaaten den rechtlichen Rahmen für ein System des betrieblichen Umweltschutzes schaffen, das unter Aufsicht unabhängiger Umweltgutachter und einer begrenzten Kontrolle durch Verwaltung und Öffentlichkeit an dem Grundsatz der freiwilligen Selbstverpflichtung der Unternehmen ausgerichtet ist.[853] Nach Art. 1 S. 1 EG-Umwelt-Audit-VO wird das Gemeinschaftssystem „**EMAS**" genannt.

5039 EMAS hat eine Doppelfunktion. Es ist einerseits marktwirtschaftliches Instrument, andererseits ein in die Hand des Unternehmens gelegtes innerbetriebliches Vollzugsinstrument. Ziel des Systems ist die Förderung der kontinuierlichen Verbesserung des betrieblichen Umweltschutzes im Rahmen der gewerblichen Tätigkeit durch standortbezogene Umweltpolitik, -programme und -managementsysteme durch die Unternehmen, die systematische, objektive und

---

849 OVG Münster Beschl. v. 6.11.2014 – 8 B 1101/14, juris.

850 Art. 13 des Gemeinsamen Standpunktes zu einer Richtlinie über Abfalldeponien, ABl. EG 1996 Nr. C 59, S. 1.

851 EG-Verordnung Nr. 1221/2009 des Europäischen Rates und Parlaments v. 25.11.2009; das in der Bundesrepublik ergangene Umwelt-Audit-Gesetz; siehe dazu Rehbinder in Rehbinder/Schink, Grundzüge des Umweltrechts, 2018, § 3 Rn. 360 ff.; Lechelt in Führ, GK-BImSchG, 2019, § 58e Rn. 1 ff.; Jarass, BImSchG, 2022, § 58e Rn. 1 ff; Kotulla in Jarass/Petersen, KrWG, 2022, § 61 Rn. 1 ff.

852 Verordnung (EWG) Nr. 1836/93, ABlEG Nr. L 168/1 vom 10.7.1993 über die freiwillige Beteiligung gewerblicher Unternehmen an einem Gemeinschaftssystem für das Umweltmanagement und die Umweltbetriebsprüfung; zum Umwelt-Auditing Führ EuZW 1992, 468; ders. NVwZ 1993, 858; Sellner/Schnutenhaus NVwZ 1993, 928; Fontana in Landmann/Rohmer, Umweltrecht, 2021, § 1 UAG Rn. 16.

853 Die Frist zur Umsetzung war bis zum April 1995 festgelegt.

regelmäßige Bewertung der Leistung dieser Instrumente und die Bereitstellung von Informationen über den betrieblichen Umweltschutz für die Öffentlichkeit (Art. 1 II EG-Umwelt-Audit-VO). Das Umweltmanagementsystem ist Teil eines übergreifenden Managementsystems, das die Organisationsstruktur, Zuständigkeiten, Verhaltensweisen, förmlichen Verfahren, Abläufe und Mittel für die Festlegung und Durchführung der Umweltpolitik einschließt.[854] Die freiwillige Beteiligung an dem neuen System ist an eine Reihe von Eingangsvoraussetzungen geknüpft, die ua auch eine Umweltbetriebsprüfung umfassen (Art. 3 EG-Umwelt-Audit-VO).

Die Umweltbetriebsprüfung beinhaltet ein Managementinstrument, das eine systematische, 5040
dokumentierte, regelmäßige und objektive Bewertung der Leistung der Organisation, des Managements und der Abläufe zum Schutz der Umwelt umfasst und der Erleichterung der umweltrelevanten Managementkontrolle und der Beurteilung der Übereinstimmung mit der Unternehmenspolitik im Umweltbereich dient (Art. 2 f EG-Umwelt-Audit-VO). Die interne Umweltbetriebsprüfung an einem Standort wird durch Betriebsprüfer des Unternehmens oder durch für das Unternehmen tätige externe Personen oder Organisationen durchgeführt (Art. 4 I EG-Umwelt-Audit-VO). Der Betriebsprüfer kann zur Belegschaft des Unternehmens gehören oder unternehmensfremd sein. Er handelt im Namen der Unternehmensleitung und verfügt über entsprechende fachliche Qualifikationen. Der Betriebsprüfer muss über eine ausreichende Unabhängigkeit vom Unternehmen verfügen, um eine objektive Beurteilung zu gewährleisten (Art. 2 l EG-Umwelt-Audit-VO). Die Mitgliedstaaten regeln das Zulassungsverfahren und die Aufsicht über die Tätigkeit der Umweltgutachter (Art. 6 EG-Umwelt-Audit-VO). Die Standorte werden nach entsprechender Prüfung in einer Umwelterklärung beschrieben und in ein Verzeichnis aufgenommen (Art. 8 EG-Umwelt-Audit-VO), das von der Kommission jährlich im Amtsblatt der EG veröffentlicht wird (Art. 9 EG-Umwelt-Audit-VO). Die Unternehmen können eine Teilnahmeerklärung verwenden, in der die Art der Teilnahme deutlich zum Ausdruck kommt. Die Teilnahmeerklärung darf allerdings weder in der Produktwerbung verwendet noch auf den Erzeugnissen selbst oder auf ihrer Verpackung angegeben werden (Art. 10 EG-Umwelt-Audit-VO). Die Teilnahme soll nicht nur großen, sondern auch kleinen und mittleren Unternehmen ermöglicht werden (Art. 13 EG-Umwelt-Audit-VO).[855]

Die EG-Umwelt-Audit-VO gilt nach Art. 249 II EGV **unmittelbar** in den Mitgliedstaa- 5041
ten. Die Verordnung enthält aber auch einen Regelungsauftrag an die Mitgliedstaaten zum Erlass verordnungsakzessorischen Rechts (vgl. Art. 291 AEUV), womit sie teilweise Richtliniencharakter aufweist.[856] Ziel der EG-Umwelt-Audit-VO ist es, auf freiwilliger Basis ein System zur Bewertung und Verbesserung des betrieblichen Umweltschutzes im Rahmen von gewerblichen Tätigkeiten und zur geeigneten Unterrichtung der Öffentlichkeit zu schaffen. Zu diesem Zweck können sich Unternehmen, die an einem oder an mehreren Standorten eine gewerbliche Tätigkeit ausüben, freiwillig für die Teilnahme an dem System registrieren lassen. Die Registrierung berechtigt sie, eine Teilnahmeerklärung zu führen, welche ihnen bestätigt, dass sie an dem betreffenden Standort über ein Umweltmanagement verfügen und die Öffentlichkeit über den betrieblichen Umweltschutz an diesem Standort unterrichtet wird. Zugleich sind die registrierten Betriebe verpflichtet, den betrieblichen Umweltschutz angemessen und kontinuierlich zu verbessern, um die Umweltauswirkungen in einem solchen Umfang zu verringern, wie es wirtschaftlich vertretbar ist. Das Verfahren vollzieht sich in drei Stufen:

- Es beginnt mit dem Aufbau bestimmter betrieblicher Umweltinstrumente, insbesondere einem standortbezogenen Umweltmanagementsystem, einschließlich der systematischen, objektiven und regelmäßigen Bewertung der Leistung dieser Instrumente als dem Öko-Audit im engeren Sinne (1. Stufe),
- Es schließt sich die Unterrichtung der Öffentlichkeit über den betrieblichen Umweltschutz in Form einer von einem zugelassenen Umweltgutachter erteilten Umwelterklärung an (2. Stufe).

854 Art. 2 e) Öko-Audit-VO.

855 Die Autoindustrie beispielsweise hat sich dabei an den drei großen „A" (Abluft, Abwasser und Abfall) ausgerichtet.

856 Fontana in Landmann/Rohmer, Umweltrecht, 2021, § 1 UAG Rn. 11; Lütkes NVwZ 1996, 230 (230 f.); Köck VerwArch 1996, 644 (667).

– Die Umwelterklärung wird durch externe Umweltgutachter für gültig erklärt und der Standort von der zuständigen Stelle in ein Verzeichnis eingetragen, das im EG-Amtsblatt veröffentlicht wird (3. Stufe). Die Teilnahmeerklärung darf allerdings weder in der Produktwerbung verwendet noch auf den Erzeugnissen oder auf ihren Verpackungen angegeben werden.

5042 Die EG-Umwelt-Audit-VO beruht weitgehend auf angloamerikanischen Vorbildern, die weniger ordnungsrechtlich geprägt sind, sondern vorwiegend auf Kooperation zwischen Verwaltung und Unternehmen setzen. Während das deutsche Umweltrecht vor allem an einheitlichen Standards und Überwachungsverfahren orientiert ist, basiert der Umweltschutz dort auf ausfüllungsbedürftigen allgemeinen Zielen und Rechtsbegriffen, die im Einzelfall vielfach im Verhandlungswege zwischen Behörde und Unternehmen auszulegen und anzuwenden sind.

2. Umweltauditgesetz

5043 Die EG-Umwelt-Audit-VO wird durch das Umweltauditgesetz (UAG) ergänzt und konkretisiert.[857] Bei den Vorschriften des UAG handelt es sich nicht um Umsetzungsmaßnahmen im Sinne der Umsetzung von Richtlinien, sondern um Durchführungsbestimmungen zur Ermöglichung der Durchführung des durch die Verordnung begründeten Systems.[858] Das UAG wird ergänzt durch verschiedene Verordnungen. Dazu zählen die UAG-Beleihungsverordnung, die UAG-Gebührenverordnung (UAGGebV), die UAG-Zulassungsverfahrensverordnung (UAGZVV) und Verordnung zur Übertragung der Zuständigkeit für die Verfolgung und Ahndung bestimmter Ordnungswidrigkeiten nach § 37 Abs. 1 des Umweltauditgesetzes auf das Bundesverwaltungsamt (UAGOWiZustV). Hinzu kommen Richtlinien des Umweltgutachterausschusses.[859]

5044 **a) Gesetzeszweck**. Zweck des Gesetzes ist es nach § 1 I UAG, die EG-Umwelt-Audit-VO wirksam umzusetzen dadurch, dass (1) unabhängige, zuverlässige und fachkundige Umweltgutachter und Umweltgutachterorganisationen zugelassen werden, (2) eine wirksame Aufsicht über zugelassene Umweltgutachter und Umweltgutachterorganisationen ausgeübt wird und (3) Register über die geprüften Betriebsstandorte geführt werden. In der Bundesrepublik ist in diesem Zusammenhang eine intensive Diskussion darüber geführt worden, wie das Verhältnis der staatlichen Kontrolle zu der Selbstüberwachung der Wirtschaft gestaltet sein sollte.[860] Der Umweltgutachter übernimmt eine Art von Garantiefunktion für die Zielsetzung der Umwelt-VAudit-VO, den betrieblichen Umweltschutz kontinuierlich zu verbessern.[861] Mit ihrer freiwillige Teilnahme an dem betriebsbezogenen Audit leisten die Anlagenbetreiber einen Beitrag zum Umweltschutz und bewirken durch ihre Eigenüberwachung eine Entlastung der behördlichen Überwachung, die sich auf die Überwachung der staatlich anerkannten Umweltprüfer beschränkt.[862]

5045 **b) Anforderungen an Umweltgutachter.** Umweltgutachter besitzen nach § 4 I UAG die für die Wahrnehmung ihrer Aufgaben erforderliche Zuverlässigkeit, Unabhängigkeit und Fachkunde, wenn sie die in den §§ 5 bis 7 UAG genannten Anforderungen erfüllen. Sie müssen den Nachweis erbringen, dass sie über dokumentierte Prüfungsmethoden und -verfahren (einschließlich der Qualitätskontrolle und der Vorkehrungen zur Wahrung der Vertraulichkeit) zur

857 Gesetz zur Ausführung der Verordnung (EWG) Nr. 1836/93 des Rates v. 29.6.1993 über die freiwillige Beteiligung gewerblicher Unternehmen an einem Gemeinschaftssystem für das Umweltmanagement und die Umweltbetriebsprüfung (Umweltauditgesetz – UAG) i.d.F. vom 4.9.2002 (BGBl. I S. 3490; zur Rechtsentwicklung Fontana in Landmann/Rohmer, Umweltrecht, 2021, § 1 UAG Rn. 2 ff.

858 Fontana in Landmann/Rohmer, Umweltrecht, 2021, § 1 UAG Rn. 11; Becht/Groß UPR 2010, 336, (341).

859 Dazu Fontana in Landmann/Rohmer, Umweltrecht, 2021, § 1 UAG Rn. 23.

860 Beiträge von Hansmann und Fleckenstein in Rengeling, Integrierter und betrieblicher Umweltschutz, 1996, S. 207 bzw. 219; Bohne, Die integrierte Genehmigung als Grundlage der Vereinheitlichung und Vereinfachung des Zulassungsrechts und seiner Verknüpfung mit dem Umwelt-Audit, ebenda, S. 105; Rengeling in Stüer (Hrsg.), Verfahrensbeschleunigung, 1997, S. 45.

861 Fontana in Landmann/Rohmer, Umweltrecht, 2021, § 1 UAG Rn. 15.

862 Kloepfer Umweltrecht, 2016, § 5 Rn. 410, 412; Fontana in Landmann/Rohmer, Umweltrecht, 2021, § 1 UAG Rn. 17.

Erfüllung ihrer gutachterlichen Aufgaben verfügen. Die Zulassung als Umweltgutachter ist gem. § 9 I 1 UAG von der Zulassungsstelle zu erteilen, wenn der Antragsteller die Anforderungen nach § 4 I und den §§ 5, 6 und 7 I bis III UAG erfüllt.[863] Die Tätigkeit als Umweltgutachter ist keine gewerbsmäßige Tätigkeit. Umweltgutachter müssen der Zulassungsstelle bei Antragstellung eine zustellungsfähige Anschrift im Bundesgebiet angeben. Nachträgliche Änderungen der zustellungsfähigen Anschrift sind der Zulassungsstelle innerhalb von vier Wochen nach der Änderung anzugeben.

c) Zuverlässigkeit, Unabhängigkeit und Fachkunde. Die erforderliche **Zuverlässigkeit** besitzt ein Umweltgutachter, wenn er auf Grund seiner persönlichen Eigenschaften, seines Verhaltens und seiner Fähigkeiten zur ordnungsgemäßen Erfüllung der ihm obliegenden Aufgaben geeignet ist. In welchen Fällen der Umweltgutachter in der keine Gewähr für seine Zuverlässigkeit bietet, hat der Gesetzgeber in § 5 II UAG geregelt.[864] **5046**

Der Umweltgutachter muss die erforderliche **Unabhängigkeit** aufweisen. Für die gem. Art. 20 IV und V der Verordnung (EG) Nr. 1221/2009 erforderliche Unabhängigkeit bietet in der Regel derjenige keine Gewähr, der 1. neben seiner Tätigkeit als Umweltgutachte a) Inhaber einer Organisation oder der Mehrheit der Anteile an einer Organisation im Sinne des Artikels 2 Nummer 21 der Verordnung (EG) Nr. 1221/2009 aus derselben Gruppe gemäß NACE Revision 2 in der jeweils geltenden Fassung ist, auf die sich seine Tätigkeit als Umweltgutachter bezieht, b) Angestellter einer Organisation im Sinne des Artikels 2 Nummer 21 der Verordnung (EG) Nr. 1221/2009 aus derselben Gruppe gemäß NACE Revision 2 in der jeweils geltenden Fassung ist, auf die sich seine Tätigkeit als Umweltgutachter bezieht, c) eine Tätigkeit auf Grund eines Beamtenverhältnisses, Soldatenverhältnisses oder eines Anstellungsvertrages mit einer juristischen Person des öffentlichen Rechts, mit Ausnahme der in Absatz 3 genannten Fälle, ausübt, soweit nicht § 17 III 3 Anwendung findet, d) eine Tätigkeit auf Grund eines Richterverhältnisses, öffentlich-rechtlichen Dienstverhältnisses als Wahlbeamter auf Zeit oder eines öffentlich-rechtlichen Amtsverhältnisses ausübt, es sei denn, dass er die ihm übertragenen Aufgaben ehrenamtlich wahrnimmt, 2. Weisungen auf Grund vertraglicher oder sonstiger Beziehungen bei der Tätigkeit als Umweltgutachter auch dann zu befolgen hat, wenn sie ihn zu gutachterlichen Handlungen gegen seine Überzeugung verpflichten, 3. organisatorisch, wirtschaftlich, kapital- oder personalmäßig mit Dritten verflochten ist, ohne dass deren Einflussnahme auf die Wahrnehmung der Aufgaben als Umweltgutachter, insbesondere durch Festlegungen in Satzung, Gesellschaftsvertrag oder Anstellungsvertrag auszuschließen ist. § 6 II Nr. 1 a und b UAG gilt nicht für den Fall einer Begutachtung des Umweltmanagementsystems eines Umweltgutachters, einer Umweltgutachterorganisation oder eines Inhabers einer Fachkenntnisbescheinigung (§ 6 II UAG). **5047**

Vereinbar mit dem Beruf des Umweltgutachters ist eine Beratungstätigkeit als Bediensteter einer Industrie- und Handelskammer, Handwerkskammer, Berufskammer oder sonstigen Körperschaft des öffentlichen Rechts, die eine Selbsthilfeeinrichtung für Unternehmen ist, die sich an dem Gemeinschaftssystem beteiligen können; dies gilt nicht, wenn der Bedienstete im Hinblick auf seine Tätigkeit als Umweltgutachter für Registrierungsaufgaben im Sinne des Art. 12 II und III der Verordnung (EG) Nr. 1221/2009 zuständig ist oder Weisungen im Sinne des § 6 II Nr. 2 UAG unterliegt. **5048**

Die erforderliche **Fachkunde** besitzt ein Umweltgutachter nach § 7 I UAG, wenn er auf Grund seiner Ausbildung, beruflichen Bildung und praktischen Erfahrung zur ordnungsgemäßen Erfüllung der ihm obliegenden Aufgaben geeignet ist. Was die Fachkunde im Einzelnen erfordert, bestimmt § 7 II – IV UAG. **5049**

d) UAG-Erweiterungsverordnung. Durch die UAG-Erweiterungsverordnung sind in den Anwendungsbereich des Gemeinschaftssystems für das Umweltmanagement und die Umweltbetriebsprüfung Körperschaften des öffentlichen Rechts und Unternehmen einbezogen worden, soweit sie eine Tätigkeit an einem oder mehreren Standorten ausüben, die zu den im Anhang zu der UAG-ErwV genannten Bereichen gehört. Im Anhang sind ua Anlagen zur Erzeugung von Strom, Gas, Dampf, Heißwasser sowie Recycling, Behandlung, Vernichtung oder Endlagerung von festen oder flüssigen Abfällen, Betriebe der Energie- und Wasserversorgung sowie der Abwasserbeseitigung und andere Entsorgungsbetriebe, Betriebe des Groß- und Ein- **5050**

---

[863] Zur Zulassung einer Umweltgutachterorganisation siehe § 10 UAG; siehe auch OVG Münster Urt. v. 6.2.2023 – 21 A 3444/18, juris Rn. 36

[864] Näher dazu Görisch in Landmann/Rohmer, Umweltrecht, 2016, § 5 UAG Rn. 7.

zelhandels, Eisenbahnen, sonstiger Landverkehr, Binnenschifffahrt, Linienflugverkehr, das Kreditgewerbe, Gastgewerbe, technische, physikalische und chemische Untersuchung, öffentliche Verwaltung von Gemeinden und Kreisen sowie Feuerschutz und die öffentliche Sicherheit und Ordnung von Gemeinden und Kreisen, öffentliches und privates Bildungswesen, Betrieb und technische Hilfsdienste für kulturelle Leistungen sowie Bibliotheken und Museen, botanische und zoologische Gärten, Sportanlagen sowie Wäschereien, chemische Reinigungen und Bekleidungsfärbereien benannt.

5051 **e) Prüfungsmaßstäbe.** In den materiellen Zielen des Umweltschutzes besteht, was den Pflichtenkatalog des § 5 BImSchG angeht, zwischen Umwelt-Audit und Ordnungsrecht große Übereinstimmung, wobei die Einhaltung aller einschlägigen Umweltvorschriften und darüber hinaus eine angemessene kontinuierliche Verbesserung des betrieblichen Umweltschutzes erforderlich ist (Art. 1 III, Art. 3 EG-Umwelt-Audit-VO). Im gesetzesunabhängigen Bereich geht das Umwelt-Audit allerdings weit über § 5 BImSchG hinaus. Es bezieht das gesamte Energiemanagement ein, die Bewirtschaftung, Einsparung, Auswahl und den Transport von Rohstoffen, die Wasserbewirtschaftung und Wassereinsparung, ferner den Produktbereich, von der Produktentwicklung über Verpackung, Transport, Verwendung bis zur Endlagerung und schließlich die Gestaltung der vertraglichen Beziehungen zu Kunden und Lieferanten. Die Industrie wird so in die Pflicht genommen, an der Lösung der Umweltprobleme selbst auf freiwilliger Basis und durch Einsatz marktwirtschaftlicher Elemente teilzunehmen. Die Verbindung von Marktwirtschaft und Ordnungsrecht lässt allerdings nicht geringe Probleme wohl auch im Vollzug erwarten. Auf der anderen Seite kann sich die Eigendynamik zugunsten des Umweltschutzes auswirken. Vor diesem Hintergrund dürfen die Unternehmen nicht überfordert werden. Hält das Unternehmen die untergesetzlich vorgeschriebenen Emissionswerte ein, so besteht darüber hinaus eine weitere Pflicht, den betrieblichen Umweltschutz ständig zu verbessern, nicht. Erhebliche Veränderungen werden die EG-Umwelt-Audit-VO und das UAG vor allem auf die Betriebsorganisation der Unternehmen haben, in die das EG-Recht durch das Umweltmanagementsystem einwirken will.

5052 **f) Ordnungsbehördliche Überwachung.** Umweltgutachter, Umweltgutachterorganisationen und Inhaber von Fachkenntnisbescheinigungen sind von der Zulassungsstelle gem. **§ 15 I 1 UAG** in regelmäßigen Abständen, mindestens alle 24 Monate nach Wirksamwerden der Zulassung oder der Fachkenntnisbescheinigung dahin zu überprüfen, ob die Voraussetzungen für die Zulassung nach den §§ 9 und 10 UAG und für die Erteilung der Fachkenntnisbescheinigung nach § 8 UAG weiterhin vorliegen. Dabei muss auch eine Überprüfung der Qualität der vorgenommenen Begutachtungen erfolgen. Dies umfasst eine mindestens alle 24 Monate durchzuführende Überprüfung der vom Umweltgutachter oder der Umweltgutachterorganisation validierten oder vom Inhaber einer Fachkenntnisbescheinigung mitgezeichneten Umwelterklärungen und der erstellten Begutachtungsberichte (§ 15 I UAG).

5053 Umweltgutachter und Inhaber einer Fachkenntnisbescheinigung sind zur Feststellung der erforderlichen Fähigkeiten und Fachkunde spätestens alle sechs Jahre nach Wirksamwerden der Zulassung einer praktischen Überprüfung bei ihrer Arbeit in Organisationen zu unterziehen. Organisationen haben die Durchführung einer Überprüfung nach Satz 1 durch die Zulassungsstelle zu dulden (§ 15 II UAG). Die Zulassungsstelle kann, falls erforderlich, das Fortbestehen der Zulassungsvoraussetzungen, insbesondere die erforderlichen Fähigkeiten des Umweltgutachters, der Umweltgutachterorganisation oder des Inhabers einer Fachkenntnisbescheinigung anhand einer Überprüfung im Umweltgutachterbüro oder im Büro des Inhabers der Fachkenntnisbescheinigung überprüfen (Geschäftsstellenprüfung). In diesem Fall soll die Überprüfung gemäß § 15 I 3 UAG im Rahmen der Geschäftsstellenprüfung durchgeführt werden (§ 15 III UAG).

5054 Aus besonderem Anlass können nach § 15 IV UAG geeignete Aufsichtsmaßnahmen ergriffen werden, wenn die Zulassungsstelle Anhaltspunkte dafür hat, dass der Umweltgutachter, die Umweltgutachterorganisation oder der Inhaber der Fachkenntnisbescheinigung die Voraussetzungen der Zulassung nicht mehr erfüllt oder seinen Aufgaben nach der Verordnung (EG) Nr. 1221/2009, nach diesem Gesetz oder nach den auf Grund dieses Gesetzes erlassenen Rechtsverordnungen nicht ordnungsgemäß nachgeht. Stellt die Zulassungsstelle im Rahmen der Aufsicht Mängel in der Qualität einer Begutachtung oder sonstige Tatsachen fest, die einen Grund für eine vorübergehende Aussetzung oder Streichung gemäß Artikel 15 I oder IV der Verordnung (EG) Nr. 1221/2009 darstellen können, so setzt sie die Register führende Stelle über den Inhalt des Aufsichtsberichts in Kenntnis.

Zur Erfüllung der Anforderungen und Pflichten nach der Audit-VO und dem UAG kann die Zulassungsstelle nach **§ 16 I UAG** die erforderlichen Maßnahmen gegenüber Umweltgutachtern, Umweltgutachterorganisationen und Inhabern von Fachkenntnisbescheinigungen treffen.[865] Die Zulassungsstelle kann insbesondere die Fortführung gutachterlicher Tätigkeiten ganz oder teilweise vorläufig untersagen, wenn Umweltgutachter, Umweltgutachterorganisationen und Inhaber von Fachkenntnisbescheinigungen 1. unter Verstoß gegen die Pflichten nach Artikel 4 Absatz 5 und Artikel 25 Absatz 8, jeweils in Verbindung mit Artikel 18 und 19, der Verordnung (EG) Nr. 1221/2009 eine Umwelterklärung mit unzutreffenden Angaben und Beurteilungen, insbesondere hinsichtlich der Einhaltung der an einem Standort einer Organisation geltenden Umweltvorschriften, validiert haben, 2. die Pflichten nach § 15 Abs. 6 und 7 nicht ordnungsgemäß erfüllt haben oder 3. eine vollziehbare Anordnung der Zulassungsstelle nicht befolgt haben. Die Untersagung hat zu unterbleiben oder ist wieder aufzuheben, sobald die Pflichten und Anordnungen nach Satz 1 erfüllt sind oder bei nachträglicher Unmöglichkeit keine Wiederholungsgefahr eines Rechtsverstoßes besteht (§ 16 II UAG). 5055

3. Erleichterungen für auditierte Unternehmensstandorte

Zur Förderung der privaten Eigenverantwortung für EMAS-Standorte wird die Bundesregierung in verschiedenen Gesetzen ermächtigt, eine Rechtsverordnung für verfahrensrechtliche und überwachungsrechtliche Erleichterungen zu erlassen. 5056

a) Verordnungsermächtigungen. Die Bundesregierung wird durch §§ 58 I BImSchG, § 61 KrWG und 24 WHG ermächtigt, zur Förderung der privaten Eigenverantwortung für EMAS-Standorte durch Rechtsverordnung mit Zustimmung des Bundesrates Erleichterungen zum Inhalt der Antragsunterlagen im Genehmigungsverfahren sowie überwachungsrechtliche Erleichterungen vorzusehen, soweit die entsprechenden Anforderungen der Verordnung (EG) Nr. 1221/2009 gleichwertig mit den Anforderungen sind, die zur Überwachung und zu den Antragsunterlagen nach diesem Gesetz oder nach den auf Grund dieses Gesetzes erlassenen Rechtsverordnungen vorgesehen sind oder soweit die Gleichwertigkeit durch die Rechtsverordnung nach dieser Vorschrift sichergestellt wird. Durch die Rechtsverordnung können weitere Voraussetzungen für die Inanspruchnahme und die Rücknahme von Erleichterungen oder die ganze oder teilweise Aussetzung von Erleichterungen für Fälle festgelegt werden, in denen die Voraussetzungen für deren Gewährung nicht mehr vorliegen. 5057

Durch die Rechtsverordnung können auch **ordnungsrechtliche Erleichterungen** gewährt werden, wenn der Umweltgutachter oder die Umweltgutachterorganisation die Einhaltung der Umweltvorschriften geprüft hat, keine Abweichungen festgestellt hat und dies in der Validierung bescheinigt. Dabei können insbesondere Erleichterungen vorgesehen werden zu 1. Kalibrierungen, Ermittlungen, Prüfungen und Messungen, 2. Messberichten sowie sonstigen Berichten und Mitteilungen von Ermittlungsergebnissen, 3. Aufgaben des Immissionsschutz- und Störfallbeauftragten, 4. Mitteilungspflichten zur Betriebsorganisation und 5. zur Häufigkeit der behördlichen Überwachung. 5058

b) EMAS-Privilegierungs-Verordnung. Auf der Grundlage der genannten Ermächtigungen hat die Bundesregierung EMAS-Privilegierungs-Verordnung (EMASPrivilegV) erlassen. Im Sinne der Verordnung ist eine EMAS-Anlage eine Anlage, die Bestandteil einer Organisation oder eines Standorts ist, die oder der nach den Art. 13 bis 15 EG-Umwelt-Audit-VO in Verbindung mit Art. 2 Nr. 22 EG-Umwelt-Audit-VO registriert ist. Die EMASPrivilegV sieht für EMAS-Anlagen verschiedene Vergünstigungen vor. 5059

Betriebsorganisation. Die Anzeige- und Mitteilungspflichten zur Betriebsorganisation nach § 52b BImSchG und § 58 KrWG werden nach § 2 EMASPrivilegV bezüglich EMAS-Anlagen durch die Bereitstellung des Bescheides zur Standort- oder Organisationseintragung erfüllt. Gleiches gilt für Abfälle, die der Verpflichtete im Rahmen der Tätigkeiten einer Organisation oder eines Standorts, die oder der nach den Art. 13 bis 15 EG-Umwelt-Audit-VO in Verbindung mit Art. 2 Nr. 22 EG-Umwelt-Audit-VO registriert ist, nach § 27 KrWG in Besitz genommen hat. Die Behörde kann im Einzelfall die Vorlage weitergehender Unterlagen verlangen. 5060

---

[865] Zu den Anforderungen an eine Beanstandung durch die Aufsichtsbehörde OVG Münster Beschl. v. 29.3.2022 – 21 A 4325/18, juris Rn. 52.

5061 **Betriebsbeauftragte**. Auf die Anordnung der Bestellung eines oder mehrerer Betriebsbeauftragten nach § 53 II BImSchG oder § 59 II KrWG soll gem. § 3 I EMASPrivilegV bei einer EMAS-Anlage oder bei einem Entsorgungsfachbetrieb im Sinne des § 56 II KrWG verzichtet werden. Das gilt entsprechend für eine Anordnung nach § 58a II BImSchG. Im Rahmen der Entscheidung über eine Befreiung nach § 6 der Verordnung über Immissionsschutz- und Störfallbeauftragte oder nach § 7 der Verordnung über Betriebsbeauftragte für Abfall hat die zuständige Behörde zu berücksichtigen, dass es sich um eine EMAS-Anlage handelt. Jährliche Berichte nach § 54 II, § 58b II 1 BImSchG und nach § 60 II KrWG sind nicht erforderlich, sofern sich gleichwertige Angaben aus dem Bericht über die Umweltbetriebsprüfung ergeben und der Betriebsbeauftragte für Immissionsschutz oder für Abfall oder der Störfallbeauftragte den Bericht mitgezeichnet hat und mit dem Verzicht auf die Erstellung eines gesonderten jährlichen Berichts einverstanden ist (§ 3 II EMASPrivilegV). Die Pflichten zur Anzeige nach § 55 I 2, § 58c I BImSchG und § 60 III KrWG in Verbindung mit § 55 I 2 BImSchG werden seitens des Betreibers einer EMAS-Anlage auch dadurch erfüllt, dass er der zuständigen Behörde im Rahmen des Umwelt-Audits erarbeitete Unterlagen zugeleitet hat, die gleichwertige Angaben enthalten (§ 3 III EMASPrivilegV).

5062 **Ermittlungen von Emissionen.** Die zuständige Behörde soll bei EMAS-Anlagen Messungen nach § 28 Satz 1 Nr. 2 BImSchG erst nach Ablauf eines längeren Zeitraums als drei Jahren anordnen. Darüber hinaus soll die zuständige Behörde dem Betreiber einer EMAS-Anlage gestatten, Messungen nach § 28 S. 1 Nr. 2 BImSchG mit eigenem Personal durchzuführen, wenn der Betreiber, Immissionsschutzbeauftragte oder ein sonstiger geeigneter Betriebsangehöriger die hierfür erforderliche Fachkunde und Zuverlässigkeit besitzt und sichergestellt ist, dass geeignete Geräte und Einrichtungen eingesetzt werden.

5063 **Weitere Erleichterungen.** § 5 EMASPrivilegV bestimmt weitere Erleichterungen für wiederkehrende Messungen und Funktionsprüfungen, § 6 EMASPrivilegV für Sicherheitstechnische Prüfungen, § 7 EMASPrivilegV ermöglicht die Abgabe einer vom Umweltgutachter validierte Umwelterklärung statt einer Emissionserklärung nach der Verordnung über Emissionserklärungen und § 8 EMASPrivilegV fordert die zuständige Behörde auf, Messintervalle zu verlängern.

XV. Seveso III-Richtlinie

5064 1982 hat die Europäische Union unter dem Eindruck eines Chemieunfalls in Seveso bei Mailand eine erste Richtlinie über Gefahren schwerer Unfälle bei bestimmten Industrietätigkeiten (Seveso-Richtlinie) erlassen. Sie wurde 1996 als Seveso II – Richtlinie und 2012 als Seveso-III-RL fortgeschrieben. Ziel der Richtlinie ist es, schwere Unfälle mit gefährlichen Stoffen zu verhüten und die Folgen von Unfällen zu begrenzen, wobei zu dessen Erreichung unterschiedliche Bausteine verwandt werden. Schon Art. 12 II Seveso-II-RL bestimmte, dass die Mitgliedstaaten der EU in ihren Politiken der Flächenausweisung und Flächennutzung langfristig dem Erfordernis Rechnung tragen, dass zwischen den unter die Richtlinie fallenden Betrieben (nach deutschem Recht: Betriebsbereiche) und bestimmten Schutzobjekten (zB Wohngebiete oder öffentlich genutzte Gebäude) soweit möglich ein angemessener Sicherheitsabstand gewahrt bleibt. Art. 5 I Seveso-II-RL bestimmte, dass die Mitgliedstaaten dafür sorgen, dass der Betreiber verpflichtet ist, alle notwendigen Maßnahmen zu ergreifen, um schwere Unfälle zu verhüten und deren Folgen für die menschliche Gesundheit und Umwelt zu begrenzen.[866]

1. Systematik der Seveso III Richtlinie

5065 Die Seveso III-RL begegnet den Gefahren schwere Unfälle mit verschiedenen Ansätzen, nämlich mit einem aktiven Störfallschutz durch den Betreiber, der durch rechtliche Anforderungen an die Anlagen- und Betriebsbereichssicherheit, durch Anforderungen an die Begrenzung von Störfallfolgen und durch Anforderungen an Management und Organisation gewährleistet wird, mit einem passiven Störfallschutz, der vor allem durch Planungsträger durch Abstandsvorgaben zu sichern ist, sowie durch eine Notfallplanung durch die zuständige Katastro-

[866] Zum Störfallrecht zur Umsetzung der Seveso-III-Richtlinie siehe Wasielewski NVwZ 2018, 937; Schoppen NVwZ 2017, 1561; Römling ZUR 2017, 446.

phenschutzbehörde als Element der Katastrophenvorsorge auf Grundlage von Informationen des Betreibers.[867]

a) Gegenstand und Anwendungsbereich. Die Richtlinie legt nach Art. 1 Seveso III-RL Bestimmungen für die Verhütung schwerer Unfälle mit gefährlichen Stoffen und für die Begrenzung der Unfallfolgen für die menschliche Gesundheit und die Umwelt fest, um auf abgestimmte und wirksame Weise in der ganzen Union ein hohes Schutzniveau zu gewährleisten. Sie gilt nach Art. 2 Art. 1 Seveso III-RL für Betriebe nach Art. 3 Nr. 1 Seveso III-RL. Betrieb iSd Seveso III-RL ist der gesamte unter der Aufsicht eines Betreibers stehenden Bereich, in dem gefährliche Stoffe in einer oder in mehreren Anlagen, einschließlich gemeinsamer oder verbundener Infrastrukturen oder Tätigkeiten vorhanden sind; die Betriebe sind entweder Betriebe der unteren Klasse oder Betriebe der oberen Klasse. 5066

Gefährlicher Stoff ist nach Art. 3 Nr. 10 Seveso III-RL einen Stoff oder ein Gemisch, der/das unter Anhang I Teil 1 fällt oder in Anhang I Teil 2 aufgeführt ist, einschließlich in Form eines Rohstoffs, eines Endprodukts, eines Nebenprodukts, eines Rückstands oder eines Zwischenprodukts; 5067

Für zahlreiche Einrichtungen und Anlagen gilt die Seveso III-RL allerdings nicht. Dazu gehören nach Art. 2 II Seveso III-RL a) militärische Einrichtungen, Anlagen oder Lager; b) durch ionisierende Strahlung, die von Stoffen ausgeht, entstehende Gefahren; c) die Beförderung gefährlicher Stoffe und deren damit unmittelbar in Zusammenhang stehende, zeitlich begrenzte Zwischenlagerung auf der Straße, der Schiene, den Binnenwasserstraßen, dem See- oder Luftweg außerhalb der unter diese Richtlinie fallenden Betriebe, einschließlich des Be- und Entladens sowie des Umladens von einem Verkehrsträger auf einen anderen Verkehrsträger in Hafenbecken, Kaianlagen oder Verschiebebahnhöfen; d) die Beförderung gefährlicher Stoffe in Rohrleitungen, einschließlich der Pumpstationen, außerhalb der unter diese Richtlinie fallenden Betriebe; e) die Gewinnung, nämlich die Erkundung, den Abbau und die Aufbereitung von Mineralien im Bergbau und in Steinbrüchen, einschließlich durch Bohrung; f) die Offshore-Erkundung und -Gewinnung von Mineralien, einschließlich Kohlenwasserstoffen; g) die unterirdische Offshore-Speicherung von Gas sowohl in eigenen Lagerstätten als auch an Stätten, wo auch Mineralien, einschließlich Kohlenwasserstoffe, erkundet und gewonnen werden; h) Abfalldeponien, einschließlich unterirdischer Abfalllager. 5068

b) Allgemeine Betreiberpflichten. Die Mitgliedstaaten sorgen nach Art. 5 I Seveso III-RL dafür, dass der Betreiber verpflichtet ist, alle notwendigen Maßnahmen zu ergreifen, um schwere Unfälle zu verhüten und deren Folgen für die menschliche Gesundheit und die Umwelt zu begrenzen. Sie sorgen nach Art. 5 II Seveso III-RL außerdem dafür, dass der Betreiber verpflichtet ist, der zuständigen Behörde im Sinne von Art. 6 Seveso III-RL jederzeit, insbesondere im Hinblick auf Inspektionen und Kontrollen gemäß Art. 20 Seveso III-RL, nachzuweisen, dass er alle erforderlichen Maßnahmen im Sinne dieser Richtlinie getroffen hat. 5069

c) Mitteilungspflichten. Die Betreiber müssen nach Art. 7 Seveso III-RL verpflichtet werden den nach Art. 5 Seveso III-RL zuständigen Behörden eine Mitteilung zu bestimmten, in Art. 7 Seveso III-RL aufgelisteten Informationen zu übermitteln. Dazu gehören unter anderem Informationen zur Identifizierung der gefährlichen Stoffe und der Gefahrenkategorie von Stoffen, die beteiligt sind oder vorhanden sein können, zur Menge und physikalische Form des betreffenden gefährlichen Stoffs oder der betreffenden gefährlichen Stoffe, zur Tätigkeit oder beabsichtigte Tätigkeit in der Anlage oder dem Lager, zur unmittelbaren Umgebung des Betriebs und Faktoren, die einen schweren Unfall auslösen oder dessen Folgen verschlimmern können, einschließlich, soweit verfügbar, Einzelheiten zu benachbarten Betrieben sowie zu anderen Betriebsstätten, die nicht in den Geltungsbereich dieser Richtlinie fallen, Bereichen und Entwicklungen, von denen ein schwerer Unfall ausgehen könnte oder die das Risiko oder die Folgen eines schweren Unfalls und von Domino-Effekten vergrößern können. 5070

d) Konzept zur Verhütung schwerer Unfälle. Die Mitgliedstaaten müssen nach Art. 8 I Seveso III-RL die Betreiber verpflichten, ein schriftliches Konzept zur Verhütung schwerer Unfälle auszuarbeiten und dessen ordnungsgemäße Umsetzung sicherzustellen. Das Konzept muss ein hohes Schutzniveau für die menschliche Gesundheit und die Umwelt gewährleisten und in einem angemessenen Verhältnis zu den Gefahren schwerer Unfälle stehen. **Schwerer** 5071

---

[867] Köck NVwZ 2012, 1353 (1354).

Unfall iSd Seveso III-RL ist nach Art. 3 Nr. 13 Seveso III-RL ein Ereignis, zB eine Emission, ein Brand oder eine Explosion größeren Ausmaßes, das sich aus unkontrollierten Vorgängen in einem unter diese Richtlinie fallenden Betrieb ergibt, das unmittelbar oder später innerhalb oder außerhalb des Betriebs zu einer ernsten Gefahr für die menschliche Gesundheit oder die Umwelt führt und bei dem ein oder mehrere gefährliche Stoffe beteiligt sind. Das Konzept umfasst die übergeordneten Ziele und Handlungsgrundsätze des Betreibers, die Rolle und Verantwortung der Betriebsleitung und die Verpflichtung, die Beherrschung der Gefahren schwerer Unfälle ständig zu verbessern und ein hohes Schutzniveau zu gewährleisten. Das Konzept muss nach Art. 8 II Seveso III-RL wird innerhalb bestimmter Fristen erstellt und, wenn dies durch das nationale Recht vorgesehen ist, der zuständigen Behörde übermittelt werden.

5072 e) **Dominoeffekte.** Die zuständige Behörde muss nach Art. 9 Seveso III-RL unter Verwendung der vom Betreiber gemäß den Art. 7 und 10 Seveso III-RL oder der im Anschluss an ein Ersuchen der zuständigen Behörde um zusätzliche Auskünfte übermittelten Angaben oder der durch Inspektionen gemäß Art. 20 Seveso III-RL erlangten Angaben festlegt, bei welchen Betrieben der unteren und der oberen Klasse oder Gruppen von Betrieben aufgrund ihrer geografischen Lage und ihrer Nähe sowie ihrer Verzeichnisse gefährlicher Stoffe ein erhöhtes Risiko schwerer Unfälle bestehen kann oder diese Unfälle folgenschwerer sein können.

5073 f) **Sicherheitsbericht.** Betreiber eines Betriebs der oberen Klasse müssen verpflichtet werden, einen Sicherheitsbericht zu erstellen. Ein **Betrieb der oberen Klasse** ist nach Art. 3 Nr. 3 Seveso III-RL ein Betrieb, in dem gefährliche Stoffe in Mengen vorhanden sind, die den in Anhang I Teil 1 Spalte 3 oder Anhang I Teil 2 Spalte 3 genannten Mengen entsprechen oder darüber liegen, wobei gegebenenfalls die Additionsregel gemäß Anhang I Anmerkung 4 angewendet wird. Im Sicherheitsbericht muss dargelegt werden, dass ein **Konzept zur Verhütung schwerer Unfälle** und ein **Sicherheitsmanagement** zu seiner Anwendung gemäß den Elementen des Anhangs III umgesetzt wurden. Außerdem muss im Sicherheitsbericht dargelegt werden, , dass die Gefahren schwerer Unfälle und mögliche Unfallszenarien ermittelt und alle erforderlichen **Maßnahmen zur Verhütung** derartiger Unfälle und zur Begrenzung der Folgen für die menschliche Gesundheit und die Umwelt ergriffen wurden, dass bei der Auslegung, der Errichtung sowie dem Betrieb und der Wartung sämtlicher Anlagen, Lager, Einrichtungen und der für ihr Funktionieren erforderlichen Infrastrukturen, die im Zusammenhang mit den Gefahren schwerer Unfälle im Betrieb stehen, einer angemessenen Sicherheit und Zuverlässigkeit Rechnung getragen wurde; dass interne **Notfallpläne** vorliegen, und in dem Angaben gemacht werden, um die Erstellung des externen Notfallplans zu ermöglichen; dass ausreichende Informationen bereitgestellt werden, damit die zuständige Behörde Entscheidungen über die Ansiedlung neuer Tätigkeiten oder Entwicklungen in der Nachbarschaft bestehender Betriebe treffen kann. Der Sicherheitsbericht muss nach darüber hinaus mindestens die in Anhang II der Seveso III-RL aufgeführten Daten und Informationen. Er benennt die an der Erstellung des Berichts beteiligten einschlägigen Organisationen.

5074 Der Sicherheitsbericht muss Art. 10 III Seveso III-RL innerhalb der dort genannten Fristen übermittelt und vom Betreiber in regelmäßigen Abständen mindestens alle fünf Jahre überprüft und erforderlichenfalls auf den neuesten Stand gebracht werden (Art. 10 V 1 Seveso III-RL). Außerdem überprüft und aktualisiert der Betreiber den Sicherheitsbericht Art. 10 V 2 Seveso III-RL). erforderlichenfalls nach einem schweren Unfall in seinem Betrieb sowie zu jedem anderen Zeitpunkt aus eigener Initiative oder auf Aufforderung der zuständigen Behörde, wenn neue Sachverhalte oder neue sicherheitstechnische Erkenntnisse – beispielsweise aufgrund der Analyse von Unfällen oder nach Möglichkeit auch von „Beinaheunfällen" – sowie aktuelle Erkenntnisse zur Beurteilung der Gefahren dies rechtfertigen. Den aktualisierten Bericht oder aktualisierte Teile davon muss der Betreiber unverzüglich der zuständigen Behörde übermitteln.

5075 Vor Beginn der Errichtung oder vor Inbetriebnahme durch den Betreiber oder in den in Art. 10 III b und c und V Seveso III-RL genannten Fällen teilt die zuständige Behörde innerhalb einer angemessenen Frist nach Eingang des Berichts dem Betreiber die Ergebnisse ihrer Prüfung des Sicherheitsberichts mit und untersagt gegebenenfalls gemäß Art. 19 Seveso III-RL die Inbetriebnahme oder die Weiterführung des betreffenden Betriebs (Art. 10 VI Seveso III-RL.

5076 g) **Notfallpläne**. Die Richtlinie unterscheidet zwischen internen und externen Notfallplänen.

Nach Art. 12 Seveso III-RL müssen die Betreiber der oberen Klasse einen **internen Notfallplan** erstellen. Notfallpläne werden nach Art. 12 III Seveso III-RL erstellt, um a) Schadensfälle einzudämmen und unter Kontrolle zu bringen, so dass die Auswirkungen möglichst gering gehalten und Schädigungen der menschlichen Gesundheit, der Umwelt und von Sachwerten begrenzt werden können; b) die erforderlichen Maßnahmen zum Schutz der menschlichen Gesundheit und der Umwelt vor den Auswirkungen schwerer Unfälle einzuleiten; c) notwendige Informationen an die Öffentlichkeit sowie betroffene Behörden oder Dienststellen in dem betreffenden Gebiet weiterzugeben; d) Aufräumarbeiten und Maßnahmen zur Wiederherstellung der Umwelt nach einem schweren Unfall einzuleiten. Die Notfallpläne müssen nach Art. 12 III 2 Seveso III-RL die in Anhang IV genannten Informationen enthalten. Die Mitgliedstaaten müssen nach Art. 12 IV Seveso III-RL dafür sorgen, dass die internen Notfallpläne unter **Beteiligung** der im Betrieb tätigen Personen, einschließlich des relevanten langfristig beschäftigten Personals von Subunternehmen, erstellt werden. 5077

Nach Art. 12 I b Seveso III-RL muss der Betreiber der zuständigen Behörde die für die Erstellung externer Notfallpläne erforderlichen Informationen übermitteln. Die zu diesem Zweck vom Mitgliedstaat benannten Behörden müssen innerhalb von zwei Jahren nach Erhalt der erforderlichen Informationen vom Betreiber gemäß Buchstabe b einen **externen Notfallplan** für Maßnahmen außerhalb des Betriebs erstellen. Die Mitgliedstaaten sorgen nach Art. 12 V Seveso III-RL dafür, dass die **betroffene Öffentlichkeit** frühzeitig Gelegenheit erhält, ihren Standpunkt zu externen Notfallplänen darzulegen, wenn diese erstellt oder wesentlich geändert werden. Mit den externen Notfallplänen muss eine verstärkte Zusammenarbeit bei **Katastrophenschutzmaßnahmen** in schweren Notfällen gefördert werden. 5078

Internen und externe Notfallpläne müssen jeweils in angemessenen Abständen von höchstens drei Jahren durch die Betreiber und die bezeichneten Behörden überprüft, erprobt und erforderlichenfalls auf den neuesten Stand gebracht werden. Bei dieser **Überprüfung** werden Veränderungen in den betreffenden Betrieben und den betreffenden Notdiensten, neue technische Erkenntnisse und Erkenntnisse darüber, wie bei schweren Unfällen zu handeln ist, berücksichtigt (Art. 12 VI Seveso III-RL). 5079

h) Überwachung der Ansiedlung. Bei der planerischen der Flächenausweisung oder Flächennutzung muss nach Art. 13 Seveso III-RL das Ziel, schwere Unfälle zu verhüten und ihre Folgen für die menschliche Gesundheit und die Umwelt zu begrenzen, berücksichtigt werden. Dazu müssen die Ansiedlung neuer Betriebe, Änderungen von Betrieben und neue Entwicklungen in der Nachbarschaft von Betrieben, einschließlich Verkehrswegen, öffentlich genutzten Örtlichkeiten und Wohngebieten, wenn diese Ansiedlungen oder Entwicklungen Ursache von schweren Unfällen sein oder das Risiko eines schweren Unfalls vergrößern oder die Folgen eines solchen Unfalls verschlimmern können, überwacht werden. Bei der Flächenausweisung oder Flächennutzung und den Zulassungsverfahren muss langfristig dem Erfordernis Rechnung getragen werden, dass zwischen den unter diese Richtlinie fallenden Betrieben einerseits und Wohngebieten, öffentlich genutzten Gebäuden und Gebieten, Erholungsgebieten und soweit möglich Hauptverkehrswegen andererseits ein **angemessener Sicherheitsabstand** gewahrt bleibt, dass unter dem Gesichtspunkt des Naturschutzes besonders wertvolle bzw. besonders empfindliche Gebiete in der Nachbarschaft von Betrieben erforderlichenfalls durch angemessene Sicherheitsabstände oder durch andere relevante Maßnahmen geschützt werden, dass bei bestehenden Betrieben zusätzliche technische Maßnahmen nach Art. 5 Seveso III-RL ergriffen werden, damit es zu keiner Zunahme der Gefährdung der menschlichen Gesundheit und der Umwelt kommt. Dazu muss nach Art. 15 Seveso III-RL auch die betroffene Öffentlichkeit frühzeitig beteiligt werden. 5080

i) Maßnahmen nach einem schweren Unfall. Art. 16 bis 18 Seveso III-RL bestimmen, welche Informationen vom Betreiber nach einem schweren Unfall zu erbringen und welche Maßnahmen zu ergreifen sind, welche Maßnahmen von der zuständigen Behörde nach einem schweren Unfall zu ergreifen und welche Informationen vom Mitgliedstaat nach einem schweren Unfall zu erbringen sind. 5081

j) Verbot der Weiterführung und Inspektionen. Die Mitgliedstaaten verbieten nach Art. 19 Seveso III-RL die Weiterführung oder Inbetriebnahme eines Betriebs, einer Anlage oder eines Lagers oder von Teilen davon, wenn die vom Betreiber getroffenen Maßnahmen zur Verhütung schwerer Unfälle und der Begrenzung der Unfallfolgen eindeutig unzureichend sind. Zu diesem Zweck berücksichtigen die Mitgliedstaaten unter anderem schwerwiegende Unterlassungen in Bezug auf die im Inspektionsbericht festgelegten notwendigen Maßnahmen. 5082

Die Mitgliedstaaten können die Weiterführung oder Inbetriebnahme eines Betriebs, einer Anlage oder eines Lagers oder von Teilen davon verbieten, wenn der Betreiber die nach dieser Richtlinie erforderlichen Mitteilungen, Berichte oder sonstigen Informationen nicht fristgerecht übermittelt hat.

5083 Die zuständigen Behörden der Mitgliedstaaten müssen nach Art. 20 I Seveso III-RL ein **Inspektionssystem** einrichten, das für die Art des betreffenden Betriebs angemessen ist, das unabhängig vom Erhalt des Sicherheitsberichts oder anderer Berichte ist und das eine planmäßige und systematische Prüfung der betriebstechnischen, organisatorischen und managementspezifischen Systeme des Betriebs ermöglicht. Damit insbesondere sichergestellt ist, dass a) der Betreiber nachweisen kann, dass er im Zusammenhang mit den verschiedenen Tätigkeiten des Betriebs die zur Verhütung schwerer Unfälle erforderlichen Maßnahmen ergriffen hat; b) der Betreiber nachweisen kann, dass er angemessene Mittel zur Begrenzung der Folgen schwerer Unfälle innerhalb und außerhalb des Betriebsgeländes vorgesehen hat; c) die im Sicherheitsbericht oder in anderen Berichten enthaltenen Daten und Informationen den Gegebenheiten in dem Betrieb genau entsprechen; d) Informationen gemäß Art. 14 Seveso III-RL der Öffentlichkeit zugänglich gemacht worden sind.

5084 Außerdem muss ein **Inspektionsplan** alle Betriebe auf nationaler, regionaler oder lokaler Ebene abdecken, der regelmäßig überprüft und gegebenenfalls aktualisiert wird. Jeder Inspektionsplan umfasst a) eine allgemeine Beurteilung einschlägiger Sicherheitsfragen; b) den räumlichen Anwendungsbereich des Inspektionsplans; c) eine Liste der Betriebe, für die der Plan gilt; d) eine Liste der Gruppen von Betrieben mit möglichen Domino-Effekten nach Art. 9 Seveso III-RL; e) eine Liste der Betriebe, in denen besondere externe Risiken oder Gefahrenquellen das Risiko eines schweren Unfalls erhöhen oder die Folgen eines solchen Unfalls verschlimmern können; f) Verfahren für Routineinspektionen, einschließlich der Programme für solche Inspektionen g) Verfahren für nichtroutinemäßige Inspektionen; h) Bestimmungen für die Zusammenarbeit zwischen Inspektionsbehörden.

5085 Auf der Grundlage der Inspektionspläne erstellt die zuständige Behörde regelmäßig **Programme für Routineinspektionen** aller Betriebe, in denen auch die Häufigkeit der **Vor-Ort-Besichtigungen** für die verschiedenen Arten von Betrieben angegeben ist. Der zeitliche Abstand zwischen zwei aufeinander folgenden Vor-Ort-Besichtigungen darf für Betriebe der oberen Klasse nicht mehr als ein Jahr und für Betriebe der unteren Klasse nicht mehr als drei Jahre betragen, es sei denn, die zuständige Behörde hat auf der Grundlage einer systematischen Bewertung der Gefahren schwerer Unfälle in den betreffenden Betrieben ein Inspektionsprogramm erarbeitet. Die für die systematische Beurteilung der Gefahren der betreffenden Betriebe heranzuziehenden **Kriterien** listet Art. 13 V Seveso III-RL auf.

5086 **Nichtroutinemäßige Inspektionen** werden durchgeführt, um schwerwiegende Beschwerden, ernste Unfälle und „Beinaheunfälle", Zwischenfälle und die Nichteinhaltung von Vorschriften baldmöglichst zu untersuchen. Innerhalb von vier Monaten nach jeder Inspektion teilt die zuständige Behörde dem Betreiber ihre Schlussfolgerungen daraus und alle ermittelten erforderlichen Maßnahmen mit.

5087 Die zuständige Behörde stellt sicher, dass der Betreiber alle diese erforderlichen Maßnahmen innerhalb eines angemessenen Zeitraums nach Erhalt der Mitteilung einleitet. Wird bei einer Inspektion ein bedeutender Verstoß gegen diese Richtlinie festgestellt, wird innerhalb von sechs Monaten eine zusätzliche Inspektion durchgeführt. Wenn möglich werden Inspektionen mit Inspektionen im Rahmen anderer Rechtsvorschriften der Union koordiniert und gegebenenfalls miteinander verbunden. Die Mitgliedstaaten ermutigen die zuständigen Behörden dazu, Mechanismen und Instrumente für den Erfahrungsaustausch und die Wissenskonsolidierung zur Verfügung zu stellen und sich gegebenenfalls auf Unionsebene an solchen Mechanismen zu beteiligen. Die Mitgliedstaaten stellen sicher, dass die Betreiber den zuständigen Behörden die erforderliche Unterstützung gewähren, damit diese Behörden Inspektionen durchführen und alle für die Wahrnehmung ihrer Aufgaben im Rahmen dieser Richtlinie erforderlichen Informationen sammeln können, insbesondere um den Behörden zu erlauben, die Möglichkeit eines schweren Unfalls umfassend zu beurteilen, das Ausmaß der möglichen erhöhten Wahrscheinlichkeit oder Verschlimmerung der Folgen schwerer Unfälle zu ermitteln, einen externen Notfallplan zu erstellen und Stoffe zu berücksichtigen, die aufgrund ihrer physikalischen Form, ihrer besonderen Merkmale oder ihres Standorts genauere Betrachtung erfordern (Art. 13 VII-XI Seveso III-RL).

2. Umsetzung in das deutsche Recht

Die Seveso-III-Richtlinie wurde mit einer Mantelverordnung und einem Mantelgesetz umgesetzt. Mit der Mantelverordnung wurde insbesondere die StörfallV geändert; die neue StörfallV trat am 14.1.2017 in Kraft und wurde dann am 20.3.2017 mit einer redaktionell berichtigten, vollständigen Fassung veröffentlicht. Mit dem Mantelgesetz wurden das BImSchG, das UVPG, das UmwRG und das BBergG geändert. Das Mantelgesetz trat am 1.12.2016 in Kraft.[868] 5088

Im deutschen Recht ist das Störfallrecht nicht in einem eigenen Gesetz, sondern im Wesentlichen im BImSchG und in der 12. BImSchV geregelt. Den Ausgangspunkt des Störfallrechtes im BImSchG bildet dabei – auch ohne dass diese Begrifflichkeit dort verwendet würde – der § 1 II BImSchG, indem dort im Hinblick auf genehmigungsbedürftige Anlagen der Gesetzeszweck über § 1 I BImSchG hinaus auf den Schutz und die Vorsorge gegen solche Gefahren, erheblichen Nachteile und erheblichen Belästigungen ausgedehnt wird, die nicht durch schädliche Umwelteinwirkungen, sondern „auf andere Weise" – also durch sonstige Einwirkungen – herbeigeführt werden. Erfasst werden alle von einer Anlage ausgehenden physischen Einwirkungen, die keine Emissionen im Sinne des § 3 III BImSchG sind.[869] Die Unterscheidung zwischen den schädlichen Umwelteinwirkungen einerseits und den sonstigen Einwirkungen andererseits markiert die Grenzlinie zwischen dem Immissionsschutzrecht im engeren Sinne und dem Störfallrecht als Bestandteil des Immissionsschutzrechts im weiteren Sinne.[870] 5089

a) Betreiberpflichten. Für Betriebsbereiche im Anwendungsbereich des Seveso-Rechts gelten störfallschutzbezogene Betreibergrundpflichten, die in den §§ 3 bis 8 der 12. BImSchV geregelt sind. Für Betriebsbereiche der sogenannten oberen Klasse gelten für den Betreiber darüber hinaus erweiterte Pflichten gem. §§ 9 bis § 12 der 12. BImSchV. Ergänzend dazu treffen den Betreiber genehmigungsbedürftiger Anlagen Grundpflichten zum Schutz und zur Vorsorge gegen sonstige Einwirkungen, dh auch gegen Einwirkungen, die nicht auf Immissionen beruhen. Dazu gehören auch störfallbedingte Einwirkungen. Die Anforderungen des § 3 IV der 12. BImSchV sind, wie in einer Vielzahl von Fällen, in denen immissionsschutzrechtlich auf den Stand der Technik (§ 3 VI BImSchG) abgestellt wird, nicht verbindlich gesetzlich konkretisiert, sondern werden inhaltlich erst durch untergesetzliche Regelwerke mit Leben gefüllt, denen als solche keine Bindungswirkung zukommt.[871] 5090

b) Überwachungspflichten. Die behördlichen Überwachungspflichten und Befugnisse sind in § 52 BImSchG geregelt. Darüberhinausgehende behördliche Pflichten für Betriebsbereiche, die der 12. BImSchV unterliegen, ergeben sich aus § 16 der 12. BImSchV, der eine planmäßige, systematische Prüfung der technischen, organisatorischen und managementspezifischen Systeme vorschreibt. 5091

c) Abstandswahrungsgebot. Das sich aus der Seveso III-RL wird für raumbedeutsame Planungen und Maßnahmen über § 50 S. 1 BImSchG gesichert, muss aber nicht nur für Planungs- sondern auch für gebundene Genehmigungsentscheidungen beachtet werden.[872] 5092

Nach § 50 S. 1 BImSchG sind bei raumbedeutsamen Planungen und Maßnahmen die für eine bestimmte Nutzung vorgesehenen Flächen einander so zuzuordnen, dass schädliche Umwelteinwirkungen und von schweren Unfällen iSd Art. 3 Nr. 13 Seveso III-RL in Betriebsbereichen hervorgerufene Auswirkungen auf die ausschließlich oder überwiegend dem Wohnen dienenden Gebiete sowie auf sonstige schutzbedürftige Gebiete, insbesondere öffentlich genutzte Gebiete, wichtige Verkehrswege, Freizeitgebiete und unter dem Gesichtspunkt des Naturschutzes besonders wertvolle oder besonders empfindliche Gebiete und öffentlich genutzte Gebäude so weit wie möglich vermieden werden. Der Wortlaut des § 50 S. 1 BImSchG ist für das Abstandswahrungsgebot der Seveso III-RL erweitert worden. 5093

Nach der Rechtsprechung des EuGH ist das Abstandsgebot nach Art. 13 Seveso III-RL für Betriebe und Anlagen, die den Anforderungen des Störfallrechts unterfallen, nicht nur für Planungs- sondern auch für gebundene Genehmigungsentscheidungen zu beachten.[873] Der ange- 5094

---

[868] Näher dazu Schoppen NVwZ 2017, 1561; Wasielewski NVwZ 2018, 937.
[869] Jarass BImSchG, 2022, § 1 Rn. 14.
[870] Grüner Planerischer Störfallschutz, 2010, S. 13 f; Köck NVwZ 2012, 1353 (1355).
[871] OVG Lüneburg ZNER 2023, 257 = juris Rn. 45
[872] Uechtritz NVwZ 2023, 1641; Spannowsky ZfBR 2022, 639; Fabi ZUR 2019, 341.
[873] EuGH NVwZ 2017, 1569.

messene Sicherheitsabstand iSd BImSchG ist nach § 3 V c BImSchG der Abstand zwischen einem Betriebsbereich oder einer Anlage, die Betriebsbereich oder Bestandteil eines Betriebsbereichs ist, und einem benachbarten Schutzobjekt, der zur gebotenen Begrenzung der Auswirkungen auf das benachbarte Schutzobjekt, welche durch schwere Unfälle iSd m Sinne des Art. 3 Nr. 13 Seveso III-RL hervorgerufen werden können, beiträgt. Der angemessene Sicherheitsabstand ist anhand störfallspezifischer Faktoren zu ermitteln.[874]

5095 Der angemessene Sicherheitsabstand im Sinne des § 3 Vc BImSchG entspricht der ersten Stufe der Zwei-Stufen-Prüfung, die vom BVerwG zur Bestimmung des angemessenen Sicherheitsabstands entwickelt wurde.[875] Demzufolge geht es beim angemessenen Sicherheitsabstand um den Abstand zwischen einem Betriebsbereich und einem benachbarten Schutzobjekt, der dazu beiträgt, die Auswirkungen möglicher schwerer Unfälle im Sinne des Art. 3 Seveso III-RL auf benachbarte Schutzobjekte zu begrenzen. Die für die Ermittlung des angemessenen Sicherheitsabstands relevanten störfallspezifischen Faktoren sind anlagenbezogene Faktoren. Störfallspezifisch sind aber nicht nur Faktoren, die der Störfallanlage selbst anhaften, sondern auch die Eigenheiten der betroffenen Schutzobjekte, soweit sie für die Gefährdungslage relevant sind.[876]

5096 **d) Nachbarschutz.** Nachbarschutz gegen Störfallrisiken, insbesondere mit Blick auf unzureichende Schutzabstände, kann über das Gebot der Rücksichtnahme gewährt werden.[877] Für die Fallgestaltung, der Berufung des Nachbarn auf unzureichende Vorkehrungen zum Schutz vor einem (§ 3 I der 12. BImSchV) bzw. in einem Störfall (§ 3 III der 12. BImSchV) in seinem Betrieb, muss nicht nur eine Pflichtverletzung, sondern auch konkret aufgezeigt werden, ob bzw. inwieweit dadurch der jeweilige Nachbar betroffen ist und dies von Rechts wegen nicht hinzunehmen hat. Gleiches gilt für die Rüge, der Stand der Sicherheitstechnik (§ 3 IV der 12. BImSchV) sei nicht eingehalten.[878]

XVI. Abfallrahmenrichtlinie

5097 Das Kreislaufwirtschaftsrecht ist nicht auf das KrWG einschließlich zahlreicher darauf gestützter Verordnungen sowie auf die Kreislaufwirtschaftsgesetze der Länder beschränkt. Auch auf der europäischen Ebene ist das Kreislaufwirtschaftsrecht umfassend geregelt.[879] Die EU wirkt durch unmittelbar geltende Verordnungen und durch zahlreiche Richtlinien und Entscheidungen der Kommission immer stärker auf die nationale Gesetzgebung ein.[880] Soweit in den Mitgliedstaaten europäisches Abfallrecht unmittelbar gilt (zB auf der Grundlage der EU-AbfVerbrV oder der EU-BatterieVO) kann zur Auslegung deren unbestimmter Rechtsbegriffe nicht auf deutsches Recht verwiesen werden.

1. Systematik der Abfallrahmenrichtlinie

5098 **a) Kreislaufstrategie der EU.** Die EU hat im Jahre 2018 durch ein Paket von mehreren Richtlinien den Ausbau der Kreislaufwirtschaft europaweit vorangetrieben. Die neuen Regeln sehen vor, dass ab dem Jahr 2025 mindestens 55 % der Siedlungsabfälle recycelt werden müssen; ab dem Jahr 2030 gilt das für 60 % und ab dem Jahr 2035 für 65 % der Siedlungsabfälle. Die Recyclingziele für Verpackungen betragen 65 % ab dem Jahr 2025 und 70 % ab dem Jahr 2030 mit spezifischen Zielen für Papier und Pappe, Kunststoffe, Glas, Metall und Holz. Nach

---

[874] Siehe dazu Jarass, BImSchG, 2022, § 3 Rn. 106; OVG Lüneburg NVwZ-RR 2021, 1049.

[875] OVG Saarlouis Beschl. v. 22.12.2022 – B 197/22, juris Rn. 37; BVerwGE 145, 290 (305).

[876] OVG Saarlouis Beschl. v. 22.12.2022 – B 197/22, juris Rn. 37.

[877] BVerwG NVwZ 2013, 719 = juris Rn. 33;

[878] OVG Lüneburg ZNER 2023, 257 = juris Rn. 41.

[879] Zum aktuellen Kreislaufwirtschaftsrecht und zu einem Ausblick für Deutschland sowie für die EU siehe Frenz/Beckmann AbfallR 2022, 178; zur Entwicklung des Kreislaufwirtschaftsrechts für einzelne Stoffströme (Batterien, Windräder, Kunststoffe und Industrieabfälle) Beckmann/Frenz AbfallR 2022, 230; zur Produktverantwortung im Kreislaufwirtschaftsrecht siehe Petersen NVwZ 2022, 67; siehe dazu bereits auch Beckmann UPR 1996, 41; zur letzten Novelle des KrWG 2020 Petersen/Friedrich NVwZ 2021, 1; zu dem durch eine Richtlinie im Mai 2024 eingeführten Recht auf Reparatur siehe Kutschmann AnwBl. 2023, 341; Frenz EWS 2022, 130; zu Ursprüngen und Entwicklungslinien des Kreislaufwirtschaftsrechts Berger DVBl. 2024, 385.

[880] Siehe dazu am Beispiel der EU-Ökodesign-Verordnung Petersen/Massow ZUR 2023, 67.

den neuen Vorschriften darf die maximale Deponierungsquote für Siedlungsabfall ab dem Jahr 2035 nur noch 10 % betragen. Schon im Jahr 2014 wurde in Österreich, Belgien, Dänemark, Deutschland, den Niederlanden und Schweden praktisch kein Hausmüll mehr auf Deponien abgelagert, während Zypern, Kroatien, Griechenland, Lettland und Malta noch mehr als drei Viertel ihrer Siedlungsabfälle auf diese Weise entsorgten.

Ab dem Jahr 2024 sollen EU-weit auch Bioabfälle, wie in Deutschland bereits üblich, getrennt gesammelt werden. Gleiches gilt für Textilien und als gefährlich eingestufte Haushaltsabfälle ab dem Jahr 2025. Unverbindlich vorgegeben wird, dass die Lebensmittelverschwendung bis zum Jahre 2025 um 25 % und bis zum Jahre 2030 um 50 % reduziert werden soll. Textilien und als gefährlich eingestufte Haushaltsabfälle müssen ab dem Jahr 2025 getrennt gesammelt werden. Seit 2024 müssen auch Bioabfälle entweder getrennt gesammelt oder zu Hause durch Kompostierung verwertet werden. 5099

Im März 2020 hat die EU-Kommission als wichtigsten Baustein des europäischen Green Deal einen neuen Aktionsplan für die Kreislaufwirtschaft vorgestellt.[881] Der Aktionsplan enthält Maßnahmen, die sich über den gesamten Lebenszyklus von Produkten erstrecken. Diese sollen länger nutzbar sein und leichter wiederverwendet, repariert und recycelt werden können. Weitere Ziele sind weniger Verpackungen und die Vermeidung von Abfall. Grundlegendes Ziel ist es, dass genutzte Ressourcen so lange wie möglich in der EU-Wirtschaft verbleiben. 5100

Mit der Richtlinie (EU) 2018/851 des Europäischen Parlaments und des Rates vom 30.5.2018 wurde die Abfallrahmenrichtlinie weiterentwickelt. Die Änderung der Abfallrahmenrichtlinie diente dazu, die Abfallbewirtschaftung in der Union zu verbessern und zu einer nachhaltigen Materialwirtschaft mit dem Ziel umzugestalten, die Umwelt zu schützen, zu erhalten und ihre Qualität zu verbessern, die menschliche Gesundheit zu schützen, eine umsichtige, effiziente und rationelle Verwendung der natürlichen Ressourcen zu gewährleisten, die Grundsätze der Kreislaufwirtschaft und die Verbreitung erneuerbarer Energieträger zu fördern, die Energieeffizienz zu verbessern, die Abhängigkeit der Union von Ressourceneinfuhren zu verringern und für neue Chancen in der Wirtschaft sowie zur langfristigen Wettbewerbsfähigkeit beizutragen. Damit eine wirklich kreislauforientierte Wirtschaft entsteht, sollen in Bezug auf die Nachhaltigkeit von Erzeugung und Verbrauch zusätzliche Maßnahmen getroffen werden, indem der gesamte Lebenszyklus von Produkten in einer Art und Weise betrachtet wird, die Ressourcen erhält und den Kreislauf schließt. Dazu werden insbesondere die in der Abfallrichtlinie festgelegten Zielvorgaben für die Vorbereitung zur Wiederverwendung und das Recycling von Abfällen erhöht. 5101

Die mit dem Kreislaufwirtschaftspaket der EU im Jahre 2018 vorgegebenen Ziele sehen vor, dass bis zum Jahr 2025 mindestens 55 % der Siedlungsabfälle in der EU recycelt werden. Diese EU-weite Zielvorgabe wird bis zum Jahr 2030 auf 60 % und bis zum Jahr 2035 auf 65 % angehoben. Das EU-Recyclingziel für Verpackungsabfälle beträgt 65 % (bis zum Jahr 2025) bzw. 70 % (bis zum Jahr 2030), wobei spezifische Zielvorgaben für bestimmte Materialien festgelegt werden. 5102

b) Instrumente des EU-Kreislaufwirtschaftsrechts. Das Recht der EU kennt als Handlungsinstrumente Verordnungen, Richtlinien, Beschlüsse, Empfehlungen und Stellungnahmen. Gem. Art. 288 III AEUV richten sich die EU-Richtlinien an die Mitgliedstaaten und werden grundsätzlich erst durch eine Umsetzung in das jeweilige nationale Recht für den Einzelnen verbindlich; sie sind hinsichtlich des zu erreichenden Ziels verbindlich, überlassen jedoch den innerstaatlichen Stellen die Wahl der Form und der Mittel. Die Umsetzung muss in Deutschland durch Gesetz oder Rechtsverordnung vorgenommen werden; der Erlass wesentlicher Regelungen in der Form (normenkonkretisierender) Verwaltungsvorschriften reicht nach Auffassung des EuGH für eine Umsetzung grundsätzlich nicht aus.[882] Nicht zuletzt deshalb wurden die Anforderungen an eine umweltverträgliche Abfallbeseitigung durch Verordnung konkretisiert und nicht allein in Technischen Anleitungen als Verwaltungsvorschriften geregelt. Sofern eine EU-Richtlinie trotz Ablaufs der dafür gesetzten Frist (noch) nicht oder nicht vollständig in nationales Recht transformiert ist, kann sie auch ohne Umsetzung Direktwirkung für den Einzelnen entfalten, sofern die Umsetzungsfrist abgelaufen ist und die einschlägigen Bestimmungen der Richtlinie inhaltlich unbedingt und hinreichend bestimmt sind. 5103

---

[881] dazu Frenz AbfallR 2021, 104.

[882] EuGH NVwZ 1991, 866; NVwZ 191, 868.

5104 Verordnungen haben nach Art. 288 II 1 AEUV allgemeine Geltung. Sie sind in allen ihren Teilen verbindlich und gelten unmittelbar in jedem Mitgliedstaat. Einer Umsetzung in nationales Recht bedürfen sie nicht. Beispiele für unmittelbar verbindliche europäische Verordnungen im Kreislaufwirtschaftsrecht sind die EU-BatterieVO und die EU-AbfVerbrV. Wenn neben einer europäischen Verordnung auch ein nationales Gesetz verabschiedet wird, ergänzt dieses die Regelungen der Ver-ordnung. Ein Beispiel dafür ist das AbfVerbrG des Bundes, das die Regelungen der EU-AbfVerbrV ergänzt. Wegen des Vorrangs des Unionsrechts vor dem nationalen Recht verdrängt das höherrangige Unionsrecht das nationale Recht. In seinem EZB-Urteil[883] weist das BVerfG allerdings darauf hin, dass der mit der Funktionszuweisung des Art. 19I 2 EUV verbundene Rechtsprechungsauftrag des EuGH dort endet, wo eine Auslegung der Verträge nicht mehr nachvollziehbar und daher objektiv willkürlich ist. Überschreitet der EuGH diese Grenze, ist sein Handeln vom Mandat des Art. 19 I 2 EUV in Verbindung mit dem Zustimmungsgesetz nach der Rechtsprechung des BVerfG nicht mehr gedeckt, so dass seiner Entscheidung jedenfalls für Deutschland das gem. Art. 23 I 2 iVm Art. 20 I und II GG und Art. 79 III GG erforderliche Mindestmaß an demokratischer Legitimation fehlt.

5105 **c) Entwicklung der Abfallrahmenrichtlinie.** Unter den verschiedenen Abfallrichtlinien nimmt die Richtlinie 2008/98/EG über Abfälle (Abfallrahmenrichtlinie) die zentrale Stellung ein. Mit der Novelle der Abfallrahmenrichtlinie im Jahr 2008 verfolgte der Richtliniengeber das Ziel einer Verstärkung des Ressourcen- und Umweltschutzes, einer Straffung des europäischen Abfallrechts durch Integration der Altölrichtlinie und der Richtlinie über gefährliche Abfälle in die Abfallrahmenrichtlinie und eine Erhöhung der Rechtssicherheit bei der Auslegung zentraler Rechtsbegriffe, insbesondere bei der Abgrenzung zwischen Abfall und Produkt sowie bei der Abgrenzung zwischen Verwertung und Beseitigung.

2. Überblick zum Richtlinieninhalt

5106 **a) Gegenstand und Anwendungsbereich.** Mit der Richtlinie werden nach Art. 1 AbfRRL Maßnahmen festgelegt, die dem Schutz der Umwelt und der menschlichen Gesundheit dienen, indem die Erzeugung von Abfällen und die schädlichen Auswirkungen der Erzeugung und Bewirtschaftung von Abfällen vermieden oder verringert, die Gesamtauswirkungen der Ressourcennutzung reduziert und die Effizienz der Ressourcennutzung verbessert werden, und welche für den Übergang zu einer Kreislaufwirtschaft und für die Sicherstellung der langfristigen Wettbewerbsfähigkeit der Union entscheidend sind. Art. 2 AbfRRL bestimmt zahlreiche Ausnahmen vom Anwendungsbereich auch für spezifische Abfälle, etwa radioaktive Abfälle, bestimmte Böden, beim Bergbau anfallende Abfälle, etc.

5107 **b) Abfallbegriff.** Der für den Anwendungsbereich der Richtlinie maßgebliche Abfallbegriff ist in Art. 3 AbfRRL relativ schlank geregelt, führt jedoch in der Praxis immer wieder zu Anwendungsproblemen. Abfall" ist jeder Stoff oder Gegenstand, dessen sich sein Besitzer entledigt, entledigen will oder entledigen muss. Die drei Entledigungstatbestände werden in § 3 II bis IV KrWG legaldefiniert.

5108 Eine **Entledigung** ist nach § 3 II KrWG anzunehmen, wenn der Besitzer Stoffe oder Gegenstände einer Verwertung oder einer Beseitigung zuführt oder die tatsächliche Sachherrschaft über sie unter Wegfall jeder weiteren Zweckbestimmung aufgibt. Der Wille zur Entledigung – der ebenfalls zur Einordnung eines Stoffes oder Gegenstandes als Abfall führen kann – ist nach § 3 III KrWG anzunehmen hinsichtlich solcher Stoffe oder Gegenstände, die bei der Energieumwandlung, Herstellung, Behandlung oder Nutzung von Stoffen oder Erzeug-nissen oder bei Dienstleistungen anfallen, ohne dass der Zweck der jeweiligen Handlung hierauf gerichtet ist, oder deren ursprüngliche Zweckbestimmung entfällt oder aufgegeben wird, ohne dass ein neuer Verwendungszweck unmittelbar an deren Stelle tritt. Für die Beurteilung der Zweckbestimmung ist die Auffassung des Erzeugers oder Besitzers unter Berücksichtigung der Verkehrsanschauung nach § 3 III 2 KrWG zugrunde zu legen. Die dritte Alternative zur Einordnung eines Stoffes oder eines Gegenstandes als Abfall ist der sog. **Zwangsabfall**. Nach § 3 IV KrWG muss der Besitzer sich bestimmter Stoffe oder Gegenstände entledigen, wenn diese nicht mehr entsprechend ihrer ursprünglichen Zweckbestimmung verwendet werden, aufgrund ihres konkreten Zustands geeignet sind, gegenwärtig oder künftig das Wohl der Allgemeinheit, insbesondere die Umwelt, zu gefährden und deren Gefährdungspotenzial nur durch eine ordnungs-

[883] BVerfGE 154, 17.

gemäße und schadlose Verwertung oder gemeinwohlverträgliche Beseitigung ausgeschlossen werden kann.

Gefährlicher Abfall ist Abfall, der eine oder mehrere der in Anhang III aufgeführten gefährlichen Eigenschaften aufweist. Dies erfordert nach der AbfRRL und dem KrWG in besonderem Maße eine behördliche Überwachung sowie eine umwelt- und gesundheitsgerechte Abfallbewirtschaftung, insbesondere eine Behandlung in leistungsfähigen und dafür zugelassenen Anlagen.Näheres dazu regelt die Abfallverzeichnis-VO. Für gefährliche Abfälle gilt nach § 48 S. 1 KrWG ein strengeres Überwachungsregime. Außerdem sehen mehrere Bundesländer für gefährliche Abfälle spezifische **Andienungspflichten** vor.[884] Im Kreislaufwirtschaftsrecht wird darunter eine Verpflichtung der Abfallerzeuger und -besitzer verstanden, ihren Abfall einer bestimmten Stelle anzubieten, die dann – regelmäßig im Rahmen einer sog. Zuweisung – eigenständig darüber entscheidet, durch wen, wo und in welchem Verfahren der Abfall zu entsorgen ist.[885] 5109

Abfälle sind von **Nebenprodukten** abzugrenzen. Die Mitgliedstaaten treffen nach Art. 5 AbfRRL geeignete Maßnahmen, um sicherzustellen, dass ein Stoff oder Gegenstand, der das Ergebnis eines Herstellungsverfahrens ist, dessen Hauptziel nicht die Herstellung des betreffenden Stoffes oder Gegenstands ist, nicht als Abfall, sondern als Nebenprodukt betrachtet wird, wenn die folgenden Voraussetzungen erfüllt sind: a) es ist sicher, dass der Stoff oder Gegenstand weiter verwendet wird, b) der Stoff oder Gegenstand kann direkt ohne weitere Verarbeitung, die über die normalen industriellen Verfahren hinausgeht, verwendet werden, c) der Stoff oder Gegenstand wird als integraler Bestandteil eines Herstellungsprozesses erzeugt und d) die weitere Verwendung ist rechtmäßig, dh der Stoff oder Gegenstand erfüllt alle einschlägigen Produkt-, Umwelt- und Gesundheitsschutzanforderungen für die jeweilige Verwendung und führt insgesamt nicht zu schädlichen Umwelt- oder Gesundheitsfolgen. 5110

Der EuGH hat mit seinem PORR-Urteil vom 17.11.2022 entschieden, dass nicht jedes ausgehobene Bodenmaterial, das durch eine Baumaßnahme erzeugt wird und nicht wieder vor Ort eingebaut werden kann, sondern extern verwendet werden muss, Abfall ist. Vielmehr gelte, wenn der Erzeuger schon vor dem Aushub die Qualität des Bodenmaterials bestimmt und eine dazu passende umweltgerechte und rechtmäßige Verwendung organisiere, sei das ausgehobene Bodenmaterial kein Abfall, weil es an einer Entledigung fehle. Ausgehobenes Bodenmaterial könne als Nebenprodukt und somit als Nicht-Abfall qualifiziert werden, wenn das ausgehobene Bodenmaterial die Nebenprodukt-Voraussetzungen erfülle.[886] 5111

Sind Abfälle wegen des Vorliegens eines Entledigungstatbestands entstanden, bedeutet dies nicht, dass sie diese Abfalleigenschaft nicht auch wieder verlieren können. Abfälle sind nach Art. 6 I AbfRRL nicht mehr als Abfälle anzusehen, wenn sie ein Verwertungsverfahren, wozu auch ein Recyclingverfahren zu rechnen ist, durchlaufen haben und spezifische Kriterien erfüllen, die gemäß den folgenden Bedingungen festzulegen sind: a) Der Stoff oder Gegenstand wird gemeinhin für bestimmte Zwecke verwendet; b) es besteht ein Markt für diesen Stoff oder Gegenstand oder eine Nachfrage danach; c) der Stoff oder Gegenstand erfüllt die technischen Anforderungen für die bestimmten Zwecke und genügt den bestehenden Rechtsvorschriften und Normen für Erzeugnisse und d) die Verwendung des Stoffs oder Gegenstands führt insgesamt nicht zu schädlichen Umwelt- oder Gesundheitsfolgen.[887] Die Kriterien enthalten erforderlichenfalls Grenzwerte für Schadstoffe und tragen möglichen nachteiligen Umweltauswirkungen des Stoffes oder Gegenstands Rechnung. Das Vorliegen dieser Voraussetzungen für ein „**Abfallende**" unterliegt uneingeschränkter verwaltungsgerichtlicher Kontrolle. Einen Prognose- oder Beurteilungsspielraum haben die Behörden nicht.[888] Die Mitgliedstaaten können, wenn auf Unionsebene keine bestimmten Kriterien festgelegt werden, im Einzelfall und unter Berücksichtigung der geltenden Rechtsprechung das Ende der Abfalleigenschaft festlegen. Der Gesetzgeber hat die entsprechende Verordnungsermächtigung in § 5 II KrWG im Rahmen der Novellierung des Gesetzes 2020 durch eine Konkretisierung der zulässigen 5112

[884] Siehe dazu Beckmann in Landmann/Rohmer Umweltrecht, § 17 KrWG, 2021, § 17 Rn. 209 ff; Kropp AbfallR 2024, 54.

[885] Beckmann in Landmann/Rohmer Umweltrecht, § 17 KrWG, 2021, § 17 RFn. 216; Dingemann in Jarass/Petersen, KrWG, 2022, § 17 Rn. 222 ff.

[886] EuGH ZUR 2023, 99 mit Anmerkungen von Franßen/Homann ZUR 2023, 93.

[887] BVerwG AbfallR 2013, 88; VGH Kassel NVwZ-RR 2013, 136; VGH München GewArch 2015, 123.

[888] VGH München AbfallR 2020, 204; OVG Bautzen NVwZ-RR 2022, 414.

Inhalte einer solchen Verordnung ergänzt, ohne allerdings die Verordnungsermächtigung materiell-rechtlich zu erweitern.[889]

5113 Neu in das KrWG aufgenommen wurde im Jahre 2020 in § 7a KrWG eine Grundpflicht, die im Zusammenhang mit der Beendigung der Abfalleigenschaft nach § 5 KrWG steht und mit Blick auf die Nahtstelle zwischen dem Kreislaufwirtschaftsrecht und den Rechtsvorschriften für Chemikalien und Produkte der übergreifenden Absicherung des Schutzes von Mensch und Umwelt dient. Nach § 7a I KrWG haben natürliche oder juristische Personen, die Stoffe und Gegenstände, deren Abfalleigenschaft beendet ist, erstmals verwenden oder erstmals in Verkehr bringen, dafür zu sorgen, dass diese Stoffe und Gegenstände den geltenden Anforderungen des Chemikalien- und Produktrechts genügen. § 7a II KrWG bestimmt, dass für Stoffe oder Gegenstände die Rechtsvorschriften für Chemikalien und Produkte erst dann zur Anwendung kommen, wenn deren Abfalleigenschaft gem. den Anforderungen des § 5 I KrWG beendet ist.

5114 **c) Abfallhierarchie**. Es gilt nach Art. 4 AbfRRL eine **fünfstufige Abfallhierarchie**, nach der die Vermeidung Vorrang vor der Verwertung und diese wiederum Vorrang vor der Beseitigung haben soll; innerhalb der Verwertung soll jedoch die Vorbereitung zur Wiederverwendung Vorrang vor der Wiederaufbereitung des Materials für gleiche oder andere Zwecke (Recycling) und das Recycling Vorrang vor sonstigen Verwertungsverfahren, insbesondere vor der energetischen Verwertung haben.[890] Die einzelnen Begriffe hat der Richtliniengeber in Art. 3 AbfRRL definiert.

5115 **Vermeidung** sind nach Art. 3 Nr. 12 AbfRRL Maßnahmen, die ergriffen werden, bevor ein Stoff, ein Material oder ein Erzeugnis zu Abfall geworden ist, und die Folgendes verringern: a) die Abfallmenge, auch durch die Wiederverwendung von Erzeugnissen oder die Verlängerung ihrer Lebensdauer; b) die schädlichen Auswirkungen des erzeugten Abfalls auf die Umwelt und die menschliche Gesundheit oder c) den Gehalt an schädlichen Stoffen in Materialien und Erzeugnissen.

5116 **Verwertung** ist nach Art. 3 Nr. 15 AbfRRL jedes Verfahren, als dessen Hauptergebnis Abfälle innerhalb der Anlage oder in der weiteren Wirtschaft einem sinnvollen Zweck zugeführt werden, indem sie andere Materialien ersetzen, die ansonsten zur Erfüllung einer bestimmten Funktion verwendet worden wären, oder die Abfälle so vorbereitet werden, dass sie diese Funktion erfüllen. Anhang II enthält eine nicht erschöpfende Liste von Verwertungsverfahren. Die Mitgliedstaaten treffen nach Art. 10 AbfRRL die erforderlichen Maßnahmen, um sicherzustellen, dass Abfälle im Einklang mit Artikel 4 und 13 AbfRRL zur Wiederverwendung vorbereitet, recycelt oder sonstig verwertet werden. Falls dies zur Einhaltung von Absatz 1 und zur Erleichterung oder Verbesserung der Vorbereitung zur Wiederverwendung, des Recyclings oder anderer Verwertungsverfahren erforderlich ist, werden Abfälle getrennt gesammelt und nicht mit anderen Abfällen oder anderen Materialien mit andersartigen Eigenschaften vermischt.

5117 **Vorbereitung zur Wiederverwendung** ist nach Art. 3 Nr. 16 AbfRRL jedes Verwertungsverfahren der Prüfung, Reinigung oder Reparatur, bei dem Erzeugnisse oder Bestandteile von Erzeugnissen, die zu Abfällen geworden sind, so vorbereitet werden, dass sie ohne weitere Vorbehandlung wiederverwendet werden können. Nach Art. 11 I AbfRRL treffen die Mitgliedstaaten Maßnahmen zur Förderung der Vorbereitung zur Wiederverwendung, insbesondere durch Förderung der Errichtung und Unterstützung von Netzwerken für die Vorbereitung zur Wiederverwendung und die Reparatur, durch Erleichterung – sofern dies mit einer ordnungsgemäßen Abfallbewirtschaftung vereinbar ist – des Zugangs solcher Netzwerke zu Abfällen, die sich bei Sammelsystemen oder bei Sammelstellen befinden und die zur Wiederverwendung vorbereitet werden können, von diesen Systemen oder Stellen aber nicht für die Vorbereitung zur Wiederverwendung bestimmt sind, sowie durch Förderung des Einsatzes von wirtschaftlichen Instrumenten, Beschaffungskriterien, quantitativen Zielen oder durch andere Maßnahmen.

5118 Unter **Recycling** ist nach Art. 3 Nr. 17 AbfRRL jedes Verwertungsverfahren, durch das Abfallmaterialien zu Erzeugnissen, Materialien oder Stoffen entweder für den ursprünglichen

---

[889] dazu Loschwitz AbfallR 2020, 210.

[890] dazu OVG Magdeburg Beschl. v. 16.7.2019, BeckRS 2019, 178; Petersen AbfallR 2013, 2; Seibert AbfallR 2017, 264; Franßen AbfallR 2017, 80; zur Abfallhierarchie in der Gewerbeabfallverordnung siehe Strosing AbfallR 2020, 532.

Zweck oder für andere Zwecke aufbereitet werden, zu verstehen. Es schließt die Aufbereitung organischer Materialien ein, aber nicht die energetische Verwertung und die Aufbereitung zu Materialien, die für die Verwendung als Brennstoff oder zur Verfüllung bestimmt sind.

Mit der Gesetzesnovelle 2020 des KrWG hat der deutsche Gesetzgeber erstmalig auch den Begriff der **stofflichen Verwertung** definiert (§ 3 XXIII a KrWG). Stoffliche Verwertung ist danach jedes Verwertungsverfahren, nicht aber die energetische Verwertung und die Aufbereitung zu Materialien, die für die Verwendung als Brennstoff oder als anderes Mittel der Energieerzeugung bestimmt sind. Zur stofflichen Verwertung gehören auch Verfahren der Vorbereitung zur Wiederverwendung, das Recycling und der Verfüllung, die im Gesetz aber jeweils eigenständig definiert werden. **5119**

Als Unterfall der stofflichen Verwertung regelt der Gesetzgeber auch den Begriff der **Verfüllung**. Nach § 3 XXIII a KrWG ist die Verfüllung jedes Verwertungsverfahren, bei dem geeignete, nicht gefährliche Abfälle zum Zweck der Rekultivierung von Abgrabungen oder zu bautechnischen Zwecken bei der Landschaftsgestaltung verwendet werden. Die für die Verfüllung verwendeten Abfälle müssen Materialien ersetzen, die keine Abfälle sind, für die vorstehend genannten Zwecke geeignet sein und auf die für die Erfüllung dieser Zwecke unbedingt erforderlichen Mengen beschränkt sein. Bei der Verfüllung von Abfällen können unterschiedliche Regelwerke zur Anwendung kommen. **5120**

Für die Verwertung von Abfällen, die in den unter Bergaufsicht stehenden untertägigen Grubenbauen als Versatzmaterial gilt die **Versatzverordnung**. eingesetzt werden. Mit der im August 2023 in Kraft getretenen **ErsatzbaustoffV** werden bundeseinheitlich verbindliche Anforderungen an die Herstellung und den Einbau mineralischer Ersatzbaustoffe gerichtet. Mineralische Ersatzbaustoffe im Anwendungsbereich der Verordnung sind ua Recycling-Baustoffe aus Bau- und Abbruchabfällen, Schlacken aus der Metallerzeugung und Aschen aus thermischen Prozessen. Hergestellt werden Ersatzbaustoffe in Anlagen, in denen die mineralischen Stoffe behandelt, insbesondere sortiert, getrennt, zerkleinert, gesiebt, gereinigt oder abgekühlt werden. Eingebaut werden Ersatzbaustoffe in technische Bauwerke vor allem im Tiefbau, wie Straßen, Schienenverkehrswege, befestigte Flächen, Leitungsgräben, Lärm- und Sichtschutzwälle. Die ErsatzbaustoffV bestimmt für Ersatzbaustoffe Schadstoffgrenzwerte, deren Einhaltung durch den Hersteller im Rahmen einer Güteüberwachung zu gewährleisten ist. Außerdem sieht die ErsatzbaustoffV an Grenzwerte angepasste Einbauweisen vor, die vom Verwender beim Einbau in technische Bauwerke nach den örtlichen Gegebenheiten zu beachten sind, um den Eintrag von Schadstoffen durch Sickerwasser in den Boden und das Grundwasser zu begrenzen und Verunreinigungen auszuschließen.[891] **5121**

Beseitigung schließlich ist nach Art. 3 Nr. 19 KrWG jedes Verfahren, das keine Verwertung ist, auch wenn das Verfahren zur Nebenfolge hat, dass Stoffe oder Energie zurückgewonnen werden. Anhang I enthält eine nicht erschöpfende Liste von Beseitigungsverfahren. Die Mitgliedstaaten stellen nach Art. 12 I AbfRRL sicher, dass Abfälle, die nicht gemäß Art. 10 I AbfRRL verwertet werden, Verfahren der unbedenklichen Beseitigung unterzogen werden, die den Bestimmungen des Art. 13 AbfRRL zum Schutz der menschlichen Gesundheit und der Umwelt genügen. Die Mitgliedstaaten treffen nach Art. 13 AbfRRL die erforderlichen Maßnahmen, um sicherzustellen, dass die Abfallbewirtschaftung ohne **Gefährdung der menschlichen Gesundheit** oder **Schädigung der Umwelt** erfolgt und insbesondere a) ohne Gefährdung von Wasser, Luft, Boden, Tieren und Pflanzen, b) ohne Verursachung von Geräusch- oder Geruchsbelästigungen und c) ohne Beeinträchtigung der Landschaft oder von Orten von besonderem Interesse. **5122**

Der zur Umsetzung des Art. 4 AbfRRL dienende § 6 KrWG wurde 2020 durch einen Absatz 3 ergänzt, der auf Anlage 5 des KrWG verweist, die Beispiele für Maßnahmen und wirtschaftliche Instrumente zur Schaffung von Anreizen für die Anwendung der Abfallhierarchie enthält. **5123**

d) Produktverantwortung. Auch auf europäischer Ebene wurde mit einer Novelle der Abfallrichtlinie der Grundsatz der Produktverantwortung als „erweiterte Herstellerverantwortung" anerkannt.[892] Zur Verbesserung der Wiederverwendung und der Vermeidung, des Re- **5124**

---

[891] dazu Franßen/Homann AbfallR 2023, 179; Willand/Hoesch ZUR 2023, 84; Hahn AbfallR 2022, 246.

[892] dort „erweiterte Herstellerverantwortung" genannt, siehe dazu ausführlicher Petersen NVwZ 2022, 921.

cyclings und der sonstigen Verwertung von Abfällen können die Mitgliedstaaten Maßnahmen mit und ohne Gesetzescharakter erlassen, um sicherzustellen, dass jede natürliche oder juristische Person, die gewerbsmäßig Erzeugnisse entwickelt, herstellt, verarbeitet, behandelt, verkauft oder einführt (Hersteller des Erzeugnisses), eine erweiterte Herstellerverantwortung trägt. Diese Maßnahmen können die Rücknahme zurückgegebener Erzeugnisse und von Abfällen, die nach der Verwendung dieser Erzeugnisse übrig bleiben, sowie die anschließende Bewirtschaftung der Abfälle und die finanzielle Verantwortung für diese Tätigkeiten umfassen. Diese Maßnahmen können die Verpflichtung umfassen, öffentlich zugängliche Informationen darüber zur Verfügung zu stellen, inwieweit das Produkt wiederverwendbar und recyclebar ist (Art. 8 I AbfRRL). Allgemeine **Mindestanforderungen** an Regime der erweiterten Herstellerverantwortung bestimmt Art. 8a AbfRRl.

5125 Die erweiterte Herstellerverantwortung der AbfRRL ist im Ausgangspunkt in den §§ 23 ff. KrWG, daneben jedoch in verschiedenen Gesetzen und Verordnungen in das deutsche Recht umgesetzt worden.

5126 § 23 KrWG weist demjenigen, der Erzeugnisse entwickelt, herstellt, be- und verarbeitet oder vertreibt, die zur Erfüllung der Ziele der Kreislaufwirtschaft bestehende Produktverantwortung zu. Zur Erfüllung dieser Produktverantwortung sind Erzeugnisse möglichst so zu gestalten, dass bei deren Herstellung und Gebrauch das Entstehen von Abfällen vermindert wird und sichergestellt ist, dass die nach ihrem Gebrauch entstandenen Abfälle umweltverträglich verwertet oder beseitigt werden. Beim Vertrieb der Erzeugnisse ist dafür zu sorgen, dass deren Gebrauchstauglichkeit erhalten bleibt und diese nicht zu Abfall werden. Der Umfang der Produktverantwortung wird beispielhaft in § 23 II KrWG aufgelistet. Im Rahmen der Produktverantwortung sind neben der Verhältnismäßigkeit der Anforderungen die sich aus anderen Rechtsvorschriften ergebenden Regelungen zur Produktverantwortung und zum Schutz von Mensch und Umwelt sowie die Festlegungen des Unionsrechts über den freien Warenverkehr zu berücksichtigen.[893] Spezifische Produktanforderungen können von der Bundesregierung durch Rechtsverordnung nach §§ 24, 25 KrWG bestimmt werden. In Rechtsverordnungen können außerdem Kennzeichnungspflichten, Rücknahme- und Rückgabepflichten sowie Pfandregelungen vorgesehen werden.

5127 Das **VerpackG** hebt die Verwertungsanforderungen für Verpackungsabfälle an. Beteiligungsentgelte der dualen Systeme müssen sich an der späteren Verwertbarkeit der Verpackungsabfälle orientieren. Das VerpackG verpflichtet außerdem, zur Stabilisierung des Wettbewerbs eine Zentrale Stelle einzurichten, die sämtliche Informationen über die in Verkehr gebrachten, gesammelten und verwerteten Verpackungsmengen erhält, abgleicht und auswertet. Das soll es ermöglichen, Schlupflöcher und Manipulationen frühzeitiger zu erkennen und die Marktteilnehmer zu einem rechtskonformen Verhalten anzuhalten. Das VerpackG sieht zusätzlich vor, dass Mehrwegverpackungen gegenüber Einwegverpackungen bevorzugt werden. Nicht zuletzt sollen die Einflussmöglichkeiten der Kommunen hinsichtlich der von den dualen Systemen durchzuführenden Sammlungen der Verpackungsabfälle verstärkt werden. Das Gesetz regelt aber keine Erweiterung der Produktverantwortung auf stoffgleiche Nichtverpackungen. Dennoch sollen einheitliche Wertstoffsammlungen in Abstimmung zwischen den Kommunen und den dualen Systemen rechtssicher ermöglicht werden.

5128 Der Umsetzung europäischen Rechts und der Produktverantwortung dient auch das Elektro- und Elektronikgerätegesetz vom 20.10.2015. Das Gesetz legt Anforderungen an die Produktverantwortung nach § 23 KrWG für **Elektrogeräte und Elektronikgeräte** fest und bezweckt vorrangig die Vermeidung von Abfällen von solchen Geräten und darüber hinaus die Vorbereitung zur Wiederverwendung, das Recycling und andere Formen der Verwertung solcher Abfälle, um die zu beseitigende Abfallmenge zu reduzieren und dadurch die Effizienz der Ressourcennutzung zu verbessern. Es bestand dazu erheblicher Handlungsdruck. Mit einem Gesetz zur Änderung des Elektro- und Elektronikgerätegesetzes vom 27.5.2021 ist das ElektroG novelliert worden. Die Novelle ist am 1.1.2022 in Kraft getreten. Sie hat zu erheblichen Änderungen für die Erfassung, die Behandlung und die (Vorbereitung zur) Wiederverwendung von Elektro(nik)(alt)geräten geführt. Für die Behandlung der Altgeräte gibt es nunmehr detaillierte Vorgaben.[894]

5129 Einen wichtigen Bereich der Produktverantwortung regelt auch das **Batteriegesetz**, das sich an Hersteller, Vertreiber, Endverbraucher und öffentlich-rechtliche Entsorgungsträger rich-

---

[893] näher dazu Petersen NVwZ 2022, 921.
[894] Thärichen/Neubauer AbfallR 2021, 10.

tet. Ziel des Gesetzes ist es, den Eintrag von Schadstoffen in Abfällen durch Batterien zu verringern. Weitere Ziele sind die Steigerung der Sammelmenge und die Sicherstellung der Entsorgung alter Batterien in der Produktverantwortung der Batteriehersteller und des Handels. Dadurch sollen die durch Altbatterien insgesamt verursachten Umweltbelastungen auf ein Mindestmaß reduziert werden.[895] Am 1.1.2021 ist das Erste Gesetz zur Änderung des Batteriegesetzes in Kraft getreten. Ziel der Gesetzesnovelle ist die dauerhafte Sicherstellung einer flächendeckenden Sammlung und hochwertigen Verwertung von Geräte-Altbatterien und das Erreichen der entsprechenden EU-Vorgaben. Das neue Gesetz soll negativen Entwicklungen im Hinblick auf entstandene Wettbewerbsverzerrungen entgegentreten. Dem BattG soll ein reines Wettbewerbssystem zwischen herstellereigenen Rücknahmesystemen zu Grunde liegen. Es sollen faire Wettbewerbsbedingungen für alle herstellereigenen Rücknahmesysteme sichergestellt und einheitliche Anforderungen an die Systeme selbst sowie an die Rücknahme durch die Systeme festgelegt werden. Das Zusammenwirken der fünf herstellergetragenen Rücknahmesysteme erfolgt im Wettbewerb. Das in der Vergangenheit bestehende Solidarsystem existiert seit der Einführung eines herstellergetragenen Rücknahmesystems nicht mehr.[896]

Die EU hat 2021 die bisherige Batterierichtlinie (2006/66/EG) durch die neue **EU-BatterieVO** ersetzt, um die Umweltauswirkungen von Batterien und Akkumulatoren zu verringern, die Gesundheit und Sicherheit der Verbraucher zu verbessern und nach-haltige Technologien und Praktiken in der gesamten Batterieindustrie zu fördern. Die EU verfolgt mit der Batterieverordnung mehrere Ziele, nämlich die Installation einer Kreislaufwirtschaft im Umgang mit Batterien und Akkumulatoren, die Reduzierung der Schadstoffemissionen und anderer Umweltauswirkungen von Batterien und Akkumulatoren über ihren gesamten Lebenszyklus, die Förderung der Verwendung umweltfreundlicherer Alternativen und die Verbesserung der Information der Verbraucher und der Marktaufsicht. Die EU-BatterieVO regelt dazu verschiedene Anforderungen, die von Herstellern, Importeuren, Vertreibern und Verbrauchern von Batterien und Akkumulatoren erfüllt werden müssen. Diese reichen von der Gestaltung und Kennzeichnung von Batterien über die Rücknahme und Sammlung bis hin zu Vorgaben für das Recycling und die Behandlung von Altbatterien.[897] 5130

e) Verantwortung für die Abfallbewirtschaftung. Die Mitgliedstaaten treffen nach Art. 15 I AbfRRL die erforderlichen Maßnahmen, um sicherzustellen, dass jeder Abfallerzeuger oder sonstiger Abfallbesitzer die Abfallbehandlung selbst durchführt oder sie durch einen Händler oder eine Einrichtung oder ein Unternehmen, der/die/das auf dem Gebiet der Abfallbehandlung tätig ist, oder durch einen privaten oder öffentlichen Abfallsammler im Einklang mit den Art. 4 und 13 AbfRRL durchführen lässt. Werden die Abfälle vom Ersterzeuger oder Besitzer zur vorläufigen Behandlung zu einer der in Art. 15 I AbfRRL genannten natürlichen oder juristischen Personen verbracht, endet ihre Verantwortung für die Durchführung eines vollständigen Verwertungs- oder Beseitigungsverfahrens in der Regel nicht. Zur Umsetzung dieser Verantwortung richtet das KrWG Pflichten an unterschiedliche Adressaten. 5131

Abfallrechtliche Pflichten richten sich an Besitzer und an Erzeuger von Abfällen, an Sammler, Beförderer, Händler und Makler. Diese Pflichtenadressaten werden in § 3 VIII Abs. XIV KrWG definiert. **Erzeuger von Abfällen** sind natürliche oder juristische Personen, durch deren Tätigkeit Abfälle anfallen (**Ersterzeuger**) oder die eine Vorbehandlung, Mischung oder sonstige Behandlung vornehmen, die eine Veränderung der Beschaffenheit oder der Zusammensetzung dieser Abfälle bewirkt (**Zweiterzeuger**).[898] 5132

Besitzer von Abfällen sind natürliche oder juristische Personen, die die tatsächliche Sachherrschaft über Abfälle haben.[899] Ein Abfallbesitzer, der einen Dritten mit der Entsorgung seiner Abfälle beauftragt und diesem hierzu den Besitz an den Abfällen überträgt, bleibt weiterhin für deren ordnungsgemäße Entsorgung verantwortlich.[900] Eine ununterscheidbare Vermischung der angelieferten Abfälle mit Abfällen gleicher Art führt allein nicht zum Erlöschen der Entsorgungspflicht der Anlieferer. Vielmehr bleibt jeder Anlieferer als Abfallbesitzer aufgrund des Verursacherprinzips zur Entsorgung eines der von ihm jeweils angelieferten Menge entspre- 5133

895 dazu Öttinger NVwZ 2021, 1084; Chryssos Der Landkreis 2014, 36.
896 Öttinger NVwZ 2021, 1084; Dieckmann AbfallR 2020, 258.
897 Dieckmann/Kordes AbfallR 2022, 17; Mezey/Veidt AbfallR 2023, 162.
898 zur öffentlich-rechtlichen und zivilrechtlichen Verantwortung des Abfallerzeugers Enders AbfallR 2008, 56; BVerwG NVwZ 2015, 153.
899 BVerwG DVBl. 2004, 1556; VGH München DVBl. 2004, 1047.
900 BVerwG NVwZ 2007, 1185.

chenden Anteils der Abfälle verpflichtet, wobei dieser Anteil sich durch eine Verwertung der angelieferten Abfälle bzw. der mit Abfällen anderer Anlieferer gemischten Abfälle gleicher Art mindert.[901]

5134 Bedenken, auch **Personengesellschaften** (zB eine GmbH Co. KG) als Besitzerin oder Erzeugerin anzusehen, obwohl es sich bei ihnen im gesellschaftsrechtlichen Sinne nicht um eine natürliche oder juristische Person handelt, bestehen nicht.[902] Ist Anknüpfungspunkt behördlichen Handelns nicht in erster Linie das Gebot der umweltgerechten Entsorgung von Abfällen, sondern geht es um die Bekämpfung konkreter durch die rechtswidrige Ablagerung von Abfällen hervorgerufener Gefahren, so richten sich Maßnahmen und die Verantwortlichkeit (im Sinne einer Störerhaftung) nach dem Ordnungsrecht der Länder. Über dieses Ordnungsrecht können Pflichtadressaten auch in die Stellung eines Abfallbesitzers mit den zusätzlichen abfallrechtlichen Pflichten gezwungen werden.[903]

5135 Die Pflichten zur Abfallvermeidung richten sich gem. § 7 I KrWG nach § 13 KrWG sowie den Rechtsverordnungen, die auf der Grundlage der §§ 24 und 25 KrWG erlassen worden sind. Erzeuger oder Besitzer von Abfällen sind zur Verwertung ihrer Abfälle verpflichtet (§ 7 II 1 KrWG). Die Verwertung von Abfällen hat Vorrang vor deren Beseitigung. Der Vorrang entfällt, wenn die Beseitigung der Abfälle den Schutz von Mensch und Umwelt nach Maßgabe des § 6 II 2 und 3 KrWG am besten gewährleistet. Der Vorrang gilt nicht für Abfälle, die unmittelbar und üblicherweise durch Maßnahmen der Forschung und Entwicklung anfallen (§ 7 II KrWG). Die Verwertung von Abfällen hat ordnungsgemäß und schadlos zu erfolgen. Die Verwertung erfolgt ordnungsgemäß, wenn sie im Einklang mit den Vorschriften des Kreislaufwirtschaftsgesetzes und anderen öffentlich-rechtlichen Vorschriften steht. Sie erfolgt schadlos, wenn nach der Beschaffenheit der Abfälle, dem Ausmaß der Verunreinigungen und der Art der Verwertung Beeinträchtigungen des Wohls der Allgemeinheit nicht zu erwarten sind, insbesondere keine Schadstoffanreicherung im Wertstoffkreislauf erfolgt (§ 7 III KrWG).

5136 Die Pflicht zur Verwertung von Abfällen ist zu erfüllen, soweit dies technisch möglich und wirtschaftlich zumutbar ist, insbesondere für gewonnene Stoffe oder gewonnene Energie ein Markt vorhanden ist oder geschaffen werden kann. Die Verwertung von Abfällen ist auch dann technisch möglich, wenn hierzu eine Vorbehandlung erforderlich ist. Die wirtschaftliche Zumutbarkeit ist gegeben, wenn die mit der Verwertung verbundenen Kosten nicht außer Verhältnis zu den Kosten stehen, die für eine Abfallbeseitigung zu tragen wären (§ 7 IV KrWG).

5137 § 15 KrWG regelt die Grundpflichten der Abfallerzeuger und Abfallbesitzer zur gemeinwohlverträglichen Abfallbeseitigung. Die Erzeuger oder Besitzer von Abfällen, die nicht verwertet werden, sind danach verpflichtet, diese zu beseitigen, soweit in § 17 KrWG (Überlassungspflichten) nichts anderes bestimmt ist. Durch die Behandlung von Abfällen sind deren Menge und Schädlichkeit zu vermindern. Energie oder Abfälle, die bei der Beseitigung anfallen, sind hochwertig zu nutzen (§ 15 I KrWG). Abfälle sind so zu beseitigen, dass das Wohl der Allgemeinheit nicht beeinträchtigt wird. Soweit dies zur Erfüllung der Grundpflichten der Abfallbeseitigung erforderlich ist, sind Abfälle zur Beseitigung nach § 15 III 1 KrWG getrennt zu sammeln und zu behandeln. Die konkreten Anforderungen an die Abfallbeseitigung können in Rechtsverordnungen auf der Grundlage des § 16 KrWG festgelegt werden. Die Ablagerung von Siedlungsabfällen auf Deponien darf gem. § 15 IV KrWG spätestens ab dem 1.1.2035 höchstens 10 Gewichtsprozent des gesamten Siedlungsabfallaufkommens betragen.

5138 Nach der Grundkonzeption des KrWG sollen Abfallbesitzer und Abfallerzeuger im Sinne des Verursacherprinzips grundsätzlich für eine Vermeidung, Verwertung und Beseitigung ihrer Abfälle selbst sorgen. Dieser Grundsatz ist allerdings durch **Überlassungspflichten** für den Bereich der Siedlungsabfälle zur Beseitigung weitgehend durchbrochen.[904] Auch wenn das Gesetz in verstärktem Maße die Möglichkeit einräumt, Rücknahme- und Rückgabepflichten außerhalb der öffentlichen Entsorgung zu regeln, bleibt es für die Siedlungsabfälle zur Beseitigung bei dem Grundsatz, dass für die Abfallentsorgung die nach Landesrecht zur Entsorgung verpflichteten öffentlichen Entsorgungsträger, dh die Kreise und kreisfreien Städte, in manchen

---

[901] OVG Münster Beschl. v. 6.8.2021, BeckRS 2021, 23743)

[902] BVerwG NVwZ 2016, 316; Petersen/Hermanns AbfallR 2014, 62; Beckmann AbfallR 2013, 296.

[903] BVerwG AbfallR 2013, 44; zum Abfallbesitz auch BVerwG Beschl. v. 15.8.2012, BeckRS 2012, 55994.

[904] zum Verhältnis von privater und kommunaler Entsorgungspflicht Beckmann VerwArch 2003, 371; Gruneberg AbfallR 2022, 36; zur Rechtsstellung privater Abfallentsorger bei der Abfallbeseitigung Kersandt/Muffler AbfallR 2022, 53.

Bundesländern auch die kreisangehörigen Gemeinden, verantwortlich bleiben. Die Erzeuger oder Besitzer von Abfällen aus privaten Haushaltungen sind nach § 17 I 1 KrWG verpflichtet, diese Abfälle den öffentlich-rechtlichen Entsorgungsträgern zu überlassen, soweit sie zu einer Verwertung auf den von ihnen im Rahmen ihrer privaten Lebensführung genutzten Grundstücken nicht in der Lage sind oder diese nicht beabsichtigen. Überlassungspflichten bestehen auch für Erzeuger und Besitzer von Abfällen zur Beseitigung aus anderen Herkunftsbereichen, soweit sie diese nicht in eigenen Anlagen beseitigen. Die Befugnis zur Beseitigung der Abfälle in eigenen Anlagen besteht nicht, soweit eine Überlassung der Abfälle an den öffentlich-rechtlichen Entsorgungsträger aufgrund überwiegender öffentlicher Interessen erforderlich ist (§ 17 I 2 und 3 KrWG).

Der Gesetzgeber sieht verschiedene Ausnahmen von der Überlassungspflicht vor. So besteht 5139
die Überlassungspflicht nicht für Abfälle, die einer Rücknahme- oder Rückgabepflicht aufgrund einer Rechtsverordnung nach § 25 KrWG unterliegen, soweit nicht die öffentlich-rechtlichen Entsorgungsträger aufgrund einer Bestimmung nach § 25 II Nr. 4 KrWG an der Rücknahme mitwirken. Hierfür kann insbesondere eine **einheitliche Wertstofftonne** oder eine einheitliche Wertstofferfassung in vergleichbarer Qualität vorgesehen werden, durch die werthaltige Abfälle aus privaten Haushaltungen in effizienter Weise erfasst und einer hochwertigen Verwertung zugeführt werden.

Die öffentlich-rechtlichen Entsorgungsträger haben nach § 20 I KrWG die in ihrem Gebiet 5140
angefallenen und überlassenen Abfälle aus privaten Haushaltungen und Abfälle zur Beseitigung aus anderen Herkunftsbereichen zu verwerten oder – wenn dies nicht möglich ist – zu beseitigen. Werden Abfälle zur Beseitigung überlassen, weil die Pflicht zur Verwertung aus den in § 7 IV KrWG genannten Gründen nicht erfüllt werden muss, sind die öffentlich-rechtlichen Entsorgungsträger zur Verwertung verpflichtet, soweit bei ihnen diese Gründe nicht vorliegen. Nach § 20 II 1 KrWG sind die öffentlich-rechtlichen Entsorgungsträger verpflichtet, in ihrem Gebiet in privaten Haushaltungen angefallene und überlassene Bioabfälle, Kunststoffabfälle, Metallabfälle, Papierabfälle, Glas, Textilabfälle, Sperrmüll und gefährliche Abfälle getrennt zu sammeln. Die Verpflichtung zur getrennten Sammlung von Textilabfällen gilt nach § 20 II 2 KrWG ab dem 1.1.2025. Die öffentlich-rechtlichen Entsorgungsträger können nach § 20 III 1 KrWG mit Zustimmung der zuständigen Behörde Abfälle von der Entsorgung ausschließen, soweit diese der Rücknahmepflicht aufgrund einer nach § 25 KrWG erlassenen Rechtsverordnung oder aufgrund eines Gesetzes unterliegen und entsprechende Rücknahmeeinrichtungen tatsächlich zur Verfügung stehen. Ein Ausschluss aus der öffentlichen Entsorgung kommt außerdem nach § 20 III 2 KrWG in Betracht für Abfälle zur Beseitigung aus anderen Herkunftsbereichen als privaten Haushaltungen, soweit diese nach Art, Menge oder Beschaffenheit nicht mit den in Haushaltungen anfallenden Abfällen entsorgt werden können oder die Sicherheit der umweltverträglichen Beseitigung im Einklang mit den Abfallwirtschaftsplänen der Länder durch einen anderen öffentlich-rechtlichen Entsorgungsträger oder Dritten gewährleistet ist (zum Widerruf eines Ausschlusses von Abfällen aus der öffentlichen Entsorgung und zu den dabei zu berücksichtigenden Belangen privater Entsorgungsunternehmen.[905]

f) Grundsätze der Entsorgungsautarkie und der Nähe. Die Mitgliedstaaten treffen in 5141
Zusammenarbeit mit anderen Mitgliedstaaten, wenn dies notwendig oder zweckmäßig ist, nach Art. 16 I AbfRRL geeignete Maßnahmen, um ein integriertes und angemessenes Netz von Abfallbeseitigungsanlagen und Anlagen zur Verwertung von gemischten Siedlungsabfällen, die von privaten Haushaltungen eingesammelt worden sind, zu errichten, auch wenn dabei Abfälle anderer Erzeuger eingesammelt werden; die besten verfügbaren Techniken sind dabei zu berücksichtigen. Das Netz ist so zu konzipieren, dass es der Gemeinschaft insgesamt ermöglicht, die Autarkie bei der Abfallbeseitigung sowie bei der Verwertung von Abfällen nach Art. 16 I AbfRRL zu erreichen, und dass es jedem einzelnen Mitgliedstaat ermöglicht, dieses Ziel selbst anzustreben, wobei die geografischen Gegebenheiten oder der Bedarf an Spezialanlagen für bestimmte Abfallarten berücksichtigt werden. Das Netz muss es gestatten, dass die Abfälle in einer der am nächsten gelegenen geeigneten Anlagen beseitigt bzw. – im Falle der in Absatz 1 genannten Abfälle – verwertet werden, und zwar unter Einsatz von Verfahren und Technologien, die am besten geeignet sind, um ein hohes Niveau des Gesundheits- und Umweltschutzes zu gewährleisten. Die Grundsätze der Nähe und der Entsorgungsautarkie bedeuten nicht,

---

905 BVerwG NVwZ 2021, 1794; OVG Greifswald AbfallR 2019, 163; Kersandt/Muffler AbfallR 2022, 53.

dass jeder Mitgliedstaat über die gesamte Bandbreite von Anlagen zur endgültigen Verwertung verfügen muss (Art. 16 II-IV AbfRRL).

5142 Ordnung und Durchführung der Abfallbeseitigung, Abfallwirtschaftspläne und Abfallvermeidungsprogramme sowie die Zulassung von Abfallbeseitigungsanlagen sind im vierten Teil des KrWG zur Planungsverantwortung geregelt. Die Zulassung von Anlagen zur Abfallverwertung bestimmt sich ausschließlich nach dem BImSchG.

5143 Gem. § 28 I KrWG dürfen Abfälle zum Zweck der Beseitigung nur in den dafür zugelassenen Anlagen oder Einrichtungen (Abfallbeseitigungsanlagen) behandelt, gelagert oder abgelagert werden. § 28 I 1 KrWG gilt nur für ortsfeste Abfallbeseitigungsanlagen. Gegen diese Verpflichtung wird zB dann verstoßen, wenn Abfälle auf einem Grundstück gelagert werden, das keine zugelassene Abfallbeseitigungsanlage im Sinne von § 28 KrWG ist.[906] Vom Anlagenzwang des § 28 I 1 KrWG sieht der Gesetzgeber Ausnahmen vor. Nach § 28 I 2 KrWG dürfen Abfälle zur Beseitigung auch in solchen Anlagen behandelt werden, die überwiegend einem anderen Zweck als der Abfallbeseitigung dienen und die immissionsschutzrechtlich genehmigungsbedürftig sind. Nach § 28 II KrWG kann die zuständige Behörde im Einzelfall Ausnahmen vom Anlagenbenutzungszwang zulassen.[907] Die Erteilung einer Ausnahmezulassung ohne Antrag und gegen den Willen des Adressaten des Verwaltungsakts kann in der Regel nicht auf § 28 II KrWG gestützt werden. Etwas Anderes kann nur dann gelten, wenn die Ausnahmezulassung nicht isoliert, sondern im Rahmen einer Mitbenutzungsanordnung nach § 29 I 1 KrWG erteilt wird.[908]

5144 Ergänzende Bestimmungen zur Durchführung der Abfallbeseitigung sind in § 29 KrWG geregelt. Die Vorschrift räumt der zuständigen Behörde die Möglichkeit der **Zwangszuweisung** von Abfällen in eine bestimmte Anlage ein. Damit sollen im Interesse der Entsorgungssicherheit zur Not auch gegen den Willen des Betreibers einer Anlage oder des Verfügungsberechtigten vorhandene Beseitigungsmöglichkeiten genutzt werden können. Nach § 29 I 1 KrWG kann die zuständige Behörde den Betreiber einer Abfallbeseitigungsanlage verpflichten, einem Beseitigungspflichtigen nach § 15 KrWG sowie dem Entsorgungsträger im Sinne des § 20 KrWG die **Mitbenutzung der Abfallbeseitigungsanlage** gegen angemessenes Entgelt zu gestatten, soweit dieser auf eine andere Weise den Abfall nicht zweckmäßig oder nur mit erheblichen Mehrkosten beseitigen kann und die Benutzung für den Betreiber zumutbar ist. Kommt eine Einigung über das Entgelt nicht zustande, wird es durch die zuständige Behörde festgesetzt. Ob § 29 I 3 KrWG eine hinreichend bestimmte Ermächtigungsgrundlage zur Festlegung eines angemessenen Entgelts darstellt, ist zweifelhaft.[909] § 29 II KrWG räumt der zuständigen Behörde die Möglichkeit ein, dem Betreiber einer Abfallbeseitigungsanlage, der Abfälle wirtschaftlicher als der öffentlich-rechtliche Entsorgungsträger beseitigen kann, die Beseitigung dieser Abfälle auf seinen Antrag zu übertragen.

5145 Die Verpflichtung zur Aufstellung von Abfallwirtschaftsplänen ergibt sich für die Mitgliedstaaten der EU aus Art. 28 AbfRRL.[910] Nach § 30 I KrWG stellen die Länder für ihren Bereich **Abfallwirtschaftspläne** nach überörtlichen Gesichtspunkten auf. Die Abfallwirtschaftspläne stellen die Ziele der Abfallvermeidung und -verwertung, insbesondere der Vorbereitung zur Wiederverwendung des Recyclings, sowie der Abfallbeseitigung, die bestehende Situation der Abfallbewirtschaftung, die erforderlichen Maßnahmen zur Verbesserung der Abfallverwertung und Abfallbeseitigung einschließlich einer Bewertung ihrer Eignung zur Zielerreichung sowie die Abfallentsorgungsanlagen, die zur Sicherung der Beseitigung von Abfällen sowie der Verwertung von gemischten Abfällen aus privaten Haushaltungen einschließlich solcher, die dabei auch in anderen Herkunftsbereichen gesammelt werden, im Inland erforderlich sind, dar. Der Gesetzgeber hat die verpflichtende Darstellung der erforderlichen Entsorgungsinfrastruktur auf Anlagen zur Verwertung von gemischten Abfällen aus privaten Haushaltungen erstreckt. Damit soll dem Umstand Rechnung getragen werden, dass **Müllverbrennungsanlagen** als Verwertungsanlagen anerkannt werden können. Ohne die gesetzliche Neuregelung hätten Müllverbrennungsanlagen, in denen die Abfälle aus privaten Haushaltungen verwertet werden, keine verbindlichen Zuweisungen über die Abfallwirtschaftspläne mehr bekommen können.

---

906 VG Aachen Beschl. v. 5.9.2019, BeckRS 2019, 21857.
907 OVG Münster NWVBL 2018, 204; VG Minden AbfallR 2009, 199.
908 VG Karlsruhe Urt. v. 29.4.2022 – 9 K 4660, juris und Besprechung dazu von Pegatzky NVwZ 2022, 1611.
909 dazu BVerwG NVwZ 2015, 1215.
910 EuGH NVwZ 2004, 842; Frenz UPR 2009, 241; Frenz NuR 2013, 105.

Die Abfallwirtschaftspläne stellen nach § 30 I 2 KrWG die Ziele der Abfallvermeidung, der Abfallverwertung, insbesondere der Vorbereitung zur Wiederverwendung und des Recyclings, sowie der Abfallbeseitigung dar. Außerdem stellen sie die getroffenen Maßnahmen zur Abfallvermeidung und die bestehende Situation der Abfallbewirtschaftung, die erforderlichen Maßnahmen zur Verbesserung der Abfallverwertung und Abfallbeseitigung einschließlich einer Bewertung ihrer Eignung zur Zielerreichung sowie die Abfallentsorgungsanlagen, die zur Sicherung der Beseitigung von Abfällen sowie der Verwertung von gemischten Abfällen aus privaten Haushaltungen einschließlich solcher, die dabei auch in anderen Herkunftsbereichen gesammelt werden, im Inland erforderlich sind, dar. Die Abfallwirtschaftspläne weisen nach § 30 I 3 KrWG die zugelassenen Abfallentsorgungsanlagen sowie die Flächen, die für Deponien, für sonstige Abfallbeseitigungsanlagen sowie für Abfallentsorgungsanlagen geeignet sind, aus. Die Abfallwirtschaftspläne können gem. § 30 I 3 KrWG ferner bestimmen, welcher Entsorgungsträger vorgesehen ist und welcher Abfallentsorgungsanlage sich die Entsorgungspflichtigen zu bedienen haben. Unzulässig ist dagegen die Festlegung von Einzugsgebieten für Abfallentsorgungsanlagen.

Bei der Darstellung des Bedarfs sind zukünftige, innerhalb eines Zeitraums von mindestens zehn Jahren zu erwartende Entwicklungen gem. § 30 II KrWG zu berücksichtigen. Soweit dies zur Darstellung des Bedarfs erforderlich ist, sind Abfallwirtschaftskonzepte und Abfallbilanzen auszuwerten. Grundlage für die im Rahmen der Planrechtfertigung einer Deponie zu erstellende Bedarfsprognose sind vorrangig die bestehenden Verhältnisse und die Aussagen des maßgeblichen Abfallwirtschaftsplans.[911] Mindestinhalte der Abfallwirtschaftspläne ergeben sich aus § 30 VI KrWG. **5146**

Mit der Gesetzesnovelle 2020 wurde eine ergänzende Verpflichtung zur Darstellung getroffener Abfallvermeidungsmaßnahmen im Abfallwirtschaftsplan geregelt. Außerdem ist nunmehr eine Prüfung der Notwendigkeit der Errichtung zusätzlicher oder der Stilllegung bestehender Abfallentsorgungsanlagen verpflichtend. Die Länder müssen dafür finanzielle Vorkehrungen treffen. In den Abfallwirtschaftsplänen müssen zukünftig auch Informationen über Maßnahmen enthalten sein, die zur Erreichung der Zielvorgabe der Abfallrahmenrichtlinie erforderlich sind, dass nämlich recyclingfähige Abfälle grundsätzlich nicht mehr abgelagert werden dürfen. Außerdem müssen die Abfallwirtschaftspläne auch eine Beurteilung der bestehenden Abfallsammelsysteme und Maßnahmen zur Bekämpfung und Verhinderung jeglicher Form von Vermüllung sowie zur Reinigung der Umwelt von Abfällen jeder Art enthalten. **5147**

Da Abfallwirtschaftspläne geeignete Flächen für Abfallbeseitigungsanlagen ausweisen, sind sie als Instrument der Standortfindung für derartige Anlagen gedacht. Bei der Standortentscheidung waren Abfallentsorgungspläne in der Vergangenheit allerdings regelmäßig kein effektives Instrument. Die Flächenausweisung nach § 30 I KrWG ist deshalb auch nach § 30 III 2 KrWG nicht Voraussetzung für die Planfeststellung oder Genehmigung der Abfallbeseitigungsanlagen. Ob die Aufnahme pauschaler Ausschlusskriterien, etwa die planerische Vorgabe eines Ausschlusses von Standorten neuer Deponien im Abstand von 500 Metern bis zur Grenze eines vorhandenen oder ausgewiesenen Siedlungsgebietes, flächenbezogene Abfallwirtschaftspläne zulässig ist, ist zweifelhaft.[912] **5148**

Allerdings können Flächenausweisungen gem. § 30 IV KrWG für die Entsorgungspflichtigen für verbindlich erklärt werden.[913] Die Öffentlichkeitsbeteiligung bei der Aufstellung von Abfallentsorgungsplänen regelt § 32 KrWG. Bei der Aufstellung oder Änderung von Abfallwirtschaftsplänen nach § 30 KrWG, einschließlich besonderer Kapitel oder gesonderter Teilpläne, insbesondere über die Entsorgung von gefährlichen Abfällen, Altbatterien und Akkumulatoren oder Verpackungen und Verpackungsabfällen, ist die Öffentlichkeit durch die zuständige Behörde zu beteiligen. Einzelheiten zur Beteiligung regelt § 32 I 2, II bis V KrWG. Abfallwirtschaftspläne und kommunale Abfallwirtschaftskonzepte können nach § 3 Ia KrWG in Verbindung mit Nrn. 2.3, 2.5 der Anlage 3 des UVPG erst nach Durchführung einer strategischen Umweltprüfung unter Beteiligung der Öffentlichkeit aufgestellt oder geändert werden. **5149**

---

911 OVG Koblenz NVwZ-RR 2016, 621.

912 Verneinend Peine AbfallR 2023, 128; bejahend Sander AbfallR 2024, 68; siehe auch Beckmann in Landmann/Rohmer Umweltrecht, § 390 KrWG, 2021, Rn. 86.

913 zur Standortsuche für Abfalldeponien Beckmann DVBl. 1994, 236 ff., Franßen/Grunow AbfallR 2015, 241 ff., 296 ff.; zur Standortalternativenprüfung im abfallrechtlichen Planfeststellungsverfahren OVG Lüneburg DVBl. 2017, 1440; zur Bedeutung verbindlicher Abfallwirtschaftspläne für die Ausschreibungsverpflichtung Beckmann UPR 2002, 41 ff.

XVII. CE-Zeichen

5150 Für Produkte, die den Richtlinien des Rates entsprechen, wird das sog. CE-Zeichen ausgegeben. So werden etwa elektronische Geräte mit dem CE-Zeichen ausgezeichnet, wenn sie der EG-Richtlinie 89/337/EWG geändert durch 92/31/EWG[914] sowie der Richtlinie 73/23/EWG[915] entsprechen. Die CE-Kennzeichnung dient der Erleichterung des Handels mit Bauprodukten auf dem europäischen Markt.[916] Sie stellt keine Qualitätsanforderungen an die Bauprodukte selbst, sondern legt nur einen einheitlichen Prüfstandard; Eine fehlende CE-Kennzeichnung vermag einen Sachmangel nicht zu begründen.[917] Allerdings soll eine Stillegung der Bauarbeiten gerechtfertigt sein, wenn Bauprodukte verwendet werden, die kein vorgeschriebenes CE-Kennzeichnung oder Ü-Zeichen tragen oder die unberechtigt mit der CE-Kennzeichnung oder dem Ü-Zeichen gekennzeichnet sind. Die Einzelheiten dazu sind in den Bauordnungen geregelt.[918]

XVIII. Chemikalienrecht (REACH)

5151 Zur Registrierung, Bewertung, Zulassung und Beschränkung chemischer Stoffe (REACH) und zur Schaffung einer Europäischen Chemikalienagentur wurde Ende 2006 die Verordnung (EG) Nr. 1907/2006 (REACH-VO) erlassen. Seit dem Erlass der REACH-VO gilt das Stoffrecht als der am stärksten europäisierte Rechtsbereich des Umweltrechts.[919] Als Verordnung entfaltet sie gem. Art. 288 II AEUV unmittelbare Wirkung und bedarf somit keiner weiteren Umsetzung in nationales Recht.

5152 Eine weitere stoffrechtliche Verordnung ist die **CLP-VO**. Sie regelt die Einstufung und Kennzeichnung von gefährlichen Stoffen und Gemischen. Mit der Einführung neuer zusätzlicher Gefahrenklassen im April 2023 und einer Revision der CLP-VO wird das Einstufungs- und Kennzeichnungsrecht weiterentwickelt.[920]

5153 Anders als bei anderen EU-Verordnungen und Richtlinien sind wesentliche Bereiche des Vollzugs dieser Verordnung auf europäische Einrichtungen übertragen worden, nämlich auf die **Europäische Chemikalienagentur** (ECHA) als europäische Behörde mit eigener Rechtspersönlichkeit mit Sitz in Helsinki errichtet, die bei dem Vollzug der Verordnung nach außen in Erscheinung tritt und von nationalen Behörden lediglich unterstützt wird.[921] Dementsprechend richten sich auch das anzuwendende Verwaltungsverfahrensrecht sowie der Rechtsschutz gegen Entscheidungen der ECHA nicht nach nationalem Recht, sondern nach der REACH-VO sowie nach sonstigem europäischen Recht. Auch die Europäische Kommission trifft bei dem Vollzug der REACH-VO Entscheidungen mit Außenwirkung.

5154 In Anbetracht des Wunsches des Verordnungsgebers, dem Sekretariat der Europäischen Chemikalienagentur zur Registrierung, Bewertung, Zulassung und Beschränkung chemischer Stoffe (REACH) ua die Aufgabe zuzuweisen, gegebenenfalls technische und wissenschaftliche Leitlinien und Hilfsmittel für die Anwendung dieser Verordnung bereitzustellen, kann ein Dokument wie die **ECHA-Leitlinien** eines der Elemente sein, die bei der Auslegung der Verordnung zu berücksichtigen sind. Trotz des wissenschaftlichen und technischen Charakters der

---

[914] Richtlinie des Rates vom 3.5.1989 zur Angleichung der Rechtsvorschriften der Mitgliedstaaten über die elektromagnetische Verträglichkeit, umgesetzt durch das Gesetz über die elektromagnetische Verträglichkeit von Geräten (EMVG) v. 2.9.1992.

[915] Richtlinie des Rates vom 19.2.1973 zur Angleichung der Rechtsvorschriften der Mitgliedstaaten betreffend elektrische Betriebsmittel zur Verwendung innerhalb bestimmter Spannungsgrenzen, umgesetzt in die 1. Verordnung zum Gesetz über technische Arbeitsmittel vom 11.6.1979.

[916] LG Flensburg NZBau 2022, 601; OLG Oldenburg NJW 2019, 863 (865).

[917] LG Flensburg NZBau 2022, 601; OLG Oldenburg NJW 2019, 863 (866).

[918] Hornmann Zuständigkeiten und Befugnisse der Bauaufsichtsbehörden, in Hoppenberg/de Witt, Handbuch des öffentlichen Baurechts, Werkstand 2023, Rn. 63.

[919] Wagner/Spiecker gen. Döhmann JuS 2016, 413 mit einer Einführung in das Stoffrecht; siehe auch Pache Stoffrecht in Koch/Hofmann/Reese, Handbuch Umweltrecht, 2024, § 14 Rn. 1 ff.; siehe auch Breuer/Gärditz, Öffentliches und privates Wasserrecht, 2017, Rn. 218.

[920] Zu weiteren unionsrechtlichen Verordnungen des Stoffrechts Pache Stoffrecht in Koch/Hofmann/Reese, Handbuch Umweltrecht, 2024, § 14 Rn. 39; zu Parallelen und Unterschiede in der Systematik sowie deren Auswirkungen in der Praxis zwischen der REACH-VO und der RoHS-RL Hellinger StoffR 2019, 165.

[921] Wagner/Spiecker gen. Döhmann JuS 2016, 413.

Aspekte in Bezug auf die unter die Verordnung Nr. 1907/2006 fallenden chemischen Stoffe hat ein solches Dokument ausschließlich erläuternden Charakter. Die darin enthaltene Auslegung der Vorschriften dieser Richtlinie ist rechtlich nicht bindend. Dieses von der ECHA erstellte Dokument gehört nämlich nicht zu den in Art. 288 AEUV aufgeführten Rechtsakten der Union und kann als solches nicht rechtlich bindend sein.

1. Ziel und Geltungsbereich

Zweck der REACH-VO ist es nach Art. 1, ein hohes Schutzniveau für die menschliche Gesundheit und für die Umwelt sicherzustellen, einschließlich der Förderung alternativer Beurteilungsmethoden für von Stoffen ausgehende Gefahren sowie den freien Verkehr von Stoffen im Binnenmarkt zu gewährleisten und gleichzeitig Wettbewerbsfähigkeit und Innovation zu verbessern. Die Verordnung enthält dazu Bestimmungen über Stoffe und Gemische Diese Bestimmungen gelten für die Herstellung, das Inverkehrbringen und die Verwendung derartiger Stoffe als solcher, in Gemischen oder in Erzeugnissen sowie für das Inverkehrbringen von Gemischen. Die Verordnung beruht auf dem Grundsatz, dass Hersteller, Importeure und nachgeschaltete Anwender sicherstellen müssen, dass sie Stoffe herstellen, in Verkehr bringen und verwenden, die die menschliche Gesundheit oder die Umwelt nicht nachteilig beeinflussen. Ihren Bestimmungen liegt das Vorsorgeprinzip zugrunde.[922] 5155

Die REACH-VO gilt nach Art. 2 I REACH-VO nicht für a) radioaktive Stoffe im Anwendungsbereich der Richtlinie 96/29/Euratom des Rates vom 13. Mai 1996 zur Festlegung der grundlegenden Sicherheitsnormen für den Schutz der Gesundheit der Arbeitskräfte und der Bevölkerung gegen die Gefahren durch ionisierende Strahlungen ; b) Stoffe als solche, in Gemischen oder in Erzeugnissen, die der zollamtlichen Überwachung unterliegen, sofern sie weder behandelt noch verarbeitet werden, und die sich in vorübergehender Verwahrung oder in Freizonen oder in Freilagern zur Wiederausfuhr oder im Transitverkehr befinden; c) nicht-isolierte Zwischenprodukte; d) die Beförderung gefährlicher Stoffe und gefährlicher Stoffe in gefährlichen Gemischen im Eisenbahn-, Straßen-, Binnenschiffs-, See- oder Luftverkehr.[923] 5156

Abfall im Sinne der AbfRR gilt nach Art. 2 II REACH-VO nicht als Stoff, Gemisch oder Erzeugnis im Sinne der REACH-VO. Deshalb bestimmt auch § 7a I KrWG, dass natürliche oder juristische Personen, die Stoffe und Gegenstände, deren Abfalleigenschaft beendet ist, erstmals verwenden oder erstmals in Verkehr bringen, dafür zu sorgen, dass diese Stoffe oder Gegenstände den geltenden Anforderungen des Chemikalien- und Produktrechts genügen. Solange es sich um Abfälle handelt, Bevor für Stoffe und Gegenstände die in REACH-VO zur Anwendung kommt, muss deshalb nach § 7a II KrWG ihre Abfalleigenschaft gemäß den Anforderungen nach § 5 I KrWG beendet sein. 5157

2. Allgemeine Registrierungspflicht für Stoffe als solche oder in Gemischen

Soweit in der Verordnung nicht anderweitig bestimmt, reicht ein Hersteller oder Importeur, der einen Stoff als solchen oder in einem oder mehreren Gemischen in einer Menge von mindestens 1 Tonne pro Jahr herstellt oder einführt, bei der Agentur nach Art. 6 I REACH-VO ein Registrierungsdossier ein.[924] Nach Art. 7 I 1 REACH-VO. Der Produzent oder Importeur von Erzeugnissen reicht für die in diesen Erzeugnissen enthaltenen Stoffe bei der Agentur ein Registrierungsdossier ein, wenn die beiden folgenden Voraussetzungen erfüllt sind: a) Der Stoff ist in diesen Erzeugnissen in einer Menge von insgesamt mehr als 1 Tonne pro Jahr und pro Produzent oder Importeur enthalten; b) der Stoff soll unter normalen oder vernünftigerweise vorhersehbaren Verwendungsbedingungen freigesetzt werden. An die Registrierung schließt die Bewertung der Gefährlichkeit der Stoffe durch die ECHA in Kooperation mit den natio- 5158

---

922 Zum Regelungssystem der REACH-VO Pache Stoffrecht in Koch/Hofmann/Reese, Handbuch Umweltrecht, 2024, § 14 Rn. 45 ff.

923 Näher zum Anwendungsbereich und den Ausnahmen davon Pache Stoffrecht in Koch/Hofmann/Reese, Handbuch Umweltrecht, 2024, § 14 Rn. 49 ff.; zur Auslegung von Art. 2 Ib REACH-VO EuGH Urt. v. 11.4.2024 – C-654/22, juris.

924 Einen Überblick zur Funktionsweise der REACH-VO gibt Pache Stoffrecht in Koch/Hofmann/Reese, Umweltrecht, 2018, Rn. 43 ff.; zur Frage, ob nach Art. 5 REACH-Verordnung Stoffe nur dann aus dem Unionsgebiet exportiert werden dürfen, wenn sie nach den einschlägigen Bestimmungen der REACH-Verordnung registriert worden sind BVerwG StoffR 2015, 270.

nalen an, die in der Praxis stichprobenartig erfolgt und meist lediglich die privaten Bewertungen nachvollzieht. Die ECHA kann aber auf der Basis der Bewertung weitere Maßnahmen ergreifen.

3. Zulassungspflicht und sonstige Beschränkungen

5159 Nach Art. 56 REACH-VO besteht für das Inverkehrbringen und Verwenden bestimmter besonders gefährlicher Stoffe eine Zulassungspflicht; die Verordnung enthält insoweit ein präventives Verbot mit Erlaubnisvorbehalt. Die Zulassung ist gem. Art. 60 REACH-VO grundsätzlich nur zu erteilen, wenn eine Prüfung ergibt, dass das Risiko für die menschliche Gesundheit oder die Umwelt beherrscht wird. Entscheidungen über Zulassungsanträge solcher Stoffe trifft die Europäische Kommission. Außerdem können für bestimmte gefährliche Stoffe gem. Art. 68 REACH-VO Beschränkungen ihrer Herstellung, ihres Inverkehrbringens und ihrer Verwendung erlassen werden, wenn durch den Stoff ansonsten ein „unannehmbares Risiko" für die menschliche Gesundheit oder die Umwelt verursacht würde und dieses Problem unionsweit behandelt werden muss. Die Stoffe, für die die Zulassungspflicht gilt bzw. die Beschränkungen unterliegen, sind in Anhang XIV bzw. XVII der Verordnung genannt.

XIX. Umwelthaftungs- und Umweltschadensrecht

5160 Das europäische und deutsche Umweltrecht dient in erster Linie der Vermeidung von Umweltbeeinträchtigungen und Umweltschäden. Gleichwohl werden Umweltbeeinträchtigungen und Umweltschäden fortlaufend verursacht. Der Umgang mit ihnen ist Gegenstand zahlreicher Regelungen, die einerseits eine zivilrechtliche Haftung auslösen und anderseits eine öffentlich-rechtliche Verantwortung von Verhaltensverantwortlichen im Sinne des Verursacherprinzips und von Zustandsverantwortlichen regeln. Diese zivilrechtliche und öffentlich-rechtliche Haftung und Verantwortung wird von einer strafrechtlichen Verantwortung des Umweltstrafrechts flankiert.[925] Das Privatrecht regelt den Ersatz individueller Schäden an Leben, Körper, Gesundheit oder Eigentum von Personen, die diese vermittelt über Umweltmedien durch das Verhalten anderer Personen erleiden. Umweltschäden erfassen im deutschen Recht insbesondere das Umwelthaftungsgesetz (UmweltHG) v. 19.12.1990 und die ordnungsrechtlichen Regelungen des Umweltschadensgesetzes (USchadG) v. 10.5.2007.

1. Umwelthaftungsrichtlinie

5161 Die Umwelthaftungsrichtlinie ist keine sogenannte Harmonisierungsrichtlinie. Sie erlaubt den Mitgliedstaaten ausdrücklich die Beibehaltung oder Einführung strengerer Vorschriften. Im Erwägungsgrund Nr. 29 heißt es, die Richtlinie solle die Mitgliedstaaten nicht daran hindern, strengere Vorschriften für die Vermeidung und Sanierung von Umweltschäden beizubehalten oder zu erlassen. Die Richtlinie schafft einen einheitlichen, europaweiten Rahmen für die ordnungsrechtliche Verantwortung für Umweltschäden.[926]

5162 **a) Allgemeine Ziele und Erwägungen.** Nach Art. 1 UHRL ist es Ziel der Richtlinie, auf der Grundlage des Verursacherprinzips einen Rahmen für die Umwelthaftung zur Vermeidung und Sanierung von Umweltschäden zu schaffen (siehe dazu auch Petersen, Einl. Rn. 15). Bei der Umwelthaftungsrichtlinie handelt es sich trotz der eher irreführenden Bezeichnung nicht um eine Kodifikation zivilrechtlicher Haftungsvorschriften, sondern um eine Erweiterung des europäischen Umweltrechts um einen ordnungsrechtlichen, also öffentlich-rechtlichen Rahmen zur Einschreitung gegen Umweltgefahren und Umweltschäden.[927]

5163 Vorrangiges Ziel der Richtlinie ist die **Vermeidung und Sanierung von Umweltschäden**. Dieses Ziel soll durch eine verstärkte Orientierung an dem im EU-Vertrag genannten **Verursacherprinzip** und gemäß dem Grundsatz einer nachhaltigen Entwicklung erreicht werden.[928]

---

[925] Siehe dazu Paschke Verantwortung und Haftung für Umweltschäden in Koch/Hofmann/Reese, Handbuch Umweltrecht, 2024, § 17 Rn. 1 ff.;

[926] Beckmann/Wittmann USchadG in Landmann/Rohmer, Umweltrecht, 2020, Vorbem. Rn. 3; Becker NVwZ 2005, 371.

[927] Beckmann/Wittmann USchadG, in Landmann/Rohmer, Umweltrecht, 2020, Vorbem. Rn. 4; Diederichsen/Jerxsen UPR 2007, 17; Schink EurUP 2005, 67.

[928] Beckbissinger, EuRUP 2020, 2.

Grundlegendes Prinzip der Umwelthaftungsrichtlinie ist es, dass diejenigen, die durch ihre Tätigkeit einen Umweltschaden oder die unmittelbare Gefahr eines solchen Schadens verursacht haben, dafür tatsächlich und finanziell verantwortlich sein sollen. Sie sollen über diese finanzielle Verantwortung dazu veranlasst werden, Maßnahmen zu treffen und Verfahren zu entwickeln, mit denen die Gefahr von Umweltschäden verringert wird, um damit zugleich das Risiko ihrer finanziellen Inanspruchnahme zu verringern (Erwägungsgrund 2).

Der Richtliniengeber möchte mit der Umwelthaftungsrichtlinie einen gemeinsamen, europaweiten Ordnungsrahmen zur Vermeidung und Sanierung von Umweltschäden zu vertretbaren Kosten für die Gesellschaft schaffen (Erwägungsgrund 3). Da ein solcher gemeinsamer Ordnungsrahmen nicht auf der Ebene der Mitgliedstaaten erreichbar ist, sieht sich der Richtliniengeber auch unter Beachtung des in Art. 5 EU-Vertrag niedergelegten Subsidiaritätsprinzips zum Erlass der Richtlinie berechtigt. Gestützt wird der Erlass der Richtlinie auf Art. 175 EG (vgl. Art. 16 I UHRL). 5164

Die Umwelthaftungsrichtlinie dient der Vermeidung und Sanierung von Umweltschäden (Erwägungsgründe 11). Sie lässt Ansprüche auf Schadensersatz, der nach den einschlägigen internationalen Übereinkünften über die zivilrechtliche Haftung für herkömmliche Schäden zu leisten ist, unberührt. Sie regelt allein öffentlich-rechtliche Pflichten und gerät schon aus diesem Grund mit zivilrechtlichen (Umwelt-)Haftungsregelungen nicht in Konflikt.[929] Umweltschadensversicherungen erstrecken sich allerdings auch auf öffentlich-rechtliche Pflichten des USchadG.[930] Ist im Rahmen einer solchen Versicherung die gesetzliche Pflicht zur Sanierung von Umweltschäden nach dem USchadG versichert, kann das Leistungsversprechen nach den maßgeblichen Verständnismöglichkeiten des durchschnittlichen Versicherungsnehmers nicht darauf reduziert werden, dass Versicherungsschutz nur im Falle unmittelbaren Eingreifens des Umweltschadensgesetzes wegen Fehlens anderer Bundes- oder Ländervorschriften eingreift.[931] 5165

Der Richtliniengeber weist ausdrücklich darauf hin, dass nicht alle Formen von Umweltschäden durch Haftungsmechanismen behoben werden können. Erforderlich sei, dass ein oder mehrere Verursacher identifiziert werden könnten, dass ein konkreter und messbarer Schaden vorliege und dass ein Zusammenhang zwischen dem Schaden und dem ermittelten Verursacher hergestellt werden könne. Daher seien Haftungstatbestände kein geeignetes Instrument, um einer breit gestreuten, nicht klar abgrenzbaren Umweltverschmutzung zu begegnen, bei der es unmöglich sei, die nachteiligen Umweltauswirkungen mit Handlungen oder Unterlassungen bestimmter einzelner Akteure in Zusammenhang zu bringen (Erwägungsgrund 13). 5166

Die Richtlinie gilt ausdrücklich nicht für Personenschäden, Schäden an Privateigentum oder wirtschaftliche Verluste und lässt Ansprüche im Zusammenhang mit diesen Schadensarten auch ausdrücklich unberührt (Erwägungsgrund 14). Grundsätzlich soll der Verursacher eines Umweltschadens nicht nur finanziell für die Schadensbeseitigung verantwortlich sein. Vielmehr soll er zu Vermeidungs- oder Sanierungsmaßnahmen angehalten werden können.[932] In Fällen allerdings, in denen eine zuständige Behörde selbst oder über Dritte an Stelle des Schadensverursachers tätig wird, sollte die Behörde sicherstellen, dass die ihr entstandenen Kosten vom Betreiber (in der Terminologie des Umweltschadensgesetzes: vom Verantwortlichen) erstattet werden. Die Betreiber sollen auch letztlich die Kosten für die Beurteilung von Umweltschäden bzw. einer unmittelbaren Gefahr solcher Schäden tragen (Erwägungsgrund 18). 5167

b) Verantwortlicher Betreiber. Als Verantwortlichen und Pflichtenadressaten nennt die Richtlinie den „Betreiber". Abweichend von dem Begriffsverständnis des deutschen Umweltrechts handelt es sich bei Betreibern im Sinne der Umwelthaftungsrichtlinie um natürliche oder juristische Personen des privaten oder öffentlichen Rechts, die eine berufliche Tätigkeit ausüben oder bestimmen oder denen – sofern dies in den nationalen Rechtsvorschriften vorgesehen ist – die ausschlaggebende wirtschaftliche Verfügungsmacht über die technische Durchführung einer solchen Tätigkeit übertragen worden ist, einschließlich des Inhabers einer Zulassung oder Genehmigung für eine solche Tätigkeit oder der Person, die die Anmeldung oder Notifizierung einer solchen Tätigkeit vornimmt (Art. 2 Nr. 6 UHRL). 5168

c) Anwendungsbereich. Die Umwelthaftungsrichtlinie differenziert gem. Art. 3 zwischen Umweltschäden, die durch die Ausübung einer der in Anhang III der Richtlinie aufgeführten 5169

929 Scheidler NJW 2007, 1113 (1114).
930 zur umfassenden Umweltschadensversicherung Grunden/Kerst, ZfV 2012, 250.
931 LG Düsseldorf Urt. v. 18.12.2018 – 9 S 1/18, juris Rn. 37.
932 Beckbissinger EuRUP 2020, 2 (3).

beruflichen Tätigkeiten verursacht werden und Schädigungen geschützter Arten und natürlicher Lebensräume, die durch die Ausübung einer anderen als der in Anhang III der Richtlinie aufgeführten beruflichen Tätigkeiten verursacht werden. Der Anwendungsbereich der Richtlinie ist grundsätzliche für beide Tätigkeitsbereiche eröffnet. Für Umweltschäden, die durch die Ausübung einer der in Anhang III aufgeführten beruflichen Tätigkeiten verursacht werden, sieht die Umwelthaftungsrichtlinie eine verschuldensunabhängige Gefährdungshaftung vor. Für Schädigungen geschützter Arten und natürlicher Lebensräume, die durch die Ausübung einer anderen als der in Anhang III aufgeführten Tätigkeiten verursacht werden, soll die Verantwortung nach der Umwelthaftungsrichtlinie im Sinne einer Verschuldenshaftung nur dann greifen, wenn der Betreiber vorsätzlich oder fahrlässig gehandelt hat. Die Richtlinie gilt unbeschadet strengerer Rechtsvorschriften der Gemeinschaft für die Ausübung von Tätigkeiten, die in den Anwendungsbereich der Richtlinie fallen, sowie unbeschadet der Rechtsvorschriften der Gemeinschaft, die Regelungen über die internationale Zuständigkeit enthalten. Eine wesentliche Einschränkung des Anwendungsbereichs erfährt die Richtlinie durch die Definition des Umweltschadens. Anders als die UVP-Richtlinie verfolgt die Umwelthaftungsrichtlinie einen lediglich auf bestimmte Umweltmedien beschränkten Regelungsansatz. Die Richtlinie beschränkt sich auf die Regelung von Umweltschäden, die sich nach der Begriffsdefinition des Art. 2 Nr. 1 UHRL auf eine Schädigung geschützter Arten und natürlicher Lebensräume, von Gewässern und des Bodens beziehen. Nicht erfasst wird zum Beispiel die Luftqualität.

5170 **Sachliche Einschränkungen des Anwendungsbereichs.** Art. 4 UHRL regelt einen Katalog von Ausnahmen vom Anwendungsbereich der Richtlinie. Für Umweltschäden oder für unmittelbare Gefahren solcher Schäden, die durch bewaffnete Konflikte, Feindseligkeiten, Bürgerkrieg oder Aufstände oder aber durch ein außergewöhnliches, unabwendbares und nicht beeinflussbares Naturereignis verursacht werden, gilt die Umwelthaftungsrichtlinie nach Art. 4 Abs. 1 nicht. Die Umwelthaftungsrichtlinie gilt auch nicht für Umweltschäden oder die unmittelbare Gefahr solcher Schäden, die infolge eines Vorfalls eintreten, bei dem die Haftung oder Entschädigung in den Anwendungsbereich eines der in Anhang IV der Richtlinie aufgeführten internationalen Abkommen, einschließlich etwaiger künftiger Änderungen dieser Übereinkommen, fällt, das in dem betroffenen Mitgliedstaat in Kraft ist. Die Umwelthaftungsrichtlinie gilt schließlich nach Art. 4 IV UHRL auch nicht für nukleare Risiken oder Umweltschäden oder die unmittelbare Gefahr solcher Schäden, die durch die Ausübung von Tätigkeiten verursacht werden können, die unter den Vertrag zur Gründung der europäischen Atomgemeinschaft fallen, oder durch einen Vorfall oder eine Tätigkeit verursacht werden, für die die Haftung oder Entschädigung in den Anwendungsbereich einer der in Anhang V aufgeführten internationalen Übereinkünfte, einschließlich etwaiger künftiger Änderungen dieser Übereinkünfte, fällt.

5171 **Zeitliche Begrenzung des Anwendungsbereichs.** Eine Einschränkung des Anwendungsbereiches der Richtlinie ergibt sich aus ihrer zeitlichen Begrenzung. Die Umwelthaftungsrichtlinie gilt nicht für Schäden, die durch Emissionen, Ereignisse oder Vorfälle verursacht wurden, die vor dem 30.4.2007 stattgefunden haben. Die Richtlinie gilt auch nicht für Schäden, die durch Emissionen, Ereignisse oder Vorfälle verursacht worden sind, die nach dem 30.4.2007 stattgefunden haben, sofern sie auf eine spezielle Tätigkeit zurückzuführen sind, die vor dem 30.4.2007 stattgefunden oder geendet hat. Schließlich gilt die Umwelthaftungsrichtlinie auch nicht für Schäden, wenn seit den schadensverursachenden Emissionen, Ereignissen oder Vorfällen mehr als 30 Jahre vergangen sind.

5172 **d) Vermeidungs- und Sanierungstätigkeiten, Kostentragung.** Die Richtlinie sieht Pflichten zur Vermeidung von Umweltschäden sowie Informationspflichten und Sanierungspflichten für den Fall vor, dass ein Umweltschaden bereits eingetreten ist (Art. 5, 6, 7 UHRL). Der haftende Betreiber hat nach Art. 5 UHRL im Falle einer unmittelbaren Gefahr eines Umweltschadens unverzüglich die erforderlichen Vermeidungsmaßnahmen zu ergreifen. Ist ein Umweltschaden bereits eingetreten, hat der Betreiber Informationspflichten gegenüber der zuständigen Behörde sowie gegebenenfalls Sanierungspflichten zu erfüllen (Art. 6, 7 UHRL). Bei den in der Richtlinie vorgesehenen Informations-, Vermeidungs- und Sanierungspflichten handelt es sich um unmittelbar bestehende Pflichten, die keiner Konkretisierung durch eine behördliche Anordnung bedürfen. Daneben enthält die Richtlinie Bestimmungen über die Kostentragung der Vermeidungs- und Sanierungstätigkeiten und für die Kostenverteilung im Falle mehrerer Verursacher (Art. 8 bis 10 UHRL). Grundsätzlich trägt der Betreiber die Kosten durchgeführter Vermeidungs- und Sanierungsmaßnahmen, wobei die Mitgliedstaaten insoweit in bestimmten Grenzen Einschränkungen von der Kostentragungspflicht zulassen dürfen (Art. 8 UHRL).

e) Beteiligung von Betroffenen und Umweltverbänden. Von besonderer Bedeutung ist, dass die Richtlinie natürlichen oder juristischen Personen, die von einem Umweltschaden betroffen oder wahrscheinlich betroffen sind oder ein ausreichendes Interesse an einem umweltbezogenen Entscheidungsverfahren bzgl. des Schadens haben oder alternativ eine Rechtsverletzung geltend machen, sofern das Verwaltungsverfahrensrecht bzw. Verwaltungsprozessrecht eines Mitgliedstaats dies als Voraussetzung erfordert, das Recht einräumt, der zuständigen Behörde „Bemerkungen" zu ihnen bekannten Umweltschäden oder einer ihnen bekannten unmittelbaren Gefahr solcher Schäden zu unterbreiten und die zuständige Behörde aufzufordern, gem. der Umwelthaftungsrichtlinie tätig zu werden (Art. 12 I UHRL). Als ein ausreichendes Interesse an einem umweltbezogenen Entscheidungsverfahren gilt das Interesse einer Nichtregierungsorganisation, die sich für den Umweltschutz einsetzt und alle nach nationalem Recht geltenden Voraussetzungen für ihre Anerkennung erfüllt. Diese Nichtregierungsorganisationen gelten auch als Träger von Rechten, die im Sinne des Art. 12 Ic) der Richtlinie verletzt werden können. 5173

2. Grundstrukturen der Umwelthaftung

Zivilrechtlich geht es um Ersatz der Schäden an Leben, Körper, Gesundheit oder Eigentum von Personen, die diese vermittelt über Umweltmedien durch das Verhalten anderer Personen erleiden. Maßgebliche Bestimmungen ergeben sich dazu aus dem BGB, in erster Linie aus dem Deliktsrecht der §§ 823 ff. BGB, aus dem nachbarbezogenen Sachenrecht der §§ 903 ff. BGB, zum Teil auch aus zivilrechtlichen Bestimmungen ansonsten öffentlich-rechtlicher Gesetze, zB aus § 14 BImSchG, § 7 VI AtG, §§ 7 ff. StVG, §§ 33 LuftVG sowie aus der zivilrechtlichen Bergschadenshaftung nach den §§ 114 ff. BBergG, etc. Hinzu kommen zB Vorschriften des Haftpflichtgesetzes und des Produkthaftungsgesetzes. Nicht zuletzt werden Umweltschäden von den Bestimmungen des Umwelthaftungsgesetzes (UmweltHG) erfasst. Öffentlich-rechtlich wird die Verantwortung im Umweltschadensgesetz (USchadG) geregelt. Allerdings gelten daneben zahlreiche weitere öffentlich-rechtliche Bestimmungen, zB solche des BBodSchG, Nachsorgebestimmungen des Umweltrechts, wie zB § 40 KrWG für die Nachsorge von Deponien oder der Aufsicht über stillgelegte Bergwerke nach § 69 ff BBergG etc.[933] 5174

a) Zivilrechtliche Umwelthaftung. Zivilrechtlich kommen verschuldensunabhängigen Unterlassungs- und Beseitigungsansprüche einerseits und Schadensersatzansprüche andererseits in Betracht.[934] 5175

Unterlassungs- und Beseitigungsansprüche. § 1004 I BGB räumt dem Eigentümer einen verschuldensunabhängigen Beseitigungsanspruch und einen Unterlassungsanspruch gegen eine Beeinträchtigung seines Eigentums ein. Die Ansprüche können sich auch auf die Beseitigung von Umweltschäden und die Unterlassung von das Eigentum schädigenden Umwelteinwirkungen erstrecken. Inhaltlich gleichartige Ansprüche hat ein Besitzer gegen eine Störung seines Besitzes durch verbotene Eigenmacht (§§ 862 I, 858 BGB). Auch der quasi-negatorische Rechtsschutz erstreckt den Unterlassungsanspruch auf drohende widerrechtliche Eingriffe in ein sonstiges, durch §§ 823 ff. BGB geschütztes Rechtsgut, insbesondere Leben und Gesundheit. Diese zivilrechtlichen Unterlassungsansprüchen sind allerdings ausgeschlossen, wenn eine Duldungspflicht besteht, die sich aus § 906 I BGB für die Zuführung unwägbarer Stoffe aller Art, insbesondere auch für Immissionen iSd des § 3 BImSchG.[935] Der Eigentümer eines Grundstücks hat danach solche Einwirkungen zu dulden, die sein Grundstück nur unwesentlich beeinträchtigen. Eine unwesentliche Beeinträchtigung liegt in der Regel vor, wenn die in Gesetzen oder Rechtsverordnungen enthaltenen Grenz- oder Richtwerte eingehalten werden. Gleiches gilt für 5176

---

933 Siehe dazu Schlacke Umweltrecht, 2023 § 2 Rn. 17 ff; Kahl/Gärditz Umweltrecht, 2023, § 4 Rn. 120 ff.; zum System der Umwelthaftung siehe auch Paschke Umwelthaftung in Koch/Hofmann/Reese, Handbuch Umweltrecht, 2924, § 19 Rn. 1 ff.

934 Zu den sog. Klimaklagen Paschke Umwelthaftung in Koch/Hofmann/Reese, Handbuch Umweltrecht, 2924, § 19 Rn. 144 ff.; Di Fabio Verfassung und Klimahaftung, 2023; zu Reichweite und Auswirkungen des EGMR-Urteils 9.4.2024; zum Klimaschutz Giesberts/Westarp KlimaRZ 2024, 73; Schirmer NJW 2023, 113; Enderle DÖV 2023, 370; Sinder NuR 2023, 315; Abel NJW 2023, 2305; Schmidt-Ahrendts ZUR 2023, 416; Steiner BayVBl 2023, 653; Franzius ZUR 2023, 650.

935 Kahl/Gärditz Umweltrecht, 2023, § 4 Rn. 152.

die Grenzwerte in Verwaltungsvorschriften wie der TA Lärm oder TA Luft, die auf Grundlage des § 48 BImSchG erlassen worden sind und den Stand der Technik wiedergeben.

Beispiel: Die Unterlassung des Inverkehrbringens von Fahrzeugen mit **Verbrennungsmotoren** nach dem Jahr 2030 kann nicht im Wege des Zivilrechtsschutzes begehrt werden, da sie der verfassungsrechtlichen Aufgabenverteilung zwischen Gesetzgebung und Gerichtsbarkeit, die dem Gesetzgeber die wesentlichen Entscheidungen für die Ausgestaltung des gesellschaftlichen Lebens und der Lebensbedingungen zuweist, zuwiderläuft.[936]

5177 **Schadensersatzansprüche.** Zivilrechtliche Haftpflichtregeln auch für Umweltschäden ergeben sich aus § 823 I und II BGB. Als Schutzgesetz im Sinne von § 823 II BGB kommt jede Rechtsnorm in Frage, die nach ihrem Regelungszweck zumindest auch dazu dienen soll, den Einzelnen oder einzelne Personenkreise gegen die Verletzung eines bestimmten Rechtsguts zu schützen. Schutzgesetz in diesem Sinne sind zB die §§ 5, 22 BImSchG, nachbarschützende Vorschriften des Baurechts und §§ 13 I, 14 III WHG, soweit sie konkrete Verhaltenspflichten mit nachbarschützendem Bezug enthalten bzw. dem Betroffenen eine materielle Rechtsstellung einräumen.[937] Auch Verwaltungsakte, zB Zulassungsentscheidungen, können wegen der mit ihnen angeordneten Nebenbestimmungen zum Schutz der Nachbarschaft, etwa einer Lärmschutzauflage, eine Schutznorm im Sinne von § 823 II BGB sein.[938] Keine Schutzgesetze sind demgegenüber technische Standards, die wie die TA Luft oder TA Lärm durch Sachverständigengremien unter Beteiligung der Wirtschaft erarbeitet werden (§ 48 BImSchG), allgemeine Klimaschutzziele oder Regelwerke von Verbänden. Die Missachtung ökologischer Standards soll einen Sachmangel oder deliktsrechtlich eine haftungsbegründende sittenwidrige Schädigung sein können.[939] Ein zivilrechtlicher Beseitigungsanspruch kann daran scheitern, dass die Störungsbeseitigung ihrerseits gegen Umweltrecht verstößt.[940]

5178 Bei der Geltendmachung zivilrechtlicher Schadensersatzansprüche treten zumeist **Beweisschwierigkeiten** mit Hinblick auf den Nachweis der haftungsbegründenden Kausalität und des Verschuldens auf. Das gilt vor allem für bei **Summations- und Distanzschäden.**[941] Hinzu kommt die Notwendigkeit einer Beachtung von Verjährungsvorschriften, einerseits für zivilrechtliche Ansprüche nach dem BGB, zum Teil aber auch aus speziellen Rechtsbereichen, bei denen sich die Heranziehung von **Verjährungsvorschriften** angesichts unterschiedlicher Geltungszeiträume von Gesetzen als erheblich schwierig erweisen kann.[942] Zu beachten sind ferner spezialgesetzliche Haftungsregeln in den Vorschriften der §§ 25 ff. AtG, §§ 32 ff. GenTG und § 89 WHG.

5179 **b) Öffentlich-rechtliche Zustands- und Verhaltensverantwortung.** Zivilrechtlich treffen den Eigentümer und Besitzer von Grundstücken umfassende Verkehrssicherungspflichten und Anliegerpflichten.

5180 Auch öffentlich-rechtliche Vorschriften beziehen sich auf Verkehrssicherungspflichten (Art. 14 BayBauO; § 4 IV BBodSchG).[943] Bauliche Anlagen sowie Verkehrsflächen in baulichen Anlagen und auf dem Baugrundstück müssen zB nach § 16 I NBauO verkehrssicher sein. Das OVG Lüneburg erläutert dazu, diese Bestimmung begründe eine öffentlich-rechtliche Ver-

936 LG Stuttgart ZUR 2022, 620; siehe auch Di Fabio Verfassung und Klimahaftung, 2023.

937 Kahl/Gärditz Umweltrecht, 2023, § 4 Rn. 155.

938 BGHZ 121, 1.

939 BGHZ 225, 316 ff.; 226, 322 ff.; BGH NJW 2020, 2798 ff.; OLG Koblenz NJW 2019, 2237 ff.

940 Kahl/Gärditz Umweltrecht, 2023, § 4 Rn. 152.

941 LG Essen ZUR 2017, 370 (371 f.); OLG Hamm ZUR 2018, 118 (119); Frank NVwZ 2017, 664 ff.; Ahrens VersR 2019, 645 ff.; Boerstra/Römling EurUP 2022, 30 ff.; Thöne ZUR 2022, 323 ff.; kritisch Gärditz EurUP 2022, 45 (46 ff.); siehe zu zivilrechtlichen Haftungsklagen auch Engel I+E 2019, 160 ff.; Rumpf EurUP 2019, 145 ff.; Di Fabio Verfassung und Klimahaftung, 2023, 17 ff.

942 Zur „Ewigkeitshaftung" für den Altbergbau und die Verjährung von Bergschadensersatzansprüchen siehe Beckmann/Wittmann in Pielow, Bergrecht im Wandel der Zeit, FS zum 200-jährigen Bestehen des Oberlandesgerichts Hamm, 2020, 134 ff.; zu dem Grenzen der Zumutbarkeit der Nachsorgeverantwortung eines Bergwerksunternehmens Beckmann ZUR 2006, 295.

943 Goldschmidt Z I. Konversion, in Hoppenberg/de Witt, Handbuch des öffentlichen Baurechts; Werkstand 2023, Rn. 570; zu Bedenken Handlungs- oder Zustandsstörer ordnungsrechtlich für global bewirkte, komplexe Distanz- und Summationsschäden in Anspruch zu nehmen Di Fabio Verfassung und Klimahaftung, 2023, S. 19 ff.; früher auch BVerfG NJW 1998, 3264; siehe auch v. Hippel NJW 1998, 3254 ff zum Waldsterben.

kehrssicherungspflicht, die neben die zivilrechtlichen Verkehrssicherungspflichten unter anderem aus § BGB § 823 I BGB trete, sich ihrem Inhalt nach aber an diesen nach ihrer Schutzrichtung gleichlaufenden Pflichten orientiere. Verkehrssicherungspflichten bestünden gegenüber allen Bewohnern und sonstigen Benutzern einer baulichen Anlage sowie gegenüber allen sonstigen Teilnehmern am Verkehr auf dem Baugrundstück sowie innerhalb und im Umfeld der baulichen Anlage.[944] Die Reichweite der öffentlich-rechtlichen Verkehrssicherungspflicht hängt von Art und Beschaffenheit der Gefahrenquelle sowie dem Umfang und den möglichen Folgen der drohenden Gefahren ab; auch der Grundsatz der Verhältnismäßigkeit ist zu berücksichtigen. Bei ungenutzten Grundstücken und Gebäuden, auf denen der Eigentümer einen Verkehr weder eröffnet noch duldet und die keine außergewöhnlichen Gefahrenquellen bergen, ist es grundsätzlich ausreichend, dass der Eigentümer Warn- und Verbotsschilder aufstellt und das Grundstück erforderlichenfalls einfriedet, um es gegen unbefugtes Betreten zu sichern. Weitergehende Maßnahmen können erforderlich sein, wenn ein ungenutztes Grundstück oder Gebäude für Minderjährige einen besonderen Anreiz bietet und mit einem Betreten verbundene Gefahren für diese nicht ohne weiteres erkennbar sind.[945]

Grundsätzlich besteht ordnungsrechtlich eine **Verhaltens- und eine Zustandsverantwortung**, die in speziellen Gesetzen, etwa dem BBodSchG, geregelt sein kann. So geht zB das Bauordnungsrecht als besonderes Gefahrenabwehrrecht geht als spezielleres Recht den subsidiär anwendbaren Bestimmungen des allgemeinen Polizei- bzw. Gefahrenabwehrrechts vor.[946] Soweit keine spezielleren Regelungen vorgehen, gelten die in den allgemeinen Polizei- und Ordnungsgesetzen der Länder dazu geregelten Verantwortlichkeiten. Verursacht eine Person durch ihr Verhalten eine Gefahr, so sind die Maßnahmen gegen diese Person zu richten. Geht eine Gefahr von einer Sache oder einem Grundstück oder einem Tier aus, so sind die Maßnahmen gegen den Eigentümer zu richten. Die Ordnungsbehörde kann ihre Maßnahmen auch gegen den Inhaber der tatsächlichen Gewalt richten. Sie muss ihre Maßnahmen gegen den Inhaber der tatsächlichen Gewalt richten, wenn er diese gegen den Willen des Eigentümers oder anderer Verfügungsberechtigter ausübt oder auf einem im Einverständnis mit dem Eigentümer schriftlich oder protokollarisch gestellten Antrag von der zuständigen Ordnungsbehörde als allein verantwortlich anerkannt worden ist. Geht die Gefahr von einer herrenlosen Sache aus, so können die Maßnahmen gegen die Person gerichtet werden, die das Eigentum an der Sache aufgegeben hat. (siehe beispielhaft die §§ 17, 18 OBG NRW). 5181

Kommen bei Erlass einer ordnungsbehördlichen Anordnung mehrere Verhaltens- oder Zustandsstörer in Betracht, steht die Auswahl des in Anspruch zu nehmenden Verantwortlichen im pflichtgemäßen Ermessen der Behörde. Hierbei besteht kein grundsätzliches Rangverhältnis zwischen Verhaltens- und Zustandsstörern. Die **Auswahlentscheidung** hat sich in erster Linie an der Effektivität der Gefahrenabwehr zu orientieren und darauf abzuzielen, wer am schnellsten und sichersten rechtmäßige Zustände wiederherstellen kann.[947] Die pflichtgemäße Ausübung des Auswahlermessens der Behörde setzt voraus, dass ermittelt wird, wer als Verhaltens- und wer als Zustandsstörer in Betracht kommt, in welchem Grad die Verantwortlichkeit der jeweiligen Personen besteht und inwiefern diese Personen über Möglichkeiten zur Gefahrenbeseitigung verfügen. 5182

c) Dauer öffentlich-rechtlicher Verantwortung. Die ordnungsrechtliche Verantwortlichkeit verjährt nicht. Der Verjährung unterliegen nur Ansprüche, nicht aber die materielle Polizei- bzw. Ordnungspflicht und die entsprechende Eingriffsbefugnis, weil sie nicht unter den Begriff des „Anspruchs" im Sinne von § 194 BGB fallen.[948] Begrenzungen dieser Verantwortlichkeit können sich im konkreten Einzelfall jedoch aus dem Grundsatz der Verhältnismäßigkeit und aus einer Rechtsnachfolge ergeben. Die Rechtsprechung hat wiederholt entschieden, dass in bestimmten Situationen bei der ordnungsrechtlichen Inanspruchnahme der Zeitablauf unter dem Gesichtspunkt der Verhältnismäßigkeit berücksichtigt werden müsse. Das OVG Münster hat dazu ausgeführt, zwar komme eine Verjährung der Ordnungspflicht nicht in Be- 5183

[944] OVG Lüneburg NordÖR 2021, 288.

[945] OVG Lüneburg NordÖR 2021, 288.

[946] OVG Münster Beschl. v. 15.12.2023 – 10 B 1044/23, juris Rn. 16.

[947] OVG Lüneburg Beschl. v. 30.1.2024 – 4 ME 84/23, juris Rn. 17 zur naturschutzrechtliche Wiederherstellungsanordnung nach Bodenauffüllung in einem gesetzlich geschützten Biotop.

[948] OVG Berlin-Brandenburg Beschl. v. 19.7.2018 – 10 S 67.17, juris; OVG Münster ZfB 1997, 36; VGH Mannheim NVwZ-RR 1996, 387; OVG Münster NWVBL 1997, 175; aA Ossenbühl NVwZ 1995, 547.

tracht; das durch das gefahrauslösende Verhalten begründete Näheverhältnis des Störers zur Gefahr erfahre jedoch durch einen Zeitabstand von mehreren Jahrzehnten zumindest eine Lockerung, insbesondere dann, wenn das Risiko von einem früheren Eigentümer in Ausübung seiner Eigentümerbefugnisse geschaffen worden sei.[949] Das OVG Münster hat unter Berücksichtigung spezieller Umstände des konkreten Falls die Heranziehung des betroffenen Verhaltensstörers als unbillig angesehen. Die gefahrenverursachenden Handlungen lagen bei Erlass der Ordnungsverfügung 60 Jahre und mehr zurück. Das bedinge zwar nicht die Verjährung der Ordnungspflicht in Anwendung der mangels einschlägiger Sonderbestimmungen allein in Betracht kommenden zivilrechtlichen Bestimmungen über die Verjährung von Ansprüchen. Unter dem Gesichtspunkt der Verhältnismäßigkeit könne jedoch nicht außer Acht gelassen werden, dass die Zeitdauer von mehreren Jahrzehnten seit der Herbeiführung der Gefahr und dem Eigentumswechsel zu einer Verfestigung des Zustandes in dem Sinne geführt habe, dass für den allgemeinen Rechtsverkehr die Umstände, unter denen das Werksgelände seine tatsächliche Beschaffenheit erlangt hat, entscheidend an Bedeutung verloren hätten. Nach Auffassung des BVerwG ist eine Haftungsgrenze zeitlich erst erreicht, wenn das nach dem Verursacherprinzip maßgebliche Zurechnungskriterium nicht mehr trägt. Bei der Zuordnung von Verantwortungssphären könne unter Umständen der Zeitablauf dazu führen, dass ein zunächst maßgeblicher Verursachungsbeitrag völlig in den Hintergrund trete, so dass die Verantwortlichkeit neu, etwa nach Maßgabe des Gemeinlastprinzips der Allgemeinheit zugewiesen werden müsse. Diese Einschätzung und die Formulierung genereller Vorgaben seien jedoch in erster Linie dem Gesetzgeber vorbehalten. Selbst wenn man aber im Einzelfall erwägen wollte, eine zeitliche Schranke für die Ausübung von Eingriffsbefugnissen zu setzen, müsse diese sich an der früheren Regelverjährungsfrist und der jetzigen Maximalfrist von 30 Jahren als Ausdruck eines allgemeinen, den ursprünglichen Anwendungsbereich übersteigenden Rechtsgedankens ausrichten.[950]

5184 Angesichts der Verantwortlichkeit aus der vorangegangenen gefahrgeneigten Tätigkeit im Zusammenhang mit dem Betrieb von **Bergwerken**, die sich in einer typisch bergbaubedingten Gefahrenlage niederschlägt, kommt eine Einschränkung der ordnungsrechtlichen Verantwortung des Bergbautreibenden auch nach den Grundsätzen der so genannten Altlasten-Entscheidung des BVerfG nicht in Betracht.[951] Die dort zur Haftung des Zustandsstörers, der sich durch Einwirkungen jenseits seiner Verantwortungssphäre und mangels eines eigenen aktiven Verursachungsbeitrags selbst in einer Opferrolle befindet, entwickelten Maßstäbe lassen sich auf die bergrechtliche Verhaltensverantwortlichkeit nicht übertragen.

5185 Die öffentlich-rechtliche Zustands- und Verhaltensverantwortung rechtfertigt nicht nur Ordnungsverfügung zur Gefahrenbeseitigung, sondern auch bereits zur **Gefahrerforschung**.

5186 Beispiel Altbergbau: Die von altbergbaulichen Anlagen häufig ausgehende latente Gefahr kann sich mit dem Hinzutreten weiterer besonderer Umstände zu einem Gefahrenverdacht verdichten, der das Ergreifen von Maßnahmen der Gefahrerforschung gebietet.[952]

3. USchadG

5187 Die europarechtlichen Vorgaben der Umwelthaftungsrichtlinie sind im USchadG umgesetzt worden. Das USchadG findet nach § 1 USchadG Anwendung, soweit Rechtsvorschriften des Bundes oder der Länder die Vermeidung und Sanierung von Umweltschäden nicht näher bestimmen oder in ihren Anforderungen diesem Gesetz nicht entsprechen. Rechtsvorschriften mit weitergehenden Anforderungen bleiben unberührt.[953]

5188 **a) Anwendungsbereich**. Das USchadG gilt nach § 3 S. 1 USchadG für 1. Umweltschäden und unmittelbare Gefahren solcher Schäden, die durch eine der in Anlage 1 aufgeführten beruflichen Tätigkeiten verursacht werden; 2. Schädigungen von Arten und natürlichen Lebens-

---

949 OVG Münster NWVBL 1996, 175.

950 BVerwG 151, 156 mit Anmerkung von Dietrich/Elgeti NVwZ 2015, 747; Frenz DVBl. 2016, 679; Frenz DVBl. 2018, 849; zur Nachsorgeverantwortung für Tagbau siehe Beckmann UPR 2024 (in Vorbereitung).

951 BVerfGE 102, 1; BVerwG NVwZ 2015, 742; OVG Lüneburg NVwZ-RR 2016, 34.

952 OVG Magdeburg Urt. v. 6.9.2023 – 2 L 45/20, juris Rn. 68, 89.

953 Zur Subsidiarität des Umweltschadensgesetzes, zur Wahrung eines Mindeststandards und zum Vorrang strengerer Rechtsvorschriften siehe Beckmann/Wittmann USchadG in Landmann/Rohmer, Umweltrecht, 2020, § 1 Rn. 1 ff.; Petersen USchadG, 2013, § 1 Rn. 2 ff.; BVerwG NVwZ 2021, 1630 = juris Rn. 51 zum Vorrang der Anordnungsbefugnis zur Gefahrenabwehr nach § 16 III 1 SeeAnlV gegenüber dem USchadG.

räumen im Sinn des § 19 II und III BNatSchG und unmittelbare Gefahren solcher Schäden, die durch andere berufliche Tätigkeiten als die in Anlage 1 USchadG aufgeführten verursacht werden, sofern der Verantwortliche vorsätzlich oder fahrlässig gehandelt hat. § 1 Satz 1 USchadG bestimmt den Vorrang spezialgesetzlicher Vorschriften, soweit diese die vom Umweltschadensgesetz behandelte Rechtslage zur Vermeidung und Sanierung von Umweltschäden ebenfalls, und zwar tatbestandlich hinsichtlich der personalen oder sachlichen Verantwortlichkeiten sowie der Rechtsfolge weiter gefasst oder konkreter regeln, und gleichwohl mindestens den Schutzstandard des Umweltschadensgesetzes erreichen.[954] Ob dieser Mindeststandard von bundes- oder landesrechtlichen Vorschriften übertroffen wird, bedarf – mit Blick auf die jeweilige Sachverhaltskonstellation – einer generalisierenden Gesamtbetrachtung.[955] Das USchadG findet nur Anwendung, soweit die einschlägigen Fachgesetze von Bund und Ländern Sachverhalte der UHRL nicht regeln oder hinter deren Regelungen zurückbleiben.[956]

§ 15 und § 34 BNatSchG haben im Verhältnis zu den umweltschadensrechtlichen Regelungen keinen grundsätzlichen Vorrang iSv § 1 Satz 1 USchadG und schließen deren Anwendung nicht generell aus.[957] Der EuGH hat dazu erläutert, dass der Begriff der beruflichen Tätigkeit im Sinne von Art. 2 Nr. 7 UHRL nicht auf Tätigkeiten beschränkt bleibt, die einen Bezug zum Markt oder Wettbewerbscharakter haben, sondern sämtliche in einem beruflichen Rahmen – im Gegensatz zu einem rein persönlichen oder häuslichen Rahmen – ausgeübte Tätigkeiten und damit auch solche umfasst, die aufgrund gesetzlicher Aufgabenübertragung im öffentlichen Interesse ausgeübt werden.[958] **5189**

Soweit es für den Anwendungsbereich des USchadG nach § 3 S 1 Nr. 2 USchadG, darauf ankommt, ob der Umweltschaden durch eine **berufliche Tätigkeit** verursacht wird, gilt die Legaldefinition des § 2Nr. 4 USchadG. Danach ist eine berufliche Tätigkeit jede Tätigkeit, die im Rahmen einer wirtschaftlichen Tätigkeit, einer Geschäftstätigkeit oder eines Unternehmens ausgeübt wird, unabhängig davon, ob sie privat oder öffentlich und mit oder ohne Erwerbscharakter ausgeübt wird. **5190**

Vorsätzliches oder fahrlässiges Handeln im Sinne des § 3 I Nr. 2 USchadG bestimmt sich nach zivilrechtlichen Maßstäben. **Vorsatz** des Verantwortlichen ist dann zu bejahen, wenn dieser erhebliche nachteilige Auswirkungen seines Verhaltens auf die Erreichung oder Beibehaltung des günstigen Erhaltungszustands geschützter Lebensräume oder Arten oder die unmittelbare Gefahr solcher erheblichen nachteiligen Auswirkungen vorausgesehen und in seinen Willen aufgenommen hat. Fahrlässig handelt der Verantwortliche, wenn er erhebliche nachteilige Auswirkungen seines Verhaltens auf die Erreichung oder Beibehaltung des günstigen Erhaltungszustands geschützter Lebensräume oder Arten oder unmittelbare Gefahren solcher erheblichen nachteiligen Auswirkungen unter Beachtung der im Verkehr erforderlichen Sorgfalt vorhersehen und vermeiden konnte.[959] **5191**

Darauf, ob das zum Erfolgseintritt führende Verhalten eines Verantwortlichen rechtmäßig ist, kommt es nicht an. Auch genehmigte oder gesetzeskonforme Tätigkeiten sind grundsätzlich der verschuldensabhängigen Haftung nach § 3 I Nr. 2 USchadG unterworfen.[960] Die Rechtmäßigkeit eines Verhaltens und die Reichweite der **Legalisierungswirkung** einer Genehmigung für eine schadensverursachende berufliche Tätigkeit sind jedoch für die Haftung des Verantwortlichen von erheblicher Bedeutung. Ein Verantwortlicher, der schutzwürdig auf eine Genehmigung vertraut, wird bei einem von der Legalisierungswirkung der Genehmigung umfassten Verhalten regelmäßig nicht fahrlässig handeln. Eine Haftung für vermutetes Verschulden kommt ohne einen diesbezüglichen normativen Anhaltspunkt, der für die Verantwortlichkeit nach § 3 I Nr. 2 USchadG nicht ersichtlich ist, nicht in Betracht.[961] **5192**

---

954 VGH München DVBl. 2023, 674 = juris Rn. 34; BVerwGE 172, 271-292 = juris Rn. 50 mwN.

955 VGH München DVBl. 2023, 674 = juris Rn. 34; BVerwG NuR 2022, 426 = juris Rn. 16.

956 VGH München DVBl. 2023, 674 = juris Rn. 34; BVerwGE 172, 271-292 = juris Rn. 50.

957 VGH München DVBl. 2023, 674 = juris Rn. 35.

958 EuGH NuR 2020, 610 = juris Rn. 76 f.; BVerwG NVwZ 2022, 1628 = juris Rn. 25.

959 BVerwG ZNER 2023, 314 = juris Rn. 44; siehe dazu auch Niederstadt/Schumacher NuR 2023, 649; BVerwG Urt. v. 21.9. 2017 – 7 C 29.15, juris Rn. 18 ff.

960 BVerwG ZNER 2023, 314 = juris Rn. 45; Urt. v. 21.9. 2017 – 7 C 29.15, juris Rn. Rn. 25.

961 BVerwG ZNER 2023, 314 = juris Rn. 45; zur Legalisierungswirkung und zum Bestandsschutz immissionsschutzrechtlicher Genehmigungen und ihre Bedeutung für das Umweltschadensrecht Beckmann EuRUP 2020, 238.

5193 Für Schädigungen von Arten und natürlichen Lebensräumen sowie der Meeresgewässer außerhalb der Küstengewässer und die unmittelbare Gefahr solcher Schäden gilt das USchadG nach § 3 II USchadG im Rahmen der Vorgaben des Seerechtsübereinkommens der Vereinten Nationen vom 10.12.1982 auch im Bereich der ausschließlichen Wirtschaftszone und des Festlandsockels.

5194 Keine Anwendung findet das Gesetz nach § 3 III USchadG auf Umweltschäden oder die unmittelbare Gefahr solcher Schäden, wenn sie durch 1. bewaffnete Konflikte, Feindseligkeiten, Bürgerkrieg oder Aufstände, 2. ein außergewöhnliches, unabwendbares und nicht beeinflussbares Naturereignis, 3. einen Vorfall, bei dem die Haftung oder Entschädigung in den Anwendungsbereich eines der in Anlage 2 aufgeführten internationalen Übereinkommen in der jeweils für Deutschland geltenden Fassung fällt, 4. die Ausübung von Tätigkeiten, die unter den Vertrag zur Gründung der Europäischen Atomgemeinschaft fallen, oder 5. einen Vorfall oder eine Tätigkeit, für die die Haftung oder Entschädigung in den Anwendungsbereich eines der in Anlage 3 aufgeführten internationalen Übereinkünfte in der jeweils geltenden Fassung fällt, verursacht wurden.

5195 In Fällen, in denen der Umweltschaden oder die unmittelbare Gefahr eines solchen Schadens durch eine nicht klar abgegrenzte Verschmutzung verursacht wurde, findet das USchadG nur Anwendung, wenn ein ursächlicher Zusammenhang zwischen dem Schaden und den Tätigkeiten einzelner Verantwortlicher festgestellt werden kann (§ 3 IV USchadG). Das Gesetz gilt weder für Tätigkeiten, deren Hauptzweck die Verteidigung oder die internationale Sicherheit ist, noch für Tätigkeiten, deren alleiniger Zweck der Schutz vor Naturkatastrophen ist (§ 3 V USchadG).

5196 Im Sinne des USchadG ist nach § 2 Nr. 1 USchadG ein **Umweltschaden** a) eine Schädigung von Arten und natürlichen Lebensräumen nach Maßgabe des § 19 BNatSchG, b) eine Schädigung der Gewässer nach Maßgabe des § 90 WHG, c) eine Schädigung des Bodens durch eine Beeinträchtigung der Bodenfunktionen im Sinn des § 2 II BBodSchG, die durch eine direkte oder indirekte Einbringung von Stoffen, Zubereitungen, Organismen oder Mikroorganismen auf, in oder unter den Boden hervorgerufen wurde und Gefahren für die menschliche Gesundheit verursacht. Es gilt ein spezifisch umwelthaftungsrechtliches Verständnis dieses Begriffs. Ungeachtet der engen Bezüge, die das Umwelthaftungsrecht auf der Grundlage der Regelungen der Umwelthaftungs-Richtlinie (Erwägungsgrund 3) zu den Bestimmungen der FFH-RL und der VS-RL aufweist, handelt es sich um ein selbständiges Regelungsgefüge mit eigenständiger Begrifflichkeit und eigenständigem Anwendungsbereich. Die UHRL bezieht sich zwar auf Elemente der VS-RL sowie der FFH-RL. Sie wird aber nicht durch die Grenzen des dort verfolgten Schutzkonzepts beschränkt.[962]

5197 **b) Informationspflicht.** Besteht die unmittelbare Gefahr eines Umweltschadens oder ist ein Umweltschaden eingetreten, hat der Verantwortliche die zuständige Behörde unverzüglich über alle bedeutsamen Aspekte des Sachverhalts zu unterrichten. Die Umwelthaftungsrichtlinie sieht eine Informationspflicht des Verantwortlichen sowohl im Zusammenhang mit einer Vermeidung von Umweltschäden als auch im Zusammenhang mit einer Sanierung bereits eingetretener Schäden vor. Nach Art. 5 i UHRL hat der Verantwortliche für den Fall, dass ein Umweltschaden noch nicht eingetreten ist, jedoch die unmittelbare Gefahr eines solchen Umweltschadens besteht, unverzüglich die erforderlichen Vermeidungsmaßnahmen zu ergreifen. Die Mitgliedstaaten haben, soweit dies angebracht ist und jedenfalls immer dann, wenn die unmittelbare Gefahr eines Umweltschadens trotz der Vermeidungsmaßnahme des Verantwortlichen nicht abgewendet wird, nach Art. 5 II UHRL vorzusehen, dass die Verantwortlichen die zuständige Behörde so bald wie möglich über alle bedeutsamen Aspekte des Sachverhalts informieren müssen. Nach Art. 6 I UHRL hat der Verantwortliche im Falle des Eintritts eines Umweltschadens die zuständige Behörde ebenfalls unverzüglich über alle bedeutsamen Aspekte des Sachverhalts zu informieren.

5198 Der Bundesgesetzgeber hat diese Informationspflichten aus dem Bereich der Vermeidungs- und Sanierungstätigkeiten mit § 4 USchadG in einer eigenständigen Regelung zusammengefasst. Zur Durchsetzung der Informationspflicht ist die zuständige Behörde nach § 7 II Nr. 1 USchadG berechtigt, dem Verantwortlichen aufzugeben, alle erforderlichen Informationen und Daten über eine unmittelbare Gefahr von Umweltschäden, über den Verdacht einer solchen unmittelbaren Gefahr oder einen eingetretenen Schaden vorzulegen.

[962] BVerwG ZNER 2023, 314 = juris Rn. 32; Petersen USchadG, 2013, § 2 Rn. 55.

Außerdem kann die Behörde nach § 7 II Nr. 1 USchadG eine eigene Bewertung des Schadens verlangen.[963]

c) Gefahrenabwehrpflicht. Besteht die unmittelbare Gefahr eines Umweltschadens, hat der Verantwortliche unverzüglich die erforderlichen Vermeidungsmaßnahmen zu ergreifen. § 5 USchadG setzt der Gesetzgeber Art. 5 I UHRL um. Der Verantwortliche kann sich gem. § 5 USchadG nicht damit begnügen, die zuständige Behörde unverzüglich über alle bedeutsamen Aspekte des Sachverhalts nach § 4 USchadG zu unterrichten und weitere Anordnungen der zuständigen Behörde hinsichtlich möglicher Vermeidungsmaßnahmen abzuwarten. Er ist vielmehr unmittelbar kraft Gesetzes verpflichtet, unverzüglich die erforderlichen Vermeidungsmaßnahmen zu ergreifen. Dies gilt selbstverständlich nur, wenn der Verantwortliche die Gefahr erkennen kann oder erkannt hat. 5199

Vermeidungsmaßnahmen sind nach der Definition in § 2 Nr. 6 USchadG Maßnahmen, die 5200
bei einer unmittelbaren Gefahr eines Umweltschadens dazu dienen, den Schaden zu vermeiden oder zu minimieren. Vermeidungsmaßnahmen sind demnach im Vorfeld eines Schadenseintritts zu ergreifen, um das Eintreten des Umweltschadens zu verhindern oder jedenfalls sein Ausmaß zu minimieren. Die Missachtung der Gefahrenabwehrpflicht ist nicht strafbewehrt oder bußgeldpflichtig. Die zuständige Behörde kann den Verantwortlichen allerdings gem. § 7 II Nr. 2 USchadG verpflichten, Vermeidungsmaßnahmen zu treffen, und diese Verpflichtung im Wege der Verwaltungsvollstreckung zwangsweise durchsetzen.

d) Sanierungs- und Schadensbegrenzungspflichtpflicht. Ist ein Umweltschaden eingetreten, hat der Verantwortliche nach § 6 USchadG 1. die erforderlichen Schadensbegrenzungsmaßnahmen vorzunehmen, 2. die erforderlichen Sanierungsmaßnahme gemäß § 8 USchadG zu ergreifen. § 6 USchadG enthält nicht nur eine Sanierungspflicht, sondern auch eine Schadensbegrenzungspflicht. Bei den Schadensbegrenzungs- und Sanierungspflichten handelt es sich um Pflichten, die den Adressaten unmittelbar kraft Gesetzes treffen und nicht erst auf der Grundlage einer behördlichen Anordnung zu erfüllen sind. Allerdings ist die Verletzung dieser Pflichten weder als Straftat noch als Ordnungswidrigkeit sanktioniert. Die zuständige Behörde kann dem Verantwortlichen gem. § 7 II Nr. 3 USchadG aber aufgeben, die erforderlichen Schadensbegrenzungs- und Sanierungsmaßnahmen zu ergreifen und diese ggf. im Wege der Verwaltungsvollstreckung durchsetzen. 5201

Der Begriff der **Schadensbegrenzungsmaßnahmen** wird in § 2 Nr. 7 USchadG definiert. 5202
Schadensbegrenzungsmaßnahmen sind danach alle Maßnahmen, die dazu dienen, Schadstoffe oder sonstige Schadfaktoren unverzüglich zu kontrollieren, einzudämmen, zu beseitigen oder auf sonstige Weise zu behandeln, um weitere Umweltschäden und nachteilige Auswirkungen auf die menschliche Gesundheit oder eine weitere Beeinträchtigung von Funktionen zu begrenzen oder zu vermeiden. Eine Schadensbegrenzungsmaßnahme kommt in Abgrenzung zur Vermeidungsmaßnahme erst in Betracht, wenn ein Umweltschaden bereits eingetreten ist.

Sanierungsmaßnahmen sind nach § 2 Nr. 8 USchadG Maßnahmen, die dazu dienen, ei- 5203
nen Umweltschaden nach Maßgabe der fachrechtlichen Vorschriften zu sanieren. Genauere Regelungen zur Bestimmung der erforderlichen Sanierungsmaßnahmen enthält § 8 USchadG. Nach § 8 I USchadG ist der Verantwortliche verpflichtet, die nach den fachrechtlichen Vorschriften erforderlichen Sanierungsmaßnahmen zu ermitteln und der zuständigen Behörde zur Zustimmung vorzulegen, soweit die zuständige Behörde nicht selbst bereits gem. § 7 Nr. 3 USchadG die erforderlichen Sanierungsmaßnahmen ergriffen hat. Nach § 8 USchadG entscheidet die zuständige Behörde nach Maßgabe der fachrechtlichen Vorschriften über Art und Umfang der durchzuführenden Sanierungsmaßnahmen.

„**Fachrechtliche Vorschriften**" sind nach der Legaldefinition des § 2 Nr. 10 USchadG 5204
die Vorschriften des BNatSchG, des WHG und des BBodSchG sowie die zu ihrer Ausführung erlassenen Verordnungen. Demnach sind für Schäden an Gewässern insbesondere § 90 II WHG und für Schäden an Arten und natürlichen Lebensräumen § 19 IV BNatSchG sowie für Schäden am Boden die Vorgaben des BBodSchG und der BBodSchV zu berücksichtigen. Vor einer Entscheidung über Art und Umfang der durchzuführenden Sanierungsmaßnahmen unterrichtet die zuständige Behörde nach § 8 IV 1 USchadG die nach § 10 USchadG antragsberechtigten Betroffenen und Vereinigungen über die vorgesehenen Sanierungsmaßnahmen und gibt ihnen Gelegenheit, sich zu äußern. Die rechtzeitig eingehenden Stellungnah-

[963] Zum Schutz von betriebs- und Geschäftsgeheimnissen in diesem Zusammenhang siehe Beckmann/Wittmann USchadG in Landmann/Rohmer, Umweltrecht, 2020, § 4 Rn. 4.

men der Beteiligten sind nach § 8 IV S. 2 USchadG bei der Entscheidung zu berücksichtigen.

5205 **e) Allgemeine Pflichten und Befugnisse der zuständigen Behörde.** Die zuständige Behörde überwacht nach § 7 I USchadG dass die erforderlichen Vermeidungs-, Schadensbegrenzungs- und Sanierungsmaßnahmen vom Verantwortlichen ergriffen werden. Im Hinblick auf die Pflichten aus den §§ 4 bis 6 USchadG kann die zuständige Behörde dem Verantwortlichen nach § 7 II USchadG aufgeben, 1. alle erforderlichen Informationen und Daten über eine unmittelbare Gefahr von Umweltschäden, über den Verdacht einer solchen unmittelbaren Gefahr oder einen eingetretenen Schaden sowie eine eigene Bewertung vorzulegen, 2. die erforderlichen Vermeidungsmaßnahmen zu treffen, 3. die erforderlichen Schadensbegrenzungs- und Sanierungsmaßnahmen zu ergreifen.

5206 Der Gesetzgeber regelt nicht im Einzelnen, auf welche Art und Weise die zuständige Behörde ihre Überwachung durchführt. Unter Berücksichtigung des weiten Ansatzes der zugrunde liegenden Umwelthaftungsrichtlinie ist unter der „Überwachung" der gesamte Vorgang der Steuerung der Gefahrenabwehr und Sanierung zu verstehen. Das USchadG räumt der zuständigen Behörde zur Wahrnehmung dieser „Überwachungstätigkeit" keine besonderen Informations- oder Betretungsrechte ein; diese dürften sich aber regelmäßig aus dem einschlägigen Fachrecht ergeben.

5207 Die Wahrnehmung der Überwachungspflicht der zuständigen Behörde steht nicht in ihrem Ermessen. Die Behörde kann deshalb nicht aus Opportunitätsgründen auf eine solche Überwachung verzichten. Sie muss vielmehr, um der gesetzlichen Verpflichtung Rechnung zu tragen, ein Überwachungssystem einrichten, das effektiv sicherstellt, dass die genannten Pflichten von den Verantwortlichen auch beachtet werden.

5208 Der Behörde kommt hinsichtlich des „Ob" ihres Einschreitens kein Ermessen zu; sie ist vielmehr verpflichtet, bei Vorliegen eines Umweltschadens oder der unmittelbaren Gefahr eines solchen Schadens Maßnahmen zur Gefahrenabwehr und Sanierung zu ergreifen.[964]

5209 **f) Bestimmung von Sanierungsmaßnahmen.** Der Verantwortliche ist nach § 8 I USchadG verpflichtet, die gemäß den fachrechtlichen Vorschriften erforderlichen Sanierungsmaßnahmen zu ermitteln und der zuständigen Behörde zur Zustimmung vorzulegen, soweit die zuständige Behörde nicht selbst bereits die erforderlichen Sanierungsmaßnahmen ergriffen hat. Die zuständige Behörde entscheidet nach Maßgabe der fachrechtlichen Vorschriften über Art und Umfang der durchzuführenden Sanierungsmaßnahmen. Können bei mehreren Umweltschadensfällen die notwendigen Sanierungsmaßnahmen nicht gleichzeitig ergriffen werden, kann die zuständige Behörde unter Berücksichtigung von Art, Ausmaß und Schwere der einzelnen Umweltschadensfälle, der Möglichkeit einer natürlichen Wiederherstellung sowie der Risiken für die menschliche Gesundheit die Reihenfolge der Sanierungsmaßnahmen festlegen. Die zuständige Behörde unterrichtet die nach § 10 USchadG antragsberechtigten Betroffenen und Vereinigungen über die vorgesehenen Sanierungsmaßnahmen und gibt ihnen Gelegenheit, sich zu äußern; die Unterrichtung kann durch öffentliche Bekanntmachung erfolgen. Die rechtzeitig eingehenden Stellungnahmen sind bei der Entscheidung zu berücksichtigen (§ 8 USchadG).

5210 **g) Kostentragung.** Nach § 9 I 1 USchadG trägt der Verantwortliche, dh der Anlagenbetreiber, grundsätzlich die Kosten der Vermeidungs-, Schadensbegrenzungs- und Sanierungsmaßnahmen, die nach dem USchadG erforderlich sind. Die Kostentragungspflicht trifft den Verantwortlichen nach dem USchadG unabhängig davon, ob er die nach dem Gesetz notwendigen Vermeidungs- oder/und Sanierungsmaßnahmen selbst erledigt hat oder diese durch die Behörde oder im Auftrag der Behörde im Rahmen der Verwaltungsvollstreckung durchgeführt worden sind.[965] Sofern die Behörde die Maßnahmen im Wege der Ersatzvornahme selbst vornimmt oder vornehmen lässt, ergibt sich die Pflicht des in Anspruch genommenen Anlagenbetreibers zur Erstattung von Kosten (Gebühren und Auslagen) aus dem Vollstreckungs- und Kostenrecht des Landes bzw. des Bundes.

---

964 OVG Schleswig Urt. v. 4.2.2016 – 1 LB 2/13, juris Rn. 132, Beckmann/Wittmann AbfR 2007, 87, 96; Duikers NuR 2006, 623, 628; Führ/Lewin/Roller NuR 2006, 67, 72; Cosack DVBl. 2008, 405, 414; VG München Urt. v. 25.1.2017 – M 9 K 15.3863, juris Rn. 69.

965 Beckmann EuRUP 2020, 238; Beckmann/Wittmann USchadG in Landmann/Rohmer, Umweltrecht, 2020, § 9 Rn. 4; zustimmend Petersen USchadG, 2013, § 9 Rn. 56.

Das USchadG regelt **keine Haftungshöchstgrenze** für die Kostentragungspflicht des Anlagenbetreibers. Die vom BVerfG für die Altlastensanierung entwickelten Grenzen der Zustandsverantwortung[966] können auf die Kostentragungspflicht des USchadG nicht entsprechend angewendet werden, weil sich diese Rechtsprechung des BVerfG auf die Zustandsverantwortlichkeit bezieht und dort Haftungsgrenzen einzieht, wo der Eigentümer ungewollt für einen Schaden verantwortlich ist, den er nicht verursacht hat.[967] Das USchadG regelt hingegen eine Verursacherverantwortung, für die auch das BVerfG keine aus Art. 14 GG abgeleiteten Haftungsgrenzen anerkennt. Fraglich könnte allenfalls sein, ob sich mit zunehmendem zeitlichem Abstand zu dem schadensursächlichen Verhalten (Betrieb der immissionsschutzrechtlich genehmigten Anlage) die Haftung beschränkt sein kann. Eine Haftungsgrenze kann nach der Rechtsprechung des BVerwG nach dem Verhältnismäßigkeitsgrundsatz dann erreicht werden, wenn das nach dem Verursacherprinzip maßgebliche Zurechnungskriterium der Ausübung einer gefahrgeneigten Tätigkeit nicht mehr trägt.[968] Bei der Zuordnung von Verantwortungssphären könne unter Umständen der Zeitablauf dazu führen, dass ein zunächst maßgeblicher Verursachungsbeitrag völlig in den Hintergrund trete, nur der jetzt vorfindliche Zustand zu bewerten sei und die Verantwortlichkeit nunmehr neu, etwa nach Maßgabe des Gemeinlastprinzips der Allgemeinheit, zugewiesen werde. Diese Einschätzung und die Formulierung genereller Vorgaben seien indessen in erster Linie aber dem (einfachen) Gesetzgeber vorbehalten.[969] 5211

Angesichts einer in diesem Sinne grundsätzlich der Höhe und der Zeit nach unbegrenzten Haftung nach dem USchadG auch für einen genehmigungskonformen Anlagenbetrieb ist die Rechtsstellung des Anlagenbetreibers Gefährdungen ausgesetzt; der Umfang einer wie auch immer gearteten Legalisierungswirkung der immissionsschutzrechtlichen Genehmigung im Umweltschadensrecht ist insoweit von beachtlicher Bedeutung für den Anlagenbetreiber. Das gilt auch deshalb, weil die Risiken der Haftung nach dem USchadG zwar grundsätzlich versicherbar sind, es aber in der Praxis erhebliche Schwierigkeiten gibt, einen hinreichenden Versicherungsschutz zu vereinbaren bzw. zu realisieren. 5212

h) Aufforderung zum Tätigwerden. Die zuständige Behörde wird nach § 10 USchadG zur Durchsetzung der Sanierungspflichten nach dem USchadG von Amts wegen tätig, wenn ein Betroffener oder eine Vereinigung, die nach § 11 II USchadG Rechtsbehelfe einlegen kann, dies beantragt und die zur Begründung des Antrags vorgebrachten Tatsachen den Eintritt eines Umweltschadens glaubhaft erscheinen lassen. Die Verpflichtung der zuständigen Behörde, zur Durchsetzung der Sanierungspflichten von Amts wegen tätig zu werden, ergibt sich hierbei bereits aus § 7 I USchadG und wird in § 10 USchadG lediglich klarstellend erwähnt.[970] Über die Pflicht der zuständigen Behörde zum Tätigwerden von Amts wegen hinaus räumt § 10 USchadG Betroffenen und anerkannten Umweltvereinigungen ein Initiativrecht zur Durchsetzung von Sanierungspflichten ein. Eine hierauf gestützte Initiative einer Umweltvereinigung verpflichtet die Behörde zum Tätigwerden, wenn die zur Begründung des Antrags vorgebrachten Tatsachen den Eintritt eines Umweltschadens glaubhaft erscheinen lassen.[971] 5213

§ 10 USchadG dient der Umsetzung von Art. 12 I und III UHRL. Nach diesen Vorschriften können Betroffene sowie bestimmte Nichtregierungsorganisationen der zuständigen Behörde „Bemerkungen" zu ihnen bekannten Umweltschäden oder Gefahren solcher Schäden unterbreiten und die zuständige Behörde auffordern, gemäß der Richtlinie tätig zu werden. Sofern die vorgebrachten Tatsachen glaubhaft sind, muss die Behörde die Aufforderung prüfen und ggf. den Verantwortlichen Gelegenheit zur Stellungnahme geben. Nach Art. 12 V UHRL steht es den Mitgliedstaaten frei, dieses Recht nur für die Fälle zu regeln, in denen ein Umweltschaden vorliegt, nicht hingegen auch für die Fälle der Gefahr eines Umweltschadens. 5214

Die in § 10 USchadG geregelte Möglichkeit der Betroffenen und Vereinigungen, die zuständige Behörde zur Durchsetzung der Sanierungspflichten aufzufordern, stärkt die Rechte der Betroffenen und der Umweltvereinigungen und ergänzt insoweit die Vorgaben aus § 8 IV USchadG. Nach § 8 IV 1 USchadG hat die zuständige Behörde die nach § 10 USchadG an- 5215

966 BVerfG NJW 2000, 2573, 2575.
967 Beckmann/Wittmann USchadG in Landmann/Rohmer, Umweltrecht, 2020, § 9 Rn. 6; Brinktrine ZUR 2007, 337, 344; Duikers UPR 2008, 427, 430; Petersen USchadG, 2013, § 9 Rn. 54.
968 BVerwGE 151, 156 = juris Rn. 47.
969 BVerwGE 151, 156 =, juris Rn. 47.
970 BVerwG UPR 2023, 386 = juris Rn. 28.
971 BVerwG UPR 2023, 386 = juris Rn. 28.

tragsberechtigten Betroffene und Vereinigungen über die vorgesehenen Sanierungsmaßnahmen zu unterrichten und ihnen Gelegenheit zu geben, sich zu äußern. Die rechtzeitig eingehenden Stellungnahmen der antragsberechtigten Betroffenen und der Vereinigungen sind nach § 8 IV 2 USchadG bei der Entscheidung über die Bestimmung von Sanierungsmaßnahmen zu berücksichtigen. Die Vorschrift beschränkt sich auf eine Regelung zur Durchsetzung von Sanierungspflichten nach § 6 USchadG. In Fällen, in denen eine unmittelbare Gefahr eines Umweltschadens abgewendet werden muss, wird es regelmäßig nicht im Sinne einer effektiven Gefahrenabwehr sein, zunächst ein Verfahren zur Beteiligung der Betroffenen und der Vereinigungen iSv § 11 II USchadG durchzuführen. Selbstverständlich kann die Behörde aber auch auf der Grundlage von Informationen Betroffener oder Vereinigungen, die eine unmittelbare Gefahr eines Umweltschadens belegen, zur Gefahrenabwehr einschreiten und auf der Grundlage des § 7 II Nr. 1 USchadG den Verantwortlichen auffordern, die erforderlichen Vermeidungsmaßnahmen zu treffen. § 10 USchadG trifft weder nach seinem Wortlaut, seiner systematischen Stellung im Umweltschadensgesetz noch nach dem dargelegten Sinn und Zweck der Regelung eine Aussage über die Zulässigkeit oder die Begründetheit der verwaltungsgerichtlichen Klage einer Umweltvereinigung, die sich vielmehr nach den Bestimmungen des UmwRG richtet.[972]

5216 Der erforderliche Umfang der Begründung eines Antrags gemäß § 10 USchadG und dementsprechend der Mitwirkungs- und Darlegungslast des Antragstellers hängt auch davon ab, wie offen ein Umweltschaden als solcher erkennbar ist und inwieweit die zuständige Behörde bereits tätig geworden ist.[973] Die Behörde hat auch ihre eigenen zum konkreten potenziellen Umweltschaden bereits vorhandenen Erkenntnisse, die sie beispielsweise auf der Grundlage der Informationspflicht des Verantwortlichen nach § 4 USchadG erlangt hat, zu berücksichtigen.[974]

5217 **i) Rechtsschutz.** Ein Verwaltungsakt nach dem USchadG ist nach § 11 I USchadG zu begründen und mit einer Rechtsbehelfsbelehrung zu versehen. Für Rechtsbehelfe von Vereinigungen gegen eine Entscheidung oder das Unterlassen einer Entscheidung der zuständigen Behörde nach dem USchadG gilt gem. § 11 II USchadG das UmwRG. § 11 II USchadG Die Regelung betrifft nicht nur die Klagebefugnis, sondern bestimmt auch, unter welchen Voraussetzungen ein Klageverfahren begründet sein kann. Der Erfolg der Klage einer Umweltvereinigung auf Anordnung von Sanierungsmaßnahmen nach dem Umweltschadensgesetz setzt nicht voraus, dass die Vereinigung zuvor bei der zuständigen Behörde nach § 10 USchadG die Durchsetzung von Sanierungspflichten beantragt und zur Begründung des Antrags Tatsachen vorträgt, die den Eintritt eines Umweltschadens glaubhaft erscheinen lassen.[975]

5218 Nach § 2 IV 1 Nr. 2 UmwRG sind Rechtsbehelfe gegen Entscheidungen nach dem USchadG begründet, wenn die Entscheidung gegen umweltbezogene Rechtsvorschriften verstößt, die für diese Entscheidung von Bedeutung sind. Für die auf dieser Grundlage erfolgende gerichtliche Prüfung, ob die zuständige Behörde nach den Regelungen des USchadG von Amts wegen verpflichtet ist, einem Verantwortlichen aufzugeben, erforderliche Sanierungsmaßnahmen zu ergreifen (§ 7 II Nr. 3 USchadG), ist die **Sach- und Rechtslage** zum Zeitpunkt der letzten mündlichen Verhandlung vor dem Tatsachengericht maßgeblich.[976]

4. UmweltHG

5219 **a) Verschuldensunabhängige Anlagenhaftung.** Das Umwelthaftungsgesetz regelt die verschuldensunabhängige Anlagenhaftung bei Umwelteinwirkungen.[977] Wird durch eine Umwelteinwirkung, die von einer im Anhang 1 des Gesetzes genannten Anlage ausgeht, jemand

---

[972] BVerwG UPR 2023, 386 = juris Rn. 28.

[973] OVG Münster Urt. v. 11.3.2021 – 21 A 49/17, juris Rn. 229; VG Saarlouis Urt. v. 12.9.2012 – 5 K 209/12, juris, Rn. 136 f.

[974] OVG Münster Urt. v. 11.3.2021 – 21 A 49/17, juris Rn. 231; Beckmann/Wittmann in Landmann/Rohmer, Umweltrecht, 2020, § 10 Rn. 6; Petersen USchadG, 2013, § 10 Rn. 20.

[975] BVerwG UPR 2023, 386 = juris Rn. 29.

[976] BVerwG UPR 2023, 386 = juris Rn. 30.

[977] Zu Haftungsrisiken bei der Verletzung unternehmerischer Sorgfaltspflichten Böhme BB 2023, 1545; zum Klimaschutz durch Haftungsrecht Thöne ZUR 2022, 323; zum Versicherungsschutz für Klimaklagen Pieper/Schneider KlimaRZ 2022, 107; zur Haftung für Hochwasser und Klimaschäden ZNER 2022, 115; Risse NJW 2021, 3500.

getötet, sein Körper oder seine Gesundheit verletzt oder eine Sache beschädigt, so ist der Inhaber der Anlage verpflichtet, dem Geschädigten den daraus entstehenden Schaden zu ersetzen (§ 1 UmweltHG).[978] Geht die Umwelteinwirkung von einer **noch nicht fertiggestellten Anlage** aus und beruht sie auf Umständen, die die Gefährlichkeit der Anlage nach ihrer Fertigstellung begründen, so haftet der Inhaber der nach § 2 I UmweltHG noch nicht fertiggestellten Anlage nach § 1 UmweltHG. Geht die Umwelteinwirkung von **einer nicht mehr betriebenen Anlage** aus und beruht sie auf Umständen, die die Gefährlichkeit der Anlage vor der Einstellung des Betriebs begründet haben, so haftet derjenige nach § 1 UmweltHG, der im Zeitpunkt der Einstellung des Betriebs Inhaber der Anlage war (§ 2 II UmweltHG). Die Umwelt wird über den Haftungstatbestand des § 1 UmweltHG nicht als solche, sondern nur mittelbar dadurch geschützt, dass die Haftung für Individualschäden an eine Umwelteinwirkung anknüpft. Rein ökologische Schäden, die ausschließlich der Allgemeinheit entstehen, werden nicht erfasst. Ferner unterliegt das nicht umweltbezogene Anlagenrisiko der Gefährdungshaftung nicht.[979]

Zweck des UmweltHG sind der Schadensausgleich in Form der Wiederherstellung in Natur 5220
oder des Geldersatzes und die Verhütung von Umweltschäden in Ergänzung des Ordnungsrechts.[980]

Hat bei der Entstehung des Schadens ein Verschulden des Geschädigten mitgewirkt, so gilt 5221
§ 254 BGB; im Falle der Sachbeschädigung steht das Verschulden desjenigen, der die tatsächliche Gewalt über die Sache ausübt, dem Verschulden des Geschädigten gleich (§ 11 UmweltHG).

Die Gefährdungshaftung nach dem UmweltHG trifft die Betreiber genehmigungsbedürftiger 5222
Anlagen. Sie bezieht sich Anlagen, die im Anhang 1 UmweltHG aufgelistet sind, der sich an dem Katalog der nach den §§ 4 ff. BImSchG genehmigungsbedürftigen Anlagen, die eine bestimmte Größe überschreiten, ausrichtet. Mehrere Anlagen gelten als einheitliche Anlage iSd § 1 UmweltHG, wenn sie in einem engen räumlichen und betrieblichen Zusammenhang stehen. Ein enger räumlicher und betrieblicher Zusammenhang liegt vor, wenn die Anlagen auf demselben Betriebsgelände liegen, mit gemeinsamen Betriebseinrichtungen verbunden sind und einem vergleichbaren technischen Zweck dienen (siehe § 1 III der 4. BImSchV). Diese Regelung wird auch für den Bereich des Umwelthaftungsrechts als sachgerecht angesehen, weil von mehreren privilegierten Kleinanlagen ein kumuliertes Umweltrisiko ausgehen kann, das aus Sicht der Betroffenen eine isolierte Behandlung der einzelnen Anlagen nicht mehr rechtfertigt.

Die Haftung nach dem UmweltHG setzt voraus, dass der Schaden infolge einer **Umwelt-** 5223
einwirkung entstanden ist. Ein Schaden entsteht nach § 3 I UmweltHG durch eine Umwelteinwirkung, wenn er durch Stoffe, Erschütterungen, Geräusche, Druck, Strahlen, Gase, Dämpfe, Wärme oder sonstige Erscheinungen verursacht wird, die sich in Boden, Luft oder Wasser ausgebreitet haben. Der Begriff der Umwelteinwirkung entspricht dem des § 3 I BImSchG. Anders als im BImSchG kommt es für die Haftung nach dem UmweltHG nicht auf die Schädlichkeit einer Umwelteinwirkung, sondern darauf an, ob der Schaden einer Rechtsgutverletzung über den Umweltpfad verursacht wird. Das Erfordernis einer Umwelteinwirkung bildet ein den Haftungstatbestand begrenzenden Bindeglied zwischen einer Anlagenemission und der Rechtsgutverletzung.

Die Ersatzpflicht besteht nach § 4 UmweltHG nicht, soweit der **Schaden durch höhere** 5224
Gewalt verursacht wurde. Ist die Anlage bestimmungsgemäß betrieben worden (§ 6 II 2 UmweltHG), so ist die Ersatzpflicht nach § 5 UmweltHG für Sachschäden ausgeschlossen, wenn die Sache nur unwesentlich oder in einem Maße beeinträchtigt wird, das nach den örtlichen Verhältnissen zumutbar ist.

b) Ursachenvermutung. Ist eine Anlage nach den Gegebenheiten des Einzelfalles geeig- 5225
net, den entstandenen Schaden zu verursachen, so wird nach § 6 I 1 UmweltHG vermutet, dass der Schaden durch diese Anlage verursacht ist. Die Eignung im Einzelfall beurteilt sich nach dem Betriebsablauf, den verwendeten Einrichtungen, der Art und Konzentration der eingesetzten und freigesetzten Stoffe, den meteorologischen Gegebenheiten, nach Zeit und Ort des Schadenseintritts und nach dem Schadensbild sowie allen sonstigen Gegebenheiten, die im Einzelfall für oder gegen die Schadensverursachung sprechen.[981]

---

978 Ausführlich dazu Rehbinder UmweltHG in Landmann/Rohmer Umweltrecht, 2020, §§ 1 ff.

979 Rehbinder in Landmann/Rohmer Umweltrecht, 2020, § 1 UmweltHG Rn. 1.

980 Rehbinder in Landmann/Rohmer Umweltrecht, 2020, § 1 UmweltHG Rn. 2.

981 Rehbinder in Landmann/Rohmer Umweltrecht, 2020, § 6 Rn. 1 ff.

5226 Die Ursachenvermutung gilt nach § 6 II 1 UmweltHG nicht, wenn die Anlage bestimmungsgemäß betrieben wurde. Ein **bestimmungsgemäßer Betrieb** liegt vor, wenn die besonderen Betriebspflichten eingehalten worden sind und auch keine Störung des Betriebs vorliegt. **Besondere Betriebspflichten** sind nach § 6 III UmweltHG solche, die sich aus verwaltungsrechtlichen Zulassungen, Auflagen und vollziehbaren Anordnungen und Rechtsvorschriften ergeben, soweit sie die Verhinderung von solchen Umwelteinwirkungen bezwecken, die für die Verursachung des Schadens in Betracht kommen.

5227 Sind in der Zulassung, in Auflagen, in vollziehbaren Anordnungen oder in Rechtsvorschriften zur Überwachung einer besonderen Betriebspflicht Kontrollen vorgeschrieben, so wird nach § 6 IV UmweltHG die Einhaltung dieser Betriebspflicht vermutet, wenn 1. die Kontrollen in dem Zeitraum durchgeführt wurden, in dem die in Frage stehende Umwelteinwirkung von der Anlage ausgegangen sein kann, und diese Kontrollen keinen Anhalt für die Verletzung der Betriebspflicht ergeben haben, oder 2. im Zeitpunkt der Geltendmachung des Schadensersatzanspruchs die in Frage stehende Umwelteinwirkung länger als zehn Jahre zurückliegt.

5228 Sind **mehrere Anlagen** geeignet, den Schaden zu verursachen, so gilt nach § 7 I 1 UmweltHG die Vermutung nicht, wenn ein anderer Umstand nach den Gegebenheiten des Einzelfalles geeignet ist, den Schaden zu verursachen. Die Eignung im Einzelfall beurteilt sich gem. § 7 I 2 UmweltHG nach Zeit und Ort des Schadenseintritts und nach dem Schadensbild sowie allen sonstigen Gegebenheiten, die im Einzelfall für oder gegen die Schadensverursachung sprechen. Ist nur eine Anlage geeignet, den Schaden zu verursachen, so gilt die Vermutung dann nicht, wenn ein anderer Umstand nach den Gegebenheiten des Einzelfalles geeignet ist, den Schaden zu verursachen. (§ 7 II UmweltHG).

5229 **c) Auskunftsansprüche des Geschädigten und des Anlageninhabers.** Der Geschädigte hat gem. den §§ 8, 9 UmweltHG Auskunftsansprüche einerseits gegen den Inhaber der Anlage und andererseits gegen Behörden. Dem Inhaber der Anlage stehen nach § 10 UmweltHG Auskunftsansprüche gegen den Geschädigten und gegen die zuständigen Behörden zu.

5230 Liegen Tatsachen vor, die die Annahme begründen, dass eine Anlage den Schaden verursacht hat, so kann der Geschädigte vom **Inhaber der Anlage** nach § 8 I 1 UmweltHG Auskunft verlangen, soweit dies zur Feststellung, dass ein Anspruch auf Schadensersatz nach diesem Gesetz besteht, erforderlich ist. Verlangt werden können nach § 8 I 2 UmweltHG nur Angaben über die verwendeten Einrichtungen, die Art und Konzentration der eingesetzten oder freigesetzten Stoffe und die sonst von der Anlage ausgehenden Wirkungen sowie die besonderen Betriebspflichten nach § 6 III UmweltHG. Der Anspruch besteht nach § 8 II UmweltHG insoweit nicht, als die Vorgänge aufgrund gesetzlicher Vorschriften geheim zu halten sind oder die **Geheimhaltung** einem überwiegenden Interesse des Inhabers der Anlage oder eines Dritten entspricht. Der Geschädigte kann vom Inhaber der Anlage Gewährung von **Einsicht in vorhandene Unterlagen** verlangen, soweit die Annahme begründet ist, dass die Auskunft unvollständig, unrichtig oder nicht ausreichend ist, oder wenn die Auskunft nicht in angemessener Frist erteilt wird (§ 8 III UmweltHG).

5231 Liegen Tatsachen vor, die die Annahme begründen, dass eine Anlage den Schaden verursacht hat, so kann der Geschädigte nach § 9 UmweltHG von **Behörden**, die die Anlage genehmigt haben oder überwachen, oder deren Aufgabe es ist, Einwirkungen auf die Umwelt zu erfassen, Auskunft verlangen, soweit dies zur Feststellung, dass ein Anspruch auf Schadensersatz nach diesem Gesetz besteht, erforderlich ist. Die Behörde ist zur Erteilung der Auskunft nicht verpflichtet, soweit durch sie die **ordnungsgemäße Erfüllung der Aufgaben** der Behörde beeinträchtigt würde, das Bekanntwerden des Inhalts der Auskunft dem Wohle des Bundes oder eines Landes Nachteile bereiten würde oder soweit die Vorgänge nach einem Gesetz oder ihrem Wesen nach, namentlich wegen der berechtigten Interessen der Beteiligten oder dritter Personen, geheimgehalten werden müssen. § 8 I 2 UmweltHG gilt entsprechend für die Behörden, die die Anlage genehmigt haben oder überwachen; von diesen Behörden können auch Angaben über Namen und Anschrift des Inhabers der Anlage, seines gesetzlichen Vertreters oder eines Zustellungsbevollmächtigten verlangt werden.

5232 Wird gegen den Inhaber einer Anlage ein Anspruch aufgrund dieses Gesetzes geltend gemacht, so kann er nach § 10 I UmweltHG von dem Geschädigten und von dem Inhaber einer anderen Anlage Auskunft und Einsichtsgewährung oder von den in § 9 UmweltHG genannten Behörden Auskunft verlangen, soweit dies zur Feststellung des Umfangs seiner Ersatzpflicht gegenüber dem Geschädigten oder seines Ausgleichsanspruchs gegen den anderen Inhaber erforderlich ist. Für den Anspruch gegen den Geschädigten gilt § 8 II 1 UmweltHG und § 8 IV

UmweltHG, für den Anspruch gegen den Inhaber einer anderen Anlage gilt § 8 I 2, II bis IV UmweltHG und für den Auskunftsanspruch gegen Behörden § 9 UmweltHG entsprechend (§ 10 II UmweltHG).

d) Umfang der Ersatzpflicht. Differenzierende Regelungen zum Umfang der Ersatzpflicht enthalten § 13 UmweltHG im Falle einer Tötung und im Falle einer Körperverletzung § 13 UmweltHG, bei Aufhebung oder Minderung der Erwerbsfähigkeit und wegen vermehrter Bedürfnisse des Verletzten ist nach § 14 UmweltHG Schadensersatz durch eine **Geldrente** zu leisten. **Haftungshöchstgrenzen** bestimmt § 15 UmweltHG. 5233

Stellt die Beschädigung einer Sache auch eine **Beeinträchtigung der Natur oder der Landschaft** dar, so ist, soweit der Geschädigte den Zustand herstellt, der bestehen würde, wenn die Beeinträchtigung nicht eingetreten wäre, § 251 II BGB mit der Maßgabe anzuwenden, dass Aufwendungen für die Wiederherstellung des vorherigen Zustandes nicht allein deshalb unverhältnismäßig sind, weil sie den Wert der Sache übersteigen. Für die erforderlichen Aufwendungen hat der Schädiger auf Verlangen des Ersatzberechtigten Vorschuss zu leisten (§ 16 UmweltHG). 5234

3. Teil. Umweltvölkerrecht

Ein weltweiter Abbau von Handelshemmnissen wird durch das Allgemeine Zoll- und Handelsabkommen **(GATT)** angestrebt, der durch wiederkehrende Verhandlungen insbesondere zwischen den bedeutendsten Handelsblöcken EG, USA und Japan erreicht werden soll.[982] Diesem Ziel dienen auch eine Vielzahl von internationalen und europaweiten Übereinkommen, die einen Schutz der Artenvielfalt und einen Biotopschutz[983] bezwecken: Übereinkommen über Feuchtgebiete,[984] zum Schutz des Kultur- und Naturerbes der Welt,[985] zur Erhaltung der wandernden wildlebenden Tierarten,[986] über die Erhaltung der europäischen wildlebenden Pflanzen und Tiere und ihrer Lebensräume,[987] zum Schutz der Alpen[988] und die Konvention über die Artenvielfalt als die bisherigen Eckpunkte völkerrechtlicher Verträge.[989] Denn nicht zuletzt die zahlreichen Umweltkatastrophen der letzten Jahrzehnte wie etwa Tschernobyl, Sandoz, Exxon Valdez, Bhopal oder die zahlreichen Beispiele der Meeresvergiftung, des Waldsterbens, des Ozonlochs, des Treibhauseffekts oder des Abfalltourismus haben verdeutlicht, dass sich die Ursachen der Umweltkatastrophen nicht lokal beschränken lassen, sondern international wirken. Die Bundesrepublik hat dabei auf Grund ihrer geografischen Stellung ein besonderes Interesse an einer effektiven internationalen Umweltpolitik. Deutschland hat neun unmittelbare Nachbarstaaten, ist Anrainer der Nord- und Ostsee mit großen internationalen Flüssen (Rhein, Donau, Main, Elbe) und nimmt wegen ihrer Binnenlage eine wichtige Funktion als Verkehrsdurchgangsland wahr. Mit der Verwirklichung des europäischen Binnenmarktes und der Öffnung in die osteuropäischen Länder ist Deutschland in noch stärkerem Maße zu einer Drehscheibe des internationalen Transportverkehrs geworden. Internationale Regelungen sind aber nicht nur aus ökologischen, sondern auch aus ökonomischen Gründen erforderlich. Denn der Handelsverkehr sowie das System eines unverfälschten Wettbewerbs wären beeinträchtigt, wenn jeder Staat autonom seine Umweltschutzvorschriften erließe. 5235

Das Umweltvölkerrecht hat eine wichtige ökologische Steuerungsfunktion.[990] Die wichtigste Rechtsquelle des Umweltvölkerrechts sind völkerrechtliche Verträge, die zwar in 5236

---

982 Die GATT-Verhandlungen wurden mit der Unterzeichnung der Vereinbarung durch 124 Staaten am 14.4.1994 in Marrakesch erfolgreich abgeschlossen.

983 Siedhoff Verhandlungslösungen als Instrumente zur Internalisierung externer Effekte – Eine ökonomische Analyse am Beispiel des Arten- und Biotopschutzes 1995.

984 „Ramsar Konvention" (BGBl. II 1976 1265).

985 „Welterbe-Konvention" (BGBl. II 1984 S.936).

986 „Bonner Konvention" (BGBl. II 1984 569).

987 „Berner Konvention" (BGBl. II 1984 618).

988 „Alpen-Konvention" (BGBl. II 1994 2538).

989 Die Bundesrepublik Deutschland ist Vertragspartei der vier zunächst genannten Übereinkommen.

990 Zum Umweltvölkerrecht siehe Kahl/Gärditz Umweltrecht 2023, § 1 Rn. 1 ff.; Schlacke Umweltrecht, 2023, § 8 Rn. 3 ff: Eifert Umweltschutzrecht in Schoch/Eifert, Besonderes Verwaltungsrecht, 2023, Kap. 5 Rn. 13 ff; ausführlicher Markus/Verheyen Umweltvölkerrecht in Koch/Hoffmann/Reese, Handbuch Umweltrecht, 2024, § 1 Rn. 1 ff.; Sand Umweltvölkerrecht in Rehbinder/Schink, Grundzüge des Umwelt-

Deutschland nicht unmittelbar verbindlich wirken, jedoch durch ein Zustimmungsgesetz nach Art. 59 II GG umgesetzt werden können mit der Konsequenz, dass sie den Rang einfachen Bundesrechts einnehmen.[991] Zu den bedeutenden völkerrechtlichen Abkommen gehören zB das Ramsar-Übereinkommen über Feuchtgebiete vom 2. 2. 1971, das Washingtoner Artenschutzabkommen vom 3. 3. 1973, die Berner Konvention über die Erhaltung der europäischen wildlebenden Pflanzen und Tiere und ihrer natürlichen Lebensräume aus dem Jahr 1979, das Übereinkommen über weiträumige grenzüberschreitende Luftverunreinigung ebenfalls aus 1979, das Walfangübereinkommen von 1946, das UN-Seerechtsübereinkommen von 1982, das Wiener Übereinkommen zum Schutz der Ozonschicht aus dem Jahr 1985, das Montrealer Protokoll über Stoffe, die zu einem Abbau der Ozonschicht führen aus 1987, die Alpenkonvention von 1991, das UNECE-Übereinkommen über die grenzüberschreitende Umweltverträglichkeitsprüfung („Espoo-Konvention"), die Klimarahmenkonvention, die Artenvielfaltskonvention, das UN-Wasserrechtsübereinkommen von 1997.

I. Århus-Konvention (AK)

5237 Von kaum zu überschätzender Bedeutung für das Umwelt- und Planungsrecht ist die Aarhus-Konvention vom 25. 6. 1998, die 2001 in Kraft trat und sowohl von der Europäischen Union als auch von Deutschland ratifiziert worden ist.[992] Die Konvention sieht ua den Zugang zu Gerichten bezüglich der Kontrolle umweltbezogener Entscheidungsverfahren und Entscheidungen für Einzelpersonen sowie für Nichtregierungsorganisationen vor. Die Europäische Union hat die Konvention im Jahr 2003 durch die Öffentlichkeitsbeteiligung-RL 2003/35/EG in das Unionsrecht transformiert, die eine Rechtsschutzregelung sowohl in die UVP-Richtlinie als auch in die Industrieemissions-Richtlinie (IE-RL) einfügte. Ende des Jahres 2006 setzte Deutschland mit dem UmwRG die Rechtsschutzanforderungen des EU-UVP- und Industrieanlagenrechts um. Das Gesetz musste allerdings bereits wiederholt geändert werden, weil es unter verschiedenen Aspekten nicht unionsrechtskonform war.[993]

1. Grundzüge der Konvention

5238 Um zum Schutz des Rechts jeder männlichen/weiblichen Person **gegenwärtiger und künftiger Generationen** auf ein Leben in einer seiner/ihrer Gesundheit und seinem/ihrem Wohlbefinden zuträglichen Umwelt beizutragen, gewährleistet jede Vertragspartei das Recht auf Zugang zu Informationen, auf Öffentlichkeitsbeteiligung an Entscheidungsverfahren und auf Zugang zu Gerichten in Umweltangelegenheiten in Übereinstimmung mit diesem Übereinkommen (Art. 1 Århus-Konvention). Durch die Århus-Konvention haben sich die Signatarstaaten zur Umsetzung eines Dreisäulen-Modells verpflichtet. Die betroffene Öffentlichkeit soll über umweltrelevante Vorhaben informiert werden (Säule 1). Sie ist bei Zulassungsverfahren zu solchen Vorhaben zu beteiligen (Säule 2). Sie hat bei einem entsprechenden Interesse Klagerechte. Als berechtigtes Interesse gilt auch das Interesse von Verbänden (Säule 3). Die Bundesrepublik Deutschland hat die Århus-Konvention durch das Umsetzungsgesetz ratifiziert.[994] Der Umsetzung der zweiten und dritten Säule der Århus-Konvention dienen das Öffentlichkeitsbeteiligungsgesetz[995] und das UmwRG.

rechts, 2018, Kap. 16; zum Klimaschutzvölkerrecht Frenz Grundzüge des Klimaschutzrechts, 2020, S. 33 ff.; Gärditz ZUR 2018, 663.

[991] Kahl/Gärditz Umweltrecht 2023, § 1 Rn. 12.

[992] Zu den innerstaatlichen Wirkungen des Art. 9 III Arhus Konvention Durner Umweltvölkerrecht in Landmann/Rohmer Umweltrecht, 2015 Rn. 83; Christmann NVwZ 2022, 1004; Wulff NVwZ 2023, 978.

[993] Siehe dazu Schlacke NVwZ 2019. 1392; Wulff NVwZ 2023, 978; Franzius NVwZ 2018, 219; Kment NVwZ 2018, 921; Christmann NVwZ 2022, 1004.

[994] Gesetz zu dem Übereinkommen vom 25.6.1998 über den Zugang zu Informationen, die Öffentlichkeitsbeteiligung an Entscheidungsverfahren und den Zugang zu den Gerichten in Umweltangelegenheiten (Århus-Übereinkommen) vom 9.12.2006 BGBl. I 1251).

[995] Gesetz über die Öffentlichkeitsbeteiligung in Umweltangelegenheiten v. 9.12.2006 (BGBl. I S. 2819). Bundesregierung, Entwurf eines Gesetzes über die Öffentlichkeitsbeteiligung in Umweltangelegenheiten nach der EG-Richtlinie 2003/35/EG (Öffentlichkeitsbeteiligungsgesetz), Referentenentwurf vom 21.2.2005, Gesetzentwurf v. 4.9.2006 (Drs. 16/2494), Beschlussempfehlung und Bericht des Ausschusses für Umwelt, Naturschutz und Reaktorsicherheit (16. Ausschuss) vom 6.11.2006 (Drs. 16/3311).

„Öffentlichkeit" bedeutet eine oder mehrere natürliche oder juristische Personen und, in Übereinstimmung mit den innerstaatlichen Rechtsvorschriften oder der innerstaatlichen Praxis, deren Vereinigungen, Organisationen oder Gruppen; „betroffene Öffentlichkeit" die von umweltbezogenen Entscheidungsverfahren betroffene oder wahrscheinlich betroffene Öffentlichkeit oder die Öffentlichkeit mit einem Interesse daran; im Sinne dieser Begriffsbestimmung haben nichtstaatliche Organisationen, die sich für den Umweltschutz einsetzen und alle nach innerstaatlichem Recht geltenden Voraussetzungen erfüllen, ein Interesse (Art. 2 Nr. 4 und 5 Århus-Konvention). 5239

a) Zugang zu Informationen über die Umwelt (Art. 4 Århus-Konvention). Jede Vertragspartei stellt sicher, dass die Behörden nach Maßgabe der folgenden Absätze dieses Artikels und im Rahmen der innerstaatlichen Rechtsvorschriften der Öffentlichkeit Informationen über die Umwelt auf Antrag zur Verfügung stellen; hierzu gehören, wenn dies beantragt wird und nach Maßgabe des Buchstaben b, auch Kopien der eigentlichen Unterlagen, die derartige Informationen enthalten oder die aus diesen Informationen bestehen; dies geschieht a) ohne Nachweis eines Interesses; b) in der erwünschten Form, es sei denn, i) es erscheint der Behörde angemessen, die Informationen in anderer Form zur Verfügung zu stellen, was zu begründen ist, oder ii) die Informationen stehen der Öffentlichkeit bereits in anderer Form zur Verfügung. Die Informationen über die Umwelt werden so bald wie möglich, spätestens jedoch einen Monat nach Antragstellung zur Verfügung gestellt, es sei denn, der Umfang und die Komplexität der Informationen rechtfertigen eine Fristverlängerung auf bis zu zwei Monate nach Antragstellung. Der Antragsteller wird über jede Verlängerung sowie über die Gründe hierfür informiert. Ein Antrag auf Informationen über die Umwelt kann abgelehnt werden, wenn a) die Behörde, an die der Antrag gerichtet ist, nicht über die beantragten Informationen über die Umwelt verfügt; b) der Antrag offensichtlich missbräuchlich ist oder zu allgemein formuliert ist oder c) der Antrag Material betrifft, das noch fertiggestellt werden muss, oder wenn er interne Mitteilungen von Behörden betrifft, sofern eine derartige Ausnahme nach innerstaatlichem Recht vorgesehen ist oder gängiger Praxis entspricht, wobei das öffentliche Interesse an der Bekanntgabe dieser Informationen zu berücksichtigen ist. Ein Antrag auf Informationen über die Umwelt kann abgelehnt werden, wenn die Bekanntgabe negative Auswirkungen insbesondere auf die Vertraulichkeit, die Belange der Landesverteidigung oder der öffentlichen Sicherheit, laufende Gerichtsverfahren, rechtlich geschützte Geschäfts- und Betriebsgeheimnisse oder vergleichbare schätzenswerte Güter hätte. Jede Vertragspartei stellt sicher, dass die zuständigen Behörden entsprechende Informationen über die Umwelt erheben und verbreiten (Art. 5 Århus-Konvention). 5240

b) Öffentlichkeitsbeteiligung an Entscheidungen über bestimmte Tätigkeiten (Art. 6 Århus-Konvention). Die Vorschrift enthält Beteiligungsrechte für die betroffene Öffentlichkeit durch Bekanntmachung des Vorhabens und seiner entscheidungserheblichen Elemente mit einer zeitlich angemessenen Möglichkeit zur Stellungnahme. 5241

c) Zugang zu Gerichten (Art. 9 Århus-Konvention). Jede Vertragspartei stellt im Rahmen ihrer innerstaatlichen Rechtsvorschriften sicher, dass jede Person, die der Ansicht ist, dass ihr nach Art. 4 AK gestellter Antrag auf Informationen nicht beachtet, fälschlicherweise ganz oder teilweise abgelehnt, unzulänglich beantwortet oder auf andere Weise nicht in Übereinstimmung mit dem genannten Artikel bearbeitet worden ist, Zugang zu einem Überprüfungsverfahren vor einem Gericht oder einer anderen auf gesetzlicher Grundlage geschaffenen unabhängigen und unparteiischen Stelle hat. Für den Fall, dass eine Vertragspartei eine derartige Überprüfung durch ein Gericht vorsieht, stellt sie sicher, dass die betreffende Person auch Zugang zu einem schnellen, gesetzlich festgelegten sowie gebührenfreien oder nicht kostenaufwendigen Überprüfungsverfahren durch eine Behörde oder Zugang zu einer Überprüfung durch eine unabhängige und unparteiische Stelle, die kein Gericht ist, hat. Nach Absatz 1 getroffene endgültige Entscheidungen sind für die Behörde, die über die Informationen verfügt, verbindlich. Gründe werden in Schriftform dargelegt, zumindest dann, wenn der Zugang zu Informationen nach diesem Absatz abgelehnt wird (Art. 9 I Århus-Konvention). 5242

Jede Vertragspartei stellt im Rahmen ihrer innerstaatlichen Rechtsvorschriften sicher, dass Mitglieder der betroffenen Öffentlichkeit, (a) die ein ausreichendes Interesse haben oder alternativ (b) eine Rechtsverletzung geltend machen, sofern das Verwaltungsprozessrecht einer Vertragspartei dies als Voraussetzung erfordert, Zugang zu einem Überprüfungsverfahren vor einem Gericht und/oder einer anderen auf gesetzlicher Grundlage geschaffenen unabhängigen und unparteiischen Stelle haben, um die materiell-rechtliche und verfahrensrechtliche Recht- 5243 mäßigkeit von Entscheidungen, Handlungen oder Unterlassungen anzufechten, für die Art. 6 und – sofern dies nach dem jeweiligen innerstaatlichen Recht vorgesehen ist und unbeschadet des Art. 9 III AK – sonstige einschlägige Bestimmungen dieses Übereinkommens gelten. Was als ausreichendes Interesse und als Rechtsverletzung gilt, bestimmt sich nach den Erfordernissen innerstaatlichen Rechts und im Einklang mit dem Ziel, der betroffenen Öffentlichkeit im Rahmen dieses Übereinkommens einen weiten Zugang zu Gerichten zu gewähren. Zu diesem Zweck gilt das Interesse jeder nichtstaatlichen Organisation, welche die in Art. 2 Nr. 5 AK genannten Voraussetzungen erfüllt, als ausreichend im Sinne des Buchstaben a. Derartige Organisationen gelten auch als Träger von Rechten, die im Sinne des Buchstaben b verletzt werden können. Art. 9 II AK schließt die Möglichkeit eines vorangehenden Überprüfungsverfahrens vor einer Verwaltungsbehörde nicht aus und lässt das Erfordernis der Ausschöpfung verwaltungsbehördlicher Überprüfungsverfahren vor der Einleitung gerichtlicher Überprüfungsverfahren unberührt, sofern ein derartiges Erfordernis nach innerstaatlichem Recht besteht.

5244 Zusätzlich und unbeschadet der in Art. 9 II und III AK genannten Überprüfungsverfahren stellt jede Vertragspartei sicher, dass Mitglieder der Öffentlichkeit, sofern sie etwaige in ihrem innerstaatlichen Recht festgelegte Kriterien erfüllen, Zugang zu verwaltungsbehördlichen oder gerichtlichen Verfahren haben, um die von Privatpersonen und Behörden vorgenommenen Handlungen und begangenen Unterlassungen anzufechten, die gegen umweltbezogene Bestimmungen ihres innerstaatlichen Rechts verstoßen (Art. 9 III AK).

5245 Zusätzlich und unbeschadet von Art. 9 I Århus-Konvention stellen die in den Absätzen 1, 2 und 3 genannten Verfahren angemessenen und effektiven Rechtsschutz und, soweit angemessen, auch vorläufigen Rechtsschutz sicher; diese Verfahren sind fair, gerecht, zügig und nicht übermäßig teuer. Entscheidungen nach diesem Artikel werden in Schriftform getroffen oder festgehalten. Gerichtsentscheidungen und möglichst auch Entscheidungen anderer Stellen sind öffentlich zugänglich (Art. 9 IV Århus-Konvention).

5246 Um die Effektivität dieses Artikels zu fördern, stellt jede Vertragspartei sicher, dass der Öffentlichkeit Informationen über den Zugang zu verwaltungsbehördlichen und gerichtlichen Überprüfungsverfahren zur Verfügung gestellt werden; ferner prüft jede Vertragspartei die Schaffung angemessener Unterstützungsmechanismen, um Hindernisse finanzieller und anderer Art für den Zugang zu Gerichten zu beseitigen oder zu verringern (Art. 9 V Århus-Konvention).

5247 Art. 9 III Århus-Konvention ist in Verbindung mit Art. 47 der Charta der Grundrechte der EU dahin auszulegen, dass ein Bescheid, mit dem ein möglicherweise gegen die Verpflichtung aus Art. 4 WRRL, eine Verschlechterung des Zustands der Wasserkörper zu verhindern, verstoßendes Vorhaben gebilligt wird, von einer nach den Voraussetzungen des nationalen Rechts ordnungsgemäß gegründeten und tätigen Umweltorganisation vor einem Gericht angefochten werden können muss. Art. 9 III WRRL AK in Verbindung mit Art. 47 der Charta der Grundrechte sowie Art. 14 I WRRL sind dahin auszulegen, dass nationales Verfahrensrecht, das in einem Fall wie dem des Ausgangsverfahrens Umweltorganisationen nicht das Recht zuerkennt, sich an einem Bewilligungsverfahren zur Umsetzung der WRRL als Partei zu beteiligen, und das Recht, Entscheidungen, die im Rahmen des Bewilligungsverfahrens ergehen, anzufechten, nur Personen, die im Verwaltungsverfahren die Stellung als Partei hatten, zuerkennt, nicht mit diesen Bestimmungen vereinbar ist.

5248 Unter dem Vorbehalt der Überprüfung der relevanten tatsächlichen Umstände und des einschlägigen nationalen Rechts durch das vorlegende Gericht ist Art. 9 III und IV der Århus-Konvention in Verbindung mit Art. 47 der Charta der Grundrechte dahin auszulegen, dass mit diesen Bestimmungen nicht vereinbar ist, dass für eine Umweltorganisation nach den nationalen Verfahrensvorschriften eine Ausschlussregelung gilt, nach der eine Person ihre Stellung als Partei im Verwaltungsverfahren verliert und deshalb keine Beschwerde gegen eine in diesem Verfahren ergangene Entscheidung erheben kann, wenn sie Einwendungen nicht rechtzeitig bereits im Verwaltungsverfahren, spätestens in dessen mündlichem Abschnitt, erhoben hat.[996]

---

[996] EuGH NVwZ 2018, 225; Krämer-Hoppe DVBl. 2018, 1553; Kment DVBl. 2020, 991; Ruffert DVBl. 2021, 309; Sauer EurUP 2019, 33; Buchberger EurUP 2019, 377; Klinger EurUP 2019, 51; Sobotta EuZW 2018, 165; Versteyl/Marschhäuser I+E 2020, 76; Streinz JuS 2018, 728; Franzius NVwZ 2018, 219; Klinger NVwZ 2018, 231; Beier UPR 2018, 161; Durner VerwArch 2020, 162; Eckert VR 2020, 1; Römling ZEuS 2019, 147; Wegener ZUR 2018, 217.

2. Umsetzung durch das UmwRG

Das UmwRG dient der Umsetzung der Århus-Konvention und der Öffentlichkeitsbeteiligungs-Richtlinie vor allem im Hinblick auf den Zugang zu Gerichten. Während die Rechtsschutzmöglichkeiten für die betroffene Öffentlichkeit aus der Sicht des Gesetzgebers ausreichend durch die nach der VwGO bestehenden Klagemöglichkeiten gewährleistet sind, bedurfte es einer Erweiterung der Rechtsschutzmöglichkeiten im Hinblick auf die Vereinigungen. Das bestehende deutsche Verwaltungsprozessrecht macht die Zulässigkeit der Klage grundsätzlich davon abhängig, dass eine Verletzung eigener Rechte geltend gemacht wird. Die Anfechtungsklage ist nur begründet, wenn der angefochtene Verwaltungsakt rechtswidrig ist und der Kläger dadurch in seinen Rechten verletzt wird. Durch diese an der Rechtsfigur der Schutznormtheorie begrenzten Klagemöglichkeiten sollen Popularklagen ausgeschlossen werden. Klagemöglichkeiten bestehen nicht für die allgemeine Öffentlichkeit, sondern nur für diejenige (betroffene) Öffentlichkeit, deren Rechte durch die angefochtene Entscheidung oder den Plan verletzt sind. Die Öffentlichkeitsbeteiligungs-Richtlinie verlangt für Rechtsschutzmöglichkeiten gegen UVP-pflichtige Vorhaben alternativ die Verletzung in eigenen Rechten oder ein ausreichendes Interesse. Die europarechtlichen Vorgaben lassen daher mitgliedstaatliche Regelungen zu, die eine Verletzung eigener Rechte zur Voraussetzung eines Klageerfolges machen. Der deutsche Gesetzgeber hat daher die bisherigen, an einer eigenen Rechtsverletzung ausgerichteten Klagemöglichkeiten von natürlichen und juristischen Personen gegen Zulassungsentscheidungen für Infrastrukturmaßnahmen und Industrieanlagen nach der UVP-RL und der IE-RL als ausreichende Umsetzung des EU-Rechts angesehen. Nach wie vor hängt ein erfolgreicher Rechtsschutz gegen Zulassungsentscheidungen von der Geltendmachung und dem Vorliegen einer eigenen Rechtsverletzung des Klägers iS des §§ 42 II VwGO, 113 I 1 VwGO ab. Dasselbe gilt für Vereinigungen, denen iS des § 61 Nr. 2 VwGO ein Recht zustehen kann. 5249

Das UmwRG belässt es einerseits bei den bisherigen auf die eigene Rechtsverletzung begrenzten Rechtsschutzmöglichkeiten der privaten und juristischen Personen beim Drittschutz gegen Zulassungsentscheidungen, erweitert aber die Klagerechte der Vereinigungen gegen umweltrechtliche Zulassungsentscheidungen von Vereinigungen und Verbänden. Hier werden im Bereich der UVP-pflichtigen Vorhaben Klagerechte eingeführt, die bei Erfüllung der Voraussetzungen des UmwRG unabhängig von einer konkreten Rechtsverletzung der Rechte der Naturschutzvereinigungen bestehen. 5250

a) Änderungsabsichten. Vor allem die Rechtsprechung des EuGH und die des BVerwG erfordern bzw. sprechen für eine erneute Änderung des UmwRG. Dazu liegt mit Stand vom 30.4.2024 ein Referentenentwurf des Bundesministeriums für Umwelt, Naturschutz, nukleare Sicherheit und Verbraucherschutz zur Änderung des UmwRG und weiterer umweltrechtlicher Vorschriften vor. Geplant sind unter anderem notwendige Erweiterungen des Anwendungsbereichs des UmwRG. Am 21.8.2024 hat das Bundeskabinett nach Ressortabstimmung und Länder- sowie Verbändeanhörung einen Gesetzentwurf zur Änderung des UmwR beschlossen, über den Bundesrat und Bundestag beraten werden. 5251

Dies betrifft die unter anderem die Beschränkung des Anwendungsbereichs des UmwRG auf umweltprüfungspflichtige Pläne und Programme, die nach der Rechtsprechung des EuGH nicht unionsrechtskonform ist.[997] Nach dem Referentenentwurf des Bundesministeriums für Umwelt, Naturschutz, nukleare Sicherheit und Verbraucherschutz zur Änderung des UmwRG und weiterer umweltrechtlicher Vorschriften mit Stand vom 30.4.2024 soll der Anwendungsbereich des UmwRG deshalb auf Pläne und Programme erweitert werden, für deren Annahme in sonstiger Weise umweltbezogene Rechtsvorschriften des Bundesrechts, des Landesrechts oder unmittelbar geltender Rechtsakte der Europäischen Union anzuwenden sind. 5252

Außerdem sollen Entscheidungen über Pläne und Projekte, die nach § 34 I und § 36 BNatSchG auf ihre Verträglichkeit mit den Erhaltungszielen eines Natura 2000-Gebiets zu überprüfen sind und die nicht bereits unter die § 1 I 1 Nrn. 1 bis 2b UmwRG fallen, ebenfalls in den Anwendungsbereich gehören. Auch EG-Typengenehmigungen und ähnliche Entscheidungen sollen und müssen auch zukünftig in den Anwendungsbereich des UmwRG fallen. 5253

Der Katalog der Klagegegenstände § 64 BNatSchG soll in den Anwendungsbereich des UmwG integriert werden; § 64 BNatSchG im Gegenzug aufgehoben werden. Weitere ge- 5254

[997] Urt. v. 8.11.2022 – Rs. C-873/19.

plante Ergänzungen des Anwendungsbereichs des UmwRG betreffen zusätzliche Rechtsschutzmöglichkeiten, die sich aus dem Unionsrecht ergeben.

5255 Geplant ist außerdem eine Klarstellung, dass auch juristische Personen des Privatrechts ohne binnendemokratische Struktur, zB Stiftungen bürgerlichen Rechts, als Vereinigung im Sinne dieses Gesetzes angesehen werden und eine Anerkennung als Umweltvereinigung nach § 3 I UmwRG erhalten können. Ergänzt bzw. konkretisiert werden sollen außerdem die Missbrauchsklausel des § 5 UmwRG und die Fristenbestimmung des § 6 UmwRG.

5256 **b) Anwendungsbereich.** Das UmwRG ist anzuwenden auf Rechtsbehelfe gegen folgende Entscheidungen: 1. Zulassungsentscheidungen im Sinne von § 2 VI UVPG über die Zulässigkeit von Vorhaben, für die nach a) dem UVPG, b) der UVP-Bergbau Vorhaben oder c) landesrechtlichen Vorschriften eine Pflicht zur Durchführung einer UVP bestehen kann; 2. Genehmigungen für Anlagen, die in Spalte c des Anhangs 1 der 4. BImSchV mit dem Buchstaben G gekennzeichnet sind, gegen Entscheidungen nach § 17 Ia BImSchG, gegen Erlaubnisse nach § 8 I WHG für Gewässerbenutzungen, die mit einem Vorhaben iSd IE-RL verbunden sind, sowie gegen Planfeststellungsbeschlüsse für Deponien nach § 35 II KrWG; 2a. Genehmigungen für Anlagen nach § 23b I 1 oder § 19 IV BImSchG oder Zulassungen für Betriebspläne nach § 57d I BBergG; 2b. Entscheidungen über die Zulässigkeit von Vorhaben, die benachbarte Schutzobjekte im Sinne des § 3 V BImSchG darstellen und die innerhalb des angemessenen Sicherheitsabstands zu einem Betriebsbereich nach § 3 Va BImSchG verwirklicht werden sollen und einer Zulassung nach landesrechtlichen Vorschriften bedürfen;[998] 3. Entscheidungen nach dem USchadG; 4. Entscheidungen über die Annahme von Plänen und Programmen iSv § 2 VII UVPG und iSd entsprechenden landesrechtlichen Vorschriften, für die nach a) Anlage 5 UVPG oder b) landesrechtlichen Vorschriften eine Pflicht zur Durchführung einer Strategischen Umweltprüfung bestehen kann; ausgenommen hiervon sind Pläne und Programme, über deren Annahme durch formelles Gesetz entschieden wird; 5. Verwaltungsakte oder öffentlich-rechtliche Verträge, durch die andere als in den Nrn. 1 bis 2b des § 1 I 1 UmwRG genannte Vorhaben unter Anwendung umweltbezogener Rechtsvorschriften des Bundesrechts, des Landesrechts oder unmittelbar geltender Rechtsakte der Europäischen Union zugelassen werden, und 6. Verwaltungsakte über Überwachungs- oder Aufsichtsmaßnahmen zur Umsetzung oder Durchführung von Entscheidungen nach § 1 I 1 Nrn. 1 bis 5 UmwRG, die der Einhaltung umweltbezogener Rechtsvorschriften des Bundesrechts, des Landesrechts oder unmittelbar geltender Rechtsakte der Europäischen Union dienen. Es ist beabsichtigt, die Vorschrift über den Anwachsbereich neu zu systematisieren.

5257 **Umweltbezogen** iSv § 1 I 1 Nr. 5 UmwRG ist eine Rechtsvorschrift nach § 1 IV UmwRG, wenn sie sich zum Schutz von Mensch und Umwelt auf den Zustand von Umweltbestandteilen im Sinne von § 2 III Nr. 1 UIG oder Faktoren im Sinne von § 2 III Nr. 2 UIG bezieht. Umweltbestandteile im Sinne des § 2 IIII Nr. 1 UIG sind Luft und Atmosphäre, Wasser, Boden, Landschaft und natürliche Lebensräume einschließlich Feuchtgebiete, Küsten- und Meeresgebiete, die Artenvielfalt und ihre Bestandteile, einschließlich gentechnisch veränderter Organismen, sowie die Wechselwirkungen zwischen ihnen. Faktoren nach § 2 III Nr. 2 UIG sind Stoffe, Energie, Lärm und Strahlung, Abfälle aller Art sowie Emissionen, Ableitungen und sonstige Freisetzungen von Stoffen in die Umwelt, die sich auf die Umweltbestandteile im Sinne der Nummer 1 auswirken oder wahrscheinlich auswirken.

5258 **Baugenehmigungen** ergehen unter Anwendung einer umweltbezogenen Rechtsvorschrift des Bundesrechts iSd § 1 I 1 Nr. 5 UmwRG. Das OVG Bautzen erläutert dazu, bei der Auslegung von §§ 1, 2 UmwRG und damit auch des Begriffs „umweltbezogene Rechtsvorschrift" sei besonders der Normzweck dieser Vorschriften zu berücksichtigen. Dieser bestehe darin, die einschlägigen unions- und völkerrechtlichen Vorgaben in innerstaatliches Recht umzusetzen. Gemäß Art. 11 I und III UVP-RL, der seinerseits auf Art. 9 II und III Aarhus-Konvention beruhe, seien die Mitgliedstaaten verpflichtet, anerkannten Umweltvereinigungen Zugang zu einem (gerichtlichen) Überprüfungsverfahren zu geben, um die materiell-rechtliche und verfahrensrechtliche Rechtmäßigkeit von Entscheidungen, Handlungen oder Unterlassungen anzufechten. Die Umweltverbände hätten die Möglichkeit, die Beachtung der aus dem Unionsrecht hervorgegangenen Rechtsvorschriften ohne Beschränkung auf subjektiv-öffentliche Rechte umfassend überprüfen zu lassen. Dies gelte nicht nur in den Fällen, in denen eine UVP durchzuführen sei, sondern auch in den übrigen Fällen, in denen ein Verstoß gegen um-

[998] Hiernach soll eine Bestimmung § 1 I 1 Nr. 2 c UmwRG eingefügt werden,

weltbezogene Rechtsvorschriften geltend gemacht werden solle.[999] § 1 I 1 Nr. 5 UmwRG habe Auffangcharakter uns seit daher mit Blick auf die den mitgliedstaatlichen Gerichten obliegende Verpflichtung, das nationale Recht so weit wie möglich im Einklang sowohl mit den Zielen von Art. 9 III Aarhus-Konvention als auch mit dem Ziel eines effektiven Rechtsschutzes (Art. 47 GRCh) zu interpretieren, weit auszulegen.[1000]

Der Auffangtatbestand des § 1 I Nr. 5 UmwRG erfasst auch die Zulassung von Vorhaben, die deshalb keiner Umweltverträglichkeitsprüfung zu unterziehen sind, weil eine nach dem UVPG an sich bestehende UVP-Pflicht oder UVP-Vorprüfungspflicht gemäß § 4 I LNGG ausgeschlossen ist. Der Ausschluss einer UVP nach § 4 LNGG verstößt nach Ansicht des BVerwG nicht gegen Unionsrecht.[1001] **5259**

Auf einen **Raumordnungsplan**, der **Flächen für die Windenergienutzung** oder für den **Abbau von Rohstoffen** ausweist, ist § 1 I 1 Nr. 4 UmwRG nach § 48 S. 2 UVPG nicht anzuwenden.[1002] Ob § 48 S. 2 UVPG unionsrechtskonform ist, ist umstritten.[1003] **5260**

Die **Zulassung eines Pflanzenschutzmittels** nach Art. 28 I, 29 VO (EG) Nr. 1107/2009 durch das Bundesamt für Verbraucherschutz und Lebensmittelsicherheit (§ 33 I 1 Nr. 1 PflSchG) ist als Verwaltungsakt anzusehen, durch den ein anderes als in den § 1 I 1 Nrn. 1 bis 2b UmwRG genanntes Vorhaben zugelassen wird, und nach § 1 I 1 Nr. 5 UmwRG einzuordnen. Eine nach § 3 UmwRG anerkannte Umweltvereinigung ist grundsätzlich berechtigt, gegen die (produktbezogene) Zulassung eines Pflanzenschutzmittels bzw. auf Erlass einer bei der Zulassung eines Pflanzenschutzmittels nicht angeordneten Anwendungsbestimmung zu klagen.[1004] **5261**

Vom Anwendungsbereich sind gemäß § 1 I 2 UmwRG auch Rechtsbehelfe erfasst, die darauf gerichtet sind, dass das jeweilige Zulassungsverfahren hätte durchgeführt werden müssen, aber im Einzelfall unter Verstoß gegen Rechtsvorschriften nicht durchgeführt worden ist. Dies kommt beispielsweise in Betracht bei Errichtung und Betrieb eines Vorhabens oder einer Anlage ohne vorherige Durchführung eines Zulassungsverfahrens oder bei einer vermeintlich zulässigen Änderung eines Vorhabens solch einer Anlage auf Grund einer Anzeige anstelle einer behördlichen Zulassungsentscheidung. Hingegen sind Rechtsbehelfe in Bezug auf den Erlass oder die Anfechtung behördlicher Aufsichtsmaßnahmen nicht erfasst. Einziger Ausnahmefall hiervon ist aufgrund ausdrücklicher Vorgaben in der Öffentlichkeitsbeteiligungsrichtlinie die nachträgliche Anordnung nach § 17 I a BImSchG, die ein Entscheidungsverfahren mit Öffentlichkeitsbeteiligung darstellt. In Bezug auf unterlassene Entscheidungen wird die Feststellungsklage nach § 43 VwGO einschlägig sein.[1005] **5262**

Unberührt bleiben nach § 1 I 3 UmwRG 1. § 44a VwGO, 2. § 17 III 3 bis 5 und § 19 II 5 bis 7 des StandAG sowie 3. § 15 III z 2 NABEG, § 17a V 1 EnWG, § 6 IX 1 des WindSeeG, § 47IV und § 49 III UVPG und andere entsprechende Rechtsvorschriften. **5263**

Die Sätze 1 und 2 des § 1 I UmwRG gelten nach § 1 I 4 UmwRG nicht, wenn eine Entscheidung im Sinne dieses Absatzes auf Grund einer Entscheidung in einem verwaltungsgerichtlichen Streitverfahren erlassen worden ist. Die Vorschrift gilt grundsätzlich auch bei Ent- **5264**

---

999 OVG Bautzen SächsVBl. 2024, 59= juris Rn. 17; VGH München Beschl. v. 5.4.2019 – 22 CS 18.2572, juris Rn. 41; OVG Schleswig Beschl. v. 26.5.2023 – 1 MB 13/22, juris.

1000 OVG Bautzen SächsVBl. 2024, 59= juris Rn. 17; BVerwG Urt. v. 8.11.2022 – 7 C 7.21, juris Rn. 19; BVerwGE 167, 250-259 = juris Rn. 25; EuGH Urt. v. 8.11.2022 – C-873/19, juris Rn. 65 f.

1001 BVerwG NVwZ 2024, 60 = juris Rn. 28. Gemäß § 4 I LNGG hat, abweichend von § 1 IV UVPG die für die Zulassungsentscheidung zuständige Behörde bei Vorhaben nach – wie hier – § 2 I Nr. 3 LNGG das Gesetz über die Umweltverträglichkeitsprüfung nicht anzuwenden, wenn eine beschleunigte Zulassung des konkreten Vorhabens geeignet ist, einen relevanten Beitrag zu leisten, um eine Krise der Gasversorgung zu bewältigen oder abzuwenden. Der Verzicht auf eine Umweltverträglichkeits(vor)prüfung nach § 4 LNGG muss auch bei einem Änderungsvorhaben nach § 9 UVPG geeignet sein, die Zulassung des konkreten Vorhabens nach § 2 LNGG zu beschleunigen, siehe BVerwG Beschl. v. 25.1.2024 – 7 VR 1/24, juris; Verheyen/Bohlmann EuRUP 2023, 117; Kment JZ 2023, 1087; für eine entsprechende Änderung des UmwRG liegt mit Stand 21.8.2024 ein Kabinettsentwurf für eine Gesetzesänderung vor.

1002 Siehe dazu OVG Lüneburg Beschl. v. 30.1.2024 – 12 KN 61/21, juris Rn. 4.

1003 Bejahend OVG Lüneburg Beschl. v. 30.1.2024 – 12 KN 61/21, juris Rn. 7; Wagner in Beckmann/Kment, UVPG/UmwRG, 2023, § 48 UVPG, Rn. 44, Reidt/Eckart in Schink/Reidt/Mitschang, UVPG/UmwRG, 2023, § 48 UVPG Rn. 3; aA Erbguth DVBl. 2018, S. 897 (905).

1004 OVG Lüneburg KlimR 2024, 54 = juris Rn. 13 unter Verweis auf EuGH Urt. v. 8.11.2022 – C-873/19, juris Rn. 67.

1005 URG-Gesetzentwurf vom 4.9.2006 (Drs. 16/2495).

scheidungen über die Rechtmäßigkeit einer der Zulassung beigefügten Nebenbestimmung, sofern die Nebenbestimmung eine Zulassungswirkung entfaltet oder wenigstens Elemente einer Zulassungsentscheidung enthält.[1006]

5265 **c) Rechtsbehelfe von Vereinigungen.** Die Rechtsbehelfe der Vereinigungen sind in § 2 UmwRG geregelt.

5266 Eine nach § 3 UmwRG anerkannte inländische oder ausländische Vereinigung kann, ohne eine Verletzung in eigenen Rechten geltend machen zu müssen, Rechtsbehelfe nach Maßgabe der VwGO gegen eine Entscheidung nach § 1 I 1UmwRG oder deren Unterlassen einlegen, wenn die Vereinigung 1. geltend macht, dass eine Entscheidung nach § 1 I 1 UmwRG oder deren Unterlassen Rechtsvorschriften, die für die Entscheidung von Bedeutung sein können, widerspricht, 2. geltend macht, in ihrem satzungsgemäßen Aufgabenbereich der Förderung der Ziele des Umweltschutzes durch die Entscheidung nach § 1 I 1 UmwRG oder deren Unterlassen berührt zu sein, und 3. im Falle eines Verfahrens nach a) § 1 I 1 Nrn. 1 bis 2b UmwRG zur Beteiligung berechtigt war; b) § 1 I 1 Nr. 4 UmwRG zur Beteiligung berechtigt war und sie sich hierbei in der Sache gemäß den geltenden Rechtsvorschriften geäußert hat oder ihr entgegen den geltenden Rechtsvorschriften keine Gelegenheit zur Äußerung gegeben worden ist.

5267 Umweltverbände müssen gemäß § 3 I 2 Nr. 3 UmwRG aus eigener Kraft die Gewähr für eine sachgerechte Aufgabenerfüllung bieten. Demzufolge sind Mitgliedsbeiträge in zur Finanzierung der satzungsmäßigen Aufgaben auskömmlicher Höhe zu erheben und Rücklagen zu bilden. Unterbleibt das, stellt sich ein Antrag auf Bewilligung von Prozesskostenhilfe als missbräuchlich dar.[1007]

5268 Zwischen dem satzungsgemäßen Aufgabenbereich und der mit dem Rechtsbehelf angegriffenen Entscheidung muss sowohl in sachlicher als auch in räumlicher Hinsicht ein Kausalzusammenhang bestehen, der von der Vereinigung vorzutragen ist. Ob dieser Zusammenhang tatsächlich besteht, bleibt zwar der Begründetheitsprüfung vorbehalten.[1008] Schon anlässlich der Zulässigkeitsprüfung fordert der VGH Mannheim jedoch, es dürfe auf der Grundlage der Darlegung des Klägers nicht offensichtlich und eindeutig nach jeder Betrachtungsweise ausgeschlossen sein, dass der behauptete Kausalzusammenhang zwischen dem satzungsgemäßen Aufgabenbereich und der mit dem Rechtsbehelf angegriffenen Entscheidung besteht. Der sachliche Zusammenhang erfordere, dass die nach der Satzung verfolgten Ziele und die angegriffene Entscheidung den gleichen Themenkreis beträfen. Es genüge jedoch ein mittelbarer Bezug, wenn eine Wirkungskette hergestellt werde zwischen den Rechtsvorschriften, deren Verletzung nach § 2 I Nr. 1 UmwRG gerügt werde, der angegriffenen Entscheidung und den Folgen für die Schutzziele der Vereinigung. Der räumliche Zusammenhang liege vor, wenn die Umweltauswirkungen der angegriffenen Entscheidung das Gebiet beträfen, auf das sich der satzungsgemäße Aufgabenbereich der Vereinigung beziehe.[1009]

5269 Die für die Rechtsbehelfsbefugnis von Umweltvereinigungen nach § 2 I 1 UmwRG erforderliche Anerkennung nach § 3 UmwRG ist eine **Sachentscheidungsvoraussetzung**, die nicht bei Einlegung des Rechtsbehelfs, sondern am Schluss der letzten mündlichen Verhandlung oder bei einer Entscheidung ohne mündliche Verhandlung zum **Zeitpunkt der gerichtlichen Entscheidung** vorliegen muss.[1010]

5270 Bei Rechtsbehelfen gegen eine Entscheidung nach § 1 I 1 Nr. 2a bis 6 UmwRG oder gegen deren Unterlassen muss die Vereinigung zudem die Verletzung umweltbezogener Rechtsvorschriften geltend machen.

5271 Nach § 2 II 1 UmwRG kann eine Vereinigung, die nicht nach § 3 UmwRG anerkannt ist, einen Rechtsbehelf nach § 2 I UmwRG nur dann einlegen, wenn 1. sie bei Einlegung des Rechtsbehelfs die Voraussetzungen für eine Anerkennung erfüllt, 2. sie einen Antrag auf Anerkennung gestellt hat und 3. über eine Anerkennung aus Gründen, die von der Vereinigung nicht zu vertreten sind, noch nicht entschieden ist. Bei einer ausländischen Vereinigung gelten

[1006] OVG Lüneburg KlimR 2024, 54 = juris Rn. 16.

[1007] OVG Lüneburg NVwZ 2024, 93.

[1008] VGH Mannheim Urt. v. 21.11.2023 – 5 S 1972/21, juris Rn. 22; OVG Berlin-Brandenburg NuR 2021, 272 = juris Rn. 5 f.

[1009] VGH Mannheim Urt. v. 21.11.2023 – 5 S 1972/21, juris Rn. 22; Fellenberg/Schiller in Landmann/Rohmer, Umweltrecht, § 2 UmwRG Rn. 18 ff.; Kment in Beckmann/Kment, UVPG/UmwRG, 2023, § 2 UmwRG Rn. 21 f.

[1010] BVerwG NVwZ 2023, 335 = juris Rn. 14.

die Voraussetzungen von § 2 II 1 Nr. 3 UmwRG als erfüllt. Mit der **Bestandskraft** einer die Anerkennung versagenden Entscheidung wird der Rechtsbehelf unzulässig.

Ist eine Entscheidung nach § 1 I 1 UmwRG nach den geltenden Rechtsvorschriften weder öffentlich bekannt gemacht noch der Vereinigung bekannt gegeben worden, müssen nach § 2 III 1 UmwRG Widerspruch oder Klage binnen eines Jahres erhoben werden, nachdem die Vereinigung von der Entscheidung Kenntnis erlangt hat oder hätte erlangen können. Widerspruch oder Klage gegen eine Entscheidung nach § 1 I Nr. 5 oder 6 UmwRG müssen jedoch spätestens binnen zweier Jahre, nachdem der Verwaltungsakt erteilt wurde, erhoben werden. § 2 III 1 UmwRG gilt entsprechend, wenn eine Entscheidung nach § 1 I 1 UmwRG entgegen geltenden Rechtsvorschriften nicht getroffen worden ist und die Vereinigung von diesem Umstand Kenntnis erlangt hat oder hätte erlangen können. 5272

Rechtsbehelfe nach § 2 I UmwRG sind begründet, soweit 1. die Entscheidung nach § 1 I 1 Nr. 1 und 2 UmwRG oder deren Unterlassen gegen Rechtsvorschriften verstößt, die für die Entscheidung von Bedeutung sind, oder 2. die Entscheidung nach § 1 I Nr. 2a bis 6 UmwRG oder deren Unterlassen gegen umweltbezogene Rechtsvorschriften verstößt, die für diese Entscheidung von Bedeutung sind, und der Verstoß Belange berührt, die zu den Zielen gehören, die die Vereinigung nach ihrer Satzung fördert. Bei Entscheidungen nach § 1 I Nr. 1 oder 4 UmwRG muss zudem eine Pflicht zur Durchführung einer Umweltprüfung im Sinne von § 1 Nr. 1 UVPG bestehen (§ 2 IV UmwRG). 5273

d) Verfahrensfehler. Die Aufhebung einer Entscheidung über die Zulässigkeit eines Vorhabens nach § 1 I 1 Nr. 1 bis 2b UmwRG kann nach § 4 I 1 UmwRG verlangt werden, wenn 1. eine nach dem UVPG, nach UVP-Bergbau oder nach entsprechenden landesrechtlichen Vorschriften a) erforderliche UVP oder b) erforderliche Vorprüfung des Einzelfalls zur Feststellung der UVP-Pflichtigkeit weder durchgeführt noch nachgeholt worden ist, 2. eine erforderliche Öffentlichkeitsbeteiligung im Sinne von § 18 UVPG oder im Sinne von § 10 BImSchG weder durchgeführt noch nachgeholt worden ist oder 3. ein anderer Verfahrensfehler vorliegt, der a) nicht geheilt worden ist, b) nach seiner Art und Schwere mit den in den Nummern 1 und 2 genannten Fällen vergleichbar ist und c) der betroffenen Öffentlichkeit die Möglichkeit der gesetzlich vorgesehenen Beteiligung am Entscheidungsprozess genommen hat; zur Beteiligung am Entscheidungsprozess gehört auch der Zugang zu den Unterlagen, die zur Einsicht für die Öffentlichkeit auszulegen sind. 5274

Der **Begriff des Vorhabens** in § 4 I 1 UmwRG ist nicht so weit zu verstehen, dass er ohne Weiteres alle mit einem UVP-pflichtigen Vorhaben in einem sachlichen Zusammenhang stehenden Maßnahmen erfasst. Der Verweis auf § 1 I 1 Nr. 1 bis 2b UmwRG macht deutlich, dass § 4 UmwRG lediglich in den Anwendungsbereich dieses Gesetzes fallende Entscheidungen erfasst. Aus § 1 I 1 UmwRG ergibt sich der grundsätzlich abschließende Kreis möglicher Streitgegenstände, auf die sich ein Rechtsbehelf im Anwendungsbereich des UmwRG kann.[1011] 5275

Verfahrensfehler iSv § 4 UmwRG sind nur Verstöße gegen Rechtsvorschriften, die die äußere Ordnung des Verfahrens, dh den Verfahrensablauf als solchen betreffen.[1012] Im Anwendungsbereich des UmwRG bestimmt § 4 UmwRG als partielle Sondervorschrift zu § 113 I 1 VwGO das gerichtliche Prüfprogramm und damit die Reichweite des Aufhebungsanspruchs.[1013] Nicht zum äußeren Verfahrensgang in diesem Sinne gehört der durch materiellrechtliche Vorgaben gesteuerte Prozess der Willens- und Entscheidungsbildung, der sich – namentlich im Fachplanungsrecht – regelmäßig auf der Grundlage von Fachgutachten vollzieht.[1014] Die fehlende Betrachtung eines einzelnen Schutzguts im Sinne von § 2 I Nr. 4 UVPG ist ein inhaltlicher Fehler der Umweltuntersuchung und kein Verfahrensfehler, wenn die Gutachten die nach § 16 V 3 Nr. 2 UVPG erforderliche **Anstoßwirkung** entfalten.[1015] Dies gilt auch, wenn die Auswirkungen auf ein sonstiges Sachgut und damit eines der Schutz- 5276

[1011] Fellenberg/Schiller in Landmann/Rohmer, Umweltrecht, 2023, § 1 UmwRG Rn. 11; OVG Bremen Urt. v. 28.9.2023 – 1 D 72/22, juris Rn. 30.

[1012] OVG Schleswig Urt. v. 13.12.2023 – 4 KS 2/22, juris Rn. 52; BVerwG Urt. v. 28.11.2017 – 7 A 17.12, juris Rn. 29; zu Abwägung als Verfahren und Abwägung als materielles Recht Beckmann BauR 2016, 1417.

[1013] OVG Schleswig Urt. v. 13.12.2023 – 4 KS 2/22, juris Rn. 52; Happ in Eyermann, VwGO, 2022, UmwRG § 4 Rn. 1; Fellenberg/Schiller in Landmann/Rohmer, Umweltrecht, 2023, UmwRG § 4 Rn. 1.

[1014] BVerwG Beschl. v. 2.3.2023 – 4 B 16/22, juris Rn. 21; BVerwGE 161, 17 Rn. 29; UPR 2022, 98 Rn. 44.

[1015] BVerwG Beschl. v. 2.3.2023 – 4 B 16/22, juris Rn. 21; NVwZ 2020, 1199 Rn. 9.

güter des § 2 I Nr. 4 UVPG nicht betrachtet worden sind, aber die betroffene Öffentlichkeit sich in der gesetzlich gebotenen Weise am Entscheidungsprozess beteiligen konnte.[1016]

5277 Die UVP vollzieht sich in verschiedenen Verfahrensschritten, die ordnungsgemäß durchgeführt werden müssen. Dazu gehört mit Blick auf das zentrale gesetzgeberische Anliegen einer frühzeitigen und effektiven Öffentlichkeitsbeteiligung, dass die ausgelegten Unterlagen die erforderliche Anstoßwirkung entfalten. In diesem Sinne sind Fehler bei der Durchführung der UVP nur solche, die die Verfahrensgarantien berühren. In Betracht kommen insoweit zB Fehler, die der zuständigen Behörde bei der Vornahme einzelner Verfahrensschritte, etwa der Auslegung von Unterlagen, der Öffentlichkeits- und Behördenbeteiligung oder der Bekanntmachung unterlaufen sind.[1017] Ein Verfahrensfehler nach § 4 I Nr. 3 UmwRG liegt vor, wenn die mit der Auslegung der Unterlagen bezweckte Anstoßfunktion nicht mehr erreicht wird. Dabei reicht es grundsätzlich nicht aus, dass einzelne Umweltauswirkungen nicht mit einer hinreichenden Tiefe ermittelt, einzelne Angaben fehlerhaft, Unterlagen unzureichend oder Bewertungen fragwürdig sind.[1018]

5278 Nicht zum äußeren Verfahrensgang gehören **methodische Mängel**. Dass einzelne Umweltauswirkungen nicht mit einer hinreichenden Tiefe ermittelt, einzelne Angaben fehlerhaft oder Bewertungen fragwürdig sind, genügt in der Regel für eine Verneinung der Anstoßwirkung nicht. Die Öffentlichkeitsbeteiligung dient gerade dazu, Fehler oder Unzulänglichkeiten der Fachgutachten aufzuzeigen, um sie beheben zu können.[1019]

5279 Gemäß § 4 1 Nr. 2 UmwRG kann die Aufhebung einer Entscheidung über die Zulässigkeit eines Vorhabens nach § 1 1 Nr. 1 bis 2b UmwRG verlangt werden, wenn eine erforderliche Öffentlichkeitsbeteiligung iSv § 18 UVPG oder im Sinne von § 10 BImSchG weder durchgeführt noch nachgeholt worden ist. § 4 I 1 Nr. 2 UmwRG gilt allerdings nicht den Fall, dass keine erneute Öffentlichkeitsbeteiligung durchgeführt wurde.[1020]

5280 Eine durchgeführte Vorprüfung des Einzelfalls zur Feststellung der UVP-Pflicht, die nicht dem Maßstab des § 5 III 2 UVPG genügt, steht einer nicht durchgeführten Vorprüfung nach § 4 I 1 Nr. 1 b UmwRG gleich.

5281 Für Verfahrensfehler, die nicht unter § 4 I UmwRG fallen, gilt § 46 VwVfG. Lässt sich durch das Gericht nicht aufklären, ob ein Verfahrensfehler die Entscheidung in der Sache beeinflusst hat, wird eine Beeinflussung vermutet (§ 4 Ia UmwRG). Die erfolgreiche Rüge eines solchen Verfahrensfehlers setzt bei einer natürlichen Person eine subjektive Rechtsverletzung voraus.[1021] Dass ein Verfahrensfehler bei Durchführung der UVP die Entscheidung in der Sache nicht beeinflusst hat, darf ein Gericht nur annehmen, wenn es, ohne dem Kläger die Beweislast aufzuerlegen, anhand der vom Vorhabenträger oder der Planfeststellungsbehörde vorgelegten Beweise, der Akten und Planunterlagen und der sonst erkennbaren oder naheliegenden Umstände feststellt, dass die angegriffene Entscheidung ohne den Verfahrensfehler nicht anders ausgefallen wäre.[1022]

5282 Eine Verletzung von Verfahrensvorschriften führt nur dann zur Aufhebung der Entscheidung nach § 1 I 1 Nr. 1 bis 2b oder 5 UmwRG, wenn sie nicht durch Entscheidungsergänzung oder ein ergänzendes Verfahren behoben werden kann. Unberührt bleiben 1. § 45 II VwVfG sowie 2. § 75 Ia VwVfG und andere entsprechende Rechtsvorschriften zur Planerhaltung. Auf Antrag kann das Gericht anordnen, dass die Verhandlung bis zur Heilung von Verfahrensfehlern iSd § 4 I und Ia UmwRG ausgesetzt wird, soweit dies im Sinne der Verfahrenskonzentration sachdienlich ist (§ 4 I b UmwRG)

5283 Soweit Gegenstand der gerichtlichen Überprüfung Beschlüsse im Sinne des § 2 VI Nr. 3 UVPG sind, gelten abweichend von § 4 I bis Ib UmwRG die §§ 214 und 215 BauGB und die diesbezüglichen Überleitungsvorschriften sowie die einschlägigen landesrechtlichen Vorschriften (§ 4 II UmwRG). § 4 I bis II UmwRG gelten für Rechtsbehelfe von 1. Personen gemäß § 61 Nr. 1 VwGO und Vereinigungen gemäß § 61 Nr. 2 VwGO sowie 2. Vereinigungen, die

[1016] BVerwG Beschl. v. 2.3.2023 – 4 B 16/22, juris Rn. 21.

[1017] OVG Schleswig Urt. v. 13.12.2023 – 4 KS 2/22, juris Rn. 52.

[1018] OVG Bautzen NVwZ-RR 2024, 135 = juris Rn 19.

[1019] BVerwG Beschl. v. 26.3.2020 – 3 B 24.19, juris Rn. 9.

[1020] BVerwGE 155, 91 = juris Rn. 37; OVG Münster Urt. v. 11.12.2023 – 22 D 65/23. AK, juris Rn. 35; ZNER 2023, 53 = juris Rn. 77; Fellenberg/Schiller in Landmann/Rohmer, Umweltrecht, 2023, § 4 UmwRG Rn. 33.

[1021] OVG Münster Urt. v. 11.12.2023 – 22 D 65/23.AK, juris Rn. 44; Urt. v. 27.7.2023 – 22 D 100/22, juris Rn. 30, NuR 2018 = juris Rn. 38 ff.; Beschl. v. 26.3.2018 – 8 B 1291/17, juris Rn. 43 ff.

[1022] BVerwG Beschl. v.2.3.2023 – 4 B 16/22, juris Rn. 19.

die Anforderungen des § 3 I oder des § 2 II UmwRG erfüllen. Auf Rechtsbehelfe von Personen und Vereinigungen nach § 4 III 1 Nr. 1 UmwRG ist § 4 I 1 Nr. 3 UmwRG mit der Maßgabe anzuwenden, dass die Aufhebung einer Entscheidung nur verlangt werden kann, wenn der Verfahrensfehler dem Beteiligten die Möglichkeit der gesetzlich vorgesehenen Beteiligung am Entscheidungsprozess genommen hat.

Für Rechtsbehelfe von Vereinigungen nach § 4 III 1 Nr. 2 UmwRG gegen Entscheidungen nach § 1 I 1 Nr. 4 UmwRG sind die § 4 I bis II UmwRG entsprechend anzuwenden. Soweit Gegenstand der gerichtlichen Überprüfung Raumordnungspläne nach dem ROG sind, gelten abweichend von Satz 1 die §§ 11 ROG und 27 II ROG sowie die einschlägigen landesrechtlichen Vorschriften (§ 4 IV ROG). 5284

Für Rechtsbehelfe gegen Entscheidungen iSd § 1 I 1 Nr. 3, 5 und 6 gelten bei Verfahrensfehlern die jeweiligen fachrechtlichen Regelungen sowie die Regelungen des VwVfG (§ 4 V UmwRG). 5285

e) Missbrauch. Nach § 5 UmwRG müssen Einwendungen, die eine Person oder eine Vereinigung im Sinne des § 4 III 1 UmwRG erstmals im Rechtsbehelfsverfahren erhebt, unberücksichtigt bleiben, wenn die erstmalige Geltendmachung im Rechtsbehelfsverfahren missbräuchlich oder unredlich ist § 5 UmwRG ist um eine eng auszulegende Vorschrift handelt, die auf Ausnahmefälle beschränkt bleiben muss.[1023] § 5 UmwRG ist der Versuch des Gesetzgebers, Konsequenzen aus der Rechtsprechung des EuGH zu ziehen, wonach die frühere Präklusionsvorschrift nach § 2 III UmwRG aF unionsrechtswidrig war, wonach aber der nationale Gesetzgeber Verfahrensvorschriften erlassen darf, nach denen ein missbräuchliches oder unredliches Vorbringen unzulässig ist.[1024] Dieser Fall soll zB dann vorliegen, wenn der Rechtsbehelfsführer im Verwaltungsverfahren erklärt oder auf andere Weise deutlich gemacht hat, dass entsprechende Einwendungen nicht bestehen.[1025] Hierfür genügt, so der VGH Mannheim, eine bloße Nichtbeteiligung im Verwaltungsverfahren ebenso wenig wie die erst nachträgliche Geltendmachung eines Einwandes. Maßgeblich soll vielmehr sein, dass dem Betroffenen bei der gebotenen Gesamtbetrachtung in subjektiver Hinsicht ein Vorwurf gemacht werden kann und der späte Zeitpunkt des Vorbringens auf einer bewussten Entscheidung beruht.[1026] 5286

f) Klagebegründungsfrist. Eine Person oder eine Vereinigung im Sinne des § 4 III 1 UmwRG hat innerhalb einer Frist von zehn Wochen ab Klageerhebung die zur Begründung ihrer Klage gegen eine Entscheidung im Sinne von § 1 I 1 UmwRG oder gegen deren Unterlassen dienenden Tatsachen und Beweismittel anzugeben. Erklärungen und Beweismittel, die erst nach Ablauf dieser Frist vorgebracht werden, sind nur zuzulassen, wenn die Voraussetzung nach § 87b III 1 Nr. 2 VwGO erfüllt ist. § 87b III 2 und 3 VwGO gilt entsprechend. Die Frist kann durch den Vorsitzenden oder den Berichterstatter auf Antrag verlängert werden, wenn die Person oder die Vereinigung in dem Verfahren, in dem die angefochtene Entscheidung ergangen ist, keine Möglichkeit der Beteiligung hatte (§ 6 UmwRG). Die Klagebegründungsfrist nach § 6 UmwRG wird nur durch die (erstmalige) Klageerhebung ausgelöst, nicht aber die Einbeziehung von angewachsenen Änderungen oder Ergänzungen eines Bescheides in das Klagebegehren.[1027] 5287

Dazu wird erläutert, der Kläger habe innerhalb der Begründungsfrist „fundiert" die zur Begründung der Klage dienenden Tatsachen zu benennen und den Prozessstoff dergestalt darzulegen, dass für das Gericht und die übrigen Beteiligten klar und unverwechselbar feststehe, unter welchen tatsächlichen Gesichtspunkten eine behördliche Entscheidung angegriffen werde. Es solle verhindert werden, dass in einem späten Stadium des gerichtlichen Verfahrens 5288

[1023] VGH Mannheim Urt. v. 15.11.2023 – 6 S 1667/22, juris Rn. 57; OVG Koblenz DVBl. 2020, 459 = juris Rn. 76.

[1024] VGH Mannheim Urt. v. 15.11.2023 – 6 S 1667/22, juris Rn. 57 unter Verweis auf EuGH NVwZ 2015, 1665 = juris Rn. 81.

[1025] VGH Mannheim Urt. v. 15.11.2023 – 6 S 1667/22, juris Rn. 57 unter Verweis auf BT-Drucks. 18/9526, S. 41.

[1026] BVerwGE 166, 1 =juris Rn. 38; NVwZ 2023, 1733 = juris Rn. 25; VGH Mannheim Urt. v. 15.11.2023 – 6 S 1667/22, juris Rn. 57; es ist beabsichtigt, § 5 UmwRG um einen Satz zu ergänzen, mit dem Missbrauch und Unterschiedlichkeit etwas näher erläutert werden sollen.

[1027] OVG Münster BauR 2024, 495 = juris Rn. 82; Urt. v. 31.8.2020 – 20 A 1923/11, juris; zum effektiven Rechtsschutz vor den Verwaltungsgerichten und zur Rolle der Anwaltschaft im Verwaltungsrechtsstreit Beckmann DVBl. 2019, 1172; zur gerichtlichen Vollprüfung und zum zeitgerechter Rechtsschutz Beckmann DÖV 2019, 773.

neuer Tatsachenvortrag erfolge, auf den die übrigen Beteiligten und das Gericht nicht mehr angemessen reagieren könnten. Um diesen Zweck zu erreichen und den Verfahrensstoff zu fixieren, müsse der Vortrag ein Mindestmaß an Schlüssigkeit und Substanz aufweisen und dem Gericht einen Eindruck von der Sicht des Klägers auf den Tatsachenkomplex verschaffen.[1028]

5289 Trägt der Kläger erstmals nach Ablauf der Klagebegründungsfrist des § 6 S. 1 UmwRG neue Tatsachen vor, ist er damit nach § 6 Satz 3 UmwRG iVm § 87b III 3 VwGO dann nicht präkludiert, wenn es mit geringem Aufwand möglich ist, den sich daraus ergebenden entscheidungserheblichen Sachverhalt auch ohne seine Mitwirkung zu ermitteln. Dies kann etwa dann der Fall sein, wenn sich dieser Sachverhalt unmittelbar aus den dem Gericht vorliegenden Unterlagen ergibt und keine weiteren Ermittlungen erfordert oder wenn dem Gericht alle maßgeblichen Tatsachen bereits aus einem Parallelverfahren bekannt sind.[1029]

5290 **g) Besondere Bestimmungen für Rechtsbehelfe gegen bestimmte Entscheidungen.** Ist für Entscheidungen nach § 1 I 1 Nr. 5 oder 6 UmwRG nach den geltenden Rechtsvorschriften keine öffentliche Bekanntmachung vorgeschrieben, so hat die zuständige Behörde die im Einzelfall getroffene Entscheidung mit Rechtsbehelfsbelehrung einer oder mehreren genau zu bezeichnenden Personen oder Vereinigungen bekannt zu geben, wenn dies beantragt wird 1. vom Antragsteller des Verwaltungsaktes nach § 1 I 1 Nr. 5 oder 2. von demjenigen, an den die Behörde den Verwaltungsakt nach § 1 I 1 Nr. 6 UmwRG gerichtet hat. Die Kosten der Bekanntgabe hat der Antragsteller zu tragen (§ 7 I UmwRG).

5291 Über Rechtsbehelfe gegen eine Entscheidung nach § 1 I 1 Nr. 4 UmwRG oder deren Unterlassen entscheidet im ersten Rechtszug das Oberverwaltungsgericht, auch wenn kein Fall des § 47 I Nr. 1 oder 2 VwGO vorliegt. Ist eine Gestaltungs- oder Leistungsklage oder ein Antrag nach § 47 I VwGO nicht statthaft, ist § 47 VwGO entsprechend anzuwenden. Bei länderübergreifenden Plänen und Programmen ist das Oberverwaltungsgericht örtlich zuständig, in dessen Bezirk die Behörde, die die Entscheidung über die Annahme des Plans oder Programms getroffen hat, ihren Sitz hat (§ 7 II UmwRG).

5292 Hat eine Vereinigung iSd § 4 III 1 Nr. 2 UmwRG in einem Verfahren nach § 1 I 1 Nr. 4 UmwRG Gelegenheit zur Äußerung gehabt, ist sie im Verfahren über den Rechtsbehelf nach § 7 II UmwRG mit allen Einwendungen ausgeschlossen, die sie im Verfahren nach § 1 I 1 Nr. 4 UmwRG nicht oder nach den geltenden Rechtsvorschriften nicht rechtzeitig geltend gemacht hat, aber hätte geltend machen können. Das gilt nicht für Verfahren zur Aufstellung, Änderung, Ergänzung oder Aufhebung von Bebauungsplänen nach § 10 BauGB (§ 7 III UmwRG).

5293 Im Rechtsbehelfsverfahren gegen eine Entscheidung nach § 1 I 1 Nr. 1 bis 2b UmwRG findet § 73 IV 3 bis 6 VwVfG, auch in den Fällen des § 73 VIII VwVfG keine Anwendung § 7 IV UmwRG).

5294 Eine Verletzung materieller Rechtsvorschriften führt nur dann zur Aufhebung der Entscheidung nach § 1 I 1 Nr. 1 bis 2b oder 5 UmwRG, wenn sie nicht durch Entscheidungsergänzung oder ein ergänzendes Verfahren behoben werden kann. Das gilt nicht im Anwendungsbereich des § 75 Ia VwVfG. Mit § 7 V 1 UmwRG bestimmt der Gesetzgeber in Anlehnung an die den Grundsatz der Planerhaltung im Planfeststellungsrechtnach § 75 I a Satz 2 VwVfG die Rechtsfolgen eines festgestellten Rechtsverstoßes abweichend von § 113 I 1 VwGO. Kann ein Rechtsfehler dadurch behoben werden, dass der ansonsten unveränderte Bescheid um weitere Regelungen ergänzt wird, ergeht ein Verpflichtungsurteil, gerichtet auf die erforderliche Ergänzung, die vor allem Schutzauflagen betrifft. Steht hingegen aufgrund des Fehlers der Fortbestand der Genehmigung als solcher in Frage, kann ein ergänzendes, wiederaufgreifendes Verfahren dazu dienen, den Fehler zu beseitigen; in diesem Fall stellt das Gericht die Rechtswidrigkeit und Nichtvollziehbarkeit der Genehmigung fest und weist gegebenenfalls die Klage im Übrigen bezogen auf das in erster Linie verfolgte Aufhebungsbegehren ab.[1030] Abhängig von den Umständen des jeweiligen Einzelfalls kann der das ergänzende Verfahren abschließende

[1028] OVG Münster Beschl. v. 7.7.2023 – 8 A 1424/22, juris Rn. 7 ff.; ZNER 2023, 551 = juris Rn. 46; VG Ansbach Urt. v. 25.4.2023 – AN 11 K 19.00781, juris Rn. 21; mwN Fellenberger/Schiller in Landmann/Rohmer, Umweltrecht, 2023, § 6 UmwRG Rn. 56 ff.; VG Düsseldorf Urt. v. 25.1.2024 – 28 K 8153/21, juris Rn. 45.

[1029] OVG Münster Urt. v. 12.1.2024 – 8 D 92/22.AK, juris Rn. 99; Urt. v. 27.4.2023 – 8 D 368/21. AK, juris.

[1030] OVG Münster ZNER 2023, 551 = juris Rn. 38; BVerwG NVwZ 2018, 1734 = juris Rn. 31; NVwZ 2019, 1611 = juris Rn. 6 f.

Bescheid nachträgliche Neben- bzw. Inhaltsbestimmungen oder sonstige Änderungen vorsehen. Im Anwendungsbereich des UmwRG ist das Gericht nicht befugt, die Genehmigung wegen eines von ihm festgestellten materiellen Rechtsverstoßes teilweise aufzuheben.[1031]

II. Internationales Klimaschutzrecht und deutsche Umsetzung

Der Klimawandel lässt sich nicht mehr ernsthaft bestreiten;[1032] er schreitet vielmehr spürbar mit schwerwiegenden Folgen voran. Der Weltklimarat (IPCC) lässt in seinem 6. Sachstandsbericht vom 20. März 2023 daran keinen Zweifel. Schon jetzt hat die weltweite Durchschnittstemperatur seit dem Beginn der Industrialisierung 1880 um rund 1, 2 Grad Celsius zugenommen. In Deutschland sind es bis zum Jahr 2019 sogar 1,6 Grad Celsius (siehe dazu den Zweiten Fortschrittsbericht der Bundesregierung zur Deutschen Anpassungsstrategie an den Klimawandel aus dem Jahr 2020, abrufbar im Internet, S. 4). Allein in den vergangenen fünfzig Jahren haben sich die extremen Wetterereignisse in Deutschland mehr als verdreifacht. Werden die weltweiten Treibhausgasemissionen nicht sehr schnell drastisch reduziert, ist eine globale Erderwärmung von 2 Grad Celsius noch in diesem Jahrhundert zu erwarten. 5295

Dass der weltweite Schutz des Klimas zu den zentralen Aufgaben der internationalen und auch deutschen Umweltpolitik und darüber hinaus zu einer der wichtigsten Staatsaufgaben überhaupt gehört, ist mittlerweile genauso unbestritten. Die durch die Erzeugung und den Verbrauch von Energie, durch Industrie, Verkehr und Landwirtschaft verursachte Erhöhung der Konzentration von Treibhausgasen in der Atmosphäre und der damit einhergehende Temperaturanstieg führt zu schwerwiegenden Umweltproblemen weltweit und auch in Deutschland. 5296

Der Staat, dh der Gesetzgeber, die Verwaltung und die Gerichte, wird durch Art. 20a GG verfassungsrechtlich zum Schutz des Klimas verpflichtet. Als zentrale Leitgröße für den klimatischen Zustand des Erdsystems insgesamt bezeichnet das BVerfG die mittlere Temperatur der Erde. Das Klimaschutzgebot des Grundgesetzes ziele im Kern auf die Einhaltung einer Temperaturschwelle, bei der die durch Menschen verursachte Erwärmung der Erde angehalten werden solle. Um die Erderwärmung bei der verfassungsrechtlich maßgeblichen Temperaturschwelle anzuhalten, müsse eine weitere Anreicherung der Treibhausgaskonzentration in der Erdatmosphäre über diese Schwelle hinaus verhindert werden. Denn die Treibhausgaskonzentration und der daraus über die Erderwärmung resultierende Klimawandel seien nach derzeitigem Stand weitgehend unumkehrbar. Geboten seien daher vor allem Maßnahmen zur Reduktion von Treibhausgasemissionen. Seien die verfassungsrechtlichen Grenzen der weiteren Erderwärmung erreicht, verpflichte das verfassungsrechtliche Klimaschutzgebot dazu, Treibhausgasemissionen auf ein für die Treibhausgaskonzentration in der Erdatmosphäre neutrales Maß zu begrenzen. Insofern zielt Art. 20a GG auch auf die Herstellung von Klimaneutralität.[1033] 5297

1. Rechtsgrundlagen

Art. 20a GG verpflichtet alle Staatsgewalten, den Gesetzgeber, aber auch die vollziehende Gewalt und die Rechtsprechung. Die vom BVerfG geforderte Herstellung von Klimaneutralität setzt ein umfassendes Klimaschutzrecht auf einfachgesetzlicher Ebene voraus. Zum Klimaschutzrecht zählen grundsätzlich alle Vorschriften, die das Klima vor nachteiligen Einwirkungen durch den Menschen schützen sollen.[1034] Als Klima bezeichnet man die Gesamtheit meteorologischer Ursachen, die für den längerfristigen Zustand der Erdatmosphäre bzw. des Wetters an einem Ort verantwortlich sind. Im Gegensatz zum kurzfristiger geprägten Wetter ent- 5298

1031 OVG Münster ZNER 2023, 551 = juris Rn. 39; BT-Drs. 18/9526, S. 45; Seibert NVwZ 2018, 97 (101 f.).

1032 siehe dazu BVerfG Beschl. v. 24.03.2021 – 1 BvR 2656/18, juris Rn. 16 ff.; SRU Umweltgutachten, 2020, S. 37 ff.; Klimaschutzprogramm 2023 der Bundesregierung mit Stand vom 4.10.2023 und dazu das nicht rechtskräftige Urteil. v. 16.5.2024 – 11 A 22/21 und 11 A 31/22 des OVG Berlin-Brandenburg, mit dem das Gericht die Bundesregierung verurteilt, das Klimaschutzprogramm nachzubessern; Rodi in Rodi, Klimaschutzrecht, 2022, § 1 Rn. 3; ausführlich zum Klimaschutzrecht auch Franke/Verheyen Klimaschutzrecht in Koch/Hofmann/Reese, Handbuch Umweltrecht, 2024, § 11 Rn. 1 ff.

1033 BVerfG Beschl. v. 24.3.2021 – 1 BvR 2656, juris Rn. 197 ff. mit zahlreichen Bezugnahmen auf das Umweltgutachten 2020, des Sachverständigenrats für Umweltfragen, S. 33 ff.

1034 Schlacke Umweltrecht, 2023, § 16 Rn. 2; Koch NVwZ 2011, 641, 643; Gärditz JuS 2008, 324.

hält der Klimabegriff insoweit eine Langzeitperspektive.[1035] Als Klimaschutz lässt sich die Gesamtheit der Maßnahmen und Aktivitäten zusammenfassen, die den von Menschen verursachten Klimawandel begrenzen sollen.[1036]

5299 Schutzgut des Klimaschutzrechts ist das so umschriebene Klima. Begrenzt werden soll der Klimawandel, mit dem der kontinuierliche Anstieg der Durchschnittstemperatur bezeichnet wird. Nach der räumlichen Ausdehnung wird zumeist zwischen einem lokalen, einem regionalem und einem globalen Klima unterschieden.[1037] Während das UVPG in der bis zum 15.5.2017 geltenden Fassung noch keine Berücksichtigung globaler Klimaauswirkungen forderte und dementsprechend nur lokal und regional Klimafolgen geprüft wurden, müssen seit dem Inkrafttreten des Bundes-Klimaschutzgesetzes nach Art. 20a GG iVm § 13 I 1 KSG bei der Umweltprüfung auch Aspekte des globalen Klimaschutzes und der Klimaverträglichkeit berücksichtigt werde.[1038]

5300 Das Klimaschutzrecht zielt auf eine Reduzierung der Treibhausgasemissionen zur Begrenzung der Erderwärmung.[1039] Ob auch Vorschriften, die Anpassungsmaßnahmen an die Folgen des nicht mehr vermeidbaren Klimawandels verlangen, wie etwa im Zusammenhang mit dem Hochwasserschutz, zum Klimaschutzrecht zählen, ist umstritten.[1040] Möglicherweise ist die rechtsdogmatische Zuordnung eher akademischer Natur. Denkbar wäre es, das Klimaschutzrecht und das Klimaanpassungsrecht unter den Oberbegriff des Klimarechts einzuordnen.[1041] Jedenfalls verfolgt die internationale und die deutsche Klimapolitik zwei systematische Ansätze oder strukturprägende Strategien, nämlich die Reduzierung von Treibhausgasemissionen (Mitigation) und die Anpassung an die Folgen des unvermeidbaren Klimawandels (Adaption). Das Klimaschutzgesetz des Bundes verzichtet allerdings auf Regelungen zur Klimaanpassung zugunsten eines eigenständigen Klimaanpassungsgesetz.

5301 Das Klimaschutzrecht wird als ein typisches Querschnittsrechtsgebiet angesehen, da es sich auf ganz unterschiedliche Regelungskomplexe erstreckt.[1042] Dazu zählen Vorschriften des Energierechts, des Umweltrechts, des Bau- und Planungsrechts, des Bergrechts, etc. Trotz möglicher dogmatischer Abgrenzungsprobleme lässt sich das Klimaschutzrecht jedenfalls auch als ein eigenständiges Teilgebiet Umweltrechts einordnen.[1043] Zum 1.7.2024 ist das erste bundesweite Klimaanpassungsgesetz in Kraft getreten.

5302 Das Klimaschutzrecht ist mit zahlreichen Regelungen und Vollzugsinstrumenten auf völkerrechtlicher, europarechtlicher und nationaler Ebene eines in einem Mehrebenensystem vernetztes Rechtsregime.[1044] Das zentrale Bundesgesetz zum Klimaschutzrecht ist das Klimaschutzgesetz des Bundes.

1035 Rodi in Rodi Klimaschutzrecht, 2022, § 1 Rn. 2; Sailer NVwZ 2011, 718; Kahl/Gärditz Umweltrecht, 2023, § 6 Rn. 4; zum Klima als Rechtsbegriff Hamacher NuR 2023, 84.

1036 Fellenberg/Guckelberger Klimaschutzrecht, 2022, Einl. Rn 1.

1037 Bauer in Beckmann/Kment, UVPG/UmwRG, 2023, § 2 UVPG Rn. 53; Hamacher in Schink/Reidt/Mitschang, UVPG/UmwRG, 2023, § 2 UVPG Rn. 30; zum Klima als Rechtsbegriff Hamacher NuR 2023, 84.

1038 BVerwG Urt. v. 4.5.2022 – 9 A 7/21, juris Rn. 60 ff.; ausführlicher zu § 13 KSG Kling ZUR 2024, 141; Heß/Peters/Schöneberger/Verheyen NVwZ 2023, 113; Erbguth UPR 2023, 241; Zur Relevanz des Klimaschutzes in der Fachplanung Siegel DÖV 2023, 329.

1039 zum Begriff Kahl/Gärditz Umweltrecht, 2023, § 6 Rn. 6; Sailer NVwZ 2011, 718; Gärditz JuS 2008, 324.

1040 verneinend Schlacke Umweltrecht, 2023, § 16 Rn. 2; Fellenberg/Guckelberger KSG, 2022, Einl. Rn 1; bejahend Hoffmann-Much in Kluth/Smeddinck Umweltrecht, 2020, § 6 Rn. 5 mwN; Koch NVwZ 2011, 641 (642 f.); Sailer NVwZ 2011, 718 (720); näher dazu auch Rodi in Rodi, Klimaschutzrecht, 2022, § 1 Rn. 5 f.; zum Hochwasserschutz in der Raumplanung Beckmann BauR 2021, 1748; Kümper DÖV 2022, 889; Queitsch UPR 2011, 130; zum Klimaanpassungsgesetze Fellenberg/Dingemann/Römling, NVwZ 2024, 281; zum Entwurf des KAnG Beckmann KlimRZ 2023, 151; zur Klimaanpassung in der Regionalplanung Köck ZUR 2023, 266; zur Klimaanpassung im Städtebau Marschall ZfBR 2024, 6.

1041 so Kloepfer Umweltrecht, 2016, § 4 Rn. 17; Sailer NVwZ 2011, 718, 720; Rodi in Rodi, Klimaschutzrecht, 2022, § 1 Rn. 6.

1042 Rodi in Rodi, Klimaschutzrecht, 2022, § 1 Rn. 37; Gärditz JuS 2008, 324 (325).

1043 Gärditz JuS 2008, 324 (325); Koch NVwZ 2011, 641 (642); Rodi in Rodi, Klimaschutzrecht, 2022, § 1 Rn. 34; zur Eigenständigkeit des Rechtsgebiets siehe Burgi NVwZ 2021, 1401 (1403 f).

1044 Gärditz JuS 2008, 324, 325; Schlacke NVwZ 2022, 905; EnWZ 2020, 355.

2. Internationales Klimaschutzrecht

Wesentlicher Motor des internationalen Klimaschutzrechts sind völkerrechtliche Verträge; das internationale Klimaschutzrecht hat sich aufgrund der sich kontinuierlich erweiternden klimawissenschaftlichen Erkenntnisse fortentwickelt.[1045] Meilensteine des internationalen Klimaschutzes sind die Klimarahmenkonvention (1992), das Kyoto-Protokoll (1997) und das Übereinkommen von Paris (2015). Mittlerweile ist das Klimaschutzrecht aber auch ein ganz gewichtiger, immer bedeutender werdender Gegenstand des Unionsrechts.[1046] 5303

a) Internationale Abkommen. Frühe Anstrengungen zum Klimaschutz auf der Ebene des Völkerrechts richteten sich auf den Schutz der Ozonschicht, die die Erde vor einer UV-B-Strahlung der Sonne schützt. Es geht dabei um die Vermeidung der Freisetzung von Chemikalien, insbesondere von nur Fluorkohlenwasserstoffen (FCKW), die in verschiedenen Produkten als Treibgase und Kältemittel eingesetzt wurden und zu Schäden an der Ozonschicht führten. Mitte der 1970er Jahre stellten Wissenschaftler eine Ausdünnung der Ozonschicht fest; 1986 wurde ein saisonales Loch in der Ozonschicht über der Antarktis entdeckt. Grundlage für den internationalen Schutz der Ozonschicht ist das Wiener Übereinkommen zum Schutz der Ozonschicht aus dem Jahre 1985. Danach sollen die Vertragsparteien zum Schutz der menschlichen Gesundheit und Umwelt vor schädlichen Auswirkungen, die durch eine Schädigung der Ozonschicht verursacht werden, im Rahmen ihrer Möglichkeiten geeignete Maßnahmen ergreifen.[1047] Mit dem Wiener Ab-kommen und dem dies Abkommen ergänzenden Montrealer Protokoll von 1987 wurde ein konkreter Zeitplan für den weltweiten Ausstieg aus Produktion und Verwendung der schadensursächlichen FCKW beschlossen, der danach noch mehrfach verschärft wurde. 5304

1992 wurde auf der UN-Konferenz für Umwelt und Entwicklung in Rio de Janeiro die UN-Klimarahmenkonvention (KRK) verabschiedet. Ziel dieses Abkommens ist es, die Treibhausgaskonzentrationen in der Atmosphäre auf einem Niveau zu stabilisieren, das eine gefährliche Störung des Klimasystems vermeidet.[1048] 5305

Verbindliche Klimaschutzziele zur Reduzierung von verschiedenen Treibhausgasen enthielt erst das 1997 beschlossene und 2005 in Kraft getretene Klimaschutzprotokoll zur KRK (Kyoto-Protokoll). Danach sollten die Emissionen der Treibhausgase in den Industrieländern in der Zeit von 2008 bis zum Jahr 2012 um mindestens 5 % gegenüber dem Emissionsniveau des Jahres 1990 verringert werden. Das Kyoto-Protokoll sieht allerdings auch flexible Mechanismen vor, um die erlaubte Emissionsgesamtmenge der einzelnen Staaten möglichst kostengünstig einhalten zu können. Die Vertragsstaaten und Anlagenbetreiber sollten die Wahl haben, entweder durch Investitionen eine Reduktion der Emissionen zu erreichen, oder Emissionsberechtigungen zusätzlich zu erwerben.[1049] 5306

Die Vertragsstaaten der KRK beraten auf UN-Klimakonferenzen jährlich über die Fortentwicklung des UN-Klimaschutzrechts. Im Jahr 2015 wurde in Paris ein neues Weltklimaabkommen beschlossen, das seit 2020 gilt und den Rahmen für den globalen Klimaschutz setzt.[1050] Völkerrechtlich verbindlich wurde das Ziel vereinbart, die Erderwärmung im Vergleich zum vorindustriellen Zeitalter auf deutlich unter 2°C zu beschränken; außerdem sollen die Vertragsstaaten Anstrengungen unternehmen, den Temperaturanstieg schon bei 1,5°C zu stabilisieren.[1051] Verantwortlich für die Einhaltung dieser Zielvorgaben sind alle Vertragsstaaten, wobei die gemein-same Verantwortung nicht bedeutet, dass alle Vertragsstaaten dieselben Beiträge zur Zielerreichung erbringen müssen. Das Pariser Klimaschutzabkommen verpflichtet vielmehr die 5307

[1045] Schlacke NVwZ 2022, 905; Schlacke EnWZ 2020, 355; zum Verhältnis des Klimavölkerrechts zum deutschen Verfassungsrecht siehe Frenz Grundzüge des Klimaschutzrechts, 2021, S. 41; zu den völkerrechtlichen Grundlagen des Klimaschutzes siehe auch Kreuter-Kirchhof in Rodi Klimaschutzrecht, 2022, § 2 Rn. 1 ff.

[1046] einen Überblick über weitere UN-Klimakonferenzen und ihre Verhandlungsergebnisse gibt zB Schlacke EnWZ 2020, 355.

[1047] näher dazu Hoffmann-Much in Kluth/Smeddinck Umweltrecht, 2020, § 6 Rn.11 ff.

[1048] näher dazu Fellenberg/Guckelberger KSG, 2022, Einl. Rn 4.

[1049] ausführlicher dazu Hoffmann-Much in Kluth/Smeddinck Umweltrecht, 2020, § 6 Rn. 16 ff.

[1050] ausführlicher zum Übereinkommen von Paris Böhringer ZaöRV 2016, 753; Morgenstein/Dehnen ZUR 2016, 131; Schlacke EnWZ 2020, 355 Ekardt NVwZ 2016, 355; Nückel ZUR 2017, 525; Franzius ZUR 2017, 515.

[1051] näher dazu Schlacke NVwZ 2022, 905.

Staaten dazu, selbst festzulegen, welchen Beitrag zum Schutz der Erdatmosphäre sie ab dem Jahre 2020 leisten.[1052] Damit soll auf die begrenzte Durchsetzbarkeit des Völkerrechts und auf Eigeninteressen der Staaten Rücksicht genommen werden.

5308 Die Treibhausgasneutralität soll in der zweiten Hälfte dieses Jahrhunderts erreicht sein. Reduktionsminderungsziele für einzelne Vertragsstaaten sind allerdings nicht verbindlich vereinbart. Vielmehr müssen die Vertragsstaaten lediglich ihre eigenen Klimaschutzbeiträge und -maßnahmen dem UN-Klimasekretariat melden, das deren Effizienz für die Zielerreichung prüft.[1053]

5309 Für das Ziel der Klimaneutralität müssen Langfriststrategien entwickelt werden, deren Meldung aber freiwillig ist. In der zweiten Hälfte dieses Jahrhunderts soll die weltweite Netto-THG-Emission auf null reduziert werden. Den Industriestaaten ordnet das Abkommen dabei eine besondere Verantwortung für die Festlegung von Emissionsminderungszielen zu; die Entwicklungsländer sollen bei der Erreichung eines höheren Klimaschutzniveaus unterstützt werden. Die noch am wenigsten entwickelten Länder und vor allem kleine Inselstaaten sollen lediglich Strategien, Pläne und Aktionen für eine Verringerung der Treibhausgasemissionen in Abhängigkeit von ihren speziellen Umständen entwickeln.[1054]

5310 Im Jahr 2021 wurden die Ziele des Pariser Abkommens von den Vertragsparteien bekräftigt; ergänzend wurde vereinbart, dass die Verpflichtungen bis Ende 2022 erforderlichenfalls überprüft werden sollen, um die Erderwärmung auf 1, 5° C zu begrenzen. Außerdem wurde vereinbart, die Bemühungen um einen schrittweisen Ausstieg aus der Kohleverstromung und der Subvention von fossilen Brennstoffen zu verstärken.[1055] Außerdem wurden in Glasgow die Industriestaaten verpflichtet, ihren kollektiven Anteil an der Anpassungsfinanzierung zu verdoppeln. Außerdem einigten sich die Vertragsstaaten über einen Prozess der langfristigen Klimawandelfolgenfinanzierung nach dem Jahr 2025.[1056]

5311 Im Jahr 2021 hatten 194 Staaten ihre ersten Klimaschutzbeiträge gemeldet, 13 Staaten hatten ihre Klimaschutzbeiträge schon einmal überarbeitet; Langfriststrategien hatten aber erst knapp 40 Staaten vorgelegt. Sanktionsmechanismen für die Nichtbefolgung der Meldung der Klimaschutzbeiträge fehlen. Ein UNEP-Bericht aus dem Jahr 2021 stellt fest, dass die dem UN-Sekretariat gemeldeten Klimaschutzbeiträge lediglich 7,5 % Treibhausgasminderung bis 2030 erzielen, erforderlich wäre jedoch eine Reduktion um 55 %, um das angesteuerte 1,5 Grad Celsius-Ziel nicht zu überschreiten.[1057]

5312 Der deutsche Gesetzgeber hat in § 1 S. 3 KSG die Klimaziele des Pariser Abkommens für das deutsche Recht übernommen, ohne dass er dazu völkerrechtlich oder verfassungsrechtlich verpflichtet gewesen wäre. Das BVerfG führt dazu aus, der Gesetzgeber habe in Wahrnehmung seines Konkretisierungsauftrags und seiner Konkretisierungsprärogative das Klimaschutzziel des Art. 20 a GG „aktuell verfassungsrechtlich zulässig" dahingehend bestimmt, dass der Anstieg der globalen Durchschnittstemperatur auf deutlich unter 2 °C und möglichst auf 1,5 °C gegenüber dem vorindustriellen Niveau zu begrenzen sei. Das BVerfG hat darin eine Selbstverpflichtung des Gesetzgebers gesehen; der Gesetzgeber müsse sich insoweit an dem von ihm selbst einfachgesetzlich vorgegebenen Zielmaßstab verfassungsrechtlich messen lassen.[1058]

5313 In weiteren Klimakonferenzen in den Jahren 2016-2018 wurde eine konkretere Ausgestaltung und Umsetzung des Pariser Abkommens ausgehandelt; so beschloss die UN-Klimakonferenz in Kattowitz 2018 ein Regelbuch, das die Vertragsstaaten ua zur Offenlegung ihrer „national festgelegten Beiträge" in einem der Öffentlichkeit zugänglichen Online-Register verpflichtet. Es blieb jedoch dabei, dass die Staaten sich selbst für bestimmte Maß-nahmen des Klimaschutzes entscheiden müssen, über die dann Bericht zu erstatten ist, und dass insoweit der Klimaschutz auf einem gegenseitigen Vertrauen der Staaten und ihrem Engagement dafür angewiesen ist.

1052 Kreuter-Kirchhof in Rodi Klimaschutzrecht, 2022, § 2 Rn. 32.
1053 Schlacke NVwZ 2022, 905.
1054 Schlacke Umweltrecht, 2023, § 16 Rn. 9.
1055 dazu Fellenberg/Guckelberger KSG, 2022, Einl. Rn 7.
1056 zu dem Solidarpakt zur Unterstützung der Entwicklungsländer siehe Kreuter-Kirchhof in Rodi Klimaschutzrecht, 2022, § 2 Rn. 40.
1057 Schlacke NVwZ 2022, 905.
1058 BVerfG Beschl. v. 24.03.2021, juris Rn. 211 ff.

b) EU-Recht. Die EU ist ebenfalls Vertragspartei des Pariser Abkommens; sie verfolgt zur Umsetzung der völkerrechtlichen Klimaschutzvorgaben aber bereits seit dem Jahr 1988 eine Doppelstrategie. Einige treibhausgasemittierende Sektoren gehören in den Anwendungsbereich des EU-Emissionshandelssystems. Dazu zählen die Strom- und Wärmerzeugung, energieintensive Industrien (zB Ölraffinerien, Stahl- und Aluminiumwerke), Teile der chemischen Industrie und innereuropäische Flüge. Diese Sektoren repräsentieren rund 40 % der Treibhausgasemissionen in der EU. Andere Sektoren, etwa Verkehr, Landwirtschaft, Gebäude fielen bislang noch nicht in den Anwendungsbereich des EU-weiten Emissionshandels; sie werden aber von der EU-Klimaschutzverordnung erfasst. Die EU-Mitgliedstaaten haben jedoch Ende 2022 eine politische Einigung zur Reform des EU-Emissionshandels gebilligt, die auch Gebäude und den Verkehrssektor in den Emissionshandel integriert. Die Mitgliedstaaten der EU haben im Rat der Ständigen Vertreter (AStV) die politische Einigung zur Reform des EU-Emissionshandelns vom 18.12.2022 bestätigt. Nach Inkrafttreten der entsprechenden Richtlinie haben die Mitgliedstaaten eine Übergangszeit zur Umsetzung. Der Europäische Emissionshandel wird damit auf fast alle Sektoren ausgeweitet, insbesondere werden die Bereiche Gebäude und Verkehr integriert. Etwa 85 % aller europäischen CO_2-Emissionen werden damit zukünftig an Zertifikate bzw. Emissionsrechte gebunden, deren Menge kontinuierlich ab entsprechend den europäischen Klimazielen geringer wird. 5314

Der EU wird vorgehalten, dass ihre Klimaschutzbestimmungen „ausgesprochen vielgestaltig“, in ihrem materiellen Gehalt aber „eher programmatisch“ und „konkretisierungsbedürftig“ seien mit der Konsequenz, dass die von den völkerrechtlichen Klimaschutzübereinkommen ausgehende Umsetzungslast weitgehend auf die EU-Mitgliedstaaten abgeschoben worden sei.[1059] 5315

Primärrechtlich ist die Bekämpfung des Klimawandels Teil der Umweltpolitik nach Art. 191 I, 4. Spiegelstrich AEUV geregelt. Danach trägt die Umweltpolitik der Union auch zur Förderung von Maßnahmen auf internationaler Ebene zur Bewältigung regionaler oder globaler Umweltprobleme und insbesondere zur Bekämpfung des Klimawandels bei. Die Umweltpolitik der Union zielt nach Art, 191 II AEUV unter Berücksichtigung der unterschiedlichen Gegebenheiten in den einzelnen Regionen der Union auf ein hohes Schutzniveau ab. Sie beruht auf den Grundsätzen der Vorsorge und Vorbeugung, auf dem Grundsatz, Umweltbeeinträchtigungen mit Vorrang an ihrem Ursprung zu bekämpfen, sowie auf dem Verursacherprinzip. Das gilt auch für die Klimaschutzpolitik der EU. 5316

Hinzu kommt der für den Klimaschutz ebenfalls maßgebliche Energie-Kompetenztitel des Art. 194 AEUV.[1060] Die Energiepolitik der Union verfolgt danach im Geiste der Solidarität zwischen den Mitgliedstaaten, im Rahmen des Binnenmarkts und unter Berücksichtigung der Notwendigkeit des Schutzes der Umwelt bestimmte Ziele. Dazu gehört neben der Sicherstellung eines funktionierenden Energiemarkts und neben der Energieversorgungssicherheit der EU auch die besonders klimaschutzrelevante Förderung der Energieeffizienz und von Energieeinsparungen sowie die Entwicklung neuer und erneuerbarer Energiequellen. 5317

Darüber hinaus hat die EU Vorgaben zum Klimaschutz in verschiedenen Verordnungen, Richtlinien und Entscheidungen geregelt. Angesichts des Vorrangs des Unionsrechts gegenüber dem Recht der Mitgliedstaaten ist das EU-Klimaschutzrecht für die Klimapolitik in Deutschland entscheidend, auch wenn es im Klimabeschluss des BVerfG vom 24.3.2021 keine maßgebliche Rolle spielte bzw. spielen musste.[1061] 5318

Den zentralen Rechtsrahmen für den Klimaschutz der EU bildet die VO (EU) 2018/1999 über das Governance-System für die Energieunion und für den Klimaschutz. Sie soll die Verpflichtungen des Pariser Übereinkommens umsetzen und die Energie- und Klimapolitik der EU steuern, diese in einem Rechtsakt integrieren und zusammenführen. Die Governance-VO schreibt den Mitgliedstaaten die Erarbeitung von Langfriststrategien zur THG-Reduktion von 2021 bis 2050 (Art. 15 Governance-VO) sowie von (mittelfristigen) integrierten nationalen Energie- und Klimaplänen (Art. 3 Governance-VO) vor. Nach Art. 4 Governance-VO müssen die Mitgliedstaaten Angaben zur Verringerung der Treibhausgasimmissionen, zum Ausbau der erneuerbaren Energien und zur Verwirklichung der Energieeffizienzvorgaben machen. Es han- 5319

1059 Durner EurUP 2021, 330 (335); Breuer NVwZ 2022, 1233 (1235).

1060 dazu Frenz Grundzüge des Klimaschutzrechts, 2021, Rn. 237; Schlacke Umweltrecht, 2023, § 16 Rn. 11.

1061 Frenz Grundzüge des Klimaschutzrechts, 2021, 65.

delt sich um ein Planungs- und Monitoring-Instrument für die Umsetzung der energie- und klimapolitischen Ziele der EU für das Jahr 2030 für die langfristigen Verpflichtungen der EU aus dem Pariser Übereinkommen zur Reduktion von Treibhausgasen.[1062]

5320 Die EU-Kommission verfügt dazu auch über Kontrollbefugnisse. Sie bewertet, ob die ihr übermittelten Pläne geeignet sind, die energie- und klimapolitischen Ziele der Union und die Vorgaben dazu bis zum Jahr 2030 zu erreichen (Art. 13 der Verordnung). Die Kommission kann gegenüber den Mitgliedstaaten Empfehlungen aussprechen und Maßnahmen vorschlagen, wenn sie deren Beiträge zur Erreichung der EU-Ziele für unzureichend hält oder wenn die Mitgliedstaaten ihre Strategien und Maßnahmen nur ungenügend umsetzen (Art. 31 I, III, Art. 32 Governance-VO). Außerdem kann die Kommission weitere Befugnisse nutzen, etwa durch den Erlass delegierter Rechtsakte und von Durchführungsrechtsakten iSv Art. 290, 291 AEUV. Ein Vertragsverletzungsverfahren kann aber allenfalls bei Versäumnissen bei der Vorlage eines Klimaschutzbeitrags, nicht aber wegen unzureichender Ziele oder Maßnahmen einzelner Mitgliedstaaten eingeleitet werden.[1063]

5321 Der European Green Deal (EU-Kommission, Mitteilung v. 11.12.2019, COM (2019) 640) formuliert das Ziel der EU, Klimaneutralität bis 2050 zu erreichen.[1064] Der Green Deal enthält einen Fahrplan für verschiedene Maßnahmen, mit denen eine effiziente-re Ressourcennutzung im Rahmen einer sauberen und kreislauforientierten Wirtschaft gefördert sowie die Biodiversität wiederhergestellt und die Verschmutzung der Umwelt bekämpft werden soll. Der Green Deal geht insoweit über Anliegen des Klimaschutzes weit hinaus.[1065] Kernanliegen des Green Deal sind die Versorgung mit sauberer, sicherer und preisgünstiger Energie, die Mobilisierung der Industrie für eine saubere und kreislauforientierte Wirtschaft,[1066] energie- und ressourcenschonendes Bauen und Renovieren, eine raschere Umstellung auf eine nachhaltige und intelligente Mobilität, die Entwicklung eines fairen, gesunden und umweltfreundlichen Lebensmittelsystems, die Erhaltung und Wiederherstellung der Ökosysteme und Biodiversität sowie eine schadstofffreie Umwelt.[1067]

5322 Ergänzt wird der Green Deal durch den Europäischen Klimapakt, der Akteuren der Zivilgesellschaft (Einzelne, soziale Gruppen, Verbände etc.), Organisationen und der EU-Kommission einen – im Laufe der Zeit weiterzuentwickelnden – offenen, inklusionsfördernden Raum zum Austausch von Erfahrungen und Wissen, für Diskussionen und zur Koordination des Handelns zur Bewältigung der Klimakrise bieten und damit digitalen und grünen Wandel verbinden soll.[1068]

5323 Auf der Grundlage des eher programmatisch-strategisch angelegten „Green Deal" beruht die VO (EU) 2021/1119 zur Schaffung des Rahmens für die Verwirklichung der Klimaneutralität, die als EU-Klimagesetz bezeichnet wird und in 2021 in Kraft trat. Mit dem EU-Klimagesetz wurde das Reduktionsziel bis zum Jahr 2030 von 40 % auf 55 % angehoben (Art. 4 I EU-Klimagesetz). Klimaneutralität ist nach Art. 2 I EU-Klimagesetz bis zum Jahr 2050 EU-weit zu erreichen; nach dem Jahr 2050 sind negative Emissionen anzustreben. Die zuständigen Organe der Union und die Mitgliedstaaten treffen auf Unionsebene bzw. auf nationaler Ebene nach Art. 2 II EU-Klimagesetz die notwendigen Maßnahmen, um die gemeinsame Verwirklichung des in Art. 2 I EU-Klimagesetz festgelegten Ziels der Klimaneutralität zu ermöglichen, und berücksichtigen dabei die Bedeutung der Förderung sowohl von Fairness als auch von Solidarität zwischen den Mitgliedstaaten und von Kostenwirksamkeit bei der Verwirklichung dieses Ziels. Das EU-Klimagesetz stellt außerdem ein neues Anpassungsziel auf, um mit einem kontinuierlichen Fortschritt bei der Verbesserung von Anpassungskapazitäten, die Stärkung von Resilienz und die Minderung von Vulnerabilität in Bezug auf den Klimawandel zu erreichen. Eine neue Klimazielvereinbarkeitsprüfung soll sicherstellen, dass jeder Maßnahmenentwurf und

---

[1062] näher dazu Hoffmann-Much in Kluth/Smeddinck Umweltrecht, 2020, § 6 Rn. 38; Schlacke/Knodt ZUR 2019, 404. (ABl. 2018 L 328, dazu Schlacke NVwZ 2022, 905, 906; Schlacke/Lammers EurUP 2018, 424; Schlacke/Knodt ZUR 2019, 404; Schlacke EnWZ 2020, 355, 357).

[1063] Schlacke Umweltrecht, 2023, § 16 Rn. 13; Köck/Markus ZUR 2020, 257 (258), die von „bindenden Empfehlungen" sprechen.

[1064] Frenz Grundzüge des Klimaschutzrechts, 2021, Rn. 81 ff.; Schlacke NVwZ 2022, 905.

[1065] Frenz Grundzüge des Klimaschutzrechts, 2021, Rn. 82.

[1066] ausführlich dazu Klement/Roller in Rodi, Klimaschutzrecht, 2022, § 39 Rn. 1 ff.

[1067] dazu Kloepfer/Durner Umweltschutzrecht, 2020, § 6 Rn. 16.

[1068] Kloepfer/Durner Umweltschutzrecht § 6 Rn. 16.

Rechtsaktvorschlag, einschließlich eines Budgetvorschlags, hinsichtlich der Vereinbarkeit mit den EU-weiten Zielen geprüft werden soll.[1069]

Der Beirat für Klimawandel dient nach Art. 3 I EU-Klimagesetz der Union aufgrund seiner Unabhängigkeit und seines wissenschaftlichen und technischen Fachwissens als Be-zugspunkt für wissenschaftliche Erkenntnisse im Zusammenhang mit dem Klimawandel. Zu den Aufgaben des Beirats für Klimawandel gehören unter anderem Aufgaben, wie die Berücksichtigung der neusten wissenschaftlichen Erkenntnisse aus den Berichten des IPCC und der wissenschaftlichen Klimadaten, insbesondere der für die Union relevanten Informationen, die wissenschaftliche Beratung und Erstellung von Berichten über bestehende und vorgeschlagene Maßnahmen, Klimaziele und indikative Treibhausgasbudgets der Union sowie deren Vereinbarkeit mit den Zielen dieser Verordnung und den internationalen Verpflichtungen der Union gemäß dem Übereinkommen von Paris und die Ermittlung von Maßnahmen und Möglichkeiten, die erforderlich sind, um die Klimaziele der Union zu verwirklichen. 5324

Im Hinblick auf die Verwirklichung des Ziels der Klimaneutralität gemäß Art. 2 I EU- KlimaG wird ein unionsweites Klimaziel für das Jahr 2040 festgelegt. Zu diesem Zweck legt die EU-Kommission spätestens 6 Monate nach der ersten weltweiten Bestandsaufnahme gemäß Art. 14 des Paris-Übereinkommens einen Legislativvorschlag auf der Grundlage einer ausführlichen Folgenabschätzung vor, um die Verordnung dahingehend zu ändern, dass das Klimaziel der Union für 2040 darin aufgenommen wird, wobei die Schlussfolgerungen aus den in den Art. 6 und 7 EU-KlimaG genannten Bewertungen und die Ergebnisse der weltweiten Bestandsaufnahme berücksichtigt werden. 5325

Bei der Vorlage ihres Legislativvorschlags für das Klimaziel der Union für das Jahr 2040 veröffentlicht die EU-Kommission gem. Art. 4 III EU-KlimaG gleichzeitig in einem gesonderten Bericht das projizierte indikative Treibhausgasbudget der Union für den Zeitraum von 2030 bis 2050, definiert als die indikative Gesamtmenge der Netto-Treibhausgasemissionen (als CO_2-Äquivalent und mit gesonderten Informationen über die Emissionen und den Abbau von Treibhausgasen), die voraussichtlich in diesem Zeitraum emittiert werden, ohne dadurch die Verpflichtungen der Union gemäß dem Übereinkommen von Paris zu gefährden. 5326

Bis zum 30.9.2023 und danach alle fünf Jahre bewertet die Kommission nach Art. 6 I EU-KlimaG die gemeinsamen Fortschritte aller Mitgliedstaaten bei der Verwirklichung des Ziels der Klimaneutralität und die gemeinsamen Fortschritte aller Mitgliedstaaten bei der Anpassung an den Klimawandel gemäß Art. 5 EU-KlimaG der vorliegenden Verordnung. Bis zum 30.9.2023 und danach alle fünf Jahre überprüft die Kommission nach Art. 6 II EU-KlimaG die Vereinbarkeit der Unionsmaßnahmen mit dem Ziel der Klimaneutralität und die Vereinbarkeit der Unionsmaßnahmen mit der Sicherstellung von Fortschritten bei der Anpassung an den Klimawandel. Stellt die Kommission bei ihren Bewertungen fest, dass die Unionsmaßnahmen nicht mit dem Ziel der Klimaneutralität vereinbar sind bzw. nicht damit vereinbar sind, Fortschritte bei der Anpassung an den Klimawandel sicherzustellen, oder dass die Fortschritte unzureichend sind, so trifft sie die erforderlichen Maßnahmen. Ergänzend zu der Bewertung der Fortschritte und Maßnahmen der Union hat die Kommission nach Art. 7 EU-KlimaG in denselben Zeiträumen auch die nationalen Maßnahmen zu bewerten. 5327

Im Jahr 2021 verabschiedete die EU-Kommission ihr „Fit for 55"-Legislativpaket, mit dem das klimaschutzbezogene Instrumentarium erheblich erweitert werden sollte. So soll die Gesamtemissionsminderungsleistung auf Grundlage der RL 2003/87/EG über ein System für den Handel mit Treibhausgasemissionszertifikaten (ABlEG 2003 L 275/32) im Jahr 2030 61 % gegenüber 2005 betragen; der Anwendungsbereich des EU-Emissionshandels bezieht auch den Schiffsverkehr ein. Der Emissionshandel soll außerdem durch einen „Grenzsteueranpassungsmechanismus" ergänzt werden. Dazu müssen Importeure eine Zertifikatabgabe für Importeure bestimmter Güter aus Drittstaaten zahlen, um so einem Carbon Leakage entgegenzuwirken.[1070] Außerdem soll ein neuer Emissionszertifikatehandel für die Sektoren Gebäude und Straßenverkehr ab 2025 eingeführt werden. 5328

Die EU hat, nicht zuletzt veranlasst durch das Kyoto-Protokoll, mit der Emissionshandelsrichtlinie ein europäisches System für den Handel mit Emissionsberechtigungen zunächst nur für den Sektor Energie und Industrie geschaffen. Der Emissionshandel beruht auf einer schrittweisen Deckelung der Emissionsrechte und damit auch der handelbaren Zertifikate. Emittenten werden dadurch verpflichtet, für den Ausstoß spezifischer Gase eine handelbare Emissions- 5329

[1069] Schlacke NVwZ 2022, 905 (907); Falke ZUR 2021, 57 f.
[1070] Schlacke NVwZ 2022, 905 (907).

berechtigung nachzuweisen; sie sollen damit veranlasst werden, mit technischen Innovationen eine Emissionsverminderung zu bewirken.[1071]

5330 Begonnen hat der Emissionshandel bereits zu Beginn des Jahres 2005; er wurde in der Folgezeit in mehreren Zuteilungsperioden fortgesetzt. Die auf einzelne Mitgliedstaaten entfallenden Emissionsberechtigungen wurden zunächst auf EU-Ebene ausgehandelt und anschließend von den Mitgliedstaaten in nationalen Allokationsplänen an die Emittenten verteilt.[1072] Angesichts einer befürchteten Überausstattung der die Unternehmen mit Emissionszertifikaten und einer daraus folgenden, zu geringen Reduktion der Emissionen wurde durch eine Novelle der Richtlinie 2009/29/EG zur Verbesserung und Ausweitung des Gemeinschaftssystems für den Handel mit Treibhausgasemissionszertifikaten neue Mechanismen für die Festlegung der Emissionsobergrenzen in den Mitgliedstaaten und für die Zuteilungsregeln eingeführt.

5331 Im Jahre 2019 wurde eine Marktstabilitätsreserve eingeführt, mit deren Hilfe ein Überschuss an Zertifikaten abgebaut werden soll. Die Marktstabilitätsreserve reduziert für den Fall, dass zu viele Zertifikate im Umlauf sind, die jährlichen Auktionsmengen. Für den Fall, dass zu wenige Zertifikate auf dem Markt sind, werden diese aus der Marktstabilitätsreserve aufgestockt.[1073]

5332 Für die Handelsperiode von 2021 bis 2031 ergibt sich aus der Richtlinie 2018/410 zur Unterstützung kosteneffizienter Emissionsreduktionen und zur Förderung von Investitionen mit geringem CO_2-Ausstoß eine weitere Verknappung der zuzuteilenden Emissionszertifikate.

5333 Zur Steigerung der Energieeffizienz hat die EU außerdem eine Energieeffizienzrichtlinie erlassen. Sie soll bewirken, dass mit Maßnahmen zur Steigerung der Energieeffizienz der Energieverbrauch reduziert und dadurch natürlich auch der Ausstoß klimaschädlicher Treibhausgase, die Energiekosten sowie die Abhängigkeit von Energieimporten gesenkt werden. Primärrechtliche Grundlage ist Art. 194 Ic AEUV, der die Förderung der Energieeffizienz zum Ziel der Energiepolitik der EU macht. Die Energieeffizienzrichtlinie sieht verschiedene Maßnahmen zur Beseitigung vorhandener Hindernisse und Unzulänglichkeiten des Marktes vor, die eine Effizienz der Energieversorgung der Energienutzung beeinträchtigen. Dabei handelt es sich aber lediglich um Mindestanforderungen, die es den Mitgliedstaaten erlauben, strengere Maßnahmen beizubehalten oder zu ergreifen, solange dies mit dem Unionsrecht vereinbar ist (Art. 1 II der Richtlinie).[1074]

5334 Für den Gebäudebereich gilt außerdem die Gebäudeenergieeffizienz-Richtlinie, die einen Ausbau eines energieeffizienten und dekarbonisierten Gebäudebestands verlangt. Eine Renovierung des Gebäudebestands ist für den Klimaschutz und die Energiewende wichtig, weil etwa 50 % des Energieverbrauchs der EU beim Heizen und Kühlen anfallen, davon wiederum 80 % in Gebäuden.[1075] Neue Gebäude müssen von vornherein Mindestanforderungen an die Gesamtenergie erfüllen. Alle Mitgliedstaaten sind nach Art. 2a dieser Richtlinie verpflichtet, bis zum Jahr 2050 eine langfristige Strategie zur Unterstützung der Renovierung des nationalen Bestandes sowohl an öffentlichen als auch an privaten Gebäuden zu entwickeln, mit der ein Kosten effizienter Umbau bestehender Gebäude zur Verbesserung der Energieeffizienz befördert werden soll. Außerdem sollen Gebäude für künftige Möglichkeiten der Energie-Verkehrsinfrastruktur entmutigt werden. Dazu sollen neue Gebäude und solche, die grundlegend renoviert werden, zB mit Einrichtungen einer Ladeinfrastruktur ausgestattet werden. Zur Umsetzung dieser Richtlinie ist ein System zur Erstellung von Ausweisen über die Gesamtenergieeffizienz von Gebäuden vorgesehen.[1076]

5335 Mit einer weiteren Richtlinie über die Förderung sauberer Straßenfahrzeuge zur Unterstützung einer emissionsarmen Mobilität sollen öffentliche und private Auftraggeber in Vergabeverfahren angehalten werden, Energie- und Umweltauswirkungen neuer Fahrzeuge zu berücksichtigen. Die Richtlinie zur Förderung sauberer und energieeffizienter Straßenfahrzeuge zur Unterstützung einer emissionsarmen Mobilität soll für saubere und energieeffiziente Fahrzeuge sorgen.

[1071] näher dazu Frenz Grundzüge des Klimaschutzrechts, 2021, Rn. 71; Schlacke Umweltrecht, 2023, § 16 Rn. 15; Hoffmann-Much in Kluth/Smeddinck Umweltrecht, 2020, § 6 Rn. 41 ff; Kreuter-Kirchhof ZUR 2019, 396 (397).

[1072] Hoffmann-Much in Kluth/Smeddinck Umweltrecht, 2020, § 6 Rn. 44.

[1073] näher dazu Hoffmann-Much in Kluth/Smeddinck Umweltrecht, 2020, § 6 Rn.45.

[1074] näher dazu Hoffmann-Much in Kluth/Smeddinck Umweltrecht, 2020, § 6 Rn. 62 ff.

[1075] Frenz Grundzüge des Klimaschutzrechts, 2021, Rn. 202.

[1076] näher dazu Frenz Grundzüge des Klimaschutzrechts, 2021, Rn. 196 ff.

Für die bislang noch nicht vom EU-Emissionshandel erfassten Sektoren, insbesondere für den Verkehr und für Gebäude gelten Pflichten der Mitgliedstaaten zur Reduktion von Treibhausgasen. Die Klimaschutzverordnung (EU) 2018/842 sieht für die Jahre 2021–2030 für die einzelnen Mitgliedstaaten verbindliche Reduktionsziele im Vergleich zum Jahr 2005 vor.[1077] 5336

Im Sinne eines produktbezogenen Umwelt- und Klimaschutzes stellt die Ökodesign-Richtlinie Anforderungen an die umweltgerechte Gestaltung von energieverbrauchsrelevanten Produkten.[1078] Nach Art. 3 Ökodesign-Richtlinie dürfen energieverbrauchsrelevante Produkte nur in Verkehr gebracht oder in Betrieb genommen werden, wenn sie die in speziellen Verordnungen der EU-Kommission über umweltrelevante Anforderungen an energieverbrauchsrelevante Produkte geregelten Anforderungen an die Energieeffizienz erfüllen. 5337

Ergänzend zum Emissionshandel und zu ordnungsrechtlichen Emissionsminderung sieht die EU die Förderung der Nutzung von Energie aus erneuerbaren Quellen vor.[1079] In der Richtlinie zur Förderung der Nutzung von Energie aus erneuerbaren Quellen (Richtlinie 2009/28/EG) aus dem Jahre 2009 wurde verbindlich festgelegt, dass bis 2020 ein Anteil von 20% des Energieverbrauchs in der EU aus erneuerbaren Quellen stammen musste. Darüber hinaus waren alle Mitgliedstaaten verpflichtet, bei den Kraftstoffen den Anteil aus erneuerbaren Energiequellen bis 2020 auf 10% zu erhöhen. Zudem waren in der Richtlinie verschiedene Mechanismen vorgesehen, die die Mitgliedstaaten bei der Umsetzung ihrer Zielvorgaben nutzen konnten (Förderregelungen, Herkunftsnachweise, gemeinsame Projekte, Zusammenarbeit zwischen Mitgliedstaaten und Drittländern). 5338

Außerdem wurden Nachhaltigkeitskriterien für Biokraftstoffe festgeschrieben. Bis 2020 wurden mit der Richtlinie für jedes Land die bestehenden nationalen Ziele für den Anteil erneuerbarer Energiequellen bestätigt, wobei der Ausgangslage und dem Gesamtpotenzial für die Nutzung von Energie aus erneuerbaren Quellen Rechnung getragen wurde. Jeder EU-Mitgliedstaat legte in nationalen Aktionsplänen für erneuerbare Energiequellen fest, wie er seine Ziele zu verwirklichen gedachte und wie er seinen allgemeinen Fahrplan für Maßnahmen zugunsten erneuerbarer Energiequellen gestaltete. Der Fortschritt bei der Verwirklichung der nationalen Ziele wurde alle zwei Jahre gemessen, nachdem die EU-Mitgliedstaaten ihre Fortschrittsberichte über erneuerbare Energiequellen veröffentlicht hatten. 5339

Ende 2018 trat die überarbeitete Richtlinie zur Förderung der Nutzung von Energie aus erneuerbaren Quellen (EU 2018/2001) in Kraft. Sie musste bis Juni 2021 von den EU-Mitgliedstaaten in innerstaatliches Recht umgesetzt werden. Die Richtlinie legt ein neues verbindliches Ziel für den Anteil erneuerbarer Energieträger fest. Danach muss die EU bis 2030 einen Anteil von mindestens 32% ihres Endenergieverbrauchs durch Energie aus erneuerbaren Quellen decken. Außerdem wird die Möglichkeit eröffnet, bis 2023 eine Aufwärtskorrektur vorzunehmen und für den Anteil erneuerbarer Kraftstoffe im Verkehr bis 2030 ein erhöhtes Ziel von 14% festzulegen. 5340

In Ermangelung überarbeiteter nationaler Ziele sollten die nationalen Ziele für erneuerbare Energiequellen für 2020 als Mindestbeitrag jedes Mitgliedstaats für 2030 herangezogen werden. Die EU-Mitgliedstaaten sollen ihr jeweiliges nationales Energieziel vorschlagen und nationale Energie- und Klimapläne für zehn Jahre erstellen, für die alle zwei Jahre Fortschrittsberichte erstellt werden. Die Kommission bewertet diese Pläne und ergreift nötigenfalls Maßnahmen auf EU-Ebene, um die Pläne mit dem EU-Gesamtziel in Einklang zu bringen.[1080] 5341

Soweit die Richtlinie (EU) 2018/2001 zur Förderung der Nutzung von Energie aus erneuerbaren Quellen Vorgaben für das Verwaltungsverfahren bei der Zulassung von Anlagen zur Produktion von Energie aus erneuerbaren Quellen enthält, sind diese Verfahrensvorgaben von Bedeutung für immissionsschutzrechtliche Genehmigungsverfahren, für Zulassungsverfahren für Anlagen im Bereich der Wasserwirtschaft bzw. für wasserwirtschaftlich relevante Vorhaben, die der Produktion von Energie aus erneuerbaren Quellen dienen. Teilweise gehen die Vorgaben der Richtlinien auch über vorhandene Regelungen des BImSchG, im WHG und im WaStrG hinaus. Mit dem Gesetz zur Umsetzung von Vorgaben der Richtlinie (EU) 2018/ 5342

1077 Schlacke Umweltrecht, 2023, § 16 Rn. 21.

1078 Hoffmann-Much in Kluth/Smeddinck Umweltrecht, 2020, § 6 Rn. 72.

1079 näher dazu Hoffmann-Much in Kluth/Smeddinck Umweltrecht, 2020, § 6 Rn. 54 ff.

1080 Hoffmann-Much in Kluth/Smeddinck Umweltrecht, 2020, § 6 Rn. 54; Vollprecht/Lehnert/Kather ZUR 2020, 204; zu weiteren klimaschützenden Rechtsakten und klimaschutzbezogenen Anforderungen an die Landnutzung der EU siehe Schlacke Umweltrecht, 2023, § 16 Rn. 24 f.; Leinders RdE 2020, Sonderheft, 34.

2001 zur Förderung der Nutzung von Energie aus erneuerbaren Quellen für Zulassungsverfahren nach dem BImSchG, dem WHG und dem WaStrG sind die verfahrensrechtlichen Anforderungen umgesetzt worden.[1081]

3. Bundesrecht

5343 In Deutschland ist die Gesetzgebungskompetenz im Sinne eines Mehrebenensystems, das das Unionsrecht einschließt, zwischen dem Bund und den Ländern aufgeteilt.[1082] Kerngesetz des Klimaschutzes ist auf Bundesebene das Bundes-Klimaschutzgesetz (KSG). Daneben ist für die langfristigen Strategien und Ziele des Klimaschutzes der Klimaschutzplan von Bedeutung. Zum Klimarecht gehört auch das am 1.7.2024 in Kraft getretene Klimaanpassungsgesetz (KAnG).

5344 **a) Klimaschutzplan.** Der Klimaschutzplan ist nach § 2 Nr. 7 die deutsche Langfriststrategie nach dem Übereinkommen von Paris und nach Art. 15 EU-Governance-Verordnung; er fasst klimaschutzpolitische Grundsätze und Ziele der Bundesregierung zusammen und beschreibt den Weg zu einem weitgehend treibhausgasneutralen Deutschland bis zum Jahre 2050. Der Klimaschutzplan 2050 wurde im November 2016 von der Bundesregierung nach einem umfassenden Dialogprozess mit Beteiligung der Bundesländer, Kommunen, von Verbänden und Bürgern erarbeitet. In dem Klimaschutzplan werden die Klimaschutzziele bis zum Jahre 2050 konkretisiert, indem für einzelne Sektoren Entwicklungsphasen beschrieben und strategisch angelegte Maßnahmen aufgezeigt werden, die für eine Erreichung der Klimaziele für das Jahr 2030 erforderlich sind.[1083] Im Klimaschutzplan 2050 wird das Gesamtziel einer Treibhausgasneutralität bis zur Mitte des Jahrhunderts und zur stufenweisen Reduktion der Treibhausgasemissionen auf einzelne Sektoren heruntergebrochen; außerdem werden Klimaziele für einzelne Wirtschaftszweige festgelegt, mit denen allen Emittenten eine Orientierung für ihre strategischen Entscheidungen in den kommenden Jahren gegeben werden soll. Der Klimaschutzplan 2050 wird in regelmäßigen Abständen fortgeschrieben. Dabei wird auch überprüft, ob der technische Fortschritt und ökonomische Entwicklungen Anlass zu einer Neujustierung zwischen den Zielkorridoren der Sektoren geben.

5345 Ergänzt wird der Klimaschutzplan durch das **Klimaschutzprogramm** 2030, das Maßnahmen für die Einhaltung des Emissionsminderungsziels für das Jahr 2030 beschreibt. Im Klimaschutzprogramm werden außerdem Klimaziele für Deutschland bis zum Jahr 2050 formuliert. Ziel des Klimaschutzprogramms ist es, dass Deutschland bis zum Jahr 2030 55 % weniger klimaschädliche Treibhausgase ausstößt. Vorgesehen sind Maßnahmen zur Einsparung von CO_2 für alle Sektoren: für die Energiewirtschaft, Industrie, Gebäude, Verkehr, Land- und Forstwirtschaft, Landnutzung und Abfallwirtschaft. Die Bundesregierung hat das Klimaschutzprogramm 2023 am 4.10.2023 beschlossen. Das OVG Berlin-Brandenburg hat am 16.5.2024 Klagen der Deutschen Umwelthilfe stattgegeben und die Bundesregierung verurteilt, das Klimaschutzprogramm 2023 um erforderliche Maßnahmen zu ergänzen, damit das Klimaschutzziel nach § 3 I KSG für das Jahr 2030 erreicht, die in Anlage 2 zum Klimaschutzgesetz festgelegten sektorspezifischen Jahresemissionsmengen eingehalten sowie die Klimaschutzziele für den LULUCF-Sektor nach § 3a I KSG erreicht werden. Das OVG Berlin-Brandenburg ist der Ansicht, dass das Klimaschutzprogramm die gesetzlichen Vorgaben nicht vollständig erfüllt, da es die verbindlichen Klimaschutzziele und den festgelegten Reduktionspfad für die einzelnen Sektoren bis auf den Sektor Landwirtschaft nicht einhält. Außerdem hat das OVG festgestellt, dass das Klimaschutzprogramm 2023 an methodischen Mängeln leidet und teilweise auf unrealistischen Annahmen beruht. Die Revision zum Bundesverwaltungsgericht wurde zugelassen.[1084]

5346 **b) Klimaschutzgesetz.** Das KSG ist nach der Gesetzesbegründung – wie das auch das EU-Klimagesetz und die EU-Governance-VO – (lediglich) ein Rahmengesetz.[1085] Am

[1081] siehe dazu die Gesetzesbegründung der Bundesregierung BT-Drucks. 19/27672 vom 17.3.2021.

[1082] Zur Zuständigkeitsverteilung im europäischen Mehrebenensystem i Köster/Schlacke VerwArch. 2023, 47 ff.; Schlacke NVwZ 2022, 905; siehe auch Brüning NVwZ 2023, 1458 (1359).

[1083] Hoffmann-Much in Kluth/Smeddinck Umweltrecht, 2020, § 6 Rn.76.

[1084] OVG Berlin-Brandenburg Urt. v. 16.5.2024 – OVG 11 A 22/21, OVG 11 A 31/22 (noch nicht veröffentlicht).

[1085] BT-Drs. 19/14337, 1, 17; Kling ZUR 2024, 141; Schlacke EurUP 2020, 338 (338); zum KSG ausführlicher Franzius EnWZ 2019, 435; Scharlau/von Swieykowski-Trzaska/Keimeyer/Klinski NVwZ 2020, 1; Albrecht NuR 2020, 370; Kment NVwZ 2020, 1537; Wickel ZUR 2021, 332; Schlacke EurUP 2020, 338; Schlacke EnWZ 2020, 355; zum Klimaschutz im Gebäudesektor J. Müggenborg UPR 2024, 41; zu

17.7.2024 ist nach Verkündung im Bundesgesetzblatt eine vom Bundestag und Bundesregierung beschlossene Novelle des KSG in Kraft getreten. Das Klima ist darüber hinaus wichtiges Schutzgut in zahlreichen Umweltgesetzen. So bezweckt zB § 1 BImSchG unter anderem den Schutz der Atmosphäre vor schädlichen Umwelteinwirkungen. Das bezieht als Schutzgut auch das Klima ein und erfasst insbesondere auch globale Folgen eines immissionsschutzrechtlich genehmigungsbedürftigen Vorhabens.[1086] Nach § 1 III Nr. 4 BNatSchG sind zur dauerhaften Sicherung der Leistungs- und Funktionsfähigkeit des Naturhaushalts insbesondere auch Luft und Klima durch Maßnahmen des Naturschutzes und der Landschaftspflege zu schützen. Gemäß § 6 I Nr. 5 WHG sind die Gewässer nachhaltig zu bewirtschaften, insbesondere mit dem Ziel, möglichen Folgen des Klimawandels vorzubeugen. Zu den Schutzgütern des § 2 I Nr. 3 UVPG zählt unter anderem auch das Klima.

§ 13 I 1 KSG verlangt, dass sämtliche Träger öffentlicher Aufgaben bei ihren Planungen und Entscheidungen den Zweck des KSG und die zu seiner Erfüllung festgelegten Ziele zu berücksichtigen haben. Im Wesentlichen unbestritten löst § 13 I KSG zwar keine strikte Beachtenspflicht aus und führt auch nicht zu einem grundsätzlichen (absoluten) Vorrang des Klimaschutzes. Klimaschutzbelange können daher bei der planerischen Abwägung und auch bei nachvollziehenden Abwägungen zur Auslegung unbestimmter Rechtsbegriffe sowie im Rahmen von Ermessensentscheidungen zugunsten anderer Belange auch zurückgestellt werden, wenn deren Gewichtigkeit den Klimabelang überwiegt. In der Rechtsprechung wird dazu die Ansicht vertreten, öffentliche Interessen könnten der Zulassung von Anlagen der erneuerbaren Energien als wesentlicher Teil des Klimaschutzes nur dann entgegenstehen, wenn sie mit einem dem Art. 20a GG vergleichbaren verfassungsrechtlichen Rang gesetzlich verankert bzw. gesetzlich geschützt seien oder einen gleichwertigen Rang besäßen.[1087] Dazu ist jedoch anzumerken, dass sich aus dem Klimaschutzgebot des Art. 20a GG kein absoluter und auch kein relativer Vorrang für den Klimaschutz unabhängig von der Abwägung im konkreten Fall ergibt, sondern dass sowohl § 13 I 1 KSG als auch Art. 20a GG (lediglich) erwarten, dass der Klimaschutz hinreichend Berücksichtigung findet, wobei das BVerfG allerdings klargestellt hat, dass mit zunehmenden Folgen des Klimawandels der Belang an Gewicht gewinnt. Die Zurückstellung des Klimaschutzbelang hinter gegenläufige Belange lässt sich grundsätzlich allerdings nicht damit rechtfertigen, dass der Beitrag eines bestimmten Vorhabens an den weltweiten Folgen des Klimawandels nur gering sei. Mit einer solchen Argumentation ließe sich Klimaschutz kaum erfolgreich bewirken, weil die weltweiten Folgen des Klimawandels naturgemäß von zahllosen Einzelvorhaben verursacht werden. 5347

Neben ökologischen Folgen müssen nach § 1 S. 2 KSG aber auch soziale und ökonomische Folgen berücksichtigt werden. Dem Klima-Beschluss des BVerfG vom 24.3.2021 wird in diesem Zusammenhang entgegengehalten, dass es dem Klimaschutz eine Bedeutung zumesse, die im Gegensatz zu dem Zieldreieck der Nachhaltigkeit stehe, das sich nicht nur aus § 1 S. 2 KSG, sondern auch aus dem EU-Recht ergebe.[1088] 5348

Noch nicht abschließend geklärt ist, ob der Schutz des Klimas über § 13 KSG oder über Art. 20 a GG als **Optimierungsgebot** verstanden werden darf.[1089] Eine Berücksichtigung globaler Klimafolgen bei der Zulassung von Einzelvorhaben oder im Rahmen der Planung 5349

Klimaschutz beim Verkehr Reimer ZUR 2023, 7 und Knauff VerwArch 2023, 161; zum Klimaschutz in der Fachplanung Siegel DÖV 2023, 329; zum Klimaschutz bei der naturschutzrechtlichen Eingriffsregelung Schink UPR 2023, 207; zur Beschleunigung von Infrastrukturprojekten für den Klimaschutz durch schnelle Verwaltungsgerichtsverfahren Hofmann DVBl. 2023, 643; zur KSG-Novelle 2023 Hofmann ZRP 2023, 201; zu Klimaschutz und Bodenschutz Frenz UPR 2023, 490.

1086 Jarass BImSchG, 2022, § 1 Rn. 10.

1087 VGH Mannheim Beschl. v. 10.11.2022 – 10 S 1312/22, juris Rn. 56; OVG Münster Beschl. v. 4.8.2022 – 22 A 488/20 – juris Rn. 57.

1088 Frenz Grundzüge des Klimaschutzrechts, 2021, Rn. 374.

1089 Ablehnend BVerwG NVwZ 2022, 1549 (1550); OVG Berlin-Brandenburg Beschl. v. 25.1.2022 – OVG 10 S 17/21, juris Rn. 48; Dirnberger in Jäde/Dirnberger, BauGB, 2018, § 1 a Rn. 33; Schink in Frenz, Klimaschutzrecht, § 13 KSG Rn. 12; Schlacke EurUP 2020, 338 (344); Schink NuR 2021, 1 (5); Fellenberg in ders./Guckelberger, Klimaschutzrecht, § 13 KSG Rn. 26; Uechtritz/Ruttloff, NVwZ 2022, 11) Wickel ZUR 2021, 332 (337); Guckelberger KlimR 2022, 294 (297); Für die Einordnung von § 13 KSG als Optimierungsgebot zB Siegel NZBau 2022, 315 (316); Schlacke/Römling DVBl. 2021, 144 (150); siehe dazu auch Verheyen/Heß/Peters/Schöneberger, NVwZ 2023, 113 (119); Ekardt/Heß/Wulff, EurUP 2021, 212 (220, 222); Heß UPR 2022, 440 (442).

könnte möglicherweise am besten über ein der Vorsorge entsprechendes Minimierungs- oder Optimierungsgebot bewirkt werden.

5350 Das Klima zählt selbstverständlich auch zu den Schutzgütern des UVPG nach § 2 I Nr. 3 UVPG. Bis zur Modernisierung des UVPG im Jahre 2017 waren für die Umweltprüfung allerdings ausschließlich die Auswirkungen des Vorhabens auf das standortbezogene, lokale Klima von Belang. Mit der Neuregelung 2017 wurde jedoch auch das Makroklima, dh das großräumige, globale Klima zum Schutzgut der Umweltprüfung.[1090]

5351 **c) BEHG und TEHG.** Neben dem KSG sind auf Bundesebene auch das Brennstoffemissionshandelsgesetz (BEHG) und das schon im Jahr 2004 erlassene Gesetz über den Handel mit Berechtigungen zur Emission von Treibhausgasen (TEHG) für den Klimaschutz von zentraler Bedeutung.

5352 Das BEHG regelt ein nationales Emissionshandelssystem für Brennstoffe, das zusätzlich zu dem Europäischen Emissionshandelssystem in Deutschland ergänzend eingeführt worden ist. Nach § 1 S. 1 BEHG ist es Zweck des BEHG, die Grundlagen für den Handel mit Zertifikaten für Emissionen aus Brennstoffen zu schaffen und für eine Bepreisung dieser Emissionen zu sorgen, soweit diese Emissionen nicht vom EU-Emissionshandel erfasst sind, um damit zur Erreichung der nationalen Klimaschutzziele, einschließlich des langfristigen Ziels der Netto-Treibhausgasneutralität bis zum Jahr 2045, und zur Erreichung der Minderungsziele nach der EU-Klimaschutzverordnung sowie zur Verbesserung der Energieeffizienz beizutragen. Zweck des nationalen Emissionshandelssystems ist gem. § 1 S. 2 BEHG die Bepreisung fossiler Treibhausgasemissionen.[1091]

5353 **d) Kohleausstiegsgesetz.** Auch das Gesetz zur Reduzierung und zur Beendigung der Kohleverstromung und zur Änderung weiterer Gesetze (Kohleausstiegsgesetz) aus dem Jahr 2020 ist für den Klimaschutz von erheblicher Bedeutung, weil der Gesetzgeber damit das Ziel gesetzt hat, den Anteil des aus erneuerbaren Energien erzeugten Stroms am Bruttostromverbrauch auf 65 % im Jahr zu steigern und eine sukzessive Reduzierung der Kohleverstromung mit dem Ziel der Beendigung bis zum Jahr 2038 zu erreichen, wobei angestrebt wird, die Kohleverstromung nicht erst 2038, sondern schon im Jahre 2030 enden zu lassen.[1092] Bei dem Kohleausstiegsgesetz handelt es sich um ein Artikelgesetz, dessen Art. 1 das Gesetz zur Reduzierung und zur Beendigung der Kohleverstromung (Kohleverstromungsbeendigungsgesetz – KVBG) regelt.

5354 Zentrale Vorgabe des KVGB ist das Verbot der Kohleverfeuerung gem. § 51 KVBG für bestehende Kohlekraftwerke. Mit dem Wirksamwerden des Verbots darf keine Kohle mehr zur Erzeugung elektrischer Energie in einer Anlage verfeuert werden. Gem. § 53 I KVBG ist es seit dem 14.8.2020 verboten, neue Kohlekraftwerke in Betrieb zu nehmen. Neu ist ein Kohlekraftwerk, wenn bis zum 29.1.2020 für das Kraftwerk noch keine Genehmigung nach dem BImSchG vorlag. Das KVBG sieht im Übrigen für den Ausstieg aus der Kohleverstromung verschiedene, sich grundlegend unterscheidende Konzepte mit differenzierenden Regelungen vor. Das Gesetz gilt für Anlagen zur Erzeugung elektrischer Energie durch den Einsatz von Kohle in Deutschland und verlangt eine kontinuierliche Reduzierung und Beendigung der Kohleverstromung, wobei allerdings eine sichere, preisgünstige, effiziente und klima-verträgliche Versorgung der Allgemeinheit mit Elektrizität gewährleistet sein muss (§ 2 I KVBG). Andere fossile Energien (Öl und Gas) werden nicht erfasst.

5355 Zweck des KVBG ist es, die Erzeugung elektrischer Energie durch den Einsatz von Kohle in Deutschland sozialverträglich, schrittweise und möglichst stetig zu reduzieren und zu beenden, um dadurch Emissionen zu reduzieren und dabei eine sichere, preisgünstige, effiziente und klimaverträgliche Versorgung der Allgemeinheit mit Elektrizität zu gewährleisten (§ 1 II

[1090] BVerwG Urt. v. 4.5.2022 – 9 A 7/21, juris Rn. 60 ff.; Urt. v. 24.2.2021, NVwZ 2021, 1846; Bauer in Beckmann/Kment UVPG, 2023, § 2 Rn. 53).

[1091] siehe dazu Altenschmidt ZfZ 2020, 122; Frenz RdE 2020, 281; Klinski/Keimeyer ZUR 2020, 142; Tappe EuRUP 2021, 249; Vollmer NuR 2020, 237; zu Abfällen als Brennstoff nach dem BEHG siehe Frenz/Schink/Ley AbfallR 2020, 166 ff, 223 ff.; zur Vereinbarkeit des BEHG mit der Finanzverfassung Hennicke NuR 2021, 83.

[1092] ausführlich zum Kohleausstiegsgesetz Frenz Grundzüge des Klimaschutzrechts, 2021, Rn. 1005 ff.; Frenz RdE 2022, 56; Büdenbender DVBl. 2021, 281; Frenz UPR 2021, 166; Stürmlinger/Fuchs NuR 2021, 320 Michaels/Däuper EnWZ 2020, 291; Kahl EuRUP 2020, 305; zum Kohleausstieg „idealerweise bis 2030“ siehe Korte VerwArch 2022, 333; Frenz NuR 2022, 87.

KVBG). Um dies zu erreichen, verfolgt das KVBG insbesondere das Ziel, die verbleibende elektrische Nettonennleistung von Anlagen am Strommarkt zur Erzeugung elektrischer Energie durch den Einsatz von Kohle in Deutschland schrittweise und möglichst stetig zu reduzieren (§ 2 II KVBG).

Rechtsgrundlage für die Stilllegung der Braunkohleanlagen bilden öffentlich-rechtliche Verträge zwischen dem Bund und den Anlagenbetreibern. Für die Stilllegung von Braunkohleanlagen erhalten die Anlagenbetreiber eine Entschädigung, bei der es sich nicht um eine Enteignungsentschädigung, sondern um einen Ausgleich für eine Inhalts- und Schrankenbestimmung nach Art. 14 I 2 GG handelt. Anders als bei Braunkohlekraftwerken gewährt der Gesetzgeber Betreibern von Steinkohleanlagen keine festen Entschädigungszahlungen für die Beendigung der Kohleverfeuerung. Vielmehr werden Entschädigungen im Rahmen von kontingentierten Ausschreibungen ermittelt, bei denen neben dem gebotenen Preis über eine erfolgreiche Teilnahme, sondern auch die historischen CO_2-Emissionen und die Netzrelevanz der Anlage eine Rolle spielen. Neben einer Stilllegung im Rahmen eines Ausschreibungsverfahrens kommt eine Reduzierung der Steinkohleverstromung auch auf dem Wege von Stilllegungsanordnungen durch die Bundesnetzagentur nach den §§ 27 ff. KVBG in Betracht. Bei der behördlichen Stilllegung werden jeweils die ältesten Steinkohleanlagen, die für das Erreichen des jährlichen Zielniveaus bis 2038 notwendig sind, entschädigungslos verpflichtet, die Kohleverfeuerung 30 Monate nach der Anordnung einzustellen. Grundlage ist eine nach Alter sortierte Liste aller bestehenden Steinkohleanlagen iSd KVBG. 5356

Der Braunkohleabbau zur Versorgung des Energiemarktes ist angesichts der Vielzahl der weiteren, mit dem Klima- und Umweltschutz politisch abzuwägenden Faktoren nicht als offensichtlich und eindeutig unvereinbar mit den Art. 2 II 1 GG anzusehen.[1093] Das VG Aachen kommt zu der Erkenntnis, dass sich zumindest zum Zeitpunkt seines Beschlusses noch keine Verdichtung des Klimaschutzgebots sowie des Gebots intertemporalen Freiheitsschutzes hin zu einem verfassungsrechtlich zwingenden Gebot einer vorzeitigen Beendigung des Braunkohleabbaus bzw. der Braunkohleverstromung ableiten ließe. Fragen der Ausgestaltung des Klimaschutzinstrumentariums, in deren Rahmen verschiedene Grundrechtspositionen sowohl aktuell als auch intertemporal in Ausgleich zu bringen seien, seien noch nicht durch einzelvorhabenbezogene Gerichtsentscheidungen, sondern durch den Gesetzgeber im Rahmen einer ganzheitlichen Energie- und Klimaschutzpolitik zu entscheiden.[1094] 5357

Der Koalitionsausschuss der Regierungsparteien hat am 28.3.2023 eine Modernisierung des Klimaschutzgesetzes angekündigt. Die Novelle des KSG ist im Juli 2024 in Kraft getreten. Die Einhaltung der Klimaschutzziele soll zukünftig anhand einer sektorübergreifenden und mehrjährigen Gesamtrechnung überprüft werden. Basis dafür soll ein jährliches Monitoring sein. Zeitgleich zur Novelle des Klimaschutzgesetzes sollten wichtige Anpassungen aus dem Klimaschutzprogramm insbesondere für Lkw-Maut, für eine Reform des Straßenverkehrsrechts, zur Minderungsmaßnahmen für Busse und Car-Sharing von der Bundesregierung beschlossen werden. Die Novelle des Klimaschutzgesetzes bewirkt, dass die Bundesregierung zukünftig jeweils im ersten Jahr einer Legislaturperiode ein umfassendes sektorübergreifendes Klimaschutzprogramm beschließt, um das Erreichen der Klimaschutzziele sicherzustellen. Zukünftig sollen alle Sektoren aggregiert betrachtet werden. Wenn die Projektionsdaten in zwei aufeinanderfolgenden Jahren zeigen, dass mit den aggregierten Jahresemissionen bis zum Jahr 2030 das Gesamtminderungsziel nicht erreicht wird, wird die Bundesregierung auf Basis der Vorschläge der maßgeblich für die Minderungsmengen der Sektoren verantwortlichen Bundesministerien Maßnahmen beschließen, die sicherstellen, dass das Minderungsziel bis 2030 dennoch erreicht wird. Alle für die Sektoren verantwortlichen Bundesministerien, insbesondere jene, in deren Zuständigkeitsbereich die Sektoren liegen, die die Zielverfehlung verursacht haben, haben nach den Vorstellungen des Koalitionsausschusses dann zu den Maßnahmen der Minderung beizutragen. 5358

e) Zweites Gesetzes zur Änderung des Bundes-Klimaschutzgesetzes. Der Bundesrat hat in seiner 1044. Sitzung am 17.5.2024 beschlossen, zu dem Zweiten Gesetzes zur Änderung des Bundes-Klimaschutzgesetzes keinen Antrag gemäß Art. 77 II GG stellen, so dass zweite Gesetz zur Änderung des KSG in Kraft gesetzt werden konnte. 5359

[1093] VG Aachen Beschl. v. 07.10.2021, KlimR 2022, 125; sie auch OVG Münster Beschl. v. 28.3.2022 – 21 B 1675/21, juris.

[1094] VG Aachen KlimR 2022, 125; bestätigt durch OVG Münster Beschl. v. 28.3.2022 – 21 B 1675/21, juris.

5360 Zu den besonders wichtigen Änderungen der Gesetzesnovelle 2024 gehört, dass für Nachschärfungsmaßnahmen zum Klimaschutz nicht mehr auf die Emissionen einzelner Sektoren im letzten Jahr als Berichtsjahr abgestellt werden soll, sondern die Summe der Gesamtemissionen aller Sektoren in den Jahren 2021 bis 2030 entscheidend ist. Wenn diese in der Vorausschau überschritten werden, muss nach dem Gesetzentwurf nachgesteuert werden. Umgekehrt soll auf eine Nachschärfung der Klimaschutzmaßnahmen verzichtet werden können, wenn die Bundesregierung Maßnahmen beschließt, die nach der Prognose ausreichen, um die zulässigen Gesamtmengen in den Jahren 2021 bis 2030 in Summe einzuhalten. Eine Nachsteuerung soll dann erst wieder erforderlich sein, wenn nachfolgende Projektionen zwei Jahre aufeinanderfolgend zeigen, dass doch weiter eine Lücke besteht, und der zum Aussetzen der Nachsteuerung führende Beschluss der Bundesregierung vor dem Vorjahr gefasst wurde. Zur Erläuterung oder Rechtfertigung dieser Gesetzesänderung wird in der Begründung des Gesetzesentwurfs erläutert, in der Praxis hätten sich Schwierigkeiten bei der Anwendung insbesondere des Nachsteuerungsmechanismus des § 8 KSG gezeigt. Zudem enthalte das KSG keine Vorgabe, bei bereits absehbaren Zielverfehlungen nachzusteuern, obwohl ein frühes Nachsteuern in vielen Fällen mit weniger einschneidenden Maßnahmen möglich wäre.[1095]

5361 Das bisher geltende Sektorprinzip wurde mit der Gesetzesänderung zugunsten einer Gesamtverantwortung abgeschwächt, für die sog. Jahresemissionsgesamtmengen berechnet werden.[1096] Werden diese in einem Jahr über- oder unterschritten, soll die Differenz gleichmäßig auf die folgenden Jahre übertragen werden. Das Gesamtemissionsziel ergibt sich weiterhin aus der Summe der sektorbezogenen Minderungsmengen. Das Entscheidungsverfahren zur Erarbeitung der Nachsteuerungsmaßnahmen soll sich nach dem Gesetzesentwurf zukünftig ändern. Die Projektionsdaten sollen zunächst durch den Expertenrat für Klimafragen geprüft werden. Projektionsdaten sind nach § 2 Nr. 10 KSG quantitative Abschätzungen zur künftigen anthropogenen Treibhausgasemissionen aus Quellen und zum Abbau solcher Gase durch Senken, bei denen die Auswirkungen von verabschiedeten und in Kraft gesetzten Politiken und Maßnahmen berücksichtigt werden. Der Expertenrat für Klimafragen soll feststellen, ob die Jahresemissionsgesamtmengen überschritten wurden. Dann legen alle zuständigen Bundesministerien innerhalb von drei Monaten Vorschläge zur Nachsteuerung bei den Klimaschutzmaßnahmen vor. Die Bundesregierung soll dann wie bisher im Anschluss daran über die zu ergreifenden Maßnahmen beraten und schnellstmöglich beschließen, spätestens innerhalb desselben Jahres.

5362 Alle für die Sektoren verantwortlichen Bundesministerien haben weiterhin ihren angemessenen Beitrag zur Erreichung der nationalen Klimaschutzziele zu leisten. Zur Bewertung dieser sektorbezogenen Beiträge dienen Jahresemissionsmengen der einzelnen Sektoren, so dass sichtbar bleibt, ob die einzelnen Sektoren auf dem vorgesehenen Minderungspfad bleiben. Bei Defiziten einzelner Sektoren soll jedoch nicht mehr zwingend eine rechtliche Minderungsverantwortung für das zuständige Bundesministerium bestehen. Vielmehr soll nach Erläuterungen des Bundeswirtschaftsministeriums zukünftig stärker politisch entschieden werden.

5363 Die Gesetzesnovelle 2024 soll die Rolle des Expertenrates für Klimafragen stärken. Er soll auch die Prognose zur Einhaltung der zulässigen Gesamtemissionen im Zeitraum 2021–2030 validieren und eine Unter- oder Überschreitung der Jahresemissionsgesamtmengen feststellen sowie die Entwicklung der Jahresemissionsmengen darstellen. Außerdem soll der Expertenrat berechtigt werden, eigene Vorschläge zur Weiterentwicklung geeigneter Klimaschutzmaßnahmen zu unterbreiten.

5364 **f) Rechtsprechung zum fehlenden Sofortprogramm.** Mit Urteil vom 30.11.2023 hat das OVG Berlin-Brandenburg entschieden, die Bundesregierung habe bei einem Beschluss über ein Sofortprogramm nach § 8 II i.V.m. I KSG solche Maßnahmen zu beschließen, die die Einhaltung der Jahresemissionsmengen des Sektors, in dem eine Überschreitung der zulässigen Jahresemissionsmenge in einem Berichtsjahr stattgefunden habe, für die folgenden Jahre sicherstellen. Bei der Auswahl der in ein Sofortprogramm aufzunehmenden Maßnahmen komme der Bundesregierung grundsätzlich ein weiter Auswahl- und Einschätzungsspielraum zu.[1097]

[1095] BT-Drucks. 20/8290, S. 1.

[1096] Die Ansicht, der Gesetzgeber habe die Sektorziele nicht abschaffen oder abschwächen dürfen, weil sich aus Art. 20a GG ein Verschlechterungsverbot ergebe, gegen das eine Abschwächung der Sektorverantwortung verstoße (Willert/Nesselhauf KlimR 2023, 135), verkennt m.E. den gesetzgeberischen Entscheidungsspielraum den Art. 20a GG dem Gesetzgeber belässt; siehe aber auch Erbguth DVBl. 2024, 1017 der die Ansicht begründet, dass die Neufassung des § 8 KSG mit Art. 65 S. 3 GG unvereinbar ist.

[1097] OVG Berlin-Brandenburg NVwZ 2024, 598 mit Anmerkung Schlacke NVwZ 2024, 564.

Die Bundesregierung habe über die zu ergreifenden Maßnahmen schnellst möglichst zu entscheiden, so dass bei einem an den Vorgaben des § 8 KSG orientiertem Verlauf bereits ab dem auf die Feststellung der Überschreitung folgenden Kalenderjahr die Einhaltung des Zielpfades (wieder) sichergestellt werden könne.[1098] Ob die Maßnahmen eines Sofortprogramms die Einhaltung der sektorspezifischen Jahresemissionsmengen sicherstellten, sei eine Prognoseentscheidung der Bundesregierung, die gerichtlich nur eingeschränkt daraufhin überprüfbar sei, ob sie methodisch einwandfrei erarbeitet worden sei, nicht auf unrealistischen Annahmen beruhe und ob das Prognoseergebnis einleuchtend begründet worden ist. Bei ihrer Entscheidung muss die Bundesregierung die Prüfergebnisse des Expertenrates für Klimafragen angemessen berücksichtigten.[1099] Das OVG Berlin-Brandenburg hatte die Revision zugelassen. Mit der Gesetzesänderung dürfte sich das Revisionsverfahren möglicherweise erledigt haben.

4. Instrumente des Klimaschutzrechts

Der Gesetzgeber setzt zur Durchsetzung seiner Klimaschutzziele verschiedene Instrumente 5365
ein, zu denen ordnungsrechtliche Instrumente, der Handel mit Emissionszertifikaten, planungsrechtliche Instrumente und eine Vorbildfunktion der öffentlichen Hand bei den Anstrengungen zur Bekämpfung des Klimawandels und zur Anpassung an die Folgen des bereits eingetretenen bzw. zukünftig schon nicht mehr vermeidbaren Klimawandels zählen (siehe einführend zu diesem Instrumentarium.[1100]

a) Ordnungsrechtliche Maßnahmen. Zu den ordnungsrechtlichen Maßnahmen zum 5366
Schutz des Klimas werden zB die Festsetzung von Emissionsgrenzwerten für neue Personenkraftwagen durch die EU und die Pflicht aller Unternehmen, die Otto- oder Dieselkraftstoff in Verkehr bringen, zur Beimischung von Biokraftstoffen, mit der der Anteil Erneuerbarer Energien im Verkehrssektor EU-weit gesteigert werden soll.

b) Marktwirtschaftliche Instrumente des Emissionshandels. Als zentrales marktwirt- 5367
schaftliches Instrument gilt der Emissionshandel, durch das die THG-Emissionen begrenzt wird und wodurch für die Emissionen Zertifikate in Form handelbarer Rechte erworben werden müssen. Die EU hat bereits im Jahre 2005 ein Zertifikate-Handelssystem für die Emission von Treibhausgasen durch bestimmte emissionshandels-pflichtige Anlagen aus den Sektoren Energiewirtschaft und Industrie und seit dem Jahr 2012 auch aus dem Flugverkehr eingeführt. Geregelt ist das Emissionshandelsrecht in der EH-RL (Richtlinie 2003/87/EG); sie ist mit dem TEHG in das deutsche Recht umgesetzt worden. Neben dem europaweiten Emissionshandelssystem regelt in Deutschland seit 2021 das BEHG ein zusätzliches, nationales Zertifikatehandelssystem für Brennstoffemissionen aus den Sek-toren Wärme und Verkehr, die nicht vom EU-Emissionshandel erfasst werden.

Der Sinn des Zertifikatehandels liegt darin, das Recht zur Atmosphärennutzung zu verknap- 5368
pen und Marktmechanismen zu unterwerfen. Angesichts der Begrenzung der zulässigen Gesamtemissionsmenge bildet sich im Zertifikatehandel ein Preis, der die beabsichtigte Verknappung der Emissionsberechtigungen abbilden soll. Durchgreifende Bedenken an der Vereinbarkeit des Emissionshandelssystems mit Grundrechten bestehen nicht.[1101]

c) Planungsinstrumente. Zunehmende Bedeutung für den Klimaschutz erlangen auch 5369
planungsrechtliche Instrumente. § 9 I 1 KSG schreibt der Bundesregierung den Beschluss von Klimaschutzprogrammen nach jeder Fortschreibung des Klimaschutzplans sowie deren Aktualisierung im Falle einer tatsächlichen oder absehbaren Zielverfehlung vor. Mit den Klimaschutzprogrammen soll sichergestellt werden, dass Deutschland seine Klimaschutzziele für das Jahr 2030 erreicht.[1102]

Zwar haben insbesondere die globalen Klimafolgen von Vorhaben bei Planungs- und Zulas- 5370
sungsentscheidungen in der Vergangenheit eine zu geringe Rolle gespielt. Allerdings hat das BVerfG unmissverständlich darauf hingewiesen, dass dem Klimaschutz zwar kein absoluter Vor-

---

1098 OVG Berlin-Brandenburg NVwZ 2024, 598 = juris Rn. 127.

1099 OVG Berlin-Brandenburg NVwZ 2024, 598 = juris Rn. 132.

1100 Kahl/Gärditz Umweltrecht, 2023, § 6 Rn. 26 ff.

1101 Kloepfer/Durner Umweltschutzrecht, 2020, § 6 Rn. 33.

1102 Gesetzesbegründung, BT-Drs. 19/14377, 33; zur Untauglichkeit des am 4.10.2023 von der Bundesregierung beschlossenen Klimaschutzprogramms für diesen Zweck siehe OVG Berlin-Brandenburg Urt. v. 17.5.2024 – OVG 11 A 22/21, OVG 11 A 31/22 (noch nicht veröffentlicht).

rang zukommt, dass er aber in der Abwägung mit entgegenstehenden Grundrechten und gegenläufigen Belangen bei zunehmendem Klimawandel immer stärker an Gewicht gewinnt.[1103] Das betrifft nicht nur die bei allen staatlichen Planungen notwendige Abwägung, sondern bereits die Ermittlung der lokalen, aber auch der globalen Klimafolgen.

5371 Der Klimaschutz zählt, teilweise auf der Grundlage ausdrücklicher Regelungen (vgl. zB § 3 I 2 FStrG, § 12 VII 2 WaStrG), aber auch unabhängig davon zu den abwägungsrelevanten öffentlichen Belangen der Fachplanung iSv § 17 S. 2 FStrG, § 8 I 2 LuftVG, § 14 I 2 WaStrG oder § 28 I 2 PBefG.[1104] Die Planfeststellungsbehörde muss seit dem Inkrafttreten des KSG nach der Rechtsprechung des BVerwG bei ihrer Abwägungsentscheidung nach Art. 20a GG iVm § 13 I 1 KSG die Aspekte des globalen Klimaschutzes und der Klimaverträglichkeit berücksichtigen. Das Berücksichtigungsgebot des § 13 I 1 KSG verlangt von der Planfeststellungsbehörde, mit einem – bezogen auf die konkrete Planungssituation – vertretbaren Aufwand zu ermitteln, welche CO_2-relevanten Auswirkungen das Vorhaben hat und welche Folgen sich daraus für die Klimaschutzziele des KSG ergeben.[1105] Das BVerwG stellt fest, dass es dazu gegenwärtig keine konkretisierenden Vorgaben gebe und erläutert weiter, dass das KSG ein Rahmengesetz sei, das sich in erster Linie an den Gesetzgeber selbst richte. Bisher existierten keine Rechtsverordnungen, Verwaltungsvorschriften, Ausführungsvorschriften, Leitfäden, Handreichungen oder Ähnliches, die die Verwaltungsbehörden bei der praktischen Umsetzung ihrer Ermittlungs- und Bewertungspflichten zugrunde legen könnten. Das führe zwar nicht dazu, dass das Berücksichtigungsgebot zurzeit nicht handhabbar wäre und keine Anwendung finden würde, sei aber von Bedeutung für die Frage, was die Behörde für eine sachgerechte Erfüllung ihrer Berücksichtigungspflicht leisten müsse. Die Anforderungen dürften dabei nicht überspannt werden, müssten „mit Augenmaß" inhaltlich bestimmt und konkretisiert werden und dürften der Behörde keinen unzumutbaren Aufwand abverlangen.[1106]

5. Landesrecht

5372 Der Bund allein kann die von ihm formulierten Klimaschutzziele nicht erreichen.[1107] Auch die Bundesländer müssen mit ihrer Gesetzgebung und vor allem auch mit ihrem Gesetzesvollzug die erforderlichen Maßnahmen für den Klimaschutz ergänzen. Zahlreiche Bundesländer haben eigene Minderungsziele, die durch Klimaschutz- oder Energiepläne erreicht werden sollen, in ihren Landesklimaschutzgesetzen aufgestellt.[1108] Landesklimaschutzgesetze haben die Bundesländer Baden-Württemberg, Bayern, Berlin, Bremen, Hamburg, Niedersachsen, Nordrhein-Westfalen, Rheinland-Pfalz, Schleswig-Holstein und Thüringen erlassen.[1109] In Hessen ist zum Jahresbeginn 2023 ein Klimaschutzgesetzes verabschiedet worden.[1110]

5373 Mit dem Erlass des KSG hat der Bund von seiner Gesetzgebungskompetenz gem. Art. 74 I Nr. 24 GG (Luftreinhaltung) für den Bereich des Klimaschutzes Gebrauch gemacht. Die Länder sind grundsätzlich gem. Art. 72 I GG zur Gesetzgebung nur berechtigt, solange und soweit der Bund von seiner Gesetzgebungszuständigkeit nicht durch Gesetz Gebrauch gemacht hat. Eine mögliche Unvereinbarkeit der Landesklimaschutzgesetze mit dem Bundesgesetz ist durch § 14 I KSG ausgeschlossen worden. Danach können unbeschadet der Vereinbarkeit mit Bundesrecht die Länder eigene Klimaschutzgesetze erlassen. Nach § 14 I KSG können bestehende

[1103] BVerfG NVwZ 2021, 951 Rn. 117, 185, 198.

[1104] zum Klimaschutz in der straßenrechtlichen Planfeststellung siehe grundlegend BVerwG NVwZ 2022, 1549; kritisch dazu Kling ZUR 2024, 124; siehe auch Uechtritz NVwZ 2022, 1525; Steiner ZUR 2023, 221; Knauff VerwArch 2023, 161; Uschkereit KlimaRZ 2023, 18; Lau UPR 2023, 248.

[1105] BVerwG NVwZ 2022, 1549; zu diesem Urteil Uechtritz NVwZ 2022, 1525; Erbguth UPR 2023, 241; Kling ZUR 2024, 144.

[1106] BVerwG NVwZ 2022, 1549, Rn. 80.

[1107] Wickel ZUR 2021, 332, 338; Schlacke NVwZ 2022, 905 (910).

[1108] näher dazu Kohlrausch ZUR 2020, 262; Wickel ZUR 2021, 332.

[1109] siehe dazu Knauff KlimR 2022, 47; Beye Die Klimaschutzgesetze der Bundesländer. Eine rechtliche Analyse und Bewertung der Landesklimaschutzgesetze unter besonderer Berücksichtigung des völker-, europa- und bundesrechtlichen Rahmens, 2021; Schnittker Die Klimaschutzgesetze der Bundesländer. Verfassungsmäßigkeit und Steuerungswirkung, 2021; zum Klimaschutzgesetz Niedersachsen siehe Groß NdsVBl. 2022, 1; zum Klimaschutzgesetz NRW Frenz/Schink in Frenz Klimaschutzrecht, 2022, S. 845 ff.; „Zum Mehrwert einer Klimaschutzgesetzgebung der Länder" siehe Brüning NVwZ 2023, 1458.

[1110] einen guten Überblick über die landesrechtlichen Regelungen geben Fellenberg/Guckelberger Klimaschutzrecht, 2022, Einl. Rn 19 ff.

Landesklimaschutzgesetze fortgelten oder auch neu erlassen werden.[1111] Angesichts der Tatsache, dass der Bundesgesetzgeber bereits weitgehend von seiner Gesetzgebungskompetenz zur Regelung des Klimaschutzrechts Gebrauch gemacht hat, bleibt für die Bundesländer im Rahmen der konkurrierenden Gesetzgebung nur ein über-schaubarer Kreis von Gestaltungsmöglichkeiten für eine eigenständige Gesetzgebung.[1112]

Klimaschutzrecht der Länder kann auch außerhalb des jeweiligen Landesklimaschutzgesetzes geregelt werden; auch in den Landesverfassungen kann die Notwendigkeit des Klimaschutzes bekräftigt werden. Art. 6 c der Niedersächsische Verfassung bestimmt dazu, dass das Land in Verantwortung auch für die künftigen Generationen das Klima schützt und die Folgen des Klimawandels mindert.[1113] **5374**

Landesgesetzliche Reduktionsziele sind zumeist nicht strikt verbindlich, sondern lediglich als „Soll"-Vorschriften ausgestaltet. Damit soll der Erkenntnis Rechnung getragen werden, dass die Bundesländer in einem politischen und rechtlichen „Mehrebenensystem" nicht unabhängig von Bundes- und EU-Vorgaben und -maßnahmen Klimaschutzziele verbindlich vorgeben können.[1114] **5375**

Fast alle Landesklimaschutzgesetze sehen eine Aufstellung und regelmäßige Fortschreibung von Klimaschutzplänen bzw. Klimaschutzkonzepten durch die jeweilige Landesregierung, zum Teil mit Beteiligung der Öffentlichkeit oder des Landtags vor. Außerdem streben die Landesklimaschutzgesetze eine klimaneutrale Landesverwaltung und zumeist eine Vorbild-funktion der öffentlichen Hand für den Klimaschutz an. Die Landesklimaschutzgesetze sehen zumeist ein wissenschaftliches Beratungsgremium vor, das bei Klimaschutzpolitikfragen und der Weiterentwicklung von Maßnahmen und Plänen die jeweilige Regierung unterstützt.[1115] Eine wichtige Rolle spielt in Landesklimaschutzgesetzen die Förderung der Energiewende, zB durch Regelungen zum Kohleausstieg und zum Ausbau erneuerbarer Energien. Alle Landesklimaschutzgesetze verpflichten zu einem Monitoring, das der Überprüfung der Erreichung der Ziele sowie der Umsetzung der Strategien und Maßnahmen in qualitativer und quantitativer Hinsicht dient. **5376**

Nach der Rechtsprechung des BVerfG[1116] verletzt der Nichterlass eines Landes-Klimaschutzgesetzes weder eine staatliche Schutzpflicht noch ein intertemporales Freiheitsrecht. Das BVerfG lehnt eine verfassungsrechtlich abgeleitete Pflicht, das für Deutschland zwar zahlenmäßig nicht konkretisierte, aber dennoch grob angenommene THG-Budget auf die Länder und gegebenenfalls auf die Kommunen zu verteilen, ab. Zutreffend wird dazu angemerkt, für das Herunterbrechen des für den Bund vom BVerfG angenommenen Restbudgets sehe das KSG eine Aufteilung in sektorenbezogene Minderungsanstrengungen vor, für die die Bundesländer keine Rolle spielten; maßgeblich dafür seien die zu Gruppen zusammengefassten Emittenten.[1117] **5377**

6. Bundes-Klimaschutzgesetz

Das im Jahr 2019 erlassene, nach dem Klimabeschluss des BVerfG vom 24. März 2021[1118] unverzüglich novellierte und im Mai 2024 erneut geänderte Bundes-Klimaschutzgesetz setzt für den Klimaschutz in Deutschland den maßgeblichen Rechtsrahmen. Die konkrete Umsetzung seiner Zielvorgaben überlässt das KSG jedoch zahlreichen Fachgesetzen. Die Bekämpfung des Klimawandels ist eine komplexe Querschnittsaufgabe, die nicht in einem Klimaschutzgesetz allein zu bewältigen ist, nicht zuletzt deshalb, weil zahlreiche Sachfragen erst noch geklärt und **5378**

1111 näher zur Verteilung der Gesetzgebungskompetenz zwischen Bund und Ländern mit Blick auf den Klimaschutz Knauff KlimR 2022, 47, 48; Knauff in Rodi Klimaschutzrecht, 2022, § 5 Rn. 1 ff.; Zu § KSG § 14 KSG Shirvani/Mihatsch UPR 2022, 366 (369 f.).

1112 Knauff in Rodi Klimaschutzrecht, 2022, § 5 Rn. 32; zum Regelungsspielraum der Länder auch Brüning NVwZ 2023, 1458 (1460).

1113 Siehe dazu Brüning NVwZ 2023, 1458 (1459), der zudem noch auf eine ähnliche Formulierung in der Präambel der Hamburgischen Landesverfassung verweist.

1114 Wickel ZUR 2021, 332 338; Kohlrausch ZUR 2020, 262 264; Sina EurUP 2018, 314 324; Schlacke NVwZ 2022, 905 911); zum Klimaschutz in NRW siehe auch schon Beckmann I+E 2011, 67.

1115 Knauff KlimR 2022, 47 (51); Sina EurUP 2018, 314 (231); Kohlrausch ZUR 2020, 262 (268).

1116 BVerfG NVwZ 2022, 321; siehe dazu Bickenbach DÖV 2022, 561; Erbguth DVBl. 2022, 1001; zustimmend Kahl EnwZ 2022, 123.

1117 Kahl EnwZ 2022, 123 (124).

1118 NJW 2021, 1723.

vorzugsweise planerischen Instrumenten vorbehalten bleiben sollen, und weil es verbindlicher Regelungen auf verschiedenen Ebenen des EU-Rechts, des Bundesrechts und des Landesrechts bedarf.[1119]

5379 **a) Überblick.** Das Klimaschutzgesetz enthält rechtsverbindliche nationale Klimaschutzziele. Bei seiner Verabschiedung hat sich der Bund auf seine konkurrierende Gesetzgebungskompetenz gem. Art. 74 I Nr. 24 GG (Recht der Luftreinhaltung) gestützt. An den nationalen Klimaschutzzielen des § 3 KSG hat die Gesetzesnovelle 2024 nichts geändert.

5380 Nachdem das BVerfG mit seinem Klimabeschluss vom 24.03.2021 die Festlegung der Minderungsquote von mindestens 55 % bis zum Jahr 2030 in § 3 I 2 KSG 2019 und die weitere Festlegung der sektorspezifischen Jahresemissionsmengen bis zum Jahre 2030 (§ 4 I 3 KSG 2019 iVm Anl. 2 KSG 2019) für verfassungswidrig erklärt hatte, soweit es an einer den verfassungsrechtlichen Anforderungen genügenden Regelung über die Fortschreibung der Minderungsziele für die Zeiträume ab dem Jahr 2031 fehlte, und den Gesetzgeber verpflichtet hatte, bis Ende 2022 Minderungsziele auch für die Zeit nach dem Jahr 2031 gesetzlich festzulegen, hat der Gesetzgeber mit einem Gesetz vom 18.8.2021 (BGBl. I S. 3905) das Klimaschutzgesetz zum ersten Mal geändert. Wesentlich verschärft wurden mit dieser Gesetzesnovelle im Jahr 2021 die nationalen Klimaschutzziele des § 3 I KSG mit dem Ergebnis, dass Minderungsquoten im Vergleich zum Jahr 1990 von 65 % bis zum Jahr 2030 und von 88 % bis zum Jahr 2040 gelten. Außerdem sieht § 3 II KSG vor, dass die Treibhausgasemissionen bis zum Jahr 2045 soweit verringert werden, dass eine Netto-Treibhausgasneutralität entsteht und dass nach dem Jahr 2050 sogar negative Treibhausgasemissionen erreicht werden sollen. Ergänzt wurden durch die Novelle des Jahres 2021 im KSG auch konkrete Minderungsbeiträge für den Sektor Landnutzung, Landnutzungsänderung und Forstwirtschaft für die Jahre 2030, 2040 und 2045 in § 3a KSG.[1120]

5381 Das Klimaschutzgesetz führt lediglich einen sektorenübergreifenden Rahmen ein und setzt eine weitere Konkretisierung durch Einzelgesetze voraus. Dazu gehören gesetzliche Regelungen für den Handel mit Emissionszertifikaten, zu erneuerbaren Energien und zur Steigerung der Energieeffizienz, sowie Maßnahmen im Bereich der landwirtschaftlichen Bodennutzung und der Tierhaltung.[1121]

5382 Das KSG ist aufgeteilt in fünf Abschnitte: Der erste Abschnitt regelt mit dem Zweck des Gesetzes und einigen Begriffsbestimmungen allgemeine Vorschriften. Abschnitt 2 enthält mit Regelungen zu den Klimaschutzzielen und den Jahresemissionsmengen ein Herzstück des Gesetzes.[1122] Der dritte Abschnitt stellt mit Bestimmungen zu den Klimaschutzprogrammen und zur Berichterstattung (§§ 9, 10 KSG) Anforderungen an die Klimaschutzplanung. Abschnitt 4 (§§ 11, 12 KSG) bestimmt die rechtlichen Grundlagen für einen Expertenrat für Klimafragen. Gegenstand des Abschnitts 5 (Vorbildfunktion der öffentlichen Hand) sind Regelungen zur Zusammenarbeit zwischen dem Bund und den Ländern, zur klimaneutralen Bundesverwaltung und mit dem Berücksichtigungszeit des § 13 KSG eine Querschnittsklausel, die der bereichsübergreifenden Relevanz des Klimaschutzes Rechnung tragen soll.[1123]

5383 **Zweck des KSG** ist es nach § 1 S. 1 KSG, zum Schutz vor den Auswirkungen des weltweiten Klimawandels die Erfüllung der nationalen Klimaschutzziele sowie die Einhaltung der europäischen Zielvorgaben zu gewährleisten. Die ökologischen, sozialen und ökonomischen Folgen sollen dabei nach § 1 S. 2 KSG berücksichtigt werden. Grundlage dieser Zielsetzung bildet nach § 1 S. 3 KSG die Verpflichtung nach dem Übereinkommen von Paris aufgrund der Klimarahmen-konvention der Vereinten Nationen, wonach der Anstieg der globalen Durchschnittstemperatur auf deutlich unter 2 Grad Celsius und möglichst auf 1,5 Grad Celsius gegenüber dem vorindustriellen Niveau zu begrenzen ist, um die Auswirkungen des weltweiten Klimawandels so gering wie möglich zu halten. Das Klimaschutzgesetz verpflichtet nicht unmittelbar zu konkreten Klimaschutzmaßnahme, sondern überlässt dies dem Fachrecht, wie zB dem BEHG, dem TEHG oder dem Kohleausstiegsgesetz und dem seinerseits umsetzungsbedürftigen Klimaschutzprogramm.

[1119] dazu Kment NVwZ 2020, 1537 (1539); Saurer NuR 2020, 433 (434).

[1120] siehe dazu und zu weiteren Änderungen durch die Novelle 2021 Fellenberg/Guckelberger Klimaschutzrecht, 2022, Einleitung Rn. 38 ff.

[1121] Hoffmann-Much in Kluth/Smeddinck Umweltrecht, 2020, § 6 Rn. 6; Schrader NuR 2009, 747.

[1122] Saurer NuR 2020, 433 (434); Fellenberg/Guckelberger Klimaschutzrecht, 2022, Einleitung Rn. 42.

[1123] Fellenberg in Fellenberg/Guckelberger, Klimaschutzrecht, 2022, § 13 Rn. 2.

5384 **b) Nationale Klimaschutzziele.** Die Treibhausgasemissionen müssen nach § 3 I KSG im Vergleich zum Jahr 1990 schrittweise bis zum Jahr 2030 um mindestens 65 % und bis zum Jahr 2040 um mindestens 88 % gesenkt werden. Bis zum Jahr 2045 werden nach § 3 II 1 KSG die Treibhausgasemissionen so weit gemindert, dass eine Netto-Treibhausgasneutralität erreicht wird. Nach dem Jahr 2050 sollen nach § 1 II 3 KSG negative Treibhausgasemissionen erreicht werden.

5385 Die Möglichkeit, die nationalen Klimaschutzziele teilweise im Rahmen von staatenübergreifenden Mechanismen zur Minderung von Treibhausgasemissionen zu erreichen, bleibt nach § 3 III KSG unberührt. Ausweislich der Gesetzesbegründung ist damit insbesondere der europäische Emissionshandel gemeint. In Betracht kommen sollen aber auch zwischenstaatliche Mechanismen auf der Grundlage europäischen Rechts, wie zB eine Verlinkung regionaler Emissionshandelssysteme, sowie internationale Mechanismen in Umsetzung von Art. 6 des Pariser Abkommens.[1124] Sollten zur Erfüllung europäischer oder internationaler Klimaschutzziele höhere nationale Klimaschutzziele erforderlich werden, leitet die Bundesregierung gem. § 3 IV 1 KSG die zur Erhöhung der Zielwerte nach § 3 I KSG notwendigen Schritte ein.

5386 Klimaschutzziele können nach § 3 IV 2 KSG erhöht, aber nicht abgesenkt werden.[1125] Das gilt grundsätzlich zwar nur vorbehaltlich einer Gesetzesänderung, die allerdings an höherrangigem Recht des Grundgesetzes, insbesondere an Art. 20 a GG, des EU-Rechts und des Völkerrechts zu messen wäre. Denkbar wäre eine Absenkung der Klimaschutzziele des KSG wohl nur dann, wenn nach neueren, hinreichend gesicherten Erkenntnissen von einem geringeren Schädigungspotenzial der Erderwärmung als bisher angenommen auszugehen wäre. Dafür ist allerdings nichts ersichtlich. Ansonsten ergibt sich ein Verbot der Absenkung der Klimaschutzziele schon aus dem Klimaschutzgebot des Art. 20a GG.[1126]

5387 Zur Erreichung der nationalen Klimaschutzziele nach § 3 I KSG werden nach § 4 I 1 KSG jährliche Minderungsziele durch die Vorgabe von Jahresemissionsmengen für die folgenden Sektoren festgelegt: 1. Energiewirtschaft, 2. Industrie, 3. Verkehr, 4. Gebäude, 5. Landwirtschaft, 6. Abfallwirtschaft und Sonstiges. Dazu bedarf es jedoch nach § 12 III 1 Nr. 1 KSG zunächst einer Stellungnahme des Expertenrats für Klimafragen.

5388 Zur Erreichung der nationalen Klimaschutzziele nach § 3 II KSG werden nach § 3 b KSG **Ziele für technische Senken** für die Jahre 2035, 2040 und 2045 bestimmt. Die Bundesregierung wird ermächtigt, die Ziele für technische Senken durch Rechtsverordnung, die nicht der Zustimmung des Bundesrates bedarf, festzulegen. Die Bundesregierung gibt sich eine **Langfriststrategie** zum Umgang mit unvermeidbaren Restemissionen, die Grundlage für die Festlegung nach § 3b Satz 2 KSG ist. Die Klimaschutzziele nach § 3 I KSG bleiben unberührt (§ 3b S. 3 und 4 KSG).

5389 **c) Jahresemissionsgesamtmengen.** Zur Einhaltung der nationalen Klimaschutzziele nach § 3 I KSG wird nach § 4 I KSG in der seit 2024 geltenden Fassung eine **sektorübergreifende und mehrjährige Gesamtrechnung** durchgeführt. Dazu werden Jahresemissionsgesamtmengen, insbesondere als Grundlage für die Überprüfung nach den §§ 5, 5a, 8 und 10 KSG sowie für das Gesamtminderungsziel nach § 8 I KSG, festgelegt. Die Jahresemissionsgesamtmengen für den Zeitraum bis zum Ablauf des Jahres 2030 richten sich nach Anlage 2. Die jährlichen Minderungsziele für die Jahre 2031 bis einschließlich 2040 richten sich nach Anlage 3. Die Jahresemissionsgesamtmengen und jährlichen Minderungsziele sind verbindlich, soweit das KSG auf sie Bezug nimmt. Subjektive Rechte und klagbare Rechtspositionen werden durch das KSG oder aufgrund des KSG nicht begründet. Spätestens im Jahr 2032 legt die Bundesregierung einen Gesetzgebungsvorschlag zur Festlegung der jährlichen Minderungsziele für die Jahre 2041 bis 2045 vor (§ 4 I KSG).

5390 Über- oder unterschreiten die Treibhausgasemissionen ab dem Jahr 2021 die jeweilige Jahresemissionsgesamtmenge, so wird nach § 4 II 1 KSG in der seit 204 geltenden Fassung die Differenzmenge auf die verbleibenden Jahresemissionsmengen des Sektors bis zum nächsten in § 3 I KSG genannten Zieljahr gleichmäßig angerechnet. Die Vorgaben der Europäischen Klimaschutzverordnung bleiben nach § 4 II 2 KSG unberührt.

5391 Die Bundesregierung wird nach § 4 III 1 KSG in der seit 2024 geltenden Fassung ermächtigt, durch Rechtsverordnung ohne Zustimmung des Bundesrates die Jahresemissionsgesamt-

---

1124 BT-Drucks. 19/14337, S. 27.

1125 Kment NVwZ 2020, 1537 (1541).

1126 BVerfG Beschl. v. 24.3.2021, juris Rn. 212; Frenz Grundzüge des Klimaschutzrechts, 2021, Rn. 633.

mengen in Anlage 2 mit Wirkung zum Beginn des jeweils nächsten Kalenderjahres zu ändern. Diese Veränderungen müssen im Einklang mit der Erreichung der Klimaschutzziele dieses Gesetzes und mit den unionsrechtlichen Anforderungen stehen. Die Rechtsverordnung bedarf der Zustimmung des Deutschen Bundestages. Hat sich der Deutsche Bundestag nach Ablauf von drei Sitzungswochen seit Eingang der Rechtsverordnung nicht mit ihr befasst, gilt seine Zustimmung zu der unveränderten Rechtsverordnung als erteilt.

5392 Durch Rechtsverordnungen, die nicht der Zustimmung des Bundesrates bedürfen, wird nach § 4 IV KSG in der seit 2024 geltenden Fassung die Bundesregierung die jährlichen Minderungsziele im Jahr 2024 für die Jahre 2031 bis einschließlich 2040 und im Jahr 2034 für die Jahre 2041 bis einschließlich 2045 in **Jahresemissionsgesamtmengen** überführen, die in grundsätzlich gleichmäßigen Schritten absinken. Die Jahresemissionsgesamtmengen müssen im Einklang stehen mit der Erreichung der nationalen Klimaschutzziele dieses Gesetzes und den unionsrechtlichen Anforderungen. Rechtsverordnungen nach Satz 1 bedürfen der Zustimmung des Deutschen Bundestages. Hat sich der Deutsche Bundestag nach Ablauf von sechs Sitzungswochen seit Eingang der Rechtsverordnung nicht mit ihr befasst, gilt seine Zustimmung zu der unveränderten Rechtsverordnung als erteilt. Mit dieser Neuregelung 2024 wird die bis dahin geltende Alleinverantwortung des für den Sektor zuständigen Bundesministeriums zugunsten einer Gesamtverantwortung der Bundesregierung aufgegeben oder jedenfalls deutlich abgeschwächt.

5393 Die Bundesregierung wird nach § 4 V 1 KSG dem Deutschen Bundestag im Jahr 2028 einen Bericht zum Stand und zur weiteren Entwicklung der CO_2-Bepreisung innerhalb der Europäischen Union sowie zu technischen Entwicklungen vorlegen. In dem Bericht wird die Bundesregierung auch untersuchen, ob in der Zeit ab dem Jahr 2031 im Lichte dieser Entwicklungen auf die Zuweisung von Jahresemissionsmengen für einzelne Sektoren verzichtet werden kann. In diesem Fall legt die Bundesregierung einen entsprechenden Gesetzgebungsvorschlag vor.

5394 Die Bundesregierung hat nach § 4 VI KSG bis Ende des Jahres 2024 einen Bericht mit einem Vorschlag für den Übergang vom nationalen zum europäischen Brennstoffemissionshandel vorzulegen.

5395 Nach § 4 I 6 KSG werden subjektive Rechte und klagbare Rechtspositionen durch das KSG nicht begründet. Grundsätzlich hat dieser Hinweis des Gesetzgebers eher klarstellende als tatsächlich regelnde Bedeutung.[1127] Ob dieser vom Gesetzgeber gewollte Ausschluss eines auf die Verletzung von Bestimmungen des KSG gestützten Rechtsschutzes auch den vom BVerfG begründeten Grundrechtsschutz in diesem Zusammenhang einschränken kann, ist allerdings zweifelhaft. Mindeststandards des Klimarechtsschutzes, die aus den Grundrechten iVm dem Klimaschutzgebot des Art. 20a GG vom BVerfG abgeleitet worden sind, kann der Gesetzgeber nicht durch eine einfachgesetzliche Regelung ausschließen oder einschränken.[1128] Aus dem Grundrechtsschutz dürfte sich allerdings kein Anspruch auf die Einhaltung bestimmter Jahresemissionsmengen ergeben, weil es dem Gesetzgeber die Entscheidung vorbehalten bleibt, wie er einer unverhältnismäßigen Beeinträchtigung von Grundrechten heute und auch zukünftig begegnet.[1129]

5396 Für den Sektor Landnutzung, Landnutzungsänderung und Forstwirtschaft wurde im Rahmen der Gesetzesnovelle 2021 in § 3a KSG eine Sonderregelung eingeführt. Der Beitrag dieses Sektors zum Klimaschutz soll gem. § 3 a I 1 KSG gestärkt werden. Die Besonderheit dieses Sektors im Vergleich zu anderen Sektoren besteht darin, dass dieser Treibhausgasemissionen kompensiert, in dem der Atmosphäre CO_2 durch Bindung in den von diesem Sektor erfassten ökologischen Systemen entzogen wird. Die Klimaschutzziele für diesen Sektor werden deshalb in § 3 I Nr. 1-3 KSG negativ formuliert; sie legen fest, dass der sektorale Klimaschutzbeitrag durch Einspeicherung von CO_2-Äquivalenten in den Zeiträumen bis 2030, bis 2040 und 2045 jeweils einen bestimmten Mindestumfang erreichen muss.[1130]

5397 **d) Monitoring, Jahresemissionsmengen.** Nach § 5 III KSG haben alle für die Sektoren verantwortlichen Bundesministerien ihren angemessenen Beitrag zur Erreichung der nationalen Klimaschutzziele nach § 3 I KSG zu leisten. Die Bundesregierung wird durch § 5 IV KSG ermächtigt, durch Rechtsverordnung ohne Zustimmung des Bundesrates die Jahresemissions-

---

[1127] OVG Berlin-Brandenburg Urt. v. 30.11.2023 –OVG 11 A 1/23, BeckRS 2023, 38547 Rn. 77.

[1128] siehe dazu v.Weschpfennig in Fellenberg/Guckelberger, Klimaschutzrecht 2022, § 4 KSG Rn. 27; Klinger ZUR 2020, 259 (260).

[1129] Frenz Klimaschutzrecht, 2022, § 4 KSG Rn. 61.

[1130] Saurer in Rudi Klimaschutzrecht, 2022, § 10 Rn. 19.

mengen der Sektoren in Anlage 2a mit Wirkung zum Beginn des jeweils nächsten Kalenderjahres zu ändern. Die Veränderungen der Jahresemissionsmengen der Sektoren müssen im Einklang stehen mit der Erreichung der Klimaschutzziele dieses Gesetzes, den Jahresemissionsgesamtmengen und den unionsrechtlichen Anforderungen. Die Rechtsverordnung bedarf der Zustimmung des Deutschen Bundestages. Hat sich der Deutsche Bundestag nach Ablauf von drei Sitzungswochen seit Eingang der Rechtsverordnung nicht mit ihr befasst, gilt seine Zustimmung zu der unveränderten Rechtsverordnung als erteilt. Im Falle einer Anrechnung der Jahresemissionsgesamtmengen nach § 4 II KSG hat die Bundesregierung nach § 5 V KSG durch Rechtsverordnung ohne Zustimmung des Bundesrates die Anlage 2a unter Berücksichtigung der Maßnahmen nach § 8 II KSG mit Wirkung zum Beginn des jeweils nächsten Kalenderjahres entsprechend anzupassen.

e) Projektionsdaten. Das Umweltbundesamt erstellt nach § 5a KSG jährlich auf Grundlage aktuell verfügbarer Emissionsdaten und entsprechend der Vorgaben der Europäischen Governance-Verordnung Projektionsdaten über die künftige Emissionsentwicklung insgesamt und in den Sektoren nach § 5 I KSG für sämtliche nachfolgenden Jahre bis einschließlich zum Jahr 2030 sowie zumindest für die Jahre 2035, 2040 und 2045. Hierzu beauftragt das Umweltbundesamt ein Forschungskonsortium, über dessen Zusammensetzung im Einklang mit dem Vergaberecht mit dem Bundeskanzleramt, dem Bundesministerium der Finanzen, dem Bundesministerium für Wirtschaft und Klimaschutz, dem Bundesministerium für Wohnen, Stadtentwicklung und Bauwesen, dem Bundesministerium für Digitales und Verkehr, dem Bundesministerium für Umwelt, Naturschutz, nukleare Sicherheit und Verbraucherschutz sowie dem Bundesministerium für Ernährung und Landwirtschaft Einvernehmen hergestellt wird. In der Darstellung werden zudem die der Europäischen Klimaschutzverordnung unterliegenden Emissionsanteile der Sektoren separat ausgewiesen. Das Umweltbundesamt übersendet die Projektionsdaten bis zum Ablauf des 15. März eines jeden Jahres zeitgleich mit der Veröffentlichung der Emissionsdaten nach § 5 KSG an den Expertenrat für Klimafragen. Die Verpflichtung zur Übermittlung von Projektionen an die Europäische Kommission gemäß Art. 18 der Europäischen Governance-Verordnung bleibt unberührt (§ 5a KSG). 5398

f) Vorgehen bei Überschreiten der Jahresemissionsgesamtmengen. Weisen die Projektionsdaten nach § 5a KSG nach Feststellung des Expertenrats für Klimafragen nach § 12 I KSG in zwei aufeinanderfolgenden Jahren aus, dass bei aggregierter Betrachtung aller Sektoren die Summe der Treibhausgasemissionen in den Jahren 2021 bis einschließlich 2030 die Summe der Jahresemissionsgesamtmengen nach Anlage 2 in Verbindung mit § 4 II KSG für diese Jahre überschreitet, beschließt die Bundesregierung nach § 8 I 1 KSG in der seit 2024 geltenden Fassung Maßnahmen, die die Einhaltung der Summe der Jahresemissionsgesamtmengen für diese Jahre sicherstellen. Eine Nachsteuerung findet nicht statt, wenn die Bundesregierung in demselben Jahr, in dem die wiederholte Überschreitung festgestellt wurde, oder in dem vorangehenden Jahr bereits einen Beschluss gefasst hat, der die Anforderungen nach § 8 I 1 KSG erfüllt. Zur Vorbereitung des Beschlusses der Bundesregierung legen alle zuständigen Bundesministerien, insbesondere diejenigen, in deren Zuständigkeitsbereich die Sektoren liegen, die zur Überschreitung beitragen, nach § 8 II KSG innerhalb von drei Monaten nach der Vorlage der Bewertung der Projektionsdaten durch den Expertenrat für Klimafragen Vorschläge für Maßnahmen in den jeweiligen ihrer Verantwortlichkeit unterfallenden Sektoren vor. Die Vorschläge können auch sektorübergreifende Maßnahmen enthalten. Die Bundesregierung berät über die zu ergreifenden Maßnahmen in den betroffenen Sektoren oder in anderen Sektoren oder über sektorübergreifende Maßnahmen und beschließt diese schnellstmöglich, spätestens innerhalb desselben Kalenderjahres. Dabei kann sie die bestehenden Spielräume der Europäischen Klimaschutzverordnung berücksichtigen und die Jahresemissionsmengen der Sektoren durch eine Rechtsverordnung nach § 5 Absatz 4 ändern. Vor Erstellung der Beschlussvorlage über die Maßnahmen sind dem Expertenrat für Klimafragen die den Maßnahmen zugrunde gelegten Annahmen zur Treibhausgasreduktion zur Prüfung zu übermitteln. Das Prüfungsergebnis wird der Beschlussvorlage beigefügt (§ 8 II KSG). 5399

g) Instrumente des Klimaschutzgesetzes. Zu den Instrumenten des Klimaschutzgesetzes gehören der Klimaschutzplan, der allerdings im Gesetz nur legaldefiniert ist (§ 2 Nr. 7), dessen Anforderungen jedoch nicht im Klimaschutzgesetz selbst geregelt sind. Hinzu kommen Klimaschutzprogramme, der Klimaschutzbericht, der Klimaschutz-Projektionsbericht und Sofortprogramme. 5400

5401 **Klimaschutzplan und Klimaschutzprogramme.** Die Bundesregierung beschließt gem. § 9 I 1 KSG spätestens zwölf Kalendermonate nach Beginn einer Legislaturperiode ein Klimaschutzprogramm; zudem prüft die Bundesregierung nach jeder Fortschreibung des Klimaschutzplans, ob ein neues Klimaschutzprogramm beschlossen werden soll. In jedem Klimaschutzprogramm legt die Bundesregierung unter Berücksichtigung der jeweils aktuellen Projektionsdaten nach § 5a KSG fest, welche Maßnahmen sie in den einzelnen Sektoren sowie sektorübergreifend zur Erreichung der nationalen Klimaschutzziele gemäß § 3 Absatz 1 ergreifen wird. Maßgeblich für die Maßnahmen ist die Einhaltung der nach § 4 KSG zur Zielerreichung festgelegten Jahresemissionsgesamtmengen unter Beachtung von § 5 III KSG. Zudem legt die Bundesregierung fest, welche Maßnahmen sie zur Erreichung der Ziele nach den §§ 3a und 3b KSG ergreifen wird.

5402 Soweit zur Einhaltung der Jahresemissionsgesamtmengen nach § 4 KSG Maßnahmen erforderlich sind, schlagen alle zuständigen Bundesministerien innerhalb von sechs Monaten nach Beginn der Legislaturperiode geeignete Maßnahmen zur Einhaltung der Jahresemissionsgesamtmengen vor; § 5 III KSG gilt entsprechend.

5403 Der Klimaschutzplan ist nach § 2 Nr. 7 die deutsche Langfriststrategie nach dem Übereinkommen von Paris und nach Art. 15 EU Governance-Verordnung. Der konkrete Inhalt des Klimaschutzplans ergibt sich aus Anhang IV der EU Governance-Verordnung. Erforderlich sind insbesondere Angaben zur Verringerung von Emissionen, über erneuerbare Energien, über die Energieeffizienz sowie Angaben über spezifische Sektoren und zB auch über die sozioökonomischen Folgen der vorgesehenen Maßnahmen zur Dekarbonisierung.

5404 Wie die Klimaschutzpläne verwaltungsrechtsdogmatisch einzuordnen sind, ist noch nicht abschließend geklärt. Beschlossen wird der Klimaschutzplan durch einen einfachen Beschluss der Bundesregierung.[1131] Erläutert wird dazu, es handele sich bei dem Klimaschutzplan lediglich um ein (abstraktes) Programm, das mehr ein Strategiepapier und weniger ein Plan im rechtlichen Sinne sei.[1132] Ergänzend wird aber darauf hingewiesen, dass die zu entwickelnden Langzeitstrategien von der EU-Kommission bewertet werden können und dass die Kommission bei einem unzureichenden Ambitionsniveau Empfehlungen aussprechen kann.[1133]

5405 Der Klimaschutzplan ist von den **Klimaschutzprogrammen** zu unterscheiden. Der Klimaschutzplan ist zwar in § 2 Nr. 7 vom Gesetzgeber definiert; konkrete Pflichten zur Aufstellung des Klimaschutzplans ergeben sich jedoch nicht aus dem KSG, sondern aus Art. 14 II des Pariser Übereinkommens sowie aus Art. 15 I EU-Governance-Verordnung. Danach erstellt jeder Mitgliedstaat bis zum 1.1.2020 und anschließend bis zum 1.1.2029 und danach alle zehn Jahre seine jeweilige langfristige Strategie mit einer Perspektive von 30 Jahren und im Einklang mit dem Unionsziel der Klimaneutralität gem. Art. 2 I der Verordnung (EU) 2021/1119 und übermittelt sie der Kommission. Die Mitgliedstaaten sollen diese Strategien erforderlichenfalls alle fünf Jahre aktualisieren.

5406 Der Klimaschutzplan ist inhaltliche Grundlage des Klimaschutzprogramms, das nach § 9 I 1 KSG in der Neufassung 2024 zwar nicht mehr zwingend nach jeder Fortschreibung des Klimaschutzplans neu beschlossen werden muss. Immerhin bleibt für die Bundesregierung noch die Pflicht zu prüfen, ob ein neues Klimaschutzprogramm beschlossen werden „soll". Ergeben sich aus dem Klimaschutzplan zB Erkenntnisse, dass die Ziele des § 3 KSG auf Grundlage des geltenden Klimaschutzprogramms nicht zeitgerecht erreicht werden können, kann aus dem „Soll" auch eine „Muss" werden.

5407 Das Klimaschutzprogramm gilt als zentrales Instrument der Klimaschutzplanung, weil es die Maßnahmen konkretisiert, die geeignet und erforderlich sind, um die Ziele des Klimaschutzgesetzes zu erreichen.[1134] In jedem Klimaschutzprogramm legt die Bundesregierung nach § 9 I 2 KSG unter Berücksichtigung der jeweils aktuellen Projektionsdaten nach § 5a KSG fest, welche Maßnahmen sie in den einzelnen Sektoren sowie sektorübergreifend zur Erreichung der nationalen Klimaschutzziele gemäß § 3 I KSG ergreifen wird. Maßgeblich für die Maßnahmen ist die Einhaltung der nach § 4 KSG zur Zielerreichung festgelegten Jahresemissionsgesamtmengen unter Beachtung von § 5 III KSG. Zudem legt die Bundesregierung fest, welche Maßnahmen sie zur Erreichung der Ziele nach den §§ 3a und 3b KSG ergreifen wird.

[1131] dazu Saurer in Rodi Klimaschutzrecht, 2022, § 10 Rn. 21; Saurer NVwZ 2017, 1574 (1578).
[1132] Schlacke EurUP 2020, 338 (340)
[1133] Peters in Fellenberg/Guckelberger Klimaschutzrecht, 2022, § 2 KSG Rn.14.
[1134] Posser in Frenz Klimaschutzrecht, 2022, § 9 KSG Rn. 1.

Berichterstattung. Die Bundesregierung erstellt nach § 10 I KSG jährlich einen **Klimaschutzbericht**, der die Entwicklung der Treibhausgasemissionen insgesamt und in den verschiedenen Sektoren, den Stand der Umsetzung der Klimaschutzprogramme nach § 9 KSG und der Maßnahmen nach § 8 KSG sowie eine Prognose der zu erwartenden Treibhausgasminderungswirkungen enthält. Erstmals im Jahr 2024 und dann alle zwei Jahre enthält der Klimaschutzbericht auch eine Darstellung zum Stand und zur weiteren Entwicklung der CO_2-Bepreisung innerhalb der Europäischen Union sowie zu technischen und internationalen Entwicklungen und zu ihrer Kompatibilität mit der nationalen CO_2-Bepreisung sowie den nationalen Klimaschutzzielen einschließlich der Wirkung auf die Sektoren nach § 4 I KSG. Die Bundesregierung leitet den Klimaschutzbericht für das jeweilige Vorjahr bis zum 30. Juni dem Deutschen Bundestag zu. 5408

Expertenrat für Klimafragen. Nach § 11 I 1 KSG muss ein Expertenrat für Klimafragen aus fünf sachverständigen Personen verschiedener Disziplinen eingerichtet werden. Die Bundesregierung benennt für die Dauer von fünf Jahren die Mitglieder, davon jeweils mindestens ein Mitglied mit hervorragenden wissenschaftlichen Kenntnissen und Erfahrungen aus einem der Bereiche Klimawissenschaften, Wirtschaftswissenschaften, Umweltwissenschaften sowie soziale Fragen. Der Expertenrat soll als Ganzes auch eine übergreifende Expertise zu den Sektoren nach § 4 I KSG abbilden. Die gleichberechtigte Vertretung von Frauen und Männern ist sicherzustellen. Eine einmalige Wiederernennung ist möglich. 5409

Der Expertenrat für Klimafragen ist nach § 11 III 1 KSG nur an den durch das KSG begründeten Auftrag gebunden und in seiner Tätigkeit unabhängig. Der Bund trägt nach § 11 III 2 KSG die Kosten des Expertenrats für Klimafragen nach Maßgabe des Bundeshaushaltes. Der Expertenrat für Klimafragen prüft gem. § 12 I KSG die Emissionsdaten nach § 5 I und II KSG sowie die Projektionsdaten nach § 5a KSG und legt der Bundesregierung und dem Deutschen Bundestag innerhalb von zwei Monaten nach Übersendung durch das Umweltbundesamt eine Bewertung der übersandten Daten vor. Dabei stellt er für alle Sektoren aggregiert fest, inwieweit die Summe der Treibhausgasemissionen gemäß den Projektionsdaten die Summe der Jahresemissionsgesamtmengen nach Anlage 2 in Verbindung mit § 4 II KSG in den Jahren 2021 bis einschließlich 2030 über- oder unterschreitet. Er stellt dabei unter Berücksichtigung von Anlage 2a auch die Projektionsdaten für die einzelnen Sektoren und deren Entwicklung im Vergleich zu den Jahresemissionsmengen dar (§ 12 I 2 und 3 KSG). Vor der Erstellung der Beschlussvorlage für die Bundesregierung über die Maßnahmen nach § 8 II KSG prüft der Expertenrat für Klimafragen nach § 12 II KSG die den Maßnahmen zugrunde gelegten Annahmen zur Treibhausgasreduktion. 5410

Nach § 12 III KSG holt die Bundesregierung zu bestimmten Maßnahmen eine Stellungnahme des Expertenrats für Klimafragen im Hinblick auf die diesen zugrunde liegenden Annahmen zur Treibhausgasreduktion ein, bevor sie diese veranlasst. Dazu gehören Änderungen oder Festlegungen der Jahresemissionsgesamtmengen nach dem KSG, die Fortschreibung des Klimaschutzplans und der Beschluss von Klimaschutzprogrammen nach § 9 KSG. 5411

Der Expertenrat für Klimafragen legt nach § 12 IV 1 KSG seit dem Jahr 2022 alle zwei Jahre dem Bundestag und der Bundesregierung ein Gutachten zu bisherigen Entwicklungen der Treibhausgasemissionen, zu Trends bezüglich der Jahresemissionsmengen und zur Wirksamkeit von Maßnahmen mit Blick auf die Zielerreichung nach dem KSG vor. Darüber hinaus können Bundestag und Bundesregierung durch Beschluss den Expertenrat mit der Erstellung von Sondergutachten beauftragen. Der Expertenrat für Klimafragen kann gem. § 12 V KSG Gutachten zur Weiterentwicklung geeigneter Klimaschutzmaßnahmen auf Basis der Emissions- sowie Projektionsdaten erstellen. Die Bundesregierung berücksichtigt diese bei Maßnahmen nach den §§ 8 und 9 KSG. 5412

Alle öffentlichen Stellen des Bundes im Sinne des § 2 I BDSG gewähren dem Expertenrat für Klimafragen nach § 12 VI KSG Einsicht in die zur Wahrnehmung seiner Aufgaben benötigten Daten und stellen diese zur Verfügung. Die Bundesregierung stellt sicher, dass der Schutz von Betriebs- und Geschäftsgeheimnissen Dritter sowie personenbezogener Daten gewährleistet ist. Der Expertenrat für Klimafragen kann zu klimaschutzbezogenen Themen Behörden, sowie Sachverständige, insbesondere Vertreter und Vertreterinnen von Organisationen der Wirtschaft und der Umweltverbände, anhören und befragen. 5413

Berücksichtigungsgebot. Die Träger öffentlicher Aufgaben haben nach § 13 I 1 KSG bei ihren Planungen und Entscheidungen den Zweck des KSG und die zu seiner Erfüllung festgelegten Ziele zu berücksichtigen. Die Kompetenzen der Länder, Gemeinden und Gemeindeverbände, das Berücksichtigungsgebot innerhalb ihrer jeweiligen Verantwortungsbereiche 5414 auszugestalten, bleiben unberührt. Der Kreis der Berücksichtigungspflichtigen ist äußerst weit gesteckt.[1135] Das Berücksichtigungsgebot gilt umfassend für jede nicht gesetzesgebundene Tätigkeit der öffentlichen Verwaltung, die klimarelevante Auswirkungen haben kann,[1136] unabhängig davon, ob es sich dabei um hoheitliche, schlichthoheitliche oder privatrechtliche Tätigkeiten handelt.[1137] Auch Unternehmen der öffentlichen Hand in privat-rechtlicher Rechtsform, etwa der einer GmbH, werden verpflichtet, soweit sie öffentliche Aufgaben wahrnehmen. § 13 I 1 KSG verpflichtet hingegen private Unternehmen ohne staatliche Beteiligung, abgesehen vom Fall der Beleihung, nicht.[1138]

5415 Das Berücksichtigungsgebot bezieht sich als materiell-rechtliche Vorgabe des Bundesrechts auf sämtliche Bereiche, für die dem Bund eine Gesetzgebungskompetenz zusteht, in denen es um den Vollzug von materiellem Bundesrecht geht.[1139] Das Berücksichtigungsgebot begründet nach Ansicht des BVerwG selbst keine neuen Handlungs- oder Entscheidungsspielräume, sondern setzt das Bestehen derartiger Spielräume aufgrund anderer gesetzlicher Regelungen voraus. Das BVerwG ist der Ansicht, dass überall dort, wo materielles Bundesrecht auslegungsbedürftige Rechtsbegriffe verwendet oder Planungs-, Beurteilungs- oder Ermessensspielräume einräumt, Zweck und Ziele des KSG als (mit-)entscheidungserhebliche Gesichtspunkte in die Erwägungen einzustellen sind.[1140]

5416 Etwas anderes soll sich auch nicht aus dem UVPG ergeben, das ebenfalls keine eigenen materiell-rechtlichen Maßstäbe für die Umweltprüfung aufstellt, sondern für die Bewertung und Berücksichtigung der festgestellten Umweltfolgen auf die materiell-rechtlichen Zulassungsvoraussetzungen und Entscheidungsspielräume verweist. Dazu wird allerdings vertreten, dass die Berücksichtigungspflichten nach § 13 KSG und nach § 25 II UVPG iVm § 16 III UVPG nicht kongruent seien. Nach § 2 I Nr. 2 UVPG sei zwar nicht nur das lokale/regionale, sondern auch das globale Klima angesprochen und gem. § 16 III UVPG iVm Anl. 4, Nr. 4 UVPG sei in den UVP-Bericht auch eine Beschreibung der Auswirkung eines Projekts auf das Schutzgut Klima aufzunehmen. Im Rahmen der UVP-Prüfung seien jedoch einem Vorhaben nur bestimmte Treibhausgasemissionen zuzurechnen, zu denen, anders als bei der Berücksichtigungspflicht des § 13 KSG, die bei der Herstellung von Bauprodukten entstehenden Emissionen genauso wenig zu berücksichtigen seien, wie etwa die Emissionen, die beim späteren Verbrauch von Erdgas, das durch eine geplante Pipeline befördert wird, entstehen.[1141]

5417 Unbestreitbar ist, dass das im Klimaschutzgebot des Art. 20a GG enthaltene Ziel der Herstellung von Klimaneutralität bei fortschreitendem Klimawandel und zunehmenden Klimawandelfolgen in allen Abwägungsentscheidungen des Staates weiter an relativem Gewicht gewinnt.[1142] Das betrifft auch nachzuvollziehende Abwägungen zur Auslegung unbestimmter Rechtsbegriffe. Dass die CO_2-Einsparungen, die bei einzelnen Vorhaben erzielt werden können, im Verhältnis zu der gegenwärtig global emittierten Gesamtmenge an CO_2 gering sind, ist für die rechtliche Beurteilung nicht relevant. Denn der Klimawandel kann nur gebremst werden, wenn auch für sich genommen kleine Mengen von CO_2-Emissionen vermieden oder verringert werden.[1143]

[1135] Guckelberger KlimR 2022, 294.

[1136] BVerwG NVwZ 2022, 1549, 1556; Schink NuR 2021, 1.

[1137] Guckelberger KlimR 2022, 294.

[1138] Guckelberger KlimR 2022, 294 (295).

[1139] BVerwG NVwZ 2022, 1549 (1556); Klinski/Scharlau/v.Swieykowski-Trzaska/Keimeyer/Sina NVwZ 2020, 1 (5); Kahl/Gärditz Umweltrecht, 2023, § 6 Rn. 52; Schlacke NVwZ 2022, 905 (911); Wickel ZUR 2021337; aA Hermes EurUP 2021, 162 (171); Fellenberg in Fellenberg/Guckelberger, Klimaschutzrecht, 2022, § 13 KSG Rn. 8; Guckelberger KlimR 2022, 294, 295 mit beachtlichen Gründen.

[1140] BVerwG NVwZ 2022, 1549 (1556); Klinski/Scharlau/v.Swieykowski-Trzaska/Keimeyer/Sina NVwZ 2020, 1 (6); Schink NuR 2021, 1 (3); Schink in Frenz, KSG, 2022, § 13 Rn. 18; Guckelberger KlimR 2022, 294 (296); zum Klimaschutz in der Abwägung von Verwaltungsentscheidungen auch Muffler KlimR 2023, 240; siehe auch Kling ZUR 2024, 141; Siegel DÖV 2023, 329; Knauff VerwArch 2023, 161.

[1141] Saurer in Rodi Klimaschutzrecht, 2022, § 10 Rn. 41 unter Verweis auf OVG Berlin-Brandenburg Urt. v. 12.3.2020 – 11 A 7.18, BeckRS 2020, 2525 Nr. 40 ff.

[1142] BVerfG Beschl. v. 24.3.2021, 1 BvR 2656/18, juris Rn 198; BVerfG Beschl. v. 15.12.2022 – 1 BvR 2146/22, juris Rn. 3.

[1143] So aber VG Aachen Beschl. v. 7.10.2021 – 6 L 418/21, juris Rn. 89 ff.; OVG Münster Beschl. v. 28.3.2022 – 21 B 1675/21, juris ; zur Kritik daran Beckmann in Landmann/Rohmer, Einführung zum Klimaschutzrecht, 2023, Rn. 168; Verheyen/Heß/Peters/Schöneberger NVwZ 2023, 113 (119); Muffler KlimR 2023, 242 (240).

5418 Das VG Brauschweig führt beispielsweise zur privilegierten Genehmigung von Windenergieanlagen im planungsrechtlichen Außenbereich des § 35 BauGB aus, die Genehmigungsbehörde dürfe deren Errichtung nach § 35 I und III 1 Nr. 1 BauGB nur dann unter Berufung auf öffentliche Belange ablehnen, wenn diese Belange dem Vorhaben entgegenstehen würden. Ob dies der Fall sei, sei im Wege einer Abwägung zwischen den jeweils berührten öffentlichen Belangen und dem Interesse an der Verwirklichung des Vorhabens zu ermitteln. Durch die generelle Verweisung bestimmter Vorhaben wie die Errichtung von Windenergieanlagen in den Außenbereich habe der Gesetzgeber selbst eine planerische Entscheidung zugunsten solcher Vorhaben getroffen und damit auch in Kauf genommen, dass in Einzelfällen öffentliche Belange beeinträchtigt würden. Diese Privilegierung falle bei der Abwägung zugunsten des Vorhabens ins Gewicht.[1144] Erforderlich sei eine auf den Einzelfall bezogene nachvollziehende Abwägung. Bei der Gewichtung des Interesses an einer Windenergieanlage habe die Genehmigungsbehörde neben der grundsätzlichen Privilegierung von Windenergieanlagen im Außenbereich auch die Bedeutung höherer Anlagen für die effektive Nutzung der Windenergie und damit auch den besonderen Stellenwert zu berücksichtigen, der der Windenergie für die Sicherung der Energieversorgung und dem Klimaschutz zukomme.[1145] Das VG Braunschweig leitet daraus ab, dass eine im Flächennutzungsplan geregelte Höhenbegrenzung für Windenergieanlagen nicht ausreicht, um die Genehmigung für eine diese Grenze überschreitende Anlage nach § 35 I und III BauGB zu versagen.

5419 Eine Verstärkung des Klimaschutzbelangs im Rahmen der nachvollziehenden Abwägung bei der Auslegung unbestimmter Rechtsbegriffe kann sich zB auch daraus ergeben, dass der Gesetzgeber dem Betrieb von Windenergielagen ein überragendes öffentliches Interesse attestiert. So kann ein Grund für die Erteilung einer Ausnahme von artenschutzrechtlichen Verboten nach § 45 VII 1 iVm § 45b VIII Nr. 1 BNatSchG darin bestehen, dass der Betrieb von Windenergieanlagen im überragenden öffentlichen Interesse liegt und damit der öffentlichen Sicherheit dient. Dasselbe ergibt sich auch aus § 2 Satz 1 EEG, wonach die Errichtung und der Betrieb uaua von Windenergieanlagen (§ 3 Nr. 1 EEG) sowie den dazugehörigen Nebenanlagen im überragenden öffentlichen Interesse liegen und der öffentlichen Sicherheit dienen. Das OVG Münster bescheinigt der Erteilung von artenschutzrechtlichen Verboten mit dem Verweis auf das überragende öffentliche Interesse an dem Betrieb von Windenergieanlagen auch eine Vereinbarkeit mit dem Unionsrecht.[1146]

5420 § 13 KSG formuliert grundsätzlich jedoch keine materiell-rechtlich gesteigerten Beachtens- oder Berücksichtigungspflichten, ob sich daraus ein Optimierungs- oder Minimierungsgebot ableiten lässt, ist bislang umstritten; ein grundsätzlicher Vorrang des Klimaschutzes gegenüber anderen Belangen lässt sich nach der Rechtsprechung des BVerfG weder aus Art. 20a GG noch aus § 13 KSG ableiten.[1147] Klimaschutzbelange können daher bei der planerischen Abwägung zugunsten anderer, gewichtigerer Belange im Einzelfall auch zurückgestellt werden. Zutreffend führt das BVerwG aus, dass das Grundgesetz keine näheren Vorgaben dazu enthält. Art. 20 a GG mit dem darin enthaltenen Klimaschutzgebot bedürfe insoweit zunächst der gesetzgeberischen Ausgestaltung und Konkretisierung.[1148] Eine solche Konkretisierung sei, so das BVerwG, auch mit dem KSG nicht erfolgt.

5421 Ein weiteres Beispiel für eine zulässige Berücksichtigung der Klimafolgen durch den Gesetzgeber bietet das Gebührenrecht: Bei der gesetzlichen Bemessung von Verwaltungsgebühren kann und darf der Klimaschutz als Konkretisierung des Klimaschutzgebots des Art. 20 a GG berücksichtigt werden; der Schutz des Klimas kann ein zulässiges gesetzgeberisches Lenkungsziel sein.[1149]

1144 VG Braunschweig Urt. v. 11.5.2022 – 2 A 100/19, juris Rn. 42 unter Verweis auf BVerwG Urt. v. 31.1.2013 – 4 CN 1.12, juris Rn. 24; VG Aachen Beschl. v. 12.3.2021 – 6 L 417/20, juris Rn. 63.

1145 VG Braunschweig Urt. v. 11.5.2022 – 2 A 100/19, juris Rn. 43; dazu auch Sailer/Deutinger ZUR 2023, 604.

1146 OVG Münster Urt. v. 29.11.2022 – 22 A 1184/18, juris Rn. 360; zu § 2 EEG ausführlich Attendorn NVwZ 2022, 1586; Schlacke/Wentzien/Römling NVwZ 2022, 1577; Wulff EuRUP 2023, 320; Lingemann NVwZ 2023, 1634; Appel/Pfeufer DVBl. 2024, 537

1147 BVerwG NVwZ 2022, 1549 (1555); zur Bauleitplanung siehe OVG Berlin-Brandenburg Beschl. v. 25.1.2022 – OVG 10 S 17/21, juris Rn. 48; Dirnberger in Jäde/Dirnberger, BauGB, 2018, § 1 a Rn. 33; Guckelberger KlimR 2022, 294, 296; aA Schlacke/Römling DVBl. 2021, 144, 150; Appel/Pfeufer DVBl. 2024, 537.

1148 BVerwG NVwZ 2022, 1549 Rn. 61 unter Verweis auf BVerfGE 157, 30 Rn. 205.

1149 VGH Mannheim KlimR 2022, 255 zur Bemessung einer Bewohnerparkgebühr, bei der die Erreichung des staatlichen Klimaschutzziels des Art. 20 a GG und der Schutz von Grundrechten vor den Gefah-

7. Klimarechtsschutz

5422 Nach § 4 I 6 KSG werden subjektive Rechte und klagbare Rechtspositionen durch das KSG oder aufgrund des KSG nicht begründet. Nach der Gesetzesbegründung[1150] handelt es sich bei § 4 I 6 KSG lediglich um einen deklaratorischen Hinweis, sodass Klagemöglichkeiten zum Schutz des Klimas sich letztlich nur aus außerhalb des KSG liegenden Bestimmungen des Umweltrechtsschutzes ergeben können.[1151] Für Individualkläger kommt es insoweit überwiegend auf die Rechtsschutzmöglichkeiten der VwGO an. Für Umweltvereinigungen stehen Klagemöglichkeiten nach dem UmwRG im Vordergrund.

5423 Von Bedeutung sind aber nicht nur Klagemöglichkeiten der Umweltvereinigungen nach dem UmwRG, sondern auch die Voraussetzungen für die Beiladung von im Genehmigungsverfahren beteiligten Umweltvereinigungen in Verpflichtungsstreitverfahren, die darauf gerichtet sind, die Genehmigungsbehörde zur Erteilung einer von ihr abgelehnten Genehmigung zu verpflichten. In einem Verpflichtungsklageverfahren, in dem eine unter § 1 I 1 UmwRG fallende Zulassungsentscheidung erstritten werden soll, bedarf es aufgrund europa- und völkerrechtlicher Verpflichtungen, insbesondere Art. 9 II AK der Beiladung eines anerkannten Umweltverbands, um diesem die Möglichkeit zu geben, seinen Rechtsstandpunkt in das gerichtliche Verfahren einzubringen.[1152]

5424 Die Missachtung von Vorschriften des Klimaschutzrechts beschäftigt zunehmend die Verwaltungsgerichte, daneben aber auch die Zivilgerichte. Klimaklagen verfolgen Klimaschutzanliegen.[1153] Klimaklagen Privater stützen sich unter anderem auf Grundrechte, um gegenüber dem Staat und/oder auch gegenüber privaten Unternehmen mehr Klimaschutz bzw. eine Einstellung klimaschädlicher Aktivitäten zu erreichen.[1154] Klimaklagen können sich in Verfassungsstreitverfahren auch gegen den Gesetzgeber wenden, um eine Veränderung, zumeist eine Verschärfung des Klimaschutzrechts zu erreichen mit Verweis auf Pflichten des Gesetzgebers, die sich aus höherrangigem Verfassungsrecht oder EU-Recht bzw. dem Völkerrecht ergeben. Der Klimarechtsschutz wird vor allem durch die Rechtsprechung des BVerfG, des EuGH und auch des BVerwG beflügelt.[1155]

5425 **a) Klimaschutz bei staatlichen Abwägungsentscheidungen.** Eine größere Relevanz erhält der Klimaschutz sowohl in verwaltungsrechtlichen als auch in verfassungsrechtlichen Streitigkeiten bereits dadurch, dass das im Klimaschutzgebot des Art. 20a GG enthaltene Ziel der Herstellung von Klimaneutralität bei fortschreitendem Klimawandel in allen Abwägungsentscheidungen des Staates weiter an relativem Gewicht gewinnt.[1156] Dies gilt nicht nur für Verwaltungsentscheidungen, sondern auch für den Gesetzgeber. Verdeutlicht hat das BVerfG das zunehmende Gewicht des Klimaschutzes für staatliche Abwägungsentscheidungen zB im Zusammenhang mit dem Ausbau von Anlagen für erneuerbare Energien. Der Ausbau erneuerbarer Energien diene, so das BVerfG, dem Klimaschutzziel des Art. 20a GG und dem Schutz von Grundrechten vor den Gefahren des Klimawandels, weil mit dem dadurch CO_2-emissionsfrei erzeugten Strom der Verbrauch fossiler Energieträger zur Stromgewinnung und in anderen Sektoren wie etwa Verkehr, Industrie und Gebäude verringert werden könne. Der Ausbau erneuerbarer Energien diene zugleich dem Gemeinwohlziel der Sicherung der Stromversorgung, weil er zur Deckung des infolge des Klimaschutzziels entstehenden Bedarfs an emissionsfrei erzeugtem Strom beitrage und überdies die Abhängigkeit von Energieimporten verringere. Der für die Abwägung mit gegenläufigen grundrechtlich geschützten Interessen maßgeblichen Bedeutung einzelner Maßnahmen zum Ausbau erneuerbarer Energien für den Klimaschutz

---

ren des Klimawandels durch eine Reduktion des Kfz-Verkehrs und der Verringerung des hierdurch bedingten CO_2-Ausstoßes eine Staffelung der Bewohnerparkgebühr nach der Größe des Fahrzeugs und damit nach der in Anspruch genommenen Parkfläche rechtfertigt.

[1150] BT Drucks. 19/14337, S. 28.

[1151] Saurer in Rodi Klimaschutzrecht, 2022, § 10 Rn. 52; siehe auch Saurer ZUR 2024, 214.

[1152] so jedenfalls VGH Kassel KlimR 2022, 386.

[1153] Fellenberg/Guckelberger Klimaschutzrecht, 2022, Einleitung Rn. 33; zum Begriff der Klimaklage näher Rodi/Kalis KlimR 2022, 5 (6); Köck/Markus ZUR 2019, 257; Winter ZUR, 2019, 259; Buser DVBl. 2021, 1389; Verheyen ZRP 2021, 133.

[1154] kritisch dazu Wegener NJW 2022, 425.

[1155] Siehe dazu Lorenzmeier UWP 2023, 8; Rodi/Kalis KlimR 2022, 5 ff.

[1156] BVerfG Beschl. v. 24.3.2021, 1 BvR 2656/18, juris Rn 198; BVerfG Beschl. v. 15.12.2022 – 1 BvR 2146/22, juris Rn. 3.

und den Schutz der Grundrechte vor den Gefahren des Klimawandels könne nicht entgegengehalten werden, dass die einzelne Maßnahme für sich genommen im Vergleich zur global emittierten Gesamtmenge von CO_2 geringfügig sei.[1157] Mit dieser wichtigen Klarstellung begegnet das BVerfG dem in der Praxis häufig anzutreffenden Versuch, die Klimarelevanz einzelner Vorhaben mit Blick auf den – gemessen an nationalen oder gar internationalen Zahlen zu den Gesamtmengen der emittierten Treibhausgase -eher kleinen Emissionsbeitrag zu relativieren oder gar zu bagatellisieren. So führt zB das OVG Münster zu den Auswirkungen einer Deponieerweiterung und des dafür erforderlichen Abraumtransports und der dafür ebenfalls erforderlichen Rodung einiger ha Wald aus, die Größenordnungen des vorhabenbedingten CO_2-Ausstoßes sei bezogen auf Deutschland, Europa und die Welt verschwindend gering. Insgesamt werde die mangelnde Relevanz der CO_2-Bilanz des Planvorhabens im Hinblick auf das globale Klima nicht zuletzt auch bei einem Vergleich mit den Größenordnungen der in der Anlage 2 zu § 4 KSG n. F. zur Erreichung der nationalen Klimaschutzziele bis 2030 festgelegten zulässigen Jahresemissionsmengen an CO_2 deutlich. Danach liege die zulässige Jahresemissionsmenge an CO_2 für 2030 für die einzelnen Sektoren im Bereich von mindestens mehreren Mio. t, überwiegend sogar im zwei- und dreistelligen Millionenbereich. Mit diesen Relativierungen verkennt das OVG Münster den vom BVerfG wiederholt bereits formulierten Leitsatz, dass der Klimaschutz in allen Abwägungsentscheidungen des Staates weiter an relativem Gewicht gewinnt, und die Tatsache, dass der Klimawandel Folge zahlloser Vorhaben, Maßnahmen und Unternehmungen ist und insoweit auch die Effizienz des Klimaschutzes nur durch Beiträge genauso zahlloser Einzelmaßnahmen zu erreichen ist.

b) Erweiterter Grundrechtsschutz. Grundrechtsschutz im Zusammenhang mit aktuellen und zukünftig zu erwartenden Folgen des Klimawandels kann grundsätzlich beim BVerfG, ggfls. auch bei Landesverfassungsgerichten, beim EuGH und auch beim EGMR nachgesucht werden. Die Europäische Union erkennt nach Art. 6 I EUV die Rechte, Freiheiten und Grundsätze an, die in der Charta der Grundrechte der Europäischen Union vom 7.12.2000 niedergelegt sind; die Charta und die Verträge sind rechtlich gleichrangig. Die Union soll nach Art. 6 II 2 EUV der Europäischen Konvention zum Schutz der Menschenrechte und Grundfreiheiten beitreten. Der EuGH hat allerdings den dazu ausgehandelten Beitrittsvertrag in einem Rechtsgutachten als unionsrechtswidrig beanstandet und nicht zuletzt um eine Beeinträchtigung seiner Kompetenzen gefürchtet, Insoweit ist die Europäische Menschrechtskonvention zwar nicht unmittelbar für die EU verbindlich; sie wird aber als Auslegungsregel herangezogen. 5426

Der Grundrechtschutz in der EU und ihren Mitgliedstaaten ist mehrdimensional; er ist für die Behörden- und Gerichtspraxis, aber natürlich noch mehr für die Grundrechtsträger und Grundrechtsadressaten nicht leicht zu überschauen. Es bedarf eines systematischen Verständnisses dieses Mehrebenen-Grundrechtsschutzes und einer Kenntnis von zentralen Entscheidungen des BVerfG, des EuGH und des EGMR zu den Grundrechten der EU und der Mitgliedstaaten. Hinzu kommt, dass die Grundrechte, wie sie in der Europäischen Konvention zum Schutz der Menschenrechte und Grundfreiheiten gewährleistet sind und wie sie sich aus den gemeinsamen Verfassungsüberlieferungen der Mitgliedstaaten ergeben, als allgemeine Grundsätze Teil des Unionsrechts sind. Hinzu kommt außerdem, dass, soweit die Grundrechte des Grundgesetzes durch den Anwendungsvorrang des Unionsrechts verdrängt werden, das BVerfG dessen Anwendung durch deutsche Stellen am Maßstab der Unionsgrundrechte kontrolliert.[1158] Grundrechtsbeeinträchtigungen, die sich zB aus der unmittelbaren Anwendung der Vogelschutzrichtlinie ergeben, werden mit Rücksicht auf das insoweit vollvereinheitlichte Unionsrecht nicht an Art. 14 GG, sondern an der unionsrechtlichen Eigentumsgarantie gemessen.[1159] 5427

Der Klimabeschluss des BVerfG vom 24.3.2021 weckt, was den Grundrechtsschutz gegen Klimabeeinträchtigungen angeht, große Hoffnungen und Erwartungen; zum Teil macht sich aber auch bereits Enttäuschung breit, insbesondere was die Erfolgsaussichten von Klimaklagen gegen Unternehmen auf dem Zivilrechtsweg angeht. Das BVerfG erläutert in seinem grundlegenden Beschluss vom 24.03.2021, dass der Schutz des Lebens und der körperlichen Unver- 5428

1157 BVerfG Beschl. v. 23.3.2022 – 1 BvR 1187/17, juris Rn 142 f.

1158 BVerfGE 152, 216 Rn. 43; siehe zum Verhältnis der EU-Grundrechte zu den Grundrechten des GG auch Frenz Handbuch Europarecht, Teilband 4 I, § 5 Rn. 191 ff.

1159 BVerwGE 174, 309.

sehrtheit nach Art. 2 II 1 GG den Schutz vor Beeinträchtigungen grundrechtlicher Schutzgüter durch Umweltbelastungen einschließt, gleich von wem und durch welche Umstände sie drohen. Die aus Art. 2 II 1 GG folgende Schutzpflicht des Staates umfasse auch die Verpflichtung, Leben und Gesundheit vor den Gefahren des Klimawandels zu schützen. Sie könne eine objektivrechtliche Schutzverpflichtung auch in Bezug auf künftige Generationen begründen. Das BVerfG hat außerdem entschieden, dass das Grundgesetz unter bestimmten Voraussetzungen zur Sicherung grundrechtsgeschützter Freiheit über die Zeit und zur verhältnismäßigen Verteilung von Freiheitschancen über die Generationen verpflichtet. Subjektivrechtlich schützen die Grundrechte nach der Rechtsprechung des BVerfG als intertemporale Freiheitssicherung vor einer einseitigen Verlagerung der durch Art. 20 a GG aufgegebenen Treibhausgasminderungslast in die Zukunft. Auch der objektivrechtliche Schutzauftrag des Art. 20 a GG schließe die Notwendigkeit ein, mit den natürlichen Lebensgrundlagen so sorgsam umzugehen und sie der Nachwelt in solchem Zustand zu hinterlassen, dass nachfolgende Generationen diese nicht nur um den Preis radikaler eigener Enthaltsamkeit weiter bewahren könnten.[1160] Die Schonung künftiger Freiheit verlange auch, den Übergang zu Klimaneutralität rechtzeitig einzuleiten. Damit wird der Grundrechtsschutz im Zusammenhang mit den Folgen des Klimawandels deutlich erweitert.

5429 Die Erweiterung des Grundrechtsschutzes in diesem Zusammenhang folgt auch daraus, dass unter bestimmten Umständen nach der Rechtsprechung des BVerfG mit einer Verfassungsbeschwerde auch mittelbar ein Verstoß gegen Art. 20a GG gerügt werden kann. Das sei denkbar, wenn sich Beschwerdeführer gegen einen Eingriff in Grundrechte wendeten. Denn dieser könnte verfassungsrechtlich nur gerechtfertigt werden, wenn die zugrunde liegenden Regelungen den elementaren Grundentscheidungen und allgemeinen Verfassungsgrundsätzen des Grundgesetzes entsprechen, zu denen auch das Klimaschutzgebot des Art. 20a GG zähle.[1161] Die lediglich objektiv-rechtliche Staatszielbestimmung wird insoweit für den subjektiven Grundrechtsschutz eingesetzt. Voraussetzung dafür ist allerdings nach Ansicht des BVerfG eine substantiierte Darlegung, dass gesetzliche Regelungen oder gesetzgeberisches Unterlassen eingriffsähnliche Vorwirkung auf die Freiheitsgrundrechte der Beschwerdeführenden entfalten könnten, indem sie zu einem späteren Zeitpunkt unausweichlich zu aus heutiger Sicht unverhältnismäßigen staatlichen Beschränkungen grundrechtlich geschützter Freiheit führten. Dafür müsse sich die Verfassungsbeschwerde grds. gegen die Gesamtheit der zugelassenen Emissionen richten, weil regelmäßig nur diese, nicht aber punktuelles Tun oder Unterlassen des Staates die Reduktionlasten insgesamt unverhältnismäßig auf die Zukunft verschieben.

5430 Hinzu kommt, dass das BVerfG auch eine Klagebefugnis von ausländischen Personen, die im Ausland leben, nicht ausschließt und insoweit einen weltweiten Grundrechtsschutz durch das GG eröffnet. Art. 1 III GG enthalte keine Beschränkung der Grundrechtsbindung des deutschen Staates auf das Staatsgebiet, sondern begründe eine umfassende Bindung der deutschen Staatsgewalt an die Grundrechte.[1162] Allerdings könnten sich die aus den Grundrechten konkret folgenden Schutzwirkungen einschließlich ihrer Reichweite im Ausland trotz der umfassenden Bindung der deutschen Staatsgewalt an die Grundrechte danach unterscheiden, unter welchen Umständen sie zur Anwendung kämen. So könne zwischen verschiedenen Grundrechtsdimensionen, etwa der Wirkung der Grundrechte als Abwehrrechte, als Leistungsrechte, als verfassungsrechtliche Wertentscheidungen oder als Grundlage von Schutzpflichten zu unterscheiden sein. Unter welchen Umständen Grundrechte als Grundlage von Schutzpflichten gegenüber im Ausland lebenden Menschen zur Anwendung kommen könnten, sei bislang nicht näher geklärt. Möglicher Anknüpfungspunkt einer grundrechtlichen Schutzverpflichtung wäre, dass die schweren Beeinträchtigungen, denen Beschwerdeführer wegen des Klimawandels (weiter) ausgesetzt sein könnten, zu einem, wenngleich geringen, Teil auch durch von Deutschland ausgehende Treibhausgasemissionen verursacht seien.[1163]

5431 In seinem weiteren Beschluss vom 18.01.2022 zum Fehlen eines Landesklimaschutzgesetzes stellt das BVerfG klar, dass Beschwerdeführende sich mit einer Verfassungsbeschwerde zwar

[1160] BVerfG NW 2021, 1723.

[1161] BVerfG Beschl. v. 15.12.2022 – 1 BvR 2146/22, juris Rn.4.

[1162] kritisch dazu Breuer NVwZ 2022, 1233 (1238): „Eine großzügige Zuerkennung grundrechtlicher Schutzpflichten kann leicht zu einer Überforderung des sozialen Rechtsstaats führen und illusionäre Wunsch- und Trugbilder auslösen."

[1163] BVerfG NW 2021, 1723 (1736); OLG Hamm ZUR 2018, 118; dazu auch Di Fabio Verfassung und Klimahaftung, 2023.

gegen Regelungen wenden können, die festlegen, welche Gesamtmenge an CO_2 in näherer Zukunft emittiert werden dürfe, wenn die Regelungen eingriffsähnliche Vorwirkung für anschließende Zeiträume entfalteten. Eine eingriffsähnliche Vorwirkung setze allerdings voraus, dass der jeweilige Gesetzgeber selbst einem grob erkennbaren Budget insgesamt noch zulassungsfähiger CO_2-Emissionen unterliege. Zur Begründung der Rüge, künftige Freiheit werde unverhältnismäßig beschränkt, müsse sich die Verfassungsbeschwerde außerdem grundsätzlich gegen die Regelung der Gesamtheit der gegenwärtig zugelassenen CO_2-Emissionen richten, weil regelmäßig nur diese, nicht aber punktuelles Tun oder Unterlassen des Staates die Reduktionlasten insgesamt unverhältnismäßig auf die Zukunft verschieben könnte. Für die Bundesländer fehle es gegenwärtig bereits an Reduktionsmaßgaben, denen sich wenigstens grob landesspezifische CO_2-Restbudgets entnehmen ließen.[1164]

c) Rechtsprechung des EuGH. Die Rechtsprechung des EuGH ist, was die für eine Klagebefugnis notwendige individuelle Betroffenheit angeht, restriktiver als die des BVerfG. Natürliche oder juristische Personen erfüllen die Bedingung der individuellen Betroffenheit nach Ansicht des EuGH nur dann, wenn die angefochtene Handlung sie aufgrund bestimmter ihnen besonderer Merkmale oder aufgrund von Umständen, unter denen sie sich von allen anderen Personen unterscheiden, betrifft.[1165] 5432

Weiteren Auftrieb erhält der Klimarechtsschutz jedoch durch ein Urteil des EuGH vom 8.11.2022 zur Klagebefugnis von Umweltvereinigungen zur Anfechtung der für bestimmte Fahrzeuge erteilten EG-Typgenehmigung.[1166] Der EuGH hat damit entschieden, dass Art. 9 III AK in Verbindung mit Art. 47 der Charta der Grundrechte der Europäischen Union dahin auszulegen sei, dass es einer anerkannten Umweltvereinigung nicht verwehrt werden darf, eine EG-Typgenehmigung für Fahrzeuge, die möglicherweise gegen Art. 5 Abs. 2 der Verordnung (EG) Nr. 715/2007 des Europäischen Parlaments und des Rates vom 20. Juni 2007 über die Typgenehmigung von Kraftfahrzeugen hinsichtlich der Emissionen von leichten Personenkraftwagen und Nutzfahrzeugen (Euro 5 und Euro 6) und über den Zugang zu Reparatur- und Wartungsinformationen für Fahrzeuge verstößt, vor einem innerstaatlichen Gericht anzufechten. Eine entsprechende Erweiterung des Katalogs des § 1 I UmwRG steht bevor. 5433

Mit Urteil vom 22.12.2022 hat der EuGH entschieden, von schlechter Luftqualität Betroffene könnten ihre zuständigen nationalen Behörden zu Einhaltung der Grenzwerte verpflichten. Darüber hinausgehend bestünden jedoch keine Schadenersatzansprüche von Einzelnen gegen einen Mitgliedstaat, wenn aus Luftverschmutzungen Krankheiten resultieren.[1167] 5434

d) Zivilrechtliche Haftung für Klimaschäden. Klimaklagen können sich gegen Gesetzgeber, aber außerdem und vor allem gegen klimabeeinträchtigende Vorhaben wenden. Dazu können die für solche Vorhaben erteilten Zulassungen angegriffen werden oder aber auch Unternehmen, klimaschädliche Emissionen verursachen, zivilrechtlich auf Unterlassung oder Schadensersatz in Anspruch genommen werden.[1168] Voraussetzung für eine zivilrechtliche Haftung für Klimaschäden ist der Nachweis einer hinreichenden **Kausalität** zwischen den eingetretenen Schäden und der Tätigkeit des beklagten Unternehmens. Der Kausalitätsnachweis ist in aller Regel deshalb schwierig, weil erst eine Summation zahlreicher Tätigkeiten zu den schadens-verursachenden Klimafolgen führt. Es handelt sich um eine Frage der kumulativen Kausalität, bei der jedoch der Wegfall eines Emittenten den Schaden nicht verhindern würde. Der BGH hat in der Vergangenheit für geltend gemachte Schäden im Zusammenhang mit Waldschäden durch Emissionen solche Langzeit-, Summations- und Distanzschäden Schadensersatzansprüchen nicht anerkannt.[1169] 5435

1164 BVerfG NJW 2022, 844.

1165 EuGH Urt. v. 25.3.2021 – C-565/19 P, BeckRS 2021, 5531; dazu Frenz Grundzüge des Klimaschutzrecht, 2021, Rn. 226 ff.

1166 EuGH Urt. vom 8.11.2022 – C-873/19, juris.

1167 EuGH KlimR 2023, 119; siehe dazu Dobiosch/Stehl KlimR 2023, 116; kritisch zu dem Urteil Dengler DVBl. 2023, 761; Worms NJW 2023, 830.

1168 im Einzelnen dazu Fellenberg NVwZ 2022, 913; Di Fabio Verfassung und Klimahaftung, 2023.

1169 BVerfG NJW 1998, 3264, 32 (65); NJW 2018, 2312 (2313); BGHZ 102, 350 (368); Frenz Grundzüge des Klimaschutzrechts, Rn. 1427; Frenz Klimaschutzrecht, 2022, S. 279 ff.; Gärditz EuRUP 2022, 45 (47); Buser DVBl. 2020, 1389 (1392); Kahl JURA 2021, 117 (119); siehe auch Di Fabio Verfassung und Klimahaftung, 2023; zu Klimaanpassung und Datenschutz im Zusammenhang mit der Veröffentlichung von Starkregengefahren und Hinweiskarten siehe Callies/Schumacher NVwZ 2023, 1361.

5436 Soweit Klagen gegen Unternehmen aus Gründen des Klimaschutzes auf Grundrechte gestützt werden, steht ihrem Erfolg die fehlende Drittwirkung der Grundrechte entgegen.[1170] Nach Auffassung des EuGH verleihen europäischen Richtlinien zur Luftqualität dem Einzelnen keine individuellen Rechte, deren Verletzung eine Inanspruchnahme der Mitgliedstaaten auf Schadensersatz ermöglichen würde. Vielmehr seien Betroffene gehalten, sich an nationale Behörden und Gerichte zu wenden, um etwa den Erlass von Luftreinehaltemaßnahmen zu erwirken.

5437 **e) Europäischer Gerichtshof für Menschenrechte.** Nach Auffassung des Europäischen Gerichtshofs für Menschenrechte haben die Vertragsstaaten der Europäischen Menschenrechtskonvention (EMRK) die Pflicht, dem Klimawandel entgegenzuwirken. Da der Klimawandel ein gemeinsames Anliegen der Menschheit ist und die Lastenteilung zwischen den Generationen gefördert werden muss, hielt es der Europäische Gerichtshof in einem Urteil vom 10.4.2024 für angemessen, im Zusammenhang mit dem Klimawandel den Rechtsweg für Verbände zuzulassen.[1171]

5438 Der Europäische Gerichtshof für Menschenrechte stellte fest, dass die Schweizerische Eidgenossenschaft ihre Pflichten („positive Verpflichtungen") im Rahmen der Konvention bezüglich des Klimawandels nicht erfüllt hat. Es gab kritische Lücken im Prozess der Einführung des relevanten nationalen Regelwerks, einschließlich des Versäumnisses der Schweizer Behörden, durch ein Kohlenstoffbudget oder auf andere Weise die nationalen Treibhausgasemissionsgrenzen zu quantifizieren. Außerdem hatte die Schweiz ihre Ziele zur Reduzierung der Treibhausgasemissionen in der Vergangenheit nicht erreicht. Der Europäische Gerichtshof erkennt zwar an, dass die nationalen Behörden bei der Umsetzung von Gesetzen und Maßnahmen über einen weiten Ermessensspielraum verfügen, stellt jedoch auf der Grundlage des ihm vorliegenden Materials fest, dass die schweizerischen Behörden nicht rechtzeitig und nicht in angemessener Weise gehandelt haben, um in diesem Fall einschlägige Gesetze und Maßnahmen zu konzipieren, zu entwickeln und umzusetzen. Der Verein muss für seine Klagebefugnis allerdings darlegen, dass er für die Verteidigung von Menschenrechten eintritt und dies mit Hilfe kollektiver Handlung gerade auch gegen die vom Klimawandel ausgehenden Gefahren tut. Außerdem muss er darlegen, dass er repräsentativ für solche Menschen handelt, die spezifisch durch die Gefahren des Klimawandels in Leben, Gesundheit oder „well-being" betroffen sind. Insoweit stellt der Gerichtshof nur auf den allgemeinen Zusammenhang zwischen Klimawandel und der negativen Veränderung von Lebensumständen von Menschen ab.[1172]

5439 Für die Klagebefugnis einzelner, individuell Betroffener legt der Gerichtshof bei Klimaklagen allerdings den strengen Maßstab der Opfereigenschaft aus Art. 34 EMRK an. Danach muss der Kläger mit hoher Intensität von den Auswirkungen des Klimawandels betroffen sein und sein individueller Schutz muss dringend notwendig sein.[1173]

5440 Unzureichende staatliche Maßnahmen zur Bekämpfung des Klimawandels verschärfen nach Ansicht des Europäischen Gerichtshofs für Menschenrechte die Risiken schädlicher Folgen und daraus resultierender Bedrohungen für die Ausübung der Menschenrechte. Diese Bedrohungen seien bereits von Regierungen weltweit anerkannt und durch wissenschaftliche Erkenntnisse bestätigt worden. Angesichts des Kausalzusammenhangs zwischen staatlichen Maßnahmen und/oder Unterlassungen im Zusammenhang mit dem Klimawandel und dem Schaden oder der Gefahr eines Schadens für den Einzelnen stellte der Europäische Gerichtshof fest, dass Art. 8 EMRK so zu verstehen ist, dass er ein Recht des Einzelnen auf wirksamen Schutz durch die staatlichen Behörden vor schwerwiegenden nachteiligen Auswirkungen des Klimawandels auf sein Leben, seine Gesundheit, sein Wohlergehen und seine Lebensqualität umfasst. Art. 8 I EMRK bestimmt, dass jede Person das Recht auf Achtung ihres Privat- und Familienlebens, ihrer Wohnung und ihrer Korrespondenz hat.[1174]

[1170] BGH JZ 2013, 567 Rn. 27; Gärditz EuRUP 2022, 45, 47.

[1171] EGMR, Urt. v. 9.4.2024, Verein KlimaSeniorinnen Schweiz u. a../. CH, Beschw. Nr. 53600/20, KlimR 2024, 150.

[1172] Dazu Eschenhagen KlimR 2024, 147.

[1173] Sieh dazu Eschenhagen KlimR 2024, 147

[1174] Zum EGMR-Urteil zur Schweiz siehe die Anmerkung von Eschenhagen KlimR 2024, 147; Näher dazu Frenz Handbuch Europarecht Band 4/I, § 4 Rn 1358 ff, 1426; Sinder NuR 2023, 315 ff; Giesberts/Westarp KlimaRZ 2024, 73; Zum Schutz der Menschenrechte im Klimawandel vor dem internationalen Gerichtshof (IGH) Schröder EuRUP 2023, 330; zum Klimaschutz vor europäischen Gerichten Lorenzmeier

8. Bundes-Klimaanpassungsgesetz

Am 1.7.2024 ist das am 16.11.2023 vom Bundestag beschlossene Klimaanpassungsgesetz (KAnG) nach § 14 KAnG in Kraft getreten.[1175] 5441

Die internationale und die deutsche Klimapolitik verfolgen zwei systematische Ansätze oder strukturprägende Strategien zum Klimawandel, nämlich die Reduzierung von Treibhausgasemissionen (Mitigation) und die Anpassung an die Folgen des unvermeidbaren Klimawandels (Adaption).[1176] Das Klimaschutzgesetz des Bundes enthält allerdings keine Regelungen zur Klimaanpassung. Anpassungsmaßnahmen an die Folgen des Klimawandels sind daher Gegenstand des KAnG. Zutreffend geht die einleitende Erläuterung des Gesetzentwurfs davon aus, dass die Klimakrise eine Bedrohung für die gegenwärtigen und künftigen Generationen darstellt und dass trotz ambitionierter Ziele und Maßnahmen zur Minderung der Treibhausgasemissionen auf internationaler, europäischer und nationaler Ebene ein Anstieg der pulmonalen Durchschnittstemperatur gegenüber dem vorindustriellen Niveau nicht mehr vollständig verhindert werden kann. 5442

a) Ziel und Zweck des Gesetzes. Ziel des KAnG ist es nach § 1 I 1 KAnG, zum Schutz von Leben und Gesundheit, von Gesellschaft, Wirtschaft und Infrastruktur sowie von Natur und Ökosystemen negative Auswirkungen des Klimawandels, insbesondere die drohenden Schäden, zu vermeiden oder, soweit sie nicht vermieden werden können, weitestgehend zu reduzieren. Die Widerstandsfähigkeit ökologischer Systeme und der Gesellschaft gegenüber den auch in Zukunft fortschreitenden klimatischen Veränderungen soll nach § 1 I 2 KAnG zur Bewahrung gleichwertiger Lebensverhältnisse gesteigert werden und es sollen Beiträge zu den nationalen und internationalen Anstrengungen bei der Klimaanpassung geleistet werden. Die Zunahme sozialer Ungleichheiten durch die negativen Auswirkungen des Klimawandels soll gem. § 1 I 3 KAnG verhindert werden. 5443

b) Begriffe. Bei den Begriffsbestimmungen des § 2 KAnG beschränkt sich der Gesetzgeber auf eine Legaldefinition der Begriffe „Klimaanpassung", „Klimarisikoanalyse" und „Träger öffentlicher Belange". Angesichts des ausdifferenzierten Instrumentariums des Gesetzes wirkt der sehr kleine Katalog von Legaldefinitionen knapp. Sinnvoll wäre es, auch weitere Begriffe, die in dem Gesetz eine zentrale Rolle spielen, durch den Gesetzgeber zu definieren. Dazu gehören vor allem die Begriffe „vorsorgende Klimaanpassungsstrategie" und „Klimaanpassungskonzepte". Zwar werden inhaltlichen Anforderungen an diese Instrumente im Gesetzentwurf formuliert. Hilfreich wäre jedoch insbesondere eine Definition, die die Unterschiede zwischen den Klimaanpassungsstrategien und den Klimaanpassungskonzepten deutlich macht.[1177] 5444

Den Begriff „**Klimaanpassung**" definiert der Gesetzgeber in § 2 KAnG als „die Ausrichtung an den aktuellen oder erwarteten Auswirkungen des Klimawandels." Besonders erhellend ist diese Definition nicht. Wer oder was sich in welche Richtung ausrichten soll ergibt sich aus dieser Definition nicht. 5445

Als **Klimarisikoanalyse** definiert § 2 Nr. 2 KAnG „eine Ermittlung und Bewertung der gegenwärtigen und zukünftigen Risiken im Zusammenhang mit den Auswirkungen des Klimawandels, in deren Rahmen der erforderliche Umfang und Detaillierungsgrad der Analyse durch die für die Erstellung zuständige juristische Person angemessen nach ihrer Situation und ihren Bedürfnissen festgelegt wird." Allzuviel Erkenntnisgewinn vermittelt auch diese Legaldefinition nicht. Im Zusammenhang mit den geforderten Klimarisikoanalysen stellen sich verschiedene Fragen, insbesondere nach der Methodik einer solchen Risikoanalyse und nach Umfang und Aufwand bei der dafür betrieben werden muss. Der ergänzende Halbsatz, dass sich der Umfang der Analyse nach der Situation und den Bedürfnissen der jeweiligen juristischen Person richten soll, lässt mehr Fragen offen als damit beantwortet werden können. Es wird mit 5446

UWP 2023, 172; zur Frage, ob internationale Klimaklagen auf Grund von Menschenrechtsverträgen sinnvoll oder vergeblich sind, Schmahl JZ 2022, 317 (327).

[1175] Zu Zielen, Instrumenten und Perspektiven des KAnG siehe Fellenberg/Dingemann/Römling NVwZ 2024, 281; zu einem Überblick Scherff ZUR 2024, 277; Zu Klimaanpassungsstrategien auf internationaler und nationaler Ebene Hilbert ZUR 2023, 259.

[1176] Scherff ZUR 2024, 277; Schlacke/Grotefels ZUR 2023, 257 f.; Köck ZUR 2023, 266; Hilbert DVBl. 2022 1409; zum Klimawandelfolgenrecht auch Fontana ZUR 2023, 528; Schlößer KlimR 2024, 2.

[1177] Zur Kritik, dass diese Legaldefinitionen kaum Erkenntnisgewinn bringen Beckmann KlimaRZ 2023, 151 (154); Scherff ZUR 2024, 277 (299).

diesem Halbsatz eine situations- und adressatenbezogene Relativität des Umfangs einer solchen Risikoanalyse eingeführt, ohne dass Methodik und Umfang näher konkretisiert und Maßstäbe für die damit offenbar angesprochene Verhältnismäßigkeitsprüfung genannt werden. Verhältnismäßigkeits- und insbesondere Zumutbarkeitserwägungen sind jedoch bekanntlich zumeist kaum sicher prognostizierbar; sie erhöhen die Rechtsrisiken der Klimaanpassungsstrategien und Klimaschutzkonzepte, die auf möglicherweise unzureichende Klimarisikoanalysen beruhen. Es droht auch in diesem Zusammenhang, ähnlich wie bei der Forderung nach einer Ermittlung und Berücksichtigung globaler Klimafolgen bei der Umweltprüfung oder hinsichtlich der Frage nach der Erheblichkeit einer Beeinträchtigung von Natura-2000-Gebieten, dass der Gesetzgeber abstrakte Forderungen an die Gesetzesadressaten richtet, ohne die für den effektiven Vollzug dieser Verpflichtungen notwendigen Konkretisierungen vorzusehen.

5447 Auch die dritte Legaldefinition in § 2 Nr. 3 KAnG, wonach **Träger öffentlicher Aufgaben** alle Stellen sind, die öffentliche Aufgaben wahrnehmen, ist eher nichtssagend. Immerhin wird mit der Definition klargestellt, dass die von Funktion eines Trägers öffentlicher Aufgaben unabhängig davon sein soll, ob die Stelle öffentlich-rechtlich oder privatrechtlich organisiert ist.

5448 **c) Vorsorgende Klimaanpassungsstrategie**. Nach § 3 I 1 KAnG legt die Bundesregierung bis zum 30.9.2025 eine vorsorgende Klimaanpassungsstrategie mit messbaren Zielen vor. Sie setzt diese nach § 3 I 2 KAnG im Rahmen ihrer Zuständigkeit um und schreibt sie unter Berücksichtigung aktueller wissenschaftlicher Erkenntnisse alle vier Jahre fort. Zwar fehlt es an einer Legaldefinition des Begriffs der vorsorgende Klimaanpassungsstrategie. Immerhin gibt das Gesetz jedoch vor, dass die vorsorgende Klimaanpassungsstrategie auf einer Klimarisikoanalyse beruhen muss (§ 4 I 2 KAnG), dass als Struktur der vorsorgenden Klimaanpassungsstrategie bestimmte, im einzelnen aufgezählten Cluster und in ihnen zusammengefasste Handlungsfelder festgelegt werden (§ 4 II KAnG) und dass die vorsorgende Klimaanpassungsstrategie nach § 3 III KAnG bestimmte Inhalte aufweisen muss.

5449 Nach § 3 III KAnG gilt für die vorsorgende Klimaanpassungsstrategie Folgendes: Sie enthält hinreichend ambitionierte, messbare Ziele, die jeweils innerhalb eines bestimmten in der Strategie festzulegenden zeitlichen Rahmens erreicht werden sollen und einem Cluster zugeordnet sind; diese Ziele konkretisieren das übergeordnete Ziel nach § 1 KAnG. Außerdem definiert die vorsorgende Klimaanpassungsstrategie für jedes Ziel einen oder mehrere Indikatoren, mit denen gemessen wird, inwieweit das Ziel erreicht worden ist und benennt geeignete Maßnahmen des Bundes, die jeweils zur Erreichung eines oder mehrerer Ziele beitragen. Des Weiteren gibt sie Empfehlungen zu Maßnahmen, die in die Zuständigkeit der Länder fallen, und legt einen Mechanismus zur Bewertung der Fortschritte in der Zielerreichung fest.

5450 Im Rahmen der Benennung von Maßnahmen nach § 3 III 1 Nr. 3 KAnG und der Empfehlung von Maßnahmen nach § 3 III 1 Nr. 4 KAnG sollen im Fall des Vorliegens mehrerer gleich geeigneter Maßnahmen nachhaltige Anpassungsmaßnahmen Vorrang haben, insbesondere solche, die ausgeprägte Synergien zu den Bereichen des natürlichen Klimaschutzes, des Schutzes der biologischen Vielfalt, des resilienten Wasserhaushalts, der blau-grünen Infrastruktur oder der nachhaltigen Stadt- und Siedlungsentwicklung aufweisen (§ 3 III 2 KAnG).

5451 Unklar bleibt der Rechtscharakter einer vorsorgenden Klimaanpassungsstrategie, insbesondere ob es sich dabei um staatliche Planung handelt, die an den Anforderungen des Abwägungsgebots gemessen werden darf oder muss. Bedarf es zB einer Umweltprüfung bei der Entwicklung einer solchen Klimaanpassungsstrategie, vergleichbar der Prüfungspflicht nach Nr. 2.13 der Anl. 6 des UVPG für Klimaschutzprogramme nach § 9 KSG und bedürfte es dazu einer Ergänzung des Anl. 6 des UVPG? Auch welche Rechtsschutzmöglichkeiten gegen eine Klimaanpassungsstrategie eingeräumt werden, ergibt sich aus dem Gesetz nicht.[1178]

5452 Nach § 8 I 1 KAnG haben die Träger öffentlicher Aufgaben bei ihren Planungen und Entscheidungen das Ziel der Klimaanpassung nach § 1 KAnG fachübergreifend und integriert zu berücksichtigen. Dabei sind sowohl die bereits eingetretenen als auch die zukünftig zu erwartenden Auswirkungen des Klimawandels § 8 I 2 KAnG zu berücksichtigen. Zwar knüpft die Berücksichtigungspflicht unmittelbar an das Ziel der Klimaanpassung nach § 1 I KAnG an. Ob allerdings bei einer solchen Berücksichtigung der Inhalt der vorsorgenden Klimaanpassungsstrategie, der ebenfalls dazu dient, das Ziel der Klimaanpassung nach § 1 KAnG zu konkretisieren, unberücksichtigt bleiben kann, erscheint zweifelhaft.

1178 Scherff ZUR 2024, 277 (280); Beckmann KlimaRZ 2023, 151 (155); gegen eine Verbindlichkeit Fellenberg/Dingemann/Römling NVwZ 2024, 281 (283); unklar Schlößer KlimR 2024, 2 (4 f.).

d) Cluster und Handlungsfelder. Als Struktur der vorsorgenden Klimaanpassungsstrategie werden nach § 3 II KAnG bestimmte Cluster und in ihnen zusammengefasste Handlungsfelder festgelegt. Ob diese Systematik von Clustern und Handlungsfeldern für eine Struktur der vorsorgenden Klimaanpassungsstrategie überzeugen kann, mag man bezweifeln. Die überwiegenden Handlungsfelder, die bei einer solchen Klimaanpassungsstrategie zu berücksichtigen sind, dürften damit zwar erfasst sein. Ob allerdings der Cluster Infrastruktur mit den Handlungsfeldern Energieinfrastruktur, Gebäude und Verkehr/Verkehrsinfrastruktur hinreichend beschrieben wird, ist zweifelhaft. Infrastruktur dürften jedenfalls auch zB Kommunikationsnetze und Anlagen der Entsorgungswirtschaft sein. 5453

Bei dem Cluster Land und Landnutzung wird zwar Land- und Forstwirtschaft aufgeführt, die weiten Flächen des Natur- und Landschaftsschutzes bleiben jedoch in diesem Zusammenhang unerwähnt, obwohl doch etwa 27 % der Fläche Landschaftsschutzgebiete und ca. 6, 3 % der Flächen Naturschutzgebiet sind, und eine weitere Ausdehnung des Flächenschutzes in Aussicht genommen wird. Es ist insoweit kaum denkbar, dass dies Flächen bei der Entwicklung vorsorgender Klimaanpassungsstrategien außen vor bleiben sollen. Der weite Bereich des stationären Groß- und Einzelhandels sowie des Online-Handels bleibt ebenfalls unerwähnt. Das Cluster Stadtentwicklung, Raumplanung, Bevölkerungsschutz passt kaum in die übrige Systematik, weil Raumplanung und Stadtentwicklung zusammen einen gesamträumlichen Planungsansatz verfolgen, der sich grundsätzlich über die gesamte Breite der anderen Cluster erstreckt. Die Zuordnung des Bevölkerungsschutzes zum Cluster Stadtentwicklung und Raumplanung erschließt sich ebenfalls nicht. Nicht erwähnt wird der Bereich des Militärs, der doch nach der sogenannten Zeitenwende eine zunehmende Bedeutung bekommen soll mit hohen Ausgaben und hohem Ressourcenverbrauch bei der Beschaffung. Ob man diesen Bereich bei einer vorsorgenden Klimaanpassungsstrategie außen vorlassen bzw. nicht in den Mindestkatalog aufnehmen sollte, erscheint jedenfalls hinterfragungsbedürftig. Die Liste ist nicht abschließend, sondern eine Mindestvorgabe.[1179] 5454

e) Beteiligung der Länder und der Öffentlichkeit. Die Länder und die Öffentlichkeit sind nach § 3 IV KAnG bei der Festlegung von messbaren Zielen und den entsprechenden Indikatoren sowie der Auswahl von Maßnahmen zu beteiligen. In welcher Form eine solche Beteiligung stattfinden muss, lässt das Gesetz offen. Das ist insbesondere mit Blick auf die Öffentlichkeitsbeteiligung nicht sinnvoll.[1180] 5455

f) Zuständigkeit. Verantwortlich für die Aufstellung, Überprüfung und gegebenenfalls Aktualisierung der Ziele nach § 3 III 1 Nr. 1 KAnG sowie für die Benennung, Umsetzung und gegebenenfalls Aktualisierung der Maßnahmen nach § 3 III 1 Nr. 3 KAnG im Rahmen der Aufstellung und der Fortschreibung der vorsorgenden Klimaanpassungsstrategie nach § 3 I KAnG ist nach § 3 V 1 KAnG das jeweils aufgrund seines Geschäftsbereichs für ein Ziel oder eine Maßnahme fachlich überwiegend zuständige Bundesministerium in Abstimmung mit den ebenfalls fachlich betroffenen Bundesministerien. Die Zuständigkeitsverteilung innerhalb der Bundesregierung bleibt unberührt. 5456

g) Klimarisikoanalyse. Die Bundesregierung erstellt nach § 4 I 1 KAnG eine Klimarisikoanalyse nach dem aktuellen Stand der Wissenschaft und veröffentlicht sie. Die Klimarisikoanalyse ist nach § 4 I 2 KAnG mindestens alle acht Jahre zu aktualisieren. 5457

Nach § 4 II 1 KAnG soll die Klimarisikoanalyse als systematische Grundlage für die Klimaanpassung, insbesondere zur Ableitung von Handlungserfordernissen und als Grundlage für Maßnahmenplanungen vorrangig des Bundes, mittel- und langfristige Klimaszenarien für Deutschland betrachten. Ziel der Klimarisikoanalyse ist es, aufzuzeigen, in welchen Handlungsfeldern, bei welchen Klimawirkungen und in welchen Regionen in Deutschland besonders hohe Klimarisiken bestehen. Sie soll analysieren, wie die Risiken in einzelnen Handlungsfeldern zusammenhängen und sich gegenseitig beeinflussen, welche Anpassungsmöglichkeiten bestehen und wie stark entsprechende Maßnahmen den Klimawandelfolgen entgegenwirken können. Die Bundesregierung stellt den Ländern und Kommunen die für die Klimarisikoanalyse verwendeten Daten, fachlichen Grundlagen sowie methodischen Leitfäden zur Verfügung. 5458

Nach der Legaldefinition des Begriffs sollen mit der Klimarisikoanalyse gegenwärtige und zukünftige Risiken im Zusammenhang mit den Auswirkungen des Klimawandels ermittelt und 5459

[1179] Fellenberg/Dingemann/Römling NVwZ 2024, 281 (284).

[1180] Kritik dazu bei Beckmann KlimaRZ 2023, 151 (156); siehe aber auch Fellenberg/Dingemann/Römling NVwZ 2024, 281 (283).

bewertet werden. Grundsätzlich wird jedoch vom Gesetzgeber und in Rechtsprechung und Literatur zwischen Gefahren und Risiken unterschieden. Die als Grundlage der vorsorgenden Klimaanpassungsstrategie dienende Analyse sollte sich dementsprechend nicht auf Risiken beschränken, sondern bereits eingetretene Schäden und Gefahren (hinreichende Wahrscheinlichkeit des Eintritts von Schäden) einbeziehen. Möglicherweise wäre eine in diesem Sinne umfassendere Klimawandelfolgenanalyse vorzugswürdig gewesen. Zweifelhaft ist außerdem, ob es ausreichend ist, eine derartige Analyse, lediglich alle acht Jahre zu aktualisieren. Angesichts der zeitlichen Dringlichkeit einer Klimaanpassung könnte ein Acht-Jahres-Zeitraum nicht ausreichend sein, zumal die vorsorgende Klimaanpassungsstrategie nach § 3 I 1 KAnG auf der Grundlage der Klimarisikoanalyse alle vier Jahre fortgeschrieben werden muss. Soweit in § 4 II 4 KAnG die Bundesregierung verpflichtet wird, regelmäßig Daten zum Schadenssummen durch Wetterextreme sowie zu den Ausgaben des Bundes zur Klimaanpassung zu erheben, fehlt es an einem zeitlichen Rhythmus, in dem diese Daten erhoben werden müssen.

5460 **h) Monitoring, Nachsteuerung bei Zielverfehlung**. Die Bundesregierung erstellt nach § 5 I 1 KAnG einen Monitoringbericht nach dem aktuellen Stand der Wissenschaft, mit dem sie die Öffentlichkeit über die beobachteten Folgen des Klimawandels in Deutschland sowie über den Stand der Zielerreichung nach § 3 III 1 Nr. 1 KAnG informiert. Der Monitoringbericht ist mindestens alle vier Jahre ab dem Inkrafttreten dieses Gesetzes, jeweils in angemessener Frist vor der geplanten Vorlage der vorsorgenden Klimaanpassungsstrategie nach § 3 I KAnG, zu erstellen und zu veröffentlichen (§ 5 I KAnG). Das Monitoring bildet nach § 5 II KAnG die wissenschaftliche Grundlage für die Bewertung der Fortschritte in der Zielerreichung nach § 3 III 1 Nr. 1 KAnG mindestens entlang der in § 3 II KAnG vorgegebenen Handlungsfelder und für die Fortschreibung der Klimaanpassungsstrategie nach § 3 I 2 HS. 2 KAnG (siehe § 5 II KAnG).

5461 Ergibt sich auf der Grundlage des Monitorings eine Verfehlung der festgelegten Ziele, soll eine Anpassung der Maßnahmen zur Zielerreichung im Rahmen der Fortschreibung der Klimaanpassungsstrategie nach § 3 I KAnG erfolgen. Auf der Grundlage des Monitorings werden auch die Ziele im Rahmen der Fortschreibung der Klimaanpassungsstrategie nach § 3 I KAnG geprüft und gegebenenfalls aktualisiert. Soweit auf der Grundlage des Monitorings oder anderer Erkenntnisse eine Zielverfehlung zu erwarten ist, bleibt es dem jeweils zuständigen Ressort unbenommen, auch vor Fortschreibung der Klimaanpassungsstrategie nach § 3 I KAnG die geeigneten Maßnahmen zur Nachbesserung zu ergreifen (§ 5 III KAnG).[1181]

5462 **i) Berücksichtigungsgebot.** Nach § 8 I 1 KAnG haben die Träger öffentlicher Aufgaben bei ihren Planungen und Entscheidungen das Ziel der Klimaanpassung nach § 1 KAnG fachübergreifend und integriert zu berücksichtigen. Dabei sind nach § 8 I 2 KAnG sowohl die bereits eingetretenen als auch die zukünftig zu erwartenden Auswirkungen des Klimawandels zu berücksichtigen. Fraglich könnte nach dem Wortlaut der Vorschrift sein, ob mit diesem Berücksichtigungsgebot eine zusätzliche Voraussetzung für die Zulassung von Vorhaben eingeführt werden soll oder ob die Berücksichtigung (lediglich) bei der Auslegung bestehender Zulassungsvoraussetzungen bzw. bei der Ausübung von Ermessen/Planungsermessen stattfinden soll. In den Erläuterungen dazu wird ausgeführt, dass Berücksichtigungsgebot komme zum Tragen, soweit im Rahmen der gesetzlichen Vorgaben Entscheidungsspielräume bestünden. Diese Erläuterung hat eine erhebliche Tragweite und sollte deshalb bereits im Wortlaut der Regelung Anklang finden.[1182]

5463 Die Berücksichtigungspflicht des § 8 I KAnG lässt offen, mit welchem Gewicht und mit welcher Konsequenz das Ziel der Klimaanpassung berücksichtigt werden muss.[1183] Daraus ergeben sich wiederum neue Rechtsrisiken bei der Planung und Zulassung von Vorhaben. Unbestimmte Rechtsbegriffe, wie das Wohl der Allgemeinheit, werden über die Berücksichtigungspflicht des § 8 I KAnG weiter aufgeladen, ohne dass dem Rechtsanwender konkrete Maßstäbe für eine solche Berücksichtigung an die Hand gegeben werden. Das hat sich aktuell als ein erhebliches Problem bei der gesetzlichen Forderung nach einer Berücksichtigung globaler Klimafolgen nach § 13 KSG erwiesen. Die Gesetzesbegründung zum KAnG erwähnt ledig-

[1181] Zur Kritik daran, dass die Nachsteuerung bei der drohenden Verfehlung von Zielen gegenüber dem Referentenentwurf deutlich abgeschwächt wurde, Schlößer KlimR 2024, 2 (4).

[1182] Ausführlicher zur Konzeption des Berücksichtigungsgebots des § 8 KAnG im Vergleich zu § 13 KSG Fellenberg/Dingemann/Römling NVwZ 2024, 281 (286).

[1183] Beckmann KlimaRZ 2023, 151 (157); Scherff ZUR 2024, 277 (282).

lich eine Pflicht, Belange mit einzustellen und verneint ausdrücklich, dass sich das Berücksichtigungsgebot hin zu einer Pflicht zur Vornahme konkreter Maßnahmen verdichten kann.[1184] Dies spricht in der Tat eher dafür, dass Belange der Klimaanpassung im Ausgangspunkt gleichberechtigt in die Abwägung einzustellen und sodann anhand der vorgefundenen Situation zu gewichten sind, mithin für ein einfaches Berücksichtigungsgebot.[1185]

Vorausgesetzt wird für die Berücksichtigungspflicht, dass im Rahmen des jeweiligen Fachrechts Entscheidungsspielräume bestehen. Diese bestünden, soweit die anzuwendenden Vorschriften der zuständigen Stelle Abwägungs-, Beurteilungs- und Ermessensspielräume zuweisen würden. Darüber hinaus könnten die erforderlichen Entscheidungsspielräume auch bestehen, wenn auf Tatbestandsseite unbestimmte Rechtsbegriffe Raum für eine an Belangen der Klimaanpassung orientierte Auslegung bieten würden. Dagegen fände das Berücksichtigungsgebot im Übrigen auf gebundene Entscheidungen keine Anwendung.[1186] Raum für eine abwägende Berücksichtigung dürften auch die allermeisten Zulassungsvoraussetzungen des Fachrechts für gebundene Zulassungsentscheidungen angesichts der dort verwendeten unbestimmten Rechtsbegriffe zum Allgemeinwohl bieten. Dass es bei gebundenen Entscheidungen in diesem Sinne nicht möglich sein sollte, dem Berücksichtigungsgebot des § 8 KAnG Folge zu leisten, dürfte nur ausnahmsweise der Fall sein. Auch die These, der Belang der Klimaanpassung könne bereits nach allgemeinen Grundsätzen der Ermessens- und Abwägungslehre von so untergeordneter Bedeutung sein, dass eine Berücksichtigung nicht erforderlich sei,[1187] ist m.E. eher geeignet, Missverständnisse auszulösen. Wenn sich bei der Berücksichtigung der Klimaanpassungsnotwendigkeiten herausstellt, dass es keinen Handlungsbedarf gibt, dass ein Vorhaben weder relevante Klimafolgen verursacht noch sich solchen aussetzt, dann fehlt es nicht an der Berücksichtigungspflicht; vielmehr ergibt sich aus der ordnungsgemäßen Berücksichtigung dieses Belangs nach § 8 I 1 KAnG, dass sich daraus für das Entscheidungsergebnis keine Konsequenzen, was die Zulässigkeit des Vorhabens oder die Notwendigkeit von Schutzvorkehrungen angeht, ergeben. 5464

Nicht ganz unproblematisch ist das Berücksichtigungsgebot des § 8 I 1 KAnG aus kompetenzrechtlichen Gesichtspunkten. Anders als § 13 KSG, der für die Zwecke des Klimaschutzes auf den Kompetenztitel der Luftreinhaltung aus Art. GG Artikel 74 I Nr. 24 GG gestützt werden kann, existiert für die Klimaanpassung kein einheitlicher Kompetenztitel. Daher stützt der Gesetzgeber das KAnG auf eine Vielzahl von Einzelkompetenzen, die diejenigen Bereiche abdecken sollen, in denen sich der Klimawandel auswirkt. Der Rückgriff auf derartige „Mosaikkompetenzen" ist grds. nicht zu beanstanden. Das Berücksichtigungsgebot des § 8 KAnG macht davon allerdings recht großzügig Gebrauch, wenn es den Anspruch erhebt, querschnittsartig auf das gesamte Fachrecht einzuwirken und damit insbesondere auch auf das Bauordnungsrecht, welches der Kompetenz der Länder unterfällt.[1188] 5465

j) Klimaanpassung der Länder. Die Länder werden durch das KAnG in verschiedener Weise in Anspruch genommen. Nach § 10 I 1 KAnG legen sie jeweils eine landeseigene vorsorgende Klimaanpassungsstrategie vor und setzen sie um. Nach § 11 I KAnG berichten sie dem für die Klimaanpassung zuständigen Bundesministerium.[1189] 5466

Nach § 12 I 1 KAnG bestimmen die Länder im Rahmen der Grenzen des Art. 28 II GG diejenigen öffentlichen Stellen, die für die Gebiete der Gemeinden und Kreise jeweils ein Klimaanpassungskonzept – soweit nicht bereits vorhanden – aufstellen. Dabei können die Länder bestimmen, dass für das Gebiet einer Gemeinde unterhalb einer von den Ländern zu bestimmenden Größe kein Klimaanpassungskonzept aufgestellt werden muss, solange dieses Gebiet durch ein Klimaanpassungskonzept für das Gebiet eines Kreises abgedeckt ist. Länder, die davon keinen Gebrauch machen, können bestimmen, dass für das Gebiet von Kreisen kein Klimaanpassungskonzept aufgestellt werden muss. 5467

Ziel von Klimaanpassungskonzepten ist nach § 12 II 1 KAnG die Entwicklung eines planmäßigen Vorgehens zur Klimaanpassung der jeweiligen Gebietskörperschaft unter Berücksichti- 5468

1184 BT-Drucks. 20/8764, S. 27; keine Bedenken hinsichtlich einer unzureichenden Bestimmtheit der Berücksichtigungspflicht hingegen bei Schlößer KlimR 2024, 2 (6).

1185 Scherff ZUR 2024, 277 (282); Schlößer KlimR 2024, 2 (6); Köck ZUR 2024, 53 (54); Fellenberg/Dingemann/Römling NVwZ 2024, 281 (288).

1186 Fellenberg/Dingemann/Römling NVwZ 2024, 281 (287).

1187 Fellenberg/Dingemann/Römling NVwZ 2024, 281 (287).

1188 Fellenberg/Dingemann/Römling NVwZ 2024, 281 (288); Beckmann KlimaRZ 2023, 151 (153).

1189 Zum Landesrecht mit Bezug zur Klimaanpassung Schlößer KlimR 2024, 2 (3).

gung bestehender Klimaanpassungsprozesse und Klimaanpassungsaktivitäten, das in einen auf die örtlichen Gegebenheiten bezogenen Maßnahmenkatalog zur Umsetzung des Klimaanpassungskonzepts mündet. Der Maßnahmenkatalog sollte möglichst auch Maßnahmen enthalten, mit denen Vorsorge insbesondere in extremen Hitzelagen, bei extremer Dürre und bei Starkregen getroffen werden kann, sowie solche Maßnahmen, die die Eigenvorsorge der Bürgerinnen und Bürger erhöhen (§ 12 II 2 KAnG).

5469 Klimaanpassungskonzepte sollen nach § 12 III KAnG auf einer Klimarisikoanalyse im Sinne einer Feststellung von potentiellen prioritären Risiken und sehr dringlichen Handlungserfordernissen (Betroffenheitsanalyse) oder vergleichbaren Entscheidungsgrundlagen beruhen. Die Länder bestimmen gem. § 12 IV KAnG die wesentlichen Inhalte der Klimaanpassungskonzepte und darüber hinaus, ob und in welcher Form Klimaanpassungskonzepte einer Beteiligung der Öffentlichkeit sowie einer Berichterstattung über die Umsetzung ihres Maßnahmenkatalogs bedürfen und in welchen Zeiträumen sie fortgeschrieben werden. Bei der Aufstellung von Klimaanpassungskonzepten sind die Klimarisikoanalysen und Klimaanpassungskonzepte für Gebietskörperschaften, an die die juristische Person angrenzt oder in denen sie sich befindet, zu berücksichtigen (§ 12 V KAnG).

5470 In Klimaanpassungskonzepten sind relevante Planungen und sonstige Grundlagen – wie bestehende Hitzeaktionspläne, Starkregen- und Hochwassergefahrenkarten, Freiraumkonzepte sowie Landschafts- und Grünordnungspläne – zu berücksichtigen. Es soll identifiziert werden, welche Lücken bezüglich der Klimaanpassung in der bisherigen Planung für das Gebiet der Gemeinde, des Kreises oder des anhand anderer Kriterien festgelegten Gebiets bestehen; in den Klimaanpassungskonzepten sollen Maßnahmen zur Schließung dieser Lücken festgelegt werden. Bestehende Konzepte, die Aufgabenbereiche der Klimaanpassung behandeln, können als Bestandteil eines Klimaanpassungskonzepts geführt werden, soweit sie nach Ermessen der für die Konzepterstellung zuständigen öffentlichen Stellen hinreichend aktuell sind.[1190]

5471 Die Erstellung von Klimaanpassungsstrategien, von Klimarisikoanalysen und von Klimaschutzkonzepten aller Gebietskörperschaften wird einen erheblichen finanziellen, personellen und bürokratischen Aufwand in Zeiten knapper Ressourcen und ohnehin schon langer Verfahrensdauern auslösen. Angesichts dessen wären klarere Aussagen zu den Methoden, zum Umfang, zur rechtlichen Relevanz dieser Instrumente, zur Verbindlichkeit, zur Notwendigkeit einer Öffentlichkeitsbeteiligung und zu den Rechtsschutzmöglichkeiten hilfreich.

[1190] Siehe dazu auch Marschall ZfBR 2024, 6.

E. Fachplanung

Die Fachplanung ist neben der Gesamtplanung Teil der Raumplanung. Unter dem Oberbegriff „Raumplanung" wird die räumliche/raumbedeutsame Planung der öffentlichen Hand auf allen Ebenen und Sachgebieten verstanden.[1] Das der Raumplanung zugeordnete Raumplanungsrecht erstreckt sich auf das raumbezogene Fachplanungsrecht und auf das raumbezogene Gesamtplanungsrecht. Fachplanungen dienen der planerischen Bewältigung sektoraler Aufgaben- bzw. Problemfelder. Zum raumbedeutsamen Fachplanungsrecht zählen Gesetze, die Planfeststellungsverfahren für Infrastruktureinrichtungen, wie zB Anlagen des Straßen-, Schienen- und Luftverkehrs, der Abfallentsorgungsplanung, der Planung von Energieanlagen und -leitungen regeln.[2] Gesamtplanungen koordinieren im Interesse der Gesamtentwicklung eines Raumes alle in einem Raum auftretenden (konfligierenden) Raumansprüche, Belange und Interessen. Das können auch Belange sein, die an sich Gegenstand von Fachplanungen im eigentlichen Sinne sind. Die Gesamtplanung schließt insoweit auch fachbezogene, **sektorale Teilplanungen** ein.[3] **5472**

Beim Umweltschutz durch Fachplanung lassen sich genuin umweltspezifische Fachplanungen und umweltrelevante Fachplanungen unterscheiden, die tendenziell raumbeanspruchend und umweltbeeinträchtigend sind, bei denen Umweltbelangen entweder nach zwingend zu beachtenden Planungsleitsätzen oder im Rahmen der planerischen Abwägung zu berücksichtigen sind.[4] Zur umweltspezifischen Fachplanung gehören zB die Landschaftsplanung (§§ 8 ff. BNatSchG) und Schutzgebietsausweisungen (§§ 20 ff. BNatSchG), im Immissionsschutzrecht die Festsetzung von Untersuchungs- (§ 44 II BImSchG) und Schutzgebieten (§ 49 BImSchG), die Aufstellung von Emissionskatastern (§ 46 BImSchG), Luftreinhalte- und Aktionsplänen (§ 47 BImSchG), Lärmkarten (§ 47c BImSchG) und Lärmaktionspläne (§ 47d BImSchG). Im Gewässerschutzrecht kommen die Festsetzung von Wasserschutz- (§ 51 WHG) und Überschwemmungsgebiete (§ 76 WHG), Maßnahmenprogramme (§ 82 WHG) und Bewirtschaftungspläne (§ 83 WHG) hinzu. Im Kreislaufwirtschaftsrecht sind die Abfallwirtschaftspläne (§ 30 KrWG), Abfallvermeidungsprogramme (§ 33 KrWG)[5] und Planfeststellungen für Abfalldeponien (§§ 35 ff. KrWG) Teil der umweltspezifischen Fachplanung. Auch die Standortauswahlplanung für ein Endlager zur Entsorgung hochradioaktiver Abfälle (§§ 13 ff. StandAG) ist Teil umweltspezifischer Fachplanung. **5473**

Nicht zuletzt erlangen fachplanerische Instrumente auch erhebliche Bedeutung für den alles überragenden Belang des Klimaschutzes. § 9 I 1 KSG schreibt der Bundesregierung den Beschluss von **Klimaschutzprogrammen** nach jeder Fortschreibung des Klimaschutzplans sowie deren Aktualisierung im Falle einer tatsächlichen oder absehbaren Zielverfehlung vor. Mit den Klimaschutzprogrammen soll sichergestellt werden, dass Deutschland seine Klimaschutzziele für das Jahr 2030 erreicht. Zwar haben insbesondere die globalen Klimafolgen von Vorhaben bei Planungs- und Zulassungsentscheidungen in der Vergangenheit eine zu geringe Rolle gespielt. Allerdings hat das BVerfG unmissverständlich darauf hingewiesen, dass dem Klimaschutz zwar kein absoluter Vorrang zukommt, dass er aber in der Abwägung mit entgegenstehenden **5474**

---

1 Hoppe/Beckmann/Kauch Umweltrecht, 2000, § 7 Rn. 40; Grotefels in Hoppe/Bönker/Grotefels, Öffentliches Baurecht, 2024, § 1 Rn. 9.

2 Grotefels in Hoppe/Bönker/Grotefels, Öffentliches Baurecht, 2024, § 1 Rn. 9; zum Umweltschutz in der Fachplanung Hoppe/Beckmann/Kauch Umweltrecht, 2000, §§ 7 Rn. 82 ff.; naturschutzrechtliche Anforderungen an die Fachplanung erläutert Durner in Ziekow Handbuch des Fachplanungsrechts, 2024, § 7 Rn. 1 ff.

3 Grotefels in Hoppe/Bönker/Grotefels, Öffentliches Baurecht, 2024, § 1 Rn. 11; Hofmann in Kment, ROG, 2019, § 7 Rn. 7 ff.; siehe auch Zoubek Sektoralisierte Landesplanung, 1983, passim.

4 Siehe dazu Kahl/Gärditz Umweltrecht, 2023, § 4 Rn. 51; Klement/Saurer Umweltschutz in der Fachplanung, in Rehbinder/Schink, Grundzüge des Umweltrechts, 2018, Kapitel II.5.; zur Umweltplanung auch Schlacke Umweltrecht, 2023, § 5 Rn. 3 ff.

5 Abfallvermeidungsprogramme haben, eigenständig aufgestellt, Plancharakter; sie können auf Länderebene nach § 33 VIII KrWG auch in die Abfallwirtschaftspläne integriert werden. Das Abfallvermeidungsprogramm kann sich auf andere umweltpolitische Programme oder stoffstromspezifische Programme beziehen. Wird auf ein solches Programm Bezug genommen, sind dessen Abfallvermeidungsziele und -maßnahmen im Abfallvermeidungsprogramm deutlich auszuweisen, siehe dazu Beckmann in Landmann/Rohmer, Umweltrecht, 2022, § 33 KrWG Rn. 11.

Grundrechten und gegenläufigen Belangen bei zunehmendem Klimawandel immer stärker an Gewicht gewinnt.[6] Das betrifft nicht nur die bei allen staatlichen Planungen notwendige Abwägung, sondern bereits die Ermittlung der lokalen, aber auch der globalen Klimafolgen.

5475 Der Klimaschutz zählt, teilweise auf der Grundlage ausdrücklicher Regelungen (vgl. § 3 I 2 FStrG, § 12 VII 2 WaStrG), aber auch unabhängig davon zu den abwägungsrelevanten öffentlichen Belangen der Fachplanung iSv § 17 S. 2 FStrG, § 8 I 2 LuftVG, § 14 I 2 WaStrG oder § 28 I 2 PBefG.[7] Die Planfeststellungsbehörde muss seit dem Inkrafttreten des KSG nach der Rechtsprechung des BVerwG bei ihrer Abwägungsentscheidung nach Art. 20a GG iVm § 13 I 1 KSG die Aspekte des globalen Klimaschutzes und der Klimaverträglichkeit berücksichtigen. Das Berücksichtigungsgebot des § 13 I 1 KSG verlangt von der Planfeststellungsbehörde, mit einem – bezogen auf die konkrete Planungssituation – vertretbaren Aufwand zu ermitteln, welche CO_2-relevanten Auswirkungen das Vorhaben hat und welche Folgen sich daraus für die Klimaschutzziele des KSG ergeben.[8] Völlig zu Recht wird darauf hingewiesen, dass in der Praxis erhebliche Schwierigkeiten bestehen, wie die Belange des globalen Klimaschutzes im Rahmen von Planfeststellungsverfahren zu ermitteln sind.

5476 Nicht zuletzt spielt die Fachplanung neben der Raumordnung und der Bauleitplanung eine hervorgehobene Rolle bei der **Klimaanpassung**. Die Träger öffentlicher Aufgaben – und damit auch die Fachplanungsträger – haben bei ihren Planungen und Entscheidungen nach § 8 I 1 KAnG das Ziel der Klimaanpassung nach § 1 KAnG fachübergreifend und integriert zu berücksichtigen. Dabei sind nach § 8 I 2 KAnG sowohl die bereits eingetretenen als auch die zukünftig zu erwartenden Auswirkungen des Klimawandels zu berücksichtigen, insbesondere 1. Überflutung oder Überschwemmung bei Starkregen, Sturzfluten oder Hochwasser, 2. Absinken des Grundwasserspiegels oder Verstärkung von Trockenheit oder Niedrigwasser, 3. Bodenerosion oder 4. Erzeugung oder Verstärkung eines lokalen Wärmeinsel-Effekts. Dabei ist nach § 8 I 3 KAnG zu berücksichtigen, dass Versickerungs-, Speicher- und Verdunstungsflächen im Rahmen einer wassersensiblen Entwicklung so weit wie möglich erhalten werden.

5477 Zu den besonders umweltrelevanten Fachplanungen, bei denen die Belange des Klima- und Umweltschutzes zu beachten und zu berücksichtigen sind, gehören zB Planfeststellungen für Bundesfernstraßen (§§ 17 ff. FStrG), Eisenbahntrassen (§§ 18 ff. AEG), Flughäfen (§ 8 LuftVG), Wasserstraßen (§§ 14 ff. WaStrG) etc.

5478 Unter Wahrung der materiell-rechtlichen Anforderungen des Umwelt- und Klimaschutzes soll das Zulassungsrecht für Infrastrukturvorhaben zügige und rechtssichere Genehmigungen ermöglichen. Die Regierungsparteien kündigten dazu in ihrem Koalitionsvertrag aus dem Jahr 2021 umfassende Maßnahmen zur **Beschleunigung und Modernisierung der Verwaltungs-, Planungs- und Genehmigungsverfahren** an. Durch Gesetze der sog. „Oster- und Sommerpakete 2022" wurde Vieles dazu auf den Weg gebracht. Zu diesen sog. Gesetzespaketen gehören das Gesetz zu Sofortmaßnahmen für einen beschleunigten Ausbau der erneuerbaren Energien und weiteren Maßnahmen im Stromsektor, das Gesetz zur Erhöhung und Beschleunigung des Ausbaus von Windenergieanlagen an Land (WaLG), das Zweite Gesetz zur Änderung des Windenergie-auf-See-Gesetz und anderer Vorschriften, das Gesetz zur Änderung des Energiewirtschaftsrechts im Zusammenhang mit dem Klimaschutz-Sofortprogramm und zu Anpassungen im Recht der Endkundenbelieferung und das Vierte Gesetz zur Änderung des Bundesnaturschutzgesetzes.

5479 Außerdem hat der Gesetzgeber mit weiteren Beschleunigungsgesetzen zur Sicherstellung der Gasversorgung Deutschlands auf den russischen Angriffskrieg auf die Ukraine und die damit einhergehende drohende Versorgungsunsicherheit reagiert.[9] Die zahllosen Bemühungen des Gesetzgebers um Verfahrensbeschleunigung, die schon seit Jahrzehnten andauern, befördern natürlich auch ein gewisses Maß an Unübersichtlichkeit.

5480 Zu den Beschleunigungsgesetzen gehören das Gesetz zur Beschleunigung verwaltungsgerichtlicher und finanzgerichtlicher Verfahren, das 6. VwGOÄndG, das Genehmigungsverfahrenbeschleunigungsgesetz (GenBeschlG), das Verkehrswegeplanungsbeschleunigungsgesetz

---

[6] BVerfG NVwZ 2021, 951 = juris Rn. 117, 185, 198; Beckmann Einführung in das Klimaschutzrecht in Landmann/Rohmer Umweltrecht, 2023 Rn. 81 ff.

[7] zum Klimaschutz in der straßenrechtlichen Planfeststellung siehe BVerwG NVwZ 2022, 1549; Uechtritz NVwZ 2022, 1525.

[8] BVerwG NVwZ 2022, 1549; zu diesem Urteil Uechtritz NVwZ 2022, 1525; siehe auch Kling ZUR 2024, 141; Erbguth UPR 2023, 241; Verheyen NVwZ 2023, 113; Schlacke NVwZ 2022, 905.

[9] Schütte/Langstädter ZUR 2024, 3; Schütte/Winkler ZUR 2024, 58

(VerkPBG), Infrastrukturplanungsbeschleunigungsgesetz (InfPBG), das Netzausbaubeschleunigungsgesetz (NABEG), das Verkehrs-Planungsbeschleunigungsgesetz I, das Verkehrs-Planungsbeschleunigungsgesetz III und das Investitionsbeschleunigungsgesetz. Gegenstand der Bemühungen des Gesetzgebers waren unter anderem eine Beschränkung der Folgen von Verstößen gegen Verfahrens- oder Formvorschriften, umfassende Beratungspflichten und beschleunigende Verfahrensmodelle für den Bereich von wirtschaftlich relevanten Genehmigungsverfahren, eine Straffung des Planfeststellungsverfahrens durch Einführung von Fristen und Präklusionsregelungen im Anhörungsverfahren, die Einführung von Plangenehmigungsverfahren sowie die Beschränkung der Rechtsfolgen von Abwägungsmängeln im Planfeststellungs- und Plangenehmigungsverfahren.

Für den Verkehrsbereich trat im Jahr 2020 das Maßnahmengesetzvorbereitungsgesetz (MgvG)" in Kraft, mit dem vorübergehend eine verfahrensrechtliche Grundlage für Verkehrsinfrastrukturprojekte geschaffen wurde, die vom Gesetzgeber im Weg einer Legalplanung zugelassen werden sollen.[10] Die EU-Kommission beschloss am 9. Juni 2021, wegen des MgvG ein Vertragsverletzungsverfahren gegen die Bundesrepublik zu eröffnen. Aus ihrer Sicht schränkte das Gesetz das Klagerecht von Einzelpersonen und Verbänden gegen Verkehrsprojekte zu stark ein. Mit Art. 13 des Gesetzes zur Beschleunigung von Genehmigungsverfahren im Verkehrsbereich und zur Umsetzung der Richtlinie (EU) 2021/1187 über die Straffung von Maßnahmen zur rascheren Verwirklichung des transeuropäischen Verkehrsnetzes vom 22.12.2023 (BGBl I 2023 Nr. 409) wurde das Maßnahmengesetzvorbereitungsgesetz wieder aufgehoben. 5481

Ebenfalls 2020 wurde das Planungssicherstellungsgesetz (PlanSiG) erlassen, mit dem der Weg in eine Digitalisierung des Zulassungsverfahrens eröffnet wurde. Hinzu kamen in den Jahren 2022 und 2023 ein Gesetz zur Änderung des Energiewirtschaftsgesetzes zur Einführung von Füllstandsvorgaben für Gasspeicheranlagen (Gasspeichergesetz), das Gesetz zur Änderung des Energiesicherungsgesetzes 1975 und anderer energiewirtschaftlicher Vorschriften, das Gesetz zur Beschleunigung des Einsatzes verflüssigten Erdgases (LNGG), das Gesetz zur Änderung des Energiesicherungsgesetzes und anderer energiewirtschaftlicher Vorschriften, das Vierzehnte Gesetz zur Änderung des BImSchG und ROGÄndG 2023. Im März 2023 wurde das Gesetz zur Beschleunigung von verwaltungsgerichtlichen Verfahren im Infrastrukturbereich erlassen, das verwaltungsgerichtliche Verfahren sowohl für LNG-Vorhaben als auch für weitere Infrastrukturvorhaben beschleunigen soll. Außerdem wurde zum Jahresende 2023 noch das Gesetz zur Beschleunigung von Genehmigungsverfahren im Verkehrsbereich und zur Umsetzung der Richtlinie (EU) 2021/1187 über die Straffung von Maßnahmen zur rascheren Verwirklichung des transeuropäischen Verkehrsnetzes verabschiedet.[11] Am 6.6.2024 hat der Bundestag das Gesetz zur Verbesserung des Klimaschutzes beim Immissionsschutz, zur Bearbeitung immissionsschutzrechtlicher Genehmigungsverfahren und zur Umsetzung von EU-Recht erstellen lassen. 5482

1. Teil. Schnittstellen zwischen Bau- und Fachplanungsrecht

Allgemeine Regeln für die Fachplanung ergeben sich aus dem Planfeststellungsrecht der §§ 72 ff. VwVfG, die Anwendung finden, soweit das Fachrecht darauf verweist (§ 72 I 1 VwVfG). Allerdings gibt es fachplanungsspezifisch auch erhebliche Abweichungen. 5483

Ein Sonderfall ist zB die **bergrechtliche Betriebsplanung** (§§ 51 ff. BBergG), bei der es sich nur dem Namen nach um eine staatliche Fachplanung handelt. Der bergrechtliche Betriebsplan ist allenfalls ein unternehmerischer Plan, der als Genehmigungsantrag der zuständigen Behörde vorgelegt wird und von dieser im Wege einer gebundenen Kontrollerlaubnis und nicht auf Grundlage einer planerischen Entscheidung zugelassen wird, wenn die Zulassungsvoraussetzungen der §§ 55, 48 BBergG vorliegen.[12] Die Braunkohlenplanung hingegen ist unzweifelhaft ein Planungsinstrument, das am ehesten einer sektoralen Regionalplanung gleicht. 5484

---

[10] Zum Ausbau der Legalplanung am Beispiel des Maßnahmengesetzvorbereitungsgesetzes Groß ZUR 2024, 210.

[11] Siehe dazu Schütte/Langstädtler ZUR 2024, 3 (6) auch mit Angaben zu den Fundstellen der Gesetze im BGBl; Bier/Bick NVwZ 2023, 457.

[12] Siehe dazu v. Weschpfennig Strukturen des Bergrechts, 2023, S. 191 ff.; zur Umweltrelevanz Kaiser Umweltverträgliches Bergrecht, 2022; v. Weschpfennig EurUP 2016, 182 ff; zum Bundesberggesetz auf dem Sprung zu einem modernen Gesetz der Gewinnung von Bodenschätzen und zu sonstigen unterirdischen

I. Unterschiedliche Handlungsformen

5485 Unterschiede zwischen der Gesamtplanung und insbesondere der städtebaulichen Planung einerseits und der Fachplanung andererseits können sich aus verschiedenen Handlungs- oder Rechtsformen ergeben. Die verbindliche Bauleitplanung ergeht durch Bebauungspläne, die von den Gemeinden als Satzung beschlossen werden (§ 10 BauGB). Die Fachplanung vollzieht sich hingegen in der Regel als Planfeststellungsbeschluss (§ 74 VwVfG) und damit als Verwaltungsakt (§ 35 2 VwVfG). An dessen Stelle kann ggfls. auch eine ohne allgemeine Öffentlichkeitsbeteiligung durchführbare Plangenehmigung (§ 74 VI VwVfG) oder sogar ein Verzicht auf ein förmliches Planverfahren überhaupt treten (§ 74 VII VwVfG). Eine Unterscheidung zwischen der Rechtsform der Satzung für den Bebauungsplan einerseits und dem Planfeststellungsbeschluss als Verwaltungsakt andererseits gilt aber im Verhältnis von Gesamt- und Fachplanung keineswegs umfassend. Denn auf Seiten der Gesamtplanung werden auch Pläne aufgestellt, bei denen es sich nicht um Satzungen handelt. Bei dem Flächennutzungsplan handelt es sich bekanntlich weder um eine Satzung noch um einen Verwaltungsakt, sondern um eine hoheitliche Maßnahme eigener Art.[13] Raumordnungspläne, bei denen es sich um die höherstufige Gesamtplanung handelt, werden in ganz unterschiedlichen Rechtsformen beschlossen. Sie können, je nach bundes- oder landesrechtlicher Gesetzesgrundlage, als förmliches Gesetz ergehen oder als Rechtsverordnung beschlossen werden. Zum Teil, vor allem bei den Regionalplänen, handelt es sich um untergesetzliche, hoheitliche Maßnahmen eigener Art, die als untergesetzliche Rechtsvorschriften in den Anwendungsbereich des § 47 I Nr. 2 VwGO fallen, für die in den meisten Bundesländern ein Normenkontrollverfahren ermöglicht worden ist.[14] Auf der anderen Seite besteht auch die Fachplanung nicht nur aus Planfeststellungsverfahren und Planfeststellungsbeschlüssen. Vor allem die umweltspezifischen Fachplanungen bedienen sich, wiederum abhängig von den entsprechenden Ermächtigungsgrundlagen ganz unterschiedlicher Rechtsformen. Zumeist gehen planfeststellungsbedürftigen Fachplanungsvorhaben gestufte Planungsentscheidungen voran, die nicht als Verwaltungsakt erlassen werden.

Beispiel: Nach § 16 I FStrG bestimmt der Bundesverkehrsminister im Benehmen mit den Landesplanungsbehörden der beteiligten Länder die Planung und Linienführung der Bundesfernstraßen (Linienbestimmung) mit Ausnahme der Ortsumgehungen. Eine ähnliche Regelung enthält § 13 I WaStrG. Die Linienbestimmung hat den Charakter einer die endgültige Planung vorbereitenden Grundentscheidung. Die Planfeststellungsbehörde ist im Innenverhältnis grds. an die mit der Linienbestimmung getroffene Entscheidung gebunden. Gegenüber den Bürgern und den Trägern öffentlicher Belange entfaltet die Linienbestimmung keine Bindungswirkung.[15]

5486 Ein grundsätzlicher Unterschied ergibt sich insoweit auch nicht aus einer Verfahrensstufung von Gesamtplanung und Fachplanung. In unterschiedlicher Weise zwar, aber grundsätzlich doch durchgängig sind sowohl die Raumordnungsplanung, bestehend aus Landes- und Regionalplänen und im begrenzten Umfang auch noch ergänzt durch einen Bundesraumordnungsplan, sowie die Bauleitplanung, zusammengesetzt aus dem Flächennutzungsplan und den Bebauungsplänen, die sich zudem noch an die Ziele der Raumordnung anzupassen hat, Teil eines gestuften Planungsprozesses.

5487 Nicht zuletzt kann mit Hilfe der Bauleitplanung in bestimmten Fällen auch Fachplanung betrieben werden. Grundsätzlich ist zB die Planung von Verkehrsanlagen zwar Gegenstand der Fachplanung. Regelmäßig bedarf es insoweit für die Planung und Zulassung von Verkehrsanlagen einer Planfeststellung durch die dafür zuständige Planfeststellungsbehörde. Allerdings

Nutzungen Beckmann DVBl.. 2023, 449; zu den verschiedenen Betriebsplanarten des Bergrechts Beckmann in Frenz BBergG, 2019, § 52 Rn. 11; zur Umweltverträglichkeitsprüfung bei bergrechtlichen Planfeststellungsbeschlüssen Beckmann in Frenz, BBergG, 2019, § 57a Rn. 1 ff; Beckmann in Beckmann/Kment, UVPG/UmwRG, 2023, § 51 UVPG Rn. 1 ff.

[13] Bönker in Hoppe/Bönker/Grotefels, Öffentliches Baurecht, 2024, § 5 Rn. 116.

[14] Kment NVwZ 2003, 1047, 1048, siehe dazu auch Beckmann NWVBL 2024 Sonderheft August, 53 ff.; die Rechtsprechung ordnet allerdings nur Ziele der Raumordnung eines Regionalplans als untergesetzliche Rechtsvorschrift iS von § 47 I Nr. 2 VwGO ein; Grundsätzen der Raumordnung wird eine solche Einordnung hingegen abgesprochen.

[15] Johlen Planfeststellungsrecht in Hoppenberg/de Witt, Handbuch des öffentlichen Baurechts, 2023, Rn. 133; zum mehrstufigen Planungsprozess der Bundesfernstraßenplanung siehe beispielhaft Pokorni in Müller/Schulz, FStrG; 2022, § 16 Rn. 2.

können auch Gemeinden mit Hilfe eines die **Planfeststellung ersetzenden Bebauungsplans** Fachplanung für Verkehrsanlagen betreiben.[16] Davon zu unterscheiden ist eine kommunale Verkehrsplanung, die gestützt auf die Planungshoheit der Gemeinde städtebauliche Ziele einer gemeindlichen Verkehrspolitik verfolgt. Auf der Grundlage spezieller gesetzlicher Ermächtigungen in verschiedenen Fachplanungsgesetzen können Bundesfernstraßen (§ 17 S. 1 FStrG), Land – und Kreisstraßen[17] sowie Straßen- und U-Bahn-Linien (§ 28 III PBefG), nicht jedoch Bergbahnen und Eisenbahnen, die nicht dem Personenbeförderungsgesetz unterfallen, statt durch einen Planfeststellungsbeschluss oder eine Plangenehmigung durch einen Bebauungsplan geplant werden. Nach § 9 I Nr. 11 BauGB können aus städtebaulichen Gründen Verkehrsflächen sowie Verkehrsflächen besonderer Zweckbestimmung, wie Fußgängerbereiche, Flächen für das Parken von Fahrzeugen, Flächen für Ladeinfrastruktur elektrisch betriebener Fahrzeuge, Flächen für das Abstellen von Fahrrädern sowie den Anschluss anderer Flächen an die Verkehrsflächen im Bebauungsplan festgesetzt werden. In solchen Fällen ist bei Inkrafttreten eines Bebauungsplans für die Verkehrsanlage eine Planfeststellung entbehrlich.[18]

Mit Blick auf die insoweit untere Stufe des fachplanerischen Planungsprozesses weisen aller- **5488**
dings Planfeststellungsbeschlüsse mit ihrer Planungs- und Zulassungsfunktion eine Besonderheit gegenüber der Bauleitplanung auf, weil zu deren Umsetzung oder Inanspruchnahme gesonderte Zulassungen, zumeist Baugenehmigungen, in größerem Umfang aber immissionsschutzrechtliche Genehmigungen, erforderlich werden.[19] Ein wesentlicher Unterschied zwischen Planfeststellungsbeschlüssen und Genehmigungsentscheidungen liegt insoweit darin, dass ein Planfeststellungsbeschluss dazu dient, ein raumbedeutsames Vorhaben nicht nur öffentlich-rechtlich zuzulassen, sondern auch das für das Vorhaben notwendige Planungsrecht zu schaffen. Der Planfeststellungsbeschluss hat insoweit eine doppelte, nämlich eine raumplanerische und eine vorhabenzulassende Funktion. Darin liegt im Vergleich zu umweltrechtlichen Genehmigungen sein besonderer Wert. Der planerische Anteil an der Planfeststellung fällt – abhängig von der jeweiligen fachgesetzlichen Ausgestaltung – allerdings sehr unterschiedlich aus.

II. Planfeststellung als Planungs- und Zulassungsentscheidung

Das Planfeststellungsverfahren ist auf den Erlass eines Planfeststellungsbeschlusses gerichtet, **5489**
mit dem die Planfeststellungsbehörde gem. § 74 I 1 VwVfG den Plan eines Vorhabenträgers feststellt. Es hat insoweit eine doppelte, eine raumplanerische und eine das Vorhaben zulassende Funktion. Dass Planfeststellungsverfahren die Funktion eines Zulassungsverfahrens übernehmen, ergibt sich unproblematisch aus dem Gesetz. Nach § 75 I 1 VwVfG wird durch die Planfeststellung die Zulässigkeit des Vorhabens einschließlich der notwendigen Folgemaßnahmen an anderen Anlagen im Hinblick auf alle von ihm berührten öffentlichen Belange festgestellt.[20]

Der Planfeststellungsbeschluss ist insoweit ein Verwaltungsakt, mit dem ein Verwaltungsver- **5490**
fahren abgeschlossen wird, in dem verbindlich für alle Beteiligten über die Zulässigkeit eines raumbedeutsamen Vorhabens entschieden wird. Ein wesentlicher Unterschied besteht von dieser Aufgabenstellung her zwischen Planfeststellungsbeschlüssen und Genehmigungsentscheidungen nicht.

Umstritten ist dagegen die Einordnung der Planfeststellung als Planungsentscheidung bzw. **5491**
ob alle, in den verschiedenen Fachgesetzen vorgesehenen Planfeststellungen auch Planungsentscheidungen sind und wieweit ggfls. die Planungs- und Abwägungsmöglichkeiten reichen. Die Diskussion ist nicht nur akademischer Natur. Denn von ihr sollen der Entscheidungsspielraum der Planfeststellungsbehörde, insbesondere die Pflicht zur planerischen Alternativenprüfung[21]

---

[16] zur Ersetzung der Planfeststellung für Verkehrsanlagen durch einen Bebauungsplan Beckmann UPR 2017, 41; VGH Mannheim NVwZ-RR 2024, 6 = juris Rn. 21; OVG Magdeburg Urt. v. 23.11.2021 – 2 K 34/20, juris Rn. 54; Christner in FS für Ramsauer, 2023, 135 ff.

[17] Zu den landesrechtlichen Ermächtigungsgrundlagen siehe Sauthoff in Ziekow Handbuch des Fachplanungsrechts, § 11 Rn. 90.

[18] BVerwGE 38,152, 158.

[19] Siehe zu Planfeststellung zwischen Zulassungsverfahren und Planung Beckmann in Erbguth, Planungsrecht in der gerichtlichen Kontrolle 2011, 123 ff.

[20] Zum Änderungsbedarf im Recht der Planfeststellung im Zusammenhang mit notwendigen Folgemaßnahmen und dem Zusammentreffen mehrerer Vorhaben in der Fachplanung Kment NVwZ 2023, 123.

[21] OVG Lüneburg ZUR 2006, 489; zur Planfeststellung ohne Abwägung Ramsauer NVwZ 2008, 944 (946); das BVerwG hat darauf hingewiesen, dass die FFH-Alternativenprüfung anders als die fachplanerische

und die Notwendigkeit einer Planrechtfertigung sowie Umfang und Kontrolldichte der verwaltungsgerichtlichen Überprüfung abhängen. Zum Teil wird sogar angenommen, dass die Planfeststellungsbehörde zwar eine durch das Abwägungsgebot gesteuerte Planungsentscheidung trifft, das es sich bei dieser Planungsentscheidung jedoch nur um eine die planerischen Vorstellungen des Vorhabenträgers nachvollziehende und dadurch bei positiver Entscheidung diese übernehmende Planungsentscheidung handelt.[22]

5492 Auch zur Beantwortung der Frage, warum sich der Widerstand gegen planfestgestellte Vorhaben bei besonders umstrittenen Vorhaben erst nach Abschluss des Planfeststellungsverfahrens entwickelt, ist es hilfreich, sich die Entscheidungskompetenzen und die Entscheidungspraxis der Planfeststellungsbehörde in Abgrenzung zu denen des Vorhabenträgers vor Augen zu führen. Denn es erweist sich, dass die Planfeststellungsbehörde, wenn sie den Plan eines privaten Vorhabenträgers feststellen soll, sich nicht in einer tatsächlich offenen Entscheidungssituation auf der Grundlage von Einwendungen, Stellungnahmen der Träger öffentlicher Belange oder sonstigem Gegenvorbringen aus der Öffentlichkeit für oder gegen das Vorhaben entscheidet, sondern dass der Vorhabenträger, etwa bei einem Deponievorhaben oder einer planfeststellungsbedürftigen Nassauskiesung, ganz wesentliche Weichen bereits vor jeglicher Betroffenen-, Behörden- und Öffentlichkeitsbeteiligung stellt und auch stellen muss, so dass trotz des enormen Verfahrensaufwandes mancher Planfeststellungsverfahren maximal das Vorhaben einschränkende Schutzvorkehrungen, kaum je doch die offene Entscheidung zwischen einer Ablehnung oder Feststellung des eingereichten Plans ansteht. Aus der Aufgabenverteilung zwischen einem (privaten) Vorhabenträger und einer staatlichen Planfeststellungsbehörde kann sich auch eine Verantwortung des Vorhabenträgers für die Schaffung von Akzeptanz für sein Vorhaben in der Öffentlichkeit und damit auch für die Durchsetzbarkeit des von ihm begehrten Planfeststellungsbeschlusses ergeben.

5493 Zur Beantwortung der Frage, ob es sich bei Planfeststellungsbeschlüssen um eine Planungsentscheidung handelt, kann darauf verwiesen werden, dass der Planfeststellungsbeschluss Planungsrecht im Sinne der planungsrechtlichen Zulässigkeit von Bauvorhaben originär schafft. Zum anderen kann sich der Planungscharakter des Planfeststellungsbeschlusses auch daraus ergeben, dass der Gesetzgeber der Planfeststellungsbehörde und/oder dem Vorhabenträger einen Entscheidungsfreiraum einräumt, der zur Bewältigung der vor der Planung vorgefundenen oder durch sie ausgelösten Probleme eine Abwägung aller betroffenen und privaten Belange ermöglicht und insoweit die Einordnung als Planungsentscheidung rechtfertigt.

1. Die Planfeststellung als Raumnutzungsentscheidung

5494 Der Planfeststellungsbeschluss ist anders als die Kontrollerlaubnis nicht nur eine Vorhabenzulassung, sondern zugleich eine planerische Raumnutzungsentscheidung. Bei gebundenen Entscheidungen findet diese Raumnutzungsentscheidung auf einer vorgelagerten Stufe, entweder im Bebauungsplan oder planersetzend durch den Gesetzgeber mit den §§ 34, 35 BauGB statt. Weder die Bauleitplanung noch privilegierte Fachplanungen können auf die Beachtung des Abwägungsgebots verzichten. Denn nur das Abwägungsgebot kann sicherstellen, dass die mit jeder Planung verbundenen Beeinträchtigungen von grundrechtlich geschützten Rechtspositionen zu einem dem Verhältnismäßigkeitsgrundsatz hinreichend Rechnung tragenden Ausgleich gebracht werden. Die Zulassung von Vorhaben kommt insoweit nicht ohne Planung, die Planung nicht ohne Abwägung aus.[23] Das gilt für die Zulassung von Vorhaben durch Kontrollerlaubnisse und Ausnahmebewilligungen nicht anders als für die Zulassung von Vorhaben durch die Planfeststellung.

5495 Die Planfeststellungsbehörde schafft mit dem Planfeststellungsbeschluss originäres Planungsrecht; sie ist für die Zulassung des Vorhabens nicht auf dessen Übereinstimmung mit dem bestehenden Planungsrecht der §§ 29 ff. BauGB angewiesen. Als privilegierte Fachplanung kann sich die Planfeststellungsbehörde über entgegenstehendes Bauplanungsrecht hinwegsetzen. Diese Privilegierung setzt nach § 38 S. 1 BauGB eine Berücksichtigung der städtebaulichen Belange und eine Beteiligung der betroffenen Gemeinde voraus. Die Ermächtigung der Plan-

---

Alternativenprüfung nicht Teil der planerischen Abwägung ist. Der Planfeststellungsbehörde ist insoweit kein irgendwie gearteter Gestaltungsspielraum eingeräumt, vgl. BVerwG Urt. v. 9.7.2009 – 4 C 12/07, juris, Rn. 33.

[22] Siehe dazu Sauthoff in FS für Ramsauer, 2023, 141 (131) unter Verweis auf BVerwGE 97, 143.

[23] Stüer in FS für Blümel 1999, 565 (575).

feststellungsbehörde, Planungsrecht originär zu schaffen, rechtfertigt es, den Planfeststellungsbeschluss als Planungsentscheidung einzuordnen.

§ 38 BauGB privilegiert allerdings nicht nur Planfeststellungsverfahren, sondern auch Plangenehmigungsverfahren sowie immissionsschutzrechtliche Genehmigungsverfahren für die Errichtung und den Betrieb öffentlich zugänglicher Abfallbeseitigungsanlagen. Der Gesetzgeber geht insoweit offenbar davon aus, dass eine hinreichende Berücksichtigung der städtebaulichen Belange nicht nur im Wege eines Planfeststellungsbeschlusses, sondern auch durch Genehmigungsentscheidungen möglich ist, die eine Abwägung mit städtebaulichen Belangen eröffnen. Dementsprechend sind auch Plangenehmigungen und sogar immissionsschutzrechtliche Genehmigungen, bei denen die städtebaulichen Belange durch eine Abwägungsentscheidung hinreichend berücksichtigt werden, Planungsentscheidungen. Insoweit besteht zwischen Planfeststellungen, Plangenehmigungen und immissionsschutzrechtlichen Genehmigungen mit Abwägungsspielraum kein qualitativer Unterschied.[24] Denn die zuständigen Behörden können sich bei Beachtung der in § 38 BauGB genannten Voraussetzungen (Anhörung der Gemeinde und Berücksichtigung der städtebaulichen Belange) über das geltende Planungsrecht der §§ 29 ff. BauGB mit einer eigenen Planungsentscheidung hinwegsetzen. 5496

2. Planerischer Gestaltungsfreiraum

Stellt man für die Einordnung der Planfeststellung als Planungsentscheidung nicht auf die Berechtigung der Planfeststellungsbehörde ab, Planungsrecht originär zu schaffen, sondern fragt stattdessen nach dem Umfang der planerischen Gestaltungsmöglichkeiten, die der Planfeststellungsbehörde zustehen, dann wird die Einordnung des Planfeststellungsbeschlusses als Planungsentscheidung für manche planfeststellungsbedürftige Vorhaben zweifelhaft.[25] 5497

a) Planung und planerische Gestaltung. Der Planfeststellungsbeschluss soll sich nach hM als Planungsentscheidung in grundsätzlicher Weise von einer Genehmigung unterscheiden. Die Einordnung der Planfeststellung als Planungsentscheidung zieht danach die Zuweisung planerischen Gestaltungsspielraums nach sich, der sich qualitativ von herkömmlichen Entscheidungsfreiräumen der Verwaltung unterscheiden soll, was wiederum auch Auswirkungen auf die verwaltungsgerichtliche Kontrolldichte haben soll.[26] Ausgangspunkt dieser Sichtweise ist die Rechtsprechung des BVerwG zur Bauleitplanung, wonach die der Gemeinde eingeräumte Planungshoheit ein Planungsrecht voraussetzt, das sich denknotwendig auf einen mehr oder weniger großen Gestaltungsfreiraum erstreckt. Das BVerwG hat diesen planerischen Gestaltungsfreiraum der Gemeinden auf das Planfeststellungsrecht übertragen. Mit der materiellen Ermächtigung der Planfeststellungsbehörde zur Fachplanung sei zwangsläufig die Einräumung von Planungsermessen im Sinne planerischer Gestaltungsfreiheit verbunden. Das Gericht beschreibt den Entscheidungsfreiraum als planerische Gestaltungsfreiheit und knüpfte insoweit für die Fachplanung an die hoheitliche Planung in anderen Bereichen, insbesondere der Bauleitplanung an.[27] Die Befugnis der Planfeststellungsbehörde schließt nach der Rechtsprechung regelmäßig einen mehr oder weniger weiten Gestaltungsspielraum über das Ob und Wie der Realisierung eines Vorhabens ein, weil – so die eingängige, aber auch verführerische oder sogar irreführende Formulierung der Rechtsprechung – Planung ohne Gestaltungsfreiheit ein Widerspruch in sich wäre.[28] 5498

Die Übertragung der Planungsdogmatik der Bauleitplanung auf die Fachplanung durch die Rechtsprechung ist auf ein unterschiedliches Echo gestoßen. Ein Teil der Literatur folgt dem BVerwG in der Einordnung der Planfeststellung als Planungsentscheidung.[29] Anhänger dieser Ansicht betonen den Zusammenhang zwischen Planung, Abwägung und Rechtsgestaltung. 5499

---

[24] siehe dazu Weidemann DVBl.. 1994, 263; Paetow Genehmigung statt Planfeststellung, in FS für Schlichter, 1995, 499 (511), der von einer systemfremden und fragwürdigen Einbeziehung immissionsschutzrechtlicher Genehmigungen für Abfallentsorgungsanlagen in den Kreis der privilegierten Vorhaben spricht.

[25] Zur Abwägung als Wesensmerkmal rechtsstaatlicher Planung und zu Anforderungen des Rechtsstaatsprinzips Erbguth UPR 2010, 281.

[26] Erbguth Zum System der Fachplanungen, in FS für Hoppe, 2000, 644.

[27] BVerwGE 74, 124 (133).

[28] BVerwGE 34, 301, 304; BVerwGE 56, 110, 116.

[29] Siehe dazu im Einzelnen Hoppe/Schlarmann/Buchner Rechtsschutz bei der Planung von Straßen und anderen Verkehrsanlagen, 2011, S. 190 ff.

Die Planungsbehörde sei zu Inhalts- und Schrankenbestimmungen des Eigentums Planungsbetroffener nur befugt, wenn sie durch eine weitreichende Interessabwägung legitimiert werde. Eine einseitige, ausschließlich an Genehmigungsansprüchen ausgerichtete Zulassungsentscheidung werde diesen verfassungsrechtlichen Notwendigkeiten nicht gerecht. Die Gestaltungsfreiheit der Planfeststellungsbehörde sei mit dem Begriff Planungsermessen nur unzureichend erfasst.[30]

5500 Andere sind dem beharrlich entgegengetreten. Eine Abwägung nach dem Verhältnismäßigkeitsgrundsatz, die zur Rechtfertigung eines Grundrechtseingriffs erforderlich sei, sei keine Abwägung im planerischen Sinne. Selbst eine wertende Berücksichtigung vielfältiger Interessen sei keine Planung mit spezifischem Gestaltungsspielraum.[31] Auch nach Auffassung von Gaentzsch ist die Planfeststellung nicht mehr als ein qualifiziertes Anlagengenehmigungsverfahren.[32] Di Fabio spricht davon, dass der Entscheidungsfreiraum der Planfeststellungsbehörde nicht als planerischer Gestaltungsfreiraum, sondern als ein davon qualitativ zu unterscheidendes Planungsermessen einzuordnen sei, der Projektbezug der Planfeststellung rücke diese in die Nähe einer Standortgenehmigung.[33] Nach Schmidt-Assmann stehen vor allem die weniger raum- als anlagenbezogenen Planfeststellungen nicht nur vom Regelungsgegenstand, sondern auch von der Planungsverantwortung her dem Anlagenzulassungsrecht näher als planerischen Konzeptentscheidungen.[34]

5501 **b) Maßgeblichkeit der gesetzlichen Regelungen.** Für den Umfang der Entscheidungsbefugnisse der Planfeststellungsbehörde kommt es letztlich nur auf die maßgeblichen Regelungen in den jeweiligen Fachplanungsgesetzen und Verwaltungsverfahrensgesetzen, nicht jedoch auf dogmatische Zuordnungen als Planungsentscheidung oder auf die gesetzgeberische Bezeichnung der Zulassung als Planfeststellung an.[35] Die Rechtsprechung des BVerwG, wonach die gesetzliche Ermächtigung zur Führung von Planfeststellungsverfahren notwendigerweise die Einräumung von planerischer Gestaltungsfreiheit zur Folge habe, weil Planung ohne Gestaltungsfreiheit ein Widerspruch in sich sei, ist insoweit irreführend. Der Gesetzgeber hat einen weiten Gestaltungsspielraum bei der Frage, in welchem Verfahren über die Zulassung eines raumbedeutsamen Verfahrens entschieden werden soll, in welcher Weise dieses Verfahren gestuft wird, von welchen materiell-rechtlichen Voraussetzungen die Zulassung abhängen soll, ob und inwieweit der Planfeststellungsbehörde ein planerischer Gestaltungsspielraum zustehen soll, welche Rechtswirkungen von der Planfeststellung ausgehen sollen und wie weit insbesondere die Konzentrationswirkung des Planfeststellungsbeschlusses reichen soll. Der Gesetzgeber kann die Zulassung eines Vorhabens durch einen Planfeststellungsbeschluss als Planungsentscheidung mit planerischem Abwägungsspielraum über das ob und wie der Realisierung des Vorhabens oder als gebundene Entscheidung vorsehen, auf deren Erteilung der Vorhabenträger einen Rechtsanspruch hat, wenn die gesetzlich geregelten Zulassungsvoraussetzungen erfüllt sind. Dementsprechend hat das BVerwG zutreffend entschieden, dass es sich angesichts der gesetzlichen Formulierung des Genehmigungstatbestandes bei der bergrechtlichen Planfeststellung nicht um eine planerische Gestaltungsfreiheit vermittelnde Planungsentscheidung, sondern um eine gebundene Kontrollerlaubnis handelt, auf deren Erteilung der Unternehmen einen Anspruch hat, wenn die Zulassungsvoraussetzungen vorliegen.[36] Auch die atomrechtliche Planfeststellung ist nach der Rechtsprechung des BVerwG keine Planungsentscheidung, sondern ebenfalls eine gebundene Kontrollerlaubnis.[37] Das ist allerdings umstritten.[38] Gleichwohl ist einzu-

[30] Breuer Die wasserrechtliche Planfeststellung, in FS für Hoppe, 2000, S. 669.

[31] Erbguth Zum System der Fachplanungen, in FS für Hoppe, 2000, S. 647; Erbguth DVBl., 1992, 401 f.; Erbguth Bauleitplanung und private Investitionen, VerwArch 89 (1998), 189 (208).

[32] Gaentzsch in Erbguth, Abwägung im Recht, 1996, S. 116 f; Battis Das System der räumlichen Gesamtplanung, in FS für Hoppe, 2000, S. 312.

[33] Di Fabio Die Struktur von Planungsnormen in FS für Hoppe, 2000, S. 75.

[34] Schmidt-Assmann Planung als administrative Handlungsform, in FS für Schlichter, 1995, S 14; Hoppe/Beckmann/Kauch Umweltrecht 2000, § 7 Rn. 6; Beckmann DÖV 1987, 944 (947).

[35] BVerwG NVwZ 2007, 833; OVG Lüneburg ZUR 2006, 489; besonders offenkundig bei der bergrechtlichen Planfeststellung, die mit einer staatlichen Planungsentscheidung nichts zu tun hat, sondern allenfalls als Genehmigung einer betrieblichen Planung eingeordnet werden kann.

[36] BVerwG NVwZ 2005, 954, 955; Gaentzsch Die bergrechtliche Planfeststellung, in FS für Sendler, 1991, 403 (412); Beckmann DVBl.. 1992, 741 (748).

[37] BVerwG NVwZ 2007, 837; dazu auch Ramsauer NVwZ 2008, 944.

[38] Ramsauer NVwZ 2008, 944 (947).

räumen, dass sich mit dem Begriff der Planfeststellung herkömmlich keine gebundene Entscheidung im Sinne einer Kontrollerlaubnis verbindet. Es wäre deshalb vorzugswürdig, wenn der Begriff der Planfeststellung auch vom Gesetzgeber für solche Vorhaben reserviert würde, deren Träger bei Beachtung bestimmter Zulassungsvoraussetzungen einen Anspruch auf Erteilung der Zulassung haben. Die Auffassung, dass allein mit der gesetzlichen Anordnung eines Planfeststellungsverfahrens zugleich eine planerische Gestaltungsfreiheit eingeräumt wird, ist insoweit unzutreffend. Richtig ist dagegen, dass eine planerische Gestaltungsfreiheit durch die Zuweisung einer materiellen Planungsaufgabe begründet wird, bei der Gesetzgeber die Gesetzesbindung lockert, um dem Planungsträger einen eigenständigen, gerichtlich nur eingeschränkt überprüfbaren Gestaltungsfreiraum einzuräumen.[39]

c) Maß der materiellen Bindung. Die materiell-rechtlichen Anforderungen an die Planfeststellung ergeben sich aus dem Erfordernis einer vor Art. 14 GG standhaltenden Planrechtfertigung, aus Planungsleitsätzen sowie aus den Anforderungen des den Abwägungsvorgang und das Abwägungsergebnis steuernden Abwägungsgebots. Nach der Rechtsprechung des BVerwG enthalten diejenigen gesetzlichen Vorschriften einen Planungsleitsatz, die bei der öffentlichen Planung strikte Beachtung verlangen und deswegen nicht durch die planerische Abwägung überwunden werden können.[40] Neben der Beachtung des Erfordernisses einer Planrechtfertigung und der zwingenden Planungsleitsätze bedarf es zur Beachtung des Abwägungsgebots einer gerechten Abwägung aller betroffenen privaten und öffentlichen Belange untereinander und gegeneinander. Das Abwägungsgebot verlangt, dass eine Abwägung überhaupt stattfindet, dass in die Abwägung alle Belange eingestellt werden, die nach Lage der Dinge in sie einzustellen sind, dass weder die Bedeutung der betroffenen Belange verkannt noch der Ausgleich zwischen ihnen in einer Weise vorgenommen wird, die zur objektiven Gewichtigkeit dieser Belange außer Verhältnis steht. Unter Beachtung dieser Grundsätze kann die Planungsbehörde sich bei der Kollision verschiedener Belange für die Bevorzugung des einen und damit notwendigerweise für die Zurückstellung eines anderen Belangs entscheiden. 5502

In dieser Abwägungskompetenz liegt der eigentliche und charakteristische Gehalt einer Planungsentscheidung. Zur Bewältigung situativer Konflikte überlässt der Gesetzgeber dem Planungsträger einen Freiraum, innerhalb dessen er sich für unterschiedliche Planungsergebnisse entscheiden kann. Planerische Gestaltungsfreiheit ist durch die fehlende gesetzliche Rangbestimmung der Interessen gekennzeichnet, die den Planungsträger zur eigenen Interessenordnung mit der Möglichkeit der Kompensation im Rahmen eines planerischen Konzepts ermächtigt.[41] Deshalb wird die Einordnung von Planfeststellungen als Planungsentscheidungen in dem Maße zweifelhaft, in dem diese Planungsfreiheit durch zwingende gesetzliche Vorgaben und durch Optimierungsgebote eingeschränkt wird. Offensichtlich ist dies am unteren Ende einer weiten Skala variierender gesetzlicher Vorgaben zum Entscheidungsfreiraum für bergrechtliche Planfeststellungsbeschlüsse, bei deren Erteilung ein solcher Freiraum nach allgemeiner Ansicht und der Rechtsprechung des BVerwG nicht besteht. Aber auch bei Planfeststellungen, bei denen der Gesetzgeber einen gesetzlichen Zulassungstatbestand formuliert, der für einen Abwägung der betroffenen Belange kaum Raum lässt, bestehen erhebliche Zweifel, ob tatsächlich noch von einer planerischen Abwägung gesprochen werden kann. Für die atomrechtliche Planfeststellung hat das BVerwG auch dies anerkannt. Es hat dem Vorhabenträger einen Anspruch auf Erteilung der Planfeststellung eingeräumt, wenn die Voraussetzungen des § 9 b IV AtG vorliegen, obwohl der Zulassungstatbestand auf der Rechtsfolgenseite mit einer – regelmäßig ein Ermessen anzeigende – „Kann – Regelung" kombiniert worden ist. 5503

Als weiteres Beispiel für eine Planfeststellung, bei der der Planungscharakter angesichts des detaillierten Zulassungstatbestands zweifelhaft ist, eignet sich das abfallrechtliche Planfeststellungsverfahren. § 36 KrWG regelt die Voraussetzungen für die Zulassung einer Deponie. Danach darf der Planfeststellungsbeschluss nur erteilt werden, wenn sichergestellt ist, dass das Wohl der Allgemeinheit nicht beeinträchtigt wird, insbesondere Gefahren für die in § 15 II 2 KrWG genannten Schutzgüter nicht hervorgerufen werden können und Vorsorge gegen die Beeinträchtigung der Schutzgüter, insbesondere durch bauliche, betriebliche oder organisatorische Maßnahmen entsprechend dem Stand der Technik getroffen werden, keine 5504

---

39 Hoppe/Schlarmann/Buchner Rechtsschutz bei der Planung von Straßen und anderen Verkehrsanlagen, 2011, Rn. 556.

40 BVerwG DVBl.. 1985, 899.

41 Schmidt-Assmann in FS für Schlichter, 1995, S. 11.

Tatsachen vorliegen, aus denen sich Bedenken gegen die Zuverlässigkeit der für die Errichtung, Leitung oder Beaufsichtigung des Betriebs der Deponie verantwortlichen Personen ergeben, keine nachteiligen Wirkungen auf das Recht eines anderen zu erwarten sind und dem Vorhaben die für verbindlich erklärten Festsetzungen eines Abfallwirtschaftsplanes nicht entgegenstehen. Nach überwiegender Ansicht sind bei Fehlen gesetzlicher Versagungsgründe die Anforderungen des Abwägungsgebots zu beachten; dementsprechend hat der Vorhabenträger auch bei Fehlen von Versagungsgründen keinen Anspruch auf die Feststellung seines Plans.[42] Geht man davon aus, dass die Vereinbarkeit des Vorhabens mit dem Allgemeinwohl und mit Rechten Drittbetroffener bereits bei den Zulassungsvoraussetzungen zu prüfen ist und für den Fall, dass diese Vereinbarkeit festgestellt wird, kaum noch im Rahmen der sich anschließenden planerischen Abwägung eine Ablehnung rechtfertigen kann, dann wird ersichtlich, dass jedenfalls für eine umfassende Abwägung betroffener Belange im Rahmen einer planerischen Abwägung kaum noch Raum bleibt. Das BVerwG hat deshalb in einer älteren Entscheidung die Frage, ob bei Vorliegen der Zulassungsvoraussetzungen ein Anspruch auf Erteilung der abfallrechtlichen Planfeststellung besteht, ausdrücklich offengelassen. Im Übrigen bleibt bei einem umfassend konditional gefassten Zulassungstatbestand für die Abwägungsentscheidung nur noch die negative, auf Ablehnung gerichtete Funktion des Abwägungsgebots im Sinne eines Versagungsermessens. Die positive, auf abwägende Kompensation unterschiedlich betroffener Interessen und Belange gerichtete Ausgleichsfunktion einer Planungsentscheidung fehlt nahezu vollständig.[43] Als Zwischenergebnis lässt sich festhalten, dass die bergrechtliche und wohl auch die atomrechtliche Planfeststellung keine Planungsentscheidungen sind und dass bei Planfeststellungen, für die der Gesetzgeber -wie bei der abfallrechtlichen Planfeststellung – einen konditional formulierten, weit gefassten Zulassungstatbestand vorsieht, allenfalls von einem planerischen Einschlag, keineswegs aber von einer echten Planungsentscheidung gesprochen werden kann, wenn man für diese Einordnung auf den Entscheidungsfreiraum und nicht darauf abstellt, dass mit der Planfeststellung Planungsrecht geschaffen werden kann.

5505 **d) Verteilung der Planungskompetenz.** Neben der zunehmenden Einengung planerischer Abwägungsprozesse durch Planungsleitsätze ergeben sich vor allem aus der gesetzlichen Aufgabenverteilung zwischen dem Vorhabenträger und der Planfeststellungsbehörde Zweifel am Planungscharakter der Planfeststellung. Dazu wird die These vertreten, der gewichtigste Unterschied zwischen Bauleitplanung und Fachplanung mit Auswirkungen auf die planerische Gestaltungsfreiheit liege in der Frage, wer eigentlich plant.[44] Fraglich ist, wem die Planungskompetenz zustehen soll, dem Vorhabenträger, der Planfeststellungsbehörde oder beiden zur „gesamten Hand." Dazu wurde konstatiert, dass die Planfeststellungsbehörde in einer komplizierten und rechtsdogmatisch nicht befriedigend durchdrungenen Weise in die Planungsvorstellungen des Vorhabenträgers eingebunden sei.[45] Angesichts einer mehr als zweihundert Jahre alten historischen Entwicklung der Planfeststellung ist die nicht zufriedenstellend beantwortete Frage, wer bei der Planfeststellung überhaupt plant, bzw. die beklagte unzureichende dogmatische Durchdringung des Zusammenwirkens von Vorhabenträger und Planfeststellungsbehörde überraschend. Man sollte meinen, dass die eher schlicht daherkommende Frage, wer plant bei der Planfeststellung, nicht ernsthaft umstritten sein kann. Denn würde sich die Planfeststellungsbehörde rechtsirrig an Planungsvorstellungen des Vorhabenträgers gebunden sehen, dann käme es zu einem Abwägungsmangel im Sinne eines Abwägungsausfalls, der zur Rechtswidrigkeit des Planfeststellungsbeschlusses führen würde.[46]

5506 **e) Aufgabenverteilung zwischen Vorhabenträger und Behörde.** Bei der Planfeststellung geht es um die Feststellung eines Planes eines öffentlichen oder Vorhabenträgers durch die Planfeststellungsbehörde. Im Planfeststellungsverfahren ist insoweit – was die Planungskompetenz angeht – zwischen dem Träger des Vorhabens und der Planfeststellungsbehörde zu differenzieren. Der Vorhabenträger initiiert das Vorhaben. Dazu muss er den Bedarf feststellen, den

[42] Offen gelassen vom BVerwG DVBl., 1989, 512, 514; einen Anspruch des Vorhabenträgers bejahend Hoppe/Beckmann, Planfeststellung und Plangenehmigung im Abfallrecht, Berlin 1990, S. 80 f.

[43] siehe dazu Spoerr DVBl.. 1999, 1463, 1467.

[44] Sendler (Un-) Erhebliches zur planerischen Gestaltungsfreiheit, in FS Schlichter, 1995, S. 55, 81 ff.

[45] Paetow Genehmigung statt Planfeststellung, in FS für Schlichter, 1955, 499 (505); Gaentzsch Die bergrechtliche Planfeststellung, in FS für Sendler, 1991, 403 (420).

[46] BVerwG NVwZ 2007, 445 (450).

Standort auswählen und die räumliche Dimension seines Vorhabens festlegen sowie nicht vorzugswürdige, räumliche und sachliche Planungsalternativen ausscheiden. Die Planfeststellungsbehörde dagegen kann eine Planung weder einleiten noch kann sie die Planung des Vorhabenträgers verwerfen und an ihre Stelle eine eigene Planung setzen. Der Planfeststellungsbeschluss ist ein mitwirkungsbedürftiger Verwaltungsakt und setzt dementsprechend eine Planeinreichung durch den Vorhabenträger voraus. Soweit die Planfeststellungsbehörde den Bedarf für das Vorhaben hinterfragt oder naheliegende bzw. sich aufdrängende Planungsalternativen prüft, dient dies ihrer Entscheidung, ob der Plan – wie beantragt oder mit einschränkenden Nebenbestimmungen – festgestellt werden kann oder versagt werden muss. Dementsprechend handelt es sich bei der Entscheidung der Planfeststellungsbehörde um eine (planerische) Abwägungsentscheidung, nicht aber um eine planerische Gestaltung. Die Planfeststellungsbehörde schafft Planungsrecht und wägt zur Entscheidung über den vorgelegten Plan die betroffenen Belange untereinander und gegeneinander ab; insoweit mag man diese Entscheidung als Ausübung von Planungsermessen ansehen. Planerische Gestaltung, wie sie in der Bauleitplanung stattfindet, ist das nicht oder allenfalls in Randbereichen, etwa bei kleinräumigen Trassenverschiebungen oder bei der Anordnung bestimmter Schutzvorkehrungen.

f) Nachvollziehende oder gestaltende Abwägung. Die Planfeststellungsbehörde über- 5507
prüft den Plan des Vorhabenträgers. Fraglich ist deshalb, ob sie bei ihrer Überprüfung des Plans die planerische Abwägung des Vorhabenträgers lediglich nachvollzieht und für den Fall, dass dem Vorhabenträger kein Planungsfehler vorzuwerfen ist, den Plan feststellt, oder ob sie eigenständig abwägt und für den Fall, dass sie zu einem anderen Abwägungsergebnis kommt, den Plan verwerfen darf, obwohl auch das Abwägungsergebnis des Vorhabenträgers nicht abwägungsfehlerhaft ist. Teilweise wird die Ansicht vertreten, die Planungsfreiheit liege ausschließlich beim Vorhabenträger und nicht bei der Planfeststellungsbehörde. Nach Ansicht des BVerwG muss die Planfeststellungsbehörde den Plan feststellen, wenn der Vorhabenträger einen Plan vorlegt, bei dem alle bindenden Vorgaben erfüllt und bei dem alle von dem Vorhaben betroffenen öffentlichen und privaten Belange den Anforderungen des Abwägungsgebots entsprechend vom Vorhabenträger zutreffend abgewogen seien. Der Behörde stehe in diesem Fall nicht die Kompetenz zu, etwa durch eine andere Gewichtung der betroffenen Belange zu einer von der abwägungsfehlerfrei getroffenen Entscheidung des Vorhabenträgers abweichenden Abwägung zu kommen.[47] Nach Auffassung des BVerwG markiert der an die Planfeststellungsbehörde gerichtete Antrag den Schlusspunkt der Planung des Vorhabenträgers, der das Ergebnis von Alternativenprüfungen einschließt. Die Planfeststellungsbehörde könne die planerischen Erwägungen des Planungsträgers nicht durch eigene abweichende Überlegungen ersetzen. Sie kontrolliere nur, ob die vom Vorhabenträger getroffene Entscheidung rechtmäßig sei. Darüber hinaus stehe ihr allerdings die Befugnis zu, bisher noch nicht berücksichtigten abwägungsrelevanten Gesichtspunkten Rechnung zu tragen. Es sei gerade das Ziel des formalisierten Planfeststellungsverfahrens, das Abwägungsmaterial gegebenenfalls zu vervollständigen. Diesem Zweck diene die Beteiligung von Trägern öffentlicher Belange, das Anhörungsverfahren und nicht zuletzt die Umweltverträglichkeitsprüfung. Gerade das Ergebnis der UVP könne Anlass dafür sein, vom Vorhabenträger noch nicht geprüfte Alternativen in die Abwägung einzubeziehen und bei der abschließenden Planungsentscheidung, für die nach außen hin die Planfeststellungsbehörde die Verantwortung zu übernehmen habe, zu berücksichtigen.[48] Dementsprechend liegt die Planungskompetenz in erster Linie beim Vorhabenträger; der Planfeststellungsbehörde kommt lediglich eine Ergänzungsfunktion zu. Ihre Planungskompetenz erstreckt sich auf die Veränderung des Plans, etwa durch Schutzauflagen oder durch begrenzte Trassenverlegungen, soweit dies zur Herbeiführung eines abwägungsfehlerfreien Ergebnisses erforderlich ist. Lässt sich der Plan nach Abwägung aller betroffenen Belange durch die Planfeststellungsbehörde auch unter Berücksichtigung von Schutzauflagen oder Detailänderungen nicht feststellen, dann muss die Planfeststellungsbehörde ihn ablehnen. Die Planfeststellungsbehörde kann jedoch den Plan des Vorhabenträgers nicht durch einen eigenen Plan ersetzen. Sie kann den Vorhabenträger ohnehin nur verpflichten, den festgestellten Plan nur so zu realisieren, wie sie ihn feststellt. Der Verzicht auf den Vollzug bleibt dem Vorhabenträger unbenommen.

---

47 BVerwG DVBl.. 1995, 238 (241).

48 BVerwG NVwZ 1991, 673 (676).

5508 **g) Übernahme der Planungsverantwortung.** Das BVerwG hat allerdings auch betont, dass die Planfeststellungsbehörde mit der Feststellung des vom Vorhabenträger eingereichten Plans verbindlich über die Zulässigkeit des Vorhabens entscheide und damit die rechtliche Verantwortung für die Planung übernehme. Mit dem Planfeststellungsbeschluss werde die für die Zulässigkeit der Realisierung des Vorhabens notwendige Außenwirkung der Entscheidung des Vorhabenträgers begründet. Die Planungskompetenz stehe insoweit allein der Planfeststellungsbehörde zu.[49] Auch andere meinen, dass der den Plan ausarbeitenden Stelle keine Planungsfreiheit zustehe[50] bzw., dass die Planfeststellungsbehörde die Letztverantwortung übernehme; sie könne sich die planerischen Überlegungen des Vorhabenträgers zu eigen machen oder sich davon distanzieren: Planerische Gestaltungsfreiheit umschließe sowohl Offenheit für selbstregulative Beiträge des Projektträgers wie aber auch die staatliche Zugriffsoption bei defizitärer Primärplanung.[51] Dem wird entgegengehalten, allein daraus, dass nur die Planfeststellungsbehörde und nicht der Vorhabenträger eine nach außen verbindliche Raumnutzungsentscheidung treffe, könne nicht hergeleitet werden, dass auch nur sie planerisch tätig werde. Ebenso wenig könne aus einer begrenzten Anzahl der Entscheidungsvarianten, die der Planfeststellungsbehörde zur Verfügung stünden, geschlossen werden, dass nur dem Vorhabenträger die Ausübung der planerischen Gestaltungsfreiheit obliege und sie darauf beschränkt sei, den Plan festzustellen, dies abzulehnen oder Auflagen zu erteilen. Maßgeblich sei vielmehr, inwieweit die Planfeststellungsbehörde an die in der Entscheidung des Vorhabenträgers über den Planentwurf zum Ausdruck kommenden Entwicklungsvorstellungen gebunden sei und inwieweit sie davon aufgrund einer eigenen Zuweisung einer Planungsaufgabe abweichen dürfe.[52] Insoweit sei von einer phasenspezifischen Verteilung der Planungsverantwortung auszugehen. In der Phase der Planerarbeitung hat danach der Planungsträger die primäre Gestaltungsfreiheit, zum Zeitpunkt der Planfeststellungsentscheidung bleibe der Planfeststellungsbehörde jedoch ein eigener Gestaltungsfreiraum.[53] In ähnlichem Sinne spricht man von einer Planung zur gesamten Hand.[54]

5509 Ob man angesichts dieser Aufgabenverteilung tatsächlich von einer Planungsentscheidung der Planfeststellungsbehörde sprechen kann, erscheint zweifelhaft und hängt letztlich davon ab, was man als konstitutiv für eine Planungsentscheidung definiert, die Möglichkeit zur umfassenden, wenn auch in Teilen nur nachvollziehenden Abwägung aller betroffenen Belange, die eigenverantwortliche, umfassende und nicht auf Nachvollzug angelegte planerische Gestaltung vergleichbar der Bauleitplanung oder die eigenverantwortliche Schaffung von Planungsrecht auf der Grundlage einer nachvollziehenden oder eigenverantwortlichen Abwägung der betroffenen Belange. Unabhängig von der Einordnung des Planfeststellungsbeschlusses als Planungsentscheidung wird jedoch deutlich, dass der Entscheidungsspielraum der Planfeststellungsbehörde nicht nur durch vorgelagerte Planungen, etwa durch Ziele der Raumordnung und zwingende Planungsleitsätze, sondern in sehr weitem Umfang auch durch die Verteilung der Planungskompetenzen zwischen Vorhabenträger und Planfeststellungsbehörde beschränkt ist. Die Planfeststellungsbehörde kann insbesondere nur den Plan des Vorhabenträgers und keinen anderen feststellen. Ihr Entscheidungsspielraum entspricht insoweit mehr einem Versagungsermessen als planerischer Gestaltung. Diese Aufgabenverteilung wirkt sich faktisch regelmäßig so aus, dass die Planung des Vorhabenträgers von der Planfeststellungsbehörde nicht grundsätzlich hinsichtlich des „Ob" der Planung, sondern nur hinsichtlich der konkreten Ausführung, der Notwendigkeit von Schutzvorkehrungen, kleinräumigerer Alternativen etc. hinterfragt wird. Verstärkt wird dieser Effekt dadurch, dass der Vorhabenträger gehalten ist, einen vollständigen Plan einzureichen, so dass seine Planungsvorstellungen bereits zum Zeitpunkt der Einleitung des Verfahrens weitgehend abschließend entwickelt worden sind. Hinzu kommt, dass die Planerarbeitung häufig bereits erhebliche Vorlaufkosten verursacht, die bei einer Ablehnung des Plans vergeblich gewesen wären. Das trägt dazu bei, dass die Planfeststellungsbehörde eine Versagung der Planfeststellung scheut. Nicht zuletzt hat der Vorhabenträger mit Hilfe der von ihm bestellten Gutachter und Planer regelmäßig eine erheblich höhere Planungskompetenz als die

49 BVerwG DVBl.. 1995, 238 (240); DVBl.. 1991, 1142 (1143); BVerwGE 48, 56 (59).

50 Wahl DVBl.. 1982, 51 (53).

51 Schmidt-Preuß Fachplanung und subjektiv-rechtliche Konfliktschlichtung, in FS für Hoppe, 2000, S. 1075.

52 Hoppe/Schlarmann/Buchner Rechtsschutz bei der Planung von Straßen und anderen Verkehrsanlagen, 2011, Rn. 560.

53 Hoppe/Just DVBl.. 1997, 789.

54 Sendler in FS für Schlichter, S. 55.

Planfeststellungsbehörde, die es der Behörde schwer macht, den Plan des Vorhabenträgers grundsätzlich in Zweifel zu stellen. Schließlich ist es kein Geheimnis, dass Vorhabenträger und Planfeststellungsbehörde sich formell, etwa im Rahmen von Scoping-Verfahren zur Bestimmung des Untersuchungsgegenstandes der UVP oder bei der Antragsberatung, und informell abstimmen. Sendler hat zutreffend darauf hingewiesen, dass es aus Sicht des Vorhabenträgers dafür legitime Gründe gibt, etwa die Vermeidung einer Ablehnung oder – bei entsprechender Umplanung – die Abwendung belastender Nebenbestimmung.

Aus Sicht der Kritiker und Drittbetroffenen kann angesichts einer solch engen Praxis der Kooperation der Eindruck entstehen, dass grundsätzliche Kritik am Vorhaben, insbesondere an seiner Erforderlichkeit, im Planfeststellungsverfahren kaum gehört wird und sich deshalb außerhalb oder sogar erst nach Abschluss des Planfeststellungsverfahrens Gehör verschafft. Das Planfeststellungsverfahren, die Behörden- und Öffentlichkeitsbeteiligung setzen spät, wenn nicht zu spät ein, um die Ergebnisse der Beteiligungsverfahren noch in einer offenen Entscheidungssituation berücksichtigen zu können. 5510

III. Unterschiedliche Aufstellungsverfahren

Die Verfahren zur Planaufstellung sind zwar in den großen Leitlinien vergleichbar, weisen jedoch in Einzelheiten zahlreiche Unterschiede auf. Für die Bauleitplanung ist eine **zweigeteilte Öffentlichkeitsbeteiligung** kennzeichnend. In der frühzeitigen Öffentlichkeitsbeteiligung (§ 3 I BauGB) im Rahmen der Bauleitplanung werden die Bürger über die allgemeinen Ziele und Zwecke der Planung, sich wesentlich unterscheidende Lösungen und die voraussichtlichen Auswirkungen der Planung möglichst frühzeitig unterrichtet. Den Bürgern ist Gelegenheit zur Äußerung und Erörterung zu geben. Im Fachplanungsrecht ist eine frühzeitige Öffentlichkeitsbeteiligung, bei denen Fehler auch in der Bauleitplanung folgenlos bleiben (§ 214 I 1 Nr. 1 BauGB), nicht vorgesehen. 5511

Die förmliche Öffentlichkeitsbeteiligung in der Bauleitplanung (§ 3 II BauGB) ist vom Ansatz her mit dem **Anhörungsverfahren** des **fachplanerischen Planfeststellungsverfahrens** vergleichbar (§ 73 VwVfG). Allerdings bestehen schon Unterschiede. Die förmliche Öffentlichkeitsbeteiligung erschöpft sich in der Offenlage der Unterlagen und der Gelegenheit zur Stellungnahme innerhalb eines Monats. Im Planfeststellungsverfahren ist die Beteiligung zweigeteilt: Einwendungen gegen das Vorhaben können innerhalb der Offenlage (einen Monat) und eines sich daran anschließenden Zeitraums von 14 Tagen geltend gemacht werden (§ 73 IV VwVfG). Die Frist gilt auch für **Vereinigungen** (§ 73 IV 5 und 6 VwVfG. Daran schließt sich zumeist ein Erörterungstermin an, bei dem die rechtzeitig erhobenen Einwendungen in mündlicher Verhandlung zu erörtern sind (§ 73 VI VwVfG). Im Gegensatz zum Fachplanungsrecht ist in der Bauleitplanung eine Erörterung im Anschluss an die förmliche Offenlage der Pläne nicht vorgesehen. Eine Erörterung ist auch europarechtlich nicht erforderlich. 5512

Die **Behördenbeteiligung** ist im Bau- und Fachplanungsrecht – abgesehen von den vorgenannten Unterschieden, die sich aus der parallel durchgeführten Öffentlichkeitsbeteiligung auch für die Behörden und sonstigen Träger öffentlicher Belange ergeben – weitgehend vergleichbar. In der Bauleitplanung haben die Träger ihre Stellungnahmen regelmäßig innerhalb eines Monats abzugeben. Die Frist kann angemessen verlängert werden (§ 4 II BauGB). In den Stellungnahmen sollen sich die Träger auf ihren Aufgabenbereich beschränken. Belange, die von den Trägern nicht rechtzeitig vorgetragen worden sind, werden in der Abwägung nicht berücksichtigt, es sei denn, die verspätet vorgebrachten Belange sind der Gemeinde bekannt oder hätten ihr bekannt sein müssen oder sind für die Rechtmäßigkeit der Abwägung von Bedeutung. 5513

In der Fachplanung haben die Träger ihre Stellungnahme innerhalb einer von der Anhörungsbehörde zu setzenden **Frist**, die drei Monate nicht überschreiten darf, abzugeben. Stellungnahmen, die nach Ablauf der Frist nach Satz 1 eingehen, sind zu berücksichtigen, wenn der Planfeststellungsbehörde die vorgebrachten Belange bekannt sind oder hätten bekannt sein müssen oder für die Rechtmäßigkeit der Entscheidung von Bedeutung sind; im Übrigen können sie berücksichtigt werden (§ 73 III a VwVfG). 5514

IV. Präklusion

Nach § 3 II 4 BauGB ist in der Bekanntmachung der Bauleitpläne darauf hinzuweisen, dass Stellungnahmen während der Dauer der Veröffentlichungsfrist abgegeben werden können, und dass nicht fristgerecht abgegebene Stellungnahmen bei der Beschlussfassung über den Bauleit- 5515 plan unberücksichtigt bleiben können. Eine prozessuale Präklusionsfolge bei nicht fristgerecht der Gemeinde vorgelegten Stellungnahmen besteht nicht. Eine Pflicht zur Abgabe einer Stellungnahme, auch nicht als Obliegenheit zur Wahrung der gerichtlichen Normenkontrolle, besteht nicht. Da die Gemeinde bei ihrer Planungsentscheidung und Abwägung nur diejenigen Belange in ihrer angemessenen Bedeutung berücksichtigen kann, die ihr bekannt sind oder die sie zumindest kennen mussten, ist die Beteiligung von künftig Planunterworfenen zur Wahrung ihrer individuellen Rechte und Interessen geboten. Dazu gilt unverändert der Grundsatz, dass eine Interessenbetroffenheit durch die Planung gegenüber der Gemeinde sichtbar zu machen ist. Dafür genügt in der Regel, dass die Stellungnahme hinreichend konkret ist, damit der betroffene Belang deutlich wird, ohne jedoch eine vertiefte Begründung oder eine rechtliche Einordnung vorlegen zu müssen.[55]

5516 Bei **Flächennutzungsplänen** ist ergänzend zu dem Hinweis nach § 3 II 4, 2. HS BauGB darauf hinzuweisen, dass eine Vereinigung im Sinne des § 4 III 1 Nr. 2 UmwRG in einem Rechtsbehelfsverfahren nach § 7 II UmwRG gemäß § 7 III 1 UmwRG mit allen Einwendungen ausgeschlossen ist, die sie im Rahmen der Veröffentlichungsfrist nicht oder nicht rechtzeitig geltend gemacht hat, aber hätte geltend machen können. § 7 III 2 UmwRG bestimmt, dass ein solcher Einwendungsausschluss nicht gilt für Verfahren zur Aufstellung, Änderung, Ergänzung oder Aufhebung von Bebauungsplänen nach § 10 BauGB.

5517 Für das **Planfeststellungsverfahren** gilt nach § 73 IV 3 VwVfG, dass mit Ablauf der Einwendungsfrist alle Einwendungen ausgeschlossen sind, die nicht auf besonderen privatrechtlichen Titeln beruhen. Hierauf ist in der Bekanntmachung der Auslegung oder bei der Bekanntgabe der individuell bestimmten Einwendungsfrist hinzuweisen. Dies gilt auch für UVP-pflichtige Vorhaben nach § 21 IV UVPG. Bedeutung hat der Einwendungsausschluss für das **Verwaltungsverfahren**; im gerichtlichen Verfahren ist seine Bedeutung durch § 7 IV und VI UmwRG weitgehend entfallen.[56]

V. Planänderungen

5518 Teilweise unterschiedlich sind die rechtlichen Anforderungen an die Änderung von Plänen im Bau- und Fachplanungsrecht dar. Dabei muss zwischen der Planänderung im Aufstellungsverfahren und der Änderung bereits aufgestellter Pläne unterschieden werden.

5519 Für die **Bauleitplanung** gilt nach § 4 a III BauGB Folgendes: Wird der Entwurf des Bauleitplans nach dem Verfahren nach § 3 II BauGB oder § 4 II BauGB geändert oder ergänzt, ist er erneut nach § 3 II BauGB im Internet zu veröffentlichen und sind die Stellungnahmen erneut einzuholen, es sei denn, die Änderung oder Ergänzung führt offensichtlich nicht zu einer erstmaligen oder stärkeren Berührung von Belangen. Ist der Entwurf des Bauleitplans erneut zu veröffentlichen, ist in Bezug auf die Änderung oder Ergänzung und ihre möglichen Auswirkungen Gelegenheit zur Stellungnahme zu geben; hierauf ist in der erneuten Bekanntmachung nach § 3 II 4 BauGB hinzuweisen. Die Dauer der Veröffentlichungsfrist im Internet und der Frist zur Stellungnahme soll angemessen verkürzt werden. Werden durch die Änderung oder Ergänzung des Entwurfs des Bauleitplans die Grundzüge der Planung nicht berührt, soll die Einholung der Stellungnahmen auf die von der Änderung oder Ergänzung betroffene Öffentlichkeit sowie die berührten Behörden und sonstigen Träger öffentlicher Belange beschränkt werden, es sei denn, diese Beschränkung führt nach Einschätzung der Gemeinde zu einer längeren Verfahrensdauer.

5520 § 4a III 2 BauGB sieht zur Straffung des Planungsverfahrens zwingend vor, dass nur in Bezug auf die Änderung oder Ergänzung und ihre möglichen Auswirkungen Stellung genommen werden kann. Hierauf ist in der öffentlichen Bekanntmachung ausdrücklich hinzuweisen. Für eine solche Abschichtung eines bestehenden Abwägungs- und Interessengeflechts nach § 1 VII BauGB muss sichergestellt sein, dass die geänderten Teile des Planentwurfs sich räumlich und funktional erkennbar von dem unveränderten Planentwurf abgrenzen lassen. Außerdem muss für die Öffentlichkeit in den auszulegenden Unterlagen deutlich gemacht werden, worin sich der geänderte Teil von dem bisherigen Planentwurf unterscheidet. Unklarheiten oder Mängel diesbezüglich führen zur Fehlerhaftigkeit des Offenlageverfahrens mit der in § 214 I Nr. 2 BauGB geregelten Beachtlichkeit in der Rechtskontrolle.[57] Außerdem ist zu beachten, dass die

[55] Jeromin in Kröninger/Aschke/Jeromin, BauGB, 2024, § 3 Rn. 22.
[56] Neumann/Külpmann in Stelkens/Bonk/Sachs, VwVfG, 2023, § 73 Rn. 87.
[57] Jeromin in Kröninger/Aschke/Jeromin, BauGB, 2024, § 4a Rn. 4.

Beschränkung der Öffentlichkeitsbeteiligung keine materielle Präklusion bewirkt und abwägungsrelevante Belange von der Gemeinde mit Blick auf den maßgeblichen Zeitpunkt der Abwägungsentscheidung nach § 214 III 1 BauGB zu beachten sind.[58]

Nach § 4a III 3BauGB sollen für das erneute Beteiligungsverfahren die Veröffentlichungsfristen verkürzt sowie ein vereinfachtes Verfahren durchgeführt werden. Bleiben die Grundzüge der Planung von der Änderung oder Ergänzung unberührt, kann das vereinfachte Verfahren nach § 13 Nr. 2 BauGB angewendet werden. Danach kann die Gemeinde sich auf die Einholung von Stellungnahmen der durch die Änderung des Bebauungsplanentwurfs betroffenen Öffentlichkeit sowie der hierdurch berührten Behörden bzw. Träger öffentlicher Belange beschränken, es sei denn, dass diese Beschränkung nach Einschätzung der Gemeinde zu längerer Verfahrensdauer führen könnte. 5521

Soll der Bebauungsplan nach Abschluss des Verfahrens und seinem Inkrafttreten geändert werden, gelten grundsätzlich dafür nach § 1 VIII BauGB die auch für die Aufstellung des Plans geltenden Bestimmungen. § 13 BauGB ermöglicht allerdings ein vereinfachtes Verfahren. Danach gilt Folgendes: Werden durch die Änderung oder Ergänzung eines Bauleitplans die Grundzüge der Planung nicht berührt oder wird durch die Aufstellung eines Bebauungsplans in einem Gebiet nach § 34 BauGB der sich aus der vorhandenen Eigenart der näheren Umgebung ergebende Zulässigkeitsmaßstab nicht wesentlich verändert oder enthält er lediglich Festsetzungen nach § 9 IIa oder II2b BauGB, kann die Gemeinde das vereinfachte Verfahren anwenden, wenn 1. die Zulässigkeit von Vorhaben, die einer Pflicht zur Durchführung einer UVP nach Anlage 1 des UVPG oder nach Landesrecht unterliegen, nicht vorbereitet oder begründet wird, 2. keine Anhaltspunkte für eine Beeinträchtigung der in § 1 VI Nr. 7 b BauGB genannten Schutzgüter bestehen und 3. keine Anhaltspunkte dafür bestehen, dass bei der Planung Pflichten zur Vermeidung oder Begrenzung der Auswirkungen von schweren Unfällen nach § 50 Satz 1BImSchG zu beachten sind. 5522

Im vereinfachten Verfahren kann nach § 13 II 1 BauGB 1. von der frühzeitigen Unterrichtung und Erörterung nach § 3 I und § 4 I BauGB abgesehen werden, 2. der betroffenen Öffentlichkeit Gelegenheit zur Stellungnahme innerhalb angemessener Frist gegeben oder wahlweise die Auslegung nach § 3 II BauGB durchgeführt werden, 3. den berührten Behörden und sonstigen Trägern öffentlicher Belange Gelegenheit zur Stellungnahme innerhalb angemessener Frist gegeben oder wahlweise die Beteiligung nach § 4 II BauGB durchgeführt werden. Wird nach § 13 II 1 Nr. 2 BauGB die betroffene Öffentlichkeit beteiligt, gilt die Hinweispflicht des § 3 II 2 HS 2 BauGB entsprechend (§ 13 II 2 BauGB). 5523

Im vereinfachten Verfahren wird von der Umweltprüfung nach § 2 IV BauGB, von dem Umweltbericht nach § 2a BauGB, von der Angabe nach § 3 II 2 BauGB, welche Arten umweltbezogener Informationen verfügbar sind, sowie von der zusammenfassenden Erklärung nach § 6a I und § 10a I BauGB abgesehen; § 4c BauGB ist nicht anzuwenden. Bei der Beteiligung nach § 13 II Nr. 2 BauGB ist darauf hinzuweisen, dass von einer Umweltprüfung abgesehen wird. 5524

Im **Fachplanungsrecht** gilt vorbehaltlich speziellerer Regelungen § 73 VIII VwVfG und insoweit Folgendes: Soll ein ausgelegter Plan geändert werden und werden dadurch der Aufgabenbereich einer Behörde oder einer Vereinigung nach § 73 IV 5 VwVfG oder Belange Dritter erstmals oder stärker als bisher berührt, so ist diesen die Änderung mitzuteilen und ihnen Gelegenheit zu Stellungnahmen und Einwendungen innerhalb von zwei Wochen zu geben; § 73 IV 3 bis 6 VwVfG gilt entsprechend. Für Planänderungen nach Erteilung des Planfeststellungsbeschlusses aber vor Fertigstellung des Vorhabens bestimmt § 76 VwVfG Folgendes: Soll vor Fertigstellung des Vorhabens der festgestellte Plan geändert werden, bedarf es eines neuen Planfeststellungsverfahrens. Bei Planänderungen von unwesentlicher Bedeutung kann die Planfeststellungsbehörde von einem neuen Planfeststellungsverfahren absehen, wenn die Belange anderer nicht berührt werden oder wenn die Betroffenen der Änderung zugestimmt haben. Führt die Planfeststellungsbehörde in den Fällen des § 76 II VwVfG oder in anderen Fällen einer Planänderung von unwesentlicher Bedeutung ein Planfeststellungsverfahren durch, so bedarf es keines Anhörungsverfahrens und keiner öffentlichen Bekanntgabe des Planfeststellungsbeschlusses. 5525

§ 22 UVPG sieht für UVP-pflichtige Vorhaben Folgendes vor: Ändert der Vorhabenträger im Laufe des Verfahrens die Unterlagen, die nach § 19 II UVPG auszulegen sind, so ist eine erneute Beteiligung der Öffentlichkeit erforderlich. Sie ist jedoch auf die Änderungen zu be- 5526

58 Jeromin in Kröninger/Aschke/Jeromin, BauGB, 2024, § 4a Rn. 4.

schränken. Hierauf weist die zuständige Behörde in der Bekanntmachung hin. Die zuständige Behörde soll von einer erneuten Beteiligung der Öffentlichkeit absehen, wenn zusätzliche erhebliche oder andere erhebliche Umweltauswirkungen nicht zu besorgen sind. Dies ist insbesondere dann der Fall, wenn solche Umweltauswirkungen durch die vom Vorhabenträger vorgesehenen Vorkehrungen ausgeschlossen werden. § 22 UVPG verdrängt § 19 III UVPG als weitergehende Beteiligungsvorschrift.[59] § 19 III UVPG bestimmt, dass weitere Informationen, die für die Zulassungsentscheidung von Bedeutung sein können und die der zuständigen Behörde erst nach Beginn des Beteiligungsverfahrens vorliegen, der Öffentlichkeit nach den Bestimmungen des Bundes und der Länder über den Zugang zu Umweltinformationen zugänglich zu machen sind. Für das Verhältnis zu § 73 VIII VwVfG gilt, dass § 22 UVPG diese Bestimmung als eine weitergehende Beteiligungsvorschrift verdrängt.[60]

VI. Unterschiedliche Rechtsschutzmöglichkeiten

5527 Aus den unterschiedlichen Handlungsformen der städtebaulichen Planung und der Fachplanung ergeben sich auch unterschiedliche Rechtsschutzmöglichkeiten. Der **Bebauungsplan** kann mit der Normenkontrolle angegriffen werden, wenn geltend gemacht werden kann, dass der Antragsteller in eigenen Rechten betroffen ist und dies bereits während der förmlichen Öffentlichkeitsbeteiligung vorgetragen wurde (§ 47 II a VwGO). Bei einer zulässigen Normenkontrolle erfolgt dann eine umfassende Planprüfung zumeist ohne Beschränkung auf die eigene Betroffenheit.

5528 Gerichtlichen Rechtsschutz gegen **Raumordnungspläne** können, jeweils unter bestimmten Voraussetzungen, natürliche und juristische Personen des Privatrechts und des öffentlichen Rechts, Behörden, Gemeinden und nicht zuletzt auch Umweltvereinigungen beanspruchen. Unmittelbarer verwaltungsgerichtlicher Rechtsschutz wird im Wege der verwaltungsgerichtlichen Normenkontrolle nach § 47 VwGO eingeräumt. Fehlt es an der Möglichkeit, nach § 47 I Nr. 2 VwGO eine Normenkontrolle zu erheben, kommt eine Feststellungsklage nach § 43 VwGO in Betracht. Neben der prinzipalen Normenkontrolle können Raumordnungspläne auch inzident mit Hilfe von Anfechtungs- und Verpflichtungsklagen verwaltungsgerichtlich überprüft werden, wenn und soweit die Rechtmäßigkeit eines Raumordnungsplans für den Erlass oder die Verweigerung eines Verwaltungsakts, insbesondere einer Zulassungsentscheidung, Voraussetzung ist.

5529 Im Gegensatz dazu können Planfeststellungsbeschluss und Plangenehmigung im **Fachplanungsrecht** nur nach den Rechtsschutzmöglichkeiten gegenüber Verwaltungsakten angefochten werden. Hier kann in der Regel von den (nachteilig) Planbetroffenen eine Anfechtungsklage erhoben werden. Der Anfechtungsanspruch kann sich in einen Verpflichtungsanspruch umwandeln, wenn (lediglich) ein Anspruch auf Ergänzung des Planfeststellungsbeschlusses oder der Plangenehmigung um Schutzauflagen besteht (§ 74 II 2 VwVfG) und hierdurch die Rechtswirksamkeit der Planung nicht insgesamt in Frage gestellt werden kann.

5530 Für Planungsentscheidungen des Fachplanungsrechts, die nicht in der Rechtsform eines Planfeststellungsbeschlusses ergehen, kommt es für den Rechtsschutz darauf an, ob es sich lediglich um behördenintern verbindliche Planungsentscheidungen, ob es sich um untergesetzliche Rechtsvorschriften im Sinne von § 47 I 2 VwGO handelt und ob es sich mit Blick auf den Rechtsschutz von Umweltvereinigungen um Pläne oder Programme handelt, die in Anlage 5 des UVPG aufgelistet sind oder für die nach den §§ 35-37 UVPG eine strategische Umweltprüfung durchzuführen ist (§ 1 I Nrn. 2, 3 UmwRG).

VII. Anforderungen an die Abwägung

5531 Vergleichbare Anforderungen ergeben sich in der Bau- und Fachplanung im Hinblick auf das Abwägungsgebot. Denn das Abwägungsgebot spielt bei jeder staatlichen Planungsentscheidung eine zentrale Rolle, die sogar noch an Bedeutung gewinnt, je mehr Gesetzgebung und Rechtsprechung Verfahrensfehler bei der Planung für unbeachtlich oder zumindest für heilbar erklären. Mit dem Abwägungsgebot unterliegen die Entscheidungen des Fachplanungsrechts damit den allgemeinen rechtlichen Anforderungen, wie sie vom BVerwG etwa

[59] Hagmann in Hoppe/Beckmann/Kment UVPG, 2023, § 22 Rn. 6; Hofmann in Landmann/Rohmer, Umweltrecht, 2021, § 22 Rn. 2

[60] Hofmann in Landmann/Rohmer, Umweltrecht, 2021, § 22 Rn. 2.

für die Bauleitplanung aber auch für die verschiedenen Fachplanungen nach weitgehend einheitlichen Grundsätzen entwickelt worden sind.[61] Danach sind die nach Lage der Dinge zu berücksichtigenden Belange zunächst zu ermitteln und sodann in die Abwägung einzustellen. Die Belange sind nicht im Gegensatz zu ihrer objektiven Gewichtigkeit zu bewerten. Die Ausgleichsentscheidung zwischen den berührten öffentlichen und privaten Belangen darf nicht in einer Weise vorgenommen sein, die zur objektiven Gewichtigkeit der Belange außer Verhältnis steht.

Der abwägungsdirigierte Charakter der Planungsentscheidung führt allerdings auch dazu, dass der Antragsteller keinen von einer Abwägung unabhängigen **Rechtsanspruch auf Aufstellung eines Bebauungsplans** oder auf **Planfeststellung** hat. Die jeweiligen Vorschriften des BauGB und des Fachplanungsrechts räumen der Behörde eine planerische Gestaltungsfreiheit ein, die sich auf alle Gesichtspunkte erstreckt, die zur Verwirklichung des gesetzlichen Planungsauftrags und zugleich zur Bewältigung der von dem Vorhaben in seiner räumlichen Umgebung aufgeworfenen Probleme von Bedeutung sind. Die planerische Gestaltungsfreiheit findet ihre rechtlichen Grenzen zum einen in den zwingenden Versagungsgründen des jeweiligen Fachplanungsrechts und sonstiger infolge der Konzentrationswirkung zu beachtender Rechtsvorschriften, zum anderen – und dies gilt zugleich auch für die Bauleitplanung – in den Anforderungen des Abwägungsgebots.[62] Der Antragsteller hat dementsprechend keinen Anspruch auf Erlass eines Planfeststellungsbeschlusses oder Aufstellung eines Bauleitplans in dem Sinne, dass bei Erfüllung bestimmter tatbestandlicher Voraussetzungen dem Antrag zwingend stattgegeben werden muss.[63] Eine derartige Annahme wäre mit der Funktion und den rechtlichen Wirkungen einer Planfeststellung unvereinbar.[64] 5532

Allerdings ist der Umfang dessen, was von der Planungsbehörde abgewogen werden kann, stark abhängig davon, was der Gesetzgeber als zwingend zu beachtende Planungsleitsätze oder gar als echte, konditional formulierte Voraussetzungen der Planfeststellungsbehörde für den Erlass eines Planfeststellungsbeschlusses mit auf den Weg gibt. Beispielhaft seine die Voraussetzungen für den Erlass eines abfallrechtlichen Planfeststellungsbeschlusses erwähnt. § 36 I KrWG verlangt dafür Folgendes: Der Planfeststellungsbeschluss darf nur erlassen werden, wenn 1. sichergestellt ist, dass das Wohl der Allgemeinheit nicht beeinträchtigt wird, insbesondere a) keine Gefahren für die in § 15 II 2 KrWG genannten Schutzgüter hervorgerufen werden können, b) Vorsorge gegen die Beeinträchtigungen der in § 15 II 2 KrWG genannten Schutzgüter in erster Linie durch bauliche, betriebliche oder organisatorische Maßnahmen entsprechend dem Stand der Technik getroffen wird und c)Energie sparsam und effizient verwendet wird, 2. keine Tatsachen bekannt sind, aus denen sich Bedenken gegen die Zuverlässigkeit des Betreibers oder der für die Errichtung, Leitung oder Beaufsichtigung des Betriebes oder für die Nachsorge der Deponie verantwortlichen Personen ergeben, 3. die Personen im Sinne der Nummer 2 und das sonstige Personal über die für ihre Tätigkeit erforderliche Fach- und Sachkunde verfügen, 4. keine nachteiligen Wirkungen auf das Recht eines anderen zu erwarten sind und 5. die für verbindlich erklärten Feststellungen eines Abfallwirtschaftsplans dem Vorhaben nicht entgegenstehen. Wenn alle diese Voraussetzungen von der Planfeststellungsbehörde geprüft und ihr Vorliegen bejaht worden ist, und nur dann darf überhaupt planfestgestellt werden, dann bleibt für eine planerische Abwägung kaum noch Raum. Die Planfeststellungsvoraussetzungen sind, angelehnt an den Genehmigungstatbestand des § 6 BImSchG, im Sinne eines konditionalen Entscheidungsprogramms formuliert. Hinzu kommen nicht zuletzt noch die eine Abwägung einschränkenden Ziele der Raumordnung, die grundsätzlich ohne Abwägung zwingend zu beachten sind.[65] 5533

[61] BVerwGE 34, 301; DVBl. 1980, 233; BVerwG Urt. v. 22.12.1981 – 4 CB 32.81, juris.

[62] Zum Abfallrecht: BVerwG DVBl. 1986, 1281; BVerwGE 90, 42; BVerwGE 90, 96; zum Fachplanungsrecht BVerwGE 72, 15.

[63] BVerwG DVBl. 1995, 238.

[64] Der Träger eines planfeststellungsbedürftigen Vorhabens kann allerdings einen Anspruch auf fehlerfreie Ausübung der planerischen Gestaltungsfreiheit haben, so BVerwG DVBl. 1995, 238.

[65] Von der hM wird die abfallrechtliche Planfeststellung gleichwohl als fachplanerische Entscheidung eingeordnet siehe dazu Beckmann in Landmann/Rohmer Umweltrecht, 2023, § 36 KrWG Rn. 8; Versteyl in Schmehl/Klement, KrWG, 2019, § 36 Rn. 2; Mann in Versteyl/Mann/Schomerus, KrWG, 2019, § 36 Rn. 11; BVerwGE 97, 143 (148); Kropp in v. Lersner/Wendenburg/Versteyl, Recht der Abfallbeseitigung, § 36 KrWG Rn. 15; Berthold in Kopp-Assenmacher, KrWG, 2015, § 36 Rn. 2.

VIII. Fehlerheilung

5534 Das Bau- und Fachplanungsrecht hält unterschiedliche Fehlerfolgenregelungen bereit. Die Konzeption des Gesetzgebers ist vom Ansatz her zwar vergleichbar, jedoch in den einzelnen Regelungsbereichen unterschiedlich ausgestaltet. Zunächst stellt sich die Frage, welche Fehler überhaupt für die Rechtswirksamkeit der Pläne beachtlich sind. § 214 BauGB enthält dazu für die Bauleitplanung einen numerus clausus beachtlicher Form- und Verfahrensfehler. Danach sind hinsichtlich der verfahrensrechtlichen Anforderungen, die sich aus dem BauGB ergeben, nur folgende Gründe maßgeblich:

- das Abwägungsmaterial ist in wesentlichen Punkten nicht richtig ermittelt worden,
- fehlerhafte Öffentlichkeits- und Behördenbeteiligung,
- fehlende Begründung, fehlende Umweltprüfung, in mehr als nur unwesentlichen Punkten unvollständiger Umweltbericht,
- fehlender Feststellungs- oder Satzungsbeschluss, fehlendes Genehmigungsverfahren, fehlerhafte Bekanntmachung.

5535 Besondere Unbeachtlichkeitsregelungen enthält § 214 II BauGB für Fälle, in denen das Entwicklungsgebot verletzt ist. Hier ist letztlich die Frage entscheidend, ob die geordnete städtebauliche Entwicklung gewahrt ist. Alle anderen Form- und Verfahrensfehler sind unbeachtlich. Außerdem sind die beachtlichen Fehler nach Maßgabe des § 215 I BauGB gegenüber der Gemeinde zu rügen. Es bleiben dann noch die materiellen Fehler, die auf die Planungsentscheidung durchschlagen und von Amts wegen zu prüfen sind.

5536 Für das **Fachplanungsrecht** ergeben sich Regelungen im Anschluss an die Verwaltungsaktqualität der Planfeststellung aus den §§ 44 bis 46 VwVfG. Hier ist vor allem der Grundsatz zu erwähnen, dass Form- und Verfahrensfehler unbeachtlich bleiben, wenn sie sich nicht auf die Rechtsposition des Betroffenen auswirken. Dies setzt jeweils eine Kausalität des Fehlers und eine Rechtsbeeinträchtigung des einzelnen voraus.

5537 Die **Nichteinhaltung von Verfahrensvorschriften** führt nicht unbedingt zur Aufhebung eines Planfeststellungsbeschlusses. Hinzu kommen muss vielmehr, dass sich der Verfahrensfehler als ein formeller Mangel auf die Sachentscheidung ausgewirkt haben kann. Der danach erforderliche Kausalzusammenhang ist nur dann gegeben, wenn nach den Umständen des jeweiligen Falles die konkrete Möglichkeit besteht, dass die Planungsbehörde ohne den Verfahrensfehler anders entschieden hätte.[66] Eine nur abstrakte Möglichkeit einer anderen Entscheidung genügt nicht.[67] So ist etwa die Rüge des Grundstückseigentümers, im Gegensatz zu den Erfordernissen der UVP-RL sei keine Umweltverträglichkeitsprüfung durchgeführt worden, unbeachtlich, wenn nicht dargelegt wird, dass dieser Verfahrensfehler die Sachentscheidung beeinflusst hat.[68] Die UVP schafft die methodischen Voraussetzungen dafür, die Umweltbelange vorab so herauszuarbeiten, dass sie in gebündelter Form in die Abwägung eingehen. Ob Defizite im Bereich der UVP auf den Abwägungsvorgang im Übrigen durchschlagen, richtet sich nach dem für Abwägungsmängel maßgeblichen Fehlerfolgenregime. Je größeres Gewicht den Belangen des Umweltschutzes in der Abwägung zukommt, desto eher ist davon auszugehen, dass sich methodische Unzulänglichkeiten bei der Ermittlung, Beschreibung und Bewertung iS des § 2 I 2 UVPG auf das Planungsergebnis ausgewirkt haben können.[69]

5538 § 75 I a VwVfG baut für alle Planfeststellungsbeschlüsse und Plangenehmigungen im Fachplanungsrecht zwei Hürden dafür auf, dass Verfahrensmängel auf die Rechtswidrigkeit der Planfeststellung durchschlagen: Mängel bei der Abwägung der von dem Vorhaben berührten öffentlichen und privaten Belange sind nur erheblich, wenn sie offensichtlich und auf das Abwägungsergebnis von Einfluss gewesen sind (§ 75 I a 1 VwVfG). Erhebliche Mängel bei der Abwägung führen nur dann zur Aufhebung des Planfeststellungsbeschlusses oder der Plangenehmigung, wenn sie nicht durch Planergänzung[70] oder ein ergänzendes Verfahren behoben

---

[66] BVerwG VkBl 1995, 210.

[67] BVerwG NVwZ 1997, 998; BVerwGE 69, 256; DVBl. 1996, 915.

[68] So BVerwG DVBl. 1988, 532; NVwZ 1996, 381; DVBl. 1996, 677; NVwZ 1996, 1016 m. Anm. Stüer, DVBl. 2013, 1324; DVBl. 1996, 914; DVBl. 1996, 915; DVBl. 1997, 798.

[69] BVerwG NVwZ 2004, 1237.

[70] BVerwG DVBl. 1985, 896; NVwZ 1985, 108; DVBl. 1990, 419; NVwZ 1996, 896; Stüer DVBl. 1997, 326.

werden können (§ 75 I a 2 VwVfG).[71] Die Möglichkeit der Fehlerbehebung in einem ergänzenden Verfahren nach § 75 I a 2 VwVfG setzt allerdings voraus, dass die Identität des planfestgestellten Vorhabens nicht angetastet wird und die Fehlerbehebung nicht von vornherein ausgeschlossen ist. Es muss die konkrete Möglichkeit der Beseitigung des Mangels in absehbarer Zeit bestehen.[72] Auch Mängel der spezifisch naturschutzrechtlichen Abwägung (§ 15 V BNatSchG), die nicht die Planung als Ganzes von vornherein in Frage stellen, können in zumindest entsprechender Anwendung des § 75 I a 2 VwVfG in einem ergänzenden Verfahren geheilt werden.[73]

75 I a S. 2 VwVfG räumt der Planerhaltung Vorrang vor der Planaufhebung ein. Abweichend von § 113 I 1 VwGO führen erhebliche Mängel der Abwägung nur zur Aufhebung des Planfeststellungsbeschlusses, wenn sie nicht durch Planergänzung oder ein ergänzendes Verfahren behoben werden können. Die Möglichkeit eines ergänzenden Verfahrens erlaubt eine Heilung des fehlerhaften Verfahrens ohne das Verfahren ganz von vorne neu beginnen, sondern erst bei dem Verfahrensschritt einsetzen zu müssen, der fehlerhaft geraten ist.[74] Bei der Planergänzung wird der ansonsten unveränderte Planfeststellungsbeschluss um Regelungen ergänzt, um Fehler des Abwägungsergebnisses zu vermeiden bzw. zu beheben. Das Planergänzungsverfahren muss nicht zwingend zu einer Änderung des Planfeststellungsbeschlusses führen, sondern kann auch aufgrund einer verbesserten Abwägung mit einer Bestätigung des unveränderten Planfeststellungsbeschlusses enden.[75] Kann ein Abwägungsmangel durch Planergänzung behoben werden, ergeht ein Verpflichtungsurteil, gerichtet auf Ergänzung des Planfeststellungsbeschlusses um die bisher fehlende Regelung. Der ergangene Planfeststellungsbeschlusses als solcher wird nicht aufgehoben, sondern bestandskräftig. 5539

Die Bedeutung des ergänzenden Verfahrens ist in einigen Bereichen des Fachplanungsrechts gestärkt worden durch das Gesetz zur Beschleunigung von Investitionen. Nach § 17c Nr. 4 FStrG, § 18c Nr. 4 AEG und § 14c Nr. 4 WaStrG bleibt die Durchführung eines Vorhabens zulässig, wenn (1) eine Planergänzung oder ein ergänzendes Verfahren erforderlich wird, (2) dieses Verfahren unverzüglich betrieben wird und (3) soweit die Durchführung des Vorhabens von Planergänzung oder dem Ergebnis des ergänzenden Verfahrens offensichtlich nicht berührt wird. Solche Fälle dürften insbesondere anzunehmen sein, wenn die Planergänzung oder das ergänzende Verfahren räumlich oder sachlich eindeutig begrenzt sind.[76] 5540

Zur Behebung eines Fehlers nach Erlass des Planfeststellungsbeschlusses ist im ergänzenden Verfahren (§ 75 Ia VwVfG) eine erneute Öffentlichkeitsbeteiligung gemäß § 9 I UVPG durchzuführen, wenn eine nach Gegenstand, Systematik und Ermittlungstiefe neue oder über die bisherigen Untersuchungen wesentlich hinausgehende Prüfung der Umweltbetroffenheit stattfindet, die ihren Niederschlag in einer neuen entscheidungserheblichen Unterlage über die Umweltauswirkungen des Vorhabens (§ 6 I 1 UVPG) findet. 5541

Vom Ansatz her vergleichbare Regelungen enthält § 214 III 2 BauGB. Auch in der **Bauleitplanung** sind Mängel im Abwägungsvorgang nur erheblich, wenn sie offensichtlich und auf das Abwägungsergebnis von Einfluss gewesen sind.[77] So können aus fehlerhaften Motiven oder Vorstellungen der beteiligten Entscheidungsträger offensichtliche und daher für die Gültigkeit des Planes erhebliche Abwägungsmängel in der Regel nicht hergeleitet werden.[78] Auch liegt ein offensichtlicher Mangel nicht schon dann vor, wenn Planbegründung und Aufstellungsvorgänge keinen ausdrücklichen Hinweis darauf enthalten, dass der Plangeber sich mit bestimmten Umständen abwägend befasst hat.[79] Zudem muss nach den Umständen des Einzelfalls die kon- 5542

71 Entsprechende Regelungen sind bereits für die Fehlerheilung von Planfeststellungsverfahren durch das Planungsvereinfachungsgesetz in mehreren Fachgesetzen eingeführt worden (damals § 20 VII 2 AEG, § 17 VI c 2 FStrG, § 19 IV 2 WaStrG, § 10 VIII 2 LuftVG, § 29 VIII 2 PBefG).

72 BVerwG ZfBR 2004, 382; BVerwG Beschl. v. 24.2.2004 – 4 B 101.03, juris.

73 BVerwG NVwZ 2007, 581; NVwZ 2001, 673.

74 Neumann/Külpmann in Stelkens/Bonk/Sachs, VwVfG, 2023, § 75 Rn. 43; Schütz UPR 2021, 418.

75 Schink in Knack/Henneke; VwVfG, 2020, § 75 Rn. 48; Neumann/Külpmann in Stelkens/Bonk/Sachs, VwVfG, 2023, § 75 Rn. 43.

76 Schütz UPR 2021, 418 (422); Neumann/Külpmann in Stelkens/Bonk/Sachs, VwVfG, 2023, § 75 Rn. 45a

77 Zu vergleichbaren Vorschrift des § 214 III 2 BauGB und deren Vorgängerregelungen BVerwG NJW 1082, 591; NVwZ 1992, 633; NVwZ 1992, 662; Beschl. v. 23.12.1993 – 4 B 212.92, juris.

78 BVerwG NJW 1982, 591.

79 So zu § 214 III 2 BauGB BVerwG DVBl. 1992, 577.

krete Möglichkeit eines solchen Einflusses bestehen, was etwa dann der Fall sein kann, wenn sich anhand der Planunterlagen oder auf Grund sonst erkennbarer oder nahe liegender Umstände ergibt, dass sich ohne den Fehler im Abwägungsvorgang ein anderes Abwägungsergebnis abgezeichnet hätte.[80] Auch für die Bauleitplanung gilt daher der Grundsatz, dass Verfahrensfehler nur zur Unwirksamkeit des Plans führen, wenn sie Auswirkungen auf das Ergebnis hatten oder vernünftigerweise haben konnten.[81]

5543 Der Gesetzgeber wollte mit den vorgenannten Änderungen sicherstellen, dass Fehler im Planfeststellungsverfahren nur dann zur Unwirksamkeit des Planfeststellungsbeschlusses führen sollen, wenn sie nicht durch Planergänzungen oder eine ergänzende Planfeststellung geheilt werden können. Die gesetzlichen Regelungen sollen bewirken, dass die Aufhebung des Planes sozusagen nur im äußersten Notfall und dann erfolgt, wenn andere Heilungsmöglichkeiten durch Planergänzung oder ergänzendes Planverfahren scheitern. Schon nach der bisherigen Rechtsprechung war es den Gerichten im Fachplanungsrecht in begrenztem Umfang erlaubt, Planungsfehler durch Auflagen zu heilen, ohne den gesamten Planfeststellungsbeschluss aufzuheben, wenn die Auflagen die Wesensstruktur der Planung als solche unangetastet gelassen haben.[82] **Nachbesserung geht daher vor Aufhebung.** Denn nach einem für das Fachplanungsrecht allgemein geltenden Grundsatz umfasst die Ermächtigung zum Erlass der Planungsentscheidung auch die Befugnis zur **Fehlerbehebung**. Greift die Genehmigungsbehörde das Verfahren zur Behebung eines Fehlers wieder auf, müssen die Betroffenen nicht erneut beteiligt werden. Eine Wiederholung der Anhörung kann allerdings geboten sein, wenn die erneute Abwägung neue Tatsachen oder neue rechtliche Gesichtspunkte zutage fördert, zu denen sich die Betroffenen bei ihrer früheren Beteiligung nicht äußern konnten.[83]

5544 Die **Planergänzung** betrifft dabei vor allem die aus der bisherigen Rechtsprechung im Fachplanungsrecht bekannten Fälle der Schutzauflagen (§ 74 II 2 VwVfG).

Beispiel: Mängel der Lärm- und Erschütterungsprognose können in der Regel nur einen Anspruch auf Planergänzung um Schutzauflagen begründen.[84]

5545 Das ergänzende Verfahren bezieht sich demgegenüber auf Fälle, in denen Verfahrens- oder Inhaltsmängel durch Nachbesserung des Verfahrens oder durch eine inhaltliche Nachbewertung geheilt werden können. Dieser Teil der Vorschrift ermöglicht im Gegensatz zur früheren Rechtsprechung[85] etwa auch die Einholung ergänzender Gutachten oder ergänzender Ermittlungen des Sachverhalts oder Bewertungen von Belangen. Die Heilungsmöglichkeiten eines ergänzenden Verfahrens in § 75 I a VwVfG und § 214 IV BauGB beziehen sich nicht nur auf Form- und Verfahrensfehler, sondern auch auf inhaltliche Fehler. Einen daraufhin ergangenen **Änderungsplanfeststellungsbeschluss** kann ein Betroffener nur insoweit angreifen, als er hierdurch erstmals oder weitergehend als durch den abgeänderten Planfeststellungsbeschluss betroffen wird. Das gilt auch, wenn der Änderungsplanfeststellungsbeschluss in einem durch ein Gericht aufgrund der Klage eines Dritten angeordneten ergänzenden Verfahren gemäß § 75 I a VwVfG ergeht.[86] Bau- und Fachplanungsrecht haben daher zahlreiche Gemeinsamkeiten, die sich vor allem aus rechtsstaatlichen Anforderungen an die Planung ableiten. Unterschiede ergeben sich allerdings vor allem aus der verschiedenen Rechtsnatur der Bauleitplanung einerseits und der Fachplanung andererseits. Damit sind zugleich Unterschiede in den Rechtsschutzmöglichkeiten und in den Reparaturmöglichkeiten der Planung verbunden.

---

[80] BVerwG DVBl. 1992, 577.

[81] BVerwG NVwZ 2004, 1237.

[82] Eine Beschränkung der Aufhebung eines straßenrechtlichen Planfeststellungsbeschlusses auf einen Anspruch lediglich auf Planergänzung hat das BVerwG auch schon nach der bisherigen Rechtsprechung anerkannt, so BVerwG DVBl. 1990, 419; DVBl. 1990, 789. Beruht nämlich die Rechtswidrigkeit nur auf einem die Gesamtplanung nicht in Frage stellenden Mangel, der durch Planergänzung ausgeräumt werden kann, so besteht kein Anspruch auf Planaufhebung, sondern nur auf Vornahme dieser Ergänzung.

[83] BVerwG Beschl. v. 18.8.2005 – 4 B 17.05, juris.

[84] OVG Schleswig Urt. v. 13.12.2023 – 4 KS 2/22, juris Rn. 125; BVerwG Urt. v. 19.12.2017 – 7 A 7.17, juris Rn. 16.

[85] Eine Nachbesserung des Abwägungsmaterials durch das Gericht hat das BVerwG stets abgelehnt, so etwa BVerwG NVwZ 1987, 536; NVwZ 1989, 152; UPR 1989, 277; ZfBR 1989, 264; NVwZ 1991, 362; NVwZ 1993, 572.

[86] BVerwG DVBl. 2005, 1599.

§ 4 UmwRG bestimmt ein Sonderrecht für die Bedeutung von Verfahrensfehlern für die Begründetheit eines Rechtsbehelfs im Anwendungsbereich des UmwRG. Die Vorschrift ergänzt die auf das materielle Recht zugeschnittene Begründetheits-Regelung in § 2 IV UmwRG. Inhaltlich unterscheidet § 4 UmwRG im Anschluss an Art. 9 II und III Arhus-Abkommen zwischen den verschiedenen Entscheidungen. Das Sonderrecht des § 4 UmwRG gilt nicht für Entscheidungen nach § 1 I 1 Nrn. 3, 5 und 6 UmwRG (§ 4 V UmwRG); insoweit bleibt es für die Folgen von Verfahrensfehlern für die Begründetheit des Rechtsbehelfs bei § 113 I und V VwGO, den allgemeinen Regeln der Verwaltungsverfahrensgesetze und den Bestimmungen des jeweils einschlägigen Fachrechts.[87] Sachlich unterscheidet § 4 UmwRG zwischen absoluten (§ 4 I UmwRG) und relativen Verfahrensfehlern (§ 4 Ia UmwRG). 5546

Die in § 4 I UmwRG aufgeführten **absoluten Verfahrensfehler** sind stets erheblich und führen – vorbehaltlich ihrer Heilung – auch bei Individualklägern iSd § 4 III 1 Nr. 1 UmwRG zur Aufhebung des Verwaltungsakts oder Feststellung seiner Rechtswidrigkeit und Nichtvollziehbarkeit (§ 4 I 1b UmwRG), ohne dass es darauf ankommt, ob die verletzten Verfahrensvorschriften der Gewährleistung eines materiellen subjektiven Rechts dienen und die Fehler die Sachentscheidung beeinflusst haben können. Für **relative Verfahrensfehler**, die nicht unter § 4 I UmwRG fallen, gilt § 46 VwVfG. Lässt sich durch das Gericht nicht aufklären, ob ein Verfahrensfehler nach Satz 1 die Entscheidung in der Sache beeinflusst hat, wird eine Beeinflussung vermutet. 5547

IX. Fachplanung, Raumordnung und Bauleitplanung

Fachplanungen können untereinander in ein Spannungsfeld geraten und ein Abstimmungserfordernis begründen. Weitere Abstimmungserfordernisse ergeben sich zur Raumordnung und der Bauleitplanung als Querschnittsplanungen. 5548

1. Überblick zur Abgrenzung der Planungsbereiche

Als Ausgangspunkt für die Abgrenzung unterschiedlicher Fachrechte, zur Raumordnung und zur Bauleitplanung dienen die gesetzlichen Begriffsfestlegungen. Für die Abgrenzung der Raumordnung von der Fachplanung ist das Merkmal der Übergeordnetheit oder Überfachlichkeit einschlägig. Die Abgrenzung kann sich aber nicht nur an den begrifflichen Festlegungen in den Raumordnungs- und Landesplanungsgesetzen ausrichten; sie muss auch die generelle Kompetenzfrage einbeziehen. Die Kompetenzordnung hat nämlich den einzelnen Fachrechten und vor allem auch speziell den Fachplanungen jeweils eine relative Eigenständigkeit eingeräumt, obwohl auch Querschnittsaufgaben betroffen sein können. Auf der anderen Seite gehört zB die Verkehrswegeplanung für Infrastrukturvorhaben zum Kerngeschäft des jeweiligen Fachplanungsrechts, also etwa des Straßenrechts, des Eisenbahnrechts oder des Wasserwegerechts. Auch andere Fachrechte wie das Bergrecht oder das Luftverkehrsrecht können auf Belange anderer Fachrechte einwirken. Dasselbe gilt für die Bauleitplanung. 5549

Das Fachrecht hat dabei die Aufgabe, aus seiner jeweiligen Sicht die fachlichen Interessen zu regeln, dabei aber auch die Bereiche anderer Fachrechte einzubeziehen. Eine ausgleichende Funktion kommt der Raumordnung zu. Sie soll die verschiedenen Fachrechte und die damit notwendigerweise angelegte, vielleicht sogar etwas einseitige sektorale Sichtweise der verschiedenen Fachbereiche zusammenfassen und in einer Querschnittsfunktion bündeln. Der Gesetzgeber hat die Raumordnung deshalb mit einer Kompetenz zur überfachlichen Planung ausgestattet.[88] Deshalb ist es umso wichtiger, den spezifischen Ansatz und damit den spezifischen Kompetenzrahmen der Raumordnung zu bestimmen. Vergleichbare Abgrenzungsprobleme können sich auch im Bereich der Fachplanungen untereinander ergeben. 5550

2. Abgrenzung der verschiedenen Fachrechte

Das jeweilige Fachrecht tritt neben die Raumordnung auch in eine Konkurrenz zum sonstigen Fachrecht. Das Konkurrenzverhältnis ist gesetzlich nicht abschließend geregelt. Ganz allgemein muss zwischen zwingend zu beachtenden Bestimmungen und raumordnerischen Erfordernissen (**Beachtenspflichten**) und solchen Vorschriften und raumordnerischen Erfordernis- 5551

---

[87] Happ in Eyermann, VwGO, 2022, § 4 UmwRG Rn. 1.

[88] Beckmann Raumordnungsrecht in Hoppenberg/de Witt, Handbuch des öffentlichen Baurechts, 2024, Kap. N Rn. 6.

sen unterschieden werden, die in der Abwägung überwindbar sind (**Berücksichtigungspflichten**). Der Gesetzgeber kann dazu im jeweiligen Fachgesetzt zu beachtende Planungsleitsätze aufstellen, die auch für das jeweils andere Fachrecht als zusätzliche Anforderungen bindend wirken. Der Gesetzgeber kann aus der Sicht des Fachrechts aber auch Belange formulieren, die von Vorhaben- und Planungsträgern anderer Fachplanungsbereiche nicht zwingend zu beachten, sondern vor allem bei Planungsentscheidungen in der Abwägung berücksichtigt werden müssen. Planungsleitsätze sind von den anderen Fachrechten zu beachten. Planungsleitlinien und -grundsätze sind demgegenüber bei Planungsentscheidungen in der Abwägung (lediglich) zu berücksichtigen. Ob das sonstige Fachrecht in diesem Sinne streng gebunden ist oder in welchem Umfang Abwägungsspielräume bestehen, muss den jeweiligen fachlichen Regelungen entnommen werden, die sowohl Beachtensgebote als auch Berücksichtigungsgebote aufstellen können. Das Fachrecht wirkt also auch für die anderen Fachrechte strikt bindend, soweit es entsprechende Regelungen mit Bindungswirkungen enthalten sollte. Es ist in den anderen Fachrechten der Abwägung zugänglich, soweit es (lediglich) Berücksichtigungsgebote aufstellt.[89]

3. Gesetzliche Grundlagen zur Abgrenzung

5552 Die gesetzlichen Regelungen im ROG und den Fachplanungsgesetzen, die den Inhalten der Raumordnung im Rahmen der Fachplanung Geltung verschaffen sollen, werden als Raumordnungsklauseln bezeichnet.[90] Dabei wird zwischen allgemeinen Raumordnungsklauseln des ROG und spezifischen **Raumordnungsklauseln** in den Fachgesetzen unterschieden.[91] Die Bindungen an die Vorgaben der Raumordnung ist vom Grundsatz her in § 4 ROG geregelt. Für besondere Bundesmaßnahmen gelten Sonderregelungen in § 5 ROG, die teilweise an die Regelungen des Verhältnisses von Flächennutzungsplan und Fachplanung in § 7 BauGB angelehnt sind.

5553 Ziele der Raumordnung sind von öffentlichen Stellen bei ihren raumbedeutsamen Planungen und Maßnahmen zu beachten (§ 4 I 1 ROG). Dies gilt auch bei (1) Genehmigungen, Planfeststellungen und sonstigen behördlichen Entscheidungen über die Zulässigkeit raumbedeutsamer Maßnahmen öffentlicher Stellen sowie (2) Planfeststellungen und Genehmigungen mit der Rechtswirkung der Planfeststellung über die Zulässigkeit raumbedeutsamer Maßnahmen von Personen des Privatrechts (§ 4 I ROG). Während die Ziele der Raumordnung auch für die Planfeststellung verbindliche Wirkungen haben, sind die Grundsätze und sonstigen Erfordernisse der Raumordnung von öffentlichen Stellen bei raumbedeutsamen Planungen und Maßnahmen in der Abwägung zu berücksichtigen. Für Private kann sich unter den Voraussetzungen des § 4 II ROG eine entsprechende Bindung ergeben.

5554 Für besondere Bundesmaßnahmen schwächt § 5 ROG die Bindungswirkung des § 4 I ROG an die Ziele der Raumordnung allerdings durch ein Beteiligungs-, Konsultations- und Widerspruchsverfahren ab. Namentlich für Infrastrukturmaßnahmen wie den Fernstraßen- und Eisenbahnbau, aber auch Vorhaben nach dem Magnetschwebebahnplanungsgesetz, dem WaStrG, dem LuftVG oder dem Personenbeförderungsgesetz gilt die Bindungswirkung der Raumordnung nur unter drei Voraussetzungen: Die zuständige Stelle oder Person muss im Verfahren beteiligt worden sein. Das bei Meinungsverschiedenheiten sich anschließende Konsultationsverfahren darf zu keiner Einigung geführt und die Stelle oder Person der Zielvorgabe nicht innerhalb von zwei Monaten widersprochen haben. Der Widerspruch kann mit einer fehlerhaften Abwägung oder damit begründet werden, dass das Ziel mit der Zweckbestimmung des Fachplanungsvorhabens nicht im Einklang steht und das Vorhaben nicht auf einer anderen Fläche durchgeführt werden kann. Bei einer Veränderung der Sachlage kann die zuständige Stelle oder Person auch im Nachhinein innerhalb von 6 Monaten ab Kenntnis widersprechen. Für diesen Fall sind die dadurch entstehenden Kosten zu ersetzen.

---

[89] Siehe in diesem Zusammenhang zu tatsächlich oder auch nur vermeintlich „kategorialen" Unterschieden zwischen Zielen und Grundsätzen der Raumordnung Beckmann NWVBL 2024 Sonderheft August, 53 ff.

[90] Beckmann Raumordnungsrecht in Hoppenberg/de Witt, Handbuch des öffentlichen Baurechts, 2024, Kap. N Rn. 11; Schmidt-Aßmann Die Bedeutung von Raumordnungsklauseln für die Verwirklichung raumordnerischer Ziele, in: Verwirklichung der Raumordnung, Forschungs- und Sitzungsberichte der Akademie für Raumforschung und Landesplanung, 1982, S. 27.

[91] Wagner DVBl. 1990, 1024 (1025).

Weitere Regelungen für die Abgrenzung zur Raumordnung enthalten einige Fachplanungsgesetze. Für die Verkehrswegeplanung treffen § 13 WaStrG und § 16 FStrG eine spezielle Regelung. Danach bestimmt das zuständige Bundesministerium mit den Landesplanungsbehörden der beteiligten Länder die Planung und Linienführung von Bundeswasserstraßen und Bundesfernstraßen (§ 13 II WaStrG, § 16 I 1 FStrG). Die Bundesplanung hat dabei nach dem Wortlaut des § 16 IV 3 FStrG grundsätzlich Vorrang vor Orts- und Landesplanungen. Auch das LuftVG enthält spezielle Regelungen in § 6 II 1, § 30 III 1 LuftVG, die eine Berücksichtigung der Erfordernisse der Raumordnung vorsehen, wobei allerdings die §§ 4 und 5 ROG unberührt bleiben. 5555

Damit sind die rechtlichen Ausgangspunkte klar. Grundsätzlich haben Ziele der Raumordnung Vorrang vor der Fachplanung; sie sind von der Fachplanung zu beachten (§ 4 I ROG).[92] Grundsätze und sonstige Erfordernisse der Raumordnung sind hingegen von der Fachplanung zu berücksichtigen. Bei Verkehrsvorhaben des Bundes wird der Vorrang der Raumordnung durch das Beteiligungs-, Konsultations- und Widerspruchsrecht jedoch eingeschränkt (§ 5 ROG). Die verschiedenen Vorschriften stehen in einem Gefüge, das durch einen materiellen Vorrang der Raumordnung gekennzeichnet ist, aber der Fachplanung im Rahmen des Raumplanungsverfahrens die Möglichkeit eröffnet, ihre Positionen darzulegen und ggfls. auch durchzusetzen. Was nach § 4 ROG zunächst wie ein Vorrang der Raumordnung aussieht, wird durch die Vorschrift des § 5 ROG weitgehend relativiert und kann sich im Wechselspiel zu einem Vorrang der Fachplanung wandeln.[93] 5556

Dasselbe gilt für das Verhältnis der verschiedenen Fachrechte zueinander. Das jeweilige Fachrecht kann zu beachtende Belange formulieren, die für die anderen Fachrechten bindend sind. Der Gesetzgeber kann aber auch zu berücksichtigende Belange einbringen, die in den jeweiligen Planungsentscheidungen in die Abwägung einzubringen und dort mit anderen Belangen in der Ausgleichsentscheidung zu verarbeiten sind. 5557

4. Raumordnung als überfachlicher Ausgleich konkurrierender Raumnutzungen

Raumordnung ist auf die Ordnung und Entwicklung des größeren Raumes angelegt. Für sie ist ein Leitbild der Region entscheidend. Von diesem Ordnungs- und Entwicklungsbild der Region her will Raumordnung unterschiedliche, konkurrierende Raumnutzungsansprüche gegeneinander abwägen und zu einer Gesamtnutzung vereinen, die für den Raum und die dort lebenden Menschen verträglich ist. Raumordnung beurteilt nicht nur die Berechtigung einzelner Raumnutzungsansprüche, sondern ist auf einen Ausgleich der verschiedenen Nutzungen angelegt. In der Raumordnung gibt es Grenzen der Nutzungen in einem Raum (Obermaß der Raumverträglichkeit) und Grenzen der Belastbarkeit der dort lebenden Menschen (Obergrenze der Sozialverträglichkeit). Ausgehend von dem Vorhandensein solcher Grenzen ist es Aufgabe der Raumordnung, die einzelnen Raumnutzungsansprüche so zu lenken, dass möglichst viele Ansprüche innerhalb der vorgenannten Grenzen möglich sind und Divergenzen ausgeglichen werden.[94] 5558

5. Fachplanung im gestuften Planungsverfahren

Die Fachplanung ist vor allem von dem jeweiligen Fachinteresse geprägt, allerdings zugleich über das Abwägungsgebot auf einen sachgerechten Ausgleich mit anderen Belangen verpflichtet. Diese Ausgleichsentscheidung kennzeichnet nicht nur die Planfeststellung oder Plangenehmigung, sondern ist auch für die vorgelagerten Verfahrensstufen verbindlich. Denn Planung ist aus rechtsstaatlichen Gründen und vor dem Hintergrund der Eigentums- und Selbstverwaltungsgarantie mit Abwägung untrennbar verbunden. Zu den vorgelagerten Entscheidungen zählen die europäischen Leitlinien, die Bedarfsplanung, die Linienbestimmung, im Abfallrecht die Abfallwirtschaftspläne und das Raumordnungsverfahren, das vorhandene Spannungen zwischen Raumplanung und Fachplanung auflösen soll. Diesen Planungsentscheidungen ist ge- 5559

---

92 BVerwG NuR 1993, 79.

93 Die Fachplanung unterliegt zumeist der Bundeskompetenz, während die Raumplanung Landessache ist. In die Planung seiner Vorhaben lässt sich niemand gerne hineinreden. So ist es nicht verwunderlich, dass die Fachplanung immer ein Schritt voraus zu sein scheint, Wahl in FS für Hoppe, S. 913 ff.; Hönig Fachplanung und Enteignung, 2001, S. 52.

94 BVerwG DVBl. 2006, 1373.

meinsam, dass sie ebenso wie die Raumplanung nur die Grobplanung beinhalten, also die Verortung und Einbettung des Vorhabens in einen größeren Raum vornehmen, dabei jedoch allein an den fachspezifischen Zielen ausgerichtet sind.[95]

5560 So ist die Bundesfernstraßenplanung dadurch gekennzeichnet, dass ihr Bedarf im Fernstraßenausbaugesetz verbindlich festgelegt ist. Das Netz der Bundesfernstraßen wird gem. § 1 I 2 FStrAbG nach dem Bedarfsplan für die Bundesfernstraßen ausgebaut, der dem Gesetz als Anlage 1 beigefügt ist. Die Vorgaben des Bedarfsplans sind für die nachfolgenden Planungsentscheidungen verbindlich (§ 1 II 2 FStrAbG). Die Planrechtfertigung kann nur mit einer Verfassungswidrigkeit des Bedarfsplans in Zweifel gezogen werden.[96] Die fehlende Aufnahme eines Vorhabens in den Bedarfsplan (Anlage zu § 1 I 2 FStrAbG) bedeutet keine bindende negative Feststellung, dass dafür kein Bedarf besteht. Denn § 1 II FStrAbG bestimmt die Verbindlichkeit der gesetzlichen Bedarfsfeststellung nur positiv. Die Nichtaufnahme in den Bedarfsplan hat im jeweiligen Einzelfall für die Bedarfsfrage allenfalls eine indizielle Bedeutung, bei Ausbauvorhaben vergleichsweise geringen Umfangs nicht einmal diese.[97]

5561 Auf der Grundlage der Bedarfsplanung erfolgt die **Linienbestimmung** (§ 16 FStrG), ggfls. eine **Raumverträglichkeitsprüfung** (§ 15 ROG) und die **Planfeststellung** (§ 17 FStrG). In diesen Verfahrensschritten wird die Planung weiter konkretisiert. Auf den vorgenannten Ebenen sind aber zugleich die Anforderungen anderer Fachrechte nach Maßgabe des jeweiligen gesetzlichen Entscheidungsprogramms zu beachten bzw. zu berücksichtigen. Indes muss auf den der Planfeststellung vorgelagerten Planungsentscheidungen nicht stets das sich aus dem Fachrecht ergebende fachliche Programm abschließend abgearbeitet werden. Es reicht vielmehr, wenn die Problembewältigung in der Konturenschärfe erfolgt, wie dies auf der jeweiligen Planungsstufe erforderlich ist.[98] Auf der Ebene der Regionalplanung etwa reicht eine Grobprüfung aus, ob die Belange des Fachrechts in den Nachfolgeverfahren ausreichend berücksichtigt werden können. Allerdings kann sich auch schon auf dieser Ebene einer eher grobkörnigen Prüfung eine planerische Ausweisung von Projekten oder Bauflächen verbieten, weil die fachrechtlichen Anforderungen nicht eingehalten werden können.

5562 Das jeweilige fachrechtliche Entscheidungsprogramm wird sodann mit seinen konkreten Bezügen in den Planfeststellungsverfahren abgearbeitet. Der Planfeststellungsbeschluss hat zwar eine verfahrensrechtliche Konzentrationswirkung in dem Sinne, dass er die nach anderen Regelungen erforderlichen Genehmigungen, Erlaubnisse und sonstigen Zulassungsentscheidungen ersetzt (§ 75 I VwVfG). § 75 I 1 HS. 2 VwVfG befreit nicht nur im Außenverhältnis von sonstigen Zulassungsentscheidungen, sondern ersetzt zugleich auch Mitentscheidungsbefugnisse anderer Behörden, die ansonsten ein Einvernehmen herzustellen oder eine Zustimmung zu erteilen hätten. Sie erstreckt sich auch auf notwendige Ausnahmen oder Befreiungen.[99] Die Konzentrationswirkung ist eine Zuständigkeits- und Entscheidungskonzentration. Das bedeutet, dass die Planfeststellungsbehörde diejenigen Fachbehörden, die für den Erlass ansonsten notwendiger paralleler Genehmigungen zuständig wären oder ihr Einvernehmen zu erteilen hätten, lediglich wie andere von dem Vorhaben berührte Behörden zu beteiligen hat. Die Entscheidung trifft aber allein die für die Planfeststellung zuständige Planfeststellungsbehörde. Des Weiteren führt die Konzentrationswirkung auch zu einer **Verfahrenskonzentration.**[100] Die Planfeststellungsbehörde wendet das Verfahrensrecht an, das für ihr Planfeststellungsverfahren vorgesehen ist. Die Planfeststellungsbehörde entscheidet also nicht in verschiedenen Verfahren, sondern in einem einheitlichen Planfeststellungsverfahren. Demgegenüber besitzt die Planfeststellung **keine materielle Konzentrationswirkung**. Es werden deshalb durch die Konzentrationswirkung keine materiell-rechtlichen Anforderungen unbeachtlich, die für die Erteilung der ersetzten Genehmigungen zu beachten wären. Die materiell-rechtliche Bindung bleibt insoweit trotz der Konzentrationswirkung des Planfeststellungsbeschlusses erhalten. Bei der Planfeststellung sind die jeweiligen materiellen Anforderungen der anderen Fachrechte als Planungsleitsätze zu beachten bzw. als Planungsleitlinien zu berücksichtigen. In der

---

95 Hönig Fachplanung und Enteignung, 2001, S. 46 ff.

96 BVerwG DVBl. 1988, 532; NVwZ 1996, 381; BVerwGE 100, 388; Hönig Fachplanung und Enteignung, 2001, S. 207.

97 VGH München Urt. v. 21.11.2023 – 8 A 21.400.40, juris Rn. 21; BVerwGE 170, 33 = juris Rn. 107; Beschl. v. 12.7.2017 – 9 B 49.16, juris Rn. 5; Beschl. v. 15.7.2005 – 9 VR 39.04, juris Rn. 5.

98 Stüer NVwZ 2002, 1164 – zur FFH-Prüfung; ders. UPR 2003, 97 – zur Plan-UP-RL.

99 BVerwG UPR 1998, 382 (383).

100 BVerwGE 82, 17, 22 f.

Planfeststellung kommt daher das Entscheidungsprogramm des Fachrechts als Beachtens- oder Berücksichtigungsgebote voll zum Tragen und ist – wenn es nicht sogar unüberwindbare Schranken bereithält – mindestens in der fachplanerischen Abwägung zu berücksichtigen.[101]

6. Abgrenzung der Raumordnung und Fachplanung zur Bauleitplanung

Für das Verhältnis der Fachplanung zur Bauleitplanung ist die Rechtslage allerdings anders. 5563
Hier gilt der Vorrang der privilegierten Fachplanung vor der Bauleitplanung, wie er in § 38 BauGB geregelt ist. Danach hat der Planfeststellungsbeschluss für überörtlich bedeutsame Vorhaben Vorrang vor dem Bauplanungsrecht, wenn die Gemeinden beteiligt worden sind und städtebauliche Belange berücksichtigt werden. Daraus ergibt sich in diesem Bereich des Städtebaurechts eine materielle Konzentration der Planfeststellung, die in der Abwägung städtebauliche Belange zwar zu berücksichtigen hat, diese in ihrer absoluten Wirkung aber außer Kraft setzen kann.[102] Eine formale Bindung an die städtebaulichen Regelungen entfällt daher, soweit das materielle Entscheidungsprogramm in die Abwägungsentscheidung des Fachplanungsrechts eingeht.

Für das Zusammentreffen der kommunalen Bauleitplanung und der Fachplanung gilt ein 5564
Grundsatz zeitlicher Priorität. Danach hat grundsätzlich eine Planung auf die eine andere, die einen zeitlichen Vorsprung hat, Rücksicht zu nehmen, sofern bereits ein hinreichender Grad der Verfestigung und Konkretisierung der Planung vorliegt.[103] Der Prioritätsgrundsatz bedeutet aber nicht, dass eine abweichende Planung gänzlich ausgeschlossen wäre; er stellt vielmehr lediglich ein Abwägungskriterium dar, nicht hingegen eine formale Vorrangregel des Inhalts, dass sich die frühere Planung stets und zwingend gegenüber der späteren durchsetzt.[104] **Bestehende Festsetzungen** eines Bebauungsplans sind als öffentliche Belange des Städtebaus in die fachplanerische Abwägung einzubeziehen und entsprechend ihrem Gewicht zu berücksichtigen, sie können aber abwägend überwunden werden.[105] Auch das **Gebot der Rücksichtnahme** auf städtebauliche Belange in § 38 Satz 1 Hs. 2 BauGB bedeutet nicht, dass damit nicht zu vereinbarende Fachplanungen unterlassen werden müssen, denn dies würde der gesetzlich vorgesehenen Privilegierung der Fachplanungen nach § 38 BauGB widersprechen.[106]

Zwar kann die Raumordnung gegenüber der Bauleitplanung eine Beachtung und nach § 1 5565
IV BauGB sogar eine Anpassung an ihre Ziele der Raumordnung beanspruchen und in diesem Sinne gegenüber der Bauleitplanung eine Vorrangstellung einnehmen. Allerdings sind bei der Aufstellung der Ziele der Raumordnung die städtebaulichen Belange der Gemeinden hinreichend zu berücksichtigen. Nach § 1 III ROG soll die Entwicklung, Ordnung und Sicherung der Teilräume in die Gegebenheiten und Erfordernisse des Gesamtraums einfügen; die Entwicklung, Ordnung und Sicherung des Gesamtraums soll die Gegebenheiten und Erfordernisse seiner Teilräume und damit auch der Gemeinden berücksichtigen (Gegenstromprinzip).[107] Im Sinne dieses Gegenstromprinzips sind die Flächennutzungspläne und die sonstigen städtebaulichen Planungen der Gemeinden in der Abwägung nach § 7 II ROG zu berücksichtigen.[108]Es geht insoweit um eine vertikale Arbeitsteilung zwischen der Raumordnung und der Bauleitplanung im Gefüge der staatlichen Gesamtplanung.[109]

---

101 Zur Konzentrationswirkung der abfallrechtlichen Planfeststellung Beckmann in Landmann/Rohmer, Umweltrecht, § 35 KrWG, 2023, Rn. 81; der Planfeststellung nach § 65 BImSchG Beckmann in Beckmann/Kment, UVPG/UmwRG, 2023, § 66 UVPG Rn. 61.

102 BVerwG NJW 1989, 242.

103 OVG Lüneburg Beschl. v. 14.12.2023 – 7 MS 49/22, juris Rn. 23; BVerwG Beschl. v. 5.11.2002 – 9 VR 14.02, juris; BVerwG Beschl. v. 26.3.2007 – 7 B 73.06, juris.

104 OVG Lüneburg Beschl. v. 14.12.2023 – 7 MS 49/22, juris Rn. 23; BVerwG Urt. v. 15.5.2003 – 4 CN 9.01, juris.

105 VGH Mannheim Urt. v. 3.7.1998 – 5 S 1/98, juris; OVG Lüneburg Beschl. v. 14.12.2023 – 7 MS 49/22, juris Rn. 23.

106 OVG Lüneburg Beschl. v. 14.12.2023 – 7 MS 49/22, juris Rn. 23; zu Planfeststellungsverfahren aus kommunaler Sicht Ritter UPR 2023, 81.

107 Zum Gegenstromprinzip Beckmann Raumordnungsrecht in Hoppenberg/de Witt, Handbuch des öffentlichen Baurechts, 2024, Rn. 99; OVG Weimar Urt. v. 9.11.2022 – 1N 548/19, juris Rn. 180.

108 Beckmann Raumordnungsrecht in Hoppenberg/de Witt, Handbuch des öffentlichen Baurechts, 2024, Rn. 99; zur Privilegierung von Müllverbrennungsanlagen nach § 38 BauGB Beckmann in Landmann/Rohmer, Umweltrecht, 2021, § 15 Rn. 100 ff.; Dippel AbfallR 2020, 57 (65).

109 Beckmann Raumordnungsrecht in Hoppenberg/de Witt, Handbuch des öffentlichen Baurechts, 2024, Rn. 89; Kümper ZUR 2023, 205 (207).

5566 Bei Vorgaben, die zum Aufgaben- und Kompetenzbereich der Raumordnung gehören, stellt sich die weitere Frage, in welcher „Sprache" die Raumordnung die Vorgaben formulieren könnte. Ein wichtiger Teil der notwendigen Distanz zwischen Raumordnung und Fachplanung drückt sich darin aus, dass die Raumordnung abstrakter formulieren muss, um der Fachplanung oder aber der Bauleitplanung noch genügend Gestaltungsmöglichkeiten zu belassen. Das Wesentliche des Verhältnisses zwischen Raumplanung und Fachplanung liegt darin, dass der Fachplanung durch die Ziele und Grundsätze der Raumordnung noch genügend eigenverantwortlicher Gestaltungsspielraum gegeben werden muss. Die Aussagen von Raumordnung und Fachplanung ähneln sich zwar im Hinblick auf den gemeinsamen Gegenstand. Aber beide Planungen regeln den gemeinsamen Gegenstand unter einem spezifischen Gesichtspunkt. Die Vorgaben werden daher regelmäßig nicht in einem Ziel der Raumordnung detailgenau beschrieben.[110] Denn durch eine fachrechtliche Bestimmtheit würde die Landesplanung eine Konkretheit für sich in Anspruch nehmen, die ihr gegenüber der Fachplanung regelmäßig nicht zukommt.[111] Kritisiert werden Tendenzen, mit Hilfe raumordnungsrechtlicher Instrumente Anforderungen an raumbedeutsame Vorhaben zu stellen, die über die raumbezogene Frage, ob ein Vorhaben an einem bestimmten Ort mit Blick auf raumplanerische Belange realisiert werden kann, hinausgehen. Als Beispiele werden dafür klimaschutzbezogene Anforderungen und Betriebsregelungen für Flugplätze, etwa aus Gründen des Lärmschutzes, genannt.[112]

5567 Dieses Phänomen der eigenen Aussageweise und der eigenen Sprache der Raumordnung haben Literatur[113] und Rechtsprechung[114] für das Verhältnis zwischen Raumordnung als der überörtlichen Gesamtplanung und der Bauleitplanung als der örtlichen Gesamtplanung herausgearbeitet. Es drückt sich in einem unterschiedlichen Regelungsniveau und in einem unterschiedlichen Konkretisierungsgrad zwischen der überörtlichen Raumordnung und der örtlichen Bauleitplanung aus.[115] Vergleichbar kann auch zwischen der überfachlichen und zusammenfassenden Querschnittsaufgabe der Raumordnung einerseits und der fachbezogenen Aufgabe der räumlichen Fachplanung andererseits unterschieden werden. Der fachübergreifende Ansatz der Raumplanung soll insbesondere verhindern, dass im Gewande der Raumordnung eine „Ersatzfachplanung" betrieben wird.[116]

X. Privilegierte und nicht privilegierte Fachplanungen

5568 Fachplanungen sind auf Grund besonderer Gesetze durchgeführte förmliche Planungsverfahren, für die bestimmte Verwaltungsverfahren, zumeist Planfeststellungsverfahren, durchgeführt werden. Es wird die örtliche und die überörtliche Fachplanung unterschieden. Die überörtliche Zuständigkeit der Planungsbehörde allein begründet noch keine überörtliche Planung. Es muss sich vielmehr um ein Vorhaben von überörtlicher Bedeutung handeln. Auch wird die privilegierte und nicht privilegierte Fachplanung unterschieden. Die privilegierte Fachplanung geht der Bauleitplanung nach § 38 BauGB vor. Auch ist in derartigen Fällen ein gemeindliches Einvernehmen nach § 36 BauGB nicht erforderlich. Ob daneben Unternehmergenehmigungen mit konditionalem Entscheidungsprogramm wie die atomrechtliche oder die immissionsschutzrechtliche Genehmigung, bei der es sich im Ergebnis um eine gebundene Entscheidung handelt, wegen ihrer planerischen Elemente zum Fachplanungsrecht im weiteren Sinne zählen,

---

110 Zur Zielbestimmung Hoppe in FS für Stree und Wessels, 1993, S. 1153; ders. DVBl. 1993, 681; ders. DVBl. 1998, 462; ders. DVBl. 1999, 1459; ders. DVBl. 2001, 81.

111 Nur wenn eine Festlegung im überörtlichen Interesse erforderlich ist, kann diese getroffen werden, BVerwG NVwZ 2002, 476; Paßlick Die Ziele der Raumordnung und Landesplanung, 1986, S. 287; Wahl in Hoppe/Kauch, Raumordnungsziele nach Privatisierung öffentlicher Aufgaben, 1996, S. 29.

112 Hofmann in Kment, ROG, 2019, § 1 Rn. 7; zu Klimaschutzanforderungen im Regionalplan siehe OVG Münster Urt. v. 15.11.2018 – 7 D 29/16.NE, juris, wonach eine auf den Klimaschutz bezogene Festlegung für einen Kraftwerkstandort wegen des Vorrangs des Immissionsschutzrechts und des TEHG in einem Regionalplan nicht getroffen werden darf.

113 Brohm in FS für Blümel, 1999, S. 79; Halama in FS für Schlichter, 1995, S. 201; Spoerr in FS für Hoppe, 20000, S. 343 ff.; Schmidt-Aßmann VerwArch. 71 (1980), 117; ders. DÖV 1981, 237.

114 BVerwG NuR 1993, 79; NVwZ 2002, 476.

115 Wahl DÖV 1981, 597, 604 der treffend formulierte, „Das konkretisierende Anpassen und das Verknüpfen mit eigenen autonomen Planbestandteilen ist eigenverantwortlich wahrzunehmende Sache der Gemeinde".

116 Beckmann Raumordnungsrecht in Hoppenberg/de Witt, Handbuch des öffentlichen Baurechts, 2024, Rn. 89; Kment NuR 2010, 392 (393).

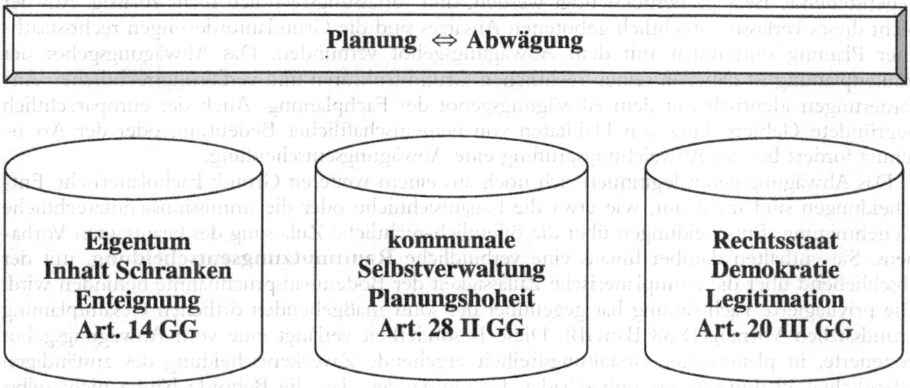

wird unterschiedlich beantwortet. Derartige Zulassungsverfahren sind Grenzgänger zwischen Ordnungs- und Planungsrecht.

Abwägungsorientierte Planungsentscheidungen sind von **gebundenen Zulassungsentscheidungen** zu unterscheiden. Die **Planung** ist in dem Sinne **abwägungsorientiert**, dass die Entscheidungen der planenden Stelle den verfassungsrechtlichen Anforderungen des Abwägungsgebotes unterliegen.[117] Die Zusammengehörigkeit von Planung und Abwägung folgt aus der das Eigentum regelnden, umgestaltenden und im Ernstfall dieses auch überwindenden Kraft öffentlicher Planung. Der Planungsträger ist zu derart weit reichenden Inhalts- und Schrankenbestimmungen des Eigentums nur befugt, wenn er dazu durch eine umfassende Interessenabwägung legitimiert wird. Eine einseitige, ausschließlich an Genehmigungsansprüchen ausgerichtete Zulassungsentscheidung wird diesen verfassungsrechtlichen Notwendigkeiten nicht gerecht. Aus diesem Grunde ist der gebundenen Zulassungsentscheidung zumeist ein Planungsverfahren vorgelagert, in dem die verfassungsrechtlich gebotene umfassende Ermittlung, Bewertung und Abwägung der Belange einschließlich einer Ausgleichsentscheidung grundgelegt wird. Die eigentliche abwägungsorientierte Planungsentscheidung hat dabei bereits auf der Ebene der Bauleitplanung durch die Gemeinde oder im nicht beplanten Innenbereich oder Außenbereich durch eine Planungsentscheidung des Gesetzgebers stattgefunden. Das Verfahren ist damit zweistufig und besteht aus einer abwägenden Planungsentscheidung und einer nachfolgenden, gebundenen Zulassungsentscheidung. Im Gegensatz enthalten Fachplanungsentscheidungen häufig sowohl die Planungs- als auch die Zulassungsentscheidung enthalten. Derartige Entscheidungen des Fachplanungsrechts müssen daher auch die Abwägungselemente enthalten, die für eine rechtsstaatliche Planung kennzeichnend sind.[118] 5569

Beispiel: Ein Unternehmer beantragt, ihm entsprechend den Festsetzungen des rechtsverbindlichen Bebauungsplans die Genehmigung für die Errichtung einer Fabrik zu erteilen. Werden die Festsetzungen des Bebauungsplans eingehalten und Umweltschutzbelange gewahrt, kann die Genehmigung nicht mit der Begründung versagt werden, das Vorhaben finde an einer anderen Stelle einen besseren Standort. Ebenso wenig darf eine Baugenehmigung für ein Einfamilienhaus in einem ausgewiesenen allgemeinen Wohngebiet mit dem Hinweis darauf abgelehnt werden, dass es Baugrundstücke in anderen Regionen gebe, die sich für eine Bebauung noch wesentlich besser eignen würden. Demgegenüber muss etwa bei der Planung einer Straße oder Mülldeponie eine abwägende Planungsentscheidung erfolgen, in die auch Planungsalternativen einzustellen sind, wenn sie sich nach Lage der Dinge anbieten.

Fehlt eine bewertende Abwägung, so hat die Behördenentscheidung nicht das Recht, entgegenstehende Interessen zu überwinden. Dies gilt vor allem dann, wenn auf Grund der Entscheidung unmittelbar auf **Eigentum** iS einer Enteignung nach Art. 14 III GG zugegriffen werden soll. Enteignungen ohne eine umfassende Abwägung, bei der auch dem Vorhaben ent- 5570

[117] Grundlegend BVerwGE 34, 301; BVerwGE 48, 56; BVerwGE 55, 220.

[118] BVerwGE 48, 56; Beckmann Planfeststellung zwischen Zulassungsverfahren und Planung in Erbguth Planungsrecht in der gerichtlichen Kontrolle, 2011, 123.

gegenstehende Belange berücksichtigt werden, sind verfassungsrechtlich nicht zulässig. Aus der Sicht dieses verfassungsrechtlich gebotenen Ansatzes sind die Grundanforderungen rechtsstaatlicher Planung untrennbar mit dem Abwägungsgebot verbunden. Das Abwägungsgebot der Bauleitplanung ist daher in seinen rechtlichen Grundstrukturen und verfassungsrechtlichen Anforderungen identisch mit dem Abwägungsgebot der Fachplanung. Auch der europarechtlich begründete Gebietsschutz von Habitaten von gemeinschaftlicher Bedeutung oder der Artenschutz fordert bei der Abweichungsprüfung eine Abwägungsentscheidung.

5571 Das Abwägungsgebot legitimiert sich noch aus einem weiteren Grund: Fachplanerische Entscheidungen sind nicht nur, wie etwa die bauaufsichtliche oder die immissionsschutzrechtliche Genehmigung, Entscheidungen über die öffentlich-rechtliche Zulassung des beantragten Vorhabens. Sie enthalten darüber hinaus eine verbindliche **Raumnutzungsentscheidung**, mit der abschließend über die raumplanerische Zulässigkeit der Bodeninanspruchnahme befunden wird. Die privilegierte Fachplanung hat gegenüber der sonst maßgebenden örtlichen Gesamtplanung grundsätzlich Vorrang (§ 38 BauGB). Diese Besonderheit verlangt eine vom Abwägungsgebot gesteuerte, in planerischer Gestaltungsfreiheit ergehende Zweckentscheidung des zuständigen öffentlichen Planungsträgers unbeschadet des Umstandes, dass die Behörde häufig nicht selbst originär plant, sondern die entsprechenden Vorstellungen des Vorhabenträgers abwägend nachvollzieht und dadurch die rechtliche Verantwortung für die Planung übernimmt.[119] Demgegenüber findet bei gebundenen, dh einen Rechtsanspruch einräumenden Genehmigungen die verbindliche Raumnutzungsentscheidung des öffentlichen Planungsträgers, zB die kommunale Bauleitplanung, auf einer vorgelagerten Stufe statt. Ist das betreffende Vorhaben mit dieser Planung vereinbar, darf folgerichtig insoweit eine Zulassung nicht verweigert werden.[120] Wird die Bauleitplanung daher durch eine Fachplanung ersetzt, muss im Rahmen der Fachplanung eine Abwägung erfolgen, in die auch die **kommunalen Belange** eingehen. Andere nicht abwägungsorientierte Zulassungsentscheidungen sind auch im Hinblick auf die Planungshoheit der kommunalen Selbstverwaltung planungsrechtlich nur auf der Grundlage der gemeindlichen Bauleitplanung (§ 30 BauGB) oder der Ersatzplanung durch den Gesetzgeber (§§ 34, 35 BauGB) zulässig. Weder die Bauleitplanung noch die Fachplanung können daher auf die Beachtung des Abwägungsgebotes verzichten. Bei gebundenen Zulassungsentscheidungen muss die Abwägung auf einer vorgelagerten Planungsstufe stattfinden. Versuche, diese Zusammenhänge aufzulösen und vor allem die Planungsentscheidung des Fachplanungsrechts in eine gebundene Zulassungsentscheidung umzumünzen,[121] müssen daher an verfassungsrechtlichen Vorgaben scheitern. Die Zulassung von Vorhaben kommt ohne Planung und die Planung kommt ohne Abwägung nicht aus. Das Gebot der Abwägung in der Bau- und Fachplanung ruht dabei auf drei Säulen: Der Eigentumsgarantie in Art. 14 GG, der Selbstverwaltungsgarantie in Art. 28 II GG und dem Rechtsstaats- und Demokratiegebot in Art. 20 III GG.

2. Teil. Planungsentscheidungen und Kontrollerlaubnisse

5572 Grundsätzlich sind alle **städtebaulich relevanten Vorhaben** iS des § 29 BauGB den planungsrechtlichen Zulässigkeitsvoraussetzungen in den §§ 30 bis 36 BauGB unterworfen. Hiervon macht § 38 BauGB eine wichtige Ausnahme. Nach dieser Vorschrift sind auf Planfeststellungsverfahren und sonstige Verfahren mit den Rechtswirkungen der Planfeststellung für Vorhaben von überörtlicher Bedeutung sowie Abfallbeseitigungsanlagen die §§ 29 bis 37 BauGB nicht anzuwenden, wenn die Gemeinde beteiligt wird. Städtebauliche Belange sind zu berücksichtigen. Vorhaben der privilegierten Fachplanung sind danach an die für die Bauvorhaben nach den §§ 29 ff. BauGB bestimmten Zulässigkeitsvoraussetzungen, insbesondere an die Festsetzungen des Bebauungsplans, nicht gebunden. Für ihre Zulässigkeit ist allein die Entscheidung nach dem einschlägigen Fachplanungsrecht maßgebend.

---

119 BVerwG ZfBR 1995, 150.
120 Für die immissionsschutzrechtliche Genehmigung § 6 Nr. 2 BImSchG; BVerwG ZfBR 1995, 150.
121 Weidemann DVBl. 1994, 263.

I. Bundesfernstraßen (FStrG)

5573 Die Planung von Bundesfernstraßen erfolgt nach dem FStrG. Nach § 17 I 1 FStrG dürfen Bundesfernstraßen dürfen nur gebaut oder geändert werden, wenn der Plan vorher festgestellt ist.[122] Bei der Planung von Bundesfernstraßen handelt es sich um ein mehrstufiges Verfahren. Anknüpfend an die Verkehrswegeplanung durch den Bundesverkehrswegeplan wird die Bundesfernstraßenplanung im Kern dreistufig ausgestaltet. Die erste Planungsstufe betrifft die Festlegung des Bau- und Ausbaubedarfs gemäß dem Bedarfsplan für die Bundesfernstraßen, der dem Gesetz über den Ausbau der Bundesfernstraßen (Fernstraßenausbaugesetz – FStrAbG) als Anlage beigefügt ist. Die darin aufgenommenen Vorhaben entsprechen gemäß § 1 II FStrAbG den Zielsetzungen des § 1 FStrG. Die Feststellung des Bedarfs ist für die Linienbestimmung nach § 16 FStrG und für die Planfeststellung nach § 17 FStrG verbindlich. Im Bedarfsplan werden konkrete Vorhaben einschließlich ihrer Dringlichkeit bestimmt. Die Planung und Linienführung der Bundesfernstraßen schließt sich als zweite Planungsstufe an. Als dritte und abschließende Planungsstufe von Bundesfernstraßen schließt sich die Planfeststellung bzw. -genehmigung nach §§ 17 ff. FStrG iVm § 73 ff. VwVfG an. Auf allen drei Stufen sind die Belange des Klimaschutzes von Bedeutung.[123]

1. Geltungsbereich

5574 Das FStrG regelt die Planung, den Bau, die Unterhaltung und den Gebrauch (Widmung) von Bundesstraßen des Fernverkehrs (Bundesfernstraßen). **Bundesfernstraßen** sind nach § 1 I 1 FStrG öffentliche Straßen, die ein zusammenhängendes Verkehrsnetz bilden und einem weiträumigen Verkehr zu dienen bestimmt sind. In der geschlossenen Ortslage (§ 5 Abs. 4 FStrG) gehören zum **zusammenhängenden Verkehrsnetz** die zur Aufnahme des weiträumigen Verkehrs notwendigen Straßen.

5575 Bundesfernstraßen gliedern sich nach § 1 II FStrG in Bundesautobahnen und Bundesstraßen mit den Ortsdurchfahrten. **Bundesautobahnen** sind nach § 1 III 1 FStrG Bundesfernstraßen, die nur für den Schnellverkehr mit Kraftfahrzeugen bestimmt und so angelegt sind, dass sie frei von höhengleichen Kreuzungen und für Zu- und Abfahrt mit besonderen Anschlussstellen ausgestattet sind. Sie sollen getrennte Fahrbahnen für den Richtungsverkehr haben (§ 1 III 2 FStrG).[124]

5576 Zu den **Bundesfernstraßen** gehören 1. der Straßenkörper; das sind besonders der Straßengrund, der Straßenunterbau, die Straßendecke, die Brücken, Tunnel, Durchlässe, Dämme, Gräben, Entwässerungsanlagen, Böschungen, Stützmauern, Lärmschutzanlagen, Trenn-, Seiten-, Rand- und Sicherheitsstreifen; 2. der Luftraum über dem Straßenkörper; 3. das Zubehör; das sind die Verkehrszeichen, die Verkehrseinrichtungen und -anlagen aller Art, die der Sicherheit oder Leichtigkeit des Straßenverkehrs oder dem Schutz der Anlieger dienen, und die Bepflanzung; 3a. Einrichtungen zur Erhebung von Maut und zur Kontrolle der Einhaltung der Mautpflicht; 4. die Nebenanlagen; das sind solche Anlagen, die überwiegend den Aufgaben der Straßenbauverwaltung der Bundesfernstraßen dienen, zB Straßenmeistereien, Gerätehöfe, Lager, Lagerplätze, Entnahmestellen, Hilfsbetriebe und -einrichtungen; 5. die Nebenbetriebe an den Bundesautobahnen (§ 15 Abs. 1 FStrG).

5577 Eine **Ortsdurchfahrt** ist nach § 5 IV 1 FStrG der Teil einer Bundesstraße, der innerhalb der geschlossenen Ortslage liegt und auch der Erschließung der anliegenden Grundstücke oder der mehrfachen Verknüpfung des Ortsstraßennetzes dient.

5578 Die in § 1 I 1 FStrG vorausgesetzte überregionale Erschließungsfunktion einer Bundesfernstraße kann auch gewährleistet sein, wenn sie – einer Stichstraße ähnlich – nur einseitig an das im Übrigen zusammenhängende Verkehrsnetz der Bundesfernstraßen angebunden ist.[125] Die Straßenplanung kann als administrative Planung durch die Verwaltung oder in Gesetzesform[126]

---

[122] Zur Straßenplanung siehe Sauthofff in Ziekow Handbuch des Fachplanungsrechts, 2024, § 11 Rn. 1 ff

[123] Knauff VerwArch 2023, 161 (167).

[124] Zur Abgrenzung des örtlichen und überörtlichen Verkehrs sowie zu den überörtlichen Straßenklassen Sauthoff in Ziekow Handbuch des Fachplanungsrechts, 2024, § 11 Rn. 7, 8.

[125] BVerwG DÖV 1993, 433.

[126] Gesetz über den Bau des Abschnitts Wismar West – Wismar Ost der Bundesautobahn A 20 Lübeck – Bundesgrenze (A 11) v. 2.3.1994 (BGBl. I 734) sowie Gesetz über den Bau der Südumfahrung Stendal der Eisenbahnstrecke Berlin – Oebisfelde v. 29.10.1993 (BGBl. I 1906). Zu verfassungsrechtlichen Bedenken

erfolgen. Durch Investitionsmaßnahmengesetze[127] sind einige Vorhaben der „Verkehrsprojekte Deutsche Einheit"[128] unmittelbar durch den Gesetzgeber geplant worden.[129] Das Infrastrukturplanungsbeschleunigungsgesetz benennt Projekte mit vorrangigem Bedarf in Deutschland, die in erstinstanzlicher Zuständigkeit der Rechtsprechung des BVerwG unterliegen.[130] Die durch eine **Legalplanung** intendierte Verfahrensbeschleunigung ergibt sich vor allem aus dem Ausschluss des verwaltungsgerichtlichen Rechtsschutzes, dessen Zulässigkeit und Vereinbarkeit mit höherrangigem Recht allerdings bezweifelt wird.[131]

2. Zuständigkeiten

5579 **a) Änderungen des Grundgesetzes.** Durch Gesetz vom 13.7.2017 wurden durch eine Änderung des Grundgesetzes die Zuständigkeiten der Fernstraßenverwaltung verändert.[132] Nach Art. 90 I 1 GG bleibt der Bund Eigentümer der Bundesfernstraßen. Das Eigentum ist nach Art. 90 I 2 GG unveräußerlich. Nach Art. 90 II GG wird die Verwaltung der Bundesautobahnen in Bundesverwaltung geführt. Der Bund kann sich zur Erledigung seiner Aufgaben einer Gesellschaft privaten Rechts bedienen. Diese Gesellschaft steht im unveräußerlichen Eigentum des Bundes. Eine unmittelbare oder mittelbare Beteiligung Dritter an der Gesellschaft und deren Tochtergesellschaften ist ausgeschlossen. Eine Beteiligung Privater im Rahmen von Öffentlich-Privaten Partnerschaften ist ausgeschlossen für Streckennetze, die das gesamte Bundesautobahnnetz oder das gesamte Netz sonstiger Bundesfernstraßen in einem Land oder wesentliche Teile davon umfassen. Das Nähere regelt ein Bundesgesetz (Art. 90 II GG). Die Länder oder die nach Landesrecht zuständigen Selbstverwaltungskörperschaften verwalten die sonstigen Bundesstraßen des Fernverkehrs im Auftrage des Bundes (Art. 90 III GG). Auf Antrag eines Landes kann der Bund nach Art. 90 IV GG die sonstigen Bundesstraßen des Fernverkehrs, soweit sie im Gebiet dieses Landes liegen, in Bundesverwaltung übernehmen.

5580 Ergänzend dazu bestimmt Art. 143e GG Folgendes: Die Bundesautobahnen werden abweichend von Art. 90 II GG längstens bis zum 31.12.2020 in Auftragsverwaltung durch die Länder oder die nach Landesrecht zuständigen Selbstverwaltungskörperschaften geführt. Der Bund regelt die Umwandlung der Auftragsverwaltung in Bundesverwaltung nach Art. 90 II und II GG durch Bundesgesetz mit Zustimmung des Bundesrates (Art. 143e II GG). Auf Antrag eines Landes, der bis zum 31.12.2018 zu stellen war, übernimmt der Bund abweichend von Artikel 90 IV GG die sonstigen Bundesstraßen des Fernverkehrs, soweit sie im Gebiet dieses Landes

---

gegen solche Gesetzesplanungen Blümel DVBl. 1997, 205; Stüer DVBl. 1991, 1333; Kloepfer ZG 1988, 289.

[127] Stüer DVBl. 1991, 1333.

[128] Es handelt sich um insgesamt 17 Projekte.

[129] Badura in FS für Huber 1981, 15. Gegenüber einer Planfeststellung unmittelbar durch den Gesetzgeber sollte allerdings dem herkömmlichen Planfeststellungsverfahren durch die Verwaltung der Vorzug gegeben werden. Im Gegensatz zur Planfeststellung ist das planersetzende Gesetzgebungsverfahren nicht in gleicher Weise in der Lage, eine umfassende Ermittlung der Abwägungsmaterialien und eine sachgerechte Bürgerbeteiligung sicherzustellen. Auch aus der Sicht des Rechtsschutzes der Betroffenen erscheint ein Plangesetz verfassungsrechtlich vor allem deshalb bedenklich, weil eine solche Gesetzesplanung die verfassungsrechtliche Kompetenzordnung nicht wahren könnte; aA BVerfG NJW 1997, 383.

[130] Zu gesetzgeberischen Beschleunigungsinstrumenten beim Ausbau der Verkehrsinfrastrukturen Schütte/Langstädtler ZUR 2024, 3; Hadamek UPR 2023, 447; zum Schutz der Umwelt bei der Verkehrsplanung Mielke/Pache/Verheyen Umwelt und Verkehr in Koch/Hofmann/Reese, Handbuch Umweltrecht, 2024, § 16 Rn. 1 ff.; zum Ausbau der Legalplanung auch Groß ZUR 2024, 210; ablehnend zu einer Ausweitung der Legalplanung auf den Bereich der Energieversorgung Franzius EnWZ 2022, 302 (306); zur Ausweitung von Klagemöglichkeiten für Umweltvereinigungen gegen Legalplanungen Hermsdorf/Glaser NVwZ 2023, 1217.

[131] Groß ZUR 2024, 210 (212), nach dessen Ansicht verfassungsgerichtlicher Rechtsschutz nicht geeignet ist, die Anforderungen der Aarhus-Konvention und der UVP-Richtlinie zu erfüllen; keine verfassungsrechtlichen Probleme sah das BVerfG in seiner Stendal-Entscheidung BVerfG 95, 1 (21).

[132] Siehe dazu Verheyen Umwelt und Verkehr in Koch/Hofmann/Reese, Handbuch Umweltrecht, 2024, § 16 Rn. 119; Stüer DVBl. 2019, 1252; zu planungsrechtlichen Zuständigkeitsfragen zwischen Bund und Ländern bei bundesländerübergreifenden Straßenbauvorhaben siehe Lau UPR 2023, 440; zur Reichweite der Beschleunigung des Abbaus des Investitionsstaus an Bundesfernstraßen Lau UPR 2023, 248; zu den verfassungsrechtlichen Fragen im Zusammenhang mit der Reform der Bundesfernstraßenverwaltung Faßbender NVwZ 2021, 296.

liegen, mit Wirkung zum 1.1.2021 in Bundesverwaltung (Art 143e II GG). Durch Bundesgesetz mit Zustimmung des Bundesrates kann geregelt werden, dass ein Land auf Antrag die Aufgabe der Planfeststellung und Plangenehmigung für den Bau und für die Änderung von Bundesautobahnen und von sonstigen Bundesstraßen des Fernverkehrs, die der Bund nach Artikel 90 IV GG oder Artikel 143e II GG in Bundesverwaltung übernommen hat, im Auftrage des Bundes übernimmt und unter welchen Voraussetzungen eine Rückübertragung erfolgen kann.

b) Fernstraßen-Bundesamt-Errichtungsgesetz. Nach § 1 I **FStrBAG** wurde zum 1.1.2021 das **Fernstraßen-Bundesamt** als Bundesoberbehörde im Geschäftsbereich des Bundesministeriums für Verkehr und digitale Infrastruktur gegründet und hat zu diesem Zeitpunkt seine Tätigkeit aufgenommen. Als Sitz dieser Bundesoberbehörde ist auf Vorschlag des BMVI durch die Bundesregierung Leipzig bestimmt worden. Darüber hinaus gibt es drei weitere Standorte in Bonn, Hannover und Gießen. Der Kabinettsbeschluss sieht grundsätzlich noch einen weiteren Standort des FBA vor. Zum Aufgabenbereich des FBA gehören die Widmung, Umstufung und Einziehung bei Bundesfernstraßen, soweit dem Bund die Verwaltung zusteht. Auch die Bestimmung der Planung und Linienführung für Bundesfernstraßen nach § 16 FStrG, die Planfeststellung und Plangenehmigung für den Bau oder die Änderung der Bundesautobahnen einschließlich der vorgeschriebenen Anhörung sowie die Rechts- und Fachaufsicht über die Gesellschaft, soweit diese mit der Wahrnehmung von hoheitlichen Aufgaben betraut sind, gehören dazu. Am **Hauptsitz in Leipzig** und den weiteren Standorten haben ab 2021 rund 200 der insgesamt etwa 400 Beschäftigten des FBA ihre Arbeit aufgenommen. Das FBA ist neutrale, unabhängige Aufsichts- und Genehmigungsbehörde und nimmt ebenso wie die Autobahn GmbH seine Aufgaben bei der Verwaltung der Bundesautobahnen wahr. Soweit nach Art. 90 IV oder Art. 143e II GG auf Antrag eines Landes Bundesstraßen vom Bund in Bundesverwaltung übernommen werden, ist das FBA Anhörungs- und Planfeststellungsbehörde in Planfeststellungsverfahren oder Plangenehmigungsbehörde in Plangenehmigungsverfahren für den Bau oder die Änderung von Bundesfernstraßen (§ 2 FStrBAG). Das FBA sorgt für einheitliche Standards und eine Beschleunigung in länderübergreifenden Anhörungs-, Planfeststellungs- und Plangenehmigungsverfahren für Autobahnen. Mit dem Lehrstuhl für Verwaltungswissenschaften, den der Freistaat Sachsen an der Universität Leipzig einrichtet, wird eine ideale Brücke für junge Talente des FBA geschlagen. Mit Leipzig als Hauptsitz des FBA ist ein klares Bekenntnis zu den neuen Bundesländern erfolgt. 5581

c) Infrastrukturgesellschafts-Einrichtungsgesetz. Durch das **InfrGG** werden Planung, Bau, Betrieb, Erhaltung, Finanzierung und vermögensmäßige Verwaltung der nahezu 13.000 km langen Bundesautobahnen, soweit es sich um Aufgaben des Bundes handelt, vom BMVI zur Ausführung auf die Gesellschaft privaten Rechts mit der Rechtsform einer GmbH übertragen. Der Gesellschaft privaten Rechts wird nach § 5 I InfrGG ab dem 1. Januar 2021 die Ausführung von Aufgaben der Straßenbaulast im Sinne des § 3 FStrG übertragen. Gegenstand der Gesellschaft privaten Rechts sind die übertragenen Aufgaben des Bundes der Planung, des Baus, des Betriebs, der Erhaltung, der vermögensmäßigen Verwaltung und der Finanzierung der Bundesautobahnen. Die Gesellschaft ist auch für das Finanzmanagement für die Bundesstraßen zuständig. 5582

Nach § 5 II InfrGG kann sich die Gesellschaft zur Erfüllung ihrer Aufgaben Dritter bedienen. Die Aufgabe selbst darf nicht auf Dritte übertragen werden. Die Einbeziehung Privater bei Planung, Bau, Betrieb und Erhalt von Bundesautobahnen oder sonstigen Bundesfernstraßen darf nur erfolgen, wenn sich der Vertrag auf einzelne Vorhaben mit einem Gesamtumfang von bis zu 100 Kilometern erstreckt. Mehrere Vorhaben dürfen nicht miteinander verbunden werden. 5583

Diese inzwischen gegründete **Autobahn GmbH** steht im unveräußerlichen Eigentum des Bundes. Mit Schulden des Bundes oder Dritter wird die Gesellschaft nicht belastet (§ 1 InfrGG). In der Gesellschafterversammlung der Gesellschaft wird der Bund durch das Bundesministerium für Verkehr und digitale Infrastruktur vertreten (§ 3 InfrGG). Im Aufsichtsrat sind Mitglieder der für Haushalt und Verkehr zuständigen Ausschüsse des Deutschen Bundestages vertreten (§ 2 InfrGG). Sitz der Autobahn-GmbH, die bis zu 10 regionale Tochtergesellschaften gründen kann, ist Berlin. Gegenstand der Gesellschaft ist die Ausführung von Aufgaben der Straßenbaulast für die Bundesautobahnen. Private können bei Planung, Bau, Betrieb und Erhalt nur beteiligt werden, wenn sich der Vertrag auf einzelne Vorhaben mit einem Gesamtumfang von bis zu 100 km erstreckt; mehrere Vorhaben dürfen nicht miteinander verbunden werden. Der Bedarfsplan ist für die Gesellschaft verbindlich. Planung und Bau von Bundesauto- 5584 bahnen können im Einvernehmen mit dem jeweiligen Land bereits vorzeitig ab dem 1.1.2021 übernommen werden (§§ 2, 3 InfrGG). Sofern auf Antrag eines Landes sonstige Bundesstraßen des Fernverkehrs, soweit sie im Gebiet dieses Landes liegen, nach Art. 90 IV oder Art. 143e II GG in Bundesverwaltung übernommen werden, gilt die Ermächtigung des Satzes 1 auch für die Bundesstraßen (§ 6 InfrGG).

5585 **d) Fernstraßenbundesamt.** Zum 1.10.2018 wurde das FBA als Bundesbehörde im Geschäftsbereich des Bundesministeriums für Verkehr und digitale Infrastruktur (BMVI) gegründet. Das FBA ist Planfeststellungs- und Genehmigungsbehörde. Die Länder Bayern, BW, Hessen und Hamburg haben mit der Möglichkeit der späteren Aufgabenübertragung die Aufgaben der Anhörungs- und Planfeststellungsbehörde nach Landesrecht beibehalten (§ 3 Abs. 2 FStrBAG, sog. „Opt in"). Dem Referat P 2 (Leipzig) sind Vorhaben der Niederlassungen Nordwest und Ost sowie der Niederlassung Bayern (teilweise BAB 72 zwischen Landesgrenze Bayern und Sachsen) zugeordnet. Das Referat P 3 (Hannover) behandelt Vorhaben der Niederlassungen Nord, soweit nicht die Hansestadt Hamburg betroffen ist, sowie Nordwest, soweit es nicht Hessen betrifft. Dem Referat P4 (Bonn) sind Vorhaben der Niederlassungen Westfalen und Rheinland zugeordnet. Dem Referat P 5 (Gießen) sind die Niederlassungen West und Südwest zugeordnet. Darüber hinaus erfüllt das FBA weitere Aufgaben: Wahrnehmung hoheitlicher Aufgaben der Autobahnverwaltung, Fach- und Rechtsaufsicht über die Autobahn GmbH (Hoheitsaufgaben, Dienstherrenfunktion für Beamte der Autobahn GmbH, straßenrechtliche Aufgaben wie Widmung, Umstufung und Einziehung nach § 9 FStrG sowie die Linienbestimmung von Bundesfernstraßen, sie begleitet innovative Projekte von Straßenbau und Straßenverkehrstechnik und unterstützt das BMVI, dessen Fachaufsicht es unterliegt. Hauptsitz des BFA ist Leipzig mit drei weiteren Standorten in Bonn, Gießen und Hannover. Mit der Reform der Bundesfernstraßenverwaltung werden als Ziele eine Kombination von lokalem Fachwissen und zentralen Kompetenzen für die 13.000 km Bundesautobahnen, ein einheitliches Erhaltungsmanagement auch über die Landesgrenzen hinweg sowie einheitliche Qualitätsstandards durch eine zentrale Steuerung verfolgt, wie die Behördenchefin erläuterte. Die Bündelung von Kompetenzen soll zugleich zu einer Beschleunigung von Planung und Bau der Autobahnen beitragen und durch einheitliche Prozesse und Anforderungen hohe Qualitätsstandards sicherstellen. Die Aufgaben- und Ausgabenverantwortung[133]für die Autobahnverwaltung soll zusammengeführt und deren Leistungsfähigkeit hierdurch gestärkt werden. Zugleich soll durch eine Verfahrens- und Planungsbeschleunigung eine schnellere und effektivere Planung, Genehmigung und Durchführung von Bauprojekten nach einheitlichen Standards erreicht werden.

3. Anforderungen an die Sicherheit

5586 Der Bund ist nach § 5 I 1 FStrG Träger der Straßenbaulast für die Bundesfernstraßen, soweit nicht die Baulast anderen nach gesetzlichen Vorschriften oder öffentlich-rechtlichen Verpflichtungen obliegt. Die Gemeinden mit mehr als 80.000 Einwohnern sind Träger der Straßenbaulast für die Ortsdurchfahrten im Zuge von Bundesstraßen. Die Straßenbaulast umfasst für Bundesfernstraßen gemäß § 3 I 1 FStrG alle mit dem Bau und der Unterhaltung zusammenhängenden Aufgaben. Die Träger der Straßenbaulast haben namentlich dafür einzustehen, dass ihre Bauten allen Anforderungen der Sicherheit und Ordnung genügen Die Träger der Straßenbaulast haben nach § 4 FStrG dafür einzustehen, dass ihre Bauten allen Anforderungen der Sicherheit und Ordnung genügen. Behördlicher Genehmigungen, Erlaubnisse und Abnahmen durch andere als die Straßenbaubehörden bedarf es nicht.. § 4 S. 1 FStrG hat keine drittschützende Wirkung.[134] Im Rahmen der sich daraus ergebenden Verkehrssicherungspflicht ist der Bund auch für die Sicherung und rückstandslose Beseitigung von Öl- und sonstigen Betriebsmittelspuren im Bereich der Bundesfernstraßen zuständig.[135] § 4 S. 1 FStrG gilt auch für Tank- und Rastanlagen, die als Nebenbetriebe nach § 1 IV Nr. 5 iVm § 15 I FStrG zur Bundesfernstraße gehören. Er betrifft die Sicherheit der Bauwerke und der Baumaßnahmen zu ihrer Herstellung und Unterhaltung, nicht aber die im Interesse der Verkehrssicherheit liegende Einhaltung der Abstände zwischen den Rastanlagen nach den Empfehlungen für Rastanlagen an Straßen.[136]

[133] Näher dazu Springe in Kodal, Handbuch Straßenrecht, 2021, Kap. 35 Rn. 21.
[134] VGH München Urt. v. 6.12.2022 – 8 A 20.40015, juris Rn. 19.
[135] OVG Münster NVwZ-RR 2023, 259 = juris Rn. 29, 34.
[136] BVerwG NVwZ 2020, 719 = juris Rn. 43.

4. Erfordernis der Planfeststellung

Die Rechtsgrundlagen für Planfeststellungen bei Straßenbauvorhaben des überörtlichen Verkehrs ergeben sich auch den Straßen- und Wegegesetzen des Bundes und der Länder. Die Planfeststellung für die Bundesfernstraßen richtet sich nach §§ 17– 17e FStrG und ergänzend nach dem VwVfG. Für die Planfeststellung von Straßen des Landesrechts bestimmen die jeweiligen Landesstraßengesetz und ergänzend die Verwaltungsverfahrensgesetze der Länder das Planfeststellungserfordernis und die verfahrensrechtlichen Anforderungen an das Planfeststellungsverfahren. Nach den Straßengesetzen ist die Planung vorgeschrieben für den Bau oder die Änderung von Bundesfernstraßen und Landesstraßen, Kreisstraßen, teils ohne Einschränkung, teils nur bei einer besonderen Verkehrsbedeutung, von Gemeindestraßen und sonstigen Straßen nach Maßgabe des jeweiligen Landesrechts. 5587

a) Planfeststellung oder Plangenehmigung. Nach § 17 I 1 FStrG dürfen Bundesfernstraßen nur gebaut oder geändert werden, wenn der Plan vorher festgestellt ist. Zu den Bundesfernstraßen gehören nach § 1 IV FStrG 1. der Straßenkörper; das sind besonders der Straßengrund, der Straßenunterbau, die Straßendecke, die Brücken, Tunnel, Durchlässe, Dämme, Gräben, Entwässerungsanlagen, Böschungen, Stützmauern, Lärmschutzanlagen, Trenn-, Seiten-, Rand- und Sicherheitsstreifen; 2. der Luftraum über dem Straßenkörper; 3. das Zubehör; das sind die Verkehrszeichen, die Verkehrseinrichtungen und -anlagen aller Art, die der Sicherheit oder Leichtigkeit des Straßenverkehrs oder dem Schutz der Anlieger dienen, und die Bepflanzung; 3a. Einrichtungen zur Erhebung von Maut und zur Kontrolle der Einhaltung der Mautpflicht; 4. die Nebenanlagen; das sind solche Anlagen, die überwiegend den Aufgaben der Straßenbauverwaltung der Bundesfernstraßen dienen, zB Straßenmeistereien, Gerätehöfe, Lager, Lagerplätze, Entnahmestellen, Hilfsbetriebe und -einrichtungen; 5. die Nebenbetriebe an den Bundesautobahnen. 5588

Eine **Änderung** liegt nach § 17 I 2 FStrG vor, wenn eine Bundesfernstraße 1. um einen oder mehrere durchgehende Fahrstreifen für den Kraftfahrzeugverkehr baulich erweitert wird oder 2. in sonstiger Weise erheblich baulich umgestaltet wird. Eine Änderung liegt nach § 17 I 3 FStrG insbesondere nicht vor, wenn die Änderung der Bundesfernstraße 1. im Zuge des Wiederaufbaus nach einer Naturkatastrophe erforderlich ist, um die Bundesfernstraße vor Naturereignissen zu schützen, und in einem räumlich begrenzten Korridor entlang des Trassenverlaufs erfolgt oder 2. unselbständiger Teil einer Ausbaumaßnahme ist, eine durchgehende Länge von höchstens 1.500 m hat und deren vorgezogene Durchführung zur unterhaltungsbedingten Erneuerung eines Brückenbauwerks erforderlich ist. 5589

Als unselbständiger Teil einer Ausbaumaßnahme im Sinne von § 17 I 3 Nr. 2 FStrG gilt nach § 17 I 4 FStrG eine Änderung der Bundesfernstraße, die im Vorgriff auf den Ausbau einer Strecke durchgeführt werden soll, und keine unmittelbare verkehrliche Kapazitätserweiterung bewirkt. Der Träger des Vorhabens kann nach § 17 I 5 FStrG die Feststellung des Plans nach Absatz 1 Satz 1 beantragen. 5590

Nach dem Gesetz zur weiteren Beschleunigung von Planungs- und Genehmigungsverfahren im Verkehrsbereich vom 3.3.2020 soll das Kriterium einer erheblichen baulichen Umgestaltung der Abgrenzung der Änderung zu reinen konstruktiven Anpassungen der Straße an aktuelle Regelwerke, Standards, Sicherheits- oder Verkehrsbedürfnisse dienen. Insbesondere die nur unwesentliche oder nur temporäre Verlegung einer Bundesfernstraße ohne Kapazitätserweiterung zB im Rahmen einer erhaltungsbedingten Erneuerung (Ersatzneubauten) bestehender Brückenbauwerke seien danach nicht als Änderung zu qualifizieren. Da diese Baumaßnahmen regelmäßig – ohne die Leistungsfähigkeit der Straße und die Verkehrsmengen zu erhöhen – nur auf eine Substanzerhaltung und eventuelle Anpassung an aktualisierte Regelquerschnitte sowie auf sonstige konstruktive Verbesserungen zielten, sei es gerechtfertigt, sie keinem umfassenden erneuten Genehmigungsverfahren zu unterwerfen und als Unterhaltung zu qualifizieren.[137] 5591

§ 4 I VerkPlBG [138] führte erstmals im Straßenrecht eine die Planfeststellung ersetzende **Plangenehmigung** für den Bau oder die Änderung einer Straße ein. Voraussetzung ist, dass Rechte anderer nicht beeinträchtigt werden oder die Betroffenen sich schriftlich einverstanden 5592

---

137 BT-Drucks. 19/15626, S. 11; siehe dazu OVG Münster Beschl. v. 11.5.2023 – 11 B 106/23.AK, juris Rn. 19; zu Ersatzneubauten von Brücken nach dem FStrG Hartung DVBl.. 2023, 121; Rockitt UPR 2023, 445; OVG Lüneburg NuR 2022, 128.

138 V. 16.12.1991 – BGBl. I 2 174 – VerkPlBG.

erklären und das Benehmen mit den Trägern berührter öffentlicher Belange hergestellt ist. Die Plangenehmigung hat die Rechtswirkung eines Planfeststellungsbeschlusses nach § 75 I VwVfG (§ 74 VI 2 VwVfG). Die Regelung über die Plangenehmigung findet sich heute größtenteils in § 74 VI VwVfG. Abweichend von § 74 VI 1 Nr. 3 VwVfG kann für ein Vorhaben, für das nach dem UVPG eine **UVP** durchzuführen ist, an Stelle eines Planfeststellungsbeschlusses eine Plangenehmigung erteilt werden. § 17a FStrG gilt entsprechend. Im Übrigen findet das UVPG mit Ausnahme des § 21 III UVPG Anwendung.

5593 Der Planfeststellungsvorbehalt des § 17 1 FStrG und die enteignungsrechtlichen Vorwirkungen des § 19 I FStrG erstrecken sich auch auf Bodenentnahmen aus Entnahmestellen iS von § 1 IV Nr. 4 FStrG, die in einem technisch-funktionalen Zusammenhang mit dem Straßenbauvorhaben stehen.[139]

5594 **b) Planfeststellungsersetzender Bebauungsplan.** Nach § 17 b VIII 1 FStrG sowie den entsprechenden Vorschriften der Landesstraßengesetze ersetzt ein Bebauungsplan die straßenrechtliche Planfeststellung.[140] Die Ersetzung des Planfeststellungsbeschlusses durch einen Bebauungsplan führt nicht dazu, dass die Verkehrsplanung zu einer eigenen Angelegenheit der Gemeinde wird; vielmehr wird das Instrument eines Bebauungsplans für eine Fachplanung genutzt. Von einem eine Planfeststellung ersetzenden Bebauungsplan zu unterscheiden ist eine Planung von Straßen und anderen Verkehrsinfrastruktureinrichtungen aufgrund einer eigenen Planungskompetenz der Gemeinde, die ihr zB bei der Planung von Gemeindestraßen zusteht.[141] Auf der Grundlage des ihnen verfassungsrechtlich garantierten Selbstverwaltungsrechts sind Gemeinden gemäß § 1 II 1 BauGB auch befugt, mit Hilfe von Festsetzungen in Bebauungsplänen eine gemeindliche „Verkehrspolitik" zu betreiben.[142] Ein planfeststellungsersetzender Bebauungsplan scheidet nicht schon dann aus, wenn ein Vorhaben zugleich auch überörtliche Bedeutung hat. Ausschlaggebend ist allein, ob die Planung (jedenfalls auch) städtebauliche Zielsetzungen, dh örtliche Anknüpfungspunkte hat.[143] Für den Erlass eines planfeststellungsersetzenden Bebauungsplans nach § 28 III 1 PBefG für den Bau einer Straßenbahnbetriebsanlage hat der VGH München klargestellt, dass ein solcher Bebauungsplan eine hinreichende Konkretisierung des Vorhabens voraussetzt, die es der Gemeinde ermöglicht, eine planungsrechtliche Grundlage für die Realisierung des Vorhabens unter Abwägung aller für ihre Entscheidung erheblichen Belange zu schaffen, auch wenn diese ggf. der Ergänzung durch Planfeststellung gemäß § 28 III 2 PBefG bedarf.[144] Auch wenn sich ein Bebauungsplan auf die bloße Freihaltung von Flächen für ein künftiges, noch nicht hinreichend konkretes Vorhaben im Sinne von § 28 I 1 PBefG beschränke, müsse die Planfeststellungsbehörde diesen bei der späteren Planungsentscheidung über ein solches Vorhaben von überörtlicher Bedeutung im Rahmen ihrer Abwägung als städtebaulichen Belang berücksichtigen (§ 38 S. 1 Hs. 2 BauGB), allerdings nur soweit die Wirkung der Festsetzung reiche.[145]

5595 Grundsätzlich ist die Planung von Verkehrsanlagen Gegenstand der Fachplanung. Regelmäßig bedarf es für die Planung und Zulassung von Verkehrsanlagen einer Planfeststellung durch die dafür zuständige Planfeststellungsbehörde. Allerdings können auch Gemeinden mit Hilfe eines die Planfeststellung ersetzenden Bebauungsplans Fachplanung für Verkehrsanlagen betreiben. Davon zu unterscheiden ist eine kommunale Verkehrsplanung, die gestützt auf die Planungshoheit der Gemeinde städtebauliche Ziele einer gemeindlichen Verkehrspolitik verfolgt. Auf der Grundlage spezieller gesetzlicher Ermächtigungen in verschiedenen Fachplanungsgesetzen können Bundesfernstraßen (§ 17 S. 1 FStrG), Land – und Kreisstraßen sowie Straßen- und U-Bahn-Linien (§ 28 III PBefG), nicht jedoch Bergbahnen und Eisenbahnen, die nicht dem Personenbeförderungsgesetz unterfallen, statt durch einen Planfeststellungsbeschluss oder eine Plangenehmigung durch einen Bebauungsplan geplant werden. In solchen

---

[139] BVerwG NVwZ 2002, 1119. Zur Zustellung eines Planfeststellungsbeschlusses an „bekannte Betroffene" BVerwG NVwZ-RR 2003, 477.

[140] Pokorni in Müller/Schulz, FStrG, 2022, § 17 b Rn. 20; Springe in Kodal, Straßenrecht, 2021, § 35 Rn. 198 ff.; Beckmann UPR 2017, 41.

[141] Hoppe/Schlarmann/Buchner/Deutsch Rechtsschutz bei der Planung von Verkehrsanlagen und anderen Infrastrukturvorhaben, 2011 § 6 Rn. 337.

[142] BVerwG NVwZ-RR 1998, 217; VGH München Urt. v. 17.3.2015 – 15 N 13.972, juris Rn. 24; VGH Kassel Urt. v. 1.7.2010 – 4 C 2302/09.N, juris, Rn. 39.

[143] OVG Magdeburg LKV 2022, 36 = juris Rn. 54.

[144] VGH München ZUR 2021, 434 = juris Rn. 146, 196, 218.

[145] VGH München ZUR 2021, 434 = juris Rn. 216.

Fällen ist bei Inkrafttreten eines Bebauungsplans für die Verkehrsanlage eine Planfeststellung entbehrlich.

§ 9 I Nr. 11 BauGB räumt den Gemeinden dazu verschiedene Festsetzungsmöglichkeiten ein. Sie können Verkehrsflächen, insbesondere Straßen, Wege und Plätze, aber auch Flächen für den Schienen- und Luftverkehr festsetzen. Außerdem können sie Verkehrsflächen mit einer besonderen Zweckbestimmung, wie etwa Fußgängerbereiche, Flächen für das Parken von Fahrzeugen, Flächen für das Abstellen von Fahrrädern sowie den Anschluss anderer Flächen an die Verkehrsflächen festsetzen. Sie können dazu zB auch Bauabschnitte einer Bundesstraße innerhalb des Gemeindegebiets planen. Einem Bebauungsplan, der eine straßenrechtliche Planfeststellung ersetzt, fehlt allerdings die Planrechtfertigung im Sinne des § 1 III BauGB, wenn die gemeindliche Verkehrsplanung überhaupt keinen örtlichen Bezug aufweist, weil sie dann nicht der städtebaulichen Entwicklung und Ordnung im Sinne des § 1 IIII BauGB dient.[146] Der Einsatz des Instruments eines die Planfeststellung ersetzenden Bebauungsplans wird aber nicht schon dadurch ausgeschlossen, dass ein Vorhaben (zugleich auch) überörtliche Bedeutung hat. Überörtliche Verkehrsbedeutung und örtliche Bedeutung im städtebaulichen Sinne schließen sich insoweit nicht wechselseitig aus. Entscheidend ist allein, ob die Planung jedenfalls auch städtebaulichen Zielen dient.[147] Die Gemeinden können hierzu mit Hilfe eines Bebauungsplans bestimmte Flächen von einer baulichen Nutzung für künftige verkehrliche Zwecke freihalten, um einer späteren Fachplanung Raum zu verschaffen.[148] Allerdings fehlt es an der Erforderlichkeit einer Freihalteplanung, wenn sich die Planung aus tatsächlichen oder rechtlichen Gründen auf Dauer oder jedenfalls auf unabsehbare Zeit als nicht vollzugsfähig erweist. Das soll nach der Rechtsprechung dann anzunehmen sein, wenn die Verwirklichung des Vorhabens innerhalb eines Zeitraums von etwa 10 Jahren nach Inkrafttreten des Plans ausgeschlossen erscheint. 5596

Ein planfeststellungsersetzender Bebauungsplan nach § 9 I Nr. 11 BauGB für eine Straße, für die nicht die Gemeinde Trägerin der Straßenbaulast wird, ist auch unter dem Aspekt der Finanzierbarkeit auf eine Verwirklichung durch den entsprechenden Baulastträger angelegt. Die Gemeinde muss daher in ihrer Planung zum Ausdruck bringen, zu welcher Straßengruppe die geplante Straße gehören soll. Das ist nicht erst im Rahmen der bauleitplanerischen Abwägung, sondern schon für die Planrechtfertigung von Bedeutung.[149] Eine Gemeinde darf, wenn sie in einem Bebauungsplan eine öffentliche Verkehrsflächen festsetzt, die nach der planerischen Konzeption die Verkehrsbedeutung einer klassifizierten Straße haben soll, diese nicht als Gemeindestraße planen, sondern muss sie entsprechend den Einstufungskriterien des Landesstraßengesetzes bzw. des Bundesfernstraßengesetzes in die richtige Straßengruppe einstufen und dies auch in der Bauleitplanung zum Ausdruck bringen muss, und zwar beginnend mit dem Aufstellungsbeschluss.[150] Bei der Einordnung der Straße in die richtige Straßengruppe handelt es sich um eine gebundene Entscheidung. Dabei verbietet es sich, der Gemeinde eine Auffangzuständigkeit für aus ihrer Sicht notwendige, vom an sich zuständigen Straßenbaulastträger jedoch nicht durchgeführte Straßenbaumaßnahme (zB den Bau einer Ortsumgehung) zuzuerkennen; die Frage, ob eine Gemeindestraße oder eine klassifizierte Straße geplant wird, ist im Normenkontrollverfahren voll überprüfbar.[151] Die ausdrückliche **Zustimmung des Baulastträgers** zu dem Straßenbauvorhaben ist daher unabdingbare Voraussetzung für die Verwirklichung und damit für die Erforderlichkeit der Planung nach § 1 III 1 BauGB, da andernfalls rechtliche Hindernisse der Planumsetzung entgegenstehen.[152] 5597

Gemeindliches Wahlrecht. Nach den Fachplanungsvorschriften, die es ermöglichen, einen Planfeststellungsbeschluss durch einen Bebauungsplan zu ersetzen, besteht ein behördliches Wahlrecht zwischen der Planfeststellung und der Bebauungsplanung. Der Planfeststellungsbeschluss kann durch einen Bebauungsplan selbst dann ersetzt werden, wenn sich der Bebauungsplan im Sinne einer isolierten Straßenplanung durch Bebauungsplan darauf beschränkt, die für 5598

---

146 BVerwGE 108, 248, 249.

147 VGH Kassel Urt. v. 1.7.2010 – 4 C 2302/09.N, juris, Rn. 39.; OVG Lüneburg DVBl. 2010,448.

148 BVerwG Beschl. v. 26.1.2010 – 4 B43/09, juris Rn. 6; VGH München Urt. v. 17.3.2015 – 15 N 13.972, juris Rn. 24.

149 OVG Münster NVwZ-RR 2024, 6 = juris Rn. 21.

150 OVG Münster NVwZ-RR 2024, 6 = juris Rn. 21; OVG Münster NVwZ-RR 2024, 6 = juris Rn. 21.

151 VGH Mannheim Urt. v. 25.4.2007 – 5 S 2243/05. juris Rn. 93, 96;

152 OVG Münster NVwZ-RR 2024, 6 = juris Rn. 21; Urt. v. 9.2.2010 – 3 S 3064/07, juris Rn. 65.

die Verkehrsanlage notwendigen Festsetzungen zu treffen.[153] Entscheidet sich die Gemeinde für eine bauplanungsrechtliche Straßenplanung, muss diese den Erfordernissen des BauGB genügen.

5599 Eine isolierte Straßenplanung kann wegen des Vorhabenbegriffs im Sinne des § 29 BauGB nicht auf der Grundlage eines vorhabenbezogenen Bebauungsplans erfolgen.[154] Wird mit dem vorhabenbezogenen Bebauungsplan für ein anderes Vorhaben gleichzeitig eine außerhalb des Bereichs das Vorhaben- und Erschließungsplans verlaufende Straße geplant, deren Funktion über die bloße Erschließung des Vorhabens quantitativ und qualitativ deutlich hinausgeht, handelt es sich nicht mehr um eine zulässige Einbeziehung einzelner Flächen im Sinne von § 12 IV BauGB.[155]

5600 **Folgen der Wahl des planfeststellungsersetzenden Bebauungsplans.** Entscheidet sich die Gemeinde für die Aufstellung eines Bebauungsplans und ersetzt damit den ansonsten erforderlichen Planfeststellungsbeschluss, dann richten sich die rechtlichen Anforderungen an die Planaufstellung und die Rechtswirkungen des Bebauungsplans grundsätzlich nach dem Bauplanungsrecht, wenngleich es sich inhaltlich um eine spezifische Form der Fachplanung handelt. Entscheidet sich die Gemeinde für die Aufstellung eines planfeststellungsersetzenden Bebauungsplans, dann stehen ihr nur die Festsetzungsmöglichkeiten des abschließenden Katalogs des § I BauGB zur Verfügung. Sie kann darüber nicht hinausgehen.[156] § 9 I BauGB ermöglicht insbesondere keine verkehrsrechtlichen Regelungen. Festgesetzt werden können nach § 9 I Nr. 11 BauGB Verkehrsflächen, nach § 9 I Nr. 20 BauGB Flächen oder Maßnahmen zum Schutz, zur Pflege und zur Entwicklung von Boden, Natur und Landschaft, Schutzflächen und Schutzvorkehrungen gemäß § 9 Abs. 1 Nr. 24 BauGB, sowie Flächen für Aufschüttungen, Abgrabungen und Stützmauern, soweit sie zur Erstellung des Straßenkörpers erforderlich sind (§ 9 I Nr. 26 BauGB). Als zulässige Festsetzungen für einen planfeststellungsersetzenden Bebauungsplan kommen auch Maßnahmen des aktiven Schallschutzes (zB Doppelfenster, Schallschutzfenster) in Betracht. Regelungen über die Kostentragung für die Vorkehrungen können allerdings nicht im Bebauungsplan festgesetzt werden.[157] Bei der Planung von Verkehrsanlagen kann außerdem die Festsetzung einer bestimmten Höhenlage im Sinne von § 9 III 1 BauGB erforderlich werden. Die Festsetzung der Höhenlage einer Straße soll aber nur dann zulässig sein, wenn die Straße anbaufähig ist, nicht aber wenn es sich um eine anbaufreie Hoch- oder Tiefstraße handelt.

5601 Angesichts des abschließenden Katalogs der Festsetzungsmöglichkeiten können bestimmte Einzelheiten im Bebauungsplan nicht so konkret wie in einem Planfeststellungsverfahren festgelegt werden. Das kann betriebsbezogene Details zum Beispiel bei Straßenbahnen oder aber auch spezielle Regelungen über die mit Kreuzungen zusammenhängenden Rechtsfragen betreffen.[158] Reichen die Festsetzungsmöglichkeiten des § 9 I BauGB nicht aus, bedarf es eines ergänzenden Planfeststellungsverfahrens (§ 17 b VIII 2 FStrG). Das gilt zB wenn Entschädigungsregelungen dem Grunde nach festgesetzt werden müssen, was jedoch im Bebauungsplan selbst nicht möglich ist.[159]

5602 Regelmäßig wird sich die Gemeinde, die sich für die Aufstellung eines Bebauungsplans für eine Verkehrsanlage entschließt, der eine Planfeststellung ersetzen soll, darauf beschränken, die für die Verkehrsanlage notwendigen Grundstücksflächen nach § 9 I Nr. 11 BauGB einschließlich der erforderlichen Schutzflächen nach § 9 I Nr. 24 BauGB (Lärmschutzwall) auszuweisen. Eine isolierte Straßenplanung, die mit Hilfe eines Bebauungsplans lediglich Verkehrsflächen festsetzt, hat die Qualität eines einfachen Bebauungsplans im Sinne von § 30 III BauGB, da ihm Festsetzungen über Art und Maß der baulichen Nutzung fehlen.[160]

5603 **Rechtswirkungen des Bebauungsplans.** Anders als dem Planfeststellungsbeschluss kommt dem die Planfeststellung ersetzenden Bebauungsplan keine Gestaltungs- und Konzentrationswirkung zu.[161] Bedarf es für die Verkehrsanlage noch weiterer Genehmigungen nach

[153] BVerwG DVBl.. 2003, 204.

[154] VGH München Urt. v. 27.9.2005 – 8 N 03.2750, juris Rn. 22 f.

[155] OVG Münster Urt. v. 4.5.2012 – 2 D11/11.NE, juris Rn. 53, 57.

[156] OVG Bautzen KommJur 2004, 475.

[157] Hoppe/Schlarmann/Buchner/Deutsch, Rechtsschutz bei der Planung von Verkehrsanlagen, 2011, Rn. 340; BVerwGE 80, 184 (186).

[158] BVerwG BauR 1998, 515.

[159] BVerwG BauR 1998, 515.

[160] VGH Kassel NVwZ-RR 1990, 297.

[161] Hoppe/Schlarmann/Buchner/Deutsch, Rechtsschutz bei der Planung von Verkehrsanlagen, 2011, Rn. 349.

anderen Gesetzen, müssen diese gesondert eingeholt werden. Das gilt zB für wasserrechtliche Erlaubnisse zur Einleitung von Oberflächengewässern oder für naturschutzrechtliche Genehmigungen. Einer Baugenehmigung bedarf es allerdings zumeist nicht, da öffentliche Verkehrsanlagen regelmäßig vom Anwendungsbereich der Landesbauordnungen ausgenommen sind.[162] Insoweit hat der eine Planfeststellung ersetzende Bebauungsplan zwar keine gestattende Wirkung; er ermöglicht aber eine Realisierung der Verkehrsanlage ohne Baugenehmigung.

Der planfeststellungsersetzende Bebauungsplan hat auch **keine enteignungsrechtliche Vorwirkung.**[163] Eine Aussage zur Zulässigkeit einer Enteignung ergibt sich aus dem Bebauungsplan dementsprechend nicht. Der Eigentümer, dessen Eigentum für die Realisierung des Bebauungsplans enteignet werden soll, kann deshalb im Enteignungsverfahren nach den §§ 85 ff BauGB unter anderem auch einwenden, dass die Inanspruchnahme seines Grundstücks nicht zum Wohl der Allgemeinheit erforderlich ist. Über die Allgemeinwohldienlichkeit der Verkehrsanlage wird somit nicht im Rahmen des Bebauungsplanverfahrens verbindlich entschieden. Auch wenn landesstraßenrechtlich (zB durch § 40 II 1 StrWG SH) für den Bau von Kreisstraßen ein Planfeststellungsverfahren vorgesehen ist, wenn ein Enteignungsverfahren notwendig ist, bedarf es vor der Festsetzung von Verkehrsflächen aus städtebaulichen Gründen in einem Bebauungsplan nach § 9 I Nr. 11 BauGB nicht der Durchführung eines Planfeststellungsverfahrens.[164] 5604

Der Planfeststellungsbeschluss kann als Verwaltungsakt bestandskräftig werden. Der Bebauungsplan wird als Satzung hingegen nicht bestandskräftig. Der Bebauungsplan ersetzt keine **Veränderungssperre** nach den Fachplanungsgesetzen (siehe zB § 9 a FStrG). Zur Sicherung des Verkehrsvorhabens bedarf es deshalb einer Veränderungssperre nach den §§ 14 ff. BauGB. 5605

Rechtmäßigkeitsanforderungen. Ein Bebauungsplan, der eine Planfeststellung für eine Verkehrsanlage ersetzt, muss allen Anforderungen an seine Rechtmäßigkeit genügen, die an einen gemeindlichen Bebauungsplan zu stellen sind. Grundsätzlich sind bei der Aufstellung eines Bebauungsplans, der die Planfeststellung für eine Verkehrsanlage ersetzt, dieselben verfahrensrechtlichen Anforderungen zu stellen, die auch bei anderen Bebauungsplänen zu beachten sind. Es gelten jedoch Besonderheiten: 5606

Nach § 2 IV 1 BauGB wird für die Belange des Umweltschutzes nach § 1 VI Nr. 7 BauGB und § 1 a BauGB grundsätzlich stets eine Umweltprüfung durchgeführt, in der die voraussichtlichen erheblichen Umweltauswirkungen ermittelt und in einem Umweltbericht beschrieben und bewertet werden. Das Ergebnis der Umweltprüfung ist nach § 2 IV 4 BauGB in der Abwägung zu berücksichtigen. Über diese allgemeine Umweltprüfung bei der Aufstellung von Bauleitplänen hinaus bedarf es für Bebauungspläne, die eine Planfeststellung für ein Vorhaben ersetzen, für dessen Zulassung einer Umweltverträglichkeitsprüfung erforderlich ist, grundsätzlich einer projektbezogenen Umweltverträglichkeitsprüfung. Das Verhältnis zwischen dieser allgemeinen Umweltprüfung bei der Aufstellung von Bauleitplänen und der projektbezogenen Umweltverträglichkeitsprüfung für Bebauungspläne, die Planfeststellungen für UVP-Pflichtige Vorhaben ersetzen, regelt § 50 I 1 UVPG. Nach § 50 I 1 UVPG wird für Bebauungspläne im Sinne von § 2 VI Nr. 3 UVPG, insbesondere bei Vorhaben nach Anlage 1 Nr. 18.1 bis 18.9, aufgestellt, geändert oder ergänzt, so wird die UVP einschließlich der Vorprüfung nach den §§ 1 und 2 I und II sowie nach den §§ 3 bis 13 UVPG im Aufstellungsverfahren als Umweltprüfung sowie die Überwachung nach den Vorschriften des BauGB durchgeführt. Eine nach diesem Gesetz vorgeschriebene Vorprüfung entfällt, wenn für den aufzustellenden Bebauungsplan eine Umweltprüfung nach den Vorschriften des BauGB durchgeführt wird. Zu den Entscheidungen im Sinne von § 2 VI Nr. 3 UVPG gehören Beschlüsse nach § 10 BauGB über Bebauungspläne, die Planfeststellungsbeschlüsse für Vorhaben im Sinne der Anl. 1 UVPG ersetzen. Daraus folgt, dass die UVP vollständig in das Bebauungsplanverfahren integriert ist. Die Frage, ob eine UVP durchzuführen ist, richtet sich weiterhin nach dem UVPG. Eine über die im Rahmen der Bauleitplanung ohnehin durchzuführende Umweltprüfung hinausgehende zusätzliche oder besondere UVP für Verkehrsvorhaben nach Nr. 14.3-14.6 der Anl. 1 des UVPG ist somit gem. § 17 UVPG nicht erforderlich. Allerdings muss sich die UVP auch auf alle Anforderungen erstrecken, die sich aus dem jeweiligen Fachplanungsgesetz für die Planfeststellung ergeben, die durch den Bebauungsplan ersetzt wird. 5607

---

162 Hoppe/Schlarmann/Buchner/Deutsch, Rechtsschutz bei der Planung von Verkehrsanlagen, 2011, Rn. 349.

163 BVerwG Urt. v. 20.12.2012 – 4 C 6/11, juris Rn. 14; BVerwGE 134, 355 Rn. 24 mwN.

164 OVG Schleswig BRS 90 Nr. 40 (2022) = juris Rn. 39.

5608 **FFH-Verträglichkeitsprüfung**. Nach § 34 VIII BNatSchG gelten die Bestimmungen über die FFH-Verträglichkeitsprüfung nach § 34 I-VII BNatSchG grundsätzlich nicht für Vorhaben im Sinne von § 29 BauGB in Gebieten mit Bebauungspläne nach § 30 BauGB und während der Planaufstellung nach § 33 BauGB. Mit dieser Regelung sollen doppelte FFH-Verträglichkeitsprüfungen für Pläne und auf deren Grundlage entwickelte Projekte vermieden werden. Diese Ausnahme von den Anforderungen der FFH-Verträglichkeitsprüfung gilt allerdings ausdrücklich nicht für Bebauungspläne, die eine Planfeststellung ersetzen. Bei diesen besteht die Gefahr einer Doppelprüfung zumeist ohnehin nicht, weil es regelmäßig für die Vorhaben keiner weiteren Zulassung, insbesondere einer Baugenehmigung, bedarf. Ist eine Baugenehmigung erforderlich, dann muss eine vorhabenbezogen Verträglichkeitsprüfung im Rahmen des Baugenehmigungsverfahrens durchgeführt werden. Die FFH-Verträglichkeitsprüfung ist dementsprechend nach den Vorgaben des BauGB durchzuführen.

5609 Nach § 1 a IV BauGB sind, soweit ein Gebiet im Sinne des § 1 VI Nr. 7 b BauGB in seinen für die Erhaltungsziele oder den Schutzzweck maßgeblichen Bestandteilen erheblich beeinträchtigt werden kann, die Vorschriften des BNatSchG über die Zulässigkeit und Durchführung von derartigen Eingriffen einschließlich der Einholung der Stellungnahme der Europäischen Kommission anzuwenden. Die FFH-Verträglichkeitsprüfung findet bei der Aufstellung von Bauleitplänen im Rahmen der Umweltprüfung statt. § 2 IV 1 BauGB setzt voraus, dass für die Belange des Umweltschutzes eine Umweltprüfung durchgeführt wird, in der die voraussichtlichen erheblichen Umweltauswirkungen ermittelt und in einem Umweltbericht beschrieben und bewertet werden. In dem in § 2 a BauGB und der Anlage 1 zum BauGB geregelten Umweltbericht wird auch die FFH-Verträglichkeitsprüfung abgehandelt.[165] Eine erhebliche Beeinträchtigung der Erhaltungsziele oder des Schutzzwecks von Natura 2000-Gebieten kann nicht im Wege der bauleitplanerischen Abwägung überwunden werden. Maßgeblich sind für die Verträglichkeitsprüfung auch im Rahmen der Bauleitplanung ausschließlich die Vorschriften des BNatSchG und der dort geregelten Verträglichkeitsprüfung.

5610 **Naturschutzrechtliche Eingriffsregelung**. Für Bebauungspläne, die eine Planfeststellung ersetzen, gilt außerdem die naturschutzrechtliche Eingriffsregelung. Nach § 18 I BNatSchG bleibt für Bebauungspläne, soweit sie eine Planfeststellung ersetzen, die Geltung der Vorschriften über die Eingriffsregelung unberührt. Es ist deshalb dieselbe Prüfung anzustellen, die auch bei der Planfeststellung für Verkehrsvorhaben erforderlich ist. Anders als bei normalen Bebauungsplänen ist bei einem die Planfeststellung ersetzenden Bebauungsplan das Entscheidungsprogramm der Eingriffsregelung mit seinen Vorrangregelungen vollständig abzuarbeiten. Das hat zur Folge, dass die naturschutzrechtliche Eingriffsregelung nicht – wie bei anderen Bebauungsplänen – der planerischen Abwägung unterfällt, sondern strikt zu beachtendes Recht ist.

5611 **Materiell-rechtliche Anforderungen**. Bei der Ersetzung einer Planfeststellung durch einen Bebauungsplan handelt es sich lediglich darum, für die Fachplanung ein anderes Planungsinstrument, nämlich den Bebauungsplan, zu nutzen. Der Wechsel des Planungsinstrumentariums führt nicht dazu, dass die materiell-rechtlichen Anforderungen verändert werden.[166] Auch der die Planfeststellung ersetzende Bebauungsplan ist aus dem Flächennutzungsplan zu entwickeln.[167] Ein Bebauungsplan, mit dem eine Planfeststellung ersetzt werden soll, darf nach § 1 II 1 BauGB nur aufgestellt werden, sobald und soweit dies für die städtebauliche Entwicklung und Ordnung erforderlich ist. Regelmäßig wird eine Erforderlichkeit in diesem Sinne bei innerorts gelegenen Verkehrsanlagen, zB bei Ortsdurchfahrten von Straßen, erfüllt sein. Auch bei Straßen außerhalb der Ortsdurchfahrten kann eine Planung für die städtebauliche Entwicklung und Ordnung erforderlich sein, so zB wegen der mit der Ortsumgehung verbundenen Entlastung des Ortskerns vom Durchgangsverkehr. Nicht erforderlich ist ein Bebauungsplan, mit dem eine Planfeststellung für eine Verkehrsanlage ersetzt werden soll, wenn die Verwirklichung des Vorhabens innerhalb eines Zeitraums von etwa 10 Jahren nach Inkrafttreten des Plans ausgeschlossen erscheint.[168] Auch eine fehlende Finanzierungsmöglichkeit kann die Planrechtfertigung entfallen lassen. Grundsätzlich soll aber bereits eine dem Grunde nach vorliegende Zusage über Fördermittel genügen.[169] Wenn ein Planvollzug nach Inkraft-

---

165 im Einzelnen dazu Mitschang/Wagner DVBl. 2010, 1257.
166 VGH München Urt. v. 27.9.2005 – 8 N 03.2750, juris Rn. 22.
167 BVerwG NVwZ 2005, 584.
168 BVerwG DVBl. 2004, 957, 958.
169 OVG Koblenz Urt. v. 19.2.2009 – 1 C 10256/08, juris Rn. 86.

treten des Bebauungsplans auf unüberschaubare Zeit ausgeschlossen erscheint, kann der Bebauungsplan auch wegen seiner Funktionslosigkeit wieder unwirksam werden. Das gilt zB dann, wenn ein Bebauungsplan Verkehrsflächen für eine Straße festsetzt und wenn sich dann herausstellt, dass die Absicht, auf dieser Trasse noch eine Straße zu bauen, endgültig aufgegeben worden ist.[170]

Berücksichtigung von Eigentumsbelangen. Werden in dem Bebauungsplan Verkehrsflächen auf Grundstücken ausgewiesen, die im Privateigentum stehen, ist dies wegen der Sozialbindung des Eigentums nach Art. 14 II GG grundsätzlich zulässig. Es handelt sich insoweit um Inhalts- und Schrankenbestimmungen des Eigentums, die verhältnismäßig sind, wenn sie das Ergebnis einer ordnungsgemäßen Abwägung sind. Abwägungsfehlerhaft ist eine gemeinnützige Festsetzung für eine Verkehrsanlage erst dann, wenn sie auch unter Berücksichtigung von Entschädigungsregeln unverhältnismäßig ist oder eine ordnungsgemäße Abwägung nicht stattgefunden hat. Da der planfeststellungsersetzende Bebauungsplan keine enteignungsrechtliche Vorwirkung hat, muss der Plan auch nicht den Anforderungen des Art. 14 III GG genügen. 5612

Abwägungsgebot. Die Gemeinde hat bei der Aufstellung eines Bebauungsplans, der einen Planfeststellungsbeschluss ersetzen soll, das Abwägungsgebot des § 1 VII BauGB zu beachten. Nach § 74 III VwVfG kann die Planfeststellungsbehörde, soweit eine abschließende Entscheidung noch nicht möglich ist, diese im Planfeststellungsbeschluss vorbehalten. Dieser Entscheidungsvorbehalt ist eine Ausnahme vom Grundsatz der Einheitlichkeit einer Planungsentscheidung und zugleich auch von dem Grundsatz der Konfliktbewältigung. Allerdings kommt ein solcher Vorbehalt nur dann in Betracht, wenn die Lösung des offen gelassenen Problems im Rahmen des bereits im Übrigen festgestellten Plans möglich ist. Eine vergleichbare Möglichkeit des Entscheidungsvorbehalts besteht für den Bebauungsplan nicht. Eine Verlagerung der Lösung bestimmter Probleme, zumal des Lärmschutzes, in ein nachfolgendes Verwaltungsverfahren scheidet bei Bebauungsplänen, die eine Planfeststellung ersetzen, schon deshalb aus, weil die Zulassung der Verkehrsanlage, zB der Straße des Schienenwegs, keines weiteren Zulassungsverfahrens mehr bedarf. 5613

Verhältnis zur Fachplanung. Bei Bebauungsplänen der Gemeinde, die eine Planfeststellung für eine Verkehrsanlage ersetzen, gilt der Vorrang der Fachplanung nach § 38 BauGB nicht. Die Gemeinde kann auch nicht ohne oder gar gegen den Willen des Trägers der Fachplanung in ihrem Gemeindegebiet eine Verkehrsanlage planen. Denn wenn der Träger der Fachplanung nicht bereit ist, die geplante Verkehrsanlage zu realisieren, fehlt es mangels der Umsetzungskompetenz der Gemeinde an einem Planungserfordernis im Sinne von § 1 III 1 BauGB.[171] Die Gemeinde holt dazu nach § 4 II 1 BauGB die Stellungnahmen der Behörden und sonstigen Träger öffentlicher Belange, deren Aufgabenbereich durch die Planung berührt werden kann, ein. Der Träger der Fachplanung kann das Vorhaben auch abweichend von dem planfeststellungsersetzenden Bebauungsplan realisieren. Die Privilegierung der Fachplanung nach § 38 BauGB ermöglicht ihm den Erlass eines von dem Bebauungsplan abweichenden Planfeststellungsbeschlusses. Allerdings muss bei einer solchen Planfeststellung die städtebauliche Planung wiederum berücksichtigt werden. Die darin zum Ausdruck kommenden städtebaulichen Belange sind für den Fachplanungsträger abwägungsrelevant. 5614

Zusätzliche Planfeststellung. Nach § 17 b VIII 2 FStrG ist eine zusätzliche Planfeststellung durchzuführen, wenn eine Ergänzung des die Planfeststellung ersetzenden Bebauungsplans notwendig wird oder wenn von Festsetzungen dieses Bebauungsplans abgewichen werden soll. Die Ergänzungsplanfeststellung dient der Regelung von Fragen, die der Bebauungsplan offengelassen hat. Beispielhaft werden bei der Straßenplanung die Feststellung der Gradiente der Straße, die Festsetzung von Durchflussöffnungen bei Brücken und durchlesen, die Regelung von Unterhaltspflichten bei Bauwerken sowie ergänzende Schutzvorkehrungen genannt.[172] Eine **abweichende Planfeststellung** setzt den Bebauungsplan nicht außer Kraft, macht ihn aber unvollziehbar. 5615

Fraglich ist, ob und unter welchen Voraussetzungen eine Änderung der durch einen Planfeststellungsbeschluss geregelten Straßenplanung durch einen nachfolgenden Bebauungsplan zulässig ist. Dazu wird die Auffassung vertreten, dass durch einen Bebauungsplan auch ein Planfeststel- 5616

---

170 BVerwG Beschl. v. 20.7.2010 – 4 B 22/10, juris Rn. 11.

171 BVerwGE 108, 248.

172 Menke NVwZ 1999, 950.

lungsbeschluss oder eine Plangenehmigung für eine überörtliche Straße geändert werden kann, ohne dass zuvor der Planfeststellungsbeschluss (teilweise) aufgehoben werden müsste.[173] Das OVG Münster vertritt demgegenüber jedoch die Ansicht, aus der Privilegierung des § 38 BauGB ergebe sich, dass ein Planfeststellungsbeschluss für ein nach § 38 BauGB privilegiertes Fachplanungsvorhaben vor dessen abschließender Fertigstellung nicht durch einen Bebauungsplan inhaltlich geändert werden kann. Wird ein Bebauungsplan aufgestellt, mit dem von dem Regelungsgehalt des Planfeststellungsbeschlusses abgewichen wird, ist der Plan mangels Vollziehbarkeit nicht im Sinne von § 1 III 1 BauGB erforderlich und daher unwirksam.[174]

5617 Ein Planfeststellungsbeschluss ergeht als Verwaltungsakt. Er ist nach seiner ordnungsgemäßen Bekanntgabe innerhalb eines Monats anzufechten und zwar entweder zunächst mit Widerspruch oder – wo landesrechtlich ein Widerspruchsverfahren nicht vorgesehen ist– unmittelbar mit einer Anfechtungsklage. Demgegenüber kann gegen einen Bebauungsplan – auch wenn er eine Planfeststellung ersetzt – Normenkontrolle nach § 47 VwGO zu erheben. Das Verstreichen der Frist für die Normenkontrolle lässt die Befugnis der Betroffenen unberührt, zu einem späteren Zeitpunkt bei einer Inzidentkontrolle des Plans – zB bei einem erforderlich werdenden Enteignungsbeschluss – die Unwirksamkeit des Plans einzuwenden. Nach § 75 I a 2 VwVfG führen erhebliche Mängel bei der Abwägung oder eine Verletzung von Verfahrens- oder Formvorschriften nur dann zur Aufhebung des Planfeststellungsbeschlusses oder der Plangenehmigung, wenn sie nicht durch Planergänzung oder durch ein ergänzendes Verfahren behoben werden können. Nach § 17 e II FStrG ist ein Antrag auf Anordnung der aufschiebenden Wirkung der gegen den fernstraßenrechtlichen Planfeststellungsbeschluss gerichteten Klage fristgebunden. Erfolgversprechend ist der Antrag regelmäßig nur dann, wenn im Eilverfahren erkennbar ist, dass ein Anspruch auf Planaufhebung besteht. Ist hingegen nur ein Anspruch auf Planergänzung erkennbar, besteht kein Anlass, die aufschiebende Wirkung der gegen den Planfeststellungsbeschluss gerichteten Klage anzuordnen.

5618 Wohl überwiegend wird empfohlen, das Instrument eines die Planfeststellung ersetzenden Bebauungsplans allenfalls behutsam einzusetzen. § 9 BauGB biete keine hinreichenden Möglichkeiten, die für eine sachgerechte Planung erforderlichen Festsetzungen zu treffen. Regelmäßig sollte die Gemeinde sich daher – so die Empfehlung – darauf beschränken, durch Festsetzungen im Bebauungsplan die Trassen für eine Fachplanung zu sichern. Es sei insoweit auch möglich, dass die Gemeinde den Bebauungsplan nur dazu nutzt, eine Verkehrsfläche für eine Bundesstraße festzusetzen.

Planfeststellung, § 17 FStrG	**Bebauungsplan, § 17 b II FStrG**
Fachinstrument für Bundesfernstraßen	Instrument zur Regelung der städtebaulichen Ordnung; Straßen sind ein Aspekt unter vielen
Umfassende bis ins Detail gehende Regelungsmöglichkeiten	Regelungsmöglichkeiten nach Maßgabe von § 9 BauGB
Räumlicher Ausdehnungsbereich über mehrere Gemeindegrenzen hinweg möglich	Räumlicher Ausdehnungsbereich streng auf Gemeindegebiet bezogen; insoweit ggf. Probleme bei der Abschnittsbildung (eigenständiger Verkehrswert)
Herr des Verfahrens: Überregional zuständige Straßenbau- und Planfeststellungsbehörden	Herr des Verfahrens sind Städte/Gemeinden vor Ort; insoweit eingeschränkte Einwirkungsmöglichkeiten der Straßenbaubehörden
Bei Planoffenlegung tritt Veränderungssperre ein (§ 9 a I FStrG), die sich auch auf Baubeschränkungs- und Bauverbotszonen erstreckt (§ 9 IV FStrG) Vorkaufsrecht, § 9 a VI FStrG	Veränderungssperre muss besonders beschlossen werden (§ 14 BauGB); sie kann sich im Übrigen nur dann auf Bauverbots- bzw. Baubeschränkungszonen erstrecken, wenn diese räumlich im Bebauungsplan liegen. Vorkaufsrecht

[173] Keilich NVwZ 2001, 1012; Menke NVwZ 1999, 950.
[174] OVG Münster NVwZ-RR 2003,633.

Planfeststellung, § 17 FStrG	Bebauungsplan, § 17 b II FStrG
Konzentrationswirkung (§ 75 I VwVfG); alle Erlaubnisse, Bewilligungen, Zustimmungen, andere Planfeststellungen etc. werden zu einem einzigen VA (Planfeststellungsbeschluss) verschmolzen	Keine Konzentrationswirkung, dh zB landespflegerische Erlaubnisse, wasserrechtliche Genehmigungen etc. müssen gesondert eingeholt werden und stehen als eigenständige selbstständig anfechtbare Verwaltungsakte neben der Satzung Bebauungsplan
Enteignung auf Grund eines bestandskräftigen Planes jederzeit möglich (§ 19 FStrG); im Enteignungsverfahren unterliegt Planfeststellungsbeschluss in der Reichweite seiner Vorwirkungen nicht mehr der gerichtlichen Nachprüfung	Enteignung unter den Voraussetzungen von § 87 BauGB möglich; Bebauungsplan unterliegt der vollen gerichtlichen Nachprüfung im Entschädigungsverfahren
Anfechtungsklage innerhalb eines Monats nach Zustellung; Suspensiveffekt (Ausnahme: § 17 e II FStrG)	Normenkontrolle kann innerhalb eines Jahres nach Bekanntmachung des Bebauungsplans erhoben werden (§ 47 II 1 VWGO; außerdem Inzidentkontrolle möglich, wenn VA, der auf Grund Bebauungsplan erlassen wird, angefochten wird (beachtliche Mängel im Abwägungsvorgang können innerhalb eines Jahres gerügt werden (§ 215 I BauGB); kein Suspensiveffekt
Heilungsmöglichkeiten nach § 75 I a VwVfG; im gerichtlichen Verfahren nach § 87 I Ziffer 7 und 94 II VwGO; Ermessenserwägungen können nach § 114 S. 2 VwGO ergänzt werden.	Ist die Rechtsvorschrift ungültig, erklärt das OVG diese für unwirksam (§ 47 V 2 VwGO). Nach § 215 I BauGB werden beachtliche Verfahrens- und Formfehler nach § 214 I 1 Nr. 1 bis 3 BauGB, Fehler beim Entwicklungsgebot nach § 214 II BauGB und Mängel im Abwägungsvorgang nach § 214 III 2 BauGB unbeachtlich, wenn sie nicht innerhalb eines Jahres schriftlich gegenüber der Gemeinde geltend gemacht werden.

Offen ist die Frage, ob und in welchem Umfang der Bebauungsplan **Konzentrationswirkungen** nach § 75 VwVfG haben kann. Nach dem Gesetzeswortlaut kommt diese Konzentrationswirkung nur dem straßenrechtlichen Planfeststellungsbeschluss und der ihn ersetzenden Plangenehmigung zu. Der Bebauungsplan wird in § 75 VwVfG nicht erwähnt. Auf ihn findet das VwVfG auch im Übrigen keine Anwendung (§ 9 VwVfG). Allerdings hat der Bebauungsplan nach § 17 b VIII FStrG die Wirkungen eines fernstraßenrechtlichen Planfeststellungsbeschlusses und einer Plangenehmigung.[175] Aus diesem Zusammenhang könnte sich die Möglichkeit einer analogen Anwendung auch des § 75 VwVfG in dem Sinne ergeben, dass ein Bebauungsplan, der die fernstraßenrechtliche Planfeststellung ersetzt, zugleich auch an der Konzentrationswirkungsregelung in § 75 VwVfG teilnimmt. Eine solche formelle Konzentration in dem Sinne, dass keine anderen behördlichen Genehmigungen, Entscheidungen oder Zulassungen erforderlich sind, sondern die fernstraßenrechtliche Planfeststellung zugleich derartige Entscheidungen mit umfasst, kann aber auf den Bebauungsplan nicht ohne weiteres übertragen werden. Der Bebauungsplan enthält traditionell eine Angebotsplanung in dem Sinne, dass er bestimmte Vorhaben planungsrechtlich zulässt, nicht aber zugleich zu deren Durchführung verpflichtet. Auch ist das Modell des Bebauungsplans in dem Sinne zweistufig, dass dem Bebauungsplan (1. Stufe) ein Zulassungsverfahren (2. Stufe) nachfolgt, in dem auf der Grundlage der Festsetzungen des Bebauungsplans die konkrete Projektzulassung bauplanungsrechtlich aber auch bauordnungsrechtlich geprüft wird. Die Planfeststellung ist demgegenüber einstufig in dem Sinne, dass Planung und Zulassung in einer Entscheidung erfolgen. Mit diesen Unterschieden hängt zusammen, dass der Bebauungsplan nur insoweit formelle Konzentrationswirkungen haben kann, wie er rechtsverbindliche Regelungen enthält und damit das ma- 5619

[175] Zu den Grenzen der gemeindlichen Eigenverantwortung für die Straßenplanung BVerwG DVBl. 2000, 215.

terielle Entscheidungsprogramm einer fernstraßenrechtlichen Fachplanung ersetzen kann. Soweit der Bebauungsplan diese verbindlichen Regelungen nicht beinhaltet, ist ggf. eine ergänzende Planfeststellung vorzunehmen. Dies wird etwa dann in Betracht kommen, wenn neben den Festsetzungen über den Straßenkörper etwa noch ergänzende Schutzauflagen erforderlich sind. Allerdings entwickelt sich der Bebauungsplan mehr und mehr in Richtung auf eine Projektzulassungsentscheidung in dem Sinne, dass neben das herkömmliche Modell einer Angebotsplanung der vorhabenbezogene Bebauungsplan nach § 12 BauGB tritt, der vor allem iVm dem Durchführungsvertrag auf die konkrete Projektrealisierung gerichtet ist. Je mehr der Bebauungsplan jedoch zugleich verbindliche Umsetzungselemente enthält, umso mehr nähert er sich einem Projektzulassungsplan, wie er für das Planfeststellungsverfahren mit der abschließenden Zulassungsentscheidung kennzeichnend ist. Der Bebauungsplan kann dann auch eine größere Reichweite im Hinblick auf die in § 75 VwVfG angeordnete Konzentrationswirkung entfalten.

5620 Dieselben Abgrenzungen könnten sich für das Verhältnis des eine **Straßenplanung ersetzenden Bebauungsplans** zu einer anderen Fachplanung ergeben. § 78 VwVfG bestimmt für das Verhältnis verschiedener Fachplanungen untereinander einen Vorrang derjenigen Fachplanung, die den Schwerpunkt des einheitlichen Entscheidungsprogramms bietet und daher die größte Durchsetzungskraft im Hinblick auf die verschiedenen berührten Belange aber auch ggf. die größte Überwindungslast hat. Überträgt man diesen Grundsatz der Kollisionsregelung verschiedener Fachplanungsvorhaben in § 78 VwVfG auf das Verhältnis von Bebauungsplan zu anderen Fachplanungen, so könnte sich folgende Lösung abzeichnen. Der die Straßenplanung ersetzende Bebauungsplan kann einen Vorrang vor anderen Fachplanungen nur gewinnen, wenn das in ihm zu regelnde Vorhaben den Schwerpunkt der Gesamtmaßnahme bildet und der Bebauungsplan in der Lage ist, das jeweilige fachplanerische Entscheidungsprogramm der mitzuregelnden Maßnahme durch Regelungen verbindlich zu entscheiden. Dazu wird ein Bebauungsplan nur dann die Grundlage bieten können, wenn seine Festsetzungen konkret genug ausgestaltet sind, die Festsetzungen ggf. über einen städtebaulichen Vertrag ergänzt werden und gewährleistet ist, dass die durch das mitzuregelnde Vorhaben berührten Belange im Bebauungsplan umfassend abgewogen werden können. Ist dies nicht gewährleistet, kann sich ein Vorrang des Bebauungsplans vor anderen Fachplanungen nicht entwickeln.

5621 Ob auf der Grundlage einer Plangenehmigung auch **privates Eigentum** in Anspruch genommen werden darf, erscheint zweifelhaft. § 74 VI VwVfG schließt dies zwar nicht aus. Das Plangenehmigungsverfahren kann danach auch stattfinden, wenn Rechte anderer nicht wesentlich beeinträchtigt werden.[176] Ein solches Vorgehen erscheint aber wegen der grundsätzlich fehlenden Überwindungskraft einer Plangenehmigung nicht unproblematisch.

5. Bundesverkehrswegeplan

5622 Die Bundesregierung hat als verkehrsträgerübergreifenden Infrastrukturplan den Bundesverkehrswegeplan 2030 erarbeitet und vom Bundeskabinett verabschiedet.[177] Auf Grundlage des BVWP werden die Bedarfspläne für die einzelnen Verkehrsträger entworfen. Diese werden als Anlage der jeweiligen Ausbaugesetze in den Deutschen Bundestag eingebracht und von diesem verbindlich beschlossen. Alle fünf Jahre werden aufgrund gesetzlicher Regelungen Bedarfsplanüberprüfungen durchgeführt. Der Bundesverkehrswegeplan gilt für den Planungshorizont von 2016 bis 2030 und umfasst sowohl anfallende Erhaltungs- bzw. Ersatzinvestitionen als auch Aus- und Neubauprojekte auf den Verkehrsnetzen der Straße, Schiene und Wasserstraße in der Zuständigkeit des Bundes.

6. Bedarfsplan

5623 Nach § 1 I 1 FStrAbG Bau und Ausbau der Bundesfernstraßen sind Hoheitsaufgaben des Bundes. Das Netz der Bundesfernstraßen wird nach dem Bedarfsplan für die Bundesfernstraßen ausgebaut, der dem FStrAbG als Anlage 1 beigefügt ist. Die in den Bedarfsplan aufgenommenen Bau- und Ausbauvorhaben entsprechen gem. § 1 II 1 FStrAbG den Zielsetzungen des § 1 I FStrG. Die Feststellung des Bedarfs ist für die Linienbestimmung nach § 16 FStrG und für die

[176] BVerwG Urt. v. 15.12.1995 – 4 A 19.95, juris.

[177] Siehe dazu Sauthoff Straßenplanung in Ziekow Handbuch des Fachplanungsrechts, 2024, § 11 Rn. 12.

Planfeststellung nach § 17 FStrG verbindlich § 1 II FStrG. Damit erhält der Bedarfsplan zugleich für die einzelnen Vorhaben eine gesetzlich begründete Planrechtfertigung.[178]

Der Bau oder die Änderung einer Bundesfernstraße, die in der Anlage 2 des FStrAbG abschließend aufgeführt ist, liegt nach § 1 III FStrAbG im **überragenden öffentlichen Interesse**. 5624
Zur Begründung dieser Ende 2023 eingefügten Regelung erläutert die Gesetzesbegründung Folgendes: Der neue § 1 III FStrAbG legt fest, dass der Bau oder die Änderung einer Bundesfernstraße, die in der Anlage 2 aufgeführt ist, im überragenden öffentlichen Interesse liegt. Die Bundesregierung schöpfe damit die rechtlichen Möglichkeiten aus, um die Erfahrungen mit den Gesetzgebungen des vergangenen Jahres zu Planungs- und Genehmigungsbeschleunigungen für weitere Planungs- und Genehmigungsverfahren zu nutzen. Eine leistungsfähige Verkehrsinfrastruktur sei für die Wirtschaftskraft und damit verbunden für Wachstum und Wohlstand von grundsätzlicher Bedeutung. Vorhaben würden als Vordringlicher Bedarf mit Engpassbeseitigung (VB-E) gekennzeichnet, wenn sie aus fachlicher Sicht eine besonders hohe verkehrliche Bedeutung hätten und deshalb frühzeitig umgesetzt werden sollten. Voraussetzung dafür sei ein in der Regel hohes Nutzen-Kosten-Verhältnis und ein hoher Beitrag des Vorhabens zur Minderung bzw. Beseitigung von Engpässen. Projekte würden zudem nur dann in den VB-E eingestuft, wenn sie keine hohe Umweltbetroffenheit aufweisen würden. Sie dienten grundlegenden Gemeinwohlzwecken und lägen im überragenden öffentlichen Interesse.[179]

Die Bindungswirkung der gesetzlichen Bedarfsfeststellung gemäß § 1 II 2 FStrAbG verstößt nicht gegen Art. 11 UVP-RL.[180] Das BVerwG begründet dies damit, dass die Bindungswirkung der gesetzlichen Bedarfsfeststellung eine gerichtliche Kontrolle nicht gänzlich ausschließe. So sei das Gesetz von den Gerichten daraufhin zu überprüfen, ob die Feststellung des Bedarfs evident unsachlich sei. Bei der gesamtstaatlichen Bundesverkehrswegeplanung handele es sich im Übrigen um eine verkehrspolitische Leitentscheidung auf einer der individuellen Betroffenheit weit vorgelagerten Ebene. Bei derart übergreifenden, von vielen politischen und wirtschaftlichen Faktoren bestimmten und auf lange Frist ausgerichteten Entscheidungen mit notwendig hohem prognostischem Gehalt stoße die gerichtliche Kontrolle unabhängig von der Rechtsform der Entscheidung an ihre Funktionsgrenzen. Darüber hinaus lasse die gesetzliche Bedarfsfeststellung die Geltung der weiteren (umwelt-)rechtlichen Vorschriften einschließlich der UVP-Pflicht und des sonstigen Unionsrechts unberührt und entbinde die Planfeststellungsbehörde nicht von der Prüfung und Abwägung entgegenstehender Belange.[181] 5625

Ist ein Vorhaben nach § 1 II 2 FStrAbG durch den Gesetzgeber in einen Bedarfsplan aufgenommen worden, können die Voraussetzungen des tatsächlichen Bedarfs nicht mehr in Frage gestellt werden, es sei denn, es liegt eine offensichtlich fehlsame Entscheidung des Gesetzgebers vor oder es haben sich in der Folgezeit die maßgeblichen Entscheidungsgrundlagen elementar geändert. Dann sei die Entscheidung des BVerfG, einzuholen. § 1 II FStrAbG schließt es auch grundsätzlich aus, die gesetzliche Bedarfsplanung für den Bundesfernstraßenbau unter dem Blickwinkel fachlich zu überprüfen, ob eine andere Verkehrsprognose vorzugswürdig sein könnte.[182] Auch für alle im Bedarfsplan für Bundesfernstraßen als weiterer Bedarf bezeichneten Straßenbauvorhaben ist die verbindliche Bedarfsfeststellung nach § 1 II 2 FStrAbG gegeben. Mit dem Bau einer Bundesautobahn darf nicht nur einem vorhandenen oder erwarteten Verkehrsbedürfnis Rechnung getragen werden. Der Gesetzgeber kann das Instrument des verkehrlichen Ausbaus auch zu einer wirtschaftlichen Aufwertung der Infrastruktur nutzen.[183] Die Verfassungsmäßigkeit der gesetzlichen Bedarfsfeststellung für das Vorhaben, ein Teilstück einer Bundesstraße zu verlegen, wird nicht ohne Weiteres dadurch in Frage gestellt, dass der Anteil des weiträumigen Verkehrs an der Gesamtbelastung des verlegten Teilstücks gering sein wird; dies gilt insbesondere bei einer Trassenführung in innerstädtischen oder stadtnahen La- 5626

---

[178] Siehe dazu Springe in Kodal Handbuch Straßenrecht, 2021, Kap. 33 Rn. 14 ff.; zum Ablauf des Enscheidungsverfahrens für den jeweiligen Bedarfsplan ebenfalls dazu Sauthoff Straßenplanung in Ziekow Handbuch des Fachplanungsrechts, 2024, § 11 Rn. 14.

[179] BT-Drucks. 20/6879, S. 72.

[180] BVerwG NVwZ 2023, 1076 = juris Rn 47.

[181] BVerwG NVwZ 2023, 1076 = juris Rn 47; BVerwGE 166, 132 Rn. 57 ff.

[182] BVerwG DVBl. 2007, 706, m. Anm. Stüer DVBl. 2007, 1147; Bönsel NuR 2007, 796, Günes EurUP 2007, 220, Steeck NVwZ 2009, 61, Kremer ZUR 2007, 299; im Anschluss an BVerwG NVwZ 2000, 1171; NVwZ 2004, 732; DVBl. 2006, 1373 – Schönefeld; EuGH NVwZ 2006, 319; Stüer NVwZ 2007, 1147; Kremer ZUR 2007, 299.

[183] BVerwG NVwZ 1997, 998.

gen.[184] Der Verkehrsbedarf für ein in den Bedarfsplan aufgenommenes Vorhaben wird nicht dadurch in Zweifel gezogen, dass auf Landesebene entwickelte zusätzliche Zielvorstellungen für das Straßenbauvorhaben nachträglich wegfallen.[185]

5627 Änderungen der für die Bedarfsfeststellung maßgeblichen Grundlagen lassen die Verbindlichkeit des Bedarfsplans nicht entfallen. Nach der Konzeption des Fernstraßenausbaugesetzes ist es Sache des Gesetzgebers, auf solche Änderungen zu reagieren (§ 4 FStrAusbauG).[186] Eine bindende negative Feststellung des Inhalts, dass für nicht im Bedarfsplan aufgenommene Vorhaben kein Bedarf besteht, ist § 1 II FStrAusbauG nicht zu entnehmen. Der Nichtaufnahme eines Vorhabens in den Bedarfsplan kann nach den Umständen des Einzelfalles indizielle Bedeutung für die Bedarfsfrage zukommen.[187] Die gesetzgeberische Bedarfsentscheidung ist dabei nicht nur für die Planrechtfertigung verbindlich,[188] sondern erstreckt sich auch auf den Bedarf als abwägungserheblichen Belang, weil sonst die durch das FStrAbG bezweckte Aufgabenverteilung bei der Fortschreibung der Fernstraßenausbauplanung unterlaufen wird. Nach § 1 III FStrAbG liegt der Bau oder die Änderung einer Bundesfernstraße, die in der Anlage 2 des FStrAbG abschließend aufgeführt ist, liegt im überragenden öffentlichen Interesse. Damit bekommt der bedarfsgerechte Fernstraßenausbau gegenüber anderen Belangen, soweit der Gesetzgeber nicht auch ihnen, wie etwa § 2 EEG dem Ausbau erneuerbarer Energien, eine überragendes Interesse attestiert, in planerischen Abwägungs- oder Ermessensentscheidungen ein sehr hohes Gewicht.[189]

5628 Durch den Bedarfsplan wird allerdings noch nicht abschließend über das Vorhaben entschieden. Denn die Planfeststellungsbehörde muss weiterhin auch alle gegen das Vorhaben sprechenden Belange abwägen und sich ebenso bei ihren Untersuchungen insbesondere mit der Möglichkeit einer „Null-Variante" auseinander setzen.[190] Auch die UVP-RL hindert den Gesetzgeber nicht daran, den Bedarf für eine Verkehrsinfrastrukturmaßnahme durch Gesetz festzulegen. Denn das Fernstraßenausbaugesetz[191] konkretisiert ebenso wie das Bundesschienenwegeausbaugesetz für die in den Bedarfsplan aufgenommenen Vorhaben den Bedarf iS der Planrechtfertigung. Diese Bedarfsfestlegung, bezogen auf die Verbindung zweier Punkte in einem bestimmten räumlichen Korridor, ist der konkreten UVP weit vorgelagert.[192] Erst die in einem Planfeststellungsverfahren erfolgende Konkretisierung des Trassenverlaufs beantwortet ua im Rahmen der UVP die Frage, ob und wie das Vorhaben im Einzelnen zu verwirklichen ist. Zwar ist die Bedarfsfestlegung durch den Gesetzgeber auch für die planerische Abwägung verbindlich. Doch kann auch ein derartiges Vorhaben bei der Abwägung scheitern, wenn gegenläufige andere öffentliche oder private Belange ein solches Gewicht haben, dass der Belang des Verkehrsbedarfs aus Rechtsgründen zurückgedrängt wird.[193]

5629 Soll der Bedarfsplan für die Bundesfernstraßen nach § 4 FStrAbG an einen unmittelbar zuvor auf der Grundlage einer **Strategischen Umweltprüfung** beschlossenen **Bundesverkehrswegeplan** angepasst werden, bedarf es vor der Einbringung des Bedarfsplans in das Gesetzgebungsverfahren keiner erneuten Strategischen Umweltprüfung. Das Unionsrecht enthält keine Verpflichtung, vorhandene Erkenntnislücken im Rahmen der Strategischen Umweltprüfung durch weitere Ermittlungen zu schließen. Erforderlich ist aber, dass im Umweltbericht auf diese Lücken hingewiesen und beschrieben wird, auf welche Weise die Umweltprüfung insoweit erfolgt ist.[194] Die Feststellung des Verkehrsbedarfs ist für die Planfeststellung einschließlich des gerichtlichen Verfahrens auch dann verbindlich, wenn das Vorhaben zwar erst nach Erlass des Planfeststellungsbeschlusses, jedoch vor der letzten mündlichen Verhandlung des Gerichts in den Bedarfsplan für die Bundesfernstraßen aufgenommen wurde.[195]

---

[184] BVerwG NVwZ 2007, 462.
[185] BVerwG NVwZ-RR 1998, 292.
[186] BVerwG Beschl. v. 14.7.2005 – 9 VR 20.04, juris.
[187] BVerwG Beschl. v. 15.7.2005 – 9 VR 39.04, juris.
[188] Die von der Rechtsprechung des BVerwG zur Planrechtfertigung entwickelten Grundsätze gelten auch für den Ausbau von Verkehrsflughäfen in den neuen Ländern, so BVerwG UPR 1998, 457.
[189] Appel/Pfeuffer DVBl.. 2024, 544.
[190] BVerwG NVwZ-RR 1998, 292; UPR 1998, 382; NVwZ 1998, 961; BVerwG NVwZ 1998, 508; NVwZ 1997, 169; NVwZ 1998, 284; zum BSchWAG siehe VGH München DVBl. 1997, 842.
[191] BVerwG DVBl. 1988, 532; NVwZ 1996, 381; BauR 1998, 896.
[192] BVerwG Beschl. v. 26.3.1998 – 11 B 27.97, juris.
[193] BVerwG DVBl. 1996, 677.
[194] Art. 5 I iVm Anhang Ih SUP-RL.
[195] BVerwG DVBl. 2018, 589; DVBl. 2018, 585; Schink DVBl. 2018, 653; Stüer UPR 2018, 225; Stüer/Stüer DVBl. 2018, 587.

Eine planerische Ermessensentscheidung muss **vernünftigerweise geboten** sein.[196] Das verhindert allerdings nur grobe und offensichtliche Missgriffe.[197] Besteht ein berechtigtes Interesse daran, eine Region zur Förderung ihrer wirtschaftlichen Entwicklung infrastrukturell aufzuschließen, kann auch dies zur Planrechtfertigung genügen.[198] Im Übrigen stellt es die Erforderlichkeit des Vorhabens nicht in Frage, wenn nicht alle Gründe dem Planfeststellungsbeschluss zu entnehmen sind.[199] Eine Änderung auf den der Planfeststellung vorgelagerten Planungsstufen führt nicht notwendig auch zu einer Änderung der Identität des planfestzustellenden Vorhabens. Denn § 73 VwVfG regelt die Planfeststellung und nicht die Bedarfsplanung, die Landesplanung oder die Finanzplanung.[200] 5630

Die Feststellung des Bedarfs iS der fernstraßenrechtlichen Zielsetzung ist für die Linienbestimmung nach § 16 FStrG verbindlich. Die Bindung an die Bedarfsplanung ist aus verfassungsrechtlichen Gründen allerdings nicht unbegrenzt.[201] Betroffene Grundstückseigentümer können nicht auf verbindliche Vorentscheidungen bei der Bedarfsplanung verwiesen werden, solange hiergegen für den einzelnen keine Rechtsschutzmöglichkeiten bestehen. Wenn deutliche Zweifel daran bestehen, dass mit der Aufnahme eines Vorhabens in einen Bedarfsplan die Grenzen des gesetzgeberischen Ermessens überschritten sind, hat das Verwaltungsgericht dem nachzugehen und ggf. die Verfassungsmäßigkeit der Aufnahme des Vorhabens in den Bedarfsplan dem BVerfG, zur Entscheidung vorzulegen.[202] 5631

Auf der anderen Seite ist die Festlegung des vorrangigen Bedarfs an Verkehrswegen nicht zuletzt eine **politische Entscheidung**, für die zuvörderst der Gesetzgeber zuständig ist und die von den Gerichten nur eingeschränkt kontrolliert werden kann. Jenseits der rechtlichen Anforderungen des Abwägungsgebotes führt daher die prinzipielle Frage, ob zu Grunde gelegte Verkehrsbedürfnisse nicht oder nur teilweise – zB mit geringerer Fahrbahnbreite oder Geschwindigkeitsbegrenzungen – zu befriedigen sind, um Natur und Landschaft zu schonen, in Bereiche, die der gerichtlichen Kontrolle nicht oder nur eingeschränkt zugänglich sind. Dass politische Instanzen etwa aus solchen Erwägungen im Einzelfall eine Reduzierung des Vorhabens bewirken können, steht außer Frage, lässt aber im Allgemeinen keine verbindlichen Rückschlüsse auf deren rechtliche Notwendigkeit zu. Über den Einzelfall hinausführende Leitentscheidungen in dem Spannungsfeld des Naturschutzes und der Landschaftspflege einerseits und des Straßenverkehrsinteresses andererseits zu treffen, ist nicht Aufgabe der Gerichte, sondern des parlamentarischen Gesetzgebers. Die normativen Vorgaben für den Natur- und Landschaftsschutz (§§ 1, 2 und 14 BNatSchG) bekräftigen zwar das Abwägungsgebot auch aus dieser Sicht (insbesondere § 15 V BNatSchG). Aber die konkrete Gewichtung der im Einzelfall widerstreitenden Belange ist damit gesetzlich nicht weiter gesteuert. Dies ist schon deshalb kaum möglich, weil sich selten allein zwei divergierende Belange gegenüberstehen, sondern idR mehrere unterschiedliche Belange in einem Interessengeflecht miteinander verstrickt sind.[203] Gegen die Bindung des Bedarfsplans für das Linienbestimmungs- und Planfeststellungsverfahren sind verfassungsrechtliche Bedenken vor allem aus dem Prinzip der Gewaltenteilung als auch im Hinblick auf die Rechtsschutzgarantie abgeleitet worden.[204] Zugleich gilt es aber auch zu bedenken, dass der Gesetzgeber einen sachgerechten Ausgleich zwischen den Individualinteressen nach einem möglichst umfassenden Rechtsschutz und den vorhabenbezogenen Interessen 5632

---

196 VGH Mannheim DVBl. 2001, 405; VBLBW 2001, 315.

197 BVerwG NVwZ 2002, 350; DVBl. 1972, 119; für ein Landesentwicklungsprogramm OVG Koblenz NVwZ-RR 2001, 714.

198 BVerwG NVwZ 2001, 673; NJW 1986, 1508; UPR 1998, 382.

199 BVerwGE 114, 364; Urt. v. 25.10.2001 – 11 A 30.00, juris.

200 BVerwG NVwZ-RR 2002, 2.

201 BVerfG NVwZ 1996, 241; DVBl. 1988, 532; NVwZ 1996, 381; LKV 1997, 213; auf Grund der Gesetzesform sind nur verfassungsmäßige Kontrollmaßstäbe anwendbar, bei Anhaltspunkten für einen Verstoß ist das Gericht zur Vorlage nach Art. 100 GG verpflichtet – BVerwG DVBl. 1988, 532; NVwZ 1996, 381; DVBl. 1996, 677; NVwZ 1996, 1016 m. Anm. Stüer DVBl. 2013, 1324; Groß VerwArch. 88 (1997), 89; Sauthoff Straßenplanung in Ziekow Handbuch des Fachplanungsrechts, 2024, § 11 Rn. 15; Badura in FS für Hoppe, 2000, 167 (168).

202 BVerwG DVBl. 1988, 532; NVwZ 1996, 381; DVBl. 1996, 677; NVwZ 1996, 1016 m. Anm. Stüer, DVBl. 2013, 1324; DVBl. 1996, 914; DVBl. 1996, 915; DVBl. 1997, 798.

203 BVerwG Beschl. v. 14.8.1989 – 4 B 53.89, juris.

204 Hönig in: Stüer (Hrsg.) Verfahrensbeschleunigung, S. 162.

treffen kann. Aus dieser Sicht erscheint eine gesetzlich angeordnete Planrechtfertigung durchaus berechtigt.[205]

5633 Ein Bedarfsplan für Bundesfernstraßen (§ 1 I 2, II FStrAbG), der entgegen § 4 1 Halbs. 2 FStrAbG nur unvollständig überprüft worden ist, wird ebenso wenig automatisch gegenstandslos wie ein Bedarfsplan, dessen Anpassungsbedarf nicht innerhalb des Zeitrahmens des § 4 FStrAbG überprüft worden ist[206].

5634 Der Bedarfsplan des Gesetzgebers ist **grundsätzlich bindend**[207] und darf von der Planfeststellungsbehörde auch in der Abwägung berücksichtigt werden.[208] Allerdings kann das Vorhaben an entgegenstehenden öffentlichen oder privaten Belangen scheitern.[209] Finanzielle Engpässe und eine Streckung des ursprünglich vorgesehenen Zeitplans lassen die Planrechtfertigung allerdings noch nicht entfallen.[210] Etwas anderes gilt, wenn sich die Verhältnisse in der Zwischenzeit so grundlegend gewandelt haben, dass sich die ursprüngliche Bedarfsentscheidung nicht mehr rechtfertigen lässt.[211] Gemäß § 3 FStrAbG können allerdings an einer Bundesfernstraße, deren Ausbau in dem Bedarfsplan nicht oder erst in einer späteren Dringlichkeitsstufe vorgesehen ist, einzelne Verbesserungsmaßnahmen von geringer örtlicher Ausdehnung durchgeführt werden, ohne dass ihnen der Bedarfsplan entgegensteht, wenn die Ziele des Bedarfsplans berücksichtigt werden.[212] Die Planrechtfertigung für ein Fernstraßenprojekt folgt aus der gesetzlichen Bedarfsfeststellung, die für die Planfeststellung und das gerichtliche Verfahren verbindlich ist[213]. Anhaltspunkte dafür, dass der Gesetzgeber mit der Bedarfsfeststellung die Grenzen seines gesetzgeberischen Ermessens überschritten hat, liegen nur dann vor, wenn die Bedarfsfeststellung evident unsachlich ist, weil es für die Aufnahme des Vorhabens in den Bedarfsplan im Hinblick auf die bestehende oder künftig zu erwartende Verkehrsbelastung oder auf die verkehrliche Erschließung eines zu entwickelnden Raumes an jeglicher Notwendigkeit fehlt oder wenn sich die Verhältnisse seit der Bedarfsentscheidung des Gesetzgebers so grundlegend gewandelt haben, dass das angestrebte Planungsziel unter keinen Umständen auch nur annähernd erreicht werden kann.[214]

5635 Der Bedarfsplan ist in regelmäßigen Abständen (alle fünf Jahre) der tatsächlichen Entwicklung anzupassen. Nach Ablauf von jeweils fünf Jahren prüft das Bundesministerium für Digitales und Verkehr, ob der Bedarfsplan der Verkehrsentwicklung anzupassen ist; in die Prüfung sind die bei der Bedarfsplanung berührten Belange, insbesondere die der Raumordnung, des Umweltschutzes und des Städtebaus, einzubeziehen. Die Anpassung geschieht durch Gesetz (§ 4 FStrAbG). Zur Verwirklichung des Ausbaus nach dem Bedarfsplan stellt das Bundesministerium für Digitales und Verkehr **Fünfjahrespläne** auf. Sie bilden den Rahmen für die Aufstellung der Straßenbaupläne nach Art. 3 des Straßenbaufinanzierungsgesetzes (§ 5 I FStrAbG). Sie haben die Vorgaben des Bedarfsplans zu berücksichtigen und verteilen die voraussichtlich zur Verfügung stehenden Mittel jahresweise auf Baumaßnahmen (Fünfjahrespläne des Bundes, § 5 FStrAbG), steuern die Verwirklichung im Rahmen von Dringlichkeitsreihungen und bilden den Rahmen für Ansätze an Straßenbaumitteln im jährlichen Bundeshaushalt. Der Bedarfsplan besteht auch aus einem zeichnerischen Teil, der jedoch nicht in allen Einzelheiten Bindungswirkungen auslöst. Der Bedarfsplan bindet mit der Feststellung der Zielkonformität und des Bedarfs zwar auch, soweit er durch zeichnerische Einzelheiten eine bestimmte Bedarfsstruktur näher festlegt. Der auf Grund von Prognosen über Verkehrsströme festgestellte Bedarf gibt nicht nur an, dass ein bestimmter Verkehrsbedarf überhaupt besteht. Er konkretisiert zugleich die Zielsetzungen des § 1 I FStrG, indem er ein bestimmtes, wenn auch grobmaschiges zusammenhängendes Verkehrsnetz für einen weiträumigen Verkehr darstellt, das dem prognostizierten Bedarf gerecht wird (§ 1 I 2 und II 1 FStrAbG). Demgemäß darf er beim Planfeststellungsverfahren die im Bedarfsplan festgestellte Netzverknüpfung nicht ignorieren. Eine weitergehende Bindung besteht allerdings nicht. Der Bedarfsplan ist als globales und grobmaschiges

205 Stüer DVBl. 1997, 326.
206 BVerwG NVwZ 2001, 673.
207 VGH Mannheim DVBl. 2000, 1367; BVerwG UPR 1998, 382.
208 VGH Mannheim VBLBW 2001, 481; BVerwG DVBl. 1997, 798.
209 VGH Mannheim DVBl. 2000, 1367; BVerwG NVwZ 1998, 508.
210 BVerwG Urt. v. 25.10.2001 – 11 A 30.00, juris.
211 BVerwG NVwZ 2001, 1160; NVwZ-RR 1998, 292.
212 BVerwG NVwZ 2001, 1163.
213 BVerwG NVwZ 2013, 1209 Rn. 18; NVwZ 2013, 1218.
214 BVerwG NVwZ 2008, 1238; BVerwG Beschl. v. 30.10.2013 – 9 B 18.13, juris.

Konzept von vornherein nicht detailgenau. Er lässt daher noch genügend Umsetzungsspielraum in den nachfolgenden Verfahren.[215] Die zeichnerische Darstellung hat daher nur einen geringen Konkretisierungsgrad und ist in den nachfolgenden Verfahren noch verfügbar. Die Trassenführung ist entsprechend variationsfähig. Den endgültigen konkreten Trassenverlauf bestimmt der Bedarfsplan noch nicht.[216]

Die Straßenbaupläne können im Einzelfall auch Maßnahmen enthalten, die nicht dem Be- 5636
darfsplan entsprechen, soweit dies wegen eines unvorhergesehenen höheren oder geringeren Verkehrsbedarfs, insbesondere auf Grund einer Änderung der Verkehrsstruktur, erforderlich ist (§ 6 FStrAbG).

Die Aufnahme einer bestimmten Straßenbaumaßnahme in den Bedarfsplan des Fernstraße- 5637
nausbaugesetzes hindert die Planfeststellungsbehörde allerdings nicht daran, sich im Rahmen einer ordnungsgemäßen **Abwägung** für eine vom Bedarfsplan abweichende Maßnahme zu entscheiden. Auch eine dem Bedarfsplan nicht entsprechende Maßnahme kann den Zielsetzungen des § 1 I FStrG entsprechen, aber eben nicht in der nach dem Willen des Gesetzgebers nach dem FStrG vorrangig in Betracht zu ziehenden und nur auf Grund entgegenstehender Belange zu überwindenden Weise. Auch aus § 6 FStrAbG folgt nicht, dass eine im Bedarfsplan nicht (so) enthaltene Maßnahme stets einer Planrechtfertigung entbehrt. Die Bestimmung bezieht sich, wie sich aus § 5 FStrAbG ergibt, auf die Straßenbaupläne des Straßenbaufinanzierungsgesetzes und hat daher unmittelbar Bedeutung für die Finanzplanung, nicht aber für die Zulässigkeit einer Maßnahme im Rahmen der Planrechtfertigung.

Beispiel: Die Aufnahme eines zweistreifigen Ausbaus in den Bedarfsplan bedeutet nur, dass insoweit der Bedarf vom Gesetzgeber verbindlich festgelegt ist. Damit ist jedoch nicht die gesetzliche Aussage verbunden, dass für einen vierstreifigen Ausbau der Sache nach kein Bedarf bestünde. Entscheidet sich deshalb die Planfeststellungsbehörde nach sachgerechter Abwägung im Einzelfall für einen vom Bedarfsplan abweichenden Ausbau, dann verstößt sie damit nicht gegen den Grundsatz der Gewaltenteilung.[217]

Die zeichnerische Darstellung im Bedarfsplan für die Bundesfernstraßen kann eine Bin- 5638
dungswirkung für die vom Gesetzgeber erkennbar gewollte Netzstruktur entfalten.[218]

7. Linienbestimmung

An die Bedarfsplanung schließt sich die Bestimmung der Linienbestimmung für den einzel- 5639
nen Straßenzug gem. § 16 I 1 FStrG an. Die Linienbestimmung ist ein eigenständiges verfahrensrechtliches Instrument zur Vorbereitung der späteren Antragsunterlagen für die Planfeststellung.[219] Das Fernstraßen-Bundesamt bestimmt nach § 16 I 1 FStrG im Benehmen mit den Landesplanungsbehörden der beteiligten Länder die Planung und Linienführung der Bundesfernstraßen. Dies gilt nicht für den Neubau von **Ortsumgehungen**. Eine Ortsumgehung ist der Teil einer Bundesstraße, der der Beseitigung einer Ortsdurchfahrt dient (§ 16 I 2 und 3 FStrG).

Bei der Bestimmung der Linienführung sind nach § 16 II 1 FStrG die von dem Vorhaben 5640
berührten öffentlichen Belange einschließlich der Umweltverträglichkeit und des Ergebnisses der Raumverträglichkeitsprüfung im Rahmen der Abwägung zu berücksichtigen.[220] Die Bestimmung der Linienführung ist nach § 16 II 2 FStrG innerhalb einer Frist von drei Monaten abzuschließen.[221] In Linienbestimmungsverfahren für Bundesfernstraßen werden festgelegt: Anfangs- und Endpunkt der Straße, grundsätzlicher Verlauf der Trasse, Verknüpfungen mit dem vorhandenen Straßennetz, Schnittstellen mit Anlagen anderer Verkehrsträger, Führung der Straße über Brücken, auf Dämmen, in Einschnitten oder Tunneln usw. Die Lage der Trasse wird unter Berücksichtigung der betroffenen Belange einschließlich der Umweltverträglichkeit

---

215 BVerwG DVBl. 1997, 798.
216 BVerwG DVBl. 1997, 798.
217 BVerwG NVwZ-RR 1997, 84.
218 OVG Münster Urt. v. 6.6.2001 – 11 D 28/99.AK, juris.
219 Kupfer in Schoch/Schneider, Verwaltungsrecht; 2020, § 72 VwVfG Rn. 103.
220 Sauthoff Straßenplanung in Ziekow Handbuch des Fachplanungsrechts, 2024, § 11 Rn. 19.
221 Ausführlich zur Linienbestimmung Pokorni in Müller/Schulz, FStrG, 2022, § 16 Rn. 29 ff; Springe in Kodal Handbuch Straßenrecht, 2021, Kap. 34 Rn. 1 ff.

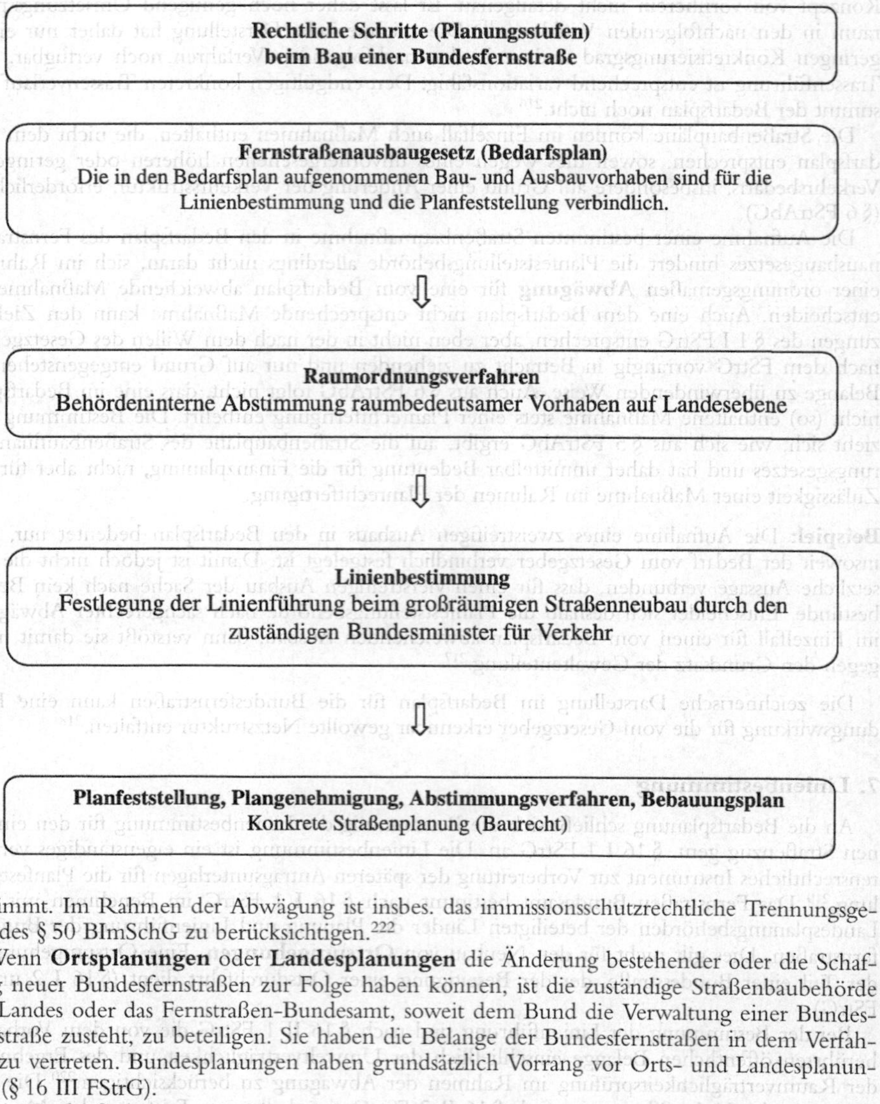

bestimmt. Im Rahmen der Abwägung ist insbes. das immissionsschutzrechtliche Trennungsgebot des § 50 BImSchG zu berücksichtigen.[222]

5641 Wenn **Ortsplanungen** oder **Landesplanungen** die Änderung bestehender oder die Schaffung neuer Bundesfernstraßen zur Folge haben können, ist die zuständige Straßenbaubehörde des Landes oder das Fernstraßen-Bundesamt, soweit dem Bund die Verwaltung einer Bundesfernstraße zusteht, zu beteiligen. Sie haben die Belange der Bundesfernstraßen in dem Verfahren zu vertreten. Bundesplanungen haben grundsätzlich Vorrang vor Orts- und Landesplanungen (§ 16 III FStrG).

5642 Die **Bedarfsplanung** ist folgerichtig als **Vorstufe der vorbereitenden Objektplanung** angelegt und macht wegen des grobmaschigen Maßstabs des Vorhabens im Bedarfsplan die Linienbestimmung nicht überflüssig. Im Bedarfsplan ist die Linienführung einer Straße nur in den groben Umrissen erkennbar. Bei der Bestimmung der Linienführung werden die Anfangs- und Eckpunkte sowie der grundsätzliche Verlauf der Trasse festgelegt, insbesondere ihre ungefähre Lage zu berührten und benachbarten Ortschaften, zu schutzbedürftigen Bereichen und zu Anlagen, von denen besondere Gefährdungen der Straße ausgehen können. Eine Bestimmung der Linienführung nach § 16 FStrG ist beim Neubau einer Trasse stets und bei Änderungen dann, wenn der beabsichtigte Verlauf sich wesentlich ändert, erforderlich. Sie findet nach Änderung des § 16 FStrG durch Art. 2 des Planungsvereinfachungsgesetzes aus Gründen der Verfahrensbeschleunigung beim Neubau von Ortsumgehungen nicht mehr statt.[223] Bei der Linienführung nach § 16 FStrG kann schon abgeschätzt werden, inwieweit öffentliche und

[222] Kupfer in Schoch/Schneider, Verwaltungsrecht; 2020, § 72 VwVfG Rn. 105.
[223] Stüer DVBl. 1997, 326.

private Belange von dem beabsichtigten Vorhaben betroffen werden. Bereits auf dieser Stufe des Linienbestimmungsverfahrens nach § 16 FStrG ist daher eine umfassende Abwägung vorzunehmen und insbesondere die Frage nach den Planungsalternativen, die sich nach Lage der Dinge aufdrängen, in den Abwägungsvorgang mit einzubeziehen. Die Linienbestimmung hat allerdings keine Außenwirkung. Sie ist daher unmittelbar weder durch Anfechtungsklage angreifbar, noch kann sie bei Unterlassung durch Verpflichtungsklage erzwungen werden (§ 15 V UVPG). Im Verfahren der Anfechtung eines Planfeststellungsbeschlusses kann allerdings inzidenter die Frage der Linienbestimmung überprüft werden.

Die Linienbestimmung (§ 16 I FStrG) ist eine vorbereitende Grundentscheidung, die Verbindlichkeit gegenüber dem Straßenbaulastträger und Dritten erst dadurch erlangt, dass sie in den Festsetzungen des Planfeststellungsbeschlusses ihren Niederschlag findet[224] Für die Linienbestimmung nach § 16 I FStrG wird gem. § 47 I 1 UVPG die Umweltverträglichkeit nach dem jeweiligen Planungsstand des Vorhabens geprüft.[225] In die Prüfung der **Umweltverträglichkeit** sind nach § 47 S. 2 UVPG bei der Linienbestimmung alle ernsthaft in Betracht kommenden **Trassenvarianten** einzubeziehen. Im nachfolgenden Zulassungsverfahren kann die Prüfung der Umweltverträglichkeit nach § 47 III UVPG auf zusätzliche erhebliche oder andere erhebliche Umweltauswirkungen des Vorhabens beschränkt werden. Die Linienbestimmung kann nach § 47 IV UVPG nur im Rahmen des Rechtsbehelfsverfahrens gegen die nachfolgende Zulassungsentscheidung überprüft werden. **5643**

Die Abwägungsgrundsätze, die das BVerwG für die Auswahl zwischen verschiedenen in Betracht kommenden Trassenvarianten entwickelt hat, sind auf alle Veränderungen des Wegenetzes übertragbar, die im Rahmen der Planfeststellung für eine planfeststellungsbedürftige Straße mitgeregelt werden.[226] Bestehen keine rechtlich zwingenden Vorgaben, ist die Auswahl unter verschiedenen Trassenvarianten eine fachplanerische Abwägungsentscheidung.[227] Die Wahl einer Trassenvariante ist rechtsfehlerhaft, wenn eine andere als die gewählte Linienführung sich unter Berücksichtigung aller abwägungserheblichen Belange eindeutig als die bessere, weil öffentliche und private Belange insgesamt schonendere darstellen würde, wenn sich mit anderen Worten diese Lösung der Behörde hätte aufdrängen müssen. Darüber hinaus ist die Auswahlentscheidung auch dann fehlerhaft, wenn der Planungsbehörde infolge einer fehlerhaften Ermittlung, Bewertung und Gewichtung einzelner Belange ein rechtserheblicher Fehler unterlaufen ist.[228] **5644**

Aufgrund der nur verwaltungsinternen Bedeutung der Linienbestimmung sind aber nur wenige Fehler vorstellbar, die ohne Weiteres auf die Rechtmäßigkeit des Planfeststellungsbeschlusses durchschlagen. Die Linienbestimmung nach § 16 I FStrG ist weder eine formelle noch eine materielle Voraussetzung der Rechtmäßigkeit der Planfeststellung. Sie ist nicht auf unmittelbare Rechtswirkungen nach außen gerichtet, sondern hat innerhalb des Planungsverlaufs den Charakter einer vorbereitenden Grundentscheidung mit allein verwaltungsinterner Bedeutung. Rechtliche Verbindlichkeit gegenüber dem Träger der Straßenbaulast und gegenüber Dritten erlangt sie erst dadurch, dass sie in den Festsetzungen des Planfeststellungsbeschlusses ihren Niederschlag findet.[229] Da die Linienbestimmung nicht Teil eines gestuften Verfahrens mit einer der Bestandskraft fähigen Vorabentscheidung ist, sondern lediglich verwaltungsinterne Bedeutung entfaltet, können Fehler auf dieser vorgelagerten Ebene regelmäßig im nachfolgenden Verfahren, in dem alle Optionen noch offen sind und eine im Hinblick auf den Ausgang des Entscheidungsverfahrens effektive Öffentlichkeitsbeteiligung noch möglich ist, geheilt werden.[230] Etwas anderes kann allerdings gelten, soweit die Prüfung der Umweltverträglichkeit gemäß § 47 IV UVPG im nachfolgenden Verfahren ausdrücklich auf zusätzliche oder andere erhebliche Umweltauswirkungen des Vorhabens beschränkt wurde. Denn in diesem Fall setzt sich ein Fehler, der im abgeschichteten Teil der auf die Linienbestimmung bezogenen Umweltverträglichkeitsprüfung aufgetreten ist, bis zum Erlass des Planfeststellungsbeschlusses fort.[231] **5645**

---

224 BVerwG DVBl. 2010, 395.
225 OVG Schleswig Urt. v. 28.9.2023 – 4 KS 3/21, juris Rn. 90.
226 BVerwG NVwZ 2020, 719 = juris Rn. 77; zur Trassenwahl auch Sauthoff Straßenplanung in Ziekow Handbuch des Fachplanungsrechts, 2024, § 11 Rn. 57; Lau UPR 2021, 10.
227 BVerwG Beschl. v. 4.3.2024 – 11 VR 4/23, juris Rn. 34.
228 BVerwG Beschl. v. 4.3.2024 – 11 VR 4/23, juris Rn. 34; BVerwGE 161, 263 Rn. 82.
229 BVerwG DVBl. 2010, 395.
230 EuGH NVwZ 2013, 347.
231 BVerwG NVwZ 2014, 714; Bier NdsVBl 2014, 233, Gellermann NuR 2014, 597.

5646 Es steht dem nationalen Gesetzgeber frei, auf ein vorgelagertes Verfahren der Linienbestimmung zu verzichten. Eine Pflicht zur Durchführung eines derartigen Verfahrens ergibt sich weder aus der UVP-RL noch aus der Plan-UP-RL. Beide Richtlinien regeln nur, dass bestimmte Projekte bzw. bestimmte Pläne oder Programme auf ihre Umweltverträglichkeit hin untersucht werden müssen; zu der davon zu unterscheidenden Frage, ob und ggf. unter welchen Voraussetzungen die Mitgliedstaaten Pläne oder Programme erlassen müssen, verhalten sich beide Richtlinien nicht. Infolgedessen besteht keine Pflicht zur Wiederholung des Verfahrens, wenn ein vorgelagertes Linienbestimmungsverfahren zu einer Zeit durchgeführt worden ist, zu der Art. 6 III FFH-RL mangels Listung der betroffenen Gebiete noch nicht anwendbar war. Den Anforderungen des FFH-Rechts ist dann allerdings im Rahmen des Planfeststellungsverfahrens Rechnung zu tragen, dh der jeweilige Abschnitt – das Projekt iSd Art. 6 III FFH-RL – ist mit seinen Auswirkungen auf die von ihm betroffenen FFH-Gebiete in den Blick zu nehmen.[232]

8. Grundsätze für die Aufstellung des Plans

5647 Soweit eine Linienführung nach § 16 FStrG bestimmt ist, ist sie Grundlage für den Entwurf und die weitere Planung. Varianten, die sich bei der Entwurfsbearbeitung aufdrängen, sind so weit zu untersuchen, wie es für die Planungsentscheidung erforderlich ist. Die wesentlichen Gründe, die zu dem Plan geführt haben, werden in der Begründung festgehalten. Untersuchte Varianten sind darzustellen. Die öffentlichen und privaten Belange müssen im Rahmen des planerischen Ermessens gegeneinander und untereinander gerecht abgewogen werden. Dies stellt bereits Anforderungen an den Vorhabenträger. Zu beachten sind Belange der betroffenen Bürger, insbesondere deren Eigentum, Nutzungsrechte (Miete oder Pacht) oder die Frage der Übernahme, wenn das Grundstück nicht unmittelbar in Anspruch genommen, jedoch die vorgegebene Grundstückssituation verändert und durch Maßnahmen das Grundstück schwer und unerträglich betroffen wird, ebenso wie die öffentlichen Belange, insbesondere der Verkehrssicherheit, der Wirtschaftlichkeit, der Wasserwirtschaft, des Immissionsschutzes, des Schutzes von Natur und Landschaft, des Bodenschutzes, des Denkmalschutzes und der Denkmalpflege sowie die Belange anderer öffentlicher Planungsträger.

5648 Drängt sich der planaufstellenden Behörde die Gefährdung oder Vernichtung der **betrieblichen Existenz** eines Planbetroffenen auf, so ist eine besonders sorgfältige Aufklärung geboten. Zur Vorbereitung der Abwägungsentscheidung ist in der Regel die Frage der Existenzgefährdung oder Existenzvernichtung gutachterlich zu untersuchen.[233] Kann die Verwirklichung eines Straßenbauvorhabens zur Existenzgefährdung eines gartenbaulichen Betriebs führen, handelt die Gemeinde allerdings abwägungsfehlerfrei, wenn geeignetes **Ersatzland** in ausreichendem Umfang beschafft werden kann. Einzelheiten der Inanspruchnahme bleiben einem nachfolgenden Enteignungsverfahren (§ 90 BauGB) vorbehalten.[234] Für die Beurteilung der Existenzfähigkeit eines landwirtschaftlichen Betriebs – den Eingriff durch das Vorhaben hinweggedacht – kommt es auf eine **längerfristige Betrachtung** an, in der nur momentane betriebsspezifische Besonderheiten nicht ausschlaggebend sind.[235] Macht ein Betroffener im Planfeststellungsverfahren geltend, in seiner wirtschaftlichen Existenz gefährdet zu sein, so muss er die maßgeblichen Umstände, soweit es ihm ohne Preisgabe schutzwürdiger Daten zumutbar ist, so umfassend darstellen, dass der Planfeststellungsbehörde eine Beurteilung der Auswirkungen des Vorhabens auf die betriebliche Existenz möglich ist.[236]

5649 Schon bei der **Vorbereitung des Plans** wird mit den beteiligten Behörden und Stellen (zB Gemeinden, Kreisen, Bergbehörden, Denkmalschutzbehörden, Eisenbahn-Bundesamt, Flurbereinigungsbehörden, Forstbehörden, Immissionsschutzbehörden, Landesplanungsbehörden, Landwirtschaftsbehörden, Naturschutzbehörden, Betreibern von Telekommunikationslinien, Verkehrsunternehmen, Versorgungsunternehmen, Wasserbehörden, Wasser- und Schifffahrtsbehörden, Wehrbereichsbehörden) geklärt, inwieweit andere Planungen oder örtliche Belange

---

[232] BVerwG NVwZ 2013, 1218; NVwZ 2014, 714, Bier NdsVBl 2014, 233; Gellermann NuR 2014, 597.

[233] Planfeststellungsrichtlinien FStrG 99, II Nr. 9.

[234] OVG Koblenz BauR 2009, 1626. Zur Zulässigkeit der Verlagerung des Streits um die Gleichwertigkeit von Ersatzlandangeboten auf das Entschädigungsverfahren, BVerwG NuR 2010, 799.

[235] BVerwG NVwZ 2017, 1309.

[236] BVerwGE 166, 1; Spieler I+E 2019, 165; Schlacke NVwZ 2017, 905 (910); OVG Hamburg ZUR 2019, 37 (39).

dieser Behörden und Stellen einschließlich der Umweltbelange durch das Bauvorhaben berührt werden. Bei Bauvorhaben in Baugebieten oder in nicht beplanten Innenberiechen ist durch Anfrage bei der Gemeinde zu klären, ob Bebauungspläne nach § 9 BauGB vorliegen, die Festsetzungen für die Bundesfernstraßen enthalten oder wesentlich für die Beurteilung des Verkehrslärms sein können. Die privaten Betroffenen werden ermittelt, das Grunderwerbsverzeichnis aktualisiert und bei Bedarf die Katasterkarte aktualisiert. Bei **Mitbenutzung** einer **kommunalen Entwässerungseinrichtung** für die Entwässerung von Bundes- oder Landesstraßen hat die Kommune gegen den Straßenbaulastträger nur dann einen Zahlungsanspruch aus öffentlich-rechtlicher Geschäftsführung ohne Auftrag oder in Gestalt eines öffentlich-rechtlichen Erstattungsanspruchs, wenn sie von Gesetzes wegen keine Benutzungsgebühren erheben kann.[237]

§ 4 S. 1 FStrG, wonach die Träger der Straßenbaulast dafür einzustehen haben, dass ihre Bauten **allen Anforderungen an die Sicherheit und Ordnung** genügen, gilt auch für Tank- und Rastanlagen, die als Nebenbetriebe nach § 1 IV Nr. 5 iVm § 15 I FStrG zur Bundesfernstraße gehören. Er betrifft die Sicherheit der Bauwerke und der Baumaßnahmen zu ihrer Herstellung und Unterhaltung, nicht aber die im Interesse der Verkehrssicherheit liegende Einhaltung der Abstände zwischen den Rastanlagen nach den Empfehlungen für Rastanlagen an Straßen (ERS 2011). Bei den Abstandsregelungen der Empfehlungen für Rastanlagen an Straßen handelt es sich nicht um strikt zu beachtende Rechtsnormen. Im Rahmen sachgerechter Abwägung kann von ihnen abgewichen werden.[238] 5650

9. Umweltverträglichkeitsprüfung

a) Obligatorische UVP. Nach § 6 S. 1 UVPG iVm Nrn. 14.3 bis 14.5 Anl. 1 zum UVPG sind obligatorisch UVP-pflichtig der Bau einer Bundesautobahn oder einer sonstigen Bundesstraße, wenn diese eine Schnellstraße im Sinne der Begriffsbestimmung des Europäischen Übereinkommens über die Hauptstraßen des internationalen Verkehrs vom 15. November 1975 ist (Nr. 14.3); der Bau einer neuen vier- oder mehrstreifigen Bundesstraße, wenn diese neue Straße eine durchgehende Länge von 5 km oder mehr aufweist (Mr. 14.4); der Bau einer vier- oder mehrstreifigen Bundesstraße durch Verlegung und/oder Ausbau einer bestehenden Bundesstraße, wenn dieser geänderte Bundesstraßenabschnitt eine durchgehende Länge von 10 km oder mehr aufweist (Nr. 14.5). 5651

b) Allgemeine Vorprüfung. Für den Bau einer **sonstigen Bundesstraße** bedarf es einer allgemeinen Vorprüfung. Die allgemeine Vorprüfung wird nach § 7 I 2 UVPG als überschlägige Prüfung unter Berücksichtigung der in Anlage 3 zum UVPG aufgeführten Kriterien durchgeführt. Die UVP-Pflicht besteht, wenn das Neuvorhaben nach Einschätzung der zuständigen Behörde erhebliche nachteilige Umweltauswirkungen haben kann, die nach § 25 II UVPG bei der Zulassungsentscheidung zu berücksichtigen wären. Bei der Anlage 3 handelt es sich um eine Art Checkliste. Fehler in der Vorprüfung werden in der gerichtlichen Kontrolle nur auf Nachvollziehbarkeit geprüft (§ 5 III UVPG). Allerdings sind die Durchführung der Vorprüfung und deren Ergebnis zu dokumentieren (§ 7 VII UVPG). Hierdurch soll sichergestellt werden, dass die gerichtliche Kontrolle sich über die Plausibilität der überschlägigen Prüfung der Behörde hinreichend vergewissern kann. 5652

Die Vorprüfung entfällt nach § 7 III 1 UVPG, wenn der Vorhabenträger die Durchführung einer Umweltverträglichkeitsprüfung beantragt und die zuständige Behörde das Entfallen der Vorprüfung als zweckmäßig erachtet. Für diese Neuvorhaben besteht die UVP-Pflicht. Die Entscheidung der zuständigen Behörde ist nicht anfechtbar (§ 7 III 2 bis 3 UVPG). 5653

Bei der Vorprüfung berücksichtigt die Behörde nach § 7 V UVPG, ob erhebliche nachteilige Umweltauswirkungen durch Merkmale des Vorhabens oder des Standorts oder durch Vorkehrungen des Vorhabenträgers offensichtlich ausgeschlossen werden. Liegen der Behörde Ergebnisse vorgelagerter Umweltprüfungen oder anderer rechtlich vorgeschriebener Untersuchungen zu den Umweltauswirkungen des Vorhabens vor, bezieht sie diese Ergebnisse in die Vorprüfung ein. Bei der allgemeinen Vorprüfung kann sie ergänzend berücksichtigen, inwieweit Prüfwerte für Größe oder Leistung, die die allgemeine Vorprüfung eröffnen, überschritten werden. Die zuständige Behörde trifft die Feststellung gem. § 7 VI UVPG zügig und spätestens sechs 5654

---

[237] BVerwG NVwZ-RR 2018, 539.

[238] BVerwG NVwZ 2020, 719; NVwZ 2017, 627; NVwZ 2017, 627.

Wochen nach Erhalt der nach § 7 IV UVPG erforderlichen Angaben. In Ausnahmefällen kann sie die Frist für die Feststellung um bis zu drei Wochen oder, wenn dies wegen der besonderen Schwierigkeit der Prüfung erforderlich ist, um bis zu sechs Wochen verlängern.

5655 **c) Plangenehmigung.** Für den Planfeststellungsbeschluss und die Plangenehmigung gelten nach § 17 b I FStrG die Bestimmungen des § 74 VwVfG und des § 27 UVPG nach Maßgabe von § 17 b II bis VIII FStrG. An Stelle eines Planfeststellungsbeschlusses kann nach § 74 VI VwVfG eine Plangenehmigung erteilt werden, wenn 1. Rechte anderer nicht oder nur unwesentlich beeinträchtigt werden oder die Betroffenen sich mit der Inanspruchnahme ihres Eigentums oder eines anderen Rechts schriftlich einverstanden erklärt haben, 2. mit den Trägern öffentlicher Belange, deren Aufgabenbereich berührt wird, das Benehmen hergestellt worden ist und 3. nicht andere Rechtsvorschriften eine Öffentlichkeitsbeteiligung vorschreiben, die den Anforderungen des § 73 III und IV bis VII VwVfG entsprechen muss.

5656 Abweichend von § 74 VI Nr. 3 VwVfG kann für ein Vorhaben, für das nach dem UVPG eine **Umweltverträglichkeitsprüfung** durchzuführen ist, an Stelle eines Planfeststellungsbeschlusses eine Plangenehmigung erteilt werden. Das bedeutet, dass auch für UVP-pflichtige Vorhaben kein Planfeststellungsverfahren durchgeführt werden muss, wenn die weiteren Voraussetzungen des § 74 VI Nr. und Nr. 2 VwVfG vorliegen. Die Möglichkeit einer Plangenehmigung für UVP-pflichtige Vorhaben hat natürlich verfahrensrechtliche Konsequenzen soweit ein Plangenehmigungsverfahren üblicherweise keine Beteiligung der Öffentlichkeit vorsieht, für die Umweltverträglichkeitsprüfung eine solche jedoch unverzichtbar ist. Der Gesetzgeber verweist deshalb auf eine entsprechende Anwendung des § 17 a FStrG und auf das dort geregelte Anhörungsverfahren.

5657 § 17b III FStrG sieht dazu jedoch einige **Abweichungen von den Verfahrensregeln** für das weiter Verfahren vor. Abweichend von § 74 IV, V und VI S. 2, 3. HS VwVfG und § 27 I 1 UVPG können die Zustellung, Auslegung und Bekanntmachung der Auslegung des Planfeststellungsbeschlusses oder der Plangenehmigung dadurch erfolgen, dass die Entscheidung mit einer Rechtsbehelfsbelehrung und dem festgestellten Plan für zwei Wochen auf der Internetseite der Planfeststellungsbehörde veröffentlicht wird. Zusätzlich ist der verfügende Teil des Planfeststellungsbeschlusses, die Rechtsbehelfsbelehrung und ein Hinweis auf die Veröffentlichung auf der Internetseite der Planfeststellungsbehörde verbunden mit dem Hinweis auf leicht zu erreichende Zugangsmöglichkeiten in den örtlichen Tageszeitungen bekanntzumachen, in deren Verbreitungsgebiet sich das Vorhaben voraussichtlich auswirken wird; auf Auflagen ist hinzuweisen. Auf Verlangen eines Beteiligten, das bis zum Ablauf der Rechtsbehelfsfrist an die Planfeststellungsbehörde zu richten ist, ist ihm eine leicht zu erreichende Zugangsmöglichkeit zur Verfügung zu stellen. Im Fall des elektronischen Zugänglichmachens gilt mit dem Ende der Veröffentlichungsfrist die Entscheidung dem Träger des Vorhabens, den Betroffenen und denjenigen gegenüber, die Einwendungen erhoben haben, als zugestellt; hierauf ist in der Bekanntmachung hinzuweisen. Die Unterlagen sollen nach Ende der Veröffentlichungsfrist bis zum Ende der Rechtsbehelfsfrist zur Information im Internet veröffentlicht werden (§ 17 III FStG).

5658 Nach § 17 b IV FStrG stellt die oberste Landesstraßenbaubehörde den Plan fest, erteilt die Plangenehmigung und trifft die Entscheidung nach § 74 VII VwVfG (Verzicht auf Planfeststellung und Plangenehmigung entfallen in Fällen von unwesentlicher Bedeutung), soweit sich aus den § 17 b V bis VII FStrG sowie aus § 2 I 1 Nr. 4, II und III und § 3 IV Fernstraßen-Bundesamt-Errichtungsgesetzes keine Zuständigkeit des Fernstraßen-Bundesamtes als Planfeststellungsbehörde und Plangenehmigungsbehörde ergibt. Bestehen zwischen der obersten Landesstraßenbaubehörde oder dem Fernstraßen-Bundesamt, die den Plan im Rahmen ihrer jeweiligen Zuständigkeiten feststellen, und einer Bundesbehörde Meinungsverschiedenheiten, so ist vor der Planfeststellung die Weisung des Bundesministeriums für Digitales und Verkehr einzuholen. Für ein Vorhaben, das teilweise von einer obersten Landesstraßenbaubehörde und teilweise vom Fernstraßen-Bundesamt durch Planfeststellungsbeschluss oder Plangenehmigung zugelassen werden muss, ist nur ein Verfahren durchzuführen, wenn für dieses Vorhaben oder für Teile davon nur eine einheitliche Entscheidung möglich ist. Zuständig ist die Behörde, in deren Zuständigkeitsbereich das Vorhaben den größeren Kreis öffentlich-rechtlicher Beziehungen berührt. Sie hat das Verfahren nach den für sie geltenden Rechtsvorschriften durchzuführen (§ 17 b V FStrG). Bestehen Zweifel, welche Behörde zuständig ist, führen das Bundesministerium für Digitales und Verkehr und die oberste Landesstraßenbaubehörde das Benehmen darüber herbei, welche Behörde für das Vorhaben zuständig ist (§ 17 b VI FStrG).

Nach § 74 VI 2 VwVfG hat die Plangenehmigung die **Rechtswirkungen** der Planfeststellung. Nach § 17 c FStrG gelten allerdings Besonderheiten. 5659

Die Rechtswirkungen der Planfeststellung und der Plangenehmigung ergeben sich aus § 75 VwVfG. Nach § 75 I 1 VwVfG wird durch die Planfeststellung und damit auch durch die Plangenehmigung wird die Zulässigkeit des Vorhabens einschließlich der notwendigen Folgemaßnahmen an anderen Anlagen im Hinblick auf alle von ihm berührten öffentlichen Belange festgestellt;[239] neben der Planfeststellung und insoweit auch neben der Plangenehmigung sind andere behördliche Entscheidungen, insbesondere öffentlich-rechtliche Genehmigungen, Verleihungen, Erlaubnisse, Bewilligungen, Zustimmungen und Planfeststellungen nicht erforderlich. Durch die Planfeststellung werden alle öffentlich-rechtlichen Beziehungen zwischen dem Träger des Vorhabens und den durch den Plan Betroffenen rechtsgestaltend geregelt. 5660

Folgemaßnahmen sind alle Regelungen außerhalb der eigentlichen Zulassung des Vorhabens, die für eine angemessene Entscheidung über die durch das Vorhaben aufgeworfenen Probleme erforderlich sind.[240] Notwendig im Sinne der Norm sind nur Folgemaßnahmen, die dem Anschluss und der Anpassung des Vorhabens an andere Anlagen dienen, Probleme von einigem Gewicht betreffen und erforderlich sind, um durch das Vorhaben aufgeworfene Konflikte zu bewältigen.[241] Dies ist insbesondere auch dann anzunehmen, wenn die Folgemaßnahmen dazu dienen, nachhaltige Störungen der Funktionsfähigkeit des vorhandenen Wegenetzes zu verhindern. Rechtlich notwendige Folgemaßnahmen können etwa naturschutzrechtliche Ausgleichs- oder Folgemaßnahmen nach den §§ 14 ff. BNatSchG sein.[242] 5661

Ist der Planfeststellungsbeschluss oder die Plangenehmigung unanfechtbar geworden, so sind nach § 75 II 1 VwVfG **Ansprüche auf Unterlassung** des Vorhabens, auf Beseitigung oder Änderung der Anlagen oder auf Unterlassung ihrer Benutzung ausgeschlossen. Treten nicht voraussehbare Wirkungen des Vorhabens oder der dem festgestellten Plan entsprechenden Anlagen auf das Recht eines anderen erst nach Unanfechtbarkeit des Plans auf, so kann der Betroffene nach § 75 II 2 VwVfG **Vorkehrungen** oder die **Errichtung und Unterhaltung von Anlagen** verlangen, welche die nachteiligen Wirkungen ausschließen. Sie sind dem Träger des Vorhabens durch Beschluss der Planfeststellungsbehörde aufzuerlegen. Sind solche Vorkehrungen oder Anlagen untunlich oder mit dem Vorhaben unvereinbar, so richtet sich der **Anspruch auf angemessene Entschädigung in Geld**. Werden Vorkehrungen oder Anlagen im Sinne des Satzes 2 notwendig, weil nach Abschluss des Planfeststellungsverfahrens auf einem benachbarten Grundstück Veränderungen eingetreten sind, so hat die hierdurch entstehenden Kosten der Eigentümer des benachbarten Grundstücks zu tragen, es sei denn, dass die Veränderungen durch natürliche Ereignisse oder höhere Gewalt verursacht worden sind; Satz 4 ist nicht anzuwenden (§ 75 II VwVfG). 5662

Für die Rechtswirkungen der Planfeststellung und Plangenehmigung gilt nach § 17 c FStrG zwar grundsätzlich § 75 VwVfG, allerdings mit **besonderen Maßgaben**: 1. Wird mit der Durchführung des Plans nicht innerhalb von zehn Jahren nach Eintritt der Unanfechtbarkeit begonnen, so tritt er außer Kraft, es sei denn, er wird vorher auf Antrag des Trägers des Vorhabens von der Planfeststellungsbehörde um höchstens fünf Jahre verlängert; 2. Vor der Entscheidung nach § 17 c Nr. 1 FStrG ist eine auf den Antrag begrenzte Anhörung nach dem für die Planfeststellung oder für die Plangenehmigung vorgeschriebenen Verfahren durchzuführen; 3. Für die Zustellung und Veröffentlichung im Internet oder Auslegung sowie die Anfechtung der Entscheidung über die Verlängerung sind die Bestimmungen über den Planfeststellungsbeschluss entsprechend anzuwenden; 4. Wird eine Planergänzung oder ein ergänzendes Verfahren nach § 75 Ia Satz 2 VwVfG erforderlich und wird diese Planergänzung oder dieses ergänzende Verfahren unverzüglich betrieben, so bleibt die Durchführung des Vorhabens zulässig, soweit es von der Planergänzung oder dem Ergebnis des ergänzenden Verfahrens offensichtlich nicht berührt ist. 5663

---

239 Zu einigen Beispielen für Folgemaßnahmen Kment NVwZ 2023, 123 (124); Gaentzsch DVBl.. 2012, 129; zur aktuellen Frage ob auch die Mitnahme von Höchstspannungsleitungen als Folgemaßnahme planfestgestellt werden kann Füßer/Kreuter DVBl. 2021, 1402; Schieferdecker NVwZ 2022, 1181.

240 OVG Lüneburg Urt. v. 4.12.2023 – 7 LB 19/21, juris Rn. 46; BVerwG Urt. v. 19.2.2015 – 7 C 11.12, juris.

241 OVG Lüneburg Urt. v. 4.12.2023 – 7 LB 19/21, juris Rn. 46; BVerwG Urt. v. 6.10.2010 – 9 A 12.09, juris; Urt. v. 9.2.2005 – 9 A 62.03, juris.

242 Arnold/Ehemann UPR 2022, 445 (446); Kment NVwZ 2023, 123 (124).

5664 **Verzicht auf Plangenehmigung in unwesentlichen Fällen**. Planfeststellung und Plangenehmigung entfallen nach § 74 VII VwVfG in Fällen von unwesentlicher Bedeutung. Diese liegen vor, wenn 1. andere öffentliche Belange nicht berührt sind oder die erforderlichen behördlichen Entscheidungen vorliegen und sie dem Plan nicht entgegenstehen, und 2. Rechte anderer nicht beeinflusst werden oder mit den vom Plan Betroffenen entsprechende Vereinbarungen getroffen worden sind und 3. nicht andere Rechtsvorschriften eine Öffentlichkeitsbeteiligung vorschreiben, die den Anforderungen des § 73 III 1 und IV bis VII VwVfG entsprechen muss.

10. Planfeststellungsverfahren

5665 Bundesfernstraßen dürfen nach § 17 I FStrG nur gebaut oder geändert werden, wenn der Plan vorher festgestellt ist. Neben der Planfeststellung gibt es weitere Rechtsinstrumente, die in bestimmten Fällen eingesetzt werden können. Es sind dies die Plangenehmigung nach § 74 VI VwVfG, § 17 b FStrG und das so genannte Abstimmungsverfahren in Fällen von unwesentlicher Bedeutung nach § 74 VII VwVfG. Auch über Bebauungspläne kann nach § 17 b II FStrG ggf. das Baurecht für den Aus- oder Neubau von Bundesfernstraßen herbeigeführt werden.

Planungsinstrumente für Bundesfernstraßen

Planfeststellung § 17 FStrG	Plangenehmigung § 74 VI VwVfG	Fälle von unwesentlicher Bedeutung (§ 74 VII VwVfG, § 17 b VII FStrG)	Bebauungsplan (§ 17 b VIII FStrG)
immer möglich zur Baurechtsbeschaffung beim Neu- und Ausbau	Rechte anderer nicht oder nicht wesentlich berührt Benehmen mit Trägern öffentlicher Belange	Einigung mit allen Privatbetroffenen und Trägern öffentlicher Belange erforderlich	idR Straßenbaumaßnahmen im innerörtlichen Bereich
Beteiligung anerkannter Naturschutzvereinigungen nach § 63 BNatSchG	keine Beteiligung anerkannter Naturschutzvereinigungen	keine Beteiligung anerkannter Naturschutzvereinigungen	Beteiligung anerkannter Naturschutzvereinigungen
förmliches Verfahren	besonderes Verfahren bei UVP-Pflicht	kein besonderes Verfahren	förmliches Verfahren
Verwaltungsakt (Planfeststellungsbeschluss)	Verwaltungsakt (Plangenehmigung)	kein Verwaltungsakt (Entscheidung über die Entbehrlichkeit der Planfeststellung oder Plangenehmigung)	Satzung (Bebauungsplan)
Enteignung möglich	Enteignung möglich	keine Enteignung möglich	Enteignung möglich
Rechtsbehelf: Klage beim OVG	Rechtsbehelf: Klage beim OVG	Klage von Umweltvereinigungen nach §§ 1 I 2, 2 UmwRG, 63 BNatSchG	Normenkontrolle ggf. Inzidentkontrolle

5666 **a) Verfahrensgrundlagen.** Auf der Grundlage der Bedarfsplanung und der Linienbestimmung findet das Planfeststellungsverfahren statt. Die Planfeststellung wird durch den Träger der Straßenbaulast bzw. die für ihn tätige Baubehörde vorbereitet. Bei der Vorbereitung des Planes soll geklärt werden, ob und inwieweit öffentliche Belange der zu beteiligenden Behörden betroffen sind. Nach der Vorbereitung des Planes wird ein Antrag mit entsprechenden Unterlagen der Anhörungsbehörde zur Durchführung des Anhörungsverfahrens eingereicht. Das Verwaltungsverfahren wird nach dem VwVfG des jeweiligen Landes durchgeführt, soweit die Straßengesetze keine andere Regelung enthalten. Das Anhörungsverfahren richtet sich nach § 73 VwVfG. Die Anhörungsbehörde holt die Stellungnahmen der Träger öffentlicher Belange ein und veranlasst die Auslegung des Planes und dessen Bekanntmachung. Gegenstand des Verfahrens ist die Bundesfernstraße mit ihren Bestandteilen einschließlich der **notwendigen Folgemaßnahmen** (§ 75 I 1 VwVfG). Entscheidend ist für die Einbeziehung einer Folgemaßnahme ist, dass es sich dabei um eine Maßnahme handelt, die zum Anschluss und zur Anpassung an andere Anlagen gehört, Probleme von einigem Gewicht betrifft und für eine durch das Vorhaben aufgeworfene Konfliktbewältigung erforderlich ist. Folgemaßnahmen können zB erforderliche Verkehrsanschlüsse oder der Bau von Ersatzwegen sein, wenn ein planfestgestelltes Vorhaben das Wegenetz zerschneidet. Auch die Ausweisung von Flächen zur Durchführung von naturschutzrechtlichen Ausgleichs- und Ersatzmaßnahmen nach Maßgabe der naturschutzrechtlichen Eingriffsregelung kann eine Folgemaßnahme sein.[243]

Beispiel: Ein mit der Planung verfolgtes Ziel, den Bedarf insbesondere an Lkw-Stellplätzen entlang einer Autobahn zu decken, entspricht den generellen Vorgaben aus § 3 I 2 FStrG, die Bundesfernstraßen in einem dem regelmäßigen Verkehrsbedürfnis genügenden Zustand zu bauen, zu unterhalten, zu erweitern oder sonst zu verbessern. Wegen des funktionalen Zusammenhangs mit der Sicherheit und Leichtigkeit des Verkehrs sind nicht bewachte Parkplätze und PWC-Anlagen als Teil des Straßenkörpers im Sinne des § 1 IV 4 Nr. 1 FStrG anzusehen, auch wenn sie nicht von § 1 IV Nr. 5 FStrG (Nebenbetriebe im Sinne des § 15 I FStrG) erfasst werden.[244] Es ist ein zulässiges Planungsziel, Lkw-Fahrern die Einhaltung vorgeschriebener Ruhezeiten zu ermöglichen. Hat die Planungsbehörde einen Ausbaubedarf sachgerecht begründet, ist das Gericht nicht befugt, diese Einschätzung durch eigene Ermittlungen zu ersetzen oder sich gar von Erwägungen einer „besseren" Planung leiten zu lassen.[245]

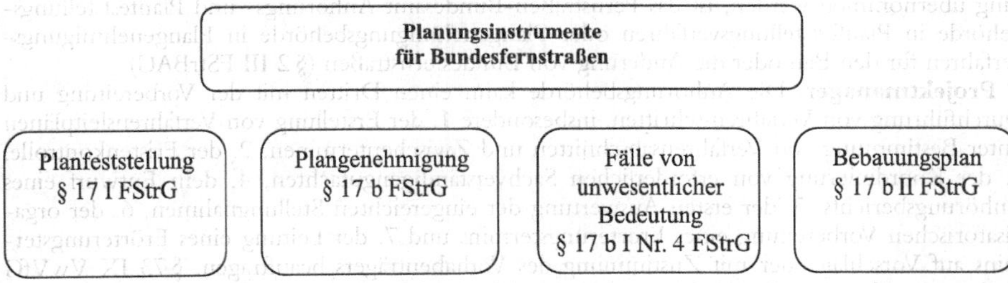

b) Vorarbeiten. Eigentümer und sonstige Nutzungsberechtigte haben nach § 16a I 1 FStrG 5667
zur Vorbereitung der Planung und der Baudurchführung notwendige Kampfmittelräumungen, archäologische Untersuchungen und Bergungen sowie Vermessungen, Boden- und Grundwasseruntersuchungen einschließlich der vorübergehenden Anbringung von Markierungszeichen und sonstigen Vorarbeiten durch die Straßenbaubehörde oder die Gesellschaft privaten Rechts im Sinne des Infrastrukturgesellschaftserrichtungsgesetzes im Rahmen ihrer jeweiligen Zuständigkeiten oder von den zuständigen Behörden Beauftragte zu dulden (**Duldungspflicht**). **Wohnungen** dürfen nur mit Zustimmung des Wohnungsinhabers betreten werden. Das gilt nach § 16a I 2 FStrG nicht für Arbeits-, Betriebs- oder Geschäftsräume während der jeweiligen Arbeits-, Geschäfts- oder Aufenthaltszeiten. § 16a FStrG betrifft vorbereitende Maßnahmen geringer Eingriffsintensität. Auf seiner Grundlage kann ein Grundstückseigentümer nicht zur dauerhaften Duldung betonierter Bohrpfähle in seinem Grundstück verpflichtet werden.[246] Die sich aus § 16a FStrG ergebende Duldungspflicht für Vorarbeiten für die Baudurchführung erfasst nicht die Arbeiten in Vollziehung des Planfeststellungsbeschlusses und besteht daher unabhängig von der sofortigen Vollziehbarkeit des Planfeststellungsbeschlusses.[247]

243 BVerwG NVwZ 1996, 896 (899).
244 VGH München DVBl.. 2021, 1099 = juris Rn. 26; BVerwG NVwZ 2015, 1218.
245 VGH München DVBl.. 2021, 1099 = juris Rn. 28.
246 BVerwG UPR 2017, 525.
247 BVerwG Beschl. v. 2.10.2014 – 9 VR 3/14, juris Rn. 5.

5668 Die Absicht, solche Arbeiten auszuführen, ist dem Eigentümer oder sonstigen Nutzungsberechtigten gem. § 16 a II FStrG mindestens zwei Wochen vorher unmittelbar oder durch ortsübliche Bekanntmachung in den Gemeinden, in deren Bereich die Vorarbeiten durchzuführen sind, bekannt zu geben.[248] Vor dem Erlass einer Duldungsverfügung gemäß § 16a FStrG bedarf es grundsätzlich einer Anhörung des Adressaten.[249]

5669 Entstehen durch eine Maßnahme nach § 16a I FStrG einem Eigentümer oder sonstigen Nutzungsberechtigten unmittelbare Vermögensnachteile, so hat der Träger der Straßenbaulast eine **angemessene Entschädigung** in Geld zu leisten. Kommt eine Einigung über die Geldentschädigung nicht zustande, so setzt die nach Landesrecht zuständige Behörde auf Antrag der Straßenbaubehörde, der Gesellschaft privaten Rechts im Sinne des Infrastrukturgesellschaftserrichtungsgesetzes oder des Berechtigten die Entschädigung fest. Vor der Entscheidung sind die Beteiligten zu hören.

5670 **c) Anhörungsverfahren.** Für das Anhörungsverfahren und das Beteiligungsverfahren gelten § 73 VwVfG und die §§ 17 bis 19 sowie 21 UVPG nach Maßgabe von § 17 a II bis VIII FStrG.

5671 **Zuständigkeit des Fernstraßen-Bundesamts.** Nach § 2 I Nr. 3 FStrBAG ist das Fernstraßen-Bundesamt für die Bestimmung der Planung und Linienführung für Bundesfernstraßen nach § 16 FStrG und nach § 2 I Nr. 4 FStrBAG sowie nach Maßgabe des § 2 II und III FStrBAG und des § 3 II und III FStrBAG für die Planfeststellung und Plangenehmigung für den Bau oder die Änderung von Bundesautobahnen nach § 17 FStrG des Bundesfernstraßengesetzes, einschließlich der vorgeschriebenen Anhörungen zuständig. Das Fernstraßen-Bundesamt ist nach § 2 II FStrBAG Anhörungs- und Planfeststellungsbehörde in Planfeststellungsverfahren oder Plangenehmigungsbehörde in Plangenehmigungsverfahren, die auf der Grundlage des § 17 des Bundesfernstraßengesetzes für den Bau oder die Änderung von Bundesautobahnen durchgeführt werden. Soweit nach Art. 90 IV GG oder Art. 143e II GG auf Antrag eines Landes Bundesstraßen, soweit sie im Gebiet dieses Landes liegen, vom Bund in Bundesverwaltung übernommen werden, ist das Fernstraßen-Bundesamt Anhörungs- und Planfeststellungsbehörde in Planfeststellungsverfahren oder Plangenehmigungsbehörde in Plangenehmigungsverfahren für den Bau oder die Änderung von Bundesfernstraßen (§ 2 III FStrBAG).

5672 **Projektmanager.** Die Anhörungsbehörde kann einen Dritten mit der Vorbereitung und Durchführung von Verfahrensschritten, insbesondere 1. der Erstellung von Verfahrensleitplänen unter Bestimmung von Verfahrensabschnitten und Zwischenterminen, 2. der Fristenkontrolle, 3. der Koordinierung von erforderlichen Sachverständigengutachten, 4. dem Entwurf eines Anhörungsberichts, 5. der ersten Auswertung der eingereichten Stellungnahmen, 6. der organisatorischen Vorbereitung eines Erörterungstermins und 7. der Leitung eines Erörterungstermins auf Vorschlag oder mit Zustimmung des Vorhabenträgers beauftragen. § 73 IX VwVfG bleibt unberührt. Die Entscheidung über den Planfeststellungsantrag verbleibt bei der zuständigen Behörde.[250]

5673 **Verfahrensablauf.** Das Anhörungsverfahren wird wie folgt durchgeführt: Der Träger des Vorhabens hat den Plan der Anhörungsbehörde zur Durchführung des Anhörungsverfahrens einzureichen. Der Plan besteht aus den Zeichnungen und Erläuterungen, die das Vorhaben, seinen Anlass und die von dem Vorhaben betroffenen Grundstücke und Anlagen erkennen lassen (§ 73 I VwVfG). Die Anhörungsbehörde soll nach § 17a II Nr. 1 FStrG von dem Träger des Vorhabens verlangen, den Plan ausschließlich oder ergänzend in einem verkehrsüblichen und von der Anhörungsbehörde vorgegebenen elektronischen Format einzureichen.

5674 **Planunterlagen.** Die Planunterlagen für das Anhörungsverfahren umfassen nach den Richtlinien für die Planfeststellung nach dem Bundesfernstraßengesetz die auf die Planfeststellung abgestellten Unterlagen des Entwurfs Folgendes:[251]

---

[248] Zur enteignungsrechtlichen Absicherung von unterhaltungsarbeiten siehe Dvorak UPR 2021, 426; zur Duldungsverfügung nach § 44 EnWG siehe Füßer/Gresse UPR 2021, 290 und Buschbaum/Reidt UPR 2020, 292; zur eisenbahnrechtlichen Duldungsanordnung siehe BVerwG UPR 2021, 66; zu Duldungspflichten von Eigentümern und Besitzern von Grundstücken nach § 19 KrWG Beckmann AbfallR 2021, 234.

[249] BVerwG UPR 2017, 525.

[250] Zu Praxisfragen beim Einsatz von Projektmanagern Riege EnWZ 2022, 170; zu Ausschreibungspflichten bei der Beauftragung von Rechtsanwälten als Projektmanager in der Planfeststellung Donhauser/Schröck VergabeR 2020, 139; siehe zu Grundlagen und Grenzen der Arbeitsmöglichkeiten eines Projektmanagers auch Ackermann in FS für Ramsauer, 2023, 273 ff.

[251] Planfeststellungsrichtlinien FStrG 99, II Nr. 11.

a) Erläuterungsbericht, in dem die Notwendigkeit und Zweckmäßigkeit der Maßnahme begründet ist (zB Planungsziele, technische Einzelheiten), b) Übersichtskarte, c) Übersichtslageplan mit Darstellung der geprüften Vorhabenvarianten, d) Übersichtshöhenplan, e) Lageplan, f) Höhenplan, g) Verkehrsuntersuchungen, h) Immissionstechnische Untersuchungen (Erläuterungen und Berechnungsunterlagen), i) Lageplan der Immissionsschutzmaßnahmen (wenn nicht in Unterlage nach e) enthalten), j) Wassertechnische Untersuchungen (Erläuterungen und Berechnungsunterlagen), k) Lageplan der Entwässerungsmaßnahmen (wenn nicht in Unterlage nach e) enthalten), l) Fachbeitrag zu §§ 27, 47 WHG, m) Umweltfachliche Untersuchungen (Landschaftspflegerischer Begleitplan mit Artenschutzbeitrag, ergänzende Untersuchungen zu den Schutzgütern nach § 2 I UVPG: Mensch, Kultur- und sonstige Sachgüter, FFH-Verträglichkeitsprüfung zur Beurteilung der Verträglichkeit des Vorhabens mit den Erhaltungszielen der Gebiete von gemeinschaftlicher Bedeutung oder der europäischen Vogelschutzgebiete; bei Unverträglichkeit Angaben zu Alternativen, zwingenden Gründen des überwiegenden öffentlichen Interesses und Maßnahmen zur Kohärenzsicherung, n) Beschreibung der Landschaftspflegerischen Maßnahmen (Maßnahmenübersichtsplan, Maßnahmenpläne, Maßnahmenblätter, tabellarische Gegenüberstellung von Eingriff und Kompensation, soweit nicht im Erläuterungsbericht nach a) enthalten, o) UVP-Bericht nach § 16 UVPG, p) Grunderwerbsplan in einem Maßstab, der die Grundstücksgrenzen und Grundstückinanspruchnahme eindeutig erkennen lässt, q) Grunderwerbsverzeichnis in Tabellenform, r) Regelungsverzeichnis (Verzeichnis der Bauwerke, Wege, Gewässer und sonstigen Anlagen), s) Plan der Widmung/Umstufung/Einziehung, Knotenpunktskizzen, t) Straßenquerschnitt (Regelquerschnitte, Sonderquerschnitte), u) sonstige Pläne (Besondere Lagepläne [zB Leitungsplan], Planunterlagen für Folgemaßnahmen), sofern nicht bereits in Unterlage nach e) enthalten, v) soweit erforderlich und in den Unterlagen nach a) und r) nicht bereits enthalten eine Beschreibung von Art, Menge und ggf. Herkunft der für den Erdbau benötigten Massen sowie eine Beschreibung von Art, Menge und ggf. Verbleib der bei der Herstellung der Straße anfallenden Überschussmassen. 5675

Der nach § 16 UVPG vorzulegende **UVP-Bericht** enthält zusammenhängende Unterlagen mit allen nach § 16 UVPG geforderten umweltrelevanten Angaben. Dazu gehören insbesondere eine Beschreibung der vernünftigen Alternativen, mit Beschreibung der geplanten Maßnahmen zur Vermeidung, Verminderung oder zum Ausgleich nachteiliger Auswirkungen und Ersatzmaßnahmen sowie einer allgemeinverständlichen, nichttechnischen Zusammenfassung. Außerdem enthält eine Aufzählung der für den Plan erstellten Gutachten. Die Angaben des UVP-Berichts müssen so umfassend und detailliert sein, dass der zuständigen Behörde eine begründete Bewertung der Umweltauswirkungen des Vorhabens nach § 25 I UVPG möglich ist.[252] Entspricht der UVP-Bericht des Vorhabenträgers diesen Anforderungen nicht, kann die zuständige Behörde nach § 16 VII 2 UVPG innerhalb einer angemessenen Frist Nachbesserungen verlangen. 5676

Der UVP-Bericht muss auch Angaben zu den **Klimafolgen der Straßenplanung** enthalten. Das Klimaschutzrecht bezieht den Verkehrssektor ein.[253] Überdies sieht § 13 I 1 KSG vor, dass die Träger öffentlicher Aufgaben bei ihren Planungen und Entscheidungen den Zweck dieses Gesetzes und die zu seiner Erfüllung festgelegten Ziele zu berücksichtigen haben. 5677

Nach § 16 V 3 Nr. 2 UVPG müssen die Angaben des UVP-Berichts so klar sein, dass Dritten die Beurteilung ermöglicht wird, ob und in welchem Umfang sie von den Umweltauswirkungen des Vorhabens betroffen sein können. Maßgeblich ist, dass Dritte, deren Rechtsgüter im Einwirkungsbereich des Vorhabens liegen, ihre Betroffenheit nach Art und Umfang anhand der Angaben des UVP-Berichts erkennen können.[254] Andererseits genügen solche Angaben, die einem verständigen Dritten bei objektiver Beurteilung für die Feststellung von Art und Umfang möglicher umweltbezogener Beeinträchtigungen seiner Rechtsgüter ausreichen. Die **Anstoßwirkung** bleibt auch dann gewahrt, wenn der UVP-Bericht vereinzelte inhaltliche Fehler enthält, jedoch zusammen mit den anderen ausgelegten Unterlagen dazu geeignet ist, als Informationsgrundlage zur Beurteilung der Betroffenheit herangezogen zu werden. Wenn die Unterlagen hingegen keine ausreichende Anstoßwirkung entfalten, bedeu- 5678

[252] Reidt/Augustin in Schink/Reidt/Mitschang, UVPG/UmwRG, 2023, § 16 UVPG Rn. 46.

[253] Umfassender zum Klimaschutz bei der Bundesfernstraßenplanung Knauff VerwArch 2023, 161; BVerwG NVwZ 2022, 1549.

[254] zur erforderlichen Anstoßwirkung der Angaben des UVP-Berichts OVG Hamburg NVwZ 2020, 406 (409); Wendt/Uffelmann NordÖR 2020, 214 (217 f.); Reidt/Augustin in Schink/Reidt/Mitschang, UVPG/UmwRG, 2023, § 16 UVPG Rn. 46.

tet dies einen Verfahrensfehler iSv § 4 I Nr. 3 UmwRG, der gerichtlich geltend macht werden kann.[255]

5679 Die nach § 16 III und IV UVPG erforderlichen Angaben sind in die entsprechenden Unterlagen aufzunehmen. **Mehrere Pläne** können in einem Plan vereint werden, wenn die Darstellung klar und verständlich bleibt.

5680 **Behördenanhörung.** Innerhalb eines Monats nach Zugang des vollständigen Plans fordert die Anhörungsbehörde nach § 73 II VwVfG die Behörden, deren Aufgabenbereich durch das Vorhaben berührt wird, zur Stellungnahme auf und veranlasst, dass der Plan in den Gemeinden, in denen sich das Vorhaben voraussichtlich auswirken wird, nach § 27b VwVfG ausgelegt wird. Die Anhörungsbehörde soll nach § 17a II Nr. 2 FStrG den Behörden, deren Aufgabenbereich durch das Vorhaben berührt wird, den Plan ausschließlich elektronisch zugänglich machen. § 27 b I VwVfG bestimmt Folgendes: Ist durch Rechtsvorschrift die Auslegung von Dokumenten zur Einsicht angeordnet, so ist sie dadurch zu bewirken, dass die Dokumente zugänglich gemacht werden 1. auf einer Internetseite der für die Auslegung zuständigen Behörde oder ihres Verwaltungsträgers und 2. auf mindestens eine andere Weise. Ist eine Veröffentlichung der auszulegenden Unterlagen im Internet, insbesondere aus technischen Gründen, nicht möglich, so wird die angeordnete Auslegung zur Einsicht durch die andere Zugangsmöglichkeit nach § 27b I 1 Nr. 2 VwVfG bewirkt (§ 27 b I 2 VwVfG). In der Bekanntmachung der Auslegung sind nach § 27b II VwVfG anzugeben 1. der Zeitraum der Auslegung, 2. die Internetseite, auf der die Zugänglichmachung erfolgt, sowie 3. Art und Ort der anderen Zugangsmöglichkeit. Die Behörde kann verlangen, dass die Dokumente, die für die Auslegung einzureichen sind, in einem verkehrsüblichen elektronischen Format eingereicht werden (§ 27 b III VwVfG). Sind in den auszulegenden Dokumenten **Geheimnisse** nach § 30 VwVfG enthalten, so ist nach § 27 b IV VwVfG derjenige, der diese Dokumente einreichen muss, verpflichtet, 1. diese Geheimnisse zu kennzeichnen und 2. der Behörde zum Zwecke der Auslegung zusätzlich eine Darstellung vorzulegen, die den Inhalt der betreffenden Teile der Dokumente ohne Preisgabe der Geheimnisse beschreibt.

5681 Nach § 73 IIIa VwVfG müssen die Behörden nach § 73 II VwVfG ihre Stellungnahme innerhalb einer von der Anhörungsbehörde zu setzenden Frist abzugeben, die drei Monate nicht überschreiten darf. Stellungnahmen, die nach Ablauf der Frist eingehen, sind zu berücksichtigen, wenn der Planfeststellungsbehörde die vorgebrachten Belange bekannt sind oder hätten bekannt sein müssen oder für die Rechtmäßigkeit der Entscheidung von Bedeutung sind; im Übrigen können sie berücksichtigt werden. Die Anhörungsbehörde soll nach § 17a II Nr. 3 FStrG von den Behörden, deren Aufgabenbereich durch das Vorhaben berührt wird, verlangen, ihre Stellungnahmen elektronisch zu übermitteln.

5682 **Betroffenenanhörung.** Die Gemeinden, in denen sich das Vorhaben voraussichtlich auswirken wird, haben den Plan innerhalb von drei Wochen nach Zugang für die Dauer eines Monats zur Einsicht auszulegen. Die Anhörungsbehörde bestimmt, in welcher der Gemeinden nach § 73 II VwVfG eine andere Zugangsmöglichkeit nach § 27b I 1 Nr. 2 VwVfG zur Verfügung zu stellen ist und legt im Benehmen mit der jeweiligen Gemeinde die Zugangsmöglichkeit fest. Auf eine Auslegung kann verzichtet werden, wenn der Kreis der Betroffenen und die Vereinigungen nach § 73 IV 5 VwVfG bekannt sind und ihnen innerhalb angemessener Frist Gelegenheit gegeben wird, den Plan einzusehen (§ 73 III VwVfG). Die Anhörungsbehörde soll nach § 17a III 1 FStrG die Auslegung des Plans und der Unterlagen nach § 19 II UVPG durch die Veröffentlichung der Unterlagen auf ihrer Internetseite bewirken. Auf Verlangen eines Beteiligten, das während der Dauer der Beteiligung an die Anhörungsbehörde zu richten ist, wird ihm eine leicht zu erreichende Zugangsmöglichkeit zur Verfügung gestellt.

5683 Die Anhörungsbehörde soll gem. § 17a III 1 FStrG die Auslegung des Plans und der Unterlagen nach § 19 II UVPG durch die Veröffentlichung der Unterlagen auf ihrer Internetseite bewirken. Auf Verlangen eines Beteiligten, das während der Dauer der Beteiligung an die Anhörungsbehörde zu richten ist, wird ihm nach § 17a III 2 FStrG eine leicht zu erreichende Zugangsmöglichkeit zur Verfügung gestellt. Abweichend von § 73 V VwVfG erfolgt die Bekanntmachung durch die Anhörungsbehörde; sie soll die Bekanntmachung ebenfalls auf ihrer Internetseite bewirken (§ 17a III 2 FStrG). Die Bekanntmachung erfolgt nach § 17a III 4 FStrG zusätzlich in örtlichen Tageszeitungen, in deren Verbreitungsgebiet sich das Vorhaben voraussichtlich auswirken wird. Die Anhörungsbehörde hat in der Bekanntmachung darauf hinzuwei-

---

[255] BVerwG NVwZ 2020, 1199 (1200); OVG Hamburg NVwZ 2020, 406 (409); Reidt/Augustin in Schink/Reidt/Mitschang, UVPG/UmwRG, 2023, § 16 UVPG Rn. 46.

sen, dass und wo der Plan elektronisch veröffentlicht wird und dass eine leicht zu erreichende Zugangsmöglichkeit zur Verfügung gestellt werden kann (§ 17a III 5 FStrG).

Einwendungen. Jeder, dessen Belange durch das Vorhaben berührt werden, kann bis zwei Wochen nach Ablauf der Auslegungsfrist schriftlich oder zur Niederschrift bei der Anhörungsbehörde gegen den Plan erheben. Einwendungen und Stellungnahmen sind nach § 17a IV 1 FStrG gegenüber der Anhörungsbehörde abzugeben. Sie sollen nach § 17a IV 2 FStrG elektronisch übermittelt werden. Eine schriftliche Übermittlung ist gem. § 17a IV 3 FStrG ebenfalls möglich. Die Anhörungsbehörde hat in der Bekanntmachung nach § 17a IV 4 FStrG darauf hinzuweisen. Im Falle des § 73 III 3 VwVfG (Verzicht auf die Auslegung) bestimmt die Anhörungsbehörde nach § 73 IV 2 VwVfG die Einwendungsfrist. Mit Ablauf der Einwendungsfrist sind alle Einwendungen ausgeschlossen, die nicht auf besonderen privatrechtlichen Titeln beruhen. Hierauf ist in der Bekanntmachung der Auslegung oder bei der Bekanntgabe der Einwendungsfrist hinzuweisen. Vereinigungen, die auf Grund einer Anerkennung nach anderen Rechtsvorschriften befugt sind, Rechtsbehelfe nach der Verwaltungsgerichtsordnung gegen die Entscheidung nach § 74 VwVfG einzulegen, können innerhalb der Frist nach Satz 1 Stellungnahmen zu dem Plan abgeben. Die Sätze 2 bis 4 gelten entsprechend. 5684

Einwendungsausschluss. Der Einwendungsausschluss des § 73 IV 3 VwVfG gilt auch für UVP-pflichtige Vorhaben nach § 21 IV UVPG. Bedeutung hat dieser Einwendungsausschluss für das Verwaltungsverfahren; im gerichtlichen Verfahren ist seine Bedeutung durch § 7 IV und VI UmwRG weitgehend entfallen.[256] Grundsätzlich führt der Einwendungsausschluss dazu, dass der Betroffene sowohl im Planfeststellungsverfahren als auch in einem folgenden verwaltungsgerichtlichen Verfahren gegen den Planfeststellungsbeschluss mit der Geltendmachung nicht oder nicht rechtzeitig erhobener Einwendungen und mit darauf gestützten Abwehransprüchen ausgeschlossen ist. Verfassungsrechtliche Bedenken wegen einer Unvereinbarkeit mit der Rechtsschutzgarantie des Art. 19 IV 1 GG und mit dem Eigentumsgrundrecht des Art. 14 I 1 GG bestehen nicht.[257] 5685

Jedoch ist der materielle Einwendungsausschluss für das gerichtliche Verfahren nach der Rechtsprechung mit der UVP-RL unvereinbar.[258] Nach Art. 11 I UVP-RL müssen die Mitgliedstaaten sicherzustellen, dass Mitglieder der betroffenen Öffentlichkeit nach bestimmten Maßgaben für das Verwaltungsprozessrecht Zugang zu einem Überprüfungsverfahren vor einem Gericht (oder einer anderen unabhängigen und unparteiischen Stelle) haben, um die materiell-rechtliche und verfahrensrechtliche Rechtmäßigkeit von Entscheidungen überprüfen zu lassen, für welche die Bestimmungen der UVP-RL über die Öffentlichkeitsbeteiligung gelten. Nach Art. 11 UVP-RL dürfen die Gründe, auf die ein Rechtsbehelfsführer einen Rechtsbehelf stützen kann, nicht beschränkt werden. Weder Erwägungen zur Rechtssicherheit noch zur Effizienz von Verwaltungsverfahren könnten solche Beschränkungen rechtfertigen. Zulässig sind nach der Rechtsprechung des EuGH jedoch spezifische Verfahrensanforderungen an einem dem Klagverfahren vorangehenden verwaltungsbehördlichen Verfahren zu stellen, nach denen ein missbräuchliches oder unredliches Vorbringen unzulässig ist.[259] 5686

Der Bundesgesetzgeber hat deshalb der Rechtsprechung des EuGH Rechnung getragen und für Zulassungsentscheidungen über UVP-pflichtige oder -vorprüfungspflichtige Vorhaben eine verwaltungsgerichtliche Präklusion ausgeschlossen. Nach § 7 IV UmwRG findet in Rechtsbehelfsverfahren gegen Planfeststellungen für UVP-pflichtige oder vorprüfungspflichtige Vorhaben (§ 1 I Nr. 1 UmwRG) § 73 IV 3 bis 6 VwVfG, auch in den Fällen des § 73 VIII VwVfG keine Anwendung. Dies gilt nach § 7 VI UmwRG für Rechtsbehelfe von anerkannten Vereinigungen und auch für solche von natürlichen und juristischen Personen, einschließlich der Gemeinden, wenn sie subjektive Rechte geltend machen. Die Abschaffung der Präklusion nach § 7 IV UmwRG erstreckt sich auch auf das Verwaltungsverfahrensrecht der Länder und, soweit erforderlich, im Wege einer Analogie auf Präklusionsregelungen des speziellen Fachplanungsrechts.[260] 5687

---

256 Neumann/Külpmann in Stelkens/Bonk/Sachs, VwVfG, 2023, § 73 Rn. 87.

257 BVerfG NJW 1982, 2173 (2175 ff.); NVwZ 2000, 546; NJW 1981, 359; NVwZ 1997, 489; NVwZ 1995, 904; NVwZ 1998, 847, 849; NVwZ 2006, 85; NVwZ 2008, 678; Neumann/Külpmann in Stelkens/Bonk/Sachs, VwVfG, 2023, § 73 Rn. 88 a.

258 EuGH NVwZ 2015, 1665.

259 Neumann/Külpmann in Stelkens/Bonk/Sachs, VwVfG, 2023, § 73 Rn. 88 a.

260 Neumann/Külpmann in Stelkens/Bonk/Sachs, VwVfG, 2023, § 73 Rn. 88 a.

5688 § 7 III UmwRG enthält weiterhin eine materielle Präklusion, die sachlich nur für Verfahren nach § 1 I 1 Nr. 4 UmwRG gilt. Dabei handelt es sich um Entscheidungen über die Annahme von Plänen und Programmen im Sinne von § 2 VII UVPG und im Sinne der entsprechenden landesrechtlichen Vorschriften, für die nach a) Anlage UVPG 5 des Gesetzes über die Umweltverträglichkeitsprüfung oder b) landesrechtlichen Vorschriften eine Pflicht zur Durchführung einer Strategischen Umweltprüfung bestehen kann; ausgenommen hiervon sind Pläne und Programme, über deren Annahme durch formelles Gesetz entschieden wird. Personell ist § 7 III 1 UmwRG nur auf Umweltvereinigungen iSd § 4 III 1 Nr. 2 UmwRG anwendbar; allerdings gilt die Präklusion nach § 42 III 3 UVPG allgemein. Ausgenommen sind Verfahren wegen Bebauungsplänen (§ 7 III 2 UmwRG. Die materielle Präklusion nach § 7 III UmwRG stimmt insoweit mit der Rechtsprechung des EuGH[261] überein, als Verfahren nach § 1 I 1 Nr. 4 UmwRG nicht nach der UVP- oder IE-Richtlinie zu beurteilen sind. Ob dieser Ausschluss mit den Anforderungen des EuGH an den aus Art. 47 GRCh abgeleiteten effektiven Rechtsschutz von Umweltverbänden auch im Sachbereich des Art. 9 III AK entspricht, wird bezweifelt.[262]

5689 **Verzicht auf den Erörterungstermin.** Nach Ablauf der Einwendungsfrist hat die Anhörungsbehörde die rechtzeitig gegen den Plan erhobenen Einwendungen, die rechtzeitig abgegebenen Stellungnahmen von Vereinigungen nach § 73 IV 5 VwVfG sowie die Stellungnahmen der Behörden zu dem Plan mit dem Träger des Vorhabens, den Behörden, den Betroffenen sowie denjenigen, die Einwendungen erhoben oder Stellungnahmen abgegeben haben, zu erörtern. Die Anhörungsbehörde kann jedoch nach § 17a V 1 FStrG auf eine Erörterung nach § 73 VI VwVfG und § 18 I 4 UVPG verzichten. Soll ein im Internet veröffentlichter oder ausgelegter Plan geändert werden, so soll von der Erörterung abgesehen werden. Findet keine Erörterung statt, so hat die Anhörungsbehörde ihre Stellungnahme innerhalb von sechs Wochen nach Ablauf der Einwendungsfrist abzugeben und zusammen mit den sonstigen in § 73 IX VwVfG aufgeführten Unterlagen der Planfeststellungsbehörde zuzuleiten.

5690 Der Erörterungstermin ist, wenn er überhaupt stattfinden soll, mindestens eine Woche vorher ortsüblich bekannt zu machen. Die Behörden, der Träger des Vorhabens und diejenigen, die Einwendungen erhoben oder Stellungnahmen abgegeben haben, sind von dem Erörterungstermin zu benachrichtigen. Sind außer der Benachrichtigung der Behörden und des Trägers des Vorhabens mehr als 50 Benachrichtigungen vorzunehmen, so können diese Benachrichtigungen durch öffentliche Bekanntmachung ersetzt werden. Die öffentliche Bekanntmachung wird dadurch bewirkt, dass der Erörterungstermin im amtlichen Veröffentlichungsblatt der Anhörungsbehörde und außerdem in örtlichen Tageszeitungen bekannt gemacht wird, die in dem Bereich verbreitet sind, in dem sich das Vorhaben voraussichtlich auswirken wird; maßgebend für die Frist nach Satz 2 ist die Bekanntgabe im amtlichen Veröffentlichungsblatt. Im Übrigen gelten für die Erörterung die Vorschriften über die mündliche Verhandlung im förmlichen Verwaltungsverfahren (§ 67 I 3, II Nr. 1 und 4 und III, § 68 VwVfG) entsprechend. Die Anhörungsbehörde schließt die Erörterung innerhalb von drei Monaten nach Ablauf der Einwendungsfrist ab (§ 73 VI VwVfG). Die Anhörungsbehörde kann nach § 17a VI 1 FStrG eine Erörterung ganz oder teilweise in **digitalen Formaten** durchführen. In diesem Fall hat sie in der Bekanntmachung darauf hinzuweisen, dass und wie die Erörterung in einem digitalen Format durchgeführt wird. Abweichend von den Vorschriften des § 73 VI 2 bis 5 VwVfG kann der Erörterungstermin nach § 73 VII VwVfG bereits in der Bekanntmachung nach § 73 V 2 VwVfG bestimmt werden.

5691 Soweit Stellungnahmen, Einwendungen oder sonstige Erklärungen elektronisch übermittelt werden können oder der Plan oder sonstige Unterlagen in einem elektronischen Format veröffentlicht oder zugänglich gemacht werden, haben die Anhörungsbehörde und die Planfeststellungsbehörde die technische Ausgestaltung zu bestimmen (§ 17a VII FStrG). Die **Durchführung informeller Beteiligungsformate** ist nach § 17a VIII 1 FStrG möglich. Diese Beteiligungsformate sind von dem Planfeststellungsverfahren unabhängig und dürfen sein Ergebnis nicht vorwegnehmen § 17a VIII 2 FStrG).

5692 **Planänderung**. Soll ein ausgelegter Plan geändert werden und werden dadurch der Aufgabenbereich einer Behörde oder einer Vereinigung nach § 73 IV 5 VwVfG oder Belange Dritter

---

[261] EuGH NJW 2015, 3495 (Rn. 76 ff.

[262] bejahend Schlacke/Römling DVBl. 2021, 144 (147 f.); Sauer UPR-Sonderheft 2017, 448 (453); Happ in Eyermann, VwGO, 2022, § 7 UmwRG Rn. 4 unter Verweis auf EuGH NVwZ 2018, 225 = juris Rn. 54 f.

erstmals oder stärker als bisher berührt, so ist diesen die Änderung mitzuteilen und ihnen Gelegenheit zu Stellungnahmen und Einwendungen innerhalb von zwei Wochen zu geben; § 73 IV 3 bis 6 VwVfG gilt entsprechend. Wird sich die Änderung voraussichtlich auf das Gebiet einer anderen Gemeinde auswirken, so ist der geänderte Plan in dieser Gemeinde auszulegen; die § 73 II bis VI VwVfG gelten entsprechend (§ 73 VIII VwVfG). Von einer Planänderung vor Erlass des Planfeststellungsbeschlusses oder Plangenehmigung zu unterscheiden ist der Fall einer Planänderung nach Erteilung des Planfeststellungsbeschlusse bzw. der Plangenehmigung aber vor Fertigstellung des Vorhabens. Dazu bestimmt § 17c FStrG Folgendes: Für die Planergänzung und das ergänzende Verfahren im Sinne des § 75 Ia VwVfG und für die Planänderung vor Fertigstellung des Vorhabens gilt § 76 VwVfG mit der Maßgabe, dass im Fall des § 76 I VwVfG von einer Erörterung im Sinne des § 73 VI VwVfG und des § 18 I 4 UVPG abgesehen werden kann. Im Übrigen gelten für das neue Verfahren die Vorschriften des FStrG.

Bei der Beseitigung von Ermittlungsdefiziten und Änderungen namentlich der landschaftspflegerischen Begleitplanung und der ihr zugrunde liegenden habitat- und artenschutzrechtlichen Fachbeiträge ist dann keine neue Öffentlichkeitsbeteiligung erforderlich, wenn sich die geänderten Unterlagen auf Detailänderungen und eine vertiefte Prüfung von Betroffenheiten beschränken, ohne das Gesamtkonzept der Planung zu ändern oder zu grundlegend anderen Beurteilungsergebnissen zu gelangen[263]. Für Planänderungen vor Erlass des Planfeststellungsbeschlusses folgt dies aus § 73 VIII 1 VwVfG, wonach es ausreicht, Beteiligten und Drittbetroffenen, deren Aufgabenbereich bzw. Belange erstmalig oder stärker als bisher berührt werden, die Änderung mitzuteilen. Ist der Planfeststellungsbeschluss – wie vorliegend – bereits erlassen worden, aber noch nicht bestandskräftig, kann die Behörde bei einem erkannten Fehler das Verfahren wieder aufnehmen und es (erneut) zu Ende führen. Darin liegt ein einheitliches Planfeststellungsverfahren, das zu einer erneuten Offenlage grundsätzlich dann nicht verpflichtet, wenn das aufgenommene Verfahren, ohne das Vorhaben zu ändern, Abwägungsfehler nur im Verhältnis zu denjenigen beseitigen soll, denen gegenüber der Planfeststellungsbeschluss noch nicht bestandskräftig geworden ist[264]. Abgesehen von solchen Fallgestaltungen kann die Behörde nach Erlass des Planfeststellungsbeschlusses ein ergänzendes Verfahren (§ 17c FStrG iVm § 75 Ia VwVfG) durchführen, um einen von ihr nachträglich erkannten Mangel zu beheben. In diesem Verfahren ist eine erneute Öffentlichkeitsbeteiligung gemäß § 17d Satz 1 FStrG iVm § 76 I VwVfG jedenfalls dann erforderlich, wenn der festgestellte Plan wesentlich geändert werden soll. Unabhängig davon muss die Öffentlichkeit nach § 18 I UVPG dann neu beteiligt werden, wenn nach Erlass des Planfeststellungsbeschlusses eine nach Gegenstand, Systematik und Ermittlungstiefe neue oder über die bisherigen Untersuchungen wesentlich hinausgehende Prüfung der Umweltbetroffenheit vorgenommen wird, die für die Beurteilung der Rechtmäßigkeit des Vorhabens insgesamt erforderlich ist und ihren Niederschlag in einer neuen entscheidungserheblichen Unterlage über die Umweltauswirkungen des Vorhabens (§ 18 I 1 UVPG) findet.[265] 5693

Die Anhörungsbehörde gibt nach § 73 IX VwVfG zum Ergebnis des Anhörungsverfahrens eine Stellungnahme ab und leitet diese der Planfeststellungsbehörde innerhalb eines Monats nach Abschluss der Erörterung mit dem Plan, den Stellungnahmen der Behörden und der Vereinigungen nach § 73 IV 5 VwVfG sowie den nicht erledigten Einwendungen zu. 5694

d) Rechtsfolgen der Planoffenlegung. Die Offenlegung des Plans hat verschiedene rechtliche Konsequenzen. 5695

Veränderungssperre, Vorkaufsrecht. Vom Beginn der Veröffentlichung der Pläne im Internet oder ihrer Auslegung im Rahmen des Planfeststellungsverfahrens oder von dem Zeitpunkt an, zu dem den Betroffenen Gelegenheit gegeben wird, den Plan einzusehen oder er ihnen zugänglich gemacht wird, dürfen nach § 9a I 1 FStrG auf den vom Plan betroffenen Flächen bis zu ihrer Übernahme durch den Träger der Straßenbaulast wesentlich wertsteigernde oder den geplanten Straßenbau erheblich erschwerende Veränderungen nicht vorgenommen werden. Veränderungen, die in rechtlich zulässiger Weise vorher begonnen worden 5696

[263] BVerwGE 98, 339 (344 f.); BVerwGE 133, 239 Rn. 29; BVerwGE 141, 171 Rn. 25.

[264] BVerwGE 59, 87 8102 f.; NVwZ 1999, 1341; NVwZ 2004, 990; Urt. v. 9.6.2004 – 9 A 16.03, juris; BVerwGE 59, 87 (102); NVwZ 1999, 1341; NVwZ 2004, 990; Urt. v. 9.6.2004 – 9 A 16.03, juris.

[265] BVerwG NVwZ 2016, 1735; Thiel IBR 2016, 665; Hufen JuS 2017, 382 zur Klage eines Fährbetriebes gegen einen Planfeststellungsbeschluss für eine feste Flussquerung (Straßentunnel); m. Hinw. auf BT-Drs. 18/5927 S. 10; BVerwG NVwZ 2016, 844 (847 f.).

sind, Unterhaltungsarbeiten und die Fortführung einer bisher ausgeübten Nutzung werden hiervon nicht berührt.

5697 Zugleich enthält § 9 a I 2 FStrG eine Art Bestandsschutz. Veränderungen, die in rechtlich zulässiger Weise vorher begonnen worden sind, Unterhaltungsarbeiten und die Fortführung einer bisher ausgeübten Nutzung werden von der Veränderungssperre nicht berührt. Zudem sind die Landesregierungen nach § 9 a III FStrG ermächtigt, für die Dauer von höchstens zwei Jahren Plangebiete festzulegen, um die Planung einer Bundesfernstraße zu sichern. Die Gemeinden und Kreise, deren Bereich durch die festzulegenden Planungsgebiete betroffen wird, sind vorher zu hören. Die Ermächtigung kann weiter übertragen werden. Die Frist kann bei einer besonderen Rechtfertigung auf eine Gesamtzeit von höchstens vier Jahren verlängert werden. Ausnahmen von der Veränderungssperre können zugelassen werden, wenn überwiegende öffentliche Belange nicht entgegenstehen (§ 9 a V FStrG) oder das Vorhaben die Durchführung der beabsichtigten Planung nicht beeinträchtigt. Eine Gemeinde kann gegen die Anordnung einer Veränderungssperre durch die Landesregierung Rechtsschutz suchen, wenn sie in ihren gemeindlichen Belangen beeinträchtigt ist.[266]

5698 **Baubeschränkungen**. Bei geplanten Bundesfernstraßen gelten Baubeschränkungen der § 9 I und II FStrG nach § 9 IV FStrG vom Beginn der Veröffentlichung der Pläne im Internet oder ihrer Auslegung im Rahmen des Planfeststellungsverfahrens oder von dem Zeitpunkt an, zu dem den Betroffenen Gelegenheit gegeben wird, den Plan einzusehen oder er ihnen zugänglich gemacht wird.

5699 **Vorkaufsrecht**. Vom Beginn der Veröffentlichung der Pläne im Internet oder ihrer Auslegung im Rahmen des Planfeststellungsverfahrens oder von dem Zeitpunkt an, zu dem den Betroffenen Gelegenheit gegeben wird, den Plan einzusehen oder er ihnen zugänglich gemacht wird, steht dem Träger der Straßenbaulast an den betroffenen Flächen nach § 9 IV FStrG ein Vorkaufsrecht zu.

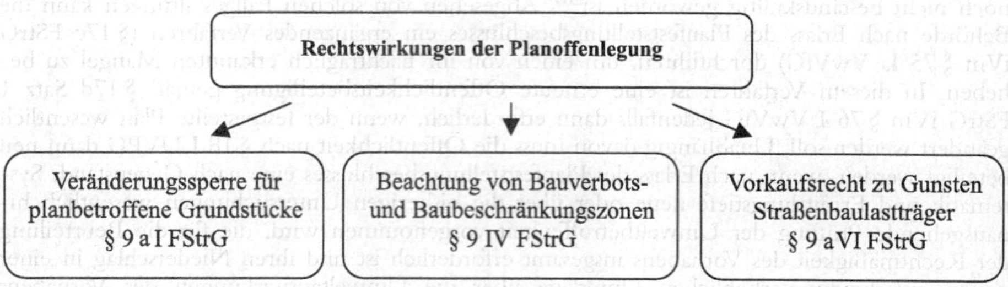

11. Abschnittsbildung

5700 Für die Straßenplanung ist im Gegensatz etwa zur eisenbahnrechtlichen Fachplanung[267] der Grundsatz anerkannt, dass die jeweils planfestgestellten Abschnitte grundsätzlich eine **selbstständige Verkehrsbedeutung** haben müssen.[268] Es dürfen daher – mit Zustimmung des Vorhabenträgers[269] – Abschnitte gebildet werden, die einen eigenständigen Verkehrswert haben, auch wenn das Gesamtplanungskonzept im Nachhinein scheitern sollte.[270] Dies folgt aus der Überlegung, dass der von einer Straßenplanung betroffene Grundstückseigentümer den Entzug seines Eigentums nur dann soll hinnehmen müssen, wenn der einzelne Abschnitt eine selbstständige Verkehrsbedeutung hat und nicht als Torso sozusagen im Nichts endet. Von diesem Grundsatz hat das BVerwG nur in engen Grenzen Ausnahmen zugelassen.[271] Für die Ab-

[266] Zum Verhältnis zwischen dem Normenkontrollverfahren gegen die Rechtsverordnung nach § 9 a III FStrG und der Klage gegen den Planfeststellungsbeschluss BVerwG NVwZ 1995, 381.

[267] BVerwG NVwZ 1996, 896.

[268] Zur Abschnittsbildung BVerwG DVBl. 1981, 936; DVBl. 1992, 1435; BRS 48 (1988), Nr. 13; DVBl. 1989, 510; ZfB 1997, 131; BVerwGE 102, 331; siehe auch Sauthoff Straßenplanung in Ziekow Handbuch des Fachplanungsrechts, 2024, § 11 Rn. 55.

[269] BVerwG NVwZ 2002, 350.

[270] BVerwG NVwZ 2001, 673; DVBl. 1996, 677; NVwZ 1997, 914; DVBl. 1999, 1288.

[271] Etwa bei Landesgrenzen überschreitenden Planungen.

Fristen/Zeitbedarf
für die Anhörung in straßenrechtlichen Planfeststellungsverfahren
(§ 73 VwVfG, §17a FStrG)

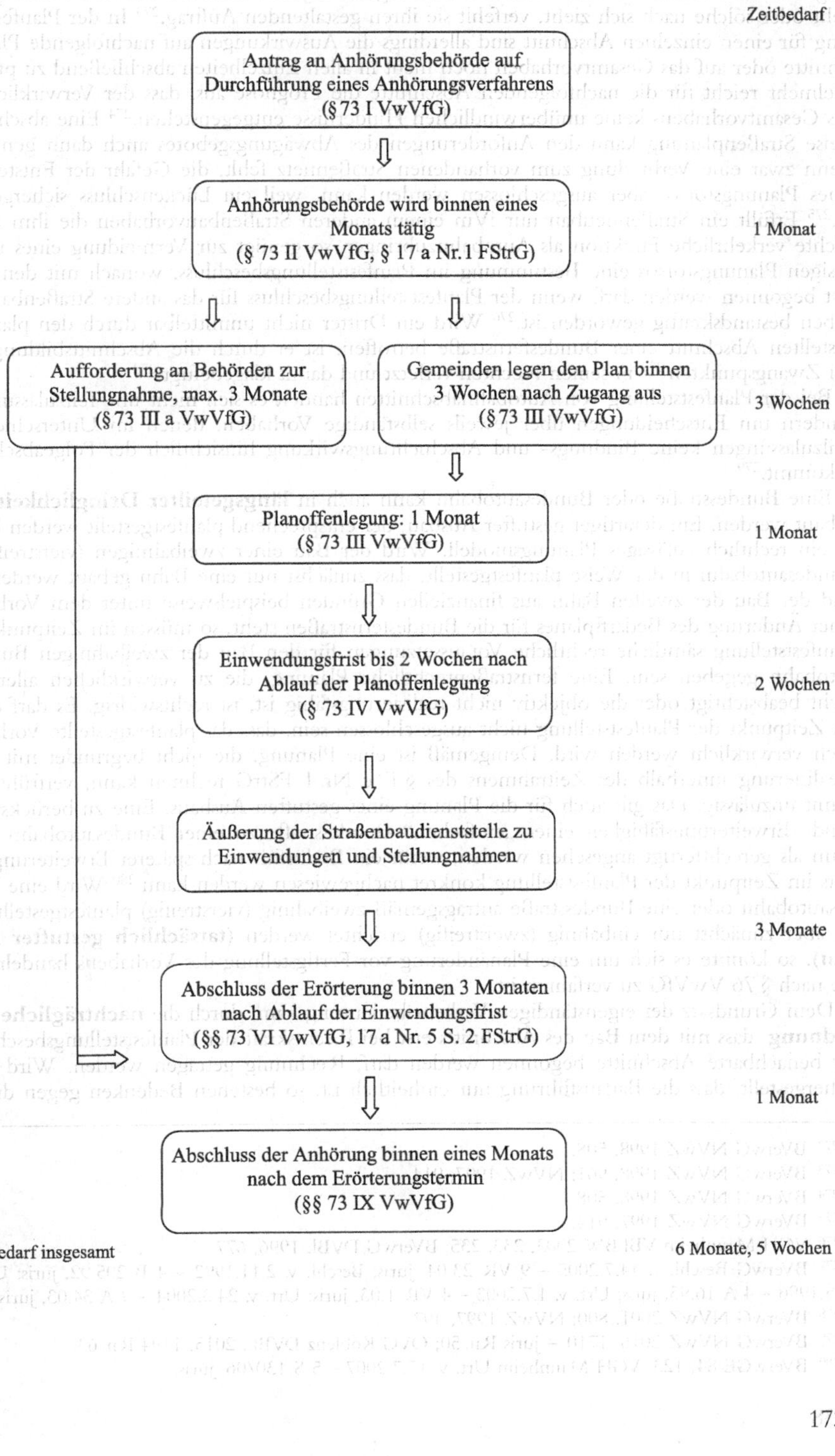

schnittsbildung geben das materielle Planungsrecht und vor allem das Abwägungsgebot den gesetzlichen Rahmen. Die Aufspaltung einer Planung ist grundsätzlich zulässig, wenn sich die Teilplanung nicht derart verselbstständigt, dass durch die Gesamtplanung ausgelöste Probleme unbewältigt bleiben. Die Folgen des jeweiligen Abschnitts für die weitere Planung dürfen nicht ausgeblendet werden.[272] Denn wenn eine Planung vor objektiv unüberwindbaren Hindernissen steht oder solche nach sich zieht, verfehlt sie ihren gestaltenden Auftrag.[273] In der Planfeststellung für einen einzelnen Abschnitt sind allerdings die Auswirkungen auf nachfolgende Planabschnitte oder auf das Gesamtvorhaben noch nicht in allen Einzelheiten abschließend zu prüfen. Vielmehr reicht für die nachfolgenden Abschnitte die Prognose aus, dass der Verwirklichung des Gesamtvorhabens keine unüberwindlichen Hindernisse entgegenstehen.[274] Eine abschnittsweise Straßenplanung kann den Anforderungen des Abwägungsgebotes auch dann genügen, wenn zwar eine Verbindung zum vorhandenen Straßennetz fehlt, die Gefahr der Entstehung eines Planungstorsos aber ausgeschlossen werden kann, weil ein Lückenschluss sichergestellt ist.[275] Erfüllt ein Straßenneubau nur iVm einem anderen Straßenbauvorhaben die ihm zugedachte verkehrliche Funktion als Autobahnzubringer, so genügt zur Vermeidung eines unzulässigen Planungstorsos eine Bestimmung im Planfeststellungsbeschluss, wonach mit dem Bau erst begonnen werden darf, wenn der Planfeststellungsbeschluss für das andere Straßenbauvorhaben bestandskräftig geworden ist.[276] Wird ein Dritter nicht unmittelbar durch den planfestgestellten Abschnitt einer Bundesfernstraße betroffen, ist er durch die Abschnittsbildung nur bei Zwangspunkten[277] in seinen Rechten verletzt und damit klagebefugt.[278]

5701 Bei der Planfeststellung von Autobahnabschnitten handelt es sich nicht um Teilzulassungen, sondern um Entscheidungen über jeweils selbständige Vorhaben, denen im Unterschied zu Teilzulassungen keine Bindungs- und Abschichtungswirkung hinsichtlich der Folgeabschnitte zukommt.[279]

5702 Eine Bundesstraße oder Bundesautobahn kann auch in **längsgeteilter Dringlichkeit** ausgebaut werden. Ein derartiger gestufter Ausbau, der entsprechend planfestgestellt werden kann, ist ein rechtlich zulässiges Planungsmodell. Wird der Bau einer zweibahnigen (vierstreifigen) Bundesautobahn in der Weise planfestgestellt, dass zunächst nur eine Bahn gebaut werden soll und der Bau der zweiten Bahn aus finanziellen Gründen beispielsweise unter dem Vorbehalt einer Änderung des Bedarfsplanes für die Bundesfernstraßen steht, so müssen im Zeitpunkt der Planfeststellung sämtliche rechtliche Voraussetzungen für den Bau der zweibahnigen Bundesautobahn gegeben sein. Eine fernstraßenrechtliche Planung, die zu verwirklichen allerdings nicht beabsichtigt oder die objektiv nicht realisierungsfähig ist, ist rechtswidrig. Es darf daher im Zeitpunkt der Planfeststellung nicht ausgeschlossen sein, dass das planfestgestellte Vorhaben auch verwirklicht werden wird. Demgemäß ist eine Planung, die nicht begründet mit ihrer Realisierung innerhalb des Zeitrahmens des § 17 c Nr. 1 FStrG rechnen kann, verfrüht und damit unzulässig. Das gilt auch für die Planung eines gestuften Ausbaus. Eine zu berücksichtigende Erweiterungsfähigkeit einer „einfachen" Bundesstraße zu einer Bundesautobahn kann dann als gerechtfertigt angesehen werden, wenn ein Bedürfnis nach späterer Erweiterung bereits im Zeitpunkt der Planfeststellung konkret nachgewiesen werden kann.[280] Wird eine Bundesautobahn oder eine Bundesstraße antragsgemäß zweibahnig (vierstreifig) planfestgestellt, soll sie aber zunächst nur einbahnig (zweistreifig) errichtet werden **(tatsächlich gestufter Ausbau)**, so könnte es sich um eine Planänderung vor Fertigstellung des Vorhabens handeln, für die nach § 76 VwVfG zu verfahren ist.

5703 Dem Grundsatz der eigenständigen Verkehrsbedeutung kann durch die **nachträgliche Anordnung**, dass mit dem Bau des Abschnitts erst bei Rechtskraft der Planfeststellungsbeschlüsse für benachbarte Abschnitte begonnen werden darf, Rechnung getragen werden. Wird etwa sichergestellt, dass die Bauausführung nur einheitlich ist, so bestehen Bedenken gegen die im

---

272 BVerwG NVwZ 1998, 508.
273 BVerwG NVwZ 1998, 961; NVwZ 1997, 914
274 BVerwG NVwZ 1998, 508.
275 BVerwG NVwZ 1997, 914.
276 VGH Mannheim VBLBW 2003, 233, 235; BVerwG DVBl. 1996, 677.
277 BVerwG Beschl. v. 14.7.2005 – 9 VR 23.04, juris; Beschl. v. 2.11.1992 – 4 B 205.92, juris; Urt. v. 24.5.1996 – 4 A 16.95, juris; Urt. v. 1.7.2003 – 4 VR 1.03, juris; Urt. v. 24.3.2004 – 9 A 34.03, juris.
278 BVerwG NVwZ 2001, 800; NVwZ 1997, 497.
279 BVerwG NVwZ 2016, 1710 = juris Rn. 50; OVG Koblenz DVBl.. 2015, 1194 Rn. 63.
280 BVerwGE 84, 123; VGH Mannheim Urt. v. 17.7.2007 – 5 S 130/06, juris.

Schranken der planerischen Gestaltungsfreiheit im Rahmen von straßenrechtlichen Planfeststellungsverfahren

Formelle Schranken
Bindung an Verwaltungsverfahren (§§ 70ff. VwVfG)

Materielle Schranken
Bindung an Zwangspunkte und vorbereitende Planung
- vorausgegangene, bestandskräftige Planungsabschnitte,
- Raumordnungsverfahren,
- Linienbestimmung des Bundesministers für Verkehr

Rechtfertigung nach Maßgabe von Art. 14 GG (objektiv erforderlich, vernünftigerweise geboten)

Planungsleitsätze und Optimierungsgebote

Abwägungsgebot

Planverfahren erfolgte Abschnittsbildung nicht. Um dem Grundsatz zu entsprechen, dass kein Planungstorso entsteht, reicht allerdings die sofortige Vollziehbarkeit der benachbarten Planfeststellungsbeschlüsse, nicht aus. Es ist vielmehr erforderlich, dass auch die benachbarten Planfeststellungsbeschlüsse bestandskräftig sind. Eine nachträgliche Auflage kann noch im gerichtlichen Verfahren entsprechend gefasst und auf die Bestandskraft, nicht nur auf die sofortige Vollziehbarkeit der benachbarten Planfeststellungsbeschlüsse erstreckt werden.[281] Die Abschnittsbildung wird von der Rechtsprechung auch dann gebilligt, wenn auf andere Weise sichergestellt werden kann, dass es nicht zu einer willkürlichen Parzellierung kommt und ein Planungstorso nicht entsteht. Diesen Grundsätzen wird entsprochen, wenn der Folgeabschnitt bereits planfestgestellt ist und eine etwa dagegen erhobene Klage nicht zur Aufhebung dieses Planfeststellungsbeschlusses führen wird. Erforderlich ist lediglich, dass die jeweiligen Folgeabschnitte durch eine Klammer verbunden werden, die geeignet ist, eine Verbindung mit dem übrigen Straßennetz herzustellen. Diese Grundsätze gelten auch für den vorherigen Bau etwa von Brücken oder Kreuzungen, die sich erst im Zusammenhang mit Folgeabschnitten zu einem einheitlichen Verkehrskonzept zusammenfügen.

12. Planfeststellungsbeschluss

Das Fernstraßen-Bundesamt ist Anhörungs- und Planfeststellungsbehörde in Planfeststel- 5704
lungsverfahren oder Plangenehmigungsbehörde in Plangenehmigungsverfahren, die auf der Grundlage des § 17 FStrG für den Bau oder die Änderung von Bundesautobahnen durchgeführt werden. Soweit nach Art. 90 IV oder Art. 143e II GG auf Antrag eines Landes Bundesstraßen, soweit sie im Gebiet dieses Landes liegen, vom Bund in Bundesverwaltung übernommen werden, ist das Fernstraßen-Bundesamt Anhörungs- und Planfeststellungsbehörde in Planfeststellungsverfahren oder Plangenehmigungsbehörde in Plangenehmigungsverfahren für den Bau oder die Änderung von Bundesfernstraßen.

[281] So auch BVerwG DVBl. 1996, 677; NVwZ 1996, 1016 m. Anm. Stüer DVBl. 2013, 1324; DVBl. 1996, 914; DVBl. 1996, 915; DVBl. 1997, 798.

5705 Nach § 17 b I FStrG gelten für den Planfeststellungsbeschluss und die Plangenehmigung § 74 VwVfG und § 27 UVPG nach Maßgabe von § 17 b II bis VIII FStrG. Der Planfeststellungsbeschluss unterliegt den allgemeinen rechtsstaatlichen Anforderungen, die vor allem auch durch das Abwägungsgebot gekennzeichnet sind.[282] Wenn der Bau oder die Änderung einer Bundesfernstraße in Anlage 2 des FStrAbG aufgeführt ist, muss im Rahmen dieser Abwägung das in § 1 III FStrAbG formulierte überragende öffentliche Interesse an dem Vorhaben berücksichtigt werden.

5706 Der Plan ist vor Ausführung des Straßenbauvorhabens festzustellen. Der Vorhabenträger hat die Durchführung des Planfeststellungsverfahrens rechtzeitig zu beantragen. Erweist sich erst nach Beginn einer Baumaßnahme, dass ein Planfeststellungsverfahren notwendig ist, so ist das Verfahren unverzüglich durchzuführen.[283] Das gilt insbesondere dann, wenn zunächst von einem Fall unwesentlicher Bedeutung ausgegangen worden ist.

5707 **a) Inhalt des Planfeststellungsbeschlusses.** Der Planfeststellungsbeschluss erstreckt sich nach Nr. 8 PlafeR 19 insbesondere auf

- Straßenbestandteile, wie den Straßenkörper, den Luftraum über dem Straßenkörper, das Zubehör,
- Nebenanlagen und Nebenbetriebe,
- Flächen, deren vorübergehende Inanspruchnahme zur Durchführung des Straßenbauvorhabens erforderlich ist, zB Flächen für die Lagerung von Baumaterial oder Ablagerung von Baustraßen und Umfahrungsstrecken,
- Folgemaßnahmen an anderen Anlagen, die auf Grund des Straßenbauvorhabens notwendig werden (§ 75 I 1 VwVfG). Notwendig sind Folgemaßnahmen, wenn ohne sie nachhaltige Störungen der Funktionsfähigkeit anderer Anlagen zu erwarten sind.
- Ausgleichsmaßnahmen und Ersatzmaßnahmen bzw. Ausgleichsabgaben iS von §§ 14 und 15 BNatSchG iV mit den landesrechtlichen Regelungen,
- Auflagen zum Lärmschutz,
- Sonstige Vorkehrungen oder die Einrichtung und Unterhaltung von Anlagen, die zum Wohl der Allgemeinheit oder zur Vermeidung nachteiliger Wirkungen auf Rechte anderer erforderlich sind.

5708 In die Planfeststellung kann die Festsetzung der Flächen für die der **Sicherheit und Ordnung dienenden Anlagen** an Bundesfernstraßen, wie für Polizeistationen, Einrichtungen der Unfallhilfe, Hubschrauberlandeplätze und Zollanlagen einbezogen werden, sofern diese Anlagen eine unmittelbare Zufahrt zur Bundesstraße erhalten sollen (§ 17 f FStrG). Mit der zuständigen Behörde bzw. Stelle ist vorher zu klären, dass sie die Kosten übernimmt, die aus der Planfeststellung für die Anlage oder aus ihrer Verwirklichung entstehen. Weder beim Bau noch beim Betrieb einer Fernstraße dürfen **Gefahren** oder **erhebliche Beeinträchtigungen** dadurch hervorgerufen werden, dass Flächen in Anspruch genommen werden, deren Tragfähigkeit zweifelhaft ist oder die Verunreinigungen aufweisen. Je schwerwiegender mögliche nachteilige Einwirkungen sind und je schwieriger sich die Bewältigung der hierdurch zu erwartenden Probleme darstellt, desto eingehender muss die Eignung des Baugrunds untersucht werden. Auf der Grundlage einer hinreichenden Sachverhaltsermittlung hat zunächst der Vorhabenträger eigenverantwortlich zu bestimmen, welcher Sicherheitsstandard angemessen ist, um Risiken auszuschließen. Nach außen verantwortlich ist hierfür die Planfeststellungsbehörde.[284]

5709 In die Planfeststellung können ferner in geeigneten Fällen **Flächen für die Entnahme von Kies oder Sand** und für die dauernde Ablagerung von Boden aufgenommen werden. Dabei ist nicht erforderlich, dass diese Flächen in unmittelbarem Zusammenhang mit den Verkehrsflächen stehen.[285]

5710 Der Planfeststellungsbeschluss hat zugleich Wirkungen für die Zulässigkeit baulicher Anlagen an Fernstraßen (§ 9 FStrG) **(Anbauverbote).** Danach dürfen längs der Bundesfernstraßen Hochbauten jeder Art in einer Entfernung bis zu 40 m bei Bundesautobahnen und bis zu 20 m bei Bundesstraßen außerhalb der Erschließung der anliegenden Grundstücke bestimmten Teilen

[282] Siehe dazu Springe in Kodal, Handbuch Straßenrecht, 2021, Kap. 35 Rn. 148 ff.; Zu planungsrechtlichen Zuständigkeitsfragen zwischen Bund und Land bei (bundes-)länderübergreifenden Straßenbauvorhaben der Bundesfernstraßenverwaltung Funk UPR 2023, 440.

[283] Nr. 9 PlafeR 19.

[284] BVerwG DVBl. 2018, 589; Schink DVBl. 2018, 653; Stüer UPR 2018, 225.

[285] Nr. 9 PlafeR 19.

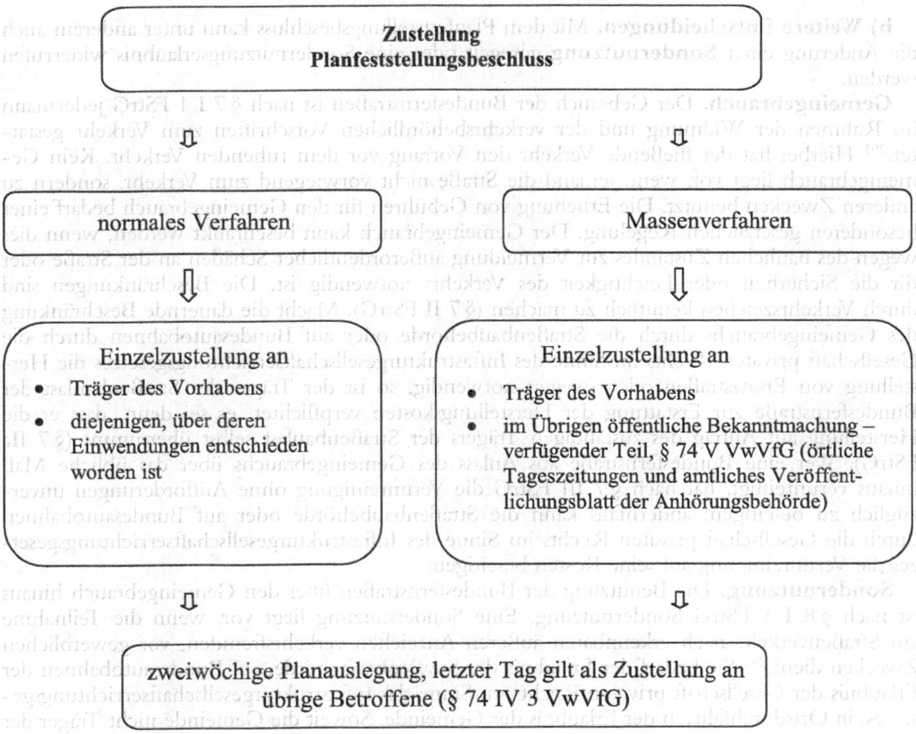

der Ortsdurchfahrten sowie bauliche Anlagen, die außerhalb der vorgenannten Fallgestaltungen in Ortsdurchfahrten über Zufahrten oder Zugänge an Bundesstraßen unmittelbar oder mittelbar angeschlossen werden sollen, nicht errichtet werden (§ 9 I FStrG). Das Anbauverbot für Anlagen der Außenwerbung „längs der Bundesfernstraßen" (§ 9 I 1 Nr. 1 iVm § 9 VI 1 FStrG) erfasst auch Standorte gegenüber von Autobahnabfahrten. Zweck der Anbauverbote ist es, im Bereich der Bundesfernstraßen Bauten und sonstige Anlagen, insbesondere Werbeanlagen, zu verhindern, die durch eine Sichtbehinderung oder ihre ablenkende Wirkung die Sicherheit und Leichtigkeit des Straßenverkehrs auf Bundesstraßen und Bundesautobahnen beeinträchtigen könnten. Dieser Gesetzeszweck deckt auch ein Anbauverbot entlang des Einmündungsbereichs einer Anschlussstelle einer Bundesautobahn.[286] Ein **Hochbau**, der außerhalb der in § 9 I 1 Nr. 1 FStrG genannten Zone errichtet werden soll, unterliegt allerdings auch dann nicht dem gesetzlichen Anbauverbot, wenn die erforderliche Zufahrt auf einem Grundstücksteil innerhalb der Anbauverbotszone angelegt werden muss.[287] Die für Ortsdurchfahrten geltenden Einschränkungen des fernstraßenrechtlichen Anbauverbots (§ 9 I 1 Nr. 1 FStrG) beziehen sich nicht auf Bundesautobahnen. Der Bebauungsplan kann Ausnahmen hiervon vorsehen (§ 9 VII FStrG). Diese Vorschrift ist allerdings auf Anlagen der Außenwerbung nicht anwendbar.[288] Mit der straßenrechtlichen Planfeststellung ist auch der **Vergütungsanspruch** von **Mehrkosten** nach § 7 a FStrG verbunden. Die Vorschrift, die auch die Anlegung eines besonderen Abbiegestreifens oder einer Linksspur umfasst, beinhaltet einen gesetzlich geregelten Kostenausgleich und spezialgesetzlichen Fall eines öffentlich-rechtlichen Erstattungsanspruchs.[289] Ein **Bebauungsplan** darf auch für den Bereich Festsetzungen treffen, die nach Fernstraßenrecht einem Anbauverbot unterliegen.[290]

---

[286] BVerwG NVwZ 2012, 829.

[287] BVerwG NVwZ 2020, 809; Milstein NVwZ 2020, 810.

[288] BVerwG NVwZ 2007, 221.

[289] BVerwG Beschl. v. 4.7.2005 – 9 B 6.05, juris.

[290] OVG Lüneburg Urt. v. 5.9.2007 – 1 KN 204/05, juris zur Höhenbegrenzung für bauliche Anlagen; BVerwG BRS 58 Nr. 41.

5711 **b) Weitere Entscheidungen.** Mit dem Planfeststellungsbeschluss kann unter anderem auch die Änderung einer **Sondernutzung** geregelt oder eine Sondernutzungserlaubnis widerrufen werden.

5712 **Gemeingebrauch.** Der Gebrauch der Bundesfernstraßen ist nach § 7 I 1 FStrG jedermann im Rahmen der Widmung und der verkehrsbehördlichen Vorschriften zum Verkehr gestattet.[291] Hierbei hat der fließende Verkehr den Vorrang vor dem ruhenden Verkehr. Kein Gemeingebrauch liegt vor, wenn jemand die Straße nicht vorwiegend zum Verkehr, sondern zu anderen Zwecken benutzt. Die Erhebung von Gebühren für den Gemeingebrauch bedarf einer besonderen gesetzlichen Regelung. Der Gemeingebrauch kann beschränkt werden, wenn dies wegen des baulichen Zustandes zur Vermeidung außerordentlicher Schäden an der Straße oder für die Sicherheit oder Leichtigkeit des Verkehrs notwendig ist. Die Beschränkungen sind durch Verkehrszeichen kenntlich zu machen (§ 7 II FStrG). Macht die dauernde Beschränkung des Gemeingebrauchs durch die Straßenbaubehörde oder auf Bundesautobahnen durch die Gesellschaft privaten Rechts im Sinne des Infrastrukturgesellschaftserrichtungsgesetzes die Herstellung von Ersatzstraßen oder -wegen notwendig, so ist der Träger der Straßenbaulast der Bundesfernstraße zur Erstattung der Herstellungskosten verpflichtet, es sei denn, dass er die Herstellung auf Antrag des zuständigen Trägers der Straßenbaulast selbst übernimmt (§ 7 IIa FStrG). Wer eine Bundesfernstraße aus Anlass des Gemeingebrauchs über das übliche Maß hinaus verunreinigt, hat nach § 7 III FStrG die Verunreinigung ohne Aufforderungen unverzüglich zu beseitigen; andernfalls kann die Straßenbaubehörde oder auf Bundesautobahnen durch die Gesellschaft privaten Rechts im Sinne des Infrastrukturgesellschaftserrichtungsgesetzes die Verunreinigung auf seine Kosten beseitigen.

5713 **Sondernutzung.** Die Benutzung der Bundesfernstraßen über den Gemeingebrauch hinaus ist nach § 8 I 1 FStrG Sondernutzung. Eine Sondernutzung liegt vor, wenn die Teilnahme am Straßenverkehr nach erkennbaren äußeren Anzeichen verkehrsfremden, vor gewerblichen Zwecken dient.[292] Sie bedarf der Erlaubnis der Straßenbaubehörde, auf Bundesautobahnen der Erlaubnis der Gesellschaft privaten Rechts im Sinne des Infrastrukturgesellschaftserrichtungsgesetzes, in Ortsdurchfahrten der Erlaubnis der Gemeinde. Soweit die Gemeinde nicht Träger der Straßenbaulast ist, darf sie die Erlaubnis nur mit Zustimmung der Straßenbaubehörde erteilen. Die Gemeinde kann durch Satzung bestimmte Sondernutzungen in den Ortsdurchfahrten von der Erlaubnis befreien und die Ausübung regeln. Soweit die Gemeinde nicht Träger der Straßenbaulast ist, bedarf die Satzung der Zustimmung der obersten Landesstraßenbaubehörde. Eine Erlaubnis soll nicht erteilt werden, wenn behinderte Menschen durch die Sondernutzung in der Ausübung des Gemeingebrauchs erheblich beeinträchtigt würden (§ 8 I FStrG).

5714 Die Erlaubnis darf nur auf Zeit oder Widerruf erteilt werden. Sie kann mit Bedingungen und Auflagen verbunden werden. Soweit die Gemeinde nicht Träger der Straßenbaulast ist, hat sie eine widerruflich erteilte Erlaubnis zu widerrufen, wenn die Straßenbaubehörde dies aus Gründen des Straßenbaus oder der Sicherheit oder Leichtigkeit des Verkehrs verlangt (§ 7 II FStrG).

5715 **Zufahrten und Zugänge zu Bundesstraßen** außerhalb der zur Erschließung der anliegenden Grundstücke bestimmten Teile der Ortsdurchfahrten gelten als Sondernutzung im Sinne des § 8 FStrG, wenn sie neu angelegt oder geändert werden. Eine Änderung liegt auch vor, wenn eine Zufahrt oder ein Zugang gegenüber dem bisherigen Zustand einem erheblich größeren oder einem andersartigen Verkehr als bisher dienen soll. Den Zufahrten oder Zugängen stehen die Anschlüsse nicht öffentlicher Wege gleich.

5716 Unter dem Vorbehalt der Planausführung kann eine Sondernutzungserlaubnis nach § 8 I FStrG verbindlich in Aussicht gestellt werden, wenn auf Grund des Plans Anlagen notwendig werden, für die eine Sondernutzungserlaubnis erforderlich ist. Die Änderung oder Beseitigung vorhandener Zufahrten oder Zugänge kann unter Berücksichtigung des § 8 a FStrG hinsichtlich der Rechte der Straßenanlieger in der Planfeststellung geregelt werden. Das Gleiche gilt, wenn bei Straßenbauvorhaben neue Zufahrten oder Ersatzwege (zB Wirtschaftswege oder Anliegerwege) angelegt werden müssen, um die Benutzung der Anliegergrundstücke zu sichern oder Zufahrten zu ersetzen. § 8 a IV FStrG ist zu entnehmen, dass die dauerhafte Unterbre-

[291] Näher dazu Verheyen Umwelt und Verkehr in Koch/Hofmann/Reese, Handbuch Umweltrecht, 2024, § 16 Rn. 139 ff.

[292] BVerwG NJW 1982, 2332; NJW 1986, 337; NVwZ 2012, 1623; OVG Münster NZV 2017, 576; Urt. v. 2.12.2019 – 11 A 2430/18, juris.

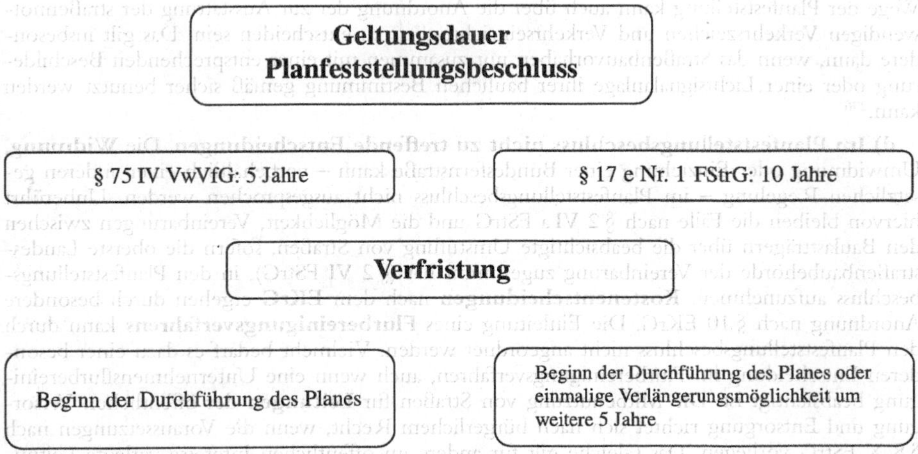

chung von Zufahrten zu Grundstücken an der freien Strecke von Bundesstraßen nicht ersatzlos hingenommen werden muss, dass aber kein Anspruch auf Beibehaltung einer besonders großzügigen Zufahrtsmöglichkeit besteht. Diese Wertung ist auch maßgeblich, soweit es um den Fortbestand der Möglichkeit geht, Kfz-Stellplätze auf nahezu ganzer Grundstücksbreite unmittelbar von der Straße aus anzufahren.[293] Soweit über Einzelheiten der Anlage im Planfeststellungsbeschluss noch nicht entschieden werden kann, erteilt darüber die für die Sondernutzungserlaubnis zuständige Behörde einen Bescheid. Sie ist bei der Entscheidung an den Planfeststellungsbeschluss gebunden. Sofern es sich nicht um widerruflich erlaubte Zufahrten handelt, ist hinsichtlich einer Entschädigungsregelung § 8 a IV 1 FStrG zu beachten. Zufahrten, die an der freien Strecke der Bundesstraßen im Beitrittsgebiet bereits vorhanden waren, genießen auch ohne eine Sondernutzungserlaubnis Bestandsschutz, solange sie nicht iSv § 8 a I FStrG geändert werden. Eine endgültige Betriebseinstellung ist nicht geeignet, den Bestandsschutz für eine vorhandene Zufahrt zu beenden, wenn der Verkehr nur kurzzeitig eingestellt wird und ohne quantitative oder qualitative Veränderung des Verkehrsgeschehens eine Anschlussnutzung nachfolgt (§ 8 a I 2 FStrG).[294]

5717 Ist die dauernde Beschränkung des Gemeingebrauchs vorgesehen und wird deshalb die Herstellung von Ersatzwegen notwendig, so hat der nach Landesrecht für den Ersatzweg zuständige Träger der Wegebaulast gegen den Träger der Straßenbaulast für die Bundesfernstraße einen Anspruch auf Erstattung der Herstellungskosten des Ersatzweges, sofern letzterer nicht die Herstellung auf Antrag selbst übernimmt (§ 7 II a FStrG). Über den Anspruch wird in der Planfeststellung entschieden.

5718 Werden **Kreuzungen von Bundesfernstraßen** mit anderen Verkehrswegen oder Anlagen (zB Straßen, Bundeswasserstraßen, Schifffahrtskanäle) neu hergestellt oder geändert oder wird durch das Straßenbauvorhaben in sonstiger Weise in den Bestand von Verkehrswegen oder Anlagen eingegriffen, werden die Vereinbarungen über deren Bau, Änderung oder Unterhaltung in den Planfeststellungsbeschluss nachrichtlich aufgenommen. Liegen derartige Vereinbarungen nicht vor, so wird über die Rechtsbeziehungen der Beteiligten einschließlich der Verteilung der Kosten in der Planfeststellung entschieden.[295] Muss eine Bundesfernstraße infolge der Landbeschaffung für militärische Zwecke verlegt, ersetzt oder sonst geändert werden, so wird in der Planfeststellung auch über die Kostentragung für dieses Bauvorhaben nach § 5 des Landbeschaffungsgesetzes entschieden.

5719 **c) Straßenverkehrsrecht.** Im Planfeststellungsverfahren werden auch die Zuständigkeitsgrenzen zwischen Straßenbau- und Straßenverkehrsbehörden überbrückt (§ 75 I VwVfG). Im

---

293 BVerwG Urt. v. 14.7.2011 – 9 A 17.10, juris.

294 BVerwG UPR 2003, 186 dort auch zu den Anforderungen an einen „angemessenen Ersatz" bei einer Änderung oder Einziehung einer Straße (§ 8 a IV 1 FStrG).

295 Planfeststellungsrichtlinien FStrG, Nr. 26.

Wege der Planfeststellung kann auch über die Anordnung der zur Ausstattung der straßennotwendigen Verkehrszeichen und Verkehrseinrichtungen zu entscheiden sein. Das gilt insbesondere dann, wenn das Straßenbauvorhaben nur zusammen mit einer entsprechenden Beschilderung oder einer Lichtsignalanlage ihrer baulichen Bestimmung gemäß sicher benutzt werden kann.[296]

5720 **d) Im Planfeststellungsbeschluss nicht zu treffende Entscheidungen**. Die **Widmung**, Umwidmung oder Einziehung einer Bundesfernstraße kann – vorbehaltlich einer anderen gesetzlichen Regelung – im Planfeststellungsbeschluss nicht ausgesprochen werden. Unberührt hiervon bleiben die Fälle nach § 2 VI a FStrG und die Möglichkeit, Vereinbarungen zwischen den Baulastträgern über die beabsichtigte Umstufung von Straßen, sofern die oberste Landesstraßenbaubehörde der Vereinbarung zugestimmt hat (§ 2 VI FStrG), in den Planfeststellungsbeschluss aufzunehmen. **Kostenentscheidungen** nach dem **EKrG** ergehen durch besondere Anordnung nach § 10 EKrG. Die Einleitung eines **Flurbereinigungsverfahrens** kann durch den Planfeststellungsbeschluss nicht angeordnet werden. Vielmehr bedarf es dazu einer besonderen Entscheidung im Flurbereinigungsverfahren, auch wenn eine Unternehmensflurbereinigung beabsichtigt ist. Die Mitbenutzung von Straßen für **Leitungen** der öffentlichen Versorgung und Entsorgung richtet sich nach bürgerlichem Recht, wenn die Voraussetzungen nach § 8 X FStrG vorliegen. Das Gleiche gilt für andere im öffentlichen Interesse verlegte Leitungen. Im Planfeststellungsbeschluss, insbesondere im Bauwerksverzeichnis, sind bezüglich der vorgenannten Leitungen keine Kostenregelungen zu treffen. Es können lediglich Hinweise auf außerhalb des Verfahrens abgeschlossene oder noch abzuschließende Vereinbarungen sowie auf gesetzliche Kostenregelungen gegeben werden. In der Planfeststellung ist jedoch darüber zu entscheiden, ob und wie Leitungen geändert oder beseitigt werden. Die Errichtung und Unterhaltung von **Wildschutzzäunen** kann dem Träger der Straßenbaulast im Planfeststellungsbeschluss auferlegt werden, wenn die Errichtung nach der objektiven Gefahrenlage und im Hinblick auf den vorhandenen Wildbestand sich als notwendig erweist (§ 74 II 2 VwVfG).

5721 Erhebliche **Mängel bei der Abwägung** sowie die **Verletzung von Verfahrens- und Formvorschriften** führen nicht zwangsläufig zur Aufhebung des Planfeststellungsbeschlusses oder der Plangenehmigung (§ 75 I a VwVfG).[297] Um zu vermeiden, dass nach eventuell jahrelang dauernden Verwaltungsgerichtsprozessen auf Grund festgestellter Abwägungsmängel oder auf Grund von Verfahrens- oder Formfehlern erneut Planungsverfahren eingeleitet werden müssten, hat der Gesetzgeber die Möglichkeit geschaffen, im Wege der „Planergänzung" oder in einem „ergänzenden Verfahren" eine Heilung dieser Mängel herbeizuführen.[298] Eine solche nachträgliche Heilung des Planfeststellungsbeschlusses ist jedoch nur möglich, wenn die planerische Grundkonzeption und damit der Kerngehalt der Abwägung der betroffenen Belange nicht beeinträchtigt werden.[299] Die Regelungen über die Heilungsmöglichkeiten steht im Einklang mit der Rechtsschutzgarantie in Art. 19 IV GG, da die materiellen Rechte der Betroffenen ausreichend gewahrt werden.[300]

5722 **Beispiel:** Fehler bei der Verkehrs- oder der Luftschadstoffprognose stellen bei Klagen mittelbar Betroffener regelmäßig nicht die Grundlagen der Planung in Frage, sondern können durch eine Ergänzung der Planung um Schutzauflagen behoben werden (§ 75 I a VwVfG, vormals § 17 e VI 2 FStrG).

5723 In **Fällen von unwesentlicher Bedeutung** kann auf eine Planfeststellung oder eine Plangenehmigung verzichtet werden (§ 74 VII VwVfG). Fälle von unwesentlicher Bedeutung liegen nur dann vor, wenn keine UVP-Pflicht besteht (§ 74 IV VwVfG), keine anderen öffentlichen Belange berührt sind oder die erforderlichen behördlichen Entscheidungen vorliegen und sie dem Plan nicht entgegenstehen und Rechte anderer nicht beeinflusst werden oder mit den vom Plan Betroffenen entsprechende Vereinbarungen getroffen werden. Auch darf nach anderen Rechtsvorschriften eine Öffentlichkeitsbeteiligung nicht erforderlich sein (§ 74 VII VwVfG). Dass weder andere öffentliche noch private Belange berührt werden, kommt in der Praxis eher selten. Von größerer Bedeutung sind die jeweiligen alternativ im Gesetz aufgeführ-

---

[296] Z.B. bei Kreuzungen und Einmündungen in das über– oder untergeordnete Straßennetz, hierzu auch § 1 IV Nr. 3, §§ 3 und 4 FStrG; BVerwG Beschl. v. 7.7.2000 – 4 B 94.99, juris.

[297] BVerwG NVwZ 1994, 688; NuR 1994, 188.

[298] BVerwG NVwZ 1996, 1016 m. Anm. Stüer, DVBl. 2013, 1324; VGH München NVwZ 1994, 706; Krumsiek/Frentzen DÖV 1995, 1013; Hönig in Stüer (Hrsg.) Verfahrensbeschleunigung, S. 162.

[299] BVerwG NJW 1986, 80; DVBl. 1993, 435; DÖV 1993, 432.

[300] BVerwG NJW 1982, 591; Schmitz/Wessendorf NVwZ 1996, 955.

ten Möglichkeiten. Im Ergebnis muss volles Einvernehmen mit allen Trägern öffentlicher Belange und Privatpersonen erzielt werden. Vor diesem Hintergrund beschränkt sich der Anwendungsbereich in aller Regel auf punktuelle kleinere Straßenbaumaßnahmen mit einem kleinen Betroffenenkreis. Ebenso wie bei der Plangenehmigung kann die Ermittlung des Betroffenenkreises auch hier im Einzelfall Schwierigkeiten verursachen. Zustimmen müssen jedoch nur diejenigen, deren Rechte beeinträchtigt sind, nicht dagegen diejenigen, die lediglich in ihren Belangen berührt werden.

Die Entscheidung über die Entbehrlichkeit der Planfeststellung hat keine Konzentrationswirkung. Dementsprechend sind die nach anderen Gesetzen erforderlichen Erlaubnisse, Genehmigungen und sonstigen Zulassungen bei einem Verzicht auf die Planfeststellung einzeln einzuholen. Nur die Planfeststellung und die Plangenehmigung sind mit einer Konzentrationswirkung ausgestattet (§ 75 I VwVfG). In Fällen von unwesentlicher Bedeutung und einem darauf gegründeten Verzicht auf die Planfeststellung ergeht also kein Genehmigungsbescheid. Es wird vielmehr nur aktenkundig festgehalten, dass kein Genehmigungsbescheid erforderlich ist. 5724

e) Rechtswirkungen des Planfeststellungsbeschlusses und der Plangenehmigung. Für die Rechtswirkungen der Planfeststellung und Plangenehmigung gilt § 75 VwVfG nach § 17 c FStrG mit Maßgaben. 5725

Nach § 75 I 1 VwVfG wird durch die Planfeststellung die Zulässigkeit des Vorhabens einschließlich der notwendigen Folgemaßnahmen an anderen Anlagen im Hinblick auf alle von ihm berührten öffentlichen Belange festgestellt; neben der Planfeststellung sind andere behördliche Entscheidungen, insbesondere öffentlich-rechtliche Genehmigungen, Verleihungen, Erlaubnisse, Bewilligungen, Zustimmungen und Planfeststellungen nicht erforderlich. Durch die Planfeststellung werden alle öffentlich-rechtlichen Beziehungen zwischen dem Träger des Vorhabens und den durch den Plan Betroffenen rechtsgestaltend geregelt. Ist der Planfeststellungsbeschluss unanfechtbar geworden, so sind Ansprüche auf Unterlassung des Vorhabens, auf Beseitigung oder Änderung der Anlagen oder auf Unterlassung ihrer Benutzung nach § 75 II 1 VwVfG ausgeschlossen. Treten nicht voraussehbare Wirkungen des Vorhabens oder der dem festgestellten Plan entsprechenden Anlagen auf das Recht eines anderen erst nach Unanfechtbarkeit des Plans auf, so kann der Betroffene nach § 75 II 2 VwVfG Vorkehrungen oder die Errichtung und Unterhaltung von Anlagen verlangen, welche die nachteiligen Wirkungen ausschließen. Sie sind dem Träger des Vorhabens durch Beschluss der Planfeststellungsbehörde aufzuerlegen. Sind solche Vorkehrungen oder Anlagen untunlich oder mit dem Vorhaben unvereinbar, so richtet sich der Anspruch auf angemessene Entschädigung in Geld. Werden Vorkehrungen oder Anlagen im Sinne von § 75 II 2 VwVfG notwendig, weil nach Abschluss des Planfeststellungsverfahrens auf einem benachbarten Grundstück Veränderungen eingetreten sind, so hat die hierdurch entstehenden Kosten der Eigentümer des benachbarten Grundstücks zu tragen, es sei denn, dass die Veränderungen durch natürliche Ereignisse oder höhere Gewalt verursacht worden sind; § 75 II 4 VwVfG ist nicht anzuwenden (§ 75 II 3 bis 5 VwVfG). 5726

Der straßenrechtliche Planfeststellungsbeschluss und die straßenrechtliche Plangenehmigung haben auf der Grundlage von § 75 I und II VwVfG dementsprechend eine Genehmigungswirkung, eine Konzentrationswirkung, eine Gestaltungswirkung, eine Duldungswirkung und eine Ausgleichswirkung.[301] Hinzu kommt eine enteignungsrechtliche Vorwirkung nach § 19 I, II FStrG. 5727

Nach § 17 c FStrG gelten für die genannten Rechtswirkungen nach § 75 VwVfG verschiedene Maßgaben. Wird mit der Durchführung des Plans nicht innerhalb von zehn Jahren nach Eintritt der Unanfechtbarkeit begonnen, so tritt er nach § 17 c Nr. 1 FStrG außer Kraft, es sei denn, er wird vorher auf Antrag des Trägers des Vorhabens von der Planfeststellungsbehörde um höchstens fünf Jahre verlängert. Vor der Entscheidung nach § 17 c Nr. 1 FStrG ist gem. § 17 c Nr. 2 FStrG eine auf den Antrag begrenzte Anhörung nach dem für die Planfeststellung oder für die Plangenehmigung vorgeschriebenen Verfahren durchzuführen. Für die Zustellung und Veröffentlichung im Internet oder Auslegung sowie die Anfechtung der Entscheidung über die Verlängerung sind nach § 17 c Nr. 3 FStrG die Bestimmungen über den Planfeststellungsbeschluss entsprechend anzuwenden. 5728

Wird eine Planergänzung oder ein ergänzendes Verfahren nach § 75 Ia 2 VwVfG erforderlich und wird diese Planergänzung oder dieses ergänzende Verfahren unverzüglich betrieben, so 5729

---

301 Zu diesen Rechtswirkungen nach § 75 I und II VwVfG Neumann/Külpmann in Stelkens/Bonk/Sachs, VwVfG, 2023, § 75 Rn. 1 ff.

bleibt die Durchführung des Vorhabens nach § 17 c Nr. 4 FStrG zulässig, soweit es von der Planergänzung oder dem Ergebnis des ergänzenden Verfahrens offensichtlich nicht berührt ist.

13. Enteignung

5730 Der fernstraßenrechtliche Planfeststellungsbeschluss bildet die Grundlage für eine Enteignung. Nach § 19 I 1 FStrG haben die Träger der Straßenbaulast der Bundesstraßen zur Erfüllung ihrer Aufgaben das Enteignungsrecht. Die Enteignung ist nach § 19 I 2 FStrG zulässig, soweit sie zur Ausführung eines nach § 17 FStrG festgestellten oder genehmigten Bauvorhabens notwendig ist. Einer weiteren Feststellung der Zulässigkeit der Enteignung bedarf es nach dem Gesetz nicht (§ 19 I 3 FStrG). Der festgestellte oder genehmigte Plan ist dem Enteignungsverfahren zu Grunde zu legen und für die Enteignungsbehörde bindend (§ 19 II FStrG). Enteignungsrechtliche Vorwirkungen kommen einem fernstraßenrechtlichen Planfeststellungsbeschluss allerdings nur dann zu, wenn die benötigten Flächen eindeutig in dem Planfeststellungsbeschluss bezeichnet worden sind.[302] Die Nichtaufnahme einer Grundstücksinanspruchnahme in das zu den Bestandteilen eines fernstraßenrechtlichen Planfeststellungsbeschlusses gehörende Grunderwerbsverzeichnis führt allerdings nicht notwendig zur Unvollständigkeit bzw. fehlenden Vollziehbarkeit und damit zur Rechtswidrigkeit des Planfeststellungsbeschlusses, wenn Art und Ausmaß der Inanspruchnahme aus weiteren Bestandteilen des Beschlusses, wie zB Lage- und Höhenplänen, ersichtlich sind.[303] Die Enteignung ist nach dem Grundsatz der Verhältnismäßigkeit auf den erforderlichen Umfang zu begrenzen.

Beispiel: Wird wegen der Tunnelführung einer Straße eine private Grundstücksfläche dauerhaft nur unterirdisch in Anspruch genommen, reicht zur Verwirklichung des Enteignungszwecks regelmäßig die Belastung des privaten Grundstücks mit einer Dienstbarkeit aus.[304]

14. Außerkrafttreten und Verlängerung des Plans

5731 Wird mit der Durchführung des Plans nicht innerhalb von **zehn Jahren** nach Eintritt der Unanfechtbarkeit begonnen, so tritt er außer Kraft, es sei denn, er wird vorher auf Antrag des Trägers der Straßenbaulast von der Planfeststellungsbehörde um höchstens fünf Jahre verlängert (§ 17 c Nr. 1 FStrG, § 75 IV VwVfG). Vor der Entscheidung ist eine auf den Antrag begrenzte Anhörung nach dem für die Planfeststellung vorgeschriebenen Verfahren durchzuführen. Für die Zustellung und Auslegung sowie die Anfechtung der Entscheidung über die Verlängerung sind die Bestimmungen über den Planfeststellungsbeschluss entsprechend anzuwenden (§ 17 c Nr. 3 FStrG). Als Beginn der Durchführung des Plans ist nach § 74 IV 2 VwVfG jede nach außen hin erkennbare Tätigkeit zu seiner Verwirklichung anzusehen (planmäßiger Grunderwerb, Abbruch von Gebäuden, Verlegung von Versorgungsleitungen, nicht dagegen verwaltungsinterne Bauentwurfsplanung oder Einstellung in die Finanzplanung).

5732 **Unanfechtbarkeit** ist dann gegeben, wenn der Planfeststellungsbeschluss oder die Plangenehmigung innerhalb der Rechtsbehelfsfrist nicht angefochten worden ist oder wenn im Falle der Anfechtung des Planfeststellungsbeschlusses oder der Plangenehmigung eine rechtskräftige Entscheidung vorliegt. Die Planfeststellungsbehörde unterrichtet den Vorhabenträger über den Zeitpunkt des Eintritts der Unanfechtbarkeit. Ist mit dem Vorhaben nicht innerhalb von zehn Jahren begonnen, so kann die Geltungsdauer des Planfeststellungsbeschlusses um bis auf weitere fünf Jahre verlängert werden. Der Antrag ist von dem Vorhabenträger rechtzeitig zu stellen (§ 17 c Nr. 1 FStrG). Der materielle Inhalt des bestandskräftigen Planfeststellungsbeschlusses ist dabei nicht zu prüfen. Die Entscheidung über die Verlängerung ist entsprechend § 74 IV und V VwVfG mit Rechtsbehelfsbelehrung bekannt zu geben. Die im Verlängerungsbeschluss festzusetzende Frist der weiteren Geltungsdauer beginnt mit der Unanfechtbarkeit des Verlängerungsbeschlusses. Bei Plangenehmigungen ist eine Verlängerung ausgeschlossen (§§ 74 VI 2, 75 IV VwVfG).

5733 Wird eine Planergänzung oder ein ergänzendes Verfahren nach § 75 Ia Satz 2 VwVfG erforderlich und wird diese Planergänzung oder dieses ergänzende Verfahren unverzüglich betrie-

---

[302] BVerwG Beschl. v. 12.1.1994 – 4 B 163.93, juris; zur dinglichen Belastung BGH NJW 1982, 2179; NJW 1993, 457.

[303] BVerwG Beschl. v. 12.1.1994 – 4 B 163.93, juris.

[304] BVerwG NJW 1996, 2113.

ben, so bleibt nach § 17c Nr. 4 FStrG die Durchführung des Vorhabens zulässig, soweit es von der Planergänzung oder dem Ergebnis des ergänzenden Verfahrens offensichtlich nicht berührt ist.

15. Zustellung, Auslegung und Bekanntmachung des Planfeststellungsbeschlusses

Abweichend von § 74 IV, V und VI 2 HS 3 VwVfG und § 27 I UVPG können nach § 17 b III 1 FStrG die Zustellung, Auslegung und Bekanntmachung der Auslegung des Planfeststellungsbeschlusses oder der Plangenehmigung dadurch erfolgen, dass die Entscheidung mit einer Rechtsbehelfsbelehrung und dem festgestellten Plan für zwei Wochen auf der Internetseite der Planfeststellungsbehörde veröffentlicht wird. Zusätzlich ist nach § 17 b III 2 FStrG der verfügende Teil des Planfeststellungsbeschlusses, die Rechtsbehelfsbelehrung und ein Hinweis auf die Veröffentlichung auf der Internetseite der Planfeststellungsbehörde verbunden mit dem Hinweis auf leicht zu erreichende Zugangsmöglichkeiten in den örtlichen Tageszeitungen bekanntzumachen, in deren Verbreitungsgebiet sich das Vorhaben voraussichtlich auswirken wird; auf Auflagen ist hinzuweisen. Auf Verlangen eines Beteiligten, das bis zum Ablauf der Rechtsbehelfsfrist an die Planfeststellungsbehörde zu richten ist, ist ihm nach § 17 b III 3 FStrG eine leicht zu erreichende Zugangsmöglichkeit zur Verfügung zu stellen. Im Fall des elektronischen Zugänglichmachens gilt nach § 17b III 4 FStrG mit dem Ende der Veröffentlichungsfrist die Entscheidung dem Träger des Vorhabens, den Betroffenen und denjenigen gegenüber, die Einwendungen erhoben haben, als zugestellt; hierauf ist in der Bekanntmachung hinzuweisen. Die Unterlagen nach § 17 b III 1 FStrG sollen gem. § 17 b III 5 FStrG nach Ende der Veröffentlichungsfrist bis zum Ende der Rechtsbehelfsfrist zur Information im Internet veröffentlicht werden. 5734

16. Rechtsschutz

Gegen den fernstraßenrechtlichen Planfeststellungsbeschluss kann der davon Betroffene unmittelbar Anfechtungsklage erheben. Dabei ist zwischen dem unmittelbar in Anspruch genommenen Eigentümer und dem Nachbarn zu unterscheiden. Einige spezielle Bestimmungen zum Rechtsschutz im Straßenrecht enthält § 17 e FStrG. 5735

a) Instanzielle Zuständigkeiten. Nach § 17e I 1 FStrG gilt § 50 I Nr. 6 VwGO und damit eine erst- und letztinstanzliche Zuständigkeit des BVerwG für Planfeststellungsverfahren, Plangenehmigungsverfahren und Verfahren zu Entfallensentscheidungen nach § 17b I FStrG iVm § 74 IV und VII VwVfG für Vorhaben im Sinne des § 17 I FStrG, soweit diese Bundesfernstraßen betreffen, die wegen 1. der Herstellung der Deutschen Einheit, 2. der Einbindung der neuen Mitgliedstaaten in die Europäische Union, 3. der Verbesserung der Hinterlandanbindung der deutschen Seehäfen, 4. ihres sonstigen internationalen Bezuges, 5. der besonderen Funktion zur Beseitigung schwerwiegender Verkehrsengpässe oder 6. ihrer Bedeutung bei der Verbesserung der Infrastruktur in den Revieren nach § 2 des Investitionsgesetzes Kohleregionen vom 8. August 2020 (BGBl. I S. 1795) in der Anlage 1 aufgeführt sind. Das gilt auch für nach § 17 I FStrG von der Planfeststellungspflicht freigestellte Vorhaben, auch dann, wenn auf Antrag des Vorhabenträgers ein Planfeststellungsverfahren oder Plangenehmigungsverfahren durchgeführt wird. 5736

Nach § 48 I 1 Nr. 8 VwGO entscheidet im Übrigen das Oberverwaltungsgericht im ersten Rechtszug über sämtliche Streitigkeiten, die Planfeststellungsverfahren für den Bau oder die Änderung von Bundesfernstraßen und Landesstraßen, betreffen. 5737

b) Antrag auf aufschiebende Wirkung der Anfechtungsklage. Nach § 80 II 1 Nr. 3a VwGO haben Widersprüche und Klagen Dritter gegen Verwaltungsakte, die die Zulassung von Vorhaben betreffend Bundesverkehrswege zum Inhalt haben, keine aufschiebende Wirkung haben. Die Regelung in der VwGO ist als allgemeine Regelung angelegt. Damit ist eine spezialgesetzliche Regelung in den Fachgesetzen, wie sie auch § 17 e II 1 FStrG enthielt, entbehrlich. Der seit Anfang 2024 neue § 17e II FStrG regelt wie bisher die Frist für den Antrag auf Anordnung der aufschiebenden Wirkung nach § 80 V 1 VwGO. Zur Vereinheitlichung ist diese nicht mehr nur auf Vorhaben des vordringlichen Bedarfs. Für den Antrag auf Anordnung der aufschiebenden Wirkung der Anfechtungsklage gilt nach § 17 e FStrG Folgendes: Der Antrag kann nur innerhalb eines Monats nach der Zustellung des Planfeststellungsbeschlusses oder der Plangenehmigung gestellt und begründet werden. Darauf ist in der Rechtsbehelfsbelehrung hinzuweisen. § 58 VwGO gilt entsprechend. Treten später Tatsachen 5738 ein, die die Anordnung der aufschiebenden Wirkung rechtfertigen, so kann der durch den Planfeststellungsbeschluss oder die Plangenehmigung Beschwerte einen hierauf gestützten Antrag nach § 80 V 1 VwGO innerhalb einer Frist von einem Monat stellen und begründen. Die Frist beginnt mit dem Zeitpunkt, in dem der Beschwerte von den Tatsachen Kenntnis erlangt (§ 17 e II FStrG).

5739 **c) Klagebegründungsfrist.** Der Kläger hat nach § 17 c III 1 FStrG innerhalb einer Frist von zehn Wochen ab Klageerhebung die zur Begründung seiner Klage dienenden Tatsachen und Beweismittel anzugeben. Erklärungen und Beweismittel, die erst nach Ablauf dieser Frist vorgebracht werden, sind nur zuzulassen, wenn der Kläger die Verspätung genügend entschuldigt. Der Entschuldigungsgrund ist auf Verlangen des Gerichts glaubhaft zu machen. Das gilt nicht, wenn es mit geringem Aufwand möglich ist, den Sachverhalt auch ohne Mitwirkung des Klägers zu ermitteln. Die Frist kann durch den Vorsitzenden oder den Berichterstatter auf Antrag verlängert werden, wenn der Kläger in dem Verfahren, in dem die angefochtene Entscheidung ergangen ist, keine Möglichkeit der Beteiligung hatte. § 6 UmwRG ist nicht anzuwenden.

5740 **d) Vollüberprüfungsanspruch.** Der Eigentümer eines Grundstücks, das nach einem straßenrechtlichen Planfeststellungsbeschluss unmittelbar in Anspruch genommen werden soll, hat grundsätzlich einen Anspruch auf gerichtliche Überprüfung des Planfeststellungsbeschlusses auf seine objektive Rechtmäßigkeit.[305] Er kann deshalb insbesondere die Verletzung des planungsrechtlichen Abwägungsgebots auch mit der Begründung geltend machen, öffentliche Belange seien nicht hinreichend beachtet worden. Ihm steht darüber hinaus ein klagefähiges Abwehrrecht gegen die Planfeststellung insoweit zu, als sich die Rechtswidrigkeit des Vorhabens aus der Verletzung objektiv-rechtlicher Vorschriften ergibt und die Inanspruchnahme seines Grundeigentums in einem Ursachenzusammenhang mit dem rechtlichen Mangel steht.[306] Dem liegt die Erwägung zugrunde, dass der Planfeststellungsbeschluss enteignungsrechtliche Vorwirkung hat und die Entscheidung über die Zulässigkeit einer Enteignung mitumfasst, dass 14 III GG aber vor einem Eigentumsentzug schützt, der nicht zum Wohl der Allgemeinheit erforderlich oder nicht gesetzmäßig ist.[307] Unternehmen, die vollständig oder mehrheitlich vom Staat beherrscht werden, können sich allerdings grundsätzlich nicht auf materielle Grundrechte berufen.[308]

5741 Der Anspruch des von der enteignungsrechtlichen Vorwirkung Betroffenen unterliegt allerdings Einschränkungen.[309] Nicht jeder objektiv-rechtliche Fehler, der einer Planung anhaftet, führt zur (vollständigen oder teilweisen) Aufhebung des Planfeststellungsbeschlusses oder zur Feststellung seiner Rechtswidrigkeit und Nichtvollziehbarkeit. Diese Rechtsfolge scheidet vielmehr aus, wenn der geltend gemachte Rechtsfehler für die Eigentumsbetroffenheit des Klägers aus tatsächlichen oder rechtlichen Gründen nicht erheblich, insbesondere nicht kausal ist. Das ist etwa dann der Fall, wenn ein als verletzt geltend gemachter öffentlicher Belang nur von örtlicher Bedeutung ist und auch die fehlerfreie Beachtung dieses Belangs nicht zu einer Veränderung der Planung im Bereich des betroffenen Grundstücks führen würde.[310] Dem entspricht es, dass ein behaupteter Verstoß gegen die naturschutzrechtliche Eingriffsregelung nur dann der Anfechtungsklage eines Eigentumsbetroffenen zum Erfolg verhelfen kann, wenn dieser Verstoß kausal gerade für seine Eigentumsinanspruchnahme ist.[311] Schließlich können behauptete Verstöße gegen zwingende Vorschriften des nationalen oder unionsrechtlichen Naturschutzrechts, namentlich der Habitat- und Vogelschutzrichtlinie, dann nicht zu einem Erfolg eines Anfechtungsbegehrens führen, wenn die Planung lediglich an Mängeln leidet, die für die Sachentscheidung nicht von Einfluss gewesen oder durch eine schlichte Planergänzung zu beheben sind im Sinne von § 17e VI FStrG.[312]

---

[305] VGH Mannheim Urt. v. 19.7.2023 – 14 S 504/21, juris Rn. 68; BVerwG Beschl. v. 25.4.2018 – 9 A 15.16 juris.

[306] VGH Mannheim Urt. v. 19.7.2023 – 14 S 504/21, juris Rn. 68; BVerwG Urt. v. 9.11.2006 – 4 A 2001.06, juris.

[307] VGH Mannheim Urt. v. 19.7.2023 – 14 S 504/21, juris Rn. 68; Urt. v. 29.1.2020 – 5 S 1658/17, juris mwN.

[308] BVerfGE 147, 50 = juris Rn. 238 ff.; NVwZ 2020, 1500 = juris Rn. 8 ff.

[309] BVerwGE 134, 308 Rn. 24.

[310] BVerwG NVwZ-RR 1991, 118 (127); Urt. v. 28.2.1996 – 4 A 27.95, juris.

[311] BVerwG BVerwGE 100, 370 (382).

[312] BVerwG NVwZ-RR 2015, 250; BVerwGE 131, 274.

e) Rechtsschutz Drittbetroffener. Lediglich mittelbar von dem straßenrechtlichen Planfeststellungsbeschluss Betroffene können nach § 113 I 1 VwGO nur die Verletzung gerade sie schützender Normen des Verfahrensrechts und des materiellen Rechts sowie eine nicht ordnungsgemäße Abwägung ihrer geschützten Privatbelange rügen, nicht aber eine insgesamt fehlerfreie Abwägung und Planung verlangen.[313] **5742**

f) Abwägungsfehler. Gemäß § 17 I 4 FStrG sind die von dem Vorhaben berührten öffentlichen und privaten Belange einschließlich der Umweltverträglichkeit im Rahmen der Abwägung zu berücksichtigen. Einzustellen sind insoweit alle mehr als geringfügigen schutzwürdigen rechtlichen oder tatsächlichen Interessen, die von der Planung in beachtlicher Weise betroffen werden.[314] Die Planfeststellungsbehörde muss die planerische Entscheidung des Vorhabenträgers abwägend nachvollziehen und dadurch die rechtliche Verantwortung für die Planung übernehmen. Lässt sich den Planunterlagen zwar entnehmen, dass vor Erstellung der Planunterlagen seitens des Vorhabenträgers eine **Variantenprüfung** durchgeführt wurde, findet sich in den Planunterlagen und in den Verwaltungsakten der Planfeststellungsbehörde aber keine Dokumentation dieser Prüfung, so mangelt es jedenfalls an der gebotenen nachvollziehenden Abwägung seitens der Planfeststellungsbehörde.[315] **5743**

Das fachplanerische Abwägungsgebot verlangt, dass eine Abwägung überhaupt stattfindet (kein Abwägungsausfall) und in die Abwägung an Belangen eingestellt wird, was nach Lage der Dinge in sie eingestellt werden muss (kein Abwägungsdefizit). Ferner darf weder die Bedeutung der betroffenen öffentlichen und privaten Belange verkannt (keine Abwägungsfehleinschätzung) noch der Ausgleich zwischen ihnen in einer Weise vorgenommen werden, die zur objektiven Gewichtigkeit einzelner Belange außer Verhältnis steht (keine Abwägungsdisproportionalität). Innerhalb des so gezogenen Rahmens wird das Abwägungsgebot nicht verletzt, wenn sich die zur Planung ermächtigte Stelle in der Kollision zwischen verschiedenen Belangen für die Bevorzugung des einen und damit notwendig für die Zurückstellung eines anderen entscheidet. Die darin liegende Gewichtung der von der Planung berührten öffentlichen und privaten Belange ist ein wesentliches Element der planerischen Gestaltungsfreiheit und als solches der verwaltungsgerichtlichen Kontrolle entzogen. Diese beschränkt sich im Rahmen des Abwägungsgebots daher auf die Frage, ob die Verwaltungsbehörde die abwägungserheblichen Gesichtspunkte rechtlich und tatsächlich zutreffend bestimmt hat und ob sie – auf der Grundlage des derart zutreffend ermittelten Abwägungsmaterials – die aufgezeigten Grenzen der ihr obliegenden Gewichtung eingehalten hat.[316] **5744**

Die Planfeststellungsbehörde muss seit dem Inkrafttreten des KSG bei ihrer Abwägungsentscheidung nach § 17 I 4 FStrG und nach Art. 20a GG iVm § 13 I1 KSG die Aspekte des globalen Klimaschutzes und der **Klimaverträglichkeit** berücksichtigen.[317] Das Berücksichtigungsgebot des § 13 I 1 KSG verlangt von der Planfeststellungsbehörde, mit einem – bezogen auf die konkrete Planungssituation – vertretbaren Aufwand zu ermitteln, welche CO_2-relevanten Auswirkungen das Vorhaben hat und welche Folgen sich daraus für die Klimaschutzziele des Bundes-Klimaschutzgesetzes ergeben.[318] **5745**

Unabhängig von der insoweit allgemein beschränkten gerichtlichen Kontrolle fachplanerischer Abwägungsentscheidungen kann eine **Gemeinde** eine gerichtliche Kontrolle der planerischen Abwägungsentscheidung nur hinsichtlich ihrer eigenen Rechte und schutzwürdigen **5746**

---

[313] VGH Mannheim Urt. v. 19.7.2023 – 14 S 504/21, juris Rn. 70; BVerwGE 170, 33 = juris Rn. 25; BVerwG Urt. v. 28.11.2017 – 7 A 1.17 ua – VRS 133, 187, juris Rn. 19; BVerwG Urt. v. 28.4.2016 – 9 A 14.15 juris Rn. 17 mwN.

[314] OVG Schleswig Urt. v. 28.9.2023 – 4 KS 3/21, juris Rn. 86; BVerwG Urt. v. 3.11.2020 – 9 A 13.19, juris Rn. 13.

[315] VGH Mannheim Urt. v. 5.10.2023 – 5 S 2547/21, juris Rn. 164; BVerwGE 170, 33, juris Rn. 717.

[316] OVG Schleswig Urt. v. 28.9.2023 – 4 KS 3/21, juris Rn. 86; BVerwG Urt. v. 15.10.2020 – 7 A 9.19, juris Rn. 103; Urt. v. 15.12.2016 – 4 A 4.15, juris Rn. 23 f.; Pokorni in Müller/Schulz, FStrG, 2022, § 17 Rn. 40 ff.

[317] BVerwG NVwZ 2022, 1549 = juris Rn. 60, 69; siehe dazu Uechtritz NVwZ 2022, 15125; Erbguth UPR 2023, 241; Verheyen/Heß ua, NVwZ 2023, 113.P

[318] BVerwG NVwZ 2022, 1549 = juris Rn. 60, 82; eine Bilanz der Rechtsprechung zum Berücksichtigungsgebot des § 13 I 1 KSG zieht Kling ZUR 2024, 141; siehe Erbguth UPR 2023, 241; Verheyen ua, NVwZ 2023, 113.

Belange und – wegen der insoweit bestehenden Wechselbeziehung – der ihren Belangen gegenüber gestellten, für das Vorhaben streitenden öffentlichen Belange verlangen.[319]

5747 Bei der Abwägung der Planfeststellungsbehörde ist das **Eigentum** der von der Planfeststellung betroffenen Grundeigentümer ein gewichtiger Abwägungsbelang, der in seiner Bedeutung nicht verkannt werden darf.[320]

5748 **Wertminderungen**. Fachplanungsvorhaben, der Bau von Straßen, Eisenbahntrassen oder Pipelines, können genauso wie immissionsschutzrechtlich genehmigungsbedürftige Industrieanlagen erhebliche Wertminderungen für Grundstücke zur Folge haben, die entweder unmittelbar, dh enteignend für das Vorhaben in Anspruch genommen werden, oder lediglich mittelbar von einem solchen Vorhaben in der unmittelbaren Nachbarschaft oder in der näheren Umgebung nachteilig betroffen sind. Bei der Verkehrswertermittlung, mit deren Hilfe eine Wertminderung festgestellt werden kann, ist der Zustand des Grundstücks maßgeblich, der sich gem. § 4 ImmoWertV nach der Gesamtheit der verkehrswertbeeinflussenden rechtlichen Gegebenheiten und tatsächlichen Eigenschaften, der sonstigen Beschaffenheit und vor allem auch der Lage des Grundstücks bestimmt. Zu den Lagemerkmalen zählen nach § 6 IV ImmoWertV insbesondere die Verkehrsanbindung, die Nachbarschaft, die Wohn- und Geschäftslage sowie Umweltauswirkungen, die von Vorhaben in der Nachbarschaft oder in der näheren oder weiteren Umgebung in zulässiger oder unzulässiger Weise ausgehen. Das BVerwG führt dazu aus, Verkehrswertminderungen, die über den Schutzbereich der Entschädigungsregelung des § 74 II 3 VwVfG hinaus durch ein Planvorhaben ausgelöst würden, seien keineswegs rechtlich irrelevant. Die Beachtung des § 74 II 3 VwVfG entbinde nämlich nicht von der Pflicht, planbedingte Wertverluste gegebenenfalls als private Belange im Rahmen der planerischen Abwägungsentscheidung zu berücksichtigen. Dem Planungsträger bleibe es zwar unbenommen, solche Wertminderungen nach den zum Abwägungsgebot entwickelten Grundsätzen hinter gegenläufige öffentliche Interessen zurücktreten zu lassen. Wie auch sonst sei es ihm allerdings verwehrt, dabei eine äußerste, durch Abwägung nicht überwindbare Schwelle zu überschreiten.[321] Jenseits dieser Schwelle wäre eine Abwägung, die einen Wertverlust entschädigungslos zumutet, abwägungsdisproportional.[322]

5749 Die Rechtsprechung nimmt jedoch zumeist an, dass Wertminderungen als Folge der Ausnutzung der einem Dritten erteilten Genehmigung oder Planfeststellung für sich genommen keinen Maßstab für die Beurteilung der Zumutbarkeit von Beeinträchtigungen im Sinne des Rücksichtnahmegebots bilden. Der Einzelne habe keinen Anspruch darauf, generell vor jeglicher Wertminderung verschont zu bleiben. Eine Wertminderung sei lediglich dann beachtlich, wenn sie Folge einer dem Betroffenen unzumutbaren Beeinträchtigung der Nutzungsmöglichkeiten des Grundstücks sei.[323]

5750 Der **Anliegergebrauch** vermittelt aber keine unmittelbar aus Art. 14 I 1 GG ableitbare Rechtsposition.[324] Wie weit er gewährleistet ist, richtet sich vielmehr nach dem einschlägigen einfachen Straßenrecht, dessen Regelungsbereich das Nachbarschaftsverhältnis zwischen Straße und angrenzenden Grundstücken mit umfasst.[325] Da die Straße als öffentliche Einrichtung nicht allein der Erschließung der Anliegergrundstücke, sondern vor allem auch dem allgemeinen Verkehrsbedürfnis dient, muss ein Ausgleich zwischen einer Vielzahl von Interessen gesichert werden. Auf die Belange der Anlieger ist in spezifischer Weise Rücksicht zu nehmen, weil diese in besonderem Maße auf den Gebrauch der Straße angewiesen sind. Mit § 8 a FStrG markiert der Gesetzgeber eine Grenze, die auch im Wege der nach § 17 I 2 FStrG gebotenen

---

319 BVerwG NuR 2014, 277 = juris Rn. 18; Urt. v. 15.10.2020 – 7 A 10.19, juris Rn. 38.

320 Zu Eigentumsschutz und enteignungsrechtlicher Vorwirkung der Planfeststellung Beckmann UPR 2023, 121; zu Wertminderungen von Grundstücken als abwägungsrelevanter Belang im Planfeststellungsverfahren Beckmann BauR 2021, 768.

321 BVerwG Urt. v. 16.3.2006 – 4 A 1073/04, juris Rn. 408 ff.; NJW 1997, 142.

322 Näher dazu Beckmann BauR 2021, 768.

323 OVG Münster Urt. v. 19.01.2024 – 22 D 29/23.AK, juris Rn. 105; BVerwGE 101, 364 = juris Rn. 73; OVG Münster Urt. v. 27.4.2023 – 8 D 368/21.AK, juris Rn. 240 ff.; OVG Münster Urt. v. 22.11.2021 – 8 A 973/15, juris Rn. 230.

324 Beckmann Enteignung, in Redeker/Uechtritz, Anwaltshandbuch Verwaltungsverfahren, 2020, Kap. D Rn. 8; Näher zu den Anliegerrechten Verheyen Umwelt und Verkehr in Koch/Hofmann/Reese, Handbuch Umweltrecht, 2024, § 16 Rn. 139 ff.

325 OVG Schleswig Urt. v. 28.9.2023 – 4 KS 3/21, juris Rn. 89.

Abwägung der durch ein Änderungsvorhaben berührten öffentlichen und privaten Belange nicht kurzerhand überwunden werden kann.[326]

§ 8a FStrG vermittelt den Eigentümern eines Grundstücks keinen Anspruch auf unveränderten Zugang zu diesem oder auf optimale Erreichbarkeit und gewährt auch keinen Schutz vor Zufahrtserschwernissen, die sich aus der besonderen örtlichen Lage und einer etwaigen situationsbedingten Vorbelastung ergeben, in die das Grundstück hineingestellt ist. Vielmehr folgt aus § 8a IV FStrG, dass lediglich ein Anspruch auf eine Verbindung zum Wegenetz, die eine angemessene Nutzung des Grundeigentums ermöglicht, existiert.[327] 5751

g) Planerhaltung. Mängel bei der Abwägung der von dem Vorhaben berührten öffentlichen und privaten Belange sind nur erheblich, wenn sie offensichtlich und auf das Abwägungsergebnis von Einfluss gewesen sind. 2Erhebliche Mängel bei der Abwägung oder eine Verletzung von Verfahrens- oder Formvorschriften führen nur dann zur Aufhebung des Planfeststellungsbeschlusses oder der Plangenehmigung, wenn sie nicht durch Planergänzung oder durch ein ergänzendes Verfahren behoben werden können; die §§ 45 und 46 VwVfG bleiben unberührt. 5752

h) Maßgeblicher Zeitpunkt. Für die Beurteilung der Sach- und Rechtslage ist die letzte Behördenentscheidung maßgeblich, das heißt der Zeitpunkt des Erlasses des Planfeststellungsbeschlusses, soweit nicht spätere Rechtsänderungen oder Änderungen der Sach- oder Rechtslage einen vormaligen Rechtsverstoß haben entfallen lassen, denn es kann keinen Anspruch auf Aufhebung des Beschlusses oder auf Feststellung seiner Rechtswidrigkeit und Nichtvollziehbarkeit geben, wenn der Beschluss mit gleichem Inhalt und gleicher Begründung erneut erlassen werden könnte.[328] 5753

i) Widmung, Umstufung, Einziehung. Über Widmung, Umstufung und Einziehung einer Bundesfernstraße entscheidet das nach § 2 VI 1 FStrG das Fernstraßen-Bundesamt, soweit dem Bund die Verwaltung einer Bundesfernstraße zusteht. Im Übrigen entscheidet die oberste Landesstraßenbaubehörde. Abstufungen in eine Straße nach Landesrecht können nur nach vorheriger Zustimmung der betroffenen obersten Landesstraßenbaubehörde erfolgen. Die Entscheidung kann auch in einem Planfeststellungsbeschluss nach § 17 FStrG mit der Maßgabe erfolgen, dass die Widmung mit der Verkehrsübergabe, die Umstufung mit der Ingebrauchnahme für den neuen Verkehrszweck und die Einziehung mit der Sperrung wirksam wird. Die oberste Landesstraßenbaubehörde hat vor einer Widmung oder Aufstufung das Einverständnis des Fernstraßen-Bundesamtes einzuholen § 2 VI FStrG). Der **Rechtsweg** bei **Umstufungen** richtet sich nach den zu Grunde liegenden Rechtsvorschriften. 5754

j) Duldungsverfügungen für Vorarbeiten. Die den Eigentümern in § 16 a I FStrG auferlegte Verpflichtung, die zur Vorbereitung der Planung von Bundesautobahnen notwendige Vermessungen, **Boden- und Grundwasseruntersuchungen** durch die Straßenbaubehörde oder von ihr Beauftragte zu dulden, ist eine verfassungsrechtlich unbedenkliche Inhaltsbestimmung des Eigentums iS von Art. 14 I 2 GG.[329] Zur Erstellung ordnungsgemäßer Ausschreibungsunterlagen erforderliche Maßnahmen können Vorarbeiten zur Vorbereitung der Straßenplanung im Sinne von § 16 a FStrG sein.[330] Vorarbeiten dürfen allerdings nicht bereits einen **Teil der Ausführung des Straßenbauvorhabens** selbst darstellen.[331] Nach § 16 a I FStrG sind die dort beispielhaft näher benannten Vorarbeiten nicht nur zur Vorbereitung der Planung, sondern auch der Baudurchführung von Grundstückseigentümern und sonstigen Nutzungsberechtigten zu dulden. Dadurch werden auch Vorarbeiten erfasst, die nach Erlass des Planfeststellungsbeschlusses durchgeführt werden und etwa der Vorbereitung der Ausschreibungsunterlagen und der Ausführungsplanung dienen[332]. Auch wenn ein Planfeststellungsbeschluss zunächst für rechtswidrig und nicht vollziehbar erklärt worden ist,[333] kann die Vorschrift an- 5755

326 OVG Schleswig Urt. v. 28.9.2023 – 4 KS 3/21, juris Rn. 89.

327 BVerwG Beschl. v. 14.1.2019 – 9 B 13.18, juris Rn. 3; VGH München Urt. v. 22.02.2022 – 8 A 20.40006, 8 A 20.400070, juris Rn. 31; OVG Schleswig Urt. v. 28.9.2023 – 4 KS 3/21, juris Rn. 89.

328 VGH Mannheim Urt. v. 5.10.2023 – 5 S 2371/21, juris Rn. 79; BVerwGE 130, 299, juris Rn. 256; Beschl. v. 22.6.2015 – 4 B 61.14, juris Rn. 5.

329 BVerwG Urt. v. 1.4.1999 – 4 VR 4.99, juris.

330 BVerwG NVwZ-RR 2003, 66.

331 BVerwG Beschl. v. 17.9.2002 – 9 VR 17.02, juris zur Vermessung und Bodenuntersuchung.

332 BVerwG Beschl. v. 1.1.2012 – 9 VR 7.11, juris.

333 BVerwG Urt. v. 18.3.2009 – 9 A 40.07, juris; NVwZ 2012, 575, Schink I+E 2012, 194.

gewendet werden.[334]. Denn die sich aus § 16 a I FStrG ergebende Duldungspflicht für Vorarbeiten für die Baudurchführung erfasst nicht die Arbeiten in Vollziehung des Planfeststellungsbeschlusses und besteht daher unabhängig von der sofortigen Vollziehbarkeit des Planfeststellungsbeschlusses und einem etwaigen Erfolg im Klageverfahren.[335] Vor dem Erlass einer Duldungsverfügung gemäß § 16a FStrG bedarf es grundsätzlich einer Anhörung des Adressaten[336]. § 16a FStrG betrifft vorbereitende Maßnahmen geringer Eingriffsintensität. Auf seiner Grundlage kann ein Grundstückseigentümer nicht zur dauerhaften Duldung betonierter Bohrpfähle in seinem Grundstück verpflichtet werden.[337]

5756 Die in der nach § 16 a II FStrG erforderlichen Bekanntmachung der Absicht, **Vorarbeiten** durchzuführen, enthaltenen Informationen müssen die Duldungspflichtigen in die Lage versetzen, ihre Betroffenheit und deren Intensität zu erkennen, um sich hierauf, etwa durch Schadensvorkehrungen oder Beweissicherungen, einstellen zu können. Das setzt ua konkrete Angaben über die betroffenen Grundstücke voraus. Das Fristerfordernis des § 16 a II FStrG ist nicht bereits dadurch erfüllt, dass die Behörde zwei Wochen verstreichen lässt, bis mit angekündigten Vorarbeiten begonnen wird. Vielmehr ist bereits bei der Festsetzung des konkreten Zeitraums, in dem die Vorarbeiten stattfinden sollen, darauf zu achten, dass dieser frühestens zwei Wochen nach Bekanntgabe beginnt. Andernfalls ist die Anordnung rechtswidrig.[338] Die das besondere Vollziehungsinteresse rechtfertigende Eilbedürftigkeit der angeordneten Vorarbeiten folgt regelmäßig bereits daraus, dass es sich bei dem zu planenden Vorhaben um ein Vorhaben handelt, das im Bedarfsplan für die Bundesfernstraßen zum Fernstraßenausbaugesetz als vordringlicher Bedarf ausgewiesen ist. Der allgemeine Hinweis auf einen vordringlichen Bedarf gilt allerdings nicht als ausreichende Begründung für die Anordnung der sofortigen Vollziehung, wenn der Planfeststellungsbehörde der Antrag des Vorhabenträgers bereits vorliegt und die angeordneten Vorarbeiten der Erstellung von Unterlagen für die Ausschreibung des Vorhabens dienen, deren Durchführung angesichts des erreichten Verfahrensstandes aber noch nicht absehbar ist.[339]

17. Vorzeitige Besitzeinweisung

5757 Ist der sofortige Beginn von Bauarbeiten geboten und weigert sich der Eigentümer oder Besitzer, den Besitz eines für die Straßenbaumaßnahme benötigten Grundstücks durch Vereinbarung unter Vorbehalt aller Entschädigungsansprüche zu überlassen, so hat die Enteignungsbehörde den Träger der Straßenbaulast auf Antrag nach Feststellung des Plans oder Erteilung der Plangenehmigung gem. § 18 f I 1 FStrG in den Besitz einzuweisen. Der Planfeststellungsbeschluss oder die Plangenehmigung müssen vollziehbar sein. Weiterer Voraussetzungen bedarf es nicht (§ 18 f I 2 und 3 FStrG).

5758 Der Träger des Vorhabens kann nach § 18f Ia 1 FStrG verlangen, dass bereits nach Ablauf der Einwendungsfrist nach § 73 IV VwVfG das Verfahren zur vorzeitigen Besitzeinweisung in das Grundstück eines Dritten durchgeführt wird. In diesem Fall ist der nach dem Verfahrensstand zu erwartende Planfeststellungsbeschluss oder die zu erwartende Plangenehmigung dem Verfahren zur vorzeitigen Besitzeinweisung zugrunde zu legen. Der Besitzeinweisungsbeschluss ist mit der aufschiebenden Bedingung zu verbinden, dass sein Ergebnis durch den Planfeststellungsbeschluss oder die Plangenehmigung bestätigt wird. Wird das Ergebnis des Besitzeinweisungsbeschlusses durch den Planfeststellungsbeschluss oder die Plangenehmigung nicht bestätigt, ist ein neuer Besitzeinweisungsbeschluss auf der Grundlage des ergangenen Planfeststellungsbeschlusses oder der ergangenen Plangenehmigung herbeizuführen.

5759 § 18 f Ia FStrG ist durch das Gesetz zur Beschleunigung von Genehmigungsverfahren im Verkehrsbereich und zur Umsetzung der Richtlinie (EU) 2021/1187 über die Straffung von Maßnahmen zur rascheren Verwirklichung des transeuropäischen Verkehrsnetzes zum Jahresende 2023 in das FStrG aufgenommen worden. Durch den neuen § 18 f Ia FStrG kann eine vorzeitige Besitzeinweisung bereits vor Erlass und Vollziehbarkeit des Planfeststellungsbeschlusses oder der Plangenehmigung erlassen werden. Frühester maßgeblicher Zeitpunkt für die Antragstellung und damit Einleitung des Verfahrens ist der Ablauf der Einwendungsfrist nach § 73

[334] BVerwG NVwZ 2015, 85.
[335] BVerwG Beschl. v. 2.10.2014 – 9 VR 3.14, juris.
[336] BVerwG NVwZ 2018, 268; Thomas IBR 2017, 584.
[337] BVerwG NVwZ 2018, 268.
[338] BVerwG Beschl. v. 6.5.2008 – 9 A 6.08, juris.
[339] BVerwG Beschl. v. 30.3.2007 – 9 VR 7.07, juris.

IV VwVfG, bei dem bereits davon ausgegangen werden kann, dass die Planfeststellungsbehörde ausreichende Kenntnisse über das Vorhaben verfügt, um eine Prognoseentscheidung zu treffen. Hierzu hat die Planfeststellungsbehörde den Planfeststellungsbeschluss bzw. die Plangenehmigung anhand des derzeitigen Verfahrensstandes zu antizipieren. Die für die Besitzeinweisung zuständige Enteignungsbehörde des Landes kann diese dann ihrer Entscheidung zugrunde legen. Vom Zeitpunkt des Erlasses des Besitzeinweisungsbeschlusses zu unterscheiden ist nach der Gesetzesbegründung der Zeitpunkt, ab dem dessen Inhalt verbindlich wird. § 18 f Ia 3 FStrG stellt klar, dass der Besitzeinweisungsbeschluss mit der aufschiebenden Bedingung zu erlassen ist, dass sein Ergebnis durch den Planfeststellungsbeschluss oder die Plangenehmigung bestätigt wird. Dies bedeutet, dass erst ab diesem Zeitpunkt der Besitzeinweisungsbeschluss materielle Rechtswirkungen- bzw. Rechtsfolgen auslöst. § 18f Ia 4 FStrG regelt den Fall, dass der Planfeststellungsbeschluss den Besitzeinweisungsbeschluss nicht oder nicht vollständig bestätigt. Anstatt ein neues Besitzeinweisungsverfahren zu starten, wird das bestehende Besitzeinweisungsverfahren wiederaufgegriffen und der Besitzeinweisungsbeschluss auf der Grundlage des ergangenen Planfeststellungsbeschlusses oder der ergangenen Plan-genehmigung ergänzt. Die weiteren Voraussetzungen des § 18f Absatz 1 FStrG müssen gleichwohl vorliegen. Das bedeutet, dass der sofortige Beginn von Bauarbeiten geboten sein muss und der Eigentümer oder Besitzer sich weigert, den Besitz eines für die Straßenbaumaßnahme benötigten Grundstücks durch Vereinbarung unter Vorbehalt aller Entschädigungsansprüche zu überlassen.[340]

Die Enteignungsbehörde hat spätestens sechs Wochen nach Eingang des Antrages auf Besitz- **5760**
einweisung mit den Beteiligten mündlich zu verhandeln. Hierzu sind die Straßenbaubehörde, sofern eine Bundesfernstraße, soweit dem Bund die Verwaltung einer Bundesfernstraße zusteht, betroffen ist, die Gesellschaft privaten Rechts im Sinne des Infrastrukturgesellschaftserrichtungsgesetzes und die Betroffenen zu laden. Dabei ist den Betroffenen der Antrag auf Besitzeinweisung mitzuteilen. Die Ladungsfrist beträgt drei Wochen. Mit der Ladung sind die Betroffenen aufzufordern, etwaige Einwendungen gegen den Antrag möglichst vor der mündlichen Verhandlung bei der Enteignungsbehörde einzureichen. Sie sind außerdem darauf hinzuweisen, dass auch bei Nichterscheinen über den Antrag auf Besitzeinweisung und andere im Verfahren zu erledigende Anträge entschieden werden kann (§ 18f II FStrG).

Soweit der Zustand des Grundstücks von Bedeutung ist, hat ihn die Enteignungsbehörde **5761**
vor der Besitzeinweisung in einer Niederschrift festzustellen oder durch einen Sachverständigen ermitteln zu lassen. Den Beteiligten ist eine Abschrift der Niederschrift oder des Ermittlungsergebnisses zu übersenden (§ 18f III FStrG). Der Beschluss über die Besitzeinweisung ist dem Antragsteller und den Betroffenen spätestens zwei Wochen nach der mündlichen Verhandlung zuzustellen. Die Besitzeinweisung wird in dem von der Enteignungsbehörde bezeichneten Zeitpunkt wirksam. Dieser Zeitpunkt soll auf höchstens zwei Wochen nach Zustellung der Anordnung über die vorzeitige Besitzeinweisung an den unmittelbaren Besitzer festgesetzt werden. Durch die Besitzeinweisung wird dem Besitzer der Besitz entzogen und der Träger der Straßenbaulast Besitzer. Der Träger der Straßenbaulast darf auf dem Grundstück das im Antrag auf Besitzeinweisung bezeichnete Bauvorhaben ausführen und die dafür erforderlichen Maßnahmen treffen (§ 18 f IV FStrG).

Der Träger der Straßenbaulast hat für die durch die vorzeitige Besitzeinweisung entstehen- **5762**
den Vermögensnachteile Entschädigung zu leisten, soweit die Nachteile nicht durch die Verzinsung der Geldentschädigung für die Entziehung oder Beschränkung des Eigentums oder eines anderen Rechts ausgeglichen werden. Art und Höhe der Entschädigung sind von der Enteignungsbehörde in einem Beschluss festzusetzen (§ 18 f V FStrG).

Wird der festgestellte Plan oder die Plangenehmigung aufgehoben, so ist auch die vor- **5763**
zeitige Besitzeinweisung aufzuheben und der vorherige Besitzer wieder in den Besitz einzuweisen. Der Träger der Straßenbaulast hat für alle durch die vorzeitige Besitzeinweisung entstandenen besonderen Nachteile Entschädigung zu leisten (§ 18f VI FStrG). Ein Rechtsbehelf gegen eine vorzeitige Besitzeinweisung hat keine aufschiebende Wirkung. Der Antrag auf Anordnung der aufschiebenden Wirkung nach § 80 V 1 VwGO kann nur innerhalb eines Monats nach der Zustellung des Besitzeinweisungsbeschlusses gestellt und begründet werden (§ 18f VIa FStrG).

---

[340] BT-Drucks. 20/6879, S. 62.

18. Planfeststellungsverfahren bei Vorhaben im transeuropäischen Verkehrsnetz

5764 Mit dem Gesetz Gesetzes zur Beschleunigung von Genehmigungsverfahren im Verkehrsbereich und zur Umsetzung der Richtlinie (EU) 2021/1187 über die Straffung von Maßnahmen zur rascheren Verwirklichung des transeuropäischen Verkehrsnetzes[341] hat der Gesetzgeber unter anderem auch die Richtlinie (EU) 2021/1187 über die Straffung von Maßnahmen zur rascheren Verwirklichung des transeuropäischen Verkehrsnetzes (TEN-V) auf Ebene des Bundesrechts umgesetzt. Die Umsetzung beinhaltet insbesondere die Einführung einer Frist von vier Jahren für das Genehmigungsverfahren und wird im FStrG, im AEG, im WaStrG, im LuftVG und im WHG umgesetzt.

5765 § 17 i I FStrG bestimmt dazu Folgendes: Wird ein Planfeststellungsverfahren oder ein Plangenehmigungsverfahren für ein Vorhaben durchgeführt, das 1. im Abschnitt der Festen Fehmarnbeltquerung zwischen Puttgarden und Rodby gelegen ist oder 2. auf einem Kernnetzkorridor nach Anlage 2 gelegen ist und dessen geschätzte Gesamtkosten zum Zeitpunkt der Einleitung des Planfeststellungsverfahrens oder des Plangenehmigungsverfahrens 300 000 000 Euro überschreiten, ist dieses innerhalb von vier Jahren abzuschließen. Die Frist beginnt mit dem Eingang des Plans nach § 73 I VwVfG bei der Anhörungsbehörde und Planfeststellungsbehörde. Diese sowie alle am Planfeststellungsverfahren oder am Plangenehmigungsverfahren beteiligten Behörden des Bundes und der Länder sind bestrebt, den Planfeststellungsverfahren oder Plangenehmigungsverfahren Vorrang bei der Bearbeitung einzuräumen. Dabei ist das Beschleunigungsinteresse an anderen Vorhaben, die im überragenden öffentlichen Interesse stehen oder der öffentlichen Sicherheit dienen, zu beachten.

5766 § 17i I FStrG dient der Umsetzung von Art. 1 der Richtlinie (EU) 2021/1187. Die Sätze 1 und 2 legen den Anwendungsbereich der neuen §§ 17i, 17j und 17k FStrG fest. Dabei sind von den Vorhaben nach § 17i I FStrG nur Aus- und Neubauvorhaben erfasst. Nicht erfasst sind beispielsweise Ersatzneubauten, auch wenn sie eine geringfügig höhere Kapazität ermöglichen. Wenn Vorhaben aus mehreren Teilprojekten bestehen, bezieht sich die Vierjahresfrist auf die jeweiligen Teilprojekte.[342] Im Vierjahreszeitraum sind nach Mitteilung der EU-Kommission unter Verweis auf Erwägungsgrund 3 der Richtlinie (EU) 2021/1187 – vorhabenbezogene Umweltprüfungen mitinbegriffen. Vom Vierjahreszeitraum nicht berührt sind die aus Völkerrecht und Unionsrecht resultierenden Verpflichtungen. Nicht davon erfasst sind zudem diejenigen Zeiträume, die für die Durchführung von verwaltungsrechtlichen und gerichtlichen Rechtsbehelfsverfahren sowie für die Durchsetzung dieser Rechtsbehelfe vor Gericht erforderlich sind, sowie alle Zeiträume, die erforderlich sind, um daraus resultierende Entscheidungen oder Rechtsbehelfe umzusetzen.[343]

5767 § 17i I 3 FStrG bestimmt einen Vorrangstatus der in den Anwendungsbereich gemäß § 17 i I 1 FStrG iVm § 17 i II FStrG fallenden Vorhaben. Die Vorschrift beruht auf Art. 3 I der Richtlinie (EU) 2021/1187. Die Behörden haben bei der Anwendung dieses Bearbeitungsvorrangs das Beschleunigungsinteresse an anderen Vorhaben, die im überragenden öffentlichen Interesse stehen oder der öffentlichen Sicherheit dienen, zu beachten. Insbesondere für den Ausbau der erneuerbaren Energien und der Stromnetze wird vor dem Hintergrund der Klimaziele und der Energiekrise wie in § 2 EEG und § 1 NABEG nicht nur das überragende öffentliche Interesse festgeschrieben, sondern ist auch ein beschleunigter Ausbau prioritär. Diese Vorhaben dürfen deshalb nicht zurückgestellt werden.[344]

5768 Die Planfeststellungsbehörde hat dem Vorhabenträger auf dessen Antrag Auskunft über die bei Vorlage des Plans nach § 73 I VwVfG beizubringenden Informationen und Unterlagen zu erteilen. Weist das Vorhaben bei Eingang des Plans nach § 73 I VwVfG nicht die erforderliche Reife auf, so ist der Antrag auf Einleitung des Verfahrens zur Planfeststellung oder Plangenehmigung spätestens vier Monate nach seinem Eingang bei der zuständigen Behörde abzulehnen (§ 17 i II FStrG). Die Regelung des § 17 i I FStrG dient der Umsetzung und Konkretisierung von Art. 6 und Art. 4 VIId der Richtlinie (EU) 2021/1187. Der Begriff des Antrags meint die Anzeige im Sinne des Art. 6 I der Richtlinie. Die Erstellung einer ausführlichen Antragsübersicht für den Vorhabenträger durch die Planfeststellungsbehörde ist nach der Gesetzesbegründung nicht erforderlich. Die Hinweise können danach auch allgemein bekanntgegeben wer-

341 BGBl I 2023 Nr. 409 vom 28.12.2023.
342 BT-Drucks. 20/6879, S. 60.
343 BT-Drucks. 20/6879, S. 61.
344 BT-Drucks. 20/6879, S. 61.

den, zB durch Richtlinien (zB Richtlinien für die Planfeststellung nach dem Bundesfernstraßengesetz (Planfeststellungsrichtlinien 2019 – PlafeR19)) oder Leitfäden. Der Begriff der „erforderlichen Reife" soll ausweislich der Gesetzesbegründung bedeuten, dass die zuständige Behörde prüft, ob die eingereichten Antragsunterlagen den Anforderungen der Anhörung genügen, sie also Dritten eine Prüfung ermöglichen, ob ihre Belange von der Planung berührt werden und ob sie deshalb im Anhörungsverfahren zur Wahrung ihrer Rechte oder Interessen Einwendungen erheben wollen.[345]

Auf Antrag der Planfeststellungsbehörde kann das Bundesministerium für Digitales und Verkehr gem. § 17 i III FStrG die Frist nach § 17 i I 1 FStrG verlängern. Im Antrag sind die Gründe für die Fristüberschreitung darzulegen. Eine weitere Verlängerung kann unter denselben Bedingungen einmal gewährt werden. Die § 17 i I bis III FStrG sind nicht anzuwenden auf Vorhaben, deren Plan vor dem 10.8.2023 bei der Anhörungsbehörde und Planfeststellungsbehörde eingereicht wurde. Wird die Frist nach § 17i I 1 FStrG nicht eingehalten, hat das Bundesministerium für Digitales und Verkehr bei grenzüberschreitenden Vorhaben die Europäischen Koordinatoren auf deren Ersuchen über Maßnahmen zum zügigen Abschluss des Planfeststellungsverfahren oder Plangenehmigungsverfahrens zu unterrichten (§ 17 j III FStrG). Bei grenzüberschreitenden Vorhaben nach § 17i I 1 FStrG sollen die zuständigen Behörden nach § 17 j I FStrG zusammenarbeiten, erforderliche Informationen, Unterlagen und Dokumente austauschen und die nationalen Zeitpläne ihrer Genehmigungsverfahren abstimmen. 5769

II. Eisenbahnen (AEG)

Das AEG regelt die Erbringung von Eisenbahnverkehrsleistungen und den Betrieb der Eisenbahninfrastruktur. Das Gesetz dient nach § 1 I 1 AEG der Gewährleistung eines sicheren Betriebs der Eisenbahn und eines attraktiven Verkehrsangebotes auf der Schiene sowie der Wahrung der Interessen der Verbraucher im Eisenbahnmarkt. Das AEG gilt für Eisenbahnen. Es gilt nicht für andere Schienenbahnen wie Magnetschwebebahnen, Straßenbahnen und die nach ihrer Bau- oder Betriebsweise ähnlichen Bahnen, Bergbahnen und sonstige Bahnen besonderer Bauart. Es gilt ferner nicht für die Versorgung von Eisenbahnen mit leitungsgebundener Energie, insbesondere Fahrstrom, und Telekommunikationsleistungen, soweit nicht durch dieses Gesetz oder auf Grund dieses Gesetzes etwas anderes bestimmt ist (§ 1 II AEG). 5770

Eisenbahnen sind gem. § 2 I AEG öffentliche Einrichtungen oder privatrechtlich organisierte Unternehmen, die Eisenbahnverkehrsdienste erbringen (Eisenbahnverkehrsunternehmen) oder eine Eisenbahninfrastruktur betreiben (Eisenbahninfrastrukturunternehmen). Verkehrsdienste sind nach § 2 II AEG Schienenpersonenfernverkehr, Schienenpersonennahverkehr und Schienengüterverkehr. Innerhalb der Verkehrsdienste können Marktsegmente gebildet werden. Das Betreiben einer Eisenbahninfrastruktur umfasst den Bau und die Unterhaltung von Schienenwegen sowie die Führung von Betriebsleit- und Sicherheitssystemen (§ 2 III AEG). Die Auswechslung von Gleisen bleibt selbst dann eine Unterhaltungsmaßnahme, wenn dabei Schienen oder Schwellen eingebaut werden, die einem neuen Stand der Technik entsprechen. Der Austausch alter Anlagenteile wird nicht allein deswegen zu einer über eine Instandsetzung hinausgehenden genehmigungsbedürftigen Änderungsmaßnahme, weil die neuen Bauteile den aktuellen Sicherheits- und Verkehrsbedürfnissen Rechnung tragen.[346] 5771

1. Europarechtliche Vorgaben

Der Eisenbahnverkehr in Deutschland wird zu wichtigen Teilen von europäischen Vorgaben bestimmt, die sich aus mehreren, sog. Eisenbahnpaketen ergeben. 5772

a) Erstes Eisenbahnpaket. Es umfasst die EG-Richtlinien 2001/12/EG, 2001/13/EG und 2001/14/EG. Mit deren Bestimmungen soll bei den Eisenbahnunternehmen der Europäischen Gemeinschaft der gerechte und nichtdiskriminierende Zugang zur Eisenbahninfrastruktur sichergestellt werden. Um dies zu ermöglichen, werden in der RL 2001/13/EG Anforderungen hinsichtlich der Zuverlässigkeit, der finanziellen Leistungsfähigkeit und der fachlichen Eignung von Eisenbahnunternehmen definiert, damit Kunden und Dritte geschützt und die Verkehrsleistungen unter Wahrung eines hohen Sicherheitsstandards erbracht werden. Mit der RL 2001/14/EG werden Anforderungen an die Transparenz für den Zugang zu den Eisenbahn- 5773

[345] BT-Drucks. 20/6879, S. 61.
[346] BVerwG NVwZ 1995, 586.

fahrwegen für alle Eisenbahnunternehmen und zudem ein transeuropäisches Schienengüterverkehrsnetz definiert. Hintergrund des Pakets war, einen regulatorischen Beitrag zu mehreren politischen Projekten auf europäischer Ebene zu leisten, insbesondere die Verwirklichung des Europäischen Binnenmarkts auch im Eisenbahnsektor und der Transeuropäischen Netze, die im „Eine Strategie zur Revitalisierung der Eisenbahn in der Gemeinschaft" festgeschrieben wurden. Zum ersten Mal wurde auch im Bereich der Eisenbahnen der „Paketansatz" gewählt, im Zuge dessen mehrere Richtlinien zugleich in den Gesetzgebungsprozess geschleust wurden und gemeinsam debattiert und beschlossen wurden.

5774 Die Geschäftsführung der Eisenbahnunternehmen hat von staatlichen Behörden unabhängig zu sein (Art. 4 RL 91/440). Diese Maßnahme zielte darauf, alle bisher in die staatliche Hoheitsverwaltung eingegliederte Eisenbahnen juristisch zu trennen und aus ihnen Unternehmen mit eigenen Rechnungskreisen zu machen. Die Eisenbahnunternehmen sind (ausgenommen kleinere und Inselbetriebe) in Infrastruktur und Betrieb zu trennen, und zwar durch transparente Buchführung. Diese Maßnahme zielte darauf ab, die indirekte Unterstützung von Eisenbahnverkehrsleistern durch Eisenbahninfrastrukturleister zu verhindern. Diese Maßnahme war und ist umstritten: Die EU-Kommission betreibt eine vollständige unternehmensrechtliche Trennung von Infrastruktur und Betrieb, während große Mitgliedsländer (ua Deutschland) gegen die Auflösung ihrer Holdingstrukturen arbeiteten. Die EU-Kommission versuchte mehrmals, diese Trennung zu verschärfen. Die Mitgliedsstaaten erhalten die Möglichkeit, ihre unabhängig gestellten Eisenbahnunternehmen einmal von Altschulden finanziell zu entlasten. Diese Maßnahme diente dazu, „reinen Tisch" zu machen bei staatlichen Bahnunternehmen, die weitgehend der Container für Schulden vergangener Bahninfrastrukturbauten waren.

5775 Allen Bahnunternehmen der Gemeinschaft ist der freie und diskriminierungsfreie Zugang zur Bahninfrastruktur zu gewähren. Diese Maßnahme zielte darauf ab, das existierende Kooperationsregime staatlicher Bahnen aufzulösen und Wettbewerb „auf der Schiene" zuzulassen. In Folge entwickelten sich einige hundert kleine private europäische Bahnen, die im Wettbewerb gegen die staatlichen Bahnen Marktanteile gewinnen konnten. Die größte Ausweitung des Wettbewerbs entstand jedoch durch den Wettbewerb großer staatlicher Bahnen gegeneinander, die direkt oder über Tochtergesellschaften (viele davon durch Zukäufe erworben) international aktiv wurden. Rechtlich ist das „Erste Eisenbahnpaket" ein Richtlinienpaket, das zum Großteil bestehende Richtlinien im Eisenbahnsektor abändert. Deswegen trugen die konsolidierten Rechtsakte (bis zum „recast" 2013) noch jahrelang ihre ursprünglichen Nummern (RL 91/440/EWG ua) bis zum sogenannten „recast", der Neuveröffentlichung des bisher kodifizierten Rechts in der Richtlinie am 21.11.2012. Diesen „recast" hatte die EU-Kommission in Hinblick unter anderem auf die schleppende Umsetzung der Marktöffnung und die weiter bestehende Verflechtung nationaler Infrastruktur- und Eisenbahnverkehrsunternehmen gefordert.

5776 **b) Zweites Eisenbahnpaket.** Es ist ein Anfang 2012 von der EU-Kommission vorgeschlagenes Maßnahmenpaket, um den Schienenverkehr wieder zu beleben. Die darin enthaltenen Maßnahmen stützen sich auf die Leitlinien des Verkehrsweißbuches und sollen die Sicherheit, die Interoperabilität im Schienenverkehr und den Marktzugang im Bereich des Schienengüterverkehrs verbessern. Ferner schlägt die Kommission darin die Errichtung einer europäischen Eisenbahnagentur vor, die die technischen Arbeiten in den Bereichen Sicherheit und Interoperabilität leiten soll.

5777 **c) Drittes Eisenbahnpaket**. Es ergänzt mit der Richtlinie 2007/58/EG die Bestimmungen über die Marktöffnung für den grenzüberschreitenden Personenverkehrs, inklusive der Kabotage (dem Bedienen innerstaatlicher Halte). Voraussetzung für den Zugang ist jedoch, dass der Hauptzweck des Personenverkehrs tatsächlich grenzüberschreitend ist. Darüber entscheidet der Regulator. Bis 2010 ist der Zugang zu grenzüberschreitendem Personenverkehr nur „internationalen Gruppierungen„[347] garantiert. Die Öffnung des grenzüberschreitenden Eisenbahnverkehrs ist in den Richtlinien 91/440 und 2001/14/EG festgeschrieben. Ohne Zeitbeschränkung darf die Bedienung von Halten eingeschränkt werden, wenn diese das „wirtschaftliche Gleichgewicht" einer gemeinwirtschaftlichen Leistung im Nah-, Vorort- und Regionalverkehr gefährden würden – ein Verweis auf die PSO-Verordnung, in der die Vergabe dieser gemeinwirtschaftlichen Leistungen geregelt ist. Ob eine Einschränkung gerechtfertigt ist und in welcher Form, entscheidet der Regulator. Die Richtlinie 2007/59/EG über die Zertifizierung von Triebfahrzeugführern trifft eine Reihe von Regelungen zum Einsatz

[347] Art. 8(1) RL 91/440/EWG.

und zur Zertifizierung von Triebfahrzeugführern. Dabei werden die in einem Mitgliedstaat erteilten Fahrerlaubnisse von den anderen Mitgliedstaaten anerkannt. Voraussetzung ist ein Mindestalter von 20 Jahren, ab 18 Jahren kann ein rein national gültiger Führerschein erteilt werden. Eine weitere Voraussetzung für die Erteilung eines auf ausländischen Netzen gültigen Führerscheins ist eine mindestens neunjährige Schulausbildung und der Nachweis entsprechender Sprachkenntnisse.

Die Verordnung (EG) Nr. 1370/2007 über „öffentliche Personenverkehrsdienste auf Schiene 5778
und Straße" soll den Wettbewerbsgedanken im öffentlich bestellten Verkehr zu stärken. Die Verordnung enthält Regelungen, nach denen öffentliche Verkehrsdienste grundsätzlich im Rahmen einer Ausschreibung vergeben werden sollen. Jedoch erlauben diverse Ausnahmetatbestände auch eine Direktvergabe an Unternehmen. Eine neue Ende 2009 in Kraft getretene Fahrgastrechteverordnung (EG) 1371/2007 sieht eine Stärkung der Fahrgastrechte vor. Die Verordnung umfasst Regelungen für die Haftung der Eisenbahnverkehrsunternehmen (EVUs) für Fahrgäste und deren Gepäck, verbindliche Entschädigungen bei größeren Verspätungen, die Beförderung von mobilitätseingeschränkten Menschen sowie die von den EVUs bereitzustellenden Informationen. Die Verordnung gilt auch im Binnenverkehr der Mitgliedstaaten gelten. Die EU-Mitglieder haben jedoch die Möglichkeit, den nationalen Fernverkehr für bis zu 15 Jahre von dieser Regelung auszunehmen. Darüber hinaus kann der Stadt-, Vorort- und Regionalverkehr unbegrenzt von der Regelung ausgenommen werden. Eisenbahnverkehrsunternehmen müssen Fahrgäste in Zukunft über die ihre Rechte gemäß dem Verordnungspaket informieren. Die Unternehmen müssen darüber hinaus ua Angaben über Fahrpläne, Bedingungen der Fahrt sowie zur kürzesten Fahrzeit und dem günstigsten Fahrpreis machen. Weitere Informationen sind zur Zugänglichkeit und Zugangsbedingungen für mobilitätseingeschränkte Menschen und zur Fahrradmitnahme zu machen. Auch über vorhersehbare Verspätungen und Betriebsstörungen ist zukünftig verpflichtend zu informieren, ebenso wie zu Beschwerdeverfahren und zur Verfahrensweise bei Gepäckverlust.

d) Viertes Eisenbahnpaket. Das von der EU-Kommission 2013 vorgelegte Reformpaket 5779
bestand aus Vorschlägen für drei Richtlinien und drei Verordnungen. Der gesamte Schienenpersonenverkehr in den Mitgliedstaaten sollte ab Ende 2019 liberalisiert werden. Es sollte Zugang aller Anbieter zu den Netzen vorgeschrieben werden, die Zentralisierung von Genehmigungsverfahren und Sicherheitsbestimmungen bei der Europäischen Eisenbahnagentur reguliert und die Ausschreibungen aller Angebote vorgegeben werden. Der Zugang zu Serviceleistungen wie beispielsweise Wartung, Vertrieb, Fahrgastinformationssystemen oder Güterumschlagterminals sollte für die Wettbewerber erleichtert werden. Das Paket sah Einschränkungen im Bereich der Gemeinwirtschaftlichen Leistungen vor. Gemeinwirtschaftliche Leistungen im öffentlichen Verkehr sind Verkehrsangebote, die nicht durch den Fahrscheinverkauf finanziert werden können, deren Betrieb jedoch im öffentlichen Interesse liegt. Durch die Vorgaben des Vierten Eisenbahnpaketes wird die Möglichkeit, gemeinwirtschaftliche Leistungen direkt auch an Betreiber der öffentlichen Hand zu vergeben, abgeschafft. Ebenfalls untersagt wird die Möglichkeit, Verkehrsangebote zu subventionieren. Die öffentliche Hand als Auftraggeber soll laut den Bestimmungen des Pakets das Restwertrisiko von Fahrzeugen von Anbietern, deren Bedienungsvertrag nicht verlängert wird, übernehmen. Der Bundestag hat im Januar 2020 ein Gesetz zur Umsetzung der technischen Säule des vierten Eisenbahnpakets der Europäischen Union (19/15661) beschlossen. Folge der Umsetzung ist, dass es keine „nationalen Bescheinigungen zur Sicherheitsbescheinigung" mehr, sondern nur noch eine einheitliche Sicherheitsbescheinigung gibt. Diese wird für Unternehmen, die grenzüberschreitende Verkehrsdienste erbringen, von der Eisenbahnagentur der Europäischen Union erteilt.

2. Zuständigkeiten

Nach Art. 73 I Nr. 6 a GG hat der Bund die ausschließliche Gesetzgebung für die Eisenbah- 5780
nen, die ganz oder mehrheitlich im Eigentum des Bundes stehen (Eisenbahnen des Bundes), den Bau, die Unterhaltung und das Betreiben von Schienenwegen der Eisenbahnen des Bundes sowie die Erhebung von Entgelten für die Benutzung dieser Schienenwege. Nach Art. 87 e I 1 GG wird die Eisenbahnverkehrsverwaltung für Eisenbahnen des Bundes weiterhin in bundeseigener Verwaltung geführt. Durch Bundesgesetz können aber Aufgaben der Eisenbahnverkehrsverwaltung den Ländern als eigene Angelegenheiten übertragen werden (Art. 87 e I 2 GG). Der Bund nimmt die über den Bereich der Eisenbahnen des Bundes hinausgehenden

Aufgaben der Eisenbahnverkehrsverwaltung wahr, die ihm durch Bundesgesetz übertragen werden (Art. 87 II GG).

5781 Eisenbahnen des Bundes werden nach Art. 87 III 1 GG als Wirtschaftsunternehmen in privat-rechtlicher Form geführt. Diese stehen im Eigentum des Bundes, soweit die Tätigkeit des Wirtschaftsunternehmens den Bau, die Unterhaltung und das Betreiben von Schienenwegen umfasst (Art. 87 III 1 GG). Der Bund gewährleistet nach Art. 87 IV GG, dass dem Wohl der Allgemeinheit, insbesondere den Verkehrsbedürfnissen, beim Ausbau und Erhalt des Schienennetzes der Eisenbahnen des Bundes sowie bei deren Verkehrsangeboten auf diesem Schienennetz, soweit diese nicht den Schienenpersonennahverkehr betreffen, Rechnung getragen wird.

5782 Die Aufgaben der Eisenbahnverkehrsverwaltung des Bundes werden, soweit das Gesetz über die Eisenbahnverkehrsverwaltung des Bundes (BEVVK) nichts anderes bestimmt, vom Bundesministerium für Verkehr und digitale Infrastruktur wahrgenommen. Es kann seine Aufgaben ganz oder teilweise durch Rechtsverordnung, die nicht der Zustimmung des Bundesrates bedarf, auf das Eisenbahn-Bundesamt übertragen (§ 1 BEVVG).

5783 **a) Eisenbahn-Bundesamt.** Nach § 2 I BEVVK ist das Eisenbahn-Bundesamt eine selbständige Bundesoberbehörde für Aufgaben der Eisenbahnverkehrsverwaltung; es untersteht dem Bundesministerium für Verkehr und digitale Infrastruktur. Nach § 3 I 1 BEVVG hat das Eisenbahn-Bundesamt folgende Aufgaben, soweit nicht die in § 4 I BEEVG bezeichnete Regulierungsbehörde zuständig ist: 1. die Planfeststellung für Betriebsanlagen der Eisenbahnen des Bundes, 2. die Eisenbahnaufsicht, 3. die Bauaufsicht für Betriebsanlagen der Eisenbahnen des Bundes, 4. Erteilung und Widerruf einer Betriebsgenehmigung, 5. die Ausübung hoheitlicher Befugnisse sowie von Aufsichts- und Mitwirkungsrechten nach Maßgabe anderer Gesetze und Verordnungen, 6. die Vorbereitung und Durchführung von Vereinbarungen gemäß § BSWAG § 9 des Bundesschienenwegeausbaugesetzes, 7. die Feststellung des Bestehens oder Nichtbestehens der UVP-Pflicht, 8. die Bewilligung von Bundesmitteln zur Förderung des Schienenverkehrs und zur Förderung der Kombination des Schienenverkehrs mit anderen Verkehrsarten.

5784 Für die Durchführung von Planfeststellungsverfahren im Bereich der Eisenbahnen des Bundes ist das Eisenbahn-Bundesamt Planfeststellungs- und Anhörungsbehörde (§ 3 II BEVVG).

5785 Als Eisenbahnaufsichtsbehörde hat das Eisenbahn-Bundesamt nach § 5a I AEG die Aufgabe, die Einhaltung der in § 5 I AEG genannten Vorschriften zu überwachen, soweit in diesem Gesetz nichts Besonderes bestimmt ist. Sie haben dabei insbesondere die Aufgabe, 1. Gefahren abzuwehren, die beim Betrieb der Eisenbahn entstehen oder von den Betriebsanlagen ausgehen, und 2. gefährliche Ereignisse im Eisenbahnbetrieb zu untersuchen, soweit es sich dabei nicht um gefährliche Ereignisse handelt, deren Untersuchung gemäß § 5b I AEG der Bundesstelle für Eisenbahnunfalluntersuchung obliegt.

5786 **b) Bundesnetzagentur**. Die Aufgabe, die Einhaltung der Rechtsvorschriften über den **Zugang zur Eisenbahninfrastruktur** zu überwachen, obliegt der Bundesnetzagentur für Elektrizität, Gas, Telekommunikation, Post und Eisenbahnen (Bundesnetzagentur). Sie untersteht insoweit der Fachaufsicht des Bundesministeriums für Verkehr und digitale Infrastruktur (§ 4 I 1 und 2 BEVVG).

3. Anwendungsbereich

5787 Das AEG gilt für **Eisenbahnen**. Das sind nach § 2 I AEG öffentliche Einrichtungen oder privatrechtlich organisierte Unternehmen, die Eisenbahnverkehrsdienste erbringen (**Eisenbahnverkehrsunternehmen**) oder eine Eisenbahninfrastruktur betreiben (**Eisenbahninfrastrukturunternehmen**). Eisenbahnverkehrsunternehmen sind nach § 2 III 1 AEG alle Eisenbahnen, deren Tätigkeit im Erbringen von Eisenbahnverkehrsdiensten zur Beförderung von Gütern oder Personen besteht. Die Eisenbahninfrastruktur umfasst nach § 2 VI AEG die Betriebsanlagen der Eisenbahnen einschließlich der Bahnstromfernleitungen. Die für Eisenbahnverkehr zuständige oberste Landesbehörde stellt gem. § 2a AEG auf Antrag, soweit es sich nicht um Schienenbahnen des Bundes handelt, im Benehmen mit dem Bundesministerium für Digitales und Verkehr fest, ob und inwieweit eine Schienenbahn eine Eisenbahn ist.

5788 Betriebsanlagen einer Eisenbahn einschließlich der Bahnfernstromleitungen dürfen nach § 18 I 1 AEG nur gebaut oder geändert werden, wenn der Plan vorher festgestellt ist. Zu den **notwendigen Folgemaßnahmen** einer eisenbahnrechtlichen Planfeststellung gehören gemäß § 75 I 1 VwVfG auch Maßnahmen an anderen Anlagen. Wegen des engen systematischen Zusammenhangs der Regelung des § 18 AEG mit § 75 I 1 VwVfG erstreckt sich die enteignungsrechtliche Vorwirkung nach § 22 II AEG auch auf notwendige Folgemaßnahmen.[348] Ein berechtigter Enteignungszweck ist allerdings dann nicht mehr gegeben, wenn Maßnahmen gleichsam beiläufig zum Gegenstand der eisenbahnrechtlichen Planfeststellung gemacht werden, obwohl sie nicht durch das originäre Vorhaben bedingt sind.[349] Der Begriff der notwendigen Folgemaßnahme unterliegt wegen seiner kompetenzerweiternden Wirkung räumlichen und sachlichen Beschränkungen. Folgemaßnahmen dürfen über Anschluss und Anpassung nicht wesentlich hinausgehen.

Beispiel: Wird durch einen geplanten Schienenweg eine bestehende Gemeindestraße beseitigt und verliert diese dadurch ihre lückenlose Funktion, handelt es sich um eine notwendige Folgemaßnahme im Sinne von § 75 I HS 1 VwVfG, wenn sie mit einer in unmittelbarer Nähe bestehenden Wegeanlage vereinigt und gegebenenfalls weiteren Verkehrszwecken gewidmet wird.[350]

Gemäß § 18 I 1 AEG, § 75 I 1 VwVfG wird durch die Planfeststellung die Zulässigkeit des Vorhabens „einschließlich der notwendigen Folgemaßnahmen an anderen Anlagen" im Hinblick auf alle von ihm berührten öffentlichen Belange festgestellt. Für die Plangenehmigung gilt nichts anderes; sie hat gemäß § 74 VI 2 VwVfG die Rechtswirkungen der Planfeststellung. Die Planungskompetenz des Trägers eines Vorhabens erstreckt sich wegen des Gebots der Problembewältigung auf notwendige Folgemaßnahmen an anderen Anlagen. Folgemaßnahmen sind zu treffen, um die Probleme zu lösen, die durch das Vorhaben für die Funktionsfähigkeit der anderen Anlagen entstehen. Das Gebot der Problembewältigung rechtfertigt es nicht, andere Planungen mitzuerledigen, obwohl sie ein eigenes umfassendes Planungskonzept erfordern. Insoweit unterliegt der Begriff der notwendigen Folgemaßnahme wegen seiner kompetenzerweiternden Wirkung räumlichen und sachlichen Beschränkungen. Folgemaßnahmen dürfen über Anschluss und Anpassung nicht wesentlich hinausgehen.[351] Ob die Aufweitung des Wirtschaftsweges im Bereich des Bahnübergangs und die Errichtung der Stützmauer für die Anbindung des Bahnübergangs an die Straße Koppelheck hiernach notwendige Folgemaßnahmen der geänderten Bahnübergangssicherung sind, hängt von den Umständen des Einzelfalls ab.[352] Notwendige Folgemaßnahmen eines Straßenbauvorhabens, auf die sich der Planfeststellungsbeschluss nach § 75 I 1 HS 1 VwVfG erstreckt, dürfen über den Anschluss des Vorhabens an das bestehende Straßennetz und dessen Anpassung nicht wesentlich hinausgehen. Eine im Zuge eines **Autobahnanschlusses** mitgeplante 3,5 km lange **Ortsumgehung**, die eines eigenen umfassenden Planungskonzepts bedarf, erfüllt diese Anforderungen nicht.[353] Der Planfeststellungsbeschluss muss grundsätzlich alle durch das Vorhaben verursachten Konflikte lösen. Er darf bestimmte Probleme nur dann der technischen **Ausführungsplanung** überlassen, wenn sie nach dem Stand der Technik ohne Weiteres beherrschbar sind.[354] 5789

Das AEG gilt nicht für andere Schienenbahnen wie Magnetschwebebahnen, Straßenbahnen und die nach ihrer Bau- oder Betriebsweise ähnlichen Bahnen, Bergbahnen und sonstige Bahnen besonderer Bauart. 3Es gilt ferner nicht für die Versorgung von Eisenbahnen mit leitungsgebundener Energie, insbesondere Fahrstrom, und Telekommunikationsleistungen, soweit nicht durch dieses Gesetz oder auf Grund dieses Gesetzes etwas anderes bestimmt ist § 1 II AEG). Die Vorschriften des AEG sind, vorbehaltlich des § 26 I 1 Nr. 1a, 2 AEG nicht anzuwenden, soweit in der EU-Verordnung 2021/782 über die Rechte und Pflichten der Fahrgäste im Eisenbahnverkehr in der jeweils geltenden Fassung inhaltsgleiche oder entgegenstehende Regelungen vorgesehen sind. Die Verordnung (EU) 2021/782 ist nach Maßgabe ihres Art. 2 II nicht auf solche Verkehrsdienste des Schienenpersonenverkehrs anzuwenden, die ausschließlich aus Gründen historischen Interesses oder zu touristischen Zwecken betrieben werden. 5790

---

348 OVG Koblenz NVwZ 2001, 104, m. BVerwG NVwZ-RR 1996, 187; VGH Mannheim NuR 1996, 297.

349 OVG Koblenz NVwZ 2001, 104.

350 VGH Mannheim Urt. v. 4.5.2023 – 5 S 1941/22, juris Rn. 49.

351 BVerwG Beschl. v. 13.7.2010 – 9 B 103.09, juris; BVerwGE 151, 213 Rn. 31.

352 BVerwG Beschl. v. 3.5.2016 – 3 B 5.16 zur Aufhebung einer Plangenehmigung zur Änderung eines Bahnübergangs.

353 Art. 5 I iVm Anhang I h SUP-RL.

354 BVerwG NVwZ 2020, 788.

4. Anschluss an andere Eisenbahnen

5791 Mit dem Ziel bester Verkehrsbedienung haben Bundesregierung und Landesregierungen nach § 1 V AEG darauf hinzuwirken, dass die **Wettbewerbsbedingungen** der Verkehrsträger angeglichen werden, und dass durch einen lauteren Wettbewerb der Verkehrsträger eine volkswirtschaftlich sinnvolle Aufgabenteilung ermöglicht wird.

5792 Jede Eisenbahn hat nach § 13 I 1 AEG angrenzenden Eisenbahnen mit Sitz in der Bundesrepublik Deutschland den Anschluss an ihre Eisenbahninfrastruktur unter billiger Regelung der Bedingungen zu gestatten. Die anschlussgewährende Eisenbahn muss die dafür erforderliche Anschlusseinrichtung an der von ihr betriebenen Eisenbahninfrastruktur errichten und betreiben. Die Vorschriften des Eisenbahnregulierungsgesetzes, insbesondere die Vorschriften zu Zugangsrechten, bleiben unberührt (§ 13 I 2 und 3 AEG). Begehrt eine Eisenbahn den Anschluss an die Eisenbahninfrastruktur einer angrenzenden Eisenbahn, so tragen die Kosten für den Bau, den Ausbau, den Ersatz und den Rückbau der hierfür erforderlichen Anschlusseinrichtung die an dem Anschluss beteiligten Eisenbahnen zu gleichen Teilen. Die laufenden Kosten dieser Anschlusseinrichtung, insbesondere für Betrieb, Wartung und Instandhaltung, trägt die anschlussgewährende Eisenbahn. Die anschlussbegehrende Eisenbahn trägt die Kosten der von ihr betriebenen Infrastruktur (§ 13 II AEG).

5793 § 13 II AEG normiert keine gesetzliche Pflicht des Eisenbahnunternehmens, das den Anschluss an die angrenzende Eisenbahninfrastruktur beansprucht, die Kosten des Anschlusses dem Grunde nach zu tragen. Das Eisenbahn-Bundesamt darf auf der Grundlage des § 13 II AEG eine Teilentscheidung über die Frage erlassen, in welchem Verhältnis die noch nicht bezifferten Kosten des Anschlusses an die Eisenbahninfrastruktur zwischen dem anschlussbegehrenden und dem anschlussgewährenden Eisenbahnunternehmen aufgeteilt werden. Es entspricht regelmäßig dem in § 13 II iVm I 1 AEG vorgegebenen Maßstab der Billigkeit, dass der Anschließer die Kosten der Instandhaltung und Instandsetzung der Anschlussweiche zu tragen hat und lediglich in atypischen Fallkonstellationen eine abweichende Kostenverteilung in Betracht kommt. Die Kosten eines erforderlichen Rückbaus der Anschlussweiche können dem anschlussnehmenden Eisenbahnunternehmen nur dann nach § 13 II AEG auferlegt werden, wenn es den Einbau selbst veranlasst oder soweit es durch die nutzungsbedingte Verzögerung des Rückbaus Mehrkosten verursacht hat.[355]

5794 Das Eisenbahn-Bundesamt darf auf der Grundlage des § 13 II AEG zunächst eine Teilentscheidung über die Frage erlassen, in welchem Verhältnis die noch nicht bezifferten Kosten des Anschlusses an die Eisenbahninfrastruktur zwischen dem anschlussbegehrenden und dem anschlussgewährenden Eisenbahnunternehmen aufgeteilt werden. Es entspricht regelmäßig dem in § 13 II iVm I AEG vorgegebenen Maßstab der Billigkeit, dass der Anschließer die Kosten der Instandhaltung und Instandsetzung der Anschlussweiche zu tragen hat und lediglich in atypischen Fallkonstellationen eine abweichende Kostenverteilung in Betracht kommt.[356]

5795 Das eisenbahnrechtliche **Diskriminierungsverbot** aus § 13 I 1 AEG steht Schienennetz-Benutzungsbedingungen entgegen, welche miteinander im Wettbewerb stehende Unternehmen beim Zugang zur Eisenbahninfrastruktur gleichheitswidrig behandeln, gebietet aber nicht allgemein, angemessene Schienennetz-Benutzungsbedingungen aufzustellen. Die Pflicht aus § 13 I 1 AEG, diskriminierungsfreien Zugang zur Eisenbahninfrastruktur zu gewähren, umfasst nicht über das Verbot einer Ungleichbehandlung hinaus die allgemeine Pflicht, angemessene Nutzungsbedingungen aufzustellen. Nur wenn eine Nutzungsbedingung zugangsberechtigte und im Wettbewerb zueinander stehende Unternehmen ungleich trifft, kommt es darauf an, ob die Ungleichbehandlung durch Sachgründe gerechtfertigt ist, die Nutzungsbedingung also in diesem Sinne angemessen ist oder bestimmte Zugangsberechtigte gegenüber anderen Zugangsberechtigten unangemessen benachteiligt. Demgemäß steht der Bundesnetzagentur nur ein eingeschränkter Prüfungsmaßstab zur Verfügung. Die Bundesnetzagentur und die Verwaltungsgerichte dürfen nur die öffentlich-rechtlichen Vorschriften über den Zugang zur Eisenbahninfrastruktur als Prüfungsmaßstab heranziehen. Dagegen ist es ihnen versagt, auf spezifisch zivilrechtliche Kontrollmaßstäbe abzustellen, etwa Klauseln anhand der Bestimmungen der §§ 307 ff. BGB zu kontrollieren, zu denen nach § 307 I 1 BGB das Verbot einer unangemesse-

---

[355] BVerwG NVwZ-RR 2016, 563; Kaufmann DVBl. 2016, 1060; Teichmann NR 2016, 244; Niekamp NR 2016, 284.

[356] BVerwG Urt. v. 3.3.2016 – 6 C 63.14, juris; Niekamp NR 2016, 284.

nen Benachteiligung gehört[357]. § 13 I 1 AEG bietet insbesondere keinen grundsätzlichen Schutz vor unangemessenen Entgelten. Die Vorschrift gibt weder eine angemessene Entgelthöhen vor, wie § 5 I EIBV für die Sicherheitsleistung, noch verbietet sie, einen unangemessen hohen Ersatz von Aufwendungen zu verlangen, wie dies § 308 Nr. 7 BGB regelt.[358]

Serviceeinrichtungen gehören gemäß § 2 IX AEG zu den Betriebsanlagen der Eisenbahnen und damit zur Eisenbahninfrastruktur, so dass nach § 10 I 1 EIBV für den Zugang zu ihnen Nutzungsbedingungen aufzustellen sind.[359] Ein trimodales Container-Umschlagsterminal ist auch dann als Güterterminal und damit als eine der Eisenbahninfrastruktur zuzurechnende Serviceeinrichtung im Sinne von § 2 IX AEG iVm Anlage 2 Nr. 2 S. 1 lit. b) ERegG zu qualifizieren, wenn es im Schwerpunkt die Verkehrsträger Wasser und Straße und nur zu einem geringen Teil den Verkehrsträger Schiene bedient. Das Gebot der Verhältnismäßigkeit erfordert keine einschränkende Auslegung des Begriffs des Güterterminals im Sinne des § 2 IX AEG iVm Anlage 2 Nr. 2 Satz 1 lit. b) ERegG. Serviceeinrichtungen sind nach § 1 IV ERegG iVm § 2 IX AEG die Anlagen, unter Einschluss von Grundstück, Gebäude und Ausrüstung, um eine oder mehrere der in Anlage 2 Nr. 2 bis 4 ERegG genannten Serviceleistungen erbringen zu können. Betreiber einer Serviceeinrichtung ist nach § 1 IV ERegG iVm § 2 XI AEG jedes Eisenbahninfrastrukturunternehmen im Sinne der Begriffsbestimmung des § 2 I Alt. 2 AEG, das für den Betrieb einer oder mehrerer Serviceeinrichtungen zuständig ist. In Anlage 2 Nr. 2 Satz 1 lit. b) ERegG werden Güterterminals einschließlich der Laderampen sowie der Zugangswege für Güter, einschließlich der Zufahrtsstraßen als Serviceeinrichtungen aufgeführt. Nach Anlage 2 Nr. 2 Satz 2 ERegG gilt dies auch für Serviceeinrichtungen in See- oder Binnenhäfen. Der in Anlage 2 Nr. 2 Satz 1 lit. b) ERegG genannte Begriff des Güterterminals wird zwar im Gesetz nicht definiert. Nach herkömmlichem Sprachverständnis handelt es sich jedoch bei einem Terminal im vorliegenden begrifflichen Zusammenhang um eine Anlage zum Be- und Entladen in einem Bahnhof oder einem Hafen. Hieran anknüpfend werden Güterterminals als Knotenpunkte verschiedener Verkehrssysteme verstanden, an denen das Umladen von Gütern von Zügen auf andere Verkehrsträger oder auf Züge von anderen Verkehrsträgern erfolgt.[360] Dass für den Güterumschlag ausschließlich mobile Geräte eingesetzt werden, ist für die Qualifizierung als Güterterminal entgegen der durch die Formulierung der Frage suggerierten Auffassung der Beschwerde unerheblich. Für die Zuordnung einer Einrichtung in dem Katalog der Serviceeinrichtungen im Sinne einer funktionalen Betrachtung sind nur der Zweck und typische Betriebsabläufe maßgeblich.[361] 5796

5. Abgabe und Stilllegung von Infrastruktureinrichtungen, Betriebspflicht

Betreiber von Eisenbahnanlagen und Betreiber von Serviceeinrichtungen sind nach § 11 I 1 AEG zum Betrieb ihrer Eisenbahninfrastruktur verpflichtet. Beabsichtigt ein öffentliches Eisenbahninfrastrukturunternehmen 1. die mehr als geringfügige Verringerung der Kapazität einer Strecke, 2. die dauernde Einstellung des Betriebes einer Strecke, eines Personenbahnsteigs oder einer Laderampe oder 3. die dauernde Einstellung des Betriebes einer Serviceeinrichtung, so hat es dies nach § 11 I 2 AEG bei der zuständigen Aufsichtsbehörde zu beantragen. Dabei hat es darzulegen, dass ihm der Betrieb der Infrastruktureinrichtung nicht mehr zugemutet werden kann und Verhandlungen mit Dritten, denen ein Angebot für die Übernahme der Infrastruktureinrichtung durch Verkauf oder Verpachtung zu in diesem Bereich üblichen Bedingungen gemacht wurde, erfolglos geblieben sind. Bei den Übernahmeangeboten an Dritte sind Vorleistungen angemessen zu berücksichtigen. Die zuständige Aufsichtsbehörde kann bei einem Antrag auf dauernde Einstellung des Betriebes einer Serviceeinrichtung, eines Personenbahnsteigs oder einer Laderampe entscheiden, dass eine Bekanntgabe nach Absatz 1a entbehrlich ist, wenn die Serviceeinrichtung, der Personenbahnsteig oder die Laderampe in den letzten 24 Monaten vor der geplanten Betriebseinstellung nicht zweckentsprechend genutzt wurde und 5797

---

357 zur zivilgerichtlichen Überprüfung von Schienennetz-Benutzungsbedingungen BGH NVwZ 2012, 189.

358 BVerwG NVwZ-RR 2016, 219; Risch TranspR 2016, 111 zum Umfang des eisenbahnrechtlichen Diskriminierungsverbots.

359 BVerwG Beschl. v. 8.1.2015 – 6 B 36.14, juris zur Pflicht zur Aufstellung von Nutzungsbedingungen für die Fahrzeugübergangseinrichtungen zum Sylt Shuttle.

360 Fehling in Hermes/Sellner, AEG, 2014, § 2 Rn. 116.

361 BVerwG NVwZ-RR 2018, 389; BVerwG Beschl. v. 8.1.2015 – 6 B 36.14, juris.

kein Antrag auf Nutzung gestellt oder eine entsprechende Absicht dem Betreiber bekannt ist (§ 11 I AEG).[362]

5798 Die zuständige Aufsichtsbehörde hat nach § 11 II 1 AEG über den Antrag unter Berücksichtigung verkehrlicher und wirtschaftlicher Kriterien innerhalb von drei Monaten zu entscheiden. Im Bereich der Eisenbahnen des Bundes entscheidet das Eisenbahn-Bundesamt im Benehmen mit der zuständigen Landesbehörde. Bis zur Entscheidung hat das Unternehmen den Betrieb der Eisenbahninfrastruktur aufrecht zu halten.

5799 Die Genehmigung gilt nach § 11 III 1 AEG als erteilt, wenn die zuständige Aufsichtsbehörde innerhalb der in § 11 II AEG bestimmten Frist nicht entschieden hat. Versagt sie die Genehmigung nach Maßgabe des § 11 II AEG, so hat sie dem Eisenbahninfrastrukturunternehmen die aus der Versagung entstehenden Kosten, einschließlich der kalkulatorischen Kosten zu ersetzen; die Zahlungsverpflichtung trifft das Land, wenn die von der Landesbehörde im Rahmen des Benehmens vorgetragenen Gründe für die Ablehnung maßgebend waren (§ 11 III 2 AEG). Liegen die Voraussetzungen des § 11 I 3 AEG nicht vor, ist die Genehmigung nach § 11 IV AEG zu versagen. Eine Versagung gem. § 11 V AEG nur für einen Zeitraum von einem Jahr möglich; danach gilt die Genehmigung als erteilt.

5800 Eine Strecke im Sinne von § 11 I 1 AEG besteht aus einem Schienenweg, der zwei Orte verbindet. Abzustellen ist auf die Orte, die über den Schienenweg mittels Eisenbahn zum Zwecke des Güterumschlags oder Personenverkehrs erreichbar sein sollen. Das **Stilllegungsverfahren** des § 11 AEG ist mit seinen Verfahrensregelungen für die Übernahme von Infrastruktureinrichtungen durch Dritte dazu bestimmt, auch deren Interessen zu schützen. Ein ernsthaftes Übernahmeinteresse genügt. Die Präklusionsvorschriften des eisenbahnrechtlichen Planfeststellungsverfahrens finden keine Anwendung gegenüber dem Einwand, ein Stilllegungsverfahren sei versäumt worden. Eine Kurve, die kleinräumig bestehende, spitzwinklig aufeinander zulaufende Schienenwege in einem engen Kurvenradius verbinden soll und die in ihren Ausmaßen deutlich hinter einer intermodalen Umschlagsanlage oder einem Terminal für Eisenbahnen zurückbleibt, ist als Änderung einer bestehenden Anlage nur im Einzelfall einer Umweltverträglichkeitsprüfung zu unterziehen (§ 9 I Nr. 2, § 7 iVm Anl. 1 Nr. 14.8 UVPG).[363] Eine verbindliche Festlegung für die Durchführung einer Umweltverträglichkeitsprüfung ab einer bestimmten Flächengröße liegt nicht vor, wenn die zuständige Behörde gemäß § 17 UVPG eine Prüfung ab einer bestimmten Flächengröße in einem Umweltleitfaden empfiehlt.[364]

5801 Für die Verpflichtung des Eisenbahn-Bundesamtes zu einem Einschreiten gegen den beabsichtigten Rückbau von Eisenbahninfrastrukturanlagen fehlt regelmäßig ein Rechtsschutzbedürfnis, wenn mit dem Rückbau in absehbarer Zeit nicht zu rechnen ist. In solchen Fällen kann aber die Feststellungsklage zur Klärung einer im Falle des Rückbaus drohenden Rechtsverletzung des Klägers zulässig sein. Ob ein Stilllegungstatbestand im Sinne von § 11 I 2 AEG vorliegt, ist auf der Grundlage einer funktions- und nicht einer anlagenbezogenen Betrachtung zu beurteilen. Bei der funktional gleichwertigen Ersetzung eines Bahnhofs führt der Rückbau des bisherigen Bahnhofs und seiner Zulaufgleise nicht zu einer Stilllegung im Sinne des § 11 I 2 AEG. Das mit einem entsprechenden Verpflichtungsantrag begehrte behördliche Einschreiten gegen einen Dritten setzt nach allgemeinen Grundsätzen sowie hier nach § 5a II AEG die Erforderlichkeit einer Maßnahme zur Abwehr einer Störung (festgestellter Verstoß) oder einer konkreten Gefahr (Verhütung künftiger Verstöße) für eine subjektive Rechtsposition voraus. Erforderlich ist ein behördliches Einschreiten nur bei einer Sachlage, die mit hinreichender Wahrscheinlichkeit in absehbarer Zeit zu einem Schaden für ein geschütztes Rechtsgut führen wird.[365]

5802 Eine Bahnanlage verliert ihre rechtliche Zweckbestimmung nur durch einen eindeutigen Hoheitsakt, der für jedermann klare Verhältnisse darüber schafft, ob und welche Flächen künftig wieder für andere Nutzungen offen stehen.[366] Möglich ist allerdings auch, dass die beste-

[362] Zur Bekanntmachung der Abgabe und Stilllegung von Eisenbahninfrastruktureinrichtungen siehe § 11 Ia AEG.

[363] BVerwG NVwZ 2017, 235; Sitsen DVBl. 2016, 1394; Kramer NVwZ 2017, 209 zur Einwendung eines privaten Eisenbahnunternehmens gegen Planfeststellungsbeschluss.

[364] BVerwG UPR 2015, 313 zur Notwendigkeit einer UVP ab konkreter Flächengrenze.

[365] BVerwG NVwZ 2019, 69; Hufen JuS 2019, 831; Kramer NVwZ 2019, 73; Tribukait UPR 2019, Sonderheft, 454 zur Verpflichtung zu aufsichtlichem Einschreiten gegen den beabsichtigten Rückbau von Eisenbahnbetriebsanlagen; zum Gefahrbegriff BVerwGE 116, 347 (350).

[366] BVerwG DVBl. 1989, 458; NuR 1996, 515.

hende Fachplanung einer Fläche als Bahnanlage infolge der tatsächlichen Entwicklung funktionslos und damit rechtlich obsolet wird.[367] Davon ist insbesondere in den Fällen der endgültigen **Streckenstilllegung** auszugehen, zumal wenn sie mit einem Rechtsträgerwechsel verbunden ist. Ein Indiz für die endgültige Aufgabe der Trasse kann auch darin liegen, dass Schienen und Bahnschwellen abgebaut worden sind und die Trasse dem freien Bewuchs überlassen wurde. Es muss sich jedoch ein eindeutiger Wille der zuständigen Verantwortlichen feststellen lassen, dass die Strecke aufgegeben werden soll. Der tatsächliche Zustand der Trasse hat dafür nur Indizcharakter. Ist die Bahnstrecke aber auch nach der deutschen Teilung im Jahre 1945 nur eingleisig fortbetrieben, so besteht sie fort mit der Folge, dass es einer erneuten Planfeststellung für die Wiederaufnahme des Bahnverkehrs nach der deutschen Einheit nicht bedurfte.[368]

Ein Eisenbahninfrastrukturunternehmen, das seine Pflicht verletzt, ein **Stilllegungsverfahren** einzuleiten, hat gegenüber Übernahmeinteressenten für Verschlechterungen der Eisenbahninfrastruktur einzustehen, die auf einem Verstoß gegen die in diesem Zeitraum ebenso wie im Stilllegungsverfahren bestehenden Erhaltungspflichten beruhen. Die Pflicht eines Eisenbahninfrastrukturunternehmens, im Stilllegungsverfahren darzulegen, dass ihm der Betrieb der Infrastruktureinrichtung nicht mehr zugemutet werden kann, ist nicht drittschützend. Mit der Genehmigung gemäß § 6 I 1 Nr. 3, II 1 und III Nr. 3 AEG wird einem Eisenbahninfrastrukturunternehmen der Betrieb einer bestimmten Eisenbahninfrastruktur genehmigt und die Betriebspflicht begründet. Die Betriebspflicht setzt nicht voraus, dass der Betrieb tatsächlich aufgenommen wurde. Der Dritte hat im Falle der beabsichtigten Stilllegung des Betriebs der Strecke eines öffentlichen Eisenbahninfrastrukturunternehmens einen Anspruch auf Durchführung des Stilllegungsverfahrens und in diesem Verfahren sowohl einen Anspruch auf ein Übernahmeangebot zu den in diesem Bereich üblichen Bedingungen als auch auf Verhandlungen (§ 11 I 2 AEG). Diese Regelungen dienen dem Ziel, den Wettbewerb zu nutzen und Dritten im Interesse des Erhalts der Eisenbahninfrastruktur die Übernahme der Infrastruktur zu ermöglichen[369]. Die sich aus der genannten Vorschrift darüber hinaus ergebende Pflicht eines Eisenbahninfrastrukturunternehmens, im Stilllegungsverfahren darzulegen, dass ihm der Betrieb der Infrastruktureinrichtung nicht mehr zugemutet werden kann, ist hingegen nicht drittschützend.[370] 5803

6. Planfeststellungsverfahren

a) Planfeststellungserfordernis. Betriebsanlagen einer Eisenbahn einschließlich der Bahnstromfernleitungen dürfen nach § 18 AEG nur gebaut oder geändert werden, wenn der Plan zuvor festgestellt worden ist. Betriebsanlagen der Eisenbahn sind man alle zur Betriebsabwicklung notwendigen Anlagen. Dazu gehören Grundstücke, Bauwerke und sonstige ortsfesten Einrichtungen, die unter Berücksichtigung der örtlichen Verhältnisse zur Abwicklung des Reise- und Güterverkehrs auf der Schiene erforderlich sind (vgl. § 4 I 1 EBO). Entscheidend für die Zugehörigkeit zur Betriebsanlage sind ein räumlicher und ein funktionaler Zusammenhang mit dem Eisenbahnbetrieb und mit der durch Widmung festgelegten Zweckbestimmung der Anlage bzw. Fläche. 5804

Dabei sind die von dem Vorhaben berührten öffentlichen und privaten Belange einschließlich der Umweltverträglichkeit im Rahmen der Abwägung zu berücksichtigen (§ 18 AEG).[371] Durch das Gebot in § 18 I 2 AEG, unter anderem den allgemeinen Belang des Brandschutzes abzuwägen, genügt der Gesetzgeber seiner verfassungsrechtlichen Pflicht zum Schutz des Lebens und der körperlichen Unversehrtheit nach Art. 2 II 1 GG.[372] Für das Planfeststellungsverfahren gelten gem. § 18 I 3 AEG die §§ 72 bis 78 VwVfG nach Maßgabe des AEG. 5805

Abschnittsbildung. Auch im Eisenbahnrecht gilt, dass die Bildung von Planungsabschnitten inhaltlich gerechtfertigt und das Ergebnis planerischer Abwägung sein muss. Anders als im Recht des Baus von Fernstraßen[373] kann jedoch nicht verlangt werden, dass jedem Abschnitt 5806

---

367 BVerwG DVBl. 1995, 50.

368 BVerwG NuR 1996, 515.

369 BVerwGE 155, 218 Rn. 24.

370 BVerwG Urt. v. 5.11.2020 – 3 C 15.19, juris zu Anforderungen an ein Übernahmeangebot im eisenbahnrechtlichen Stilllegungsverfahren.

371 BVerwG UPR 1997, 470.

372 VGH Mannheim Urt. v. 21.11.2023 – 5 S 1693/21, juris Rn. 49.

373 BVerwG Beschl. v. 2.11.1992 – 4 B 205.92, juris; DVBl. 1997, 798.

eine selbstständige Verkehrsfunktion zukommt.[374] Es muss allerdings gesichert sein, dass die jeweils betroffenen Belange nicht wegen der Aufteilung des Vorhabens in verschiedene Abschnitte auf der Strecke bleiben. Insbesondere muss die Planung in dem jeweils betroffenen Abschnitt dem Einwand standhalten, dass eine andere Planungsvariante bei einer auf die Gesamtplanung bezogenen Betrachtung gegenüber dem der Planfeststellung zu Grunde liegenden Planungskonzept vorzugswürdig sei.[375]

5807 **UVP-Pflicht.** Für UVP-pflichtige Vorhaben ist im Rahmen der Planfeststellung eine UVP durchzuführen. Der Regel-UVP unterliegt nach Nr. 14.7 der Anlage 1 zum UVPG „Liste der UVP-pflichtigen Vorhaben" der Bau eines Schienenweges von Eisenbahnen mit den dazugehörigen Betriebsanlagen einschließlich Bahnstromfernleitungen.

5808 **Vorprüfungspflichtig** ist nach Nr. 14.8 zum UVPG der Bau einer sonstigen Betriebsanlage von Eisenbahnen, insbesondere einer intermodalen Umschlagsanlage oder eines Terminals für Eisenbahnen, soweit der Bau nicht Teil eines bereits der Regel-UVP unterliegenden Schienenweges ist. Aus der UVP-Pflicht eines eisenbahnrechtlichen Vorhabens folgen verschieden verfahrensrechtliche Besonderheiten; nicht jedoch die Notwendigkeit auf die Möglichkeiten einer Plangenehmigung zu verzichten. Denn eine Plangenehmigung ist auch für UVP-pflichtige Vorhaben statt einer Planfeststellung möglich (§18 b II 1 AEG), allerdings mit der Notwendigkeit eines Anhörungsverfahrens, da eine UVP zwangsläufig nur auf der Grundlage einer Öffentlichkeitsbeteiligung möglich ist. Die Planfeststellungsbehörde muss nach der Vorprüfung des Einzelfalls nicht deshalb eine Umweltverträglichkeitsprüfung durchführen, weil die baubedingten Lärmimmissionen voraussichtlich die Richtwerte nach der AVV Baulärm überschreiten. Denn diese Umweltauswirkung ist nicht Gegenstand der Abwägung, sondern führt ggf. zu einer Ergänzung der Planung um weitere Schutzauflagen auf der Grundlage strikten Rechts.[376]

5809 UVP-rechtliche Besonderheiten für das Planfeststellungsverfahren ergeben sich insbesondere aus dem Erfordernis für den Vorhabenträger, einen **UVP-Bericht** vorlegen zu müssen, und für die Planfeststellungsbehörde, eine zusammenfassende Darstellung verfassen zu müssen. Im eisenbahnrechtlichen Planfeststellungsverfahren ist die Planfeststellungsbehörde für die **zusammenfassende Darstellung der Umweltauswirkungen** nach § 24 UVPG zuständig, die auch in der Begründung der Zulassungsentscheidung erfolgen kann. Wird die Anhörung und die Planfeststellung von verschiedenen Behörden durchgeführt, hat die Planfeststellungsbehörde die zusammenfassende Darstellung vorzunehmen. Haben Sachverständige diese vorbereitet, muss die verantwortliche Behörde die Untersuchungen überprüfen und darüber befinden, ob sie in die Planfeststellung übernommen werden sollen.[377] Die zuständige Behörde erarbeitet nach § 24 I 1 UVPG eine zusammenfassende Darstellung 1. der Umweltauswirkungen des Vorhabens, 2. der Merkmale des Vorhabens und des Standorts, mit denen erhebliche nachteilige Umweltauswirkungen ausgeschlossen, vermindert oder ausgeglichen werden sollen, und 3. der Maßnahmen, mit denen erhebliche nachteilige Umweltauswirkungen ausgeschlossen, vermindert oder ausgeglichen werden sollen, sowie 4. der Ersatzmaßnahmen bei Eingriffen in Natur und Landschaft. Die Erarbeitung erfolgt nach § 24 II UVPG auf der Grundlage des UVP-Berichts, der behördlichen Stellungnahmen nach § 17 II UVPG und § 55 IV UVPG sowie der Äußerungen der betroffenen Öffentlichkeit nach den §§ 21 und 56 UVPG. Die Ergebnisse eigener Ermittlungen sind nach § 24 I 3 UVPG einzubeziehen. Die zusammenfassende Darstellung soll nach § 24 II UVPG möglichst innerhalb eines Monats nach dem Abschluss der Erörterung im Beteiligungsverfahren erarbeitet werden.[378]

5810 **Planfeststellungsbedürftige Änderung.** Wird eine bestehende Betriebsanlage einer Eisenbahn erneuert, liegt nur dann eine planfeststellungsbedürftige Änderung iSd § 18 I 1 AEG vor, wenn der Grundriss oder der Aufriss der Betriebsanlage oder beides wesentlich geändert wird. Eine wesentliche Änderung des Grundrisses oder Aufrisses einer Betriebsanlage liegt insbesondere nicht vor, wenn sie im Zuge des Wiederaufbaus nach einer Naturkatastrophe erforderlich ist, um diese vor Naturereignissen zu schützen, und in einem räumlich begrenzten Korridor entlang des Trassenverlaufs erfolgt (§ 18 I 4 und 5 AEG).

---

374 BVerwG NVwZ 1996, 896; NuR 1998, 221 UPR 1997, 470. Auch die UVP-Richtlinie verbietet die Bildung von Abschnitten nicht.

375 BVerwG NVwZ 1993, 887.

376 VGH Mannheim Urt. v. 25.10.2023 – 5 S 1271/22, juris Rn. 85.

377 BVerwG NVwZ 1998, 513; NVwZ-RR 1999, 725; NZV 2000, 138.

378 Näher dazu Beckmann in Beckmann/Kment, UVPG/UmwRG, 2023, § 24 Rn. 1 ff.

Wird ein stillgelegter Schienenweg unter Veränderung der Gleislage wiederhergestellt, ohne dass die alte Trasse verlassen wird, liegt iSv § 41 I BImSchG kein Neubau, sondern nur eine wesentliche Änderung vor.[379] Wird eine über längere Jahre nicht betriebene **Bahnstrecke wiederhergerichtet** und der Bahnbetrieb wieder aufgenommen, so ist das Vorhaben nur dann planfeststellungsbedürftig, wenn darin eine Neubaumaßnahme oder eine Änderung der Bahnstrecke liegt. Derartige Fragen haben sich vor allem bei der **Wiederaufnahme** des **Bahnbetriebes** nach der Öffnung der Grenzen im **innerdeutschen Verkehr** ergeben. Die bloße Wiederertüchtigung einer nicht entwidmeten Bahnanlage, die wegen einer jahrzehntelangen Nutzungsunterbrechung infolge der deutschen Teilung in baufälligem Zustand ist, stellt daher auch dann keinen erheblichen baulichen Eingriff im Sinne von § 1 der 16. BImSchV dar, wenn die Bauarbeiten aus technischer Sicht einem Neubau nahe kommen.[380] Scheidet bei der Wiederinbetriebnahme teilungsbedingt stillgelegter Bahnanlagen ein Lärmschutzanspruch nach der 16. BImSchV mangels Erheblichkeit eines baulichen Eingriffs oder mangels Kausalität eines Eingriffs für die Lärmerhöhung aus, so ist der der durch die Wiederinbetriebnahme verursachte Lärm unabhängig davon bei der Planfeststellung für Baumaßnahmen, die mit der Wiederinbetriebnahme etwa im Falle der Elektrifizierung funktional zusammenhängen, zu berücksichtigen. Die Anwohner haben jedenfalls dann, wenn die zu erwartenden Immissionen für sie eine Eigentums- oder Gesundheitsbeeinträchtigung darstellen können, einen Anspruch darauf, dass diese Belange in die Abwägung eingestellt und angemessen abgewogen werden.[381] 5811

Nicht planungsbedürftige Einzelvorhaben. Für bestimmte Einzelmaßnahmen, die den Bau oder die Änderung von Betriebsanlagen einer Eisenbahn vorsehen, bedarf es nach § 18 Ia 1 AEG keiner vorherigen Planfeststellung oder Plangenehmigung, sofern keine Pflicht zur Durchführung einer Umweltverträglichkeitsprüfung besteht. Erreicht werden soll mit diesen Verfahrenserleichterungen ein beschleunigter Ausbau der Eisenbahninfrastruktur zur Erreichung der Klimaziele. Zu diesen planfeststellungsfreien Vorhaben gehören 1. die Ausstattung einer bestehenden Bahnstrecke mit einer Oberleitung einschließlich dafür notwendiger räumlich begrenzter baulicher Anpassungen, insbesondere von Tunneln mit geringer Länge oder von Kreuzungsbauwerken, 2. die im Rahmen der Digitalisierung einer Bahnstrecke erforderlichen Baumaßnahmen, insbesondere die Ausstattung einer Bahnstrecke mit Signal- und Sicherungstechnik des Standards European Rail Traffic Management System (ERTMS), 3. der barrierefreie Umbau, die Erhöhung oder die Verlängerung von Bahnsteigen, 4. die Errichtung von Lärmschutzwänden zur Lärmsanierung, 5. die Herstellung von Überleitstellen für Gleiswechselbetriebe, 6. die Herstellung von Gleisanschlüssen bis 2.000 m und von Zuführungs- und Industriestammgleisen bis 3.000 m. 5812

Für die § 18 Ia 1 Nr. 1 bis 6 AEG genannten Einzelmaßnahmen ist **keine weitere baurechtliche Zulassung** erforderlich; landesrechtliche Regelungen dazu bleiben allerdings unberührt. Werden durch das Vorhaben private oder öffentliche Belange einschließlich der Belange der Umwelt berührt, kann der Träger des Vorhabens die Feststellung des Planes nach § 18 I 1 AEG. Ungeachtet dessen hat sich der Träger des Vorhabens vor Durchführung einer Einzelmaßnahme im Sinne des § 18 Ia 1 Nr. 1 und 2 AEG durch das Bundesamt für Infrastruktur, Umweltschutz und Dienstleistungen der Bundeswehr vor der Durchführung bestätigen zu lassen, dass keine militärischen Belange entgegenstehen. Kann für das Vorhaben die Pflicht zur Durchführung einer Umweltverträglichkeitsprüfung bestehen, hat der Träger des Vorhabens bei der Planfeststellungsbehörde den Antrag nach § V 2 Nr. 1 UVPG zu stellen. § 18 Ia 1 Nr. 1 und 2 AEG ist nur anzuwenden, wenn die zuständige Behörde feststellt, dass Vorgaben über die Errichtung und über wesentliche Änderungen von Anlagen eingehalten sind, die in einer elektrische, magnetische oder elektromagnetische Felder betreffenden und auf Grund von § 23 I 1 Nr. 1, 2 und 4 iVm § 48b BImSchG enthalten sind. 5813

Unterhaltungsmaßnahmen. Nach § 18 III AEG bedürfen Unterhaltungsmaßnahmen keiner vorherigen Planfeststellung oder Plangenehmigung. 5814

b) Planrechtfertigung. Die Planung von Betriebsanlagen der Eisenbahn bedarf einer entsprechenden Rechtfertigung. Voraussetzung für das Vorliegen der Planrechtfertigung ist, dass für das Vorhaben gemessen an den Zielsetzungen des jeweiligen Fachplanungsgesetzes tatsächlich ein Bedarf besteht, die geplante Maßnahme unter diesem Blickwinkel also erforderlich ist. 5815

---

379 BVerwG NVwZ-RR 1999, 720.

380 BVerwG NVwZ 2000, 567.

381 BVerwGE 110, 81 im Anschluss an BVerwG NVwZ 1999, 539m. Anm. Stüer, DVBl. 2012, 1104.

Das ist nicht erst bei Unausweichlichkeit des Vorhabens der Fall, sondern schon dann, wenn es vernünftigerweise geboten ist.[382] Es ist zulässig, mit einer eisenbahnrechtlichen Planfeststellung auch andere als spezifisch verkehrliche Ziele zu verfolgen, etwa eine Minderung des Eisenbahnlärms oder – bei einer Verlegung von Betriebsanlagen der Eisenbahn – auch die Schaffung städtebaulicher Entwicklungsmöglichkeiten. Der Bedarf für ein Verkehrsvorhaben kann in einem Staatsvertrag mit der gleichen Bindungswirkung für die Planfeststellung wie in den straßen- und eisenbahnrechtlichen Bedarfsplänen festgelegt werden.[383]

5816 Vergleichbar mit der Planung für den Ausbau des Bundesfernstraßennetzes besteht für den Bau des Schienennetzes ein **Bundesschienenwegebedarfsplan**, der als Bundesgesetz beschlossen (Bundesschienenwegeausbaugesetz – BSWAG) wurde.[384] Das Schienenwegenetz der Eisenbahnen des Bundes wird nach § 1 I BSWAG nach dem Bedarfsplan für die Bundesschienenwege ausgebaut, der dem Gesetz als Anlage beigefügt ist. Die Feststellung des Bedarfs im Bedarfsplan ist nach § 1 II BSWAG für die Planfeststellung nach § 18 AEG verbindlich. Damit hat der Bundesgesetzgeber den Bedarf iS der Planrechtfertigung grundsätzlich mit bindender Wirkung auch für die zur Rechtmäßigkeitskontrolle von Planfeststellungen berufenen Gerichte konkretisiert.[385] Der Ausbau erfolgt nach § 2 I BSWAG nach Stufen, die im Bedarfsplan vorgesehen sind, und nach Maßgabe der §§ 8 bis 11 BSWAG.

5817 Der Bau oder die Änderung eines Bundesschienenweges, der fest disponiert ist oder für den der Bedarfsplan einen Vordringlichen Bedarf feststellt, liegt nach § 1 III BSWAG im überragenden öffentlichen Interesse. Im überragenden öffentlichen Interesse liegen auch folgende Vorhaben und Maßnahmen in Bezug auf die Bundesschienenwege: 1. Vorhaben zur Verbesserung der Verkehrsverhältnisse für den Schienenpersonennahverkehr, deren Finanzierung ganz oder teilweise mit Mitteln auf Grundlage des Gemeindeverkehrsfinanzierungsgesetzes erfolgt, 2. Vorhaben, die in Anlage 4 Abschnitt 2 und Anlage 5 Abschnitt 2 zum Investitionsgesetz Kohleregionen vom 8.8.2020 (BGBl. I S. 1795) bezeichnet sind, 3. mehrere Schienenwegabschnitte übergreifende Maßnahmen zur Änderung, Unterhaltung, Instandsetzung und Erneuerung von Betriebsanlagen, die mindestens einen nach § 55 I 1 Eisenbahnregulierungsgesetz als überlastet erklärten Schienenweg umfassen sowie 4. Maßnahmen zur Digitalisierung von Schienenwegen und Schienenknoten, priorisiert Schienenkorridoren des transeuropäischen Verkehrsnetzes, soweit das Unionsrecht eine Pflicht zur durchgehenden Ausrüstung der Schienenverkehrsinfrastruktur des Kernnetzes mit dem Europäischen Eisenbahnverkehrsleitsystem vorschreibt.

5818 In den Bedarfsplan sollen nach § 3 I BSWAG insbesondere aufgenommen werden Schienenverkehrsstrecken des Fern- und Nahverkehrs, Schienenverkehrsknoten und Schienenverkehrsanlagen, die dem kombinierten Verkehr Schiene/Straße/Wasserstraße sowie der direkten Verknüpfung von Fernverkehrsstrecken mit internationalen Verkehrsflughäfen dienen. Zu den Ausbaumaßnahmen können auch Maßnahmen zur Elektrifizierung an bestehenden Schienenstrecken der Eisenbahnen des Bundes gehören. Der Bedarfsplan für die Bundesschienenwege und die entsprechenden Pläne für andere Verkehrsträger sind im Rahmen der Bundesverkehrswegeplanung aufeinander abzustimmen. Hierbei sind auch Ausbaupläne für den europäischen Eisenbahnverkehr und kombinierten Verkehr, Belange des Umweltschutzes und Zielsetzungen der Raumplanung angemessen zu berücksichtigen (§ 3 II BSWAG).

5819 Spätestens nach Ablauf von jeweils fünf Jahren prüft das Bundesministerium für Digitales und Verkehr gem. § 4 I BSWAG, ob der Bedarfsplan der zwischenzeitlich eingetretenen Wirtschafts- und Verkehrsentwicklung anzupassen ist. Die Anpassung und Aufstellung erfolgen durch Gesetz. Zur Verwirklichung des Ausbaus nach dem Bedarfsplan stellt das Bundesministerium für Digitales und Verkehr nach § 5 BSWAG Fünfjahrespläne auf. Die Fünfjahrespläne

---

[382] VGH München Urt. v. 30.5.2023 – 22 A 21.40025, juris Rn. 59; BVerwG Urt. 12.11.2020 – 4 A 13.18, juris Rn. 35; BVerwGE 160, 263 = juris Rn. 34; VGH München Beschl. v. 15.7.2021 – 22 AS 21.40014, juris Rn. 44.

[383] BVerwG NVwZ 2021, 988.

[384] Zum Bedarfsplan nach dem FStrAbG BVerwG NVwZ 1996, 896; zum BSWAG Seegmüller Eisenbahnen in Ziekow Handbuch des Fachplanungsrechts, 2024, § 12 Rn. 3.

[385] Das BVerwG hat die Planrechtfertigung auch aus der Zugehörigkeit der Neubaustrecke zu einem transeuropäischen Verkehrsnetz abgeleitet, zu dessen Aufbau die Mitgliedstaaten der Europäischen Gemeinschaft sich verpflichtet haben (Entscheidung Nr. 1692/96/EG des Europäischen Parlaments und des Rates vom 23.7.1996 über gemeinschaftliche Leitlinien für den Aufbau eines transeuropäischen Verkehrsnetzes sowie die Nr. 1 des Anhangs III dazu, ABl. EG Nr. L 228/1, so BVerwG NuR 1998, 221; UPR 1997, 470. Das kann auch für die Zulässigkeit des Sofortvollzuges von Bedeutung sein.

bilden die Grundlage für die Aufstellung von Ausbauplänen für die Bundesschienenwege. Soweit ein unvorhergesehener Verkehrsbedarf insbesondere auf Grund einer Änderung der Verkehrsstruktur es erfordert, können die Ausbaupläne im Einzelfall auch Maßnahmen enthalten, die nicht dem Bedarfsplan entsprechen (§ 6 BSWAG).

Verfassungsrechtliche Bedenken wegen der Kompetenzverteilung im GG oder im Hinblick 5820
auf enteignungsrechtliche Vorwirkungen der Planfeststellung stehen dem vom Grundsatz her nicht entgegen. Die Fachgerichte haben jedoch eine Entscheidung des BVerfG, über die Verfassungsmäßigkeit des Bedarfsplans einzuholen, wenn sich die entscheidungserheblichen Sachverhalte grundlegend geändert haben oder aus anderen Gründen ernsthafte Zweifel an der Verfassungsmäßigkeit der gesetzlichen Regelung bestehen.[386] Dabei darf der Gesetzgeber auch dem Gesichtspunkt Bedeutung zumessen, dass durch den Ausbau des Schienennetzes eine Verlagerung des Verkehrs von der Straße auf die Schiene unterstützt wird und dies Umweltgesichtspunkten dient.[387] Prognosen des Gesetzgebers sind dabei nur in beschränktem Umfang gerichtlich kontrollierbar. Selbst eine langsamere Entwicklung des Güterverkehrs führt nicht dazu, dass die Prognose den verkehrspolitischen Entscheidungen nicht mehr zugrunde gelegt werden kann.[388]

Finanzielle Belastungen des Bundes, die im Rahmen mit der Umsetzung des Bundesschie- 5821
nenwegeausbaugesetzes entstehen, entziehen sich ebenfalls einer gerichtlichen Bewertung. Entschließt sich etwa der Bund aus gesamtwirtschaftlichen Erwägungen, eine Finanzierung durch teilweise Baukostenzuschüsse an die Deutsche Bahn AG vorzusehen, so entspricht dies dem Bundesschienenwegeausbaugesetz und ist auch mit höherrangigem Verfassungsrecht vereinbar.[389] Die Finanzierung eines planfestgestellten Vorhabens kann für die Planrechtfertigung erheblich sein, wenn sie von vornherein ausgeschlossen und die Realisierung des Vorhabens deshalb eindeutig nicht möglich ist. Die Planungsbehörde hat deshalb nur vorausschauend zu beurteilen, ob dem geplanten Bauvorhaben unüberwindbare finanzielle Schranken entgegenstehen. Eine noch ungeklärte oder fehlende Förderungsfähigkeit weist noch nicht darauf hin.[390] Das BVerwG erläutert dazu: Einer aus finanziellen Gründen nicht realisierbaren Planung fehlt die Planrechtfertigung, weil sie nicht vernünftigerweise geboten ist. Es spricht aber vieles dafür, dass in Klageverfahren gegen Planfeststellungsbeschlüsse die unionsrechtliche Zulässigkeit der Vorhabenfinanzierung nicht zu prüfen ist. Allenfalls ist eine Evidenzkontrolle der Vereinbarkeit mit europäischem Beihilferecht vorzunehmen.[391]

Dasselbe gilt für die verkehrspolitische Entscheidung, auf einer Neubau- oder Ausbaustrecke 5822
Mischverkehr zwischen Güter- und Personenverkehr einzurichten.[392]Diese kann sich aus einer **Verbesserung der Attraktivität des Schienenverkehrs** etwa durch **Verkürzung der Transportzeiten** und **Anhebung des Beförderungskomforts** ergeben.[393] Auch die damit in Zusammenhang stehende Absicht, den Verkehr stärker von der Straße auf die Schiene zu verlegen, kann entsprechende Bahnprojekte rechtfertigen.[394] Die Vorschriften über die Zwecke des AEG (§ 1 I AEG) und dessen Oberziel „bester Verkehrsbedienung" (§ 1 III AEG) geben allerdings nichts her für eine Auslegung dahin gehend, aus ihnen ergebe sich ein verbindlicher

---

386 BVerfG NVwZ 1996, 261; BVerwG DVBl. 1995, 1012; DVBl. 1996, 677; DVBl. 1996, 907 m. Anm. Stüer, DVBl. 2013, 1324; DVBl. 1996, 914; DVBl. 1996, 915; DVBl. 1997, 798; siehe auch Seegmüller Eisenbahnen in Ziekow Handbuch des Fachplanungsrechts, 2024, § 12 Rn. 3.

387 BVerwG Urt. v. 27.6.1990 – 4 C 26.87, juris; NVwZ 1996, 896.

388 BVerwG NuR 1998, 221, UPR 1997, 470. Dies gelte im Übrigen – so das BVerwG – in mehr oder weniger starkem Umfang für alle Mitgliedstaaten der Europäischen Gemeinschaft (schriftliche Anfrage E-0503/96 an die Kommission und die Antwort der Kommission vom 7.5.1996, ABl. EG Nr. C 345/5). Dann aber sei es, bezogen auf das Ziel, Güterverkehr von der Straße auf die Schiene zu verlagern, kontraproduktiv, die Ausbauplanung für die Bahn von Gerichts wegen zu stoppen. Ob daneben zur Erreichung des Planungszieles weitere, die Marktposition der Bahn stärkende verkehrs- und ordnungspolitische Maßnahmen erforderlich sein könnten (BT-Drucks 13/5933, S. 3), haben – so das BVerwG – die politischen Entscheidungsorgane zu beurteilen.

389 BVerwG NuR 1998, 221; UPR 1997, 470.

390 OVG Schleswig Urt. v. 13.12.2023 – 4 KS 2/22, juris Rn. 89.

391 BVerwG NVwZ 2021, 988.

392 BVerwG NuR 1998, 221.

393 BVerwG NuR 1991, 121.

394 BVerwG NVwZ 1996, 396.

Planungsleitsatz und ein unüberwindbares Planungshindernis für den Neubau einer Strecke, die für die Betriebsart Dieseltraktion technisch ungeeignet ist.[395]

5823 Die Planrechtfertigung ist gegeben, wenn das Vorhaben den Zweck hat, die Elektrifizierung einer in der Anlage zu § 18 e I AEG genannten Vorhaben oder in der **Fernverkehrswegebestimmungsverordnung**[396] genannten Eisenbahnstrecke zu ermöglichen und zum Abschluss zu bringen.[397] Die Erwähnung einer Stadt in der Fernverkehrswegebestimmungsverordnung hat allerdings lediglich die Funktion, den betroffenen Verkehrsweg hinreichend deutlich zu bezeichnen. Sie zwingt nicht dazu, beim Neubau dieser Strecke das Gebiet dieser Stadt auch tatsächlich zu durchqueren. Derartige Entscheidungen über den genauen Trassenverlauf sind vielmehr dem eisenbahnrechtlichen Planfeststellungsverfahren vorbehalten.[398]

5824 Bahnanlagen, insbesondere Bauwerke, die sich in defizitärem baulichen Zustand befinden, gewährleisten nicht iSd § 1 I 1 AEG einen sicheren Betrieb der Eisenbahn und ein attraktives Verkehrsangebot auf der Schiene und stehen nicht mit dem Ziel bester Verkehrsbedienung iSd § 1 V AEG in Einklang; der (betriebs-) sichere Zustand der Betriebsanlagen der Eisenbahn ist vielmehr Voraussetzung für die Erreichung der Ziele des § 1 I, V AEG.[399] Die Planung hat auch Probleme zu bewältigen, die dieses Vorhaben bei einer **Betriebsstörung** oder einem Unfall in einem der geplanten Eisenbahntunnel verursacht. Eisenbahninfrastrukturen müssen den Anforderungen der öffentlichen Sicherheit an den Bau zum Zeitpunkt der Inbetriebnahme genügen (§ 4 I Nr. 1 AEG). Genügen dir im Planfeststellungsbeschluss vorgesehenen Rettungsplätzen diesen Anforderungen nicht, darf das Vorhaben ohne Planänderung nicht in Betrieb genommen werden. Der Beschleunigungszweck des Verkehrswegeplanungsbeschleunigungsgesetzes hat sich mithin nicht bereits durch die Erteilung des Baurechts für die Strecke erledigt.[400]

5825 **c) Anhörungsverfahren.** Nach § 18a AEG gelten für das Anhörungsverfahren und das Beteiligungsverfahren § 73 VwVfG und die §§ 17 bis 19 sowie 21 UVPG nach Maßgabe von § 18a II bis VIII AEG.

5826 **Projektmanager.** Die Anhörungsbehörde kann nach § 17 a AEG einen Projektmanager mit der Vorbereitung und Durchführung einzelner Verfahrensschritte beauftragen. Dazu gehören insbesondere 1. Erstellung von Verfahrensleitplänen unter Bestimmung von Verfahrensabschnitten und Zwischenterminen, 2. Fristenkontrolle, 3 Koordinierung von erforderlichen Sachverständigengutachten, 4. Entwurf eines Anhörungsberichts, 5. erste Auswertung der eingereichten Stellungnahmen, 6. organisatorische Vorbereitung eines Erörterungstermins und 7. Leitung eines Erörterungstermin. Die Beauftragung erfolgt auf Vorschlag oder mit Zustimmung des Vorhabenträgers und auf dessen Kosten. § 73 IV VwVfG bleibt unberührt. Die Entscheidung über den Planfeststellungsantrag verbleibt bei der zuständigen Behörde (§ 17a 2 bis 3 AEG). Der Aufgabenkatalog für einen Projektmanager ist nicht abschließend. Sämtliche Entscheidungen hoheitlicher Art müssen allerdings bei der Anhörungsbehörde verbleiben. Bei dem Dritten kann es sich eine natürliche Peron oder auch um eine juristische Person oder eine Personengesellschaft handeln. Entscheidend ist, dass der beauftragte Dritte über die für das Projektmanagement erforderliche Qualifikation verfügt, was wiederum vom Aufgabenumfang abhängig sein kann.

5827 **Einreichung des Plans.** Der Träger des Vorhabens hat nach § 73 I VwVfG den Plan der Anhörungsbehörde zur Durchführung des Anhörungsverfahrens einzureichen. Der Plan besteht aus den Zeichnungen und Erläuterungen, die das Vorhaben, seinen Anlass und die von dem Vorhaben betroffenen Grundstücke und Anlagen erkennen lassen. Nach § 18 a II Nr. 1 AEG soll die Anhörungsbehörde von dem Träger des Vorhabens verlangen, den Plan ausschließlich oder ergänzend in einem verkehrsüblichen und von der Anhörungsbehörde vorgegebenen **elektronischen Format** einzureichen.[401]

---

[395] BVerwG Beschl. v. 22.5.2008 – 9 B 34.07, juris.

[396] Vom 3.5.1992 (BGBl. I 1014).

[397] BVerwG UPR 1996, 26; NVwZ 1996, 1042; NVwZ 1996, 1021.

[398] BVerwG NVwZ 1994, 368.

[399] zur Planrechtfertigung unter dem Gesichtspunkt dieser Ziele VGH München Urt. v. 18.3.2020 – 22 A 18.40036, juris Rn. 69; BVerwG Urt. v. 23.6.2021 – 7 A 9.20, juris Rn. 13.

[400] BVerwG NVwZ 2017, 724; Kersandt I+E 2017, 182 zur Klage auf Vergrößerung der Rettungsplätze für einen Eisenbahntunnel.

[401] Zu den Planunterlagen im Einzelnen Seegmüller Eisenbahnen in Ziekow Handbuch des Fachplanungsrechts, 2024, § 12 Rn. 49a.

Vorarbeiten. Eigentümer und sonstige Nutzungsberechtigte haben nach § 17 I 1 AEG zur Vorbereitung der Planung und der Baudurchführung eines Vorhabens oder von Unterhaltungsmaßnahmen notwendige Kampfmittelräumungen, archäologische Untersuchungen und Bergungen sowie Vermessungen, Boden- und Grundwasseruntersuchungen einschließlich der vorübergehenden Anbringung von Markierungszeichen und sonstige Vorarbeiten durch den Träger des Vorhabens oder von ihm Beauftragte zu dulden. Die notwendigen Vorarbeiten umfassen auch die Maßnahmen während der Baudurchführung.[402] 5828

Arbeits-, Betriebs- oder Geschäftsräume dürfen zu diesem Zweck während der jeweiligen Arbeits-, Geschäfts- oder Aufenthaltszeiten gem. § 17 I 2 AEG nur in Anwesenheit des Eigentümers oder sonstigen Nutzungsberechtigten oder eines Beauftragten, Wohnungen nur mit Zustimmung des Wohnungsinhabers betreten werden. Die Absicht, solche Arbeiten auszuführen, ist dem Eigentümer oder sonstigen Nutzungsberechtigten nach § 17 II AEG mindestens zwei Wochen vorher unmittelbar oder durch ortsübliche Bekanntmachung in den Gemeinden, in denen die Vorarbeiten durchzuführen sind, bekanntzugeben. Bei der Bekanntgabe durch das EBA an den betroffenen Grundstückseigentümer oder sonstigen Betroffenen handelt es sich um einen Verwaltungsakt, der mit der Begründung angefochten werden kann, dass die Vorarbeiten nach Art und Umfang nicht erforderlich, dass die Art und Weise der Vorarbeiten unverhältnismäßig ist oder dass sich der Umfang der Vorarbeiten nicht hinreichend bestimmt aus dem Antrag ergibt sind. Einwendungen gegen die Planungen selbst sind in einem Rechtsstreit über die Duldungsanordnung zu Vorarbeiten unbeachtlich.[403] 5829

Einer Duldungsanordnung nach § 17 I 1 AEG für Vorarbeiten eines Planfeststellungsverfahrens steht nicht entgegen, dass ein Raumordnungsverfahren bzw. eine Raumverträglichkeitsprüfung bei Erlass der Anordnung noch nicht abgeschlossen ist. Die Anordnung einer langjährigen Inanspruchnahme eines Grundstücks, zB für (hier durch Grundwassermessstellen, bedarf einer besonderen Begründung.[404] Der Vorhabenträger hat in dem Antrag auf erlass einer Duldungsanordnung auch darzulegen, ob die für die geplanten Vorarbeiten notwendigen Genehmigungen (zB wasserrechtliche Erlaubnisse für Bohrungen und Grundwassermessstellen) vorhanden sind, da die Vorarbeiten nur ausgeführt werden dürfen, wenn die ansonsten notwendige behördliche Erlaubnisse bzw. Genehmigungen vorliegen.[405] Außerdem müssen die geplanten Vorarbeiten so genau beschrieben werden, dass sich die Betroffenen ein zutreffendes Bild von Art und Umfang der Vorarbeiten machen können. 5830

Vorläufige Anordnung. Ist das Planfeststellungsverfahren eingeleitet, kann die Planfeststellungsbehörde gem. § 18 II 1 AEG nach Anhörung der betroffenen Gemeinde eine vorläufige Anordnung erlassen, in der vorbereitende Maßnahmen oder Teilmaßnahmen zum Bau oder zur Änderung festgesetzt werden, 1. soweit es sich um reversible Maßnahmen handelt, 2. wenn an dem vorzeitigen Beginn ein öffentliches Interesse besteht, 3. wenn mit einer Entscheidung zugunsten des Trägers des Vorhabens gerechnet werden kann und 4. wenn die nach § 74 II VwVfG zu berücksichtigenden Interessen gewahrt werden. 5831

In der vorläufigen Anordnung sind die Auflagen zur Sicherung dieser Interessen und der Umfang der vorläufig zulässigen Maßnahmen festzulegen. Sie ist den anliegenden Gemeinden sowie den Beteiligten zuzustellen oder öffentlich bekannt zu machen. Sie ersetzt nicht die Planfeststellung. § 17 AEG (Vorarbeiten) bleibt unberührt. Soweit die vorbereitenden Maßnahmen oder Teilmaßnahmen zum Bau oder zur Änderung durch die Planfeststellung für unzulässig erklärt sind, ordnet die Planfeststellungsbehörde gegenüber dem Träger des Vorhabens an, den früheren Zustand wiederherzustellen. Dies gilt auch, wenn der Antrag auf Planfeststellung zurückgenommen wurde. Der Betroffene ist durch den Vorhabenträger zu entschädigen, soweit die Wiederherstellung des früheren Zustands nicht möglich oder mit unverhältnismäßig hohem Aufwand verbunden oder ein Schaden eingetreten ist, der durch die Wiederherstellung des früheren Zustandes nicht ausgeglichen wird. Rechtsbehelfe gegen die vorläufige Anordnung haben keine aufschiebende Wirkung; ein Vorverfahren findet nicht statt. § 18e AEG gilt entsprechend. 5832

Entstehen durch eine vorbereitende Maßnahme einem Eigentümer oder sonstigen Nutzungsberechtigten unmittelbare Vermögensnachteile, so hat der Träger des Vorhabens eine angemessene Entschädigung in Geld zu leisten. Kommt eine Einigung über die Geldentschädi- 5833

---

[402] Seegmüller Eisenbahnen in Ziekow Handbuch des Fachplanungsrechts, 2024, § 12 Rn. 10.
[403] Seegmüller Eisenbahnen in Ziekow Handbuch des Fachplanungsrechts, 2024, § 12 Rn. 14.
[404] BVerwG NVwZ 2021, 572.
[405] Seegmüller Eisenbahnen in Ziekow Handbuch des Fachplanungsrechts, 2024, § 12 Rn. 13a.

gung nicht zustande, so setzt die nach Landesrecht zuständige Behörde auf Antrag des Trägers des Vorhabens oder des Berechtigten die Entschädigung fest. Vor der Entscheidung sind die Beteiligten zu hören (§ 17 III AEG). § 17 AEG ist nicht nur bis zum Erlass des Planfeststellungsbeschlusses, sondern darüber hinaus bis zur Vorbereitung von Unterhaltungsmaßnahmen anwendbar.[406]

5834 **Veränderungssperre.** Vom Beginn der Veröffentlichung im Internet oder der Auslegung der Pläne im Planfeststellungsverfahren oder von dem Zeitpunkt an, zu dem den Betroffenen Gelegenheit gegeben wird, den Plan einzusehen (§ 73 III VwVfG), dürfen nach § 19 I 1 AEG auf den vom Plan betroffenen Flächen bis zu ihrer Inanspruchnahme wesentlich wertsteigernde oder die geplanten Baumaßnahmen erheblich erschwerende Veränderungen nicht vorgenommen werden. Veränderungen, die in rechtlich zulässiger Weise vorher begonnen worden sind, Unterhaltungsarbeiten und die Fortführung einer bisher ausgeübten Nutzung werden davon nicht berührt. Unzulässige Veränderungen bleiben bei der Anordnung von Vorkehrungen und Anlagen (§ 74 II VwVfG) und im **Entschädigungsverfahren** unberücksichtigt (§ 19 I 2 und 3 AEG). Dauert die Veränderungssperre über vier Jahre, können die Eigentümer nach § 19 II AEG für die dadurch entstandenen Vermögensnachteile Entschädigung verlangen. Die Veränderungssperre kann sich auf Flächen erstrecken, die für das Vorhaben selbst endgültig in Anspruch genommen werden, aber auch auf Flächen für die vorübergehende Inanspruchnahme (zB für die Einrichtung einer Baustelle).

5835 **Behördenbeteiligung.** Innerhalb eines Monats nach Zugang des vollständigen Plans fordert die Anhörungsbehörde die Behörden, deren Aufgabenbereich durch das Vorhaben berührt wird, zur Stellungnahme auf und veranlasst, dass der Plan in den Gemeinden, in denen sich das Vorhaben voraussichtlich auswirken wird, nach § 27b VwVfG ausgelegt wird. Die Anhörungsbehörde soll nach § 18a II Nr. 2 AEG den Behörden, deren Aufgabenbereich durch das Vorhaben berührt wird, den Plan auch ausschließlich elektronisch zugänglich machen. Außerdem soll die Anhörungsbehörde nach § 18a II Nr. 3 AEG von den Behörden, deren Aufgabenbereich durch das Vorhaben berührt wird, verlangen, ihre Stellungnahmen nach § 73 II und IIIa VwVfG, § 17 II UVPG elektronisch zu übermitteln.

5836 **Auslegung des Plans.** Nach § 73 III VwVfG haben die Gemeinden, deren Aufgabenbereich durch das Vorhaben berührt wird, innerhalb von drei Wochen nach Zugang für die Dauer eines Monats zur Einsicht auszulegen. Die Anhörungsbehörde bestimmt, in welcher der Gemeinden eine andere Zugangsmöglichkeit nach § 27b I 1 Nr. 2 VwVfG zur Verfügung zu stellen ist und legt im Benehmen mit der jeweiligen Gemeinde die Zugangsmöglichkeit fest. Auf eine Auslegung kann verzichtet werden, wenn der Kreis der Betroffenen und die Vereinigungen nach § 73 IV 5 VwVfG bekannt sind und ihnen innerhalb angemessener Frist Gelegenheit gegeben wird, den Plan einzusehen. Für die Auslegung des Plans und der Unterlagen gilt folgende Maßgabe des § 18a III AEG: Die Anhörungsbehörde soll die Auslegung des Plans und der Unterlagen nach § 19 II UVPG durch die Veröffentlichung der Unterlagen auf ihrer Internetseite bewirken. Auf Verlangen eines Beteiligten, das während der Dauer der Beteiligung an die Anhörungsbehörde zu richten ist, wird ihm eine leicht zu erreichende Zugangsmöglichkeit zur Verfügung gestellt. Abweichend von § 73 V 1VwVfG erfolgt die Bekanntmachung durch die Anhörungsbehörde; § 18 a III 1 AEG gilt entsprechend. Die Bekanntmachung erfolgt zusätzlich in örtlichen Tageszeitungen, in deren Verbreitungsgebiet sich das Vorhaben voraussichtlich auswirken wird. Die Anhörungsbehörde hat in der Bekanntmachung darauf hinzuweisen, dass und wo der Plan elektronisch veröffentlicht wird und dass eine leicht zu erreichende Zugangsmöglichkeit zur Verfügung gestellt werden kann (§ 18a III AEG).

5837 **Einwendungen und Stellungnahmen.** Die Behörden, deren Aufgabenbereich durch das Vorhaben berührt wird, haben nach § 73 IIIa VwVfG ihre Stellungnahme innerhalb einer von der Anhörungsbehörde zu setzenden Frist abzugeben, die drei Monate nicht überschreiten darf. Stellungnahmen, die nach Ablauf der Frist eingehen, sind zu berücksichtigen, wenn der Planfeststellungsbehörde die vorgebrachten Belange bekannt sind oder hätten bekannt sein müssen oder für die Rechtmäßigkeit der Entscheidung von Bedeutung sind; im Übrigen können sie berücksichtigt werden. Stellungnahmen sind nach § 18 a IV AEG gegenüber der Anhörungsbehörde abzugeben. Sie sollen elektronisch übermittelt werden. Eine schriftliche Übermittlung ist ebenfalls möglich. Die Anhörungsbehörde hat in der Bekanntmachung darauf hinzuweisen.

---

406 Seegmüller Eisenbahnen in Ziekow Handbuch des Fachplanungsrechts, 2024, § 12 Rn. 10.

Jeder, dessen Belange durch das Vorhaben berührt werden, kann nach § 73 IV 1 VwVfG bis zwei Wochen nach Ablauf der Auslegungsfrist schriftlich oder zur Niederschrift bei der Anhörungsbehörde oder bei einer Gemeinde nach § 73 II VwVfG Einwendungen gegen den Plan erheben. Im Falle des § 73 III 3 VwVfG – wenn also der Kreis der Betroffenen und die Vereinigungen nach § 73 IV 5 VwVfG bekannt sind und ihnen innerhalb angemessener Frist Gelegenheit gegeben wird, den Plan einzusehen – bestimmt die Anhörungsbehörde die Einwendungsfrist. Mit Ablauf der Einwendungsfrist sind alle Einwendungen ausgeschlossen, die nicht auf besonderen privatrechtlichen Titeln beruhen. Hierauf ist in der Bekanntmachung der Auslegung oder bei der Bekanntgabe der Einwendungsfrist hinzuweisen. Vereinigungen, die auf Grund einer Anerkennung nach anderen Rechtsvorschriften befugt sind, Rechtsbehelfe nach der VwGO gegen die Entscheidung nach § 74 VwVfG einzulegen, können innerhalb der Frist § 73 IV 1 VwVfG Stellungnahmen zu dem Plan abgeben. § 73 IV 2 bis 4 VwVfG gelten entsprechend. Einwendungen sind nach § 18 a IV AEG gegenüber der Anhörungsbehörde abzugeben. Sie sollen elektronisch übermittelt werden. Eine schriftliche Übermittlung ist ebenfalls möglich. Die Anhörungsbehörde hat in der Bekanntmachung darauf hinzuweisen. Soweit Stellungnahmen, Einwendungen oder sonstige Erklärungen elektronisch übermittelt werden können oder der Plan oder sonstige Unterlagen in einem elektronischen Format veröffentlicht oder zugänglich gemacht werden, haben die Anhörungsbehörde und die Planfeststellungsbehörde nach § 18a VII AEG die technische Ausgestaltung zu bestimmen. 5838

Der Einwendungsausschluss des § 73 IV 3 VwVfG gilt grundsätzlich auch für UVP-pflichtige Vorhaben nach § 21 IV UVPG. Bedeutung hat dieser Einwendungsausschluss für das Verwaltungsverfahren; im gerichtlichen Verfahren ist seine Bedeutung durch § 7 IV und VI UmwRG weitgehend entfallen. Grundsätzlich führt der Einwendungsausschluss dazu, dass der Betroffene sowohl im Planfeststellungsverfahren als auch in einem folgenden verwaltungsgerichtlichen Verfahren gegen den Planfeststellungsbeschluss mit der Geltendmachung nicht oder nicht rechtzeitig erhobener Einwendungen und mit darauf gestützten Abwehransprüchen ausgeschlossen ist. Verfassungsrechtliche Bedenken wegen einer Unvereinbarkeit mit der Rechtsschutzgarantie des Art. 19 IV 1 GG und mit dem Eigentumsgrundrecht des Art. 14 I 1 GG bestehen nicht. 5839

Jedoch ist der materielle Einwendungsausschluss für das gerichtliche Verfahren mit der UVP-RL unvereinbar. Der Bundesgesetzgeber hat deshalb für Zulassungsentscheidungen über UVP-pflichtige oder -vorprüfungspflichtige Vorhaben eine verwaltungsgerichtliche Präklusion ausgeschlossen. Nach § 7 IV UmwRG findet in Rechtsbehelfsverfahren gegen Planfeststellungen für UVP-pflichtige oder vorprüfungspflichtige Vorhaben (§ 1 I Nr. 1 UmwRG) § 73 IV 3 bis 6 VwVfG, auch in den Fällen des § 73 VIII VwVfG keine Anwendung. Dies gilt nach § 7 VI UmwRG für Rechtsbehelfe von anerkannten Vereinigungen und auch für solche von natürlichen und juris-tischen Personen, einschließlich der Gemeinden, wenn sie subjektive Rechte geltend machen. Die Abschaffung der Präklusion nach § 7 IV UmwRG erstreckt sich auch auf das Verwaltungsverfahrensrecht der Länder und, soweit erforderlich, im Wege einer Analogie auf Präklusionsregelungen des speziellen Fachplanungsrechts. Die für den Einwendungsausschluss erforderliche Anstoßwirkung durch Bekanntmachung der Auslegung der Planunterlagen müssen sich nur die Betroffenen in dem von der Anhörungsbehörde gewählten Auslegungsbereich entgegenhalten lassen. Wird ein einheitliches Ausbauvorhaben, das der Aufnahme eines erhöhten Verkehrsaufkommens aus einer neuen Verkehrsquelle dient, in **mehrere Planungsabschnitte** unterteilt, muss die Gesamtplanung darauf ausgerichtet sein, das Ausbauvorhaben als Ganzes so zeitig zu einem Abschluss zu bringen, dass keiner der Betroffenen Gefahr läuft, plötzlich einer signifikant erhöhten Lärmbelastung schutzlos ausgesetzt zu sein. Kann dieses Ziel nicht erreicht werden, ist im Rahmen der Abwägung über die Gewährung eines auf die Übergangszeit bezogenen (interimistischen) Lärmschutzes zu entscheiden; dabei ist ungeachtet der plangegebenen Vorbelastung insbesondere die Einhaltung der grundrechtlichen Zumutbarkeitsschwelle zu berücksichtigen. Aus Anlass einer eisenbahnrechtlichen Planfeststellung können zur Bewältigung der vom Vorhaben und dessen betriebsbedingten Auswirkungen aufgeworfenen Konflikte **betriebsregelnde Anordnungen** getroffen werden.[407] 5840

Auslegungsbekanntmachung. Die Gemeinden nach § 73 II VwVfG, in denen der Plan auszulegen ist, haben die Auslegung vorher ortsüblich bekannt zu machen. In der Bekanntma- 5841

---

[407] BVerwG NVwZ 2014, 730, Eva-Maria Stüer DVBl. 2014, 525; Vallendar UPR 2014, 24; zur Lärmbelastung der Anlieger bei abschnittsweiser Umsetzung der Planung bereits BVerwG DVBl. 2012, 1102, Stüer DVBl. 2012, 1104.

chung ist darauf hinzuweisen, 1. wo und in welchem Zeitraum der Plan zur Einsicht ausgelegt ist; 2. dass etwaige Einwendungen oder Stellungnahmen von Vereinigungen nach Absatz 4 Satz 5 bei den in der Bekanntmachung zu bezeichnenden Stellen innerhalb der Einwendungsfrist vorzubringen sind; 3. dass bei Ausbleiben eines Beteiligten in dem Erörterungstermin auch ohne ihn verhandelt werden kann; 4. dass a) die Personen, die Einwendungen erhoben haben, oder die Vereinigungen, die Stellungnahmen abgegeben haben, von dem Erörterungstermin durch öffentliche Bekanntmachung benachrichtigt werden können, b) die Zustellung der Entscheidung über die Einwendungen durch öffentliche Bekanntmachung ersetzt werden kann, wenn mehr als 50 Benachrichtigungen oder Zustellungen vorzunehmen sind.

5842 **Erörterung von Einwendungen und Stellungnahmen.** Nach Ablauf der Einwendungsfrist hat die Anhörungsbehörde nach § 73 VI 1 VwVfG die rechtzeitig gegen den Plan erhobenen Einwendungen, die rechtzeitig abgegebenen Stellungnahmen von Vereinigungen nach Absatz 4 Satz 5 sowie die Stellungnahmen der Behörden zu dem Plan mit dem Träger des Vorhabens, den Behörden, den Betroffenen sowie denjenigen, die Einwendungen erhoben oder Stellungnahmen abgegeben haben, zu erörtern.

5843 Nach § 18 a V 1 AEG kann die Anhörungsbehörde auf eine Erörterung nach § 73 VI VwVfG und § 18 I 4 UVPG verzichten (**Verzicht auf Erörterung**). Nach § 18a VI 1 AEG kann die Anhörungsbehörde eine Erörterung nach § 73 VI VwVfG und § 18 I 4 UVPG ganz oder teilweise in **digitalen Formaten** durchführen. In diesem Fall hat sie nach § 18 a VI 2 AEG in der Bekanntmachung darauf hinzuweisen, dass und wie die Erörterung in einem digitalen Format durchgeführt wird.

5844 Die Durchführung **informeller Beteiligungsformate** ist nach § 18 a VIII 1 AEG möglich. Diese Beteiligungsformate sind aber von dem Planfeststellungsverfahren nach § 18a VIII 2 AEG unabhängig und dürfen sein Ergebnis nicht vorwegnehmen.

5845 Soll erörtert werden, ist der **Erörterungstermin** nach § 73 VI 2 VwVfG mindestens eine Woche vorher ortsüblich bekannt zu machen. Die Behörden, der Träger des Vorhabens und diejenigen, die Einwendungen erhoben oder Stellungnahmen abgegeben haben, sind von dem Erörterungstermin zu benachrichtigen. Sind außer der Benachrichtigung der Behörden und des Trägers des Vorhabens mehr als 50 Benachrichtigungen vorzunehmen, so können diese Benachrichtigungen durch öffentliche Bekanntmachung ersetzt werden. Die öffentliche Bekanntmachung wird dadurch bewirkt, dass abweichend von Satz 2 der Erörterungstermin im amtlichen Veröffentlichungsblatt der Anhörungsbehörde und außerdem in örtlichen Tageszeitungen bekannt gemacht wird, die in dem Bereich verbreitet sind, in dem sich das Vorhaben voraussichtlich auswirken wird; maßgebend für die Frist nach Satz 2 ist die Bekanntgabe im amtlichen Veröffentlichungsblatt. Im Übrigen gelten für die Erörterung die Vorschriften über die mündliche Verhandlung im förmlichen Verwaltungsverfahren (§ 67 I 3, II Nr. 1 und 4 und III, § 68 VwVfG) entsprechend. Die Anhörungsbehörde schließt die Erörterung innerhalb von drei Monaten nach Ablauf der Einwendungsfrist ab.

5846 **Planänderung.** Soll ein ausgelegter Plan geändert werden und werden dadurch der Aufgabenbereich einer Behörde oder einer Vereinigung nach § 73 IV 5 VwVfG oder Belange Dritter erstmals oder stärker als bisher berührt, so ist diesen nach § 73 VIII 1 VwVfG die Änderung mitzuteilen und ihnen Gelegenheit zu Stellungnahmen und Einwendungen innerhalb von zwei Wochen zu geben; § 73 IV 3 bis 6 VwVfG gilt entsprechend. Wird sich die Änderung voraussichtlich auf das Gebiet einer anderen Gemeinde auswirken, so ist der geänderte Plan nach § 73 VIII 2 VwVfG in dieser Gemeinde auszulegen; die Absätze 2 bis 6 gelten entsprechend. Nach § 18a V 2 AEG soll für den Fall, dass ein im Internet veröffentlichter oder ausgelegter Plan geändert werden soll, von der Erörterung im Sinne des § 73 VI VwVfG und des § 18 I 4 UVPG abgesehen werden.

5847 Nach § 18 d 1 AEG gilt zur Planänderung vor Fertigstellung des Vorhabens ergänzend Folgendes: Für die Planergänzung und das ergänzende Verfahren im Sinne des § 75 Ia 2 VwVfG und für die Planänderung vor Fertigstellung des Vorhabens gilt § 76 VwVfG mit der Maßgabe, dass im Falle des § 76 I VwVfG von einer Erörterung im Sinne des § 73 VI VwVfG und des §§ 18 I 4 UVPG abgesehen werden kann (**Erörterungsverzicht**). Soll der Planfeststellungsbeschluss lediglich um Schutzauflagen ergänzt werden, handelt es sich regelmäßig um Planänderungen von unwesentlicher Bedeutung iSd §§ 76 Absatz II VwVfG. Dann genügt gem. § 76 III VwVfG ein vereinfachtes Planfeststellungsverfahren mit einer individuellen Anhörung der bekannten Betroffenen.[408]

[408] BVerwG NJOZ 2017, 1199 (1203); BVerwG NVwZ 2016, 1328.

d) Zulässige Dauer des Planfeststellungsverfahrens. Eine feste Begrenzung der Dauer eines Planfeststellungsverfahrens bzw. eine Entscheidungsfrist, binnen derer über einen Antrag auf Planfeststellung zu befinden ist, existiert im geltenden Recht nicht. Gleichwohl kann der Dauer eines Planfeststellungsverfahrens, zumal bei einem langjährigen faktischen Verfahrensstillstand, eine Relevanz für das Verhältnis von Fachplanung und konkurrierender Bauleitplanung sowie das Maß der jeweils gebotenen Rücksichtnahme nicht generell abgesprochen werden.[409] Das Gebot zügiger Verfahrensdurchführung, das nach § 10 Satz 2 VwVfG für nichtförmliche Verwaltungsverfahren besteht, soll, so das BVerwG „in gewisser Weise aber auch dem Planfeststellungsrecht der §§ 72 ff. VwVfG zugrunde liegen"; es gibt jedoch gibt keine feste Zeitgrenze dafür vor, welche Verfahrensdauer angemessen ist. Die Angemessenheit variiert nach der Rechtsprechung des BVerwG vor allem mit der Komplexität eines Vorhabens und den im Einzelfall zu überwindenden Widerständen. Vorrangig seien in jedem Fall die Pflichten zur Optimierung des Vorhabens und zur vollständigen Problembewältigung. Dem trage das Planfeststellungsrecht Rechnung, indem es zwar für einzelne Verfahrensschritte Fristen vorsehe (vgl. § 73 III, IIIa, 4 oder IX VwVfG, § 18a Nr. 1 AEG), nicht aber für die abschließende Sachentscheidung oder die Gesamtlänge des Verfahrens. Darin komme zum Ausdruck, dass der Gesetzgeber der Optimierung der Planung Vorrang einräume. Planbetroffene könnten im Planfeststellungsverfahren daher lediglich verlangen, dass ihre Rechte im Verfahren gewahrt und durch die Regelungen des Planfeststellungsbeschlusses nicht verletzt würden.[410] 5848

e) Planfeststellungsbeschluss, Plangenehmigung. Für den Planfeststellungsbeschluss und die Plangenehmigung gelten nach § 18 b I AEG die Vorschriften des § 74 VwVfG und des § 27 UVPG nach Maßgabe von § 18b II bis III AEG. 5849

Abweichend von § 74 VI 1 Nr. 3 VwVfG kann für ein Vorhaben, für das nach dem UVPG eine Umweltverträglichkeitsprüfung durchzuführen ist, an Stelle eines Planfeststellungsbeschlusses eine Plangenehmigung erteilt werden. § 18a AEG gilt entsprechend. Im Übrigen findet das UVPG mit Ausnahme des § 21 III UVPG Anwendung. Auch im Plangenehmigungsverfahren ist dann die Öffentlichkeit zu beteiligen (§ 18 I 4 UVPG). 5850

Abweichend von § 74 IV, V und VI 2 HS 3 VwVfG und § 27 I 1 UVPG können nach § 18 b II AEG die Zustellung, Auslegung und Bekanntmachung der Auslegung des Planfeststellungsbeschlusses oder der Plangenehmigung dadurch erfolgen, dass die Entscheidung mit einer Rechtsbehelfsbelehrung und dem festgestellten Plan für zwei Wochen auf der Internetseite der Planfeststellungsbehörde veröffentlicht wird. Zusätzlich ist der verfügende Teil des Planfeststellungsbeschlusses, die Rechtsbehelfsbelehrung und ein Hinweis auf die Veröffentlichung auf der Internetseite der Planfeststellungsbehörde verbunden mit dem Hinweis auf leicht zu erreichende Zugangsmöglichkeiten in den örtlichen Tageszeitungen bekanntzumachen, in deren Verbreitungsgebiet sich das Vorhaben voraussichtlich auswirken wird; auf Auflagen ist hinzuweisen. Auf Verlangen eines Beteiligten, das bis zum Ablauf der Rechtsbehelfsfrist an die Planfeststellungsbehörde zu richten ist, ist ihm eine leicht zu erreichende Zugangsmöglichkeit zur Verfügung zu stellen. Im Fall des elektronischen Zugänglichmachens gilt mit dem Ende der Veröffentlichungsfrist die Entscheidung dem Träger des Vorhabens, den Betroffenen und denjenigen gegenüber, die Einwendungen erhoben haben, als zugestellt; hierauf ist in der Bekanntmachung hinzuweisen. Die Unterlagen ollen nach Ablauf der Veröffentlichungsfrist bis zum Ende der Rechtsbehelfsfrist zur Information im Internet veröffentlicht werden (§ 18 b III AEG). 5851

e) Rechtswirkungen von Planfeststellung und Plangenehmigung. Für die Rechtswirkungen der Planfeststellung und Plangenehmigung gilt § 75 VwVfG mit Maßgaben. 5852

Durch die Planfeststellung wird nach § 75 I 1 VwVfG die Zulässigkeit des Vorhabens einschließlich der notwendigen Folgemaßnahmen an anderen Anlagen im Hinblick auf alle von ihm berührten öffentlichen Belange festgestellt (**Genehmigungswirkung**). 5853

Neben der Planfeststellung sind nach § 75 I 1 HS 2 VwVfG andere behördliche Entscheidungen, insbesondere öffentlich-rechtliche Genehmigungen, Verleihungen, Erlaubnisse, Bewilligungen, Zustimmungen und Planfeststellungen nicht erforderlich (**Konzentrationswirkung**). 5854

---

[409] BVerwG NVwZ 2023, 1090 = juris Rn. 39.

[410] BVerwG NVwZ 2023, 1090 = juris Rn. 39; BVerwG ZUR 2018, 107.

5855 Durch die Planfeststellung werden nach § 75 I 2 VwVfG alle öffentlich-rechtlichen Beziehungen zwischen dem Träger des Vorhabens und den durch den Plan Betroffenen rechtsgestaltend geregelt (**Gestaltungswirkung).**

5856 Ist der Planfeststellungsbeschluss unanfechtbar geworden, so sind nach § 75 II 1 VwVfG Ansprüche auf Unterlassung des Vorhabens, auf Beseitigung oder Änderung der Anlagen oder auf Unterlassung ihrer Benutzung ausgeschlossen (**Duldungswirkung**). Treten nicht voraussehbare Wirkungen des Vorhabens oder der dem festgestellten Plan entsprechenden Anlagen auf das Recht eines anderen erst nach Unanfechtbarkeit des Plans auf, so kann der Betroffene Vorkehrungen oder die Errichtung und Unterhaltung von Anlagen verlangen, welche die nachteiligen Wirkungen ausschließen. Sie sind dem Träger des Vorhabens durch Beschluss der Planfeststellungsbehörde aufzuerlegen. Sind solche Vorkehrungen oder Anlagen untunlich oder mit dem Vorhaben unvereinbar, so richtet sich der Anspruch auf angemessene Entschädigung in Geld. Werden Vorkehrungen oder Anlagen im Sinne des § 75 II 2 VwVfG notwendig, weil nach Abschluss des Planfeststellungsverfahrens auf einem benachbarten Grundstück Veränderungen eingetreten sind, so hat die hierdurch entstehenden Kosten der Eigentümer des benachbarten Grundstücks zu tragen, es sei denn, dass die Veränderungen durch natürliche Ereignisse oder höhere Gewalt verursacht worden sind; § 75 II 4 VwVfG ist nicht anzuwenden (§ 75 II VwVfG).

5857 Nach § 18 c AEG gelten bei der Anwendung des § 75 VwVfG folgende **Maßgaben**: Wird mit der Durchführung des Plans nicht innerhalb von zehn Jahren nach Eintritt der Unanfechtbarkeit begonnen, so tritt er außer Kraft, es sei denn, er wird vorher auf Antrag des Trägers des Vorhabens von der Planfeststellungsbehörde um höchstens fünf Jahre verlängert (§ 18 c Nr. 1 AEG). Vor der Entscheidung nach § 18 c I Nr. 1 AEG ist eine auf den Antrag begrenzte Anhörung nach dem für die Planfeststellung oder für die Plangenehmigung vorgeschriebenen Verfahren durchzuführen (§ 18 c Nr. 2 AEG). Die Befristung der Geltungsdauer trägt der Tatsache Rechnung, dass mit zunehmendem zeitlichen Abstand vom Zeitpunkt der planerischen Entscheidung deren tatsächliche und rechtliche Grundlagen stetig zweifelhafter werden können. Zum anderen wächst die Unsicherheit der planbetroffenen Grundeigentümer, ob ihre Grundstücke zur Verwirklichung des Vorhabens benötigt werden § 18c Nr. 1 AEG gibt somit auch einen Anhaltspunkt für die Dauer des Zeitraumes, in dem die Unsicherheiten einer Plandurchführung längstens als zumutbar erscheinen und von den Planbetroffenen hinzunehmen sind.[411]

5858 Für die Zustellung, Veröffentlichung im Internet oder Auslegung sowie die Anfechtung der Entscheidung über die Verlängerung sind die Bestimmungen über den Planfeststellungsbeschluss entsprechend anzuwenden (§ 18 c Nr. 3 AEG). Wird eine Planergänzung oder ein ergänzendes Verfahren nach § 75 Ia 2 VwVfG erforderlich und wird diese Planergänzung oder dieses ergänzende Verfahren unverzüglich betrieben, so bleibt die Durchführung des Vorhabens zulässig, soweit es von der Planergänzung oder dem Ergebnis des ergänzenden Verfahrens offensichtlich nicht berührt ist (§ 18 c Nr. 4 AEG).

5859 Eine weitere Rechtwirkung, nämlich die **enteignungsrechtliche Vorwirkung**, sowohl der eisenbahnrechtlichen Planfeststellung als auch der Plangenehmigung ergibt sich aus § 22 AEG. Für Zwecke des Baus und des Ausbaus von Betriebsanlagen der Eisenbahn sowie für deren Unterhaltung ist nach § 22 I 1 AEG die Enteignung zulässig. Die Enteignung zu Zwecken des Baus oder Ausbaus muss zur Ausführung eines nach § 18 I AEG festgestellten oder genehmigten Bauvorhabens notwendig sein. Einer weiteren Feststellung der Zulässigkeit der Enteignung bedarf es nicht. Die nach Landesrecht zuständige Behörde stellt die Zulässigkeit der Enteignung fest, soweit im Falle einer Unterhaltungsmaßnahme keine Festlegung in einem genehmigten oder festgestellten Plan getroffen ist. Der festgestellte oder genehmigte Plan ist nach § 22 II 1 AEG dem Enteignungsverfahren zugrunde zu legen. Er ist für die Enteignungsbehörde bindend. Hat sich ein Beteiligter mit der Übertragung oder Beschränkung des Eigentums oder eines anderen Rechtes schriftlich einverstanden erklärt, kann das Entschädigungsverfahren unmittelbar durchgeführt werden (§ 22 III AEG). Im Übrigen gelten nach § 22 IV AEG die Enteignungsgesetze der Länder.

5860 Durch den durch das Investitionsbeschleunigungsgesetz vom 9.12.2020 wurde im AEG die Möglichkeit einer Enteignung auch für Unterhaltungsmaßnahmen (§ 22 I 1 AEG) eingeführt. Unterhaltung der Betriebsanlagen einer Eisenbahn sind nach § 2 VII f AEG Arbeiten zur Erhaltung oder Wiederherstellung der Funktionsfähigkeit einer bestehenden Betriebsanlage einschließlich der Anpassung an geltendes Recht oder die anerkannten Regeln der Technik. Bei

[411] BVerwG NVwZ 2023, 1090 = juris Rn. 39.

Unterhaltungsmaßnahmen ist eine vorherige Planfeststellung bzw. Plangenehmigung gem. § 22 I 4 AEG nicht nötig.[412]

§ 22 AEG deckt auch die Enteignung von Grundstücken für **naturschutzrechtliche Ausgleichs- und Ersatzmaßnahmen**, soweit diese zur Ausführung des geplanten Vorhabens notwendig sind.[413] Allerdings ist die Notwendigkeit der naturschutzrechtlichen Maßnahmen jeweils im Einzelfall darzulegen. Wird eine Eisenbahnanlage wesentlich geändert, so steht § 38 Nr. 3 BNatSchG aF der Anordnung von naturschutzrechtlichen Ausgleichs- oder Ersatzmaßnahmen regelmäßig dann nicht entgegen, wenn damit Eingriffe in die Natur ausgeglichen werden sollen, die außerhalb eines Sicherheitsabstands von 6 m von der bisherigen äußeren Gleisachse vorgenommen werden. Es ist vielmehr in jedem Einzelfall zu prüfen, ob und inwieweit eine Maßnahme die bestandsgeschützte Nutzung beeinträchtigen würde. Ob die Eingriffsfläche allgemein für Bahnzwecke gewidmet ist, ist dabei unerheblich.[414] 5861

Eine Enteignung ist nur zulässig, wenn das Grundstück nicht mit den für den Grunderwerb üblichen Mitteln beschafft werden kann. Bei dem Versuch eines freihändigen Erwerbs muss dem Eigentümer eine angemessene Entschädigung vom Vorhabenträger angeboten worden sein.[415] Vorrangig vor der Enteignung eines privaten Grundstückseigentümers sind Grundstücke der öffentlichen Hand in Anspruch zu nehmen, wenn das Vorhaben auf ihnen ebenso gut verwirklicht werden kann.[416] Soweit die Zulässigkeit der Enteignung eine Pflicht des Enteignungsbegünstigten zu vorherigem Verhandeln mit dem Enteignungsbetroffenen voraussetzt, bedarf es keines der Höhe nach konkret bestimmten **Angebotes**. Ausreichend und angemessen ist ein Angebot, das der im Einzelnen noch zu ermittelnden Entschädigung in etwa entspricht.[417] Unangemessen sind Angebote, die den Entschädigungswert um ca. 25 % unterschreiten.[418] Der Enteignungsbegünstigte kann seine Bemühungen um einen freihändigen Erwerb einstellen, wenn der Enteignungsbetroffene Verhandlungen ausdrücklich ablehnt, so zB wenn er zu erkennen gibt, dass er jedes Angebot ausschlagen wird, um es auf die Enteignung ankommen zu lassen oder wenn er die Annahme des Angebotes von für die Behörde unzumutbaren Bedingungen abhängig macht.[419] Rückt der Enteignungsbegünstigte noch vor Einleitung des Enteignungsverfahrens von seinem Angebot ab, hat er sich nicht ernsthaft um einen freihändigen Erwerb vergeblich bemüht.[420] 5862

Für die Enteignungsbehörde ist die planungsrechtliche Entscheidung nach § 22 II 2 AEG bindend. 5863

f) Vorzeitige Besitzeinweisung. Ist der sofortige Beginn von Bauarbeiten geboten und weigert sich der Eigentümer oder Besitzer, den Besitz eines für den Bau oder die Änderung von Betriebsanlagen der Eisenbahn benötigten Grundstücks durch Vereinbarung unter Vorbehalt aller Entschädigungsansprüche zu überlassen, so hat die Enteignungsbehörde den Träger des Vorhabens auf Antrag nach Feststellung des Planes oder Erteilung der Plangenehmigung gem. § 21 I 1 AEG in den Besitz einzuweisen. Der Planfeststellungsbeschluss oder die Plangenehmigung müssen vollziehbar sein. Weiterer Voraussetzungen bedarf es nicht. Im Antrag auf vorzeitige Besitzeinweisung muss der Vorhabenträger begründen, warum der sofortige Beginn der Baumaßnahmen erforderlich ist, und darlegen, dass mit den Bauarbeiten unmittelbar nach der vorzeitigen Besitzeinweisung auch beginnen werden soll.[421] 5864

Der Träger des Vorhabens kann verlangen, dass bereits nach Ablauf der Einwendungsfrist nach § 73 IV VwVfG das Verfahren zur vorzeitigen Besitzeinweisung in das Grundstück eines Dritten durchgeführt wird. In diesem Fall ist der nach dem Verfahrensstand zu erwartende Planfeststellungsbeschluss oder die zu erwartende Plangenehmigung dem Verfahren zur vorzeitigen Besitzeinweisung zugrunde zu legen. Der Besitzeinweisungsbeschluss ist mit der auf- 5865

---

412 Zur Kritik dazu Seegmüller in Ziekow, Handbuch des Fachplanungsrechts, 2024, § 12 Rn. 83.

413 BVerwG NVwZ 1996, 896.

414 BVerwG NVwZ 2001, 673.

415 Beckmann Enteignung in Redeker/Uechtritz, Verwaltungsverfahren, 2020, Rn. 17.

416 BVerfG Beschl. v. 08.07.2009 – 1 BvR 2187/07, juris, Rn. 23.

417 BVerwG MDR 1967, 241; BGH NJW 1966, 2012; VGH München Urt. v. 4.9.2006 – 8 ZB 06.1653, juris.

418 Beckmann Enteignung in Redeker/Uechtritz, Verwaltungsverfahren, 2020, Rn. 18; BGH NVwZ 1986, 1053.

419 BGHZ 77, 338 (346); BauR 1983, 249; BRS 19 Nr. 85.

420 Beckmann Enteignung in Redeker/Uechtritz, Verwaltungsverfahren, 2020, Rn. 19.

421 Seegmüller in Ziekow Handbuch des Fachplanungsrechts. 2024, § 12 Rn. 77.

schiebenden Bedingung zu verbinden, dass sein Ergebnis durch den Planfeststellungsbeschluss oder die Plangenehmigung bestätigt wird. Wird das Ergebnis des Besitzeinweisungsbeschlusses durch den Planfeststellungsbeschluss oder die Plangenehmigung nicht bestätigt, ist ein neuer Besitzeinweisungsbeschluss auf der Grundlage des ergangenen Planfeststellungsbeschlusses oder der ergangenen Plangenehmigung herbeizuführen § 21 Ia AEG).

5866 Die Enteignungsbehörde hat spätestens sechs Wochen nach Eingang des Antrags auf Besitzeinweisung mit den Beteiligten mündlich zu verhandeln. Hierzu sind der Antragsteller und die Betroffenen zu laden. Dabei ist den Betroffenen der Antrag auf Besitzeinweisung mitzuteilen. Die Ladungsfrist beträgt drei Wochen. Mit der Ladung sind die Betroffenen aufzufordern, etwaige Einwendungen gegen den Antrag vor der mündlichen Verhandlung bei der Enteignungsbehörde einzureichen. Sie sind außerdem darauf hinzuweisen, dass auch bei Nichterscheinen über den Antrag auf Besitzeinweisung und andere im Verfahren zu erledigende Anträge entschieden werden kann (§ 21 II AEG).

5867 Soweit der Zustand des Grundstücks von Bedeutung ist, hat die Enteignungsbehörde diesen bis zum Beginn der mündlichen Verhandlung in einer Niederschrift festzustellen oder durch einen Sachverständigen ermitteln zu lassen. Den Beteiligten ist eine Abschrift der Niederschrift oder des Ermittlungsergebnisses zu übersenden (§ 21 III AEG).

5868 Der Beschluss über die Besitzeinweisung ist dem Antragsteller und den Betroffenen spätestens zwei Wochen nach der mündlichen Verhandlung zuzustellen. Die Besitzeinweisung wird in dem von der Enteignungsbehörde bezeichneten Zeitpunkt wirksam. Dieser Zeitpunkt soll auf höchstens zwei Wochen nach Zustellung der Anordnung über die vorzeitige Besitzeinweisung an den unmittelbaren Besitzer festgesetzt werden. Durch die Besitzeinweisung wird dem Besitzer der Besitz entzogen und der Träger des Vorhabens Besitzer. Der Träger des Vorhabens darf auf dem Grundstück das im Antrag auf Besitzeinweisung bezeichnete Bauvorhaben durchführen und die dafür erforderlichen Maßnahmen treffen (§ 21 IV AEG).

5869 Der Träger des Vorhabens hat für die durch die vorzeitige Besitzeinweisung entstehenden Vermögensnachteile Entschädigung zu leisten, soweit die Nachteile nicht durch die Verzinsung der Geldentschädigung für die Entziehung oder Beschränkung des Eigentums oder eines anderen Rechts ausgeglichen werden. Art und Höhe der Entschädigung sind von der Enteignungsbehörde in einem Beschluss festzusetzen. Wird der festgestellte Plan oder die Plangenehmigung aufgehoben, so ist auch die vorzeitige Besitzeinweisung aufzuheben und der vorherige Besitzer wieder in den Besitz einzuweisen. Der Träger des Vorhabens hat für alle durch die Besitzeinweisung entstandenen besonderen Nachteile Entschädigung zu leisten. Ein Rechtsbehelf gegen eine vorzeitige Besitzeinweisung hat keine aufschiebende Wirkung. Der Antrag auf Anordnung der aufschiebenden Wirkung nach § 80 V 1 VwGO kann nur innerhalb eines Monats nach der Zustellung des Besitzeinweisungsbeschlusses gestellt und begründet werden.

5870 Eine vorzeitige Besitzeinweisung ist nach § 21 VIII 1 AEG auch zulässig für Grundstücke, die für **Unterhaltungsmaßnahmen** benötigt werden. Bei Unterhaltungsmaßnahmen bedarf es nicht der vorherigen Planfeststellung oder Plangenehmigung. Damit soll vermieden werden, dass angesichts des sehr langen Zurückliegens des Baus der Anlage aufwendig nach einer möglicherweise nicht oder nicht ohne weiteres greifbare Planfeststellung recherchiert werden muss, die möglicherweis zu dem noch keine hinreichende Regelung zur Vorwirkung mit Blick auf eine vorzeitige Besitzeinweisung für die Unterhaltungsmaßnahme enthält.[422] Über die vorzeitige Besitzeinweisung entscheidet bei Unterhaltungsmaßnahmen die Enteignungsbehörde (§ 21 III 2 und 3 AEG).

5871 **Duldungspflichten.** Soweit es zur Unterhaltung einer Betriebsanlage einer Eisenbahn erforderlich ist, haben Eigentümer und sonstige Nutzungsberechtigte nach § 22b I 1 AEG zu dulden, dass Beauftragte des Eisenbahninfrastrukturbetreibers die Grundstücke betreten oder vorübergehend benutzen. Das Grundrecht auf Unverletzlichkeit der Wohnung (Art. 13 I GG) wird insoweit eingeschränkt. Die Arbeiten zur Unterhaltung müssen dem Eigentümer und sonstigen Nutzungsberechtigten angekündigt werden. Entstehen dadurch Schäden, hat der Geschädigte Anspruch auf Schadensersatz (§ 22 b II AEG).

5872 **Befugnisse der Schienenwege betreibenden Unternehmen.** Zur Gewährleistung einer betriebssicheren Eisenbahninfrastruktur im Sinne des § 4 III AEG sind Schienenwege betreibende Unternehmen, unbeschadet der Verpflichtung des nach § 24 AEG Verkehrssicherungspflichtigen gem. § 24a I 1 AEG berechtigt, die Baumbestände in dem in § 24 Satz 1 AEG genannten Bereich in angemessenen zeitlichen Abständen darauf zu sichten, ob Gefahren für

[422] Zur Kritik dazu Seegmüller in Ziekow Handbuch des Fachplanungsrechts, 2024, § 12 Rn. 76.

die Sicherheit des Schienenverkehrs durch umsturzgefährdete Bäume, herausbrechende oder herabstürzende Äste oder sonstige Vegetation oder durch Zäune, Stapel, Haufen oder andere mit dem Grundstück nicht fest verbundene Einrichtungen abzuwehren sind. Zu beachten sind dabei § 24a II bis VI AEG.

g) Erheblichkeit von Abwägungsmängeln. § 75 I a 1 VwVfG bestimmt unter der Überschrift „Rechtswirkungen der Planfeststellung" der Vorschrift, dass Mängel bei der Abwägung der von dem Vorhaben berührten öffentlichen und privaten Belange nur erheblich sind, wenn sie offensichtlich und auf das Abwägungsergebnis von Einfluss gewesen sind. Erhebliche Mängel bei der Abwägung oder eine Verletzung von Verfahrens- oder Formvorschriften führen nach § 75 Ia 2 VwVfG nur dann zur Aufhebung des Planfeststellungsbeschlusses oder der Plangenehmigung, wenn sie nicht durch Planergänzung oder durch ein ergänzendes Verfahren behoben werden können. Die §§ 45, 46 VwVfG bleiben unberührt. 5873

h) Lärmschutzbelange der Nachbarschaft eines Schienenwegs sind grundsätzlich nur dann in die planerische Abwägung einzubeziehen, wenn die Lärmbelastung durch das Planvorhaben ansteigt. Das gilt selbst dann, wenn die für den Planfall prognostizierten Belastungswerte oberhalb der grundrechtlichen Zumutbarkeitsschwelle liegen. Soweit die Rechtsprechung diesen Grundsatz für den Fall **teilungsbedingter Streckenstilllegungen** eingeschränkt hat, handelt es sich um einen Billigkeitsausgleich, der der Sondersituation der Wiedervereinigung geschuldet ist und deshalb zumindest in aller Regel nicht auf andere Fallgestaltungen übertragen werden kann, in denen die tatsächliche hinter der plangegebenen Vorbelastung zurückbleibt.[423] 5874

Das Eisenbahn-Bundesamt kann allenfalls in Ausnahmefällen verpflichtet sein, im Rahmen der Planfeststellung nach § 18 AEG aus Lärmschutzgründen für bestimmte Streckenabschnitte dauerhafte **Betriebsregelungen** wie etwa Geschwindigkeitsbegrenzungen für Züge zu erwägen. In Betracht kommt dies nur, wenn die Regelannahme des Gesetzes, ein angemessener Schutz vor Schienenverkehrslärm lasse sich mit dem Instrumentarium der §§ 41 ff. BImSchG sicherstellen, nicht zutrifft. Geht man davon aus, dass der Behörde Betriebsregelungen als Mittel des Lärmschutzes anlässlich einer eisenbahnrechtlichen Planfeststellung nicht prinzipiell verwehrt sind, so kann das Eisenbahn-Bundesamt aber jedenfalls nur in Ausnahmefällen rechtlich verpflichtet sein, sie bei ihrer Entscheidung zu berücksichtigen; im Regelfall müssen Betriebsregelungen nicht erwogen und entsprechend in einem Planfeststellungsbeschluss auch nicht angesprochen werden. Diese Reduzierung des Anwendungsbereichs folgt aus der Wertung der §§ 41 ff. BImSchG, dass ein angemessener Schutz vor Schienenverkehrslärm mit dem Instrumentarium dieser Vorschriften sichergestellt werden kann, also durch eine Gestaltung des Schienenweges (§ 41 I BImSchG), durch ergänzenden baulichen Schallschutz (§ 42 I BImSchG) und hilfsweise durch Entschädigung (§ 42 II 2 BImSchG iVm § 74 II 3 VwVfG). Daher kommt ein Rückgriff auf andere Maßnahmen nur in Fällen in Betracht, in denen sich die regelmäßige Wertung des Gesetzes als unzutreffend erweist. Das kann sich etwa ergeben, wenn bei einer abschnittsweisen Planung das planfestgestellte Vorhaben in einem Folgeabschnitt Beeinträchtigungen auslöst, die mit dem Regime des BImSchG nicht bewältigt werden können[424]. Auch kann die Ausgewogenheit der Planung infrage stehen, wenn aktiver Schallschutz nicht möglich oder gemäß § 41 II BImSchG nicht zu gewähren ist und für eine Vielzahl von Betroffenen zumutbare Wohnverhältnisse auch durch andere Maßnahmen nicht hergestellt werden können. Hier ist besonders an Konstellationen zu denken, in denen bei Gewährung des regulären gesetzlichen Schutzes nicht zumutbare Beeinträchtigungen verbleiben, die gemäß § 74 II 3 VwVfG Übernahmeansprüche begründen.[425] Schafft das Vorhaben aber auf begrenztem Raum eine größere Zahl von Übernahmelagen oder steht wegen schwer beherrschbarer Konflikte die Zulassungsfähigkeit des Vorhabens in einem Streckenabschnitt insgesamt infrage, wird es geboten sein, Betriebsbeschränkungen als zusätzliche Abhilfemaßnahme ausdrücklich zu prüfen und das Ergebnis dieser Prüfung im Planfeststellungsbeschluss darzustellen. Damit ist über das Ergebnis der Abwägung nichts gesagt. Zudem dürfen nur solche Betriebsregelungen abwägungsfehlerfrei verfügt werden, die zur Zielerreichung geeignet und im Lichte gegenläufiger Interessen angemessen sind. Sind etwa die Geräuschminderungseffekte von Geschwindig- 5875

[423] BVerwG NVwZ 2009, 50; BVerwGE 110, 81.

[424] BVerwG Urt. v. 21.11.2013 – 7 A 28.12, juris.

[425] BVerwG Urt. v. 8.9.2016 – 3 A 5.15, juris.

keitsreduzierungen der Züge gering oder sind im einzelnen Fall andere Maßnahmen vorzugswürdig, kann auf Geschwindigkeitsbegrenzungen verzichtet werden.[426]

5876 **i) Alternativen.** Das Abwägungsgebot verlangt, dass ernsthaft sich anbietende Alternativlösungen bei der Zusammenstellung des abwägungserheblichen Materials berücksichtigt werden und mit der ihnen objektiv zukommenden Bedeutung in die vergleichende Prüfung der von den möglichen Alternativen jeweils berührten öffentlichen und privaten Belange Eingang finden.[427] Die Auswahl unter verschiedenen, ernstlich in Betracht kommenden Ausführungsvarianten eines Vorhabens bleibt aber ungeachtet hierbei zu beachtender, rechtlich zwingender Vorgaben eine fachplanerische Abwägungsentscheidung. Ein Gericht kann die Ausübung der dazu eingeräumten planerischen Gestaltungsfreiheit nur auf die Einhaltung der Grenzen dieser Gestaltungsfreiheit überprüfen. Diese Grenzen sind nach der Rechtsprechung nur dann überschritten, wenn der Behörde bei der Auswahl infolge einer fehlerhaften Ermittlung, Bewertung oder Gewichtung einzelner Belange ein rechtserheblicher Fehler unterlaufen ist oder wenn sich unter Berücksichtigung aller abwägungserheblichen Belange eine andere als die gewählte Variante eindeutig als die bessere hätte aufdrängen müssen. Letzteres soll nicht bereits dann anzunehmen sein, wenn für eine andere planerische Lösung einleuchtende Gründe angeführt werden können. Die Grenze der planerischen Gestaltungsfreiheit bei der Auswahl zwischen verschiedenen Varianten sei erst dann überschritten, wenn eine alternative Variante sich unter Berücksichtigung aller abwägungserheblichen Belange eindeutig als die bessere, weil öffentliche und private Belange insgesamt schonendere darstellen würde.[428]

5877 Auch bei einer Raumverträglichkeitsprüfung muss die Planfeststellungsbehörde eine eigene Abwägungsentscheidung zur Trassenführung treffen.[429] Dabei hat die Inanspruchnahme privaten Grundeigentums ein besonderes Gewicht.[430] Allerdings kommt dem Interesse eines Grundstückeigentümers oder Pächters, nicht enteignend in Anspruch genommen zu werden, gegenüber anderen Belangen nicht zwingend ein Vorrang zu.[431] Bei der Überprüfung von Planfeststellungsbeschlüssen ist die Inanspruchnahme privaten Grundeigentums allerdings mit besonderem Gewicht in die Abwägung einzustellen. Dies gilt nicht nur, wenn der Vorhabenträger selbst bereits über die benötigten Flächen verfügt, sondern auch, wenn durch die Überplanung von Flächen einer anderen Gebietskörperschaft die Inanspruchnahme privaten Eigentums entbehrlich wird.[432] Zu den abwägungserheblichen öffentlichen und privaten Belangen gehört auch das Interesse an einer kostengünstigen Lösung. Die Planfeststellungsbehörde darf daher von einer Variante absehen, die vom Vorhabenträger unverhältnismäßige, nicht mehr vertretbare Aufwendungen erfordert.[433] Deshalb darf sie auch an einem aus einer Machbarkeitsstudie sich ergebenden technischen Konzept festhalten, selbst wenn andere technisch ebenfalls vertretbare Lösungsmodelle möglich sind.[434] Kosteneinschätzungen müssen verlässlich sein. Ergeben sich hier Zweifel, kann es sich empfehlen, einen unabhängigen Gutachter einzuschalten.[435]

5878 Selbstverständlich sind auch die **Ziele der Raumordnung** bei der eisenbahnrechtlichen Fachplanung zu beachten (§ 4 I 1 ROG) und insoweit nicht Gegenstand der Abwägung.

7. Umweltauswirkungen

5879 Eisenbahnanlagen können erhebliche Umweltauswirkungen verursachen. Vor allem ist es der Verkehrslärm, der die Nachbarschaft beeinträchtigt.[436] Aber auch Auswirkungen durch Luftschall, elektromagnetische Felder oder durch Erschütterungen werden als störend oder sogar als gesundheitsgefährdend empfunden. In der eisenbahnrechtlichen Planfeststellung ist über

[426] BVerwG NVwZ 2017, 1136 zur Pflicht zur ergänzenden Abwägung über Lärmschutzmaßnahmen in einem eisenbahnrechtlichen Planfeststellungsbeschluss.
[427] OVG Münster Beschl. v. 29.12.2021 – 20 B 1690/21, juris Rn. 73 ff.; BVerwG NVwZ 2009, 986, mwN; Beckmann DVBl.. 2022, 809 ff.
[428] OVG Münster Beschl. v. 29.12.2021 – 20 B 1690/21, juris Rn. 75; BVerwG NVwZ 2018, 1799.
[429] BVerwG Urt. v. 25.10.2001 – 11 A 30.00, juris.
[430] BVerwG NVwZ-RR 2001, 653.
[431] VGH Mannheim DVBl. 2000, 1367; BVerwG NVwZ-RR 1999, 164.
[432] BVerwG NVwZ-RR 2001, 422.
[433] BVerwG NVwZ-RR 2001, 653.
[434] BVerwG NVwZ 2001, 682.
[435] VGH Mannheim NVwZ-RR 2001, 562; zu § 7 BHO NVwZ-RR 2001, 579.
[436] Pache in Koch/Hofmann/Reese, Handbuch Umweltrecht, 2024, § 16 Rn. 294, 310.

Schutzauflagen zu entscheiden (§ 74 II 1, 2 VwVfG). Unterscheiden kann man zwischen dem Schienenverkehrslärm, dh dem Lärm, der durch den Betrieb von Fahrzeugen auf den Schienenwegen entsteht, und dem Gewerbelärm von Eisenbahnanlagen, der von Betriebs- und Werksgeländen der Eisenbahn ausgeht.[437] Zu den nachteiligen Umweltauswirkungen des Eisenbahnbetriebs gehören neben dem Lärm auch Schadstoffemissionen dieselbetriebener Züge,[438] der Flächenverbrauch, Zerschneidungseffekte und Eingriffe in Natur und Landschaft durch die Planung neuer und den Ausbau vorhandener Eisenbahntrassen sowie die dabei anfallenden Abfälle, mittelbar auch die Schadstoffemissionen der die elektrische Energie für die Eisenbahn erzeugenden Kraftwerke.

Das Berücksichtigungsgebot des § 13 I 1 KSG erfordert, dass im Rahmen der Abwägung nach § 18 I 2 AEG auch die Auswirkungen der Planungsentscheidung auf den **Klimaschutz** – bezogen auf die in §§ 1 und 3 KSG konkretisierten nationalen Klimaschutzziele – zu ermitteln und die Ermittlungsergebnisse in die Entscheidungsfindung einzustellen sind.[439] Rechtlicher Anknüpfungspunkt für die gebotene Berücksichtigung des globalen Klimaschutzes im Bereich der eisenbahnrechtlichen Planfeststellung ist nach Ansicht des VGH Mannheim nicht die Umweltverträglichkeitsprüfung, sondern (nur) die Gesamtabwägung nach § 18 I 2 AEG. Der globale Klimaschutz und die Klimaschutzziele des Bundes-Klimaschutzgesetzes gehörten zu den öffentlichen Belangen, die in die Abwägung einzustellen seien. Das Berücksichtigungsgebot des § 13 I 1 KSG erfordere, dass im Rahmen der Abwägung die Auswirkungen der Planungsentscheidung auf den Klimaschutz – bezogen auf die in §§ 1 und 3 KSG konkretisierten nationalen Klimaschutzziele – zu ermitteln und die Ermittlungsergebnisse in die Entscheidungsfindung einzustellen seien. Da das KSG keine näheren Vorgaben für das Verfahren der Berücksichtigung enthalte, würden die allgemeinen planungsrechtlichen Grundsätze gelten.[440] 5880

Eine generelle Regelung zum Schutz vor Schienenverkehrslärm gibt es nicht. Beim Neubau oder einer wesentlichen Änderung eines Schienenweges, wenn zum Beispiel der Schienenweg um ein durchgehendes Gleis baulich erweitert wird, sind die in der Verkehrslärmschutzverordnung (16. BImSchV) festgelegten Immissionsgrenzwerte einzuhalten. Lärmschutz an bestehenden Schienenwegen wird als **Lärmsanierung** bezeichnet. Sie wird als freiwillige Leistung des Bundes nach Haushaltsrecht gewährt. Die Art der Lärmschutzmaßnahmen entspricht denen der Lärmvorsorge.[441] 5881

a) Schienenlärmschutzgesetz. Das Gesetz zum Verbot des Betriebs lauter Güterwagen und zur Änderung des Allgemeinen Eisenbahngesetzes vom 20.7.2017 (Schienenlärmschutzgesetz – SchlärmschG) findet Anwendung auf laute Güterwagen, die auf der regelspurigen öffentlichen Eisenbahninfrastruktur in Deutschland zum Einsatz kommen. Seit Beginn des Netzfahrplans 2020/2021 am 13.12.2020 ist das Fahren oder Fahrenlassen von Güterzügen, in die laute Güterwagen eingestellt sind, auf dem deutschen Schienennetz verboten.[442] 5882

b) Lärmvorsorge. Grundsätzlich sieht der Gesetzgeber eine **Stufenfolge** für den Lärmschutz an Straßen und Schienenwegen vor. Nach § 50 S. 1 BImSchG sind bei raumbedeutsamen Planungen und Maßnahmen, wozu auch die Eisenbahntrassen zählen, die Flächen einander so zuzuordnen, dass schädliche Umwelteinwirkungen auf die ausschließlich oder überwiegend dem Wohnen dienenden Gebiete sowie auf sonstige schutzbedürftige Gebiete, insbesondere öffentlich genutzte Gebiete, wichtige Verkehrswege, Freizeitgebiete und unter dem Gesichtspunkt des Naturschutzes besonders wertvolle oder besonders empfindliche Gebiete und öffentlich genutzte Gebäude, soweit wie möglich vermieden werden (Trennungsgrundsatz bzw. **planerischer Lärmschutz**). Wird dadurch kein ausreichender Lärmschutz erreicht, sind gem. § 41 BImSchG an dem Verkehrsweg notwendige Schutzmaßnahmen zu treffen (**aktiver Lärmschutz**), soweit sie dem Stand der Technik entsprechen. Nach § 42 BImSchG müssen Aufwendungen für Schutzmaßnahmen an Einrichtungen der Betroffenen ersetzt werden (passiver Lärmschutz).[443] 5883

---

437 Pache in Koch/Hofmann/Reese, Handbuch Umweltrecht, 2024, § 16 Rn. 294.

438 Näher zur Emissionsfreiheit im Schienenverkehr Kramer ZUR 2023, 23.

439 VGH Mannheim VBLBW 2024, 58 = juris Rn. 66, 73; BVerwGE 175, 312)

440 VGH Mannheim VBLBW 2024, 58 = juris Rn 67; BVerwG NVwZ 2022, 1549.

441 Zum Lärmschutz gegenüber Anlagen der Deutschen Bahn, Metzler UPR 2016, 440; zu Möglichkeiten und Grenzen von Betriebsbeschränkungen als Mittel der Lärmreduktion Kühling/Seiler DVBl.. 2016, 155; Storost DVBl. 2013, 281

442 Pache in Koch/Hofmann/Reese, Handbuch Umweltrecht, 2024 § 16 Rn. 344 ff.

443 Jarass BImSchG, 2022, § 41 Rn. 2.

5884 Rechtsgrundlage für Ansprüche auf Schutz vor Schienenlärm sind § 41 BImSchG und die 16. BImSchV. Bei dem Bau oder der wesentlichen Änderung von Eisenbahnen ist nach§ 41 I BImSchG unbeschadet des § 50 BImSchG sicherzustellen, dass durch diese keine schädlichen Umwelteinwirkungen durch Verkehrsgeräusche hervorgerufen werden können, die nach dem Stand der Technik vermeidbar sind. Das gilt nach § 41 II BImSchG jedoch nicht, soweit die Kosten der Schutzmaßnahme außer Verhältnis zu dem angestrebten Schutzzweck stehen würden. § 41 BImSchG ist trotz seines offenen Wortlauts unmittelbar geltendes Recht, insoweit nicht zwingend auf eine Konkretisierung durch eine Rechtsverordnung angewiesen und nicht nur eine Abwägungsvorgabe, sondern zwingend zu beachten.[444]

5885 § 41 I BImSchG ist keine Rechtsgrundlage für die Anordnung von **Betriebsregelungen** zum Schutz vor Schienenverkehrslärm. Das BVerwG weist aber darauf hin, dass sich die Vorschrift auf eine Zielvorgabe beschränkt, nämlich schädliche Umwelteinwirkungen durch die Verkehrsgeräusche des planfestgestellten Verkehrswegs zu vermeiden; Mittel zur Erreichung dieses Ziels werden durch § 41 BImSchG nicht festgelegt. Nach dem Lärmschutzkonzept des BImSchG sollen die von dem Verkehrsweg ausgehenden schädlichen Umwelteinwirkungen unterbunden werden, nicht aber der Verkehr selbst. Dieser soll durch die in § 41 f. BImSchG vorgesehenen Schutzmaßnahmen gerade ermöglicht werden. Eine mit öffentlichen Mitteln gebaute Infrastruktur soll ihrer planfestgestellten Zweckbestimmung gemäß genutzt werden können.[445]

5886 Bei Eisenbahnstrecken gehört zu dieser Zweckbestimmung die durch Zuggeschwindigkeiten wesentlich mitbestimmte Streckenkapazität. § 41 I BImSchG kann deshalb nach den Erläuterungen des BVerwG Rechtsgrundlage nur für solche Lärmschutzmaßnahmen sein, die die konkreten Vorhabenziele unangetastet lassen. Dazu gehören die planerische Gestaltung des Verkehrswegs selbst, bei Eisenbahnstrecken also etwa Maßnahmen am Gleis und am Gleisbett sowie die Verlegung der Strecke in Troglage, eine Einhausung oder auch Tunnelung, vor allem aber Schallschutzwände, die Teil des Schienenweges sind. Verkehrsbeschränkende Maßnahmen wie eine Begrenzung der Zugzahlen oder Reduzierungen der Geschwindigkeit auf Teilstrecken können aber nicht auf § 41 I BImSchG gestützt werden. Insbesondere kann ihnen nicht gem. § 41 II BImSchG grundsätzlich Vorrang gegenüber Entschädigungen für passiven Schallschutz zukommen. Nach Auffassung des BVerwG gibt es jedoch kein rechtliches Hindernis, in besonderen Fallkonstellationen dauerhafte eisenbahnrechtliche Betriebsregelungen zu Lärmschutzzwecken bei der Abwägung zu berücksichtigen.[446]

5887 § 41 BImSchG betrifft nur die Schienenwege, zu denen nicht sämtliche planfeststellungsbedürftigen Betriebsanlagen der Eisenbahn, sondern nur die lärmverursachenden Gleisanlagen mit ihrem Unter- und Überbau sowie mit der Errichtung oder Änderung geschaffene Lärmschutzwände gehören.[447] Schienenwege fallen nur insoweit in den Anwendungsbereich des § 41 BImSchG, als ihre Nutzung auch zu Verkehrsgeräuschen führt.[448] Auch die 16. BImSchV bezieht sich nur auf den Lärm, der von den Fahrvorgängen auf der Schiene ausgeht. Nicht Gegenstand des § 41 BImSchG und der 16. BImSchV sind Nebenanlagen und Nebenbetriebe von Schienenwegen, auch wenn sie Gegenstand der Planfeststellung sind.

5888 § 41 BImSchG wird durch die 16. BImSchV konkretisiert. Die Verordnung gilt nach § 1 I der 16. BImSchV für den Bau oder die wesentliche Änderung von öffentlichen Straßen sowie von Schienenwegen der Eisenbahnen und Straßenbahnen (Straßen und Schienenwege). Eine Änderung ist nach 3 1 II der 16. BImSchV wesentlich, wenn ein Schienenweg um ein oder mehrere durchgehende Gleise baulich erweitert wird oder durch einen erheblichen baulichen Eingriff der Beurteilungspegel des von dem zu ändernden Verkehrsweg ausgehenden Verkehrslärms um mindestens 3 Dezibel (A) oder auf mindestens 70 Dezibel (A) am Tage oder mindestens 60 Dezibel (A) in der Nacht erhöht wird. Eine Änderung ist auch wesentlich, wenn der Beurteilungspegel des von dem zu ändernden Verkehrsweg ausgehenden Verkehrslärms von mindestens 70 Dezibel (A) am Tage oder 60 Dezibel (A) in der Nacht durch einen erheblichen baulichen Eingriff erhöht wird; dies gilt nicht in Gewerbegebieten.

---

444 BVerfG NJW 1989, 1271; BVerwG NJW 1985, 3034; Jarass BImSchG, 2022, § 41 Rn. 5.

445 BVerwG NVwZ 2017, 1136 (1138).

446 BVerwG NVwZ 2017, 1136 (1138).

447 BVerwG NVwZ 1999, 67; OVG Münster Urt. v. 5.9.2014 – 16 D 77/13, juris Rn.34; BVerwG NVwZ 2012, 1120.

448 BVerwG Urt. v. 22.11.2018 – 7 C 7.17, juris Rn.20; Jarass BImSchG, 2022, § 41 Rn. 18.

c) Immissionsgrenzwerte. Zum Schutz der Nachbarschaft vor schädlichen Umwelteinwirkungen durch Verkehrsgeräusche sieht § 2 I der 16. BImSchV vor, dass bei dem Bau oder der wesentlichen Änderung sichergestellt wird, dass keiner der dort aufgeführten Immissionsgrenzwerte überschritten wird. Für die Festsetzung oder Berücksichtigung niedrigerer Grenzwerte ist angesichts der normkonkretisierenden Regelungen in der 16. BImSchV kein Raum.[449] 5889

Der **Beurteilungspegel** für Schienenwege ist gem. § 4 I 1 der 16. BImSchV nach Anlage 2 der 16. BImSchV zu berechnen. Die Berechnung hat getrennt für den Beurteilungszeitraum Tag (6 Uhr bis 22 Uhr) und den Beurteilungszeitraum Nacht (22 Uhr bis 6 Uhr) zu erfolgen. Bei der Berechnung sind nach § 4 II der 16. BImSchV insbesondere folgende **Rahmenbedingungen** zu beachten: 1. die Schallpegelkennwerte von Fahrzeugen und Fahrwegen, 2. die Einflüsse auf dem Ausbreitungsweg, 3. die Besonderheiten des Schienenverkehrs durch Auf- oder Abschläge a) für die Lästigkeit von Geräuschen infolge ihres zeitlichen Verlaufs, ihrer Dauer, ihrer Häufigkeit und ihrer Frequenz sowie b) für die Lästigkeit ton- oder impulshaltiger Geräusche.[450] 5890

Ein erheblicher baulicher Eingriff iS des § 1 II 1 Nr. 2 der 16. BImSchV liegt vor, wenn in die Substanz des Schienenwegs, dh der Gleisanlage mit ihrem Unter- und Überbau einschließlich der Oberleitung, eingegriffen wird, soweit es sich nicht lediglich um Erhaltungs- und Unterhaltungsmaßnahmen oder um kleinere Baumaßnahmen handelt.[451] Die **Grenzwerte** der Verkehrslärmschutzverordnung sind jedoch nicht einzuhalten, wenn die Anlage nicht neu gebaut oder wesentlich geändert wird.[452] Nach § 41 I BImSchG ist bei dem Bau oder der wesentlichen Änderung von Eisenbahnen sicherzustellen, dass durch Verkehrsgeräusche keine schädlichen Umwelteinwirkungen hervorgerufen werden können, die nach Stand der Technik unvermeidbar sind. Unter welchen Voraussetzungen eine Änderung iS dieser Vorschrift wesentlich ist, erläutert § 1 II der auf Grund § 43 I 1 Nr. 1 BImSchG ergangenen Verkehrslärmschutzverordnung. Notwendig ist danach, dass (1) der Schienenweg um ein oder mehrere durchgehende Gleise baulich erweitert wird oder (2) durch einen erheblichen baulichen Eingriff der Beurteilungspegel des von dem zu ändernden Schienenweg ausgehenden Verkehrslärms auf mindestens 70 dB(A) am Tag oder 60 dB(A) in der Nacht erhöht wird. Dies gilt nicht in Gewerbegebieten. Besteht bereits ein Schienenweg, so muss dieser für die Anwendbarkeit der Verkehrslärmschutzverordnung entweder um ein weiteres Gleis erweitert werden oder es müssen prognostizierte Lärmbelastungen von mindestens 70 dB(A) tags und 60 dB(A) nachts auftreten. Keine wesentliche Änderung eines Schienenweges stellen Baumaßnahmen dar, die nicht zu einer Erhöhung der Lärmbelastungen führen, sondern nur allgemein dazu dienen, den Zustand des Schienenweges zu verbessern – ebenso wie Baumaßnahmen, die es ermöglichen, die bereits zuvor auf Grund einer Ausnahmegenehmigung gefahrenen **Zuggeschwindigkeiten aufrechtzuerhalten.**[453] Solche Maßnahmen sind nicht für eine Erhöhung des Beurteilungspegels ursächlich, sondern nur dafür, dass künftig keine Verkehrsbeschränkungen greifen und die von den Anwohnern erwartete Reduzierung der Lärmimmissionen nicht eintritt. Der Begriff des Schienenweges in § 1 der 16. BImSchV ist nicht funktions-, sondern trassenbezogen zu verstehen. Für die **Abgrenzung** zwischen dem **Bau** eines neuen und der **Änderung** eines bestehenden Schienenweges kommt es deshalb auf das räumliche Erscheinungsbild im Gelände an. Die Schaffung einer S-Bahnstrecke in enger Parallellage zu einer vorhandenen Fernbahnstrecke ist hiernach als Änderung eines Schienenwegs zu qualifizieren.[454] 5891

Nach § 43 I 2 BImSchG ist der früher zur Berücksichtigung der Besonderheiten des Schienenverkehrs vorgesehene Abschlag von 5 Dezibel (A) schon seit Januar 2015 für die Eisenbahn nicht mehr anzuwenden, soweit zu diesem Zeitpunkt für den jeweiligen Abschnitt eines Vorhabens das Planfeststellungsverfahren noch nicht eröffnet war und die Auslegung des Plans 5892

---

449 OVG Münster Urt. v. 20.6.2022 – 11 D 29/21.AK, juris Rn. 80.

450 Zur Festlegung akustischer Kennwerte für abweichende Bahntechnik und schalltechnische Innovationen siehe § 5 der 16. BImSchV.

451 BVerwG NVwZ 2002, 733.

452 BVerwG NuR 1996, 515. Durchgreifende Zweifel, dass die Verkehrslärmschutzverordnung (16. BImSchV) und die RLS-90 noch den gesetzlich vorgesehenen (§§ 41 ff. BImSchG) oder grundrechtlich (Art. 2 I GG) gebotenen Schutz vor Straßenverkehrslärm gewährleisten, bestehen nicht, BVerwG NVwZ 2011, 177, m. Anm. Stüer DVBl. 2011, 39.

453 BVerwG Beschl. v. 23.2.1993 – 7 B 7.93, juris.

454 BVerwG NVwZ 2005, 591; BVerwG Urt. v. 3.3.1999 – 11 A 9.97, juris.

noch nicht öffentlich bekannt gemacht worden war. Die Abschaffung des so genannten „**Schienenbonus**" wurde damit begründet, seine Anerkennung habe auf sozialwissenschaftlichen Studien der 1970er/80er-Jahren beruht, die angenommen hätten, dass Schienenlärm weniger belastend sei als Straßenlärm. Zur Begründung der Streichung dieser Privilegierung des Schienenverkehrs wird jedoch berechtigt erläutert, eine solche Annahme sei angesichts hoher Zuwächse des Schienengüterverkehrs nicht mehr sachgerecht.[455]

5893 Ob der Nachweis für die Berechtigung eines **Gleispflegeabschlages**[456] nach dem derzeitigen Stand der Lärmursachenforschung als geführt angesehen werden kann, hat das BVerwG zunächst offen gelassen, später jedoch bejaht. In Fortentwicklung seiner Rechtsprechung[457] kann nach Ansicht des BVerwG mit dem Verfahren „Besonders überwachtes Gleis" eine dauerhafte Lärmminderung erzielt werden, die zusätzlich zu den Korrekturwerten D(Fb) der Tabelle C der Anlage 2 zu § 3 der 16. BImSchV zu berücksichtigen ist.[458] Die Planfeststellungsbehörde kann den Anforderungen des § 41 II BImSchG auch dann gerecht werden, wenn sie in einem Entscheidungsvorbehalt weitergehende Maßnahmen des aktiven Schallschutzes ablehnt und die Lärmbetroffenen auf passiven Schallschutz verweist.[459] Nach Anlage 2 zu § 3 der 16. BImSchV liegt der Immissionsort vor Gebäuden in Höhe der Geschossdecke (0,2 m über der Fensteroberkante) des zu schützenden Raumes. Daraus folgt, dass bei der schalltechnischen Untersuchung auf Gebäudeseitenwände mit Fenstern abzustellen ist, wenn die der Lärmquelle zugewandte Gebäudewand kein Fenster aufweist.[460] Die bloße Elektrifizierung einer Bahnstrecke bewirkt im Allgemeinen keine Lärmerhöhung.

5894 Das **Verfahren „besonders überwachtes Gleis"** ist eine Schallschutzmaßnahme, die der Einhaltung der Immissionsgrenzwerte des § 2 der 16. BImSchV dient. Sein Lärmminderungseffekt darf nach Auffassung des BVerwG erst bei der Einhaltung der Grenzwerte des § 2 der 16. BImSchV berücksichtigt werden. Würde man – so das BVerwG – das „besonders überwachte Gleis" dagegen bereits bei der Beurteilung der Frage einbeziehen, ob eine bauliche Maßnahme zu einer Lärmerhöhung führen würde (§ 1 II der 16. BImSchV), läge es vielfach im Belieben der Planfeststellungsbehörde, ob ein Vorhaben Ansprüche auf Einhaltung der einschlägigen Immissionsgrenzwerte auslösen würde.[461] Die dauerhafte Gewährleistung der Lärmminderung, die mit der Anordnung des besonders überwachten Gleises verbunden sein muss, verlangt nicht, dass zu jedem Zeitpunkt des **Schleifzyklus** ein Abstand von mindestens 3 dB (A) zum Grundwert von 51 dB(A) eingehalten werden muss, sondern vielmehr, dass dieser Durchschnittswert dauerhaft und im Mittel auf einen um 3 dB(A) niedriger liegenden Wert abgesenkt werden muss. Für die Schallkontrollmessungen genügt die Verwendung einer Zugart, da die so gewonnenen Messergebnisse den jeweils verbleibenden Lärmminderungseffekt der akustischen Gleispflege für die anderen Zugarten entsprechend repräsentieren.[462]

5895 Die Behörde darf sich bei der Abwägung von Lärmimmissionen im Rahmen der Planfeststellung auf die 16. BImSchV und die dort in Bezug genommene Richtlinie Schall 03 stützen, die den Bau oder die Veränderung von Personenbahnhöfen als lärmneutral bewertet. Dem Verordnungsgeber steht dabei ein Einschätzungs-, Wertungs- und Gestaltungsspielraum zu, der es ihm erlaubt, eine Veränderung des Lärmgeschehens insgesamt als unbedeutend einzustufen, wenn die rechnerisch ermittelte Lärmbelastung die Wirklichkeit nicht nur völlig unzureichend abbildet. Der Emissionspegel von Zug- und Rangierfahrten in Personenbahnhöfen darf dabei

---

455 Wahlhäuser in Bönker/Bischopink, BauNVO, 2024, Kap. 1, Überblick Rn. 141.

456 Im Sinne der amtlichen Anmerkung zu Tabelle C der Anlage 2 zu § 3 der 16. BImSchV auf der Grundlage der Verfügung zum Lärmschutz an Schienenwegen des Präsidenten des Eisenbahnbundesamtes vom 16.3.1998. Ähnliche Fragestellungen ergeben sich beim sog. „Flüsterasphalt"; zur Berechnung auch VGH München ZUR 2007, 540 – besonders überwachtes Gleis, im Anschluss an BVerwG NVwZ 2001, 71; VGH München DVBl. 2002, 1140.

457 BVerwG DVBl.. 2018, 187 = juris Rn. 80; Urt. v. 16.12.1998 – 11 A 44.97, juris.

458 BVerwG NVwZ 2001, 71.

459 BVerwG Urt. v. 16.12.1998 – 11 A 44.97, juris. Zur Reichweite dieser Möglichkeiten BVerwG ZfBR 1999, 219. Zur Kombination von aktiven und passiven Schallschutzmaßnahmen bei einem planfeststellungsersetzenden Bebauungsplan OVG Münster NWVBL 1998, 359.

460 BVerwG NVwZ 1998, 1071; NVwZ-RR 1998, 289; NVwZ 1998, 513; NVwZ-RR 1999, 725; UPR 2000, 71.

461 BVerwG NVwZ 2002, 733. Zur Lärmminderung bei Schienenwegen und zur Berechnung des Beurteilungspegels BVerwG NVwZ-RR 2003, 296.

462 BVerwG NVwZ 2007, 1427; NVwZ 2001, 71.

pauschal wie für eine freie Strecke gerechnet werden.[463] Gegen die Anwendung der Schall 03 1990 auf **Altfälle** (§ 4 III 1 der 16. BImSchV 2014 bestehen keine durchgreifenden Bedenken.[464]

Weder die in § 2 I Nr. 2 der 16. BImSchV festgelegten Immissionsgrenzwerte noch das in § 3 der 16. BImSchV vorgeschriebene Verfahren zur Berechnung des Beurteilungspegels für Schienenwege verstoßen nach Auffassung des BVerwG gegen Art. 2 II 1 GG. Bei der Planfeststellung für die wesentliche Änderung eines Schienenweges ist – vorbehaltlich einer durch § 41 II BImSchG begründeten Ausnahme[465] – sicherzustellen, dass zum Zeitpunkt der Inbetriebnahme des geänderten Schienenweges die nach § 3 der 16. BImSchV berechneten Beurteilungspegel die sich aus § 2 der 16. BImSchV ergebenden Immissionsgrenzwerte nicht überschreiten. Ob die Kosten einer aktiven Schallschutzmaßnahme außer Verhältnis zum angestrebten Schutzzweck stehen und deshalb dem Vorhabenträger nach dem Maßstab des § 41 II BImSchG nicht zuzumuten sind, ist in umfassender Weise daran zu messen, mit welchem Gewicht die widerstreitenden Belange einander gegenüberstehen. Insoweit besteht für die Planfeststellungsbehörde ein Abwägungsspielraum. **5896**

d) Vorrang des aktiven Lärmschutzes. Die gesetzlichen Regelungen in den §§ 41 ff. BImSchG bestimmen einen grundsätzlichen Vorrang der aktiven vor den passiven Schallschutzmaßnahmen. Sind die Auswirkungen des Eisenbahnbetriebes durch Maßnahmen des aktiven Schallschutzes zu verringern, so hat dies grundsätzlich Vorrang vor dem passiven Schallschutz.[466] Es bedarf dazu einer hinreichend differenzierten **Kosten-Nutzen-Analyse**. Im Rahmen planerischer Abwägung bedarf es einer Auswahl zwischen verschiedenen in Betracht kommenden Schallschutzmaßnahmen, die typischerweise, bezogen auf die Schutzwirkung, ihre Stärken und Schwächen haben, verschieden hohe Kosten verursachen und andere Belange in unterschiedlicher Weise tangieren.[467] **5897**

Dabei sind sowohl die **Tagwerte** als auch die Nachtwerte in die Betrachtung einzubeziehen. Auch hinsichtlich der **Nachtwerte** ist ein Vorrang des aktiven Schallschutzes vor dem passiven Schallschutz gegeben. Werden daher die für die Nachtzeit geltenden Immissionsgrenzwerte überschritten, so haben Maßnahmen des aktiven Schallschutzes vor denen des (lediglich) passiven Schallschutzes grundsätzlich Vorrang. Alle Maßnahmen des aktiven Schallschutzes müssen daher vorrangig ergriffen werden, bevor der passive Schallschutz eingesetzt wird. Allerdings stehen die Maßnahmen des aktiven Schallschutzes gem. § 41 II BImSchG unter dem Vorbehalt, dass die Kosten der Schutzmaßnahmen nicht außer Verhältnis zu dem angestrebten Erfolg stehen dürfen.[468] Ob Kosten für Maßnahmen des aktiven Lärmschutzes nach § 41 II BImSchG **außer Verhältnis** zu dem angestrebten **Schutzzweck** stehen, beurteilt sich nach dem § 41 I BImSchG zugrunde liegenden **Schutzkonzept**. Im Rahmen des nach § 41 II BImSchG anzustellenden Kostenvergleichs ist neben den Aufwendungen für Maßnahmen des passiven Lärmschutzes auch die ggf. nach § 74 II 3 VwVfG zu zahlende Entschädigung zu berücksichtigen.[469] **5898**

Es spricht Einiges dafür, in diese Verhältnismäßigkeitsprüfung auch andere Gesichtspunkte wie etwa **städtebauliche Belange** einzustellen. Denn die jeweils zu treffenden Maßnahmen unterliegen dem Abwägungsgebot, was dazu führt, dass die Auswirkungen der Schutzvorkehrungen in der planerischen Entscheidung zu berücksichtigen sind. Vermeidet etwa der vorgesehene Lärmschutz nachteilige Lärmeinwirkungen und ist er iS der §§ 41 ff. BImSchG ausreichend, dann können gleichwohl andere Folgen, die mit den durchgeführten Lärmschutzmaßnahmen verbunden sind, abwägungserheblich sein.[470] Die Beachtung des § 41 BImSchG dispensiert die Planfeststellungsbehörde also nicht von dem Gebot, andere, sich ggf. aufdrängende Folgen zu ermitteln und über ihre Erheblichkeit im Rahmen der Gesamtplanung abwägend zu befinden.[471] Können die in der Verkehrslärmschutzverordnung vorgeschriebenen **Nachtwerte** durch Maßnahmen des aktiven Lärmschutzes nicht eingehalten werden, so ist zumindest der **5899**

---

463 BVerwG NVwZ-RR 2001, 360; NVwZ-RR 1999, 720.
464 BVerwG UPR 2018, 176; BVerwGE 90, 42 (50 f.).
465 Dazu BVerwG ZfBR 1999, 219.
466 BVerwG Urt. v. 1.9.2022 – 7 A 7/21, juris Rn. 16; BVerwGE 165, 192 Rn. 29.
467 BVerwG Urt. v. 1.9.2022 – 7 A 7/21, juris Rn. 16.
468 BVerwG Beschl. v. 18.5.1993 – 7 ER 302.92, juris.
469 BVerwG Beschl. v. 22.12.2004 – 4 B 75.04, juris.
470 Offen gelassen von BVerwG ZfBR 1999, 219.
471 BVerwG NVwZ 1995, 907.

nach Lage der Dinge mögliche und zumutbare aktive Lärmschutz vorzusehen.[472] Die Verpflichtung des § 41 I BImSchG, schädliche Umwelteinwirkungen durch Verkehrsgeräusche nach Möglichkeit zu vermeiden, erweist sich damit als gesetzliches Programm, das auf eine möglichst weitgehende Verwirklichung angelegt ist. Maßnahmen des aktiven Verkehrslärmschutzes sind danach soweit wie möglich zu verwirklichen und stellen sich damit sozusagen als **„Goldener Schnitt“** zwischen dem Schutzbedürfnis der Planbetroffenen einerseits sowie den hierdurch entstehenden Kosten und anderen öffentlichen Belangen andererseits dar. Die Behörde darf sich dieser (nachvollziehenden) Interessenabwägung nicht dadurch entziehen, dass sie die vollständige Einhaltung der Immissionsgrenzwerte aus Kostengründen in Abrede stellt und daher auf Maßnahmen des aktiven Lärmschutzes mit dem Ziel des Schutzes der Außenwohnbereiche ganz verzichtet.[473]

Beispiel: Im Zuge des Ausbaus einer Bahnstrecke treten auf verschiedenen villenartigen Grundstücken im Bereich des Sachsenwaldes Lärmbelastungen von mehr als 60 dB(A) in der Nacht auf. Die Deutsche Bahn AG darf nicht deshalb von Maßnahmen des aktiven Lärmschutzes absehen, weil die vollständige Einhaltung der nach der Verkehrslärmschutzverordnung vorgeschriebenen Immissionsgrenzwerte an städtebaulichen Belangen wie etwa zu großen Höhen der Lärmschutzwände scheitert. Das der Deutschen Bahn AG zumutbare Maß an aktivem Lärmschutz muss auch im Hinblick auf die Überschreitung der Nachtwerte gewährt werden.

5900 Die 16. BImSchV galt nach ihrem § 1 I für den Bau oder die wesentliche Änderung ua von Schienenwegen der Eisenbahnen. Der Umbau von plangenehmigten Bahnübergängen stellt weder einen Bau noch eine wesentliche Änderung des Schienenweges dar.[474] Die zur Lärmvorsorge im Rahmen der Änderung eines Schienenwegs gebotene Errichtung einer einseitigen Schallschutzwand ist Bestandteil des erheblichen baulichen Eingriffs iSv § 1 II 1 Nr. 2 und 2 der 16. BImSchV. Im Falle eines erheblichen baulichen Eingriffs in einen vorhandenen Schienenweg bleiben für die Annahme einer wesentlichen Änderung nach § 1 II 2 der 16. BImSchV Schallreflexionen einer hochabsorbierenden Schallschutzwand unberücksichtigt. Dies gilt auch bei einer die grundrechtliche Erheblichkeitsschwelle überschreitenden Lärmvorbelastung.[475] In die planerische Abwägung sind nur solche Lärm- und Erschütterungsbelastungen der Nachbarschaft aus dem Bahnbetrieb einzubeziehen, die durch das zu genehmigende Vorhaben ausgelöst werden. Nur dann besteht ein Zurechnungszusammenhang zwischen dem Vorhaben und der bahnbedingten Lärmbelastung.[476]

5901 Das in den §§ 41 ff. BImSchG normierte Lärmschutzsystem weist hinsichtlich des durch den Schienenverkehr verursachten **sekundären Luftschalls** eine Lücke auf, die nur durch einen Rückgriff auf § 74 II 2 und 3 VwVfG geschlossen werden kann. Dies führt dazu, die Zumutbarkeit von sekundärem Luftschall weiterhin nach den Grundsätzen zu beurteilen, die vor Inkrafttreten der Verkehrslärmschutzverordnung von der Rechtsprechung entwickelt worden sind.[477] Bei der Bewertung der Zumutbarkeit des von oberirdischen Eisenbahnstrecken hervorgerufenen sekundären Luftschalls können die Innenraumpegel der 24. BImSchV herangezogen werden; dabei ist für Altverfahren auch der so genannte Schienenbonus zu berücksichtigen. Der Verordnungsgeber ist gehalten, die weitere Rechtfertigung des so genannten Schienenbonus auf der Grundlage der vorliegenden Studien der Lärmwirkungsforschung zu überprüfen.[478] Anlagen, bei denen **elektromagnetische Felder** entstehen, haben die Vorgaben der Verordnung über elektromagnetische Felder **(26. BImSchV)**[479] einzuhalten. Die

---

[472] BVerwG NJW 1995, 2572.

[473] Wohl kann sich der Anspruch auf Schallschutzfenster mit schallgedämpfter Lüftung auf Schlafräume beschränken, die ein ungestörtes Schlafen unter Frischluftzufuhr ermöglichen sollen, BVerwG UPR 1994, 261, dort auch zu Erschütterungen durch den Schienenverkehr.

[474] VGH Kassel, Urt. v. 12.6.2012 – 2 C 165/11.T -.

[475] BVerwG NVwZ 2012, 1120; Urt. v. 3.3.1999 – 11 A 9.97, juris.

[476] VGH Kassel Urt. v. 12.6.2012 – 2 C 165/11.T, juris.

[477] BVerwG UPR 1995, 265; Beschl. v. 10.10.1995 – 11 B 100.95, juris.

[478] BVerwG NVwZ 2011, 676.

[479] Verordnung über elektromagnetische Felder (26. BImSchV) v. 16.12.1996 (BGBl. I 1966). Die Verordnung ist am 21.12.1996 in Kraft getreten; Verordnung über die Anforderungen und das Verfahren für die Beleihung von benannten Stellen und für die Anerkennung von zuständigen Stellen auf dem Gebiet der elektromagnetischen Verträglichkeit von Geräten (Beleihungs- und Anerkennungsverordnung) v. 14.6.1999 (BGBl. I 1361).

Anforderungen zum Schutz der Allgemeinheit und der Nachbarschaft vor schädlichen Umwelteinwirkungen und zur Vorsorge gegen schädliche Umwelteinwirkungen durch elektromagnetische Felder werden dabei durch diese Verordnung verbindlich und abschließend konkretisiert.[480] Die Verordnung gilt für Hochfrequenzanlagen wie ortsfeste Sendefunkanlagen mit einer Sendeleistung von 10 Watt EIRP (äquivalente isotrope Strahlenschutzleistung) oder mehr, die elektromagnetische Felder im Frequenzbereich von 10 Megahertz bis 300.000 Megahertz erzeugen. Außerdem fallen darunter Niederfrequenzanlagen als ortsfeste Anlagen zur Umspannung und Fortleitung von Elektrizität wie Freileitungen und Erdkabel mit einer Frequenz von 50 Hertz und einer Spannung von 1.000 Volt oder mehr sowie Bahnstromfern- und Bahnstromoberleitungen einschließlich der Umspann- und Schaltanlagen mit einer Frequenz von 16 2/3 Hertz oder 50 Hertz. Auch Elektroumspannanlagen einschließlich der Schaltfelder mit einer Frequenz von 50 Hertz und einer Oberspannung von 1.000 Volt oder mehr fallen unter die 26. BImSchV. Zum Schutz vor schädlichen Umwelteinwirkungen sind Hochfrequenzanlagen nach § 2 der 26. BImSchV so zu betreiben, dass in ihrem Einwirkungsbereich in Gebäuden oder auf Grundstücken, die zum nicht nur vorübergehenden Aufenthalt von Menschen bestimmt sind, bei höchster betrieblicher Auslastung und unter Berücksichtigung von Immissionen durch andere ortsfeste Sendeanlagen die in der Anlage 1 zur 26. BImSchV genannten elektrischen und magnetischen Feldstärken für den jeweiligen Frequenzbereich nicht überschritten werden und bei gepulsten elektromagnetischen Feldern zusätzlich der in § 2 II der 26. BImSchV genannte Spitzenwert nicht überschritten wird. Zum Schutz vor schädlichen Umwelteinwirkungen sind Niederfrequenzanlagen wie Bahnstromanlagen so zu errichten und zu betreiben, dass in ihrem Einwirkungsbereich in Gebäuden oder auf Grundstücken, die zum nicht nur vorübergehenden Aufenthalt von Menschen bestimmt sind, bei höchster betrieblicher Anlagenauslastung und unter Berücksichtigung von Immissionen durch andere Niederfrequenzanlagen die in der Anlage 2 der 26. BImSchV bestimmten Grenzwerte nicht überschritten werden. Kurzzeitige oder kleinräumige Überschreitungen können nach § 3 2 der 26. BImSchV außer Betracht bleiben. Darüber hinaus werden nach § 4 der 26. BImSchV in der Nähe von Wohnungen, Krankenhäusern, Schulen, Kindergärten, Kinderhorten, Spielplätzen oder ähnlichen Einrichtungen in diesen Gebäuden oder auf Grundstücken strengere Vorsorgewerte aufgestellt. Aus dem Anhang I ergeben sich Grenzwerte für Hochfrequenzanlagen (zu § 2 der 26. BImSchV). In Anhang 2 sind Grenzwerte für Niederfrequenzanlagen aufgeführt (zu § 3 der 26. BImSchV).[481] Werden die Werte eingehalten, ist davon auszugehen, dass ausreichende Schutzvorkehrungen zur Verhinderung von Gesundheitsbeeinträchtigungen getroffen sind.[482] Schutzvorkehrungen nach § 74 II 2 VwVfG dürfen dem Träger eines planfeststellungsbedürftigen Vorhabens grundsätzlich nicht auferlegt werden, wenn von dem Vorhaben keine die tatsächliche Vorbelastung der Umgebung übersteigenden nachteiligen Wirkungen ausgehen. Dies gilt etwa für hinzunehmende elektromagnetische Störungen von Computermonitoren.[483]

Das in Anlage 2 zu § 3 der 16. BImSchV für die Berechnung der Beurteilungspegel bei Schienenwegen festgelegte Verfahren stellt allein auf den Luftschall ab. Für Immissionen durch **Körperschall** und die sich daraus ergebenden Erschütterungsimmissionen ist § 74 II 2 und 3 VwVfG anzuwenden.[484] Für die maßgebliche einzelfallbezogene Bestimmung der Zumutbarkeit von Körperschall in Gebäuden, der durch den Schienenverkehr hervorgerufen wird, können die der 24. BImSchV zu Grunde liegenden Richtwerten für die Schädlichkeit von primärem Luftschall von 30 dB(A) in Schlafräumen und 40 dB(A) in Wohnräumen als Orientierungswerte dienen.[485] **5902**

Auch bei **Erschütterungen** können plangegebene Vorbelastungen bedeutsam sein.[486] Bei der Abschätzung gesundheitlicher Risiken und der damit verbundenen Toleranzgrenzen darf sich die Planfeststellungsbehörde an Werten orientieren, die deutlich unterhalb der Konzentra- **5903**

---

480 VGH Kassel BauR 2010, 950 Nachbarschutz gegen eine Mobilfunkstation.

481 Für Niederfrequenzanlagen ergeben sich damit folgende Effektivwerte: Für 50-Hertz-Felder eine elektrische Feldstärke von 5 kV/m und eine magnetische Feldstärke von 100 Mikrotesla, für 16 2/3-Hertz-Felder eine elektrische Feldstärke von 10 kV/m und eine magnetische Feldstärke von 300 Mikrotesla.

482 OVG Bautzen DÖV 1998, 431.

483 BVerwG NVwZ 2000, 68.

484 BVerwG DVBl. 2002, 276.

485 VGH Mannheim DVBl. 2006, 1536.

486 BVerwG NVwZ-RR 2001, 653 m. Hinw. auf die DIN 4150-1.

tionswerte in § 2 der 23. BImSchV liegen. Sie ist nicht gehalten, eine Trasse zu wählen, bei der die Orientierungswerte des Länderausschusses für Immissionsschutz (LAI) auch bei trassennah liegenden Grundstücken unterschritten werden.[487] Denn es ist zwischen einzuhaltenden Grenz- und Richtwerten zu unterscheiden. Erschütterungs- und Schallimmissionen sind auszugleichen, wenn sie mit Rücksicht auf die Gebietsart und die konkreten tatsächlichen Verhältnisse nicht zumutbar sind. Dabei ist eine tatsächliche oder plangegebene Vorbelastung zu berücksichtigen.[488]

5904 Im Falle einer **Vorbelastung** haben Betroffene nach § 74 II 2 VwVfG einen Anspruch auf Schutz vor Erschütterungen nur insoweit, als die durch die planbedingte Änderung verursachte Verstärkung der Erschütterungen die Vorbelastung in beachtlicher Weise erhöht und gerade in dieser Erhöhung eine ihnen billigerweise nicht zumutbare Belastung liegt. Die DIN 4150 Teil 2 mit dem ihr zugrunde liegenden Taktmaximal-Verfahren ist zurzeit das einzige Regelwerk, in dem der aktuelle naturwissenschaftlich-technische Sachverstand als Orientierungshilfe zur Beurteilung von Erschütterungen zum Ausdruck kommt. Es ist nicht zu beanstanden, wenn die Planfeststellungsbehörde einen Entschädigungsanspruch nach § 74 II 3 VwVfG nur für den Fall zuerkennt, dass sich der KBFTr-Wert gegenüber dem Anhaltswert Ar bzw. der anhaltsüberschreitenden Vorbelastung um mehr als 15 % und damit wesentlich erhöht, und wenn eine jeweilige tatsächliche Anspruchsberechtigung erst auf Grund angeordneter Messungen nach Inbetriebnahme der Neu- und Ausbaustrecke festgestellt wird.[489]

5905 Die Grenze der schutzmindernde Vorbelastungen ist jedoch dort erreicht, wo die Erschütterungen die **verfassungsrechtlich** hinzunehmende **Zumutbarkeitsgrenze** überschreiten.[490] Ansonsten können die Betroffenen keine sanierenden Schutzmaßnahmen verlangen.[491] Die Reichweite der plangegebenen Vorbelastung bestimmt sich nach den jeweiligen Einzelfallumständen.[492] Das in Anlage 2 zu § 3 der 16. BImSchV für die Berechnung der Beurteilungspegel bei Schienenwegen festgelegte Verfahren stellt allein auf den Luftschall ab. Für durch Körperschall übertragene Immissionen ist § 74 II Sätze 2 und 3 VwVfG anzuwenden. Erschütterungsimmissionen sind nach § 74 II 2 VwVfG zu beurteilen. Auch bei Erschütterungen kann eine plangegebene Vorbelastung berücksichtigt werden.[493]

5906 **e) Passiver Lärmschutz.** Werden die festgelegten Immissionsgrenzwerte überschritten, hat der Eigentümer einer betroffenen baulichen Anlage nach § 42 I 1 BImSchG gegen den Träger der Baulast einen Anspruch auf **angemessene Entschädigung** in Geld, es sei denn, dass die Beeinträchtigung wegen der besonderen Benutzung der Anlage zumutbar ist. Dies gilt auch bei baulichen Anlagen, die bei Auslegung der Pläne im Planfeststellungsverfahren oder bei Auslegung des Entwurfs der Bauleitpläne mit ausgewiesener Wegeplanung bauaufsichtlich genehmigt waren. Die Entschädigung ist nach § 41 II 1 BImSchG zu leisten für **Schallschutzmaßnahmen** an den baulichen Anlagen in Höhe der erbrachten notwendigen Aufwendungen, soweit sich diese im Rahmen der 24. BImSchV halten. Vorschriften, die weitergehende Entschädigungen gewähren, bleiben unberührt. Kommt zwischen dem Träger der Baulast und dem Betroffenen keine Einigung über die Entschädigung zustande, setzt die nach Landesrecht zuständige Behörde auf Antrag eines der Beteiligten die Entschädigung durch schriftlichen Bescheid fest. Im Übrigen gelten für das Verfahren die Enteignungsgesetze der Länder entsprechend (§ 42 III BImSchG).

5907 § 42 BImSchG entschädigt nicht für die Beeinträchtigung durch Verkehrsgeräusche, sondern räumt einen Anspruch auf Erstattung der Kosten für passive Schutzmaßnahmen ein.[494] Der Anspruch aus § 42 BImSchG ist ein Ausgleich für die Verpflichtung, Verkehrsgeräusche zu dulden; die Duldungspflicht ist keine Enteignung iSd Art. 14 III GG, sondern eine Inhalts- und Schrankenbestimmung iSd Art. 14 I GG.[495]

---

487 BVerwG DVBl. 2002, 275; NVwZ 2000, 560.
488 BVerwG NVwZ-RR 2001, 653; NJW 1976, 1760.
489 VGH Mannheim DVBl. 2004, 1122; BVerwGE 75, 214; BVerwGE 112, 221; VGH Mannheim UPR 2006, 162; BVerwG Beschl. 28.7.2006 – 9 B 3.06, juris.
490 BVerwG NVwZ-RR 2001, 653; NJW 1980, 2368; NVwZ 2001, 71.
491 BVerwG NVwZ-RR 2001, 653; NJW 1976, 1760; NJW 1980, 2368; NVwZ 2001, 82.
492 BVerwG NVwZ-RR 2001, 653, 655; NVwZ 1995, 907; NJW 1980, 2368.
493 BVerwG NVwZ-RR 2002, 178; NVwZ-RR 2001, 653.
494 Jarass BImSchG, 2022, § 42 Rn. 1.
495 Jarass BImSchG, 2022, § 42 Rn. 3.

Nach § 74 II 2 VwVfG hat die Planfeststellungsbehörde dem Träger des Vorhabens Vorkehrungen oder die Errichtung und Unterhaltung von Anlagen aufzuerlegen, die zum Wohl der Allgemeinheit oder zur Vermeidung nachteiliger Wirkungen auf Rechte anderer erforderlich sind. Sind solche Vorkehrungen oder Anlagen untunlich oder mit dem Vorhaben unvereinbar, so hat der Betroffene nach § 74 II 3 VwVfG Anspruch auf angemessene Entschädigung in Geld. Soweit § 74 II 2 VwVfG zu passiven Schutzmaßnahmen verpflichtet, gilt § 42 BImSchG vorrangig. Der Entschädigungsanspruch nach § 74 II 3 VwVfG soll hingegen parallel gelten können.[496] 5908

Die 24. BImSchV (**Verkehrswege-Schallschutzmaßnahmenverordnung**) legt nach § 1 der 24. BImSchV Art und Umfang der zum Schutz vor schädlichen Umwelteinwirkungen durch Verkehrsgeräusche notwendigen Schallschutzmaßnahmen für schutzbedürftige Räume in baulichen Anlagen fest, soweit durch den Bau oder die wesentliche Änderung von Schienenwegen der Eisenbahnen die in § 2 der 16. BImSchV festgelegten Immissionsgrenzwerte überschritten werden. Schallschutzmaßnahmen iSd 24. BImSchV sind nach § 2 I der 24. BImSchV bauliche Verbesserungen an Umfassungsbauteilen schutzbedürftiger Räume, die die Einwirkungen durch Verkehrslärm mindern. Zu den Schallschutzmaßnahmen gehört auch der Einbau von Lüftungseinrichtungen in Räumen, die überwiegend zum Schlafen benutzt werden, und in schutzbedürftigen Räumen mit sauerstoffverbrauchender Energiequelle. 5909

Umfassungsbauteile sind Bauteile, die schutzbedürftige Räume baulicher Anlagen nach außen abschließen, insbesondere Fenster, Türen, Rollladenkästen, Wände, Dächer sowie Decken unter nicht ausgebauten Dachräumen. Die Schalldämmung von Umfassungsbauteilen ist nach § 3 I der 24. BImSchV so zu verbessern, dass die gesamte Außenfläche des Raumes das nach der Gleichung (1) oder (2) der Anlage zu dieser Verordnung bestimmte erforderliche bewertete Schalldämm-Maß nicht unterschreitet. Ist eine Verbesserung notwendig, so soll die Verbesserung beim einzelnen Umfassungsbauteil mindestens 5 Dezibel betragen. 5910

Schallschutzmaßnahmen sind nach § 2 IV der 24. BImSchV nicht erforderlich, wenn eine bauliche Anlage 1. zum Abbruch bestimmt ist oder dieser bauordnungsrechtlich gefordert wird; 2. bei der Auslegung der Pläne im Planfeststellungsverfahren, bei Bekanntgabe der Plangenehmigung oder der Auslegung des Entwurfs der Bauleitpläne mit ausgewiesener Wegeplanung noch nicht genehmigt war oder sonst nach den baurechtlichen Vorschriften mit dem Bau noch nicht begonnen werden durfte. 5911

8. Eisenbahnplanung und Bauleitplanung

Der Bau von Betriebsanlagen der Eisenbahn hat in der Regel überörtliche Bedeutung nach § 38 1 BauGB.[497] Entscheidend ist auf überörtliche Bezüge des Vorhabens abzustellen. Solche sind nach Auffassung des BVerwG bei dem Bau von Betriebsanlagen der Eisenbahn in der Regel gegeben.[498] Die **gemeindlichen Rechte** sind durch § 38 BauGB eingeschränkt. Handelt es sich bei Sicherungsmaßnahmen um den Bau von Betriebsanlagen einer Eisenbahn, die gemäß § 18 I 1 AEG dem Fachplanungsrecht unterliegen, ist ein gemeindliches Einvernehmen nach § 36 I 1 BauGB nicht erforderlich. Eine Gemeinde ist nicht berechtigt, Abwägungsfehler bei der Gestaltung **naturschutzrechtlicher Ausgleichs- und Ersatzmaßnahmen** oder das Fehlen einer förmlichen **Umweltverträglichkeitsprüfung** im Rahmen eines Plangenehmigungsverfahrens zu rügen. Ein etwaiger Verstoß gegen § 18 II AEG verletzt planbetroffene Dritte nicht in eigenen Rechten. Ein fehlendes Einverständnis nach § 18 II 1 Nr. 3 AEG kann nur im Rahmen einer fehlerhaften Abwägung der Eigentümerbelange Bedeutung erlangen.[499] 5912

a) Vorrang. Im Verhältnis zu anderen Planungsträgern hat die Deutsche Bahn AG Vorrang, soweit die Nutzung der zugelassenen **Bahnanlagen** betroffen ist. Nach § 4 I AEG sind die Eisenbahnen verpflichtet, ihren Betrieb sicher zu führen und die Eisenbahninfrastruktur, Fahrzeuge und Zubehör sicher zu bauen und in betriebssicherem Zustand zu halten. Baufreigabe, Abnahme, Prüfungen und Zulassungen nach Maßgabe anderer Gesetze und Verordnungen 5913

[496] BVerwG NVwZ 2017, 1136; Jarass BImSchG, 2022, § 42 Rn. 5.

[497] BVerwG NVwZ 2001, 90.

[498] BVerwG UPR 2001, 33.

[499] OVG Koblenz Urt. v. 16.7.2004 – 8 C 10152/04, juris zu Plangenehmigung zur Durchführung von Sicherungsmaßnahmen; zu gemeindlichen Klagemöglichkeiten gegen eine Bahnstromfernleitung VGH München BauR 2005, 1061 (LS).

obliegen für Betriebsanlagen und Schienenfahrzeuge der Eisenbahnen des Bundes dem Eisenbahn-Bundesamt (§ 4 II AEG). Der Vorbehalt zugunsten von Fachplanungen gem. § 38 1 BauGB betrifft nicht nur die Anwendbarkeit der §§ 29 bis 37 BauGB, sondern beschränkt auch die **Gemeinde** im Gebrauch ihrer Planungshoheit in Bezug auf die vorhandene Anlage der Fachplanung. Die Gemeinde darf daher nicht durch ihre Bauleitplanung in die zweckentsprechende Nutzung des Bahngeländes eingreifen. Sie ist nicht berechtigt, durch einen Bebauungsplan im Bereich einer Bundesbahnanlage ein allgemeines **Bauverbot** festzusetzen.[500] Der Vorbehalt in § 38 BauGB hindert allerdings nicht an solchen Festsetzungen durch Bebauungsplan, die inhaltlich der bestehenden Zweckbestimmung einer Fläche als Bahnanlage nicht zuwiderlaufen. Ist die Aufhebung der besonderen bahnrechtlichen Zweckbestimmung einer Fläche zu erwarten, steht der Gemeinde frei, die für diesen Fall in Aussicht stehenden Nutzungswünsche von vornherein in die von ihr bauplanungsrechtlich für angemessen und erforderlich erachtete Richtung zu lenken. Dies kann auch durch eine Veränderungssperre und die Zurückstellung von Baugesuchen geschehen. Der Bau von Betriebsanlagen der Eisenbahn hat dabei in der Regel überörtliche Bedeutung nach § 38 1 BauGB.[501] Denn nach dem durch das BauROG 1998 veränderten Wortlaut des § 38 BauGB ist nicht mehr auf die voraussichtliche planerische Kraft der einzelnen Gemeinde, sondern auf die überörtlichen Bezüge des Vorhabens abzustellen. Solche überörtlichen Bezüge sind nach Auffassung des BVerwG bei dem Bau von Betriebsanlagen der Eisenbahn in der Regel gegeben.[502] Eine Anlage zur Annahme, Lagerung und Aufbereitung von gebrauchtem Gleisschotter und gebrauchten Betonschwellen auf einem für Bahnzwecke gewidmeten Gelände ist keine dem eisenbahnrechtlichen Planfeststellungsrecht unterfallende „Betriebsanlage einer Eisenbahn" iS des § 18 I 1 AEG. § 23 AEG erlaubt der Deutschen Bahn keine „Reservierung" von Bahngrundstücken für zukünftige Nutzungen unter Berufung auf die lediglich vage Möglichkeit einer späteren eisenbahnspezifischen Nutzung.[503]

5914 Eine feste Begrenzung der Dauer eines Planfeststellungsverfahrens bzw. eine Entscheidungsfrist, binnen derer über einen Antrag auf Planfeststellung zu befinden ist, existiert im geltenden Recht nicht. Gleichwohl kann der Dauer eines Planfeststellungsverfahrens eine Relevanz für das Verhältnis von Fachplanung und konkurrierender Bauleitplanung sowie das Maß der jeweils gebotenen Rücksichtnahme nicht generell abgesprochen werden. Je länger ein Planfeststellungsverfahren andauert und je weniger dies durch Sachgründe gerechtfertigt ist, desto weniger ist es einer Gemeinde zumutbar, ihre eigenen planerischen Vorstellungen mit Rücksicht auf die Fachplanung zurückzustellen. In diesem Maße verringert sich der relative Vorrang, den die Fachplanung aufgrund ihres zeitlichen Vorsprungs beanspruchen kann, und wächst ihre Verpflichtung zur Rücksichtnahme auf die gemeindliche Planungshoheit.[504]

5915 **b) Widmung.** Für einen seit Jahrzehnten betriebenen Schienenweg geht das BVerwG von einer entsprechenden Widmung aus. Eine gewidmete Betriebsanlage der Eisenbahn verliert ihre planungsrechtliche Zweckbestimmung aber nur durch einen eindeutigen Hoheitsakt, der für jedermann klare Verhältnisse darüber schafft, ob und welche Flächen künftig wieder für andere Nutzungen offenstehen. Möglich ist allerdings auch, dass die bestehende Fachplanung einer Fläche als Bahnanlage infolge der tatsächlichen Entwicklung funktionslos und damit rechtlich obsolet wird.[505] Dass die Streckenanlieger darauf vertraut haben, sie werde ganz oder teilweise nicht mehr genutzt werden, ist unmaßgeblich.[506] Dass das Eisenbahnbundesamt seiner Instandhaltungspflicht aus § 11 AEG über einen längeren Zeitraum (ca. 30 Jahre) nicht nachgekommen ist, führt nicht dazu, dass eine Betriebsanlage der Eisenbahn funktionslos wird und damit ihre planungsrechtliche Zweckbestimmung verliert.[507]

5916 Der Bebauungsplan selbst darf nicht – auch nicht mit einem entsprechenden Vorbehalt – in Kraft gesetzt werden, solange die zu beplanende Fläche ihren Rechtscharakter als Bahnanlage

---

[500] BVerwG NVwZ-RR 1990, 292.

[501] BVerwG NVwZ 2001, 90.

[502] BVerwG UPR 2001, 33.

[503] OVG Münster NVwZ-RR 2010, 475 zur Lagerung von gebrauchtem Gleisschotter und gebrauchten Betonschwellen auf ehemaligem Bahnhofsgelände.

[504] BVerwG NVwZ 2023, 1090 = juris Rn. 40.

[505] VGH Mannheim Urt. v. 25.10.2023 – 5 S 1271/22, juris Rn. 81, 183; BVerwG ZUR 2003, 247.

[506] VGH Mannheim Urt. v. 25.10.2023 – 5 S 1271/22, juris Rn. 81, 183.

[507] VGH Mannheim Urt. v. 25.10.2023 – 5 S 1271/22, juris Rn. 80.

noch nicht verloren hat.[508] Soll eine Bahnanlage künftig nach dem Willen der Bundesbahn „bahnfremden" Nutzungen offen stehen, so kann eine solche „Entwidmung", sofern dafür kein Planfeststellungsverfahren erfolgt, nur durch eindeutige und bekannt gemachte Erklärungen der Bahn geschehen, die für jedermann klare Verhältnisse schaffen. Die Gemeinde, auf deren Gebiet die Bahnanlage liegt, hat auf Grund ihrer Planungshoheit Anspruch darauf, dass die Bahn ihre in Bezug auf die Bahnanlage beabsichtigten Dispositionen in einer eindeutigen hoheitlichen Willensäußerung frühzeitig und umfassend offenlegt.

c) Freistellungsverfahren. § 23 AEG regelt dazu ein Freistellungsverfahren. Nach § 23 I AEG liegt der **Bahnbetriebszweck** eines Grundstücks, das Betriebsanlage einer Eisenbahn ist oder auf dem sich eine Betriebsanlage einer Eisenbahn befindet, **im überragenden öffentlichen Interesse** und dient der Aufrechterhaltung sowie der Weiterentwicklung der Eisenbahninfrastruktur im Rahmen der kurz-, mittel- oder langfristig prognostizierbaren zweckentsprechenden Nutzung. Die zuständige Planfeststellungsbehörde stellt nach § 13 II AEG für Grundstücke, die Betriebsanlagen einer Eisenbahn sind oder auf denen sich Betriebsanlagen einer Eisenbahn befinden, auf Antrag des Eisenbahninfrastrukturunternehmens, des Eigentümers des Grundstücks oder der Gemeinde, auf deren Gebiet sich das Grundstück befindet, die Freistellung von den Bahnbetriebszwecken fest, wenn kein Verkehrsbedürfnis mehr besteht und langfristig eine Nutzung der Infrastruktur im Rahmen der Zweckbestimmung nicht zu erwarten ist.[509] 5917

Vor der Entscheidung über die Freistellung nach § 23 II AEG hat die Planfeststellungsbehörde 1. die oberste Landesplanungsbehörde über den Eingang des Antrags auf Freistellung von Bahnbetriebszwecken zu informieren, 2. Eisenbahnverkehrsunternehmen, die nach § 1 II Regionalisierungsgesetz bestimmten Stellen, die zuständigen Träger der Landesplanung und Regionalplanung, kommunale Verkehrsunternehmen, die betroffenen Gemeinden sowie Eisenbahninfrastrukturunternehmen, soweit deren Eisenbahninfrastruktur an die vom Antrag betroffene Eisenbahninfrastruktur anschließt, durch öffentliche Bekanntmachung im Bundesanzeiger zur Stellungnahme aufzufordern sowie den Inhalt der Bekanntmachung zusätzlich im Internet zu veröffentlichen; die Frist zur Abgabe einer Stellungnahme soll drei Monate nicht überschreiten und 3. der Bundesnetzagentur innerhalb der Frist nach § 23 IV Nr. 2 AEG Gelegenheit zur Stellungnahme zu geben. die an die Stelle der bisher förmlich nicht geregelten Verfahren tritt. 5918

Mit der Freistellungsentscheidung endet die eisenbahnrechtliche Fachplanungshoheit. Das Grundstück unterliegt damit der kommunalen Planungshoheit, soweit keine vorrangige künftige Nutzung für den Betrieb von Verkehrssystemen nach dem Personenbeförderungsgesetz erfolgen soll. In diesem Fall stellt die Planfeststellungsbehörde in Abstimmung mit der hierfür zuständigen Behörde des Landes die Freistellungsentscheidung unter den Vorbehalt einer künftigen Zweckbestimmung für den öffentlichen Personenverkehr. Es findet § 28 PBefG Anwendung (§ 23 V AEG). Die Entscheidung über die Freistellung ist neben dem Antragsteller dem Eisenbahninfrastrukturunternehmen, dem Eigentümer des Grundstücks und der Gemeinde, auf deren Gebiet sich das Grundstück befindet, zuzustellen. Die oberste Landesplanungsbehörde ist über die Entscheidung zu unterrichten (§ 23 VI AEG). 5919

Soll also eine Entwidmung erreicht werden, so steht hierfür das Verfahren nach § 23 AEG zur Verfügung. Ob angesichts der gesetzlichen Regelung in § 23 AEG die eisenbahnrechtliche Privilegierung noch auf Grund einer Funktionslosigkeit wegfallen kann, ist zweifelhaft. Durch das in § 23 AEG bestimmte Verfahren dürfte eine abschließende Regelung getroffen sein. Der Wegfall der Privilegierung aufgrund einer Funktionslosigkeit ist daher ebenfalls in dem Verfahren des § 23 AEG festzustellen. Die Entwidmung kann allerdings neben dem Freistellungsverfahren des § 23 AEG auch in einem anderen Planfeststellungsverfahren erfolgen, das eine entsprechende Regelung im Planfeststellungsbeschluss enthält. Das Verfahren der Freistellung ist in § 23 AEG geregelt. Den Antrag kann das Eisenbahninfrastrukturunternehmen, der Grundstückseigentümer oder die Belegenheitsgemeinde stellen. Der Antrag auf Freistellung muss die- 5920

[508] BVerwG NVwZ 1989, 655; ZfBR 1998, 258. Ein Bauvorbescheid für eine bahnfremde Nutzung auf planfestgestelltem Bahngelände kann vor dem Verlust der Zweckbestimmung der Fläche als Bahnanlage (Entwidmung) nicht erteilt werden, wenn die Gemeinde nicht in der Lage ist, ihre Planungshoheit in Bezug auf das zur Beurteilung gestellte Vorhaben wahrzunehmen.

[509] Zu den Voraussetzungen der Freistellung von Bahnbetriebszwecken OVG Münster Urt. v. 15.2.2023 – 11 A 2213/20, juris Rn. 74.

sen Anforderungen nicht bereits vollinhaltlich entsprechen. Vielmehr ist ausreichend, dass der Antrag auf Freistellung das betroffene Grundstück hinreichend bestimmt bezeichnet. Die für die Freistellung erforderlichen weiteren Unterlagen müssen demgegenüber nicht bereits bei der Antragstellung beigefügt sein. Vielmehr sind die Verfahrensbeteiligten nach dem Sinn der gesetzlichen Regelung zu einer entsprechenden Mitwirkung verpflichtet, wie sie etwa auch für die Behördenbeteiligung im Verfahren der Bauleitplanung üblich ist. So hat insbesondere das Eisenbahninfrastrukturunternehmen alle verfügbaren Informationen in das Verfahren einzubringen und an der Erstellung der erforderlichen Unterlagen mitzuwirken. § 23 AEG geht davon aus, dass gerade im Beteiligungsverfahren durch die Verfahrensbeteiligten weitere Informationen eingespeist werden, die eine sachgerechte abschließende Entscheidung über die Freistellung ermöglichen. Die Antragstellung selbst muss diesen Anforderungen demgegenüber jedenfalls nach der Neuregelung des Freistellungsverfahrens in § 23 AEG nicht bereits vollumfänglich entsprechen. § 23 II AEG weist den Verfahrensbeteiligten im Rahmen der Anhörung entsprechende Mitwirkungslasten zu, wie sie auch aus der Behördenbeteiligung in der Bauleitplanung bekannt sind (§ 4 BauGB). Der Infrastrukturunternehmer hat daher seine Informationen und Unterlagen im Rahmen der Möglichkeit zur Stellungnahme nach § 23 II AEG in das Freistellungsverfahren einzubringen. Es empfiehlt sich, dies in einer Novellierung der Präsidialverfügung klarzustellen. Im Hinblick auf die Selbstverwaltungsgarantie können die Gemeinden einen Anspruch auf sachgerechte Entscheidung über die Freistellung geltend machen. Ist ein eisenbahnrechtliches Verkehrsbedürfnis auf Dauer nicht mehr gegeben, muss die Planfeststellungsbehörde die Freistellung verfügen. Allerdings hat das Eisenbahninfrastrukturunternehmen einen fachlichen Entscheidungsspielraum, die eisenbahnrechtlichen Erfordernisse zu formulieren. Die Zuständigkeit für die Freistellung gemäß § 23 I AEG knüpft nicht an das Grundstück, sondern an die Betriebsanlage an. Grundstück im Sinne des § 23 I AEG kann auch eine Teilfläche eines Grundstücks sein, auf der sich eine Betriebsanlage der Eisenbahn erstreckt.[510]

9. Bauleitplanung für nicht mehr benötigte Bahnanlagen – Baurecht auf Zeit

5921 **Bahnbezogene Nutzungen** sind von der Privilegierung der eisenbahnrechtlichen Fachplanung erfasst und entziehen sich daher der allgemeinen bauplanungs- und bauordnungsrechtlichen Zuständigkeit. Bei ehemaligen Bahnanlagen entfaltet sich die volle gemeindliche Planungshoheit erst mit der Entwidmung. Geht es bei der Entwidmung nur darum, die bereits eingetretene Entwicklung nachzuvollziehen und dabei die Interessen der betroffenen Gemeinde als Trägerin der kommunalen Planungshoheit zu wahren, so genügt nach Auffassung des OVG Münster eine Bekanntgabe der Entwidmungsverfügung an die betroffene Gemeinde.[511] Allerdings gilt dies nicht für bahnfremde Nutzungen. Der gesetzliche Auftrag, nicht mehr für Eisenbahnzwecke benötigte Grundstücke zur Finanzierung der Eisenbahn des Bundes zu verwerten, rechtfertigt allerdings keine Verletzung der Planungshoheit der Gemeinde. Vielmehr kann dieser Auftrag nur in Zusammenarbeit mit der Gemeinde verwirklicht werden. Dies setzt unverändert voraus, dass die Gemeinden durch eindeutige Erklärung der Deutschen Bahn AG (oder ihrer zuständigen Tochterunternehmen) in die Lage versetzt werden, sachgerecht über die Aufstellung eines Bebauungsplans zu beschließen. Eine Erklärung, die die Freigabe von Bundesbahngelände nur für den Fall einer positiven Bescheidung einer bestimmten Bauvoranfrage in Aussicht stellt, genügt nicht, weil sie offenlässt, ob und wann das Planaufstellungsverfahren abgeschlossen werden kann.[512]

5922 Die Bauleitplanung kann für die Anschlussplanung bisher noch gewidmeter Flächen die Möglichkeiten des **Baurechts auf Zeit** nutzen (§ 9 II BauGB). Die Ausgangssituation im Verhältnis von Bahn und Kommunen ist dadurch geprägt, dass die Gemeinde Trägerin der Bauleitplanung ist, zugleich aber den Vorrang der Bahn als Vorhaben der privilegierten Fachplanung wahren muss. Anlagen der Bahn haben daher durch die **Widmung** einen Vorrang, der nur durch förmliche Entwidmung beseitigt werden kann.[513] Dies setzt einen klar erkennbaren, eindeutigen Hoheitsakt der Bahn voraus. Solange die Widmung besteht, ist die Fläche, auf die sie sich bezieht, einer entgegenstehenden kommunalen Planung entzogen. Die Widmung bezieht sich auf Grundstücke, betrifft aber in der Sache **Anlagen** der Bahn. Deshalb könnte es

---

[510] BVerwG NVwZ 2010, 1159.

[511] OVG Münster BauR 1993, 383.

[512] BVerwG ZfBR 1998, 258.

[513] BVerwG DVBl. 1989, 458.

sachgerecht sein, die Überplanung von Bahnflächen der gemeindlichen Planung nur in dem Umfang zu entziehen, wie ein entsprechender Schutz der Bahnanlagen einschließlich des dafür erforderlichen Umfeldes dies gebietet.[514] Damit sind gewidmete Bahnflächen nicht generell einer Bauleitplanung oder einer Beurteilung nach §§ 34, 35 BauGB entzogen, sondern nur in dem Umfang, wie ein **Widerspruch** zur Widmung entstehen kann und dies der Schutz der Bahnanlagen erforderlich oder zweckmäßig erscheinen lässt. Die Reichweite dieses Schutzes bestimmt die Bahn auf der Grundlage der Widmung selbst. Weitere Einzelheiten sind in der Präsidialverfügung angesprochen.[515]

Die Gemeinde kann nach § 9 II BauGB im Bebauungsplan in besonderen Fällen festsetzen, dass bestimmte der in ihm festgesetzten baulichen und sonstigen Nutzungen und Anlagen nur (1) für einen bestimmten Zeitraum zulässig oder (2) bis zum Eintritt bestimmter Umstände zulässig oder unzulässig sind. Die Folgenutzung soll festgesetzt werden. Hierdurch ist die Gemeinde berechtigt, befristetes oder bedingtes Baurecht zu schaffen. Die Regelung bezieht sich vom Grundsatz her auch auf Folgenutzungen für Bahnanlagen. Hierfür kann ein bedingtes Baurecht festgesetzt werden (§ 9 II 1 Nr. 2 BauGB). Die Festsetzungen sind nur in besonderen Fällen zulässig. Zudem muss der Bahnvorrang, der sich aus der privilegierten Fachplanung ergibt, gewahrt werden (§ 38 BauGB). Das Baurecht auf Zeit ist an das Vorliegen **besonderer Gründe** gebunden. Es bedarf daher einer entsprechenden städtebaulichen Rechtfertigung, die über eine allgemeine Veranlassung einer städtebaulichen Planung hinausgeht. Dies gebietet die Eigentumsgarantie aber auch – hier speziell – der Vorrang der privilegierten Fachplanung gegenüber der Bauleitplanung.[516] 5923

Das bedingte Baurecht im Hinblick auf Bahnflächen darf daher nur ausgewiesen werden, wenn die Bahn durch eine **Entbehrlichkeitsprüfung** kundgetan hat, dass die Widmung der Bahnflächen ganz oder teilweise aufgegeben werden kann.[517] Nur bei diesem Verfahrensstadium ist ein besonderer Fall gegeben, der die Überplanung von Bahnanlagen durch ein Baurecht auf Zeit gestattet. Als Bedingung ist in die Bauleitplanung aufzunehmen, dass die Flächen zuvor von der Bahn entwidmet worden sind. Durch diese beiden verfahrensrechtlichen Anforderungen sind die mit der Privilegierung des § 38 BauGB zusammenhängenden Rechte der Bahn ausreichend gewahrt. Im Hinblick auf die vorgenannten Verfahrenserfordernisse wird eine **Kooperation** der Gemeinde mit den Anlagenverantwortlichen und dem Eigentümer in der Praxis unverzichtbar sein, ist allerdings rechtlich nicht zwingend geboten, wenn eine Aussage über die Entbehrlichkeit der Anlage vorliegt. Auch die Anwendung der **enteignungsrechtlichen Regelungen** (§§ 85 ff. BauGB) ist vom Prinzip her nicht ausgeschlossen, setzt allerdings eine förmliche Entwidmung und entsprechend gewichtige Gemeinwohlgründe voraus.[518] 5924

Das Gesetz enthält keine Vorgaben für eine **Befristung** in dem Sinne, dass nach Ablauf einer bestimmten Zeit das bedingt angeordnete Baurecht auf Zeit wieder entfällt. Werden keine Fristen festgesetzt, könnte die Regelung aber nach den Grundsätzen der Funktionslosigkeit wegfallen, wenn wegen veränderter Umstände das Eintreten der Bedingung ausgeschlossen erscheint, etwa weil für die Zukunft auszuschließen ist, dass die Entwidmung tatsächlich erfolgen wird. Auf der anderen Seite kann die Gemeinde nach entsprechender Abwägung durch zeitliche Befristung des Baurechts anordnen, dass von der geplanten Nutzung nur Gebrauch gemacht werden kann, wenn sie innerhalb einer bestimmten Zeit aufgenommen wird. Es muss allerdings im Hinblick auf die Eindeutigkeit und Klarheit ein nach außen hin erkennbarer Umstand Anknüpfungspunkt für das Entstehen bzw. den Wegfall des Baurechts gegeben sein. Nach Maßgabe der Einzelfallumstände könnte im Rahmen der Abwägung eine zeitliche Befristung auf **einige Jahre** sachgerecht sein. Hierdurch könnte zugleich der Eindruck vermieden werden, dass das befristete Baurecht eine reine Vorratsplanung beinhalten könnte, die in dieser allgemeinen Form dem Vorrang der privilegierten Fachplanung in § 38 BauGB nicht gerecht wird. Die Befristung der beabsichtigten Baurechte könnte aber je nach den Einzelfallumständen auch nur in dem Sinne in Aussicht genommen werden, dass die Gemeinde bereits im 5925

514 Zur Freistellung von Bahnflächen durch die Straßenplanungsbehörden Herrmann DVBl. 2009, 1229. Zur Zielsicherung bei der Konversion von Bahnflächen Reicherzer KommJur 2007, 527.

515 Stüer NVwZ 2006, 512; Battis/Otto IR 2006, 54.

516 Herrmann DVBl. 2009, 1229.

517 Daraus wird teilweise schon ein Ende der eisenbahnrechtlichen Widmung abgeleitet Schmitt UPR 2005, 427.

518 Stüer NVwZ 2006, 512.

Aufstellungsverfahren **ankündigt**, den Bebauungsplan wieder aufzuheben, wenn nicht innerhalb einer bestimmten Zeit die Entwidmung vorliegt und daher die Bedingung für das Entstehen des Baurechts auf Zeit nicht eingetreten ist.

5926 Baurecht auf Zeit setzt eine entsprechende **Abwägung** voraus, deren Inhalt in der **Begründung** darzustellen ist. Dies gilt ggf. auch für die zeitlichen Schichtungen, vor allem, wenn nur in einem Teil des Bebauungsplans bedingte Baurechte angeordnet sind. Hier ist auch jeweils darzustellen und abzuwägen, wie sich die Nutzungsmöglichkeiten zu den verschiedenen Zeiträumen darstellen. Die Abwägung muss entsprechend qualifiziert sein.

5927 Der grundsätzliche **Vorrang des Eisenbahnrechts** bezieht sich nicht nur auf die Bauleitplanung, sondern auch auf die Kompetenzen der Baugenehmigungsbehörde. So hindert der Vorrang der Fachplanung die Baugenehmigungsbehörde daran, einen baurechtlichen Vorbescheid für die Errichtung einer Tankstelle auf einer Fläche zu erteilen, die als eine dem Bahnbetrieb zugehörige Anlage zu werten ist.[519] Die Eigenschaft einer Anlage als Bahnanlage richtet sich nach dem objektiven Kriterium der Eisenbahnbetriebsbezogenheit, dh der Verkehrsfunktion und dem räumlichen Zusammenhang mit dem Eisenbahnbetrieb. Ein auf einem gewidmeten Bahngelände angesiedelter, als wirtschaftlich eigenständiges Unternehmen betriebener Schrottplatz ist nach Auffassung des OVG Münster auch dann nicht eine Bahnanlage, wenn der Schrottplatzbetreiber nach dem mit der Bahn abgeschlossenen Mietvertrag verpflichtet ist, Transportmittel der Bahn zu nutzen. **Bahnfremde Nutzungen** auf Bahngelände unterliegen der Zuständigkeit der Bauordnungsbehörden, die hiergegen einschreiten können. Schreitet die Bauordnungsbehörde gegen eine seit Jahrzehnten ausgeübte bahnfremde Nutzung auf Bahngelände ein, muss sie im Rahmen ihrer Ermessenausübung zugunsten des Betroffenen berücksichtigen, dass diese Nutzung nach der gängigen Praxis sowohl von der Bahn als auch den zuständigen Bauaufsichtsbehörden als legal angesehen und entsprechend behandelt wurde.[520]

10. Einzelfälle

5928 Eine Parzelle, die am 3.10.1990 zum **Ausbau einer Bahnstrecke** bestimmt war und hierfür zur Verfügung stand, gehört auch schon vor ihrer tatsächlichen Nutzung zum so genannten Widmungsvermögen der Deutschen Reichsbahn (Art. 26 I 2 EV). Die Durchführung widmungskonformer Baumaßnahmen auf einer solchen Parzelle stellt – bezogen auf den Stichtag 25.12.1993 – eine den Restitutionsanspruch des Alteigentümers verdrängende Nutzung für Bahnzwecke iS von § 11 I 3 Nr. 1 VZOG dar.[521] Die für die Eigenschaft einer Betriebsanlage der Eisenbahn iS des § 18 AEG vorausgesetzte **Eisenbahnbetriebsbezogenheit** fehlt allerdings bei Anlagen, die einem privatwirtschaftlichen Unternehmen zu dienen bestimmt sind, das weder Eisenbahnverkehrsdienstleistungen erbringt noch eine Eisenbahninfrastruktur betreibt, auch wenn das Unternehmen seinen Gewerbebetrieb auf Bahnzwecken gewidmetem Gelände ausübt und Güter auf die Bahn umschlägt.[522]

5929 Die Deutsche Bahn AG unterliegt nicht den in einer gemeindlichen **Entwässerungssatzung** vorgesehenen Kontrollmaßnahmen an einer Betriebszwecken dienenden Abwasserreinigungsanlage. Die Bahn hat vielmehr mit eigenen Kräften für die Erfüllung der Anforderungen an Sicherheit und Ordnung einzustehen.[523] Der Zweck des § 4 II AEG, die Funktionsfähigkeit des Bahnbetriebes nicht durch Eingriffsbefugnisse „bahnfremder" Verwaltungsbehörden zu beeinträchtigen, entfällt allerdings, sobald Bahnanlagen nicht mehr **Bahnzwecken**, sondern anderen Zwecken dienen. Landesbehörden sind dann kraft Bundesrechts nicht mehr gehindert, dem Rechtsträger der Bahn die nach Landesrecht obliegenden materiell-rechtlichen Pflichten durch Bescheid zu konkretisieren und entsprechende Anordnungen zu treffen.[524]

Beispiel: Die Deutsche Bahn AG betrieb auf bahneigenem Gelände ein Schwellenwerk mit Imprägnierungsanstalt. In der Folgezeit stellte sich heraus, dass das Grundwasser durch polyzyklische aromatische Kohlenwasserstoffe (PAK) verunreinigt war und dies auf den Betrieb des Schwellenwerkes zurückzuführen war. Die zuständige Ordnungsbehörde darf der Deutschen

519 OVG Münster Urt. v. 19.12.1997 – 7 A 6271/95, juris.
520 OVG Münster UPR 1999, 159; Stüer NVwZ 2006, 512.
521 BVerwGE 117, 125.
522 VGH Mannheim BauR 2002, 1217; zu Werbeanlagen auf Bahngelände OVG Saarlouis BRS 65 (2002) Nr. 155.
523 BVerwG NVwZ 1990, 563.
524 BVerwG Beschl. v. 27.12.1995 – 4 B 249.94, juris.

Bahn AG nach Schließung des Werkes aufgeben, Bodenuntersuchungen durchzuführen und den eingetretenen Schaden durch entsprechende Maßnahmen der Boden- und Grundwassersanierung zu beseitigen.

Allerdings ist die Deutsche Bahn AG nicht kraft Bundesrechts von der Entrichtung von **Erschließungsbeiträgen** befreit. Diese sind vielmehr nach Maßgabe des gemeindlichen Satzungsrechts auch von der Bundesbahn zu zahlen, soweit ihre Grundstücke und Anlagen durch gemeindliche Erschließungsanlagen erschlossen werden. Durch eine Anbaustraße werden grundsätzlich die zwischen der Straße und dem Schienenweg liegenden Flächen eines an die Straße angrenzenden Bahnhofsgeländes erschlossen. Der Schienenweg selbst ist keine Erschließungsanlage nach § 123 BauGB. Gleichwohl gehört bei einem Bahnhof das Schienengelände als solches nicht zu der durch eine Anbaustraße erschlossenen Fläche.[525] 5930

Zugleich können durch die eisenbahnrechtliche Planfeststellung entgegenstehende, auch **öffentliche Belange überwunden** werden. So hat das Eisenbahnbundesamt im Rahmen der eisenbahnrechtlichen Planfeststellung auch die öffentlichen Belange des Natur- und Landschaftsschutzes in die Abwägung einzustellen. Ein zusätzliches landesrechtliches Genehmigungserfordernis besteht allerdings wegen der durch den Planfeststellungsbeschluss ausgelösten **Konzentrationswirkung** nicht. Derartige Genehmigungserfordernisse werden vielmehr durch das Fachplanungsverfahren verdrängt. Das Land als Träger der Belange des Natur- und Landschaftsschutzes hat insoweit keine Klagerechte gegen die eisenbahnrechtliche Fachplanungsentscheidung. Auch die Vollzugshoheit des Landes ist im Bereich des Naturschutzes und der Landschaftspflege keine geeignete Rechtsposition, deren Beachtung das Land bei der bundesbahnrechtlichen Planfeststellung im Wege der verwaltungsgerichtlichen Klage gem. §§ 42, 113 VwGO durchsetzen könnte.[526] Grundsätze für die Beförderung von Personen und Reisegepäck durch Eisenbahnen, die dem öffentlichen Verkehr dienen, sind in der **Eisenbahn-Verkehrsordnung (EVO)** niedergelegt. Die Bestimmungen der EVO sind Beförderungsbedingungen der Eisenbahn. In besonderen Fällen (Großkunden) können Sondervereinbarungen getroffen werden (§ 7 EVO). Die EBV enthält sodann Einzelregelungen für die Beförderung von Personen (§§ 8 bis 19),[527] die Beförderung von Reisegepäck (§§ 25 bis 33), Gepäckträger und Gepäckaufbewahrung (§§ 35 f.). 5931

Einzelregelungen über die allgemeinen Anforderungen von Bahnanlagen und Fahrzeugen, Bahnanlagen, Fahrzeugen und den Bahnbetrieb finden sich in der **Eisenbahn-Bau- und Betriebsordnung (EBO)**,[528] die für die regelspurigen Eisenbahnen des öffentlichen Verkehrs gilt. Die Eisenbahnen werden dabei nach Haupt- und Nebenbahnen unterschieden. Bahnübergänge, unter denen höhengleiche Kreuzungen von Eisenbahnen mit Straßen, Wegen und Plätzen verstanden werden, sind danach durch ein Andreaskreuz besonders zu sichern (§ 11 EBO). Außerdem sind grundsätzlich Blinklichter und Schranken aufzustellen. Bahnübergänge mit starkem Verkehr sollen nach einem entsprechenden Aktionsprogramm der Bahn nach Möglichkeit beseitigt werden. Es handelt sich um Bahnübergänge, die neben anderen Verkehren in der Regel innerhalb eines Tages von mehr als 2.500 Kfz überquert werden. Bahnübergänge haben einen mäßigen Verkehr, wenn sie neben anderem Verkehr in der Regel innerhalb eines Tages von mehr als 100 bis 2.500 Kfz überquert werden. Ein schwacher Verkehr liegt unterhalb einer Grenze von 100 Bahnüberquerungen pro Tag (§ 11 X EBO). Bahnübergänge mit einem starken Verkehrsaufkommen sind grundsätzlich durch nahbediente Schranken zu sichern, bei denen der Wärter durch unmittelbare oder mittelbare Sicht oder durch Lichtzeichen das Schließen auf den Straßenverkehr abstimmen kann. Alle übrigen Schranken gelten als fernbedient (§ 11 XIV EBO). An Bahnübergängen mit starkem Verkehr dürfen die Schranken nur während der Tageszeiten mit geringer Verkehrsstärken und nur mit besonderer Genehmigung fernbedient werden (§ 11 XV EBO). Höhengleiche Kreuzungen von Schienenbahnen dürfen 5932

---

[525] BVerwG NVwZ 1988, 632.

[526] BVerwG DVBl. 1989, 1053.

[527] Die Regelungen betreffen den Ausschluss von der Beförderung und die bedingte Zulassung (§ 8 EVO), die Fahrausweise (§ 9 EVO), das Betreten der Bahnsteige (§ 10 EVO), die Fahrpreise (§§ 11, 12 EVO), die Unterbringung der Reisenden (§ 13 EVO), Nichtraucherabteile (§ 13 EVO), das Verhalten bei außerplanmäßigem Halten (§ 15 EVO), die Mitnahme von Handgepäck und Tieren (§ 16 EVO), Verspätungen oder der Ausfall von Zügen (§ 17 EVO), die Fahrpreiserstattung (§ 18 EVO) sowie die Klärung von Meinungsverschiedenheiten (§ 19 EVO).

[528] Eisenbahn-Bau- und Betriebsordnung (EBO) v. 8.5.1967 (BGBl. 1967, 1563).

außerhalb von Bahnhöfen oder der Hauptsignale von Abzweigstellen nicht angelegt werden (§ 12 EBO).

5933 Bei **Schließung eines Bahnübergangs**, die einen Straßenanlieger dazu zwingt, einen Ersatzweg zu benutzen, verbleibt die Wegeunterhaltung in der Zuständigkeit des Trägers der Straßenbaulast. § 74 II 2 VwVfG verlangt nicht, dass die Pflicht zur Wegeunterhaltung dem Vorhabenträger auferlegt wird. Ist eine neue Wegeverbindung trotz der damit verbundenen Umwege in dem planfestgestellten Ausbaustandard zumutbar, so hat es damit sein Bewenden; verbleibende Nachteile sind dann entschädigungslos im Rahmen der Sozialbindung des Eigentums hinzunehmen.[529] Es gibt kein subjektives Recht einer Gemeinde, im Rahmen des Umbaus eines Bahnübergangs seine Ersetzung durch eine Fußgängerunterführung zu verlangen.[530]

5934 Die **Reparatur und Instandsetzung eines Schienenwegs** nach einer **Streckenstilllegung** stellen selbst dann keinen erheblichen baulichen Eingriff im Sinne des § 1 II 1 Nr. 2 der 16. BImSchV dar, wenn es sich um eine grundlegende Rekonstruktion der Gleisanlage handelt.[531] Für die Frage, ob eine durch das Vorhaben hervorgerufene Lärmbelastung die gegebene Vorbelastung übersteigt, kommt es nicht auf die tatsächliche Ausnutzung des Schienenwegs, sondern auf dessen rechtlich zulässige Ausnutzbarkeit an. Nach § 1 I iVm II 1 Nr. 2 der Verkehrslärmschutzverordnung (16. BImSchV) ist die Änderung eines Schienenweges wesentlich, wenn durch einen erheblichen baulichen Eingriff der Beurteilungspegel des von dem zu ändernden Verkehrsweg ausgehenden Verkehrslärms um mindestens 3 Dezibel (A) oder auf mindestens 70 Dezibel (A) am Tage oder mindestens 60 Dezibel (A) in der Nacht erhöht wird. Ein baulicher Eingriff ist nur dann erheblich im Sinne der Norm, wenn in die Substanz des Schienenweges (Gleisanlage mit ihrem Unter- und Oberbau, Oberleitung) eingegriffen wird, soweit es sich nicht lediglich um Erhaltungs- und Unterhaltungsmaßnahmen oder um kleinere Baumaßnahmen handelt.[532] Ob eine bloße Erhaltungs- oder Unterhaltungsmaßnahme vorliegt, beurteilt sich nach den gleichen Maßstäben wie für den Begriff der Änderung nach § 18 Satz 1 AEG. Danach stellen die Reparatur und Instandsetzung eines Schienenwegs nach einer Streckenstilllegung selbst dann keinen erheblichen baulichen Eingriff im Sinne des § 1 II 1 Nr. 2 der 16. BImSchV dar, wenn es sich um eine grundlegende Rekonstruktion der Gleisanlage handelt. Die Wiederherstellung der Bahnanlage im Rahmen des planungsrechtlichen Bestands ist vielmehr nur als Nachholung der stilllegungsbedingt unterbliebenen Erhaltungs- und Unterhaltungsmaßnahmen zu bewerten.[533]

11. Rechtsschutz

5935 Gegen den eisenbahnrechtlichen Planfeststellungsbeschluss kann der davon Betroffene unmittelbar Anfechtungsklage erheben. Anfechtungsklagen gegen einen Planfeststellungsbeschluss haben gemäß § 75 I a VwVfG nur dann Aussicht auf Erfolg, wenn Mängel bei der Abwägung offensichtlich und auf das Abwägungsergebnis auch von Einfluss gewesen sind und wenn diese Mängel nicht auch im Wege einer Planergänzung oder durch ein ergänzendes Verfahren behoben werden können.

5936 Klagen Drittbetroffener gegen planungsrechtliche Entscheidungen, die die Zulassung von Bundesverkehrswege-Vorhaben betreffen, haben keine aufschiebende Wirkung. Gemäß § 80 II 1 Nr. 3a VwGO entfällt die aufschiebende Wirkung von Widersprüchen und Klagen Dritter gegen Verwaltungsakte, die die Zulassung von Vorhaben zu Bundesverkehrswegen betreffen und die nicht unter § 80 II 1 Nr. 3 fallen. § 80 II 1 Nr. 3a VwGO ist ein Auffangtatbestand für alle Vorhaben, die nicht schon von § 18e II AEG wegen ihres vordringlichen Bedarfs nach dem Bundesschienenwegeausbaugesetz erfasst werden. Für Klagen Dritter gegen planrechtliche Zulassungsentscheidungen gibt es keine aufschiebende Wirkung mehr und die planungsrechtlichen Entscheidungen sind kraft Gesetzes gegenüber Dritten sofort vollziehbar.[534]

5937 Einige spezielle Bestimmungen zum Rechtsschutz im Eisenbahnrecht enthält § 18 e AEG:

---

529 BVerwG NVwZ 2006, 603zur Schließung eines Bahnübergangs; dort auch zur Zumutbarkeit von Umwegen.

530 VGH Kassel Urt. v. 12.6.2012 – 2 C 165/11.T, juris.

531 im Anschluss an BVerwGE 110, 81 (85); BVerwGE 111, 108 (120 f.).

532 BVerwGE 107, 350 (354); Urt. v. 14.11.2001 – 11 A 31.00, juris.

533 BVerwG NVwZ 2018, 830 zur Reaktivierung einer stillgelegten Eisenbahnstrecke; BVerwG Urt. v. 21.11.2013 – 7 A 28.12, juris; BVerwGE 110, 81 (85).

534 Seegmüller in Ziekow, Handbuch des Fachplanungsrechts, 2024, § 12 Rn. 94a.

a) Instanzielle Zuständigkeiten. Nach § 18 e I AEG gilt § 50 I Nr. 6 VwGO und damit eine erst- und letztinstanzliche Zuständigkeit des BVerwG für eisenbahnrechtliche Vorhaben aufgeführten Vorhaben, soweit diese Schienenwege betreffen, die wegen der Herstellung der Deutschen Einheit, der Einbindung der neuen Mitgliedstaaten in die Europäische Union, der Verbesserung der Hinterlandanbindung der deutschen Seehäfen, ihres sonstigen internationalen Bezuges, der besonderen Funktion zur Beseitigung schwerwiegender Verkehrsengpässe oder ihrer Bedeutung bei der Verbesserung der Infrastruktur in den Revieren nach § 2 des Investitionsgesetzes Kohleregionen vom 8. August 2020 (BGBl. I S. 1795) in der Anlage 1 des AEG aufgeführt sind 5938

Nach § 48 I 1 Nr. 7 VwGO entscheidet im Übrigen das Oberverwaltungsgericht im ersten Rechtszug über sämtliche Streitigkeiten, die Planfeststellungsverfahren für den Bau oder die Änderung von Strecken von öffentlichen Eisenbahnen betreffen. 5939

b) Klagebegründungsfrist. Der Kläger hat nach § 18 e V 1 AEG innerhalb einer Frist von zehn Wochen ab Klageerhebung die zur Begründung seiner Klage dienenden Tatsachen und Beweismittel anzugeben. Erklärungen und Beweismittel, die erst nach Ablauf dieser Frist vorgebracht werden, sind nur zuzulassen, wenn der Kläger die Verspätung genügend entschuldigt. Der Entschuldigungsgrund ist auf Verlangen des Gerichts glaubhaft zu machen. Das gilt nicht, wenn es mit geringem Aufwand möglich ist, den Sachverhalt auch ohne Mitwirkung des Klägers zu ermitteln. Die Frist kann durch den Vorsitzenden oder den Berichterstatter auf Antrag verlängert werden, wenn der Kläger in dem Verfahren, in dem die angefochtene Entscheidung ergangen ist, keine Möglichkeit der Beteiligung hatte. § 6 UmwRG ist nicht anzuwenden. Der Wortlaut des § 18e V 1 AEG enthält keinerlei Anhaltspunkte dafür, dass die Klagebegründungsfrist erst nach der Möglichkeit zur Akteneinsicht zu laufen beginnen würde.[535] Eine zulässige Vertiefung des Vorbringens setzt voraus, dass der zugrunde liegende Einwand innerhalb der Begründungsfrist substantiiert erhoben worden ist; andernfalls stellt sich späterer Vortrag nicht als bloße Vertiefung fristgerecht erhobener Einwände, sondern als verspätetes erstmaliges Vorbringen dar.[536] Der Zweck der Klagebegründungsfrist besteht darin, den Prozessstoff festzulegen, und zwar für jedes Klageverfahren gesondert. Mit der Zielrichtung des Gesetzes soll es nach Ansicht des VGH München unvereinbar sein, wenn sich der Kläger auf Vorbringen beruft, das nicht von ihm selbst, sondern von einer anderen Partei in einem Parallelverfahren erfolgt ist.[537] 5940

§ 18e V AEG geht nach Ansicht des BVerwG auch dem zeitlich früheren § 5 III VerkPBG vor. Nach dieser Vorschrift hat der Kläger innerhalb einer Frist von sechs Wochen die Tatsachen, durch deren Berücksichtigung oder Nichtberücksichtigung im Verwaltungsverfahren er sich beschwert fühlt, anzugeben. Das BVerwG erläutert dazu, ursprünglich hätten beide Vorschriften einen identischen Regelungsgehalt gehabt. Bereits vor der Neufassung des § 18e V AEG hätte der Gesetzgeber in § 6 UmwRG eine einheitliche und abschließende Regelung für alle Rechtsbehelfe im Geltungsbereich des Umweltrechtsbehelfsgesetzes mit Vorrang gegenüber früheren fachgesetzlichen Klagebegründungsfristen getroffen. Die gegenüber früheren fachgesetzlichen Fristen vorgesehene Verlängerung von sechs auf zehn Wochen hätte zum Ausgleich der strengeren Folgen einer Fristversäumung gedient, die § 6 UmwRG ebenso wie daran angelehnt nunmehr auch § 18e V AEG vorsehe. §§ 18e V AEG verdränge seinerseits § 6 UmwRG. Danach sollten für alle Klagen im Zusammenhang mit Planfeststellungs- und Plangenehmigungsentscheidungen nach dem Allgemeinen Eisenbahngesetz eine einheitliche Klagebegründungsfrist und eine einheitliche Regelung zu den Rechtsfolgen im Fall der Fristversäumnis gelten. Dieses Vereinheitlichungsziel werde vollständig nur erreicht, wenn § 18e V AEG auch für Planungen gelte, bei denen gem. § 11 II VerkPBG, § 39 I 2 AEG das Verfahren nach den Bestimmungen des Verkehrswegeplanungsbeschleunigungsgesetzes zu Ende zu führen sei.[538] 5941

---

535 VGH München Urt. v. 30.5.2023 – 22 A 21.40025, juris Rn. 19; zur Begrenzung der Reichweite der gerichtlichen Prüfung siehe auch BVerwGE 170, 33 = juris Rn. 14 ff.; Urt. v. 23.11.2022 – 7 A 9.21, juris Rn. 13 ff.; U.v. 21.3.2023 – 4 A 9.21 – juris Rn. 14; Urt. v. 21.2.2023 – 4 A 2.22 – juris Rn. 11 ff.; Urt. v. 7.7.2022 – 9 A 1.21, juris Rn. 11 ff.; Urt. v. 27.11.2018 – 9 A 8.17, juris Rn. 11 ff.; BVerwG Beschl. v. 22.3.2023 – 4 VR 4.22, juris Rn. 10.

536 VGH München Urt. v. 30.5.2023 – 22 A 21.40025, juris Rn. 35.

537 VGH München Urt. v. 30.5.2023 – 22 A 21.40030, juris Rn. 27.

538 BVerwG NVwZ 2023, 1090 (1091; siehe dazu auch Kramer NVwZ 2023, 1061.

5942 **c) Vollüberprüfungsanspruch.** Der Eigentümer eines Grundstücks, das nach einem straßenrechtlichen Planfeststellungsbeschluss unmittelbar in Anspruch genommen werden soll, hat grundsätzlich einen Anspruch auf gerichtliche Überprüfung des Planfeststellungsbeschlusses auf seine objektive Rechtmäßigkeit. Er kann deshalb insbesondere die Verletzung des planungsrechtlichen Abwägungsgebots auch mit der Begründung geltend machen, öffentliche Belange seien nicht hinreichend beachtet worden. Ihm steht darüber hinaus ein klagefähiges Abwehrrecht gegen die Planfeststellung insoweit zu, als sich die Rechtswidrigkeit des Vorhabens aus der Verletzung objektiv-rechtlicher Vorschriften ergibt und die Inanspruchnahme seines Grundeigentums in einem Ursachenzusammenhang mit dem rechtlichen Mangel steht. Dem liegt die Erwägung zugrunde, dass der Planfeststellungsbeschluss enteignungsrechtliche Vorwirkung hat und die Entscheidung über die Zulässigkeit einer Enteignung mitumfasst, dass 14 III GG aber vor einem Eigentumsentzug schützt, der nicht zum Wohl der Allgemeinheit erforderlich oder nicht gesetzmäßig ist. Unternehmen, die vollständig oder mehrheitlich vom Staat beherrscht werden, können sich allerdings grundsätzlich nicht auf materielle Grundrechte berufen.

5943 Der Anspruch des von der enteignungsrechtlichen Vorwirkung Betroffenen unterliegt allerdings Einschränkungen. Nicht jeder objektiv-rechtliche Fehler, der einer Planung anhaftet, führt zur (vollständigen oder teilweisen) Aufhebung des Planfeststellungsbeschlusses oder zur Feststellung seiner Rechtswidrigkeit und Nichtvollziehbarkeit. Diese Rechtsfolge scheidet vielmehr aus, wenn der geltend gemachte Rechtsfehler für die Eigentumsbetroffenheit des Klägers aus tatsächlichen oder rechtlichen Gründen nicht erheblich, insbesondere nicht kausal ist. Das ist etwa dann der Fall, wenn ein als verletzt geltend gemachter öffentlicher Belang nur von örtlicher Bedeutung ist und auch die fehlerfreie Beachtung dieses Belangs nicht zu einer Veränderung der Planung im Bereich des betroffenen Grundstücks führen würde.

5944 Ein Eigentümer kann sich gegen eine heranrückende Planung, die sein Grundstück noch nicht unmittelbar betrifft, zur Wehr setzen, wenn ein Zwangspunkt geschaffen wird, der im weiteren Planungsverlauf zwangsläufig dazu führen muss, dass er in seinen Rechten betroffen wird.[539]

5945 **d) Rechtsschutz Drittbetroffener.** Lediglich mittelbar von dem straßenrechtlichen Planfeststellungsbeschluss Betroffene können nach § 113 I 1 VwGO nur die Verletzung gerade sie schützender Normen des Verfahrensrechts und des materiellen Rechts sowie eine nicht ordnungsgemäße Abwägung ihrer geschützten Privatbelange rügen, nicht aber eine insgesamt fehlerfreie Abwägung und Planung verlangen.

5946 Die sicherheitsrechtlichen Vorschriften über den Brandschutz in Eisenbahntunneln vermitteln **künftigen Bahnnutzern** keine subjektiven Rechte, weshalb es einem Kläger, der ausschließlich deren Verletzung geltend macht, an der erforderlichen Klagebefugnis nach § 42 II VwGO fehlt.[540]

5947 Der in § 2 I EKrG niedergelegte Grundsatz, auf **höhengleiche Kreuzungen** von Straße und Schiene zu verzichten, vermittelt keinen Drittschutz in dem Sinne, dass sich betroffene Grundstückseigentümer auf die Einhaltung dieses Grundsatzes berufen könnten. Drittschutz vermitteln nach der ständigen Rechtsprechung des BVerwG nur solche Vorschriften, die nach dem in ihnen enthaltenen, durch Auslegung zu ermittelnden Entscheidungsprogramm auch der Rücksichtnahme auf Interessen eines individualisierbaren Personenkreises dienen.[541] Um eine solche Bestimmung handelt es sich bei § 2 I EKrG nicht. Ziel der Vorschrift ist, im Interesse der Sicherheit und Leichtigkeit des Verkehrs höhengleiche Bahnübergänge bei der Anlegung neuer Kreuzungen von vornherein zu vermeiden. Die Pflicht zur Vermeidung höhengleicher Bahnübergänge knüpft daher nicht an ein konkretes Sicherheitsdefizit eines Bahnübergangs und an besondere Gefahren für einen bestimmten der Kreuzung benachbarten Personenkreis an, sondern bezweckt im Allgemeinen öffentlichen Interesse eine generelle Verbesserung der Verkehrsverhältnisse in Fällen, in denen ohnehin eine neue Kreuzung gebaut wird. Die Vorschrift lässt sich daher nicht als eine die generelle Verkehrssicherungspflicht konkretisierende Norm auffassen.[542]

---

539 BVerwG DVBl.. 2022, 356 = juris Rn. 14.

540 VGH Mannheim Urt. v. 21.11.2023 – 5 S 1693/21, juris Rn. 48.

541 BVerwG NVwZ 1995, 165.

542 BGH NJW 1967, 1325 zu § 3 I FStrG, wonach die Träger der Straßenbaulast die Bundesfernstraßen in einem dem regelmäßigen Verkehrsbedürfnis genügenden Zustand zu bauen, zu unterhalten, zu erweitern oder sonst zu verbessern haben.

e) Rechtsschutz von Gemeinden. Um die Klagebefugnis einer Gemeinde gegen die Planfeststellung für den Rückbau eines Bahnübergangs schlüssig zu begründen, müssen Tatsachen dargelegt werden, die es denkbar und möglich erscheinen lassen, dass die Gemeinde durch den Planfeststellungsbeschluss in einer eigenen rechtlich geschützten Position beeinträchtigt ist. Für eine solche Position kommen auch im Hinblick auf das Abwägungsgebot des § 18 2 AEG nur solche Belange in Betracht, die sich als eigene Belange der Gemeinde dem Schutzbereich des Art. 28 II GG zuordnen lassen. Eine Veränderung der Verkehrsinfrastruktur durch Planungen und Maßnahmen überörtlicher Verwaltungsträger berührt eigene Belange einer Gemeinde unabhängig von einer Beeinträchtigung ihrer Planungshoheit nur dann, wenn die Veränderung das Gemeindegebiet oder Teile hiervon nachhaltig betrifft und die Entwicklung der Gemeinde beeinflusst.[543] Der Umfang der sich aus der Planungshoheit ergebenden Rechte von Gemeinden aus Schallschutzgesichtspunkten im Planfeststellungsverfahren nach dem Allgemeinen Eisenbahngesetz ist durch die Rechtsprechung des BVerwG zum Fachplanungsrecht bereits hinreichend geklärt. Ob auf eine im Zuge einer Planfeststellung vorgesehene Maßnahme die Kostenregelungen des EKrG anzuwenden sind, ist im Rahmen einer Klage gegen den Planfeststellungsbeschluss grundsätzlich nicht entscheidungserheblich.[544] 5948

Die Gemeinden haben nicht nur im Hinblick auf ihre Planungshoheit Klagerechte. Vielmehr sind die Gemeinden unabhängig von einer Beeinträchtigung ihrer Planungshoheit im Bereich konkreter Vorhaben auch gegenüber solchen Planungen und Maßnahmen überörtlicher Verwaltungsträger rechtlich geschützt, die das Gemeindegebiet oder größere Teile hiervon nachhaltig betreffen und die Entwicklung der Gemeinde beeinflussen.[545] Auch nachteilige Folgewirkungen eines höhengleichen Bahnübergangs auf das gemeindliche Straßennetz können dabei berücksichtigt werden und gehören zum Abwägungsmaterial. Allerdings sind Unzuträglichkeiten etwa auf Grund von rückstauendem Verkehr hinzunehmen, wenn sie sich als unvermeidbar erweisen oder nur vorübergehend sind. Dies gilt vor allem in den neuen Bundesländern, solange der Ausbau einer bedarfsgerechten Infrastruktur noch nicht abgeschlossen ist.[546] Bei unverhältnismäßig hohen Kosten besteht auch kein Rechtsanspruch der Gemeinden, auf höhengleiche Bahnübergänge bei dem Ausbau von Eisenbahnstrecken zu verzichten. 5949

Eine Gemeinde kann sich gegenüber einer eisenbahnrechtlichen Planfeststellung grundsätzlich nicht auf Lärmschutzansprüche zu Gunsten der Nachbarschaft gemäß §§ 41 ff. BImSchG iVm den Vorschriften der 16. BImSchV berufen.[547] Auch auf andere, nicht ihrer Rechtsstellung dienende Belange kann sich die Gemeinde nicht berufen.[548] Eine eisenbahnrechtliche Plangenehmigung gibt einer Gemeinde allerdings eine wehrfähige Rechtsposition bezüglich der **kommunalen Trinkwasserversorgung** und ihrer Straßenbaulast bei Ortsstraßen, die im Rahmen der planerischen Abwägung zu berücksichtigen sind.[549] 5950

Gemeinden sind im Rahmen des verwaltungsgerichtlichen Rechtsschutzes gegen einen eisenbahnrechtlichen Planfeststellungsbeschluss nicht befugt, Lärmschutzinteressen ihrer Bürger geltend zu machen. Sie können insoweit auch nicht rügen, dass bei der Berechnung der Beurteilungspegel nach der Fassung der 16. BImSchV von 1990 der Schienenbonus noch berücksichtigt worden ist. Der sog. **Schienenbonus** ist Bestandteil des gesetzlichen Schutzkonzepts nach §§ 41 ff. BImSchG, das dem allgemeinen öffentlichen Interesse und dem Schutz Betroffener dient, aber nicht dem kommunalen Selbstverwaltungsrecht zugeordnet ist. Gemeinden sind im Rahmen des verwaltungsgerichtlichen Rechtsschutzes nicht befugt, Lärmschutzinteressen ihrer Bürger geltend zu machen und sich damit zu Sachwalterinnen von Rechten Dritter bzw. des Gemeinwohls zu machen. Belastungen gemeindeeigener Grundstücke durch Immissionen können Gemeinden als Eingriff in ihr Eigentum nur rügen, wenn Nutzer oder Bewohner in rechtswidriger Weise Immissionen ausgesetzt würden.[550] 5951

---

543 BVerwG NVwZ 2008, 1237 zum Rückbau eines Bahnübergangs.

544 BVerwG NVwZ 2006, 1290.

545 BVerwG NVwZ-RR 1993, 373; NuR 1996, 515.

546 BVerwG NuR 1996, 515.

547 OVG Koblenz BauR 2006, 151 zum Lärmschutz gegenüber einer eisenbahnrechtlichen Planfeststellung.

548 VGH München Beschl. v. 29.11.2004 – 22 AS 04.40066, juris zur eisenbahnrechtlichen Planfeststellung, dort zugleich zu Klagemöglichkeiten einer Gemeinde zugunsten von für Hangsicherungsmaßnahmen entlang einer Bahnstrecke.

549 VGH München ZfW 2006, 232.

550 BVerwG Urt. v. 15.12.2016 – 4 A 4.15, juris; BVerwG NVwZ 2018, 1799.

5952 Der aus dem Selbstverwaltungsrecht einer Gemeinde folgende Anspruch darauf, dass ein Träger überörtlicher Fachplanung bei der Betätigung seines Planungsermessens das Interesse der Gemeinde an der Gestaltung ihres Ortsbildes nicht unberücksichtigt lässt, wird von dem sich aus § 18 2 AEG auch für die Plangenehmigung ergebenden Anspruch der Gemeinde auf gerechte Abwägung ihrer Belange mit entgegenstehenden anderen Belangen uneingeschränkt umfasst.[551]

5953 Das Beteiligungsrecht der Gemeinde nach § 36 I 1 BauGB wird auch dann verletzt, wenn die Durchführung des Baugenehmigungsverfahrens unterbleibt, weil eine staatliche Behörde in Verkennung ihrer Zuständigkeit für das Vorhaben ohne Einvernehmen der Gemeinde rechtswidrig eine andere Genehmigung mit den Rechtswirkungen der Baugenehmigung erteilt.[552]

5954 **f) Umweltvereinigungen.** Natürlich können auch Umweltvereinigungen gem. § 2 UmRG gegen eisenbahnrechtliche Planfeststellungen, Plangenehmigungen und auch Linienbestimmungen klagen. Nach § 2 I 1 Nr. 2 UmwRG muss die Umweltvereinigung geltend machen, in ihrem satzungsgemäßen Aufgabenbereich durch den angefochtenen eisenbahnrechtlichen Planfeststellungsbeschluss betroffen zu sein. Zwischen dem satzungsgemäßen Aufgabenbereich und der mit dem Rechtsbehelf angegriffenen Entscheidung muss sowohl in sachlicher als auch in räumlicher Hinsicht ein Kausalzusammenhang bestehen, der von der Vereinigung vorzutragen ist. Ob dieser Zusammenhang tatsächlich besteht, bleibt der Begründetheitsprüfung vorbehalten.[553] Schon bei der Zulässigkeitsprüfung zur Klagebefugnis wird jedoch gefordert, dass auf der Grundlage der Darlegung der Umweltvereinigung nicht offensichtlich und eindeutig nach jeder Betrachtungsweise ausgeschlossen ist, dass der behauptete Kausalzusammenhang zwischen dem satzungsgemäßen Aufgabenbereich und der mit dem Rechtsbehelf angegriffenen Entscheidung besteht. Der sachliche Zusammenhang erfordert, dass die nach der Satzung verfolgten Ziele und die angegriffene Entscheidung den gleichen Themenkreis betreffen.[554]

5955 **g) Abwägungsfehler.** Nach § 18 I 2 AEG sind bei der Planfeststellung die von dem Vorhaben berührten öffentlichen und privaten Belange einschließlich der Umweltverträglichkeit im Rahmen der Abwägung zu berücksichtigen. Einzustellen sind insoweit alle mehr als geringfügigen schutzwürdigen rechtlichen oder tatsächlichen Interessen, die von der Planung in beachtlicher Weise betroffen werden. Die Planungsbehörde hat eine eigene Abwägungsentscheidung und nicht lediglich die Abwägung des Vorhabenträgers zu übernehmen. Originär ist die Planung der Behörde nicht, weil und soweit sie die vom Vorhabenträger entworfene Planung nachvollzieht. Das OVG Schleswig schlussfolgert daraus, dass die Bezeichnung der Abwägung des Vorhabenträgers als nachvollziehbar; bedeute nicht, dass die Planfeststellungsbehörde keine eigeneständige Abwägung vorgenommen habe.[555] Ob tatsächlich eine eigenständige Abwägung, wie gesetzlich gefordert, stattgefunden hat, muss auf der Grundlage der Umstände des jeweiligen Einzelfalls hinterfragt werden.

5956 Zu den abzuwägenden Belangen zählt ua auch das Interesse der Menschen, die eine Anlage der Eisenbahninfrastruktur nutzen, dass ihr Leben und ihre körperliche Unversehrtheit vor den Gefahren eines Brandes geschützt werden. Daher hat die Planfeststellungsbehörde durch geeignete Regelungen zum Brandschutz sicherzustellen, dass Schäden möglichst verhindert werden, soweit die zu treffenden Maßnahmen nicht der Ausführungsplanung überlassen bleiben können. Diese Regelungen trifft die Planfeststellungsbehörde jedoch im Interesse aller potentiellen künftigen Nutzer der jeweiligen Infrastruktur. Der Kreis dieser Nutzer ist unüberschaubar, nicht bestimmbar, nicht konkretisierbar und nicht von der Allgemeinheit abzugrenzen.[556]

---

[551] BVerwG NVwZ 2001, 90.

[552] VGH Mannheim DVBl. 2002, 1141.

[553] VGH Mannheim Urt. v. 21.11.2023 – 5 S 1972/21, juris Rn. 22; OVG Berlin-Brandenburg NuR 2021, 272 = juris Rn. 5 f.

[554] VGH Mannheim Urt. v. 21.11.2023 – 5 S 1972/21, juris Rn. 22 Fellenberg/Schiller in Landmann/Rohmer, Umweltrecht, 1 2023, § 2 UmwRG Rn. 18 ff.; Kment in Beckmann/Kment, UVPG/UmwRG, 2023, § 2 UmwRG Rn. 21 f.; jeweils mwN; zum Rechtsschutz von Umweltvereinigungen gegen eine eisenbahnrechtliche Änderungsplanfeststellung für eine Güterumschlaganlage OVG Lüneburg NordÖR 2021, 362.

[555] OVG Schleswig Urt. v. 13.12.2023 – 4 KS 2/22, juris.

[556] VGH Mannheim Urt. v. 21.11.2023 – 5 S 1972/21, juris Rn. 49; Urt. v. 30.9.2020 – 5 S 969/18, juris Rn. 40 ff.

Mängel bei der Abwägung der von dem Vorhaben berührten öffentlichen und privaten Belange sind nach § 75 Ia VwVfG nur erheblich, wenn sie offensichtlich und auf das Abwägungsergebnis von Einfluss gewesen sind. 2Erhebliche Mängel bei der Abwägung oder eine Verletzung von Verfahrens- oder Formvorschriften führen nur dann zur Aufhebung des Planfeststellungsbeschlusses oder der Plangenehmigung, wenn sie nicht durch Planergänzung oder durch ein ergänzendes Verfahren behoben werden können. Die §§ 45 und 46 bleiben unberührt. Bei der Prüfung, ob ein Abwägungsmangel im Sinne von § 75 Ia 1 VwVfG auf das Abwägungsergebnis von Einfluss gewesen ist, hat das Tatsachengericht alle Unterlagen und Umstände heranzuziehen, die für den Rückschluss auf die Willensbildung der Behörde bei Vermeidung des Mangels Bedeutung haben können. Dazu gehören neben dem Planfeststellungsbeschluss und den darin planfestgestellten Unterlagen die Verwaltungsvorgänge sowie vom Vorhabenträger vorgelegte Unterlagen und alle sonst erkennbaren oder naheliegenden Umstände.[557] 5957

h) Missbrauch. Nach § 5 UmwRG bleiben Einwendungen, die eine Person oder eine Vereinigung im Sinne des § 4 III 1 UmwRG erstmals im Rechtsbehelfsverfahren erhebt, unberücksichtigt, wenn die erstmalige Geltendmachung im Rechtsbehelfsverfahren missbräuchlich oder unredlich ist. Die Nichtbeteiligung am Anhörungsverfahren lässt ohne Hinzutreten weiterer Umstände nicht den Schluss zu, dass die erstmalige Geltendmachung von Einwendungen im gerichtlichen Verfahren missbräuchlich oder unredlich ist.[558] 5958

i) Eilverfahren. Nach § 18e II 1 AEG kann der Antrag auf Anordnung der aufschiebenden Wirkung der Anfechtungsklage gegen einen Planfeststellungsbeschluss oder eine Plangenehmigung nach § 80 V 1 VwGO nur innerhalb eines Monats nach der Zustellung des Planfeststellungsbeschlusses oder der Plangenehmigung gestellt und begründet werden. Darauf ist in der Rechtsbehelfsbelehrung hinzuweisen. § 58 VwGO gilt entsprechend. Treten später Tatsachen ein, die die Anordnung der aufschiebenden Wirkung rechtfertigen, so kann der durch den Planfeststellungsbeschluss oder die Plangenehmigung Beschwerte einen hierauf gestützten Antrag nach § 80 V 1 VwGO innerhalb einer Frist von einem Monat stellen und begründen. Die Frist beginnt mit dem Zeitpunkt, in dem der Beschwerte von den Tatsachen Kenntnis erlangt (§ 18 e II AEG). 5959

Das Rechtsschutzinteresse für eine einstweilige Anordnung mit dem Ziel der Einstellung und weiteren Verhinderung ungenehmigter, aber gem. § 18 AEG genehmigungspflichtiger Bauarbeiten durch das Eisenbahn-Bundesamt fehlt, wenn die Bauarbeiten nicht mehr stattfinden und nicht lediglich kurzzeitig unterbrochen worden sind.[559] Bei der Gewichtung der einander gegenüberstehenden Vollzugs- und Suspensivinteressen ist von maßgeblicher Bedeutung, dass der Gesetzgeber ausweislich des § 18e II 1 AEG dem Vollzugsinteresse – und damit der beschleunigten Umsetzung eisenbahnrechtlicher Planungsentscheidungen – erhebliches Gewicht beimisst.[560] 5960

j) Lärmsanierungsansprüche. Rechtsgrundlage für Lärmsanierungsansprüche[561] gegenüber Bahnanlagen ist § 906 BGB. Derartige Ansprüche sind daher – so der VGH München – auf Grund der geänderten Eisenbahnverfassung gem. § 13 GVG auf dem Zivilrechtsweg gegen die Deutsche Bahn AG als Gesamtrechtsnachfolgerin der privatisierten Bundesbahn geltend zu machen.[562] Bei Rechtsstreitigkeiten um Änderungen von Strecken öffentlicher Eisenbahnen ist das OVG/der VGH instanziell zuständig, obwohl § 48 I Nr. 7 VwGO ausdrücklich nur von „neuen" Strecken ausgeht. Eine andere Interpretation wird den Absichten des PlVereinfG nicht gerecht.[563] 5961

---

557 BVerwG NVwZ 2020, 1683 = juris Rn. 46

558 OVG Münster Urt. v. 21.2.2022 – 11 D 171/20.AK, juris Rn. 58; BVerwG Urt. v. 29.6.2017 – 3 A 1.16, B juris, Rn. 24; Fellenberg/Schiller in Landmann/Rohmer, Umweltrecht, 2021, § 5 UmwRG, Rn. 19 ff.

559 BVerwG NVwZ 1995, 586.

560 BVerwG Beschl. v. 19.12.2019 – 7 VR 6.19, juris.

561 Für die Straßenplanung BVerwG NVwZ 2000, 70.

562 VGH München NVwZ-RR 1998, 639.

563 OVG Lüneburg NVwZ-RR 1998, 718.

12. Planfeststellungsverfahren bei Vorhaben im transeuropäischen Verkehrsnetz

5962 Mit dem Gesetz zur Beschleunigung von Genehmigungsverfahren im Verkehrsbereich und zur Umsetzung der Richtlinie (EU) 2021/1187 über die Straffung von Maßnahmen zur rascheren Verwirklichung des transeuropäischen Verkehrsnetzes hat der Gesetzgeber unter anderem auch die Richtlinie (EU) 2021/1187 über die Straffung von Maßnahmen zur rascheren Verwirklichung des transeuropäischen Verkehrsnetzes (TEN-V) auf Ebene des Bundesrechts umgesetzt. Die Umsetzung beinhaltet insbesondere die Einführung einer Frist von vier Jahren für das Genehmigungsverfahren und wird im FStrG, im AEG, im WaStrG, im LuftVG und im WHG umgesetzt. § 20 I AEG bestimmt dazu: Wird ein Planfeststellungsverfahren oder ein Plangenehmigungsverfahren für ein Vorhaben durchgeführt, das 1. im Kernnetzkorridor nach Anlage 3 gelegen ist, oder 2. im Kernnetzkorridor nach Anlage 4 gelegen ist und dessen geschätzte Gesamtkosten zum Zeitpunkt der Einleitung des Planfeststellungsverfahrens oder des Plangenehmigungsverfahrens 300 Mio. € überschreiten, ist dieses innerhalb von vier Jahren abzuschließen. Die Frist beginnt mit dem Eingang des Plans nach § 73 I VwVfG bei der Anhörungsbehörde und Planfeststellungsbehörde. Diese sowie alle am Planfeststellungsverfahren oder am Plangenehmigungsverfahren beteiligten Behörden des Bundes und der Länder sind bestrebt, den Planfeststellungsverfahren oder Plangenehmigungsverfahren Vorrang bei der Bearbeitung einzuräumen. Dabei ist das Beschleunigungsinteresse an anderen Vorhaben, die im überragenden öffentlichen Interesse stehen oder der öffentlichen Sicherheit dienen, zu beachten.

5963 Die Planfeststellungsbehörde hat dem Vorhabenträger nach § 20 II AEG auf dessen Antrag Auskunft über die bei Vorlage des Plans nach § 73 I VwVfG beizubringenden Informationen und Unterlagen zu erteilen. Weist das Vorhaben bei Eingang des Plans nach § 73 I VwVfG nicht die erforderliche Reife auf, so ist der Antrag auf Einleitung des Verfahrens zur Planfeststellung oder Plangenehmigung spätestens vier Monate nach seinem Eingang bei der zuständigen Behörde abzulehnen (§ 20 II 2 AEG). Auf Antrag der Planfeststellungsbehörde kann das Bundesministerium für Digitales und Verkehr die Frist verlängern. Im Antrag sind die Gründe für die Fristüberschreitung darzulegen. Eine weitere Verlängerung kann unter denselben Bedingungen einmal gewährt werden (§ 20 III AEG). § 20 I bis III AEG findet keine Anwendung auf Vorhaben, deren Plan vor dem 10.8.2023 bei der Anhörungsbehörde und Planfeststellungsbehörde eingereicht wurde (§ 20 IV AEG). Bei grenzüberschreitenden Vorhaben nach § 20 I 1 AEG sollen die zuständigen Behörden nach § 20a I AEG zusammenarbeiten, erforderliche Informationen, Unterlagen und Dokumente austauschen und die nationalen Zeitpläne ihrer Genehmigungsverfahren abstimmen. Wird die Frist nach § 20 I 1 und 2 AEG nicht eingehalten, hat das Bundesministerium für Digitales und Verkehr bei grenzüberschreitenden Vorhaben die Europäischen Koordinatoren auf deren Ersuchen über Maßnahmen zum zügigen Abschluss des Planfeststellungsverfahrens oder Plangenehmigungsverfahrens zu unterrichten (§ 20a III AEG).

III. Telekommunikationsgesetz (TKG)

5964 Die Verlegung und Nutzung von Telekommunikationslinien ist im Telekommunikationsgesetz (TKG)[564] geregelt. Das TKG hat das TelwegG[565] abgelöst, nach dem früher Telegrafenwegeanlagen geplant wurden. Die Verabschiedung des TKG stand damit auch im Zusammenhang mit der Postreform.[566] Das bisherige Staatsmonopol bei der Verlegung von Netzen und bei der Sprachübermittlung war dadurch entfallen. Das Telekommunikationsmodernisierungsgesetz aus dem Jahr 2021 sieht in Art. 1 insbesondere eine umfassende Novellierung des Telekommunika-

---

564 Telekommunikationsgesetz v. 22.6.2004 (BGBl. I S. 1190); zur Geschichte und Entwicklung des deutschen Telekommunikationsrechts siehe Cornils, Einleitung in Geppert/Schütz, TKG, 2023, Rn. 1 ff.; Zur TKG-Novelle 2021 –Freund/Mengel (NVwZ 2022, 24.

565 Telegrafenwegegesetz idF der Bekanntmachung v. 24.4.1991, zuletzt geändert durch Gesetz v. 14.9.1994 (BGBl. I 1053).

566 Zur Postreform Bauer/Neumann (Hrsg.) Privatisierung der Telekom 1994; Becker ArchivPF 1987, 435; Benz DÖV 1995, 679; Blanke/Sterzel KJ 1993, 278; Büchner DZWiR 1995, 120; ders. JA 1990, 194; Eidenmüller DÖV 1984, 225; Gramlich NJW 1994, 2785; Kirchhof NVwZ 1994, 1041; Murswiek JuS 1996, 80; Roer Die Bindungswirkung von Zielen der Raumordnung und Landesplanung nach der Privatisierung der Post 1996; dies. Die Nachfolgeunternehmen von Bahn und Post in der Bauleitplanung 1996; Wichmann/Maier DVBl. 1987, 814.

tionsgesetzes (TKG) vor. Der neue Rechtsrahmen ist am 28.6.2021 verkündet worden und am 1.12.2021 in Kraft getreten.

Das Telekommunikationsmodernisierungsgesetz dient der Umsetzung der RL 2018/1972/EU des Europäischen Parlaments und des Rates vom 11.12.2018 über den europäischen Kodex für die elektronische Kommunikation, die Ende 2018 in Kraft getreten ist. Ziele des Kodex sind nach Art. 1 II a der Richtlinie „die Errichtung eines Binnenmarkts für elektronische Kommunikationsnetze und -dienste, der den Ausbau und die Nutzung von Netzen mit sehr hoher Kapazität bewirkt, einen nachhaltigen Wettbewerb und die Interoperabilität von Kommunikationsdiensten sowie die Zugänglichkeit und Sicherheit von Netzen und Diensten gewährleistet und die Interessen der Endnutzer fördert"; durch wirksamen Wettbewerb sollen nach Art. 1 II b der Richtlinie hochwertige und erschwingliche Dienste bereitgestellt werden.[567] 5965

Zweck des TKG ist es nach § 1 I TKG, durch technologieneutrale Regulierung den Wettbewerb im Bereich der Telekommunikation und leistungsfähige Telekommunikationsinfrastrukturen zu fördern und flächendeckend angemessene und ausreichende Dienstleistungen zu gewährleisten. Dem TKG unterliegen nach § 1 II TKG alle Unternehmen oder Personen, die in Deutschland Gesetzes Telekommunikationsnetze oder Telekommunikationsanlagen betreiben oder Telekommunikationsdienste erbringen sowie die weiteren, nach diesem Gesetz Berechtigten und Verpflichteten. 5966

Das TKG enthält umfassende Bestimmungen zur Markregulierung, in denen das Zusammenwirken von Telekommunikationsunternehmen, Zugangsverpflichtungen für Wettbewerber, eine Entgeltregulierung und die Überwachung des Marktes durch die Bundesnetzagentur festgelegt werden (§§ 10 bis 50 TKG). Teil 2 des TKG enthält Kundenschutzbestimmungen, unter anderem über diskriminierungsfreie Angebote, transparente Informationen bei Verträgen, Anforderungen an Rechnungen und Einzelverbindungsnachweise, etc. (§§ 51 bis 72 TKG). Für das Fachplanungsrecht bedeutsame Bestimmungen über Wegerechte und Mitnutzung sind Gegenstand des 8. Teils des TKG (§§ 125 bis 155 TKG). 5967

Die Regelungen über die Benutzung von öffentlichen Verkehrswegen sowie privater Grundstücke sind mit Anpassungen in den §§ 125 ff TKG durch das Telekommunikationsmodernisierungsgesetz 2021 aus den § 68 ff. TKG aF übernommen worden, weil sie sich nach Einschätzung des Gesetzgebers in der Rechtspraxis bewährt haben. § 125 I 1 TKG bestimmt weiterhin, dass dem Bund eine Nutzungsberechtigung für die Verlegung von öffentlichen Zwecken dienenden Telekommunikationslinien in Verkehrswegen zusteht. Nach § 125 II TKG überträgt der Bund die Nutzungsberechtigung durch die BNetzA auf Antrag auf die Eigentümer oder Betreiber von öffentlichen Telekommunikationsnetzen oder öffentlichen Zwecken dienenden Telekommunikationslinien. Für die Verlegung oder Änderung von Telekommunikationslinien in Verkehrswegen ist nach § 127 TKG eine Zustimmung des zuständigen Trägers der Wegebaulaust erforderlich, die von dem Nutzungsberechtigten zu beantragen ist. Die Benutzung der Verkehrswege hat nach § 129 TKG unter Rücksichtnahme auf die Wegeunterhaltung und den Widmungszweck zu erfolgen. 5968

Ein Planfeststellungsverfahren ist im Gegensatz zu der früheren Regelung in § 7 TelWegG weiterhin nicht erforderlich. 5969

1. Zuständigkeiten

Der Bund hat für den Bereich des Postwesens und der Telekommunikation gem. Art. 73 I Nr. 7 GG die ausschließliche Gesetzgebungskompetenz. Angelegenheiten der früheren Bundespost und der jetzigen Rechtsnachfolgerin[568] werden durch die dafür bestimmten Nachfolgeorganisationen wahrgenommen. Nach Maßgabe eines Bundesgesetzes, das der Zustimmung des Bundesrates bedarf, gewährleitet der Bund im Bereich des Postwesens und der Telekommunikation flächendeckend angemessene und ausreichende Dienstleistungen. Diese werden als privatwirtschaftliche Tätigkeit durch die aus dem Sondervermögen Deutsche Bundespost hervorgegangenen Unternehmen und durch andere private Anbieter erbracht. Hoheitsaufgaben im Bereich des Postwesens und der Telekommunikation werden in bundeseigener Verwaltung ausgeführt (Art. 87 f GG). Mit der Neuordnung der Post sind die Aufgaben der bisherigen Deutschen Bundespost Sparte Telekom auf die Deutsche Telekom AG übertragen worden. 5970

[567] Freund/Mengel NVwZ 2022, 24; näher dazu Cornils in Geppert/Schütz, TKG, 2023, Einl A Rn. 45.

[568] Für diesen Teilbereich die Deutsche Telekom AG.

5971 Der Begriff „Telekommunikation" hat 1994 im GG den früheren Begriff des Fernmeldewesens ersetzt. Telekommunikation wird in Anlehnung an den früheren Begriff des Fernmeldewesen verstanden als die Übermittlung von Informationen auf fernmeldetechnischem Wege, dh mittels elektromagnetischer Schwingungen, analog oder digital, leitungsgebunden oder drahtlos. Der Begriff ist entwicklungsoffen; entscheidend soll die körperlose Übermittlung, die fehlende Verkörperung der zunächst übermittelten, dann empfangenen und schließlich wiedererzeugten Information sein.[569] Zur Telekommunikation zählt der gesamte Bereich des Internet, der Multimediadienste bzw. der Telemedien. Art 73 Nr. 7 GG berechtigt unmittelbar nur zur Regelung der (fernmelde-)technischen Aspekte, dh der Telekommunikationsinfrastruktur und der Informationsübermittlung durch Telekommunikationsanlagen, nicht jedoch der übermittelten Inhalte oder die Art der Nutzung der Telekommunikation.[570]

2. Berechtigung zur Nutzung öffentlicher Wege und ihre Übertragung

5972 Der Bund ist nach § 125 I 1 TKG befugt, Verkehrswege für die öffentlichen Zwecken dienenden Telekommunikationslinien unentgeltlich zu benutzen, soweit nicht dadurch der Widmungszweck der Verkehrswege dauernd beschränkt wird. Als Verkehrswege gelten die öffentlichen Wege, Plätze und Brücken sowie die öffentlichen Gewässer (§ 125 I 2 TKG). Telekommunikationslinien sind nach § 3 Nr. 64 TKG unter- oder oberirdisch geführte Telekommunikationskabelanlagen, einschließlich ihrer zugehörigen Schalt- und Verzweigungseinrichtungen, Masten und Unterstützungen, Kabelschächte und Kabelkanalrohre, sowie weitere technische Einrichtungen, die für das Erbringen von öffentlich zugänglichen Telekommunikationsdiensten erforderlich sind.[571]

5973 Das Nutzungsrecht überträgt der Bund nach § 125 II 1 TKG durch die Bundesnetzagentur auf Antrag an die Eigentümer oder Betreiber öffentlicher Telekommunikationsnetze oder öffentlichen Zwecken dienen der Telekommunikationslinien. In dem Antrag ist das Gebiet zu bezeichnen, für das die Nutzungsberechtigung übertragen werden soll (§ 125 I 2 TKG). Bei dem Nutzungsrecht handelt es sich um ein Sondergebrauchsrecht, das eine öffentlich-rechtliche Duldungspflicht der Straßenbaulastträger bewirkt.[572]

5974 Die Bundesnetzagentur überträgt nach § 125 III 1 TKG die Nutzungsberechtigung, wenn der Antragsteller nachweislich fachkundig, zuverlässig und leistungsfähig ist, Telekommunikationslinien zu errichten und die Nutzungsberechtigung mit den Regulierungszielen nach § 2 TKG vereinbar ist. Die Bundesnetzagentur erteilt die Nutzungsberechtigung für die Dauer der öffentlichen Tätigkeit. Sie entscheidet über vollständige Anträge innerhalb von sechs Wochen (§ 125 III 2 und 3 TKG).

5975 Beginn und Beendigung der Nutzung sowie jeder sonstige Wegfall der Nutzungsberechtigung nach § 125 II TKG, Namensänderungen, Anschriftenänderungen und identitätswahrende Umwandlungen des Unternehmens sind der Bundesnetzagentur unverzüglich mitzuteilen. Die Bundesnetzagentur stellt diese Informationen den Wegebaulastträgern zur Verfügung. Für Schäden, die daraus entstehen, dass Änderungen nicht rechtzeitig mitgeteilt wurden, haftet der Nutzungsberechtigte (§ 125 IV TKG).

5976 Die Inanspruchnahme der Nutzungsberechtigung bewirkt ein gesetzliches Schuldverhältnis zwischen dem nutzungsberechtigten Eigentümer oder Betreiber des Telekommunikationsnetzes und dem Wegebaulastträger, das sich neben Duldungs- und Kostentragungspflichten auch auf Pflichten zur gegenseitigen Rücksichtnahme erstreckt.[573] Zwischen dem Lizenznehmer und dem jeweiligen Baulastträger entsteht ein öffentlich-rechtliches Benutzungsverhältnis nach Maßgabe des TKG, das einen Rückgriff auf die allgemeinen Regelungen des Straßenrechts ausschließt.[574] Die Inanspruchnahme des öffentlichen Verkehrsraums durch Einrichtungen

---

[569] Degenhart in Sachs, GG, 2021, Art. 73 Rn. 33.

[570] Kment in Jarass/Pieroth, GG, 2022, Art. 73 Rn. 26; Degenhart in Sachs, GG, 2021, Art. 73 Rn. 33.

[571] Zur Definition der Telekommunikationslinien siehe auch Stahlhut in Kodal, Straßenrecht, 2021, § 27 Rn. 101; Zur Verfassungskonformität der Regelung BVerfG NVwZ 1999, 520; Schütz in Geppert/Schütz, TKG, 2023, § 125 Rn. 14; Stahlhut in Kodal, Straßenrecht, 2021, § 27 Rn. 103; Bedenken zur Vereinbarkeit mit dem Selbstverwaltungsrecht der Gemeinden bei Pünder DVBl.. 1997, 1354; Giesen/Cronauge ZKF 1996, 74.

[572] Schütz in Geppert/Schütz, TKG, 2023, § 125 Rn. 17; Burgi DVBl. 2001, 845 (848).

[573] Schütz in Geppert/Schütz, TKG, 2023, § 125 Rn. 18.

[574] OVG Münster NVwZ-RR 2019, 502 = juris Rn. 10; BVerwG NVwZ 2001, 1170.

einer Telekommunikationslinie, zB durch Schaltkästen, durch die der Widmungszweck der Verkehrswege regelmäßig nicht dauernd beschränkt wird ist dementsprechend keine straßenrechtliche Sondernutzung.[575]

3. Pflichten der Eigentümer und Betreiber

Telekommunikationslinien sind nach § 126 TKG so zu errichten und zu unterhalten, dass sie den Anforderungen der Sicherheit und Ordnung sowie den anerkannten Regeln der Technik genügen. 5977

4. Verlegung und Änderung von Telekommunikationslinien

a) Zustimmungserfordernis. Für die Verlegung oder die Änderung von Telekommunikationslinien ist nach § 127 I TKG die schriftliche oder elektronische Zustimmung des Trägers der Wegebaulast erforderlich. Ist der Wegebaulastträger selbst Betreiber einer Telekommunikationslinie oder mit einem Betreiber im Sinne des § 37 I oder II GWB zusammengeschlossen, so ist die Zustimmung von einer Verwaltungseinheit zu erteilen, die unabhängig von der für den Betrieb der Telekommunikationslinie oder der für die Wahrnehmung der Gesellschaftsrechte zuständigen Verwaltungseinheit ist.[576] Mit dem Zustimmungserfordernis soll sichergestellt werden, dass bei einem Eingriff in eine Straße eine technische Lösung gewählt wird, die zwischen dem Straßenbaulastträger und dem TK-Unternehmen abgestimmt ist.[577] Zustimmungspflichtig ist neben der Neuverlegung auch eine horizontale oder vertikale Lageveränderung einer TK-Linie; nicht zustimmungspflichtig ist hingegen der Austausch eines Kupferkabels durch ein Glasfaserkabel oder das Einziehen zusätzlicher Kabel in bereits vorhandene Kabelschutzrohre.[578] 5978

Die Zustimmung wird regelmäßig im Wege eines Verwaltungsakts erteilt; sie kann aber auch vertraglich eingeräumt werden.[579] Die Zustimmung gilt gem. § 127 III 1 TKG nach Ablauf einer Frist von drei Monaten nach Eingang des vollständigen Antrags als erteilt. Diese Zustimmungsfrist beginnt nicht, wenn der Antrag unvollständig ist und der zuständige Wegebaulastträger dies innerhalb eines Monats nach Eingang des Antrags beim zuständigen Wegebaulastträger dem Antragsteller in Textform mitteilt. Im Fall der Ergänzung oder Änderung des Antrags beginnen die Fristen neu zu laufen. Die Zustimmungsfrist kann um einen Monat verlängert werden, wenn dies wegen der Schwierigkeit der Angelegenheit gerechtfertigt ist. Die Fristverlängerung ist zu begründen und rechtzeitig mitzuteilen (§ 127 III 2 bis 5 TKG). 5979

Die Zustimmung ist ein gebundener Verwaltungsakt; liegen die Zustimmungsvoraussetzungen vor, muss die Zustimmung erteilt werden. Über ein Ermessen verfügt der Straßenbaulastträger insoweit nicht.[580] Die Zustimmung ist unterirdischer Verlegung zu erteilen, wenn die Voraussetzungen der Nutzungsberechtigung gegeben sind. Planerische Gesichtspunkte und Fragen der Zweckmäßigkeit der Führung der unterirdisch verlegten Telekommunikationslinie dürfen vom Träger der Wegebaulast nicht in eigener Zuständigkeit geprüft werden. Der Rahmen seiner Prüfungskompetenz wird allein durch seine Rechtsstellung als Unterhaltspflichtiger der Straßen und Wege bestimmt. Nur die Aspekte, für die er als Straßenbaulastpflichtiger zuständig ist, unterliegen seiner Prüfungskompetenz. Durch die Zustimmungspflicht soll erreicht werden, dass der Träger der Wegebaulast Kenntnis darüber erhält und hiervon Pläne fertigen kann, wo Telekommunikationslinien im öffentlichen Straßenraum verbaut sind. Zu diesem Zweck muss er die konkrete Lage der Telekommunikationslinie kennen und auch ihre Dimensionierung. Nicht notwendig jedoch ist, dass der Träger der Wegebaulast weiß, wie viele einzelne Kabel in einer zugestimmten Telekommunikationslinie verlaufen und wer der Nutzer eines jeden einzelnen Kabels ist. Dies sind nämlich keine Belange, die für die Wegebaulast von 5980

---

575 OVG Münster NVwZ-RR 2019, 502 = juris Rn. 12.

576 Siehe dazu Freund/Mengel NVwZ 2022, 24 (27).

577 Stahlhut in Kodal, Straßenrecht, 2021, § 27 Rn. 109.

578 Stahlhut in Kodal, Straßenrecht, 2021, § 27 Rn. 109; sieh auch VG Gießen GewArch 2017, 118: „Das Einblasen eines – weiteren – Lichtwellenleiters in das Schutzrohr einer bereits zugestimmten Telekommunikationslinie bedarf nicht der Zustimmung des Trägers der Wegebaulast, weil hiermit keine Lage- oder Dimensionsänderung einhergeht".

579 Stahlhut in Kodal, Straßenrecht, 2021, § 27 Rn. 108.

580 VG Gießen GewArch 2017, 118= juris Rn. 21.

Bedeutung sind. Bedeutsam für die Wegebaulast ist allein die örtliche Lage der Telekommunikationslinie im Straßengrundstück und die Gesamtdimensionierung, damit bei etwaigen Baumaßnahmen an der Straße hierauf reagiert werden kann.[581]

5981 Wird eine nach Maßgabe etwaiger Verwaltungsvorschriften des jeweils zuständigen Wegebaulastträgers nur geringfügige bauliche Maßnahme diesem vollständig angezeigt, und fordert dieser nicht innerhalb eines Monats den Anzeigenden auf, einen entsprechenden Antrag zu stellen, gilt die Zustimmung nach § 127 I TKG als erteilt. Diese Zustimmungsfrist beginnt nicht, wenn die Anzeige unvollständig ist und der zuständige Wegebaulastträger dies innerhalb eines Monats nach Eingang der Anzeige beim zuständigen Wegebaulastträger dem Anzeigenden in Textform mitteilt. Im Fall der Ergänzung oder Änderung der Anzeige beginnen die Fristen neu zu laufen (§ 127 IV TKG).

5982 **b) Parallele Genehmigungen.** Behördliche Entscheidungen nach Maßgabe des Naturschutzrechtes, des Wasserhaushaltrechtes, des Denkmalschutzes und der Straßenverkehrs-Ordnung, die im Zuge der Verlegung oder Änderung von Telekommunikationslinien notwendig sind, sind nach § 127 V TKG zeitgleich mit der Zustimmung nach § 127 I TKG zu erteilen. Dies gilt nicht in Fällen, in denen der Bund für die Erteilung dieser Zustimmung zuständig ist. Sonstige Genehmigungserfordernisse bleiben unberührt. Die Zustimmung entfaltet keine Konzentrationswirkung im Hinblick auf andere behördliche Entscheidungen.[582] Auch die Fiktionswirkung nach § 127 III TKG betrifft lediglich die Zustimmung des Wegebaulastträgers.[583] Wie eine zeitgleiche Erteilung der Genehmigungen sichergestellt werden soll, ergibt sich weder aus dem Wortlaut noch aus der Begründung des Gesetzes. Die Länder sollen eine oder mehrere koordinierende Stellen bestimmen und für die zeitgleiche Erteilung der genannten behördlichen Entscheidungen sorgen (§ 127 V 2 bis 4 TKG). Die koordinierenden Stellen sollen als Ansprechpartner agieren und auf eine zeitgleiche Erteilung der behördlichen Entscheidungen hinwirken.[584] Für die Durchführung der Bauarbeiten zur Verlegung eine Telekommunikationslinie bedarf es regelmäßig einer straßenverkehrsrechtlichen Anordnung nach § 45 VI StVO; Baugenehmigungen sind zumeist nicht erforderlich, weil die Verlegung solcher Leitungen in den meisten BauO der Länder von einer Baugenehmigungspflicht freigestellt sind.[585] Die Straßenbaubehörde kann auf der Grundlage landes- oder ortsrechtlicher Gebührenordnungen für die Erteilung einer Zustimmung Gebühren erheben und Auslagen ersetzt verlangen.

5983 **c) Abwägungserfordernisse.** Bei der **Verlegung oberirdischer Leitungen** sind die Interessen der Wegebaulastträger, der Betreiber öffentlicher Telekommunikationsnetze und die städtebaulichen Belange abzuwägen. Für die erforderliche Abwägung verfügt der Wegebaulastträger über einen Abwägungs- bzw. Ermessensspielraum.[586] In die Abwägung muss zugunsten einer beantragten Verlegung oberirdischer Leitungen insbesondere einfließen, dass der Ausbau von Netzen mit sehr hoher Kapazität beschleunigt wird oder die Kosten der Verlegung hierdurch maßgeblich gesenkt werden. Soweit beantragt, sollen in der Regel oberirdische Leitungen verlegt werden, wenn vereinzelt stehende Gebäude oder Gebäudeansammlungen erschlossen werden sollen. Soweit die Verlegung im Rahmen einer Gesamtbaumaßnahme koordiniert werden kann, die in engem zeitlichem Zusammenhang nach der Antragstellung auf Zustimmung durchgeführt wird, soll die Verlegung in der Regel unterirdisch erfolgen (§ 127 VI TKG). Angesichts diese konkreten Regelungen steht die Entscheidung, ob die TK-Leitung unterirdisch oder oberirdisch verlegt wird, nicht im freien Ermessen des TK-Unternehmens. Abgesehen jedoch von den genannten Maßgaben des § 127 VI TKG gibt es keinen weitergehenden Vorrang für die oberirdische oder unterirdische Verlegung. Der Verlust an für den Gemeingebrauch nutzbarer Straßenfläche ist als solcher eine typische Folge der oberirdischen Inanspruchnahme eines öffentlichen Verkehrswegs für eine Telekommunikationsleitung und aufgrund der Reichweite der Nutzungsberechtigung nicht ohne weiteres mit einer Beschränkung des Widmungszwecks gleichzusetzen. Die Nutzungsberechtigung besteht gerade an gewidmeten Verkehrswegen und bezieht sämtliche, auch oberirdische, Teile von Telekommunikationslinien im Umfang der Definition nach § 3 Nr. 26 TKG ein. Masten von Kabelanlagen gehören

---

581 VG Gießen GewArch 2017, 118= juris Rn. 21.
582 Stahlhut in Kodal, Straßenrecht, 2021, § 27 Rn. 114;
583 Stahlhut in Kodal, Straßenrecht, 2021, § 27 Rn. 114; Freund/Mengel NVwZ 2022, 24 (27).
584 BT-Drs. 19/28865, 463; Freund/Mengel NVwZ 2022, 24 (27).
585 Stahlhut in Kodal, Straßenrecht, 2021, § 27 Rn. 114.
586 Schütz in Geppert/Schütz, TKG, 2023, § 127 Rn. 46.

dazu. Abgesehen von den genannten Gewichtungsvorgaben stehen die ober- und unterirdische Verlegung von Telekommunikationslinien im Rahmen von § 68 TKG gleichberechtigt nebeneinander.[587]

d) Glasfaser. Seit der Gesetzesnovelle 2021 muss die mindertiefe Verlegung nicht mehr gesondert beantragt werden; vielmehr bedarf es lediglich einer entsprechenden Mitteilung im Zustimmungsantrag gegenüber dem Wegebaulastträger, wobei diese Mitteilung die technischen und baulichen Merkmale der mindertiefen Verlegung mit Blick auf Verlegetiefe, Mindestüberdeckung, Verlegebreite und Trassenverlauf erläutern muss.[588] Dem Träger der Straßenbaulast ist mitzuteilen, ob Glasfaserleitungen oder Leerrohrsysteme, die der Aufnahme von Glasfaserleitungen dienen, in geringerer als der nach den anerkannten Regeln der Technik vorgesehenen Verlegetiefe, wie zum Beispiel im Wege des Micro- oder Minitrenching, verlegt werden (mindertiefe Verlegung). Eine mindertiefe Verlegung darf erfolgen, wenn der Antragsteller die durch eine mögliche wesentliche Beeinträchtigung des Schutzniveaus entstehenden Kosten oder den etwaig höheren Erhaltungsaufwand übernimmt. Angesichts dieses Wortlauts der Bestimmung ist nicht davon auszugehen, dass dem Wegebaulastträger hinsichtlich seiner Zustimmung dazu Ermessen eingeräumt ist. Die Sätze 1 und 2 sind auf die Verlegung von Glasfaserleitungen oder Leerrohrsystemen in Bundesautobahnen und autobahnähnlich ausgebauten Bundesfernstraßen nicht anzuwenden (§ 127 VII TKG). 5984

e) Nebenbestimmungen. Eine Zustimmung des Wegebaulastträgers kann mit Nebenbestimmungen versehen werden, wenn diese sicherstellen, dass die gesetzlichen Voraussetzungen der Zustimmung erfüllt werden.[589] Die Zustimmung kann nach § 127 VIII 1 TKG mit Nebenbestimmungen versehen werden, die diskriminierungsfrei zu gestalten sind; die Nebenbestimmungen dürfen nur die Art und Weise der Errichtung der Telekommunikationslinie sowie die dabei zu beachtenden Regeln der Technik, die Sicherheit und Leichtigkeit des Verkehrs, die im Bereich des jeweiligen Wegebaulastträgers übliche Dokumentation der Lage der Telekommunikationslinie nach geographischen Koordinaten und die Verkehrssicherungspflichten regeln. Soweit keine anerkannten Regeln der Technik für die mindertiefe Verlegung oder Errichtungs- und Anbindungskonzepte für drahtlose Zugangspunkte mit geringer Reichweite bestehen, und der Wegebaulastträger von den Angaben des Antragsstellers abweichende Vorgaben zur Art und Weise der Errichtung bei der mindertiefen Verlegung oder bei der Errichtung und Anbindung drahtloser Zugangspunkte mit geringer Reichweite macht, müssen diese aus Gründen der öffentlichen Sicherheit und Ordnung notwendig sein. Die Zustimmung kann außerdem von der Leistung einer angemessenen Sicherheit abhängig gemacht werden (§ 127 VIII TKG).[590] 5985

Die Zustimmung zur Verlegung einer Telekommunikationslinie kann nicht mit einer Nebenbestimmung verbunden werden, die personenbezogene Anforderungen an die Fachkunde der mit der Verlegung beauftragten Unternehmen aufstellt.[591] Die Nebenbestimmungen dürfen auch nicht darauf gerichtet sein, die rechtliche Verantwortung des Nutzungsberechtigten abweichend vom gesetzlichen Regelungssystem auszugestalten und zu erweitern.[592] 5986

f) Drittschutz. Das Zustimmungserfordernis ist nicht drittschützend. Es dient insbesondere nicht dem Schutz von Grundstücksnachbarn, sondern den öffentlichen Interessen der Wegebaulastträger.[593] 5987

5. Mitnutzung und Wegerecht

Eigentümer oder Betreiber öffentlicher Versorgungsnetze dürfen ihre passiven Netzinfrastrukturen Eigentümern oder Betreibern öffentlicher Telekommunikationsnetze für den Ausbau von Netzen mit sehr hoher Kapazität zur Mitnutzung anbieten. Eigentümer oder Betreiber 5988

587 OVG Münster NWVBL 2016, 343 = juris Rn. 36; Urt. v. 12.9.2013 – 20 A 380/12, juris.

588 Schütz in Geppert/Schütz, TKG, 2023, § 27 Rn. 54.

589 VG Würzburg Urt. v. 25.10.2019 – W 10 K 17.1458, BeckRS 2019, 30281, Rn. 19; BVerwG Urt. v. 22.11.2000 – 11 C 2.00, juris.

590 Schütz in Geppert/Schütz, TKG, 2023, § 27 Rn. 64.

591 OVG Münster NWVBL 2023, 469 = juris Rn. 102, 114 f.; VG Düsseldorf Urt. v. 15.9.2021 – 16 K 3087/19, juris, Rn. 146 ff.

592 OVG Münster NWVBL 2023, 469 = juris Rn. 111, 124.

593 Schütz in Geppert/Schütz, TKG, 2023, § 27 Rn. 46; VG Darmstadt Urt. v. 15.10.2008 – 2 E 2316, juris Rn. 28.

öffentlicher Telekommunikationsnetze dürfen ihre passiven Netzinfrastrukturen Eigentümern oder Betreibern anderer öffentlicher Versorgungsnetze für deren Netzausbau zur Mitnutzung anbieten (§ 128 I TKG)

5989 Soweit die Ausübung der Nutzungsberechtigung nach §§ 125 TKG für die Verlegung weiterer Telekommunikationslinien nicht oder nur mit einem unverhältnismäßig hohen Aufwand möglich ist, können andere passive Netzinfrastrukturen öffentlicher Versorgungsnetzbetreiber unter den Voraussetzungen der §§ 139 und § 141 TKG mitgenutzt werden. Dies gilt unabhängig davon, ob die Telekommunikationslinie zum Aufbau eines Netzes mit sehr hoher Kapazität genutzt werden kann (§ 128 II TKG).

5990 Soweit die Nutzungsberechtigung nach § 125 TKG für die Verlegung weiterer Telekommunikationslinien auf die Eisenbahninfrastruktur nicht anwendbar ist und es sich bei der Eisenbahninfrastruktur nicht um eine passive Netzinfrastruktur handelt, können Teile der Eisenbahninfrastruktur nach den §§ 138, 139 und 141 TKG mitgenutzt werden. Die §§ 79, 82, 136 und 137 TKG gelten entsprechend (§ 128 III TKG).

5991 Beeinträchtigt die Ausübung der Nutzungsberechtigung nach § 125 TKG für die Verlegung weiterer Telekommunikationslinien Belange des Umweltschutzes, der öffentlichen Gesundheit und Sicherheit oder der Städteplanung und Raumordnung, kann die Bundesnetzagentur nach Anhörung der beteiligten Kreise insoweit die Mitnutzung und gemeinsame Unterbringung (Kollokation) der zugehörigen Einrichtungen und der Telekommunikationslinien anordnen, als dies für die berührten Belange für notwendig erachtet wird. Die getroffenen Maßnahmen müssen objektiv, transparent, nichtdiskriminierend und verhältnismäßig sein. Die Bundesnetzagentur legt Regeln für die Umlegung der Kosten bei gemeinsamer Nutzung von Telekommunikationslinien und zugehörigen Einrichtungen fest (§ 128 IV TKG).

6. Gebotene Änderung

5992 Ergibt sich nach Errichtung einer Telekommunikationslinie, dass sie den Widmungszweck eines Verkehrsweges nicht nur vorübergehend beschränkt oder die Vornahme der zu seiner Unterhaltung erforderlichen Arbeiten verhindert oder der Ausführung einer von dem Unterhaltungspflichtigen beabsichtigten Änderung des Verkehrsweges entgegensteht, so ist die Telekommunikationslinie, soweit erforderlich, nach § 130 I TKG abzuändern oder zu beseitigen. Soweit ein Verkehrsweg eingezogen wird, erlischt die Befugnis des Nutzungsberechtigten nach § 30 II TKG zu seiner Benutzung. In all diesen Fällen hat der Nutzungsberechtigte die gebotenen Maßnahmen an der Telekommunikationslinie auf seine Kosten zu bewirken. Der Unterhaltspflichtige kann die Erfüllung der Pflichten durch den Nutzungsberechtigten und seine Rechte durch schriftlichen Verwaltungsakt geltend machen (§ 130 III und IV TKG).[594]

5993 Die Folge- und Folgekostenpflicht konkretisiert das auf § 125 TKG beruhende gesetzliche Schuldverhältnis zwischen dem nutzungsberechtigten Betreiber eines Telekommunikationsnetzes und dem Wegeunterhaltspflichtigen.[595] Sie verdeutlicht, dass das kostenfreie Nutzungsrecht den Notwendigkeiten des Verkehrsweges folgt, über den grundsätzlich der Wegeunterhaltspflichtige nach seinen Vorstellungen und Absichten verfügt. Im Fall eines Konflikts zwischen den Interessen an der Nutzung des Verkehrsweges durch eine Telekommunikationslinie und den von dem Wegeunterhaltungspflichtigen repräsentierten Interessen an einer der Widmung entsprechenden Nutzung des Verkehrsweges ist den zuletzt genannten Belangen der Vorrang einzuräumen.[596]

5994 Die Kostenfolgepflicht endet dort, wo die geplante Änderung des Verkehrsweges nicht mehr durch verkehrliche Interessen der Allgemeinheit am Weg als Verkehrsvermittler gedeckt ist.[597] § 130 TKG ordnet das Interesse an der Telekommunikationslinie nur dann als nachrangig ein, wenn dieses gerade mit dem Interesse an dem Gemeingebrauch an dem Verkehrsweg kolli-

---

594 Siehe zur Kostentragung für die Verlegung einer Telekommunikationslinie OVG Weimar ThürVBl. 2024, 11.

595 VG Augsburg BayVBl. 2024, 201 = juris Rn. 23.

596 BVerwG Urt. v. 21.2.2013 – 7 C 9.12, juris Rn. 16; VG Augsburg BayVBl. 2024, 201 = juris Rn. 23.

597 VG Augsburg BayVBl. 2024, 201 = juris Rn. 26; BVerwG Urt. v. 20.5.1987 – 7 C 78.85, juris Rn. 14; Urt. v. 23.10.1981 – 7 C 67.79, juris Rn. 18 ff.; OVG Weimar Urt. v. 4.5.2023 – 3 KO 345.20. juris Rn. 52.

diert.[598] Eine Maßnahme ist dabei nur dann verkehrsbezogen, wenn ihr konkreter nachgewiesener Haupt- oder Nebenzweck Verkehrsbezug hat, ein lediglich willkommener Nebeneffekt begründet keine Verkehrsbezogenheit. Ob ein solches Verkehrsinteresse vorliegt, ist im jeweiligen Einzelfall aus Sicht des jeweiligen Planungsträgers zu beurteilen.[599]

Beispiel: Der Umstand, dass das Vorhaben die Verkehrsverhältnisse auf der Straße dadurch positiv beeinflusst, dass die durchgängige Befahrbarkeit auch bei einem Hochwasser sichergestellt wird, reicht nicht aus, um ein Verkehrsinteresse zu begründen. Geht es dem Vorhabenträger allein um den Schutz der bewohnten Ortslage vor Hochwasser und ist die Verhinderung der Überflutung der Straße nur ein willkommener Nebeneffekt, liegt kein die Entstehung einer Folgekostenpflicht rechtfertigendes Verkehrsinteresse vor. Denn die Telekommunikationslinie kollidiert in einem solchen Fall nicht in erster Linie mit dem Interesse an der Aufrechterhaltung des Gemeingebrauchs an der Wasser- oder der Staatsstraße, sondern „nur" mit anderen öffentlichen Interessen.[600]

Nach § 133 II 1 TKG kann der Inhaber oder Betreiber einer späteren besonderen Anlage 5995
vom Nutzungsberechtigten verlangen, dass eine Telekommunikationslinie auf dessen Kosten verlegt oder verändert wird, wenn ohne die Verlegung oder Veränderung die Errichtung der späteren besonderen Anlage unterbleiben müsste oder wesentlich erschwert würde, die Errichtung der späteren besonderen Anlage aus Gründen des öffentlichen Interesses von den Wegeunterhaltspflichtigen oder unter ihrer überwiegenden Beteiligung vollständig oder überwiegend ausgeführt werden soll und die Kosten des Nutzungsberechtigten nicht unverhältnismäßig sind. § 133 TKG ist Teil des telekommunikationsrechtlichen Kollisionsrechts und regelt den Fall, dass eine nachträglich zu errichtende besondere Anlage auf eine vorhandene Telekommunikationslinie trifft. § 133 I TKG bestimmt, dass spätere besondere Anlagen nach Möglichkeit so auszuführen sind, dass sie die vorhandenen Telekommunikationslinien nicht störend beeinflussen. Grundsätzlich gilt hier hinsichtlich der Kostentragung für notwendige Änderungen das Prinzip der zeitlichen Priorität. Ausnahmsweise wird das Prioritätsprinzip durch sog. bevorrechtigte Anlagen nach § 133 II TKG durchbrochen. Unter den Voraussetzungen des § 133 II 1 TKG kann der Inhaber oder Betreiber einer späteren besonderen Anlage vom Nutzungsberechtigten der Telekommunikationslinie eine Veränderung oder Verlegung der Anlage verlangen.

§ 130 TKG begründet einen Grundsatz der Abhängigkeit der Telekommunikationslinien 5996
vom Verkehrsweg und gibt damit dem Interesse der Allgemeinheit am Weg als Verkehrsvermittler den Vorzug vor dem Interesse des Nutzungsberechtigten am Fortbestand seiner Anlagen sowie daran, seine Anlagen nur gegen Kostenerstattung verlegen zu müssen.[601] § 133 II TKG bevorzugt ebenfalls die Belange der Allgemeinheit insoweit, als sie die Errichtung besonderer Anlagen betreffen, welche „aus Gründen des öffentlichen Interesses, insbesondere aus volkswirtschaftlichen Gründen oder wegen Verkehrsrücksichten, von den Wegeunterhaltungspflichtigen oder unter ihrer überwiegenden Beteiligung vollständig oder überwiegend ausgeführt werden" sollen, indem sie einen Anspruch auf Verlegung oder Veränderung kollidierender Telekommunikationslinien auf Kosten des Nutzungsberechtigten vorsieht. Allerdings stellt der Gesetzgeber nach § 133 II Nr. 3 TKG den Anspruch unter den Vorbehalt, dass „die Kosten des Nutzungsberechtigten nicht unverhältnismäßig sind", so dass nicht immer die der Allgemeinheit dienenden Anlagen der Telekommunikationslinie vorgezogen werden. Gegenüber anderen als den aus Gründen des öffentlichen Interesses ausgeführten besonderen Anlagen, die mit bestehenden Telekommunikationslinien kollidieren, räumt § 133 V TKG uneingeschränkt dem wirtschaftlichen bzw. finanziellen Interesse des nutzungsberechtigten Betreibers der Telekommunikationslinie den Vorrang ein, indem die Vorschrift den Unternehmer der besonderen Anlage verpflichtet, den Nutzungsberechtigten von den Kosten der erforderlich werdenden Verlegungs-, Veränderungs- und Schutzmaßnahmen freizustellen. Maßgeblich für die Entscheidung über die Kostentragungspflicht ist daher nicht die technische Ausgestaltung der besonderen Anlage, sondern die Bedeutung des hinter der Anlage stehenden Interesses, dem das

598 VG Augsburg BayVBl. 2024, 201 = juris Rn. 26; VGH Mannheim Urt. v. 30.11.2016 – 1 S 1245.15, juris Rn. 56.

599 VG Augsburg BayVBl. 2024, 201 = juris Rn. 28; Schütz in Geppert/Schütz, TKG, 2023, § 130 Rn. 10; VGH Mannheim Urt. v. 30.11.2016 – 1 S 1245.15, juris Rn. 56.

600 VG Augsburg BayVBl. 2024, 201 = juris Rn. 26; BVerwG Urt. v. 21.02.2013 – 7 C 9.12, juris Rn. 31 ff.; VGH Mannheim Urt. v. 30.11.2016 – 1 S 1245.15, juris Rn. 57.

601 OVG Weimar Urt. v. 4.5.2023 – 3 KO 345/20, juris Rn. 60.

Interesse des Nutzungsberechtigten gegenübersteht, von dem Veranlasser der Verlegung der Telekommunikationslinie Kostenersatz zu erhalten.[602]

7. Rücksichtnahme auf Wegeunterhaltung und Widmungszweck

5997 Bei der Benutzung der Verkehrswege ist eine Erschwerung ihrer Unterhaltung und eine vorübergehende Beschränkung ihres Widmungszwecks gem. § 129 I TKG nach Möglichkeit zu vermeiden.[603] Wird die Unterhaltung erschwert, so hat der Nutzungsberechtigte dem Unterhaltungspflichtigen die aus der Erschwerung erwachsenden Kosten zu ersetzen (§ 129 II TKG). Nach Beendigung der Arbeiten an den Telekommunikationslinien hat der Nutzungsberechtigte den Verkehrsweg unverzüglich wieder instand zu setzen, sofern nicht der Unterhaltungspflichtige erklärt hat, die Instandsetzung selbst vornehmen zu wollen. Der Nutzungsberechtigte hat dem Unterhaltungspflichtigen die Auslagen für die von ihm vorgenommene Instandsetzung zu erstatten und den durch die Arbeiten an den Telekommunikationslinien entstandenen Schaden zu ersetzen (§ 129 III 1 und 2 ZKG). Der Unterhaltspflichtige kann nach § 129 IV TKG die Erfüllung der Pflichten durch den Nutzungsberechtigten und seine Rechte durch schriftlichen Verwaltungsakt geltend machen.

8. Beeinträchtigung von Grundstücken und Gebäuden

5998 Der Eigentümer eines Grundstücks, das kein Verkehrsweg ist, kann die Errichtung, den Betrieb und die Erneuerung von Telekommunikationslinien auf seinem Grundstück sowie den Anschluss der auf dem Grundstück befindlichen Gebäude an Netze mit sehr hoher Kapazität insoweit nicht verbieten, als 1. auf dem Grundstück einschließlich der Gebäudeanschlüsse eine durch ein Recht gesicherte Leitung oder Anlage auch für die Errichtung, den Betrieb und die Erneuerung einer Telekommunikationslinie genutzt und hierdurch die Nutzbarkeit des Grundstücks nicht dauerhaft zusätzlich eingeschränkt wird, 2. das Grundstück einschließlich der Gebäude durch die Benutzung nicht unzumutbar beeinträchtigt wird, 3. das Grundstück im öffentlichen Eigentum steht, wie ein Verkehrsweg genutzt wird, ohne als solcher gewidmet zu sein (Wirtschaftsweg), und der Benutzung keine wichtigen Gründe der öffentlichen Sicherheit entgegenstehen oder 4. das Grundstück im Eigentum eines Schienenwegebetreibers steht und die Sicherheit des Eisenbahnbetriebs hierdurch nicht beeinträchtigt wird. Werden Gebäude, die sich nicht auf dem Grundstück des Eigentümers befinden, gleichwohl von dessen Grundstück oder Gebäude aus mitversorgt, so gilt § 134 I 1 TKG entsprechend (§ 134 I TKG).

5999 Der Eigentümer eines Grundstücks nach § 134 I TKG kann dessen Überfahren nicht verbieten, wenn die Überfahrt zur Errichtung, zum Betrieb und zur Erneuerung von Telekommunikationslinien auf einem anderen Grundstück notwendig ist (§ 134 II TKG). Hat der Grundstückseigentümer eine Einwirkung § 134 I oder II TKG zu dulden, so kann er von dem Betreiber der Telekommunikationslinie oder dem Eigentümer des Leitungsnetzes einen angemessenen Ausgleich in Geld verlangen, wenn durch die Errichtung, die Erneuerung oder durch Wartungs-, Reparatur- oder vergleichbare, mit dem Betrieb der Telekommunikationslinie unmittelbar zusammenhängende Maßnahmen eine Benutzung seines Grundstücks oder dessen Ertrag über das zumutbare Maß hinaus beeinträchtigt wird. Für eine erweiterte Nutzung zu Zwecken der Telekommunikation kann darüber hinaus ein einmaliger Ausgleich in Geld verlangt werden, sofern bisher keine Leitungswege vorhanden waren, die zu Zwecken der Telekommunikation genutzt werden konnten. Der Anspruch besteht nicht, wenn die erweiterte Nutzung ausschließlich zum Anschluss von Gebäuden auf dem genutzten Grundstück erfolgt oder wenn das Grundstück im öffentlichen Eigentum steht. Wird das Grundstück oder sein Zubehör durch die Ausübung der aus dieser Vorschrift folgenden Rechte beschädigt, hat der Betreiber oder der Eigentümer des Leitungsnetzes auf seine Kosten den Schaden zu beseitigen. § 840 I BGB ist anzuwenden. Der Betreiber der Telekommunikationslinie oder der Eigentümer des Leitungsnetzes hat den Eigentümer des Grundstücks auf die Pflicht zur Duldung vor Einwirkung § 134 I oder II TKG hinzuweisen (§ 134 III TKG).

[602] OVG Weimar Urt. v. 4.5.2023 – 3 KO 345/20, juris Rn. 60; BVerwG Urt. v. 23.10.1981 – 7 C 67/79, juris Rn. 17 ff.; BGH Urt. v. 20.12.1973 – III ZR 154/71, juris Rn. 14.

[603] Zur umstrittenen Art und Weise der Durchsetzung der Rücksichtnahmepflichten siehe Schütz in Geppert/Schütz, TKG, 2023, § 129 Rn. 9.

Soweit die Durchführung von nach § 134 I TKG zu duldenden Maßnahmen nicht oder nur mit einem unverhältnismäßig hohen Aufwand möglich ist, können bestehende passive Netzinfrastrukturen Dritter unter den Voraussetzungen der §§ 138, 139 und § 141 TKG mitgenutzt werden (§ 134 IV TKG). 6000

Beeinträchtigt die Ausübung der Nutzungsberechtigung nach § 125 TKG für die Verlegung weiterer Telekommunikationslinien Belange des Umweltschutzes, der öffentlichen Gesundheit und Sicherheit oder der Städteplanung und Raumordnung, kann die Bundesnetzagentur nach Anhörung der beteiligten Kreise insoweit die Mitnutzung von Grundstücken anordnen, als dies für die berührten Belange für notwendig erachtet wird. § 128 IV 2 und 3 TKG gilt entsprechend (§ 134 V TKG). 6001

§ 134 BauGB begründet ein gesetzliches Schuldverhältnis zwischen dem Grundstückseigentümer und dem Nutzungsberechtigten, der das Grundstück entweder für die Zwecke seiner Telekommunikationslinie nutzen will oder der der auf dem Grundstück befindlichen Gebäude an ein Netz mit hoher Kapazität anschließen will. Das Nutzungsrecht des TK-Unternehmens schränkt die Eigentümerbefugnisse des Grundstückseigentümers durch mehrere Duldungspflichten ein.[604] 6002

IV. Energieanlagen (EnWG)

Das Energiewirtschaftsgesetz (EnWG) ist Teil des sich dynamisch entwickelnden Energieumweltrechts, zu dem unter anderem auch das Erneuerbare-Energien-Gesetz (EEG), das Gebäudeenergiegesetz (GEG), das Kraft-Wärme-Kopplungs-Gesetz (KWKG), das Energieverbrauchsrelevante-Produkte-Gesetz (EVPG), das Energieverbrauchskennzeichnungsgesetz (EnVKG), das Energieleitungsausbaugesetz (EnLAG) und das Netzausbaugesetz (NABEG), das Windenergieflächenbedarfsgesetz (WindBG), das Windenergie-auf-See-Gesetz (WindSeeG) und das Gesetz zur Beschleunigung des Einsatzes verflüssigten Erdgases (LNG-Beschleunigungsgesetz – LNGG) gehören.[605] 6003

1. Gesetzliche Neuregelungen im Stromleitungsausbau 2023

Am 10.11.2023 hat der Deutsche Bundestag das „Gesetz zur Anpassung des Energiewirtschaftsrechts an unionsrechtliche Vorgaben und zur Änderung weiterer energierechtlicher Vorschriften“ Das Gesetz ist am 28.12.2023 im Bundesgesetzblatt veröffentlicht worden (BGBl. 2023 I Nr. 405) und am 29.12.2023 in Kraft getreten. Das Artikelgesetz enthält wesentliche Neuerungen für die Zulassung von Hoch- oder Höchstspannungsleitungen. Der Gesetzgeber trägt mit der Novelle der Rechtsprechung des EuGH[606] Rechnung, wonach in Deutschland die Elektrizitäts- und die Erdgasbinnenmarkt-Richtlinien des Dritten Energiebinnenmarktpakets aus dem Jahr 2009 (Richtlinie 2009/72/EG und Richtlinie 2009/73/EG) in einigen Punkten nicht hinreichend umgesetzt waren. Dabei ging es einerseits um Entflechtungsfragen, zu deren Umsetzung gesondert gesetzliche Änderungen vorgenommen wurden.[607] Eine weitere Beanstandung des EuGH betraf die Unabhängigkeit der nationalen Regulierungsbehörden von normativen Vorgaben des nationalen Gesetzgebers. Der in Deutschland gewählte Ansatz einer durch den nationalen Gesetz- und Verordnungsgeber umfangreich normativ vorstrukturierten Regulierung verstieß im Bereich der Netzzugangs- und Netzentgeltregulierung gegen die in Art. 37 I der Richtlinie 2009/72/EG und Art. 41 der Richtlinie 2009/73/EG vorgesehene ausschließliche Zuständigkeit und Unabhängigkeit der nationalen Regulierungs- 6004

---

[604] Ausführlicher dazu Schütz in Geppert/Schütz, TKG, 2023, § 134 Rn. 5 ff.

[605] Zu den Grundlagen des deutschen Rechts der Energiewirtschaft siehe Theobald in Schneider/Theobald, Recht der Energiewirtschaft, 2021, § 1 Rn. 1 ff.; zu den Grundlagen des Rechts der Hochspannungsanlagen und sonstigen Leitungsanlagen siehe auch Durner in Ziekow Handbuch des Fachplanungsrechts, 2024, § 22 Rn. 1 ff.; zum Unionsrecht Schneider in Schneider/Theobald, Recht der Energiewirtschaft, 2021, § 2 Rn. 1 ff; Lorenzen in Kahl/Gärditz, Umweltrecht, 2023, § 6 Rn. 26; Gärditz RdE 2018, 457 (460); Dietrich/Steinbach DVBl. 2014, 488; Fischerauer EnWZ 2013, 56; Giesberts/Tiedge NVwZ 2013, 836; Guckelberger ET 2013; dies. DVBl. 2014, 805; Linßen/Aubel DVBl. 2013, 965.

[606] Urt. v. 2.9.2021- C-718/18, EuZW 2021, 893 und dazu Weyer DVBl.. 2023, 1318; Gundel EnWZ 2021, 339; di Fabio EnWZ 2022, 291. Hoppe/Laboch-Semku NVwZ 2021, 1441.

[607] Art. 1 des Gesetzes zur Änderung des Energiewirtschaftsrechts im Zusammenhang mit dem Klimaschutz-Sofortprogramm und zu Anpassungen im Recht der Endkundenbelieferung vom 19. Juli 2022 (BGBl. I S. 1214 vom 28. Juli 2022).

behörde. Die Verordnungsermächtigung nach § 24 EnWG und die auf dessen Grundlage erlassenen Rechtsverordnungen verstießen nach Ansicht des EuGH gegen die durch das Unionsrecht den Regulierungsbehörden zugewiesenen Befugnisse zur Festlegung von Bedingungen und Methoden und wären damit unzulässigerweise auf den Verordnungsgeber verlagert worden. Das Gesetz zur Anpassung des Energiewirtschaftsrechts an unionsrechtliche Vorgaben und zur Änderung weiterer energierechtlicher Vorschriften trägt diesen Bedenken Rechnung.[608] Daneben verfolgt der Gesetzgeber mit der Novelle das Ziel eines zügigen Hochlaufs des Wasserstoffmarktes, um die Dekarbonisierung insbesondere in den Wirtschaftssektoren mit den höchsten Treibhausgasemissionen zu gewährleisten. Nicht zuletzt die Novelle der Einführung von Neuregelungen mit dem Ziel einer Beschleunigung insbesondere des Übertragungsnetzausbaus.

2. Planungsvorgaben des EnWG

6005 **a) Gesetzeszweck.** Zweck des EnWG ist eine möglichst sichere, preisgünstige, verbraucherfreundliche, effiziente und umweltverträgliche leitungsgebundene Versorgung der Allgemeinheit mit Elektrizität und Gas. Die Regulierung der Elektrizitäts- und Gasversorgungsnetze dient den Zielen der Sicherstellung eines wirksamen und unverfälschten Wettbewerbs bei der Versorgung mit Elektrizität und Gas und der Sicherung einer langfristig angelegten leistungsfähigen und zuverlässigen Betriebs von Energieversorgungsnetzen. Zugleich will das EnWG das Europäische Gemeinschaftsrecht auf dem Gebiet der leitungsgebundenen Energie umsetzen (§ 1 EnWG).[609] Die Regulierung der Elektrizitäts- und Gasversorgungsnetze dient nach § 1 II 1 EnWG den Zielen der Sicherstellung eines wirksamen und unverfälschten Wettbewerbs bei der Versorgung mit Elektrizität und Gas, der Sicherung eines langfristig angelegten leistungsfähigen und zuverlässigen Betriebs von Energieversorgungsnetzen sowie der gesamtwirtschaftlich optimierten Energieversorgung. Zur Verfolgung der Ziele des EnWG berücksichtigt die Regulierung insbesondere 1. den vorausschauenden Ausbau, die optimierte Nutzung und die Digitalisierung der Energieversorgungsnetze, 2. die Erzeugung und Nutzung von Strom aus erneuerbaren Energien und Wasserstoff, 3. die Flexibilisierung im Elektrizitätssystem, einschließlich der Nutzung von Energiespeichern sowie 4. eine angemessene Verteilung der Netzkosten im Zusammenhang mit dem Ausbau der Stromerzeugung aus erneuerbaren Energien (§ 2 II 2 EnWG).

6006 Zweck des EnWG ist nach § 1 III EnWG ferner die Umsetzung und Durchführung des Europäischen Gemeinschaftsrechts auf dem Gebiet der leitungsgebundenen Energieversorgung. Um den Gesetzeszweck auf dem Gebiet der leitungsgebundenen Versorgung der Allgemeinheit mit Elektrizität zu erreichen, verfolgt das EnWG insbesondere die Ziele, 1. die freie Preisbildung für Elektrizität durch wettbewerbliche Marktmechanismen zu stärken, 2. den Ausgleich von Angebot und Nachfrage nach Elektrizität an den Strommärkten jederzeit zu ermöglichen, 3. dass Erzeugungsanlagen, Anlagen zur Speicherung elektrischer Energie und Lasten insbesondere möglichst umweltverträglich, netzverträglich, effizient und flexibel in dem Umfang eingesetzt werden, der erforderlich ist, um die Sicherheit und Zuverlässigkeit des Elektrizitätsversorgungssystems zu gewährleisten, und 4. den Elektrizitätsbinnenmarkt zu stärken sowie die Zusammenarbeit insbesondere mit den an das Gebiet der Bundesrepublik Deutschland angrenzenden Staaten sowie mit dem Königreich Norwegen und dem Königreich Schweden zu intensivieren.

6007 **b) Entflechtung.** Die Netzbetreiber sollen von den Energielieferanten getrennt sein, um mehr Wettbewerb zugunsten der Verbraucher, mehr Transparenz sowie eine diskriminierungsfreie Ausgestaltung und Abwicklung des Netzbetriebs zu ermöglichen. §§ 6 bis 10 EnWG sehen zu diesem Zweck eine rechtliche und operationelle Entflechtung der Energieversorgungsunternehmen vor. Um dieses Ziel zu erreichen, müssen vertikal integrierte Unternehmen und selbstständige Betreiber von Elektrizitäts- und Gasversorgungsnetzen nach 6 I 2 EnWG die Unabhängigkeit der Netzbetreiber von anderen Tätigkeitsbereichen der Energieversorgung nach den §§ 6a bis 10e sicherstellen. Das gilt auch für wirtschaftlich sensible Informationen, die Rechnungslegung und die Buchführung. Für die Entflechtung von Verteilernetzbetreibern und

608 Siehe dazu im Einzelnen die Gesetzesbegründung BR-Drucks. 230/23, 54 ff.

609 Näher zum Gesetzeszweck, auch zur Entstehungsgeschichte des EnWG Hellermann/Hermes in Bourwieg/Hellermann/Hermes, EnWG, 2023, § 1 Rn. 2 ff; Winkler in Assmann/Pfeiffer, EnWG, 2024, § 1 Rn. 1 ff.

Betreibern von Gasspeicheranlagen und für Transportnetzbetreiber sehen die §§ 7 ff EnWG differenzierende Regeln vor.

c) Regulierung. Der Betrieb von Energieversorgungsnetzen ist nach Maßgabe der §§ 11 bis 35 EnWG reguliert. Betreiber von Energieversorgungsnetzen sind nach § 11 I 1 EnWG verpflichtet, ein sicheres, zuverlässiges und leistungsfähiges **Energieversorgungsnetz** diskriminierungsfrei zu betreiben, zu warten und bedarfsgerecht zu optimieren, zu verstärken und auszubauen, soweit es wirtschaftlich zumutbar ist.[610] Der Betrieb eines sicheren Energieversorgungsnetzes umfasst nach § 11 Ia 1 EnWG insbesondere auch einen angemessenen Schutz gegen Bedrohungen für Telekommunikations- und elektronische Datenverarbeitungssysteme, die für einen sicheren Netzbetrieb notwendig sind. Betreiber von **Übertragungsnetzen** haben nach § 12 I 1 EnWG die Energieübertragung durch das Netz unter Berücksichtigung des Austauschs mit anderen Verbundnetzen zu regeln und mit der Bereitstellung und dem Betrieb ihrer Übertragungsnetze im nationalen und internationalen Verbund zu einem sicheren und zuverlässigen Elektrizitätsversorgungssystem in ihrer Regelzone und damit zu einer sicheren Energieversorgung beizutragen. 6008

d) Netzentwicklungsplan. Die Betreiber von Übertragungsnetzen mit Regelzonenverantwortung erarbeiten nach § 12a EnWG alle zwei Jahre einen gemeinsamen **Szenariorahmen**, der Grundlage für die Erarbeitung des Netzentwicklungsplans nach § 12b EnWG ist. Nach § 12 b I 1 EnWG legen die Betreiber von Übertragungsnetzen mit Regelzonenverantwortung der Regulierungsbehörde auf der Grundlage des Szenariorahmens einen gemeinsamen nationalen Netzentwicklungsplan zur Bestätigung vor. Der gemeinsame nationale Netzentwicklungsplan muss alle wirksamen Maßnahmen zur bedarfsgerechten Optimierung, Verstärkung und zum Ausbau des Netzes enthalten, die spätestens zum Ende der jeweiligen Betrachtungszeiträume im Sinne des § 12a I EnWG für einen sicheren und zuverlässigen Netzbetrieb erforderlich sind. Die Betreiber von Übertragungsnetzen mit Regelzonenverantwortung müssen im Rahmen der Erstellung des Netzentwicklungsplans die Regelungen zur Spitzenkappung nach § 11 II EnWG bei der Netzplanung anwenden. Der Netzentwicklungsplan wird gem. § 12 c I 1 EnWG durch die Regulierungsbehörde geprüft und bei Beachtung der Anforderungen an den Netzentwicklungsplan nach § 12 b EnWG auch bestätigt.[611] Der Netzentwicklungsplan entfaltet zwar keine gesetzliche Verbindlichkeit für die Planfeststellungsbehörde; als für den Netzbetreiber verbindlicher energiewirtschaftlicher Bedarfsplan ist er von der Planfeststellungsbehörde allerdings im Rahmen einer anzustellenden Prognose zu berücksichtigen.[612] 6009

e) Bundesbedarfsplan. Die Regulierungsbehörde übermittelt nach § 12 e I 1 EnWG den Netzentwicklungsplan mindestens alle vier Jahre der Bundesregierung als Entwurf für einen Bundesbedarfsplan. Die Bundesregierung legt den Entwurf des Bundesbedarfsplans mindestens alle vier Jahre dem Bundesgesetzgeber vor. Gem. § 12 II 1 EnWG kennzeichnet die Regulierungsbehörde kennzeichnet in ihrem Entwurf für einen Bundesbedarfsplan die länderübergreifenden und grenzüberschreitenden Höchstspannungsleitungen sowie die Offshore-Anbindungsleitungen. Dem Entwurf ist eine Begründung beizufügen. Die Vorhaben des Bundesbedarfsplans entsprechen den Zielsetzungen des § 1 EnWG. 6010

Mit Erlass des Bundesbedarfsplans durch den Bundesgesetzgeber wird gem. § 12 IV 1 EnWG für die darin enthaltenen Vorhaben die energiewirtschaftliche Notwendigkeit und der vordringliche Bedarf festgestellt. Die Feststellungen sind für die Betreiber von Übertragungsnetzen sowie für die Planfeststellung und die Plangenehmigung nach den §§ 43 bis 43d und §§ 18 bis 24 NABEG verbindlich. Für die **Änderung von Bundesbedarfsplänen** gilt § 37 Satz 1 UVPG. Soweit danach keine Pflicht zur Durchführung einer Strategischen Umweltprüfung besteht, findet § 12c II EnWG keine Anwendung (§ 12e V EnWG). 6011

Zur Vorbereitung eines Bedarfsplans nach § 12e EnWG erstellt die Regulierungsbehörde gem. § 12 c II 1 EnWG frühzeitig während des Verfahrens zur Erstellung des Netzentwicklungsplans nach § 12b EnWG einen **Umweltbericht**, der den Anforderungen des § 40 UVPG entsprechen muss. Der Umweltbericht bezieht den Umweltbericht zum Flächenentwicklungs- 6012

[610] Siehe Meyer-Hetling DÖV 2023, 699 zum Gewährleistungskonzept des EnWG und zur Weiterbetriebspflicht auf Grundlage des § 11 I 1 EnWG; zu präventiven Maßnahmen des Objektschutzes und der Anlagensicherheit des Leitungsnetzes OLG Düsseldorf ZNER 2022, 476 = juris Rn. 69.

[611] Zur Öffentlichkeitsbeteiligung bei der Bedarfsplanung der Stromnetze Fink/Ruffing NdsVBl 2022, 40.

[612] OVG Lüneburg NuR 2023, 549 = juris Rn. 53.

plan nach § 6 IV WindSeeG ein und kann auf zusätzliche oder andere als im Umweltbericht zum Flächenentwicklungsplan nach § 6 IV WindSeeG enthaltene erhebliche Umweltauswirkungen beschränkt werden.

6013 **f) Regulierungsbehörde.** Die Aufgaben der Regulierungsbehörde nehmen die Bundesnetzagentur für Elektrizität, Gas, Telekommunikation, Post und Eisenbahnen und die Landesregulierungsbehörden wahr (§ 54 EnWG).[613] Die Regulierungsbehörde kann entsprechende Verfahren einleiten (§§ 65 bis 74 EnWG). Entscheidungen der Regulierungsbehörde können mit der Beschwerde zum OLG (§§ 75 bis 85 EnWG) bzw. der Rechtsbeschwerde zum BGH (§§ 86 bis 88 EnWG) angefochten werden. Das Rechtsbeschwerdeverfahren ist dem Revisionsverfahren mit ggf. vorgeschalteter Nichtzulassungsbeschwerde nachgebildet. Die Einhaltung der Verpflichtungen des EnWG ist mit Sanktionen bewehrt. Bei Nichtbeachtung der Vorschriften kann ein Bußgeldverfahren eingeleitet werden (§§ 95 bis 101 EnWG). § 105 EnWG sieht für Rechtsstreitigkeiten eine Streitwertanpassung vor, wenn eine Partei glaubhaft macht, dass für sie die Belastung mit den Prozesskosten nicht wirtschaftlich tragbar ist. Die gerichtliche Anordnung hat die Folge, dass die Partei die Gebühren ihres Rechtsanwalts ebenfalls nur nach dem festgesetzten Teil des Streitwertes zu entrichten hat.

6014 **g) Planfeststellung.** Leitungen, die der öffentlichen Energieversorgung dienen, werden nach dem EnWG zugelassen. Der Bau solcher Energieleitungen[614] dient als Teil elementarer Daseinsvorsorge[615] der Erfüllung einer Gemeinwohlaufgabe.[616] Die Errichtung und der Betrieb sowie die Änderung von bestimmten Hochspannungsfreileitungen und Gasversorgungsleitungen bedürfen nach § 43 EnWG der Planfeststellung durch die nach Landesrecht zuständige Behörde. Für die Durchführung des Planfeststellungsverfahrens gelten die §§ 72 bis 78 VwVfG mit bestimmten Maßgaben. Energieversorgungsanlagen müssen einem hohen Sicherheitsstandard entsprechen (§§ 49 bis 53 a EnWG). Hierzu sind entsprechende Anforderungen an Energieanlagen einzuhalten (§ 49 EnWG). Auch ist eine ausreichende Vorratshaltung zur Sicherung der Energieversorgung zu gewährleisten (§ 50 EnWG).

3. Planfeststellungsverfahren

6015 Bereits durch das **Artikelgesetz 2001**[617] ist für die Errichtung und den Betrieb bestimmter UVP-pflichtiger Energieanlagen ein Planfeststellungsverfahren eingeführt worden. Die Regelungen über das Planfeststellungsverfahren sind durch das **Infrastrukturplanungsbeschleunigungsgesetz** neu gefasst worden.[618]

6016 **a) Erfordernis der Planfeststellung.** Die Errichtung und der Betrieb sowie die Änderung von folgenden Anlagen bedürfen der Planfeststellung durch die nach Landesrecht zuständige Behörde: 1. Hochspannungsfreileitungen mit einer Nennspannung von 110 Kilovolt oder mehr, ausgenommen a) Bahnstromfernleitungen und b) Hochspannungsfreileitungen mit einer Gesamtlänge von bis zu 200 m, die nicht in einem Natura 2000-Gebiet nach § 7 I Nr. 8 BNatSchG liegen,[619] 2. Hochspannungsleitungen, die zur Netzanbindung von Windenergieanlagen auf See im Sinne des § 3 Nr. 49 EEG im Küstenmeer als Seekabel und landeinwärts als Freileitung oder Erdkabel bis zu dem technisch und wirtschaftlich günstigsten Verknüpfungspunkt des nächsten Übertragungs- oder Verteilernetzes verlegt werden sollen, mit Ausnahme

---

613 Zu den Zuständigkeiten der Bundesnetzagentur Krappel DVBl. 2013, 551; Wahlhäuser NuR 2013, 557.

614 Zur Konzessionsvergabe von Energieleitungen NVwZ 2014, 912. Zur Beanstandung von Ratsbeschlüssen eines Strom- und Gaskonzessionsvertrages durch die Kommunalaufsichtsbehörde OVG Lüneburg Urt. v. 11.9.2013 – 10 ME 87/12, 10 ME 88/12 – WuW/E DE-R.

615 Zum Rechtsbegriff der Daseinsvorsorge Krajewski VerwArch 2008, 174.

616 BVerfGE 66, 248.

617 Gesetz zur Umsetzung der UVP-ÄndRL, der IVU-Richtlinie und weiterer EG-Richtlinien zum Umweltschutz v. 27.7.2001 (BGBl. I 1950).

618 Siehe dazu Durner in Ziekow Handbuch des Fachplanungsrechts, 2024, § 22 Rn. 2; Rubel UPR 2018, 422; Kment NVwZ 2018, 1329; zu den nach § 65 UVPG planfeststellungsbedürftigen Leitungsanlagen Beckmann in Beckmann/Kment, UVPG/UmwRG, 2023, § 65 Rn. 1 ff.

619 Korrespondierend zu dieser Neuregelung vom 29.12.2023 bedarf es einer standortbezogenen Vorprüfung nach § 7 II UVPG für Hochspannungsfreileitungen bis zu 200 m nur noch, wenn die Hochspannungsfreileitung in einem Natura 2000-Gebiet liegt, Anlage 1 Nr. 19.1.5 UVPG n

von Nebeneinrichtungen zu Offshore-Anbindungsleitungen, 3. grenzüberschreitende Gleichstrom-Hochspannungsleitungen, die nicht unter § 43 I 1 Nr. 2 EnWG fallen und die im Küstenmeer als Seekabel verlegt werden sollen, sowie deren Fortführung landeinwärts als Freileitung oder Erdkabel bis zu dem technisch und wirtschaftlich günstigsten Verknüpfungspunkt des nächsten Übertragungs- oder Verteilernetzes, 4. Hochspannungsleitungen nach § 2 V und VI BBPlG, 5. Gasversorgungsleitungen mit einem Durchmesser von mehr als 300 mm und 6. Anbindungsleitungen von LNG-Anlagen an das Fernleitungsnetz mit einem Durchmesser von mehr als 300 mm.

Auf Antrag des Trägers des Vorhabens können nach § 43 II 1 EnWG durch die nach Landesrecht zuständige Behörde folgende Vorhaben zugelassen werden: 1. die für den Betrieb von Energieleitungen notwendigen Anlagen, insbesondere Konverterstationen, Phasenschieber, Verdichterstationen, Umspannanlagen und Netzverknüpfungspunkte, die auch in das Planfeststellungsverfahren für die Energieleitung integriert werden können, einschließlich Nebeneinrichtungen zu Offshore-Anbindungsleitungen; dabei ist eine nachträgliche Integration in die Entscheidung zur Planfeststellung durch Planergänzungsverfahren möglich, solange die Entscheidung zur Planfeststellung gilt, 2. die Errichtung und der Betrieb sowie die Änderung eines Erdkabels für Hochspannungsleitungen mit einer Nennspannung von 110 Kilovolt im Küstenbereich von Nord- und Ostsee, die in einem 20 Kilometer breiten Korridor, der längs der Küstenlinie landeinwärts verläuft, verlegt werden sollen; Küstenlinie ist die in der Seegrenzkarte Nummer 2920 „Deutsche Nordseeküste und angrenzende Gewässer", Ausgabe 1994, XII, und in der Seegrenzkarte Nummer 2921 „Deutsche Ostseeküste und angrenzende Gewässer", Ausgabe 1994, XII, des Bundesamtes für Seeschifffahrt und Hydrographie jeweils im Maßstab 1:375 000 dargestellte Küstenlinie, 3. die Errichtung und der Betrieb sowie die Änderung eines Erdkabels mit einer Nennspannung von 110 Kilovolt oder mehr zur Anbindung von Kraftwerken oder Pumpspeicherkraftwerken an das Elektrizitätsversorgungsnetz, 4. die Errichtung und der Betrieb sowie die Änderung eines sonstigen Erdkabels für Hochspannungsleitungen mit einer Nennspannung von 110 Kilovolt oder weniger, ausgenommen Bahnstromfernleitungen, 5. die Errichtung und der Betrieb sowie die Änderung einer Freileitung mit einer Nennspannung von unter 110 Kilovolt, einer Hochspannungsfreileitung mit einer Nennspannung von 110 Kilovolt oder mehr und einer Gesamtlänge von bis zu 200 m, die nicht in einem Natura 2000-Gebiet liegt, oder einer Bahnstromfernleitung, sofern diese Leitungen mit einer Leitung nach § 43 I 1 1 Nr. 1, 2 oder 3 EnWG auf einem Mehrfachgestänge geführt werden und in das Planfeststellungsverfahren für diese Leitung integriert werden; Gleiches gilt für Erdkabel mit einer Nennspannung von unter 110 Kilovolt, sofern diese im räumlichen und zeitlichen Zusammenhang mit der Baumaßnahme eines Erdkabels nach § 43 I 1 Nr. 2 bis 4 EnWG oder nach § 43 II 1 Nrn. 2 bis 4 EnWG mit verlegt werden, 6. Leerrohre, die im räumlichen und zeitlichen Zusammenhang mit der Baumaßnahme eines Erdkabels nach § 43 I 1 Nr. 2 bis 4 oder nach § 43 II 1Nrn. 2 bis 4 EnWG mit verlegt werden, 7. die Errichtung und der Betrieb sowie die Änderung von Energiekopplungsanlagen, 8. die Errichtung und der Betrieb sowie die Änderung von Großspeicheranlagen mit einer Nennleistung ab 50 MW, soweit sie nicht § 126 BBergG unterfallen, 9. die Errichtung und der Betrieb von Anlagen nach § 2 I 1 LNGG einschließlich erforderlicher Nebenanlagen und technischer und baulicher Nebeneinrichtungen, dabei kann auch eine Verbindung mit einem nach § 43 I 1 Nr. 6 EnWG durchzuführenden Planfeststellungsverfahren erfolgen und 10. die Errichtung und der Betrieb sowie die Änderung von Provisorien, die auch in das Planfeststellungsverfahren für die Energieleitungen integriert werden können; dabei ist eine nachträgliche Integration in die Entscheidung zur Planfeststellung durch Planergänzungsverfahren möglich, solange die Entscheidung zur Planfeststellung gilt. **6017**

Das Gesetz zur Anpassung des Energiewirtschaftsrechts an unionsrechtliche Vorgaben und zur Änderung weiterer energierechtlicher Vorschriften vom 28.12.2023 (BGBl. 2023 I Nr. 405) hat zur Erforderlichkeit eines Planfeststellungsverfahrens erhebliche Änderungen bewirkt. Soweit nach § 43 I 1 Nr. 1 b EnWG Hochspannungsfreileitungen mit einer Gesamtlänge von bis zu 200 m, die nicht in einem Natura 2000-Gebiet nach § 7 I Nr. 8 BNatSchG liegen, nunmehr vom Erfordernis der Planfeststellung generell ausgenommen sind, können sie nach § 43 II 1 Nr. 5 EnWG auf Antrag des Trägers des Vorhabens (nur noch) im Falle einer Leitungsmitnahme durch Planfeststellung zugelassen werden. Voraussetzung dafür ist, dass die Leitungen mit einer Leitung nach § 43 I 1 Nr. 1, 2 oder 3 EnWG auf einem Mehrfachgestänge geführt und in das Planfeststellungsverfahren für diese Leitung integriert werden. Diese Regelung galt bis dahin schon für Freileitungen unter 110 kV und Bahnstromfernleitungen. **6018**

6019 Neu ist seit Ende 2023 auch, dass nach § 43 I 3 und 4 EnWG die Errichtung, der Betrieb und die Änderung eines **Provisoriums** selbst keine Errichtung, keinen Betrieb und keine Änderung einer Hochspannungsfreileitung im energiewirtschaftlichen Sinne darstellen. Daraus folgt, dass die Durchführung eines Planfeststellungsverfahrens für die Realisierung eines Provisoriums jedenfalls grundsätzlich nicht mehr erforderlich ist. Der Betreiber zeigt der zuständigen Immissionsschutzbehörde nach § 43 I 4 EnWG die Einhaltung der Vorgaben nach den §§ 3 und 3a der Verordnung über elektromagnetische Felder, in der jeweils geltenden Fassung, mindestens zwei Wochen vor der Errichtung, der Inbetriebnahme oder einer Änderung mit geeigneten Unterlagen an.

6020 Vor dem Hintergrund dieser Neuregelung war es erforderlich, den Begriff des Provisoriums gesetzlich zu definieren. § 3 Nr. 29 f. EnWG bestimmt dazu, dass Provisorien Hochspannungsleitungen, einschließlich der für ihren Betrieb notwendigen Anlagen, sind, die nicht auf Dauer angelegt sind und die die Errichtung, den Betrieb oder die Änderung einer dauerhaften Hochspannungsleitung oder eine Änderung des Betriebskonzepts oder einen Seiltausch oder eine standortgleiche Maständerung iSd § 3 Nr. 1 NABEG Übertragungsnetz oder die Überwindung von Netzengpässen unterstützen, sofern das Provisorium eine Länge von 15 km nicht überschreitet. Dem Vorhabenträger ist insoweit nach § 43 II 1 Nr. 10 EnWG ein Wahlrecht eingeräumt. Auf Antrag des Vorhabenträgers können die Errichtung, die Änderung und der Betrieb von Provisorien durch Planfeststellung zugelassen werden entweder auf der Grundlage eines eigenen Planfeststellungsverfahrens oder durch Integration in ein Planfeststellungsverfahren für eine Energieleitung. Eine solche Integration ist auch noch nachträglich nach Erlass der Entscheidung zur Planfeststellung durch ein Planergänzungsverfahren möglich, solange die Entscheidung zur Planfeststellung gilt. Folge der gesetzlichen Regelung, wonach die Errichtung, der Betrieb und die Änderung eines Provisoriums selbst keine Errichtung, keinen Betrieb und keine Änderung einer Hochspannungsfreileitung im energiewirtschaftlichen Sinne darstellen, ist der Wegfall einer UVP-Pflicht von Provisorien (mit einer Länge von unter 15 km), weil die Anlage 1 zum UVPG nur für „Hochspannungsfreileitung im Sinne des Energiewirtschaftsgesetzes" gilt.

6021 **b) Planrechtfertigung.** Wie alle planfeststellungsbedürftigen Vorhaben müssen auch die Vorhaben nach § 43 EnWG nach allgemeinen Grundsätzen den Zielen des § 1 I EnWG entsprechen; sie müssen dementsprechend einer möglichst sicheren, preisgünstigen, verbraucherfreundlichen, effizienten und umweltverträglichen leitungsgebundenen Versorgung der Allgemeinheit mit Elektrizität und Gas dienen. Für Vorhaben, die in den Bedarfsplan des Energieleitungsausbaugesetzes 2009 oder in den Bundesbedarfsplan nach § 12e I 1 EnWG aufgenommen wurden, ergibt sich die Planrechtfertigung aus dieser gesetzlichen Vorgabe.[620]

6022 **c) UVP-Pflicht.** Die UVP-Pflicht für Leitungsanlagen ist in Nr. 19 der Anlage 1 zum UVP geregelt. Für Vorhaben mit einer bestimmten Größenordnung („X") besteht eine Pflicht zur Regel-UVP. Vorhaben mit einer geringeren Größenordnung unterliegen der allgemeinen („A") oder standortbezogenen („S") Vorprüfung (§§ 6 bis 14 UVPG). Danach ist die Errichtung und der Betrieb einer Hochspannungsfreileitung iSd des EnWG mit einer Länge von mehr als 15 km und mit einer Nennspannung von 220 kV oder mehr obligatorisch UVP-pflichtig. Mit einer Länge von mehr als 15 km und mit einer Nennspannung von 110 kV bis zu 220 kV bedarf es für solche Hochspannungsfreileitungen einer allgemeinen Vorprüfung. Dasselbe gilt bei einer Länge von 5 km bis 15 km und mit einer Nennspannung von 110 kV oder mehr. Für Hochspannungsfreileitungen mit einer Länge von über 200 Metern und weniger als 5 km und einer Nennspannung von 110 kV oder mehr ist eine standortbezogene Vorprüfung notwendig. Dasselbe gilt bei einer Länge von bis zu 200 Metern und einer Nennspannung von 110 kV oder mehr, wenn die Hochspannungsfreileitung in einem Natura 2000-Gebiet nach § 7 I Nr. 8 BNatSchG liegt. Vorhaben, die in der Anlage 1 unter den Nrn. 19.3 bis 19.9 des UVPG aufgeführt sind, sowie die Änderung solcher Vorhaben bedürfen nach § 65 UVPG der Planfeststellung durch die zuständige Behörde, sofern dafür nach den §§ 6 bis 14 UVPG eine Verpflichtung zur Durchführung einer Umweltverträglichkeitsprüfung besteht. Die UVP wird in das Planfeststellungsverfahren integriert. Für UVP-pflichtige Hochspannungsleitungen müssen zusätzliche Verfahrensschritte beachtet werde, insbesondere die Pflicht zur Vorlage eines UVP-Berichts nach § 16 I UVPG für den Vorhabenträger und die Pflicht der Plan-

[620] Durner in Ziekow Handbuch des Fachplanungsrechts, 2024, 3 22 Rn. 17.

feststellungsbehörde nach § 24 I UVPG, eine zusammenfassende Darstellung der Umweltauswirkungen zu erarbeiten.

Umweltprüfungen umfassen nach § 3 UVPG die Ermittlung, Beschreibung und Bewertung der **erheblichen Auswirkungen** eines Vorhabens oder eines Plans oder Programms auf die Schutzgüter. Sie dienen einer wirksamen Umweltvorsorge nach Maßgabe der geltenden Gesetze und werden nach einheitlichen Grundsätzen sowie unter Beteiligung der Öffentlichkeit durchgeführt. Maßgeblich für die Frage der Erheblichkeit ist das materielle Zulassungsrecht.[621] Können die möglichen Auswirkungen auf ein Schutzgut nach dem materiellen Fachrecht auf das Ergebnis einer Zulassungsentscheidung keinen Einfluss haben, sind sie nicht erheblich. Nach Maßgabe des Fachrechts und dessen Anforderungen ist damit zu entscheiden, ob die Auswirkungen sehr seltener Maßnahmen einer Regelung in der Zulassungsentscheidung bedürfen und diese Regelung durch die Umweltverträglichkeitsprüfung vorzubereiten ist.[622] 6023

UVP-Bericht. Der Vorhabenträger hat der zuständigen Behörde nach § 16 I 1 UVPG einen UVP-Bericht vorzulegen, der zumindest folgende Angaben enthält: 1. eine Beschreibung des Vorhabens mit Angaben zum Standort, zur Art, zum Umfang und zur Ausgestaltung, zur Größe und zu anderen wesentlichen Merkmalen des Vorhabens, 2. eine Beschreibung der Umwelt und ihrer Bestandteile im Einwirkungsbereich des Vorhabens, 3. eine Beschreibung der Merkmale des Vorhabens und des Standorts, mit denen das Auftreten erheblicher nachteiliger Umweltauswirkungen des Vorhabens ausgeschlossen, vermindert oder ausgeglichen werden soll, 4. eine Beschreibung der geplanten Maßnahmen, mit denen das Auftreten erheblicher nachteiliger Umweltauswirkungen des Vorhabens ausgeschlossen, vermindert oder ausgeglichen werden soll, sowie eine Beschreibung geplanter Ersatzmaßnahmen, 5. eine Beschreibung der zu erwartenden erheblichen Umweltauswirkungen des Vorhabens, 6. eine Beschreibung der vernünftigen Alternativen, die für das Vorhaben und seine spezifischen Merkmale relevant und vom Vorhabenträger geprüft worden sind, und die Angabe der wesentlichen Gründe für die getroffene Wahl unter Berücksichtigung der jeweiligen Umweltauswirkungen sowie 7. eine allgemein verständliche, nichttechnische Zusammenfassung des UVP-Berichts. 6024

Bei einem Vorhaben, das einzeln oder im Zusammenwirken mit anderen Vorhaben, Projekten oder Plänen geeignet ist, ein Natura 2000-Gebiet erheblich zu beeinträchtigen, muss der UVP-Bericht Nach § 16 I 2 UVPG muss der UVP-Bericht Angaben zu den Auswirkungen des Vorhabens auf die Erhaltungsziele dieses Gebiets enthalten. Der UVP-Bericht ist zu einem solchen Zeitpunkt vorzulegen, dass er mit den übrigen Unterlagen ausgelegt werden kann (§ 16 II UVPG). Der UVP-Bericht muss auch die in Anlage 4 des UVPG genannten weiteren Angaben enthalten, soweit diese Angaben für das Vorhaben von Bedeutung sind. Inhalt und Umfang des UVP-Berichts bestimmen sich nach den Rechtsvorschriften, die für die Zulassungsentscheidung maßgebend sind. In den Fällen des § 15 UVPG stützt der Vorhabenträger den UVP-Bericht zusätzlich auf den Untersuchungsrahmen (§ 16 III und IV UVPG). Der UVP-Bericht muss nach § 16 V UVPG den gegenwärtigen Wissensstand und gegenwärtige Prüfmethoden berücksichtigen. Er muss die Angaben enthalten, die der Vorhabenträger mit zumutbarem Aufwand ermitteln kann. Die Angaben müssen ausreichend sein, um 1. der zuständigen Behörde eine begründete Bewertung der Umweltauswirkungen des Vorhabens nach § 25 Absatz 1 zu ermöglichen und 2. Dritten die Beurteilung zu ermöglichen, ob und in welchem Umfang sie von den Umweltauswirkungen des Vorhabens betroffen sein können. 6025

Zusammenfassende Darstellung. Nach § 24 I UVPG erarbeitet die zuständige Behörde eine zusammenfassende Darstellung 1. der Umweltauswirkungen des Vorhabens, 2. der Merkmale des Vorhabens und des Standorts, mit denen erhebliche nachteilige Umweltauswirkungen ausgeschlossen, vermindert oder ausgeglichen werden sollen, und 3. der Maßnahmen, mit denen erhebliche nachteilige Umweltauswirkungen ausgeschlossen, vermindert oder ausgeglichen werden sollen, sowie 4. der Ersatzmaßnahmen bei Eingriffen in Natur und Landschaft. Die Erarbeitung erfolgt nach § 24 I 2 UVPG auf der Grundlage des UVP-Berichts, der behördlichen Stellungnahmen nach § 17 II und § 55 IV UVPG sowie der Äußerungen der betroffenen Öffentlichkeit nach den §§ 21 und 56 UVPG. Die Ergebnisse eigener Ermittlungen sind 6026

[621] BVerwG Beschl. v. 2.3.2023 – 4 B 16/22, juris Rn. 13; BVerwGE 148, 353 Rn. 37; BVerwGE 150, 92 Rn. 22.
[622] BVerwG Beschl. v. 2.3.2023 – 4 B 16/22, juris Rn. 13.

einzubeziehen. Die zusammenfassende Darstellung soll möglichst innerhalb eines Monats nach dem Abschluss der Erörterung im Beteiligungsverfahren erarbeitet werden.[623]

6027 **d) Anhörungsverfahren.** Für das Planfeststellungsverfahren gelten nach § 43 IV EnWG die Vorschrift der §§ 72 bis 78 VwVfG mit einigen in § 43 a EnWG zu § 73 VwVfG aufgeführten Maßgaben. Nach § 43 IV EnWG iVm § 73 I 1 VwVfG ist Voraussetzung für den Beginn des Planfeststellungsverfahrens, dass der Träger des Vorhabens den Plan der Anhörungsbehörde zur Durchführung des Anhörungsverfahrens einreicht.

6028 **Vorhabenträger.** Wer Vorhabenträger sein kann, ist mit Blick auf das einschlägige Fachrecht zu bestimmen.[624] Betreiberspezifische Anforderungen an die Eigenschaft als Vorhabenträger stellt das Energiewirtschaftsgesetz nicht ausdrücklich. Allerdings kann der Antrag nur von einem Unternehmen gestellt werden, das einen dauerhaften Zugriff auf die planfestgestellten Anlagen hat, um so die Einhaltung der im Planfeststellungsverfahren enthaltenen Verpflichtungen sicherstellen zu können.[625]

6029 **Projektmanager.** Nach § 43 g I EnWG kann die nach Landesrecht zuständige Behörde einen Dritten, der als Verwaltungshelfer beschäftigt werden kann, auf Vorschlag oder mit Zustimmung des Trägers des Vorhabens und auf dessen Kosten mit der Vorbereitung und Durchführung von Verfahrensschritten beauftragen wie 1. der Erstellung von Verfahrensleitplänen unter Bestimmung von Verfahrensabschnitten und Zwischenterminen, 2. der Fristenkontrolle, 3. der Koordinierung von erforderlichen Sachverständigengutachten, 4. dem Qualitätsmanagement der Anträge und Unterlagen der Vorhabenträger, 5. der Koordinierung der Enteignungs- und Entschädigungsverfahren nach den §§ 45 und 45a EnWG, 6. dem Entwurf eines Anhörungsberichtes, 7. der ersten Auswertung der eingereichten Stellungnahmen, 8. der organisatorischen Vorbereitung eines Erörterungstermins, 9. der Leitung des Erörterungstermins und 10. dem Entwurf von Entscheidungen.[626]

6030 Die nach Landesrecht zuständige Behörde soll nach § 43 g II EnWG im Falle einer Beauftragung des Projektmanagers mit diesem vereinbaren, dass die **Zahlungspflicht** unmittelbar zwischen Vorhabenträger und Projektmanager entsteht und eine Abrechnung zwischen diesen erfolgt; Voraussetzung ist, dass der Vorhabenträger einer solchen zugestimmt hat. Der Projektmanager ist verpflichtet, die Abrechnungsunterlagen ebenfalls der zuständigen Behörde zu übermitteln. Die zuständige Behörde prüft, ob die vom Projektmanager abgerechneten Leistungen dem jeweiligen Auftrag entsprechen, und teilt dem Vorhabenträger das Ergebnis dieser Prüfung unverzüglich mit.

6031 **Vorarbeiten.** Eigentümer und sonstige Nutzungsberechtigte haben zur Vorbereitung der Planung und der Baudurchführung eines Vorhabens oder von Unterhaltungsmaßnahmen notwendige Vermessungen, Boden- und Grundwasseruntersuchungen einschließlich der vorübergehenden Anbringung von Markierungszeichen sowie sonstige Vorarbeiten durch den Träger des Vorhabens und durch ihn beauftragte zu dulden (§ 44 EnWG). Die Absicht, solche Arbeiten auszuführen, ist dem Eigentümer oder sonstigen Nutzungsberechtigten mindestens zwei Wochen vor dem vorgesehenen Zeitpunkt unmittelbar oder durch ortsübliche Bekanntmachung in den Gemeinden, in denen die Vorarbeiten durchzuführen sind, durch den Träger des Vorhabens bekannt zu geben. Die Anforderungen an die erforderliche Konkretisierung einer Duldungsanordnung bestimmen sich nach § 44 EnWG in erster Linie nach dem Informationsinteresse des Betroffenen. Erforderlich sind die genaue Bezeichnung des Grundstücks, die Angabe des voraussichtlichen Beginns und der voraussichtlichen Dauer der Vorarbeiten sowie mindestens überschlägige Angaben zu deren Art und Umfang. Eine genaue Angabe etwa zu einzelnen Bohrpunkten oder der konkreten Fahrstrecke ist nicht erforderlich.[627] Die Behörde muss die für die Duldungsanordnung nach § 44 I 2 EnWG sprechenden Gründe darlegen können. Das gilt umso mehr, je stärker die Maßnahmen in das Eigentum am Grundstück eingreifen.[628]

---

[623] Näher dazu Beckmann UVPG/UmwRG, 2023, § 24 UVPG Rn. 1 ff.

[624] OVG Bautzen Beschl. v. 13.7.2022 – 4 B 228/21, juris Rn. 20; BVerwG Beschl. v. 25.7.2007 – 9 VR 19.07, juris Rn. 6.

[625] OVG Bautzen Beschl. v. 13.7.2022 – 4 B 228/21, juris Rn. 20; BVerwG Beschl. v. 25.7.2007 – 9 VR 19.07, juris Rn. 6.

[626] Ausführlich dazu Hermeier/Hilsmann/Winkler/Zeccola in Assmann/Pfeifer, EnWG, 2024, § 43 g Rn. 1 ff. Riege EnWZ 2022, 170 ff.; Mehde DVBl.. 2020, 1312

[627] BVerwG Beschl. v. 04.12.2020 – 4 VR 4.20, BeckRS 2020, 37198, Rn. 19.

[628] BVerwG Beschl. v. 04.12.2020 – 4 VR 4.20, BeckRS 2020, 37198, Rn. 23.

Die mit der Duldungspflicht einhergehenden Belastungen des Grundeigentums sind in der Regel als Ausdruck der Sozialbindung des Eigentums entschädigungslos hinzunehmen.[629] Vermögensnachteile sind zu entschädigen (§ 44 III EnWG). Hält der Planfeststellungsbeschluss die maßgeblichen Grenzwerte auch hinsichtlich elektrischer, magnetischer oder elektromagnetischer Felder (§ 1 I 2 der 26. BImSchV) ein, ist den Anforderungen zum Schutz der Allgemeinheit und der Nachbarschaft vor schädlichen Umwelteinwirkungen und zur Vorsorge gegen schädliche Umwelteinwirkungen insoweit Rechnung getragen.[630] 6032

Auslegung. Der Plan ist gem. §§ 43a Nr. 1 EnWG, 73 II VwVfG innerhalb von zwei Wochen nach Zugang auszulegen. Die Einwendungen und Stellungnahmen sind dem Vorhabenträger und den von ihm Beauftragten zur Verfügung zu stellen, um eine Erwiderung zu ermöglichen. Datenschutzrechtliche Bestimmungen sind dabei zu beachten. Auf Verlangen des Einwenders sollen dessen Name und Anschrift unkenntlich gemacht werden, wenn diese zur ordnungsgemäßen Durchführung des Verfahrens nicht erforderlich sind; auf diese Möglichkeit ist in der öffentlichen Bekanntmachung hinzuweisen. Die erforderliche Auslegung von Planunterlagen nach § 43 V EnWG iVm § 73 II VwVfG umfasst nicht alle Unterlagen, die möglicherweise zur vollständigen Beurteilung der Rechtmäßigkeit der Planung erforderlich sind. Sie kann sich auf die Unterlagen beschränken, deren der Einzelne bedarf, um als Laie den Grad seiner Beeinträchtigung abzuschätzen und sich das Interesse, Einwendungen zu erheben, bewusst zu machen (**Anstoßfunktion**). Welche Unterlagen hierzu gehören, beurteilt sich nach den Gegebenheiten des Einzelfalls. Unterlagen sind grundsätzlich dann auszulegen, wenn sich erst aus ihnen abwägungserhebliche Auswirkungen auf die Belange potenziell Betroffener oder anerkannter Vereinigungen ergeben; ergänzt eine Unterlage dagegen nur ausgelegte Planungsunterlagen, muss sie nicht mit ausgelegt werden.[631] 6033

Die Auslegung wird nach § 43a S. 2 EnWG dadurch bewirkt, dass die Dokumente auf der **Internetseite** der für die Auslegung zuständigen Behörde zugänglich gemacht werden. Auf Verlangen eines Beteiligten, das während der Dauer der Auslegung an die zuständige Behörde zu richten ist, wird ihm eine alternative, leicht zu erreichende Zugangsmöglichkeit zur Verfügung gestellt; dies ist in der Regel die Übersendung eines gängigen elektronischen Speichermediums, auf dem die auszulegenden Unterlagen gespeichert sind (§ 43a S. 2 EnWG). 6034

Rechtsfolgen der Planauslegung. Vom Beginn der Auslegung der Pläne im Planfeststellungsverfahren oder von dem Zeitpunkt an, zu dem den Betroffenen Gelegenheit gegeben wird, den Plan einzusehen, dürfen nach § 44a I EnWG auf den vom Plan betroffenen Flächen bis zu ihrer Inanspruchnahme wesentlich wertsteigernde oder die geplante Baumaßnahmen erheblich erschwerende Veränderungen nicht vorgenommen werden (**Veränderungssperre**). Veränderungen, die in rechtlich zulässiger Weise vorher begonnen worden sind, Unterhaltungsarbeiten und die Fortführung einer bisher ausgeübten Nutzung werden davon nicht berührt. Unzulässige Veränderungen bleiben bei Anordnungen nach § 74 II 2 VwVfG und im Entschädigungsverfahren unberücksichtigt. Dauert die Veränderungssperre über vier Jahre, im Falle von Hochspannungsleitungen über fünf Jahre, können die Eigentümer nach § 44a II 1 EnWG für die dadurch entstandenen Vermögensnachteile **Entschädigung** verlangen. Sie können ferner die **Vereinbarung einer beschränkt persönlichen Dienstbarkeit** für die vom Plan betroffenen Flächen verlangen, wenn es ihnen mit Rücksicht auf die Veränderungssperre wirtschaftlich nicht zuzumuten ist, die Grundstücke in der bisherigen oder einer anderen zulässigen Art zu benutzen. Kommt keine Vereinbarung nach Satz 2 zustande, so können die Eigentümer die entsprechende Beschränkung des Eigentums an den Flächen verlangen. Im Übrigen gilt § 45 EnWG (Enteignung). 6035

Erörterungsverzicht. Die Anhörungsbehörde kann nach § 43a S. 1 Nr. 3 EnWG auf eine Erörterung iSd § 73 VI VwVfG und des § 18 I 4 UVPG. Ein Erörterungstermin findet nicht statt, wenn a) Einwendungen gegen das Vorhaben nicht oder nicht rechtzeitig erhoben worden sind, b) die rechtzeitig erhobenen Einwendungen zurückgenommen worden sind, c) ausschließlich Einwendungen erhoben worden sind, die auf privatrechtlichen Titeln beruhen, oder d) alle Einwender auf einen Erörterungstermin verzichten. Findet keine Erörterung statt, hat die Anhörungsbehörde ihre Stellungnahme innerhalb von sechs Wochen nach Ablauf der Einwendungsfrist abzugeben und sie der Planfeststellungsbehörde zusammen mit den sonstigen 6036

---

629 Durner in Ziekow Handbuch des Fachplanungsrechts, 2024, § 22 Rn. 14.

630 BVerwG DVBl. 2017, 1039.

631 VGH Mannheim Urt. v. 8.11.2022 – 6 S 833/20, juris Rn. 44; BVerwG NVwZ 2021, 1145 = juris Rn. 16; BVerwGE 173, 296 = juris Rn. 32.

in § 73 IX VwVfG aufgeführten Unterlagen zuzuleiten. Soll ein ausgelegter Plan geändert werden, so kann im Regelfall von der Erörterung abgesehen werden (§ 43a S. 1 Nr. 4 EnWG).

6037 Die Auslegung des Plans wird dadurch bewirkt, dass die Dokumente auf der Internetseite der für die Auslegung zuständigen Behörde zugänglich gemacht werden. Auf Verlangen eines Beteiligten, das während der Dauer der Auslegung an die zuständige Behörde zu richten ist, wird ihm eine alternative, leicht zu erreichende Zugangsmöglichkeit zur Verfügung gestellt; dies ist in der Regel die Übersendung eines gängigen elektronischen Speichermediums, auf dem die auszulegenden Unterlagen gespeichert sind.

6038 **e) Planfeststellungsbeschluss, Plangenehmigung.** Für Planfeststellungsbeschluss und Plangenehmigung gelten nach § 43 b EnWG die §§ 73 und 74 VwVfG mit folgenden Maßgaben:

6039 Bei Planfeststellungen für Vorhaben im Sinne des § 43 I 1 EnWG wird a) für ein bis zum 31.12.2010 beantragtes Vorhaben für die Errichtung und den Betrieb sowie die Änderung von Hochspannungsfreileitungen oder Gasversorgungsleitungen, das der im Hinblick auf die Gewährleistung der Versorgungssicherheit dringlichen Verhinderung oder Beseitigung längerfristiger Übertragungs-, Transport- oder Verteilungsengpässe dient, b) für ein Vorhaben, das in der Anlage zum Energieleitungsausbaugesetz vom 21. August 2009 (BGBl. I S. 2870) in der jeweils geltenden Fassung aufgeführt ist, die Öffentlichkeit einschließlich der Vereinigungen iSv § 73 IV 5 VwVfG ausschließlich entsprechend § 18 II UVPG mit der Maßgabe einbezogen, dass die Gelegenheit zur Äußerung einschließlich Einwendungen und Stellungnahmen innerhalb eines Monats nach der Einreichung des vollständigen Plans für eine Frist von sechs Wochen zu gewähren ist.

6040 Verfahren zur Planfeststellung oder Plangenehmigung bei Vorhaben, deren Auswirkungen über das Gebiet eines Landes hinausgehen, sind zwischen den zuständigen Behörden der beteiligten Länder abzustimmen.

6041 Der Planfeststellungsbeschluss wird dem Vorhabenträger zugestellt. Im Übrigen wird der Planfeststellungsbeschluss öffentlich bekanntgegeben, indem er für die Dauer von zwei Wochen auf der Internetseite der Planfeststellungsbehörde mit der Rechtsbehelfsbelehrung zugänglich gemacht wird und zusätzlich mit seinem verfügenden Teil und der Rechtsbehelfsbelehrung sowie einem Hinweis auf die Zugänglichmachung im Internet in örtlichen Tageszeitungen, die in dem Gebiet, auf das sich das Vorhaben voraussichtlich auswirken wird, verbreitet sind, bekanntgemacht wird. Nach Ablauf von zwei Wochen seit der Zugänglichmachung auf der Internetseite der Planfeststellungsbehörde gilt der Planfeststellungsbeschluss gegenüber den Betroffenen und demjenigen, der Einwendungen erhoben hat, als bekanntgegeben. Hierauf ist in der Bekanntmachung hinzuweisen. Einem Betroffenen oder demjenigen, der Einwendungen erhoben hat, wird eine leicht zu erreichende Zugangsmöglichkeit zur Verfügung gestellt, wenn er oder sie während der Dauer der Veröffentlichung ein entsprechendes Verlangen an die Planfeststellungsbehörde gerichtet hat. Dies ist in der Regel die Übersendung eines gängigen elektronischen Speichermediums, auf dem die auszulegenden Unterlagen gespeichert sind. Auf die andere Zugangsmöglichkeit ist in der Bekanntgabe hinzuweisen.

6042 Die nach Landesrecht zuständige Behörde soll nach § 43 b II 1 EnWG einen Planfeststellungsbeschluss in den Fällen des § 43 I 1 Nrn. 2 und 4 EnWG für **Offshore-Anbindungsleitungen** nach Eingang der Unterlagen innerhalb von zwölf Monaten fassen. Die nach Landesrecht zuständige Behörde kann die Frist um drei Monate verlängern, wenn dies wegen der Schwierigkeit der Prüfung oder aus Gründen, die dem Antragsteller zuzurechnen sind, erforderlich ist. Die Fristverlängerung soll gegenüber dem Antragsteller begründet werden.

6043 **f) Rechtswirkungen der Planfeststellung und Plangenehmigung**. Nach § 43 c EnWG gilt für die Rechtswirkungen der Planfeststellung und Plangenehmigung § 75 VwVfG mit Maßgaben. Durch die Planfeststellung wird nach § 75 I 1 VwVfG die Zulässigkeit des Vorhabens einschließlich der notwendigen Folgemaßnahmen an anderen Anlagen im Hinblick auf alle von ihm berührten öffentlichen Belange festgestellt (**Genehmigungswirkung**). Neben der Planfeststellung sind nach § 75 I 1 HS 2 VwVfG andere behördliche Entscheidungen, insbesondere öffentlich-rechtliche Genehmigungen, Verleihungen, Erlaubnisse, Bewilligungen, Zustimmungen und Planfeststellungen nicht erforderlich (**Konzentrationswirkung**). Durch die Planfeststellung werden nach § 75 I 2 VwVfG alle öffentlich-rechtlichen Beziehungen zwischen dem Träger des Vorhabens und den durch den Plan Betroffenen rechtsgestaltend geregelt (**Gestaltungswirkung**). Ist der Planfeststellungsbeschluss unanfechtbar geworden, so sind nach § 75 II 1 VwVfG Ansprüche auf Unterlassung des Vorhabens, auf Beseitigung oder Änderung der Anlagen oder auf Unterlassung ihrer Benutzung ausgeschlossen (**Duldungswirkung**). Treten nicht voraussehbare Wirkungen des Vorhabens oder der dem festgestellten Plan entsprechenden Anlagen auf das Recht eines anderen erst nach Unanfechtbarkeit des Plans auf, so kann der Betroffene Vorkehrungen oder die Errichtung und Unterhaltung von Anlagen verlangen, welche die nachteiligen Wirkungen ausschließen. Sie sind dem Träger des Vorhabens durch Beschluss der Planfeststellungsbehörde aufzuerlegen. Sind solche Vorkehrungen oder Anlagen untunlich oder mit dem Vorhaben unvereinbar, so richtet sich der Anspruch auf angemessene Entschädigung in Geld. Werden Vorkehrungen oder Anlagen im Sinne des § 75 II 2 VwVfG notwendig, weil nach Abschluss des Planfeststellungsverfahrens auf einem benachbarten Grundstück Veränderungen eingetreten sind, so hat die hierdurch entstehenden Kosten der Eigentümer des benachbarten Grundstücks zu tragen, es sei denn, dass die Veränderungen durch natürliche Ereignisse oder höhere Gewalt verursacht worden sind; § 75 II 4 VwVfG ist nicht anzuwenden (§ 75 II VwVfG).

Es gelten allerdings nach § 43 c EnWG folgende Maßgaben: 1. Wird mit der Durchführung 6044
des Plans nicht innerhalb von zehn Jahren nach Eintritt der Unanfechtbarkeit begonnen, so tritt er außer Kraft, es sei denn, er wird vorher auf Antrag des Trägers des Vorhabens von der Planfeststellungsbehörde um höchstens fünf Jahre verlängert. 2. Vor der Entscheidung nach § 43 c Nr. 1 EnWG ist eine auf den Antrag begrenzte Anhörung nach den für die Planfeststellung oder für die Plangenehmigung vorgeschriebenen Verfahren durchzuführen. 3. Für die Zustellung und Auslegung sowie die Anfechtung der Entscheidung über die Verlängerung sind die Bestimmungen über den Planfeststellungsbeschluss entsprechend anzuwenden. 4. Wird eine Planergänzung oder ein ergänzendes Verfahren nach § 75 Ia 2 VwVfG erforderlich und wird diese Planergänzung oder dieses ergänzende Verfahren unverzüglich betrieben, so bleibt die Durchführung des Vorhabens zulässig, soweit es von der Planergänzung oder dem Ergebnis des ergänzenden Verfahrens offensichtlich nicht berührt ist. Wann diese Voraussetzungen vorliegen können, ist eine Entscheidung des Einzelfalls. In Betracht kommt zB die fortgesetzte Verlegung eines Erdkabels, wenn innerhalb eines Abschnittes sowohl Erdkabel als auch Freileitungen errichtet werden und sich der gerichtlich festgestellte Mangel allein auf den Freileitungsbereich bezieht. Eine Fortsetzung wird nach dem Gesetzgeber ferner häufig in Betracht kommen, wenn sich der Fehler auf eine kleinräumig zu prüfende Alternative bezieht.[632]

Nicht zuletzt haben Planfeststellung und Plangenehmigung nach § 45 II EnWG **enteignungsrechtliche Vorwirkung**. Die Entziehung oder die Beschränkung von Grundeigentum 6045
oder von Rechten am Grundeigentum im Wege der Enteignung ist nach § 45 I EnWG zulässig, soweit sie zur Durchführung 1. eines Vorhabens nach § 43 oder § 43b Nr. 1 EnWG, für das der Plan festgestellt oder genehmigt ist, 2. einer nachträglichen grundstücksrechtlichen Sicherung von Anlagen im Sinne des § 43 I und II EnWG, die vor dem 28. Juli 2001 angezeigt, errichtet oder betrieben wurden, mittels dinglicher Rechte oder 3. eines sonstigen Vorhabens zum Zwecke der Energieversorgung erforderlich ist. Einer weiteren Feststellung der Zulässigkeit der Enteignung bedarf es gem. § 45 II 1 EnWG in den Fällen des § 45 I Nr. 1 und 2 EnWG nicht; der festgestellte oder genehmigte Plan oder, in den Fällen des § 45 I Nr. 2 EnWG, auch der Bestandsplan nach den aktuell gültigen technischen Regeln ist dem Enteignungsverfahren zugrunde zu legen und für die Enteignungsbehörde bindend. Hat sich ein Beteiligter mit der Übertragung oder Beschränkung des Eigentums oder eines anderen Rechtes schriftlich einverstanden erklärt, kann das Entschädigungsverfahren unmittelbar durchgeführt werden. Die Zulässigkeit der Enteignung in den Fällen des § 45 I Nr. 3 EnWG und des § 45 I a EnWG stellt nach § 45 II 3 EnWG die nach Landesrecht zuständige Behörde fest.

g) Zulassung vorzeitigen Beginns. In einem Planfeststellungs- oder Plangenehmigungs- 6046
verfahren soll die für die Feststellung des Plans oder für die Erteilung der Plangenehmigung zuständige Behörde nach § 44 c I 1 EnWG vorläufig zulassen, dass bereits vor Feststellung des Plans oder der Erteilung der Plangenehmigung in Teilen mit der Errichtung oder Änderung eines Vorhabens im Sinne des § 43 I 1 Nr. 1 bis 6 und II EnWG einschließlich der Vorarbeiten begonnen wird, wenn 1. unter Berücksichtigung der Stellungnahmen der Träger öffentlicher Belange einschließlich der Gebietskörperschaften bei einer summarischen Prüfung mit einer Entscheidung im Planfeststellungs- oder Plangenehmigungsverfahren zugunsten des Vorhabenträgers gerechnet werden kann, 2. der Vorhabenträger ein berechtigtes oder ein öffentliches

[632] Zum Erdkabeleinsatz Appel NVwZ 2016, 1516; zum Vorrang der Erdverkabelung Jornitz/Förtser NVwZ 2016, 801; siehe auch OVG Bautzen SächsVBl 2024, 49.

Interesse an der Zulassung des vorzeitigen Baubeginns darlegt, 3. der Vorhabenträger nur Maßnahmen durchführt, die reversibel sind und 4. der Vorhabenträger sich verpflichtet, a) alle Schäden zu ersetzen, die bis zur Entscheidung im Planfeststellungs- oder Plangenehmigungsverfahren durch die Maßnahmen verursacht worden sind, und b) sofern kein Planfeststellungsbeschluss oder keine Plangenehmigung erfolgt, einen im Wesentlichen gleichartigen Zustand herzustellen.[633]

6047 Bei Infrastrukturvorhaben im Sinne des Art. 3 I der Verordnung (EU) 2022/2577 zur Festlegung eines Rahmens für einen beschleunigten Ausbau der Nutzung erneuerbarer Energien sowie bei Vorhaben im Sinne des § 1 I BBPlG, des § 1 II Energieleitungsausbaugesetz und des § 1 Netzausbaubeschleunigungsgesetz Übertragungsnetz ist es für die Berücksichtigung der Stellungnahmen der Träger öffentlicher Belange einschließlich der Gebietskörperschaften nach § 44b I 1 EnWG ausreichend, wenn die Stellungnahmen derjenigen Träger öffentlicher Belange und Gebietskörperschaften berücksichtigt werden, deren Belange am Ort der konkreten Maßnahme, die durch den vorzeitigen Baubeginn zugelassen wird, berührt sind. Maßnahmen sind reversibel gemäß § 44 b 1 Nr. 3 EnWG, wenn ein im Wesentlichen gleichartiger Zustand hergestellt werden kann und die hierfür notwendigen Maßnahmen in einem angemessenen Zeitraum umgesetzt werden können. Ausnahmsweise können irreversible Maßnahmen zugelassen werden, wenn sie nur wirtschaftliche Schäden verursachen und für diese Schäden eine Entschädigung in Geld geleistet wird. Die Zulassung des vorzeitigen Baubeginns erfolgt auf Antrag des Vorhabenträgers und unter dem Vorbehalt des Widerrufs. § 44 bleibt unberührt (§ 44 b I EnWG).

6048 Die für die Feststellung des Plans oder für die Erteilung der Plangenehmigung zuständige Behörde kann die **Leistung einer Sicherheit** verlangen, soweit dies erforderlich ist, um die Erfüllung der Verpflichtungen des Vorhabenträgers nach § 44 b I 1 Nr. 4 sowie I 3 EnWG zu sichern. Soweit die zugelassenen Maßnahmen durch die Planfeststellung oder Plangenehmigung für unzulässig erklärt sind, ordnet die Behörde gegenüber dem Träger des Vorhabens an, einen im Wesentlichen gleichartigen Zustand herzustellen. Dies gilt auch, wenn der Antrag auf Planfeststellung oder Plangenehmigung zurückgenommen wurde. Ein **Rechtsbehelf** gegen die Zulassung des vorzeitigen Baubeginns einschließlich damit verbundener Vollstreckungsmaßnahmen nach dem VwVG hat **keine aufschiebende Wirkung**. Der Antrag auf Anordnung der aufschiebenden Wirkung des Rechtsbehelfs nach § 80 V 1 VwGO gegen die Zulassung des vorzeitigen Baubeginns kann nur innerhalb eines Monats nach der Zustellung oder Bekanntgabe der Zulassung des vorzeitigen Baubeginns gestellt und begründet werden. Darauf ist in der Rechtsbehelfsbelehrung hinzuweisen. § 58 VwGO ist entsprechend anzuwenden. Im Übrigen ist § 43e III EnWG entsprechend anzuwenden.

6049 **h) Vorzeitige Besitzeinweisung.** Ist der sofortige Beginn von Bauarbeiten geboten und weigert sich der Eigentümer oder Besitzer, den Besitz eines für den Bau, die Inbetriebnahme und den Betrieb sowie die Änderung oder Betriebsänderung von Hochspannungsfreileitungen, Erdkabeln oder Gasversorgungsleitungen im Sinne des § 43 EnWG benötigten Grundstücks durch Vereinbarung unter Vorbehalt aller Entschädigungsansprüche zu überlassen, so hat die Enteignungsbehörde den Träger des Vorhabens nach § 44 b I 1 EnWG auf Antrag nach Feststellung des Plans oder Erteilung der Plangenehmigung in den Besitz einzuweisen. Der Planfeststellungsbeschluss oder die Plangenehmigung müssen vollziehbar sein. Weiterer Voraussetzungen bedarf es nicht. Der Träger des Vorhabens kann nach § 44 b Ia 1 EnWG verlangen, dass nach Abschluss des Anhörungsverfahrens gemäß § 43a EnWG eine vorzeitige Besitzeinweisung durchgeführt wird. In diesem Fall ist der nach dem Verfahrensstand zu erwartende Planfeststellungsbeschluss dem vorzeitigen Besitzeinweisungsverfahren zugrunde zu legen. Der **Besitzeinweisungsbeschluss** ist mit der **aufschiebenden Bedingung** zu erlassen, dass sein Ergebnis durch den Planfeststellungsbeschluss bestätigt wird. Anderenfalls ist das vorzeitige Besitzeinweisungsverfahren auf der Grundlage des ergangenen Planfeststellungsbeschlusses zu ergänzen.

6050 Die Enteignungsbehörde hat spätestens sechs Wochen nach Eingang des Antrags auf Besitzeinweisung mit den Beteiligten mündlich zu verhandeln. Hierzu sind der Antragsteller und die Betroffenen zu laden. Dabei ist den Betroffenen der Antrag auf Besitzeinweisung mitzuteilen. Die Ladungsfrist beträgt drei Wochen. Mit der Ladung sind die Betroffenen aufzufordern, etwaige Einwendungen gegen den Antrag vor der mündlichen Verhandlung bei der Enteig-

[633] Siehe dazu Winkler/Zeccola KlimaRZ 2023, 221.

nungsbehörde einzureichen. Die Betroffenen sind außerdem darauf hinzuweisen, dass auch bei Nichterscheinen über den Antrag auf Besitzeinweisung und andere im Verfahren zu erledigende Anträge entschieden werden kann (§ 44 b II EnWG).

Der Beschluss über die Besitzeinweisung ist dem Antragsteller und den Betroffenen spätestens zwei Wochen nach der mündlichen Verhandlung zuzustellen. Die Besitzeinweisung wird in dem von der Enteignungsbehörde bezeichneten Zeitpunkt wirksam. Dieser Zeitpunkt soll auf höchstens zwei Wochen nach Zustellung der Anordnung über die vorzeitige Besitzeinweisung an den unmittelbaren Besitzer festgesetzt werden. Durch die Besitzeinweisung wird dem Besitzer der Besitz entzogen und der Träger des Vorhabens Besitzer. Der Träger des Vorhabens darf auf dem Grundstück das im Antrag auf Besitzeinweisung bezeichnete Bauvorhaben durchführen und die dafür erforderlichen Maßnahmen treffen (§ 44 b IV EnWG). Der Träger des Vorhabens hat nach § 44 b V EnWG für die durch die vorzeitige Besitzeinweisung entstehenden Vermögensnachteile Entschädigung zu leisten, soweit die Nachteile nicht durch die Verzinsung der Geldentschädigung für die Entziehung oder Beschränkung des Eigentums oder eines anderen Rechts ausgeglichen werden. Art und Höhe der Entschädigung sind von der Enteignungsbehörde in einem Beschluss festzusetzen. Wird der festgestellte Plan oder die Plangenehmigung aufgehoben, so sind auch die vorzeitige Besitzeinweisung aufzuheben und der vorherige Besitzer wieder in den Besitz einzuweisen. Der Träger des Vorhabens hat für alle durch die Besitzeinweisung entstandenen besonderen Nachteile Entschädigung zu leisten. 6051

Ein Rechtsbehelf gegen eine vorzeitige Besitzeinweisung hat keine aufschiebende Wirkung. Der Antrag auf Anordnung der aufschiebenden Wirkung nach § 80 V 1 VwGO kann nur innerhalb eines Monats nach der Zustellung des Besitzeinweisungsbeschlusses gestellt und begründet werden (§ 44 b VI und VII EnWG).[634] 6052

Die vorzeitige Besitzeinweisung ist keine verfassungswidrige Beeinträchtigung des Eigentumsgrundrechts aus Art. 14 I GG dar. Die Wirksamkeit eines Besitzeinweisungsbeschlusses und damit die Möglichkeit für den Vorhabenträger, den tatsächlichen Besitz zu erlangen, setzt einen vollziehbaren Planfeststellungsbeschluss voraussetzt. Gemäß § 44b Ia 3 EnWG ist der Besitzeinweisungsbeschluss im Verfahren der vorzeitigen Besitzeinweisung mit der **aufschiebenden Bedingung** zu erlassen, dass sein Ergebnis durch den Planfeststellungsbeschluss bestätigt wird. Hiervon kann nach Ansicht des BVerwG nur die Rede sein, wenn ein erlassener Planfeststellungsbeschluss auch vollziehbar ist (vgl. § 44b I 2 EnWG). Das Verfahren der vorvorzeitigen Besitzeinweisung nach § 44b Ia EnWG nehme damit nicht Rechtsfolgen der Planfeststellung vorweg, sondern ermögliche es nur, das Verfahren im Vorfeld zu beschleunigen. Nach § 44b Ia EnWG kann das Verfahren der Besitzeinweisung ab einem bestimmten Zeitpunkt bereits parallel zum Planfeststellungsverfahren durchgeführt werden. Der Vorhabenträger trägt dabei das Risiko, dass ein Planfeststellungsbeschluss nicht demjenigen entspricht, der zum Zeitpunkt des Erlasses des Besitzeinweisungsbeschlusses erwartet wurde. In diesem Fall muss er das Ergänzungsverfahren nach § 44b Ia 4 EnWG durchführen; die Wirksamkeit des Besitzeinweisungsbeschlusses verzögert sich entsprechend.[635] Aus dieser Abhängigkeit der Besitzeinweisung von der Planfeststellung folgt nach der Rechtsprechung des BVerwG, dass Eigentumsrechte hinreichend geschützt sind. Diese seien im Planfeststellungsverfahren in die Abwägung einzustellen und könnten zum Gegenstand von hiergegen gerichtetem gerichtlichem Rechtsschutz einschließlich vorläufigem – im Erfolgsfall zur Nichtvollziehbarkeit des Planfeststellungsbeschlusses führendem – Rechtsschutz gemacht werden. Einer doppelten Prüfung bedürfe es daher nicht.[636] Das gelte auch, soweit nach § 44b Ia 2 EnWG die Enteignungsbehörde den nach dem Verfahrensstand zu erwartenden Planfeststellungsbeschluss dem vorzeitigen Besitzeinweisungsverfahren zugrunde zu legen habe. Hierbei gehe es allein darum, die voraussichtliche Trassenführung vorherzusagen, weil abhängig von dieser Besitzeinweisungen andere Grundstücke oder andere Teile von Grundstücken beträfen. Einer auf den zu erwartenden Planfeststellungsbeschluss bezogenen prognostischen Rechtmäßigkeitsprüfung bedürfe es nicht. Die Rechte der Betroffenen würden hinreichend durch die Prüfung im Planfeststellungsverfahren gewahrt. Eine Doppelzuständigkeit von Planfeststellungsbehörde und der für die Besitzeinweisung zuständigen Enteignungsbehörde in Bezug auf die Prüfung der Voraussetzungen für den 6053

---

634 Zur Zuständigkeit des BVerwG für eine Klage gegen einen Besitzeinweisungsbeschluss nach § 44 b EnWG, sofern für die Klage gegen den zugrundeliegenden Planfeststellungsbeschluss das BVerwG nach § 50 Abs. 1 Nr. 6 VwGO iVm § 6 BBPlG zuständig ist VGH München RdE 2023, 407 = juris Rn. 14.

635 BVerwG ZNER 2024, 50 = juris Rn. 28.

636 BVerwG ZNER 2024, 50 = juris Rn. 29.

Erlass eines rechtmäßigen Planfeststellungsbeschlusses sei auch deshalb abzulehnen, weil eine Mehrfachprüfung dem Beschleunigungszweck der vorvorzeitigen Besitzeinweisung zuwiderliefe. Hinzu komme, dass es das Rechtsstaatsprinzip gebietet, Kompetenzen nur einer Behörde einzuräumen und Doppelbeauftragungen zu vermeiden.[637]

6054 **i) Parallelführung von Planfeststellungs- und Enteignungsverfahren.** Der Träger des Vorhabens kann nach § 45 b EnWG verlangen, dass nach Abschluss der Anhörung ein vorzeitiges Enteignungsverfahren durchgeführt wird. Dabei ist der nach dem Verfahrensstand zu erwartende Planfeststellungsbeschluss dem Enteignungsverfahren zugrunde zu legen. Der Enteignungsbeschluss ist mit der aufschiebenden Bedingung zu erlassen, dass sein Ergebnis durch den Planfeststellungsbeschluss bestätigt wird. Anderenfalls ist das Enteignungsverfahren auf der Grundlage des ergangenen Planfeststellungsbeschlusses zu ergänzen.

6055 **j) Planänderungen.** Bei Planänderungen ist zwischen Planänderungen vor Fertigstellung des Vorhabens und Planänderungen nach Ergehen des Planfeststellungsbeschlusses unterschieden werden. Für die Planergänzung und das ergänzende Verfahren im Sinne des § 75 Ia 2 VwVfG und für die Planänderung vor Fertigstellung des Vorhabens gilt nach § 43 d EnWG die Bestimmung des § 76 VwVfG mit der Maßgabe, dass im Falle des § 76 I VwVfG von einer Erörterung iSd § 73 VI VwVfG und des § 18 I 4 UVPG abgesehen werden soll. Im Übrigen gelten für das neue Verfahren die Vorschriften des EnWG (vgl. dazu § 43 d EnWG).

6056 **Unwesentliche Änderungen oder Erweiterungen** können gem. § 43f I EnWG nachträglich anstelle des Planfeststellungsverfahrens durch ein Anzeigeverfahren zugelassen werden. Eine Änderung oder Erweiterung ist nur dann unwesentlich, wenn 1. nach dem Gesetz über die Umweltverträglichkeitsprüfung oder nach Absatz 2 hierfür keine Umweltverträglichkeitsprüfung durchzuführen ist, 2. andere öffentliche Belange nicht berührt sind oder die erforderlichen behördlichen Entscheidungen vorliegen und sie dem Plan nicht entgegenstehen und 3. Rechte anderer nicht beeinträchtigt werden oder mit den vom Plan Betroffenen entsprechende Vereinbarungen getroffen werden.

6057 Abweichend von den Vorschriften des UVPG ist eine UVP für die Änderung oder Erweiterung nicht durchzuführen bei 1. Änderungen oder Erweiterungen von Gasversorgungsleitungen zur Ermöglichung des Transports von Wasserstoff nach § 43 l IV EnWG, 2. Umbeseilungen, 3. Zubeseilungen oder 4. standortnahen Maständerungen. § 43 f II 1 Nr. 2 und 3 EnWG ist nur anzuwenden, wenn die nach Landesrecht zuständige Behörde feststellt, dass die Vorgaben der §§ 3, 3a und 4 der Verordnung über elektromagnetische Felder und die Vorgaben der TA Lärm eingehalten sind. Einer Feststellung, dass die Vorgaben der TA Lärm eingehalten sind, bedarf es nicht bei Änderungen, welche nicht zu Änderungen der Beurteilungspegel im Sinne der TA Lärm. § 43 f II 1 Nr. 2 bis 4 EnWG ist ferner jeweils nur anzuwenden, sofern einzeln oder im Zusammenwirken mit anderen Vorhaben eine erhebliche Beeinträchtigung eines Natura 2000-Gebiets oder eines bedeutenden Brut- oder Rastgebiets geschützter Vogelarten nicht zu erwarten ist. § 43 f II 1 Nr. 2 bis 4 EnWG ist bei Höchstspannungsfreileitungen mit einer Nennspannung von 220 Kilovolt oder mehr ferner nur anzuwenden, wenn die Zubeseilung eine Länge von höchstens 15 Kilometern hat, oder die standortnahen Maständerungen oder die bei einer Umbeseilung erforderlichen Masterhöhungen räumlich zusammenhängend auf einer Länge von höchstens 15 km erfolgen.

6058 Abweichend von § 43 f I 2 Nr. 2 EnWG kann eine Änderung oder Erweiterung auch dann im Anzeigeverfahren zugelassen werden, wenn die nach Landesrecht zuständige Behörde im Einvernehmen mit der zuständigen Immissionsschutzbehörde feststellt, dass die Vorgaben nach den §§ 3, 3a und 4 der Verordnung über elektromagnetische Felder und die Vorgaben der TA Lärm in der jeweils geltenden Fassung eingehalten sind, und wenn weitere öffentliche Belange nicht berührt sind oder die hierfür erforderlichen behördlichen Entscheidungen vorliegen und sie dem Plan nicht entgegenstehen. § 43 f II 3 EnWG ist entsprechend anzuwenden (§ 43 f III EnWG).

6059 Der Vorhabenträger zeigt nach § 43 f IV 1 EnWG gegenüber der nach Landesrecht zuständigen Behörde die von ihm geplante Maßnahme an. Der Anzeige sind in ausreichender Weise Erläuterungen beizufügen, aus denen sich ergibt, dass die geplante Änderung oder Erweiterung den Voraussetzungen der Absätze 1 bis 3 genügt. Insbesondere bedarf es einer Darstellung zu den zu erwartenden Umweltauswirkungen. Die nach Landesrecht zuständige Behörde entscheidet innerhalb eines Monats, ob anstelle des Anzeigeverfahrens ein Plangenehmigungs-

[637] BVerwG ZNER 2024, 50 = juris Rn. 30; NVwZ 2023, 1071 Rn. 22 f.

oder Planfeststellungsverfahren durchzuführen ist oder die Maßnahme von einem förmlichen Verfahren freigestellt ist. Prüfgegenstand ist nur die jeweils angezeigte Änderung oder Erweiterung; im Falle des § 43 f II 1 Nr. 1 EnWG bedarf es keiner Prüfung der dinglichen Rechte anderer; im Fall der standortnahen Maständerung bleibt es unabhängig von den Vorgaben der §§ 3, 3a und 4 der Verordnung über elektromagnetische Felder und den Vorgaben der TA Lärm in der jeweils geltenden Fassung beim Anzeigeverfahren. Die Entscheidung ist dem Vorhabenträger bekannt zu machen.

Für die Zwecke des § 43 und 43 f EnWG sind nach § 43 f V 1 EnWG die Begriffsbestimmungen des § 3 Nrn. 1, 2 und 4 bis 6 des Netzausbaubeschleunigungsgesetzes Übertragungsnetz sowie im Anwendungsbereich der Verordnung über elektromagnetische Felder in der jeweils geltenden Fassung die Begriffsbestimmungen des § 3 Nrn. 2 und 6 des NABEG Übertragungsnetz entsprechend anzuwenden. Im Anwendungsbereich der Verordnung über elektromagnetische Felder in der jeweils geltenden Fassung stellt es keine neue Trasse dar, wenn der Schutzstreifen der geänderten oder erweiterten Leitung den Schutzstreifen der bisherigen Leitung auf jeder Seite um nicht mehr als 20 m überschreitet. 6060

4. Abwägungsgebot

Bei der Planfeststellung sind nach § 43 III 1 EnWG die von dem Vorhaben berührten öffentlichen und privaten Belange im Rahmen der Abwägung zu berücksichtigen. Es ist nicht Aufgabe der Planfeststellungsbehörde, die planerischen Erwägungen des Vorhabenträgers durch abweichende eigene Überlegungen zu ersetzen. Sie kontrolliert insoweit nur, ob die von ihm getroffene Entscheidung rechtmäßig ist. Sie ist darüber hinaus verpflichtet, bei der Zusammenstellung des Abwägungsmaterials alle ernsthaft in Betracht kommenden Alternativen zu berücksichtigen und mit der ihnen zukommenden Bedeutung in die vergleichende Prüfung der von den möglichen Alternativen berührten öffentlichen und privaten Belange einzustellen, und darf auch bisher noch nicht berücksichtigten abwägungsrelevanten Gesichtspunkten Rechnung tragen. Die Behörde kann daher eine Abwägungsentscheidung auch in der Weise treffen, das sie sich die Überlegungen des Vorhabenträgers zu eigen macht.[638] 6061

Zu den zu berücksichtigenden privaten Belangen gehört insbesondere das **Grundeigentum** Planbetroffener. Eine solche Betroffenheit besteht, wenn für die Planrealisierung fremde Grundstücke in Anspruch genommen werden müssen oder wenn das Planvorhaben nachteilige Auswirkungen auf Nachbargrundstücken verursacht. Abwägungsrelevant sind solche Planbetroffenheiten, wenn sie objektiv nicht nur geringfügig und wenn sie schutzwürdig sind.[639] 6062

Beispiel: Ein über 80 m hoher, mit vier, nach einer Seite 18 m breiten Traversen bestückte Mast nähert sich auf rund 70 m an ein Grundstück benachbarter Wohnbebauung. Dennoch fehlt es an einer erdrückenden Wirkung, die nach der Rechtsprechung jedenfalls die Auferlegung eines Anspruchs nach § 74 II 3 VwVfG verlangen würde.[640] 6063

Von der Fachplanung betroffene Gemeinden sind auf die Rüge von Vorschriften beschränkt, die ihrem Schutz dienen. Sie können ihre Klage auf das in Art. 28 II 1 GG gewährleistete gemeindliche Selbstverwaltungsrecht, insbesondere in Gestalt der gemeindlichen Planungshoheit, sowie auf ihr zivilrechtliches Eigentum stützen. Keines dieser Rechte vermittelt ihnen allerdings einen Anspruch auf Vollüberprüfung des Planfeststellungsbeschlusses.[641] Gemeinden sind auch nicht befugt, sich zur Sachwalterin der Allgemeinheit zu machen oder den Schutz des Eigentums oder der Gesundheit ihrer Bürger gerichtlich zu verfolgen.[642] 6064

a) Bindung an die Bundesfachplanung. Grenzen des Abwägungsgebots ergeben sich aus zwingend zu beachtenden Vorgaben des Gesetzgebers und aus verbindlichen Planvorgaben. Dies gilt insbesondere für die Bundesfachplanung. Die Entscheidung der Bundesnetzagentur über die Bundesfachplanung enthält nach § 12 II 1 Nr. 1 NABEG den Verlauf eines raumverträglichen Trassenkorridors, der Teil des Bundesnetzplans wird, sowie die an Landesgrenzen gelegenen Länderübergangspunkte; der Trassenkorridor und die Länderübergangspunkte sind in geeigneter Weise kartografisch auszuweisen. Die Entscheidung nach § 12 NABEG ist gem. 6065

---

638 BVerwG Beschl. v. 26.4. 2023 – 4 VR 6/22, juris Rn. 25; BVerwGE 154, 73 Rn. 168.

639 BVerwG NVwZ 2017, 708 Rn. 63; Rieger in Assmann/Peiffer, EnWG, 2024, § 43 Rn. 111

640 BVerwG NVwZ 2018, 1322 = juris Rn. 84.

641 BVerwG NVwZ 2019, 1213 = juris Rn. 12; BVerwGE 148, 353 Rn. 23 mwN.

642 BVerwG NVwZ 2019, 1213 = juris Rn. 12; Urt. v. 28.4.2016 – 9 A 8.15 – Buchholz 11 Art. 28 GG Nr. 170 Rn. 14.

§ 15 I 1 NABEG für die Planfeststellungsverfahren nach § 18 ff. NABEG verbindlich. Die Planfeststellungsbehörde darf auch dann nicht von der Bundesfachplanung abweichen, wenn sie erkennt, dass diese abwägungsfehlerhaft ist. Eine Planfeststellungsbehörde, die entsprechende Abwägungsmängel erkennt, muss das Planfeststellungsverfahren aussetzen und eine Änderung der Bundesfachplanung durch die Bundesnetzagentur veranlassen; diese ist nach § 15 III 3 NABEG berechtigt, Mängel der Bundesfachplanung zu beheben.[643]

6066 Das Gesetz zur Anpassung des Energiewirtschaftsrechts an unionsrechtliche Vorgaben und zur Änderung weiterer energierechtlicher Vorschriften vom 28.12.2023 hat durch Änderungen des § 43 III EnWG und durch die Neuregelung der Absätze IIIa bis III c EnWG die Abwägungsvorgaben erheblich verändert. Das betrifft vor allem die Notwendigkeit der Prüfung von Alternativen und die Gewichtung von Belangen.

6067 **b) Überragende öffentliche Interessen.** Die Errichtung und der Betrieb sowie die Änderung von Hochspannungsleitungen nach § 43 I 1 Nr. 1 bis 4 EnWG einschließlich der für den Betrieb notwendigen Anlagen liegen nach § 43 III a 1 EnWG im überragenden öffentlichen Interesse und dienen der öffentlichen Sicherheit. Bis die Stromversorgung im Bundesgebiet nahezu treibhausgasneutral ist, soll der beschleunigte Ausbau der Hochspannungsleitungen nach § 43 I 1 Nr. 1 bis 4 EnWG und der für den Betrieb notwendigen Anlagen als vorrangiger Belang in die jeweils durchzuführende Schutzgüterabwägung eingebracht werden. Das gilt aber nicht gegenüber Belangen der Landes- und Bündnisverteidigung anzuwenden. Mit dieser Priorisierung wertet der Gesetzgeber den öffentlichen Belang eines beschleunigten Netzausbaus für die planerische Abwägung auf. Er trägt damit **Klimaschutzgebot** des Art. 20a GG und der Verpflichtung des Staates, den Übergang zu Klimaneutralität rechtzeitig einzuleiten, Rechnung. Die Regelung dient außerdem den Zielen der **EU-Notfallverordnung** für einen beschleunigten Ausbau der erneuerbaren Energien.[644]

6068 Nach Art. 3 I VO (EU) 2022/2577 gilt zugunsten der Planung, des Baus und des Betriebs von erneuerbaren Energieanlagen sowie der Netzanschlüsse und Speicheranlagen die widerlegliche Vermutung, dass diese nicht nur im überwiegenden öffentlichen Interesse liegen, sondern auch der öffentlichen Gesundheit und Sicherheit dienen. Gem. Art. 3 II 1 VO (EU) 2022/2577 gilt für solche Vorhaben, dass bei Abwägungsentscheidungen den Vorhaben, die im überwiegenden öffentlichen Interesse nach Art. 3 I der VO liegen, ein Vorrang gewährt wird. In Bezug auf den Artenschutz soll der Abwägungsvorrang jedoch nur dann anwendbar sein, soweit sichergestellt ist, dass ausreichende Finanzmittel und Flächen für die Erhaltung und Wiederherstellung von Populationszahlen von durch die Projekte gefährdeten Arten sichergestellt sind. Außerdem müssen ausreichende Maßnahmen gem. Art. 3 II 2 VO (EU) 2022/2577 tatsächlich ergriffen werden.[645]

6069 Nach § 13 I 1 KSG haben die Träger öffentlicher Aufgaben bei ihren Planungen und Entscheidungen den Zweck dieses Gesetzes und die zu seiner Erfüllung festgelegten Ziele zu berücksichtigen. Auch dieses Berücksichtigungsgebot ist Ausfluss und Konkretisierung der aus Art. 20a GG folgenden staatlichen Verpflichtung zum Klimaschutz einschließlich des Ziels der Herstellung von Klimaneutralität. Es soll bei allen Planungen und Entscheidungen der Exekutive zum Tragen kommen, soweit im Rahmen der gesetzlichen Vorschriften Entscheidungsspielräume bestehen. § 13 I 1 KSG begründet selbst keine neuen Handlungs- und Entscheidungsspielräume, sondern setzt das Bestehen derartiger Spielräume aufgrund gesetzlicher Regelungen voraus.[646] Rechtlicher Anknüpfungspunkt ist unter anderem das fachplanerische Abwägungsgebot. Wegen des Vorhabenbezugs der Abwägung ist das Berücksichtigungsgebot jedoch auf Klimaauswirkungen beschränkt, die dem Vorhaben zurechenbar sind. Es erstreckt sich deshalb nicht auf Klimaauswirkungen des Verbrauchs des durch die Leitung transportierten Erdgases.[647]

6070 **c) Belange mit besonderem Gewicht.** Bei der Planfeststellung von Vorhaben nach § 43 I 1 Nrn. 1 bis 4 EnWG sind bei der Abwägung nach § 43 III EnWG nach § 43 III c 1 EnWG insbesondere folgende Belange mit besonderem Gewicht im Sinne eines Optimierungsgebots

[643] Durner in Ziekow, Handbuch des Fachplanungsrechts, 2024, § 22 Rn. 19.
[644] Zum EU-Notfallrecht für ein beschleunigtes Genehmigungsverfahren zugunsten erneuerbarer Energien Kment/Maier ZUR 2023, 323.
[645] Kment/Maier ZUR 2023, 323 (325).
[646] BVerwG NVwZ 2024, 60 = juris Rn. 43; BVerwGE 175, 312 Rn. 61 f. mwN.
[647] BVerwG NVwZ 2024, 60 = juris Rn. 43.

zu berücksichtigen: 1. eine möglichst frühzeitige Inbetriebnahme des Vorhabens, 2. ein möglichst geradliniger Verlauf zwischen dem Anfangs- und dem Endpunkt des Vorhabens, 3. eine möglichst wirtschaftliche Errichtung und ein möglichst wirtschaftlicher Betrieb des Vorhabens. § 43 III c 1 Nr. 2 EnWG ist nach § 43 III c 2 EnWG nicht anzuwenden, soweit eine Bündelung mit anderer linearer Infrastruktur beantragt wird, insbesondere in den Fällen des § 43 III 2 EnWG. § 43 IIIa 2 EnWG bleibt unberührt.

d) Alternativenprüfung. Für das Planfeststellungsverfahren spielt die Forderung nach der Berücksichtigung von Standortalternativen eine erhebliche Rolle.[648] Das UVPG schreibt eine Alternativenprüfung durch den Projektträger bzw. durch die Zulassungsbehörde nicht vor.[649] Grundsätzlich ergibt sich jedoch aus dem Rechtsstaatsprinzip und dem daraus abgeleiteten Verhältnismäßigkeitsgrundsatz zumeist, wie auch in § 43 II 1 EnWG einfachgesetzlich vorgeschrieben, die Notwendigkeit einer Alternativenprüfung. Dabei wird das Erfordernis der Prüfung von Standortalternativen im Planfeststellungsverfahren mit der Formel umschrieben, der Abwägungsvorgang sei fehlerhaft, wenn die Planfeststellungsbehörde ernsthaft in Betracht kommende Planungsvarianten nicht beachte. Dies setze jedoch voraus, dass eine bestimmte Alternativlösung sich nach Lage der Dinge anbiete oder gar aufdränge. Als Alternative sind nur solche Planungen anzusehen, die nicht die Identität des Vorhabens berühren und insoweit nicht auf ein anderes Projekt hinauslaufen, weil damit die vom Vorhabenträger in zulässiger Weise verfolgten Planungsziele nicht verwirklicht werden können.[650] Die Grenzen der planerischen Gestaltungsfreiheit sind überschritten, wenn eine andere als die gewählte Linienführung sich unter Berücksichtigung aller abwägungserheblichen Belange eindeutig als die bessere, weil öffentliche und private Belange insgesamt schonendere darstellt, wenn sich mit anderen Worten diese Lösung der Behörde hätte aufdrängen müssen.[651] 6071

Für die Alternativenprüfung enthält § 43 III 2 und 3 EnWG seit der Neuregelung Ende 2023 eine **Sonderregelung**: Soweit bei einem Vorhaben iSd § 43 I 1 Nrn. 1 bis 4 EnWG eine Änderung oder Erweiterung einer Leitung iSv § 3 Nr. 1 NABEG, ein **Ersatzneubau** im Sinne des § 3 Nr. 4 NABEG oder ein Parallelneubau iSd § 3 Nr. 5 NABEG beantragt wird, ist eine Prüfung in Frage kommender Alternativen für den beabsichtigten Verlauf der Trasse auf den Raum in und unmittelbar neben der Bestandstrasse beschränkt. Eine Prüfung außerhalb dieses Raumes ist nur aus zwingenden Gründen durchzuführen. Sie ist insbesondere dann erforderlich, wenn das Vorhaben einzeln oder in Zusammenwirken mit der Hochspannungsleitung der Bestandstrasse 1. nach § 34 II BNatSchG unzulässig wäre oder 2. gegen die Verbote des § 44 I auch iVm § 44 V BNatSchG verstoßen würde. Der Gesetzgeber verweist in diesem Zusammenhang auf die im NABEG geregelten Begriffe „Änderung oder Erweiterung einer Leitung" gemäß § 3 Nr. 1 NABEG, „Ersatzneubau" gemäß § 3 Nr. 4 NABEG und „Parallelneubau" gemäß § 3 Nr. 5 NABEG. Für solche Vorhaben ist nunmehr vorgegeben, dass die Prüfung in Frage kommender Trassenalternativen auf den Raum in und unmittelbar neben der Bestandstrasse beschränkt ist. Eine Prüfung außerhalb dieses Raumes ist nur aus zwingenden Gründen durchzuführen. 6072

Eine weitere Sonderregelung zur Alternativenprüfung enthält mit der Novelle Ende 2023 § 43 III b EnWG. Danach gilt Folgendes: Die nach Landesrecht zuständige Behörde ist zu einer detaillierten Prüfung von Alternativen nur verpflichtet, wenn es sich um **Ausführungsvarianten** handelt, die sich nach den in dem jeweiligen Stadium des Planungsprozesses angestellten Sachverhaltsermittlungen auf Grund einer überschlägigen Prüfung der insoweit abwägungsrelevanten Belange nach § 43 III 1 und IIIa EnWG als eindeutig vorzugswürdig erweisen könnten. Der Plan enthält auch Erläuterungen zur Auswahlentscheidung des Vorhabenträgers einschließlich einer Darstellung der hierzu ernsthaft in Betracht gezogenen Alternativen. Der Gesetzgeber bezweckt mit dieser Beschränkung der Alternativenprüfung durch die Behörde 6073

---

648 OVG Münster Beschl. v. 29.12.2021 – 20 B 1690/21, juris Rn. 73; VGH München Urt. v. 15.3.2021 – 8 A 18.40041, juris Rn. 54; BVerwG NVwZ 2018, 1799; BVerwGE 133, 239 Rn. 131;

649 näher dazu Beckmann in Beckmann/Kment, UVPG/UmwRG, 2023, § 25 UVPG Rn. 72 ff.; BVerwGE 112, 140, 150; NVwZ 2008, 789; OVG Münster Urt. v. 15.5.15 – 11 D 12/12.AK, juris Rn. 15 ff.; Schiller UPR 2016, 457 (459); Feldt/Schumacher NuR 2015, 391.

650 Siehe dazu Beckmann in Landmann/Rohmer Umweltrecht, 2023, § 36 KrWG Rn. 38; VGH München Urt. v. 15.03.2021 – 8 A 18.40041, juris Rn. 54; BVerwG NVwZ 2018, 1799, Rn. 54; BVerwG Urt. v. 17.1.2007 – 9 A 20.05, juris Rn. 143; Urt. v. 22.6.2015 – 4 B 61.14, juris Rn. 17.

651 VGH Mannheim Urt. v. 15.11.2023 – 6 S 1667/22, juris Rn. 78; BVerwGE 157, 73 = juris Rn. 32; NVwZ-RR 2019, 944 = juris Rn. 60 f.

eine weitere Entlastung und Beschleunigung des Verfahrens, soweit die Prüfung von neuen Alternativen im Planfeststellungsverfahren zu erheblichem Zeitverzug führen kann und insoweit dem Gebot eines beschleunigten Netzausbaus zur Erreichung der nationalen Klimaziele entgegensteht.

6074 Hochspannungsleitungen auf neuen Trassen mit einer Nennspannung von 110 Kilovolt oder weniger sind gem. § 43 h EnWG als **Erdkabel** auszuführen, soweit die Gesamtkosten für Errichtung und Betrieb des Erdkabels die Gesamtkosten der technisch vergleichbaren Freileitung den Faktor 2,75 nicht überschreiten und naturschutzfachliche Belange nicht entgegenstehen; die für die Zulassung des Vorhabens zuständige Behörde kann auf Antrag des Vorhabenträgers die Errichtung als Freileitung zulassen, wenn öffentliche Interessen nicht entgegenstehen.[652] Soll der Neubau einer Hochspannungsleitung weit überwiegend in oder unmittelbar neben einer Bestandstrasse durchgeführt werden, handelt es sich nicht um eine neue Trasse im Sinne des § 43 h S. 1 EnWG. Dem § 43h EnWG lässt sich keine allgemeine gesetzgeberische Wertung zugunsten von Erdkabeln entnehmen. Außerhalb seines Anwendungsbereichs ist das nachvollziehbare Interesse eines Betroffenen oder einer Gemeinde an einer Erdverkabelung lediglich als berücksichtigungsfähiger Belang in die sachgerechte Abwägung der Planungsalternativen einzustellen.[653] Die Vorgabe für die Verlegung von Erdkabel soll nicht nur Belangen des Naturschutzes dienen, sondern auch der gesellschaftlichen Ablehnung von Leitungsvorhaben entgegenwirken.[654]

6075 Höchstspannungsleitungen müssen den Anforderungen des Naturschutzes entsprechen. Die Verträglichkeit einer Höchstspannungs-Freileitung mit den Erhaltungszielen eines ausgewiesenen **Vogelschutzgebiets** nach § 34 I BNatSchG muss jedenfalls dann artspezifisch untersucht werden, wenn und soweit zwischen den im Gebiet geschützten Arten deutliche Unterschiede im konkreten Leitungsanflugrisiko bestehen. Beim Bau einer Höchstspannungs-Freileitung kann der Rückbau einer bestehenden Freileitung jedenfalls dann nicht als schadensmindernde Maßnahme in Ansatz gebracht werden, wenn der Trassenverlauf der neu zu errichtenden und der rückzubauenden Freileitung nicht deckungsgleich ist und die Leitungsanflüge andere Populationen oder andere Vogelarten betreffen können.[655]

6076 Im Rahmen der Ausnahmeentscheidung hat auch die Alternativenprüfung eine herausgehobene Bedeutung. Alternativen, bei denen die Vorhabenziele auch bei weniger einschneidenden Auswirkungen auf Habitat-Belange gewahrt werden können, haben gegenüber anderen Alternativen den Vorrang. Daher ist die FFH-Alternativenprüfung gegenüber der allgemeinen Prüfung bei Fachplanungsverfahren strenger. Auch gewisse Abstriche von dem Vorhaben[656] müssen in Kauf genommen werden, wenn dadurch wichtige Habitat-Belange gewahrt werden können.[657] Die Auswahl unter verschiedenen in Frage kommenden Trassenvarianten ist ungeachtet hierbei zu beachtender, rechtlich zwingender Vorgaben eine fachplanerische Abwägungsentscheidung (§ 43 S. 4 EnWG). Sie ist gerichtlicher Kontrolle nur begrenzt auf erhebliche Abwägungsmängel hin (§ 75 Ia S. 1 VwVfG) zugänglich. Es ist nicht Aufgabe des Gerichts, durch eigene Ermittlungen ersatzweise zu planen und sich hierbei gar von Erwägungen einer »besseren« Planung leiten zu lassen.[658] Auch der gebotene Schutz der Bevölkerung vor schädlichen Umwelteinwirkungen kann dazu führen, dass zumutbare Trassenalternativen iSv § 34 III Nr. 2 BNatSchG nicht gegeben sind. Eine Trassenalternative ist in der Regel dann nicht wegen schädlicher Umwelteinwirkungen iSv § 34 III Nr. 2 BNatSchG unzumutbar, wenn das maßgebliche Fachrecht schädliche Umwelteinwirkungen verneint.

6077 **e) Erheblichkeit von Abwägungsmängeln.** Abwägungsmängel oder eine Verletzung eine Verletzung von Verfahrens- oder Formvorschriften sind nach § 75 Ia 1 VwVfG nur erheblich, wenn sie offensichtlich und auf das Abwägungsergebnis von Einfluss gewesen sind. Daran fehlt es nur, wenn nach den Umständen des Einzelfalls die konkrete Möglichkeit fehlt, dass die Planungsentscheidung ohne den Fehler anders, also für den jeweiligen Betroffenen günstiger aus-

---

[652] Zum nach § 43 h EnWG anzustellenden Kostenvergleich siehe OVG Bautzen Urt. v. 6.9.2023 – 4 C 61/21, juris Rn. 74.

[653] VGH Mannheim Urt. v. 15.11.2023 – 6 S 1667/22, juris Rn. 66.

[654] Winkler/Kelly in Assmann Peiffer, EnWG, 2024, § 43 h Rn. 1; siehe Schmidt/Kelly VerwArch 2021, 98 ff.

[655] BVerwG DVBl. 2016, 785 m. Anm. Stüer/Stüer, DVBl. 795.

[656] BVerwG NVwZ 2002, 1103; NVwZ 2000, 1171.

[657] BVerwG DVBl. 2016, 785 m. Anm. Stüer/Stüer DVBl. 2016, 795.

[658] BVerwG DVBl. 2017, 1039; Stüer DVBl. 2017, 1045; BVerwGE 107, 1.

gefallen wäre. Die Annahme, dass bei Vermeidung des Abwägungsfehlers keine andere Abwägungsentscheidung ergangen wäre, ist aber nur gerechtfertigt, solange konkrete Anhaltspunkte dafür nachweisbar sind, dass die Planfeststellungsbehörde gleichwohl dieselbe Entscheidung getroffen hätte.[659]

Erhebliche Mängel bei der Abwägung oder eine Verletzung von Verfahrens- und Formvorschriften führen nur dann zur Aufhebung des Planfeststellungsbeschlusses oder der Plangenehmigung, wenn sie nicht durch eine Planergänzung oder ein ergänzendes Verfahren behoben werden können (§ 75 I a VwVfG). Damit führen Rechtsfehler in aller Regel nicht zur Aufhebung, sondern nur zur Außervollzugsetzung mit der Möglichkeit, den Plan durch Planergänzung oder ein ergänzendes Verfahren zu reparieren. Eine Fehlerbehebung im ergänzenden Verfahren scheidet allerdings aus, wenn der Mangel einen „zentralen Punkt" betrifft, der sich nicht bereinigen lässt, ohne dass ein gänzlich neues Zulassungsverfahren durchgeführt wird.[660] 6078

5. Rechtsschutz

Für die Rechtsbehelfe gelten ergänzend zu § 75 VwVfG die Sonderregelungen des § 43 e EnWG. 6079

a) Aufschiebende Wirkung. Die Anfechtungsklage gegen einen Planfeststellungsbeschluss oder eine Plangenehmigung hat nach § 43e I 1 EnWG keine aufschiebende Wirkung. Der Antrag auf Anordnung der aufschiebenden Wirkung der Anfechtungsklage gegen einen Planfeststellungsbeschluss oder eine Plangenehmigung nach § 80 V 1 VwGO kann nur innerhalb eines Monats nach der Zustellung des Planfeststellungsbeschlusses oder der Plangenehmigung gestellt und begründet werden. Darauf ist in der Rechtsbehelfsbelehrung hinzuweisen. § 58 VwGO gilt entsprechend (§ 43 e I EnWG). 6080

b) Nachträglicher Eilantrag. Treten später Tatsachen ein, die die Anordnung der aufschiebenden Wirkung rechtfertigen, so kann der durch den Planfeststellungsbeschluss oder die Plangenehmigung Beschwerte nach § 43 e II EnWG einen hierauf gestützten Antrag nach § 80 V 1 VwGO innerhalb einer Frist von einem Monat stellen und begründen. Die Frist beginnt mit dem Zeitpunkt, in dem der Beschwerte von den Tatsachen Kenntnis erlangt. 6081

c) Klagebegründungsfrist. Der Kläger hat gem. § 43 e III EnWG innerhalb einer Frist von zehn Wochen ab Klageerhebung die zur Begründung seiner Klage dienenden Tatsachen und Beweismittel anzugeben. Erklärungen und Beweismittel, die erst nach Ablauf dieser Frist vorgebracht werden, sind nur zuzulassen, wenn der Kläger die Verspätung genügend entschuldigt. Der Entschuldigungsgrund ist auf Verlangen des Gerichts glaubhaft zu machen. Das gilt nicht, wenn es mit geringem Aufwand möglich ist, den Sachverhalt auch ohne Mitwirkung des Klägers zu ermitteln. Die Frist nach Satz 1 kann durch den Vorsitzenden oder den Berichterstatter auf Antrag verlängert werden, wenn der Kläger in dem Verfahren, in dem die angefochtene Entscheidung ergangen ist, keine Möglichkeit der Beteiligung hatte. 6082

d) Zuständigkeit des BVerwG. Für Energieleitungen, die nach § 43 I 1 Nr. 2 EnWG planfestgestellt werden, sowie für Anlagen, die für den Betrieb dieser Energieleitungen notwendig sind und die nach § 43 II 1 Nr. 1 EnWG planfestgestellt werden, ist § 50 I Nr. 6 VwGO anzuwenden. § 50 I Nr. 6 VwGO ist auch anzuwenden für auf diese Energieleitungen und auf für deren Betrieb notwendige Anlagen bezogene Zulassungen des vorzeitigen Baubeginns und Anzeigeverfahren sowie für Genehmigungen nach dem Bundes-Immissionsschutzgesetz für Anlagen, die für den Betrieb dieser Energieleitungen notwendig sind. 6083

e) Rechtsschutz für Gemeinden. Zulassungsentscheidungen für Leitungsanlagen können nicht nur von davon betroffenen Grundstückseigentümern, sondern auch von Gemeinden angefochten werden.[661] Bundesrecht gebietet allerdings nicht, dass eine Gemeinde, deren Planungshoheit durch die geplante Errichtung einer Hochspannungsfreileitung verletzt sein kann, befugt ist, die in einem Raumordnungsverfahren bzw. einer Raumverträglichkeitsprüfung ergehende positive raumordnerische Beurteilung der Freileitung mit der verwaltungsgerichtlichen Klage anzugreifen. Wird eine Gemeinde durch die Errichtung der Freileitung rechtswidrig in 6084

[659] BVerwG Beschl. v. 26.4.2023 – 4 VR 6/22, juris Rn. 39; BVerfG NVwZ 2016, 524 Rn. 23; BVerwGE 161, 263 Rn. 105.

[660] BVerwG Urt. v. 21.3.2023 – 4 A 9/21, juris Rn. 19.

[661] VGH München UPR 2013, 312. Zur Rekommunalisierung von Strom- und Gasnetzen Richter/Brahms KommJur 2014, 6.

einer durch das materielle Recht geschützten Position beeinträchtigt, so stehen ihr ggf. Unterlassungs- oder (Folgen-)Beseitigungsansprüche zu, die in dem jeweils angegriffenen Rechtsgut und seinem öffentlich-rechtlichen Schutz ihre Grundlage finden.

6085 Eine schutzfähige Position vermittelt in dieser Hinsicht insbesondere die gemeindliche Planungshoheit, die beeinträchtigt wird, wenn das Vorhaben eine hinreichend bestimmte Planung der Gemeinde nachhaltig stört, wegen seiner Großräumigkeit wesentliche Teile des Gemeindegebiets einer durchsetzbaren gemeindlichen Planung entzieht oder gemeindliche Einrichtungen in ihrer Funktionsfähigkeit erheblich beeinträchtigt. Eigene wehrfähige Rechte bestehen allerdings nicht, wenn öffentliche Belange gefährdet werden, deren Wahrnehmung nicht der Gemeinde als Teil der ihr zugewiesenen Selbstverwaltungsaufgaben obliegt, oder Gemeindebürger betroffen sind, denen es freisteht, sich vor rechtswidrigen Eingriffen selbst zu schützen.[662]

6086 Einer Gemeinde ist es nicht grundsätzlich verwehrt, sich gegen die Fachplanung unter Berufung auf ihr zivilrechtliches Eigentum an Grundstücken, die durch das planfestgestellte Vorhaben in Anspruch genommen werden, zur Wehr zu setzen. Das Eigentum einer Gemeinde genießt den Schutz des einfachen Rechts und stellt bei unmittelbarer Inanspruchnahme (nur) einen Belang dar, der gerecht abzuwägen ist und keinen Vollüberprüfungsanspruch begründet.[663]

6087 **f) Private Betroffenheiten.** Während der unmittelbar durch die Planfeststellung in Anspruch genommene Grundeigentümer einen Anspruch auf eine gerichtliche Vollüberprüfung des Planfeststellungsbeschlusses geltend machen kann, hängt der Erfolg eines drittbetroffenen Privaten davon ab, ob eine zumindest auch ihn schützende Vorschrift verletzt wird oder seine Belange bei der Planerischen Abwägung fehlgewichtet worden sind.

6088 **Erdrückende und abwägungsrelevante Nähe von Strommasten.** Als abwägungsrelevanter Belang gilt zB die Nähe eines Strommastes zur benachbarten Wohnbebauung. Strommasten einer Freileitung, auch lichtdurchlässige Gittermasten, können in Extremfällen für Wohngebäude eine erdrückende Wirkung entfalten, wenn das benachbarte Grundstück und die auf ihm errichteten Gebäude ihre Eigenständigkeit und Charakteristik verlieren.[664] Die Nähe eines Mastes zu einer Wohnbebauung kann aber auch als bedrängende Wirkung abwägungserheblich sein, wenn eine erdrückende Wirkung nicht eintritt.[665] Wann ein solcher Belang abwägungserheblich ist oder als geringfügig außer Betracht bleiben kann, ist eine Frage des Einzelfalls. Die Annäherung eines 80 m hohen Mastes auf weniger als 50 m an ein Wohnhaus ist nach Ansicht des BVerwG abwägungserheblich. Dieser Belang kann durch eine Vorbelastung des Grundstücks an Gewicht verlieren, soweit der Ausbau des Netzes unter Nutzung vorhandener Trassenräume grundsätzlich Vorrang vor dem Neubau auf neuen Trassen.[666] Dies betrifft aber in erster Linie den Trassenverlauf. Für die bedrängende Wirkung einer Leitung kommt es hingegen auf die jeweiligen Masten als prägende Bauwerke an.[667] Die privatrechtlichen Betroffenheiten bei der Überspannung landwirtschaftlicher Flächen unterscheiden sich in abwägungserheblicher Weise von den Betroffenheiten von Anwohnern und müssen daher eigenständig ermittelt und gewichtet werden.

6089 **Überspannung landwirtschaftlich genutzter Flächen.** Der Überspannung landwirtschaftlich genutzter Flächen wird regelmäßig ein geringeres Gewicht zukommen, insbesondere wenn Grundstücke nicht als Maststandorte genutzt werden. Zwar sind Kosten der Leitung bei der Abwägungsentscheidung zu berücksichtigen, auch wenn sie einen privaten Vorhabenträger belasten. Einer auf Kostenüberlegungen gestützten Variantenprüfung müssen aber Kostenschätzungen mit prognostischem Gehalt zugrunde gelegt werden. Offensichtlich ist alles, was zur äußeren Seite des Abwägungsvorgangs derart gehört, dass es auf objektiv erfassbaren Sachumständen beruht, also Fehler und Irrtümer, die zum Beispiel die Zusammenstellung und Aufbereitung des Abwägungsmaterials, die Erkenntnis und Einstellung aller wesentlichen Belange

---

662 BVerwG UPR 1995, 448.

663 VGH Mannheim Urt. v. 15.11.2023 – 6 S 1667/22, juris Rn. 34.

664 BVerwGE 161, 263 Rn. 88; Urt. v. 12.11.2020 – 4 A 13.18, juris Rn. 61; BVerwGE 173, 132 Rn. 69.

665 BVerwG Beschl. v. 26.4.2023 – 4 VR 6/22, juris Rn. 30; BVerwGE 161, 263 Rn. 90; BVerwGE 173, 132 Rn. 77 f.)

666 BVerwG Beschl. v. 26.4.2023 – 4 VR 6/22, juris Rn. 30; BVerwGE 173, 132 Rn. 60; Beschl. v. 22.3.2023 – 4 VR 4.22, juris Rn. 50.

667 BVerwG Beschl. v. 26.4.2023 – 4 VR 6/22, juris Rn. 30; BVerwGE 161, 263 Rn. 89; Urt. v. 12.11.2020 – 4 A 13.18, juris Rn. 61.

in die Abwägung oder die Gewichtung der Belange betreffen und die sich aus den Aufstellungsvorgängen, der Planbegründung oder sonstigen Unterlagen ergeben.[668] Ein Fehler ist nicht beachtlich, wenn nach den Umständen des Einzelfalls die konkrete Möglichkeit fehlt, dass die Planungsentscheidung ohne den Fehler anders, also für den Kläger günstiger ausgefallen wäre.[669] Die Annahme, dass bei Vermeidung des Abwägungsfehlers keine andere Abwägungsentscheidung ergangen wäre, ist aber nur gerechtfertigt, solange konkrete Anhaltspunkte dafür nachweisbar sind, dass die Planfeststellungsbehörde gleichwohl dieselbe Entscheidung getroffen hätte.[670] Der Eigentümer eines Grundstücks im Außenbereich kann nicht als eigenen Belang geltend machen, der Planfeststellungsbeschluss für eine Höchstspannungsfreileitung verfehle den Schutz eines in der Nähe gelegenen Siedlungsbereichs, wenn die insoweit als maßgeblich angeführten Abstandsvorschriften dem Schutz von typischen Aktivitäten im Wohnumfeld eines Siedlungsbereichs dienen.[671]

Schutzvorkehrungen und Entschädigung. Nach § 74 II 2 VwVfG hat die Planfeststellungsbehörde dem Träger des jeweiligen Vorhabens Vorkehrungen oder die Errichtung und Unterhaltung von Anlagen aufzuerlegen, die zur Vermeidung nachteiliger Wirkungen auf die Rechte anderer erforderlich sind. Sind solche Vorkehrungen oder Anlagen untunlich oder mit dem Vorhaben unvereinbar, hat der Betroffene nach § 74 II 3 VwVfG Anspruch auf angemessene Entschädigung in Geld. Der Entschädigungsanspruch ist dem Grunde nach im Planfeststellungsbeschluss festzustellen, zudem sind die Bemessungsgrundlagen für die Höhe anzugeben.[672]. 6090

§ 74 II 3 VwVfG sieht keine Entschädigung für eine Enteignung iSd Art. 14 III GG vor; vielmehr bestimmen § 74 2 und 3 VwVfG Inhalt und Schranken des Eigentums iSv Art. 14 I 2 GG und treten an die Stelle nicht realisierbarer, weil untunlicher oder mit dem Vorhaben unvereinbarer technisch-realer Schutzmaßnahmen. Die Normen gewähren aber keinen Anspruch auf einen Ausgleich aller Vermögensnachteile, die ein Planvorhaben auslöst. Ein Entschädigungsanspruch nach § 74 II 3 VwVfG setzt voraus, dass Schutzvorkehrungen zur Vermeidung nachteiliger Wirkungen auf Rechte anderer im Sinne von § 74 II 2 VwVfG erforderlich sind. Erforderlich ist eine Schutzvorkehrung, wenn die fachplanerische Zumutbarkeitsschwelle überschritten wird. Diese ist nach den Maßgaben des Fachplanungsrechts zu bestimmen und von der verfassungsrechtlichen Zumutbarkeitsschwelle zu unterscheiden, deren Überschreiten bei Beeinträchtigungen von Grundstücken einen Übernahmeanspruch auslöst. § 74 II 3 VwVfG gewährt einen Anspruch auf Entschädigung auch unterhalb der Schwelle einer vollständigen Entwertung des Eigentumsrechts. Die für § 74 II 2 und 3 VwVfG maßgebliche fachplanerische Zumutbarkeitsschwelle ist regelmäßig überschritten, wenn die Planfeststellung einer Energieleitung dazu führt, dass auf quantitativ nicht unbedeutenden Teilflächen eines Bewilligungsfeldes keine Rohstoffe mehr aufgesucht und gewonnen werden können.[673] 6091

g) Verfahrensfehler. Soweit sich Verfahrensfehler nicht auf die Planfeststellungsentscheidung ausgewirkt haben, sind sie unbeachtlich. Die gilt jedoch nicht uneingeschränkt, wenn unionsrechtliche Vorgaben höhere Anforderungen stellen. Bei UVP-pflichtigen Vorhaben ist insoweit § 4 UmwRG zu beachten. § 4 UmwRG bestimmt ein Sonderrecht für die Bedeutung von Verfahrensfehlern für die Begründetheit eines Rechtsbehelfs im Anwendungsbereich des UmwRG. Die Vorschrift ergänzt die auf das materielle Recht zugeschnittene Bestimmung zur Begründetheit in § 2 IV UmwRG. Inhaltlich unterscheidet § 4 UmwRG im Anschluss an Art. 9 II und III Arhus-Abkommen zwischen den verschiedenen Entscheidungen. Das Sonderrecht des § 4 UmwRG gilt nicht für Entscheidungen nach § 1 I 1 Nrn. 3, 5 und 6 UmwRG (§ 4 Abs. 5 UmwRG); insoweit bleibt es für die Folgen von Verfahrensfehlern für die Begründetheit des Rechtsbehelfs bei § 113 I und V VwGO, den allgemeinen Regeln der Verwaltungsverfahrensgesetze und den Bestimmungen des jeweils einschlägigen Fachrechts. 6092

Sachlich unterscheidet § 4 UmwRG zwischen absoluten (§ 4 I UmwRG) und relativen Verfahrensfehlern (§ 4 Ia UmwRG). Die in § 4 I UmwRG aufgeführten absoluten Verfahrensfehler sind stets erheblich und führen – vorbehaltlich ihrer Heilung – auch bei Individualklägern 6093

---

668 BVerwGE 139, 150 Rn. 84.

669 BVerwGE 100, 370 (379 f.); BVerwGE 107, 350 (356); BVerwGE 151, 213.

670 BVerwG Urt. v. 14.3.2018 – 4 A 7.17, juris; BVerfG NVwZ 2016, 524 Rn. 23; BVerwGE 154, 153 Rn. 30; UPR 2017, 512 Rn. 36.

671 BVerwG NVwZ 2018, 336; Thiel IBR 2017, 528.

672 BVerwG DVBl.. 2024, 111 = juris Rn. 56; BVerwGE 143, 249 Rn. 70.

673 BVerwG DVBl.. 2024, 111 = juris Rn. 56.

iSd § 4 III 1 Nr. 1 UmwRG zur Aufhebung des Verwaltungsakts oder Feststellung seiner Rechtswidrigkeit und Nichtvollziehbarkeit (§ 4 I 1b UmwRG), ohne dass es darauf ankommt, ob die verletzten Verfahrensvorschriften der Gewährleistung eines materiellen subjektiven Rechts dienen und die Fehler die Sachentscheidung beeinflusst haben können. Für relative Verfahrensfehler, die nicht unter § 4 I UmwRG fallen, gilt § 46 VwVfG. Lässt sich durch das Gericht nicht aufklären, ob ein Verfahrensfehler nach Satz 1 die Entscheidung in der Sache beeinflusst hat, wird eine Beeinflussung vermutet. Dass ein Verfahrensfehler bei Durchführung der Umweltverträglichkeitsprüfung die Entscheidung in der Sache nicht beeinflusst hat, darf ein Gericht nur annehmen, wenn es, ohne dem Kläger die Beweislast aufzuerlegen, anhand der vom Vorhabenträger oder der Planfeststellungsbehörde vorgelegten Beweise, der Akten und Planunterlagen und der sonst erkennbaren oder naheliegenden Umstände feststellt, dass die angegriffene Entscheidung ohne den Verfahrensfehler nicht anders ausgefallen wäre.[674] Die fehlende Betrachtung eines einzelnen Schutzguts im Sinne von § 2 I Nr. 4 UVPG ist ein inhaltlicher Fehler der Umweltuntersuchung und kein Verfahrensfehler, wenn die Gutachten die nach § 16 V 3 Nr. 2 UVPG erforderliche Anstoßwirkung entfalten.[675]

6094 **h) Art. 6 EU-Notfall-VO.** Mit der Einführung des § 43m EnWG hat der Gesetzgeber von der in Art. 6 Notfall-VO eröffneten Möglichkeit Gebrauch gemacht, unter bestimmten Voraussetzungen Ausnahmen von der Durchführung einer UVP und einer Prüfung des Artenschutzes iRv Planfeststellungs- und Plangenehmigungsverfahren vorzusehen. Gemäß § 43m I EnWG ist bei Vorhaben, für die auf der vorgelagerten Planungsstufe eine SUP durchgeführt wurde, von der Durchführung einer UVP und einer Prüfung des Artenschutzes nach den Vorschriften des § 44 I BNatSchG abzusehen. Im Rahmen der fachplanerischen Abwägung sind diese Belange nur insoweit zu berücksichtigen, als sie in der Regel zuvor durchgeführten SUP ermittelt, beschrieben und bewertet wurden. Als Ausgleich für das Absehen von den benannten Umweltprüfungen schreibt § 43m II EnWG das Ergreifen geeigneter und verhältnismäßiger Minderungsmaßnahmen vor sowie einen pauschalen finanziellen Ausgleich für nationale Artenhilfsprogramme.[676]

V. Netzentwicklungsplanung

6095 Mit der Energiewende 2011[677] wurden neue gesetzliche Grundlagen geschaffen, die auch den Stromnetzausbau betreffen. Hierzu sind die Vorschriften des EnWG erweitert worden. Zugleich wurden durch das Netzausbaubeschleunigungsgesetz Übertragungsnetz (NABEG) die rechtliche Grundlage für den Netzausbau gelegt.[678]

6096 Der Netzentwicklungsplan (auch Netzausbauplan) stellt den Ausbaubedarf des deutschen Strom- und Gasnetzes in den nächsten 10 Jahren dar. Diese Planungen werden von den Übertragungsnetzbetreibern in einem strukturierten Verfahren unter Beteiligung der Bundesnetzagentur aufgestellt und mit Öffentlichkeitsbeteiligung abgestimmt.[679]

6097 Die Netzausbauplanung für das deutsche Stromnetz ist in zwei Bereiche aufgeteilt. Für das deutsche Onshore-Transportnetz sind seit 2011 die vier deutschen Übertragungsnetzbetreiber tätig, die den „Netzentwicklungsplan Strom" aufstellen. Für das deutsche Offshore-Stromtransportnetz ist das Bundesamt für Seeschifffahrt und Hydrographie tätig, das erstmals 2013 den „Netzentwicklungsplan Strom Offshore" aufgestellt hat. Im Ergebnis entsteht der Bundesbedarfsplan mit den Stromnetz-Ausbaumaßnahmen, für die „eine energiewirtschaftliche Notwendigkeit und ein vordringlicher Bedarf" festgestellt werden.

6098 Eine vergleichbare Funktion hatte bereits das Energieleitungsausbaugesetz (EnLAG) 2009.[680] Nach § 1 II EnLAG ist für die in den Bedarfsplan aufgenommenen Vorhaben eine Planrechtfertigung gegeben; § 2 EnLAG bestimmt außerdem abschließend, wann für diese

---

674 BVerwG Beschl. v. 2.3.2023 – 4 B 16/22, juris Rn. 19.

675 BVerwG Beschl. v. 2.3.2023 – 4 B 16/22, juris Rn. 21-

676 Zu den Schwierigkeiten bei der Anwendung dieser Regelung Kohls/Boestra EnWZ 2024, 69 (71); siehe auch Schütte/Langstädtler Zur 2024, 3; Wagner VR 2024, 119; Fredel/Schüren UPR 2024, 129

677 Zur politische Bewertung Rößler EnWZ 2013, 193; Schadtle ZNER 2013, 126.

678 Siehe dazu Durner in Ziekow Handbuch des Fachplanungsrechts, 2024, § 22 Rn. 3; zu den Beschleunigungsabsichten K. Beckmann UPR 2013, 331; Posch/Sitsen NVwZ 2014, 1423.

679 Zur Öffentlichkeitsbeteiligung Wiesendahl EnWZ 2013, 291.

680 Durner in Ziekow Handbuch des Fachplanungsrechts, 2024, § 22 Rn. 4.

Vorhaben eine Erdverkabelung erfolgen muss.[681] In Deutschland sind die Höchstspannungsleitungen[682] der Spannungsebenen 220 kV und 380 kV im Wesentlichen Eigentum von vier Übertragungsnetzbetreibern: Tennet TSO GmbH, vormals transpower stromübertragungs gmbh und Tochter der E.ON (Muttergesellschaft TenneT), 50 Hertz Transmission GmbH, vormals Vattenfall Europe Transmission (Muttergesellschaft Elia System Operator), Amprion GmbH (RWE, bis Ende 2009 Firmierung unter RWE Transportnetz Strom) und TransnetBW GmbH (Tochter von EnBW).

1. Ziele und Grundlagen des Netzausbaus

Ziel des Netzentwicklungsplans Strom ist der sichere Betrieb des Stromnetzes bei weiterem Zubau von Erzeugungskapazitäten aus erneuerbaren Energiequellen und bei weiterem Ausbau des europäischen Binnenmarktes. In den nächsten 10 Jahren wird der Neubau von 1.700 km Drehstromleitungen und 2.100 km Hochspannungs-Gleichstromleitungen sowie die Netzverstärkung und -optimierung von 4.400 km des vorhandenen Netzes in Deutschland erforderlich werden.[683] Die Kosten werden mit 21 Mrd. € veranschlagt. 6099

Die vier großen „Stromautobahnen“ sollen demnach wie folgt verlaufen: von Emden (Niedersachsen) zur Umspannanlage Meerbusch/Osterath (Nordrhein-Westfalen) und von dort nach Philippsburg (Baden-Württemberg), von Wehrendorf (Niedersachsen) nach Urberach (Hessen), von Brunsbüttel (Schleswig-Holstein) nach Leingarten (Landkreis Heilbronn, Baden-Württemberg) und von Kaltenkirchen (Kreis Segeberg, Schleswig-Holstein) nach Grafenrheinfeld (Bayern) und etwa von Halle (Saale) (Sachsen-Anhalt) nach Meitingen (Landkreis Augsburg, Bayern). 6100

Die Netzentwicklungsplanung in einem strukturierten Vorgehen mit jährlicher Aktualisierung setzt die entsprechenden Vorgaben der europäischen Binnenmarktrichtlinie von 2009 um und beruht auf nationaler Ebene auf den Vorgaben in §§ 12 a bis 12 d EnWG. 6101

Bei der Aufstellung des Netzentwicklungsplans Strom wird die nationale Energiepolitik berücksichtigt, die durch die Bundesregierung kurz nach der Atomkatastrophe von Fukushima im März 2011 einen deutlichen Wechsel erfuhr. Mitte 2011 wurde daher die Beendigung der Kernenergienutzung und die Beschleunigung der Energiewende mit dem „13. Gesetz zur Änderung des Atomgesetzes“ beschlossen. In der Folge sind zugehörige Gesetze novelliert worden, insbesondere das EnWG, dessen Zweck eine möglichst sichere, preisgünstige, verbraucherfreundliche, effiziente und umweltverträgliche leitungsgebundene Versorgung der Allgemeinheit mit Elektrizität und Gas ist, die zunehmend auf erneuerbaren Energien beruht. Ergänzend sind neue Gesetze wie das „Netzausbaubeschleunigungsgesetz Übertragungsnetz – NABEG“ beschlossen worden. 6102

Die gesetzlichen Vorgaben für die Netzausbauplanung stehen nicht allein im Zusammenhang mit dem weiteren Ausbau der erneuerbaren Energie, sondern sind auch durch die europäische Energiepolitik sowie durch Erhaltungs- und Anpassungserfordernisse veranlasst, die für eine Infrastruktureinrichtung wie dem Stromnetz üblich und notwendig sind. Auf europäischer Ebene arbeiten die Übertragungs- und Fernleitungsnetzbetreiber für Strom im Rahmen der ENTSO-E (European Network of Transmission System Operators for Electricity) zusammen und veröffentlichen alle zwei Jahre einen gemeinsamen Netzentwicklungsplan. Für den Gasbereich stellt die Organisation ENTSO-G (European Network of Transmission System Operators for Gas) entsprechende Netzplanungen auf. Der Nettostromverbrauch in Deutschland wird in verschiedenen Szenarien gleichhoch mit 535,4 TWh/a angesetzt. Innerhalb der nächsten 10 Jahre wird ein Rückgang insgesamt 11 % angenommen, so dass der Strombedarf mit 476,5 TWh/a angesetzt wird. 6103

2. Netzentwicklungsplan

Die Netzentwicklungsplanung geht im Grundsatz davon aus, dass der gesamte erzeugte Strom aus Erneuerbaren Energien im Stromnetz aufgenommen wird. Erst mit der nachlaufenden Sensitivitätsanalyse wird untersucht, wie sich die Abregelung von Erzeugungsspitzen auf den Ausbaubedarf auswirkt. Die Netzbetreiber sind seit 2010 auf der Grundlage der entspre- 6104

[681] Siehe dazu BVerwG NVwZ 2019, 1213; NVwZ-RR 2019, 91; siehe dazu auch Ruge/Schirmer ZUR 2018, 399.

[682] Zu diesen Höchstspannungsleitungen Lang/Rademacher RdE 2013, 145.

[683] Zur Anbindung von Kraftwerken Herbold/Pleiner UPR 2013, 258.

chenden Vorgaben im EEG technisch über Fernwirksysteme zur direkten Abregelung von Erzeugungsanlagen der Erneuerbaren Energien bevollmächtigt worden, sofern Netzengpässe auftreten. Die Verteilnetzbetreiber machen hiervon zunehmend Gebrauch.

6105 Die elektrotechnische Verknüpfung des im NEP ermittelten Höchstspannungsnetzes und der nachgeordneten Verteilnetze wird mit Transformatoren erreicht, deren Anordnung und Wirkweise als sog. Netztopologie frühzeitig unter den Beteiligten abgestimmt werden sollte. Der Einsatz von sogenannten Kompaktmasten – kleineren, schlankeren sowie naturverträglicheren Masten als herkömmliche Gittermasten – kann dazu beitragen, den Netzausbau in Deutschland zu beschleunigen. Im Ausland werden sie bereits häufig eingesetzt, doch in Deutschland bleibt es bisher nur bei Pilotprojekten. Bezogen auf die lange technische Lebensdauer und die hohen Durchleitungsmengen in den Höchstspannungsnetzen ziehen die Investitionen in den Netzausbau nach fachtechnischen Berechnungen 0,29 bis 0,37 ct/kWh an Kosten nach sich. Für die Integration erneuerbarer Energien sind ein weiterer Ausbau und eine Anpassung der Stromnetze erforderlich.

6106 Der Netzausbau verlief in der Vergangenheit jedoch schleppend und hielt mit dem dynamischen Ausbau der regenerativen Energien nicht Schritt.

3. Netzentwicklungsplan und Bundesbedarfsplan (§§ 11 bis 12 e EnWG)

6107 **a) Konzept.** EnWG und NABEG sehen ein eigenständiges, mehrstufiges und von der Raumordnung losgelöstes Planungssystem für die Errichtung überregional bedeutender Höchstspannungsleitungen vor.[684] Die Planungs- und Genehmigungsverfahren zum Netzausbau können in drei Phasen unterteilt werden: Am Anfang steht der als Gesetz erlassene Bundesbedarfsplan nach § 12 e EnWG für Strom-Übertragungsnetze, der den Bedarf für die nachfolgenden Schritte feststellt (Phase 1). Sodann werden für die im Bundesbedarfsplan festgelegten Höchstspannungsleitungen mit europäischer oder überregionaler Bedeutung durch die Bundesfachplanung Trassenkorridore festgelegt (Phase 2). Im Anschluss daran werden die Leitungen planfestgestellt (Phase 3). Die Bundesfachplanung ist ein Gebilde „sui generis". Sie vereint sowohl fachplanerische als auch gesamtplanerische (raum- ordnungsrechtliche) Elemente und ersetzt gem. § 28 NABEG die Raumverträglichkeitsprüfung (§ 15 ROG).[685] Die Vielgestaltigkeit der Bundesfachplanung erfordert eine gewisse „Kompromissbereitschaft", um dieses Instrument in die bestehenden Rechtsstrukturen des Verwaltungsrechts einzugliedern. Ein Raumordnungsverfahren bzw. eine Raumverträglichkeitsprüfung ist für die im Bundesnetzplan ausgewiesenen Trassen oder Trassenkorridore gemäß § 28 NABEG nicht erforderlich.[686] Die wohl wichtigsten Fortschritte im Verhältnis zur alten Rechtslage, die (nur) ein Raumordnungsverfahren nach § 15 ROG vorsah, sind zum einen die tendenziell stärkere Stellung der Bundesnetzagentur, die nunmehr gem. § 7 III 2, IV NABEG ohne Bindung an den Antrag des Vorhabenträgers den Untersuchungsrahmen festschreiben kann, und zum anderen die Pflicht zur Durchführung einer Alternativenprüfung nach § 5 II NABEG[687] iVm § 40 I 2 UVPG.[688]

6108 **b) Grundlagen.** Vorgaben für den Ausbau und den Betrieb von Energieversorgungsnetzen enthalten §§ 11 bis 12 e EnWG. Betreiber von Energieversorgungsnetzen sind verpflichtet, ein sicheres, zuverlässiges und leistungsfähiges Energieversorgungsnetz diskriminierungsfrei zu betreiben, zu warten und bedarfsgerecht zu optimieren, zu verstärken und auszubauen, soweit es wirtschaftlich zumutbar ist. Dabei haben sie insbesondere die Aufgaben nach §§ 12 bis 16 a EnWG zu erfüllen. Die allgemeinen Betreiberpflichten sind in § 12 EnWG normiert. Dazu gehört auch die Netzentwicklungsplanung. Hierzu wird ein Szenariorahmen für die Netzentwicklungsplanung erarbeitet (§ 12 a EnWG), der von den Betreibern erstellt (§ 12 b EnWG) und von der Bundesnetzagentur als Regulierungsbehörde bestätigt wird (§ 12 c EnWG). Die Planung wird von einer SUP und einer Beteiligung der Öffentlichkeit und der Behörden begleitet (§ 12 c EnWG). Bei Fortschreibung des Netzentwicklungsplans kann die Beteiligung der Öffentlichkeit und der Behörden auf die Änderungen begrenzt werden (§ 12 d EnWG). Der Netzentwicklungsplan und der Offshore-Netzentwicklungsplan werden sodann als Entwurf der

---

[684] Zum Verhältnis von Netzplanung und Raumordnung Appel NVwZ 2013, 457; Kümper NVwZ 2014, 1409; ders. RdE 2014, 320; Wahlhäuser UPR 2014, 166.

[685] Zur Bundesfachplanung Durner DVBl. 2013, 1564.

[686] Zu Raumordnung und Planfeststellung Henning/Lühmann UPR 2012, 81.

[687] Alternativenprüfung Callies/Dross ZUR 2013, 76.

[688] Stüer/Buchsteiner DVBl. 2015, 227.

Bundesregierung zugeleitet, die dies als Entwurf für einen Bundesbedarfsplan dem Gesetzgeber vorlegt. Dieser entscheidet über den Bedarfsplan in Gesetzesform (§ 12e EnWG). Hierdurch wird zugleich der vordringliche Bedarf im Sinne einer Planrechtfertigung festgestellt.[689]

c) Aufgaben der Betreiber von Übertragungsnetzen (§§ 11, 12 EnWG). Betreiber von **Energieversorgungsnetzen** sind verpflichtet, ein sicheres, zuverlässiges und leistungsfähiges Energieversorgungsnetz diskriminierungsfrei zu betreiben, zu warten und bedarfsgerecht zu optimieren, zu verstärken und auszubauen, soweit es wirtschaftlich zumutbar ist.[690] Sie haben insbesondere die Aufgaben nach den §§ 12 bis 16a EnWG zu erfüllen. Dazu ist auch ein entsprechender Sicherheitsstandard zur Abwehr von Bedrohungen zu erfüllen (§ 11 EnWG). Die Betreiber von **Übertragungsnetzen** haben die Energieübertragung durch das Netz unter Berücksichtigung des Austauschs mit anderen Verbundnetzen zu regeln und mit der Bereitstellung und dem Betrieb ihrer Übertragungsnetze im nationalen und internationalen Verbund zu einem sicheren und zuverlässigen Elektrizitätsversorgungssystem in ihrer Regelzone und damit zu einer sicheren Energieversorgung beizutragen. Hierzu ist auch die Koordination mit anderen Netzbetreibern angezeigt. Auch können sich entsprechende Informationspflichten an die zuständigen Behörden ergeben (§ 12 EnWG). 6109

d) Szenariorahmen für die Netzentwicklungsplanung (§ 12a EnWG). Die Betreiber von Übertragungsnetzen mit Regelzonenverantwortung erarbeiten alle zwei Jahre einen gemeinsamen Szenariorahmen, der Grundlage für die Erarbeitung des Netzentwicklungsplans nach § 12b EnWG und des Offshore-Netzentwicklungsplans nach § 17b EnWG ist. Der Szenariorahmen umfasst mindestens drei Entwicklungspfade (Szenarien), die für die nächsten zehn Jahre und höchstens 18 Jahre die Bandbreite wahrscheinlicher Entwicklungen im Rahmen der energiepolitischen Ziele der Bundesregierung abdecken. Drei weitere Szenarien müssen das Jahr 2045 betrachten und eine Bandbreite von wahrscheinlichen Entwicklungen darstellen, welche sich an den gesetzlich festgelegten sowie weiteren klima- und energiepolitischen Zielen der Bundesregierung ausrichten. Für den Szenariorahmen legen die Betreiber von Übertragungsnetzen mit Regelzonenverantwortung angemessene Annahmen für die jeweiligen Sezenarien zur Erzeugung, Versorgung, Verbrauch von Strom sowie dessen Austausch mit anderen Ländern sowie zur Spitzenkappung nach § 11 Ii EnWG zu Grunde und berücksichtigen geplante Investitionen der europäischen Netzinfrastruktur. 6110

e) Erstellung des Netzentwicklungsplans und Bestätigung durch die Bundesnetzagentur (§§ 12b, 12c EnWG). Auf der Grundlage des Szenariorahmens legen die Betreiber von Übertragungsnetzen der Regulierungsbehörde jährlich einen gemeinsamen nationalen Netzentwicklungsplan mit einer Perspektive für die nächsten 10 Jahre vor. Darin sind alle notwendigen Maßnahmen enthalten, die nach den Szenarien des Szenariorahmens erforderlich sind (§ 12b EnWG). Der Netzentwicklungsplan bedarf einer Bestätigung durch die Regulierungsbehörde (§ 12c EnWG). Zu dem im Internet zu veröffentlichenden, mit einer zusammenfassenden Erklärung ausgestatteten Entwurf des Netzentwicklungsplans werden die Behörden und die Öffentlichkeit beteiligt (§ 12b EnWG). Zur Vorbereitung eines Bedarfsplans nach § 12e EnWG erstellt die Bundesnetzagentur als Regulierungsbehörde frühzeitig während des Verfahrens zur Erstellung des Netzentwicklungsplans nach § 12b EnWG und des Offshore-Netzentwicklungsplans nach § 17b EnWG einen Umweltbericht, der den Anforderungen des § 40 UVPG entsprechen muss. Der Umweltbericht bezieht den Umweltbericht zum Bundesfachplan Offshore nach § 17a III EnWG ein und kann auf zusätzliche oder andere als im Umweltbericht zum Bundesfachplan Offshore nach § 17a III EnWG enthaltene erhebliche Umweltauswirkungen beschränkt werden. Die Betreiber von Übertragungsnetzen stellen der Regulierungsbehörde die hierzu erforderlichen Informationen zur Verfügung. Die Regulierungsbehörde führt auf der Grundlage einer Internetbekanntmachung eine Öffentlichkeits- und Behördenbeteiligung durch. Gegenstand der Beteiligung ist der Entwurf des Netzentwicklungsplans und in den Fällen des § 12e EnWG zugleich der Umweltbericht. Die Unterlagen für die SUP sowie der Entwurf des Netzentwicklungsplans sind für eine Frist von sechs Wochen am Sitz der Regulierungsbehörde (Bonn) auszulegen und darüber hinaus auf ihrer Internetseite öffentlich bekannt zu machen. Die betroffene Öffentlichkeit kann sich zum Entwurf des Netzentwicklungsplans und zum Umweltbericht bis zwei Wochen nach Ende der Ausle- 6111

689 Antweiler NZBau 2013, 337. Zur Planrechtfertigung durch Gesetz BVerwGE 48, 56 – B 42. Bindungswirkung de Witt/Kause ER 2013, 109.

690 Appel ER 2013, 3.

gung äußern. Die Regulierungsbehörde bestätigt den jährlichen Netzentwicklungsplan unter Berücksichtigung des Ergebnisses der Behörden- und Öffentlichkeitsbeteiligung mit Wirkung für die Betreiber von Übertragungsnetzen. Die Bestätigung ist nicht selbstständig durch Dritte anfechtbar. Die Regulierungsbehörde kann bestimmen, welcher Betreiber von Übertragungsnetzen für die Durchführung einer im Netzentwicklungsplan enthaltenen Maßnahme verantwortlich ist (§ 12 c En WG). Bei Fortschreibung des Netzentwicklungsplans kann sich die Beteiligung der Öffentlichkeit, einschließlich tatsächlicher und potenzieller Netznutzer, der nachgelagerten Netzbetreiber sowie der Träger öffentlicher Belange nach § 12 a II, § 12 b III und § 12 c III EnWG auf Änderungen des Szenariorahmens oder des Netzentwicklungsplans gegenüber dem Vorjahr beschränken. Ein vollständiges Verfahren nach den §§ 12 a bis 12 c EnWG muss allerdings mindestens alle drei Jahre sowie in den Fällen des § 12 e I 3 EnWG durchgeführt werden.

6112 **f) Bundesbedarfsplan** (§§ 12 e EnWG). Die Regulierungsbehörde übermittelt den Netzentwicklungsplan mindestens alle vier Jahre der Bundesregierung als Entwurf für einen Bundesbedarfsplan. Die Bundesregierung legt den Entwurf des Bundesbedarfsplans mindestens alle vier Jahre dem Bundesgesetzgeber vor. Dieser entscheidet über den Bundesbedarfsplan in Gesetzesform, aus dem sich ein vordringlicher Bedarf und die Planrechtfertigung ergeben. Zugleich sind die Feststellungen für die Betreiber von Übertragungsnetzen sowie für die Planfeststellung und die Plangenehmigung nach den §§ 43 bis 43 d NABEG und §§ 18 bis 24 NABEG verbindlich. In vielen Bereichen wird die Bundesfachplanung in der Detailschärfe an die Planfeststellung heranreichen. Gerade im Bereich verbindlicher Vorgaben von Natur und Landschaft, insbesondere der zu beachtenden (verbindlichen) Planungsleitsätze (Ziele der Raumordnung, Natura 2000-Gebietsschutz oder Artenschutz), wird sich die Bundesfachplanung im Prüfumfang und in der Prüfintensität kaum noch von den Maßstäben der Planfeststellung unterscheiden. Als Faustformel wird zwar häufig angeführt, je weiter der Raum, desto oberflächlicher könne die Prüfung erfolgen. Denn gerade bei breiten Korridoren stünden mehrere Trassenvarianten zur Auswahl. Allerdings kann mit der vorgenannten Faustformel nicht immer von der Breite auf die Tiefe der Prüfung geschlossen werden. Die Entscheidung muss vielmehr nach materiellen Gesichtspunkten, den Schutzgütern und der abgestuften Strenge der Prüfverfahren erfolgen.[691]

6113 Ziele der Raumordnung können Freiräume zum Schutz von Natur und Landschaft vorhalten (§ 8 V 1 Nr. 2 a ROG) oder Energieleitungstrassen nach § 8 V 1 Nr. 3 b ROG als Vorranggebiete mit einer außergebietlichen Sperrwirkung festlegen (§ 8 VII 1 Nr. 1, 2 ROG). Die Bundesnetzagentur ist bei der Entscheidung über einen Trassenkorridor an die Ziele der Raumordnung als „Beachtenspflicht" gebunden. Allerdings enthält das Raumordnungsrecht ein ausreichendes Instrumentarium zur Konfliktlösung bereit, ohne dass die Bundesnetzagentur für die dem NABEG unterfallenden Trassen das „Heft des Handelns" an die Länder abgeben müsste. Entgegenstehende (naturschutzbezogene) Darstellungen in Flächennutzungsplänen oder Festsetzungen in Bebauungsplänen sind zu beachten, können aber durch Anpassung oder Festlegung von Raumordnungszielen überwunden werden. Kann ein Trassenkorridor europäische Schutzgebiete erheblich beeinträchtigen, muss eine Verträglichkeitsprüfung und ggf. eine Abweichungsprüfung durchgeführt werden. Bei der Bestimmung der Trassenkorridore kann die im Ergebnis verträglichste Variante allerdings durchaus näher an Siedlungen heranreichen als andere Varianten, obwohl im Allgemeinen in der Bundesfachplanung ein siedlungsferner Verlauf angestrebt wird. Das Spannungsverhältnis von Menschenschutz gegen Naturschutz aber oft für die Bürger kaum verständlich zu lösen. Dabei kann es Naturgüter geben, deren Schutz im Einzelfall stärker ist als der des Menschen. Die betroffene Öffentlichkeit möchte Beeinträchtigungen möglichst durch Erdverkabelung vermeiden. Diese Technologie ist allerdings wohl noch vergleichsweise teuer, sodass eine Erdvollverkabelung schon aus Kostengründen vor Finanzierungsproblemen steht.[692] Auch wird geltend gemacht, dass sich diese Technologie wohl noch in einer Pilotphase befindet.

---

691 Zur Bundesfachplanung Durner DVBl. 2013, 1564; Kümper NVwZ 2015, 1486; de Witt ER 2013, 150; zum Arten- und Gebietsschutz der Bundesfachplanung Lau NVwZ 2017, 830; zur Rechtsschutzgarantie und Bundesfachplanung Mönch/Ruttloff NVwZ 2014, 897; zur Bundesfachplanung von Trassenkorridoren für Höchstspannungsleitungen Kment NVwZ 2015, 616; siehe Kment NVwZ 2016, 1762; zur Rechtsschutzkonzeption bei der Bundesfachplanung BVerwG NVwZ 2022, 564.

692 Zur Finanzierung des Netzausbaus Richter/Schulze NVwZ 2014, 835. Zur Finanzierung des Netzausbaus Richter/Schulze NVwZ 2014, 835.

In welcher Tiefe Umweltbelange zu ermitteln und zu berücksichtigen sind, ist wohl einzelfallabhängig. Von den Auswirkungen her ist ein „Überspannen" eines FFH-Gebiets durch eine Freileitung allerdings nicht immer mit dem Durchschneiden" etwa durch eine Autobahn vergleichbar. Daher können je nach Einzelfall auch europäische Schutzgebiete einbezogen werden. Regelmäßig bedarf es daher nur dann einer Vollprüfung, wenn Wirkzusammenhänge bestehen, die zu einer Beeinträchtigung der Erhaltungsziele führen können. Zu derartigen Wirkzusammenhängen bei der Errichtung von Höchstspannungsleitungen gibt es oft allerdings zu wenige Erkenntnisse. Zudem können die Auswirkungen durchaus unterschiedlich sein – je nach dem, ob beispielsweise Leitungen nur ertüchtigt werden oder völlig neue Trassen errichtet werden sollen, die eher geeignet sind, erhebliche Beeinträchtigungen auszulösen. 6114

2013 ist das Bundesbedarfsgesetz zum Ausbau der Höchstspannungs-Stromleitungen in Kraft getreten. Es umfasst 36 Einzelvorhaben, für die auf der Grundlage des Netzentwicklungsplanes die energiewirtschaftliche Notwendigkeit und der vordringliche Bedarf zur Gewährleistung eines sicheren und zuverlässigen Netzbetriebes festgestellt wurden. Die Vorhaben beinhalten den Neubau von 2.800 km Leitungstrassen und die Verstärkung von 2.900 km bestehender Trassen. Acht Vorhaben sind als Pilotprojekte für verlustarme Übertragung über große Entfernungen gekennzeichnet; ein weiteres Vorhaben als Pilotprojekt für Hochtemperaturleiterseile. Gegen den Bau neuer Stromtrassen gibt es allerdings seit Jahren Proteste von Anwohnern. Um die Akzeptanz zu verbessern, wurde eine Bürgerdividende zur finanziellen Beteiligung von Anwohnern vorgeschlagen und eine Verzinsung von fünf Prozent von Investitionen in sog. „Bürgerleitungen" in Aussicht gestellt. 6115

4. Netzausbaubeschleunigungsgesetz (NABEG)

Vor dem Hintergrund des um eine Bundesbedarfsfeststellung erweiterten EnWG soll das NABEG die Umsetzung von Planung und Zulassung des Netzausbaus gewährleisten.[693] Durch das im Dezember 2023 in Kraft getretene Gesetz zur Anpassung des Energiewirtschaftsrechts an unionsrechtliche Vorgaben und zur Änderung weiterer energierechtlicher Vorschriften sind auch die planungsrelevanten Vorschriften des NABEG in erheblicher Weise geändert worden.[694] Der bisher erreichte Stand des Stromnetzausbaus bleibt hinter den Zielen zurück.[695] 6116

a) Grundsatz. Die Beschleunigung des Ausbaus der länderübergreifenden und grenzüberschreitenden Höchstspannungsleitungen im Sinne des § 12 e II 1 EnWG erfolgt nach Maßgabe des NABEG. Das NABEG schafft nach § 1 I 2 NABEG die Grundlage für einen rechtssicheren, transparenten, effizienten und umweltverträglichen Ausbau des Übertragungsnetzes sowie dessen Ertüchtigung. Die Errichtung und der Betrieb sowie die Änderung von Stromleitungen, die in den Anwendungsbereich des NABEG fallen, einschließlich der für den Betrieb notwendigen Anlagen, liegen im überragenden öffentlichen Interesse und dienen der öffentlichen Sicherheit. Bis die Stromversorgung im Bundesgebiet nahezu treibhausgasneutral ist, soll der beschleunigte Ausbau dieser Stromleitungen und Anlagen als vorrangiger Belang in die jeweils durchzuführende Schutzgüterabwägung eingebracht werden. Das gilt nicht gegenüber Belangen der Landes- und Bündnisverteidigung (§ 1 II NABEG).[696] 6117

---

693 Zum Netzausbau Appel UPR 2011, 406; Armbrecht DVBl. 2013, 479; Calliess/Dross JZ 2012, 1002; de Witt/Kause ER 2013, 109; Durner DVBl. 2013, 1564; Elspaß NVwZ 2014, 489; Erbguth NVwZ 2012, 326; Fest NVwZ 2013, 824; Franco/Daam VBlBW 2013, 327; Grigoleit/Weisensee UPR 20111, 401; Hermes EnWZ 2013, 395; Kment RdE 2011, 341; ders. UPR 2014, 81; Köck ZUR 2014, 131; Kupfer Verw 2014, 77; Leidinger ET 2013, 89; Schaller UPR 2014, 361; Schirmer/Seiferth ZUR 2013, 515; Armin Steinbach DÖV 2013, 921; Vogt/Maß RdE 2013, 151; Wagner DVBl. 2011, 1453.

694 Zu gesetzgeberischen Bemühungen zur Netzausbauplanung und zur Beschleunigung des Netzausbaus Strom Busch UPR 2023, 467; Kohls/Boestra EnWZ 2024, 69; Reidt EnWZ 2022, 8, der darauf hinweist, dass allein gesetzliche Regelungen, die von dem Ziel einer Verfahrensbeschleunigung getragen sind, für sich genommen noch nicht dazu führen, dass es auch tatsächlich zu einer Beschleunigung kommt. Das für den Stromnetzausbau erlassene NABEG aus dem Jahr 2011 sei bereits acht Mal geändert worden, dabei zumeist mit dem Ziel, zur weiteren Beschleunigung und Vereinfachung beizutragen und um bestehende Unklarheiten im Gesetzestext auszuräumen.

695 Franke/Karrenstein EnWZ 2019, 195; Leidinger NVwZ 2020, 1377.

696 Zum überragenden öffentlichen Interesse als Instrument zur Beschleunigung von Transformations- und Infrastrukturvorhaben Birkner NVwZ 2024, 138; siehe auch Bader/Deißler/Weinke ZNER 2022, 337.

6118 **b) Anwendungsbereich, Verordnungsermächtigung.** Das NABEG gilt nach § 2 I NABEG nur für die Errichtung oder Änderung von länderübergreifenden oder grenzüberschreitenden Höchstspannungsleitungen und Offshore-Anbindungsleitungen von den Offshore-Windpark-Umspannwerken zu den Netzverknüpfungspunkten an Land, die in einem Gesetz über den Bundesbedarfsplan nach § 12 e IV 1 des EnWG als solche gekennzeichnet sind. Die Bundesregierung wird ermächtigt, in einer Rechtsverordnung mit Zustimmung des Bundesrates für Leitungen festzulegen, dass die Planfeststellungsverfahren von der **Bundesnetzagentur** durchgeführt werden.

6119 Das NABEG gilt nach § 2 III 1 NABEG außerdem für den Neubau von Hochspannungsleitungen mit einer Nennspannung von mindestens 110 Kilovolt sowie für Bahnstromfernleitungen, sofern diese Leitungen zusammen mit einer Höchstspannungsleitung nach § 2 I NABEG auf einem Mehrfachgestänge geführt werden können und die Planungen so rechtzeitig beantragt werden, dass die Einbeziehung ohne wesentliche Verfahrensverzögerung für die Bundesfachplanung oder Planfeststellung möglich ist. Entsprechendes gilt für Erdkabel und Leerrohre, sofern diese nach § 26 NABEG im räumlichen und zeitlichen Zusammenhang mit der Baumaßnahme eines Vorhabens im Sinne von § 2 V und VI BBPlG mitverlegt werden können. Das NABEG gilt nicht für Vorhaben, die im Energieleitungsausbaugesetz aufgeführt sind. Es ist auch nicht auf die Leitungsabschnitte anzuwenden, die in den Anwendungsbereich der Verordnung über Anlagen seewärts der Begrenzung des Küstenmeeres fallen (§ 2 III NABEG).[697]

6120 **c) Zweck der Bundesfachplanung.** Für die im Bundesbedarfsplan nach § 12 e IV 1 EnWG als länderübergreifend oder grenzüberschreitend oder als Anbindungsleitungen von den Offshore-Windpark-Umspannwerken zu den Netzverknüpfungspunkten an Land gekennzeichneten Höchstspannungsleitungen werden durch die Bundesfachplanung **Trassenkorridore** bestimmt. Diese sind die Grundlage für die nachfolgenden Planfeststellungsverfahren (§ 4 NABEG).[698]

6121 **d) Inhalt der Bundesfachplanung.** Die Bundesnetzagentur bestimmt nach § 5 I 1 NABEG in der Bundesfachplanung zur Erfüllung der in § 1 I EnWG genannten Zwecke **Trassenkorridore** von im Bundesbedarfsplan aufgeführten Höchstspannungsleitungen. Die **Bundesnetzagentur** prüft nach § 5 I 2 NABEG, ob der Verwirklichung des Vorhabens in einem Trassenkorridor überwiegende öffentliche oder private Belange entgegenstehen. Die Trassenkorridore haben regelmäßig eine Breite von 500 bis 1.000 m[699] und sind die Grundlage für die nachfolgenden Planfeststellungsverfahren.

6122 Die Bundesnetzagentur prüft nach § 5 II 1 NABEG insbesondere die **Übereinstimmung mit den Erfordernissen der Raumordnung** iSv § 3 I Nr. 1 ROG und die Abstimmung mit anderen raumbedeutsamen Planungen und Maßnahmen iSv § 3 I Nr. 6 ROG. Die Bindungswirkung der Ziele der Raumordnung gilt nur, wenn die Bundesnetzagentur bei der Aufstellung, Änderung oder Ergänzung des Raumordnungsplans nach § 9 ROG beteiligt worden ist und sie innerhalb einer Frist von zwei Monaten nach Mitteilung des rechtsverbindlichen Ziels nicht widersprochen hat.[700]

6123 Der **Widerspruch** lässt die Bindungswirkung des Ziels der Raumordnung gegenüber der Bundesnetzagentur nicht entstehen, wenn das Ziel der Bundesfachplanung entgegensteht. Macht die Bundesfachplanung nachträglich ein Abweichen von den Zielen der Raumordnung erforderlich, kann die Bundesnetzagentur mit Zustimmung des Bundesministeriums für Wirtschaft und Klimaschutz innerhalb angemessener Frist, spätestens aber bis zum Abschluss der Bundesfachplanung, unter der Voraussetzung von nachträglich widersprechen. Muss infolge des nachträglichen Widerspruchs der Raumordnungsplan geändert, ergänzt oder aufgehoben werden, hat die Bundesnetzagentur die dadurch entstehenden Kosten zu ersetzen. § 6 ROG bleibt unberührt (§ 5 II NABEG).

6124 Soweit die Änderung oder Erweiterung einer Leitung, ein **Ersatzneubau** oder ein **Parallelneubau** beantragt und eine Bundesfachplanung durchgeführt wird, entfalten Ziele der Raumordnung, die den Abstand von Höchstspannungsleitungen zu Gebäuden oder überbau-

[697] Zur Ermächtigungsverordnung § 2 II NABEG Appel/Eding NVwZ 2012, 343.
[698] Durner DVBl. 2013, 1564.
[699] BVerwG NVwZ 2021, 618 = juris Rn. 14 unter Verweis auf BT-Drs. 17/6073, S. 19.
[700] zum Verhältnis von Netzausbauplanung zur räumlichen Gesamtplanung nach den Vorschriften des NABEG Sangenstedt EnWZ 2022, 103; zum Verzicht auf die Bundesfachplanung Appel/Feurich ER 2020, 47; Schüren NVwZ 2022, 1335.

baren Grundstücksflächen regeln, gem. § 5 IIa NABEG abweichend von § 5 II NABEG keine Bindungswirkung für die Bundesfachplanung. Solche Ziele der Raumordnung sind daher insoweit bei der Entscheidung nach § 12 NABEG lediglich zu berücksichtigen.[701] Die Ende 2023 eingeführte Regelung soll bewirken, dass bestimmte Vorgaben des gestärkten Bündelungsgebots nach § 18 III 3b NABEG bereits im Rahmen der Bundesfachplanung zu berücksichtigen sind. Damit soll ein Gleichlauf der Abwägungen in der Bundesfachplanung und in der Planfeststellung gewährleistet und eine stärkere Verzahnung von Bundesfachplanung und Planfeststellung erreicht werden. Soweit mit hinreichender Wahrscheinlichkeit absehbar ist, dass § 18 III b 4 NABEG im Rahmen des Planfeststellungsverfahrens zur Anwendung kommen wird, kann es sich für den Vorhabenträger anbieten, einen Trassenkorridor mit einer entsprechend geringen Breite zu planen, die auch weniger als 500m betragen kann.[702]

Städtebauliche Belange sind zu berücksichtigen. Abweichend von § 7 BauGB sind nur § 7 Satz 6 und § 37 III BauGB entsprechend anzuwenden (§ 5 III NABEG). 6125

Gegenstand der Prüfung sind nach § 5 IV 1 NABEG auch etwaige ernsthaft in Betracht kommende **Alternativen von Trassenkorridoren**. Bei der Durchführung der Bundesfachplanung für Vorhaben im Sinne von § 2 VI BBPlG zählen zu solchen Alternativen auch die Verläufe von Trassenkorridoren, die sich aus der Berücksichtigung von möglichen Teilverkabelungsabschnitten ergeben und insbesondere zu einer Verkürzung des Trassenkorridors insgesamt führen können (§ 5 IV 2 NABEG). 6126

Bei der Durchführung der Bundesfachplanung berücksichtigt die Bundesnetzagentur nach § 5 V 1 NABEG insbesondere folgende **Belange**: 1. eine möglichst frühzeitige Inbetriebnahme des Vorhabens, 2. einen möglichst geradlinigen Verlauf zwischen dem Anfangs- und dem Endpunkt des Vorhabens, 3. eine möglichst wirtschaftliche Errichtung und einen möglichst wirtschaftlichen Betrieb des Vorhabens. § 5 V 1 Nr. 2 NABEG ist nicht anzuwenden, soweit im Antrag des Vorhabenträgers eine Bündelung mit anderer linearer Infrastruktur dargestellt wird. 6127

Bei der Durchführung der Bundesfachplanung für **Offshore-Anbindungsleitungen** ist der **Flächenentwicklungsplan** gemäß § 5 WindSeeG zu berücksichtigen. Für die Bundesfachplanung ist nach den Bestimmungen UVPG eine **Strategische Umweltprüfung** durchzuführen. Die Bundesnetzagentur darf die Bundesfachplanung in einzelnen Abschnitten der Trassenkorridore durchführen. Dies gilt auch, wenn der Vorhabenträger keinen entsprechenden Antrag gestellt hat. 6128

e) Verzicht auf Bundesfachplanung. Auf die Durchführung der Bundesfachplanung soll nach § 5a NABEG in folgenden Fällen verzichtet werden: 1. bei der Änderung oder Erweiterung einer Leitung, 2. bei einem Ersatzneubau oder 3. bei einem Neubau oder der Verlegung von Leerrohren innerhalb eines Trassenkorridors, der in einem Raumordnungsplan im Sinne von § 3 I Nr. 7 ROG festgelegt oder im Bundesnetzplan ausgewiesen ist. 6129

Der Verzicht auf die Durchführung der Bundesfachplanung kann auf einzelne Trassenabschnitte beschränkt werden. Bei der Änderung oder Erweiterung einer Leitung soll nach § 5a I 1 Nr. 1NABEG auch dann auf die Durchführung der Bundesfachplanung verzichtet werden, wenn abweichend von § 3 Nr. 1 a, b und c NABEG eine Erhöhung von Masten von mehr als 20 Prozent erforderlich ist. Auf die Durchführung der Bundesfachplanung kann bei einem **Ersatz- oder Parallelneubau**, der weit überwiegend in oder unmittelbar neben einer Bestandstrasse erfolgt, verzichtet werden. Der Verzicht auf die Durchführung der Bundesfachplanung kann auf **einzelne Trassenabschnitte** beschränkt werden (§ 5a II NABEG). 6130

Über das Erfordernis der Durchführung der Bundesfachplanung ist innerhalb einer Frist von acht Wochen nach Einreichung der entsprechenden Unterlagen zu entscheiden. Der Vorhabenträger muss darin den Verlauf der Bestandstrasse oder des ausgewiesenen Trassenkorridors angeben und nachweisen, dass die Änderung, die Erweiterung oder der Neubau nach § 5a I oder II NABEG auf Grund der örtlichen Gegebenheiten ohne Durchführung der Bundesfachplanung möglich ist. § 15 III 1 und 2 NABEG ist entsprechend anzuwenden (§ 5a III NABEG). 6131

Wenn ein Vorhaben oder eine Einzelmaßnahme im Bundesbedarfsplangesetz entsprechend gekennzeichnet ist, ist nach § 5a IV NABEG auf die Durchführung der Bundesfachplanung zu verzichten. Eine Entscheidung nach § 5a III NABEG ist in diesem Fall entbehrlich. 6132

---

[701] Gesetzesbegründung BT-Drs. 20/7310, S. 127.

[702] Gesetzesbegründung BT-Drs. 20/7310, S. 127.

6133 Für Vorhaben, für die ein **Präferenzraum** nach § 3 Nr. 10 NABEG entwickelt wurde, entfällt nach § 5a Iva NABEG die Bundesfachplanung. Präferenzraum ist nach § 3 Nr. 10 NABEG ein durch die Bundesnetzagentur ermittelter und dem Umweltbericht nach § 12c II EnWG zugrunde gelegter Gebietsstreifen, der für die Herleitung von Trassen im Sinne des § 18c NABEG besonders geeignete Räume ausweist. Für Vorhaben, die im Bereich eines Präferenzraums nach § 3 Nr. 10 NABEG realisiert werden sollen, sind die Trasse sowie die in Frage kommenden Alternativen nach § 18 IIIc 1 NABEG auf der Grundlage des Präferenzraums zu ermitteln. Bei der Ermittlung der Trasse ist § 18 IIIa 2 bis 4 NABEG entsprechend anzuwenden.

6134 Bei einem Verzicht auf die Bundesfachplanung erfolgt die Prüfung der öffentlichen und privaten Belange im Sinne des § 5 NABEG im Planfeststellungsverfahren (§ 5a V NABEG). Der Verzicht auf die Durchführung der Bundesfachplanung ist in den Fällen der § 5a I und II NABEG spätestens 18 Monate nach Aufnahme des Vorhabens in den Bundesbedarfsplan durch den Vorhabenträger zu beantragen, wenn das BBPlG keine hiervon abweichende Kennzeichnung enthält. Die Bundesnetzagentur kann auf begründeten Antrag des Vorhabenträgers die Frist verlängern (§ 5a VI NABEG).

6135 **f) Zusammentreffen mehrerer Vorhaben in der Bundesfachplanung.** In Bundesfachplanungsverfahren kann nach § 5 b I 1 NABEG eine einheitliche Entscheidung über den Trassenkorridor für ein Vorhaben nach § 2 I NABEG und für die Errichtung, den Betrieb sowie die Änderung von Hochspannungsfreileitungen mit einer Nennspannung von 110 Kilovolt oder mehr sowie von Bahnstromfernleitungen beantragt werden, sofern diese Leitungen auf einem Mehrfachgestänge geführt werden sollen. § 5b I 1 NABEG ist entsprechend anzuwenden für **Erdkabel**, sofern diese im räumlichen und zeitlichen Zusammenhang mit der Baumaßnahme eines Erdkabelvorhabens nach § 2 I NABEG. Die Bundesnetzagentur informiert die jeweils für die Raumordnung des Vorhabens zuständigen Behörden der Länder über einen Antrag nach § 5b I NABEG und weist sie darauf hin, dass sie der Durchführung des gemeinsamen Verfahrens widersprechen können. Sofern die für die Raumordnung des Vorhabens zuständigen Behörden der betroffenen Länder nicht innerhalb von drei Monaten nach der Information nach § 5b II NABEG der Durchführung des gemeinsamen Verfahrens widersprochen haben, kann eine einheitliche Entscheidung durch die Bundesnetzagentur ergehen (§ 5 b NABEG).

6136 **g) Antrag auf Bundesfachplanung.** Die Bundesfachplanung beginnt nach § 6 S. 1 NABEG mit dem Antrag des Vorhabenträgers. Der Antrag ist spätestens 18 Monate nach Aufnahme des Vorhabens in den Bundesbedarfsplan durch den Vorhabenträger zu stellen, wenn das BBPlG keine hiervon abweichende Kennzeichnung enthält.[703] Die Bundesnetzagentur kann auf begründeten Antrag des Vorhabenträgers die Frist verlängern. Die für die Raumordnung zuständigen Behörden der Länder, auf deren Gebiet ein Trassenkorridor verlaufen könnte, sind über die Fristverlängerung zu benachrichtigen. Der Antrag kann zunächst auf einzelne angemessene Abschnitte von Trassenkorridoren beschränkt werden. Der Antrag soll Angaben enthalten, die die Festlegung des Untersuchungsrahmens nach § 7 NABEG ermöglichen, und hat daher in allgemein verständlicher Form das geplante Vorhaben darzustellen (§ 6 S. 1 bis 6 NABEG).

6137 Der Antrag muss nach § 6 I 7 NABEG enthalten: 1. in Frage kommende Verläufe des für die Ausbaumaßnahme erforderlichen Trassenkorridors, 2. bei Vorhaben im Sinne von § 2 V BBPlG eine Kennzeichnung von Erdkabel- und Freileitungsabschnitten in den in Frage kommenden Verläufen sowie die Gründe, aus denen in Teilabschnitten ausnahmsweise eine Freileitung in Betracht kommt, 3. Erläuterungen zu den nach Nummer 1 in Frage kommenden Verläufen unter Berücksichtigung der erkennbaren Umweltauswirkungen und der zu bewältigenden raumordnerischen Konflikte und, 4. soweit ein vereinfachtes Verfahren der Bundesfachplanung nach § 11 für die gesamte Ausbaumaßnahme oder für einzelne Streckenabschnitte durchgeführt werden soll, die Darlegung der dafür erforderlichen Voraussetzungen.

6138 **h) Festlegung des Untersuchungsrahmens.** Die Bundesnetzagentur führt nach § 7 I 1 NABEG unverzüglich nach Einreichung des Antrags eine Antragskonferenz durch. In der Antragskonferenz sollen gem. § 7 I 2 NABEG Gegenstand und Umfang der für die Trassenkorridore vorzunehmenden Bundesfachplanung erörtert werden. Insbesondere soll erörtert werden, inwieweit Übereinstimmung der beantragten Trassenkorridore mit den Erfordernissen der Raumordnung der betroffenen Länder besteht oder hergestellt werden kann und in welchem

[703] Zum Bundesbedarfsplangesetz 2021 Ruge ER 2021, 91.

Umfang und Detaillierungsgrad Angaben in den Umweltbericht nach § 40 UVPG aufzunehmen sind. Die Antragskonferenz ist zugleich die Besprechung im Sinne des § 39 IV 2 UVPG.

Der Vorhabenträger und die betroffenen Träger öffentlicher Belange, deren Aufgabenbereich berührt ist, insbesondere die für die Landesplanung zuständigen Landesbehörden, sowie die Vereinigungen werden nach § 7 II 1 NABEG von der Bundesnetzagentur zur Antragskonferenz geladen, die Vereinigungen und die Träger öffentlicher Belange mittels Zusendung des Antrags nach § 6 NABEG. Ladung und Übersendung des Antrags können elektronisch erfolgen. Die Antragskonferenz ist öffentlich; die Unterrichtung der Öffentlichkeit erfolgt auf der Internetseite der Bundesnetzagentur und über örtliche Tageszeitungen, die in dem Gebiet verbreitet sind, auf das sich der beantragte Trassenkorridor voraussichtlich auswirken wird (§ 7 II NABEG). 6139

Länder, auf deren Gebiet ein Trassenkorridor voraussichtlich verlaufen wird, können Vorschläge iS von § 6 S. 7 Nr. 1 Nr. 1 NABEG machen. Die Bundesnetzagentur ist an den Antrag des Vorhabenträgers und die Vorschläge der Länder nicht gebunden. Die Bundesnetzagentur legt auf Grund der Ergebnisse der Antragskonferenz einen Untersuchungsrahmen für die Bundesfachplanung nach pflichtgemäßem Ermessen fest und bestimmt den erforderlichen Inhalt der nach § 8 NABEG einzureichenden Unterlagen. Die Festlegungen sollen innerhalb einer Frist von zwei Monaten nach Antragstellung abgeschlossen sein. Die Rechtsvorschriften über Geheimhaltung und Datenschutz bleiben unberührt. Eine Antragskonferenz kann unterbleiben, wenn die Voraussetzungen für ein vereinfachtes Verfahren nach § 11 NABEG vorliegen (§ 7 NABEG). 6140

i) Unterlagen. Der Vorhabenträger legt der Bundesnetzagentur auf Grundlage der Ergebnisse der Antragskonferenz in einer von der Bundesnetzagentur festzusetzenden angemessenen Frist alle laut Untersuchungsrahmen nach § 7 IV NABEG einzureichenden Unterlagen vor. Die Bundesnetzagentur prüft die Vollständigkeit der Unterlagen (§ 8 NABEG). 6141

Behörden- und Öffentlichkeitsbeteiligung.[704] Spätestens zwei Wochen nach Vorlage der vollständigen Unterlagen beteiligt die Bundesnetzagentur die anderen Behörden nach § 41 und § 42 UVPG nach Maßgabe folgender Besonderheiten: Die Bundesnetzagentur fordert die Träger öffentlicher Belange innerhalb einer von ihr zu setzenden Frist, die drei Monate nicht überschreiten darf, zur Stellungnahme auf. Die Übermittlung der Unterlagen soll dadurch erfolgen, dass die Unterlagen für die Empfänger nach Satz 1 auf der **Internetseite der Bundesnetzagentur** bereitgestellt werden. Die Abgabe der Stellungnahmen kann schriftlich oder elektronisch erfolgen. Nach Ablauf der Frist eingehende Stellungnahmen werden nicht mehr berücksichtigt, es sei denn, die vorgebrachten Belange sind für die Rechtmäßigkeit der Bundesfachplanung von Bedeutung.[705] 6142

Spätestens zwei Wochen nach Versand der Bestätigung der Vollständigkeit der Unterlagen führt die Bundesnetzagentur eine Beteiligung der Öffentlichkeit nach § 42 UVPG durch. Die Öffentlichkeitsbeteiligung erfolgt mit der Maßgabe, dass die Auslegung der Unterlagen bewirkt wird, indem die Unterlagen für die Dauer von einem Monat auf der Internetseite der Bundesnetzagentur veröffentlicht werden. Auf Verlangen eines Beteiligten, das während der Auslegung an die Bundesnetzagentur zu richten ist, wird ihm eine leicht zu erreichende Zugangsmöglichkeit zur Verfügung gestellt; dies ist in der Regel die Übersendung eines gängigen elektronischen Speichermediums, auf dem die auszulegenden Unterlagen gespeichert sind. Die Auslegung ist auf der Internetseite der Bundesnetzagentur und in örtlichen Tageszeitungen, die in dem Gebiet verbreitet sind, auf das sich das Vorhaben voraussichtlich auswirken wird, bekannt zu machen. Die Bekanntmachung soll spätestens eine Woche vor Beginn der Auslegung erfolgen und muss folgende Angaben enthalten: 1. dem Planungsstand entsprechende Angaben über den Verlauf der Trassenkorridore und den Vorhabenträger, 2. die Angabe, dass die Auslegung durch die Veröffentlichung auf der Internetseite der Bundesnetzagentur erfolgt, 3. Hinweise auf die Einwendungsfrist unter Angabe des jeweils ersten und letzten Tages und 4. den Hinweis, dass nach Satz 3 während der Auslegung nach Satz 2 zusätzlich die Möglichkeit besteht, ohne Auswirkung auf die Einwendungsfrist eine leicht zu erreichende Zugangsmöglich- 6143

[704] Zur Öffentlichkeitsbeteiligung Renn/Köck/Schweizer/Bovet/Benighaus/Scheel/Schröter ZUR 2014, 281; Weingarten/Peters/Müller-Pfannenstiel ET 2013, 74; Wiesendahl EnWZ 2013, 291.

[705] Zum Geheimnisschutz bei Internetveröffentlichungen in umweltrechtlichen Verfahren Ruf ZUR 2023, 162.

keit zur Verfügung gestellt zu bekommen, in der Regel durch die Übersendung eines gängigen elektronischen Speichermediums, auf dem die auszulegenden Unterlagen gespeichert sind.

6144 Wenn der Vorhabenträger gegenüber der Bundesnetzagentur elektronisch oder schriftlich versichert, dass er in Kenntnis der hierfür maßgeblichen Rechtsvorschriften und des Umstandes, dass die Einreichung nicht vollständiger Unterlagen zur Wiederholung von Verfahrensschritten oder auch zur Ablehnung des Antrags führen kann, vollständige Unterlagen vorgelegt hat, wird die Behörden- und Öffentlichkeitsbeteiligung durchgeführt, auch wenn die Bundesnetzagentur die **Vollständigkeit der Unterlagen** zu diesem Zeitpunkt noch nicht bestätigt hat (§ 9 IIIa NABEG). Mit dieser 2023 ergänzten Regelung zur Vollständigkeit soll eine deutliche Beschleunigung des Verfahrens und ein noch größeres Bewusstsein der Antragsteller hinsichtlich der Qualität der von ihnen einzureichenden Unterlagen erreicht werden. Die Versicherung kann sowohl elektronisch als auch schriftlich abgegeben werden. Wenn die Bundesnetzagentur bei Abgabe der Versicherung des Vorhabenträgers die Vollständigkeit der Unterlagen gem. § 8 Satz 6 NABEG iVm § 21 V 4 NABEG noch nicht bestätigt hat, ist aufgrund der Vollständigkeitserklärung des Vorhabenträgers dennoch die Behörden- und Öffentlichkeitsbeteiligung einzuleiten. Infolgedessen beginnen die Fristen nach § 9 I und II NABEG mit Eingang der Vollständigkeitserklärung des Vorhabenträgers.[706]

6145 Jede Person, einschließlich Vereinigungen, kann sich innerhalb von einem Monat nach Ablauf der Veröffentlichungsfrist schriftlich oder elektronisch bei der Bundesnetzagentur zu den beabsichtigten Trassenkorridoren äußern. § 9 II 3 NABEG gilt entsprechend. Rechtsansprüche werden durch die Einbeziehung der Öffentlichkeit nicht begründet; die Verfolgung von Rechten im nachfolgenden Zulassungsverfahren bleibt unberührt. Ein Verfahren nach § 9 I bis IV NABEG kann unterbleiben, wenn die Voraussetzungen für ein vereinfachtes Verfahren nach § 11 NABEG vorliegen.

6146 Werden bereits ausgelegte Unterlagen geändert und wird dadurch eine erneute Beteiligung der Öffentlichkeit nach § 42 I UVPG iVm § 22 UVPG notwendig, sind § 9 I bis V NABEG nach Maßgabe von § 9 VI 2 bis 4 NABEG anzuwenden. Die Behördenbeteiligung ist abweichend von § 9 I und II NABEG auf diejenigen Träger öffentlicher Belange zu beschränken, die durch die Änderung in ihrem Aufgabenbereich berührt sind. Die Bekanntmachung der Auslegung erfolgt abweichend von § 9 III 4 NABEG in örtlichen Tageszeitungen, die in dem Gebiet verbreitet sind, auf das sich die Änderung bezieht, sowie auf der Internetseite der Bundesnetzagentur. Die Äußerungsfrist soll abweichend von § 9 IV 1 NABEG und von § 42 III 2 UVPG zwei Wochen betragen.

6147 **j) Erörterungstermin.** Die Bundesnetzagentur erörtert nach § 10 I 1 NABEG die rechtzeitig erhobenen Einwendungen und Stellungnahmen mit dem Vorhabenträger, den Trägern öffentlicher Belange und denjenigen, die Einwendungen erhoben oder Stellungnahmen abgegeben haben. Der Vorhabenträger, die Träger öffentlicher Belange und diejenigen, die Einwendungen erhoben oder Stellungnahmen abgegeben haben, sind von dem Erörterungstermin zu benachrichtigen. Sind außer der Benachrichtigung der Träger öffentlicher Belange und des Vorhabenträgers mehr als 50 Benachrichtigungen vorzunehmen, können diese Benachrichtigungen durch öffentliche Bekanntmachung ersetzt werden. Die öffentliche Bekanntmachung wird dadurch bewirkt, dass der Erörterungstermin auf der Internetseite der Bundesnetzagentur und in örtlichen Tageszeitungen bekannt gemacht wird, die in dem Bereich verbreitet sind, in dem sich das Vorhaben voraussichtlich auswirken wird. Im Übrigen sind für die Erörterung die Vorschriften über die mündliche Verhandlung im förmlichen Verwaltungsverfahren nach § 67 I 3, II Nr. 1 und 4 und III und § 68 VwVfG und die Vorschriften für Massenverfahren nach den §§ 17 bis 19 VwVfG entsprechend anzuwenden (§ 10 II NABEG).

6148 **Verzicht auf den Erörterungstermin.** Die Bundesnetzagentur kann auf eine Erörterung iSd § 73 VI VwVfG und des § 18 I 4 iVm § 42 I UVPG verzichten. Ein Erörterungstermin findet nicht statt, wenn 1. Einwendungen und Stellungnahmen gegen das Vorhaben nicht oder nicht rechtzeitig erhoben worden sind, 2. die rechtzeitig erhobenen Einwendungen und Stellungnahmen zurückgenommen worden sind, 3. ausschließlich Einwendungen erhoben worden sind, die auf privatrechtlichen Titeln beruhen, oder 4. alle Einwender und Stellungnehmer auf einen Erörterungstermin verzichten (§ 10 III NABEG). Werden bereits ausgelegte Unterlagen nach der Durchführung eines Erörterungstermins geändert und wird dadurch eine erneute Be-

[706] Gesetzesbegründung BT-Drs. 20/7310, S. 128.

teiligung der Öffentlichkeit nach § 42 I iVm § 22 UVPG notwendig, soll von einem erneuten Erörterungstermin abgesehen werden.

k) Vereinfachtes Verfahren. Die Bundesfachplanung kann in einem vereinfachten Verfahren durchgeführt werden, soweit nach § 37 UVPG eine SUP nicht erforderlich ist und die Ausbaumaßnahme 1. verwirklicht werden kann, wenn der hierfür durch die Bundesfachplanung bestimmte Trassenkorridor oder die hierfür durch die Bundesfachplanung bestimmte Trasse nur geringfügig geändert wird, oder 2. kleinräumig außerhalb eines Trassenkorridors verlaufen soll, der in einem Raumordnungsplan iSv § 3 I Nr. 7 ROG ausgewiesen ist. Das vereinfachte Verfahren kann auf einzelne Trassenabschnitte beschränkt werden. In dem vereinfachten Verfahren stellt die Bundesnetzagentur im Benehmen mit den zuständigen Landesbehörden fest, ob die Ausbaumaßnahme raumverträglich ist. Das vereinfachte Verfahren ist binnen drei Monaten nach Vorliegen der vollständigen Unterlagen bei der Bundesnetzagentur abzuschließen. Hat eine Behörden- und Öffentlichkeitsbeteiligung nach § 9 NABEG stattgefunden, beträgt die Frist sechs Monate § 11 III NABEG). **6149**

l) Abschluss der Bundesfachplanung. Die Bundesfachplanung ist gem. § 12 I NABEG binnen sechs Monaten nach Vorliegen der vollständigen Unterlagen bei der Bundesnetzagentur abzuschließen. Die Entscheidung der Bundesnetzagentur über die Bundesfachplanung enthält 1. den Verlauf eines raumverträglichen Trassenkorridors, der Teil des Bundesnetzplans wird, sowie die an Landesgrenzen gelegenen Länderübergangspunkte; der Trassenkorridor und die Länderübergangspunkte sind in geeigneter Weise kartografisch auszuweisen; 2. eine Bewertung sowie eine zusammenfassende Erklärung der Umweltauswirkungen gemäß den §§ 43 und 44 UVPG des in den Bundesnetzplan aufzunehmenden Trassenkorridors; 3. bei Vorhaben im Sinne von § 2 V BBPlG eine Kennzeichnung, inwieweit sich der Trassenkorridor für die Errichtung und den Betrieb eines Erdkabels eignet, und 4. das Ergebnis der Prüfung von alternativen Trassenkorridoren. **6150**

Der Entscheidung ist eine **Begründung** beizufügen, in der die Raumverträglichkeit im Einzelnen darzustellen ist. Bei Vorhaben iSv § 2 V BBPlG sind auch die Gründe anzugeben, aus denen in Teilabschnitten ausnahmsweise eine Freileitung in Betracht kommt. **6151**

Die Bundesnetzagentur hat nach Abschluss der Bundesfachplanung den nach den §§ 11 und 12 EnWG verpflichteten Vorhabenträger durch Bescheid aufzufordern, innerhalb einer zu bestimmenden angemessenen Frist den erforderlichen Antrag auf Planfeststellung zu stellen. Die zuständigen obersten Landesbehörden der Länder, auf deren Gebiet ein Trassenkorridor verläuft, sind von der Frist zu benachrichtigen (§ 12 II NABEG). **6152**

Abweichend von § 12 II Nr. 1 bis 3 NABEG enthält die Entscheidung im Fall des vereinfachten Verfahrens nach § 11 II 1 Nr. 1 NABEG den Verlauf der geringfügigen Änderung und im Fall des vereinfachten Verfahrens nach § 11 I 1 Nr. 2 NABEG eine Darstellung der kleinräumig außerhalb des Trassenkorridors verlaufenden Abschnitte der Ausbaumaßnahme (§ 12 III NABEG). **6153**

m) Bekanntgabe und Veröffentlichung der Entscheidung. Die Entscheidung nach § 12 II und III NABEG ist den Beteiligten gem. § 13 I 1 NABEG nach § 9 I und II NABEG schriftlich oder elektronisch zu übermitteln. Die elektronische Übermittlung kann dadurch bewirkt werden, dass die Entscheidung über die Internetseite der Bundesnetzagentur zugänglich gemacht wird und die Beteiligten sowie der Vorhabenträger hierüber schriftlich oder elektronisch benachrichtigt werden. **6154**

Die Entscheidung ist für die Dauer von sechs Wochen auf der Internetseite der Bundesnetzagentur zu veröffentlichen. Auf Verlangen eines Beteiligten, das während der Dauer der Veröffentlichung an die Bundesnetzagentur zu richten ist, wird ihm eine leicht zu erreichende Zugangsmöglichkeit zur Verfügung gestellt, dabei ist dies in der Regel die Übersendung eines gängigen elektronischen Speichermediums, auf dem die veröffentlichte Entscheidung gespeichert ist. Die Bundesnetzagentur macht die Veröffentlichung mindestens eine Woche vorher in örtlichen Tageszeitungen, die in dem Gebiet verbreitet sind, auf das sich das Vorhaben voraussichtlich auswirken wird, und auf der Internetseite der Bundesnetzagentur bekannt (§ 13 II NABEG). **6155**

n) Einwendungen der Länder. Jedes Land, das von der Entscheidung nach § 12 II und III NABEG betroffen ist, ist berechtigt, innerhalb einer Frist von einem Monat nach Übermittlung der Entscheidung Einwendungen zu erheben. Die Einwendungen sind zu begründen. **6156**

Die Bundesnetzagentur hat innerhalb einer Frist von einem Monat nach Eingang der Einwendungen dazu Stellung zu nehmen (§ 14 NABEG).

6157 **o) Bindungswirkung der Bundesfachplanung** (§ 15 NABEG). Die Entscheidung nach § 12 NABEG ist für die Planfeststellungsverfahren nach §§ 18 ff. NABEG verbindlich.[707] Bundesfachplanungen haben nach § 15 I 2 NABEG grundsätzlich Vorrang vor nachfolgenden Planungen, insbesondere Landesplanungen und Bauleitplanungen.

6158 Die Geltungsdauer der Entscheidung nach § 12 II NABEG ist auf zehn Jahre befristet. Die Frist kann durch die Bundesnetzagentur um weitere fünf Jahre verlängert werden. Die Fristverlängerung soll erfolgen, wenn sich die für die Beurteilung maßgeblichen rechtlichen und tatsächlichen Verhältnisse nicht verändert haben (§ 15 II NABEG).

6159 Die Entscheidung nach § 12 NABEG hat gem. § 15 III 1 NABEG keine unmittelbare Außenwirkung und ersetzt nicht die Entscheidung über die Zulässigkeit der Ausbaumaßnahme. Sie kann nach § 15 III 2 NABEG nur im Rahmen des Rechtsbehelfsverfahrens gegen die Zulassungsentscheidung für die jeweilige Ausbaumaßnahme überprüft werden. § 75 Ia VwVfG ist entsprechend anzuwenden. Der Rechtsschutz gegen Stromleitungstrassen wird daher in die Planfeststellung verschoben.[708] Dies hat für die Behörde einerseits den Vorteil, dass die vorangehenden Entscheidungen nicht unmittelbar beklagt werden können. Andererseits entfällt damit die Möglichkeit einer Abschichtung in dem Sinne, dass verschiedene Grundsatzfragen bereits auf einer höheren Planungsebene durch entsprechende Rechtsschutzmöglichkeiten abgeklärt werden können. Erweisen sich die höherstufigen Planungsentscheidung wie etwa der Bundesbedarfsplan oder die Bundesfachplanung als rechtswidrig, muss das Verfahren mit einer Reparatur möglicher Fehler wieder auf diesen höherstufigen Ebenen beginnen. Das kann durchaus zu erheblichen Schwierigkeiten führen, wenn die höherstufigen Planungsentscheidungen rechtlich nicht belastbar sind. Diese Risiken hat der Gesetzgeber allerdings bewusst in Kauf genommen. Der Ausschluss von direktem Rechtsschutz gegen Entscheidungen über die Bundesfachplanung in § 15 III 2 NABEG ist verfassungsgemäß und verstößt nicht gegen Völker- und Unionsrecht.[709]

6160 Das BVerwG erläutert dazu, nach der Konzeption des Gesetzgebers sei der Planungsprozess als gestuftes Verfahren ausgestaltet: Auf der ersten Stufe erfolge die gesetzliche Bedarfsplanung, an die sich auf der zweiten Stufe die Bundesfachplanung der §§ 4 ff NABEG anschließe. Durch sie würden Trassenkorridore bestimmt (vgl. § 4 Satz 1 und § 5 I NABEG), also Gebietsstreifen, in denen die Trasse der Stromleitung verlaufe. Die Bundesfachplanung ende mit einer Entscheidung der Bundesnetzagentur (§ 12 NABEG), die nach dem Willen des Gesetzgebers keine unmittelbare Außenwirkung habe (§ 15 III 1 NABEG), aber im Verhältnis zu ihr nachfolgenden Landesplanungen und Bauleitplanungen grundsätzlich Vorrang genieße (§ 15 I 2 NABEG). Die Bundesfachplanungsentscheidung sei für das auf der nächsten Stufe folgende Planfeststellungsverfahren nach §§ 18 ff. NABEG verbindlich (§ 15 I 1 NABEG), lasse das Vorhaben als solches aber noch nicht zu (keine Gestattungswirkung) und könne nach § 15 III 2 NABEG nur im Rahmen des Rechtsbehelfsverfahrens gegen die Zulassungsentscheidung für die jeweilige Ausbaumaßnahme überprüft werden.[710] Der Gesetzgeber habe sich damit für eine Ausgestaltung des Rechtsschutzes als konzentrierten Rechtsschutz am Ende eines gestuften Verfahrens und somit für das gesetzliche Regelmodell des Rechtsschutzes entschieden, wie es in § 44a VwGO zum Ausdruck komme und auch in der komplexen Infrastrukturplanung zB von Verkehrswegen üblich sei. Das konzentrierte Rechtsschutzmodell sei auch in solchen komplexen Verfahren nicht von vornherein verfassungsrechtlichen Bedenken ausgesetzt.[711] Das Verfassungsrecht gebe nicht grundsätzlich vor, auf welche Weise – durch einen phasenspezifischen oder einen konzentrierten Rechtsschutz – der gebotenen Effektivität des Rechtsschutzes besser Rechnung zu tragen sei. Der Gesetzgeber könne sich aus verfassungsrechtlich zulässigen Zweckmäßigkeitserwägungen für einen konzentrierten Rechtsschutz entscheiden.

6161 **p) Veränderungssperren.** Die Bundesnetzagentur kann mit dem Abschluss der Bundesfachplanung oder nachträglich für einzelne Abschnitte der Trassenkorridore Veränderungssper-

[707] Siehe dazu Hermes in Schneider/Theobald, Recht der Energiewirtschaft, 2021, § 8 Rn. 106; Sangenstedt EnWZ 2022, 103.
[708] Zum Rechtsschutz von Verbänden § 4 I UmwRG Kment NVwZ 2012, 481.
[709] BVerwG NVwZ 2021, 618 = juris Rn. 12.
[710] BVerwG NVwZ 2021, 618 = juris Rn. 14.
[711] BVerwG NVwZ 2021, 618 = juris Rn. 15 unter Verweis auf BVerfGE 134, 242 Rn. 194.

ren erlassen, soweit für diese Leitungen ein vordringlicher Bedarf im Sinne des Bundesbedarfs festgestellt wird. Die Veränderungssperre bewirkt, (1) dass keine Vorhaben oder baulichen Anlagen verwirklicht werden dürfen, die einer Verwirklichung der jeweiligen Stromleitung entgegenstehen, und (2) dass keine sonstigen erheblichen oder wesentlich wertsteigernden Veränderungen am Grundstück oder an baulichen Anlagen auf dem Grundstück durchgeführt werden dürfen. Die Veränderungssperre ist auf einen Zeitraum von fünf Jahren mit einer Verlängerungsmöglichkeit bei besonderen Umständen um weitere fünf Jahre zu befristen (§ 16 NABEG). Die Bundesnetzagentur kann die Frist um weitere fünf Jahre verlängern, wenn besondere Umstände dies erfordern.

Der Sicherungszweck der Veränderungssperre soll eine ordnungsgemäße Prüfung aller in Betracht kommenden Trassenvarianten und eine umfassende Abwägungsentscheidung ermöglichen. Dies schließt es aus, bereits im Rahmen der rechtlichen Bewertung der Veränderungssperre bestimmte Trassenalternativen im Wege einer nur überschlägigen und mangels ausreichender Untersuchungen letztlich unzureichenden Vorprüfung für vorzugswürdig und andere, denen Hindernisse entgegenstehen können, als entbehrlich einzustufen und für das weitere Verfahren auszuscheiden.[712] **6162**

Die Veränderungssperre ist aufzuheben, wenn die auf dem Trassenkorridor vorgesehene Ausbaumaßnahme anderweitig verwirklicht oder endgültig nicht mehr verwirklicht wird. Die Bundesnetzagentur muss die Veränderungssperre unter Kontrolle halten.[713] Die Veränderungssperre ist auf Antrag aufzuheben, wenn überwiegende Belange von Betroffenen entgegenstehen (§ 16 II NABEG). Die Veränderungssperre ergeht als **Allgemeinverfügung**. Von der Anhörung nach § 28 VwVfG soll abgesehen werden (§ 16 III NABEG). Auch diese 2023 eingefügte Regelung dient der Verfahrensbeschleunigung. Die Anhörung eines Eigentümers soll nach der Gesetzesbegründung aber zB dann ausnahmsweise geboten sein, wenn die Bundesnetzagentur positive Kenntnis über die wirksame Genehmigung einer zukünftigen Errichtung einer baulichen Anlage auf dem Grundstück hat.[714] **6163**

Die Bundesnetzagentur macht die Veränderungssperre in örtlichen Tageszeitungen, die in dem Gebiet verbreitet sind, auf das sich die Veränderungssperre voraussichtlich auswirken wird, und auf der **Internetseite der Bundesnetzagentur** bekannt. In der Bekanntmachung in den örtlichen Tageszeitungen ist der verfügende Teil zu veröffentlichen und ist auf die vollständige Veröffentlichung der Veränderungssperre einschließlich der Rechtsbehelfsbelehrung auf der Internetseite der Bundesnetzagentur hinzuweisen (16 IV NABEG). **6164**

Vor Erhebung einer verwaltungsgerichtlichen Klage bedarf es keiner Nachprüfung in einem Vorverfahren. Für **Anfechtungsklagen** gegen eine Veränderungssperre ist § 43e EnWG entsprechend anzuwenden. Für **Verpflichtungsklagen** auf Erlass oder Aufhebung einer Veränderungssperre ist § 43e EnWG mit der Maßgabe anzuwenden, dass an die Stelle von Anträgen auf Anordnung der aufschiebenden Wirkung Anträge auf Erlass von vorläufigen Anordnungen treten. **6165**

q) Bundesnetzplan. Die durch die Bundesfachplanung bestimmten Trassenkorridore und die für Offshore-Anbindungsleitungen und grenzüberschreitende Stromleitungen im jeweils aktuellen Flächenentwicklungsplan gemäß § 5 WindSeeG ausgewiesenen Trassen oder Trassenkorridore werden nachrichtlich in den Bundesnetzplan aufgenommen. Der Bundesnetzplan wird bei der Bundesnetzagentur geführt. Der Bundesnetzplan ist von der Bundesnetzagentur einmal pro Kalenderjahr im Bundesanzeiger zu veröffentlichen. Die durch die Bundesfachplanung bestimmten Trassenkorridore und die für Anbindungsleitungen und grenzüberschreitende Stromleitungen im jeweils aktuellen Bundesfachplan Offshore nach § 17 a EnWG ausgewiesenen Trassen oder Trassenkorridore werden nachrichtlich in den bei der Bundesnetzagentur geführten und jährlich zu veröffentlichen Bundesnetzplan aufgenommen (§ 17 NABEG). **6166**

---

712 BVerwG Urt. v. 22.2.2022 – 4 A 12/20, juris Rn. 22.

713 BVerwG NVwZ 2022, 1640.

714 Gesetzesbegründung BT-Drs- 20/7310, S. 128; siehe zur Rechtslage vor der Änderung des § 16 NABEG 2023 BVerwG NVwZ 2022, 978. Das BVerwG hatte erläutert, dass das Anhörungsrecht nach § 28 II VwVfG zu beachten sei und dass, wenn die allgemeinen verwaltungsverfahrensrechtlichen Bestimmungen sich nach Einschätzung des Gesetzgebers als unzureichend erweisen sollten, es ihm unbenommen bleibe, das Verwaltungsverfahren für den Netzausbau abweichend zu regeln. Diesen Ball hat der Gesetzgeber aufgenommen.

6167 **r) Erfordernis einer Planfeststellung.** Die Errichtung und der Betrieb sowie die Änderung von Leitungen im Sinne von § 2 I NABEG bedürfen nach § 18 I NABEG der Planfeststellung durch die zuständige Behörde. Auf Antrag des Vorhabenträgers können die für den Betrieb notwendigen Anlagen, insbesondere Konverterstationen, Phasenschieber, Umspannanlagen und Netzverknüpfungspunkte, einschließlich Nebeneinrichtungen zu Offshore-Anbindungsleitungen, durch Planfeststellung durch die nach § 18 I NABEG zuständige Behörde zugelassen werden. Dabei können sie in das Planfeststellungsverfahren von Leitungen im Sinne von § 2 I NABEG integriert werden, wobei eine nachträgliche Integration in die Entscheidung zur Planfeststellung durch Planergänzungsverfahren möglich ist, solange die Entscheidung zur Planfeststellung gilt (§ 18 II NABEG).

6168 Bei Vorhaben iSv § 2 III, V und VI BBPlG ist § 18 II NABEG auch für Leerrohre anzuwenden, wenn 1. die **Leerrohre** im räumlichen und zeitlichen Zusammenhang mit der Baumaßnahme eines **Erdkabels** verlegt werden und 2. die zuständige Behörde anhand der Umstände des Einzelfalls davon ausgehen kann, dass die Leerrohre innerhalb von 15 Jahren nach der Planfeststellung zur Durchführung einer Stromleitung genutzt werden. Bei Vorhaben, die im BBPlG entsprechend gekennzeichnet sind, stehen die energiewirtschaftliche Notwendigkeit und der vordringliche Bedarf für Leerrohre, die im räumlichen und zeitlichen Zusammenhang mit der Baumaßnahme des gekennzeichneten Vorhabens verlegt werden, fest. In diesem Fall darf sich die Trassenbreite im Vergleich zu den Annahmen im Bundesfachplanungsverfahren nicht wesentlich vergrößern. Dies ist im Planfeststellungsverfahren für die gekennzeichneten Vorhaben zu prüfen. Gegenstand des Planfeststellungsverfahrens bei Vorhaben iSv § 2 VIII BBPlG ist die Verlegung von Leerrohren. Für die Nutzung der Leerrohre zur Durchführung einer Stromleitung und zu deren anschließendem Betrieb bedarf es eines weiteren Planfeststellungs- oder Plangenehmigungsverfahrens. Die Einbeziehung von Leerrohren kann auf einzelne Abschnitte des betroffenen Vorhabens beschränkt werden (§ 18 III NABEG).

6169 Bei Einbeziehung von Leerrohren und von Erdkabeln nach § 26 Satz 2 NABEG ist der durch die Bundesfachplanung bestimmte Trassenkorridor des Vorhabens iSv § 2 III, V und VI BBPlG zu beachten. Insoweit ist eine Prüfung in Frage kommender Alternativen für den beabsichtigten Verlauf der Trasse auf diesen Trassenkorridor beschränkt. Eine Prüfung außerhalb dieses Trassenkorridors ist nur aus zwingenden Gründen durchzuführen. 4Sie ist insbesondere dann erforderlich, wenn die Leerrohre oder die Erdkabel einzeln oder im Zusammenwirken mit dem Vorhaben 1. nach § 34 II BNatSchG unzulässig wären oder 2. gegen die Verbote des § 44 I auch iVm V BNatSchG verstoßen würden (§ 18 IIIa NABEG).

6170 Bei Vorhaben, bei denen gemäß § 5a NABEG auf die Durchführung der Bundesfachplanung verzichtet wurde, ist § 18 III a NABEG mit der Maßgabe anzuwenden, dass 1. das Vorhaben in oder unmittelbar neben der Bestandstrasse zu errichten ist, soweit eine Bestandstrasse vorhanden ist, und 2. bei einem Vorhaben gemäß § 2 VII 2 oder 3 BBPlG der für das weitere Vorhaben in den Bundesnetzplan aufgenommene Trassenkorridor oder der durch Landesplanungen oder nach Landesrecht bestimmte Leitungsverlauf für Erdkabel zur Höchstspannungs-Gleichstrom-Übertragung zu beachten ist.

6171 **Ziele der Raumordnung**, die den Abstand von Höchstspannungsleitungen zu Gebäuden oder überbaubaren Grundstücksflächen regeln, sind keine zwingenden Gründe im Sinne von § 18 IIIa 3 NABEG. § 18 IV 2 bis 5 NABEG ist insoweit nicht anzuwenden. § 18 III b 1 Nr. 1 und die Sätze 2 und 3 NABEG sind entsprechend anzuwenden, wenn bei einer beantragten Änderung oder Erweiterung einer Leitung, bei einem beantragten Ersatzneubau oder bei einem beantragten Parallelneubau nicht auf die Bundesfachplanung verzichtet wurde (§ 18 IIIb NABEG). § 18 III b 4 NABEG in der seit Ende 2023 geltenden Fassung geht ebenso wie die bisherige Fassung des § 18 III 3b 4 NABEG davon aus, dass zuvor ein Bundesfachplanungsverfahren durchgeführt und als Ergebnis ein Trassenkorridor festgelegt wurde. Es wird klargestellt, dass sich das Bündelungsgebot des § 18 IIII b NABEG nur auf die jeweils von den Vorhabenträgern im Planfeststellungsverfahren beantragte Änderung oder Erweiterung einer Leitung iSv § 3 Nr. 1 NABEG, einen beantragten Ersatzneubau iSv § 3 Nr. 4 oder einen beantragten Parallelneubau iSv § 3 Nr. 5 NABEG bezieht. Für weitere, ggf. zufällig im Trassenkorridor verlaufende Bestandstrassen ist die Vorschrift des § 18 IIIb 4 NABEG hingegen nicht anwendbar. Damit wird klargestellt, dass es sich jeweils nur um eine „gleichartige Bündelung" (Freileitung mit Freileitung oder Erdkabel mit Erdkabel) handeln kann. Sofern ein zwingender Grund iSv § 18 IIIa NABEG vorliegt und die Bestandstrasse deswegen verlassen werden muss, ist auch in diesem Fall der nach § 12 NABEG festgelegte Trassenkorridor für die Abweichung bindend.[715]

Für Vorhaben, die im **Bereich eines Präferenzraums** nach § 3 Nr. 10 NABEG realisiert werden sollen, sind die Trasse sowie die in Frage kommenden Alternativen auf der Grundlage des Präferenzraums zu ermitteln. Bei der Ermittlung der Trasse ist § 18 IIIa 2 bis 4 NABEG entsprechend anzuwenden (§ 18 III c NABEG). 6172

Abwägungsgebot. Bei der Planfeststellung sind nach § 18 IV 1 NABEG die von dem Vorhaben berührten öffentlichen und privaten Belange im Rahmen der Abwägung nach Maßgabe des § 1 II NABEG zu berücksichtigen. § 43 III c EnWG ist entsprechend anzuwenden. Die **Bindungswirkung der Ziele der Raumordnung** gilt nur, wenn die Bundesnetzagentur bei der Aufstellung, Änderung oder Ergänzung des Raumordnungsplans nach § 9 ROG des Raumordnungsgesetzes beteiligt worden ist und sie innerhalb einer Frist von zwei Monaten nach Mitteilung des rechtsverbindlichen Ziels nicht widersprochen hat. 6173

Der **Widerspruch** lässt die Bindungswirkung des Ziels der Raumordnung gegenüber der Bundesnetzagentur nicht entstehen, wenn das Ziel der Planfeststellung entgegensteht. Macht die Planfeststellung nachträglich ein Abweichen von den Zielen der Raumordnung erforderlich, kann die Bundesnetzagentur mit Zustimmung des Bundesministeriums für Wirtschaft und Klimaschutz innerhalb angemessener Frist, spätestens aber bis zum Abschluss der Planfeststellung, unter der Voraussetzung von § 18 IV 4 NABEG nachträglich widersprechen. Muss infolge des nachträglichen Widerspruchs der Raumordnungsplan geändert, ergänzt oder aufgehoben werden, hat die Bundesnetzagentur die dadurch entstehenden Kosten zu ersetzen. § 6 ROG bleibt unberührt. **Städtebauliche Belange** sind zu berücksichtigen. § 38 Satz 1 und 3 und § 7 Satz 6 BauGB sind entsprechend anzuwenden (§ 18 IV NABEG). 6174

Die Planfeststellungsbehörde ist zu einer detaillierten **Prüfung von Alternativen** nur verpflichtet, wenn es sich um Ausführungsvarianten handelt, die sich nach den in dem jeweiligen Stadium des Planungsprozesses angestellten Sachverhaltsermittlungen auf Grund einer überschlägigen Prüfung der insoweit abwägungsrelevanten Belange nach § 1 II und § 18 IV NABEG als eindeutig vorzugswürdig erweisen könnten. 6175

s) Einreichung des Plans und der Unterlagen. Die Planfeststellung beginnt mit dem Antrag des Vorhabenträgers, welcher durch die Einreichung des Plans bei der Planfeststellungsbehörde erfolgt. 2Antrag und Plan können zunächst auf einzelne angemessene Abschnitte der Trasse beschränkt werden. 3Der Plan muss enthalten: 1. den beabsichtigten Verlauf der Trasse sowie eine Darlegung zu ernsthaft in Betracht kommenden Alternativen, 2. Erläuterungen zur Auswahl zwischen den Alternativen, 3. eine Darstellung des geplanten Vorhabens in allgemein verständlicher Form (§ 21 I NABEG). 6176

Der Plan besteht aus den Zeichnungen und Erläuterungen, die das Vorhaben, seinen Anlass und die von dem Vorhaben betroffenen Grundstücke und Anlagen erkennen lassen. 2Der Plan enthält auch Erläuterungen zur Auswahlentscheidung des Vorhabenträgers einschließlich einer Darstellung der hierzu ernsthaft in Betracht gezogenen Alternativen. Die Planfeststellungsbehörde kann vom Vorhabenträger die Vorlage von Gutachten verlangen oder Gutachten einholen (§ 21 II und III NABEG). 6177

Sofern die Planfeststellungsbehörde eine Unterrichtung über den Untersuchungsrahmen nach § 15 UVPG für zweckmäßig hält und dies dem Vorhabenträger mitteilt, hat der Vorhabenträger der Planfeststellungsbehörde innerhalb von drei Monaten geeignete Unterlagen nach § 15 II UVPG vorzulegen; die Mitteilung kann bereits ab der Aufnahme des Vorhabens in den Bundesbedarfsplan erfolgen. Für den **UVP-Bericht** nach § 16 UVPG soll nach Maßgabe der §§ 15 und 39 III UVPG auf die in der Bundesfachplanung eingereichten Unterlagen Bezug genommen werden (§ 21 IV NABEG). 6178

Die Planfeststellungsbehörde setzt dem Vorhabenträger eine angemessene Frist, innerhalb derer er den Antrag nach Absatz 1 für ein in den Bundesbedarfsplan aufgenommenes Vorhaben zu stellen hat. Die Frist soll spätestens vier Jahre vor dem Datum der Inbetriebnahme des Vorhabens gemäß dem nach § 12c EnWG bestätigten Netzentwicklungsplan enden (§ 21 IVa NABEG). 6179

Die Planfeststellungsbehörde hat die eingereichten Unterlagen innerhalb eines Monats nach Eingang auf ihre Vollständigkeit hin zu überprüfen. Die **Vollständigkeitsprüfung** beinhaltet die Prüfung der formellen Vollständigkeit sowie eine **Plausibilitätskontrolle** der Unterlagen. 6180

[715] Gesetzesbegründung BT-Drs. 20/7310, S. 128.

Sind die Unterlagen nicht vollständig, hat die Planfeststellungsbehörde den Vorhabenträger unverzüglich aufzufordern, die Unterlagen innerhalb einer angemessenen Frist zu ergänzen. Nach Abschluss der Vollständigkeitsprüfung hat die Planfeststellungsbehörde dem Vorhabenträger die Vollständigkeit der Unterlagen schriftlich zu bestätigen (§ 21 V NABEG).

6181 **t) Anhörungsverfahren.** Innerhalb von zwei Wochen nach Vorlage der vollständigen Unterlagen nach § 21 beteiligt die Planfeststellungsbehörde die anderen Behörden und die Öffentlichkeit nach dem Gesetz über die Umweltverträglichkeitsprüfung nach Maßgabe dieses Paragrafen und übermittelt die Unterlagen schriftlich oder elektronisch an 1. die Träger öffentlicher Belange, die von dem beantragten Vorhaben berührt sind, und 2. die Vereinigungen. Die Übermittlung der Unterlagen soll dadurch erfolgen, dass diese für die Empfänger nach Satz 1 auf der **Internetseite der Planfeststellungsbehörde** bereitgestellt werden.

6182 Die Planfeststellungsbehörde fordert die Träger öffentlicher Belange, einschließlich der Raumordnungsbehörden der Länder, die von dem Vorhaben berührt sind, zur Stellungnahme innerhalb einer von ihr zu setzenden Frist auf, die drei Monate nicht überschreiten darf. Die Möglichkeit, Stellungnahmen abzugeben, erstreckt sich nicht auf die Gegenstände, welche die Bundesfachplanung betreffen und zu denen bereits in der Bundesfachplanung Stellung genommen werden konnte. Die Stellungnahmen können schriftlich oder elektronisch abgegeben werden. Nach Ablauf der Frist eingehende Stellungnahmen werden nicht mehr berücksichtigt, es sei denn, die vorgebrachten Belange sind für die Rechtmäßigkeit der Entscheidung von Bedeutung (§ 22 II NABEG).

6183 Innerhalb von zwei Wochen nach Versand der Bestätigung der Vollständigkeit der Unterlagen nach § 21 NABEG veranlasst die Planfeststellungsbehörde für die Dauer von einem Monat zum Zweck der **Öffentlichkeitsbeteiligung** die Auslegung der Unterlagen, indem sie die Unterlagen auf ihrer Internetseite veröffentlicht. Auf Verlangen eines Beteiligten, das während der Dauer der Veröffentlichung an die Bundesnetzagentur zu richten ist, wird ihm eine leicht zu erreichende Zugangsmöglichkeit zur Verfügung gestellt, dabei ist dies in der Regel die Übersendung eines gängigen elektronischen Speichermediums, auf dem die auszulegenden Unterlagen gespeichert sind. Die Auslegung ist auf der Internetseite der Planfeststellungsbehörde und in örtlichen Tageszeitungen, die in dem Gebiet verbreitet sind, auf das sich das Vorhaben voraussichtlich auswirken wird, bekannt zu machen. Die Bekanntmachung soll spätestens eine Woche vor Beginn der Auslegung erfolgen und muss folgende Angaben enthalten: 1. dem Planungsstand entsprechende Angaben über den Verlauf der Trassen und den Vorhabenträger, 2. die Angabe, dass die Auslegung durch die Veröffentlichung auf der Internetseite der Planfeststellungsbehörde erfolgt, 3. Hinweise auf die Einwendungsfrist unter Angabe des jeweils ersten und letzten Tages und 4. den Hinweis, dass während der Auslegung zusätzlich die Möglichkeit besteht, ohne Auswirkung auf die Einwendungsfrist eine leicht zu erreichende Zugangsmöglichkeit zur Verfügung gestellt zu bekommen, in der Regel durch die Übersendung eines gängigen elektronischen Speichermediums, auf dem die auszulegenden Unterlagen gespeichert sind (§ 22 III NABEG).

6184 Wenn der Vorhabenträger gegenüber der Planfeststellungsbehörde elektronisch oder schriftlich versichert, dass er in Kenntnis der hierfür maßgeblichen Rechtsvorschriften und des Umstandes, dass die Einreichung nicht vollständiger Unterlagen zur Wiederholung von Verfahrensschritten oder auch zur Ablehnung des Antrags führen kann, vollständige Unterlagen vorgelegt hat, wird das Anhörungsverfahren einschließlich der Öffentlichkeitsbeteiligung nach Maßgabe dieses Paragrafen durchgeführt, auch wenn die Planfeststellungsbehörde die **Vollständigkeit der Unterlagen** zu diesem Zeitpunkt noch nicht bestätigt hat § 22 III a NABEG). Mit der Ergänzung zur Vollständigkeit durch die Gesetzesänderung Ende 2023 soll ausweislich der Gesetzesbegründung eine deutliche Beschleunigung des Verfahrens und ein noch größeres Bewusstsein der Antragsteller hinsichtlich der Qualität der von ihnen einzureichenden Unterlagen erreicht werden. Die Versicherung könne sowohl elektronisch als auch schriftlich abgegeben werden. Wenn die Planfeststellungsbehörde bei Abgabe der Versicherung des Vorhabenträgers die Vollständigkeit der Unterlagen gemäß § 21 V 4 NABEG) noch nicht bestätigt habe, sei aufgrund der Vollständigkeitserklärung des Vorhabenträgers dennoch das Anhörungsverfahren einschließlich der Öffentlichkeitsbeteiligung einzuleiten. Infolgedessen begännen die Fristen nach § 22 I und II NABEG mit Eingang der Vollständigkeitserklärung des Vorhabenträgers.

6185 Jede Person, deren Belange durch das Vorhaben berührt werden, kann innerhalb von einem Monat nach Ablauf der Auslegungsfrist nach Absatz 3 Satz 1 schriftlich oder elektronisch bei der Planfeststellungsbehörde **Einwendungen** gegen den Plan erheben. Das gilt entsprechend für Vereinigungen (§ 22 IV NABEG).

Die Bestimmungen des § 10 NABEG sind auf eine Erörterung iSd § 73 VI VwVfG und des § 18 I 4 UVPG durch die Planfeststellungsbehörde entsprechend anzuwenden § 22 V NABEG). Anhörungsverfahren und Erörterungstermin können unterbleiben, wenn die Voraussetzungen des § 25 NABEG oder des § 24 III NABEG vorliegen (§ 22 VI NABEG). **6186**

Werden bereits ausgelegte Unterlagen geändert und wird dadurch eine erneute Beteiligung der Öffentlichkeit nach § 22 UVPG notwendig, sind § 22 I bis VI NABEG nach Maßgabe von § 22 VII 2 bis 4 NABEG anzuwenden. Die Behördenbeteiligung ist abweichend von § 22 II NABEG auf diejenigen Träger öffentlicher Belange zu beschränken, die durch die Änderung in ihrem Aufgabenbereich berührt sind. Die Bekanntmachung der Auslegung erfolgt abweichend von § 22 III 3 NABEG in örtlichen Tageszeitungen, die in dem Gebiet verbreitet sind, auf das sich die Änderung bezieht, sowie auf der Internetseite der Planfeststellungsbehörde. Die Äußerungsfrist soll abweichend von A§ 22 IV 1 NABEG zwei Wochen betragen (§ 22 VII NABEG). **6187**

u) Planfeststellungsbeschluss. Die Planfeststellungsbehörde stellt den Plan fest. Der Planfeststellungsbeschluss wird dem Vorhabenträger nach § 24 II 1 NABEG zugestellt. Im Übrigen wird der Planfeststellungsbeschluss öffentlich bekanntgegeben, indem er für die Dauer von zwei Wochen auf der Internetseite der Planfeststellungsbehörde zugänglich gemacht wird und zusätzlich mit seinem verfügenden Teil und der Rechtsbehelfsbelehrung sowie einem Hinweis auf die Zugänglichmachung im Internet in örtlichen Tageszeitungen, die in dem Gebiet, auf das sich das Vorhaben voraussichtlich auswirken wird, verbreitet sind, bekanntgemacht wird. Die physische Auslegung des Planfeststellungsbeschlusses und der zugehörigen Unterlagen wird durch die Veröffentlichung im Internet ersetzt. Dies soll den Verwaltungsaufwand sowie die damit verbundenen Kosten deutlich reduzieren und erheblich zur Beschleunigung beitragen. Das während der COVID-19-Pandemie geschaffene PlanSiG, das ebenfalls statt einer physischen eine digitale Auslegung vorsieht, ist darauf ausgerichtet, die Rechte der Beteiligten auch bei diesem Format umfassend zu wahren. Jenseits des PlanSiG haben die Erfahrungswerte, so die Gesetzesbegründung, gezeigt, dass die Möglichkeit, die physisch ausgelegten Unterlagen einzusehen, auch in Zeiten ohne Pandemie nur sehr geringfügig und teilweise auch gar nicht genutzt wird. Die 2023 vorgenommene Änderung sollausweislich der Gesetzesbegründung somit der Verfahrensbeschleunigung durch die Umstellung auf eine zeitgemäße Auslegungsform dienen.[716] **6188**

Nach Ablauf von zwei Wochen seit der Zugänglichmachung auf der Internetseite der Planfeststellungsbehörde gilt der Planfeststellungsbeschluss als bekannt gegeben. Hierauf ist in der Bekanntmachung hinzuweisen. Einem Betroffenen oder demjenigen, der Einwendungen erhoben hat, wird eine leicht zu erreichende Zugangsmöglichkeit zur Verfügung gestellt, wenn er oder sie während der Dauer der Veröffentlichung nach § 24 II 2 NABEG ein entsprechendes Verlangen an die Planfeststellungsbehörde gerichtet hat. Dies ist in der Regel die Übersendung eines gängigen elektronischen Speichermediums, auf dem die auszulegenden Unterlagen gespeichert sind. Auf die andere Zugangsmöglichkeit ist in der Bekanntgabe nach § 24 II 2 NABEG hinzuweisen (§ 24 II NABEG). **6189**

Die Möglichkeit einer Plangenehmigung nach Maßgabe des § 74 VI VwVfG bleibt nach § 24 III 1 NABEG unberührt. § 24 II NABEG ist anzuwenden. **6190**

v) Änderungen im Anzeigeverfahren. Unwesentliche Änderungen oder Erweiterungen können anstelle des Planfeststellungsverfahrens durch ein Anzeigeverfahren nach § 25 NABEG zugelassen werden. Eine Änderung oder Erweiterung ist nur dann unwesentlich, wenn 1. nach dem UVPG oder nach § 25 II NABEG hierfür keine Umweltverträglichkeitsprüfung durchzuführen ist, 2. andere öffentliche Belange nicht berührt sind oder die erforderlichen behördlichen Entscheidungen vorliegen und sie dem Plan nicht entgegenstehen und 3. Rechte anderer nicht beeinträchtigt werden oder mit den vom Plan Betroffenen entsprechende Vereinbarungen getroffen werden. **6191**

Abweichend von den Vorschriften des UVPG ist eine Umweltverträglichkeitsprüfung für die Änderung oder Erweiterung nicht durchzuführen bei 1. standortnahen Maständerungen, 2. Umbeseilungen oder 3. Zubeseilungen. § 25 II 1 Nr. 2 und 3 NABEG ist nur anzuwenden, wenn die Planfeststellungsbehörde feststellt, dass die Vorgaben der §§ 3, 3a und 4 der Verord- **6192**

[716] Gesetzesbegründung BT-Drs. 20/7310, S. 129.

nung über elektromagnetische Felder und die Vorgaben der Technischen Anleitung zum Schutz gegen Lärm eingehalten sind. Einer Feststellung, dass die Vorgaben der TA Lärm eingehalten sind, bedarf es nicht bei Änderungen, welche nicht zu Änderungen der Beurteilungspegel im Sinne der TA Lärm führen. § 25 II 1 NABEG ist ferner nur anzuwenden, sofern einzeln oder im Zusammenwirken mit anderen Vorhaben eine erhebliche Beeinträchtigung eines Natura 2000-Gebiets oder eines bedeutenden Brut- oder Rastgebiets geschützter Vogelarten nicht zu erwarten ist. § 25 II 1 NABEG ist bei Höchstspannungsfreileitungen mit einer Nennspannung von 220 Kilovolt oder mehr ferner nur anzuwenden, wenn die Zubeseilung eine Länge von höchstens 15 Kilometern hat, oder die standortnahen Maständerungen oder die bei einer Umbeseilung erforderlichen Masterhöhungen räumlich zusammenhängend auf einer Länge von höchstens 15 Kilometern erfolgen (§ 25 II NABEG).

6193 Abweichend von § 25 I 2 Nr. 2 NABEG kann eine Änderung oder Erweiterung auch dann im Anzeigeverfahren zugelassen werden, wenn die Planfeststellungsbehörde im Einvernehmen mit der nach Landesrecht zuständigen Immissionsschutzbehörde feststellt, dass die Vorgaben nach den §§ 3, 3a und 4 der Verordnung über elektromagnetische Felder und die Vorgaben der TA Lärm sind, und wenn weitere öffentliche Belange nicht berührt sind oder die hierfür erforderlichen behördlichen Entscheidungen vorliegen und sie dem Plan nicht entgegenstehen. § 25 II 3 NABEG ist entsprechend anzuwenden (§ 25 III NABEG).

6194 Der Vorhabenträger zeigt gegenüber der Planfeststellungsbehörde die von ihm geplante Maßnahme an. Der Anzeige sind in ausreichender Weise Erläuterungen beizufügen, aus denen sich ergibt, dass die geplante Änderung oder Erweiterung den Voraussetzungen der § 25 I bis III NABEG genügt. Insbesondere bedarf es einer Darstellung zu den zu erwartenden Umweltauswirkungen. Die Planfeststellungsbehörde entscheidet innerhalb eines Monats, ob anstelle des Anzeigeverfahrens ein Plangenehmigungs- oder Planfeststellungsverfahren durchzuführen ist oder die Maßnahme von einem förmlichen Verfahren freigestellt ist. 5Prüfgegenstand ist nur die jeweils angezeigte Änderung oder Erweiterung; im Fall der standortnahen Maständerung bleibt es unabhängig von den Vorgaben der §§ 3, 3a und 4 der Verordnung über elektromagnetische Felder und den Vorgaben der TA Lärm beim Anzeigeverfahren. Die Entscheidung ist dem Vorhabenträger bekannt zu machen § 25 IV NABEG).

6195 § 43e EnWG ist nach § 25 V NABEG entsprechend anzuwenden.

6196 **w) Zusammentreffen mehrerer Vorhaben.** In Planfeststellungsverfahren kann eine einheitliche Entscheidung für ein Vorhaben nach § 2 I NABEG und für die Errichtung, den Betrieb sowie die Änderung von Hochspannungsleitungen mit einer Nennspannung von 110 Kilovolt oder mehr sowie von Bahnstromfernleitungen beantragt werden, sofern diese Leitungen auf einem Mehrfachgestänge geführt werden. Dies ist auf folgende **Erdkabel** entsprechend anzuwenden, wenn sie im räumlichen und zeitlichen Zusammenhang mit der Baumaßnahme eines Erdkabelvorhabens nach § 2 Absatz 1 mitverlegt werden: 1. für Erdkabelvorhaben nach § 2 Absatz 1 oder 2. für sonstige Erdkabel. § 78 VwVfG bleibt unberührt. Die Planfeststellungsverfahren richten sich nach den Vorgaben des NABEG. Ist danach eine andere Behörde als die Bundesnetzagentur zuständig, wendet diese die Vorgaben des dritten Abschnitts an (§ 26 NABEG).

6197 **x) Vorzeitige Besitzeinweisung und Enteignungsverfahren.** Der Vorhabenträger kann verlangen, dass nach Abschluss des Anhörungsverfahrens gemäß § 22 NABEG eine vorzeitige Besitzeinweisung durchgeführt wird. § 44 b EnWG ist mit der Maßgabe anzuwenden, dass der nach dem Verfahrensstand zu erwartende Planfeststellungsbeschluss dem vorzeitigen Besitzeinweisungsverfahren zugrunde zu legen ist.[717] Der Besitzeinweisungsbeschluss ist mit der aufschiebenden Bedingung zu erlassen, dass sein Ergebnis durch den Planfeststellungsbeschluss bestätigt wird. Anderenfalls ist das vorzeitige Besitzeinweisungsverfahren auf der Grundlage des ergangenen Planfeststellungsbeschlusses zu ergänzen.

6198 Der Vorhabenträger kann verlangen, dass nach Abschluss des Anhörungsverfahrens gemäß § 22 NABEG ein **vorzeitiges Enteignungsverfahren** durchgeführt wird. § 45 EnWG findet mit der Maßgabe Anwendung, dass der nach dem Verfahrensstand zu erwartende Planfeststellungsbeschluss dem Enteignungsverfahren zugrunde zu legen ist. Der Enteignungsbeschluss ist mit der aufschiebenden Bedingung zu erlassen, dass sein Ergebnis durch den Planfeststellungs-

[717] Zur vorzeitigen Besitzeinweisung VG Weimar RdE 2014, 189.Scheidler RdE 2013, 107. Zum Verhältnis zur Enteignung Moench/Ruttloff NVwZ 2013, 463.

beschluss bestätigt wird. Anderenfalls ist das Enteignungsverfahren auf der Grundlage des ergangenen Planfeststellungsbeschlusses zu ergänzen.

y) Durchführung einer Raumverträglichkeitsprüfung. Abweichend von § 15 I ROG iVm § 1 S. 1 Nr. 14 der ROV findet nach § 28 NABEG eine Raumverträglichkeitsprüfung für die Errichtung oder die Änderung von Höchstspannungsleitungen, für die im Bundesnetzplan Trassenkorridore oder Trassen ausgewiesen sind, nicht statt. Dies ist auch anzuwenden, wenn nach § 5a NABEG auf ein Bundesfachplanungsverfahren verzichtet wurde oder nach § 5a IVa NABEG die Bundesfachplanung entfallen ist. § 28 Satz 1 NABEG ist nicht anzuwenden nach Ablauf der Geltungsdauer nach § 15 II NABEG. **6199**

VI. Beschleunigung des Einsatzes verflüssigten Erdgases

Aufgrund der drohenden Gasmangellage in der Folge des russischen Überfalls auf die Ukraine bestand und besteht die Notwendigkeit eines Imports von Flüssigerdgas (Liquified Natural Gas, LNG) und daraus folgend ein dringender Bedarf an einem schnellen Ausbau der hierfür erforderlichen Infrastruktur, insbesondere zur Errichtung sog. LNG-Terminals. **6200**

Zur beschleunigten Zulassung der Errichtung und Inbetriebnahme solcher Terminals und der zügigen Durchführung der Vergabeverfahren wurde das LNG-Beschleunigungsgesetz (LNGG) erlassen (§ 1 II LNGG). Nach § 1 I des Gesetzes zur Beschleunigung des Einsatzes verflüssigten Erdgases (LNG-Beschleunigungsgesetz – LNGG) dient das LNGG der Sicherung der nationalen Energieversorgung durch die zügige Einbindung verflüssigten Erdgases in das bestehende Fernleitungsnetz. Mit den Vorschriften des LNGG sollen die Zulassung von Errichtung und Inbetriebnahme der in § 2 bezeichneten Vorhaben sowie die Durchführung von Verfahren für die Vergabe öffentlicher Aufträge und Konzessionen dieser Vorhaben beschleunigt werden. Das LNGG stellt den energiewirtschaftlichen Bedarf von insgesamt 19 Vorhaben (Landterminals, schwimmende Anlagen, erforderliche Anbindungsleitungen) fest (§§ 2 II, 3 S. 2 iVm Anl. LNGG). Außerdem wurden weitreichende Ausnahmen von der UVP (§ 4 LNGG) und Erleichterungen bzgl. der Anwendung diverser Fachgesetze wie dem BNatSchG oder dem WHG zugelassen (§§ 5 ff. LNGG). Das Gesetz, das am 1. 6. 2022 in Kraft trat, ist bis zum 30. 6. 2025 befristet (vgl. § 14 II 1 LNGG).[718] **6201**

Das BVerwG bescheinigt in einem Beschluss vom 25.1.2024 der zuständigen Behörde, dass diese in dem für die Beurteilung seiner Rechtmäßigkeit maßgeblichen Zeitpunkt seines Erlasses am 8.1.2024 zu Recht weiterhin von einer Krise der Gasversorgung ausgegangen worden sei.[719] Die Gasversorgungskrise sei zwischenzeitlich nicht entfallen. Das sei erst dann der Fall, wenn die Versorgung durch andere neu hinzugekommene sichere Bezugsquellen dauerhaft gesichert sei. Daran fehle es nach wie vor. Die gravierende Reduktion von Gasströmen an wichtigen Einspeisungspunkten durch den Ausfall russischen Gases halte weiterhin an und eine Wiederaufnahme sei – abgesehen von den dafür notwendigen technischen Vorbereitungen – nicht wahrscheinlich. Auch die gefüllten Gasspeicher und die tagesaktuell stabile Lage der Gasversorgung ändere an dem Vorhandensein einer Gasmangellage im Sinne der Verordnung (EU) 2017/1938 vom 25.10.2017 über Maßnahmen zur Gewährleistung der sicheren Gasversorgung und zur Aufhebung der Verordnung (EU) Nr. 994/2010 nichts. Die an verschiedenen Standorten vorgesehenen und aufgrund der laufenden Planfeststellungsverfahren bereits konkret absehbaren Anlandungen mittels FSRU seien nicht geeignet, die aufgrund des Ausfalls der Gaslieferungen aus Russland entstehende Lücke bei der Deckung des deutschen Gasbedarfs aufzufangen.[720] **6202**

---

[718] dazu Lorenzen in Kahl/Gärditz, Umweltrecht, 2023, § 6 Rn. 114; Zum LNGG auch Ludwigs NVwZ 2022, 1086 (1090); Otto RdE 2022, 509 (512 f.); Wolff NdsVBl. 2022, 361 ff.; kritisch mit Blick auf die Verienbarkeit des UVP-Verzichts mit UVP-RL Kment/Fimpel NuR 2022, 599 (602 ff.); Schlacke/Wentzien/Römling NVwZ 2022, 1577 (1587); Hennig ua ZNER 2022, 355 (364); kritisch zur Vereinbarkeit des LNGG mit dem Völkerrecht Verheyen/Bohlmann EuRUP 2023. 117; positiver Ludwigs NVwZ 2022, 1086 (1090 Fn. 62).

[719] BVerwG NVwZ 2024, 500 = juris Rn. 17; siehe auch Beschl. v. 12.9.2023 – 7 VR 4.23, juris = NR 2023, 313 Rn. 13 – 17.

[720] BVerwG NVwZ 2024, 500 = juris Rn. 17

1. Anwendungsbereich

6203 Das LNGG gilt gem. § 2 I LNGG nach Maßgabe von § 2 II LNGG für die Zulassung von 1. stationären schwimmenden Anlagen zur Einfuhr, Entladung, Lagerung und Wiederverdampfung verflüssigten Erdgases, 2. stationären landgebundenen Anlagen zur Einfuhr, Entladung, Lagerung und Wiederverdampfung verflüssigten Erdgases, 3. Leitungen, die der Anbindung von Anlagen nach Nummer 1 oder Nummer 2 an die Gasversorgungsnetze dienen (LNG-Anbindungsleitungen) sowie Leitungen, die zur Ableitung der Gasmengen von Anlagen nach Nummer 1 zwingend erforderlich sind (mittelbare LNG-Anbindungsleitungen), 4. Gewässerausbauten und Gewässerbenutzungen, die für Errichtung und Betrieb der Anlagen nach Nr. 1 oder Nr. 2 erforderlich sind, insbesondere Häfen und Landungsstege, 5. Dampf- oder Warmwasserpipelines sowie Heizkesselanlagen, die für den Betrieb der Anlagen nach Nr. 1 oder Nr. 2 erforderlich sind, 6. Gasfernleitungen, die direkt an eine LNG-Anbindungsleitung nach Nummer 3 angrenzen und für die Weiterleitung der Gasmengen von Anlagen nach Nummer 1 zwingend erforderlich sind, einschließlich der an diese Gasfernleitungen direkt angrenzenden Verdichter. Das LNGG gilt gem. § 2 II LNGG nur für die in der Anlage bezeichneten Vorhaben sowie für Vorhaben nach § 2 I Nr. 4 und 5. Das LNGG gilt gem. § 2 III LNGG zudem für die Vergabe öffentlicher Aufträge und Konzessionen für Vorhaben nach § 2 II LNGG

2. Besonderes Interesse

6204 Die Vorhaben nach § 2 II 1 LNGG sind für die sichere Gasversorgung Deutschlands besonders dringlich. Für diese Vorhaben wird nach § 3 S. 2 LNGG die energiewirtschaftliche Notwendigkeit und der Bedarf zur Gewährleistung der Versorgung der Allgemeinheit mit Gas festgestellt. Die schnellstmögliche Durchführung dieser Vorhaben dient dem zentralen Interesse an einer sicheren und diversifizierten Gasversorgung in Deutschland und ist aus Gründen eines überragenden öffentlichen Interesses und im Interesse der öffentlichen Sicherheit erforderlich (§ 3 S. 3 LNGG).[721]

3. Ausnahmen von der Umweltverträglichkeitsprüfung

6205 Abweichend von § 1 IV UVPG hat die für die Zulassungsentscheidung zuständige Behörde bei Vorhaben nach § 2 I Nr. 1, 3, 4 und 5 LNGG das UVPG nach Maßgabe von § 4 II bis V LNGG nicht anzuwenden, wenn eine beschleunigte Zulassung des konkreten Vorhabens geeignet ist, einen relevanten Beitrag zu leisten, um eine Krise der Gasversorgung zu bewältigen oder abzuwenden. Wird danach keine Umweltverträglichkeitsprüfung durchgeführt, entfallen auch die entsprechenden, in fachrechtlichen Vorschriften geregelten Pflichten der Antragsteller und Aufgaben der Behörden. (§ 4 II LNGG). Die weiteren Zulassungsvoraussetzungen nach den fachrechtlichen Vorschriften bleiben nach § 4 III LNGG unberührt, soweit sich nicht aus den nachfolgenden Bestimmungen des LNGG etwas anderes ergibt.

6206 **a) Voraussetzungen einer Ausnahme von der UVP-Pflicht.** Eine Ausnahme von der UVP-Pflicht nach § 4 LNGG setzt danach eine Krise der Gasversorgung einerseits und die Eignung des Vorhabens für einen Beitrag zur Bewältigung oder Abwendung der Krise der Gasversorgung andererseits voraus. Unter den in § 4 I LNGG genannten Voraussetzungen muss nach Einschätzung des Gesetzgebers auch eine in Monaten oder Wochen gemessene Verfahrensverzögerung und daraus potentiell resultierende Gasversorgungslücken vermieden werden.[722] Von einem relevanten Beitrag zur Bewältigung oder Abwendung einer Gasversorgungskrise sei, so das BVerwG, regelmäßig auszugehen, wenn über die konkrete Anlage mehr als nur geringfügig LNG eingespeist werden könne und solle und eine Gasmangellage vorliege oder drohe. Für eine Gasmangellage sei eine Gaswarnstufe nach dem Notfallplan Gas nach der Verordnung (EU) 2017/1938 des Europäischen Parlaments und des Rates vom 25.10.2017 über

[721] Zum überragenden öffentlichen Interesse als Instrument zur Beschleunigung von Transformations- und Infrastrukturvorhaben Birkner NVwZ 2024, 138; siehe dazu auch die Rechtsprechung zu diesem Abwägungskriterium OVG Berlin-Brandenburg Urt. v. 14.6 2023 –3a A 30/23, juris; OVG Greifswald NVwZ 2023, 1015; OVG Münster Beschl. v. 4.8.2022 – 22 A 488/20, juris.; Beschl. v. 11.8.2022 – 22 A 1492/20, juris; OVG Berlin-Brandenburg REE 2023, 152.

[722] BVerwG ZUR 2023, 677 = juris Rn. 13 unter Verweis auf BT-Drs. 20/1742 S. 18.

Maßnahmen zur Gewährleistung der sicheren Gasversorgung und zur Aufhebung der Verordnung (EU) Nr. 994/2010 ein Indiz. Eine Gasmangellage entfalle, wenn die Versorgung zwischenzeitlich durch andere neu hinzugekommene sichere Bezugsquellen dauerhaft gesichert sei. Von einem mengenmäßig relevanten Beitrag könne regelmäßig ausgegangen werden, wenn das Vorhaben eine jährliche Regasifizierungskapazität von zumindest 5 Mrd. cbm erreiche oder überschreite. Anbindungsleitungen nach § 2 I Nr. 3 LNGG leisteten regelmäßig einen relevanten Beitrag dazu, eine Krise der Gasversorgung abzuwenden, wenn sie zur Anbindung einer Anlage, für die die Behörde nach ihrer Einschätzung von einem solchen Beitrag ausgehe, an das Fernleitungsnetz benötigt würden.[723]

Der Verzicht auf eine Umweltverträglichkeits(vor)prüfung nach § 4 LNGG muss auch bei einem Änderungsvorhaben nach § 9 UVPG geeignet sein, die Zulassung des konkreten Vorhabens nach § 2 LNGG zu beschleunigen.[724] 6207

b) Unionsrechtskonformität der Ausnahme. Nach Art. 2 IV UVP-RL können die Mitgliedstaaten in Ausnahmefällen ein einzelnes Projekt ganz oder teilweise von den Bestimmungen der UVP-RL ausnehmen. Damit eröffnet die Richtlinie auch die Möglichkeit einer Ausnahme von der UVP-Pflicht nach Art. 2 I UVP-RL. Eine Ausnahme nach Art. 2 IV UVP-RL setzt voraus, dass sich die Anwendung der Bestimmung der UVP-RL nachteilig auf den Zweck des Projekts auswirken würde, dass aber gleichwohl die Ziele der UVP-RL weiter verfolgt werden. Die Mitgliedstaaten müssen für die Inanspruchnahme der Ausnahmeregelung prüfen, ob eine andere Form der Prüfung angemessen ist, der betroffenen Öffentlichkeit bestimmte Informationen zugänglich machen sowie die Europäische Kommission vor Erteilung der Genehmigung unterrichten. Nach Ansicht des BVerwG liegen diese Voraussetzungen einer Ausnahme von der UVP-Pflicht vor, so dass Zweifel an der an der Vereinbarkeit von § 4 I LNGG mit Europarecht unberechtigt sind. Dementsprechend hat das BVerwG auf eine Vorlage an den EuGH verzichtet.[725] Das BVerwG ist der Ansicht, dass die Ausnahme in § 4 I LNGG, wie nach Art. 2 IV UVP-RL erforderlich, für ein einzelnes Projekt ergeht. Es sei unschädlich, dass § 4 I LNGG das UVPG hinsichtlich aller Vorhaben nach § 2 I Nr. 1, 3, 4 und 5 LNGG für nicht anwendbar erkläre. Denn die Ausnahme nach § 4 I LNGG gelte nach § 2 II LNGG nur für die in der Anlage zum LNGG nach ihrem Standort spezifizierten Vorhaben. Außerdem setze § 4 I LNGG voraus, dass für jedes einzelne Vorhaben und damit für jedes einzelne Projekt iSd Art. 2 IV UVP-RL durch die Zulassungsbehörde geprüft werde, ob die beschleunigte Zulassung geeignet ist, einen relevanten Beitrag zu leisten, um eine Krise der Gasversorgung zu bewältigen oder abzuwenden. Das bedeute, dass es in jedem Einzelfall einer Prüfung und Entscheidung der jeweils zuständigen Behörde bedürfe, ob hinsichtlich des einzelnen Projekts eine Ausnahme von der Durchführung einer UVP oder UVP-Vorprüfung in Betracht komme. Durch die behördliche Einzelfallprüfung der Eignung nach § 4 I LNGG werde sichergestellt, dass nur solche Vorhaben aus dem Anwendungsbereich des UVPG ausscheiden würden, bei denen sich diese nachteilig auf den Zweck des Projekts auswirken würde.[726] 6208

c) Öffentlichkeitsbeteiligung. Der Öffentlichkeit sind vor Erteilung der Zulassung nach § 4 IV LNGG folgende Informationen zugänglich zu machen: 1. der Entwurf der Zulassungsentscheidung einschließlich Begründung, 2. die wesentlichen Antragsunterlagen einschließlich der Unterlagen, mit denen die wesentlichen Auswirkungen des Vorhabens auf die Umwelt dargestellt werden, 3. die Gründe für die Gewährung der Ausnahme nach Absatz 1 von den Anforderungen nach dem Gesetz über die Umweltverträglichkeitsprüfung. Die Zugänglichmachung hat für die Dauer von vier Tagen mittels Auslegung in Räumen der Zulassungsbehörde und mittels Veröffentlichung auf der Internetseite der Zulassungsbehörde zu erfolgen. 6209

d) Informationspflicht. Das Bundesministerium für Umwelt, Naturschutz, nukleare Sicherheit und Verbraucherschutz hat die Europäische Kommission vor Erteilung der Zulassungsentscheidung über die Gründe der Gewährung der Ausnahme nach § 4 I LNGG zu unterrich- 6210

[723] BVerwG ZUR 2023, 677 = juris Rn. 13.

[724] BVerwG NVwZ 2024, 500.

[725] BVerwG NVwZ 2024, 60 = juris Rn. 18, 23 unter Verweis auf EuGH NVwZ 2019, 1505; siehe dazu Frenz DVBl.. 2020, 122; NuR 2020, 94.

[726] BVerwG NVwZ 2024, 60 = juris Rn. 25; aA Kment/Fimpel NuR 2022, 599 (604); Schlacke/Wentzien/Römling, NVwZ 2022, 1577 (1585 f); siehe auch Römling NVwZ 2023, 1662; Kment JZ 2023, 1087.

ten und ihr die Informationen, die die zuständige Behörde der Öffentlichkeit nach § 4 IV LNGG zugänglich macht, zu übermitteln. Zu diesem Zweck hat die zuständige Behörde rechtzeitig, spätestens vier Tage vor der Entscheidung über die Zulassung des Vorhabens dem Bundesministerium für Umwelt, Naturschutz, nukleare Sicherheit und Verbraucherschutz die Informationen nach § 4 IV LNGG zu übermitteln (§ 4 V LNGG).

6211 **e) UmwRG.** Der Ausschluss von Vorhaben aus dem Anwendungsbereich des UVPG eröffnet den Anwendungsbereich des UmwRG nach § 1 I 1 Nr. 5 UmwRG. Das BVerwG erläutert dazu, § 1 I 1 Nr. 5 UmwRG diene dem Ziel einer vollständigen Umsetzung von Art. 9 III AK.[727] Die Norm habe Auffangcharakter und sei mit Blick auf die den mitgliedstaatlichen Gerichten obliegende Verpflichtung, das nationale Recht so weit wie möglich im Einklang sowohl mit den Zielen von Art. 9 III AK als auch mit dem Ziel eines effektiven Rechtsschutzes zu interpretieren, weit auszulegen.[728] Mit Blick darauf sei das nach dem Wortlaut des § 1 I 1 Nr. 5 UmwRG bestehende Exklusivitätsverhältnis zwischen § 1 I 1 Nr. 1 und 5 UmwRG einschränkend dahin zu verstehen, dass es nur solche Vorhaben betreffe, bei denen eine UVP durchgeführt werde und die mithin gemäß § 2 IV 2 UmwRG einer umfassenden gerichtlichen Kontrolle unterlägen. Der Auffangtatbestand des § 1 I 1 Nr. 5 UmwRG erfasse deshalb auch solche Vorhaben, bei denen nach Durchführung einer UVP-Vorprüfung keine erheblichen Umweltauswirkungen zu erwarten seien und deshalb eine UVP-Pflicht nicht bestehe, obwohl wegen der aus der UVP-Vorprüfungspflicht resultierenden Möglichkeit einer UVP-Pflicht auch der Tatbestand des § 1 I 1 Nr. 1 UmwRG erfüllt sei. Er greife ferner dann ein, wenn eine gebotene UVP-Vorprüfung unterbleibt und deshalb nicht feststehe, ob eine UVP-Pflicht besteht oder nicht. Davon ausgehend finde § 1 I 1 Nr. 5 UmwRG auch Anwendung auf Zulassungsentscheidungen für Vorhaben, die deshalb keiner UVP zu unterziehen und mithin nach § 2 IV 2 UmwRG einer umfassenden gerichtlichen Kontrolle entzogen seien, weil eine nach dem UVPG an sich bestehende UVP-Pflicht oder UVP-Vorprüfungspflicht gemäß § 4 I LNGG ausgeschlossen sei.[729]

4. Maßgaben für die Anwendung des Umweltrechts

6212 **a) Maßgaben für das BImSchG.** Das BImSchG ist auf die in den Anwendungsbereich des LNGG fallenden Anlagen nach § 5 LNGG nur mit Maßgaben anzuwenden. Für die Zulassung von Anlagen nach § 2 I Nr. 1 und 5 LNGG, für die keine UVP durchgeführt werden muss, sind abweichend von § 10 III 2 BImSchG der Antrag und die vom Antragsteller vorgelegten Unterlagen, mit Ausnahme der Unterlagen nach § 10 II 1 BImSchG, sowie die entscheidungserheblichen Berichte und Empfehlungen, die der Behörde im Zeitpunkt der Bekanntmachung vorliegen, nach der Bekanntmachung eine Woche zur Einsicht auszulegen.

6213 Für die Zulassung von Anlagen nach § 2 I Nr. 1 und 5 LNGG, für die keine UVP durchgeführt werden muss, sind, kann abweichend von § 10 III 4 BImSchG die Öffentlichkeit bis eine Woche nach Ablauf der Auslegungsfrist gegenüber der zuständigen Behörde schriftlich oder elektronisch Einwendungen erheben; diese Frist gilt auch bei Anlagen nach der IE-RL.

6214 Für die Zulassung von Anlagen nach § 2 I Nr. 1 und 5 LNGG, für die keine UVP durchgeführt werden muss, sind, kann die zuständige Behörde einen Erörterungstermin nach § 10 VI BImSchG durchführen, soweit sie diesen für erforderlich oder zweckmäßig hält.

6215 Für Anlagen nach § 2 I Nr. 1 und 2 LNGG ist die Genehmigung nach § 4 BImSchG mit der Bestimmung zu erteilen, dass der Betrieb der Anlage mit verflüssigtem Erdgas spätestens am 31.12.2043 einzustellen ist.

6216 Bei Entscheidungen zu Vorhaben nach § 2 I Nr. 1 LNGG kann abweichend von § 8a I Nr. 1 BImSchG die zuständige Behörde den vorzeitigen Beginn bereits vor dem Vorliegen vollständiger Antragsunterlagen zulassen, wenn a) für diese Vorhaben keine Umweltverträglichkeitsprüfung durchgeführt werden muss, b) die Erstellung der fehlenden Unterlagen im Hinblick auf die Eilbedürftigkeit des Vorhabens bislang nicht möglich war und c) auch ohne Berücksichtigung der fehlenden Unterlagen mit einer Entscheidung zugunsten des Antragstellers gerechnet werden kann

6217 Die Genehmigung nach § 4 BImSchG ist mit der Bestimmung zu erteilen, dass der Betrieb der Anlage einzustellen ist, a) für Vorhaben nach der Anlage Nr. 1.1 sechs Monate nach der

---

[727] BVerwG NVwZ 2024, 60 = juris Rn. 27; NVwZ 2023, 745 Rn. 19.

[728] BVerwG NVwZ 2023, 745 Rn. 19.

[729] BVerwG NVwZ 2024, 60 = juris Rn. 28.

Inbetriebnahme der in der Anlage Nummer 1.2 benannten Anlage, b) für Vorhaben nach der Anlage Nr. 2.2 und Nr. 2.3 sechs Monate nach der Inbetriebnahme der in der Anlage Nr. 2.4 benannten Anlage sowie c) für Vorhaben nach der Anlage Nr. 3.1 sechs Monate nach der Inbetriebnahme der in der Anlage Nr. 3.2 benannten Anlage.

Im Fall des § 5 I 1 Nr. 5 LNGG hat der Antragsteller das Vorhaben, die voraussichtlichen Auswirkungen des Vorhabens und den Grund für die nicht rechtzeitige Erstellung der vollständigen Unterlagen darzulegen. Der Antragsteller hat die fehlenden Unterlagen unverzüglich nachzureichen. Im Fall des § 5 I 1 Nr. 5 LNGG ist § 8a I Nr. 1 BImSchG mit der Maßgabe anzuwenden, dass die Genehmigungsbehörde den vorzeitigen Beginn bereits vor der Beteiligung der Öffentlichkeit zulassen soll. 6218

Für eine Anlage nach § 2 I Nr. 1 und 2 LNGG, die über den 31.12.2043 hinaus betrieben werden soll, kann die Genehmigung zum Weiterbetrieb nur für einen Betrieb mit klimaneutralem Wasserstoff und Derivaten hiervon erteilt werden. § 179 BauGB bleibt unberührt. Die Genehmigung nach Satz 1 ist bis zum Ablauf des 1.1.2035 zu beantragen (§ 5 II LNGG). 6219

Für Anlagen nach § 2 I Nr. 2 LNGG ist diese Genehmigung nur zu erteilen, wenn der Antragsteller nachweist, dass die Anlage bis spätestens zum 1.1.2044 so umgerüstet werden kann, dass sie zur Einfuhr, Entladung, Lagerung und Wiederverdampfung von verflüssigtem Ammoniak genutzt werden kann, und darlegt, dass die Kosten der Umrüstung 15 % der Kosten für die Errichtung der beantragten Anlage nicht überschreiten werden. Der Nachweis gilt als erbracht, wenn im Zeitpunkt der Genehmigung 1. die für den Betrieb mit verflüssigtem Ammoniak angemessenen Sicherheitsabstände zu Schutzobjekten eingehalten werden, 2. die Beschaffenheit der Fundamente, der Außenwände und der Dachkonstruktion der Lagerstätten für einen Betrieb mit verflüssigtem Ammoniak ausgelegt sind und 3. die Materialien und der innere Aufbau der Lagerstätten unter Beachtung des aktuellen Stands der Sicherheitstechnik so umgerüstet werden können, dass die statischen, sicherheitstechnischen und störfallrechtlichen Anforderungen für die Lagerung und für den Umgang mit verflüssigtem Ammoniak erfüllt werden. 6220

Die zuständige Behörde übermittelt die dem Nachweis nach Satz 1 dienenden Unterlagen unverzüglich an die Bundesanstalt für Materialforschung und -prüfung; diese nimmt innerhalb eines Monats nach Eingang dazu Stellung, ob die Anforderungen nach Satz 2 Nr. 2 und 3 eingehalten werden. Unbeschadet der Nachweisführung kann der Antrag nach Absatz 2 Satz 3 für einen Betrieb mit klimaneutralem Wasserstoff oder Derivaten erfolgen. Abweichend von Satz 1 kann die Umstellung von Anlagen nach § 2 I Nr. 2 auch auf synthetisches Methan oder Biomethan erfolgen, wenn der Antragsteller den Nachweis erbringt, dass am Anlagenstandort eine Abscheidung, Kompression sowie ein Transport von Kohlendioxid technisch möglich ist. 6221

Nach § 5 I 1 Nr. 4, II LNGG ist der Betrieb von LNG-Terminals mit verflüssigtem Erdgas bis zum 31.12.2043 grundsätzlich zulässig, sodass es der Genehmigungsbehörde verwehrt ist, im Genehmigungsbescheid einen früheren Zeitpunkt für die Beendigung eines LNG-basierten Betriebs zu verfügen. Entsprechendes gilt in der Folge auch für die Planfeststellungsbehörde bei der Planfeststellung einer LNG-Anbindungsleitung.[730] 6222

b) Maßgaben für die Anwendung der IZÜV. Für die Öffentlichkeitsbeteiligung nach § 4 der Industrieläranlagen-Zulassungs- und Überwachungsverordnung gelten die Maßgaben des § 5 I Nr. 1 bis 3 LNGG nach § 5 IV LNGG entsprechend. 6223

c) Maßgaben für das BNatSchG. Das BNatSchG ist bei der Zulassung von Vorhaben nach § 2 I Nr. 1, 3, 4 und 5 LNGG, für die keine UVP durchgeführt werden muss, mit folgenden Maßgaben anzuwenden. Abweichend von § 17 I BNatSchG kann die Festsetzung von Ausgleichs- und Ersatzmaßnahmen nach § 15 II BNatSchG bis zu zwei Jahre nach Erteilung der Zulassungsentscheidung erfolgen, hierfür hat der Verursacher die erforderlichen Angaben nach § 17 IV 1 Nr. 2 BNatSchG nachträglich zu machen. § 15 IV 2 BNatSchG ist entsprechend anzuwenden (§ 6 I Nr. 1 LNGG). 6224

Mit der Umsetzung der Ausgleichs- und Ersatzmaßnahmen ist nach § 6 II LNGG innerhalb von drei Jahren nach der Festsetzung zu beginnen. 6225

d) Maßgaben für das BNatSchG. Das WHG ist nach § 7 LNGG mit folgenden Maßgaben anzuwenden. Bei der Zulassung von Vorhaben nach § 2 I Nrn. 1, 3, 4 und 5 LNGG, für 6226

730 BVerwG NVwZ 2024, 60 = juris Rn. 34.

die keine Umweltverträglichkeitsprüfung durchgeführt werden muss, ist abweichend von § 70 I 1 HS 2 WHG der Plan für die Dauer von mindestens einer Woche zur Einsicht auszulegen.

6227 Bei der Zulassung von Vorhaben nach § 2 I Nr. 1, 3, 4 und 5 LNGG, für die keine UVP durchgeführt werden muss, kann abweichend von § 70 I 1 HS 2WHG iVm § 73 IV 1 VwVfG jeder, dessen Belange durch das Vorhaben berührt werden, bis zu einer Woche nach Ablauf der Auslegungsfrist Einwendungen gegen den Plan erheben.

6228 Bei der Zulassung von Vorhaben nach § 2 I Nr. 1, 3, 4 und 5 LNGG, für die keine UVP durchgeführt werden muss, kann abweichend von § 70 I 1 HS 2WHG iVm § 73 VI 1 VwVfG die zuständige Behörde einen Erörterungstermin durchführen, sofern sie diesen für erforderlich hält.

6229 Bei der Zulassung von Vorhaben nach § 2 I LNGG sind durch die Entnahmen und Wiedereinleitungen von Wasser, die für den Betrieb der Vorhaben erforderlich sind, in der Regel keine schädlichen, auch nicht durch den Erlass einzuhaltender Nebenbestimmungen nicht vermeidbaren oder nicht ausgleichbaren, Gewässerveränderungen im Sinne des § 12 I Nr. 1 WHG zu erwarten.

6230 Bei Entscheidungen zu Vorhaben nach § 2 I 1 Nr. 1, 3, 4 und 5 LNGG kann abweichend von § 17 I Nr. 1 WHG die zuständige Behörde den vorzeitigen Beginn bereits vor dem Vorliegen vollständiger Antragsunterlagen zulassen, wenn a) für diese Vorhaben keine Umweltverträglichkeitsprüfung durchgeführt werden muss, b) die Erstellung der fehlenden Unterlagen im Hinblick auf die Eilbedürftigkeit des Vorhabens bislang nicht möglich war und c) auch ohne Berücksichtigung der fehlenden Unterlagen mit einer Entscheidung zugunsten des Antragstellers gerechnet werden kann.

6231 Bei Planänderungen für Vorhaben nach § 2 I Nrn. 1, 3, 4 und 5 LNGG, für die keine UVP durchgeführt werden muss, kann abweichend von § 70 I HS 2 WHG iVm § 73 VIII VwVfG jeder, dessen Belange durch das Vorhaben erstmals oder stärker als bisher berührt werden, bis zu einer Woche nach Mitteilung der Änderung Stellungnahmen abgeben und Einwendungen gegen den Plan erheben.

6232 Im Fall des § 7 S. 1 Nr. 5 LNGG hat der Antragsteller das Vorhaben, die voraussichtlichen Auswirkungen des Vorhabens und den Grund für die nicht rechtzeitige Erstellung der vollständigen Unterlagen darzulegen. Der Antragsteller hat die fehlenden Unterlagen unverzüglich nachzureichen. Im Fall des § 7 S. 1 Nr. 5 ist § 17 I Nr. 1 WHG mit der Maßgabe anzuwenden, dass die Genehmigungsbehörde den vorzeitigen Beginn bereits vor der Beteiligung der Öffentlichkeit zulassen soll.

6233 **e) Maßgaben für das EnWG.** Das EnWG ist nach § 8 LNGG auf Vorhaben im Anwendungsbereich des § 2 LNGG mit folgenden Maßgaben anzuwenden:

6234 **Verfahrenserleichterungen.** Abweichend von § 43a EnWG gilt bei Vorhaben, für die keine UVP durchgeführt werden muss und die nicht unter die § 2 Nr. 1a LNGG fallen, für das Anhörungsverfahren, dass a) der Plan abweichend von § 73 III VwVfG für die Dauer von einer Woche auszulegen ist, b) Einwendungen nach § 73 IV VwVfG nur bis eine Woche nach Ablauf der Auslegungsfrist erhoben werden können, c) ein Erörterungstermin in den Fällen des § 2 I Nr. 3 LNGG stattfinden kann, soweit die zuständige Behörde diesen für erforderlich hält, d) Gelegenheit zu Stellungnahmen und Einwendungen nach § 73 VIII VwVfG bis zum Ablauf einer Woche nach Mitteilung der Änderungen zu geben ist.

6235 Abweichend von § 43a EnWG ist bei Vorhaben im Sinne des § 2 I Nr. 3 LNGG mit einer Länge von mehr als 40 km und einem Durchmesser von mehr als 800 mm, für die keine UVP durchgeführt werden muss, für das Anhörungsverfahren anzuwenden, dass a) der Plan abweichend von § 73 VIII 2 VwVfG iVm § 73 III VwVfG für die Dauer von zwei Wochen auszulegen ist, b) ein Erörterungstermin stattfinden kann, soweit die zuständige Behörde diesen für erforderlich hält,

6236 **Vorarbeiten.** Kampfmittelräumungen, archäologische Untersuchungen und Bergungen sowie zwingend erforderliche Beseitigungen von Bäumen und anderen Gehölzen zur Baufeldfreimachung sowie die Durchführung naturschutzrechtlicher Ausgleichs- und Vermeidungsmaßnahmen einschließlich vorgezogener Ausgleichsmaßnahmen gelten als Vorarbeiten im Sinne des § 44 EnWG; für die Beseitigung von Bäumen und anderen Gehölzen zur Baufeldfreimachung sowie für die Durchführung naturschutzrechtlicher Ausgleichs- und Vermeidungsmaßnahmen einschließlich vorgezogener Ausgleichsmaßnahmen ist dies nur bis zum Ablauf des 28.2.2023 anzuwenden,

Vorzeitige Besitzeinweisung. Der Vorhabenträger kann bereits nach Ablauf der Einwendungsfrist verlangen, dass das Verfahren der vorzeitigen Besitzeinweisung nach § 44b EnWG durchgeführt wird. Damit wird der Zeitpunkt für eine vorzeitige Besitzeinweisung weit vorverlagert. Denn § 44b I 2 EnWG sieht als Regelfall für die vorzeitige Besitzeinweisung eine Vollziehbarkeit des Planfeststellungsbeschlusses vor. Daneben sieht § 44b Ia 1 EnWG die Möglichkeit vor, die Besitzeinweisung bereits nach Abschluss des Anhörungsverfahrens nach § 43a EnWG durchzuführen. In diesem Fall ist der Besitzeinweisungsbeschluss mit der aufschiebenden Bedingung zu erlassen, dass sein Ergebnis durch den Planfeststellungsbeschluss bestätigt wird. Nach Einschätzung des Gesetzgebers kann die Behörde schon zu dem frühen Zeitpunkt eines Endes der Einwendungsfrist ausreichend Kenntnisse über das Vorhaben haben, um eine Prognoseentscheidung hinsichtlich der Zulassungsfähigkeit treffen zu können.[731] 6237

Nach Ansicht des BVerwG ist die Möglichkeit dieser vorvorzeitigen Besitzeinweisung keine verfassungswidrige Beeinträchtigung des Eigentumsgrundrechts aus Art. 14 I GG dar.[732] Dabei ist nach Ansicht des BVerwG zu bedenken, dass die Wirksamkeit des Besitzeinweisungsbeschlusses und damit die Möglichkeit für den Vorhabenträger, den tatsächlichen Besitz zu erlangen, einen vollziehbaren Planfeststellungsbeschluss voraussetzt. Gemäß § 44b I 3 EnWG sei der Besitzeinweisungsbeschluss im Verfahren der vorzeitigen Besitzeinweisung mit der aufschiebenden Bedingung zu erlassen, dass sein Ergebnis durch den Planfeststellungsbeschluss bestätigt werde. Hiervon könne nur die Rede sein, wenn ein erlassener Planfeststellungsbeschluss auch vollziehbar sei (§ 44b I 2 EnWG). Das Verfahren der vorvorzeitigen Besitzeinweisung nach § 44b Ia EnWG und § 8 I Nr. 3 LNGG nehme damit nicht Rechtsfolgen der Planfeststellung vorweg, sondern ermögliche es nur, das Verfahren im Vorfeld zu beschleunigen. Nach diesen Vorschriften könne das Verfahren der Besitzeinweisung ab einem bestimmten Zeitpunkt bereits parallel zum Planfeststellungsverfahren durchgeführt werden. Der Vorhabenträger trage dabei das Risiko, dass ein Planfeststellungsbeschluss nicht demjenigen entspreche, der zum Zeitpunkt des Erlasses des Besitzeinweisungsbeschlusses erwartet worden sei. In diesem Fall müsse er das Ergänzungsverfahren nach § 44b Ia 4 EnWG durchführen; die Wirksamkeit des Besitzeinweisungsbeschlusses verzögere sich entsprechend.[733] 6238

Vorzeitiger Baubeginn. Für den vorzeitigen Baubeginn müssen die Voraussetzungen des § 44c I 1 Nr. 3 sowie des § 44c I 2 EnWG nicht vorliegen; für die Zustellung nach § 44c III EnWG ist § 74 V VwVfG entsprechend anwendbar. Die in § 8 I 1 Nrn. 1, 1a und 2 LNGG genannten Maßgaben sind bei der Zulassung von Vorhaben nach § 2 I Nr. 6 LNGG nicht anzuwenden. 6239

Soweit aufgrund der in § 8 I LNGG vorgesehenen Verfahrensvereinfachungen Vorschriften des Energierechts nicht anzuwenden sind, sind auch die Vorschriften des Verwaltungsverfahrensrechts, die diesen Verfahrensvereinfachungen sonst entgegenstehen würden, nicht anzuwenden (§ 8 II LNGG). 6240

5. Weitere Verfahrensanordnungen

Ist für ein Zulassungsverfahren für ein Vorhaben nach § 2 LNGG eine ortsübliche oder öffentliche Bekanntmachung angeordnet und ist nach den dafür geltenden Vorschriften der Anschlag an einer Amtstafel oder die Auslegung zur Einsichtnahme vorgesehen, ist § 2 PlanSiG mit der Maßgabe anzuwenden, dass eine Befristung auf Bekanntmachungen, deren Frist mit dem Ablauf des 31.12.2023 endet, nicht stattfindet (§ 10 I LNGG). 6241

Ist für ein Genehmigungsverfahren für ein Vorhaben nach § 2 LNGG die Auslegung von Unterlagen oder Entscheidungen vorgesehen, auf die nach den für die Auslegung geltenden Vorschriften nicht verzichtet werden kann, ist § 3 PlanSiG mit der Maßgabe anzuwenden, dass eine Befristung auf Bekanntmachungen, deren Frist mit dem Ablauf des 31.12.2023 endet, nicht stattfindet. 6242

---

731 BVerwG UPR 2024, 144 = juris Rn. 26 unter Verweis auf BT-Drs. 20/1742 S. 23.

732 BVerwG UPR 2024, 144 = juris Rn. 28; Ewer NVwZ 2023, 951 (958); Schlacke/Wentzien/Römling NVwZ 2022, NVWZ Jahr 2022; 1577 (1585), Gillich DÖV 2022, 1027 (1030); a.A Kment/Borchert NVwZ 2023, 1529 zu § 31e BImSchG.

733 BVerwG UPR 2024, 144 = juris Rn. 28; Hermes in Bourwieg/Hellermann/Hermes, EnWG, 2023, § 44b Rn. 9.

6243 Ist für ein Genehmigungsverfahren für ein Vorhaben nach § 2 LNGG die Durchführung eines Erörterungstermins oder einer mündlichen Verhandlung angeordnet oder hält die Behörde einen Erörterungstermin für erforderlich, ist § 5 PlanSiG anzuwenden.

6244 Für Entscheidungen über Vorhaben nach § 2 I LNGG sind die §§ 72 bis 77 VwVfG nach Maßgabe dieses Gesetzes anzuwenden.

6. Rechtsbehelfe

6245 Gemäß § 12 Satz 1 LNGG entscheidet das BVerwG im ersten und letzten Rechtszug über sämtliche Streitigkeiten über Vorhaben nach § 2 LNGG. Die erstinstanzliche Zuständigkeit des BVerwG erfasst nicht nur die eigentlichen Planfeststellungsentscheidungen, sondern erstreckt sich auch auf vorzeitige Besitzeinweisungen.[734]

6246 Widerspruch und Anfechtungsklage gegen eine Zulassungsentscheidung für die Vorhaben nach § 2 LNGG sowie gegen die Entscheidung über den vorzeitigen Beginn einer Maßnahme habennach § 11 I 1 LNGG keine aufschiebende Wirkung. Durch diese Bestimmung wird die gesetzliche Anordnung der sofortigen Vollziehung des § 43e I 1 EnWG, wonach Widerspruch und Anfechtungsklage ua gegen einen Planfeststellungsbeschluss für Errichtung und Betrieb einer LNG-Anbindungsleitung nach § 43 I 1 Nr. 6 EnWG keine aufschiebende Wirkung haben, auf alle Entscheidungen im Zusammenhang mit Vorhaben nach § 2 LNGG ausgedehnt.[735] Der Antrag auf Anordnung der aufschiebenden Wirkung des Widerspruchs oder der Anfechtungsklage gegen eine Zulassungsentscheidung nach § 80 V 1 VwGO kann nur innerhalb eines Monats nach der Zustellung der Zulassungsentscheidung gestellt und begründet werden. Darauf ist in der Rechtsbehelfsbelehrung hinzuweisen. § 58 VwGO gilt entsprechend (§ 11 I LNGG).

6247 Treten später Tatsachen ein, die die Anordnung der aufschiebenden Wirkung rechtfertigen, so kann der durch die Zulassungsentscheidung Beschwerte einen hierauf gestützten Antrag nach § 80 V 1 VwGO innerhalb einer Frist von einem Monat stellen und begründen. Die Frist beginnt mit dem Zeitpunkt, in dem der Beschwerte von den Tatsachen Kenntnis erlangt. Im Übrigen bleibt der bestehende Rechtsschutz unberührt.

VII. Genehmigung und Planfeststellung von Flugplätzen (LuftVG)

6248 Das LuftVG und die auf seiner Grundlage erlassenen Verordnungen regeln die Benutzung des Luftraumes in der Bundesrepublik Deutschland und die damit zusammenhängenden Fragen, insbesondere die der Zulassung von Luftfahrzeugen und Luftfahrtpersonal sowie der Anlage und des Betriebes von Flugplätzen. Jeder zivil oder militärisch genutzte Flugplatz bedarf nach § 6 I 1, § 30 LuftVG einer Genehmigung, die für seine Anlegung und für seinen Betrieb zu erteilen ist.[736] Flughäfen sowie Landeplätze mit beschränktem Bauschutzbereich nach § 17 LuftVG dürfen nach § 8 LuftVG nur angelegt und bestehende nur geändert werden, wenn der Plan nach § 10 LuftVG vorher festgestellt ist. Für zivile Flugplätze ohne Bauschutzbereich bleibt die luftverkehrsrechtliche Anlagen- und Betriebsgenehmigung die allein erforderliche Genehmigung, die sämtliche Fragen im Zusammenhang mit der Person des Flugplatzhalters, der Sicherheit des Platzbetriebs sowie der Auswirkungen des Flugplatzes auf die Nachbarschaft regeln muss.[737] Es handelt sich um eine Unternehmergenehmigung und um eine Planungsentscheidung.[738]

6249 Nach § 25 LuftVG besteht ein Flugplatzzwang, dh, Luftfahrzeuge dürfen grundsätzlich nur auf für sie genehmigten Flugplätzen starten und landen. Luftfahrzeuge dürfen außerhalb der für sie genehmigten Flugplätze nur starten und landen, wenn der Grundstückseigentümer oder sonst Berechtigte zugestimmt und die Luftfahrtbehörde eine Erlaubnis erteilt hat. Für den Luftverkehr in der Bundesrepublik Deutschland von Flughäfen sowie Landeplätzen mit beschränktem Bauschutzbereich ist grundsätzlich die Durchführung eines luftverkehrsrechtlichen Plan-

---

[734] BVerwG Beschl. v. 22.6.2023 – 4 VR 4/23, juris Rn. 9; Beschl. v. 10.2.2023 – 7 VR 1.23, juris zu § 12 Satz 1 und 2 Nr. 1 LNGG.

[735] BVerwG NVwZ 2024, 500 = juris Rn. 9 unter Verweis auf BT-Drs. 20/1742 S. 37; siehe auch die Anm. v. Reinhardt NVwZ 2024, 503.

[736] Wysk in Ziekow Handbuch des Fachplanungsrechts, 2024, § 15 Rn. 4.

[737] Wysk in Ziekow Handbuch des Fachplanungsrechts, 2024, § 15 Rn. 4.

[738] BVerG DVBl. 1997, 434; Wysk in Ziekow Handbuch des Fachplanungsrechts, 2024, § 15 Rn. 4.

feststellungsverfahrens erforderlich. Die luftverkehrsrechtliche Genehmigung nach § 6 LuftVG ist demgegenüber nach einer durchgeführten Gesetzesänderung nicht mehr Voraussetzung für ein Planfeststellungsverfahren oder eine Plangenehmigung (§ 8 VI LuftVG).

1. Zuständigkeit

Gem. Art. 73 Nr. 6 GG besitzt der Bundesgesetzgeber eine ausschließliche Gesetzgebungskompetenz für den Luftverkehr. Nach Art. 87 d I GG wird die Luftverkehrsverwaltung in bundeseigener Verwaltung geführt. Der Begriff der Luftverkehrsverwaltung ist weit zu verstehen und umfasst neben dem Luftverkehr im engeren Sinne etwa auch die Anlage und Planung von Flughäfen und den Schutz vor Fluglärm.[739] Durch Bundesgesetz, das der Zustimmung des Bundesrates bedarf, können gem. Art. 87 d II GG Aufgaben der Luftverkehrsverwaltung den Ländern als Auftragsverwaltung übertragen werden. Führen die Länder die Bundesgesetze im Auftrage des Bundes aus, so bleibt die Errichtung der Behörden Angelegenheit der Länder, soweit nicht Bundesgesetze mit Zustimmung des Bundesrates etwas anderes bestimmen (Art. 85 I 1 GG).[740] 6250

Die Aufgaben des Bundes nach dem LuftVG und den Verordnungen der Europäischen Union werden, soweit es nichts anderes bestimmt, nach § 31 I 1 LuftVG von dem Bundesministerium für Digitales und Verkehr oder einer von ihm bestimmten Stelle wahrgenommen. Das Gesetz über das Luftfahrt-Bundesamt bleibt unberührt. Mit § 31 II LuftVG hat der Bund einen weiten Bereich der Luftverkehrsverwaltung auf die Länder übertragen. Hierzu gehören auch die Genehmigung und die Planfeststellung von Flugplätzen. Zwar ist die Planfeststellung nicht ausdrücklich übertragen worden. Die Übertragung der Planfeststellung auf Landesbehörden ergibt sich jedoch aus § 10 I 1 LuftVG, wonach die Planfeststellungsbehörde die von der Landesregierung bestimmte Behörde ist.[741] Sie stellt den Plan fest, erteilt die Plangenehmigung nach § 8 II LuftVG und trifft die Entscheidung zum Verzicht auf die Planfeststellung nach § 8 III LuftVG.[742] 6251

Verschiedene Gesetzes und Verordnungen des Bundes betreffen Luftverkehr. Dazu gehören das Luftverkehrsgesetz, das Gesetz zum Schutz gegen Fluglärm und die auf dieser Grundlage erlassenen Verordnungen. Auch die Luftverkehrs-Zulassung-Ordnung (LuftVZO), die Luftverkehrs-Ordnung (LuftVO) sowie die Landeplatz-Lärmschutz-Verordnung (Landeplatz-LärmschutzV) enthalten Bestimmungen, die für den Umweltschutz von Relevanz sind. Daneben spielen auch das BImSchG und einzelne BImSchV sowie das UVPG eine Rolle für den Luftverkehr. 6252

2. Genehmigung und Planfeststellung

Jeder zivile und militärische Flugplatz benötigt für die Errichtung und den Betrieb einer Genehmigung nach § 6 I 1 LuftVG. Die Genehmigung nach § 6 LuftVG ist allerdings nicht Voraussetzung für ein Planfeststellungsverfahren. Ein Planfeststellungsverfahren kann daher unabhängig von einem vorhergehenden Genehmigungsverfahren durchgeführt werden.[743] Nach dem Wortlaut dieser Bestimmung kommt es für das Planfeststellungsverfahren nicht darauf an, ob eine luftverkehrsrechtliche Genehmigung überhaupt vorliegt, ob sie ggf. wirksam oder unwirksam ist oder ob sie das mit der Planfeststellung geregelte Vorhaben inhaltlich abdeckt.[744] Im Rahmen eines Flughafenänderungsverfahrens nach § 8 I LuftVG, etwa bei einer Erhöhung der Passagierabfertigungskapazität, stellt sich die Frage der Zumutbarkeit des Fluglärms für An- 6253

[739] Pache in Koch/Hofmann/Reese, Handbuch Umweltrecht, 2024, § 16 Rn. 427.

[740] BVerwG NJW 1981, 1629.

[741] BVerwG DVBl. 1983, 901.

[742] Zu den völkerrechtlichen und unionsrechtlichen Vorgaben des Luftverkehrs siehe Pache in Koch/Hofmann/Reese, Handbuch Umweltrecht, 2024, § 16 Rn. 427.

[743] Auch nach der früheren Rechtslage war die Rechtmäßigkeit der luftverkehrsrechtlichen Genehmigung nicht Voraussetzung für das luftverkehrsrechtliche Planfeststellungsverfahren, BVerwG NVwZ-RR 1991, 8. Zur Überprüfung stand die in der Genehmigung enthaltene Planungsentscheidung vielmehr nur als Element des Planfeststellungsbeschlusses, soweit die Genehmigung in ihn übernommen wurde, BVerwG NJW 1969, 340. Eine bindende Wirkung entfaltete das Genehmigungsverfahren für das Planfeststellungsverfahren auch nach der früheren Rechtslage nicht, BVerwG BauR 1987, 412.

[744] BVerwG Urt. v. 8.3.1995 – 4 A 2.95, juris.

wohner grundsätzlich nicht, wenn die bereits luftverkehrsrechtlich genehmigte technische Kapazität des Flughafens unberührt bleibt.[745]

6254 Für die vom Gesetzgeber gewählte Aufteilung zwischen der Planfeststellung für einen Flughafen und der Planung der zugehörigen Flugrouten sprechen verfassungsrechtlich nicht zu beanstandende Zweckmäßigkeitserwägungen, die den Besonderheiten von Flugrouten Rechnung tragen. Flugrouten sind – anders als Straßen oder Schienenwege – nicht statisch, sondern aktualisieren sich bei jedem Überflug neu. Dabei kommt es anders als bei Straßen zu größeren Abweichungen, da die konkret geflogene Route von einer Vielzahl von Gegebenheiten abhängt, wie zum Beispiel der jeweiligen Verkehrszusammensetzung, dem Gewicht des Luftfahrzeugs oder den Wetterverhältnissen. Die Flugroute ist ein dreidimensionaler Raum, der mehrere hundert Meter ober- und unterhalb sowie links und rechts der Ideallinie umfasst, so dass sie nicht parzellenscharf bestimmt werden kann. Zudem muss sie relativ häufig angepasst und geändert werden. Dies ergibt sich aus technischen Neuerungen und daraus, dass Flugrouten in das europäische Verkehrsnetz eingebettet sind und dortige Änderungen, die auf vielerlei Ursachen zurückzuführen sein können, eine Anpassung der Flugrouten erfordern. Schließlich ist zu berücksichtigen, dass die Flugroutenfestlegung insbesondere der sicheren, geordneten und flüssigen Abwicklung des Luftverkehrs dient, wobei ein sicherer Verkehr das primäre Ziel ist.[746] Mit Blick auf die immer möglichen und auch aus Gründen der Verkehrssicherheit nötigen nachträglichen Änderungen der Flugverfahren erscheint daher bei der Anlage eines neuen Flughafens die Aufteilung des Verfahrens durch den Gesetzgeber in das standortbezogene Planfeststellungsverfahren und das „verkehrsbezogene" Verfahren zur Festlegung von Flugrouten jedenfalls zweckmäßig, wenn nicht sogar notwendig. Es ist insofern jedenfalls verfassungsrechtlich nicht zu beanstanden.

6255 **a) Flugplatz.** Ein Flugplatz ist ein festgelegtes Gebiet auf dem Land oder Wasser (einschl. Gebäude, Anlagen und Ausrüstung) das ganz oder teilweise für Ankunft, Abflug und Bewegungen von Luftfahrzeugen bestimmt ist. Zum Flugplatz gehören die erforderlichen Flugbetriebsflächen, die erforderlichen Hochbauten sowie die sonstigen für den Flugbetrieb notwendigen Infrastruktureinrichtungen. Die Flugbetriebsflächen setzen sich aus dem Rollfeld und den Vorfeldern zusammen.[747]

6256 Für zivile Flugplätze ohne Bauschutzbereich reicht die Genehmigung als isolierte Anlegungs- und Betriebsgenehmigung der alleinige Zulassungsakt und beantwortet sämtliche Fragen im Zusammenhang mit der Person des Flugplatzhalters, der Sicherheit des Betriebs sowie der Einordnung des Flugplatzes in die Umgebung.[748] Die isolierte Genehmigung hat eine Doppelnatur als überwachungsrechtlich ausgelegte Unternehmergenehmigung und abschließende Planungsentscheidung. Einer Genehmigung bedürfen auch alle wesentlichen Änderungen der Anlage und des Flugplatzflugbetriebs. Die Anlegung der Sonderflugplätze von Hoheitsträgern (Bundeswehr, Polizeien des Bundes und der Länder) sind von der Planfeststellung freigestellt, nicht aber von der Genehmigung (vgl. § 30 LuftVG). Auch der Übergang zur zivilen Nutzung eines militärischen Flugplatzes bedarf nur einer Änderungsgenehmigung (Konversionsgenehmigung nach § 8 V, VII LuftVG).

6257 Als Flugplätze definiert der Gesetzgeber in § 6 I 1 LuftVG Flughäfen, Landeplätze und Segelfluggelände.

6258 **b) Flughäfen.** Nach § 38 LuftVZO sind Flughäfen Flugplätze, die nach Art und Umfang des vorgesehenen Flugbetriebs einer Sicherung durch einen Bauschutzbereich nach § 12 LuftVG bedürfen. Hiervon ist auszugehen, wenn auf dem Flugplatz Flugzeuge mit einer Höchstabflugmasse von etwa 20 t im Instrumentenflugverkehr starten und landen sollen. Flughäfen müssen außerdem dem Fluglinienverkehr angeschlossen sein. Sie müssen von Luftfahrtunternehmen angeflogen werden, Personen oder Sachen gewerbsmäßig durch Luftfahrzeuge auf bestimmten Linien öffentliche und regelmäßig befördern und dort jedermann zum Starten, Landen und Rollen zur Verfügung stehen und damit gewissermaßen dem Gemeingebrauch der Luftfahrt dienen[749]

[745] BVerwG UPR 2000, 116.
[746] Kaienburg/Uhl ZLW 2012, 505.
[747] Wysk Luftverkehr in Ziekow Handbuch des Fachplanungsrechts, 2024, § 15 Rn. 9.
[748] Wysk Luftverkehr in Ziekow Handbuch des Fachplanungsrechts, 2024, § 15 Rn. 4.
[749] VGH Mannheim Urt. v. 22.4.1999 – 8 S 1284/98, juris.

Die Flughäfen werden nach § 38 II LuftVZO genehmigt als 1. Flughäfen des allgemeinen Verkehrs (Verkehrsflughäfen), 2. Flughäfen für besondere Zwecke (Sonderflughäfen). § 12 I LuftVG bestimmt, dass bei der Genehmigung eines Flughafens ist für den Ausbau ein Plan festzulegen. Dieser ist maßgebend für den Bereich, in dem die in den § 12 II und III LuftVG bezeichneten Baubeschränkungen gelten (Bauschutzbereich). Die Luftfahrtbehörden können nach § 17 S. 1 LuftVG bei der Genehmigung von Landeplätzen und Segelfluggeländen bestimmen, dass die zur Erteilung einer Baugenehmigung zuständige Behörde nur mit Zustimmung der Luftfahrtbehörde bestimmte Vorhaben genehmigen darf. Die Luftfahrtbehörden entscheiden damit über einen **beschränkter Bauschutzbereich**. 6259

Der Umfang des Bauschutzbereichs ist den Eigentümern von Grundstücken im Bauschutzbereich und den anderen zum Gebrauch oder zur Nutzung dieser Grundstücke Berechtigten sowie den dinglich Berechtigten, soweit sie der zuständigen Behörde bekannt oder aus dem Grundbuch ersichtlich sind, nach § 18 LuftVG bekannt zu geben oder in ortsüblicher Weise öffentlich bekannt zu machen. Die Anlegung größerer ziviler Flugplätze mit einem solchen Bauschutzbereich erfordert zusätzlich zur luftverkehrsrechtlichen Genehmigung eine Planfeststellung (§ 8 I 1 LuftVG). Änderungen der Flugbetriebsflächen können, je nach dem Gewicht ihrer Auswirkungen, durch Planfeststellung oder Plangenehmigung (§ 8 II LuftVG; § 74 VI VwVfG) zugelassen werden. Die Planfeststellungsbehörde kann bei unwesentlichen Änderungen von einer Planfeststellung und einer Plangenehmigung absehen (§ 8 III LuftVG; § 74 VII VwVfG). Die Genehmigung ist im Anschluss an die Erteilung einer Planfeststellung oder Plangenehmigung zu ergänzen oder zu ändern (§ 6 IV 1 LuftVG). 6260

c) Genehmigung mit Planfeststellung. Eine luftverkehrsrechtliche Genehmigung nach § 6 LuftVG, der eine Planfeststellung folgt, ist für den Bürger nicht selbstständig anfechtbar, weil die Genehmigung keine Außenwirkung für Dritte hat.[750] Ist neben der Genehmigung eine Planfeststellung erforderlich, geht die Zulassungswirkung von beiden Entscheidungen gemeinsam aus.[751] So wird die Duldungspflicht nach § 11 LuftVG iVm § 14 BImSchG nicht schon durch die luftverkehrsrechtliche Genehmigung begründet. Auch entfaltet die Genehmigung nach § 6 LuftVG keine Bindungswirkung für das nachfolgende Planfeststellungsverfahren. Ebenso wenig gehen von der Genehmigung nach Auffassung des OVG Hamburg faktische Vorwirkungen zu Lasten von Drittbetroffenen aus, sodass sich auch aus der Rechtsschutzgarantie des Art. 19 IV GG keine vorzeitigen Rechtsschutzmöglichkeiten ergeben.[752] Dagegen vertritt der VGH München die Auffassung, dass die luftverkehrsrechtliche Genehmigung § 6 LuftVG zwar das Rechtsverhältnis zwischen Flughafenbetreiber und Genehmigungsbehörde betreffe, eine Klagebefugnis sich aber bei faktischen Grundrechtsbeeinträchtigungen und hinreichender Beziehung zum Verfahrensgegenstand aus höherrangigem Recht herleiten lasse.[753] 6261

Auf zivilrechtliche Abwehransprüche von Nachbarn aus den §§ 906, 1004 BGB wirkt eine unanfechtbare, isolierte Genehmigung, der keine Planfeststellung nachfolgt, nach Maßgabe von § 11 LuftVG iVm § 14 BImSchG ein. Danach können nur „Vorkehrungen" verlangt werden, die benachteiligende Wirkungen ausschließen, ersatzweise Schadensersatz, soweit Vorkehrungen nach dem Stand der Technik nicht durchführbar oder wirtschaftlich nicht vertretbar sind. Die Sperrwirkungen, auch für Entschädigungsansprüche aus § 906 II 2 BGB, setzen aber eine hinreichende Öffentlichkeitsbeteiligung voraus. Keine Sperrwirkung zeitigen solche Genehmigungen, die ausdrücklich „unbeschadet der Rechte Dritter" erteilt werden.[754] 6262

Im Falle des § 6 V 2 LuftVG hat der Widerspruch eines Dritten gegen die Erteilung der Genehmigung gem. § 6 VI 1 LuftVG keine aufschiebende Wirkung. Der Antrag auf Anordnung der aufschiebenden Wirkung nach § 80 V 1 VwGO kann nur innerhalb eines Monats nach Zustellung des Genehmigungsbescheides gestellt und begründet werden. Darauf ist in der Rechtsbehelfsbelehrung hinzuweisen (§ 6 VI 3 LuftVG). 6263

Planfeststellung vor Genehmigung. Wird bei einem planfeststellungsbedürftigen Vorhaben zuerst der Planfeststellungsbeschluss erlassen, sind bei einem **Neubau** Gegenstand der Genehmigung nur noch die von dem Planfeststellungsbeschluss offen gelassenen betrieblichen 6264

[750] Zu den Rechtsschutzmöglichkeiten der Gemeinden OVG Koblenz BauR 2018, 1983; BVerwG DVBl. 1978, 845.

[751] Wysk Luftverkehr in Ziekow Handbuch des Fachplanungsrechts, 2024, § 15 Rn. 51.

[752] OVG Hamburg NVwZ-RR 1997, 619.

[753] VGH München NVwZ-RR 1998, 490.

[754] Wysk Luftverkehr in Ziekow Handbuch des Fachplanungsrechts, 2024, § 15 Rn. 51.

Regelungen und persönliche Unternehmereigenschaften. Bei **wesentlicher Erweiterung oder Änderung** eines bestehenden Flugplatzes wird die Altgenehmigung an das Ergebnis des Plfb angepasst (§ 6 IV 1 LuftVG) oder bei offen gebliebenen betrieblichen Regelungen ergänzt (§ 6 IV 2 LuftVG).

6265 **Genehmigung vor Planfeststellung.** Liegt bei planfeststellungsbedürftigen Vorhaben zuerst eine Genehmigung vor, kann die Planfeststellungsbehörde vom Genehmigungsinhalt abweichen, sofern die Identität des Vorhabens gewahrt bleibt. Die zuvor erteilte Genehmigung muss in diesem Fall an das Ergebnis des Planfeststellungsbeschlusses angepasst werden.

6266 **d) § 37 BauGB.** Macht die besondere öffentliche Zweckbestimmung für bauliche Anlagen des Bundes oder eines Landes erforderlich, von den Vorschriften des BauGB oder den auf Grund des BauGB erlassenen Vorschriften abzuweichen oder ist das Einvernehmen mit der Gemeinde nach § 14 BauGB oder § 36 BauGB nicht erreicht worden, entscheidet die höhere Verwaltungsbehörde. Handelt es sich dabei um Vorhaben, die der Landesverteidigung, dienstlichen Zwecken der Bundespolizei oder dem zivilen Bevölkerungsschutz dienen, ist nur die Zustimmung der höheren Verwaltungsbehörde erforderlich. Vor Erteilung der Zustimmung hat diese die Gemeinde zu hören. Versagt die höhere Verwaltungsbehörde ihre Zustimmung oder widerspricht die Gemeinde dem beabsichtigten Bauvorhaben, entscheidet das zuständige Bundesministerium im Einvernehmen mit den beteiligten Bundesministerien und im Benehmen mit der zuständigen Obersten Landesbehörde. § 37 II BauGB findet auch auf Vorhaben des Bundes als Bauträger für die NATO-Streitkräfte Anwendung, soweit diese Vorhaben der Landesverteidigung dienen. Der Umstand, dass das vom Bund als Bauträger auszuführende Vorhaben von NATO-Streitkräften genutzt werden soll, steht der Zuordnung zur Landesverteidigung nicht entgegen. Die Bundesrepublik Deutschland ist aus Artikel 5 und 6 des Nordatlantik-Vertrages zu wechselseitigen Beistandsleistungen verpflichtet.

6267 Bauten, die der Landesverteidigung dienen, sind insbesondere Kasernen, Munitionsdepots, Bauten für die Nachrichtenübermittlung, für die Geräte- und Kraftfahrzeugparks, Schießstände, Marinestützpunkte, Nachrichtenbauten (Stationsgebäude, Fernmeldetürme), **Start- und Landeplätze.**

3. Luftverkehrsrechtliche Genehmigung von Flugplätzen

6268 **a) Genehmigungspflicht.** Flugplätze (Flughäfen, Landeplätze und Segelfluggelände) dürfen nach § 6 I 1 LuftVG nur mit Genehmigung angelegt oder betrieben werden. Im Genehmigungsverfahren für Flugplätze, die einer Planfeststellung bedürfen, ist die Umweltverträglichkeit zu prüfen. Im Verfahren zur Genehmigung von Flugplätzen nach § 6 I LuftVG wird bei Vorhaben die Umweltverträglichkeit nach dem jeweiligen Planungsstand des Vorhabens geprüft (§ 47 I UVPG).

6269 Die luftverkehrsrechtliche Genehmigung oder deren Änderung, der keine Planfeststellung nach § 8 LuftVG nachfolgt, ist durch eine Doppelnatur gekennzeichnet: Die Genehmigung bzw. deren Änderung ist einerseits Unternehmergenehmigung, andererseits aber auch Planungsentscheidung, da es keines weiteren Zulassungsaktes bedarf.[755]

6270 **b) Versagungsgründe.** Vor Erteilung der Genehmigung ist zu prüfen, ob die geplante Maßnahme den Erfordernissen der Raumordnung entspricht und ob die Erfordernisse des Naturschutzes und der Landschaftspflege sowie des Städtebaus und der Schutz vor Fluglärm angemessen berücksichtigt sind (§ 6 II 1 LuftVG). §§ 4 und 5 ROG bleiben unberührt.

6271 Die Genehmigung eines Flughafens, der dem allgemeinen Luftverkehr dienen soll, ist außerdem zu versagen, wenn durch die Anlegung und den Betrieb des beantragten Flughafens die öffentlichen Interessen in unangemessener Weise beeinträchtigt werden (§ 6 III LuftVG).

6272 **c) Ergänzung und Änderung der Genehmigung.** Die Genehmigung ist zu ergänzen oder zu ändern, wenn dies nach dem Ergebnis des Planfeststellungsverfahrens (§§ 8 bis 10 LuftVG) notwendig ist. Eine Änderung der Genehmigung ist auch erforderlich, wenn die Anlage oder der Betrieb des Flugplatzes wesentlich erweitert oder geändert werden soll (§ 6 IV LuftVG). Eine Erweiterung oder Änderung von Anlage oder Betrieb des Flugplatzes umfasst begrifflich jede Abweichung vom genehmigungsrechtlich festgelegten Anlagenbestand und Betriebsumfang. Wesentlich ist eine Änderung ua, wenn die technische Maximalkapazität erweitert werden soll, der Flugplatz aufgrund der beabsichtigten Änderungen in baulicher oder

[755] BVerwGE 56, 110; BVerwGE 82, 246; DVBl. 1997, 434.

betrieblicher Hinsicht „sein Gesicht verändert", die Änderung UVP-pflichtig ist. Auch ohne Veränderung der luftverkehrsrechtlich genehmigten technischen Maximalkapazität kann eine Genehmigungspflicht bestehen, wenn die Änderungsmaßnahmen die räumlichen Grenzen des Flugplatzes überschreiten oder mit nachteiligen Umweltauswirkungen verbunden sind, die von der bisherigen Genehmigung nicht erfasst werden. Ob und inwieweit es für die Änderung oder Erweiterung eines Flugplatzes einer UVP-Vorprüfung und ggfls. anschließend einer UVP bedarf, ergibt sich aber nicht aus dem LuftVG, sondern aus § 9 UVPG.

Nur solche Arbeiten an den Flugplatzanlagen sind als Änderungen eines Flugplatzes anzusehen, die eine **flugbetriebliche Relevanz** haben bzw. den Bestand der flugbetrieblich relevanten Anlagen betreffen. Von einer flugbetrieblichen Relevanz baulicher Änderungen ist aber nicht erst dann auszugehen, wenn diese conditio sine qua non für die flugbetrieblichen Änderungen sind. Entscheidend sind die flugbetrieblichen Zwecke, die der Vorhabenträger mit der baulichen Änderung der Anlagen verfolgt. Notwendig ist ein **Zurechnungszusammenhang** zwischen den baulichen Maßnahmen und den vom Vorhabenträger verfolgten flugbetrieblichen Zwecken, der es rechtfertigt, die bauliche Änderung als „Änderung des Flugplatzes selbst" anzusehen.[756] Der Begriff der wesentlichen Erweiterung oder Änderung in § 6 IV 2 LuftVG ist nicht identisch mit dem Begriff der Änderung und Erweiterung im UVP-rechtlichen Sinne. Liegt eine UVP-vorprüfungspflichtige Änderung vor, muss die UVP-Vorprüfung durchgeführt werden. Führt sie zur Notwendigkeit der UVP, dann ist von einer wesentlichen Maßnahme auszugehen, was zu einem Genehmigungserfordernis nach § 6 IV 2 LuftVG führt. 6273

Eine **lediglich gesteigerte Ausnutzung der Kapazität** eines uneingeschränkt genehmigten Flugplatzes stellt keine nach § 6 IV 2 LuftVG genehmigungsbedürftige Erweiterung oder Änderung dar. Ist die luftverkehrsrechtliche Genehmigung nicht beschränkt, kommt allenfalls ein Widerruf, nicht aber ein neues Genehmigungsverfahren in Betracht.[757] Allerdings ist eine Änderungsgenehmigung nach § 6 LuftVG jedenfalls dann als Planung iSv § 7 BauGB anzusehen, wenn sie grundsätzliche Fragen des Lärmkonzepts und nicht nur rein betriebliche Einzelheiten regelt und dadurch Auswirkungen auf schutzwürdige Gebiete einer Gemeinde entstehen. Die Verpflichtung aus § 7 S. 2 BauGB, sich mit der Gemeinde ins Benehmen zu setzen, verlangt keine Willensübereinstimmung. Es genügt grundsätzlich die Anhörung der Gemeinde, die dadurch Gelegenheit erhält, ihre Vorstellungen in das Verfahren einzubringen. Diesem gesetzlichen Erfordernis wird durch die Beteiligung der Gemeinde im Genehmigungsverfahren nach § 6 LuftVG (ohne nachfolgende Planfeststellung) ausreichend entsprochen. Die Anpassungspflicht nach § 7 BauGB setzt einen wirksamen Flächennutzungsplan voraus. Möglicherweise bestehende Vorwirkungen eines „planreifen" Flächennutzungsplans könnten allenfalls weiter abgemilderte Koordinierungspflichten begründen.[758] 6274

Eine nach § 6 IV 1 LuftVG an den Planfeststellungsbeschluss **angepasste Genehmigung** eines Flughafens kann Dritte nicht im Sinne von § 42 II VwGO (erstmalig) in ihren Rechten verletzen. Sowohl Gemeinden als auch betroffenen Bürgern wird gegenüber dem Planfeststellungsbeschluss effektiver und umfassender Rechtsschutz gewährt. Für den Fall der wesentlichen Änderung von Flughäfen sehen § 8 I 1 und § 6 IV 2 LuftVG ebenfalls Planfeststellung und Änderungsgenehmigung vor. § 6 IV 2 LuftVG ist nur auf Fälle anzuwenden, in denen eine (erneute) Planfeststellung kraft Gesetzes nicht vorgesehen ist[759]. Das gilt jedenfalls dann uneingeschränkt, wenn sich das Planfeststellungsverfahren auch auf jene materiellen Fragen (betriebliche Regelungen, § 8 IV LuftVG) erstreckt oder erstrecken muss, die Gegenstand eines Genehmigungsverfahrens sein würden[760]. In diesem Fall ist gemäß § 6 IV 1 LuftVG nach Ergehen des Planfeststellungsbeschlusses die Genehmigung nur noch entsprechend dem Ergebnis des Planfeststellungsverfahrens zu ergänzen oder zu ändern. Dieser sogenannten Anpassungsgenehmigung kommt kein eigener Entscheidungsgehalt zu. Vielmehr handelt es sich hierbei lediglich um eine gesetzlich gebotene nachvollziehende Änderung der Genehmigungslage mit dem Ziel der Wahrung der Einheitlichkeit des „zweispurigen" Zulassungsvorgangs,[761] mithin um den reinen Vollzug eines Gesetzesbefehls,[762] Eine Verkürzung des Rechtsschutzes von Änderungs- 6275

[756] BVerwG Beschl. v. 13.9.2017 – 4 B 26/16, juris Rn. 10.
[757] BVerwG NVwZ-RR 1998, 22.
[758] VGH Mannheim NVwZ-RR 1998, 221.
[759] BVerwGE 75, 214.
[760] Schiller in Grabherr/Reidt/Wysk, Luftverkehrsgesetz, § 6 Rn. 81.
[761] BVerwG, Urt. v. 22.6.1979 – 4 C 40.75, juris.
[762] Giemulla UPR 2002, 373.

vorhaben Betroffener ist damit nicht verbunden. Sowohl Gemeinden als auch betroffenen Bürgern wird gegenüber dem Planfeststellungsbeschluss effektiver und umfassender Rechtsschutz gewährt.[763] Das gilt auch, soweit der Planfeststellungsbeschluss v. Inhalt des Genehmigungsbescheids zum Nachteil von Gemeinden oder Bürgern abweicht.[764]

6276 **d) Luftverkehrsrechtliches Genehmigungsverfahren.** Das Genehmigungsverfahren ist im LuftVG nur rudimentär geregelt. Für das Genehmigungsverfahren gelten gem. § 6 V 1 LuftVG die Bestimmungen der§ 73 IIIa, § 75 Ia sowie § 74 IV und V VwVfG über die Bekanntgabe entsprechend. Für die in § 8 I LuftVG bezeichneten Flugplätze gilt für die Durchführung des Genehmigungsverfahrens auch § 10 IV und V LuftVG entsprechend.

6277 **Stellungnahmefrist.** Nach § 73 III a 1 VwVfG haben die Behörden ihre Stellungnahme innerhalb einer von der Anhörungsbehörde zu setzenden Frist abzugeben, die drei Monate nicht überschreiten darf. Stellungnahmen, die nach Ablauf der Frist nach § 73 III a 1 VwVfG eingehen, sind § 73 III a 2 VwVfG zu berücksichtigen, wenn der Planfeststellungsbehörde die vorgebrachten Belange bekannt sind oder hätten bekannt sein müssen oder für die Rechtmäßigkeit der Entscheidung von Bedeutung sind; im Übrigen können sie berücksichtigt werden.

6278 Konkretere Regelungen enthält die **Luftverkehrs-Zulassungs-Ordnung** (LuftVZO). Sie unterscheidet zwischen der Genehmigung von Flughäfen und von Landeplätzen und Segelfluggeländen.

6279 **Zustellung und Bekanntmachung.** Soweit § 6 V 1 LuftVG auf § 74 IV und V VwVfG verweist gilt für das Genehmigungsverfahren Folgendes: Die luftverkehrsrechtliche Genehmigung ist dem Träger des Vorhabens, denjenigen, über deren Einwendungen entschieden worden ist, und den Vereinigungen, über deren Stellungnahmen entschieden worden ist, zuzustellen. Eine Ausfertigung des Beschlusses ist mit einer Rechtsbehelfsbelehrung und einer Ausfertigung des Genehmigungsantrags in den Gemeinden zwei Wochen zur Einsicht auszulegen; die Auslegung ist ortsüblich bekannt zu machen. Die Genehmigungsbehörde bestimmt, in welcher Gemeinde eine andere Zugangsmöglichkeit nach § 27b I 1 Nr. 2 VwVfG zur Verfügung zu stellen ist und legt im Benehmen mit der jeweiligen Gemeinde die Zugangsmöglichkeit fest. Mit dem Ende der Auslegungsfrist gilt der Beschluss gegenüber den übrigen Betroffenen als zugestellt; darauf ist in der Bekanntmachung hinzuweisen (§ 74 IV VwVfG).

6280 Sind außer an den Träger des Vorhabens mehr als 50 Zustellungen vorzunehmen, so können diese Zustellungen durch öffentliche Bekanntmachung ersetzt werden. Die öffentliche Bekanntmachung wird dadurch bewirkt, dass der verfügende Teil der Genehmigung, die Rechtsbehelfsbelehrung und ein Hinweis auf die Auslegung nach § 74 IV 2 VwVfG im amtlichen Veröffentlichungsblatt der zuständigen Behörde und außerdem in örtlichen Tageszeitungen bekannt gemacht werden, die in dem Bereich verbreitet sind, in dem sich das Vorhaben voraussichtlich auswirken wird; auf Auflagen ist hinzuweisen. Mit dem Ende der Auslegungsfrist gilt der Beschluss den Betroffenen und denjenigen gegenüber, die Einwendungen erhoben haben, als zugestellt; hierauf ist in der Bekanntmachung hinzuweisen. Nach der öffentlichen Bekanntmachung kann die luftverkehrsrechtliche Genehmigung bis zum Ablauf der Rechtsbehelfsfrist von den Betroffenen und von denjenigen, die Einwendungen erhoben haben, schriftlich oder elektronisch angefordert werden; hierauf ist in der Bekanntmachung gleichfalls hinzuweisen.

6281 **Antragsvorbereitung.** Die Genehmigungsbehörde kann dem Antragsteller gem. 7 I LuftVG die zur Vorbereitung seines Antrags oder die zur Durchführung des Vorhabens notwendigen Vermessungen, Boden- und Grundwasseruntersuchungen einschließlich der vorübergehenden Anbringung von Markierungszeichen und sonstigen Vorarbeiten gestatten, wenn eine Prüfung ergeben hat, dass die Voraussetzungen für die Erteilung einer Genehmigung voraussichtlich vorliegen. Die **Dauer der Erlaubnis** soll zwei Jahre nicht überschreiten. Die Erlaubnis gibt keinen Anspruch auf Erteilung der Genehmigung nach § 6 LuftVG. Die Beauftragten der Genehmigungsbehörde können Grundstücke, die für die Genehmigung in Betracht kommen, auch ohne Zustimmung des Berechtigten betreten, diese Grundstücke vermessen und sonstige **Vorarbeiten** vornehmen, die für die endgültige Entscheidung über die Eignung des Geländes notwendig sind. Zum Betreten von Wohnungen sind sie nicht berechtigt (§ 7 III LuftVG). Die Genehmigungsbehörde kann die Vorarbeiten von **Auflagen** abhängig machen. Ist durch die Vorarbeiten ein erheblicher Schaden zu erwarten, hat die Genehmigungsbehörde

[763] BVerwG Urt. v. 11.10.1968 – 4 C 55.66, juris; Beschl. v. 20.8.1990 – 4 B 146-148.89, juris; siehe auch BVerwGE 144, 1 Rn. 48.

[764] BVerwG ZLW 2017, 161.

Sicherheitsleistung durch den Antragsteller anzuordnen (§ 7 IV LuftVG). Wenn durch die Vorarbeiten Schäden verursacht werden, hat der Antragsteller unverzüglich nach Eintritt des jeweiligen Schadens volle **Entschädigung** in Geld zu leisten oder auf Verlangen des Geschädigten den früheren Zustand wiederherzustellen. Über Art und Höhe der Entschädigung entscheiden im Streitfalle die ordentlichen Gerichte (§ 7 V LuftVG).

§ 7 I LuftVG ist eine ausreichende gesetzliche Ermächtigungsgrundlage auch für Verwaltungsakte, mit denen dem jeweiligen Eigentümer oder sonstigen Nutzungsberechtigten die Pflicht auferlegt wird, ein Betreten oder Befahren ihrer Grundstücke zu dulden.[765] Dies gilt unabhängig davon, ob vor, während oder nach Erteilung einer Genehmigung nach § 6 LuftVG ein Planfeststellungsverfahren, ein Raumordnungsverfahren oder eine UVP durchzuführen ist oder durchgeführt wird. Entscheidend für die Anwendbarkeit des § 7 I LuftVG ist allein, dass die Durchführung der Vorarbeiten zeitlich vor einer Antragstellung nach § 6 LuftVG iVm §§ 40, 41 LuftVZO gestattet werden. § 7 I LuftVG umfasst sowohl die Gestattung von Vorarbeiten für die erstmalige Genehmigung eines Flugplatzes oder Flughafens gemäß § 6 I LuftVG als auch für die Änderung bzw. Erweiterung eines bereits genehmigten Flugplatzes oder Flughafens gemäß § 6 IV 2 LuftVG. Die Prüfung im Rahmen von § 7 I LuftVG, ob die Voraussetzungen für die Erteilung einer Genehmigung gemäß § 6 LuftVG voraussichtlich vorliegen, hat prognostischen Charakter und ist auf eine überschlägige **Plausibilitätskontrolle** beschränkt.[766] 6282

e) Raumverträglichkeitsprüfung. Wegen der hohen raumgestaltenden Bedeutung der Flugplätze ist im eigentlichen Zulassungsverfahren nach den §§ 6 II, 8 LuftVG eine Prüfung des Vorhabens hinsichtlich der Erfordernisse der Raumordnung sowie des Naturschutzes und der Landschaftspflege, des Städtebaus und der Frage des Schutzes vor Fluglärm und damit eine spezialgesetzlich geregelte Raumverträglichkeitsprüfung (§ 15 ROG) vorgeschaltet. Die nach Landesrecht zuständige Raumordnungsbehörde prüft danach die Raumverträglichkeit. Gegenstand der Raumverträglichkeitsprüfung sind die 1. Prüfung der raumbedeutsamen Auswirkungen der Planung oder Maßnahme unter überörtlichen Gesichtspunkten, insbesondere die Übereinstimmung mit den Erfordernissen der Raumordnung und die Abstimmung mit anderen raumbedeutsamen Planungen und Maßnahmen, 2. Prüfung der ernsthaft in Betracht kommenden Standort- oder Trassenalternativen und 3. überschlägige Prüfung der Umweltauswirkungen des Vorhabens. Das Ergebnis der Raumverträglichkeitsprüfung kann nur im Rahmen des Rechtsbehelfsverfahrens gegen die nachfolgende Zulassungsentscheidung überprüft werden (§ 15 VI ROG).[767] 6283

f) Umweltverträglichkeitsprüfung. In welchen Fällen eine UVP für Flugplätze durchzuführen ist, ergibt sich aus dem UVPG. In welches Verfahren die Umweltverträglichkeitsprüfung integriert wird, ergibt sich hingegen aus dem LuftVG. Die Durchführung einer Raumverträglichkeitsprüfung erfolgt nach § 1 ROV nur auf Grundlage eines Antrags nach § 15 IV 1 ROG oder auf Grundlage einer Entscheidung nach § 15 IV 4 ROG für die in § 1 ROV aufgeführten Planungen und Maßnahmen, darunter nach § 1 Nr. 12 ROV auch Anlagen und wesentliche Änderung eines Flugplatzes, die einer Planfeststellung nach § 8 LuftVG, wenn sie im Einzelfall raumbedeutsam sind und überörtliche Bedeutung haben. 6284

Nach § 6 UVPG besteht für ein Neuvorhaben, das in Anlage 1 Spalte 1 mit dem Buchstaben „X" gekennzeichnet ist, die UVP-Pflicht, wenn die zur Bestimmung der Art des Vorhabens genannten Merkmale vorliegen. Sofern Größen- oder Leistungswerte angegeben sind, besteht die UVP-Pflicht, wenn die Werte erreicht oder überschritten werden. Nach § 7 I 1 UVPG führt die zuständige bei einem Neuvorhaben, das in Anlage 1 Spalte 2 mit dem Buchstaben „A" gekennzeichnet ist, eine allgemeine Vorprüfung zur Feststellung der UVP-Pflicht durch. Die UVP-Pflicht für den Bau eines Flugplatzes ergibt sich aus Nr. 14.12 Anlage 1 UVPG. Danach ist für den Bau eines Flugplatzes im Sinne der Begriffsbestimmungen des Abkommens von Chicago von 1944 zur Errichtung der Internationalen Zivilluftfahrt-Organisation (Anhang 14) mit einer Start- und Landebahngrundlänge von 1.500 m oder mehr eine 6285

---

[765] BVerwG ZLW 2001, 601.

[766] VGH Kassel DVBl. 2001, 1863; OVG Schleswig NuR 1999, 169.

[767] Zu den Änderungen des § 15 ROG in 2023 ausführlicher Kment EuRUP 2024, 38; Kümper DVBl.. 2023, 1126; Spannowsky ZfBR 2023, 540; zur Verfahrensbeschleunigung in diesem Zusammenhang Schmitz/Lehrian ZfBR 2023, 221.

UVP obligatorisch, bei einer Start- und Landebahngrundlänge von weniger als 1 500 m bedarf es einer allgemeinen Vorprüfung.

6286 Ob und inwieweit es für die Änderung oder Erweiterung eines Flugplatzes einer UVP-Vorprüfung und ggfls. anschließend einer UVP bedarf, ergibt sich aber nicht aus dem LuftVG, sondern aus § 9 UVPG. Der Begriff der wesentlichen Erweiterung oder Änderung in § 6 IV 2 LuftVG ist nicht identisch mit dem Begriff der Änderung und Erweiterung im UVP-rechtlichen Sinne. Liegt eine UVP-vorprüfungspflichtige Änderung vor, muss die UVP-Vorprüfung durchgeführt werden. Führt sie zur Notwendigkeit der UVP, dann ist von einer wesentlichen Maßnahme auszugehen, was zu einem Genehmigungserfordernis nach § 6 IV 2 LuftVG führt.

Beispiel: Bauliche Änderungen oder Erweiterungen eines ehemaligen Militärflugplatzes mit dem Ziel, diesen für den zivilen Flugbetrieb zu nutzen, sind eine UVP-relevante, wesentliche Änderung, wenn die zivile Nutzung als Verkehrsflughafen erst durch die baulichen Änderungen und Erweiterungen ermöglicht wird.[768]

6287 OB für ein Änderungsvorhaben eine UVP-Pflicht besteht, wird maßgeblich durch den Umfang und die Auswirkungen eines Flughafens durch dessen luftseitige Kapazität bestimmt. Diese wiederum wird maßgeblich durch die Start- und Landebahnen, die Rollbahnen und die Vorfeldflächen bestimmt.[769]

6288 **UVP-Vorprüfung nach Änderungsanzeige.** Nach § 41 I LuftVZO hat das Flughafenunternehmen beabsichtigte bauliche und betriebliche Erweiterungen und Änderungen der Genehmigungsbehörde rechtzeitig anzuzeigen. Die Genehmigungsbehörde bestimmt nach § 41 II LuftVZO die Unterlagen, die von dem Flughafenunternehmen einzureichen sind, wenn der Ausbauplan, die Anlage oder der Betrieb des Flughafens wesentlich erweitert oder geändert werden soll. Anzuzeigen sind alle baulichen und betrieblichen Änderungen. Die Genehmigungsbehörde bestimmt die Unterlagen, die von dem Flughafenunternehmen für ein Genehmigungsverfahren einzureichen sind, nur dann, wenn der Ausbauplan, die Anlage oder der Betrieb des Flughafens wesentlich erweitert oder geändert werden soll. Wesentlich und damit genehmigungsbedürftig ist eine bauliche oder betriebliche Änderung eines Flugplatzes, wenn durch sie die das luftverkehrsrechtliche Genehmigungserfordernis maßgebenden Belange in rechtserheblicher Weise berührt sein können.[770] Auf der Grundlage der Anzeige prüft die zuständige Behörde die Notwendigkeit einer luftverkehrsrechtlichen Genehmigung und einer UVP. Ein **Negativattest**, mit dem bescheinigt wird, dass keine Genehmigung und bzw. oder keine UVP erforderlich ist, ist eine Entscheidung im Sinne von § 2 Abs. 6 UVPG. Nach § 2 III Nr. 1 UVPG fallen darunter neben Erlaubnissen, Genehmigungen o.ä. auch sonstige behördliche Entscheidungen über die Zulässigkeit von Vorhaben, die in einem Verwaltungsverfahren getroffen werden, mit Ausnahme von Anzeigen. Unter derartige Vorhaben sind alle Entscheidungen zu fassen, aufgrund derer der Projektträger das Recht zur Durchführung des Projekts erhält vorliegenden Negativattest gegeben.

6289 Mit dem Negativattest wird zwar keine Genehmigung im engeren Sinne erteilt. Das Negativattest führt aber dazu, dass der Projektträger von dem präventiven Verbot, sein Vorhaben auszuführen, befreit wird; er darf also das Vorhaben ohne eine entsprechende Erlaubnis oä durchführen. Bei dem Negativattest handelt es sich nicht um ein vom Begriff der Entscheidungen nach § 2 VI Nr. 1 UVPG ausgenommenes Anzeigeverfahren. Die Anzeige ist von der Erteilung des Negativattests zu unterscheiden. Die Anzeige betrifft nur die Mitteilungspflicht des Vorhabenträgers, die vorzulegenden Unterlagen (vgl. § 41 Abs. 2 LuftVZO) und deren Entgegennahme durch die zuständige Behörde. Mit dem Negativattest wird dagegen die Entscheidung getroffen, dass die angezeigten Arbeiten keiner Genehmigung bedürfen. Vor Erteilung eines Negativattests muss deshalb eine UVP-Vorprüfung stattfinden, wenn dies nach dem UVPG vorgesehen ist.

6290 **Keine Summationsbetrachtung.** In die UVP für eine Änderung eines planfeststellungspflichtigen Flughafens müssen frühere bestandskräftig zugelassene und verwirklichte Änderungen und Erweiterungen, für die keine UVP durchgeführt worden ist, nicht einbezogen werden. Dass sich die UVP bei Ausbau eines Verkehrsflughafens allein auf die Umweltauswirkungen des Änderungsvorhabens erstreckt, folgt aus § 8 I 2 LuftVG. Danach ist bei planfest-

[768] BVerwG Urt. v. 16.10.2008 – 4 C 6/07, juris Rn. 26.

[769] BVerwG Beschl. v. 16.12.2003 – 4 B 75/03, juris Rn. 7; OVG Berlin-Brandenburg Urt. v. 20.1.2020 – 6 A 2.18, juris.

[770] BVerwG Urt. v. 22.6.1979 – 4 C 40/75, juris.

stellungspflichtigen Vorhaben die UVP des zur Planfeststellung gestellten Vorhabens im Rahmen der Abwägung zu berücksichtigen.[771]

Nach § 6 I 2 bis 3 LuftVG ist im Genehmigungsverfahren für Flugplätze, die einer Planfeststellung bedürfen, die UVP durchzuführen. Nach § 47 I UVPG wird im Verfahren zur Genehmigung von Flugplätzen nach § 6 I LuftVG die Umweltverträglichkeit nach dem jeweiligen Planungsstand des Vorhabens geprüft. Im nachfolgenden Zulassungsverfahren kann die Prüfung der Umweltverträglichkeit auf zusätzliche erhebliche oder andere erhebliche Umweltauswirkungen des Vorhabens beschränkt werden (§ 47 III UVPG). 6291

UVP und Vorprüfung sind bei einer isolierten Genehmigung und bei einer Änderungsgenehmigung nach § 6 IV 2 LuftVG im Genehmigungsverfahren durchzuführen. Bei planfeststellungsbedürftigen Flugplätzen muss die UVP im Planfeststellungsverfahren und nach § 6 I 2 LuftVG ergänzend im Genehmigungsverfahren durchgeführt werden. Wird die Planfeststellung vor der Genehmigung durchgeführt, findet bereits im Planfeststellungsverfahren eine umfassende UVP statt, so dass im Genehmigungsverfahren allenfalls, wenn überhaupt, eine ergänzende UVP stattfinden muss. Reicht der Flugplatzunternehmer den Genehmigungs- und Planfeststellungsantrag zeitgleich ein (§ 8 VI LuftVG), müssen in beiden Verfahren, soweit erforderlich, die für eine UVP bzw. für eine Vorprüfung notwendigen Unterlagen eingereicht werden. 6292

Gegenstand der UVP. Gegenstand der UVP sind die von dem Bau des Flugplatzes ausgehenden unmittelbaren und mittelbaren Umweltauswirkungen. Zu den mittelbaren Auswirkungen gehören auch betriebliche Auswirkungen des Flugplatzes. Das gilt insbesondere mit Blick auf die Lärmimmissionen. 6293

Verzicht auf Erörterung. Ist nach dem UVPG im Genehmigungsverfahren eine Umweltverträglichkeitsprüfung durchzuführen, so bedarf es nach § 6 VII LuftVG keiner förmlichen Erörterung im Sinne des § 18 I 4 UVPG. 6294

g) Genehmigungsverfahren für Flughäfen. Rechtliche Rahmenbedingungen für das Genehmigungsverfahren für Flughäfen enthalten die §§ 38 ff LuftVZO. 6295

Genehmigungsbehörde. Die Genehmigung eines Flughafens wird nach § 39 I LuftVZO von der Luftfahrtbehörde des Landes erteilt, in dem das Gelände liegt. Erstreckt sich das Gelände oder der Bauschutzbereich auf mehrere Länder, so ist Genehmigungsbehörde und Luftfahrtbehörde nach den Vorschriften des Luftverkehrsgesetzes über Baubeschränkungen im Bauschutzbereich die Behörde des Landes, in dem der überwiegende Teil des Geländes liegt. Die Genehmigung bedarf der Zustimmung der Luftfahrtbehörden der beteiligten Länder (§ 39 II LuftVZO). 6296

Antrag auf Erteilung der Genehmigung. Anforderungen an die Angaben, die der Antrag auf Erteilung der luftverkehrsrechtlichen Genehmigung enthalten muss, ergeben sich aus § 40 LuftVZO. Gefordert werden unter anderem der Nachweis der wirtschaftlichen Leistungsfähigkeit des Antragstellers, Angaben über die bestehenden örtlichen und baulichen Verhältnisse des Geländes, bei Wasserflughäfen auch über den Verkehr von Wasserfahrzeugen und eine Beschreibung der geplanten Anlagen und Betriebseinrichtungen sowie der beabsichtigten Flug- und Flughafenbetriebsabwicklung, einschließlich eines Gutachtens zur Luftraumkapazität. Die Genehmigungsbehörde kann nach § 40 II 1 LuftVZO in Einzelfällen die Vorlage eines Sachverständigengutachtens über die durch den Fluglärm hervorgerufenen Auswirkungen auf die Bevölkerung verlangen, wenn nur so eine sachgerechte Beurteilung der Auswirkungen möglich ist. Die Genehmigungsbehörde kann darüber hinaus noch weitere Unterlagen, insbesondere Sachverständigengutachten, fordern (§ 40 II 2 LuftVZO). 6297

Erteilung und Umfang der Genehmigung. Die Genehmigung des Flughafens ist für seine Anlage und seinen Betrieb zu erteilen. Sie hat in Übereinstimmung mit den einschlägigen Rechtsvorschriften des nationalen Rechts und des Luftverkehrsrechts der Europäischen Gemeinschaft sowie mit den für die Bundesrepublik Deutschland geltenden Vorschriften der Internationalen Zivilluftfahrt-Organisation, insbesondere des Anhangs 14 des Abkommens über die Internationale Zivilluftfahrt, zu erfolgen. Dabei sind die für Anlage und Betrieb erlassenen allgemeinen Verwaltungsvorschriften des Bundes zu beachten, von denen nur mit Zustimmung des Bundesministeriums für Verkehr und digitale Infrastruktur oder einer von ihm bestimmten Stelle abgewichen werden darf. Die Genehmigung kann mit Auflagen und sonstigen Nebenbestimmungen, insbesondere zur Einschränkung von Lärmauswirkungen auf die Umgebung des Flughafens, für die Einhaltung der genannten Vorschriften und für die 6298

[771] OVG Münster Urt. v. 8.6.2018 – 20 D 80/15.AK, juris Rn. 116.

Gewährleistung des Betriebs gegenüber Luftfahrthindernissen, verbunden und befristet werden (§ 42 LuftVZO).

6299 **Rücknahme und Widerruf der Genehmigung.** Die Genehmigung ist zurückzunehmen, wenn die Voraussetzungen für ihre Erteilung nicht vorgelegen haben. Sie ist zu widerrufen, wenn die Voraussetzungen für ihre Erteilung nachträglich nicht nur vorübergehend entfallen sind. Sie kann widerrufen werden, wenn die erteilten Auflagen nicht eingehalten werden (§ 48 LuftVZO).

6300 **h) Genehmigungsverfahren für Landeplätze.** Landeplätze sind Flugplätze, die nach Art und Umfang des vorgesehenen Flugbetriebs einer Sicherung durch einen Bauschutzbereich nach §12 LuftVG nicht bedürfen und nicht nur als Segelfluggelände dienen. Die Genehmigung eines Landeplatzes wird von der Luftfahrtbehörde des Landes erteilt, in dem das Gelände liegt (§ 50 LuftVZO). Den Mindestinhalt eines Antrags auf Erteilung der Genehmigung eines Landeplatzes für Landflugzeuge bestimmt § 51 LuftVZO. Für die Erteilung und den Umfang der Genehmigung gilt nach § 52 LuftVZO die Bestimmung des § 42 I LuftVZO entsprechend.

4. Planfeststellungs- und Plangenehmigungsverfahren

6301 Flughäfen sowie Landeplätze mit beschränktem Bauschutzbereich nach § 17 LuftVG dürfen nach § 8 I 1 LuftVG nur angelegt, bestehende nur geändert werden, wenn der Plan nach § 10 LuftVG vorher festgestellt ist. Das Planfeststellungsverfahren bezieht sich auf alle notwendigen Einrichtungen des Flughafens. Gebäude für Luftpost, Luftfracht oder Betriebsgebäude für Speditionen stehen in einem funktionalen Zusammenhang mit dem Luftfrachtverkehr und können daher ebenso Gegenstand einer Planfeststellung nach § 8 I LuftVG sein wie die als notwendige Einrichtungen für einen Flughafen anzusehenden Gebäude für Flugzeugwartung, Tanklager oder Triebwerksprobelaufstellen.[772] Das LuftVG verlangt nicht, dass über alle Baumaßnahmen auf einem Flughafen im Wege der Planfeststellung entschieden wird. So ist die planungsrechtliche Zulässigkeit von Hochbauten nach § 8 IV 1 LuftVG nicht zwingend Gegenstand der Planfeststellung.[773] Der Gesetzgeber geht nicht davon aus, dass jede einzelne Baumaßnahme eines Flughafens eines Planfeststellungsbeschlusses bedarf. **Fluglaternen** sind keine Luftfahrzeuge. Sie unterliegen dem Luftverkehrsrecht des Bundes nur, soweit von ihnen **Gefahren** für den **Luftverkehr** ausgehen können. Der Aufstieg von Fluglaternen in den Luftraum kann durch Polizeiverordnung verboten werden, weil Laternenflüge bei generell-abstrakter Betrachtung typischerweise Brände verursachen können. Ausnahmen von dem generellen Aufstiegsverbot kommen nur in Betracht, wenn sich die Brandgefahr im Einzelfall hinreichend sicher ausschließen lässt.[774]

6302 **a) Plangenehmigung statt Planfeststellung.** Anstelle der Planfeststellung kann nach § 8 I 10 LuftVG iVm § 74 VI VwVfG eine Plangenehmigung erteilt werden, wenn 1. Rechte anderer nicht oder nur unwesentlich beeinträchtigt werden oder die Betroffenen sich mit der Inanspruchnahme ihres Eigentums oder eines anderen Rechts schriftlich einverstanden erklärt haben, 2. mit den Trägern öffentlicher Belange, deren Aufgabenbereich berührt wird, das Benehmen hergestellt worden ist und 3. nicht andere Rechtsvorschriften eine Öffentlichkeitsbeteiligung vorschreiben, die den Anforderungen des § 73 III 1 und IV bis VII VwVfG entsprechen muss. Eine Plangenehmigung kommt nicht in Betracht, wenn für das Vorhaben eine UVP durchgeführt werden muss. Eine auf der Grundlage von § 8 I 1 und 10 LuftVG, § 74 VI VwVfG erteilte Planänderungsgenehmigung kann im Anwendungsbereich des Umweltrechtsbehelfsgesetzes mit der Begründung angefochten werden, es hätte anstelle eines Plangenehmigungsverfahrens ein Planfeststellungsverfahren mit Öffentlichkeitsbeteiligung durchgeführt werden müssen.[775]

6303 **b) Verzicht auf Plangenehmigung und Planfeststellung.** Planfeststellung und Plangenehmigung entfallen nach § 74 VII VwVfG in Fällen von unwesentlicher Bedeutung. Diese liegen vor, wenn 1. andere öffentliche Belange nicht berührt sind oder die erforderlichen behördlichen Entscheidungen vorliegen und sie dem Plan nicht entgegenstehen, 2. Rechte anderer nicht beeinflusst werden oder mit den vom Plan Betroffenen entsprechende Vereinbarun-

---

772 BVerwG Beschl. v. 31.3.1992 – 4 B 210.91, juris.

773 BVerwG Urt. v. 16.4.2019 – 4 B 51/18, juris Rn. 17.

774 BVerwG NJW 2018, 325 zu einem Aufstiegsverbot für Fluglaternen wegen Brandgefahr.

775 OVG Hamburg DVBl.. 2020, 1427 = juris Rn. 31.

gen getroffen worden sind und 3. nicht andere Rechtsvorschriften eine Öffentlichkeitsbeteiligung vorschreiben, die den Anforderungen des § 73 III 1 und IV bis VII VwVfG entsprechen muss.

c) Planfeststellungspflicht für Änderungsvorhaben. Bestehende Flughäfen dürfen nach § 8 I 1 LuftVG nur geändert werden, wenn der Plan nach § 10 LuftVG vorher festgestellt ist. 6304
Der Träger des Vorhabens bestimmt mit seinem Genehmigungsantrag und dem darin vorgestellten konkreten Konzept den Genehmigungsgegenstand.[776] Der Vorhabenträger ist berechtigt, Abschnitte zu bilden. Bei einer abschnittsweisen Planfeststellung ist nur das Projekt einer UVP zu unterziehen, für das im Sinne von Art. 2 I UVP-RL die Erteilung einer Genehmigung beantragt worden ist.[777] Soll die **Abfertigungskapazität** eines **Flughafens** durch einen **Erweiterungsbau** erhöht werden, ist ein Planfeststellungs- oder Plangenehmigungsverfahren hierfür nicht erforderlich. Denn eine Änderung nach § 8 III LuftVG ist nicht schon dann wesentlich, wenn abwägungserhebliche Belange berührt sein können, sondern nur dann, wenn die Änderung sich unmittelbar auf die Flugbewegungen auswirkt. Diese werden jedoch typischerweise von Lage, Art und Umfang der luftseitigen Anlagen des Flughafens unmittelbar beeinflusst, während dies für landseitig gelegene Anlagen regelmäßig ausgeschlossen werden kann.[778]

d) Rechtswirkungen der Planfeststellung. Nach § 9 LuftVG gilt § 75 I VwVfG nicht für 6305
Entscheidungen des Bundesministeriums für Digitales und Verkehr nach § 27 d I, Ia und IV LuftVG zu Flugsicherungsdiensten und nicht für Entscheidungen der Baugenehmigungsbehörden auf Grund des Baurechts. Im Übrigen aber hat die luftverkehrsrechtliche Planfeststellung die Rechtswirkungen einer Planfeststellung nach § 75 VwVfG.

Das Erfordernis einer Baugenehmigung bleibt nach § 9 I LuftVG auch im Falle einer luft- 6306
verkehrsrechtlichen Planfeststellung oder Plangenehmigung bestehen.[779] Es gilt als Besonderheit des Flughafenzulassungsrechts, dass bei der Zulassung von Hochbauten auf dem Flughafengelände Planfeststellung und Baugenehmigung nach § 8 IV 1 LuftVG nebeneinander treten können.[780]

Aus diesen rechtlichen Zusammenhängen ergibt sich aber zugleich, dass die Baugenehmi- 6307
gung die Möglichkeit bietet, die Übereinstimmung mit öffentlichen Belangen sicherzustellen und damit die luftverkehrsrechtliche Beurteilung zu entlasten. Nur soweit über die baurechtliche Beurteilung hinaus noch ein **luftverkehrsrechtlicher Überhang** besteht, ist nach § 8 III LuftVG ein luftverkehrsrechtliches Verfahren erforderlich. So können etwa Rechte anderer, die im Baugenehmigungsverfahren nicht berücksichtigt sind, oder entsprechende, ebenfalls im Baugenehmigungsverfahren nicht berücksichtigte öffentliche Belange ein luftverkehrsrechtliches Verfahren erfordern. Soweit aber die öffentlichen Belange Gegenstand des Baugenehmigungsverfahrens sind und hier eine entsprechende Zulassung erfolgt ist, bedarf es eines zusätzlichen luftverkehrsrechtlichen Verfahrens nicht (§ 8 III LuftVG). Damit verweist diese Vorschrift auf das Baugenehmigungsverfahren und fordert nur insoweit ein zusätzliches luftverkehrsrechtliches Verfahren, als das Baugenehmigungsverfahren nicht in der Lage ist, die öffentlichen Belange ordnungsgemäß in die Prüfung einzustellen und in der Entscheidung sachgerecht zu behandeln.

Beispiel: Ein Verkehrslandeplatz soll eine neue Abfertigungshalle erhalten. Eine luftverkehrsrechtliche Planfeststellung oder Plangenehmigung ist nicht erforderlich, soweit im Rahmen des Baugenehmigungsverfahrens eine abschließende Befassung mit den öffentlichen Belangen geleistet werden kann.

5. Verhältnis von Planfeststellung und Bauleitplanung

a) Privilegierte Fachplanung. Für das Verhältnis zwischen luftverkehrsrechtlicher Ent- 6308
scheidung und Bauleitplanung sowie Baugenehmigung gilt: Die luftverkehrsrechtliche Planfeststellung ist privilegierte Fachplanung iS des § 38 BauGB. Soweit das LuftVG eine Regelungskompetenz für sich in Anspruch nimmt, bleibt die Beurteilung der bebauungsrechtlichen Zu-

---

776 BVerwGE 156, 20 Rn. 35.

777 BVerwG, Beschl. v. 16.04.2019 – 4 B 54/18, juris.

778 BVerwG NVwZ 2001, 566.

779 VGH Kassel BauR 2019, 807 = juris Rn. 30

780 VGH Kassel BauR 2019, 807 = juris Rn. 30; BVerwG Urt. v. 26.9.2001 – 9 A 3.01, juris Rn. 21; Wysk in Ziekow Handbuch des Fachplanungsrechts, 2024, § 15 Rn. 54.

lässigkeit eines beabsichtigten Vorhabens iS des § 29 I BauGB gem. § 38 1 BauGB dem spezifischen Entscheidungsverfahren des Luftverkehrsrechts überlassen. § 38 BauGB gilt nicht nur für luftverkehrsrechtliche Planfeststellungen, sondern auch für Verfahren auf Erteilung einer Genehmigung nach § 6 LuftVG. Aufgrund des planerischen Einschlags der Genehmigung nach § 6 LuftVG soll dieser ebenso wie bei der Planfeststellung bei gemeindeübergreifender Bedeutung des Landeplatzes Durchsetzungskraft gegenüber örtlichen städtebaulichen Belangen verliehen werden.[781]

6309 Wie sich der Regelung des § 8 IV LuftVG im Umkehrschluss entnehmen lässt, unterliegen Flugplatzhochbauten wie Abfertigungsgebäude, Hangars, Betriebs- und Parkgebäude nicht der luftverkehrsrechtlichen Genehmigungspflicht nach § 6 LuftVG; sie können allerdings in die Genehmigung einbezogen werden. Geschieht dies, nehmen sie an der Privilegierung des § 38 BauGB teil, ansonsten gilt für die die Privilegierung des § 38 BauGB nicht.[782]

6310 **b) Keine Konzentrationswirkung für die Baugenehmigung.** Die Bauaufsichtsbehörde hat aber gem. § 9 I LuftVG über einen Antrag auf Genehmigung eines Vorhabens auch dann zu entscheiden, wenn das Vorhaben einen Bezug zu einem Flughafen oder Landeplatz iS des § 8 I LuftVG besitzt. Sie hat in eigener Verantwortung zunächst zu prüfen, ob mit dem beabsichtigten Vorhaben eine Änderung oder Erweiterung iS des § 8 III 1 LuftVG eintritt. Hält die Bauaufsichtsbehörde die Änderung oder Erweiterung für unwesentlich, so kann sie in der Sache entscheiden. Hält die Bauaufsichtsbehörde die Änderung oder Erweiterung für wesentlich und hält sie die Voraussetzungen des § 8 III LuftVG für einen Verzicht auf ein Planfeststellungs- oder Genehmigungsverfahren nicht für gegeben, so hat sie ihr Verfahren durch Ablehnung des Bauantrags zu beenden und ggf. auf das luftverkehrsrechtliche Verfahren zu verweisen.[783]

6. Rechtsschutz gegen Flugplätze und ihre Änderungen

6311 **a) Effektiver Rechtsschutz.** Die geschützten Rechtspositionen eines Klägers ergeben sich nicht aus Art. 19 IV 1 GG, sondern werden darin vorausgesetzt. § 13 I FluglärmG hat die Zumutbarkeitsschwelle für den Regelfall abschließend festgesetzt. Atypische Fälle, die zu einem hiervon abweichenden Sicherheitszuschlag bei den Grenzwerten für Fluglärm zwingen könnten, sind nicht durch Belastungen gekennzeichnet, die mit dem Betrieb eines Flughafens üblicherweise verbunden sind und mit zunehmender Verkehrsdichte und damit zunehmendem Lärmpegel steigen. Die fehlende Offenlegung der Quelle-Ziel-Matrizes für ein Sachverständigengutachten bedeutet keinen Methodenmangel, sondern erschwert lediglich die Überprüfung der angewandten Methode. Das macht es gegebenenfalls erforderlich, dass das Gericht seine Überzeugung von der Eignung der Methode und ihrer tatsächlichen Anwendung aus anderen Erkenntnisquellen schöpft und auf diese Weise effektiven Rechtsschutz gewährt.[784]

6312 Die in das Verwaltungsverfahren vorwirkende Garantie effektiven Rechtsschutzes gebietet es, den nur eventuell Betroffenen eine Einordnung der Wahrscheinlichkeit der eigenen Betroffenheit zu ermöglichen. Es beeinträchtigt allerdings noch nicht die Rechtsschutzgarantie, wenn eine Planfeststellungsbehörde ihrer Planung eine unsichere oder eine hinsichtlich des konkreten räumlichen Verlaufs gar wenig realistische Prognose zu Grunde legt, solange die ausgelegten Planunterlagen auch einen abweichenden Geschehensablauf durchaus möglich erscheinen lassen. Lassen die Planfeststellungsunterlagen in einem gestuften Verwaltungsverfahren aber nicht hinreichend deutlich erkennen, wie wahrscheinlich eine eigene Betroffenheit in geschützten Positionen ist, oder erwecken sie gar einen den Realisierungswahrscheinlichkeiten zuwiderlaufenden Eindruck, können sie ihre Anstoßwirkung nicht erfüllen.

6313 Die Anwendung von Vorschriften zur **Fehlerunbeachtlichkeit** ist aus verfassungsrechtlichen Gründen nicht gesperrt. Zwar ist die Beteiligung der Öffentlichkeit im Planfeststellungsverfahren geeignet, einen Beitrag zum Ergebnis des Planes zu leisten und diesen zu prägen.[785]

---

781 OVG Koblenz Urt. v. 17.8.2022 – 8 A 11327/21.OVG, juris Rn. 44; Reidt in Grabherr/Reidt/Wysk, LuftVG, 2021, § 6 LuftVG Rn. 173; Runkel in Ernst/Zinkahn/Bielenberg/Krautzberger, BauGB, 2021, § 38, Rn. 59; zum Verhältnis zwischen luftrechtlicher Fachplanung und Bauleitplanung siehe auch Deutsch UPR 2019, 431.

782 OVG Koblenz Urt. v. 17.8.2022 – 8 A 11327/21.OVG, juris Rn. 46.

783 BVerwG DVBl. 1990, 1179.

784 BVerwG Beschl. v. 22.6.2015 – 4 B 61.14, juris.

785 BVerfG NVwZ 2018, 573.

Die **Verwirkung** des Feststellungsinteresses hinsichtlich der Rechtmäßigkeit der Planfeststellungsfiktion nach § 71 II 1 iVm I 1 LuftVG ist grundstücksbezogen und nicht personenbezogen zu bestimmen.[786] 6314

b) Sachliche Zuständigkeit. Die erstinstanzliche Zuständigkeit des OVG/VGH nach § 48 I 1 Nr. 6 VwGO bezieht sich auf alle Gegenstände, bei denen ein enger räumlicher und betrieblicher Zusammenhang mit dem Betrieb eines Verkehrsflughafens besteht und damit auch auf die Feststellung der Rechtswidrigkeit von Verordnungen zu Lärmschutzbereichen.[787] 6315

c) Anfechtung von Genehmigungen. Mit Hilfe einer Anfechtungsklage können alle Genehmigungen und Änderungsgenehmigungen für nicht planfeststellungsbedürftige Flugplätze nach § 6 I und IV 2 LuftVG und isolierte (Änderungs)Genehmigungen nach § 6 IV 2 LuftVG für planfeststellungsbedürftige Flugplätze auf dem verwaltungsrechtsweg angegriffen werden. Diese luftverkehrsrechtlichen Genehmigungen sind als abschließende Entscheidungen über die Zulassung eines luftverkehrsrechtlichen Vorhabens und insoweit für jeden Betroffenen, der geltend machen kann, durch eine solche Genehmigung in seinen Rechten verletzt zu werden, angreifbar.[788] Luftverkehrsrechtliche Genehmigungen, die einer Planfeststellung nachfolgen, führen zu keinen Rechtsbeeinträchtigungen neben der Planfeststellung und sind deshalb auch nicht anfechtbar. 6316

Vor Klageerhebung ist gem. §§ 68 ff. VwGO ein Vorverfahren durchzuführen (vgl. § 6 VI 1 LuftVG); § 70 VwVfG ist nicht anwendbar (wie nach § 74 I 2 VwVfG auf Planfeststellungsbeschlüsse). Beansprucht werden können die vollständige oder teilweise Aufhebung der Genehmigung (§ 113 I 1 VwGO) und die Verpflichtung zur Ergänzung der Genehmigung um Schutzvorkehrungen oder zur Neubescheidung hierüber (§ 113 V VwGO). § 75 Ia VwVfG ist nach § 6 V 1 LuftVG auf luftrechtliche Genehmigungsverfahren anzuwenden. Das Gericht muss daher einen Anfechtungsantrag abweisen und eine Rechtswidrigkeit der Genehmigung feststellen, wenn die Heilung eines in den Gründen festzustellenden Fehlers durch ein ergänzendes Verfahren möglich erscheint. Fehler im Abwägungsvorgang sind entsprechend § 75 Ia S. 1 VwVfG iVm § 6 V 1 LuftVG unerheblich, wenn das Gericht zu der Überzeugung gelangt, dass die Behörde ohne den Fehler dieselbe Entscheidung hätte.[789] 6317

d) Rechtsschutz gegen Planfeststellung und Plangenehmigung. Der Rechtsschutz gegen planfeststellungsbedürftige Vorhaben richtet sich gegen den Planfeststellungsbeschluss. Der Planfeststellungsbeschluss kann mit seiner umfassenden Zulassungs- und Gestaltungswirkung Rechte der von ihm Betroffenen verletzen (vgl. § 75 I VwVfG iVm § 8 I 10 LuftVG). § 75 Ia VwVfG iVm § 8 I 10 LuftVG ist zu beachten. Für den Rechtsschutz gegen Plangenehmigungen gelten keine Besonderheiten. 6318

e) Planrechtfertigung. § 8 I LuftVG schreibt für die Errichtung und Änderung von Flughäfen und Landeplätzen mit beschränktem Bauschutzbereich nach § 17 LuftVG ein luftverkehrsrechtliches Planfeststellungsverfahren vor. Das Vorhaben bedarf einer entsprechenden Rechtfertigung. Für die planerische Rechtfertigung eines luftverkehrsrechtlichen Vorhabens ist – wie für die planerische Abwägung – die Sach- und Rechtslage im Zeitpunkt der Beschlussfassung maßgeblich. In der Konsequenz der uneingeschränkten gerichtlichen Kontrollbefugnis liegt es, dass das Gericht eine im Planfeststellungsbeschluss angegebene Begründung für die Planrechtfertigung anders als die Planfeststellungsbehörde beurteilen und dennoch die Planrechtfertigung für gegeben erachten kann.[790] Bei der Planfeststellung sind die von dem Vorhaben berührten öffentlichen und privaten Belange einschließlich der UVP im Rahmen der Abwägung zu berücksichtigen. Die UVP muss sich räumlich auf den gesamten Einwirkungsbereich des Flughafens erstrecken, in dem abwägungserhebliche Auswirkungen des Vorhabens möglich sind.[791] In Bauschutzbereichen bedürfen nach den §§ 15 ff. LuftVG Baumaßnahmen aber auch sonstige die Flugsicherheit möglicherweise beeinträchtigende Maßnahmen der Zustimmung der Luftfahrtbehörde. Dies kann auch zu Einschränkungen in der Bodenbewirt- 6319

---

786 BVerwG Beschl. v. 14.6.2016 – 4 B 45.15, juris.

787 BVerwG Beschl. v. 24.7.2014 – 4 B 37.13, juris; BVerwGE 111, 276.

788 Wysk in Ziekow Handbuch des Fachplanungsrechts, 2024, § 15 Rn. 209.

789 Wysk in Ziekow Handbuch des Fachplanungsrechts, 2024, § 15 Rn. 210a.

790 BVerwG Beschl. v. 16.4.2019 – 4 B 51.18, juris zur Erweiterung von Vorfeldflächen auf einem Flughafen.

791 BVerwG NVwZ 2013, 297; Lippert ZUR 2013, 203 (211).

schaftung landwirtschaftlicher Flächen führen.[792] Der **Bedarf** für ein planfeststellungsbedürftiges Vorhaben als Rechtfertigung für den Plan muss nicht aus verfassungsrechtlichen Gründen durch ein Gesetz festgestellt werden.[793] Für die planerische Rechtfertigung eines luftverkehrsrechtlichen Vorhabens ist – wie für die planerische Abwägung – die Sach- und Rechtslage im Zeitpunkt der Beschlussfassung maßgeblich. Die geschützten Rechtspositionen eines Klägers ergeben sich nicht aus Art. 19 IV 1 GG, sondern werden darin vorausgesetzt.[794]

6320 Drittbetroffene einer luftrechtlichen Genehmigung nach § 6 LuftVG können für ihre Klagebefugnis ausschließlich geltend machen, dass für den (hier) genehmigten Sonderlandeplatz keine Planrechtfertigung vorliege und dass sie in ihrem Recht auf gerechte Abwägung ihrer Lärmbelange betroffen seien. Darüber hinaus können sie wegen drohender Flugzeugabstürze und Schadstoffeinträgen eine Betroffenheit in ihren Grundrechten aus Art. 2 II 1 GG und – als Eigentümer – aus Art 14 I 1 GG geltend machen.[795]

6321 In der Konsequenz der uneingeschränkten gerichtlichen Kontrollbefugnis liegt es, dass das Gericht eine im Planfeststellungsbeschluss angegebene Begründung für die Planrechtfertigung anders als die Planfeststellungsbehörde beurteilen und dennoch die Planrechtfertigung für gegeben erachten kann.[796]

6322 **f) Prognosen.** Enthalten Planfeststellungsunterlagen eine Prognose über zukünftige Entwicklungen, müssen sie den Prognosecharakter gerade im Hinblick auf noch nicht sicher absehbare Entwicklungen erkennen lassen. Steht die Rechtslage jedoch eindeutig einer über eine Prognose hinausgehenden Festlegung entgegen, kann dies berücksichtigt werden, weil dann schon kein Anlass für Betroffene bestand, darauf zu vertrauen, dass entgegen der Rechtslage keine Prognosen, sondern endgültige Entscheidungen getroffen worden seien. Die Rechtsschutzgarantie ist noch nicht beeinträchtigt, wenn eine Planfeststellungsbehörde ihrer Planung eine unsichere oder eine hinsichtlich des konkreten räumlichen Verlaufs gar wenig realistische Prognose zu Grunde legt, solange die ausgelegten Planunterlagen auch einen abweichenden Geschehensablauf durchaus möglich erscheinen lassen. Lassen die Planfeststellungsunterlagen in einem gestuften Verwaltungsverfahren aber nicht hinreichend deutlich erkennen, wie wahrscheinlich eine eigene Betroffenheit in geschützten Positionen ist, oder erwecken sie gar einen den Realisierungswahrscheinlichkeiten zuwiderlaufenden Eindruck, können sie ihre Anstoßwirkung nicht erfüllen. Es ist von Verfassungs wegen nicht zu beanstanden, wenn eine bei der **Standortwahl** eines **Flughafens** im Rahmen der Landesplanung und der Planfeststellung zugrunde gelegte Prognose von der Rechtsprechung gebilligt wird, obwohl diese die konkreten und individuellen Betroffenheiten nicht abbildet, sondern nur nach Art und Ausmaß derart darstellt, dass sie als Abwägungsbelange in die Abwägung auf der jeweiligen Stufe eingestellt werden können.[797]

6323 Verbleibende Defizite in der Dokumentation und/oder Transparenz einer (Verkehrs)Prognose können dadurch ausgeglichen sein, dass die Geeignetheit und Sachgerechtigkeit der Prognosemethodik sowie die Plausibilität der in der Prognose getroffenen Annahmen (Prognoseprämissen) und der Prognoseergebnisse anderweitig festgestellt werden können.[798]

6324 **g) Abwägungsgebot.** Während der unmittelbar enteignungsrechtlich Betroffene bei einer Anfechtungsklage eine Vollüberprüfung der Planfeststellung oder Genehmigung und damit auch der planerischen Abwägung verlangen kann, steht dem nur mittelbar von einem Plan- bzw. Genehmigungsvorhaben Betroffene lediglich eine eingeschränkte gerichtliche Überprüfung der planerischen Abwägung zu. Das aus dem planungsrechtlichen Abwägungsgebot folgende Recht auf gerechte Abwägung bezieht sich nur auf die eigenen Belange des Betroffenen. Dieser hat einen Anspruch auf ordnungsgemäße Abwägung seiner Belange mit entgegenstehenden anderen Belangen; er hat keinen Anspruch darauf, dass die Planung bzw. Genehmigung insgesamt auf einer fehlerfreien Abwägung beruht. Dementsprechend kann der nur mittelbar betroffene Kläger eine gerichtliche Abwägungskontrolle lediglich hinsichtlich seiner eigenen Belange und – wegen der insoweit bestehenden Wechselbeziehung – der ihnen gegenübergestellten, für das Vorhaben streitenden Belange verlangen. Ob andere gegen das Vor-

---

792 BVerwG UPR 1998, 354.
793 BVerwG UPR 2015, 228.
794 BVerwG Beschl. v. 22.6.2015 – 4 B 61.14, juris.
795 VG Hannover Urt. v. 24.10.2019 – 5 A 650/17, juris
796 BVerwG Beschl. v. 16.4.2019 – 4 B 51/18, juris Rn. 11.
797 BVerfG NVwZ 2018, 573.
798 OVG Münster Urt. v. 26.1.2022 – 20 D 71/18.AK, juris Rn. 271.

haben sprechende Belange ordnungsgemäß berücksichtigt worden sind, ist demgegenüber angesichts der grundsätzlichen Ausrichtung des verwaltungsgerichtlichen Rechtsschutzes auf den Schutz subjektiv-rechtlicher Rechtspositionen (§ 42 II, § 113 I 1 VwGO) prinzipiell nicht Gegenstand der gerichtlichen Abwägungskontrolle. Allerdings sind gleichgerichtete Interessen wie zB die Lärmschutzbelange benachbarter Anlieger, die sinnvollerweise nur einheitlich mit den entsprechenden Belangen des jeweiligen Klägers gewichtet werden können, in die gerichtliche Kontrolle bzw. Prüfung einzubeziehen.[799]

Grundvoraussetzung für die **Zulassung eines Flugbetriebs in den abendlichen Nachtrandstunden** von 22:00 Uhr bis 24:00 Uhr ist im Rahmen der Abwägung des für einen solchen Betrieb sprechenden öffentlichen Verkehrsinteresses mit den gegenläufigen Lärmschutzinteressen der Anwohner ein entsprechender Nachtflugbedarf. Dies erfordert die Darlegung einer Nachfrage nach Nachtflugverkehr, wobei sich ein Nachtflugbedarf nicht nur aus einer tatsächlichen, aktuell feststellbaren Nachfrage ergeben muss, sondern auch aus der Vorausschau künftiger Entwicklungen; eine entsprechende Bedarfslage muss aber bei vorausschauender Betrachtung in absehbarer Zeit mit hinreichender Sicherheit erwartet werden können.[800] 6325

Insoweit fließen in die Planungs- bzw. Genehmigungsentscheidung Einschätzungen und Prognosen ein. Mit Blick auf die gegebenen – wettbewerblichen – Rahmenbedingungen für Flughafendienstleistungen kann es nach Ansicht des OVG Münster einem Flughafenbetreiber nicht von vornherein verwehrt sein, bestehende Nachtflugmöglichkeiten zu erweitern, um sich für einen prognostizierten allgemeinen Anstieg der Nachfrage im Personen- und Frachtverkehr zu rüsten. Deshalb verhält sich eine Genehmigungsbehörde systemkonform, wenn sie über Nachtflugregelungen Einfluss auf die Angebots- und Nachfragestruktur im Luftverkehr nimmt und das Verkehrsangebot auf diese Weise voraussehbaren Entwicklungen anpasst. Nachtflugregelungen für einen Verkehrsflughafen dürfen also zukunftsorientiert sein und es dem Flughafenbetreiber im Vorgriff auf künftige Entwicklungen ermöglichen, einer Bedarfslage gerecht zu werden, die zwar noch nicht eingetreten ist, aber bei vorausschauender Betrachtung in absehbarer Zeit mit hinreichender Sicherheit erwartet werden kann.[801] Die Bedienung der Nachfrage muss zudem von den Planungszielen, die die Anlegung oder den Ausbau des Flughafens gerechtfertigt haben, umfasst sein. Eine Nachfrage nach Verkehren, für die der Flughafen nicht geplant wurde, kann die Zulassung von Nachtflugbetrieb von vornherein nicht rechtfertigen. 6326

Über die Darlegung einer Nachfrage hinaus unterliegt die Zulassung eines Flugbetriebs in den abendlichen Nachtrandstunden im Hinblick auf § 29b I 2 LuftVG gesteigerten Rechtfertigungserfordernissen. Das Gebot, auf die Nachtruhe der Bevölkerung in besonderem Maße Rücksicht zu nehmen, hat für die Abwägung die Qualität einer Gewichtungsvorgabe, die für die gesamte Nacht, also auch für die Nachtrandstunden, gilt. Deshalb sind die Verkehrsinteressen nur dann geeignet, sich im Wege der Abwägung gegen die Lärmschutzinteressen der Anwohner durchzusetzen, wenn es ausgehend von den Gegebenheiten des Luftverkehrsmarktes betriebliche oder strukturelle Gründe dafür gibt, den Verkehr gerade in den Nachtrandstunden abzuwickeln. Die Planfeststellungs- bzw. Genehmigungsbehörde muss plausibel darlegen, warum der Flugbedarf gerade in der Nacht besteht. Plausible Gründe für die Inanspruchnahme der Nachtrandzeiten können auch dann gegeben sein, wenn es nur um wenige Flugbewegungen geht; die Zahl der Flugbewegungen ist insoweit ohne Bedeutung.[802] 6327

Dem Lärmschutz kommt in den Nachtrandstunden aber nicht dasselbe Gewicht zu, das ihm für die Nachtkernzeit zusteht, die grundsätzlich von Flugaktivitäten frei zu halten ist. Daraus folgt, dass sich plausibel nachgewiesene sachliche Gründe, weshalb ein bestimmter Verkehrsbedarf oder ein bestimmtes Verkehrssegment nicht befriedigend innerhalb der Tagesstunden abgewickelt werden kann, im Zuge der Abwägung gegen die Belange des Lärmschutzes durchsetzen können. Solche für die Nutzung der Nachtrandzeiten sprechenden sachlichen (betrieblichen und/oder strukturellen) Gründe können sich unter anderem aus den Erfordernissen einer effektiven Flugzeug-Umlaufplanung, aus der Anbindung des Flughafens an in- oder ausländische Passagierdrehkreuze (sog. Hub-Feeder-Verkehr) oder daraus ergeben, dass der Flug- 6328

---

799 OVG Münster Urt. v. 26.1.2022 – 20 D 71/18.AK, juris Rn. 199; BVerwG NVwZ 2007, 462.

800 BVerwG Beschl. v. 6.4.2017 – 4 B 5.16, juris, m.w.N; Beschl. v. 23.1.2017 – 4 B 39.15, juris; BVerwGE 127, 95.

801 OVG Münster Urt. v. 26.1.2022 – 20 D 71/18.AK, juris Rn. 204; BVerwG, Beschl. v. 6.4.2017 – 4 B 5.16, juris.

802 OVG Münster Urt. v. 26.1.2022 – 20 D 71/18.AK, juris Rn. 210; BVerwG, Beschl. v. 6.4.2017 – 4 B 5.16, juris.

hafen als Heimatflughafen oder Wartungsschwerpunkt von Luftverkehrsgesellschaften fungiert, deren Bedürfnisse nachvollziehbar nicht ausschließlich in den Tageszeiten abgedeckt werden können.[803]

6329 Das Gewicht, das einem nachtrandspezifischen Verkehrsbedarf in der behördlichen Abwägung zukommt, hängt nach der Rechtsprechung von zahlreichen Faktoren ab. Maßgebend sind insbesondere die sich aus den Planungszielen ergebende Verkehrsfunktion des Flughafens und seine Stellung im Luftverkehrsnetz. Die Verkehrsfunktion des Flughafens und seine Stellung im Luftverkehrsnetz bestimmen die Erwartungen, die berechtigterweise an das Verkehrsangebot zu stellen sind, insbesondere an die Zahl und die Diversität der Destinationen, die Frequenz der Verbindungen und die Erreichbarkeit des Flughafens in den frühen Morgen- und späten Abendstunden. Diese Erwartungen sind entscheidend dafür, ob das Verkehrsangebot ohne die in Rede stehenden Nachtflugverbindungen noch als „befriedigend" angesehen werden kann. Von Bedeutung kann ferner sein, ob der Bedarf von einem anderen Flughafen nachfragegerecht gedeckt werden könnte. Die Verkehrsfunktion des Flughafens und seine Stellung im Luftverkehrsnetz sind ein zentraler Bezugspunkt für die Gewichtung des Nachtflugbedarfs; einen von der Abwägung im Einzelfall unabhängigen Vorrang gegenüber den Lärmschutzbelangen der Anwohner verleihen sie dem Nachtflugbedarf aber nicht. Der Nachtflugbedarf muss vielmehr im Wege der Abwägung in ein ausgewogenes Verhältnis zu den berechtigten Lärmschutzbelangen der Anwohner gebracht werden. Nicht nur die Anwohner müssen Beeinträchtigungen hinnehmen; ebenso können und müssen bei den Planungszielen gegebenenfalls Abstriche gemacht werden. Auch der Umfang der Nachfrage ist für die Gewichtung des Nachtflugbedarfs relevant. Je dringlicher ein bestimmter Nachtflugbedarf tatsächlich ist, desto bedeutsamer ist sein Gewicht im Rahmen der Abwägung. Mit der Zahl der Flugbewegungen wächst allerdings auch das Gewicht der Lärmschutzbelange. Für die Flughafenanwohner bedeutet jeder zusätzliche Flug eine zusätzliche Belastung, jeder Flug, der unterbleibt, eine Entlastung.[804] Ferner gilt es bei der Gewichtung des Nachtflugbedarfs das subjektiv-öffentliche Recht der durch Fluglärm Betroffenen darauf zu berücksichtigen, dass ihre Lärmschutzbelange mit dem ihnen zustehenden Gewicht in die planerische Abwägung der Genehmigungsbehörde eingestellt und mit den für das Vorhaben angeführten öffentlichen Verkehrsbelangen in einen Ausgleich gebracht werden, der zur objektiven Gewichtigkeit ihrer Belange nicht außer Verhältnis steht. Das subjektiv-öffentliche Recht der durch Fluglärm Betroffenen bezieht sich allein auf die angemessene Abwägung ihrer eigenen Belange. Flugbetroffene sind nicht auf den Einwand beschränkt, die Genehmigungsbehörde habe ihre Lärmbelastung nicht ordnungsgemäß ermittelt oder unterbewertet. Das Gewicht individueller Lärmschutzbelange und das Maß ihrer Zurückstellung stehen in einer Wechselbeziehung zu dem Gewicht der für die Neuregelung angeführten öffentlichen Verkehrsinteressen. Mit dem Gewicht der Lärmschutzbelange steigen die Anforderungen an die Darlegung des Verkehrsbedarfs, der eine Erweiterung der Nachtflugmöglichkeiten rechtfertigen soll. Je dringlicher ein bestimmter Nachtflugbedarf tatsächlich ist, desto bedeutsamer ist sein Gewicht im Rahmen der Abwägung. Die Zulassung eines erhöhten Nachtflugbetriebs kann sich gegenüber Lärmbetroffenen als unverhältnismäßig erweisen, wenn die Genehmigungsbehörde den Nachtflugbedarf zu hoch angesetzt und überbewertet hat. Auch unter diesem Gesichtspunkt können Lärmbetroffene die gerichtliche Überprüfung einer erweiterten oder – wie hier – erstmaligen Zulassung von Nachtflug beanspruchen.[805] Lärmbetroffene können auch geltend machen, dass die Gewichtung der öffentlichen Verkehrsinteressen gegenüber ihren eigenen Belangen fehlerhaft ist, weil die gegenläufigen Lärmschutzbelange insgesamt, dh auch jenseits ihrer eigenen Lärmbetroffenheiten, unzureichend festgestellt und/oder nicht angemessen berücksichtigt und die öffentlichen Verkehrsinteressen demgemäß überbewertet worden sind.[806]

6330 **h) Luftverkehrsplanung.** Sowohl der Planfeststellungsbeschluss als auch die Flugverfahrensverordnung können von Betroffenen unabhängig voneinander gerichtlicher Kontrolle zugeführt werden, ohne dass durch die zwischen beiden Entscheidungen bestehenden Wechselwirkungen unzumutbare Nachteile für den Rechtsschutz entstünden. Während im Planfeststellungsverfahren die Art und der Umfang des zulässigen Luftverkehrs bestimmt und über den

[803] OVG Münster Urt. v. 26.1.2022 – 20 D 71/18.AK, juris Rn. 214.
[804] OVG Münster Urt. v. 26.1.2022 – 20 D 71/18.AK, juris Rn. 220.
[805] OVG Münster Urt. v. 26.1.2022 – 20 D 71/18.AK, juris Rn. 225
[806] OVG Münster Urt. v. 26.1.2022 – 20 D 71/18.AK, juris Rn. 225.

Standort des Flughafens mit seinen Anlagen und deren rechtliche Zulässigkeit entschieden wird, ist die Luftverkehrsplanung darauf gerichtet, eine sichere und geordnete Abwicklung des Luftverkehrs und hier insbesondere der Verkehrssicherheit zu gewährleisten. Insoweit ergeben sich für die Flugverfahrensplanung aus den durch den Planfeststellungsbeschluss geschaffenen Rahmenbedingungen faktische Bindungen; neben den im Planfeststellungsbeschluss festgesetzten Mengen und der zeitlichen Verteilung von Flügen ist auch die räumliche Lage der Start- und Landebahnen vorgegeben. Zusätzlich führen technische und sicherheitsbedingte Zwänge dazu, dass Flugverfahren nicht beliebig festgesetzt werden können, sondern verbindliche Vorgaben beachten müssen, so dass im Raum Zwangspunkte bestehen, die überflogen werden oder – umgekehrt – Flugverfahren zwingend gewisse Bereiche meiden müssen. Darüber hinaus hat das BVerwG[807] eine mittlerweile in § 8 I 6 LuftVG übernommene partielle rechtliche Bindungswirkung der Planfeststellung für das Flugverfahren angenommen. Dennoch reichen diese Wechselwirkungen nicht über Teilaspekte der jeweiligen Entscheidung hinaus; die erstere bindet nicht prinzipiell die letztere, sondern prägt sie allenfalls in Teilen vor. Die Flugverfahrensplanung kann zudem später wieder geändert werden.[808]

i) Abwehranspruch gegen ungenehmigten Flugbetrieb. Nachbarn, denen durch einen nicht zugelassenen Flugbetrieb Immissionen zugemutet werden, steht zwar kein Anspruch auf Durchführung des rechtlich gebotenen Verwaltungsverfahrens zu.[809] Wird geltend gemacht, der von einem Flughafen ausgehende Flugbetrieb überschreite teilweise den genehmigten Rahmen und sei deshalb teilweise formell illegal, kann sich ein gegen den ungenehmigten Flugbetrieb gerichteter Abwehranspruch aus § 29 I 1 und 2 LuftVG ergeben. Eine Klagebefugnis haben dabei solche von den Lärmimmissionen des Flughafens Betroffenen, die Fluglärmbeeinträchtigungen ausgesetzt sind, die die Geringfügigkeitsschwelle überschreiten, und deren Lärmschutzbelange deshalb in einem Genehmigungsverfahren abwägungserheblich wären.[810] 6331

Genehmigt die Behörde einen Flugplatz oder eine Ausbaumaßnahme unter Missachtung eines Planfeststellungserfordernisses entgegen § 8 I 1 LuftVG allein mit einer luftrechtlichen Genehmigung, können private Betroffene die Genehmigung anfechten; erfolgversprechend ist die Klage jedoch nicht allein wegen der Wahl des falschen Verfahrens, sondern nur dann, wenn zugleich materielle Nachbarrechte missachtet werden. Dem Erfordernis einer luftrechtlichen Planfeststellung kommt als solches keine drittschützende Wirkung zu.[811] Ist eine UVP oder eine erforderliche UVP-Vorprüfung unterlassen worden, kann allein deshalb die gerichtliche Feststellung der Rechtswidrigkeit und Nichtvollziehbarkeit der Entscheidung verlangt werden (§ 4 I, III UmwRG, § 75 Ia S. 2 VwVfG). Eine Rechtsverletzung durch Verfahrensfehler erfordert ansonsten die Feststellung, dass sich der Verstoß möglicherweise auf eine materielle Position des Drittbetroffenen ausgewirkt hat (§ 75 Ia 1 VwVfG iVm § 6 V 1 bzw. § 8 I 10 LuftVG).[812] 6332

7. Planfeststellungsverfahren bei Vorhaben im transeuropäischen Verkehrsnetz

Wird ein Planfeststellungsverfahren oder ein Plangenehmigungsverfahren für ein Vorhaben der Anlage durchgeführt, dessen geschätzte Gesamtkosten zum Zeitpunkt der Einleitung des Planfeststellungsverfahrens oder des Plangenehmigungsverfahrens 300 Mio. € überschreiten, ist dieses nach § 10 b I 1 LuftVG innerhalb von vier Jahren abzuschließen. Die Frist beginnt mit dem Eingang des Plans nach § 73 I VwVfG bei der Anhörungsbehörde und Planfeststellungsbehörde. Diese sowie alle am Planfeststellungsverfahren oder am Plangenehmigungsverfahren beteiligten Behörden des Bundes und der Länder sind bestrebt, den Planfeststellungsverfahren oder Plangenehmigungsverfahren nach Satz 1 Vorrang bei der Bearbeitung einzuräumen. Dabei ist das Beschleunigungsinteresse an anderen Vorhaben, die im überragenden öffentlichen Interesse stehen oder der öffentlichen Sicherheit dienen, zu beachten. 6333

Die Planfeststellungsbehörde hat dem Vorhabenträger auf dessen Antrag nach § 10 b II LuftVG Auskunft über sämtliche für die Erteilung des Planfeststellungsbeschlusses oder der 6334

---

807 BVerwG Urt. v. 31.7.2012 – 4 A 5000.10 ua, juris, Rn. 51.

808 BVerfG NVwZ 2018, 573.

809 Wysk in Ziekow Handbuch des Fachplanungsrechts, 2024, § 15 Rn. 215.

810 OVG Hamburg ZUR 2020, 225 = juris Rn. 63.

811 BVerwGE 85, 368 (377) = NVwZ 1991, 369; VGH Mannheim ZLW 1994, 352; Wysk in Kopp/Ramsauer, VwVfG, 2023, § 75 Rn. 72, 75.

812 Wysk in Ziekow Handbuch des Fachplanungsrechts, 2024, § 15 Rn. 217.

Plangenehmigung beizubringende Informationen und Unterlagen zu erteilen, einschließlich aller Stellungnahmen, die für den Planfeststellungsbeschluss oder die Plangenehmigung eingeholt und vorgelegt werden müssen. Weist das Vorhaben nicht die erforderliche Reife auf, so ist der Antrag spätestens vier Monate nach seinem Eingang bei der zuständigen Behörde abzulehnen.

6335 Auf Antrag der Planfeststellungsbehörde kann das Bundesministerium für Digitales und Verkehr die Frist nach § 10 b I 1 LuftVG verlängern. Im Antrag sind die Gründe für die Fristüberschreitung darzulegen. Eine weitere Verlängerung kann unter denselben Bedingungen einmal gewährt werden (§ 10 III LuftVG). Die § 10b I bis III LuftVG finden keine Anwendung auf Vorhaben, deren Plan vor dem 10.8.2023 bei der Anhörungsbehörde und Planfeststellungsbehörde eingereicht wurde.

8. Fluglärmschutz

6336 **a) Vorbemerkung.** Der von Flughäfen ausgehende und von Luftfahrzeugen beim Fliegen und insbesondere beim Starten und Landen erzeugte Fluglärm hat seit dem Einsatz von Strahlflugzeugen (Düsenflugzeugen) eine ausschlaggebende Bedeutung bei der Planung von Flughäfen.[813] Er zeichnet sich durch hohe Pegelspitzen aus und kann zu erheblichen Gesundheitsbeeinträchtigungen führen. Der Fluglärm bewirkt nach dem Straßenverkehrslärm die größte Lärmbelastung. In Deutschland fühlen sich nach einer repräsentativen Umfrage des UBA aus dem Jahr 2021 ca. 40% der Bevölkerung durch Fluglärm gestört oder belästigt. Insbesondere betroffen sind die Bewohner von Großstädten, in denen oder an deren Rand die internationalen Verkehrsflughäfen Deutschlands liegen. Die Hauptbelastung für die Flughafennachbarn geht von Starts und Landungen aus, wobei Schallpegel von 85 bis 105 dB (A) erzeugt werden.[814] Hinsichtlich der Störwirkungen des Fluglärms ist zu unterscheiden, ob er bei Tage oder in der Nacht auftritt. Am Tage bestehen die Auswirkungen des Fluglärms insbesondere in der Beeinträchtigung der Kommunikation und in der Minderung der Leistungs- und Konzentrationsfähigkeit. Während der Nachtzeit führt er zu Einschlafstörungen und zu Aufweckreaktionen. Fluglärm kann sich auch auf den Blutdruck steigernd auswirken.

6337 Zum Schutz vor Fluglärm kommen **aktive** und **passive Lärmschutzmaßnahmen** in Betracht.[815] Aktive Maßnahmen haben ihren Ansatzpunkt an der Lärmquelle, also an den Luftfahrzeugen und Flughäfen. Beispiele hierfür sind leisere Triebwerke, Mindestflughöhen, Lärmschutzbauten auf Flughäfen und Betriebsbeschränkungen während der Nacht. Passive Schutzmaßnahmen setzen beim Lärmbetroffenen und damit im Immissionsbereich an. Hauptbeispiel ist hier der Einbau von Schallschutzfenstern in Wohngebäude. Im Verhältnis zwischen aktiven und passiven Lärmschutzmaßnahmen sind **aktive Maßnahmen vorrangig** durchzuführen. Erst danach kommen Schutzvorkehrungen bei den Lärmbetroffenen in Frage, soweit aktive Maßnahmen nicht möglich, nicht ausreichend oder mit dem Flughafen unvereinbar sind.[816]

6338 **Nachtflugregelungen** für einen Flughafen dürfen **zukunftsorientiert** sein und es dem Flughafenbetreiber im Vorgriff auf künftige Entwicklungen ermöglichen, einer Bedarfslage gerecht zu werden, die zwar noch nicht eingetreten ist, aber bei vorausschauender Betrachtung in absehbarer Zeit mit hinreichender Sicherheit erwartet werden kann. Diese Anforderungen gelten auch für Konversionsfälle, in denen ein ehemaliger Militärflugplatz in weitem Umfang für den zivilen Passagier-, Geschäftsreise- und Frachtflugverkehr geöffnet werden soll, und zwar grundsätzlich auch für den Fall einer erstmaligen Zulassung von Nachtflugbetrieb. Die Nachtrandstunden dürfen für den Verkehr geöffnet werden,[817] wenn plausibel nachgewiesen wird, weshalb ein bestimmter Verkehrsbedarf oder ein bestimmtes Verkehrssegment nicht befriedigend innerhalb der Tagesstunden abgewickelt werden kann.[818] Dabei kann sich ein Nachtflugbedarf nicht nur aus einer tatsächlichen, aktuell feststellbaren Nachfrage ergeben, sondern auch aus der Vorausschau künftiger Entwicklungen; insoweit fließen in die Planung Einschätzungen und Prognosen ein. Wegen der gegebenen – wettbewerblichen – Rahmenbedingungen für

---

[813] Grabherr/Reidt/Wysk, LuftVG, 2024, § 6 Rn. 49.

[814] Umweltgutachten des Rates von Sachverständigen für Umweltfragen 1987, BT-Drs. 11/5168, Tz. 1509, 1510.

[815] Zum aktiven Schallschutz im Luftverkehr Deutsch UPR 2022, 403.

[816] Quaas NVwZ 1991, 16; Luckow DVBl. 1981, 1133.

[817] BVerwGE 123, 261 (271 f.); BVerwGE 132, 123 Rn. 46; Urt. v. 13.10.2011 – 4 A 4000.09, juris.

[818] BVerwGE 125, 116= juris Rn. 288; BVerwGE 127, 95 Rn. 73.

Flughafendienstleistungen ist es einem Flughafenbetreiber nicht von vornherein verwehrt, bestehende Nachtflugmöglichkeiten zu erweitern, um sich für einen prognostizierten allgemeinen Anstieg der Nachfrage im Personen- und Frachtverkehr „zu rüsten". Eine Genehmigungsbehörde verhält sich daher systemkonform, wenn sie über Nachtflugregelungen Einfluss auf die Angebots- und Nachfragestruktur im Luftverkehr nimmt und das Verkehrsangebot auf diese Weise voraussehbaren Entwicklungen anpasst. Nachtflugregelungen für einen Verkehrsflughafen dürfen also zukunftsorientiert sein und es dem Flughafenbetreiber im Vorgriff auf künftige Entwicklungen ermöglichen, einer Bedarfslage gerecht zu werden, die zwar noch nicht eingetreten ist, aber bei vorausschauender Betrachtung in absehbarer Zeit mit hinreichender Sicherheit erwartet werden kann. In seiner Entscheidung zum Konversionsvorhaben Flughafen Weeze/Niederrhein[819] hat das BVerwG schließlich klargestellt, dass diese Anforderungen ebenso für Konversionsfälle gelten, in denen ein ehemaliger Militärflugplatz in weitem Umfang für den zivilen Passagier-, Geschäftsreise- und Frachtflugverkehr geöffnet werden soll.[820]

Allein aus der Lage eines Grundstücks im planfestgestellten **Tag- oder Nachtschutzgebiet** 6339 eines Flughafens ergibt sich kein Anspruch auf Schallschutzvorrichtungen. Für die Dimensionierung des baulichen Schallschutzes im Einzelnen ist in jedem Fall eine grundstückbezogene Betrachtung der Lärmbelastung maßgeblich, die auf der Grundlage des tatsächlich zu erwartenden Fluglärms auf der Grundlage der festgesetzten Flugverfahren durchzuführen ist. Der Flugbetrieb auf dem Flugplatz kann im Planfeststellungsverfahren geregelt werden (§ 8 IV LuftVG), die Benutzung des Luftraums in der Umgebung des Flugplatzes nicht.[821] Sie wird maßgebend durch sogenannte Flugverfahren bestimmt. Müssen die Flugverfahren für ein neues Bahnsystem festgelegt werden, kann dies erst nach der Planfeststellung der neuen Bahnen geschehen. Auch nach Inbetriebnahme des Bahnsystems können die Flugverfahren geändert werden. Die Ermittlung der Lärmbetroffenheit und anderer Auswirkungen des Flugbetriebs im Planfeststellungsverfahren ist deshalb systemimmanent mit der Unsicherheit behaftet, dass die Flugrouten für die An- und Abflüge nicht feststehe.[822] Durch nachträgliche Flugroutenfestsetzungen können die Lärmbetroffenen von Fluglärm aber auch entlastet werden. Das kann zur Folge haben, dass der bauliche Schallschutz unter dem Gesichtspunkt der Erforderlichkeit zu Lasten der Betroffenen – abweichend von der ursprünglich prognostizierten Grobplanung – Änderungen unterworfen ist. Ein Anspruch auf Schallschutzvorrichtungen, die an den in der Planfeststellung prognostizierten, aber nicht mehr aktuellen Flugverfahren ausgerichtet sind, besteht nicht. Andernfalls könnte es zu einer Übersicherung kommen. Die Kosten für den Nachweis, die Einzelfalluntersuchung und die geeigneten Schallschutzvorrichtungen im Fall des Erfordernisses sind dabei von den Trägern des Vorhabens zu tragen[823]. Allein aus der Lage eines Grundstücks im planfestgestellten Tag- oder Nachtschutzgebiet ergibt sich kein Anspruch auf Schallschutzvorrichtungen. Für die Dimensionierung des baulichen Schallschutzes im Einzelnen ist in jedem Fall eine grundstücksbezogene Betrachtung der Lärmbelastung maßgeblich, die anhand des tatsächlich zu erwartenden Fluglärms auf der Grundlage der festgesetzten Flugverfahren durchzuführen ist.[824]

b) Unionsrechtliche Vorgaben. Der Luftverkehr ist Gegenstand zahlreicher Regelungen 6340 der EU.[825] Für den Lärmschutz ist vor allem die **Umgebungslärm-RL** relevant, in deren Anwendungsbereich sich unter anderem auch der Luftverkehr gehört. Umgebungslärm iSd Richtlinie sind nach Art. 3 a) der Richtlinie unerwünschte oder gesundheitsschädliche Geräusche im Freien, die durch Aktivitäten von Menschen verursacht werden, einschließlich des Lärms, der von Verkehrsmitteln, Straßenverkehr, Eisenbahnverkehr, Flugverkehr sowie Gelände für industrielle Tätigkeiten. Nach Art. 7 I Umgebungslärm-RL mussten die Mitgliedstaaten bis spätestens bis zum 30.6.2007 für das vorangegangene Kalenderjahr **strategische Lärmkarten** für sämtliche Ballungsräume mit mehr als 250.000 Einwohnern sowie für sämtliche Hauptverkehrsstraßen mit einem Verkehrsaufkommen von über sechs Millionen Kraftfahrzeugen pro Jahr, Haupteisenbahnstrecken mit einem Verkehrsaufkommen von über 60.000 Zügen pro Jahr und **Großflughäfen** in ihrem Hoheitsgebiet von den zuständigen Behörden ausge-

819 BVerwGE 132, 123 Rn. 46.
820 BVerwG Beschl. v. 6.4.2017 – 4 B 5.16, juris.
821 BVerwGE 114, 364 (377).
822 BVerwG Urt. v. 13.10.2011 – 4 A 4000.10, juris.
823 BVerwGE 125, 116.
824 BVerwG ZfBR 2015, 783.
825 Siehe dazu Pache in Koch/Hofmann/Reese, Handbuch Umweltrecht, 2024, § 16 Rn. 412.

arbeitet und gegebenenfalls genehmigt sind. Großflughäfen iSd der Umgebungslärm-RL sind nach Art. 3 p der RL Verkehrsflughäfen mit einem Verkehrsaufkommen von über 50.000 Bewegungen pro Jahr (wobei mit „Bewegung" der Start oder die Landung bezeichnet wird).

6341 Auch die EU-VO 598/2014 über Regeln und Verfahren für lärmbedingte Betriebsbeschränkungen auf Flughäfen der Union im Rahmen eines ausgewogenen Ansatzes verfolgt das Anliegen einer nachhaltigen Entwicklung des Luftverkehrs durch Einführung von Maßnahmen zur Minderung der Lärmbelastung, die von Flughäfen der Union ausgeht. Diese Maßnahmen sollen der Verbesserung der Lärmsituation an Flughäfen der Union dienen, um die Lebensqualität der Anlieger aufrechtzuerhalten oder zu steigern und insbesondere in Bezug auf Nachtflüge die Kompatibilität zwischen Luftverkehr und Wohngebieten zu fördern. In der Verordnung werden, in Bezug auf ermittelte Lärmprobleme, Regeln für das einzuhaltende Verfahren zur einheitlichen Einführung lärmbedingter Betriebsbeschränkungen für einzelne Flughäfen festgelegt, um im Einklang mit dem ausgewogenen Ansatz zu einer Verbesserung der Lärmsituation beizutragen und die Zahl der von den potenziell nachteiligen Auswirkungen des Fluglärms erheblich betroffenen Menschen zu begrenzen oder zu reduzieren (Art. 1 I EU-VO 598/2014). Art. Die VO enthält Regeln für die Einführung von lärmschutzbezogenen Betriebsbeschränkungen.[826]

9. Gesetz zum Schutz gegen Fluglärm

6342 Das Gesetz zum Schutz gegen Fluglärm 2007 hat das Fluglärmgesetz 1971 grundlegend umgestaltet, die bisherigen Lärmschutzbereiche der beiden Tag-Schutzzonen um eine Nachtschutzzone ergänzt und zugleich das luftverkehrsrechtliche Planungsrecht mit dem Entschädigungsrecht harmonisiert. Die gesetzlichen Neuregelungen sind für alle Vorhaben verbindlich, die planfestgestellt oder genehmigt werden.

6343 **a) Zweck und Geltungsbereich.** Zweck des FluglärmG ist es gem. § 1 FluglärmG, in der Umgebung von Flugplätzen **bauliche Nutzungsbeschränkungen** und **baulichen Schallschutz** zum Schutz der Allgemeinheit und der Nachbarschaft vor Gefahren, erheblichen Nachteilen und erheblichen Belästigungen durch Fluglärm sicherzustellen. Die Regelungen des Fluglärmgesetzes sind auf den Sektor des Fluglärms begrenzt. Es erfolgt also keine summative Gesamtbetrachtung, bei der auch andere Lärmquellen (Straßen, Schiene, Gewerbelärm) einbezogen und bewertet würden.[827]

6344 Als **Fluglärm** wird der von Luftfahrzeugen verursachte Lärm verstanden. Unter die von einem Flugplatz auf seine Umgebung ausgehenden und vom Regelungsregime des Luftverkehrsrechts erfassten Immissionen, die als Fluglärm bezeichnet werden, fallen nicht nur die Geräuschimmissionen von fliegenden Flugzeugen, sondern auch die von auf dem Flugplatz rollenden und stehenden Flugzeugen fallen, soweit die Immissionen von Vorgängen herrühren, die unmittelbar mit dem Flugbetrieb im Zusammenhang stehen.[828] Zu den Bestandteilen des Flugbetriebes zählen neben Starts und Landungen ua auch die auf dem Flugplatz stattfindenden Kraftfahrzeugfahrten zum Zwecke des Be- und Entladens, des Betankens, des Wartens und der Reinigung der Flugzeuge, Rollvorgänge zu und von den Start- und Landebahnen, Roll- und Bremsversuche, Triebwerksprobeläufe vor dem Start sowie allgemeine Wartungsarbeiten und damit verbundene notwendige Triebwerksprobeläufe. Die Einordnung von Wartungsarbeiten an Flugzeugen sowie hiermit verbundener notwendiger Triebwerksprobeläufe als Bestandteil des Flugbetriebes gilt als folgerichtig, weil Flugzeuge nach den jeweiligen Herstellervorgaben in regelmäßigen Abständen verpflichtend gewartet werden müssen und ohne die Einhaltung derartiger Wartungsintervalle ein Flugbetrieb schlichtweg nicht möglich ist.[829]

6345 Nach § 2 II 1 BImSchG gelten die Vorschriften des BImSchG nicht für Flugplätze, soweit nicht die sich aus dem BImSchG ergebenden Anforderungen für Betriebsbereiche oder der Sechste Teil des BImSchG zur Lärmminderungsplanung (§§ 47 a bis 47 f BImSchG) betroffen sind. Bei durch Triebwerksprobeläufe am Flugplatz hervorgerufenen Geräuschemissionen handelt es sich um sog. Bodenlärm, der dem Begriff des Fluglärms zuzurechnen ist und daher abschließend vom Regelungsregime des Luftverkehrsrechts erfasst wird mit der Folge, dass der-

---

826 Näher dazu Pache in Koch/Hofmann/Reese, Handbuch Umweltrecht, 2024, § 16 Rn. 418.

827 Reidt/Fellenberg in Landmann/Rohmer, Umweltrecht, 2008, § 1 FluglärmG Rn. 10.

828 VG Düsseldorf Beschl. v. 3.7.2023 – 3 L 854/23, juris Rn. 50; BVerwG Beschl. v. 7.12.1998 – 11 B 46.98, juris Rn. 12 f.

829 VG Düsseldorf Beschl. v. 3.7.2023 – 3 L 854/23, juris Rn. 50.

artige Triebwerksprobeläufe der Bereichsausnahme des § 2 II 1 BImSchG unterfallen, so dass die hierdurch verursachten Geräuschemissionen dem Geltungsbereich des BImSchG, der TA Lärm und der 4. BImSchV entzogen sind. Sie können insoweit auch nicht durch eine auf § 20 II 1 BImSchG gestützte Ordnungsverfügung seitens der Immissionsschutzbehörden untersagt werden.[830]

b) Einrichtung von Lärmschutzbereichen. In der Umgebung von Flugplätzen werden nach § 2 I FluglärmG Lärmschutzbereiche eingerichtet, die das Gebiet der in § 2 II FluglärmG genannten Schutzzonen außerhalb des Flugplatzgeländes umfassen. Das Fluglärmgesetz legt für neue oder wesentlich baulich erweiterte zivile und militärische Flugplätze iS des § 4 I Nr. 3 und 4 Fluglärmgesetz Lärmschutzbereiche fest, die nach Maßgabe der Lärmbelastung in zwei Schutzzonen für den Tag und eine Schutzzone für die Nacht gegliedert sind. Für neue oder wesentlich baulich erweiterte zivile Flugplätze iS des § 4 I Nr. 1 und 2 betragen die Werte: Tag-Schutzzone 1: LAeq Tag = 60 dB(A), Tag-Schutzzone 2: LAeq Tag = 55 dB(A), für die Nacht-Schutzzone a) bis zum 31.12.2010: LAeq Nacht = 53 dB(A), LAmax = 6 mal 57 dB (A), b) ab dem 1.1.2011: LAeq Nacht = 50 dB(A), LAmax = 6 mal 53 dB(A). 6346

Ein Lärmschutzbereich ist nach § 4 I FluglärmG für folgende Flugplätze festzusetzen: 1. Verkehrsflughäfen mit Fluglinien- oder Pauschalflugreiseverkehr, 2. Verkehrslandeplätze mit Fluglinien- oder Pauschalflugreiseverkehr und mit einem Verkehrsaufkommen von über 25.000 Bewegungen pro Jahr; hiervon sind ausschließlich der Ausbildung dienende Bewegungen mit Leichtflugzeugen ausgenommen, 3. militärische Flugplätze, die dem Betrieb von Flugzeugen mit Strahltriebwerken zu dienen bestimmt sind, 4. militärische Flugplätze, die dem Betrieb von Flugzeugen mit einer höchstzulässigen Startmasse von mehr als 20 Tonnen zu dienen bestimmt sind, mit einem Verkehrsaufkommen von über 25.000 Bewegungen pro Jahr; hiervon sind ausschließlich der Ausbildung dienende Bewegungen mit Leichtflugzeugen ausgenommen. Die Festsetzung des Lärmschutzbereichs erfolgt nach § 4 II FluglärmG durch Rechtsverordnung der Landesregierung. Karten und Pläne, die Bestandteil der Rechtsverordnung sind, können dadurch verkündet werden, dass sie bei einer Amtsstelle zu jedermanns Einsicht archivmäßig gesichert niedergelegt werden. In der Rechtsverordnung ist darauf hinzuweisen. 6347

Neue oder wesentlich baulich erweiterte Flugplätze sind Flugplätze, für die ab dem Inkrafttreten des Fluglärmgesetzes 2007 eine Genehmigung, eine Planfeststellung oder eine Plangenehmigung nach den §§ 6 oder 8 LuftVG für ihre Anlegung, den Bau einer neuen Start- oder Landebahn oder eine sonstige wesentliche bauliche Erweiterung erteilt wird. Die sonstige bauliche Erweiterung eines Flugplatzes ist wesentlich, wenn sie zu einer Erhöhung des äquivalenten Dauerschallpegels LAeq an der Grenze Tag der Tag-Schutzzone 1 oder des äquivalenten Dauerschallpegels LAeq an der Nacht Grenze der Nacht-Schutzzone um mindestens 2 dB(A) führt. Bestehende Flugplätze iSd FluglärmG sind Flugplätze, bei denen die Voraussetzungen der Sätze 3 und 4 nicht erfüllt sind (§ 2 II 3, 4 und 5 FluglärmG). Lärmschutzbereiche sind auf der Grundlage der vorstehenden Belastungswerte festzusetzen (§ 4 III und IV FluglärmG). 6348

Der Lärmschutzbereich für einen neuen, wesentlich baulich erweiterten oder bestehenden Flugplatz ist nach § 4 V 1 FluglärmG neu festzusetzen, wenn eine Änderung in der Anlage oder im Betrieb des Flugplatzes zu einer wesentlichen Veränderung der Lärmbelastung in der Umgebung des Flugplatzes führen wird. Das FluglärmG geht mit dieser spezielleren Regelung § 75 II 2 VwVfG vor und schließt dessen Anwendung aus.[831] Nach § 75 II 2 VwVfG kann der Betroffene Vorkehrungen oder die Errichtung und Unterhaltung von Anlagen verlangen, welche die nachteiligen Wirkungen ausschließen, wenn nicht voraussehbare Wirkungen des Vorhabens oder der dem festgestellten Plan entsprechenden Anlagen auf das Recht eines anderen erst nach Unanfechtbarkeit des Plans auftreten. Betroffene sollen nach dieser Vorschrift nicht schlechter stehen als sie stünden, wenn im Zeitpunkt der Planfeststellung die aufgetretenen nachteiligen Folgen bereits vorhergesehen worden wären Das FluglärmG regelt den Fall späterer Veränderungen abweichend davon. Nach § 4 V 1 FluglärmG ist der Lärmschutzbereich für einen neuen, wesentlich baulich geänderten oder bestehenden Flugplatz neu festzusetzen, wenn eine Änderung in der Anlage oder im Betrieb des Flugplatzes zu einer wesentlichen Veränderung der Lärmbelastung in der Umgebung des Flugplatzes führen wird. Nach § 4 VI 1 FluglärmG ist spätestens nach Ablauf von zehn Jahren seit Festsetzung der Lärmschutzbereiche zu prüfen, ob sich die Lärmbelastung wesentlich verändert hat oder innerhalb 6349

---

[830] VG Düsseldorf Beschl. v. 3.7.2023 – 3 L 854/23, juris Rn. 59.

[831] BVerwG Beschl. v. 5.2.2020 – 4 B 32/18, juris Rn. 14.

der nächsten zehn Jahre voraussichtlich wesentlich ändern wird. Damit regelt das FluglärmG, soweit die Lärmschutzbelange von seinem Regelungsanspruch erfasst sind, als speziellere Norm die Folgen veränderter tatsächlicher Verhältnisse und verdrängt die Regelung des § 75 II 2 VwVfG über nachträgliche Schutzanordnungen.[832]

6350 An der Festsetzung von Lärmschutzbereichen sind die **Gemeinden** zu beteiligen, da sich daraus für ihre Planungen unmittelbare Wirkungen ergeben können. Die mit der Festsetzung eines Lärmschutzbereichs gemäß § 4 FluglärmG einhergehenden Bauverbote des § 5 FluglärmG führen dazu, dass betroffene Gemeinden nicht mehr die uneingeschränkte Möglichkeit haben, im Lärmschutzbereich liegende Baugebiete für die Errichtung von Krankenhäusern, Schulen und ähnlicher schutzbedürftiger Einrichtungen iS des § 5 I 1 FluglärmG vorzusehen. Wegen der Bestimmung des § 5 II FluglärmG ist auch die Ausweisung von Baugebieten, die der Wohnnutzung dienen sollen, eingeschränkt. Daher berührt die Festsetzung eines Lärmschutzbereichs durch Rechtsverordnung gemäß § 4 FluglärmG die Bauleitplanung der Gemeinden in erheblicher Weise[833] und wirkt sich damit auf die von Art. 28 II 1 GG umfasste Planungshoheit der Gemeinden aus.[834]

6351 Ein **Anspruch auf Erlass einer Schutzbereichsverordnung** kann sich für den Eigentümer eines Grundstücks aus der Nachbarschaft eines Verkehrsflughafens aus § 4 I 1 Nr. 1 und II 1 iVm IV 1 bzw. V 1 FluglärmG ergeben. Ein solcher Anspruch kann im Wege einer Leistungsklage gerichtlich geltend gemacht werden.[835] Ein Anspruch auf Erlass einer Schutzbereichsverordnung besteht für den Eigentümer eines Grundstücks jedoch von vornherein nicht, wenn für ihn mit der Lage seines Grundstücks innerhalb des Lärmschutzbereichs, der durch eine solche Schutzbereichsverordnung festgelegt wird, mit keinen rechtlichen Vorteilen verbunden ist. Das ist der Fall, wenn Ansprüche gemäß § 9 I und II FluglärmG auf Erstattung von Aufwendungen für bauliche Schallschutzmaßnahmen, Ansprüche auf Entschädigung gemäß § 8 FluglärmG wegen Bauverboten und Ansprüche auf Entschädigung wegen Beeinträchtigungen des Außenwohnbereichs gemäß § 9 V FluglärmG unabhängig von der Lage des betreffenden Grundstücks innerhalb des Lärmschutzbereichs ausgeschlossen sind.[836] Eigentümern von Grundstücken aus der Nachbarschaft eines Verkehrsflughafens stehen im Hinblick auf den Erlass einer Schutzbereichsverordnung keine spezifischen, dh selbständig ungeachtet der Betroffenheit ihrer materiellen Rechtspositionen durchsetzbaren Verfahrensrechte zu.[837] Den Erlass einer (neuen) Schutzbereichsverordnung können Eigentümer von Grundstücken aus der Nachbarschaft eines Verkehrsflughafens nicht beanspruchen, wenn eine solche Schutzbereichsverordnung bereits erlassen worden ist, ohne dass dadurch ihre Rechte verkürzt oder in sonstiger Weise beeinträchtigt worden sind.[838]

6352 **c) Bauverbote.** Für die beiden Tagschutzzonen und die Nachtschutzzone regelt § 5 Fluglärmgesetz entsprechende Bauverbote. In einem Lärmschutzbereich dürfen nach § 5 I 1 FluglärmG Krankenhäuser, Altenheime, Erholungsheime und ähnliche in gleichem Maße schutzbedürftige Einrichtungen nicht errichtet werden. In den Tag-Schutzzonen des Lärmschutzbereichs gilt Gleiches für Schulen, Kindergärten und ähnliche in gleichem Maße schutzbedürftige Einrichtungen. Die nach Landesrecht zuständige Behörde kann Ausnahmen zulassen, wenn dies zur Versorgung der Bevölkerung mit öffentlichen Einrichtungen oder sonst im öffentlichen Interesse dringend geboten ist. In der Tag-Schutzzone 1 und in der Nacht-Schutzzone dürfen Wohnungen nach § 5 II FluglärmG nicht errichtet werden. Weitere Ausnahmen vom Bauverbot regelt § 5 III FluglärmG.

6353 Die nach § 5 I 3, II 2 und III FluglärmG zulässigen baulichen Anlagen sowie Wohnungen in der Tag-Schutzzone 2 dürfen nach § 6 FluglärmG nur errichtet werden, sofern sie den nach § 7 FluglärmG festgesetzten Schallschutzanforderungen genügen. Die Verpflichtung der Träger des Vorhabens zur Erfüllung von Lärmschutzauflagen entfällt, soweit aufgrund von Vorschriften des FluglärmG, eines Bebauungsplans oder Auflagen in der Baugenehmigung bereits zum Zeitpunkt der Errichtung des Gebäudes Vorrichtungen zum Schutz gegen Fluglärm einzubauen

[832] BVerwG Beschl. v. 5.2.2020 – 4 B 32/18, juris Rn. 14; OVG Berlin-Brandenburg Urt. v. 18.9.2014 – 6 A 22.14, juris Rn. 28 ff.
[833] Luckow DVBl. 1981, 1133.
[834] BVerfG NJW 1981, 1659; Sander BauR 1975, 390.
[835] OVG Münster ZLW 2019, 674 = juris Rn. 137, 161.
[836] OVG Münster ZLW 2019, 674 = juris Rn. 163, 169.
[837] OVG Münster ZLW 2019, 674 = juris Rn. 218, 222, 296.
[838] OVG Münster ZLW 2019, 674 = juris Rn. 165, 296.

waren und der Grundstückseigentümer oder Bauherr dieser Verpflichtung nicht nachgekommen ist.[839]

d) Entschädigungen. Bei Bauverboten ist nach Maßgabe des § 8 FluglärmG eine Entschädigung zu gewähren. Wird durch ein Bauverbot nach § 5 I 1 und 2 oder II 1 FluglärmG die bisher zulässige bauliche Nutzung aufgehoben und tritt dadurch eine nicht nur unwesentliche Wertminderung des Grundstücks ein, so kann der Eigentümer gem. § 8 I 1 FluglärmG insoweit eine angemessene Entschädigung in Geld verlangen. Der Eigentümer kann ferner § 8 I 2 FluglärmG eine angemessene Entschädigung in Geld verlangen, soweit durch das Bauverbot Aufwendungen für Vorbereitungen zur baulichen Nutzung des Grundstücks an Wert verlieren, die der Eigentümer im Vertrauen auf den Bestand der bisher zulässigen baulichen Nutzung gemacht hat. Für Aufwendungen für bauliche Schallschutzmaßnahmen und Beeinträchtigungen des Außenwohnbereichs werden nach Maßgabe des § 9 FluglärmG ein Aufwendungsersatz bzw. eine Entschädigung gewährt. 6354

Nach § 5 IV Fluglärm genießen nur diejenigen baulichen Anlagen, für die vor der Festsetzung des Lärmschutzbereichs eine Baugenehmigung erteilt worden ist, Bestandsschutz mit der Folge eines Anspruchs auf Erstattung für Schallschutzaufwendungen und/oder Entschädigung für die Beeinträchtigung des Außenwohnbereichs gemäß § 9 I FluglärmG. In Fällen, in denen auf einem Grundstück nach Festsetzung des Lärmschutzbereichs Wohnungen neu errichtet oder vorhandene bauliche Anlagen zu Wohnungen umgenutzt werden, besteht weder ein Anspruch auf Erstattung von Aufwendungen für passive Schallschutzmaßnahmen, noch ein Anspruch auf Entschädigung für den Außenwohnbereich nach § 9 FluglärmG.[840] Auch im Fall einer Änderung der bestandsgeschützten Nutzung muss der Eigentümer sich wie bei der Neuerrichtung zurechnen lassen, dass er sich der Lärmvorbelastung des Grundstücks selber ausgesetzt hat und diese Vorbelastung mit Fluglärm dulden bzw. selbst für passiven Schallschutz in ausreichendem Maß Sorge tragen.[841] Dies gilt zudem unabhängig davon, ob die Nutzungsänderung unter Beachtung oder unter Missachtung der Bauverbote genehmigt wurde. Da im Unterschied zu den besonders schutzbedürftigen Einrichtungen des § 5 I 1 und 2 FluglärmG für die Wohnnutzung Legalausnahmen existieren (§ 5 III 1 FluglärmG), kommt es auf eine gesonderte behördliche Ausnahmeentscheidung wie in § 5 I 3 FluglärmG nicht an.[842] 6355

e) Erstattung von Aufwendungen und Entschädigung für Beeinträchtigungen des Außenwohnbereichs. Dem Eigentümer eines in der Tag-Schutzzone 1 gelegenen Grundstücks, auf dem bei Festsetzung des Lärmschutzbereichs Einrichtungen nach § 5 I 1 und 2 FluglärmG oder Wohnungen errichtet sind oder auf dem die Errichtung von baulichen Anlagen nach § 5 IV FluglärmG zulässig ist, werden auf **Antrag** Aufwendungen für bauliche Schallschutzmaßnahmen nach Maßgabe von § 9 III, IV § 10 FluglärmG erstattet. 6356

Soweit für einen bestehenden zivilen Flugplatz im Sinne des § 2 II 2 Nr. 2 FluglärmG der durch Fluglärm hervorgerufene äquivalente Dauerschallpegel L(tief)Aeq Tag bei einem Grundstück den Wert von 70 dB(A) übersteigt, entsteht der Anspruch mit der Festsetzung des Lärmschutzbereichs; ansonsten entsteht der Anspruch mit Beginn des sechsten Jahres nach Festsetzung des Lärmschutzbereichs. Für einen bestehenden militärischen Flugplatz im Sinne des § 2 II 2 Nr. 4 FluglärmG gilt das mit der Maßgabe, dass auf einen Wert von 73 dB(A) abzustellen ist. Für einen neuen oder wesentlich baulich erweiterten zivilen Flugplatz im Sinne des § 2 II 2 Nr. 1 FluglärmG gilt § 9 I 2 FluglärmG mit der Maßgabe, dass auf einen Wert von 65 dB(A) abzustellen ist. Für einen neuen oder wesentlich baulich erweiterten militärischen Flugplatz iSv § 2 II 2 Nr. 3 gilt § 9 I 2 FluglärmG mit der Maßgabe, dass auf einen Wert von 68 dB(A) abzustellen ist. 6357

Dem Eigentümer eines in der Nacht-Schutzzone gelegenen Grundstücks, auf dem bei Festsetzung des Lärmschutzbereichs Einrichtungen nach § 5 I 1 FluglärmG oder Wohnungen errichtet sind oder auf dem die Errichtung von solchen baulichen Anlagen gemäß § 5 IV FluglärmG zulässig ist, werden für Räume, die in nicht nur unwesentlichem Umfang zum Schlafen benutzt werden, Aufwendungen für bauliche Schallschutzmaßnahmen, bei einem zivilen Flugplatz im Sinne des § 2 II 2 Nr. 1 und 2 FluglärmG einschließlich des Einbaus von Belüftungseinrichtungen, nach Maßgabe der § 9 III und IV FluglärmG und des § 10 FluglärmG erstattet. 6358

---

839 OVG Berlin-Brandenburg Urt. v. 6.11.2023 – OVG 6 A 3/23, juris Rn. 14.

840 VGH Kassel ESVGH 70, 121 = juris Rn. 39.

841 VGH Kassel ESVGH 70, 121 = juris Rn. 39.

842 VGH Kassel ESVGH 70, 121 = juris Rn. 39.

Voraussetzung dafür ist, dass auf dem in der Nacht-Schutzzone gelegenen Grundstück die geschützte Nutzung – der Schlaf in Wohnungen oder schutzbedürftigen Einrichtungen – ausgeübt wird.[843]

6359 Soweit für einen bestehenden Flugplatz im Sinne des § 2 2 Nr. 2 und 4 FluglärmG der durch Fluglärm hervorgerufene äquivalente Dauerschallpegel L(tief)Aeq Nacht bei einem Grundstück den Wert von 60 dB(A) übersteigt, entsteht der Anspruch mit der Festsetzung des Lärmschutzbereichs; ansonsten entsteht der Anspruch mit Beginn des sechsten Jahres nach Festsetzung des Lärmschutzbereichs. Für einen neuen oder wesentlich baulich erweiterten Flugplatz im Sinne des § 2 II 2 Nr. 1 a und Nr. 3 a gilt § 9 II 2 FluglärmG mit der Maßgabe, dass auf einen Wert von 58 dB(A) abzustellen ist; für einen Flugplatz im Sinne des § 2 II 2 Nr. 1 b und Nr. 3 b FluglärmG ist auf einen Wert von 55 dB(A) abzustellen.

6360 Ist ein Lärmschutzbereich auf Grund des § 4 III, IV oder V FluglärmG neu festgesetzt worden, werden Aufwendungen für bauliche Schallschutzmaßnahmen nicht erstattet, wenn gemäß § 6 FluglärmG bauliche Anlagen sowie Wohnungen schon bei der Errichtung in der bis zur Neufestsetzung geltenden Tag-Schutzzone 2 den Schallschutzanforderungen genügen mussten und die danach erforderlichen Schallschutzmaßnahmen sich im Rahmen der nach § 7 erlassenen Rechtsverordnung halten. Ferner ist eine Erstattung ausgeschlossen, wenn der nach § 12 FluglärmG Zahlungspflichtige bereits im Rahmen freiwilliger Schallschutzprogramme oder in sonstigen Fällen Aufwendungen für bauliche Schallschutzmaßnahmen erstattet hat, die sich im Rahmen der nach § 7 FluglärmG erlassenen Rechtsverordnung halten. Einer Erstattung steht nicht entgegen, dass ein Grundstückseigentümer oder ein sonstiger nach Absatz 7 Anspruchsberechtigter bauliche Schallschutzmaßnahmen vor dem Zeitpunkt des Entstehens des Anspruchs auf Erstattung der Aufwendungen durchgeführt hat, soweit die Durchführung nach der Festsetzung des der Anspruchsentstehung zugrunde liegenden Lärmschutzbereichs erfolgt ist.

6361 Die Aufwendungen für bauliche Schallschutzmaßnahmen werden nur erstattet, soweit sich die Maßnahmen im Rahmen der nach § 7 FluglärmG erlassenen Rechtsverordnung halten. Die Bundesregierung wird ermächtigt, durch Rechtsverordnung mit Zustimmung des Bundesrates den Höchstbetrag der Erstattung je Quadratmeter Wohnfläche und die Berechnung der Wohnfläche, pauschalierte Erstattungsbeträge sowie Art und Umfang der erstattungsfähigen Nebenleistungen zu regeln (§ 9 IV FluglärmG).

6362 Der Eigentümer eines in der Tag-Schutzzone 1 gelegenen Grundstücks, auf dem bei Festsetzung des Lärmschutzbereichs für einen neuen oder wesentlich baulich erweiterten Flugplatz im Sinne des § 2 II 2 Nr. 1 und 3 FluglärmG Einrichtungen nach § 5 I 1 und 2 FluglärmG oder Wohnungen errichtet sind oder auf dem die Errichtung von solchen baulichen Anlagen gemäß § 5 IV FluglärmG zulässig ist, kann eine angemessene Entschädigung für Beeinträchtigungen des Außenwohnbereichs in Geld nach Maßgabe der nach Absatz 6 erlassenen Rechtsverordnung verlangen. Soweit für einen neuen oder wesentlich baulich erweiterten zivilen Flugplatz im Sinne des § 2 II 2 Nr. 1 FluglärmG der durch Fluglärm hervorgerufene äquivalente Dauerschallpegel L(tief)Aeq Tag bei einem Grundstück den Wert von 65 dB(A) übersteigt, entsteht der Anspruch auf Erstattung mit der Inbetriebnahme des neuen oder wesentlich baulich erweiterten Flugplatzes; ansonsten entsteht der Anspruch mit Beginn des sechsten Jahres nach Festsetzung des Lärmschutzbereichs. Für einen neuen oder wesentlich baulich erweiterten militärischen Flugplatz im Sinne des § 2 II 2 Nr. 3 FluglärmG gilt § 9 V 2 FluglärmG mit der Maßgabe, dass auf einen Wert von 68 dB(A) abzustellen ist (§ 9 V FluglärmG).

6363 **f) Verbindlichkeit für Planfeststellungs- und Genehmigungsverfahren.** Die vorgenannten Regelungen des FluglärmG sind nach sind für Planfeststellungs- und Genehmigungsverfahren verbindlich, deren Zulassungsentscheidung nach Inkrafttreten des Fluglärmgesetzes ergeht (§ 13 FluglärmG).[844] Die Planfeststellungsbehörde hat daher das Entschädigungskonzept des Fluglärmgesetzes anzuwenden. Ein Abweichungsspielraum besteht in diesen Bereich nicht. Soweit in früheren Zulassungsentscheidungen weitergehende Regelungen getroffen worden sind, gelten diese weiterhin.

6364 Zugleich sind in der luftverkehrsrechtlichen Planfeststellung und Genehmigung zum Schutz der Allgemeinheit und der Nachbarschaft vor schädlichen Umwelteinwirkungen durch Fluglärm die jeweils anwendbaren Werte des § 2 II Fluglärmgesetz zu beachten. Die Planfeststellung muss daher ihre Entscheidungen auf der Grundlage der festzulegenden Lärmschutzbe-

[843] BVerwG Beschl. v. 5.2.2020 – 4 B 32/18, juris Rn. 17.

[844] Siehe dazu BVerwG Beschl. v. 10.5.2023 – 4 B 19/22, juris.

reiche der Tag- und Nachtschutzzonen treffen, für die das Modell des Fluglärmgesetzes maßgeblich ist.

Das **Lärmschutzkonzept** des Fluglärmgesetzes ist auch der **planerischen Abwägung** zugrunde zu legen.[845] Als Vorfrage ergibt sich allerdings das Erfordernis der Planrechtfertigung und es stellt sich zudem die Frage nach dem Erfordernis und der Rechtfertigung des Eingriffs in geschützte Belange, Rechte und ggf. enteignetes Eigentum. Dabei ist auch zu prüfen, ob unter dem Blickwinkel der Erforderlichkeit im Rahmen der getroffenen Standortentscheidung weniger eingreifende Alternativen zur Verfügung stehen und die durch den Eingriff bewirkten Belastungen verhältnismäßig sind. Dies schließt die Prüfung einer Begrenzung des Flugverkehrs und aktiver Schallschutzmaßnahmen mit dem Ziel einer Verringerung der Lärmbelastungen im Rahmen der planerischen Abwägung ein. Die Planfeststellungsbehörde kann sich von dieser Aufgabe nicht einfach dadurch verabschieden, dass sie auf die neuen Grenzwerte des Fluglärmgesetzes verweist. Vielmehr steht nach wie vor die der Gewährung des passiven Lärmschutzes vorgelagerte Beurteilung an, ob zum Schutz der betroffenen Bevölkerung oder berechtigter kommunaler Interessen Maßnahmen des aktiven Lärmschutzes vor allem durch eine Begrenzung des Flugbetriebes erforderlich sind. 6365

Unmittelbar gilt das FluglärmG für Planfeststellungsbeschlüsse, die nach Inkrafttreten der Änderung des FluglärmG erlassen worden sind, auch wenn das Planfeststellungsverfahren bereits zuvor förmlich eingeleitet worden ist. Für die hochstufige Ebene der Landesplanung wird das FluglärmG in der Regel (lediglich) eine Orientierungsfunktion bei der zu treffenden Auswahlentscheidung über die verschiedenen Standorte haben. Denn die Feinsteuerung erfolgt auch hier erst im Planfeststellungsverfahren. 6366

Das **Fluglärmschutzgesetz** hat die **Zumutbarkeitsschwelle** für den Regelfall abschließend festgesetzt (§ 13 I FlugLärmG). Atypische Fälle, die zu einem hiervon abweichenden Sicherheitszuschlag bei den Grenzwerten für Fluglärm zwingen könnten, sind nicht durch Belastungen gekennzeichnet, die mit dem Betrieb eines Flughafens üblicherweise verbunden sind und mit zunehmender Verkehrsdichte und damit zunehmendem Lärmpegel steigen.[846] Der Anspruch auf **passiven Schallschutz** ist gemäß § 9 I, II und V FluglärmG an die Belegenheit der Grundstücke in der Tag- oder Nacht-Schutzzone und damit an das Überschreiten der in § 2 II 2 Nr. 1 FluglärmG jeweils für die Tag- und Nacht-Schutzzone gesondert geregelten Auslösewerte geknüpft. Das Fluglärmschutzgesetz ist insoweit ein Spezialgesetz zu § 9 II LuftVG, der anordnet, dass dem Unternehmer im Planfeststellungsbeschluss die Errichtung und Unterhaltung der Anlagen aufzuerlegen sind, die für das öffentliche Wohl oder zur Sicherung der Benutzung der benachbarten Grundstücke gegen Gefahren oder Nachteile notwendig sind. Die jeweils anwendbaren Werte des § 2 II FluglärmG bestimmen die fachplanerische Zumutbarkeitsschwelle und damit die Auslösewerte, bei deren Überschreiten der Vorhabenträger die Benutzung der benachbarten Grundstücke durch Erstattung der Aufwendungen für Maßnahmen des passiven Schallschutzes sicherzustellen sowie Entschädigung für Beeinträchtigungen des Außenwohnbereichs zu leisten hat. Die Planfeststellungsbehörde ist deshalb weder generell berechtigt noch gar verpflichtet, auf der Grundlage des § 9 II LuftVG weiterreichenden baulichen Schallschutz unterhalb der Auslösewerte des Fluglärmschutzgesetzes anzuordnen. § 9 II LuftVG steht hierfür als Rechtsgrundlage nicht zur Verfügung. Soweit die Lärmschutzbelange vom Regelungsanspruch des Fluglärmschutzgesetzes erfasst sind, decken dessen Lärmgrenzwerte alle Schutzziele ab, die in der lärmmedizinischen Literatur diskutiert werden. Damit ist die Planfeststellungsbehörde im Interesse einer Verbesserung der Rechtssicherheit und der Verfahrensbeschleunigung in Zukunft grundsätzlich der Verpflichtung enthoben, jedenfalls bei der Bestimmung der fachplanungsrechtlichen Zumutbarkeitsgrenze Erkenntnissen der Lärmmedizin und der Lärmwirkungsforschung nachzugehen[847]. Lediglich für atypische, vom Regelungsanspruch des Fluglärmschutzgesetzes nicht erfasste Situationen darf die Planfeststellungsbehörde Schutzanforderungen in ihr Lärmschutzkonzept einbauen.[848] 6367

g) Nachtruhe als herausgehobener Belang in der Abwägung. Grundsätzlich entscheidet die Planfeststellungsbehörde im Rahmen ihrer planerischen Gestaltungsfreiheit nach ihrem pflichtgemäßen Ermessen, in welcher Weise sie den Belangen des Lärmschutzes Rechnung tra- 6368

[845] Zum Lärmschutz in der Abwägung bei unsicherer Prognose Haaß UPR 2017, 241.
[846] BVerwG Beschl. v. 22.6.2015 – 4 B 61.14, juris.
[847] BVerwGE 141, 1 Rn. 167.
[848] BVerwG UPR 2015, 228.

gen will. Das Ermessen ist allerdings durch § 9 II LuftVG begrenzt. Die darin getroffene Anordnung, dass im Planfeststellungsbeschluss dem Unternehmer die Errichtung und Unterhaltung der Anlagen aufzuerlegen sind, die für das öffentliche Wohl oder zur Sicherung der Benutzung der benachbarten Grundstücke gegen Gefahren oder Nachteile notwendig sind, setzt der Planungsentscheidung hinsichtlich der unzumutbar Betroffenen eine äußerste, mit einer „gerechten Abwägung" nicht mehr überwindbare Grenze. Um den Anforderungen des Abwägungsgebots zu genügen, reicht es nicht aus, allein dafür Sorge zu tragen, dass diese Schwelle nicht überschritten wird. Die Lärmschutzinteressen der Anwohner sind auch in die Abwägung einzubeziehen, soweit es die Lärmbelastungen unterhalb dieser Zumutbarkeitsschwelle betrifft. Dazu gehören insbesondere Erwägungen über flugbetriebliche Beschränkungen gemäß § 8 IV 1 LuftVG. Dabei hat die Nachtruhe der Bevölkerung auch bei Einhaltung der Grenzwerte einen herausgehobenen Stellenwert, der nur durch qualifizierte Gründe überwunden werden kann.[849]

6369 § 29 b I 2 LuftVG erlegt der Zulassungsbehörde im Planfeststellungsverfahren die Verpflichtung auf, auf die Nachtruhe der Bevölkerung in besonderem Maße Rücksicht zu nehmen.[850] Das gesetzlich eingeforderte Rücksichtnahmegebot führt zwar nicht zwingend zu einem Nachtflugverbot als dem allein rechtmäßigen Abwägungsergebnis,[851] vor seinem Hintergrund bedarf die Zurückdrängung des Lärmschutzinteresses indes einer gesteigerten Rechtfertigung. Die Regelung eines Nachtflugverbotes im Zusammenhang mit einer Erweiterung auch eines internationalen Verkehrsflughafens wie in Frankfurt verstößt nicht gegen **internationales Luftverkehrsrecht** oder das **Recht der Europäischen Gemeinschaft**, sondern ist eine Frage der austarierenden Abwägungsentscheidung. Denn Luftverkehr wird danach immer nur in dem Umfang gewährt, wie er im nationalen Recht zugelassen ist.

6370 **h) Fluglärmschutz in der fachplanerischen Abwägung.** Die Planfeststellungsbehörde hat auch im luftverkehrsrechtlichen Verfahren das **Abwägungsgebot** zu beachten. Dazu gehören auch die Ermittlung und zutreffende Bewertung des entstehenden **Fluglärms**. Der Schutz vor Fluglärm ist sowohl bei der luftverkehrsrechtlichen Genehmigung nach § 6 LuftVG als auch bei der luftverkehrsrechtlichen Planfeststellung oder der luftverkehrsrechtlichen Plangenehmigung nach § 8 LuftVG angemessen zu berücksichtigen. Die Planfeststellungsbehörde hat grundsätzlich im Rahmen ihrer planerischen Gestaltungsfreiheit nach pflichtgemäßem Ermessen zu entscheiden, welche Maßnahmen zur Bewältigung des Lärmschutzes getroffen werden sollen.[852] Dabei muss sie eine schwere und unerträgliche Lärmbetroffenheit, die unzumutbare Lärmbelastung, die zu Schutzanlagen im Sinne von § 74 II 2 VwVfG (vormals § 9 II LuftVG) zu Lasten des Flughafenunternehmers führt, sowie den unterhalb der Zumutbarkeitsschwelle liegenden, aber nicht unerheblichen Fluglärm berücksichtigen. Abwägungserheblich ist damit jede Lärmbelastung, die nicht nur als geringfügig angesehen werden kann.[853] Das Abwägungsergebnis ist rechtswidrig, wenn einzelnen Belangen eine Bedeutung beigemessen worden ist, die zu der ihnen zukommenden objektiven Gewichtigkeit außer Verhältnis steht. Dem Lärmschutz und – im Hinblick auf den Naturhaushalt – dem Geländeverbrauch kommen für die Abwägung besondere Bedeutung zu. Gleichwohl kann ein zusätzlicher Geländeverbrauch gerechtfertigt sein, wenn anderenfalls Anwohner durch Fluglärm schwer und unerträglich[854] belastet oder gewachsene Ortsstrukturen zerstört werden.[855] Die Bewältigung der Lärmschutzprobleme beschränkt sich dabei nicht allein auf unzumutbaren Fluglärm iS von § 74 II 2 VwVfG (vormals § 9 II LuftVG). Als abwägungserheblicher Belang ist vielmehr jede Lärmbelastung anzusehen, die mehr als geringfügig einzustufen und erkennbar ist sowie auf schutzwürdige Objekte trifft. Nach § 9 II LuftVG sind dem Unternehmer im Planfeststellungsbeschluss die Errichtung und Unterhaltung der Anlagen aufzuerlegen, die für das öffentliche Wohl oder zur Sicherung der Benutzung der benachbarten Grundstücke gegen Gefahren oder Nachteile notwendig sind. Ist der Plan rechtskräftig festgestellt, so sind Beseitigungs- und Änderungsansprüche gegenüber festgestellten Anlagen ausgeschlossen (§ 9 III LuftVG). Notwen-

---

[849] BVerwG DVBl. 2006, 1373; NVwZ 2007, 445; Stüer DVBl. 2007, 610; Ekardt NVwZ 2007, 421; NVwZ 2007, 2219.
[850] BVerwG DVBl. 2006, 1373 = juris Rn. 269.
[851] BVerwGE 87, 332.
[852] BVerwG NVwZ-RR 1991, 601.
[853] BVerwG NVwZ-RR 1991, 601.
[854] BVerwG DVBl. 1974, 777.
[855] BVerwG NVwZ 1987, 578.

dig iS von § 74 II 2 VwVfG (vormals § 9 II LuftVG) sind solche Schutzmaßnahmen durch Dritte jedoch nur dann, wenn die Planfeststellungsbehörde sich auf der Grundlage einer fehlerfreien Abwägung nicht in der Lage sieht, die Problembewältigung durch eigene planerische Gestaltung des Flughafens einschließlich seines Betriebes zu leisten.

i) Lärmkontingentierung und Betriebsregelungen. Dem Vorhabenträger können nach § 9 II LuftVG nur solche Schutzmaßnahmen aufgegeben werden, die er in rechtlich zulässiger Weise durchzusetzen vermag. Dazu gehört nicht der Lärmschutz durch eine Lärmkontingentierung, die auf unmittelbar kapazitätssteuernden Koordinierungszwecken beruht. Diese kann als Betriebsregelung in Form einer allgemein gültigen Auflage ausgesprochen werden. Die Frage, welche Nachteile iS des § 9 II LuftVG die Anordnung von Schutzanlagen erfordern, ist im Allgemeinen nicht auf Grund einer überschauend-regionalen, sondern einer individuellen Betrachtung und Zumutbarkeit von Lärmeinwirkungen auf einzelne Grundstücke zu beantworten. Ist der Fluglärm durch Einschränkungen des Flugbetriebs zu begrenzen, darf die Planfeststellungsbehörde dem Flughafenunternehmer auch betriebsregelnde Maßnahmen auferlegen.[856] 6371

Bei der luftverkehrsrechtlichen Planfeststellung darf auf ein bereits stattgefundenes **Genehmigungsverfahren** zurückgegriffen werden. Soweit Lärmschutz bereits durch die Betriebsregelungen der luftverkehrsrechtlichen Genehmigung bewirkt wird, darf die Planfeststellungsbehörde hiervon ausgehen. Es kommt dann für die Rechtmäßigkeit des Planfeststellungsbeschlusses insoweit nur darauf an, ob damit eine abschließende planerische Bewältigung der Lärmproblematik gegeben ist oder ob zusätzliche Maßnahmen des aktiven oder passiven Schallschutzes erforderlich sind. Die luftverkehrsrechtliche Genehmigung nach § 6 LuftVG und das anschließende luftverkehrsrechtliche Planfeststellungsverfahren nach § 10 LuftVG können sich daher miteinander verzahnen. Daran hat auch die Änderung des § 8 IV LuftVG nichts geändert. 6372

Betriebsregelungen zum Schutz gegen nächtlichen Fluglärm unterliegen den rechtlichen Anforderungen des fachplanerischen Abwägungsgebots. **Nachtflugregelungen** für einen Verkehrsflughafen dürfen auf eine Bedarfslage ausgerichtet sein, die zwar noch nicht eingetreten ist, aber bei vorausschauender Betrachtung in absehbarer Zeit mit hinreichender Sicherheit erwartet werden kann. Eine Nachtflugregelung, die im Vorgriff auf einen noch nicht absehbaren Bedarf erlassen wird, kann als reine „Vorratsplanung" abwägungsfehlerhaft sein. Im Fall einer vorzeitigen Planungsentscheidung erlangen die Lärmschutzbelange der Flughafenanwohner aus Rechtsschutzgründen ein besonders Gewicht. Eine Nachtflugregelung ist nicht schon deshalb abwägungsfehlerhaft, weil sie die nächtlichen Flugbewegungen nicht durch eine zahlenförmige Höchstgrenze (Bewegungskontingent), sondern durch ein maximales nächtliches Lärmvolumen beschränkt.[857] 6373

Ein **nachträgliches Nachtflugverbot** für einen Verkehrsflughafen kann nur angeordnet werden, wenn eine entsprechende Rechtsgrundlage besteht. Nach der Rechtsprechung des BVerwG[858] ist zwischen der grundsätzlichen Einstufung des Flughafens und den einzelnen Betriebsregelungen zu unterscheiden. Steht die Zulässigkeit des Verkehrsflughafens bestandskräftig fest, weil entsprechende Klagen gegen den Planfeststellungsbeschluss zurückgewiesen worden sind, darf nicht über Betriebseinschränkungen diese Funktion des internationalen Verkehrsflughafens wieder in Frage gestellt werden. Zudem können durch Schutzauflagen nach § 9 II LuftVG dem Unternehmer keine Lärmkontingente vorgeschrieben werden. Dies gilt auch für ein Nachtflugverbot eines bereits durch Teilurteil als rechtmäßig angesehenen internationalen Verkehrsflughafens.[859] Ein Nachtflugverbot oder ein eingeschränkter Nachtbetrieb kann aber das Ergebnis einer Abwägung im Rahmen des Planfeststellungsverschlusses sein. Auf ein bestimmtes Ergebnis dieser Abwägung haben die Lärmschutzbetroffenen indes keinen Rechtsanspruch, sodass die auf eine Lärmkontingentierung und ein Nachtflugverbot gerichteten Klagen von Betroffenen und Gemeinden gegen den Flughafen München II abgewiesen worden sind. Damit ist aber nicht ausgeschlossen, dass die Planfeststellungsbehörde im Rahmen ihrer Abwägung bei der Planfeststellung nach § 8 LuftVG zu entsprechenden Maßnahmen kommt, indem sie dem Flughafen sozusagen von vornherein ein bestimmtes Gepräge gibt. Ein Nachtflugver- 6374

---

856 BVerwG NVwZ 1984, 718.

857 BVerwG NVwZ 2005, 933.

858 Zur Startbahn West in Frankfurt: BVerwG DVBl. 1978, 845; BVerwG DVBl. 1984, 1075; BVerwG NVwZ 1987, 578; BVerwG NVwZ-RR 1991, 601.

859 BVerwG NVwZ-RR 1991, 601.

bot oder eine Lärmkontingentierung sind daher nicht grundsätzlich ausgeschlossen, können nur nicht auf der Grundlage des § 9 II LuftVG als Schutzauflage verfügt werden, sondern können nur das Ergebnis einer allgemeinen planerischen Abwägung sein. Die Behörde wird allerdings in diesen Möglichkeiten eingeschränkt, soweit die Planfeststellungsbeschlüsse bestandskräftig sind. Ein Gericht hat hier im Vergleich zur Planfeststellungsbehörde nur geringere Entscheidungsspielräume. In eine bestandskräftige Zulassung kann nur bei Rechtswidrigkeit des Beschlusses unter Berücksichtigung des Vertrauensschutzes des Unternehmers und der Fluggesellschaften (§ 48 VwVfG) oder dann eingegriffen werden, wenn sich neue, unvorhersehbare Gefahren herausstellen, die eine Änderung der damaligen Regelungen zwingend erforderlich machen (§ 48 II Nr. 3 und 5 VwVfG).

6375 Ist allerdings ein durchgreifender Flughafenausbau mit einer weiteren Start- und Landebahn beabsichtigt, steht auch der vorhandene Betrieb einschließlich seines konkreten Widmungsumfangs erneut auf dem Prüfstand. Die Planfeststellungsbehörde hat daher im Rahmen der Abwägung auch den vorhandenen Betrieb zu berücksichtigen und in eine Gesamtbetrachtung einzutreten. Das gilt vor allem dann, wenn sich Wechselwirkungen zwischen den einzelnen Ausbauteilen ergeben und der Flughafen nach der beabsichtigten Erweiterung als Einheit erscheint. Die Planfeststellungsbehörde ist im Rahmen dieser Abwägung auch nicht daran gehindert, die bisherige Widmung zu konkretisieren, zu verändern oder einzuschränken. Die Abwägung ist allerdings ergebnisoffen und vom Einzelfall abhängig.

6376 **j) Vorbelastung.** Bei der Bestimmung der Zumutbarkeit der Lärmbelastung kann auch eine tatsächliche oder plangegebene Vorbelastung eine Rolle spielen. Bei der Planung eines öffentlichen Infrastrukturvorhabens müssen die nachteiligen Folgen für die Anwohner bedacht und abgewogen werden. Übersteigen sie das Maß des Zumutbaren, so sind Schutzvorkehrungen zu treffen oder – soweit dies nach Lage der Dinge nicht möglich ist – ein Ausgleich in Geld zu gewähren. Führt jedoch eine tatsächliche Vorbelastung dazu, dass nachteilige Auswirkungen des Vorhabens die Anwohner nicht mehr erreichen, dann besteht kein Anlass für einen Ausgleich. Eine Pflicht zur **Verbesserung** der vorgefundenen Situation obliegt der Planungsbehörde grundsätzlich nicht.[860] Eine **tatsächliche Vorbelastung** kann Kausalitätsprobleme hervorrufen. Bereits tatsächlich vorhandene Geräuschvorbelastungen können so hoch sein, dass der durch einen neuen Flughafen zu erwartende Fluglärm die Flughafenanwohner gar nicht erreicht und damit für die Lärmbetroffenheit nicht kausal wird.[861] In einem solchen Fall scheidet ein Ausgleich gemäß § 9 II LuftVG aus, denn die Planfeststellungsbehörde trifft keine Pflicht zur Verbesserung der vorgefundenen Situation.[862] Trotz einer tatsächlichen Vorbelastung sind Schutzanlagen aber unter dem Gesichtspunkt der „Lärmvorsorge" dann anzuordnen, wenn der neu hinzutretende Fluglärm die bisherigen Lärmimmissionen derart erhöht, dass gerade in der Erhöhung des Lärmpegels eine zusätzliche und unzumutbare Belastung liegt.[863] Außerdem ist bei der Änderung oder Erweiterung eines bestehenden Flughafens dessen bisherige Lärmeinwirkung als tatsächliche Vorbelastung zu berücksichtigen. Diese wirkt sich aber dann nicht schutzmindernd aus, wenn sie bereits vor Ausführung des Planvorhabens die Zumutbarkeitsgrenze überschritten hat. Dann müssen unter dem Gesichtspunkt der „Lärmsanierung" dem Flughafenunternehmer aus Anlass der Planfeststellung Schutzanlagen auferlegt werden.[864]

6377 Eine bereits **vorhandene Lärmbelastung** kann sich daher im Hinblick auf hinzutretende Lärmbelastungen als schutzmindernd auswirken. Eine plangegebene Vorbelastung liegt vor, wenn ein Anwohner auf Grund einer zwar noch nicht verwirklichten, aber bereits verfestigten Planung mit erhöhten Immissionen rechnen muss. Diese Wirkung kann auch von einer noch nicht abgeschlossenen Planung ausgehen. Jedoch muss die Planung soweit konkretisiert sein, dass der betroffene Grundeigentümer mit dem Abschluss und der Verwirklichung der Planung und den daraus folgenden Belastungen rechnen muss. Eine solche plangegebene Vorbelastung ist vom jeweiligen Grundstückseigentümer auf Grund der Situationsgebundenheit des Grundstücks hinzunehmen.[865] Sie wirkt sich nur dann nicht vorbelastend aus, wenn die Fachplanung ihrerseits auf eine bebauungsrechtlich verfestigte Situation stößt. Eine solche Situation ist ge-

[860] BVerwG DVBl. 1989, 1065.
[861] Quaas NVwZ 1991, 16.
[862] BVerwG DVBl. 1989, 1065.
[863] BVerwG NVwZ-RR 1991, 601; NVwZ-RR 1991, 129.
[864] BVerwG NJW 1979, 64.
[865] BVerwG NJW 1985, 3034.

geben, wenn zum Zeitpunkt der Verfestigung der Fachplanung ein betroffenes Grundstück baulich nutzbar ist.[866] Wenn das vorgeschaltete Genehmigungsverfahren gem. § 6 LuftVG so gestaltet ist, dass eine hinreichende Erkennbarkeit der planerischen Absichten und ein deutliches Maß an Ernsthaftigkeit des vorgesehenen Projektes schon auf Grund der Genehmigung gegeben sind, kann bereits darin die erforderliche Konkretisierung einer noch nicht abgeschlossenen Planung liegen.[867] Allerdings kann die Duldungspflicht verringert werden, wenn die neue Lärmbeeinträchtigung ihrerseits auf eine vorhandene bebauungsrechtlich verfestigte Situation trifft. Eine solche Situation ist anzunehmen, wenn das Grundstück zum Zeitpunkt der Verfestigung der Fachplanung bebaut oder baulich nutzbar ist.[868] Dabei ist dann unerheblich, ob die mögliche bauliche Nutzung in absehbarer Zeit verwirklicht werden soll.

k) Prognosen. Mangels fachlicher oder methodischer Vorgaben im LuftVG ist eine Luftverkehrsprognose in der luftverkehrsrechtlichen Planfeststellung rechtsfehlerfrei, wenn sie mit den zur Verfügung stehenden Erkenntnismitteln und unter Beachtung der für die Verkehrsentwicklung erheblichen Umstände sachgerecht erarbeitet ist. Der gerichtlichen Kontrolle unterliegen insbesondere die Wahl einer geeigneten fachspezifischen Methode, die zutreffende Ermittlung des der Prognose zu Grunde liegenden Sachverhalts und das Vorliegen einer einleuchtenden Begründung des Ergebnisses.[869] 6378

l) Schutzanordnungen. Im Planfeststellungsbeschluss sind dem Unternehmer die Errichtung und Unterhaltung der Anlagen aufzuerlegen, die für das öffentliche Wohl oder zur Sicherung der benachbarten Grundstücke gegen Gefahren oder Nachteile notwendig sind (§ 9 II LuftVG). Im Rahmen dieser Vorschrift als Schutzauflagen zulässig sind grundsätzlich alle Maßnahmen, die geeignet sind, nachteilige Auswirkungen der Flugplatzanlage und deren Benutzung auf das öffentliche Wohl und auf einzelne Grundstücke aufzuheben, auszugleichen oder zu mindern. In Betracht kommen aber nur solche Maßnahmen, die der Flughafenunternehmer gegenüber den Flughafenbenutzern rechtlich durchsetzen kann. Beispielsweise ist der Flughafenunternehmer nicht befugt, gegenüber den Luftverkehrsgesellschaften als Flughafenbenutzern eine Lärmkontingentierung auszusprechen, die sich unmittelbar auf die Kapazität des Flughafens auswirkt. Eine solche Betriebsregelung kann ausschließlich die Planfeststellungsbehörde in Form einer allgemeinen Auflage iS des § 6 I 4 LuftVG im Planfeststellungsbeschluss vorsehen. Dem Flughafenbetreiber könnte aber eine Staffelung der Benutzungsgebühren in der Weise auferlegt werden, dass für sehr laut startende und landende Flugzeuge höhere Gebühren zu entrichten sind.[870] Die deutschen Verkehrsflughäfen haben entsprechende Gebührenordnungen erlassen. Es ist auch empfohlen worden, das System gestaffelter Gebühren auszubauen.[871] Im Übrigen kommen an weiteren aktiven Schutzmaßnahmen insbesondere die Errichtung von Lärmschutzhallen und Lärmschutzwällen in Betracht. Bei den passiven Maßnahmen stehen der Einbau von Schallschutzfenstern, eventuell mit Belüftungseinrichtungen, die Verstärkung von Decken und Mauern sowie der Einbau von schalldämmenden Türen im Vordergrund. Betroffene Gemeinden können ebenso wie private Grundstückseigentümer Schutzanlagen nach § 9 II LuftVG zur Sicherung ihrer Grundstücke verlangen. Dieses Recht haben sie auch hinsichtlich des Schutzes kommunaler Einrichtungen vor unzumutbarem Fluglärm.[872] 6379

m) Entschädigungsanspruch. Sind an sich erforderliche Schutzvorkehrungen untunlich oder mit dem Vorhaben unvereinbar, hat der Betroffene nach § 74 II 3 VwVfG einen Anspruch auf angemessene **Geldentschädigung**. Diese bemisst sich allerdings nicht nach dem etwa eintretenden **Wertverlust** des Grundstücks, sondern nach den eintretenden Beeinträchtigungen in der Grundstücksnutzung. Als Bemessungsfaktor stellt der Wertverlust ein gewichtiges Indiz für die Schwere und Nachhaltigkeit der Beeinträchtigung dar. Der Entschädigungsanspruch des § 74 II 3 VwVfG greift ein, wenn Schutzanlagen, die an sich nach § 9 II LuftVG notwendig wären, untunlich oder mit dem Flugplatzvorhaben unvereinbar sind. Demgemäß 6380

[866] BVerwG NVwZ-RR 1991, 601.

[867] BVerwG NVwZ-RR 1991, 118.

[868] BVerwG NJW 1985, 3034.

[869] OVG Hamburg DVBl. 2002, 721; BVerwG NVwZ 1999, 644; zu rechtlichen Anforderungen an die Überprüfung von Luftverkehrsprognosen UPR 2018, 371

[870] BVerwG NVwZ-RR 1991, 601.

[871] Umweltgutachten des Rates von Sachverständigen für Umweltfragen 1987, BT-Drs. 11/5168, Tz. 1512.

[872] BVerwG NVwZ 1984, 718.

stellt der Anspruch ein Surrogat für ansonsten dem Flughafenunternehmer aufzuerlegende Schutzanlagen dar. Verfassungsrechtlich ist er Art. 14 I 2 und nicht Art. 14 III GG zuzuordnen, da es sich um einen Kompensationsausgleich einer Inhalts- und Schrankenbestimmung und nicht um einen Enteignungsentschädigungsanspruch handelt.[873] Jedenfalls im Fall der Planfeststellung eines Flughafens besteht kein Anspruch darauf, dass die als Abwägungsbelang zu berücksichtigende **Wirkung** des Vorhabens auf den **Wert einer Immobilie** jeweils individuell ermittelt wird. Maßgeblich sind vielmehr die „Wertentwicklung in der Umgebung" und die realistische Abbildung der insoweit für die Abwägung relevanten Größenordnung.[874]

6381 Die Entschädigungsleistung soll einen Ausgleich für fluglärmbedingte Nachteile herbeiführen, mit denen die Zumutbarkeitsgrenze überschritten wird und die nicht durch technisch-reale Maßnahmen abgewendet, ausgeglichen oder gemildert werden können.[875] Damit kommt eine Entschädigungsleistung hauptsächlich für unzumutbare Lärmbelastungen im Außenwohnbereich in Frage, weil dort Schutzanlagen weitgehend untunlich und weitere Betriebsregelungen mit dem Flugplatzvorhaben unvereinbar sind. Hinsichtlich der Zumutbarkeit von Lärmeinwirkungen sind Schutzwürdigkeit und Schutzbedürftigkeit im Innen- und Außenwohnbereich jedoch nicht einheitlich zu beurteilen. Schutzwürdigkeit und Schutzbedürftigkeit sind nach Lage und bestimmungsgemäßer Nutzung der Freiflächen konkret festzustellen. Beispielsweise sind Vorgärten und Balkone, die nicht dem regelmäßigen Aufenthalt dienen, nicht in dem Maße schutzwürdig wie Innenwohnbereiche, die dem dauernden Aufenthalt von Menschen dienen.[876] Im Übrigen kann aber auch eine Entschädigung für den Innenwohnbereich zusätzlich zu Schutzanlagen in Betracht kommen, wenn Nachteile verbleiben, die durch die Schutzvorkehrungen nicht ausgeglichen werden. Geschützt ist nämlich auch das Wohnen und Schlafen bei gelegentlich geöffneten Fenstern.[877] Da bei Öffnung eines Fensters, das auch der Kommunikation von innen nach außen dient, die Schallschutzfunktion des Fensters nicht zum Tragen kommen kann, kann somit ein in Geld auszugleichender Restnachteil verbleiben.

6382 Wird einem durch Fluglärm Betroffenen im Planfeststellungsbeschluss dem Grunde nach ein Anspruch auf **Übernahme seines Wohngrundstücks** nach § 74 II 3 VwVfG zugesprochen, ist über die Höhe der Übernahmeentschädigung im nachfolgenden **Entschädigungsverfahren** zu entscheiden. In diesem Verfahren sind die Rechtsgedanken des Enteignungsrechts heranzuziehen, soweit sich aus der Funktion des Übernahmeanspruchs, den Anspruch auf Schutzvorkehrungen zu ersetzen, nichts anderes ergibt. Nach den Grundsätzen des **Enteignungsrechts** richtet sich, ob der Eigentümer die Ausdehnung der Übernahme auf die mit seinem Wohngrundstück zusammenhängenden betrieblich genutzten Flächen sowie eine Entschädigung für betriebliche Folgeschäden verlangen kann. Der Planfeststellungsbeschluss darf die Geltendmachung dieser Ansprüche nicht mit Wirkung für das Entschädigungsverfahren ausschließen.[878]

6383 Zwar schützt Art. 14 I GG das Grundeigentum der Anwohner des geplanten Flughafens nicht vor jedem Wertverlust durch Planungen. Sind jedoch die Betroffenen aufgrund der Festlegung des Stichtags für die zu zahlende Entschädigung nicht mehr in der Lage, sich ein adäquates Wohngrundstück leisten zu können, tritt die Aufgabe der Eigentumsgarantie, dem Träger des Grundrechts einen Freiraum im vermögensrechtlichen Bereich zu sichern, in den Vordergrund;[879] demgegenüber müssen die Interessen der Vorhabensträger an der Nutzung des Flughafens zurücktreten. Eine Verkehrswertminderung von 50 bis 60 %, die sich aus der Festschreibung des Verkehrswertes auf einen bestimmten Stichtag ergibt, übersteigt diejenige Wertminderung, die wegen der Sozialbindung des Eigentums hinzunehmen ist. Ein verhältnismäßiger Ausgleich zwischen dem Eigentumsgrundrecht und dem allgemeinen Wohl kann etwa dadurch hergestellt werden, dass die Grundsätze der enteignungsrechtlichen Vorwirkungen auf den Übernahmeanspruch aus § 74 II 3 VwVfG angewendet werden oder der erforderliche Interessenausgleich auf andere Weise gewährleistet wird. Der geltend gemachte Entschädigungsanspruch ergibt sich aus § 74 II 3 VwVfG und nicht aus dem Aufopferungsgewohnheitsrecht.[880]

---

873 Wahl NVwZ 1990, 426.
874 BVerwG Beschl. v. 22.6.2015 – 4 B 60.14, juris zur Wertminderung von Immobilien.
875 BVerwG NVwZ-RR 1991, 601.
876 BVerwG NVwZ-RR 1991, 601; Quaas NVwZ 1991, 16.
877 BVerwG NJW 1976, 1760.
878 BVerwG NVwZ 2007, 1308.
879 BVerfGE 102, 1.
880 BVerwG DVBl. 2006, 1373; BVerfG Beschl. v. 23.2.2010 – 1 BvR 2736/08, juris; NVwZ 2010, 512; de Witt DVBl. 2010, 661; Kersten ZG 2011, 350.

6384 Im Gegensatz zur Beurteilung der Zumutbarkeit ist die Berechnung der **Höhe der Entschädigungsleistung** nicht für Innen- und Außenwohnbereich getrennt durchzuführen. Vielmehr ist eine Gesamtbetrachtung des Grundstücks erforderlich.[881] Als Grundlage für die Bemessung der Anspruchshöhe kommt zwar eine Berücksichtigung der Minderung des Verkehrswertes des Grundstücks in Betracht. Zu beachten ist jedoch, dass die Entschädigungsleistung keine Enteignungsentschädigung, also keinen Ausgleich für eine Eigentumsentziehung darstellt, sondern als Ausgleich in Geld für das Ertragen einer Belastung zugunsten des Luftverkehrs anzusehen ist. Die Intensität der Belastung und die Höhe der Entschädigung müssen in einem angemessenen Verhältnis zueinanderstehen. Die Verminderung des Grundstückswertes ist dabei nur als Indiz für die Intensität der Belastung heranzuziehen.[882]

6385 Eine ausschließlich wirtschaftliche Betrachtungsweise, die im Wege des sog. **Vorteilsausgleichs** die vorhabenbedingte Wertsteigerung des Grundstücks gegen die lärmbedingte Wertminderung aufrechnet, ist mit § 9 II LuftVG, § 74 II 2 und 3 VwVfG nicht vereinbar.

6386 Von § 9 II LuftVG werden nicht nur die Immissionen von fliegenden, sondern auch die von auf dem Flugplatz rollenden und stehenden Flugzeugen erfasst, soweit die Immissionen von Vorgängen herrühren, die unmittelbar mit dem Flugbetrieb im Zusammenhang stehen.[883]

6387 Für Landeplätze ist die **Landeplatz-Lärmschutz-VO** zu beachten. Zum Schutz der Bevölkerung vor Fluglärm an Landeplätzen, auf denen im vorausgegangenen Kalenderjahr 15.000 oder mehr Flugbewegungen (Starts und Landungen) von Flugzeugen, Motorseglern und Drehflüglern stattgefunden haben, sind Starts und Landungen von propellergetriebenen Flugzeugen und Motorseglern bis zu 9.000 kg höchstzulässiger Startmasse zu bestimmten Zeiten untersagt.[884] Überlandflüge sind während der Ruhezeiten zulässig, wenn für das propellergetriebene Flugzeug oder den Motorsegler ein Lärmzeugnis oder eine ihm entsprechende Urkunde des Staates erteilt ist, in dem das Flugzeug zugelassen ist. Die einzuhaltenden Lärmgrenzwerte ergeben sich aus der Anlage zu § 1 II 3 Landeplatz-LärmSchV Weitergehende Regelungen können die zuständigen Landesbehörden treffen (§ 4 Landeplatz-LärmSchV). Die zeitlichen Einschränkungen gelten nicht für propellergetriebene Flugzeuge und Motorsegler, die erhöhten Schallschutzanforderungen entsprechen (§ 4 Landeplatz-LärmSchV).

10. Schutz vor Fluglärm bei der Festlegung von Flugverfahren

6388 Schutz vor Fluglärm kann auch durch Regelungen zur Bewegungslenkung von Luftfahrzeugen und durch Verhaltensanweisungen an Luftfahrzeugführer im Wege von Vorgaben für Wegpunkten, Kurse, Flughöhen und Flugverfahren ermöglicht werden, die vom Bundesaufsichtsamt für Flugsicherung (BAF) durch Rechtsverordnung festgelegt werden.[885] Flugverfahren sind Anweisungen zur Steuerung des Verhaltens der Luftfahrzeugführer in der Luft. Als Instrumente der Flugsicherung in der Gestalt der Flugverkehrskontrolle dienen sie der sicheren, geordneten und flüssigen Abwicklung des Luftverkehrs. Der Gesetzgeber hat die Flugverfahrensfestlegung von der Flugplatzzulassung getrennt, die durch Genehmigung und gegebenenfalls Planfeststellung erfolgt. Was Gegenstand der Flugplatzzulassung ist, kann nicht durch Flugverfahrensfestlegungen geregelt werden. Umgekehrt ist es den Landesluftfahrtbehörden im Rahmen der Flugplatzzulassung verwehrt, durch Festlegung von Flugverfahren in den Kompetenzbereich des BAF einzugreifen.[886]

6389 Das Bundesaufsichtsamt für Flugsicherung kann nach § 31 II LuftVO die Erteilung der Flugverkehrskontrollfreigaben in bestimmten Fällen an besondere Voraussetzungen knüpfen. Effektiver Rechtsschutz gegen Flugverkehrskontrollfreigaben kann in der Hauptsache nur durch eine Unterlassungsklage erreicht werden und erfordert im einstweiligen Rechtsschutzverfahren den Erlass einer Sicherungsanordnung.[887]

---

881 BVerwG NVwZ-RR 1991, 601.

882 Franke in: Stüer (Hrsg.) Verfahrensbeschleunigung, S. 181.

883 BVerwG UPR 1999, 153.

884 Die Ruhezeiten sind: montags bis freitags vor 7.00 Uhr, zwischen 13.00 Uhr und 15.00 Uhr Ortszeit und nach Sonnenuntergang, samstags, sonntags und an Feiertagen vor 9.00 Uhr und nach 13.00 Uhr Ortszeit.

885 Zum Schutz vor Fluglärm bei der Festlegung von Flugverfahren Wöckel NVwZ 2016, 347.

886 Wöckel NVwZ 2016, 347; zur Festlegung eines Flugverfahrens zum naturschutzrechtlichen Habitatschutz Frenz UPR 2021, 81; zu Problemen des Prognosehorizonts bei der Festlegung von Flugrouten Schmitz/Pallas UPR 2020, 421; Heß UPR 2019, 416

887 VGH Kassel ESVGH 73, 113 = juris Rn. 23.

11. Raumordnung und Planfeststellung

6390 Die luftverkehrsrechtliche Planfeststellung hat die Vorgaben der Raumordnung zu berücksichtigen. Angesichts von § 6 II 1 und 2, § 8 I und II LuftVG ist davon auszugehen, dass Ziele der Raumordnung auch im luftverkehrsrechtlichen Genehmigungs- bzw. Planfeststellungsverfahren striktes Recht darstellen, also nicht durch Abwägung überwunden werden können.[888]

6391 Beide Instrumente haben ihren eigenen Stellenwert. Sie sind auf wechselseitige Kooperation angewiesen. Der Landesplanung kommt dabei die Aufgabe zu, die Kernpunkte des Bedarfs, der Sicherheit, der Standortauswahl sowie ggf. des FFH- und Vogelschutzes abzuarbeiten und Vorgaben für das nachfolgende luftverkehrsrechtliche Planfeststellungsverfahren zu geben. Der Landesentwicklungsplan muss sich auf die landesplanerischen (hochstufigen) Grundlagenentscheidungen beschränken. Hier geht es vor allem um die Bedarfsprüfung, die Standortentscheidung unter Prüfung der in Betracht kommenden Alternativen. Die Entscheidung über Einzelheiten des Vorhabens ist auf dieser Grundlage dem Planfeststellungsverfahren vorbehalten. Die abschließende fachplanerische Entscheidung darf im Übrigen in der Landesplanung nicht vorweggenommen werden.

6392 Eine Festlegung als Ziel bereits in der Landesplanung dahingehend, dass ein Nachtflugbetrieb nicht stattfinden darf oder hierfür dezidierte Vorgaben aufgestellt werden, wäre rechtlich problematisch, weil damit eine verbindliche Vorgabe für das Planfeststellungsverfahren in einem Bereich gegeben wäre, der originär zu den Einzelheiten des Betriebes des Flughafens und damit in das Planfeststellungsverfahren gehört. Zudem ist die Landesplanung in der Reichweite ihrer Vorgaben gegenüber der Fachplanung im Vergleich zu den Vorgaben gegenüber den Gemeinden begrenzt.[889]

6393 Der Landesentwicklungsplan kann allerdings das sich bereits aus § 29 b LuftVG ergebende Gebot der Rücksichtnahme auf schützenswerte Belange in einen Grundsatz der Landesplanung fassen, wonach ein umfassender Lärmschutz der Bevölkerung in den Kernstunden der Nacht für die luftverkehrsrechtliche Planfeststellung von herausragender Bedeutung ist. Dies entspricht ohnehin der Gesetzeslage und der aktuellen Rechtsprechung. Eine darüber hinausgehende Festlegung mit konkreten Vorgaben für die Ausgestaltung eines Nachtflugverbotes etwa im Sinne einer verbindlichen Zielvorgabe ist nicht Gegenstand der landesplanerischen Festlegungen, sondern als Teil der Feinsteuerung erst Gegenstand des Planfeststellungsverfahrens.

6394 Das Parlament ist allerdings ebenso wenig gehindert, seine Interessenbewertung nach einem sachgerechten Ausgleich zwischen den Interessen des Luftverkehrs und dem Schutzbedürfnis der lärmbetroffenen Bevölkerung in einer politischen Grundsatzentscheidung zum Ausdruck zu bringen. Dies kann zugleich auf den Abwägungsspielraum der Planfeststellungsbehörde Einfluss nehmen. Dasselbe gilt für Erklärungen, die von dem Antragsteller im laufenden Planfeststellungsverfahren mit Vorlage der Antragsunterlagen abgegeben worden sind. Die Planfeststellung wird dadurch zwar nicht formal in ihren Abwägungsüberlegungen eingeschränkt, wohl aber mit wichtigen Entscheidungselementen bestückt, die in der Abwägung ihr Eigengewicht haben. Die Bedeutung dieser Willenskundgebungen kann so weit gehen, dass die Planfeststellungsbehörde davon nur abweichen kann, wenn wirtschaftliche Interessen Dritter eine abweichende Entscheidung verlangen und daher ein absolutes Nachtflugverbot mit diesen Interessen nicht mehr vereinbar ist. Ob und in welchem Umfang sich aus den parlamentarischen Beratungen oder den Erklärungen des Antragstellers solche Vorprägungen erheben, ist von der Planfeststellungsbehörde im Rahmen ihrer Abwägungsentscheidung ggf. abzuprüfen. Dabei sind auch Ergebnisse eines Mediationsverfahrens mit einem entsprechenden Gewicht einzustellen, wenn hier konkrete Lösungen zum Ausgleich der Interessen von Flughafen, Fluggesellschaften und lärmbetroffener Bevölkerung sowie den Gemeinden vereinbart worden sind. Zugleich ist zu fragen, in welchem Umfang von dieser Willensbekundung im Interesse der Wahrung rechtlich geschützter wirtschaftlicher Belange abgewichen werden muss.

6395 Die Planfeststellung wird sodann im Rahmen der gesetzlichen Vorgaben unter Berücksichtigung der vorgenannten Gesichtspunkte sowie des Gebotes der Schonung der Nachtruhe über Nachtflugbeschränkungen zu entscheiden haben. Will die Planfeststellung von der Grundannahme in der Begründung des Landesentwicklungsplans abweichen und Nachtflugbewegungen

---

[888] OVG Münster Urt. v. 8.6.2018 – 20 D 81/15.AK, juris Rn, 172; Urt. v. 3.12.2015 – 20 D 98/14. AK, juris, mwN.

[889] BVerwG DVBl. 2006, 1373.

in einem stärkeren Umfang zulassen, so hätte sie auch zu prüfen, welche Grundlagen für die landesplanerische Standortauswahl entscheidungserheblich waren und ob sich durch die Planfeststellung Regelungen ergeben, die hiervon entscheidungserheblich abweichen und damit die Standortentscheidung ernstlich in Frage stellen. In einem derartigen Fall muss die Planfeststellung die landesplanerische Standortentscheidung nochmals prüfen. Bleiben entscheidungserhebliche Widersprüche zur Landesplanung, kann die Planfeststellung nicht ohne ein erneutes Aufgreifen der landesplanerischen Standortentscheidung mit einem für das Vorhaben positiven Ergebnis enden. Gesichtspunkte, die zwar im Landesentwicklungsplan als Grundlagen benannt worden sind, tatsächlich aber für die Auswahlentscheidung und den Standortvergleich nicht ausschlaggebend waren, können auch im Planfeststellungsbeschluss aus der Sicht des Alternativenvergleichs unberücksichtigt bleiben. Bei entscheidungserheblichen Divergenzen müsste die landesplanerische Standortentscheidung dann allerdings zunächst einmal in eine Ehrenrunde geschickt werden. Diese Frage würde sich übrigens auch stellen, wenn isoliert gegen das Nachtflugverbot geklagt würde und hier eine Aufweichung des Nachtflugverbotes erreicht würde, die möglicherweise mit der Standortentscheidung der Landesregierung im Landesentwicklungsplan in einen Widerspruch geraten würde.

Die Raumordnung hat die landesplanerischen Grundlagen für den Flughafenausbau zu treffen. Dieser Ebene sind die weiteren Entscheidung zur Umsetzung der landesplanerischen Vorgaben mit den entsprechenden konkretisierenden Regelungen vorbehalten. Das gilt auch für den Schallschutz und Nachtflugregelungen. Hier kommt dem Schutzbedürfnis der Bevölkerung in den Kernstunden der Nachtzeit allerdings grundsätzlich ein Vorrang zu, der nur in der Reichweite deutlich überwiegender anderer Gründe überwunden werden kann.[890] Weitere Fragen der Konkretisierung dieser landesplanerischen Grundsatzentscheidung und auch eines Nachtflugverbotes in seiner Reichweite im Einzelnen sind der luftverkehrsrechtlichen Planfeststellung vorbehalten (§ 8 LuftVG). 6396

12. Sicherheitsmindesthöhe

§ 6 LuftVO enthält Bestimmungen über die Sicherheitsmindesthöhe. Darunter ist gem. § 6 I 2 LuftVO die Höhe zu verstehen, bei der weder eine unnötige Lärmbelästigung iS von § 1 II LuftVO noch im Falle einer Notlandung eine unnötige Gefährdung von Personen und Sachen zu befürchten ist. Die Sicherheitsmindesthöhe beträgt über Städten, anderen dicht besiedelten Gebieten und Menschenansammlungen mindestens 300 m über dem höchsten Hindernis in einem Umkreis von 600 m, in allen übrigen Fällen 150 m über Grund oder Wasser. Sie darf – von dem in § 6 I 3 LuftVO geregelten Sonderfall der Segelflugzeuge und Ballone abgesehen – gem. § 1 I LuftVO nur unterschritten werden, soweit es bei Start und Landung notwendig ist. Die Sicherheitsmindesthöhe darf im Übrigen nur nach Maßgabe des § 30 I 3 LuftVG unterschritten werden. 6397

13. Flugrouten

Die Festlegung von Flugrouten unterliegt als staatliche Planungsaufgabe dem Abwägungsgebot, bei der die in der Umgebung eines Flughafens auftretenden Interessenkonflikte bewältigt werden müssen. Das Abwägungsgebot hat dabei drittschützenden Charakter, ohne dass die privaten Belange selbst rechtlich geschützt sein müssen.[891] Können die bei der Flugroutenfestlegung auftretenden Interessenkonflikte nur in unzumutbarer oder gar grundrechtsbeeinträchtigender Weise aufgelöst werden, kann sich dies auf den Bestand der luftverkehrsrechtlichen Zulassungsentscheidung, die den Betrieb des Flughafens trägt, auswirken.[892] 6398

Bei der Festlegung von Flugrouten auf der Grundlage des § 27 a II LuftVO hat das Luftfahrt-Bundesamt eine Abwägungsentscheidung zu treffen, die gerichtlich überprüfbar, aber nach Auffassung des BVerwG nicht an den zum Abwägungsgebot im Fachplanungsrecht entwickelten Grundsätzen zu messen ist. Dabei reicht nach Auffassung des Gerichts eine „Sparabwägung". Der Prüfungsmaßstab ist unterschiedlich, je nachdem, ob durch die Flugroutenbe- 6399

---

[890] BVerwG NVwZ 2007, 445; Stüer DVBl. 2007, 610; Ekardt NVwZ 2007, 421; OVG Berlin-Brandenburg LKV 2007, 322.

[891] VGH Mannheim DVBl. 2002, 1130; BVerwG NJW 2000, 3584; NJW 1999, 592 m. Bespr. Stüer BauR 1999, 1221; OVG Münster DVBl. 2002 1435; Sydow/Fiedler DVBl. 2006, 1420.

[892] OVG Münster DVBl. 2002, 1435; BVerwG NJW 2000, 3584.

stimmung Fluglärm hervorgerufen wird, der oberhalb oder unterhalb der Zumutbarkeitsschwelle liegt. Der Begriff des unzumutbaren Lärms im § 29 b II LuftVG deckt sich mit dem immissionsschutzrechtlichen Begriff der erheblichen Lärmbelästigung. Die Festsetzung von Flugverfahren durch Rechtsverordnung nach § 27 a II 1 LuftVO durch das Luftfahrt-Bundesamt ist nur daraufhin zu überprüfen, ob sie mit guten Gründen sachlich vertretbar ist. Das Luftfahrt-Bundesamt hat nach Maßgabe der Flugsicherheitserfordernisse zu beurteilen, ob die Flugbewegungen eher gebündelt oder gestreut werden und die Lärmbelastung nach Art eines großräumigen Lastenausgleichs aufgeteilt werden oder bestimmte Gebiete verschont bleiben sollen.[893] Für eine Flugroute, die mit unzumutbarem Fluglärm verbunden ist, darf sich das Luftfahrt-Bundesamt nur entscheiden, wenn überwiegende Gründe zur sicheren, geordneten und flüssigen Abwicklung des Luftverkehrs dies gebieten. Eine Flugroute, durch die Lärmbelästigungen unterhalb der Zumutbarkeitsschwelle hervorgerufen werden, ist zulässig, wenn sich für sie sachlich einleuchtende Gründe anführen lassen. Die Lärmschutzvorschriften, denen das Luftfahrt-Bundesamt bei seiner Abwägungsentscheidung Rechnung zu tragen hat, sind auch dazu bestimmt, Drittschutzinteressen zu dienen.[894]

6400 (Lärm-)Betroffene können durch die Anordnung eines Flugverfahrens, die Ziele des Planfeststellungsbeschlusses vereitelt, nur dann in eigenen Rechten verletzt werden, wenn die Planungsziele gerade ihrem Schutz dienen. Zwar stehen das Planfeststellungsverfahren für die Anlegung oder den Ausbau eines Flughafens und das Verfahren zur Festlegung der Flugverfahren nicht beziehungslos nebeneinander[895] und darf die Planfeststellungsbehörde das Konzept des Planfeststellungsbeschlusses nicht konterkarieren, indem sie Regelungen trifft, die im Widerspruch zu bereits getroffenen Entscheidungen über den Betrieb des Flughafens stehen.[896] Betroffene können durch eine Flugverfahrensanordnung, die Ziele des Planfeststellungsbeschlusses vereitelt, aber nur dann in eigenen Rechten verletzt werden, wenn die Planungsziele zu ihrem Schutz formuliert worden sind.[897]

6401 **Hinweis:** Die Vorgabe eines Planfeststellungsbeschlusses, dass die Flugverfahren geeignet sein müssen, 126 Flugbewegungen je Stunde zu bewältigen, dient den Interessen der am Flughafen operierenden Luftverkehrsgesellschaften, nicht aber den Interessen von Anliegergemeinden und Anwohnern.[898]

6402 Bei der Festlegung von Flugverfahren durch Rechtsverordnung sind auch Lärmschutzbelange in die planerische Abwägung einzustellen, die unterhalb der (fachplanerischen) Zumutbarkeits- bzw. Erheblichkeitsschwelle liegen. Die Feststellung der Rechtswidrigkeit eines durch Rechtsverordnung festgesetzten Flugverfahrens kann mit der Maßgabe ausgesprochen werden, dass die Kläger das bisherige Flugverfahren für einen Übergangszeitraum zu dulden haben. Dies gilt, wenn sonst die Gefahr besteht, dass eine spontane Umverteilung der Flüge zu einer Mehrbelastung von Gebieten führt, die schon jetzt bis an die Grenze der Unzumutbarkeit betroffen sind, oder gar die Sicherheit des Flugverkehrs beeinträchtigen wird.[899]

6403 Das BVerwG[900] hat Klagen gegen die **Neufestsetzung der Taunus-Flugrouten** abgewiesen. Die zuständigen Stellen seien nicht zu einer vollen Abwägung nach den traditionellen Abwägungsgrundsätzen des Fachplanungsrechts verpflichtet, sondern angesichts fehlender einfachrechtlicher Regelungen lediglich zu einer aus dem Verfassungsrecht abgeleiteten **eingeschränkten Abwägung**. Eine Flugroute, durch die Lärmbelästigungen unterhalb der Zumutbarkeitsschwelle hervorgerufen werden, ist zulässig, wenn sich für sie sachlich einleuchtende Gründe anführen lassen. Die Lärmschutzvorschriften, denen das Luftfahrt-Bundesamt bei seiner Abwägungsentscheidung Rechnung zu tragen hat, sind auch dazu bestimmt, Drittschutzinteressen zu dienen. Vor diesem Hintergrund ergibt sich daher ein Stufensystem rechtlicher Anforderungen an die Planung: Soweit keine gesetzlichen Regelungen bestehen, ist bei der Planung zumindest eine Sparabwägung durchzuführen. Diese beinhaltet insbesondere eine Verhältnismäßigkeitsprüfung im Sinne der Prüfung der Angemessenheit der jeweiligen Regelung. Dies folgt aus dem Mindeststandard verfassungsrechtlicher Anforderungen bei Planungsent-

[893] BVerwG Urt. v. 24.6.2004 – 4 C 15.03, juris.
[894] BVerwG NVwZ 2004, 1229; BVerwGE 111, 276; NVwZ 2004, 473.
[895] BVerwGE 150, 114 Rn. 10.
[896] BVerwGE 144, 44 = juris Rn. 84.
[897] BVerwG Urt. v. 18.12.2014 – 4 C 35.13, juris.
[898] BVerwG NVwZ-RR 2016, 323.
[899] VGH Kassel Urt. v. 11.2.2003 – 2 A 1569/01, juris.
[900] BVerwG NVwZ 2004, 1229; Urt. v. 24.6.2004 – 4 C 15.03, juris.; NVwZ 2004, 473.

scheidungen. Ist das Abwägungsgebot in dem jeweiligen Fachrecht gesetzlich geregelt, erfolgt eine gerichtliche Kontrolle nach den für das Abwägungsgebot entwickelten Grundsätzen. Weiter gehende Anforderungen können sich an die Planungsentscheidung ergeben, wenn dies gesetzlich angeordnet ist. Hier können etwa gesetzlich angeordnete Kompensationserfordernisse, zu berücksichtigende besondere Vertrauenstatbestände oder auch Optimierungsgebote zu einer qualifizierten Abwägung verpflichten.

Zum **Flughafen Frankfurt** hat die Rechtsprechung zudem folgende Grundsätze entwi- 6404
ckelt: Das Fluglärmschutzgesetz ist, soweit es die Erstattung von Aufwendungen für baulichen Schallschutz und die Entschädigung für Beeinträchtigungen des Außenwohnbereichs regelt, ein Spezialgesetz zu § 9 II LuftVG. Die Planfeststellungsbehörde ist deshalb weder generell berechtigt noch gar verpflichtet, auf der Grundlage des § 9 II LuftVG weiterreichenden baulichen Schallschutz unterhalb der Auslösewerte des Fluglärmschutzgesetzes anzuordnen. Das hindert sie nicht, Schutzanforderungen für atypische, vom Regelungsanspruch des Fluglärmschutzgesetzes nicht erfasste Situationen in ihr Lärmschutzkonzept einzubauen. Allein aus einer Überschreitung des durch den Antrag auf Planfeststellung gezogenen Rahmens folgt noch keine Rechtsverletzung Dritter. Grundsätze der Raumordnung können auch konkretisierende Gewichtungsvorgaben enthalten. Eine landesplanerische Gewichtungsvorgabe, die ein „grundsätzliches Verbot" planmäßiger Flüge in der Mediationsnacht[901] zum Gegenstand hat, fällt jedenfalls dann in den Aufgabenbereich und die Regelungskompetenz der Raumordnungsbehörden, wenn sie – wie hier durch Festlegung eines Vorranggebiets – auf eine konkrete landesplanerische Standortsicherung bezogen ist. Ein Lärmschutzkonzept, das eine weitgehende Lärmpause in der Nachtkernzeit vorsieht, kann es rechtfertigen, die Lärmschutzbelange der Anwohner in den Randstunden der Nacht weitgehend hinter den Verkehrsinteressen zurücktreten zu lassen. Selbst in diesem Fall ist es aber nicht gerechtfertigt, „die Nacht zum Tage zu machen„. Auch dann bleibt die Verhältnismäßigkeit nur gewahrt, wenn das Konzept eines zum Kern der Nacht hin abschwellenden und danach wieder ansteigenden Flugverkehrs auch in diesem Zeitsegment durchgehalten und der Flugverkehr in den Nachtrandstunden zur Vermeidung tagähnlicher Belastungsspitzen durch geeignete Vorkehrungen effektiv und konkret begrenzt wird.[902] Gewerbebetriebe sind von den Regelungen des Fluglärmschutzgesetzes zum passiven Schallschutz nicht erfasst. Insoweit bleibt es bei der nach § 9 II LuftVG bestehenden Pflicht der Planfeststellungsbehörde, im Planfeststellungsbeschluss diejenigen Schutzanordnungen zu treffen, die zur Sicherung der Benutzung der benachbarten Grundstücke gegen Gefahren oder Nachteile notwendig sind.[903] Bei der Festlegung von An- und Abflugverfahren handelt es sich nach der gesetzgeberischen Konzeption in erster Linie um ein sicherheitsrechtliches Instrument und nicht um eine fachplanerische oder einer solchen entsprechenden Entscheidung. Die im Fachplanungsrecht zum Abwägungsgebot entwickelten Grundsätze sind auf diese Verfahren nicht vollständig zu übertragen. Aus den Grundsätzen des Planungsrechts ergeben sich daher keine Beteiligungsrechte betroffener Dritter bei der Festlegung von Flugverfahren. Ein Flugverfahren, durch das Lärmbelastungen unterhalb der Zumutbarkeitsschwelle hervorgerufen werden, ist schon dann abwägungsfehlerfrei, wenn sich sachlich einleuchtende Gründe dafür anführen lassen.[904] Mängel der Abwägung sind nach einem allgemein geltenden Grundsatz im Übrigen nur erheblich, wenn sie auf das Abwägungsergebnis von Einfluss gewesen sind.[905]

Zum Flughafen **Berlin-Brandenburg** hat die Rechtsprechung ausgeführt: Grundvorausset- 6405
zung für die Anerkennung eines Nachtflugbedarfs ist die Darlegung einer Nachfrage nach Nachtflugverkehr. Die Bedienung der Nachfrage muss zudem von den Planungszielen, die die Anlegung oder den Ausbau des Flughafens gerechtfertigt haben, umfasst sein. Die Darlegung einer Nachfrage allein genügt für die Zulassung von Nachtflugbetrieb nicht. Die Verkehrsinteressen sind nur dann geeignet, sich im Wege der Abwägung gegen die Lärmschutzinteressen der Anwohner durchzusetzen, wenn es ausgehend von den Gegebenheiten des Luftverkehrsmarktes betriebliche oder strukturelle Gründe dafür gibt, den Verkehr gerade in den Nachtrandstunden abzuwickeln. Die Verkehrsfunktion des Flughafens und seine Stellung im Luftver-

---

[901] Wagner/Hehn UPR 2013, 1.

[902] BVerwG NVwZ 2012, 1314; Mehler NVwZ 2012, 1288, Kämper NVwZ 2013, 8, Wagner UPR 2013, 1, Giemulla ZLW 2013, 55, Görisch ZUR 2012, 611.

[903] BVerwG NVwZ 2012, 1314; Mehler NVwZ 2012, 1288, Kämper NVwZ 2013, 8, Wagner UPR 2013, 1, Giemulla ZLW 2013, 55, Görisch ZUR 2012, 611; Chatziathanasiou/Towfigh DVBl. 2013, 84.

[904] VGH Kassel I+E 2013, 129-130.

[905] OVG Münster DVBl. 2002, 1435.

kehrsnetz bestimmen die Erwartungen, die berechtigterweise an das Verkehrsangebot zu stellen sind, insbesondere an die Zahl und die Diversität der Destinationen, die Frequenz der Verbindungen und die Erreichbarkeit des Flughafens in den frühen Morgen- und späten Abendstunden. Diese Erwartungen sind entscheidend dafür, ob das Verkehrsangebot ohne die in Rede stehenden Nachtflugverbindungen noch als „befriedigend" angesehen werden kann. Inwieweit die Ausgangsdaten und die Verarbeitungsschritte einer **Verkehrsprognose** dokumentiert werden müssen, um deren Verwertbarkeit überprüfen zu können, ist eine Frage der Beweiswürdigung, die sich nicht allgemeingültig beantworten lässt.

6406 Eine umfassende Prüfung der Verlagerungsmöglichkeiten von Flügen innerhalb der Nacht und von der Nacht in den Tag kann eine Planfeststellungsbehörde nicht vornehmen. Sie kann den Fluggesellschaften lediglich einen Rahmen für ihre Umlaufplanungen setzen. Die Planfeststellungsbehörde muss nicht alle realistischerweise in Betracht kommenden **Flugrouten** auf die zu erwartenden Lärmbeeinträchtigungen untersuchen; sie kann sich auf die Betrachtung bestimmter Flugrouten beschränken. Die Flugrouten gehören zu den prognostischen Annahmen, die der Lärmermittlung zugrunde zu legen sind. Die **Flugroutenprognose** muss die Modalitäten des Flugbetriebs soweit abbilden, wie dies für die jeweilige im Planfeststellungsverfahren zu treffende Entscheidung erforderlich ist. Für die Regelung des Flugbetriebs muss sie nicht so genau sein wie für die Festlegung der Schutz- und Entschädigungsgebiete. Der Flugbetrieb wird geregelt für einen Flughafen an einem bestimmten Standort mit einer bestimmten Siedlungsstruktur in seiner Umgebung. Die Regelung soll grundsätzlich auch dann Bestand haben können, wenn andere An- und Abflugverfahren festgelegt werden als im Planfeststellungsverfahren angenommen. Die Prognose der An- und Abflugverfahren muss in aller Regel mit dem Bundesaufsichtsamt für Flugsicherung (BAF) oder der Deutschen Flugsicherung GmbH (DFS) abgestimmt sein. Hat die Planfeststellungsbehörde die fachplanungsrechtliche Zumutbarkeitsschwelle fehlerfrei bestimmt, genügt es für die Abwägung grundsätzlich, die Lärmschutzbelange ausgehend von dieser Schwelle zu gewichten: Sie sind umso gewichtiger, je näher die Lärmbelastungen an die fachplanungsrechtliche Zumutbarkeitsschwelle heranreichen, ihr Gewicht ist umso geringer, je weiter sie hinter dieser Schwelle zurückbleiben.

6407 § 29 b I 2 LuftVG gilt für die gesamte Nacht, also auch für die **Nachtrandstunden**. Auch die erste Nachtstunde von 22:00 bis 23:00 Uhr ist schutzwürdig; sie darf nicht als bloße Verlängerung des Tagflugbetriebs angesehen werden. Bei der Prüfung, ob die Regelung des Flugbetriebs dem besonderen Gewicht der Nachtruhe hinreichend Rechnung trägt, dürfen die Nachtrandstunden nicht isoliert betrachtet werden. Entscheidend ist, ob das Lärmschutzkonzept bei einer Betrachtung der Gesamtnacht ausreichend Rücksicht auf die Nachtruhe der Bevölkerung nimmt.[906] Planfeststellungsbeschluss für Flughafenbau Berlin-Schönefeld und hierzu ergangene gerichtliche Entscheidungen lassen eine mögliche Verletzung von Art. 103 I GG wegen Ablehnung von Beweisanträgen und von Art. 101 I 2 wegen Nichtdurchführung eines Vorabentscheidungsverfahrens nach Art. 234 EG nicht erkennen – Verletzung von Grundrechten, insbesondere von eigentumsrechtlich geschützten Belangen nicht hinreichend dargetan, auch nicht hinsichtlich des vom BVerwG gebilligten Lärmschutzkonzepts.[907] Das in § 29b I 2 LuftVG enthaltene Gebot, auf die Nachtruhe der Bevölkerung in besonderem Maße Rücksicht zu nehmen, hat für die Abwägung die Qualität einer Gewichtungsvorgabe. Sie gilt für die gesamte Nacht, also auch für die Nachtrandstunden. Sollte sich die morgendliche Nachtrandstunde entgegen der Prognose zu einer Stunde entwickeln, in der die Fluglärmbelastung der Anwohner in der Regel größer ist als in den Abendstunden, wäre dies eine mit § 29b I 2 LuftVG unvereinbare Entwicklung. Es ist jedoch rechtlich zulässig, wenn in einzelnen Zeitsegmenten der Nachtrandstunden Spitzenbelastungen erreicht werden. Angemessener Schutz der Flughafenanlieger vor unzumutbarem Fluglärm kann regelmäßig nur durch eine Kombination von aktivem und passivem Schallschutz erreicht werden. Hieran hat sich auch durch die Neufassung des Fluglärmschutzgesetzes 2007 nichts Wesentliches geändert.[908]

6408 Luftverkehrsrechtliche Planfeststellungsbeschlüsse iVm beigefügten Grunderwerbsplänen entfalten eine **enteignungsrechtliche Vorwirkung**, da sie gem. § 8 II LuftVG im weiteren Verfahren für die Enteignungsbehörde bindend sind.[909] Die Entscheidung über den Standort

---

[906] BVerwG DVBl. 2012, 365.

[907] BVerfG NVwZ 2008, 780.

[908] BVerwG Beschl. v. 23.1.2017 – 4 B 39.15, juris; BVerwGE 125, 116 = juris Rn. 269 und 287; BVerwGE 141, 1.

[909] BVerfG NVwZ 2007, 573.

eines internationalen Verkehrsflughafens ist vorrangig eine raumordnungsrechtliche Entscheidung, so dass für die luftverkehrsrechtliche Planfeststellung § 4 I 2 Nr. 2 iVm § 3 Nr. 2 ROG sowie § 8 I 2 LuftVG maßgeblich sind. Bei einer raumordnungsrechtlichen Planung müssen die Lärmbetroffenen einer Standortalternative nicht zahlenmäßig genau ermittelt werden, wenn ein alternativer Standort bereits aufgrund einer Grobanalyse der Lärmbetroffenen abwägungsfehlerfrei ausgeschieden werden kann. In die raumordnungsrechtliche Abwägungsentscheidung müssen konkrete wirtschaftliche Gesichtspunkte wie die Eignung für den Nachtflugbetrieb noch nicht eingestellt werden; es ist zulässig, über eine solche Frage erst auf der Ebene der luftverkehrsrechtlichen Planfeststellung zu entscheiden.[910] Aus dem Schutz der körperlichen Unversehrtheit des Art. 2 II 1 GG folgt nicht nur ein subjektives Abwehrrecht des Einzelnen gegen staatliche Eingriffe, sondern auch die staatliche Pflicht zum Schutz von Leben und körperlicher Unversehrtheit auch im Hinblick auf rechtswidrige Eingriffe Dritter und ggf. Nachbesserungspflichten, wenn die Grundlage der gesetzgeberischen Entscheidung durch neue Entwicklungen entscheidend in Frage gestellt werden.[911]

Den Regelungen zum Schutz vor Fluglärm kann ohne Verfassungsverstoß ein abgestuftes Lärmschutzkonzept entnommen werden. Auch wenn eine **„verfassungsrechtliche Zumutbarkeitsschwelle"**, die zu einem Übernahmeanspruch führt, erst bei der Gesundheitsgefährdung eingreift, dienen auch die darunter angesetzten Stufen, die zu Schutzmaßnahmen wie passivem Schallschutz bzw. zu Betriebsbeschränkungen verpflichten, dem Schutz der körperlichen Unversehrtheit. Es ist nicht zu beanstanden, bei der Anwendung von Lärmgrenzwerten nicht auch Vorsorge gegen rein hypothetische Gefährdungen zu fordern; ebenso müssen fehlende wissenschaftliche Erkenntnisse im Rahmen von Erheblichkeitserwägungen nicht durch einen Bonus zugunsten der Lärmbetroffenen ausgeglichen werden. Die Abwägung der angegriffenen Entscheidung zwischen dem Schutzinteresse der Lärmbetroffenen aus Art. 2 II 1 GG mit den Nutzungsinteressen der Flughafenbetreiberin sind weder hinsichtlich der Einordnung des betroffenen Grundstücks noch im Hinblick auf den Umfang der ersatzfähigen Maßnahmen oder wegen anderer Gesichtspunkte zu beanstanden. Insbesondere durfte davon ausgegangen werden, dass der Geldausgleich als Surrogat für Lärmschutzeinrichtungen konzipiert ist, nicht aber als Ersatz für Maßnahmen, die einer grundlegenden Gebäudesanierung gleichkommen. Auf der Grundlage der im Planfeststellungsbeschluss enthaltene Beschränkung des Geldausgleichs bei teuren Schallschutzmaßnahmen wurden die Interessen der Lärmbetroffen mit jenen der Flughafenbetreiberin auch im Hinblick auf den Eigentumsschutz des Art. 14 I GG in einen verhältnismäßigen Ausgleich gebracht.[912] 6409

Das Recht auf **fehlerfreie Abwägung** der eigenen Belange steht nicht nur demjenigen zu, dessen Belange ausgehend von der dem Planfeststellungsbeschluss zugrunde liegenden Flugroutenprognose abwägungserheblich betroffen wären, sondern jedem, der abwägungserheblich betroffen werden kann, weil sein Grundstück innerhalb des Einwirkungsbereichs des Flughafens liegt und weder aus tatsächlichen noch aus rechtlichen Gründen auszuschließen ist, dass ein zu seiner Betroffenheit führendes Flugverfahren festgelegt wird.[913] 6410

§ 29 I 1 LuftVG errichtet eine Planungsschranke, die das Bundesaufsichtsamt für Flugsicherung bei der **Festlegung von Flugverfahren** nicht überwinden darf. Das gilt allerding nur bei dem Vorliegen einer Gefahr für die öffentliche Sicherheit auf, nicht dagegen schon bei Vorliegen eines Risikos. Das Bundesaufsichtsamt für Flugsicherung hat das Risiko, dass eine kerntechnische Anlage im Einwirkungsbereich einer Abflugstrecke durch einen unfallbedingten oder einen terroristischen Angriff gezielt herbeigeführten Flugzeugabsturz beschädigt wird, im Rahmen der Abwägung zu berücksichtigen. Restrisiken sind nicht abwägungsbeachtlich. Flugverfahrensverordnungen sind nur hinsichtlich des Abwägungsergebnisses einer gerichtlichen Kontrolle zugänglich. Eine Verfahrensbeteiligung betroffener Gemeinden oder Privatpersonen aus rechtsstaatlichen Erwägungen ist bei der Festlegung von Flugverfahren nicht erforderlich.[914] Die prognostische Flugroutenplanung muss Art und Ausmaß der zu erwartenden Betroffenheiten in der für die Abwägung relevanten Größenordnung realistisch abbilden. Lässt sich die Zulassung des Flughafenausbaus nach dem Abwägungskonzept der Planfeststellungsbehörde 6411

910 BVerfG NVwZ 2008, 775.

911 Zur Schutzpflicht vor Fluglärm BVerfG NVwZ 2008, 780; BVerfG Beschl. v. 24.1.2007 – 1 BvR 382/05, juris.

912 BVerfG NVwZ 2009, 1494.

913 BVerwG NVwZ 2013, 297; Lippert ZUR 2013, 203 (211).

914 BVerwG LKV 2014, 460.

nur rechtfertigen, wenn bestimmte Gebiete von erheblichen Beeinträchtigungen durch Fluglärm verschont bleiben, kann die Planfeststellungsbehörde klarstellen, dass der Schutz dieser Gebiete zu den tragenden Erwägungen des Planfeststellungsbeschlusses gehört, zu denen sich das BAF bei der nachfolgenden Festlegung der Flugverfahren nicht in Widerspruch setzen darf.[915]

6412 Die Gefahr, dass ein ziviles Luftfahrzeug in einem **ausländischen Kriegs- oder Krisengebiet** beschossen wird, stellt vorbehaltlich einer speziellen gesetzlichen Regelung eine betriebsbedingte Gefahr für die Sicherheit des Luftverkehrs im Sinne von § 29 I 1 LuftVG dar. Eine Gefahr liegt danach vor, wenn zu erwarten ist, dass ein Zustand oder ein Verhalten bei ungehindertem Ablauf des Geschehens mit hinreichender Wahrscheinlichkeit zu einem Schaden für das Schutzgut führt[916]. Konkret ist diese Gefahr, wenn im einzelnen Fall die hinreichende Wahrscheinlichkeit besteht, dass bei ungehindertem Ablauf des objektiv zu erwartenden Geschehens in absehbarer Zeit ein Schaden für eines der von der Norm umfassten Schutzgüter eintreten wird[917]. Die Wahrscheinlichkeitsprognose muss sich auf Tatsachen gründen. Vage Anhaltspunkte oder bloße Vermutungen ohne greifbaren, auf den Einzelfall bezogenen Anlass reichen nicht aus. Die Anforderungen, die an die Wahrscheinlichkeit des Schadenseintritts und die dabei zugrunde zu legende Tatsachenbasis zu stellen sind, variieren. Sie hängen einerseits vom Gewicht der drohenden Rechtsgutbeeinträchtigung und andererseits vom Gewicht des durch die Gefahrenabwehrmaßnahme bewirkten Grundrechtseingriffs ab. Je gewichtiger die drohende Rechtsgutbeeinträchtigung und je weniger gewichtig der Grundrechtseingriff ist, desto geringer darf die Wahrscheinlichkeit sein, mit der auf eine drohende Verletzung des Rechtsguts geschlossen werden kann, und desto weniger fundiert dürfen gegebenenfalls die Tatsachen sein, die dem Verdacht zugrunde liegen.[918]

6413 Flugrouten, deren Festlegung allein dem Luftfahrtbundesamt obliegen, kommt keine Aussagekraft für den unterhalb der Anflugfixpunkte eines Flugplatzes entstehenden Fluglärm zu. Private Gutachter, deren Stellungnahme eine Behörde in einem nicht förmlichen Verwaltungsverfahren verwertet hat, können nicht in einem anschließenden Gerichtsverfahren als befangen abgelehnt werden. Lärmbeurteilungen können nur von einer Normalverteilung der Lärmempfindlichkeiten innerhalb der im Untersuchungsgebiet wohnenden Bevölkerung ausgehen. Eine „Addition" von äquivalenten Dauerschallpegeln und Spitzenpegeln ist nicht möglich. Auch derjenige, der in der Nähe eines **Militärflugplatzes** ein Wohnhaus an einer Stelle errichtet hat, die von Anfang an stark vom Fluglärm belastet war und nach den später in Kraft getretenen Vorschriften in die Lärmschutzzone 1 des für den Flugplatz festgesetzten Lärmschutzbereichs gefallen ist, hat keinen Anspruch auf Entschädigung aus enteignendem Eingriff wegen der von dem Flugplatz ausgehenden Fluglärmimmissionen.[919] Auch ein tatsächlich nicht genutzter Militärflugplatz, der als NATO-Reserve vorgehalten wird, kann im Sinne einer rechtlichen Vorbelastung die Schutzwürdigkeit seiner Umgebung gegen Fluglärm beeinflussen.[920]

6414 Werden städtische Grundstücke, die mit Wohnraum bebaut sind, infolge der Festsetzung neuer Flugverfahren einer Lärmbelastung von 32 bis 39 dB(A) am Tag und 26 bis 30 dB(A) in der Nacht (jeweils Leq [3]) ausgesetzt, kann die Kommune nicht mit Erfolg geltend machen, in ihrem subjektiven Recht auf fehlerfreie Abwägung ihrer Lärmschutzbelange verletzt zu sein.[921]

6415 Art. 3 I der Verordnung (EWG) Nr. 2408/92 (EWGV 2408/92) des Rates vom 23.7.1992 über den Zugang von Luftfahrtunternehmen der Gemeinschaft zu Strecken des innergemeinschaftlichen Flugverkehrs gewährt nur Luftfahrtunternehmen das Recht zur Ausübung von Verkehrsrechten. Konkrete Flugrouten sind nicht Bestandteil dieser gemeinschaftsrechtlich gewährleisteten Luftverkehrsfreiheit. Das Luftfahrt-Bundesamt durfte bei der zeitlichen Beschränkung von Anflügen auf den Flughafen Zürich maßgeblich berücksichtigen, dass die aus seinem Betrieb erwachsenden ökonomischen Vorteile fast ausschließlich der Schweiz zugutekommen,

[915] BVerwG NVwZ 2013, 297; Lippert ZUR 2013, 203 (211).

[916] BVerwG BVerwGE 150, 114.

[917] BVerwG Urt. v. 28.6.2004 – 6 C 21.03, juris.

[918] BVerwG NVwZ 2018, 504; BVerfGE 115, 320.

[919] BGH NVwZ-RR 2006, 669; BGHZ 129, 124.

[920] VGH Mannheim NVwZ-RR 2003, 412; VBlBW 1994, 62; VBlBW 2000, 27; zur unterlassenen UVP bei Umwandlung eines Militärflugplatzes in einen Verkehrsflughafen Gassner NVwZ 2008, 1203.

[921] VGH Kassel NVwZ 2003, 875; BVerwG NVwZ 2004, 1229; BVerwGE 111, 275; NVwZ 2004, 473.

die vom Fremdenverkehr abhängigen deutschen Gemeinden am Hochrhein und im Südschwarzwald dagegen zu Recht fluglärmbedingte Einbußen in diesem Erwerbszweig befürchten.[922]

Bei der Festlegung von Flugrouten ist das **Luftfahrt-Bundesamt** nicht daran gehindert, 6416 sich in dem Zielkonflikt zwischen Luftsicherheit und Lärmschutz für eine mit zumutbaren Folgen verbundene Lösung zu entscheiden. Bei seiner Abwägung hat das Luftfahrt-Bundesamt die von der zuständigen Landesluftfahrtbehörde in der Planfeststellung und der luftverkehrsrechtlichen Genehmigung des Flughafens getroffenen Entscheidungen zu beachten. Deren Ausnutzung darf es nicht vereiteln. Daher ist es gehindert, Regelungen zu treffen, die im Widerspruch zu bereits erlassenen Entscheidungen über den Betrieb des Flughafens stehen, und insoweit auf der einen Seite darauf beschränkt, den vorhandenen Lärm gleichsam zu „bewirtschaften“. Auf der anderen Seite dürfen Lärmbelastungen, die bereits bei der Planfeststellung oder der Betriebsgenehmigung auf der Grundlage früher genutzter oder prognostizierter Flugrouten berücksichtigt worden sind und die zur Anordnung von Maßnahmen des passiven Schallschutzes geführt haben, im Rahmen einer später erforderlichen Änderung in die Abwägung einbezogen werden.[923]

Ist als wahrscheinlich oder gar als gewiss davon auszugehen, dass durch den Flugverkehr auf 6417 der festgelegten Route unzumutbarer Fluglärm iS des § 29 b II LuftVG hervorgerufen wird, hat das Luftfahrt-Bundesamt umso eingehender zu prüfen, ob sich Streckenalternativen anbieten, die Abhilfe versprechen, je deutlicher die Zumutbarkeitsschwelle voraussichtlich überschritten wird. Dagegen sind die Anforderungen an die Untersuchungstiefe umso geringer, je ferner der Schluss auf unzumutbare Lärmbeeinträchtigungen liegt.[924]

Im luftverkehrsrechtlichen Planfeststellungsverfahren muss jeder beteiligt werden und Ein- 6418 wendungen erheben können, der durch Fluglärm abwägungserheblich betroffen werden kann, weil sein Grundstück innerhalb des Einwirkungsbereichs des Flughafens liegt und weder aus tatsächlichen noch aus rechtlichen Gründen auszuschließen ist, dass ein zu seiner Betroffenheit führendes Flugverfahren festgelegt wird.[925]

14. Vertragliche Vereinbarungen

Das Luftverkehrsrecht verbietet es einem Flughafenbetreiber nicht, vertragliche Bindungen 6419 einzugehen, die ihm auf Dauer eine bauseitige oder betriebliche Anpassung des Flughafens an ein steigendes Luftverkehrsaufkommen verwehren.[926] Verpflichtet sich ein Flughafenbetreiber in einer schriftlichen Erklärung gegenüber einer Gemeinde, auf Dauer bauliche Maßnahmen in einem bestimmten Teil des Gemeindegebiets zu unterlassen, um dadurch die erforderlichen Genehmigungen unter einvernehmlicher Mitwirkung der Gemeinde zu erlangen, kann darin das Angebot zum Abschluss eines sogenannten „hinkenden Austauschvertrages“ liegen. Die nach § 57 VwVfG gebotene Schriftform kann bei einem derartigen Vertrag auch dann gewahrt sein, wenn die Unterzeichnung der Parteien nicht auf derselben Urkunde erfolgt. Das schriftliche Angebot muss aber unmissverständlich schriftlich angenommen werden. Ein solcher Vertrag ist nach §§ 59 II Nr. 4 iVm 56 II VwVfG nichtig, wenn dem Flughafenbetreiber ein Rechtsanspruch auf Erteilung der erforderlichen Genehmigungen zugestanden hat.[927]

15. Militärisch genutzte Flughäfen

Besondere Regelungen enthält § 30 LuftVG für militärisch genutzte Flugplätze. Die Bun- 6420 deswehr, der Bundesgrenzschutz, die Polizei und die auf Grund völkerrechtlicher Verträge in der Bundesrepublik stationierten Truppen dürfen nach § 30 I 1 LuftVG von den allgemeinen Vorschriften des LuftVG abweichen, soweit dies zur Erfüllung ihrer besonderen Aufgaben unter Berücksichtigung der öffentlichen Sicherheit oder Ordnung erforderlich ist. Das Planfeststellungsverfahren nach § 8 LuftVG entfällt, wenn militärische Flugplätze angelegt oder geändert werden sollen (§ 30 I 2 LuftVG). Von den Vorschriften über das Verhalten im Luftraum

922 VGH Mannheim DVBl. 2003, 817; NVwZ 2004, 473. VGH Mannheim NVwZ-RR 2003, 737.
923 BVerwG Beschl. v. 7.4.2006 – 4 B 69.05, juris.
924 BVerwG Beschl. v. 18.10.2005.
925 BVerwG NVwZ 2013, 297, Lippert ZUR 2013, 203-211.
926 BVerwG NVwZ 2003, 863.
927 VGH Kassel NVwZ-RR 2005, 680 m. Bespr. Franz NuR 2005, 334.

darf nur abgewichen werden, soweit dies zur Erfüllung hoheitlicher Aufgaben zwingend notwendig ist (§ 30 I 3 LuftVG). Auch die NATO-Truppen können sich auf diese Sonderregelungen berufen.[928] Wird für das Vorhaben eine Enteignung erforderlich, gliedert sich das Verfahren in zwei Teile: Das Landbeschaffungsverfahren, das mit der Bezeichnung endet, die wiederum die Grundlage für die Enteignung bildet, und die luftverkehrsrechtliche Genehmigung nach § 6 LuftVG. Flugplätze dürfen danach nur mit Genehmigung angelegt oder betrieben werden (§ 6 I LuftVG). Eine Änderung der Genehmigung ist auch erforderlich, wenn die Anlage oder der Betrieb des Flughafens wesentlich erweitert oder geändert wird (§ 6 IV 2 LuftVG).

6421 Im **Landbeschaffungsverfahren** findet nur eine eingeschränkte Beteiligung der Gemeinden und der Träger öffentlicher Belange statt. Die betroffenen Eigentümer oder die allgemeine Öffentlichkeit werden nicht beteiligt. Im luftverkehrsrechtlichen Genehmigungsverfahren nach § 6 LuftVG ist dem Wortlaut der Vorschrift nach eine förmliche Beteiligung der Eigentümer oder der Öffentlichkeit ebenfalls nicht vorgesehen. Dies hängt damit in Zusammenhang, dass die luftverkehrsrechtliche Genehmigung nach § 6 LuftVG für die Betroffenen Bürger in der Regel keine Außenwirkungen hat, sondern nur die Gemeinden bindet. Diese haben daher nach der Rechtsprechung des BVerwG[929] im Gegensatz zu den Bürgern ein Recht auf Information und Anhörung. Abwehrrechte können ihnen zustehen, wenn sich weite Teile des Gemeindegebietes einer durchsetzbaren Planung entziehen oder konkrete Planungen betroffen sind.[930] Die Öffentlichkeit wird regelmäßig im luftverkehrsrechtlichen Planfeststellungsverfahren nach § 8 LuftVG beteiligt. Eine Besonderheit besteht bei militärischen Anlagen darin, dass dort kein Planfeststellungsverfahren nach § 8 LuftVG stattfindet. Die in diesem Verfahren gebotene Öffentlichkeitsbeteiligung mit Planoffenlage und Erörterungstermin entfällt daher. Wegen dieses Ausfalls des luftverkehrsrechtlichen Planfeststellungsverfahrens ist es erforderlich, im luftverkehrsrechtlichen Genehmigungsverfahren eine Beteiligung zumindest in dem Umfang vorzunehmen, wie sie verfassungsrechtlich geboten ist. Zudem ist eine Beteiligung erforderlich, soweit sie der Aufbereitung des Abwägungsmaterials dient, auf dessen Grundlage die luftverkehrsrechtliche Genehmigung erteilt wird. Eine Beteiligung ist hier allerdings nur insoweit geboten, wie sie nicht bereits im Verfahren nach dem Landbeschaffungsgesetz durchgeführt worden ist. Wird Gelände für die Anlegung und wesentliche Änderung militärischer Flugplätze nach den Vorschriften des Landbeschaffungsgesetzes beschafft, findet nach § 30 III 4 LuftVG allein das Anhörungsverfahren nach § 1 II Landbeschaffungsgesetz statt. Diese Vorschrift ist aber dahingehend auszulegen, dass auf Grund des größeren Kreises der von dieser Entscheidung Betroffenen eine ergänzende Beteiligung im luftverkehrsrechtlichen Genehmigungsverfahren nach § 6 LuftVG erforderlich ist.[931] Hier hat dann auch eine Öffentlichkeitsbeteiligung in Anlehnung an die Vorgaben der §§ 72 ff VwVfG nach dem Modell eines Planfeststellungsverfahrens stattzufinden. Eine Öffentlichkeitsbeteiligung ist auch nach Maßgabe der Öffentlichkeitsbeteiligungs-RL und deren Umsetzung in deutsches Recht geboten.

6422 Militärische Flugplätze haben nach Maßgabe des § 30 LuftVG einen Sonderstatus. Das in § 8 LuftVG vorgesehene Planfeststellungsverfahren entfällt, wenn militärische Flugplätze angelegt oder geändert werden sollen. Allerdings ist auch klar, dass ohne eine sachgerechte Beteiligung der Betroffenen und eine ihre Interessen abwägend berücksichtigende Entscheidung die Zulassung auch eines militärisch genutzten Flugplatzes nicht erfolgen darf.[932]

6423 Bei der öffentlichen Bekanntmachung einer Schutzbereichsanordnung des Bundesministers der Verteidigung ist sicherzustellen, dass die Betroffenen in hinreichender Weise auf die mögliche Inanspruchnahme ihrer Grundstücke hingewiesen werden. Dem genügt auch die Bekanntmachung durch eine nachgeordnete Behörde, in der die Anordnung des Ministeriums bei gleichbleibendem Inhalt in einer indirekten Fassung wiedergegeben wird. Auch nach Ablauf der fünfjährigen Frist, innerhalb der gemäß § 2 IV 1 SchBG zu prüfen ist, ob die Voraussetzungen für die Anordnung eines Schutzbereichs noch vorliegen, erlischt die Anordnung nicht ohne ausdrückliche behördliche Entscheidung nach § 2 V 1 SchBG.[933]

---

[928] BVerwG NJW 1995, 1690.
[929] BVerwG DVBl. 1978, 845.
[930] BVerwG DVBl. 1988, 960.
[931] BVerwG NVwZ 1988, 1122.
[932] Stüer/Hermanns DVBl. 2002, 514.
[933] BVerwG NVwZ-RR 2002, 444.

§ 31 I Nr. 1 LuftVG, der das Bundesministerium für Verkehr dazu ermächtigt, die zur Durchführung des Luftverkehrsgesetzes notwendigen Rechtsverordnungen über das Verhalten im Luftraum und am Boden zu erlassen, genügt den sich aus Art. 80 I 1 GG ergebenden Anforderungen. Das Luftfahrt-Bundesamt ist verpflichtet, vor der durch Rechtsverordnung erfolgenden Festlegung der in § 27 a LuftVO genannten Flugverfahren die hiervon betroffenen Gemeinden nach Maßgabe der vom BVerfG[934] aufgestellten Grundsätzen zu unterrichten und ihnen Gelegenheit zur Stellung zu geben. Das Luftfahrt-Bundesamt verletzt seine Verpflichtung, die Lärmschutzinteressen der Betroffenen in die bei der Festlegung der Flugverfahren gebotene Abwägung einzustellen, wenn die mit der Ausarbeitung der Verordnung betraute Stelle sich hierbei allein von flugtechnischen Gesichtspunkten leiten lässt.[935] 6424

Die zivile Mitbenutzung eines Militärflugplatzes ist auch dann iSd Planrechtfertigung legitimiert, wenn vom Träger des Vorhabens nur eine – von einem konkret feststellbaren Bedarf losgelöste – Angebotsplanung entwickelt wird.[936] In einem solchen Fall darf die anzustellende Lärmprognose die plausiblen Vorstellungen des Platzhalters über den von ihm zukünftig erwarteten Flugbetrieb und „Flugzeugmix" zugrunde legen. Fluglärmberechnungen müssen nicht von der unrealistischen Annahme ausgehen, eine Start- und Landebahn werde in beide Betriebsrichtungen jeweils zu 100 % genutzt.[937] 6425

Eingehend hat sich das BVerwG[938] im Verfahren Wittstock mit der Nutzung militärischer Truppenübungs- und Bodenabwurfplätze befasst und dazu folgende Grundsätze aufgestellt: Liegenschaften, die auf der Grundlage des Verteidigungsgesetzes der DDR in Anspruch genommen und den sowjetischen Streitkräften für militärische Zwecke zur Verfügung gestellt wurden, sind in aller Regel als Teil des Verwaltungsvermögens nach Art. 21 I 1 EV Eigentum des Bundes geworden. Sie dürfen von der Bundeswehr nach Maßgabe des materiellen Rechts der Bundesrepublik Deutschland grundsätzlich weiter militärisch genutzt werden, ohne dass ein Verfahren nach § 1 III LBG durchgeführt zu werden braucht. Entwickelt der Bund auf Grund einer veränderten Bedarfslage ein neues Konzept für die Nutzung vorhandener Truppenübungsplätze, so hat er die betroffenen Gemeinden anzuhören und die gemeindlichen Belange in seine Entscheidung einzustellen. Eine Anhörung, die den Anforderungen des Art. 28 II 1 GG genügt, setzt mehr voraus, als dass eine Gemeinde in beliebiger Weise über bestimmte Absichten informiert wird und Gelegenheit erhält, hierzu Erklärungen abzugeben. Erforderlich ist, dass der Gemeinde ein zeitlicher Rahmen zugebilligt wird, der es ihr ermöglicht, sich nach einer der Materie angemessenen Prüfung und Würdigung zu den aus ihrer Sicht maßgeblichen Punkten sachgemäß zu äußern. Erforderlich ist weiter, dass die eingeholte Stellungnahme zur Kenntnis genommen und bei der Entscheidung in Erwägung gezogen wird.[939] 6426

Eine bundeswehrinterne Entscheidung über die **militärische Weiternutzung eines Militärgeländes** (Betriebskonzept) schließt planerische Elemente ein und hat immissionsschutzrechtlich geschützte Belange Privater zu berücksichtigen. Gegenüber betroffenen Dritten stellt sich die Entscheidung daher als Verwaltungsakt dar. Trotz der weiten Gestaltungsfreiheit bei der Neuentwicklung einer Truppenübungsplatzkonzeption hat die Bundeswehr neben den gemeindlichen Belangen auch alle anderen rechtlich geschützten Belange, auch diejenigen Privater, ausreichend zu ermitteln und ernsthaft zu erwägen.[940] 6427

Über die Zulassung militärischer **Tiefflüge** hat das BVerwG dem Bundesverteidigungsminister einen gerichtlich nur eingeschränkt kontrollierbaren Bewertungsspielraum zugebilligt. Über Tiefflüge unterhalb der in der LuftVO vorgeschriebenen Mindesthöhe entscheidet der Bundesverteidigungsminister im Rahmen eines ihm zustehenden verteidigungspolitischen Beurteilungsspielraums. Tiefflüge dienen dem Verteidigungsauftrag der Bundeswehr und sind daher hoheitlicher Natur. Die Verwaltungsgerichte haben dabei nach Auffassung des BVerwG nur zu prüfen, ob der Bundesverteidigungsminister von einem zutreffenden Sachverhalt ausgegangen ist, den durch § 30 I 3 LuftVG bestimmten Rahmen erkannt hat, sich von sachgerech- 6428

---

934 BVerfG DVBl. 1981, 535.

935 VGH Mannheim DVBl. 2002, 1129 mit Anmerkung Buchner 1136; NVwZ 2004, 473; DVBl. 2005, 1375.

936 Im Anschluss an BVerwG NVwZ 2002, 350.

937 Im Anschluss an VGH Mannheim NVwZ-RR 1991, 137; gegen VGH München BayVBl 1998, 756.

938 BVerwG NVwZ 2001, 1030.

939 Zur unterlassenen UVP bei Umwandlung eines Militärflugplatzes in einen Verkehrsflughafen Gassner NVwZ 2008, 1203.

940 OVG Berlin-Brandenburg Beschl. v. 20.9.2005 – 2 S 99.5, juris.

ten Erwägungen hat leiten lassen und ob er die zivilen Interessen einschließlich der Lärmschutzinteressen in die gebotene Abwägung eingestellt und nicht unverhältnismäßig zurückgesetzt hat.[941] Mit Art. 87 a I 1 GG, wonach der Bund Streitkräfte zur Verteidigung aufstellt, hat der Verfassungsgeber zugleich eine Grundentscheidung für die militärische Landesverteidigung getroffen. Die Festlegung von militärischen Tieffluggebieten ist daher weitgehend von dem verteidigungspolitischen Auftrag der Bundeswehr bestimmt[942] und gerichtlich nur eingeschränkt kontrollierbar. Eines besonderen Verwaltungsverfahrens zur Festlegung von Tieffluggebieten bedarf es nicht.[943] Eine Gemeinde kann nicht gegen die Durchführung von Tiefflügen vorgehen, wenn ihr Interesse, von dem durch die An- und Abflüge verursachten Tieffluglärm verschont zu werden, angesichts der für die Nutzung des Geländes als Luft-Boden-Schießplatz sprechenden Erwägungen nicht unangemessen zurückgestellt worden ist. Gewichtige öffentliche Belange können auch erhebliche Eingriffe in die Planungshoheit einer Gemeinde rechtfertigen, solange noch hinreichende Möglichkeiten für die bauleitplanerische Eigenentwicklung bestehen bleiben. Dies gilt insbesondere, wenn die Belange der Gemeinde in der Abwägung nicht einfach unberücksichtigt gelassen wurden, sondern jedenfalls ansatzweise eine Art Lärmschutzkonzept entwickelt wurde.[944]

6429 Für die **zivile Nutzung** eines aus der militärischen Trägerschaft entlassenen ehemaligen **Militärflugplatzes** ist nach § 8 V LuftVG eine Änderungsgenehmigung nach § 6 IV 2 LuftVG durch die zuständige Zivilluftfahrtbehörde erforderlich, in der der Träger der zivilen Nutzung anzugeben ist. Die Genehmigungsurkunde muss zudem die für die entsprechende Flugplatzart vorgeschriebenen Angaben enthalten (§ 42 II, 52 II, 57 II Luftverkehrs-Zulassungs-Ordnung). Eine Planfeststellung oder Plangenehmigung findet nicht statt. Jedoch muss das Genehmigungsverfahren den Anforderungen des UVPG entsprechen, wenn die zivile Nutzung des Flugplatzes mit baulichen Änderungen oder Erweiterungen verbunden ist, für die nach dem UVPG eine UVP durchzuführen ist (§ 8 V 3 LuftVG). Die Änderungsgenehmigung nach § 8 V 1 LuftVG für die zivile Nutzung eines ehemaligen Militärflugplatzes beinhaltet auch eine planerische Entscheidung. Denn eine luftverkehrsrechtliche Genehmigung, der keine Planfeststellung nach § 8 LuftVG nachfolgt, ist einerseits Unternehmergenehmigung und andererseits Planungsentscheidung. Zugunsten von Sonderlandeplätzen kann nicht auf der Grundlage von § 28 I LuftVG iVm § 49 II Nr. 2 LuftVZO enteignet werden. Eine Enteignung ist nur dann zulässig, wenn ein gemeinwohlbezogener Enteignungszweck dauerhaft gesichert ist. Bei den dem allgemeinen Verkehr nicht zugänglichen Sonderlandeplätzen fehlt es aber regelmäßig an dieser Voraussetzung.[945] Auch dürfen solche Vorhaben in Rechte anderer nicht eingreifen.[946] Ein **militärischer Bauschutzbereich** bleibt bestehen, bis die Genehmigungsbehörde etwas anderes bestimmt. Spätestens mit der Bekanntgabe der Änderungsgenehmigung nach § 6 IV 2 LuftVG gehen alle Rechte und Pflichten von dem militärischen auf den zivilen Träger über. Die Änderungsgenehmigung nach § 8 V 1 LuftVG weist (auch) Merkmale einer Planungsentscheidung auf.[947] Denn auch die Änderungsgenehmigung nach § 8 V 1 LuftVG hat eine Doppelnatur: Sie ist einerseits Unternehmergenehmigung, andererseits aber auch Planungsentscheidung, da es keines weiteren Zulassungsaktes bedarf.[948]

6430 Ist die zivile Nutzung eines aus der militärischen Trägerschaft entlassenen ehemaligen Militärflugplatzes als regionaler Verkehrsflugplatz mit baulichen Änderungen und Erweiterungen verbunden, ist eine Umweltverträglichkeitsprüfung bereits dann erforderlich, wenn die betriebsbedingten nachteiligen Umweltauswirkungen im Sinne des § 7 UVPG erheblich sein können. Das gilt jedenfalls, wenn die zivile Nutzung als Verkehrsflughafen erst durch die baulichen Änderungen und Erweiterungen ermöglicht wird. § 8 V LuftVG gestattet nicht, bei der Bewertung der Erheblichkeit der betriebsbedingten Umweltauswirkungen diejenigen des zivilen Flugbetriebs mit denen des früheren militärischen Flugbetriebs zu saldieren. Für Projekte, für die das Genehmigungsverfahren vor Ablauf der Frist zur Umsetzung der Richtlinie 2003/

[941] BVerwG NJW 1995, 1690.
[942] BVerwG Beschl. v. 25.5.1987 – 4 B 79.87, juris; BauR 2007, 78.
[943] BVerwG NJW 1995, 1690.
[944] OVG Berlin-Brandenburg DVBl. 2007, 199.
[945] BVerwG NVwZ-RR 1997, 523.
[946] OVG Hamburg DVBl. 1995, 1026.
[947] BVerwG DVBl. 1997, 434.
[948] BVerwGE 56, 110; DVBl. 1989, 1097. Zur unterlassenen UVP bei Umwandlung eines Militärflugplatzes in einen Verkehrsflughafen Gassner NVwZ 2008, 1203.

35/EG eingeleitet wurde, gebietet das Gemeinschaftsrecht nicht, eine luftverkehrsrechtliche Änderungsgenehmigung wegen des Unterlassens einer rechtlich gebotenen Umweltverträglichkeitsprüfung aufzuheben oder ihren Vollzug auszusetzen, wenn die Öffentlichkeit vor Erteilung der Genehmigung Gelegenheit hatte, sich zu dem Projekt zu äußern, die Auswirkungen des Projekts auf die Umwelt umfassend geprüft wurden und es keine konkreten Anhaltspunkte dafür gibt, dass die Behörde eine andere Entscheidung getroffen hätte, sofern eine förmliche Umweltverträglichkeitsprüfung für das Projekt durchgeführt worden wäre. Erst durch die öffentlich bekannt gemachte Entlassung eines Militärflugplatzes aus der militärischen Trägerschaft wird das Flugplatzgelände in die Planungshoheit der Gemeinden zurückgeführt. Wird das Änderungsgenehmigungsverfahren bereits vor der Entlassung des Flugplatzes aus der militärischen Trägerschaft durchgeführt, sind kommunale Planungen für diese Flächen mit der Pflicht zur Rücksichtnahme auf die geplante zivile Nutzung belastet. Steht aufgrund neuer, nach der Beschlussfassung über die Genehmigung gewonnener Erkenntnisse fest, dass die Alternative, die auf der Grundlage des früheren Erkenntnisstandes in Betracht zu ziehen war, nicht realisierbar ist, haben sich die Alternativenprüfung und der auf das Unterlassen dieser Prüfung gestützte Anspruch auf Aufhebung der Genehmigung erledigt. Wird auf einem aus der militärischen Trägerschaft entlassenen ehemaligen Militärflugplatz ein ziviler Verkehrsflughafen eingerichtet, darf den Anwohnern nicht mehr Lärm zugemutet werden als bei der Anlegung eines neuen oder der wesentlichen Änderung eines bestehenden Verkehrsflughafens.[949] Die Beschaffung von Wohnraum für Soldaten der Bundeswehr und ihre Familien im Rahmen der allgemeinen Wohnungsfürsorge dient grundsätzlich nicht Zwecken der Verteidigung im Sinne von § 1 I Nr. 1 LBG. Tatsächliche Veränderungen des enteigneten Grundstücks sind im Rahmen des § 57 III LBG erheblich, wenn sie sich so nachhaltig auf das Grundstück auswirken, dass es bei natürlicher Betrachtung nicht mehr als gleichartig angesehen werden kann.[950] Die Enteignungsbehörde kann einen Rückübereignungsantrag im Ermessenswege grundsätzlich nur dann ablehnen, wenn die Rückabwicklung auf unverhältnismäßige Schwierigkeiten stößt.[951]

Beantragt der künftige Betreiber eines Flugplatzes eine einheitliche Genehmigung für Sicht- 6431
und Instrumentenflug und ist die Planrechtfertigung auf dieses Gesamtkonzept bezogen, so darf vorweg eine **„Teilgenehmigung"** allein für den Sichtflugbetrieb nur erteilt werden, wenn der Genehmigung des Instrumentenflugbetriebs keine unüberwindbaren Hindernisse entgegenstehen. Die Frage der Realisierbarkeit des Gesamtvorhabens ist anhand objektiver Gegebenheiten zu beantworten. Im Streitfall greift insoweit eine volle gerichtliche Überprüfung Platz. Es gibt keinen luftverkehrsrechtlichen Planungsleitsatz des Inhalts, dass ein Flugplatz nicht genehmigungsfähig ist, wenn seine „luftseitigen Kapazitäten" durch den Vorrang militärischen Flugbetriebs verbündeter Streitkräfte eingeschränkt sind. Regionale Strukturhilfe ist beim Verkehrswegebau legitim.[952] Für das Luftverkehrsrecht gilt das auch für Konversionsvorhaben (§ 8 V 1, VII LuftVG). Die zivile Mitbenutzung eines Militärflugplatzes ist aus diesem Grunde jedenfalls dann planerisch gerechtfertigt, wenn die entsprechende Nutzungsänderung dazu dient, eine wirtschaftsschwache Region an den Luftverkehr anzuschließen. Jedenfalls in diesem Fall ist eine Angebotsplanung zulässig.[953]

16. Flugplatzzwang

§ 25 I 1 LuftVG schreibt für Luftfahrzeuge grundsätzlich einen Flugplatzzwang vor. Nach 6432
dieser Vorschrift dürfen Luftfahrzeuge der genehmigten Flugplätze nur starten und landen, wenn der Grundstückseigentümer oder sonst Berechtigte zustimmt und die Luftfahrtbehörde eine Erlaubnis erteilt hat. Sie dürfen außerdem auf Flugplätzen außerhalb der in der Flugplatzgenehmigung festgelegten Start- und Landebahn, außerhalb der Betriebsstunden des Flugplatzes oder innerhalb von Betriebsbeschränkungszeiten für den Flugplatz nur starten und landen, wenn der Flugplatzunternehmer zugestimmt hat und die Genehmigungsbehörde eine Erlaubnis erteilt hat. Es handelt sich um ein repressives Verbot des Außenstartens und -landens, von dem die Behörde unter Beachtung dieser Vorschrift nach pflichtgemäßem Ermessen eine Befreiung erteilen darf. Das Verbot dient der Sicherheit und Ordnung des Luftverkehrs, insbeson-

949 BVerwG NVwZ 2008, 563.
950 Bejaht für den Bau von Reihen- und Doppelhäusern auf landwirtschaftlichen Nutzflächen.
951 BVerwG DVBl. 2000, 1881.
952 BVerwG DVBl. 1985, 900.
953 BVerwG NVwZ 2002, 350.

dere der Passagiere, der Besatzung und potenziell betroffener Dritter, sowie der allgemeinen Sicherheit und Ordnung und den in § 6 II LuftVG erwähnten öffentlichen Interessen, zB dem Schutz der Bevölkerung vor übermäßiger Lärmbelastung.[954]

6433 Die Landeerlaubnis kann allgemein oder im Einzelfall erteilt, mit Auflagen verbunden und befristet werden (§ 25 I 2 LuftVG). Der Vorschrift lässt sich entnehmen, dass das Starten und Landen grundsätzlich nur auf Flugplätzen zulässig ist und außerhalb von Flugplätzen nur ausnahmsweise erlaubt werden kann. Die Luftverkehrsbehörde darf dabei als Voraussetzung für die Erteilung einer Allgemeinerlaubnis zur Landung außerhalb der Flugplätze im Regelfall eine besondere fliegerische Qualifikation fordern, wie sie der Inhaber einer Berufshubschrauberführererlaubnis besitzt. Einem **Privathubschrauberführer** darf eine entsprechende Befähigung nicht in jedem Fall abgesprochen werden. Er muss sie jedoch durch besondere Nachweise darlegen.

6434 Um den mit dem Flugplatzzwang verfolgten gesetzgeberischen Zweck nicht zu umgehen, muss geprüft werden, ob bei der Erteilung der Erlaubnis der Ausnahmecharakter von Außenstarts und -landungen gewahrt bleibt.[955] Außerdem ist zu prüfen, ob es durch die Erteilung einer Ausnahme vom Flugplatzzwang zu einem gehäuften, flugplatzähnlichen Flugbetrieb mit all seinen Folgewirkungen kommt, wobei eine Gesamtschau geboten ist. Wäre ein flugplatzähnlicher Flugbetrieb zu bejahen, wäre ein Genehmigungsverfahren nach § 6 I LuftVG durchzuführen. In diesem Fall würde ein Flugplatz „angelegt".[956]

17. Notfallrettung

6435 Die Notfallrettung mit Luftfahrzeugen ist nach Maßgabe der jeweiligen landesrechtlichen Regelungen Bestandteil des öffentlichen Rettungsdienstes. Zu den Zwecken, für die ein Landeplatz genehmigt werden darf, gehört der Flugbetrieb von Hubschraubern für Rettungseinsätze in Notfällen. Der Genehmigung steht im Hinblick auf die zu erwartende Lärmbelastung nicht von vornherein entgegen, dass das Geräusch von Hubschraubern wegen seiner Impulshaltigkeit und seiner tonalen Zusammensetzung nach dem Geräuschempfinden eine besondere Störwirkung entfaltet. Anwohnern ist zuzumuten, sich bei einzelnen Lärmereignissen, die sie im Außenwohnbereich nach Zeitpunkt und Umständen als besonders störend empfinden, vorübergehend in ihr Wohngebäude zu begeben und für die Dauer des Hubschrauberlärms die Fenster geschlossen zu halten.[957]

18. Enteignung

6436 Für Zwecke der Zivilluftfahrt ist nach § 28 LuftVG eine Enteignung zulässig.[958] Hat ein Planfeststellungs-, Plangenehmigungs- oder Genehmigungsverfahren stattgefunden, so ist der festgestellte Plan, die Plangenehmigung oder die Genehmigung in dem Enteignungsverfahren zu Grunde zu legen und für die Enteignungsbehörde bindend. Im Übrigen gelten die Enteignungsgesetze der Länder. Die Vorschrift ermächtigt allerdings nicht zu einer Enteignung für den Betrieb eines Sonderlandeplatzes iS des § 49 II Nr. 2 LuftVZO, der ausschließlich der Befriedigung von Privatinteressen zu dienen bestimmt ist. Die Enteignung ist vielmehr an das Vorliegen von Gründen des Gemeinwohls gebunden. Die Enteignung scheitert zwar nicht schon daran, dass der Antragsteller eine juristische Person des Privatrechts ist. Denn es darf auch zugunsten Privater enteignet werden.[959] Diese Erweiterung des Kreises potenzieller Enteignungsbegünstigter entbindet jedoch nicht von der Beachtung des Art. 14 III GG. Danach ist die Enteignung nur zulässig, wenn das Wohl der Allgemeinheit sie erfordert. Der Zugriff auf das private Eigentum wird nur unter der Voraussetzung eröffnet, dass er einem besonderen, im öffentlichen Nutzen liegenden Zweck dient, der Deine konkrete Ausformung in gesetzlichen Vorschriften oder auf deren Grundlage gefunden haben muss. Diesem Erfordernis kommt bei

---

[954] OVG Berlin-Brandenburg Urt. v. 20.12.2023 – OVG 6 B 13/22, juris Rn. 38; BVerwG NZV 1994, 165 f. = juris Rn. 9.

[955] OVG Berlin-Brandenburg Urt. v. 20.12.2023 – OVG 6 B 13/22, juris Rn. 39; OVG Koblenz NVwZ-RR 1994, 194 ff.

[956] OVG Berlin-Brandenburg Urt. v. 20.12.2023 – OVG 6 B 13/22, juris Rn. 40.

[957] OVG Hamburg NVwZ-RR 2002, 493.

[958] Siehe dazu VGH München BayVBl 2016, 155.

[959] BVerfGE 74, 264.

der Enteignung zugunsten Privater gesteigerte Bedeutung zu. Der Gesetzgeber hat Vorkehrungen zu treffen, durch die sichergestellt wird, dass der Enteignungszweck zum Nutzen der Allgemeinheit dauerhaft erreichbar bleibt.[960]

19. Flughafenschließung

6437 Ein planfestgestellter Verkehrsflughafen kann durch Widerruf der luftrechtlichen Genehmigung stillgelegt werden. Die **Stilllegung** setzt auch dann eine behördliche Entscheidung voraus, wenn der Flugplatzunternehmer mit der Betriebsaufgabe einverstanden ist. Die fehlende Dispositionsbefugnis des Flugplatzunternehmers über die luftrechtliche Genehmigung erstreckt sich nicht auf den Vertrauensschutz, den die Genehmigung ihm gegenüber entfaltet. Verzichtet er darauf, stellt sich der Widerruf der luftrechtlichen Genehmigung nicht als Eingriff dar. Einer Ermächtigungsgrundlage bedarf es daher nicht. Dies gilt auch dann, wenn durch den Widerruf Rechte Dritter verletzt werden. Ihnen bleibt es unbenommen, im Wege der Drittanfechtung vorzugehen.

20. Rechtsschutz

6438 Gegen die luftverkehrsrechtliche Planfeststellung kann der davon in seinen Rechten Betroffene Rechtsschutz suchen. Derartige Rechtsbeeinträchtigungen können sich etwa im Hinblick auf eine im luftverkehrsrechtlichen Planfeststellungsbeschluss vorgesehene Grundstücksinanspruchnahme ergeben. Auch kann eine Verletzung eigener Rechte dann bestehen, wenn der im Planfeststellungsbeschluss zugelassene Eingriff in das Nachbareigentum die Zumutbarkeitsgrenze überschreitet. Da keine festen Grenzwerte bestehen, bestimmt sich das Maß der Zumutbarkeit daher nach den jeweiligen Einzelfallumständen. Dies gilt auch für den Bereich des zumutbaren Fluglärms. Nach § 9 II LuftVG sind dem Unternehmer die Errichtung und Unterhaltung der Anlage aufzuerlegen, die ua auch zur Sicherung der Benutzung der benachbarten Grundstücke gegen Gefahren oder Nachteile notwendig sind. Hieraus können die lärmbetroffenen Grundstückseigentümer einen Schutzanspruch ableiten, wenn die **Zumutbarkeitsgrenze** überschritten ist. Eine Klagebefugnis besteht aber nur dann, wenn durch die Zulassungsentscheidung die Rechte des Klägers möglicherweise nachteilig betroffen werden. Wird etwa nachträglich ein Nachtflugverbot angeordnet, so ergibt sich hieraus keine eigenständige Beschwer der Betroffenen, sodass eine Klage gegen eine derartige Einschränkung einer luftverkehrsrechtlichen Genehmigung oder eines Planfeststellungsbeschlusses keinen Erfolg hat.[961]

Beispiel: Der Kläger wendet sich mit seiner Klage gegen eine Änderung der luftverkehrsrechtlichen Genehmigung für den Flughafen Köln/Bonn. Durch die Änderung wird ein Nachtflugverbot eingeführt. War nach den zuvor gültigen Zulassungsentscheidungen ein uneingeschränkter Nachtflug zulässig, so beeinträchtigt die Änderungsgenehmigung den Kläger nicht in seinen Rechten.

6439 Gegen die Festlegung von An- und Abflugstrecken von und zu Flugplätzen gemäß § 27 a II 1 LuftVO durch Rechtsverordnung können betroffene Flughafenanwohner Rechtsschutz im Wege der Feststellungsklage erlangen. Die Klage kann nur dann Erfolg haben, wenn das Interesse eines Klägers am Schutz vor unzumutbaren Lärmbeeinträchtigungen willkürlich unberücksichtigt geblieben ist.[962] Insoweit ist nach Auffassung des BVerwG nur eine **Sparabwägung** erforderlich.[963]. Wendet sich eine Gemeinde gegen die durch Rechtsverordnung vorgenommene Festlegung von Flugrouten, ist sie auf die Geltendmachung von Abwehrrechten aus der kommunalen Selbstverwaltung beschränkt. Dabei können auch die ihr zustehenden kommunalen planerischen Interessen bei der Abwägung der Entscheidung über Flugrouten überwunden werden.[964]

---

960 BVerwG DVBl. 1997, 434.
961 BVerwG DVBl. 1997, 1127.
962 BVerwG DVBl. 2000, 1858.
963 BVerwG NVwZ 2004, 1229; Urt. v. 24.6.2004 – 4 C 15.03, juris; BVerwGE 111, 276; NVwZ 2004, 473.
964 VGH Kassel NVwZ 2001, 826; NVwZ-RR 1999, 554.

6440 Flughafennutzer haben die Klagebefugnis (§ 42 II VwGO) zur Anfechtung der Genehmigung einer **Entgeltordnung für Flughafenentgelte** (§ 19b LuftVG).[965] Soweit die **Teilnahme am Luftverkehr** begehrt wird, muss der Interessent die gesetzlichen Voraussetzungen erfüllen. So verleiht etwa das bloße Interesse eines Piloten, einen – als Ersatz für einen alten Flughafen geplanten – neuen Flughafen benutzen zu wollen, ihm noch keine Klagebefugnis gegen eine Maßnahme, mit der ein bestimmtes Segment der allgemeinen Luftfahrt weitgehend von der Benutzung des neuen Flughafens ausgeschlossen wird. Etwas anderes kann dann gelten, wenn ein besonderer gewerblicher und rechtlich verankerter Standortbezug zu dem zu ersetzenden Flughafen bestanden hat.[966]

Beispiel: Bestand etwa für den bisherigen Flughafen eine uneingeschränkte Betriebspflicht, so kann in der Einschränkung der Zugangsberechtigungen nur auf Flugzeuge mit Instrumentenflugbetrieb ein Eingriff in ein geschütztes Vertrauen etwa von Flugschulen oder Charterunternehmen liegen, die sich mit ihren Flugzeugen auf den Fortbestand des Flughafens oder eine gleichwertige Ersatzlösung eingerichtet haben.[967] Auch können Flugschulen und Flugcharterunternehmen, die an einem bestimmten Flughafen angesiedelt sind, verlangen, dass ihre gewerblichen und wirtschaftlichen Belange angemessen berücksichtigt werden, wenn ihre gewerbliche Betätigung durch eine Änderung der Flughafengenehmigung wesentlich erschwert wird. Für die Klage gegen die Änderung der luftverkehrsrechtlichen Genehmigung, mit der sie die Beeinträchtigung dieses Rechts geltend machen, steht ihnen daher die Klagebefugnis zu.[968]

6441 Wird für Hochbauten auf einem Flughafengelände eine Baugenehmigung beantragt, so darf die Entscheidung, ob das Vorhaben planfeststellungsbedürftig ist, in einem verwaltungsinternen Zwischenverfahren getroffen werden. Dritte, die geltend machen wollen, das Vorhaben hätte nur im Wege einer Planfeststellung zugelassen werden dürfen, trifft insoweit keine Anfechtungslast. Mit einer gegen eine Baugenehmigung für Flughafenhochbauten gerichteten Anfechtungsklage können Drittbetroffene rügen, die planerische Abwägung ihrer dem Vorhaben entgegenstehenden Belange sei ihnen rechtswidrig vorenthalten worden, indem anstelle des an sich gebotenen Planfeststellungsverfahrens nur ein Baugenehmigungsverfahren durchgeführt worden sei. Daneben ist für eine Klage, mit der die Luftaufsicht zu einem Einschreiten gegen das Bauvorhaben verpflichtet werden soll, kein Rechtsschutzinteresse gegeben.[969]

6442 Im luftverkehrsrechtlichen Genehmigungsverfahren nach § 6 LuftVG ist die **Gemeinde** zu beteiligen.[970] Zur Information genügt in aller Regel die Kenntnis der Antragsunterlagen. Das verwaltungsgerichtliche Verfahren ist auf die Prüfung beschränkt, ob die Genehmigungsbehörde die formellen Beteiligungsrechte der Gemeinde beachtet hat.[971] Im Verfahren auf Erteilung einer luftverkehrsrechtlichen Genehmigung für planfeststellungsbedürftige Flugplätze steht den davon betroffenen Gemeinden und Gemeindeverbänden ein subjektives Recht auf Beteiligung zu,[972] das sich in **Informations- und Anhörungsrechte** gliedert. Der Anspruch auf Information richtet sich seinem Gegenstand nach auf den für die Genehmigungsentscheidung erheblichen Sachverhalt, soweit die rechtlich geschützten Belange der am Genehmigungsverfahren beteiligten Selbstverwaltungskörperschaften durch das Flugplatzvorhaben betroffen werden können.[973] Die Art und Weise der Information hat sich an Einzelfallgesichtspunkten auszurichten. Der Informationsanspruch erstreckt sich auch auf die Information über Standortalternativen, soweit diese mit Relevanz für die Genehmigungsentscheidung innerhalb des Genehmigungsverfahrens geprüft worden sind. Dem Anspruch der Selbstverwaltungskörperschaften auf Anhörung genügt die Luftverkehrsbehörde dadurch, dass sie deren – regelmäßig schriftliche – Stellungnahme zur Kenntnis nimmt und in ihre Erwägungen einbezieht. Eines förmlichen Verfahrens bedarf die Anhörung nicht. Dem Recht der Selbstverwaltungskörperschaften auf Beteiligung am luftverkehrsrechtlichen Verfahren entspricht deren **Mitwirkungslast**. Die Anfechtungsklage einer Selbstverwaltungskörperschaft gegen die luftverkehrsrecht-

[965] BVerwG NVwZ 2016, 695; Hufen JuS 2021, 479; Friehe NVwZ 2020, 1280.
[966] BVerwG NVwZ-RR 1994, 189.
[967] BVerwG Beschl. v. 11.6.1992 – 4 ER 202, 303, 304.92, juris.
[968] BVerwG DVBl. 1989, 1097.
[969] BVerwG DVBl. 2002, 272.
[970] BVerwG NJW 1969, 1113; NJW 1980, 718.
[971] BVerwG DVBl. 1988, 532.
[972] BVerwG NJW 1974, 1961; NJW 1979, 64.
[973] BVerwG DÖV 1979, 517.

liche Genehmigung für einen planfeststellungsbedürftigen Flugplatz, die wegen Berufung auf eine Verletzung des Beteiligungsrechts zulässig ist, führt nicht zur inhaltlichen Prüfung der Genehmigungsentscheidung. Entsprechende Beteiligungsrechte der Standortgemeinde bestehen im luftverkehrsrechtlichen **Planfeststellungsverfahren**, wenn ein Genehmigungsverfahren nicht vorgeschaltet ist.

Wird ein vormals **militärischer Flugplatz** nach Aufgabe der militärischen Nutzung **zivil** 6443
genutzt, kann einer sich gegen diesen zivilen Flugbetrieb wendenden Gemeinde eine **nachprägende Vorbelastung** auch dann entgegengehalten werden, wenn sich der zivile Flugbetrieb dem militärischen nicht unmittelbar anschloss, in tatsächlicher Hinsicht die Platzanlage aber vorhanden war und die dem Lärmschutzbereich entsprechenden Verordnungen nicht aufgehoben worden sind. Durch die Entlassung eines Flugplatzes aus der militärischen Trägerschaft iSd § 8 V 1 LuftVG werden Rechte von Drittbetroffenen nicht verletzt. Eine Änderung der Genehmigung nach § 8 V 1 LuftVG und § 6 IV 2 LuftVG unterliegt dabei denselben Grundsätzen, die für die Erteilung einer luftverkehrsrechtlichen Genehmigung gelten.

Nachbargemeinden, die sich gegen ein Flughafenerweiterungsvorhaben zur Wehr setzen,[974] 6444
können ein luftrechtliches Genehmigungsverfahren nicht allein mit der Begründung erzwingen, dieses Verfahren biete ihnen weiter gehende Möglichkeiten der Rechtsverteidigung im Vergleich zu einem Baugenehmigungsverfahren. Auch im Baugenehmigungsverfahren ist ein Schutz der gemeindlichen Planungshoheit sichergestellt, der den Anforderungen des Art. 28 II GG gerecht wird. Der Nachbargemeinde steht im luftverkehrsrechtlichen Verfahren zwar das Mittel der Versagung des Einvernehmens nach § 36 BauGB nicht zur Verfügung. § 2 II BauGB räumt der Nachbargemeinde jedoch ein einzelvorhabenbezogenes Abwehrrecht ein, wenn die Standortgemeinde dem Bauinteressenten unter Verstoß gegen das in dieser Bestimmung normierte interkommunale Abstimmungsgebot einen Zulassungsanspruch verschafft.[975] Gegen die objektiv rechtswidrige Zulassung eines Flugplatzes durch **Außenstart- und -landeerlaubnisse** nach § 25 LuftVG steht einer **Gemeinde** kein Unterlassungsanspruch zu, wenn ihr formelles Beteiligungsrecht gewahrt ist und in materiell-rechtlicher Hinsicht eine abwägungserhebliche Rechtsposition der Gemeinde nicht berührt wird.[976]

Auch gegen die Anordnung von **Tiefflügen** durch den Bundesverteidigungsminister können 6445
sich die betroffenen **Gemeinden** zur Wehr setzen. Es handelt sich bei der Anordnung weder um justizfreie Hoheitsakte, noch ist der Streit hierüber eine dem Verwaltungsgericht entzogene verfassungsrechtliche Streitigkeit. Dies gilt auch für das Begehren einer Gemeinde, die Bundesrepublik solle auf die NATO-Verbündeten einwirken, auf militärische Tiefflüge zu verzichten. Ein derartiges Begehren der Gemeinden kann in die Form der allgemeinen Leistungsklage gekleidet werden. Allerdings sind dem Bundesverteidigungsminister hinsichtlich seiner Möglichkeiten, in die militärischen Operationen der NATO-Vertragspartner einzugreifen, Grenzen gesetzt. So ist es dem Bundesverteidigungsminister auf Grund des NATO-Truppenstatuts und des dazu bestehenden Zusatzabkommens verwehrt, Streitkräften der Vertragspartner den nicht genehmigten Flugbetrieb durch eine hoheitliche Anordnung zu untersagen.[977] Auch steht dem Bundesverteidigungsminister bei der Entscheidung, was zur Erfüllung der Verteidigungsaufgaben der Bundeswehr iS des § 30 I LuftVG zwingend erforderlich ist, ein verteidigungspolitischer Spielraum zu.[978] Dieser Bewertungsspielraum, der nur einer eingeschränkten gerichtlichen Kontrolle zugänglich ist, besteht auch bei der Einrichtung von **Tieffluggebieten**.[979] In welchem Umfang die Mindestflughöhe aus Gründen des Verteidigungsauftrags der Bundeswehr unterschritten werden darf, hängt von der militärischen Notwendigkeit einerseits und dem jeweiligen Ausmaß der Störung und Gefährdung der Bevölkerung oder von den Schutzobjekten andererseits ab. Auf Grund einer solchen Abwägung kann es auch zulässig sein, Tiefflüge über Kindergärten oder Schulen durchzuführen.[980] Auch einer vorherigen Anhörung der Gemeinden bedarf es bei der Festlegung von Tieffluggebieten nach Auffassung des BVerwG nicht. Dies wird damit begründet, dass die Einrichtung von Tieffluggebieten keine rechtliche Beschränkung der gemeindlichen Planungshoheit bewirke. Anders als etwa bei der

---

974 BVerwG Beschl. v. 31.3.1992 – 4 B 210.91, juris.
975 BVerwGE 84, 209; NVwZ 1994, 285; Beschl. v. 18.10.1995 – 4 B 205.95, juris.
976 BVerwG NVwZ-RR 1994, 187.
977 BVerwG NVwZ 1989, 750.
978 BVerwG NJW 1994, 535.
979 BVerwG NJW 1995, 1690.
980 BVerwG NJW 1994, 535.

Anlegung von Flugplätzen gebe es insbesondere keine Bauverbote aus Lärmschutz- oder Sicherheitsgründen. Zudem sei die Beteiligung von Gemeinden kein Selbstzweck, sondern diene dem Schutz von materiellen kommunalen Belangen. Die Gemeinden könnten ihre Abwehrrechte aber auch unabhängig von einer vorherigen Anhörung geltend machen. Außerdem würden durch die Anordnung von Tieffluggebieten im Gegensatz zur Errichtung eines Flugplatzes keine endgültigen Tatsachen geschaffen.

6446 Die **Bezeichnung** eines Vorhabens nach § 1 III Landbeschaffungsgesetz durch den Bundesverteidigungsminister stellt gegenüber den betroffenen **Gemeinden** wegen der davon ausgehenden Bindungswirkung einen **Verwaltungsakt** dar,[981] der gerichtlich angefochten werden kann.[982] Keine Anfechtungsmöglichkeiten gegenüber der Bezeichnung dürften private Betroffene haben.[983] Im Übrigen muss dargelegt werden, dass durch die Bezeichnung konkrete Belange der Einwendungsführer betroffen sind. Die Einrichtung einer Anflugblitzbefeuerungsanlage reicht dazu nach Auffassung des BVerwG in der Regel nicht aus.[984]

6447 Der Bundesminister für Verkehr hat bei der Genehmigung eines Flughafens und aus anderem Anlass nach pflichtgemäßem Ermessen darüber zu befinden, ob ein Bedürfnis für die Einrichtung einer **Flugsicherungsstelle** unter Kostenbeteiligung des Bundes besteht. Die Flugsicherung ist zwar trotz der gesetzlich geregelten Mitwirkung der Flughafenunternehmer vornehmlich Aufgabe des Bundes. Deshalb muss der Bund allerdings eine Flugsicherungsstelle nicht überall dort auf seine Kosten einrichten, wo sie begehrt wird und aus Sicherheitsgründen erforderlich wäre. Denn die Sicherheitsbelange sind auch dann hinreichend gewährleistet, wenn auf Antrag des Flughafenunternehmers eine Flugsicherungsstelle eingerichtet, unterhalten und betrieben wird (§ 9 IV des Gesetzes über die Bundesanstalt für Flugsicherung – BFSG). Der Bund darf daher auch mit Rücksicht auf seine finanziellen Mittel Schwerpunkte für den Luftverkehr und die dazu erforderliche Ausstattung der Flughäfen setzen. Flughäfen, die davon nicht willkürlich ausgenommen worden sind, müssen den Flugverkehr nach Art und Umfang so begrenzen, dass er auch ohne besondere Flugsicherungsstelle ungefährdet ist, oder auf insgesamt eigene Kosten die Flugsicherung einrichten. Der Flughafenunternehmer kann jedoch nicht durch die erweiterte Zulassung von Start- und Landevorgängen die Behörde gleichsam dazu zwingen, mit Bundesmitteln (§ 9 III BFSG) eine Flugsicherungsstelle einzurichten. Die Erhebung von Flugsicherungs-An- und Abflug-Gebühren verstößt nicht gegen Bundesrecht. Die Erhebung einer Pauschalgebühr für Luftfahrzeuge mit einer zulässigen Starthöchstmasse bis zu 2000 kg nach § 2 II FlugAAGV ist nicht deshalb rechtswidrig, weil sie nicht zwischen Sicht- und Instrumentenflug unterscheidet.

6448 Auch Abwehrrechte gegenüber luftverkehrsrechtlichen Zulassungen können verwirkt sein. **Verwirkung** tritt insbesondere ein, wenn der Betroffene über längere Zeit einen ihn belastenden Zustand hingenommen hat, ohne sich dagegen zur Wehr zu setzen. Das Untätigbleiben kann in den übrigen Beteiligten das Vertrauen begründen, es müsse mit der Geltendmachung von Abwehrrechten nicht mehr gerechnet werden. Verwirkung bedeutet dabei, dass ein Recht nicht mehr ausgeübt werden darf, wenn seit der Möglichkeit seiner Geltendmachung längere Zeit verstrichen ist und besondere Umstände hinzutreten, welche die verspätete Geltendmachung als Verstoß gegen Treu und Glauben erscheinen lassen.[985]

VIII. Planung und Genehmigung bei der Personenbeförderung (PBefG)

6449 Für die entgeltliche oder geschäftsmäßige Beförderung von Personen mit Straßenbahnen, mit Oberleitungsomnibussen (Obussen) und mit Kraftfahrzeugen gilt nach § 1 I 1 PBefG das PBefG.[986] Das PBefG regelt die Genehmigungspflicht für die Beförderung von Personen mit den in § 2 I PBefG genannten Verkehrsmitteln und die Planfeststellung für den Bau von Betriebsanlagen für Straßenbahnen.[987] Nicht in den Anwendungsbereich des PBefG fallen nach

[981] BVerwG DVBl. 1983, 345; NJW 1986, 2447.

[982] Zur Kritik Laubinger VerwArch 77 (1986), 421; Geiger BayVBl.1987, 106; Langer DÖV 1987, 418.

[983] BVerwG NVwZ 1990, 260; Niehues DVBl. 1982, 317.

[984] BVerwG NVwZ 1990, 260.

[985] BVerwGE 44, 294; BVerwGE 44, 339; BVerfG BVerfGE 32, 305.

[986] Personenbeförderungsgesetz idF der Bekanntmachung v. 8.8.1990 (BGBl. I 1690); zuletzt geänd. BGBl. 2021 I 822.

[987] Bidinger NZV 1994, 209; Bidinger/Bidinger NZV 1992, 346; Fromm BB 1983, 862; ders. BB 1987, 1338.

§ 1 II PBefG Beförderungen 1. mit Personenkraftwagen, wenn a) die Beförderung unentgeltlich erfolgt oder b) das Gesamtentgelt je Kilometer zurückgelegter Strecke den in § 5 II 1 Bundesreisekostengesetz genannten Betrag nicht übersteigt; 2. mit Krankenkraftwagen, wenn damit kranke, verletzte oder sonstige hilfsbedürftige Personen befördert werden, die während der Fahrt einer medizinisch fachlichen Betreuung oder der besonderen Einrichtung des Krankenkraftwagens bedürfen oder bei denen solches auf Grund ihres Zustandes zu erwarten ist.

Nach § 4 VI PBefG sind **Krankenkraftwagen** Fahrzeuge, die für Krankentransport oder Notfallrettung besonders eingerichtet und nach dem Fahrzeugschein als Krankenkraftwagen anerkannt sind. Auf einfache Kranken- bzw. Patientenfahrten findet das PBefG Anwendung; für solche Fahrten dürfen daher Genehmigungen für den Mietwagenverkehr erteilt werden.[988] 6450

Das PBefG gehört gem. Art. 72, 74 I Nr. 22 GG (Straßenverkehr, Kraftfahrtwesen) und 23 (Schienenbahnen) zur konkurrierenden Gesetzgebungskompetenz des Bundes. Von dieser Kompetenz hat der Bund mit Erlass des PBefG abschließend Gebrauch gemacht. Die Ausführung des PBefG obliegt gem. Art. 83, 84 GG als eigene Angelegenheiten den Ländern. Planfeststellungsbehörde ist gem. § 29 I PBefG die von der Landesregierung nach § 11 I PBefG als Genehmigungsbehörde bestimmte Behörde. 6451

Eisenbahnrecht und Personenbeförderungsrecht können in ihren Anwendungsbereichen nicht nach einer Vorrangregelung „im Zweifel Eisenbahnrecht" voneinander abgegrenzt werden, da sie ihre gesetzgeberische Kompetenzgrundlage in unterschiedlichen Verfassungsbestimmungen haben. Eisenbahnen des Bundes fallen in die ausschließliche Bundesgesetzgebungskompetenz nach Art. 73 I Nr. 6a GG; andere Schienenbahnen, wie auch Straßenbahnen, fallen hingegen in die konkurrierende Gesetzgebungskompetenz des Bundes Art. 74 I Nr. 23 GG.[989] Ist für mehrere Vorhaben ein Planfeststellungsverfahren durchzuführen, so richtet sich Zuständigkeit und Verfahren nach den Rechtsvorschriften über das Planfeststellungsverfahren, das für diejenige Anlage vorgeschrieben ist, die einen größeren Kreis öffentlich-rechtlicher Rechtsbeziehungen berührt. Dabei sind nicht lediglich quantitative Gesichtspunkte berücksichtigungsfähig. Vielmehr ist maßgeblich auf das Ausmaß der von dem Vorhaben berührten öffentlichen Interessen abzustellen.[990] Nach § 1 V EBKrG werden Straßenbahnen, die nicht im Verkehrsraum einer öffentlichen Straße liegen, wenn sie Eisenbahnen kreuzen, wie Straßen, wenn sie Straßen kreuzen, wie Eisenbahnen behandelt. Das EBKrG gilt jedoch nach § 1 I EBKrG aber nur für Kreuzungen zwischen Straßen und Eisenbahnen. Ist eine Straßenbahn daher nach § 1 V EBKrG als Eisenbahn einzuordnen, so kommt das EBKrG bei der Kreuzung mit einer anderen Eisenbahn nicht zur Anwendung.[991] 6452

Nach § 1 a PBefG sind bei Anwendung des PBefG die **Ziele des Klimaschutzes und der Nachhaltigkeit** zu berücksichtigen.[992] 6453

1. Genehmigung und Planfeststellung

Der Gesetzgeber setzt für den Bau und Betrieb einer Straßenbahn grundsätzlich eine Genehmigung nach § 9 PBefG und eine Planfeststellung nach § 28 PBefG voraus. Die Systematik erinnert insoweit an die luftverkehrsrechtliche Genehmigung und Planfeststellung. Die Unternehmergenehmigung nach § 9 PBefG ist grundsätzlich unternehmer- und damit personenbezogen, während die Planungsentscheidung nach §§ 28 ff. PBefG vorhabenbezogenen Charakter aufweist. Die Problematik liegt darin, dass auch die Unternehmergenehmigung aufgrund der Anforderungen in § 9 I Nr. 1 und 2 PBefG einen planerischen Einschlag hat. 6454

Eine Genehmigung nach § 9 I Nr. 1 PBefG darf nur erteilt werden vorbehaltlich einer nach den § 28 I bis III PBefG erforderlichen Planfeststellung oder einer Plangenehmigung oder vorbehaltlich einer nach § 74 VII Nr. 2 VwVfG getroffenen Vereinbarung. Das Planfeststellungsverfahren kann gleichzeitig mit dem Genehmigungsverfahren durchgeführt werden (§ 28 IV PBefG). Die Genehmigung nach § 9 I Nr. 1 PBefG ist nicht Rechtmäßigkeitsvoraussetzung für 6455

988 OVG Schleswig TranspR 2023, 196 = juris Rn. 11.

989 OVG Lüneburg DVBl. 2017, 199 (200f.).

990 OVG Magdeburg NVwZ-RR 2010, 389; BVerwG Beschl. v. 28.11.1995 – 11 VR 38/95, juris Rn. 43.

991 Siegel in Ziekow Handbuch des Fachplanungsrechts, 2024, § 13 Rn. 9.

992 Zum emissionsfreien öffentlichen Personennahverkehr siehe Fehling/Nahmer ZUR 2023, 15; zu neuen Verkehrsformen im Personenbeförderungsrecht Linke NVwZ 2021, 1001.

die Planfeststellung gem. § 28 I PBefG.[993] Aus § 28 IV 1 PBefG lässt sich lediglich entnehmen, dass, falls eine Genehmigung vor dem Planfeststellungsbeschluss erteilt wird, Erstere einen Vorbehalt zu Gunsten der Planfeststellung enthalten muss. § 28 IV 2 PBefG gestattet es, die beiden Verfahren parallel, also gleichzeitig, zu betreiben, enthält aber keine Festlegung, ob das eine vor dem anderen abgeschlossen sein muss und in welcher Reihenfolge die Entscheidungen ergehen müssen.[994] Eine vor der Planfeststellung erteilte Genehmigung hat auch keine die Planfeststellung bindende Wirkung.[995]

2. Unternehmerbegriff

6456 Wer im Sinne des § 1 I PBefG mit Straßenbahnen, mit Obussen, mit Kraftfahrzeugen im Linienverkehr (§§ 42, 42a, 43 und 44 PBefG) oder mit Kraftfahrzeugen im Gelegenheitsverkehr (§ 46 PBefG) Personen befördert, muss gem. § 2 I PBefG im Besitz einer Genehmigung sein. Der Beförderer ist Unternehmer iSd PBefG. § 3 I PBefG klar, dass als Unternehmer sowohl eine natürliche als auch eine juristische Person in Betracht kommt. Anerkannt ist, dass auch eine Gesellschaft bürgerlichen Rechts in diesem Sinne Unternehmer und damit Träger der Genehmigung sein kann, obwohl es sich dabei weder um eine natürliche noch um eine juristische Person handelt.[996]

6457 Unternehmer im personenbeförderungsrechtlichen Sinne ist, wer die Personenbeförderung verantwortlich durchführt. Das ist derjenige, der nach außen, also gegenüber den Fahrgästen, als Vertragspartner auftritt, auch wenn er mit der Durchführung der Fahrt einen anderen konzessionierten Unternehmer beauftragt.[997]

3. Genehmigung

6458 Die Genehmigung wird dem Unternehmer nach § 3 I PBefG für einen bestimmten Verkehr (§ 9 PBefG) und für seine Person (natürliche oder juristische Person) erteilt. Der Unternehmer oder derjenige, auf den die Betriebsführung übertragen worden ist, muss den Verkehr nach § 3 II 1 PBefG im eigenen Namen, unter eigener Verantwortung und für eigene Rechnung betreiben. Die von der Landesregierung bestimmte Behörde kann in Einzelfällen Ausnahmen zulassen (§ 3 II 2 PBefG). Sollen Straßenbahnbetriebsanlagen von einem anderen als dem Unternehmer gebaut werden, kann die Genehmigung für ihren Bau und für die Linienführung (§ 9 I Nr. 1 PBefG) dem anderen erteilt werden; die für den Unternehmer geltenden Vorschriften des Gesetzes und der auf Grund des Gesetzes erlassenen Rechtsverordnungen sind entsprechend anzuwenden (§ 3 III PBefG).

6459 **a) Form.** Genehmigungen, einstweilige Erlaubnisse und Bescheinigungen oder deren Widerruf nach dem PBefG oder nach einer auf Grund des PBefG erlassenen Rechtsverordnung oder Allgemeinen Verwaltungsvorschrift sind gem. § 5 PBefG schriftlich oder in elektronischer Form mit einer dauerhaft überprüfbaren Signatur nach § 37 IV VwVfG zu erteilen.

6460 **b) Umfang der Genehmigung.** Nach § 9 I PBefG wird die Genehmigung erteilt bei einem Verkehr mit Straßenbahnen für den Bau, den Betrieb und die Linienführung, bei einem Verkehr mit Obussen für den Bau, den Betrieb und die Linienführung, bei einem Linienverkehr mit Kfz für die Errichtung, die Linienführung und den Betrieb und bei einem Gelegenheitsverkehr mit Kfz für die Form des Gelegenheitsverkehrs und den Betrieb mit bestimmten Kfz unter Angabe ihrer amtlichen Kennzeichen.

6461 **c) Genehmigung für den öffentlichen Personennahverkehr.** Soweit es die Zielsetzung des § 8 PBefG erfordert, kann nach § 9 II PBefG in den Fällen des § 9 I Nr. 1 bis 3 PBefG die Genehmigung für eine Linie oder für mehrere Linien gebündelt erteilt werden. Öffentlicher

[993] BVerwG NVwZ 2005, 949; Siegel in Ziekow Handbuch des Fachplanungsrechts, 2024, § 13 Rn. 9.

[994] BVerwG NVwZ 2005, 949.

[995] VGH München UPR 2007, 195 (197); Siegel in Ziekow Handbuch des Fachplanungsrechts, 2024, § 13 Rn. 15.

[996] OVG Münster Beschl. v. 22.3.2018 – 13 B 1583/17, juris Rn. 5; BVerwG Urt. v. 27.3.1992 – 7 C 26.91, juris; OVG Münster Beschl. v. 3.11.2005 – 13 B 1332/05 juris, Rn. 6, Urt. v. 20.11.1992 – 13 A 3739/91, juris, Rn. 30; siehe dazu auch BVerwGE 153, 99 zur vergleichbaren Fragestellung im KrWG; zur gewerblichen Sammlung von Abfällen durch Personenhandelsgesellschaften auch Beckmann AbfallR 2013, 296.

[997] BVerwG NVwZ 2016, 695 = juris Rn. 16.

Personennahverkehr ist nach § 8 I 1 PBefG die allgemein zugängliche Beförderung von Personen mit Straßenbahnen, Obussen und Kraftfahrzeugen im Linienverkehr, die überwiegend dazu bestimmt sind, die Verkehrsnachfrage im Stadt-, Vorort- oder Regionalverkehr zu befriedigen. Das ist im Zweifel der Fall, wenn in der Mehrzahl der Beförderungsfälle eines Verkehrsmittels die gesamte Reiseweite 50 Kilometer oder die gesamte Reisezeit eine Stunde nicht übersteigt (§ 8 I 2 PBefG).

Für die Sicherstellung einer ausreichenden den **Grundsätzen des Klimaschutzes und der Nachhaltigkeit** entsprechenden Bedienung der Bevölkerung mit Verkehrsleistungen im öffentlichen Personennahverkehr sind die von den Ländern benannten Behörden (**Aufgabenträger**) zuständig. Der Aufgabenträger definiert dazu die Anforderungen an Umfang und Qualität des Verkehrsangebotes, dessen Umweltqualität sowie die Vorgaben für die verkehrsmittelübergreifende Integration der Verkehrsleistungen in der Regel in einem Nahverkehrsplan. **6462**

Der **Nahverkehrsplan** hat die Belange der in ihrer Mobilität oder sensorisch eingeschränkten Menschen mit dem Ziel zu berücksichtigen, für die Nutzung des öffentlichen Personennahverkehrs bis zum 1.12.2022 eine vollständige Barrierefreiheit zu erreichen. Die Frist gilt nicht, sofern in dem Nahverkehrsplan Ausnahmen konkret benannt und begründet werden. Im Nahverkehrsplan werden Aussagen über zeitliche Vorgaben und erforderliche Maßnahmen getroffen. Bei der Aufstellung des Nahverkehrsplans sind die vorhandenen Unternehmer frühzeitig zu beteiligen; soweit vorhanden sind Behindertenbeauftragte oder Behindertenbeiräte, Verbände der in ihrer Mobilität oder sensorisch eingeschränkten Fahrgäste und Fahrgastverbände anzuhören. Ihre Interessen sind angemessen und diskriminierungsfrei zu berücksichtigen. Der Nahverkehrsplan bildet den Rahmen für die Entwicklung des öffentlichen Personennahverkehrs. Die Länder können weitere Einzelheiten über die Aufstellung und den Inhalt der Nahverkehrspläne regeln (§ 8 III PBefG). **6463**

d) Genehmigungsbehörde. Die Genehmigung erteilt gem. § 11 I PBefG die von der Landesregierung bestimmte Behörde. Zuständig ist bei einem Straßenbahn-, Obusverkehr oder einem Linienverkehr mit Kraftfahrzeugen die Genehmigungsbehörde, in deren Bezirk der Verkehr ausschließlich betrieben werden soll, bei einem Gelegenheitsverkehr mit Kraftfahrzeugen die Genehmigungsbehörde, in deren Bezirk der Unternehmer seinen Sitz oder seine Niederlassung im Sinne des Handelsrechts hat (11 II PBefG). **6464**

Soll ein Straßenbahn-, Obusverkehr oder ein Linienverkehr mit Kraftfahrzeugen in den Bezirken mehrerer Genehmigungsbehörden desselben Landes betrieben werden, so ist die Genehmigungsbehörde zuständig, in deren Bezirk die Linie ihren Ausgangspunkt hat. Wird eine Genehmigung gemäß § 9 II PBefG für mehrere Linien gebündelt erteilt, ist die Genehmigungsbehörde zuständig, in deren Bezirk die Mehrzahl der Linien betrieben werden soll. Bestehen Zweifel über die Zuständigkeit, so wird die zuständige Genehmigungsbehörde von der von der Landesregierung bestimmten Behörde benannt. Die zuständige Genehmigungsbehörde trifft ihre Entscheidung im Einvernehmen mit den an der Linienführung beteiligten Genehmigungsbehörden; Genehmigungsbehörden, deren Bezirke im Transit durchfahren werden, sind nicht zu beteiligen. Kommt ein Einvernehmen nicht zustande, so entscheidet die von der Landesregierung bestimmte Behörde (§ 11 III PBefG). **6465**

Soll ein Straßenbahn-, Obus- oder Linienverkehr mit Kraftfahrzeugen in mehreren Ländern betrieben werden, so ist § 11 III 1, 2 und 4 PBefG entsprechend anzuwenden. Bestehen zwischen den beteiligten Ländern Zweifel über die Zuständigkeit und kommt eine Einigung der obersten Landesverkehrsbehörden darüber nicht zustande, so entscheidet auf Antrag einer beteiligten obersten Landesverkehrsbehörde das Bundesministerium für Verkehr und digitale Infrastruktur. Das gleiche gilt, wenn über die Entscheidung eines Genehmigungsantrags zwischen den Genehmigungsbehörden der beteiligten Länder ein Einvernehmen nicht hergestellt und auch ein Einvernehmen zwischen den obersten Landesverkehrsbehörden darüber nicht erzielt werden kann § 11 IV PBefG). **6466**

Die Genehmigungsbehörde wirkt im Rahmen ihrer Befugnisse nach diesem Gesetz und unter Beachtung des Interesses an einer wirtschaftlichen, den Klimaschutz und die Nachhaltigkeit sowie die Gleichwertigkeit der Lebensverhältnisse berücksichtigenden Verkehrsgestaltung an der Erfüllung der dem Aufgabenträger obliegenden Aufgabe mit. Sie hat hierbei einen Nahverkehrsplan zu berücksichtigen, der unter den Voraussetzungen des § 8 IIII 6 PBefG zustande gekommen ist und vorhandene Verkehrsstrukturen beachtet § 8 IIV PBefG). **6467**

e) Antragstellung. Welche Unterlagen einem Genehmigungsantrag beizufügen sind und welche Informationen zu dem sachlichen und zeitlichen Umfang und zur Person des Unter- **6468**

nehmers dabei zu erteilen sind, bestimmt § 12 PBefG, differenziert für verschiedene Verkehrsarten.

6469 **f) Genehmigungsvoraussetzungen.** Die Genehmigung darf nach § 13 I 1 PBefG nur erteilt werden, wenn 1. die Sicherheit und die Leistungsfähigkeit des Betriebs gewährleistet sind, 2. keine Tatsachen vorliegen, die die Unzuverlässigkeit des Antragstellers als Unternehmer oder der für die Führung der Geschäfte bestellten Personen dartun, 3. der Antragsteller als Unternehmer oder die für die Führung der Geschäfte bestellte Person fachlich geeignet ist und 4. der Antragsteller und die von ihm mit der Durchführung von Verkehrsleistungen beauftragten Unternehmer ihren Betriebssitz oder ihre Niederlassung im Sinne des Handelsrechts im Inland haben (§ 13 I 1 PBefG. Beim Verkehr mit Kraftomnibussen darf die Genehmigung nach § 13 Ia PBefG nur erteilt werden, wenn die Anforderungen nach Art. 3 I der Verordnung (EG) Nr. 1071/2009 zur Festlegung gemeinsamer Regeln für die Zulassung zum Beruf des Kraftverkehrsunternehmers u erfüllt sind.

6470 Der Begriff der Unzuverlässigkeit iSv § 13 I 1 Nr. 2 PBefG wird in § 1 I der Berufszugangsverordnung für den Straßenpersonenverkehr vom 15. Juni 2000 (PBZugV) konkretisiert. Nach § 1 I 1 PBZugV gelten das Unternehmen und die zur Führung der Geschäfte bestellten Personen als zuverlässig im Sinne von § 13 I 1 Nr. 2 PBefG, wenn keine hinreichenden Anhaltspunkte dafür vorliegen, dass bei der Führung des Unternehmens die für den Straßenpersonenverkehr geltenden Vorschriften missachtet oder die Allgemeinheit bei dem Betrieb des Unternehmens geschädigt oder gefährdet werden. Solche Anhaltspunkte sind insbesondere rechtskräftige Verurteilungen wegen schwerer Verstöße gegen strafrechtliche Vorschriften (§ 1 I 2 Nr. 1 PBZugV), schwere Verstöße gegen Vorschriften des PBefG oder der auf diesem Gesetz beruhenden Rechtsverordnungen sowie Verstöße gegen die in § 1 I 2 b bis f PBZugV genannten Vorschriften und Pflichten. Da die berücksichtigungsfähigen Anhaltspunkte in § 1 I 2 PBZugV nicht abschließend geregelt sind, ist für die an dem Gesamtverhalten und der Persönlichkeit des Betroffenen auszurichtende Zuverlässigkeitsprognose maßgeblich, ob dieser willens und in der Lage ist, die einschlägigen Vorschriften zu beachten. Dabei ist wegen der ihm anvertrauten Schutzgüter ein strenger Maßstab anzulegen ist und kann sich die Annahme der Unzuverlässigkeit auch aus einer Häufung von im Einzelnen nicht so schwerwiegenden Verstößen ergeben.[998]

6471 Beim **Straßenbahn-, Obusverkehr und Linienverkehr mit Kraftfahrzeugen** ist die Genehmigung nach § 13 II 1 PBefG zu versagen, wenn 1. der Verkehr auf Straßen durchgeführt werden soll, die sich aus Gründen der Verkehrssicherheit oder wegen ihres Bauzustandes hierfür nicht eignen, 2. der beantragte Verkehr ein ausschließliches Recht iSv Art. 2 f der Verordnung (EG) Nr. 1370/2007 verletzt, das von der zuständigen Behörde nach § 8a I PBefG in einem öffentlichen Dienstleistungsauftrag nach Art. 3 I der Verordnung (EG) Nr. 1370/2007 unter Beachtung der in § 8a VIII PBefG genannten Voraussetzungen gewährt wurde, 3. durch den beantragten Verkehr die öffentlichen Verkehrsinteressen beeinträchtigt werden, insbesondere a) der Verkehr mit den vorhandenen Verkehrsmitteln befriedigend bedient werden kann, b) der beantragte Verkehr ohne eine wesentliche Verbesserung der Verkehrsbedienung Verkehrsaufgaben wahrnehmen soll, die vorhandene Unternehmen oder Eisenbahnen bereits wahrnehmen, c) die für die Bedienung dieses Verkehrs vorhandenen Unternehmen oder Eisenbahnen bereit sind, die notwendige Ausgestaltung des Verkehrs innerhalb einer von der Genehmigungsbehörde festzusetzenden Frist und, soweit es sich um öffentlichen Personennahverkehr handelt, unter den Voraussetzungen des § 8 III PBefG selbst durchzuführen oder d) der beantragte Verkehr einzelne ertragreiche Linien oder ein Teilnetz aus einem vorhandenen Verkehrsnetz oder aus einem im Nahverkehrsplan im Sinne des § 8 III PBefG festgelegten Linienbündel herauslösen würde. § 13 II 1 Nr. 2 und 3 PBefG gilt nicht für den Personenfernverkehr (§ 42a Satz 1 PBefG).

6472 Die in § 13 II 1 Nr. 3 a) bis d) PBefG im Einzelnen benannten Belange sind, wie die dort gewählte Formulierung „insbesondere" zeigt, nicht abschließend; es bleibt damit Raum für weitere nicht konkretisierte öffentliche Verkehrsinteressen.[999] Öffentliche Verkehrsinteressen im Sinne von § 13 II 1 Nr. 3 PBefG sind beeinträchtigt, wenn es konkrete Anhaltspunkte dafür

[998] VGH München Beschl. v. 30.6.2021 – 11 CE 20.2844, juris Rn. 19; Beschl. v. 5.11.2020 – 11 ZB 20.642, juris Rn. 24; OVG Berlin-Brandenburg Beschl. v. 12.6.2012 – OVG 1 S 35.12, juris Rn. 7; OVG Hamburg GewArch 2009, 45 = juris Rn. 20.

[999] OVG Schleswig Urt. v. 6.10.2022 – 5 LB 15/19, juris Rn. 67.

gibt, dass der Bewerber um eine eigenwirtschaftliche Linienverkehrsgenehmigung die betreffende Linie wegen fehlender Kostendeckung nicht dauerhaft betreiben kann, obwohl ein entsprechendes Verkehrsbedürfnis besteht.[1000]

Soweit die Genehmigung nach § 13 II 1 Nr. 3 PBefG unter anderem zu versagen ist, wenn durch den beantragten Verkehr die öffentlichen Verkehrsinteressen beeinträchtigt werden, handelt es sich um eine drittschützende Bestimmung, die bei der Einrichtung von Stadtrundfahrten-Linienverkehr konkurrierenden Privatunternehmen Drittschutz vermittelt. Eine Klagebefugnis steht nicht nur Unternehmen der öffentlichen Daseinsvorsorge zu, sondern ebenso privaten Unternehmen, die einen Linienverkehr mit Kraftfahrzeugen betreiben.[1001] **6473**

Die Genehmigung kann versagt werden, wenn der beantragte Verkehr mit einem Nahverkehrsplan für den **öffentlichen Personennahverkehr** iSd § 8 III PBefG nicht in Einklang steht. Die Genehmigung ist zu versagen, wenn ein in der Frist nach § 12 VI PBefG gestellter Antrag die in der Vorabbekanntmachung beschriebenen Anforderungen nicht erfüllt oder sich nur auf Teilleistungen bezieht, es sei denn, die zuständige Behörde erteilt gegenüber der Genehmigungsbehörde ihr Einvernehmen zu den beantragten Abweichungen. Die Genehmigung ist zu erteilen, wenn der beantragte und in seinen Bestandteilen verbindlich zugesicherte Verkehr mindestens dem bisherigen Verkehrsangebot entspricht und darüber hinaus von den in der Vorabbekanntmachung beschriebenen weitergehenden Anforderungen zur Sicherstellung der ausreichenden Verkehrsbedienung nur unwesentlich abweicht. Als wesentlich gelten grundsätzlich Abweichungen von Anforderungen zu Linienweg und Haltestellen, zu Bedienungshäufigkeit und Bedienungszeitraum, zur Abstimmung der Fahrpläne und zur Barrierefreiheit. Das Gleiche gilt für Anforderungen zur Anwendung verbundener Beförderungstarife und Beförderungsbedingungen, für die ein Ausgleich nach der Verordnung (EG) Nr. 1370/2007 gezahlt werden soll. Sofern diese Abweichungen Anforderungen betreffen, die über das bisherige Verkehrsangebot hinausgehen, sind sie nur dann wesentlich, wenn der Unternehmer, der diesen Verkehr bisher betrieben hat, hierzu angehört wurde und diese Anforderungen für die ausreichende Verkehrsbedienung erforderlich sind (§ 13 II a PBefG). **6474**

Ist ein Verkehr von einem Unternehmer jahrelang in einer dem öffentlichen Verkehrsinteresse entsprechenden Weise betrieben worden, ist dieser Umstand, im öffentlichen Personennahverkehr unter den Voraussetzungen des § 8 III PBefG, nach § 13 III PBefG angemessen zu berücksichtigen. Das **Altunternehmerprivileg** nach § 13 III PBefG gilt auch im Verfahren auf Wiedererteilung einer Taxigenehmigung; es kommt bei einer Verpachtung der Genehmigung dem Pächter und nicht dem Genehmigungsinhaber zu.[1002] **6475**

g) Anhörungsverfahren. Vor der Entscheidung über den Antrag auf Erteilung der Genehmigung für die Beförderung von Personen mit Straßenbahnen, Obussen oder mit Kraftfahrzeugen im Linienverkehr hat die Genehmigungsbehörde gem. § 14 I PBefG 1. die Unternehmer, die im Einzugsbereich des beantragten Verkehrs Eisenbahn-, Straßenbahn-, Obusverkehr oder Linienverkehr mit Kraftfahrzeugen betreiben, zu hören; 2. die Stellungnahmen der im Einzugsbereich des beantragten Verkehrs liegenden Gemeinden, bei kreisangehörigen Gemeinden auch der Landkreise, der Aufgabenträger und der Verbundorganisationen, soweit diese Aufgaben für die Aufgabenträger oder Unternehmer wahrnehmen, der örtlich zuständigen Träger der Straßenbaulast, der nach Landesrecht zuständigen Planungsbehörden und der für Gewerbeaufsicht zuständigen Behörden sowie anderer Behörden, deren Aufgaben durch den Antrag berührt werden, einzuholen; 3. die Industrie- und Handelskammern, die betroffenen Fachgewerkschaften und die Fachverbände der Verkehrtreibenden gutachtlich zu hören; sie kann auch weitere Stellen hören. **6476**

Bei einem Antrag auf Erteilung einer Genehmigung für einen **eigenwirtschaftlichen Verkehr mit Straßenbahnen, Obussen oder Kraftfahrzeugen im Linienverkehr** ist das Anhörungsverfahren erst nach dem Ablauf der Antragsfrist in § 12 V oder VI PBefG durchzuführen. **6477**

Vor der Entscheidung über den Antrag auf Erteilung einer Genehmigung für die Beförderung von Personen mit Kraftfahrzeugen im Gelegenheitsverkehr hat die Genehmigungsbehörde die Gemeinde, in deren Gebiet der Betriebssitz des Unternehmens liegt, die nach Landesrecht für die Gewerbeaufsicht zuständige Behörde, die Industrie- und Handelskammer, die **6478**

1000 OVG Schleswig Urt. v. 6.10.2022 – 5 LB 15/19, juris Rn. 66.
1001 VG Leipzig Urt. v. 24.5.2023 – 1 K 1213/22, juris Rn. 22.
1002 OCG Koblenz Beschl. v. 29.8.2017 – 7 A 11067/17, juris Rn. 14, 19.

Fachgewerkschaften und Verkehrsverbände gutachtlich zu hören. Sie kann auch weitere Stellen hören § 14 II PBefG).

6479 Die Genehmigungsbehörde kann gem. § 14 III 1 PBefG von der Durchführung des Anhörungsverfahrens absehen, wenn sie aus eigener Kenntnis der Sachlage dem Antrag nicht entsprechen will oder in den Fällen des § 2 II PBefG die Durchführung des Anhörungsverfahrens nicht zur Sachverhaltsaufklärung erforderlich ist. Wird bei einem Gelegenheitsverkehr mit Kraftfahrzeugen ein Kraftfahrzeugaustausch beantragt, ist davon abzusehen.

6480 Die in den § 14 I und II PBefG genannten Personen und Stellen können sich zu dem Antrag schriftlich gegenüber der Genehmigungsbehörde äußern. Stellungnahmen sind zu berücksichtigen, wenn diese binnen zwei Wochen, nachdem die Behörde die Vorgenannten über den Antrag in Kenntnis gesetzt hat, bei der Behörde eingehen (§ 14 IV PBefG).

6481 **h) Erteilung und Versagung der Genehmigung.** Die Entscheidung über den Antrag erfolgt nach § 15 I 1 PBefG schriftlich; sie ist den Antragstellern und, soweit diese Einwendungen erhoben haben, auch den in § 14 I Nr. 1 und 2 PBefG genannten Personen und Stellen zuzustellen. Über den Antrag ist innerhalb von 3 Monaten nach Eingang bei der Genehmigungsbehörde zu entscheiden. Kann die Prüfung des Antrags in dieser Zeit nicht abgeschlossen werden, ist die Frist vor ihrem Ablauf in einem den Antragstellern mitzuteilenden Zwischenbescheid um den Zeitraum zu verlängern, der notwendig ist, um die Prüfung abschließen zu können. Die **Verlängerung** der Frist darf höchstens 3 Monate betragen. Die Genehmigung gilt als erteilt, wenn sie nicht innerhalb der Frist versagt wird (**Genehmigungsfiktion**).

6482 Ist die Entscheidung über den Antrag unanfechtbar geworden, wird dem Antragsteller gem. § 15 II PBefG eine **Genehmigungsurkunde** erteilt. Einer juristischen Person darf die Genehmigungsurkunde erst ausgehändigt werden, wenn die Eintragung in das Register nachgewiesen ist.

6483 Die Genehmigung kann nach § 15 III 1 PBefG unter Bedingungen und Auflagen erteilt werden, sofern sich diese Nebenbestimmungen im Rahmen des Gesetzes und der auf Grund dieses Gesetzes erlassenen Rechtsverordnungen halten.

6484 **i) Inhalt und Geltungsdauer der Genehmigung.** Die rechtlichen Rahmenbedingungen für die notwendige Befristung der Genehmigung und zum obligatorischen Inhalt der Genehmigungsurkunde bestimmen die §§ 16. 17 PBefG.

4. Planfeststellungsverfahren

6485 Betriebsanlagen für Straßenbahnen dürfen nach § 28 PBefG I 1 nur gebaut oder geändert werden, wenn der Plan vorher festgestellt worden ist. Bei der Planfeststellung sind die von dem Vorhaben berührten öffentlichen und privaten Belange einschließlich der Umweltverträglichkeit im Rahmen der Abwägung zu berücksichtigen (§ 28 I 2 PBefG).

6486 Für das Planfeststellungsverfahren gelten nach § 28 I 3 PBefG die §§ 72 bis 78 VwVfG nach Maßgaben des PBefG. Die Maßgaben gelten nach § 28 I 4 PBefG entsprechend, soweit das Planfeststellungsverfahren landesrechtlich durch ein Verwaltungsverfahrensgesetz geregelt ist. Wird eine bestehende Betriebsanlage einer Straßenbahn erneuert, liegt nach § 28 I 5 PBefG nur dann eine Änderung im Sinne von § 28 I 1 PBefG vor, wenn der Grundriss oder der Aufriss der Betriebsanlage oder beides wesentlich geändert wird. Diese 2020 eingeführte Regelung soll verhindern, dass auch bei unwesentlichen Änderungen das Planfeststellungserfordernis ausgelöst wird.[1003]

6487 Die Anhörungsbehörde kann nach § 28 b PBefG einen Dritten mit der Vorbereitung und Durchführung von Verfahrensschritten, insbesondere 1. der Erstellung von Verfahrensleitplänen unter Bestimmung von Verfahrensabschnitten und Zwischenterminen, 2. der Fristenkontrolle, 3. der Koordinierung von erforderlichen Sachverständigengutachten, 4. dem Entwurf eines Anhörungsberichts, 5. der ersten Auswertung der eingereichten Stellungnahmen, 6. der organisatorischen Vorbereitung eines Erörterungstermins und 7. der Leitung eines Erörterungstermins auf Vorschlag oder mit Zustimmung des Unternehmers und auf dessen Kosten beauftragen. § 73 IV VwVfG bleibt unberührt. Die Entscheidung über den Planfeststellungsantrag verbleibt bei der zuständigen Behörde.

6488 **a) Entbehrlichkeit von Planfeststellung und Plangenehmigung.** Für folgende Einzelmaßnahmen, die den Bau oder die Änderung von Betriebsanlagen für Straßenbahnen vorse-

[1003] Siegel in Ziekow Handbuch des Fachplanungsrechts, 2024, § 13 Rn. 10.

hen, bedarf es nach § 28 Ia 1 PBefG keiner vorherigen Planfeststellung oder Plangenehmigung, sofern keine Pflicht zur Durchführung einer Umweltverträglichkeitsprüfung besteht: 1. Ausstattung einer Bahnstrecke mit einer Oberleitung, 2. die im Rahmen der Digitalisierung einer Straßenbahnstrecke erforderlichen Baumaßnahmen, 3. der barrierefreie Umbau, die Erhöhung oder Verlängerung von Bahnsteigen und 4. die Errichtung von Schallschutzwänden zur Lärmsanierung.

Für die genannten Einzelmaßnahmen ist nach § 28 Ia 2 PBefG keine weitere baurechtliche Zulassung erforderlich; landesrechtliche Regelungen bleiben unberührt. Werden durch das Vorhaben private oder öffentliche Belange einschließlich der Belange der Umwelt berührt, kann der Unternehmer nach § 28 Ia 3 PBefG die Feststellung des Planes nach § 28 I 1 PBefG beantragen (§ 28 Ia 3 PBefG).[1004] 6489

Unterhaltungsmaßnahmen bedürfen nach § 28 V 1 PBefG ebenfalls keiner vorherigen Planfeststellung oder Plangenehmigung. Unterhaltungsmaßnahmen sind gem. § 28 V 2 PBefG Arbeiten zur Erhaltung oder Wiederherstellung der Funktionstätigkeit einer bestehenden Betriebsanlage einschließlich der Anpassung an geltendes Recht oder die anerkannten Regeln der Technik. 6490

Kann für das Vorhaben die Pflicht zur Durchführung einer Umweltverträglichkeitsprüfung bestehen, hat der Unternehmer bei der Planfeststellungsbehörde den Antrag nach § 5 I 2 Nr. 1 UVPG zu stellen. § 28 Ia 1 Nrn. 1 und 2 PBefG ist nur anzuwenden, wenn die zuständige Behörde feststellt, dass Vorgaben über die Errichtung und über wesentliche Änderungen von Anlagen eingehalten sind, die in einer elektrische, magnetische oder elektromagnetische Felder betreffenden und aufgrund von § 23 I 1 Nrn. 1, 2 und 4 iVm § 48b BImSchG erlassenen Rechtsverordnung enthalten sind. 6491

b) Plangenehmigung statt Planfeststellung. Abweichend von § 74 VI 1 Nr. 3 VwVfG kann nach § 28 II 1 PBefG für ein Vorhaben, für das nach dem UVPG eine Umweltverträglichkeitsprüfung durchzuführen ist, an Stelle eines Planfeststellungsbeschlusses eine Plangenehmigung erteilt werden. § 29 Ia 1 PBefG gilt entsprechend. Im Übrigen findet das UVPG mit Ausnahme des § 21 III UVPG Anwendung. 6492

c) Vorläufige Anordnung. Ist das Planfeststellungsverfahren eingeleitet, kann die Planfeststellungsbehörde gem. § 28 III a 1 PBefG nach Anhörung der betroffenen Gemeinde eine vorläufige Anordnung erlassen, in der vorbereitende Maßnahmen oder Teilmaßnahmen zum Bau oder zur Änderung festgesetzt werden, 1. soweit es sich um reversible Maßnahmen handelt, 2. wenn an dem vorzeitigen Beginn ein öffentliches Interesse besteht, 3. wenn mit einer Entscheidung zugunsten des Unternehmers gerechnet werden kann und 4. wenn die nach § 74 II VwVfG zu berücksichtigenden Interessen gewahrt werden. 6493

In der vorläufigen Anordnung sind nach § 28 IIIa 2 PBefG die Auflagen zur Sicherung der nach § 28 IIIa 1 Nr 4 PBefG zu wahrenden Interessen und der Umfang der vorläufig zulässigen Maßnahmen festzulegen. Sie ist den anliegenden Gemeinden sowie den Beteiligten zuzustellen oder öffentlich bekannt zu machen. Sie ersetzt nicht die Planfeststellung. § 32 PBefG (Duldungspflichten Dritter) bleibt unberührt. Soweit die vorbereitenden Maßnahmen oder Teilmaßnahmen zum Bau oder zur Änderung durch die Planfeststellung für unzulässig erklärt sind, ordnet die Planfeststellungsbehörde gegenüber dem Unternehmer an, den früheren Zustand wiederherzustellen. Dies gilt auch, wenn der Antrag auf Planfeststellung zurückgenommen wurde. Der Betroffene ist durch den Unternehmer zu entschädigen, soweit die Wiederherstellung des früheren Zustandes nicht möglich oder mit unverhältnismäßig hohem Aufwand verbunden oder ein Schaden eingetreten ist, der durch die Wiederherstellung des früheren Zustandes nicht ausgeglichen wird. Rechtsbehelfe gegen die vorläufige Anordnung haben keine aufschiebende Wirkung; ein Vorverfahren findet nicht statt (§ 28 III a PBefG). 6494

Der Erlass vorläufiger Anordnungen ist neben der Durchsetzung von Duldungspflichten nach § 32 PBefG möglich§ 32 PBefG bleibt nach § 28 IIIa 5 PBefG ausdrücklich unberührt. Vor Einleitung des Planfeststellungsverfahrens sind aber nur Vorarbeiten iSd § 32 I 1 Nr. 1 PBefG zulässig, da diese typischerweise der Planfeststellung vorgelagert sind, während vorläufige Anordnungen nach § 28 IIIa 1 PBefG erst nach Einleitung des Planfeststellungsverfahrens in Betracht kommen.[1005] 6495

1004 Dazu Siegel/Himstedt DÖV 2021, 137 (139 f.).
1005 Siegel in Ziekow Handbuch des Fachplanungsrechts, 2024, § 13 Rn. 21.

6496 **d) Veränderungssperre.** Sobald der Plan ausgelegt oder andere Gelegenheit gegeben ist, den Plan einzusehen, dürfen gem. § 28 a PBefG auf den vom Plan betroffenen Flächen bis zu ihrer Inanspruchnahme wesentlich wertsteigernde oder die geplanten Baumaßnahmen erheblich erschwerende Veränderungen nicht vorgenommen werden. Veränderungen, die in rechtlich zulässiger Weise vorher begonnen worden sind, Unterhaltungsarbeiten und die Fortführung einer bisher ausgeübten Nutzung werden davon nicht berührt. Unzulässige Veränderungen bleiben bei der Anordnung von Vorkehrungen und Anlagen und im Entschädigungsverfahren unberücksichtigt. Dauert die Veränderungssperre über vier Jahre, können die Eigentümer für die dadurch entstandenen Vermögensnachteile Entschädigung verlangen.

6497 **e) Veröffentlichung im Internet.** Wird der Plan nicht nach § 27a I VwVfG oder § 20 UVPG zugänglich gemacht, ist dieser vom Unternehmer zur Bürgerinformation über das Internet zugänglich zu machen. § 23 UVPG gilt entsprechend. Maßgeblich ist der Inhalt des im Rahmen des Genehmigungsverfahrens zur Einsicht ausgelegten Plans. Hierauf ist bei der Zugänglichmachung hinzuweisen (§ 28 c PBefG).

6498 **f) Planfeststellungsbehörde.** Planfeststellungsbehörde ist nach § 29 I 1 PBefG die Genehmigungsbehörde nach § 11 PBefG. Diese stellt den Plan nach § 28 I PBefG fest, erteilt die Plangenehmigung oder trifft die Entscheidung nach § 74 VII VwVfG, dass Planfeststellung und Plangenehmigung wegen der unwesentlicher Bedeutung des Vorhabens entfallen.

6499 **g) Maßgaben des PBefG für das Anhörungsverfahren.** Für das Anhörungsverfahren gilt nach § 29 I a PBefG grundsätzlich § 73 VwVfG; es gelten jedoch einige Maßgaben nach § 29 Ia PBefG.

6500 Das Planfeststellungsverfahren wird nach § 73 I VwVfG mit der Einreichung der Planungsunterlagen eingeleitet. Die notwendigen Bestandteile des Plans sind in § 73 I 2 VwVfG aufgeführt. Hat ein Vorhaben nicht unerhebliche Auswirkungen auf die Belange einer größeren Anzahl von Dritten, so kann jedoch nach Maßgabe des § 25 III VwVfG bereits zuvor eine frühe Öffentlichkeitsbeteiligung durchzuführen sein. Dafür zuständig ist der Vorhabenträger/Unternehmer, während die zuständige Behörde lediglich eine „Hinwirkungspflicht" trifft.[1006]

6501 Die **Behördenbeteiligung** richtet sich nach § 73 II, IIIa VwVfG. Beide Vorschriften beziehen sich auf die Beteiligung von Behörden, nicht hingegen auf den weiteren Kreis von Trägern öffentlicher Belange, so dass die Beteiligung von Trägern öffentlicher Belange, die nicht zugleich auch Behörden sind und die in ihren eigenen Rechten verletzt sein können nach derjenigen der Betroffenen.[1007] Gemäß § 73 II VwVfG holt die Anhörungsbehörde die Stellungnahmen derjenigen Behörden, deren Aufgabenbereich durch das Vorhaben berührt wird, innerhalb eines Monats nach Einreichung des Plans ein. Die Behörden haben ihre Stellungnahme innerhalb einer von der Anhörungsbehörde zu setzenden Frist abzugeben, die drei Monate nicht überschreiten darf. Stellungnahmen, die nach Ablauf der Frist nach Satz 1 eingehen, sind zu berücksichtigen, wenn der Planfeststellungsbehörde die vorgebrachten Belange bekannt sind oder hätten bekannt sein müssen oder für die Rechtmäßigkeit der Entscheidung von Bedeutung sind; im Übrigen können sie berücksichtigt werden (§ 73 III a VwVfG).

6502 Die **Öffentlichkeitsbeteiligung** beginnt mit der Auslegung der Unterlagen. Sie wird von der Anhörungsbehörde innerhalb eines Monats nach Eingang der vollständigen Planungsunterlagen in denjenigen Gemeinden veranlasst, in denen sich das Vorhaben voraussichtlich auswirkt (§ 73 II VwVfG). Die Gemeinden legen den Plan innerhalb von drei Wochen nach Zugang für die Dauer von einem Monat aus und machen die Auslegung vorher ortsüblich bekannt (§ 73 III 1 VwVfG). Die herkömmliche Auslegung in den Gemeinden wird durch Bekanntmachungserfordernisse im Internet ergänzt. Ein solche ergibt sich für UVP-pflichtige Vorhaben aus § 20 UVPG. Bei sonstigen Planfeststellungen und -genehmigungen ist § 27a VwVfG zu beachten. Wird der Plan nicht nach § 27a I VwVfG oder § 20 UVPG zugänglich gemacht, ist dieser nach § 28c PBefG vom Unternehmer zur Bürgerinformation über das Internet zugänglich zu machen. § 23 UVPG gilt entsprechend. Maßgeblich ist der Inhalt des im Rahmen des Genehmigungsverfahrens zur Einsicht ausgelegten Plans. Hierauf ist bei der Zugänglichmachung hinzuweisen (§ 28 c S. 2 bis 4 PBefG). Jeder, dessen Belange durch das Vorhaben berührt werden, kann nach § 73 IV 1 VwVfG bis zwei Wochen nach Ablauf der Auslegungsfrist schriftlich oder zur Niederschrift bei der Anhörungsbehörde oder bei einer Gemeinde nach § 73 II VwVfG Einwendungen gegen den Plan erheben. Bei UVP-pflichtigen Vorhaben gilt

[1006] Kallerhoff/Fellenberg in Stelkens/Bonk/Sachs, VwVfG, 2023, § 25 Rn. 69.
[1007] Siegel in Ziekow Handbuch des Fachplanungsrechts, 2024, § 13 Rn. 34.

gemäß § 21 II UVPG eine Monatsfrist nach Ablauf der Auslegungsfrist. Mit Ablauf der Einwendungsfrist sind alle Einwendungen ausgeschlossen, die nicht auf besonderen privatrechtlichen Titeln beruhen. Hierauf ist in der Bekanntmachung der Auslegung oder bei der Bekanntgabe der Einwendungsfrist hinzuweisen. Die ursprünglich materielle Präklusion, die sich auch auf das nachfolgende gerichtliche Verfahren erstreckte, ist für UVP-pflichtige Vorhaben wegen der Unvereinbarkeit der materiellen Präklusion mit dem Unionsrecht in eine reine **Verfahrenspräklusion** geändert worden (§ 21 IV 1 UVPG sowie § 18 I 4 UVPG und § 7 IV UmwRG).

Einwendungen, die eine Person oder eine Vereinigung im Sinne des § 4 III 1 UmwRG erstmals im Rechtsbehelfsverfahren erhebt, bleiben nach § 5 UmwRG unberücksichtigt, wenn die erstmalige Geltendmachung im Rechtsbehelfsverfahren missbräuchlich oder unredlich ist. bei § 5 UmwRG handelt es sich um eine eng auszulegende Vorschrift handelt, die auf Ausnahmefälle beschränkt bleiben muss.[1008] 6503

Vereinigungen, die auf Grund einer Anerkennung nach anderen Rechtsvorschriften befugt sind, Rechtsbehelfe nach der VwGO gegen die Entscheidung nach § 74 VwVfG einzulegen, können innerhalb der Frist nach § 73 IV 1 VwVfG Stellungnahmen zu dem Plan abgeben (§ 73 IV 5 VwVfG). 6504

Verzicht auf Erörterung. Die Anhörungsbehörde kann gem. § 29 Ia Nr. 1 PBefG von einer Erörterung nach § 73 VI VwVfG und § 18 I 4 UVPG absehen.[1009] Findet keine Erörterung statt, so hat die Anhörungsbehörde ihre Stellungnahme innerhalb von sechs Wochen nach Ablauf der Einwendungsfrist abzugeben und zusammen mit den sonstigen in § 73 IX VwVfG aufgeführten Unterlagen der Planfeststellungsbehörde zuzuleiten (§ 29 Ia Nr. 1 S. 2 PBefG). Soll ein ausgelegter Plan geändert werden, so kann im Regelfall von der Erörterung abgesehen werden (§ 29 Ia Nr. 2 PBefG). 6505

Einwendungen von Behörden. Werden Einwendungen gegen den Plan mit der Begründung erhoben, dass öffentliche Interessen im Bereich von Bundesbehörden oder von Behörden, die im Auftrag des Bundes tätig werden, beeinträchtigt werden und kommt eine Einigung zwischen der Planfeststellungsbehörde und den genannten Behörden nicht zustande, entscheidet die Planfeststellungsbehörde im Benehmen mit dem Bundesministerium für Verkehr und digitale Infrastruktur. Kommt eine Einigung über Einwendungen nicht bundeseigener Eisenbahnen oder von Bergbahnunternehmen nicht zustande, hat die Planfeststellungsbehörde die Entscheidung der von der Landesregierung bestimmten Behörde einzuholen und der Planfeststellung zugrunde zu legen (§ 29 II und III PBefG). 6506

Maßgaben zu Rechtswirkungen. Für die Rechtswirkungen der Planfeststellung und Plangenehmigung gilt § 75 VwVfG mit folgenden Maßgaben: 1. Wird mit der Durchführung des Plans nicht innerhalb von fünf Jahren nach Eintritt der Unanfechtbarkeit begonnen, so tritt er außer Kraft, es sei denn, er wird vorher auf Antrag des Unternehmers von der Planfeststellungsbehörde um höchstens fünf Jahre verlängert. Vor der Entscheidung ist eine auf den Antrag begrenzte Anhörung nach dem für die Planfeststellung oder für die Plangenehmigung vorgeschriebenen Verfahren durchzuführen. 6507

Für die Zustellung und Auslegung sowie die Anfechtung der Entscheidung über die Verlängerung sind die Bestimmungen über den Planfeststellungsbeschluss entsprechend anzuwenden. 6508

Wird eine Planergänzung oder ein ergänzendes Verfahren nach § 75 Ia 2 VwVfG erforderlich und unverzüglich betrieben, bleibt die Durchführung des Vorhabens insoweit zulässig, als es von der Planergänzung oder dem Ergebnis des ergänzenden Verfahrens offensichtlich nicht berührt ist. 6509

Für die Planergänzung und das ergänzende Verfahren im Sinne des § 75 Ia 2 VwVfG und für die Planänderung vor Fertigstellung des Vorhabens gilt § 76 VwVfG mit der Maßgabe, dass im Falle des § 76 I VwVfG von einer Erörterung abgesehen werden kann. 6510

Entbehrlichkeit eines Vorverfahrens. Vor Erhebung einer verwaltungsgerichtlichen Klage gegen einen Planfeststellungsbeschluss oder gegen eine Plangenehmigung für den Bau oder die Änderung von Betriebsanlagen für Straßenbahnen bedarf es keiner Nachprüfung in einem Vorverfahren. 6511

1008 VGH Mannheim KlimR 2024, 125 = juris Rn. 57; BVerwGE 166, 1 = juris Rn. 38; NVwZ 2023, 1733 = juris Rn. 25; OVG Koblenz DVBl. 2020, 459 = juris Rn. 76. Die Novelle des UmwRG 2024/2025 soll auf § 5 UmwRG durch einen Satz ergänzen, der den Missbrauchstatbestand konkretisiert.

1009 Dies steht in Einklang mit § 18 I 4 UVPG siehe dazu Siegel/Himstedt DÖV 2021, 137 (143); kritisch hierzu Antweiler NVwZ 2019, 29 (30).

6512 **Keine aufschiebende Wirkung der Anfechtungsklage.** Die Anfechtungsklage gegen einen Planfeststellungsbeschluss oder eine Plangenehmigung für den Bau oder die Änderung von Betriebsanlagen für Straßenbahnen hat keine aufschiebende Wirkung. Der Antrag auf Anordnung der aufschiebenden Wirkung der Anfechtungsklage gegen einen Planfeststellungsbeschluss oder eine Plangenehmigung nach § 80 V 1 VwGO kann nur innerhalb eines Monats nach Zustellung des Planfeststellungsbeschlusses oder der Plangenehmigung gestellt und begründet werden. Treten später Tatsachen ein, die die Anordnung der aufschiebenden Wirkung rechtfertigen, so kann der durch den Planfeststellungsbeschluss oder die Plangenehmigung Beschwerte einen hierauf gestützten Antrag nach § 80 V 1 VwGO innerhalb einer Frist von einem Monat stellen. Die Frist beginnt in dem Zeitpunkt, in dem der Beschwerte von den Tatsachen Kenntnis erlangt.

6513 **Klagebegründungsfrist.** Der Kläger hat innerhalb einer Frist von zehn Wochen ab Klageerhebung die zur Begründung seiner Klage dienenden Tatsachen und Beweismittel anzugeben. Erklärungen und Beweismittel, die erst nach Ablauf dieser Frist vorgebracht werden, sind nur zuzulassen, wenn der Kläger die Verspätung genügend entschuldigt. Der Entschuldigungsgrund ist auf Verlangen des Gerichts glaubhaft zu machen. § 29 VII 2 PBefG gilt nicht, wenn es mit geringem Aufwand möglich ist, den Sachverhalt auch ohne Mitwirkung des Klägers zu ermitteln. Die Frist kann durch den Vorsitzenden oder den Berichterstatter auf Antrag verlängert werden, wenn der Kläger in dem Verfahren, in dem die angefochtene Entscheidung ergangen ist, keine Möglichkeit der Beteiligung hatte. § 6 UmwRG ist nicht anzuwenden.

6514 **h) Vorzeitige Besitzeinweisung.** Ist der sofortige Beginn von Bauarbeiten geboten und weigert sich der Eigentümer oder Besitzer, den Besitz eines für den Bau oder die Änderung einer Betriebsanlage für Straßenbahnen benötigten Grundstücks durch Vereinbarung unter Vorbehalt aller Entschädigungsansprüche zu überlassen, so hat die Enteignungsbehörde den Unternehmer gem. § 29a I 1 PBefG auf Antrag nach Feststellung des Planes oder Erteilung der Plangenehmigung in den Besitz einzuweisen. Der Planfeststellungsbeschluss oder die Plangenehmigung müssen vollziehbar sein. Weiterer Voraussetzungen bedarf es nicht (§ 29a I PBefG). Durch die Besitzeinweisung wird dem Besitzer der Besitz entzogen und der Unternehmer Besitzer. Der Unternehmer darf auf dem Grundstück das im Antrag auf Besitzeinweisung bezeichnete Bauvorhaben durchführen und die dafür erforderlichen Maßnahmen treffen (§ 29a IV PBefG).

6515 Der Unternehmer hat für die durch die vorzeitige Besitzeinweisung entstehenden Vermögensnachteile Entschädigung zu leisten, soweit die Nachteile nicht durch die Verzinsung der Geldentschädigung für die Entziehung oder Beschränkung des Eigentums oder eines anderen Rechts ausgeglichen werden. Art und Höhe der Entschädigung sind von der Enteignungsbehörde in einem Beschluss festzusetzen. Wird der festgestellte Plan oder die Plangenehmigung aufgehoben, so ist auch die vorzeitige Besitzeinweisung aufzuheben und der vorherige Besitzer wieder in den Besitz einzuweisen. Der Unternehmer hat für alle durch die Besitzeinweisung entstandenen besonderen Nachteile Entschädigung zu leisten. Ein Rechtsbehelf gegen eine vorzeitige Besitzeinweisung hat keine aufschiebende Wirkung. Der Antrag auf Anordnung der aufschiebenden Wirkung nach § 80 V 1 VwGO kann nur innerhalb eines Monats nach der Zustellung des Besitzeinweisungsbeschlusses gestellt und begründet werden (§ 29a PBefG).

6516 **i) Enteignung und Entschädigung.** Die Enteignung ist nach § 30 PBefG zulässig, soweit sie zur Ausführung eines nach den §§ 28, 29 PBefG festgestellten oder genehmigten Bauvorhabens oder für Unterhaltungsmaßnahmen notwendig ist. Der festgestellte Plan oder die Plangenehmigung ist dem Enteignungsverfahren zugrunde zu legen und für die Enteignungsbehörde bindend. Die nach Landesrecht zuständige Behörde stellt die Zulässigkeit der Enteignung fest, soweit im Falle einer Unterhaltungsmaßnahme keine Feststellung in einem genehmigten oder festgestellten Plan getroffen ist. Im Übrigen gelten die Enteignungsgesetze der Länder (§ 30 I, II PBefG).

6517 Soweit der Unternehmer nach § 28 III a PBefG oder auf Grund eines Planfeststellungsbeschlusses oder einer Plangenehmigung verpflichtet ist, eine Entschädigung in Geld zu leisten, und über die Höhe der Entschädigung keine Einigung zwischen dem Betroffenen und dem Unternehmer zustande kommt, entscheidet nach § 30a PBefG auf Antrag eines der Beteiligten die nach Landesrecht zuständige Behörde; für das Verfahren und den Rechtsweg gelten die Enteignungsgesetze der Länder entsprechend.

5. Planrechtfertigung und Abwägungsgebot

Planfeststellungen nach § 28 PBefG bedürfen wie alle Panfeststellungen einer Planrechtfertigung und eine Beachtung des Abwägungsgebots voraus. 6518

a) Planrechtfertigung. Die Planrechtfertigung erfordert, dass das Vorhaben mit den Zielen des jeweiligen Fachplanungsgesetzes übereinstimmt und in der konkreten Situation erforderlich ist. Letzteres ist nicht erst bei Unausweichlichkeit des Vorhabens der Fall, sondern bereits dann, wenn es vernünftigerweise geboten ist.[1010] Es kommt für die Planrechtfertigung nicht darauf an, ob sie sich aus den Angaben des Vorhabenträgers ergibt. Die Planfeststellungsbehörde hat von Amts wegen darüber zu befinden, ob die erforderliche Planrechtfertigung gegeben ist. Zur Beurteilung dessen hat sie die diesbezüglichen Angaben des Vorhabenträgers heranzuziehen, ist an diese jedoch grundsätzlich nicht gebunden.[1011] Die Planrechtfertigung unterliegt, soweit nicht behördliche Verkehrsprognosen in Rede stehen, uneingeschränkter gerichtlicher Kontrolle, weil es sich nicht um eine Frage des zu beachtenden Planungsermessens, sondern um eine dem kontrollierenden Gericht umfassend eröffnete Rechtsfrage handelt. Das Gericht kann eine im Planfeststellungsbeschluss angegebene Begründung für die Planrechtfertigung anders als die Planfeststellungsbehörde beurteilen und dennoch die Planrechtfertigung bestätigen. Maßgebend ist nicht, wie die Planfeststellungsbehörde die Frage der Erforderlichkeit selbst bewertet hat, sondern ob sich nach der objektiven Rechtslage für das geplante Vorhaben hieraufbezogene „vernünftige" Gründe ergeben.[1012] 6519

Eine Planrechtfertigung nach den §§ 28, 29 PBefG ist an den Zielen des PBefG zu messen. Aus § 4 I, § 8 I 1 und III PBefG ergibt sich, dass das PBefG die Sicherstellung einer ausreichenden Bedienung der Bevölkerung mit Leistungen des Öffentlichen Personennahverkehrs (ÖPNV) im Orts- oder Nachbarschaftsbereich bezweckt.[1013] Gemäß § 8 I 1 PBefG dient der ÖPNV im Sinne des PBefG dazu, die Verkehrsnachfrage im Stadt-, Vorort- oder Regionalverkehr zu befriedigen. Die planrechtfertigende Erforderlichkeit eines Straßenbahnausbauvorhabens kann sich daraus ergeben, dass mit ihm die Leistungsfähigkeit und Attraktivität des ÖPNV gesteigert wird.[1014] 6520

b) Abwägungsgebot. Das sich aus § 28 I 2 PBefG ergebende Abwägungsgebot verlangt, dass eine Abwägung überhaupt stattfindet, dass in die Abwägung an Belangen eingestellt wird, was nach Lage der Dinge in sie eingestellt werden muss, und dass weder die Bedeutung der betroffenen öffentlichen und privaten Belange verkannt noch der Ausgleich zwischen ihnen in einer Weise vorgenommen wird, die zur objektiven Gewichtigkeit einzelner Belange außer Verhältnis steht. Das Abwägungsgebot des § 28 I 2 PBefG verlangt eine eigenständige Abwägungsentscheidung der Planfeststellungsbehörde. Zwar kann sich diese Einschätzungen und Abwägungsentscheidungen der Vorhabenträgerin zu eigen machen und ihre eigene Abwägung darauf stützen, es muss sich aber aus dem Planfeststellungsbeschluss ergeben, dass eine eigenständige Abwägung erfolgt ist und worauf die Abwägungsentscheidung der Behörde gestützt wird. Die bloß kommentarlose Gegenüberstellung von Stellungnahmen der Vorhabenträgerin zu den Einwendungen einzelner Betroffener im Planfeststellungsbeschluss entspricht dem nicht.[1015] 6521

Alternativenprüfung. Zur Sammlung des Abwägungsmaterials gehört auch die Ermittlung etwaiger Planungsalternativen einschließlich der sogenannten **Nullvariante**. Bei der Prüfung der Alternativen ist die Planfeststellungsbehörde zu einem gestuften Vorgehen berechtigt, indem sie nach einer Art **Grobanalyse** bereits in einem frühen Planungsstadium solche Planungsvarianten ausscheiden darf, die nicht ernsthaft in Betracht kommen. Ernsthaft in Betracht kommende Alternativen müssen bei der Zusammenstellung des abwägungserheblichen Mate- 6522

1010 OVG Münster ZUR 2024, 48 = juris Rn. 70; BVerwG Urt. v. 11.8.2016 – 7 A 1.15 ua, juris.

1011 OVG Münster ZUR 2024, 48 = juris Rn. 75.

1012 OVG Münster ZUR 2024, 48 = juris Rn. 75; BVerwG Beschl. v. 16.4.2019 – 4 B 51.18, juris; OVG Münster Urt. v. 8.6.2018 – 20 D 80/15.AK, juris.

1013 OVG Münster ZUR 2024, 48 = juris Rn. 80; OVG Münster Beschl. v. 23.12.2016 – 20 B 710/16.AK, juris; Beschl. v. 2.10.2012 – 20 B 1097/12.AK, juris; OVG Bremen Urt. v. 8.10.2010 – 1 D 599/08, juris.

1014 OVG Münster ZUR 2024, 48 = juris Rn. 85; BVerwG Urt. v. 18.6.2020 – 3 C 3.19, juris, Rn. 55; Urt. v. 7.11.2019 – 3 C 12.18, juris, Rn. 15.

1015 OVG Lüneburg NordÖR 101, 533 = juris Rn. 44.

rials berücksichtigt werden und mit der ihnen zukommenden Bedeutung in die Prüfung der von den möglichen Alternativen berührten öffentlichen und privaten Belange Eingang finden. Innerhalb des so gezogenen Rahmens wird das Abwägungsgebot nicht verletzt, wenn sich die zur Planung ermächtigte Stelle in der Kollision zwischen verschiedenen Belangen für die Bevorzugung des einen und damit notwendig für die Zurückstellung eines anderen entscheidet. Welche Planungsvarianten ernsthaft in Frage kommen, bestimmt sich im Wesentlichen nach der, ggfls. im Nahverkehrsplan konkretisierten Zielsetzung der Planung des Vorhabenträgers.[1016]

6523 Nicht abzuwägen hat die Planfeststellungsbehörde, wo sie zwingend zu beachtende Planungsleitsätze zu beachten hat, die ihr keinen Abwägungsspielraum belassen.

6524 **Privilegierte Fachplanung**. Dem Bau einer Straßenbahntrasse kann iSd § 38 BauGB überörtliche, die Anwendung der §§ 29 bis 37 BauGB ausschließende Bedeutung zukommen, wenn es die Stadtgrenzen überschreitet. Etwas anderes gilt trotz der durch das Personenbeförderungsgesetz begründeten überörtlicher Planungszuständigkeit, wenn das Vorhaben auf das Gemeindegebiet begrenzt bleibt.[1017] Dient eine planfestzustellende Straßenbahnstrecke der Beförderung von Personen im Ortsverkehr und wird nur das Gebiet einer Gemeinde berührt, kommt diesem Vorhaben typischerweise keine überörtliche Bedeutung iS des § 38 Abs. 1 BauGB zu. Der Umstand, dass das Vorhaben auch Einrichtungen von überörtlicher Bedeutung verkehrlich erschließt, rechtfertigt keine andere Beurteilung.[1018]

6525 **Lärmschutz.** Gemäß § 41 I BImSchG ist bei dem Bau oder der wesentlichen Änderung von Straßenbahnen unbeschadet des § 50 BImSchG sicherzustellen, dass durch diese keine schädlichen Umwelteinwirkungen durch Verkehrsgeräusche hervorgerufen werden können, die nach dem Stand der Technik vermeidbar sind. § 41 I BImSchG gilt nicht, soweit die Kosten der Schutzmaßnahmen außer Verhältnis zu dem angestrebten Schutzzweck stehen würden (§ 41 II BImSchG). Die Anforderungen hinsichtlich des Lärmschutzes nach § 41 I BImSchG werden durch die 16. BImSchV verbindlich konkretisiert. Gemäß § 2 I der 16. BImSchV ist zum Schutz der Nachbarschaft vor schädlichen Umwelteinwirkungen durch Verkehrsgeräusche bei dem Bau oder der wesentlichen Änderung öffentlicher Straßen und von Schienenwegen für Straßenbahnen sicherzustellen, dass der Beurteilungspegel die dort unter Nrn. 1 bis 4 jeweils für Tag und Nacht genannten Immissionsgrenzwerte nicht überschreitet. Diese Immissionsgrenzwerte beziehen sich grundsätzlich allein auf den neuen bzw. zu ändernden Verkehrsweg. Zu berücksichtigen ist allein die dadurch hervorgerufene Lärmimmission, nicht aber die nach Verwirklichung des Baus oder der wesentlichen Änderung der öffentlichen Straße und/oder des Schienenweges vorhandene Gesamtbelastung.[1019] Die **Grenzwerte der 16. BImSchV** bestimmen nicht den Übergang zur Gesundheitsgefährdung, sondern sind mit Rücksicht darauf, dass sie bereits vor erheblichen Belästigungen schützen sollen, erheblich niedriger angesetzt. Außerhalb des Anwendungsbereichs von § 41 I BImSchG bzw. der 16. BImSchV haben Betroffene einer Änderung von öffentlichen Straßen und/oder Straßenbahnen grundsätzlich keinen Anspruch auf Schallschutzmaßnahmen. § 41 I BImSchG schließt grundsätzlich die gleichzeitige Anwendung von § 74 II 2 VwVfG aus.[1020]

6526 **Trennungsgebot.** § 50 Satz 1 Alt. 1 BImSchG schließt ein Nebeneinander von Wohnnutzung und einer Straßenbahnbetriebsanlage nicht grundsätzlich aus. Stehen der räumlichen Trennung Belange entgegen, denen beispielsweise kraft Gesetzes ein besonderes Gewicht zukommt, kann in einem Planfeststellungsbeschluss das maßgebliche Schutzniveau in Bezug auf Umwelteinwirkungen je nach den Umständen des Einzelfalles abwägungsfehlerfrei auch durch technische Maßnahmen des Immissionsschutzes gewährleistet werden.[1021]

6527 Abwägungsfehler unter den Gesichtspunkten des Schutzes vor vorhabenbedingten Lärmimmissionen und/oder Erschütterungswirkungen führen im Regelfall weder zu einer Aufhebung eines Planfeststellungsbeschlusses noch zur Feststellung seiner Rechtswidrigkeit und Nichtvollziehbarkeit. Mögliche Mängel bei der Lärm- und/oder Erschütterungsvorsorge – sei es im Hinblick auf betriebsbedingte, sei es im Hinblick auf baubedingte Immissionen – können grundsätzlich durch Schutzauflagen oder Zuerkennung eines Entschädigungsanspruchs beho-

1016 VGH München Beschl. v. 2.3.2020 – 22 AS 19.40035, juris Rn. 132, 135.

1017 VGH München Beschl. v. 2.3.2020 – 22 AS 19.40035, juris Rn. 113; VGH Mannheim Urt. v. 11.5.2016 – 5 S 1443.14, juris Rn. 69;

1018 VGH Mannheim DVBl.. 2017, 47 = juris Rn. 69.

1019 OVG Münster ZUR 2024, 48 = juris Rn. 138.

1020 OVG Münster ZUR 2024, 48 = juris Rn. 142.

1021 VGH München Urt. v. 30.11.2020 – 22 A 19.40034, 22 A 19.40036, juris Rn. 232.

ben werden und begründen daher grundsätzlich allenfalls einen Anspruch auf entsprechende Planergänzung. Mängel des Lärm- und/oder Erschütterungskonzepts rechtfertigen zumindest bei nur mittelbar Betroffenen in der Regel weder die Aufhebung des Planfeststellungsbeschlusses noch die Feststellung seiner Rechtswidrigkeit und Nichtvollziehbarkeit.[1022] Etwas anderes soll allerdings dann gelten, wenn der fragliche Rechtsfehler die Ausgewogenheit der Gesamtplanung oder eines abtrennbaren Planungsteils überhaupt in Frage stellt und daher nicht isoliert im Wege der Planergänzung durch nachträgliche Schutzauflagen behoben werden kann. Das kommt in Betracht, wenn das Fehlen einer Schall- bzw. Erschütterungsschutzauflage von so großem Gewicht sein könnte, dass die Ausgewogenheit der Planung insgesamt in Frage gestellt wäre.[1023]

Erschütterungsschutz. Ansprüche auf Erschütterungsschutz beurteilen sich nach § 74 II 2 VwVfG. Schutzvorkehrung sind danach anzuordnen, wenn dies zur Vermeidung nachteiliger Wirkungen auf Rechte anderer erforderlich. Die Zumutbarkeitsschwelle ist bei Einwirkungen durch Erschütterungen nicht durch gesetzliche Grenzwerte festgelegt, sondern nach den Verhältnissen des jeweiligen Einzelfalls zu bestimmen.[1024] Im Rahmen der Planung eines Neubauvorhabens genügt es, eine erschütterungstechnische Untersuchung vorzunehmen, die mangels exakter Berechenbarkeit zu erwartender Erschütterungen eine gewisse Prognoseunsicherheit in sich trägt und einer späteren Überprüfung durch konkrete Messungen nach Inbetriebnahme einer Eisen- oder Straßenbahn bedarf, auf deren Grundlage die nötigen Abhilfemaßnahmen hilfsweise Entschädigung, angeordnet werden könnte.[1025] 6528

6. Rechtsschutz

Nicht enteignungsbetroffene Dritte können sich im Rahmen eines gerichtlichen Klageverfahrens gegen einen Planfeststellungsbeschluss bezüglich der Errichtung einer Straßenbahntrasse nach dem PBefG nach Maßgabe des § 4 UmwRG auf etwaige Verfahrensfehler berufen. In materiell-rechtlicher Hinsicht sind sie jedoch darauf beschränkt, die Verletzung drittschützender Rechte geltend zu machen, wie etwa das Fehlen der Planrechtfertigung, einen Verstoß gegen sie in ihren Rechten schützende Planungsleitsätze oder eine Verletzung des Abwägungsgebots im Hinblick auf eigene Belange.[1026] 6529

7. Duldungspflichten Dritter

Eigentümer oder sonstige Nutzungsberechtigte haben nach § 32 PBefG Vermessungen, Boden- und Grundwasseruntersuchungen einschließlich der vorübergehenden Anbringung von Markierungszeichen und sonstigen Vorarbeiten, die zur Planung von Betriebsanlagen und Straßenbahnen notwendig sind, zu dulden, wenn die Genehmigungsbehörde diesen Arbeiten zustimmt. Sie haben außerdem das Anbringen oder Errichten von Haltevorrichtungen für elektrische Leitungen, von Signalen und Haltestellenzeichen durch den Unternehmer oder von ihm Beauftragte zu dulden. Arbeits-, Betriebs- oder Geschäftsräume dürfen vom Unternehmer oder von ihm Beauftragte nur während der jeweiligen Arbeits- oder Geschäftsstunden, Wohnungen nur mit Zustimmung des Wohnungsinhabers betreten werden. Die Absicht, Vorarbeiten durchzuführen, ist dem Eigentümer oder sonstigen Nutzungsberechtigten mindestens 2 Wochen vorher unmittelbar und in den Gemeinden, in deren Gebiet Vorarbeiten durchgeführt werden sollen, ortsüblich bekanntzugeben. 6530

Die Zustimmung der Genehmigungsbehörde zu den Vorarbeiten begründet keinen Anspruch auf Erteilung der Genehmigung nach § 9 I Nr. 1 PBefG. Über eine Verpflichtung zur Duldung der in § 9 I Nr. 2 PBefG bezeichneten technischen Einrichtungen ist beim Bau neuer Betriebsanlagen für Straßenbahnen im Planfeststellungsverfahren zu entscheiden. Im Übrigen entscheidet die Genehmigungsbehörde. (§ 32 PBefG). 6531

Bei den genannten Duldungspflichten handelt es sich dabei um eine grundsätzlich entschädigungslos hinzunehmende **Inhalts- und Schrankenbestimmung** iSd Art. 14 I 2 GG.[1027] 6532

[1022] BVerwG Beschl. v. 1.4.2016 – 3 VR 2.15 ua, juris; OVG Münster ZUR 2024, 48 = juris Rn 127.

[1023] OVG Münster ZUR 2024, 48 = juris Rn 129.

[1024] BVerwG Urt. v. 29.6.2017 – 3 A 1.16, juris Rn. 96; Urt. v. 8.9.2016 – 3 A 5.15 -, juris Rn. 79; Siegel in Ziekow Handbuch des Fachplanungsrechts, 2024, § 13 Rn. 55.

[1025] VGH München Beschl. v. 2.3.2020 – 22 AS 19.40035, juris Rn. 150.

[1026] VGH München Beschl. v. 2.3.2020 – 22 AS 19.40035, juris Rn. 72.

[1027] Siegel Straßenbahnen in Ziekow, Handbuch des Fachplanungsrechts, 2024, § 13 Rn. 16.

Jedoch hat der Unternehmer nach § 32 IV PBefG für Schäden, die durch Vorarbeiten entstehen, **Entschädigung** zu leisten. § 31 V PBefG gilt entsprechend. Für die Geltendmachung von Entschädigungsansprüchen ist der ordentliche Rechtsweg gegeben

IX. Abfallwirtschaftsplanung und Zulassung von Abfallentsorgungsanlagen

6533 Der Bund hat nach Art. 74 I Nr. 24 GG die konkurrierende Gesetzgebung auf dem Gebiet der Abfallwirtschaft. Hiervon hat er durch das KrWG abschließend Gebrauch gemacht. Durch das KrWG 2012 ist die Kreislauf- und Abfallwirtschaft auf eine neue Rechtsgrundlage gestellt worden. Das Konzept der der Kreislaufwirtschaft war von dem „Dreigestirn" Vermeiden, Verwerten und Beseitigen geprägt.[1028] § 6 KrWG dient nunmehr der Umsetzung einer fünfstufigen **Abfallhierarchie** des Art. 4 AbfRRL, der den Mitgliedstaaten vorschreibt, ihre Rechtsvorschriften und politischen Maßnahmen im Bereich der Abfallvermeidung und der Abfallbewirtschaftung auf der Grundlage einer bestimmten Prioritätenfolge aufzubauen. Mit der fünfstufigen Abfallhierarchie wird der frühere Dreiklang von Vermeidung, Verwertung und Beseitigung nicht aufgegeben. Vielmehr wird lediglich die zweite Stufe der bisherigen Vorrangregelung, die Verwertung, in drei Stufen untergliedert, nämlich die Vorbereitung zur Wiederverwendung, das Recycling und die sonstige Verwertung, zu der die energetische Verwertung und Maßnahmen der stofflichen Verwertung zählen.[1029] Die fünfstufige Abfallhierarchie gilt als Eckstein der europäischen Abfallpolitik und als das zentrale Steuerungsinstrument des Kreislaufwirtschaftsgesetzes. Als Grundsatznorm soll § 6 KrWG Ausstrahlungswirkungen auf das gesamte Regelungssystem und damit auch auf die Abfallplanung entfalten und darüber die zukünftige Entwicklung der Kreislaufwirtschaft nachhaltig prägen. Wertstoffe sollen so lange wie möglich dem Wirtschaftskreislauf erhalten bleiben. Die Kreislaufwirtschaft stellt sich als Vermeidung und Verwertung von Abfällen dar, wobei die Vermeidung gegenüber der Verwertung vorrangig ist (§ 6 KrWG). Nach den in § 6 I KrWG festgelegten Grundsätzen der Kreislaufwirtschaft sind Abfälle in erster Linie zu vermeiden, insbesondere durch Verminderung ihrer Menge und Schädlichkeit, und in zweiter Linie stofflich zu verwerten (§ 7 II KrWG) oder durch energetische Verwertung zur Gewinnung von Energie zu nutzen. Dabei ist die Kreislaufwirtschaft der Abfallbeseitigung vorgelagert (§ 15 KrWG). Nach den in § 15 I KrWG festgelegten Grundsätzen greift die Abfallbeseitigung erst ein, wenn Abfälle nicht verwertet werden. Die Grundsätze und Pflichten sind dabei hierarchisch aufgebaut: Abfälle sind in erster Linie zu vermeiden und in zweiter Linie stofflich oder energetisch zu verwerten. Nicht verwertbare Abfälle sind umweltverträglich zu beseitigen.

1. Systematik des Planungs- und Zulassungsrechts des KrWG

6534 Teil 4 des KrWG trägt den Titel „Planungsverantwortung". Abschnitt 1 dieses Teils enthält Regelungen zur Ordnung und Durchführung der Abfallbeseitigung (§§ 28, 29 KrWG), der zweite Abschnitt dieses vierten Teils zur Planungsverantwortung befasst bestimmt Anforderungen an Abfallwirtschaftspläne und Abfallvermeidungsprogramme (§§ 30 bis 33 KrWG). Im dritten Abschnitt dieses Teils zur Planungsverantwortung regelt der Gesetzgeber die Zulassung von Anlagen, in denen Abfälle entsorgt werden sollen. § 34 KrWG bestimmt Duldungspflichten zur Erkundung geeigneter Standorte. Die §§ 35, 36 KrWG regeln Anforderungen an die Planfeststellung von Deponien und die Genehmigung von Abfallentsorgungsanlagen, wobei der Gesetzgeber hinsichtlich der genehmigungspflichtigen Abfallentsorgungsanlagen im Wesentlichen auf das BImSchG verweist. § 37 KrWG ermöglicht für die planfeststellungsbedürftigen Deponien die Zulassung vorzeitigen Beginns, § 38 KrWG verweist für das Planfeststellungsverfahren auf die §§ 72 bis 78 VwVfG. Von erheblicher Relevanz ist außerdem § 40 KrWG zur Stilllegung von Deponien, der auch auf Anforderungen des BBodSchG verweist.

6535 Anlage 5 des UVPG listet Pläne und Programm auf, die nach § 1 I Nr. 2, § 2 VII in den Anwendungsbereich des UVPG fallen und eine **strategische Umweltprüfung** erfordern können. Nach § 35 II UVPG ist für Pläne und Programme eine strategische Umweltprüfung durchzuführen, wenn sie für die Entscheidung über die Zulässigkeit von in der Anlage 1 aufgeführten oder anderen Vorhaben einen Rahmen setzen und nach einer Vorprüfung im Einzelfall im Sinne von § 35 IV KrWG voraussichtlich erhebliche Umweltauswirkungen haben. Zu sol-

[1028] Zum folgenden Möhring in: Stüer (Hrsg.) Verfahrensbeschleunigung, S. 209.

[1029] Beckmann in Landmann/Rohmer, Umweltrecht, 2020, § 6 Rn. 2.

chen Plänen iSv § 35 II KrWG zählt der Gesetzgeber nach Nr. 25 Anl. 5 des UVPG Abfallwirtschaftspläne nach § 30 KrWG, einschließlich von besonderen Kapiteln oder gesonderten Teilplänen über die Entsorgung von gefährlichen Abfällen, Altbatterien und Akkumulatoren oder Verpackungen und Verpackungsabfällen und nach Nr. 2.6 Abfallvermeidungsprogramme iSv § 33 KrWG. Hinzu kommen aber noch nach Nr. 2.3 der Anl. 5 zum UVPG Abfallwirtschaftskonzepte nach § 21 KrWG und nach Nr. 2.4 der Anl. 5 zum UVPG auch die Fortschreibung der Abfallwirtschaftskonzepte nach § 16 III 4 KrWG, obwohl die Regelungen dazu sich nicht im vierten Teil des KrWG zur Planungsverantwortung befinden. Die planfeststellungspflichtigen Deponien und die immissionsschutzrechtlich genehmigungsbedürftigen Abfallentsorgungsanlagen, zu denen der Gesetzgeber Regelungen im vierten Teil des KrWG zur Planungsverantwortung enthält, sind aus Sicht des Gesetzgebers im UVPG keine Planungsentscheidungen, die einer strategischen Umweltprüfung bedürfen könnten, sondern Vorhaben, für die Pflicht zur Umweltverträglichkeitsprüfung in Betracht kommt.

2. Abfallvermeidungsprogramme

a) Zuständigkeit. Der Bund erstellt nach § 33 I 1 KrWG ein Abfallvermeidungsprogramm. 6536
Die Länder können sich nach § 33 I 2 KrWG an der Erstellung des Abfallvermeidungsprogramms beteiligen. In diesem Fall leisten sie für ihren jeweiligen Zuständigkeitsbereich eigenverantwortliche Beiträge; diese Beiträge werden in das Abfallvermeidungsprogramm des Bundes aufgenommen(§ 33 I 3 KrWG). Soweit die Länder sich nicht an einem Abfallvermeidungsprogramm des Bundes beteiligen, erstellen sie eigene Abfallvermeidungsprogramme (§ 33 II KrWG).[1030] Zuständig für die Erstellung des Abfallvermeidungsprogramms des Bundes ist nach § 33 IX 2 KrWG das Bundesministerium für Umwelt, Naturschutz und nukleare Sicherheit oder eine von diesem zu bestimmende Behörde. Das Abfallvermeidungsprogramm des Bundes wird im Einvernehmen mit den fachlich betroffenen Bundesministerien erstellt. Einvernehmen bedeutet Zustimmung der fachlich betroffenen Bundesministerien, aber nicht nur Zustimmung zu einem ausformulierten Entwurf, sondern auch die Möglichkeit, den Inhalt des Abfallvermeidungsprogramms zu beeinflussen.[1031] Soweit die Länder eigene Abfallvermeidungsprogramme erstellen, richtet sich die Zuständigkeit dafür nach dem jeweiligen Landesrecht. Zumeist sind die Umweltministerien als oberste Landesabfallbehörde zuständig.[1032]

b) Inhalt des Abfallvermeidungsprogramms. Gegenstand des Abfallvermeidungsprogramms ist die Abfallvermeidung. Vermeidung im Sinne des KrWG ist jede Maßnahme, die ergriffen wird, bevor ein Stoff, Material oder Erzeugnis zu Abfall geworden ist, und die dazu dient, die Abfallmenge, die schädlichen Auswirkungen des Abfalls auf Mensch und Umwelt oder den Gehalt an schädlichen Stoffen in Materialien und Erzeugnissen zu verringern (§ 3 XX 1 KrWG). Zu Abfallvermeidung zählen insbesondere die anlageninterne Kreislaufführung von Stoffen, die abfallarme Produktgestaltung, die Wiederverwendung von Erzeugnissen oder die Verlängerung ihrer Lebensdauer sowie ein Konsumverhalten, das auf den Erwerb von abfall- und schadstoffarmen Produkten sowie die Nutzung von Mehrwegverpackungen gerichtet ist (§ 3 XX 2 KrWG). Für die Abfallvermeidung gewinnt daneben zunehmend auch das Ökodesign-Recht an Bedeutung. Die Ökodesign-Richtlinie 2009/125/EG legt Anforderungen an die umweltgerechte Gestaltung „energieverbrauchsrelevanter Produkte" im gemeinsamen Binnenmarkt der Europäischen Union fest. Ziel der Richtlinie ist es, Energie und andere Ressourcen bei Herstellung, Betrieb und Entsorgung von energieverbrauchsrelevanten Produkten einzusparen. Außerdem sollen durch Angleichung der Rechtsvorschriften gemeinschaftliche Ökodesign-Anforderungen geschaffen und technische Handelshemmnisse verringert werden. 6537

Kernbestandteil der Abfallvermeidungsprogramme ist die Formulierung von Abfallvermeidungszielen, wobei solche Abfallvermeidungsziele auch in den Abfallwirtschaftsplänen nach § 30 I 1 Nr. 1 aufgeführt werden.[1033] **Die Abfallvermeidungsziele** sind darauf gerichtet, das Wirtschaftswachstum und die mit der Abfallerzeugung verbundenen Auswirkungen auf 6538

1030 Zum Abfallvermeidungsprogramm ausführlicher Beckmann in Landmann/Rohmer, Umweltrecht, 2022, § 33 KrWG Rn. 1 ff.

1031 Beckmann in Landmann/Rohmer, Umweltrecht, 2022, § 33 KrWG Rn. 36.

1032 Beckmann in Landmann/Rohmer, Umweltrecht, 2022, § 33 KrWG Rn. 29; Versmann in Jarass/Petersen, KrWG, 2022, § 33 Rn. 38 ff.; Kropp in Beck OK Umweltrecht, § 33 KrWG Rn. 20.

1033 Beckmann in Landmann/Rohmer, Umweltrecht, 2022, § 33 KrWG Rn. 53; Gesetzesbegründung, BT-Drs. 17/6052, S. 93.

Mensch und Umwelt zu entkoppeln Außerdem sieht das Abfallvermeidungsprogramm mindestens bestimmte, näher in § 33 III Nr. 2 KrWG aufgelistete Abfallvermeidungsmaßnahmen vor (**Mindestinhalt**). Der Gesetzgeber formuliert in § 33 III Nr. 1 KrWG eine Art von **Oberziel** für die Abfallvermeidungsziele. Diese müssen darauf gerichtet sein, das Wirtschaftswachstum und die mit der Abfallerzeugung verbundenen Auswirkungen auf Mensch und Umwelt zu entkoppeln. Diese Zielvorgabe ist möglicherweise zu eng geraten, weil es bei der Abfallvermeidung keineswegs nur um diese Entkopplung gehen kann. Selbst wenn eine solche Entkopplung gelingt, bleiben nämlich Vermeidungsanstrengungen notwendig, weil sich Umweltgefahren und Erfordernisse der Ressourcenschonung nicht dadurch erledigen, dass die von wachsenden Abfallmengen ausgehenden Gefahren hinter dem Wirtschaftswachstum quantitativ oder qualitativ verhältnismäßig zurückbleiben. Die Zielvorgabe ergibt sich allerdings bereits aus Art. 29 II 2 AbfRRL und steht insoweit nicht zur Disposition des deutschen Gesetzgebers.[1034]

6539 Soweit der Bund selbst gesetzgeberische oder administrative Maßnahmen in seinem Abfallvermeidungsprogramm beschreibt, bewertet oder plant, muss er für die geplanten Maßnahmen über eine eigene Zuständigkeit verfügen. Umgekehrt kann der Bund keine Maßnahmen vorsehen, die von den Ländern umgesetzt werden müssen. Die Länder können und müssen jedoch, wenn sie auf ein eigenes Abfallvermeidungsprogramm verzichten, ihre Abfallvermeidungsmaßnahmen in ihrem eigenverantwortlichen Beitrag zum Abfallvermeidungsprogramm des Bundes vorsehen.[1035] § 33 KrWG ändert nichts an der Zuständigkeitsverteilung zwischen Bund und Ländern bzw. Kommunen.[1036]

6540 Soweit erforderlich, legt das Abfallvermeidungsprogramm nach § 33 III Nr. 3 KrWG **weitere Abfallvermeidungsmaßnahmen** fest und gibt nach § 33 III Nr. 4 KrWG zweckmäßige, spezifische, qualitative oder quantitative Maßstäbe für festgelegte Abfallvermeidungsmaßnahmen vor, anhand derer die bei den Maßnahmen erzielten Fortschritte überwacht und bewertet werden; als Maßstab können Indikatoren oder andere geeignete spezifische qualitative oder quantitative Ziele herangezogen werden. Möglich sind zB Gebührenregelungen der Länder bzw. Gebührensatzungen der öffentlich-rechtlichen Entsorgungsträger für die Abfallentsorgung, mit deren Hilfe Anreize zur Abfallvermeidung erzielt werden können. Die Landeskreislaufwirtschaftsgesetze sehen vor, dass durch die Gestaltung der Gebühren und sonstiger Entgelte auch effektive Anreize zur Vermeidung von Abfällen zu schaffen sind. Die erwünschte Verhaltenssteuerung einer Abfallgebührenordnung kann in dem Anreiz bestehen, Zusatzleerungen und -gebühren zu vermeiden, und zwar durch Verringerung des individuellen Abfallaufkommens.[1037] Die Festlegung weiterer Abfallvermeidungsmaßnahmen steht im Ermessen der für das Abfallvermeidungsprogramm verantwortlichen Stelle. Ihre Entscheidung, weitere Abfallvermeidungsmaßnahmen in das Programm aufzunehmen oder aber von der Aufnahme weiterer Abfallvermeidungsmaßnahmen abzusehen, ist zwar daran zu orientieren, ob solche Maßnahmen erforderlich sind oder nicht. Einen (gerichtlich) nachprüfbaren objektiven Maßstab dafür gibt es aber kaum und insbesondere dann nicht, wenn und soweit keine quantifizierbaren Vermeidungsziele festgelegt werden, zu deren Erreichung weitere Abfallvermeidungsmaßnahmen erforderlich sein könnten. Die für das Abfallvermeidungsprogramm zuständige Stelle muss in diesem Sinne auch keinen Erforderlichkeitsnachweis führen. Der zuständigen Behörde steht insoweit auch ein weitreichender Beurteilungsspielraum zu.[1038]

6541 **c) Anforderungen an die Festlegung von Abfallvermeidungsmaßnahmen.** Bei der Festlegung der Abfallvermeidungsmaßnahmen sind nach § 33 IV KrWG die Verhältnismäßigkeit der Maßnahmen entsprechend § 7 IV KrWG, andere Rechtsvorschriften zur Verwendung von Erzeugnissen, zur Produktverantwortung sowie zum Schutz von Mensch und Umwelt und Festlegungen des Unionsrechts über den freien Warenverkehr zu berücksichtigen. Dass der

---

[1034] Beckmann in Landmann/Rohmer, Umweltrecht, 2022, § 33 KrWG Rn. 56.

[1035] Kropp in Beck OK Umweltrecht, § 33 KrWG Rn. 3; Schomerus in Versteyl/Mann/Schomerus, KrWG. 2019, § 33 Rn. 17.

[1036] VGH Mannheim Urt. v. 29.3.2022 – 2 S 3814/20, juris Rn. 166; Beckmann in Landmann/Rohmer, Umweltrecht, 2022, § 33 KrWG Rn. 61; Versmann in Jarass/Petersen, KrWG 2022, § 33 Rn. 39; a. A. Faßbender AbfallR 2012, 165, 172.

[1037] siehe dazu BVerwG Beschl. v. 26.4.2018 – 9 BN 4/18, juris Rn. 14. Es steht dabei im Ermessen des Satzungsgebers, wie er das Ziel der Abfallvermeidung konkret befördern möchte, OVG Bautzen Urt. v. 14.2.2018 – 5 A 598/15, juris Rn. 50; OVG Bautzen Beschl. v. 16.4.2013 – 5 C 22/08, juris Rn. 39.

[1038] Beckmann in Landmann/Rohmer, Umweltrecht, 2022, § 33 KrWG Rn. 69; Kleve in Schink/Versteyl, KrWG 2016, § 33 Rn. 12.

Grundsatz der Verhältnismäßigkeit bei der Festlegung von Abfallvermeidungsmaßnahmen zu beachten ist, ergibt sich schon daraus, dass er, aus dem Rechtsstaatsprinzip abgeleitet, Verfassungsrang genießt und auch im Unionsrecht umfassend Geltung beansprucht. Der Verweis auf § 7 IV KrWG, der sich unmittelbar nur auf die Verwertung, nicht aber die Vermeidung von Abfällen bezieht, ist insoweit nicht wirklich weiterführend. Abfallvermeidungsmaßnahmen können danach im Abfallvermeidungsprogramm nur festgelegt werden, soweit die Durchführung solcher Maßnahmen auch technisch möglich und wirtschaftlich zumutbar ist. Wirtschaftlich zumutbar sind Abfallvermeidungsmaßnahmen bei einer entsprechenden Anwendung von § 7 IV 3 KrWG nur, wenn die damit verbundenen Kosten nicht außer Verhältnis zu den Kosten stehen, die für eine Entsorgung der nicht vermiedenen Abfälle zu tragen wären. Geltung anderer Rechtsvorschriften zur Verwendung von Erzeugnissen, zur Produktverantwortung sowie zum Schutz von Mensch und Umwelt steht unabhängig von § 33 IV KrWG nicht in Frage. Es ist nichts dafür ersichtlich, dass sich die für die Erstellung des Abfallvermeidungsprogramms bei Bund und Ländern zuständigen Stellen ohne diese ausdrückliche Regelung über geltendes Recht hinwegsetzen dürften oder dass bei der Erstellung der Programme und beim ihrer Umsetzung bestimmte Rechtsvorschriften nicht gelten sollten. Schließlich ist auch nicht ernstlich bestreitbar, dass Vorschriften des Unionsrechts über den freien Warenverkehr beachtet werden müssen. Etwas unscharf wirkt allerdings der Begriff „Festlegungen" des Unionsrechts.

d) Anforderungen an die Erstellung des Abfallvermeidungsprogramms. Bei der Erstellung des Abfallvermeidungsprogramms ist nach § 3 V KrWG die bestehenden Abfallvermeidungsmaßnahmen und ihr Beitrag zur Abfallvermeidung zu beschreiben, die Zweckmäßigkeit der in der Anlage 4 des KrWG angegebenen oder anderer geeigneter Abfallvermeidungsmaßnahmen zu bewerten und, soweit relevant, der Beitrag zu beschreiben, den die in der Anlage 5 zum KrWG aufgeführten Instrumente und Maßnahmen zur Abfallvermeidung leisten. 6542

e) Verhältnis zu Abfallwirtschaftsplänen. Neben den Abfallvermeidungsprogrammen dient auch die Abfallwirtschaftsplanung Zielen der Abfallvermeidung. Die Abfallwirtschaftspläne stellen nach § 30 I 2 KrWG Ziele der Abfallvermeidung dar. Für die Abfallvermeidung ist darüber hinaus auch die Produktverantwortung der Hersteller und Vertreiber von Produkten und Waren wesentlich. Prioritäres Ziel der Produktverantwortung ist die Abfallvermeidung.[1039] Nach § 23 I 2 KrWG sind Erzeugnisse möglichst so zu gestalten, dass bei ihrer Herstellung und ihrem Gebrauch das Entstehen von Abfällen vermindert wird. 6543

Beiträge der Länder nach § 33 I KrWG oder Abfallvermeidungsprogramme der Länder nach § 33 II KrWG können nach § 33 VIII KrWG in die Abfallwirtschaftspläne nach § 30 aufgenommen oder als eigenständiges umweltpolitisches Programm oder Teil eines solchen erstellt werden. Wird ein Beitrag oder ein Abfallvermeidungsprogramm in den Abfallwirtschaftsplan oder in ein anderes Programm aufgenommen, sind die Abfallvermeidungsmaßnahmen dort auszuweisen. 6544

e) Öffentlichkeitsbeteiligung und Fortschreibungspflicht. Bestehende Abfallvermeidungsprogramme sind bis zum Ablauf des 12.12.2025 an die Anforderungen nach § 33 III Nr. 2, IV und V KrWG anzupassen, alle sechs Jahre auszuwerten und bei Bedarf fortzuschreiben. 6545

Bei der Aufstellung oder Änderung von Abfallvermeidungsprogrammen ist die Öffentlichkeit von der zuständigen Behörde entsprechend § 32 II bis IV zu beteiligen (§ 33 IV 2 und 3 KrWG). Eine Beteiligung von Behörden und Trägern öffentlicher Belange außerhalb oder neben der Öffentlichkeitsbeteiligung ist im Gesetz nicht vorgesehen. Nach § 33 I 3 HS. 2 KrWG werden die Beiträge der Länder – ohne, dass die Mitwirkung der weiteren an der Erstellung des Abfallvermeidungsprogramms Beteiligten vorgesehen ist – in das Programm aufgenommen. Andererseits dürfen sich die Abfallvermeidungsprogramme der Länder nicht in Widerspruch zueinander setzen oder den im Abfallvermeidungsprogramm des Bundes aufgeführten Abfallvermeidungszielen entgegenlaufen, da andernfalls das Ziel der Abfallvermeidung nicht erreicht würde. Insofern muss eine inhaltliche Kontrolle oder zumindest eine Abstimmung der jeweiligen Beiträge erfolgen.[1040] 6546

1039 Petersen NVwZ 2022, 922 (923); Beckmann in Landmann/Rohmer, Umweltrecht, 2022, § 33 KrWG Rn. 41.

1040 Beckmann in Landmann/Rohmer, Umweltrecht, 2022, § 33 KrWG Rn. 34; Gesetzesbegründung, BT-Drs. 17/6052, S. 93.

6547 **f) Bedeutung für kommunale Verpackungssteuern.** Die in § 33 KrWG normierte Verpflichtung zur Aufstellung von Abfallvermeidungsprogrammen schließt das Instrument nach Auffassung des BVerwG einer kommunalen Verpackungssteuer nicht aus.[1041] Ein solches Programm kann nach § 33 III Nr. 2 Buchst. j, Nr. 3 iVm Nr. 3 Buchst. a Anl. 4 KrWG auch wirtschaftliche Instrumente wie Anreize oder Aufpreise für Verpackungsartikel vorsehen. Eine Sperrwirkung für die Erhebung kommunaler Steuern ist mit den in Nr. 3 Buchst. a Anl. 4 KrWG beispielhaft aufgezählten Abfallvermeidungsmaßnahmen ersichtlich nicht verbunden.

3. Ordnung der Abfallbeseitigung

6548 Abfälle dürfen nach § 28 I 1 KrWG zum Zweck der Beseitigung nur in den dafür zugelassenen Anlagen oder Einrichtungen (Abfallbeseitigungsanlagen) behandelt, gelagert oder abgelagert werden. Abweichend davon ist die Behandlung von Abfällen zur Beseitigung auch in solchen Anlagen zulässig, die überwiegend einem anderen Zweck als der Abfallbeseitigung dienen und die einer Genehmigung nach § 4 BImSchG bedürfen. Die Lagerung oder Behandlung von Abfällen zur Beseitigung in den diesen Zwecken dienenden Abfallbeseitigungsanlagen ist auch zulässig, soweit diese nach dem BImSchG auf Grund ihres geringen Beeinträchtigungspotenzials keiner Genehmigung bedürfen und in einer Rechtsverordnung nach § 23 BImSchG oder in einer Rechtsverordnung nach § 16 KrWG nichts anderes bestimmt ist (§ 28 I KrWG). Gegen die abfallrechtliche Verpflichtung, nach der Abfälle zum Zweck der Beseitigung nur in den dafür zugelassenen Anlagen oder Einrichtungen behandelt, gelagert oder abgelagert werden dürfen, wird verstoßen, wenn Abfälle auf einem Grundstück gelagert werden, das keine zugelassene Abfallbeseitigungsanlage im Sinne des § 28 KrWG ist.[1042]

6549 § 28 KrWG steht in engem Zusammenhang zu § 35 KrWG (Planfeststellung und Genehmigung). Während § 28 KrWG einen stoffrechtlichen Ansatz verfolgt, in dem der Gesetzgeber vorschreibt, in welche Anlagen die Abfälle zum Zwecke der Beseitigung zu gelangen haben, wird dieser stoffrechtliche Ansatz ergänzt durch den anlagenrechtlichen Zulassungsvorbehalt des § 35 KrWG. Während § 28 KrWG regelt, in welchen Anlagen beseitigt werden kann, schreibt § 35 KrWG für diese Abfallbeseitigungsanlagen eine bestimmte Zulassung vor. Der **Anlagenzwang** des § 28 KrWG soll gewährleisten, dass die Anforderungen an die Abfallbeseitigung der §§ 15, 16 KrWG auch Beachtung finden. Denn eine Beseitigung in dafür speziell zugelassenen Abfallbeseitigungsanlagen bietet am ehesten Gewähr dafür, dass die hohen materiell-rechtlichen Anforderungen an die Abfallbeseitigung auch beachtet und ihre Befolgung auch überwacht werden kann.[1043] Eine ergänzende Regelung enthält § 4 I AltfahrzeugV, wonach derjenige, der sich eines Fahrzeugs entledigt, entledigen will oder entledigen muss, verpflichtet ist, dieses einer anerkannten Annahmestelle, einer anerkannten Rücknahmestelle oder einem anerkannten Demontagebetrieb zu überlassen.[1044]

6550 Der hohe Steuerungs- oder Lenkungsansatz des § 28 KrWG verbindet die Regelung auch mit den Regelungen über die Abfallwirtschaftsplanung in § 30 KrWG. Nicht ohne Grund hat die Regelung ihren Platz im vierten Teil des Gesetzes zur Planungsverantwortung. Die Abfallwirtschaftspläne weisen nach § 30 I 1 KrWG nicht nur zugelassene Abfallentsorgungsanlagen aus, die zur Sicherung der Beseitigung von Abfällen sowie zur Verwertung von gemischten Abfällen aus privaten Haushaltungen einschließlich solcher, die dabei auch in anderen Herkunftsbereichen gesammelt werden, und Flächen, die für Deponien, für sonstige Abfallbeseitigungsanlagen sowie für Abfallentsorgungsanlagen im Sinne von § 30 I 2 Nr. 4 geeignet sind. Vielmehr können die Pläne nach § 30 I 3 KrWG auch bestimmen, welcher Entsorgungsträger vorgesehen ist und welcher Abfallentsorgungsanlage im Sinne des § 30 I 2 Nr. 4 KrWG sich die Entsorgungspflichtigen zu bedienen haben. Damit verpflichtet der Gesetzgeber die Besitzer und Erzeuger von Abfällen nicht nur zu einer Beseitigung ihrer Abfälle in dafür zugelassenen

[1041] BVerwG NVwZ 2023, 188= juris Rn. 40; AbfallR 2011, 165 (172); Klinger/Krebs ZUR 2015, 664 (667; aA Uschkereit GewArch 2020, 438 (441); aA auch die Vorinstanz mit ausführlicher Begründung VGH Mannheim ZUR 2022, 560; zum Urteil des BVerwG siehe auch die Anmerkungen und Besprechungen von Droege AbfallR 2023, 281; Modrzejewski DStRK 2023, 266; Quaas DVBl. 2024, 330; Henneke DVBl. 2024, 51; Droege EurUP 2023, 430; gegen das Urteil des BVerwG ist Verfassungsbeschwerde erhoben worden; siehe Di Fabio Kommunale Lenkungsabgaben als Verfassungsproblem AbfallR 2024, 147.

[1042] VG Aachen Beschl. v. 5.9.2019 – 6L 713/19, juris Rn. 15.

[1043] Beckmann in Landmann/Rohmer, Umweltrecht, 2013, § 28 KrWG Rn. 5.

[1044] Dazu OVG Schleswig Beschl. v. 14.10.2022 – 6 B 29/22, juris Rn. 10.

Anlagen, sondern gibt dem Plangeber noch darüber hinaus die Möglichkeit, festzulegen, welche konkrete Abfallbeseitigungsanlage die Beseitigungspflichtigen zu nutzen haben. Das Zuweisungsrecht des Plangebers ist allerdings nicht auf Abfallbeseitigungsanlagen beschränkt, sondern erstreckt sich auch auf Abfallentsorgungsanlagen, die zur Verwertung von gemischten Abfällen aus privaten Haushaltungen, einschließlich solcher, die dabei auch in anderen Herkunftsbereichen gesammelt werden, im Inland erforderlich sind. Damit ist sichergestellt, dass eine planerische Zuweisung zu **Müllverbrennungsanlagen** weiterhin möglich ist, auch wenn Abfälle, die in solchen Anlagen verbrannt werden, energetisch verwertet werden.[1045]

4. Abfallwirtschaftsplanung

§ 30 KrWG verpflichtet die Länder, für ihren Bereich Abfallwirtschaftspläne nach überörtlichen Gesichtspunkten aufzustellen. Die Planungspflicht besteht ausschließlich gegenüber dem Bund; sie besteht außerdem nur im öffentlichen Interesse. Dritte haben deshalb keinen Anspruch auf die Aufstellung eines Abfallwirtschaftsplans.[1046] Im engen Zusammenhang zu § 30 KrWG steht § 31 KrWG, in dem verfahrensrechtliche Anforderungen an die Aufstellung von Abfallwirtschaftsplänen geregelt sind; die Vorschrift verweist zum Planverfahren und zum Verfahren zur Verbindlichmachung einzelner Planausweisungen auf das Landesrecht (§ 31 IV VwVfG). Die Unterrichtung und die Beteiligung der Öffentlichkeit bei der Aufstellung von Abfallwirtschaftsplänen ist hingegen Gegenstand von § 32 KrWG. Soweit für den Abfallwirtschaftsplan eine **strategische Umweltprüfung** notwendig ist, gelten allerdings nicht § 32 I bis III KrWG, sondern die Verfahrensbestimmungen des UVPG (§ 32 IV KrWG). 6551

a) Planinhalt. Die Abfallwirtschaftspläne stellen die **Ziele** der Abfallvermeidung, der Abfallverwertung, insbesondere der Vorbereitung zur Wiederverwendung und des Recyclings, sowie der Abfallbeseitigung dar. Außerdem gehören die getroffenen **Maßnahmen** zur Abfallvermeidung, die bestehende Situation der Abfallbewirtschaftung und die erforderlichen Maßnahmen zur Verbesserung der Abfallverwertung und Abfallbeseitigung einschließlich einer Bewertung ihrer Eignung zur Zielerreichung zum Mindestinhalt des Plans. Schließlich müssen nach § 30 I Nr. 4 KrWG die **Abfallentsorgungsanlagen**, die zur Sicherung der Beseitigung von Abfällen sowie der Verwertung von gemischten Abfällen aus privaten Haushaltungen einschließlich solcher, die dabei auch in anderen Herkunftsbereichen gesammelt werden, im Inland erforderlich sind.[1047] 6552

Bei dem Abfallwirtschaftsplan mit der Darstellung der erforderlichen Abfallentsorgungsanlagen handelt es sich um eine Maßnahme im Sinne von Art. 16 I 1 AbfRRL. Danach treffen die Mitgliedstaaten geeignete Maßnahmen, um ein integriertes und angemessenes Netz von Abfallbeseitigungsanlagen und Anlagen zur Verwertung von gemischten Siedlungsabfällen, die von privaten Haushaltungen eingesammelt worden sind, zu errichten, auch wenn dabei Abfälle anderer Erzeuger eingesammelt werden; die besten verfügbaren Techniken sind dabei zu berücksichtigen.[1048] Abweichend von der AbfVerbrV können die Mitgliedstaaten nach Art 16 I 2 AbfRRL zum Schutz ihres Netzes eingehende Abfallverbringungen zu Verbrennungsanlagen, die als Verwertung eingestuft sind, begrenzen, wenn erwiesen ist, dass solche Verbringungen zur Folge hätten, dass inländische Abfälle beseitigt werden müssten oder dass Abfälle in einer Weise zu behandeln wären, die nicht mit ihren Abfallbewirtschaftungsplänen vereinbar ist. Das Netz ist nach Art. 16 II AbfRRL so zu konzipieren, dass es der Gemeinschaft insgesamt ermöglicht, die Autarkie bei der Abfallbeseitigung sowie bei der Verwertung von Abfällen zu erreichen, und dass es jedem einzelnen Mitgliedstaat ermöglicht, dieses Ziel selbst anzustreben, wobei die geografischen Gegebenheiten oder der Bedarf an Spezialanlagen für bestimmte Abfallarten berücksichtigt werden. Nach Art. 16 III AbfRRL muss das Netz es gestatten, dass die Abfälle in einer der nächstgelegenen und geeigneten Anlage beseitigt bzw. verwertet werden, und zwar unter Einsatz von Verfahren und Technologien, die am besten geeignet sind, um ein hohes Niveau des Gesundheits- und Umweltschutzes zu gewährleisten. Die **Grundsätze der Nähe und der Entsorgungsautarkie** bedeuten nach Art. 16 IV AbfRRL nicht, dass jeder 6553

1045 Beckmann in Landmann/Rohmer, Umweltrecht, 2013, § 28 KrWG Rn. 6.

1046 Beckmann in Landmann/Rohmer, Umweltrecht, 2021, § 30 KrWG Rn 2; Schomerus in Versteyl/Mann/Schomerus, KrWG, 2019, § 30 Rn. 4; OLG Karlsruhe AbfallR 2011, 191.

1047 Zur Zulässigkeit von pauschalen Ausschlusskriterien ohne konkreten Flächenbezug Peine AbfallR 2023, 128.

1048 siehe dazu bereits Hoppe/Beckmann DVBl.. 1995, 817 (823).

Mitgliedstaat über die gesamte Bandbreite von Anlagen zur endgültigen Verwertung verfügen muss. In diesem Sinne sollen die Abfallwirtschaftspläne die zur Sicherung der Inlandsentsorgung erforderlichen Abfallentsorgungsanlagen darstellen, wobei sich der darzustellende Bedarf auf das jeweilige Bundesland beziehen soll.

6554 § 30 beschreibt nur einen **Mindestinhalt** der Abfallwirtschaftspläne, soweit es nicht um verbindliche Anforderungen an den Planadressaten geht. Der über diesen obligatorischen Mindestinhalt hinausgehenden Darstellung von Planinhalten steht insoweit grundsätzlich nichts im Wege. Hinsichtlich der Ausweisungen, die für die Planadressaten nach § 30 IV KrWG für verbindlich erklärt werden können, bedarf es jedoch einer hinreichend bestimmten Ermächtigungsgrundlage.[1049] Die Abfallwirtschaftsplanung übernimmt verschiedene zentrale Steuerungs- und Lenkungsfunktionen. Die Darstellung von Zielen der Abfallvermeidung, der Abfallverwertung und der Abfallbeseitigung konkretisiert auf bundeslandweiter oder regionaler Ebene unter überörtlichen Gesichtspunkten die im KrWG und in den Landesabfallgesetzen vorgegebenen Ziele und Grundpflichten. Die Abfallwirtschaftspläne können dazu außerdem verbindlich festlegen, welcher Abfallentsorgungsanlage sich die Entsorgungspflichtigen zu bedienen haben (§ 30 I 4 iVm I 2 Nr. 4 und IV KrWG). Die Abfallwirtschaftsplanung soll insoweit eine vorausschauende und gestaltende Steuerung von Abfallströmen bewirken und ist deshalb auch ein Instrument, Grundsätze der Nähe und der Autarkie für den Bereich der Abfallbeseitigung sowie der gemischten Siedlungsabfälle durchzusetzen.[1050]

6555 Eine wesentliche Funktion der Abfallwirtschaftspläne besteht in der **Ausweisung zugelassener Anlagen** und mehr noch in der **Ausweisung geeigneter Flächen** für Abfallbeseitigungsanlagen und Abfallentsorgungsanlagen im Sinne von § 30 I 2 Nr. 4 KrWG. Die Pläne sollen eine Zulassung von erforderlichen Abfallbeseitigungsanlagen an geeigneten Standorten befördern. Eine solche Ausweisung ist grundsätzlich nicht mehr als eine Bestandsaufnahme. Sie verschafft damit den Planadressaten sowie Abfallbesitzern und Abfallerzeugern, die für die Beseitigung ihrer Abfälle verantwortlich sind, etwa weil sie aus der öffentlichen Entsorgung ausgeschlossen sind, einen Überblick über die im Plangebiet vorhandenen und zugelassenen Anlagen. Ob die jeweilige Anlage tatsächlich über die ausreichende und rechtswirksame Genehmigung bzw. Planfeststellung verfügt, ergibt sich nicht aus dem Abfallwirtschaftsplan, sondern aus der Anlagenzulassung. Eine Ausweisung zugelassener Abfallentsorgungsanlagen wird sich nicht darauf beschränken, die Zahl der zugelassenen Anlagen lediglich aufzulisten. Vielmehr ergibt sie nur dann Sinn, wenn aus der Ausweisung der zugelassenen Abfallentsorgungsanlagen auch erkennbar wird, für welche Abfälle Anlagen zugelassen sind, ob sie auf einen bestimmten Einzugsbereich beschränkt sind, ob sie öffentlich zugänglich sind, welche Kapazität und Restlaufzeit sie hat, etc. Die Verpflichtung zur Ausweisung zugelassener Abfallentsorgungsanlagen bezieht sich auf Anlagen, die zur Sicherung der Beseitigung von Abfällen sowie der Verwertung von gemischten Abfällen aus privaten Haushaltungen einschließlich solcher, die dabei auch in anderen Herkunftsbereichen gesammelt werden, im Inland erforderlich sind. Die Verpflichtung erstreckt sich dementsprechend nicht auf Verwertungsanlagen, die nicht der Verwertung der erwähnten gemischten Abfälle aus privaten Haushaltungen dienen. Sie bezieht sich auf die Verwertung getrennt erfasster Abfälle bzw. gemischt oder getrennt erfasster Abfälle, die aus anderen Herkunftsbereichen gesammelt werden. Es spricht aber nichts dagegen, auch solche Anlagen im Abfallwirtschaftsplan darzustellen. Eine verbindliche Zuweisung zu solchen Verwertungsanlagen kommt allerdings nicht in Betracht.[1051]

6556 Neben den zugelassenen Abfallentsorgungsanlagen weisen die Abfallwirtschaftspläne auch **geeignete Flächen** für Abfallbeseitigungsanlagen zur Endablagerung von Abfällen **(Deponien)**, für sonstige Abfallbeseitigungsanlagen sowie für Abfallentsorgungsanlagen aus. Das Recht, Erkundungsmaßnahmen zur Feststellung der Flächeneignung auf Grundstücken durchführen zu dürfen, ergibt sich aus § 34 KrWG. Eine Fläche kann nach § 30 III KrWG als geeignet angesehen werden, wenn ihre Lage, Größe und Beschaffenheit im Hinblick auf die vorgesehene Nutzung mit den abfallwirtschaftlichen Zielsetzungen im Plangebiet übereinstimmen und Belange des Wohls der Allgemeinheit der Eignung der Fläche nicht offensichtlich entgegenstehen.

[1049] Beckmann in Landmann/Rohmer, Umweltrecht, 2021, § 30 KrWG Rn 4.

[1050] dazu Frenz UPR 2009, 241, der den Grundsatz der Nähe auch als Instrument des Klimaschutzes einordnet.

[1051] Beckmann in Landmann/Rohmer, Umweltrecht, 2021, § 30 KrWG Rn. 75.

Die Flächenausweisung ist nach § 30 III 2 KrWG keine Voraussetzung für die Planfeststellung oder Genehmigung der in § 35 aufgeführten Abfallbeseitigungsanlagen.[1052]

b) Strategische Umweltprüfung. Abfallwirtschaftspläne gehören zu den Plänen, für die eine strategische Umweltprüfung erforderlich ist, wenn sie Festlegungen mit Bedeutung für spätere behördliche Zulassungsentscheidungen enthalten.[1053] § 32 iV KrWG sieht vor, dass bei einer SUP-Pflicht des Abfallwirtschaftsplans keine Öffentlichkeitsbeteiligung nach § 32 I-III KrWG durchzuführen ist. Vielmehr gelten dann die Vorschriften des UVPG. 6557

c) FFH-Prüfung. Verbindliche Ausweisungen in Abfallwirtschaftsplänen, insbesondere Flächenausweisungen nach § 30 I 3 Nr. 2, können außerdem eine FFH-Verträglichkeitsprüfung nach § 34 I 1 BNatSchG erfordern.[1054] 6558

d) Planungs- und Beachtenspflicht. Zur Abfallwirtschaftsplanung verpflichtet sind nach § 30 I 1 KrWG die Bundesländer, die wiederum die für die Abfallwirtschaftsplanung zuständigen Planungsträger und Behörden bestimmen. Verpflichtet zur Beachtung der Inhalte der Abfallwirtschaftspläne sind hingegen die jeweiligen Planadressaten. Das sind in erster Linie die zuständigen Planungsträger und die für die Abfallwirtschaft zuständigen Behörden. Private Abfallerzeuger und Abfallbesitzer und Anlagenbetreiber sind zur Beachtung der Abfallwirtschaftspläne verpflichtet, wenn und soweit Ausweisungen der Pläne nach § 30 IV KrWG für Entsorgungspflichtige für verbindlich erklärt worden sind. Zu den Entsorgungspflichtigen im Sinne von § 30 IV KrWG zählen Kommunen, denen landesrechtlich die Aufgabe eines öffentlich-rechtlichen Entsorgungsträgers zugewiesen worden ist.[1055] 6559

§ 30 I KrWG verpflichtet die Länder zu einer Abfallwirtschaftsplanung, die sich auf das **gesamte Landesgebiet** erstreckt. Das bedeutet allerdings nicht, dass die Länder nicht auch regionale Teilpläne aufstellen dürfen, etwa für die Gebiete eines Regierungsbezirks. Zulässig ist es auch, Abfallwirtschaftspläne für bestimmte Abfallarten oder zB speziell für gefährliche Abfälle aufzustellen. Dementsprechend ist landesrechtlich zumeist vorgesehen, dass der Abfallwirtschaftsplan im Sinne von § 30 KrWG in räumlichen oder sachlichen **Teilabschnitten** aufgestellt werden kann. Möglichkeiten einer geteilten oder gestuften Abfallwirtschaftsplanung sind angesichts des umfassenden Mindestinhalts und zusätzlicher, fakultativer Planinhalte für eine arbeitsteilige, effiziente Planung von Bedeutung. Nicht jeder Teilplan muss sämtliche Mindestinhalte vorweisen, die nach § 30 I, VI KrWG insgesamt erforderlich sind. Eine bundesweite Abfallplanung gibt es nicht. Allerdings sollen die Länder nach § 31 I 1 KrWG ihre Abfallwirtschaftsplanungen aufeinander und untereinander abstimmen. Ist eine die Grenzen eines Landes überschreitende Planung erforderlich, sollen die betroffenen Länder bei der Aufstellung der Abfallwirtschaftspläne gem. § 31 I 2 KrWG die Erfordernisse und Maßnahmen im Benehmen miteinander festlegen. Die Bundesländer sollen möglichst eigene leistungsfähige abfallwirtschaftliche Strukturen schaffen. 6560

Maßgeblich für die Aufstellung eines Abfallwirtschaftsplanung nach § 30 I KrWG sind **überörtliche Gesichtspunkte**. Abfallwirtschaftspläne sind überörtliche Fachpläne der Länder.[1056] Dementsprechend erstrecken sich die Planungsbefugnisse nicht auf Gesichtspunkte, die lediglich von örtlicher Bedeutung sind. Ob damit auch Festlegungen ausgeschlossen sind, die nur für das Gebiet eines einzelnen öffentlich-rechtlichen Entsorgungsträgers von Bedeutung sind, ist zweifelhaft und dürfte unter anderem davon abhängen, ob und inwieweit es sich bei dem jeweils durch das Landesrecht bestimmten öffentlich-rechtlichen Entsorgungsträger nur um eine für die örtliche Aufgabenwahrnehmung zuständige Gemeinde oder um eine überörtlich tätige juristische Person, etwa einen Abfallverband oder eine Anstalt des öffentlichen Rechts mit überörtlichen Aufgabenzuschnitt, handelt. 6561

Die auf das Gebiet des jeweiligen Bundeslandes bezogene Planungspflicht bedeutet nicht, dass jedes Land eine eigene, auf **Autarkie** angelegte Entsorgungsinfrastruktur aufzubauen oder 6562

[1052] OVG Lüneburg Beschl. v. 22.7.2016 – 7 MS 23/16, juris; zur Zulässigkeit von pauschalen Ausschlusskriterien ohne konkreten Flächenbezug Peine AbfallR 2023, 128.

[1053] Kropp in Beck OK Umweltrecht, 2021, § 30 Rn. 37; Schomerus in Versteyl/Mann/Schomerus, KrWG, 2019, § 30 Rn. 16; Kleve in Schink/Versteyl KrWG, 2016, § 30 Rn. 18.

[1054] Lau in Kopp-Assenmacher, KrWG, 2015, § 30 Rn. 25 f.; Schomerus in Versteyl/Mann/Schomerus, KrWG, 2019, § 30 Rn. 9.

[1055] Beckmann in Landmann/Rohmer, Umweltrecht, 2021, § 30 KrWG Rn. 32.

[1056] Beckmann in Landmann/Rohmer, Umweltrecht, 2021, § 30 KrWG Rn. 33; Kropp in Beck OK Umweltrecht, 2021, § 30 KrWG Rn. 11; BVerwGE 81, 128, 132; BVerwGE 81, 139, 146

zu befördern hätte. Vielmehr ist es ökologisch, ökonomisch und abfallwirtschaftlich regelmäßig sinnvoll, Anlagen Landesgrenzen überschreitend zu nutzen. Dies gilt umso mehr in grenznahen Regionen, bei denen sich Entsorgungsanlagen in anderen Bundesländern oder Nachbarstaaten befinden, die deutlich näher bei den Entsorgungspflichtigen liegen, als die landeseigenen. Allerdings erfordert die Ausweisung einen diesbezüglichen Staatsvertrag, sofern die Ausweisung für verbindlich erklärt werden soll. Andernfalls hätte das Land nicht die Kompetenz, eine solche Ausweisung außerhalb seines Territoriums vorzunehmen.[1057]

6563 **e) Bestimmung von Entsorgungsträgern und Zuweisung zu Anlagen.** Gem. § 30 I 4 KrWG können die Pläne bestimmen, welcher Entsorgungsträger vorgesehen ist und welcher Abfallentsorgungsanlage sich die Entsorgungspflichtigen zu bedienen haben. Derartige Festlegungen sind nicht obligatorisch; sie stehen im planerischen Ermessen der zuständigen Planbehörde, Ansprüche auf Erlass derartiger Bestimmungen haben einzelne Interessierte nicht.[1058] Festlegungen nach § 30 I 4 KrWG können für verbindlich erklärt werden (§ 30 IV KrWG). Dadurch werden sie nicht nur behördenintern, sondern auch Dritten, insbesondere Entsorgungspflichtigen gegenüber verbindlich und es entsteht ein Benutzungszwang zur jeweiligen Anlage[1059] sowie ein **Kontrahierungszwang** zwischen dem Entsorgungsträger und den Entsorgungspflichtigen. Die Rechtsbeziehungen zwischen dem Entsorgungsträger und dem Entsorgungspflichtigen bleiben zivilrechtlich, wenn der Entsorgungsträger eine Person des Privatrechts ist oder wenn und soweit der öffentlich-rechtliche Entsorgungsträger seine Rechtsbeziehung zu den Entsorgungspflichtigen zivilrechtlich ausgestaltet. Der Entsorgungsträger kann dann vom Entsorgungspflichtigen ein angemessenes, kostendeckendes Entgelt verlangen, dessen Berechtigung von den Zivilgerichten überprüft werden kann.

6564 § 30 I 4 KrWG ermöglicht Festlegungen, welcher Anlage sich die Entsorgungspflichtigen zu bedienen haben. Räumlicher Anknüpfungspunkt für eine solche Festlegung kann die Belegenheit einer Anlage im Plangebiet einerseits und der Ort des Anfalls des Abfalls des Entsorgungspflichtigen im Plangebiet andererseits sein. Dementsprechend kann sich die Festlegung auch darauf beziehen, ob und unter welchen Voraussetzungen sich die Entsorgungspflichtigen außerhalb des Plangebiets einer bestimmten Anlage im Plangebiet bedienen dürfen.[1060] Zulässig sind zB auch Regelungen, wonach die Verbringung von Abfällen zur Beseitigung bzw. von Verwertung bestimmten Siedlungsabfällen in den Geltungsbereich eines Abfallwirtschaftsplans einer behördlichen Genehmigung bedarf.[1061]

6565 Eine **Bestimmung von Einzugsbereichen**, die dazu führt, dass in der jeweiligen Anlage nur Abfälle aus einem bestimmten Bereich entsorgt werden dürfen, lässt sich auf der Grundlage des § 30 I 4 KrWG nicht rechtfertigen, denn die Pflicht des Entsorgungspflichtigen, sich einer bestimmten Anlage zu bedienen, ist mit einer Beschränkung des Einzugsbereichs einer Anlage nicht gleichzusetzen.[1062]

6566 **f) Planungszeitraum.** Abfallwirtschaftspläne sind auf der Grundlage des § 31 V KrWG alle sechs Jahre auszuwerten und bei Bedarf fortzuschreiben. Sie haben eine über diesen Fortschreibungszeitraum hinausgehende Perspektive. § 30 II 1 KrWG verpflichtet den Plangeber dazu, bei der Darstellung des Bedarfs auch zukünftige, innerhalb eines Zeitraums von mindestens zehn Jahren zu erwartenden Entwicklungen zu berücksichtigen. Bei derart langen Zeiträumen können Änderungen der Sach- und Rechtslage und der abfallwirtschaftlichen Entwicklung nur mit begrenzter Sicherheit prognostiziert werden. Die Prognose wird nicht dadurch falsch, dass sich die Entwicklung anders herausstellt als prognostiziert.

1057 Beckmann in Landmann/Rohmer, Umweltrecht, 2021, § 30 KrWG Rn. 54.

1058 Schomerus in Versteyl/Mann/Schomerus, KrWG, 2019, § 30 Rn. 47; Erbguth in Jarass/Petersen, KrWG, 2014, § 30 Rn. 75; Hofmann in Schmehl/Klement, KrWG, 2019, § 30 Rn. 35; Beckmann in Landmann/Rohmer, Umweltrecht, 2021, § 30 KrWG Rn. 87.

1059 Kropp in Beck OK Umweltrecht, 2021, § 30 KrWG Rn. 26; Schomerus in Versteyl/Mann/Schomerus, KrWG, 2019, § 30 Rn. 50; Kleve in Schink/Versteyl, KrWG, 2016, § 30 Rn. 49.

1060 Kropp in Beck Umweltrecht, 2021, § 30 KrWG Rn. 24; Hofmann in Schmehl/Klement, KrWG, 2019, § 30 Rn. 24.

1061 Kropp in Beck OK Umweltrecht, § 30 KrWG, Rn. 24; Schomerus in Versteyl/Mann/Schomerus, KrWG, 2019, § 30 Rn. 51; Worms in Jahn/Deifuß-Kruse/Brandt, KrWG, 2014, § 30 Rn. 63; VGH Kassel UPR 1987, 197.

1062 Beckmann in Landmann/Rohmer, Umweltrecht, 2021, § 30 KrWG Rn. 94; zustimmend Lau in Kopp-Assenmacher, KrWG, 2015, § 30 Rn. 29.

Soweit dies zur Darstellung des Bedarfs erforderlich ist, sind gemäß § 30 II 2 KrWG Abfallwirtschaftskonzepte und Abfallbilanzen auszuwerten. Abfallwirtschaftskonzepte und Abfallbilanzen sind grundsätzlich von öffentlich-rechtlichen Entsorgungsträgern über die Verwertung und die Beseitigung von in ihrem Gebiet anfallenden und ihnen zu überlassenden Abfällen zu erstellen. Die Anforderungen an die Abfallwirtschaftskonzepte der öffentlich-rechtlichen Entsorgungsträger regeln die Länder. Auch diese Abfallwirtschaftskonzepte sind, soweit dies zur Darstellung des Bedarfs erforderlich ist, auszuwerten. Mit der Berücksichtigung von Abfallwirtschaftskonzepten der öffentlich-rechtlichen Entsorgungsträger wird einem **Gegenstromprinzip** Rechnung getragen, das dafür sorgt, dass einerseits bei der Aufstellung von Plänen die kommunalen Belange der Entsorgungsträger berücksichtigt werden, das aber umgekehrt auch sicherstellt, dass bei der Entwicklung kommunaler Abfallwirtschaftskonzepte die überörtlichen Gesichtspunkte der Abfallwirtschaftsplanung gebührend zum Tragen kommen.[1063] 6567

g) Planerische Gestaltungsfreiheit. Abfallwirtschaftspläne bedürfen als überörtliche Fachpläne der Länder einer Koordinierung mit anderen Raumbelangen. Bei der Abfallwirtschaftsplanung sind deshalb die Ziele der Raumordnung zu beachten und die Grundsätze und sonstigen Erfordernisse der Raumordnung zu berücksichtigen (§ 30 V 1 KrWG), Sie können gemäß § 30 V 2 KrWG i.V.m. § 7 VI ROG in die Programme und Pläne der Raumordnung integriert werden, was sie zudem an dem Verbindlichkeitsanspruch solcher Raumordnungspläne teilhaben lässt. Bei der Aufstellung von Abfallwirtschaftsplänen steht den zuständigen Planbehörden wie grundsätzlich bei jeder staatlichen Planung ein planerischer Gestaltungsfreiraum zu, der allerdings durch gesetzliche Vorgaben, insbesondere aus den §§ 30 f., aber auch aus anderen Regelungen, wie beispielsweise dem BNatSchG oder dem ROG, eingeschränkt wird.[1064] Grenzen der planerischen Gestaltungsfreiheit ergeben sich zB aus der Pflicht, die Pläne überhaupt und nach überörtlichen Gesichtspunkten aufzustellen, sie regelmäßig fortzuschreiben, bei der Aufstellung Ziele der Raumordnung zu beachten und Grundsätze sowie sonstige Erfordernisse der Raumordnung zu berücksichtigen, die Pläne mit benachbarten Ländern abzustimmen, Gemeinden, Landkreisen und ihren Zusammenschlüssen und die öffentlich-rechtlichen Entsorgungsträger im Sinne des § 20 zu berücksichtigen. 6568

Die Planungspflicht des § 30 KrWG dient der Verwirklichung öffentlicher Interessen und nicht der Wahrung privater Belange. Bei der Aufstellung eines Abfallwirtschaftsplans ist allerdings das bei jeder staatlichen Planung zu beachtende **Abwägungsgebot** einschlägig. Das setzt eine Berücksichtigung aller von der Planung betroffenen Belange und damit auch privater Belange von betroffenen Grundstückseigentümern und privaten Anlagenbetreibern voraus. Öffentlich-rechtliche Entsorgungsträger und Entsorgungspflichtige haben jedoch keinen Anspruch auf Flächenausweisungen an einem bestimmten Standort oder auch nur in einem bestimmten Umkreis. Genauso wenig kann ein Anlagenbetreiber verlangen, dass bestimmte Abfälle seiner Anlage zugewiesen werden. Abfallwirtschaftspläne sind auch nicht dazu da, aus Gründen des privaten Interesses Abfallentsorgungsanlagen vor Konkurrenz zu schützen. Das Fehlen eines Abfallwirtschaftsplans kann dementsprechend grundsätzlich auch nicht zu einem Schadensersatzanspruch führen. Allerdings kann die Sicherung einer vorhandenen Beseitigungsinfrastruktur oder aber auch die Schaffung einer solchen Struktur die Lenkung der Abfälle in bestimmte Anlagen sinnvoll erscheinen lassen und damit mittelbar auch zu einem Schutz wirtschaftlicher Interessen von Anlagenbetreibern, Vorhabenträgern und Kommunen führen (zur nicht erforderlichen Berücksichtigung von Interessen von Zulieferern und/oder Entsorgern in der Abfallsatzung eines öffentlich-rechtlichen Entsorgungsträgers, soweit diese nicht in einem für verbindlich erklärten Abfallwirtschaftsplan aufgenommen worden sind.[1065] 6569

Das Fehlen eines Abfallwirtschaftsplanes ist kein Grund, die Zulassung einer abfallrechtlichen Planfeststellung oder einer abfallrechtlichen Plangenehmigung nach § 35 II KrWG zu versagen. Nach § 30 III 2 KrWG ist eine Flächenausweisung nach § 30 I 3 Nr. 2 KrWG nicht Voraussetzung für die Planfeststellung oder Genehmigung der in § 35 KrWG aufgeführten Abfallbeseitigungsanlagen. Widerspricht allerdings ein Vorhaben den für verbindlich erklärten Auswei- 6570

1063 Beckmann Kreislaufwirtschafts- und Abfallrecht, 2007, Rn. 265; Hoppe/Beckmann Planfeststellung und Plangenehmigung im Abfallrecht,1995, 56; OVG Münster Urt. v. 5.2.2002 – 15 A 1965/99, juris Rn. 45; NWVBL 1995, 304.

1064 Beckmann in Landmann/Rohmer, Umweltrecht, 2021, § 30 KrWG Rn. 35; Kropp in Beck OK Umweltrecht, 2021, § 30 Rn. 12; Schomerus in Versteyl/Mann/Schomerus, KrWG, 2019, § 30 Rn. 18 ff.

1065 siehe OVG Greifswald Urt. v. 30.10.2018 – 1 K 562/16, juris Rn. 62.

sungen eines Abfallwirtschaftsplans, dann ist die Planfeststellung oder die Plangenehmigung nach § 36 I Nr. 5 KrWG zu versagen.

6571 **h) Verbindlichmachung des Plans.** Nach § 30 IV KrWG können Abfallwirtschaftspläne nicht insgesamt für verbindlich erklärt werden. Vielmehr können lediglich die Ausweisungen im Sinne des § 30 I 3 Nr. 2 und Satz 4 KrWG für die Entsorgungspflichtigen für verbindlich erklärt werden. Unabhängig von einer solchen Verbindlichkeitserklärung kommt den Abfallwirtschaftsplänen nach allgemeinen Organisationsgrundsätzen für alle behördlichen Entscheidungen, Maßnahmen und Planungen, die für die Abfallwirtschaft Bedeutung haben, zu. Die Festlegungen der Abfallwirtschaftspläne sind somit von allen Behörden und Planungsträgern sowie den Körperschaften, Anstalten und Stiftungen des öffentlichen Rechts im jeweiligen Plangebiet zugrunde zu legen. Auch andere als die unmittelbar mit der Abfallwirtschaft befassten staatlichen und kommunalen Stellen müssen die Planinhalte berücksichtigen.[1066]

6572 Als behördeninterne **Verwaltungsvorschrift**[1067] kann ein solcher Plan zu einer Ermessensbindung der Planfeststellungs- oder Plangenehmigungsbehörde im Ausnahmefall führen. Außerdem können auch nicht außenverbindliche Ausweisungen mittelbar einen die Genehmigung eines Außenbereichsvorhabens hindernden öffentlichen Belang begründen.[1068] Abfallwirtschaftspläne können bei entsprechender normativer Anordnung der Länder auch fachliche Teilpläne im Sinne des jeweiligen Landesplanungsrechts sein und damit als landesplanerische Pläne eine Anpassungspflicht der Gemeinden für die Bauleitplanung nach § 1 IV BauGB auslösen. Unter den Voraussetzungen von § 7 BauGB haben Abfallwirtschaftspläne, soweit sie für verbindlich erklärt worden sind, flächensichernde Wirkung. Im Übrigen haben die Abfallwirtschaftspläne bundesrechtlich keine unmittelbare Wirkung für die Entsorgungspflichtigen und sonstigen Beteiligten. Werden die Abfallwirtschaftspläne hinsichtlich der in § 30 IV KrWG genannten Ausweisungen für verbindlich erklärt, dann entfalten sie unmittelbare Rechtswirkung für die jeweiligen Ausweisungsadressaten. Für verbindlich erklärt werden können insoweit die Ausweisung geeigneter Flächen für Abfallbeseitigungsanlagen, die Festlegung von Entsorgungsträgern und die Zuweisung zu bestimmten Anlagen im Sinne des § 30 I Nr. 4 KrWG. Für verbindlich erklärte Planausweisungen können auch für Anzeige- und Erlaubnispflichten für die Tätigkeit von Sammlern, Beförderern, Händlern und Maklern von Abfällen relevant sein. Wenn gem. § 30 IV iVm I 1 Nr. 4 KrWG die Benutzung einer bestimmten Anlage verbindlich angeordnet wird, ist eine ordnungsgemäße Entsorgung nur dann sichergestellt, wenn der anzeige- oder erlaubnispflichtige Transport die Abfälle zu dieser Anlage befördert.

6573 Wird den Entsorgungspflichtigen durch den Plan verbindlich vorgegeben, welcher Abfallentsorgungsanlage sie sich zu bedienen haben, entsteht ein **Kontrahierungszwang** zwischen dem Entsorgungspflichtigen und dem Betreiber der Abfallentsorgungsanlage. Regelmäßig geben die Anlagenbetreiber durch Benutzungsbedingungen im Rahmen von AGB die Rahmenbedingungen, die Anforderungen an die Art und Zusammensetzung der Abfälle, an die Anlieferung etc., für die Entsorgung der Abfälle in ihrer Anlage vor. Hinsichtlich der **Entgeltvereinbarung** ist § 44 KrWG zu beachten, wonach die vom Betreiber für die Ablagerung von Abfällen in Rechnung zu stellenden privatrechtlichen Entgelte alle Kosten für die Errichtung und den Betrieb der Deponie, einschließlich der Kosten einer vom Betreiber zu leistenden Sicherheit oder einem zu erbringenden gleichwertigen Sicherungsmittel, sowie die geschätzten Kosten für die Stilllegung und die Nachsorge für einen Zeitraum von mindestens 30 Jahren abdecken müssen. Bei der Entgeltkalkulation ist außerdem § 315 BGB zu berücksichtigen. In welcher Weise Abfallwirtschaftspläne für verbindlich erklärt werden können, regeln nach § 31 IV KrWG die Länder.

6574 **i) Rechtsschutz gegen Abfallwirtschaftspläne**. Die Rechtsschutzmöglichkeiten gegen Abfallwirtschaftspläne hängen in erster Linie davon ab, ob und inwieweit und gegebenenfalls in welcher Weise einzelne Ausweisungen des Plans für verbindlich erklärt werden. Regelmäßig werden einzelne Ausweisungen durch den Erlass von Rechtsverordnungen für verbindlich erklärt. Rechtsverordnungen sind Rechtsvorschriften im Sinne von § 47 I Nr. 2 VwGO und

---

[1066] Beckmann in Landmann/Rohmer, Umweltrecht, 2021, § 30 KrWG Rn. 101.

[1067] Kropp in BeckOK Umweltrecht, 2021, § 30 Rn. 40; Kleve in Schink/Versteyl, KrWG, 2016, Rn. 44; Worms in Jahn/Deifuß-Kruse/Brandt, KrWG, 2014, § 30 Rn. 7; Hofmann in Schmehl/Klement, KrWG, 2019, § 30 Rn. 31.

[1068] Kropp in Beck OK Umweltrecht, 2021, § 30 Rn. 41; Schomerus in Versteyl/Mann/Schomerus, KrWG, 2019, § 30 Rn. 16.

können, wenn das jeweilige Landesrecht dies zulässt, zum Gegenstand einer verwaltungsgerichtlichen **Normenkontrolle** gemacht werden.[1069] Mit einer Rechtsverordnung über die Verbindlicherklärung der Festlegungen eines Abfallwirtschaftsplans werden diese in den Willen des Verordnungsgebers aufgenommen und erhalten damit selbst die Qualität einer durch Verordnung getroffenen rechtlichen Regelung. Dass diese Verordnung wegen der eingeschränkten Verbindlichkeit nur einen begrenzten Adressatenkreis hat, ändert nichts an dem Charakter des Planes als Rechtsverordnung und damit als einer unter dem Rang eines Landesgesetzes stehenden (förmlichen) Rechtsvorschrift i. S. des § 47 I Nr. 2 VwGO.

In Betracht kommt außerdem eine verwaltungsgerichtliche **Feststellungsklage** nach § 43 6575
VwGO. Ein konkretes Rechtsverhältnis kann durch die Verbindlichmachung von Festsetzungen des Planes begründet werden. Zulässig ist nach § 1 I Nr. 4 UmwRG bei SUP-pflichtigen Festlegungen außerdem eine **Umweltverbandsklage.**[1070]

Soweit den Planbehörden bei der Aufstellung von Abfallwirtschaftsplänen ein planerischer 6576
Gestaltungsfreiraum eingeräumt ist, unterliegt der Plan jedoch nur einer eingeschränkten gerichtlichen Nachprüfung. Sie können grundsätzlich nur auf Abwägungsfehler überprüft werden, wozu allerdings insbesondere auch zählt, dass die für die Planung geltenden Bestimmungen als Planungsleitsätze beachtet werden.[1071] Fehlerhaft ist es nach der allgemein vertretenen Abwägungsfehlerlehre, wenn offensichtlich überhaupt keine Abwägung stattgefunden hat (Abwägungsausfall), wenn relevante Aspekte übersehen oder wissentlich nicht in die Abwägung einbezogen wurden (Abwägungsdefizit), wenn irrelevante Punkte beachtet wurden (Abwägungsüberschuss) oder wenn eine falsche Gewichtung der Belange vorgenommen wurde (Abwägungsfehleinschätzung).

Antragsbefugt im Normenkontrollverfahren ist jede Behörde und jede natürliche oder 6577
juristische Person, die durch die Planung eine Rechtsverletzung erlitten oder in absehbarer Zeit zu erwarten hat. Antragsbefugt können außerdem private Grundstückseigentümer sein, für deren Grundstück eine verbindliche Flächenausweisung gilt, oder Eigentümer von Nachbargrundstücken, Entsorgungspflichtige, gegenüber denen Festlegungen für verbindlich erklärt wurden, oder Standortgemeinden, die ihre Planungshoheit verletzt sehen.[1072] Darüber hinaus haben weder Entsorgungspflichtige noch Betreiber von Abfallentsorgungsanlagen oder Entsorgungsträger einen einklagbaren Anspruch darauf, dass in dem Plan verbindliche Flächenausweisungen oder Festlegungen von Einzugsbereichen erfolgen. Denn die Abfallwirtschaftsplanung erfolgt nicht in ihrem Interesse, sondern ausschließlich im öffentlichen Interesse. Auch der Betreiber einer in einem Plan ausgewiesenen Anlage hat keinen Anspruch darauf, dass bei der Fortschreibung des Planes eine Standortausweisung für eine weitere Anlage unterbleibt.[1073]

Die **nicht für verbindlich erklärten Planinhalte** eines Abfallwirtschaftsplans, die ledig- 6578
lich als Verwaltungsvorschrift erlassen werden, sind nur eingeschränkt gerichtlich angreifbar. Für eine verwaltungsgerichtliche Normenkontrolle fehlt es insoweit an einem Normcharakter des Plans.[1074] Auch eine allgemeine Feststellungsklage scheitert regelmäßig an einem feststellungsfähigen konkreten Rechtsverhältnis. Zieht die Genehmigungsbehörde einen Abfallwirtschaftsplan als öffentlichen Belang zur Versagung eines Außenbereichsvorhabens heran, kann die Wirksamkeit des Abfallwirtschaftsplans jedoch inzident vom Verwaltungsgericht überprüft werden.

1069 Beckmann in Landmann/Rohmer, Umweltrecht, 2021, § 30 KrWG Rn. 40; Beckmann DVBl.. 1987, 611 ff.; Weidemann DVBl.. 1984, 767 (769); Ibler DVBl.. 1989, 639, 645.

1070 Beckmann in Landmann/Rohmer, Umweltrecht, 2021, § 30 KrWG Rn. 42; Kropp in Beck OK Umweltrecht, 2021, § 30 Rn. 51; Schomerus in Versteyl/Mann/Schomerus, KrWG, 2019, § 30 Rn. 24, zu Verbandsklagen gegen Abfallwirtschaftspläne siehe Frenz NuR 2013, 105.

1071 Kropp in Beck OK Umweltrecht, 2021, § 30 Rn. 14; Schomerus in Versteyl/Mann/Schomerus, KrWG, 2019, § 30 Rn. 22; Beckmann in Landmann/Rohmer, Umweltrecht, 2021, § 30 KrWG Rn. 43.

1072 Schomerus in Versteyl/Mann/Schomerus, KrWG, 2019, § 30 Rn. 21; Kropp in Beck OK Umweltrecht, 2021, § 30 KrWG Rn. 54.

1073 BVerwG NVwZ 1989, 461, 462 f.

1074 Beckmann in Landmann/Rohmer, Umweltrecht, 2021, § 30 KrWG Rn. 45; Schomerus in Versteyl/Mann/Schomerus, KrWG, 2019, § 30 Rn. 19; Kleve in Schink/Versteyl, KrWG, 2016, § 30 Rn. 50; Hofmann in Schmehl/Klement, KrWG, 2019, § 30 Rn. 45.

5. Aufstellung von Abfallwirtschaftsplänen

6579 **a) Abstimmungspflicht.** Die Länder sollen ihre Abfallwirtschaftsplanungen nach § 31 I 1 KrWG aufeinander und untereinander abstimmen. Ist eine die Grenze eines Landes überschreitende Planung erforderlich, sollen die betroffenen Länder bei der Aufstellung der Abfallwirtschaftspläne die Erfordernisse und Maßnahmen in gegenseitigem Benehmen miteinander festlegen. Bei der Aufstellung der Abfallwirtschaftspläne sind die Gemeinden und die Landkreise sowie ihre jeweiligen Zusammenschlüsse und die öffentlich-rechtlichen Entsorgungsträger zu beteiligen. Die öffentlich-rechtlichen Entsorgungsträger haben die von ihnen zu erstellenden und fortzuschreibenden Abfallwirtschaftskonzepte und Abfallbilanzen auf Verlangen der zuständigen Behörde zur Auswertung für die Abfallwirtschaftsplanung vorzulegen. Die Länder regeln das Verfahren zur Aufstellung der Pläne und zu deren Verbindlicherklärung. § 31 I bis III und § 32 KrWG bleiben davon unberührt.

6580 **b) Öffentlichkeitsbeteiligung.** Bei der Aufstellung oder Änderung von Abfallwirtschaftsplänen, einschließlich besonderer Kapitel oder gesonderter Teilpläne, insbesondere über die Entsorgung von gefährlichen Abfällen, Altbatterien und Akkumulatoren oder Verpackungen und Verpackungsabfällen, ist die Öffentlichkeit nach § 32 I 1 KrWG durch die zuständige Behörde zu beteiligen. Bei der Öffentlichkeitsbeteiligung handelt es sich nicht nur um eine Beteiligung der betroffenen Öffentlichkeit, sondern weitergehend um eine Beteiligung der allgemeinen Öffentlichkeit.[1075]

6581 **c) Bekanntmachung der Aufstellung oder Änderung.** Die Aufstellung oder Änderung eines Abfallwirtschaftsplans sowie Informationen über das Beteiligungsverfahren sind in einem amtlichen Veröffentlichungsblatt und auf andere geeignete Weise bekannt zu machen. Keine Abfallwirtschaftspläne im Sinne von § 30 I KrWG sind Abfallwirtschaftskonzepte der öffentlich-rechtlichen Entsorgungsträger auf der Grundlage des § 21 Satz 1 KrWG. Für die Aufstellung und Fortschreibung von Abfallwirtschaftskonzepten nach § 21 KrWG gilt deshalb, vorbehaltlich einer Pflicht zur strategischen Umweltprüfung, keine Pflicht zur Öffentlichkeitsbeteiligung.[1076] Nach § 21 Satz 2 KrWG regeln die Länder Anforderungen an solche Abfallwirtschaftskonzepte. Umstritten ist der obligatorische Umfang der Bekanntmachung. Dazu wird die Ansicht vertreten, es reiche nicht aus, nur die Absicht der Planaufstellung bekannt zu geben, sondern es seien, ohne dass der gesamte Planentwurf bekanntgemacht werden müsste, zumindest dessen wesentlicher Inhalt, die Stellungnahmefrist und die Adressen der Behörden, an denen der Planentwurf eingesehen werden kann, mitzuteilen.[1077] Dass der Planentwurf selbst bekannt zu machen wäre, ergibt sich allerdings aus § 32 I 2 nicht.[1078] Bekannt zu machen ist nach Satz 2 somit nicht die Entwurfsfassung des aufgestellten Plans bzw. der Änderung eines bestehenden Abfallwirtschaftsplans, sondern nur die Planungsabsicht. Die Bekanntmachung nach Satz 2 steht am Anfang und nicht am Ende des Planungsverfahrens.

6582 Neben der Bekanntgabe der Planungsabsicht bedarf es auch einer Bekanntmachung von Informationen über das Beteiligungsverfahren. Die Öffentlichkeit soll mit der Bekanntmachung darüber in Kenntnis gesetzt werden, in welcher Art und Weise sie sich beteiligen kann. Zu den Informationen über das Beteiligungsverfahren, die von der zuständigen Behörde bekannt zu machen sind, gehören Angaben darüber, wo und in welchem Zeitraum die Auslegung des Entwurfes gemäß Satz 3 stattfindet. Ort und Zeiten, zu denen die Einsichtnahme möglich ist, müssen so genau bezeichnet werden, dass Zweifel darüber nicht entstehen können. Die nähere Festlegung des Auslegungsortes sowie der Tage und Stunden, die für die Einsichtnahme zur Verfügung stehen, ist Sache der zur Organisationsgewalt gehörenden Regelung des Behördenbetriebs. Außerdem ist darauf hinzuweisen, dass natürliche und juristische Personen

---

[1075] Beckmann in Landmann/Rohmer, Umweltrecht, 2022, § 32 KrWG Rn. 30; Lau in Kopp-Assenmacher, KrWG 2015, § 32 Rn. 8; Schubert in Jarass/Petersen, KrWG 2014, § 32 Rn. 17.

[1076] Schomerus in Versteyl/Mann/Schomerus, KrWG, 2019, § 32 Rn. 6; Schink in Schink/Reidt/Mitschang, UVPG 2023, § 35 Rn. 15.

[1077] Kropp in BeckOK KrWG § 32 Rn. 5; Schomerus in Versteyl/Mann/Schomerus, KrWG, 2019, § 32 Rn. 8; Schubert in Jarass/Petersen KrWG, 2022, § 32 Rn. 19.

[1078] Beckmann in Landmann/Rohmer, Umweltrecht, 2022, § 32 KrWG Rn. 32; Schubert in Jarass/Petersen KrWG § 32 Rn. 19; Kleve in Schink/Versteyl, KrWG 2016, § 32 Rn. 12; a. A. Kropp in Beck OK Umweltrecht, § 32 KrWG Rn. 5; Schomerus in Versteyl/Mann/Schomerus, KrWG 2019, § 32 Rn. 8.

sowie sonstige Vereinigungen, insbesondere Vereinigungen zur Förderung des Umweltschutzes, deren Belange oder deren satzungsgemäßer Aufgabenbereich durch den Entwurf berührt werden, innerhalb einer Frist von sechs Wochen Gelegenheit zur schriftlichen Stellungnahme gegenüber der zuständigen Behörde haben.

d) Auslegung des Entwurfs. Der Entwurf des neuen oder geänderten Abfallwirtschaftsplans sowie die Gründe und Erwägungen, auf denen der Entwurf beruht, sind einen Monat zur Einsicht auszulegen. Bis zwei Wochen nach Ablauf der Auslegungsfrist kann gegenüber der zuständigen Behörde schriftlich Stellung genommen werden. Der Zeitpunkt des Fristablaufs ist bei der Bekanntmachung nach § 31 I 2 KrWG mitzuteilen. Fristgemäß eingegangene Stellungnahmen werden von der zuständigen Behörde bei der Entscheidung über die Annahme des Plans angemessen berücksichtigt. 6583

e) Berücksichtigung von Stellungnahmen. Grundsätzlich ist daher jede natürliche oder juristische Person zur Stellungnahme berechtigt. Eine spezielle Einwendungs- oder Stellungnahmebefugnis im Sinne einer Planbetroffenheit sieht der Gesetzgeber nicht vor. Bei den Stellungnahmen handelt es sich nicht um Einwendungen im genehmigungsrechtlichen Sinne. Der Begriff der **Einwendungen** erstreckt sich auf jede Art von Bedenken, die gegen ein genehmigungspflichtiges Vorhaben aus Sicht der Nachbarschaft oder der Allgemeinheit bestehen können. Es muss sich um sachliches „auf die Verhinderung oder Modifizierung des beantragten Vorhabens abzielendes Gegenvorbringen" handeln.[1079] Einwendungen sind zwar keine förmlichen Rechtsbehelfe; sie sind jedoch abwehr- und rechtsschutzorientiert und dienen dem Recht auf Gehör. Die Möglichkeit zur Stellungnahme im Rahmen der Öffentlichkeitsbeteiligung des § 32 KrWG ist dagegen nicht auf die Abwehr des Planungsvorhabens gerichtet. Ohnehin besteht gem. § 30 I KrWG eine Planungspflicht. Sie dient vielmehr der Verbesserung des ausgelegten Planentwurfs.[1080] Eine **erneute Auslegung** des Planentwurfs bei dessen Änderung nach der Öffentlichkeitsbeteiligung ist nicht vorgesehen. Die zuständige Planungsbehörde wird vielmehr auch verspätet eingehenden Stellungnahmen nachgehen, sofern dies sachlich geboten ist. Dies gebieten der im Planungsverfahren geltende Untersuchungsgrundsatz, der eine Ermittlung des Sachverhalts von Amts wegen fordert, und die Beachtung des planerischen Abwägungsgebots. Ein subjektiver Anspruch auf angemessene Berücksichtigung der verspätet eingereichten Stellungnahme besteht allerdings nicht. Soweit die Berechtigung zur Abgabe einer Stellungnahme nicht von der Betroffenheit in eigenen Belangen abhängt, ist ein solcher Anspruch auf Berücksichtigung der eingereichten Stellungnahme aber auch bei deren fristgerechtem Eingang zweifelhaft.[1081] 6584

f) Bekanntmachung und Auslegung des Plans. Die Annahme des Plans ist nach § 32 III 1 KrWG von der zuständigen Behörde in einem amtlichen Veröffentlichungsblatt und auf einer öffentlich zugänglichen Webseite öffentlich bekannt zu machen; dabei ist in zusammengefasster Form über den Ablauf des Beteiligungsverfahrens und über die Gründe und Erwägungen, auf denen die getroffene Entscheidung beruht, zu unterrichten. Der angenommene Plan ist zur Einsicht für die Öffentlichkeit auszulegen, hierauf ist in der öffentlichen Bekanntmachung nach Satz 1 hinzuweisen. Bekannt zu machen ist nach dem Wortlaut dieser Regelung nicht der gesamte Abfallwirtschaftsplan,[1082] sondern grundsätzlich nur die Tatsache, dass der Plan angenommen worden ist, wobei allerdings in zusammengefasster Form über den Ablauf des Beteiligungsverfahrens und über die Gründe und Erwägungen, auf denen die getroffene Entscheidung beruht, zu unterrichten ist. Das dient dazu, den Planungsträger in seinem Bemühen zu bestärken, ein nachvollziehbares und transparentes Verfahren durchzuführen und seine Sensibilität für die von der Öffentlichkeit postulierte Berücksichtigung von Umweltaspekten zu schärfen. Zu berücksichtigen ist allerdings, dass die Verpflichtung zur Veröffentlichung auf einer öffentlich zugänglichen Webseite aus Art. 31 Satz 2 AbfRRL folgt. 6585

Nach § 32 III 2 KrWG ist der angenommene Plan zur Einsicht für die Öffentlichkeit auszulegen. Hierauf ist wiederum in der öffentlichen Bekanntmachung hinzuweisen. Für die Auslegung kommt insoweit auch eine elektronische Veröffentlichung in Betracht. 6586

1079 BVerwG NVwZ 2009, 55; DVBl.. 1987, 258, 259.

1080 Beckmann in Landmann/Rohmer, Umweltrecht, 2022, § 32 KrWG Rn. 42.

1081 Beckmann in Landmann/Rohmer, Umweltrecht, 2022, § 32 KrWG Rn. 49.

1082 Kropp in Beck OK Umweltrecht, 2022, KrWG Rn. 9; Lau in Kopp-Assenmacher, KrWG 2015, § 32 Rn. 17; Kleve in Schink/Versteyl, KrWG 2016, § 32 Rn. 20.

6587 **e) Strategische Umweltprüfung.** § 32 I bis III KrWG finden keine Anwendung, wenn es sich bei dem Abfallwirtschaftsplan um einen Plan handelt, für den nach dem UVPG eine Strategische Umweltprüfung durchzuführen ist. Abfallwirtschaftspläne nach § 30 KrWG, einschließlich besonderer Kapitel oder gesonderter Teilpläne über die Entsorgung von gefährlichen Abfällen, Altbatterien und Akkumulatoren oder Verpackungen und Verpackungsabfällen, zählen nach Nr. 2.5 der Anlage 3 des UVPG zu den Plänen, bei denen eine strategische Umweltprüfung erforderlich ist, soweit sie für Entscheidungen über die Zulässigkeit von in der Anlage 1 des UVPG aufgeführten Vorhaben oder von Vorhaben, die nach Landesrecht einer Umweltverträglichkeitsprüfung oder Vorprüfung des Einzelfalls bedürfen, einen Rahmen setzen.[1083]

6588 **g) Unterrichtung der Öffentlichkeit.** Unbeschadet der Beteiligung der Öffentlichkeit nach den Absätzen 1 bis 4 unterrichten die Länder die Öffentlichkeit über den Stand der Abfallwirtschaftsplanung. Die Unterrichtung enthält unter Beachtung der bestehenden Geheimhaltungsvorschriften eine zusammenfassende Darstellung und Bewertung der Abfallwirtschaftspläne, einen Vergleich zum vorangegangenen sowie eine Prognose für den folgenden Unterrichtungszeitraum. Nach der Begründung des Regierungsentwurfs sollen die Länder mit der Unterrichtungspflicht zugleich verpflichtet werden, der Öffentlichkeit regelmäßig Rechenschaft über den Stand von Vermeidung, Verwertung und Entsorgung der Abfälle mittels eines Vergleichs mit der vergangenen Situation und der Prognose für die Zukunft abzulegen. Die Bestimmung bezweckt nach der Gesetzesbegründung ein verstärktes Hinwirken der Länder auf die Erreichung der Ziele des KrWG. Außerdem soll durch die Unterrichtungsverpflichtung der Dialog mit dem Bürger angeregt werden, wodurch eine Verbesserung der Akzeptanz und der Kenntnis der Bedingungen und Notwendigkeiten der Abfallwirtschaft gefördert werden soll.[1084] Den Ländern bleibt es insbesondere vorbehalten, Detaillierungsgrad und Darstellungstiefe der zusammenfassenden Darstellung und Bewertung der Abfallwirtschaftspläne zu bestimmen. Einen Unterrichtungsanspruch räumt die Vorschrift nicht ein.

6589 **h) Fortschreibungspflicht.** Nach § 31 V KrWG sind die Pläne mindestens alle sechs Jahre auszuwerten und bei Bedarf fortzuschreiben. Bei der Auswertung der Pläne bedarf es noch keiner Öffentlichkeitsbeteiligung. Diese ist vielmehr erst dann erforderlich, wenn auf der Grundlage dieser Auswertung ein Bedarf für die Fortschreibung des Plans festgestellt wird. Ein solcher Bedarf dürfte in aller Regel schon deshalb festgestellt werden, weil nach § 31 II 1 KrWG bei der Darstellung des Bedarfs zukünftige, innerhalb eines Zeitraums von mindestens zehn Jahren zu erwartende Entwicklungen zu berücksichtigen sind. Der Plan wird dementsprechend regelmäßig bei seiner Fortschreibung eine veränderte, einen neuen Planungszeitraum abdeckende Planungsprognose enthalten. Auf eine neue Planungsprognose kann für den Fall, dass sich die tatsächlichen und rechtlichen Rahmenbedingungen auch im Übrigen nicht geändert haben, verzichtet werden, wenn die Planungsprognose des bestehenden Plans über den Mindestzeitraum von zehn Jahren so weit hinausweist, dass auch im Zeitpunkt der Fortschreibung der Mindestzeitraum von zehn Jahren noch berücksichtigt ist. Das dürfte allerdings nur sehr selten der Fall sein. Zweifelhaft könnte sein, ob auf eine Öffentlichkeitsbeteiligung mit der Begründung verzichtet werden kann, dass der Abfallwirtschaftsplan ohne inhaltliche Änderung fortgeschrieben werden kann.[1085] Das ist praktisch schon deshalb kaum denkbar, weil die Mindestangaben, die sich unter anderem auf die Ziele der Abfallvermeidung, der Abfallverwertung sowie der Abfallbeseitigung und auf die (aktuell) bestehende Situation der Abfallbewirtschaftung erstrecken, jeweils zum Fortschreibungszeitraum aktualisiert werden müssen und insoweit eine Planänderung erforderlich machen. Von einer Änderung kann nicht nur bei einer Änderung von Ausweisungen oder Planbestimmungen gesprochen werden. Vielmehr führen auch Änderungen der darstellenden Inhalte zu einer die Öffentlichkeitsbeteiligung auslösenden Planänderung.[1086]

1083 Näher dazu Beckmann in Landmann/Rohmer, Umweltrecht, 2022, § 32 KrWG Rn 12 ff.

1084 Beckmann in Landmann/Rohmer, Umweltrecht, 2022, § 32 KrWG Rn 56 unter Verweis auf BT-Drs. 12/5672, S. 50.

1085 bejahend Kropp in Beck OK Umweltrecht, § 32 KrWG Rn. 2; Kleve in Schink/Versteyl, KrWG 2016, § 32 Rn. 11.

1086 Beckmann in Landmann/Rohmer, Umweltrecht, 2022, § 32 KrWG Rn 26.

6. Abfallwirtschaftskonzepte

Die öffentlich-rechtlichen Entsorgungsträger haben nach § 21 S. 1 KrWG Abfallwirtschaftskonzepte und Abfallbilanzen über die Verwertung, insbesondere die Vorbereitung zur Wiederverwendung und das Recycling, und die Beseitigung der in ihrem Gebiet anfallenden und ihnen zu überlassenden Abfälle zu erstellen; dabei werden die betriebenen und geplanten Systeme zur Getrenntsammlung, insbesondere der in § 20 II KrWG genannten Abfallarten, gesondert dargestellt. In den Abfallwirtschaftskonzepten und Abfallbilanzen sind zudem die getroffenen Maßnahmen zur Abfallvermeidung darzustellen. Bei der Fortentwicklung von Abfallvermeidungsmaßnahmen sind die Maßnahmen des **Abfallvermeidungsprogramms** nach § 33 KrWG zu berücksichtigen. Die Anforderungen an Abfallwirtschaftskonzepte und Abfallbilanzen richten sich nach Landesrecht. 6590

a) Sinn und Zweck. Die Verpflichtung zur Erstellung von Abfallwirtschaftskonzepten und Abfallbilanzen dient entsprechend der Zielsetzung des Gesetzes dazu, die Kreislaufwirtschaft zur Schonung der natürlichen Ressourcen zu fördern und den Schutz von Mensch und Umwelt weniger bei der Erzeugung, mehr aber bei der Bewirtschaftung von Abfällen sicherzustellen. Auf der Basis bundeseinheitlicher Rahmenvorgaben sollen ausweislich der Gesetzesbegründung positive Veränderungen hin zur weiteren Vermeidung von Abfällen ausgelöst sowie die notwendigen Vorarbeiten zur Sicherung der Entsorgung gewährleistet werden.[1087] Das Abfallwirtschaftskonzept dient als internes Planungsinstrument des öffentlich-rechtlichen Entsorgungsträgers. Abfallwirtschaftskonzepte und Abfallbilanzen der öffentlich-rechtlichen Entsorgungsträger schaffen außerdem eine Grundlage für die Abfallwirtschaftsplanung der Länder und liefern somit einen wichtigen Beitrag zur Entsorgungssicherheit und für die Abfallwirtschaftsplanung.[1088] 6591

b) Pflicht der öffentlich-rechtlichen Entsorgungsträger. Zur Erstellung der Abfallwirtschaftskonzepte sind ausschließlich die öffentlich-rechtlichen Entsorgungsträger iSd § 17 I 1 KrWG verpflichtet. Das sind die nach Landesrecht zur Entsorgung verpflichteten juristischen Personen.[1089] Das Landesrecht sieht grundsätzlich vor, dass die Abfallwirtschaftskonzepte öffentlich zugänglich gemacht werden. Während das Abfallwirtschaftskonzept einen Soll-Zustand beschreibt und dazu Planungsvorstellungen entwickelt, berichtet die Abfallbilanz über den aktuellen Ist-Zustand, dh über die Abfallströme nach Art, Menge und Verbleib der entsorgten Abfälle einschließlich deren Verwertung und ist damit nicht zuletzt informatorische Grundlage für die regelmäßig notwendig werdende Fortentwicklung des Abfallwirtschaftskonzepts und der Abfallwirtschaftspläne. 6592

c) Abfallwirtschaftskonzepte als Planungsentscheidungen. Bei den Abfallwirtschaftskonzepten der öffentlich-rechtlichen Entsorgungsträger handelt es sich um kommunale Planungsentscheidungen. In ihnen werden Stand, Ziele und Entwicklung der öffentlichen Abfallentsorgung dargelegt.[1090] Der Einordnung als eigenverantwortliches Planungsinstrument entspricht es, dass die öffentlich-rechtlichen Entsorgungsträger bei der Aufstellung ihrer Abfallwirtschaftskonzepte an Weisungen der Aufsichtsbehörden nicht gebunden sind.[1091] Das gilt jedenfalls für öffentlich-rechtliche Entsorgungsträger, die sich auf das kommunale Selbstverwaltungsrecht berufen können. Denn Weisungen bei der Wahrnehmung von Selbstverwaltungsaufgaben durch die staatlichen Aufsichtsbehörden setzen eine gesetzliche Ermächtigung voraus. Sie wären aber auch auf der Grundlage einer solchen gesetzlichen Ermächtigung nur zulässig, wenn sie dazu dienen, eine rechtmäßige Aufgabenerfüllung einzufordern. Weisungen zur Zweckmäßigkeit, insbesondere zum Inhalt des Planungskonzepts, sind hingegen nicht zulässig bei der Wahrneh- 6593

1087 Beckmann in Landmann/Rohmer, Umweltrecht, 2021, § 21 KrWG Rn unter Verweis auf die Gesetzesbegründung zu § 17 KrW-/AbfG, BT-Drs. 12/5672, S. 46.

1088 Kahle in Schmehl/Klement, KrWG, 2019, § 21 Rn. 1; Schink in Schink/Versteyl, KrWG, 2016, § 21 Rn. 18.

1089 Zur Rechtsstellung der öffentlich-rechtlichen Entsorgungsträger Wenzel/Brannaschk ZUR 2024, 32; Beckmann EuRUP 2023, 236; Gruneberg AbfallR 2022, 36; Dippel/Schwarzenberg AbfallR 2022, 98; Beckmann AbfallR 2021, 126.

1090 OVG Münster UPR 1995, 452 ff.; Beckmann DVBl.. 1997, 216.

1091 OVG NRW NVwZ-RR 1995, 502; Beckmann in Landmann/Rohmer, Umweltrecht, 2021, § 21 KrWG Rn 18; 4 Schink in Schink/Versteyl, KrWG, 2016, § 21 Rn. 27.

mung von Selbstverwaltungsaufgaben.[1092] Etwas anderes kann insoweit gelten, wenn der Landesgesetzgeber Aufgaben der Abfallentsorgung auf juristische Personen überträgt, bei denen es sich nicht um kommunale Selbstverwaltungskörperschaften handelt. Ein Teilentzug der Entsorgungsaufgaben ist mit dem Selbstverwaltungsrecht der Kommunen vereinbar.

6594 Abfallwirtschaftskonzepte enthalten keine außenverbindlichen, für Abfallbesitzer und Abfallerzeuger zwingend zu beachtende Festsetzungen. Rechtliche Bedeutung erlangen die Abfallwirtschaftskonzepte aber nicht nur durch eine sich aus ihnen für die öffentlich-rechtlichen Entsorgungsträger ergebenden Selbstbindung, sondern vor allem dadurch, dass sie bei der Aufstellung der Abfallwirtschaftspläne zu berücksichtigen sind. Dadurch können sie mittelbar zu Bestandteilen der bundesrechtlich den Ländern auferlegten Abfallwirtschaftsplanung werden.[1093]

6595 **d) Mindestinhalt.** Nach § 21 S. 1 KrWG enthält das Abfallwirtschaftskonzept Aussagen der öffentlich-rechtlichen Entsorgungsträger zur Verwertung, insbesondere zur Vorbereitung zur Wiederverwendung und zum Recycling, und zur Beseitigung der in ihrem Gebiet anfallenden und ihnen zu überlassenden Abfälle zu erstellen Dazu müssen die betriebenen und geplanten Systeme zur Getrenntsammlung, insbesondere der in § 20 II KrWG genannten Abfallarten, gesondert dargestellt werden. In den Abfallwirtschaftskonzepten und Abfallbilanzen sind zudem die getroffenen Maßnahmen zur Abfallvermeidung darzustellen.

6596 **e) Planungsermessen.** Bei der Aufstellung eines Abfallwirtschaftskonzepts steht den öffentlichen Entsorgungsträgern wie bei jeder anderen Planung eine planerische Gestaltungsfreiheit bzw. ein Planungsermessen zu, die nur in eingeschränktem Umfang rechtlichen Bindungen unterliegt, die sich entweder aus den besonderen gesetzlichen Planungsvorgaben oder aus allgemeinen Planungsanforderungen, namentlich den Erfordernissen des rechtsstaatlichen Abwägungsgebots ergeben können.[1094]

6597 **f) Strategische Umweltprüfung.** Verfahrensrechtlich ist zu beachten, dass Abfallwirtschaftskonzepte nach Nr. 2.3 der Anlage 5 zum UVPG SUP-pflichtige Pläne sind. Bei der Fortschreibung der Abfallwirtschaftskonzepte ist daher nach § 35 I Nr. 2 UVPG eine strategische Umweltprüfung durchzuführen, wenn sie für Entscheidungen über die Zulässigkeit von in der Anl. 1 zum UVPG aufgeführten Vorhaben oder von Vorhaben, die nach Landesrecht einer Umweltverträglichkeitsprüfung oder Vorprüfung des Einzelfalls bedürfen, einen Rahmen setzen.

7. Zulassung von Abfallentsorgungsanlagen nach dem BImSchG

6598 Die Errichtung und der Betrieb von Anlagen, in denen eine Entsorgung von Abfällen durchgeführt wird, sowie die wesentliche Änderung einer solchen Anlage oder ihres Betriebs bedürfen der Genehmigung nach den Vorschriften des BImSchG. Einer gesonderten abfallrechtlichen Zulassung bedarf es insoweit nicht (§ 35 I 1 KrWG). Das Zulassungserfordernis für Abfallentsorgungsanlagen dient einer präventiven behördlichen Kontrolle und einem, wenn auch eingeschränkten Investitions-, Planungs- und Bestandsschutz des Vorhabenträgers und nicht zuletzt dem Schutz der Rechte Drittbetroffener.[1095] Allzu weit ist es mit dem Bestandsschutz immissionsschutzrechtlicher Genehmigungen für Abfallentsorgungsanlagen und von abfallrechtlichen Planfeststellungsbeschlüssen und Plangenehmigungen allerdings nicht her.[1096] Dynamische Grundpflichten des Immissionsschutzrechts und des Kreislaufwirtschaftsrechts, die Möglichkeit des Erlasses nachträglicher Anordnungen, die Notwendigkeit, immissionsschutzrechtliche Genehmigungen regelmäßig zu überprüfen und nötigenfalls auf den neuesten Stand zu bringen (§ 52 I 3 BImSchG) und nicht zuletzt die Möglichkeit, dass der Gesetz- und Verordnungsgeber unmittelbar in den rechtlichen Bestand einer Genehmigung eingreifen kann (zB durch sog. genehmigungsmodifizierende Rechtsverordnungen), indem er nach Erteilung der Genehmigung die rechtlichen Anforderungen für den genehmigten Anlagenbetrieb verschärft,[1097] lassen von dem Investitions-, Planungs- und Bestandsschutz nicht allzu viel übrig.[1098]

1092 Schink in Schink/Versteyl, KrWG, 2016, § 20 Rn. 23.
1093 Schink in Schink/Versteyl, KrWG, 2016, § 20 Rn. 5.
1094 OVG Münster UPR 1995, 452 (453).
1095 Beckmann EuRUP 2020, 238.
1096 siehe dazu Würtenberger in Schmehl/Klement, KrWG, 2019, § 35 Rn. 8.
1097 siehe dazu BVerwG DVBl.. 2004, 1544 zur unmittelbaren Verbindlichkeit solcher Verordnungen kritisch Beckmann AbfallR 2003, 2 ff.; ders. DVBl.. 2003, 821 ff.; siehe auch Attendorn NVwZ 2011, 327.
1098 Beckmann EuRUP 2020, 238.

§ 17 I 1 BImSchG ermächtigt zu nachträglichen Anordnungen zur Erfüllung von Pflichten, die sich aus dem BIMSchG und der BImSchV ergeben. Die nachträgliche Durchsetzung anderer öffentlich-rechtlicher Pflichten richtet sich nach dem jeweils einschlägigen Fachrecht.[1099] Eine immissionsschutzrechtliche Genehmigung steht der Heranziehung von § 3 II BNatSchG als Rechtsgrundlage für nachträgliche Anordnungen zur Durchsetzung naturschutzrechtlicher Verbote nicht generell entgegen.[1100] Die Befugnis der Naturschutzbehörde zum Erlass nachträglicher Anordnungen nach § 3 II BNatSchG findet bei immissionsschutzrechtlich genehmigten Anlagen ihre Grenzen in der Gestattungs- und Feststellungswirkung der Genehmigung und den Vorschriften über deren Aufhebung. Nachträgliche Änderungen der Sach- und Rechtslage werden von der Feststellungswirkung der Genehmigung nicht umfasst.[1101] 6599

§ 35 KrWG regelt in verfassungsrechtlich unbedenklicher Weise ein Verbot mit (präventivem) Erlaubnisvorbehalt.[1102] Eine fehlende Zulassung führt nicht nur zu einem illegalen Anlagenbetrieb, sondern auch zu einer materiell rechtswidrigen Abfallentsorgung. Denn nach § 28 I 1 KrWG dürfen Abfälle zum Zweck der Beseitigung nur in den dafür zugelassenen Anlagen oder Einrichtungen behandelt, gelagert oder abgelagert werden. Eine Abfallverwertung, in einer Anlage, für die es an der erforderlichen Genehmigung fehlt, ist nicht ordnungsgemäß im Sinne von § 7 III 1 KrWG. Denn die Verwertung erfolgt nur dann ordnungsgemäß, wenn sie im Einklang mit den Vorschriften des Kreislaufwirtschaftsgesetzes und anderen öffentlich-rechtlichen Vorschriften steht (§ 7 III 3 KrWG). 6600

a) Immissionsschutzrechtliche Genehmigungspflicht. Die Pflicht, eine Abfallverwertungsanlage nur mit einer immissionsschutzrechtlichen Genehmigung zu errichten und zu betreiben, richtet sich nach § 4 I BImSchG i. V. m. den Regelungen der 4. BImSchV und ihres Anhangs. Nach § 4 I 1 BImSchG bedarf die Errichtung und der Betrieb von ortsfesten Abfallentsorgungsanlagen zur Lagerung oder Behandlung von Abfällen, zu denen auch Verwertungsanlagen zählen, der immissionsschutzrechtlichen Genehmigung.[1103] Zum Begriff der Abfallentsorgungsanlagen iSd § 4 I 1 BImSchG erläutert das BVerwG, dieser erstrecke sich auf Nebeneinrichtungen oder Teile einer Anlage, die für sich betrachtet genehmigungsbedürftig wären. Wortlaut und Systematik der einschlägigen Regelungen sprächen dafür, dass eine genehmigungsbedürftige Anlage in Gestalt einer ortsfesten Abfallentsorgungsanlage auch dann vorliege, wenn die in Rede stehende Anlage Teil einer anderen, ihrerseits genehmigungsbedürftigen Anlage sei. Die immissionsschutzrechtliche Genehmigungsbedürftigkeit einer Anlage ergebe sich im jeweiligen Einzelfall aus § 4 I 3 BImSchG iVm den Bestimmungen der 4, BImSchV; das gelte auch für Anlagen zur Verwertung und Beseitigung von Abfällen und sonstigen Stoffen. Dabei komme es nicht darauf an, ob die Anlage innerhalb eines Gesamtbetriebs als Haupt- oder Nebenanlage eingesetzt werde.[1104] 6601

Kapitel 8 des Anhangs zur 4. BImSchV listet die Anlagen zur Verwertung und Beseitigung von Abfällen und sonstigen Stoffen auf, die einer immissionsschutzrechtlichen Genehmigung bedürfen. Der Katalog enthält auch Verwertungsanlagen. So bezieht sich zB Nr. 8.1 des Anhangs der 4. BImSchV ausdrücklich auf Anlagen zur Beseitigung und zur Verwertung von Abfällen durch thermische Verfahren. Aber auch Nr. 8.14 des Anhangs zur 4. BImSchV erstreckt sich ausdrücklich auch auf Verwertungsanlagen. Auch weitere Katalognummern des Anhangs beziehen sich auf Verwertungsanlagen, auch wenn sie dort nur als Behandlungsanlagen beschrieben werden (zB Anlagen zur Behandlung von gefährlichen Abfällen zum Zweck der Hauptverwendung als Brennstoff oder der Energieerzeugung oder zum Zwecke der Ölraffination oder zum Zweck der Registrierung von Basen oder Säuren bzw. zur Rückgewinnung oder eigene Regierung von organischen Lösemitteln (Nr. 8.11 des Anhangs zur 4. BImSchV). 6602

Unbedeutende Abfallbeseitigungsanlagen könnten deshalb trotz des dem Wortlaut des § 35 I KWG nach unbeschränkten Verweises auf eine immissionsschutzrechtliche Genehmigungs- 6603

1099 BVerwG Urt. v. 19.12.2023 – 7 C 4/22, juris Rn. 13; BVerwGE 132, 224 Rn. 28 f.

1100 BVerwG Urt. v. 19.12.2023 – 7 C 4/22, juris Rn. 14.

1101 BVerwG Urt. v. 19.12.2023 – 7 C 4/22, juris Rn. 18; BVerwGE 132, 224; NVwZ 2009, 1441 Rn. 22.

1102 Fellenberg/Schiller in Jarass/Petersen, KrWG 2022, § 35 Rn. 1.

1103 zum Begriff der Abfallentsorgungsanlage im Sinne von § 4 I 1 BImSchG und insbesondere dazu, dass sich der Begriff auch auf Verwertungsanlagen bezieht, siehe OVG Berlin-Brandenburg Urt. v. 26.1.2011 – 11 A 3.09, juris Rn. 69; Würtenberger in Schmehl/Klement, KrWG, 2019, § 35 Rn. 12.

1104 BVerwG NVwZ 2016, 616.

pflicht von der Genehmigungsbedürftigkeit nach dem BImSchG ausgenommen sein.[1105] Abfallentsorgungsanlagen, die keiner immissionsschutzrechtlichen Genehmigung bedürfen, sind in aller Regel nicht zulassungsfrei; Errichtung und der Betrieb einer solchen Abfallentsorgungsanlage sind zumeist nur mit einer Baugenehmigung zulässig.[1106]

6604 Die Einordnung einer Anlage als Abfallbeseitigungsanlage oder als Abfallverwertungsanlage ist grundsätzlich nur von anlagenzulassungsrechtlicher Bedeutung. Die Frage, ob Abfälle in einer bestimmten Anlage verwertet oder beseitigt werden, ob sie dementsprechend als Abfall zur Verwertung oder als Abfall zur Beseitigung anzusehen sind, hängt jedoch von dieser anlagenzulassungsrechtlichen Einordnung nicht ab. In Abfallbeseitigungsanlagen können deshalb grundsätzlich auch Abfälle verwertet werden, wie umgekehrt der Einsatz von Abfällen in einer Abfallverwertungsanlage nicht zwingend als Abfallverwertung einzustufen ist. Die Abgrenzung des Kreislaufwirtschaftsrechts ist insoweit nicht anlagen-, sondern stoff- bzw. maßnahmenbezogen.

6605 **b) Errichtung, Betrieb und wesentliche Änderung der Anlage.** Genehmigungspflichtig sind die Errichtung, der Betrieb und die wesentliche Änderung einer abfallentsorgungsrelevanten Anlage oder ihres Betriebes.

6606 Unter der **Errichtung** einer Abfallentsorgungsanlage versteht man ihre Herstellung und Einrichtung. Zur Errichtung der Anlage gehören alle Baumaßnahmen an der Anlage mit Ausnahme bloßer Vorbereitungshandlungen, wie etwa der Planung einer solchen Anlage. Abgrenzungsprobleme kann es zu Vorbereitungshandlungen am Standort geben, etwa bei Probebohrungen, Baustelleneinrichtungen etc.

6607 Unter dem **Betrieb** einer Abfallentsorgungsanlage versteht man die gesamte Betriebstätigkeit einschließlich der Wartung der Anlage und ihrer Unterhaltung, der notwendigen Kontrollmaßnahmen und der Sicherheitsvorkehrungen. Nicht zum Betrieb gehört dagegen die Errichtungsphase. Das ergibt sich bereits aus der Systematik des Gesetzes, die zwischen Errichtung und Betrieb unterscheidet. Der Betrieb beginnt mit der Inbetriebnahme der gesamten Anlage entsprechend dem vorgesehenen Zweck. Hierunter fallen auch die Wartung und Unterhaltung der Anlage. Ob zum Anlagenbetrieb auch der Probebetrieb zu rechnen ist, ist umstritten.[1107] Eine Unterbrechung des Betriebes von mehr als 3 Jahren führt gemäß § 18 I Nr. 2 BImSchG zum Erlöschen der Genehmigung. Ob sie dagegen auch zu einem Betriebsende führt, ist zweifelhaft. Die unerlaubte Fortführung eines Anlagenbetriebes dürfte einem Nichtbetreiben der genehmigten Anlage gleichzusetzen sein.[1108] Die Weiterführung des Betriebs ist nach einer solchen Unterbrechung von mehr als 3 Jahren grundsätzlich nicht mehr zulässig.[1109] Wann es sich um eine Betriebseinstellung oder um eine Betriebsunterbrechung handelt, kann im Einzelfall zweifelhaft sein. Bloße Wartungsarbeiten, Funktionsprüfungen oder Probeläufe sollen nicht als „Betrieb" iSv § 18 I Nr. 2 BImSchG anzusehen sein. Gleiches soll für einen bloßen Scheinbetrieb gelten, mit dem lediglich das Erlöschen der Genehmigung verhindert werden soll.[1110] Ein Weiterbetrieb erfordert mithin Handlungen, die ein weiteres Gebrauchmachen von der Genehmigung darstellen.

6608 Genehmigungspflichtig ist schließlich auch die **wesentliche Änderung** einer Abfallentsorgungsanlage, wobei sich die wesentliche Änderung sowohl auf die bauliche Anlage als auch auf den Betrieb der Anlage beziehen kann. Genehmigungspflichtig ist nach § 16 I BImSchG eine wesentliche Änderung der Lage, der Beschaffenheit oder des Betriebes. Wesentlich ist die Änderung, wenn sie die Frage nach der immissionsschutzrechtlichen Genehmigung der Anlage neu aufwirft. Betrifft die Änderung nur baurechtliche Aspekte, führt dies nicht zu einer wesentlichen Änderung im vorgenannten Sinne. Hinzufügungen, Beseitigungen, und Veränderungen aller der Sanierung dienenden baulichen Anlagen werden jedoch hiervon erfasst. Nur die in § 6 I Nr. 1 BImSchG genannten, spezifisch immissionsschutzrechtlichen Genehmigungsvoraussetzungen können zur Wesentlichkeit einer Änderung führen. Andere, zB baurechtliche

[1105] Mann in Versteyl/Mann/Schomerus, KrWG, 2019, § 35 Rn. 12.

[1106] Beckmann in Landmann/Rohmer, Umweltrecht, 2023, § 35 KrWG Rn 19; Würtenberger in Schmehl/Klement, KrWG, 2019, § 35 Rn. 17.

[1107] bejahend zB Mann in Versteyl/Mann/Schomerus, KrWG, 2019, § 35 Rn. 19; Versteyl/Grunow in Schink/Versteyl, KrWG, 2016, § 35 Rn. 11.

[1108] OVG Koblenz Urt. v. 24.10.2018 – 8 A 10287/18.OVG, BeckRS 2018, 39143.

[1109] Beckmann in Landmann/Rohmer, Umweltrecht, 2023, § 35 KrWG Rn 29; zustimmend Fellenberg/Schiller in Jarass/Petersen, KrWG, 2022, § 35 Rn. 22; a. A. Mann in Versteyl/Mann/Schomerus, KrWG, 2019, § 35 Rn. 19.

[1110] OVG Koblenz Urt. v. 24.10.2018 – 8 A 10287/18.OVG, BeckRS 2018, 39143.

oder naturschutzrechtliche Anforderungen sind bei der Prüfung der Wesentlichkeit nicht zu berücksichtigen, da § 16 I 1 BImSchG lediglich § 6 I Nr. 2 BImSchG in Bezug nimmt.

Da genehmigungspflichtig nach § 4 I BImSchG nur ortsfeste Anlagen sind, die eine gewisse Dauerhaftigkeit ihres Betriebes voraussetzen, sind Änderungen ebenfalls nur dann wesentlich, wenn sie von einer solchen gewissen Dauer sind. Eine Änderungsgenehmigung hat grundsätzlich nur die beantragte Änderung zum Gegenstand. Die bereits erteilten Genehmigungen bleiben, soweit sie nicht durch die Änderungsgenehmigung abgeändert werden, wirksam. Hieraus folgt, dass Gegenstand der Änderungsgenehmigung nur die betroffenen Anlagenteile sind und das Prüfprogramm nicht die gesamte Genehmigung, sondern nur die durch die Änderung betroffenen Bereiche erfasst. Eine **Änderung der Lage** kommt bei ortsfesten Abfallbeseitigungsanlagen regelmäßig nur in Betracht bei kleinräumigen Verschiebungen der Anlage oder einzelner Teile davon, die nicht bereits als Neuerrichtung einer Anlage anzusehen sind. Dabei ist jedoch zu berücksichtigen, dass auch mobile Anlagen, die weniger als 12 Monate an einem Standort bleiben sollen, grundsätzlich immissionsschutzrechtlich genehmigungspflichtig sind. 6609

Von einer **Änderung der Beschaffenheit** der Anlage ist zu sprechen, wenn bestimmte Teile einer Anlage ersetzt oder beseitigt werden oder wenn die Anlage durch zusätzliche Komponenten ergänzt wird. Eine Änderung des Betriebs liegt vor, wenn die genehmigte Betriebsweise in veränderter Form fortgesetzt werden soll. 6610

Änderungen genehmigungsbedürftiger Anlagen bedürfen nach § 15 I 1 BImSchG einer schriftlichen **Anzeige** gegenüber der zuständigen Behörde mindestens 1 Monat bevor mit der Änderung begonnen werden soll, wenn sich die Änderung auf die in § 1 BImSchG genannten Schutzgüter auswirken kann und sofern nicht eine Genehmigung beantragt wird. Für die nach § 15 I BImSchG anzeigepflichtigen Änderungen kann der Träger des Vorhabens gemäß § 16 IV 1 BImSchG eine Genehmigung beantragen, die im vereinfachten Verfahren zu erteilen ist. Nur anzeigepflichtig und nicht genehmigungspflichtig ist gem. § 16 V BImSchG der Ersatz einer veralteten Anlage oder der Austausch von Anlagenteilen, sofern sich Ersatz oder Austausch im Rahmen der erteilten Genehmigungen bewegen. 6611

Genehmigungspflichtig ist die Änderung nur, wenn sie wesentlich ist. Das ist dann der Fall, wenn durch die Änderung die Genehmigungsfrage neu aufgeworfen wird. Das wiederum setzt eine Bewertung der Änderung voraus, wobei zu prüfen ist, ob die Änderung – gemessen an den Zulassungsvoraussetzungen – relevante Auswirkungen haben kann. Entscheidend ist die bloße Möglichkeit einer solchen Genehmigungsrelevanz. Ob die Voraussetzungen der Zulassung für die wesentliche Änderung eingehalten werden, ist Gegenstand des dann notwendigen Genehmigungsverfahrens. Nach § 16 I 1 BImSchG ist eine Änderung allerdings nur dann wesentlich, wenn durch die Änderung nachteilige Auswirkungen hervorgerufen werden können und diese für die Prüfung nach § 6 I Nr. 1 BImSchG erheblich sein können. Dagegen ist eine Genehmigung nicht erforderlich, wenn die durch die Änderung hervorgerufenen nachteiligen Auswirkungen offensichtlich gering sind und die Erfüllung der sich aus § 6 I Nr. 1 BImSchG ergebenden Anforderungen sichergestellt ist. Nicht erfasst werden positive oder neutrale Auswirkungen.[1111] Ob eine UVP aufgrund der Änderungen durchgeführt werden muss, bemisst sich nach § 9 UVPG. Wird ein Vorhaben geändert, für das eine Umweltverträglichkeitsprüfung durchgeführt worden ist, so besteht nach § 9 I 1 UVPG für das Änderungsvorhaben die UVP-Pflicht, wenn allein die Änderung die Größen- oder Leistungswerte für eine unbedingte UVP-Pflicht gemäß § 6 erreicht oder überschreitet oder die allgemeine Vorprüfung ergibt, dass die Änderung zusätzliche erhebliche nachteilige oder andere erhebliche nachteilige Umweltauswirkungen hervorrufen kann. Wird ein Vorhaben geändert, für das keine Größen- oder Leistungswerte vorgeschrieben sind, so wird nach § 9 I 2 UVPG die allgemeine Vorprüfung durchgeführt. Der die Änderung anzeigende Genehmigungsinhaber darf die Änderung vornehmen, sobald die zuständige Behörde ihm mitteilt, dass die Änderung keiner Genehmigung bedarf oder sich innerhalb eines Monats nicht äußert. 6612

Keine wesentliche Änderung ist die **Neuerrichtung der Anlage**. Die Abgrenzung von Neuvorhaben und Änderungsvorhaben kann im Einzelfall schwierig sein. Wichtig ist sie auch für die Frage, ob eine UVP erforderlich wird (§ 9 UVPG). Wird durch eine Änderung auch die Identität der bestehenden Anlage verändert, handelt es sich um ein Neuvorhaben.[1112] Eine 6613

[1111] Fellenberg/Schiller in Jarass/Petersen, KrWG, 2022, § 35 Rn. 24; Mann in Versteyl/Mann/Schomerus, KrWG, 2019, § 35 Rn. 21; Versteyl/Grunow in Schink/Versteyl, KrWG, 2016, § 35 Rn. 15.

[1112] BVerwG NVwZ 2008, 789; siehe dazu auch Beckmann in Beckmann/Kment, UVPG, 2022, § 9 UVPG Rn. 2; Fellenberg/Schiller in Jarass/Petersen, KrWG, 2022, § 35 Rn. 24.

Neuerrichtung ist zu bejahen bei einer vollständigen oder überwiegenden Änderung des Kernbestands der Anlage, nicht aber bei der bloßen Änderung einer Nebeneinrichtung oder eines betriebstechnisch oder organisatorisch eng mit der Anlage verbundenen Teils.

6614 **c) Genehmigungsverfahren**. Das Verfahren zur Erteilung der immissionsschutzrechtlichen Genehmigung richtet sich nach § 10 BImSchG und nach der 9. BImSchV. Ein Rückgriff auf die Verfahrensvorschriften des UVPG ist unzulässig.[1113] Die Durchführung der UVP ist unselbständiger Teil des immissionsschutzrechtlichen Genehmigungsverfahrens (§ 1 II 1 der 9. BImSchV). Die Genehmigung kann entweder in einem förmlichen Verfahren mit Öffentlichkeitsbeteiligung nach § 10 BImSchG oder in einem vereinfachten Verfahren nach § 19 BImSchG ohne Öffentlichkeitsbeteiligung erteilt werden. § 19 II BImSchG bestimmt die Abweichungen des vereinfachten Verfahrens gegenüber dem förmlichen Genehmigungsverfahren. Der Genehmigungsbehörde kann nach § 13 VwVfG Nachbarn, die von Auswirkungen der Abfallentsorgungsanlage nachteilig betroffen sein können, zum vereinfachten Verfahren hinzuzuziehen. Für welche Anlagen ein förmliches und für welche Anlagen ein vereinfachtes Verfahren durchgeführt werden kann, bestimmt sich nach dem Anhang zur 4. BImSchV. Ist für die Genehmigung einer Abfallentsorgungsanlage eine UVP erforderlich), muss zwingend gem. § 2 I 1 Nr. 1 lit. c der 4. BImSchV das förmliche Genehmigungsverfahren nach § 10 BImSchG durchgeführt werden. Für die Zulassung von Abfallentsorgungsanlagen, die keine Deponien sind, ist eine Raumverträglichkeitsprüfung durchzuführen, wenn die Anlage im Außenbereich iSv § 35 BauGB errichtet werden soll, einer Genehmigung im förmlichen Genehmigungsverfahren bedarf und in Nr. 8 des Anhangs zum UVPG aufgeführt ist (§ 1 S. 1 Nr. 1 ROV).

6615 **d) Zulassungsvoraussetzungen**. Die Zulassungsvoraussetzungen ergeben sich aus § 6 BImSchG. Gem. § 6 I Nr. 1 BImSchG darf die Genehmigung nur erteilt werden, wenn sichergestellt ist, dass die sich aus § 5 BImSchG und einer aufgrund des § 7 BImSchG erlassenen Rechtsverordnung ergebenden Pflichten erfüllt werden. Andere öffentlich-rechtliche Vorschriften und Belange des Arbeitsschutzes dürfen der Errichtung und dem Betrieb der Anlage nicht entgegenstehen (§ 6 I Nr. 2 BImSchG). Auch die materiellen Vorschriften des KrWG sind gemäß § 5 I Nr. 3 und III Nr. 2 BImSchG hinsichtlich der Verwertung und Beseitigung beachtlich.

6616 Die Genehmigungsvoraussetzungen sind ausschließlich anlagenbezogen.[1114] Insoweit gehört auch die in § 15 II BImSchG geregelte Pflicht, Abfälle so zu beseitigen, dass das Wohl der Allgemeinheit nicht beeinträchtigt wird, für eine gem. § 35 I BImSchG immissionsschutzrechtlich genehmigungsbedürftige Abfallentsorgungsanlage nicht zu den anderen öffentlich-rechtlichen Vorschriften iSv § 6 I Nr. 2 BImSchG. Sie verdrängt deshalb mit ihrem Maßstab der Gemeinwohlverträglichkeit auch nicht Vorschriften, die strengere Anforderungen an die Errichtung und den Betrieb der Abfallentsorgungsanlage stellen.[1115]

6617 **e) Privilegierung nach** § 38 BauGB. Die §§ 29 bis 37 BauGB über die planungsrechtliche Zulässigkeit von Vorhaben gelten nach § 38 Satz 1 BauGB für **die Errichtung und den Betrieb öffentlich zugänglicher Abfallbeseitigungsanlagen** nicht, auch wenn sie immissionsschutzrechtlich genehmigt werden. Das führt auch dazu, dass das ansonsten geltende Einvernehmen der Standortgemeinde entbehrlich ist.[1116] Liegen die Voraussetzungen des § 38 BauGB nicht vor, weil es sich um eine nicht öffentlich zugängliche Abfallbeseitigungsanlage oder um eine Abfallverwertungsanlage handelt, gelten die §§ 29 bis 37 BauGB ohne Einschränkungen. Im Außenbereich sind Abfallentsorgungsanlagen nach § 35 I Nr. 4 BauGB privilegierte Vorhaben, wenn sie aufgrund der nachteiligen Auswirkungen auf die Umgebung nur im Außenbereich ausgeführt werden sollen. Dies wird zB für eine Klärschlammtrocknungsanlage angenommen, für Bauschutt-Recyclinganlagen und für Sammelstellen für Gartenabfälle jedoch abgelehnt.[1117]

1113 BVerwG NVwZ-RR 2017, 229; OVG Koblenz Beschl. v. 25.7.2017 – 8 B 10987/17.OVG, BeckRS 2017, 119679 Rn. 6.

1114 BVerwG Beschl. vom 17.6.2014 – 7 B 14.14, juris Rn. 6; siehe auch Beckmann I+E 2014, 192.

1115 BVerwG Beschl. v. 17.6.2014 – 7 B 14.14, juris Rn. 7; Fellenberg/Schiller in Jarass/Petersen, KrWG, 2022, § 35 Rn. 65; Mann in Versteyl/Mann/Schomerus, KrWG, 2019, § 35 Rn. 51; Versteyl/Grunow in Schink/Versteyl KrWG, 2016, § 35 Rn. 21; Würtenberger in Schmehl/Klement, KrWG, 2019, § 35 Rn. 20.

1116 dazu Dippel AbfallR 2020, 57 (64).

1117 Fellenberg/Schiller in Jarass/Petersen, KrWG, 2022, § 35 Rn. 49.

Für die Beurteilung, ob der Gegenstand der Genehmigung eine Abfallbeseitigungsanlage im Sinne von § 38 BauGB oder eine dieser Vorschrift nicht unterfallende Abfallverwertungsanlage ist,[1118] sind die Regelungen des Kreislaufwirtschaftsrechts und die hierzu ergangene Rechtsprechung des EuGH und des BVerwG maßgeblich.[1119] Diese Vorschriften und auch die Rechtsprechung dazu beziehen sich zwar nicht auf die rechtliche Einordnung von Anlagen als Abfallverwertungs- oder Abfallbeseitigungsanlagen, sondern auf die rechtliche Beurteilung des Abfalls (Abfall zur Verwertung oder zur Beseitigung) und den Zweck des Entsorgungsvorgangs. Daraus lässt sich jedoch die gemäß § 38 BauGB erforderliche rechtliche Einordnung der Anlage ableiten. Wird in einer Anlage überwiegend Abfall zur Beseitigung verbrannt, so handelt es sich um eine Abfallbeseitigungsanlage im Sinne von § 38 BauGB. Wird dort dagegen überwiegend Abfall zur Verwertung verbrannt bzw. energetisch verwertet, so ist die Anlage als Abfallverwertungsanlage einzuordnen.[1120] Dazu wird insbesondere auch auf § 28 I 1 KrWG verwiesen. Aus § 28 I 1 iVm § 3 XXVI 1 und § 3 XXIII1 KrWG ergebe sich, dass eine Abfallbeseitigungsanlage eine Anlage oder Einrichtung ist, in der ein Behandeln, Lagern oder Ablagern von Abfällen zum Zweck der Beseitigung erfolgt, also nicht mit dem Hauptergebnis oder dem Hauptzweck, sie innerhalb der Anlage oder in der weiteren Wirtschaft einem sinnvollen Zweck zuzuführen.[1121] Zu Recht kritisiert Dippel, dass die Verwendung des Begriffs „Abfallbeseitigungsanlagen" in § 38 S. 1 BauGB dazu führt, dass der Anwendungsbereich der Privilegierung mit Blick darauf, dass immissionsschutzrechtlich genehmigungsbedürftige Müllverbrennungsanlagen nicht mehr zwingend als Abfallbeseitigungsanlagen eingeordnet werden müssen, stark eingeschränkt ist.[1122] Das erweist sich, so Dippel, heute als nicht mehr sachgerecht und führt dazu, dass die Wirkungen des § 38 BauGB in der Praxis der Genehmigungsverfahren nach dem BImSchG so gut wie nicht mehr zum Tragen kommen würden. Denn das Verständnis von dem, was eine „typische Abfallbeseitigungsanlage" sei, habe sich mittlerweile gewandelt. Die vom Gesetzgeber des BauROG im Jahr 1996 noch als „klassische Abfallbeseitigungsanlage" bezeichnete Müllverbrennungsanlage entspreche diesem Bild heute nicht mehr. In den Genehmigungen solcher Anlagen sei die Festlegung des Anlagenzwecks (Verwertung oder Beseitigung) nicht vorgesehen, wie sich aus der Beschreibung des Anlagentyps in Anhang 1 der 4. BImSchV, Nr. 8.1 ergebe, würden Müllverbrennungsanlagen heute auch nicht mehr mit dem Hauptzweck betrieben, Abfall zu beseitigen. Im Vordergrund stehe vielmehr die Funktion als (Heiz-)Kraftwerk. Erst recht gelte das für industrielle Feuerungsanlagen zur Erzeugung von Prozessdampf und Strom unter Einsatz auch von Abfällen aus der öffentlichen Entsorgung als Brennstoff. Auch diese Anlagen seien regelmäßig Verwertungsanlagen.[1123] 6618

Die öffentlich zugänglichen Abfallbeseitigungsanlagen sind dadurch gekennzeichnet, dass der Kreis der Anlieferer anders als bei betriebseigenen Anlagen nicht von vornherein begrenzt ist.[1124] Als nicht öffentlich zugänglich sind also nur solche Anlagen anzusehen, die als betriebseigene Anlagen ausschließlich der Eigenversorgung dienen, also keinen anderen Erzeugern oder Besitzern[1125]von Abfällen offenstehen. 6619

Nicht erforderlich ist es für die Privilegierung des § 38 BauGB, dass öffentlich zugänglichen Abfallbeseitigungsanlagen zusätzlich noch eine überörtliche Bedeutung attestiert werden muss, wie dies bei den in § 38 BauGB genannten planfeststellungsbedürftigen Vorhaben erforderlich ist. Das ergibt sich daraus, dass der Gesetzgeber angenommen hat, dass bei den erfassten Abfallbeseitigungsanlagen ohnehin jedenfalls im Regelfall eine überörtliche Bedeutung unstreitig ist.[1126] Überörtliche Bedeutung hat ein Vorhaben nach der Rechtsprechung des BVerwG 6620

1118 Fellenberg/Schiller in Jarass/Petersen, KrWG, 2022, § 35 Rn. 49; a. A. Versteyl/Grunow in Schink/Versteyl, KrWG, 2016, § 35 Rn. 23.

1119 Dippel AbfallR 2020, 57 (65).

1120 OVG Schleswig Urt. v. 02.02.2010 – 1 KS 4/07, juris Rn. 16; Dippel AbfallR 2020, 57, 65; a. A. Andrea Versteyl AbfallR 2007, 120, 128; siehe auch OVG Münster Urt. v. 24.9.2014 – 20 A 2013/12, juris Rn. 37 im Zusammenhang mit der Ablagerung von Abfällen auf einem Grundstück zu Zwecken einer stofflichen Verwertung.

1121 Dippel AbfallR 2020, 57 (65).

1122 Dippel AbfallR 2020, 57 (65).

1123 Dippel AbfallR 2020, 57 (65 ff.)

1124 OVG Weimar ThürVBl. 2006, 152.

1125 OVG Lüneburg Urt. v. 22.1.2009 – 12 KS 288/07, juris Rn. 37.

1126 Fellenberg/Schiller in Jarass/Petersen, KrWG 2022, § 35 Rn. 49; Würtenberger in Schmehl/Klement, KrWG, 2019, § 35 Rn. 21.

dann, wenn es aufgrund seiner überörtlichen Bezüge bei typisierender Betrachtungsweise einen gemeindeübergreifenden Koordinierungsbedarf hervorruft. Dies setzt nicht voraus, dass das Vorhaben als solches das Gebiet von mindestens zwei Gemeinden berührt.[1127] Ein Koordinierungsbedarf kann vielmehr auch bei einem auf das Gebiet nur einer Gemeinde beschränkten Vorhaben dann vorliegen, wenn dieses in ein übergreifendes Planungsprojekt, insbesondere bei weiträumigen Infrastrukturvorhaben, eingebettet ist.[1128] Entsprechendes nimmt das BVerwG an, wenn das örtlich radizierte Vorhaben sich in übergreifende raumbezogene Vorgaben einpassen muss, weil es der Abstimmung mehrerer örtlicher Planungen bedarf. Dies ist etwa dann der Fall, wenn für das Vorhaben eine Raumverträglichkeitsprüfung durchzuführen ist.[1129]

6621 Voraussetzung für diese Privilegierung immissionsschutzrechtlich genehmigter Abfallbeseitigungsanlagen ist allerdings, dass die Gemeinde im Verfahren beteiligt wird und dass städtebauliche Belange berücksichtigt werden. Auch der Abwägungsvorbehalt des § 38 S. 1 HS 2 BauGB führt nicht zu einer Änderung des Rechtscharakters der immissionsschutzrechtlichen Genehmigung. Sie wird nicht zu einer (umfassenden) planerischen Abwägungsentscheidung, sondern bleibt grundsätzlich eine gebundene Entscheidung, die um ein planerisches Element angereichert ist, so dass in einem Teilbereich eine Abwägung stattzufinden hat,[1130] während Fragen des Bedarfs und planerische Alternativen, beispielsweise hinsichtlich des Standorts der Anlage, unerheblich sind.[1131]

6622 Die Wirkung der Privilegierung des § 38 S. 1 BauGB für immissionsschutzrechtlich genehmigungsbedürftige Abfallentsorgungsanlagen wird als die eines „Weichmachers" beschrieben, der zwingende bauplanungsrechtliche Vorgaben zu abwägungsrelevanten Belangen abschwächt.[1132] Auch wenn es sich bei der Berücksichtigung öffentlicher Belange in diesem Zusammenhang nicht um eine planerische Abwägung handelt, ändert dies nichts daran, dass im Rahmen einer nachvollziehenden Abwägung die städtebaulichen Belange zu berücksichtigen sind. Dies bedeutet allerdings nicht nur, dass zB Festsetzungen eines Bebauungsplans, wenn schon nicht zwingend zu beachten, sondern doch abwägend zu berücksichtigen sind. Vielmehr müssen im Rahmen der nachvollziehenden Abwägung städtebauliche Belange berücksichtigt werden, die ansonsten von der mit Planungshoheit ausgestatteten Gemeinde berücksichtigt werden. Es geht insoweit nicht nur darum, bei diesen privilegierten Abfallentsorgungsanlagen die Planungshoheit in der Standortgemeinde von nachhaltigen Störungen zu schützen.[1133]

6623 Vielmehr dient das Erfordernis einer Berücksichtigung städtebaulicher Belange diesen städtebaulichen Belangen selbst und erst mittelbar auch der Planungshoheit der Gemeinde. Erst für die weitere Frage, ob und inwieweit Gemeinden gegen die immissionsschutzrechtliche Genehmigung, die auf der Grundlage der Privilegierung und gegebenenfalls unter Missachtung der zu berücksichtigenden städtebaulichen Belange erteilt worden ist, klagen können, ist zu entscheiden, worauf sich die Gemeinden zur Begründung ihrer Klage berufen können. Insoweit kommt es nicht darauf an, ob ein städtebaulicher Belang nachteilig betroffen und ggfls. nicht gebührend berücksichtigt worden ist; vielmehr kann die Gemeinde nur rügen, dass ihre Planungshoheit missachtet worden ist, verkannt oder falsch gewichtet worden ist. Für ihre Klagebefugnis ist entscheidend, ob ihre Planungshoheit durch die Erteilung der Genehmigung verletzt worden sein könnte. Die Gemeinde hat insoweit kein Recht darauf, die immissionsschutzrechtliche Genehmigung vollumfänglich überprüfen zu lassen. Sie kann sich vielmehr gegebenenfalls darauf berufen, nicht ordnungsgemäß beteiligt worden zu sein. Außerdem kann sie rügen, dass ihre Planungshoheit missachtet worden ist, weil zB eine hinreichend verfestigte, nicht zwingend bereits in Bauleitplänen zum Ausdruck kommende Planung nicht mehr verwirklicht werden könnte, nachträglich geändert werden müsste bzw. nachhaltig gestört würde. Sie kann außerdem einwenden, dass durch ein großräumiges Vorhaben wesentliche Teile des Gemeindegebietes einer durchsetzbaren Planung der Gemeinde

[1127] BVerwG Beschl. v. 30.6.2004 – 7 B 92.03, juris Rn. 11.
[1128] BVerwG Urt. v. 30.3.017 – 7 C 17/15, juris, Rn. 17; BVerwG Beschl. v. 31.7.2000 – 11 VR 5.00, juris Rn. 6; v. 7.2.2005 – 9 VR 15.04, juris Rn. 10.
[1129] BVerwG Urt. v. 30.3.017 – 7 C 17/15, juris, Rn. 17.
[1130] BVerwG Beschl. v. 28.06.2007 – 7 B 4.07, juris.
[1131] OVG Lüneburg Urt. v. 22.1.2009 – 12 KS 288/07, juris Rn. 34 f.; OVG Weimar ZUR 2006, 479; VGH Mannheim NVwZ-RR 1999, 298.
[1132] Kraft in Spannowsky/Uechtritz, Baugesetzbuch, 2022, § 38 Rn. 25.
[1133] in diesem Sinne aber Versteyl/Grunow in Schink/Versteyl, KrWG, 2016, § 35 Rn. 23.

gänzlich entzogen würden oder dass eine gemeindliche Einrichtung in ihrer Funktionsfähigkeit erheblich in Mitleidenschaft gezogen würde.[1134]

f) Genehmigung. Die immissionsschutzrechtliche Genehmigung für eine Abfallentsorgungsanlage ist eine **Realkonzession**, so dass persönliche Anforderungen an den Anlagenbetreiber nicht als Genehmigungsvoraussetzung zu prüfen sind.[1135] Liegen die Genehmigungsvoraussetzungen, hat der Antragsteller einen Anspruch auf die Erteilung der Genehmigung; ein Ermessen steht der Genehmigungsbehörde insoweit nicht zu.[1136] Der obligatorische Inhalt der immissionsschutzrechtlichen Genehmigung für eine Abfallentsorgungsanlage ergibt sich aus § 21 der 9. BImSchV. Die Genehmigung ist schriftlich zu erteilen und im Einzelnen zu begründen (§ 10 VII BImSchG). 6624

Die **Rechtswirkungen** der immissionsschutzrechtlichen Genehmigung ergeben sich aus den §§ 13 und 14 BImSchG. Sie hängen auch davon ab, ob die Genehmigung im förmlichen oder vereinfachten Genehmigungsverfahren erteilt worden ist. Genehmigungen, die im förmlichen Genehmigungsverfahren erteilt werden, haben Rechtswirkungen, die mit denen des Planfeststellungsbeschlusses für Deponien vergleichbar sind. Die Genehmigung hat eine Gestattungswirkung und eine Konzentrationswirkung sowie eine privatrechtsgestaltende Wirkung. Gem. § 14 BImSchG sind mit Eintritt der Bestandskraft alle privatrechtlichen Ansprüche von Nachbarn auf Einstellung des Betriebs der Anlage, etwa aus den §§ 906, 1004 BGB, ausgeschlossen. Möglich ist die Erteilung einer Teilgenehmigung gemäß § 8 BImSchG oder eines Vorbescheids nach § 9 BImSchG. 6625

g) Immissionsschutzrechtliche Konzentrationswirkung. Ob und inwieweit neben der immissionsschutzrechtlichen Genehmigung eine weitere Zulassung für Abfallentsorgungsanlagen notwendig ist, hängt von den weiteren fachgesetzlichen Zulassungstatbeständen und dem Umfang der Konzentrationswirkung des § 13 BImSchG ab. Nach § 13 BImSchG schließt die immissionsschutzrechtliche Genehmigung andere die Anlage betreffende behördliche Entscheidungen ein, insbesondere öffentlich-rechtliche Genehmigungen, Zulassungen, Verleihungen, Erlaubnisse und Bewilligungen mit Ausnahme von Planfeststellungen, Zulassungen bergrechtlicher Betriebspläne, behördlichen Entscheidungen aufgrund atomrechtlicher Vorschriften und wasserrechtlichen Erlaubnissen und Bewilligungen nach § 8 i. V. m. § 10 WHG. Von der Konzentrationswirkung umfasst sind aber nur behördliche Entscheidungen, die vom Antragsteller vor Errichtung bzw. Betrieb der Anlage eingeholt werden müssen, die also Voraussetzung für die Errichtung und den Betrieb der Anlage sind und insoweit eine Freigabewirkung für den Betreiber der Anlage haben.[1137] Derartige Entscheidungen müssen dabei unter anderem von solchen Zulassungen unterschieden werden, die eine Errichtung der Anlage nur vorbereiten und auf die sich die Konzentrationswirkung nach § 13 BImSchG deshalb nicht erstreckt. Umstritten ist, ob Zielabweichungsbescheide nach § 6 II ROG von der Konzentrationswirkung gemäß § 13 BImSchG erfasst werden, weil sie eine dem Genehmigungsverfahren vorgelagerte Verfahrensstufe betreffen. Zunehmend wird angenommen, dass § 13 BImSchG auch auf Zielabweichungen anzuwenden ist.[1138] 6626

h) Sicherheitsleistung für Abfallentsorgungsanlagen. Genehmigungsbedürftige Anlagen sind so zu errichten, zu betreiben und stillzulegen, dass auch nach einer Betriebseinstellung 1. von der Anlage oder dem Anlagengrundstück keine schädlichen Umwelteinwirkungen und sonstige Gefahren, erhebliche Nachteile und erhebliche Belästigungen für die Allgemeinheit und die Nachbarschaft hervorgerufen werden können, 2. vorhandene Abfälle ordnungsgemäß und schadlos verwertet oder ohne Beeinträchtigung des Wohls der Allgemeinheit beseitigt werden und 3. die Wiederherstellung eines ordnungsgemäßen Zustandes des Anlagengrundstücks gewährleistet ist. Zur Sicherstellung der Anforderungen nach § 5 III BImSchG soll nach § 12 6627

1134 Kraft in Spannowsky/Uechtritz, Baugesetzbuch, 2022, § 38 Rn. 26.

1135 Klages in Beck OK Umweltrecht, § 35 KrWG Rn. 35; Grunow in Schink/Versteyl, KrWG 2016, Rn. 17.

1136 BVerwG Beschl. v. 28.06.2007 – 7 B 4.07, juris Rn. 9.

1137 OVG Lüneburg Beschl. v. 15.12.2021 – 12 MS 97/21, juris Rn. 21; VGH Mannheim Urt. v. 19.3.2007 – 1 S 1041/05, juris, Rn. 56.

1138 OVG Lüneburg Beschl. v. 15.12.2021 – 12 MS 97/21, juris Rn. 23; Lange in Appel/Ohms/Saurer, BImSchG, 2021, § 13 BImSchG, Rn. 25; Kümper NuR 2021, 588, 589; zur Zielabweichung siehe auch BVerwG NVwZ 2024, 343; Beckmann ZUR 2024, 15.

bzw. nach § 17 IVa 1 BImSchG bei Abfallentsorgungsanlagen im Sinne des § 4 I 1 BImSchG auch eine Sicherheitsleistung auferlegt werden. Die Anordnung einer Sicherheitsleistung steht im Regelfall nicht im Ermessen. Von ihr darf nur abgesehen werden, wenn ein in Bezug auf den Sinn und Zweck der Vorschrift atypischer Fall vorliegt.[1139] Ob ein atypischer Fall vorliegt, ist ausgehend vom Gesetzeszweck zu beantworten, die öffentliche Hand vor dem Risiko eines insolvenzbedingten Ausfalls des Anlagenbetreibers zu schützen und sicherzustellen, dass sie nicht die zum Teil erheblichen Sicherungs-, Sanierungs- und Entsorgungskosten nach einer Anlagenstilllegung tragen muss, weil die vor der Insolvenz vereinnahmten Entgelte zu deren Abdeckung nicht mehr zur Verfügung stehen. Die dem Betreiber obliegenden immissionsschutzrechtlichen Nachsorgepflichten sollen auf diese Weise zum Schutz der öffentlichen Kassen präventiv durchgesetzt werden. Ausgehend hiervon ist ein atypischer Fall nur gegeben, wenn ein solches Kostenrisiko – auch unter Berücksichtigung der Unsicherheiten einer in die Zukunft gerichteten Prognose – aufgrund besonderer Umstände verneint werden kann und es deswegen keiner Ausfallabsicherung bedarf.[1140] Eine besondere wirtschaftliche Leistungsfähigkeit oder Zuverlässigkeit des Betreibers rechtfertigt demgegenüber für sich allein keinen Verzicht auf eine Sicherheitsleistung, weil das allgemeine Insolvenzrisiko auch bei einer aktuell guten wirtschaftlichen Situation nicht für die Zukunft ausgeschlossen werden kann.[1141]

8. Planfeststellung und Plangenehmigung für Deponien

6628 Gem. § 35 II 1 KrWG bedürfen die Errichtung und der Betrieb von Deponien sowie die wesentliche Änderung einer solchen Anlage oder ihres Betriebes der Planfeststellung durch die zuständige Behörde. In dem Planfeststellungsverfahren ist eine Umweltverträglichkeitsprüfung nach dem UVPG durchzuführen. Die Frage, ob die wesentliche Änderung einer Deponie keine erheblichen nachteiligen Auswirkungen auf die Umwelt haben kann und deshalb die Voraussetzungen für die Durchführung eines Plangenehmigungsverfahrens an Stelle eines Planfeststellungsverfahrens vorliegen, erfordert nur eine summarische Prüfung mit den in diesem Verfahrensstadium zur Verfügung stehenden Erkenntnismitteln.[1142] Während die Zahl der zugelassenen Abfallentsorgungsanlagen insgesamt in der Vergangenheit kontinuierlich zugenommen hat, ging die Zahl der zugelassenen Deponien zurück. Im Jahr 2019 gab es 13.876 zugelassene Abfallentsorgungsanlagen und nur noch 1.027 Deponien.[1143]

6629 Für das abfallrechtliche Planfeststellungsverfahren gelten gem. § 38 I 1 KrWG die §§ 72 bis 78 VwVfG. Die Bundesregierung ist gem. § 38 I 2 KrWG ermächtigt, durch Rechtsverordnung mit Zustimmung des Bundesrates weitere Einzelheiten des Planfeststellungsverfahrens, insbesondere Art und Umfang der Antragsunterlagen zu regeln.

6630 An Stelle eines Planfeststellungsverfahrens kann die zuständige Behörde gem. § 35 III KrWG bei unbedeutenden Deponien (soweit keine erheblichen nachteiligen Auswirkungen auf ein in § 2 I 1 UVPG genanntes Schutzgut möglich sind), bei wesentlichen Änderungen einer Deponie oder ihres Betriebes oder bei Probeanlagen auf Antrag oder von Amts wegen ein einfacheres Plangenehmigungsverfahren durchführen. Die zuständige Behörde soll ein Genehmigungsverfahren durchführen, wenn die Änderung keine erheblichen nachteiligen Auswirkungen auf ein in § 2 I 2 UVPG genanntes Schutzgut hat und den Zweck verfolgt, eine wesentliche Verbesserung für diese Schutzgüter herbeizuführen.

6631 Gem. § 35 IV KrWG gilt § 15 I 1 bis 4 und II BImSchG entsprechend. Für die Änderung von Deponien ist daher ein **Anzeigeverfahren** durchzuführen. Gem. § 35 V KrWG kann der Vorhabenträger für ein anzeigebedürftiges Vorhaben auch eine Planfeststellung oder eine Plangenehmigung beantragen. Stilllegung und Nachsorge von Deponien sind in § 40 KrWG und in §§ 3 ff. DepV geregelt.[1144]

[1139] VGH Mannheim Urt. v. 11.5.2021 – 10 S 709/19, juris Rn. 40.

[1140] VGH Mannheim Urt. v. 11.5.2021 – 10 S 709/19, juris Rn. 40.

[1141] VGH Mannheim Urt. v. 11.5.2021 – 10 S 709/19, juris Rn. 41; aA Beckmann, UPR 2020, 121.

[1142] OVG Magdeburg Urt. v. 27.6.2023 2 K 40722, juris.

[1143] Fellenberg/Schiller in Jarass/Petersen, KrWG, 2022, § 35 Rn. 2; zur Einführung in das Zulassungsrecht für Abfalldeponien Dieckmann/Reese in Handbuch Umweltrecht, 2024, § 8 Rn. 11ff.; Frenz Abfalldeponien in Ziekow, Handbuch des Fachplanungsrechts, 2024, § 18 Rn. 1 ff.

[1144] OVG Lüneburg NVwZ-RR 2020, 153; BVerwG AbfallR 2016, 250; VG Neustadt Urt. v. 11.7.2019, BeckRS 2019, 42870.

Bei der abfallrechtlichen Zulassung handelt es sich – im Gegensatz zur immissionsschutzrechtlichen Genehmigung – um eine **Personalkonzession**, vor deren Erteilung die Zuverlässigkeit des Antragstellers zu prüfen ist.[1145] Der Träger des Vorhabens hat nach § 19 I DepV mit dem Antrag auf Erteilung einer Planfeststellung oder Plangenehmigung für eine Deponie nachzuweisen, dass er für die Errichtung, die Betriebs- und Nachsorgephase finanziell leistungsfähig ist. Die Zulassung der Deponie setzt außerdem gemäß § 36 I Nr. 2 KrWG voraus, dass keine Tatsachen bekannt sind, aus denen sich Bedenken gegen die Zuverlässigkeit der für die Errichtung, Leitung oder Beaufsichtigung des Betriebes oder der Nachsorge der Deponie verantwortlichen Personen ergeben. Außerdem müssen diese Personen oder das sonstige Personal die erforderliche Sach- und Fachkunde besitzen (§ 36 I Nr. 3 KrWG). Die Planfeststellung einer Deponie hängt damit von persönlichen Merkmalen wie der Zuverlässigkeit einschließlich der erforderlichen Sach- und Fachkunde sowie der finanziellen Leistungsfähigkeit ab.[1146] Das BVerwG geht deshalb zu Recht davon aus, dass eine Deponiezulassung nicht durch ein Rechtsgeschäft übertragen werden kann. Vielmehr bedarf die Übertragung der Deponieplanfeststellung angesichts der ihr anhaftenden personalen Elemente auf einen anderen Betreiber eines Änderungsbescheids.[1147] 6632

Nach Nr. 2 und Nr. 1 Anlage 1 USchadG zählen der Betrieb einer nach § 35 II, III KrWG planfeststellungs- bzw. plangenehmigungsbedürftigen Deponie sowie die Überwachung einer Deponie nach deren Schließung zu den beruflichen Tätigkeiten iSd § 3 I USchadG, für die Schadensersatz zu leisten ist, wenn durch sie Umweltschäden oder unmittelbare Gefahren solcher Schäden hervorgerufen werden.[1148] 6633

a) Deponiebegriff. Nach § 3 XXVII KrWG sind Deponien Beseitigungsanlagen zur Ablagerung von Abfällen oberhalb der Erdoberfläche – oberirdische Deponien – oder unterhalb der Erdoberfläche – Untertagedeponien. **Ablagerung** ist die zielgerichtete und dauerhafte Entledigung an einem bestimmten Ort. Es kommt nicht darauf an, ob diese Zweckrichtung bereits zum Zeitpunkt der Deponierung vorlag. Es genügt, dass sich aus einem zeitlich begrenzten Lagern ein dauerhaftes Ablagern entwickelt.[1149] Zu den Deponien zählen gemäß § 3 XXVII 2 KrWG auch betriebsinterne Abfallbeseitigungsanlagen für die Ablagerung von Abfällen, in denen ein Abfallerzeuger die Abfälle am Erzeugungsort beseitigt. Eine planfeststellungs- oder plangenehmigungsbedürftige Deponie kann vorliegen, wenn Erdaushub, der bei einer Neubaumaßnahme entstanden ist, dauerhaft auf einem Grundstück aufgebracht werden soll[1150] oder wenn eine Grube mit schadstoffhaltigem Material verfüllt wird[1151] oder bei Schlammplätzen zur Austrocknung von Klärschlamm.[1152] Keine Deponien sind die sog. **Langzeitlager** nach § 4 I BImSchG iVm Nr. 8.14 Anhang zur 4. BImSchV, weil dort Abfälle nicht dauerhaft abgelagert werden. Die Legaldefinition des Deponiebegriffs im KrWG bleibt insoweit hinter dem Anwendungsbereich der Deponierichtlinie zurück, soweit dieser sich auch auf Langzeitlager erstreckt. Das ist mit EU-Recht vereinbar, weil nach § 1 I Nr. 5 und 6 DepV die Vorschriften der DepV auch auf Langzeitlager und damit im immissionsschutzrechtlichen Genehmigungsverfahren anzuwenden sind.[1153] 6634

Auch bei der **Verfüllung von untertägigen Bergwerken** handelt es sich regelmäßig nicht um den Betrieb einer Deponie, da die Verfüllung untertägiger Hohlräume zumeist als Abfallverwertung einzuordnen ist.[1154] Werden Abfälle untertägig oder zur Verfüllung von Tagebauen abgelagert, ohne dass es dafür eine bergbauliche Notwendigkeit oder Sinnhaftigkeit gibt, etwa 6635

1145 Beckmann in Landmann/Rohmer, Umweltrecht, 2023, § 35 KrWG Rn. 40; Gruber AbfallR 2011, 173 (176); VG Düsseldorf Urt. v. 13.5.2008 – 17 K 564/07, juris Rn. 17; Mann in Versteyl/Mann/Schomerus, KrWG § 35 Rn. 2; von einer Mischform sprechen das VG Ansbach Urt. v. 21.10.2009 – AN 11 K 08.01990, juris, und das VG Düsseldorf Urt. v. 21.6.2018 – 17 K 2012/17, BeckRS 2018, 13707, Rn. 33.

1146 VG Düsseldorf Urt. v. 21.6.2018 – 17 K 2012/17, BeckRS 2018, 13707, Rn. 33.

1147 BVerwG Urt. v. 10.1.2012 – 7 C 6/11, juris Rn. 12.

1148 näher zur Verantwortlichkeit nach dem USchadG beim Betrieb einer Deponie Versteyl/Molkenbur AbfallR 2010, 20 ff.

1149 BVerwG Urt. v. 8.07.2020 – 7 C 19.18, juris Rn. 23.

1150 VG Trier Urt. v. 7.3.2012 – 5 K 1535/11.TR, juris Rn. 18 f.

1151 BVerwG Beschl. v. 12.1.2010 – 7 B 34.09, juris Rn. 8; VG Augsburg Urt. v. 21.12.2011 – Au 4 K 10.1154, juris Rn. 24 f.

1152 BVerwG Urt. v. 8.7.2020 – 7 C 19.18, juris Rn. 23.

1153 dazu Fellenberg/Schiller in Jarass/Petersen, KrWG, 2022, § 35 Rn. 90.

1154 BVerwG NVwZ 2005, 954.

weil für dein Tagebau kein entsprechendes Wiedernutzbarmachungs- oder Renaturierungskonzept besteht, so ist eine abfallrechtliche Planfeststellung erforderlich.[1155]

6636 **b) Planfeststellungserfordernis**. Planfeststellungspflichtig sind die Errichtung, der Betrieb und die wesentliche Änderung einer Deponie.

6637 Die **Errichtung** einer Deponie beginnt mit der Aufnahme von Bauarbeiten an der Anlage. Vorbereitungshandlungen, zB Probebohrungen im Rahmen einer Deponiestandortsuche, sind noch nicht Teil der Errichtung. Anforderungen an die Errichtung einer Deponie ergeben sich aus § 3 DepV. Deponien oder Deponieabschnitte der Klasse 0, I, II oder III sind danach so zu errichten, dass die Anforderungen nach § 3 III DepV sowie nach Anhang 1 der DepV an den Standort, die geologische Barriere und das Basisabdichtungssystem eingehalten werden. Deponien der Klasse IV sind nach § 3 II DepV nur im Salzgestein und so zu errichten, dass die Anforderungen nach § 3 IIII DepV und nach Anhang 2 Nr. 1 der DepV an Standort und geologische Barriere sowie nach Anhang 2 Nr. 2 der DepV zur standortbezogenen Sicherheitsbeurteilung eingehalten werden. Der Deponiebetreiber hat nach § 3 III DepV auf der Deponie außer einem Ablagerungsbereich mindestens einen Eingangsbereich einzurichten. Er hat die Deponie so zu sichern, dass ein unbefugter Zugang zu der Anlage verhindert wird. Der Deponiebetrieb endet mit der endgültigen Stilllegung der Deponie. Demgemäß wird die Deponie selbst nach Beendigung der Ablagerung bis zum Zeitpunkt ihrer endgültigen Stilllegung betrieben.[1156] Nach anderer Ansicht endet der Betrieb einer Deponie mit dem Ende der Ablagerungsphase. Dabei handelt es sich nach § 2 Nr. 2 DepV um den Zeitraum von der Abnahme der für den Betrieb einer Deponie oder eines Deponieabschnittes erforderlichen Einrichtungen durch die zuständige Behörde bis zu dem Zeitpunkt, an dem die Ablagerung von Abfällen beendet wird. Die nach der Ablagerungsphase beginnende Stilllegungsphase und die Nachsorgephase sollen nach dieser Ansicht nicht zum Betrieb der Deponie zählen. Das soll sich aus dem Wortlaut des § 40 II 1 KrWG ergeben, wonach, soweit entsprechende Regelungen noch nicht in dem Planfeststellungsbeschluss nach § 35 II KrWG, der Plangenehmigung nach § 35 III KrWG, in Bedingungen und Auflagen oder den für die Deponie geltenden umweltrechtlichen Vorschriften enthalten sind, die zuständige Behörde den Betreiber der Deponie zu bestimmten, in einzelnen aufgelisteten Stilllegungsmaßnahmen zu verpflichten hat.[1157] Überzeugend ist diese Sichtweise nicht. Aus § 40 II 1 KrWG ergibt sich das Gegenteil, dass nämlich im Regelfall der Planfeststellungsbeschluss auch Regelungen für die Zeit nach dem Ende der Ablagerung, dh insbesondere auch für die Stilllegungsphase enthält. Lediglich dann, wenn es an solchen Regelungen noch fehlt, räumt der Gesetzgeber der Planfeststellungsbehörde die Möglichkeit ein, auf der Grundlage des § 40 II 1 KrWG anlässlich der Stilllegungsanzeige den Deponiebetreiber zu weiteren Maßnahmen zu verpflichten. Soweit sich die Planfeststellungsbedürftigkeit für die Errichtung und den Betrieb der Deponie ergibt, erstreckt sich der Deponiebetrieb auch auf die Zeit nach dem Ende der Ablagerungstätigkeit.

6638 Ob eine **wesentliche Änderung** vorliegt, ist anhand sämtlicher Zulassungsvoraussetzungen der Planfeststellung zu prüfen. Eine unwesentliche Änderung liegt nur dann vor, wenn eine rechtserhebliche Beeinträchtigung der in einem Planfeststellungsverfahren zu berücksichtigenden Schutzgüter nicht zu erwarten ist.[1158] Wesentlich ist eine Änderung, wenn sie die Zulassungsfrage neu aufwirft und Anlass zu einer erneuten Prüfung der Zulassung gibt.[1159] Maßgeblich sind, anders als bei den sonstigen Abfallentsorgungsanlagen nach § 35 I KrWG, sämtliche Zulassungsvoraussetzungen der Planfeststellung und nicht nur die abfallrechtlichen Voraussetzungen nach § 36 I KrWG und die in § 15 II KrWG aufgezählten Schutzgüter. Ausreichend für die Annahme einer wesentlichen Änderung ist es, dass diese sich auf Anforderungen des Bau-, Wasser- oder Naturschutzrechts auswirken kann.[1160] Die Beantwortung der in Anwendung des § 35 III 1 Nr. 2 KrWG im ersten Schritt zu prüfenden Frage, ob die wesentliche Änderung einer Deponie keine erheblichen nachteiligen Auswirkungen auf ein UVP-Schutz-

---

[1155] BVerwG Beschl. v. 12.1.2010, BeckRS 2010, 48478; Klages in Schink/Versteyl, KrWG, 2016, § 29 Rn. 19; Dippel AbfallR 2010, 132, 136; näher dazu Kropp AbfallR 2018, 55; Stengler NVwZ 2002, 568.

[1156] VGH München Urt. v. 7.10.2010 – 20 B 10.396, juris Rn. 36.

[1157] Würtenberger in Schmehl/Klement, KrWG, 2019, § 35 Rn. 27.

[1158] OVG Bautzen Beschl. v. 14.2.2005 – 4 BS 273/04, juris Rn. 22.

[1159] OVG Münster Urt. v. 30.4.2010 – 20 D 119/07. AK, juris Rn. 39; Fellenberg/Schiller in Jarass/Petersen, KrWG 2022, § 35 Rn. 92; Klages in Beck OK Umweltrecht, § 35 KrWG Rn. 60.

[1160] Mann in Versteyl/Mann/Schomerus, KrWG 2019, § 35 Rn. 73; Klages in BeckOK Umweltrecht, § 35 Rn. 60; Fellenberg/Schiller in Jarass/Petersen, KrWG 2022, § 35 Rn. 92.

gut haben kann und deshalb die Voraussetzungen für die Durchführung eines Plangenehmigungsverfahrens an Stelle eines Planfeststellungsverfahrens vorliegen, erfordert nur eine summarische Prüfung mit den in diesem Verfahrensstadium zur Verfügung stehenden Erkenntnismitteln.[1161]

Anders als etwa bei straßenrechtlichen oder wasserstraßenrechtlichen Planfeststellungen be- **6639**
zieht sich die abfallrechtliche Planfeststellung nicht nur auf den Bau einer Anlage, sondern auch auf ihren Betrieb. Das rückt sie in die Nähe klassischer Anlagengenehmigungen, wie denen des Immissionsschutzrechts, die ebenfalls Errichtung und Betrieb von Anlagen zum Gegenstand haben. Werden grundlegende Änderungen an der Basisabdichtung und dem Entwässerungssystem einer Deponie vorgenommen, erfordert dies regelmäßig ein Verfahren nach § 35 II oder IIII KrWG.[1162] Eine wesentliche Änderung kann auch vorliegen, wenn der Deponiebetreiber die Deponie abweichend von der geltenden Planfeststellung oder Plangenehmigung errichtet oder betreibt, wenn er zum Beispiel das genehmigte Verfüllvolumen um mehr als die Hälfte überschreitet.[1163] Das OVG Lüneburg hatte die Frage zu klären, ob durch die Ansiedlung einer Müllverbrennungsanlage in unmittelbarer Nachbarschaft zu einer Deponie, diese zu einer Gesamtanlage aufgewertet wird, so dass nicht das immissionsschutzrechtliche Verfahren nach § 35 I KrWG, sondern ein Planfeststellungsverfahren nach § 35 II KrWG durchzuführen wäre. Das OVG Lüneburg lehnte dies ab und betrachtete die Neuansiedlung der Müllverbrennungsanlage isoliert nach § 35 I KrWG. Schon die systematische Gegenüberstellung beider Normen belege, dass der Gesetzgeber eine Zuordnung einer Anlage nach § 35 I KrWG zu einer Deponie iSd § 35 II KrWG nicht vorgesehen habe. Als untergeordnete Nebenanlage der Deponie ließ sich die Müllverbrennungsanlage u. a. deswegen nicht einordnen, weil sie mit der Erzeugung von elektrischem Strom und Fernwärme eigenständige Zwecke verfolgte.[1164]

Wird auf einer bereits stillgelegten Deponie eine neue Deponie errichtet, ist zweifelhaft, ob **6640**
es sich dabei um ein Neuvorhaben oder um ein Änderungsvorhaben handelt.[1165] Entscheidend dürften die Umstände des jeweiligen Einzelfalls sein. Auch bei einem Betreiberwechsel liegt eine Änderung (des Betriebs) vor. Eine Übertragung der Deponie auf einen anderen Betreiber setzt wegen der personalen Elemente der Planfeststellung bzw. Plangenehmigung (§ 36 I Nr. 2 und 3 KrWG) eine Mitwirkung der Behörde voraus.[1166]

Im Einzelfall kann auch die Frage zweifelhaft sein, ob es sich bei einem Vorhaben lediglich **6641**
um die Änderung einer bestehenden oder um die Errichtung einer neuen Anlage handelt. Ob etwa die Zulassung neuer Deponieflächen neben einer bestehenden Deponie die Errichtung einer neuen oder bloß die Änderung der bestehenden Abfallentsorgungsanlage ist, beurteilt sich danach, ob durch die Einbeziehung der neuen Deponieflächen die Identität der alten Anlagen gewahrt bleibt oder eine nach Gegenstand, Art und Betriebsweise im Wesentlichen andersartige Anlage hinzu kommt.[1167] Die **Abgrenzung von Neuvorhaben und Änderungsvorhaben** ist auch für den Umfang der Pflicht zur Umweltverträglichkeitsprüfung wichtig: Während bei Neuvorhaben nach § 6 UVPG eine unbedingte UVP-Pflicht bestehen kann, hängt die UVP-Pflicht bei Änderungsvorhaben nach § 9 UVPG von weiteren Voraussetzungen ab. Die Erweiterung einer Anlage ist grundsätzlich dann keine Neuanlage, wenn es sich um die bloße Vergrößerung oder die Errichtung einer gleichartigen Anlage handelt. Erreichen die Änderung, Erweiterung in quantitativer Hinsicht, Änderung der Beschaffenheit der Bestandsanlage in qualitativer Hinsicht eine Dimension, dass der Kernbestand der Anlage überwiegend oder sogar vollständig verändert wird und ändert sich die Gesamtkonzeption der Anlage, bedarf es einer Neugenehmigung. Dies soll zB dann der Fall sein, wenn die Änderung zu einer Verdoppelung der Anlagenkapazität führt oder sogar darüber hinaus reicht.

[1161] OVG Magdeburg Urt. v. 27.6.2023 – 2 K 40/22, juris Rn. 38.

[1162] OVG Bautzen Beschl. v. 14.2.2005 – 4 BS 273/04, juris Rn. 23.

[1163] dazu OVG Saarlouis Beschl. v. 26.3.2020 – 1 B 306/19, BeckRS 2020, 4685, Rn. 30.

[1164] OVG Lüneburg Urt. v. 22.01.2009 – 12 KS 288/07, juris Rn. 32.

[1165] für Neuvorhaben Fellenberg/Schiller in Jarass/Petersen, KrWG, 2022, § 35 Rn. 92; für Änderungsvorhaben Kersting/Gruber AbfallR 2010, 200, 203.

[1166] BVerwG NVwZ 2012, 888 Rn. 12; Gruber AbfallR 2012, 238; Versteyl/Grunow in Schink/Versteyl KrWG, 2016, § 35 Rn. 26, 28; Fellenberg/Schiller in Jarass/Petersen, KrWG, 2022, § 35 Rn. 92.

[1167] BVerwG NVwZ 1992, 789; zur Errichtung einer Deponie bzw. eines Deponieabschnitts auf bestehenden Deponieflächen Kersting/Gruber AbfallR 2010, 200.

6642 **c) Inhaber der Deponie und Deponiebetreiber**. Nach der Rechtsprechung des BVerwG ist Inhaber einer Deponie, wer sie betreibt oder zuletzt betrieben hat. Nach dem Gesetzeszweck sei derjenige als Deponieinhaber anzusehen, der für die Deponie rechtlich und tatsächlich verantwortlich sei. An ihn richteten sich die zur Gewährleistung des ordnungsgemäßen Betriebs bestimmten gesetzlichen Pflichten. Verantwortlich für die Deponie sei deren Betreiber, weil nur er tatsächlich und rechtlich in der Lage sei, den Betrieb der Deponie entsprechend den gesetzlichen Anforderungen zu führen. Er sei Inhaber der Verfügungsgewalt über die Abfallentsorgungsanlage, nehme die Betriebsführung wahr und trage damit die Verantwortung dafür, dass das Wohl der Allgemeinheit nicht gefährdet werde. Die Begriffe Inhaber und Betreiber einer Deponie würden daher regelmäßig synonym verwendet.[1168] Ihre Verknüpfung stelle zugleich klar, dass der Grundstückseigentümer, der nicht selbst Betreiber einer Deponie sei, den abfallrechtlichen Anforderungen an den Deponieinhaber nicht unterliege.[1169] § 2 Nr. 12 DepV definiert als Deponiebetreiber die natürliche oder juristische Person, die die rechtliche oder tatsächliche Verfügungsgewalt über eine Deponie innehat.

6643 Verantwortlich für eine Deponie ist deren Betreiber, weil nur er tatsächlich und rechtlich in der Lage ist, den Betrieb der Deponie entsprechend den gesetzlichen Anforderungen zu führen. An ihn richten sich die zur Gewährleistung des ordnungsgemäßen Betriebes bestimmten gesetzlichen Pflichten.[1170] Er ist Inhaber der Verfügungsgewalt über die Abfallentsorgungsanlage, nimmt die Betriebsführung wahr und trägt damit die Verantwortung dafür, dass das Wohl der Allgemeinheit nicht gefährdet wird. Die Frage, wer im Einzelfall Betreiber ist, ist abgesehen davon nicht allein nach formal-rechtlichen Gesichtspunkten, sondern unter Berücksichtigung der rechtlichen, wirtschaftlichen und tatsächlichen Einzelfallumstände zu beurteilen.[1171] Da eine Abfalldeponie nicht ohne die dafür erforderliche abfallrechtliche Planfeststellung oder Plangenehmigung betrieben werden darf, muss der Deponiebetreiber grundsätzlich auch Inhaber der Planfeststellung sein. Verfügt er über keine abfallrechtliche Zulassung, ist sein Betrieb formell illegal. Er hat deshalb vor dem Beginn der Errichtung der Deponie auch den entsprechenden Planfeststellungsantrag zu stellen und das Planfeststellungsverfahren zu betreiben. Daraus folgt umgekehrt allerdings nicht, dass der Inhaber der Planfeststellung stets auch der Deponiebetreiber ist. Denn das BVerwG ist zutreffend der Ansicht, dass es mit Sinn und Zweck der gesetzlichen Regelungen nicht vereinbar wäre, wenn man die Betreibereigenschaft immer schon dann verneinen würde, wenn der Betreffende nicht über eine eigene Zulassung verfüge. Das BVerwG spricht in diesem Zusammenhang von einem **faktischen Betreiber**.[1172] Grundsätzlich ist dies der Anlagenbetreiber bzw. der Vorhabenträger.

6644 **d) Zuständige Behörde.** Die zuständige Behörde für die Durchführung des Planfeststellungsverfahrens einerseits und den Erlass des Planfeststellungsbeschlusses andererseits wird durch das Landesrecht bestimmt. Grundsätzlich werden verfahrensrechtlich die Funktionen der Anhörungsbehörde und der Planfeststellungsbehörde unterschieden. Regelmäßig werden diese Funktionen jedoch nach dem jeweiligen Landesrecht bei einer Behörde zusammengeführt. Nach der Rechtsprechung ist die Identität von Anhörungs- und Planfeststellungsbehörde sowohl hinsichtlich des Rechtsstaatsprinzips als auch hinsichtlich des Grundsatzes eines fairen Verfahrens grundsätzlich unbedenklich.[1173] Auch eine Identität zwischen Vorhabenträger und Planfeststellungsbehörde ist vom BVerwG akzeptiert worden.[1174] Nach Auffassung des Gerichts kann aber eine organisatorische Trennung bei den Funktionen, wie sie im Fachplanungsrecht auch üblich ist, wesentlich dazu beitragen, die Gefahr und den äußeren Schein zu vermeiden, dass der Planfeststellungsbehörde die notwendige Distanz gegenüber dem Vorhabenträger fehlt.

[1168] So auch BVerwG UPR 2023, 396 = juris Rn. 9; siehe auch VGH München Beschl. v. 24.5.2023 – 12 CS 21.2182, juris Rn. 29.

[1169] BVerwG Beschl. v. 22.7.2010 – 7.112/10, juris Rn. 14; Urt. v. 31.8.2006 – 7 C 3.06, juris Rn. 12.

[1170] VG Düsseldorf Urt. v. 21.6.2018 – 17 K 2012/17, juris Rn. 29.

[1171] VG Düsseldorf Urt. v. 21.6.2018 – 17 K 2012/17, juris Rn. 29; BVerwG Beschl. v. 22.7.2010 – 7 B 12.10, juris Rn. 14 ff.; BVerwG Urt. v. 31.8.2006 – 7 C 3.06, juris Rn. 12; BVerwG Beschl. v. 7.12.2000 – 3 B 148.00, juris Rn. 4, 7; OVG Münster Beschl. v. 27.11.2008 – 8 B 1476/08, juris Rn. 16; OVG Weimar Urt. v. 10.7.2015 – 3 KO 702/11, juris Rn. 51.

[1172] BVerwG Urt. v. 10.1.2012 – 7 C 6.11, juris Rn. 13; Beschl. v. 22.7.2010 – 7 B 12.10, juris Rn. 17; VGH München Beschl. v. 24.5.2023 – 12 CS 21.2182, juris 29; Urt. v. 7.10.2010 – 20 B 10.396, juris Rn. 37; Gruber AbfallR 2011, 170, 175.

[1173] OVG Magdeburg Beschl. v. 3.3. 2010 – 3 R 284/09, juris Rn. 8.

[1174] BVerwG UPR 1987, 356.

Der Verstoß gegen eine Regelung zur instanziellen Zuständigkeit zwischen unterer und höherer Fachbehörde führt nicht zur Verletzung eigener Rechte des von einem abfallrechtlich planfestgestellten Vorhaben betroffenen Dritten.[1175]

e) Verfahrensrecht. Gem. § 38 I 1 VwVfG gelten für das Planfeststellungsverfahren die §§ 72–78 VwVfG des Bundes. Die Vorschriften der Landesverwaltungsverfahrensgesetze finden aufgrund dieses Verweises keine Anwendung. Weitere Einzelheiten des abfallrechtlichen Planfeststellungsverfahrens sind speziell in der DepV geregelt. Das betrifft zB Art und Umfang der Antragsunterlagen (§ 19 I DepV), Regelungen zur grenzüberschreitenden Behörden- und Öffentlichkeitsbeteiligung (§ 20 DepV) sowie zur Prüfung der Antragsunterlagen durch einen Sachverständigen (§ 21 IV DepV). Das in den §§ 72 ff. VwVfG geregelte Planfeststellungsverfahren lässt sich in drei Abschnitte gliedern. In einem ersten Abschnitt der Planaufstellung, der im VwVfG vorausgesetzt und nicht förmlich geregelt wird, stellt der Vorhabenträger den Plan auf. Diesen reicht er bei der zuständigen Behörde ein. Mit der Einreichung des Planes beginnt das Anhörungs- und Erörterungsverfahren im Sinne von § 73 VwVfG, das den zweiten Abschnitt des Planfeststellungsverfahrens bildet. Das Verfahren endet schließlich in einer dritten Phase der Entscheidung mit dem Erlass des Planfeststellungsbeschlusses bzw. mit der Ablehnung des Antrages gem. § 74 VwVfG. 6645

Diesen einzelnen Stufen des Planfeststellungsverfahrens können auch die Verfahrensschritte der Umweltverträglichkeitsprüfung zugeordnet werden. Der Vorbereitungsphase der Planaufstellung werden das Verfahren zur Feststellung der UVP-Pflicht der §§ 5–14a UVPG, das Scoping-Verfahren zur Unterrichtung über den Untersuchungsrahmen gem. § 15 UVPG und die Beibringung der Antragsunterlagen sowie des UVP-Berichts durch den Vorhabenträger nach § 16 UVPG zugerechnet. Dem Entscheidungsverfahren ist § 24 UVPG mit seinen Bestimmungen zur zusammenfassenden Darstellung der Umweltauswirkungen und § 25 UVPG mit der Verpflichtung zur Bewertung und Berücksichtigung der Umweltauswirkungen zuzuordnen. 6646

f) Planfeststellungsantrag. Gem. § 73 I 1 VwVfG hat der Träger des Vorhabens den Plan der Anhörungsbehörde zur Durchführung des Anhörungsverfahrens einzureichen. Für Errichtung und Betrieb einer Deponie nach § 35 II und III KrWG sowie für die Zulassung vorzeitigen Beginns nach § 37 KrWG hat der Träger des Vorhabens nach § 19 I DepV einen schriftlichen Antrag bei der zuständigen Behörde einzureichen, der einen Mindestinhalt enthalten muss, der in § 19 I DepV im Einzelnen aufgelistet ist. Das gilt nach § 19 I 2 DepV auch für die wesentliche Änderung einer Deponie oder ihres Betriebes entsprechend, beschränkt auf die die Änderung betreffenden Angaben. Die Antragstellung kann mit Zustimmung der zuständigen Behörde elektronisch oder in elektronischer Form erfolgen (§ 19 I 3 DepV). 6647

Der einzureichende Plan besteht gem. § 73 I 2 VwVfG aus den Zeichnungen und Erläuterungen, die das Vorhaben, seinen Anlass und die von dem Vorhaben betroffenen Grundstücke und Anlagen erkennen lassen. Die Unterlagen müssen inhaltlich so vollständig und klar sein, dass sie den gem. § 73 II VwVfG zu beteiligenden Behörden eine sachgemäße Stellungnahme ermöglichen. Außerdem müssen Dritte erkennen können, inwieweit ihre Belange von der Planung berührt werden und ob sie deshalb im Anhörungsverfahren zur Wahrung ihrer Rechte Einwendungen erheben sollen. Über § 73 I 2 VwVfG hinaus sind auch die Anforderungen des § 16 UVPG zur Vorlage eines UVP-Berichts zu beachten. Genügen die eingereichten Planunterlagen den Anforderungen des § 73 I 2 VwVfG und des § 16 UVPG nicht, dann muss die zuständige Behörde den Antragsteller um die Vervollständigung der Unterlagen bitten. Bleibt der Antrag trotz einer solchen Aufforderung unvollständig, so darf die Planfeststellungsbehörde (nicht die Anhörungsbehörde) den Antrag ablehnen. 6648

g) Aufforderung der Behörden zur Stellungnahme. Sind die vorgelegten Planunterlagen vollständig, hat die Anhörungsbehörde gem. § 73 II VwVfG innerhalb eines Monats nach Zugang des vollständigen Plans die Behörden, deren Aufgabenbereich durch das Vorhaben berührt wird, zur Stellungnahme aufzufordern und zu veranlassen, dass der Plan in den Gemeinden, in denen sich das Vorhaben auswirkt, nach § 27b VwVfG ausgelegt wird. 6649

§ 27 b I 1 VwVfG sieht für die Auslegung vor, dass die Dokumente zugänglich gemacht werden 1. auf einer Internetseite der für die Auslegung zuständigen Behörde oder ihres Verwaltungsträgers und 2. auf mindestens eine andere Weise. Ist eine Veröffentlichung der auszulegenden Unterlagen im Internet, insbesondere aus technischen Gründen, nicht möglich, so wird nach § 27 b I 2 VwVfG die angeordnete Auslegung zur Einsicht durch die andere Zugangs- 6650

[1175] VGH Mannheim NVwZ-RR 1992, 600.

möglichkeit gem. § 27b I 1 Nr. 2 VwVfG bewirkt. In der Bekanntmachung der Auslegung sind nach § 27 b II VwVfG anzugeben 1. der Zeitraum der Auslegung, 2. die Internetseite, auf der die Zugänglichmachung erfolgt, sowie 3. Art und Ort der anderen Zugangsmöglichkeit. Die Behörde kann nach § 27 b III VwVfG verlangen, dass die Dokumente, die für die Auslegung einzureichen sind, in einem verkehrsüblichen elektronischen Format eingereicht werden. Sind in den auszulegenden Dokumenten Geheimnisse nach § 30 VwVfG enthalten, so ist nach § 27b IV VwVfG derjenige, der diese Dokumente einreichen muss, verpflichtet, 1. diese Geheimnisse zu kennzeichnen und 2. der Behörde zum Zwecke der Auslegung zusätzlich eine Darstellung vorzulegen, die den Inhalt der betreffenden Teile der Dokumente ohne Preisgabe der Geheimnisse beschreibt.

6651 Die Gemeinden nach § 73 II VwVfG haben den Plan gem. § 73 III 1 VwVfG innerhalb von drei Wochen nach Zugang für die Dauer eines Monats zur Einsicht auszulegen. Die Anhörungsbehörde bestimmt, in welcher der Gemeinden nach § 73 II VwVfG eine andere Zugangsmöglichkeit nach § 27b I 1 Nr. 2 VwVfG zur Verfügung zu stellen ist und legt im Benehmen mit der jeweiligen Gemeinde die Zugangsmöglichkeit fest. Auf eine Auslegung kann verzichtet werden, wenn der Kreis der Betroffenen und die Vereinigungen nach § 73 IV 5 VwVfG bekannt sind und ihnen innerhalb angemessener Frist Gelegenheit gegeben wird, den Plan einzusehen (§ 73 III 2 und 3 VwVfG). Eine unvollständige Auslegung der Planfeststellungsunterlagen führt nicht zwingend zur Rechtswidrigkeit des Planfeststellungsbeschlusses, sondern grundsätzlich nur zum Ausschluss der Präklusionswirkung insoweit.[1176]

6652 Die Behörden haben ihre Stellungnahme nach § 73 IIIa 1 VwVfG innerhalb einer von der Anhörungsbehörde zu setzenden Frist abzugeben, die drei Monate nicht überschreiten darf. Stellungnahmen, die nach Ablauf der Frist nach § 73 IIIa 1 VwVfG eingehen, sind zu berücksichtigen, wenn der Planfeststellungsbehörde die vorgebrachten Belange bekannt sind oder hätten bekannt sein müssen oder für die Rechtmäßigkeit der Entscheidung von Bedeutung sind; im Übrigen können sie berücksichtigt werden. Zu berücksichtigen sind auch noch die Bestimmungen über eine grenzüberschreitende Behördenbeteiligung der §§ 54 ff. UVPG, wenn das UVP-pflichtige Vorhaben erhebliche grenzüberschreitende Umweltauswirkungen haben kann. In diesem Fall benachrichtigt die zuständige deutsche Behörde frühzeitig die von dem anderen Staat benannte Behörde durch Übersendung geeigneter Unterlagen über das Vorhaben. Die damit vorgesehene **Präklusionsregelung** ist von zweifelhaftem Wert. Denn grundsätzlich sind alle abwägungserheblichen öffentlichen Belange letztlich für die Rechtmäßigkeit der Entscheidung von Bedeutung. Das hat zur Folge, dass verspätet vorgebrachte Belange nur dann unberücksichtigt bleiben können, wenn sie nicht abwägungsrelevant sind. Dazu bedarf es allerdings einer solchen Präklusionsregelung nicht.

6653 Ergibt sich bereits aus den Stellungnahmen der Behörden ein zwingender, durch Nebenbestimmungen nicht behebbarer Versagungsgrund oder werden unvollständige Planunterlagen trotz Aufforderung der Anhörungsbehörde vom Träger des Vorhabens nicht ordnungsgemäß vervollständigt, kann nach Durchführung des Beteiligungsverfahrens der Planfeststellungsantrag bereits ohne Einleitung des Offenlegungsverfahrens abgelehnt werden. Liegt ein solcher zwingender Versagungsgrund nicht vor, dann bedarf es der öffentlichen Auslegung nach § 73 III 1 VwVfG.

6654 Die Gemeinden, in denen der Plan auszulegen ist, haben gem. § 73 V 1 VwVfG die Auslegung vorher ortsüblich bekannt zu machen. In der Bekanntmachung ist darauf hinzuweisen, wo und in welchem Zeitraum der Plan zur Einsicht ausgelegt ist, dass etwaige Einwendungen bei den in der Bekanntmachung zu bezeichnenden Stellen innerhalb der Einwendungsfrist vorzubringen sind, dass bei Ausbleiben eines Beteiligten in dem Erörterungstermin auch ohne ihn verhandelt werden kann, dass die Personen, die Einwendungen erhoben haben, von dem Erörterungstermin durch öffentliche Bekanntmachung benachrichtigt werden können, dass die Zustellung der Entscheidung über die Einwendungen durch öffentliche Bekanntmachung ersetzt werden kann, wenn mehr als 50 Benachrichtigungen oder Zustellungen vorzunehmen sind. Nicht ortsansässige Betroffene, deren Person und Aufenthalt bekannt sind oder sich innerhalb angemessener Frist ermitteln lassen, sollen auf Veranlassung der Anhörungsbehörde von der Auslegung mit dem Hinweis nach § 73 V 2 VwVfG benachrichtigt werden. Auszulegen sind grundsätzlich nur die Planunterlagen. Die Stellungnahmen der beteiligten Behörden sowie von der Anhörungsbehörde eingeholte Gutachten müssen nicht offengelegt werden.

[1176] BVerwG NVwZ 2008, 217.

h) Einwendungen. Gem. § 73 IV 1 VwVfG kann jeder, dessen Belange durch das Vorhaben berührt werden, bis 2 Wochen nach Ablauf der Auslegungsfrist schriftlich oder zur Niederschrift bei der Anhörungsbehörde oder bei der Gemeinde Einwendungen gegen den Plan erheben. Zu den Einwendungen zählt jede Art von Bedenken, die gegen das Vorhaben aus Sicht der Nachbarschaft oder der Allgemeinheit erhoben werden können. Einwendungen sind sachliches, auf die Verhinderung oder Änderung des beantragten Vorhabens abzielendes Gegenvorbringen. Einwendungen müssen so konkret sein, dass die Planfeststellungsbehörde erkennen kann, in welcher Weise sie bestimmte Belange einer näheren Betrachtung unterziehen soll.[1177] Die Anforderungen an Umfang und Detailliertheit der Einwendungen eines Planbetroffenen richten sich nach der Konkretheit der ausgelegten Planunterlagen.[1178] Gemeinden, die auch im Rahmen der Behördenbeteiligung Stellung nehmen, müssen, wenn sie sich gegen ein Vorhaben wenden wollen, mit einem gesonderten Schreiben Einwendungen erheben, aus dem sich ergibt, dass es sich bei dem Schreiben nicht nur um eine Behördenstellungnahme, sondern um ein fristwahrend des Einwendungsschreiben zur Wahrung des Selbstverwaltungsrechts handelt.[1179] Das setzt die Unterzeichnung durch eine nach dem Gemeinderecht zur Vertretung der Gemeinde berechtigte Person voraus. Wenn nach § 73 III 3 VwVfG auf eine Auslegung verzichtet worden ist, weil der Kreis der Betroffenen und die Vereinigungen nach § 73 IV 5 VwVfG bekannt sind, bestimmt nach § 73 IV 2 VwVfG die Anhörungsbehörde die Einwendungsfrist. 6655

Mit Ablauf der Einwendungsfrist sind alle Einwendungen ausgeschlossen, die nicht auf besonderen privatrechtlichen Titeln beruhen. Hierauf ist in der Bekanntmachung der Auslegung oder bei der Bekanntgabe der Einwendungsfrist hinzuweisen (vgl. § 73 IV 3 und 4 VwVfG). Auch nach § 18 I 1 UVPG hat die zuständige Behörde die Öffentlichkeit zu den Umweltauswirkungen des Vorhabens zu beteiligen. Der betroffenen Öffentlichkeit wird im Rahmen der Beteiligung Gelegenheit zur Äußerung gegeben. Vereinigungen, die auf Grund einer Anerkennung nach anderen Rechtsvorschriften befugt sind, Rechtsbehelfe nach der VwGO gegen die Entscheidung nach § 74 VwVfG einzulegen, können innerhalb der Frist nach § 73 IV 1 VwVfG Stellungnahmen zu dem Plan abgeben. § 73 IV 2 bis 4 VwVfG gelten entsprechend. 6656

Der Einwendungsausschluss ist mit dem Unionsrecht vereinbar. Hierbei handelt es sich aber auch nur um eine formelle Präklusion, so dass die Einwendung im Planfeststellungsverfahren nicht mehr berücksichtigt werden muss. Soweit der Vorschrift auch eine materielle Präklusionswirkung entnommen wird, gilt dies bei Deponien gem. § 7 Abs. 4 UmwRG nicht.[1180] Der Einwendungsausschluss erstreckt sich dem Umfang nach nicht nur auf eine gänzlich unterlassene Einwendung als solche, sondern auch auf einzelne nicht gerügte Belange.[1181] 6657

i) Erörterung der Einwendungen. Nach Ablauf der Einwendungsfrist hat die Anhörungsbehörde gem. § 73 VI 1 VwVfG die rechtzeitig erhobenen Einwendungen, die rechtzeitig abgegebenen Stellungnahmen von Vereinigungen nach § 73 IV 5 VwVfG sowie die Stellungnahmen der Behörden zu dem Plan mit dem Träger des Vorhabens, den Behörden, den Betroffenen sowie denjenigen, die Einwendungen erhoben oder Stellungnahmen abgegeben haben, zu erörtern. Der Erörterungstermin ist mindestens eine Woche vorher ortsüblich bekannt zu machen. Die Behörden, der Träger des Vorhabens und diejenigen, die Einwendungen erhoben haben, sind von dem Erörterungstermin zu benachrichtigen. 6658

Ein Erörterungstermin ist nach § 73 VI 6 VwVfG nicht erforderlich, wenn der Plan im Einverständnis aller beteiligten Behörden, Betroffenen, einwendungsbefugten Einwender sowie den anerkannten Vereinigungen, soweit sie eine Stellungnahme abgegeben haben, in der Sache selbst antragsgemäß festgestellt werden kann. Ein Einverständnis nur zu einem Teil des Plans oder nur mit einigen Beteiligten oder Behörden reicht nicht; das Einverständnis muss ausdrücklich erklärt werden.[1182] 6659

Die Anhörungsbehörde schließt die Erörterung innerhalb von drei Monaten nach Ablauf der Einwendungsfrist ab (§ 73 VII VwVfG). In dem Erörterungstermin hat die Anhörungsbehörde die rechtzeitig erhobenen Einwendungen gegen den Plan und die Stellungnahmen der 6660

1177 BVerwG NVwZ 2009, 55.
1178 BVerwG NVwZ 2009, 302, 317.
1179 OVG Münster Beschl. v. 29.8.2005 – 11 A 4823/03, juris.
1180 siehe dazu Fellenberg/Schiller in Jarass/Petersen, KrWG, 2022, § 38 Rn. 45.
1181 Fellenberg/Schiller in Jarass/Petersen, KrWG, 2022, § 38 Rn. 45.
1182 Neumann/Külpmann in Stelkens/Bonk/Sachs, VwVfG, 2023, § 73 Rn. 125.

Behörden zu erörtern. Der Erörterungstermin ist nicht öffentlich. Teilnahmeberechtigt sind der Träger des Vorhabens, die in ihrem Aufgabenbereich berührten Behörden, die nach § 3 UmwRG anerkannten Vereinigungen, die vom Plan Betroffenen, und zwar unabhängig davon, ob sie Einwendungen vorgebracht haben, sowie die Personen, die Einwendungen erhoben haben.

6661 **j) Planänderung**. Soll ein ausgelegter Plan geändert werden und wird dadurch der Aufgabenbereich einer Behörde oder Belange Dritter erstmalig oder stärker als bisher berührt, so ist diesen die Änderung gem. § 73 VIII 1 VwVfG mitzuteilen und ihnen Gelegenheit zu Stellungnahmen und Einwendungen innerhalb von 2 Wochen zu geben. Wird sich die Änderung voraussichtlich auf das Gebiet einer anderen Gemeinde aus, so ist gem. § 73 VIII 2 VwVfG der geänderte Plan in dieser Gemeinde auszulegen.

6662 **k) Stellungnahme der Anhörungsbehörde; zusammenfassende Darstellung**. Das Anhörungsverfahren wird mit einer Stellungnahme der Anhörungsbehörde gem. § 73 IX VwVfG abgeschlossen. Die Behörde gibt zum Ergebnis des Anhörungsverfahrens eine Stellungnahme ab und leitet diese innerhalb eines Monats nach Abschluss der Erörterung mit dem Plan, den Stellungnahmen der Behörden und der Vereinigungen nach § 73 IV 5 VwVfG sowie den nicht erledigten Einwendungen der Planfeststellungsbehörde zu.

6663 Die zuständige Behörde erarbeitet nach § 24 I 1 UVPG eine zusammenfassende Darstellung 1. der Umweltauswirkungen des Vorhabens, 2. der Merkmale des Vorhabens und des Standorts, mit denen erhebliche nachteilige Umweltauswirkungen ausgeschlossen, vermindert oder ausgeglichen werden sollen, und 3. der Maßnahmen, mit denen erhebliche nachteilige Umweltauswirkungen ausgeschlossen, vermindert oder ausgeglichen werden sollen, sowie 4. der Ersatzmaßnahmen bei Eingriffen in Natur und Landschaft. Die Erarbeitung erfolgt nach § 24 II UVPG auf der Grundlage des UVP-Berichts, der behördlichen Stellungnahmen nach § 17 II UVPG und § 55 IV UVPG sowie der Äußerungen der betroffenen Öffentlichkeit nach den §§ 21 und 56 UVPG. Die Ergebnisse eigener Ermittlungen sind nach § 24 I 3 UVPG einzubeziehen. Die zusammenfassende Darstellung soll nach § 24 II UVPG möglichst innerhalb eines Monats nach dem Abschluss der Erörterung im Beteiligungsverfahren erarbeitet werden.

6664 **l) Entscheidungsverfahren.** Auf der Grundlage der Planunterlagen, der behördlichen Stellungnahmen sowie der Äußerungen der Öffentlichkeit und der Einwendungen sowie der Ergebnisse des Erörterungstermins und schließlich auch der zusammenfassenden Darstellung der Umweltauswirkungen hat die zuständige Planfeststellungsbehörde über den eingereichten Plan zu entscheiden. Erfüllt der vorgelegte Plan die Zulassungsvoraussetzungen des § 36 KrWG nicht, ist der Antrag abzulehnen, soweit nicht durch Nebenbestimmungen im Sinne von § 36 II KrWG eine Zulassung ermöglicht werden kann. Liegen die Zulassungsvoraussetzungen dagegen vor, dann steht der Erlass des Planfeststellungsbeschlusses im Ermessen der zuständigen Behörde. Sieht die Planfeststellungsbehörde bei der Ausübung ihres planerischen Ermessens keine der Zulassung entgegenstehenden Gründe, dann stellt sie gem. § 74 I 1 VwVfG den Plan fest. Im Planfeststellungsbeschluss entscheidet die Planfeststellungsbehörde gem. § 74 II 1 VwVfG über Einwendungen, über die bei der Erörterung von der Anhörungsbehörde keine Einigung erzielt worden ist. Der Planfeststellungsbeschluss kann mit Bedingungen versehen, mit Auflagen verbunden und befristet werden, soweit dies zur Wahrung des Wohls der Allgemeinheit zur Erfüllung von öffentlich-rechtlichen Vorschriften, die dem Vorhaben entgegenstehen können, erforderlich ist. Die Aufnahme, Änderung oder Ergänzung von Auflagen über Anforderungen an das Vorhaben ist auch nach dem Ergehen des Planfeststellungsbeschlusses zulässig.

6665 Soweit eine abschließende Entscheidung noch nicht möglich ist, ist diese gem. § 74 III VwVfG im Planfeststellungsbeschluss vorzubehalten. Dem Träger des Vorhabens ist danach im Planvorbehalt aufzugeben, noch fehlende oder von der Planfeststellungsbehörde bestimmte Unterlagen rechtzeitig vorzulegen.

6666 Der Planfeststellungsbeschluss ist gem. § 74 IV 1 VwVfG dem Träger des Vorhabens, den bekannten Betroffenen und denjenigen, über deren Einwendungen entschieden worden ist, zuzustellen. Eine Ausfertigung des Beschlusses ist mit einer Rechtsbehelfsbelehrung und einer Ausfertigung des festgestellten Plans in den Gemeinden zwei Wochen zur Einsicht auszulegen; die Auslegung ist ortsüblich bekannt zu machen (§ 74 IV 2 VwVfG). Die Planfeststellungsbehörde bestimmt, in welcher Gemeinde eine andere Zugangsmöglichkeit nach § 27b I 1 Nr. 2 VwVfG zur Verfügung zu stellen ist und legt im Benehmen mit der jeweiligen Gemeinde die Zugangsmöglichkeit fest. Mit dem Ende der Auslegungsfrist gilt der Beschluss gegenüber den übrigen Betroffenen als zugestellt; darauf ist in der Bekanntmachung hinzuweisen (§ 74 IV 3 und 4 VwVfG)

m) UVP-Pflicht für Deponien. Gemäß § 35 II 2 KrWG ist in dem Planfeststellungsverfahren eine Umweltverträglichkeitsprüfung nach den Vorschriften des UVPG durchzuführen. Der Ablauf der UVP ist im Einzelnen im UVPG geregelt. Die Liste der UVP-pflichtigen Vorhaben befindet sich in Anlage 1 des UVPG. Nach Nr. 12.1 dieses Anhangs sind die Errichtung und der Betrieb einer Deponie zur Ablagerung von gefährlichen Abfällen iSd KrWG stets UVP-pflichtig. Dasselbe gilt für die Errichtung und den Betrieb einer Deponie zur Ablagerung von nicht gefährlichen Abfällen, mit Ausnahme der Deponien für Inertabfälle nach Nr. 12.3 dieser Liste, mit einer Aufnahmekapazität von 10 t oder mehr je Tag oder mit einer Gesamtkapazität von 25 000 t oder mehr. Hat eine solche Deponie zur Ablagerung von nicht gefährlichen Abfällen eine Aufnahmekapazität von weniger als 10 t je Tag oder eine Gesamtkapazität von weniger als 25.000 t, dann bedarf es nach Nr. 12.2.2 einer standortbezogenen Vorprüfung des Einzelfalls gem. § 7 II 1 UVPG. Einer allgemeinen Vorprüfung des Einzelfalls im Sinne von § 7 I 1 UVPG bedarf es schließlich noch für die Errichtung und den Betrieb einer Deponie zur Ablagerung von Erdabfällen gem. Nr. 12.3 des Anhangs zum UVPG. 6667

Ist für eine Deponie eine UVP durchzuführen, muss der vom Vorhabenträger vorzulegende **UVP-Bericht** neben den Mindestangaben nach § 16 I UVPG nach § 16 IIII UVPG auch die in Anlage 4 genannten weiteren Angaben enthalten, soweit diese Angaben für das Vorhaben von Bedeutung sind. Dazu gehören auch Auswirkungen des Vorhabens auf das Klima, zB durch Art und Ausmaß der mit dem Vorhaben verbundenen Treibhausgasemissionen. Danach sind im UVP-Bericht auch Auswirkungen auf das Klima in Form von Veränderungen des großräumigen Klimas, zB durch Treibhausgasemissionen, zu ermitteln und zu beschreiben.[1183] Bei der Planfeststellung oder Plangenehmigung erfordert das Berücksichtigungsgebot des § 13 I 1 KSG, dass die Auswirkungen der Planungsentscheidung auf den Klimaschutz – bezogen auf die in §§ 1 und 3 KSG konkretisierten nationalen Klimaschutzziele – zu ermitteln und die Ermittlungsergebnisse im Rahmen der Gesamtabwägung in die Entscheidungsfindung einzustellen sind.[1184] 6668

Nach § 35 III KrWG kann die zuständige Behörde auf Antrag oder von Amts wegen nur dann anstelle eines Planfeststellungsverfahrens mit Öffentlichkeitsbeteiligung eine Plangenehmigung ohne Öffentlichkeitsbeteiligung nach § 74 VI VwVfG erteilen, wenn die in § 35 III KrWG genannten Voraussetzungen erfüllt sind. Ein Anspruch auf Durchführung eines Planfeststellungsverfahrens existiert grundsätzlich nicht, Allerdings können die Rechte einer nach § 3 UmwRG anerkannten Umweltschutzvereinigung beeinträchtigt worden sein; sie kann zumindest auf die Durchführung eines ergänzenden Verfahrens klagen. 6669

n) Materielle Zulassungsvoraussetzungen. Der Planfeststellungsbeschluss darf nach § 35 II KrWG nur erlassen oder die Plangenehmigung nach § 35 III KrWG darf nur erteilt werden, wenn 1. sichergestellt ist, dass das Wohl der Allgemeinheit nicht beeinträchtigt wird, insbesondere a) keine Gefahren für die in § 15 II 2 KrWG genannten Schutzgüter hervorgerufen werden können, b) Vorsorge gegen die Beeinträchtigungen der in § 15 II 2 KrWG genannten Schutzgüter in erster Linie durch bauliche, betriebliche oder organisatorische Maßnahmen entsprechend dem Stand der Technik getroffen wird und c) Energie sparsam und effizient verwendet wird, 2. keine Tatsachen bekannt sind, aus denen sich Bedenken gegen die Zuverlässigkeit des Betreibers oder der für die Errichtung, Leitung oder Beaufsichtigung des Betriebes oder für die Nachsorge der Deponie verantwortlichen Personen ergeben, 3. die Personen im Sinne der Nummer 2 und das sonstige Personal über die für ihre Tätigkeit erforderliche Fach- und Sachkunde verfügen, 4. keine nachteiligen Wirkungen auf das Recht eines anderen zu erwarten sind und 5. die für verbindlich erklärten Feststellungen eines Abfallwirtschaftsplans dem Vorhaben nicht entgegenstehen. 6670

Die in § 36 I KrWG genannten Zulassungsvoraussetzungen sind nicht abschließend. Zwar verweist § 36 I KrWG nicht ausdrücklich auf andere öffentlich-rechtliche Vorschriften, die zu beachten sind. Die Beachtlichkeit dieser Vorschriften ergibt sich jedoch aus dem Anwendungsbereich dieser Vorschriften selbst. Das gilt nicht nur für die Zulassungsvoraussetzungen solcher 6671

[1183] Zur Berücksichtigung des Klimawandels bei der abfallrechtlichen Planfeststellung Dolde/Vetter AbfallR 2024, 80ff.

[1184] BVerwG, NVwZ 2022, 1549, Rn. 71 zu einem Planfeststellungsbeschluss für den Neubau einer Bundesautobahn; Dolde/Vetter AbfallR 2024, 80

Genehmigungen, die von der Konzentrationswirkung der abfallrechtlichen Planfeststellung erfasst werden und deren Zulassungsvoraussetzungen von der Planfeststellungsbehörde schon insoweit mit zu prüfen sind. Beachtlich sind vielmehr unabhängig davon auch materiell-rechtliche Anforderungen anderer Fach- und Umweltgesetze. So müssen etwa die von einer Deponie ausgehenden Eingriffe in Natur und Landschaft mit dem Naturschutzrecht vereinbar sein. Auch die Anforderungen des UVPG müssen gewahrt werden. Nicht zuletzt sind bauplanungsrechtliche Anforderungen im Sinne des § 38 BauGB zu berücksichtigen oder gar, soweit § 38 BauGB nicht zur Anwendung kommt, weil das Vorhaben nicht von überörtlicher Bedeutung ist, zu beachten.

6672 Nach § 36 I Nr. 4 KrWG dürfen der abfallrechtliche Planfeststellungsbeschluss bzw. die abfallrechtliche Plangenehmigung u.a. nur dann erteilt werden, wenn keine nachteiligen Wirkungen auf das Recht eines anderen zu erwarten sind. Nach § 36 II 1 KrWG stehen solche nachteiligen Wirkungen auf das Recht eines anderen der abfallrechtlichen Zulassung nicht entgegen, wenn sie durch Auflagen oder Bedingungen verhütet oder ausgeglichen werden können oder der Betroffene ihnen nicht widerspricht. Wenn das Vorhaben dem Wohl der Allgemeinheit dient, kann sich die abfallrechtliche Zulassung auch über zu erwartende nachteilige Wirkungen auf das Recht eines anderen hinwegsetzen. Sie müssen in diesem Fall hingenommen werden. Wird in einem solchen Fall die Planfeststellung erteilt, so ist der Betroffene nach § 36 II 3 KrWG für den dadurch eingetretenen Vermögensnachteil in Geld zu entschädigen.

6673 Materielle Anforderungen an Deponien ergeben sich vor allem auch aus der DepV geregelt. Die DepV bestimmt Anforderungen an die Beschaffenheit und technische Ausstattung von Deponien, aber auch an die Beschaffenheit der abzulagernden Abfälle gestellt. Von besonderer Bedeutung ist in diesem Zusammenhang der vorgeschriebene Grenzwert für den sog. Glühverlust, der dazu führt, dass im Wesentlichen nur noch vorbehandelte Abfälle abgelagert werden können.[1185]

6674 Dem Vorhabenträger steht kein Anspruch auf die beantragte Planfeststellung, sondern nur ein **Anspruch auf die fehlerfreie Ausübung des Planungsermessens** zu, wenn die Zulassungsvoraussetzungen erfüllt sind.[1186] Der Zulassungsbehörde soll danach ein planerischer Gestaltungsspielraum oder ein Planungsermessen eingeräumt sein, das nur in Ausnahmefällen auf Null reduziert ist.[1187] Der Vorhabenträger hat einen **Anspruch auf Durchführung des Planfeststellungsverfahrens** und auf ermessensfehlerfreie Entscheidung über den eingereichten Plan.[1188]

6675 **o) Rechtswirkungen der Planfeststellung.** Rechtswirkungen der Planfeststellung ergeben sich aus § 75 VwVfG, der durch § 38 KrWG ebenfalls ausdrücklich für anwendbar erklärt wird. Zu den Rechtswirkungen der Planfeststellung zählen die Gestattungswirkung (§ 75 I 1 HS 1 VwVfG), die Konzentrationswirkung (§ 75 I HS 2 VwVfG), die Gestaltungswirkung (§ 75 I 2 VwVfG) und die Ausschlusswirkung (§ 75 II 1 VwVfG). Eine weitere Rechtswirkung der Planfeststellung, die in § 75 VwVfG nicht ausdrücklich erwähnt ist und zum Teil aus der Gestaltungswirkung nach § 75 I 2 VwVfG abgeleitet wird, ist ihre enteignungsrechtliche Vorwirkung. Sie hat zur Folge, dass mit der Unanfechtbarkeit eines Planfeststellungsbeschlusses die Zulässigkeit der Enteignung zugunsten des Vorhabenträgers dem Grunde nach feststeht.[1189] Voraussetzung für eine solche enteignungsrechtliche Vorwirkung ist eine ausdrückliche gesetzliche Regelung dazu, die zumeist in den Landeskreislaufwirtschaftsgesetzen oder in Landesenteignungsgesetzen enthalten ist.

6676 Rechtswirkungen eines Planfeststellungsbeschlusses beginnen grundsätzlich sowohl gegenüber dem Vorhabenträger als auch gegenüber den vom Plan Betroffenen mit seiner Bekannt-

1185 Dieckmann/Reese in Koch/Hofmann/Reese, Handbuch Umweltrecht, 2024, § 8 Rn. 124.

1186 Versteyl in Schmehl/Klement, KrWG, 2019, § 36 Rn. 5; Fellenberg/Schiller in Jarass/Petersen, KrWG, 2022, § 36 Rn. 12; Kloepfer Umweltrecht, 2016, § 20 Rn. 271.

1187 BVerwG AbfallR 2019, 55 Rn. 16; BVerwGE 97, 143, 148; Wysk in Kopp/Ramsauer, VwVfG, 2021, § 72 Rn. 33a; Fellenberg/Schiller in Jarass/Petersen, KrWG, 2022, § 36 Rn. 12; Dippel Kreislaufwirtschafts- und Abfallrecht, in: Redeker/Uechtritz, Verwaltungsverfahren, 2020, S. 644; Deifuß-Kruse in Jahn/Deifuß-Kruse/Brandt, KrWG, 2014, § 36 Rn. 3.

1188 BVerwG Urt. v. 29.06.2017 – 3 A 1.16, juris Rn. 32; Neumann/Külpmann in Stelkens/Bonk/Sachs, VwVfG, 2023, § 74 Rn. 266; VGH München Urt. v. 30.03.2006 – 22 A 01.40059, BeckRS 2006, 24080.

1189 zur enteignungsrechtlichen Vorwirkung abfallrechtlicher Planfeststellungsbeschlüsse siehe BVerwG DVBl.. 1990, 589; BVerwG DVBl.. 1995, 238 gegenüber Gemeinden; zum Eigentumsschutz und zur enteignungsrechtlichen Vorwirkung der abfallrechtlichen Planfeststellung ausführlicher Beckmann UPR 2023, 121.

gabe gem. § 43 I VwVfG. Durch die Einlegung eines Rechtsbehelfs wird die Wirksamkeit des Planfeststellungsbeschlusses hinausgeschoben, soweit nicht die Behörde die sofortige Vollziehung anordnet und das Gericht nicht die aufschiebende Wirkung wiederherstellt. Die Rechtswirkungen des Planfeststellungsbeschlusses enden mit der Aufgabe des Vorhabens. Gem. § 77 Satz 1 VwVfG hat die Planfeststellungsbehörde den Planfeststellungsbeschluss aufzuheben, wenn ein Vorhaben, mit dessen Durchführung begonnen worden ist, endgültig aufgegeben wird. In dem Aufhebungsbeschluss sind dem Träger des Vorhabens die Wiederherstellung des früheren Zustandes oder geeignete andere Maßnahmen aufzuerlegen, soweit dies zum Wohl der Allgemeinheit oder zur Vermeidung nachteiliger Wirkungen auf Rechte anderer erforderlich ist (§ 77 Satz 2 VwVfG). Werden solche Maßnahmen notwendig, weil nach Abschluss des Planfeststellungsverfahrens auf einem benachbarten Grundstück Veränderungen eingetreten sind, so kann gem. § 77 Satz 3 VwVfG der Träger des Vorhabens durch Beschluss der Planfeststellungsbehörde zu geeigneten Vorkehrungen verpflichtet werden; die hierdurch entstehenden Kosten hat jedoch der Eigentümer des benachbarten Grundstücks zu tragen, es sei denn, dass die Veränderungen durch natürliche Ereignisse oder höhere Gewalt verursacht worden sind. Selbstverständlich enden die Rechtswirkungen des Planfeststellungsbeschlusses auch mit seiner gerichtlichen Aufhebung nach Rechtskraft des Urteils. Im Übrigen bleiben die Rechtswirkungen erhalten, solange die planfestgestellten Anlagen bestimmungsgemäß genutzt werden. Enthält der Planfeststellungsbeschluss Anordnungen für die Zeit nach der Nutzung, dann bleiben die Rechtswirkungen selbstverständlich auch nach Einstellung der bestimmungsgemäßen Nutzung erhalten.

9. Plangenehmigung für Deponien

§ 35 III KrWG verweist zur Möglichkeit, in bestimmten und im einzelnen aufgeführten Fällen statt eines Planfeststellungsbeschlusses eine Plangenehmigung zu erteilen, auf § 74 VI 1 VwVfG. Danach kann anstelle eines Planfeststellungsbeschlusses eine Plangenehmigung erteilt werden, wenn Rechte anderer nicht beeinträchtigt werden oder die Betroffenen sich mit der Inanspruchnahme ihres Eigentums oder eines anderen Rechts schriftlich einverstanden erklärt haben und mit den Trägern öffentlicher Belange, deren Aufgabenbereich berührt wird, das Benehmen hergestellt wird. Es handelt es sich um einen Rechtsgrundverweis; die Voraussetzungen für die Erteilung einer Plangenehmigung des § 74 VI VwVfG müssen zusätzlich erfüllt sein.[1190] Stellt sich heraus, dass die Voraussetzungen für die Erteilung einer Plangenehmigung anstelle eines Planfeststellungsbeschlusses nicht oder nicht mehr vorliegen, dann muss zum Planfeststellungsverfahren gewechselt werden.[1191] 6677

a) Anwendungsbereich. Von vornherein nicht in Betracht kommt eine Plangenehmigung für Deponien zur Ablagerung von gefährlichen Abfällen und für Deponien zur Ablagerung von nicht gefährlichen Abfällen mit einer Aufnahmekapazität von zehn Tonnen oder mehr pro Tag oder mit einer Gesamtkapazität von 25.000 t oder mehr (§ 35 III 3 KrWG). Der Ausschluss einer Plangenehmigung gilt für diese Deponien auch dann, wenn von ihnen keine wesentlichen Umweltauswirkungen erwartet werden können. Deponien für Inertabfälle, können, wenn es sich nicht um gefährliche Abfälle handelt, im Wege einer Plangenehmigung zugelassen werden, auch wenn die Kapazitätsgrenzen von § 35 III 3 Nr. 2 KrWG überschritten werden. Was Inertabfälle sind, definiert § 3 VI 1 KrWG. Inertabfälle sind danach mineralische Abfälle, 1. die keinen wesentlichen physikalischen, chemischen oder biologischen Veränderungen unterliegen, 2. die sich nicht auflösen, nicht brennen und nicht in anderer Weise physikalisch oder chemisch reagieren, 3. die sich nicht biologisch abbauen und 4. die andere Materialien, mit denen sie in Kontakt kommen, nicht in einer Weise beeinträchtigen, die zu nachteiligen Auswirkungen auf Mensch und Umwelt führen könnte. Die gesamte Auslaugbarkeit und der Schadstoffgehalt der Abfälle sowie die Ökotoxizität des Sickerwassers müssen nach § 3 VI 2 KrWG unerheblich sein und dürfen insbesondere nicht die Qualität von Oberflächen- oder Grundwasser gefährden. 6678

Die Regelungen über die Plangenehmigung nach § 74 VI VwVfG gelten gem. § 35 III KrWG für die Errichtung und den Betrieb von Deponien mit der Maßgabe, dass die zustän- 6679

[1190] VG Augsburg Urt. v. 30.6.2010 – Au 6 K 10.389, juris Rn. 34, 41 f.; Versteyl/Kersandt AbfallR 2011, 2 (3f.); Versteyl/Grunow in Schink/Versteyl KrWG, 2016, § 35 Rn. 40; Fellenberg/Schiller in Jarass/Petersen, KrwG, 2022, § 35 Rn. 98; aA Klages in BeckOK Umweltrecht, § 35 Rn. 70.

[1191] Würtenberger in Schmehl/Klement, 2019, § 35 Rn. 37.

dige Behörde nur dann anstelle eines Planfeststellungsbeschlusses auf Antrag oder von Amts wegen eine Plangenehmigung erteilen kann, wenn eine der in § 35 III 1 KrWG genannten Alternativen vorliegt. Sind diese Voraussetzungen für die Wahl einer Plangenehmigung anstelle einer Planfeststellung erfüllt, besteht für die zuständige Behörde keine Verpflichtung, ein solches Plangenehmigungsverfahren zu wählen. Vielmehr steht diese Entscheidung über die Auswahl des Zulassungsverfahrens im Ermessen der zuständigen Behörde. Gem. § 35 III 2 KrWG soll die zuständige Behörde jedoch ein Genehmigungsverfahren durchführen, wenn die Änderung keine erheblichen nachteiligen Auswirkungen auf einen in § 2 I UVPG genanntes Schutzgut hat und den Zweck verfolgt, eine wesentliche Verbesserung für diese Schutzgüter herbeizuführen. In einem solchen Fall ist die zuständige Behörde grundsätzlich zur Durchführung eines Plangenehmigungsverfahrens verpflichtet. Will sie davon abweichen, bedarf es einer besonderen Rechtfertigung. Eine bei der Ermessensausübung zu beachtende Priorität des Planfeststellungsverfahrens als eines Regelverfahrens gegenüber dem Plangenehmigungsverfahren gibt es grundsätzlich nicht.[1192] Wenn die Voraussetzungen für die Erteilung einer Plangenehmigung vorliegen und die Behörde Ermessen auszuüben hat, spricht dies eher mehr dafür, dass der Gesetzgeber für diese Fälle eine Plangenehmigung präferiert, es jedoch in das Ermessen der zuständigen Behörde stellt, trotz Vorliegens der Voraussetzungen von einem Plangenehmigungsverfahren zugunsten eines Planfeststellungsverfahrens im Einzelfall aufgrund besonderer Gründe abzuweichen. Die Entscheidung der Behörde, anstelle eines Planfeststellungsverfahrens ein Genehmigungsverfahren durchzuführen, kann nicht von Drittbetroffenen mit Erfolg angegriffen werden. Etwas anderes kann sich für anerkannte Naturschutzverbände ergeben, deren Beteiligungsrecht durch eine rechtswidrige Entscheidung zur Verfahrenswahl verletzt werden kann.[1193]

6680 Die Wahl einer Plangenehmigung anstelle einer Planfeststellung ist grundsätzlich möglich für die Errichtung und den Betrieb einer unbedeutenden Deponie, soweit die Errichtung und der Betrieb dieser unbedeutenden Deponie keine erheblichen nachteiligen Auswirkungen auf ein in § 2 I 2 UVPG genanntes Schutzgut haben können. Das Gesetz definiert nicht, wann eine Deponie unbedeutend ist. Aus dem Gesetz lässt sich allerdings auch nicht ableiten, dass eine Deponie im Zweifel immer bedeutend sei.[1194] Ausschlaggebend ist weder die Sicht des Vorhabenträgers noch die eines Drittbetroffenen noch die der zuständigen Behörde. Vielmehr muss die Frage nach der Bedeutung der Anlage objektiv beantwortet werden.[1195] Je einfacher die Anlage technisch ist, je weniger Abfallarten auf der Grundlage des zugelassenen Abfallartenkatalogs ablagerungsfähig sind, je geringer der Einzugsbereich der Deponie hinsichtlich ihrer Umweltauswirkungen und der Berührung nachbarlicher Belange ist, je geringer die Kapazität oder die Lagerdauer sind, desto mehr spricht zB für eine unbedeutende Anlage. Unbedeutende Deponien sind regelmäßig solche für weitestgehend unschädliche Abfälle wie Erd- oder Bauschuttdeponien, sofern sie nicht übermäßig Fläche in Anspruch nehmen. Da das Plangenehmigungsverfahren ohne Beteiligung der Öffentlichkeit abläuft, ist es als Trägerverfahren für eine UVP untauglich. Wenn mit erheblichen Umweltauswirkungen zu rechnen ist, muss daher ein Planfeststellungsverfahren stattfinden und zwar entweder eben auch für eine unbedeutende Deponie oder weil man annimmt, dass eine Deponie mit erheblichen Umweltauswirkungen bei Beachtung des EU-UVP-Rechts nicht unbedeutend sein kann. Erheblich sind die Auswirkungen dann, wenn sie abwägungserheblich sind.[1196]

6681 Eine Plangenehmigung kommt auch für einzelne Abschnitte oder Teile einer Deponie in Betracht.[1197] Eine Plangenehmigung kann auch für die **wesentliche Änderung** einer Deponie oder ihres Betriebs erteilt werden. Ob die Deponie bedeutend oder unbedeutend ist, ist inso-

---

1192 a. A. VGH Mannheim NuR 1993, 144.

1193 BVerwG NVwZ 1991, 162; OVG NuR 2001, 51.

1194 so aber Dippel AbfallR 2010, 132, 136 f., ihm zustimmend Fellenberg/Schiller in Jarass/Petersen KrWG, 2022, § 35 Rn. 100.

1195 Hoppe/Beckmann Planfeststellung und Plangenehmigung im Abfallrecht, S. 111 f.; a. A. Würtenberger in Schmehl/Klement, KrWG, 2019, § 35 Rn. 41: „entscheidend ist die Behördensicht".

1196 siehe auch Würtenberger in Schmehl/Klement, KrWG, 2019, § 35 Rn. 39, der annimmt, dass Deponien, die keine nachteiligen Umweltauswirkungen verursachen, in der Regel auch unbedeutend sind.

1197 Hoppe/Beckmann Planfeststellung und Plangenehmigung, S. 490; Mann in Versteyl/Mann/Schomerus, KrWG, 2019, § 35 Rn. 115; zustimmend auch Fellenberg/Schiller in Jarass/Petersen KrWG, 2022, § 35 Rn. 99.

weit unerheblich.[1198] Eine wesentliche Änderung kann bei Änderungen der Organisation, bei erheblichen Erweiterungen der Deponiefläche, der Änderung der Deponieklasse oder der Zulassung weiterer Abfallschlüsselnummern vorliegen.[1199] Auch eine wesentliche Änderung kann nur dann im Wege einer Plangenehmigung zugelassen werden, wenn sie keine erheblichen nachteiligen Auswirkungen auf die in § 2 I 2 UVPG genannten Schutzgüter haben kann. Schon die Möglichkeit solcher Auswirkungen schließt die Erteilung einer Plangenehmigung aus.

Eine Plangenehmigung kann schließlich auch für eine Deponie zur Erprobung neuer Verfahren erteilt werden. Wann eine Deponie der Erprobung neuer Beseitigungsverfahren dient, richtet sich nach dem aktuellen Stand der Technik, über den das Ablagerungsverfahren hinausgehen soll. Der Betrieb einer **Versuchsdeponie** muss auf einen Zeitraum von max. zwei Jahren nach Inbetriebnahme beschränkt werden. 6682

Nach § 38 I 1 KrWG findet grundsätzlich auch § 74 VII VwVfG bei der abfallrechtlichen Zulassung von Deponien Anwendung. Planfeststellung und Plangenehmigung entfallen danach in Fällen von unwesentlicher Bedeutung. Diese liegen nach § 74 VII 2 VwVfG vor, wenn 1. andere öffentliche Belange nicht berührt sind oder die erforderlichen behördlichen Entscheidungen vorliegen und sie dem Plan nicht entgegenstehen, 2. Rechte anderer nicht beeinflusst werden oder mit den vom Plan Betroffenen entsprechende Vereinbarungen getroffen worden sind und 3. nicht andere Rechtsvorschriften eine Öffentlichkeitsbeteiligung vorschreiben, die den Anforderungen des § 73 III 1 und IV bis VII VwVfG entsprechen muss. Die recht strengen Voraussetzungen für einen Verzicht auf Planfeststellung und Plangenehmigung dürften in aller Regel für Deponievorhaben nicht vorliegen. Ein Absehen von einer Zulassungsentscheidung nach § 74 Abs. 7 VwVfG ist auch angesichts der Verpflichtung der Mitgliedstaaten nach Art. 23 Abs. 1 AbfRRL, für Abfallentsorgungsanlagen ein Genehmigungsverfahren durchzuführen, problematisch. 6683

b) Verfahrensermessen. Ob die zuständige Behörde anstelle eines Planfeststellungsverfahrens ein Plangenehmigungsverfahren durchführt, liegt bei Vorliegen der Voraussetzungen dafür in ihrem Ermessen. Der Vorhabenträger hat insoweit nur einen Anspruch auf fehlerfreie Ermessensausübung. Einen Grundsatz, dass das Ermessen im Interesse der Vorhabenträger und der Drittbetroffenen regelmäßig zugunsten der Verfahrensbeteiligten auszuüben sei, gibt es nicht.[1200] Es ist im Übrigen zweifelhaft, ob zwischen den Verfahrensbeteiligten insoweit überhaupt ein übereinstimmendes Interesse festgestellt werden kann. Während der Vorhabenträger daran interessiert sein kann, im Sinne einer Verfahrensbeschleunigung auf eine Beteiligung der Öffentlichkeit zu verzichten, dürften Drittbetroffene regelmäßig Wert auf ihre Beteiligung legen. Angesichts der Verpflichtung der Behörde, das Verfahren einfach, zweckmäßig und zügig durchzuführen (§ 10 S. 2 VwVfG), dürfte allerdings bei Vorliegen der Voraussetzungen für ein Plangenehmigungsverfahren in aller Regel kaum Spielraum dafür sein, im Rahmen des Ermessens auf einem Planfeststellungsverfahren zu beharren.[1201] 6684

Die zuständige Behörde soll nach § 35 III 2 KrWG ein Genehmigungsverfahren durchführen, wenn die wesentliche Änderung keine erheblichen nachteiligen Umweltauswirkungen hat und den Zweck verfolgt, eine wesentliche Verbesserung für diese Schutzgüter herbeizuführen (**Verbesserungsgenehmigung**). Daraus folgt, dass die Behörde die **materielle Beweislast** für die Gründe hat, die eine Abweichung von der Regelvorgabe rechtfertigen.[1202] Diese Soll-Regelung zur Ermessensreduzierung gilt allerdings nur für wesentliche Änderungen von Deponien und nicht für die Errichtung und den Betrieb von unbedeutenden Deponien und Versuchsanlagen. 6685

c) Rechtswirkungen der Plangenehmigung. Die Plangenehmigung ist wie der Planfeststellungsbeschluss eine fachplanerische Entscheidung.[1203] Sie ergeht als Allgemeinverfügung 6686

1198 Mann in Versteyl/Mann/Schomerus, KrWG, 2019, § 35 Rn. 110; Fellenberg/Schiller in Jarass/Petersen KrWG, 2022, § 35 Rn. 103.

1199 Fellenberg/Schiller in Jarass/Petersen KrWG, 2022, § 35 Rn. 99.

1200 Beckmann in Landmann/Rohmer Umweltrecht, 2023, § 35 KrWG Rn. 91; a. A. Versteyl/Grunow in Schink/Versteyl 2016, § 35 Rn. 48; Mann in Versteyl/Mann/Schomerus, 2019, § 35 Rn. 113.

1201 Beckmann in Landmann/Rohmer Umweltrecht, 2023, § 35 KrWG Rn. 91; Versteyl/Grunow in Schink/Versteyl 2016, § 35 Rn. 48.

1202 Versteyl/Grunow in Schink/Versteyl 2016, § 35 Rn. 49; Beckmann in Landmann/Rohmer Umweltrecht, 2023, § 35 KrWG Rn. 92.

1203 BVerwGE 98, 100 (103).

gem. § 35 S. 2 VwVfG.[1204] Die Plangenehmigung hat gem. § 74 VI 2 VwVfG die Rechtswirkungen der Planfeststellung mit Ausnahme der enteignungsrechtlichen Vorwirkung. Auf ihre Erteilung finden gem. § 74 VI 2 HS 2 VwVfG die Vorschriften über das Planfeststellungsverfahren keine Anwendung. Vor Erhebung einer verwaltungsgerichtlichen Klage bedarf es gem. § 74 VI 3 VwVfG keiner Nachprüfung in einem Vorverfahren. Nach § 75 IV VwVfG gilt gem. § 74 VI 4 VwVfG entsprechend. Das bedeutet, dass auch die Plangenehmigung außer Kraft tritt, wenn mit der Durchführung des Vorhabens nicht innerhalb von 5 Jahren nach Eintritt der Unanfechtbarkeit der Plangenehmigung begonnen wird.

10. Anzeigepflicht für Änderungen

6687 § 35 IV 1 KrWG erklärt § 15 I 1 bis 4 und II BImSchG für entsprechend anwendbar. Das hat zur Folge, dass Änderungen der Lage, der Beschaffenheit oder des Deponiebetriebs einer Anzeige bedürfen, es sei denn es wird eine Planfeststellung oder eine Plangenehmigung beantragt. Sonstige Abfallentsorgungsanlagen nach § 35 I KrWG werden nicht erfasst; soweit sie immissionsschutzrechtlich genehmigungsbedürftig sind, gilt § 15 BImSchG unmittelbar. Ferner gilt das Anzeigeverfahren gem. § 35 IV 2 KrWG ausdrücklich auch für Altdeponien nach § 39 KrWG.

6688 **a) Verfahren.** Die Anzeige ist gegenüber der zuständigen Behörde mindestens einen Monat vor Beginn der Änderung schriftlich abzugeben, wenn sich die Änderung auf die in § 1 BImSchG genannten Schutzgüter auswirken kann. Der Anzeige sind gemäß § 15 I 2 BImSchG Unterlagen beizufügen, soweit diese für die Prüfung erforderlich sein können, ob das Vorhaben genehmigungsbedürftig ist. Die zuständige Behörde hat den Eingang der Anzeige und der beigefügten Unterlagen unverzüglich schriftlich zu bestätigen. Sie teilt dem Träger des Vorhabens nach § 15 I 4 BImSchG nach Eingang der Anzeige unverzüglich mit, welche zusätzlichen Unterlagen sie zur Beurteilung der Voraussetzungen des § 16 I BImSchG benötigt. Nach § 15 II 1 BImSchG hat die zuständige Behörde unverzüglich, spätestens innerhalb eines Monats nach Eingang der Anzeige und der erforderlichen Unterlagen zu prüfen, ob die angezeigte Änderung genehmigungsbedürftig ist.

6689 **b) Rechtsfolge der Anzeige.** Der Vorhabenträger darf gemäß § 15 II 2 BImSchG die angezeigte Änderung vornehmen, sobald die zuständige Behörde ihm mitteilt, dass die Änderung keiner Genehmigung bedarf, oder sich innerhalb der Monatsfrist nicht geäußert hat. Die Anzeige dient der Risikominimierung für den Deponiebetreiber, da sie ihn vor dem Vorwurf der formellen Illegalität der Änderungsmaßnahme bewahren kann.[1205]

6690 Die entsprechende Anwendung dieser Regelung für die abfallrechtliche Planfeststellung führt dazu, dass Art und Umfang des zugelassenen Deponiebetriebs sich nicht mehr abschließend aus dem Planfeststellungsbeschluss in der Gestalt der ihn ändernden Bescheide, die mit ihm zu einer einheitlichen Planungsentscheidung zusammenwachsen, ergeben müssen. Denn sogar wesentliche Änderungen der Deponie oder ihres Betriebes können ohne Änderungsgenehmigung oder Änderungsplanfeststellung zulässig sein, wenn sich die Behörde nicht innerhalb der erwähnten Frist geäußert hat. Die entsprechende Anwendung des § 15 I und II BImSchG gilt gemäß § 35 IV 2 KrWG auch für bestehende Abfallbeseitigungsanlagen im Sinne von § 39 KrWG, die bereits vor dem 11.06.1972 betrieben wurden oder mit deren Errichtung zu diesem Zeitpunkt begonnen war.

6691 **c) Planfeststellung oder Plangenehmigung für anzeigebedürftige Vorhaben.** Nach § 35 V KrWG kann der Träger des Vorhabens für nach § 35 IV KrWG anzeigebedürftige Vorhaben eine Planfeststellung oder eine Plangenehmigung beantragen. Die Erteilung eines Planfeststellungsbeschlusses oder einer Plangenehmigung kann trotz des damit verbundenen größeren Verfahrens- und Zeitaufwands für den Vorhabenträger vorteilhaft sein, weil die Zulassungsentscheidungen Bestandsschutz für die Deponie vermitteln.[1206]

[1204] BVerwGE 127, 208 Rn. 10.

[1205] OVG Saarlouis Beschl. v. 26.03.2020 – 1 B 306/19, BeckRS 2020, 4685, Rn. 31.

[1206] Fellenberg/Schiller in Jarass/Petersen, KrWG, 2022, § 35 Rn. 132; Mann in Versteyl/Mann/Schomerus, KrWG 2019, § 35 Rn. 8; zur nur noch begrenzten Schutzwirkung des Bestandsschutzes Beckmann EuRUP 2020, 238.

11. Erteilung, Sicherheitsleistung, Nebenbestimmungen

§ 36 KrWG regelt die materiell-rechtlichen Anforderungen an den Erlass eines Planfeststellungsbeschlusses und an die Erteilung einer Plangenehmigung für Deponien, die Verpflichtung zur Erbringung von Sicherheitsleistungen sowie die Möglichkeit, Nebenbestimmungen mit dem Planfeststellungsbeschluss bzw. der Plangenehmigung bei deren Erteilung oder auch nachträglich zu verbinden. Der Planfeststellungsbeschluss nach § 35 II KrWG darf nach § 36 I KrWG nur erlassen oder die Plangenehmigung nach § 35 III KrWG darf nur erteilt werden, wenn sichergestellt ist, dass das Wohl der Allgemeinheit nicht beeinträchtigt wird, dass keine Tatsachen bekannt sind, aus denen sich Bedenken gegen die Zuverlässigkeit des Betreibers oder der für die Errichtung, Leitung oder Beaufsichtigung des Betriebes oder für die Nachsorge der Deponie verantwortlichen Personen ergeben, dass die verantwortlichen Personen über die für ihre Tätigkeit erforderliche Fach- und Sachkunde verfügen, dass keine nachteiligen Wirkungen auf das Recht eines anderen zu erwarten sind und dass die für verbindlich erklärten Feststellungen eines Abfallwirtschaftsplans dem Vorhaben nicht entgegenstehen. 6692

Eine **Allgemeinwohlverträglichkeit** des Deponievorhabens setzt insbesondere voraus, keine Gefahren für die in § 15 II 2 KrWG genannten Schutzgüter hervorgerufen werden können, dass Vorsorge gegen die Beeinträchtigungen der in § 15 II 2 KrWG genannten Schutzgüter in erster Linie durch bauliche, betriebliche oder organisatorische Maßnahmen entsprechend dem Stand der Technik getroffen wird und dass)Energie sparsam und effizient verwendet wird. Zwar verweist § 36 I KrWG nicht ausdrücklich auf andere öffentlich-rechtliche Vorschriften, die zu beachten sind. Die Beachtlichkeit dieser Vorschriften ergibt sich jedoch aus dem Anwendungsbereich dieser Vorschriften selbst. Das gilt nicht nur für die Zulassungsvoraussetzungen solcher Genehmigungen, die von der Konzentrationswirkung der abfallrechtlichen Planfeststellung erfasst werden und deren Zulassungsvoraussetzungen von der Planfeststellungsbehörde schon insoweit mit zu prüfen sind. Beachtlich sind vielmehr unabhängig davon auch materiell-rechtliche Anforderungen anderer Fach- und Umweltgesetze. So müssen etwa die von einer Deponie ausgehenden Eingriffe in Natur und Landschaft mit dem Naturschutzrecht vereinbar sein. Auch die Anforderungen des UVPG müssen gewahrt werden. Nicht zuletzt sind bauplanungsrechtliche Anforderungen im Sinne des § 38 BauGB zu berücksichtigen oder gar, soweit § 38 BauGB nicht zur Anwendung kommt, weil das Vorhaben nicht von überörtlicher Bedeutung ist, zu beachten. 6693

§ 36 I Nr. 1 KrWG und § 15 II KrWG dienen dem Schutz des Wohls der Allgemeinheit und damit ausschließlich öffentlichen Belangen, nicht jedoch dem Schutz von Rechten und Belangen Einzelner.[1207] 6694

a) Planungsermessen. Dem Vorhabenträger steht kein Anspruch auf die beantragte Planfeststellung, sondern nur ein Anspruch auf die fehlerfreie Ausübung des Planungsermessens zu, wenn die Zulassungsvoraussetzungen erfüllt sind.[1208] Der Zulassungsbehörde soll danach ein planerischer Gestaltungsspielraum oder ein Planungsermessen eingeräumt sein, das nur in Ausnahmefällen auf Null reduziert ist.[1209] Liegen die sehr weit gefassten Voraussetzungen nach § 36 I VwVfG vor, dürfte es allerdings sehr schwer fallen, die beantragte Planfeststellung oder Plangenehmigung abwägungsfehlerfrei abzulehnen. Bereits bei den Zulassungsvoraussetzungen ist eine Berücksichtigung privater und öffentlicher Belange in sehr weitem Umfang notwendig. Liegen die Voraussetzungen für die Erteilung eines abfallrechtlichen Planfeststellungsbeschlusses bzw. einer Plangenehmigung vor, dann ist sichergestellt, dass das Wohl der Allgemeinheit nicht beeinträchtigt wird, dass keine nachteiligen Wirkungen auf das Recht eines anderen zu erwarten sind und dass auch die für verbindlich erklärten Feststellungen eines Abfallwirtschaftsplans dem Vorhaben nicht entgegenstehen. Bei der Weite dieser Zulassungsvoraussetzungen stellt sich die Frage, welche planerischen Ermessensgründe der Zulassung des 6695

1207 OVG Lüneburg Beschl. v. 7.5.2024 – 7 MS 81/23, juris Rn. 29; OVG Münster Urt. v. 1.6.2023 – 20 D 377/21.AK, juris.

1208 Versteyl in Schmehl/Klement, KrWG, 2019, § 36 Rn. 5; Fellenberg/Schiller in Jarass/Petersen, KrWG, 2022, § 36 Rn. 12; Kloepfer Umweltrecht, 2016, § 20 Rn. 271.

1209 BVerwG AbfallR 2019, 55 Rn. 16; BVerwGE 97, 143 (148); Wysk in Kopp/Ramsauer, VwVfG, 2023, § 72 Rn. 33a; Fellenberg/Schiller in Jarass/Petersen, KrWG, 2022, § 36 Rn. 12; Dippel Kreislaufwirtschafts- und Abfallrecht, in Redeker/Uechtritz, Anwaltshandbuch, 2020, S. 644; Deifuß-Kruse in Jahn/Deifuß-Kruse/Brandt, KrWG, 2014, § 36 Rn. 3.

Vorhabens noch entgegenstehen sollen, wenn das Vorliegen der Zulassungsvoraussetzungen bejaht worden ist.[1210]

6696 Der Vorhabenträger hat einen Anspruch auf Durchführung des Planfeststellungsverfahrens und auf ermessensfehlerfreie Entscheidung über den eingereichten Plan.[1211] Bei der Ausübung des Planungsermessens sind die allgemeinen rechtsstaatlichen Anforderungen des Abwägungsgebots – wie bei anderen Fachplanungsentscheidungen auch – zu beachten.[1212] Dazu werden regelmäßig Planungsschranken aufgelistet, zu denen die Bindung an vorgeschaltete Planungen, das Erfordernis der Planrechtfertigung, die Vereinbarkeit mit Planungsleitsätzen und das Abwägungsgebot aufgezählt werden.[1213] Die abfallrechtliche Planfeststellung ist insoweit nicht nur eine Entscheidung über die Zulässigkeit der Deponie, sondern zugleich eine planerische Raumnutzungsentscheidung. Durch die abfallrechtliche Planfeststellung wird verbindlich die planungsrechtliche Zulässigkeit der Deponie in ihrer räumlichen Umgebung entschieden.[1214] Das BVerwG erläutert dazu, obwohl der Antragsteller im abfallrechtlichen Planfeststellungsverfahren keinen Zulassungsanspruch habe, sei aber seine rechtliche Position nicht so schwach ausgestaltet, dass sie – wie etwa die Interessen eines planbetroffenen Dritten – nur einer unter vielen abwägungserheblichen Belangen wäre. Vielmehr habe der Vorhabenträger einen Rechtsanspruch auf die fehlerfreie Ausübung des Planungsermessens, der sich auf alle abwägungserheblichen Gesichtspunkte erstrecke. Daraus folge, dass der Planfeststellungsbehörde kein eigenständiges Versagungsermessen mehr zustehe, wenn dem Vorhaben unter dem Blickwinkel der planerischen Abwägung keine rechtlichen Hindernisse entgegenstehen würden. Auch ein privater Träger einer Abfallentsorgungsanlage besitze einen solchen Anspruch.[1215]

6697 **b) Allgemeinwohlverträglichkeit.** Deponievorhaben kann nach § 36 I Nr. 1 KrWG nur zugelassen werden, wenn es allgemeinwohlverträglich ist. Das Wohl der Allgemeinheit ist ein unbestimmter Rechtsbegriff; die Allgemeinwohlverträglichkeit eines Vorhabens muss im jeweiligen Einzelfall unter Berücksichtigung der konkreten Umstände festgestellt werden.[1216] Voraussetzung einer Allgemeinwohlverträglichkeit des Deponievorhabens ist, dass Gefahren für die in § 15 II 2 KrWG genannten Schutzgüter nicht hervorgerufen werden können und dass Vorsorge gegen die Beeinträchtigung der Schutzgüter, insbesondere durch bauliche, betriebliche und organisatorische Maßnahmen entsprechend dem Stand der Technik getroffen und dass schließlich Energie sparsam und effizient verwendet wird. Die Auflistung in § 36 I Nr. 1 KrWG ist insbesondere wegen des Verweises auf die in § 15 II 2 KrWG genannten Schutzgüter nicht nur sehr breit angelegt, sondern, was sich aus der Verwendung des Begriffs „insbesondere" ergibt, zudem noch lediglich beispielhaft. Auch die in § 15 II 2 KrWG genannten Schutzgüter sind ebenfalls nur beispielhaft aufgelistet.

6698 Eine Allgemeinwohlbeeinträchtigung liegt nach § 15 II 3 Nr. 6 KrWG auch dann vor, wenn die öffentliche Sicherheit und Ordnung gefährdet oder gestört werden. Auch über diese Auffangvorschrift[1217] werden andere öffentlich-rechtliche Vorschriften bei der abfallrechtlichen Zulassung beachtlich. Neben den in § 15 II 2 KrWG genannten Belangen sollen als ungeschriebene Beeinträchtigungen auch Störungen der vorhandenen Entsorgungsstrukturen, abfallwirtschaftlich oder wirtschaftspolitische Belange, Beeinträchtigungen der Sicherheit und Leichtigkeit des Verkehrs durch den Anlieferverkehr, Gefahren für den Brandschutz, die gesicherte Erschließung in Betracht kommen.[1218]

1210 Beckmann in Landmann/Rohmer Umweltrecht, 2023, § 35 KrWG Rn. 14; Beckmann DÖV 1987, 944, 947; zustimmend Deifuß-Kruse in Jahn/Deifuß-Kruse/Brandt, KrWG, 2014, § 36 Rn. 3.

1211 BVerwG Urt. v. 29.6.2017 – 3 A 1.16, juris Rn. 32; Neumann/Külpmann in Stelkens/Bonk/Sachs, VwVfG, 2023, § 74 Rn. 266; VGH München Urt. v. 30.3.2006 – 22 A 01.40059, BeckRS 2006, 24080.

1212 BVerwGE 56, 110 (119); BVerwGE 97, 143 (148).

1213 Wysk in Kopp/Ramsauer, VwVfG, 2023, § 72 Rn. 36; BVerwGE 97, 143 (148); Dippel Kreislaufwirtschafts- und Abfallrecht in Redeker/Uechtritz, Anwaltshandbuch, 2020, S. 644.

1214 BVerwGE 97, 143 (148); Mann in Versteyl/Mann/Schomerus, KrWG, 2019, § 36 Rn. 2, 7: „echte Raumnutzungsentscheidung"; Kropp in v. Lersner/Wendenburg/Versteyl, Recht der Abfallbeseitigung, § 36 KrWG Rn. 15; Berthold in Kopp-Assenmacher, KrWG, 2015, § 36 Rn. 2.

1215 BVerwG Urt. v. 24.11.1994 – 7 C 25/93, juris Rn. 22.

1216 VGH Mannheim Beschl. v. 14.11.2011 – 8 S 1281/11, BeckRS 2011, 56026.

1217 Versteyl in Schmehl/Klement, KrWG, 2019, § 36 Rn. 17; Schomerus in Versteyl/Mann/Schomerus, KrWG, 2019, § 15 Rn. 21; Garrelmann in Schink/Versteyl, KrWG, 2016, § 15 Rn. 40.

1218 Fellenberg/Schiller in Jarass/Petersen, KrWG, 2022, § 36 Rn. 15, 35; Berthold in Kopp-Assenmacher, KrWG, 2015, § 36 Rn. 9.

6699 Die Entscheidung darüber, ob eine Deponie dem Wohl der Allgemeinheit entspricht, setzt eine Abwägung zwischen den für und gegen das Vorhaben sprechenden öffentlichen Belangen voraus, da sich der Schutz der in § 15 II 2 KrWG beispielhaft aufgelisteten Belange nicht umfassend erreichen lässt.[1219] Regelmäßig ist eine Allgemeinwohlunverträglichkeit bereits dann anzunehmen, wenn im Einzelfall ein einzelnes der aufgelisteten Schutzgüter beeinträchtigt wird. Rechtsvorschriften, die Beeinträchtigungen des Gemeinwohls untersagen, sind grundsätzlich so zu verstehen, dass bereits jedes entgegenstehende öffentliche Einzelinteresse die negative Rechtsfolge auslöst, eine Kompensation mit gleichzeitig geförderten öffentlichen Interessen also im Regelfall nicht möglich ist. Ausnahmsweise kann eine Allgemeinwohlklausel jedoch die Berücksichtigung positiv und negativ beeinflusster öffentlicher Interessen im Sinne einer Kompensation voraussetzen.[1220] In diesem Sinne kann eine Bilanzierung öffentlicher und privater Interessen notwendig sein. Auch im Abfallrecht ist zur Feststellung einer Beeinträchtigung des Wohls der Allgemeinheit eine Abwägung widerstreitender Interessen erforderlich. § 15 II 2 KrWG spricht einzelne Schutzgüter nicht „absolut" an, sondern im Rahmen dessen, was das Wohl der Allgemeinheit jeweils im Einzelfall erfordert. Die wohl überwiegende Auffassung im Abfallrecht geht davon aus, dass die in anderen Gesetzen geregelten Ge- und Verbote im Rahmen des Allgemeinwohlbegriffs relativiert werden können. Ob dies allerdings auch für zwingende Anforderungen gilt, die in Vorschriften außerhalb des KrWG geregelt sind, ist zweifelhaft.[1221] Zusammenfassend wird erläutert, einer Abwägung nicht zugänglich seien die menschliche Gesundheit, die Ziele der Raumordnung und zwingende materielle Vorgaben des Fachrechts, zu denen die Anforderungen der DepV, Vorschriften des BNatSchG zum Flächen- und Artenschutz, die §§ 22 ff. BImSchG und des sonstigen Immissionsschutzrechts, insbesondere der TA Lärm, der TA Luft und der GIRL zählen sollen.[1222]

6700 So führen zwar die Errichtung und der Betrieb einer Deponie nahezu zwangsläufig zu Beeinträchtigungen der Bodenfunktionen; zumeist lässt sich auch eine nachteilige Beeinflussung des Grundwassers selbst bei einer ausreichenden Basisabdichtung zumindest langfristig nicht sicher ausschließen. Hinzu kommt, dass eine Wechselbeziehung zwischen den verschiedenen Schutzgütern dahingehend besteht, dass sich ein stärkerer Schutz des einen Schutzguts tendenziell negativ auf den Schutz eines anderen auswirken kann. Überwiegen bei einer solchen Abwägung die für das Vorhaben sprechenden Gemeinwohlbelange, sollen die Errichtung und der Betrieb der Deponie nicht zu einer Gemeinwohlbeeinträchtigung führen.[1223]

6701 Das soll auch für die nach § 15 II 2 Nr. 2 KrWG unzulässige Beeinträchtigung von Tieren und Pflanzen gelten. Die Zulassungsvoraussetzungen räumen insoweit keinen absoluten Schutz im Sinne des Verbots der Beeinträchtigung einzelner Tier- und Pflanzenexemplare ein. Zu schützen sind vielmehr Tier- und Pflanzenarten im Sinne eines biologischen Gleichgewichts.[1224] Der Schutz von Tieren und Pflanzen wird allerdings durch das Naturschutzrecht von Bund und Ländern konkretisiert, wobei die naturschutzrechtlichen Bestimmungen zwingend zu beachten sein können, etwa im Zusammenhang mit dem Gebiets- und Artenschutz. Teilweise liegt ihnen auch ein zwingend zu beachtender individuenbezogener Ansatz zugrunde.[1225]

6702 Auch für das **naturschutzrechtliche Vermeidungsgebot** in § 15 I Nr. 1 BNatSchG wird angenommen, dass es als strikt zu beachtender Planungsgrundsatz nicht im Wege einer Abwägung relativiert werden kann.[1226] Darüber hinaus sollen jedoch Belange des Naturschutzes und

---

1219 OVG Saarlouis Urt. v. 9.7.2010 – 3 A 482/09, juris Rn. 92; BVerwG Urt. v. 21.2.1992 – 7 C 11/91, juris Rn. 19; Versteyl in Schmehl/Klement, KrWG, 2019, § 36 Rn. 7; Deifuß-Kruse in Jahn/Deifuß-Kruse/Brandt, KrWG, 2014, § 36 Rn. 6; Fellenberg/Schiller in Jarass/Petersen, KrWG, 2022, § 36 Rn. 16; Klages in Beck OK Umweltrecht, 2018, § 36 Rn. 5; Mann in Versteyl/Mann/Schomerus, KrWG, 2019, § 36 Rn. 20.

1220 Beckmann in Landmann/Rohmer Umweltrecht, 2023, § 35 KrWG Rn. 17; Beckmann DÖV 1987, 944, 951; BVerwG NWZ 1985, 414.

1221 Dieckmann in Jarass/Petersen, KrWG, 2022, § 15 Rn. 42.

1222 Kropp in v. Lersner/Wendenburg/Versteyl, Recht der Abfallbeseitigung, § 36 KrWG Rn. 30 ff.

1223 BVerwGE 70, 244; Urt. v. 21.2.1992 – 7 C 11/91, juris Rn. 19; BVerwGE 90, 96, 100; Versteyl in Schmehl/Klement, KrWG, 2019, § 36 Rn. 7; Mann in Versteyl/Mann/Schomerus, KrWG, 2019, § 36 Rn. 21.

1224 Fellenberg/Schiller in Jarass/Petersen, KrWG, 2022, § 36 Rn. 21.

1225 Fellenberg/Schiller in Jarass/Petersen, KrWG, 2022, § 36 Rn. 21.

1226 Klages in Beck OK Umweltrecht, 2018, § 36 Rn. 4; Guckelberger in Frenz/Müggenborg, BNatSchG, 2021, § 15 Rn. 14.

der Landschaftspflege im Rahmen der Abwägung zurückgestellt werden können.[1227] Es bleibt insoweit fraglich, in welchem Umfang sich die Planfeststellungsbehörde im Rahmen ihrer nachvollziehenden Abwägung bei der Auslegung des Allgemeinwohlbegriffs über Vorschriften des Naturschutzrechts hinwegsetzen darf. Soweit zur Prüfung der Allgemeinwohlverträglichkeit des Vorhabens die für und gegen das Vorhaben sprechenden Belange abgewogen werden, kommt es nach h. M. bereits zur Entscheidung über die Zulassungsvoraussetzungen und nicht erst bei Betätigung des Planungsermessens zur Gegenüberstellung planungsrelevanter und gegenläufiger Belange im Rahmen einer nachvollziehenden Abwägung.[1228] Die insoweit notwendige Abwägung der Behörde ist allerdings, anders als eine planerische Abwägung, uneingeschränkt gerichtlich nachprüfbar.[1229]

6703 Zutreffend wird erläutert, dass auch der **Schutz von Gewässern** bei der Zulassung von Deponien von zentraler Bedeutung ist.[1230] Vor allem der wasserrechtliche Besorgnisgrundsatz der §§ 32 II , 48 II WHG sei aber für die Zulassung von Deponien eine kaum zu überwindende Hürde. Denn dass Sickerwasser einer Deponie eine Grundwasserbeeinträchtigung verursachen könne, sei über die gesamte Betriebs- und Nachsorgezeit einer Deponie kaum sicher auszuschließen. Da es sich bei dem Besorgnisgrundsatz grundsätzlich um eine zwingende Planungsschranke handele, könne dieser im Wege der Abwägung auch nicht einfach überwunden werden. Eine Zulassung von Deponien wäre damit in den meisten Fällen ausgeschlossen, was aber den Zielsetzungen des § 15 widerspräche. Die Vorschriften der §§ 32 II, 48 II WHG würden daher bei der Deponiezulassung von § 15 II 2 Nr. 3 KrWG als Spezialvorschrift überlagert bzw. relativiert, so dass geringfügige Gewässerverunreinigungen hingenommen werden könnten.[1231] Diese Relativierung soll sich jedoch auf die Anwendung des Besorgnisgrundsatzes beschränken. Eine Ausweitung etwa auf die Bewirtschaftungsziele nach den §§ 27 ff. WHG wird hingegen als Verstoß gegen die zwingenden Vorgaben der WRRL angesehen.[1232] Auch insoweit ist die dogmatische Schlüssigkeit des Konzepts der zwingend zu beachtenden und der im Rahmen der Abwägung relativierbaren Bestimmungen noch nicht überzeugend ersichtlich.

6704 Ob und inwieweit die jeweils geschützten Belange einer Abwägung zugänglich oder durch zwingend zu beachtende Vorschriften geschützt sind, soll durch Auslegung der maßgeblichen Vorschriften im Einzelfall ermittelt werden.[1233] So gelten bestimmte Anforderungen der DepV als zwingende Anforderungen, die nicht im Rahmen einer Abwägung relativiert werden können. Das soll zB für Vorgaben der DepV zur Überwachung und zu Gegenmaßnahmen (§ 21 I Nr. 14 DepV) und zu den hierzu zu beachtenden Auslöseschwellen iSd § 2 Nr. 4 DepV gelten, bei denen es sich um Grundwasserüberwachungswerte handelt, bei deren Überschreitung Maßnahmen zum Schutz des Grundwassers eingeleitet werden müssen (§ 12 I 1 DepV). Anhang 5 Ziff. 6 DepV enthält außerdem Vorgaben für den Umgang mit Sickerwasser.

6705 Die sich aus der **Vorsorgepflicht** ergebenden Anforderungen sollen nach allgemeinen Grundsätzen in die Abwägung einbezogen werden. Anders als bei der Gefahrenabwehr, bei der bestimmte Rechtsgüter des § 15 II 2 KrWG absoluten Schutz genießen würden, stünden die für diese Güter geltenden Vorsorgeanforderungen generell unter Abwägungsvorbehalt. Etwas anderes soll allerdings dann gelten, wenn die Vorsorgepflichten in einem untergesetzlichen Regelwerk im Sinne strikter Anforderungen konkretisiert worden sind.[1234]

6706 Das Wohl der Allgemeinheit wird nach § 15 II Nr. 4 KrWG auch beeinträchtigt, wenn von der Deponie schädliche Umwelteinwirkungen durch **Luftverunreinigungen oder Lärm** verursacht werden. Der Begriff der schädlichen Umwelteinwirkungen wird in § 3 I BImSchG definiert. Danach sind schädliche Umwelteinwirkungen Immissionen, die nach Art, Ausmaß

[1227] Mann in Versteyl/Mann/Schomerus, KrWG, 2019, § 36 Rn. 23.

[1228] Kümper in Schink/Fellenberg, WHG, 2021, § 68 Rn. 51; OVG Magdeburg NVwZ-RR 2015, 809, 813; OVG Koblenz Urt. v. 12.2.2009 – 1 A 10722/08, juris Rn. 171, 173; VGH Mannheim Urt. v. 23.9.2013 – 3 S 284/11, juris Rn. 125.

[1229] BVerwG NVwZ 2016, 308; VGH München Urt. v. 15.03.2021 – 8 A 18.40041, BeckRS 2021, 6122 Rn. 49; Beschl. v. 15.12.2021 – 8 ZB 21.668, juris Rn. 20.

[1230] Fellenberg/Schiller in Jarass/Petersen, KrWG, 2022, § 36 Rn. 22.

[1231] BVerwG Beschl. v. 17.6.2014 -7 B 14.14, BeckRS 2014, 54718; Fellenberg/Schiller in Jarass/Petersen, KrWG, 2022, § 36 Rn. 22; Deifuß-Kruse in Jahn/Deifuß-Kruse/Brandt, KrWG, 2014, § 36 Rn. 9.

[1232] Fellenberg/Schiller in Jarass/Petersen, KrWG, 2022, § 36 Rn. 22; BVerwG NVwZ 2016, 1735; OVG Lüneburg DVBl.. 2017, 1440 Rn. 224.

[1233] Fellenberg/Schiller in Jarass/Petersen, KrWG, 2022, § 36 Rn. 16.

[1234] Mann in Versteyl/Mann/Schomerus, KrWG, 2019, § 36 Rn. 23.

oder Dauer geeignet sind, Gefahren, erhebliche Nachteile oder erhebliche Belästigungen für die Allgemeinheit oder die Nachbarschaft herbeizuführen. Luftverunreinigungen sind nach § 3 IV BImSchG Veränderungen der Zusammensetzung der Luft, insbesondere durch Rauch, Ruß, Staub, Gase, Aerosole, Dämpfe oder Geruchsstoffe. Deponien müssen auch den Anforderungen des § 22 BImSchG genügen. Nach § 22 I 1 BImSchG sind immissionsschutzrechtlich nicht genehmigungsbedürftige Anlagen so zu errichten und zu betreiben, dass schädliche Umwelteinwirkungen verhindert werden, die nach dem Stand der Technik vermeidbar sind und unvermeidbare schädliche Umwelteinwirkungen auf ein Mindestmaß beschränkt werden. Im Rahmen der Zulassung von Deponien sind regelmäßig Lärm-, Staub-, Geruchs- und gegebenenfalls Gasimmissionen von Bedeutung,[1235] § 15 2 Nr. 4 KrWG soll aber keinen Abwägungsvorbehalt zu Lasten des Immissionsschutzrechts enthalten.[1236]

Nach der Rechtsprechung des BVerfG folgt aus der **Garantie effektiven Rechtsschutzes** 6707
grds. die Pflicht der Gerichte, die angefochtenen Verwaltungsakte in rechtlicher und tatsächlicher Hinsicht vollständig nachzuprüfen. Soweit sie bei der Kontrolle behördlicher Planungsentscheidungen über Prognosen befinden müssen, ist die gerichtliche Überprüfung ihrem Wesen nach auf die Frage beschränkt, ob der Sachverhalt zutreffend ermittelt und der Prognose eine geeignete Methode zugrunde gelegt worden ist.[1237] Dabei ist nach Ansicht des BVerfG eine volle gerichtliche Überprüfung geboten, ob der Sachverhalt zutreffend ermittelt und der Prognose eine geeignete Methode zugrunde gelegt worden ist. Dies setze jedoch nicht zwingend die Kenntnis sämtlicher Tatsachengrundlagen voraus. Insoweit gebiete Art. 19 IV GG die Offenlegung von Tatsachen, die ein Sachverständiger seinem Gutachten zugrunde gelegt habe, regelmäßig nur, wenn die Kenntnis der einzelnen tatsächlichen Umstände zur Nachprüfung des Sachverständigengutachtens unentbehrlich sei.[1238]

Der Allgemeinwohlbegriff erfasst nur öffentliche Belange. Private Belange können bei der 6708
Planfeststellung und der Plangenehmigung erst im Rahmen des Abwägungsgebots berücksichtigt werden, das aber wiederum nur dann zum Tragen kommt, wenn zwingende Versagungsgründe nicht vorliegen.[1239]

c) Zuverlässigkeit. 36 I Nr. 2 KrWG setzt für die Zulassung der Deponie voraus, dass 6709
keine Tatsachen vorliegen, aus denen sich Bedenken gegen die Zuverlässigkeit der für die Errichtung, Leitung oder Beaufsichtigung des Betriebes oder der Nachsorge der Deponie verantwortlichen Personen ergeben.[1240] An der Zuverlässigkeit fehlt es, wenn ernstliche Zweifel daran bestehen, dass die verantwortlichen Personen die Anlage ordnungsgemäß errichten und betreiben werden.

Ein **ernstlicher Zweifel** kommt insbesondere bei Verstößen gegen einschlägige Vorschrif- 6710
ten des Umweltrechts, aber auch gegen sonstige, für den Wirtschaftsverkehr bedeutsamen Bestimmungen, so zB Vorschriften des Steuer- und Arbeitsschutzrechts, Bestrafungen wegen Betruges oder Unterschlagung in Betracht.[1241] Die Zuverlässigkeit muss sich konkret gewerbebezogen auf den Betrieb der Deponie beziehen. Verfehlungen im privaten Bereich, etwa die Verletzung von Unterhaltspflichten gegenüber Familienangehörigen, begründen Zuverlässigkeitszweifel regelmäßig nicht.[1242] Die Anforderungen an die Zuverlässigkeit können unter Berücksichtigung des jeweiligen Gefährdungspotentials der Anlage – etwa einer eher unbedeutenden Bodendeponie einerseits und einer Sonderabfalldeponie andererseits – unterschiedlich streng sein. Nicht entscheidend, ist ob dem Verantwortlichen ein Verschulden vorgeworfen oder nachgewiesen werden kann.[1243]

d) Sach- und Fachkunde. § 36 I Nr. 3 KrWG setzt voraus, dass nicht nur die verantwort- 6711
lichen Personen, sondern auch das sonstige Personal die für die Errichtung und den Betrieb

---

[1235] Fellenberg/Schiller in Jarass/Petersen, KrWG, 2022, § 36 Rn. 24.

[1236] Mann in Versteyl/Mann/Schomerus, KrWG, 2019, § 36 Rn. 22.

[1237] BVerfG Beschl. v. 1.6.2021 – 1 BvR 2374/15, juris Rn. 8.

[1238] BVerfG Beschl. v. 1.6.2021 – 1 BvR 2374/15, juris Rn. 9.

[1239] VGH München Beschl. v. 15.12.2021 – 8 ZB 21.668, juris Rn. 21 f.

[1240] BVerwG Urt. v. 10.1.2012 – 7 C 6/11, juris Rn. 12.

[1241] Versteyl in Schmehl/Klement, KrWG, 2019, § 36 Rn. 21; zustimmend Fellenberg/Schiller in Jarass/Petersen, KrWG, 2022, § 36 Rn. 45.

[1242] Klages in Beck OK Umweltrecht, 2018, § 36 KrWG Rn. 13.

[1243] VG Koblenz Urt. v. 17.11.2009 – 7 K 724/09, BeckRS 2010, 45146, Klages in Beck OK Umweltrecht, 2018, § 36 KrWG Rn. 13.

erforderliche Fach- und Sachkunde besitzt. Nach überwiegender Auffassung erstreckt sich bereits die Zuverlässigkeitsprüfung hinsichtlich der verantwortlichen Personen auf die Fach- und Sachkunde. § 36 I Nr. 3 KrWG geht insoweit darüber hinaus, dass diese Fach- und Sachkunde auch von dem sonstigen Personal verlangt wird. Die erforderliche Sach- und Fachkunde setzt voraus, dass im Hinblick auf die zu errichtende bzw. zu betreibende Deponie die erforderlichen Kenntnisse vorliegen, die in einer Ausbildung erworben und durch berufliche Erfahrung vertieft werden. Die Gewährleistung einer hinreichenden Fach- und Sachkunde erfordert eine berufliche und technische Weiterbildung von Betreibern und Personal. § 4 DepV sieht dazu vor, dass der Deponiebetreiber seine Deponie so zu organisieren hat, dass jederzeit fach- und sachkundiges Personal für die wahrzunehmenden Aufgaben vorhanden und dass die erforderliche Überwachung und Kontrolle der durchgeführten abfallwirtschaftlichen Tätigkeiten sichergestellt ist. Außerdem hat der Deponiebetreiber nach § 4 Nr. 2 DepV sicherzustellen, dass die für die Leitung und Beaufsichtigung der Deponie verantwortlichen Personen sowie das sonstige Personal durch geeignete Fortbildung für die Tätigkeit über den erforderlichen aktuellen Wissensstand verfügen.[1244] Der Deponiebetreiber muss außerdem die erforderliche Überwachung und Kontrolle der durchgeführten abfallwirtschaftlichen Tätigkeiten sicherstellen.

6712 **e) Schutz der Rechte Dritter.** Gemäß § 36 I Nr. 4 dürfen grundsätzlich keine nachteiligen Wirkungen auf das Recht eines anderen zu erwarten sein. § 32 I Nr. 4 KrWG schützt die Rechte privater Dritter, insbesondere Gesundheit und Eigentum, vor unzulässigen Immissionen, Gerüchen, Geräuschen etc. Die Vorschrift setzt im Regelungszusammenhang mit § 36 II 1 KrWG die äußerste Grenze, die durch eine gerechte Abwägung nicht mehr überwunden werden kann und ab deren Überschreiten Schutzvorkehrungen zur Vermeidung nachteiliger Wirkungen anzuordnen sind.[1245] Diese Schwelle ist erreicht, wenn die mit der Zulassung verbundenen Nachteile das Maß des dem Drittbetroffenen auch unter Berücksichtigung bestehender Vorbelastungen insbesondere durch die Deponie nicht mehr Zumutbaren überschreiten. Solche Wirkungen sind zu erwarten, wenn sie nach allgemeiner Lebenserfahrung und anerkannten fachlichen Regeln wahrscheinlich und ihrer Natur nach annähernd voraussehbar sind. Dabei sind an die Wahrscheinlichkeit des Schadenseintritts umso geringere Anforderungen zu stellen, je größer und folgenschwerer der möglicherweise eintretende Schaden ist.[1246]

6713 § 36 I Nr. 4 ist drittschützend.[1247] Das ergibt sich bereits aus dem Wortlaut und entspricht der allgemeinen Auffassung. § 36 I Nr. 4 und II KrWG betreffen nicht den Fall einer unmittelbaren Enteignung im Sinne eines gezielten Zugriffs auf das Grundstückseigentum für Zwecke der Deponieerrichtung bzw. des Deponiebetriebes.[1248] Die genannten Vorschriften regeln vielmehr nur, inwieweit sonstige nachteilige Wirkungen des Vorhabens auf das Eigentum oder andere private Rechte zulässig sind und gegebenenfalls Ausgleichsansprüche auslösen. Eine geplante Enteignung ist vielmehr nach den Grundsätzen des Abwägungsgebots zu berücksichtigen. Dafür muss insbesondere eine Planrechtfertigung vorliegen und das zu enteignende Eigentum muss unter angemessener Bewertung seiner Bedeutung im Rahmen der Abwägung berücksichtigt werden.[1249]

6714 **Nachteilige Wirkungen** auf Rechte Dritter setzen grundsätzlich eine Rechtsbeeinträchtigung voraus. Eine solche Rechtsbeeinträchtigung kann sich aus ganz unterschiedlichen Rechtspositionen ergeben. Dazu zählen insbesondere zivile Nachbarrechte im Sinne der §§ 906, 908 BGB, die über § 1004 BGB zu einem Unterlassungsanspruch führen können. Zu den Rechten, die insoweit in Betracht kommen, gehören das Eigentum, das Recht auf Leben und körperliche Unversehrtheit, sonstige dingliche Rechte, das Recht am eingerichteten und ausgeübten

---

[1244] Dippel Kreislaufwirtschafts- und Abfallrecht, in Redeker/Uechtritz, Anwaltshandbuch Verwaltungsverfahren, 2020, 645.

[1245] OVG Münster Urt. v. 14.2.2012 – 20 D 85/09.AK, juris Rn. 30; Beckmann in Landmann/Rohmer Umweltrecht, 2023, § 35 KrWG Rn. 37; Fellenberg/Schiller in Jarass/Petersen, KrWG, 2022, § 36 Rn. 53.

[1246] OVG Münster Urt. v. 14.2.2012 – 20 D 85/09.AK, juris Rn. 31; BVerwG NVwZ 1984, 374.

[1247] Beckmann in Landmann/Rohmer Umweltrecht, 2023, § 35 KrWG Rn. 38; Versteyl in Schmehl/Klement, KrWG, 2019, § 36 Rn. 25.

[1248] BVerwG NVwZ 1990, 971; zum Eigentumsschutz und zur enteignungsrechtlichen Vorwirkung der abfallrechtlichen Planfeststellung Beckmann UPR 2023, 121; siehe auch Dippel Kreislaufwirtschafts- und Abfallrecht, in Redeker/Uechtritz, Anwaltshandbuch Verwaltungsverfahren, 2020, S. 646; Versteyl in Schmehl/Klement, KrWG, 2019, § 36 Rn. 25; Mann in Versteyl/Mann/Schomerus, KrWG, 2019, § 36 Rn. 36.

[1249] dazu Beckmann Enteignungsverfahren, in: Redeker/Uechtritz, Verwaltungsverfahren, 2024, Rn. 30 ff.

Gewerbebetrieb, Fischerei- und Jagdrechte etc. Nachteilige Wirkungen können sich auch für öffentlich-rechtliche Nachbarrechte ergeben, die zB die Abwehr schädlicher Umwelteinwirkungen im Sinne von § 3 I BImSchG betreffen. Gesundheitsgefährdungen durch Trinkwasserverbrauch als Folge von Grundwasserverunreinigungen zählen bei einer Trinkwasserversorgung aus privaten Brunnen grundsätzlich zu den nachteiligen Wirkungen iSv § 36 I Nr. 4 KrWG.[1250] Vorhabenbedingte nachteilige Auswirkungen auf Rechte Dritter im Sinne von § 36 I Nr. 4 sind nur solche Auswirkungen, die von dem Vorhaben selbst herrühren. Im Hinblick auf den Klimaschutz und die insoweit grundrechtlich geschützten Rechtspositionen Dritter sind Auswirkungen anderer umweltbeeinträchtigender Maßnahmen nach Ansicht des OVG Münster nicht in die Betrachtung einzubeziehen.[1251]

Die **bloße Nachbarschaft** zu einer Deponie führt nicht zu einer solchen nachteiligen Wirkung. Es kommt also immer darauf an, ob etwa im Sinne der §§ 906, 908 BGB eine unzumutbare Beeinträchtigung vorliegt oder ob im Sinne des § 3 I BImSchG unzulässige Lärmbeeinträchtigungen, Gerüche oder Luftverunreinigungen festzustellen sind. Auch der **Wertverlust** eines Grundstücks, der sich zweifellos im Einzelfall aus der Errichtung und dem Betrieb einer Deponie in der Nachbarschaft ergeben kann, berechtigt für sich genommen nicht zu der Annahme, dass eine nachteilige Wirkung auf das Recht eines Dritten vorliegt.[1252] 6715

f) Schutzvorkehrungen. Nachteilige Wirkungen auf das Recht eines anderen stehen allerdings der Deponiezulassung gemäß § 36 II 1 KrWG dann nicht entgegen, wenn sie durch Auflagen oder Bedingungen verhütet oder ausgeglichen werden können oder der Betroffene ihnen nicht widerspricht. Die Aufnahme derartiger Nebenbestimmungen ist regelmäßig gegenüber einer Versagung der Deponiezulassung aus Gründen der Verhältnismäßigkeit vorrangig.[1253] Die Anordnung von Schutzvorkehrungen steht insoweit nicht im Ermessen der Planfeststellungsbehörde.[1254] Umgekehrt haben Drittbetroffene grundsätzlich einen Anspruch darauf, dass vorrangig vor einer Entschädigung mögliche Schutzvorkehrungen angeordnet werden.[1255] Als Schutzvorkehrungen kommen unterschiedlichste Maßnahmen und Einrichtungen, so zB geruchsmindernde Abdeckungen der Schüttflächen, Maßnahmen des aktiven und passiven Lärmschutzes, Neubau einer Zufahrtsmöglichkeit für benachbarte Grundstücke etc., in Betracht. Die Auswahl der konkreten Schutzvorkehrungen steht zwar grundsätzlich im **Ermessen** der Behörde. Allerdings ist auch insoweit der **Grundsatz der Verhältnismäßigkeit** zu beachten. Es kommen deshalb nur solche Bedingungen oder Auflagen in Betracht, die geeignet, erforderlich und auch gegenüber dem Anlagenbetreiber angemessen sind.[1256] 6716

g) Entschädigungspflicht. Ist das Vorhaben allgemeinwohldienlich und kann deshalb die Deponie trotz entgegenstehender Rechte privater Dritter zugelassen werden, dann bedarf es nach § 36 II 3 KrWG einer Entschädigung des Betroffenen für die Vermögensschäden. Über die Entschädigung ist bereits in der abfallrechtlichen Zulassung zu entscheiden.[1257] Ist eine Bezifferung des Ausgleichsanspruchs noch nicht möglich, ist zumindest dem Grunde nach über den Anspruch zu befinden. Lehnt die Planfeststellungsbehörde im Planfeststellungsbeschluss eine Entschädigungsverpflichtung ab, kann der Drittbetroffene einen Anspruch auf Planergänzung um eine entsprechende Nebenbestimmung zur Ausgleichspflicht im Wege einer Verpflichtungsklage verfolgen. Lässt der Betroffene den Planfeststellungsbeschluss bestandskräftig werden, kann er seinen Ausgleichsanspruch nicht mehr durchsetzen.[1258] Die Entschädigungs- 6717

1250 VG München Urt. v. 7.4.2016 – M 17 K 15.3470.

1251 OVG Münster ZUR 2022, 241.

1252 näher dazu Beckmann BauR 2021, 768; siehe auch BVerwG NVwZ-RR 1989, 619, 620; Fellenberg/Schiller in Jarass/Petersen, KrWG, 2022, § 36 Rn. 56; Klages in Beck OK Umweltrecht, 2018, § 39 KrWG Rn. 18.

1253 Beckmann in Landmann/Rohmer Umweltrecht, 2023, § 35 KrWG Rn. 43; zustimmend Versteyl in Schmehl/Klement, KrWG, 2019, § 36 Rn. 47; Fellenberg/Schiller in Jarass/Petersen, KrWG, 2022, § 36 Rn. 59.

1254 Versteyl in Schmehl/Klement, KrWG, 2019, § 36 Rn. 47; Mann in Versteyl/Mann/Schomerus, KrWG, 2019, § 36 Rn. 38; Versteyl/Grunow in Schink/Versteyl, KrWG, 2016, § 36 Rn. 844.

1255 Versteyl in Schmehl/Klement, KrWG, 2019, § 36 Rn. 47; Mann in Versteyl/Mann/Schomerus, KrWG, 2019, § 36 Rn. 50.

1256 Beckmann in Landmann/Rohmer Umweltrecht, 2023, § 35 KrWG Rn. 43.

1257 Fellenberg/Schiller in Jarass/Petersen, KrWG, 2022, § 36 Rn. 68; Kropp in v. Lersner/Wendenburg/Versteyl, Recht der Abfallbeseitigung, § 36 KrWG Rn. 79.

1258 BVerwGE 77, 295 (297).

pflicht nach § 36 II 4 KrWG macht deutlich, dass eine Unbeachtlichkeit des § 36 I Nr. 3 nur dann in Betracht kommt, wenn ein finanzieller Ausgleich möglich ist. Gesundheitsbeeinträchtigungen, die nicht durch Nebenbestimmungen abgewendet werden können, können nicht durch einen Geldausgleich kompensiert werden.

6718 Der Ausgleichsanspruch sichert keine Enteignungsentschädigung;[1259] er dient vielmehr der verhältnismäßigen Bestimmung von Inhalt und Schranken des Eigentums im Sinne von Art. 14 I 2 GG und ist deshalb gem. § 40 II 1 Halbs. 2 VwGO auf dem Verwaltungsrechtsweg geltend zu machen. Der Drittbetroffene kann mit einer Verpflichtungsklage einen Anspruch auf Ergänzung des Planfeststellungsbeschlusses um eine Nebenbestimmung, die seine Entschädigung regelt, geltend machen.[1260]

6719 **h) Bindungen an vorgeschaltete Planungen.** Bei der Zulassung von Abfalldeponien ist nicht nur die Bauleitplanung zu berücksichtigen. Vielmehr können auch verbindliche Fachplanungen, etwa aus den Bereichen des Naturschutzrechts oder des Wasserrechts, nicht zuletzt auch die Abfallwirtschaftsplanung sowie Erfordernisse der Raumordnung beachtlich sein.

6720 Gem. § 36 I Nr. 5 KrWG dürfen der abfallrechtliche Planfeststellungsbeschluss nur erlassen und die abfallrechtliche Plangenehmigung erteilt werden, wenn die für verbindlich erklärten Feststellungen eines Abfallwirtschaftsplans dem Vorhaben nicht entgegenstehen. Dementsprechend darf bei Vorliegen eines für verbindlich erklärten wirksamen Abfallwirtschaftsplans kein von den Feststellungen des Plans abweichender Standort oder eine Anlage mit anderer Entsorgungstechnik planfestgestellt oder genehmigt werden,[1261] wobei allerdings konkret festzustellen ist, ob die Ausweisung des Abfallwirtschaftsplans so zu verstehen ist, dass kein anderer Standort zulässig sein soll.[1262] Grundsätzlich ist die Flächenausweisung im Abfallwirtschaftsplan nach § 30 I KrWG keine Voraussetzung für die Planfeststellung oder Genehmigung einer Deponie (§ 30 III 2 KrWG). Entspricht das Vorhaben den für verbindlich erklärten Feststellungen eines Plans, dann bedeutet dies noch nicht, dass das beantragte Vorhaben an dem planerisch ausgewiesenen Standort auch zugelassen werden kann. Denn die Planfeststellungs- oder Plangenehmigungsbehörde muss eine eigene Detailprüfung der Zulassungsvoraussetzungen durchführen. Die Behörde muss abschließend prüfen, ob das beantragte Vorhaben an dem vorgesehenen Standort den einschlägigen Rechtsvorschriften entspricht. Diese Frage kann durch den Abfallwirtschaftsplan nicht endgültig entschieden werden, weil der Plan sich insoweit auf die Berücksichtigung überörtlicher Gesichtspunkte beschränken muss.[1263]

6721 Nach § 30 V 1 KrWG sind bei der Abfallwirtschaftsplanung die Ziele der Raumordnung zu beachten, die Grundsätze und sonstigen **Erfordernisse der Raumordnung** zu berücksichtigen. Die Erfordernisse der Raumordnung sind aber nicht nur vermittelt über die Abfallwirtschaftsplanung für die Zulassung von Abfalldeponien beachtlich. Denn unabhängig von der Abfallwirtschaftsplanung sind bei der abfallrechtlichen Planfeststellung und der Plangenehmigung gem. § 4 ROG Ziele der Raumordnung, Grundsätze der Raumordnung und sonstige Erfordernisse von Bedeutung. Nicht zuletzt liegt eine über § 36 I Nr. 1a iVm § 15 II 2 Nr. 5 KrWG beachtliche Allgemeinwohlbeeinträchtigung vor, wenn die Ziele der Raumordnung nicht beachtet und die Grundsätze der Raumordnung nicht berücksichtigt werden.

6722 **i) Sicherheitsleistung.** Gemäß § 36 III KrWG soll die zuständige Behörde verlangen, dass der Inhaber einer Deponie für die Rekultivierung sowie zur Verhinderung oder Beseitigung von Beeinträchtigungen des Wohls der Allgemeinheit nach Stilllegung Sicherheit im Sinne von § 232 BGB leistet oder ein gleichwertiges Sicherungsmittel erbringt. Die Verpflichtung, eine Sicherheit zu leisten, setzt keine Zweifel an der Solvenz des Deponiebetreibers voraus.[1264] Das BVerwG bezieht sich bei seinem grundlegenden Urteil zu Sicherheitsleistungen für Abfallent-

[1259] Beckmann in Landmann/Rohmer Umweltrecht, 2023, § 35 KrWG Rn. 45; Beckmann UPR 2023, 121; Versteyl in Schmehl/Klement, KrWG, 2019, § 36 Rn. 51; Mann in Versteyl/Mann/Schomerus, KrWG, 2019, § 36 Rn. 54.

[1260] Beckmann in Landmann/Rohmer Umweltrecht, 2023, § 35 KrWG Rn. 45; Versteyl in Schmehl/Klement, KrWG, 2019, § 36 Rn. 51.

[1261] BVerwG DVBl.. 1997, 48; OVG Lüneburg DVBl.. 1979, 195.

[1262] Versteyl in Schmehl/Klement, KrWG, 2019, § 36 Rn. 29; Fellenberg/Schiller in Jarass/Petersen, KrWG, 2022, § 36 Rn. 71.

[1263] BVerwGE 81, 128, 133 f.; Beckmann in Landmann/Rohmer Umweltrecht, 2023, § 35 KrWG Rn 48; Hoppe/Beckmann DÖV 1990, 769 (772).

[1264] BVerwG Urt. v. 13.3.2008 – 7 C 44/07, juris Rn. 21.

sorgungsanlagen aus dem Jahre 2008 auf eine Zahlungsunfähigkeit des Anlagenbetreibers, die nicht mit einer Insolvenz gleichzusetzen ist. Denn die Zahlungsunfähigkeit ist nach § 17 I InsO lediglich ein allgemeiner Eröffnungsgrund für ein Insolvenzverfahren. Nach § 17 II 1 InsO ist der Schuldner zahlungsunfähig, wenn er nicht in der Lage ist, seine fälligen Zahlungspflichten zu erfüllen. Nach § 17 II 1 InsO ist eine Zahlungsunfähigkeit in der Regel anzunehmen, wenn der Schuldner seine Zahlungen eingestellt hat. Ein weiterer Grund für die Eröffnung eines Insolvenzverfahrens ist bei juristischen Personen nach § 19 I InsO aber auch die Überschuldung. Eine Überschuldung liegt gem. § 19 II InsO vor, wenn das Vermögen des Schuldners die bestehenden Verbindlichkeiten nicht mehr deckt, es sei denn, die Fortführung des Unternehmens ist nach den Umständen überwiegend wahrscheinlich.[1265]

Der VGH Mannheim erläutert dazu, dass in Fällen, in denen eine Bürgschaft den Fall der Insolvenz des Anlagenbetreibers absichern soll, hieraus zugleich folge, dass sie alle Eröffnungsgründe (§§ 16 ff. InsO) erfasse, auf die ein Insolvenzantrag gestützt sein könne. Ob und wann der Bürge danach in Anspruch genommen werden könne, also der Bürgschaftsfall eintrete und die Bürgschaftsforderung fällig werde, richte sich nach den einschlägigen zivilrechtlichen Bestimmungen, wobei der selbstschuldnerische Charakter der Bürgschaft zu berücksichtigen sei. Auch wenn im Zusammenhang mit dem Gesetzeszweck des § 17 IVa I BImSchG in der Rechtsprechung die Gefahr der Zahlungsunfähigkeit herausgehoben werde.[1266] ergebe sich hieraus keine Beschränkung auf diesen allgemeinen insolvenzrechtlichen Eröffnungsgrund. Der Gesetzeszweck des Ausfallschutzes greife vielmehr bei Vorliegen anderer Insolvenztatbestände gleichermaßen. Dementsprechend werde im Einklang mit den Gesetzesmaterialien gemeinhin darauf abgestellt, dass ohne eine Sicherheitsleistung die Sanierungskosten für in die Insolvenz gegangene Anlagenbetreiber häufig durch die öffentliche Hand aus Steuermitteln getragen werden müssten.[1267] 6723

Der Sinn und Zweck der Sicherheitsleistung besteht darin, die öffentliche Hand bei Zahlungsunfähigkeit des Betreibers einer Abfallentsorgungsanlage vor dem möglicherweise erheblichen Sicherungs-, Sanierungs- und Entsorgungskosten zu schützen.[1268] § 43 IV KrWG ermächtigt die Bundesregierung, durch Rechtsverordnung mit Zustimmung des Bundesrates zu bestimmen, dass die Betreiber bestimmter Deponien eine Sicherheit im Sinne von § 232 BGB leisten oder ein anderes gleichwertiges Sicherungsmittel erbringen müssen. Die Verordnung darf auch Vorschriften über Art, Umfang und Höhe der nach § 36 III KrWG zu leistenden Sicherheit im Sinne von § 232 BGB oder eines anderen gleichwertigen Sicherungsmittel enthalten sowie bestimmen, wie lange die Sicherheit geleistet oder ein anderes gleichwertiges Sicherungsmittel erbracht werden muss. In der Rechtsverordnung können auch Verfahren zur Überprüfung der dort festgelegten Anforderungen bestimmt werden (§ 43 V KrWG). Dieser Ermächtigung entsprechen die Regelung des § 18 DepV, mit denen zugleich Anforderungen der Deponierichtlinie umgesetzt worden sind. Der Deponiebetreiber hat nach § 18 I 1 DepV vor Beginn der Ablagerungsphase der zuständigen Behörde die Sicherheit für die Erfüllung von Auflagen und Bedingungen zu leisten, die mit dem Planfeststellungsbeschluss oder der Plangenehmigung für die Ablagerungs-, Stilllegungs- oder Nachsorgephase zur Verhinderung oder Beseitigung von Beeinträchtigungen des Wohls der Allgemeinheit angeordnet wird. Diese Pflicht gilt zur Erfüllung der Auflagen und Bedingungen einer Änderungsgenehmigung nach § 18 I 2 DepV entsprechend. Die Behörde setzt nach § 18 II 1 DepV Art und Umfang der Sicherheit fest. Neben den in § 292 I BGB vorgesehenen Art der Sicherheit kann die Behörde nach § 18 II 2 DepV zu lassen, dass die Sicherheit durch die Stellung eines tauglichen Bürgen, insbesondere einer Konzernbürgschaft, oder eine Garantie oder ein Zahlungsversprechen eines Kreditinstituts bewirkt wird. Bürgen und Kreditinstitute haben sich unwiderruflich gegenüber der Behörde zu verpflichten, auf deren erstes Anfordern den festgesetzten Betrag zu zahlen (§ 18 II 3 DepV). Die Behörde kann gemäß § 18 II 4 DepV vom Deponiebetreiber verlangen, die Tauglichkeit eines Bürgen nachzuweisen. 6724

Bei der Festsetzung der **Höhe der Sicherheit** ist nach § 18 II 4 DepV ein planmäßiger Nachsorgebetrieb zu Grunde zu legen. Dabei ist von einem Nachsorgezeitraum von 30 Jahren, 6725

[1265] siehe dazu Beckmann UPR 2020, 121 ff.

[1266] BVerwG Beschl. v. 3.3.2016 – 7 B 44.15, juris Rn. 12; OVG Berlin-Brandenburg Beschl. v. 7.6.2021 – 11 S 16/21, juris Rn. 7; VGH München Urt. v. 19.3.2021 – 22 B 20.1347, juris Rn. 26.

[1267] VGH Mannheim Urt. v. 11.5.2021 – 10 S 709/19, juris Rn. 41.

[1268] BVerwG NVwZ 2016, 616; BVerwGE 131, 11 Rn. 27 f; Beckmann UPR 2020, 121; Holz VBlBW 2018, 177 (178).

bei Deponien der Klasse 0 von 10 Jahren auszugehen. Die Höhe der zu fordernden Sicherheit ergibt sich grds. aus dem abzuschätzenden Aufwand für die **Rekultivierung** und **Nachsorge**. § 18 III DepV verpflichtet die zuständige Behörde, die angeordnete Sicherheitsleistung regelmäßig nach Erlass des Planfeststellungsbeschlusses oder der Plangenehmigung zu überprüfen, um den Erhaltung des realen Werts der Sicherheit zu gewährleisten. Auch der Deponiebetreiber kann eine Überprüfung fordern, wenn sich das Verhältnis zwischen Sicherheit und angestrebtem Sicherungszweck erheblich geändert hat. Nicht (mehr) erforderliche Sicherheiten müssen unverzüglich freigegeben werden.

6726 **j) Nebenbestimmungen.** Der Planfeststellungsbeschluss und die Plangenehmigung können nach § 36 IV 1 KrWG von Bedingungen abhängig gemacht, mit Auflagen verbunden und befristet werden, soweit dies zur Wahrung des Wohls der Allgemeinheit erforderlich ist. Bedingungen sind Nebenbestimmungen, nach denen der Eintritt oder der Wegfall einer Vergünstigung oder einer Belastung von dem ungewissen Eintritt eines zukünftigen Ereignisses abhängt (§ 36 II Nr. 2 VwVfG). Bedingungen betreffen damit das „ob" der Zulassung. Bei einer aufschiebenden Bedingung wird die Errichtung der Deponie erst zugelassen, wenn die Bedingung eintritt. Bei einer auflösenden Bedingung verliert die Deponiezulassung ihre Wirksamkeit, wenn die Bedingung eintritt. Auflagen sind Nebenbestimmungen, durch die den Begünstigten ein Tun oder Unterlassen vorgeschrieben wird (§ 36 II Nr. 4 VwVfG). Dabei geht es um Anforderungen, die sich auf Art und Weise des Deponiebetriebes oder auf die Beschaffenheit der Deponie beziehen. Nach § 29 I 1 KrWG kann der Deponiebetreiber verpflichtet werden, einem Dritten die Mitbenutzung seiner Deponie gegen Zahlung eines angemessenen Entgelts zu gestatten.

6727 Die Missachtung einer Auflage führt nicht zum Verlust der Wirksamkeit der abfallrechtlichen Zulassung. Insoweit unterscheidet sich eine Auflage von einer Bedingung, bei deren Nichterfüllung bzw. bei deren Eintritt der Planfeststellungsbeschluss oder die Plangenehmigung ihre Wirkung verlieren. Die Unterscheidung von Bedingungen und Auflagen hat insoweit auch straf- und ordnungswidrigkeitsrechtliche Konsequenzen.[1269]

6728 **k) Überprüfung der Zulassungsentscheidung.** Nach § 36 IV 2 KrWG überprüft die zuständige Behörde regelmäßig sowie aus besonderem Anlass, ob der Planfeststellungsbeschluss und die Genehmigung dem neuesten Stand entsprechen. Mit dieser Regelung setzt der Gesetzgeber Art. 13 der IE-RL um. An sich sind eine solche regelmäßige Überprüfung und die Möglichkeit, auf der Grundlage einer solchen Überprüfung nachträgliche Anordnungen an den Deponiebetreiber zu richten, nicht neu. Indem der zuständigen Behörde eine regelmäßige Überprüfung neben einer solchen Überprüfung aus besonderem Anlass auferlegt wird, muss mit einer schnelleren Anpassung an den Stand der Technik gerechnet werden. Der über eine abfallrechtliche Zulassung vermittelte, ohnehin relativ geringe Bestandsschutz wird damit weiter eingeschränkt.[1270]

6729 **l) Nachträgliche Auflagen.** Gem. § 36 IV 3 KrWG ist die Aufnahme, Änderung oder Ergänzung von Auflagen über Anforderungen an die Deponie oder ihrem Betrieb auch nach dem Ergehen des Planfeststellungsbeschlusses oder nach der Erteilung der Genehmigung zulässig. Diese Regelung sieht lediglich den Erlass nachträglicher Auflagen, nicht jedoch weiterer Bedingungen oder Befristungen vor. Insoweit stellt sich die Frage, ob § 22 DepV, der eine regelmäßige Überprüfung vorschreibt, ob zur Einhaltung des Standes der Technik auch weitere Bedingungen oder Befristungen nachträglich angeordnet werden müssen, mit dem Gesetz übereinstimmt.[1271] Nachträgliche Auflagen können bei Veränderungen des Standes der Technik geboten sein; sie können aber auch der Korrektur von Mängeln des Planfeststellungsbeschlusses dienen.[1272] In Betracht kommt eine nachträgliche Auflage auch zur Durchsetzung einer höheren Sicherheitsleistung.[1273] Die Möglichkeit nachträglicher Auflagen führt zu einer Einschränkung des Bestandsschutzes und des Vertrauensschutzes des Deponiebetreibers.[1274] Nachträgliche

---

1269 Näher dazu Beckmann in Landmann/Rohmer Umweltrecht, 2023, § 35 KrWG Rn. 91.

1270 dazu Beckmann EuRUP 2020, 238; Beckmann NuR 2003, 715; Weidemann/Krappel DVBl.. 2011, 1385.

1271 verneinend Fellenberg/Schiller in Jarass/Petersen, KrWG, 2022, § 36 Rn. 124.

1272 Mann in Versteyl/Mann/Schomerus, KrWG, 2019, § 36 Rn. 97.

1273 OVG Magdeburg ZUR 2013, 284; VG Halle Urt. v. 1.9.2014 – 4 A 62/13, BeckRS 2014, 59528.

1274 Mann in Versteyl/Mann/Schomerus, KrWG, 2019, § 36 Rn. 95; näher dazu Beckmann EuRUP 2020, 238.

Anordnungen können zur nachträglichen Korrektur fehlerhafter Zulassungsentscheidungen genutzt werden. Im Wege einer nachträglichen Auflage können allerdings keine Änderungen der planfestgestellten Anlagen verfügt werden, die nur im Wege einer Änderungsplanfeststellung zugelassen werden können. In einem solchen Fall kann möglicherweise eine **Zielanordnung** verfügt werden, die den Inhaber der Planfeststellung zu einem Änderungsantrag veranlasst.[1275] Lässt sich auch durch Auflagen ein ordnungsgemäßer und allgemeinwohlverträglicher Deponiebetrieb nicht sicherstellen, dann ist eine Aufhebung der abfallrechtlichen Zulassung im Wege eines Widerrufs oder einer Rücknahme nach den §§ 48, 49 VwVfG zu erwägen. Das BVerwG hat zudem entschieden, dass eine anerkannte Umweltvereinigung nach dem UmwRG befugt ist, auf Rücknahme oder Widerruf eines bestandskräftigen Planfeststellungsbeschlusses zu klagen. Die präjudizielle Wirkung der Rechtskraft eines Urteils, mit dem die Anfechtungsklage gegen einen Planfeststellungsbeschluss als unbegründet abgewiesen worden sei, stehe einem Anspruch auf Rücknahme dieses Planfeststellungsbeschlusses nicht entgegen.[1276] Der Erlass einer nachträglichen Anordnung steht im Ermessen der zuständigen Behörde. Drittbetroffene haben einen Anspruch auf ermessensfehlerfreie Entscheidung. Selbstverständlich müssen auch nachträgliche Auflagen verhältnismäßig, d. h. geeignet, erforderlich und angemessen sein.

12. Zulassung vorzeitigen Beginns

In einem abfallrechtlichen Planfeststellungs- oder Plangenehmigungsverfahren kann die für die Feststellung des Plans oder Erteilung der Plangenehmigung zuständige Behörde gem. § 37 I 1 KrWG unter dem Vorbehalt des Widerrufs für einen Zeitraum von sechs Monaten zulassen, dass bereits vor Feststellung des Plans oder der Erteilung der Plangenehmigung mit der Errichtung einschließlich der Maßnahmen, die zur Prüfung der Betriebstüchtigkeit der Deponie erforderlich sind, begonnen wird, wenn 1. mit einer Entscheidung zugunsten des Trägers des Vorhabens gerechnet werden kann, 2. an dem vorzeitigen Beginn ein öffentliches Interesse besteht und 3. der Träger des Vorhabens sich verpflichtet, alle bis zur Entscheidung durch die Ausführung verursachten Schäden zu ersetzen und, sofern kein Planfeststellungsbeschluss oder keine Plangenehmigung erfolgt, den früheren Zustand wiederherzustellen. Diese Frist kann auf Antrag um sechs Monate verlängert werden. 6730

§ 37 I KrWG ermöglicht den Beginn der Errichtung einer Deponie bereits vor Erteilung der abfallrechtlichen Zulassung und trägt damit einem Bedürfnis nach beschleunigter Realisierung eines Deponievorhabens aus Gründen des öffentlichen Interesses Rechnung.[1277] Während die sofortige Vollziehung des Planfeststellungsbeschlusses dafür sorgt, dass der Inhaber des Planfeststellungsbeschlusses von diesem bereits vor der Bestandskraft Gebrauch machen kann, wenn der Beschluss angefochten wird, beschleunigt die Zulassung des vorzeitigen Beginns die Vorhabenrealisierung bereits vor dem Ergehen des Planfeststellungsbeschlusses oder der Erteilung einer Plangenehmigung. Die Durchführung eines abfallrechtlichen Planfeststellungsverfahrens für eine Deponie oder auch eines abfallrechtlichen Plangenehmigungsverfahrens kann erhebliche Zeit, manchmal sogar mehrere Jahre, in Anspruch nehmen, so dass insbesondere Gründe einer Sicherstellung der ordnungsgemäßen Abfallbeseitigung dafür sprechen können, mit einigen oder sogar sämtlichen Errichtungsmaßnahmen bereits vor der endgültigen abfallrechtlichen Zulassung beginnen zu dürfen. 6731

Die Zulassung vorzeitigen Beginns bezieht sich auf abfallrechtliche Planfeststellungen nach § 35 II und Plangenehmigungen nach § 35 III KrWG und damit ausschließlich auf die Zulassung von Deponien, nicht jedoch auf die Zulassung von Abfallentsorgungsanlagen nach § 35 I KrWG, die immissionsschutzrechtlich zu genehmigen sind. Für diese Anlagen kommt allein eine Zulassung vorzeitigen Beginns nach § 8a BImSchG in Betracht, sofern die immissionsschutzrechtliche Genehmigung nicht durch eine Planfeststellung ersetzt wird.[1278] Die Zulassung 6732

[1275] dazu BVerwG Urt. v. 21.2.1992 – 7 C 11/91, juris Rn. 14; Kropp in v. Lersner/Wendenburg/Versteyl, Recht der Abfallbeseitigung, § 36 KrWG Rn. 101.

[1276] BVerwG Urt. v. 23.6.2020 – 9 A 22/19, juris Rn. 14 ff, 36; kritisch dazu Schieferdecker in Beckmann/Kment, UVPG/UmwRG, 2023, § 1 UmwRG Rn. 86.

[1277] Beckmann in Landmann/Rohmer Umweltrecht, 2023, § 37 KrWG Rn. 2; Frische in Schmehl/Klement, KrWG, 2019, § 37 Rn. 1; Fellenberg/Schiller in Jarass/Petersen, KrWG, 2022, § 37 Rn. 1; Klages in BeckOK Umweltrecht, 2018, § 37 KrWG Rn. 1.

[1278] Jarass BImSchG, 2022, § 8a Rn. 1; Versteyl in Schink/Versteyl, KrWG, 2016, § 37 Rn. 6; Fellenberg/Schiller in Jarass/Petersen, KrWG, 2022, § 37 Rn. 2; eine vergleichbare Regelung enthalten u. a. die §§ 8a BImSchG, 17, 60 II WHG, 57b I BBergG, 14 II WaStrG, 44c EnWG

erstreckt sich regelmäßig auf – konkret zu bezeichnende – Maßnahmen in der Anfangsphase der Errichtung einer Deponie, also Grundstückserschließungsmaßnahmen, die Vorbereitungsmaßnahmen für den Bau von Betriebsgebäuden, wie das Ausheben von Baugruben, sowie ggf. Maßnahmen der Basisabdichtung. Vollständige Anlagenteile können ebenfalls von der Zulassung erfasst werden. Entscheidend ist, dass die Maßnahmen wieder rückgängig gemacht werden können bzw. ein dem früheren Zustand vergleichbarer Zustand (zB Wiederaufforstung) hergestellt werden kann und nicht die Planungsentscheidung mit ihrer Öffentlichkeitsbeteiligung, den Behördenstellungnahmen, der Anhörung etc. vorgegriffen wird.

6733 Für die Durchführung vorbereitender Erkundungsmaßnahmen gilt § 34 I KrWG. Nach § 34 I 1 KrWG haben Eigentümer und Nutzungsberechtigte von Grundstücken zu dulden, dass Beauftragte der zuständigen Behörde und der öffentlich-rechtlichen Entsorgungsträger zur Erkundung geeigneter Standorte für Deponien und öffentlich zugängliche Abfallbeseitigungsanlagen Grundstücke mit Ausnahme von Wohnungen betreten und Vermessungen, Boden- und Grundwasseruntersuchungen sowie ähnliche Maßnahmen durchführen. Ein Planfeststellungs- oder Plangenehmigungsverfahren muss noch nicht eingeleitet sein; auch die Voraussetzungen des § 37 KrWG müssen für die Duldungspflicht nicht erfüllt sein. Zu dulden sind nach § 34 KrWG lediglich Erkundungsmaßnahmen. § 37 KrWG regelt demgegenüber die behördliche Zulassung von Errichtungsmaßnahmen nach Einleitung des Planfeststellungs- oder Plangenehmigungsverfahrens.

13. Stilllegung von Deponien

6734 Der Betreiber einer Deponie hat nach § 40 I 1 KrWG ihre beabsichtigte Stilllegung der zuständigen Behörde unverzüglich anzuzeigen. Der Anzeige sind Unterlagen über Art, Umfang und Betriebsweise sowie die beabsichtigte Rekultivierung und sonstige Vorkehrungen zum Schutz des Wohls der Allgemeinheit beizufügen.

6735 Abfalldeponien durchlaufen verschiedene **Zeitphasen**, die von dem Verordnungsgeber in § 2 DepV definiert worden sind. Zu unterscheiden sind die Errichtungsphase, die Betriebsphase, und die Nachsorgephase. Zur Deponieerrichtung zählen Maßnahmen zur Schaffung der Voraussetzungen für die Inbetriebnahme. Die Errichtungsphase endet gem. § 2 Nr. 2 DepV mit der behördlichen Abnahme der für den Deponiebetrieb erforderlichen Einrichtungen. Danach beginnt die Betriebsphase, bei der wiederum die Ablagerungsphase und die Stilllegungsphase zu unterscheiden sind. Die Ablagerungsphase schließt zeitlich an die Abnahme der für den Betrieb der Deponie oder eines Deponieabschnittes erforderlichen Einrichtungen durch die zuständige Behörde an und endet zu dem Zeitpunkt, an dem die Ablagerung von Abfällen zur Beseitigung auf der Deponie oder dem Deponieabschnitt endgültig eingestellt wird (vgl. § 2 Nr. 2 DepV). Das Ende der Verfüllung der Deponie oder eines Deponieabschnitts ist der Zeitpunkt der Stilllegung der Deponie bzw. des Deponieabschnitts, mit dem gem. § 2 Nr. 35 DepV die zweite Betriebsphase, nämlich die Stilllegungsphase beginnt, die ihrerseits mit der Feststellung des Abschlusses der Stilllegung (endgültige Stilllegung) endet. Nach der endgültigen Stilllegung folgt gem. § 2 Nr. 30 DepV die Nachsorgephase, die zu dem Zeitpunkt endet, zu dem die zuständige Behörde nach § 40 Abs. 5 den Abschluss der Nachsorge feststellt.

6736 § 40 KrWG regelt gemeinsam mit der DepV materiell-rechtliche und verfahrensrechtliche Anforderungen an die Stilllegung, die Stilllegungsphase und die Nachsorgephase, nicht jedoch an die Errichtungsphase und auch nicht an die Ablagerungsphase. Die Anforderungen des § 40 KrWG sollen dazu beitragen, dass aus den stillzulegenden bzw. bereits stillgelegten Deponien keine Altlasten werden.[1279]

6737 Der Betreiber einer Deponie haftet auch für die sogenannten Nachsorgepflichten. Die Verantwortlichkeit des letzten Betreibers für die Erfüllung der Nachsorgepflichten beruht darauf, dass der Gesetzgeber die Pflichten des Betreibers nicht mit der Einstellung des Betriebs enden lässt. Sie knüpft an seine Betriebsführung an und stellt sich infolgedessen aus ordnungsrechtlicher Sicht als Verhaltenshaftung des Betreibers dar. Die Nachsorgepflicht ist somit untrennbar mit dem Betrieb der Deponie verbunden. Sie geht dann nicht auf einen Insolvenzverwalter über, wenn er die Deponie nicht selbst betreibt, sondern sogleich nach Erhalt der Verwaltungs- und Verfügungsbefugnis stillegt.[1280]

1279 Beckmann in Landmann/Rohmer Umweltrecht, 2019, § 37 KrWG Rn. 3.
1280 BVerwG UPR 2023, 396 = juris Rn. 9.

§ 40 I 1 KrWG verpflichtet den Betreiber einer Deponie, ihre beabsichtigte Stilllegung der zuständigen Behörde unverzüglich anzuzeigen. Nach § 40 I 2 KrWG sind der **Anzeige** Unterlagen über Art, Umfang und Betriebsweise sowie die beabsichtigte Rekultivierung und sonstige Vorkehrungen zum Schutz des Wohls der Allgemeinheit beizufügen. 6738

§ 40 II 1 KrWG ermächtigt die zuständige Behörde zum Erlass von **Rekultivierungs- und Nachsorgeanordnungen**, soweit entsprechende Regelungen noch nicht in dem Planfeststellungsbeschluss nach § 35 II KrWG, der abfallrechtlichen Plangenehmigung nach § 35 III KrWG, in Bedingungen und Auflagen nach § 39 KrWG für bestehende Abfallbeseitigungsanlagen oder den für die Deponie geltenden umweltrechtlichen Vorschriften enthalten sind. 6739

Das Verhältnis zwischen dem KrWG und dem **BBodSchG** ist Gegenstand der Regelung des § 40 II 2 KrWG. Besteht der Verdacht, dass von einer endgültig stillgelegten Deponie schädliche Bodenveränderungen oder sonstige Gefahren für den Einzelnen oder die Allgemeinheit ausgehen, so finden für die Erfassung, Untersuchung, Bewertung und Sanierung die Vorschriften des BBodSchG Anwendung. Die Bedeutung der Vorgängerregelung des § 36 II 2 KrW-/AbfG (Rechtsgrund- oder Rechtsfolgenverweis) war lange Zeit umstritten.[1281] Das BVerwG hat zur rechtsgrundsätzlichen Klärung der Bedeutung des BBodSchG für die Stilllegung und Nachsorge von Deponien auf der Grundlage des § 40 II KrWG erheblich beigetragen. Die Äußerungen im Gesetzgebungsverfahren, in dem im Ergebnis ohne Erfolg ausdrücklich eine Ergänzung der Norm um einen Verweis auf § 4 III BBodSchG angeregt worden war, ließen – so das BVerwG – allein eine Auslegung als Rechtsfolgenverweis zu.[1282] 6740

Die Nachsorgepflichten gehen nicht auf einen Insolvenzverwalter über, wenn er die Deponie nicht selbst betreibt, sondern sogleich nach Erhalt der Verwaltungs- und Verfügungsbefugnis stillegt.[1283] 6741

Nach § 40 III KrWG hat die zuständige Behörde den Abschluss der Stilllegung (**endgültige Stilllegung**) festzustellen.[1284] Außerdem hat die zuständige Behörde gem. § 40 V KrWG auf Antrag den Abschluss der Nachsorgephase festzustellen. Rechtssystematisch bemerkenswert regelt § 40 IV KrWG in einer Bestimmung zur Stilllegung von Deponien, dass eine Anzeigepflicht für eine beabsichtigte Stilllegung nicht nur für Betreiber von Deponien gelten soll, sondern auch für Betreiber von Anlagen, in denen gefährliche Abfälle anfallen. 6742

X. Wasserwirtschaft (WHG)

Das öffentliche Wasserrecht besteht aus dem Recht des **Wasserhaushaltsrechts** und dem **Wasserwege-** und **Wasserverkehrsrecht**. Das im WHG geregelte Recht Wasserhaushaltsrecht betrifft vor allem die Nutzung der **Gewässer** sowie den **Hochwasserschutz**. Es regelt die Entnahme und Förderung des Wassers, den Gewässerausbau sowie die Einleitung von Abwässern. Das Wasserwegerecht befasst sich mit dem Zustand und der Nutzung der Oberflächengewässer zum Zwecke des Verkehrs. Es betrifft insbesondere die Schifffahrt, die Verkehrsanlagen und den Gemeingebrauch. Für die Bundeswasserstraßen ist das Wasserwegerecht im WaStrG, im Übrigen in den LWG geregelt. Das Wasserverkehrsrecht soll die Sicherheit des Verkehrs auf schiffbaren Oberflächengewässern gewährleisten.[1285] 6743

[1281] Beckmann/Hagmann DVBl.. 2001, 1636; Plogmann UPR 2003, 432; für eine Rechtsfolgenverweisung OVG Magdeburg Beschl. v. 21.2.2006 – 2 L 251/04, juris Rn. 3; OVG Bautzen Urt. v. 10.11.2009 – 4 B 545/07, juris Rn. 42; aA OVG Münster Urt. v. 16.11.2000 – 20 A 1774/99, juris Rn. 10 ff.; OVG Weimar Urt. v. 11.6.2001 – 4 KO 52/97, juris Rn. 34 ff.

[1282] BVerwG AbfallR 2016, 250; Urt. v. 7.11.2018 – 7 C 18/18, juris Rn. 17; VGH München Beschl. v. 24.5.2023 – 12 C 21.2182, juris Rn. 44.

[1283] BVerwG UPR 2023, 396.

[1284] zur endgültigen Stilllegung von Deponien siehe auch Müller-Mitschke AbfallR 2019, 254.

[1285] Siehe zur Einführung Laskowski/Reese/Ziehm Wasserrecht, in Koch/Hofmann/Reese, Handbuch Umweltrecht, 2024, § 6 Rn. 1 ff; Guckelberger Wasserwirtschaft in Ziekow Handbuch des Fachplanungsrechts, 2024, § 17 Rn. 1 ff.; Kahl/Gärditz Umweltrecht, 2023, § 8 Rn. 1 ff.; Kothe Wasserrecht in Johlen/Oerder, Verwaltungsrecht, 2023. § 13 Rn. 1 ff.; Eifert Umweltschutzrecht in Schoch/Eifert, Besonderes Verwaltungsrecht, 2023, Rn. 233 ff.; zu den Rechtsquellen des EU-Rechts Laskowski/Reese/Ziehm Wasserrecht, in Koch/Hofmann/Reese, Handbuch Umweltrecht, 2024, § 6 Rn. 27 ff.

1. Grundlagen

6744 Das **Wasser** ist eine der **wichtigsten Grundlagen** allen menschlichen, tierischen und pflanzlichen Lebens und bedarf daher eines besonderen Schutzes. Es wird nicht nur als Trink- und Brauchwasser, sondern auch als Produktionsmittel in Industrie und Handwerk benötigt.[1286] Die oberirdischen Gewässer erfüllen eine Vielzahl von Funktionen. Das Grundwasser ist vor allem für die Trinkwassergewinnung erforderlich aber auch als Teil des globalen, regionalen und lokalen Wasserkreislaufs unverzichtbar. Die privaten Haushalte, die gewerblichen und industriellen Betriebe und die öffentlichen Einrichtungen sind in aller Regel auf die Versorgung mit Trinkwasser aus der öffentlichen Wasserversorgung angewiesen. Die landwirtschaftlichen Betriebe und viele andere im Außenbereich gelegenen Nutzer beziehen ihr Trink- und Brauchwasser vielfach aus privaten Hausbrunnen, die in verschiedene Schichten des Grundwassers reichen. Trinkwasser muss gewonnen und aufbereitet werden. Zudem steht vor allem im Bereich von Gewerbe und Industrie sowie bei den privaten Haushalten und in der Landwirtschaft eine ordnungsgemäße Abwasserbeseitigung an. Die Gewässer werden dabei vor allem durch Eutrophierung, dh durch ein zu hohes Nährstoffangebot, insbesondere von Phosphaten und Nitraten in den Oberflächengewässern, durch Nitrateintrag, eine Versauerung des Wassers durch sauren Regen, der zu Waldsterben und einer Versauerung der Böden und Gewässer führt, durch Eintrag von Schwermetallen (zB Quecksilber, Cadmium und Blei), durch Eintrag von Pflanzenbehandlungsmitteln als chemische Schädlingsbekämpfungsmittel (Pestizide) und Unkrautbekämpfungsmittel (Herbizide), Abheizung vor allem im Kraftwerksbereich und unfallbedingten Chemikalieneintrag (SANDOZ-Unfall) beeinträchtigt.

6745 **a) Zuständigkeiten.** Zum öffentlichen Wasserrecht gehört insbesondere das Wasserwirtschaftsrecht, das im WHG geregelt ist. Im Bereich des Wasserhaushalts hat der Bund die konkurrierende Gesetzgebungszuständigkeit (Art. 74 I Nr. 32 GG). Eine Zustimmung des Bundesrates zu entsprechenden Bundesgesetzen ist nicht erforderlich. Auch die erhöhten verfassungsrechtlichen Anforderungen des Art. 72 II GG sind für Bundesgesetze nicht zu erfüllen. Allerdings können die Länder mit Ausnahme der stoff- oder anlagebezogenen Regelungen durch Gesetz von Bundesgesetzen abweichende Regelungen treffen (Art. 72 II 1 Nr. 5 GG). Die Bundesgesetze auf dem Gebiet des Wasserhaushalts (ohne stoff- und anlagebezogene Regelungen) treten daher frühestens 6 Monate nach ihrer Verkündung in Kraft.

6746 Die früheren Regelungen des WHG beruhten auf der durch die Föderalismusreform gestrichenen Rahmenkompetenz des Bundes nach Art. 75 I 1 Nr. 4 GG 1994. Nach dieser Vorschrift hatte der Bund das Recht, unter den Voraussetzungen des Art. 72 GG **Rahmenvorschriften** zu erlassen über die Bodenverteilung, die Raumordnung und den Wasserhaushalt. Nach der Änderung des Art. 75 durch das Verfassungsreformgesetz 1994 durften Rahmenvorschriften nur in Ausnahmefällen in Einzelheiten gehende oder unmittelbar geltende Regelungen enthalten (Art. 75 II GG 1994). Inzwischen stellt das WHG **Vollregelung** dar, von der die Länder durch nachfolgende Gesetze (ohne stofflich und anlagenbezogene Regelungen) abweichende Regelungen treffen können (Art. 72 III Nr. 4 GG). Zu den zentralen Verordnungen des Bundes, mit denen der Verordnungsgeber die gesetzlichen Anforderungen konkretisiert, gehören die Oberflächengewässerverordnung (OGewV) zu Anforderungen an die ökologische und chemische Qualität der Oberflächengewässer und zur Umsetzung von Anhang II und V Wasser-Rahmen-RL und der RL 2008/105/EG sowie RL 2013/39/EU, über Umweltqualitätsnormen im Bereich der Wasserpolitik, die Grundwasserverordnung (GrwV) zu Anforderungen an den chemischen und mengenmäßigen Zustand der Grundwasserkörper und zur Umsetzung der Grundwasserschutz-RL, die Abwasserverordnung (AbwV), mit der branchenspezifische Schadstoffgrenzwerte für Abwassereinleitungen bestimmt werden und zur Umsetzung der Kommunalabwasser-RL und die Verordnung über Anlagen zum Umgang mit wassergefährdenden Stoffen (AWSV) auch zur Umsetzung der Wasser-Rahmen-RL und weiterer EU-Richtlinien.

6747 In den Landeswassergesetzen treffen die Bundesländer ergänzende Regelungen zum Wasserrecht des Bundes. Die Landesgesetzgeber können nach Maßgabe des Art. 72 III 1 Nr. 5, S. 2 GG von den Vorgaben des WHG abweichen und eigene Regelungen treffen, jedoch nur außerhalb des sog. abweichungsfesten Kerns der stoff- und anlagenbezogenen Regelungen.

[1286] BVerfG NJW 1982, 745.

Die **Vollzugskompetenz** für das **WHG** liegt nach Art. 84 GG bei den **Ländern.** Diese Vollzugshoheit sichert den Ländern einen eigenen Bereich, der durch den Bund nicht entzogen werden kann. Soweit das WHG unmittelbar vollzugsfähig ist, führen die Länder Bundesrecht als eigene Angelegenheiten aus. Im Übrigen vollziehen die Länder auf der Grundlage der Landeswassergesetze Landesrecht durch Landesbehörden. Auch das Pflanzenschutzgesetz stützt sich auf eine konkurrierende Gesetzgebungszuständigkeit des Bundes in Art. 74 I Nr. 20 GG. Dieses Recht gilt nach Art. 8 Einigungsvertrag auch im Gebiet der neuen Bundesländer. Die einschränkenden Regelungen des DDR-Umweltrahmengesetzes[1287] sind hierdurch entfallen. **6748**

Das Landesrecht dient der Ausfüllung der durch Art. 72 III Nr. 5 GG belassenen Regelungsbereiche. Dazu gehört auch die wasserpolizeiliche Generalklausel für Anordnungen zum Schutz des Wasserhaushalts, auf die Untersagungsverfügungen, Gefahrenerforschungseingriffe oder Sanierungsverfügungen gestützt werden können. Hinzu treten kommunale Satzungen, die vor allem die Trinkwasserversorgung und die Abwasserbeseitigung betreffen.[1288] Das alte **DDR-Wasserrecht** galt bis zum Inkrafttreten der Landeswassergesetze in den neuen Bundesländern als Landesrecht fort. **6749**

Auf dem Gebiet des Gewässerschutzes bestehen zahlreiche **internationale Abkommen**, zB für den Bereich der Nordsee und der Ostsee, den Rhein oder die Elbe. So ist die Bundesrepublik Deutschland der Helsinkikonvention zum Schutz der Ostsee beigetreten[1289] und hat mit der EG sowie der ehemaligen Tschechoslowakei eine Vereinbarung über die Gründung einer internationalen Kommission zum Schutz der Elbe geschlossen. Zum Schutz der Grenzgewässer besteht mit Polen ein Grenzgewässervertrag. **6750**

b) Zweck und Anwendungsbereich des WHG. Das WHG hat den Zweck, durch eine nachhaltige Gewässerbewirtschaftung die Gewässer als Bestandteil des Naturhaushalts, als Lebensgrundlage des Menschen, als Lebensraum für Tiere und Pflanzen sowie als nutzbares Gut zu schützen (§ 1 WHG).[1290] **6751**

Das WHG gilt für oberirdische Gewässer, Küstengewässer und das Grundwasser (§ 2 I WHG). Zu den Gewässern gehören das ständig oder zeitweilig in Betten fließende oder stehende oder aus Quellen wild abfließende Wasser **(oberirdische Gewässer)**, das Meer zwischen der Küstenlinie bei mittlerem Hochwasser oder der seewärtigen Begrenzung der oberirdischen Gewässer und der seewärtigen Begrenzung des Küstenmeeres **(Küstengewässer)**[1291] sowie das unterirdische Wasser in der Sättigungszone, das in unmittelbarer Berührung mit dem Boden oder dem Untergrund steht **(Grundwasser)**. Die einzelnen Begriffe sind in § 3 WHG definiert. Für die Eigenschaft als **oberirdisches Gewässer** iS des § 2 I 1 Nr. 1 WHG ist es ohne Belang, ob das Gewässer formell und materiell illegal hergestellt worden ist.[1292] Der Grundwasserbegriff in § 2 I Nr. 3 WHG umfasst das gesamte unterirdische Wasser.[1293] **6752**

c) Gewässereigentum, Schranken des Grundeigentums. Das Eigentum an den Bundeswasserstraßen steht nach § 4 I WHG dem Bund nach Maßgabe der wasserstraßenrechtlichen Vorschriften zu. Soweit sich aus dem WHG, auf Grund des WHG erlassener oder sonstiger wasserrechtlicher Vorschriften Verpflichtungen aus dem Gewässereigentum ergeben, treffen diese auch den Bund als Eigentümer der Bundeswasserstraßen. **6753**

Wasser eines fließenden oberirdischen Gewässers und Grundwasser sind nach § 4 II WHG nicht eigentumsfähig.[1294] Ob diese Regelung auf Bundeswasserstraßen Anwendung findet, ist umstritten.[1295] Nach Ansicht des VGH München kann § 4 II WHG auf Bundeswasserstraßen keine Anwendung finden. Nach der vorrangigen Verfassungsbestimmung des Art. 89 I GG gehöre zu dem – im Wege der Rechtsnachfolge übernommenen – Eigentum des Bundes an **6754**

1287 Vom 29.6.1990 (DDR-GBl.649).

1288 BVerwG DVBl. 1973, 798; BVerwGE 42, 210; NVwZ-RR 1992, 611.

1289 BGBl.1 979 II 1229. Zur Novellierung Ehlers NuR 1993, 202; Jenisch ZAU 1993, 81.

1290 Näher zu den Zielen und Grundsätze der nachhaltigen Gewässerbewirtschaftung Laskowski/Reese/Ziehm in Koch/Hofmann/Reese, Handbuch Umweltrecht, 2024, § 6 Rn. 37.

1291 Zur Anwendung des Bauplanungsrechts auf Vorhaben im Küstengewässer Erbguth/Schubert LKV 2005, 384.

1292 BVerwG NVwZ-RR 2003, 829.

1293 BVerwG Beschl. v. 3.3.1987 – 4 B 69.86, juris.

1294 eigentumsrechtlichen Stellung von privaten Gewässereigentümern Funken NuR 2022, 544; Faßbender ZfW 2021, 1.

1295 Bejahend Berendes in Berendes/Frenz/Müggenborg, WHG, 2017, § 4 Rn. 11; Zeissler in Schink/Fellenberg, WHG, 2022, § 4 Rn. 9.

den vormaligen Reichswasserstraßen der gesamte Wasserweg und daher auch das im Gewässerbett fließende Wasser.[1296]

6755 Das Grundeigentum berechtigt nach § 4 III WHG weder zu einer Gewässerbenutzung, die einer behördlichen Zulassung bedarf, noch zum Ausbau eines Gewässers. Eigentümer und Nutzungsberechtigte von Gewässern haben die Benutzung durch Dritte zu dulden, soweit für die Benutzung eine behördliche Zulassung erteilt worden oder eine behördliche Zulassung nicht erforderlich ist § 4 IV WHG).[1297] Maßnahmen der Wasserbewirtschaftung, die an den Vorgaben des WHG ausgerichtet sind, stellen sich damit als zulässige Inhalts- und Schrankenbestimmung des Eigentums dar, soweit durch derartige Maßnahmen das Eigentum mittelbar oder unmittelbar betroffen wird.

6756 Oberirdische Gewässer können im Eigentum der öffentlichen Hand oder bei nicht fließenden oberirdischen Gewässern im privaten Eigentum stehen. Das Gewässereigentum an Bundeswasserstraßen steht ebenso wie das Eigentum an den bisherigen Reichswasserstraßen (Art. 89 I GG) dem Bund zu (§ 4 I WHG). Im Übrigen werden die Eigentumsverhältnisse durch das jeweilige Landesrecht geregelt. Nach dem Landeswasserrecht sind die Länder Eigentümer der zumeist in einem speziellen Gewässerverzeichnis aufgeführten Gewässer erster Ordnung. Im Übrigen enthalten die Landeswassergesetze unterschiedliche Regelungen hinsichtlich des Eigentums (§ 4 IV WHG).

6757 **d) Allgemeine Sorgfaltspflichten.** Jede Person ist nach § 5 I WHG verpflichtet, bei Maßnahmen, mit denen Einwirkungen auf ein Gewässer verbunden sein können, die nach den Umständen erforderliche Sorgfalt anzuwenden, um 1. eine nachteilige Veränderung der Gewässereigenschaften zu vermeiden, 2. eine mit Rücksicht auf den Wasserhaushalt gebotene sparsame Verwendung des Wassers sicherzustellen, 3. die Leistungsfähigkeit des Wasserhaushalts zu erhalten und 4. eine Vergrößerung und Beschleunigung des Wasserabflusses zu vermeiden.

6758 Das allgemeine Sorgfaltsgebot in § 5 Abs. 1 WHG wird vor allem bei gestattungsfreien Gewässereinwirkungen bedeutsam (zB Verwendung von Düngemitteln).[1298] Jede Person, die durch Hochwasser betroffen sein kann, ist nach § 5 II WHG im Rahmen des ihr Möglichen und Zumutbaren verpflichtet, geeignete Vorsorgemaßnahmen zum Schutz vor nachteiligen Hochwasserfolgen und zur Schadensminderung zu treffen, insbesondere die Nutzung von Grundstücken den möglichen nachteiligen Folgen für Mensch, Umwelt oder Sachwerte durch Hochwasser anzupassen.

6759 **e) Allgemeine Grundsätze der Gewässerbewirtschaftung.**. Die Gewässer sind nach § 6 WHG nachhaltig zu bewirtschaften, insbesondere mit dem Ziel, ihre Funktions- und Leistungsfähigkeit als Bestandteil des Naturhaushalts und als Lebensraum für Tiere und Pflanzen zu erhalten und zu verbessern, insbesondere durch Schutz vor nachteiligen Veränderungen von Gewässereigenschaften, Beeinträchtigungen auch im Hinblick auf den Wasserhaushalt der direkt von den Gewässern abhängenden Landökosysteme und Feuchtgebiete zu vermeiden und unvermeidbare, nicht nur geringfügige Beeinträchtigungen so weit wie möglich auszugleichen, sie zum Wohl der Allgemeinheit und im Einklang mit ihm auch im Interesse Einzelner zu nutzen, bestehende oder künftige Nutzungsmöglichkeiten insbesondere für die öffentliche Wasserversorgung zu erhalten oder zu schaffen, möglichen Folgen des Klimawandels vorzubeugen, an oberirdischen Gewässern so weit wie möglich natürliche und schadlose Abflussverhältnisse zu gewährleisten und insbesondere durch Rückhaltung des Wassers in der Fläche der Entstehung von nachteiligen Hochwasserfolgen vorzubeugen, zum Schutz der Meeresumwelt beizutragen.

6760 Die nachhaltige Gewässerbewirtschaftung hat nach § 6 I 2 WHG ein hohes Schutzniveau für die Umwelt insgesamt zu gewährleisten; dabei sind mögliche Verlagerungen nachteiliger Auswirkungen von einem Schutzgut auf ein anderes sowie die Erfordernisse des Klimaschutzes zu berücksichtigen.[1299] Gewässer, die sich in einem natürlichen oder naturnahen Zustand be-

[1296] VGH München NVwZ 2022, 1832 = juris Rn. 51 zur Heranziehung der Bundesrepublik Deutschland zum Kostenersatz für den Einsatz einer Gemeindefeuerwehr aufgrund einer Mineralölverunreinigung des Mains.

[1297] zur eigentumsrechtlichen Stellung von privaten Gewässereigentümern Funken NuR 2022, 544; Faßbender ZfW 2021, 1.

[1298] Hoppe/Beckmann/Kauch Umweltrecht, 2000, § 18 Rn. 24; Laskowski/Reese/Ziehm in Koch/Hofmann/Reese, Handbuch Umweltrecht, 2024, § 6 Rn. 43.

[1299] Siehe zu Klimamaßnahmen der Niedrigwasseraufhöhung und Grundwasseranreicherung Reinhardt NuR 2023, 793; zur Bedeutung des Klimaschutzes für das wasserrechtliche Zulassungs- und Änderungsverfahren Steenhoff UPR 2022, 6

finden, sollen in diesem Zustand erhalten bleiben und nicht naturnah ausgebaute natürliche Gewässer sollen so weit wie möglich wieder in einen naturnahen Zustand zurückgeführt werden, wenn überwiegende Gründe des Wohls der Allgemeinheit dem nicht entgegenstehen (§ 6 II WHG).

f) Bewirtschaftung nach Flussgebietseinheiten. § 7 I WHG sieht die Bewirtschaftung 6761
nach Flussgebietseinheiten vor. Hierzu zählen Donau, Rhein, Maas, Ems, Weser, Elbe, Eider, Oder, Schlei/Trave und Warnow/Peene. Die zuständigen Behörden der Länder koordinieren nach § 7 II WHG untereinander ihre wasserwirtschaftlichen Planungen und Maßnahmen, soweit die Belange der flussgebietsbezogenen Gewässerbewirtschaftung dies erfordern. Zur Erreichung der im WHG festgelegten Bewirtschaftungsziele koordinieren die zuständigen Behörden der Länder die Maßnahmenprogramme und Bewirtschaftungspläne mit den zuständigen Behörden anderer Mitgliedstaaten der Europäischen Union, in deren Hoheitsgebiet die Flussgebietseinheiten ebenfalls liegen. Außerdem bemühen sich die zuständigen Behörden der Länder um eine Koordinierung mit den zuständigen Behörden von Staaten, die nicht der Europäischen Union angehören § 7 III WHG. Soweit die **Verwaltung der Bundeswasserstraßen** berührt ist, ist bei der Koordinierung das Einvernehmen der Generaldirektion Wasserstraßen und Schifffahrt einzuholen. Soweit **gesamtstaatliche Belange** bei der Pflege der Beziehungen zur Europäischen Union, zu auswärtigen Staaten oder zu internationalen Organisationen berührt sind, ist bei der Koordinierung das Einvernehmen des Bundesministeriums für Umwelt, Naturschutz, nukleare Sicherheit und Verbraucherschutz einzuholen § 7 IV WHG.

Die zuständigen Behörden der Länder ordnen gem. § 7 V 1 WHG innerhalb der Landes- 6762
grenzen die **Einzugsgebiete** oberirdischer Gewässer sowie Küstengewässer und das Grundwasser einer Flussgebietseinheit zu.

Die Bewirtschaftung nach Flussgebietseinheiten gilt als grundlegendes Erfordernis der effek- 6763
tiven, kosteneffizienten und fairen Gewässerbewirtschaftung. Sie trägt hydrologischen Zusammenhängen der Einzugsgebiete und den damit einhergehenden Fernwirkungen Rechnung, die sowohl von Schadstoffeinträgen als auch Eingriffen in den Abfluss und die Struktur der Gewässer ausgehen können. Vor allem einer Problemverlagerung vom Flussoberlieger auf den Unterlieger durch die Einleitung von Schadstoffen durch Oberlieger oder durch Entnahmen von Oberliegern, die den Zufluss zum Unterlieger-Bereich erheblich verringern, entgegengewirkt werden.[1300] Die Bewirtschaftung erfolgt nach den in §§ 27 bis 31, 44 und 47 WHG genannten Bewirtschaftungszielen.

2. Gewässerbenutzungstatbestände

Eine Benutzung eines Gewässers bedarf nach § 8 I WHG grundsätzlich der behördlichen 6764
Erlaubnis (§§ 8 bis 13 WHG) oder **Bewilligung** (§ 14 WHG). Der Ausbau eines Gewässers setzt grundsätzlich ein Planfeststellungsverfahren nach § 68 WHG voraus. Die wasserhaushaltsrechtlichen Bindungen, insbesondere das Erlaubniserfordernis und Bewilligungserfordernis nach §§ 8 ff. WHG sowie das Planfeststellungserfordernis nach § 68 WHG, bestehen unabhängig davon, ob es sich eigentumsrechtlich um ein öffentliches oder privates Gewässer handelt.[1301] Mit der Erlaubnis- oder Bewilligungspflicht von Gewässerbenutzungen gem. §§ 8, 9, 12 WHG bestimmt der Gesetzgeber ein repressives Verbot mit Befreiungsvorbehalt. Gewässerbenutzungen gelten im Grundsatz als gewässerbelastend und sind daher grundsätzlich und vorsorglich verboten. Wenn zwingende Versagungsgründe nach § 12 I WHG nicht entgegenstehen, können Benutzungen durch eine wasserrechtliche Gestattung in Form der Erlaubnis oder der Bewilligung gem. § 8 WHG von dem Verbot befreit werden. Dadurch wird die Gewässerbenutzung formell und materiell zulässig.[1302]

Wird ohne die erforderlichen Gestattungen ein Gewässer benutzt, kann die zuständige Was- 6765
serbehörde einschreiten und die **Benutzung untersagen**. Eine rechtliche Trennung zwischen **formeller und materieller Illegalität**, wie sie für den Bereich des öffentlichen Baurechts üblich ist, ist wegen der grundsätzlichen Unterschiede der beiden Rechtsmaterien für das Wasserrecht nicht möglich. Eine nicht gestattete, aber nach dem WHG gestattungsbedürftige Ein-

---

1300 Laskowski/Reese/Ziehm in Koch/Hofmann/Reese, Handbuch Umweltrecht, 2024, § 6 Rn. 48.
1301 BVerwG Beschl. v. 3.6.1981 – 4 B 10.81, juris.
1302 BVerwGE 55, 220; BVerwGE 78, 40 (44); Laskowski/Reese/Ziehm in Koch/Hofmann/Reese, Handbuch Umweltrecht, 2024, § 6 Rn. 110.

wirkung auf das Wasser ist schlechthin illegal. Eine materiell legale Gewässerbenutzung ist ohne formelle Legalität ausgeschlossen.[1303]

6766 **a) Gewässerbenutzungen.** Das WHG ist nicht allein Gewässerschutzrecht, sondern Wasserhaushaltsrecht, das die Benutzung der Gewässer reglementiert. Der Gesetzgeber unterscheidet in § 9 WHG zwischen echten und unechten Gewässerbenutzungen. Echte Gewässerbenutzungen sind nach § 9 I WHG 1. das Entnehmen und Ableiten von Wasser aus oberirdischen Gewässern, 2. das Aufstauen und Absenken von oberirdischen Gewässern, 3. das Entnehmen fester Stoffe aus oberirdischen Gewässern, soweit sich dies auf die Gewässereigenschaften auswirkt, 4. das Einbringen und Einleiten von Stoffen in Gewässer, 5. das Entnehmen, Zutagefördern, Zutageleiten und Ableiten von Grundwasser.

6767 Soweit nicht bereits eine **(echte) Benutzung** nach § 9 I WHG vorliegt, gelten als **(unechte) Benutzungen** gem. § 9 II WHG auch 1. das Aufstauen, Absenken und Umleiten von Grundwasser durch Anlagen, die hierfür bestimmt oder geeignet sind, 2. Maßnahmen, die geeignet sind, dauernd oder in einem nicht nur unerheblichen Ausmaß nachteilige Veränderungen der Wasserbeschaffenheit herbeizuführen, 3. das Aufbrechen von Gesteinen unter hydraulischem Druck zur Aufsuchung oder Gewinnung von Erdgas, Erdöl oder Erdwärme, einschließlich der zugehörigen Tiefbohrungen, 4. die untertägige Ablagerung von Lagerstättenwasser, das bei Maßnahmen nach Nummer 3 oder anderen Maßnahmen zur Aufsuchung oder Gewinnung von Erdgas oder Erdöl anfällt.

6768 Keine Benutzungen sind nach § 9 III WHG Maßnahmen, die dem Ausbau eines Gewässers im Sinne des § 67 Absatz 2 dienen. Das Gleiche gilt für Maßnahmen der Unterhaltung eines Gewässers, soweit hierbei keine chemischen Mittel verwendet werden.

6769 Die Erlaubnis zur Grundwasserentnahme vermittelt auf der Grundlage eines landesrechtlichen Wasserentnahmeentgeltgesetzes einen durch die Erhebung eines Wasserentnahmeentgelts abschöpfbaren Sondervorteil.[1304]

6770 **b) Erlaubnis und Bewilligung**. §§ 8 bis 18 WHG regeln das Erlaubnis- und Bewilligungsverfahren. Wasserrechtliche Erlaubnis und Bewilligung unterscheiden sich nicht nach dem Gegenstand und dem Umfang der durch sie ermöglichten Gewässerbenutzung, sondern durch die Art der durch sie gewährten Rechtsstellung.[1305] Die wasserrechtliche Bewilligung gibt eine gesicherte Rechtsstellung, die wasserrechtliche Erlaubnis gibt eine solche Rechtsstellung nicht. Die Erlaubnis gewährt die Befugnis, die Bewilligung das Recht, ein Gewässer zu einem bestimmten Zweck in einer nach Art und Maß bestimmten Weise zu benutzen. Erlaubnis und Bewilligung geben keinen Anspruch auf Zufluss von Wasser in einer bestimmten Menge und Beschaffenheit (§ 10 WHG). Privatrechtsgestaltende Wirkung entfaltet die wasserrechtliche Erlaubnis nicht.[1306]

6771 Die Benutzung eines Gewässers bedarf nach § 8 I WHG der Erlaubnis oder der Bewilligung, soweit nicht durch das WHG oder auf Grund des WHG erlassener Vorschriften etwas anderes bestimmt ist. Damit unterwirft der Gesetzgeber die Gewässerbenutzung einer vorgängigen behördlichen Kontrolle. Auch Maßnahmen, die geeignet sind, schädliche Veränderungen der physikalischen, chemischen oder biologischen Beschaffenheit des Wassers herbeizuführen, unterliegen einer vorherigen behördlichen Kontrolle. Die gesetzlich begründete Erlaubnispflicht besagt allerdings nichts darüber, ob das jeweilige Vorhaben baurechtlich zulassungsfähig ist. Konkurrierende Gewässerbenutzungen unterliegen dem Gebot der Rücksichtnahme. **Erlaubnisfreie Benutzungen** (für die Küstengewässer § 43 WHG, für das Grundwasser: § 46 WHG) sind dabei nicht von vornherein schutz- oder vorzugswürdiger als erlaubnispflichtige Nutzungen. Der Befreiungsregelung liegen ausschließlich verwaltungspraktische Erwägungen zugrunde. Das Verhältnis von erlaubnispflichtigen Benutzungen zueinander wird von dem Gebot der gegenseitigen Rücksichtnahme bestimmt. Ein vorhandener privater Brunnen ist daher nicht von vornherein gegenüber einer hinzutretenden neuen Gewässerbenutzung etwa durch eine Auskiesung vorzugswürdig.[1307]

6772 Keiner Erlaubnis oder Bewilligung bedürfen Gewässerbenutzungen, die der **Abwehr einer gegenwärtigen Gefahr** für die öffentliche Sicherheit dienen, sofern der drohende Schaden

1303 BVerwG DVBl. 1979, 67.
1304 BVerwG NVwZ 2022, 715; Köck ZUR 2022, 541.
1305 BVerwG DVBl. 1973, 217.
1306 Laskowski/Reese/Ziehm in Koch/Hofmann/Reese, Handbuch Umweltrecht, 2024, § 6 Rn. 116.
1307 BVerwG ZfBR 2002, 596; VGH München, ZfW 2004, 54.

schwerer wiegt als die mit der Benutzung verbundenen nachteiligen Veränderungen von Gewässereigenschaften. Die zuständige Behörde ist unverzüglich über die Benutzung zu unterrichten (§ 8 II WHG). Keiner Erlaubnis oder Bewilligung bedürfen nach § 8 III WHG ferner bei Übungen und Erprobungen für **Zwecke der Verteidigung** oder der Abwehr von **Gefahren für die öffentliche Sicherheit** 1. das vorübergehende Entnehmen von Wasser aus einem Gewässer, 2. das Wiedereinleiten des Wassers in ein Gewässer mittels beweglicher Anlagen und 3. das vorübergehende Einbringen von Stoffen in ein Gewässer, wenn durch diese Benutzungen andere nicht oder nur geringfügig beeinträchtigt werden und keine nachteilige Veränderung der Gewässereigenschaften zu erwarten ist. Die Gewässerbenutzung ist der zuständigen Behörde rechtzeitig vor Beginn der Übung oder der Erprobung anzuzeigen.

Ist bei der Erteilung der Erlaubnis oder der Bewilligung nichts anderes bestimmt worden, geht die Erlaubnis oder die Bewilligung mit der Wasserbenutzungsanlage oder, wenn sie für ein Grundstück erteilt worden ist, mit diesem auf den Rechtsnachfolger über (§ 8IV WHG). **6773**

Eine Erlaubnis oder eine Bewilligung ist, soweit durch Landesrecht nicht etwas anderes bestimmt ist, nach § 26 I 1 WHG nicht erforderlich für die Benutzung eines oberirdischen Gewässers durch den Eigentümer oder die durch ihn berechtigte Person für den eigenen Bedarf, wenn dadurch andere nicht beeinträchtigt werden und keine nachteilige Veränderung der Wasserbeschaffenheit, keine wesentliche Verminderung der Wasserführung sowie keine andere Beeinträchtigung des Wasserhaushalts zu erwarten sind (**Eigentümergebrauch**). Der Eigentümergebrauch umfasst nach § 26 I S. 2 WHG nicht das Einbringen und Einleiten von Stoffen in oberirdische Gewässer. Die Eigentümer der an oberirdische Gewässer grenzenden Grundstücke und die zur Nutzung dieser Grundstücke Berechtigten (**Anlieger**) dürfen oberirdische Gewässer ohne Erlaubnis oder Bewilligung nach Maßgabe des § 26 I WHG benutzen. An Bundeswasserstraßen und an sonstigen Gewässern, die der Schifffahrt dienen oder künstlich errichtet sind, findet ein Anliegergebrauch nach § 26 II WHG nicht statt (§ 26 III WHG). **6774**

Die **Einleitung von Grundwasser** in die öffentliche Kanalisation ist keine Benutzung iS des § 8 WHG.[1308] Dagegen ist ein Bauvorhaben, das die nicht nur ganz entfernte Möglichkeit einer schädlichen Einwirkung auf das Grundwasser mit sich bringt, als eine erlaubnispflichtige Gewässerbenutzung anzusehen.[1309] In die für die Versagung einer Erlaubnis oder Bewilligung für die Gewässerbenutzung nach § 8 WHG geforderte Prognose sind grundsätzlich auch Entwicklungen einzubeziehen, die wie ein geplantes Wasserschutzgebiet noch keine Rechtsverbindlichkeit erlangt haben.[1310] Eine wasserrechtliche Untersagungs- und Beseitigungsverfügung ist generell nur dann gerechtfertigt, wenn die zuständige Behörde zwar die von der konkret zu erwartenden Beeinträchtigung des Wohls der Allgemeinheit abhängige Möglichkeit der Legalisierung der Gewässerbenutzung geprüft und verneint hat. Die Notwendigkeit einer solchen Prüfung wird aber nur in besonders gelagerten Einzelfällen gefordert, zu denen **Schwarzbauten** nicht zählen.[1311] Eine **Ordnungsverfügung** darf auch auf die bloße formelle Illegalität eines Zustandes gestützt werden, wobei die Verhältnismäßigkeit zu berücksichtigen ist.[1312] Dass dem Anlieger eines Gewässers die mit bestimmten Baulichkeiten verbundene illegale Benutzung von der Wasserbehörde nach dem Grundsatz der Verhältnismäßigkeit für eine gewisse Zeit nicht untersagt werden kann, begründet noch keine als Eigentum geschützte Rechtsposition.[1313] Der Umfang der Schadenersatzpflicht des Inhabers einer gefährlichen Anlage ist durch den Schutzbereich der Norm bestimmt. In ihn fallen grundsätzlich alle Vermögensnachteile, die einem berechtigten Benutzer des Grundwassers durch die Belastung mit Schadstoffen aus der Anlage entstehen. Es macht dabei keinen Unterschied, ob der Benutzer das geförderte Grundwasser weiter nutzen oder es lediglich abpumpen will.[1314] **6775**

c) Alte Rechte und alte Befugnisse. Eine Erlaubnis oder eine Bewilligung ist, soweit die Länder nichts anderes bestimmen, bei Ausübung alter Rechte und alter Befugnisse (§ 20 **6776**

1308 VGH Mannheim UPR 1999, 159.

1309 VGH Mannheim VBlBW 1999, 97.

1310 BVerwG Beschl. v. 28.7.1998 – 11 B 20.98, juris.

1311 BVerwG Beschl. v. 8.10.1998 – 11 B 42.98, juris; NVwZ-RR 1994, 202; Urt. v. 10.2.1978 – IV C 71.75, juris.

1312 BVerwG Beschl. v. 29.12.1998 – 11 B 56.98, juris; NVwZ-RR 1994, 202; Urt. v. 10.2.1978 – IV C 71.75, juris.

1313 BGH DVBl. 1999, 603.

1314 BGH NJW 1999, 3203.

WHG) nicht erforderlich.[1315] Solche Rechte können entstanden sein durch nach Landesrecht erteilte oder aufrechterhaltene Rechte § 20 I 1 Nr. 1 WHG), auf Grund von Bewilligungen nach § 1 I 1 der Verordnung über Vereinfachungen im Wasser- und Wasserverbandsrecht (§ 20 I 1 Nr. 2 WHG) [1316] oder aufgrund einer nach der GewO erteilten Anlagengenehmigung (§ 20 I Nr. 3 WHG) oder aufgrund von Zulassungen, die in einem förmlichen Verfahren nach den Landeswassergesetzen erteilt und die den in den Nummern 1 bis 3 genannten Zulassungen gleichgestellt worden sind (§ 20 I 1 Nr. 4 WHG). Auch ist eine Erlaubnis oder Bewilligung nicht erforderlich für die Benutzung auf Grund eines Planfeststellungsbeschlusses oder hoheitlicher Widmungsakte für öffentliche Verkehrsanlagen (§ 20 I Nr. 5 WHG).

6777 Alte Wasserrechte können von Art. 14 I GG geschützt sein,[1317] wenn sie dem Einzelnen eine eigentümergleiche Rechtsposition verschaffen[1318] und diese Rechtsposition auf nicht unerheblicher Eigenleistung beruht.[1319] Der Gesetzgeber ist bei der Neuordnung eines Rechtsgebiets nicht auf die Alternativen der Bewahrung bestehender Rechtspositionen oder deren Entzug gegen Entschädigung beschränkt. Er kann, wenn hinreichende Gründe des Gemeinwohls vorliegen, auch bestehende Rechtspositionen im Rahmen des Art. 14 I 2 GG umgestalten.[1320] Die Verfassung gebietet allerdings grundsätzlich nur den Schutz eines tatsächlich vorhandenen und genutzten Bestandes. Existiert zum Stichtag keine funktionsfähige Anlage (mehr), so kann das Erlöschen eines alten Wasserrechts kein durch Investitionen bestätigtes Vertrauen in den Fortbestand der Rechtslage enttäuschen.[1321]

6778 Die Übertragung alter Rechte iS von § 20 I Nr. 1 WHG richtet sich nach Landesrecht.[1322] Die alten Rechte und Befugnisse können nach § 20 II WHG gegen Entschädigung widerrufen werden, soweit von der Fortsetzung der Benutzung eine erhebliche Beeinträchtigung des Wohls der Allgemeinheit zu erwarten ist. Sie können ohne Entschädigung widerrufen werden, soweit dies nicht schon nach dem vor dem 1.3.2010 geltenden Recht zulässig war, wenn (1) die Benutzung drei Jahre ununterbrochen nicht ausgeübt worden ist; (2) die Benutzung im bisher zulässigen Umfang für den Benutzer nicht mehr erforderlich ist; dies gilt insbesondere, wenn der zulässige Umfang drei Jahre lang erheblich unterschritten wurde; (3) der Zweck der Benutzung so geändert worden ist, dass er mit der festgelegten Zweckbestimmung nicht mehr übereinstimmt; (4) der Benutzer trotz einer mit der Androhung des Widerrufs verbundenen Warnung die Benutzung über den Rahmen des alten Rechts oder der alten Befugnis hinaus erheblich ausgedehnt oder Bedingungen oder Auflagen nicht erfüllt hat.

6779 Für die **Zulässigkeit nachträglicher Anforderungen** und Maßnahmen ohne Entschädigung gilt § 13 II WHG entsprechend (§ 20 II WHG). In § 20 II WHG hat der Gesetzgeber die zuständigen Landesbehörden mit ordnungsrechtlichen Befugnissen zur Aufhebung oder Beschränkung wasserrechtlicher Altrechte ausgestattet. Neben Möglichkeiten zum Widerruf mit und ohne Entschädigung nach Maßgabe von § 20 II 1 und 2 WHG enthält § 20 II 3 WHG eine gesetzliche Ermächtigung zur behördlichen Regelung nachträglicher Anforderungen und Maßnahmen in entsprechender Anwendung von § 13 II WHG.[1323] Vor diesem Hintergrund sind auch im Rahmen einer fachplanerischen Abwägungsentscheidung Einschränkungen bzw. Umgestaltungen eines alten Wasserrechts grundsätzlich möglich und zulässig.[1324]

6780 Ein konkretes öffentliches Interesse am Widerruf ist für die Anwendung der Vorschrift nicht erforderlich. Es genügt die Absicht, die durch das alte Recht durchbrochene allgemeine öffentlich-rechtliche Benutzungsordnung für das Gewässer wiederherzustellen. Die Wasserbehörde kann trotz der langjährigen Nichtausübung der Benutzung vom Widerruf des Rechts absehen, wenn in absehbarer Zeit mit der Wiederaufnahme der Benutzung zu rechnen ist. Dem bisheri-

[1315] Siehe dazu VGH Kassel Beschl. v. 10.1.2024 – 4 A 17/21.Z, juris Rn. 24; BVerwG DVBl. 1968, 597; DÖV 1971, 426; DVBl. 1971, 706; ZfW 1975, 92.

[1316] Vom 10.2.1945 (RGBl. I S. 29).

[1317] BVerwG NVwZ 2005, 1076.

[1318] BVerfG DVBl. 1993, 831.

[1319] BVerfG NVwZ 2009, 1426.

[1320] BVerwG NVwZ 2023, 1773 = juris Rn. 75; BVerwG NVwZ 2005, 1076; BVerfG NJW 1982, 745;

[1321] BVerfG SächsVBl 2010, 140.

[1322] BVerwG NuR 1989, 195.

[1323] BVerwG Beschl. v. 9.5.2022 – 7 B 14.21, juris; VGH München NuR 2006, 177 (179 f.); Beschl. v. 9.1.2018 – 8 ZB 16.2496, juris; VGH Mannheim VBlBW 2022, 107 ff.; zu Mindestwasseranordnungen gegenüber alten Wasserrechten Schoster NuR 2023, 807

[1324] BVerwG NVwZ 2023, 1773 = juris Rn. 75.

gen Inhaber des Rechts steht solchen Fällen hinsichtlich etwa vorhandener baulicher Anlagen kein Bestandsschutz zu.[1325] Liegen die Voraussetzungen eines Widerrufs alter Rechte vor, so scheidet auch ein Eigentumsschutz nach Art. 14 GG aus. Denn in das Eigentum wird nicht unzulässig eingegriffen, wenn alte Rechte und Befugnisse unter den Voraussetzungen des § 20 II WHG entschädigungslos widerrufen werden.[1326] Allerdings kommt nach der Rechtsprechung des BVerwG der Schutz der Eigentumsgarantie dann in Betracht, wenn ein im berechtigten Vertrauen auf den Fortbestand eines Verwaltungsakts aufgebauter Gewerbebetrieb durch die Aufhebung des Verwaltungsakts in seiner Existenz ernsthaft gefährdet wird und der Gewerbetreibende in seinem Eigentum am Betrieb schwerwiegend getroffen wird.[1327] Dies setzt jedoch voraus, dass der Gewerbebetrieb ernsthaft in seiner Existenz gefährdet ist und die Belange des Gewerbetreibenden in besonderem Maße schutzwürdig sind.[1328] § 20 WHG schließt im Übrigen die Weitergeltung landesrechtlicher Regelungen über das Erlöschen alter Rechte und Befugnisse nicht aus.

Die Rechtmäßigkeit einer seit langem ausgeübten Gewässerbenutzung kann sich aus dem gewohnheitsrechtlich anerkannten Grundsatz der „unvordenklichen Verjährung" ergeben. Hierdurch begründete Rechtspositionen bleiben von den in Bayern vor Inkrafttreten des WHG geltenden Wassergesetzen grundsätzlich unberührt. Nach den früheren Landeswassergesetzen „aufrechterhaltene" Altrechte bestehen unter der Geltung des WHG nur fort, wenn ihnen eine öffentlich-rechtliche Überprüfung in wasserwirtschaftlicher Hinsicht zugrunde liegt.[1329] Nicht zum Wasserbuch angemeldete Altrechte können als „bekannte Rechte" nur dann Bestand haben, wenn die zur Führung des Wasserbuchs zuständige Behörde bis zum Ablauf der Anmeldungsfrist auch von der gebotenen wasserwirtschaftlichen Überprüfung hinreichende Kenntnis erlangt hat.[1330] Die Anwendung des Rechtsinstituts der unvordenklichen Verjährung stellt keine Enteignung dar; vielmehr soll durch die widerlegliche Vermutung der Nachweis erbracht werden, dass in früherer Zeit eine Widmung stattgefunden hat; das Rechtsinstitut ist kein Widmungsersatz. Das Rechtsinstitut der **unvordenklichen Verjährung** ist keine unzulässige Inhalts- und Schrankenbestimmung des Eigentums iSd Art. 14 I 2 GG.[1331] Denn eine Enteignung iSd Art. 14 III GG ist auf die Entziehung konkreter subjektiver, durch Art. 14 I 1 GG gewährleisteter Rechtspositionen gerichtet, wobei durch das hoheitlich beschaffte Gut ein konkretes, der Erfüllung öffentlicher Aufgaben dienendes Vorhaben durchgeführt werden soll.[1332] 6781

Bei der Bewertung alter Rechte ist die Eigentumsgarantie des Art. 14 GG und das Grundrecht der Berufsfreiheit in Rechnung zu stellen. Die Grundrechte können wasserrechtliche Befugnisse sowohl festigen als auch begrenzen. 6782

Beispiel: Die Nutzung eines **Staurechts** ist nur dann gemeinverträglich iS von Art. 14 II GG, wenn einerseits die Interessen der Ober- und Unterlieger bei der Regulierung des Wasserstandes berücksichtigt werden, andererseits auch ein haushälterischer Umgang mit der Wasserkraft gewährleistet ist. Wasserbehördliche Anforderungen an die Unterhaltung von Stauanlagen enthalten Regelungen der Berufsausübung, die aus wichtigen Gründen des Allgemeinwohls gerechtfertigt sind. Das Grundrecht der Berufsfreiheit kann auch nicht deshalb verletzt sein, weil die Stauanlage bei den für elektrische Energie zu erzielenden Preisen unwirtschaftlich ist. Dem Einfluss ökonomischer Rahmenbedingungen auf die Rentabilität vorhandener Anlagen ist der Besitzer solcher Anlagen wie jeder andere ausgesetzt. Seine öffentlich-rechtlichen Pflichten werden dadurch nicht gemindert.[1333]

d) Erlaubnis- und Bewilligungsverfahren. Für die Erlaubnis sieht das WHG keine besonderen Verfahrensvorschriften vor. Bei Erlaubnissen für Vorhaben, für die eine Umweltverträglichkeitsprüfung durchzuführen ist, wird auf hierfür gesetzlich geregelten Verfahrensanfor- 6783

1325 BVerwG NVwZ 1994, 783.

1326 BVerwG ZfW 1994, 390.

1327 BVerwG Urt. v. 13.12.1974 – IV C 74.71, juris.

1328 BVerwG ZfW 1994, 390.

1329 VGH München Beschl. v. 8.4.2003 – 22 ZB 03.680, juris.

1330 VGH München NVwZ 2004, 369. Zur Verpflichtung der Sanierung eines Stauwehres VGH München Beschl. v. 7.11.2002 – 22 CS 02.2335, juris.

1331 BVerfG NVwZ 2009, 1158.

1332 BVerfG DVBl. 2001, 1427.

1333 BVerwG Beschl. v. 8.5.1989 – 4 B 34.89, juris.

derungen verwiesen (§ 11 I WHG).Erlaubnis und Bewilligung können nach § 11 I WHG für ein Vorhaben, das nach dem UVPG einer Umweltverträglichkeitsprüfung unterliegt, nur in einem Verfahren erteilt werden, das den Anforderungen des genannten Gesetzes entspricht. Die Bewilligung kann nur in einem Verfahren erteilt werden, in dem die Betroffenen und die beteiligten Behörden Einwendungen geltend machen können (§ 11 II WHG). § 11 II2 WHG entfaltet keine drittschützende Wirkung, weshalb die fehlende Beteiligung Dritter an dem Bewilligungsverfahren grundsätzlich nicht zur Rechtswidrigkeit der wasserrechtlichen Erlaubnis führt.[1334]

6784 In den Landeswassergesetzen ist das Erlaubnisverfahren zumeist näher geregelt. Vor allem bei wasserwirtschaftlich bedeutenderen Vorhaben und/oder zu erwartenden Einwendungen und/oder dem Zusammentreffen mit Gestattungen nach anderen Vorschriften ist zum Teil eine Öffentlichkeitsbeteiligung vorgesehen, zum Teil steht die Durchführung eines förmlichen Verfahrens im Ermessen der zuständigen Behörde, in einigen Ländern (Bayern, Saarland) gilt die Erlaubnis unter bestimmten Voraussetzungen als erteilt, wenn sie nicht innerhalb eine festgelegten Frist versagt wird. Die **gehobene Erlaubnis** setzt zumeist die Durchführung eines förmlichen Verfahrens, teilweise sogar eines Planfeststellungsverfahrens voraus.[1335]

6785 Für Verfahren bei **Vorhaben zur Erzeugung von Energie aus erneuerbaren Quellen** gelten nach § 11 a II bis V WHG einige ergänzende Regelungen. Zu diesen Vorhaben zählen nach § 11a I WHG die Errichtung und der Betrieb sowie Modernisierung von Anlagen zur Nutzung von **Wasserkraft**, ausgenommen Pumpspeicherkraftwerke, und die Errichtung und Betrieb von Anlagen zur Gewinnung von **Erdwärme**, wenn ein bergrechtlicher Betriebsplan nicht erforderlich ist. Die Modernisierung von Anlagen zur Nutzung von Wasserkraft umfasst nach § 11a I 2 WHG Maßnahmen zur Steigerung der Effizienz oder der Kapazität der Anlage, insbesondere den vollständigen oder teilweisen Austausch der Anlage, eines Anlagenteils oder des Betriebssystems. Auf Antrag des Trägers des Vorhabens werden nach §11a II WHG das Erlaubnis- oder Bewilligungsverfahren sowie alle sonstigen Zulassungsverfahren, die für die Durchführung des Vorhabens nach Bundes- oder Landesrecht erforderlich sind, über eine **einheitliche Stelle** abgewickelt.[1336]

6786 **e) Zulassungsvoraussetzungen und Bewirtschaftungsermessen.** Die Erlaubnis und die Bewilligung sind nach § 12 I WHG zu versagen, wenn schädliche, auch durch Nebenbestimmungen nicht vermeidbare oder nicht ausgleichbare Gewässerveränderungen zu erwarten sind oder andere Anforderungen nach öffentlich-rechtlichen Vorschriften nicht erfüllt werden.

Beispiel: Ein Kiesabbauvorhaben beeinträchtigt das Wohl der Allgemeinheit nach § 6 WHG, wenn die Abbaufläche in einem Grundwasserschonbereich liegt, für den der Regionalplan abwägungsfehlerfrei ein Kiesabbauverbot aufgestellt hat, und wenn keine den Annahmen des Regionalplans entgegenstehenden atypischen Verhältnisse vorliegen, wonach das Kiesabbauvorhaben gleichwohl unbedenklich ist (§ 35 III 3 BauGB).[1337]

6787 Eine wasserrechtliche Erlaubnis zur Benutzung eines Gewässers darf aber auch dann nicht gestattet werden, wenn sie zwar mit der engeren wasserhaushaltsrechtlichen Zielsetzung im Einklang steht,[1338] aber durch andere gesetzliche Vorschriften ausdrücklich untersagt ist.[1339] Dies widerspräche der in § 6 WHG vorausgesetzten Einheit der Rechtsordnung: Einerseits wäre die für das Erlaubnisverfahren zuständige Behörde verpflichtet, die Benutzung eines Gewässers zu erlauben. Andererseits wäre eine andere Behörde gehalten, aus Gründen des öffentlichen Gesundheitsschutzes die Benutzung des so gewonnenen Wassers sofort zu verbieten. Ein derartiger Interessenwiderstreit ist dadurch zu vermeiden, dass eine gesundheits- oder seuchenpolizeilich verbotene Gewässerbenutzung als eine Beeinträchtigung des Wohls der Allgemeinheit iS des § 6 WHG von vornherein nicht zu erlauben ist.[1340] Dasselbe gilt auch für die wasserrechtliche Planfeststellung oder Genehmigung nach § 68 WHG.

[1334] VG Kassel Urt. v. 12.2.2020 – 3 K 797/16.KS, juris Rn. 32; OVG Magdeburg Beschl. v. 25.11.2019 – 2 M 110/19, juris Rn. 14; VG Ansbach Urt. v. 11.11.2015 – AN 9 K 13.01552, juris Rn. 111; Czychowski/Reinhardt, WHG, 2019, § 11 Rn. 43.

[1335] Kothe Wasserrecht in Johlen/Oerder, Verwaltungsrecht, 2023, § 13 Rn. 71.

[1336] Zu den Rechten und Pflichten der einheitlichen Stelle siehe § 11a III bis VI WHG.

[1337] BVerwG Beschl. v. 18.11.1994 – 4 B 162.94, juris.

[1338] BVerwG NuR 1987, 375.

[1339] *BVerwGE 74, 315;* OVG Lüneburg OVGE 27, 486.

[1340] BVerwG DVBl. 1989, 1048.

Zwar sind Erlaubnis oder Bewilligung insoweit grundsätzlich auch dann zu versagen, wenn Anforderungen nach anderen öffentlich-rechtlichen Vorschriften nicht erfüllt werden. Jedoch darf die Wasserbehörde ihre Entscheidungen nicht auf solche außerhalb der Wasserwirtschaft liegende Anforderungen stützen, wenn für diese neben der wasserrechtlichen Zulassung gesonderte behördliche Zuständigkeiten bestehen und besondere Verfahren vorgeschrieben sind. Eine Konzentrationswirkung der wasserrechtlichen Erlaubnis sieht das Gesetz nicht vor.[1341] 6788

Im Übrigen steht die Erteilung der Erlaubnis und der Bewilligung im pflichtgemäßen Ermessen (**Bewirtschaftungsermessen**) der zuständigen Behörde (§ 12 II WHG). Der **Antragsteller** hat in dieser Situation keinen Anspruch auf Erteilung der Genehmigung, sondern lediglich Anspruch auf fehlerfreie Ermessensausübung. Anders als im Baurecht oder im Immissionsschutzrecht gibt es deshalb ohne die formelle Legalität einer Erlaubnis keine materielle Legalität erlaubnispflichtiger Gewässerbenutzungen. Erst mit der Erteilung der Erlaubnis kann eine Gewässerbenutzung formell und materiell legal ausgeübt werden. Nur zur Wahrung der Verhältnismäßigkeit kann im Einzelfall Veranlassung bestehen, eine illegale Gewässerbenutzung nur dann behördlich zu unterbinden, wenn eine Beeinträchtigung des Wassers konkret zu erwarten ist.[1342] Das BVerwG erläutert dazu, grundsätzlich genüge für ein Einschreiten der Wasserbehörde gem. § 100 I 2 die bloß formelle Illegalität. Eine Differenzierung zwischen formeller und materieller Illegalität, wie sie für den Bereich des öffentlichen Baurechts üblich sei, sei wegen der Unterschiede der beiden Rechtsmaterien für das Wasserrecht in der Regel nicht geboten. Stünden einem Bauvorhaben keine materiell-rechtlichen Hindernisse entgegen, bestehe aufgrund der Eigentumsgarantie gem. Art. 14 I GG ein Rechtsanspruch auf eine uneingeschränkte Baugenehmigung. Demgegenüber sei die Nutzung von Gewässern wegen ihrer Bedeutung für die Allgemeinheit und wegen ihrer erhöhten Sensibilität für Verunreinigungen immer gemeinwohlorientiert. Jede nicht gestattete, aber gestattungsbedürftige Einwirkung auf ein Gewässer sei deswegen rechtswidrig, weil auch materiell erst die Gestattung die Befugnis zur Benutzung oder zum Ausbau des Gewässers begründe.[1343] 6789

Belange Dritter sind im Rahmen der Ermessensausübung nach § 12 II WHG nur zu berücksichtigen, wenn diese durch die zu erlaubende Gewässerbenutzung individuell nachteilig betroffen sind.[1344] Zwischen der Gewässerbenutzung und dem Eintritt der Nachteile muss ein adäquater Ursachenzusammenhang bestehen. Das Gebot, im Rahmen der Ermessensausübung nach § 12 Abs. 2 WHG auf Belange Dritter Rücksicht zu nehmen, ergibt sich aus dem in § 6 I 1 Nr. 3 WHG genannten Ziel, Gewässer nachhaltig zu bewirtschaften, insbesondere sie zum Wohl der Allgemeinheit und im Einklang mit ihm auch im Interesse Einzelner zu nutzen, und dem in § 13 I WHG ausdrücklich zugelassenen Zweck von Inhalts- und Nebenbestimmungen der Erlaubnis und der Bewilligung, nachteilige Wirkungen für andere zu vermeiden oder auszugleichen. Der geschützte Personenkreis bildet sich in Anlehnung an § 6 I1 Nr. 3 WHG aus den rechtmäßigen Wasserbenutzern und denjenigen Personen, deren private Belange nach Lage der Dinge von der Benutzung betroffen werden und deren Beeinträchtigung nach dem Gesetz tunlichst zu vermeiden ist.[1345] 6790

Bei der Ausübung des Bewirtschaftungsermessens ist auch das **Gebot der Rücksichtnahme** zu berücksichtigen. Das wasserrechtliche Gebot der Rücksichtnahme ist Anknüpfungspunkt für Drittschutz gegen alle Arten wasserrechtlicher Gestattungen. Die Wasserbehörde muss bei ihrer Ermessensentscheidung über einen Antrag auf Erteilung einer wasserrechtlichen Gestattung für eine bestimmte Gewässerbenutzung einem auch die Interessen Dritter, die von der angestrebten Gewässerbenutzung berührt werden, berücksichtigen. Dies entspricht der Aufgabe der öffentlich-rechtlichen Gewässerbewirtschaftung, verschiedene, gegebenenfalls miteinander in Widerstreit stehende Interessen an einer Nutzung des Gewässers zum Wohl der Allgemeinheit und auch im Interesse Einzelner zu koordinieren und einen haushalterischen Umgang mit Wasser und Gewässern zu gewährleisten.[1346] Der objektiven Pflicht, im Rahmen 6791

[1341] VGH München Beschl. v. 25.7.2023 – 8 CS 23.517, juris; BVerwGE 81, 349 = juris Rn. 17; VGH ZfW 1997, 243 = juris Rn. 41; Czychowski/Reinhardt, WHG, 2023, § 12 Rn. 30.

[1342] Kothe Wasserrecht in Johlen/Oerder, Verwaltungsrecht, 2023, § 13 Rn. 51; BVerwG DVBl. 1979, 67; ZfW 1991, 230; VGH Mannheim VBlBW 2010, 395; OVG Münster ZfW 1998, 455;

[1343] BVerwG NVwZ 2022, 1140 (1141).

[1344] VGH Mannheim Urt. v. 10.5.2023 – 3 S 192/22, juris Rn. 37.

[1345] VGH Mannheim Urt. v. 10.5.2023 – 3 S 192/22, juris Rn. 37.

[1346] VG Kassel Urt. v. 12.2.2020 – 3 K 797/16.KS, juris Rn 39; VGH Kassel Urt. v. 1.9.2011 – 7 A 1736/10, juris Rn. 97.

der die Zuteilung betreffenden Ermessensentscheidung auf die Belange Dritter Rücksicht zu nehmen, korrespondiert ein subjektiv-öffentliches Recht auf Rücksichtnahme allerdings erst bei individualisierter und qualifizierter Betroffenheit des Dritten. Von einer solchen ist auszugehen, wenn der Betroffene zu einem von der Allgemeinheit abgrenzbaren Personenkreis zählt, und seine Belange durch die Gewässerbenutzung, für die die Gestattung begehrt wird, in gravierender Weise betroffen sein werden. Gegenüber wasserrechtlichen Gestattungen ergibt sich sonach ein Abwehrrecht aus dem Gebot der Rücksichtnahme, wenn sich die erteilte Gestattung als Ermessensentscheidung im Hinblick auf Belange des Dritten nicht nur als objektiv defizitär, sondern darüber hinaus als rücksichtslos darstellt.[1347]

6792 Der Erlaubnisinhaber kann die erteilte Erlaubnis im Ganzen anfechten, wenn er mit ihrem Inhalt nicht einverstanden ist; da er eine Erlaubnis beantragt hat, wird er sich zumeist gegen einzelne ihn belastende Bestimmungen zum Verwaltungsakt wenden, so dass es darauf ankommt, ob und inwieweit einzelne Nebenbestimmungen isoliert im Wege einer Anfechtungsklage anfechtbar sind oder mit Hilfe einer Verpflichtungsklage die Erlaubnis ohne die beanstandete Nebenbestimmung begehrt werden muss. Für Nebenbestimmungen ist für die isolierte Anfechtbarkeit zu prüfen, ob die Erlaubnis nach den von der Behörde verfolgten Bewirtschaftungszielen aus ihrer Sicht auch ohne die betreffenden Anordnungen hätte ergehen können. Entscheidend ist, ob die wasserrechtliche Erlaubnis auch ohne die angegriffenen Nebenbestimmungen durchführbar ist. Angesichts des bestehenden Bewirtschaftungsermessens kommt insoweit in aller Regel nur eine Bescheidungsklage in Betracht, die sich darauf richtet, über den Erlaubnisantrag unter Beachtung der Rechtsauffassung des Gerichts erneut zu entscheiden.

6793 **f) Inhalts- und Nebenbestimmungen.** Nach § 13 I WHG sind Inhalts- und Nebenbestimmungen auch nachträglich sowie auch zu dem Zweck zulässig, nachteilige Wirkungen für andere zu vermeiden oder auszugleichen.[1348] Die zuständige Behörde kann durch Inhalts- und Nebenbestimmungen nach § 12 II WHG insbesondere Anforderungen an die Beschaffenheit einzubringender oder einzuleitender Stoffe stellen. Sie kann außerdem Maßnahmen anordnen, die a) in einem Maßnahmenprogramm nach § 82 WHG enthalten oder zu seiner Durchführung erforderlich sind, b) geboten sind, damit das Wasser mit Rücksicht auf den Wasserhaushalt sparsam verwendet wird, c) der Feststellung der Gewässereigenschaften vor der Benutzung oder der Beobachtung der Gewässerbenutzung und ihrer Auswirkungen dienen, d) um Ausgleich einer auf die Benutzung zurückzuführenden nachteiligen Veränderung der Gewässereigenschaften erforderlich sind. Weiter kann die zuständige Behörde eine Bestellung verantwortlicher Betriebsbeauftragter vorschreiben, soweit nicht die Bestellung eines Gewässerschutzbeauftragten nach § 64 WHG vorgeschrieben ist oder angeordnet werden kann. Nicht zuletzt kann die zuständige Behörde4 dem Benutzer angemessene Beiträge zu den Kosten von Maßnahmen auferlegen, die eine Körperschaft des öffentlichen Rechts getroffen hat oder treffen wird, um eine mit der Benutzung verbundene Beeinträchtigung des Wohls der Allgemeinheit zu vermeiden oder auszugleichen.

6794 Auflagen sind auch zulässig, um nachteilige Wirkungen für andere zu verhüten oder auszugleichen. Die Maßnahmen, für die nach § 13 II Nr. 4 WHG angemessene Beiträge verlangt werden können, müssen solche tatsächlicher Art betreffen. Es muss sich nicht um wasserwirtschaftliche Maßnahmen im engeren Sinne handeln.[1349]

6795 **Beispiel:** Auch Feuerwehrmaßnahmen wie etwa die Beschaffung eines Ölabscheiders sowie Schwimmsperren können als Maßnahmen im Sinne von § 13 II Nr. 4 WHG zu Beitragsforderungen führen.[1350]

6796 Für die Bewilligung gilt § 13 I WHG mit der Maßgabe, dass nachträglich nur Inhalts- und Nebenbestimmungen im Sinne von Absatz 2 Nummer 1 bis 4 zulässig sind.

6797 Bei der nachträglichen Anordnung von Inhalts- und Nebenbestimmungen ist der **Verhältnismäßigkeitsgrundsatz** zu beachten. Der mit ihrer Erfüllung verbundene Aufwand dafür den Gewässerbenutzer nicht außer Verhältnis zu dem mit ihr durch die Wasserbehörde ange-

[1347] VG Kassel Urt. v. 12.2.2020 – 3 K 797/16.KS, juris Rn 40; l. VGH Kassel Urt. v. 1.9.2011 – 7 A 1736/10, juris Rn. 97; BVerwG Urt. v. 15.7.1987 – 4 C 56/83, juris; Beschl. v. 28.7.2004 – 7 B 61/04, juris.

[1348] Zur nachträglichen Anordnung von Nebenbestimmungen durch Allgemeinverfügung am Beispiel von § 13 WHG Beh DVBl. 2023, 1509-1514

[1349] BVerwG Beschl. v. 5.8.1987 – 4 B 159.87, juris.

[1350] BVerwG Beschl. v. 5.8.1987 – 4 B 160.87, juris.

strebten Erfolg stehen. Eine übermäßige Belastung ist nicht zulässig (Übermaßverbot). Im Rahmen der Verhältnismäßigkeitsprüfung sind Art, Menge und Gefährlichkeit einzubringender oder einzuleitender Stoffe sowie Nutzungsdauer und technische Besonderheiten der Anlage zu berücksichtigen.[1351]

g) Besondere Vorschriften für die Bewilligung. Die Bewilligung darf nach § 14 I WHG nur erteilt werden, wenn die Gewässerbenutzung 1. dem Benutzer ohne eine gesicherte Rechtsstellung nicht zugemutet werden kann, 2. einem bestimmten Zweck dient, der nach einem bestimmten Plan verfolgt wird, und 3. keine Benutzung im Sinne des § 9 II Nr. 4 und II Nr. 2 bis 4 WHG ist, ausgenommen das Wiedereinleiten von nicht nachteilig verändertem Triebwasser bei Ausleitungskraftwerken. Die Bewilligung wird nach § 14 II WHG für eine bestimmte angemessene Frist erteilt, die in besonderen Fällen 30 Jahre überschreiten darf.[1352] **6798**

Ist zu erwarten, dass die Benutzung auf das Recht eines anderen nachteilig einwirkt und erhebt der Betroffene Einwendungen, darf die Bewilligung nur erteilt werden, wenn die nachteiligen Wirkungen durch Auflagen verhütet oder ausgeglichen werden (§ 14 III WHG). Nachteilige Einwirkungen iSd § 14 III und IV WHG sind nachteilige Veränderungen des tatsächlichen Zustands, die der Betroffene abzuwehren berechtigt ist, weil er die Aufrechterhaltung des bestehenden Zustands verlangen kann.[1353] Im Unterschied zu § 14 IV 2 WHG schließt diese Vorschrift auch geringfügige nachteilige Wirkungen nicht von vornherein aus ihrem Anwendungsbereich aus.[1354] **6799**

Eine nachteilige Wirkung kann insbesondere in einer durch eine Deicherhöhung verursachten Zunahme der Gefahr der Überflutung der vor dem Deich gelegenen Grundstücke bestehen.[1355] Der Eintritt nachteiliger Wirkungen muss darüber hinaus „zu erwarten", also nicht bloß theoretisch möglich, sondern hinreichend wahrscheinlich sein. Das ist der Fall, wenn überwiegende Gründe für den Eintritt der nachteiligen Wirkungen sprechen. Bei Hochwassergefahren ist insoweit auf ein 100-jährliches Hochwasser (HQ100) abzustellen, also auf ein Hochwasserereignis, das statistisch im Verlauf von 100 Jahren einmal eintritt.[1356] **6800**

Diese Vorschrift ist drittschützend.[1357] Ist dies nicht möglich, so darf die Bewilligung gleichwohl aus Gründen des Wohls der Allgemeinheit erteilt werden. Der Betroffene ist zu entschädigen (§ 14 III 2 WHG). Die Bewilligung ist für einen festen Zeitraum zu erteilen, der in besonderen Fällen 30 Jahre überschreiten darf (§ 14 II WHG). Eine bewilligte Gewässerbenutzung ohne unmittelbare Einwirkungen auf Rechte Dritter lässt nicht nur deshalb Nachteile iS des § 14 III WHG erwarten, weil sie geeignet sein könnte, zu einem späteren Zeitpunkt möglicherweise das Bedürfnis nach Festlegung eines **Wasserschutzgebiets** gemäß § 51 WHG hervorzurufen.[1358] **6801**

Hinweis: Wer ein Ausleitungskraftwerk betreibt, benutzt das Gewässer durch Entnahme und Wiedereinleiten des Triebwassers. Für das Einleiten darf keine Bewilligung, sondern nur eine Erlaubnis erteilt werden. Das gilt auch dann, wenn dem Betreiber für das Ableiten eine Bewilligung erteilt worden ist.[1359]

Die Bewilligung setzt ein **Bewilligungsverfahren** voraus, in dem die Betroffenen und die beteiligten Behörden Einwendungen geltend machen können. Bei UVP-pflichtigen Gewässerbenutzungen muss das Verfahren den Anforderungen des UVPG entsprechen (§ 11 WHG). Die Bewilligung erzeugt eine **Bestands- und Ausübungsgarantie**, die aber unter bestimmten Voraussetzungen durch einen Widerruf der Bewilligung (§§ 18 WHG) beseitigt werden kann. Gegenüber der Behörde besteht die Bestandsgarantie darin, dass die Rechtsposition innerhalb der gesetzten Frist grundsätzlich Bestand hat. **6802**

1351 Kothe Wasserrecht in Johlen/Oerder, Verwaltungsrecht, 2023, § 13 Rn. 68.

1352 Zu weiteren Besonderheiten der Bewilligung siehe § 14 III bis VI WHG.

1353 Czychowski/Reinhardt, WHG, 2019, § 14 WHG Rn. 39; Fellenberg/Schiller in Schink/Fellenberg, WHG, 2022, § 14 Rn. 30; VG Kassel Urt. v. 12.2.2020 – 3 K 797/16.KS, juris Rn. 32.

1354 OVG Magdeburg Urt. v. 20.12.2022 – 2 K 139/19, juris Rn. 219.

1355 OVG Magdeburg Urt. v. 20.12.2022 – 2 K 139/19, juris Rn. 219.

1356 OVG Magdeburg Urt. v. 20.12.2022 – 2 K 139/19, juris Rn. 236.

1357 VG Kassel Urt. v. 12.2.2020 – 3 K 797/16.KS, juris Rn. 33; OVG Lüneburg Urt. v. 14.12.2016 – 13 LC 56/14, juris Rn. 87.

1358 BVerwG DVBl. 1979, 790.

1359 BVerwG NVwZ 1988, 150.

6803 **h) Gehobene Erlaubnis.** Die Erlaubnis kann nach § 15 WHG als gehobene Erlaubnis erteilt werden, wenn hierfür ein öffentliches Interesse oder ein berechtigtes Interesse des Gewässerbenutzers besteht. Für die gehobene Erlaubnis gelten § 11 II und 14 III bis V WHG. Die gehobene Erlaubnis kann nur auf der Grundlage einer **UVP** erteilt werden (§ 11 WHG). Dies setzt eine entsprechende **Öffentlichkeitsbeteiligung** und **Behördenbeteiligung** voraus. Eine Öffentlichkeitsbeteiligung empfiehlt sich ohnehin, wenn zweifelhaft sein kann, ob das beantragte Vorhaben UVP-pflichtig ist. Wird eine entsprechende Öffentlichkeitsbeteiligung durchgeführt, können zugleich formale Bedenken ausgeräumt werden, die mit einer erforderlichen aber nicht durchgeführten Öffentlichkeitsbeteiligung verbunden sind. Die Bewilligung kann nach § 11 II WHG nur in einem Verfahren erteilt werden, in dem die Betroffenen und die beteiligten Behörden Einwendungen geltend machen können. § 11 II WHG ist nicht drittschützend; eine fehlende Beteiligung Dritter an dem Bewilligungsverfahren führt grundsätzlich nicht zur Rechtswidrigkeit der wasserrechtlichen Erlaubnis führt.

6804 **i) Ausschluss privatrechtlicher Ansprüche.** Ist eine Gewässerbenutzung durch eine **unanfechtbare gehobene Erlaubnis** (siehe dazu § 15 WHG) zugelassen, kann nach § 16 I WHG auf Grund privatrechtlicher Ansprüche zur Abwehr nachteiliger Wirkungen der Gewässerbenutzung nicht die Einstellung der Benutzung verlangt werden. Es können nur Vorkehrungen verlangt werden, die die nachteiligen Wirkungen ausschließen. Soweit solche Vorkehrungen nach dem Stand der Technik nicht durchführbar oder wirtschaftlich nicht vertretbar sind, kann lediglich Entschädigung verlangt werden. Ist eine Gewässerbenutzung durch **eine unanfechtbare Bewilligung** zugelassen, können nach § 16 II WHG wegen nachteiliger Wirkungen der Gewässerbenutzung keine Ansprüche geltend gemacht werden, die auf die Beseitigung der Störung, auf die Unterlassung der Benutzung, auf die Herstellung von Vorkehrungen oder auf Schadenersatz gerichtet sind. Das schließt Ansprüche auf Schadenersatz wegen nachteiliger Wirkungen nicht aus, die darauf beruhen, dass der Gewässerbenutzer angeordnete Inhalts- oder Nebenbestimmungen nicht erfüllt hat. § 16 I und II 1 WHG gelten nach § 16 III WHG gelten nicht für privatrechtliche Ansprüche gegen den Gewässerbenutzer aus Verträgen oder letztwilligen Verfügungen und für Ansprüche aus dinglichen Rechten am Grundstück, auf dem die Gewässerbenutzung stattfindet.

6805 **j) Widerruf und Rücknahme.** Wasserrechtliche Erlaubnisse sind zumeist befristet. Mit Ablauf der **Befristung** erlischt die Erlaubnis, ohne dass es eines Beendigungsaktes seitens der Behörde bedürfte. Eine Verlängerung der Erlaubnis bzw. ihrer Geltungsdauer ist in manchen Landeswassergesetzen ausdrücklich vorgesehen. Eine Verlängerung der Frist wird jedoch allgemein für zulässig gehalten, wenn Art und Umfang der Gewässerbenutzung in wasserwirtschaftlich oder ökologischer Hinsicht sich nicht wesentlich geändert haben. Die Erlaubnis kann vorzeitig vor Ablauf der Befristung auch durch einen **Verzicht des Erlaubnisinhabers** erlöschen; in einigen Landeswassergesetzen ist der Verzicht ausdrücklich geregelt.

6806 Eine wasserrechtliche Erlaubnis kann aus sachgerechten Gründen auch **widerrufen** werden (§ 18 WHG). Widerruf ist nach § 49 VwVfG die Aufhebung eines rechtmäßigen Verwaltungsakts. Die für rechtmäßige Verwaltungsakte geltenden Widerrufsbestimmungen können aber auch auf rechtswidrige Verwaltungsakte werden können. Der Widerruf ist nur innerhalb eines Jahres seit dem Zeitpunkt zulässig, in dem die Wasserbehörde von Tatsachen Kenntnis erhält, die einen Widerruf rechtfertigen (§ 49 II 2 iVm § 48 IV VwVfG). Ein Widerruf ist etwa zulässig, wenn die Auflagen oder Bedingungen nicht eingehalten werden, unter denen die Erlaubnis erteilt worden ist. Ein Widerruf kann auch ausgesprochen werden, wenn dies aus Gründen einer gemeinwohlorientierten Wasserbewirtschaftung erforderlich ist (§ 18 WHG).[1360]

Beispiel: Hält der Unternehmer die in der Erlaubnis enthaltenen Regelungen über die Böschungsneigungen oder Sicherheitsabstände nicht ein, so kann die wasserrechtliche Erlaubnis widerrufen werden.

6807 Die Bewilligung darf aus den § 49 II 1 Nr. 2 bis 5 VwVfG genannten Gründen widerrufen werden. Die Bewilligung kann ferner ohne Entschädigung ganz oder teilweise widerrufen werden, wenn der Inhaber der Bewilligung 1. die Benutzung drei Jahre ununterbrochen nicht ausgeübt oder ihrem Umfang nach erheblich unterschritten hat, 2. den Zweck der Benutzung so geändert hat, dass er mit dem Plan § 14 I Nr. 2 WHG) nicht mehr übereinstimmt.

[1360] BVerwG RdL 1994, 224; BVerfG Beschl. v. 8.9.1993 – 1 BvR 1304/93, juris.

Ein Widerruf darf nicht aus sachfremden Gründen und nur unter Beachtung des Grundsatzes der Verhältnismäßigkeit erfolgen. Der Erlaubnisbescheid kann mit einem ausdrücklichen Widerrufsvorbehalt versehen werden (§ 36 II Nr. 3 VwVfG); wegen der gesetzlichen Widerruflichkeit der Erlaubnis setz der Widerruf einen solchen Vorbehalt allerdings nicht voraus. 6808

Gem. § 48 I 1 VwVfG kann die Wasserbehörde eine rechtswidrig erteilte Erlaubnis zurücknehmen. Sofern der Erlaubnisinhaber auf den Bestand der Erlaubnis vertrauen darf, er insbesondere dessen Rechtswidrigkeit nicht kennt oder kennen muss, ist die Rücknahme der Erlaubnis, also eines rechtswidrigen begünstigenden Verwaltungsaktes, nur unter den einschränkenden Voraussetzungen des § 48 Abs. 3 VwVfG möglich. 6809

k) Vorzeitiger Beginn. In einem Erlaubnis- oder Bewilligungsverfahren kann der **vorzeitige Beginn** unter den Voraussetzungen des § 17 I WHG angeordnet und jederzeit widerrufen werden (§ 17 II WHG). Voraussetzung für die Zulassung des vorzeitigen Beginns ist nach WHG, dass (1) mit einer Entscheidung zugunsten des Unternehmers gerechnet werden kann, (2) an dem vorzeitigen Beginn ein öffentliches Interesse oder ein berechtigtes Interesse des Unternehmers besteht und (3) der Benutzer sich verpflichtet, alle bis zur Entscheidung durch das Unternehmen verursachten Schäden zu ersetzen und, falls die Benutzung nicht erlaubt oder bewilligt wird, den früheren Zustand wiederherzustellen. 6810

Der vorzeitige Beginn kann auch in einem wasserrechtlichen Planfeststellungs- oder Genehmigungsverfahren nach § 68 WHG zugelassen werden (§§ 69 II WHG). Die Prognose, dass mit einer Entscheidung zugunsten des Trägers des Vorhabens bzw. des Unternehmers gerechnet werden kann, ist nicht (feststellender) Regelungsbestandteil der Zulassung des vorzeitigen Beginns und entfaltet dementsprechend keine Bindungswirkung für das nachfolgende Verfahren über die endgültige Zulassung des Vorhabens. Von dem Vorhaben Betroffene können deshalb Einwände gegen dessen rechtliche Zulässigkeit nur im Rahmen eines Rechtsmittels gegen die Entscheidung über die endgültige Zulassung erheben. Beginn der Ausführung oder Benutzung nach § 17 WHG können nur Maßnahmen sein, die sich wieder rückgängig machen lassen und bei denen das Risiko der Rückabwicklung den weiteren Entscheidungsprozess nicht unangemessen belastet.[1361] Die Vorläufigkeit der Regelung ergibt sich vor allem daraus, dass der Träger des Vorhabens (der Unternehmer) sich verpflichten muss, den früheren Zustand wiederherzustellen, wenn die wasserrechtliche Erlaubnis oder Bewilligung nicht erteilt wird (§ 17 I Nr. 3 WHG). Hätte die Zulassung des vorzeitigen Beginns endgültigen Charakter, so schlösse die Bestandskraft des Zulassungsbescheides die Beseitigungspflicht aus. Die vorzeitige Zulassung nach § 17 WHG darf dabei die endgültige Zulassung des Vorhabens nicht vorwegnehmen oder gar ersetzen.[1362] Dieselben Rechtsgrundsätze gelten für die Zulassung des vorzeitigen Beginns im Kreislaufwirtschaftsrecht oder die Anordnung von vorläufigen Anordnungen nach § 14 II WaStrG im Wasserwegerecht. 6811

3. Schutz der Oberflächengewässer

Das WHG enthält zahlreiche Regelungen zum Schutz der Oberflächengewässer. Dazu zählen die Erlaubnispflicht für die Benutzung von Oberflächengewässern, die Bewirtschaftungsziele für oberirdische Gewässer, Anforderungen an das Einbringen fester Stoffe und das lagern und Ablagern von Stoffen, etc. Dem Schutz der Oberflächengewässer und der wirtschaftlichen Analyse der Nutzungen ihres Wassers dient vor allem auch die Verordnung zum Schutz der Oberflächengewässer (OGewV). Die OGewV enthält keine eigenständigen materiellen Bewirtschaftungsanforderungen, die über das WHG hinausgingen, sondern beschränkt sich darauf, die Bewirtschaftungsziele (§ 27 Abs. 1 WHG) entsprechend der UQN-Richtlinie 2008/105/EG zu konkretisieren. Oberirdische Gewässer sind nur „einheitliche und bedeutende Abschnitte eines oberirdischen Gewässers" iSv § 3 Nr. 6 WHG, was ein Mindesteinzugsgebiet nach Anl. 1 iVm § 3 OGewV erfordert.[1363] 6812

a) Erlaubnispflichtige Gewässerbenutzungen. Das Entnehmen und Ableiten von Wasser aus oberirdischen Gewässern, das Aufstauen und Absenken von oberirdischen Gewässern, das Entnehmen fester Stoffe aus oberirdischen Gewässern, soweit sich dies auf die Gewässereigenschaften auswirkt und das Einbringen und Einleiten von Stoffen in Gewässer sind § 9 I Nr. 1-4 6813

1361 BVerwG DVBl. 1991, 877.
1362 OVG Lüneburg DÖV 1983, 903; VGH Mannheim NVwZ-RR 1989, 631.
1363 BVerwGE 166, 1 Rn. 141.

WHG Gewässerbenutzungen. Soweit nicht bereits eine Benutzung nach § 9 I WHG vorliegt, gelten als sog. unechte Gewässerbenutzungen unter anderem auch Maßnahmen, die geeignet sind, dauernd oder in einem nicht nur unerheblichen Ausmaß nachteilige Veränderungen der Wasserbeschaffenheit herbeizuführen (§ 9 II Nr. 2 WHG). Keine Benutzungen sind Maßnahmen, die dem Ausbau eines Gewässers im Sinne des § 67 II WHG dienen. Das Gleiche gilt für Maßnahmen der Unterhaltung eines Gewässers, soweit hierbei keine chemischen Mittel verwendet werden (§ 9 III WHG). Die Benutzung eines Gewässers bedarf nach § 8 I WHG der Erlaubnis oder der Bewilligung, soweit nicht durch dieses Gesetz oder auf Grund dieses Gesetzes erlassener Vorschriften etwas anderes bestimmt ist. Diese Zulassungspflicht schützt die Gewässer. Erlaubnis und Bewilligung ermöglich zwar eine Gewässerbenutzung, sind also Instrumente des Wasserwirtschaftsrechts. Erlaubnis und Bewilligung sind aber zu versagen, wenn schädliche, auch durch Nebenbestimmungen nicht vermeidbare oder nicht ausgleichbare Gewässerveränderungen zu erwarten sind.

6814 **b) Bewirtschaftungsziele für oberirdische Gewässer.** Oberirdische Gewässer sind nach § 27 I WHG, soweit sie nicht nach § 28 WHG als künstlich oder erheblich verändert eingestuft werden, so zu bewirtschaften, dass 1. eine Verschlechterung ihres ökologischen und ihres chemischen Zustands vermieden wird und 2. ein guter ökologischer und ein guter chemischer Zustand erhalten oder erreicht werden.

6815 Oberirdische Gewässer, die nach § 28 WHG als künstlich oder erheblich verändert eingestuft werden, sind nach § 27 II WHG so zu bewirtschaften, dass 1. eine Verschlechterung ihres ökologischen Potenzials und ihres chemischen Zustands vermieden wird und 2. ein gutes ökologisches Potenzial und ein guter chemischer Zustand erhalten oder erreicht werden. Oberirdische Gewässer sind, soweit sie nicht nach § 28 WHG als künstlich oder erheblich verändert eingestuft werden, nach § 27 I WHG so zu bewirtschaften, dass eine Verschlechterung ihres ökologischen und ihres chemischen Zustands vermieden wird und ein guter ökologischer und ein guter chemischer Zustand erhalten oder erreicht werden.

6816 § 27 II WHG enthält eine wesentliche Einschränkung der allgemeinen Bewirtschaftungsziele des § 27 I WHG, indem er für bestimmte Oberflächengewässer relativierte Bewirtschaftungsziele zulässt und damit dem Umstand Rechnung trägt, dass eine vollständige Rückführung aller Gewässer in einen natürlichen Ursprungszustand illusorisch ist.[1364] § 27 II WHG gilt für künstliche oberirdische Gewässer und erheblich veränderte oberirdische Gewässer. Unter welchen Voraussetzungen ein oberirdisches Gewässer als künstlich oder erheblich verändert eingestuft werden kann, bestimmt § 28 WHG.

6817 Der EuGH hat darauf hingewiesen, dass die Tragweite des Begriffs der „Verschlechterung des Zustands" von Gewässern unabhängig von der Art des betroffenen Gewässers durch dieselben Grundsätze determiniert wird. Mithin sind die Ziele der Wasserrahmen-Richtlinie, sowohl für Oberflächengewässer als auch für Grundwasser, sowie die aus Art. 4 Abs. 1 WRRL für diese Gewässerarten folgenden Pflichten weitgehend identisch.[1365]

6818 Bei erheblich veränderten Gewässern haben sowohl das Verschlechterungsverbot als auch das Verbesserungsgebot mit ihrer Bezugsgröße des ökologischen Potenzials (§ 27 II Nr. 1 WHG) bzw. des guten ökologische Potenzials (§ 27 II Nr. 2 WHG) im Vergleich zum (guten) ökologischen Zustand als Maßstab des § 27 I Nr. 1 und 2 WHG ein abgesenktes Anforderungsprofil.[1366] Leitbild des Verbesserungsgebots am Maßstab des § 27 II Nr. 2 WHG ist ein hypothetischer ökologischer Gewässerzustand, der erreichbar ist, ohne dass jene Nutzungen eingestellt oder Eingriffe rückgängig gemacht werden sollen, die die Einstufung als künstlich oder erheblich verändert nach § 28 WHG legitimiert haben.

6819 Das **Verschlechterungsverbot** (§ 27 I Nr. 1 und II Nr. 1 WHG) und das **Verbesserungsgebot** (§ 27 I Nr. 2 und II Nr. 2 WHG) müssen bei der Zulassung eines Projekts – auch im Rahmen der wasserstraßenrechtlichen Planfeststellung nach § 14 I iVm § 12 VII 3 WaStrG – beachtet werden.[1367] Seit einem Urteil des EuGH vom 1.7.2015[1368] ist geklärt, dass die Pflichten, eine Verschlechterung des Zustands der Oberflächenwasserkörper zu verhindern und das

[1364] Czychowski/Reinhardt, WHG, 2023, § 27 Rn. 6; VGH Mannheim NuR 2016, 203.

[1365] EuGH, Urteil vom 28. Mai 2020 – C-535/18 -, juris Rn. 91; VG Düsseldorf UWP 2023, 114 = juris Rn. 89.

[1366] BVerwG NVwZ 2023, 1733 = juris Rn. 62; BVerwGE 158, 1 Rn. 485.

[1367] Höhne UPR 2023, 435.

[1368] EuGH Urt. v. 1.7.2015 – C-461/13, juris Rn. 69.

Ziel der Erreichung eines guten Gewässerzustands zu verfolgen, nicht bloße Ziele der Bewirtschaftsplanung darstellen, sondern verbindlich sind. Daher ist die Genehmigung eines Vorhabens zu versagen, wenn es geeignet ist, den Zustand eines Oberflächenwasserkörpers zu verschlechtern oder die Erreichung eines guten Zustands eines Oberflächenwasserkörpers zu gefährden. Vergleichbare verbindliche Ziele gelten im Hinblick auf den Zustand des Grundwassers, wobei der EuGH klargestellt hat, dass die entsprechende Prüfung mit Öffentlichkeitsbeteiligung vor der Projektgenehmigung erfolgen muss. Danach müssen vor der Zulassung eines Vorhabens das Verschlechterungsverbot und das Verbesserungsgebot wasserkörperbezogen für alle vorhabenbedingten Wirkpfade geprüft und die Prüfung und deren Erkenntnisse dokumentiert werden.[1369] Das Verschlechterungsverbot nach § 27 I Nr. 1 WHG kann auch gegenüber zulassungsfreien Nutzungen nach § 100 WHG durchgesetzt werden, sofern diese zu relevanten Qualitätsverschlechterungen führen. Dementsprechend ist es unzulässig, die Einhaltung des Verbotes erstmals zu prüfen, nachdem ein Projekt bereits zugelassen wurde.[1370]

Die Verschlechterung muss mit hinreichender Wahrscheinlichkeit eintreten.[1371] Ob eine Ge- 6820
wässerbenutzung zu einer Verschlechterung des Zustands eines Oberflächenwasserkörpers führt, hängt vom tatsächlichen Ist-Zustand der Wasserbeschaffenheit ab. Dazu bedarf es einer **Bestandsaufnahme** der zuständigen Behörde, bei der ihr ein **Beurteilungsspielraum** eingeräumt ist.[1372]

Eine unvollständige oder fehlerhafte Ermittlung missachtet die Anforderungen des Ver- 6821
schlechterungsverbots. Einzubeziehen sind zB Schadstoffeinträge über den Luftpfad. Nach der Rechtsprechung des EuGH liegt eine Verschlechterung vor, sobald sich der Zustand des Gewässers um mindestens einer Qualitätskomponente iSd Anhangs V der EU-RL um eine Klasse verschlechtert, auch wenn diese Verschlechterung nicht zu einer Verschlechterung der Einstufung des Oberflächenwasserkörpers insgesamt führt. Ist jedoch die betreffende Qualitätskomponente bereits in der niedrigsten Klasse eingeordnet, stellt jede Verschlechterung dieser Komponente eine Verschlechterung des Zustands im Rechtssinne dar. Dies gilt unabhängig von den unterschiedlichen Kriterien der Feststellung gleichermaßen für Oberflächengewässer wie für das Grundwasser.[1373] Zweifelhaft ist, ob eine Bagatellschwelle aus Gründen der Verhältnismäßigkeit anzuerkennen ist.[1374]

Die Aufrechterhaltung eines bestandskräftigen Planfeststellungsbeschlusses, der ohne die er- 6822
forderliche Prüfung der Vereinbarkeit des Vorhabens mit dem wasserrechtlichen Verschlechterungsverbot erlassen worden ist, führt nicht zu einem unionsrechtlich unerträglichen Zustand. Die flexiblen Instrumente des Wasserrechts sind geeignet und ausreichend, um die unionsrechtlichen Anforderungen der Wasserrahmenrichtlinie zu erfüllen.[1375]

Aus den §§ 28, 30, 31 WHG ergeben sich verschiedene Abweichungen bzw. Ausnahmen 6823
vom Verschlechterungsverbot. Künstliche oder erheblich veränderte Gewässer (§ 28 WHG) unterliegen nur inhaltlich zurückgenommenen Anforderungen des § 27 II WHG. § 30 WHG ermöglicht es, aus besonderen Gründen abweichende Bewirtschaftungsziele festzulegen. § 31 WHG bestimmt Ausnahmen von den geltenden Bewirtschaftungszielen nach §§ 27, 30 WHG. Eine Ausnahme gem. § 31 II WHG muss nicht vor Zulassung des Vorhabens in einen Bewirtschaftungsplan aufgenommen werden; für § 83 II Nr. 2 WHG genügt eine nachträgliche Aufnahme.[1376]

Nach § 27 I Nr. 2 WHG sind Gewässer so zu bewirtschaften, dass ein guter ökologischer und 6824
ein guter chemischer Zustand erhalten oder erreicht werden. Das **Verbesserungsgebot** ist gegenüber dem Verschlechterungsverbot eigenständig und ggf. auch auf Handlungspflichten staatlicher Behörden gerichtet.[1377] Das Verbesserungsgebot ist, genauso wie das Verschlechterungsverbot, bei Zulassungsentscheidungen zu beachten. Es kann einer solchen Zulassung entgegenstehen, wenn sich absehen lässt, dass die Verwirklichung des Vorhabens die Möglichkeit ausschließt, die auf ein gutes ökologisches Potenzial, auf einen guten chemischen Zustand des Wasserkörpers

---

1369 BVerwG NuR 2020, 709 (717); DVBl.. 2018, 1426 Rn. 47; BVerwGE 163, 380 Rn. 22).
1370 Kahl/Gärditz Umweltrecht, 2023, § 8 Rn. 43.
1371 BVerwGE 166, 132 Rn. 154.
1372 OVG Hamburg ZUR 2021, 111 (113); Kahl/Gärditz Umweltrecht, 2023, § 8 Rn. 45.
1373 EuGH NVwZ 2020, 1177 Rn. 94; BVerwG NuR 2021, 119 (121).
1374 Bejahend Dallhammer/Fritzsch ZUR 2016, 340 (345); ablehnend Faßbender EurUP 2015, 178 (188).
1375 BVerwG Urt. v. 23.6.2020 – 9 A 23/19, juris Rn. 46, 49.
1376 Kahl/Gärditz Umweltrecht, 2023, § 8 Rn. 46.
1377 Kahl/Gärditz Umweltrecht, 2023, § 8 Rn. 48.

gerichteten Umweltziele der Wasserrahmen-Richtlinie fristgerecht zu erreichen.[1378] Hinsichtlich der Auswahl von Maßnahmen und der Bewertung, ob diese zur ökologischen Zielerreichung geeignet sind, kommt den zuständigen Behörden ein Ermessen bzw. ein Beurteilungsspielraum zu. Das Verbesserungsgebot soll durch wasserwirtschaftliche Planungen nach §§ 82 f. WHG flussgebietsbezogen konkretisiert zu werden, weil sich Verbesserung ohne planerischen Gesamtkonzepte nicht vorhabenbezogen angemessen beurteilen lässt. Deshalb ist das Verbesserungsgebot ohne konkretisierende Maßnahmenplanung nach den §§ 82 f. WHG grundsätzlich nicht unmittelbar anwendbar. Anderes soll im Sinne eines Vereitelungsverbots gelten können, wenn ein einzelnes Vorhaben eine Zustandsverbesserung längerfristig verhindert.[1379]

6825 **c) Einbringen fester Stoffe**. Das Einbringen fester Stoffe in Gewässer ist grundsätzlich verboten (§ 32 I WHG). Dies gilt auch für das Wiedereinleiten von festen Stoffen, die dem Wasser entnommen worden sind.

6826 **Beispiel:** § 32 I WHG verbietet, die am Rechen eines Wasserkraftwerkes zum Schutze seiner Turbinen aufgefangenen und aus dem Wasser entnommenen festen Stoffe zum Zwecke der Entledigung in das Gewässer wieder einzubringen. Dieses Verbot ist mit dem Grundsatz der Verhältnismäßigkeit vereinbar.[1380]

6827 **c) Lagerung und Ablagerung von Stoffen.** Nach § 32 II WHG dürfen Stoffe an einem Gewässer nur so gelagert oder abgelagert werden, dass eine Verunreinigung des Wassers oder eine sonstige nachteilige Veränderung seiner Eigenschaften oder des Wasserabflusses nicht zu besorgen ist. Das Gleiche gilt für die Beförderung von Flüssigkeiten und Gasen durch Rohrleitungen. Bei der **Bekämpfung konkreter Gefahren** sind die Bestimmungen des jeweiligen Ordnungsrechts zu beachten. Erforscht die Wasserbehörde Gewässerverunreinigungen wegen der Deponierung von Hausmüll, ist die gesetzlich geforderte Kausalität zwischen wasserwidrigem Verhalten und behördlichem Tätigwerden gegeben. Der Wasserbehörde muss dabei zum Zeitpunkt ihres Tätigwerdens nicht bereits bewusst sein, dass ein Gewässer unbefugt benutzt wurde oder durch ein Verhalten wasserrechtliche Pflichten verletzt worden sind. Auch ein Träger öffentlicher Aufgaben kann zu den **Kosten von Gefahrerforschungsmaßnahmen** herangezogen werden, wenn damit nicht in seine hoheitlichen Tätigkeiten eingegriffen wird. Wirkt sich die Kostenbelastung auf die Erhebung von Benutzungsgebühren aus, ist dies lediglich indirekte Folge der Heranziehung.[1381]

6828 **d) Mindestwasserführung.** Das Aufstauen eines oberirdischen Gewässers oder das Entnehmen oder Ableiten von Wasser aus einem oberirdischen Gewässer ist nach § 33 WHG nur zulässig, wenn die Abflussmenge erhalten bleibt, die für das Gewässer und andere hiermit verbundene Gewässer erforderlich ist, um den Zielen des § 6 I WHG und der §§ 27 bis 31 zu entsprechen.

6829 **e) Durchgängigkeit oberirdischer Gewässer**. Die Errichtung, die wesentliche Änderung und der Betrieb von Stauanlagen dürfen nach § 34 WHG nur zugelassen werden, wenn durch geeignete Einrichtungen und Betriebsweisen die Durchgängigkeit des Gewässers erhalten oder wiederhergestellt wird, soweit dies erforderlich ist, um die Bewirtschaftungsziele nach Maßgabe der §§ 27 bis 31 WHG zu erreichen.

6830 **f) Fracking**. Fracking ist eine Methode zur Erzeugung, Weitung und Stabilisierung von Rissen im Gestein einer Lagerstätte im tiefen Untergrund mit dem Ziel, die Durchlässigkeit der Lagerstättengesteine zu erhöhen. Dadurch können darin befindliche Gase oder Flüssigkeiten leichter und beständiger zur Bohrung fließen und gewonnen werden. Beim Fracking wird durch eine Bohrung, unter hohem Druck eine Flüssigkeit in den geologischen Horizont, aus dem gefördert werden soll, gepresst.

6831 Die Erlaubnis für eine Gewässerbenutzung gem. § 9 II Nr. 3 und Nr. 4 WHG ist nach § 13a I Nr. 1 WHG zu versagen, wenn Schiefer-, Ton- oder Mergelgestein oder Kohleflözgestein zur Aufsuchung oder Gewinnung von Erdgas oder Erdöl aufgebrochen werden sollen, unabhängig von der Tiefe. Die Erlaubnis ist nach § 13 I Nr. 2 WHG außerdem zu versagen, wenn die Benutzung in oder unter einem Wasserschutzgebiet, Heilquellenschutzgebiet oder

[1378] EuGH NVwZ 2020, 1177 Rn. 51; Kahl/Gärditz Umweltrecht, 2023, § 8 Rn. 49.

[1379] Breuer/Gärditz Öffentliches und privates Wasserrecht, 2017, Rn. 165; Faßbender EurUP 2015, 178 (186); Kahl/Gärditz Umweltrecht, 2023, § 8 Rn. 49.

[1380] BVerwG Urt. v. 13.7.1979 – IV C 10.76, juris; Beschl. v. 27.1.1997 – 11 B 1.97, juris.

[1381] OVG Schleswig Beschl. v. 26.5.1999 – 2 L 231/96, juris.

in einem Einzugsgebiet einer Wasserentnahmestelle für die öffentliche Wasserversorgung stattfinden soll.[1382]

4. Reinhaltung des Grundwassers

Der Reinhaltung von Gewässern dienen das Erlaubnisverbot des § 48 I WHG, das Verhaltensverbot des § 48 II WHG, die Anzeigepflicht für Erdaufschlüsse (§ 49 WHG) und die Vorschriften über den Schutz vor wassergefährdenden Stoffen (§ 62 WHG) sowie von Bestimmungen zur Ausweisung von Wasserschutzgebieten. 6832

a) Einbringen und Einleiten von Stoffen. Für das Einleiten von Stoffen in das Grundwasser darf eine Erlaubnis nur erteilt werden, wenn eine schädliche Verunreinigung des Grundwassers oder eine sonstige nachteilige Veränderung seiner Eigenschaften nicht zu besorgen ist (§ 48 I 1 WHG). 6833

b) Lagern und Ablagern. Stoffe dürfen nur so gelagert oder abgelagert werden, dass eine schädliche Verunreinigung des Grundwassers oder eine sonstige nachteilige Veränderung seiner Eigenschaften nicht zu besorgen ist (§ 48 II 1 WHG). Das Gleiche gilt für die **Beförderung von Flüssigkeiten und Gasen durch Rohrleitungen**. Maßnahmen, die geeignet sind, derartige schädliche Auswirkungen herbeizuführen, bedürfen der wasserrechtlichen Erlaubnis.[1383] 6834

c) Erdaufschlüsse. Arbeiten, die so tief in den Boden eindringen, dass sie sich unmittelbar oder mittelbar auf die Bewegung, die Höhe oder die Beschaffenheit des Grundwassers auswirken können, sind nach § 49 I 1 WHG der zuständigen Behörde einen Monat vor Beginn der Arbeiten anzuzeigen. Werden bei diesen Arbeiten Stoffe in das Grundwasser eingebracht, ist abweichend von § 8 I iVm § 9 I Nr. 4 WHG anstelle der Anzeige eine Erlaubnis nur erforderlich, wenn sich das Einbringen nachteilig auf die Grundwasserbeschaffenheit auswirken kann. Die zuständige Behörde kann für bestimmte Gebiete die Tiefe nach § 49 I 1 WHG näher bestimmen. Wird unbeabsichtigt Grundwasser erschlossen, ist dies der zuständigen Behörde nach § 49 II WHG unverzüglich anzuzeigen. In den Fällen von § 49 I und II WHG hat die zuständige Behörde nach § 49 III WHG die Einstellung oder die Beseitigung der Erschließung anzuordnen, wenn eine nachteilige Veränderung der Grundwasserbeschaffenheit zu besorgen oder eingetreten ist und der Schaden nicht anderweitig vermieden oder ausgeglichen werden kann; die zuständige Behörde hat die insoweit erforderlichen Maßnahmen anzuordnen. 2Satz 1 gilt entsprechend, wenn unbefugt Grundwasser erschlossen wird. 6835

d) Anforderungen an den Umgang mit wassergefährdenden Stoffen. Zum Schutz vor wassergefährdenden Stoffen sieht § 62 WHG verschiedene Sonderregelungen vor. Anlagen zum Lagern, Abfüllen, Herstellen und Behandeln wassergefährdender Stoffe sowie Anlagen zum Verwenden wassergefährdender Stoffe im Bereich der gewerblichen Wirtschaft und im Bereich öffentlicher Einrichtungen müssen so beschaffen sein und so errichtet, unterhalten, betrieben und stillgelegt werden, dass eine nachteilige Veränderung der Eigenschaften von Gewässern nicht zu besorgen ist (§ 62 I 1WHG). Das Gleiche gilt nach § 62 I 2 WHG für Rohrleitungsanlagen, die (1) den Bereich eines Werksgeländes nicht überschreiten, (2) Zubehör einer Anlage zum Umgang mit wassergefährdenden Stoffen sind oder (3) Anlagen verbinden, die in engem räumlichen und betrieblichen Zusammenhang miteinander stehen. Für Anlagen zum Umschlagen wassergefährdender Stoffe sowie zum Lagern und Abfüllen von Jauche, Gülle und Silagesickersäften sowie von vergleichbaren in der Landwirtschaft anfallenden Stoffen gilt § 62 I 1 WHG entsprechend mit der Maßgabe, dass der bestmögliche Schutz der Gewässer vor nachteiligen Veränderungen ihrer Eigenschaften erreicht wird. 6836

Anlagen im Sinne des § 62 I WHG dürfen nur entsprechend den **allgemein anerkannten Regeln der Technik** beschaffen sein sowie errichtet, unterhalten, betrieben und stillgelegt werden (§ 62 II WHG). **Wassergefährdende Stoffe** im Sinne dieses Abschnitts sind feste, flüssige und gasförmige Stoffe, die geeignet sind, dauernd oder in einem nicht nur unerheblichen Ausmaß nachteilige Veränderungen der Wasserbeschaffenheit herbeizuführen (§ 62 III WHG). Weitergehende landesrechtliche Vorschriften für besonders schutzbedürftige Gebiete bleiben unberührt § 62 V WHG). 6837

1382 Zum Fracking-Verbot siehe Frenz NVwZ 2016, 1042; Schneider ThürVBl 2023, 49, 79; Reinhardt NVwZ 2022, 999; Tschirnhaus NuR 202, 817

1383 BVerwG NVwZ 1983, 409.

6838 § 62 IV WHG ermächtigt die Bundesregierung, durch Rechtsverordnung nach § 23 I WHG die Bestimmung der wassergefährdenden Stoffe und ihre Einstufung entsprechend ihrer Gefährlichkeit sowie über eine hierbei erforderliche Mitwirkung des Umweltbindesamtes und anderer Stellen näher zu regeln. Für Anlagen zum Umgang mit wassergefährdenden Stoffen ist dabei der **Besorgnisgrundsatz** und der Grundsatz des **bestmöglichen Schutzes des Gewässers** maßgeblich. Die Verordnung über Anlagen zum Umgang mit wassergefährdenden Stoffen (AwSV) wurde am 18.4.2017 vom Bundeskabinett verabschiedet und ist am 1.8.2017 in Kraft getreten. Sie regelt die Einstufung von Stoffen und Gemischen nach ihrer Gefährlichkeit, die technischen Anforderungen, die Anlagen erfüllen müssen, die mit diesen Stoffen und Gemischen umgehen, sowie die Pflichten der Betreiber dieser Anlagen.

5. Wasserschutzgebiete

6839 Die der Allgemeinheit dienende Wasserversorgung (öffentliche Wasserversorgung) ist nach § 50 I 1 WHG eine Aufgabe der Daseinsvorsorge. Die örtliche Wasserversorgung zählt zum Kernbereich der durch Art. 28 II GG gewährleisteten Angelegenheiten der kommunalen Selbstverwaltung.[1384] Nach § 50 II WHG muss der Wasserbedarf vorrangig aus ortsnahen Wasservorkommen gedeckt werden. Wasserschutzgebiete dienen dazu, Gewässer im Interesse der derzeit bestehenden oder künftigen Wasserversorgung vor nachteiligen Einwirkungen zu schützen, das Grundwasser anzureichen oder das schädliche Abfließen von Niederschlagswasser sowie das Abschwemmen und den Eintrag von Bodenbestandteilen, Dünge- oder Pflanzenmitteln in Gewässern zu vermeiden. Zum Schutz der Wasserschutzgebiete werden Wasserschutzgebietsverordnungen aufgestellt.

6840 **a) Inhalt und Erforderlichkeit.** Zum Schutz gegen Gewässerverunreinigungen können nach § 51 WHG Wasserschutzgebiete ausgewiesen werden.[1385] Soweit es das Wohl der Allgemeinheit erfordert, Gewässer im Interesse der derzeit bestehenden oder künftigen öffentlichen Wasserversorgung vor nachteiligen Einwirkungen zu schützen, das Grundwasser anzureichern oder das schädliche Abfließen von Niederschlagswasser sowie das Abschwemmen und den Eintrag von Bodenbestandteilen, Dünge- oder Pflanzenschutzmitteln in Gewässer zu vermeiden, kann nach § 51 I 1 WHG die Landesregierung durch Rechtsverordnung Wasserschutzgebiete festsetzen. Die Landesregierung kann die Ermächtigung durch Rechtsverordnung auf andere Landesbehörden übertragen. Eine **Ausweisung** ist bereits dann **erforderlich**, wenn sie vernünftigerweise geboten ist, um eine Beeinträchtigung der Eignung des in Anspruch genommenen Grundwassers für Trinkwasserzwecke zu vermeiden und entsprechende Restrisiken zu vermindern.[1386]

6841 Der Schutz von **Trinkwasservorräten** in der Natur vor Verschmutzung liegt grundsätzlich im Interesse der Allgemeinheit.[1387] Dies gilt auch im Bereich vorhandener Autobahntrassen oder der beabsichtigten Herstellung der Aus- und Neubaustrecke der Deutschen Bahn AG.[1388] Allerdings müssen die Grenzen eines Wasserschutzgebietes so nahe wie möglich am Rand des Einzugsgebietes der Brunnen verlaufen und dürfen nicht in jedem Fall den darüber hinausgreifenden Flurstücksgrenzen folgen.[1389] Trinkwasserschutzgebiete sollen nach § 51 II WHG Maßgabe der allgemein anerkannten Regeln der Technik in Zonen mit unterschiedlichen Schutzbestimmungen unterteilt werden. Dementsprechend werden nach der unterschiedlichen Schutzbedürftigkeit regelmäßig drei Zonen (Fassungsbereich, engere und weitere Schutzzone) unterschieden.

6842 In den **Wasserschutzgebieten** können nach § 52 I WHG bestimmte Handlungen verboten oder für nur beschränkt zulässig erklärt werden und die Eigentümer und Nutzungsberechtigten von Grundstücken zur Duldung bestimmter Maßnahmen verpflichtet werden. Dazu gehören auch Maßnahmen zur Beobachtung des Gewässers und des Bodens (§ 52 WHG).

[1384] Laskowski/Reese/Ziehm in Koch/Hofmann/Reese, Handbuch Umweltrecht, 2024, § 6 Rn. 136; BVerwGE 98, 273 Rn. 13, 18

[1385] Zum Rechtsweg für Entschädigungsansprüche bei Ausweisung eines Wasserschutzgebietes BVerwG NJW 1972, 1433.

[1386] VGH Mannheim NuR 1999, 110; VGH München NVwZ-RR 1997, 609.

[1387] VGH München NVwZ-RR 1995, 649; zum Anspruch der Gemeinden auf entsprechende Schutzauflagen BVerwG ZfBR 2000, 204.

[1388] VGH Mannheim NuR 1999, 110; BVerwG Beschl. v. 29.12.1998 – 11 BN 1.98, juris.

[1389] OVG Lüneburg RdL 1999, 269.

Die Abgrenzung des Wasserschutzgebiets muss sich an den hydrogeologisch-hydraulisch ermittelten Grenzen des Wassereinzugsgebiets orientieren. Dabei ist zugunsten der Behörde ein „administrativer Vereinfachungsspielraum" anzuerkennen.[1390] Auch Wasser in Rohwasserüberleitungsstollen kann Gegenstand einer Wasserschutzgebietsverordnung sein.[1391] Die Festsetzung eines Wasserschutzgebiets ist nach § 51 I Nr. 1 WHG erforderlich, wenn sie vernünftigerweise geboten ist, eine Beeinträchtigung der Eignung des in Anspruch genommenen Grundwassers für Trinkwasserzwecke zu vermeiden und entsprechende Restrisiken weiter zu vermindern.[1392] Auch kann ein Gebiet trotz vorhandener Verkehrswege für die Trinkwasserversorgung geeignet sein.[1393] Ein Grundstück darf nicht in ein Wasserschutzgebiet oder in dessen engere Schutzzone einbezogen werden, wenn es nach den hydrogeologischen Stellungnahmen der zuständigen Fachämter nicht im Einzugsbereich der zu schützenden Wassergewinnungsanlage liegt. Die Schutzzonen lassen sich allerdings nur annähernd umreißen. Deshalb darf sich die Wasserbehörde mit Schätzungen begnügen, wenn diese schlüssig sind und auf hydrogeologischen und wasserwirtschaftlichen Fakten beruhen. Die Grenzziehung muss den in der Natur äußerlich erkennbaren Linien oder Markierungen folgen.[1394] Karten, in denen die Grenzen eines Wasserschutzgebietes dargestellt sind, genügen dem Bestimmtheitsgrundsatz, wenn sie in ihrer Beziehung zueinander verständlich sind und die zeichnerischen Festsetzungen sich nicht widersprechen. Die Bezeichnungen der erfassten Flurstücke müssen lesbar sein.[1395] Die bundesrechtliche Regelung schließt es nicht aus, dass landesrechtliche Vorschriften für die Eigentümer oder Nutzungsberechtigten in einem Wasserschutzgebiet konkrete Handlungspflichten bestimmen. Art. 14 I GG gebietet keine gesetzlichen Vorkehrungen dafür, dass Wasserschutzgebietsverordnungen nur unter gleichzeitiger Festsetzung erforderlicher Maßnahmen für die betroffenen Grundstücke und Betriebe erlassen werden.[1396] **6843**

Wesentliche Grundlage für die Festsetzung eines **Wasserschutzgebietes** und die Grenzen der Schutzzonen ist die **konzeptionelle Beschreibung** der hydrologischen, geohydraulischen und hydrochemischen Verhältnisse. Ob die dafür verwendete Datenlage hinreichend aktuell und aussagekräftig ist, lässt sich nur anhand der Umstände des Einzelfalles beurteilen.[1397] Die Erforderlichkeit der Ausweisung eines Wasserschutzgebietes ist gerichtlich voll überprüfbar[1398]. Die Erforderlichkeit setzt auch der räumlichen Ausdehnung des Wasserschutzgebietes Grenzen. Der Verordnungsgeber muss sich bei der Abgrenzung des Wasserschutzgebietes – soweit möglich – an den hydrogeologisch-hydraulisch ermittelten Grenzen des Wassereinzugsgebietes orientieren[1399] Wesentliche Grundlage für die Festsetzung eines Wasserschutzgebietes und die Grenzen der Schutzzonen ist daher die konzeptionelle Beschreibung der hydrologischen, geohydraulischen und hydrochemischen Verhältnisse (DVGW, Arbeitsblatt W 101, Nr. 4.1 und 5). Ob die dafür verwendete Datenlage hinreichend aktuell und aussagekräftig ist, lässt sich nur anhand der Umstände des Einzelfalles beurteilen. Namentlich kann wegen der je nach Örtlichkeit unterschiedlichen hydrogeologischen Verhältnisse und Grundwasserleitertypen keine generelle Aussage dazu getroffen werden, wann Untersuchungsergebnisse veraltet sind oder welche fachliche Methode zur Ermittlung der Abstandsgeschwindigkeit des Grundwassers vorzugswürdig ist.[1400] **6844**

Die Wasserwirtschaftsbehörde darf einem Träger der kommunalen Planungshoheit nicht die Lösung übergreifender wasserwirtschaftlicher Probleme überlassen. Wasserschützende Festsetzungen in Bebauungsplänen sind regelmäßig nicht geeignet, die Festsetzung eines Wasserschutzgebietes entbehrlich zu machen oder auch nur teilweise zu ersetzen.[1401] Die in einer Wasserschutzgebietsverordnung enthaltenen Schutzbestimmungen können nicht gegen Art. 14 III GG verstoßen, weil die durch sie begründeten Nutzungsbeschränkungen keine Enteignung **6845**

1390 BVerwG NVwZ 2013, 227.
1391 OVG Bautzen SächsVBl. 2002, 170.
1392 VGH München BayVBl. 2003, 146; BayVBl. 2001, 311; VGH Kassel NuR 2002, 609.
1393 VGH München Urt. v. 16.9.2003 – 22 N 02.2535, juris.
1394 VGH Kassel NuR 2002, 609.
1395 OVG Bautzen SächsVBl. 2002, 170.
1396 BVerwG Beschl. v. 29.12.2003 – 7 BN 1.03, juris.
1397 BVerwG W+B 2015, 120.
1398 BVerwG Urt. v. 2.8.2012 – 7 CN 1.11, juris.
1399 BVerwG Urt. v. 2.8.2012 – 7 CN 1.11, juris.
1400 BVerwG UPR 2018, 302.
1401 OVG Lüneburg Beschl. v. 28.5.2002 – 7 KN 75/01, juris.

beinhalten, sondern Inhaltsbestimmung des Eigentums iS des Art. 14 I 2 GG sind.[1402] Ergeht nach Erlass einer Wasserschutzgebietsverordnung eine konkretisierende Verfügung, bedarf es keiner gleichzeitigen Entscheidung über eine Entschädigungspflicht dem Grunde nach.[1403] Die Wasserbehörde entscheidet allerdings nach Ermessen, ob sie bei Vorliegen der Voraussetzungen des § 51 I WHG ein Wasserschutzgebiet festsetzt oder dies im Hinblick auf anderweitige Möglichkeiten eines wirksamen Schutzes des Grundwassers unterlässt. Dieses „Normsetzungsermessen" bezieht sich nicht nur auf die Ausweisung eines Wasserschutzgebietes als Ganzes, sondern auch auf dessen räumliche Abgrenzung im Einzelnen. Die Effektivität des Schutzes des Grundwassers, an der die Wasserbehörde die Entscheidung über die Einbeziehung eines Grundstücks in das Wasserschutzgebiet auszurichten hat, bemisst sich dabei nach dem von der Behörde im Rahmen der gesetzlichen Vorgaben verfolgten Schutzkonzept. Wird die Entscheidung über die räumliche Abgrenzung des Wasserschutzgebietes diesem Konzept nicht gerecht, kann der Festsetzung des Wasserschutzgebietes die auch bei der Verordnungsgebung rechtsstaatlich nach Maßgabe des Verhältnismäßigkeitsgrundsatzes gebotene Eignung fehlen.[1404]

6846 **b) Bekanntmachung.** Das Ergebnis der Prüfung der gegen den Entwurf einer Wasserschutzgebietsverordnung vorgebrachten Stellungnahmen muss den Betroffenen nicht vor der Bekanntmachung der beschlossenen Verordnung mitgeteilt werden.[1405] Ist der Entwurf in einem Teil des Verfahrensgebiets nicht vor der Auslegung ortsüblich bekannt gemacht worden, führt das zur Nichtigkeit der Verordnung. Eine wirksame Ersatzverkündung setzt die genaue Bezeichnung des Ortes der Einsichtnahmemöglichkeit voraus, was wiederum erfordert, dass keine weiteren Fragen oder Ersuchen an die Dienstkräfte der betreffenden Behörde gestellt werden müssen.[1406]

6847 **c) Reichweite.** Die Verbotsvorschriften einer Wasserschutzgebietsverordnung wirken als eigenständige normative Zulassungsschranke, die nach § 29 II BauGB von den §§ 30 bis 37 BauGB unberührt bleibt. Deshalb kommt § 35 III 1 Nr. 6 BauGB im Verhältnis zu den wasserrechtlichen Vorschriften nur eine Auffangfunktion zu.[1407] Die Schutzvorschriften einer Wasserschutzgebietsverordnung schließen die Anwendung der maßgeblichen allgemeinen wasserrechtlichen Regelungen über das Lagern von Jauche, Gülle und Silagesickersäften (62 I 2 WHG) nicht aus.

6848 **d) Erforderlichkeit der Kompensation.** Regelungen in einer Wasserschutzgebietsverordnung, die die Nutzbarkeit eines Grundstücks einschränken, bestimmen Inhalt und Schranken des Eigentums. Art. 14 I GG gebietet keine gesetzlichen Vorkehrungen dafür, dass Wasserschutzgebietsverordnungen nur unter gleichzeitiger Festsetzung erforderlicher kompensatorischer Maßnahmen für die betroffenen Grundstücke erlassen werden dürfen.[1408]

6849 § 52 IV WHG enthält eine **salvatorische Entschädigungsklausel**: Stellt eine Anordnung nach § 52 I WHG eine Enteignung dar, so ist dafür eine Entschädigung zu leisten. Die Voraussetzungen, unter denen ein Wasserschutzgebiet festgesetzt werden kann, müssen für jede darin einbezogene Teilfläche gegeben sein. Insoweit steht den Wasserbehörden bei der räumlichen Abgrenzung des Gebiets kein Ermessen zu. Ein Ermessen besteht nur im Hinblick auf die Frage, ob der an sich gebotene Schutz die Festsetzung gerade eines Wasserschutzgebietes erfordert oder ob dies etwa im Hinblick auf sonst gegebene Nutzungsbeschränkungen (noch) sinnvoll oder zweckmäßig ist.[1409] Die zum **Natur- und Landschaftsschutzrecht** ergangene Rechtsprechung[1410] hinsichtlich der Belastung des Eigentums ist auf Schutzanordnungen in Wasserschutzgebieten nach § 52 WHG übertragbar. Die festgesetzten Verbote und Beschränkungen sind keine Enteignung, sondern Inhalts- und Schrankenbestimmungen des Eigentums.

1402 VGH Kassel NuR 2002, 609. Zu Fragen der Erforderlichkeit eines Wasserschutzgebietes VGH München NuR 2003, 428.

1403 VG Gera Urt. v. 13.8.2003 – 1 K 1619/99 GE. juris; zu den Gefahren einer Nassabgrabung in einem Wasserschutzgebiet VG Düsseldorf ZfW 2006, 111.

1404 BVerwG Beschl. v. 29.9.2010 – 7 BN 1.10, juris.

1405 OVG Bautzen SächsVBl. 2002, 170.

1406 OVG Bautzen SächsVBl. 2002, 170; SächsVBl. 2000, 115.

1407 BVerwG NVwZ 2001, 1048.

1408 BVerfG NuR 2006, 171; BVerfGE 100, 226 (241, 245 f.); BVerwG NVwZ 2003, 1116; DVBl. 2001, 931.

1409 BVerwG DVBl. 1984, 342.

1410 BVerwG DVBl. 1993, 1141; BVerwGE 84, 361; BGH DVBl. 1997, 45.

§ 52 IV WHG wird als eine zulässige Regelung angesehen, die einen Entschädigungsanspruch für Auswirkungen gewährt, die der Enteignung gleichkommenden, selbst aber keine Enteignung beinhaltet.[1411]

Soweit nicht eine Entschädigungspflicht nach § 52 IV WHG besteht und in der Wasserschutzgebietsverordnung erhöhte Anforderungen festsetzt sind, mit denen die ordnungsgemäße land- oder forstwirtschaftliche Nutzung eines Grundstücks beschränkt wird, ist nach § 52 V WHG für die dadurch verursachten wirtschaftlichen Nachteile ein angemessener Ausgleich nach Maßgabe des Landesrechts zu leisten. Unter Beschränkung der land- oder forstwirtschaftlichen Nutzung eines Grundstücks iS des § 52 V WHG ist nur die Beschränkung der eigentlichen, unmittelbar agrarwirtschaftlichen Nutzung des Grundstücks zu verstehen, bei der die Ausnutzung der Bodenfruchtbarkeit und die damit verbundene Viehwirtschaft im Vordergrund steht, bei der Landwirtschaft also insbesondere der Ackerbau, die Wiesen- und Weidewirtschaft sowie die darauf beruhende Viehhaltung. Nicht darunter fällt die bauliche Nutzung im Rahmen eines landwirtschaftlichen Betriebes, auch wenn beispielsweise die höheren Baukosten bei der Errichtung eines Fahrsilos und einer Mistsickersaftgrube nur aufgewandt worden sind, um den erhöhten Anforderungen Rechnung zu tragen.[1412] 6850

Eine nach dem WG zu leistende Entschädigung hat nach § 96 I 1 WHG den eintretenden Vermögensschaden angemessen auszugleichen. Soweit zum Zeitpunkt der behördlichen Anordnung, die die Entschädigungspflicht auslöst, Nutzungen gezogen werden, ist von dem Maß ihrer Beeinträchtigung auszugehen. Hat die anspruchsberechtigte Person Maßnahmen getroffen, um die Nutzungen zu steigern, und ist nachgewiesen, dass die Maßnahmen die Nutzungen nachhaltig gesteigert hätten, so ist dies zu berücksichtigen. Außerdem ist eine infolge der behördlichen Anordnung eingetretene Minderung des Verkehrswerts von Grundstücken zu berücksichtigen, soweit sie nicht nach § 96 I 2 oder 3 WHG bereits berücksichtigt ist (§ 96 I 3 und 4 WHG). 6851

Entschädigungsverfahren. Über Ansprüche auf Entschädigung ist gleichzeitig mit der dem Anspruch zugrunde liegenden Anordnung zu entscheiden. Die Entscheidung kann auf die Pflicht zur Entschädigung dem Grunde nach beschränkt werden. Vor der Festsetzung des Umfangs einer Entschädigung hat die zuständige Behörde auf eine **gütliche Einigung** der Beteiligten hinzuwirken, wenn einer der Beteiligten dies beantragt. Kommt eine Einigung nicht zustande, so setzt die Behörde die Entschädigung fest (§ 98 WHG). 6852

Für Streitigkeiten über das Bestehen und die Höhe eines Entschädigungs- oder Ausgleichsanspruchs sind nach § 40 I 1 VwGO ausschließlich die Verwaltungsgerichte zuständig sind. 6853

e) Veränderungssperre. Zur Sicherung von Planungen für Vorhaben der Wassergewinnung oder Wasserspeicherung, der Abwasserbeseitigung, der Wasseranreicherung, der Wasserkraftnutzung, der Bewässerung, des Hochwasserschutzes oder eines Ausbaus eines oberirdischen Gewässers, die dem Wohl der Allgemeinheit dienen, können durch Rechtsverordnung Planungsgebiete festgelegt werden, auf deren Flächen wesentlich wertsteigernde oder die Durchführung des Vorhabens erheblich erschwerende Veränderungen nicht vorgenommen werden dürfen (§ 86 I WHG). Die Veränderungssperre wird von der Landesregierung oder der von ihr bestimmten Stelle erlassen. Veränderungen, die in rechtlich zulässiger Weise vorher begonnen worden sind, Unterhaltungsarbeiten und die Fortführung einer bisher ausgeübten Nutzung werden von der Veränderungssperre nicht berührt (§ 86 WHG). Die Veränderungssperre gilt grundsätzlich für höchstens drei Jahre, kann allerdings bei Vorliegen besonderer Umstände um ein weiteres Jahr verlängert werden (§ 86 III WHG). Eine Veränderungssperre kann auch festgelegt werden, um eine Planung für die räumliche und sachliche Ausweitung eines Wasserschutzgebietes ohne Veränderung der Wassergewinnungsanlage selbst zu sichern.[1413] 6854

f) Verhältnis zur Bauleitplanung. Die Wasserschutzbehörde darf in ihrer Wasserschutzgebietsverordnung auch in dem Sinne auf die Bauleitplanung dynamisch verweisen, dass der räumliche Inhalt eines wasserrechtlichen Bauverbotes dynamisch mit der tatsächlichen Veränderung der gemeindlichen Bauleitplanung und damit auch mit der Änderung des Bestandes der Bauleitpläne verbunden ist. Der räumliche Geltungsbereich des Bauverbotes lässt sich im jeweiligen Zeitpunkt der Anwendung der Wasserschutzgebietsverordnung eindeutig bestimmen. Im Geltungsbereich des Bebauungsplans ist das Vorhaben dann planungsrechtlich und auch nach 6855

[1411] VGH Mannheim VBlBW 1999, 97.

[1412] BGH DVBl. 1998, 890; BVerwG NVwZ 1986, 638.

[1413] BVerwG NVwZ-RR 1989, 617.

der Wasserschutzgebietsverordnung zulässig, wenn es den Festsetzungen des Bebauungsplans nicht widerspricht. Im nicht beplanten Innenbereich und im Außenbereich bedarf es dann auf der Grundlage der Wasserschutzgebietsverordnung einer wasserrechtlichen Erlaubnis. Eine solche dynamische Verweisung wird auch dem Bestimmtheitsgebot ausreichend gerecht. Denn verfassungsrechtlich geboten ist nicht eine Bestimmtheit um jeden Preis, sondern eine auch unter Berücksichtigung der praktischen Handhabung ausreichende Bestimmtheit, die eine willkürliche Behandlung durch Behörden oder Gerichte ausschließt.[1414]

6856 Die Festsetzung eines Wasserschutzgebietes ist von der Gemeinde bei der Bauleitplanung als abwägungserheblicher Belang zu berücksichtigen. So kann das Vorhandensein einer Wasserschutzverordnung als ein Indiz für eine potenzielle Konfliktlage zu werten sein, die es der Gemeinde zwar nicht verwehrt, das Gebiet zu überplanen, die es ihr aber wegen der gesteigerten Schutzwürdigkeit eines solchen Gewässers verbietet, den Gesichtspunkt des Wasserschutzes bei der Abwägung gänzlich zu übergehen.[1415] Auch wenn mehr als der Hälfte des Gemeindegebietes als Wasserschutzgebiet ausgewiesen wird, muss darin nicht notwendigerweise ein unzulässiger Eingriff in die kommunale Planungshoheit liegen.[1416]

6857 **g) Ermessen.** Die Wasserbehörde entscheidet nach Ermessen, ob sie bei Vorliegen der Voraussetzungen des § 51 WHG ein Wasserschutzgebiet festsetzt oder dies im Hinblick auf anderweitige Möglichkeiten eines wirksamen Schutzes des Grundwassers unterlässt.[1417] Nutzungsbeschränkungen im Wasserschutzgebiet gem. § 52 WHG sind keine Enteignung, sondern Inhaltsbestimmungen iS des Art. 14 I 2 GG. Jede Inhaltsbestimmung einer vermögenswerten Rechtsposition, die als Eigentum gelten will, muss als Kernaussage zwei wesentliche Strukturelemente des Privateigentums (als Kern des Eigentumsrechts) beachten, nämlich den substanziellen Gehalt der Privatnützigkeit des Eigentums und die grundsätzliche Verfügungsbefugnis über den Eigentumsgegenstand. Ist beides auch auf Grund der Rechtsänderung im Grundsatz unverändert erhalten geblieben, liegt tatbestandsmäßig keine Enteignung vor.[1418] Selbst eine drastische Begrenzung bisheriger Nutzungen ist keine Enteignung, sondern eine Inhaltsbestimmung, möglicherweise verbunden mit einem Ausgleichsanspruch oder einem Übernahmeanspruch. Enteignung werden Eingriffe erst, wenn sie zu einem transitorischen Übergang von Eigentumsbefugnissen führen.[1419]

6858 **h) Befreiung von Festsetzungen.** Die zuständige Behörde kann nach § 52 I 1 WHG von Verboten, Beschränkungen sowie Duldungs- und Handlungspflichten eine Befreiung erteilen, wenn der Schutzzweck nicht gefährdet wird oder überwiegende Gründe des Wohls der Allgemeinheit dies erfordern. Sie hat eine Befreiung zu erteilen, soweit dies zur Vermeidung unzumutbarer Beschränkungen des Eigentums erforderlich ist und hierdurch der Schutzzweck nicht gefährdet wird.

6859 Für die Errichtung eines Wochenendhauses ist diese Befreiungsvoraussetzung jedoch nicht gegeben, wenn sich die Grundstückssituation nicht von der anderer Grundstücke in einem Wochenendhausgebiet unterscheidet. Auch die Duldung der Abwasserversickerung der schon vor In-Kraft-Treten der Wasserschutzgebietsverordnung gebauten Wochenendhäuser rechtfertigt eine Befreiung nicht.[1420]

6860 **i) Rechtsschutz.** Eine verwaltungsgerichtliche **Normenkontrolle** gegen die Festsetzung eines Wasserschutzgebiets kommt in Betracht, soweit das Landesrecht eine solche Normenkontrolle gegen untergesetzliche Rechtsvorschriften eröffnet. Wenn dies, wie ganz überwiegend der Fall ist, kann sich ein durch eine Wasserschutzgebietsfestsetzung ausdrücklich Begünstigter, etwa ein Wasserzweckverband, gegen eine Verordnung zur Aufhebung des Wasserschutzgebiets ebenfalls mit einem Normenkontrollantrag wehren.[1421]

1414 BVerwG NVwZ 1996, 265; DVBl. 1997, 439.

1415 BVerwG NVwZ-RR 1993, 598.

1416 OVG Koblenz UPR 2001, 235.

1417 Laskowski/Reese/Ziehm in Koch/Hofmann/Reese, Handbuch Umweltrecht, 2024, § 6 Rn. 148; BVerwG NVwZ 1997, 887 f. ; VGH Mannheim NuR 1998, 326 f.; VGH München ZUR 2006, 36.

1418 BVerwG DVBl. 1997, 439.

1419 BVerwG NJW 1981, 2137; BVerwGE 84, 361; NJW 1993, 2949; UPR 1997, 195; BGH BauR 1993, 294; BGHZ 121, 328.

1420 OVG Saarlouis Beschl. v. 14.1.2000 – 3 R 8/99, juris.

1421 VGH Mannheim NVwZ-RR 1998, 423; Kothe Wasserrecht in Johlen/Oerder, Verwaltungsrecht, 2023, Rn. 201.

Vorschriften zum Schutz der öffentlichen Wasserversorgung (§ 52 I WHG) entfalten **Drittschutz** nach Maßgabe des Rücksichtnahmegebots zugunsten qualifiziert und individualisiert Betroffener. Der Schutz von Trinkwasservorkommen wird nach dem Regelungssystem des WHG primär über die Festsetzung von Wasserschutzgebieten gewährleistet. Diese sind gemäß § 51 I 1 WHG festzusetzen, soweit es das Wohl der Allgemeinheit erfordert. Schon nach dem Wortlaut der Vorschrift dient die Ausweisung von Wasserschutzgebieten ebenso wie der Schutz der öffentlichen Wasserversorgung (§ 50 I WHG) öffentlichen Interessen. Anhaltspunkte dafür, dass auch ein Individualschutz bezweckt sein soll, sind nicht ersichtlich. Dementsprechend haben Private grundsätzlich keinen Anspruch auf die Festsetzung oder Beibehaltung eines Wasserschutzgebietes.[1422] Nichts anderes gilt mit Blick darauf, dass von den für Wasserschutzgebiete geltenden Regelungen gemäß § 52 I 2 WHG Befreiungen erteilt werden dürfen, die nach den hier erlassenen Schutzgebietsverordnungen mit der Auflage besonderer Schutzvorkehrungen versehen werden können. Bei diesen wasserrechtlichen Entscheidungen dürften auch die berechtigten Interessen Privater in die behördlichen Ermessenserwägungen einzustellen sein. Das gilt sowohl für die im Planfeststellungsbeschluss nach § 57 WHG erteilte Erlaubnis, das anfallende Oberflächenwasser aus dem Bereich der Bahnanlagen in das Erdreich zu versickern, als auch für Befreiungsentscheidungen nach § 52 I 2 WHG. Bei der Erteilung einer wasserrechtlichen Erlaubnis oder Bewilligung ist stets auf mögliche Beeinträchtigungen Dritter Bedacht zu nehmen (§ 14 III 1 WHG; zu entsprechenden Nebenbestimmungen § 13 I WHG). Diese Belange werden im Rahmen des durch § 12 II WHG eingeräumten Bewirtschaftungsermessens jedoch nur nach Maßgabe des Rücksichtnahmegebots geschützt. Dieses verlangt, dass Dritte in einer qualifizierten und individualisierten Weise betroffen sind[1423]. Nur solche Betroffenheiten könnten bei der Erlaubniserteilung nach § 57 WHG oder einer Befreiung nach § 52 I 2 WHG zu berücksichtigen sein.[1424] Das Gebot, im Rahmen der Ermessensausübung nach § 12 Abs. 2 WHG auf Belange Dritter Rücksicht zu nehmen, ergibt sich aus dem in § 6 I 1 Nr. 3 WHG genannten Ziel, Gewässer nachhaltig zu bewirtschaften, insbesondere sie zum Wohl der Allgemeinheit und im Einklang mit ihm auch im Interesse Einzelner zu nutzen, und dem in § 13 I WHG ausdrücklich zugelassenen Zweck von Inhalts- und Nebenbestimmungen der Erlaubnis und der Bewilligung, nachteilige Wirkungen für andere zu vermeiden oder auszugleichen. Der geschützte Personenkreis bildet sich in Anlehnung an § 6 I 1 Nr. 3 WHG aus den rechtmäßigen Wasserbenutzern und denjenigen Personen, deren private Belange nach Lage der Dinge von der Benutzung betroffen werden und deren Beeinträchtigung nach dem Gesetz tunlichst zu vermeiden ist. Drittschutz vermitteln die Regelungen insoweit, als die Belange anderer in einer qualifizierten und individualisierten Weise betroffen sind. Nur solche Betroffenheiten sind im Rahmen des Ermessens zu berücksichtigen Festzuhalten ist damit, dass nur von der Gewässerbenutzung individuell nachteilig betroffenen Dritten ein Anspruch auf ermessensgerechte, vor allem Rücksicht nehmende Beachtung und Würdigung ihrer Belange zusteht. Dies setzt eine Beeinträchtigung des Dritten durch die zu erlaubende Gewässerbenutzung, mithin eine Folgewirkung der Gewässerbenutzung voraus. Nur wenn zwischen der Gewässerbenutzung und dem Eintritt der Nachteile ein adäquater Ursachenzusammenhang besteht, ist eine Berücksichtigung der Belange des Benachteiligten bei der Ermessensentscheidung über die Gestattung der Gewässerbenutzung geboten.[1425] 6861

Einwendungen wegen **befürchteter Nutzungsbeschränkungen** können nicht schon nach § 8 I WHG gegen die wasserrechtliche Bewilligung geltend gemacht werden. Vielmehr ist dies erst im Zusammenhang mit dem Rechtsschutz gegen die Ausweisung einer Wasserschutzzone möglich.[1426] Grundstücke, die in einem Wasserschutzgebiet liegen, können, wie § 19 III WHG zeigt, Beschränkungen unterworfen werden, die enteignungsgleiche Wirkungen haben. Dies schließt es aus, den Wasserbehörden einen Spielraum etwa dahin zuzugestehen, ein Wasserschutzgebiet über den Bereich des nach § 51 WHG Erforderlichen hinaus zu arrondieren. Das Ermessen, das den Behörden in § 51 I WHG mit dem Wort „kann" eingeräumt wird, darf nur in dem durch § 51 I Nr. 1 bis 3 WHG gezogenen Rahmen ausgeübt werden, setzt also das 6862

[1422] Breuer/Gärditz, Öffentliches und privates Wasserrecht, 2017, Rn. 1089 mwN.

[1423] VGH Mannheim Urt. v. 10.5.2023 – 3 S 192/22, juris; BVerwGE 78, 40 (43); BVerwGE 125, 116 Rn. 452; BVerwGE 133, 239 Rn. 34.

[1424] BVerwG NVwZ 2018, 1233.

[1425] VGH Mannheim Urt. v. 10.5.2023 – 3 S 192/22, juris Rn. 37; OVG Münster Urt. v. 9.3.2016 – 20 A 2978/11, juris Rn. 44 ff.

[1426] BVerwG RdL 1997, 280; ZfW 1978, 234.

Vorliegen eines der dort genannten Tatbestände voraus. Die mit der Ausweisung eines Wasserschutzgebietes verbundenen Verbote sind grundsätzlich entschädigungslos hinzunehmen, wenn sie sich im Rahmen der Sozialpflichtigkeit halten. Dieser Rahmen könnte allerdings überschritten sein, wenn die Verbote schwere und unerträgliche Auswirkungen[1427] für die Eigentumsnutzung haben, die dem Eigentümer nicht mehr zumutbar sind.

Beispiel: Durch die Ausweisung eines Wasserschutzgebietes wird ein bisher nach dem Bebauungsplan bebaubares Grundstück einer baulichen Nutzung entzogen. Der davon betroffene Eigentümer kann eine Entschädigung nach § 52 IV WHG beanspruchen. Diese stellt sich sozusagen als Kompensation des Gesetzgebers nach Art. 14 I 2 GG für die nachteiligen Einwirkungen dar, die mit der Ausweisung eines Wasserschutzgebietes für den Eigentümer verbunden sind. Wird eine Baugenehmigung zurückgenommen, weil von ihr noch nicht Gebrauch gemacht wurde und durch die Festlegung eines Wasserschutzgebietes nachträglich die Errichtung von Bauten verboten worden ist,[1428] so muss auch hierfür eine Entschädigung gezahlt werden. Im Übrigen stellen sich Nutzungsbeschränkungen im Wasserschutzgebiet nicht als Enteignung, sondern bei Wahrung der enteignungsrechtlichen Zumutbarkeitsschranke als grundsätzlich verfassungsrechtlich zulässige Inhaltsbestimmung des Eigentums nach Art. 14 I 2 GG dar.[1429]

6. Abwasserbeseitigung

6863 Abwasserbeseitigung umfasst nach § 54 II WHG das Sammeln, Fortleiten, Behandeln, Einleiten, Versickern, Verregnen und Verrieseln von Abwasser sowie das Entwässern von Klärschlamm in Zusammenhang mit der Abwasserbeseitigung. Zur Abwasserbeseitigung gehört auch die Beseitigung des in Kleinkläranlagen anfallenden Schlamms.

6864 Abwasser ist nach § 54 I WHG das durch häuslichen, gewerblichen, landwirtschaftlichen oder sonstigen Gebrauch in seinen Eigenschaften veränderte Wasser und das bei Trockenwetter damit zusammen abfließende Wasser (**Schmutzwasser**) sowie das von Niederschlägen aus dem Bereich von bebauten oder befestigten Flächen gesammelt abfließende Wasser (**Niederschlagswasser**). Als Schmutzwasser gelten auch die aus Anlagen zum Behandeln, Lagern und Ablagern von Abfällen austretenden und gesammelten Flüssigkeiten.

6865 **a) Grundsätze der Abwasserbeseitigung.** Abwasser ist nach § 55 I WHG so zu beseitigen, dass das Wohl der Allgemeinheit nicht beeinträchtigt wird. Dem Wohl der Allgemeinheit kann auch die Beseitigung von häuslichem Abwasser durch dezentrale Anlagen entsprechen. **Niederschlagswasser** soll ortsnah versickert, verrieselt oder direkt oder über eine Kanalisation ohne Vermischung mit Schmutzwasser in ein Gewässer eingeleitet werden, soweit dem weder wasserrechtliche noch sonstige öffentlich-rechtliche Vorschriften noch wasserwirtschaftliche Belange entgegenstehen (§ 55 II WHG). **Flüssige Stoffe**, die kein Abwasser sind, können mit Abwasser beseitigt werden, wenn eine solche Entsorgung der Stoffe umweltverträglicher ist als eine Entsorgung als Abfall und wasserwirtschaftliche Belange nicht entgegenstehen (§ 55 III WHG).

6866 Die Beseitigung des in **Kleinkläranlagen** anfallenden **Fäkalschlamms** gehört nach § 54 II 1 und 2 WHG zur Abwasserbeseitigung. Solche Schlämme können der Beseitigungspflicht in kommunalen Abwasserbehandlungsanlagen unterworfen werden.[1430] Der straßengebundene Transport von Abwasser unterliegt dem KrWG auch dann, wenn vor und nach dieser Beförderung eine Abwasserbeseitigung stattfindet und insoweit das Wasserhaushaltsgesetz gilt. Abwässer unterfallen nur dann nicht dem Abfallrecht, wenn sie von anderen Unionsrechtsvorschriften als der Abfallrahmenrichtlinie abgedeckt sind, die genaue Bestimmungen über deren Bewirtschaftung – hier den Transport – enthalten und ein zumindest gleichwertiges Schutzniveau gewährleisten.[1431]

1427 BVerwG DÖV 1974, 812.

1428 BVerwG DVBl. 1967, 777.

1429 BVerwG DVBl. 1990, 586; NuR 1997, 240.

1430 BVerwG Beschl. v. 7.2.2017 – 9 B 30.16, juris zum Sammeln von Fäkalschlamm durch Transportfahrzeuge.

1431 BVerwG NVwZ 2023, 98 = juris Rn. 11, 19 unter Verweis auf EuGH NVwZ 2020, 1737 mit Anmerkung Böhler NVwZ 2020, 1741; siehe die Anmerkungen und Besprechungen zum Urteil des BVerwG von Hamacher AbfallR 2023, 96; Dieckmann NVwZ 2023, 101; Müggenborg StoffR 2022, 257.

Ein durch das Wasserentnahmeentgelt abschöpfungsfähiger Sondervorteil liegt bei einer erlaubnispflichtigen Wasserentnahme auch dann vor, wenn das Gewässer, aus dem entnommen wird, in Privateigentum steht. Die Wasserentnahme zum Zwecke der **Kieswäsche** und anschließende Wiedereinleitung des genutzten Wassers stellt keinen erlaubnisfreien Eigentümergebrauch dar.[1432] 6867

Die Abwasserbeseitigung nach § 55 WHG begründet unabhängig von dem Bestehen einer Überlassungs- oder Beseitigungspflicht des Abwassers ein allgemein zu beachtendes Gebot zur schadlosen Abwasserbeseitigung. Bei der Reinigung von häuslichen Abwässern wird eine biologische Vier-Kammer-Kleinkläranlage mit nachgeschaltetem Pflanzenbeet diesen Anforderungen in der Regel nicht gerecht, auch wenn das vorgereinigte Wasser nur zum Zwecke der Gartenbewässerung dient.[1433] Die Abwasserbeseitigung und Abwasserbehandlung ist nach Auffassung des BFH[1434] einem Wasserzweckverband und Abwasserzweckverband als Träger öffentlicher Gewalt eigentümlich und vorbehalten, sodass er hoheitlich tätig werden muss, wenn die Tätigkeit im Bereich des Gesundheitsschutzes und des Umweltschutzes Teil der öffentlichen Daseinsvorsorge ist und eine Privatisierung der Abwasserbeseitigung durch Delegierung der Aufgabe mit befreiender Wirkung auf einen privaten Dritten grundsätzlich nicht möglich ist. Die Übertragung der Abwasserbeseitigungspflicht auf den Nutzungsberechtigten des Grundstücks stellt einen belastender Verwaltungsakt dar. Dabei hat der Nutzungsberechtigte hinsichtlich des Widerrufs der Übertragung der Abwasserbeseitigungspflicht kein subjektives Recht auf fehlerfreie Ausübung des behördlichen Ermessens.[1435] 6868

b) Pflicht zur Abwasserbeseitigung. Abwasser ist nach § 56 S. 1 WHG von den juristischen Personen des öffentlichen Rechts zu beseitigen, die nach Landesrecht hierzu verpflichtet sind (Abwasserbeseitigungspflichtige). Die Länder können bestimmen, unter welchen Voraussetzungen die Abwasserbeseitigung anderen Abwasserbeseitigungspflichtigen obliegt. Die zur Abwasserbeseitigung Verpflichteten können sich zur Erfüllung ihrer Pflichten Dritter bedienen. Regelungen für einen Anschluss oder Benutzungszwang im Bereich der Abwasserbeseitigung sind in der Regel auch verfassungsrechtlich hinzunehmen. So ist etwa der durch Ortssatzung vorgeschriebene Zwang, Grundstücke an die öffentliche Kanalisation, Wasserleitung und Müllabfuhr anzuschließen und diese öffentlichen Einrichtungen zu benutzen, für den betroffenen Grundstückseigentümer grundsätzlich kein enteignender Eingriff, sondern eine zulässige Bestimmung von Inhalt und Schranken des Grundeigentums, die durch die Sozialbindung des Eigentums gerechtfertigt wird.[1436] 6869

c) Einleiten von Abwasser in Gewässer. Besondere Anforderungen stellt § 57 WHG an die **Einleitung von Abwasser**. Die Einleitung von Abwässern in oberirdische Gewässer (**Direkteinleitung**) ist danach zwar nicht schlechthin unzulässig. Sie setzt aber die Durchführung der erforderlichen wasserrechtlichen Verfahren und eine (positive) Sachentscheidung voraus. Nach § 57 I WHG darf eine Einleitungserlaubnis für Abwasser nur erteilt werden, (1) die Menge und Schädlichkeit des Abwassers so gering gehalten wird, wie dies bei Einhaltung der jeweils in Betracht kommenden Verfahren nach dem Stand der Technik möglich ist, (2) die Einleitung mit den Anforderungen an die Gewässereigenschaften und sonstigen rechtlichen Anforderungen vereinbar ist und (3) Abwasseranlagen oder sonstige Einrichtungen errichtet und betrieben werden, die erforderlich sind, um die Einhaltung der Anforderungen nach den Nummern 1 und 2 sicherzustellen (§ 57 I WHG). Durch Rechtsverordnung nach § 23 II Nr. 3 können an das Einleiten von Abwasser in Gewässer Anforderungen festgelegt werden, die nach § 57 I Nr. 1 WHG dem Stand der Technik entsprechen. Die Anforderungen können nach § 57 II 2 WHG auch für den Ort des Anfalls des Abwassers oder vor seiner Vermischung festgelegt werden (**Indirekteinleitung**). 6870

Nach Veröffentlichung einer **BVT-Schlussfolgerung** ist bei der Festlegung von Anforderungen nach § 57 II 1 WHG unverzüglich zu gewährleisten, dass für Anlagen nach § 3 der Verordnung über genehmigungsbedürftige Anlagen und nach § 60 III 1 Nr. 2 WHG die Einleitungen unter normalen Betriebsbedingungen die in den BVT-Schlussfolgerungen genannten 6871

1432 BVerwG DVBl. 2018, 707 zum Wasserentnahmeentgelt bei Nutzung eines eigenen Baggersees.

1433 VG Frankfurt LKV 1999, 73.

1434 BFH LKV 1998, 327.

1435 OVG Münster NVwZ-RR 1999, 166; Beschl. v. 2.4.1998 – 20 A 3010/96, juris; zur Rückhaltung uind Speicherung von Niederschlagswasser Reese ZUR 2020, 40.

1436 BVerwG Beschl. v. 15.10.1984 – 7 B 27.84, juris.

Emissionsbandbreiten nicht überschreiten. Wenn in besonderen Fällen wegen technischer Merkmale der betroffenen Anlagenart die Einhaltung der vorgenannten Emissionsbandbreiten unverhältnismäßig wäre, können in der Rechtsverordnung für die Anlagenart geeignete Emissionswerte festgelegt werden, die im Übrigen dem Stand der Technik entsprechen müssen. Bei der Festlegung der abweichenden Anforderungen ist zu gewährleisten, dass die in den Anhängen V bis VIII der Richtlinie 2010/75/EU festgelegten Emissionsgrenzwerte nicht überschritten werden, keine erheblichen nachteiligen Auswirkungen auf den Gewässerzustand hervorgerufen werden und zu einem hohen Schutzniveau für die Umwelt insgesamt beigetragen wird. Die Notwendigkeit abweichender Anforderungen ist zu begründen (§ 57 III WHG). Für vorhandene Abwassereinleitungen gelten entsprechende Übergangsregelungen (§ 57 IV und V WHG).

6872 Herkömmlich wird zwischen Regeln der Technik, anerkannten Regeln und der Stand der Technik mit jeweils steigenden Anforderungen unterschieden. Regeln der Technik haben speziell die technische Konstruktion, die Beschaffenheit und die Wirkungsweise technischer Anlagen zum Gegenstand. Allgemein anerkannt sind Regeln, die auf wissenschaftlichen Erkenntnissen und praktischen Erfahrungen beruhen.[1437] **Regeln der Technik** haben als solche keinen Rechtsnormcharakter. Sie können indes vom Gesetzgeber in seinen Regelungswillen aufgenommen werden. Dann nehmen sie an der normativen Wirkung in der Weise teil, dass die materielle Rechtsvorschrift durch sie inhaltlich näher ausgefüllt wird.[1438] Die **anerkannten Regeln der Technik** bezeichnen traditionell ein Basisniveau, das durch einen normativen Konsens unter den sachkundigen und verantwortungsbewussten Technikern bestimmt werden muss. Darüber erhebt sich der Stand der Technik als ein höheres Schutzniveau, das durch politisch-wertende Entscheidung festgelegt werden muss. Den **Stand der Technik** und damit ein höheres Anforderungsprofil vorzuschreiben, bietet sich an, wenn aus Gründen der Umweltvorsorge, der schonenden Ressourcenbewirtschaftung und der Risikominimierung die rechtlichen Anforderungen an die Grenze der technischen Machbarkeit vorangetrieben werden sollen, sofern sie wirtschaftlich nicht unverhältnismäßig sind.

6873 Die Anforderungen an das Einleiten von Abwasser werden nach § 57 I WHG an den Stand der Technik geknüpft. Das ist der Entwicklungsstand fortschrittlicher Verfahren, Einrichtungen oder Betriebsweisen, der die praktische Eignung einer Maßnahme zur Begrenzung von Emissionen in Luft, Wasser und Boden, zur Gewährleistung der Anlagensicherheit, zur Gewährleistung einer umweltverträglichen Abfallentsorgung oder sonst zur Vermeidung oder Verminderung von Auswirkungen auf die Umwelt zur Erreichung eines allgemein hohen Schutzniveaus für die Umwelt insgesamt gesichert erscheinen lässt; bei der Bestimmung des Standes der Technik sind insbesondere die in der Anlage 1 aufgeführten Kriterien zu berücksichtigen. Der Direkteinleiter vor allem in der industriellen Produktion klärt die Abwässer in einer eigenen Vorbehandlungsanlage und leitet sie sodann in den Vorfluter weiter, der Bestandteil des Gewässersystems ist. Der **Indirekteinleiter** führt seine Abwässer ggf. auch nach einer Vorbehandlung einer kommunalen Abwasserbehandlungsanlage zu.

6874 Der Landesgesetzgeber ist gem. § 57 WHG auch befugt, den Träger der **Straßenbaulast** zu verpflichten, das auf Verkehrsflächen anfallende **Niederschlagswasser** zu beseitigen und die hierfür entstehenden Kosten zu tragen. Das gilt nach Auffassung des BVerwG auch dann, wenn zusätzliche Maßnahmen erst dadurch erforderlich werden, dass nachträglich im Einzugsbereich der Straße eine Anlage der Wassergewinnung errichtet wird.[1439]

Beispiel: Der Landesbetrieb Straßenbau NRW ist Träger der Straßenbaulast für eine Bundesstraße. Nachdem zugunsten der Stadtwerke ein Wasserschutzgebiet ausgewiesen worden ist, wird der Landschaftsverband verpflichtet, die Straße nachträglich so auszurüsten, dass das mit Reifenabrieb und Öl verunreinigte Niederschlagswasser aufgefangen wird.[1440]

6875 Überlässt der Träger der Abwasserbeseitigungspflicht einer öffentlichen Verkehrsanlage die Fortleitung des gesammelten Niederschlagswassers einem Dritten, bleibt seine eigene Verantwortlichkeit bestehen. Er muss den Dritten überwachen und notfalls selbst eingreifen. Verletzt er diese Pflicht, wird er einem geschädigten Anlieger auch selbst ersatzpflichtig.[1441] Der Inhaber

---

1437 BVerwG Beschl. v. 22.8.1997 – 11 B 31.97, juris.
1438 BVerwG ZfW 1997, 2; Stüer DVBl. 1996, 847.
1439 BVerwG UPR 1986, 69.
1440 Stüer NuR 1982, 149.
1441 BGH DVBl. 2002, 267.

eines Waschplatzes zur Reinigung landwirtschaftlicher Geräte haftet grundsätzlich nicht, wenn die Anlage von Dritten zur Beseitigung von Pflanzenschutzmitteln missbraucht wird.[1442] Die Gemeinde hat die Amtspflicht, bei der Erschließung eines Baugebiets vorläufige Sicherungsmaßnahmen gegen die Überschwemmung angrenzender Grundstücke durch Niederschlagswasser zu treffen.[1443]

Die rechtlichen Anforderungen für den Bau und den Betrieb der **Abwasserbehandlungsanlagen** sind in § 60 WHG festgelegt. Danach sind Abwasseranlagen so zu errichten und zu betreiben, dass die Anforderungen an das Einleiten von Abwasser eingehalten werden. Im Übrigen gelten für Errichtung und Betrieb von Abwasseranlagen die **allgemein anerkannten Regeln der Technik**. Diese sind im Gesetz nicht ausdrücklich benannt. Sie sind auch nicht unmittelbar gleichzusetzen mit den vom Deutschen Institut für Normung erarbeiteten Normen im Bereich des technischen Sicherheitsrechts. Die vom DIN erarbeiteten Normen erhalten rechtliche Verbindlichkeit nicht, weil sie eigenständige Geltungskraft besitzen, sondern nur, soweit sie die Tatbestandsmerkmale von Regeln der Technik erfüllen, die der Gesetzgeber in seinen Regelungswillen aufnimmt. Werden sie vom Gesetzgeber übernommen, so nehmen sie an der normativen Wirkung in der Weise teil, dass die materielle Rechtsvorschrift durch sie näher konkretisiert wird.[1444] Verweist der Gesetzgeber auf die Regeln der Technik, werden diese allerdings nicht ihrerseits zu Rechtsnormen. Welche anerkannten Regeln der Technik bestehen, wie sie anzuwenden sind und ob sie ihre Aufgabe erfüllen können, ist im Einzelfall zu klären.[1445] 6876

Entsprechen vorhandene Einleitungen von Abwasser nicht den Anforderungen des § 60 I WHG, so stellen die **Länder** sicher, dass die erforderlichen Maßnahmen in angemessenen Fristen durchgeführt werden (§ 60 II WHG). Rechtswidrigen Zuständen haben die zuständigen Behörden durch Ordnungsverfügung zu begegnen. Die Ordnungsbehörde muss allerdings rechtswidrige Zustände, die bei einer Vielzahl von Grundstücken vorliegen, nicht stets „flächendeckend" bekämpfen, sondern darf sich auf die Regelung von Einzelfällen beschränken, sofern sie hierfür sachliche Gründe anzuführen vermag.[1446] 6877

d) Abwasserverordnung. Nach § 1 AbwV werden durch die Verordnung Einleiter erfasst, für deren Branche ein Anhang zur Verordnung erstellt wurde. § 1 II AbwV vereinfacht den Verwaltungsvollzug, indem nicht alle im jeweiligen Anhang aufgeführten Parameter in den Erlaubnisbescheid aufgenommen werden müssen, sondern nur noch diejenigen, die im Abwasser auch tatsächlich zu erwarten sind. § 3 AbwV regelt allgemeine Anforderungen. Dazu gehören unter anderem das Verbot einer Belastungsverschiebung in andere Umweltmedien und das Verbot, Konzentrationswerte entgegen dem Stand der Technik durch Verdünnung zu erreichen. § 4 AbwV bestimmt iVm der Anlage die Analysen- und Messverfahren zur Bestimmung der in den Anhängen festgelegten Parameter, wobei im Einzelfall auch andere gleichwertige Verfahren eingesetzt werden können. § 5 AbwV bestimmt den Bezugspunkt der Anforderungen. Nach § 6 I AbwV gilt Folgendes: Ist ein nach der AbwV einzuhaltender oder in der wasserrechtlichen Zulassung festgesetzter Wert nach dem Ergebnis einer Überprüfung im Rahmen der staatlichen Überwachung nicht eingehalten, gilt er dennoch als eingehalten, wenn die Ergebnisse dieser und der vier vorausgegangenen staatlichen Überprüfungen in vier Fällen den jeweils maßgebenden Wert nicht überschreiten und kein Ergebnis den Wert um mehr als 100 % übersteigt. Überprüfungen, die länger als drei Jahre zurückliegen, bleiben unberücksichtigt. 6878

e) Indirekteinleitung. Wer sein Abwasser lediglich mittelbar über die Abwasseranlage eines Dritten einem Gewässer zuführt, übt selbst keine eigene Benutzung des Gewässers iSd § 9 WHG aus (Indirekteinleiter). Das Einleiten von Abwasser in öffentliche Abwasseranlagen (Indirekteinleitung) bedarf nach § 58 I 1 WHG der Genehmigung durch die zuständige Behörde, soweit an das Abwasser in der Abwasserverordnung in ihrer jeweils geltenden Fassung Anforderungen für den Ort des Anfalls des Abwassers oder vor seiner Vermischung festgelegt sind. Dem Einleiten von Abwasser in öffentliche Abwasseranlagen stehen nach § 59 I WHG Abwassereinleitungen Dritter in private Abwasseranlagen, die der Beseitigung von gewerblichem Abwasser dienen, gleich. 6879

1442 BGH UPR 2003, 29.
1443 BGH NVwZ 2002, 1143; BGHZ 140, 380.
1444 So BVerwG UPR 1997, 101; Jarass NJW 1987, 1225.
1445 BVerwG Beschl. v. 3.9.2003 – 7 B 6.03, juris.
1446 BVerwG NVwZ-RR 1992, 360.

6880 Eine Genehmigung für eine Indirekteinleitung darf nur erteilt werden, wenn 1. die nach der Abwasserverordnung in ihrer jeweils geltenden Fassung für die Einleitung maßgebenden Anforderungen einschließlich der allgemeinen Anforderungen eingehalten werden, 2. die Erfüllung der Anforderungen an die Direkteinleitung nicht gefährdet wird und 3. Abwasseranlagen oder sonstige Einrichtungen errichtet und betrieben werden, die erforderlich sind, um die Einhaltung der Anforderungen§ 58 II Nr. 1 und 2 WHG sicherzustellen.

7. Planfeststellungsverfahren

6881 **a) Grundsatz.** Gewässer sind nach § 67 I WHG so auszubauen, dass natürliche Rückhalteflächen erhalten bleiben, das natürliche Abflussverhalten nicht wesentlich verändert wird, naturraumtypische Lebensgemeinschaften bewahrt und sonstige nachteilige Veränderungen des Zustands des Gewässers vermieden oder, soweit dies nicht möglich ist, ausgeglichen werden. Gewässerausbau ist nach § 67 II 1 WHG die Herstellung, die Beseitigung und die wesentliche Umgestaltung eines Gewässers oder seiner Ufer. Ein Gewässerausbau liegt nach § 67 II 2 WHG nicht vor, wenn ein Gewässer nur für einen begrenzten Zeitraum entsteht und der Wasserhaushalt dadurch nicht erheblich beeinträchtigt wird. Der **Ausbau eines Gewässers** betrifft seine auf Dauer angelegte Herstellung (wie etwa die Anlage eines Sees, Kanals, Bachlaufs, Fischteichs, Regenrückhaltebeckens oder Hochwasserpolders), die Beseitigung eines Gewässers (wie etwa das Zuschütten eines Gewässers) oder die wesentliche Umgestaltung eines Gewässers[1447]

6882 Die **Verrohrung eines Gewässers** kann zu den Maßnahmen gehören, die als solche des Gewässerausbaus einzustufen sind. Das schließt es nicht aus, diese Verrohrung als Anlage iSv § 36 I 1 WHG einzuordnen.[1448] Nach § 36 I 1 WHG sind Anlagen in, an, über und unter oberirdischen Gewässern sind so zu errichten, zu betreiben, zu unterhalten und stillzulegen, dass keine schädlichen Gewässerveränderungen zu erwarten sind und die Gewässerunterhaltung nicht mehr erschwert wird, als es den Umständen nach unvermeidbar ist. Anlagen in diesem Sinne sind nach § 36 I 2 WHG insbesondere bauliche Anlagen wie Gebäude, Brücken, Stege, Unterführungen, Hafenanlagen und Anlegestellen, Leitungsanlagen und Fähren.

6883 **Deich- und Dammbauten**, die den Hochwasserabfluss beeinflussen, sowie **Bauten des Küstenschutzes** stehen dem Gewässerausbau nach § 67 II 3 WHG gleich. Deiche sind künstliche Erdaufhöhungen, die dazu dienen, ein bestimmtes Gebiet vor Hochwasser (Überflutungen) zu schützen.[1449] Dämme sind künstliche Erhöhungen, die auch anderen Zwecken als dem Hochwasserschutz dienen können und die auch aus anderen Materialien als Erde bestehen können;[1450] sie sind den Deichen gleichgestellt, soweit sie ebenfalls den Hochwasserabfluss beeinflussen. Wegen der gesetzlichen Schutzziele darf der Begriff des Damms und des Deichs nicht zu eng ausgelegt werden. Sinn und Zweck der Regelung ist es, Deich- und Dammbauten, die den Hochwasserabfluss beeinflussen, in gleicher Weise unter Kontrolle zu halten wie der Ausbau eines Gewässers, aufgrund der Erkenntnis, dass sie in ihren Auswirkungen auf den Wasserhaushalt von ähnlicher Bedeutung sind wie die Herstellung, Beseitigung oder wesentliche Umgestaltung eines Gewässers. Angesichts der gleichen Zielsetzung und der rechtlichen Gleichbehandlung erübrigt sich eine genaue Abgrenzung zwischen Deichen und Dämmen.[1451]

6884 Die Herstellung und die Umgestaltung eines Gewässers im Zuge einer Gewinnung von Kies und Sand bedarf als Gewässerausbau nach § 68 I WHG der Planfeststellung durch die zuständige Behörde.[1452] Die Länder können nach § 68 II WHG bestimmen, dass Bauten des Küsten-

---

1447 BVerwG NVwZ 1996, 393; zum Überblick über doe planfeststellungsbedürftigen Gewässerausbauvorhaben siehe Guckelberger in Ziekow Handbuch des Fachplanungsrechts, 2024, § 17 Rn. 67 ff.

1448 OVG Münster ZUR 2021, 428; zur planfeststellungsbedürftigen Beseitigung eines Gewässers Guckelberger in Ziekow Handbuch des Fachplanungsrechts, 2024, § 17 Rn. 51; VG München Urt. v. 27.7.2021 – M 2 K 20.1210, BeckRS 2021, 23282.

1449 VGH München Beschl. v. 14.9.2020 – 8 CS 20.1435, juris Rn. 15; Czychowski/Reinhardt, WHG, 2023, § 67 Rn. 43; Reinhardt, ZfW 2003, 193/19; Maus in Berendes/Frenz/Müggenborg, WHG, 2017, § 67 Rn. 61.

1450 VGH München Beschl. v. 14.9.2020 – 8 CS 20.1435, juris Rn. 15; Guckelberger Wasserwirtschaft in Ziekow Handbuch des Fachplanungsrechts, 2024, § 17 Rn. 55.

1451 VGH München Beschl. v. 14.9.2020 – 8 CS 20.1435, juris Rn. 15; Guckelberger Wasserwirtschaft in Ziekow Handbuch des Fachplanungsrechts, 2024, § 17 Rn. 55.

1452 BVerwGE 55, 220 = juris Rn. 17 f.; BVerwG Urt. v. 18.5.1990 – 7 C 3.90, juris Rn. 7; VG Stade Urt. v. 27.3,2019 – 1 A 3271/16, juris Rn. 88; Guckelberger Wasserwirtschaft in Ziekow Handbuch des Fachplanungsrechts, 2024, § 17 Rn. 52.

schutzes, für die nach dem UVPG keine Verpflichtung zur Durchführung einer Umweltverträglichkeitsprüfung besteht, anstelle einer Planfeststellung oder Plangenehmigung keiner Zulassung oder einer Anzeige bedürfen.

b) Anwendbare Vorschriften. Für die Planfeststellung und die Plangenehmigung gelten § 13 I (Inhalts- und Nebenbestimmungen) und § 14 III bis VI WHG entsprechend; im Übrigen gelten die §§ 72 bis 78 VwVfG. Für die Erteilung von Planfeststellungen und Plangenehmigungen im Zusammenhang mit der Errichtung, dem Betrieb und der Modernisierung von Anlagen zur Nutzung von Wasserkraft, ausgenommen Pumpspeicherkraftwerke, gilt § 11a I 2 und II bis V WHG entsprechend; die §§ 71a bis 71e VwVfG sind anzuwenden (§ 70 I VwVfG). 6885

Durch den Verweis auf § 14 III 1 WHG kann durch Landesrecht bestimmt werden, dass Planfeststellungen für einen Gewässerausbau auch in oder unter Gebieten, in denen untertägiger Bergbau betrieben wird oder betrieben worden ist, nur unter bestimmten Auflagen erteilt werden dürfen oder zu versagen sind, dass Wassergefährdungen bei der Verwendung von Gemischen möglichst unterbleiben, dass der Stand der Technik eingehalten wird und dass auch bei einer untertägigen Ablagerung von Lagerstättenwasser der Stand der Technik beachtet wird. 6886

§ 11a WHG bestimmt Anforderungen an das Verfahren bei **Vorhaben zur Erzeugung von Energie aus erneuerbaren Quellen**. Die in § 11a II bis V WHG enthaltenen Verfahrensbestimmungen betreffen nach § 11a I 1 WHG die Errichtung und Betrieb sowie Modernisierung von Anlagen zur Nutzung von Wasserkraft, ausgenommen Pumpspeicherkraftwerke (Nr. 1) und die Errichtung und Betrieb von Anlagen zur Gewinnung von Erdwärme, wenn ein bergrechtlicher Betriebsplan nicht erforderlich ist (Nr. 2). Der für Planfeststellungen zu Gewässerausbau nach § 70 I WHG entsprechend anwendbare § 11a I 2 WHG besagt, dass die Modernisierung iSd § 11a I 1 Nr. 1 WHG Maßnahmen zur Steigerung der Effizienz oder der Kapazität der Anlage umfasst, insbesondere den vollständigen oder teilweisen Austausch der Anlage, eines Anlagenteils oder des Betriebssystems. Für solche Vorhaben werden auf Antrag des Trägers des Vorhabens das Erlaubnis- oder Bewilligungsverfahren sowie alle sonstigen Zulassungsverfahren, ggfls. also auch eine Planfeststellung nach § 68 WHG, die für die Durchführung des Vorhabens nach Bundes- oder Landesrecht erforderlich sind, über eine **einheitliche Stelle** abgewickelt. Die einheitliche Stelle nach § 11a II 1 WHG stellt ein **Verfahrenshandbuch** für Träger von Vorhaben bereit und macht diese Informationen auch im Internet zugänglich. Dabei geht sie gesondert auch auf kleinere Vorhaben und Vorhaben zur Eigenversorgung mit Elektrizität ein. In den im Internet veröffentlichten Informationen weist die einheitliche Stelle auch darauf hin, für welche Vorhaben sie zuständig ist und welche weiteren einheitlichen Stellen im jeweiligen Land für Vorhaben nach § 11a I 1 WHG zuständig sind (§ 11a III WHG). Nach Eingang der vollständigen Antragsunterlagen erstellt die zuständige Behörde unverzüglich einen Zeitplan für das weitere Verfahren und teilt diesen Zeitplan in den Fällen des § 11a II WHG der einheitlichen Stelle, andernfalls dem Träger des Vorhabens mit (§ 11a IV WHG). § 11a V WHG sieht konkrete Fristen vor, innerhalb derer die zuständige Behörde über die bei ihr eingereichten Anträge zu entscheiden hat. 6887

Soweit durch § 11a II WHG die Möglichkeit der Abwicklung des Verfahrens über eine einheitliche Stelle geschaffen wird, gelten nach § 71 a I VwVfG die Vorschriften dazu in den § 71b ff. VwVfG, 6888

Erstreckt sich ein beabsichtigter Ausbau auf ein Gewässer, das der **Verwaltung mehrerer Länder** untersteht, und ist ein Einvernehmen über den Ausbauplan nicht zu erreichen, so soll die Bundesregierung auf Antrag eines beteiligten Landes zwischen den Ländern vermitteln (§ 70 III WHG). 6889

Nach § 9 III 1 WHG sind Maßnahmen, die dem Ausbau eines Gewässers im Sinne von § 67 II WHG dienen, keine Gewässerbenutzungen, für die eine **wasserrechtliche Erlaubnis** notwendig wäre. 6890

c) UVP-Pflicht. Das Planfeststellungsverfahren für einen Gewässerausbau, für den nach dem UVPG eine Verpflichtung zur Durchführung einer Umweltverträglichkeitsprüfung besteht, muss nach § 70 II UVPG den Anforderungen UVPG entsprechen. Die UVP-pflichtigen wasserwirtschaftlichen Vorhaben ergeben sich aus Nr. 13 und Nr. 19 der Anlage 1 zum UVPG „Liste der UVP-pflichtigen Vorhaben". Einer Regel-UVP („X") oder einem allgemeinen („A"), einem standortbezogenen („S") oder landrechtlich geregelten („L") Vorprüfungsverfahren ist in den dort genannten Fällen erforderlich. UVP-pflichtig sind ua die Errichtung und 6891 der Betrieb von großen Abwasseranlagen, das Entnehmen, Zutagefördern oder Zutageleiten von Grundwasser oder Einleiten von Oberflächenwasser zum Zwecke der Grundwasseranreicherung, jeweils mit einem jährlichen Volumen von 10 Mio. m^3 oder mehr Wasser, der Bau eines Stauwerkes oder anderen Wasserspeichers, wobei 10 Mio. m^3 oder mehr Wasser zurückgehalten oder gespeichert werden, die Umleitung von Wasser von einem Flusseinzugsgebiet in ein anderes, ausgenommen Transport von Trinkwasser in Rohrleitungsanlagen, mit einem Volumen von 100 Mio. oder mehr m^3 Wasser pro Jahr, der Bau eines Hafens für die Binnenschifffahrt, wenn der Hafen für Schiffe mit mehr als 1 350 t zugänglich ist, der Bau eines Binnenhafens für die Seeschifffahrt; der Bau eines mit einem Binnenhafen für die Seeschifffahrt verbundenen Landungssteges zum Laden und Löschen von Schiffen (ausgenommen Fährschiffe), der Schiffe mit mehr als 1 350 t aufnehmen kann und der Bau von verschiedenen Rohrleitungsanlagen.

6892 Werden die Werte für eine Regel-UVP („X") überschritten, so ist eine UVP durchzuführen. Vorhaben mit geringeren Auswirkungen unterliegen einer allgemeinen („A") bzw. standortbezogenen („S") Vorprüfung nach § 7 UVPG. Weitere Vorhaben sind nach § 8 UVPG nach Maßgabe des Landesrechts UVP-pflichtig („L"). Seit der Föderalismusreform 2006 hat der Bund im Bereich des Wasserhaushaltsrechts nach Art. 74 I Nr. 32 GG die konkurrierende Gesetzgebungszuständigkeit. Die Länder können allerdings abgesehen von stoff- oder anlagenbezogenen Regelungen abweichen (Art. 72 III Nr. 5 GG).

6893 **d) Planfeststellung und Plangenehmigung.** Der Gewässerausbau bedarf nach § 68 I WHG der Planfeststellung durch die zuständige Behörde. Für einen Gewässerausbau, für den nach dem UVPG keine Verpflichtung zur Durchführung einer Umweltverträglichkeitsprüfung besteht, kann anstelle eines Planfeststellungsbeschlusses eine Plangenehmigung erteilt werden. Die Länder können bestimmen, dass Bauten des Küstenschutzes, für die nach dem UVPG keine Verpflichtung zur Durchführung einer Umweltverträglichkeitsprüfung besteht, anstelle einer Plangenehmigung einer anderen oder keiner Zulassung oder einer Anzeige bedürfen § 68 II WHG).

6894 An Stelle eines Planfeststellungsbeschlusses kann nach § 74 VI VwVfG eine Plangenehmigung erteilt werden, wenn 1. Rechte anderer nicht oder nur unwesentlich beeinträchtigt werden oder die Betroffenen sich mit der Inanspruchnahme ihres Eigentums oder eines anderen Rechts schriftlich einverstanden erklärt haben, 2. mit den Trägern öffentlicher Belange, deren Aufgabenbereich berührt wird, das Benehmen hergestellt worden ist und 3. nicht andere Rechtsvorschriften eine Öffentlichkeitsbeteiligung vorschreiben, die den Anforderungen des § 73 III 1 und IV bis VII VwVfG. Die Plangenehmigung hat nach § 74 VI 2 VwVfG die Rechtswirkungen der Planfeststellung; auf ihre Erteilung sind die Vorschriften über das Planfeststellungsverfahren nicht anzuwenden; davon ausgenommen sind § 74 IV und VwVfG, die entsprechend anzuwenden sind. Vor Erhebung einer verwaltungsgerichtlichen Klage bedarf es keiner Nachprüfung in einem Vorverfahren. § 75 IV VwVfG gilt entsprechend (§ 74 VI VwVfG.

6895 Mit einer Rechtsbeeinträchtigung iSv § 74 VI Nr. 1 VwVfG, die nur im Einverständnis des Betroffenen das Absehen von einem Planfeststellungsverfahren zulässt, ist nur der unmittelbare Zugriff auf Rechte Dritter gemeint, nicht jedoch gebotene Einbeziehung der Belange Dritter in die Abwägungsentscheidung.[1453]

6896 Planfeststellung und Plangenehmigung entfallen nach § 74 VII 1 VwVfG in **Fällen von unwesentlicher Bedeutung**. Diese liegen vor, wenn 1. andere öffentliche Belange nicht berührt sind oder die erforderlichen behördlichen Entscheidungen vorliegen und sie dem Plan nicht entgegenstehen, 2. Rechte anderer nicht beeinflusst werden oder mit den vom Plan Betroffenen entsprechende Vereinbarungen getroffen worden sind und 3. nicht andere Rechtsvorschriften eine Öffentlichkeitsbeteiligung vorschreiben, die den Anforderungen des § 73 III 1 und IV bis VII VwVfG entsprechen muss. Eine Plangenehmigung ohne Zustimmung der Betroffenen ist daher unzulässig, wenn Rechte eines Drittbetroffenen im Rahmen der Abwägung nicht überwunden werden können, wenn insbesondere Vorschriften des zwingenden Rechts nicht eingehalten werden können oder die Beeinträchtigung die Zumutbarkeitsschwelle überschreitet.[1454] Im Übrigen besteht kein Anspruch eines Dritter auf Durchführung eines objektiv-rechtlich gebotenen wasserrechtlichen Planfeststellungsverfahrens kein Anlass. Der Rechts-

[1453] BVerwG NVwZ 1998, 1178 (1179); NVwZ 1997, 994 (996); NVwZ 2001, 90.
[1454] Kothe Wasserrecht in Johlen/Oerder, Verwaltungsrecht, 2023, § 13 Rn. 205.

schutz des Dritten wird durch das Fehlen eines solchen Anspruchs nicht verkürzt. In Fällen, in denen die gesetzlich vorgeschriebene Beteiligung eines anerkannten Naturschutzverbands an einem Planfeststellungsverfahren unterblieben ist, weil anstelle dieses Verfahrens rechtswidrig lediglich ein Plangenehmigungsverfahren durchgeführt worden ist, kann einem Naturschutzverband ein Klagerecht wegen der Verletzung seiner Beteiligungsrechte zustehen, die ihm im Planfeststellungsverfahren zugestanden hätten.[1455] Klagebefugt sind nach § 2 I UmwRG auch Umweltverbände, wenn streitig ist, ob es sich um für das in Rede stehende Vorhaben eine Pflicht zur Durchführung einer UVP besteht.

e) Wohl der Allgemeinheit. Ein mit einem Planfeststellungsbeschluss genehmigter Gewässerausbau ist gemäß § 68 III WHG genehmigungsfähig, wenn weder Versagungsgründe vorliegen, noch eine Beeinträchtigung des Wohls der Allgemeinheit feststellbar ist.[1456] Der Plan darf nach § 68 III WHG nur festgestellt oder genehmigt werden, wenn eine Beeinträchtigung des Wohls der Allgemeinheit, insbesondere eine erhebliche und dauerhafte, nicht ausgleichbare Erhöhung der Hochwasserrisiken oder eine Zerstörung natürlicher Rückhalteflächen, vor allem in Auwäldern, nicht zu erwarten ist und andere Anforderungen nach diesem Gesetz oder sonstigen öffentlich-rechtlichen Vorschriften erfüllt werden. Das Wohl der Allgemeinheit ist ein **unbestimmter Rechtsbegriff ohne Beurteilungsspielraum**; er unterliegt der vollständigen verwaltungsgerichtlichen Kontrolle.[1457] Die Allgemeinwohlverträglichkeit eines Vorhabens muss im jeweiligen Einzelfall unter Berücksichtigung der konkreten Umstände festgestellt werden.[1458] Dass der Allgemeinwohlbegriff des WHG mangels hinreichender Bestimmtheit für eine gerichtliche Vollkontrolle im vorgenannten Sinne zu unbestimmt sein könnte, wird, soweit ersichtlich, von den Verwaltungsgerichten weder gerügt noch sind zur Klärung dahingehender Zweifel konkrete Normenkontrollverfahren nach Art. 100 GG beim BVerfG eingeleitet worden. Indem Art. 14 III 1 GG verlangt, dass die Enteignung dem Wohl der Allgemeinheit dienen muss, erfordert die Zulässigkeit einer Enteignung einen bestimmten, im Grundgesetz allerdings nicht konkret genannten öffentlichen Nutzen. 6897

Der wasserrechtliche Begriff des Wohls der Allgemeinheit ist vornehmlich auf Gesichtspunkte der Wasserwirtschaft, namentlich der Wasserversorgung und des Gewässerschutzes, bezogen; er soll allerdings auch andere Belange des öffentlichen Wohls erfassen, zB Bewirtschaftungsgrundsätze der Ökologie, soweit nicht spezielle Regelungen in anderen Fachgesetzen vorgehen.[1459] So sieht zB der VGH Mannheim kein Problem darin, dass der Gewässerausbau dazu dienen soll, die Ausweisung von Baugebieten, insbesondere solcher, die (vornehmlich) dem Wohnen dienen, zu ermöglichen. Das sei ein vom Baugesetzbuch verfolgtes, besonders gewichtiges Ziel. Mit § 78 I 1 WHG setze das Wasserhaushaltsgesetz der Ausweisung solcher Gebiete zwar Grenzen. Dem WHG lasse sich indes nicht entnehmen, dass von vornherein kein Bedürfnis bestehe, das Verbot zu überwinden. Vielmehr sei der Schutz von bebauten Flächen vor Hochwasserereignissen ein vom WHG gedecktes Ziel eines Gewässerausbaus. Es sei nicht zu erkennen, dass es Wertungen des WHG widerspreche, wenn ein Gewässerausbau das vorrangige Ziel verfolge, eine Voraussetzung für die Bebaubarkeit eines Gebiets erst zu schaffen.[1460] 6898

Das WHG definiert nicht ausdrücklich, was als Wohl der Allgemeinheit zu verstehen ist. Konkretisierungsbemühungen dieses ohne Zweifel offenen Rechtsbegriffs werden in Rechtsprechung und Literatur dazu unternommen. Die Rechtsentwicklung dazu wird zusammengefasst wie folgt beschrieben: Die hM habe das Allgemeinwohl lange Zeit als einen umfassenden Gesamtbegriff verstanden, der alle wasserwirtschaftlichen Gesichtspunkte einschließe, die von einer Gewässerbenutzung berührt werden könnten, sich jedoch auch auf andere Belange er- 6899

[1455] Kothe Wasserrecht in Johlen/Oerder, Verwaltungsrecht, 2023, § 13 Rn. 206.

[1456] VGH Kassel Urt. v. 17.2.2021 – 2 A 698/16, juris Rn. 122.

[1457] Czychowski/Reinhardt in Czychowski/Reinhardt, WHG, 2019, § 6 Rn. 26; BVerwG NVwZ 2005, 85; Berendes in Berendes/Frenz/Müggenborg, WHG, 2017, § 6 Rn. 18; Breuer/Gärditz Öffentliches und privates Wasserrecht, 2017, Rn. 572; Guckelberger in Beck OK Umweltrecht, Werkstand 2024, § 3 Rn. 27.

[1458] Beckmann in Beckmann/Kment, UVPG/UmwRG, 2023, § 65 UVPG Rn. 12.

[1459] Reinhardt in Czychowski/Reinhardt, WHG, 2023, § 6 Rn. 25.

[1460] VGH Mannheim Beschl. v. 9.2.2022 – 3 S 3940/21, juris Rn. 31 unter Verweis auf OVG Bremen NuR 1986, 129 (131) zur Planrechtfertigung für einen Planfeststellungsbeschluss, dessen Gegenstand die Beseitigung eines Gewässers ist, um die Erschließung und Bebauung eines Gewerbegebiets zu ermöglichen ist; ferner Czychowski/Reinhardt in Czychowski/Reinhardt, WHG, 2023, § 67 Rn. 3: „Verlegung eines Gewässers zur Arrondierung von Baugelände".

strecke und eine komplexe Abwägung und Ausgleichung der unterschiedlichen Interessen voraussetze. Das BVerwG habe demgegenüber im Zusammenhang mit der Beurteilung eines privatnützigen Gewässerausbaus jedoch ausgeführt, die Frage, unter welchen Voraussetzungen eine Beeinträchtigung des Wohls der Allgemeinheit zu erwarten sei, beantworte das WHG allein in wasserwirtschaftlichem Zusammenhang; ob das Wohl der Allgemeinheit unter anderen rechtlichen Gesichtspunkten beeinträchtigt werde, ergebe sich aus dem jeweils für diese Gesichtspunkte einschlägigen gesetzlichen Regelungsbereich. Das BVerwG habe damit den umfassenderen Allgemeinwohlbegriff des WHG in Frage gestellt. Später habe das Gericht allerdings erläutert, seine Entscheidung dürfe nicht dahin missverstanden werden, dass das Wohl der Allgemeinheit im WHG allein nach wasserwirtschaftlichen Gesichtspunkten zu beurteilen sei. Die Ausführungen bezögen sich lediglich auf die Frage, inwieweit sich aus dem Allgemeinwohlvorbehalt ein zwingender wasserrechtlicher Versagungsgrund ergebe. Später sei das BVerwG noch deutlicher von einer restriktiven Auslegung der Gemeinwohlklausel abgerückt: Der Sinn und Zweck der gesetzlichen Regelung erschöpfe sich nicht in der Sicherung des Wasserhaushalts. Ob sie auch Belange erfasse, die außerhalb der wasserrechtlichen Zielsetzung lägen, sei jedoch ausdrücklich offengeblieben. Die Schutzrichtung der Norm liege darin, unabhängig von konkreten Nutzungsabsichten oder Bewirtschaftungszielen schädliche Verunreinigungen ebenso wie sonstige nachteilige Veränderungen der physikalischen, chemischen oder biologischen Beschaffenheit des Wassers zu verhüten, damit dieses äußerst sensible Umweltmedium über den gegenwärtigen Bedarf hinaus als intaktes Trinkwasserreservoir auch für die Zukunft erhalten bleibe.[1461] Auch wenn bei der Bestimmung der Allgemeinwohldienlichkeit im wasserhaushaltsrechtlichen Sinne Zielsetzungen einbezogen werden, die über den Schutz der Gewässer hinausgehen, bleiben wasserwirtschaftliche Schutzziele weiterhin maßgebend. Bei der Bestimmung der wasserhaushaltsrechtlichen Allgemeinwohldienlichkeit sind die Ziele des WHG nach § 1 WHG, die allgemeinen Sorgfaltspflichten nach § 5 WHG, die allgemeinen Grundsätze der Gewässerbewirtschaftung nach § 6 WHG und die Bewirtschaftungsziele nach § 27 WHG von ausschlaggebender Bedeutung.

6900 Das WHG stellt den Grundsatz des **naturnahen Ausbaus** den Einzelregelungen voran: Gewässer, die sich im natürlichen oder naturnahen Zustand befinden, sollen in diesem Zustand erhalten bleiben. Nicht naturnah ausgebaute natürliche Gewässer sollen so weit wie möglich wieder in einen naturnahen Zustand zurückgeführt werden, wenn überwiegende Gründe des Wohls der Allgemeinheit nicht entgegenstehen. Solche Gründe können zum Beispiel bei einer vorhandenen Wasserkraftnutzung vorliegen. Ausbaumaßnahmen müssen sich an den Bewirtschaftungszielen der §§ 25 bis 42 WHG ausrichten und dürfen die Errichtung dieses Ziels nicht gefährden. Sie müssen den im Maßnahmenprogramm nach § 82 WHG an den Gewässerausbau gestellten Anforderungen entsprechen. Vorhaben, die mit dem Grundsatz der gemeinwohlorientierten Wasserbewirtschaftung nicht vereinbar sind, können weder im Wege der Erlaubnis oder Bewilligung (§§ 8 ff. WHG) noch durch Planfeststellung (§ 68 WHG) zugelassen werden.

6901 Der Begriff der Beeinträchtigung des Wohls der Allgemeinheit ist weit zu verstehen. Es zählen dazu auch negative Auswirkungen, die sich auf die Wasserbewirtschaftung aber auch auf andere gesetzlich besonders geschützte Güter auswirken. Eine Beeinträchtigung des Wohls der Allgemeinheit iS des § 3 Nr. 10 WHG ist etwa regelmäßig zu erwarten, wenn die Nutzung des Wassers als Trinkwasser gesundheits- oder seuchenpolizeiliche Bedenken auslösen kann. Auch die Beeinträchtigung von Belangen, die außerhalb der eigentlichen wasserwirtschaftlichen Bewertung stehen, kann zu einem Ausschluss führen.[1462] So macht etwa ein privilegiertes Bauvorhaben nach § 35 I BauGB einen mit ihm verbundenen Landschaftseingriff nicht ungeschehen und kann daher trotz seiner Privilegierung wegen Beeinträchtigung der natürlichen Eigenart der Landschaft unzulässig sein.[1463] Dies gilt erst recht für Vorhaben, die nicht nach § 35 I BauGB privilegiert sind, sondern nach § 35 II BauGB planungsrechtlich unzulässig sind.

6902 Bei der Planfeststellung ist die Zulässigkeit eines Gewässerausbaus gem. § 68 WHG nach Maßgabe der **wasserwirtschaftlichen Grundsätze** zu beurteilen, nach denen sich die rechtliche Zulässigkeit einer Benutzung oberirdischer Gewässer allgemein bestimmt. Die Maßstäbe dazu ergeben sich vornehmlich aus dem Wasserwirtschaftsrecht des WHG.[1464] Eine schädliche

[1461] so die zusammenfassende Beschreibung von Czychowski/Reinhardt in Czychowski/Reinhardt, WHG, 2023, § 6 Rn. 26 bis 29.

[1462] BVerwG DVBl. 1989, 1048.

[1463] BVerwG RdL 1993, 251.

[1464] BVerwGE 55, 220; Urt. v. 16.11.1973 – IV C 44.69, juris.

Verunreinigung des Grundwassers oder eine sonstige nachhaltige Veränderung seiner Eigenschaften zu besorgen, wenn ein Schadenseintritt nach den gegebenen Umständen und im Rahmen einer sachlich vertretbaren, auf konkreten Feststellungen beruhenden Prognose nahe liegt. Bei der Einzelfallentscheidung ist von einer konkreten Betrachtungsweise auszugehen.[1465]

Stehen für eine **Risikoabschätzung** verschiedene methodische Ansätze zur Verfügung, ohne dass die eine oder andere Methode von vornherein dem Vorwurf der Unwissenschaftlichkeit ausgesetzt ist und entscheidet sich die Planfeststellungsbehörde in dieser Situation dafür, eine dieser Methoden zu bevorzugen, gehört es zum wissenschaftlichen Standard, die Methodenwahl nachvollziehbar zu begründen.[1466] Ein wasserrechtliches Ausbauvorhaben beeinträchtigt das Wohl der Allgemeinheit aus anderen als wasserwirtschaftlichen Gründen, wenn die geplante Ausbaumaßnahme zwingenden Vorschriften der außerhalb des Wasserrechts für sie maßgeblichen Rechtsmaterien widerspricht.[1467] **6903**

Unter **natürlichen Rückhalteflächen**, die nach § 68 III Nr. 1 WHG nicht zerstört werden dürfen, sind Landareale zu verstehen, die aufgrund ihrer besonderen Nähe zu dem Gewässer dem Hochwasser durch ihre zumeist seitliche Ausdehnung über das Ufer hinaus Ausbreitungsmöglichkeiten geben und auf diese Weise einen beschleunigten Abfluss des Wassers zumeist stromabwärts verhindern. Nicht jedweder Eingriff in die Rückhaltefläche ist als Zerstörung derselben anzusehen.[1468] Für eine Zerstörung bedarf es vielmehr einer in funktioneller Hinsicht nahezu vollständigen, wenn nicht sogar einer restlosen Beseitigung der natürlichen Rückhalteflächen.[1469] **6904**

f) Abwägung. Ein auf § 68 III WHG gestützter Planfeststellungsbeschluss setzt eine planerische Abwägung voraus, in deren Rahmen die von der Planung berührten öffentlichen und privaten Interessen gegeneinander und untereinander gerecht mit dem Ziel abzuwägen sind, eine inhaltlich in sich ausgewogene Planung zu erreichen. Das Abwägungsgebot ist verletzt, wenn eine Abwägung überhaupt nicht stattgefunden hat, in die Abwägung nicht alle Belange eingestellt worden sind, die nach Lage der Dinge in sie eingestellt werden mussten, oder die Bedeutung der betroffenen Belange verkannt oder der Ausgleich zwischen ihnen in einer Weise vorgenommen worden ist, der zur objektiven Gewichtigkeit einzelner Belange außer Verhältnis steht.[1470] **6905**

Der Abwägung vorgelagert sind allerdings **zwingende Versagungsgründe**, die von der Planfeststellungsbehörde zu beachten sind und durch eine Abwägung nicht überwunden werden können.[1471] Planfeststellungsbedürftige Gewässerausbauten dürfen nicht zwingenden Rechtsvorschriften nicht widersprechen. Rein privatnützige Gewässerausbauvorhaben dürfen nicht zugelassen werden, wenn sie in Grundrechte Dritter eingreifen oder die privatrechtlichen Verhältnisse die Verwirklichung des Vorhabens nicht zulassen. Zu den zwingenden Versagungsgründen gehören § 68 III Nr. 1 und Nr. 2 WHG. Hinzu kommen die allgemeine Sorgfaltspflicht nach § 5 I WHG und die Reinhaltungsvorschriften der §§ 32, 45, 48 WHG. Auch die §§ 27 ff., 44 WHG sind unmittelbar verbindliches Recht. Nicht zuletzt muss ein Ausbauvorhaben verbindlichen Anforderungen in einem Maßnahmenprogramm nach § 82 WHG entsprechen. Zwingende wasserrechtliche Anforderungen können sich auch aus aufgrund von § 23 WHG erlassenen Rechtsverordnungen ergeben. Zwingende Anforderungen können sich im Übrigen auch aus sonstigen öffentlich-rechtlichen Vorschriften, etwa aus Zielen der Raumordnung oder aus den §§ 29 ff BauGB ergeben.[1472] **6906**

1465 BVerwG NJW 1981, 837.

1466 BVerwGE 128, 1.

1467 BVerwG UPR 2017, 141.

1468 VGH Mannheim Urt. v. 6.2.2024 – 3 S 2989/21, juris Rn. 44; VGH München Urt. v. 15.3.2021 – 8 A 18.40041 juris Rn. 51.

1469 VGH Mannheim Urt. v. 6.2.2024 – 3 S 2989/21, juris Rn. 33; Urt. v. 6.7.2021 – 3 S 2103/19 juris Rn. 173; Beschl. v. 9.2.2022 – 3 S 3940/21 juris Rn. 40 ff.; Schenk in Sieder/Zeitler/Dahme/Knopp, 2023, § 68 Rn. 23;8; Riese in Landmann/Rohmer, Umweltrecht, 2023, § 68 WHG Rn. 91; Maus in Berendes/Frenz/Müggenborg, WHG, § 68 Rn. 61; kritisch dazu Breuer in FS für Hoppe, 2000, S. 667.

1470 OVG Magdeburg Urt. v. 2012.2022 – 2 K 139/19, juris Rn. 211; BVerwG Urt. v. 22.10.2015 – 7 C 15.13, juris Rn. 44.

1471 Im Einzelnen dazu Guckelberger Wasserwirtschaft, in Ziekow Handbuch des Fachplanungsrechts, 2024, § 17 Rn. 65.

1472 Guckelberger Wasserwirtschaft, in Ziekow Handbuch des Fachplanungsrechts, 2024, § 17 Rn. 72.

6907 Gem. § 38 S. 1 Hs. 1 BauGB gelten die §§ 29 ff. BauGB jedoch nicht für Planfeststellungsverfahren sowie sonstige Verfahren mit den Rechtswirkungen der Planfeststellung, wenn es sich um ein Vorhaben von überörtlicher Bedeutung handelt und die Gemeinde an der Planungsentscheidung beteiligt wird. Für die Bestimmung der „überörtlichen Bedeutung" darf nicht ausschließlich darauf abgestellt werden, ob das Vorhaben das Gebiet von zwei Gemeinden tatsächlich berührt. Das OVG Münster bejaht zB bei einem sich auf das Gebiet einer Gemeinde beschränkenden Nassauskiesung die überörtliche Bedeutung, wenn und soweit der Materialabtransport über eine andere Gemeinde erfolgt und ein solches Vorhaben Bezüge zu planerisch zu bewältigenden, nicht auf das Gebiet der Standortgemeinde beschränkten Belangen aufweist.[1473]

6908 Ein Planfeststellungsverfahren, das sich auf das Gebiet eines Flurbereinigungsplans und die danach geschaffenen Einrichtungen auswirkt, unterliegt weder den Verfahrensanforderungen des § 58 IV 2 FlurbG, noch ist das geplante Vorhaben an den materiell-rechtlichen Vorgaben für die Bewertung eines Interesses am Fortbestand des flurbereinigungsrechtlichen Sonderregimes zu messen.[1474]

6909 In die Abwägung bei der wasserrechtlichen Planfeststellung gemäß § 68 WHG sind grundsätzlich sämtliche von dem Gewässerausbau berührten und für die Planfeststellungsbehörde erkennbaren öffentlichen und privaten Belange einzustellen. Was als privater oder öffentlicher Belang in die Abwägung einzustellen ist, richtet sich nach Gegenstand, Reichweite und Auswirkungen der konkreten Planung. In die Abwägung bei der wasserrechtlichen Planfeststellung gemäß § 68 WHG sind grundsätzlich sämtliche von dem Gewässerausbau berührten und für die Planfeststellungsbehörde erkennbaren öffentlichen und privaten Belange einzustellen.[1475] Das Abwägungsgebot wird insbesondere dann verletzt, wenn ein geplantes Vorhaben nur durch Festsetzungen zu verwirklichen ist, die nachteilige Wirkungen auf das Recht eines Dritten iSd § 70 I iVm § 14 III WHG verursachen und dieser Einwendungen erhebt, der Plan aber festgestellt wird, ohne gleichzeitig die entsprechenden Schutzvorkehrungen oder die ersatzweise Entschädigung anzuordnen.[1476]

6910 Die gebotene planerische Abwägung, die bei der wasserrechtlichen Planfeststellung erforderlich ist, ist zu unterscheiden von der nachvollziehenden Abwägung, die zur Auslegung des Allgemeinwohlbegriffs auf der Tatbestandsseite des § 68 III WHG geboten ist. Es bedarf einer bilanzierenden Abwägung der Planfeststellungsbehörde, um festzustellen, ob mit dem Gewässerausbau auch dem Allgemeinwohl hinreichend gedient wird. Die Prüfung des Wohls der Allgemeinheit erfordert nach der Rechtsprechung des BVerwG eine spezifisch enteignungsrechtliche Gesamtabwägung aller Gemeinwohlgesichtspunkte; nur ein im Verhältnis zu entgegenstehenden öffentlichen (und auch privaten) Interessen überwiegendes öffentliches Interesse ist danach geeignet, den Zugriff auf privates Eigentum zu rechtfertigen.[1477]

6911 Im Rahmen der Abwägung sind die dem Vorhaben zuzurechnenden **Konflikte** grundsätzlich durch Planung zu bewältigen. Die wesentlichen Entscheidungsstrukturen sind in der Begründung darzulegen.[1478] Allerdings gilt dieser **Grundsatz der Konfliktbewältigung** auch im wasserrechtlichen Planfeststellungsverfahren nicht unbegrenzt. Einzelheiten der Konfliktbewältigung können in Nachfolgeverfahren verschoben werden, wenn die bestehenden Konflikte dort sachgerecht lösbar sind. Vor allem können Einzelfragen dann einer späteren Entscheidung vorbehalten bleiben, wenn der Vorbehalt dem Abwägungsgebot gerecht wird. Die Planungsbehörde muss dabei ohne Abwägungsfehler ausschließen, dass eine Lösung des offen gehaltenen Problems durch die bereits getroffenen Feststellungen in Frage gestellt wird. Außerdem dürfen die mit dem Vorbehalt unberücksichtigt gebliebenen Belange nicht ein solches Gewicht haben, dass die Planungsentscheidung nachträglich als unausgewogen erscheinen kann. Der Vorbehalt setzt deswegen eine Einschätzung der später zu regelnden Konfliktlage wenigsten in ihren Umrissen voraus. Zudem ist ein Vorbehalt nur zulässig, wenn sich im Zeitpunkt der Entscheidung die für die Bewältigung des Problems notwendigen Kenntnisse nicht mit vertretbarem Aufwand beschaffen lassen. Diese zum straßenrechtlichen Planfeststellungsverfahren entwickelten Grundsätze sind auch auf das wasserrechtliche Planfeststellungsverfahren übertragbar.[1479]

1473 OVG Münster NuR 2013, 136 (138).

1474 BVerwG NVwZ 2020, 1531.

1475 Kümper in Schink/Fellenberg, WHG, 2021, § 68 Rn. 66.

1476 OVG Magdeburg Urt. v. 2012.2022 – 2 K 139/19, juris Rn. 213.

1477 BVerwG NVwZ 2007, 1074 (1077); BVerfGE 74, 264; BVerwG NVwZ 1999, 407.

1478 BVerwG Beschl. v. 22.12.1981 – 4 CB 32.81, juris.

1479 BVerwG NVwZ 1986, 640.

Die Planfeststellungsbehörde ist befugt, ein privatnütziges Ausbauvorhaben nach § 68 WHG ohne Prüfung etwa entgegenstehender zwingender Versagungsgründe allein auf Grund einer planerischen Abwägung abzulehnen. Im Rahmen der Abwägung der von dem Gewässerausbau berührten Belange darf die Planfeststellungsbehörde allerdings keine eigenen, insbesondere von den Vorstellungen der Gemeinde abweichenden städtebaulichen Vorstellungen ohne wasserwirtschaftlichen Bezug zu Grunde legen.[1480] 6912

Bei der wasserrechtlichen Planfeststellung sind auch Belange des **Natur- und Landschaftsschutzes** zu berücksichtigen,[1481] wie sie in § 14 BNatSchG benannt sind. Zudem sind beim Gewässerausbau die gesetzlichen Zielvorstellungen eines naturnahen Gewässerausbaus (§ 6 II WHG) zu beachten. Soweit zugleich die Vorschriften über die planungsrechtliche Zulässigkeit von Vorhaben zu berücksichtigen sind, können sich entgegenstehende naturschutzrechtliche Belange auch aus § 35 I BauGB ergeben. So können die Belange „natürliche Eigenart" der Landschaft und „Naturschutz und Landschaftsschutz" auch einem privilegierten Vorhaben entgegenstehen, wenn dazu entsprechend konkretisierte Belange oder planerische Aussagen vorliegen. Eine Beeinträchtigung des Belanges „Naturschutz und Landschaftsschutz" setzt eine förmliche Unterschutzstellung des Gebiets nicht voraus.[1482] Die tatbestandlichen Voraussetzungen, unter denen gemäß § 15 II 1 BNatSchG ein Eingriff in Natur und Landschaft als ausgeglichen anzusehen ist, sind für die ausfüllende Landesgesetzgebung verbindlich. Dem steht auch § 19 IV BNatSchG nicht entgegen. Ein beeinträchtigender Eingriff iS des § 14 I BNatSchG liegt in einer die Landschaftsoberfläche berührenden Veränderung dann, wenn diese von einem für die Schönheiten der natürlich gewachsenen Landschaft aufgeschlossenen Durchschnittsbetrachter als nachteilig empfunden wird. Die Veränderung muss außerdem erheblich oder nachhaltig (dauerhaft) sein. Ein Ausgleich ist dann erreicht, wenn nach Durchführung der Maßnahmen der Eingriff gleichwertig kompensiert ist. Der Ausgleich eines Eingriffs in das Landschaftsbild kann auch dann gegeben sein, wenn eine Veränderung optisch wahrnehmbar bleibt. Es kommt vielmehr für einen Ausgleich darauf an, dass in dem betroffenen Landschaftsraum ein Zustand geschaffen wird, der den vorher vorhandenen Zustand in weitestmöglicher Annäherung fortführt.[1483] Nach § 15 V BNatSchG kann ein unvermeidbarer, nicht ausgleichbarer und nicht in anderer Weise kompensierbarer Eingriff in Natur und Landschaft auf Grund einer Abwägung mit entgegenstehenden Belangen zur Unzulässigkeit eines Vorhabens führen. Dabei handelt es sich um eine bipolare Abwägung durch die zuständige Behörde, die einer nur eingeschränkten gerichtlichen Kontrolle unterliegt.[1484] 6913

Der Anspruch auf **Entschädigung** ist dem Regelungsbereich des Art. 14 I 2 GG zuzuordnen. Es handelt sich nicht um eine Enteignungsentschädigung, sondern um eine Kompensationsmaßnahme im Rahmen einer Inhalts- und Schrankenbestimmung des Eigentums nach Art. 14 I 2 GG.[1485] Für diesen Anspruch kann vertraglich auch dann die Zuständigkeit der Verwaltungsgerichte begründet werden, wenn nach gesetzlicher Regelung die Zuständigkeit der ordentlichen Gerichte gegeben ist. Art. 14 III 4 GG steht dem nicht entgegen.[1486] 6914

Ökologische Flutungen können Vermeidungsmaßnahmen im Sinne des § 15 I BNatSchG gegenüber Beeinträchtigungen von Natur und Landschaft durch die Hochwasserrückhaltung und gleichzeitig Ersatzmaßnahmen im Sinne des § 15 II BNatSchG für die durch sie selbst bewirkten Eingriffe sein.[1487] 6915

g) Gemeinnützige und privatnützige Planfeststellungen. Das BVerwG[1488] unterscheidet zwischen der gemeinnützigen und der privatnützigen Planfeststellung. Die wasserrechtliche Planfeststellung betrifft einerseits Planungen zum Gewässerausbau aus Gründen des Wohls der Allgemeinheit (gemeinnützige Planfeststellung). Die Zulassung erstreckt sich andererseits auf 6916

[1480] BVerwG ZfBR 1991, 36.
[1481] BVerwG NVwZ 1991, 364.
[1482] BVerwG NVwZ 1985, 340.
[1483] BVerwG NVwZ 1991, 364.
[1484] BVerwG NVwZ 2004, 732.
[1485] BVerwGE 77, 295.
[1486] BVerwG NJW 1990, 1926.
[1487] BVerwG Beschl. v. 19.9.2014 – 7 B 6.14, juris.
[1488] BVerwG NJW 1978, 2308; zur Unterscheidung zwischen gemeinnütziger und privatnütziger Planfeststellung siehe Guckelberger in Ziekow Handbuch des Fachplanungsrechts, 2024, § 17 Rn. 59; kritisch dazu Breuer in FS für Hoppe, 2000, 667 (680); Breuer/Gärditz, Öffentliches und privates Wasserrecht, 2017, Rn. 1259 ff.

Ausbauvorhaben, die im allein privaten Interesse des Ausbauunternehmers ausgeführt werden (privatnützige Planfeststellung).

6917 Insofern unterscheidet sich § 68 WHG von anderen fachplanungsrechtlichen Vorschriften, insbesondere von § 17 FStrG, wonach eine fernstraßenrechtliche Planung nur dann zulässig ist, wenn sie nach Art. 14 III GG Aufgaben „zum Wohle der Allgemeinheit" erfüllt. Gemeinnützig sind danach Planungen zum Gewässerausbau aus Gründen des Wohls der Allgemeinheit. Ausbauvorhaben, die allein im privaten Interesse des Ausbauunternehmers ausgeführt werden, sind danach hingegen privatnützig; für sie kann es keine enteignungsrechtliche Vorwirkung geben. Eine privatnützige wasserrechtliche Planfeststellung vermag **Eingriffe in Rechte Dritter** nicht zu rechtfertigen. Sie muss außerdem versagt werden, wenn sie zur Beeinträchtigung des Wohls der Allgemeinheit führen würde.

6918 Die gemeinnützige Planfeststellung ist demgegenüber in der Lage, die Grundlage für den Zugriff auf privates Eigentum durch **Enteignung** zu gewähren. Beide Arten der wasserrechtlichen Planfeststellung unterliegen dem Abwägungsgebot, sodass sich insoweit keine Unterschiede ergeben. Einer besonderen, auch die Überwindung privaten Eigentums gestattenden Planrechtfertigung bedarf es bei der **privatnützigen Planfeststellung** nicht. Vielmehr ist hier tendenziell umgekehrt danach zu fragen, ob und unter welchen Voraussetzungen eine vom Ausbauunternehmer begehrte Planfeststellung aus Rechtsgründen versagt werden muss. Eine privatnützige wasserrechtliche Planfeststellung vermag allerdings Eingriffe in Rechte Dritter nicht zu rechtfertigen. Sie muss außerdem versagt werden, wenn sie zur Beeinträchtigung des Wohls der Allgemeinheit führen würde. Bei Versagung der Planfeststellung nach § 68 WHG für ein privatnütziges wasserrechtliches Ausbauvorhaben darf nach Auffassung des BVerwG nicht offen bleiben, ob es wegen seiner Unvereinbarkeit mit zwingenden Vorschriften des Wasserrechts oder anderer Rechtsbereiche eine Beeinträchtigung des Wohls der Allgemeinheit erwarten lässt und deshalb aus Rechtsgründen nicht zugelassen werden darf oder ob es von der Verwaltung auf Grund der planerischen Abwägung abgelehnt wird. Denn eine privatnützige wasserrechtliche Ausbaumaßnahme, die zur Beeinträchtigung des Wohls der Allgemeinheit führen würde, müsse am Vorliegen eines zwingenden Versagungsgrundes scheitern, ohne dass im Planfeststellungsverfahren der Denkschritt der planerischen Abwägung überhaupt erreicht werden könne. Erst wenn keine zwingenden Versagungsgründe vorliegen, schließt sich nach Auffassung des BVerwG die eigentliche Abwägung an.[1489]

6919 Entscheidend ist danach für die Unterscheidung, ob durch ein Ausbauvorhaben das Wohl der Allgemeinheit befördert wird oder ob es ausschließlich im privaten Interesse realisiert werden soll. Dabei kann allerdings die subjektive Zielsetzung des Vorhabenträgers für die begriffliche Einordnung als privatnützige oder gemeinnützige Planfeststellung nicht oder jedenfalls nicht allein maßgeblich sein.[1490] Bei privaten Vorhabenträgern wird es in aller Regel zumindest auch oder letztlich sogar vorrangig um Gewinnerzielung gehen. Eine Begriffsbestimmung, die allein auf eine solche Gewinnerzielungsabsicht abstellen würde, ließe jedoch unbeachtet, dass sich private und öffentliche Interessen nicht ausschließen. Die Durchführung eines Vorhabens kann auch nach der Rechtsprechung des BVerfG im öffentlichen Interesse liegen, obwohl es von einem Privaten im Interesse der Gewinnerzielung ins Werk gesetzt wird, weil die positiven Auswirkungen des Vorhabens etwa für das öffentliche Verkehrsnetz, für die Abfallentsorgung, oder für den öffentlichen Luftverkehr usw. unabhängig von der privaten Gewinnerzielungsabsicht des Trägers bzw. Betreibers eintreten können. Planungsrechtlich ist es insoweit kein Kennzeichen der Gemeinnützigkeit, dass das Vorhaben defizitär oder bestenfalls kostenneutral durchgeführt und betrieben wird.[1491] Die Notwendigkeit, im Wasserhaushaltsrecht beim Gewässerausbau die rein privatnützigen Vorhaben von gemeinnützigen Vorhaben zu unterscheiden, ergibt sich daraus, dass privatnützige Vorhaben sich auf kein Gemeinwohlinteresse berufen können, das entweder bereits für sich genommen oder doch jedenfalls im Rahmen einer bilanzierenden Abwägung in einer Weise überwiegt, so dass von einer Allgemeinwohldienlichkeit gesprochen werden könnte, die eine Enteignung rechtfertigen würde.

6920 Nicht für jedes planfeststellungsbedürftige Gewässerausbauvorhaben soll die Planfeststellung eine **enteignungsrechtliche Vorwirkung** haben. Vielmehr soll, anders als für andere Fachplanungsvorhaben, von der Planfeststellungsbehörde zusätzlich noch geprüft werden, ob es sich um ein allgemeinwohldienliches Vorhaben handelt. Der Gesetzgeber sieht sich angesichts des

---

1489 BVerwG NJW 1978, 2308.

1490 Ramsauer/Bieback Planfeststellung von privatnützigen Vorhaben, NVwZ 2002, 277 (278).

1491 Ramsauer/Bieback NVwZ 2002, 277 (278).

Umstands, dass das WHG nach § 1 WHG zwar den Zweck verfolgt, durch eine nachhaltige Gewässerbewirtschaftung die Gewässer zu schützen, dieser Gewässerschutz sich aber auch auf den Schutz der Gewässer als „nutzbares Gut" erstreckt und in diesem Sinne auch eine nachhaltige Bewirtschaftung von Gewässern mit dem Ziel, sie zum Wohl der Allgemeinheit und im Einklang damit auch im Interesse Einzelner zu nutzen, vorsieht (§ 6 I 1 Nr. 3 WHG), nicht in der Lage, den Kreis der allgemeinwohldienlichen Ausbauvorhaben, die eine Enteignung rechtfertigen können, abschließend und losgelöst von den konkreten Umständen des Einzelfalls selbst festzulegen. Er ermächtigt stattdessen die für die Planfeststellung von Gewässerausbauten zuständigen Behörden, unter Berücksichtigung der Umstände des jeweiligen Einzelfalls über die Allgemeinwohldienlichkeit des jeweiligen Ausbaus zu entscheiden. Im Vergleich zu den Enteignungsmöglichkeiten für andere Fachplanungsvorhaben liegt darin eher eine Restriktion, in dem nämlich eine zusätzliche Behördenprüfung vorausgesetzt wird.

h) Ansprüche des Antragstellers. In welchem Umfang bei Ablehnung der Planfeststellung ein Rechtsanspruch des Antragstellers besteht, kann unterschiedlich beurteilt werden. Die wasserrechtliche Planfeststellung beruht auf einer Abwägung. In die Abwägung können auch gesamtstaatliche Interessen oder – je nach gesetzlicher Vorgabe – ein Bewirtschaftungsermessen einfließen. Der Antragsteller hat daher keinen Anspruch auf eine Planfeststellung an der Abwägung vorbei. Ob der Antragsteller vergleichbar der abfallrechtlichen Planfeststellung **einen Anspruch auf fehlerfreie Ausübung der planerischen Gestaltungsfreiheit** hat, die sich auf alle abwägungserheblichen Gesichtspunkte einschließlich der öffentlichen Belange erstreckt,[1492] ist bei der privatnützigen Planfeststellung nicht zwingend. Denn anders als bei der abfallrechtlichen Planfeststellung ist die privatnützige wasserrechtliche Planfeststellung nicht von Gemeinwohlgründen veranlasst, sondern dient privaten Interessen. Die privatnützige Planfeststellung hat auch nicht die Kraft, Eigentum Dritter in Anspruch zu nehmen und die Grundlage für eine Enteignung zu bilden. Ein Anspruch auf Durchführung oder Abschluss eines wasserrechtlichen Planfeststellungsverfahrens wird zudem wegen des behördlichen Bewirtschaftungsermessens und des damit verbundenen Gestaltungsraums nicht leicht durchsetzbar sein. Allenfalls könnte im gerichtlichen Verfahren eine Bescheidungsverpflichtung nach § 113 V 2 VwGO erreicht werden.[1493] 6921

Der wasserrechtliche Planfeststellungsbeschluss gewährt dem davon Begünstigten Rechte, die mit einer wasserrechtlichen Bewilligung vergleichbar sind. Wird der durch eine privatnützige wasserrechtliche Planfeststellung Begünstigte an der weiteren Verwirklichung seines Vorhabens durch die Anordnungen einer Wasserschutzgebietsverordnung gehindert, so ist er nach Maßgabe der Vorschrift des § 14 VI WHG zu entschädigen. § 20 WHG enthält dazu eine ausreichende Entschädigungsgrundlage.[1494] 6922

i) Privilegierte Fachplanung. Die wasserrechtliche Planfeststellung zählt nur dann zu den nach § 38 BauGB privilegierten Fachplanungen, wenn es sich um ein Vorhaben von überörtlicher Bedeutung handelt. Dem liegt die Vorstellung zu Grunde, dass die gemeindliche Planung weichen muss, wenn eine überörtliche Planung Vorrang für sich beansprucht.[1495] Ein Vorhaben von überörtlicher Bedeutung iS des § 38 2 BauGB ist regelmäßig dann gegeben, wenn das planfestzustellende Vorhaben das Gebiet von zumindest zwei Gemeinden tatsächlich berührt.[1496] Die „überörtliche Zuständigkeit" der Planfeststellungsbehörde ist dagegen für sich allein nicht entscheidend.[1497] Das BauGB 1998 stellt auf Vorhaben von überörtlicher Bedeutung ab. Dazu reichen überörtliche Bezüge des Vorhabens aus.[1498] Ist von einem Vorhaben von überörtlicher Bedeutung iS des § 38 BauGB auszugehen, bestimmt das jeweilige Fachplanungsrecht, welche Maßgeblichkeit dem Bauplanungsrecht als Teil des materiellen Entscheidungsprogramms (noch) zukommt.[1499] 6923

1492 BVerwG ZfBR 1995, 150.

1493 Stüer in FS Menger 1985, 779.

1494 BVerwG NVwZ-RR 1994, 201; BVerwGE 84, 361.

1495 Zu Kollisions- und Abstimmungsproblemen zwischen wasserrechtlicher Planfeststellung und Bauleitplanung Breuer EuRUP 2021, 386.

1496 BVerwG NJW 1989, 242.

1497 Anders noch für den Begriff der „überörtlichen Bedeutung" in § 38 S. 2 BauGB 1986 BVerwG DVBl. 1981, 930.

1498 BVerwG UPR 2001, 33.

1499 BVerwG DVBl. 1979, 67; BVerwGE 70, 242.

6924 Für die Bewertung städtebaulicher Gesichtspunkte hat das BVerwG folgende Leitlinien aufgestellt:[1500] Handelt es sich um ein privilegiertes Vorhaben nach § 35 I BauGB, so lassen sich entgegenstehende öffentliche Belange von Gewicht iS von § 35 I BauGB regelmäßig einem Flächennutzungsplan nicht entnehmen, wenn dieser keine konkreten standortbezogenen Aussagen enthält. Die gemeindliche Planung kann daher auf die planungsrechtliche Zulässigkeit privilegierter Vorhaben im Außenbereich nur dadurch planerisch einwirken, dass sie, wenn ein solches Erfordernis sich ergibt, einen Bebauungsplan aufstellt oder in den Flächennutzungsplan konkrete standortbezogene Aussagen aufnimmt (§ 35 III 3 BauGB). Derartige Darstellungen bedürfen allerdings der konkreten städtebaulichen Rechtfertigung. Die Fachplanung soll sich gegenüber der kommunalen Planung in den von § 38 1 BauGB erfassten Fallgruppen ganz allgemein nur durchsetzen, wenn sie ein derartiges Gewicht entwickelt, dass die gemeindliche Bauleitplanung als eine Maßnahme der kleineren Planungseinheit gegenüber der größeren Einheit zurückzustehen hat. Erstreckt sich der beabsichtigte Ausbau auf ein Gewässer, das der Verwaltung mehrerer Länder untersteht, und ist ein Einvernehmen über den Ausbau nicht zu erreichen, so soll die Bundesregierung auf Antrag eines beteiligten Landes zwischen den Ländern vermitteln (§ 70 WHG).

6925 **j) Abschnittsweise Zulassung, vorzeitiger Beginn.** Gewässerausbauten einschließlich notwendiger Folgemaßnahmen, die wegen ihres räumlichen oder zeitlichen Umfangs in selbständigen Abschnitten oder Stufen durchgeführt werden, können nach § 69 I WHG in entsprechenden Teilen zugelassen werden, wenn dadurch die erforderliche Einbeziehung der erheblichen Auswirkungen des gesamten Vorhabens auf die Umwelt nicht ganz oder teilweise unmöglich wird. Erforderlich für die Bejahung der Planrechtfertigung ist es, dass für das Gesamtvorhaben ein Bedarf besteht und die Abschnittsbildung zur Durchführung des Gesamtvorhabens „vernünftigerweise geboten" ist.[1501] Durch eine abschnittsweise Planfeststellung dürfen Rechte Dritter nicht verkürzt werden. Deshalb sind Einwendungen Drittbetroffener auch in einem abschnittsweisen Planfeststellungsverfahren zuzulassen, die zwar nicht durch den konkreten Teilabschnitt, jedoch durch den nächsten, zwangsweise kausal auf den vorherigen folgenden Teilabschnitt betroffen sein können.[1502]

6926 § 17 WHG gilt entsprechend für die Zulassung des vorzeitigen Beginns in einem Planfeststellungsverfahren und einem Plangenehmigungsverfahren nach § 68 WHG. Nach § 17 I WHG kann die zuständige Behörde einen vorzeitigen Beginn zulassen, wenn 1. mit einer Entscheidung zugunsten des Benutzers gerechnet werden kann, 2. an dem vorzeitigen Beginn ein öffentliches Interesse oder ein berechtigtes Interesse des Benutzers besteht und 3. der Benutzer sich verpflichtet, alle bis zur Entscheidung durch die Benutzung verursachten Schäden zu ersetzen und, falls die Benutzung nicht erlaubt oder bewilligt wird, den früheren Zustand wiederherzustellen.

6927 **k) Planfeststellungsverfahren bei Häfen im transeuropäischen Verkehrsnetz.** Wird ein Planfeststellungsverfahren oder ein Plangenehmigungsverfahren für einen Gewässerausbau nach § 68 WHG durchgeführt, ist dieses nach § 70a WHG innerhalb von vier Jahren abzuschließen, wenn 1. der Gewässerausbau der Erweiterung eines Seehafens oder Binnenhafens für den Güterverkehr nach Anlage 3 dient und 2. die geschätzten Gesamtkosten der Erweiterung zum Zeitpunkt der Einleitung des Planfeststellungsverfahrens oder des Plangenehmigungsverfahrens 300 Mio. Euro überschreiten. Einzelheiten zu dem zu beschleunigenden Verfahren für diese Vorhaben bestimmt § 70 a WHG.

6928 **l) Enteignung.** Die Durchführung des Gewässerausbaus kann eine Inanspruchnahme von Grundstücken im Eigentum Dritter erforderlich machen. Wenn der Vorhabenträger eine zivilrechtliche Verfügung über diese Grundstücke nicht freihändig erwerben kann, kommt bei Beachtung der allgemeinen Anforderungen des Art. 14 III GG grundsätzlich auch eine Enteignung in Betracht.[1503] Die wasserrechtliche Planfeststellung berechtigt den Vorhabenträger allerdings nicht, für den Ausbau des Gewässers fremde Grundstücke in Anspruch zu nehmen oder deren Nutzung zu beschränken. Die wasserrechtliche Planfeststellung lässt die privaten Eigentumsverhältnisse als solche unberührt und überlässt eine eventuell erforderliche Enteig-

---

1500 BVerwG NJW 1989, 242.

1501 BVerwGE 104, 236 (248 f.).

1502 Kothe Wasserrecht in Johlen/Oerder, Verwaltungsrecht, 2023, § 13 Rn. 209.

1503 Czychowski/Reinhardt in Czychowski/Reinhardt, WHG, 2019, § 71 Rn. 2; zur Enteignung für (auch) privatnützige Vorhaben nach dem WHG Elgeti NVwZ 2022, 280.

nung einem gesonderten Enteignungsverfahren; die Planfeststellungsbehörde kann aber gem. § 71 I 1 WHG eine materielle Vorentscheidung über die Zulässigkeit einer Enteignung treffen.[1504]

Dient der Gewässerausbau dem Wohl der Allgemeinheit, so kann nach § 71 I 1 WHG bei der Feststellung des Plans bestimmt werden, dass für seine Durchführung die Enteignung zulässig ist. Das gilt nach § 71 I 2 WHG für die Plangenehmigung entsprechend, wenn Rechte anderer nur unwesentlich beeinträchtigt werden. Die Feststellung der Zulässigkeit der Enteignung nicht selbständig anfechtbar (§ 71 I 3 WHG). Wird einem wasserrechtlichen Planfeststellungsbeschluss von der Behörde keine enteignungsrechtliche Vorwirkung zuerkannt, hat dies zur Folge, dass die Planfeststellung keinen vorweggenommenen Teil der Enteignung darstellt und dass ggfls. in einem nachfolgenden Enteignungsverfahren die öffentlich-rechtliche Zulässigkeit der Enteignung geprüft werden muss.[1505] 6929

Etwas anderes gilt allerdings für den **Gewässerausbau zum Hochwasser- und Küstenschutz**. Für Ausbaumaßnahmen mit dieser Zielsetzung hat der Gesetzgeber in § 71 II WHG unmittelbar selbst entschieden, dass eine Enteignung zulässig ist. Eine Entscheidung über die enteignungsrechtliche Vorwirkung nach § 71 Abs. 1 S. 1 WHG ist für solche Gewässerausbauvorhaben nicht erforderlich. Die Enteignung ist nach § 71 II 1 WHG zum Wohl der Allgemeinheit zulässig, soweit sie zur Durchführung eines festgestellten oder genehmigten Plans notwendig ist, der dem **Küsten- oder Hochwasserschutz** dient. Abweichend von § 71 I 1WHG, auch iVm § 71 I 2 WHG, bedarf es nach § 71 II 2 WHG keiner Bestimmung bei der Feststellung oder Genehmigung des Plans. Weitergehende Rechtsvorschriften der Länder bleiben unberührt. 6930

Der festgestellte oder genehmigte Plan ist nach § 71 III WHG dem Enteignungsverfahren zugrunde zu legen und für die Enteignungsbehörde bindend. Im Übrigen gelten nach § 71 IV WHG die Enteignungsgesetze der Länder. 6931

Hinweis: Steht fest, dass ein Unternehmer für eine Nassauskiesung bestimmte Grundflächen aus privatrechtlichen Gründen auf Dauer nicht in Anspruch nehmen kann, steht dies der Verwirklichung der privatnützigen Planfeststellung entgegen und lässt ein Antrags- oder Sachbescheidungsinteresse entfallen.[1506]

Eine Bestimmung der Zulässigkeit einer Enteignung im Rahmen der Planfeststellung kommt nach § 71 I 1 WHG nur in Betracht, wenn der Gewässerausbau dem Wohl der Allgemeinheit dient. § 71 I 1 WHG soll die verfassungsrechtlichen Anforderungen an eine Enteignung nach Art. 14 III 1 GG sichern und knüpft insoweit für den Geltungsbereich der §§ 67 bis 71 WHG an einen spezifischen wasserhaushaltsgesetzlichen Gemeinwohlbegriff des § 6 I 1 Nr. 3 WHG an.[1507] Unbestritten gelten allerdings für eine enteignungsrechtliche Vorwirkung der Planfeststellung strenge materiell-rechtliche Anforderungen. Die Enteignung ist nicht bereits dann zulässig, wenn eine Beeinträchtigung des Allgemeinwohls nicht zu erwarten ist, sondern erst dann, wenn das Vorhaben dem Gemeinwohl dient, wenn also die Allgemeinwohlbelange, die für die Durchführung des Vorhabens sprechen, überwiegen.[1508] 6932

Die Verfassungsmäßigkeit des § 71 I 1 WHG wird von einzelnen Stimmen der Literatur bezweifelt; ober- und höchstrichterliche Rechtsprechung, die sich diese Zweifel zu eigen macht, liegt, soweit ersichtlich, allerdings nicht vor. Die überwiegende Ansicht zum Wasserhaushaltsrecht teilt die Bedenken nicht, zum Teil allerdings ohne sich mit der Rechtsprechung des BVerfG ausführlicher auseinanderzusetzen.[1509] Verfassungsrechtliche Bedenken gegen § 71 I 1 6933

1504 VG Hannover Beschl. v. 02.12.2020 – 12 B 5058/20, juris Rn. 23; Breuer/Gärditz Öffentliches und privates Wasserrecht, 2017, Rn. 1218.

1505 VGH München Beschl. vom 24.7.2015 – 8 ZB 14.1403, juris Rn. 6; Riese in Landmann/Rohmer, Umweltrecht, 2016, § 71 WHG Rn. 2.

1506 VG Hannover Beschl. v. 2.12.2020 – 12 B 5058/20, juris Rn. 24; BVerwG Beschl. v. 30.6.2004 – 7 B 92/03, juris Rn. 24; Beschl. v. 12.8.1993 – 7 B 123/93, juris Rn. 3-4; OVG Münster Urt. v. 26.9.2013 – 16 A 1294/08, juris Rn. 41-42.

1507 Czychowski/Reinhardt WHG, 2023, § 71 Rn. 6.

1508 Riese in Landmann/Rohmer, Umweltrecht, 2016, § 71 WHG Rn. 8; Czychowski/Reinhardt WHG, 2019, § 71 Rn. 6.

1509 dazu Kümper NuR 2019, 664 (668 ff.); ders. in Schink/Fellenberg, WHG, 2021, § 71 Rn. 17 ff.; Reinhardt NVwZ 2021, 755 (757) ; eher unklar Czychowski/Reinhardt WHG, 2023, § 71 Rn. 6 f.; aA Fröhlich ZfW 2014, 183 (187 ff.), 191 ff.; Schenk in Sieder/Zeitler/Dahme/Knopp, WHG, § 71 Rn. 2;

WHG werden unter anderem deshalb geltend gemacht, weil die enteignungsrechtliche Vorwirkung – anders als in den Fällen des § 71 II WHG oder auf der Grundlage anderer Fachplanungsgesetze – nicht bereits kraft Gesetzes, sondern erst kraft behördlicher Anordnung eintritt.[1510]

6934 Zur Erläuterung der verfassungsrechtlichen Bedenken wird angeführt, das Grundgesetz gebe keinen materiellen Gemeinwohlbegriff vor; dementsprechend sei es auch im Rahmen des Art. 14 III 1 GG Aufgabe des demokratisch legitimierten Gesetzgebers, unter den vielfältigen Gemeinwohlzwecken diejenigen auszuwählen, zu deren Verwirklichung ein zwangsweiser Eigentumsentzug zulässig sein solle; hieran schließe auch das Gebot der Gesetzmäßigkeit der Enteignung nach Art. 14 III 2 GG an. Der Gesetzgeber habe danach mit hinreichender Bestimmtheit selbst zu regeln, zu welchem Zweck, unter welchen Voraussetzungen und für welche Vorhaben enteignet werden dürfe. In seiner Entscheidung zum Braunkohletagebau Garzweiler II habe das BVerfG im Jahre 2013 diese Anforderungen präzisiert: Der Gesetzgeber müsse entweder das von ihm verfolgte Gemeinwohlziel so genau beschreiben, dass sich hieraus auf die Vorhaben schließen lasse, mit denen es verwirklicht werden solle, oder er müsse die Vorhaben jedenfalls „der Art nach“ benennen, die eine Enteignung rechtfertigen könnten, so dass hieraus der verfolgte Gemeinwohlzweck erkennbar werde. Diesen Maßstäben werde die Formulierung des § 71 I WHG nicht gerecht: Zwar lasse die Bestimmung die Enteignung allein zugunsten dem Wohl der Allgemeinheit dienender Gewässerausbauvorhaben zu; der Gesetzgeber benenne jedoch nicht die Ausbauvorhaben, die er als gemeinwohldienlich iSd Art. 14 III 1 GG einstufe, sondern überlasse diese Auswahl der Planfeststellungsbehörde. Der Gewässerausbau umfasse gem. § 67 II 1 WHG im Ausgangspunkt jede Herstellung, Beseitigung und wesentliche Umgestaltung eines Gewässers oder seiner Ufer; genausoweit reiche der Vorbehalt der Planfeststellung bzw. Plangenehmigung nach § 68 I und II WHG, an den § 71 I WHG anknüpfe. Von diesem außerordentlich weiten Begriff des Gewässerausbaus würden sowohl im öffentlichen Interesse liegende („gemeinnützige“) Vorhaben (zB der öffentlichen Wasserversorgung) erfasst als auch rein privatnützige (zB private Fischteiche) erfasst. Die herkömmliche Unterscheidung gemeinnütziger und privatnütziger Gewässerausbauvorhaben erlaube aber noch keinen Rückschluss auf die vom Gesetzgeber als gemeinwohldienlich iSd Art. 14 III 1 GG erachteten Vorhaben, weil der enteignungsrechtliche Begriff der Gemeinwohldienlichkeit über den Begriff der Gemeinnützigkeit hinausgehe und ein qualifiziertes öffentliches Interesse verlange. Der Gesetzgeber selbst müsse deshalb unter den gemeinnützigen (nicht nur rein privatnützigen) Gewässerausbauvorhaben die iSd Art. 14 III 1 GG gemeinwohldienlichen auswählen und dürfe diese Entscheidung nicht der Verwaltung überlassen.[1511]

6935 Etwas anderes ergebe sich auch nicht aus dem im Wasserhaushaltsrecht zentralen Begriff des Wohls der Allgemeinheit, beispielsweise als allgemeiner Bewirtschaftungsgrundsatz (§ 6 I 1 Nr. 3 WHG), als Voraussetzung für die Zulassung von Gewässerbenutzungen (§ 12 I Nr. 1 iVm § 3 Nr. 10 WHG) oder als Maßstab für die Gewährleistung der öffentlichen Wasserversorgung (§§ 50 ff. WHG).[1512] Auch wenn insoweit ein in Rechtsprechung und Schrifttum im Einzelnen präzise ausgeformter und in weiten Teilen durchaus auch verbreitet konsentierter Bedeutungsgehalt identifiziert werden könne, genüge dies den verfassungsrechtlichen Anforderungen an eine hinreichende Bestimmtheit des Gemeinwohlzwecks als Enteignungsrechtfertigung durch den Gesetzgeber nicht. Denn der Gesetzgeber selbst spezifiziere gerade nicht – wie verfassungsrechtlich geboten – mögliche wasserrechtlich gerechtfertigte Enteignungsziele, sondern wiederhole lediglich die schon in Art. 14 III GG allgemein vorgegebene Enteignungsvoraussetzung der Gemeinwohldienlichkeit, so dass die materielle Entscheidung über den konkreten Enteignungszweck in verfassungsrechtlich unzulässiger Weise der Verwaltung und Rechtsprechung überlassen bleibe. Wenn aber das Wohl der Allgemeinheit nicht gesetzlich hinreichend bestimmt sei, sondern erst auf dem Weg der Auslegung ermittelt werden könne, scheide eine Enteignung aus.[1513]

---

keine verfassungsrechtlichen Bedenken hegen offenbar auch Riese in Landmann/Rohmer, Umweltrecht, § 71 WHG Rn. 8; Spieth in BeckOK Umweltrecht, § 71 WHG Rn. 1 ff.; Breuer/Gärditz Öffentliches und privates Wasserrecht, 2017, Rn. 1218, 1219; Deutsch in Mann/Sennekamp/Uechtritz, VwVfG 2019, § 75 Rn. 101, Kämper in Beck OK VwVfG, § 75 Rn. 16a.

1510 Kümper NuR 2019, 731 (736).

1511 Kümper in Schink/Fellenberg, WHG, 2021, § 71 Rn. 18.

1512 Reinhardt NVwZ 2021, 755 (777).

1513 Reinhardt NVwZ 2021, 755 (757); aA Fröhlich ZfW 2014, 183 (193).

Der Umstand, dass die in § 71 WHG adressierten Maßnahmen des Gewässerausbaus im Einzelfall auch einem als solchen gemeinnützigen gewässerschützenden Interesse, wie etwa der Erleichterung der Gewässerunterhaltung dienen könnten, reiche für die Annahme einer hinreichenden gesetzlichen Bestimmung des verfassungsrechtlichen Gemeinwohlerfordernisses als Enteignungsvoraussetzung ebenfalls nicht aus, insbesondere deshalb nicht, weil sich die entsprechende enteignungsrechtliche Regelung des § 71 II 1 WHG explizit ausschließlich auf Gewässerausbauten des Küsten- und Hochwasserschutzes beschränke und weitere wasserwirtschaftliche und gewässerschützende Zielsetzungen nicht erwähne. Welche Gewässerausbauten jenseits des Küsten- und Hochwasserschutzes zur Enteignung berechtigten, sei mithin bundesgesetzlich nicht hinreichend bestimmt.[1514] Der hierin liegende Verstoß gegen das Gesetzmäßigkeitsgebot des Art. 14 III 2 GG lasse sich im Falle des § 71 I WHG auch nicht im Wege einer verfassungskonformen Auslegung vermeiden. In seinem Urteil zum Tagebau Garzweiler II habe das BVerfG anhand der Entstehungsgeschichte des § 79 I BBergG noch ein „enges Verständnis" identifizieren können, so dass es diese Enteignungsvorschrift entgegen der Formulierung „insbesondere" verfassungskonform als abschließende Regelung hätte interpretieren können, ohne sich in einen offenen Widerspruch zu dem erkennbaren Willen des Gesetzgebers zu setzen; die in § 79 I BBergG benannten Enteignungszwecke – namentlich die „Sicherstellung der Versorgung des Marktes mit Rohstoffen" – hätten daher noch dem Gesetzmäßigkeitsgebot des Art. 14III 2 GG genügen können. Eine derartige verfassungskonforme Einschränkung sei aber bei § 71 I WHG nicht möglich, weil die Vorschrift überhaupt keine Vorhaben als abstrakt gemeinwohldienlich iSd Art. 14 III 1 GG benenne, sondern lediglich mit Blick auf Gewässerausbauvorhaben im Allgemeinen einen Vorbehalt der Gemeinwohldienlichkeit formuliere. Die dem Gesetzgeber obliegende Konkretisierungsaufgabe könne vor dem Hintergrund des offenen Gemeinwohlbegriffs des Grundgesetzes nicht im Wege der verfassungskonformen Auslegung geleistet werden.[1515] 6936

Die geschilderten Zweifel an der Verfassungskonformität des § 71 WHG werden im Wesentlichen auf die Rechtsprechung des BVerfG gestützt. Verwiesen wird insbesondere auf das Urteil des BVerfG zum Braunkohlentagebau Garzweiler II.[1516] Auf dieses Urteil stützen sich auch der Nichtannahmebeschluss des BVerfG vom 25.1.2017 zum Gesetz zur Errichtung und zum Betrieb einer Ethylen-Rohrleitungsanlage in Baden-Württemberg,[1517] und der Beschluss des BVerfG zur Verfassungsmäßigkeit des § 1 S 1 des „Gesetzes über die Errichtung und den Betrieb einer Rohrleitungsanlage zwischen Dormagen und Krefeld-Uerdingen" vom 21.12.2016.[1518] Beide Beschlüsse befassen sich ebenfalls mit den verfassungsrechtlichen Anforderungen an eine Enteignung zugunsten Privater. Das BVerfG führt zu seiner Rechtsprechung zur Enteignung zugunsten Privater in seinem Nichtannahmebeschluss vom 25.1.2017 zu einer Rohrleitungsanlage in Baden-Württemberg aus, die Enteignung sei regelmäßig ein schwerer Eingriff in das verfassungsrechtlich garantierte Eigentum und an Art. 14 III 1 GG zu messen. Dieser lasse die Enteignung nur zum Wohle der Allgemeinheit zu. Sie dürfe nur durch Gesetz oder aufgrund eines Gesetzes stattfinden, das Art und Ausmaß der Entschädigung regele (Art. 14 III 2 GG). Die Bestimmung des eine Enteignung rechtfertigenden Gemeinwohlziels und des Vorhabens, das generell zu seiner Verwirklichung in Frage komme, sowie der wesentlichen Voraussetzungen für eine Enteignung seien dem parlamentarischen Gesetzgeber vorbehalten. Sofern eine Enteignung zugunsten Privater vorgesehen sei, seien weitere Anforderungen an das Gesetz zu stellen.[1519] 6937

Überwiegendes spricht dafür, dass die Rechtsprechung des BVerfG zum Braunkohlentagebau Garzweiler II nicht auf § 71 WHG übertragbar ist, weil zwischen der Grundabtretung nach § 79 BBergG und den zugehörigen bergrechtlichen Betriebsplanzulassungen einerseits und der wasserhaushaltsrechtlichen Planfeststellung andererseits grundlegende Unterschiede bestehen. Anders als für die bergrechtliche Betriebsplanzulassung und insbesondere auch für die 6938

1514 Reinhardt NVwZ 2021, 755 (757).

1515 Kümper in Schink/Fellenberg, WHG, 2021, § 71 Rn. 19.

1516 BVerfGE 134, 242; dazu Dietlein AUR 2015, 167; Ziehm ZUR 2014, 458; Kühne Bergrecht und verfassungsrechtliche Eigentumsdogmatik, in FS OLG Hamm, 2020, 265, 269 f.

1517 BVerfG Nichtannahmebeschl. v. 25.1.2017 – 1 BvR 2297/10, juris; siehe dazu Ogorek DÖV 2018, 465; Höfling DVBl. 2017, 1176.

1518 BVerfG Beschl. v. 21.12.2016 – 1 BvL 10/14, juris; auch dazu Ogorek DÖV 2018, 465; Höfling DVBl.. 2017, 1176; Hoops NVwZ 2017, 1496.

1519 BVerfG Nichtannahmebeschl. v. 25.1.2017 – 1 BvR 2297/10, juris Rn. 34 unter Verweis auf BVerfGE 134, 242 (290 f., Rn 166 ff.

bergrechtliche Planfeststellung bedarf es für eine wasserhaushaltsrechtliche Planfeststellung, der eine enteignungsrechtliche Vorwirkung zugemessen werden soll, stets einer voll gerichtlich überprüfbaren Planrechtfertigung. Für den Gewässerausbau zum Zwecke einer Nassauskiesung folgt daraus das zwingende Erfordernis einer Bedarfsprüfung. Die Planfeststellungsbehörde muss sich vor der Bestimmung einer enteignungsrechtlichen Vorwirkung des Planfeststellungsbeschlusses in jedem Fall vergewissern, ob es für die Kiese und Sande, die mit dem Vorhaben gewonnen werden sollen, einen Bedarf gibt, ob also der Abbau der Versorgung des Marktes mit den Sanden und Kiesen dient. Das eine Grundabtretung nach § 79 I BBergG rechtfertigende Kriterium der Versorgung des Marktes mit Rohstoffen, muss insoweit bei der wasserhaushaltsrechtlichen Planfeststellung geprüft werden, ohne dass dies im Gesetz ausdrücklich geregelt wird, wenn der Planfeststellungsbeschluss eine Enteignung ermöglichen soll. Insoweit steht die wasserhaushaltsrechtliche Planfeststellung rechtsdogmatisch den Planfeststellungen des Fachplanungsrechts für Infrastrukturvorhaben näher, deren enteignungsrechtliche Vorwirkung auch nicht von einer konkreteren Ausformulierung der Enteignungszwecke abhängt, sondern Konsequenz des Erfordernisses einer Planrechtfertigung und einer dazugehörenden Bedarfsfeststellung ist, die nach der Rechtsprechung des BVerwG zwangsläufige Konsequenz des für alle Planfeststellungen aus dem Rechtsstaatsprinzip und dem Verhältnismäßigkeitsgrundsatz abgeleiteten Abwägungsgebots sind.

6939 **m) Vorzeitige Besitzeinweisung.** Die zuständige Behörde hat den Träger eines Vorhabens zum Küsten- oder Hochwasserschutz gem. § 71a I WHG auf Antrag nach der Feststellung des Plans oder nach der Erteilung der Plangenehmigung in den Besitz einzuweisen, wenn 1. der Eigentümer oder Besitzer eines Grundstücks, das für das Vorhaben benötigt wird, sich weigert, den Besitz durch Vereinbarung unter Vorbehalt aller Entschädigungsansprüche dem Träger des Vorhabens zu überlassen, 2. der sofortige Beginn von Bauarbeiten aus Gründen eines wirksamen Küsten- oder Hochwasserschutzes geboten ist und 3. der Planfeststellungsbeschluss oder die Plangenehmigung vollziehbar ist.

8. Hochwasserschutz

6940 Die dramatischen Folgen des Klimawandels waren in den vergangenen Jahren weltweit mit apokalyptischen Bildern von verheerenden Waldbränden und in Deutschland vor allem auch angesichts zerstörerischer Hochwasserkatastrophen in Rheinland-Pfalz, in Bayern und in Nordrhein-Westfalen unübersehbar. Fast 200 Tote, Hunderte von Verletzten, verheerende Sachschäden und ein Wiederaufbauprogramm für die Hochwasserschäden der Bundesregierung in Höhe von 30 Mrd. Euro verdeutlichen den dringenden Handlungsbedarf zur Verstärkung des Hochwasserschutzes und für Maßnahmen zur Begrenzung des Klimawandels sowie zur Anpassung an den Klimawandel. Mit dem Klimawandel steigt insbesondere auch das Hochwasserrisiko an Fließgewässern.[1520] Die Wahrscheinlichkeit extremer Regenfälle soll sich ausweislich einer im August 2021 veröffentlichten Attributionsstudie, mit der sich abschätzen lässt, inwieweit der vom Menschen verursachte Klimawandel für das Auftreten individueller Wetter- oder Klimaextreme verantwortlich ist, durch den Klimawandel um das 1,2- bis 9-Fache erhöht haben. Die Intensität dieser extremen Niederschläge wird sich aufgrund der globalen Erwärmung in Deutschland deutlich erhöhen.[1521] Schon nach einer Analyse der Internationalen Kommission zum Schutz des Rheines (IKSR) aus dem Jahre 2001 liegt bei einem Hochwasser, das durchschnittlich nur alle 200 Jahre eintrifft, das Sachschadenspotential allein für den Rhein bei rund 165 Mrd. Euro.[1522] Angesichts gewaltiger Hochwasserschäden schon in den letzten Jahrzehnten besteht insoweit kein Zweifel, dass der Hochwasserschutz verstärkt werden muss. Ein verbesserter Hochwasserschutz als Konsequenz der sog. Jahrhunderthochwasser in den Jahren 2002, 2013 und 2016 war deshalb auch bereits Gegenstand mehrerer Novellen des WHG in

[1520] Monitoringbericht des Umweltbundesamts zur Deutschen Anpassungsstrategie an den Klimawandel, 2019, S. 68; auch der Herbst 2024 war geprägt durch Hochwasserkatastrophen in Niederösterreich, Tschechien, Polen und, wenn auch weniger dramatisch, im Freistaat Sachsen.

[1521] Die Studie „Rapid attribution of heavy rainfall events leading to the severe flooding in Western Europe June 2021" ist im Internet mit folgendem Link einsehbar: https://www.worldweatherattribution.org/analysis/rainfall/

[1522] siehe dazu den Abschlussbericht des Umweltbundesamts „Maßnahmen zur wassersensiblen Stadtentwicklung – Analyse des Standes der Starkregenvorsorge in Deutschland und Ableitung zukünftigen Handlungsbedarfs, Texte 55/2019, S. 37.

den Jahren 1996, 2005, 2009 und 2017. Einem verbesserten Hochwasserschutz durch Instrumente der Raumordnung dient auch der 2021 in Kraft getretene länderübergreifende Bundesraumordnungsplan Hochwasserschutz.[1523]

Der Gesetzgeber definiert **Hochwasser** in § 72 S. 1 WHG als eine zeitlich beschränkte Überschwemmung von normalerweise nicht mit Wasser bedecktem Land, insbesondere durch oberirdische Gewässer oder durch in Küstengebiete eindringendes Meerwasser. Hochwasser wird zunehmend auch durch regional begrenzte Wetterlagen ausgelöst. Im Sommer sind dies in der Regel über mehrere Tage anhaltende Regenfälle und Starkregenereignisse, die häufig lokal begrenzt auftreten.[1524] Im Winter führen häufig Tauwetterlagen verbunden mit Regenfällen zu Hochwasser. Starkregen ist eine „große Niederschlagsmenge pro Zeiteinheit" definiert. Von Starkregen spricht man, wenn innerhalb kurzer Zeit außergewöhnlich große Niederschlagsmengen niedergehen. Starkregen kann überall auftreten und zu schnell ansteigenden Wasserständen und zu Überschwemmungen führen. Starkregenereignisse sind in ihrer zunehmenden Intensität und Häufigkeit regionale Folgen des Klimawandels.[1525] 6941

a) Gesetzgebungszuständigkeit. Für das **Wasserstraßenrecht**, das **Bodenrecht** und **Regelungen über den Deutschen Wetterdienst** nimmt der Bund für sich die konkurrierende Gesetzgebungskompetenz (Art. 74 Nr. 17, 18, 21 GG) in Anspruch. Auch für das Wasserhaushaltsrecht (Art. 74 I Nr. 32 GG) und die Raumordnung (Art. 74 I Nr. 31 GG) besteht nach Inkrafttreten der Föderalismusreform eine konkurrierende Gesetzgebungszuständigkeit des Bundes, die nicht den erhöhten Anforderungen des Art. 72 II GG unterliegt und von denen der Bund inzwischen durch das GeROG und das WHG 2010 Gebrauch gemacht hat. Bundesgesetze auf diesem Gebiet sind nicht zustimmungspflichtig (Art. 74 II GG). Allerdings können die Länder durch Gesetz hiervon abweichende Regelungen erlassen (Art. 72 III 1 Nr. 4 und 5 GG).[1526] Der Hochwasserschutz ist in erster Linie im WHG geregelt.[1527] 6942

b) Hochwasserschutz in der Raumplanung. Den zentralen Grundsatz der Raumordnung für den Hochwasserschutz enthält § 2 II Nr. 6 Satz 5 ROG. Danach ist für den vorbeugenden Hochwasserschutz an der Küste und im Binnenland zu sorgen, im Binnenland vor allem durch Sicherung oder Rückgewinnung von Auen, Rückhalteflächen und Entlastungsflächen. Wichtiger Bestandteil eines vorbeugenden Hochwasserschutzes ist die Festsetzung von Überschwemmungsgebieten, für die das WHG bundesweit die schon erwähnten Regeln enthält.[1528] Darüber hinaus ist es Aufgabe der Raumordnung, durch Festlegungen zum vorbeugenden Hochwasserschutz die Raumnutzung so zu steuern, dass sie Hochwassergefahren möglichst wenig ausgesetzt ist. In gefährdeten Bereichen kann eine Nutzung für Siedlungen oder Infrastrukturen ausgeschlossen werden. Flächen, die für den Wasserrückhalt in der Landschaft und einen vorrausschauenden, den Klimawandel berücksichtigenden Hochwasserschutz von Bedeutung sind, können gesichert bzw. mit Nutzungsbeschränkungen belegt werden.[1529] raumplanerischen Festlegungen nach § 7 III ROG können auch Vorrang- oder Vorbehaltsgebiete zu Gunsten bestimmter raumbedeutsamer Funktionen oder Nutzungen insbesondere auch für den vorbeugenden Hochwasserschutz bezeichnen. Vorranggebiete, die andere raumbedeutsame Nutzungen ausschließen, soweit diese mit den vorrangigen Funktionen oder Nutzungen nicht vereinbar sind (§ 7 III 1 Nr. 1 ROG), sind als Ziele der Raumordnung für den vorbeugenden Hochwasserschutz von besonderer Bedeutung, weil sie gegenüber raumbedeutsamen Planungen und Maßnahmen gem. §§ 4, 5 ROG verbindlich sind. 6943

[1523] Beckmann BauR 2021, 1748.

[1524] Monitoringbericht des Umweltbundesamts zur Deutschen Anpassungsstrategie an den Klimawandel, 2019, S. 52.

[1525] Siehe dazu die Definition im Anhang des Bundesraumordnungsplans. Eine allgemeingültige Definition des Begriffs gibt es allerdings nicht; ARGEBAU, Handlungsanleitung zur Hochwasservorsorge und zum Hochwasserschutz in der Raumordnung- und in der Bauleitplanung sowie bei der Zulassung von Einzelbauvorhaben, Stand: 26.11.2018, S. 2.

[1526] Krautzberger/Stüer BauR 2009, 180. Zur Bewertung der Gesetzgebungskompetenz vor Inkrafttreten der Föderalismusreform 2005 Stellungnahme des Bundesrates zum Entwurf eines Gesetzes zur Verbesserung des vorbeugenden Hochwasserschutzes, BT-Drs. 15/3168 v. 21.5.2004.

[1527] Spannowsky zum Hochwasserschutzvorsorge in Bezug auf Niederschlagswasser und Starkregen nach dem WHG und den Landeswassergesetzen der Länder, ZfBR 2020, 523.

[1528] dazu Breuer/Gärditz Öffentliches und privates Wasserrecht, 2017, Rn. 1297.

[1529] Monitoringbericht des Umweltbundesamts zur Deutschen Anpassungsstrategie an den Klimawandel, 2019, S. 224.

Die raumplanerische Festlegung eines Vorbehaltsgebiets für den vorbeugenden Hochwasserschutz ist hingegen nur ein zu berücksichtigender Grundsatz, der in der konkreten Situation zugunsten anderer Belange zurückgestellt und überwunden werden kann.[1530] Da natürliche Überschwemmungsflächen der Fließgewässer durch Eindeichungen, Gewässerausbau und Aufhöhung gewässernaher (Bau-)Grundstücke in der Vergangenheit stark verkleinert worden sind, sollen noch nicht bebaute Überschwemmungsflächen zukünftig möglichst umfassend für den Abfluss, die Rückhaltung und die Entlastung von Hochwasser erhalten werden. Eine weitere Inanspruchnahme für Baugebiete soll ausgeschlossen werden, um Retentionsraum zu erhalten und keine zusätzlichen Schadensrisiken zu schaffen. Vorhandene Überschwemmungsflächen sollen deshalb durch Vorranggebiete in Landes- und Regionalplänen gesichert werden.[1531] Raumordnungspläne können auch Überschwemmungsbereiche sichern, die bei Deichrückverlegungen, Gewässerrenaturierungen und bei der Verbreiterungen von Abflussquerschnitten als Retentionsraum zurückgewonnen werden sollen. Dabei handelt es sich häufig um ehemalige Überschwemmungsgebiete. Neben textlichen Zielaussagen zur Rückgewinnung von Überschwemmungsflächen soll auch eine zeichnerische Darstellung in Raumordnungsplänen angestrebt werden. Eine raumordnerische Risikovorsorge kann durch verschiedene Maßnahmen geplant werden. Im Einvernehmen mit den fachlich betroffenen Bundesministerien kann das Bundesministerium des Innern, für Bau und Heimat, außerdem gem. § 17 II 1 ROG länderübergreifende Raumordnungspläne unter anderem für den Hochwasserschutz als Rechtsverordnung aufstellen. Voraussetzung dafür ist, dass dies für die räumliche Entwicklung und Ordnung des Bundesgebietes unter nationalen oder europäischen Gesichtspunkten erforderlich ist.

6944 **c) Hochwasserschutz in der Bauleitplanung.** Vorbeugender Hochwasserschutz ist vor allem auch Aufgabe der kommunalen Bauleitplanung.[1532] Nach § 1 VI Nr. 12 BauGB sind „die Belange des Küsten- oder Hochwasserschutzes und der Hochwasservorsorge, insbesondere die Vermeidung und Verringerung von Hochwasserschäden" zu berücksichtigen. Das setzt eine fachlich qualifizierte Ermittlung und Bewertung der im konkreten Planungsfall relevanten Aspekte voraus und erfordert regelmäßig die Einbeziehung der zuständigen Wasserbehörde.[1533] Unabhängig von den in der planerischen Abwägung nicht überwindbaren Einschränkungen der Bauleitplanung in förmlich festgesetzten oder vorläufig gesicherten Überschwemmungsgebieten gem. § 78 I bis III WHG ist der Hochwasserschutz insoweit bei der planerischen Abwägung stets zu berücksichtigen, im Hinblick auf das Erhaltungsgebot des § 77 WHG mit dem Gewicht eines Optimierungsgebots.[1534] Im Flächennutzungsplan kann die Gemeinde gem. § 5 II Nr. 7 BauGB Flächen darstellen, die im Interesse des Hochwasserschutzes und der Regelung des Wasserabflusses freizuhalten sind. Damit können auch Rückhalteflächen nach § 77 WHG, die wasserrechtlich nicht förmlich festgesetzt werden, im Flächennutzungsplan dargestellt werden.[1535] Gem. § 5 IVa BauGB sollen festgesetzte Überschwemmungsgebiete iSd § 76 II WHG, Risikogebiete außerhalb von Überschwemmungsgebieten iSd § 78b I WHG sowie Hochwasserentstehungsgebiete iSd § 78d I WHG nachrichtlich übernommen sowie noch nicht festgesetzte Überschwemmungsgebiete iSd § 76 III WHG und als Risikogebiete iSd § 73 I 1 WHG bestimmte Gebiete im Flächennutzungsplan vermerkt werden. Im Bebauungsplan können gem. § 9 I Nr. 16 BauGB neben Wasserflächen und Flächen für die Wasserwirtschaft auch Flächen für Hochwasserschutzanlagen und für die Regelung des Wasserabflusses festgesetzt werden, außerdem Gebiete, in denen bei der Errichtung baulicher Anlagen bestimmte bauliche

---

1530 Breuer/Gärditz Öffentliches und privates Wasserrecht, 2017, Rn. 1297.

1531 ARGEBAU Handlungsanleitung zur Hochwasservorsorge und zum Hochwasserschutz in der Raumordnung- und in der Bauleitplanung sowie bei der Zulassung von Einzelbauvorhaben, Stand: 26.11.2018, 2018, S. 5.

1532 dazu näher Mitschang ZfBR 2018, 329; Köck ZUR 2015, 515.

1533 OVG Münster BauR 2017, 666; Hünnekens in Landmann/Rohmer, Umweltrecht, /2020, Vor §§ 72 bis 81 WHG Rn. 39.

1534 Hünnekens in Landmann/Rohmer, Umweltrecht, 2020, Vor §§ 72 bis 81 WHG Rn. 44; VGH München Urt. v. 14.12.2016–15 N 15.1201, juris Rn. 42; OVG Lüneburg ZfBR 2008, 493; BauR 2008, 1846; Köck ZUR 2015, 515, 521 ff.; Schmitt ZfW 2016, 21, 23 ff.; auch das BVerwG hat ausdrücklich auf die besondere Bedeutung des Hochwasserschutzes in der Bauleitplanung hingewiesen, siehe BVerwGE 121, 283.

1535 Mitschang/Arndt/Schnorr UPR 2018, 361, 367; Hünnekens in Landmann/Rohmer, Umweltrecht, 2020, Vor §§ 72 bis 81 WHG Rn. 40.

oder technische Hochwasserschutzmaßnahmen notwendig werden, und schließlich Flächen, die auf einem Baugrundstück für die Versickerung von Niederschlagswasser freigehalten werden müssen, um insbesondere Hochwasserschäden vorzubeugen.[1536] § 9 VI a BauGB sieht außerdem vor, dass Hochwassergebiete der unterschiedlichen Gebietskategorien im Bebauungsplan nachrichtlich übernommen bzw. vermerkt werden sollen.

Nach § 35 III 1 Nr. 6 BauGB liegt eine Beeinträchtigung öffentlicher Belange liegt insbesondere vor, wenn das Vorhaben die Wasserwirtschaft oder den Hochwasserschutz gefährdet. 6945

d) Bewertung von Hochwasserrisiken. Hochwasserrisiken definiert der Gesetzgeber in § 73 I 2 WHG als die Kombination der Wahrscheinlichkeit des Eintritts eines Hochwasserereignisses mit den möglichen nachteiligen Hochwasserfolgen für die menschliche Gesundheit, die Umwelt, das Kulturerbe, wirtschaftliche Tätigkeiten und erhebliche Sachwerte. § 73I 1 WHG verpflichtet die zuständigen Behörden, Hochwasserrisiken zu bewerten und Gebiete mit einem signifikanten Hochwasserrisiko zu bestimmen. Risikobewertung und Bestimmung der Risikogebiete sind gem. § 73 III 1 WHG für jede Flussgebietseinheit gesondert vorzunehmen. Risikobewertung, Bestimmung der Risikogebiete und Maßnahmenentscheidungen waren gem. § 73 VI WHG erstmalig bis zum 28.12.2018 erforderlich und sind seitdem alle sechs Jahre zu überprüfen und gegebenenfalls zu aktualisieren. 6946

e) Gefahrenkarten und Risikokarten. Nach § 74 I WHG sind die zuständigen Behörden verpflichtet, Gefahren- und Risikokarten für die von ihnen bestimmten Risikogebiete zu erstellen. Alle Karten waren erstmalig bis zum 22.12.2019 zu erstellen; sie sind ebenfalls alle sechs Jahre zu überprüfen und gegebenenfalls zu aktualisieren. Gefahrenkarten erfassen bestimmte Gebiete, die bei bestimmten Hochwasserereignissen überflutet werden. Dazu zählen 1. Hochwasser mit niedriger Wahrscheinlichkeit (voraussichtliches Wiederkehrintervall mindestens 200 Jahre) oder bei Extremereignissen, 2. Hochwasser mit mittlerer Wahrscheinlichkeit (voraussichtliches Wiederkehrintervall mindestens 100 Jahre), und 3., soweit erforderlich, Hochwasser mit hoher Wahrscheinlichkeit. Die Gefahrenkarten müssen nach § 74 III WHG für die Risikogebiete Angaben enthalten zum Ausmaß der Überflutung, zur Wassertiefe oder, soweit erforderlich, zum Wasserstand, und soweit erforderlich, zur Fließgeschwindigkeit oder zum für die Risikobewertung bedeutsamen Wasserabfluss. Risikokarten erfassen nach § 74 IV WHG mögliche nachteilige Folgen der Hochwasserereignisse. 6947

f) Risikomanagementpläne. Nach § 75 I WHG stellen die zuständigen Behörden für die Risikogebiete auf der Grundlage der Gefahren- und Risikokarten Risikomanagementpläne auf. Diese dienen nach § 75 II 1 WHG dazu, die nachteiligen Folgen, die an oberirdischen Gewässern mindestens von einem Hochwasser mit mittlerer Wahrscheinlichkeit und beim Schutz von Küstengebieten mindestens von einem Extremereignis ausgehen, zu verringern, soweit dies möglich und verhältnismäßig ist. Die Pläne legen gem. § 75 II 2 WHG für die Risikogebiete angemessene Ziele für das Risikomanagement fest, insbesondere zur Verringerung möglicher nachteiliger Hochwasserfolgen und, soweit erforderlich, für nichtbauliche Maßnahmen der Hochwasservorsorge und für die Verminderung der Hochwasserwahrscheinlichkeit. Die Risikomanagementpläne müssen dabei mindestens den im Anhang der Richtlinie 2007/60/EG – HWRM-RL – genannten Angaben und den Anforderungen nach Art. 7 III 2 bis 4 dieser Richtlinie genügen.[1537] 6948

Bei der gerichtlichen Überprüfung einer für den Hochwasserrisikomanagementplan anzustellenden **Prognose** ist den Grundsätzen zu folgen, die auch sonst für die Überprüfung fachplanerischer Prognosen gelten. Sie erstreckt sich darauf, ob die Prognose auf der Grundlage fachwissenschaftlicher Maßstäbe methodengerecht erstellt wurde oder ob sie fehlerhaft ist, weil sie hiervon abweicht oder auf willkürlichen Annahmen oder offensichtlichen Unrichtigkeiten beruht, in sich widersprüchlich oder aus sonstigen Gründen nicht nachvollziehbar ist.[1538] 6949

g) Überschwemmungsgebiete an oberirdischen Gewässern. § 76 WHG enthält außerdem noch Regelungen für Überschwemmungsgebiete an oberirdischen Gewässern. Überschwemmungsgebiete sind nach § 76 I WHG Gebiete zwischen oberirdischen Gewässern und Deichen oder Hochufern und sonstige Gebiete, die bei Hochwasser eines oberirdischen Gewäs- 6950

1536 Hünnekens in Landmann/Rohmer, Umweltrecht, Stand2020, Vor §§ 72 bis 81 WHG Rn. 41; Mitschang/Arndt/Schnorr UPR 2018, 361, 367, 370.

1537 VGH Kassel ZUR 2021, 163 = juris Rn. 123.

1538 VGH Kassel Urt. v. 26.5.2020 – 9 2796/16.N, juris Rn. 142.

sers überschwemmt oder durchflossen oder die für Hochwasserentlastung oder Rückhaltung beansprucht werden. 2Dies gilt nicht für Gebiete, die überwiegend von den Gezeiten beeinflusst sind, soweit durch Landesrecht nichts anderes bestimmt ist. Das Gewässer selbst und die Ufer gehören nicht zum Überschwemmungsgebiet; sie werden durch die Vorschriften über Unterhaltung und Ausbau (§§ 39 ff., 67 ff. WHG) und durch die bundes- und landesrechtlichen Bestimmungen über Anlagen in, an, über und unter Gewässern (§ 36 WHG, geschützt.[1539]

6951 Nach § 76 II WHG setzt die Landesregierung durch Rechtsverordnung innerhalb der Risikogebiete oder der nach § 73 V 2 Nr. 1 WHG zugeordneten Gebiete mindestens die Gebiete, in denen ein Hochwasserereignis statistisch einmal in 100 Jahren zu erwarten ist, und die zur Hochwasserentlastung und Rückhaltung beanspruchter Gebiete als Überschwemmungsgebiete fest. Überschwemmungsgebiete sind nach § 76 II 1 WHG Gebiete zwischen oberirdischen Gewässern und Deichen oder Hochufern und sonstige Gebiete, die bei Hochwasser eines oberirdischen Gewässers überschwemmt oder durchflossen oder die für Hochwasserentlastung oder Rückhaltung beansprucht werden. Die Festsetzungen bestehen aus der räumlichen Abgrenzung des Gebiets und der Festlegung der in ihm geltenden Schutzanordnungen; sie sind nach § 76 II 2 WHG an neue Erkenntnisse anzupassen. e Festsetzung von Überschwemmungsgebieten bestimmt als solche nur die Flächen fest, auf denen die zum Schutz vor Hochwassergefahren geltenden besonderen Schutzvorschriften (§§ 78, 78a WHG) anwendbar sind. Entschädigungsansprüche der Betroffenen werden durch sie nicht ausgelöst, weil die Festsetzung allein keine unmittelbar rechtsbeeinträchtigende Wirkungen hat.[1540] Die Landesregierung kann gem. § 76 II 3 WHG die Ermächtigung durch Rechtsverordnung auf andere Landesbehörden übertragen.

6952 Neben **Deichen** können auch andere Hochwasserschutzeinrichtungen wie etwa **Sperrwerke** oder Dammbalkensysteme Überflutungen verhindern. Die dadurch geschützten Gebiete sind keine Überschwemmungsgebiete, sondern Risikogebiete (überschwemmungsgefährdete Gebiete) nach § 73 WHG. Durch Landesrecht wird auch geregelt, dass die Öffentlichkeit über Gewässer oder Gewässerabschnitte mit Hochwassergefahren zu informieren ist.

6953 Noch nicht nach § 76 II oder III WHG festgesetzte Überschwemmungsgebiete sind zu ermitteln, in Kartenform darzustellen und vorläufig zu sichern. Eine Zulassung von Bauvorhaben im vorläufig gesicherten Überschwemmungsgebiet entfaltet nur dann eine drittschützende Wirkung für betroffene Nachbarn, soweit deren Rechtsgüter hierdurch mehr als nur geringfügig beeinträchtigt sind. Dies erfordert einen spürbaren qualifizierten Nachteil, dh eine mehr als unerhebliche Verschlechterung der Hochwassersituation, die dem Betroffenen nicht mehr zumutbar ist.[1541]

6954 Fraglich ist, ob im Anwendungsbereich des § 34 BauGB und des § 35 BauGB der Hochwasserschutz über das bauplanungsrechtliche Rücksichtnahmegebot noch zu prüfen sei, wenn es sich um Vorhaben in festgesetzten oder in vorläufig gesicherten Überschwemmungsgebieten (§ 76 II und III WHG) handelt. Dagegen könnte eine Spezialität der ebenfalls Drittschutz vermittelnden strengeren Regelungen in §§ 78 und 78a WHG sprechen, neben der für das bauplanungsrechtliche Gebot der Rücksichtnahme kein Raum mehr bleibt.[1542] Bei Vorliegen der engen Voraussetzungen für eine Ausnahme von den Verboten der §§ 78 und 78a WHG dürfte eine unzumutbare Verschärfung der Hochwassergefahr für die Nachbarschaft und damit ein Verstoß gegen das bauplanungsrechtliche Rücksichtnahmegebot aus tatsächlichen Gründen regelmäßig ausscheiden.[1543] Nach anderer Ansicht bleiben § 35 BauGB und das darin verankerte Gebot der Rücksichtnahme im Verhältnis zu den wasserrechtlichen Vorschriften weiterhin eine Auffangfunktion mit eigenständigem städtebaulichen Regelungswert. Die Belange des Hochwasserschutzes seien unter dem Eindruck mehrerer überregionaler Hochwasserereignisse in § 35 III 1 Nr. 6 BauGB aufgenommen worden. Die Regelung ziele auf einen umfassenden Schutz. Beabsichtigt gewesen sei es auch, die Bedeutung des Hochwasserschutzes zu verstärken und den Drittschutz bei wasserrechtlichen Ausnahmegenehmigungen gemäß §§ 78 und 78a WHG zu verstärken. Beides spreche nicht nur für eine umfassende Stärkung der objektivrechtlich zu berücksichtigenden Hochwasserschutzbelange, sondern auch für eine gezielte Erweiterung des Nachbarschutzes. Eine abschließende Wirkung der Bestimmungen des WHG und

---

[1539] Czychowski/Reinhardt, WHG, 2023, § 6 Rn. 6.

[1540] Czychowski/Reinhardt, WHG, 2023, § 6 Rn. 23.

[1541] VGH München Beschl. v. 10.8.2021 – ZB 21.1330, juris 10.

[1542] Siehe dazu VGH München Beschl. v. 6.2.2019 – 15 CS 18.2459, juris Rn. 32 ff. für Vorhaben nach § 34 BauGB und VGH München Beschl. v. 17.7.2020 – 9 CS 20.1250, juris.

[1543] VGH München BayVBl. 2023 = juris Rn. 20.

eine Verdrängung des in § 35 III 1 Nr. 6 BauGB verankerten Rücksichtnahmegebots, die zum teilweisen Wegfall der drittschützenden Auffangregelung im Baugenehmigungsverfahren führen würde, ließe sich damit kaum vereinbaren.[1544]

h) Rückhalteflächen, Bevorratung. Überschwemmungsgebiete müssen nach § 77 I 1 WHG in ihrer Funktion als Rückhalteflächen erhalten werden. Soweit überwiegende Gründe des Wohls der Allgemeinheit dem entgegenstehen, sind rechtzeitig gem. § 77 I 2 WHG die notwendigen Ausgleichsmaßnahmen zu treffen. Das können auch Maßnahmen mit dem Ziel des Küstenschutzes oder des Schutzes vor Hochwasser sein, die zum Zweck des Ausgleichs künftiger Verluste an Rückhalteflächen getroffen werden oder zugleich als Ausgleichs- oder Ersatzmaßnahme nach § 15 II BNatSchG dienen oder nach § 16 I BNatSchG anzuerkennen sind. Bei dieser Vorgabe handelt es sich um zwingendes Recht, weil sie als Anforderung nach dem Wasserhaushaltsgesetz gemäß § 68 III Nr. 2 WHG bei einem Gewässerausbau zu beachten ist. Allein die Tatsache, dass im Rahmen ihrer Anwendung auch eine abwägende Ermessensentscheidung auf der Rechtsfolgenseite zu treffen ist, führt nicht dazu, dass es sich um eine typische planerische Abwägung handelt. Vielmehr eröffnet erst die Feststellung, dass die vorgesehene Planung nach § 77 II WHG zulässig ist, in einem nächsten Schritt die eigentliche planerische Abwägung.[1545] Die Pflicht zur Ergreifung von Ausgleichsmaßnahmen betrifft dabei sowohl die Planungs- als auch die Umsetzungsebene mit der Folge, dass die Ausgleichsflächen bei Inkrafttreten des Bebauungsplans rechtlich gesichert sein und die erforderlichen Baumaßnahme zeitnah in Angriff genommen werden.[1546] 6955

Geeignet als Rückhalteflächen im Sinne von § 77 II WHG sind grundsätzlich solche Flächen, bei denen keine erheblichen Substanzbeeinträchtigungen oder sonstigen Eigentumsverluste eintreten würden. Es scheiden damit regelmäßig vor allem solche Flächen aus, die eine schutzwürdige Bebauung aufweisen oder die ihrer aktuellen schutzwürdigen Nutzung, verbunden mit einer wesentlichen und erheblichen Beeinträchtigung sonstigen Eigentums, dauerhaft entzogen würden.[1547] Demgegenüber kommen als zur Rückgewinnung geeignete Flächen grundsätzlich insbesondere Ackerflächen und sonstige landwirtschaftlich genutzte Flächen in Betracht. Hiervon ist auch der Gesetzgeber ausgegangen, als er bei der Einführung des Gebotes der Rückgewinnung auf das aus der Regelung resultierende Erfordernis einer Umwandlung von Ackerflächen in Dauergrünland zur Wiederherstellung natürlicher Rückhalteflächen hingewiesen hat.[1548] 6956

§ 77 II WHG gilt auch für faktische Überschwemmungsgebiete, die weder förmlich festgesetzt noch vorläufig gesichert wurden.[1549] 6957

i) Bauliche Schutzvorschriften für festgesetzte Überschwemmungsgebiete. Nach § 78 I 1 WHG ist in festgesetzten Überschwemmungsgebieten die Ausweisung neuer Baugebiete im Außenbereich in Bauleitplänen oder in sonstigen Satzungen nach dem Baugesetzbuch untersagt. Das gilt nicht, wenn die Ausweisung ausschließlich der Verbesserung des Hochwasserschutzes dient, sowie für Bauleitpläne für Häfen und Werften. § 78 I 1 Nr. 1 WHG erfasst nur solche Flächen in festgesetzten Überschwemmungsgebieten, die erstmalig einer Bebauung zugeführt werden sollen. Bloße Umplanungen, etwa die Änderung der Gebietsart eines bereits bestehenden Baugebiets, fallen nicht hierunter. In diesem Fall sind die Belange des Hochwasserschutzes im Rahmen der bauleitplanerischen Abwägung (§ 1 VI Nr. 1 und 12, VII, § 2 III BauGB) sowie der für die Vorhabenzulassung erforderlichen hochwasserschutzrechtlichen Abweichungsentscheidungen (§ 78 I 1 Nr. 2, III WHG) zu berücksichtigen.[1550] Auch **Nachver-** 6958

1544 VGH München BayVBl. 2023 = juris Rn. 20, Kment in Jarass/Kment, BauGB, 2022, § 35 Rn. 62; Söfker in Spannowsky/Uechtritz, BeckOK, BauGB, 2021, § 35 Rn. 96.

1545 OVG Münster Urt. v. 3.2.2022 – 20 D 122/20.AK, juris Rn. 77; siehe aber auch VGH München Urt. v. 28.11.2019 – 1 N 16.1370, juris Rn. 23, das ausdrücklich offengelassen hat, ob das Erhaltungsgebot für Überschwemmungsgebiete als gesetzliche Planungsschranke höherrangigen Rechts oder als abwägungsrelevantes planungsrechtliches Optimierungsgebot bzw. als Planungsleitsatz zu verstehen ist, der im Rahmen der Abwägung gemäß § 1 VII BauGB in Bezug auf die Belange des Hochwasserschutzes zu berücksichtigen ist und dabei das Abwägungsergebnis stark vorgeprägt ist.

1546 VGH München Urt. v. 28.11.2019 – 1 N 16.1370, juris Rn. 23.

1547 OVG Münster Urt. v. 3.2.2022 – 20 D 122/20.AK, juris Rn. 85.

1548 OVG Münster Urt. v. 3.2.2022 – 20 D 122/20.AK, juris Rn. 85.

1549 OVG Münster Urt. v. 3.2.2022 – 20 D 122/20.AK, juris Rn. 80; VGH München Beschl. v. 10.10.2016 – 1 NE 16.1765, juris; Hünnekens in Landmann/Rohmer, Umweltrecht, 2019, § 77 WHG Rn. 3.

1550 BVerwG DVBl. 2014, 1392. Stüer/Garbrock NVwZ 2014, 1377.

dichtungen in ausgewiesenen oder vorhandenen Baugebieten unterfallen dem Ausweisungsverbot daher nicht. Diese klarstellende Einschränkung, die bereits in den damaligen Gesetzesberatungen angelegt war, wird die Praxis gewiss sehr begrüßen. Denn in den Städten und Gemeinden war mit der durch die zuständigen Landesbehörden verordneten Ausweisung von Überschwemmungsgebieten die Soge verbunden, dass die ausgewiesenen Bereiche grundsätzlich der Bauleitplanung entzogen wären. Hier hat das BVerwG klargestellt: Nur bei der Ausweisung neuer Baugebiete auf bisher weder bebauten noch beplanten Flächen ergeben sich die in § 78 I Nr. 1 WHG aufgestellten Verbote. Das Verbot bezieht sich zudem nur auf Baugebiete, nicht auf einzelne bauliche Anlagen – vor allem, wenn sie sich beispielsweise als Erschließungsanlagen oder Verbindungsstraßen darstellen. Hier können sich allerdings aus § 78 I Nr. 2 WHG Vorgaben ableiten, die nur durch die Erfüllung der Anforderungen des § 78 III WHG überwunden werden können. In der Tendenz sind daher die sich in diesen Fällen ergebenden Überwindungslasten geringer, weil die besonderen für die Ausweisung von neuen Baugebieten geltenden Anforderungen des § 78 II WHG nicht gegeben sein müssen. Bei der Planung einer Straße in einem hochwassergefährdeten Gebiet sind zudem lediglich die mit der Maßnahme adäquat-kausal verbundenen Beeinträchtigungen planerisch zu bewältigen. Ein Anspruch auf einen auf statistisch alle 100 Jahre vorkommende Ereignisse ausgelegten Hochwasserschutz besteht nicht.[1551]

6959 **Ausnahmen.** Die zuständige Behörde kann nach § 78 II WHG die Ausweisung neuer Baugebiete ausnahmsweise zulassen, wenn ein Fall des dort aufgeführten Katalogs vorliegt. In festgesetzten Überschwemmungsgebieten hat die Gemeinde nach § 78 III 1 WHG bei der Aufstellung, Änderung oder Ergänzung von Bauleitplänen für die Gebiete, die nach § 30 I und II BauGB oder § 34 BauGB zu beurteilen sind, in der Abwägung nach § 1 VII BauGB insbesondere die Vermeidung nachteiliger Auswirkungen auf Oberlieger und Unterlieger, die Vermeidung einer Beeinträchtigung des bestehenden Hochwasserschutzes und die hochwasserangepasste Errichtung von Bauvorhaben zu berücksichtigen. Nach § 78 IV 1 WHG ist in festgesetzten Überschwemmungsgebieten grundsätzlich die Errichtung oder Erweiterung baulicher Anlagen nach den §§ 30, 33, 34 und 35 BauGB untersagt. Das gilt nicht für Maßnahmen des Gewässerausbaus, des Baus von Deichen und Dämmen, der Gewässer- und Deichunterhaltung und des Hochwasserschutzes sowie des Messwesens. Weitere Ausnahmen von dem Bauverbot lässt § 78 V WHG zu.[1552]

6960 Die Ausweisung neuer Baugebiete ist den Gemeinden daher nicht vollständig untersagt, bedarf aber einer erhöhten Rechtfertigung.[1553] Die Wirksamkeit der Bauleitplanung hängt daher von der Erfüllung der Ausnahmeregelungen ab, die sich an einem hochwasserschutzrechtlichen Mindeststandard orientieren. Dies hat die Gemeinde bei der Aufstellung der Bauleitplanung jeweils abzuprüfen und in der Begründung des Bauleitplans im Einzelnen darzulegen. Dazu wird sich in aller Regel der Umweltbericht anbieten (§ 2 a BauGB). Allerdings gehen die Anforderungen an die Bauleitplanung in Überschwemmungsgebieten über eine Ermittlung, Beschreibung und Bewertung von Umweltbelangen hinaus. § 78 WHG enthält vielmehr materielle Mindeststandards, die bei der Ausweisung von neuen Baugebieten zu beachten und damit der allgemeinen planerischen Abwägung insoweit entzogen sind. Denn das Gesetz enthält für diesen Teil seines Anwendungsbereichs nicht lediglich Berücksichtigungsgebote, sondern Beachtensgebote in dem Sinne, dass die Hochwasserschutzbelange in Überschwemmungsgebieten nicht durch eine planerische Abwägung überwindbar sind, sondern strikte Vorgaben ohne planerische (autonome) Gestaltungsmöglichkeiten enthalten.[1554]

6961 **Abwägungserfordernisse.** Zugleich hat die Hochwasserschutz-Novelle 2005 die Belange des Hochwasserschutzes erheblich gestärkt. Dies gilt auch für den Fall, dass auf bereits bebauten oder beplanten Flächen in einem Überschwemmungsgebiet ein Bauleitplan aufgestellt oder geändert wird. Zwar greift in derartigen Fällen nicht das Planungsverbot des § 78 I Nr. 1 WHG, weil es sich nicht um die Ausweisung eines neuen Baugebietes im bisherigen Außenbereich

---

[1551] OVG Lüneburg NuR 2006, 125; BVerwG NVwZ 2001, 1040; NVwZ 2005, 943; entgegen VGH Kassel ZUR 2004, 232; NVwZ-RR 2004, 732; eher zurückhaltend OVG Lüneburg Urt. v. 2.7.2014 – 1 KN 136/12, juris.

[1552] zu weiteren Schutzvorschriften für festgesetzte Überschwemmungsgebiete siehe § 78 a WHG; zu Risikogebieten außerhalb von Überschwemmungsgebieten siehe § 78 b WHG.

[1553] OVG Koblenz BauR 2011, 1701.

[1554] BVerwG DVBl. 2014, 1392. Stüer/Garbrock NVwZ 2014, 1377; Ruttloff NVwZ 2014, 1381; Kerkmann UPR 2014, 328, Sparwasser VBlBW 2014, 430.

handelt. Die im BauGB und im WHG dargestellten Belange des Hochwasserschutzes sind jedoch auch in solchen Fällen, insbesondere bei einer Nachverdichtung, mit dem gebotenen Gewicht in die Abwägung einzustellen. Dabei spricht einiges dafür, den Ausnahmekatalog des § 78 III WHG als Orientierungsmaßstab für die Abwägung anzulegen. Denn die planerische Ausweisung in einem Bauleitplan sollte auch vor dem Hintergrund der Prüfung erfolgen, ob die planungsrechtlich zugelassenen Vorhaben am Ende ebenfalls die Hürden des § 78 III WHG nehmen. Für die planenden Städte und Gemeinden empfiehlt sich daher, die planerischen Ausweisungen mit den Anforderungen des § 78 III WHG zu harmonisieren und zugleich diese für die Zulässigkeit des einzelnen Bauvorhabens geltenden Anforderungen an die Gebietsausweisung anzulegen.

Drittschutz. Das Abwägungsgebot vermittelt den Anwohnern in der Nachbarschaft des Pla- 6962
nungsgebietes einen Drittschutz gegenüber planbedingten Beeinträchtigungen, die in einem adäquat-kausalen Zusammenhang mit der Planung stehen und mehr als geringfügig sind. Der Bauleitplanung muss die Erschließungskonzeption zu Grunde liegen, nach der das im Plangebiet anfallende Niederschlagswasser so beseitigt werden kann, dass Gesundheit und Eigentum der Planbetroffenen – außerhalb des Plangebietes – keinen Schaden nehmen. Planbedingte Missstände (wie zum Beispiel die Gefahr von Kellerüberflutungen), die den Grad der Eigentumsverletzung erreichen, setzen der Planung äußerste, im Wege der Abwägung nicht überwindbare, grenzen. Sie machen Vorkehrungen erforderlich, welche die Beeinträchtigungen jedenfalls auf das Maß zurückführen, das die Schutzgewährleistung des Art. 14 I 1 GG noch zulässt.[1555]

Auch aus den Anforderungen an die Bauleitplanung bei der Ausweisung von Baugebieten 6963
in Überschwemmungsgebieten kann sich daher ein **Recht auf Abwägung der betroffenen Nachbarn** ergeben. Hat etwa ein Bebauungsplan nachteilige Auswirkungen auf Oberlieger oder Unterlieger, so kann aus diesen Gründen der Bebauungsplan unwirksam sein. Es ist wohl auch nicht ausgeschlossen, dass sich aus den gesetzlichen Anforderungen an die Bauleitplanung in § 78 II Nr. 7 WHG (§ 31 b IV 2 Nr. 7 WHG) klagefähige Nachbarrechte ergeben können.

Planungsspielräume. Die Gemeinde hat allerdings einen gewissen autonomen Spielraum 6964
hinsichtlich der Bewertung ihrer planerischen Ziele, durch die sie zugleich das Gewicht der Gründe bestimmen kann, mit dem sich die Planung gegenüber Hochwasserschutzbelangen durchsetzt.[1556] Zudem kann sie durch Vorkehrungen darauf hinwirken, dass die hochwasserschutzrechtlichen Mindeststandards in § 78 WHG eingehalten werden. Die Begründung des Bebauungsplans wird ggf. auch Hinweise zur Ausführung baulicher Anlagen enthalten. Dabei ist vom Ausgangspunkt her vom Gebot der Konfliktbewältigung auszugehen.[1557] Die Bauleitplanung hat die sich aus dem Hochwasserschutz ergebenden Konflikte grundsätzlich mit den Mitteln der Bauleitplanung zu regeln. Dazu gehört die Prüfung, ob die in der Bauleitplanung ausgewiesenen Nutzungen mit den Belangen des Hochwasserschutzes vereinbar sind. Bei der Ausweisung neuer Baugebiete müssen die Voraussetzungen des § 78 II WHG erfüllt sein. Allerdings kann die Gemeinde Möglichkeiten des Konflikttransfers in parallele Verwaltungsverfahren oder Nachfolgeverfahren nutzen. Ist die bauliche Nutzung eines ausgewiesenen Baugebietes grundsätzlich mit den Belangen des Hochwasserschutzes in Einklang zu bringen, kann die Gemeinde Einzelheiten der Nachsteuerung dem Baugenehmigungsverfahren oder dem immissionsschutzrechtlichen Genehmigungsverfahren überlassen. Hier kann der Bauherr verpflichtet sein, nach dem Grundsatz der „architektonischen Selbsthilfe"[1558] eine Bauausführung zu wählen, die den Belangen des Hochwasserschutzes ausreichend Rechnung trägt. Die Hochwasserschutz-Novelle 2005 verlagert daher mit ihren Anforderungen an die Bauleitplanung in § 78 II WHG die Verantwortung für einen ausreichenden Hochwasserschutz nicht einseitig auf die Gemeinden, sondern belässt es dabei, dass auch der Bauherr und die sonst am Baugeschehen Beteiligten in der Verantwortung stehen. Davon geht auch § 5 II WHG aus, der jede Person, die durch Hochwasser betroffen sein kann, im Rahmen des ihr Möglichen und Zumutbaren verpflichtet, geeignete Vorsorgemaßnahmen zum Schutz vor Hochwassergefahren und zur Schadensminderung zu treffen, insbesondere die Nutzung von Grundstücken den

[1555] BVerwG NVwZ 2002, 1509.
[1556] Oppelt KommPraxis 2009, 291.
[1557] BVerwGE 69, 30.
[1558] BVerwG NVwZ 2000, 1050; NVwZ 2013, 372, Rappen BauR 2013, 874, David DVBl. 2013, 373, Kerkhoff IBR 2013, 239, Kümmel NZBau 2013, 220, Reidt UPR 2013, 166, Fricke ZfBR 2013, 627.

möglichen Gefährdungen von Menschen, Umwelt oder Sachwerten durch Hochwasser anzupassen.[1559]

6965 **Enge Auslegung der Ausnahmen.** Ein Bebauungsplan, der die Funktionen von nicht unerheblichen, zusammenhängenden Bereichen eines festgesetzten Überschwemmungsgebietes erheblich beeinträchtigt, erfüllt die Ausnahmevoraussetzungen des § 78 II WHG nicht. Diese Regelung soll lediglich Härten und Schwierigkeiten beseitigen, die sich aus dem generellen Bauverbot ergeben und im konkreten Einzelfall vom Gesetzeszweck nicht beabsichtigt sind. § 77 WHG verleiht dem Hochwasserschutz dadurch ein besonderes Gewicht, dass Überschwemmungsgebiete nicht schon dann in ihrer Funktion beseitigt werden dürfen, wenn andernfalls das Wohl der Allgemeinheit beeinträchtigt ist, sondern nur dann, wenn einem Erhalt des Überschwemmungsgebiets überwiegende Allgemeinwohlgründe entgegenstehen.[1560] Die Frage, ob **überwiegende Gründe des Wohls der Allgemeinheit** es rechtfertigen, Überschwemmungsgebiete nicht in ihrer Funktion als natürliche Rückhalteflächen zu erhalten, sondern dort Wohnbaugebiete festzusetzen (§ 77 WHG), ist Teil der Abwägung.[1561] Für bereits früher ausgewiesene Überschwemmungsgebiete gelten vergleichbare Grundsätze.[1562] Auf der anderen Seite kann die gemeindliche Bauleitplanung oder die wasserrechtliche Fachplanung über den gesetzlich angeordneten Mindestschutz hinausgehen. Angesichts der Erfahrungen mit Jahrhunderthochwässern ist es daher nicht untersagt, mit Planungen zum Hochwasserschutz bei einer entsprechenden Planrechtfertigung einen zweihundertjährigen Schutzes zu übertreffen. Im Rahmen einer planerischen Abwägung stellt das Interesse an der Erhaltung von Eigentumsschutz zwar einen hochrangigen Belang dar, genießt aber keinen absoluten Vorrang.[1563] Es besteht allerdings kein Anspruch auf Aufhebung eines Planfeststellungsbeschlusses zum Küsten- und Hochwasserschutz, wenn allenfalls zusätzliche Schutzmaßnahmen erforderlich werden können.[1564]

6966 **Amtspflichten.** Aus den Anforderungen an die Bauleitplanung bei der Ausweisung von Baugebieten in Überschwemmungsgebieten kann sich ein Recht auf Abwägung der betroffenen Nachbarbelange ergeben. Hat etwa ein Bebauungsplan nachteilige Auswirkungen auf Oberlieger oder Unterlieger, so kann dies in die Abwägung einzustellen sei. Es ist wohl auch nicht ausgeschlossen, dass sich aus den gesetzlichen Anforderungen an die Bauleitplanung in § 78 II Nr. 7 WHG klagefähige Nachbarrechte ergeben können. Aus den hochwasserschutzrechtlichen Vorschriften können sich auch Amtspflichten ergeben. Weist etwa eine Gemeinde in einem Überschwemmungsgebiet ein neues Baugebiet aus, so verletzt sie ihre Amtspflichten, wenn der hochwasserschutzrechtliche Mindeststandard des § 78 II WHG nicht eingehalten ist. Allerdings kann die Gemeinde nur in Anspruch genommen werden, wenn sie rechtswidrig und schuldhaft gehandelt hat. Dabei sind durchschnittliche Anforderungen an die Kenntnisse der Planverfasser zugrunde zu legen. Nicht jede fehlerhafte Beurteilung des Vorliegens der Ausnahmevoraussetzungen des § 78 II WHG führt bereits zu einer Amtshaftung der Gemeinde. Es muss sich vielmehr um eine eindeutige Fehlbeurteilung handeln, die einer durchschnittlichen Anforderungen genügenden Prüfung nicht entspricht.[1565] In aller Regel wird eine Gemeinde nicht in Anspruch genommen werden können, wenn sie sich fachkundig hat beraten lassen. Dann wird sie sich regelmäßig durch die sorgfältige Auswahl eines Erfüllungsgehilfen exkulpieren können (§ 831 BGB).

6967 **j) Sonstige Schutzvorschriften für festgesetzte Überschwemmungsgebiete.** Sonstige Schutzvorschriften für festgesetzte Überschwemmungsgebiete bestimmt § 78a WHG. In festgesetzten Überschwemmungsgebieten ist danach Folgendes untersagt: 1. die Errichtung von Mauern, Wällen oder ähnlichen Anlagen, die den Wasserabfluss behindern können, 2. das Aufbringen und Ablagern von wassergefährdenden Stoffen auf dem Boden, es sei denn, die Stoffe

[1559] BVerwG DVBl. 2014, 1392. Stüer/Garbrock NVwZ 2014, 1377; Ruttloff NVwZ 2014, 1381, Kerkmann UPR 2014, 328, Sparwasser VBlBW 2014, 430.

[1560] VGH München ZUR 2007, 597; NuR 2007, 425.

[1561] OVG Lüneburg NVwZ-RR 2008, 691.

[1562] OVG Lüneburg DVBl. 2008, 724; VGH München ZfBR 2008, 52; zur Trinkwassergewinnung OVG Münster Urt. v. 21.2.2008 – 7 D 6/07.NE, juris.

[1563] OVG Koblenz ZUR 2005, 105.

[1564] OVG Greifswald NuR 2005, 657.

[1565] Zu vergleichbaren Anforderungen bei einem Altlastenverdacht BGHZ 106, 323; NJW 1990, 381; NJW 1990, 1038; DVBl. 1991, 808; DVBl. 1992, 558; zu Amtshaftungsansprüchen gegen die Baugenehmigungsbehörde BGH NVwZ 1998, 1329.

dürfen im Rahmen einer ordnungsgemäßen Land- und Forstwirtschaft eingesetzt werden, 3. die Lagerung von wassergefährdenden Stoffen außerhalb von Anlagen, 4. das Ablagern und das nicht nur kurzfristige Lagern von Gegenständen, die den Wasserabfluss behindern können oder die fortgeschwemmt werden können, 5. das Erhöhen oder Vertiefen der Erdoberfläche, 6. das Anlegen von Baum- und Strauchpflanzungen, soweit diese den Zielen des vorsorgenden Hochwasserschutzes gemäß § 6 I 1 Nr. 6 WHG und § 75 II WHG entgegenstehen, 7. die Umwandlung von Grünland in Ackerland, 8. die Umwandlung von Auwald in eine andere Nutzungsart. § 78a II 1 WHG gilt nicht für Maßnahmen des Gewässerausbaus, des Baus von Deichen und Dämmen, der Gewässer- und Deichunterhaltung, des Hochwasserschutzes, einschließlich Maßnahmen zur Verbesserung oder Wiederherstellung des Wasserzuflusses oder des Wasserabflusses auf Rückhalteflächen, für Maßnahmen des Messwesens sowie für Handlungen, die für den Betrieb von zugelassenen Anlagen oder im Rahmen zugelassener Gewässerbenutzungen erforderlich sind. Die zuständige Behörde kann im Einzelfall Maßnahmen nach § 78a I 1 WHG zulassen, wenn 1. Belange des Wohls der Allgemeinheit dem nicht entgegenstehen, 2. der Hochwasserabfluss und die Hochwasserrückhaltung nicht wesentlich beeinträchtigt werden und 3. eine Gefährdung von Leben oder Gesundheit oder erhebliche Sachschäden nicht zu befürchten sind oder wenn die nachteiligen Auswirkungen durch Nebenbestimmungen ausgeglichen werden können. Die Zulassung kann, auch nachträglich, mit Nebenbestimmungen versehen oder widerrufen werden. Bei der Prüfung der Voraussetzungen des § 78a II 1 Nr. 2 und 3 WHG sind auch die Auswirkungen auf die Nachbarschaft zu berücksichtigen.

k) Risikogebiete außerhalb von Überschwemmungsgebieten. § 78 b WHG regelt außerdem noch die Kategorie von Risikogebieten außerhalb von Überschwemmungsgebieten.[1566] Dabei handelt es sich um Gebiete außerhalb von Überschwemmungsgebieten, für die nach § 74 II WHG **Gefahrenkarten** zu erstellen sind und die nicht nach § 76 II oder III WHG als Überschwemmungsgebiete festgesetzt sind oder vorläufig gesichert sind; dies gilt nicht für Gebiete, die überwiegend von den Gezeiten beeinflusst sind, soweit durch Landesrecht nichts anderes bestimmt ist. Für Risikogebiete außerhalb von Überschwemmungsgebieten gilt nach § 78 b I Nr. 1 WHG, dass bei der Ausweisung neuer Baugebiete im Außenbereich sowie bei der Aufstellung, Änderung oder Ergänzung von Bauleitplänen für nach § 30 I und II BauGB oder nach § 34 BauGB zu beurteilende Gebiete insbesondere der Schutz von Leben und Gesundheit und die Vermeidung erheblicher Sachschäden in der Abwägung nach § 1 VII BauGB zu berücksichtigen sind. außerhalb der von § 78 b I Nr. 1 WHG erfassten Gebiete sollen bauliche Anlagen nur in einer dem jeweiligen Hochwasserrisiko angepassten Bauweise nach den allgemein anerkannten Regeln der Technik errichtet oder wesentlich erweitert werden, soweit eine solche Bauweise nach Art und Funktion der Anlage technisch möglich ist; bei den Anforderungen an die Bauweise sollen auch die Lage des betroffenen Grundstücks und die Höhe des möglichen Schadens angemessen berücksichtigt werden. 6968

l) Hochwasserentstehungsgebiete. Seit dem Jahr 2017 enthält das WHG außerdem noch die Gebietskategorie der Hochwasserentstehungsgebiete.[1567] Das sind nach § 78 d I WHG Gebiete, in denen bei Starkniederschlägen oder bei Schneeschmelze in kurzer Zeit starke oberirdische Abflüsse entstehen können, die zu einer Hochwassergefahr an oberirdischen Gewässern und damit zu einer erheblichen Gefahr für die öffentliche Sicherheit und Ordnung führen können. Die Länder können nach § 78 II 1 WHG Kriterien für das Vorliegen eines Hochwasserentstehungsgebietes festlegen. In festgesetzten Hochwasserentstehungsgebieten ist nach § 78 d III 1 WHG zur Vermeidung oder Verringerung von Gefahren durch Hochwasser, das natürliche Wasserversickerungs- und Wasserrückhaltevermögen des Bodens zu erhalten oder zu verbessern, insbesondere durch die Entsiegelung von Böden oder durch die nachhaltige Aufforstung geeigneter Gebiete. 6969

XI. Bundeswasserstraßen (WaStrG)

Das öffentliche Wasserrecht besteht aus dem **Wasserhaushaltsrecht** und dem **Wasserwege-** und **Wasserverkehrsrecht**. Das WaStrG regelt den Bau bzw. den Ausbau, die Unterhaltung und die Nutzung von Bundeswasserstraßen.[1568] Zu den Bundeswasserstraßen gehören gem. § 1 6970

[1566] Risikogebiete außerhalb von Überschwemmungsgebieten gemäß § 78b WHG, siehe dazu Götze/Müller-Wiesenhaken EuRUP 2021, 396.

[1567] dazu Spannowsky ZfBR 2020, 520, 522.

[1568] Zum Begriff der Bundeswasserstraße Sudmeyer NJW 1991, 25.

I WaStrG Binnenwasserstraßen des Bundes, die dem allgemeinen Verkehr dienen, und Seewasserstraßen.[1569] Die Planung nach dem WaStrG ist privilegierte Fachplanung, soweit sie durch Planfeststellung oder eine wasserstraßenrechtliche Planung mit den Rechtswirkungen der Planfeststellung erfolgt und das Vorhaben überörtliche Bedeutung hat (§ 38 BauGB).

1. Zuständigkeit

6971 **a) Gesetzgebungszuständigkeit.** Das Wasserstraßenrecht unterliegt gem. Art. 74 I Nr. 21 GG der konkurrierenden Gesetzgebung des Bundes, von der der Bund Gebrauch gemacht hat. Die konkurrierende Gesetzgebungszuständigkeit bezieht sich nach Art. 74 I Nr. 21 GG auf die Hochsee- und Küstenschifffahrt sowie die Seezeichen, die Binnenschifffahrt, den Wetterdienst, die Seewasserstraßen und die dem allgemeinen Verkehr dienenden Binnenwasserstraßen.

6972 **b) Verwaltungszuständigkeit.** Die Bundeswasserstraßen werden nach **Art. 87 GG** iVm Art. 89 GG in bundeseigener Verwaltung geführt. Nach § 14 I 1 WaStrG bedarf ihr Ausbau oder Neubau der vorherigen Planfeststellung. Die Zuständigkeit für das Verwaltungsverfahren liegt bei der Wasser- und Schifffahrtsdirektion (§ 14 I 4 WaStrG). Bei behördenübergreifenden Vorhaben nach § 14 I 3 WaStrG bestimmt das Bundesministerium für Verkehr eine der beteiligten Wasser- und Schifffahrtsdirektionen als zuständige Behörde. Die Wasser- und Schifffahrtsdirektion ist Planfeststellungsbehörde, Genehmigungsbehörde und Anhörungsbehörde zugleich. Sie untersteht dem Bundesministerium für Verkehr. Aus der Identität der Behörde ergeben sich allerdings keine rechtsstaatlichen Probleme.

6973 Nach **Art. 89 II GG** verwaltet der Bund die Bundeswasserstraßen durch eigene Behörden. Er nimmt über den Bereich eines Landes hinausgehende staatliche Aufgaben der Binnenschifffahrt und die Aufgaben der Seeschifffahrt wahr, die ihm durch Gesetz übertragen werden. Er kann die Verwaltung von Bundeswasserstraßen, soweit sie im Gebiet eines Landes liegen, diesem Land auf Antrag aus Auftragsverwaltung übertragen. Berührt eine Wasserstraße das Gebiet mehrerer Länder, so kann der Bund das Land beauftragen, für das die beteiligten Länder es beantragen.

6974 Nach **Art. 89 III GG** sind bei der Verwaltung, dem Ausbau und dem Neubau von Wasserstraßen die Bedürfnisse der Landeskultur und der Wasserwirtschaft im Einvernehmen mit den Ländern zu wahren. Dementsprechend bestimmt § 14 III WaStrG, dass die Feststellung des Plans, die Genehmigung und die vorläufige Anordnung des Einvernehmens mit der zuständigen Landesbehörde bedürfen, soweit das Vorhaben Belange der Landeskultur oder der Wasserwirtschaft berührt. Einvernehmen bedeutet dabei die volle inhaltliche Willensübereinstimmung mit der zuständigen Landesbehörde, soweit von dem Vorhaben Belange der Landeskultur oder der Wasserwirtschaft berührt werden. Diese schon durch Art. 195 WRV eingeführte Mischverwaltung hat ihren Grund darin, dass die bundeseigene Verwaltung der Bundeswasserstraßen, wie das BVerfG, in einem Grundsatzurteil[1570] festgestellt hat, auf solche Angelegenheiten beschränkt ist, welche die **Verkehrsfunktion** des Gewässers betreffen. Wassergütewirtschaft und Wassermengenwirtschaft dagegen verbleiben auch bei Bundeswasserstraßen in der Zuständigkeit der Länder. Deshalb darf der Zugriff des Bundes auf das Wasser nur einvernehmlich mit dem jeweiligen Bundesland erfolgen. Bei Ausbauten, die zu einer Veränderung von Wasserständen, des Grundwasserspiegels, der Strömungsverhältnisse oder – im Wirkungsbereich von Ebbe und Flut – der Salzgehaltsverhältnisse führen können, werden in aller Regel auch wasserwirtschaftliche Belange berührt. Die Landeskultur betrifft dabei alle Maßnahmen, die unter Verwendung von Wasser der Verbesserung land- oder forstwirtschaftlich genutzter Böden mit dem Ziele der Ertragssteigerung dient. Nicht dagegen werden vom Begriff der Landeskultur sämtliche Angelegenheiten von Naturschutz und Landschaftspflege umfasst.[1571] **Werbeanlagen** an einem Schwimmdock sind nach § 15 HambWaG genehmigungsbedürftig. Deren Zulässigkeit beurteilt sich im Hafenbereich nach dem Hafenentwicklungsgesetz, soweit nicht Regelungen des WaStrG entgegenstehen. Ergänzend können die Vorschriften des BauGB herangezogen werden.

[1569] Die Bundeswasserstraßen sind in der Anlage zum WaStrG in der Fassung der Verordnung vom 13.11.1990 (BGBl. I S.2524) aufgeführt. Zu Eigentum und Nutzungsmöglichkeiten von Wasserstraßen BVerwG DVBl. 1991, 389; Urt. v. 30.11.1990 – 7 A 2.90, juris: Urt. v. 30.11.1990 – 7 A 3.90, juris. Zum wirtschaftlichen Abbau von Kies und Sand im Bereich der Küstengewässer BVerwG NVwZ-RR 1991, 13.

[1570] BVerfGE 15, 1.

[1571] So auch die Bundesregierung in einem klarstellenden Organisationserlass.

Verkehrsanlagen sind allgemein Anlagen, die der Beförderung von Personen oder Gütern auf dem Lande, auf dem Wasser und in der Luft dienen. Keine Anlagen in diesem Sinne sind jene, die keinen unmittelbaren Bezug auf die **Verkehrsfunktion der Hauptanlage** aufweisen und lediglich in Ausnutzung der Verkehrslage oder herkömmlicherweise im Zusammenhang mit öffentlichen Verkehrsanlagen aufgestellt oder errichtet werden; sie bleiben dem Bauordnungsrecht unterworfen. Dabei ist der Begriff der „öffentlichen Verkehrsanlage" nicht auf Anlagen beschränkt, die dem „allgemeinen" Verkehr im Sinne des öffentlichen (Personen-)Verkehrs dienen wie etwa Landestege für Hafenfähren des Verkehrsverbundes. Der Begriff des „allgemeinen Verkehrs", wie er in Art. 74 Nr. 21 GG und in § 1 I Nr. 1 WaStrG verwendet wird, dient nicht der Unterscheidung zwischen „öffentlichem" und „privatem" Schiffsverkehr, sondern der Abgrenzung von Binnenwasserstraßen des Bundes, die einen Schiffsverkehr mit Personen- und Frachtschiffen größeren Umfangs aufweisen, von solchen Binnenwasserstraßen, die nur von Kleinfahrzeugen befahren werden und daher nicht dem „allgemeinen" Schiffsverkehr dienen. Nur die dem allgemeinen Schiffsverkehr dienenden Binnenwasserstraßen unterfallen der Gesetzgebungskompetenz des Bundes und dem Geltungsbereich des Wasserstraßengesetzes.[1572] „Öffentliche Verkehrsanlage" sind daher solche Anlagen an dem allgemeinen Schiffsverkehr dienenden Binnenwasserstraßen, die im Rahmen der Widmung des Verkehrsweges jedermann offenstehen. Diese Voraussetzungen sind bei einem Richtfeuer, das von allen Verkehrsteilnehmern auf einer Bundeswasserstraße für die sichere Navigation genutzt werden kann, erfüllt.[1573] 6975

c) Unterhaltungslast. In seiner Eigenschaft als Eigentümer der Bundeswasserstraßen nach Art. 89 I GG, § 4 I WHG kommt dem Bund eine Unterhaltungspflicht für die Erhaltung eines ordnungsgemäßen Zustands für den Wasserabfluss und die Erhaltung der Schiffbarkeit zu (vgl. §§ 7, 8 WaStrG; §§ 39, 40 WHG).[1574] 6976

d) Ordnungsrechtliche Verantwortung. Soweit sich aus dem WHG oder aus auf Grund des WHG erlassener oder sonstiger wasserrechtlicher Vorschriften Verpflichtungen aus dem Gewässereigentum ergeben, treffen diese auch den Bund als Eigentümer der Bundeswasserstraßen, (§ 4 I 2 WHG). Mit der Annahme der ordnungsrechtlichen Verantwortlichkeit des Bundes für den Zustand der in seinem Eigentum stehenden Gewässer ist kein Eingriff in das Gefüge der Kompetenzen von Bund und Ländern verbunden. Das Bundesrecht hindert nicht das Landesrecht, eine wasserpolizeiliche Zustandshaftung an Bundeswasserstraßen zu begründen, die dem Bund nicht als hoheitliche Aufgabe, sondern in seiner Eigenschaft als Eigentümer obliegt.[1575] 6977

e) Binnenschifffahrtsaufgabengesetz. Dem Bund obliegen nach § 1 I BinSchAufgG auf dem Gebiet der Binnenschifffahrt, soweit nicht in diesem Gesetz oder auf Grund dieses Gesetzes etwas anderes bestimmt ist, 1. die Förderung der Binnenflotte und des Binnenschiffsverkehrs im allgemeinen deutschen Interesse, 2. die Abwehr von Gefahren für die Sicherheit und Leichtigkeit des Verkehrs sowie die Verhütung von der Schifffahrt ausgehender Gefahren (Schifffahrtspolizei) und schädlicher Umwelteinwirkungen im Sinne des BImSchG auf den Bundeswasserstraßen; die schifffahrtspolizeilichen Vollzugsaufgaben nach Maßgabe einer mit den Ländern zu schließenden Vereinbarung, 3. die Schiffseichung (Schiffsvermessung) auf den Bundeswasserstraßen, 4. die Ausstellung von Befähigungszeugnissen und von Bescheinigungen über Bau, Ausrüstung und Ausrüstungsgegenständen einschließlich Funkanlagen, Bemannung und Betrieb der Wasserfahrzeuge, Schwimmkörper und schwimmenden Anlagen auf den Bundeswasserstraßen, 5. hinsichtlich der auf Bundeswasserstraßen an Bord von Wasserfahrzeugen befindlichen Personen die Abwehr von Gefahren für Leben und Gesundheit und die Sicherung einer angemessenen Unterbringung, 6. die Erteilung der Erlaubnis zur Fahrt auf den Bundeswasserstraßen für Wasserfahrzeuge, 7. die Regelung und Überwachung des im Rahmen einer wirtschaftlichen Unternehmung erfolgenden Inverkehrbringens von Wasserfahrzeugen und Schwimmkörpern, die einer technischen Zulassung zum Verkehr bedürfen, sowie deren Bauteile und Ausrüstungsgegenstände. 6978

Zuständig für die Verwaltungsaufgaben, die dem Bund obliegen, sind die Behörden der Wasserstraßen- und Schifffahrtsverwaltung des Bundes, soweit nicht im BinSchAufgG oder auf Grund des BinSchAufgG etwas anderes bestimmt ist. Sie können im Rahmen des § 1 I Nr. 2 6979

1572 BVerfGE 15, 1 (8); Friesecke, WaStrG, 2020, § 1 Rn. 5.

1573 BVerwG UPR 2018, 302.

1574 VGH München BayVBl. 2017, 303 = juris Rn. 32.

1575 VGH München BayVBl. 2017, 303 = juris Rn. 32; BVerwGE 87, 181 (183 ff).

und 5 BinSchAufgG nach pflichtgemäßem Ermessen die notwendigen Maßnahmen zur Abwehr von Gefahren und schädlichen Umwelteinwirkungen sowie zur Beseitigung von Störungen auf den Bundeswasserstraßen treffen.

6980 **f) Entsorgungspflicht.** Die Entsorgung von **Ölrückständen** aus dem Motorraum im Kiel des Schiffes (Bilgenöl) auf Bundeswasserstraßen ist Abfallentsorgung und keine schifffahrtspolizeiliche Aufgabe. Sie obliegt deshalb gemäß **Art. 83 GG** den Ländern und nicht nach Art. 87 I 1 GG dem Bund, sodass die Länder auch die Entsorgungskosten zu tragen haben. Die Verwaltungskompetenz für die Bundeswasserstraßen umfasst nur die Erhaltung eines ordnungsgemäßen Zustandes für den Wasserabfluss und die Erhaltung der Schiffbarkeit (§ 8 I WaStrG). Die Befugnis des Bundes reicht von Vorschriften über den technischen Vorgang des Auffangens und Aufbewahrens der Altöle an Bord über Regelungen zum Umgang der Schiffsbesatzung mit diesen Ölen bis hin zur Verpflichtung des Schiffsführers, das angefallene Altöl einer dafür zuständigen Stelle zu überlassen. Die Sicherstellung durch ordnungsgemäße Verwertung oder Beseitigung des Bilgenöls ist aber Aufgabe des Landes.[1576]

6981 Die Bundesrepublik Deutschland ist Besitzerin von Abfällen, die auf dem Gelände ihrer Schifffahrtsanlagen an den Bundeswasserstraßen abgelegt werden.[1577]

6982 **g) Geschäftsführung ohne Auftrag.** Die Vorschriften über die Geschäftsführung ohne Auftrag gemäß §§ 677 ff. BGB können auch dann anzuwenden sein, wenn ein Träger öffentlicher Verwaltung die Aufgaben eines anderen Trägers öffentlicher Verwaltung erfüllt und dieser nicht bereit oder nicht in der Lage ist, seine Aufgabe selbst wahrzunehmen. Entsprechendes trifft zu, wenn das Geschäft in der Vornahme einer Maßnahme besteht, die der ordnungsrechtlichen Verantwortlichkeit des anderen Trägers öffentlicher Verwaltung unterfällt.[1578]

6983 **h) Ausbau und Neubau.** Nach § 12 I WaStrG sind der Ausbau und der Neubau der Bundeswasserstraßen sind Hoheitsaufgaben des Bundes. Der Ausbau und der Neubau können im Einzelfall Dritten zur Ausführung übertragen werden; dabei gehen hoheitliche Befugnisse des Bundes nicht über § 12 V WaStrG). Beim Ausbau oder beim Neubau einer Bundeswasserstraße sind die Bewirtschaftungsziele nach Maßgabe der §§ 27 bis 31 WHG und in Linienführung und Bauweise Bild und Erholungseignung der Gewässerlandschaft sowie die Erhaltung und Verbesserung des Selbstreinigungsvermögens des Gewässers zu beachten. Die natürlichen Lebensgrundlagen sind zu bewahren. Bei Ausbaumaßnahmen sind die Anforderungen nach § 67 I WHG zu beachten. Ausbau- oder Neubaumaßnahmen werden nach § 12 VII 4 WaStrG so durchgeführt, dass mehr als nur geringfügige Auswirkungen auf den Hochwasserschutz vermieden werden. § 12 VII 4 WaStrG hat nach Maßgabe der §§ 72 ff. WHG drittschützende Wirkung. Der **Hochwasserschutz** in § 12 VII 4 WaStrG zielt nicht nur auf die Sicherung der vorhandenen Hochwasserschutzanlagen bzw. des bislang erreichten Standes aller Hochwasserschutzmaßnahmen, sondern auf die Minimierung von Hochwassergefahren und Minderung von Hochwasserschäden im Allgemeinen.

6984 **i) Bauleitplanung**. Die Bundeswasserstraßen sind einer kommunalen Bauleitplanung nicht entzogen. Allerdings muss die planende Gemeinde den fachplanerischen Vorrang der Wasserstraße nach § 38 BauGB wahren. Die gemeindliche Bauleitplanung kann sich daher auch auf Flächen einer Bundeswasserstraße erstrecken, soweit die planerischen Aussagen der besonderen Zweckbestimmung nicht widersprechen.

2. Planfeststellung und Plangenehmigung

6985 Nach § 14 I WaStrG bedarf der **Ausbau,** der **Neubau** oder die **Beseitigung** von Bundeswasserstraßen der vorherigen **Planfeststellung.**[1579]

6986 **a) Zulassung durch Gesetz.** Das Gesetz zur Vorbereitung der Schaffung von Baurecht durch Maßnahmengesetz im Verkehrsbereich (Maßnahmengesetzvorbereitungsgesetz – MgvG) schafft die Grundlagen für ein Verfahren, in dem der Neu- oder Ausbau sowie die Änderung von Verkehrsinfrastruktur durch Gesetz anstelle eines Verwaltungsakts zugelassen werden soll.[1580]

1576 BVerwG NVwZ 2000, 433.
1577 BVerwG NVwZ 2003, 1252.
1578 OVG Münster DVBl. 2014, 490 juris Rn. 29.
1579 Bender NVwZ 1984, 9.
1580 Dazu Böschen in Ziekow Handbuch des Fachplanungsrechts, 2024, § 16 Rn. 33.

6987 Das Gesetz ist durch Art. 13 des Gesetzes zur Beschleunigung von Genehmigungsverfahren im Verkehrsbereich und zur Umsetzung der Richtlinie (EU) 2021/1187 über die Straffung von Maßnahmen zur rascheren Verwirklichung des transeuropäischen Verkehrsnetzes vom 22.1.22023 aufgehoben worden.[1581]

6988 Nach § 2 MgvG sollten durch Maßnahmengesetz anstelle eines Verwaltungsakts vom Deutsche Bundestag abweichend unter anderem auch von § 14 I WaStrG die Fahrrinnenanpassung der Außenweser und der Unterweser (Nord), die Abladeoptimierung der Fahrrinnen des Mittelrheins, die Fahrrinnenvertiefung des Untermains bis Aschaffenburg, die Vertiefung des Nord-Ostsee-Kanals sowie der Ausbau des Wesel-Datteln-Kanals bis Marl und der Ersatzneubau der „Großen Schleusen" sowie die Brückenhebung bei diesem Ersatzneubau zugelassen werden. Die Zulassung schließt die für den Betrieb des jeweiligen Verkehrsweges notwendigen Anlagen ein. Das MgvK regelt die Trägerschaft für diese Vorhaben, die Behördenzuständigkeit und das Verfahren dieser Zulassungen durch den Gesetzgeber.[1582] Der Rechtsschutz beschränkt sich auf die zur Überprüfung von Gesetzen vorgesehenen Möglichkeiten einer Verfassungsbeschwerde.[1583]

6989 Der Vorhabenzulassung durch Gesetz beruhte auf einem vorbereitenden Verfahren mit einer frühen Öffentlichkeitsbeteiligung, mit der der Träger des Vorhabens gem. § 5 MgvG die betroffene Öffentlichkeit frühzeitig über die Ziele, die erforderlichen Mittel und die voraussichtlichen Auswirkungen des Verkehrsinfrastrukturprojektes zu informieren hat. Die betroffene Öffentlichkeit muss Gelegenheit zur Äußerung und zur Erörterung bekommen. Das Ergebnis dieser frühen Öffentlichkeitsbeteiligung ist der betroffenen Öffentlichkeit spätestens mit der Stellung des Antrags auf Durchführung eines vorbereitenden Verfahrens mitzuteilen.[1584]

6990 Auf das sich daran anschließende Verfahren zur Vorbereitung des Genehmigungsgesetzes waren nach § 4 MgvG die Bestimmungen für das Planfeststellungsverfahren anzuwenden, soweit im MgvG nicht etwas Anderes geregelt wurde.

6991 **b) Unterhaltungsarbeiten.** Nicht planfeststellungsbedürftig sind Unterhaltungsarbeiten (§ 8 WaStrG). Die Unterhaltung der Bundeswasserstraßen umfasst die Erhaltung eines ordnungsgemäßen Zustandes für den Wasserabfluss und die Erhaltung der Schiffbarkeit (§ 8 I WaStrG). Die Unterhaltungsmaßnahmen müssen die nach den §§ 25 bis 42 WHG maßgebenden Bewirtschaftungsziele berücksichtigen. Zur Unterhaltung gehören insbesondere die Räumung sowie die Freihaltung, der Schutz und die Pflege des Gewässerbettes mit seinen Ufern (§ 8 II WaStrG). Zur Unterhaltung gehört auch die Beseitigung von Fischkadavern aus dem Gewässer.[1585] Die Erhaltung der Schiffbarkeit umfasst nicht die Zufahrten zu den Lösch-, Lade- und Anlegestellen sowie zu den Häfen außer den bundeseigenen Schutz-, Sicherheits- und Bauhäfen (§ 8 III WaStrG). Zur Unterhaltung gehören auch Arbeiten zur Beseitigung oder Verhütung von Schäden an Ufergrundstücken, die durch die Schifffahrt entstanden sind oder entstehen können, soweit die Schäden den Bestand der Ufergrundstücke gefährden.[1586] Unterhaltungsmaßnahmen nach § 8 WaStrG sind im Gegensatz zu Ausbau und Neubau von Bundeswasserstraßen nicht planfeststellungsbedürftig.

6992 **c) Ausbau.** Zum Ausbau gehören nach § 12 II 1 WaStrG die über die Unterhaltung hinausgehenden Maßnahmen 1. zur wesentlichen Umgestaltung einer Bundeswasserstraße, einer Kreuzung mit einer Bundeswasserstraße, eines oder beider Ufer, die die Bundeswasserstraße als Verkehrsweg betreffen, 2. zur Herstellung oder zur wesentlichen Umgestaltung von Einrichtungen oder von Gewässerteilen im Sinne des § 1 VI 3 WaStrG, 3. zur wesentlichen Umgestaltung einer Binnenwasserstraße des Bundes (§ 1 I Nr.1 WaStrG) oder ihrer Ufer (§ 1 III WaStrG) im Sinne des § 67 II 1 und 2 WHG, soweit die Maßnahmen erforderlich sind, um die Bewirtschaftungsziele nach Maßgabe der §§ 27 bis 31 WHG zu erreichen; hierzu gehören nicht Maßnahmen, die überwiegend zum Zwecke des Hochwasserschutzes oder der Verbesserung der physikalischen oder chemischen Beschaffenheit des Wassers durchgeführt werden.

1581 BGBl 2023 I Nr. 409.

1582 Siehe dazu Böschen Wasserstraßen, in Ziekow Handbuch des Fachplanungsrechts, 2024, § 16 Rn. 33 ff.; Guckelberger NuR 2023, 361.

1583 Kritisch dazu Ziekow NVwZ 2020, 677; Wegener ZUR 2020, 195; Guckelberger NuR 2023, 361; Brigola/Heß NuR 2021, 104; Stüer DVBl.. 2020, 617; Ziekow NVwZ 2020, 677; ausführlich auch v. Weschpfennig AöR 145, 438.

1584 dazu Böschen Wasserstraßen, in Ziekow Handbuch des Fachplanungsrechts, 2024, § 16 Rn. 33.

1585 Zur Beseitigung von Fischkadavern als Teil der Gewässerunterhaltung BVerwG NVwZ 1983, 474.

1586 Besondere Regelungen enthält § 8 V WaStrG für die Unterhaltung von Seewasserstraßen.

6993 Zu den Maßnahmen nach§ 12 II 1 Nr. 3 WaStrG gehören auch solche Maßnahmen, bei denen Gewässerteile nach § 1 I Nr. 1 letzter Halbsatz WaStrG entstehen, die einen räumlichen Zusammenhang mit der Binnenwasserstraße aufweisen, auch wenn sie sich vor der Ausbaumaßnahme außerhalb des Ufers der Binnenwasserstraße befanden. Ausbaumaßnahmen nach § 12 II 1 Nr. 3 WaStrG sind durchzuführen, soweit es die dort genannten Bewirtschaftungsziele nach Maßgabe der §§ 27 bis 31 WHG. Für die Beseitigung einer Bundeswasserstraße gelten die Vorschriften über den Ausbau entsprechend (§ 12 II 2 WaStrG).

6994 Seit 2021 neu ist, dass gem. § 12 II 1 Nr. 3 WaStrG auch die wesentliche Umgestaltung einer Binnenwasserstraße des Bundes oder ihrer Ufer im Sinne von § 67 II 1 und 2 WHG als Ausbau gelten, soweit die Maßnahmen erforderlich sind, um die Bewirtschaftungsziele nach Maßgabe der §§ 27 bis 31 WHG zu erreichen. Voraussetzung dafür ist, dass die Maßnahmen nicht überwiegend zum Zwecke des Hochwasserschutzes oder der Verbesserung der physikalischen oder chemischen Beschaffenheit des Wassers erfolgen,. Wenn das der Fall ist, bleiben diese Aufgaben auch für die Bundeswasserstraßen bei den Ländern.[1587]

6995 Zum Ausbau gehört auch die Herstellung oder wesentliche Umgestaltung von Einrichtungen oder Gewässerteilen, die der Erhaltung oder Wiederherstellung der Durchgängigkeit von Stauanlagen dienen, soweit diese von der Wasser- und Schifffahrtsdirektion errichtet oder betrieben werden. Nach § 34 III WHG müssen diese Maßnahmen im Rahmen der ökologischen Durchgängigkeit von der WSV im Rahmen der Aufgaben nach dem WaStrG Wasser- und Schifffahrtsdirektion hoheitlich durchführt werden.[1588]

6996 **Stromregulierungsmaßnahmen**, die den planungsrechtlichen Bestand einer Wasserstraße nicht wesentlich ändern, unterfallen nicht der Zulassungspflicht nach § 14 I 1 WaStrG. Sie sind kein Ausbau nach § 12 II WaStrG, sondern Unterhaltung nach § 8 I 1 WaStrG. Sollen derartige Maßnahmen auf der Grundlage des WaStrG durchgeführt werden, müssen sie den Verkehrsweg betreffen. Die Zulassungspflicht nach § 14 WaStrG lebt wieder auf, wenn die Zerstörung der Anlage zur Folge hat, dass der planungsrechtliche Bestand funktionslos geworden ist.[1589] **Umschlaganlagen** oder andere Hafenanlagen in Seewasserstraßen stehen nicht im Privateigentum, selbst wenn sie aufgrund eines Nutzungsvertrages mit dem Land von Privaten ausschließlich zur Eigennutzung erbaut wurden. Die potentielle Beeinträchtigung derartiger Anlagen durch planfestgestellte Vorhaben kann gleichwohl die Verpflichtung auslösen, nachteilige Wirkungen zu vermeiden.[1590]

6997 Die **Unterhaltung von Bundeswasserstraßen** einschließlich ihres Zubehörs in Gestalt einer Brücke (§ 1 IV Nr. 1 WaStrG) ist eine gegenüber der Allgemeinheit, nicht gegenüber den Teilnehmern am Straßen- oder Wasserstraßenverkehr zu erfüllende **Hoheitsaufgabe des Bundes**. Für die wasserrechtliche Unterhaltungspflicht nach dem WStrG ist bereits geklärt, dass ihre Wahrnehmung nicht in Erfüllung einer Dritten gegenüber bestehenden Rechtspflicht geschieht, sondern in Erfüllung einer öffentlichen Aufgabe des Trägers der Unterhaltungslast;[1591] Drittbetroffene haben grundsätzlich keinen Rechtsanspruch gegen den Träger der Unterhaltungslast auf Erfüllung der Unterhaltungspflicht oder auf Vornahme bestimmter Unterhaltungsarbeiten[1592]. Für die Unterhaltung der Bundeswasserstraßen einschließlich ihres Zubehörs (§ 7 I iVm § 1 IV Nr. 1 WaStrG) kann nichts anderes gelten. Auch sie ist eine gegenüber der Allgemeinheit, nicht aber gegenüber den Teilnehmern am Straßen- oder Wasserstraßenverkehr zu erfüllende Hoheitsaufgabe des Bundes[1593]. Die Kreuzungsanlagen im Zuge öffentlicher Verkehrswege hat derjenige zu unterhalten, der die Kosten der Herstellung der Kreuzungsanlage ganz oder überwiegend getragen hat (§ 42 I WaStrG). Auch insoweit begründet das Bundeswasserstraßengesetz lediglich eine Unterhaltungslast und keinen gegen den Pflichtigen gerichteten Unterhaltungsanspruch der Benutzer der Kreuzungsanlage.[1594]

6998 Die vom Gesetz geforderte **Verkehrsbezogenheit** des Ausbaus oder des Neubaus von Bundeswasserstraßen bemisst sich nicht nach einem bestimmten Kosten-Nutzen-Verhältnis, son-

---

1587 Böschen in Ziekow Handbuch des Fachplanungsrechts, 2024, § 16 Rn. 20.

1588 Zum wasserwirtschaftlichen Ausbau der Bundeswasserstraßen Böschen in Ziekow Handbuch des Fachplanungsrechts, 2024, § 16 Rn. 30.

1589 BVerwG DVBl. 2002, 566.

1590 OVG Lüneburg VkBl. 2003, 219.

1591 BVerwGE 44, 235.

1592 BGHZ 125, 186.

1593 Friesecke, WaStrG, 2020, § 7 Rn. 4.

1594 BVerwG NVwZ 2015, 1772 zur Instandhaltung einer Brücke über eine Bundeswasserstraße.

dern allein danach, ob eine Maßnahme bezweckt, die Verkehrsfunktion einer Bundeswasserstraße zu ändern oder neu zu schaffen.[1595] Zur Rechtfertigung einer wasserwegerechtlichen Maßnahme genügt es dabei, dass diese gemessen an den Zielen des jeweiligen Fachplanungsgesetzes **„vernünftigerweise geboten"** ist. Diese vernünftigen Gründe können vielerlei Art und unabhängig von einem bestimmten Kosten-Nutzen-Verhältnis sein. Für die Planrechtfertigung sind wirtschaftliche oder ggf. über einem höheren Schwellenwert liegende Kosten-Nutzen-Verhältnisse daher keine notwendige Voraussetzung. Ein Vorhaben kann daher selbst dann im Rechtssinne gerechtfertigt sein, wenn ein bestimmtes Kosten-Nutzen-Verhältnis nicht nachzuweisen wäre. Außerdem ergeben sich erleichterte Anforderungen an die Planrechtfertigung, wenn für die wasserwegerechtliche Maßnahme eine enteignende Inanspruchnahme von fremden Grundstücken nicht erforderlich ist.

Beispiel: Um das Kreuzfahrtschiff „Oriana" und weitere bei der Meyer-Werft in Auftrag gegebene große Passagierschiffe in die offene See zu bringen, soll die Bundeswasserstraße Ems zwischen Papenburg und Emden für Bemessungsschiffe mit einem Tiefgang von 7,30 m vertieft werden.[1596] Die Emsvertiefung dient einem Verkehrsnutzen auch soweit zugleich ca.5000 Arbeitsplätze in der Region gesichert werden sollen. Die Ausgangssituation ist damit vergleichbar mit den Seeschifffahrtsstraßen Weser (Bremen) und Elbe (Hamburg), deren Ausbau neben dem allgemeinen Verkehrsnetz ebenfalls der dortigen Wirtschaft zugutekommt.[1597]

d) Plangenehmigung. An die Stelle eines für den Neubau oder den Ausbau an sich erforderlichen Planfeststellungsverfahrens kann nach § 14 b I WaStrG, § 74 VI VwVfG[1598] eine Plangenehmigung treten, wenn das Vorhaben (1) nicht UVP-pflichtig ist, (2) mit den Trägern öffentlicher Belange, deren Aufgabenbereich berührt wird, das Benehmen hergestellt worden ist und (3) Rechte anderer nicht oder nur unwesentlich beeinträchtigt werden(§ 14 b Nr. 2 VwVfG) oder die Betroffenen sich mit der Inanspruchnahme ihres Eigentums oder eines anderen Rechts schriftlich einverstanden erklärt haben.[1599] Die Plangenehmigung hat die Rechtswirkungen der Planfeststellung. Bereits seit dem Artikelgesetz 2001 ist die Plangenehmigung bei wasserwegerechtlichen Vorhaben nur noch möglich, wenn die Maßnahme nicht UVP-pflichtig ist. Bei UVP-pflichtigen Vorhaben scheidet daher im Gegensatz zur früheren gesetzlichen Regelung eine Plangenehmigung aus. Diese Beschränkung der Plangenehmigung auf nicht UVP-pflichtige Vorhaben ist durch die UVP-Änd-Richtlinie veranlasst. Die Plangenehmigung ist traditionell nicht von einer Öffentlichkeitsbeteiligung begleitet, was aber bei UVP-pflichtigen Vorhaben nach der UVP-RL erforderlich ist. 6999

Gegen eine Plangenehmigung ist unmittelbar die verwaltungsgerichtliche Klage statthaft (§ 70 VwVfG). Die Erteilung einer Plangenehmigung setzt nicht voraus, dass durch das Vorhaben keine erheblichen Auswirkungen auf die Umwelt zu besorgen sind. Das Mitwirkungsrecht der anerkannten Naturschutzvereinigungen bezieht sich nach § 63 I Nr. 3 BNatSchG auf Planfeststellungsverfahren. Wird der Ausbau einer Bundeswasserstraße demgegenüber auf der Grundlage von § 74 VI VwVfG, § 14 b WaStrG durch Plangenehmigung zugelassen, besteht eine Mitwirkung der anerkannten Naturschutzvereinigungen unter den Voraussetzungen des § 63 I Nr. 4 BNatSchG. Dabei bedarf die Entscheidung, anstelle eines Planfeststellungsbeschlusses eine Plangenehmigung zu erteilen, nicht der Zustimmung der Naturschutzvereinigungen.[1600] Das Beteiligungsrecht der anerkannten Naturschutzvereinigungen wird allerdings schon nach der bisherigen Rechtsprechung verletzt, wenn die Zulassungsbehörde ein an sich gebotenes Planfeststellungsverfahren bewusst umgeht, um die Mitwirkungsrechte der anerkannten Naturschutzvereinigungen auszuhebeln.[1601] 7000

1595 Friesecke WaStrG, 2020, § 12 Rn. 3.

1596 Zur Planungskonkurrenz verschiedener Planungen BVerwG DVBl. 1987, 1267; DVBl. 1988, 843; NVwZ 1990, 463. Zur Geschäftsführung ohne Auftrag bei wasserbautechnischen Maßnahmen BVerwG DVBl. 1989, 42. Zur Kostentragung im Küstenbereich nach § 35 WaStrG BVerwG NVwZ 1987, 494; DVBl. 1982, 907. Zur Zustandshaftung eines Grundeigentümers im Verhältnis zur öffentlichen Wasserwirtschaft BVerwG UPR 1983, 157.

1597 Schulze/Stüer ZfW 1996, 269.

1598 IdF des GenBeschlG.

1599 BVerwG NVwZ 1996, 393.

1600 BVerwG DVBl. 1995, 1006.

1601 BVerwG DVBl. 1997, 1123.

7001 **e) Entbehrlichkeit von Planfeststellung und Plangenehmigung.** In Fällen von unwesentlicher Bedeutung entfällt die Notwendigkeit einer Planfeststellung oder Plangenehmigung. Diese liegen nach § 74 VII VwVfG vor, wenn (1) andere öffentliche Belange nicht berührt sind oder die erforderlichen behördlichen Entscheidungen vorliegen und sie dem Plan nicht entgegen stehen, (2) Rechte anderer nicht beeinflusst werden oder mit den vom Plan Betroffenen entsprechende Vereinbarungen getroffen worden sind und (3) nicht andere Rechtsvorschriften eine Öffentlichkeitsbeteiligung vorschreiben, die den Anforderungen des § 73 III 1 und IV bis VII VwVfG entsprechen muss. Durch das Artikelgesetz 2001 ist der Verzicht auf ein förmliches Verfahren auf nicht UVP-pflichtige Vorhaben eingeschränkt worden. Dies hängt mit der UVP-RL zusammen, nach der UVP-pflichtige Vorhaben von einer Öffentlichkeitsbeteiligung begleitet sein müssen. Bei einem Verzicht auf ein förmliches Verfahren findet keine Öffentlichkeitsbeteiligung statt. Dieser Verzicht auf ein förmliches Verfahren ist im Übrigen nur dann zulässig, wenn Rechte anderer nicht beeinträchtigt werden und öffentliche Belange zumindest nicht wesentlich betroffen sind. Rechte anderer werden bei einer erforderlichen unmittelbaren Grundstücksinanspruchnahme und auch dann beeinträchtigt, wenn die beabsichtigte Maßnahme die einfachgesetzliche Zumutbarkeitsgrenze überschreitet und daher in rechtlich geschützte Interessen eingreift. Dies ist etwa dann der Fall, wenn das Vorhaben ohne Schutzmaßnahmen auf betroffenen Grundstücken nicht auskommt.

7002 Über das nach § 14 III WaStrG erforderliche **Einvernehmen** soll die **zuständige Landesbehörde** binnen drei Monaten entscheiden. Sanktioniert ist diese Vorschrift allerdings nicht. Wegen der verfassungsrechtlichen Grundlage des Einvernehmens kann aber die Planfeststellungsbehörde nach fruchtlosem Ablauf der Frist das Einvernehmen nicht ersetzen, sondern muss, wenn das Einvernehmen endgültig verweigert wird, die Planfeststellung versagen. Beim Ausbau des durch Berlin führenden Abschnitts des Teltowkanals war ein Einvernehmen des Landes nach § 14 III 1 WaStrG nicht erforderlich, weil Belange der „Landeskultur" nicht betroffen waren. Der Begriff ist eng auszulegen und umfasst nicht die den gesamten Bereich von Naturschutz und Landschaftspflege mit der ökologischen Ausgleichfunktion des ländlichen Raums.[1602]

3. UVP-pflichtige Vorhaben

7003 UVP-pflichtig sind der Bau einer Bundeswasserstraße durch den Bau eines Stauwerks oder einer sonstigen Anlage zur Zurückhaltung oder dauerhaften Speicherung von mindestens 10 Mio. cbm Wasser oder durch die Umleitung von Wasser von einem Flusseinzugsgebiet in ein anderes, mit einem Volumen von mindestens 100 Mio. cbm Wasser pro Jahr, wenn durch die Umleitung Wassermangel verhindert werden soll, oder mindestens 5 % des Durchflusses, wenn der langjährige durchschnittliche Wasserdurchfluss des Flusseinzugsgebietes, dem das Wasser entnommen wird, 2.000 Mio. cbm übersteigt (Nr. 14.1.1 der Anlage 1 zum UVPG „Liste der UVP-pflichtigen Vorhaben"). Bei Stauwerken oder Umleitungen von geringerer Größe, Flusskanalisierungs- und Stromkorrekturarbeiten, Bau eines Hafens oder eines Deiches oder Dammes, der den Hochwasserabfluss beeinflusst, ist eine allgemeine Vorprüfung durchzuführen (Nr. 14.1.2 der Anlage 1 zum UVPG). Darunter fallen auch Sperrwerksbauten, Deichbaumaßnahmen oder Vertiefungsmaßnahmen im Bereich einer Bundeswasserstraße. Der Regel-UVP unterliegt der Bau einer Bundeswasserstraße, die für Schiffe mit mehr als 1.350 t zugänglich ist (Nr. 14.2.1 der Anlage 1 zum UVPG). Beim Bau einer Bundeswasserstraße mit einer Eignung für geringere Schiffsgrößen ist eine allgemeine Vorprüfung durchzuführen (Nr. 14.2.2 der Anlage 1 zum UVPG). Der durch das Artikelgesetz 2001 neu gefasste Katalog UVP-pflichtiger Vorhaben setzt entsprechende Vorgaben der UVP-Änd-Richtlinie um.

7004 Die Vorprüfungspflicht entfällt gemäß § 7 III UVPG, wenn der Vorhabenträger die Durchführung einer Umweltverträglichkeitsprüfung beantragt und die Planfeststellungsbehörde das Entfallen der Vorprüfung für zweckmäßig erachtet. Dann besteht eine Pflicht zur Umweltverträglichkeitsprüfung. Auch wenn ein Vorhaben geändert wird, kann sich eine UVP-Pflicht nach dem UVPG gem. § 9 UVPG ergeben. Ob eine Änderung oder ein Neuvorhaben bei wasserstraßenrechtlichen Projekten vorliegt, hängt davon ab, ob durch das beabsichtigte Vorhaben der Charakter des bisherigen Vorhabens verändert wird.

[1602] BVerwG NVwZ 2002, 1239.

4. Verfahren

7005 **a) Linienbestimmung.** Das wasserstraßenrechtliche Linienbestimmungsverfahren ist dem fernstraßenrechtlichen Linienbestimmungsverfahren angeglichen (§ 13 I 1 WaStrG). Danach bestimmt der Bundesminister für Verkehr im Einvernehmen mit der zuständigen Landesbehörde die Planung und Linienführung der Bundeswasserstraßen. Bei der Bestimmung der Linienführung sind die von dem Vorhaben berührten öffentlichen Belange einschließlich der Umweltverträglichkeit im Rahmen der Abwägung zu berücksichtigen. Dieses der wasserwegerechtlichen Planfeststellung vorgelagerte Verfahren entfaltet ebenso wenig wie das nach dem FStrG keine Außenwirkung. Daneben bildet es auch keine Zulässigkeitsvoraussetzung für die Planfeststellung,[1603] sodass selbst bei unterlassenem Vorverfahren der Planfeststellungsbeschluss rechtmäßig ist, wenn das planerische Ermessen fehlerfrei ausgeübt wurde. Da die vorgelagerte Linienbestimmung den Zweck hat, möglichst alle von der Planung berührten öffentlichen und privaten Belange in den Entscheidungsprozess mit einzubeziehen, besteht bei ihrer Unterlassung die Gefahr eines Abwägungsdefizits. Die Feststellung des Bedarfs nach dem WaStrAbG ist gem. § 1 I 2 WaStrAbG für die Linienbestimmung nach § 13 I WaStrG verbindlich.

7006 **b) Planfeststellungsverfahren.** Für das Anhörungsverfahren und das Beteiligungsverfahren gelten nach § 14a I 1 WaStrG die Bestimmungen des § 73 VwVfG und die §§ 17 bis 19 sowie 21 UVPG nach Maßgabe der von § 14a II bis VIII WaStrG. Das Gleiche gilt nach § 14a I 2 WaStrG für die Behörden- und Öffentlichkeitsbeteiligung nach den §§ 58 und 59 sowie den §§ 62 und 63 UVPG.

7007 Die Generaldirektion Wasserstraßen und Schifffahrt kann nach § 14 f WaStrG einen **Projektmanager** mit der Vorbereitung und Durchführung von Verfahrensschritten, insbesondere 1. der Erstellung von Verfahrensleitplänen unter Bestimmung von Verfahrensabschnitten und Zwischenterminen, 2. der Fristenkontrolle, 3. der Koordinierung von erforderlichen Sachverständigengutachten, 4. der ersten Auswertung der eingereichten Stellungnahmen, 5. der organisatorischen Vorbereitung eines Erörterungstermins und 6. der Leitung eines Erörterungstermins, auf Vorschlag oder mit Zustimmung des Vorhabenträgers und auf dessen Kosten beauftragen. Die Entscheidung über den Planfeststellungsantrag verbleibt bei der zuständigen Behörde.

7008 Die Anhörungsbehörde soll nach § 14a II WaStrG 1. von dem Träger des Vorhabens verlangen, den Plan ausschließlich oder ergänzend in einem verkehrsüblichen und von der Anhörungsbehörde vorgegebenen elektronischen Format einzureichen; 2. den Behörden, deren Aufgabenbereich durch das Vorhaben berührt wird, den Plan auch ausschließlich elektronisch zugänglich machen; 3. von den Behörden, deren Aufgabenbereich durch das Vorhaben berührt wird, verlangen, ihre Stellungnahmen nach § 73 II und IIIa VwVfG sowie nach § 17 II UVPG elektronisch zu übermitteln.

7009 Die Anhörungsbehörde soll nach § 14a III 1 WaStrG die Auslegung des Plans und der Unterlagen nach § 19 II UVPG durch die Veröffentlichung der Unterlagen auf ihrer Internetseite bewirken. Auf Verlangen eines Beteiligten, das während der Dauer der Beteiligung an die Anhörungsbehörde zu richten ist, ist ihm eine leicht zu erreichende Zugangsmöglichkeit zur Verfügung zu stellen. Abweichend von § 73 V 1 VwVfG erfolgt die Bekanntmachung durch die Anhörungsbehörde; § 14a III 1 WaStrG gilt entsprechend. Die Bekanntmachung erfolgt zusätzlich in örtlichen Tageszeitungen, in deren Verbreitungsgebiet sich das Vorhaben voraussichtlich auswirken wird. Die Anhörungsbehörde hat in der Bekanntmachung darauf hinzuweisen, dass und wo der Plan elektronisch veröffentlicht wird und dass eine leicht zu erreichende Zugangsmöglichkeit zur Verfügung gestellt werden kann (§ 14a III 4 und 5WaStrG).

7010 Sobald der Plan auf der Internetseite der Planfeststellungsbehörde veröffentlicht, ausgelegt oder andere Gelegenheit gegeben ist, den Plan einzusehen (§ 73 III VwVfG), dürfen nach § 15 I 1 WaStrG auf den vom Plan betroffenen Flächen bis zu ihrer Inanspruchnahme wesentlich wertsteigernde oder die geplanten Baumaßnahmen erheblich erschwerende Veränderungen nicht vorgenommen werden (**Veränderungssperre**). Veränderungen, die in rechtlich zulässiger Weise vorher begonnen worden sind, Unterhaltungsarbeiten und die Fortführung einer

---

1603 BVerwG NVwZ 1985, 736; Schulze/Stüer ZfW 1996, 269; siehe dazu auch Günther/Böschen Wasserstraßen in Ziekow Handbuch des Fachplanungsrechts, 2024 § 16 Rn. 66; Friesecke WaStrG, 2020, § 13 Rn. 4.

bisher ausgeübten Nutzung werden davon nicht berührt. Unzulässige Veränderungen bleiben bei der Anordnung von Vorkehrungen und Anlagen (§ 74 II VwVfG) und im Entschädigungsverfahren nach § 15 I 2 WaStrG unberücksichtigt. Dauert die Veränderungssperre über vier Jahre, können die Eigentümer für die dadurch entstandenen Vermögensnachteile Entschädigung verlangen. In den Fällen des Absatzes 1 Satz 1 steht dem Bund an den betroffenen Flächen ein Vorkaufsrecht zu (§ 15 III WaStrG).

7011 **Einwendungen** und Stellungnahmen sind gegenüber der Anhörungsbehörde abzugeben. Sie sollen elektronisch übermittelt werden. Eine schriftliche Übermittlung ist ebenfalls möglich. 4Die Anhörungsbehörde hat in der Bekanntmachung darauf hinzuweisen § 14a IV WaStrG).

7012 Die Anhörungsbehörde kann auf eine **Erörterung** nach § 73 VI VwVfG und § 18 I 4 UVPG verzichten. Soll ein im Internet veröffentlichter oder ausgelegter Plan geändert werden, so soll von der Erörterung im Sinne des § 73 VI VwVfG und des § 18 I 4 UVPG abgesehen werden (§ 14a V WaStrG). Die Anhörungsbehörde kann eine Erörterung ganz oder teilweise in digitalen Formaten durchführen. In diesem Fall hat sie in der Bekanntmachung darauf hinzuweisen, dass und wie die Erörterung in einem digitalen Format durchgeführt wird (§ 14a VI WaStrG).

7013 Soweit Stellungnahmen, Einwendungen oder sonstige Erklärungen elektronisch übermittelt werden können oder der Plan oder sonstige Unterlagen in einem elektronischen Format veröffentlicht oder zugänglich gemacht werden, haben die Anhörungsbehörde und die Planfeststellungsbehörde gem. § 14a VII WaStrG die technische Ausgestaltung zu bestimmen. Die Durchführung informeller Beteiligungsformate ist möglich. Diese Beteiligungsformate sind von dem Planfeststellungsverfahren unabhängig und dürfen sein Ergebnis nicht vorwegnehmen (§ 14 VIII WaStrG).

5. Planrechtfertigung

7014 Das Netz der Bundeswasserstraßen wird gem. § 1 I WaStrAbG nach dem Bedarfsplan für die Bundeswasserstraßen ausgebaut, der dem WaStrAbG als Anlage beigefügt ist. Das WaStrAbG umfasst in Anlage 1 einen Bedarfsplan für vorgesehene Vorhaben an Bundeswasserstraßen. Details der Projekte können dem Bundesverkehrswegeplan entnommen werden.

7015 Die Feststellung des Bedarfs nach dem WaStrAbG ist für die Linienbestimmung nach § 13 I WaStrG und für die Planfeststellung, einschließlich der vorläufigen Anordnung, nach § 14 WaStrG verbindlich. Wenn keine gesetzlich bindende positive Bedarfsvorgabe gem. § 1 WaStrAbG iVm der Anlage zu § 1 I WaStrAbG besteht, schließt dies den Nachweis eines Bedarfs im Einzelfall nicht aus. Eine Baumaßnahme, die nicht in den Bedarfsplan aufgenommen ist, kann nämlich nach § 2 II WaStrAbG durchgeführt werden, wenn für sie im Einzelfall der Bedarf besonders nachgewiesen wird. Das für jede Fachplanung geltende ungeschriebene Erfordernis der Planrechtfertigung ist als Ausprägung des Prinzips der Verhältnismäßigkeit staatlichen Handelns grundsätzlich auch bei gegen einen Planfeststellungsbeschluss erhobenen Klagen von Drittbetroffenen, die keinen Vollüberprüfungsanspruch haben, im Rahmen der Begründetheit zu prüfen.[1604]

6. Abwägungsgebot

7016 Die Planfeststellung unterliegt den Grundsätzen des Abwägungsgebotes (§ 14 I 2 WaStrG). Das Abwägungsgebot verlangt, dass eine Abwägung überhaupt stattfindet, dass in die Abwägung an Belangen eingestellt wird, was nach Lage der Dinge in sie eingestellt werden muss, und dass weder die Bedeutung der betroffenen öffentlichen und privaten Belange verkannt noch der Ausgleich zwischen ihnen in einer Weise vorgenommen wird, die zur objektiven Gewichtigkeit einzelner Belange außer Verhältnis steht. Innerhalb des so gezogenen Rahmens wird das Abwägungsgebot nicht verletzt, wenn sich die zur Planung ermächtigte Stelle in der Kollision zwischen verschiedenen Belangen für die Bevorzugung des einen und damit notwendig für die Zurückstellung eines anderen entscheidet. Die darin liegende Gewichtung der von der Planung berührten öffentlichen und privaten Belange ist ein wesentliches Element der planerischen Gestaltungsfreiheit und als solches der verwaltungsgerichtlichen Kontrolle entzogen. Diese beschränkt sich im Rahmen des Abwägungsgebots daher auf die Frage, ob die Verwal-

[1604] BVerwG NVwZ 2023, 1733 = juris Rn. 34.

tungsbehörde die abwägungserheblichen Gesichtspunkte rechtlich und tatsächlich zutreffend bestimmt hat und ob sie auf der Grundlage des derart zutreffend ermittelten Abwägungsmaterials die aufgezeigten Grenzen der ihr obliegenden Gewichtung eingehalten hat.[1605]

Auch der **Grundsatz der Konfliktbewältigung** ist zu beachten. Er soll gewährleisten, dass die der Planung zuzurechnenden Konflikte auch nach Möglichkeit durch die Planung selbst bewältigt werden. Auch für die abschnittsweise Planfeststellung gilt, dass ihr ein Gesamtkonzept zu Grunde liegen soll, in das sich die Einzelmaßnahmen einfügen. Danach ist ggf. eine Gesamtbetrachtung der Auswirkungen der beabsichtigten Maßnahme sachgerecht. 7017

Beispiel: Eine Bundeswasserstraße soll erneut vertieft werden, um deren Verkehrsnutzen zu erhöhen. Durch die zusätzlichen Baggerarbeiten treten weitere nachteilige Auswirkungen auf ökologische Belange ein. Im Rahmen der gebotenen Gesamtabwägung und Konfliktbewältigung kann es erforderlich werden, auch bereits planfestgestellte Maßnahmen und auch Unterhaltungsbaggerungen in die Gesamtabwägung einzubeziehen. Dies gilt vor allem dann, wenn durch die neu hinzutretenden Maßnahmen verstärkte Auswirkungen entstehen.

Bei der **Abwägung** sind alle nach Lage der Dinge einzustellenden Belange, insbesondere die nachteiligen Auswirkungen eines wasserwegerechtlichen Vorhabens, zu berücksichtigen.[1606] Abwägungsbeachtlich sind grundsätzlich alle mehr als nur geringfügigen schutzwürdigen Interessen, die von der Planung betroffen werden. Die Abwägungserheblichkeit beschränkt sich auf solche Betroffenheiten, die für die planende Stelle bei der Entscheidung über den Plan als abwägungsbeachtlich erkennbar sind. Eine Betroffenheit ist als abwägungsbeachtlich erkennbar, wenn sie sich entweder aufdrängt oder wenn ein Planbetroffener Umstände, die nicht ohne Weiteres als abwägungsbeachtlich erkennbar sind, im Zuge der Öffentlichkeitsbeteiligung oder auf andere zulässige Weise rechtzeitig in das Planfeststellungsverfahren einbringt.[1607] 7018

Zu den geltend zu machenden Belangen gehören etwa die Gefahr von Deichbrüchen, die sich aus der Veränderung von Tidehuben ergebenden Nachteile im Hinblick auf die Erhöhung der Strömungsgeschwindigkeit und damit einhergehende Verschlickungen von landwirtschaftlichen Flächen oder die Verschiebung der Salzwassergrenze mit der Folge, dass sich das Grundwasser nicht mehr als Viehtränke oder für die Wassergewinnung eignet. Verschlickungen können ggf. auch für Häfen oder Sportbootbetriebe[1608] nachteilig sein. Ggf. ist durch entsprechende Kontrolleinrichtungen und **Frühwarnsysteme** sicherzustellen, dass auftretende Gefahren rechtzeitig erkannt und durch geeignete Gegenmaßnahmen bekämpft werden können. Der Planfeststellungsbeschluss kann dazu entsprechende Auflagen enthalten.[1609] Nach dem Stand der Wasserbautechnik enthält dabei das Rechenprogramm STAWABE (HYDRA) ein geeignetes mathematisches Modell zur Betrachtung etwaiger Hochwassersituationen. Es kann daher unter Verzicht auf ein physikalisches Strömungsmodell von der Planfeststellungsbehörde im Rahmen der planerischen Bewältigung einer Flussquerung durch ein Eisenbahnumbauvorhaben zur Herstellung einer sachgerechten Prognose und zur Bestimmung einzelner Schutzauflagen herangezogen werden.[1610] Als abwägungserhebliche Belange sind auch ökologische Gesichtspunkte zu berücksichtigen. Der Gefahr einer Zerstörung der Fauna kann etwa bei Ausbaggerungsmaßnahmen durch die Verwendung von Saugbaggern begegnet werden, die kaum Sedimente aufwühlen. Wenn sich die Saugbagger recht langsam bewegen, können Fische mit ihrem Seitenlinienorgan den Saugkopf frühzeitig wahrnehmen und auf das Herannahen mit Flucht reagieren. Grundsätzlich bedeutet jede Art von Materialentnahme aus der Fahrrinne, dass die Tierbewohner dieses Teilbereichs (das sind etwa Schnecken, Ringelwürmer oder Kleinkrebse) beeinträchtigt werden. Je weniger mobil eine Art ist, umso geringer ist die Rückbesiedelungsrate pro Zeiteinheit. Umgekehrt sind Arten mit ausgeprägter Mobilität – wie zB Kleinkrebse – in der Lage, die gestörten Bereiche kurzfristig oder mit sehr hohen Indivi- 7019

1605 BVerwG Urt. v.19.12.2017 – 7 A 9.17 ua, juris Rn. 51; BVerwGE 157, 73 Rn. 23 f.; VGH Mannheim Urt. v. 29.1.2020 – 5 S 1658/17, juris Rn. 42.

1606 Schulze in Stüer (Hrsg.) Verfahrensbeschleunigung, S. 85; Schulze/Stüer ZfW 1996, 269; dies. in Stüer (Hrsg.) Verfahrensbeschleunigung, S. 62; Stüer in Stüer (Hrsg.), Verfahrensbeschleunigung, S. 120.

1607 VGH Mannheim ZfW 2023, 139 = juris Rn. 119.

1608 Zum Konflikt zwischen Naturschutzbelangen und Belangen des Wassersports Knauber NuR 1985, 308; Petersen NuR 1989, 205.

1609 Pegelmesssysteme oder Einrichtungen zur Erkennung des Schlickanfalls.

1610 BVerwG NJW 1997, 615.

duendichten zu besiedeln. Derartige Beeinträchtigungen müssen jedoch ggf. im Interesse der Sache in Kauf genommen werden und sind – soweit dies möglich ist – durch entsprechende naturschutzrechtliche Auflagen auszugleichen.

7020 Auch Belange von **Fischern** sind in die Abwägung einzustellen, dort jedoch bei entsprechend gewichtigen Gemeinwohlgründen überwindbar. In einer Bundeswasserstraße ist der Fischfang nach Maßgabe des Landesrechts. frei, dh jedermann ohne besondere Erlaubnis oder Genehmigung gestattet. Die Beeinträchtigung der Fangmöglichkeiten betrifft daher einfache Chancen und Möglichkeiten, die nicht eigentumsrechtlich geschützt sind. Auch wird nicht in einen eingerichteten und ausgeübten Gewerbebetrieb iS des Art. 14 III GG eingegriffen, was nur gegen Entschädigung zulässig wäre.[1611] Denn derartige Rahmenbedingungen werden nach ständiger Rechtsprechung nur dann geschützt, wenn der Gewerbetreibende auf ihre Fortdauer vertrauen durfte.[1612] Da die natürlichen Umweltbedingungen stets Schwankungen unterworfen sind, ist der Fortbestand des natürlich gegebenen Zustandes nicht schutzwürdig, selbst wenn es sich bei dem Fischvorkommen um den Bestandteil des Gewerbebetriebes handeln würde.[1613] Mit der Ausübung der Fischerei wird somit lediglich eine für jeden bestehende Chance wahrgenommen. Derartige Chancen und Möglichkeiten sind jedoch von der Rechtsordnung nicht gegen Eingriffe geschützt.[1614] Wenn nach dieser Rechtsprechung, die auf eine vom BGH[1615] in vollem Umfang übernommene Rechtsprechung des RG[1616] zurückgeht, sogar die Inhaber von Fischereirechten den Ausbau von Wasserstraßen entschädigungslos hinnehmen müssen,[1617] so gilt dies erst recht für Fischer, die sich nicht auf ein ihnen zustehendes Fischereirecht berufen können. Die Belange der Fischer sind zwar in die Abwägung einzustellen, müssen sich jedoch gemessen an anderen wichtigeren Belangen nicht unbedingt durchsetzen.[1618]

7021 Selbst wenn **Fischereirechte** an einem Gewässer bestehen, hat deren Inhaber gegenüber den **Verkehrsinteressen**, denen die Bundeswasserstraßen in erster Linie zu dienen bestimmt sind, grundsätzlich kein Recht auf Aufrechterhaltung der natürlichen Verhältnisse. Derartige Rechte bestehen vielmehr – ähnlich wie beim privaten Eigentum an einer dem öffentlichen Verkehr gewidmeten Straße – regelmäßig nur unbeschadet der Erfüllung der mit der öffentlichen Bestimmung der Straße verbundenen Aufgaben.[1619] Danach liegt ein Eingriff in das Fischereirecht nicht schon dann vor, wenn dieses im Zusammenhang mit einer wesentlichen Veränderung des Gewässers durch einen Ausbau zur besseren Schiffbarmachung in Mitleidenschaft gezogen wird. Es ist vielmehr angesichts der vordringlichen Verkehrsfunktion der Bundeswasserstraßen zu prüfen, ob eine bestimmte Anlage oder Maßnahme des Ausbaus infolge ihrer besonderen Beschaffenheit oder Tragweite für die Fischerei diese überhaupt ganz oder zum Teil aufhebt oder eine der Bedeutung nach gleiche Folge herbeiführt. Die Vertiefung des Gewässers als solche reicht hierfür auch dann nicht aus, wenn dabei durch die Anwendung von Baggermaschinen ein für die Fischnahrung wenig geeigneter Boden hergestellt wird. Im Hinblick auf diese in der Rechtsprechung gefestigten Grundsätze, die durch das Gesetz über die vermögensrechtlichen Verhältnisse der Bundeswasserstraßen abweichender landesrechtlicher Regelung zu Lasten des Bundes entzogen sind, ist es nicht zu beanstanden, wenn eine Genehmigungsbehörde in der nach den eingeholten Gutachten zu erwartenden vorübergehenden Zerstörung des Makrozoobenthos im Bereich der Fahrrinne keine entschädigungspflichtige Beeinträchtigung des Fischereirechts in den Küstengewässern gesehen hat.[1620]

7022 Betrifft ein wasserstraßenrechtlicher Planfeststellungsbeschluss über die Erweiterung eines **Containerhafens** nur die Herstellung der Kaje und der Lagerflächen als Teil der Infrastruktur, ist eine Vorausbeurteilung der baurechtlichen Genehmigungsfähigkeit der Umschlagsanlagen **(Suprastruktur)** in der Weise erforderlich, dass die grundsätzliche Vereinbarkeit des Hafenumschlags mit den Anforderungen des Immissionsschutzrechts positiv festgestellt wird. Die Immis-

---

1611 Zu Enteignungsmöglichkeiten nach § 44 I 1 WaStrG BVerwG VkBl.1995, 320.

1612 RG RGZ 54, 260.

1613 BGHZ 49, 231; BVerwG NuR 1997, 238.

1614 BGH NJW 1964, 769; BGHZ 45, 150; BGHZ 45, 83; BGHZ 55, 261.

1615 BGHZ 50, 73.

1616 RGZ 54, 260.

1617 VG Kassel VkBl.1995, 140.

1618 Ökologische Nachteile können ggf. durch einen erhöhten Fischbesatz ausgeglichen werden. Zu solchen Kompensationsmaßnahmen Schulze/Stüer ZfW 1996, 269.

1619 RGZ 54, 260; BGHZ 50, 73.

1620 BVerwG NuR 1997, 238.

sionsgrenzwerte der 16. BImSchV sind dabei auf Seehafenumschlagsanlagen nicht entsprechend anwendbar. Auch die TA Lärm enthält keine Normenkonkretisierung für die Beurteilung der Zumutbarkeit des Lärms von Seehafenumschlagsanlagen, kann aber als grobe Orientierung dienen. Dabei können auch Möglichkeiten des passiven Schallschutzes einbezogen werden. Da ein Aufwendungsersatz für Maßnahmen des passiven Schallschutzes nicht mehr im Baugenehmigungsverfahren vorgesehen werden kann, ist darüber bereits im Planfeststellungsverfahren zu entscheiden.[1621]

Bei der Planfeststellungsentscheidung nach § 14 WaStrG ist auch in Bezug auf wirtschaftliche Beeinträchtigungen grundsätzlich auf die Verhältnisse im **Zeitpunkt des Planfeststellungsbeschlusses** abzuheben. Allerdings darf sich die Planfeststellungsbehörde bei der Würdigung der Auswirkungen des Vorhabens auf die wirtschaftlichen Verhältnisse eines Betroffenen nicht ohne weiteres mit einer Momentaufnahme begnügen. Wird durch die Zulassung des Planvorhabens etwa eine Grundstücksnutzung unmöglich gemacht oder wesentlich erschwert, die nach Lage und Beschaffenheit des Grundstücks bei vernünftiger und wirtschaftlicher Betrachtungsweise objektiv anbietet und nach dem Willen des Eigentümers in absehbarer Zeit verwirklicht werden soll, so handelt es sich um einen Umstand, der bedeutsam für den Grad der Betroffenheit ist. Lassen sich in einem solchen Fall im Wege einer Prognose künftige Entwicklungen hinreichend sicher abschätzen, so hat die Planungsbehörde sie in ihre planerische Entscheidung einzubeziehen.[1622] **7023**

§ 12 VII 4 WaStrG stellt einen verbindlichen **Versagungstatbestand** für Ausbau- und Neubauvorhaben an Bundeswasserstraßen dar. Ob ein Vorhaben mehr als geringfügige Auswirkungen auf den Hochwasserschutz im Sinne dieser Vorschrift hat, unterliegt in vollem Umfang der gerichtlichen Kontrolle. § 12 VII 4 WaStrG hat nach Maßgabe der §§ 72 ff. WHG drittschützende Wirkung. Sofern das Landesrecht die Aufgabe der Deicherhaltung einem Deichverband zuweist, kann nur dieser vorhabenbedingte Auswirkungen auf den Hochwasserschutz geltend machen.[1623] Ob ein Vorhaben mehr als geringfügige, dh unbedeutende, unwesentliche, nicht ins Gewicht fallende und belanglose Auswirkungen auf den Hochwasserschutz hat, unterliegt in vollem Umfang der gerichtlichen Kontrolle. § 12 VII 4 WaStrG entfaltet iVm den Vorschriften des WHG zum Hochwasserschutz grundsätzlich drittschützende Wirkung.[1624] **7024**

Das aus dem planungsrechtlichen Abwägungsgebot folgende Recht auf gerechte Abwägung bezieht sich grundsätzlich nur auf die eigenen Belange des Betroffenen. Dieser hat einen Anspruch auf ordnungsgemäße Abwägung seiner Belange mit entgegenstehenden anderen Belangen. Er hat jedoch keinen Anspruch darauf, dass die Planung insgesamt und in jeder Hinsicht auf einer fehlerfreien Abwägung beruht. Dementsprechend kann er eine gerichtliche Abwägungskontrolle lediglich hinsichtlich seiner eigenen Belange und wegen der insoweit bestehenden Wechselbeziehung der ihnen gegenübergestellten, für das Vorhaben streitenden Belange verlangen.[1625] Eine Ausnahme von dem Grundsatz einer dergestalt eingeschränkten gerichtlichen Abwägungskontrolle besteht zwar für durch die Planung unmittelbar in ihrem Eigentumsrecht Betroffene, falls diese Träger des Grundrechts aus Art. 14 I GG sind. Sie können eine Verletzung des planungsrechtlichen Abwägungsgebots, wie gezeigt, auch mit der Begründung geltend machen, öffentliche Belange seien nicht hinreichend beachtet worden.[1626] **7025**

1621 OVG Bremen NordÖR 2002, 116 dort auch zur Zumutbarkeit der Lärmeinwirkungen des Containerumschlags bei der Hafenerweiterung in einer Gemengelage im Anschluss an OVG Bremen UPR 1997, 299. Bei Bundeswasserstraßen hat der Bund die Kosten für die Beseitigung des „wilden Mülls" zu tragen BVerwG NVwZ 2003, 1252.

1622 VGH Mannheim ZfW 2023, 139 = juris Rn. 121.

1623 BVerwG NVwZ 2018, Beilage Nr. 1, 19; Breuer NVwZ 2018, Beilage 1, 3 – Fahrrinnenanpassung in der Unter- und Außenelbe.

1624 BVerwG NVwZ 2018, Beilage Nr. 1, 19; Breuer NVwZ 2018, Beilage 1, 3 – Fahrrinnenanpassung in der Unter- und Außenelbe.

1625 VGH Mannheim ZfW 2023, 139 = juris Rn. 100; Urt. v. 23.9.2013 – 3 S 284/11. juris Rn. 397 zu nur mittelbar von einem Planvorhaben Betroffenen; BVerwGE 161, 17, juris Rn. 64; BVerwGE 100, 388, juris Rn. 19 f. jeweils zu Gemeinden.

1626 VGH Mannheim ZfW 2023, 139 = juris Rn. 100.

7. Planfeststellungsbeschluss, Plangenehmigung

7026 Nach § 14 b I 1 WaStrG gilt für Planfeststellungsbeschluss und Plangenehmigung § 74 VwVfG mit folgenden Maßgaben.[1627]

7027 **a) Vorkehrungen und Anlagen.** Die Planfeststellungsbehörde hat dem Träger des Vorhabens Vorkehrungen oder die Errichtung und Unterhaltung von Anlagen auch dann aufzuerlegen, wenn erhebliche Nachteile dadurch zu erwarten sind, dass der Wasserstand verändert wird oder eine Gewässerbenutzung, die auf einer Erlaubnis oder anderen Befugnis beruht, beeinträchtigt wird.

7028 **b) Entschädigung.** Die Regelung einer Entschädigung bleibt dem Entschädigungsverfahren vorbehalten. Rechtsgrundlage für Entschädigungsansprüche wegen unzumutbarer Beeinträchtigungen durch die Errichtung eines planfestgestellten Vorhabens ist § 74 II 3 VwVfG. Danach hat – sofern Vorkehrungen oder Anlagen zur Vermeidung nachteiliger Wirkungen auf Rechte anderer untunlich oder mit dem Vorhaben unvereinbar sind – der Betroffene einen Anspruch auf angemessene Entschädigung in Geld. Der Ausgleichsanspruch nach § 74 II 3 VwVfG gewährt einen finanziellen Ausgleich für einen anderenfalls unverhältnismäßigen Eingriff in das Eigentum. Es handelt sich nicht um eine Enteignungsentschädigung im Sinn des Art. 14 III GG, sondern um einen Ausgleichsanspruch eigener Art. Der Ausgleichsanspruch ist dem Grunde nach im Planfeststellungsbeschluss festzustellen, zudem sind die Bemessungsgrundlagen für die Höhe anzugeben.[1628] Über die konkrete Höhe der Entschädigung wird nicht im Rahmen der wasserstraßenrechtlichen Planfeststellung des Vorhabens entschieden, sondern erst im gesondert durchzuführenden Entschädigungsverfahren.

7029 Wegen der Festsetzung der Entschädigung können die Beteiligten nach § 39 I 1 WaStrG binnen einer Frist von drei Monaten nach Zustellung des Bescheides Klage vor den ordentlichen Gerichten erheben. Diese Frist ist eine Notfrist im Sinne der Zivilprozessordnung. Die Klage kann auch erhoben werden, wenn die Generaldirektion Wasserstraßen und Schifffahrt binnen sechs Monaten nach Erlass des Verwaltungsaktes oder nach dem Vorgang, der die Beeinträchtigung herbeigeführt hat, eine Entschädigung nicht festgesetzt hat; ist eine Entschädigung nach § 75 II 4 VwVfG festzusetzen, beginnt die Frist von sechs Monaten mit der Antragstellung. Für die Klage ist das Landgericht ohne Rücksicht auf den Wert des Streitgegenstandes ausschließlich zuständig. Örtlich zuständig ist ausschließlich das Landgericht, in dessen Bezirk die Beeinträchtigung eintritt; § 36 I Nr. 4 ZPO gilt entsprechend. Die Klage gegen den Entschädigungspflichtigen wegen der Entschädigung in Geld ist auf Zahlung des verlangten Betrages oder Mehrbetrages zu richten. Die Klage gegen den Entschädigungsberechtigten ist darauf zu richten, dass die Entschädigung unter Aufhebung oder Abänderung des Bescheides anders festgesetzt wird (§ 39 WaStrG).

7030 **c) Mehrkosten der Unterhaltung.** Müssen vorhandene Anlagen infolge des Planfeststellungsbeschlusses oder der Plangenehmigung ersetzt oder geändert werden, hat der Träger des Vorhabens die Mehrkosten der Unterhaltung zu tragen (§ 14 I Nr. 3 WaStrG).

7031 **d) Beweissicherungsverfahren.** Zur Sicherung des Beweises von Tatsachen, die für den Planfeststellungsbeschluss oder eine Plangenehmigung von Bedeutung sein können, besonders zur Feststellung des Zustandes einer Sache, kann die Planfeststellungsbehörde – auch vor Erlass des Planfeststellungsbeschlusses oder der Plangenehmigung – durch eine selbständige Beweissicherungsanordnung die erforderlichen Maßnahmen anordnen, wenn sonst die Feststellung unmöglich oder wesentlich erschwert werden würde (§ 14b I Nr. 4 WaStrG).

7032 **e) Fortsetzung des Verfahrens.** Für Anträge auf Fortsetzung des Verfahrens bei vorbehaltenen Entscheidungen ist § 75 III VwVfG anzuwenden (§ 14n I Nr. 5 WaStrG).

7033 **f) Versagungsgründe.** Die Planfeststellung ist nach § 14b I 1 Nr. 6 WaStrG zu versagen, wenn von dem Ausbau oder Neubau eine Beeinträchtigung des Wohls der Allgemeinheit zu erwarten ist, die nicht durch Auflagen verhütet oder ausgeglichen werden kann, oder nachteilige Wirkungen auf das Recht eines anderen oder der in § 14 b I 1 Nr. 1 WaStrG bezeichneten Art zu erwarten sind, die nicht durch Auflagen verhütet oder ausgeglichen werden können,

[1627] Zu Erscheinungsformen und Dogmatik der Planfeststellung im Wasserrecht – Wasserhaushaltsrecht und Wasserwegerecht Kümper DVBl. 2023, 1326.

[1628] VGH München Beschl. v. 12.6.2023 – 8 C 23.616, juris Rn. 16; BVerwGE 143, 249 = juris Rn. 70; BVerwGE 71, 166 = juris Rn. 31; Friesecke WaStrG, 2020, § 14b Rn. 58.

der Berechtigte fristgemäß Einwendungen erhoben hat und der Ausbau oder Neubau nicht dem Wohl der Allgemeinheit dient. Die Planfeststellung für einen Ausbau nach § 12 II 1 Nr. 3 WaStrG darf im Übrigen nur erfolgen, wenn die Voraussetzungen des § 68 III WHG vorliegen (§ 14b I Nr. 6 WaStrG).

§ 14b I 1 Nr. 6a WaStrG trifft Regelungen allein zum Schutz des Wohls der Allgemeinheit und nicht zum Schutz einzelner vor Beeinträchtigungen.[1629] Beim Ausbau einer Bundeswasserstraße nach § 12 II 1 Nr. 1 und 2 WaStrG oder beim Neubau einer Bundeswasserstraße sind die Bewirtschaftungsziele nach Maßgabe der §§ § 27 bis § 31 WHG und in Linienführung und Bauweise Bild und Erholungseignung der Gewässerlandschaft sowie die Erhaltung und Verbesserung des Selbstreinigungsvermögens des Gewässers zu beachten. Die natürlichen Lebensgrundlagen sind zu bewahren. Bei Ausbaumaßnahmen nach § 12 II 1 Nr. 3 WaStrG sind die Anforderungen nach § 67 I WHG zu beachten. Ausbau- oder Neubaumaßnahmen werden so durchgeführt, dass mehr als nur geringfügige Auswirkungen auf den Hochwasserschutz vermieden werden (§ 12 VII 1 bis 4 WaStrG). § 12 VII 4 WaStrG ist ein verbindlicher Versagungstatbestand für Ausbau- und Neubauvorhaben an Bundeswasserstraßen. Ob ein Vorhaben mehr als geringfügige Auswirkungen auf den Hochwasserschutz im Sinne dieser Vorschrift hat, unterliegt in vollem Umfang der gerichtlichen Kontrolle. § 12 VII 4 WaStrG hat nach Maßgabe der §§ 72 ff. WHG drittschützende Wirkung.[1630] 7034

g) Plangenehmigung statt Planfeststellung. Abweichend von § 74 VI 1 Nr. 3 VwVfG kann für ein Vorhaben, für das nach dem UVPG eine Umweltverträglichkeitsprüfung durchzuführen ist, an Stelle eines Planfeststellungsbeschlusses eine Plangenehmigung erteilt werden. § 14a WaStrG gilt entsprechend. Im Übrigen findet das UVPG mit Ausnahme des § 21 III UVPG Anwendung (§ 14 b II WaStrG). 7035

h) Zustellung, Auslegung und Bekanntmachung. Abweichend von § 74 IV, V und VI 2 HS 3 VwVfG und § 27 I 1 UVPG können die Zustellung, Auslegung und Bekanntmachung der Auslegung des Planfeststellungsbeschlusses oder der Plangenehmigung dadurch erfolgen, dass die Entscheidung mit einer Rechtsbehelfsbelehrung und dem festgestellten Plan für zwei Wochen auf der Internetseite der Planfeststellungsbehörde veröffentlicht wird. Zusätzlich ist der verfügende Teil des Planfeststellungsbeschlusses, die Rechtsbehelfsbelehrung und ein Hinweis auf die Veröffentlichung auf der Internetseite der Planfeststellungsbehörde verbunden mit dem Hinweis auf leicht zu erreichende Zugangsmöglichkeiten in den örtlichen Tageszeitungen bekanntzumachen, in deren Verbreitungsgebiet sich das Vorhaben voraussichtlich auswirken wird; auf Auflagen ist hinzuweisen. Auf Verlangen eines Beteiligten, das bis zum Ablauf der Rechtsbehelfsfrist an die Planfeststellungsbehörde zu richten ist, ist ihm eine leicht zu erreichende Zugangsmöglichkeit zur Verfügung zu stellen. Im Fall des elektronischen Zugänglichmachens gilt mit dem Ende der Veröffentlichungsfrist die Entscheidung dem Träger des Vorhabens, den Betroffenen und denjenigen gegenüber, die Einwendungen erhoben haben, als zugestellt; hierauf ist in der Bekanntmachung hinzuweisen. Die Unterlagen sollen nach Ablauf der Veröffentlichungsfrist bis zum Ende der Rechtsbehelfsfrist zur Information im Internet veröffentlicht werden (§ 14 b III WaStrG). 7036

i) Rechtswirkungen von Planfeststellung und Plangenehmigung. Für die Rechtswirkungen der Planfeststellung und Plangenehmigung gilt § 75 VwVfG mit folgenden Maßgaben des § 14 c WaStrG. Wird mit der Durchführung des Plans nicht innerhalb von zehn Jahren nach Eintritt der Unanfechtbarkeit begonnen, so tritt er außer Kraft, es sei denn, er wird vorher auf Antrag des Trägers des Vorhabens von der Planfeststellungsbehörde um höchstens fünf Jahre verlängert. Vor der Entscheidung ist eine auf den Antrag begrenzte Anhörung nach dem für die Planfeststellung oder für die Plangenehmigung vorgeschriebenen Verfahren durchzuführen. Für die Zustellung, Veröffentlichung im Internet oder Auslegung sowie die Anfechtung der Entscheidung über die Verlängerung sind die Bestimmungen über den Planfeststellungsbeschluss entsprechend anzuwenden. 7037

Wird eine Planergänzung oder ein ergänzendes Verfahren nach § 75 Ia 2 VwVfG erforderlich und wird diese Planergänzung oder dieses ergänzende Verfahren unverzüglich betrieben, so bleibt die Durchführung des Vorhabens zulässig, soweit es von der Planergänzung oder dem Ergebnis des ergänzenden Verfahrens offensichtlich nicht berührt ist. 7038

1629 VGH Mannheim ZfW 2023, 139 = juris Rn. 93; Friesecke/Heinz in Friesecke, WaStrG, 2020, § 14b Rn. 63, 67.

1630 BVerwG NVwZ-Beilage 2018, 19.

7039 **j) Planänderung vor Fertigstellung des Vorhabens.** Für die Planergänzung und das ergänzende Verfahren im Sinne des § 75 Ia 2 VwVfG und für die Planänderung vor Fertigstellung des Vorhabens gilt § 76 VwVfG mit der Maßgabe, dass im Falle des § 76 I VwVfG von einer Erörterung im Sinne des § 73 VI VwVfG und des § 18 I 4 UVPG abgesehen werden kann. Im Übrigen gelten für das neue Verfahren die Vorschriften des WaStrG.

7040 **k) Rechtsbehelfe.** § 50 I Nr. 6 VwGO gilt nach § 14e I WaStrG für Vorhaben im Sinne des § 14 I 1 WaStrG, soweit die Vorhaben Bundeswasserstraßen betreffen, die wegen 1. der Herstellung der Deutschen Einheit, 2. der Einbindung der neuen Mitgliedstaaten in die Europäische Union, 3. der Verbesserung der seewärtigen Zufahrten zu den deutschen Seehäfen und deren Hinterlandanbindung, 4. ihres sonstigen internationalen Bezuges oder 5. der besonderen Funktion zur Beseitigung schwerwiegender Verkehrsengpässe in der Anlage 2 des WaStrG aufgeführt sind.

7041 Nach § 80 II 1 Nr. 3a VwGO haben Widersprüche und Klagen Dritter gegen Verwaltungsakte, die die Zulassung von Vorhaben betreffend Bundesverkehrswege zum Inhalt haben, keine aufschiebende Wirkung. Rechtsmittelführer müssen deshalb, wenn sie eine aufschiebende Wirkung ihres Rechtsmittels erreichen wollen, einen Antrag auf Anordnung der aufschiebenden Wirkung der Anfechtungsklage gegen einen Planfeststellungsbeschluss oder eine Plangenehmigung nach § 80 V 1VwGO stellen. Dieser kann nach § 14e II WaStrG nur innerhalb eines Monats nach der Zustellung des Planfeststellungsbeschlusses oder der Plangenehmigung gestellt und begründet werden. Darauf ist in der Rechtsbehelfsbelehrung hinzuweisen. § 58 VwGO gilt entsprechend. Treten später Tatsachen ein, die die Anordnung der aufschiebenden Wirkung rechtfertigen, so kann der durch den Planfeststellungsbeschluss oder die Plangenehmigung Beschwerte einen hierauf gestützten Antrag nach § 80 V 1 VwGO innerhalb einer Frist von einem Monat stellen und begründen. Die Frist beginnt mit dem Zeitpunkt, in dem der Beschwerte von den Tatsachen Kenntnis erlangt (§ 14e II WaStrG).

7042 Der Kläger hat innerhalb einer Frist von zehn Wochen ab Klageerhebung die zur Begründung seiner Klage dienenden Tatsachen und Beweismittel anzugeben. Erklärungen und Beweismittel, die erst nach Ablauf dieser Frist vorgebracht werden, sind nur zuzulassen, wenn der Kläger die Verspätung genügend entschuldigt. Der Entschuldigungsgrund ist auf Verlangen des Gerichts glaubhaft zu machen. § 14 e III 2 WaStrG gilt nicht, wenn es mit geringem Aufwand möglich ist, den Sachverhalt auch ohne Mitwirkung des Klägers zu ermitteln. Die Frist kann durch den Vorsitzenden oder den Berichterstatter auf Antrag verlängert werden, wenn der Kläger in dem Verfahren, in dem die angefochtene Entscheidung ergangen ist, keine Möglichkeit der Beteiligung hatte. § 6 UmwRG ist nicht anzuwenden (§ 14e III WaStrG).

8. Abgrenzung zum Wasserhaushaltsrecht

7043 Wasserwegerecht und Wasserhaushaltsrecht haben eigene Kompetenzbereiche und können sich durchaus überschneiden. So kann auch in einer Bundeswasserstraße, die hinsichtlich des Neubaus oder des Ausbaus dem WaStrG unterliegt und ein wasserwegerechtliches Planfeststellungsverfahren erfordert (§ 12 WaStrG) zugleich dem Wasserhaushaltsrecht unterliegen. Dies gilt vor allem hinsichtlich der wasserrechtlichen Benutzung eines Wasserweges, für die das WHG gilt, soweit es nicht durch Sonderregelungen des WaStrG verdrängt wird. Keine Benutzung sind allerdings Maßnahmen, die dem Ausbau eines Gewässers im Sinne des § 67 II WHG dienen. Das gleiche gilt für Maßnahmen der Unterhaltung eines Gewässers, soweit hierbei keine chemischen Mittel verwendet werden. Auch in Bundewasserstraßen kann daher für die Benutzung des Gewässers eine wasserrechtliche Erlaubnis (§ 8 WHG) oder eine Bewilligung (§ 14 WHG) erforderlich sein, soweit diese Fälle nicht vorliegen.

Beispiel: Wird zum Zwecke der Beibehaltung eines konstanten Grundwasserstandes während des Ausbaus einer Bundeswasserstraße Grundwasser in ein oberirdisches Gewässer abgepumpt, handelt es sich um eine Benutzung iS des § 9 I WHG, die nicht nach § 9 III 1 WHG von dem Begriff der Benutzung ausgenommen ist.[1631]

7044 Die Zulassung von Hafenanlagen an oder in Bundeswasserstraßen, deren Verkehrsbezug im Sinne des WaStrG nicht gegeben ist, richtet sich nach Landesrecht. Sie sind in der Regel was-

---

[1631] BVerwG NVwZ-RR 2007, 750.

serwirtschaftlicher Ausbau iSv § 67 II WHG.[1632] Dazu können als landesrechtliche Sonderregelungen sog. Hafenentwicklungsgesetze gelten.

9. Sofortige Besitzeinweisung und vorläufige Anordnung von Teilmaßnahmen

Ist der **sofortige Beginn von Bauarbeiten** geboten und weigert sich der Eigentümer oder Besitzer, den Besitz eines für den Neubau oder den Ausbau der Bundeswasserstraße benötigten Grundstücks durch Vereinbarung unter Vorbehalt aller Entschädigungsansprüche zu überlassen, kann die Planfeststellungsbehörde den Träger des Vorhabens nach § 20 I 1 WaStrG in den Besitz einweisen. Die Befugnis zur vorzeitigen Besitzeinweisung besteht allerdings nur, wenn der Planfeststellungsbeschluss oder die Plangenehmigung vorliegt und die sofortige Ausführung der beabsichtigten Maßnahme aus Gründen des Gemeinwohls dringend geboten ist.[1633] Bereits vor Erlass des Planfeststellungsbeschlusses kann die Wasser- und Schifffahrtsdirektion nach Zustimmung des Bundesministers für Verkehr und nach Anhörung der zuständigen Landesbehörde und der anliegenden Gemeinden und Gemeindeverbände eine **vorläufige Anordnung** erlassen, in der **Teilbaumaßnahmen** zum Ausbau oder Neubau festgesetzt werden. Der alsbaldige Beginn der Teilmaßnahmen muss durch Gemeinwohlgründe erforderlich sein. Dabei müssen die nach § 74 II 2 VwVfG und § 14 b Nr. 1 WaStrG durch Schutzauflagen zu sichernden Rechte gewahrt werden. Die vorläufige Anordnung berechtigt nicht zu einer wesentlichen Veränderung des Wasserstandes oder der Strömungsverhältnisse. Die Anordnung ersetzt nicht die Planfeststellung. Soweit die Teilmaßnahmen durch die Planfeststellung für unzulässig erklärt sind, ist der frühere Zustand wiederherzustellen. Der Betroffene ist zu entschädigen, soweit ein Schaden eingetreten ist, der durch die Wiederherstellung des früheren Zustandes nicht ausgeglichen wird (§ 14 II WaStrG). Die vorläufige Anordnung von Teilmaßnahmen darf das Planfeststellungsverfahren nicht vorwegnehmen. Vor allem dürfen durch die Teilmaßnahmen keine endgültigen nicht wieder rückgängig zu machenden Fakten geschaffen werden. Insoweit ist die vorläufige Anordnung im Wasserstraßenrecht mit der Zulassung des vorzeitigen Beginns in einem wasserrechtlichen Erlaubnis- oder Bewilligungsverfahren nach § 8 WHG oder in einem abfallrechtlichen Verfahren nach § 37 KrWG vergleichbar. Die vorläufige Anordnung muss aus Gemeinwohlgründen gerechtfertigt sein. Dies ist im Einzelnen in der Entscheidung darzulegen. Dazu muss sich die Planfeststellungsbehörde auch mit den Eingriffsfolgen befassen. So sind etwa nachhaltig betroffene Belange in die Folgenbetrachtung auch dann einzustellen, wenn es sich dabei nicht um rechtlich geschützte Interessen, sondern einfache Belange handelt. Der Sofortvollzug einer vorläufigen Anordnung ist gesondert zu begründen (§§ 80 II 1 Nr. 4, III 1 VwGO). **7045**

10. Kostentragung

Wird durch den Ausbau einer Bundeswasserstraße zugleich auch die Verlegung einer Straßenbrücke und die Änderung einer dort angebrachten Trinkwasserleitung erforderlich, kann das Versorgungsunternehmen von der Wasser- und Schifffahrtsverwaltung nicht die Übernahme der Verlegungskosten verlangen. Das gilt auch dann, wenn sich der Träger der Straßenbaulast in einem mit dem Versorgungsunternehmen abgeschlossenen Gestattungsvertrag seinerseits zu einer Kostenübernahme verpflichtet hat.[1634] **7046**

11. Planfeststellungsverfahren bei Vorhaben im transeuropäischen Verkehrsnetz

Mit dem Gesetz Gesetzes zur Beschleunigung von Genehmigungsverfahren im Verkehrsbereich und zur Umsetzung der Richtlinie (EU) 2021/1187 über die Straffung von Maßnahmen zur rascheren Verwirklichung des transeuropäischen Verkehrsnetzes hat der Gesetzgeber unter anderem auch die Richtlinie (EU) 2021/1187 über die Straffung von Maßnahmen zur rascheren Verwirklichung des transeuropäischen Verkehrsnetzes (TEN-V) auf Ebene des Bundesrechts umgesetzt. Die Umsetzung beinhaltet insbesondere die Einführung einer Frist von vier Jahren für das Genehmigungsverfahren und wird im FStrG, im AEG, im WaStrG, im LuftVG und im WHG umgesetzt. **7047**

[1632] Böschen in Ziekow Handbuch des Fachplanungsrechts, 2024, § 16 Rn. 138.

[1633] BVerwG, Urt. v. 17.4.1989 – 4 CB 7.89, juris.

[1634] BGHZ 148, 129; BGH NJW 2000, 1490.

7048 § 18 I WaStrG bestimmt dazu Folgendes: Wird ein Planfeststellungsverfahren oder ein Plangenehmigungsverfahren für ein Vorhaben durchgeführt, das 1. im Kernnetzkorridor nach Anlage 3 gelegen ist, oder 2. im Kernnetzkorridor nach Anlage 4 gelegen ist und dessen geschätzte Gesamtkosten zum Zeitpunkt der Einleitung des Planfeststellungsverfahrens oder des Plangenehmigungsverfahrens 300 Mio. Euro überschreiten, ist dieses innerhalb von vier Jahren abzuschließen. Die Frist beginnt mit dem Eingang des Plans nach § 73 I VwVfG bei der Anhörungsbehörde und Planfeststellungsbehörde. Diese sowie alle am Planfeststellungsverfahren oder am Plangenehmigungsverfahren beteiligten Behörden des Bundes und der Länder sind bestrebt, den Planfeststellungsverfahren oder Plangenehmigungsverfahren Vorrang bei der Bearbeitung einzuräumen. Dabei ist das Beschleunigungsinteresse an anderen Vorhaben, die im überragenden öffentlichen Interesse stehen oder der öffentlichen Sicherheit dienen, zu beachten.

7049 In dem Vierjahreszeitraum sind vorhabenbezogene Umweltprüfungen mitinbegriffen. Vom Vierjahreszeitraum nicht berührt sind die aus Völkerrecht und Unionsrecht resultierenden Verpflichtungen. Nicht davon erfasst sind zudem diejenigen Zeiträume, die für die Durchführung von verwaltungsrechtlichen und gerichtlichen Rechtsbehelfsverfahren sowie für die Durchsetzung dieser Rechtsbehelfe vor Gericht erforderlich sind, sowie alle Zeiträume, die erforderlich sind, um daraus resultierende Entscheidungen oder Rechtsbehelfe umzusetzen.[1635] § 18 I 3 WaStrG bestimmt einen Vorrangstatus der in den Anwendungsbereich gemäß § 18 I 1 WaStrG fallenden Vorhaben. Er beruht auf Art. 3 I der Richtlinie (EU) 2021/1187. Die Behörden haben bei der Anwendung dieses Bearbeitungsvorrangs das Beschleunigungsinteresse an anderen Vorhaben, die im überragenden öffentlichen Interesse stehen oder der öffentlichen Sicherheit dienen, zu beachten. Insbesondere für den Ausbau der erneuerbaren Energien und der Stromnetze wird vor dem Hintergrund der Klimaziele und der Energiekrise wie in § 2 EEG und § 1 NABEG nicht nur das überragende öffentliche Interesse festgeschrieben, sondern ist auch ein beschleunigter Ausbau prioritär. Diese Vorhaben dürfen deshalb nicht zurückgestellt werden.[1636]

7050 Die Planfeststellungsbehörde hat dem Vorhabenträger auf dessen Antrag Auskunft über die bei Vorlage des Plans nach § 73 I VwVfG beizubringenden Informationen und Unterlagen zu erteilen. Weist das Vorhaben bei Eingang des Plans nach § 73I VwVfG nicht die erforderliche Reife auf, so ist der Antrag auf Einleitung des Verfahrens zur Planfeststellung oder Plangenehmigung spätestens vier Monate nach seinem Eingang bei der zuständigen Behörde abzulehnen (§ 18 II WaStrG).

7051 Auf Antrag der Planfeststellungsbehörde kann das Bundesministerium für Digitales und Verkehr die Frist nach § 18 I 1 WaStrG verlängern. Im Antrag sind die Gründe für die Fristüberschreitung darzulegen. Eine weitere Verlängerung kann unter denselben Bedingungen einmal gewährt werden (§ 18 III WaStrG). Diese Regeln gelten nach § 18 IV WaStrG nicht für Vorhaben, deren Plan vor dem 10.8.2023 bei der Anhörungsbehörde und Planfeststellungsbehörde eingereicht wurde. § 18 II WaStrG setzt Art. 6 und Art. 4 VIId der Richtlinie (EU) 2021/1187 um. Der Begriff des Antrags meint die Anzeige im Sinne des Art. 6 I der Richtlinie. Die Erstellung einer ausführlichen Antragsübersicht für den Vorhabenträger durch die zuständige Behörde ist nicht erforderlich. Dazu wird insoweit auf § 25 II VwVfG sowie auf die Richtlinien für das Planfeststellungsverfahren zum Ausbau oder Neubau von Bundeswasserstraßen (PlanfR-WaStrG) verwiesen. Der Begriff der „erforderlichen Reife" bedeutet, dass die zuständige Behörde prüft, ob die eingereichten Antragsunterlagen den Anforderungen der Anhörung genügen, sie also Dritten eine Prüfung ermöglichen, ob ihre Belange von der Planung berührt werden und ob sie deshalb im Anhörungsverfahren zur Wahrung ihrer Rechte oder Interessen Einwendungen erheben wollen.[1637]

7052 Bei grenzüberschreitenden Vorhaben nach § 18 I 1 WaStrG sollen die zuständigen Behörden nach § 18a I WaStrG zusammenarbeiten, erforderliche Informationen, Unterlagen und Dokumente austauschen und die nationalen Zeitpläne ihrer Genehmigungsverfahren abstimmen.

7053 Wird die Frist nach § 18 I 1 und 2 WaStrG nicht eingehalten, hat das Bundesministerium für Digitales und Verkehr bei grenzüberschreitenden Vorhaben gem. § 18a III WaStrG die Europäischen Koordinatoren auf deren Ersuchen über Maßnahmen zum zügigen Abschluss des Planfeststellungsverfahren oder Plangenehmigungsverfahrens zu unterrichten.

1635 BT-Drs. 20/6879, S. 102.
1636 BT-Drs. 20/6879, S. 102.
1637 BT-Drs. 20/6879, S. 102 f.

XII. Magnetschwebebahnen (Magnetschwebebahnplanungsgesetz)

Magnetschwebebahnen sind keine Eisenbahnen. Nach § 1 II 1 und 2 AEG ist zwischen den Verkehrsträgern Eisenbahn einerseits und anderen Schienenbahnen zu unterscheiden, zu denen auch Magnetschwebebahnen gehören.[1638] Privilegiert sind auch die Planungen nach dem Magnetschwebebahnplanungsgesetz[1639] und dem Gesetz über den Bau und den Betrieb von Versuchsanlagen zur Erprobung von Techniken für spurgeführten Verkehr.[1640] Das Gesetz zur Regelung des Planungsverfahrens für Magnetschwebebahnen bezieht sich auf Anlagen für Magnetschwebebahnstrecken. Verfahren nach diesem Gesetz sind denen nach dem AEG angeglichen. Planfeststellungs- und Anhörungsbehörde sind in beiden Fällen identisch. Das Gesetz über den Bau und den Betrieb von Versuchsanlagen zur Erprobung von Techniken für den spurgeführten Verkehr regelt einen Sonderfall. 7054

Dem Bund die Gesetzgebungskompetenz für Magnetschwebebahnen gem. Art. 74 I Nr. 23 GG zu. Die Zuständigkeit des Eisenbahn-Bundesamtes (vgl. § 1 II MBPlG) beruht auf Art. 87 III 1 GG.[1641] 7055

1. Erfordernis der Planfeststellung

Magnetschwebebahnstrecken einschließlich der für den Betrieb notwendigen Anlagen (Betriebsanlagen der Magnetschwebebahnen) dürfen nach § 1 I MBPlG nur gebaut oder geändert werden, wenn der Plan zuvor festgestellt ist. Bei der Planfeststellung sind die von dem Vorhaben berührten öffentlichen und privaten Belange einschließlich der Umweltverträglichkeit im Rahmen der Abwägung zu berücksichtigen. Für das Planfeststellungsverfahren gelten die §§ 72 bis 78 VwVfG nach Maßgabe des MBPlG. 7056

Das **Eisenbahn-Bundesamt** ist nach § 1 II MBPlG Planfeststellungsbehörde und Bauaufsichtsbehörde für die Betriebsanlagen für Magnetschwebebahnen und zwar sowohl für Magnetschwebebahnen des Bundes als auch der Länder. 7057

2. Verfahren

a) Vorarbeiten. Eigentümer und sonstige Nutzungsberechtigte haben nach § 3 I 1 MBPLG zur Vorbereitung der Planung und der Baudurchführung eines Vorhabens oder von Unterhaltungsmaßnahmen notwendige Vermessungen, Boden- und Grundwasseruntersuchungen einschließlich der vorübergehenden Anbringung von Markierungszeichen und sonstige Vorarbeiten durch den Träger des Vorhabens oder von ihm Beauftragte zu dulden (**Duldungspflicht**). Arbeits-, Betriebs- oder Geschäftsräume dürfen zu diesem Zweck während der jeweiligen Arbeits-, Geschäfts- oder Aufenthaltszeiten nur in Anwesenheit des Eigentümers oder sonstigen Nutzungsberechtigten oder eines Beauftragten, Wohnungen nur mit Zustimmung des Wohnungsinhabers betreten werden (§ 3 I 2 MPBLG). 7058

Die Absicht, solche Arbeiten auszuführen, ist dem Eigentümer nach § 3 II MPBLG oder sonstigen Nutzungsberechtigten mindestens zwei Wochen vorher unmittelbar oder durch ortsübliche Bekanntmachung in den Gemeinden, in denen die Vorarbeiten durchzuführen sind, bekanntzugeben. Entstehen durch eine Maßnahme nach § 3 I 1 MPBLG einem Eigentümer oder sonstigen Nutzungsberechtigten unmittelbare Vermögensnachteile, so hat der Träger des Vorhabens nach § 3 III 1 MPBLG eine **angemessene Entschädigung** in Geld zu leisten. Kommt eine Einigung über die Geldentschädigung nicht zustande, so setzt die nach Landesrecht zuständige Behörde auf Antrag des Trägers des Vorhabens oder des Berechtigten die Entschädigung fest. Vor der Entscheidung sind die Beteiligten zu hören. 7059

b) Erörterungsverzicht. Für das Anhörungsverfahren gilt § 73VwVfG mit Maßgaben des § 2 MBPlG. Danach kann die Anhörungsbehörde auf eine Erörterung verzichten. Findet keine Erörterung statt, so hat die Anhörungsbehörde ihre Stellungnahme innerhalb von sechs Wo- 7060

1638 Näher dazu Geiger Magnetschwebebahnen in Ziekow Handbuch des Fachplanungsrechts, 2024, § 14 Rn. 8.

1639 Gesetz zur Regelung des Planverfahrens für Magnetschwebebahnen – Magnetschwebebahngesetz idF v. 23.11.1994 (BGBl. I 3486 zuletzt geändert durch Art. 4 des Gesetzes vom 18,7,2016 (BGBl. I S. 1666).

1640 Gesetz über den Bau und den Betrieb von Versuchsanlagen zur Erprobung von Techniken für den spurgeführten Verkehr idF der Bekanntmachung v. 29.1.1976 (BGBl. I 241).

1641 Geiger Magnetschwebebahnen in Ziekow Handbuch des Fachplanungsrechts, 2024, § 14 Rn. 11.

chen nach Ablauf der Einwendungsfrist abzugeben und zusammen mit den sonstigen in § 73 IX VwVfG aufgeführten Unterlagen der Planfeststellungsbehörde zuzuleiten. Soll ein ausgelegter Plan geändert werden, so kann im Regelfall von der Erörterung iSd § 73 VI VwVfG und des § 18I 4 UVPG abgesehen werden.

7061 **c) Veränderungssperre.** Vom Beginn der Auslegung der Pläne im Planfeststellungsverfahren oder von dem Zeitpunkt an, zu dem den Betroffenen Gelegenheit gegeben wird, den Plan einzusehen (§ 73 III VwVfG), dürfen nach § 4 I 1 MBPlG auf den vom Plan betroffenen Flächen bis zu ihrer Inanspruchnahme wesentlich wertsteigernde oder die geplanten Baumaßnahmen erheblich erschwerende Veränderungen nicht vorgenommen werden. Veränderungen, die in rechtlich zulässiger Weise vorher begonnen worden sind, Unterhaltungsarbeiten und die Fortführung einer bisher ausgeübten Nutzung werden davon nicht berührt. Unzulässige Veränderungen bleiben bei der Anordnung von Vorkehrungen und Anlagen (§ 74 II VwVfG) und im Entschädigungsverfahren unberücksichtigt. Dauert die Veränderungssperre über vier Jahre, können die Eigentümer für die dadurch entstandenen Vermögensnachteile nach § 4 II MBPlG **Entschädigung** verlangen.

7062 **d) UVP-Pflicht.** Der Bau einer Magnetschwebebahnstrecke mit den dazu gehörenden Betriebsanlagen unterliegt nach Nr. 14.9 der Anlage 1 zum UVPG „Liste der UVP-pflichtigen Vorhaben" der Regel-UVP. Die UVP wird dabei im Rahmen des Planfeststellungsverfahrens durchgeführt. Der Bau einer anderen Bahnstrecke für den öffentlichen spurgeführten Verkehr mit den dazugehörigen Bahnanlagen unterliegt dem Vorprüfungsverfahren (Nr. 14.10 der Anlage 1 zum UVPG). Der Bau einer Magnetschwebebahnstrecke mit den dazugehörenden Betriebsanlagen ist stets UVP-pflichtig und damit auch ge. § 74 VI Nr. 3, § 74 VII Nr. 3 VwVfG Magnetschwebebahnen immer planfeststellungsbedürftig

7063 **e) Verzicht auf die Planfeststellung.** Planfeststellung und Plangenehmigung entfallen bei Änderungen und Erweiterungen von unwesentlicher Bedeutung (§ 74 VII VwVfG). Diese liegen vor, wenn (1) es sich nicht um eine Änderung oder Erweiterung handelt, für das nach dem UVPG eine UVP durchzuführen ist, (2) andere öffentliche Belange nicht berührt sind oder die erforderlichen behördlichen Entscheidungen vorliegen und sie dem Plan nicht entgegen stehen und (3) Rechte anderer nicht beeinflusst werden oder mit den vom Plan Betroffenen entsprechende Vereinbarungen getroffen werden. Bereits durch das Artikelgesetz 2001 ist der Verzicht auf ein förmliches Verfahren auf nicht UVP-pflichtige Änderungen oder Erweiterungen eingeschränkt worden. Dies hängt mit der UVP-RL zusammen, nach der UVP-pflichtige Vorhaben von einer Öffentlichkeitsbeteiligung begleitet sein müssen. Bei einem Verzicht auf ein förmliches Verfahren findet aber keine Öffentlichkeitsbeteiligung statt. Dieser Verzicht auf ein förmliches Verfahren ist im Übrigen nur dann zulässig, wenn Rechte anderer nicht beeinflusst werden oder mit den Planbetroffenen entsprechende Vereinbarungen getroffen sind. Rechte anderer werden bei einer erforderlichen unmittelbaren Grundstücksinanspruchnahme und auch dann beeinträchtigt, wenn die beabsichtigte Maßnahme die einfachgesetzliche Zumutbarkeitsgrenze überschreitet und daher in rechtlich geschützte Interessen eingreift. Dies ist etwa dann der Fall, wenn das Vorhaben ohne Schutzmaßnahmen auf betroffenen Grundstücken nicht auskommt.

7064 **f) Rechtswirkungen der Planfeststellung und der Plangenehmigung.** Für die Rechtswirkungen der Planfeststellung und Plangenehmigung gilt § 75 VwVfG mit Maßgaben des § 2b MBPlG. Wird mit der Durchführung des Plans nicht innerhalb von zehn Jahren nach Eintritt der Unanfechtbarkeit begonnen, so tritt er außer Kraft, es sei denn, er wird vorher auf Antrag des Trägers des Vorhabens von der Planfeststellungsbehörde um höchstens fünf Jahre verlängert. Vor der Entscheidung ist eine auf den Antrag begrenzte Anhörung nach dem für die Planfeststellung oder für die Plangenehmigung vorgeschriebenen Verfahren durchzuführen. Für die Zustellung und Auslegung sowie die Anfechtung der Entscheidung über die Verlängerung sind die Bestimmungen über den Planfeststellungsbeschluss entsprechend anzuwenden.

7065 **g) Planänderung vor Fertigstellung des Vorhabens.** Für die Planergänzung und das ergänzende Verfahren iSd § 75 Ia 2 VwVfG und für die Planänderung vor Fertigstellung des Vorhabens gilt § 76 VwVfG mit der Maßgabe des § 2 c MBPlG, dass im Falle des § 76 I VwVfG von einer Erörterung abgesehen werden kann.

7066 **h) Rechtsbehelfe.** Für die Planfeststellung von Magnetschwebebahnprojekten ist das BVerwG **erstinstanzlich** zuständig. § 50 I Nr. 6 VwGO gilt nach § 2d I MBPlG für Vorhaben nach § 1 Satz 1 MBPlG. Allerdings sind die Projekte im Magnetschwebebahnplanungsgesetz nicht benannt. Es bedarf daher einer entsprechenden **gesetzlichen Regelung**, wenn ein Magnetschwebebahnprojekt dem BVerwG erst- und letztinstanzlich zugewiesen werden soll. Die allgemeine Erwähnung von Magnetschwebebahnprojekten in § 1 Magnetschwebebahnplanungsgesetz reicht demgegenüber nicht aus, die erstinstanzliche Zuständigkeit des BVerwG zu begründen.

Die Anfechtungsklage gegen einen Planfeststellungsbeschluss oder eine Plangenehmigung für den Bau oder die Änderung von Betriebsanlagen einer Magnetschwebebahn hat keine aufschiebende Wirkung. Der Antrag auf Anordnung der aufschiebenden Wirkung der Anfechtungsklage gegen einen Planfeststellungsbeschluss oder eine Plangenehmigung nach § 80 V 1 VwGO kann nur innerhalb eines Monats nach der Zustellung des Planfeststellungsbeschlusses oder der Plangenehmigung gestellt und begründet werden. Darauf ist in der Rechtsbehelfsbelehrung hinzuweisen. § 58 VwGO gilt entsprechend. Treten später Tatsachen ein, die die Anordnung der aufschiebenden Wirkung rechtfertigen, so kann der durch den Planfeststellungsbeschluss oder die Plangenehmigung Beschwerte einen hierauf gestützten Antrag nach § 80 V 1 VwGO innerhalb einer Frist von einem Monat stellen und begründen. Die Frist beginnt mit dem Zeitpunkt, in dem der Beschwerte von den Tatsachen Kenntnis erlangt. 7067

Der Kläger hat nach § 2d III MBPlG innerhalb einer Frist von sechs Wochen die zur Begründung seiner Klage dienenden Tatsachen und Beweismittel anzugeben. § 87b III VwGO gilt entsprechend. 7068

i) Enteignung und Entschädigung. Für Zwecke des Baus und des Ausbaus von Betriebsanlagen der Magnetschwebebahnen ist nach § 7 I 1 MBPlG die Enteignung zulässig, soweit sie zur Ausführung eines nach § 1 oder § 2 MBPlG festgestellten oder genehmigten Bauvorhabens notwendig ist. Einer weiteren Feststellung der Zulässigkeit der Enteignung bedarf es nicht. Der festgestellte oder genehmigte Plan ist dem Enteignungsverfahren zugrunde zu legen. Er ist für die Enteignungsbehörde bindend. Hat sich ein Beteiligter mit der Übertragung oder Beschränkung des Eigentums oder eines anderen Rechtes schriftlich einverstanden erklärt, kann das Entschädigungsverfahren unmittelbar durchgeführt werden (§ 7 I bis III MBPlG). Im Übrigen gelten § 7 IV MBPlG die Enteignungsgesetze der Länder. 7069

Soweit der Vorhabenträger auf Grund eines Planfeststellungsbeschlusses oder einer Plangenehmigung verpflichtet ist, eine **Entschädigung** in Geld zu leisten, und über die Höhe der Entschädigung keine Einigung zwischen dem Betroffenen und dem Träger des Vorhabens zustande kommt, entscheidet gem. § 7a MBPlG auf Antrag eines der Beteiligten die nach Landesrecht zuständige Behörde; für das Verfahren und den Rechtsweg gelten die Enteignungsgesetze der Länder entsprechend. 7070

3. Materiell-rechtliche Anforderungen

Materiell-rechtlich bedarf es darüber hinaus einer Planrechtfertigung und einer Beachtung von Planungsleitsätzen im Sinne zwingend zu beachtender, nicht durch eine Abwägung überwindbarer oder auch nur relativierbarer Vorschriften. Für die Planrechtfertigung bedarf es der Feststellung eines Bedarfs für eine Magnetschwebebahn. 7071

a) Planrechtfertigung. Eine Planrechtfertigung kann, wenn sie nicht bereits durch eine Bedarfsfeststellung des Gesetzgebers selbst bestätigt wird, angenommen werden, wenn das Vorhaben am Maßstab des Ziels des jeweiligen Fachplanungsrechts „vernünftigerweise" geboten ist. Das Magnetschwebebahnplanungsgesetz selbst bestimmt keinen konkreten Bedarf für eine Magnetschwebebahn; es nennt auch keine Gesetzeszwecke oder Ziele, an denen sich ein vernünftigerweise Gebotensein messen ließe. Ob insoweit ohne eine gesetzliche Bedarfsfeststellung eine Planrechtfertigung für solche Vorhaben attestiert werden kann, mag man bezweifeln. Als allgemeine Gesichtspunkte für Verkehrsinfrastrukturmaßnahmen werden zB eine Verbesserung der (überregionalen) Verkehrsverbindungen, eine verkehrsmäßigen Erschließung von Gebieten, auch um die wirtschaftliche Infrastruktur eines Gebietes zu fördern, die Beseitigung von Gefahrenstellen, die Entlastung innerörtlicher Verkehrsverhältnisse, die Erhaltung, Verbesserung des Verkehrsflusses und die Erhöhung der Verkehrssicherheit aufgelistet.[1642] 7072

b) Abwägungsgebot. Bei der Planfeststellung sind nach § 1 I 2 MBPLG die von dem Vorhaben berührten öffentlichen und privaten Belange einschließlich der Umweltverträglichkeit im Rahmen der Abwägung zu berücksichtigen. Es gilt das für alle Planungsentscheidungen zu beachtend, aus dem Rechtsstaatsprinzip abgeleitete Abwägungsgebot. 7073

1642 Geiger Magnetschwebebahnen in Ziekow Handbuch des Fachplanungsrechts, 2024, § 14 Rn. 21.

XIII. Atomanlagen

7074 Die Erforschung, Entwicklung und Nutzung der Kernenergie zu friedlichen Zwecken sowie die Abwehr von Gefahren für Leben, Gesundheit und Sachgüter finden im AtG ihre Grundlage. Zugleich sollen schädliche Auswirkungen der Kernenergieanlagen ausgeglichen werden (§ 1 AtG). Neben dem Atomgesetz ist die Atomrechtliche Verfahrensverordnung (AtVfV) für das atomrechtliche Genehmigungsverfahren zu beachten. Für den Umgang mit radioaktiven Stoffen und ihre Entsorgung gilt die Verordnung über Anforderungen und Verfahren zur Entsorgung radioaktiver Abfälle – Atomrechtliche Entsorgungsverordnung (AtEV) vom 29.11.2018. Die AtEV enthält ua Regelungen zu Anfall, Verbleib, Erfassung, Behandlung, Verpackung, Abgabe und Empfang radioaktiver Abfälle sowie sicherheitstechnischen Anforderungen (§§ 1 ff. AtEV). Außerdem gelten das Strahlenschutzvorsorgegesetz und im Zusammenhang mit der Suche und Auswahl eines Standortes für ein Endlager für hochradioaktive Abfälle auch das Standortauswahlgesetz (StandAG) und mehrere weitere Atomausstiegsgesetze. Dazu gehören neben dem Standortauswahlgesetz das EntsorgungsfondG, das Entsorgungsübergangsgesetz, das Gesetz über die Kosten der Stilllegung und des Rückbaus der Kernkraftwerke sowie der Verpackung radioaktiver Abfälle (Transparenzgesetz) und das Gesetz zur Nachhaftung für Abbau- und Entsorgungskosten im Kernenergiebereich (Nachhaftungsgesetz).

7075 Dem Bund steht nach Art. 73 I Nr. 14 GG die ausschließliche Gesetzgebungsbefugnis für die friedliche Nutzung der Kernenergie zu. Nach Art. 73 I Nr. 14 GG hat der Bund die ausschließliche Gesetzgebungskompetenz über die Erzeugung und Nutzung der Kernenergie zu friedlichen Zwecken, die Errichtung und den Betrieb von Anlagen, die diesen Zwecken dienen, den Schutz gegen Gefahren, die bei Freiwerden von Kernenergie oder durch ionisierende Strahlen entstehen, und die Beseitigung radioaktiver Stoffe. Regelungen über Verladevorgänge und den Umschlag von Kernbrennstoffen als ebenso notwendige wie integrale Bestandteile der Transporte werden daher herkömmlicherweise der Kompetenz für die friedliche Nutzung der Kernenergie zugeordnet. Das gilt mit Blick auf den Schutz vor ionisierenden Strahlen auch für transportbezogene Regelungen zur Gefahrenabwehr. Gefahrenabwehr in diesem Sinne umfasst – weitergehend als im Polizeirecht – die Vorsorge gegen Risiken im Vorfeld der (eigentlichen) Gefahrenabwehr. Deshalb hat das BVerfG ein Verbot des Umschlags (Be-, Ent- und Umladen) von Kernbrennstoffen in den Häfen der Freien Hansestadt Bremen § 2 III BremHafenbetrG für verfassungswidrig erklärt.[1643]

7076 Die Länder sind nach Art. 70 I GG dagegen befugt, das Recht der öffentlichen Sachen zu regeln Das Atomgesetz mit seinem ursprünglich auf eine friedliche Nutzung der Kernenergie bezogenen Gesetzeszweck wurde nach dem deutschen Verzicht auf Atomwaffen schon im Jahr 1959 verkündet. Heutiger Zweck des Gesetzes ist es, Leben, Gesundheit und Sachgüter vor den Gefahren der Kernenergie und der schädlichen Wirkung ionisierender Strahlen zu schützen und verursachte Schäden auszugleichen, die Nutzung der Kernenergie zur gewerblichen Erzeugung von Elektrizität geordnet zu beenden und bis zum Zeitpunkt der Beendigung den geordneten Betrieb sicherzustellen. Weiterhin soll verhindert werden, dass durch Nutzung der Kernenergie die innere oder äußere Sicherheit der Bundesrepublik Deutschland gefährdet wird. Ebenso soll das Gesetz die Erfüllung internationaler Verpflichtungen Deutschlands auf dem Gebiet der Kernenergie und des Strahlenschutzes gewährleisten. Die Nutzung der Kernenergie wurde in Deutschland, ganz entgegen dem international aktuellen Trend zum weiteren Ausbau der Kernenergie, am 15.4.2023 beendet. Das Atomgesetz hat sich dazu von einem Recht zur Förderung der friedlichen Nutzung der Kernenergie zu einem Gesetz für den geordneten Ausstieg gewandelt.[1644]

7077 Die sich aus dem veränderten Schutzzweck ergebenden Aufgaben werden noch für sehr, sehr lange Zeiträume zu erfüllen sein. Das gilt für die zahlreichen, noch mehrere Jahrzehnte zu betreibenden Zwischenlager an den Standorten der ehemaligen Kraftwerke, für das Endlager Konrad für schwach- und mittelradioaktive Abfälle, für das Endlager für hochradioaktive Abfälle, für das nach dem StandAG ein Standort bis 2031 gefunden werden soll, aber wohl noch nicht gefunden sein wird und für das nach erfolgreichem Abschluss der Standortsuche erst noch ein Zulassungsverfahren erfolgreich abgeschlossen werden muss, ehe dann mit Er-

[1643] BVerfG NVwZ 2022, 705.

[1644] Zur historischen und rechtlichen Entwicklung des Atomrechts siehe John Atomrecht in Koch/Hofmann/Reese, Handbuch Umweltrecht, 2024, § 12 Rn. 1 ff.; zum europäischen und deutschen Atomausstiegsrecht siehe auch Frenz Atomrecht, 2024, Einführung A Rn. 1 ff; C Rn. 1 ff, D Rn. 11 ff.

richtung und daran anschließend mit einem Einlagerungsbetrieb begonnen werden kann. Ein von der Bundesregierung beauftragtes Gutachten prognostiziert im Herbst 2024 sogar die Dauer der Standortsuche für ein Endlager bis zum Jahr 2074. Auch der Rückbau der stillgelegten Kernkraftwerke wird noch Jahrzehnte dauern. Die einzulagernden radioaktiven Abfälle sind nach § 4 I Endlagersicherheitsanforderungsverordnung – EndlSiAnfV – im Endlagersystem mit dem Ziel zu konzentrieren und sicher einzuschließen, die darin enthaltenen Radionuklide mindestens im Bewertungszeitraum von der Biosphäre fernzuhalten. Der Bewertungszeitraum für den dauerhaft sicheren Einschluss beträgt nach § 3 I EndlSiAnfV eine Million Jahre ab dem vorgesehenen Verschluss des Endlagers. Das letzte Kapitel der Atomenergienutzung in Deutschland, das mit dem Beginn der Endlagersuche aufgeschlagen worden sein soll,[1645] dementsprechend noch sehr lange, viele Jahrzehnte, womöglich Jahrhunderte, dauern und damit die Zeit der aktiven Nutzung der Kernenergie weit übertreffen.

Der Angriffskrieg Russlands auf die Ukraine sorgte in Deutschland für eine neue Debatte über die Energieversorgung und eine mögliche Verlängerung der Laufzeiten der letzten drei Atomkraftwerke. Der Bundestag hat am 11.11.2022 die Änderung des Atomgesetzes beschlossen: Demnach konnten die drei Atomkraftwerke Isar 2, Neckarwestheim 2 und Emsland in einem befristeten Streckbetrieb noch bis zum 15.4.2023 weiterbetrieben werden und sind dann abgeschaltet worden.[1646] 7078

Das Atomrecht war über viele Jahrzehnte und ist bis heute ein Rechtsgebiet, in dem bedeutende Grundsatzfragen des Umweltrechts und des Verfassungsrechts weit über den engeren Bereich des Atomrechts hinaus durch die Verwaltungsgerichte und das BVerfG geklärt wurden und werden. Vor allem zentrale Grundbegriffe des Umwelt- und Sicherheitsrechts, etwa der Gefahr, des Risikos, eines Restrisikos und ihre Abgrenzung voneinander sowie ihre Bedeutung für das Grundrecht auf Leben und Gesundheit des Art. 2 II GG sind im Bereich des Atomrechts immer wieder thematisiert worden 7079

1. Grundlagen

a) Gesetzeszweck. Nach § 1 Nr. 1 AtG ist es Zweck des AtG, die Nutzung der Kernenergie zur gewerblichen Erzeugung von Elektrizität geordnet zu beenden und bis zum Zeitpunkt der Beendigung den geordneten Betrieb sicherzustellen, Leben, Gesundheit und Sachgüter vor den Gefahren der Kernenergie und der schädlichen Wirkung ionisierender Strahlen zu schützen und durch Kernenergie oder ionisierende Strahlen verursachte Schäden auszugleichen, zu verhindern, dass durch Anwendung oder Freiwerden der Kernenergie oder ionisierender Strahlen die innere oder äußere Sicherheit der Bundesrepublik Deutschland gefährdet wird, und die Erfüllung internationaler Verpflichtungen der Bundesrepublik Deutschland auf dem Gebiet der Kernenergie und des Strahlenschutzes zu gewährleisten. 7080

b) Weitgehende Verfassungskonformität des Atomausstiegs. Nach Verhandlungen mit den Unternehmen der Energieversorgung wurde bereits im Juni 2000 eine Vereinbarung geschlossen, in der die Energieversorgungsunternehmen und die Bundesregierung sich auf eine geordnete Beendigung der Stromerzeugung aus Kernenergie verständigten. Umgesetzt wurde die Vereinbarung in der Atomgesetznovelle vom 22.4.2002.[1647] Sie enthielt das Verbot des Neubaus von Kernkraftwerken und die Festlegung bestimmter Laufzeiten für die einzelnen Kernkraftwerke, die dadurch geregelt wurde, dass für jedes einzelne Kernkraftwerk bestimmt wurde, wie viel Elektrizität es noch erzeugen durfte. Zugleich enthielten Änderungen des § 7 AtG Bestimmungen, nach denen die Reststrommengen von einem Kernkraftwerk auf das andere übertragen werden konnten. Die im Gesetz vom 22.4.2002 festgeschriebenen Reststrommengen waren nach einer Gesamtlaufzeit der Kernkraftwerke von 32 Jahren kalkuliert. Ende 2010 wurde eine entscheidende Änderung der bis dahin geltenden Ausstiegsregelung beschlossen, wonach den einzelnen noch in Betrieb befindlichen Kernkraftwerken zusätzliche Elektrizitätsmengen zur Verlängerung der Laufzeiten zugestanden wurden, die im Durchschnitt acht Jahren für die älteren Kraftwerke und vierzehn Jahren für die neueren Kraftwerke entspra- 7081

[1645] König ZNER 2020, 365)

[1646] Zur Laufzeitverlängerung nach der 19. Novelle des AtG Raetzke NVwZ 2023, 145.

[1647] Siehe dazu Sellner Fellenberg NVwZ 2011, 1025; ausführlich zum Atomausstieg und seine Folgen für das Eigentumsgrundrecht Frenz in Frenz, Atomrecht, 2024, Einführung C Rn. 1 ff; Ludwigs NVwZ 2017, Beilage 1/2017, 3; Leidinger atw 2017, 26; Schmidt/Werner NVwZ 2017, 21; zum Thema „Die Unfähigkeit des Bundesgesetzgebers – Ein Lehrstück im Atomausstieg“ siehe Berkemann DVBl.. 2021, 151.

chen.[1648] Mit der 13. Novelle des AtG wurden diese Zusatzmengen des 11. Änderungsgesetzes wiederum gestrichen und erstmals Zeitpunkte für das Erlöschen der Berechtigung zum Leistungsbetrieb für jedes Kernkraftwerk festgelegt. Die Beschleunigung des Ausstiegs belief sich dadurch im Vergleich zur 11. Novelle des AtG auf etwa 15 Jahre.[1649]

7082 Nach Auffassung des BVerfG war die 13. Novelle des AtG mit der Verkürzung der Laufzeiten „im Wesentlichen" verfassungskonform.[1650] Der Gesetzgeber verfolge mit der Beschleunigung des Atomausstiegs und seinem dahinter stehenden Wunsch, das mit der Nutzung der Kernenergie verbundene Restrisiko nach Zeit und Umfang zu minimieren, ein legitimes Regelungsziel. Dies gelte grundsätzlich unabhängig von der unterschiedlichen Einschätzung der Größe und Eintrittswahrscheinlichkeit der hinter diesem Restrisiko stehenden Realisierungsgefahr und damit auch unabhängig von den Rückschlüssen, die aus der Reaktorkatstrophe in Japan auf die Sicherheitslage in deutschen Kernkraftwerken gezogen werden könnten. Das Ziel des Gesetzgebers, das mit der Kernenergienutzung unvermeidbar in Kauf zu nehmende Restrisiko möglichst schnell und möglichst weitgehend zu beseitigen, sei – auch wenn es allein auf einer politischen Neubewertung der Bereitschaft zur Hinnahme dieses Restrisikos beruhen sollte – von Verfassungs wegen nicht zu beanstanden. Die vom Gesetzgeber innerhalb seines weiten Spielraums bei der Auswahl von ihm verfolgter Gemeinwohlziele angestrebte Beschleunigung des Atomausstiegs diene im Gegenteil dem Schutz von Leben und Gesundheit der Bevölkerung und der in Art. 20 a GG dem Staat auferlegten Aufgabe, die natürlichen Lebensgrundlagen auch in Verantwortung für die künftigen Generationen zu schützen.[1651] Die den Kernkraftwerken 2002 und 2010 durch Gesetz zugewiesenen Elektrizitätsmengen bildeten keinen selbstständigen Gegenstand des Eigentumsschutzes, hätten aber als maßgebliche Nutzungsgrößen teil am Eigentumsschutz der Anlagen. Die entschädigungslose Rücknahme der Ende 2010 durch Gesetz erfolgten Verlängerung der Laufzeit der Kernkraftwerke um durchschnittlich zwölf Jahre durch die 13. Novelle des AtG sei angesichts des mehrfach eingeschränkten Vertrauens in den Erhalt der Zusatzstrommengen verfassungsgemäß. Der Gesetzgeber hätte auch ohne neue Gefährdungserkenntnisse den Reaktorunfall in Fukushima als Anlass nehmen dürfen, zum Schutz der Gesundheit der Bevölkerung und der Umwelt den Ausstieg aus der Kernenergie zu beschleunigen. Die 13. Novelle des AtG enthalte angesichts der gesetzlich festgelegten Restlaufzeiten der Anlagen und wegen des in diesem Fall besonders verbürgten Vertrauensschutzes jedoch eine unzumutbare Bestimmung von Inhalt und Schranken des Eigentums, soweit sie dazu führe, dass zwei der betroffenen Unternehmen substanzielle Teile ihrer Reststrommengen von 2002 nicht konzernintern nutzen könnten.[1652]

7083 **c) Verfassungskonformität der friedlichen Nutzung der Kernenergie.** Das BVerfG hat den Gesetzgeber auch für befugt gehalten, sich durch das AtG zugunsten der friedlichen Nutzung der Kernenergie zu entscheiden.[1653] Die im AtG getroffenen Entscheidungen hätten jede staatliche Gewalt und auch Bürger in den Grenzen des Verfassungsrechts zu respektieren. Die Grundsatzentscheidung für oder gegen die rechtliche Zulässigkeit der friedlichen Nutzung der Kernenergie sei wegen ihrer weit reichenden Auswirkungen auf die Freiheits- und Gleichheitsrechte, auf die allgemeinen Lebensverhältnisse und wegen der notwendigerweise damit verbundenen Art und Intensität der Regelung eine grundlegende und wesentliche Entscheidung iS des Vorbehalts des Gesetzes. Sie zu treffen, sei allein der Gesetzgeber berufen. Die in die Zukunft hin offene Fassung des § 7 II Nr. 3 AtG diene einem **dynamischen Grundrechtsschutz**. Sie helfe, den (damaligen) Schutzzweck des § 1 Nr. 2 AtG jeweils bestmöglich zu verwirklichen. Vom Gesetzgeber im Hinblick auf seine Schutzpflicht eine Regelung zu fordern, die mit absoluter Sicherheit Grundrechtsgefährdungen ausschließe, die aus der Zulassung technischer Anlagen und ihrem Betrieb möglicherweise entstehen könnten, hieße die Grenzen menschlichen Erkenntnisvermögens verkennen und würde weithin jede staatliche Zulassung der Nutzung von Technik verbannen. Für die Gestaltung der Sozialordnung müsse es insoweit bei einer Abschätzung anhand **praktischer Vernunft** sein Bewenden haben. Ungewissheiten

[1648] Sellner/Fellenberg NVwZ 2011, 1025 (1026); dazu auch BVerfG NJW 2017, 217 (228).
[1649] Sellner/Fellenberg NVwZ 2011, 1025 (1026); siehe auch Ludwigs NVwZ 2016, 1.
[1650] BVerfG NJW 2017, 217.
[1651] BVerfG NJW 2017, 217 (228).
[1652] BVerfG NJW 2017, 217. Zum Rückbau vorhandener Atomkraftwerke und zur Entsorgung der dabei anfallenden Rückbauabfälle Pegatzky NVwZ 2022, 1611.
[1653] BVerfG NJW 1979, 359 Schneller Brüter Kalkar; siehe auch BVerfG NVwZ 2022, 704; Raetzke NVwZ 2023, 145 (146).

jenseits dieser Schwelle praktischer Vernunft sind unentrinnbar und insofern als sozialadäquate Lasten von allen Bürgern zu tragen.

In der Mülheim-Kärlich-Entscheidung stellte das BVerfG fest, angesichts der erheblichen Risiken bedürfe es Verfahrensgestaltungen, mit deren Hilfe Grundrechte im Sinne einer Legitimation durch Verfahren gesichert werden könnten. Der aus Art. 2 II GG folgenden Pflicht, Maßnahmen zum Schutz gegen die Gefahren der friedlichen Nutzung der Atomenergie zu treffen, sei der Staat durch den Erlass materiell- und verfahrensrechtlicher Vorschriften für die Genehmigung von Kernkraftwerken nachgekommen. Eine Grundrechtsverletzung komme allerdings auch dann in Betracht, wenn die Genehmigungsbehörde solche atomrechtlichen Verfahrensvorschriften außer Acht lasse, die der Staat in Erfüllung seiner aus Art. 2 II GG folgenden Schutzpflicht erlassen habe.[1654] In einer weiteren Entscheidung zum Kernkraftwerk Mülheim-Kärlich hat das BVerwG entschieden, Entscheidungen der zuständigen Behörden seien gerichtlich allein darauf zu überprüfen, ob die für die Risikoprognose erforderlichen Daten im gebotenen Umfang ermittelt und die Bewertungen hinreichend vorsichtig vorgenommen worden seien. Wenn nach dem Stand von Wissenschaft und Technik die Ermittlungen ausreichend und die Bewertungen hinreichend vorsichtig gewesen seien, beschränke sich die gerichtliche Prüfung wegen des genannten Funktionenvorbehalts auf eine Willkürkontrolle.[1655] 7084

In seiner Gorleben-Entscheidung erläuterte das BVerfG, die Schutzpflicht des Staates sei nicht uferlos und hinsichtlich der Ausgestaltung der Verfahrensrechte bestünden Gestaltungsspielräum, die sich einer vollständigen verfassungsgerichtlichen Kontrolle entzögen.[1656] Aus der Schutzpflicht des Gesetzgebers für die durch Art. 2 II 1 GG geschützten Rechtsgüter, die insbesondere auch auf dem Gebiet des Atomrechts eingreife, könne nicht abgeleitet werden, dass private externe Zwischenlager nur auf Grund einer ausdrücklichen Zulassung durch den Gesetzgeber geschaffen werden dürften.[1657] 7085

Die Entscheidung für das Konzept einer nicht rückholbaren Endlagerung bedurfte nach Ansicht des BVerwG zum Endlager Schacht Konrad) keiner weitergehenden gesetzlichen Regelung.[1658] Die staatliche Schutzpflicht für die Grundrechte aus Art. 2 II 1 GG, Art. 14 I GG fordere zur Zulässigkeit einer nicht-rückholbaren Endlagerung radioaktiver Abfälle mit vernachlässigbarer Wärmeentwicklung keine ausdrückliche Entscheidung des Gesetzgebers. Ausreichend sei die Existenz von Vorschriften, die auf derartige Anlagen anwendbar seien und ausreichenden Schutz vor ihren Gefahren gewährten.[1659] Aus Art. 2 I GG (iVm Art. 38 GG, Art. 20 II GG) folge kein grundrechtlich geschützter Anspruch des einzelnen Bürgers darauf, dass der Gesetzgeber nur „reversible" Entscheidungen beziehungsweise nur Entscheidungen mit „reversiblen Folgen" treffe.[1660] 7086

c) Überblick zum AtG. § 2 AtG enthält die Begriffsbestimmung zu radioaktiven Stoffen und weiteren atomrechtlichen Begriffen. Der zweite Abschnitt enthält Überwachungsvorschriften. Die Einfuhr und Ausfuhr von Kernbrennstoffen (§ 4 AtG) bedarf danach grundsätzlich der Genehmigung. Die Beförderung bestrahlter Brennelemente von Anlagen zur Spaltung von Kernbrennstoffen zur gewerblichen Erzeugung von Elektrizität zu zentralen Zwischenlagern nach § 6 I AtG darf nur erfolgen, wenn nachgewiesen ist, dass eine Lagerungsmöglichkeit in einem nach § 9 a II 3 AtG zu errichtenden standortnahen Zwischenlager nicht verfügbar ist. Bei einer grenzüberschreitenden Beförderung von Kernbrennstoffen ist eine Deckungsvorsorge erforderlich (§ 4 a AtG). Die Aufbewahrung von Kernbrennstoffen außerhalb der staatlichen Verwahrung bedarf der Genehmigung (§ 6 AtG). Genehmigungspflichtig ist auch die Errichtung, das Betreiben, das Innehaben oder die wesentliche Änderung von ortsfesten Anlagen zur Erzeugung, zur Bearbeitung, zur Verarbeitung oder zur Spaltung von Kernbrennstoffen oder zur Aufarbeitung bestrahlter Kernbrennstoffe (§ 7 AtG). Auf Antrag kann zu einzelnen Fragen ein Vorbescheid erteilt werden (§ 7 a AtG). Einwendungen Dritter bei Teilgenehmigungen oder einem Vorbescheid sind nach Maßgabe des § 7 b AtG ausgeschlossen. 7087

1654 BVerfG NJW 1980, 133 – Mülheim-Kärlich.

1655 BVerwG NVwZ 1998, 631; BVerwGE 106, 115.

1656 BVerfG NVwZ 1988, 427.

1657 BVerfG NVwZ 2010, 114, Ziehm ZUR 2010, 27; BVerfGE 49, 89; NVwZ 2009, 171 dort auch zu den verfassungsrechtlichen Maßstäben für den Schutz des Einzelnen vor den Gefahren der friedlichen Kernenergienutzung.

1658 BVerwG NVwZ 2007, 837.

1659 BVerfGE 77, 381.

1660 BVerfGE 83, 130.

7088 Die Anlagenbetreiber haben einen **Entsorgungsnachweis** zu führen, der sich auf bereits angefallene und während der voraussichtlichen Restbetriebszeit noch anfallende Kernbrennstoffe einschließlich radioaktiver Abfälle bezieht (§ 9 a I a AtG). Hierzu sind entsprechende Nachweise zu führen. Grundsätzlich sind standortnahe Zwischenlager zu errichten (§ 9 a II AtG). Dort sollen die Kernbrennstoffe einschließlich radioaktiver Abfälle bis zur Ablieferung an ein Endlager aufbewahrt werden. Die zuständige Behörde hat auf Antrag eine Ausnahme hiervon zuzulassen, wenn der Anlagenbetreiber einen Stilllegungsantrag mit einer Restlaufzeit vor dem 1.7.2005 gestellt hat. Für die Errichtung und den Betrieb von Anlagen zur Zwischenlagerung, Sicherstellung und zur Endlagerung radioaktiver Abfälle (§ 9 a III AtG) findet ein atomrechtliches Planfeststellungsverfahren statt (§ 9 b AtG). Die **Länder** haben nach § 9 a III AtG Landessammelstellen für die Zwischenlagerung der in ihrem Gebiet angefallenen radioaktiven Stoffe, der **Bund** hat Anlagen zur Endlagerung radioaktiver Abfälle einzurichten.[1661] Der Bund kann sich zur Erfüllung ihrer Pflichten Dritter bedienen.

7089 Für den Standort eines Endlagers für hochradioaktive Abfälle regelt das **Standortauswahlgesetz** das Verfahren zur Suche und Auswahl eines solchen Standortes. Für die Finanzierung der Kosten, die für die sichere Entsorgung der entstandenen und zukünftig noch entstehenden radioaktiven Abfälle aus der gewerblichen Nutzung der Kernenergie zur Erzeugung von Elektrizität in Deutschland entstanden sind bzw. noch entstehen, wurde nach § 1 I 1 EntsorgFondsG eine Stiftung öffentlichen Rechts errichtet. Für die Zwischenlagerung radioaktiver Abfälle sieht § 3 I 1 EntsorgÜG den Übergang der Zwischenlager von den bisherigen Betreibern auf einen vom Bund mit der Wahrnehmung der Zwischenlagerung beauftragten Dritten vor.

7090 Durch eine Änderung der Atomrechtlichen Deckungsvorsorge-Verordnung ist die Deckungsvorsorge erweitert worden.

7091 **d) Zuständigkeiten.** Der Bund hat nach Art. 73 I Nr. 14 GG die ausschließliche Gesetzgebungskompetenz für Gesetze im Bereich der Erzeugung und Nutzung der Kernenergie zu friedlichen Zwecken, die Errichtung und den Bau von Anlagen, die diesen Zwecken dienen, den Schutz gegen Gefahren, die bei Freiwerden von Kernenergie oder auch ionisierende Strahlen entstehen, und die Beseitigung radioaktiver Stoffe. Dieser Regelungsbereich wird grundsätzlich durch bundeseigene Verwaltung geführt. Nach Art. 87 c GG können aber auch gesetzliche Bereiche (§ 24 I AtG) in die Auftragsverwaltung der Länder gegeben werden. Dann findet Art. 85 GG mit den Regelungen über die Bundesauftragsverwaltung der Länder Anwendung. In Abweichung von seiner früheren Rechtsprechung[1662] hat das BVerfG,[1663] die in § 7 I a AtG vorgesehenen Leitlinien als allgemeine Verwaltungsvorschriften bezeichnet, die für den Vollzug der Bundesgesetze durch die Länder im Auftrage des Bundes gemäß Art. 85 II 1 GG nur von der Bundesregierung als Kollegium mit Zustimmung des Bundesrates erlassen werden können. Eine Zuständigkeit des Bundesministeriums unter Beteiligung der Länder nur durch die Anhörung der obersten Landesbehörde reicht dementsprechend nicht aus.[1664]

2. Genehmigung für die Aufbewahrung von Kernbrennstoffen

7092 **a) Genehmigungserfordernis.** Nach § 6 I AtG bedarf der Genehmigung, wer Kernbrennstoffe außerhalb der staatlichen Verwahrung aufbewahrt, sowie, wer eine genehmigte Aufbewahrung wesentlich verändert. Als wesentlich werden dabei nach der Rechtsprechung zu vergleichbaren Regelungen in anderen Gesetzen solche Änderungen angesehen, die Anlass zu einer erneuten Prüfung geben, weil sie mehr als nur offensichtlich unerhebliche Auswirkungen auf das Sicherheitsniveau der Anlage haben können.[1665]

7093 Gem. § 6 III AtG bedarf einer Genehmigung auch, wer zur Erfüllung einer Verpflichtung nach § 9a II 2 AtG innerhalb des abgeschlossenen Geländes einer Anlage zur Spaltung von Kernbrennstoffen zur gewerblichen Erzeugung von Elektrizität in einem gesonderten Lagergebäude in Transport- und Lagerbehältern bestrahlte Kernbrennstoffe bis zu deren Ablieferung

---

[1661] zur Umweltverträglichkeitsprüfung für Zwischenlager zur Aufbewahrung von hochradioaktiven Abfällen Beckmann Grenzüberschreitende Umweltverträglichkeitsprüfung bei Laufzeitverlängerungen, in Burgi, 15. Deutsches Atomrechtssymposium, Baden-Baden 2019, 125 ff.; Beckmann UPR 2019, 121 ff.

[1662] BVerfGE 26, 338.

[1663] BVerfG NVwZ 1999, 977.

[1664] Im Einzelnen dazu Hippler Anlage zur Sicherstellung und Endlagerung radioaktiver Abfälle, in Ziekow Handbuch zum Fachplanungsrecht, 2024, § 19 Rn 3.

[1665] VGH Kassel ZUR 2021, 107 (109).

an eine Anlage zur Endlagerung radioaktiver Abfälle aufbewahrt. Die Aufbewahrung von Kernbrennstoffen in kerntechnischen Anlagen nach § 6 III AtG iVm § 6 I AtG soll nach § 6 V 1 AtG 40 Jahre ab Beginn der ersten Einlagerung eines Behälters nicht überschreiten. Eine Verlängerung von Genehmigungen darf nur aus unabweisbaren Gründen und nach der vorherigen Befassung des Deutschen Bundestages erfolgen (§ 6 V 2 AtG).

b) Genehmigungsvoraussetzungen. Die Genehmigung ist nach §§ 6 II AtG zu erteilen, wenn ein Bedürfnis für eine solche Aufbewahrung besteht und wenn 1. keine Tatsachen vorliegen, aus denen sich Bedenken gegen die Zuverlässigkeit des Antragstellers und der für die Leitung und Beaufsichtigung der Aufbewahrung verantwortlichen Personen ergeben, und die für die Leitung und Beaufsichtigung der Aufbewahrung verantwortlichen Personen die hierfür erforderliche Fachkunde besitzen, 2. die nach dem Stand von Wissenschaft und Technik erforderliche Vorsorge gegen Schäden durch die Aufbewahrung der Kernbrennstoffe getroffen ist, 3. die erforderliche Vorsorge für die Erfüllung gesetzlicher Schadensersatzverpflichtungen getroffen ist und 4. der erforderliche Schutz gegen Störmaßnahmen oder sonstige Einwirkungen Dritter gewährleistet ist. Liegen die Voraussetzungen vor, besteht ein Genehmigungsanspruch des Antragstellers.[1666] 7094

Ob die erforderliche **Vorsorge gegen Schäden** im Sinne des § 6 II Nr. 2 AtG gewährleistet ist, ist gerichtlich nur eingeschränkt überprüfbar. Insoweit trägt die Exekutive die Verantwortung für die Risikoermittlung und Risikobewertung, auch für die Entscheidung über Art und Ausmaß von Risiken, die hingenommen oder nicht hingenommen werden müssen.[1667] Es ist insoweit nicht Sache der Gerichte, Prognosen der Genehmigungsbehörde im Hinblick auf Situationen zu korrigieren, die allenfalls im Grenzbereich des nach praktischer Vernunft noch Möglichen liegen können. Das Gericht ist deshalb auf die Nachprüfung beschränkt, ob die Genehmigungsbehörde willkürfrei annehmen durfte, dass der erforderliche Schutz gegen die Risiken einer Leben oder Gesundheit Drittbetroffener möglicherweise gefährdenden Freisetzung ionisierender Strahlen nach Maßgabe des insoweit vorgesehenen Sicherungs- und Schutzkonzepts gewährleistet ist und Risiken damit praktisch nicht zu gewärtigen sind.[1668] 7095

Bei der gerichtlichen Kontrolle der Anwendung von § 6 II Nr. 4 AtG ist nach der Rechtsprechung des BVerwG zu beurteilen, ob die Genehmigungsbehörde willkürfrei annehmen durfte, dass der erforderliche Schutz gegen die Risiken für Leben oder Gesundheit gewährleistet ist. Bei der Überprüfung atomrechtlicher Genehmigungen sind die Gerichte darauf beschränkt zu überprüfen, ob die der behördlichen Beurteilung zugrunde liegende Risikoermittlung und -bewertung auf einer ausreichenden Datenbasis beruht und dem Stand von Wissenschaft und Technik im Zeitpunkt der Behördenentscheidung Rechnung trägt.[1669] 7096

Zwar ist § 6 II Nr. 4 AtG ausschließlich als Genehmigungsvoraussetzung formuliert. Umstritten ist jedoch, ob und inwieweit der erforderliche Schutz gegen Störmaßnahmen oder sonstige Einwirkungen Dritter eine **dynamische Betreiberpflicht** ist, die Betreiber kerntechnischer Anlagen auch nach Erteilung einer Genehmigung zur Anpassung der Anlage an den jeweils aktuellen Stand von Wissenschaft und Technik verpflichtet. Teilweise wird die Auffassung vertreten, der Genehmigungsinhaber sei unmittelbar, dh ohne entsprechende nachträgliche Auflagen verpflichtet, seine Anlage an den jeweiligen aktuellen Stand von Wissenschaft und Technik anzupassen. Nach anderer Auffassung bedeutet eine Dynamisierung von Betreiberpflichten nicht, dass der Anlagenbetreiber von sich aus tätig werden muss, um seine Anlage an den sich weiter entwickelnden Stand von Wissenschaft und Technik anzupassen. Vielmehr ergibt sich aus einer Dynamisierung seiner Betreiberpflichten nur, dass er mit nachträglichen Auflagen nach § 17 I 3 AtG zu rechnen hat, mit denen eine Verbesserung der Schadensvorsorge verlangt wird.[1670] Eine gewisse Dynamisierung ergibt sich unabhängig davon aus der 7097

1666 John Atomrecht, in Koch/Hofmann/Reese, Handbuch Umweltrecht, 2024, § 12 Rn. 136.

1667 VGH Kassel ZUR 2021, 107 = Juris Rn. 102.

1668 VGH Kassel ZUR 2021, 107 = juris Rn. 103.

1669 BVerwG ZUR 2015, 287 = juris Rn. 6, 11; zum 2021 in § 44 III AtG neu geregelten Funktionsvorbehalt siehe dazu Mann/Marquard NVwZ 2023, 369.

1670 zu diesem Meinungsstreit zB Ziehm ZUR 2011, 3, 4; Roßnagel/Hentschel ZNER 2011, 9; Roller NVwZ 2011, 1431, 1433; Koch Vorsorge gegen terroristische Angriffe in 12. Deutsches Atomrechtssymposium, 2004, 167 (177); Heitsch Sicherheitsmaßstäbe in der Beendigungsphase in 11. Deutsches Atomrechtssymposium, 2002, S. 167 ff.); gegen eine dynamische Anpassungspflicht der Anlagenbetreiber ohne nachträgliche Auflagen nach § 17 I 3 AtG oder aufsichtsbehördliche Anordnungen nach § 19 III AtG Hennenhöfer/Schneider in FS für Sellner, 2010, 347 (357); Leidinger Sicherheitsverantwortung des Betreibers: Sicher-

Notwendigkeit, bei kerntechnischen Anlagen nach § 2 IIIa Nr. 1 AtG, zu denen auch Zwischenlager gehören, alle 10 Jahre eine Überprüfung und Bewertung der nuklearen Sicherheit durchzuführen und die nukleare Sicherheit der Anlage gemäß § 19 a III 1 AtG kontinuierlich zu verbessern.

7098 **c) Integriertes Sicherungs- und Schutzkonzept.** Im Jahr 2021 hat der Gesetzgeber als Teil der 17. AtG-Novelle das AtG um einen fünften Abschnitt (§§ 41 bis 44 b AtG) ergänzt und damit die bis dahin richterrechtlich entwickelten Sicherheitsstandards konkretisiert und gesetzlich definiert. Die Anforderungen behalten auch nachdem keine Atomkraftwerke mehr genehmigt werden dürfen ihre Bedeutung, weil auch andere Anlagen, insbesondere die Standortzwischenlagern und die Endlager des Bundes, sie zu beachten haben.

7099 Das integrierte Sicherungs- und Schutzkonzept besteht nach § 41 AtG aus Sicherungsmaßnahmen des Genehmigungsinhabers der kerntechnischen Anlage oder Tätigkeit (erforderlicher Schutz gegen Störmaßnahmen oder sonstige Einwirkungen Dritter) sowie Schutzmaßnahmen des Staates. Die Maßnahmen werden aufeinander abgestimmt. Ziele der Maßnahmen nach § 41 AtG für den Schutz von kerntechnischen Anlagen und Tätigkeiten sind die Verhinderung 1. der Freisetzung und der missbräuchlichen Nutzung der ionisierenden Strahlung von Kernbrennstoffen oder ihrer Folgeprodukte in erheblichen Mengen vor Ort, 2. der einfachen oder wiederholten Entwendung von Kernbrennstoffen oder ihrer Folgeprodukte in erheblichen Mengen mit dem Ziel der Freisetzung oder der missbräuchlichen Nutzung ionisierender Strahlung an einem beliebigen Ort und 3. der einfachen oder wiederholten Entwendung von Kernbrennstoffen in Mengen, die in der Summe zur Herstellung einer kritischen Anordnung ausreichen (§ 42 AtG).

7100 Mit dem im Jahr 2021 neu eingeführten § 44 III AtG hat der Gesetzgeber den in der Rechtsprechung anerkannten atomrechtlichen **Funktionsvorbehalt** gesetzlich geregelt.[1671] Nach § 44 III AtG ist der erforderliche Schutz gegen Störmaßnahmen oder sonstige Einwirkungen Dritter nach § 4 II Nr. 5 AtG, § 6 II Nr. 4 AtG, § 6 III iVm § 6 II Nr. 4, § 7 II Nr. 5, § 7 III 2 iVm § 7II Nr. 5, § 9 II Nr. 5 und § 9b I iVm § 9b IV 1 sowie § 9b Ia 2, jeweils iVm § 7 II Nr. 5 AtG ist gegeben, wenn der Schutz der kerntechnischen Anlage oder Tätigkeit nach der Bewertung der Genehmigungs- oder Aufsichtsbehörde durch die in der Genehmigung festgelegten Maßnahmen gegen die nach § 44 I AtG zu unterstellenden Störmaßnahmen oder sonstigen Einwirkungen Dritter sichergestellt ist. Mann/Marquard erläutern dazu, die Notwendigkeit einer verfassungsorientierten Auslegung zwinge zu einem Verständnis der Vorschrift im Sinne einer lediglich klarstellenden Normierung des in der atomrechtlichen Rechtsprechung bereits fest etablierten exekutiven Funktionsvorbehalts. Nach seiner Aufnahme in das AtG sei der Funktionsvorbehalt auch im Bereich des Schutzes vor SEWD-Ereignissen weiterhin nur in der von der Rechtsprechung bislang zugestandenen Reichweite anzuerkennen.[1672]

7101 **d) Parallelität der Baugenehmigungspflicht.** Die Genehmigungsvoraussetzungen nach § 6 II AtG betreffen allein spezielle sicherheitsrechtliche Anforderungen an diese Aufbewahrung. Die Entscheidung in diesem Genehmigungsverfahren ergeht unabhängig von einer Baugenehmigungspflicht.[1673] Dementsprechend ist für diese Genehmigung im Gesetz keine Konzentrationswirkung betreffend das Bauplanungsrecht angeordnet worden. Umgekehrt wird in der für ein Zwischenlager erteilten Baugenehmigung keine Regelung hinsichtlich des Schutzes vor nuklearspezifischen Gefahren beim Betrieb des Zwischenlagers getroffen, soweit dieser durch die Lagerbehälter gewährleistet werden soll.

7102 Im Baugenehmigungsverfahren sind die beabsichtigte Nutzung des Vorhabens und die davon ausgehenden Emissionen und Gefahren zu berücksichtigen. Das gilt auch für nuklearspezifische Auswirkungen. Zu den Genehmigungsvoraussetzungen gehört eine Prognose, dass das Bauwerk für die damit bezweckte Nutzung geeignet sein wird. Bei einer nachfolgenden Betriebsgenehmigung ist im Baugenehmigungsverfahren jedoch keine abschließende Entscheidung über die Zulässigkeit des Betriebes zu treffen. Es genügt, dass die Zulässigkeit etwa auf der

---

heitsmanagement und Sicherheitsüberprüfung, in 11. Deutsches Atomrechtssymposium, 2002, S. 123 1 (28 f); Scheuten Sicherheitsstandards in der Restlaufzeit von Kernkraftwerken, in 11. Und damit die in der Rechtsprechung Deutsches Atomrechtssymposium, 2000, S. 207 (215 f.).

1671 Ausführlicher dazu Mann/Marquard NVwZ 2023, 369.

1672 Mann/Marquard NVwZ 2023, 369 (375), dort auch zu weiterhin bestehenden Geheimnisschutzproblemen; siehe dazu auch Sellner EurUP 2018, 100 (106 ff.); Leidinger NVwZ 2019, 270 (276).

1673 VGH München BayVBl. 2020, 379; Leidinger in Frenz, Atomrecht, 2024, § 6 Rn. 5.

Grundlage der Stellungnahme der zuständigen Fachbehörde prognostisch bejaht wird. Die Baugenehmigung entfaltet dann allerdings auch keinerlei Bindungswirkung für die Betriebsgenehmigung, die gesondert erforderlich ist (§ 6 AtG). Der Bauherr handelt auf eigenes Risiko, wenn er das Bauwerk ohne bestandskräftige Betriebsgenehmigung errichtet.[1674] Die Genehmigungsbehörde hat den entscheidungserheblichen **Sachverhalt** von Amts wegen zu ermitteln. Es deutet auf ein der atomrechtlichen Genehmigungsbehörde zuzurechnendes Ermittlungs- und Bewertungsdefizit hin, wenn ihr neue Erkenntnisse, die für die Risikobewertung bedeutsam sind, bei der Genehmigungserteilung nicht bekannt gewesen sind. Wenn sie die neuen Erkenntnisse dagegen als unerheblich eingestuft hat, lässt dies eine Wissenslücke nicht erkennen. Unter der Voraussetzung, dass diese Einschätzung nicht auf einer Fehlgewichtung des zu betrachtenden Risikos beruht, darf dann ohne weitere gerichtliche Aufklärung davon ausgegangen werden, dass das Fehlen weiterer Ermittlungen die Entscheidung in der Sache nicht beeinflusst hat.[1675]

Privilegierung im Außenbereich. Nach § 35 I Nr. 7 BauGB ist ein Vorhaben im Außenbereich privilegiert, wenn es der Erforschung, Entwicklung oder Nutzung der Kernenergie zu friedlichen Zwecken oder der Entsorgung radioaktiver Abfälle dient, mit Ausnahme der Neuerrichtung von Anlagen zur Spaltung von Kernbrennstoffen zur gewerblichen Erzeugung von Elektrizität. § 35 I Nr. 7 BauGB findet auch auf Zwischenlager für radioaktive Abfälle Anwendung, denn die Zwischenlagerung dient deren Entsorgung.[1676] § 35 I Nr. 7 BauGB geht zurück auf das sog. Wyhl-Urteil des BVerwG vom 19.12.1985,[1677] wonach Kernkraftwerke wegen des ihnen eigenen Gefahrenpotentials und im Hinblick auf die mit ihrem Betrieb verbundenen Emissionen radioaktiver Stoffe grundsätzlich im Außenbereich ausgeführt werden sollten. Der Privilegierungstatbestand des § 35 I Nr. 7 BauGB trägt auch dem **Strahlenminimierungsgebot** Rechnung, das zu den zentralen objektiv-rechtlichen Grundsätzen des Strahlenschutzrechts gehört. Es gebietet, Strahlenexpositionen oder Kontaminationen auch unterhalb der Grenzwerte so gering wie vernünftigerweise erreichbar zu halten (§ 8 II StrlSchG). Die Ansiedlung der von § 35 I Nr. 7 BauGB erfassten Anlagen im Außenbereich trägt dazu bei, die Expositionsrisiken der wohnenden und arbeitenden Bevölkerung so gering wie möglich zu halten. Aus der Privilegierung eines Vorhabens im Außenbereich folgt zwar nicht, dass es nicht durch förmliche Planung ermöglicht werden könnte.[1678] Auch bei einer Planung käme aber für ein Zwischenlager für radioaktive Abfälle aus kerntechnischen Anlagen nur ein Baugebiet in Betracht, in dem vorwiegend Betriebe mit erheblichem Belästigungspotential zulässig sind.[1679] Ein Zwischenlager für radioaktive Abfälle aus kerntechnischen Anlagen ist in einem Gewerbegebiet (§ 8 BauNVO) bauplanungsrechtlich unzulässig. Ein solches Zwischenlager weist ein Gefahrenpotential auf, das den im Gewerbegebiet zulässigen Störgrad typischerweise überschreitet. Diese Gefahreneinschätzung kann den einschlägigen atom- und strahlenschutzrechtlichen Vorschriften entnommen werden und kommt auch in § 35 I Nr. 7 BauGB zum Ausdruck.[1680] 7103

Welche öffentlichen Belange einem privilegierten Außenbereichsvorhaben entgegengehalten werden können, ergibt sich zunächst aus der Aufzählung in § 35 III 1, Satz 2 HS 1 und Satz 3 BauGB. Die in § 35 III BauGB aufgezählten Belange sind jedoch nicht abschließend. Vielmehr können einem Außenbereichsvorhaben auch weitere, unbenannte öffentliche Belange entgegengehalten werden. Als ein solcher Belang ist auch das sog. **Planungserfordernis** anerkannt.[1681] Ob die Errichtung, Änderung oder Nutzungsänderung einer baulichen Anlage im Sinne des § 29 I BauGB ohne eine verbindliche Bauleitplanung öffentliche Belange beeinträchtigt, hängt nach der Rechtsprechung im Wesentlichen vom Umfang dieses Vorhabens ab. Dabei kommt es darauf an, in welcher Weise sich das Vorhaben in seiner Substanz und in seinen Auswirkungen in die vorhandene Umgebung einfügt. Das Erfordernis der Planbedürftigkeit muss im Einzelfall nach Lage der Dinge konkretisiert werden. Mehrere Gesichtspunkte können dafür ausschlaggebend sein. Ob ein Vorhaben planerischer Steuerung bedarf, wird zunächst 7104

1674 BVerwG RdE 1988, 194.

1675 BVerwG NVwZ-RR 2000, 419; BVerwGE 106, 115.

1676 BVerwG NVwZ 2022, 893 = juris Rn. 20.

1677 BVerwGE 72, 300.

1678 BVerwGE 163, 313 Rn. 11.

1679 BVerwG NVwZ 2022, 893 = juris Rn. 22.

1680 BVerwG NVwZ 2022, 893.

1681 OVG Münster Urt. v. 12.6.2012 – 8 D 38/08.AK, juris Rn. 139; BVerwG BauR 2005, 832 = juris Rn. 4.

davon abhängen, welche Probleme die Einordnung des Vorhabens in seiner Umgebung aufwirft. Dafür geben die in § 35 III 1 BauGB benannten öffentlichen Belange bereits wichtige Anhaltspunkte. Auch der in § 35 III 2 BauGB betonte Gesichtspunkt der Raumbedeutsamkeit verweist mittelbar auf ein erforderliches planerisches Koordinierungsbedürfnis. Lässt sich die Koordination der Belange sachgerecht letztlich nur im Wege einer Abwägung sicherstellen, so ist dies auch ein hinreichendes Anzeichen für bodenrechtlich relevante Auswirkungen, die geeignet sind, ein Planungserfordernis zu begründen.[1682] Ein solches Koordinierungsbedürfnis – und daraus folgend ein Planungserfordernis – besteht insbesondere bei Vorhaben mit komplexen und schwer zu beherrschenden Umweltauswirkungen. Daraus folgt jedoch nicht, dass alle größeren Vorhaben wegen eines Planungserfordernisses nicht mehr nach § 35 BauGB zugelassen werden könnten. Fehlt es an einem den vorstehenden Ausführungen entsprechenden qualifizierten Planungsbedarf, ist ein Planungserfordernis zu verneinen. Ein solches Erfordernis besteht nicht schon dann, wenn ein planerisches Einschreiten einer geordneten städtebaulichen Entwicklung dienen würde und deshalb vernünftigerweise geboten wäre. Nicht jeder Bebauungsplan, den die Gemeinde aufstellen darf, muss auch aufgestellt werden. Die Bejahung eines Planungserfordernisses besitzt somit Ausnahmecharakter, weil anderenfalls § 35 BauGB als Zulassungsnorm weithin entwertet wäre.[1683]

7105 **e) Rechtsschutz.** Legt ein innerhalb des von § 6 III Nr. 4 AtG erfassten Personenkreises geschützter Dritter einen Geschehensablauf dar, der eine Lücke im Konzept zur Beherrschung sonstiger Einwirkungen Dritter aufzeigt und zugleich so wahrscheinlich ist, dass er nicht dem Restrisiko zugerechnet werden darf, und dessen Folgen geeignet sind, die äußerste Grenze der erforderlichen Schadensvorsorge zu überschreiten, darf der Dritte die Gewährleistung des entsprechenden Schutzniveaus verlangen. Allerdings kann er keine bestimmten Schutzvorkehrungen beanspruchen.[1684] Eine atomrechtliche Änderungsgenehmigung nach § 6 I 1 und III AtG berührt nicht die kommunale Planungshoheit.[1685]

3. Anlagengenehmigung

7106 Das AtG hat neben dem atomrechtlichen Planfeststellungsverfahren umfassende atomrechtliche Genehmigungspflichten begründet, so für die Einfuhr und Ausfuhr von Kernbrennstoffen (§ 3 AtG), die Beförderung von Kernbrennstoffen (§ 4 AtG), die Beförderung von Kernmaterialien in besonderen Fällen (§ 4 b AtG), die Aufbewahrung von Kernbrennstoffen (§ 6 AtG), Anlagen zur Erzeugung, Bearbeitung, Verarbeitung und Spaltung von Kernbrennstoffen sowie Aufarbeitung bestrahlter Kernbrennstoffe (§ 7 AtG), Bearbeitung, Verarbeitung und sonstige Verwendung von Kernbrennstoffen außerhalb genehmigungspflichtiger Anlagen (§ 9 AtG) und Landessammelstellen für die Zwischenlagerung von radioaktiven Abfällen (§ 9 c AtG).[1686] Die Genehmigung zur Einfuhr ist nach § 3 II AtG zu erteilen, wenn keine Tatsachen vorliegen, aus denen sich Bedenken gegen die Zuverlässigkeit des Einführers ergeben, und gewährleistet ist, dass die einzuführenden Kernbrennstoffe unter Beachtung der Vorschriften des AtG, der auf Grund des AtG erlassenen Rechtsverordnungen und der internationalen Verpflichtungen der Bundesrepublik Deutschland auf dem Gebiet der Kernenergie verwendet werden.

7107 **a) Genehmigungserfordernis.** Wer eine ortsfeste Anlage zur Erzeugung oder zur Bearbeitung oder Verarbeitung oder zur Spaltung von Kernbrennstoffen oder zur Aufarbeitung bestrahlter Kernbrennstoffe errichtet, betreibt oder sonst innehat oder die Anlage oder ihren Betrieb wesentlich verändert, bedarf der Genehmigung. Für die Errichtung und den Betrieb von Anlagen zur Spaltung von Kernbrennstoffen zur gewerblichen Erzeugung von Elektrizität und von Anlagen zur Aufarbeitung bestrahlter Kernbrennstoffe werden keine Genehmigungen er-

[1682] OVG Münster Urt. v. 12.6.2012 – 8 D 38/08.AK, juris Rn. 139; BVerwGE 117, 25, juris Rn. 19; BauR 2005, 832 = juris Rn. 5.

[1683] OVG Münster Urt. v. 12.6.2012 – 8 D 38/08.AK, juris Rn. 148; BVerwGE 119, 25 = juris Rn. 16.

[1684] OVG Schleswig ZNER 2015, 281 = juris Rn. 105.

[1685] Zu Ansprüchen einer Kommune aus einem öffentlich-rechtlichen Vertrag auf Unterlassung der Aufbewahrung bestimmter atomarer Abfälle in einem Zwischenlager OVG Münster Urt. v. 23.9.2022 – 21 D 32/18.AK, juris Rn. 86; zur nicht erforderlichen Hinzuziehung der Standortgemeinde zum Verfahren auf Änderung einer atomrechtlichen Aufbewahrungsgenehmigung BVerwG NVwZ 2020, 1604.

[1686] Zur grenzüberschreitenden Verbringung von radioaktiven Abfällen siehe die Verordnung über die Verbringung radioaktiver Abfälle in das oder aus dem Bundesgebiet (Atomrechtliche Abfallverbringungsverordnung – AtAV) v. 27.7.1998 (BGBl. I 1918).

teilt. Dies gilt nicht für wesentliche Veränderungen von Anlagen oder ihres Betriebs (§ 7 I AtG).

b) Genehmigungsvoraussetzungen. Die Genehmigung darf nur erteilt werden, wenn 1. keine Tatsachen vorliegen, aus denen sich Bedenken gegen die Zuverlässigkeit des Antragstellers und der für die Errichtung, Leitung und Beaufsichtigung des Betriebs der Anlage verantwortlichen Personen ergeben, und die für die Errichtung, Leitung und Beaufsichtigung des Betriebs der Anlage verantwortlichen Personen die hierfür erforderliche Fachkunde besitzen, 2. gewährleistet ist, dass die bei dem Betrieb der Anlage sonst tätigen Personen die notwendigen Kenntnisse über einen sicheren Betrieb der Anlage, die möglichen Gefahren und die anzuwendenden Schutzmaßnahmen besitzen, 3. die nach dem Stand von Wissenschaft und Technik erforderliche Vorsorge gegen Schäden durch die Errichtung und den Betrieb der Anlage getroffen ist, 4. die erforderliche Vorsorge für die Erfüllung gesetzlicher Schadensersatzverpflichtungen getroffen ist, 5. der erforderliche Schutz gegen Störmaßnahmen oder sonstige Einwirkungen Dritter gewährleistet ist, 6. überwiegende öffentliche Interessen, insbesondere im Hinblick auf die Umweltauswirkungen, der Wahl des Standorts der Anlage nicht entgegenstehen. 7108

c) Verfahren. Im Genehmigungsverfahren sind alle Behörden des Bundes, der Länder, der Gemeinden und der sonstigen Gebietskörperschaften zu beteiligen, deren Zuständigkeitsbereich berührt wird (§ 7 IV AtG). Zudem findet eine Öffentlichkeitsbeteiligung nach Maßgabe der AtVfV statt. Sind die zur Auslegung erforderlichen Unterlagen vollständig, hat die Genehmigungsbehörde nach § 4 I AtVfV das Vorhaben in ihrem amtlichen Veröffentlichungsblatt und außerdem in den örtlichen Tageszeitungen, die im Bereich des Standortes der geplanten Anlage verbreitet sind, öffentlich bekanntzumachen. Die Antragsunterlagen werden sodann für einen Zeitraum von zwei Monaten öffentlich ausgelegt (§ 6 AtVfV). Einwendungen gegen das Vorhaben können innerhalb dieser Frist geltend gemacht werden. Mit Ablauf der Auslegungsfrist werden nach § 7 I 2 AtVfV Einwendungen für das Genehmigungsverfahren ausgeschlossen, die nicht auf besonderen privatrechtlichen Titeln beruhen. 7109

d) Entscheidung. Grundsätzlich enthalten Regelungen über atomrechtliche Genehmigungen **präventive Verbote mit Erlaubnisvorbehalt**. Nach diesem Grundsatz müsste bei Vorliegen der Genehmigungsvoraussetzungen bzw. bei Nichtvorliegen von Versagungsgründen eine Genehmigung erteilt werden. Der Gesetzgeber hat der Verwaltung jedoch ein Versagungsermessen eingeräumt. Dies ermöglicht der Exekutive, unvorhergesehene Gründe in ihre Entscheidung einzustellen. Auf Grund der außerordentlich hohen potenziellen Gefahr, die mit Atomanlagen verbunden sind, ist eine solche Versagungsmöglichkeit gerechtfertigt. Die Entscheidung nach § 7 AtG ist daher keine echte gebundene Entscheidung, da in Ausnahmefällen auch Ermessen ausgeübt werden darf. Als Genehmigungsvoraussetzungen nach § 7 AtG werden die Zuverlässigkeit des Antragstellers sowie organisatorisch und fachlich verantwortlicher Personen, das Vorhandensein hinreichend qualifizierten Fachpersonals, die Vorsorge gegen Schäden, die Vorsorge zur Erfüllung von Schadensersatzverpflichtungen, der Schutz gegen Einwirkungen Dritter und die Berücksichtigung überwiegender öffentlicher Interessen gefordert. Dieser weite Forderungskatalog rückt die Entscheidung nach § 7 AtG in die Nähe einer Planungsentscheidung, zumal ein gewisser Ermessensspielraum verbleibt. Letztlich handelt es sich aber auch hier nicht um eine Entscheidung nach einem Finalprogramm, sondern um eine konditional geprägte Entscheidung. Für die Entscheidung über die Genehmigung ist ein förmliches Verfahren nach § 7 IV AtG und der AtVfV ähnlich dem für Genehmigungen nach dem BImSchG vorgeschrieben. Das Genehmigungsverfahren wird gem. § 24 I 1 AtG iVm Art. 87 c GG im Auftrag des Bundes von der durch die Landesregierung bestimmten obersten Landesbehörde (§ 24 II AtG) geführt. Die Genehmigung nach § 7 AtG entfaltet lediglich **atomrechtliche Gestattungswirkung** und abgesehen von dem in § 8 II AtG geregelten Fall keine Konzentrationswirkung. Auch kann etwa die Wasserbehörde bei der Gestattung des Einleitens von Abwasser aus einem Kraftwerk Grenzwerte der radioaktiven Kontamination festsetzen. Sie ist dabei an die Entscheidung der Atombehörde über die zulässige Belastung des Abwassers mit radioaktiver Strahlung nicht gebunden.[1687] 7110

Darüber hinaus ergibt sich aus § 7 VI AtG iVm § 14 BImSchG eine **privatrechtsgestaltende Ausschlusswirkung**. Nach dieser Vorschrift kann auf Grund privatrechtlicher, nicht auf besonderen Titeln beruhender Ansprüche zur Abwehr nachteiliger Einwirkungen von einem Grundstück auf ein benachbartes Grundstück nicht die Einstellung des Betriebes einer 7111

[1687] BVerwG UPR 1988, 102.

Anlage verlangt werden, wenn die Genehmigung unanfechtbar ist. Es können dann nur Vorkehrungen beansprucht werden, welche die nachteiligen Wirkungen ausschließen. Soweit solche Vorkehrungen nach dem Stand der Technik nicht durchführbar oder wirtschaftlich nicht vertretbar sind, kann lediglich Schadensersatz verlangt werden. Wer eine gem. § 7 AtG erteilte Betriebsgenehmigung für ein Kernkraftwerk wegen der mit dem Normalbetrieb dieser Anlage verbundenen radioaktiven Emissionen anficht, muss für die Zulässigkeit des Rechtsbehelfs darlegen, dass ihm gegenüber § 45 StrlSchV, der die Dosisgrenzwerte bestimmt, verletzt sein kann. Anderenfalls ist seine Klage unzulässig. Das **Strahlenminimierungsgebot** des § 28 StrlSchV ist nicht nachbarschützend. Eine atomrechtliche Teilgenehmigung kann nicht mit Einwendungen bekämpft werden, denen die Bindungswirkung einer früher erteilten Teilgenehmigung entgegensteht.[1688]

7112 **e) Teilentscheidungen.** Auf Antrag kann nach § 7a AtG zu einzelnen Fragen, von denen die Erteilung der Genehmigung einer Anlage nach § 7 AtG abhängt, insbesondere zur Wahl des Standorts einer Anlage, ein **Vorbescheid** erlassen werden. Der Vorbescheid wird unwirksam, wenn der Antragsteller nicht innerhalb von zwei Jahren nach Eintritt der Unanfechtbarkeit die Genehmigung beantragt; die Frist kann auf Antrag bis zu zwei Jahren verlängert werden. Soweit in einer Teilgenehmigung oder in einem Vorbescheid über einen Antrag nach § 7 oder § 7a AtG entschieden worden und diese Entscheidung unanfechtbar geworden ist, können in einem weiteren Verfahren zur Genehmigung der Anlage Einwendungen Dritter nicht mehr auf Grund von Tatsachen erhoben werden, die schon vorgebracht waren oder von dem Dritten nach den ausgelegten Unterlagen oder dem ausgelegten Bescheid hätten vorgebracht werden können (§ 7b AtG).

7113 Zu Rechtsnatur und Wirkungen atomrechtlicher Teilerrichtungsgenehmigungen hat das BVerwG in der Mülheim-Kärlich-Entscheidung[1689] folgende Grundsätze aufgestellt: Eine atomrechtliche Errichtungsgenehmigung für eine erst im Konzept gebilligte oder erst vorläufig positiv beurteilte Anlage zur Spaltung von Kernbrennstoffen ist nicht zulässig. Für Änderungen einer atomrechtlichen Genehmigung steht nur das atomrechtliche Genehmigungsverfahren, nicht auch ein lediglich den gestattenden Teil der Genehmigung betreffendes sog. Freigabeverfahren zur Verfügung. Was das gebilligte Konzept **(Konzeptvorbescheid)** ist, muss eindeutig erkennbar sein und steht nicht zur Disposition derart, dass nachträglich eine Bindung an konstruktive Merkmale mit der Begründung verneint werden kann, sie seien aus technischer Sicht nur Details und Änderungen deshalb nicht konzeptrelevant. Eine erste atomrechtliche Teilerrichtungsgenehmigung kann wegen Unbestimmtheit ihres Regelungsgehaltes Dritte in ihren Rechten verletzen. Eine erste atomrechtliche Teilerrichtungsgenehmigung darf nicht erteilt werden, wenn noch Zweifel an der Eignung des Standorts etwa hinsichtlich der Festigkeit des Baugrunds bestehen, ferner nicht, wenn wegen solcher Zweifel inzwischen eine Verschiebung des Reaktorgebäudes und eine dadurch bedingte Änderung der Gebäudeanordnung geplant ist. Eine erste atomrechtliche Teilerrichtungsgenehmigung mit ihrer Standortbilligung darf nicht isoliert hinsichtlich des großräumigen Standortes aufrechterhalten bleiben, wenn sie hinsichtlich des kleinräumigen Standortes, der im Zusammenhang mit den großräumigen Gegebenheiten gebilligt worden war, geändert wird und wenn außerdem das auf die Standortgegebenheiten insgesamt bezogene Konzept keinen Bestand mehr hat. § 7 I 2 AtVfV verlangt nicht, dass der Einwender zur Vermeidung des Ausschlusses mit Einwendungen im Verwaltungsverfahren nach der Art einer technischen Vorprüfung der ausgelegten Unterlagen auf erkennbare Mängel der Anlage und ihres Sicherheitssystems hinweist. Die Aufhebung einer ersten atomrechtlichen Teilerrichtungsgenehmigung etwa wegen eines Ermittlungsdefizits und Bewertungsdefizits führt nicht ohne weiteres dazu, dass nachfolgende nicht mit Erfolg angefochtene Teilgenehmigungen ihre Bindungswirkungen einbüßen.[1690]

7114 Das einer atomrechtlichen ersten Teilerrichtungsgenehmigung zu Grunde liegende vorläufige **positive Gesamturteil** wird in den nachfolgenden Teilgenehmigungen jeweils im Umfang von deren Gestattung in eine neue, detaillierte und auf den neuesten Stand von Wissenschaft und Technik aktualisierte endgültige Feststellung umgewandelt und dadurch verfestigt. Die Verfestigung tritt gegenüber solchen Drittbetroffenen nicht ein, welche die erste Teilgenehmigung mit Einwendungen gegen das ihr zu Grunde liegende vorläufige positive Gesamt-

---

[1688] BVerwGE 61, 256.
[1689] BVerwG NVwZ 1989, 52.
[1690] BVerwG NVwZ 1989, 52.

urteil angegriffen haben.[1691] Das vorläufige positive Gesamturteil gehört zwar zum Regelungsgehalt des feststellenden Teils einer Teilgenehmigung. Es steht aber als vorläufige Beurteilung der Genehmigungsfähigkeit der Anlage insgesamt unter einem doppelten Vorbehalt: Dem Vorbehalt der Prüfung im Detail und dem Vorbehalt der Prüfung anhand eines weiterentwickelten Standes von Wissenschaft und Technik. Das vorläufige positive Gesamturteil wird damit von Teilgenehmigung zu Teilgenehmigung gleichsam abgearbeitet. Von der positiven Gesamtbeurteilung einer Anlage wächst – ggf. mit Änderungen auch des ursprünglich verfolgten Konzepts – ein von Teilgenehmigung zu Teilgenehmigung größer werdender Anteil von der Vorläufigkeit in die Endgültigkeit. Die ursprüngliche Prognose wird mehr und mehr zur endgültigen Feststellung. Die von der Behörde unter Vorbehalten eingegangene und deshalb zunächst nur beschränkte Bindung wird zu einer uneingeschränkten, die von ihr nur durch Widerruf oder Rücknahme beseitigt werden kann. Mit der letzten von mehreren Teilerrichtungsgenehmigungen ist endgültig entschieden, dass die genehmigungskonforme Anlage sicher betrieben werden kann. Das vorläufige positive Gesamturteil der Teilerrichtungsgenehmigung erstreckt sich nur noch auf das künftige, in der Betriebsgenehmigung zu gestattende Betriebsreglement.[1692] Das gestufte Genehmigungsverfahren soll es ermöglichen, einen umfangreichen und komplexen Genehmigungssachverhalt in Teilschritten zu bewältigen, ohne dass dabei die Genehmigungsfähigkeit der Anlage insgesamt aus dem Blick gerät. Das deshalb bei jeder Teilgenehmigung notwendige positive Gesamturteil (§ 18 I AtVfV), das vorläufigen Charakter für die Genehmigungsfähigkeit der Anlage hat, soll vermeiden, dass weitere Gestattungen ausgesprochen werden für eine Anlage, die voraussichtlich nicht die Genehmigungsvoraussetzungen des § 7 II AtG erfüllen wird und deshalb nicht in Betrieb gehen könnte. Das gestufte Genehmigungsverfahren soll auf der anderen Seite dem Genehmigungsempfänger und Investor Sicherheit in der Weise verschaffen, dass im Umfang der jeweiligen Gestattungen über die Genehmigungsfähigkeit endgültig entschieden wird und dass die zu seinen Gunsten entstandene Bindungswirkung nur durch Widerruf oder Rücknahme aufgehoben werden kann. Dem entspricht, dass die zunächst nur vorläufigen prognostischen Feststellungen von Teilgenehmigung zu Teilgenehmigung in den dort jeweils endgültig getroffenen Feststellungen aufgehen. Was mit einer Teilgenehmigung gestattet wird, ist damit auch endgültig als den Anforderungen des § 7 II AtG entsprechend festgestellt. Das gestufte Genehmigungsverfahren führt nicht zu einer gespaltenen Feststellung der Genehmigungsfähigkeit in der Weise, dass in den der ersten Teilgenehmigung nachfolgenden Teilgenehmigungen nur festgestellt wäre, in den Details und in Bezug auf den fortgeschrittenen Stand von Wissenschaft und Technik entsprächen die genehmigten Teile und Systeme den Anforderungen des AtG. Auch wird die Feststellung, diese Teile und Systeme hätten dem im Zeitpunkt der vorläufigen Beurteilung gegebenen Stand von Wissenschaft und Technik entsprochen, als verbindliche Entscheidung nicht lediglich in der ersten Teilgenehmigung geregelt. Insoweit besteht zwischen vorläufigem positiven Gesamturteil und Vorbescheid ein wesentlicher Unterschied. Das durch Vorbescheid bereits Entschiedene klammert nachfolgende Teilgenehmigungen ganz aus, verfestigt es also auch nicht unter Zugrundelegung des neuesten Standes von Wissenschaft und Technik. Das nur durch vorläufiges positives Gesamturteil und damit unter Vorbehalt Vorentschiedene dagegen nimmt nachfolgende Teilgenehmigungen jeweils im Umfang ihrer Gestattung auf und wandelt es nach Durchführung des vorbehaltenen Prüfprogramms um in eine neue, detaillierte und aktualisierte endgültige Feststellung.[1693] Will die Behörde die Bindungswirkung einer atomrechtlichen Teilgenehmigung für das weitere Genehmigungsverfahren etwa wegen einer Veränderung der Sachlage beseitigen, muss die Teilgenehmigung widerrufen werden.[1694] Nach § 7 a AtG kann für genehmigungsbedürftige Anlagen nach § 7 AtG auf Antrag ein **Vorbescheid** erteilt werden.

Eine das Konzept der Anlage betreffende atomrechtliche Genehmigung ist keine Teilgenehmigung nach § 7 AtG, sondern ein Vorbescheid nach § 7 a AtG. Ein solcher Vorbescheid enthält eine Definitivregelung in Form eines feststellenden Verwaltungsakts. Er bestimmt den Rahmen, innerhalb dessen sich die nachfolgenden Teilgenehmigungen zu halten haben. Ein **Konzeptvorbescheid** darf nur ergehen, wenn die Genehmigungsbehörde sich Gewissheit darüber verschafft hat, dass sich die offen gebliebenen Details im Rahmen des durch den Vorbe- 7115

1691 BVerwG NVwZ 1993, 578.
1692 BVerwGE 88, 286.
1693 BVerwG NVwZ 1993, 578.
1694 BVerwGE 88, 286; NVwZ-RR 1994, 16.

scheid gebilligten Konzepts bewältigen lassen.[1695] Zum notwendigen Inhalt einer ersten atomrechtlichen **Teilerrichtungsgenehmigung** gehört nicht eine sog. Standortgenehmigung. Diese kann vielmehr in der Form des Vorbescheides nach § 7a AtG erlassen werden.[1696]

7116 **f) Auflagen.** Eine atomrechtliche Genehmigung nach § 7 AtG kann mit Auflagen versehen werden, um einen sicheren Betrieb der Anlage zu gewährleisten. Dazu gehören auch Vorkehrungen zum Schutz der Anlage vor Einwirkungen Dritter. Die einer atomrechtlichen Genehmigung beigefügte Auflage, einen mit Faustfeuerwaffen ausgestatteten Werkschutz **(Objektsicherungsdienst)** einzurichten, findet in § 7 II Nr. 5 AtG eine gesetzliche Grundlage. Behördliche Bewertungen über den erforderlichen Schutz einer kerntechnischen Anlage gegen Störmaßnahmen und sonstige Einwirkungen Dritter gem. § 7 II Nr. 5 AtG unterliegen – ebenso wie Anordnungen im Rahmen des § 7 II Nr. 3 AtG – der gerichtlichen Überprüfung nur daraufhin, ob sie auf willkürfreien Annahme und ausreichenden Ermittlungen beruhen.[1697]

7117 Beim Betrieb kerntechnischer Anlagen sind die Strahlenbelastungen nach § 45 StrlSchV so zu minimieren, dass sie angesichts der sonstigen natürlichen Strahlenbelastungen nicht ins Gewicht fallen. Dieses Gebot der **Minimierung der Strahlenexposition** des Menschen aus der Ableitung radioaktiver Stoffe beim Betrieb kerntechnischer Anlagen zielt darauf ab, die Strahlenbelastung aus dem Normalbetrieb so gering zu halten, dass sie bei der natürlichen Strahlenbelastung nicht ins Gewicht fällt. Deshalb greift es bereits weit vor der Grenze ein, ab der Vorsorge gegen gesundheitliche Risiken geboten ist. Es beschränkt sich nicht auf die Anlage, deren Betrieb zur Genehmigung ansteht. Bei der Anwendung der Dosisgrenzwerte des § 45 StrlSchV sind Ableitungen radioaktiver Stoffe aus dem Normalbetrieb anderer Anlagen mitzurechnen, nicht jedoch Belastungen, die durch Störfälle oder Unfälle wie den **Tschernobyl-Unfall** bedingt sind.[1698]

7118 **g) Betriebseinstellung.** Nach § 19 III 2 Nr. 3 Alt. 2 AtG kann die Aufsichtsbehörde eine endgültige Betriebseinstellung anordnen, wenn eine erforderliche Genehmigung nicht erteilt oder rechtskräftig widerrufen ist. An einer erforderlichen Genehmigung iS des § 19 III 2 Nr. 3 AtG fehlt es nicht nur, wenn für die genehmigungspflichtige atomrechtliche Anlage von vornherein keine Genehmigung erteilt worden ist, sondern auch dann, wenn die Anlage wesentlich abweichend von den erteilten Genehmigungen errichtet worden ist. Dies folgt aus dem systematischen Zusammenhang von § 7 I und § 19 III 2 Nr. 3 AtG.

7119 **h) Begrenzung des Rechts zum Leistungsbetrieb.** Im Jahr 2002 verabschiedete der Bundestag das Atomausstiegsgesetz, wonach gem. § 7 I 2 AtG keine neuen Betriebsgenehmigungen für KKW erteilt werden durften. Außerdem wurden die bestehenden Genehmigungen durch eine für das jeweilige KKW spezifizierte Menge an noch zu erzeugender Elektrizität (Reststrommenge) befristet bzw. beschränkt wurde. Im Jahre 2010 beschloss der Gesetzgeber abweichend davon eine Laufzeitenverlängerung. Dazu wurden die für die einzelnen Kraftwerke zugeteilten Reststrommengen erhöht. Wegen der Atomkatastrophe von Fukushima wurde hingegen durch die 13. Novelle des AtG nur wenige Monate später wiederum ein beschleunigter Ausstieg beschlossen. Die kurz zuvor durch die Laufzeitverlängerung eingeräumten **Reststrommengen** wurden Anlagenbetreibern wieder entzogen. § 7 Ia AtG bestimmte erstmals feste Fristen, gestaffelt bis zum 31.12.2022, für die Fortgeltung die Kraftwerksgenehmigungen. Einzelheiten dazu waren in § 7 Ia bis 1d AtG geregelt.[1699]

7120 Nach der Rechtsprechung des BVerfG war der beschleunigte Ausstieg aus der friedlichen Nutzung der Kernenergie durch die 13. AtG-Novelle (nur) überwiegend mit dem Grundgesetz vereinbar war. Die Entziehung der erst einige Monate zuvor zusätzlich eingeräumten Reststrommengen und die Beeinträchtigung des Eigentumsschutzes durch die Befristung der Betriebsgenehmigungen hielt das BVerfG für verhältnismäßig. Die entschädigungslose Rücknahme der Ende 2010 durch Gesetz erfolgten Verlängerung der Laufzeit der Kernkraftwerke um durchschnittlich 12 Jahre durch das angegriffene Dreizehnte Gesetz zur Änderung des Atomgesetzes sei angesichts des mehrfach eingeschränkten Vertrauens in den Erhalt der Zusatzstrommengen verfassungsgemäß. Der Gesetzgeber durfte auch ohne neue Gefährdungser-

---

[1695] BVerwGE 70, 365.
[1696] BVerwG NVwZ 1987, 536.
[1697] BVerwG NVwZ 1986, 208; NVwZ 1989, 864.
[1698] BVerwG DVBl. 1991, 883.
[1699] Bender EurUP 2022, 73 (74 ff.); Sellner/Fellenberg NVwZ 2011, 1025 f.

kenntnisse den Reaktorunfall in Fukushima zum Anlass nehmen, zum Schutze der Gesundheit der Bevölkerung und der Umwelt den Ausstieg aus der Kernenergie zu beschleunigen.

Allerdings beanstandete das BVerfG, dass sich Kraftwerksbetreiber durch die kurz zuvor ge- 7121
billigte Laufzeitverlängerung zu Investitionen in die „Brückentechnologie" Kernenergie ermutigt fühlen durften und nicht damit rechnen mussten, dass der Gesetzgeber davon schon nach einigen Monaten abweichen würde. Wegen des insoweit enttäuschten Vertrauens der Kraftwerksbetreiber war die 13. AtG-Novelle teilweise verfassungswidrig, soweit sie keinen Ausgleich für vergebliche Investitionen vorsah. Unverhältnismäßig waren die Eigentumsbeeinträchtigungen durch die 13. AtG-Novelle auch insoweit, als die 2002 zugewiesenen Reststrommengen aufgrund der festen Endtermine nicht mehr produziert werden konnten.[1700] Die 13. Novelle des AtG enthielt angesichts der gesetzlich festgelegten Restlaufzeiten der Anlagen und wegen des in diesem Fall besonders verbürgten Vertrauensschutzes eine unzumutbare Bestimmung von Inhalt und Schranken des Eigentums, soweit sie dazu führte, dass zwei Unternehmen substantielle Teile ihrer Reststrommengen von 2002 nicht konzernintern nutzen konnten.[1701]

Als Reaktion auf das Urteil des BVerfG vom 6.12.2016 beschloss der Gesetzgeber eine 7122
16. AtG-Novelle, mit der in den §§ 7e bis 7g AtG aF neue Ausgleichsansprüche und Bestimmungen zum konkreten Verwaltungsverfahren aufgenommen wurden. Allerdings wurden auch diese Bestimmungen der **16. Novelle des AtG** vom BVerfG beanstandet. Grundrechte der Beschwerde führenden Unternehmen seien verletzt worden, weil die 16. AtG-Novelle nicht in Kraft getreten sei und damit keine Regelung existiere, die den durch das Bundesverfassungsgericht bereits beanstandeten Grundrechtsverstoß beseitige.[1702] Zur Erläuterung wies das BVerfG darauf hin, dass der Grundrechtsverstoß sich ursprünglich aus der 13. AtG-Novelle ergebe. Diesen zu beheben, sei Pflicht des Gesetzgebers und Zweck der 16. AtG-Novelle. Indem diese nicht in Kraft getreten sei, werde der Grundrechtsverstoß perpetuiert, weil auch keine andere Regelung zu seiner Beseitigung getroffen worden sei. Das BVerfG hatte dem Gesetzgeber im Urteil vom 6.12.2016 zur 13. AtG-Novelle eine Neuregelungsfrist gewährt, die aber seit dem 30.6.2018 verstrichen war. Die 16. AtG-Novelle ist nach dem Urteil des BVerfG vom 20.9.2020 mangels Bedingungseintritts nicht in Kraft getreten. Keine der beiden in Art. 3 der 16. AtG-Novelle genannten Bedingungen sei erfüllt. Eine Genehmigung habe die Kommission unstreitig nicht erteilt. Entgegen der Auffassung der Bundesregierung sei aber auch die alternative Bedingung nicht erfüllt. Der Gesetzgeber hatte das Inkrafttreten der 16. AtG-Novelle von der Bedingung abhängig gemacht, dass die Kommission entweder eine beihilfenrechtliche Genehmigung erteilt oder verbindlich mitteilt, dass eine solche Genehmigung nicht erforderlich ist. Keine dieser beiden Möglichkeiten trat jedoch ein. Deutschland bekam vielmehr nur eine unionsrechtlich unverbindliche Mitteilung der Kommission, die den Bedingungseintritt auch nach nationalem Verständnis nicht bewirken konnte. Ergänzend stellte das BVerfG außerdem klar, dass die geplanten Regelungen auch gegen Art. 14 I GG verstoßen würden. Die Verkoppelung der Ausgleichansprüche mit einer Obliegenheit, sich zunächst um eine Übertragung der Reststrommengen zu „angemessenen Bedingungen" zu bemühen (§ 7f I 3 AtG aF), sei unzumutbar, da aufgrund der konkreten Ausgestaltung allein den Anlagenbetreibern das Risiko auferlegt werde, dass ihre Einschätzung der Angemessenheit vom zuständigen Ministerium nicht geteilt und der Ausgleichsanspruch daher versagt würde. Der beabsichtigte § 7f I AtG sei außerdem nicht hinreichend bestimmt.[1703]

Inzwischen sieht § 7e AtG nF bezogen auf die verschiedenen Energieversorgungsunterneh- 7123
men jeweils einen konkreten finanziellen Ausgleich vor. Näheres wird in einem auf Grundlage von § 7g AtG zu schließenden öffentlich-rechtlichen Vertrag zwischen den Energieversorgern und der Bundesrepublik geregelt.

Mit der **19. Novelle des Atomgesetzes** vom 4.12.2022 wurde der Weiterbetrieb der letz- 7124
ten drei deutschen Kernkraftwerke über das bisher im Atomgesetz vorgegebene Fristende 31.12.2022 um weitere dreieinhalb Monate bis zum 15.4.2023 ermöglicht.[1704]

[1700] BVerfGE 143, 246 = juris Rn. 258, 292

[1701] BVerfGE 143, 246 = juris Rn. 310.

[1702] BVerfG NVwZ 2021, 390 = juris Rn. 54; siehe dazu Berkemann DVBl.. 2021, 151; Terhechte EuZW 2021, 303; Ludwigs JZ 2021, 294; Ruttloff NVwZ 2021, 351.

[1703] BVerfG NVwZ 2021, 390 = juris Rn. 70, 71; siehe dazu auch Kahl/Gärditz Umweltrecht, 2023, § 6 Rn. 116 ff.

[1704] Raetzke NVwZ 2023, 145.

7125 **i) Nachbarschutz**. Auch gegen atomrechtliche Genehmigungen kann der Nachbar Drittschutz geltend machen, wenn er in seinen Belangen betroffen ist. Auf die Klage eines Drittbetroffenen gegen die atomrechtliche Genehmigung hat das Gericht die der Genehmigungsbehörde obliegende Risikoermittlung und -bewertung am Maßstab des § 7 II Nr. 3 AtG darauf zu überprüfen und bei Zweifelsfällen sich durch Beweiserhebung darüber Gewissheit zu verschaffen, ob sie auf einer ausreichenden Datenbasis beruht und dem im Zeitpunkt der Behördenentscheidung gegebenen Stand von Wissenschaft und Technik Rechnung trägt.[1705] Eine Beweislastumkehr in dem Sinne, dass der Kläger nachweisen müsste, die behördlichen Annahmen und Bewertungen entsprächen nicht dem Stand von Wissenschaft und Technik, gibt es nicht.[1706] Die Genehmigungsbehörde hat für eine ausreichende Risikoermittlung und -bewertung Sorge zu tragen. Die wissenschaftlichen Methoden für die Beurteilung der nach dem Stand von Wissenschaft und Technik erforderlichen Vorsorgemaßnahmen sind allerdings rechtlich nicht verbindlich festgelegt, sondern beurteilen sich nach Gesichtspunkten der Plausibilität.[1707] Das Verwaltungsgericht darf im Rahmen einer solchen Klage die Sache nicht in der Weise **spruchreif** machen, dass es von ihm festgestellte Mängel bei der von der Exekutive zu verantwortenden Risikoermittlung und Risikobewertung durch eine gerichtliche Beweisaufnahme auszugleichen suchte.[1708]

7126 **Störfälle** im Betrieb einer Anlage können ein Anhaltspunkt für mangelnde Zuverlässigkeit des Betreibers oder der verantwortlichen Personen oder für ungenügendes Wissen des Betriebspersonals sein.[1709] Mit den subjektiven Genehmigungsvoraussetzungen der Zuverlässigkeit, Sachkunde und Betriebskenntnis in § 7 II Nrn. 1 und 2 AtG bezweckt das Gesetz auch den **Schutz Dritter** vor Gefahren der Kernenergie. Denn der sichere Betrieb von Kernbrennstoff-Anlagen iS des § 7 I AtG ist nicht allein durch bauliche und technische, sondern auch durch organisatorische Maßnahmen der Vorsorge gegen Schäden zu gewährleisten.[1710] Die Wirksamkeit gerade organisatorischer Vorsorgemaßnahmen hängt entscheidend von der Zuverlässigkeit, Sachkunde und den Betriebskenntnissen der für Leitung und Beaufsichtigung Verantwortlichen und der sonst im Betrieb tätigen Personen ab. Zur Versagung einer Genehmigung wegen Bedenken hinsichtlich der Zuverlässigkeit des Antragstellers und der leitenden Personen sowie im Hinblick auf den erforderlichen Kenntnisstand des Betriebspersonals muss es führen, wenn wegen konkreter, die genannten Personen betreffender Umstände ein erhöhtes Risiko von Störfällen auf Grund menschlichen Versagens nicht ausgeschlossen werden kann. Sind bei einer schon seit vielen Jahren betriebenen Anlage in der Vergangenheit schon einmal auf menschlichem Versagen beruhende Störfälle aufgetreten, so können Maßnahmen der staatlichen Aufsicht ausreichen, um zu Tage getretene Mängel zu beheben. Zur Versagung einer beantragten Nachtragsgenehmigung wird idR nur Anlass bestehen, wenn solche Maßnahmen der Aufsicht nicht ausreichen, weil zB der Störfall grundlegende Mängel oder Schwächen bei den verantwortlichen Personen oder in der Organisation des Betriebs oder in der Aus- und Fortbildung des Betriebspersonals zu Tage gefördert hat, die es nicht ausgeschlossen erscheinen lassen, dass deswegen auch künftig ein erhöhtes Risiko besteht.[1711] Auch der Wechsel des Betreibers einer genehmigungsbedürftigen Anlage bedarf der Genehmigung nach § 7 AtG.

4. Planfeststellungsverfahren für atomare Zwischen- und Endlager

7127 § 9a I AtG bestimmt eine Entsorgungspflicht für radioaktive Reststoffe sowie für ausgebaute oder abgebaute radioaktive Anlagenteile. Diese müssen entweder den in § 1 Nr. 1 bis 4 AtG bezeichneten Zwecken entsprechend schadlos verwertet oder als radioaktive Abfälle geordnet beseitigt werden. Geordnete Beseitigung ist die Endlagerung. Bei den radioaktiven Reststoffen entscheidet grundsätzlich ihr Verursachers, ob er sie verwerten oder als radioaktive Abfälle beseitigen lässt. Die Entscheidungsmöglichkeit ist jedoch durch das gem. § 9a I 2 AtG bestehende Verbot der Abgabe bestrahlter Kernbrennstoffe (abgebrannte Brennelemente) aus Kernkraftwerken an eine Wiederaufarbeitungsanlage für diese radioaktiven Reststoffe auf die Beseitigung

---

1705 BVerwGE 78, 177.
1706 BVerwG NVwZ 1989, 670.
1707 BVerwG, NVwZ 1989, 1169.
1708 BVerwG NVwZ 1987, 536.
1709 BVerwG UPR 1991, 185.
1710 BVerwGE 81, 185.
1711 BVerwG UPR 1991, 185.

als radioaktive Abfälle beschränkt.[1712] Nach § 9a III 1 AtG haben die Länder haben **Landessammelstellen** für die **Zwischenlagerung** der in ihrem Gebiet angefallenen radioaktiven Abfälle, der Bund hat **Anlagen zur Sicherstellung und zur Endlagerung radioaktiver Abfälle** einzurichten; Planfeststellungsbedürftig sind nach den §§ 9 a III, 9 b I AtG atomare Zwischen- und Endlager in der Zuständigkeit der Länder und des Bundes.

a) Planfeststellungs-, Plangenehmigungs- oder Genehmigungserfordernis. Die Errichtung, der Betrieb und die Stilllegung der in § 9 III AtG genannten Anlagen des Bundes sowie die wesentliche Veränderung solcher Anlagen oder ihres Betriebes bedürfen nach § 9 b I 1 AtG der Planfeststellung. Die atomrechtliche Planfeststellung ist eine **gebundene Entscheidung**[1713]ohne planerischen Gestaltungsspielraum der Planfeststellungsbehörde im Hinblick auf **Alternativstandorte**.[1714] Die Standortfestlegung ist Sache des nach § 9 b III 1 AtG verpflichteten Betreibers.[1715] 7128

Auf Antrag kann das Vorhaben in Stufen durchgeführt und dementsprechend können **Teilplanfeststellungsbeschlüsse** erteilt werden, wenn eine vorläufige Prüfung ergibt, dass die Voraussetzungen nach § 9b IV AtG im Hinblick auf die Errichtung, den Betrieb der gesamten Anlage und die Stilllegung vorliegen werden. 7129

§74 VI VwVfG gilt mit der Maßgabe, dass die zuständige Behörde nur dann auf Antrag oder von Amts wegen an Stelle eines Planfeststellungsbeschlusses eine **Plangenehmigung** erteilen kann, wenn die wesentliche Veränderung der Anlagen oder ihres Betriebes beantragt wird und die Veränderung keine erheblichen nachteiligen Auswirkungen auf ein in § 2 I UVPG genanntes Schutzgut haben kann. § 76 VwVfG findet keine Anwendung. 7130

In den Fällen, in denen der Standort durch Bundesgesetz festgelegt wurde, tritt an die Stelle der Planfeststellung eine **Genehmigung**. Die Genehmigung darf nur erteilt werden, wenn die in § 7 II Nrn. 1 bis 3 und 5 AtG genannten Voraussetzungen erfüllt sind; für die Stilllegung gelten diese Voraussetzungen sinngemäß. Die Genehmigung ist zu versagen, wenn 1. von der Errichtung, dem Betrieb oder der Stilllegung der geplanten Anlage Beeinträchtigungen des Wohls der Allgemeinheit zu erwarten sind, die durch inhaltliche Beschränkungen und Auflagen nicht verhindert werden können, oder 2. sonstige öffentlich-rechtliche Vorschriften, insbesondere im Hinblick auf die Umweltverträglichkeit, der Errichtung, dem Betrieb oder der Stilllegung der Anlage entgegenstehen. 7131

Durch die Genehmigung wird die Zulässigkeit des Vorhabens im Hinblick auf alle von ihm berührten öffentlichen Belange festgestellt; neben der Genehmigung sind andere behördliche Entscheidungen, insbesondere öffentlich-rechtliche Genehmigungen, Verleihungen, Erlaubnisse, Bewilligungen, Zustimmungen und Planfeststellungen nicht erforderlich, mit Ausnahme von wasserrechtlichen Erlaubnissen und Bewilligungen sowie der Entscheidungen über die Zulässigkeit des Vorhabens nach den Vorschriften des Berg- und Tiefspeicherrechts. Bei der Genehmigungsentscheidung sind sämtliche Behörden des Bundes, der Länder, der Gemeinden und der sonstigen Gebietskörperschaften zu beteiligen, deren Zuständigkeitsbereich berührt wird. Die Entscheidung ist im Benehmen mit den jeweils zuständigen Behörden zu treffen. § 7b AtG und die Atomrechtliche Verfahrensverordnung finden entsprechende Anwendung (§ 9b I 4 bis 7 AtG). 7132

b) UVP. Bei der Planfeststellung ist nach § 9b II 1 AtG die Umweltverträglichkeit der Anlage zu prüfen. Die Umweltverträglichkeitsprüfung ist Teil der Prüfung nach § 9b IV AtG. In den Fällen des § 9b Ia AtG (Standortfestlegung durch den Gesetzgeber) ist die Umweltverträglichkeit der Anlage zu prüfen; diese kann auf Grund der in dem Standortauswahlverfahren nach den Bestimmungen des Standortauswahlgesetzes bereits durchgeführten Umweltverträglichkeitsprüfung auf zusätzliche oder andere erhebliche Umweltauswirkungen der zuzulassenden Anlage beschränkt werden. 7133

Die UVP ist nach § 7 IV 1 und 2 AtG und der entsprechenden Rechtsverordnung durchzuführen. Die Rechtsverordnung regelt den Gegenstand der UVP, die Antragsunterlagen, die Bekanntmachung des Vorhabens und des Erörterungstermins und die Auslegung von Antragsunterlagen, die Erhebung von Einwendungen, die Beteiligung von Behörden, die Durchführung des Erörterungstermins, den Inhalt des Genehmigungsbescheids und die Zustellung und öffentliche Bekanntmachung der Entscheidung. Bei UVP-pflichtigen Vorhaben außerhalb von in 7134

[1712] Hippler in Ziekow Handbuch des Fachplanungsrechts, 2024, §19 Rn. 2.
[1713] BVerwG NVwZ 2007, 833.
[1714] BVerwG NVwZ 2007, 841.
[1715] BVerwG ET 2007, Nr. 6, 99.

Anlage 1 zum UVPG „Liste der UVP-pflichtigen Vorhaben" aufgeführten Anlagen nach den §§ 7 und 9 b AtG findet ein Erörterungstermin nicht statt, wenn das Vorhaben einer Genehmigung nach den für sonstige radioaktive Stoffe geltenden Vorschriften bedarf. Auch kann ein Erörterungstermin nach Maßgabe der Rechtsverordnung nach § 7 IV AtG entfallen bei der UVP für geplante Maßnahmen, die sich auf die Stilllegung, den sicheren Einschluss oder den Abbau von Anlagen zur Spaltung von Kernbrennstoffen oder von Anlageteilen beziehen. Die in § 2 a AtG geregelte UVP-Pflicht bezieht sich nur auf Vorhaben, die nach der Neufassung des UVPG durch das Artikelgesetz 2001[1716] zu beurteilen sind (§ 58 a AtG). Die näheren Einzelheiten der UVP sind in der Atomrechtlichen Verfahrensordnung (AtVfV) niedergelegt, die durch das Artikelgesetz 2001 in Anlehnung an die neuen Vorschriften des UVPG geändert worden ist. Dabei sind auch die grenzüberschreitenden Umweltauswirkungen in einem entsprechenden Beteiligungsverfahren zu ermitteln (§ 7 a AtG). Die Mitgliedstaaten und ihre Behörden sind dabei vergleichbar mit den entsprechenden Regelungen des UVPG zu beteiligen. Die Regelungen des Artikelgesetzes 2001 gelten allerdings nicht für Vorhaben, auf die das UVPG 2001 nicht anzuwenden ist (§ 20 II AtVfV).

7135 Im Bereich der Kernenergie unterliegen nach Nr. 11 der Anlage 1 zum UVPG folgende Anlagen einer Regel-UVP (Nr. 11): Die Errichtung und der Betrieb einer ortsfesten Anlage zur Erzeugung oder zur Bearbeitung oder Verarbeitung oder zur Spaltung von Kernbrennstoffen oder zur Aufarbeitung bestrahlter Kernbrennstoffe sowie bei ortsfesten Anlagen zur Spaltung von Kernbrennstoffen die insgesamt geplanten Maßnahmen zur Stilllegung, zum sicheren Einschluss oder zum Abbau der Anlage oder von Anlagenteilen; ausgenommen sind ortsfeste Anlagen zur Spaltung von Kernbrennstoffen, deren Höchstleistung 1 KW thermische Dauerleistung nicht überschreitet; einzelne Maßnahmen zur Stilllegung, zum sicheren Einschluss oder zum Abbau der in Halbsatz 1 bezeichneten Anlagen oder von Anlagenteilen gelten als Änderung im Sinne von § 9 I Nr. 2 UVPG; Nr. 11.2: Errichtung und Betrieb einer Anlage zur Sicherstellung oder zur Endlagerung radioaktiver Abfälle; Nr. 11.3: außerhalb der in den Nummern 11.1 und 11.2 bezeichneten Anlagen Errichtung und Betrieb einer Anlage oder Einrichtung zur Bearbeitung oder Verarbeitung bestrahlter Kernbrennstoffe oder hochradioaktiver Abfälle oder zu dem ausschließlichen Zweck der für mehr als zehn Jahre geplanten Lagerung bestrahlter Kernbrennstoffe oder radioaktiver Abfälle an einem anderen Ort als dem Ort, an dem diese Stoffe angefallen sind. Der allgemeinen Vorprüfung unterliegen nach Nr. 11.4 außerhalb der in den Nummern 11.1 und 11.2 bezeichneten Anlagen, soweit nicht Nummer 11.3 Anwendung findet, die Errichtung und der Betrieb einer Anlage oder Einrichtung zur Lagerung, Bearbeitung oder Verarbeitung radioaktiver Abfälle, deren Aktivitäten die Werte erreichen oder überschreiten, bei deren Unterschreiten es für den beantragten Umgang nach einer auf Grund des Atomgesetzes erlassenen Rechtsverordnung keiner Vorbereitung der Schadensbekämpfung bei Abweichungen vom bestimmungsgemäßen Betrieb bedarf.

7136 **c) Zulassungsvoraussetzungen und Versagungsgründe.** Der Planfeststellungsbeschluss darf nach § 9b IV 1 AtG nur erteilt werden, wenn die in § 7 II 1 bis 3 und 5 AtG genannten Voraussetzungen erfüllt sind; für die Stilllegung gelten diese Voraussetzungen sinngemäß. Der Planfeststellungsbeschluss ist nach § 9b IV 1 AtG zu versagen, wenn 1. von der Errichtung, dem Betrieb oder der Stilllegung der geplanten Anlage Beeinträchtigungen des Wohls der Allgemeinheit zu erwarten sind, die durch inhaltliche Beschränkungen und Auflagen nicht verhindert werden können oder 2. sonstige öffentlich-rechtliche Vorschriften, insbesondere im Hinblick auf die Umweltverträglichkeit, der Errichtung, dem Betrieb oder der Stilllegung der Anlage entgegenstehen.

7137 Mit der **Verordnung über Sicherheitsanforderungen** und vorläufige Sicherheitsuntersuchungen für die Endlagerung hochradioaktiver Abfälle v. 6.10.2020 (EndlSiAnfV) wurden die Sicherheitsanforderungen an die Endlagerung hochradioaktiver konkretisiert. § 4 der EndlSiAnfV gibt das Ziel eines sicheren Einschlusses der radioaktiven Abfälle vor.[1717] Der Bewertungszeitraum beträgt nach § 3 I EndlSiAnfV eine Million Jahre ab dem vorgesehenen Verschluss des Endlagers.

[1716] Gesetz zur Umsetzung der UVP-ÄndRL, der IVU-Richtlinie und weiterer EG-Richtlinien zum Umweltschutz v. 27.7.2001 (BGBl. 2001, 1950).

[1717] Näher dazu Hippler Anlagen zur Sicherstellung und Entlagerung radioaktiver Abfälle, in Ziekow Handbuch des Fachplanungsrechts, 2024, § 19 Rn. 11.

Nach § 7 d AtG ist der Inhaber einer Genehmigung zum Betrieb einer Anlage zur Spaltung von Kernbrennstoffen zur gewerblichen Erzeugung von Elektrizität entsprechend dem fortschreitenden Stand von Wissenschaft und Technik verpflichtet, dafür zu sorgen, dass die Sicherheitsvorkehrungen verwirklicht werden, die jeweils entwickelt, geeignet und angemessen sind, um zusätzlich zu den Anforderungen des § 7 II Nr. 3 AtG einen nicht nur geringfügigen Beitrag zur weiteren Vorsorge gegen Risiken für die Allgemeinheit zu leisten. 7138

d) Planfeststellungsverfahren. Für das Planfeststellungsverfahren gelten die §§ 72 bis 75, 77 und 78 VwVfG mit Maßgaben des § 9b AtG. Die Bekanntmachung des Vorhabens und des Erörterungstermins, die Auslegung des Plans, die Erhebung von Einwendungen, die Durchführung des Erörterungstermins und die Zustellung der Entscheidungen sind nach der AtVfV vorzunehmen. Für Form und Inhalt sowie Art und Umfang des einzureichenden Plans gelten im Hinblick auf die kerntechnische Sicherheit und den Strahlenschutz die in der AtVfV enthaltenen Vorschriften entsprechend (§ 9b V Nr. 1 S. 1 AtG). Vor einer vorbehaltenen Entscheidung kann von einer Bekanntmachung und Auslegung der nachgereichten Unterlagen abgesehen werden, wenn ihre Bekanntmachung und Auslegung keine weiteren Umstände offenbaren würde, die für die Belange Dritter erheblich sein können. Die Planfeststellung erstreckt sich nicht auf die Zulässigkeit des Vorhabens nach den Vorschriften des Berg- und Tiefspeicherrechts. Hierüber entscheidet die nach § 23d Satz 1 Nr. 3 AtG zuständige Behörde. § 7b AtG sowie § 18 AtVfV gelten entsprechend für Teilplanfeststellungsbeschlüsse für Anlagen des Bundes nach § 9a III AtG. 7139

Bei der **Stilllegung** atomarer Anlagen sind die besonderen Anforderungen des § 19 b AtVfV zu beachten. 7140

Die Unterlagen, die einem erstmaligen Antrag auf Erteilung einer Genehmigung nach § 7 III AtG beizufügen sind, müssen auch Angaben zu den insgesamt geplanten Maßnahmen zur Stilllegung, zum sicheren Einschluss oder zum Abbau der Anlage oder von Anlagenteilen enthalten, die insbesondere die Beurteilung ermöglichen, ob die beantragten Maßnahmen weitere Maßnahmen nicht erschweren oder verhindern und ob eine sinnvolle Reihenfolge der Abbaumaßnahmen vorgesehen ist. In den Unterlagen ist darzulegen, wie die geplanten Maßnahmen verfahrensmäßig umgesetzt werden sollen und welche Auswirkungen die Maßnahmen nach dem jeweiligen Planungsstand voraussichtlich auf in § 1 a AtVfV genannte Schutzgüter haben werden. Für die Stilllegung ortsfester Anlagen zur Spaltung von Kernbrennstoffen mit einer Höchstleistung von mehr als einem Kilowatt thermischer Dauerleistung kann von einer Bekanntmachung und Auslegung des Vorhabens nicht abgesehen werden. Wäre nach § 4 IV AtVfV eine Beteiligung Dritter nicht erforderlich, kann die Genehmigungsbehörde davon absehen, Einwendungen mündlich zu erörtern. Hat die Genehmigungsbehörde entschieden, dass ein Erörterungstermin nicht stattfindet oder hat sie sich die Entscheidung noch vorbehalten, ist in der Bekanntmachung des Vorhabens abweichend von § 5 I Nr. 3 AtVfV hierauf hinzuweisen. Die UVP erstreckt sich in diesen Fällen auf die insgesamt geplanten Maßnahmen zur Stilllegung, zum sicheren Einschluss oder zum Abbau der Anlage oder von Anlagenteilen. Zu diesem Zweck sind nach § 6 AtVfV auch die UVP-Angaben auszulegen. 7141

Für das atomrechtliche Planfeststellungsverfahren sind zwei verschiedene **Präklusionsbestimmungen** zu unterscheiden. Nach § 7 I 2 AtVfV werden mit Ablauf der Auslegungsfrist für das Genehmigungsverfahren alle Einwendungen ausgeschlossen, die nicht auf besonderen privatrechtlichen Titeln beruhen. Dabei handelt es sich um eine reine **Verfahrenspräklusion**, nicht um eine unionsrechtswidrige materielle Präklusion für ein nachfolgendes gerichtliches Verfahren.[1718] Davon zu unterscheiden ist die **Bestandskraftpräklusion** des § 7 b AtG. Soweit in einer Teilgenehmigung oder in einem Vorbescheid über einen Antrag nach § 7 oder § 7a AtG entschieden worden und diese Entscheidung unanfechtbar geworden ist, können in einem weiteren Verfahren zur Genehmigung der Anlage Einwendungen Dritter nicht mehr auf Grund von Tatsachen erhoben werden, die schon vorgebracht waren oder von dem Dritten nach den ausgelegten Unterlagen oder dem ausgelegten Bescheid hätten vorgebracht werden können. Diese Präklusionswirkung ist unionsrechtlich nicht zu beanstanden, weil sie lediglich rechtlich zulässige Konsequenzen aus der Bestandskraft einer Teilentscheidung zieht.[1719] 7142

Einwendungen iS von § 3 I AtVfV sind sachliches Gegenvorbringen. Dieses muss sich bei Drittbetroffenen auf eine befürchtete Gefährdung von Rechtsgütern beziehen. Auch eine von 7143

[1718] Siehe dazu Posser in Hennenhöfer/Mann/Pelzer/Sellner, AtG/PÜ, 2021, § 7 b AtG Rn. 4.
[1719] Posser in Hennenhöfer/Mann/Pelzer/Sellner, AtG/PÜ, 2021, § 7 b AtG Rn. 4.

der Genehmigungsbehörde zu Unrecht gewährte Wiedereinsetzung in den vorigen Stand wegen Versäumung der Einwendungsfrist beseitigt nicht die materiell-rechtlichen Folgen des Einwendungsausschlusses.[1720] Nach Abschluss des Anhörungstermins entscheidet die Planfeststellungsbehörde, ob und in welcher Form ein Planfeststellungsbeschluss ergeht. Aus § 9 b IV AtG ergibt sich ein materielles Planungsgebot in Form von Versagungsgründen.

7144 Planfeststellung und Plangenehmigung haben gem. § 9b I AtG bzw. § 9b V 1 iVm § 75 I VwVfG **Konzentrationswirkung**. Neben der Planfeststellung und der Plangenehmigung sind andere behördliche Entscheidungen, insbesondere öffentlich-rechtliche Genehmigungen, Verleihungen, Erlaubnisse, Bewilligungen, Zustimmungen und Planfeststellungen nicht erforderlich. Für die Genehmigung gem. § 9b Ia AtG ergibt sich die Konzentrationswirkung aus § 9b I a 4 2. Hs. AtG. Wird für ein Vorhaben, mit dem die Benutzung eines Gewässers verbunden ist, ein Planfeststellungsverfahren durchgeführt, so entscheidet nach § 19 I WHG die Planfeststellungsbehörde über die Erteilung der Erlaubnis oder der Bewilligung. Der atomrechtlich zuständigen Planfeststellungsbehörde wird damit die Zuständigkeit für die Erteilung der wasserrechtlichen Erlaubnis und Bewilligungen übertragen; die Erteilung einer gesonderten wasserrechtlichen Entscheidung wird damit aber nicht entbehrlich.[1721]

7145 Die Errichtung und der Betrieb von Endlagern ist nach§ 1 Nr. 7 UVP-V Bergbau ein UVP-pflichtiges Vorhaben.. Gem. § 52 IIa BBergG ist dafür ein Rahmenbetriebsplan zuzulassen und hierfür ein bergrechtliches Planfeststellungsverfahren durchzuführen. § 57b III 2 BBergG bestimmt für die Errichtung und den Betrieb von Endlagern (Verweis auf § 126 III BBergG) den Vorrang des § 9b AtG und damit der atomrechtlichen Planfeststellung. Es handelt sich insoweit um eine Ausnahme von der Ausnahmeregelung des § 9b V Nr. 3 AtG. Für die Genehmigung gem. § 9b Ia AtG gilt das ebenso.[1722]

7146 **e) Inhaltliche Beschränkungen und Widerruf.** Nach § 17 I AtG können atomrechtliche Genehmigungen und allgemeine Zulassungen zur Errichtung der in § 1 AtG bezeichneten Zwecke beschränkt oder mit Auflagen versehen werden. § 17 II AtG lässt die Rücknahme von atomrechtlichen Genehmigungen und allgemeinen Zulassungen zu, wenn eine ihrer Voraussetzungen bei der Erteilung nicht vorgelegen hat. Genehmigungen und allgemeine Zulassungen können unter den Voraussetzungen des § 17 IV AtG widerrufen werden. Die in § 17 AtG enthaltenen **Widerrufsregelungen** finden allerdings auf atomrechtliche Planfeststellungsbeschlüsse nach § 9 b AtG keine Anwendung. Demgegenüber ist § 49 II Nr. 5 VwVfG auch auf atomrechtliche Planfeststellungsbeschlüsse nach § 9 b I 1 AtG anwendbar. Danach kann ein Widerruf ausgesprochen werden, um schwere Nachteile für das Gemeinwohl zu verhüten oder zu beseitigen. Allerdings kommt ein Widerruf erst dann in Betracht, wenn nachträgliche Schutzauflagen nach § 9 b III 2 AtG nicht ausreichen, um Gefahren für grundrechtlich geschützte Rechtsgüter zu begegnen.[1723] § 76 VwVfG betrifft wesentliche Änderungen des festgestellten Planes vor Fertigstellung des Vorhabens. Anders als bei wesentlichen Änderungen geht es beim Widerruf nicht um eine planerisch-gestaltende Aufgabe, sondern um die Rückführung auf den ursprünglichen, „vorplanerischen" Rechtszustand, wenn die tatbestandlichen Voraussetzungen des § 49 II Nr. 5 VwVfG gegeben sind. § 77 VwVfG spricht ebenfalls nicht für einen Ausschluss des § 49 II Nr. 5 VwVfG. Diese Regelung bezieht sich auf begonnene, danach endgültig aufgegebene Vorhaben. Mit ihr sollte nach dem Willen des Gesetzgebers entsprechend einem Bedürfnis der Praxis eine zusätzliche Aufhebungsmöglichkeit über die allgemeinen Aufhebungsregelungen hinaus geschaffen werden, die den in § 77 VwVfG geregelten Fall so genannter steckengebliebener Vorhaben nicht erfassen.[1724] Daraus lässt sich nicht der Schluss ziehen, diese punktuelle Sonderregelung habe die für unzureichend erachteten Aufhebungsregelungen vollständig ersetzen wollen.

7147 **f) Atomaufsicht.** Im Atomrecht ist zwischen der Anlagengenehmigung und der Anlagenaufsicht zu unterscheiden. Es handelt sich grundsätzlich um getrennte Verfahren. Die der Genehmigungsbehörde im gestuften atomrechtlichen Genehmigungsverfahren zukommende aufsichtliche Aufgabenstellung im Hinblick auf bereits erteilte Teilgenehmigungen verändert die bei weiteren Teilgenehmigungen zur Entscheidung anstehende Genehmigungsfrage inhaltlich

---

1720 BVerwG NJW 1981, 359.
1721 Hippler in Ziekow Handbuch des Fachplanungsrechts, 2024, § 19 Rn. 44.
1722 Hippler in Ziekow Handbuch des Fachplanungsrechts, 2024, § 19 Rn. 45.
1723 BVerwG NVwZ 1998, 281.
1724 BT-Drucks 7/910, S. 90.

nicht, sondern wirkt nur über die Verfahrensebene auf ihre Handhabung ein. Die Genehmigungsbehörde darf sich mit der Genehmigungserteilung zum Ergebnis der aufsichtlichen Prüfung nicht in Widerspruch setzen.[1725] Wenn Drittbetroffene die Zuverlässigkeit des Ergebnisses der aufsichtlichen Prüfung in Zweifel ziehen, können sie dessen gerichtliche Überprüfung erzwingen, indem sie Gründe für einen Widerruf oder eine Rücknahme früherer Teilgenehmigungen mit einer Verpflichtungsklage geltend machen. Es bleibt ihnen aber versagt, diese Widerrufs- oder Rücknahmegründe einredeweise im Anfechtungsprozess gegen eine neue Teilgenehmigung anzuführen.[1726] Entsprechendes gilt, wenn Drittbetroffene gegenüber einer Betriebsgenehmigung geltend machen, die Anlage sei nicht genehmigungskonform errichtet worden und müsse deswegen stillgelegt werden. Das **Konzept der Störfallbeherrschung** hat auch nach dem Unfall von Tschernobyl Gültigkeit behalten. Maßnahmen des anlageninternen Notfallschutzes dienen dazu, das verbleibende Restrisiko zu vermindern.[1727]

Der Umgang und Verkehr mit radioaktiven Stoffen, die Errichtung, der Betrieb und der Besitz von Anlagen der in § 7 AtG bezeichneten Art und die Beförderung dieser Stoffe und Anlagen unterliegen nach § 19 I 1 AtG der staatlichen Aufsicht. Die Aufsichtsbehörden haben insbesondere darüber zu wachen, dass nicht gegen die Vorschriften des AtG und der auf Grund des AtG erlassenen Rechtsverordnungen, die hierauf beruhenden Anordnungen und Verfügungen der Aufsichtsbehörden und die Bestimmungen des Bescheids über die Genehmigung oder allgemeine Zulassung verstoßen wird und dass nachträgliche Auflagen eingehalten werden. 7148

Der Erlass von **Anordnungen nach § 19 III AtG** sowie die Androhung und Anordnung von Zwangsmaßnahmen zur Durchsetzung einer bereits ergangenen Anordnung stehen im Ermessen der Aufsichtsbehörde. Vor einer Entscheidung über ein (weiteres) Einschreiten im Rahmen der atomrechtlichen Aufsicht über kerntechnische Anlagen sowie vor einer Entscheidung zur Verwaltungsvollstreckung von bereits ergangenen Anordnungen hat die Aufsichtsbehörde die Verpflichtung, den Sachverhalt vollständig zu erforschen und zunächst zu prüfen, ob die Umstände des Einzelfalles das Vorliegen der Voraussetzungen des § 19 III AtG ergeben. Hierbei verfügt die Aufsichtsbehörde in bestimmten Fragen des Bestehens einer Gefahrenlage und der dadurch auf die kerntechnischen Anlagen einwirkenden äußeren Umstände sowie der möglichen Folgen für Leben und Gesundheit von Menschen und bedeutende Sachwerte der Behörde über einen gerichtlich nicht in allen Einzelheiten überprüfbaren Beurteilungsspielraum. Die Atomaufsichtsbehörde hat insoweit nach pflichtgemäßem Ermessen zu entscheiden, dh nicht nur zu prüfen, ob die Voraussetzungen der Ermächtigungsgrundlage vorliegen, sondern auch, ob sie tätig werden will oder muss und gegebenenfalls welche der nach § 19 AtG zulässigen Maßnahmen sie anordnet.[1728] 7149

g) Rechtsschutz. Gegen planfestgestellte atomrechtliche Anlagen kann der betroffene Nachbar Drittschutz nach Maßgabe des einfachen Rechts suchen. Ist eine UVP durchgeführt, entfällt ein Widerspruchsverfahren, sodass unmittelbar eine verwaltungsgerichtliche Klage zu erheben ist. Wer im Einwirkungsbereich einer kerntechnischen Anlagen wohnt, ist zu einer Klage auf Einstellung des Betriebs befugt, wenn er geltend macht, für den Betrieb der Anlage fehle eine erforderliche Genehmigung und im noch anstehenden Genehmigungsverfahren sei über Fragen mit Auswirkungen auf seine materiell-rechtliche Position zu entscheiden.[1729] Eine gem. § 7 AtG erteilte atomrechtliche Genehmigung für eine in der Nähe der Landesgrenze liegende Anlage kann auch von einem in den Niederlanden wohnenden niederländischen Staatsbürger vor den deutschen Verwaltungsgerichten angefochten werden.[1730] Die Anfechtungsklage gegen eine atomrechtliche Genehmigung nach § 7 AtG oder einen atomrechtlichen Vorbescheid nach § 7 a AtG ist allerdings nicht schon deshalb gem. § 42 II VwGO zulässig, weil der Kläger geltend macht, die Auswirkungen eines bei der Auslegung der Anlage nicht berücksichtigten Reaktorunfalls könnten seine Gesundheit schädigen. Hinzu kommen muss vielmehr die substantiierte Behauptung, dass dieses Risiko hinreichend wahrscheinlich ist und dagegen Vorsorge iS von § 7 II Nr. 3 AtG getroffen werden muss.[1731] Die Regelung über die Gewähr- 7150

[1725] BVerwGE 88, 286; DVBl. 1993, 1151 zur Beseitigung der Bindungswirkung einer atomrechtlichen Teilgenehmigung und zur Bedeutung der Entsorgungsvorsorge für die Genehmigungserteilung

[1726] BVerwGE 61, 256.

[1727] BVerwG, NuR 1997, 498; BVerwGE 88, 286; DVBl. 1993, 1151.

[1728] VGH Kassel Urt. v. 27.2.2013 – 6 C 824/11.T, juris Rn. 59 ff.

[1729] BVerwGE 88, 286.

[1730] BVerwG NJW 1987, 1154.

[1731] BVerwGE 70, 365; BVerwGE 88, 286.

leistung der erforderlichen Vorsorge gegen Schäden durch die Beförderung von Kernbrennstoffen in § 4 II Nr. 3 AtG wie auch die Regelung über die Gewährleistung des erforderlichen Schutzes gegen Störmaßnahmen oder sonstige Einwirkungen Dritter in § 4 II Nr. 5 AtG dienen auch dem Schutz individueller Rechte von Dritten, die in der Nähe einer Umschlaganlage oder einer von dort ins Transportbehälterlager führenden Straße wohnen.[1732] Die im Rahmen von § 6 II Nr. 4 AtG anzustellende zukunftsgerichtete Beurteilung muss bei Genehmigungserteilung absehbare Entwicklungen in den Blick nehmen, sofern ausreichende tatsächliche Daten für deren (grobe) Bewertung verfügbar sind. Die aufgrund des exekutiven Funktionsvorbehalts eingeschränkte gerichtliche Überprüfung atomrechtlicher Genehmigungen darf mit Blick auf Art. 19 IV GG nicht auf eine – auf überzogenen Anforderungen an die Substantiierung von Einwendungen des Klägers beruhende – Plausibilitätskontrolle reduziert werden, indem die Entscheidungserheblichkeit als geheimhaltungsbedürftig zurückgehaltener Unterlagen (pauschal) verneint und so ein Zwischenverfahren nach § 99 II VwGO vermieden wird.[1733]

7151 Das in Art. 19 IV GG garantierte Grundrecht auf effektiven Rechtsschutz gewährleistet die **aufschiebende Wirkung** von Rechtsbehelfen im Verwaltungsprozess nicht schlechthin und ausnahmslos. Nach § 80 II 1 Nr. 4, V VwGO ist über eine gerechte **Interessenabwägung** der erforderliche Ausgleich auch zwischen den insoweit grundsätzlich gleichrangigen Interessen des durch eine Baugenehmigung betroffenen Nachbarn und des Genehmigungsempfängers herzustellen. Innerhalb der Interessenabwägung sind allerdings dann, wenn mit der Verweigerung vorläufigen Rechtsschutzes bereits unabänderbare Fakten geschaffen werden, auch die Erfolgsaussichten des Rechtsbehelfs zu prüfen.[1734] Auch wenn die Nutzung eines Vorhaben von einer weiteren Genehmigung abhängt – wie etwa bei einem Zwischenlager für atomare Brennstäbe –, macht es das Gebot der Gewährung effektiven Rechtsschutzes erforderlich, bereits bei der Entscheidung über den Sofortvollzug der Baugenehmigung das Interesse des Anfechtenden an der Unterlassung der Nutzung mit zu berücksichtigen. Dabei wird das Gewicht seiner Interessen allerdings durch das Fehlen einer unmittelbaren Gefährdung seiner Rechtsgüter gemindert.

7152 Im Atomrecht ist nach Auffassung des BVerwG[1735] zwischen der Anlagengenehmigung und der Anlagenaufsicht zu unterscheiden. Die Genehmigungsbehörde darf sich mit der Genehmigungserteilung zum Ergebnis der aufsichtlichen Prüfung nicht in Widerspruch setzen. Wenn Drittbetroffene die Zuverlässigkeit des Ergebnisses der aufsichtlichen Prüfung in Zweifel ziehen, können sie dessen gerichtliche Überprüfung erzwingen, indem sie Gründe für einen Widerruf oder eine Rücknahme früherer Teilgenehmigungen mit einer Verpflichtungsklage geltend machen. Es bleibt ihnen aber versagt, diese Widerrufs- oder Rücknahmegründe einredeweise im Anfechtungsprozess gegen eine neue Teilgenehmigung anzuführen. Entsprechendes gilt, wenn Drittbetroffene gegenüber einer Betriebsgenehmigung geltend machen, die Anlage ist nicht genehmigungskonform errichtet worden und muss deswegen stillgelegt werden. Die abschließende (Teil-) Betriebsgenehmigung kann infolge der Bindungswirkung früherer bestandskräftiger (Teil-)Errichtungsgenehmigungen nicht mehr mit materiellrechtlichen Einwendungen bekämpft werden, die thematisch dem Regelungsbereich der (Teil-)Errichtungsgenehmigungen zuzuordnen sind. Dies gilt auch dann, wenn die Einwendungen erst infolge einer veränderten Sachlage nach Erlass der Teilerrichtungsgenehmigungen entstanden sind. Solche Entwicklungen führen zwar gemäß § 17 III bis V AtG zum Widerruf früherer Teilerrichtungsgenehmigungen oder zum Erlass nachträglicher Auflagen nach § 17 I 3 AtG. Ein solches Klagebegehren ist allerdings im Wege der Verpflichtungsklage auf Widerruf oder Auflagenerteilung und nicht durch eine Anfechtungsklage gegen die Betriebsgenehmigung geltend zu machen. Hat die Genehmigungsbehörde Zweifel an der vormals in den Teilerrichtungsgenehmigungen bescheinigten Anlagesicherheit, muss sie diesen vor Erteilung der Betriebsgenehmigung nachgehen, da ihr ansonsten ein verfahrensmäßiges Hindernis entgegensteht.[1736]

7153 Eine **nachträgliche Auflage** nach § 17 I 3 AtG, die unter Anordnung der sofortigen Vollziehung ergangen ist, darf von der Behörde solange nicht vollzogen werden, bis das nach dem Auflageninhalt erforderlich werdende genehmigungs- oder aufsichtsrechtliche Zustimmungsverfahren, das der Adressat der Auflage auf entsprechenden Antrag bereits eingeleitet hat, behördlicherseits abgeschlossen worden ist. Gleichzusetzen mit der Vollziehung in diesem Sinne

1732 BVerwG NVwZ 2013, 1407.
1733 BVerwG NVwZ 2012, 750, Ziehm ZUR 2012, 429.
1734 BVerwG RdE 1988, 194 – Zwischenlager Ahaus.
1735 BVerwG NVwZ 1998, 623; NVwZ 1998, 631; NJW 1981, 1393.
1736 BVerwG NVwZ-RR 1999, 15r.

ist auch das Abstellen der Behörde auf die Nichterfüllung einer vollziehbaren Auflage im Rahmen einer aufsichtsrechtlichen Maßnahme nach § 19 III 1 1.Alt. AtG oder eines Genehmigungswiderrufs nach § 17 III 2 Nr. 3 AtG.[1737] Nach dieser Vorschrift kann die zuständige Behörde eine endgültige Betriebseinstellung anordnen, wenn eine erforderliche Genehmigung nicht erteilt ist. Diese Voraussetzungen liegen allerdings nicht vor, wenn der Betreiber bei der Errichtung der Anlage von der erteilten Genehmigung abweicht.

Zum Verhältnis verschiedener **Teilerrichtungsgenehmigungen** hat das BVerwG ausgeführt, für eine **Fehlerunbeachtlichkeit** bei einem festgestellten Bewertungsdefizit im Sinne von § 75 I a 1 VwVfG sei keine gesetzliche Grundlage vorhanden. Zudem würde der Funktionenvorbehalt zugunsten der Genehmigungsbehörde weitgehend aufgegeben. Auch hänge die Entscheidung einer Rechtsverletzung der Kläger nicht davon ab, ob die Voraussetzungen des § 17 AtG (mit der Rechtsfolge der Entschädigungsregelung des § 18 AtG) für einen Eingriff in die im Anschluss an die erste Teilerrichtungsgenehmigung erteilten weiteren Teilerrichtungsgenehmigungen vorlägen. Denn sämtliche Teilerrichtungsgenehmigungen bauten aufeinander auf, bildeten eine Einheit und führten erst so zu einer Vollgenehmigung. Folglich könnten auch die der ersten Teilerrichtungsgenehmigung folgenden weiteren Teilerrichtungsgenehmigungen nicht zu einer Vollgenehmigung erstarken. Vielmehr müsse eine aufgehobene erste Teilerrichtungsgenehmigung in dem Umfang ersetzt werden, in dem die anderen Teilerrichtungsgenehmigungen auf dieser aufbauten.[1738] **7154**

Im Streit um das Kernkraftwerk Mülheim-Kärlich erläuterte das BVerwG, die Frage der Risikoabschätzung könne letztlich nur politisch beantwortet werden.[1739] Demgemäß sei die der Wahrnehmung durch die zuständigen Behörden obliegende Aufgabe gerichtlich allein darauf zu überprüfen, ob die für die Risikoprognose erforderlichen Daten im gebotenen Umfang ermittelt und die Bewertungen hinreichend vorsichtig vorgenommen worden seien. Das BVerwG entschied außerdem, das Schutzkonzept des § 45 StrlSchV sei nicht durch neuere Erkenntnisse des strahlungsbedingten Leukämierisikos in Frage gestellt. Das gelte auch im Hinblick auf Untersuchungen, die durchgeführt worden seien, um die Ursachen des in der Elbmarsch aufgetretenen Leukämie-Clusters zu klären.[1740] Welche Methoden und Überlegungen zur Beurteilung der Frage geeignet und notwendig seien, ob die nach § 7 II Nr. 3 AtG erforderliche Vorsorge getroffen worden sei, müsse primär einer tatrichterlicher Würdigung unterzogen werden. Das BVerwG beschränke seine Überprüfung daher darauf, ob das Tatsachengericht allgemeine Sachverhalts- oder Beweiswürdigungsgrundsätze verletzt habe. Derartige Verletzungen seien im angefochtenen Urteil nicht festzustellen.[1741] **7155**

Zum Brennelemente-Zwischenlager Ahaus hat das BVerwG darauf hingewiesen, dass die der Erteilung einer atomrechtlichen Genehmigung zu Grunde liegende Einschätzung der zuständigen Behörde zur Behältersicherheit nicht unbeschränkt gerichtlich kontrolliert werden könne. Habe die Behörde sich auf anerkannte Fachgutachter gestützt, könnten Beweisanträge auf Einholung weiterer Gutachter im Gerichtsverfahren abgelehnt werden, wenn sich nicht ernsthafte Zweifel an der Richtigkeit der eingeholten Gutachten ergeben.[1742] Ein atomares Zwischenlager bedürfe neben einer Genehmigung nach § 6 I AtG einer Baugenehmigung.[1743] Der Regelungsgehalt dieser Baugenehmigung umfasse grundsätzlich nicht die nuklearspezifischen Anforderungen des Betriebs des Zwischenlagers. Da aber auch die vom Betrieb des geplanten Bauwerks ausgehenden Emissionen und Gefahren bedacht werden müssten, gehöre zu den Genehmigungsvoraussetzungen die Prognose, dass das Bauwerk geeignet ist, nach seiner Errichtung zu dem vorgesehenen Zweck auch betrieben zu werden.[1744] Ein atomares Zwischenlager sei im Außenbereich privilegiert (§ 35 I Nr. 7 BauGB). Das durch diese Privilegierung ohnehin bestehende Gewicht in der Abwägung werde durch die Festlegung des Standorts eines solchen Zwischenlagers kraft Gesetzes noch verstärkt.[1745] **7156**

1737 VGH Kassel NVwZ-RR 1999, 115.
1738 BVerwGE 106, 115.
1739 BVerfG NJW 1979, 359; BVerwG NVwZ 1986, 28.
1740 BVerwG NVwZ 1998, 631.
1741 ausführlich hierzu BVerwG NVwZ 1998, 628.
1742 BVerwG NVwZ 1999, 654.
1743 VGH Mannheim UPR 2003, 115; BVerwG NVwZ-RR 2003, 719.
1744 BVerwG RdE 1988, 194.
1745 VGH Mannheim UPR 2003, 115.

7157 Durch den Transport abgebrannter Brennelemente zur Wiederaufarbeitung sind die Anwohner an der Transportstrecke nicht anders betroffen, als beliebige andere Verkehrsteilnehmer, Passanten oder Zuschauer, die sich entlang der Transportstrecke aufhalten.[1746] § 4 AtG hat als maßgebliche Rechtsgrundlage für die Beförderungsgenehmigung keine drittschützende Wirkung.[1747]

7158 Das AtG hat neben dem atomrechtlichen Planfeststellungsverfahren umfassende **atomrechtliche Genehmigungspflichten** begründet, so für die Einfuhr und Ausfuhr von Kernbrennstoffen (§ 3 AtG), die Beförderung von Kernbrennstoffen (§ 4 AtG), die Beförderung von Kernmaterialien in besonderen Fällen (§ 4 b AtG), die Aufbewahrung von Kernbrennstoffen (§ 6 AtG), Anlagen zur Erzeugung, Bearbeitung, Verarbeitung und Spaltung von Kernbrennstoffen sowie Aufarbeitung bestrahlter Kernbrennstoffe (§ 7 AtG), Bearbeitung, Verarbeitung und sonstige Verwendung von Kernbrennstoffen außerhalb genehmigungspflichtiger Anlagen (§ 9 AtG) und Landessammelstellen für die Zwischenlagerung von radioaktiven Abfällen (§ 9 c AtG).[1748] Die Genehmigung zur Einfuhr ist nach § 3 II AtG zu erteilen, wenn keine Tatsachen vorliegen, aus denen sich Bedenken gegen die Zuverlässigkeit des Einführers ergeben, und gewährleistet ist, dass die einzuführenden Kernbrennstoffe unter Beachtung der Vorschriften des AtG, der auf Grund des AtG erlassenen Rechtsverordnungen und der internationalen Verpflichtungen der Bundesrepublik Deutschland auf dem Gebiet der Kernenergie verwendet werden. Die Genehmigung zur Ausfuhr ist nach § 3 III AtG zu erteilen, wenn keine Tatsachen vorliegen, aus denen sich Bedenken gegen die Zuverlässigkeit des Ausführenden ergeben, und gewährleistet ist, dass die auszuführenden Kernbrennstoffe nicht in einer der internationalen Verpflichtungen der Bundesrepublik Deutschland auf dem Gebiet der Kernenergie oder die innere oder äußere Sicherheit der Bundesrepublik Deutschland gefährdenden Weise verwendet werden.

5. Standort für ein Endlager für hochradioaktive Abfälle

7159 Die rechtlichen Rahmenbedingungen für die Suche und Auswahl eines Standortes für ein Endlager für hochradioaktive Abfälle sind Gegenstand des Standortauswahlgesetzes (StandAG).[1749] Mit dem Standortauswahlverfahren soll nach § 1 II StandAG in einem partizipativen, wissenschaftsbasierten, transparenten, selbsthinterfragenden und lernenden Verfahren für die im Inland verursachten hochradioaktiven Abfälle ein Standort mit der bestmöglichen Sicherheit für eine Anlage zur Endlagerung nach § 9a III 1 AtG ermittelt werden. Der Standort mit der bestmöglichen Sicherheit ist nach § 1 II 2 StandAG der Standort, der im Zuge eines vergleichenden Verfahrens aus den in der jeweiligen Phase nach den hierfür maßgeblichen Anforderungen dieses Gesetzes geeigneten Standorten bestimmt wird und die bestmögliche Sicherheit für den dauerhaften Schutz von Mensch und Umwelt vor ionisierender Strahlung und sonstigen schädlichen Wirkungen dieser Abfälle für einen Zeitraum von einer Million Jahren gewährleistet. Dazu gehört auch die Vermeidung unzumutbarer Lasten und Verpflichtungen für zukünftige Generationen. In Deutschland kommen nach § 1 III StandAG grundsätzlich für die Endlagerung hochradioaktiver Abfälle die Wirtsgesteine Steinsalz, Tongestein und Kristallin-Gestein in Betracht. An dem auszuwählenden Standort soll nach § 1 IV 1 StandAG die Endlagerung in tiefen geologischen Formationen in einem für diese Zwecke errichteten Endlagerbergwerk mit dem Ziel des endgültigen Verschlusses erfolgen. Die Möglichkeit einer Rückholbarkeit für die Dauer der Betriebsphase des Endlagers und die Möglichkeit einer Bergung für 500 Jahre nach dem geplanten Verschluss des Endlagers sind vorzusehen.[1750]

7160 **a) Vorhabenträger.** Für das Standortauswahlverfahren ist Vorhabenträger der beauftragte Dritte nach § 9a III 2 HS 2 AtG. Nach § 9a III 1 AtG hat der Bund Anlagen zur Sicherstellung und zur Endlagerung radioaktiver Abfälle einzurichten. Der Bund hat die Wahrnehmung seiner Aufgaben einem Dritten zu übertragen, der in privater Rechtsform zu organisieren und dessen alleiniger Gesellschafter der Bund ist. Der Bund überträgt diesem Dritten die hierfür

---

1746 OVG Lüneburg ET 2001, 408.

1747 VG Braunschweig ET 2001, 408.

1748 Zur grenzüberschreitenden Verbringung von radioaktiven Abfällen die Verordnung über die Verbringung radioaktiver Abfälle in das oder aus dem Bundesgebiet (Atomrechtliche Abfallverbringungsverordnung – AtAV) v. 27.7.1998 (BGBl. I S. 1918).

1749 Zur Endlagersuche König ZNER 2020, 365.

1750 Näher dazu Wollenteit in Frenz, Atomrecht, 2024, § 2 StandAG Rn. 1 ff.

erforderlichen hoheitlichen Befugnisse im Weg der Beleihung; insoweit untersteht der Dritte der Aufsicht des Bundes. Der mit der Wahrnehmung der Aufgaben betraute Dritte nimmt die sich daraus ergebenden Pflichten grundsätzlich selbst wahr (§ 9a III 2 AtG).

Mit den genannten Aufgaben der Endlagerung hat der Bund die im Alleineigentum des Bundes stehende Bundesgesellschaft für Endlagerung (BGE) beauftragt. Die BGE ist für die dauerhafte Lagerung radioaktiver Abfälle unter der Erde zuständig. Im Juli 2016 wurde die BGE durch eine Fusion der Projektarchivsparten des Bundesamtes für Strahlenschutz (BfS) sowie der Betrieben Asse-GmbH und der Deutschen Gesellschaft zum Bau und von Endlagern für Abfallstoffe (DBE) gegründet. Der Sitz der Bundesgesellschaft liegt in der Stadt Peine. Neben der Endlagerung von radioaktiven Abfällen auf niedrigem und mittlerem Niveau sucht die BGE nach dem Standort, der die bestmögliche Sicherheit für hoch radioaktive Abfälle in Deutschland nach den Vorgaben des Endlagerplatzauswahlgesetzes bietet. Die BGE hat außerdem die Aufgabe, die Mine Asse II im Landkreis Wolfenbüttel unverzüglich stillzulegen, wenn auch nach der Rückgewinnung der flächen- und mittelaktiven Abfälle, die dort nach der Verlegung in der Mine zwischen 1967 und 1979 gelagert werden. Die BGE baut außerdem derzeit das Endlager Schacht Konrad in Salzgitter. 7161

Die BGE hat als Vorhabenträger nach dem StandAG hat die Aufgabe, das Standortauswahlverfahren durchzuführen, und dazu insbesondere Teilgebiete nach § 13 StandAG zu ermitteln, Vorschläge für die Auswahl der Standortregionen und der zu erkundenden Standorte nach § 14 II und § 16 III StandAG zu erarbeiten, Erkundungsprogramme nach § 14 I StandAG und § 16 II Stand AG sowie Prüfkriterien nach § 16 II StandAG zu erarbeiten, die übertägige und untertägige Erkundung nach den §§ 16 und 18 StandAG durchzuführen, die jeweiligen vorläufigen Sicherheitsuntersuchungen nach § 14 I, § 16 I, § 18I und § 26 StandAG zu erstellen dem Bundesamt für die Sicherheit der nuklearen Entsorgung den Standort für ein Endlager nach § 18 III StandAG vorzuschlagen. 7162

b) Zuständige Aufsichtsbehörde. Das Bundesamt für die Sicherheit der nuklearen Entsorgung hat im Standortauswahlverfahren nach § 4 I StandAG die Aufgabe, Erkundungsprogramme nach § 15 IV und § 17 IV StandAG sowie Prüfkriterien nach § 17 IV StandAG festzulegen, die Vorschläge des Vorhabenträgers nach § 14 II, § 16 III und § 18 III StandAG zu prüfen und hierzu begründete Empfehlungen zu erarbeiten und den Vollzug des Standortauswahlverfahrens entsprechend § 19 I bis IV AtG zu überwachen.[1751] Das Bundesamt für die Sicherheit der nuklearen Entsorgung ist außerdem nach § 4 II 1 StandAG Träger der Öffentlichkeitsbeteiligung im Standortauswahlverfahren. Es informiert die Öffentlichkeit umfassend und systematisch über das Standortauswahlverfahren. Es veröffentlicht die Vorschläge jeweils unmittelbar nach Übermittlung durch den Vorhabenträger. 7163

c) Öffentlichkeitsbeteiligung. Die Öffentlichkeit wird an dem Standortsuchverfahren beteiligt. Nach § 5 I StandAG ist Ziel der Öffentlichkeitsbeteiligung, eine Lösung zu finden, die in einem breiten gesellschaftlichen Konsens getragen wird und damit auch von den Betroffenen toleriert werden kann. Hierzu sind Bürgerinnen und Bürger als Mitgestalter des Verfahrens einzubeziehen. Das Bundesamt für die Sicherheit der nuklearen Entsorgung hat nach § 5 II 1 StandAG dafür zu sorgen, dass die Öffentlichkeit frühzeitig und während der Dauer des Standortauswahlverfahrens umfassend und systematisch über die Ziele des Vorhabens, die Mittel und den Stand seiner Verwirklichung sowie seine voraussichtlichen Auswirkungen unterrichtet und über die vorgesehenen Beteiligungsformen beteiligt wird. Dies soll nach § 5 II 2 StandAG in einem dialogorientierten Prozess erfolgen. Hierzu soll es sich des Internets und anderer geeigneter Medien bedienen. Das Verfahren zur Beteiligung der Öffentlichkeit wird nach § 5 III 1 StandAG entsprechend fortentwickelt. Hierzu können sich die Beteiligten über die gesetzlich geregelten Mindestanforderungen hinaus weiterer Beteiligungsformen bedienen. Die Geeignetheit der Beteiligungsformen ist in angemessenen zeitlichen Abständen zu prüfen (§ 5 III 2und 3 StandAG).[1752] 7164

d) Standortentscheidung. Die Bundesregierung legt dem Deutschen Bundestag und dem Bundesrat den im Standortauswahlverfahren entwickelten Standortvorschlag nach § 20 I 1 StandAG in Form eines Gesetzentwurfs vor. Zu den von der Bundesregierung ergänzend vor- 7165

[1751] Zum Bundesamt für die Sicherheit der nuklearen Entsorgung Däuper/Dietzel in Frenz Atomrecht, 2024, § 4 StandAG Rn. 1 ff; Zur Aufsicht im Endlagerbereich Albin/Leuschner ZUR 2018, 515

[1752] Zum Beteiligungsverfahren nach dem StandAG Wollenteit in Frenz Atomrecht, 2024, § 5 Rn. 2 ff; Durner NuR 2019, 241; Haug/Zeccola ZUR 2018, 75; Smeddinck VerwArch 2021, 490.

zulegenden, für die Bewertung des Standortes erforderlichen Unterlagen gehören insbesondere ein zusammenfassender Bericht über die Ergebnisse des Standortauswahlverfahrens und die Ergebnisse des Beteiligungsverfahrens einschließlich der Beratungsergebnisse des Nationalen Begleitgremiums. Über die Annahme des Standortvorschlags wird nach § 20 II StandAG durch Bundesgesetz entschieden. Die Standortentscheidung ist nach § 20 III 1 StandAG für das anschließende Genehmigungsverfahren nach § 9b Ia AtG für die Errichtung, den Betrieb und die Stilllegung des Endlagers verbindlich. Auf der Grundlage dieser Entscheidung ist die Eignung des Vorhabens im Genehmigungsverfahren vollumfänglich zu prüfen (§ 20 III 2 StandAG). Abweichend von § 15 I ROG iVm § 1 Satz 1 Nr. 16 ROV und anderen raumordnungsrechtlichen Vorschriften findet eine Raumverträglichkeitsprüfung für die Errichtung des Endlagers nicht.[1753]

XIV. Flurbereinigung (FlurbG)

7166 Zur Verbesserung der Produktions- und Arbeitsbedingungen in der Land- und Forstwirtschaft sowie zur Förderung der allgemeinen Landeskultur und der Landentwicklung kann ländlicher Grundbesitz durch Maßnahmen nach dem FlurbG neugeordnet werden. Solche Verbesserungsmaßnahmen bezeichnet der Gesetzgeber als Flurbereinigung.[1754] Ländlicher Grundbesitz sind alle nicht städtisch geprägten Grundstücke, auch wenn sie nicht landwirtschaftlich genutzt werden.[1755] Die Flurbereinigung wird nach § 2 I FlurbG in einem behördlich geleiteten Verfahren innerhalb eines bestimmten Gebietes (Flurbereinigungsgebiet) unter Mitwirkung der Gesamtheit der beteiligten Grundeigentümer und der Träger öffentlicher Belange sowie der landwirtschaftlichen Berufsvertretung (§ 109 FlurbG) durchgeführt. Die Durchführung der Flurbereinigung ist von den Ländern als eine besonders vordringliche Maßnahme nach § 2 II 1 FlurbG zu betreiben. Sie bestimmen, welche Fachbehörden Flurbereinigungsbehörden und obere Flurbereinigungsbehörden sind und setzen ihre Dienstbezirke fest (§ 2 II 3 FlurbG).

7167 Beruhen entschädigungspflichtige Verfügungs- und Nutzungsbeschränkungen auf einem Plan, etwa auf einem Bebauungsplan, dann spricht man auch von einer sog. **Planenteignung**, die überwiegend als Unterfall der Administrativenteignung angesehen wird.[1756] Keine Enteignung sind Maßnahmen, die dem Ausgleich privater Interessen dienen. Das gilt zB für die Baulandumlegung, die städtebauliche Sanierung und für die Flurbereinigung, es sei denn sie findet im Interesse Dritter statt, wie bei der Unternehmensflurbereinigung.[1757]

1. Zuständigkeiten

7168 Die Flurbereinigung gehört zur **konkurrierenden Gesetzgebung** nach Art. 74 I Nr. 17 GG. Die Länder führen das FlurbG als eigene Angelegenheit aus (Art. 83 GG). Der Bund hat im Bereich dieser Aufgabenwahrnehmung die Rechtsaufsicht (Art. 84 III GG).

7169 Für die Flurbereinigung ist nach § 3 I 1 FlurbG die **Flurbereinigungsbehörde** örtlich zuständig, in deren Bezirk das Flurbereinigungsgebiet liegt. Die obere Flurbereinigungsbehörde kann ausnahmsweise eine andere als die örtlich zuständige Flurbereinigungsbehörde beauftragen; liegt das Flurbereinigungsgebiet in dem Bezirk einer anderen oberen Flurbereinigungsbehörde, so bestimmt die für die Flurbereinigung zuständige oberste Landesbehörde die zuständige Flurbereinigungsbehörde und die zuständige obere Flurbereinigungsbehörde (§ 3 I 2 FlurbG). Erstreckt sich das Flurbereinigungsgebiet über die Bezirke mehrerer Flurbereinigungsbehörden, so wird die zuständige Flurbereinigungsbehörde durch die obere Flurbereinigungsbehörde bestimmt. Erstreckt sich das Flurbereinigungsgebiet über die Bezirke mehrerer oberer Flurbereinigungsbehörden, so wird die zuständige obere Flurbereinigungsbehörde durch die für die Flurbereinigung zuständige oberste Landesbehörde bestimmt. Sind die Flurbereinigungsbehörden verschiedener Länder zuständig, so bestimmen die für die Flurbereinigung zuständigen

---

1753 Zu Zielen und Methoden der Erkundung und der Eignungsaussagen Hippler im Ziekow, Handbuch des Fachplanungsrechts, 2024, § 19 Rn. 13.

1754 Im Einzelnen dazu Kauch FlurbG in Düsing/Martinez, Agrarrecht, 2022, § 1 Rn. 1 ff

1755 BVerwG RdL 1983, 293; NVwZ 1993, 174; Heckenthaler/Linke in Ziekow Handbuch des Fachplanungsrechts, 2024, § 20 Rn. 2a.

1756 Beckmann Enteignung, in Redeker/Uechtritz, Verwaltungsverfahren, 2020, Teil 3 D Rn. 11.

1757 Jarass in Jarass/Pieroth, GG, 2022 Art. 14 Rn. 80.

obersten Landesbehörden die zuständige obere Flurbereinigungsbehörde in gegenseitigem Einvernehmen. (§ 3 II bis III FlurbG).

2. Verfahren

a) Flurbereinigungsbeschluss. Die obere Flurbereinigungsbehörde kann nach § 4 FlurbG die Flurbereinigung anordnen und das Flurbereinigungsgebiet feststellen, wenn sie eine Flurbereinigung für erforderlich und das Interesse der Beteiligten für gegeben hält. Der Beschluss ist zu begründen. Vor der Anordnung der Flurbereinigung durch den Flurbereinigungsbeschluss sind die voraussichtlich beteiligten Grundstückseigentümer in geeigneter Weise eingehend über das geplante Flurbereinigungsverfahren einschließlich der voraussichtlich entstehenden Kosten aufzuklären. Die landwirtschaftliche Berufsvertretung, die zuständige Landesplanungsbehörde, die Gemeinde und der Gemeindeverband sowie die übrigen von der für die Landwirtschaft zuständigen obersten Landesbehörde zu bestimmenden Organisationen und Behörden sollen gehört werden. Die Behörden des Bundes, der Länder, der Gemeinden und Gemeindeverbände sowie andere Körperschaften des öffentlichen Rechts sollen über das geplante Flurbereinigungsverfahren unterrichtet werden; sie haben der Flurbereinigungsbehörde unverzüglich mitzuteilen, ob und welche das voraussichtliche Flurbereinigungsgebiet berührenden Planungen beabsichtigt sind oder bereits feststehen (§ 5 I bis III FlurbG). 7170

Der Flurbereinigungsbeschluss hat einen entscheidenden Teil und eine Begründung. In dem entscheidenden Teil des Flurbereinigungsbeschlusses sind Name und Sitz der Teilnehmergemeinschaft (§ 16 FlurbG) festzusetzen. Die Aufforderung zur Anmeldung unbekannter Rechte (§ 14 FlurbG) und die Bestimmungen über Nutzungsänderungen (§§ 34 und 85 Nr. 5 und 6 FlurbG) können in den entscheidenden Teil des Beschlusses aufgenommen werden. (§ 6 I FlurbG). Der entscheidende Teil des Beschlusses ist nach § 6 II FlurbG öffentlich bekanntzumachen. Der Flurbereinigungsbeschluss ist mit Begründung in den Gemeinden, in denen beteiligte Grundstücke liegen (Flurbereinigungsgemeinden), und, soweit erforderlich (§ 110 FlurbG), in den angrenzenden Gemeinden zwei Wochen lang nach der Bekanntmachung zur Einsichtnahme für die Beteiligten auszulegen. Hierauf ist in der Bekanntmachung hinzuweisen (§ 6 III FlurbG). 7171

b) Flurbereinigungsgebiet. Das im Flurbereinigungsbeschluss der oberen Flurbereinigungsbehörde festgelegte Flurbereinigungsgebiet kann nach § 7 FlurbG eine oder mehrere Gemeinden oder Teile von Gemeinden umfassen. Es ist so zu begrenzen, dass der Zweck der Flurbereinigung möglichst vollkommen erreicht wird. Zum Flurbereinigungsgebiet gehören alle in ihm liegenden Grundstücke, soweit sie nicht ausdrücklich ausgeschlossen werden (§ 7 II FlurbG). 7172

Geringfügige Änderungen des Flurbereinigungsgebietes kann die Flurbereinigungsbehörde nach § 8 I FlurbG anordnen. Die Anordnung braucht nicht bekanntgemacht zu werden. Sie ist den an der Änderung beteiligten Grundstückseigentümern mitzuteilen.[1758] Für erhebliche Änderungen gelten die Vorschriften der §§ 4 bis 6 FlurbG. Für die Abgrenzung zwischen geringfügigen und erheblichen Änderungen ist in erster Linie auf die **Flächenrelation** abzustellen; schon bei Gebietsveränderungen von mehr als 10 – 20 % des ursprünglichen Gebiets liegt regelmäßig keine geringfügige Änderung mehr vor.[1759] Außerdem kann auf den Zweck der Beiziehung oder Ausscheidung von Flurstücken abgestellt werden. Eine geringfügige Änderung des Flurbereinigungsgebietes ist nur anzunehmen, wenn sie ihrem Umfang nach keine wesentlichen Auswirkungen auf die Planung und die Bodenordnung hat, so dass die betroffenen Eigentümer vor der Anordnung der Gebietserweiterung nicht angehört werden müssen und auch ihre Mitwirkungsrechte nicht durch eine andere Zusammensetzung des Teilnehmervorstandes nach § 21 VI FlurbG berührt werden.[1760] 7173

Das Flurbereinigungsgebiet ist unter Beachtung der jeweiligen Landschaftsstruktur nach § 37 FlurbG neu zu gestalten, wie es den gegeneinander abzuwägenden Interessen der Beteiligten sowie den Interessen der allgemeinen Landeskultur und der Landentwicklung entspricht und wie es das Wohl der Allgemeinheit erfordert. Die Feldmark ist neu einzuteilen und zersplitter- 7174

[1758] OVG Berlin-Brandenburg AUR 2023, 416 = juris Rn. 22.

[1759] OVG Berlin-Brandenburg AUR 2023, 416 = juris Rn. 25; BVerwG Beschl. v. 3.8.2021 – 9 B 48/20, juris Rn. 8.

[1760] OVG Berlin-Brandenburg AUR 2023, 416 = juris Rn. 25; OVG Koblenz Urt. v. 2.3.2016 – 9 C 11007/15, juris Rn. 32.

ter oder unwirtschaftlich geformter Grundbesitz nach neuzeitlichen betriebswirtschaftlichen Gesichtspunkten zusammenzulegen und nach Lage, Form und Größe zweckmäßig zu gestalten; Wege, Straßen, Gewässer und andere gemeinschaftliche Anlagen sind zu schaffen, bodenschützende sowie -verbessernde und landschaftsgestaltende Maßnahmen vorzunehmen und alle sonstigen Maßnahmen zu treffen, durch welche die Grundlagen der Wirtschaftsbetriebe verbessert, der Arbeitsaufwand vermindert und die Bewirtschaftung erleichtert werden. Maßnahmen der Dorferneuerung können durchgeführt werden; durch Bebauungspläne und ähnliche Planungen wird die Zuziehung der Ortslage zur Flurbereinigung nicht ausgeschlossen. Die rechtlichen Verhältnisse sind zu ordnen (§ 37 I FlurbG). Nach der Rechtsprechung gibt § 37 I 2 und 4 iVm § 1 FlurbG der Flurbereinigungsbehörde die Befugnis, Grundbesitz, der im Verfahrensgebiet gelegen ist, durch Bestellung einer Grunddienstbarkeit – insbesondere für einen Weg – zu belasten, soweit dies dem Zweck der Flurbereinigung gemäß § 1 FlurbG dient.[1761] Insbesondere kann eine Grunddienstbarkeit nicht nur gemäß § 49 I FlurbG als Abfindung für gleichwertige Rechte gewährt werden.

7175 c) **Beteiligte.** Nach § 11 FlurbG hat die Flurbereinigungsbehörde hat die Beteiligten nach Maßgabe der §§ 12 bis 14 FlurbG zu ermitteln. Am Flurbereinigungsverfahren sind als Teilnehmer die Eigentümer der zum Flurbereinigungsgebiet gehörenden Grundstücke sowie die den Eigentümern gleichstehenden Erbbauberechtigten zu beteiligen. Hinzu kommen zahlreiche, in § 10 II FlurbG aufgelistete Nebenbeteiligte, zu denen unter anderem Gemeinden und Gemeindeverbände, andere Körperschaften des öffentlichen Rechts und Wasser- und Bodenverbände gehören.

7176 Beteiligte eines Flurbereinigungsverfahrens können bei entsprechender Betroffenheit auch gegenüber einem straßenrechtlichen Planfeststellungsbeschluss rügebefugt sein. Ein straßenrechtlicher Planfeststellungsbeschluss entfaltet nicht nur enteignungsrechtliche Vorwirkungen bezüglich der Grundstücke, die für die Trasse oder Ausgleichs- und Ersatzmaßnahmen unmittelbar in Anspruch genommen werden, sondern löst auch mittelbar eine eigentumsrechtliche Betroffenheit gegenüber denjenigen Personen aus, deren Grundstücke in das Unternehmensflurbereinigungsverfahren einbezogen sind.[1762] Die Rügebefugnis eines Flurbereinigungsbetroffenen unterliegt nach der Rechtsprechung des BVerwG vergleichbaren Einschränkungen wie diejenige eines unmittelbar Grundstücksbetroffenen. Sie erstreckt sich auf alle Rügen, die geeignet sind, das konkrete Vorhaben als solches und seine Realisierbarkeit ernsthaft in Frage zu stellen; demgegenüber sind Fehler, die gegebenenfalls in einem ergänzenden Verfahren beseitigt werden können, nicht kausal für den drohenden Zugriff auf das konkrete Eigentum und somit nicht rügefähig.[1763]

7177 d) **Teilnehmergemeinschaft**. Die beteiligten Eigentümer der zum Flurbereinigungsgebiet gehörenden Grundstücke sowie die den Eigentümern gleichstehenden Erbbauberechtigten bilden nach § 16 FlurbG eine Teilnehmergemeinschaft. Sie entsteht mit dem Flurbereinigungsbeschluss und ist eine Körperschaft des öffentlichen Rechts. Die Teilnehmergemeinschaft steht unter der Aufsicht der Flurbereinigungsbehörde. Durch die Aufsicht ist sicherzustellen, dass die Teilnehmergemeinschaft im Einklang mit dem Zweck dieses Gesetzes handelt. Zum Abschluss von Verträgen ist die Zustimmung der Flurbereinigungsbehörde erforderlich (§ 17 II FlurbG).

7178 Bei der Teilnehmergemeinschaft handelt es sich um eine **Zwangskörperschaft**; die Pflichtmitgliedschaft bedeutet eine Beeinträchtigung des Grundrechts aus Art. 2 I GG. Diese wird damit gerechtfertigt, dass die Pflichtmitglieder zur Sicherung und Verbesserung der Bewirtschaftung ihrer Grundstücke aufeinander angewiesen sind und durch ihre objektiv gleichlaufenden wirtschaftlichen Interessen eine wirtschaftliche Solidargemeinschaft bilden, und damit, dass der nicht vermehrbare Grund und Boden gerade als natürliche Lebens- und Ernährungsgrundlage einer besonderen Sozialbindung unterliegt.[1764]

7179 Die Teilnehmergemeinschaft nimmt nach § 18 I 1 FlurbG die gemeinschaftlichen Angelegenheiten der Teilnehmer wahr. Sie hat insbesondere die gemeinschaftlichen Anlagen herzu-

---

1761 OVG Magdeburg Urt. v. 22.2.2023 – 8 K 4/21, juris Rn. 32; BVerwG Urt. v. 19.8.1970 – IV C 61.67, juris Rn. 18 ff.; Urt. v. 25.4.1985 – 5 C 49.82, juris Rn. 20; Wingerter/Mayr Flurbereinigungsgesetz, 2018, § 37 Rn. 29.

1762 BVerwG Urt. v. 21.11.2023 – 9 A 11/21, juris.

1763 BVerwG Urt. v. 21.11.2023 – 9 A 11/21, juris.

1764 BVerfG NVwZ 2001, 1023; siehe dazu Heckenthaler/Linke in Ziekow Handbuch des Fachplanungsrechts, 2024, § 20 Rn. 8.

stellen und zu unterhalten (§ 42 FlurbG) und die erforderlichen Bodenverbesserungen auszuführen, soweit nicht der Flurbereinigungsplan (§ 58 FlurbG) anderes bestimmt oder die Ausführung und Unterhaltung einzelnen Beteiligten oder einem Wasser- und Bodenverband überlassen werden. Sie hat ferner die im Verfahren festgesetzten Zahlungen zu leisten und zu fordern sowie die übrigen nicht der Flurbereinigungsbehörde obliegenden Aufgaben einschließlich der zur Durchführung der Flurbereinigung erforderlichen Vorarbeiten zu erfüllen. Sie kann mit den Vorarbeiten geeignete Stellen oder sachkundige Personen beauftragen.

Die Teilnehmergemeinschaft hat einen aus mehreren Mitgliedern bestehenden **Vorstand**. 7180
Die Flurbereinigungsbehörde bestimmt die Zahl der Mitglieder (§ 21 I und II FlurbG). § 21 FlurbG schreibt keine bestimmte Form der Wahl vor.[1765] Fehler bei der Wahl eines Vorstandes einer Teilnehmergemeinschaft können nicht zur Unwirksamkeit der von einem Vorstand gefassten Beschlüsse führen, solange nicht die Unwirksamkeit der Wahl gerichtlich festgestellt ist.[1766] Selbst der Erfolg einer solchen Feststellungsklage stellt die Wirksamkeit bereits vorgenommener Handlungen des Vorstands nicht in Frage. Die gerichtliche Feststellung entfaltet im Gesamtinteresse der Teilnehmergemeinschaft sowie ihrer Handlungsfähigkeit erst ab dem Zeitpunkt ihres Ergehens Wirksamkeit.[1767]

Die Teilnehmergemeinschaft hat nach § 42 I FlurbG die **gemeinschaftlichen Anlagen**, 7181
soweit nicht ein anderer den Ausbau übernimmt, herzustellen und bis zur Übergabe an die Unterhaltungspflichtigen zu unterhalten, soweit nicht gesetzliche Vorschriften anderes bestimmen. Die Anlagen können schon vor der Ausführung des Flurbereinigungsplanes gebaut werden, soweit der Wege- und Gewässerplan mit landschaftspflegerischem Begleitplan für sie festgestellt ist. Die gemeinschaftlichen Anlagen werden durch den Flurbereinigungsplan der Teilnehmergemeinschaft zu Eigentum zugeteilt und sind von ihr zu unterhalten, soweit nicht der Flurbereinigungsplan oder gesetzliche Vorschriften anderes bestimmen. Sie können der Gemeinde zugeteilt werden, wenn diese zustimmt. Die Länder können eine abweichende Regelung treffen (§ 42 II FlurbG).

Eigentümern von Grundstücken, die nicht zum Flurbereinigungsgebiet gehören, aber durch 7182
Anlagen wesentliche Vorteile haben, kann durch den Flurbereinigungsplan ein den Vorteilen entsprechender Anteil an den Kosten der Unterhaltung solcher Anlagen auferlegt werden. Der Kostenanteil ist an den Unterhaltungspflichtigen zu zahlen. Er haftet als öffentliche Last auf den Grundstücken, für die er festgesetzt ist. Von § 42 III FlurbG werden diejenigen – etwa die Eigentümer von außerhalb des Flurbereinigungsgebietes gelegenen Ziegeleien, Zementfabriken oder großen Waldungen – erfasst, die von der Mitbenutzung der im Flurbereinigungsverfahren geschaffenen Wege oder Vorflutanlagen Vorteile haben und durch die eigene Benutzung die Unterhaltungskosten erhöhen; nur geringe Vorteile genügen dagegen nicht.[1768]

e) Wertermittlung. Um die Teilnehmer des Flurbereinigungsverfahrens bei der Neuord- 7183
nung der Eigentumsverhältnisse mit Land von gleichem Wert abfinden zu können, ist nach § 27 FlurbG der Wert der alten Grundstücke zu ermitteln. Die Wertermittlung hat in der Weise zu erfolgen, dass der Wert der Grundstücke eines Teilnehmers im Verhältnis zu dem Wert aller Grundstücke des Flurbereinigungsgebietes zu bestimmen ist. Für die gerichtliche Überprüfung der Wertermittlung nach den §§ 27 ff. FlurbG sind die Wertverhältnisse im Zeitpunkt des Wirksamwerdens der Feststellung der Ergebnisse der Wertermittlung maßgebend.[1769] Die Wertermittlungsgrundsätze regeln die gesetzlich nicht vorgegebenen Einzelheiten des Bewertungsverfahrens mit dem Ziel größtmöglicher Gleichbehandlung der Beteiligten. Beanstandet werden kann deshalb, dass einzelne Grundstücke nicht in Einklang mit dem in den Grundsätzen niedergelegten Wertermittlungsrahmen bewertet worden sind. Dies gilt auch für eine etwaige Einstufung von Grundstücken in Flurstücksgruppen, die in den Grundsätzen gebildet wurden.[1770]

Die Wertermittlung stellt einen eigenen Abschnitt des gestuften Verwaltungsverfahrens Flur- 7184
bereinigung dar. Umfasst von der Bestandskraft der Feststellung der Ergebnisse der Wertermittlung sind alle Faktoren, die im endgültigen Wertermittlungsrahmen berücksichtigt worden

[1765] OVG Münster DVBl.. 2023, 418 = juris Rn. 33 dort auch zu möglichen Wahlfehlern.
[1766] OVG Münster DVBl.. 2023, 418 = juris Rn. 37.
[1767] OVG Münster DVBl.. 2023, 418 = juris Rn. 39; OVG Lüneburg Urt. v. 17.4.2018 – 15 KF 9/17, juris Rn. 90; OVG Bautzen Urt. v. 14.6.2013 – F 7 C 7/11, juris Rn. 34.
[1768] OVG Lüneburg AUR 2023, 188 = juris Rn. 126.
[1769] VGH München BayVBl. 2023, 808 = juris Rn. 29.
[1770] VGH München BayVBl. 2023, 808 = juris Rn. 37.

sind, dh neben der Bewertung als Acker- oder Grünland insbesondere etwaige Abschläge betreffend dauernde oder nur schwer behebbare Nachteile wegen Verunkrautung, starke Unebenheiten etc.[1771]

7185 **f) Zeitweilige Einschränkungen des Eigentums.** Von der Bekanntgabe des Flurbereinigungsbeschlusses bis zur Unanfechtbarkeit des Flurbereinigungsplanes gelten nach § 34 I FlurbG wichtige Einschränkungen des Eigentums. Dazu gehört, dass die Nutzungsart der Grundstücke ohne Zustimmung der Flurbereinigungsbehörde nur insoweit geändert werden darf, als dies zum ordnungsmäßigen Wirtschaftsbetrieb gehört. Bauwerke, Brunnen, Gräben, Einfriedungen, Hangterrassen und ähnliche Anlagen dürfen nur mit Zustimmung der Flurbereinigungsbehörde errichtet, hergestellt, wesentlich verändert oder beseitigt werden. Obstbäume, Beerensträucher, Rebstöcke, Hopfenstöcke, einzelne Bäume, Hecken, Feld- und Ufergehölze dürfen nur in Ausnahmefällen, soweit landeskulturelle Belange, insbesondere des Naturschutzes und der Landschaftspflege, nicht beeinträchtigt werden, mit Zustimmung der Flurbereinigungsbehörde beseitigt werden.

7186 **g) Neugestaltung des Flurbereinigungsgebietes.** Das Flurbereinigungsgebiet ist nach § 37 I 1 FlurbG unter Beachtung der jeweiligen Landschaftsstruktur neu zu gestalten, wie es den gegeneinander abzuwägenden Interessen der Beteiligten sowie den Interessen der allgemeinen Landeskultur und der Landentwicklung entspricht und wie es das Wohl der Allgemeinheit erfordert. Die Feldmark ist neu einzuteilen und zersplitterter oder unwirtschaftlich geformter Grundbesitz nach neuzeitlichen betriebswirtschaftlichen Gesichtspunkten zusammenzulegen und nach Lage, Form und Größe zweckmäßig zu gestalten; Wege, Straßen, Gewässer und andere gemeinschaftliche Anlagen sind zu schaffen, bodenschützende sowie -verbessernde und landschaftsgestaltende Maßnahmen vorzunehmen und alle sonstigen Maßnahmen zu treffen, durch welche die Grundlagen der Wirtschaftsbetriebe verbessert, der Arbeitsaufwand vermindert und die Bewirtschaftung erleichtert werden. Maßnahmen der Dorferneuerung können durchgeführt werden; durch Bebauungspläne und ähnliche Planungen wird die Zuziehung der Ortslage zur Flurbereinigung nicht ausgeschlossen. Die rechtlichen Verhältnisse sind zu ordnen (§ 37 I FlurbG).

7187 Die Flurbereinigungsbehörde hat bei der Durchführung der Maßnahmen die öffentlichen Interessen zu wahren, vor allem den Erfordernissen der Raumordnung, der Landesplanung und einer geordneten städtebaulichen Entwicklung, des Umweltschutzes, des Naturschutzes und der Landschaftspflege, des Denkmalschutzes, der Erholung, der Wasserwirtschaft einschließlich Wasserversorgung und Abwasserbeseitigung, der Fischerei, des Jagdwesens, der Energieversorgung, des öffentlichen Verkehrs, der landwirtschaftlichen Siedlung, der Kleinsiedlung, des Kleingartenwesens und der Gestaltung des Orts- und Landschaftsbildes sowie einer möglichen bergbaulichen Nutzung und der Erhaltung und Sicherung mineralischer Rohstoffvorkommen Rechnung zu tragen. Die Veränderung natürlicher Gewässer darf nur aus wasserwirtschaftlichen und nicht nur aus vermessungstechnischen Gründen unter rechtzeitiger Hinzuziehung von Sachverständigen erfolgen (§ 37 II und III FlurbG).

7188 Vor der Aufstellung des Flurbereinigungsplans hat die Flurbereinigungsbehörde nach § 38 S. 1 FurbG **allgemeine Grundsätze** für die zweckmäßige Neugestaltung des Flurbereinigungsgebietes aufzustellen. Hierzu hat sie das Benehmen mit der landwirtschaftlichen Berufsvertretung und den beteiligten Behörden und Organisationen herzustellen.

7189 **h) Vorläufige Anordnungen.** Wird es aus dringenden Gründen erforderlich, vor der Ausführung oder zur Vorbereitung und zur Durchführung von Änderungen des Flurbereinigungsplanes den Besitz oder die Nutzung von Grundstücken oder die Ausübung anderer Rechte zu regeln, so kann die Flurbereinigungsbehörde nach § 36 S. 1 FlurbG eine vorläufige Anordnung erlassen und erlassene Anordnungen aufheben oder ändern. Zum Ausgleich von Härten kann sie angemessene Entschädigungen festsetzen. Die Entschädigungen trägt die Teilnehmergemeinschaft.

7190 Die vorläufige Anordnung nach § 36 I FlurbG dient nicht dazu, die mit der Flurbereinigung angestrebten Strukturverbesserungen vorzeitig herbeizuführen. Sie ist vielmehr darauf gerichtet, die Umsetzung der geplanten Strukturverbesserungen vorzubereiten und sicherzustellen, dass der neue Zustand nach der Planausführung oder der vorzeitigen Besitzeinweisung möglichst schnell greifen kann. Kann mit dem **Vorausbau des Wegenetzes** nach § 42 FlurbG nicht bis zum Flurbereinigungsplan und seiner Ausführung (§§ 61 ff. FlurbG) gewartet werden, ist eine

[1771] OVG Lüneburg AUR 2023, 188 = juris Rn. 77.

Anordnung nach § 36 I 1 FlurbG dringlich, ohne dass über diese Gründe hinausgehende „weitere" dringende Gründe hinzutreten müssten. Die von § 36 I FlurbG geforderte Prüfung der Erforderlichkeit im Einzelfall hat die jeweils betroffenen Interessen des in seiner Nutzung beschränkten Teilnehmers und der übrigen Teilnehmer zu ermitteln und zu bewerten, und zwar auch und gerade im Hinblick darauf, ob die vorläufige Anordnung bereits im Zeitpunkt ihrer Anordnung „dringlich erforderlich" ist.[1772] Ein **Dauerverwaltungsakt** ist allgemein dadurch gekennzeichnet, dass er sich nicht in einem einmaligen Ge- oder Verbot oder in einer einmaligen Gestaltung der Rechtslage erschöpft, sondern ein auf Dauer berechnetes oder in seinem Bestand vom Verwaltungsakt abhängiges Rechtsverhältnis begründet oder inhaltlich verändert. Die Behörde hat den Dauerverwaltungsakt auf fortbestehende Rechtmäßigkeit zu überwachen; für seine rechtliche Beurteilung ist grundsätzlich die jeweils aktuelle Sach- und Rechtslage maßgeblich.[1773] Eine derartige – zeitlich begrenzte – Dauerwirkung kommt der vorläufigen Anordnung nach § 36 FlurbG zu. Die Behörde ist nicht nur ermächtigt, vorläufige Anordnungen zu erlassen, sondern auch, bereits erlassene Anordnungen aufzuheben oder zu ändern. Auch wird dem Eigentümer mit der vorläufigen Anordnung nach § 36 I FlurbG der Besitz und die Nutzung des Grundstücks nicht endgültig entzogen und dem Begünstigten übertragen[1774]. Es soll nicht schon der mit dem Flurbereinigungsverfahren erstrebte tatsächliche Zustand vorzeitig herbeigeführt, sondern es sollen lediglich für einen begrenzten Zeitraum der Übergang in den neuen Zustand vorbereitet und gesichert sowie die Aufstellung des Plans und die Durchführung des Verfahrens erleichtert und beschleunigt werden[1775]. Demgemäß ist die Anordnung nach § 36 I FlurbG nicht nur einmalig für den Zeitpunkt der erstmaligen Besitzübertragung, sondern für deren gesamte Dauer konstitutiv und folglich nur rechtmäßig, wenn und solange die Anordnung erforderlich sowie darüber hinaus dringend ist.[1776]

Soweit der Zustand eines Grundstücks für die Ermittlung des Wertes und für die Bemessung 7191
der Entschädigung von Bedeutung ist, hat ihn die Flurbereinigungsbehörde, nötigenfalls unter Zuziehung von Sachverständigen, rechtzeitig festzustellen (§ 36 II FlurbG). Die der Flurbereinigungsbehörde nach § 36 II FlurbG obliegende Verpflichtung zur **Beweissicherung des Zustandes eines Grundstücks** vor Beginn der vorläufigen Anordnung besteht nur, wenn ernstlich zu besorgen ist, dass die Grundstücksveränderung für voraussehbare Nachteile ursächlich werden könnte und eine spätere Bewertung zu spät käme, weil die Schaffung vollendeter Tatsachen droht.[1777]

i) Gemeinschaftliche und öffentliche Anlagen. Im Flurbereinigungsgebiet sind Wege, 7192
Straßen, Gewässer und andere zur gemeinschaftlichen Benutzung oder einem gemeinschaftlichen Interesse dienende Anlagen zu schaffen, soweit es der Zweck der Flurbereinigung erfordert. Sie sind gemeinschaftliche Anlagen. Vorhandene Anlagen können geändert, verlegt oder eingezogen werden (§ 39 FlurbG).

Das Verfahren nach § 41 FlurbG vollzieht sich in zwei Schritten und zwar im **Planaufstel-** 7193
lungsverfahren und im darauf folgenden eigentlichen **Planfeststellungsverfahren**. Das Verfahren unterscheidet sich erheblich von Planfeststellungsverfahren nach anderen Gesetzen, weil es auf anders geartete Strukturen des Flurbereinigungsverfahrens beruht.[1778] Die Flurbereinigungsbehörde stellt nach § 41 I FlurbG im Benehmen mit dem Vorstand der Teilnehmergemeinschaft einen Plan auf über die gemeinschaftlichen und öffentlichen Anlagen, insbesondere über die Einziehung, Änderung oder Neuausweisung öffentlicher Wege und Straßen sowie über die wasserwirtschaftlichen, bodenverbessernden und landschaftsgestaltenden Anlagen (**Wege- und Gewässerplan mit landschaftspflegerischem Begleitplan**). Teilnehmer eines Flurbereinigungsverfahrens können den Wege- und Gewässerplan nicht unmittelbar angreifen, weil deren Rechtsstellung hierdurch nicht berührt wird.[1779] Dieser Plan kann jedoch im Rahmen einer Überprüfung des Flurbereinigungsplans mit geprüft werden.[1780]

1772 BVerwG NVwZ 2013, 739.

1773 BVerwGE 104, 115; BVerwGE 147, 81 Rn. 33; U. Stelkens in Stelkens/Bonk/Sachs, VwVfG, 2023, § 35 Rn. 223 ff.

1774 BVerwG RdL 1961, 136.

1775 BVerwG Beschl. v. 7.7.1963 – 1 B 80.63, juris Rn 5.

1776 BVerwG Beschl v. 25.1.2007 – 10 B 42.06, juris; BVerwG Beschl. v. 29.10.2014 – 9 B 32.14, juris.

1777 OVG Magdeburg RdL 2022, 147 = juris Rn. 24.

1778 Heckenthaler/Linke in Ziekow Handbuch des Fachplanungsrechts, 2024, § 20 Rn. 5.

1779 VGH München RdL 2022, 394 = juris Rn. 35BVerwGE 74, 1 ff., juris Rn. 28.

1780 OVG Berlin-Brandenburg Urt, v, 30.11.2023 – OVG 70 A 2.18, juris Rn. 22.

7194 Der Plan ist mit den Trägern öffentlicher Belange einschließlich der landwirtschaftlichen Berufsvertretung in einem Anhörungstermin zu erörtern. **Einwendungen** gegen den Plan müssen zur Vermeidung des Ausschlusses in dem Anhörungstermin vorgebracht werden. Die Flurbereinigung hat sich dabei von einer vorwiegend ökonomischen Betrachtungsweise unter Effektivitätsgesichtspunkten der landwirtschaftlichen Ertragsnutzung zu einem auch ökologischen Instrument gewandelt, bei dem zugleich Belange des Naturschutzes und der Landschaftspflege in den Vordergrund treten. Das in § 36 I 2 FlurbG der Flurbereinigungsbehörde eingeräumte Ermessen, wonach sie zum Ausgleich von Härten angemessene Entschädigungen festsetzen kann, bezieht sich nicht darauf, ob eine Entschädigung zu gewähren ist. Die Behörde wird lediglich ermächtigt, schon im Zeitpunkt des Erlasses der vorläufigen Anordnung zu Lasten der Teilnehmergemeinschaft über eine derartige Entschädigung für vorübergehende Nachteile zu entscheiden. Dies setzt voraus, dass für die Betroffenen ohne eine solche Entschädigung eine Härte eintreten würde.[1781] Die **Flächenbegrenzung bei Feldgehölzen** von mindestens 50 m² bis höchstens 2 000 m² in § 8 I 2 Nr. 3 AgrarZahlVerpflV gilt nicht für den Begriff der Feldgehölze in § 34 I Nr. 3 FlurbG. Die Befugnis der Flurbereinigungsbehörde zum Erlass einer naturschutzrechtlichen Wiederherstellungsverfügung nach § 17 VIII 2 BNatSchG lässt ihre Anordnungsbefugnis gemäß § 34 III FlurbG unberührt.[1782]

7195 Das Flurbereinigungsverfahren weicht von anderen Planfeststellungsverfahren ab. So ergeben sich Einwendungsmöglichkeiten im Flurbereinigungsverfahren erst im Anhörungstermin. Zu diesem Termin sind neben den Trägern öffentlicher Belange auch die Vertreter der **Teilnehmergemeinschaft** zu laden, die sich aus den am Flurbereinigungsverfahren betroffenen Grundstückseigentümern und Erbbauberechtigten zusammensetzt.[1783]

7196 Der Anhörungstermin hat **Ausschlusswirkung**. Ordnungsgemäß Geladene, die keine Einwendungen erheben, sind mit späteren Einwendungen ausgeschlossen (§ 41 II 2 FlurbG). Die Zustellung der Ladung zum Anhörungstermin ist durch § 59 III 1 und 2 FlurbG nicht zwingend vorgeschrieben. Sie ist eine Möglichkeit, um die Rechtzeitigkeit der Ladung nachzuweisen, doch kann die Ladung nach § 59 III 3 Hs. 1 FlurbG auch durch öffentliche Bekanntmachung erfolgen. In diesem Fall ist eine Zustellung der Ladung entbehrlich. Es widerspräche Sinn und Zweck der öffentlichen Bekanntmachung, wenn neben ihr wegen der Übersendung des Auszuges aus dem Bodenordnungsplan auch eine individuelle Zustellung der Ladung zu erfolgen hätte.[1784]

7197 Der Teilnehmer des Flurbereinigungsverfahrens ist gehalten, im Rahmen des **Planwunschtermins** auf die für das Vorliegen eines qualifizierten Planwunsches maßgeblichen Gesichtspunkte hinzuweisen, sofern diese nicht ohnehin für den Vorstand der Teilnehmergemeinschaft erkennbar sind. Wird im Wunschtermin nicht auf solche besonderen Entwicklungstendenzen hingewiesen und werden hierzu keine konkreten Gestaltungsvorschläge gemacht, so kann regelmäßig nicht erwartet werden, dass solche Umstände bei der Plangestaltung Berücksichtigung finden.[1785] Die Zuweisung einer Aussiedlungsfläche gemäß Planwunsch durch den Flurbereinigungsplan stellt keine verbindliche Zusage der Flurbereinigungsbehörde dar, die gegenüber dem begünstigten Teilnehmer nachträglich nicht mehr geändert werden kann. Denn jede Abfindung steht unter dem Vorbehalt möglicher Änderungen nach Maßgabe des § 60 FlurbG, es sei denn, alle den Flurbereinigungsplan betreffenden Festsetzungen sind bereits bestandskräftig geworden oder die Zuteilung beruht auf einer – gesonderten – Zusicherung nach § 38 VwVfG[1786]. Daher kann der Zuteilung eines Abfindungsgrundstücks gemäß Planwunsch für sich genommen nicht die Bedeutung einer nicht mehr abänderbaren „Zusicherung" auf Behalt dieses Grundstücks zukommen.[1787]

7198 Auch Flurbereinigungen können **UVP-pflichtig** sein. So ist für den Bau einer gemeinschaftlichen und öffentlichen Anlage nach Nr. 16 der Anlage 1 zum UVPG eine allgemeine

---

1781 BVerwG Beschl. v. 25.1.2007 – 10 B 42/06, juris.

1782 BVerwG NVwZ-RR 2018, 178; dort auch zur Frage, ob die Befugnis zum Erlass einer Anordnung nach § 34 III FlurbG der Verjährung unterliegt.

1783 Siehe dazu Heckenthaler/Linke in Ziekow Handbuch des Fachplanungsrechts, 2024, § 20 Rn. 8.

1784 OVG Berlin-Brandenburg Urt. v. 30.8.2023 – 70 A 2/22, juris Rn. 22; OVG Greifswald Urt. v. 22.2.2011 – 9 K 15/08, juris; OVG Magdeburg Urt. v. 8.6.2017 – 8 K 5/15, juris Rn. 24.

1785 BVerwG Beschl. v. 13.3.2014 – 9 B 67.13, juris zu Obliegenheiten im Flurbereinigungsverfahren.

1786 BVerwG RdL 1998, 236, NJW 1961, 1882; RdL 1991, 13; siehe auch Wingerter/Mayr FlurbG, § 60 Rn. 4.

1787 BVerwG Beschl. v. 18.7.2013 – 9 B 7.13, juris.

Vorprüfung durchzuführen. Die Vorprüfung ist nach dem Kriterienkatalog der Anlage 3 zum UVPG vorzunehmen.

Der Versuch des **freihändigen Erwerbs** der benötigten Fläche kann bis zur Bekanntgabe des Flurbereinigungsplans oder bis zu einer vorläufigen Besitzeinweisung unternommen werden. Das Verhältnismäßigkeitsgebot verlangt nicht, dass Verhandlungen über einen Erwerb der benötigten Grundstücke vor Anordnung der Unternehmensflurbereinigung nach § 87 I FlurbG durchzuführen sind; Gesichtspunkte der Verfahrensbeschleunigung und -praktikabilität sprechen dafür, Erwerbsversuche bis zum Zeitpunkt des enteignenden Zugriffs zu ermöglichen.[1788] 7199

3. Grundsätze für die Abfindung

Jeder Teilnehmer ist für seine Grundstücke unter Berücksichtigung der nach § 47 FlurbG vorgenommenen Abzüge mit Land von gleichem Wert abzufinden. Bei der Bemessung der Landabfindung sind die nach den §§ 27 bis 33 FlurbG ermittelten Werte zugrunde zu legen. Maßgebend ist der Zeitpunkt, in dem der neue Rechtszustand an die Stelle des bisherigen tritt (§ 61 Satz 2 FlurbG). In den Fällen der vorläufigen Besitzeinweisung ist der Zeitpunkt maßgebend, in dem diese wirksam wird. Bei der Landabfindung sind die betriebswirtschaftlichen Verhältnisse aller Teilnehmer gegeneinander abzuwägen und alle Umstände zu berücksichtigen, die auf den Ertrag, die Benutzung und die Verwertung der Grundstücke wesentlichen Einfluss haben. Die Landabfindungen müssen in möglichst großen Grundstücken ausgewiesen werden. Unvermeidbare Mehr- oder Minderausweisungen von Land sind in Geld auszugleichen. Die Grundstücke müssen durch Wege zugänglich gemacht werden; die erforderliche Vorflut ist, soweit möglich, zu schaffen (§ 44 I bis III FlurbG). 7200

In den §§ 27 ff. FlurbG wird die Wertermittlung als eigener Abschnitt des gestuften Verwaltungsverfahrens Flurbereinigung ausgegliedert, der mit dem Feststellungsbeschluss nach § 32 FlurbG, einem Verwaltungsakt abschließt. § 44 I 2 FlurbG schließt bei der Bezugnahme auf die Vorschriften zur Wertermittlung in §§ 27 ff. FlurbG auch das Feststellungverfahren und den entsprechenden Feststellungsbeschluss (§ 32 Satz 3 FlurbG) ausdrücklich mit ein, so dass nach der gesetzlichen Konzeption grundsätzlich das Wertermittlungsverfahren abgeschlossen sein muss, bevor eine Landabfindung festgesetzt werden kann.[1789] 7201

Die Lage einer Abfindungsfläche in unmittelbarem Anschluss an andere Abfindungsflächen kann ein wertbildender, in der Gleichwertigkeitsprüfung zu berücksichtigender Faktor sein.[1790] Mit der Eigentumsgarantie des Art. 14 I GG ist es vereinbar, dass im Rahmen der **wertgleichen Abfindung** der Teilnehmer eines Flurbereinigungsverfahrens eine **Wertsteigerung** des Einlagegrundstücks im Zeitraum zwischen der vorläufigen Besitzeinweisung (§ 44 I 4 FlurbG) und dem in der Ausführungsanordnung zum Flurbereinigungsplan bestimmten Eintritt des neuen Rechtszustands (§ 44 I 3, § 61 2 FlurbG) nicht zugunsten des Alteigentümers berücksichtigt wird. Das gilt auch dann, wenn sich dieser Zeitraum über mehrere Jahre erstreckt. Die in § 44 I 3 und 4 FlurbG geregelte Frage des maßgeblichen Zeitpunkts für die Beurteilung der Gleichwertigkeit der Landabfindung stellt sich im Rahmen der Unternehmensflurbereinigung nicht in besonderer Weise und ist unabhängig davon, ob der Träger des Unternehmens einem Teilnehmer daneben – zusätzlich zur Landabfindung – eine von Art. 14 GG gebotene Entschädigung zu leisten hat (§ 88 Nr. 4 bis 7 FlurbG). 7202

Die Stichtagsregelung des § 44 I 4 FlurbG ist mit Art. 14 I GG vereinbar.[1791] Das Flurbereinigungsgericht ist im Abfindungsstreit zur Gewährung ausreichenden rechtlichen Gehörs verpflichtet, alle in Erwägung gezogenen Planänderungen vor der endgültigen Entscheidung den Beteiligten mitzuteilen und so zu erläutern, dass diese in die Lage versetzt werden, ihre Gesichtspunkte hierzu in vollem Umfang vorzutragen. Durch die gemäß § 139 FlurbG vorgeschriebene besondere Besetzung des Flurbereinigungsgerichts ist eine sachverständige Würdigung der im Rahmen der Flurbereinigung zu beurteilenden Sachverhalte regelmäßig gewährleistet.[1792] 7203

Aus § 44 III 3 FlurbG lässt sich kein Anspruch auf eine bestimmte Qualität der Erschließung ableiten. In welchem Umfang und in welcher Qualität Wege auszubauen sind, hängt von den Umständen im Verfahrensgebiet ab. 7204

1788 BVerwG Beschl. v. 19.12.2012 – 9 B 28.12, juris.

1789 VGH München Urt. v. 29.6.2023 – 13 A 20.1633, juris Rn. 34.

1790 BVerwG RdL 2014, 348.

1791 BVerwG NVwZ-RR 2007, 648 (LS).

1792 BVerwG Beschl. v. 20.10.2011 – 9 B 15.11, juris.

7205 Die gerichtliche Abfindungskontrolle erstreckt sich in engen Grenzen auf Grundsätze, die die Rechtsprechung für die gerichtliche Überprüfung von Planungsentscheidungen entwickelt hat. Sie bezieht sich auch auf Belange, die nicht die Wertsicherung des Bestandes betreffen und deren ordnungsgemäße Berücksichtigung deshalb durch eine wertgleiche Abfindung noch nicht gewährleistet ist. Das trifft nach Auffassung des OVG Berlin-Brandenburg für besondere betriebliche Entwicklungstendenzen zu, deren Abwägungserheblichkeit sich aus dem Gestaltungsauftrag der Flurbereinigungsbehörde ergibt. Um diesem Auftrag gerecht zu werden, müsse die Behörde auch versuchen, für die Beteiligten die Voraussetzungen für eine günstige wirtschaftliche Entwicklung zu schaffen. Sie habe dabei, soweit möglich, künftigen Verhältnissen abwägend Rechnung zu tragen. In diesem Sinne abwägungserheblich seien die in einem Planwunsch des Teilnehmers Ausdruck findenden Entwicklungsmöglichkeiten allerdings nur, wenn sie bereits so konkretisiert und verfestigt seien, dass ihre Verwirklichung nicht bloß theoretisch möglich, sondern voraussehbar sei. Die Teilnehmer treffe insoweit eine Mitwirkungspflicht; sie seien gehalten, im Wunschtermin auf die maßgeblichen Gesichtspunkte hinzuweisen, sofern diese nicht ohnehin für den Vorstand der Teilnehmergemeinschaft erkennbar seien, und hierzu konkrete Gestaltungsvorschläge zu unterbreiten. Nur derart qualifizierte Planwünsche gehörten zum Abwägungsmaterial.[1793]

7206 Solange nicht alle den Flurbereinigungsplan betreffenden Feststellungen bestandskräftig sind, steht jede Abfindung unter dem Vorbehalt möglicher Änderung. Dies kann auch solche Teilnehmer betreffen, die sich mit den Festsetzungen des Flurbereinigungsplans zufrieden gegeben haben.[1794]

4. Planfeststellungsbeschluss

7207 Nach Abschluss des Anhörungstermins leitet die Flurbereinigungsbehörde den Plan an die obere Flurbereinigungsbehörde als Planfeststellungsbehörde weiter. Diese stellt den Plan dann fest. Ein vom Vorstand der Teilnehmergemeinschaft vor Beschluss über die Feststellung der Ergebnisse der Wertermittlung beschlossener Flurbereinigungsplan ist materiell rechtswidrig.[1795]

7208 Durch die Planfeststellung wird nach § 41 V 1 FlurbG die Zulässigkeit des Vorhabens einschließlich der notwendigen Folgemaßnahmen an anderen Anlagen im Hinblick auf alle von ihm berührten öffentlichen Belange festgestellt; neben der Planfeststellung sind andere behördliche Entscheidungen, insbesondere öffentlich-rechtliche Genehmigungen, Verleihungen, Erlaubnisse, Bewilligungen, Zustimmungen und Planfeststellungen nicht erforderlich. Durch die Planfeststellung werden nach § 41 V 2 FlurbG alle öffentlich-rechtlichen Beziehungen zwischen dem Träger des Vorhabens und den durch den Plan Betroffenen rechtsgestaltend geregelt. Die Rechte der Teilnehmer nach den §§ 44, 58 und § 59 FlurbG bleiben nach § 41 V 3 FlurbG unberührt.

7209 Vor der Aufstellung des Flurbereinigungsplanes sind die Teilnehmer über ihre Wünsche für die Abfindung zu hören (§ 57 FlurbG). Nach § 58 I 1 FlurbG fasst die Flurbereinigungsbehörde die Ergebnisse des Verfahrens im Flurbereinigungsplan zusammen. In den Flurbereinigungsplan ist der Wege- und Gewässerplan mit landschaftspflegerischem Begleitplan aufzunehmen, die gemeinschaftlichen und öffentlichen Anlagen sowie die alten Grundstücke und Berechtigungen der Beteiligten und ihre Abfindungen sind nachzuweisen, die sonstigen Rechtsverhältnisse sind zu regeln. Der Flurbereinigungsplan bedarf nach § 58 III FlurbG der Genehmigung der oberen Flurbereinigungsbehörde.

7210 Für das Planfeststellungsverfahren nach dem FlurbG finden die §§ 72 bis 78 VwVfG nur ergänzende Anwendung. Der Planfeststellungsbeschluss nach dem FlurbG ist trotz des weiten Gestaltungsspielraums rechtlichen Bindungen unterworfen, die sich auch aus dem **Abwägungsgebot** ergeben.[1796] Der Planfeststellungsbeschluss hat Gestaltungs- und Konzentrationswirkung. Der Flurbereinigungsplan regelt ein mehrpoliges Rechtsverhältnis, woraus sich Probleme in der Abwicklung oder auch Rückabwicklung ergeben. Wird der planfestgestellte Flurbereinigungsplan an einer Stelle geändert, so hat dies regelmäßig Auswirkungen für andere Bereiche, die dann

---

1793 OVG Berlin-Brandenburg Urt. v. 30.11.2023 – OVG 70 A 2.18, juris Rn. 20; BVerwG Urt. v. 23.8.2006 – 10 C 4/05, juris Rn. 29 ff.

1794 BVerwG AUR 2023, 456 = juris Rn. 5.

1795 VGH München Urt. v. 29.6.2023 – 13 A 20.1633, juris Rn. 34.

1796 OVG Berlin-Brandenburg Urt. v. 30.11.2023 – OVG 70 A 2.18, juris Rn. 23; Peine/Starke JZ 2007, 942.

ebenfalls zur Disposition stehen können. Aus dieser Mehrpoligkeit können sich Einschränkungen in den rechtlichen Korrekturmöglichkeiten ergeben. Die durch § 45 I 1 Nr. 1 FlurbG eröffnete Möglichkeit, im Rahmen der Flurbereinigung Hof- und Gebäudeflächen zu verändern, erfordert eine Prüfung im Einzelfall, ob dem damit verfolgten Zweck der Vorrang gegenüber dem besonderen Interesse des Eigentümers an der **Wiederzuteilung der Fläche** in den alten Grenzen zukommt. Die Veränderung von Hof- und Gebäudeflächen ist mit Rücksicht auf deren erhöhten Schutz auf Ausnahmefälle zu beschränken. Ein insoweit zu berücksichtigendes Ziel der Neuordnung des Verfahrensgebiets kann es sein, die rechtlichen Grenzen zwischen benachbarten Grundstücken mit den tatsächlichen Besitzverhältnissen in Einklang zu bringen, typischerweise wenn es um einen Grenzüberbau bei der Errichtung eines Gebäudes geht (§ 912 BGB). Das besagt aber nicht, dass das Bedürfnis, Besitz- und Eigentumsverhältnisse in Einklang zu bringen, in anderen Fällen generell ohne Belang wäre (etwa wenn mangels Gebäudeeigenschaft kein Überbau iSv § 912 BGB vorliegt). Erforderlich ist eine Prüfung der Verhältnisse des Einzelfalls.[1797]

Die Teilnehmer eines Flurbereinigungsverfahrens haben weder Anspruch auf eine unveränderte Zuteilung ihrer Flächen in alter Lage noch sonst auf eine ihren Wünschen in jeder Hinsicht Rechnung tragende Gestaltung ihrer Abfindung. Denn die Flurbereinigung ist zwar privatnützig; sie dient aber nicht dem individuellen Interesse jedes einzelnen Teilnehmers, sondern ist ein Instrument der landwirtschaftlichen Bodenordnung. Ihre Durchführung liegt im Interesse der Gesamtheit aller Beteiligten und die Neugestaltung des Verfahrensgebietes, die grundsätzlich keinen Eigentumseingriff, sondern eine Inhalts- und Schrankenbestimmung des Eigentums ist.[1798] **7211**

Die **Zuteilungen** im Rahmen der Flurbereinigung wirken auch für und gegen den **Nacherben**. Nach § 2113 I BGB ist die Verfügung des Vorerben über ein zur Erbschaft gehörendes Grundstück oder Recht an einem Grundstück im Falle des Eintritts der Nacherbfolge insoweit unwirksam, als sie das Recht des Nacherben vereiteln oder beeinträchtigen würde. Sinn und Zweck dieser Vorschrift liegen darin, die durch die grundsätzliche Verfügungsfreiheit des Vorerben gefährdete Rechtsposition des Nacherben gegen einige als besonders bedeutsam angesehene Beeinträchtigungen zu schützen, indem bestimmte Verfügungen des Vorerben mit Eintritt des Nacherbfalls unwirksam werden. § 2113 BGB knüpft damit an Verfügungen des Vorerben, bei denen es sich um dingliche Rechtsgeschäfte im Gegensatz zu Verpflichtungsgeschäften oder rein tatsächlichen Maßnahmen handeln muss. Demgegenüber wird der Nacherbe nach dem eindeutigen Wortlaut der Vorschrift nicht geschützt in Bezug auf hoheitliche Maßnahmen, die an den Vorerben gerichtet werden. Um solche aber handelt es sich bei dem Flurbereinigungsplan nach § 58 FlurbG und der Ausführungsanordnung nach § 61 FlurbG, die ihrerseits die Grundlage für einen Übergang der Rechte bilden (§ 68 FlurbG).[1799] Alle Einzelheiten in den tatsächlichen Grundlagen müssen allerdings im Rahmen eines Flurbereinigungsverfahrens nicht ermittelt werden. So ist es nicht Aufgabe der Flurbereinigungsbehörde, das Eigentum an einer Giebelmauer zu ermitteln, wenn darüber zwischen den Nachbarn Streit besteht.[1800] Die Entscheidung über die Abfindung darf sich an der Festsetzung des Grenzverlaufs nach § 13 II 3 FlurbG orientieren, und zwar auch dann, wenn es darum geht, den Nachbarn ihren Altbesitz an Hausgrundstücken mit gemeinsamer Giebelmauer zuzuweisen.[1801] **7212**

§ 64 1 FlurbG, wonach die Flurbereinigungsbehörde den Flurbereinigungsplan nach der Ausführungsanordnung nur noch unter den dort genannten Voraussetzungen ändern oder ergänzen kann, knüpft an den Zeitpunkt des Erlasses, nicht der Bestandskraft der Ausführungsanordnung an.[1802] **7213**

Der **Wegeausbau** muss der Nutzung der neuen Grundstücke entsprechen.[1803] § 53 I und II LwAnpG benennt die Fallgruppen, in denen ein Bodenordnungsverfahren durchzuführen ist. Die dort genannte „Bildung einzelbäuerlicher Wirtschaften" bezeichnet die Errichtung von Betrieben dieser Art, nicht jedoch Maßnahmen, die sich auf die spätere Veränderung bereits eingerichteter derartiger Betriebe richten.[1804] **7214**

1797 BVerwG Beschl. v. 21.6.2010 – 9 B 88.09, juris.
1798 OVG Berlin-Brandenburg Urt. v. 30.11.2023 – OVG 70 A 2.18, juris Rn. 23.
1799 BVerwG Beschl. v. 3.1.2000 – 11 B 55.99, juris.
1800 BVerwG RdL 1971, 112.
1801 BVerwG RdL 1999, 237; RdL 1969, 296.
1802 BVerwG NVwZ-RR 2013, 344.
1803 BVerwG Beschl. v. 25.3.2010 – 9 B 75.09, juris zur Erschließung des Abfindungsgrundstücks.
1804 BVerwG DVBl. 2011, 249 zur Bildung einzelbäuerlicher Wirtschaften.

7215 Bei der Entscheidung über die **Einstellung eines Bodenordnungsverfahrens** (§ 64 1, § 63 II LwAnpG iVm § 9 I 1 FlurbG) ist der zuständigen Behörde hinsichtlich der Zweckmäßigkeitsprüfung und der damit verknüpften Einschätzung des Erfolgs des Verfahrens ein der gerichtlichen Kontrolle nur eingeschränkt unterliegender Beurteilungsspielraum auf der Tatbestandsseite der Norm eingeräumt. Zusätzlich zu dem für die Prüfung des Normtatbestands eröffneten Beurteilungsspielraum ist der Behörde auf der Rechtsfolgenseite ein Ermessen eingeräumt, wobei mit der Tatbestandserfüllung die Rechtsfolge der Verfahrenseinstellung typischerweise vorbezeichnet ist. Raum für Ermessenserwägungen bleibt aber zB hinsichtlich der Frage, ob besondere Umstände eine bloße Teileinstellung oder eine Einstellung unter Nebenbestimmungen als zweckmäßig erscheinen lassen.[1805]

7216 Ein Planfeststellungsverfahren, das sich auf das Gebiet eines Flurbereinigungsplans und die danach geschaffenen Einrichtungen auswirkt, unterliegt weder den **Verfahrensanforderungen** des § 58 IV 2 FlurbG, noch ist das geplante Vorhaben an den materiell-rechtlichen Vorgaben für die Bewertung eines Interesses am Fortbestand des flurbereinigungsrechtlichen Sonderregimes zu messen.[1806]

5. Schlussfeststellung

7217 Die Flurbereinigungsbehörde schließt das Verfahren nach § 149 I 1 FlurbG durch die Feststellung ab, dass die Ausführung nach dem Flurbereinigungsplan bewirkt ist und dass den Beteiligten keine Ansprüche mehr zustehen, die im Flurbereinigungsverfahren hätten berücksichtigt werden müssen; sie stellt fest, ob die Aufgaben der Teilnehmergemeinschaft abgeschlossen sind. Die Schlussfeststellung ist öffentlich bekanntzumachen. Gegen die Schlussfeststellung steht auch dem Vorstand der Teilnehmergemeinschaft der Widerspruch an die obere Flurbereinigungsbehörde zu.

7218 **a) Zustellung.** Die Schlussfeststellung ist der Teilnehmergemeinschaft zuzustellen, nachdem sie unanfechtbar geworden ist und nachdem über Anträge auf Wiederaufnahme des Verfahrens, die bis zum Ablauf der Frist für Widersprüche gegen die Schlussfeststellung gestellt worden sind, entschieden ist (§ 149 II FlurbG).

7219 **b) Ende des Flurbereinigungsverfahrens.** Mit der Zustellung an die Teilnehmergemeinschaft ist das Flurbereinigungsverfahren beendet. Die beteiligten Behörden sollen eine Abschrift der Schlussfeststellung erhalten. Die Teilnehmergemeinschaft erlischt, wenn ihre Aufgaben in der Schlussfeststellung für abgeschlossen erklärt sind (§ 149 III und IV FlurbG).

6. Vereinfachtes Verfahren

7220 Ein vereinfachtes Flurbereinigungsverfahren kann im Falle der Bereitstellung von Land für ein anderes Fachplanungsverfahren durchgeführt werden. Ein solches Verfahren kann nach § 86 I FlurbG auch über die Gemeindegrenzen hinweg erfolgen, um Nachteile für die allgemeine Landeskultur beim Bau von Eisenbahnen, Straßenbahnen, Straßen, Wegen, Gewässern oder ähnlichen Maßnahmen zu beseitigen oder auszugleichen. Auch kann das vereinfachte Flurbereinigungsverfahren durchgeführt werden, um Siedlungsverfahren, städtebauliche Maßnahmen oder notwendige Maßnahmen des Naturschutzes und der Landschaftspflege durchzuführen oder eine Verbesserung der Gestaltung des Orts- und Landschaftsbildes zu erreichen. Das vereinfachte Verfahren stellt sich nach § 86 FlurbG wie folgt dar: Die Flurbereinigungsbehörde ordnet die Flurbereinigung durch Beschluss an und stellt das Flurbereinigungsgebiet fest. Der Beschluss ist zu begründen. Der entscheidende Teil des Beschlusses kann den Beteiligten in Abschrift übersandt oder öffentlich bekannt gemacht werden. Der Träger des Unternehmens oder der Maßnahme ist Nebenbeteiligter. Die Bekanntgabe der Wertermittlungsergebnisse kann mit der Bekanntgabe des Flurbereinigungsplanes verbunden werden. Von der Aufstellung des Wege- und Gewässerplanes mit landschaftspflegerischem Begleitplan (§ 41 FlurbG) kann abgesehen werden. Wird ein Wege- und Gewässerplan mit landschaftspflegerischem Begleitplan nicht aufgestellt und wird das Flurbereinigungsverfahren durchgeführt, um Maßnahmen des Naturschutzes und der Landschaftspflege zu ermöglichen, so sind die entsprechenden Maß-

---

1805 BVerwG Beschl. v. 19.3.2010 – 9 B 76.09, juris zur Auslegung des § 9 I 1 FlurbG.

1806 BVerwG NVwZ 2020, 1531zu Auswirkungen einer wasserrechtlichen Planfeststellung auf Einrichtungen der Flurbereinigung.

nahmen im Flurbereinigungsplan darzustellen. Die Ausführungsanordnung und die Überleitungsbestimmungen können den Beteiligten in Abschrift übersandt oder öffentlich bekannt gemacht werden. Die Bildung eines Vorstandes der Teilnehmergemeinschaft kann unterbleiben (§ 95 FlurbG). Der Unternehmer trägt dabei die Ausführungskosten entsprechend den durch die Herstellung, Änderung oder Beseitigung der Anlage entstandenen Nachteilen (§ 86 II FlurbG). Führen Fehler oder Unklarheiten der anzufechtenden Entscheidung für den Rechtsmittelführer zu einer Unsicherheit über das einzulegende Rechtsmittel, so kann er unter den in Betracht kommenden Rechtsmitteln auswählen. Die Anordnung einer vereinfachten Flurbereinigung setzt ebenso wie die Anordnung der Regelflurbereinigung voraus, dass das Verfahren in erster Linie privatnützigen Zwecken dient, hinter denen fremdnützige Zwecke im Konfliktfall zurücktreten, und dass ein objektives Interesse der Teilnehmer im Sinne des § 4 FlurbG gegeben ist. Mit dem Erfordernis überwiegender Privatnützigkeit ist es nicht vereinbar, eine vereinfachte Flurbereinigung anzuordnen, um in erster Linie Land für ein im Interesse der Allgemeinheit liegendes Vorhaben zu beschaffen. Dem Erfordernis primärer Privatnützigkeit entspricht eine vereinfachte Flurbereinigung nicht schon dann, wenn sie dem Interesse der Nutzer von Grundstücken außerhalb des Verfahrensgebiets dient; sie muss vielmehr privatnützig gerade bezogen auf diejenigen Eigentumspositionen sein, die Regelungsobjekt der Flurbereinigung sind.[1807]

Die Anordnung eines vereinfachten Flurbereinigungsverfahrens nach § 86 FlurbG dient in erster Linie **privatnützigen Zwecken**, hinter denen fremdnützige Zwecke im Konfliktfall zurücktreten, und dass ein objektives Interesse der Teilnehmer im Sinne des § 4 FlurbG bestehen muss. Mit dem Erfordernis überwiegender Privatnützigkeit ist es nicht vereinbar, eine vereinfachte Flurbereinigung anzuordnen, um in erster Linie Land für ein im Interesse der Allgemeinheit liegendes Vorhaben zu beschaffen. Dieses Anliegen ist vielmehr der fremdnützigen Unternehmensflurbereinigung vorbehalten, die eine Enteignung im Sinne des Art. 14 III GG darstellt[1808]. Auch ein durch primär fremdnützige Zwecke veranlasstes Verfahren kann dem Privatnützigkeitserfordernis entsprechen. Dies ist etwa dann der Fall, wenn durch das Flurbereinigungsverfahren Maßnahmen der Landschaftspflege (§ 86 I Nr. 1 FlurbG) ermöglicht werden sollen, um Konflikte zwischen sich wechselseitig störenden Nutzungen aufzulösen oder eine konfliktfreie Neuordnung der Grundstücksnutzung zu schaffen. Die Frage der Privatnützigkeit beantwortet sich nicht nach den mit dem Naturschutzprojekt verfolgten Zielen, sondern nach den Zielen, die mit dem Flurbereinigungsverfahren verfolgt werden.[1809] 7221

7. Unternehmensflurbereinigung

Der erleichterten Durchsetzung eines Vorhabens der Fachplanung dient die **Unternehmensflurbereinigung**. Ist aus besonderem Anlass eine **Enteignung** zulässig, durch die ländliche Grundstücke in Anspruch genommen würden, so kann auf Antrag der Enteignungsbehörde ein Flurbereinigungsverfahren eingeleitet werden, wenn die den Betroffenen entstehenden Landverluste auf einen größeren Kreis von Eigentümern verteilt oder Nachteile für die allgemeine Landeskultur, die durch das Unternehmen entstehen, vermieden werden sollen. Das Flurbereinigungsverfahren kann bereits angeordnet werden, wenn das Planfeststellungsverfahren oder ein entsprechendes Verfahren für das Unternehmen eingeleitet worden ist. Die Unternehmensflurbereinigung nach den §§ 1, 87 FlurbG dient vor allem dem Ausgleich von Nachteilen bei dem Bau von Straßen, Eisenbahnen, Wasserstraßen und sonstigen raumbeanspruchenden Großvorhaben, für die eine Enteignung zulässig ist. Im Rahmen der Unternehmensflurbereinigung kann der Landverlust auf mehrere Schultern verteilt werden. Zudem hat der Unternehmer die für die Landinanspruchnahme erforderlichen Flächen einzubringen oder einen entsprechenden Geldausgleich zu leisten. Hierdurch können die enteignenden Folgewirkungen des Vorhabens beschränkt werden. Ein Flurbereinigungsverfahren ist grundsätzlich geeignet, die Probleme, die im Rahmen einer Straßenplanung abzuwägen sind, insbesondere die Gefahr einer Existenzgefährdung landwirtschaftlicher Betriebe, zu bewältigen. Die Frage, unter welchen Umständen eine Konfliktlösung außerhalb des Planungsverfahrens hinreichend sicher ist, beurteilt sich nach den Gegebenheiten des Einzelfalles.[1810] 7222

1807 BVerwG NVwZ-RR 2011, 882; BGHZ 152, 213.
1808 BVerwGE 139, 296 Rn. 13 ff., 21.
1809 BVerwG ZUR 2015, 290.
1810 BVerwG ZfBR 2011, 376; Gramlich NJ 2011, 436.

8. Inhalts- und Schrankenbestimmung und Enteignung

7223 Führt die Eigentumsneuordnung des Flurbereinigungsverfahrens lediglich zu einem Ausgleich privater Interessen der Mitglieder der Teilnehmergemeinschaft, dann handelt es sich bei der Eigentumsneuordnung um einen Fall der Inhalts- und Schrankenbestimmung und nicht um eine Enteignung. Eine Enteignung liegt nach der Rechtsprechung des nach BVerfG vor, wenn es um die hoheitliche Beschaffung von Gütern geht, um den hoheitlichen Entzug durch Art. 14 I 1 GG garantierter Rechtspositionen, mit denen ein konkretes, der Erfüllung öffentlicher Aufgaben dienendes Vorhaben durchgeführt werden soll.[1811] Flächenbereitstellung für öffentliche Anlagen über § 40 FlurbG iVm dem zwangsweisen sogenannten Abzug nach § 47 I 1 FlurbG hat demgegenüber in der Regelflurbereinigung enteignenden Charakter.[1812] Auch die Unternehmensflurbereinigung ist Enteignung, soweit sie den Teilnehmern fremdnützig, nicht im Interesse der Teilnehmer, Land zur Verteilung des unternehmensbedingten Landverlustes oder zur Landbeschaffung für das im öffentlichen Interesse liegende Unternehmen entzieht.[1813]

7224 Ist aus besonderem Anlass eine Enteignung zulässig, durch die ländliche Grundstücke in großem Umfange in Anspruch genommen würden, so kann auf Antrag der Enteignungsbehörde nach § 87 I 1 FlurbG ein Flurbereinigungsverfahren eingeleitet werden, wenn der den Betroffenen entstehende Landverlust auf einen größeren Kreis von Eigentümern verteilt oder Nachteile für die allgemeine Landeskultur, die durch das Unternehmen entstehen, vermieden werden sollen. Das Ausmaß der Verteilung des Landverlustes ist im Einvernehmen mit der landwirtschaftlichen Berufsvertretung zu regeln.

7225 Das Flurbereinigungsverfahren nach § 87 FlurbG darf eingeleitet werden, wenn für die im Einzelfall in Aussicht genommene Maßnahme außerhalb des Flurbereinigungsverfahrens eine Enteignung dem Grunde nach zulässig wäre. Dies erfasst auch die Frage, ob der Vorhabenträger für das von ihm konkret beantragte Vorhaben zuständig ist. Handelt es sich um ein Straßenprojekt, so erstreckt sich die Prüfung auf die Bestimmung des zuständigen Straßenbaulastträgers.[1814] Ob für die Maßnahme, wegen derer ein Flurbereinigungsverfahren nach § 87 FlurbG eingeleitet werden soll, eine Enteignung dem Grunde nach zulässig wäre, ist zunächst in eigener Zuständigkeit von der Enteignungsbehörde zu prüfen. Darüber hinaus ist auch die Flurbereinigungsbehörde verpflichtet, das Vorliegen der Enteignungsvoraussetzungen zu kontrollieren. Sie kann sich insoweit im Regelfall an der begründeten Einschätzung der fachkundigen Enteignungsbehörde orientieren.[1815]

9. Vorläufige Besitzeinweisung

7226 Gem. § 65 I 1 FlurbG können im Regelflurbereinigungsverfahren die Beteiligten in den Besitz der neuen Grundstücke vorläufig eingewiesen werden, wenn deren Grenzen in die Örtlichkeit übertragen worden sind und endgültige Nachweise für Fläche und Wert der neuen Grundstücke vorliegen sowie das Verhältnis der Abfindung zu dem von jedem Beteiligten Eingebrachten feststeht. Die vorläufige Besitzeinweisung ist nach § 65 II 1 FlurbG von der Flurbereinigungsbehörde anzuordnen und gemäß § 65 II 3 FlurbG öffentlich bekannt zu machen. Nach § 65 II 4 FlurbG iVm § 62 III FlurbG ist sie bei den Gemeindeverwaltungen der Flurbereinigungsgemeinden oder beim Vorstand der Teilnehmergemeinschaft zur Einsichtnahme für die Beteiligten auszulegen.[1816]

7227 Die rechtlichen Wirkungen der vorläufigen Besitzeinweisung enden nach § 66 III FlurbG mit der Ausführung des Flurbereinigungsplanes. Enden gemäß § 66 III FlurbG die rechtlichen Wirkungen der vorläufigen Besitzeinweisung mit der vorzeitigen Ausführung des Flurbereini-

---

[1811] BVerfG NVwZ 2001, 1023; Heckenthaler/Linke in Ziekow Handbuch des Fachplanungsrechts, 2024, § 20 Rn. 14.

[1812] Heckenthaler/Linke in Ziekow Handbuch des Fachplanungsrechts, 2024, § 20 Rn. 16; Beckmann Enteignung in Johlen/Oerder, Verwaltungsverfahren, 2020, Rn. 11.

[1813] BVerfG NJW 1987, 1251; NVwZ 2009, 1047.

[1814] BVerwG RdL 2022, 393 = juris Rn. 5.

[1815] BVerwG RdL 2022, 393 = juris Rn. 6.

[1816] Siehe zu den Anforderungen der öffentlichen Bekanntmachung nach § 65 FlurbG dazu OVG Berlin-Brandenburg Urt. v. 30.8.2023 – OVG 70 A 1.19, juris Rn. 17; Zu den Voraussetzungen einer vorläufigen Besitzeinweisung nach § 65 FlurbG auch OVG Berlin-Brandenburg Urt. v. 21.3.2023 – OVG 70 A 15.15, juris Rn. 23.

gungsplans (§ 63 FlurbG), erledigt sich die vorläufige Besitzeinweisung iSd § 113 I 4 VwGO und entfällt das Rechtsschutzbedürfnis für eine Klage nach § 65 FlurbG.[1817]

7228 Für das **Unternehmensflurbereinigungsverfahren** knüpft § 87 II 2 FlurbG die vorläufige Besitzeinweisung an die zusätzliche Voraussetzung, dass die Planfeststellung für das Unternehmen oder der entsprechende Verwaltungsakt unanfechtbar geworden oder für vollziehbar erklärt worden ist. § 87 II 2 FlurbG ist eine Schutzvorschrift für die Teilnehmer des Unternehmensflurbereinigungsverfahrens, die von der Landinanspruchnahme betroffen werden.[1818] Dieser Schutz erstreckt sich allerdings nicht auf Teilnehmer des Verfahrens, die durch die vorläufige Besitzeinweisung nicht selbst in ihrem Grundeigentum betroffen sind. Ebenso wenig können Teilnehmer, deren Grundeigentum durch die angegriffene Maßnahme nicht berührt wird, dadurch in ihrem Eigentumsrecht verletzt sein.[1819] Eine im Flurbereinigungsverfahren angeordnete vorläufige Besitzeinweisung schafft auch keine Zwangspunkte für eine spätere Straßenplanung und ihre Realisierung.[1820] Denn eine Rechtsverletzung aus diesem Gesichtspunkt kann ein Grundeigentümer nach der Rechtsprechung des BVerwG im Falle der abschnittsweisen Verwirklichung eines Straßenbauvorhabens für sich nur geltend machen, wenn er den Planfeststellungsbeschluss für einen vorangehenden, sein Grundeigentum noch nicht erfassenden Straßenabschnitt anfechten will. Er muss dann darlegen und nachweisen, dass sein Grundstück im weiteren Planungsverlauf zwangsläufig betroffen sein wird.[1821] Auch wenn dieser Gedanke auf die vorläufige Besitzeinweisung im Rahmen der Flurbereinigung übertragen wird, ergibt dies keine Rechtsverletzung für durch die Besitzeinweisung nicht unmittelbar Betroffene. Denn die vorläufige Besitzeinweisung im Flurbereinigungsgebiet hat für die Straßenplanung nicht zur Folge, dass andere Grundstücke im weiteren Verlauf zwangsläufig in Anspruch genommen werden müssen. Dass Maßnahmen im flurbereinigungsrechtlichen Verfahren im Falle gleichzeitiger Durchführung von Planfeststellungs- und Unternehmensflurbereinigungsverfahren für die Planfeststellung keine präjudizielle Wirkung entfalten, ergibt sich unmittelbar aus § 87 FlurbG. Zwar darf nach § 87 I 1 FlurbG ein Flurbereinigungsverfahren bereits eingeleitet werden, wenn das Planfeststellungsverfahren in Gang gesetzt ist. Doch legt § 87 II 2 FlurbG den Vorrang des Planfeststellungsverfahrens fest. Dieser Grundsatz[1822] schließt es aus, dass durch eine § 87 II 2 FlurbG zuwiderlaufende vorläufige Besitzeinweisung Zwangspunkte für die künftige Straßenplanung geschaffen werden.[1823]

7229 Die vorläufige Besitzeinweisung kann grundsätzlich nicht mit der Begründung angefochten werden kann, sie verletze die Bestimmung des § 44 FlurbG. Abfindungsmängel können vielmehr nur ausnahmsweise zur Rechtswidrigkeit einer vorläufigen Besitzeinweisung führen, wenn zwischen Einlage und Abfindung entgegen § 44 I FlurbG offensichtlich ein grobes Missverhältnis besteht oder die vorläufige Einweisung entgegen § 44 IV FlurbG offensichtlich zu einem unzumutbaren Eingriff in die bisherige Struktur des betroffenen Betriebes führt.[1824]

10. Rechtsschutz

7230 **a) Widerspruch.** Mit dem Widerspruch können angefochten werden: 1. Verwaltungsakte der oberen Flurbereinigungsbehörde und der Flurbereinigungsbehörde bei der oberen Flurbereinigungsbehörde; 2. Verwaltungsakte der Teilnehmergemeinschaft bei der Flurbereinigungsbehörde; 3. Verwaltungsakte eines Verbandes der Teilnehmergemeinschaften oder eines Gesamtverbandes bei der nach den §§ 26d und 26e FlurbG für die Aufsicht zuständigen Behörde. Die Länder können bestimmen, dass zu den Entscheidungen über Widersprüche gegen die Ergebnisse der Wertermittlung oder den Flurbereinigungsplan zwei Landwirte ehrenamtlich zuzuziehen sind. Ist eine solche Bestimmung getroffen, entscheidet die Behörde, die den Widerspruchsbescheid zu erlassen hat, nach ihrer freien, aus den gesamten Verhandlungen und Ermittlungen gewonnenen Überzeugung.

1817 OVG Lüneburg RdL 2022, 364 = juris Rn. 63-

1818 Seehusen/Schwede Rn. 21 zu § 87 FlurbG.

1819 BVerwG NVwZ-RR 1995, 357.

1820 BVerwG NVwZ-RR 1995, 357.

1821 BVerwG NJW 1981, 2595; NVwZ 1993, 887.

1822 BVerwG NVwZ 1989, 145; NVwZ 1989, 147.

1823 BVerwG BayVBl 1989, 152.

1824 BVerwG Beschl. v. 12.11.2010 – 9 B 41.10, juris.

7231 Die Flurbereinigungsbehörde hat nach § 60 I 1 FlurbG begründeten Widersprüchen abzuhelfen. Sie kann auch andere Änderungen des Flurbereinigungsplanes vornehmen, die sie für erforderlich hält. Die nach Abschluss der Verhandlungen verbleibenden Widersprüche legt die Flurbereinigungsbehörde gemäß der Vorschrift des § 141 I FlurbG der oberen Flurbereinigungsbehörde vor (§ 60 II FlurbG).

7232 Ist über einen Widerspruch oder über einen Antrag auf Vornahme eines Verwaltungsaktes innerhalb einer Frist von sechs Monaten, in den Fällen des § 59 II FlurbG von einem Jahr, sachlich nicht entschieden worden, so ist die Klage nach § 142 II 1 FlurbG ohne ein Vorverfahren zulässig. Die Erhebung der Klage ist in diesen Fällen nur bis zum Ablauf von weiteren drei Monaten seit Ablauf der Frist zulässig (§ 142 II 2 FlurbG). Aus § 59 II FlurbG ergibt sich, dass die Beteiligten Widersprüche gegen den bekanntgegebenen Flurbereinigungsplan zur Vermeidung des Ausschlusses in einem Anhörungstermin vorbringen müssen, worauf in der Ladung und im Termin hinzuweisen ist. Darüber hinausgehende Anforderungen an die Belehrung stellt die gesetzliche Bestimmung nicht.[1825]

7233 Mit einem Widerspruch gegen die **vorläufige Besitzeinweisung** können Beteiligte nur rügen, dass eine auch nur vorübergehende Nutzung ihrer Abfindung bis zur Planausführung (§§ 61, 63 FlurbG) unzumutbar ist. Dies wäre nur der Fall, wenn entweder ein grobes Missverhältnis zwischen Einlage und Abfindung besteht oder unzumutbar in die Struktur des Betriebs eingegriffen worden ist.[1826]

7234 **b) Flurbereinigungsgericht.** In jedem Land ist bei dem obersten Verwaltungsgericht nach § 138 FlurbG ein Senat für Flurbereinigung (Flurbereinigungsgericht) einzurichten. Für die Gerichtsverfassung und das Verfahren gelten die Vorschriften über die Verwaltungsgerichtsbarkeit, soweit in den §§ 139 bis 148 nichts Abweichendes bestimmt ist.[1827] Das Flurbereinigungsgericht entscheidet nach § 140 S. 1 FlurbG über die Anfechtung von Verwaltungsakten, die im Vollzug dieses Gesetzes ergehen, über die Verurteilung zum Erlass eines abgelehnten oder unterlassenen Verwaltungsaktes und über alle Streitigkeiten, die durch ein Flurbereinigungsverfahren hervorgerufen werden und vor Eintritt der Unanfechtbarkeit der Schlussfeststellung anhängig geworden sind, soweit hierfür der Verwaltungsrechtsweg gegeben ist. Für das Verfahren sind auch die §§ 118 bis 128 FlurbG sinngemäß anzuwenden. § 67 IV VwGO findet keine Anwendung. Die Zuständigkeit des Flurbereinigungsgerichts endet nur bei den sogenannten sonstigen Rechtsstreitigkeiten im Sinne des § 140 Satz 1 Alt. 3 FlurbG mit der **Unanfechtbarkeit der Schlussfeststellung**. Für Klagen und Anträge im Sinne von § 140 Satz 1 Alt. 1 und 2 FlurbG verbleibt es auch nach der Schlussfeststellung bei der Zuständigkeit des Flurbereinigungsgerichts.[1828]

7235 Soweit das Flurbereinigungsgericht die Klage für begründet hält, kann es nach § 144 S. 1 FlurbG den angefochtenen Verwaltungsakt durch Urteil ändern oder den Widerspruchsbescheid der Flurbereinigungsbehörde oder der oberen Flurbereinigungsbehörde ganz oder teilweise aufheben und die Sache, soweit der Widerspruchsbescheid aufgehoben wird, zur erneuten Verhandlung und Bescheidung an die Flurbereinigungsbehörde oder die obere Flurbereinigungsbehörde zurückverweisen. Diese haben die Beurteilung, die der Aufhebung zugrunde gelegt ist, auch ihrer Entscheidung zugrunde zu legen.

7236 Ein öffentlich-rechtlicher **Folgenbeseitigungsanspruch** kann auch in einem Flurbereinigungsverfahren gegeben sein. Voraussetzung ist, dass durch einen (schlicht-) hoheitlichen Eingriff in ein subjektives Recht ein rechtswidriger Zustand entstanden ist, der andauert. Als „hoheitlich" sind Realakte in der Regel dann zu qualifizieren, wenn sie in einem öffentlich-rechtlichen Planungs- und Funktionszusammenhang stehen.[1829]

7237 Ein **Anspruch auf Ausschluss von Flächen** aus dem Flurbereinigungsgebiet ist bereits gegen den Einleitungsbeschluss geltend zu machen. Dies folgt aus der Mehrstufigkeit des Flurbereinigungsverfahrens.[1830] Teilnehmer am Flurbereinigungsverfahren haben grundsätzlich keinen gegen die Flurbereinigungsbehörde durchsetzbaren Anspruch darauf, nach Unanfechtbar-

---

[1825] BVerwG RdL 2022, 394 = juris Rn. 4.

[1826] VGH München Urt. v. 2.12.2021 – 13 A 19.1702, juris Rn. 31.

[1827] Zur Zusammensetzung des Flurbereinigungsgerichts siehe § 139 FlurbG; zur Besetzung des Flurbereinigungsgerichts BVerwG Beschl. v. 10.2.2022 – 8 B 3/22, juris Rn. 19.

[1828] VGH München Beschl. v. 22.6.2021 – 13 AE 21.724, jursi Rn. 12.

[1829] VGH München Urt. v. 11.7.2016 – 13 A 15.1495, juris Rn. 21

[1830] OVG Lüneburg RdL 2022, 364 = juris Rn. 117.

keit des Flurbereinigungsbeschlusses vom Verfahren nachträglich wieder ausgeschlossen zu werden.

Die **Schlussfeststellung** kann nur noch mit Umständen angegriffen werden, die die Ausführung des Flurbereinigungsplanes oder noch offen stehende Ansprüche eines Beteiligten betreffen. Soweit geltend gemacht wird, dass die Ausführung des Flurbereinigungsplans noch nicht bewirkt ist, muss sich der Einwand auf Festsetzungen im Flurbereinigungsplan selbst beziehen, denn nur insoweit kann dessen Ausführung noch nicht bewirkt worden sein. Maßnahmen, die nicht im Flurbereinigungsplan festgesetzt sind, können im Rahmen der Schlussfeststellung nicht (mehr) gefordert werden. Im Rechtsmittelverfahren gegen die Schlussfeststellung können Beteiligte zudem nicht mehr erfolgreich Abschnitte des Flurbereinigungsverfahrens angreifen, über die bereits unanfechtbar entschieden ist.[1831] Anfechtungsrecht der Jagdgenossenschaft bei flurbereinigungsrechtlich verfügter Änderung des Jagdbezirks Jagdgenossenschaften steht in Anbetracht ihres eigentumsrechtlich geschützten Jagdausübungsrechts im gemeinschaftlichen Jagdbezirk eine Klagebefugnis gegen flurbereinigungsrechtliche Maßnahmen zur Änderung der Eigentumslage zu, die nach den jagdrechtlichen Vorschriften zwangsläufig eine Veränderung ihres gemeinschaftlichen Jagdbezirks oder dessen Wegfall zur Folge haben.[1832] 7238

Die **vorläufige Besitzeinweisung** kann grundsätzlich nicht mit der Begründung angefochten werden, sie verletze die Bestimmung des § 44 FlurbG. Abfindungsmängel können vielmehr nur ausnahmsweise zur Rechtswidrigkeit einer vorläufigen Besitzeinweisung führen, wenn zwischen Einlage und Abfindung entgegen § 44 I FlurbG offensichtlich ein grobes Missverhältnis besteht oder die vorläufige Einweisung entgegen § 44 IV FlurbG offensichtlich zu einem unzumutbaren Eingriff in die bisherige Struktur des betroffenen Betriebes führt.[1833] 7239

In Flurbereinigungsverfahren gelten wegen der besonderen fachkundigen Besetzung des Flurbereinigungsgerichts (§ 139 FlurbG) bei der **Ablehnung von Beweisanträgen** (§ 86 II VwGO) geringere Anforderungen an die Darlegung und Begründung der eigenen Sachkunde des Flurbereinigungsgerichts; diese muss bei Sachverhalten, mit denen das Flurbereinigungsgericht regelmäßig befasst ist, nicht besonders begründet werden. Mit Blick auf die besondere Sachkunde des Flurbereinigungsgerichts kommt ein Verstoß gegen die gerichtliche Aufklärungspflicht (§ 86 I VwGO) nur entsprechend den bei Ablehnung eines weiteren Sachverständigengutachtens geltenden Maßstäben in Betracht. Danach ist ein Aufklärungsmangel nur dann gegeben, wenn die Beurteilung agrarwirtschaftlicher Fragen durch das Flurbereinigungsgericht gravierende Mängel aufweist, namentlich wenn sie von unzutreffenden Tatsachen ausgeht, in sich widersprüchlich oder aktenwidrig ist oder ohne die notwendige Kenntnis der örtlichen Verhältnisse vorgenommen wurde.[1834] Es begegnet keinen verfassungsrechtlichen Bedenken, dass Entscheidungen des Flurbereinigungsgerichts nur mit der Revision bzw. einer Beschwerde gegen die Nichtzulassung der Revision angefochten werden können, mithin keine Überprüfung des Urteils des Flurbereinigungsgerichts in tatsächlicher Hinsicht erfolgt. Die Rechtsschutzgarantie des Art. 19 IV GG erfordert keinen Instanzenzug.[1835] 7240

Das Flurbereinigungsgericht ist im Abfindungsstreit zur **Gewährung ausreichenden rechtlichen Gehörs** verpflichtet, alle in Erwägung gezogenen Planänderungen vor der endgültigen Entscheidung den Beteiligten mitzuteilen und so zu erläutern, dass diese in die Lage versetzt werden, ihre Gesichtspunkte hierzu in vollem Umfang vorzutragen. Durch die gem. § 139 FlurbG vorgeschriebene besondere Besetzung des Flurbereinigungsgerichts ist eine sachverständige Würdigung der im Rahmen der Flurbereinigung zu beurteilenden Sachverhalte regelmäßig gewährleistet.[1836] 7241

Gemäß § 144 Satz 1 Alt. 1, § 146 Nr. 2 FlurbG steht dem Flurbereinigungsgericht – ebenso wie der Widerspruchsbehörde gemäß § 141 II 2 iVm § 60 Abs. 1 Satz 3 und 4 FlurbG – die Befugnis zu, den Flurbereinigungsplan zu ändern, wenn es die gegen diesen gerichtete Klage für begründet hält. Solange nicht alle den Plan betreffenden Feststellungen bestandskräftig sind, jede Abfindung unter dem Vorbehalt möglicher Änderung steht. Dies kann auch solche Teilnehmer betreffen, die sich mit den Festsetzungen des Flurbereinigungsplans zufrieden gegeben 7242

1831 BVerwG Beschl. v. 30.12.2010 – 9 B 72.10, juris.

1832 BVerwG NVwZ-RR 2011, 711 (LS).

1833 OVG Berlin-Brandenburg Urt. v. 16.12.2021 – OVG 70 A 4.16, juris Rn. 28.

1834 BVerwG NVwZ-RR 2011, 126.

1835 BVerwG Beschl. v. 17.3.2010 – 9 B 29.10, juris; Beschl. v. 4.2.1971 – 4 B 53.70, juris.

1836 BVerwG Beschl. v. 20.10.2011 – 9 B 15.11, juris; BVerwG Beschl. v. 15.5.2014 – 9 B 14.14, juris.

haben.[1837] Das Flurbereinigungsgericht ist nach § 144 S 1 FlurbG befugt und aufgrund des flurbereinigungsrechtlichen Beschleunigungsgebots gehalten, durch erneuten Beschluss des Flurbereinigungsplans auf Grundlage der festgestellten Ergebnisse der Wertermittlung einen den Vorgaben des § 44 I 2 FlurbG genügenden rechtlichen Zustand herbeizuführen.[1838]

XV. Gewinnung von Bodenschätzen nach dem BBergG

7243 Für die Rechte des Grundstückseigentümers bei der Gewinnung von Bodenschätzen kommt es darauf an, ob es sich bei den Bodenschätzen um solche handelt, deren Gewinnung dem Grundstückseigentümer vorbehalten ist, oder ob es sich um bergfreie Bodenschätze handelt, für die das Gewinnungsrecht nicht dem Grundstückseigentümer, sondern demjenigen zusteht, dem dieses Recht durch den Staat verliehen worden ist.

7244 Die Rechte des Bergwerksunternehmens gegenüber dem Grundstückseigentümer hängen bei bergfreien Bodenschätzen von den nach dem BBergG erteilten Erlaubnissen oder Bewilligungen sowie von dem möglicherweise verliehenem Bergwerkseigentum ab. Deshalb soll auch das bergrechtliche System der Gewinnungsberechtigungen kurz vorgestellt und außerdem erläutert werden, mit welchen Instrumenten und Verfahren nach dem BBergG zu rechnen ist, wenn zwischen dem Bergwerksunternehmen und dem Grundstückseigentümer über die Gewinnung der Bodenschätze kein Einvernehmen erzielt wird. Das BBergG sieht dafür das Recht der **Mitgewinnung**, das Recht der **Zulegung** eines Gewinnungsrechts und für die Inanspruchnahme fremden Grundeigentums die **Grundabtretung** vor. Die Rechte des Grundstückseigentümers bei der Gewinnung von Bodenschätzen hängen außerdem davon ab, in welcher Weise das Grundstückseigentum bei der Zulassung von bergrechtlichen Betriebsplänen zu berücksichtigen ist und welche Abwehrmöglichkeiten den Grundstückseigentümern gegen bergbauliche Vorhaben, insbesondere gegen die Inanspruchnahme ihrer Flächen für den Abbau bzw. für die Rekultivierung eines bereits durchgeführten Abbaus zustehen. Auch das soll im Nachfolgenden einleitend kurz erläutert werden. Schließlich soll auf Entschädigungs- und Ausgleichsansprüche des Grundstückseigentümers bei Bergschäden und bei unzumutbaren Einwirkungen des Bergwerksbetriebs auf sein Grundeigentum hingewiesen werden.[1839]

1. Bergfreie und grundeigene Bodenschätze, Grundeigentümerbodenschätze

7245 Bei der Gewinnung von Bodenschätzen ist zwischen bergfreien und grundeigenen Bodenschätzen sowie Grundeigentümerbodenschätzen zu unterscheiden. Das BBergG gilt nur für bergfreie und grundeigene Bodenschätze. Grundeigene Bodenschätze stehen im Eigentum des Grundeigentümers. Auf bergfreie Bodenschätze erstreckt sich das Eigentum an einem Grundstück nicht (§ 3 II BBergG). Die Herausnahme der bergfreien Bodenschätze aus dem Grundeigentum und ihre Unterstellung unter das öffentlich-rechtliche Regime des Bergrechts ist keine Enteignung, sondern eine nach Art. 14 I 2 GG zulässige Inhalts- und Schrankenbestimmung des Eigentums.

7246 **a) Kies- und Sandabbau.** Für den Kies- und Sandabbau ist insoweit entscheidend, dass auch Quarz und Quarzit zu den grundeigenen Bodenschätzen nach § 3 IV Nr. 1 BBergG zählen, soweit sie sich zur Herstellung von feuerfesten Erzeugnissen oder Ferrosilizium eignen, wobei es allein auf eine entsprechende Eignung und nicht darauf ankommt, ob das Material tatsächlich in einer Weise verwendet wird, die diese speziellen Eigenschaften nicht nutzt, bzw. ob eine entsprechende Verwendungsabsicht überhaupt besteht.[1840] Das BVerwG erläutert dazu,

---

[1837] BVerwG AUR 2023, 456 = juris Rn. 5; VGH München Urt. v. 29.6.2023 – 13 A 20.1633, juris Rn. 60.

[1838] VGH München Urt. v. 29.6.2023 – 13 A 20.1633, juris Rn. 60.

[1839] zur einführenden Übersicht siehe Gaentzsch NVwZ 1998, 889; zu den Rechten des Grundstückseigentümers bei der Gewinnung von Bodenschätzen Beckmann AUR 2012, 1 ff.; siehe auch Beckmann ZfB 2024 (Heft 4 in Vorbereitung); grundlegend zum BBergG v. Weschpfennig Strukturen des Bergrechts, 2022, S. 67 ff.; dazu auch Beckmann Das Bundesberggesetz auf dem Sprung zu einem modernen Gesetz der Gewinnung von Bodenschätzen und zu sonstigen unterirdischen Nutzungen?, DVBl.. 2023, 449; zur Rohstoffgewinnung im Konflikt mit der Raumordnungsplanung Brückner DVBl. 2024, 396.

[1840] VGH Kassel Urt. v. 17.2.2021 – 2 A 698/16, juris Rn. 45; BVerwG Urt. v. 30.3.2017 – 7 C 17/15, juris Rn. 14; BVerwGE 85, 223, 229; NVwZ-RR 1997, 605; BT-Drucks. 8/1315 S. 70 f.; OVG Koblenz Urt. v. 5.10.2010 – 1 A 10689/10, juris Rn. 51; OVG Lüneburg Urt. v. 18.12.1985 – 7 A 2/85, juris; bestätigt durch BVerwG Urt. v. 16.3.1989 – 4 C 25.86, juris; Gaentzsch NVwZ 1998, 889.

der Gesetzgeber habe sich bei der Zusammenstellung der im Katalog des § 3 IV Nr. 1 BBergG aufgeführten grundeigenen Bodenschätze im Wesentlichen an der zum damaligen Zeitpunkt geltenden „Silvesterverordnung" orientiert, die bei Quarzit und Quarz schon in gleicher Weise auf die entsprechende Eignung abgestellt habe. Die Einbeziehung der in § 3 IV Nr. 1 BBergG genannten Bodenschätze in den Geltungsbereich des Bergrechts habe volkswirtschaftlich wichtige Vorkommen aus dem Bereich der Steine und Erden einem Rechtsregime unterstellen sollen, das den Erfordernissen der Rohstoffsicherung in besonderer Weise Rechnung trage. Dieser Zweck könne nur erreicht werden, wenn auf objektive Kriterien, nämlich auf physikalisch-chemischen Eigenschaften des in der abzubauenden Lagerstätte vorhandenen Rohstoffs abgestellt werde. Denn nur so sei eine rechtssichere Abgrenzung des Anwendungsbereichs des Bergrechts bei dem in der Regel auf viele Jahre angelegten Abbau eines Bodenschatzes gewährleistet; die Berücksichtigung einer gegebenenfalls wechselnden Verwendungsabsicht des jeweiligen Abnehmers liefe dem zuwider.[1841] Handelt es sich bei den Kiesen und Sanden um **Grundeigentümerbodenschätze**, dh um Bodenschätze, die weder bergfrei noch grundeigen im Sinne des BBergG sind und daher nicht in den Anwendungsbereich des BBergG fallen, dann gilt im Ausgangspunkt für die Genehmigung solcher Vorhaben das jeweilige Landesrecht. In einigen Bundesländern gelten dafür spezielle **Abgrabungsgesetze** und Abgrabungsverordnungen. In den übrigen Bundesländern bedarf es für Abgrabungsvorhaben unterschiedlicher Genehmigungen.[1842]

Spezielle Abgrabungsbestimmungen gelten zB in Nordrhein-Westfalen (AbgrG NRW), in Bayern (BayAbgrG) und in Brandenburg (BbgBauAV). In Brandenburg sind die Sonderbestimmungen an das Baugenehmigungsverfahren gekoppelt (§§ 1, 2 Abs. 1 BbgBauAV). In Niedersachsen ist das Abgrabungsrecht in den §§ 8 ff. NAGBNatSchG geregelt. In Ländern ohne eigenständiges Abgrabungsrecht beurteilen sich Vorhaben nach dem Naturschutz-, Wasser, Immissionsschutz-, Bau- oder Forstrecht. In nicht spezifisch auf die Rohstoffgewinnung gerichteten Gesetzen gibt es zT Sonderregelungen für Abgrabungen. So fallen Abgra-bungen nach § 2 I Nr. 4 NBauO unter die baulichen Anlagen, und bestimmte Abgrabungen zählen zu den verfahrensfreien Baumaßnahmen nach § 60 NBauO. Vergleichbare Regelungen enthalten § 2 I Nr. 1 LBO BW sowie Anhang zu § 50 I, Nr. 11 LBO BW sowie andere Landesbauordnungen. Auch das Naturschutzrecht verweist sowohl auf Bundes- als auch auf Landesebene z.T. ausdrücklich auf Abgrabungen.[1843] Auch in Hessen gelten gem. § 1 II 3 Nr. 1 HBO Abgrabungen als bauliche Anlagen. Nach § 62 I 1 HBO bedarf eine Abgrabung einer Baugenehmigung. Abweichend davon ist eine Baugenehmigung nach § 63 HBO iVm der Anlage zu § 63 HBO für die Gewinnung von Grundeigentümerbodenschätzen im Trockenabbau entbehrlich, wenn der Abbau in einer Tiefe von bis zu 2 m oder mit einem Umfang von weniger als 30 m² im Innenbereich oder weniger als 300 m² im Außenbereich stattfinden soll (Nr. 12.1. der Anlage zu § 63 HBO). 7247

b) Bergfreie Bodenschätze. Die bergfreien Bodenschätze sind in § 3 III BBergG aufgelistet. Dazu gehören mehr als 60 mineralische Rohstoffe, insbesondere gehören Stein- und Braunkohle, Erdgas, Erdöl zu den bergfreien Bodenschätzen. 7248

Als bergfrei gilt gem. § 3 III 2 Nr. 2 b) BBergG auch die **Erdwärme**, deren Gewinnung in Staufen im Schwarzwald zu erheblichen Schäden an der Oberfläche führte,[1844] die aber auch als Schlüssel zur Treibhausgasneutralität im Wärmesektor gilt.[1845] Geothermie ist die als Wärme gespeicherte Energie aus der Tiefe des Erdinneren.[1846] **Erdwärme** kann zur Stromerzeugung und zur Wärmeproduktion genutzt werden. Unterschieden wird zwischen oberflächennaher und tiefer Geothermie, wobei die Grenze zumeist bei einer Bohrtiefe von 400 m gezogen wird. Bei oberflächennaher Geothermie wird die Wärme der obersten Erdschichten oder des 7249

[1841] BVerwG Urt. v. 30.3.2017 – 7 C 17/15, juris Rn. 14.

[1842] Siehe dazu den Überblick bei Keimeyer/Gailhofer/Westphal/Sanden/Schomerus/Teßmer, Recht der Rohstoffgewinnung – Reformbausteine für eine Stärkung des Umwelt- und Ressourcenschutzes im Berg-, Abgrabungs- und Raumordnungsrecht, 2019, S. 202 ff.; von Weschpfennig Strukturen des Bergrechts, 2022, S. 83 ff.

[1843] im Einzelnen dazu Keimeyer/Gailhofer/Westphal/Sanden/Schomerus/Teßmer Recht der Rohstoffgewinnung – Reformbausteine für eine Stärkung des Umwelt- und Ressourcenschutzes im Berg-, Abgrabungs- und Raumordnungs-recht, 2019, 202 ff

[1844] Zu bergrechtlichen Anforderungen an die Standsicherheit baulicher Anlagen Beckmann BauR 2011, 2047.

[1845] Näher dazu Leidinger/Franken NVwZ 2024, 361.

[1846] Leidinger/Franken NVwZ 2024, 361.

Grundwassers vor allem durch den Einsatz von Wärmepumpen iVm modernen Erdwärme-Heizsystemen genutzt. Bei tiefer Geothermie wird die geothermische Energie über Tiefbohrungen erschlossen und die Energie ohne weitere Temperaturerhöhungen genutzt.[1847]

7250 Aufsuchen und Gewinnen von Bodenschätzen fällt grds. in den Anwendungsbereich des BBergG. Das Eigentum an einem Grundstück erstreckt sich nicht auf die in der Tiefe liegende Erdwärme. Für die Gewinnung der Erdwärme als bergfreiem Bodenschatz bedarf es einer Bergbauberechtigung. Gleichwohl nehmen die Bergbehörden mit unterschiedlicher Begründung die oberflächennahe Geothermie zumeist vom Anwendungsbereich des BBergG aus. Die Begründungen dafür fallen unterschiedlich aus.[1848] Für die Gewinnung tiefer Geothermie bedarf es aber unstreitig einer bergbaulichen Berechtigung und einer bergrechtlichen Betriebsplanzulassung. Die Nutzung von Erdwärme hat außerdem regelmäßig erhebliche Auswirkungen auf Grundwasservorkommen. Dies gilt sowohl für Projekte der Tiefengeothermie als auch für die oberflächennahe Nutzung. Es bedarf deshalb für die Gewinnung von Erdwärme in der Regel auch einer wasserrechtlichen Erlaubnis gem. § 8 WHG.

7251 **c) Grundeigene Bodenschätze**. Grundeigene Bodenschätze sind gem. § 3 IV Nr. 2 BBergG außerdem alle sonstigen Bodenschätze, soweit sie untertägig aufgesucht und gewonnen werden und nicht zu den bergfreien oder im Gesetz namentlich aufgezählten grundeigenen Bodenschätzen gehören. Der Abbau von bergfreien und grundeigenen Bodenschätzen richtet sich nach dem BBergG. Für Grundeigentümerbodenschätze, die auch dem Grundstückseigentümer gehören, gelten die Vorschriften des BBergG dagegen nicht. Zu den Grundeigentümerbodenschätzen zählen zB Kies, Sand, Kalkstein, Torf, etc. Sie werden auf der Grundlage von Vorschriften des Wasserrechts, wenn es sich um einen Nassausbau handelt, bei dem ein Gewässer entsteht, oder nach dem Abgrabungsrecht der Länder gewonnen. Der übertägige Abbau von Bodenschätzen kann Auswirkungen auf Oberflächengewässer oder auch auf das Grundwasser haben. Für die Zulassung des Vorhabens ist insoweit auch das Wasserrecht und damit das WHG iVm dem jeweiligen Landeswassergesetz zu beachten. Abgrabungen gehen außerdem oft mit einer nach § 8 WHG gestattungspflichtigen echten oder unechten Gewässerbenutzung im Sinne von § 9 WHG einher und unterliegen damit den wasserrechtlichen Genehmigungs- und Verfahrenserfordernissen.[1849] Ist Folge der Abgrabung, dass ein neues Gewässer entsteht, beseitigt oder wesentlich umgestaltet wird, so liegt keine Gewässerbenutzung mehr vor, sondern vielmehr ein Gewässer-ausbau. Dies gilt jedenfalls dann, wenn eine oberirdische Wasserfläche auf Dauer bestehen bleiben soll.[1850]

7252 Der Abbau von **grundeigenen Bodenschätzen** und von **Grundeigentümerbodenschätzen** durch ein Bergwerksunternehmen oder ein Abbauunternehmen ist grundsätzlich nur mit Zustimmung des Grundstückseigentümers zulässig. Zumeist werden dazu zwischen dem Abbauunternehmen und dem Grundstückseigentümer Gewinnungs- oder Ausbeutungsverträge geschlossen, bei denen es sich zivilrechtlich regelmäßig um Pachtverträge handelt.

2. Bergbauberechtigungen für bergfreie Bodenschätze

7253 Wer bergfreie Bodenschätze aufsuchen will, bedarf der Erlaubnis, wer bergfreie Bodenschätze gewinnen will, der Bewilligung oder des Bergwerkseigentums. Diese Berechtigungen können nur natürlichen und juristischen Personen und Personenhandelsgesellschaften erteilt oder verliehen werden (§ 6 BBergG). Über eine Reform oder gar Abschaffung des Berechtsamswesens wird seit längerem diskutiert.[1851] Gute Gründe sprechen dafür, an den bewährten Strukturen des Berechtsamswesens festzuhalten.[1852] Der Staat soll die Konzessionierung von Rechten an bestimmten volkswirtschaftlich besonders relevanten Bodenschätzen in seinen Händen halten und die damit einhergehenden Möglichkeiten der Steuerung zur Bedarfsdeckung wie auch zB zur Erhebung von Förderabgaben nicht aufgeben. De lege ferenda emp-

---

[1847] Kühne/v. Hammerstein/Keienburg/Kappes/Wiesendahl/v. Hammerstein, BBergG, 2023, § 3 Rn. 37; mwN.; Leidinger/Franken NVwZ 2024, 361.

[1848] Leidinger/Franken NVwZ 2024, 361 (363).

[1849] Gaentzsch NVwZ 1988, 889 (892).

[1850] BVerwGE 55, 220; DVBl. 1979, 70; Gaentzsch NVwZ 1998, 889 (892).

[1851] Siehe dazu von Weschpfennig Strukturen des Bergrechts, 2022, 170 ff.; grundlegend auch bereits Wörheide Die Bergbauberechtigungen nach dem Bundesberggesetz, 2014.

[1852] von Weschpfennig, Strukturen des Bergrechts, S. 170 ff.; siehe dazu auch sehr grundlegend bereits Wörheide Die Bergbauberechtigungen nach dem Bundesberggesetz, Baden-Baden, 2014.

fiehlt von Weschpfennig das Ordnungspotenzial der Bergbauberechtigung über deren Anwendung bei der Aufsuchung und Gewinnung von Bodenschätzen hinaus für sonstige Untergrundnutzungen in Betracht zu ziehen. Dies gelte zB für Speicherrechte, die im Zusammenhang mit der Energiewende und dem Klimaschutz eine erhebliche Rolle spielen.[1853]

Überzeugend erläutert von Weschpfennig, dass durch die Konzessionierung keine Vorfestlegungen für die späteren Zulassungen von Betriebsplänen drohen. Der Regelungsgehalt der Bergbauberechtigungen erschöpfe sich in einer formalen Rechtsverleihung, die Voraussetzung für eine aussichtsreiche Einreichung von zulassungsbedürftigen Betriebsplänen ist. Nach § 55 I Nr. 1 BBergG kann nämlich ein Betriebsplan nur zugelassen werden, wenn die erforderliche Berechtigung für die vorgesehene Aufsuchung und Gewinnung von Bodenschätzen nachgewiesen ist.[1854] Die Bergbauberechtigung vermittelt auch keine herausgehobene grundrechtliche Rechtsposition, die sich im Betriebsplanverfahren gegenüber kollidierenden Belangen zwingend durchsetzen muss. Das ändert allerdings nichts daran, dass Bergbau nicht nur im öffentlichen Interesse an der Rohstoffsicherung dient, sondern zuvörderst der grundrechtlichen Verbürgung individueller Freiheitsentfaltung verpflichtet bleibt.[1855] Gleichwohl könnte es angezeigt sein, im Verfahren zur Erteilung einer Bergbauberechtigung eine Öffentlichkeitsbeteiligung vorzusehen.[1856] Einer solchen Absicht kann man allerdings mit guten Gründen auch zurückhaltend begegnen. Denn in der Tat könnten mit einer Öffentlichkeitsbeteiligung bei der Konzessionierung frühzeitig künftige Kollisionslagen zwischen Bergbau und Grundeigentum diskutiert und gegebenenfalls auch ausgeräumt werden. Andererseits dürfte der zu erwartende Erkenntnisgewinn nicht zu hoch einzuschätzen sein, da in einem solch frühen Verfahrensstadium in der Regel noch keine ausreichenden Daten über etwaige Beeinträchtigung der Oberfläche vorhanden sind. Das gilt allerdings nicht für Tagebauvorhaben.[1857] Überdies kann eine Öffentlichkeitsbeteiligung im Konzessionsverfahren nicht die politische Grundsatzdiskussion über eine künftige Rohstoff- und Energiepolitik kompensieren.[1858] Das wäre in der Tat eine nicht beabsichtigte Überfrachtung des Verfahrens zur Beteiligung der Öffentlichkeit.[1859] 7254

a) Bergrechtliche Erlaubnis und Bewilligung. Die Erlaubnis gewährt nach § 7 I 1 BBergG das ausschließliche Recht, nach den Vorschriften des BBergG Gesetzes in einem bestimmten Feld (Erlaubnisfeld) die in der Erlaubnis bezeichneten Bodenschätze aufzusuchen, bei planmäßiger Aufsuchung notwendigerweise zu lösende oder freizusetzende Bodenschätze zu gewinnen und das Eigentum daran zu erwerben und die Einrichtungen iSd § 2 I Nr. 3 BBergG zu errichten und zu betreiben, die zur Aufsuchung der Bodenschätze und zur Durchführung der damit nach § 2 I Nr. 1 und 2 BBergG im Zusammenhang stehenden Tätigkeiten erforderlich sind. Eine Erlaubnis zur Aufsuchung zu gewerblichen Zwecken schließt nach § 7 II BBergG die Erteilung einer Erlaubnis zur großräumigen Aufsuchung sowie einer oder mehrerer Erlaubnisse zur Aufsuchung zu wissenschaftlichen Zwecken, eine Erlaubnis zur großräumigen Aufsuchung die Erteilung einer oder mehrerer Erlaubnisse zur Aufsuchung zu wissenschaftlichen Zwecken für dasselbe Feld nicht aus. 7255

Aufsuchen ist gem. § 4 I 1 BBergG die mittelbar oder unmittelbar auf die Entdeckung oder Feststellung der Ausdehnung von Bodenschätzen gerichtete Tätigkeit. Wer bergfreie Bodenschätze gewinnen möchte, braucht eine bergrechtliche Bewilligung (§ 6 I BBergG). **Gewinnen** ist das Lösen oder Freisetzen von Bodenschätzen einschließlich der damit zusammenhängenden vorbereitenden, begleitenden und nachfolgenden Tätigkeiten (§ 4 II BBergG). 7256

Verfahren. Nach § 10 S. 1 BBergG werden Erlaubnis und Bewilligung nur auf Antrag erteilt. Der Antrag ist gem. § 10 S. 2 BBergG schriftlich bei der zuständigen Behörde zu stellen. Zu dem Inhalt des Antrags und den dazu einzureichenden Unterlagen enthält § 10 BBergG keine näheren Vorgaben; diese ergeben sich aus den §§ 11 bis 13 BBergG. Außerdem ergeben sich verfahrensrechtliche Anforderungen zu den Antragsunterlagen aus der Bergverordnung über vermessungstechnische und sicherheitliche Unterlagen (UnterlagenBergVO). Die Verordnung enthält unter anderem Anforderungen an den Lageriss, der für die Erteilung einer Bewilligung nach § 8 BBergG vorzulegen ist, an die Berechnung und Festlegung der Begrenzung 7257

[1853] von Weschpfennig Strukturen des Bergrechts, 2022, 190.
[1854] BVerwG Beschl. v.28.06.2019 – 7 B 22/18, juris.
[1855] von Weschpfennig Strukturen des Bergrechts, 2022, 52 f.; Beckmann DVBl.. 2023, 449 (451).
[1856] Dazu Beckmann UPR 2014, 206, 212.
[1857] von Weschpfennig Strukturen des Bergrechts,2022, 169 f.
[1858] von Weschpfennig Strukturen des Bergrechts, 2022, 170.
[1859] Beckmann DVBl.. 2023, 449 (452).

und des Flächeninhalts der Bergbauberechtigung, an die Bestimmung der Fundstellen und an die Vorlage von Berechnungen und Vermessungsunterlagen.

7258 Erlaubnis und Bewilligung bedürfen nach § 16 I 1 BBergG der **Schriftform**; die elektronische Form ist ausgeschlossen. Nach § 37 I VwVfG muss der Bewilligungsbescheid auch hinreichend bestimmt sein. Diese Anforderung ergänzt § 16 I 2 BBergG dahingehend, dass die Bewilligung für ein bestimmtes Feld und für bestimmte Bodenschätze zu erteilen ist. Das zu bezeichnende Feld muss den definitorischen Vorgaben des § 4 VII BBergG entsprechen. Feld einer Bewilligung ist danach ein Ausschnitt aus dem Erdkörper, der von geraden Linien an der Oberfläche und von lotrechten Ebenen nach der Tiefe begrenzt wird, soweit nicht die Grenzen des Geltungsbereichs dieses Gesetzes einen anderen Verlauf erfordern. Zur notwendigen hinreichenden Bestimmtheit gehört auch eine **Angabe zur Befristung** der Bewilligung.[1860] Die Erlaubnis ist nach § 16 IV 1 BBergG auf höchstens fünf Jahre zu befristen. Sie soll um jeweils drei Jahre verlängert werden, soweit das Erlaubnisfeld trotz planmäßiger, mit der zuständigen Behörde abgestimmter Aufsuchung noch nicht ausreichend untersucht werden konnte (§ 18 IV 2 BBergG). Die Bewilligung darf nach § 16 V 1 BBergG nur für eine der Durchführung der Gewinnung im Einzelfall angemessene Frist erteilt werden. Dabei dürfen fünfzig Jahre nur überschritten werden, soweit dies mit Rücksicht auf die für die Gewinnung üblicherweise erforderlichen Investitionen notwendig ist. Nach Ablauf der Frist kann die Erlaubnis auch dann nicht verlängert werden, wenn der Verlängerungsantrag vor diesem Zeitpunkt gestellt wurde.[1861]

7259 **Rechtsstellung.** Die bergrechtliche Bewilligung nach § 8 I Nr. 1 BBergG gewährt das ausschließliche Recht, in einem bestimmten Feld (Bewilligungsfeld) die in ihr bezeichneten Bodenschätze aufzusuchen, zu gewinnen sowie das Eigentum an den Bodenschätzen zu erwerben.[1862] Mit dieser Rechtsposition unterfällt sie dem Schutzbereich des Eigentumsgrundrechts nach Art. 14 I 1 GG. Sie ist, solange sie nicht widerrufen wurde, als gewichtiger Belang in die fachplanerische Abwägung einzustellen. Das gilt auch dann, wenn noch kein Betriebsplan zugelassen oder kein neuer Betriebsplan beantragt wurde.[1863] Ungeachtet dessen darf die Planfeststellungsbehörde bei der Abwägung berücksichtigen, ob im Einzelfall weitere Umstände, etwa ein aktueller Gewinnungsbetrieb, der eigentumsrechtlich geschützten Rechtsposition des Bewilligungsinhabers zusätzliches Gewicht verleihen. Die Bewilligung zur Gewinnung von Bodenschätzen nach § 8 BBergG umfasst – ohne die Übertragung weiterer Befugnisse, insbesondere in Form der Grundabtretung – grundsätzlich nicht das Recht, den Eigentümern der Grundstücke eine dem Gewinnungsberechtigten nachteilige Benutzung der Grundstücksoberfläche zu verbieten.[1864] Ein Gewinnungsbetrieb darf zwar nur aufgrund von Betriebsplänen errichtet, geführt und eingestellt werden, die vom Unternehmer aufgestellt und von der zuständigen Behörde zugelassen worden sind (vgl. § 51 I 1 BBergG). Dennoch muss der Inhaber einer Bewilligung deren Beeinträchtigung bis zur Erteilung eines Betriebsplans nicht entschädigungslos hinnehmen. Das Eigentum im Sinne von Art. 14 I GG umfasst vielmehr das Recht, eigenverantwortlich davon Gebrauch zu machen. Die Bewilligung genießt damit rechtlichen Schutz, noch bevor die Nutzungsabsicht durch einen Betriebsplan konkretisiert worden ist.[1865]

7260 **b) Versagung von Erlaubnis und Bewilligung.** Nach § 11 Nr. 10 BBergG ist die Erlaubnis zu versagen, wenn überwiegende öffentliche Interessen die Aufsuchung im gesamten zuzuteilenden Feld ausschließen. Für die für eine Gewinnungstätigkeit erforderliche Bewilligung gilt nach § 12 I BBergG Entsprechendes.[1866] Die begehrte Konzession ist zu erteilen, wenn keiner der im Gesetz genannten Versagungsgründe vorliegt. Die Entscheidung über den Erlaubnis- oder Bewilligungsantrag steht insoweit nicht im Ermessen der Behörde.[1867] Zu den öffentlichen Interessen, die es rechtfertigen können, die begehrte Konzession zu versagen, zählen auch Umweltbelange, insbesondere solche des Natur- und des Gewässerschutzes.[1868]

[1860] Beckmann NuR 2015, 152.

[1861] OVG Schleswig NordÖR 2024, 130 = juris Rn. 5; BVerwG Beschl. v. 21.11.2019 – 7 B 30.18, juris Rn. 7.

[1862] Siehe dazu Brückner DVBl.. 2024, 396 (397).

[1863] BVerwG DVBl. 2024, 241; BVerwGE 154, 153 Rn. 16, 20.

[1864] BGH UPR 2001, 185 zur Verlegung einer Ölfernleitung.

[1865] BVerwG DVBl. 2024, 241 = juris Rn. 66; BVerfGE 112, 93 (107); NJW 2023, 1419 Rn. 107.

[1866] Dazu Beckmann NuR 2015, 152.

[1867] Hoppe DVBl.. 1982, 101 (104); Kremer/Neuhaus gen. Wever, Bergrecht, 2011, Rn. 13.

[1868] siehe dazu Gesetzesbegründung der Bundesregierung, BT-Drucks. 8/1315, S. 87; BVerwG UPR 1999, 75; Ludwig ZUR 2012, 150; Frenz Bergrecht und nachhaltige Entwicklung, 2001, S. 38.

Mit § 11 Nr. 10 BBergG bezweckt der Gesetzgeber, schon im Stadium der Entscheidung über die Verleihung einer Bergbauberechtigung zu verhindern, dass eine Berechtigung erteilt wird, die sich im Nachhinein als wertlos erweist. Allerdings kommt wegen möglicher Umweltfolgen der bergbaulichen Tätigkeit eine Versagung der begehrten Konzession nur in Betracht, wenn sich bereits in Konzessionsverfahren erweist, dass die Aufsuchung bzw. die Gewinnung im gesamten zuzuteilenden Feld von vornherein ausgeschlossen ist. Das ist zumeist schon angesichts der in Rede stehenden Feldesgrößen nicht anzunehmen. Hinzu kommt, dass das Konzessionsverfahren nicht dazu dient, eine vollständige Prüfung der gesetzlichen Voraussetzungen für die spätere Zulassung von Betriebsplänen vorwegzunehmen. Im Konzessionsverfahren müssen deshalb keine Unterlagen vorgelegt werden, die eine umfassende Prüfung der gesetzlichen Voraussetzungen für die Zulassung der für den Betrieb erforderlichen Betriebspläne, insbesondere der Umweltverträglichkeit des Vorhabens ermöglichen. Insbesondere dient das von dem Antragsteller in dem Konzessionsverfahren beizubringende Arbeitsprogramm nicht einer umfassenden Umweltfolgenprüfung, sondern ausschließlich der Prüfung, ob die beabsichtigten Tätigkeiten mit Blick auf das rohstoffwirtschaftliche Ziel einer ordnungsgemäßen und planmäßigen Aufsuchung und Gewinnung ausreichend sind.[1869] Es findet insoweit keine Abschichtung der Umweltfolgenprüfung eines bergbaulichen Vorhabens in dem Sinne statt, dass im Konzessionsverfahren die grundsätzliche Vereinbarkeit der Aufsuchungs- und Gewinnungstätigkeit mit den betroffenen Umweltbelangen im Sinne einer Art Standort- oder Konzeptvorbescheid geprüft und gegebenenfalls bestätigt wird und im nachfolgenden Verfahren der Zulassung von Betriebsplänen nur noch weitere Einzelheiten hinsichtlich des Umfangs und der Art und Weise der Ausführung des Vorhabens zu prüfen wären.[1870] Das Konzessionsverfahren zur Erteilung einer Berechtigung und das Betriebsplanzulassungsverfahren bilden insoweit nicht verschiedene Verfahrensschritte eines zwar gestuften, im Übrigen aber einheitlichen Zulassungsverfahrens. Vielmehr verschafft das Konzessionsverfahren in einem ersten Schritt nur die zivilrechtliche Verfügungsbefugnis an dem Bodenschatz; die Betriebsplanzulassung dagegen in einem zweiten Schritt die öffentlich-rechtliche Genehmigung für die Errichtung, Führung und Einstellung eines Aufsuchungs- oder Gewinnungsbetriebs. 7261

Diese unterschiedliche Funktion von Konzessionsverfahren und Betriebsplanzulassungsverfahren ändert aber nichts daran, dass in einem noch näher zu bestimmenden Umfang Überschneidungen der Prüfungsmaßstäbe durch die gesetzlichen Voraussetzungen für die Erteilung der Konzession und der Betriebsplanzulassung angelegt sind. Denn sowohl eine beantragte Konzession als auch die Zulassung eines eingereichten Betriebsplans sind zu versagen, wenn der beabsichtigten Aufsuchungs- oder Gewinnungstätigkeit überwiegende öffentliche Interessen entgegenstehen (§§ 11 Nr. 10, 48 II 1 BBergG). In beiden Fällen setzt der Gesetzgeber eine grundsätzlich umfassende Interessenabwägung voraus, bei der die Umweltfolgen der Aufsuchungs- und Gewinnungstätigkeiten nicht ausgeblendet werden können. Es bedarf insoweit auch keiner gesetzlichen Änderung, um etwa Belange des Ressourcenschutzes berücksichtigen zu können.[1871] 7262

Eine sachgerechte Interessenabwägung im Sinne von § 11 Nr. 10 BBergG kann, wenn zu den Umweltfolgen der Aufsuchungs- und Gewinnungstätigkeit überhaupt keine prüffähigen Unterlagen vorgelegt werden müssen, nur dann stattfinden, wenn unterstellt werden darf, dass zu erwartende Umweltfolgen einer solchen Tätigkeit kein solches Gewicht erlangen (können), dass die öffentlichen Interessen an der Vermeidung solcher Umweltbeeinträchtigungen, möglicherweise im Verein mit weiteren öffentlichen Interessen, die gegen eine Aufsuchung und Gewinnung sprechen, die öffentlichen und privaten Interessen, für den beabsichtigten Betrieb sprechen, überwiegen. Das mag in der Vergangenheit angesichts des in § 1 Nr. 1 BBergG geregelten Förderzwecks des Gesetzes, wonach zur Sicherung der Rohstoffversorgung das Aufsuchen, Gewinnen und Aufbereiten von Bodenschätzen und der Berücksichtigung ihrer Standortgebundenheit und des Lagerstättenschutzes bei sparsamem und schonendem Umgang mit Grund und Boden zu ordnen und zu fördern ist, und angesichts der **Rohstoffsicherungsklausel** des § 48 I 2 BBergG, wonach dafür Sorge getragen werden soll, dass die Aufsuchung und Gewinnung so wenig wie möglich beeinträchtigt werden, stets angenommen worden sein. Zwingend ist das allerdings nicht, zumal es bei der Prüfung nicht unbedingt und ausschließlich 7263

[1869] Franke in FS für Kühne, 2009, 507 (523).

[1870] Franke in FS für Kühne, 2009, S. 507 (523); Elgeti/Dietrich NuR 2012, 232 (235); OVG Bautzen ZfB 139 (1998), 205 (208f.); aA Fischer-Hüftle NuR 1989, 106 (108).

[1871] Siehe dazu Beckmann NuR 2015, 152; Bovet UPR 2014, 418 (420); Herrmann/Sanden/Schomerus/Schulze ZUR 2012, 523 (528).

um eine vollständige Versagung begehrten Konzession, sondern zum Schutze ansonsten überwiegender öffentlicher Interessen auch um eine Teilversagung gehen kann.

7264 Der Verweis auf eine spätere Prüfung der Umweltfolgen im Betriebsplanverfahren hilft auch dann nicht weiter, wenn mit der Erteilung der Konzession zugleich entschieden wird, dass eine damit kollidierende anderweitige, möglicherweise deutlich umweltverträglichere Aufsuchungs- oder Gewinnungstätigkeit unterbleiben muss. In einem solchen Kollisionsfall könnten die begehrte Erlaubnis oder Bewilligung angesichts der mit Blick auf öffentliche Interessen vorzugswürdigen Aufsuchung oder Gewinnung anderer Bodenschätze zu versagen sein. Es ist deshalb nicht so, dass Umweltbelange bei der Prüfung der öffentlichen Interessen im Sinne von § 11 Nr. 10 BBergG nur dann zur Versagung der Konzession berechtigen, wenn bereits absehbar ist, dass die Zulassung von Betriebsplänen im gesamten Feld an zwingenden Versagungsgründen scheitert, so dass es letztlich an einem Bescheidungsinteresse fehlt. Die von dem Antragsteller im Erlaubnis- bzw. Bewilligungsverfahren vorzulegenden Unterlagen müssen sich an den gesetzlichen Prüfmaßstäben der Behörde orientieren, nicht umgekehrt. Dass das vom Antragsteller nach § 11 Nr. 3 BBergG vorzulegende Arbeitsprogramm lediglich der Prüfung dient, ob die vorgesehenen Tätigkeiten mit Blick auf die rohstoffwirtschaftliche Ziel, eine ordnungsgemäße Aufsuchung und Gewinnung zu fördern, ausreichend sind, bedeutet nicht, dass nicht noch weitere Unterlagen zusätzlich zum Arbeitsprogramm vorzulegen sind, damit die Behörde auch prüfen kann, ob der beabsichtigten Tätigkeit überwiegende öffentliche Interessen wegen der mit ihnen einhergehenden Umweltfolgen entgegenstehen.

7265 Scheitern muss die Erteilung der begehrten Konzession mit Blick auf mögliche Umweltfolgen allerdings nicht unbedingt an strikten Verboten, zB in Naturschutzgebietsverordnungen oder für ausgewiesene militärische Schutzbereiche. Denn angesichts der Möglichkeit, von Verbotstatbeständen einer Schutzgebietsverordnung zu befreien, ist im Regelfall die Konzession zu erteilen; ob eine Befreiung erteilt werden kann, ist dann später anlässlich eines parallel zum Betriebsplanverfahren einzureichenden entsprechenden Befreiungsantrags zu prüfen.[1872] Ob im Konzessionsverfahren bereits eine Prüfung der FFH-Verträglichkeit geboten ist, ist ebenfalls umstritten.[1873] Überwiegende öffentliche Interessen, die der Erteilung einer Erlaubnis oder Bewilligung entgegenstehen können, können sich auch aus Zielen der Raumordnung ergeben. Liegt das beantragte Erlaubnis- oder Bewilligungsfeld zB vollständig in einem räumlichen Bereich, in dem durch die raumordnerische Festlegung eines Eignungsgebiets eine Aufsuchung oder Gewinnung von Bodenschätzen ausgeschlossen ist, dann kann die begehrte Konzession nicht erteilt werden.[1874]

7266 **Keine Öffentlichkeitsbeteiligung.** Eine Öffentlichkeitsbeteiligung ist in dem Verfahren zur Verleihung einer Aufsuchungs- und Gewinnungsberechtigung nicht vorgesehen.[1875] § 15 BBergG schreibt lediglich vor, dass die zuständige Behörde vor der Entscheidung über den Antrag den Behörden Gelegenheit zur Stellungnahme zu geben hat, zu deren Aufgaben die Wahrnehmung öffentlicher Interessen im Sinne des § 11 Nr. 10 BBergG gehört. Umstritten ist, ob in dem Verfahren zur Verleihung einer Aufsuchungs- und Gewinnungsberechtigung auch Gemeinden zu beteiligen sind. Teilweise wird dies mit der Begründung abgelehnt, die Gemeinden seien keine Behörden; ihre Beteiligung solle erst im Betriebsplanverfahren (§ 54 S. 2 BBergG) stattfinden. Für eine frühere Beteiligung bestehe insofern auch aus Sicht des Gesetzgebers kein Bedürfnis. Nach Auffassung des BVerwG gehören jedoch auch Gemeinden zu den Behörden, zu deren Aufgaben die Wahrnehmung öffentlicher Interessen im Sinne des § 11 Nr. 10 BBergG gehört und denen deshalb gemäß § 15 BBergG vor der Entscheidung über die Verleihung einer Bergbauberechtigung Gelegenheit zur Stellungnahme zu geben ist.[1876] Da sich die Notwendigkeit einer Beteiligung der Gemeinden aus der Auslegung der einfachgesetzlichen Beteiligungsvorschrift ergibt, kommt es nicht darauf an, ob eine Beteiligung der Gemeinden zum Schutz ihres Selbstverwaltungsrechts geboten ist. Das ließe sich mit der Begründung verneinen, dass mit der Erteilung der Konzession nicht das Recht einhergeht, einen Aufsuchungs- oder Gewinnungsbetrieb aufzunehmen, so dass nachteilige Folgen insbesondere mit Blick auf die Planungshoheit kaum zu befürchten sind. Die Notwendigkeit einer Beteiligung der Gemeinden in dem Verfahren zur Erteilung einer Aufsuchungs- und Gewinnungsberechti-

1872 Karkaj NuR 2014, 164 (166); OVG Weimar Beschl. v. 1.12.2012 – 1 KO 49/07, juris Rn. 34.

1873 bejahend Ludwig ZUR 2012,150, 151; aA Franke in FS für Kühne, 2009, S. 507 (526 f.).

1874 Karkaj NuR 2014, 164 (166).

1875 Siehe dazu Beckmann NuR 2015, 152 ff; Vitzthum/Piens in Piens/Schulte/Graf Vitzthum, BBergG, 2020, § 10 Rn. 1; Elgeti/Dietrich NuR 2012, 232 (235); kritisch dazu Bovet UPR 2014, 418 (420).

1876 BVerwG Beschl. v. 15.10.1998 – 4 B 94/98, juris; Attendorn ZUR 2011, 565 (567).

gung, bedeutet auch nicht, dass über die Gemeinden eine mittelbare Öffentlichkeitsbeteiligung stattfindet. Die Gemeinden sind nämlich nicht berechtigt, im Rahmen dieser Beteiligung an diesem Verfahren Individualinteressen einzelner Bürger geltend zu machen. Die Gemeinden sind keine Sachwalter der privaten Interessen ihrer Bürger.[1877]

Bei der **Anfechtung** einer nach § 14 I 2 BBergG erteilten bergrechtlichen Bewilligung kann sich der erfolglos gebliebene Dritte nur darauf berufen, dass die formellen Voraussetzungen für eine Vorrangentscheidung zugunsten des Erlaubnisinhabers nicht vorgelegen hätten, mangels einer Verletzung drittschützender Belange jedoch nicht auf das Vorliegen gesetzlicher Versagungsgründe nach § 12 BBergG.[1878] 7267

c) Bergwerkseigentum. Teilweise tritt neben die Bewilligung noch die Verleihung von Bergwerkseigentum. Die Verleihung des Bergwerkseigentums setzt die Erteilung einer bergrechtlichen Bewilligung voraus (§ 13 Nr. 1 BBergG). Die Rechtsgewährung durch das Bergwerkseigentum reicht nicht weiter als die der Bewilligung. Beide räumen das ausschließliche Recht ein, nach dem BBergG Gewinnungstätigkeiten auszuüben. Auf das Bergwerkseigentum sind jedoch die für Grundstücke geltenden Vorschriften des BGB entsprechend anzuwenden, soweit das Bundesberggesetz nichts anderes bestimmt. Das Bergwerkseigentum kann deshalb wie ein Grundstück in das Grundbuch eingetragen werden und dinglich belastet werden. Außerdem kann das Bergwerkseigentum wesentliche Bestandteile im Sinne der §§ 93 f BGB haben. Dazu gehören zB Schächte, Grubenbaue und Wasserhaltungsanlagen. Solche Anlagen sind Haftungsobjekt des Grundpfandrechtsgläubigers eines Bergwerkseigentums; auf sie erstreckt sich auch die ordnungsrechtliche Verantwortung des Bergwerkseigentümers entweder nach dem BBergG oder – nach der Entlassung aus der Bergaufsicht nach § 69 II BBergG – nach dem allgemeinen Polizei- und Ordnungsrecht.[1879] 7268

Durch die Verleihung des Bergwerkseigentums wird die Bewilligung unter den zusätzlichen Voraussetzungen des § 13 BBergG in ein grundstücksgleiches Recht überführt. Mit der Entstehung des Bergwerkseigentums erlischt die Bewilligung, soweit sie von dem Bergwerksfeld überdeckt wird (§ 17 I 2 BBergG), weil für dasselbe Feld und denselben Bodenschatz nicht mehrere ausschließliche Gewinnungsrechte bestehen können. Das Bergwerkseigentum umfasst alle Einzelbefugnisse aus der bergrechtlichen Bewilligung, an deren Stelle sie tritt. Ferner werden die grundstücksrechtlichen Vorschriften des BGB für entsprechend anwendbar erklärt (§ 9 I 1 HS 2 BBergG). Zweck dieser Verweisung ist es, die Beleihungsfähigkeit und Belastbarkeit der Gewinnungsberechtigung im Wege der Aufwertung zu einem grundstücksgleichen Recht herbeizuführen. Hierin erschöpft sich nach der Rechtsprechung des BGH die Bedeutung der Verweisung. Im Übrigen entsprechen der Inhalt des Bergwerkseigentums und die dem Bergwerkseigentümer zustehenden Rechte und Pflichten gegenüber seinen Nachbarn, insbesondere gegenüber den Eigentümern der über dem Bergwerkseigentum befindlichen Grundstücke, denen des Inhabers einer Bewilligung. Für diese gilt die Vorschrift des § 8 II BBergG, die aber nicht auf die für Grundstücke geltenden Vorschriften des BGB, sondern auf die Ansprüche aus dem Eigentum nach bürgerlichem Recht verweist.[1880] 7269

Nach § 8 II BBergG sind auf das Recht aus der Bewilligung, soweit das BBergG nichts anderes bestimmt, die für Ansprüche aus dem Eigentum geltenden Vorschriften des bürgerlichen Rechts entsprechend anzuwenden. Die in § 8 II BBergG verwendete Formulierung „Ansprüche aus dem Eigentum" zielt auf die Regelungen der §§ 985 bis 1007 BGB ab. Der Gesetzgeber ist bei der Schaffung der Bewilligung nach § 8 BBergG und des Bergwerkeigentums nach § 9 BBergG konzeptionell von dem früheren Bergwerkseigentum ausgegangen, das zwar auf einer hoheitlichen Verleihung beruhte, begrifflich aber dem sachenrechtlichen (Grund-) Eigentum gleichgestellt war.[1881] Diese Gleichstellung geht nach dem BBergG bei dem Bergwerkseigentum zwar inhaltlich weiter als bei der bergrechtlichen Bewilligung. Das ändert aber nichts daran, dass, von der nur bei dem Bergwerkseigentum möglichen Beleihung und Belastung abgesehen, Bergwerkseigentümer und Bewilligungsinhaber bezogen auf ihre Abbaubefugnis eine dem Grundstückseigentümer vergleichbare Rechtsstellung erhalten sollten. 7270

[1877] OVG Münster DVBl.. 1989, 1016; Beckmann in Neuhaus gen. Wever/Beckmann, Aktuelle Probleme des Drittschutzes im Bergrecht, Bochum 2002, S. 42.

[1878] OVG Bautzen ZfB 2022, 178 = juris Rn. 18.

[1879] Zu einem Entschädigungsanspruch für die Beschränkung eines Bergwerkseigentums durch Ausweisung eines Naturschutzgebiets OVG Bautzen DVBl. 2024, 308.

[1880] BGH, Urt. v. 19.9.2008 -V ZR 28/08, juris Rn. 9.

[1881] BGH Urt. v. 19.9.2008 -V ZR 28/08, juris Rn. 9; BGHZ 53, 226, 223.

7271 **d) Zivilrechtliche Verfügungsbefugnis bei grundeigenen Bodenschätzen.** Das Recht, grundeigene Bodenschätze aufzusuchen und zu gewinnen, ergibt sich aus den zivilrechtlichen Befugnissen des Eigentümers (§§ 903 ff. BGB) bzw. des Pächters (§§ 581 ff. BGB) eines Grundstückes. Da jedoch die zivilrechtlichen Befugnisse hinter denjenigen zurückbleiben, die sich aus einer bergrechtlichen Erlaubnis, Bewilligung oder dem Bergwerkseigentum ergeben, hat der Gesetzgeber die Befugnis desjenigen, der grundeigene Bodenschätze aufsucht oder gewinnt, entsprechend erweitert. Dazu bestimmt § 34 BBergG, dass die §§ 7 I, VIII und IX BBergG in Bezug auf die Mitgewinnung anderer Bodenschätze (§§ 42, 43 BBergG) und das Recht, sich diese anzueignen, sowie in Bezug auf die Anlegung von Hilfsbauen (§§ 44 ff. BBergG) und die Benutzung fremder Grubenbaue (§ 47 BBergG) entsprechend anwendbar sind.

3. Enteignung und Mitgewinnung

7272 Die Rohstoffgewinnung in Deutschland hat eine hohe Bedeutung für die Versorgung der Bevölkerung, von Industrie und Gewerbe mit heimischen Rohstoffen. Dazu gehören Massenbaustoffe, wie Kies, Sand oder Kalkstein und spezielle Rohstoffe, die für die Energiewende und das Erreichen der ambitionierten Klimaschutzziele benötigt werden.[1882] Das Bergwerksunternehmen kann für den Abbau von Bodenschätzen in unterschiedlicher Weise auf eine Mitwirkung oder Zustimmung der Grundstückseigentümerin angewiesen sein. Der Gesetzgeber ermöglicht es den Bergbehörden jedoch, dem Bergwerksunternehmen den Zugriff auf fremde Gewinnungsrechte, die Nutzung fremden Grundstückseigentums und die Mitgewinnung von Bodenschätzen anderer nötigenfalls gegen deren Willen zu erlauben.

7273 **a) Reformüberlegungen.** Die planerische Sicherung von Bodenschätzen, etwa durch Vorranggebiete oder Abgrabungskonzentrationszonen in Landes- und Regionalplänen bewirkt allein nicht, dass die so gesicherten Bodenschätze auch tatsächlich abgebaut werden, wenn und solange der Grundstückseigentümer oder der Eigentümer der Bodenschätze kein Interesse an ihrer Gewinnung hat.[1883] Das BBergG stellt deshalb mit den Möglichkeiten der Grundabtretung (Recht zur Inanspruchnahme eines fremden Grundstücks zur Errichtung und Führung eines bergbaulichen Gewinnungsbetriebs) der Zulegung (Recht, den Abbau eines Bodenschatzes aus dem Feld einer Gewinnungsberechtigung -Hauptfeld- in das Feld einer benachbarten fremden Gewinnungsberechtigung, die sich auf den gleichen Bodenschatz bezieht, fortzuführen) und der Mitgewinnung (Recht, innerhalb des Feldes einer Gewinnungsberechtigung andere Bodenschätze mitzugewinnen, soweit sie nach der Entscheidung der zuständigen Behörde bei planmäßiger Durchführung der Gewinnung aus bergtechnischen oder sicherheitstechnischen Gründen nur gemeinschaftlich gewonnen werden können) ein sehr differenziertes Instrumentarium für die Überwindung von Eigentumsrechten, die eine bedarfsgerechte, ressourcenschonende und klimaverträglichere Gewinnung der Bodenschätze verhindern, zur Verfügung.[1884]

7274 Vergleicht man die Bestimmungen des BBergG zur Grundabtretung, Zulegung und Mitgewinnung mit den gesetzlichen Bestimmungen, die etwa bei einer Nassauskiesung nach dem WHG, den Landeswassergesetzen und den Landesenteignungsgesetzen für eine Enteignung von Grundeigentümerbodenschätzen herangezogen werden können, dann werden Vorzüge des BBergG erkennbar. Denn Vorschriften über die Zulegung und die Mitgewinnung bei der Nassauskiesung hält das Wasserrecht nicht vor. Die Bestimmung zur enteignungsrechtlichen Vorwirkung eines wasserrechtlichen Planfeststellungsbeschlusses in § 71 WHG begegnet im Übrigen mit Blick auf die Rechtsprechung des BVerfG zu § 79 BBergG[1885] verfassungsrechtlichen Zweifeln,[1886] die man allerdings nicht teilen muss.[1887]

1882 Brückner DVBl. 2024, 396.

1883 zur raumplanerischen Sicherung von Lagerstätten siehe auch v.Weschpfennig Strukturen des Bergrechts, 2022, 24 ff.; Brückner DVBl.. 2024, 396; siehe auch Kirchner ZfB 2021, 269 ff.; Frenz UPR 2014, 383.

1884 siehe dazu Beckmann AuR 2012, 1 (2); Wörheide Die Bergbauberechtigungen nach dem Bundesberggesetz, 2014, S. 406 ff.

1885 BVerfGE 134, 242 zum Braunkohlentagebau Garzweiler II; dazu Dietlein AUR 2015, 167; Ziehm ZUR 2014, 458; Kühne Bergrecht und verfassungsrechtliche Eigentumsdogmatik, in FS für OLG Hamm, 2020, 265 (269 f).

1886 siehe dazu Kümper NuR 2019, 664, 668 ff.; ders. in Schink/Fellenberg, WHG, 2021, § 71 Rn. 17 ff.; Reinhardt NVwZ 2021, 755 (757).

1887 zu Recht deshalb wohl aA Fröhlich ZfW 2014, 183, 187 ff., 191 ff.; Schenk in Sieder/Zeitler/Dahme/Knopp, WHG, § 71 Rn. 2; keine verfassungsrechtlichen Bedenken hegen offenbar auch Riese in Landmann/Rohmer, Umweltrecht, § 71 WHG Rn. 8; Spieth in BeckOK Umweltrecht, § 71 WHG, Rn. 1 ff.; Breuer/Gär-

Im Abgrabungsrecht der Länder sieht es kaum besser aus. Auch dort gibt es kein dem BBergG vergleichbares Instrumentarium zur Inanspruchnahme fremden Eigentums im Sinne einer möglichst vollständigen, ortsnahen und damit ressourcen- und klimaschonenden Gewinnung von Bodenschätzen. Das könnte dafür sprechen, Grundeigentümerbodenschätze, insbesondere die für die Bauwirtschaft notwendigen Kiese und Sande, im Sinne einer möglichst regionalen oder gar ortsnahen und daher klimapolitisch/ressourcenökologisch vorzugswürdigen Gewinnung als grundeigene Bodenschätze dem Anwendungsbereich eines reformierten BBergG zu unterstellen. Nicht zu Unrecht wird dazu angemerkt, es sei kaum vermittelbar, warum ausgerechnet Kiese und Sande, die den größten Anteil an den geförderten Bodenschätzen in Deutschland aus-machten, nicht unter das Bergrecht fielen.[1888] Für den Fall, dass Bodenschätze bei einer Zuordnung zum Grundeigentum nicht gewonnen werden können, weil ihr Eigentümer kein Interesse an der Gewinnung hat, werden zu konkretisierende Kontrahierungszwänge ins Gespräch gebracht.[1889] Das mag eine überlegenswerte Empfehlung für den Gesetzgeber sein. Alternativlos ist für solche Fallgestaltungen die Einführung eines solchen Kontrahierungszwangs allerdings nicht. In Betracht kommen unter Berücksichtigung der dazu ergangenen Rechtsprechung auch Möglichkeiten der Enteignung zugunsten privater Vorhabenträger, wobei allerdings zu prüfen ist, ob und inwieweit überhaupt ein Fall der Enteignung vorliegt. Das wird beispielsweise für eine Zulegung nach § 35 BBergG bejaht,[1890] während das Mitgewinnungsrecht nach § 42 BBergG nicht als ein Fall der Enteignung desjenigen angesehen wird, dem die mitgewonnenen Bodenschätze gehören. Vielmehr ist die sich daraus ergebende Eigentumsbegrenzung Teil der dem Gesetzgeber nach Art. 14 I 2 GG obliegenden Inhalts- und Schrankenbestimmung.[1891] 7275

Mit Recht wird kritisiert, dass sowohl Quarz und Quarzit als auch Ton nur dann zu den grundeigenen, dem Anwendungsbereich des BBergG zugehörigen Bodenschätzen zählen, wenn sie qualifizierte Anforderungen erfüllen.[1892] Unklarheiten über das anwendbare Recht könnten die Folge sein. Für den Kies- und Sandabbau ist nach dem geltenden Recht entscheidend, dass auch Quarz und Quarzit zu den grundeigenen Bodenschätzen nach § 3 IV Nr. 1 BBergG zählen, soweit sie sich zur Herstellung von feuerfesten Erzeugnissen oder Ferrosilizium eignen, wobei es aber allein auf eine entsprechende Eignung und nicht darauf ankommt, ob das Material tatsächlich in einer Weise verwendet wird, die diese speziellen Eigenschaften nicht nutzt, bzw. ob eine entsprechende Verwendungsabsicht überhaupt besteht.[1893] Das BVerwG erläutert dazu, der Gesetzgeber habe sich bei der Zusammenstellung der im Katalog des § 3 IV Nr. 1 BBergG aufgeführten grundeigenen Bodenschätze im Wesentlichen an der zum damaligen Zeitpunkt geltenden „Silvesterverordnung" orientiert, die bei Quarzit und Quarz schon in gleicher Weise auf die entsprechende Eignung abgestellt habe. Die Einbeziehung der in § 3 IV Nr. 1 BBergG genannten Bodenschätze in den Geltungsbereich des Bergrechts habe volkswirtschaftlich wichtige Vorkommen aus dem Bereich der Steine und Erden einem Rechtsregime unterstellen sollen, das den Erfordernissen der Rohstoffsicherung in besonderer Weise Rechnung trage. Dieser Zweck könne nur erreicht werden, wenn auf objektive Kriterien, nämlich auf physikalisch-chemischen Eigenschaften des in der abzubauenden Lagerstätte vorhandenen Rohstoffs abgestellt werde. Denn nur so sei eine rechtssichere Abgrenzung des Anwendungsbereichs des Bergrechts bei dem in der Regel auf viele Jahre angelegten Abbau eines Bodenschatzes gewährleistet; die Berücksichtigung einer gegebenenfalls wechselnden Verwendungsabsicht des jeweiligen Abnehmers liefe dem zuwider.[1894] Sinnvoll erscheint diese Abgrenzung des Anwendungsbereichs des BBergG für Kiese und Sande gleichwohl nicht.[1895] 7276

ditz, Öffentliches und privates Wasserrecht, 2017, Rn. 1218, 1219; Deutsch in Mann/Sennekamp/Uechtritz, VwVfG 2019, § 75 Rn. 101, Kämper in Beck OK VwVfG, § 75 Rn. 16a.

1888 Keimeyer/Gailhofer/Westphal/Sanden/Schomerus/Teßmer, Empfehlungen zur Reform des Bergrechts, in: Frenz, BBergG, 2019, Anhang Nr. 4.1, S. 1839.

1889 Von Weschpfennig Strukturen des Bergrechts, 2022, 58.

1890 BVerwGE 132, 261, juris Rn. 15; Beckmann/Wittmann ZfB 2099, 32.

1891 Beckmann/Wittmann ZfB 2009, 32 ff.; Wittmann in Frenz, BBergG, 2019, § 35 BBergG Rn. 6.

1892 Von Weschpfennig Strukturen des Bergrechts, 2022, 72 f.

1893 VGH Kassel Urt. v. 17.2.2021 – 2 A 698/16, juris Rn. 45; BVerwG Urt. v. 30.3.2017 – 7 C 17/15, juris Rn. 14; BVerwGE 85, 223 (229); NVwZ-RR 1997, 605; Gaentzsch NVwZ 1998, 889.

1894 BVerwG Urt. v. 30.3.2017 – 7 C 17/15, juris Rn. 14.

1895 Beckmann DVBl.. 2023, 449 (453); zur Kategorisierung von Bodenschätzen zur Einordnung als bergfrei, grundeigen oder als Grundeigentümerbodenschatz ausführlicher und anschaulicher von Weschpfen-

7277 **b) Zulegung von Gewinnungsrechten**. Will ein Bergbauunternehmer grundeigene Bodenschätze auf einem fremden Grundstück abbauen, so bedarf er hierfür eines besonderen Rechtstitels. Die nach den bergrechtlichen Vorschriften erforderliche Bergbauberechtigung kann er sich verschaffen, indem er das Eigentum an dem fremden Grundstück erwirbt mit der Folge, dass auch das Recht, die dort vorhandenen grundeigenen Bodenschätze zu gewinnen, auf ihn übergeht, oder indem er mit dem Eigentümer einen Gewinnungsvertrag abschließt. Scheitert ein freihändiger Erwerb oder eine schuldrechtliche Vereinbarung, so eröffnet § 35 BBergG die Möglichkeit, die Bergbauberechtigung im Wege der Zulegung über die Grenzen des eigenen Grundstücks hinaus auszudehnen; denn auch der Eigentümer eines Grundstücks mit grundeigenen Bodenschätzen ist Inhaber einer Gewinnungsberechtigung im Sinne dieser Vorschrift.[1896]

7278 Mit der Zulegung nach § 35 BBergG erteilt die Bergbehörde dem Inhaber einer Gewinnungsberechtigung das Recht, den Abbau eines Bodenschatzes aus dem Feld seiner Gewinnungsberechtigung in das Feld einer benachbarten, fremden Gewinnungsberechtigung auszudehnen.[1897] Hat zB das Bergwerksunternehmen einen Pachtvertrag mit einem Grundstückseigentümer über die Gewinnung von grundeigenen Bodenschätzen geschlossen und erstreckt sich die Lagerstätte über das Pachtgrundstück hinaus, dann kommt unter bestimmten Voraussetzungen für den Fall, dass sich der Grundstücksnachbar weigert, einen Pachtvertrag abzuschließen, die Zulegung des Gewinnungsrechts in Betracht. Voraussetzung für die zulässige Mitgewinnung eines anderen Bodenschatzes durch den Bergwerkseigentümer ist allerdings ein ernsthaft auf die Förderung des verliehenen Minerals gerichteter Betrieb. Bergbau, der unter dem Deckmantel des Abbaus bergfreier Bodenschätze ausschließlich darauf gerichtet ist, Grundeigentümerbodenschätze zu gewinnen, ist unzulässige Rechtsausübung.[1898]

7279 Die Zulegung bezieht sich ausschließlich auf das Gewinnungsrecht, nicht auf den Zugriff auf ein fremdes Grundstück. Muss für die Gewinnung der Bodenschätze ein fremdes Grundstück in Anspruch genommen werden, bedarf es, wenn sich das Abbauunternehmen nicht mit dem Grundstückseigentümer verständigen kann, zusätzlich noch einer Grundabtretung. Dabei handelt es sich – genauso wie bei der Zulegung – um einen bergrechtlich speziell geregelten Fall der Enteignung zugunsten Privater. Sofern bergfreie Bodenschätze gewonnen werden sollen, die unter Tage abgebaut werden können, ohne dass eine Inanspruchnahme von Fremdeigentumsflächen erforderlich ist, bedarf es für den Zugriff auf ein fremdes Gewinnungsrecht lediglich einer Zulegung, mit deren Hilfe sich ein Dritter die Bergbauberechtigung verschaffen kann. Auch der Grundstückseigentümer ist beim Abbau von Grundeigentümerbodenschätzen berechtigt, nach Maßgabe des § 42 BBergG bergfreie Bodenschätze mit zu gewinnen.[1899]

7280 Da die Zulegung als Enteignung zu Gunsten Privater einen Eingriff in die Eigentumsgrundrechte der Grundstückseigentümer bzw. der sonstigen Gewinnungsberechtigten darstellt,[1900] hat der Gesetzgeber in § 35 BBergG **strenge Voraussetzungen** an die Erteilung einer solchen Zulegung gestellt. Danach hat der Antragsteller ua nachzuweisen, dass er sich ernsthaft um eine Einigung über den grenzüberschreitenden Abbau zu angemessenen Bedingungen, bemüht hat. Auch die Bergbehörde muss gem. § 36 Nr. 3 BBergG auf eine Einigung der Parteien hinwirken. Das BBergG strebt – wie das Enteignungsrecht im Allgemeinen – eine einvernehmliche Lösung des Verteilungskonflikts an. Außerdem muss der Antragsteller nachweisen, dass der Abbau aus bergwirtschaftlichen oder bergtechnischen Gründen geboten ist und dass nicht damit zu rechnen ist, dass die in dem Feld der benachbarten Berechtigung anstehenden Bodenschätze von einem anderen Gewinnungsbetrieb auch ohne Zulegung ebenso wirtschaftlich gewonnen werden können (§ 35 Nr. 2 BBergG). Bodenschätze, deren Schutz im öffentlichen Interesse liegt, dürfen durch die Zulegung nicht beeinträchtigt werden. Nach § 35 Nr. 3 BBergG setzt die Zulegung voraus, dass Gründe des Allgemeinwohls, insbesondere die Versorgung des Marktes mit Bodenschätzen oder andere gesamtwirtschaftliche Gründe, den grenzüberschreitenden Abbau erfordern. Gründe des Allgemeinwohls erfordern einen grenzüberschreitenden Abbau

---

nig, Strukturen des Bergrechts, 2022, 22 ff.; Pottschmidt in Frenz, BBergG, 2019, § 3 Rn. 4 ff.; Vitzthum/Piens in Piens/Schulte/Graf Vitzthum, BBergG, 2020, § 3 Rn. 33 ff.

[1896] VGH Mannheim ZfB 2022, 210 = juris Rn. 44, 50; BVerwG DVBl.. 1995, 1018 = juris Rn. 7; ZfB 2019, 270 = juris Rn. 6:

[1897] Zur Zulegung nach § 35 BBergG Beckmann/Wittmann ZfB 2009, 32 ff.

[1898] BGH DVBl.. 2001, 361.

[1899] BGH DVBl.. 2001, 361.

[1900] BVerwG ZfB 2009, 46.

nicht, wenn das Vorhaben zwar der Versorgung des Marktes mit Rohstoffen dient, ihm aber überwiegende öffentliche Belange anderer Art entgegenstehen. Die Rohstoffsicherungsklausel des § 48 I 2 BBergG begründet bei der Entscheidung über eine Zulegung keinen grundsätzlichen Vorrang des öffentlichen Interesses an einem grenzüberschreitenden Abbau vor entgegenstehenden privaten oder anderen öffentlichen Interessen.[1901]

Die Zulegungsentscheidung der Bergbehörde setzt eine **Gesamtabwägung** voraus, bei der im Hinblick auf den konkreten Einzelfall zu prüfen ist, ob das öffentliche Interesse an der Gewinnung gerade des bestimmten Bodenschatzes zur Versorgung des Marktes mit Rohstoffen so gewichtig ist, dass es den zwangsweisen Zugriff auf das Privateigentum erfordert. In diesem Zusammenhang muss auch geprüft werden, ob andere gewichtige Allgemeinwohlinteressen, beispielsweise solche des Natur- und Landschaftsschutzes der beabsichtigten Gewinnung des Bodenschatzes entgegenstehen. Bei der Abwägung der betroffenen privaten Belange ist zu berücksichtigen, dass Gegenstand der Zulegung die Gewinnungsberechtigung, nicht das Eigentum an dem Grundstück ist. Insoweit ist das Interesse des Adressaten der Zulegungsentscheidung zu bedenken, seine Gewinnungsberechtigung möglicherweise selbst auszuüben und damit die Verfügungsbefugnis über den Bodenschatz zu behalten. Dem privaten Interesse des Grundstückseigentümers kann sein Gewicht nicht mit der Überlegung abgesprochen werden, der bisherige Inhaber der Gewinnungsberechtigung wolle die aus seinem Eigentum fließende Berechtigung nicht selbst auszuüben oder durch Dritte ausüben lassen. Das BVerwG hat klargestellt, dass das Bundesberggesetz, in dem es bestimmte Bodenschätze zu grundeigenen Bodenschätzen erklärt, es grundsätzlich dem Oberflächeneigentümer überlässt, ob er den Bodenschatz gewinnt oder davon beispielsweise im Interesse einer anderweitigen Nutzung des Grundstücks von einer Gewinnung absieht. Im Rahmen der Abwägung des § 35 BBergG ist deshalb auch das private Interesse geschützt, ein Grundstück auch für andere Zwecke von Bergbautätigkeit freizuhalten, etwa zum Erhalt eines unberührten Stücks Natur und Landschaft.[1902] 7281

Bezieht sich die Zulegung auf ein Grundstück im Eigentum einer Gemeinde, kann auch die Gemeinde die gerichtliche Überprüfung verlangen, ob dem Vorhaben überwiegende öffentliche Belange entgegenstehen.[1903] Das Grundstückseigentum der Gemeinde ist insoweit zwar nicht grundrechtlich, jedoch einfachgesetzlich durch § 35 BBergG geschützt. 7282

c) Grundabtretung. Gemäß § 77 I BBergG kann auf Antrag des Unternehmers eine Grundabtretung durchgeführt werden, soweit für die Errichtung oder Führung eines Gewinnungsbetriebs die Benutzung eines Grundstücks notwendig ist. Das ist insbesondere dann der Fall, wenn das Vorhaben einer technisch und wirtschaftlich sachgemäßen Betriebsplanung oder Betriebsführung entspricht und die Bereitstellung von Grundstücken des Unternehmers für diesen Zweck nicht möglich oder deshalb nicht zumutbar ist, weil die Nutzung solcher Grundstücke für andere Zwecke der in § 77 I BBergG bezeichneten Art unerlässlich ist.[1904] 7283

Die Grundabtretung ist nach § 79 I BBergG im Einzelfall zulässig, wenn sie dem Wohle der Allgemeinheit dient, insbesondere die Versorgung des Marktes mit Rohstoffen, die Erhaltung der Arbeitsplätze im Bergbau, der Bestand oder die Verbesserung der Wirtschaftsstruktur oder der sinnvolle und planmäßiger Abbau der Lagerstätte gesichert werden sollen, und der Grundabtretungszweck unter Beachtung der Standortgebundenheit des Gewinnungsbetriebes auf andere zumutbare Weise nicht erreicht werden kann. Bei der Grundabtretung können unter anderem das Eigentum und der Besitz an Grundstücken oder persönliche Rechte, die zum Besitz oder zur Nutzung von Grundstücken berechtigen, entzogen, übertragen, geändert, belastet oder sonst beschränkt werden (§ 78 BBergG). Unter den Voraussetzungen der §§ 107 ff. BBergG sind ferner Baubeschränkungen zulasten des Grundstückseigentümers zulässig, um die Durchführung bergbaulicher Maßnahmen nicht durch neue bauliche Anlagen zu erschweren. Das hat vor allem für den Abbau im großflächigen Tagebau Bedeutung.[1905] 7284

Die Grundabtretung setzt gemäß § 79 II BBergG voraus, dass das Bergwerksunternehmen sich ernsthaft um den freihändigen Erwerb des Grundstücks zu angemessenen Bedingungen, insbesondere, soweit ihm dies möglich und zumutbar ist, unter Angebot geeigneter anderer Grundstücke aus dem eigenen Vermögen, oder um die Vereinbarung eines für die Durchfüh- 7285

1901 BVerwG ZfB 2009, 46.
1902 BVerwG ZfB 2009, 46, 54; Beckmann/Wittmann ZfB 2009, 32 (42).
1903 BVerwG ZfB 2009, 46; Beckmann/Wittmann ZfB 2009, 32 (38).
1904 Siehe dazu Uhlenbrock ZfB 2024, 1.
1905 BGH UPR 2001, 185 (186).

rung des Vorhabens ausreichenden Nutzungsverhältnisses zu angemessenen Bedingungen vergeblich bemüht hat und glaubhaft macht, dass das Grundstück innerhalb angemessener Frist zu dem vorgesehenen Zweck verwendet werden wird.

7286 Die Grundabtretung darf nach § 81 I 1 BBergG nur in dem Umfang durchgeführt werden, in dem sie zur Verwirklichung des Grundabtretungszwecks erforderlich ist. Die Entschädigung für den durch die Grundabtretung eingetretenen Rechtsverlust bemisst sich gem. § 85 I und II BBergG nach dem Verkehrswert des in Anspruch genommenen Grundstücks. Der Verkehrswert wird durch den Preis bestimmt, der im Zeitpunkt, auf den sich die Ermittlung bezieht, im gewöhnlichen Geschäftsverkehr nach den rechtlichen Gegebenheiten und tatsächlichen Eigenschaften, der sonstigen Beschaffenheit und Lage des Gegenstandes ohne Rücksicht auf ungewöhnliche oder persönliche Verhältnisse zu erzielen wäre.[1906] Bei einem Vergleichswertverfahren sind die Kaufpreise solcher Grundstücke heranzuziehen, die hinsichtlich der ihren Wert beeinflussenden Merkmale mit dem zu bewertenden Grundstück hinreichend übereinstimmen (§§ 85 III BBergG, 13 I WertV). Das gilt allerdings nur für Kaufpreise, bei denen anzunehmen ist, dass sie nicht durch ungewöhnliche oder persönliche Verhältnisse beeinflusst worden sind (§ 6 WertV). Bei der Bewertung des Grundstücks bleiben Gewinnungsrechte unberücksichtigt, wenn sie sich auf einen bergfreien Bodenschatz beziehen. Die Mitberücksichtigung des Wertes eines bergfreien Bodenschatzes würde nämlich dazu führen, dass bei der Bewertung ein Element einbezogen würde, dass außerhalb der als Eigentum geschützte Rechtsposition nicht. Eine Nutzung der bergfreien Bodenschätze ist nämlich den Grundstückseigentümern verschlossen.[1907]

7287 Die Grundabtretung darf nur in dem erforderlichen Umfang durchgeführt werden (§§ 81, 82 BBergG). Für die Grundabtretung ist eine angemessene Entschädigung zu leisten, die sich auf den eintretenden Rechtsverlust und andere durch die Grundabtretung entstehenden Vermögensnachteile bezieht (§ 84 BBergG). Die gesetzliche Regelung der bergrechtlichen Grundabtretung (§§ 77 ff. BBergG) als einer Enteignung entspricht den Anforderungen des Art. 14 III GG jedenfalls insoweit, als die Enteignung für die Errichtung und die Führung eines Gewinnungsbetriebs zum Zweck der Versorgung des Markts mit Rohstoffen unter Berücksichtigung eines sinnvollen und planmäßigen Lagerstättenabbaus zugelassen ist. Ob eine Grundabtretung im Einzelfall dem Wohl der Allgemeinheit dient, ist im jeweiligen Grundabtretungsverfahren auf Grund einer Abwägung der betroffenen öffentlichen und privaten Belange festzustellen.[1908] Die Grundabtretung ist bereits zulässig für eine **Untersuchungsbohrung**, mit der die Grundwasserverhältnisse sowie die Lagerverhältnisse der Braunkohle im Einzelnen für einen erst beabsichtigten Tagebau erkundet werden sollen, dessen Erforderlichkeit aus Gründen des Allgemeinwohls einschließlich seiner Zulässigkeit nach allen einschlägigen öffentlich-rechtlichen Vorschriften noch nicht abschließend zu beurteilen ist. Die Zulässigkeit einer Grundabtretung setzt nicht voraus, dass für die bergbaulichen Maßnahmen ein bestandskräftig zugelassener Betriebsplan vorliegt. Ein zugelassener Betriebsplan hat gegenüber dem Grundabtretungspflichtigen nur Indizcharakter dafür, dass die Maßnahmen nach ihm sachgemäß ausgeführt werden und dem Bergrecht entsprechen. Er bewirkt keine Bindung für den Abtretungspflichtigen.[1909] Liegt ein bestandskräftiger Betriebsplan allerdings nicht vor, ergeben sich höhere Rechtfertigungszwänge. Ein Grundstückseigentümer, dem gegenüber eine Grundabtretung nach den §§ 77 ff. BBergG in Gestalt der Belastung mit Nutzungsrechten für einen Bergbaubetrieb auf der benötigten Grundstücksteilfläche verfügt worden ist, kann stattdessen die **Entziehung** des Eigentums einer **Teilfläche** nur nach Maßgabe des § 82 I und 2 BBergG und die Ausdehnung der Eigentumsentziehung auf das Gesamtgrundstück nur nach Maßgabe des § 82 III BBergG beanspruchen. § 81 I BBergG allein bietet hingegen keine Grundlage für einen Anspruch auf Übernahme des Gesamtgrundstücks.[1910]

7288 Die in der Rechtsprechung entwickelten Grundsätze zur Einschränkung der Klagemöglichkeiten von Eigentümern sog. Sperrgrundstücke finden auch bei einer Klage gegen eine bergrechtliche Grundabtretung Anwendung.[1911] Ein Vorhaben bergbauliches Vorhaben widerspricht dem öffentlichen Interesse iSd § 48 II BBergG und ist damit nicht zulassungsfähig,

[1906] BGH BauR 2003, 1029.
[1907] BGH BauR 2003, 1029 (1030).
[1908] BVerwG NVwZ 1991, 987.
[1909] BVerwG NVwZ 1991, 992.
[1910] BVerwG NVwZ-RR 2012, 792.
[1911] OVG Münster Beschl. v. 27.7.2023 – 21 A 2175/22, juris Rn. 30; BVerwGE 170, 33 = juris Rn. 31.

wenn bereits bei der Zulassung des Rahmenbetriebsplans erkennbar ist, dass die Verwirklichung des Vorhabens daran scheitern muss, dass die dafür erforderliche Inanspruchnahme des Eigentums privater Dritter nicht durch Belange des Allgemeinwohls gerechtfertigt ist. In diesem Sinne ist eine (positive) Grundabtretungsprognose für die Zulassung eines Rahmenbetriebsplans erforderlich.[1912]

d) Mitgewinnungsrechte. Wesentlicher Inhalt der bergbaulichen Berechtigungen ist die 7289
Befugnis, die von der Berechtigung erfassten Bodenschätze zu gewinnen. Diese Befugnis kann aus bergtechnischen oder sicherheitstechnischen Gründen oft nur dann sinnvoll ausgeübt werden, wenn der Gewinnungsberechtigte zugleich die Befugnis erhält, Bodenschätze mitzugewinnen, die nicht Gegenstand seiner Gewinnungsberechtigung sind. Außerdem kann sich bei der untertägigen Gewinnung die technische oder wirtschaftliche Notwendigkeit ergeben, außerhalb des Feldes der Gewinnungsberechtigung bergtechnische Anlagen zu errichten bzw. bereits untertage bestehende Fremdanlagen zu nutzen. Nach § 42 I 1 BBergG hat bei der Gewinnung bergfreier Bodenschätze der Gewinnungsberechtigte das Recht, innerhalb des Feldes seiner Gewinnungsberechtigung andere Bodenschätze mitzugewinnen, soweit sie nach der Entscheidung der zuständigen Behörde bei planmäßiger Durchführung der Gewinnung aus bergtechnischen oder sicherheitstechnischen Gründen nur gemeinschaftlich gewonnen werden können. Der Gewinnungsberechtigte hat die mitgewonnenen bergfreien Bodenschätze, für die Aneignungsrechte Dritter bestehen, und mitgewonnene, nicht bergfreie Bodenschätze den jeweils anderen Berechtigten gegen Erstattung der für die Gewinnung und eine erforderliche Aufbereitung gemachten Aufwendungen und einer für die Gewinnung zu zahlenden Förderabgabe anzubieten und diese Bodenschätze auf Verlangen herauszugeben. Können die herauszugebenden Bodenschätze nicht voneinander getrennt werden oder ist eine Trennung wegen der damit verbundenen Aufwendungen nicht zumutbar und stehen sie mehreren anderen Berechtigten zu, ist der Gewinnungsberechtigte verpflichtet, jedem dieser Berechtigten einen seiner Berechtigung entsprechenden Anteil herauszugeben.

Die Mitgewinnungsentscheidung gemäß § 42 I BBergG hat nur die bergtechnische und si- 7290
cherheitstechnische Prüfung der Lagerstätte, nicht aber die Wirtschaftlichkeit des Gewinnungsbetriebs zum Gegenstand. Sie erzeugt gegenüber betroffenen Grundstückseigentümern deshalb über die bergtechnische Entscheidung hinaus keine Bindungswirkung.[1913] Die Mitgewinnungsentscheidung vermittelt ein Aneignungsrecht an dem mitgewonnenen anderen Bodenschatz. Sie ergänzt die Bewilligung nach § 8 BBergG, die das Aneignungsrecht für den bergfreien Bodenschatz verleiht. Die bestandskräftige Bewilligung vermittelt zwar auch die verfahrensrechtliche Befugnis, eine Grundabtretung zu verlangen. Die Bewilligung verleiht jedoch nicht die öffentlich-rechtliche Befugnis, von dem erteilten Rechtstitel auch tatsächlich Gebrauch zu machen. Die Bergbauberechtigung besagt nichts darüber, ob, in welchem Umfang und unter welchen Voraussetzungen die Gewinnung mit den einschlägigen öffentlich-rechtlichen Vorschriften vereinbar ist, der Inhaber die Berechtigung also letztlich ausüben darf.[1914] Nach der Rechtsprechung des Bundesgerichtshofs gilt bei einem Wettbewerb verschiedener Gewinnungsberechtigter der Grundsatz des zeitlichen Vorrangs. Derjenige, der auf den streitigen Flächen seinen Abbau bereits betreibt, genießt Priorität gegenüber demjenigen, der einen Abbau von Bodenschätzen lediglich beabsichtigt, aber noch nicht durchführt.[1915]

Unter den Voraussetzungen der §§ 107 ff. BBergG sind ferner **Baubeschränkungen** zulas- 7291
ten des Grundstückseigentümers zulässig, um die Durchführung bergbaulicher Maßnahmen nicht durch neue bauliche Anlagen zu erschweren. Das hat vor allem für den Abbau im großflächigen Tagebau Bedeutung. Soweit Grundstücke für die Aufsuchung und Gewinnung von Bodenschätzen in Anspruch genommen werden sollen, kann die Landesregierung nach § 107 I 1 BBergG durch Rechtsverordnung Baubeschränkungsgebiete festsetzen, wenn die Inanspruchnahme wegen der volkswirtschaftlichen Bedeutung der Bodenschätze für die Versorgung des Marktes mit Rohstoffen und wegen der Notwendigkeit einer umfassenden Nutzung der Lagerstätte dem Wohle der Allgemeinheit dient; die Landesregierung kann diese Ermächtigung durch Rechtsverordnung auf andere Stellen übertragen. Die Festsetzung ist nicht zulässig,

---

1912 OVG Magdeburg ZfB 2023, 209 = Juris Rn. 2; BVerfG Urt. v. 17.12.2013 – 1 BvR 3139/08, 1 BvR 3386/08, juris Rn. 310; BVerwG Urt. v. 29.6.2006 – 7 C 11.05, juris Rn. 19.

1913 BVerwG UPR 2010, 396.

1914 BVerwG UPR 2010, 396.

1915 BGH DVBl.. 2001, 361.

wenn die bergbauliche Inanspruchnahme der Grundstücke nicht innerhalb von fünfzehn Jahren zu erwarten ist.[1916]

4. Bergrechtliche Betriebspläne

7292 **a) Betriebsplanpflicht.** Aufsuchungsbetriebe, Gewinnungsbetriebe und Betriebe zur Aufbereitung dürfen nach § 51 I 1 BBergG nur aufgrund von Betriebsplänen errichtet, geführt und eingestellt werden, die vom Unternehmer aufgestellt und von der zuständigen Behörde zugelassen worden sind. In den §§ 52, 53 BBergG schreibt der Gesetzgeber ein Betriebsplansystem einerseits für die Errichtung und die Führung eines Betriebs (§ 52 BBergG) und andererseits für die Einstellung des Betriebs (§ 53 BBergG) vor. Der Gesetzgeber unterscheidet für die Errichtung und die Führung der Bergwerksbetriebe zwischen Hauptbetriebsplänen, obligatorischen und fakultativen Rahmenbetriebsplänen und Sonderbetriebsplänen und fordert zusätzlich für die Einstellung des Betriebs einen Abschlussbetriebsplan. Für Arbeiten und Einrichtungen, die von mehreren Unternehmen nach einheitlichen Gesichtspunkten durchgeführt, errichtet oder betrieben werden müssen, haben die beteiligten Unternehmer auf Verlangen der zuständigen Behörde gemeinschaftliche Betriebspläne aufzustellen (§ 52 III BBergG). Die Einreichung eines Betriebsplans bei der zuständigen Behörde ist rechtlich als Antrag des Unternehmens auf behördliche Zulassung der geplanten Tätigkeit und Einrichtungen durch Verwaltungsakt anzusehen.[1917]

7293 **b) Betriebsplanzulassungen als Kontrollerlaubnisse.** Liegen die gesetzlichen Voraussetzungen für die Zulassung eines Betriebsplans vor, dann hat der Antragsteller einen Anspruch auf die Zulassung. Ein Ermessen steht der Behörde insoweit nicht zu. Trotz der Bezeichnung als Betriebsplan handelt es sich bei der Zulassung dieser Betriebspläne des Unternehmens durch die Bergbehörde nicht um staatliche Planungsentscheidungen. Das gilt insbesondere auch für die bergrechtliche Planfeststellung von obligatorischen Rahmenbetriebsplänen. Die Bezeichnung des Zulassungsverfahrens für den obligatorischen Rahmenbetriebsplan als Planfeststellungsverfahren ist irreführend. Denn der zuständigen Behörde ist bei der Entscheidung über die Zulassung kein Planungsermessen eingeräumt, was für die rechtsdogmatische Einordnung eines Zulassungsverfahrens als Planfeststellungsverfahren Voraussetzung ist. Die bergrechtliche Planfeststellung hat insoweit mit einer herkömmlichen, fachplanerischen Planfeststellung nichts gemein. Sie ähnelt eher der gebunden Kontrollerlaubnis einer immissionsschutzrechtlichen Genehmigung.[1918] Die auf der Tatbestandsseite des § 48 II BBergG zu treffende Abwägung der widerstreitenden öffentlichen Interessen unterliegt deshalb der vollen gerichtlichen Überprüfung.

7294 Rechtspolitisch erörtert wird die Forderung ein, der zuständigen Bergbehörde bei der Entscheidung über die Zulassung eines Betriebsplans ein Bewirtschaftungsermessen einzuräumen, das dem des Wasserhaushaltsrechts vergleichbar ist.[1919] Ein solches Bewirtschaftungsermessen könnte die Zulassung bergbaulicher Gewinnungsvorhaben von einer Feststellung des entsprechenden Rohstoffbedarfs abhängig machen. Dazu wird bemerkt, der Gesetzgeber dürfe sich bei Einräumung eines solchen Bewirtschaftungsermessens nicht mit einem Hinweis begnügen, die Behörde habe im Rahmen einer Ermessensentscheidung den Rohstoffbedarf zu berücksichtigen. Vielmehr müsse er bei einer solchen Einräumung von Bewirtschaftungsermessen flankierend „operable" Voraussetzungen bestimmen, die eine Bewirtschaftungsentscheidung der Zulassungsbehörde hinreichend determinieren, weil es ansonsten mit Blick auf die Wesentlichkeitstheorie an einer hinreichenden Bestimmtheit der Regelung fehlen könnte.[1920] Auch wenn solche ein Bewirtschaftungsermessen konkretisierenden Voraussetzungen für die Ausübung des Bewirtschaftungsermessens sehr hilfreich sein könnten, erscheint es jedoch zweifelhaft, ob eine verfassungsrechtlich gebotene, hinreichende Bestimmtheit davon abhängen würde. Das Erfordernis der Planrechtfertigung, das für Planfeststellungen des Fachplanungsrechts im Allgemeinen den Zugriff auf fremdes Eigentum eröffnen soll, ist nach der Rechtsprechung erfüllt, wenn für das beabsichtigte Vorhaben gemäß den Zielsetzungen des jeweiligen Fachplanungsgesetzes ein

---

[1916] Siehe dazu OVG Bautzen Urt. v. 18.4.2024 – 1 C 44/23, juris.

[1917] Beckmann in Frenz, BBergG, 2019, § 52 Rn. 1; OVG Berlin-Brandenburg Beschl. v. 29.7.2016 – OVG 11 N 137.12, juris Rn. 18.

[1918] Beckmann in Beckmann/Kment, UVPG/UmwRG, 2023, § 51 UVPG Rn. 101; BVerwG Urt. v. 15.12.2006 – 7 C 1.06, juris Rn. 28; VGH Kassel ZfB 2021, 302 = juris Rn. 100.

[1919] von Weschpfennig Strukturen des Bergrechts, 2022, 40.

[1920] von Weschpfennig Strukturen des Bergrechts, 2022, 40.

Bedarf besteht, die geplante Maßnahme unter diesem Blickwinkel dementsprechend erforderlich ist[1921] und wenn der Realisierung des geplanten Vorhabens keine unüberwindbaren Hindernisse entgegenstehen.[1922] Die entsprechenden Fachplanungsziele werden zumeist lediglich weitgehend abstrakt in dem jeweiligen Fachplanungsgesetz formuliert; an „flankierenden, operationalen Voraussetzungen", die der Gesetzgeber ergänzend zu den gesetzlichen Zulassungsvoraussetzungen bestimmt hätte, fehlt es zumeist auch dort, ohne dass, soweit ersichtlich, daraus bereits Zweifel an der Verfassungsmäßigkeit abgeleitet würden.[1923]

c) Mehrstufige Planungs- und Zulassungsebenen. Das für den großflächigen Braunkohlentagebau geltende Recht ist durch ein komplexes, teilweise gestufte Regelungssystem gekennzeichnet, dass von planerischen Festlegungen im Landesplanungsgesetz (NRW), konkretisiert durch einen Braunkohlenplan, über verschiedene bergrechtliche Betriebspläne und ihre Zulassungen bis hin zu bergrechtlichen Grundabtretungsverfahren reicht.[1924] Der Gesetzgeber unterscheidet verschiedene Arten von Betriebsplänen.[1925] 7295

Die Planungs- und Genehmigungsverfahren für bergbauliche Vorhaben erstrecken sich über mehrere Planungs- und Zulassungsebenen. Auf der Planungsebene spielen für Tagebaue vor allem landes- und regionalplanerische Vorranggebiete und Vorranggebiete mit den Rechtswirkungen eines Eignungsgebiets (§ 7 III 1 Nrn. 1, 3 ROG) eine erhebliche Rolle, weil mit Hilfe sog. Konzentrationszonen der Abbau von Bodenschätzen gelenkt und begrenzt werden kann.[1926] Auf der Genehmigungsebene greifen verschiedene Betriebsplanarten und ihre Zulassungen ineinander. Mit einer vielfältigen Untergliederung, die insbesondere auf den Ebenen der Rahmen-, Haupt-, Sonder- und Abschlussbetriebspläne erreicht wird, ist das bergrechtliche Zulassungsverfahren grundsätzlich besonders flexibel und geeignet, auf untertägige, aber auch übertägige Unwägbarkeiten im Zusammenhang mit der Abbauführung zu reagieren, die vor allem auch mit der langen Laufzeit der Vorhaben und den Ungewissheiten über geologische, hydrologische und technische Gegebenheiten zusammenhängen. Auf der anderen Seite muss in jedem einzelnen Betriebsplanverfahren ein Betriebsplan vorgelegt, ein Antrag gestellt und behördlich beschieden werden, was erhebliche personelle und finanzielle Ressourcen des Unternehmens und der Genehmigungsbehörde in Anspruch nimmt und zudem einen hohen Zeitaufwand bewirkt. Zudem wird mit jeder einzelnen Zulassungsentscheidung eine nach dem UmwRG angreifbare Entscheidung getroffen. Vor diesem Hintergrund können eine fakultative Zusammenführung mehrerer Zulassungsebenen und eine Bündelung mehrerer Zulassungsentscheidungen in einem Verfahren bzw. einem Bescheid sinnvoll sein.[1927] 7296

Das bergrechtliche Instrumentarium zur Verfahrensstufung gilt als vorbildlich.[1928] Fünf verschiedene Betriebsplanarten stünden für eine umfassende präventive Bergaufsicht zur Verfügung. Daneben gebe es ein vielschichtiges und flexibles Instrumentarium, um im Betrieb befindliche Bergbaubetriebe nach deren Zulassung kontinuierlich zu überwachen. Dieser Einschätzung ist durchaus zuzustimmen.[1929] Allerdings führt die Vielzahl von Zulassungsentscheidungen, die für einen bergbaulichen Betrieb notwendig werden können (Rahmenbetriebsplanzulassung, befristete Hauptbetriebsplanzulassung, Sonderbetriebsplanzulassungen und Abschlussbetriebsplanzulassungen), auch dazu, dass in gleichermaßen großen Umfang gerichtliche Anfechtungsmöglichkeiten eröffnet werden, sodass bei komplexeren Vorhaben eine Vielzahl von Rechtsstreitigkeiten geführt werden können bzw. müssen. Deswegen wäre es sinnvoll, 7297

[1921] OVG Hamburg Urt. v. 12.5.2021 – 1 Bf 492/19, juris Rn. 90; BVerwG Beschl. v. 12.7.2017 – 9 B 49.16, juris Rn. 4; BVerwGE 156, 20 = juris Rn. 58; OVG Münster Urt. v. 3.2.2022 – 20 D 122/20.AK, juris Rn. 66; VGH München Urt. v. 15.3.2021 – 8 A 18.40041, juris Rn. 45; BVerwGE 156, 20; BVerwGE 128, 358.

[1922] OVG Hamburg Urt. v. 12.5.2021 – 1 Bf 492/19, juris Rn. 90; BVerwGE 133, 239, juris Rn. 40; BVerwGE 84, 123 = juris Rn. 42.

[1923] Beckmann DVBl.. 2023, 449 (452).

[1924] OVG Münster ZfB 2005, 294.

[1925] Zur Flexibilisierung des Systems bergrechtlicher Zulassungen Beckmann/Wittmann DVBl.. 2021, 137.

[1926] Siehe dazu VG Düsseldorf ZfB 2019, 217; Schink UPR 2016, 366; Anders/Jankowski ZUR 2003, 81; Seibert Abgrabungskonzentrationszonen in Regionalplänen, in: FS für Kutscheidt, 2003, S. 373 ff.; BVerwG ZfBR 2014, 583.

[1927] Näher dazu Zulassungen Beckmann/Wittmann DVBl.. 2021, 137.

[1928] von Weschpfennig Strukturen des Bergrechts, 2022, 191 ff.

[1929] von Weschpfennig Strukturen des Bergrechts, 2022, 191 ff.

einen flexibleren Einsatz verschiedener Betriebsplanarten zuzulassen, um Unternehmen und Bergbehörden Möglichkeiten einzuräumen, durch Zusammenführung von Zulassungsebenen die Zulassung bergbaulicher Vorhaben zu vereinfachen, die Zahl anfechtbarer Verwaltungsakte zu verringern und die Verfahren zu beschleunigen. Zusätzliche Beschleunigungs- und Vereinfachungseffekte können durch weitere Modifizierungen bei den Laufzeiten der Betriebspläne, durch vereinfachte Änderungsmöglichkeiten und durch veränderte Regelungen zur Zulassung des vorzeitigen Beginns erreicht werden.[1930]

7298 **d) Hauptbetriebsplan**. Für die Errichtung und Führung eines Betriebs sind nach § 52 II 1 BBergG Hauptbetriebspläne für einen in der Regel zwei Jahre nicht überschreitenden Zeitraum aufzustellen. Eine **Unterbrechung** des Betriebes für einen Zeitraum bis zu **zwei Jahren** gilt als Führung des Betriebes, eine längere Unterbrechung nur dann, wenn sie von der zuständigen Behörde genehmigt wird. Die zuständige Behörde kann festlegen, dass Hauptbetriebspläne auch für einen längeren Zeitraum als für zwei Jahre aufgestellt werden können, wenn eine Kontrolle des Betriebs auch bei einer längeren Laufzeit des Hauptbetriebsplans möglich ist, insbesondere, wenn der Betriebsverlauf absehbar ist. Eine Kontrolle des Betriebs bei längerer Laufzeit des Hauptbetriebsplans ist bei Hauptbetriebsplänen im Zusammenhang mit der aufgrund des Kohleverstromungsbeendigungsgesetzes vorgesehenen Einstellung von Braunkohletagebauen im Regelfall zu erwarten. Die festzulegende Laufzeit soll in den Fällen der Sätze 3 und 4 des § 52 II BBergG **vier Jahre** nicht überschreiten.

7299 Für die Aufstellung des Hauptbetriebsplans ist der Unternehmer verantwortlich. Dementsprechend bestimmt er auch den Geltungszeitraum des Hauptbetriebsplans unter Beachtung des § 52 I 2 BBergG. Die zuständige Behörde kann ihre Zulassung des Hauptbetriebsplans aber abweichend von dem Planungszeitraum des Unternehmens kürzer befristen, wenn es keinen Grund gibt, im Wege einer Ausnahme von dem für den Regelfall geltenden Geltungszeitraum von bis zu zwei Jahren abzuweichen oder wenn die Zulassungsvoraussetzungen nur für einen kürzeren Planungszeitraum vorliegen. Die Auffassung, dass die Zulassung eines Hauptbetriebsplans befristet werden müsse, ansonsten sei sie rechtswidrig,[1931] ist nicht zutreffend. Denn einer Befristung der Zulassung des Hauptbetriebsplans bedarf es nicht, wenn der Unternehmer den Geltungszeitraum seines Hauptbetriebsplans zutreffend und dem Gesetz entsprechend beschränkt hat.

7300 Während fakultative Rahmenbetriebspläne und Sonderbetriebspläne nach § 52 II Nr. 1, Nr. 2 BBergG nur auf Verlangen der zuständigen Behörde aufzustellen sind, bedarf es für die Errichtung und Führung eines jeden Betriebs zumindest eines zugelassenen Hauptbetriebsplans. Zwar ist die Zulassung eines Hauptbetriebsplans grundsätzlich ausreichend. Es ist allerdings auch zulässig, verschiedene Hauptbetriebspläne parallel für einen Betrieb zuzulassen. Erforderlich ist es aber in jedem Fall, dass für den gesamten Betrieb zugelassene Hauptbetriebspläne vorliegen. Die Zulassung des Hauptbetriebsplans gibt die Aufsuchungs- oder Gewinnungstätigkeit bergrechtlich frei.

7301 **Reichweite der Betriebsplanpflicht.** Die Betriebsplanpflicht erstreckt sich nach § 51 I BBergG auf Aufsuchungsbetriebe, Gewinnungsbetriebe und Betriebe zur Aufbereitung. **Aufsuchen** ist nach § 4 I BBergG die mittelbar oder unmittelbar auf die Entdeckung oder Feststellung der Ausdehnung von Bodenschätzen gerichtete Tätigkeit (zu den Ausnahmen siehe § 4 I BBergG). **Aufbereiten** ist nach § 4 AIII 1 BBergG das Trennen oder Anreichern von Bodenschätzen nach stofflichen Bestandteilen oder geometrischen Abmessungen auf physikalischer oder physikalisch-chemischer Grundlage einschließlich der damit zusammenhängenden vorbereitenden, begleitenden und nachfolgenden Tätigkeiten sowie das Brikettieren; Verschwelen; Verkoken, Vergasen, Verflüssigen und Verlösen von Bodenschätzen, wenn der Unternehmer Bodenschätze der aufzubereitenden Art in unmittelbarem betrieblichem Zusammenhang selbst gewinnt oder wenn die Bodenschätze in unmittelbarem räumlichem Zusammenhang mit dem Ort ihrer Gewinnung aufbereitet werden. **Gewinnen** schließlich ist das Lösen oder Freisetzen von Bodenschätzen einschließlich der damit zusammenhängenden vorbereitenden, begleitenden und nachfolgenden Tätigkeiten (§ 4 II BBergG).

7302 Von der Pflicht, einen Hauptbetriebsplan aufzustellen und diesen bei der Behörde zur Zulassung einzureichen, kann die Behörde den Unternehmer nicht befreien. Befreit sie den Unter-

---

[1930] Beckmann DVBl.. 2023, 449 (455); zur Flexibilisierung des Systems bergrechtlicher Zulassungen Beckmann/Wittmann DVBl. 2021, 137.

[1931] Piens in Piens/Schulte/Graf Vitzthum, BBergG, 2020, § 52 Rn. 14.

nehmer dennoch, ist ein entsprechender Bescheid rechtswidrig, möglicherweise sogar wegen eines besonders schwerwiegenden Fehlers nach § 44 I VwVfG nichtig.[1932] Insoweit gilt der Hauptbetriebsplan nicht nur wegen seines Namens als der wichtigste Betriebsplan. Neben einem Abschlussbetriebsplan ist ein Hauptbetriebsplan dagegen nicht erforderlich. Denn der Hauptbetriebsplan betrifft nur die Errichtung und die Führung des Betriebs, während der Abschlussbetriebsplan für die Einstellung des Betriebs gilt. Dementsprechend gibt auch die Zulassung des Abschlussbetriebsplans – insoweit der Zulassung eines Hauptbetriebsplans vergleichbar – dem Abschlussbetriebsplan dargestellten Abschlussmaßnahmen frei.[1933]

Gestattungswirkung. Die besondere Bedeutung des Hauptbetriebsplans ergibt sich auch daraus, dass seiner als Verwaltungsakt ergehenden behördlichen Zulassung – anders als der Zulassung eines fakultativen oder obligatorischen Rahmenbetriebsplans – regelmäßig Gestattungswirkung zukommt. Grundsätzlich kann deshalb ein Bergwerksbetrieb erst auf der Grundlage eines zugelassenen Hauptbetriebsplans errichtet und geführt werden.[1934] Die Wirksamkeit der Zulassung eines Hauptbetriebsplans und damit auch deren Gestaltungswirkung kann von der Bergbehörde allerdings ganz oder teilweise von der Zulassung eines Sonderbetriebsplans abhängig gemacht werden. Soweit es für die Errichtung und den Betrieb über den Hauptbetriebsplan hinaus keines Sonderbetriebsplans bedarf, sind die Zulassung des Hauptbetriebsplans und deren Gestattungswirkung endgültig.[1935] 7303

Die Gestattungswirkung der Zulassung ist unabhängig von ihrer Rechtmäßigkeit. Entscheidend ist insoweit nur die Wirksamkeit des Zulassungsbescheids. Auch rechtswidrige Zulassungsbescheide sind grundsätzlich wirksam. Möchte die Bergbehörde die Zulassung einschränken, kann sie unter Beachtung der gesetzlichen Voraussetzungen entweder eine Auflage nachträglich aufnehmen, ändern oder ergänzen (§ 56 I 2 BBergG) oder den Zulassungsbescheid nach § 48 VwVfG zurücknehmen oder nach § 49 VwVfG widerrufen. 7304

Die Zulassung des Hauptbetriebsplans hat **keine enteignungsrechtliche Vorwirkung**.[1936] Mit der Zulassung des Hauptbetriebsplans wird insoweit nicht abschließend über die Zulässigkeit einer Inanspruchnahme von Grundeigentum entschieden. Die Zulässigkeit einer solchen Enteignung ist Gegenstand des gegebenenfalls nachfolgenden Grundabtretungsverfahrens. Soweit es für das bergrechtliche Betriebsplanzulassungsverfahren nach § 48 II 1 BBergG und für das Grundabtretungsverfahren nach § 79 BBergG überschneidende Prüfungsmaßstäbe gibt, kann sich die Frage nach einer Bindungswirkung der Zulassung des Betriebsplans für das anschließende Grundabtretungsverfahren hinsichtlich einzelner Elemente der jeweils erforderlichen Gesamtabwägung stellen.[1937] Von Bedeutung soll die Zulassung eines Betriebsplans für die Entscheidung im Grundabtretungsverfahren nach der Rechtsprechung darüber hinaus sein können, wenn ein betroffener Eigentümer an dem Zulassungsverfahren nach § 48 II 2 bis 5 BBergG beteiligt worden ist oder er die Zulassung auch ohne eine solche Beteiligung ergebnislos angefochten hat. In einem solchen Fall wird mit Blick auf § 77 II 1 BBergG vorbehaltlich einer Änderung der tatsächlichen Verhältnisse durch eine bestandskräftige Zulassung des Betriebsplans festgestellt, dass das Vorhaben einer technisch und wirtschaftlich sachgemäßen Betriebsplanung und Betriebsführung entspricht und die Benutzung der Grundstücke für das Abbauvorhaben unter diesem Gesichtspunkt notwendig ist.[1938] 7305

Die Zulassung des Hauptbetriebsplans hat **keine Konzentrationswirkung** und ersetzt insoweit nicht andere behördliche Erlaubnisse oder Genehmigungen, die für das Vorhaben auf der Grundlage anderer öffentlich-rechtlicher Vorschriften erforderlich sind. Es ist insoweit jeweils zu klären, ob es neben den bergrechtlichen Zulassungen zB noch einer Baugenehmigung, einer immissionsschutzrechtlichen Genehmigung und insbesondere auch noch wasserrechtlicher Erlaubnisse bedarf.[1939] Die Betriebstätigkeit kann auch bei Zulassung des Hauptbetriebsplans insoweit erst aufgenommen werden, wenn sämtliche für den Betrieb erforderlichen öffentlich-rechtlichen Zulassungen erteilt worden sind. Nach § 19 I WHG entscheidet die Planfeststellungsbehörde über die Erteilung einer wasserrechtlichen Erlaubnis oder Bewilligung, wenn für ein Vor- 7306

1932 Beckmann in Frenz, BBergG, 2019, § 52 Rn. 10.
1933 Beckmann in Frenz, BBergG, 2019, § 52 Rn. 10.
1934 BVerwG ZfB 2010, 129 (135); BVerwGE 127, 259, 271; Keienburg NVwZ 2013, 1123 (1125).
1935 Beckmann in Frenz, BBergG, 2019, § 52 Rn. 12.
1936 BVerfGE 134, 242; BVerfGE 134, 242 Rn. 276.
1937 BVerwG ZfB 2010, 136.
1938 BVerwG Urt. v. 29.6.2006 – 7 C 11/05, juris Rn. 26.
1939 OVG Bautzen Beschl. v. 17.3.2016 – 3 B 31/16, juris.

haben, mit dem die Benutzung eines Gewässers verbunden ist, ein Planfeststellungsverfahren durchgeführt wird. Sieht ein bergrechtlicher Betriebsplan die Benutzung von Gewässern vor, so entscheidet nach § 19 II WHG die Bergbehörde über die Erteilung der Erlaubnis. § 19 WHG führt nur zu einer Zuständigkeitskonzentration bei der Bergbehörde. Dies ändert nichts daran, dass die wasserrechtlichen Erlaubnisse neben den bergrechtlichen Zulassungen gesondert erteilt werden müssen, wobei dabei die Erlaubnisvoraussetzungen des Wasserrechts maßgeblich sind. Da auf der Grundlage des § 48 II 1 BBergG auch bei der Zulassung von Betriebsplänen außerbergrechtliche Belange, insbesondere auch solche des Wasserrechts nach den einschlägigen wasserrechtlichen Bestimmungen zu berücksichtigen sind, überschneiden sich insoweit zwar die Entscheidungsmaßstäbe der parallel zu erteilenden Zulassungen. Allerdings bedarf es einer Prüfung außerbergrechtlicher Vorschriften im Rahmen des § 48 II 1 BBergG nicht, wenn eine speziellere Fachbehörde auf der Grundlage einer öffentlich-rechtlichen Vorschrift mit der Wahrnehmung der zu schützenden öffentlichen Interessen betraut ist.[1940]

7307 **Parallelität zur wasserrechtlichen Erlaubnis.** Das OVG Münster ist der Ansicht, dass ein Hauptbetriebsplan, dessen Zulassung den Abbau freigeben soll, wegen entgegenstehender Gründe des Grundwasserschutzes gemäß § 48II 1 BBergG nicht vor oder nur bei gleichzeitiger Erteilung der erforderlichen und von der Bergbehörde gemäß § 19 II WHG zu erteilenden wasserrechtlichen Genehmigung zugelassen werden darf.[1941] Mit einem Separationsmodell der herrschenden Auffassung sowie dem bergrechtlichen Regelungsanspruch ist diese Rechtsprechung nicht vereinbar.[1942] Das OVG Münster hat verkannt, dass mit der Zulassung des Hauptbetriebsplans das Abbauvorhaben nicht in der Weise freigegeben wird, dass der Unternehmer ohne Rücksicht auf weitere erforderliche Zulassungen mit dem Abbau beginnen könnte. Die Zulassung des Hauptbetriebsplans hat eben – anders als die bergrechtliche Planfeststellung – keine Konzentrationswirkung hat, so dass weitere Genehmigungen bzw. Erlaubnisse, die für die Gewinnungstätigkeit erforderlich sind, zunächst eingeholt werden müssen, bevor mit dem Abbau begonnen werden darf. Darauf kann in der Zulassung hingewiesen werden. Die Notwendigkeit, die Zulassung des Hauptbetriebsplans davon abhängig zu machen, dass zuvor oder zumindest gleichzeitig auch andere Erlaubnisse oder Genehmigungen, die noch erforderlich sind, erteilt werden, ergibt sich aus dem BBergG jedoch nicht. Insoweit käme im Übrigen ohnehin eher eine Bedingung für die Inanspruchnahme der Zulassung in Betracht als eine Ablehnung der beantragten Zulassung in Betracht

7308 Das OVG Münster beruft sich für seine Rechtsauffassung auf zwei Urteile des BVerwG zum Hochwasserschutz bei planfeststellungsbedürftigen bergrechtlichen Rahmenbetriebsplänen. Das Gericht bedenkt allerdings nicht, dass den Urteilen des BVerwG eine andere Entscheidungskonstellation zu Grunde lag. In den Verfahren um den Hochwasserschutz bei planfeststellungsbedürftigen bergrechtlichen Rahmenbetriebsplänen ging es um die Sorge des Gerichts, dass mit dem bergrechtlichen Planfeststellungsbeschluss bereits ein Abbauvorhaben zugelassen und dementsprechend auch begonnen wird, das Folgen auslöst, die wasserrechtlich planfeststellungsbedürftige Deichbaumaßnahmen erforderlich machen. Da die Deichbaumaßnahmen von der Konzentrationswirkung der bergrechtlichen Planfeststellungsbeschlüsse nicht erfasst wurden und für den Abbau selbst auch keine zusätzliche wasserrechtliche Zulassung vor seinem Beginn erforderlich war, bestand die Gefahr, dass die Machbarkeit dieser Deichbaumaßnahmen im bergrechtlichen Planfeststellungsverfahren ungeprüft blieben, so dass bei Beginn des Abbaus offen geblieben wäre, ob die notwendigen Maßnahmen des Hochwasserschutzes tatsächlich realisiert werden können. Deshalb hat das BVerwG die Planfeststellungsbehörde für verpflichtet angesehen, die Machbarkeit dieser Deichbaumaßnahmen auch bereits im bergrechtlichen Planfeststellungsverfahren nicht ungeprüft zu lassen. Es sollte sichergestellt werden, dass zum Nachteil des Hochwasserschutzes keine vollendeten Tatsachen geschaffen werden. Diese spezielle Situation des wasserrechtlich planfeststellungsbedürftigen Hochwasserschutzes ist mit dem Sachverhalt, über den das OVG Münster mit seinem Urteil vom 18.11.2015 im Zusammenhang mit der Gewinnung von Kalkstein in einem Steinbruch zu entscheiden hatte, nicht vergleichbar. Denn für die Bergbehörde gab es dort grundsätzlich nur zwei Alternativen: Entweder mussten die Belange des Trinkwassersschutzes bereits bei der Zulassung bergrechtlicher Betriebspläne – entweder bei der Zulassung des Hauptbetriebsplans oder aber für den Fall, dass

---

[1940] BVerwGE 74, 315.

[1941] OVG Münster Urt. v. 18.11.2015 – 11 A 3048/11, juris; kritisch dazu Beckmann in Frenz, BBergG, 2019, § 52 Rn. 19.

[1942] Beckmann DVBl.. 2023, 449 (456).

spezielle Sonderbetriebspläne zugelassen werden sollten, bei der Zulassung dieser Sonderbetriebspläne – oder aber für den Fall, dass noch eine wasserrechtliche Erlaubnis erforderlich war, im Rahmen dieses Erlaubnisverfahrens geprüft werden. Für den Fall eines gesonderten wasserrechtlichen Erlaubnisverfahrens hätten aufgrund dieser spezielleren Prüfung im wasserrechtlichen Erlaubnisverfahren die entsprechenden wasserwirtschaftlichen Belange nicht über § 48 II BBergG im bergrechtlichen Betriebsplanzulassungsverfahren geprüft werden müssen. Ein Prüfungsdefizit, wie es bei der bergrechtlichen Planfeststellung mit Blick auf den Hochwasserschutz hätte entstehen können, war in dem vom OVG Münster mit Urteil vom 18.11.2015 entschiedenen Fall nicht zu befürchten.[1943] Zutreffend bestätigt in diesem Zusammenhang auch das OVG Berlin-Brandenburg zum Braunkohlentagebau Jänschwalde, der Zulassung des Hauptbetriebsplans komme keine Konzentrationswirkung zu. Sie sei deswegen auch nicht von der Einholung weiterer, für die Gewinnungstätigkeit erforderlicher Erlaubnisse und Genehmigungen befreit. Deswegen könne sie das Abbauvorhaben hinsichtlich dieser weiteren erforderlichen Zulassungen auch nicht freigeben.[1944]

Inhalt des Hauptbetriebsplans. Trotz der erheblichen Bedeutung des Hauptbetriebsplans und seiner Zulassung hat der Gesetzgeber davon abgesehen, den notwendigen Inhalt des Hauptbetriebsplans zu beschreiben. Als möglicherweise einziger Betriebsplan, dessen Zulassung den Betrieb gestattet, muss der Hauptbetriebsplan ein umfassendes Bild der geplanten Betriebsanlagen und Betriebseinrichtungen sowie ihrer Herstellung vermitteln. Der Hauptbetriebsplan enthält insoweit eine allgemeine Beschreibung des Betriebszustandes und der Betriebsentwicklung, der geplanten Maßnahmen zum Umweltschutz, zur Wiedernutzbarmachung der Oberfläche, zur Arbeitssicherheit, sowie eine Darstellung des technischen Betriebszustandes und der technischen Betriebsentwicklung. Der Hauptbetriebsplan gibt außerdem einen Ausblick auf die voraussichtlich erforderlichen Sonderbetriebspläne.[1945] 7309

e) Fakultativer Rahmenbetriebsplan. Nach § 52 II Nr. 1 BBergG kann die zuständige Behörde verlangen, dass für einen bestimmten längeren, nach den jeweiligen Umständen bemessenen Zeitraum Rahmenbetriebspläne aufgestellt werden, die allgemeine Angaben über das beabsichtigte Vorhaben, dessen technische Durchführung und voraussichtlichen Zeitablauf enthalten müssen. Bei dem Verlangen der Behörde, einen Rahmenbetriebsplan aufzustellen, handelt es sich um einen Verwaltungsakt, gegen den der Unternehmer Anfechtungsklage beim Verwaltungsgericht erheben kann. Eine solche Klage wird allerdings regelmäßig angesichts des der Behörde eingeräumten Ermessens kaum erfolgversprechend sein. Bestimmte Voraussetzungen für das Verlangen der Behörde sieht der Gesetzgeber nicht vor. Verlangt die zuständige Behörde die Aufstellung eines Rahmenbetriebsplans, dann ist der Unternehmer zu einer solchen Aufstellung verpflichtet. Soweit die Aufstellung eines Rahmenbetriebsplans davon abhängt, dass die zuständige Behörde dies von dem Unternehmer verlangt, handelt es sich um einen fakultativen Rahmenbetriebsplan; soweit eine gesetzliche Verpflichtung zur Aufstellung eines Rahmenbetriebsplans besteht, liegt ein obligatorischer Rahmenbetriebsplan vor. Die gesetzlichen Voraussetzungen für die Zulassung eines fakultativen und eines obligatorischen Rahmenbetriebsplans unterscheiden sich nicht. Sie ergeben sich aus §§ 55 I, 48 II BBergG. Die Zulassung eines Rahmenbetriebsplans oder seiner Verlängerung darf nicht versagt werden, wenn der Unternehmer noch nicht für das gesamte Bergwerksfeld, auf das sich der Rahmenbetriebsplan bezieht, die erforderliche Berechtigung nachweisen kann (§ 55 I Nr. 1 BBergG), jedoch nicht auszuschließen ist, dass er den Nachweis zu gegebener Zeit erbringen kann. Die Zulassung ist dann mit der einschränkenden Nebenbestimmung zu erteilen, dass die erforderliche Berechtigung für die Zulassung des Hauptbetriebsplans nachzuweisen ist, den es betrifft.[1946] 7310

Zulassungsverfahren. Unterschiedlich ist allerdings das Zulassungsverfahren. Für den fakultativen Rahmenbetriebsplan bleibt es bei dem Zulassungsverfahren nach § 54 BBergG mit Behördenbeteiligung, aber ohne Öffentlichkeitsbeteiligung und ohne Umweltverträglichkeitsprüfung. Für die Zulassung eines obligatorischen Rahmenbetriebsplans bedarf es dagegen nach § 52 IIa 1 BBergG eines bergrechtlichen Planfeststellungsverfahrens nach Maßgabe der §§ 57a und 57b BBergG einschließlich Umweltverträglichkeitsprüfung. Die Zulassung des Rahmenbetriebsplans gestattet dem Bergbauunternehmen nicht die Errichtung und Führung 7311

1943 Beckmann in Frenz, BBergG, 2019, § 52 Rn. 19.
1944 OVG Berlin-Brandenburg Beschl. v. 5.5.2022 – OVG 11 S 7/22, juris Rn. 10.
1945 Beckmann in Frenz, BBergG, 2019, § 52 Rn. 21.
1946 BVerwGE 100, 1.

eines Betriebs; eine Gestattungswirkung kommt vielmehr nur der Zulassung des Hauptbetriebsplans zu.

7312 **Gegenstand des Rahmenbetriebsplans.** Der Rahmenbetriebsplan soll die in den Hauptbetriebsplänen in jeweils zeitlich eng beschränkten Zeiträumen darzustellenden Vorhaben in einen größeren zeitlichen Zusammenhang stellen. Der Rahmenbetriebsplan soll die verschiedenen bergbaulichen Maßnahmen, die in Hauptbetriebsplänen und Sonderbetriebsplänen darzustellen und von der zuständigen Behörde zuzulassen sind, koordinieren.[1947] Mit der Verpflichtung, einen Rahmenbetriebsplan aufzustellen, wird der Unternehmer veranlasst, ein zeitlich umfassenderes Konzept für die Errichtung und Führung eines Betriebs zur Genehmigung vorzulegen. Der Gesetzgeber schreibt vor, dass der Rahmenbetriebsplan allgemeine Angaben über das beabsichtigte Vorhaben, dessen technische Durchführung und voraussichtlichen zeitlichen Ablauf enthalten muss. Da es lediglich auf allgemeine Angaben ankommt, bedarf es bei der Aufstellung des Rahmenbetriebsplans keiner Beschreibung von Einzelheiten. Dementsprechend ist es grundsätzlich zulässig, bei der Zulassung des Rahmenbetriebsplans solche Fragen auszuklammern, die sich sachgerecht erst beantworten lassen, wenn räumlich und zeitlich beschränkte Abschnitte genauer betrachtet werden können.[1948] Der fakultative Rahmenbetriebsplan kann sich gegenständlich oder zeitlich auf bestimmte Ausschnitte des Vorhabens beschränken. Das unterscheidet den fakultativen Rahmenbetriebsplan von einem obligatorischen Rahmenbetriebsplan, der im Rahmen eines bergrechtlichen Planfeststellungsverfahrens zugelassen wird, das als Trägerverfahren für die sich grundsätzlich auf ein Gesamtvorhaben beziehende Umweltverträglichkeitsprüfung dient.[1949] Auch die parallele Aufstellung verschiedener fakultativer Rahmenbetriebspläne für die unterschiedlichen Abschnitte eines Vorhabens ist zulässig.[1950]

7313 **Ermessen der Bergbehörde.** Der Gesetzgeber ermächtigt die zuständige Behörde, die Aufstellung eines Rahmenbetriebsplans zu verlangen. Die Verpflichtung des Unternehmers, einen fakultativen Rahmenbetriebsplan aufzustellen, steht insoweit im Ermessen der zuständigen Behörde.[1951] Allerdings wird der Unternehmer für berechtigt gehalten, ohne ein behördliches Verlangen einen Rahmenbetriebsplan aufzustellen und diesen zur Genehmigung der zuständigen Behörde einzureichen. Die Behörde hat auch über die Zulassung eines in diesem Sinne unverlangten Rahmenbetriebsplans zu entscheiden.[1952]

7314 **Rechtswirkungen.** Die Zulassung des fakultativen Rahmenbetriebsplans berechtigt nicht zur Durchführung des Vorhabens; sie hat dementsprechend keine gestattende Wirkung.[1953] Die Zulassung des fakultativen Rahmenbetriebsplans hat auch keine Konzentrationswirkung.[1954] Die Bindungswirkung der Zulassung des fakultativen Rahmenbetriebsplans ist umstritten. Das BVerwG hat der Rahmenbetriebsplanzulassung nicht jegliche, sondern nur eine in gleicher Weise wie beim Vorbescheid oder bei einem vorläufigen positiven Gesamturteil berechtigende Wirkung abgesprochen. Die Verfestigung der Rahmenbetriebsplanzulassung zu einem Vorbescheid hat es wegen der mit dem Fortschreiten des Bergbauvorhabens sich erweiternden und verändernden Erkenntnisse, die Qualifizierung als vorläufiges positives Gesamturteil wegen des üblicherweise nicht erfüllbaren Prüfungsrahmens abgelehnt. Es hat damit allerdings nicht entschieden, ob eine Rahmenbetriebsplanzulassung eine gegenüber dem Vorbescheid mindere Bindungswirkung haben könne, etwa derart, dass bei unveränderter Sach- und Rechtslage die Zulassung eines Haupt- oder Sonderbetriebsplans nicht aus einem Grund versagt werden dürfe, der schon zur Versagung der Rahmenbetriebsplanzulassung hätte führen müssen. Eine solchermaßen eingeschränkte Bindungswirkung würde indes nur dann über den Ablauf der Geltungsdauer der Rahmenbetriebsplanzulassung hinausreichen, wenn die Befristung des Rahmenbetriebsplans nicht bezweckte, der Bergbehörde – auch bei unveränderter Sach- und Rechtslage – eine neue Entscheidung über die Zulassung der nicht fristgemäß durchgeführten Maßnah-

---

[1947] BVerwGE 89, 252.

[1948] BVerwGE 127, 272; OVG Koblenz Urt. v. 5.10. 2010 – 1 A 10689/09, juris Rn. 38.

[1949] Beckmann in Frenz, BBergG, 2019, § 52 Rn. 41; Keienburg NVwZ 2013, 1123 (1124); siehe aber auch Frenz NVwZ 2012, 1221 (1222).

[1950] Beckmann in Frenz, BBergG, 2019, § 52 Rn. 41; Kremer/Neuhaus gen. Wever, Bergrecht, 2001, Rn. 169.

[1951] Keienburg NVwZ 2013, 1123 (1124); Beckmann in Frenz, BBergG, 2019, § 52 Rn. 44.

[1952] BVerwG ZfB 1995, 278 (284); Kremer/Neuhaus gen. Wever, Bergrecht, 2001, Rn. 168.

[1953] BVerwG ZfB 2008, 249; BVerwGE 126, 205, Rn. 25.

[1954] OVG Sachsen Beschl. v. 17.3.2016 – 3 B 31/16, juris Rn. 4.

men am Maßstab des § 55 I BBergG zu ermöglichen, sondern ihr lediglich die Möglichkeit zu geben, einen neuen Zeitrahmen für die als solche – rahmenmäßig – bereits zugelassenen Maßnahmen festzulegen.[1955] Weil die Zulassung des Rahmenbetriebsplans die Feststellung enthält, dass das Gesamtvorhaben zulassungsfähig ist und nicht aus überwiegenden öffentlichen Interessen untersagt oder eingeschränkt werden darf, und diese Feststellung bestandskräftig werden kann, darf nach Ansicht des BVerwG bei der Zulassung der Hauptbetriebspläne die grundsätzliche Zulassungsfähigkeit des Gesamtvorhabens – vorbehaltlich einer Änderung der tatsächlichen Verhältnisse – nicht erneut in Frage gestellt werden.[1956]

Dabei ist allerdings zu berücksichtigen, dass die Bindungswirkung der Zulassung des Rahmenbetriebsplans durch den Grad der Detaillierung seines Inhalts beschränkt wird. Soweit der Rahmenbetriebsplan nur allgemeine Angaben enthält und auf nicht abschließenden Erkenntnissen beruht, ist auch seine Zulassung lediglich von beschränkter Bindungswirkung. Die Behörde darf die Zulassung eines nachfolgenden Hauptbetriebsplans oder Sonderbetriebsplans nicht aus einem Grund versagen, der schon zur Versagung der Rahmenbetriebsplanzulassung hätte führen müssen. Das gilt allerdings nach der Rechtsprechung des Bundesverwaltungsgerichts wiederum nur unter dem Vorbehalt einer Änderung der tatsächlichen Verhältnisse.[1957] **7315**

Dass die Zulassung eines Rahmenbetriebsplans auch den betroffenen Eigentümer in dieser Weise binden kann, ergibt sich unmittelbar aus § 48 II 2 bis 5 BBergG. Diese Vorschriften sehen eine materielle Präklusion des betroffenen Dritten mit Einwendungen vor, die er der Zulassung eines Rahmenbetriebsplans hätte entgegenhalten können.[1958] **7316**

Die Zulassung des Rahmenbetriebsplans ist nicht mit einer **enteignungsrechtlichen Vorwirkung** verbunden. Hierfür fehlt es bereits an einer gesetzlichen Anordnung. Demgemäß ist das BVerwG davon ausgegangen, dass der Zulassung eines Rahmenbetriebsplans keine enteignungsrechtliche Vorwirkung zukommt.[1959] Das bedeutet allerdings nicht, dass die Zulassung des Rahmenbetriebsplans für das bergrechtliche Grundabtretungsverfahren ohne Bedeutung wäre, wenn ein betroffener Eigentümer an dem Zulassungsverfahren nach § 48 II 2 bis 5 BBergG beteiligt worden ist oder er die Zulassung auch ohne eine solche Beteiligung ergebnislos angefochten hat. In einem solchen Fall ist mit Blick auf § 77 II 1 BBergG– wiederum vorbehaltlich einer Änderung der tatsächlichen Verhältnisse – durch den bestandskräftigen Rahmenbetriebsplan festgestellt, dass das Vorhaben einer technisch und wirtschaftlich sachgemäßen Betriebsplanung und Betriebsführung entspricht und die Benutzung der Grundstücke für das Abbauvorhaben unter diesem Gesichtspunkt notwendig ist.[1960] **7317**

f) Obligatorischer Rahmenbetriebsplan. Nach § 52 IIa 1 BBergG ist die Aufstellung eines Rahmenbetriebsplans zu verlangen und für dessen Zulassung ein Planfeststellungsverfahren nach Maßgabe der §§ 57a und 57 b BBergG durchzuführen, wenn ein Vorhaben nach § 57c BBergG einer Umweltverträglichkeitsprüfung bedarf. Ob ausnahmsweise auch für die Zulassung eines Hauptbetriebsplans oder eines Abschlussbetriebsplans eine Umweltverträglichkeitsprüfung erforderlich werden kann, ist umstritten.[1961] Da die Aufstellung eines Rahmenbetriebsplans (zwingend) von der zuständigen Behörde zu verlangen ist, steht ihr insoweit kein Ermessen zu. Der Bescheid, mit dem die zuständige Behörde die Aufstellung eines Rahmenbetriebsplans verlangt, ist ein gebundener Verwaltungsakt, gegen den Anfechtungsklage gegebenenfalls nach erfolgloser Durchführung eines Widerspruchsverfahrens erfolgversprechend erhoben werden kann, wenn für das Vorhaben keine Umweltverträglichkeitsprüfung durchgeführt werden muss.[1962] **7318**

1955 BVerwGE 100, 1.

1956 BVerwGE 126, 205 Rn. 23; BVerwG ZfB 2008, 249 Rn. 16.

1957 BVerwGE 126, 205 Rn. 25.

1958 BVerwGE 126, 205; zu Zweifeln an der Unionsrechtskonformität dieser Präklusion Beckmann in Frenz, BBergG, 2019, § 52 Rn. 49.

1959 BVerwG Urt. v. 14.12.1990 – 7 C 18.90, juris; BVerwGE 126, 205; BVerwG Beschl. v. 20.10.2008 – 7 B 21/08, juris.

1960 BVerwGE 126, 205 = juris Rn. 26.

1961 verneinend VG Darmstadt Beschl. v. 26.11.2015 – 7 L 1775/15.DA, juris Rn. 18 ff.; BVerwG, NVwZ 2002, 1237; siehe aber auch OVG Lüneburg NuR 2009, 58; Beschl. v. 24.9.2013 – 7 LA 21/10 juris; OVG Koblenz, UPR 2013, 233.

1962 Beckmann in Frenz BBergG, 2019, § 52 Rn. 72.

7319 Der Kreis der UVP-pflichtigen Vorhaben des Bergbaus ergibt sich aus § 1 UVP-V-Bergbau. § 1 S. 1 Nr. 1 bis 8a und Nr. 10 UVP-V-Bergbau listen dazu einen umfangreichen Katalog betriebsplanpflichtiger Vorhaben auf. Hinzu kommen nach § 1 S. 1 Nr. 9 UVP-V-Bergbau sonstige betriebsplanpflichtige Vorhaben einschließlich der zur Durchführung bergbaulicher Vorhaben erforderlichen betriebsplanpflichtigen Maßnahmen, soweit diese Vorhaben oder Maßnahmen als solche nach Maßgabe der Anlage 1 des UVPG der Umweltverträglichkeitsprüfung bedürfen und ihrer Art oder Gruppe nach nicht unter die Nr. 1 bis 8 des § 1 S. 1 UVP-V- Bergbau fallen.

7320 Soweit die These von den „besonderen Sachgesetzlichkeiten des Bergbaus" Abstriche an dem Umfang der Umweltprüfung rechtfertigen soll, sollte diese aufgegeben oder zumindest einschränkend interpretiert werden.[1963] Bei einem Vergleich mit den Anforderungen an eine umfassende UVP-Pflicht für eine Nassauskiesung nach den §§ 68 WHG ist es kaum plausibel, warum ein bergrechtlich zuzulassender Tagebau demgegenüber nur eine inhaltlich eingeschränkte UVP erfordert, nämlich eine zwar frühzeitige, an die Zulassung eines Rahmenbetriebsplans anknüpfende, aber mit Blick auf den lediglich rahmensetzenden Charakter einer solchen Rahmenbetriebsplanung lediglich überschlägigen und auf späteren Verfahrensstufen, insbesondere bei der Zulassung der den Abbau freigebenden Hauptbetriebsplanzulassung, nicht mehr ergänzten UVP. Besondere Sachgesetzlichkeiten des Bergbaus mögen, wenn überhaupt, für den noch verbleibenden untertägigen Bergwerksbetrieb gelten, bei Tagebauen ist eine darauf gestützte Differenzierung zwischen bergrechtlich zulassungsbedürftigen und wasserrechtlich oder abgrabungsrechtlich zulassenden Gewinnungsbetrieben mit Blick auf eine Umweltverträglichkeitsprüfung kaum plausibel.[1964]

7321 **Erforderlichkeit eines Planfeststellungsverfahrens.** Rechtsfolge von § 52 IIa 1 BBergG ist nicht nur die Verpflichtung der zuständigen Behörde, die Aufstellung eines Rahmenbetriebsplans zu verlangen. Zugleich wird sie verpflichtet, über die Zulassung eines solchen obligatorischen Rahmenbetriebsplans nach Durchführung eines bergrechtlichen Planfeststellungsverfahrens zu entscheiden. Das im Falle des § 52 IIa BBergG durchzuführende Planfeststellungsverfahren tritt gemäß § 57a I 1 BBergG an die Stelle des Verfahrens nach den §§ 54, 56 BBergG.

7322 **Anhörungs- und Planfeststellungsbehörde** ist gemäß § 57a I 2 BBergG die für die Zulassung von Betriebsplänen zuständige Behörde. In engem Zusammenhang zu § 57 IIa 1 BBergG steht § 51 UVPG. Nach § 51 S. 1 UVPG wird die Umweltverträglichkeitsprüfung bei bergbaulichen Vorhaben, die in der Anlage 1 des UVPG aufgeführt sind und dem Bergrecht unterliegen, nach den Vorschriften des BBergG durchgeführt. Die §§ 15 bis 32 UVPG finden nach § 51 S. 2 UVPG nur Anwendung, soweit das Bundesberggesetz dies anordnet. Anders als bisher wird nach § 51 S. 2 UVPG die Anwendung der Vorschriften über die Verfahrensschritte des UVPG im Bergrecht nicht mehr generell ausgeschlossen. Insbesondere sollen die Bestimmungen zur grenzüberschreitenden Umweltverträglichkeitsprüfung, die in Teil 5 des UVPG geregelt sind, unmittelbar gelten. Auch die weiteren verfahrensrechtlichen Vorschriften, die in Teil 2 Abschnitt 2 und 3 iVm Anl. 4 des UVPG enthalten sind, sollen bei bergrechtlichen Verfahren gelten, soweit das BBergG dies anordnet. Dies betrifft insbesondere die §§ 15 bis 27 sowie § 31 UVPG, deren Geltung in § 57a I 3 BBergG ausdrücklich angeordnet und durch einzelne Bestimmungen des BBergG ergänzt wird.

7323 **g) Sonderbetriebsplan.** Gem. § 52 II Nr. 2 BBergG kann die zuständige Behörde verlangen, dass für bestimmte Teile des Betriebes oder für bestimmte Vorhaben Sonderbetriebspläne aufgestellt werden, die von dem Unternehmer bei ihr einzureichen und von der Behörde zuzulassen sind. Der Unternehmer ist berechtigt, auch ohne behördliches Verlangen einen oder mehrere Sonderbetriebspläne aufzustellen und bei der Behörde zur Genehmigung einzureichen.[1965] Die Aufstellung von Sonderbetriebsplänen zusätzlich zu dem ohnehin obligatorischen Hauptbetriebsplan kommt für bestimmte Teile des Betriebs oder für bestimmte Vorhaben in Betracht, wenn diese eine eigenständige Bedeutung haben und sich für die Aufnahme in den Hauptbetriebsplan nicht eignen, insbesondere wenn die gesonderte Behandlung in einem Sonderbetriebsplan der Übersichtlichkeit des Hauptbetriebsplans dient oder aus besonderen zeitlichen Gründen nicht zeitgleich mit dem Hauptbetriebsplan möglich ist.[1966]

1963 Beckmann DVBl. 2023, 449 (452); verständnisvoller gegenüber diesen sogenannten besonderen Sachgesetzlichkeiten des Bergbaus allerdings von Weschpfennig Strukturen des Bergrechts, 2022, 5 ff.

1964 Beckmann DVBl. 2023, 449 (452).

1965 Keienburg NVwZ 2013, 1123 (1125).

1966 Kremer/Neuhaus gen. Wever, Bergrecht, 2001, Rn. 196 unter Verweis auf die amtliche Begründung.

Sachlicher Anwendungsbereich. Der sachliche Anwendungsbereich für die Aufstellung von Sonderbetriebsplänen erstreckt sich grundsätzlich auf sämtliche Betriebsanlagen und Betriebseinrichtungen. Typische Regelungsgegenstände eines Sonderbetriebsplans sind zB technische Anlagen, etwa Verladereinrichtungen, Schachtanlagen, Bandanlagen, mit Blick auf die gesetzlichen Zulassungsvoraussetzungen sind spezifische Prüfungsgegenstände zB die Abbaueinwirkungen eines untertägigen Abbaus auf das Oberflächeneigentum oder der Versatz untertägiger Hohlräume mit geeigneten Abfällen zur Verwertung oder noch spezieller die Versatztauglichkeit einzelner Abfälle. Unterschieden wird in diesem Zusammenhang zwischen sektoralen und integralen Sonderbetriebsplänen.[1967] Als **sektorale Sonderbetriebspläne** werden dabei solche Betriebspläne verstanden, die besondere Arbeiten oder Anlagen zum Gegenstand haben, die sie wegen ihrer eigenständigen Bedeutung nicht oder weniger für die Aufnahme in Hauptbetriebsplan eignen. **Integrale Sonderbetriebspläne** sollen dagegen solche Pläne sein, die sich nicht auf einen speziellen Sonderbereich beziehen, sondern zentrale Fragen der Errichtung und Führung des Betriebs mit größerer Detailliertheit als der Hauptbetriebsplan darstellen. Als Beispiele für solche integralen Sonderbetriebspläne werden im Bereich des untertägigen Steinkohlenbergbaus die Sonderbetriebspläne genannt, die den Abbau einerseits und die Abbaueinwirkungen auf das Oberflächeneigentum andererseits darstellen. 7324

Fraglich ist, ob die Zulassung eines Sonderbetriebsplans gestattende Wirkung im Sinne einer Freigabe der im Sonderbetriebsplan dargestellten Maßnahmen haben kann. Dazu wird die Ansicht vertreten, der Zulassung des Sonderbetriebsplans könne wegen der zentralen Funktion des Hauptbetriebsplans, der durch Sonderbetriebspläne nur ergänzt bzw. entlastet werden soll, keine gestattende Wirkung im vorgenannten Sinne haben.[1968] Dementsprechend dürfe ein Sonderbetriebsplan auch nur eine kürzere Laufzeit als die für einen Hauptbetriebsplan vorgesehene Regelung von zwei Jahren haben; die Laufzeit des Sonderbetriebsplans dürfe jedoch keinesfalls den Geltungszeitraum des Hauptbetriebsplans überschreiten, weil der Sonderbetriebsplan mit dem Hauptbetriebsplan verkoppelt sei.[1969] Nach anderer Auffassung ist es rechtlich ohne weiteres zulässig, einen konkreten Abbau mit seinen technischen Details in einem Sonderbetriebsplan darzustellen und diesen Abbau sodann mit der Zulassung des Sonderbetriebsplans zu gestatten bzw. freizugeben.[1970] Richtig dürfte es sein, zwischen der gestattenden Wirkung der Zulassung des Sonderbetriebsplans und der Akzessorietät dieser Zulassung zur Zulassung des Hauptbetriebsplans zu unterscheiden. Zwar kann die Zulassung eines Sonderbetriebsplans die in dem Plan dargestellten Tätigkeiten und Einrichtungen auch im Sinne einer Freigabe gestatten. Das ändert allerdings nichts daran, dass Voraussetzung für eine Umsetzung der in dem Sonderbetriebsplan dargestellten Maßnahmen stets eine rechtswirksame Zulassung des Hauptbetriebsplans ist. Es ist deshalb nicht zulässig, einen bergbaulichen Betrieb ganz oder teilweise allein auf der Grundlage der Zulassung eines Sonderbetriebsplans mit oder ohne Zulassung eines Rahmenbetriebsplans zu führen. Zwingende Voraussetzung für die bergbauliche Tätigkeit ist stets die rechtswirksame Zulassung eines Hauptbetriebsplans.[1971] 7325

Geltungszeitraum. Der Gesetzgeber sieht keinen bestimmten Geltungszeitraum für Sonderbetriebspläne vor. Da die Zulassung eines Sonderbetriebsplans mangels Gestattungswirkung den Unternehmer nicht berechtigt, die im Sonderbetriebsplan dargestellten Maßnahmen umzusetzen, bedarf es weder einer zeitlichen Begrenzung des Sonderbetriebsplans durch den Unternehmer noch einer Befristung der entsprechenden Zulassung durch die Behörde. Ausgeführt werden dürfen die Maßnahmen eines Sonderbetriebsplans nur auf der Grundlage einer wirksamen Zulassung des Hauptbetriebsplans. Die in Sonderbetriebsplänen dargestellten Tätigkeiten und Einrichtungen dürfen deshalb nicht ausgeführt bzw. betrieben werden, wenn und soweit es an einer wirksamen Zulassung eines Hauptbetriebsplan fehlt. Die Zulassung eines Sonderbetriebsplans ist insoweit ohne eine wirksame Zulassung des Hauptbetriebsplans nicht nutzbar. Das bedeutet allerdings nicht, dass der Sonderbetriebsplan – wie der Hauptbetriebsplan – einen nur beschränkten Geltungszeitraum haben darf. Ganz im Gegenteil: Der Sonder- 7326

[1967] Kremer/Neuhaus gen. Wever, Bergrecht, 2001, Rn. 200; Schmidt-Aßmann/Schoch, Bergwerkseigentum und Grundeigentum im Betriebsplanverfahren, 1994, 196.

[1968] Ludwig Auswirkungen der FFH-RL Bauvorhaben zum Abbau von Bodenschätzen nach dem BBergG, 2005, S. 49; Stiens Der bergrechtliche Betriebsplan, 1995, 62.

[1969] Stiens Der bergrechtliche Betriebsplan, 1995, 62.

[1970] Glückert Sonderbetriebsplan und Sonderbetriebsplanzulassung in FS für Kühne, 2009, 543 (548); siehe auch Piens in Piens/Schulte/Graf Vitzthum, BBergG, 2020, § 52 Rn. 46.

[1971] Beckmann in Frenz, BBergG, 2019. § 52 R. 68; Keienburg NVwZ 2013, 1123 (1125).

betriebsplan kann sich auf einen zeitlich nicht befristeten Geltungszeitraum erstrecken; auch seine Zulassung muss nicht befristet sein.

7327 **h) Abschlussbetriebsplan.** Für die Einstellung eines Bergbaubetriebes ist ein Abschlussbetriebsplan aufzustellen, der eine genaue Darstellung der technischen Durchführung und der Dauer der beabsichtigten Betriebseinstellung und den Nachweis enthält, dass die Voraussetzungen für einen solchen Abschlussbetriebsplan eingehalten sind.[1972] Für die Erteilung der Zulassung eines Abschlussbetriebsplans muss unter anderem nachgewiesen werden, dass die Wiedernutzbarmachung der Oberfläche der vom einzustellenden Betrieb in Anspruch genommenen Grundstücke sichergestellt ist. Eine ordnungsgemäße Gestaltung der Oberfläche erfordert nicht unbedingt die Wiederherstellung des vor Baubeginn bestehenden Zustandes; es sind darunter vielmehr die Vorkehrungen und Maßnahmen zu verstehen, die erforderlich sind, um die für die Zeit nach Einstellung eines Betriebs geplante Nutzung zu gewährleisten, also vorzubereiten und zu ermöglichen, nicht aber solche Maßnahme, die die künftige Nutzung bereits aufnehmen.[1973] Bei der Zulassung eines Abschlussbetriebsplans dürfen von früheren Sonder- und Rahmenbetriebsplänen, in die die spätere Rekultivierung des vom Tagebau betroffenen Gebiets zum Gegenstand hatten, abweichende Maßnahmen angeordnet werden, wenn das grundlegende Rekultivierungsziele erhalten bleibt und keine unverhältnismäßige Beeinträchtigung des Eigentumsrechts des Oberflächeneigentümers damit einher geht.[1974]

7328 Der Abschlussbetriebsplan bezieht sich auf die Zeit zwischen der Einstellung des Gewinnungsbetriebs und dem Ende der Bergaufsicht. Nach § 69 II BBergG endet die Bergaufsicht nach der Durchführung des Abschlussbetriebsplanes oder entsprechender Anordnungen der zuständigen Behörde gem. § 71 III BBergG zu dem Zeitpunkt, in dem nach allgemeiner Erfahrung nicht mehr damit zu rechnen ist, dass durch den Betrieb Gefahren für Leben und Gesundheit Dritter, für andere Bergbaubetriebe und für Lagerstätten, deren Schutz im öffentlichen Interesse liegt, oder gemeinschädliche Einwirkungen eintreten werden. Mit Hilfe des Abschlussbetriebsplans sollen sämtliche Probleme bewältigt werden, die sich bei bzw. nach der Einstellung des Gewinnungsbetriebs noch stellen. Der Abschlussbetriebsplan ist das verfahrensrechtliche Instrument, das die Beendigung der Bergaufsicht vorbereitet.[1975]

7329 Beim Braunkohlentagebau, insbesondere in der letzten Phase des Abbaus, gehen die Betriebsführung iSd § 52 I 1 BBergG und die Einstellung des Betriebs iSd § 53 I 1 BBergG ineinander über. Der Hauptbetriebsplan muss die Verkippung der Abraummassen als Teil des Abbaus regeln, die ihrerseits aber auch der Wiederherstellung der Erdoberfläche dient und damit zugleich eine Maßnahme der Bodenschatzgewinnung und der Einstellung des Bergbaubetriebs und der Rekultivierung darstellt.

7330 **i) Änderung von Betriebsplänen.** Die fakultativen Rahmenbetriebspläne sowie Haupt-, Sonder- und Abschlussbetriebspläne können nach §§ 52 IV 2, 53 I 2 BBergG abgeändert werden. Zum Verfahren enthalten die Vorschriften keine Regelung. Im Ergebnis findet daher das Verfahren Anwendung, das auch bei der Aufstellung und Zulassung der Betriebspläne anzuwenden ist. Es handelt sich insoweit um ein Zulassungsverfahren, in dem die Bergbehörde eine förmliche Zulassung erteilen muss.[1976]

7331 Nach § 54 I BBergG hat der Unternehmer den Betriebsplan, dessen Verlängerung, Ergänzung oder Abänderung vor Beginn der vorgesehenen Arbeiten zur Zulassung einzureichen. Für Änderungen des obligatorischen Rahmenbetriebsplans enthält § 52 IIc BBergG eine Spezialregelung dahingehend, dass § 52 IIa BBergG (die Pflicht zur Aufstellung eines Rahmenbetriebsplans und Zulassung im Planfeststellungsverfahren) auch für die wesentliche Änderung eines Vorhabens gilt. Sofern die Änderung nicht wesentlich ist, kann die Behörde über die Änderung des Rahmenbetriebsplans demnach im herkömmlichen Betriebsplanverfahren entscheiden.[1977]

[1972] Zum Abschlussbetriebsplan Beckmann Rechtliche Rahmenbedingungen der Abschlussbetriebsplanung in Kühne/Ehricke, Bergrecht zwischen Tradition und Moderne, 2010, 169 ff.; Kirchner UPR 2010, 161; Zu den rechtlichen Rahmenbedingungen der Einstellung des Steinkohlenbergbaus an der Ruhr Beckmann DÖV 2010, 512.

[1973] OVG Magdeburg AbfallR 2009, 197; OVG Münster ZfB 1998, 160.

[1974] VG Gießen DVBl.. 2011, 188.

[1975] Beckmann in Kühne/Ehricke (Hrsg.), Bergrecht zwischen Tradition und Moderne, 169 (174).

[1976] von Hammerstein in Kühne/von Hammerstein/Keienburg/Kappes/Wiesendahl, BBergG, 2023, § 52 Rn. 105; Piens in Piens/Schulte/Graf Vitzthum, BBergG, 2020, § 52 Rn. 109.

[1977] Piens in Piens/Schulte/Graf Vitzthum, BBergG, 2020, § 52 Rn. 160.

Umstritten ist, ob neben § 52 IIc BBergG eine Anwendung von § 76 VwVfG in Betracht kommt. Die Bundesregierung weist in der Begründung des Gesetzes zur Modernisierung des Rechts der Umweltverträglichkeitsprüfung darauf hin, dass bei unwesentlichen Änderungen § 76 II, III VwVfG bzw. die entsprechenden landesrechtlichen Verfahrensvorschriften anwendbar seien.[1978] Nach § 76 II VwVfG kann die Planfeststellungsbehörde bei Planänderungen von unwesentlicher Bedeutung von einem Planfeststellungsverfahren absehen, wenn die Belange anderer nicht berührt werden oder wenn die Betroffenen der Änderung zugestimmt haben. Führt die Planfeststellungsbehörde in den Fällen des § 76 II VwVfG oder in anderen Fällen einer Planänderung von unwesentlicher Bedeutung ein Planfeststellungsverfahren durch, so bedarf es nach § 76 III VwVfG keines Anhörungsverfahrens und keiner öffentlichen Bekanntgabe des Planfeststellungsbeschlusses. 7332

j) Einvernehmenserfordernis. Über die Zulässigkeit von Vorhaben nach den §§ 31, 33 bis 35 BauGB wird nach § 36 I 1 BauGB im bauaufsichtlichen Verfahren von der Baugenehmigungsbehörde im Einvernehmen mit der Gemeinde entschieden. Das Einvernehmen der Gemeinde ist nach § 36 I 2 BauGB auch erforderlich, wenn in einem anderen Verfahren über die planungsrechtliche Zulässigkeit entschieden wird; dies gilt jedoch nicht für Vorhaben der in § 29 I BauGB bezeichneten Art, die der Bergaufsicht unterliegen. Nach § 69 I BBergG unterliegt der Bergbau der Aufsicht durch die zuständige Behörde. Zum Bergbau in diesem Sinne zählen die in § 2 I Nr. 1 und 2 BBergG genannten Tätigkeiten sowie nach § 2 I Nr. 3 BBergG die Einrichtungen, die überwiegend diesen Tätigkeiten dienen oder zu dienen bestimmt sind.[1979] Der Begriff des Dienens setzt eine funktionale Zuordnung der Einrichtung zu der bergbaulichen Tätigkeit voraus. Bergbau und Einrichtung müssen eine Funktionseinheit bilden.[1980] Das BVerwG erläutert dazu, dem Wortlaut des § 36 I BauGB ließen sich zwar keine Anhaltspunkte für ein restriktives Verständnis der Ausnahmeregelung entnehmen. Die Systematik der Norm deute jedoch auf ein engeres Verständnis der Ausnahme hin. Dass § 36 I 2 HS 2 BauGB sich nicht auf § 36 I 1 BauGB beziehe, bedeute, dass für der Bergaufsicht unterliegende Vorhaben, deren Vereinbarkeit mit dem Bauplanungsrecht in einem Baugenehmigungsverfahren zu beurteilen sei, keine Ausnahme vom Einvernehmenserfordernis gelte. Damit wäre es nach Ansicht des BVerwG wertungsmäßig schwerlich in Einklang zu bringen, wenn für immissionsschutzrechtlich genehmigungsbedürftige Vorhaben Abweichendes gelten würde, obwohl derartige Vorhaben typischerweise ein höheres Störungspotenzial aufweisen und dementsprechend stärker die gemeindliche Planungshoheit berührten. Vor allem aber würden Sinn und Zweck des Einvernehmenserfordernisses und der Ausnahmeregelung für eine einschränkende Auslegung dieses Ausnahmetatbestands sprechen, so dass die Ausnahme vom Erfordernis des gemeindlichen Einvernehmens nach § 36 I 2 Halbs. 2 BauGB sich nur auf Vorhaben bezieht, über deren bauplanungsrechtliche Zulässigkeit in der bergrechtlichen Betriebsplanzulassung entschieden wird.[1981] 7333

k) Zulassung vorzeitigen Beginns. Für das bergrechtliche Zulassungsverfahren ist der vorzeitige Beginn in § 57b I BBergG geregelt. Danach kann die Bergbehörde unter dem Vorbehalt des Widerrufs zulassen, dass bereits vor der Planfeststellung oder vor der Zulassung eines Rahmenbetriebsplans nach § 52 II 1 BBergG mit der Ausführung des Vorhabens begonnen wird, wenn die dort genannten Voraussetzungen erfüllt sind, insbesondere mit einer Entscheidung zugunsten des Unternehmers gerechnet werden kann, keine irreversiblen Beeinträchtigungen von Natur und Landschaft zu besorgen sind, ein öffentliches oder berechtigtes Interesse des Unternehmers an dem vorzeitigen Beginn besteht und der Unternehmer eine Risikoübernahmeerklärung abgibt. 7334

§ 57 b I BBergG bezog sich ursprünglich seinem ausdrücklichen Wortlaut und seiner systematischen Stellung nach nur auf das Planfeststellungsverfahren, also das Zulassungsverfahren für obligatorische Rahmenbetriebspläne im Sinne des § 52 IIa BBergG. Gerechtfertigt wurde die 7335

1978 Gesetzesbegründung der Bundesregierung BT-Drs. 18/11499, S. 116; dazu Beckmann in Frenz, BBergG, 2019, § 52 Rn. 105; von Hammerstein in Kühne/von Hammerstein/Keienburg/Kappes/Wiesendahl, BBergG, 2023, § 52 Rn. 98.

1979 BVerwG NVwZ 2017, 632 = juris Rn. 20; siehe dazu Pauli/Wörheide NuR 2018, 302; zum gemeindlichen Einvernehmen nach § 36 I BauGB bei Vorhaben unter Bergaufsicht siehe auch Beckmann BauR 2015, 1757.

1980 BVerwG NVwZ 2017, 632 = juris Rn. 22.

1981 BVerwG NVwZ 2017, 632 = juris Rn. 20.

Zulassung vorzeitigen Beginns durch die potentielle Dauer eines Planfeststellungsverfahrens, die in seiner Komplexität begründet liegt, insbesondere wegen der Einbindung der UVP und der Öffentlichkeitsbeteiligung.[1982] Mit dem Gesetz zur Änderung des BBergG und zur Änderung der VwGO vom 14.6.2021 wurde der Anwendungsbereich des vorzeitigen Beginns auf das fakultative Rahmenbetriebsplanverfahren gem. § 52 II Nr. 1 BBergG erweitert.[1983]

7336 Mit der Zulassung vorzeitigen Beginns soll dem Unternehmer die Möglichkeit eingeräumt werden, bereits vor Abschluss des aufwendigen Planfeststellungsverfahrens mit der Errichtung und dem Betrieb beginnen zu können. Orientiert man sich an dieser Zielrichtung, könnte es sinnvoll sein, die Regelung zur Zulassung des vorzeitigen Beginns auf das Verfahren zur Zulassung fakultativer Rahmenbetriebspläne zu erstrecken.

7337 Es ist umstritten, ob die Zulassung vorzeitigen Beginns nach § 57b I BBergG zur Folge hat, dass der Bergbauunternehmer mit der Errichtung und Durchführung des Betriebs unmittelbar beginnen darf, oder ob dies erst möglich ist, wenn ein Hauptbetriebsplan zugelassen wurde. Dazu wird vertreten, dass die Gestattungswirkung nach § 57 b I BBergG nicht weiter reichen dürfe als die Gestattungswirkung eines zugelassenen Rahmenbetriebsplans, so dass die Führung des Bergbaubetriebes auch im Falle der Zulassung des vorzeitigen Beginns in jedem Fall eine Hauptbetriebsplanzulassung voraussetze.[1984] Dem kann entgegengehalten werden, dass dieses Verständnis dem Sinn der durch § 57b I BBergG beabsichtigten Erleichterung und Beschleunigungsmöglichkeit für die Realisierung des bergbaulichen Vorhabens widerspricht. Dafür, dass auf der Grundlage der Zulassung des vorzeitigen Beginns bereits unmittelbar mit Ausführungsmaßnahmen begonnen werden darf, spricht auch, dass § 57 b I BBergG sich an Regelungen zur Zulassung des vorzeitigen Beginns in anderen Umweltgesetzen orientiert und diese ebenfalls den Beginn von Realisierungsmaßnahmen unter Verzicht auf die an sich noch zu erteilende Genehmigung erlauben. Es wäre systemfremd und mit dem gewünschten Beschleunigungseffekt schwerlich zu vereinbaren, der Zulassung des vorzeitigen Beginns nach § 57b I BBergG eine gestattende Wirkung für den Beginn von Ausführungsmaßnahmen abzusprechen.[1985] Diese Unklarheit könnte beseitigt werden, wenn der Gesetzgeber ausdrücklich regeln würde, dass es für die Errichtung und den Betrieb des bergbaulichen Vorhabens im Falle einer Zulassung des vorzeitigen Beginns für den Beginn der Ausführungsmaßnahmen bzw. für den Zeitraum der Geltung des vorzeitigen Beginns keiner Hauptbetriebsplanzulassung bedarf. Klarstellend könnte ergänzt werden, dass bei der Prognose, ob mit einer Entscheidung zugunsten des Unternehmers gerechnet werden kann, auch zu prüfen ist, ob mit einer späteren Zulassung des Hauptbetriebsplans gerechnet werden kann.[1986]

7338 Nach § 48 I 1 Nr. 13 VwGO ist das Oberverwaltungsgericht auch für Streitigkeiten über die bergrechtliche Zulassung vorzeitigen Beginns eines Vorhabens in Bezug auf einen im Planfeststellungsverfahren gegenständlichen obligatorischen Rahmenbetriebsplan sachlich zuständig.[1987]

5. Zulassungsvoraussetzungen

7339 **a) Identisches und gestuftes Prüfprogramm.** Die von der Behörde zu prüfenden Zulassungsvoraussetzungen sind für alle Betriebsplanarten einheitlich in § 55 I BBergG geregelt, wobei jedoch für Rahmenbetriebspläne gemäß § 55 I 2 BBergG und für Abschlussbetriebspläne gemäß § 55 II BBergG Besonderheiten gelten. Trotz der im Grundsatz einheitlichen Prüfungsmaßstäbe kann aufgrund der abschließenden Wirkung des gestuften Zulassungsverfahrens das Prüfungsprogramm der Bergbehörde bei der Entscheidung über die Zulassung von Betriebsplänen unterschiedlich sein. Soweit bereits bei der Zulassung eines Sonderbetriebsplans bestimmte Fragen geprüft und entschieden worden sind, sind die diese bei der Entscheidung über die Zulassung eines Hauptbetriebsplans nicht erneut zu prüfen. Die Zulassung des Hauptbe-

[1982] Keienburg/Wiesendahl in Kühne/von Hammerstein/Keienburg/Kappes/Wiesendahl, BBergG, 2023, § 57b Rn. 2a.

[1983] BGBl. I 2021, S. 1760; siehe Keienburg/Wiesendahl in Kühne/von Hammerstein/Keienburg/Kappes/Wiesendahl, BBergG, 2023, § 57b Rn. 2a

[1984] Piens in Piens/Schulte/Graf Vitzthum, BBergG, 2020, § 57b Rn. 10.

[1985] Beckmann in Frenz, BBergG, 2019, § 57b Rn. 15 ff –mit einer umfassenderen Darstellung des Streitstands.

[1986] Beckmann in Frenz, BBergG, 2019, § 57b Rn. 18.

[1987] OVG Berlin-Brandenburg Beschl. v. 15.12.2023 – 11 S 21/23, juris Rn. 36.

triebsplans darf deshalb nicht wegen einer Rechtsfrage versagt werden, die bei der Zulassung eines Sonderbetriebsplans geprüft und entschieden worden ist.[1988]

b) Zulassungsvoraussetzungen nach § 55 I BBergG. Die Zulassung eines Betriebsplans ist nach § 55 I BBergG zu erteilen, wenn (1) für die im Betriebsplan vorgesehene Aufsuchung oder Gewinnung von Bodenschätzen die erforderlichen Berechtigungen nachgewiesen sind, (2) die Zuverlässigkeit der verantwortlich handelnden Personen gewährleistet ist, (3) die erforderliche Vorsorge gegen Gefahren für Leben, Gesundheit und Schutz von Sachgütern, Beschäftigter und Dritter im Betrieb, insbesondere durch die den allgemein anerkannten Regeln der Sicherheitstechnik entsprechenden Maßnahmen, sowie dafür getroffen worden ist, dass die für die Errichtung und Durchführung eines Betriebes erlassenen Vorschriften und die sonstigen Arbeitsschutzvorschriften eingehalten werden, (4) keine Beeinträchtigung von Bodenschätzen eintreten wird, deren Schutz im öffentlichen Interesse liegt, (5) für den Schutz der Oberfläche im Interesse der persönlichen Sicherheit und des öffentlichen Verkehrs Sorge getragen ist, (6) die anfallenden Abfälle ordnungsgemäß beseitigt werden, (7) die erforderliche Vorsorge zur Wiedernutzbarmachung der Oberfläche in dem nach den Umständen gebotenen Ausmaß getroffen worden ist und (8) die erforderliche Vorsorge getroffen ist, dass die Sicherheit eines nach den §§ 50, 51 BBergG zulässigerweise bereits geführten Betriebes nicht gefährdet wird. Nach § 55 I Nr. 1 BBergG kann ein Betriebsplan nur zugelassen werden, wenn die erforderliche Berechtigung für die vorgesehene Aufsuchung und Gewinnung von Bodenschätzen nachgewiesen ist.[1989] 7340

c) Gemeinschädliche Einwirkungen. Besondere Bedeutung hat auch die Zulassungsvoraussetzung des § 55 I 1 Nr. 9 BBergG, wonach gemeinschädliche Einwirkungen der Aufsuchung oder Gewinnung nicht erwartet werden dürfen. Weitere Zulassungsvoraussetzungen beziehen sich auf die Sicherheit von Schifffahrtswegen, Unterwasserkabeln oder Rohrleitungen und schädliche Einwirkungen auf das Meer (§ 55 I 1 Nr. 10 bis 13 BBergG). Erlaubnisse und Bewilligungen bedürfen der Schriftform (§ 16 I BBergG). Die nachträgliche Aufnahme, Änderung oder Ergänzung von Auflagen ist nach Maßgabe des § 16 III BBergG zulässig. Die Erlaubnis ist auf höchstens 5 Jahre zu befristen (§ 16 IV 1 BBergG. Eine Verlängerung ist möglich (§ 16 IV 2 BBergG). Eine Aufsuchung ist planmäßig und mit der zuständigen Behörde abgestimmt iSv § 16 IV 2 BBergG, wenn sie das der Erlaubnis zugrunde liegende Arbeitsprogramm im Wesentlichen umsetzt. Weicht die Aufsuchung wesentlich vom Arbeitsprogramm ab, setzt das Erfordernis der Abstimmung mit der Bergbehörde (§ 16 IV 2 BBergG) eine positive Stellungnahme und Billigung seitens der Behörde voraus. Fehlt bei wesentlicher Abweichung vom Arbeitsprogramm die nach § 16 IV 2 BBergG erforderliche Zustimmung der Behörde, ist über die Verlängerung der Erlaubnis nach Ermessen zu entscheiden. Die Versagungsgründe des § 11 Nr. 3 und 7 BBergG stehen auch der Verlängerung einer Erlaubnis entgegen.[1990] Der Sachgüterschutz (§ 55 I Nr. 3 BBergG) hat das unmittelbare, auf die Integrität der Sachsubstanz bezogene Schädigungspotenzial der Bergbautätigkeit bzw. der Verlegung und des Betriebs von Rohrleitungen im Blick. Die Bestandsgarantie des Art. 14 I GG verlangt bei der Bestimmung von Inhalt und Schranken des Eigentums, dass Vorkehrungen getroffen werden, die eine unverhältnismäßige Belastung des Eigentums verhindern.[1991] 7341

Zu den gemeinschädlichen Einwirkungen iS des § 55 I 1 Nr. 9 BBergG gehören aber auch Veränderungen der Wasserbeschaffenheit, die nach dem WHG die Merkmale einer **Gewässerverunreinigung** aufweisen.[1992] Vom Tatbestand des § 55 I 1 Nr. 9 BBergG erfasst werden Gewässerverunreinigungen dann, wenn die Schwelle der Gemeinwohlbeeinträchtigung überschritten ist. Anhaltspunkte dafür, wann dies der Fall ist, bietet das Wasserrecht. Danach umfasst das Wohl der Allgemeinheit insbesondere die Wahrung der durch das WHG geschützten wasserwirtschaftlichen Belange. Hierzu gehört auch die Abwehr von Gewässerverunreinigungen. Als solche stuft das Gesetz erkennbar Einwirkungen ein, durch die dauernd oder in einem nicht nur unerheblichen Ausmaß schädliche Veränderungen der physikalischen, chemischen oder biologischen Beschaffenheit des Wassers herbeigeführt werden. Sind solche Veränderungen zu erwarten, so handelt es sich um eine Beeinträchtigung des Wohls der Allgemeinheit, die 7342

1988 Beckmann in Frenz, BBergG, 2019, § 52 Rn. 4.
1989 BVerwG ZfB 2019, 270.
1990 BVerwG NVwZ 2011, 1520; Kumpf NVwZ 2011, 1524.
1991 BVerwG ZfB 2019, 181.
1992 BVerwG NVwZ 1996, 712.

in Parallelität zu § 55 I 1 Nr. 9 BBergG nach § 6 WHG einen Versagungsgrund darstellt.[1993] Weder genügt es, dass ein Schadenseintritt abstrakt möglich erscheint oder zu besorgen ist, noch bedarf es des Nachweises einer an Gewissheit grenzenden Wahrscheinlichkeit oder einer konkreten Gefahr im ordnungsbehördlichen Sinne. Vielmehr sind Gemeinwohlbeeinträchtigungen iS des § 6 WHG ebenso wie gemeinschädliche Einwirkungen iS des § 55 I 1 Nr. 9 BBergG dann zu erwarten, wenn sie bei normalem Geschehensablauf nach allgemeiner Lebenserfahrung wahrscheinlich und ihrer Natur nach vorhersehbar sind. Ergänzt werden die zu prüfenden Zulassungsvoraussetzungen des § 55 I BBergG für alle Betriebsplanarten durch § 48 II 1 BBergG. Denn nach der Rechtsprechung des BVerwG ist bei Zulassung von Betriebsplänen zu prüfen, ob der Aufsuchung oder Gewinnung überwiegende öffentliche Interessen im Sinne von § 48 II 1 BBergG entgegenstehen. Die Voraussetzungen für die Zulassung eines Betriebsplans liegen auch dann nicht vor, wenn das bergbauliche Vorhaben mit Zielen der Raumordnung unvereinbar ist. Gem. § 4 I 1 Nr. 2 ROG sind Ziele der Raumordnung auch bei Entscheidungen öffentlicher Stellen über die Zulässigkeit raumbedeutsamer Planungen und Maßnahmen von Personen des Privatrechts, die der Planfeststellung oder der Genehmigung mit der Rechtswirkung der Planfeststellung bedürfen, zu beachten.[1994]

7343 **d) Ergänzende Zulassungsvoraussetzungen des § 48 II BBergG.** Die gesetzlichen Zulassungsvoraussetzungen der §§ 55 I, 48 II 1 BBergG gelten auch für die bergrechtliche Planfeststellung, bei der es sich – wie bei allen anderen Betriebsplanzulassungen auch – nicht um eine Planungsentscheidung mit planerischen Gestaltungsspielraum, sondern um eine gebundene Kontrollerlaubnis handelt, auf deren Erteilung der Unternehmer einen gesetzlichen Anspruch hat, wenn die genannten Zulassungsvoraussetzungen vorliegen.[1995] Ob der Unternehmer bei Ablehnung der von ihm begehrten Zulassung seines Betriebsplans im Wege einer Verpflichtungsklage nach § 113 V 1 VwGO auf Erteilung der Zulassung klagen kann, wird trotz der gebundenen, nicht im Ermessen stehenden Entscheidung zweifelhaft. Die Zulassung eines Betriebsplans, insbesondere eines Rahmenbetriebsplans beruht auf der Grundlage des § 48 II 1 BBergG auf der Abwägung verschiedener – auch gegenläufiger – öffentlicher Interessen, was regelmäßig auch durch Anordnung zahlreicher Nebenbestimmungen, mit denen die Vereinbarkeit des Vorhabens mit unterschiedlichen Belangen und fachgesetzlichen Bestimmungen erreicht werden soll, zum Ausdruck kommt. Hierfür können auch Zweckmäßigkeitserwägungen der Behörde erheblich sein, zB wenn zu entscheiden ist, welche von mehreren gleichermaßen zur Zielerreichung geeigneten Auflagen oder Nebenbestimmungen beifügt werden soll. In einer solchen Situation kann es geboten sein, es bei einem Bescheidungsurteil zu belassen.[1996]

7344 Die nach § 48 II 1 BBergG gebotene Abwägung unterliegt nicht den Grundsätzen der planerischen Gestaltungsfreiheit, sondern ist voll überprüfbar.[1997] Wegen der formellen Konzentrationswirkung des bergrechtlichen Planfeststellungsbeschlusses nach § 57b III 1 und § 57a IV1 BBergG ist nach das für vom Verfahren eingeschlossene Genehmigungen geltende Recht zu prüfen. Inhaltlich sind hierfür die materiell-rechtlichen Anforderungen der jeweils einschlägigen Fachgesetze maßgeblich.[1998]

7345 Ein bergbauliches Vorhaben widerspricht dem öffentlichen Interesse iSd § 48 II BBergG und ist damit nicht zulassungsfähig, wenn bereits bei der Zulassung des Rahmenbetriebsplans erkennbar ist, dass die Verwirklichung des Vorhabens daran scheitern muss, dass die dafür erforderliche Inanspruchnahme des Eigentums privater Dritter nicht durch Belange des Allgemeinwohls gerechtfertigt ist. In diesem Sinne ist eine (positive) **Grundabtretungsprognose** für die Zulassung eines Rahmenbetriebsplans erforderlich.[1999]

[1993] BVerwGE 81, 347.

[1994] VG Düsseldorf Urt. v. 19.1.2015 – 17 K 1912/08, juris Rn. 22; Beckmann in Frenz, BBergG, 2019, § 52 Rn. 5.

[1995] BVerwG Urt. v. 30.3.2017 – 7 C 17/15, juris Rn. 36; Beschl. v. 5.7. 2016 – 7 B 43/15, juris Rn. 15; BVerwGE 74, 315; BVerwGE 81, 332; Beckmann in Frenz, BBergG, 2019, § 52 Rn. 6; siehe auch Dammert/Brückner ZUR 2023, 30 (31).

[1996] VGH Kassel ZfB 2015, 219.

[1997] OVG Bautzen DVBl. 2024, 308 = juris Rn. 34; BVerwG Urt. v. 29.6.2006 – 7 C 11.05, juris Rn. 27.

[1998] OVG Bautzen DVBl. 2024, 308 = juris Rn. 34; BVerwG Urt. v. 6.10.2022 – 7 C 4.21, juris Rn. 12; Dammert/Brückner ZUR 2023, 30 (31).

[1999] OVG Magdeburg ZfB 2023, 209 = juris Rn. 22.

e) Planungshoheit der Gemeinden. Die gemeindliche Planungshoheit als Teil des Selbstverwaltungsrechts ist von der Planfeststellungsbehörde nach Maßgabe des Bauplanungsrechts zu beachten, an das sie mangels materieller Konzentrationswirkung der Planfeststellung gebunden ist. Das Bauplanungsrecht nimmt nach § 38 S. 1, 1. HS BauGB bei Planfeststellungsverfahren für Vorhaben von überörtlicher Bedeutung die Bindung an die Vorschriften der §§ 29–37 BauGB zurück, wenn die Gemeinde beteiligt wird. An die Stelle einer strikten Verbindlichkeit bauplanungsrechtlicher Anforderungen tritt dann nach § 38 S. 1, 2 HS BauGB das Gebot, städtebauliche Belange zu berücksichtigen.[2000] 7346

6. Gerichtlicher Rechtsschutz gegen bergbauliche Vorhaben

Die Möglichkeiten des gerichtlichen Rechtsschutzes gegen bergrechtlich zugelassene Vorhaben sind vielfältig. Das hat seinen Grund in der Vielzahl unterschiedlicher Vorhaben, die auf der Grundlage des Bergrechts zugelassen werden und in den zahlreichen Planungs- und Zulassungsentscheidungen, die in einem gestuften Planungs- und Zulassungsverfahren für einen Bergbaubetrieb notwendig sind.[2001] Die Rechtsprechung unterscheidet zwischen den Eigentümern, deren Grundstücke für das Vorhaben in Anspruch genommen werden müssen,[2002] und den Nachbarn, deren Grundstücke im Umgebungsbereich des Vorhabens liegen.[2003] 7347

a) Vollprüfung für enteignungsrechtlich Betroffene. Soll ein Rahmenbetriebsplan die Grundlage für eine Enteignung bieten, bedarf er einer der Eigentumsgarantie des Art. 14 GG entsprechenden besonderen Rechtfertigung. Dies führt dazu, dass der Rechtsschutz eines Eigentümers, dessen Grundstücke im Plangebiet liegen, wesentlich erweitert ist. Während der Eigentümer von Grundstücken, die nicht unmittelbar in Anspruch genommen werden, regelmäßig nur die Verletzung der eigenen Betroffenheiten geltend machen kann, ist der Eigentümer von Grundstücken im Plangebiet nicht in dieser Weise in seinen Rechtsschutzmöglichkeiten eingeschränkt. Der so betroffene Grundstückseigentümer kann vielmehr die Verletzung des Abwägungsgebotes grundsätzlich auch mit der Begründung geltend machen, dass öffentliche Belange (zB des Landschaftsschutzes) nicht hinreichend beachtet worden seien. 7348

b) Mittelbare Betroffenheiten. Vor allem bei untertägigen Maßnahmen des Bergbaus kommt es vielfach nur zu mittelbaren Einwirkungen auf die betroffenen Grundstücke. Eine unmittelbare Inanspruchnahme des Grundeigentums ist häufig nicht erforderlich.[2004] Das BVerwG hat in dem **Moers-Kapellen-**Urteil[2005] insbesondere bei Vorliegen von Gemeinschäden eine entsprechende Beteiligung von betroffenen Grundstückseigentümern gefordert und den so betroffenen Grundstückseigentümern ggf. auch Abwehrrechte zugebilligt. Es handelt sich bei solchen Inanspruchnahmen, die zu **schweren Bergschäden** an der Oberfläche führen, zwar nicht um Enteignungen im klassischen Sinne, unter denen nur die unmittelbare Grundstücksinanspruchnahme mit einem Wechsel der Rechtsträgerschaft verstanden wird. Aber auch für Eingriffe in das Eigentum, die Inhalts- und Schrankenbestimmungen in das Eigentum iS des Art. 14 I 2 GG darstellen, sind verfassungsrechtliche Prinzipien zu beachten. 7349

Das BVerwG formulierte im Moers-Kapellen-Urteil einen Leitsatz, wonach § 48 II BBergG verfassungskonform dahin auszulegen sei, dass die zuständige Behörde die Aufsuchung oder Gewinnung von Bodenschätzen beschränken oder untersagen müsse, wenn – unbeschadet der in §§ 114 ff. BBergG getroffenen Bergschadensregelung – nur dadurch eine unverhältnismäßige Beeinträchtigung des Oberflächeneigentums vermieden werden könne; insoweit sei § 48 II BBergG auch nachbarschützend. Dem BVerwG wird jedoch zu Recht entgegengehalten, dass dessen Rechtsprechung die Möglichkeiten einer verfassungskonformen Auslegung überschreitet, dass das BVerwG demzufolge die Verfassungswidrigkeit des BBergG mit Blick auf einen unzureichenden Grundeigentumsschutz hätte feststellen müssen.[2006] Das BVerwG habe sich, so 7350

2000 BVerwG Urt. v. 30.3.2017 – 7 C 17/15, juris Rn. 35; Beckmann in Frenz, BBergG, 2019, § 52 Rn. 7.

2001 Zur Verfahrensstufung siehe zB Degenhart Probleme der Braunkohlenplanung in FS für Hoppe, 2000, 696 (704 ff.).

2002 BVerwGE 67, 74; UPR 1983, 310 zur Klagebefugnis bei Grundstücksinanspruchnahme; BVerwGE 74, 109.

2003 BVerwGE 48, 56; BVerwGE 85, 44; DVBl. 1991, 399.

2004 BVerfG NJW 1986, 2188.

2005 BVerwG DVBl. 1989, 663 mit kritischer Anmerkung. Beckmann.

2006 von Weschpfennig Strukturen des Bergrechts, 2022, 214 f. (227 ff); Beckmann DVBl. 2023, 449 (451).

mit Recht von Weschpfennig, über die grundlegende Konzeption des BBergG zum Grundeigentumsschutz hinweggesetzt und im Wege einer bedenklichen richterlichen Rechtsfortbildung lediglich einen „gewissen eigentumsverfassungsrechtlichen Mindestschutz" in das Bergrecht integriert, statt den Weg zu einer verfassungsgerichtlichen Überprüfung und etwaigen gesetzgeberischen Neukonzeption zu ebnen.[2007]

7351 Treten durch untertägige Bergbaumaßnahmen **Schäden am Oberflächeneigentum** auf, stellt sich die Frage der Rechtsschutzmöglichkeiten des Oberflächeneigentümers gegen Abbaumaßnahmen des Bergbautreibenden. Das Verhältnis beider Eigentumsrechte wird zumeist in einem **Sonderbetriebsplan** Abbau geregelt. Enthält der Nachtrag zu einem Rahmenbetriebsplan die Verpflichtung, dass für die Anhörung und Beteiligung der von dem Abbau möglicherweise betroffenen Oberflächeneigentümer ein Sonderbetriebsplan vorzulegen ist, stellt dies eine Beschränkung der Bindungswirkung der Nachtragszulassung dar, durch die nicht der Oberflächeneigentümer, sondern allenfalls der Bergbautreibende in seinen Rechten verletzt sein kann. Ein fakultativer Rahmenbetriebsplan ist nicht Voraussetzung für einen Hauptbetriebsplan.[2008] Eine Hauptbetriebsplanzulassung darf daher von der Behörde nicht deshalb verweigert werden, weil die Geltungsdauer eines fakultativen Rahmenbetriebsplans abgelaufen und dessen Verlängerung noch nicht zulassungsfähig war.[2009] Umgekehrt entfällt durch die **Unanfechtbarkeit** eines später ergangenen **Sonderbetriebsplanes** im Sinne von § 52 II Nr. 2 BBergG weder das Rechtsschutzbedürfnis noch die Klagebefugnis für die Anfechtung des vorausgegangenen Planfeststellungsbeschlusses.[2010]

7352 Der Gesetzgeber hat insbesondere sicherzustellen, dass bei solchen Eigentumsbeeinträchtigungen ein **ausgewogenes Verhältnis** zwischen der **Privatnützigkeit** des Eigentums und der **Sozialbindung** hergestellt wird. Dies stellt an die Abwägungen der planenden Bergbehörde nicht geringe Anforderungen. Das BVerwG geht dabei davon aus, dass die Zulassungsvoraussetzungen in § 55 BBergG für den einzelnen betroffenen Oberflächeneigentümer nicht nachbarschützend sind.[2011] Der Vorsorgegrundsatz des § 55 I Nr. 3 BBergG erfasst nicht Sachgüter Dritter außerhalb des Betriebes des Bergbauunternehmens. § 55 I 1 Nr. 3 BBergG erfasst allerdings Gefahren für Leben und Gesundheit Dritter außerhalb des Betriebs, ohne danach zu differenzieren, ob die Gefahr unmittelbar oder mittelbar durch den Betrieb herbeigeführt wird. Kann ein beabsichtigter untertägiger Abbau von Steinkohle infolge der durch ihn verursachten Bergsenkungen eventuell Maßnahmen des Hochwasserschutzes notwendig machen, muss die Bergbehörde sich bei der Zulassung eines Rahmenbetriebsplans vergewissern, ob die Probleme, die das Vorhaben mit Blick auf den erforderlichen Hochwasserschutz auslöst, in den dafür zuständigen wasserrechtlichen Verfahren gelöst werden können.[2012] Auch § 55 I Nr. 9 BBergG dient nicht den individuellen Interessen einzelner, sondern objektiven Gemeinwohlinteressen und gewährt deshalb aus sich heraus – so das BVerwG – ebenfalls keinen Nachbarschutz. Für bergaufsichtliche Anordnungen, mit denen die Behörde im Einzelfall zum Schutz von Leben, Gesundheit und Sachgütern Beschäftigter oder Dritter über die in einem Betriebsplan gestellten Anforderungen hinausgeht (§ 71 I 2 BBergG), ist nur insoweit Raum, als der Zweck solcher Anordnungen nicht im Betriebsplanverfahren einschließlich der nachträglichen Änderung und Ergänzung eines zugelassenen Betriebsplanes (§ 56 I BBergG) erreicht werden kann. Der Adressat einer auf § 71 I BBergG gestützten Anordnung bestimmt sich nach § 58 BBergG und nicht nach den allgemeinen Grundsätzen über die ordnungsrechtliche Verantwortlichkeit.[2013] Die Anordnungsbefugnis gem. § 71 I BBergG reicht nicht weiter als die Voraussetzungen für die Zulassung eines Betriebsplanes gem. § 55 BBergG und umgreift deshalb nicht einen allgemeinen Sachgüterschutz. Die Bergbehörde kann auch auf der Grundlage des § 71 I BBergG nicht Anordnungen zugunsten solcher Belange treffen, auf deren Schutz es im Betriebsplanzulassungsverfahren nicht ankommt. Das BBergG enthält nach Auffassung des BVerwG auch kein an den Bergbauunternehmer gerichtetes Gebot der Rücksichtnahme auf die Belange des Oberflächeneigentümers.

[2007] von Weschpfennig Strukturen des Bergrechts, 2022, 214 f. (227 ff).
[2008] BVerwG ZfB 1998, 30.
[2009] BVerwG NVwZ-RR 1997, 606.
[2010] BVerwG ZfB 2006, 156.
[2011] BVerwG NVwZ 1989, 1162.
[2012] BVerwG NVwZ 2010, 1034; Frenz NVwZ 2011, 86; Beckmann BauR 2010, 2047; wie BVerwGE 127, 272.
[2013] BVerwG ZfB 2011, 112 auch zur verwaltungsrechtlichen Verantwortlichkeit nach § 58 I BBergG.

§ 55 I Nr. 9 BBergG ist nicht drittschützend.[2014] Für die Beurteilung, ob einem Dritten Abwehransprüche gegen eine bergrechtliche Betriebsplanzulassung wegen einer Betroffenheit seines Oberflächeneigentums zustehen, macht es keinen Unterschied, ob Grundlage des bergrechtlichen Drittschutzes § 48 II 1 BBergG oder § 55 I Nr. 3 BBergG ist. Die Frage, ob für ein bestimmtes konkretes Anwesen infolge der Einwirkungen des untertägigen Bergbaus Schäden von „einigem Gewicht mit einer gewissen Wahrscheinlichkeit zu erwarten" sind, kann nur auf der Grundlage einer Prognose beantwortet werden und ist daher nur einer eingeschränkten gerichtlichen Nachprüfung zugänglich. Damit müssen etwaige Gefahren, die durch eine von den Voraussagen abweichende Entwicklung eintreten, nicht als unabänderlich hingenommen werden. Vielmehr ist ihnen ggf. mit nachträglichen Auflagen (§ 56 I 2 BBergG) oder bergaufsichtlichen Anordnungen (§ 71 BBergG) zu begegnen.[2015] 7353

§ 48 II 1 BBergG entfaltet schon bei der Zulassung eines Rahmenbetriebsplans für einen Tagebau drittschützende Wirkung zu Gunsten eines Eigentümers, dessen Grundstück für den Tagebau unmittelbar in Anspruch genommen werden soll. Nach dieser Vorschrift kann, die für die Zulassung von Betriebsplänen zuständige Behörde eine Aufsuchung oder Gewinnung beschränken oder untersagen, soweit ihr überwiegende öffentliche Interessen entgegenstehen. Dies schließt die Prüfung ein, ob die Interessen enteignend betroffener Grundstückseigentümer mit dem verfassungsrechtlich erforderlichen Gewicht in die Abwägung eingestellt worden sind.[2016] Bereits in seiner früheren Rechtsprechung hatte das BVerwG § 48 II 1 BBergG **verfassungskonform** dahin **ausgelegt**, dass die zuständige Behörde die Aufsuchung und Gewinnung von Bodenschätzen beschränken und untersagen muss, wenn – unbeschadet der in den §§ 114 ff. BBergG getroffenen Bergschadensregelung – nur dadurch eine unverhältnismäßige Beeinträchtigung des Oberflächeneigentums vermieden werden kann. Der auch vom gesamtwirtschaftlichen Interesse an der Rohstoffsicherung[2017] geprägte Vorrang des Bergbaus vor gegenläufigen Eigentümerinteressen geht nicht so weit, dass letztere schon vom Ansatz her bei der behördlichen Kontrolle bergbaulicher Tätigkeiten außer Betracht bleiben dürften und die verfassungsrechtliche Substanzgarantie des Eigentums sich ohne vorherige abwägende Prüfung der Verhältnisse des Einzelfalles letztlich auf eine bloße Wertgarantie in Gestalt des Ersatzes für Bergschäden reduziert. Sind schwerwiegende Beeinträchtigungen des Oberflächeneigentums voraussichtlich unvermeidbar oder jedenfalls mit erheblicher Wahrscheinlichkeit zu erwarten, so stellt sich die Frage, ob je nach dem Gewicht der entgegenstehenden Interessen im Einzelfall der Abbau von Bodenschätzen wegen Unverhältnismäßigkeit des zu befürchtenden Schadens zum möglichen Gewinnungsvorteil an einer bestimmten Stelle nicht oder nur in geringerem Umfang als vom Bergbauunternehmer beabsichtigt stattfinden darf. Der Grundrechtsschutz hat in einem geeigneten Verfahren zu erfolgen, in dem der betroffene Eigentümer alle für die Verhältnismäßigkeit des beabsichtigten Bergbaus erheblichen Einwendungen vorbringen kann.[2018] Sicherzustellen ist, dass Eigentumsbeeinträchtigungen an der Oberfläche von einigem Gewicht, mit denen nach Lage der Dinge mit einer gewissen Wahrscheinlichkeit schon im Zeitpunkt der Betriebsplanzulassung zu rechnen ist, nicht durch eine behördliche Entscheidung, welche für den Bergbauunternehmer die Grundlage seiner Tätigkeit in dem betreffenden Bereich ist, sanktioniert werden, ohne dass sich die so Betroffenen zuvor mit ihren Einwendungen zu Gehör bringen konnten und eine Abwägung der entgegenstehenden Interessen am Maßstab des Verhältnismäßigkeitsgrundsatzes stattgefunden hat. Anlass für eine derartige Einbeziehung des Oberflächeneigentums in ein bergbehördliches Verfahren besteht insbesondere dann, wenn Eigentümer voraussichtlich von nicht unerheblichen Schäden betroffen sein werden, die insgesamt das Ausmaß eines Gemeinschadens (§ 55 I Nr. 9 BBergG) erreichen können. Mit diesem Inhalt ist § 48 II BBergG bei verfassungskonformer Auslegung nachbarschützend.[2019] Denn der Oberflächeneigentümer muss sich nicht nach dem Grundsatz **„dulde und liquidiere"** mit einem Entzug seines Grundeigentums abfinden, ohne gegen den Eingriffsakt selbst Rechtsschutzmöglichkeiten zu haben. Ein ausschließlicher Verweis des Grundeigentümers auf die Entschädigung würde dem Verfassungsgrundsatz **„Bestandsgarantie vor Wertgarantie"** nicht entsprechen. Und auch eine völlige Zurückdrängung des Oberflächeneigentums zugunst- 7354

2014 OVG Saarlouis ZfB 2001, 287; Beschl. v. 22.11.2007 – 2 B 181/07; BVerwG DVBl. 1989, 663.
2015 OVG Saarlouis ZfB 2001, 287.
2016 BVerwG NVwZ 2006, 1173.
2017 § 1 Nr. 1, § 48 I 2 BBergG.
2018 BVerwG NJW 1986, 2449.
2019 BVerwG DVBl. 1989, 663 m. Anm. Beckmann.

ten des Bergbaus sowie eine Verweisung der von bergbaulichen Maßnahmen beeinträchtigten Eigentümer ausschließlich auf den Geldersatz für Bergschäden (§§ 114 BBergG) wäre mit Art. 14 I GG nicht vereinbar. Den Schutz des Eigentums in dem nach Art. 14 I GG gebotenen Maße sicherzustellen, fällt in den Aufgabenbereich der zuständigen Behörde (§ 69 I BBergG). Soweit bergbauliche Tätigkeiten (§ 4 I bis IV BBergG), die das Eigentum Dritter beeinträchtigen können, nur auf Grund von Zulassungen der Bergbehörde stattfinden dürfen, ist der Schutzanspruch betroffener Eigentümer in erster Linie im Zulassungsverfahren zu berücksichtigen. § 48 II 1 BBergG entfaltet daher schon bei der Zulassung eines Rahmenbetriebsplans für einen Tagebau drittschützende Wirkung zu Gunsten der Eigentümer, deren Grundstücke für den Tagebau unmittelbar in Anspruch genommen werden sollen.[2020]

7355 Der Gesetzgeber hat diesen verfassungsrechtlichen Anforderungen, wie sie im Moers-Kapellen-Urteil des BVerwG aufgestellt worden sind, durch eine Änderung des BBergG und die Einführung eines Planfeststellungsverfahrens für UVP-pflichtige Bergbauvorhaben Rechnung getragen. Wesentlich für dieses Planfeststellungsverfahren ist, dass der strikte Zulassungsanspruch des Bergbautreibenden von einer nachvollziehenden Abwägung zugleich auch der nachteilig betroffenen Interessen abhängt. Die Zulassung bleibt zwar insoweit eine gebundene Entscheidung, muss aber im Sinne des Verhältnismäßigkeitsgrundsatzes austariert sein.[2021] Dies bringt für die Bergbehörden größere Freiheiten, auch entgegenstehende Belange vor allem der betroffenen Eigentümer aber auch der Gemeinden oder des Umweltschutzes abwägend zu berücksichtigen und zu einer Ausgleichsentscheidung zu verarbeiten. Dabei können auch die Belange dem Vorhaben benachbarter Eigentümer eingestellt werden. Die Bergbehörde hat im Betriebsplanzulassungsverfahren auch über die bauplanungsrechtliche Zulässigkeit eines Bergbauvorhabens nach Maßgabe des § 48 II BBergG zu entscheiden. Daneben kommt ein Nachbarschutz auf Grund des einfachen Bauplanungsrechts nicht zum Zuge.[2022]

7356 **c) Verfahrensmängel.** Auch in bergrechtlichen Verfahren gilt: Vorschriften über das Verwaltungsverfahren vermitteln Drittschutz grundsätzlich nur insoweit, als sie darauf gerichtet sind, die Wahrung materieller Rechte Dritter im Verwaltungsverfahren zu gewährleisten. Der Dritte kann deshalb die Aufhebung eines wegen eines Fehlers im Verwaltungsverfahren rechtswidrigen Verwaltungsakts grundsätzlich nur verlangen, wenn infolge des Verfahrensfehlers die Wahrung seiner materiellen Rechte nicht gewährleistet ist.[2023] Die Nichteinhaltung von Verfahrensvorschriften führt daher für sich genommen noch nicht zur Aufhebung eines Planfeststellungsbeschlusses. Hinzukommen muss vielmehr, dass sich der Verfahrensfehler als ein formeller Mangel auf die Sachentscheidung ausgewirkt haben kann. Der danach erforderliche Kausalzusammenhang ist nur dann gegeben, wenn nach den Umständen des jeweiligen Falles die konkrete Möglichkeit besteht, dass die Planungsbehörde ohne den Verfahrensfehler anders entschieden hätte.[2024] Eine nur abstrakte Möglichkeit einer anderen Entscheidung genügt nicht.[2025]

7357 Die Aufhebung eines bergrechtlichen Planfeststellungsbeschlusses kann auch von privaten Klägern nach § 4 I 1 UmwRG kann verlangt werden, wenn eine erforderliche Umweltverträglichkeitsprüfung oder eine erforderliche Vorprüfung des Einzelfalls zur Feststellung der UVP-Pflichtigkeit weder durchgeführt noch nachgeholt worden ist, wenn eine erforderliche Öffentlichkeitsbeteiligung im Sinne von § 9 UVPG weder durchgeführt noch nachgeholt worden ist oder ein anderer Verfahrensfehler vorliegt, der nicht geheilt worden ist, nach seiner Art und Schwere mit den in den Nrn. 1 und 2 genannten Fällen vergleichbar ist und der betroffenen Öffentlichkeit die Möglichkeit der gesetzlich vorgesehenen Beteiligung am Entscheidungsprozess genommen hat.

7358 **d) Umweltvereinigungen.** Nach § 2 I UmwRG können anerkannte Umweltverbände jedoch, ohne eine Verletzung in eigenen Rechten geltend machen zu müssen, Rechtsbehelfe nach Maßgabe der Verwaltungsgerichtsordnung auch gegen bergrechtliche Planfeststellungsbeschlüsse einlegen, wenn die Vereinigung geltend macht, dass der Planfeststellungsbeschluss oder dessen Unterlassen Rechtsvorschriften, die für die Entscheidung von Bedeutung sein können,

---

2020 BVerwG NVwZ 2006, 1173; BVerwG Urt. 14.12.1990 – 7 C 18.90, juris.
2021 BVerwG DVBl. 2007, 453 mit Anm. Kühne 832.
2022 BVerwG NVwZ 1989, 1162.
2023 BVerwG Urt. v. 5.10.1990 – 7 C 55 und 56.89, juris; NVwZ 1991, 992.
2024 BVerwG VkBl 1995, 210.
2025 BVerwG NVwZ 1997, 998; BVerwGE 69, 256; DVBl. 1996, 915.

wider-spricht. Weitere Voraussetzung für den Erfolg einer Umweltverbandsklage ist nach § 2 I Nr. 2 UmwRG, dass der Umweltverband geltend macht, in seinem satzungsgemäßen Aufgabenbereich der Förderung der Ziele des Umweltschutzes durch den bergrechtlichen Planfeststellungsbeschluss oder dessen Unterlassen berührt zu sein. Dementsprechend sind die Klagemöglichkeiten von Umweltverbänden zwar nicht mehr auf die Rüge der Verletzung von Vorschriften, die dem Umweltschutz dienen, beschränkt. Mit der Einschränkung, dass der satzungsgemäße Aufgabenbereich der Förderung der Ziele des Umweltschutzes durch die Entscheidung oder deren Unterlassung berührt sein muss, wird aber sichergestellt, dass nicht jeglicher Rechtsverstoß von den Umweltverbänden gerügt werden kann.

Anerkannte Naturschutzvereinigungen haben nach § 29 I VwVfG nur in bergrechtlichen Planfeststellungsverfahren ein förmliches Beteiligungsrecht. Lässt die Behörde einen Rahmenbetriebsplan nicht als Planfeststellungsbeschluss nach den §§ 52 II a, 57 a BBergG zu, sondern nur als fakultativen Rahmenbetriebsplan iS des § 52 II BBergG ohne Durchführung eines Planfeststellungsverfahrens und beteiligt sie dabei den Naturschutzverband nach den jeweiligen landesrechtlichen Vorschriften, werden keine Beteiligungsrechte des Naturschutzverbandes verletzt.[2026] Das Beteiligungsrecht der nach 3 UmwRG anerkannten Naturschutzvereinigungen ist daher nur verletzt, wenn wegen der UVP-Pflicht eine Öffentlichkeitsbeteiligung erforderlich wäre oder die Zulassungsbehörde ein an sich gebotenes Planfeststellungsverfahren umgeht.[2027] Eine derartige Umgehung kann die Zulassung des Rahmenbetriebsplans im Genehmigungsverfahren nur dann darstellen, wenn die Zulassungsbehörde bewusst oder mit einer erkennbar vorgeschobenen, unvertretbaren Begründung die Voraussetzungen verneint hat, um das Beteiligungsrecht des Verbandes zu vereiteln.[2028] 7359

e) Rechtsschutz der Gemeinden. Eine Gemeinde kann sich zur Abwehr einer bergrechtlichen Rahmenbetriebsplanzulassung grundsätzlich auf die ihr durch Art. 28 II 1 GG gewährte gemeindliche Planungshoheit berufen, mit dem kommunale Aufgaben wahrgenommen werden. Ihre Planungshoheit vermittelt ihr vom Grundsatz her eine wehrfähige Rechtsposition gegen fremde, auch bergrechtliche, Fachplanungen auf dem eigenen Gemeindegebiet.[2029] Dabei können sich Rechte insbesondere aus § 48 II BBergG ergeben, wonach die für die Zulassung von Betriebsplänen zuständige Behörde eine Aufsuchung oder eine Gewinnung beschränken oder untersagen kann, soweit ihr überwiegende Interessen entgegenstehen. Hier können gemeindliche Interessen in die Entscheidung eingebracht werden. Allerdings kann sich Gemeinde gegenüber der bergrechtlichen Zulassung eines Hauptbetriebsplans nicht darauf berufen, dass die Erschließung nicht gesichert sei[2030] – jedenfalls soweit hierdurch kommunale Belange nicht betroffen werden. Eine Gemeinde kann sich nicht auf ein fehlerhaftes Unterbleiben der Umweltverträglichkeitsprüfung berufen, wenn sie weder vorträgt noch sonst ersichtlich ist, wie sich diese Prüfung auf ihre materielle Rechtposition auswirken sollte.[2031] 7360

7. Ausstieg aus der Kohleverstromung

Das Gesetz zur Reduzierung und zur Beendigung der Kohleverstromung und zur Änderung weiterer Gesetze (**Kohleausstiegsgesetz**) aus dem Jahr 2020 ist für den Klimaschutz von erheblicher Bedeutung, weil der Gesetzgeber damit das Ziel gesetzt hat, den Anteil des aus erneuerbaren Energien erzeugten Stroms am Bruttostromverbrauch auf 65 % im Jahr zu steigern und eine sukzessive Reduzierung der Kohleverstromung mit dem Ziel der Beendigung bis zum Jahr 2038 zu erreichen, wobei angestrebt wird, die Kohleverstromung nicht erst 2038, sondern schon im Jahre 2030 enden zu lassen.[2032] Bei dem Kohleausstiegsgesetz handelt es sich um ein Artikelgesetz, dessen Art. 1 das Gesetz zur Reduzierung und zur Beendigung der Kohleverstromung (Kohleverstromungsbeendigungsgesetz – KVBG) regelt. 7361

2026 VG Weimar ThürVBl. 1998, 189.

2027 BVerwG DVBl. 1997, 1123.

2028 VG Aachen ZfB 2000, 56.

2029 VG Saarland Urt. v. 24.11.2004 – 5 K 4/04, juris.

2030 VGH München NVwZ-RR 2007, 190.

2031 VG Lüneburg Beschl. v. 17.7.2007 – 2 B 34/07.

2032 ausführlicher zum Kohleausstiegsgesetz Frenz Grundzüge des Klimaschutzrechts, 2021, Rn. 1005 ff.; Frenz RdE 2022, 56; Büdenbender DVBl. 2021, 281; Frenz UPR 2021, 166; Stürmlinger/Fuchs NuR 2021, 320 Michaels/Däuper EnWZ 2020, 291; Kahl EuRUP 2020, 305; zum Kohleausstieg „idealerweise bis 2030" siehe Korte VerwArch 2022, 333; Frenz NuR 2022, 87.

7362 **a) Verbot der Kohleverfeuerung.** Zentrale Vorgabe des KVGB ist das Verbot der Kohleverfeuerung gem. § 51 KVBG für bestehende Kohlekraftwerke. Mit dem Wirksamwerden des Verbots darf keine Kohle mehr zur Erzeugung elektrischer Energie in einer Anlage verfeuert werden. Gem. § 53 I KVBG ist es seit dem 14.8.2020 verboten, neue Kohlekraftwerke in Betrieb zu nehmen. Neu ist ein Kohlekraftwerk, wenn bis zum 29.1.2020 für das Kraftwerk noch keine Genehmigung nach dem BImSchG vorlag.

7363 Das KVBG sieht im Übrigen für den Ausstieg aus der Kohleverstromung verschiedene, sich grundlegend unterscheidende Konzepte mit differenzierenden Regelungen vor. Das Gesetz gilt für Anlagen zur Erzeugung elektrischer Energie durch den Einsatz von Kohle in Deutschland und verlangt eine **kontinuierliche Reduzierung und Beendigung der Kohleverstromung**, wobei allerdings eine sichere, preisgünstige, effiziente und klimaverträgliche Versorgung der Allgemeinheit mit Elektrizität gewährleistet sein muss (§ 2 I KVBG). Andere fossile Energien (Öl und Gas) werden nicht erfasst.

7364 Zweck des KVBG ist es, die Erzeugung elektrischer Energie durch den Einsatz von Kohle in Deutschland sozialverträglich, schrittweise und möglichst stetig zu reduzieren und zu beenden, um dadurch Emissionen zu reduzieren und dabei eine sichere, preisgünstige, effiziente und klimaverträgliche Versorgung der Allgemeinheit mit Elektrizität zu gewährleisten (§ 1 II KVBG). Um dies zu erreichen, verfolgt das KVBG insbesondere das Ziel, die verbleibende elektrische Nettonennleistung von Anlagen am Strommarkt zur Erzeugung elektrischer Energie durch den Einsatz von Kohle in Deutschland schrittweise und möglichst stetig zu reduzieren (§ 2 II KVBG).

7365 **b) Stilllegung der Braunkohleanlagen.** Rechtsgrundlage für die Stilllegung der Braunkohleanlagen bilden öffentlich-rechtliche Verträge zwischen dem Bund und den Anlagenbetreibern. Für die Stilllegung von Braunkohleanlagen erhalten die Anlagenbetreiber eine Entschädigung, bei der es sich nicht um eine Enteignungsentschädigung, sondern um einen Ausgleich für eine Inhalts- und Schrankenbestimmung nach Art. 14 I 2 GG handelt. Anders als bei Braunkohlekraftwerken gewährt der Gesetzgeber Betreibern von Steinkohleanlagen keine festen Entschädigungszahlungen für die Beendigung der Kohleverfeuerung. Vielmehr werden Entschädigungen im Rahmen von kontingentierten Ausschreibungen ermittelt, bei denen neben dem gebotenen Preis über eine erfolgreiche Teilnahme, sondern auch die historischen CO_2-Emissionen und die Netzrelevanz der Anlage eine Rolle spielen. Neben einer Stilllegung im Rahmen eines Ausschreibungsverfahrens kommt eine Reduzierung der Steinkohleverstromung auch auf dem Wege von Stilllegungsanordnungen durch die Bundesnetzagentur nach den §§ 27 ff. KVBG in Betracht. Bei der behördlichen Stilllegung werden jeweils die ältesten Steinkohleanlagen, die für das Erreichen des jährlichen Zielniveaus bis 2038 notwendig sind, entschädigungslos verpflichtet, die Kohleverfeuerung 30 Monate nach der Anordnung einzustellen. Grundlage ist eine nach Alter sortierte Liste aller bestehenden Steinkohleanlagen iSd KVBG.

7366 Der Braunkohleabbau zur Versorgung des Energiemarktes ist angesichts der Vielzahl der weiteren, mit dem Klima- und Umweltschutz politisch abzuwägenden Faktoren nicht als offensichtlich und eindeutig unvereinbar mit den Art. 2 II 1 GG anzusehen.[2033] Das VG Aachen kommt zu der Erkenntnis, dass sich zumindest zum Zeitpunkt seines Beschlusses noch keine Verdichtung des Klimaschutzgebots sowie des Gebots intertemporalen Freiheitsschutzes hin zu einem verfassungsrechtlich zwingenden **Gebot einer vorzeitigen Beendigung des Braunkohleabbaus** bzw. der Braunkohleverstromung ableiten ließe. Fragen der Ausgestaltung des Klimaschutzinstrumentariums, in deren Rahmen verschiedene Grundrechtspositionen sowohl aktuell als auch intertemporal in Ausgleich zu bringen seien, seien noch nicht durch einzelvorhabenbezogene Gerichtsentscheidungen, sondern durch den Gesetzgeber im Rahmen einer ganzheitlichen Energie- und Klimaschutzpolitik zu entscheiden.[2034]

8. Bergschadensersatz, Ausgleichanspruch und Verkehrssicherungspflichten

7367 Schadensersatz- und Ausgleichsansprüche für Schäden, die dem Grundstückseigentümer durch den Betrieb von Bergwerken entstanden sind, können sich aus dem Bundesberggesetz und aus dem BGB ergeben.

[2033] VG Aachen KlimR 2022, 125.

[2034] VG Aachen KlimR 2022, 125; bestätigt durch OVG Münster Beschl. v. 28.3.2022 – 21 B 1675/21, BeckRS 2022, 6396.

a) Bergschadensersatzanspruch. Nach § 114 I BBergG sind Bergschäden zu ersetzen, die infolge der Ausübung einer bergbaulichen Tätigkeit oder durch eine Einrichtung des Bergbaus verursacht werden. Der Anspruch auf Ersatz des Bergschadens verjährt gem. § 117 II BBergG iVm den §§ 195 ff. BGB nach den allgemeinen zivilrechtlichen Vorschriften. Besteht der Schaden in der Einwirkung auf ein fremdes Grundstück, dann ist der Schaden und damit auch der Anspruch erst in dem Zeitpunkt entstanden, in dem er äußerlich in Erscheinung getreten, also erkennbar geworden ist. Nicht maßgebend ist der Zeitpunkt, in dem die den Schaden verursachende Betriebshandlung vorgenommen worden ist.[2035] Schweben zwischen dem Ersatzpflichtigen und dem Ersatzberechtigten Verhandlungen über den zu leistenden Ersatz, so ist die Verjährung gem. § 203 BGB gehemmt bis der eine oder andere Teil die Fortsetzung der Verhandlungen verweigert. 7368

Die Bergschadenshaftung beurteilt sich für den Zeitraum vor Inkrafttreten des BBergG am 1.1.1982 nach dem bis zu diesem Zeitpunkt geltenden Recht. § 170 BBergG bestimmt, dass auf Schäden im Sinne des § 114 BBergG, die ausschließlich vor Inkrafttreten des BBergG verursacht wurden, die für solche Schäden vor Inkrafttreten des BBergG geltenden Vorschriften anzuwenden sind. Insoweit gelten für solche Bergschäden auch nicht die erwähnten Verjährungsbestimmungen des § 117 II BBergG iVm §§ 195 ff. BGB. Bergschäden, die von einem Bergwerksunternehmen verursacht wurden, der bereits vor Inkrafttreten des BBergG eingestellt wurde, sind nicht nach dem BBergG, sondern ausschließlich nach dem zuvor geltenden Recht zu beurteilen. Entscheidend sind insoweit die maßgebenden Betriebshandlungen und nicht der Zeitpunkt der Schadensentstehung.[2036] 7369

Der für die Bestimmung des anwendbaren Rechts maßgebliche Zeitpunkt der Verursachung des Schadens liegt vor, wenn ein adäquater Kausalzusammenhang zwischen der bergbaulichen Tätigkeit und dem Schaden besteht. Ursache des Schadens ist die schadensstiftende Einwirkung auf die Erdoberfläche im Zuge der Aufsuchung und Gewinnung.[2037] Zwischen der Verursachung und dem Eintritt des Schadens können viele Jahrzehnte vergehen. Abhängig von den geologischen Verhältnissen, der Abbauteufe und der jeweiligen Abbaumethode können Schäden auch noch 100 Jahre nach der Gewinnungstätigkeit auftreten.[2038] 7370

Das entscheidende Abgrenzungskriterium für die Zuordnung eines Bergschadensfalls zum BBergG oder zum früheren Recht ist der Zeitpunkt der Schadensverursachung. Nur für Schäden, die ausschließlich vor Inkrafttreten des BBergG verursacht wurden, gilt nach § 170 S. 1 BBergG das frühere Recht. Mit der Verursachung ist die schädigende Handlung gemeint, also die bergbauliche Handlung, die die Kausalkette in Gang gesetzt hat, die am Ende zum Eintritt eines Schadens am geschützten Rechtsgut geführt hat. Die Schadensverursachung liegt in der Regel in der Einwirkungshandlung auf das Gebirge, namentlich im Abbaugeschehen, sie kann aber auch in anderen bergbaulichen Handlungen liegen, die zur Führung oder Einstellung eines Gewinnungsbetriebs gehören, etwa Erkundungsbohrungen, Sümpfungsmaßnahmen, Versatzmaßnahmen etc. Maßgebende Betriebshandlung ist der zeitlich und räumlich zusammenhängende Abbau in einem bestimmten Teil des Bergwerksfeldes oder Grubengebäudes. Auf die Frage, wann die Auswirkungen der schädigenden Handlung an der Oberfläche sichtbar werden oder die Rechtsgutsverletzung tatsächlich erkennbar geworden ist, kommt es nach § 170 BBergG nicht an. Da der Abbau zumeist nicht durch einmalige, sondern durch langfristig andauernde Einwirkungshandlungen stattfindet, stellt § 170 BBergG klar, dass das alte Recht nur Anwendung findet, wenn der Schaden ausschließlich vor dem Inkrafttreten des BBergG verursacht wurde. Ausschließlich vor dem verursacht sind Bergschäden, wenn die maßgeblichen Betriebshandlungen vor dem 1.1.1982 abgeschlossen wurden. Sofern der Schaden einem Abbaugeschehen zuzuordnen ist, das über dieses Datum andauerte, besteht kein Grund für einen entsprechenden Vertrauensschutz auf Seiten des Unternehmers, so dass das neue Recht Anwendung finden kann.[2039] 7371

b) Zivilrechtlicher Ausgleichsanspruch. Nach § 906 I 1 BGB kann der Eigentümer eines Grundstücks die Zuführung von Gasen, Dämpfen, Gerüchen, Rauch, Ruß, Wärme, 7372

2035 LG Dortmund Urt. v. 18.1.2008 – 3 O 264/04, juris Rn. 16.

2036 OLG Hamm Urt. v. 25.6.2009 – 17 U 47/08, juris Rn. 20; LG Dortmund Urt. v. 18.1.2008 – 3 O 264/04, juris Rn. 14.

2037 Wittmann in Frenz, BBergG, 2019, § 170 Rn. 3.

2038 Wittmann in Frenz, BBergG, 2019, § 170 Rn. 2.

2039 Wittmann in Frenz, BBergG, 2019, § 170 Rn. 3 f.

Geräusch, Erschütterungen und ähnliche von einem anderen Grundstück ausgehende Einwirkungen insoweit nicht verbieten, als die Einwirkung die Benutzung seines Grundstücks nicht oder nur unwesentlich beeinträchtigt. Eine unwesentliche Beeinträchtigung liegt in der Regel vor, wenn die in Gesetzen oder Rechtsverordnungen festgelegten Grenz- oder Richtwerte von den nach diesen Vorschriften ermittelten und bewerteten Einwirkungen nicht überschritten werden (§ 906 I 2 BGB). Das gleiche gilt gemäß § 906 II 1 BGB insoweit, als eine wesentliche Beeinträchtigung durch eine ortsübliche Benutzung des anderen Grundstücks herbeigeführt wird und nicht durch Maßnahmen verhindert werden kann, die Benutzern dieser Art wirtschaftlich zumutbar sind. Hat der Eigentümer hiernach eine Einwirkung zu dulden, so kann er von dem Benutzer des anderen Grundstücks einen angemessenen Ausgleich in Geld verlangen, wenn die Einwirkung eine ortsübliche Benutzung seines Grundstücks oder dessen Ertrag über das zumutbare Maß hinaus beeinträchtigt. Der BGH hat im Jahre 2008 entschieden, dass Ausgleichsansprüche nach § 906 II 2 BGB nicht durch die Bergschadenshaftung der §§ 114 ff BBergG verdrängt werden. Konkret ging es in dem Fall um Beeinträchtigungen eines Grundstücks durch Erschütterungen des untertägigen Bergbaus. Wird durch Erschütterungen der Erdoberfläche, die durch untertägigen Bergbau hervorgerufen werden, die ortsübliche Benutzung eines Grundstücks oder dessen Ertrag über das zumutbare Maß hinaus beeinträchtigt, konnte ein Ausgleichsanspruch des Eigentümers gegen den Bergbauberechtigten, der aufgrund des ihm verliehenen Bergwerkseigentum tätig wird, nach § 906 II 2 BGB in Betracht.[2040]

7373 Nach Auffassung des BGH setzt die Bergschadenshaftung des § 114 I BBergG den Eintritt eines Bergschadens voraus und hat nur den Zweck, dem Geschädigten einen seinen erweiterten Duldungspflichten entsprechend erweiterten Anspruch auf Ersatz von Schäden zu verschaffen. Demgegenüber verfolgt § 906 II 2 BGB in erster Linie den Zweck, dem Grundstückseigentümer bei bestimmten Beeinträchtigungen einen Ausgleich dafür zu gewähren, dass er seine eigenen Interessen über das zumutbare Maß hinaus hinter die des Bergbauberechtigten zurückstellen und die Ausnutzung dessen bergrechtlicher Berechtigung in diesem Fall hinnehmen muss. Gemäß § 114 BBergG können bloße Beeinträchtigungen der Nutzung oder des Ertrags eines Grundstücks nicht als Bergschaden geltend gemacht werden. In der Praxis stellt aber gerade der Umstand, dass Häuser, die durch bergbaubedingte Einwirkungen, wie zB Erschütterungen, in ihrer Nutzungsmöglichkeit stark beeinträchtigt werden, einen häufigen Fall dar, in denen die Betroffenen einen Ausgleich verlangen. Der Sache nach geht es also neben der Kompensation von tatsächlich bei dem Gebäude durch den Bergbau eingetretenen Schäden, die unproblematisch dem Ersatzanspruch nach § 114 BBergG unterfallen, auch um einen Ausgleich der weiteren Schäden nach § 906 II 2 BGB.

7374 Ein nach § 906 II 2 BGB geschuldeter Ausgleich ist nach den Grundsätzen der Enteignungsentschädigung zu bemessen. Diese umfasst einen Ausgleich für konkrete Beeinträchtigungen in der Nutzung eines von dem Eigentümer selbst bewohnten Hauses und kann an der hypothetischen Minderung des monatlichen Mietzinses orientiert werden. Auszugleichen ist allerdings nur der Unzumutbarkeit der Beeinträchtigung, weil Einwirkungen bis zur Grenze der Unzumutbarkeit hingenommen werden müssen.

7375 **c) Verkehrssicherungspflichten.** Nach § 121 BBergG bleiben gesetzliche Vorschriften, nach denen für einen Schaden im Sinne des § 114 BBergG in weiterem Umfang als nach den Vorschriften des Bundesberggesetzes gehaftet wird oder nach denen ein anderer für den Schaden verantwortlich ist, unberührt. § 121 BBergG gilt zwar nach § 170 BBergG nicht für Bergschäden, die ausschließlich vor Inkrafttreten des Bundesberggesetzes verursacht worden sind. Auch hinsichtlich der vor dem Bundesberggesetz geltenden Vorschriften ist jedoch nicht von einer abschließenden Regelung auszugehen.[2041] Der Bergwerkseigentümer haftet dem Grundstückseigentümer nach § 823 I BGB für Schäden, die durch schuldhaftes Handeln oder Unterlassen an dessen Eigentum eingetreten sind. Den Eigentümer des Bergwerks treffen insoweit Verkehrssicherungspflichten.[2042] Er ist deshalb verpflichtet, auch nach Einstellung des Abbaus

[2040] BGH NuR 2009, 217; zu diesem Urteil Beddies in FS für Kühne, 2009, 455.

[2041] Zur zeitlichen Begrenzung der Inanspruchnahme für Gefahren und Bergschäden des Altbergbaus, Beckmann/Wittmann in FS für Kühne, 2009, 441 (453); zu Rücksichtnahmepflichten im nachbarschaftlichen Gemeinschaftsverhältnis von Grundstücks- und Bergwerkseigentum Beckmann ZfB 2019, 1865.

[2042] Zu Rücksichtnahmepflichten im nachbarschaftlichen Gemeinschaftsverhältnis von Grundstücks- und Bergwerkseigentum Beckmann BauR 2019, 1865.

die erforderlichen Überwachungs- und Sicherungsmaßnahmen hinsichtlich seines Bergwerkseigentums zu ergreifen.[2043] Die Verkehrssicherungspflicht besteht, sobald und solange von einem Bergwerkseigentum eine besondere Gefahr für Dritte ausgeht. Sie besteht unabhängig davon, ob und gegebenenfalls wann das Bergwerk bewilligt worden ist. Denn die Verkehrssicherungspflicht knüpft gerade nicht an den ehemaligen Bergwerksbetrieb an, sondern an die Verantwortlichkeit für das Bergwerk, die aus der Eigentümerstellung abgeleitet ist. Auslöser für die Verkehrssicherungspflicht ist die Unterhaltung einer Gefahrenquelle, von der gegenwärtige Gefahren ausgehen können. Der Eigentümer eines stillgelegten Bergwerks ist demnach auch in heutiger Zeit noch verkehrssicherungspflichtig, so dass auch ein auf schuldhafter Verletzung von Verkehrssicherungspflichten beruhender Schadensersatzanspruch nach § 823 I BGB entstehen kann.

Voraussetzung für eine Verkehrssicherungspflicht ist, dass die Gefährdung, die von dem Ei- 7376
gentum ausgeht, für den Eigentümer erkennbar ist oder er zumindest fahrlässig seine Verpflichtung verletzt. Allerdings kommen Einschränkungen der Verkehrssicherungspflicht unter dem Gesichtspunkt der Zumutbarkeit in Betracht. Der Verkehrssicherungspflichtige muss nicht für alle denkbaren, entfernten Möglichkeiten eines Schadenseintritts Vorsorge treffen, sondern es genügen diejenigen Vorkehrungen, die nach den konkreten Umständen des Einzelfalls zur Beseitigung der Gefahr erforderlich und zumutbar sind, dh die nach den Sicherheitserwartungen des jeweiligen Verkehrs im Rahmen des wirtschaftlich Zumutbaren geeignet sind, Gefahren von Dritten tunlichst abzuwenden. Das Maß der erforderlichen Sicherungsmaßnahmen richtet sich nicht ausschließlich nach dem wirtschaftlichen Aufwand, sondern insbesondere auch nach den im konkreten Fall drohenden Gefahren. Je größer die Wahrscheinlichkeit der Schädigung und je schwerer der drohende Schaden, desto höher ist das Maß des dem Pflichtigen zur Vermeidung oder Abwendung der Gefahr Zumutbaren.[2044]

9. Nachbarschaftliches Gemeinschaftsverhältnis

Zwischen dem Grundstückseigentümer und dem Bergwerkseigentümer besteht ein nachbar- 7377
schaftliches Gemeinschaftsverhältnis, für das die Ortsgebundenheit sowohl der Rohstoffgewinnung als auch der Immobilie mit ihren Nutzungsmöglichkeiten und der Umstand prägend sind, dass der Bergwerksbetrieb oftmals nicht ohne schädigende Einwirkungen auf das Oberflächeneigentum geführt werden kann oder konnte.[2045] Das Bestehen eines solchen vertikalen Gemeinschaftsverhältnisses findet seinen Ausdruck namentlich in den Vorschriften der §§ 110 bis 113 BBergG, die dem Grundstückseigentümer unter anderem die Pflicht auferlegen, die Bebauung seines Grundstücks an die zu erwartenden bergbaulichen Einwirkungen anzupassen. Mit diesen Vorschriften wollte der Gesetzgeber das mehr oder weniger ungeordnete Nebeneinander von Bergbau und Grundeigentum durch ein – auch gesetzlich anerkanntes – Nachbarschaftsverhältnis ablösen.[2046]

a) Sicherungsmaßnahmen. Soweit ein vorbeugender Schutz durch Maßnahmen nach 7378
§ 110 BBergG nicht ausreicht, sind gem. § 111 I 1 BBergG bauliche Anlagen mit den zur Sicherung gegen Bergschäden jeweils erforderlichen, zusätzlichen baulichen Vorkehrungen (Sicherungsmaßnahmen) aufgrund eines entsprechenden Verlangens des Unternehmers zu errichten. Im Einzelfall kann deshalb geprüft werden, ob zur Vermeidung oder zur Verringerung von Sicherungsmaßnahmen des Unternehmers Sicherungsmaßnahmen an einem Bauprojekt, das sich in unmittelbarer Nähe oder sogar über den oberflächennahen Einrichtungen des Bergbaus befindet, erforderlich sind.

Die Aufwendungen für Sicherungsmaßnahmen hat nach § 111 II 1 BBergG der Unterneh- 7379
mer zu tragen. Ist der Bauherr seiner Verpflichtung nach § 110 I BBergG ganz oder teilweise nicht nachgekommen, so trägt er den auf seinem Unterlassen beruhenden Teil der Aufwendungen für Sicherungsmaßnahmen. Fehlt es an einem Anpassungsverlangen, besteht allerdings keine Anpassungspflicht, so dass eine Kostenbeteiligung unter diesem Gesichtspunkt nicht in

[2043] BGH ZfB 1986, 260.

[2044] Beckmann/Wittmann in FS für Kühne, 2009, 441 (453).

[2045] BGH ZfB 2009, 65; Rechte eines Bergwerksunternehmens können zB auch durch die Erteilung einer wasserrechtlichen Bewilligung verletzt werden, wenn eine Erweiterung der Gewinnungstätigkeit in grundwasserführende Schichten der bestehenden Abbaufelder durch die erteilte wasserrechtliche Bewilligung ausgeschlossen oder erheblich erschwert wird, vgl. VG Arnsberg ZfW 2019, 59.

[2046] BGHZ 178, 90, Rn. 15; Entwurfsbegründung, BT-Drucks. 8/1315 S.138.

Betracht kommt. Ist ein Anpassungsverlangen nur deshalb unterblieben, weil die zuständige Behörde den Unternehmer nicht rechtzeitig über das Bauvorhaben unterrichtet hat, kommt eine Amtshaftungspflicht der Behörde in Betracht.

7380 Sicherungsmaßnahmen kommen grundsätzlich auch an bestehenden Anlagen in Betracht. Umstritten ist, ob dazu § 111 BBergG entsprechend anzuwenden ist. Dies wird teilweise bejaht, teilweise aber auch mit der Begründung verneint, dass bei einer entsprechenden Anwendung des § 111 BBergG auch die Sanktion des § 112 BBergG analog angewendet werden müsste. Diese Vorschrift eröffne aber keinen Abwägungsspielraum, wie sie bei bestehenden baulichen Anlagen unter dem Gesichtspunkt der Zumutbarkeit und des Verschuldens stattfinden müsste. Deshalb sei es vorzugswürdig, für Sicherungsmaßnahmen bei bestehenden Anlagen auf die Mitverschuldensregelung des § 118 BBergG abzustellen.[2047] Sicherungsmaßnahmen an bestehenden baulichen Anlagen sind allerdings zumeist schwieriger durchzuführen und deshalb auch kostenaufwändiger, insbesondere dann, wenn während der Durchführung der Sicherungsmaßnahmen eine Nutzung des Gebäudes vorübergehend nicht möglich ist. Nach § 110 V iVm § 111 III BBergG besteht die Verpflichtung zur Durchführung von Sicherungsmaßnahmen nicht, wenn die Nachteile oder Aufwendungen, die damit verbunden wären, in einem unangemessenen Verhältnis zu der durch die Sicherung eintretenden Verminderung des Bergschadensrisikos stehen würden.

7381 **b) Bauwarnung.** Ist der Schutz baulicher Anlagen vor Bergschäden nach § 110 BBergG oder § 111 BBergG nicht möglich oder stehen Nachteile oder Aufwendungen für eine Anpassung im Sinne des § 110 BBergG oder für Sicherungsmaßnahmen im Sinne des § 111 BBergG in einem unangemessenen Verhältnis zu der durch diese Maßnahmen eintretenden Verminderung des Bergschadensrisikos, kann der Unternehmer vor der Errichtung, Erweiterung oder wesentlichen Veränderung einer baulichen Anlage eine schriftliche Bauwarnung gegenüber dem Bauherrn aussprechen (§ 113 I 1 BBergG). Werden bauliche Anlagen entgegen einer Bauwarnung gerichtet, erweitert oder wesentlich verändert, ist ein Anspruch auf Ersatz eines Bergschadens wegen der Beschädigung dieser Anlagen und der daraus entstandenen Schäden an Personen oder Sachen ausgeschlossen. Das gilt allerdings nicht, wenn die Voraussetzungen für eine Bauwarnung nach § 113 I 1 BBergG nicht vorgelegen haben oder die Errichtung, Erweiterung oder wesentliche Veränderung von Leitungen zur öffentlichen Versorgung oder Entsorgung unvermeidbar ist. Wird ausschließlich infolge der Bauwarnung ein Grundstück nicht bebaut oder Art oder Maß der baulichen Nutzung in der sonst zulässigen Weise nicht ausgeschöpft, hat der Unternehmer Ersatz für die Minderung des Verkehrswerts des Grundstücks nach § 113 III 1 BBergG zu leisten.

7382 Aus der Bauwarnung ergibt sich kein Bauverbot für den Grundstückseigentümer bzw. den Bauherrn. Der Unternehmer hat keinen Anspruch auf Unterlassung des Bauvorhabens. Es wird aber eine Obliegenheit begründet, deren Verletzung zu einem Verlust von Rechtsansprüchen des Bauherrn führt. Wenn bauliche Anlagen unter Missachtung einer Bauwarnung errichtet werden, scheiden Bergschadensersatzansprüche wegen einer Beschädigung dieser baulichen Anlage sowie wegen der daraus folgenden weiteren Schäden an anderen Sachen und an Personen aus. Hat der Unternehmer, weil ihm Auskünfte im Sinne von § 110 VI BBergG vorenthalten worden sind, keine Gelegenheit gehabt, eine Bauwarnung auszusprechen, kann der Bauherr mangels Bauwarnung seinen Bergschadensersatzanspruch nicht verlieren. Bei Amtshaftungsansprüchen gegenüber der Behörde, der das Versäumnis der Auskunftserteilung zuzurechnen ist, muss jedoch die Möglichkeit einer Bauwarnung hinsichtlich der in Betracht kommenden Schadenshöhe berücksichtigt werden.

7383 **c) Anspruch auf Unterlassung oder Beseitigung.** Gemäß § 8 II BBergG sind auf das Recht aus der Bewilligung die für Ansprüche aus dem Eigentum geltenden Vorschriften des BGB und damit die §§ 823, 1004 BGB entsprechend anzuwenden. Der Bergwerksunternehmer kann deshalb grundsätzlich gegen einen Grundstückseigentümer entsprechend §§ 823, 1004 BGB einen Anspruch auf Unterlassung von Bauarbeiten oder auf Beseitigung einer baulichen Anlage haben, soweit durch die Baumaßnahmen bzw. das Bauvorhaben das Bergwerkseigentum rechtswidrig beeinträchtigt wird. Ein solcher Anspruch wird aber durch das Recht des Grundstückseigentümers, sein Grundstück nach § 903 BGB nach seinem Belieben im Rahmen der gesetzlichen Regelungen nutzen zu dürfen, eingeschränkt.

[2047] Schulte in Piens/Schulte/Graf Vitzthum, BBergG, 2020, § 111 Rn. 24 f.

d) Duldungspflicht des Oberflächeneigentümers. Der Oberflächeneigentümer muss untertägige bergbauliche Maßnahmen grundsätzlich dulden, soweit nicht ausnahmsweise die verfassungsrechtliche Bestandsgarantie für das Grundstückseigentum entgegensteht. Zum Ausgleich ist der Bergwerksbesitzer verpflichtet, dem Oberflächeneigentümer für Bergschäden Ersatz zu leisten. Im Übrigen aber verbleibt es prinzipiell bei der durch § 903 S. 1 BGB eingeräumten Befugnis des Grundstückseigentümers, mit seiner Sache „nach Belieben" zu verfahren. Dazu gehört vor allem die Nutzung der Grundstücksoberfläche. Nach § 905 S. 1 BGB erstreckt sich das Eigentumsrecht des Grundeigentümers außerdem auf das Erdreich unter der Oberfläche und auf unterirdische Hohlräume.[2048] Kann der Abbau des Bodenschatzes nicht ohne gleichzeitige Inanspruchnahme der Erdoberfläche betrieben werden, wie es bei einer Gewinnung im Tagebau offensichtlich ist, muss sich der Unternehmer zusätzliche Rechte einräumen lassen, sei es durch freihändigen Grundstückserwerb oder durch Vereinbarung eines Nutzungsverhältnisses mit dem Eigentümer, sei es zwangsweise in Form der bergrechtlichen Grundabtretung. Das gilt auch für den untertägigen Bergbau. 7384

e) Baubeschränkungen. Unter den Voraussetzungen der §§ 107 ff. BBergG sind ferner Baubeschränkungen zu Lasten des Grundstückseigentümers zulässig, um die Durchführung bergbaulicher Maßnahmen nicht durch neue bauliche Anlagen zu erschweren; das hat vor allem für den Abbau im großflächigen Tagebau Bedeutung. In Baubeschränkungsgebieten darf nach § 108 I 1 BBergG die für die Errichtung, Erweiterung, Änderung oder Nutzungsänderung baulicher Anlagen erforderliche baurechtliche Genehmigung oder Zustimmung oder eine diese einschließende Genehmigung nur mit Zustimmung der nach § 69 BBergG zuständigen Behörde erteilt werden. Die Zustimmung darf nach § 108 II 1 BBergG nur versagt werden, wenn durch die bauliche Anlage die Durchführung bergbaulicher Maßnahmen erschwert würde. Tritt wegen der Versagung der Zustimmung nach § 108 II BBergG eine nicht nur unwesentliche Wertminderung des Grundstücks ein, so ist dem Grundstückseigentümer nach § 109 I 2 BBergG eine **angemessene Entschädigung** in Geld zu leisten. Die Existenz dieser Rechtsinstitute belegt, dass die aus ihnen folgenden einzelnen Begünstigungen des Bergbauberechtigten nicht schon Bestandteil der ihm erteilten Bewilligung oder des Bergwerkseigentums sind. Einschränkungen seiner Grundstücksnutzung durch den Bergbau muss der Grundstückseigentümer, wenn sie zu einer nicht nur unwesentlichen Wertminderung führen, nur gegen Entschädigung hinnehmen. Das unterscheidet die Situation von der bei einer Kollision von jeweils für sich gesehen zulässigem Grundeigentümer-Abbau und Bergbau auf verliehenes Mineral an demselben Ort des Grubenfeldes, der durch Anerkennung eines zeitlichen Vorrangs zu lösen ist. Die genannten Regelungen des BBergG greifen darüber hinaus in das Eigentum an Grundstücken ein und dürfen daher nicht ohne Entschädigung in Anspruch genommen werden. 7385

f) Begrenzung des Oberflächeneigentums. Gem. § 905 S. 2 BGB kann allerdings der Eigentümer eines Grundstücks Einwirkungen nicht verbieten, die in solcher Höhe oder Tiefe vorgenommen werden, dass er an der Ausschließung kein Interesse hat; dafür ist aber der Bergwerksunternehmer beweispflichtig. Das Verbietungsrecht des Eigentümers kann sich auf jedes schutzwürdige, auch künftige Interesse stützen. Das Interesse braucht nicht vermögensrechtlicher Natur zu sein, auch ein ästhetisches oder ideelles Interesse ist ausreichend. Allerdings genügt nicht das bloße Interesse, sich für die Gestattung der Einwirkung ein Entgelt auszubedingen; denn damit würde der Eigentümer nicht sein Interesse an der unbeschränkten Ausnutzung seines Eigentums, sondern sein Interesse am Nichtbestehen der Einschränkung des § 905 S. 2 BGB geltend machen. Das Interesse muss sich auch auf eine Beziehung zur Benutzung des Grundstücks gründen.[2049] Der Konflikt zwischen Grundstückseigentum und Bergwerkseigentum wird abweichend hiervon dann zugunsten des Bergwerkseigentums gelöst, wenn der Bergwerkseigentümer zusätzlich zu der Bewilligung nach § 8 I BBergG durch Vereinbarung mit dem Grundstückseigentümer das Eigentum oder ein Nutzungsrecht an der in Rede stehenden Grundstücksfläche erhält oder aber eine auf die Einräumung eines Nutzungsrechts gerichtete Grundabtretung vom Grundstückseigentümer gem. §§ 77 ff., 81 BBergG verlangen kann.[2050] 7386

[2048] BGH WM 1981, 129; DVBl. 2001, 368.

[2049] BGH Urt. v. 23.10.1980 – III ZR 146/78, juris Rn. 22.

[2050] BGH ZfB 2001, 227; LG Dessau Urt. v. 30.11.2005 – 4 O 1161/05, juris Rn. 30.

7387 Eine nach § 1004 BBergG abwehrbare Beeinträchtigung des Eigentums oder anderer wie Eigentum geschützter Rechte oder Rechtsgüter setzt eine Beeinträchtigung der Sachsubstanz oder des Substrats eines Rechts nicht notwendig voraus. Dafür kann vielmehr auch eine bloße Behinderung im Besitz oder der Nutzung ohne jegliche körperliche Einwirkung auf die Sache genügen. Davon ausgehend ist kein Grund ersichtlich, für die bergrechtliche Bewilligung, die kein Recht am Bodenschatz verleiht, sondern lediglich auf dessen Aneignung, anders zu entscheiden. Hingegen gewährt die Bewilligung allein – ohne die Übertragung weiterer Befugnisse, insbesondere in Form der Grundabtretung – dem Bergbauunternehmer noch nicht das Recht, die Grundstücksoberfläche selbst für eigene Zwecke in Anspruch zu nehmen, und auch nicht die Berechtigung, dem Grundstückseigentümer eine ihm nachteilige Benutzung der Oberfläche zu verbieten. Ansprüche auf Beseitigung der baulichen Anlagen oder auf Einschränkung ihrer baulichen Nutzung bestehen für den Bergwerksunternehmer dementsprechend regelmäßig nicht.

7388 **g) Rücksichtnahme im nachbarschaftlichen Gemeinschaftsverhältnis.** Es muss insoweit zwischen einer Beeinträchtigung der zum Bergwerkseigentum zählenden Anlage einerseits und Einschränkungen der Zugänglichkeit über das im fremden Eigentum stehende Grundstück andererseits unterschieden werden.

7389 Ein Anspruch des Bergwerkseigentümers auf Beseitigung von Beeinträchtigungen einer Bergwerksanlage kann bestehen.[2051] Das gilt nicht nur solange, wie die Bergwerksanlage für die Gewinnung von Bodenschätzen noch benötigt wird. Vielmehr ist ein Anspruch auf Unterlassung bzw. auf Beseitigung von Beeinträchtigungen einer Bergwerksanlage auch dann zu bejahen sein, wenn diese Beeinträchtigungen zu erhöhten Aufwendungen des Unternehmers aufgrund seiner ordnungsrechtlichen oder zivilrechtlichen Verantwortung für die Bergwerksanlage führen. Der durch das BBergG bestimmte Inhalt des Bergwerkseigentums erstreckt sich auch auf zivilrechtliche Abwehransprüche. Der Bergwerkseigentümer kann zB im Falle einer unberechtigten Gewinnung von Bodenschätzen, die ihm zustehen, durch einen anderen Berechtigten Herausgabe bzw. Schadensersatzanspruch verlangen und daneben auch einen Abwehranspruch gemäß § 1004 BGB geltend machen. Er kann auch die Unterlassung unzulässiger Einwirkungen auf seinen Abbaubetrieb bzw. der Herstellung und Unterhaltung von Anlagen, von denen derartige unzulässige Einwirkungen ausgehen, verlangen, so zB eine Unterlassung von seinen Untertagebau gefährdenden Erderschütterungen durch Sprengungen durch einen Steinbruchbetrieb.[2052] Ein zivilrechtlicher Anspruch auf Unterlassung einer Bebauung eines Grundstücks ohne Auslösung einer Entschädigungspflicht besteht hingegen nicht.[2053]

7390 Der Bergwerkseigentümer ist nicht berechtigt, zur Vermeidung oder zur Verringerung einer ihn treffenden Bergschadensersatzpflicht oder sonst zur Senkung der Gewinnungskosten dem Eigentümer eines Grundstücks, dessen Besitzer oder dem daran sonst Nutzungsberechtigten vorzuschreiben, ob bzw. wie er von seinem Nutzungsrecht im einzelnen Gebrauch machen darf. Eine Beschränkung dieses Nutzungsrechts dergestalt, dass der Eigentümer eines Grundstücks, dessen Besitzer oder der daran sonst Nutzungsberechtigte verpflichtet wäre, sich einer dem Bergbau nachteiligen Handlung zu enthalten, lässt sich den bergrechtlichen Bestimmungen nicht entnehmen. Es besteht deshalb zB auch kein Unterlassungsanspruch oder Beseitigungsanspruch insoweit, als der Bergwerkseigentümer seine Gewinnungskosten[2054] oder seine sonstigen (Nachsorge-)Kosten senken will.

7391 Ein Gebot, Maßnahmen in gegenseitiger Rücksichtnahme zu planen und durchzuführen, ergibt sich grundsätzlich nur aus § 124 I BBergG im Verhältnis zu öffentlichen Verkehrsanlagen. Die allgemeine Gesetzesbegründung, wonach das Ziel der Neuregelung sei, Konflikte zwischen Bergbau und Grundeigentum vorrangig im Wege gegenseitiger Rücksichtnahme zu lösen und die Ersatzpflicht für Bergschäden gemäß dem Grundsatz „Schaden verhüten geht vor Schaden vergüten" nur als letztes Mittel bereitzuhalten[2055] ändert daran nichts,[2056] soweit sich aus einer solchen Rücksichtnahme wesentliche Nutzungsbeschränkungen für den Grundstückseigentümer ergeben. Auch wenn sich damit aus der Verpflichtung zur wechselseitigen

[2051] siehe zB Thüringer OLG Urt. v. 30.5.1995 – 8 U 1096/94, juris Rn. 32 ff.

[2052] VG Koblenz ZfB 1990, 209, 211.

[2053] LG Dessau Urt. v. 30.11.2005 – 4 O 1161/05, juris Rn. 26 f.

[2054] VG Koblenz Urt. v. 29.11.1990 – 1 K 1041/89, juris.

[2055] BT-Drucks. 8/1115, S. 72, 138.

[2056] VG Koblenz ZfB 1991, 209, 211; zur Rücksichtnahmepflicht nach § 124 BBergG Wittmann in Frenz, BBergG, 2019, § 124 Rn. 1 ff.; BVerwG ZfB 2016, 167, 170.

Rücksichtnahme kein Anspruch gegen den Grundstückseigentümer ergibt, eine von ihm ausgeübte oder geplante Grundstücksnutzung aufzugeben, so kann die gebotene Rücksichtnahme jedoch dazu verpflichten, vor der Errichtung baulicher Anlagen, die den für eine Sicherung der Bergwerkseinrichtung notwendigen Zugang erschwert oder sogar verhindert, den Eigentümer der Bergwerksanlage zu unterrichten und ihm Gelegenheit zu geben, noch vor Ausführung des Bauvorhabens vorsorglich Sicherungsmaßnahmen durchzuführen. Für die Annahme einer solchen Rücksichtnahmepflicht dürften allerdings Mehrkosten der Sicherungsmaßnahmen für sich genommen nicht ausreichend sein. Sollte sich der Sachverhalt allerdings so darstellen, dass mit einer Bebauung die notwendigen Sicherungsmaßnahmen gar nicht mehr durchgeführt werden können, wäre eine mit dem Bergwerkseigentümer unabgestimmte Bebauung eine Missachtung einer gebotenen Rücksichtnahme. Auch wenn die Mehrkosten der Sicherungsmaßnahmen unverhältnismäßig hoch wären, wäre die Rücksichtnahmepflicht verletzt.

Welche Konsequenzen sich aus einer Verletzung dieser Rücksichtnahmepflicht ergeben können, muss im Einzelfall geprüft werden. Wenn das Bauvorhaben noch nicht realisiert ist, kommt bei Verzögerungskosten, die vom Bergwerksunternehmer zu tragen sind, eine Duldungspflicht in Betracht, die es dem Bergwerksunternehmen ermöglicht, noch vor der Realisierung des Bauvorhabens notwendige Sicherungsmaßnahmen zu treffen. Ist das Bauvorhaben bereits realisiert, wird man zumeist eine Beseitigung nicht verlangen können. Auch insoweit bedarf es allerdings einer Abwägung der betroffenen Interessen im konkreten Einzelfall. 7392

§ 124 IV BBergG sieht einen Anspruch auf Geldersatz für den Unternehmer gegen den Träger der Verkehrsanlage vor, wenn die Errichtung oder der Betrieb der öffentlichen Verkehrsanlage voraussetzt, dass der Bergwerksunternehmer seinen Gewinnungsbetrieb zur Sicherung der Verkehrsanlage anpassen muss. Das BVerwG und der BGH sind der Ansicht, dass der § 124 III BBergG geregelte Vorrang der Verkehrsanlage eine über den Ersatzanspruch nach § 124 IV BBergG hinausgehende Enteignungsentschädigung ausschließt.[2057] Der EGMR hat allerdings entschieden, dass der Bau der Autobahn in der Regel eine entschädigungspflichtige Enteignung sei.[2058] 7393

h) Vereitelung eines Notwegrechts. Die Realisierung eines Bauvorhabens, das den Zugang zu einer Bergwerkseinrichtung erschwert oder sogar verhindert, könnte ein Notwegrecht des Bergwerkseigentümers zunichtemachen und insoweit dessen Rechte verletzen. Nach Auffassung des OVG Koblenz kann dem Bergwerksunternehmer ein notwegähnliches Recht zustehen, wenn anders der Zugang zu seiner Bergwerkseinrichtung nicht möglich ist.[2059] Inwieweit ein solches Notwegrecht besteht, ist fraglich. Ein zivilrechtliches Wegerecht in der Ausformung des Notwegerechts nach § 917 BGB kommt grundsätzlich lediglich dem Grundstückseigentümer und den durch diesen Nutzungsberechtigten zugute. Nach § 917 I 1 BGB kann der Eigentümer eines Grundstücks, dem zur ordnungsgemäßen Benutzung dieses Grundstücks eine Verbindung mit einem öffentlichen Wege fehlt, von den Nachbarn verlangen, dass sie bis zur Hebung des Mangels die Benutzung ihrer Grundstücke zur Herstellung der erforderlichen Verbindung dulden. Ein Bergwerksunternehmer, der weder Eigentümer noch Pächter des Schachtgrundstücks bzw. eines benachbarten Grundstücks, sondern nur bergrechtlich Verpflichteter für die Verfüllung des sich auf diesem Grundstück befindlichen Schachts ist, kann jedenfalls unmittelbar kein Notwegrecht nach § 917 BGB in Anspruch nehmen.[2060] Er kann aber einen Antrag auf Grundabtretung zu stellen. Allerdings kommt eine Grundabtretung nach dem BBergG nicht mehr in Betracht bei Bergwerksbetrieben, die bereits bei Inkrafttreten des BBergG zum 1.1.1982 endgültig eingestellt waren. Unabhängig davon scheidet eine bergrechtliche Grundabtretung aus, wenn nach der Durchführung des Abschlussbetriebsplans oder entsprechender Anordnungen der zuständigen Behörde nach § 71 III BBergG die Bergaufsicht zu dem Zeitpunkt endet, in dem nach allgemeiner Erfahrung nicht mehr damit zu rechnen ist, dass durch den Betrieb Gefahren für Leben und Gesundheit Dritter, für andere Bergbaube- 7394

2057 BVerwG ZfB 2016, 167 (170, 173); BGHZ 189, 231; aA Kühne NVwZ 2016, 1221 (1223); Wörheide Die Bergbauberechtigungen nach dem BBergG, 2014, S. 349; Nusser NVwZ 2017, 1244 ff.

2058 EGMR Urt. v. 19.1.2017 – 32377/12, juris Rn. 41 ff.; kritisch dazu Wittmann in Frenz, BBergG, 2019, § 124 Rn. 41 ff.; Braig/Ehlers-Hofherr NuR 2017, 833; Kühne NVwZ 2018, 214.

2059 OVG Koblenz Beschl. v. 21.1.2014 – 1 B 11194/13, juris Rn. 16.

2060 OLG Thüringen Urt. v. 30.5.1995 – 8 U 1096/94, juris Rn. 43; OVG Lüneburg Beschl. v. 3.9.2008 – 7 LA 33/08, juris Rn. 22 zur Inanspruchnahme eines bebauten Grundstücks zum Zweck der Sicherung eines Blindschachtes im Wege einer Grundabtretung.

triebe und für Lagerstätten, deren Schutz im öffentlichen Interesse liegt, oder gemeinschädliche Einwirkungen eintreten werden (§ 69 II BBergG).

7395 Wenn sich der Sachverhalt so darstellt, dass durch eine Überbauung einer Schachtanlage mit einer Tagesöffnung der für eine Sicherungsmaßnahmen notwendige Zugang versperrt wird oder aber nur noch mit unverhältnismäßig hohen Kosten möglich ist, dann kann eine solche Überbauung auch mit Blick auf ein Notwegrecht entsprechend § 917 BGB Rücksichtnahmepflichten aus dem nachbarschaftlichen Gemeinschaftsverhältnis verletzen.

7396 **i) Schadensersatzansprüche gegen den Grundstückseigentümer.** Halten sich die Grundstückseigentümer bei der Errichtung baulicher Anlagen und der Nutzung ihrer Grundstücke im Rahmen ihrer Grundstückseigentümerbefugnisse gem. § 903 BGB und wird auch die aus dem nachbarschaftlichen Gemeinschaftsverhältnis bestehende Rücksichtnahmepflicht nicht verletzt, dann führen Erschwernisse, die sich daraus für den Bergwerksunternehmer bei der Sicherung seiner untertägigen Bergwerksanlagen ergeben, nicht zu einem Schadensersatzanspruch. Ergibt die Prüfung hingegen, dass Rücksichtnahmepflichten aus dem nachbarschaftlichen Gemeinschaftsverhältnis verletzt werden, dann kann daraus ein Schadensersatzanspruch entstehen.

10. Ordnungsrechtliche Verantwortung für stillgelegte Bergwerksanlagen

7397 **a) Anordnungsbefugnisse der Bergaufsicht.** Solange ein Bergwerksbetrieb unter Bergaufsicht steht, haben die zuständigen Aufsichtsbehörden Anordnungsbefugnisse, mit deren Hilfe gefahren, die von dem Bergwerk ausgehen können, abgewehrt werden können. Nach § 170 I 1 BBergG kann die zuständige Behörde im Einzelfall anordnen, welche Maßnahmen zu treffen sind. Dabei können Anordnungen, die über die auf Grund einer Rechtsverordnung oder eines zugelassenen Betriebsplans gestellten Anforderungen hinausgehen, nur getroffen werden, soweit dies zum Schutz von Leben, Gesundheit und Sachgütern Beschäftigter oder Dritter erforderlich ist (§ 170 I 2 BBergG). Führt ein Zustand, der dem BBergG, einer darauf gestützten Rechtsverordnung, einem zugelassenen Betriebsplan, einer Nebenbestimmung der Zulassung, einer nachträglichen Auflage oder einer Anordnung nach § 171 I BBergG widerspricht, eine unmittelbare Gefahr für Beschäftigte oder Dritte herbei, so kann die zuständige Behörde nach § 171 II BBergG anordnen, dass der Betrieb bis zur Herstellung des ordnungsgemäßen Zustandes vorläufig ganz oder teilweise eingestellt wird, soweit sich die Gefahr auf andere Weise nicht abwenden lässt oder die Einstellung zur Aufklärung der Ursachen der Gefahr unerlässlich ist (§ 171 II BBergG). Im Falle der Einstellung des Betriebes ohne zugelassenen Abschlussbetriebsplan kann die zuständige Behörde nach § 171 III BBergG die erforderlichen Maßnahmen anordnen, um die Erfüllung der in § 55 II BBergG bezeichneten Voraussetzungen sicherzustellen.

7398 **b) Ende der Bergaufsicht.** Die Bergaufsicht endet gem. § 69 II BBergG nach der Durchführung des Abschlussbetriebsplanes (§ 53 BBergG) oder entsprechender Anordnungen der zuständigen Behörde (§ 71 III BBergG) zu dem Zeitpunkt, in dem nach allgemeiner Erfahrung nicht mehr damit zu rechnen ist, dass durch den Betrieb Gefahren für Leben und Gesundheit Dritter, für andere Bergbaubetriebe und für Lagerstätten, deren Schutz im öffentlichen Interesse liegt, oder gemeinschädliche Einwirkungen eintreten werden. Auf Betriebe, die bei Inkrafttreten des BBergG 1980 bereits endgültig eingestellt waren oder die Erdwärme gewinnen und diese Wärme zu Bade- oder Heilzwecken nutzen, ist dieses Gesetz nicht anzuwenden.

7399 **c) Ordnungsrechtliche Verantwortung nach dem Ende der Bergaufsicht.** Bergbauunternehmen sind als Handlungsstörer im Sinne des Ordnungsrechts verantwortlich, wenn sie bzw. ihre Rechtsvorgänger durch den von ihnen betriebenen Bergbau die Ursache für akute Gefahren gesetzt haben. Im Einzelfall ist es für die Ordnungsbehörde allerdings schwierig, die Gefahrenverursachung und damit die Handlungsstörereigenschaft nach langer Zeit noch nachzuweisen. Das gilt insbesondere dann, wenn keine genaue Dokumentation über den frühen oberflächennahen Abbau vorhanden oder nicht auszuschließen ist, dass auch fremder Abbau in dem betroffenen Bergwerksfeld stattgefunden hat, weil beispielsweise unterschiedliche Pächter den Abbau betrieben haben oder sogar verschiedene Bodenschätze durch unterschiedliche Gesellschaften gewonnen wurden. Außerdem kann die Inanspruchnahme eines Unternehmens als Verhaltensstörer auch deshalb schwierig sein, weil sich die Rechtsnachfolge nicht eindeutig nachweisen lässt. Deshalb kann es aus Sicht der zuständigen Bergbehörde angezeigt sein, vorrangig vor dem Verhaltensstörer den aktuellen, der Behörde regelmäßig bekannten Inhaber des Gewinnungsrechts und zugleich Eigentümer des zur Gewinnung ehemals betriebenen Bergwerks als Zustandsstörer in Anspruch zu nehmen. Als Zustandsstörer sind diejenigen ordnungsrechtlich verantwortlich, die gegenwärtig Eigentümer von Bergwerken sind, soweit von dem Eigentum eine Gefahr für die öffentliche Sicherheit und Ordnung ausgeht. Alte Schachtanlagen, die vor der Begründung neuen Bergwerkseigentums bereits aufgegeben und verfüllt worden sind, werden allerdings nicht zu wesentlichen Bestandteilen des neuen Bergwerkseigentums.[2061]

Die ordnungsrechtliche Verantwortlichkeit unterliegt keiner Verjährung. Der Verjährung unterliegen nur Ansprüche, nicht aber die materielle Polizei- bzw. Ordnungspflicht und die entsprechende Eingriffsbefugnis, weil sie nicht unter den Begriff des „Anspruchs" im Sinne von § 194 I BGB fallen.[2062] Demnach kommt eine ordnungsrechtliche Verantwortlichkeit für den Zustand von Bergwerkseigentum bzw. für Gefahren, die durch den Betrieb des Bergwerks verursacht wurden, auch dann noch in Betracht, wenn der betreffende Bergwerksbetrieb bereits vor langer Zeit eingestellt wurde. Begrenzungen dieser Verantwortlichkeit können sich im konkreten Einzelfall jedoch aus dem **Grundsatz der Verhältnismäßigkeit** und aus einer Rechtsnachfolge ergeben. In bestimmten Situationen muss bei der ordnungsrechtlichen Inanspruchnahme der Zeitablauf unter dem Gesichtspunkt der Verhältnismäßigkeit berücksichtigt werden. Das OVG Münster hat dazu ausgeführt, zwar komme eine Verjährung der Ordnungspflicht nicht in Betracht; das durch das gefahrauslösende Verhalten begründete Näheverhältnis des Störers zur Gefahr erfahre jedoch durch einen Zeitabstand von mehreren Jahrzehnten zumindest eine Lockerung, insbesondere dann, wenn das Risiko von einem früheren Eigentümer in Ausübung seiner Eigentümerbefugnisse geschaffen worden sei.[2063] Das OVG Münster hat unter Berücksichtigung spezieller Umstände des konkreten Falls die Heranziehung des betroffenen Verhaltensstörers als unbillig angesehen. Die gefahrenverursachenden Handlungen lagen bei Erlass der Ordnungsverfügung 60 Jahre und mehr zurück. Das bedinge zwar nicht die Verjährung der Ordnungspflicht in Anwendung der mangels einschlägiger Sonderbestimmungen allein in Betracht kommenden zivilrechtlichen Bestimmungen über die Verjährung von Ansprüchen. Unter dem Gesichtspunkt der Verhältnismäßigkeit könne jedoch nicht außer Acht gelassen werden, dass die Zeitdauer von mehreren Jahrzehnten seit der Herbeiführung der Gefahr und dem Eigentumswechsel zu einer Verfestigung des Zustandes in dem Sinne geführt habe, dass für den allgemeinen Rechtsverkehr die Umstände, unter denen das Werksgelände seine tatsächliche Beschaffenheit erlangt hat, entscheidend an Bedeutung verloren hätten. 7400

Nach Auffassung des BVerwG ist eine Haftungsgrenze zeitlich erst erreicht, wenn das nach dem Verursacherprinzip maßgebliche Zurechnungskriterium nicht mehr trägt. Bei der Zuordnung von Verantwortungssphären könne unter Umständen der Zeitablauf dazu führen, dass ein zunächst maßgeblicher Verursachungsbeitrag völlig in den Hintergrund trete, so dass die Verantwortlichkeit neu, etwa nach Maßgabe des Gemeinlastprinzips der Allgemeinheit zugewiesen werden müsse. Diese Einschätzung und die Formulierung genereller Vorgaben seien jedoch in erster Linie dem Gesetzgeber vorbehalten. Selbst wenn man aber im Einzelfall erwägen wollte, eine zeitliche Schranke für die Ausübung von Eingriffsbefugnissen zu setzen, müsse diese sich an der Maximalfrist nach § 197 BGB von 30 Jahren als Ausdruck eines allgemeinen, den ursprünglichen Anwendungsbereich übersteigenden Rechtsgedankens ausrichten.[2064] Angesichts der Verantwortlichkeit aus der vorangegangenen gefahrgeneigten Tätigkeit, die sich in einer typisch bergbaubedingten Gefahrenlage niederschlägt, kommt eine Einschränkung der ordnungsrechtlichen Verantwortung des Bergbautreibenden auch nach den Grundsätzen der so genannten Altlasten-Entscheidung des BVerfG nicht in Betracht.[2065] Die dort zur Haftung des Zustandsstörers, der sich durch Einwirkungen jenseits seiner Verantwortungssphäre und mangels eines eigenen aktiven Verursachungsbeitrags selbst in einer Opferrolle befindet, entwickelten Maßstäbe lassen sich auf die bergrechtliche Verhaltensverantwortlichkeit nicht übertragen. 7401

2061 OVG Lüneburg ZfB 2012, 142.

2062 OVG Berlin-Brandenburg Beschl. v. 19.07.2018 – 10 S 67.17, juris; OVG Münster ZfB 1997, 36; VGH Mannheim NVwZ-RR 1996, 387; OVG Münster NWVBL 1997, 175; aA Ossenbühl NVwZ 1995, 547.

2063 OVG Münster NWVBL 1996, 175.

2064 BVerwGE 151, 156 mit Anmerkung von Dietrich/Elgeti NVwZ 2015, 747; siehe dazu Frenz DVBl.. 2016, 679; Frenz DVBl.. 2018, 849.

2065 BVerfGE 102, 1; BVerwG NVwZ 2015, 742; OVG Lüneburg NVwZ-RR 2016, 34.

11. Entsorgung von Abfällen aus und in Bergwerken

7402 **a) Entsorgung von Bergbauabfällen.** Das BBergG gilt nach § 2 I Nr. 1 BBergG für das Aufsuchen, Gewinnen und Aufbereiten von bergfreien und grundeigenen Bodenschätzen einschließlich des Verladens, Beförderns, Abladens, Lagerns und Ablagerns von Bodenschätzen, Nebengestein und sonstigen Massen, soweit es im unmittelbaren betrieblichen Zusammenhang mit dem Aufsuchen, Gewinnen oder Aufbereiten steht und sich nicht aus § 2 IV BBergG etwas anderes ergibt. Zu den Massen im vorgenannten Sinne zählen auch Bergbauabfälle.

7403 Damit übereinstimmend schließt der § 2 II Nr. 7 KrWG alle Abfälle aus seinem Geltungsbereich aus, die beim Gewinnen von Bodenschätzen anfallen. 2 Abs. 2 Nr. 7 KrWG enthält das so genannte „**Bergbauprivileg**". Danach fallen Abfälle, die unmittelbar beim Aufsuchen, Gewinnen und Aufbereiten sowie bei der damit zusammenhängenden Lagerung von Bodenschätzen in Betrieben anfallen, die der Bergaufsicht unterstehen und die nach dem BBergG und den darauf gestützten Rechtsverordnungen unter Bergaufsicht entsorgt werden, nicht in den Anwendungsbereich des KrWG.[2066] Für diese Bergbauabfälle gilt § 55 I 1 Nr. 6 BBergG, der für die bergrechtliche Betriebsplanzulassung verlangt, dass die anfallenden Abfälle ordnungsgemäß verwendet oder beseitigt werden. Der Begriff des Verwendens in § 55 I 2 Nr. 6 BBergG ist ein Redaktionsversehen und müsste durch den Begriff des „Verwertens" ersetzt werden.[2067] Über die als ergänzende Zulassungsvoraussetzung zu verstehende Bestimmung des § 48 II BBergG werden darüber hinaus in das bergrechtliche Betriebsplanzulassungsverfahren die abfallrechtlichen Anforderungen übernommen.[2068] Die Bereichsausnahme des § 2 II Nr. 7 BBergG trägt der sonderrechtlichen Tradition des Bergrechts durch die Eigenständigkeit und Geschlossenheit sowie die vorrangige Anwendbarkeit des Bergrechts und der Bergaufsicht Rechnung.[2069] Die Vorschrift steht in engem Zusammenhang zu dem Ausnahmetatbestand des Art. 2 II lit. d AbfRRL, wonach Abfälle, die beim Aufsuchen, Gewinnen, Aufbereiten und Lagern mineralischer Ressourcen sowie beim Betrieb von Steinbrüchen entstehen, vom Anwendungsbereich der AbfRRL ausgenommen sind, soweit sie unter die Bergbauabfallrichtlinie 2006/21/EG über die Bewirtschaftung von Abfällen aus der mineralgewinnenden Industrie fallen. Allerdings sind der Anwendungsbereich von KrWG und AbfRRL bezogen auf bergbauliche Abfälle nicht deckungsgleich. Art. 2 II lit. d AbfRRL sieht eine Ausnahme von ihrem Anwendungsbereich für alle Abfälle vor, die Regelungsgegenstand der Bergbauabfallrichtlinie sind. Anders als die Bereichsausnahme des § 2 Abs. 2 Nr. 7 beschränkt sich der Ausnahmetatbestand der Richtlinie insoweit nicht auf Abfälle, die in Betrieben unter Bergaufsicht anfallen.

7404 § 55 I 1 Nr. 6 BBergG verlangt für die bergrechtliche Betriebsplanzulassung, dass die anfallenden Abfälle ordnungsgemäß verwendet oder beseitigt werden. Vom Ansatzpunkt betrifft diese Vorschrift die während des Bergbaus unmittelbar anfallenden Abfälle. Diese müssen ordnungsgemäß verwendet oder entsorgt werden.[2070]

7405 Die Notwendigkeit der Beachtung abfallrechtlicher Vorschriften bei der Zulassung bergrechtlicher Betriebspläne kann sich auch aus § 48 II BBergG ergeben. Nach § 52 IIa 3 BBergG sind Anforderungen eines vorsorgenden Umweltschutzes, die sich bei der Umweltverträglichkeitsprüfung ergeben und über die Zulassungsvoraussetzungen des § 55 BBergG sowie der auf das Vorhaben anwendbaren Vorschriften in anderen Gesetzen hinausgehen, öffentliche Interessen im Sinne von § 48 II BBergG. Nach § 48 II 1 BBergG kann die für die Zulassung von Betriebsplänen zuständige Behörde eine Aufsuchung oder eine Gewinnung beschränken oder untersagen, soweit ihr überwiegende öffentliche Interessen entgegenstehen. Die Vorschrift begründet nicht nur die Befugnis der Bergbehörde, neben dem Betriebsplan oder ihm nachfolgend Anordnungen zu treffen. Das Nichtentgegenstehen überwiegender öffentlicher Interessen ist eine zusätzliche Zulassungsvoraussetzung neben den Zulassungsvoraussetzungen des § 55 I BBergG. Der Begriff der entgegenstehenden öffentlichen Interessen ist weit gefasst. Er bezieht

[2066] Siehe dazu Beckmann in Landmann/Rohmer Umweltrecht, 2020, § 2 KrWG Rn. 45; zur Einordnung des Bergversatzes mit bergbaufremden Abfällen als Verwertung siehe Kropp AbfallR 2018, 50; zur Einordnung der Verfüllung eines Steinbruchs mit nicht mineralischen Abfällen als Verwertung oder Beseitigung EuGH AbfallR 2016, 260.

[2067] Frenz AbfallR 2018, 129 (130); Frenz in Frenz, BBergG, 2019, § 55 Rn. 138.

[2068] Frenz AbfallR 2018, 129; BVerwGE 123, 247.

[2069] VG Hannover Urt. v. 6.7.2005 – 11 A 1884/03, juris Rn. 38; kritisch zum Bergbauprivileg Freytag NuR 1996, 334 ff.; Kropp NuR 2003, 526 ff.

[2070] Frenz AbfallR 2018, 129.

sich in Abgrenzung zu § 55 I BBergG gerade auf andere Belange als den Schutz vor betrieblichen Gefahren im engeren Sinne. In diesem Sinne sind zB auch die abfallrechtlichen Grundpflichten der Erzeuger und Besitzer von Abfällen öffentliche Interessen im Sinne des § 48 II BBergG.[2071]

Bei dem in den untertägigen Hohlräumen des Steinkohlenbergbaus enthaltenen **Grubengas** handelt es sich gemäß § 3 III BBergG um einen bergfreien Bodenschatz.[2072] Bei den aktiven Bergwerken, in denen Steinkohle gewonnen wurde, ergab sich die Berechtigung zur Gewinnung des Grubengases aus dem Mitgewinnungsrecht des § 42 I 1 BBergG. Soll Grubengas ohne einen betrieblichen Zusammenhang mit der Gewinnung von Steinkohle gefördert werden, bedarf es einer eigenständigen bergbaulichen Berechtigung. Die Gewinnung von Grubengas zur Erzeugung von Strom erfüllt regelmäßig keinen Entledigungstatbestand des § 3 I KrWG. Es handelt sich deshalb bei solchem Grubengas nicht um Abfall; der Einsatz des Grubengases in einem Blockheizkraftwerk ist insoweit kein Fall der energetischen Verwertung von Abfällen, sondern der wirtschaftlichen Verwendung eines bergfreien Bodenschatzes. Als Abfall ist Grubengas nur dann einzuordnen, wenn es nach seiner Gewinnung nicht zweckentsprechend energetisch verwertet, sondern lediglich an die Atmosphäre freigesetzt wird. Davon ist jedoch angesichts der Förderung des Einsatzes von Grubengas durch das EEG und angesichts der erst mit dieser Förderung einsetzenden, gezielten Gewinnung und Verwendung des Grubengases in Blockheizkraftwerken vorbehaltlich der Prüfung der Umstände des jeweiligen Einzelfalls in aller Regel nicht auszugehen. 7406

Umstritten ist, ob das KrWG anzuwenden ist, wenn Abraum oder Bergematerial mit Abfällen vermischt wird, die nicht unter das sogenannte Bergbauprivileg fallen, wenn zB **Kraftwerksrückstände** zusammen mit Abraum zur Verfüllung eines Tagebaus eingesetzt werden sollen. Dazu wird die Auffassung vertreten, dass in solchen Fällen das KrWG anzuwenden ist.[2073] Nach anderer Auffassung soll bei Mischabfällen das Mischungsverhältnis zwischen bergbaulichen und nicht bergbaulichen Abfällen entscheidend für die Zuordnung des Gesamtmaterials sein.[2074] Überwiegen die bergbaulichen Abfälle, soll das Bergbauprivileg gelten und damit das KrWG unanwendbar sein. 7407

Die Ablagerung von **Kunststoffgranulat** als bergbaulicher Versatz im Rahmen des Salzbergbaus, das aus aufbereiteten Rückständen des Dualen Systems gewonnen wird, ist trotz Beimischung von Salzaufbereitungsrückständen ein bergbaufremder Abfall. Das Granulat ersetzt weder Rohstoffe, die sonst zusätzlich zur Gangart für den Versatz eingesetzt werden müssten, noch erfüllt es einen über das Volumen hinausgehenden Sicherheitszweck, wie ein Stabilisat aus REA-Gips und Steinkohleasche. Es ist daher nicht das BBergG, sondern das KrWG anzuwenden. Allerdings steht das KrWG einer Verwertung von bergbaufremden Abfällen bei Einrichtungen und Tätigkeiten, die der Bergaufsicht unterliegen, nicht entgegen. Denn Abfälle zur Verwertung sollen nach der Absicht des Gesetzgebers in die „Kreislaufwirtschaft" zurückgeführt werden. Die Verwendung dieser Stoffe unterliegt damit dem rechtlichen Regime, das für den Sachbereich gilt, in dem der Stoff eingesetzt werden soll. Das gilt allerdings nur für Abfälle zur Verwertung. Abfälle zur Beseitigung unterliegen dagegen dem Regime des KrWG und dürfen nur in einer Abfallbeseitigungsanlage (Untertagedeponie) gelagert werden.[2075] 7408

b) Bergversatz. Weit verbreitet ist im Bergbau neben der Verwertung von bergbaueigenen Abfällen auch der Bergversatz mit bergbaufremden Abfällen bei dem es sich um eine stoffliche Verwertung von Abfällen handeln kann.[2076] 7409

48 II BBergG ist nicht nur für die Gewinnung und Aufsuchung, sondern auch für die Verfüllung bzw. den Versatz beachtlich. Die öffentlichen Interessen sind unabhängig davon, dass in § 48 II BBergG nur von Einschränkungen der Aufsuchung oder der Gewinnung die Rede ist, auch für den Abschlussbetriebsplan beachtlich (vgl. § 53 I BBergG); dies schon deshalb, weil die Rohstoffsicherungsklausel des § 48 I 2 BBergG, der zufolge dafür Sorge zu tragen ist, dass Aufsuchung und Gewinnung so wenig wie möglich beeinträchtigt werden, im Rahmen des Abschlussbetriebsplans keine Rolle spielt und die Behörde infolgedessen bei der Zulassung von 7410

2071 BVerwGE 123, 247 (254); OVG Lüneburg Urt. v. 24.6.2011 – 7 LC 10/10, juris Rn. 82.

2072 dazu Beckmann DVBl.. 2014, 1032; Piens in Piens/Schulte/Graf Vitzthum, BBergG, 2020, § 55 Rn. 110.

2073 Attendorn NuR 2008, 157; Freytag NuR 1996, 334 (335).

2074 Piens in Piens/Schulte/Graf Vitzthum, 2020, § 55 Rn. 118.

2075 BVerwG NVwZ 2000, 1057; zum Stabilisat BVerwGE 96, 80.

2076 EuGH Urt. v. 27.2.2002 – Rs. C-6/00 (ASA), Rn. 69; BVerwGE 123, 247 (250).

Abfällen zur Wiedernutzbarmachung der Oberfläche zu einer eher verstärkten Berücksichtigung entgegenstehender öffentlicher Interessen befugt ist. § 48 II BBergG selbst enthält allerdings keine materiellen Anforderungen an den Vorgang der Verfüllung bzw. des Versatzes und an hierfür verwendete bergbaufremde Stoffe, so dass über die Vorschrift andere einschlägige Bestimmungen, etwa solche des BBodSchG zur Anwendung kommen können.[2077] § 48 II 1 BBergG ist auch im Rahmen des § 56 I 2 BBergG heranzuziehen, erweitert die Befugnisse der Bergbehörde im Betriebsplanzulassungsverfahren und begründet nicht nur eine eigenständige, dem Betriebsplan neben- und nachgeordnete Anordnungsbefugnis der Bergbehörde, sondern ergänzt § 55 I BBergG. § 56 I 2 BBergG ermächtigt ausschließlich zur nachträglichen Aufnahme, Änderung oder Ergänzung von Auflagen.[2078]

7411 **Verwertung oder Beseitigung.** Handelt es sich bei dem Bergversatz um eine Beseitigung, greifen die Anforderungen für Deponien und der Versatz kann nur über eine abfallrechtliche Zulassung für eine Deponie zugelassen werden. Das BBergG und insbesondere die Anforderungen nach § 55 BBergG gelten dann nicht. Bei einer Verwertung bergbaufremder Abfälle in einem Bergbaubetrieb ist hingegen das bergrechtliche Betriebsplanverfahren einschlägig. In dessen Rahmen sind dann auch die abfallrechtlichen Anforderungen einzuhalten. Diese zieht das BVerwG aber nicht über § 55 I 1 Nr. 6 BBergG heran, sondern auf der Basis von § 48 II BBergG.[2079]

7412 Verwertung im Sinne des KrWG ist nach § 3 XXIII KrWG jedes Verfahren, als dessen Hauptergebnis die Abfälle innerhalb der Anlage oder in der weiteren Wirtschaft einem sinnvollen Zweck zugeführt werden, indem sie entweder andere Materialien ersetzen, die sonst zur Erfüllung einer bestimmten Funktion verwendet worden wären, oder indem die Abfälle so vorbereitet werden, dass sie diese Funktion erfüllen. Ergänzend dazu bestimmt § XXIII a KrWG den Begriff der stofflichen Verwertung. Stoffliche Verwertung ist danach jedes Verwertungsverfahren, mit Ausnahme der energetischen Verwertung und der Aufbereitung zu Materialien, die für die Verwendung als Brennstoff oder als anderes Mittel der Energieerzeugung bestimmt sind. Zur stofflichen Verwertung zählen insbesondere die Vorbereitung zur Wiederverwendung, das Recycling und die Verfüllung. Zusätzlich bestimmt der Gesetzgeber in § 3 XXVa KrWG auch der Begriff der Verfüllung. Verfüllung ist danach jedes Verwertungsverfahren, bei dem geeignete nicht gefährliche Abfälle zur Rekultivierung von Abgrabungen oder zu bautechnischen Zwecken bei der Landschaftsgestaltung verwendet werden. Die für die Verfüllung verwendeten Abfälle müssen Materialien ersetzen, die keine Abfälle sind, für die vorstehend genannten Zwecke geeignet sein und auf die für die Erfüllung dieser Zwecke unbedingt erforderlichen Mengen beschränkt sein. Bergversatz mit gefährlichen Abfällen ist nach dieser Definition zwar keine Verfüllung, bleibt aber gleichwohl durchaus eine stoffliche Verwertung.[2080] Die Herstellung eines Versatzstoffes nach einer Rezeptur unter Verwendung gefährlicher Abfälle kann als Recycling anerkannt wird. Denn die Einschränkung des § 3 Abs. 25, dass die Aufbereitung zu Materialien, die zur Verfüllung bestimmt sind, kein Recycling darstellt, gilt für den Bergversatz nicht, da dieser definitionsgemäß kein Fall der Verfüllung ist.[2081] Soweit bei dem Bergversatz nicht gefährliche Abfälle eingesetzt werden, sind sie bei der Berechnung der Quote nach § 14 II KrWG zu berücksichtigen.[2082]

7413 **Abfalleigenschaft des Versatzmaterials.** Handelt es sich bei dem Versatzmaterial nicht um Abfall, sondern um ein Nebenprodukt, gelten keine abfallrechtlichen Anforderungen an den Versatz; insbesondere ist dann auch die VersatzV nicht anwendbar. Die VersatzV gilt für die Verwertung von Abfällen, die in den unter Bergaufsicht stehenden untertägigen Grubenbauen als Versatzmaterial eingesetzt werden. Sie gilt nicht für Anlagen zur untertägigen Endlagerung von radioaktiven Abfällen. Sie gilt für Erzeuger und Besitzer von Abfällen, Betreiber von der Bergaufsicht unterliegenden Grubenbetrieben und für Betreiber von Anlagen zur Herstellung von Versatzmaterial (§ 1 VersatzV). § 3 VersatzV verpflichtet unter anderem zur Rückgewinnung von Metallen. Abfälle, welche die in Anlage 1 der VersatzV aufgeführten Metallgehalte erreichen, dürfen weder zur Herstellung von Versatzmaterial noch unmittelbar als Versatzmate-

---

2077 OVG Magdeburg ZfB 2017, 141 = juris Rn. 63; BVerwG Urt. v. 14.4.2005 – 7 C 26.03, juris Rn. 21.

2078 BVerwG Urt. v. 22.11.2018 – 7 C 9/17, juris Rn. 14, 15.

2079 BVerwGE 123, 247; Frenz AbfallR 2018, 129; Frenz, NVwZ 2016, 1510.

2080 siehe dazu Franßen/Verfers AbfallR 2020, 157 (158).

2081 Kropp AbfallR 2018, 50.

2082 Franßen/Verfers AbfallR 2020, 157 (158).

rial eingesetzt werden, wenn die Gewinnung der Metalle aus den Abfällen technisch möglich und wirtschaftlich zumutbar sowie unter Einhaltung der Anforderungen an die Zulässigkeit einer solchen Verwertung durchführbar ist. § 4 VersatzV richtet stoffliche Anforderungen an die Abfälle, § 5 VersatzV an das Inverkehrbringen von Abfällen. Abfälle dürfen zur Herstellung von Versatzmaterial sowie unmittelbar als Versatzmaterial nur in den Verkehr gebracht werden, um sie Anlagen zur Herstellung von Versatzmaterial oder untertägigen Grubenbauen zuzuführen, in denen die Anforderungen nach den §§ 3 und 4 VersatzV eingehalten werden.

Ersatzbaustoffverordnung. Ob es sich bei dem Versatzmaterial um Abfall oder um ein Nebenprodukt handelt, oder ob Abfälle ihre Abfalleigenschaft in einer Versatzmischung verloren haben können, richtet sich nach den §§ 5, 6 KrWG.[2083] Handelt es sich bei dem Versatzmaterial nicht um Abfall, kommt auch die Anwendung der Ersatzbaustoffverordnung in Betracht. Die Vorschriften dieser Verordnung regeln im Hinblick auf mineralische Ersatzbaustoffe die Anforderungen an die Herstellung dieser mineralischen Ersatzbaustoffe in mobilen und stationären Anlagen und an das Inverkehrbringen von mineralischen Ersatzbaustoffen, Anforderungen an die Probenahme und Untersuchung von nicht aufbereitetem Bodenmaterial und nicht aufbereitetem Baggergut, das ausgehoben oder abgeschoben werden soll, Anforderungen an den Einbau dieser mineralischen Ersatzbaustoffe in technische Bauwerke sowie Anforderungen an die getrennte Sammlung von mineralischen Abfällen aus technischen Bauwerken. 7414

Allerdings gilt die ErsatzbaustoffV weder für Bodenschätze, wie Minerale, Steine, Kiese, Sande und Tone, die in Trocken- oder Nassabgrabungen, Tagebauen oder Brüchen gewonnen werden, noch für die Verwendung mineralischer Ersatzbaustoffe auf Halden oder in Absetzteichen des Bergbaus noch in bergbaulichen Hohlräumen gemäß der VersatzV (§ 1 II ErsatzbaustoffV). Außerdem findet die Verordnung nach § 27 III Nr. 1 ErsatzbaustoffV keine Anwendung auf den Einbau von nicht aufbereitetem Bodenmaterial oder nicht aufbereitetem Baggergut in ein technisches Bauwerk, soweit der Einbau auf der Grundlage einer Zulassung erfolgt, die vor dem 16.7.2021 erteilt wurde und die Anforderungen an den Einbau festlegt. 7415

Sollen Abfälle iSd § 3 I KrWG einschließlich solcher nach § 2 II Nr. 7 KrWG, bei denen es sich um **Gefahrstoffe** nach der Gefahrstoffverordnung handelt, als Versatzmaterial verwertet werden, ist nach § 7 **Gesundheitsschutz-Bergverordnung** (GesBergV) der Einsatz von Stoffen, Gemischen und Erzeugnissen, die weniger gefährlich oder kein Gefahrstoff sind, keine geeignete Substitutionsmöglichkeit nach § 7 III GefStoffV, wenn die Abfälle in der Folge 1. in einem anderen untertägigen Betrieb als Versatzmaterial verwertet werden müssten, 2. mit einer vergleichbaren Gefährdung für Personen anderweitig verwertet werden müssten oder 3. beseitigt werden müssten. Nach § 7 II 2 GefStoffV hat der Arbeitgeber grundsätzlich, abgesehen von § 7 GesBergV Gefahrstoffe oder Verfahren durch Stoffe, Gemische oder Erzeugnisse oder Verfahren zu ersetzen, die unter den jeweiligen Verwendungsbedingungen für die Gesundheit und Sicherheit der Beschäftigten nicht oder weniger gefährlich sind.[2084] 7416

12. Grundwasserentnahmeentgelt für die Hebung von Grubenwasser

a) Grubenwasserhebung als erlaubnispflichtiger Benutzungstatbestand. Benutzungen von Gewässern sind nach § 9 I WHG zB das Entnehmen und Ableiten von Wasser aus oberirdischen Gewässern und das Einbringen und Einleiten von Stoffen in Gewässer. Von erheblicher Bedeutung ist daneben der Tatbestand der unechten Gewässerbenutzung. Als Gewässerbenutzung gelten nach § 9 II Nr. 2 WHG alle Maßnahmen, die geeignet sind, dauernd oder in einem nicht nur unerheblichen Ausmaß nachteilige Veränderungen der Wasserbeschaffenheit herbeizuführen. Als eine unechte Gewässerbenutzung in diesem Sinne kann sich zB der untertägige Versatz mit Materialien erweisen, die mit Schadstoffen belastet sind, die zu einer Gewässerbeeinträchtigung führen können. Bergbauliche Vorhaben können verschiedene benutzungstatbestände verwirklichen, die eine wasserrechtliche Erlaubnis erfordern können. Wird für ein Vorhaben, mit dem die Benutzung eines Gewässers verbunden ist, ein Planfeststellungsverfahren durchgeführt, so entscheidet die Planfeststellungsbehörde über die Erteilung der Erlaubnis oder der Bewilligung. Sieht ein bergrechtlicher Betriebsplan die Benutzung von Gewässern vor, so entscheidet die Bergbehörde über die Erteilung der Erlaubnis (§ 19 I und II WHG). 7417

[2083] Siehe dazu EuGH ZUR 2023, 99; Siehe dazu Franßen/Homann ZUR 2023, 93.

[2084] VG Trier Urt. v. 16.10.2023 – 9 K 207/23.TR, juris Rn. 65; zu genehmigungsrechtlichen Fragen der Gesundheitsschutz-Bergverordnung beim Einsatz von Abfällen als Bergversatz Beckmann ZfB 1999, 12.

7418 **b) Erhebung eines Wasserentnahmeentgelts.** Die Länder können für das Entnehmen, Zutagefördern, Zutageleiten und Ableiten von Grundwasser und für das Entnehmen und Ableiten von Wasser aus oberirdischen Gewässern zum Zwecke der öffentlichen Wasserversorgung ein Wasserentnahmeentgelt erheben. Die Erlaubnis zur Grundwasserentnahme vermittelt Nach der Rechtsprechung des BVerwG einen durch die Erhebung eines Wasserentnahmeentgelts abschöpfbaren Sondervorteil auch dann, wenn die Hebung von Grubenwasser aufgrund eines zugelassenen Hauptbetriebsplans nach dem Ende der aktiven Steinkohleförderung fortgeführt wird.[2085]

7419 **c) Verfassungsrechtliche Anforderungen.** Nach der Rechtsprechung des BVerfG bedarf die Erhebung nichtsteuerlicher Abgaben mit Blick auf die Begrenzungs- und Schutzfunktion der Finanzverfassung (Art. 104a ff. GG) sowie zur Wahrung der Belastungsgleichheit der Abgabepflichtigen sowohl dem Grunde als auch der Höhe nach einer über die Zwecke der Einnahmeerzielung hinausgehenden besonderen sachlichen Rechtfertigung.[2086] Als sachliche Gründe gelten Lenkungszwecke, soziale Zwecke sowie Zwecke des Vorteilsausgleichs bzw. der Vorteilsabschöpfung.[2087] Der verfassungsrechtliche Vorteilsbegriff ist nicht auf wirtschaftliche Vorteile beschränkt; vielmehr kommen tatsächliche, rechtliche und ideelle Vorteile aller Art in Betracht. Der abzuschöpfende Vorteil bei einer solchen Abgabe liegt auch in der privilegierten Teilhabe an der knappen natürlichen Ressource Wasser als einem Gut der Allgemeinheit besteht, das einer öffentlich-rechtlichen Benutzungsordnung unterliegt Es ist sachlich gerechtfertigt, diesen Vorteil ganz oder teilweise abzuschöpfen, wobei die Abschöpfung nach dem tatsächlichen Umfang erfolgen kann.[2088] Diese Rechtsprechung betrifft auch das Zutagefördern und Ableiten von ansonsten nicht genutztem Grundwasser (Sümpfungswasser) zum Zweck der Braunkohleförderung,[2089] soweit die Grundwasserentnahme als vorgelagerte Tätigkeit zur Ermöglichung der späteren Braunkohlegewinnung erforderlich ist und damit den notwendigen Bestandteil einer Wertschöpfungskette bildet.

13. Bergrechtliches Planfeststellungsverfahren

7420 Für die UVP-pflichtigen Vorhaben ist nach § 52 II a BBergG ein Planfeststellungsverfahren mit UVP durchzuführen, das an die Stelle des Verfahrens nach den §§ 54, 56 I BBergG tritt.

7421 Nach § 51 S. 1 UVPG werden bei bergbaulichen Vorhaben, die in der Anlage 1 des UVPG aufgeführt sind und dem Bergrecht unterliegen, die Umweltverträglichkeitsprüfung und die Überwachung des Vorhabens nach den Vorschriften des Bundesberggesetzes durchgeführt. Die §§ 15-32 UVPG iVm Anlage 4 (Angaben des UVP-Berichts für die Umweltverträglichkeitsprüfung) des UVPG finden nach § 51 S. 2 UVPG nur Anwendung, soweit das BBergG dies anordnet. Im Hinblick auf die Feststellung und auf die Voraussetzungen der UVP-Pflicht bleiben die Vorschriften der §§ 4-14 UVPG iVm den Regelungen der Verordnung über die Umweltverträglichkeitsprüfung bergbaulicher Vorhaben (UVP-V Bergbau) maßgeblich. Für die Durchführung der Umweltverträglichkeitsprüfung wird nach § 51 S. 2 UVPG die Anwendung der Vorschriften über die Verfahrensschritte des UVPG – anders als nach dem früheren, bis zum Jahre 2017 geltenden Recht – nicht mehr generell ausgeschlossen. Insbesondere die Regelungen zur grenzüberschreitenden Umweltverträglichkeitsprüfung, die in den §§ 60-63 UVPG geregelt sind, sollen unmittelbar gelten. Auch die weiteren verfahrensrechtlichen Vorschriften der §§ 15-32 UVPG iVm Anlage 4 des UVPG sollen zukünftig bei bergrechtlichen Zulassungsverfahren anzuwenden sein, soweit das Bundesberggesetz dies anordnet. Eine solche Anordnung sieht § 57 I 4 für die §§ 15 bis 27 UVPG sowie für § 31 UVPG vor.

7422 **a) Behördenzuständigkeit.** Anhörungs- und Planfeststellungsbehörde ist die für die Zulassung von Betriebsplänen zuständige Behörde (§ 57 a I BBergG). Mit dieser Zusammenfassung der Funktionen der Anhörungsbehörde und der Planfeststellungsbehörde weicht der Gesetzgeber für das bergrechtliche Planfeststellungsverfahren von der in § 73 VwVfG vorgesehenen funktionellen Trennung dieser Behördenzuständigkeiten ab. Die Trennung zwischen den Auf-

---

[2085] BVerwG NVwZ 2022, 715.
[2086] BVerfGE 93, 319 (342).
[2087] BVerwG NVwZ 2022, 715 = juris Rn. 14; BVerfGE 108, 1 (13).
[2088] BVerwG NVwZ 2022, 715 = juris Rn. 15; BVerfG NVwZ 2010, 831 (833 f.); NVwZ 2021, 56 Rn. 43.
[2089] BVerwGE 160, 354.

gaben einer Anhörungsbehörde und einer Planfeststellungsbehörde soll der Planfeststellungsbehörde eine größere Distanz und Neutralität gegenüber dem Vorhaben und seinem Träger verschaffen. Rechtsstaatliche Bedenken gegen eine Zusammenfassung beider Funktionen bestehen allerdings nicht.[2090] Nach der Rechtsprechung ist es mit dem rechtsstaatlichen Gebot fairer Verfahrensgestaltung sogar vereinbar, die Aufgaben eines Vorhabenträgers sowie der Anhörungs- und Planfeststellungsbehörde innerhalb derselben Behörde wahrzunehmen.[2091]

b) Ablauf des Planfeststellungsverfahren. Das Verwaltungsverfahren zur Zulassung des Rahmenbetriebsplans ist in §§ 57a bis c BBergG nur teilweise geregelt. Soweit diese Vorschriften und die gem. § 57a I 5 BBergG anzuwendenden §§ 15 bis 27 und 31 UVPG keine Regelungen treffen, gelten gem. § 72 VwVfG subsidiär dieVorschriften zum Planfeststellungsverfahren in §§ 73 ff. VwVfG. 7423

Erlangt die Bergbehörde Kenntnis von einem Vorhaben, das nach § 57c BBergG einer Umweltverträglichkeitsprüfung bedarf, verlangt sie von dem Unternehmer gem. § 52 IIa 1 BBergG die Durchführung einer Umweltverträglichkeitsprüfung. In dem **Verlangensbescheid** kann sie Hinweise über Gegenstand, Umfang und Methodik der Umweltverträglichkeitsprüfung und erforderliche Informationen geben. Regelmäßig findet auf der Grundlage des § 57a I 4 BBergG i. V. m. § 15 ein Scoping-Termin mit dem Unternehmer statt, in dem dieser über die für die Durchführung der UVP erheblichen Fragen informiert wird und zu den Behörden, Sachverständige und Dritte hinzugezogen werden können. 7424

Der vom Unternehmer einzureichende **Rahmenbetriebsplan** muss nach § 57a II 1 BBergG den Anforderungen genügen, die sich aus den Voraussetzungen für die Durchführung des Planfeststellungsverfahrens unter Berücksichtigung der Antragserfordernisse für die vom Planfeststellungsbeschluss eingeschlossenen behördlichen Entscheidungen ergeben. Der Rahmenbetriebsplan muss alle für die Umweltverträglichkeitsprüfung bedeutsamen Angaben in der Form eines Berichts zu den voraussichtlichen Umweltauswirkungen des Vorhabens (UVP-Bericht) nach Maßgabe des § 16 UVPG und § 2 UVP-Bergbau enthalten. Der Unternehmer hat dem Rahmenbetriebsplan einen zur Auslegung geeigneten Plan beizufügen. Die in § 57a II 2 BBergG genannten Angaben sind Mindestangaben und daher zwingend vorzulegen. Die Beibringungslast liegt nach § 16 VII UVPG beim Unternehmer; die Bergbehörde hat Nachbesserungen innerhalb einer angemessenen Frist zu verlangen, soweit der Bericht den Anforderungen nicht entspricht.[2092] 7425

Ist das bergbauliche Vorhaben geeignet, allein oder im Zusammenwirken mit anderen Vorhaben, Projekten oder Plänen ein **Natura 2000-Gebiet** erheblich zu beeinträchtigen, muss der UVP-Bericht Angaben zu den Auswirkungen des Vorhabens auf die Erhaltungsziele dieses Gebiets enthalten. Bei einem Vorhaben, das einzeln oder im Zusammenwirken mit anderen Vorhaben, Projekten oder Plänen geeignet ist, ein Natura 2000-Gebiet erheblich zu beeinträchtigen, wird die Verträglichkeitsprüfung nach § 34 I BNatSchG zusammen mit der Umweltverträglichkeitsprüfung im Planfeststellungsverfahren vorgenommen (§ 52 II a 2). 7426

Der **UVP-Bericht** ist nach § 16 II UVPG so rechtzeitig vorzulegen, dass er mit den übrigen Unterlagen ausgelegt werden kann. Es ist dementsprechend nicht erforderlich, dass der Träger des Vorhabens die entscheidungserheblichen Unterlagen über die Umweltauswirkungen seines Vorhabens der zuständigen Behörde bereits zu Beginn des Verfahrens vorlegt. Das Verfahren beginnt mit der Einreichung des obligatorischen Rahmenbetriebsplans, dem bei der Einreichung noch nicht sämtliche UVP-Unterlagen beigefügt sein müssen. § 15 UVPG sieht ausdrücklich die Möglichkeit vor, erst nach Eröffnung des Zulassungsverfahrens ein Scoping durchzuführen, in dem die Behörde den Unternehmer über Inhalt, Umfang und Detailtiefe der Angaben unterrichtet, die den UVP-Bericht aufzunehmen sind. In der Gesetzesbegründung wird darauf hingewiesen, dass zwischen der Stellung des Zulassungsantrags, mit der das Verfahren eröffnet wird, und der Vorlage des UVP-Berichts ein beträchtlicher Zeitraum liegen kann. Deshalb bestimmt § 16 II UVPG, dass der UVP-Bericht so rechtzeitig vorzulegen ist, dass er zusammen mit den übrigen Unterlagen ausgelegt werden kann.[2093] 7427

Liegen der Bergbehörde die nach § 57a II BBergG erforderlichen Unterlagen vor, hat sie nach den allgemeinen Vorschriften für das Planfeststellungsverfahren eine **Behörden- und Öf-** 7428

2090 BVerwG NVwZ 2012, 557; BVerwGE 120, 87, 99.
2091 BVerwG NVwZ 2012, 557 = juris Rn. 20.
2092 Wittmann in Landmann/Rohmer, Umweltrecht, 2022, § 51 UVPG Rn. 49.
2093 Gesetzesbegründung der Bundesregierung, BT-Drs. 18/11499, S. 88.

fentlichkeitsbeteiligung durchzuführen. § 57a I 1 BBergG schließt als speziellere Vorschrift die Regelung des § 54 II BBergG, die für „einfache" Betriebsplanzulassungsverfahren gilt, aus. Die Vorgaben für die Beteiligung der Behörden und der Öffentlichkeit ergeben sich (über § 57a I 5 BBergG) aus §§ 17 bis 23 sowie ergänzend aus §§ 73 ff. VwVfG. Eine grenzüberschreitende Behördenbeteiligung erfolgt nach § 57a VI BBergG nach den Vorschriften des 5. Teils des UVPG.

7429 Zu den Vorschriften des UVPG auf die § 57 a I 4 BBergG verweist, zählt auch § 24 UVPG. Danach erarbeitet die zuständige Behörde eine **zusammenfassende Darstellung** der Umweltauswirkungen des Vorhabens, der Merkmale des Vorhabens und des Standorts, mit denen erhebliche nachteilige Umweltauswirkungen ausgeschlossen, vermindert oder ausgeglichen werden sollen, sowie der Maßnahmen, mit denen erhebliche nachteilige Umweltauswirkungen ausgeschlossen, vermindert oder ausgeglichen werden sollen, sowie der Ersatzmaßnahmen bei Eingriffen in Natur und Landschaft. Die Erarbeitung der zusammenfassenden Darstellung erfolgt nach § 24 I 2 UVPG auf der Grundlage des UVP-Berichts, der behördlichen Stellungnahmen nach den §§ 17 II und 55 IV UVPG sowie der Äußerungen der betroffenen Öffentlichkeit nach den §§ 21 und 56 UVPG. Die Ergebnisse eigener Ermittlungen sind einzubeziehen. In der zusammenfassenden Darstellung ist nach § 24 II UVPG jeweils anzugeben, ob die Information aus dem UVP-Bericht, einer behördlichen Stellungnahme oder aus Äußerungen der Öffentlichkeit stand. Die zusammen-fassende Darstellung ist nach § 24 III UVPG möglichst innerhalb eines Monats nach dem Abschluss der Erörterung im Beteiligungsverfahren zu erarbeiten.

7430 Die **Bewertung der Umweltauswirkungen** eines Vorhabens und ihre **Berücksichtigung** in der bergrechtlichen Planfeststellungsentscheidung sind im BBergG nicht speziell geregelt. Auf der Grundlage des Verweises in § 57 a I 4 BBergG ist hinsichtlich der Bewertung der Umweltauswirkungen und der Berücksichtigung des Ergebnisses bei der Entscheidung § 25 UVPG zu beachten

14. Rücksichtnahme auf Verkehrsanlagen

7431 Die Errichtung, Erweiterung, wesentliche Änderung und der Betrieb von öffentlichen Verkehrsanlagen und von Gewinnungsbetrieben sind in gegenseitiger Rücksichtnahme so zu planen und durchzuführen, dass die Vorhaben sich so wenig wie möglich beeinträchtigen (§ 124 I 1 BBergG). Soweit der gleichzeitige Betrieb einer öffentlichen Verkehrsanlage und eines Gewinnungsbetriebes ohne eine wesentliche Beeinträchtigung der öffentlichen Verkehrsanlage ausgeschlossen ist, gehen die Errichtung, Erweiterung, wesentliche Änderung und der Betrieb der öffentlichen Verkehrsanlage der Gewinnung von Bodenschätzen vor, es sei denn, dass das öffentliche Interesse an der Gewinnung von Bodenschätzen überwiegt (§ 124 III BBergG). Ist Voraussetzung für die Errichtung, Erweiterung, wesentliche Änderung oder den Betrieb einer öffentlichen Verkehrsanlage, dass der Unternehmer in seinem Gewinnungsbetrieb Einrichtungen herstellt, beseitigt oder ändert, so ist ihm vom Träger der öffentlichen Verkehrsanlage Ersatz in Geld zu leisten, soweit seine Maßnahmen ausschließlich der Sicherung der Verkehrsanlage dienen. Dies gilt nicht, wenn die Gewinnungsberechtigung erst nach der für die öffentliche Verkehrsanlage erforderlichen Planoffenlegung entstanden ist (§ 124 IV BBergG). Die im Planfeststellungsverfahren für öffentliche Verkehrsanlagen gegenüber einem Bergbautreibenden zu beachtende Rücksichtnahme entbindet diesen nicht von der in § 73 IV VwVfG normierten Mitwirkungspflicht und schützt ihn nicht vor einem Einwendungsausschluss. Die Rücksichtnahmepflicht bei der Planung öffentlicher Verkehrsanlagen äußert sich darin, dass der Bergbautreibende in allen Phasen der Planung der öffentlichen Verkehrsanlage erwarten kann, mit seinen Vorstellungen, Anliegen und Wünschen gehört und im Rahmen des Möglichen berücksichtigt zu werden.[2094] Im Planfeststellungsverfahren ist Voraussetzung hierfür allerdings, dass der Bergbautreibende seine Belange als Einwender rechtzeitig geltend macht. Dieser Einwendungsausschluss erstreckt sich auch auf das gerichtliche Verfahren, sodass dort bei Versäumen der Einspruchsfrist ein Abwehranspruch gegen die Planfeststellung nicht mehr durchgesetzt werden kann.[2095]

7432 Im fernstraßenrechtlichen Planfeststellungsverfahren hat der Bergbautreibende entsprechende Beteiligungsrechte. Der Bergwerkseigentümer kann den fernstraßenrechtlichen Planfeststel-

[2094] Piens/Schulte/Graf Vitzthum, BBergG, 2020, § 124 Rn. 9.
[2095] BVerwG NVwZ 1995, 903.

lungsbeschluss auch bei entsprechender Betroffenheit in eigenen Rechten selbstständig neben dem Eigentümer anfechten. § 17 2 FStrG verlangt, dass die von dem Vorhaben berührten öffentlichen und privaten Belange im Rahmen der Abwägung zu berücksichtigen sind. Wie die Behörde bei der Erfüllung dieser Verpflichtung methodisch vorgeht, legt das Gesetz nicht fest. Eine zusammenfassende Darstellung, wie sie § 24 UVPG für den Bereich der UVP verlangt, schreibt das Gesetz auf der Stufe des § 17 2 FStrG nicht vor. Derartige Verpflichtungen ergeben sich auch nicht aus dem ergänzend anzuwendenden VwVfG. Die Belange des Bergbautreibenden sind allerdings nicht lediglich als einfache Belange in die Abwägung einzustellen. Die Belange von Gewinnungsbetrieben fordern vielmehr im Ausgleich mit konfligierenden anderen Belangen eine möglichst weitgehende Berücksichtigung.[2096]

§ 124 III BBergG begründet für den Fall des gleichzeitigen Betriebes einer öffentlichen Verkehrsanlage und eines bergrechtlichen Gewinnungsbetriebes den **Vorrang der öffentlichen Verkehrsanlage**, es sei denn, dass das öffentliche Interesse an der Gewinnung der Bodenschätze überwiegt. Dieser Vorrang der fernstraßenrechtlichen Planung ist nach Auffassung des BVerwG auch vor dem Hintergrund der Rohstoffsicherungsklausel gerechtfertigt.[2097] Verläuft die planfestgestellte Straßentrasse durch das Gewinnungsgebiet eines Bergwerkseigentümers mit der Folge, dass in einem Teil des Feldes die Bodenschätze faktisch nicht abgebaut werden können, hat der Bergwerkseigentümer keinen Anspruch auf Entschädigung oder Ausgleich in Geld oder durch Übernahme des Bergwerkseigentums, wenn dem § 124 I BBergG bei der Planung durch größtmögliche gegenseitige Rücksichtnahme entsprochen worden ist. Der Planfeststellungsbeschluss konkretisiert bei Einhaltung des § 124 BBergG Inhalt und Schranken des auf Grund gesetzlicher Regelungen beschränkbaren Bergwerkseigentums.[2098] Die Verwirklichung des in § 124 III BBergG enthaltenen Vorrangs löst daher als solche keine Entschädigungspflicht aus. Die Regelung verstößt auch nicht gegen die Eigentumsgarantie in Art. 14 I 1 GG.[2099] Ein straßenrechtlicher Planfeststellungsbeschluss ist abwägungsfehlerhaft, wenn eine an sich erforderliche Alternativenprüfung nur deshalb unterblieben ist, weil sich die Planfeststellungsbehörde jedenfalls faktisch und kritiklos an Einschätzungen und vermeintliche Entscheidungsvorbehalte des Bergamtes gebunden gefühlt hat. Die formelle Konzentrationswirkung des § 75 VwVfG erfasst auch Entscheidungen der Bergbehörden nach dem BBergG. Materiell sind die bergrechtlichen Belange nach Maßgabe des § 124 BBergG zu prüfen.[2100] 7433

Löst eine **Straßenplanung** Konflikte mit dem **Bergbau** aus, gilt gemäß § 124 I BBergG ein Optimierungsgebot zu Gunsten der Belange des Gewinnungsbetriebs. Erst wenn sich der Konflikt mit dieser Abwägungsdirektive nicht auflösen lässt hat der Betrieb der Verkehrsanlage nach § 124 III BBergG grundsätzlich Vorrang vor der Gewinnung von Bodenschätzen. Soweit die Errichtung einer öffentlichen Verkehrsanlage der Gewinnung von Bodenschätzen gemäß § 124 III BBergG vorgeht, besteht kein Entschädigungsanspruch wegen einer Beeinträchtigung eines noch nicht durch einen Gewinnungsbetrieb realisierten Bergwerkseigentums. Das gilt auch dann, wenn die Gewinnung von Bodenschätzen im gesamten Abbaufeld gänzlich unterbleiben muss[2101]. Die Erheblichkeit eines Abwägungsmangels (§ 75 Ia 1 VwVfG) kann nur verneint werden, wenn konkrete Anhaltspunkte dafür nachweisbar sind, dass die Planfeststellungsbehörde auch im Falle einer ordnungsgemäßen Abwägung die gleiche Entscheidung getroffen hätte.[2102] 7434

15. Förderabgabe

Der Inhaber einer Bewilligung hat jährlich für die innerhalb des jeweiligen Jahres aus dem Bewilligungsfeld gewonnenen oder mitgewonnenen bergfreien Bodenschätze eine Förderabgabe zu entrichten (§ 31 I 1 BBergG). Die Heranziehung zu einer bergrechtlichen Förderabgabe ist schon dann rechtmäßig, wenn der Abgabepflichtige von einer ihm erteilten bestandskräftigen bergrechtlichen Bewilligung Gebrauch gemacht und den dort bezeichneten Bodenschatz aus dem Bewilligungsfeld gewonnen hat. Ob der bezeichnete Bodenschatz tatsächlich 7435

2096 BVerwG Urt. v. 14.10.1996 – 4 A 35.96, juris.
2097 BVerwG NVwZ-RR 1999, 162.
2098 BVerwG NVwZ 1998, 1180.
2099 BVerwG ZfB 1998, 140.
2100 OVG Münster Urt. v. 4.2.1999 – 23 A 376/96, juris.
2101 BGHZ 189, 231.
2102 BVerwG NVwZ 2016, 1252; Kühne NVwZ 2016, 1221.

bergfrei ist, ist wegen der Bestandskraft der Bewilligung für die Heranziehung zu einer Förderabgabe nicht mehr nachzuprüfen.[2103]

7436 Die Erhebung einer Förderabgabe gem. § 31 BBergG für die Gewinnung von Kiesen und Kiessanden, die auf Grund des Einigungsvertrages in den neuen Bundesländern als bergfreie Bodenschätze galten, verstößt nicht gegen den Gleichheitssatz des Art. 3 I GG. § 32 II BBergG verpflichtet den Verordnungsgeber nicht, einen Befreiungstatbestand für Härtefälle zu begründen. Der gesetzliche Abgabetatbestand in den neuen Bundesländern ist mit der Deutschen Einheit entstanden. Dass die zur genauen Berechnung der Höhe der Abgabe erforderliche landesrechtliche Förderabgaben-Verordnung erst später erlassen und rückwirkend in Kraft gesetzt worden ist, verstößt nicht gegen das verfassungsrechtliche Rückwirkungsverbot.[2104]

7437 Das Zusatzabkommen zu dem zwischen der Bundesrepublik Deutschland und dem Königreich der Niederlande am 8.4.1960 unterzeichneten Vertrag über die Regelung der Zusammenarbeit in der Emsmündung vom 14.5.1962[2105] bestimmt für den in diesem Abkommen vereinbarten Grenzbereich die Reichweite der deutschen **Förderabgabenregelung** des § 31 I 1 BBergG. Sieht das Nutzungsregime des Zusatzabkommens für den Grenzbereich einen Teilungsgrundsatz als maßgebend an, so hat die nachgeordnete Auslegung des § 31 I 1 BBergG hieran anzuknüpfen. Im gemeinsamen Grenzbereich ist für das innerdeutsche Abgabenverhältnis das sog. Bohrlochprinzip des deutschen innerstaatlichen Rechts durch einen Aufteilungsgrundsatz ersetzt.[2106]

7438 Nach § 31 I 3 BBergG ist die Förderabgabe nicht zu entrichten, soweit die Bodenschätze ausschließlich aus gewinnungstechnischen Gründen gewonnen und nicht wirtschaftlich verwertet werden. Gewinnungstechnische Gründe iSd § 31 I 3 BBergG liegen in erster Linie vor, wenn bergfreie Bodenschätze aus bergtechnischen oder bergsicherheitsrechtlichen Gründen mitgewonnen werden müssen. Eine auf die Gewinnungstechnik zurückzuführende Ausnahme kann nach der Gesetzesbegründung zB bei der Erdölförderung vorliegen, wenn zwangsläufig Gase mitgefördert und entweder abgefackelt oder der Lagerstätte wieder zugeführt werden.[2107]

7439 Gemäß § 31 II 1 BBergG wird die **Höhe der Förderabgabe** bestimmt nach dem Marktwert, der für im Geltungsbereich dieses Gesetzes gewonnenen Bodenschätze dieser Art des Erhebungszeitraumes durchschnittlich erzielt wird und nicht auf den Wert des geförderten Kieses und die Wettbewerbsbedingungen, denen der Unternehmer am Gewinnungsort unterliegt.[2108] Rein fiskalische Zwecke, die ohne jegliche inhaltliche Lenkungsfunktion allein auf die mit der Erhebung einer Abgabe ohnehin verbundene Steigerung der staatlichen Einnahmen abzielen, fallen nicht unter den Begriff der „sonstigen volkswirtschaftlichen Belange" im Sinne von § 32 II 1 BBergG.[2109]

XVI. Verfahren über eine einheitliche Stelle

7440 Das in den §§ 71a bis 71e VwVfG geregelte Verwaltungsverfahren setzt Vorgaben der EU-Dienstleistungsrichtlinie (RL 2006/123/EG) um. Ziel der RL ist die Verbesserung des europäischen Binnenmarktes für die grenzüberschreitende Erbringung von Dienstleistungen. Die Bestimmungen über die einheitliche Stelle im VwVfG gehen aber über den Regelungsgehalt der EU-Dienstleistungsrichtlinie hinaus; sie gelten auch für inländische Sachverhalte und unabhängig davon, ob ein Bezug zu einer Dienstleistung gegeben ist. Die Verfahrensabwicklung über die einheitliche Stelle ist ein zusätzliches Angebot, dessen Nutzung den berechtigten Personen freisteht. Der unmittelbare Zugang zu der zuständigen Behörde ist weiterhin uneingeschränkt möglich und zulässig. Der Antragsteller kann sich jederzeit entscheiden, statt über die einheitliche Stelle unmittelbar mit einer zuständigen Behörde – auch für einzelne Verfahren oder nur

---

2103 BVerwG DVBl. 2004, 974. Zu weiteren Entscheidungen OVG Saarlouis ZfB 2006, 175; ZfB 2007, 136; OVG Bautzen ZfB 2005, 56; ZfB 2005, 60; ZfB 2005, 64; VG Saarland ZfB 2007, 177; ZfB 2007, 204; VG Lüneburg, Beschl. v. 17.7.2007 – 2 B 34/07.

2104 BVerwG NVwZ 1999, 990; OVG Magdeburg Urt. v. 16.7.1998 – C ¼ S 266/97 – JMBl ST 1998, 462.

2105 BGBl 1963 II S. 653.

2106 BVerwG DVBl. 2002, 624.

2107 VG Halle ZfB 2022, 300 = juris Rn. 21 unter Verweis auf BT-Drs 8/1315.

2108 OVG Magdeburg ZfB 2002, 194.

2109 BVerwG NVwZ-RR 2019, 384.

für bestimmte Verfahrensabschnitte – zu verkehren.[2110] Wird der Kontakt unmittelbar mit der zuständigen Behörde gesucht, so ist auch die zuständige Behörde an die Verfahrensvorschriften gebunden.[2111] Hauptaufgabe der einheitlichen Stelle besteht darin, eine Orientierung über alle einschlägigen Vorschriften und erforderlichen Verfahren und die jeweils zuständigen Behörden zu geben.

1. Anwendbarkeit des Verfahrens über eine einheitliche Stelle

Ist durch Rechtsvorschrift angeordnet, dass ein Verwaltungsverfahren über eine einheitliche Stelle abgewickelt werden kann, so gelten nach § 71a I VwVfG die Vorschriften der §§ 71a ff. VwVfG und, soweit sich aus ihnen nichts Abweichendes ergibt, die übrigen Vorschriften des VwVfG. Die Verfahrensabwicklung über die einheitliche Stelle setzt voraus, dass durch gesondert zu erlassende Rechtsvorschriften der Zugang zu einer solchen Stelle eröffnet wird. Zu den genannten Verwaltungsverfahren zählen nicht nur Genehmigungs- oder Planfeststellungsverfahren, sondern, wie sich aus § 71a II VwVfG ergibt, auch Anzeigeverfahren. 7441

Die Möglichkeit, das Verfahren über eine einheitliche Stelle abzuwickeln, räumt der Gesetzgeber in unterschiedlichsten Zusammenhängen, weit über das Baurecht, Fachplanungs- und Umweltrecht hinausgehend ein. Auf Antrag des Bauherrn können bei entsprechenden Regelungen in den BauO der Länder zB Baugenehmigungsverfahren über eine einheitliche Stelle abgewickelt werden (siehe zB Art 65 III Nr. 1 BayBO). Nach § 10 Va Nr. 1 BImSchG besteht auch für den Vorhabenträger eines immissionsschutzrechtlich genehmigungsbedürftigen Vorhabens die Möglichkeit, das gesamte Genehmigungsverfahren über eine einheitliche Stelle abzuwickeln, statt sich an alle beteiligten Behörden zu wenden. Dies ist vor allem für die Vorhaben von Bedeutung, die nicht von der Konzentrationswirkung des § 13 BImSchG erfasst werden.[2112] Für Vorhaben nach § 11a I WHG zur Errichtung und zum Betrieb sowie zur Modernisierung von Anlagen zur Nutzung von Wasserkraft, ausgenommen Pumpspeicherkraftwerke, und zur Errichtung und zum Betrieb von Anlagen zur Gewinnung von Erdwärme, wenn ein bergrechtlicher Betriebsplan nicht erforderlich ist, können zB auf Antrag des Trägers des Vorhabens nach § 11a II WHG das Erlaubnis- oder Bewilligungsverfahren sowie alle sonstigen Zulassungsverfahren, die für die Durchführung des Vorhabens nach Bundes- oder Landesrecht erforderlich sind, über eine einheitliche Stelle abgewickelt werden. § 11a III bis VI WHG sehen in diesem Zusammenhang Sonderregelungen vor. Nach § 54 VI KrWG können auch Erlaubnisverfahren für Sammler, Beförderer, Händler und Makler von gefährlichen Abfällen über eine Einheitliche Stelle nach den Vorschriften des VwVfG abgewickelt werden. Der Antragsteller hat danach ein **Wahlrecht**, ob er seinen Erlaubnisantrag bei der zuständigen Behörde oder bei der einheitlichen Stelle einreicht Die einheitliche Stelle ist Mittler zwischen dem Antragsteller und der (eigentlich) zuständigen Behörde, wobei alleine die einheitliche Stelle gegenüber dem Antragsteller auftritt. Durch die Anordnung der Möglichkeit der Verfahrensabwicklung über die einheitliche Stelle gelten auch die Verfahrensanforderungen der §§ 71a ff. VwVfG. Allerdings hat der Verordnungsgeber die Anforderungen an das Verfahren der Erlaubniserteilung mit den genannten speziellen Vorschriften des VwVfG harmonisiert, so dass § 10 AbfAEV den gesamten Verfahrensablauf beschreibt.[2113] 7442

Der zuständigen Behörde obliegen nach § 71a VwVfG die Pflichten aus § 71b III, IV und VI VwVfG, § 71c II und § 71e VwVfG auch dann, wenn sich der Antragsteller oder Anzeigepflichtige unmittelbar an die zuständige Behörde wendet. Das betrifft umfassende Auskunfts- und Informationspflichten der Behörde, qualifizierte Empfangsbestätigung und unverzügliche Nachforderung fehlender Unterlagen, Zugangsvermutung bei Bekanntgabe eines VA per Post in das Ausland und Anspruch auf elektronische Verfahrensabwicklung. 7443

Welche Behörde mit den Aufgaben einer einheitlichen Stelle betraut werden kann, ergibt sich weder aus dem VwVfG noch macht die Dienstleistungsrichtlinie dazu Vorgaben. Es kann sich um eine eigens dafür geschaffene oder um eine bestehende Behörde, deren Aufgabenkatalog um eine solche Funktion ergänzt wird. 7444

[2110] Schmitz/Wiegand in Stelkens/Bonk/Sachs, VwVfG, 2023 § 71a Rn. 18.

[2111] Huck in BeckOK VwVfG, 2024, § 71a Rn. 25; Schmitz/Prell NVwZ 2009, 3.

[2112] Jarass BImSchG, 2022, § 10 Rn. 13a; Fischerauer/Appel UPR 2021, 332.

[2113] Siehe dazu Tünnesen-Harmes in Landmann/Rohmer, Umweltrecht, 2021, § 54 KrWG Rn. 6; Doumet in Jarass/Petersen, KrWG, 2022, § 54 Rn. 26.

2. Verfahrensanforderungen

7445 Die einheitliche Stelle nimmt nach § 71b I VwVfG Anzeigen, Anträge, Willenserklärungen und Unterlagen entgegen und leitet sie unverzüglich an die zuständigen Behörden weiter. Die Verfahrenskorrespondenz mit den zuständigen Behörden kann vollständig über die einheitliche Stelle erledigt werden. Die einheitliche Stelle führt die Verwaltungsverfahren nicht selbst durch. Die bestehenden Zuständigkeiten werden durch das besondere Verfahren selbst nicht verändert. Soweit die Verwaltungskompetenz für den jeweiligen Verwaltungsträger reicht, können der einheitlichen Stelle weitergehende Aufgaben und Kompetenzen zugewiesen werden.[2114] Die einheitliche Stelle hat die Funktion eines unterstützenden Verfahrensmittlers zwischen Bürger oder Unternehmen und den zuständigen Behörden. Darüber hinaus kann sie in Grenzen auch hoheitlich tätig sein, z. B. bei der Bekanntgabe gem. § 71b V VwVfG.[2115] Als besonders sinnvoll gilt das Verfahren über eine einheitliche Stelle, wenn für ein Vorhaben mehrere Verwaltungsverfahren durchgeführt werden müssen.[2116]

7446 Anzeigen, Anträge, Willenserklärungen und Unterlagen gelten am dritten Tag nach Eingang bei der einheitlichen Stelle als bei der zuständigen Behörde eingegangen. Fristen werden mit Eingang bei der einheitlichen Stelle gewahrt (§ 71b II VwVfG). Die Fiktion des Eingangs bei der zuständigen Behörde ist unwiderleglich, so dass es nicht darauf ankommt, wann ein Eingang bei der zuständigen Behörde tatsächlich festgestellt werden kann.[2117]

7447 Soll durch die Anzeige, den Antrag oder die Abgabe einer Willenserklärung eine Frist in Lauf gesetzt werden, innerhalb deren die zuständige Behörde tätig werden muss, stellt die zuständige Behörde gem. § 71b III 1 VwVfG eine **Empfangsbestätigung** aus. In der Empfangsbestätigung ist nach § 71b III 2 VwVfG das Datum des Eingangs bei der einheitlichen Stelle mitzuteilen und auf die Frist, die Voraussetzungen für den Beginn des Fristlaufs und auf eine an den Fristablauf geknüpfte Rechtsfolge sowie auf die verfügbaren Rechtsbehelfe hinzuweisen.

7448 Ist die Anzeige oder der Antrag unvollständig, teilt die zuständige Behörde unverzüglich mit, welche Unterlagen nachzureichen sind. Die Mitteilung enthält den Hinweis, dass der Lauf der Frist nach § 71 III VwVfG erst mit Eingang der vollständigen Unterlagen beginnt. Das Datum des Eingangs der nachgereichten Unterlagen bei der einheitlichen Stelle ist mitzuteilen (§ 71b IV VwVfG).

7449 Soweit die einheitliche Stelle zur Verfahrensabwicklung in Anspruch genommen wird, sollen Mitteilungen der zuständigen Behörde an den Antragsteller oder Anzeigepflichtigen über sie weitergegeben werden. Verwaltungsakte werden auf Verlangen desjenigen, an den sich der Verwaltungsakt richtet, von der zuständigen Behörde unmittelbar bekannt gegeben (§ 71b V VwVfG).

7450 Die Verletzung von Verfahrenspflichten durch die einheitliche Stelle kann Amtshaftungsansprüche auslösen.[2118]

3. Informationspflichten

7451 § 71 c VwVfG konkretisiert die ohnehin bereits nach § 25 VwVfG bestehende Auskunfts- und Beratungspflicht. Die **einheitliche Stelle** erteilt gem. § 71c I 1 VwVfG auf Anfrage unverzüglich Auskunft über die maßgeblichen Vorschriften, die zuständigen Behörden, den Zugang zu den öffentlichen Registern und Datenbanken, die zustehenden Verfahrensrechte und die Einrichtungen, die den Antragsteller oder Anzeigepflichtigen bei der Aufnahme oder Ausübung seiner Tätigkeit unterstützen. Sie teilt unverzüglich mit, wenn eine Anfrage zu unbestimmt ist (§ 71c I 2VwVfG).

7452 Die **zuständigen Behörden** erteilen auf Anfrage unverzüglich Auskunft über die maßgeblichen Vorschriften und deren gewöhnliche Auslegung. Nach § 25 VwVfG erforderliche Anregungen und Auskünfte werden unverzüglich gegeben (§ 71c I 1 VwVfG)

[2114] Huck in BeckOK VwVfG, 2024, § 71a Rn. 32.
[2115] Schmitz/Wiegand in Stelkens/Bonk/Sachs, VwVfG, 2023, § 71 b Rn. 1.
[2116] Schmitz/Wiegand in Stelkens/Bonk/Sachs, VwVfG, 2023, § 71 b Rn. 2.
[2117] Schmitz/Wiegand in Stelkens/Bonk/Sachs, VwVfG, 2023, § 71 b Rn. 11.
[2118] Schmitz/Wiegand in Stelkens/Bonk/Sachs, VwVfG, 2023, § 71 b Rn. 7.

4. Gegenseitige Unterstützung

7453 Die einheitliche Stelle und die zuständigen Behörden wirken gemeinsam auf eine ordnungsgemäße und zügige Verfahrensabwicklung hin; alle einheitlichen Stellen und zuständigen Behörden sind hierbei zu unterstützen. Die zuständigen Behörden stellen der einheitlichen Stelle insbesondere die erforderlichen Informationen zum Verfahrensstand zur Verfügung (§ 71e VwVfG).

5. Elektronisches Verfahren

7454 Das Verfahren mit der einheitlichen Stelle wird auf Verlangen nach § 71e VwVfG in elektronischer Form abgewickelt. § 3a II 2 und 3 und III VwVfG bleibt unberührt. § 71e VwVfG verpflichtet die einheitliche Stelle und die zuständige(n) Behörde(n) zur Ermöglichung einer Verfahrensabwicklung in elektronischer Form. Die Entscheidung über die Form des Verfahrens obliegt dem Antragsteller oder Anzeigepflichtigen. Damit müssen alle Stellen eine elektronische Verfahrensabwicklung anbieten.[2119]

XVII. Immissionsschutzrechtliche Genehmigungen

7455 Neben den durch planerische Abwägung und Gestaltung bestimmten Planfeststellungsverfahren gibt es gebundene Zulassungsentscheidungen, die zu erteilen sind, wenn die gesetzlich formulierten Voraussetzungen vorliegen. Gestalterisch-planerische Abwägung im eigentlichen Sinne findet bei solchen Zulassungsentscheidungen nicht statt. Es gibt aber auch Zulassungen, die eng an gesamtplanerische Vorentscheidungen gebunden sind und über einen mehr oder weniger großen planerischen Einschlag in der Art von Planungs- und Bewirtschaftungsermessen verfügen. Zu den gebundenen Zulassungsentscheidungen gehören neben der Baugenehmigung, der Aufbewahrungsgenehmigung nach § 6 AtG und den bergrechtlichen Betriebsplanzulassungen in erster Linie die immissionsschutzrechtlichen Genehmigungen. Ein Bewirtschaftungsermessen üben die Wasserbehörden bei der Entscheidung über Erlaubnis- und Bewilligungsanträge aus.[2120]

7456 Im Rahmen der sog. **Eröffnungskontrollen** werden insbesondere auch **präventive Verbote** mit **Erlaubnisvorbehalt** und **repressive Verbote mit Befreiungsvorbehalt** unterschieden. Bei dem präventiven Verbot mit Erlaubnisvorbehalt wird ein bestimmtes Verhalten oder Vorhaben grundsätzlich und vorsorglich verboten, jedoch zugelassen, wenn eine Prüfung ergibt, dass die gesetzlichen Zulassungsvoraussetzungen vorliegen. Liegen die Voraussetzungen vor, besteht regelmäßig auch ein Anspruch auf Erteilung der beantragten Zulassung. Beim repressiven Verbot mit Befreiungsvorbehalt wird demgegenüber ein Verhalten als grds. sozialschädlich oder unerwünscht verboten; in begründungsbedürftigen Ausnahmefällen oder zur Vermeidung unzumutbarer Härten kann die Behörde eine Art von Befreiung von dem repressiven Verbot erteilen, die aber im pflichtgemäßen Ermessen der Behörde steht, so dass der betroffene Bürger grundsätzlich nur einen Anspruch auf ermessensfehlerfreie Entscheidung iSv § 40 VwVfG hat.[2121]

1. Novellierungsabsichten 2024

7457 Die Bundesregierung hatte bereits mit Datum vom 28.6.2023 Entwurf eines Gesetzes zur Verbesserung des Klimaschutzes beim Immissionsschutz, zur Beschleunigung immissionsschutzrechtlicher Genehmigungsverfahren und zur Umsetzung von EU-Recht vorgelegt.[2122] Ziel des Gesetzentwurfs ist es, die Potenziale zur Erreichung der Klimaziele, die sich aus der Umsetzung des immissionsschutzrechtlichen Instrumentariums und aus den dynamisch angelegten Betreiberpflichten ergeben, effektiver zu nutzen. Im Wesentlichen zielt der Gesetzentwurf auf eine Beschleunigung der immissionsschutzrechtlichen Genehmigungsverfahren. Des Weiteren sollen verschiedene Änderungen der Verfahrensregelungen im BImSchG und in der 9. BImSchV die

---

[2119] Müller in Huck/Müller, VwVfG, 2020, § 71 e Rn. 1.

[2120] Zur Einführung Kahl/Gärditz Umweltrecht, 2023, § 4 Rn. 69 ff.

[2121] Hoppe/Beckmann/Kauch Umweltrecht, 2000, § 8 Rn. 34 ff.; Kahl/Gärditz Umweltrecht, 2023, § 4 Rn. 73; Kloepfer Umweltrecht, 2016, § 5 Rn. 208 ff.

[2122] BT-Drucks. 20/7502 vom 28.6.2023.

Dauer immissionsschutzrechtlicher Genehmigungsverfahren verkürzen und vereinfachen. Beispielsweise soll Anlagenbetreibern das Nachreichen von Unterlagen im Genehmigungsverfahren erleichtert werden und eine Verlängerung der Genehmigungsfristen durch die Behörde nicht mehr unbeschränkt möglich sein. Außerdem sollen das Repowering erleichtert und die Rolle des Projektmanagers gestärkt werden. Darüber hinaus sollen unter anderem durch Konkretisierung des einschlägigen Fachrechts einzelne Vorgaben der IE-RL umgesetzt werden.

7458 Der Deutsche Bundestag hatte die Vorlage auf Drucksache 20/7502 in seiner 115. Sitzung am 6. Juli 2023 zur federführenden Beratung an den Ausschuss für Umwelt, Naturschutz, nukleare Sicherheit und Verbraucherschutz und zur Mitberatung an den Rechtsausschuss, den Wirtschaftsausschuss, den Ausschuss für Ernährung und Landwirtschaft, den Ausschuss für Wohnen, Stadtentwicklung, Bauwesen und Kommunen sowie den Ausschuss für Klimaschutz und Energie überwiesen. Das Gesetz ist am 3.7.2024 beschlossen und im BGBl. I 2024 vom 8.7.2024 nach Redaktionsschluss dieser Auflage veröffentlicht worden.

7459 Geplant ist außerdem eine Änderung des BImSchG mit dem Ziel, zum Vollzug der im Jahr 2009 vom Deutschen Bundestag beschlossenen Umstellung der Biokraftstoffquote auf eine Treibhausgasquote sind eine Reihe von technischen Anpassungen und Klarstellungen im BImSchG vorzunehmen. Dazu liegt im Mai 2024 der Referentenentwurf des Bundesministeriums für Umwelt, Naturschutz, Bau und Reaktorsicherheit eines Zwölften Gesetzes zur Änderung des BImSchG vor.

2. Gesetzeszweck und Gesetzgebungszuständigkeit

7460 Nach § 2 I Nr. 1 BImSchG gilt das BImSchG für die Errichtung und den Betrieb von Anlagen. Zweck des BImSchG ist es nach § 1 I BImSchG, Menschen, Tiere und Pflanzen, den Boden, das Wasser, die Atmosphäre sowie Kultur- und sonstige Sachgüter vor schädlichen Umwelteinwirkungen zu schützen und dem Entstehen schädlicher Umwelteinwirkungen vorzubeugen. Soweit es sich um genehmigungsbedürftige Anlagen handelt, dient dieses Gesetz auch der integrierten Vermeidung und Verminderung schädlicher Umwelteinwirkungen durch Emissionen in Luft, Wasser und Boden unter Einbeziehung der Abfallwirtschaft, um ein hohes Schutzniveau für die Umwelt insgesamt zu erreichen, sowie dem Schutz und der Vorsorge gegen Gefahren, erhebliche Nachteile und erhebliche Belästigungen, die auf andere Weise herbeigeführt werden.

7461 Der Schutz zielt nicht nur auf Menschen ab, sondern dient darüber hinaus auch der ressourcenökonomisch und ressourcenökologisch orientierten Vorsorge. Deshalb erklärt § 1 BImSchG neben den Menschen, Tieren und Pflanzen auch den Boden, das Wasser, die Atmosphäre sowie Kultur- und sonstige Sachgüter zu Schutzgütern. Diese Zielsetzungen des BImSchG fließen in die konkrete Gesetzesanwendung, die Ermessensbetätigung und die Rechtsetzung auf Grund des BImSchG ein. Der Geltungsbereich des Gesetzes ist in § 2 I BImSchG positiv und in § 2 II BImSchG[2123] negativ abgegrenzt. Danach gilt das BImSchG für die Errichtung und den Betrieb von Anlagen, das Herstellen, Inverkehrbringen und Einführen von Anlagen, Brennstoffen und Treibstoffen, Stoffen und Erzeugnissen aus Stoffen nach Maßgabe der §§ 32 bis 37 BImSchG, die Beschaffung, die Ausrüstung, den Betrieb und die Prüfung von Kraftfahrzeugen und ihren Anhängern und von Schienen-, Luft- und Wasserfahrzeugen sowie von Schwimmkörpern und schwimmenden Anlagen nach Maßgabe der §§ 30 bis 40 BImSchG und den Bau öffentlicher Straßen sowie von Eisenbahnen und Straßenbahnen nach Maßgabe der §§ 41 bis 43 BImSchG.

7462 Ergänzt wird das BImSchG durch die auf seiner Grundlage ergangenen **Rechtsverordnungen.** Die Landesgesetzgeber haben **Landesimmissionsschutzgesetze** und **Immissionsschutzverordnungen** erlassen, die durch spezielle immissionsschutzrechtliche Regelungen ergänzt werden.

7463 Da das BImSchG den Immissionsschutz für verschiedene Bereiche (Luftreinhaltung, Lärmbekämpfung, Erschütterungen, Licht, Wärme ua) regelt, gründet sich die Gesetzgebungskompetenz des Bundes auch auf verschiedene Vorschriften des GG. So hat der Bund nach Art. 74 I Nr. 24 GG die konkurrierende Gesetzgebungszuständigkeit auf dem Gebiet der Luftreinhaltung und der Lärmbekämpfung. Regelungen im Bereich des sonstigen Immissionsschutzes können hinsichtlich der Unternehmen auf Art. 72 I Nr. 11 GG (Recht der Wirtschaft), im Be-

[2123] Danach sind Flugplätze, für die das LuftVG, gilt und Anlagen, die mit der Nutzung der Kernenergie verbunden und somit im AtG geregelt werden, vom Geltungsbereich des BImSchG ausgenommen.

reich der von Fahrzeugen verursachten Immissionen auf Art. 73 I Nr. 6, 6a GG (Luftverkehr und Eisenbahnen des Bundes) und auf Art. 74 I Nr. 21 bis 23 GG (Schifffahrt, Straßenverkehr, Schienenbahnen) gestützt werden. Die Kompetenzregelungen konzentrieren sich auf die ausschließliche und konkurrierende Gesetzgebung des Bundes, sodass eine Gesetzgebungszuständigkeit des Bundes für das BImSchG besteht. Für den Bereich der Errichtung und des Betriebes genehmigungsbedürftiger Anlagen enthält das BImSchG grundsätzlich eine abschließende Regelung, sodass die Länder gem. Art. 72 I GG insoweit von immissionsschutzrechtlichen Regelungen ausgeschlossen sind. Sie führen das BImSchG aber gem. Art. 83 GG als eigene Angelegenheiten aus.

3. Grundbegriffe

Die Errichtung und der Betrieb von Anlagen sind nach § 4 I BImSchG genehmigungspflichtig, wenn sie geeignet sind, schädliche Umwelteinwirkungen hervorzurufen oder in anderer Weise die Allgemeinheit oder die Nachbarschaft zu gefährden, erheblich zu benachteiligen oder erheblich zu belästigen. Auch ortsfeste Abfallentsorgungsanlagen zur Lagerung oder Behandlung von Abfällen bedürfen der Genehmigung. Aus Gründen der Rechtssicherheit ergibt sich die Einstufung als genehmigungsbedürftige Anlage aus der 4. BImSchV. Der immissionsschutzrechtlichen Genehmigung bedarf eine nach § 4 BImSchG genehmigungsbedürftige Anlage, die geeignet ist, schädliche Umwelteinwirkungen und damit das Bedürfnis nach Vorkehrungen gegen solche Einwirkungen hervorzurufen. Das Immissionsschutzrecht folgt damit vom Grundsatz her dem klassischen Grundsatz präventiver Verbote mit Erlaubnisvorbehalt.[2124] 7464

a) Schädliche Umwelteinwirkungen. Definiert werden schädliche Umwelteinwirkungen nach § 3 I BImSchG als Immissionen, die nach Art, Ausmaß oder Dauer geeignet sind, Gefahren, erhebliche Nachteile oder erhebliche Belästigungen für die Allgemeinheit oder die Nachbarschaft herbeizuführen. Das Gesetz unterscheidet zwischen Immissionen und Emissionen. 7465

Immissionen sind nach § 3 II BImSchG auf Menschen, Tiere und Pflanzen, den Boden, das Wasser, die Atmosphäre sowie Kultur- und sonstige Sachgüter einwirkende Luftverunreinigungen, Geräusche, Erschütterungen, Licht, Wärme, Strahlen und ähnliche Umwelteinwirkungen. Immissionen sind am Einwirkungsort, dem sog. Immissionsort, zu messen, typischerweise unmittelbar vor dem betroffenen Objekt.[2125] Bei der Beurteilung von Immissionen kommt es entscheidend auf die **Gesamtbelastung** durch eine bestimmte Immissionsart unter Einbeziehung von Vor- und Fremdbelastungen an.[2126] Vor- und Fremdbelastungen können insoweit dazu führen, dass Emissionen einer bestimmten Quelle erheblich werden. Umgekehrt können **Vorbelastungen** ein Gebiet mitprägen und damit eine Zumutbarkeit der Geräuschbelastung rechtfertigen.[2127] 7466

Emissionen sind nach § 3 III BImSchG die von einer Anlage ausgehenden Luftverunreinigungen, Geräusche, Erschütterungen, Licht, Wärme, Strahlen und ähnliche Erscheinungen (§ 3 III BImSchG). Immissionen sind auf Menschen, Tiere, Pflanzen, den Boden, das Wasser, die Atmosphäre sowie auf Kultur- und sonstige Sachgüter einwirkenden Luftverunreinigungen, Geräusche, Erschütterungen, Licht, Wärme, Strahlen und ähnliche Umwelteinwirkungen (§ 3 II BImSchG).[2128] Emissionen gehen daher von der Anlage aus. Immissionen wirken auf Schutzgüter ein. Emissionen werden am Ort ihrer Freisetzung ermittelt, zB am Schornstein einer emittierenden Anlage. In die Umgebung gelangen die genannten Erscheinungen, wenn sie geschlossene Räume verlassen und in ein Umweltmedium, meist die Luft, eintreten. Dementsprechend handelt es sich noch nicht um Emissionen, solange sie lediglich innerhalb einer Halle auftreten; sie müssen jedoch das Anlagengrundstück noch nicht verlassen haben. Bereits bei ihrem Austritt aus einem Abgaskamin oder aus einer Öffnung des Gebäudes sind sie Emissionen.[2129] 7467

2124 BVerwG DVBl. 1990, 371.
2125 Jarass BImSchG, 2022, § 3 Rn. 20.
2126 BVerwG NVwZ 1996, 1003; NVwZ-RR 2013, 593.
2127 Jarass BImSchG, 2022, § 3 Rn. 23a.
2128 Zu elektromagnetischen Wellen BVerwG NVwZ 1996, 1042.
2129 Jarass BImSchG, 2022, § 3 Rn. 18.

7468 **b) Luftverunreinigungen.** Dabei handelt es sich um Veränderungen der natürlichen Zusammensetzung der Luft, insbesondere durch Rauch, Ruß, Staub, Gase, Aerosole, Dämpfe oder Geruchsstoffe (§ 3 IV BImSchG). Vorschriften zur Reinhaltung der Luft enthält die **TA Luft**. Die TA Luft ist das zentrale Regelwerk zur Verringerung von Emissionen und Immissionen von Luftschadstoffen aus genehmigungsbedürftigen Anlagen. Sie legt den Stand der Technik für über 50.000 Anlagen in Deutschland fest und gibt den Behörden ein bundeseinheitliches Instrument zur Luftreinhaltung an die Hand und führt damit zu mehr Rechts- und Planungssicherheit bei der Genehmigung von Anlagen. Die TA Luft konkretisiert die Anforderungen, die bei der Genehmigung von industriellen und gewerblichen Anlagen von den zuständigen Vollzugsbehörden zu beachten sind.

7469 Eine Neufassung der TA Luft trat am 1.12.2021 Kraft. Mit der Novelle wurden neue Vorsorgeanforderungen des EU-Rechts in nationales Recht umgesetzt und darüber hinaus wurde der Stand der Technik vor allem im Hinblick auf besonders relevante Luftschadstoffe wie Stickstoffoxiden und Feinstaub angepasst. Von hoher Bedeutung sind Emissionen von besonders gesundheitsschädlichen, insbesondere krebserzeugenden, keimzellschädigenden und reproduktionstoxischen Stoffen. Neu in die TA Luft aufgenommen wurden Anforderungen an Geruchsbelastungen, die von Anlagen verursacht werden, und Begrenzungen für Ammoniak- und Feinstaubemissionen aus der Abluft von großen Tierhaltungsanlagen, außerdem macht die TA Luft nun Vorgaben dazu, wie Anforderungen des Naturschutzes bei der Genehmigung von Anlagen zu berücksichtigen sind.

7470 Die TA Luft enthält ua allgemeine Grundsätze zum Genehmigungsverfahren und Immissionswerte einschließlich des Beurteilungsverfahrens für Luftverunreinigungen. Auch sind Regelungen über Emissionen und die Überwachung von Altanlagen enthalten. Immissionen werden nach 2.1 TA Luft wie folgt angegeben: Massenkonzentration als Masse der luftverunreinigenden Stoffe bezogen auf das Volumen der verunreinigten Luft, Deposition von Stoffen aus der Atmosphäre als Massenstromdichte (Masseneinheit bezogen auf eine Flächeneinheit und eine Zeiteinheit) und Geruch als Geruchsstunde als eine positiv bewertete Einzelmessung bei der der erhobene Geruchsanteil 10 % des Messzeitintervalls erreicht oder überschreitet.

7471 Dabei ist zwischen **Richt- und Grenzwerten** zu unterscheiden. Grenzwerte sind grundsätzlich einzuhalten, Richt- oder Orientierungswerte geben einen Anhalt vor allem auch für sachgerechte Planungen und vorsorgenden Immissionsschutz.[2130]

7472 Die Vorschriften der TA Luft sind zu beachten bei der Prüfung der Anträge auf Erteilung einer Genehmigung zur Errichtung und zum Betrieb einer neuen Anlage (§ 6 I BImSchG), zur Änderung der Lage, der Beschaffenheit oder des Betriebs einer bestehenden Anlage (§ 16 I, IV BImSchG), bei der Prüfung der Anträge auf Erteilung einer Teilgenehmigung, eines Vorbescheids oder der Zulassung des vorzeitigen Beginns (§§ 8, 8a und 9 BImSchG), bei der Prüfung der Genehmigungsbedürftigkeit einer Änderung (§ 15 II oder IIa BImSchG), bei Entscheidungen über nachträgliche Anordnungen (§ 17 BImSchG) und bei Entscheidung zu Anordnungen über die Ermittlung von Art und Ausmaß der von einer Anlage ausgehenden Emissionen und der Immissionen im Einwirkungsbereich der Anlage (§§ 26, 28 BImSchG).

7473 Die TA Luft hat einen Immissions- und einen Emissionsteil. Der Immissionsteil enthält Vorschriften zum Schutz der Nachbarn und der Umwelt vor unvertretbar hohen Schadstoffbelastungen. Der Emissionsteil enthält Anforderungen zur Vorsorge gegen schädliche Umwelteinwirkungen und legt entsprechende Emissionswerte für alle relevanten Luftschadstoffe aus Anlagen und zwar sowohl für neue Industrieanlagen als auch für Altanlagen fest. Sie müssen nach angemessenen Übergangsfristen grundsätzlich an den Stand der Technik und damit an das Emissionsniveau von Neuanlagen herangeführt werden.

7474 **c) Geräusche.** Definiert werden Geräusche als hörbare Schallschwingungen wechselnder Höhe und Stärke in einem gasförmigen, flüssigen oder festen elastischen Medium.[2131] Sie werden zu schädlichen Umwelteinwirkungen, wenn sie einen bestimmten Immissions(grenz-)wert überschreiten.

7475 Ein maßgebliches Regelwerk zur Beurteilung von Lärm ist die **VDI-Richtlinie 2058** Sie dient, ebenso wie die TA Lärm, dem Schutz vor Beeinträchtigungen durch Lärm. Sie wurde

---

[2130] Zum Schutz vor Luftverunreinigungen Hofmann/Koch, Immissionsschutzrecht, in Handbuch Umweltrecht, 2024, § 5 Rn. 4 ff.; zur Luftreinhaltung in der Bauleitplanung Bracher in Bracher/Reidt/Schiffer Bauplanungsrecht, 2021, Kap. 9 Rn. 9131 ff.

[2131] Thiel in Landmann/Rohmer, Umweltrecht, 2017, § 3 BImSchG Rn. 63.

von dem Verein Deutscher Ingenieure ursprünglich zur Beurteilung von Arbeitslärm in der Nachbarschaft erstellt; als eine akustische Grundregel ist die VDI-Richtlinie 2058 auch für die Beurteilung von Geräuschimmissionen anerkannt, die durch Freizeitanlagen verursacht werden. Die Zuordnung der Richtwerte für eine Lärmimmission sind davon abhängig, wie schutzbedürftig die Nachbarschaft ist und von der Tageszeit, zu der sie auftreten. Die VDI-Richtlinie hat keine Normqualität und ist insoweit nicht unmittelbar verbindlich. Sie dient als Zusammenfassung sachverständiger Erfahrungen, wobei eine Konkretisierung im Einzelfall erforderlich ist.

Für Gewerbe- und Industrielärm gilt die Technische Anleitung zum Schutz gegen Lärm **(TA Lärm)**. Sie dient dem Schutz der Allgemeinheit und der Nachbarschaft vor schädlichen Umwelteinwirkungen durch Geräusche sowie der Vorsorge gegen schädliche Umwelteinwirkungen durch Geräusche. Sie gilt für genehmigungsbedürftige und nicht genehmigungsbedürftige Anlagen, die den Anforderungen des Zweiten Teils des (BImSchG) unterliegen, mit Ausnahme von Sportanlagen, die der **Sportanlagenlärmschutzverordnung** (18. BImSchV) unterliegen, sonstigen nicht genehmigungsbedürftige Freizeitanlagen sowie Freiluftgaststätten, nicht genehmigungsbedürftigen landwirtschaftlichen Anlagen, Schießplätzen, auf denen mit Waffen ab Kaliber 20 mm geschossen wird, von Tagebauen und zum Betrieb eines Tagebaus erforderlichen Anlagen, Baustellen, Seehafenumschlagsanlagen, Anlagen für soziale Zwecke. 7476

Die Vorschriften der TA Lärm sind zu beachten für genehmigungsbedürftige Anlagen bei der Prüfung der Anträge auf Erteilung einer Genehmigung zur Errichtung und zum Betrieb einer Anlage (§ 6 I BImSchG) sowie zur Änderung der Lage, der Beschaffenheit oder des Betriebs einer Anlage (§ 16 I, IV BImSchG), bei der Prüfung der Anträge auf Erteilung einer Teilgenehmigung oder eines Vorbescheids (§§ 8 und 9 BImSchG), bei der Entscheidung über nachträgliche Anordnungen (§ 17 BImSchG) und bei der Entscheidung über die Anordnung erstmaliger oder wiederkehrender Messungen (§ 28 BImSchG). 7477

Die TA Lärm gilt auch für nicht genehmigungsbedürftige Anlagen mit Blick auf die Pflicht, die Anforderungen des § 22 BImSchG einhalten zu müssen, im Rahmen der Prüfung von Anträgen auf öffentlich-rechtliche Zulassungen nach anderen Vorschriften, insbesondere von Anträgen in Baugenehmigungsverfahren und bei Entscheidungen über Anordnungen und Untersagungen im Einzelfall (§§ 24 und 25 BImSchG). Nicht zuletzt gilt die TA Lärm für genehmigungsbedürftige und nicht genehmigungsbedürftige Anlagen bei der Entscheidung über Anordnungen zur Ermittlung von Art und Ausmaß der von einer Anlage ausgehenden Emissionen sowie der Immissionen im Einwirkungsbereich der Anlage (§ 26 BImSchG). 7478

Die sich aus der TA Lärm ergebenden Immissionsrichtwerte beschreiben die Schwelle der zumutbaren und nicht mehr zumutbaren Lärmeinwirkungen. Aus den Einzelschallereignissen ist ein Mittelungspegel als äquivalenter Dauerschallpegel zu bilden, der unter Anwendung des Taktmaximalverfahrens aus den Messdaten gewonnen wird. Dabei wird der innerhalb der Taktzeit auftretende Einzelschallpegel als Immissionspegel für die gesamte Taktzeit angesetzt. Besondere Geräuschmerkmale und Fremdgeräusche sind zu berücksichtigen. Aus diesen Einzelwerten wird sodann der **Beurteilungspegel** gebildet. 7479

Die in der TA Lärm festgelegten Immissionsrichtwerte und Beurteilungsverfahren haben auch Auswirkungen auf die Lärmbewertung in anderen Bereichen bis hin zur Beurteilung lärmbezogener **Nachbarschaftsprobleme**. Für die Praxis der Lärmbekämpfung ist die TA Lärm von zentraler Bedeutung. Sie orientiert sich inhaltlich am aktuellen Stand der Rechts- und Verwaltungspraxis. Zu den wichtigsten Fortentwicklungen gehört neben der Einbeziehung der Anlagen, die keiner Genehmigung nach dem BImSchG bedürfen, vor allem ein akzeptorbezogenes Lärmbeurteilungsverfahren, bei dem die eventuell von anderen Anlagen ausgehende **Geräuschvorbelastung** einzelfallbezogen berücksichtigt wird. Die TA Lärm bestimmt ihren Anwendungsbereich (Nr. 1 TA Lärm), enthält sodann Begriffsbestimmungen (Nr. 2 TA Lärm) und allgemeine Grundsätze für genehmigungsbedürftige (Nr. 3 TA Lärm) und nicht genehmigungsbedürftige Anlagen (Nr. 4 TA Lärm) sowie Anforderungen an bestehende Anlagen (Nr. 5 TA Lärm). Ein Kernstück der TA Lärm sind sodann die Immissionsrichtwerte (Nr. 6 TA Lärm). Besondere Regelungen (Nr. 7 TA Lärm) und Hinweise auf die Zugänglichkeit der Norm- und Richtblätter runden das Regelwerk ab. Ein Anhang enthält Verfahren zur Ermittlung von Geräuschimmissionen. 7480

Allgemeine Grundsätze für genehmigungsbedürftige Anlagen. Die TA Lärm stellt für genehmigungsbedürftige Anlagen allgemeine Grundsätze auf (Nr. 3 TA Lärm). Zu den Grundpflichten des Betreibers rechnet die TA Lärm, bei der Errichtung und dem Betrieb einer genehmigungsbedürftigen Anlage sicherzustellen, dass (a) die von der Anlage ausgehenden Ge- 7481 räusche keine schädlichen Umwelteinwirkungen hervorrufen können und (b) Vorsorge gegen schädliche Umwelteinwirkungen durch Geräusche getroffen wird, insbesondere durch die dem Stand der Technik zur Lärmminderung entsprechenden Maßnahmen zur Emissionsbegrenzung. Die Einhaltung der Schutzpflichten ist im Rahmen des Genehmigungsverfahrens zu prüfen (Nr. 3.2 TA Lärm). Neben einer Prüfung im Regelfall (Nr. 3.2.1 TA Lärm) kommt in Sonderfällen eine ergänzende Prüfung hinzu (Nr. 3.2.2 TA Lärm). Neben die Gefahrenabwehr tritt die Vorsorge. Das Maß der Vorsorge gegen schädliche Umwelteinwirkungen durch Geräusche bestimmt sich nach Nr. 3.3 TA Lärm einzelfallbezogen unter Berücksichtigung der Verhältnismäßigkeit von Aufwand und erreichbarer Lärmminderung nach der zu erwartenden Immissionssituation des Einwirkungsbereichs insbesondere unter Berücksichtigung der Bauleitplanung. Die Geräuschimmissionen der Anlage müssen danach so niedrig sein, wie dies zur Erfüllung der Vorsorgepflicht nötig und nach dem Stand der Technik zur Lärmminderung möglich ist.

7482 **Allgemeine Grundsätze für nicht genehmigungsbedürftige Anlagen.** Auch für nicht genehmigungsbedürftige Anlagen nach § 22 BImSchG werden in Nr. 4.1 TA Lärm Betreiberpflichten aufgestellt. Nicht genehmigungsbedürftige Anlagen sind danach so zu errichten und zu betreiben, dass schädliche Umwelteinwirkungen durch Geräusche verhindert werden, die nach dem Stand der Technik zur Lärmminderung vermeidbar sind, und nach dem Stand der Technik zur Lärmminderung unvermeidbare schädliche Umwelteinwirkungen durch Geräusche auf ein Mindestmaß beschränkt werden. Die TA Lärm sieht dazu eine vereinfachte Regelfallprüfung (Nr. 4.2 TA Lärm) vor und stellt Anforderungen bei unvermeidbaren schädlichen Umwelteinwirkungen auf (Nr. 4.3 TA Lärm).

7483 **Anforderungen an bestehende Anlagen.** Entsprechen vorhandene Anlagen nicht mehr dem Stand der Technik, so können nach Maßgabe des Verhältnismäßigkeitsgrundsatzes bei genehmigungsbedürftigen Anlagen nachträgliche Anordnungen getroffen werden (Nr. 5.1 TA Lärm). Bei der Prüfung der Verhältnismäßigkeit nach § 17 BImSchG hat die zuständige Behörde von den geeigneten Maßnahmen diejenige zu wählen, die den Betreiber am wenigsten belastet. Die zu erwartenden positiven und negativen Auswirkungen für den Anlagenbetreiber, für die Nachbarschaft und die Allgemeinheit sowie das öffentliche Interesse an der Durchführung der Maßnahme oder ihrem Unterbleiben sind zu ermitteln und zu bewerten. Eine nachträgliche Anordnung darf nicht getroffen werden, wenn sich eine Überschreitung der Immissionsrichtwerte nach Nummer 6 aus einer Erhöhung oder erstmaligen Berücksichtigung der Vorbelastung ergibt, die Zusatzbelastung weniger als 3 dB(A) beträgt und die Immissionsrichtwerte um nicht mehr als 5 dB(A) überschritten sind.

7484 Anordnungen können im Einzelfall auch bei nicht genehmigungsbedürftigen Anlagen ergehen (Nr. 5.2 TA Lärm). Tragen mehrere Anlagen unterschiedlicher Betreiber relevant zum Entstehen schädlicher Umwelteinwirkungen bei, so hat die Behörde die Entscheidung über die Auswahl der zu ergreifenden Abhilfemaßnahmen und der Adressaten entsprechender Anordnungen nach pflichtgemäßem Ermessen unter Beachtung des Verhältnismäßigkeitsgrundsatzes zu treffen. Ist mit der alsbaldigen Fertigstellung eines Lärmminderungsplans nach § 47 a BImSchG zu rechnen, der für die Entscheidung nach § 17 BImSchG von maßgebender Bedeutung sein könnte, und erfordern Art und Umfang der schädlichen Umwelteinwirkungen nicht sofortige Abhilfemaßnahmen, so kann die Behörde die Entscheidung nach Absatz 1 im Hinblick auf die Erstellung des Lärmminderungsplans für eine angemessene Zeit aussetzen.

7485 **Immissionsrichtwerte**. Die TA Lärm enthält **Immissionsrichtwerte** für Immissionen außerhalb von Gebäuden (Nr. 6.1 TA-**Lärm**) und innerhalb von Gebäuden (Nr. 6.2 TA Lärm). Die Bundesregierung plant eine Änderung der TA Lärm und hat dazu den Referentenentwurf einer Verwaltungsvorschrift in die Anhörung bis zum 21.6.2024 gegeben. Der Referentenentwurf plant mit der Einführung einer Nr. 7.5 eine zeitlich befristete Regelung, die im Falle des Heranrückens von Wohnbebauung in urbanen Gebieten, in Kern- und Mischgebieten sowie in allgemeinen Wohngebieten an gewerblich, industriell oder hinsichtlich ihrer Geräuscheinwirkungen vergleichbar genutzte Gebiete abweichend von Nr. 6.1 TA Lärm nachts erhöhte Immissionsrichtwerte festsetzt. Zugleich sollen in der TA Lärm Immissionsrichtwerte für das dörfliche Wohngebiet festgesetzt, bestehende Verweisfehler korrigiert und veraltete Verweise aktualisiert werden.

7486 Die Immissionsrichtwerte für den Beurteilungspegel betragen für Immissionsorte **außerhalb von Gebäuden**: in Industriegebieten 70 dB(A), in Gewerbegebieten 65 dB(A) tags, 50 dB(A) nachts, in Kerngebieten, Dorfgebieten und Mischgebieten 60 dB(A) tags und 45 dB(A) nachts, in reinen Wohngebieten 50 dB(A) tags und 35 dB(A) nachts sowie in Kurgebieten, für Krankenhäuser und Pflegeanstalten 45 dB(A) tags und 35 dB(A) nachts. Einzelne kurzzeitige Geräuschspitzen dürfen die Immissionsrichtwerte am Tage um nicht mehr als 30 dB(A) und in der Nacht um nicht mehr als 20 dB(A) überschreiten.

Bei **Geräuschübertragungen innerhalb von Gebäuden** oder bei **Körperschallübertra-** 7487
gungen betragen die Immissionsrichtwerte für den Beurteilungspegel für betriebsfremde schutzbedürftige Räume nach DIN 4109, unabhängig von der Lage des Gebäudes 35 dB(A) tags und 25 dB(A) nachts nicht überschreiten. Einzelne kurzzeitige Geräuschspitzen dürfen die Immissionsrichtwerte um nicht mehr als 10 dB(A) überschreiten. Die Tagzeiten beziehen sich auf die Zeiten zwischen 6.00 Uhr und 22.00 Uhr, die Nachtzeit rechnet von 22.00 Uhr bis 6.00 Uhr (Nr. 6.4 TA Lärm). Für Gemengelagen gelten besondere Grundsätze. Wenn gewerblich, industriell oder hinsichtlich ihrer Geräuschwirkungen vergleichbar genutzte und zum Wohnen dienende Gebiete aneinandergrenzen (Gemengelage), können die für die zum Wohnen dienenden Gebiete geltenden Immissionsrichtwerte auf einen geeigneten Zwischenwert der für die aneinandergrenzenden Gebietskategorien geltenden Werte erhöht werden, soweit dies nach der gegenseitigen Pflicht zur Rücksichtnahme erforderlich ist. Die Immissionsrichtwerte für Kern-, Dorf- und Mischgebiete sollen dabei nicht überschritten werden (6.7 TA Lärm). Die Anlage zur TA Lärm enthält Berechnungsverfahren zur Ermittlung der Geräuschimmissionen. Allgemeine Vorschriften für die Ermittlung der Geräuschimmissionen werden um Regelungen zur Ermittlung von Geräuschimmissionen durch Prognose (A.2) einerseits und Messungen (A.3) andererseits ergänzt.

Immissionen können auch durch **Erschütterungen** entstehen, die durch niederfrequente 7488
mechanische Schwingungen fester Körper etwa durch Webstühle, Baumaschinen oder Eisenbahnanlagen hervorgerufen werden.

d) Gefahren, erhebliche Nachteile oder erhebliche Belästigungen. Schädliche Um- 7489
welteinwirkungen setzen Immissionen voraus, die nach Art, Ausmaß oder Dauer geeignet sind, Gefahren, erhebliche Nachteile oder erhebliche Belästigungen für die Allgemeinheit oder die Nachbarschaft herbeizuführen (§ 3 I BImSchG).

Eine **Gefahr** setzt die hinreichende Wahrscheinlichkeit des Eintritts einer Störung der öf- 7490
fentlichen Sicherheit oder Ordnung voraus. Je größer und folgenschwerer dabei der drohende Schaden ist, umso geringere Anforderungen sind an den Grad der Wahrscheinlichkeit des Eintritts des Schadensereignisses zu stellen. Dabei kann weitgehend auf den polizeirechtlichen **Gefahrenbegriff** zurückgegriffen werden. Als Schaden gilt jede erhebliche Beeinträchtigung eines Rechtsguts.[2132]

Nachteile stellen bereits Störwirkungen dar. Es handelt sich zumeist um hinreichend be- 7491
deutsame Beeinträchtigungen materieller Interessen ohne unmittelbare Verletzung eines Rechtsguts. Darunter fallen etwa erhöhte Aufwendungen für passiven Schallschutz oder Wertverluste eines Grundstücks infolge von Immissionen.

Belästigungen sind Beeinträchtigungen des körperlichen oder seelischen Wohlbefindens 7492
des Menschen unterhalb der Schwelle der Gesundheitsgefahr. Zu schädlichen Umwelteinwirkungen führen Nachteile und Belästigungen nur, wenn sie **erheblich** sind. Es muss sich dabei um unzumutbare Einwirkungen oder auch solche Einwirkungen handeln, die gegen das Gebot der Rücksichtnahme verstoßen. Die Beeinträchtigung ist damit erheblich, wenn sie im konkreten Einzelfall das dem Betroffenen zumutbare Maß überschreitet. Dabei sind die jeweilige Schutzwürdigkeit und Schutzbedürftigkeit der Umgebung, die planungsrechtliche Beurteilung und ggf. eine plangegebene oder faktische **Vorbelastung** zu berücksichtigen. Treffen unterschiedliche Nutzungen aufeinander, so ist die Zumutbarkeit ggf. nach Art eines **Mittelwertes** zu bestimmen. Die Rücksichtnahme ist wechselseitig und richtet sich auch danach, was der jeweils Betroffene bereits selbst auf seinem Grundstück an Einrichtungen und Nutzungen verwirklicht hat. Sind die in der TA Lärm festgesetzten Richtwerte im Hinblick auf den erforderlichen Interessenausgleich zwischen benachbarten Gebieten unterschiedlicher Schutzwürdigkeit nicht ohne weiteres anwendbar, so darf der zu bildende „Mittelwert" nicht schematisch iS einer mathematischen Interpolation festgesetzt werden.[2133] Vielmehr ist der Zwischenwert un-

---

[2132] Zu den Begriffskategorien Gefahr und Risiko siehe auch Gärditz in Landmann/Rohmer, Art. 20a GG, 2023, Rn 86 ff.; Der Gefahrenbegriff im Polizei- und Ordnungsrecht Voßkuhle JuS 2007, 908; zum Gefahrbegriff im Immissionsschutzrecht Thiel in Landmann/Rohmer, Umweltrecht, § 3 BImSchG Rn. 33.

[2133] BVerwG NVwZ 1985r, 186.

ter Berücksichtigung der jeweiligen Schutzbedürftigkeiten und Einwirkungsinteressen zu bestimmen.[2134]

7493 Die Grundstücksnutzung ist in den Bereichen, in denen Gebiete von unterschiedlicher Qualität und Schutzwürdigkeit zusammentreffen, mit einer spezifischen gegenseitigen Pflicht zur Rücksichtnahme in der Weise belastet, dass die störende Nutzung die von ihr ausgehenden Belästigungen in Grenzen halten und die benachbarte Wohnnutzung die Tatsache, dass sie in der Nähe einer Belästigungsquelle angesiedelt ist, respektieren muss. Als Grenze der zumutbaren Belastung ist in solchen Fällen ein Zwischenwert zu bilden, der bei Lärmimmissionen zwischen den Richtwerten liegt, welche bei jeweils isolierter Betrachtung für die benachbarten Gebiete unterschiedlicher Nutzung und unterschiedlicher Schutzwürdigkeit gegeben sind. Der Zwischenwert ist nicht arithmetisch zu bestimmen, sondern bezeichnet die Zumutbarkeit der betreffenden Immissionen nach Maßgabe der Ortsüblichkeit und der Umstände des Einzelfalls.[2135] Diese vom BVerwG entwickelten Grundsätze, die mittlerweile in Nr. 6.7 TA Lärm übernommen worden sind, beziehen sich allgemein auf städtebauliche Konflikte in sogenannten Gemengelagen von Gebieten unterschiedlicher Qualität und unterschiedlicher Schutzwürdigkeit, die unter anderem nach dem Grundsatz der gegenseitigen Rücksichtnahme auszugleichen sind.[2136] Ihre Anwendbarkeit ist weder auf Gebiete beschränkt, in denen nach den Wertungen der §§ 30 ff. BauGB grundsätzlich gebaut werden darf, noch – soweit es um eine Nutzung im Außenbereich geht – auf Konflikte zwischen einer Wohnnutzung und einem privilegierten Vorhaben. Das ihnen zugrunde liegende baurechtliche Rücksichtnahmegebot bestimmt nämlich auch das Maß der Einwirkungen, die eine Wohnnutzung gegenüber einem nicht privilegierten Vorhaben im angrenzenden Außenbereich hinzunehmen hat.[2137] Dass sich die Zulässigkeit eines Vorhabens nach § 35 II und 3 BauGB richtet, steht einer Zwischenwertbildung in Orientierung an Nr. 6.7 TA Lärm folglich nicht entgegen. Diese ist Ausdruck der auch im Verhältnis zu einer nicht privilegierten Außenbereichsnutzung bestehenden gegenseitigen Pflichten zur Rücksichtnahme. Die Privilegierung eines Vorhabens nach § 35 I BauGB kann zwar als ein abwägungsrelevanter Umstand bei der Bestimmung des Maßes der gegenseitigen Rücksichtnahme im Einzelfall zu berücksichtigen sein[2138] und so die Höhe eines etwa zu bildenden Zwischenwertes beeinflussen. Sie ist aber nicht zwingende Voraussetzung dafür, dass eine an den Außenbereich angrenzende Wohnnutzung Immissionen nach einem Zwischenwert als zumutbar hinzunehmen hat, der über dem Wert liegt, der bei isolierter Betrachtung für die betroffene Wohnnutzung anzusetzen wäre. Bei der Bildung eines Zwischenwertes zur Bestimmung der Zumutbarkeit von Immissionen in einer Gemengelage ist nach Nr. 6.7 TA Lärm die konkrete Schutzwürdigkeit des betroffenen Gebietes maßgeblich. Wesentliche Kriterien sind die Prägungen des Einwirkungsgebietes, die Ortsüblichkeit eines Geräusches und die Frage der Priorität der jeweiligen Nutzungen. Die Höhe des Zwischenwertes ist unter Berücksichtigung der tatsächlichen Umstände des Einzelfalls zu beurteilen und nicht allgemein klärungsfähig.[2139]

7494 Die Mittelwertbildung darf nicht mit einer bloßen rechnerischen Interpolation verwechselt werden. Sie bietet keine Handhabe dafür, die immissionsschutzrechtlich maßgebliche Gebietseigenart vollständig umzuformen. Wird in einem Bebauungsplan ein nach seiner allgemeinen Charakteristik gegen Störungen weitgehend abgeschirmtes Baugebiet festgesetzt, in dem sich faktisch allenfalls ein Schutzniveau wahren lässt, das einem weniger gegen Störungen geschützten Gebiet gerecht wird, so liegt ein Widerspruch zu den Wertungen vor, die dem gebietsbezogenen Richtwertsystem zugrunde liegen. Anders als bei einer durch ein bereits vorhandenes Nebeneinander konfliktträchtiger Nutzungen geprägten Gemengelage darf die Gemeinde nicht ohne zwingenden Grund selbst die Voraussetzungen für die Berücksichtigung von Vorbelastungen dadurch schaffen, dass sie in einen durch ein erhöhtes Immissionspotential gekennzeichneten Bereich ein störempfindliches Wohngebiet hineinplant und damit aus einem reinen

[2134] OVG Bautzen Beschl. v. 19.4.2023 – 1 B 298/22, juris Rn. 35.

[2135] BVerwG BRS 85 Nr. 136 (2017) S. 899 f.

[2136] BVerwG Beschl. v. 28.9.1993 – 4 B 151.93, juris; NVwZ 2011, 433 Rn. 32.

[2137] BVerwG Urt. v. 28.10.1993 – 4 C 5.93, juris.

[2138] BVerwG BRS 85 Nr. 135 S. 897 f.

[2139] BVerwG Beschl. v. 7.6.2019 – 8 B 36.18, juris; Beschl. v. 28.9.1993 – 4 B 151.93, juris; Beschl. v. 12.9.2007 – 7 B 24.07, juris; NVwZ 2011, 433 Rn. 32; BRS 85 Nr. 136 S. 899 f.; zum Rücksichtnahmegebot VGH München Beschl. v. 24.11.2023 – 15 CS 23.1816, juris Rn. 25; BVerwG Beschl. v. 29.10.2002 – 4 B 60.02, juris; BRS 85 Nr. 135 S. 897.

Wohngebiet (oder wesentlichen Teilen desselben) in immissionsschutzrechtlicher Hinsicht in Wahrheit ein Dorf- oder Mischgebiet macht.[2140]

e) Allgemeinheit und Nachbarschaft. Schädliche Umwelteinwirkungen setzen Immissionen voraus, die nach Art, Ausmaß oder Dauer geeignet sind, Gefahren, erhebliche Nachteile oder erhebliche Belästigungen für die Allgemeinheit oder die Nachbarschaft herbeizuführen. Zur Allgemeinheit zählen Personen, die nicht zur Nachbarschaft gehören, gleichwohl aber von Einwirkungen der Anlage betroffen sein können, was insbesondere für Fernwirkungen bedeutsam sein soll.[2141] Unabhängig davon verfolgt das Immissionsschutzrecht den Schutz vor Beeinträchtigung rechtlich geschützter Allgemeininteressen, etwa mit Blick auf den Klimawandel, dem Schutz der Tier- und Pflanzenwelt und der Artenvielfalt. Die Nachbarschaft bestimmt sich nach den Betroffenen im Einwirkungsbereich der Anlage und grenzt sich dadurch von der Allgemeinheit als einem unbestimmten Kreis von Personen ab. Die Nachbarschaft wird durch denjenigen Personenkreis im Nahbereich der Anlage umschrieben, der durch die jeweilige Emission individualisierbare Beeinträchtigungen zu erwarten hat. Auch im Ausland wohnende Personen können Nachbarn sein. Nicht alle Personen, die von Einwirkungen der Anlage betroffen sein können, rechnen zur Nachbarschaft. Vielmehr gehören dazu nur Personen, die eine besondere persönliche oder sachliche Beziehung im Sinne eines qualifiziertes Betroffensein zu einem Ort im Einwirkungsbereich geltend machen können.[2142] 7495

Die Abgrenzung zwischen Belangen der Allgemeinheit und solches der Nachbarschaft hat weniger mit der Reichweite des Immissionsschutzes, sondern mehr mit der Frage zu tun, inwieweit ein individueller Rechtsschutz besteht. Der Nachbarschaftsbegriff knüpft an den Einwirkungsbereich der Anlage an und setzt eine räumliche Nähe voraus. Zur Nachbarschaft gehören jedenfalls die Eigentümer und Bewohner von Wohngrundstücken im Einwirkungsbereich der Anlage, der durch untergesetzliche Regelwerke näher konkretisiert wird.[2143] Die TA Lärm beschreibt für ihren Anwendungsbereich unter Nr. 2.2 Buchst. a) den Einwirkungsbereich einer Anlage dahin, dass er (u a) diejenigen Flächen umfasst, in denen die von der Anlage ausgehenden Geräusche einen Beurteilungspegel verursachen, der weniger als 10 dB(A) unter dem für diese Fläche maßgebenden Immissionsrichtwert liegt. 7496

Hinsichtlich schädlicher Einwirkungen für den Naturschutz werden der Einwirkungsbereich, der Untersuchungsumfang einer FFH-Verträglichkeitsprüfung und die in die Summationsbetrachtung einzubeziehenden Vorhaben mit Hilfe von **Abschneidekriterien** bestimmt.[2144] Das Abschneidekriterium kennzeichnet die Höhe der Stickstoffdeposition, ab der diese nach dem aktuellen Stand der Wissenschaft einer bestimmten Quelle oder einem bestimmten Vorhaben valide zugeordnet werden kann.[2145] Die Neufassung der TA Luft 2021 hat das vorhabenbezogene Abschneidekriterium von 0,3 kg N/ha/a in Nr. 4.8 iVm Anhang 8 aufgegriffen. Auch wenn Schwachstellen hinsichtlich der Herleitung des Abschneidekriteriums von 0,3 kg N/ha/a bestehen, führen diese nach Ansicht des OVG Magdeburg nicht dazu, dass das Abschneidekriterium nicht mehr den aktuell besten wissenschaftlichen Erkenntnisstand darstellt.[2146] 7497

f) Anlagen. Nach § 3 V BImSchG sind Anlagen Betriebsstätten und sonstige ortsfeste Einrichtungen, Maschinen, Geräte und sonstige ortsveränderliche technische Einrichtungen sowie Fahrzeuge, soweit sie nicht § 38 BImSchG unterliegen, und Grundstücke, auf denen Stoffe gelagert oder abgelagert oder Arbeiten durchgeführt werden, die Emissionen verursachen können, ausgenommen öffentliche Verkehrswege. Der Anlagenbegriff ist weit zu verstehen.[2147] 7498

Die Anlage umfasst nicht die gesamte Produktionsstätte, sondern die einzelne Betriebsstätte oder sonstige ortsfeste Einrichtung. Auch einzelne Maschinen, Geräte oder sonstige ortsverän- 7499

2140 BVerwG Beschl. v. 6.2.2003 – 4 BN 5.03, juris.

2141 Jarass BImSchG, 2022, § 3 Rn. 37.

2142 OVG Bautzen Beschl. v. 29.3.2021 – 1 B 30/21, BeckRS 2021, 14980; BGH NVwZ 2010, 467.

2143 OVG Lüneburg EnWZ 2019, 277; BVerwG Urt. v. 29.9.2018 –7 C 24.16, juris, Rn. 20.

2144 BVerwG NVwZ 2019, 1601; Urt. v. 21.1.2021 – 7 C 9.19, juris Rn. 29; OVG Magdeburg Urt. v. 8.6.2018 -2 L 11/16, BeckRS 2018, 16009 Rn. 140.

2145 BVerwG NVwZ 2019, 1601 Rn. 70; OVG Magdeburg Urt. v. 19.12.2023 – 2 L 74/19, juris Rn. 113.

2146 OVG Magdeburg Urt. v. 19.12.2023 – 2 L 74/19, juris Rn. 113; OVG Münster Urt. v. 10.11.2022 – 10 A 1938/18 juris Rn. 190.

2147 VGH München Urt. v. 8.11.2021 -15 B 21.1473, juris Rn. 68; BT-Drucks. 7/179, 29.

derliche technische Einrichtungen sowie Fahrzeuge können eine Anlage sein. Auch Nebeneinrichtungen des eigentlichen Betriebs sind genehmigungspflichtig, wenn sie schädliche Umwelteinwirkungen hervorrufen. Nach § 3 V BImSchG können Anlagen iS des BImSchG neben Grundstücken, Maschinen und Geräten auch Betriebsstätten und sonstige ortsfeste Einrichtungen sein, die im üblichen Sprachgebrauch als Fabriken, Werke, Anstalten oder auch als Anlagen bezeichnet werden und zu denen auch die in örtlichem und betriebstechnischem Zusammenhang stehenden Nebeneinrichtungen gehören.[2148]

7500 Die näheren Einzelheiten ergeben sich aus der 4. BImSchV. Das Genehmigungserfordernis erstreckt sich nach § 1 II der 4. BImSchV auf alle vorgesehenen Anlagenteile und Verfahrensschritte, die zum Betrieb notwendig sind, und **Nebeneinrichtungen**, die mit den Anlagenteilen und Verfahrensschritten in einem räumlichen und betriebstechnischen Zusammenhang stehen und die von Bedeutung sein können für das Entstehen schädlicher Umwelteinwirkungen, für die Vorsorge gegen schädliche Umwelteinwirkungen oder für das Entstehen sonstiger Gefahren, erheblicher Nachteile oder erheblicher Belästigungen.

7501 Die im Anhang 1 der 4. BImSchV bestimmten Voraussetzungen sind nach § 1 III 1 der 4. BImSchV auch erfüllt, wenn mehrere Anlagen derselben Art in einem engen räumlichen und betrieblichen Zusammenhang stehen (**gemeinsame Anlage**) und zusammen die maßgebenden Leistungsgrenzen oder Anlagengrößen erreichen oder überschreiten werden. **Ein enger räumlicher und betrieblicher Zusammenhang** ist gegeben, wenn die Anlagen auf demselben Betriebsgelände liegen, mit gemeinsamen Betriebseinrichtungen verbunden sind und einem vergleichbaren technischen Zweck dienen (§ 1 III 2 der 4. BImSchV).

7502 Gehören zu einer Anlage Teile oder Nebeneinrichtungen, die je gesondert genehmigungsbedürftig wären, so bedarf es lediglich einer Genehmigung (§ 1 IV der 4. BImSchV). Die Frage, ob Teile von Einrichtungen, Nebeneinrichtungen im Sinne von § 1 IV der 4. BImSchV oder getrennte Anlagen vorliegen, beurteilt sich unter Würdigung der jeweiligen Einzelfallumstände.[2149]

7503 Nach § 2 Nr. 17 der 4. BImSchV sind genehmigungsbedürftig **Fabriken** oder **Fabrikationsanlagen**, in denen Stoffe durch chemische Umwandlung hergestellt werden. Entscheidend für die Genehmigungsbedürftigkeit ist also die fabrikmäßig betriebene chemische Umwandlung, und zwar nicht nur im Hinblick auf die hiermit zusammenhängenden schädlichen Umwelteinwirkungen, sondern auch wegen der möglichen sonstigen Gefahren iS von § 5 I Nr. 1 BImSchG (zB Feuer- und Explosionsrisiken). Genehmigungspflichtiger Anlagekern ist damit die Einrichtung, in welcher der eigentliche Herstellungsvorgang stattfindet. Der Anlagekern kennzeichnet den Genehmigungsgegenstand jedoch nicht abschließend. Vielmehr ergibt sich aus der Verwendung des Wortes Fabrik bzw. Fabrikationsanlage, dass auch die weiteren, für den beabsichtigten Betrieb vorgesehenen Einrichtungen in das immissionsschutzrechtliche Genehmigungsverfahren und damit zugleich in den dadurch vermittelten verstärkten Bestandsschutz einbezogen werden sollen. Genehmigungsbedürftig sind damit zunächst alle Betriebseinheiten, die erforderlich sind, um den eigentlichen Betriebszweck zu erreichen.

7504 Hinzu kommen aber auch **Nebeneinrichtungen**, die im Hinblick auf den primär verfolgten Betriebszweck keinen in einem engeren technischen Sinn notwendigen Verfahrensschritt zum Gegenstand haben, aber doch auf diesen Zweck hin ausgerichtet sind und damit eine im Verhältnis zur Haupteinrichtung dienende und untergeordnete Funktion haben. Sie müssen demgemäß mit dem eigentlichen Anlagekern in einem betrieblichen und räumlichen Zusammenhang stehen und für das Emissionsverhalten oder die Sicherheit der Anlage Bedeutung haben können.[2150]

Beispiel: Eine **Abstell- und Parkplatzfläche** für LKW ist keine Anlage iS des BImSchG. Denn der in § 3 V Nr. 3 BImSchG verwendete Begriff des „Arbeitens" bezieht sich nur auf emissionsträchtigen Tätigkeiten, die wesentlicher Inhalt der Zwecksetzung des Grundstücks sind. Auch das Merkmal des „Betreibens", das sich aus dem Regelungszusammenhang des § 22 BImSchG ergibt, ist durch das Bereitstellen der Fläche nicht erfüllt. Daher sind neben dem BImSchG die Vorschriften der Landesimmissionsschutzgesetze anwendbar.[2151]

[2148] So die Begründung des Gesetzentwurfs, BT-Drucks. 7/179 S.29/30.

[2149] OVG Berlin-Brandenburg Beschl. v. 10.12.2021 – 11 S 31/21, juris Rn. 37.

[2150] BVerwGE 69, 351.

[2151] OVG Münster Urt. v. 26.11.1999 – 21 A 891/98, juris. Danach dürfen während der Nachtzeit von 22.00 bis 6.00 Uhr Grundstücke nicht durch LKW befahren werden.

g) Betriebsbereich. Verschiedene Bestimmungen des BImSchG gelten nur für **Störfallanlagen**, die „Betriebsbereich oder Bestandteil eines Betriebsbereichs" sind (zB §§ 16a, 23a und 23b BImSchG). Die Abgrenzung der Störfallanlagen hängt von der Definition des Betriebsbereichs ab. Ein Betriebsbereich ist nach § 3 Va BImSchG der gesamte unter der Aufsicht eines Betreibers stehende Bereich, in dem gefährliche Stoffe im Sinne des Art. 3 Nr. 10 der Störfall-RL 2012/18/EU in einer oder mehreren Anlagen einschließlich gemeinsamer oder verbundener Infrastrukturen oder Tätigkeiten auch bei Lagerung im Sinne des Art. 3 Nr. 2 oder Nr. 3 Störfall-RL bezeichneten Mengen tatsächlich vorhanden oder vorgesehen sind oder vorhanden sein werden, soweit vernünftigerweise vorhersehbar ist, dass die genannten gefährlichen Stoffe bei außer Kontrolle geratenen Prozessen anfallen; ausgenommen sind die Art. 2 II Störfall-RL angeführten Einrichtungen, Gefahren und Tätigkeiten, es sei denn, es handelt sich um eine in Art. 2 II Unterabsatz 2 Störfall-RL genannte Einrichtung, Gefahr oder Tätigkeit. 7505

Dieser Bereich muss der Aufsicht eines Betreibers unterstehen.[2152] Betreiber ist, wer den bestimmenden Einfluss auf den Betrieb und die ihm zugeordneten Anlagen besitzt. Der gesamte Bereich setzt einen ausreichenden Zusammenhang zwischen den Teilen eines Betriebsbereichs voraus. Sie müssen in einem organisatorischen und räumlichen Zusammenhang stehen.[2153] Der Begriff des Betriebsbereichs stimmt häufig mit dem der Betriebsstätte bzw. des Werkgeländes überein.[2154] 7506

Voraussetzung für die Annahme eines Betriebsbereichs ist das **Vorhandensein bestimmter gefährlicher** Stoffe. Nach § 2 Nr. 5 StörfallV bedeutet das Vorhandensein gefährlicher Stoffe das tatsächliche oder vorgesehene Vorhandensein gefährlicher Stoffe oder ihr Vorhandensein im Betriebsbereich, soweit vernünftigerweise vorhersehbar ist, dass sie bei außer Kontrolle geratenen Prozessen, auch bei Lagerung in einer Anlage innerhalb des Betriebsbereichs, anfallen, und zwar in Mengen, die die im Anhang der StörfallV Mengenschwellen erreichen oder überschreiten. 7507

Eine **störfallrelevante Errichtung und ein Betrieb** oder eine **störfallrelevante Änderung** einer Anlage oder eines Betriebsbereichs ist nach § 3 Vb 1 BImSchG eine Errichtung und ein Betrieb einer Anlage, die Betriebsbereich oder Bestandteil eines Betriebsbereichs ist, oder eine Änderung einer Anlage oder eines Betriebsbereichs einschließlich der Änderung eines Lagers, eines Verfahrens oder der Art oder physikalischen Form oder der Mengen der gefährlichen Stoffe im Sinne des Art. 3 Nr. 10 Störfall-RL, aus der sich erhebliche Auswirkungen auf die Gefahren schwerer Unfälle ergeben können.[2155] Der Begriff des schweren Unfalls entspricht dem des Störfalls, der in § 2 Nr. 7 der 12. BImSchV definiert wird. **Störfall** ist danach ein Ereignis, das unmittelbar oder später innerhalb oder außerhalb des Betriebsbereichs zu einer ernsten Gefahr oder zu Sachschäden nach Anhang VI Teil 1 Ziffer I Nr. 4 der StörfallV führt. Eine **ernste Gefahr** ist nach § 2 Nr. 8 StörfallV eine Gefahr, bei der das Leben von Menschen bedroht wird oder schwerwiegende Gesundheitsbeeinträchtigungen von Menschen zu befürchten sind, bei der die Gesundheit einer großen Zahl von Menschen beeinträchtigt werden kann oder bei der die Umwelt, insbesondere Tiere und Pflanzen, der Boden, das Wasser, die Atmosphäre sowie Kultur- oder sonstige Sachgüter geschädigt werden können, falls durch eine Veränderung ihres Bestandes oder ihrer Nutzbarkeit das Gemeinwohl beeinträchtigt würde. 7508

Eine störfallrelevante Änderung einer Anlage oder eines Betriebsbereichs, die insbesondere für die Notwendigkeit eines Genehmigungsverfahrens mit Öffentlichkeitsbeteiligung von Bedeutung ist, liegt vor, wenn eine Änderung dazu führen könnte, dass ein Betriebsbereich der unteren Klasse zu einem Betriebsbereich der oberen Klasse wird oder umgekehrt (§ 3 Vb 2 BImSchG). 7509

Der **angemessene Sicherheitsabstand** ist nach § 3 Vc 1 BImSchG der Abstand zwischen einem Betriebsbereich oder einer Anlage, die Betriebsbereich oder Bestandteil eines Betriebsbereichs ist, und einem benachbarten Schutzobjekt, der zur gebotenen Begrenzung der Auswirkungen auf das benachbarte Schutzobjekt, welche durch schwere Unfälle im Sinne des Art. 3 Nr. 13 Stöfall-RL hervorgerufen werden können, beiträgt. Der angemessene Sicherheitsabstand ist anhand störfallspezifischer Faktoren zu ermitteln. Auf einen angemessenen Sicherheitsabstand kommt es in unterschiedlichen Zusammenhängen an (siehe § 16a, § 19 IV und § 23b BImSchG), wenn es um das Erfordernis eines Genehmigungsverfahrens mit Öffentlich- 7510

[2152] OVG Koblenz NJOZ 2020, 220.
[2153] Jarass BImSchG, 2022, § 3 Rn. 96, 97.
[2154] Rebentisch NVwZ 1997, 6.
[2155] VG Potsdam Beschl. v. 13.5.2022 – 14 L 303/22, juris Rn. 10.

keitsbeteiligung geht. Für die Ermittlung des angemessenen Sicherheitsabstands relevante störfallspezifische Faktoren sind die Art der gefährlichen Stoffe, die Wahrscheinlichkeit des Eintritts eines schweren Unfalls, die Folgen eines etwaigen Unfalls für die menschliche Gesundheit und die Umwelt, die Art der Tätigkeit des Betriebsbereichs, die Intensität seiner öffentlichen Nutzung und die Leichtigkeit, mit der Notfallkräfte bei einem Unfall eingreifen können.[2156]

7511 **Benachbarte Schutzobjekte** sind nach § 3 Vd BImSchG ausschließlich oder überwiegend dem Wohnen dienende Gebiete, öffentlich genutzte Gebäude und Gebiete, Freizeitgebiete, wichtige Verkehrswege und unter dem Gesichtspunkt des Naturschutzes besonders wertvolle oder besonders empfindliche Gebiete. Von den Auswirkungen auf benachbarte Schutzobjekte hängt die Notwendigkeit einer Genehmigung mit Öffentlichkeitsbeteiligung gem. § 16a, § 19 IV und § 23b II BImSchG ab. Außerdem ist die Abgrenzung der Schutzobjekte bei der Ermittlung des angemessenen Sicherheitsabstands relevant, der wiederum in unterschiedlichen Zusammenhängen maßgeblich ist.

7512 **h) Schutzniveaus und Technikstandards.** Genehmigungsbedürftige Anlagen sind nach § 5 I Nr. 2 BImSchG so zu errichten und zu betreiben, dass zur Gewährleistung eines hohen Schutzniveaus für die Umwelt insgesamt **Vorsorge** gegen schädliche Umwelteinwirkungen und sonstige Gefahren, erhebliche Nachteile und erhebliche Belästigungen getroffen wird, insbesondere durch die dem Stand der Technik entsprechenden Maßnahmen. Der **Stand der Technik** bezeichnet nach § 3 VI 1 BImSchG den Entwicklungsstand fortschrittlicher Verfahren, Einrichtungen oder Betriebsweisen, der die praktische Eignung einer Maßnahme zur Begrenzung von Emissionen zur Erreichung eines allgemein hohen Schutzniveaus für die Umwelt insgesamt gesichert erscheinen lässt. Es handelt sich um einen unbestimmten, gerichtlich voll nachprüfbaren Rechtsbegriff, für den allerdings auf der Grundlage von Rechtsverordnungen und Verwaltungsvorschriften der Exekutive Konkretisierungsmöglichkeiten offen stehen, die auch Gerichte voll oder im Sinne normenkonkretisierender Verwaltungsvorschriften im Regelfall verbindlich sind.

7513 Der Stand der Technik entspricht inhaltlich mindestens dem unionsrechtlichen Begriff der „besten verfügbaren Techniken"; die Anforderungen von Art. 3 Nr. 10 IE-RL bei der Konkretisierung des Standes der Technik nicht unterschritten werden dürfen.[2157]

7514 Es lassen sich grundsätzlich drei verschiedene Schutzniveaus unterscheiden: anerkannte Regeln der Technik, Stand der Technik und Stand von Wissenschaft und Technik.

7515 Ein relativ geringes Schutzniveau beinhalten die **anerkannten Regeln der Technik**, die nach Meinung der überwiegenden Mehrheit der Fachleute insbesondere auf Grund der praktischen Bewährung als richtig anerkannt werden. Stand der Technik im Sinne des BImSchG ist nach § 3 VI 1 BImSchG der Entwicklungsstand fortschrittlicher Verfahren, Einrichtungen oder Betriebsweisen, der die praktische Eignung einer Maßnahme zur Begrenzung von Emissionen in Luft, Wasser und Boden, zur Gewährleistung der Anlagensicherheit, zur Gewährleistung einer umweltverträglichen Abfallentsorgung oder sonst zur Vermeidung oder Verminderung von Auswirkungen auf die Umwelt zur Erreichung eines allgemein hohen Schutzniveaus für die Umwelt insgesamt gesichert erscheinen lässt. Bei der Bestimmung des Standes der Technik sind insbesondere die in der Anlage zum BImSchG aufgeführten Kriterien zu berücksichtigen.

7516 Der **Stand von Wissenschaft und Technik** beschreibt ein noch über den Stand der Technik hinausgehendes Schutzniveau, das sich insbesondere im AtG und im GenTG findet.[2158] Die Gerichte sehen sich nicht dazu berufen, die der Exekutive zugewiesene Wertung wissenschaftlicher Streitfragen einschließlich der daraus folgenden Risikoabschätzung durch eine eigene Bewertung zu ersetzen. Verantwortlich für die Risikoermittlung und -bewertung sei in erster Linie die zuständige Behörde. Dies gelte nicht nur bei der Genehmigung von Atomanlagen, sondern auch bei der Ausübung der aufsichtsrechtlichen Befugnisse. Die Ausfüllung des aus dem exekutiven Funktionsvorbehalt folgenden Beurteilungsspielraums unterliege nur in eingeschränktem Umfang der verwaltungsgerichtlichen Kontrolle. Diese beschränke sich auf die Prüfung, ob die Behörde ausreichende Daten ermittelt und ihren Bewertungen zugrunde gelegt habe und ob diese Bewertungen hinreichend vorsichtig seien. Seien die Ermittlungen nach dem Stand von Wissenschaft und Technik ausreichend und habe die Behörde sie ihren Bewer-

---

[2156] BVerwG NVwZ 2013, 719; VGH Kassel ZUR 2015, 485.

[2157] Schulte/Michalk in BeckOK Umweltrecht, 2022, § 3 BImSchG Rn. 98.

[2158] Zur beschränkten gerichtlichen Kontrolle der behördlichen Atomaufsicht bei der Überprüfung des Standes von Wissenschaft und Technik VGH Mannheim NVwZ 2023, 850.

tungen zugrunde gelegt, müsse sich das Gericht bei der Prüfung, ob diese Bewertungen hinreichend vorsichtig seien, auf eine Willkürkontrolle beschränken.[2159]

Der Begriffsbestimmung „Stand der Technik" in § 3 VI BImSchG lässt sich entnehmen, dass mehr gefordert wird, als sich aus den „anerkannten Regeln der Technik" ergibt.[2160] Es kommt nicht darauf an, ob sich bestimmte technische Verfahren und Einrichtungen in der Praxis bereits durchgesetzt und allgemeine Anerkennung gefunden haben. Vielmehr reicht es aus, dass die Eignung zur Begrenzung von Emissionen praktisch gesichert ist. Ein wichtiges Indiz hierfür kann sein, dass eine Maßnahme in einem Betrieb bereits mit Erfolg erprobt worden ist. Die Bewährung im Betrieb ist indessen nicht zwingende Voraussetzung. Auch Verfahren, deren praktische Eignung auf Grund anderer Umstände so weit gesichert ist, dass ihre Anwendung ohne unzumutbares Risiko möglich ist, entsprechen dem Stand der Technik. Vorausgesetzt wird in dieser Hinsicht lediglich, dass es sich um Techniken handelt, die bereits entwickelt sind. Dagegen genügt es nicht, dass die Wissenschaft Lösungen für bestimmte Verfahren erforscht hat. Ob sich eine Maßnahme in einem Fachbereich oder unter vergleichbaren Verhältnissen in einer anderen Branche bewährt hat, beurteilt sich nicht ausschließlich nach dem inländischen Entwicklungsstand. Unter dem Aspekt der praktischen Eignung sind auch im Ausland gewonnene Erfahrungen zu berücksichtigen.[2161] 7517

Bei der Bestimmung des Standes der Technik sind die in der Anlage des BImSchG aufgeführten Kriterien nach § 3 VI 2 BImSchG zu berücksichtigen. 7518

Ein **BVT-Merkblatt** ist nach § 3 VIa 1 BImSchG ein Dokument, das auf Grund des Informationsaustausches nach Art. 13 IE-RL für bestimmte Tätigkeiten erstellt wird und insbesondere die angewandten Techniken, die derzeitigen Emissions- und Verbrauchswerte, alle Zukunftstechniken sowie die Techniken beschreibt, die für die Festlegung der besten verfügbaren Techniken sowie der BVT-Schlussfolgerungen berücksichtigt wurden. BVT-Merkblätter lassen sich in horizontale (bezüglich allgemeiner, sektorübergreifender Themen) und vertikale (bezüglich eines bestimmten Industriesektors) unterscheiden. **BVT-Schlussfolgerungen** sind ein nach Art. 13 V IE-RL von der Europäischen Kommission erlassenes Dokument, das die Teile eines BVT-Merkblatts mit den Schlussfolgerungen in Bezug auf Folgendes enthält: die besten verfügbaren Techniken, ihre Beschreibung und Informationen zur Bewertung ihrer Anwendbarkeit, die mit den besten verfügbaren Techniken assoziierten Emissionswerte, die zugehörigen Überwachungsmaßnahmen, die zugehörigen Verbrauchswerte sowie die gegebenenfalls einschlägigen Standortsanierungsmaßnahmen. BVT-Schlussfolgerungen verpflichten unmittelbar die Mitgliedstaaten und deren Behörden. Eine unmittelbare Wirkung gegenüber Anlagenbetreibern entfalten sie jedoch bei unzureichender Umsetzung.[2162] 7519

4. Genehmigungserfordernis

Nach § 4 I BImSchG bedürfen die Errichtung und der Betrieb von Anlagen, die auf Grund ihrer Beschaffenheit oder ihres Betriebes in besonderem Maße geeignet sind, schädliche Umwelteinwirkungen hervorzurufen oder in anderer Weise die Allgemeinheit oder die Nachbarschaft zu gefährden, erheblich zu benachteiligen oder erheblich zu belästigen. 7520

a) Ortsfeste Abfallentsorgungsanlagen. Immissionsschutzrechtlich genehmigungspflichtig sind nach § 35 I KrWG, § 4 I 1 BImSchG auch ortsfeste Abfallentsorgungsanlagen zur Lagerung oder Behandlung von Abfällen. Entscheidend ist nicht ein abfallrechtlicher, sondern der weit zu verstehende immissionsschutzrechtliche Anlagenbegriff des § 3 V BImSchG. Ein Grundstück ist dann eine Abfallentsorgungsanlage, wenn die Behandlung, Lagerung oder Ablagerung von Abfällen als typisches, wenngleich nicht einziges Nutzungsmerkmal für den Durchschnittsbetrachter erkennbar ist.[2163] 7521

Die Ortsfestigkeit setzt anders als im Bauordnungsrecht keine feste Verbindung der Anlage mit dem Erdboden voraus. Maßgeblich ist der zulassungsrechtliche Begriff der Ortsfestigkeit nach § 1 I 1 und 2 der 4. BImSchV. Nach § 1 I 2 der 4. BImSchV ist eine Ortsfestigkeit auch 7522

2159 VGH Mannheim NVwZ 2023, 850; BVerwGE 171, 128 Rn. 29; BVerwGE 142, 159 Rn. 20.

2160 Beckmann in Landmann/Rohmer Umweltrecht, 2020, § 3 KrWG Rn. 221; BVerfGE 49, 89.

2161 BVerwG Beschl. v. 4.8.1992 – 4 B 150.92, juris.

2162 Kment VerwArch 2014, 262 (273); Schulte/Michalk, BeckOK Umweltrecht, 2022, § 3 BImSchG Rn. 112.

2163 Beckmann in Landmann/Rohmer Umweltrecht, 2023, § 3 KrWG Rn. 22; OLG Düsseldorf NVwZ-RR 1995, 78; OVG Greifswald NVwZ 1997, 1027.

zu bejahen, wenn die Anlage weniger als 12 Monate und damit nur vorübergehend an einem bestimmten Ort steht.[2164]

7523 **Behandlung** umfasst jede quantitative oder qualitative Veränderung von Abfällen, zB durch Zerkleinern, Verdichten, Entwässern, Kompostieren, Verbrennen, Sortieren, Trennen, Vermischen, Entmischen oder Entgiften des Abfalls (§ 3 VIII Nr. 2 KrWG). Nicht ausreichend sind daher die Verdichtung in Presscontainern auf einem Wertstoffhof[2165] und Sortiermaßnahmen vor Überlassung der Abfälle in **Müllmanagementsystemen**.[2166]

7524 **Lagern** ist das vorübergehende Aufbewahren von Abfällen an einem Ort mit einem eigenständigen Gewicht, ohne feste zeitliche Grenze.[2167] Der Begriff des Lagerns wird mit dem des Zwischenlagerns gleichgesetzt. Das Lagern von Abfällen ist abzugrenzen einerseits zur Ablagerung und andererseits von dem Bereitstellen von Abfällen. Von dem Ablagern unterscheidet sich das Lagern durch seine von vornherein zeitlich begrenzte Dauer. Eine Lagerung liegt insoweit vor, wenn die Aufbewahrung lediglich der Überbrückung eines Zeitraumes bis zur weiteren Verwertung bzw. Beseitigung dient,[2168] während die Ablagerung grundsätzlich auf eine dauerhafte Aufbewahrung bzw. Ausschleusung des Abfalls aus dem Stoffkreislauf gerichtet ist. Dient die Aufbewahrung der Abfälle lediglich dazu, sie für eine Überlassung bereitzustellen, dann liegt keine Zwischenlagerung vor. Ebenfalls liegt keine Lagerung vor, wenn die Anlage einzig der Beförderung dient, indem dort lediglich ein den Beförderungsvorgang nur kurzzeitig unterbrechendes, bloßes Umladen von Abfällen auf andere Transportmittel stattfindet.[2169] **Umladestationen** sind Abfallentsorgungsanlagen, wenn eine ggf. mehrtägige Zwischenlagerung vorgesehen ist.[2170]

7525 Entscheidend für die Einordnung eines Grundstücks, auf dem ständig Abfälle gelagert werden, als Anlage zum Lagern von Abfällen ist, dass das Grundstück tatsächlich dem Zweck des Lagerns von Abfällen dient. Es muss ferner, im Unterschied zu bloß wilden Lagerstätten, vom Eigentümer oder Besitzer im Sinne einer auch nach außen erkennbaren Funktionseinheit für diese Zwecke bestimmt worden sein. Außerdem muss die vom Inhaber vorgenommene und auch verwirklichte Zweckbestimmung von einer gewissen Dauer sein und nicht nur geringfügige Abfallmengen betreffen.[2171]

7526 Die immissionsschutzrechtlich genehmigungsbedürftigen Abfallentsorgungsanlagen sind in Kapitel 8 des Anhangs zu 4. BImSchV abschließend aufgelistet. Für die Genehmigungsbedürftigkeit kommt es zumeist auf die Überschreitung bestimmter Leistungsgrenzen und Mengenschwellen an. Bleiben die Anlagen unterhalb dieser im Katalog genannten Mengenschwellen und Leistungsgrenzen, sind sie immissionsschutzrechtlich nicht genehmigungsbedürftig.[2172] **Unbedeutende Abfallbeseitigungsanlagen** könnten deshalb trotz des dem Wortlaut des § 35 I KrWG nach unbeschränkten Verweises auf eine immissionsschutzrechtliche Genehmigungspflicht von der Genehmigungsbedürftigkeit nach dem BImSchG ausgenommen sein.[2173] Zweifelhaft ist allerdings, ob eine solche Ausnahme von der Genehmigungspflicht mit den Art. 23 bis 25 AbfRRl vereinbar ist. Dazu wird erläutert, dass die Mitgliedstaaten danach dafür zu sorgen haben, dass Unternehmen, die Abfallverwertungs- oder Abfallbeseitigungsverfahren durchführen wollen, bei der zuständigen Behörde eine Genehmigung einholen. Befreiungen von der Genehmigungspflicht könnten nach Erlass allgemeiner Vorschriften unter den Bedingungen des Art. 25 AbfRRL nur insoweit erteilt werden, als die Beseitigung eigener, nicht gefährlicher Abfälle der Anlagen oder Unternehmen am Anfallort oder die Verwertung von Abfällen in Frage stehe (Art. 24 AbfRRl). Indem die allgemeinen Vorschriften insbesondere festlegen müssten, für welche Abfallarten und -mengen eine Ausnahme gelten könne, welche Behandlungsmethode anzuwenden sei, unter welchen Bedingungen Ausnahmen für gefähr-

---

2164 Fellenberg/Schiller in Jarass/Petersen, KrWG, 2022, § 35 Rn. 15.
2165 VGH München NVwZ-RR 1994, 428 (429).
2166 BVerwG NVwZ 2008, 429 (430).
2167 VG Braunschweig Beschl. v. 21.9.2004 – 2 B 317/04, juris Rn. 7.
2168 BVerwGE 66, 301 (303); VGH München BayVBl. 1993, 274.
2169 VGH Kassel NVwZ-RR 1997, 404; OVG Lüneburg NVwZ-RR 2006, 25.
2170 OVG Lüneburg NVwZ-RR 2006, 25; VG Braunschweig Urt. v. 25.1.2006 –2 A 502/04, juris.
2171 Beckmann in Landmann/Rohmer Umweltrecht, 2023, § 3 KrWG Rn. 26; OVG Berlin-Brandenburg Urt. v. 5.2.2009 – 11 B 19.08, juris Rn. 48.
2172 Beckmann in Landmann/Rohmer Umweltrecht, 2023, § 3 KrWG Rn. 19; OVG Lüneburg NVwZ-RR 1997, 407; Mann in Versteyl/Mann/Schomerus, KrWG, 2019, § 35 Rn. 12.
2173 Mann in Versteyl/Mann/Schomerus, KrWG, 2019, § 35 Rn. 12.

liche Abfälle erteilt werden dürften, seien dem Gestaltungsspielraum des Verordnungsgebers der 4. BImSchV Grenzen gesetzt.[2174]

Ist für die Genehmigungsbedürftigkeit die Größe oder Leistung der Anlage maßgeblich, dann kommt es gem. § 1 I 4 der 4. BImSchV auf den rechtlich und tatsächlich möglichen Betriebsumfang und nicht auf den tatsächlich genutzten Umfang an.[2175] Mit dem rechtlich möglichen Betriebsumfang ist der Umfang gemeint, der nach der voraussichtlich zu erteilenden bzw. der erteilten Genehmigung möglich ist.[2176] 7527

Zum Begriff der Abfallentsorgungsanlage in § 17 IVa 1 BImSchG erläutert das BVerwG, der dort vom Gesetzgeber verwendete Begriff der „Abfallentsorgungsanlage" iSd § 4 1 BImSchG erstrecke sich auf Nebeneinrichtungen oder Teile einer Anlage, die für sich betrachtet genehmigungsbedürftig wären. Wortlaut und Systematik der einschlägigen Regelungen sprächen dafür, dass eine genehmigungsbedürftige Anlage in Gestalt einer ortsfesten Abfallentsorgungsanlage auch dann vorliege, wenn die in Rede stehende Anlage Teil einer anderen, ihrerseits genehmigungsbedürftigen Anlage sei. Die immissionsschutzrechtliche Genehmigungsbedürftigkeit einer Anlage ergebe sich im jeweiligen Einzelfall aus § 4 I 3 BImSchG iVm den Bestimmungen der 4. BImSchV; das gelte auch für Anlagen zur Verwertung und Beseitigung von Abfällen und sonstigen Stoffen. Dabei komme es nicht darauf an, ob die Anlage innerhalb eines Gesamtbetriebs als Haupt- oder Nebenanlage eingesetzt werde.[2177] 7528

Abfallentsorgungsanlagen, die keiner immissionsschutzrechtlichen Genehmigung bedürfen, sind in aller Regel nicht zulassungsfrei; Errichtung und der Betrieb einer solchen Abfallentsorgungsanlage ist zumeist nur mit einer Baugenehmigung zulässig.[2178] 7529

b) Nicht gewerbliche Anlagen und nicht im Rahmen wirtschaftlicher Unternehmen. Mit Ausnahme von Abfallentsorgungsanlagen bedürfen Anlagen, die nicht gewerblichen Zwecken dienen und nicht im Rahmen wirtschaftlicher Unternehmungen Verwendung finden, nach § 4 I 2 BImSchG der Genehmigung nur, wenn sie in besonderem Maße geeignet sind, schädliche Umwelteinwirkungen durch Luftverunreinigungen oder Geräusche hervorzurufen. Eine Anlage dient gewerblichen Zwecken, wenn sie in einem mit Gewinnerzielungsabsicht sowie nachhaltig geführten Betrieb eingesetzt wird, der weder der Urproduktion, den freien Berufen noch der Verwaltung eigenen Vermögens zuzurechnen ist. Wirtschaftliche Unternehmungen kennzeichnet, dass sie wirtschaftlich bewertbare Leistungen erbringen und die fraglichen Anlagen in einer, gewerblichen Unternehmen i. w. S. vergleichbaren Art genutzt werden; eine Gewinnerzielungsabsicht ist unerheblich. Es genügt, wenn die Unternehmung sich teilweise aus Entgelten für ihre Leistungen finanziert und auch privatwirtschaftlich vorgenommen werden könnte. 7530

c) Gefahrenabwehraufgaben. Nach § 1 VII der 4. BImSchV benötigen Anlagen zur Lagerung von Stoffen, die eine Behörde in Erfüllung ihrer gesetzlichen Gefahrenabwehraufgaben sichergestellt hat, keiner Genehmigung. 7531

d) Anlagen des Bergwesens. Anlagen des Bergwesens oder Teile dieser Anlagen bedürfen der Genehmigung nur, soweit sie über Tage errichtet und betrieben werden. Keiner Genehmigung bedürfen Tagebaue und die zum Betrieb eines Tagebaus erforderlichen sowie die zur Wetterführung unerlässlichen Anlagen (§ 4 II BImSchG). 7532

Das für die genannten Anlagen keine immissionsschutzrechtliche Genehmigung erforderlich ist, bedeutet nicht, dass für diese Anlagen keine immissionsschutzrechtlichen Vorschriften zu beachten wären. Vielmehr sind die immissionsschutzrechtlichen Vorschriften für nicht genehmigungsbedürftige Anlagen von der zuständigen Bergbehörde anzuwenden bzw. zu prüfen.[2179] Die darin liegende Privilegierung des Bergbaus wird als verfehlt kritisiert, weil Anlagen des Bergbaus, die das Gefährdungspotential des § 4 I 1 BImSchG nicht erreichen, ohnehin nicht genehmigungsbedürftig sind, während es für Anlagen, die diese Schwelle überschreiten, was 7533

2174 Mann in Versteyl/Mann/Schomerus, KrWG, 2019, § 35 Rn. 13.

2175 OVG Münster DVBl. 2009, 457; Mann in Versteyl/Mann/Schomerus, KrWG, 2019, § 35 Rn. 24; Jarass UPR 2011, 202.

2176 OVG Koblenz Beschl. v. 4.1.2019 – 8 B11411/18 ua, juris Rn. 24.

2177 BVerwG NVwZ 2016, 616.

2178 Würtenberger in Schmehl/Klement, KrWG, 2019, § 35 Rn. 17.

2179 Beckmann BauR 2015, 1757 (1767).

bei Tagebauen durchaus für möglich gehalten wird, kein Grund ersichtlich ist, nur die geringeren materiellen Anforderungen der §§ 22 ff. BImSchG anzuwenden.[2180]

7534 Anlagen des Bergwesens, die von § 4 II BBergG nicht erfasst werden, bedürfen einer immissionsschutzrechtlichen Genehmigung, wenn die normalen Voraussetzungen vorliegen. Sie wird nur dann entbehrlich, wenn der Betriebsplan mit einem Planfeststellungsbeschluss zugelassen wird.[2181]

7535 **e) Abschließender Katalog der 4. BImSchV.** Die genehmigungsbedürftigen Anlagen sind in der Verordnung über genehmigungsbedürftige Anlagen abschließend aufgelistet.

7536 Auf der Grundlage der Ermächtigung des § 19 I BImSchG unterscheidet die 4. BImSchV zwischen einem förmlichen Verfahren mit Öffentlichkeitsbeteiligung und einem vereinfachten Genehmigungsverfahren ohne Öffentlichkeitsbeteiligung. Die Genehmigung von Anlagen bestimmter Art oder bestimmten Umfangs kann nach § 19 I BImSchG in einem vereinfachten Verfahren erteilt wird, sofern dies nach Art, Ausmaß und Dauer der von diesen Anlagen hervorgerufenen schädlichen Umwelteinwirkungen und sonstigen Gefahren, erheblichen Nachteilen und erheblichen Belästigungen mit dem Schutz der Allgemeinheit und der Nachbarschaft vereinbar ist.

7537 § 2 I der 4. BImSchV bestimmt, dass das Genehmigungsverfahren nach § 10 BImSchG für Anlagen, die in der Spalte 1 des Anhangs genannt sind, und Anlagen, die sich aus in Spalte 1 und 2 des Anhangs genannten Anlagen zusammensetzen, durchzuführen ist. Im vereinfachten Genehmigungsverfahren nach § 19 BImSchG wird über die in Spalte 2 der Anlage genannten Genehmigungsverfahren entschieden.

7538 Für in Spalte 1 des Anhangs genannte Anlagen, die ausschließlich oder überwiegend der Entwicklung und Erprobung neuer Verfahren, Einsatzstoffe, Brennstoffe oder Erzeugnisse dienen (**Versuchsanlagen**), wird das vereinfachte Verfahren durchgeführt, wenn die Genehmigung für einen Zeitraum von höchstens drei Jahren nach Inbetriebnahme der Anlage erteilt werden soll. Dieser Zeitraum kann auf Antrag bis zu einem weiteren Jahr verlängert werden (§ 2 II 4. BImSchV).

7539 Im Anhang zur 4. BImSchV sind verschiedene Anlagen von (Nr.1) Wärmeerzeugung, Bergbau und Energie, (Nr.2) Steine und Erden, Glas, Keramik, Baustoffe, (Nr.3) Stahl, Eisen und sonstige Metalle einschließlich Verarbeitung, (Nr.4) chemische Erzeugnisse, Arzneimittel, Mineralölraffination und Weiterverarbeitung, (Nr.5) Oberflächenbehandlung mit organischen Stoffen, Herstellung von bahnenförmigen Materialien aus Kunststoffen, sonstige Verarbeitung von Harzen und Kunststoffen, (Nr.6) Holz, Zellstoff, (Nr.7) Nahrungs-, Genuss- und Futtermittel, landwirtschaftliche Erzeugnisse, (Nr.8) Verwertung und Beseitigung von Reststoffen und Abfällen, (Nr.9) Lagerung, Be- und Entladen von Stoffen und Zubereitungen sowie (Nr.10) sonstige vergleichbare Anlagen aufgeführt. Die 4. BImSchV sieht dabei teilweise vor, dass verschiedene Anlagen und Anlagenbestandteile, die in einem funktionalen Zusammenhang stehen, hinsichtlich ihrer Auswirkungen zusammengerechnet werden müssen.

Beispiel: Für die Frage der immissionsschutzrechtlichen Genehmigungsbedürftigkeit einer Anlage zum Halten von Schweinen nach Anhang Nr. 7.1 der 4. BImSchV[2182] kommt es auf die Zahl der Plätze aller Maststufen, einschließlich der Mastplätze für abgesetzte Ferkel und Läufer, an.[2183] Ein **Container-Terminal** bedarf der immissionsschutzrechtlichen Genehmigung, wenn dort Stoffe iSv Nr. 9.34 u. 9.35 des Anhangs zur 4. BImSchV nicht lediglich nur umgeschlagen, sondern gelagert werden. Dabei kann auf die Begrifflichkeit im Gewässerschutzrecht (§§ 32, 45 sowie 48 WHG) und im Abfallrecht (§§ 3 XV, 10 I Nr. 2 KrWG) zurückgegriffen werden. Nur kurzfristig iVm dem Transport bereitgestellte und aufbewahrte Stoffe, bei denen der unmittelbare Zusammenhang zwischen An- und Abtransport nicht verloren geht, werden nicht gelagert. Anhaltspunkte für eine genauere zeitliche Bestimmung enthält § 3 III GefStoffV, wonach das Gefahrgut innerhalb einer Frist von 24 Stunden bzw. nach Ablauf des nächsten Werktages nach der Ankunft verlassen muss. Ansonsten werden die Stoffe nicht bereitgestellt, sondern gelagert.[2184]

2180 Jarass BImSchG, 2022, §4 Rn. 38.
2181 Jarass BImSchG, 2022, §4 Rn. 40.
2182 BVerwG AgrarR 1987, 232
2183 BVerwG NVwZ-RR 1994, 200.
2184 OVG Münster NVwZ-RR 2001, 231.

Ob sich die immissionsschutzrechtliche Genehmigungspflicht auch auf **Nebenanlagen** erstreckt, richtet sich nach § 1 II 4. BImSchV. Zur genehmigungsbedürftigen Anlage gehören nach § 1 II Nr. 1 4. BImSchV alle Anlagenteile und Verfahrensschritte, die zum Betrieb notwendig sind. Dies sind alle Betriebseinheiten, die erforderlich sind, um den eigentlichen Betriebszweck zu erreichen.[2185] Nach § 1 II Nr. 2 4. BImSchV können aber auch Nebeneinrichtungen, die mit den Anlagenteilen und Verfahrensschritten nach Nr. 1 in einem räumlichen und betriebstechnischen Zusammenhang stehen und die für a) das Entstehen schädlicher Umwelteinwirkungen, b) die Vorsorge gegen schädliche Umwelteinwirkungen oder c) das Entstehen sonstiger Gefahren, erheblicher Nachteile oder erheblicher Belästigungen von Bedeutung sein können, genehmigungsbedürftig sein. Zu diesen Nebeneinrichtungen gehören regelmäßig auch Fertigproduktlager und Verpackungseinrichtungen. Dies gilt jedoch nur, wenn die Nebeneinrichtung eine emissions- bzw. immissionsschutzrechtliche Relevanz besitzt.[2186] 7540

Beispiel: Eine Lagerhalle ist nur dann nach dem BImSchG genehmigungsbedürftig, wenn sie im Zusammenhang mit einer genehmigungsbedürftigen Anlage steht und selbst immissionsschutzrechtlich als Stätte der Verursachung eigener Immissionen relevant ist.

Die Zuordnung zum großen oder das vereinfachte Genehmigungsverfahren hat auch Auswirkungen für die **planungsrechtliche Zulässigkeit** von Vorhaben. Die nach den §§ 4, 10 BImSchG genehmigungsbedürftigen Anlagen sind regelmäßig im Industriegebiet auszuführen. Allerdings gilt dieser Grundsatz nicht uneingeschränkt. Erweist sich, dass der Störungsgrad tatsächlich geringer ist, kann auch eine in einem großen Verfahren zu genehmigende Anlage in einem Gewerbegebiet errichtet werden. 7541

Beispiel: So kann etwa eine Schlachterei, die nach § 4 BImSchG genehmigungsbedürftig ist, auch in einem Gewerbegebiet errichtet werden, wenn der tatsächliche Störungsgrad dies auch im Hinblick auf die Nutzung in der Umgebung zulässt. Die sog. **„Typisierungslehre“**[2187] gilt daher eingeschränkt.[2188] Andererseits ist eine chemische Fabrik in einem Mischgebiet unzulässig, wenn nicht der Störungsgrad atypisch niedrig ist.[2189] Auch die Erweiterung eines solchen Betriebes ist unter diesen Umständen planungsrechtlich nicht gestattet.

Maßgeblich für die Einordnung eines **Lagers mit pyrotechnischen Gegenständen** als genehmigungsbedürftige Anlage nach Nr. 9.35 des Anhangs zur 4. BImSchV ist die Gesamtmenge der in den Gegenständen enthaltenen explosionsgefährlichen Stoffe oder Zubereitungen. Bei einem **Aufeinandertreffen mehrerer Genehmigungsvorbehalte** ist vorbehaltlich einer anderweitigen gesetzlichen Regelung das Genehmigungserfordernis maßgeblich, das aufgrund seiner umfassenderen **Konzentrationswirkung** einen größeren Kreis öffentlicher Vorschriften und Belange erfasst.[2190] 7542

Anlagen zur **thermischen Behandlung** von Abfällen zur Beseitigung für besonders gefährliche Abfälle sind nicht nach § 1 VI der 4. BImSchV von der Genehmigung freigestellt. Die Vorschrift gilt nur für Anlagen, die ein zu vernachlässigendes geringes Umweltgefährdungspotential aufweisen.[2191] Ein vorzeitiger Verschleiß sicherheitsrelevanter Teile bei einer **Referenzanlage** steht der Erteilung der immissionsschutzrechtlichen Genehmigung nicht entgegen. Das Überwachungssystem der Anlage muss aber nach Einschätzung zweier Sachverständiger iS von § 29 a I BImSchG gewährleisten, dass eventuell eintretende Schäden rechtzeitig erkannt und verortet werden.[2192] 7543

2185 BVerwGE 69, 351.
2186 BVerwG ZfBR 1988, 143; NVwZ-RR 1992, 402.
2187 BVerwG DVBl. 1971, 759; Urt. v. 18.10.1974 – IV C 77.73, juris.
2188 BVerwG UPR 1993, 215; Beschl. v. 16.8.1989 – 4 B 242.88, juris.
2189 BVerwG NVwZ-RR 1992, 402.
2190 OVG Berlin NVwZ-RR 2001, 89, § 78 II VwVfG.
2191 VGH Mannheim DVBl. 2001, 405.
2192 VGH Kassel Urt. v. 15.2.2001 – 2 TG 3560/00, juris.

5. Grundpflichten

7544 Zentrale Bedeutung für den Umweltschutz haben die Grundpflichten des § 5 I BImSchG. Sie bilden das Herzstück der immissionsschutzrechtlichen Anlagengenehmigung.[2193] Genehmigungsbedürftige Anlagen sind nach § 5 I BImSchG so zu errichten und zu betreiben, dass zur Gewährleistung eines hohen Schutzniveaus für die Umwelt insgesamt schädliche Umwelteinwirkungen und sonstige Gefahren, erhebliche Nachteile und erhebliche Belästigungen für die Allgemeinheit und die Nachbarschaft nicht hervorgerufen werden können, Vorsorge gegen schädliche Umwelteinwirkungen und sonstige Gefahren, erhebliche Nachteile und erhebliche Belästigungen getroffen wird, insbesondere durch die dem Stand der Technik entsprechenden Maßnahmen, Abfälle vermieden, nicht zu vermeidende Abfälle verwertet und nicht zu verwertende Abfälle ohne Beeinträchtigung des Wohls der Allgemeinheit beseitigt werden und Energie sparsam und effizient verwendet wird. Die immissionsschutzrechtlichen Grundpflichten nach § 5 I BImSchG richten sich unmittelbar an den Anlagenbetreiber. Sie umfassen sowohl den Schutz vor Umweltgefahren als auch die Vorsorge vor schädlichen Umweltauswirkungen. Sie sollen unmittelbar gelten und einen dynamischen Charakter haben.[2194]

7545 **a) Unmittelbare Verbindlichkeit.** Die Grundpflichten sind nicht nur Maßstabsnormen für die Genehmigungserteilung bzw. für nachträgliche Anordnungen. Vielmehr enthalten sie unmittelbar geltende Pflichten für den Anlagenbetreiber.[2195] Jarass erläutert dazu, verfassungsrechtliche Bestimmtheitsanforderungen setzten für unmittelbar an den Anlagenbetreiber gerichtete Pflichten allerdings nicht selten eine Konkretisierung voraus, insbesondere im Bereich der Vorsorge und der Energieverwendung. Der Anlagenbetreiber werde daher insoweit regelmäßig lediglich hinsichtlich „unschwer erkennbarer Vorgaben" direkt verpflichtet. Im Hinblick auf Fernwirkungen setze die Vorsorgepflicht sogar zwingend eine allgemeine Regelung voraus. Schließlich sei eine Sanktionierung von Verstößen gegen die Grundpflichten ohne eine Konkretisierung generell ausgeschlossen. Praktische Bedeutung gewönnen die Grundpflichten daher wohl nur als Grundlage für Genehmigungsvoraussetzungen oder nachträgliche Anordnungen sowie für die Konkretisierung durch Rechts- und Verwaltungsvorschriften. Darüber hinaus liege ihre Hauptbedeutung in dem verminderten Bestandsschutz der Genehmigung mit Blick auf nachträgliche Anordnungen und auf Änderungsgenehmigungen.[2196] Dem ist nichts hinzuzufügen; allenfalls könnte man die hinreichende Bestimmtheit eines Kriteriums „unschwer erkennbarer Vorgaben" hinterfragen, das die Schwelle zwischen unmittelbarer Verbindlichkeit und Konkretisierungsbedürftigkeit markieren soll.

7546 **b) Dynamik der Grundpflichten.** Die Grundpflichten eines Anlagenbetreibers werden von der Rechtsprechung als dynamisch eingeordnet.[2197] Ihre Reichweite soll von den konkreten Umständen abhängen und sich deshalb im Laufe der Zeit ändern, zumeist würden sie zunehmend anspruchsvoller. Der Anlagenbetreiber müsse im Hinblick auf die Grundpflichten neue Erkenntnisse berücksichtigen,[2198] zu eigener Forschung sei er jedoch nicht verpflichtet.[2199] Unklar ist vor allem, inwieweit der Betreiber neue Erkenntnisse unabhängig von deren Konkretisierungen durch eine nachträgliche Anordnung berücksichtigen muss. Gegen eine dogmatische Einordnung der Grundpflichten als unmittelbar verpflichtend äußert Dietlein meines Erachtens zu Recht Bedenken.[2200] Anders als unmittelbar verbindliche, eine immissionsschutzrechtliche Genehmigung nachträgliche modifizierende Rechtsverordnung sind die Grundpflichten zu abstrakt, um im vorgenannten Sinne dynamisch und unmittelbar verpflichtend zu sein. Die Grundpflichten sind deshalb lediglich abstrakte Rechtspflichten, die ohne Umsetzung durch einen behördlichen Bescheid keine kontinuierliche Anpassung der Anlage an einen sich weiterentwickelnden Stand der Technik fordern. Eine Bescheidlösung ist im Übri-

---

[2193] Schink NVwZ 2017, 337 (339); Breuer Anlagengenehmigung und Grundpflichten, in FS für Feldhaus, 1999, 49; Sellner in FS aus Anlass des 25-jährigen Bestehens des BVerwG, 1978, 603 ff.

[2194] Beckmann EuRUP 2020, 238.

[2195] Jarass BImSchG, 2022, § 5 Rn. 1.

[2196] Jarass BImSchG, 2022, § 5 Rn. 1.

[2197] BVerfG NVwZ 2010, 773; BVerwGE 141, 293; NVwZ 2009, 1441.

[2198] Schink NVwZ 2017, 339.

[2199] Jarass BImSchG, 2022, § 5 Rn. 2.

[2200] Dietlein in Landmann/Rohmer Umweltrecht III, § 5 BImSchG Rn. 9; siehe auch Röckinghausen UPR 1996, 50, 52.

gen ohnehin schon immer dann erforderlich, wenn eine Umsetzung dynamischer Grundpflichten zu einer wesentlichen und damit genehmigungspflichtigen Änderung nach § 16 BImSchG führt. Eine Pflicht, neuere Erkenntnisse abweichend von Regelungen der Genehmigung zu berücksichtigen, lässt sich aus § 5 BImSchG nicht ableiten. Bei der Vorsorge sind konkrete Pflichten ohnehin von einer Konkretisierung nach Maßgabe eines langfristigen Konzeptes abhängig.[2201] Die Genehmigung schützt somit im Rahmen ihrer Festlegungen vor einer kontinuierlichen Verpflichtung zur Umsetzung dynamisch fortentwickelter Pflichten.

c) Grundpflichtarten. Der Anlagenbetreiber hat eine Schutz- bzw. Gefahrenabwehrpflicht (§ 5 I Nr. 1 BImSchG), eine Vorsorgepflicht (§ 5 I Nr. 2 BImSchG), eine Abfallvermeidungspflicht (§ 5 I Nr. 3 BImSchG), eine Pflicht zum sparsamen und effizienten Energieeinsatz (§ 5 I Nr. 4 BImSchG) sowie eine Nachsorgepflicht (§ 5 III BImSchG). Das Gebot des § 5 I Nr. 2 BImSchG, Vorsorge gegen schädliche Umwelteinwirkungen zu treffen, bezieht sich nicht allein auf den der Immissionsprognose nach § 5 I Nr. 1 BImSchG zu Grunde gelegten Einwirkungsbereich der Anlage. Vorsorge ist vielmehr auch gegen die mit dem Ferntransport von Luftschadstoffen verbundenen Immissionen zu treffen. Solche Immissionen sind bereits dann iS von § 3 I BImSchG geeignet, Gefahren, erhebliche Nachteile oder erhebliche Belästigungen hervorzurufen, wenn hinreichende Gründe für die Annahme bestehen, dass derartige Einwirkungen möglich sind. Die dagegen zu treffende Vorsorge muss dem Risikopotenzial, dem sie begegnen soll, angemessen sein, und auf einem Konzept beruhen, das auf eine einheitliche und gleichmäßige Durchführung angelegt ist. Diesen Voraussetzungen entspricht etwa die Verordnung über Großfeuerungsanlagen in Bezug auf die dort festgesetzten Emissionsgrenzwerte für Schwefeloxide.[2202] 7547

d) Drittschutz. Die Schutz- und Gefahrenabwehrpflicht des § 5 I Nr. 1 BImSchG ist nachbarschützend in dem Sinne, dass der durch eine Verletzung nachteilig in seinen Rechten Betroffene einen Anspruch auf Gefahrenabwehr geltend machen kann. Im Gegensatz dazu ist das Vorsorgegebot des § 5 I Nr. 2 BImSchG grundsätzlich nicht nachbarschützend.[2203] Eine Vorsorge gegen nur hypothetisch auftretende Risiken und eine Pflicht zur störfallbezogenen Risikovorsorge erweitert die Rechte potenziell Betroffener nicht, da diese nicht in den Schutzbereich der Vorsorgepflichten einbezogen sind. Drittschützend kann aber auch die Vorsorgepflicht sein, wenn konkretisierende Regelungen mit Immissionswerten zum Schutz der Gesundheit in Rechtsverordnungen oder Verwaltungsvorschriften fehlen, wohl aber entsprechende Vorsorgewerte festgelegt wurden. In diesem Falle können Nachbarn die Einhaltung der Vorsorgewerte als Ersatz für die fehlenden Schutzwerte verlangen.[2204] Außerdem können Vorsorgevorgaben der EU Drittschutz zugunsten der Nachbarn vermitteln, was dann bei der unionsrechtskonformen Auslegung der zur Umsetzung ergangenen deutschen Vorschriften zu berücksichtigen ist.[2205] 7548

6. Genehmigungsvoraussetzungen

Die Voraussetzungen für die Erteilung einer immissionsschutzrechtlichen Genehmigung ergeben sich aus § 6 BImSchG. Nach § 6 I BImSchG ist die Genehmigung zu erteilen, wenn (1) sichergestellt ist, dass die sich aus § 5 BImSchG und der auf Grund § 7 BImSchG erlassenen Rechtsverordnung ergebenden Pflichten erfüllt werden, und (2) andere öffentlich-rechtliche Vorschriften und Belange des Arbeitsschutzes der Errichtung und dem Betrieb der Anlage nicht entgegenstehen. 7549

a) Rahmengenehmigung. Bei Anlagen, die unterschiedlichen Betriebsweisen dienen oder in denen unterschiedliche Stoffe eingesetzt werden (Mehrzweck- oder Vielstoffanlagen), ist die Genehmigung auf Antrag auf die unterschiedlichen Betriebsweisen und Stoffe zu erstrecken, wenn die Voraussetzungen nach § 6 I BImSchG für alle erfassten Betriebsweisen und Stoffe 7550

2201 BVerwG NVwZ 1984, 371, 373; Ossenbühl NVwZ 1986, 161 (169).

2202 BVerwG NVwZ 1984, 371.

2203 BVerwGE NVwZ 2004, 610; BVerwG Urt. v. v. 16.1.2009 -7 B 47/08, juris Rn.11; BVerwGE 65, 313.

2204 BVerwG NVwZ 2004, 611; NVwZ 2007, 697; OVG Münster Urt. v. 18.9.2015 -8 A 1247/12, juris Rn.9; VGH Kassel NVwZ-RR 2012, 544; Eifert Umweltschutzrecht in Schoch Eifert, Besonderes Verwaltungsrecht, 2023, Rn.188; Kahl/Gärditz Umweltrecht, 2023, § 5 Rn. 20.

2205 Jarass BImSchG, 2022, § 5 Rn. 137; Schink NVwZ 2017, 344; BVerwG NVwZ 2008, 789 (790).

erfüllt sind (§ 6 II BImSchG). Durch diese Rahmengenehmigung soll das Genehmigungsverfahren vereinfacht werden. Allerdings ist der Antragsteller durch eine Auflage zu verpflichten, der zuständigen Behörde unverzüglich die erstmalige Herstellung oder Verwendung eines anderen Stoffes innerhalb der genehmigten Betriebsweise mitzuteilen (§ 12 II b BImSchG).

7551 **b) Pflichten nach dem BImSchG.** Nach § 6 I Nr. 1 BImSchG ist die Genehmigung ist nur zu erteilen, wenn sichergestellt ist, dass die sich aus § 5 und einer auf Grund des § 7 BImSchG erlassenen Rechtsverordnung ergebenden Pflichten erfüllt werden. Zu den Grundpflichten nach § 5 BImSchG gehören insbesondere Schutz- und Vorsorgepflichten. Zu den Rechtsverordnungen nach § 7 BImSchG gehören etwa die StörfallVO (12.BImSchV), die GroßfeuerungsanlagenVO (13.BImSchV) und die Abfallverbrennungsanlagenverordnung (17. BImSchV).

7552 **c) Entgegenstehende öffentlich-rechtliche Vorschriften.** Die Genehmigung ist nach § 6 I Nr. 2 BImSchG nur zu erteilen, wenn andere öffentlich-rechtliche Vorschriften und Belange des Arbeitsschutzes der Errichtung und dem Betrieb der Anlage nicht entgegenstehen. Entgegenstehende öffentlich-rechtliche Vorschriften können sich aus dem gesamten öffentlichen Recht ergeben. Es zählen hierzu etwa Vorschriften des Bauplanungs- und Bauordnungsrechts, des Abfall-, Gewerbe-, Straßen- und Naturschutzrechts. Die zuständige Genehmigungsbehörde prüft insoweit nicht nur die Beachtung des Immissionsschutzrechts, sondern weitergehend eine Übereinstimmung mit dem gesamten einschlägigen öffentlichen Recht. Öffentlich-rechtliche Vorschriften werden, dem Charakter der immissionsschutzrechtlichen Genehmigung als Sachgenehmigung folgend, von § 6 I Nr. 2 BImSchG nur erfasst, wenn sie anlagenbezogen sind.[2206]

7553 Die Genehmigung schließt nach § 13 BImSchG andere die Anlage betreffende behördliche Entscheidungen ein, insbesondere öffentlich-rechtliche Genehmigungen, Zulassungen, Verleihungen, Erlaubnisse und Bewilligungen mit Ausnahme von Planfeststellungen, Zulassungen bergrechtlicher Betriebspläne, behördlichen Entscheidungen auf Grund atomrechtlicher Vorschriften und wasserrechtlichen Erlaubnissen und Bewilligungen nach § 8 WHG iVm § 10 WHG. Diese **Konzentrationswirkung** ersetzt zwar die genannten Zulassungen und die dafür ansonsten notwendigen Zulassungsverfahren. Das ändert aber nichts daran, dass die Genehmigungsbehörde auch die für diese ersetzten Zulassungen geltenden Voraussetzungen zu prüfen hat. Aber auch die Zulassungsvoraussetzungen der nach § 13 BImSchG nicht eingeschlossenen Zulassungen sind als Prüfungsmaßstäbe nicht von vornherein ausgeklammert. Diese werden zwar auch in den parallel zu führenden Verfahren geprüft; sie gehören nach § 6 I Nr. 2 BImSchG aber auch zum Prüfprogramm für die immissionsschutzrechtliche Genehmigung, gehören aber nicht zum Regelungsgegenstand der immissionsschutzrechtlichen Genehmigung.[2207] Daher entfaltet die immissionsschutzrechtliche Genehmigung insoweit keine Bindungswirkung für parallele Genehmigungen und Zulassungen. Weiter kann die Genehmigungsbehörde einen Vorbehalt zugunsten von im Parallelverfahren festzulegenden Anforderungen treffen, statt die entsprechenden materiellen Vorschriften selbst näher zu prüfen.[2208] Falls allerdings insoweit von vornherein unüberwindbare Hindernisse bestehen, muss die immissionsschutzrechtliche Genehmigung abgelehnt werden. Gleiches gilt, wenn eine parallel erforderliche Zulassung bereits abgelehnt wurde.[2209]

7554 **d) Nachsorgepflicht.** Nach § 5 III Nr. 1 BImSchG sind genehmigungsbedürftige Anlagen so zu errichten, zu betreiben und stillzulegen, dass auch nach einer Betriebseinstellung; von der Anlage oder dem Anlagengrundstück keine schädlichen Umwelteinwirkungen und sonstige Gefahren, erhebliche Nachteile und Belästigungen für die Allgemeinheit und die Nachbarschaft hervorgerufen werden können. Außerdem müssen nach § 5 III Nr. 2 BImSchG vorhandene Abfälle ordnungsgemäß und schadlos verwertet oder ohne Beeinträchtigung des Wohls der Allgemeinheit beseitigt und nach § 5 III Nr. 3 BImSchG die Wiederherstellung eines ordnungsgemäßen Zustands des Anlagengrundstücks gewährleistet werden.

[2206] OVG Münster Urt. v. 18.12.2019 – 8 D 9/16.AK, BeckRS 2019, 38852, Rn. 27; BVerwG UPR 2014, 398.

[2207] BVerfG NVwZ 2010, 773; Jarass BImSchG, 2022, § 6 N. 24.

[2208] OVG Münster Urt. v. 1.12.2011 – 8 D 58/08, juris Rn. 434, 495; Seibert W+B 2015, 200; Jarass NVwZ 2009, 69.

[2209] BVerwG DVBl. 1990, 57 f; OVG Münster ZUR 2012, 372.

7555 **e) Sicherheitsleistung**. Gem. § 12 I 2 BImSchG soll zur Sicherstellung der Anforderungen nach § 5 III BImSchG bei Abfallentsorgungsanlagen im Sinne des § 4 I 1 BImSchG auch eine Sicherheitsleistung verlangt werden. Zur Erfüllung der Pflichten nach § 5 III BImSchG soll nötigenfalls bei Abfallentsorgungsanlagen auch nachträglich noch nach § 17 IVa S. 1 BImSchG eine Sicherheitsleistung angeordnet werden. Die Sicherheitsleistung muss zur Erfüllung der Pflichten nach § 5 III BImSchG dem Grunde und der Höhe nach erforderlich sein.[2210] Dies kann insbesondere dann der Fall sein, wenn die Besorgnis besteht, dass der Anlagenbetreiber nach einer (endgültigen) Betriebseinstellung nicht über die tatsächlichen bzw. finanziellen Mittel zur Erfüllung aller Pflichten aus § 5 III Nr. 1 BImSchG wie aus § 5 III Nr. 2 BImSchG verfügt. Konkrete Anhaltspunkte einer Liquiditätsschwäche sind aber nicht erforderlich.[2211]

7556 Der Sinn und Zweck der §§ 12 I 2, 17 IVa 1 BImSchG besteht darin, die öffentliche Hand bei Zahlungsunfähigkeit des Betreibers einer Abfallentsorgungsanlage vor den möglicherweise erheblichen Sicherungs-, Sanierungs- und Entsorgungskosten zu schützen.[2212] Dementsprechend darf im Wege einer Nebenbestimmung nach § 12 I 2 BImSchG und einer nachträglichen Anordnung nach § 17 IVa 1 BImSchG auch nur eine Sicherheit verlangt werden, auf die ausschließlich im Falle der Zahlungsunfähigkeit des Anlagenbetreibers zugegriffen werden darf. Eine nachträgliche Anordnung hingegen, die den Anlagenbetreiber verpflichtet, eine Sicherheitsleistung beizubringen, die von der Behörde nicht nur im Falle der Insolvenz, sondern zB auch im Falle einer Weigerung des Vorhabenträgers, eine nach seiner Ansicht unverhältnismäßige Nachsorgeanordnung der Behörde umzusetzen, ist rechtswidrig. Das gilt insbesondere dann, wenn gefordert wird, dass auf Einreden der Anfechtbarkeit, der Aufrechenbarkeit und der Vorausklage verzichtet wird. Kann die Behörde auf Grundlage der von ihr geforderten Sicherheitsleistung auf die Sicherheit auch dann zugreifen, wenn die Anlagenbetreiberin in ihren Pflichten aus § 5 III BImSchG tatsächlich oder auch nur vermeintlich nicht oder nicht vollständig nachkommt, dh auch im Falle einer Meinungsverschiedenheit zwischen der Behörde und der Genehmigungsinhaberin über den Umfang der Nachsorgepflichten, dann ist eine solchermaßen geforderte Sicherheitsleistung nicht zulässig, weil sie nicht mehr nur dazu dient, den Staat im Falle einer Insolvenz des Anlagenbetreibers zu schützen, sondern ihn in einer Auseinandersetzung über die Berechtigung bestimmter Nachsorgeforderungen zu stärken. Das aber ist nicht Sinn und Zweck dieser Regelungen.

7557 Der Umstand, dass ein Unternehmen mehrere Abfallentsorgungsanlagen betreibt und zu einem Großkonzern gehört, begründet nach Ansicht des VGH Mannheim keine Atypik, die ein Absehen von der Anordnung einer Sicherheitsleistung rechtfertigt. Bei der Anordnung von Sicherheitsleistungen darf sich die Immissionsschutzbehörde nicht von wettbewerbsbezogenen Ermessenserwägungen leiten lassen.[2213]

7. Das förmliche Genehmigungsverfahren

7558 Das BImSchG unterscheidet zwischen dem förmlichen Genehmigungsverfahren nach § 10 BImSchG und dem in § 19 BImSchG geregelten vereinfachten Verfahren. Welches Verfahren Anwendung findet, ergibt sich aus der 4. BImSchV. Diese zählt im Anh. 1 nicht nur die genehmigungsbedürftigen Anlagen auf, sondern legt auch die Verfahrensart fest.

7559 Das Genehmigungsverfahren ist in § **10 BImSchG** und in der 9. BImSchV geregelt. Soweit sich Rechtslücken ergeben, können sie im Wege der Analogie zu den entsprechenden Vorschriften der §§ 63 ff. VwVfG über das förmliche Verfahren geschlossen werden. Das förmliche Genehmigungsverfahren ist für alle in Spalte 1 des Anhangs zur 4. BImSchV aufgeführten Anlagen erforderlich. Zahlreiche, missionsschutzrechtlich genehmigungsbedürftige Vorhaben sind UVP-pflichtig. Nach § 1 IV UVPG findet das UVPG nur Anwendung, wenn in anderen Rechtsvorschriften die Prüfung der Umweltverträglichkeit nicht näher bestimmt ist oder den Anforderungen des UVPG nicht genügt. Die 9. BImSchV bestimmt jedoch einen Verfahrensablauf, der dem Verfahren des UVPG entspricht und insoweit einen Rückgriff auf das UVPG ausschließt. § 2 I 1 Nr. 1c der 4. BImSchV stellt sicher, dass für UVP-pflichtige Vorhaben das

[2210] BVerwG Beschl. v. 14.9.2022 – 7 B 18/21, juris; VGH Mannheim ZUR 2021, 701; Beckmann UPR 2020, 121; Holz VBlBW 2018, 177.

[2211] aA VGH Kassel ZUR 2007, 486.

[2212] BVerwG NVwZ 2016, 616; BVerwGE 131, 11 Rn. 27 f; Holz VBlBW 2018, 177 (178).

[2213] VGH Mannheim ZUR 2021, 701 = juris Rn. 42, 60, dort auch zur Ausübung des Auswahlermessens bei der Festsetzung des Sicherungsmittels; siehe auch Beckmann UPR 2020, 121.

förmliche Verfahren durchzuführen wird. Die UVP wird nach § 1 II 1 der 9. BImSchV) als unselbstständiger Teil dieses Genehmigungsverfahrens durchgeführt.[2214]

7560 **a) Antrag und Antragsunterlagen.** Das Genehmigungsverfahren setzt nach § 10 I 1 BImSchG einen schriftlichen oder elektronischen Antrag voraus. Der Antrag ist von dem Träger des Vorhabens bei der Genehmigungsbehörde schriftlich oder elektronisch zu stellen. Die Genehmigungsbehörde hat dem Antragsteller den Eingang des Antrags und der Unterlagen nach § 6 der 9. BImSchV unverzüglich schriftlich oder elektronisch zu bestätigen.

7561 **Träger des Vorhabens** kann auch sein, wer nicht beabsichtigt, die Anlage zu errichten oder zu betreiben (§ 2 II der 9. BImSchV). Dem Antrag sind die zur Prüfung nach § 6 BImSchG erforderlichen Zeichnungen, Erläuterungen und sonstigen Unterlagen beizufügen. Reichen die Unterlagen für die Prüfung nicht aus, so hat sie der Antragsteller auf Verlangen der zuständigen Behörde innerhalb einer angemessenen Frist zu ergänzen. Erfolgt die Antragstellung elektronisch, kann die zuständige Behörde Mehrfertigungen sowie die Übermittlung der dem Antrag beizufügenden Unterlagen auch in schriftlicher Form verlangen. Nach § 9 IIb der 9. BImSchV haben Vorhabenträger haben zukünftig einen Anspruch auf **Einschaltung eines externen Projektmanagers** zur Beschleunigung des Verfahrens.

7562 Die Genehmigungsbehörde soll in jeder Stufe des Verfahrens einen Dritten als Projektmanager, der als Verwaltungshelfer beschäftigt werden kann, auf Antrag oder mit Zustimmung des Vorhabenträgers und auf dessen Kosten mit der Vorbereitung und Durchführung von Verfahrensschritten beauftragen. Dies kann insbesondere folgende Verfahrensschritte umfassen: 1. Die Erstellung von Verfahrensleitplänen unter Bestimmung von Verfahrensabschnitten und Zwischenterminen, 2. die Fristenkontrolle, 3. die Koordinierung von erforderlichen Sachverständigengutachten, 4. das Qualitätsmanagement der Anträge und Unterlagen der Vorhabenträger, 5. die erste Auswertung der eingereichten Stellungnahmen, 6. die organisatorische Vorbereitung eines Erörterungstermins, 7. die Leitung des Erörterungstermins, 8. den Entwurf der Niederschrift nach § 19 der 9. BImSchV sowie den Entwurf der Entscheidung nach § 20 der 9. BImSchV. Die Entscheidung nach § 20 der 9. BImSchV trifft weiterhin nach § 2b II der 9. BImSchV allein die Genehmigungsbehörde.

7563 Stimmt der Träger des Vorhabens zu, kann die Genehmigungsbehörde bei der Beauftragung des Projektmanagers mit diesem vereinbaren, dass die Zahlungspflicht unmittelbar zwischen Vorhabenträger und Projektmanager entsteht und eine Abrechnung zwischen diesen erfolgt. Der Projektmanager ist verpflichtet, die Abrechnungsunterlagen ebenfalls der Genehmigungsbehörde zu übermitteln. Die Genehmigungsbehörde prüft, ob die vom Projektmanager abgerechneten Leistungen dem jeweiligen Auftrag entsprechen, und teilt dem Vorhabenträger das Ergebnis dieser Prüfung unverzüglich mit (§ 2b III der 9. BImSchV).

7564 Den notwendigen **Antragsinhalt** beschreibt § 3 der 9. BImSchV. Welche **Antragsunterlagen** beizufügen sind, ergibt sich aus § 4 der 9. BImSchV. Ergänzend bestimmt § 4a der 9. BImschV, welche **Angaben zur Anlage und zum Anlagenbetrieb** für die Entscheidung nach § 20 oder 21 der 9. BImSchV in den Unterlagen enthalten sein müssen. Die Antragsunterlagen müssen außerdem nach § 4b der 9. BImSchV **Angaben zu den Schutzmaßnahmen** sowie nach § 4c 9. BImSchV **einen Plan zur Behandlung der Abfälle** und nach § 4d der 9. BImSchV zur Energieeffizienz enthalten.

7565 Der Träger eines UVP-pflichtigen Vorhabens hat den Unterlagen nach § 4e der 9. BImSchV einen Bericht zu den voraussichtlichen Auswirkungen des UVP-pflichtigen Vorhabens auf die in § 1 der 9. BImSchV genannten Schutzgüter (**UVP-Bericht**) beizufügen. Die Mindestangaben dafür listet §§ 4e der 9. BImSchV auf.

7566 **b) Vollständigkeitsprüfung.** Die Genehmigungsbehörde hat nach § 7 I 1 der 9. BImSchV nach Eingang des Antrags und der Unterlagen unverzüglich, in der Regel innerhalb eines Monats, zu prüfen, ob der Antrag den Anforderungen des § 3 der 9. BImSchV und die Unterlagen den Anforderungen der §§ 4 bis 4e der 9. BImSchV entsprechen. Die zuständige Behörde kann die Frist in begründeten Ausnahmefällen einmal um zwei Wochen verlängern. Sind der Antrag oder die Unterlagen nicht vollständig, so hat die Genehmigungsbehörde den Antragsteller unverzüglich aufzufordern, den Antrag oder die Unterlagen innerhalb einer angemessenen Frist zu ergänzen. Teilprüfungen sind auch vor Vorlage der vollständigen Unterlagen vorzunehmen, soweit dies nach den bereits vorliegenden Unterlagen möglich ist. Die Behörde kann zulassen,

---

[2214] BVerwG ZUR 2017, 287 (288 f.); VGH Mannheim EnWZ 2019, 131 Rn. 15; Kahl/Gärditz Umweltrecht, 2023, § 7 Rn. 34.

dass Unterlagen, deren Einzelheiten für die Beurteilung der Genehmigungsfähigkeit der Anlage als solcher nicht unmittelbar von Bedeutung sind, insbesondere den Bericht über den Ausgangszustand nach § 10 I a BImSchG, bis zum Beginn der Errichtung oder der Inbetriebnahme der Anlage nachgereicht werden können.

In förmlichen Genehmigungsverfahren hat die Vollständigkeitsprüfung die Aufgabe der sog. Anstoßfunktion,[2215] dh sie soll sicherstellen, dass Betroffene im Rahmen der Auslegung erkennen können, ob und wie sie betroffen sind. 7567

Sind die Unterlagen vollständig, hat die Genehmigungsbehörde den Antragsteller über die voraussichtlich zu beteiligenden Behörden und den geplanten zeitlichen Ablauf des Genehmigungsverfahrens zu unterrichten (§ 7 II der 9. BImSchV). Da die gesetzliche Bearbeitungsfristen je nach Verfahrensart erst mit der Bestätigung der Vollständigkeit der Antragsunterlagen in Gang gesetzt werden, stellen monatelange Vollständigkeitsprüfungen einen wesentlichen Grund für Verzögerungen dar. Deshalb ist zu begrüßen, dass fachliche Einwände und Nachfragen der Vollständigkeit der Antragsunterlagen nicht mehr entgegenstehen.[2216] 7568

c) Antragsberatung. Sobald der Träger des Vorhabens die Genehmigungsbehörde über das geplante Vorhaben unterrichtet, soll diese ihn nach § 2 II der 9. BImSchV im Hinblick auf die Antragstellung beraten und mit ihm den zeitlichen Ablauf des Genehmigungsverfahrens sowie sonstige für die Durchführung dieses Verfahrens erhebliche Fragen erörtern. Der Vorhabenträger kann diese Beratung beanspruchen.[2217] Die Behörde kann andere Behörden hinzuziehen, soweit dies erforderlich ist. 7569

Die Erörterung soll nach § 2 II 2 der 9. BImSchV insbesondere der Klärung dienen, welche Antragsunterlagen bei Antragstellung vorgelegt werden müssen, welche voraussichtlichen Auswirkungen das Vorhaben auf die Allgemeinheit und die Nachbarschaft haben kann und welche Folgerungen sich daraus für das Verfahren ergeben, welche Gutachten voraussichtlich erforderlich sind und wie doppelte Gutachten vermieden werden können, wie der zeitliche Ablauf des Genehmigungsverfahrens ausgestaltet werden kann und welche sonstigen Maßnahmen zur Vereinfachung und Beschleunigung des Genehmigungsverfahrens vom Träger des Vorhabens und von der Genehmigungsbehörde getroffen werden können, ob eine Verfahrensbeschleunigung dadurch erreicht werden kann, dass der behördliche Verfahrensbevollmächtigte, der die Gestaltung des zeitlichen Verfahrensablaufs sowie die organisatorische und fachliche Bestimmung überwacht, sich auf Vorschlag oder mit Zustimmung und auf Kosten des Antragstellers eines **Projektmanagers** bedient, welche Behörden voraussichtlich im Verfahren zu beteiligen sind. 7570

Bei **UVP-pflichtigen Vorhaben** gilt ergänzend § 2a der 9. BImSchV zur Unterrichtung über den Untersuchungsrahmen der UVP. 7571

Eine **frühe Öffentlichkeitsbeteiligung** noch vor Einreichung des Genehmigungsantrags, ist im BImSchG nicht geregelt. Ea kommt jedoch § 25 III VwVfG zur Anwendung. Wird die Behörde über ein geplantes, immissionsschutzrechtlich genehmigungsbedürftiges Vorhaben informiert, das nicht nur unwesentliche Auswirkungen auf eine größere Zahl von Dritten haben kann, so hat sie danach darauf hinzuwirken, dass der Vorhabenträger die Öffentlichkeit frühzeitig über Ziele, Mittel und Auswirkungen des Vorhabens unterrichtet. Der Vorhabenträger soll der Öffentlichkeit Gelegenheit zu Äußerung und Erörterung geben. Eine Pflicht dazu besteht aber nicht; der Verzicht auf eine frühe Öffentlichkeitsbeteiligung ist auch kein Rechtsmangel des Verwaltungsverfahrens.[2218] 7572

d) Ausgangszustandsbericht für IE-Anlagen. Der Antragsteller, der beabsichtigt, eine Anlage nach der IE-RL zu betreiben, in der relevante gefährliche Stoffe verwendet, erzeugt oder freigesetzt werden, hat mit den Unterlagen nach § 10 Ia BImSchG einen Bericht über den Ausgangszustand vorzulegen, wenn und soweit eine Verschmutzung des Bodens oder des Grundwassers auf dem Anlagengrundstück durch die relevanten gefährlichen Stoffe möglich ist. Die Möglichkeit einer Verschmutzung des Bodens oder des Grundwassers besteht nicht, wenn auf Grund der tatsächlichen Umstände ein Eintrag ausgeschlossen werden kann. 7573

e) Geschäfts- oder Betriebsgeheimnisse. Soweit Unterlagen Geschäfts- oder Betriebsgeheimnisse enthalten, sind die Unterlagen zu kennzeichnen und getrennt vorzulegen. Ihr Inhalt 7574

2215 BVerwG BVerwGE 161, 17 Rn. 26.

2216 Versteyl Neue Beschleunigungsinstrumente für immissionsschutzrechtliche Genehmigungsverfahren ImS 2024, 4.

2217 A.A. Kahl/Gärditz Umweltrecht, 2023, § 7 Rn. 36.

2218 Kahl/Gärditz Umweltrecht, 2023, § 7 Rn. 36:

muss, soweit es ohne Preisgabe des Geheimnisses geschehen kann, so ausführlich dargestellt sein, dass es Dritten möglich ist, zu beurteilen, ob und in welchem Umfang sie von den Auswirkungen der Anlage betroffen werden können (§ 10 II BImSchG).

7575 f) **Bekanntmachung des Vorhabens.** Sind die Unterlagen des Antragstellers vollständig, so hat die zuständige Behörde das Vorhaben nach § 10 III 1 BImSchG in ihrem amtlichen Veröffentlichungsblatt und außerdem entweder im Internet oder in örtlichen Tageszeitungen, die im Bereich des Standortes der Anlage verbreitet sind, öffentlich bekannt zu machen.

7576 Eine zusätzliche Bekanntmachung und Auslegung ist nach § 9 I 2 der 9. BImSchV, auch in den Fällen der §§ 22 (Vorbescheid) und 23 (Teilgenehmigung), nur nach Maßgabe des § 8 II der 9. BImSchV erforderlich. Bei **UVP-pflichtigen Anlagen** erfolgt die Bekanntmachung durch die Genehmigungsbehörde auch über das jeweilige **zentrale Internetportal** nach § 20 I UVPG; dabei gelten die Vorgaben der UVP-Portale-Verordnung vom 11.11.2020[2219] entsprechend. Maßgeblich ist der Inhalt der ausgelegten Unterlagen.

7577 Wird das Vorhaben während eines Vorbescheidsverfahrens, nach Erteilung eines Vorbescheides oder während des Genehmigungsverfahrens geändert, so darf die Genehmigungsbehörde von einer zusätzlichen Bekanntmachung und Auslegung absehen, wenn in den nach § 10 I BImSchG auszulegenden Unterlagen keine Umstände darzulegen wären, die nachteilige Auswirkungen für Dritte besorgen lassen. Dies ist insbesondere dann der Fall, wenn erkennbar ist, dass nachteilige Auswirkungen für Dritte durch die getroffenen oder vom Träger des Vorhabens vorgesehenen Vorkehrungen ausgeschlossen werden oder die Nachteile im Verhältnis zu den jeweils vergleichbaren Vorteilen gering sind. Betrifft das Vorhaben eine **UVP-pflichtige Anlage**, darf von einer zusätzlichen Bekanntmachung und Auslegung nur abgesehen werden, wenn keine zusätzlichen erheblichen oder anderen erheblichen Auswirkungen auf in § 1a der 9. BImSchV genannte Schutzgüter zu besorgen sind. Ist eine zusätzliche Bekanntmachung und Auslegung erforderlich, werden die Einwendungsmöglichkeit und die Erörterung auf die vorgesehenen Änderungen beschränkt; hierauf ist in der Bekanntmachung hinzuweisen (§ 8 II der 9. BImSchV).

7578 g) **Sachverständigengutachten**. Die Genehmigungsbehörde holt nach § 13 I 1 der 9. BImSchV Sachverständigengutachten ein, soweit dies für die Prüfung der Genehmigungsvoraussetzungen notwendig ist. Der Auftrag hierzu soll möglichst bis zum Zeitpunkt der Bekanntmachung des Vorhabens (§ 8) erteilt werden. Ein Sachverständigengutachten ist nach § 9 I 2 der 9. BImSchV in der Regel notwendig zur Beurteilung der Angaben derjenigen Teile des **Sicherheitsberichts nach** § 9 StörfallV, die Abschnitt II Nummer 1, 3 und 4 sowie den Abschnitten III bis V des Anhangs II der StörfallV entsprechen, soweit sie dem Antrag nach § 4b II der 9. BImSchV beizufügen sind. Ein Sachverständigengutachten ist nach § 9 I 2 der 9. BImSchV in der Regel auch notwendig zur Beurteilung der **Wirtschaftlichkeitsanalyse** einschließlich des Kosten-Nutzen-Vergleichs gemäß § 6 KWK-Kosten-Nutzen-Vergleich-Verordnung, es sei denn, es liegt ein Testat einer für die Prüfung der Wirtschaftlichkeitsanalyse nach gesetzlichen Vorschriften zuständigen Bundesbehörde vor. Und schließlich ist ein Sachverständigengutachten nach § 9 I 2 der 9. BImSchV in der Regel notwendig zur Beurteilung der **Angaben zur Finanzlage** gemäß § 8 Absatz 2 der KWK-Kosten-Nutzen-Vergleich-Verordnung. Sachverständige können darüber hinaus mit Einwilligung des Antragstellers herangezogen werden, wenn zu erwarten ist, dass hierdurch das Genehmigungsverfahren beschleunigt wird.

7579 h) **Auslegung.** Der Antrag und die vom Antragsteller vorgelegten Unterlagen, mit Ausnahme der geheim zuhaltenden Unterlagen, sowie die entscheidungserheblichen Berichte und Empfehlungen, die der Behörde im Zeitpunkt der Bekanntmachung vorliegen, sind gem. § 10 III 2 BImSchG nach der Bekanntmachung einen Monat zur Einsicht auszulegen. Weitere Informationen, die für die Entscheidung über die Zulässigkeit des Vorhabens von Bedeutung sein können und die der zuständigen Behörde erst nach Beginn der Auslegung vorliegen, sind der Öffentlichkeit nach den Bestimmungen über den Zugang zu Umweltinformationen zugänglich zu machen. Ergänzende Vorgaben zur Auslegung von Antrag und Unterlagen und ggfls. zur Veröffentlichung des UVP-Berichts bestimmt § 10 der 9. BImSchV.

7580 i) **Einwendungen und Einwendungsausschluss.** Einwendungen können nach § 12 I 1 der 9. BImSchV bei der Genehmigungsbehörde oder bei der Stelle erhoben werden, bei der

[2219] BGBl. I S. 2428; BVerwGE 161, 17.

Antrag und Unterlagen zur Einsicht ausliegen. Bei **UVP-pflichtigen Vorhaben** gilt eine Einwendungsfrist von einem Monat nach Ablauf der Auslegungsfrist. Bis zwei Wochen nach Ablauf der Auslegungsfrist kann die Öffentlichkeit gem. § 10 III 4 BImSchG gegenüber der zuständigen Behörde schriftlich oder elektronisch Einwendungen erheben; bei **Anlagen nach der IE-RL** gilt eine Frist von einem Monat.

Zu den Einwendungen zählt jede Art von Bedenken, die gegen das Vorhaben aus Sicht der Nachbarschaft oder der Allgemeinheit erhoben werden können. Einwendungen sind sachliches, auf die Verhinderung oder Änderung des beantragten Vorhabens abzielendes Gegenvorbringen. Einwendungen müssen so konkret sein, dass die Genehmigungsbehörde erkennen kann, in welcher Weise sie bestimmte Belange einer näheren Betrachtung unterziehen soll.[2220] Die Anforderungen an Umfang und Detailliertheit der Einwendungen eines Betroffenen richten sich nach der Konkretheit der ausgelegten Antragsunterlagen.[2221] 7581

Gemeinden, die auch im Rahmen der Behördenbeteiligung Stellung nehmen können, müssen, wenn sie sich gegen ein Vorhaben wenden wollen, mit einem gesonderten Schreiben Einwendungen erheben, aus dem sich ergibt, dass es sich bei dem Schreiben nicht nur um eine Behördenstellungnahme, sondern um ein fristwahrend des Einwendungsschreiben zur Wahrung des Selbstverwaltungsrechts handelt.[2222] Das setzt die Unterzeichnung durch eine nach dem Gemeinderecht zur Vertretung der Gemeinde berechtigte Person voraus. Eine Gemeinde kann als Drittbetroffene Rechtsbehelfe gegen Verwaltungsakte einlegen, wenn sie nicht als Sachwalterin der Öffentlichkeit oder Teil der staatlichen Verwaltung auftritt, sondern eine Beeinträchtigung eigener schutzwürdiger Belange geltend macht. Dazu gehören neben dem einfachgesetzlichen Eigentum Belange, die dem Schutzbereich der kommunalen Selbstverwaltungsgarantie zuzuordnen sind.[2223] Sie ist aber bei ihren Einwendungen nicht darauf beschränkt, eigene Betroffenheiten geltend zu machen. Denn die Einwendungsbefugnis besteht unabhängig von einer bestimmten Betroffenheit. 7582

Zur Einwendung ist jedermann, nicht nur der potentiell Betroffene berechtigt. Das schließt Umweltverbände, juristische Personen des öffentlichen Rechts und im Ausland ansässige natürliche und juristische Personen ein.[2224] Die Genehmigungsbehörde muss während eines laufenden Genehmigungsverfahrens den Kreis der für eine Beteiligung in Betracht kommenden Umweltverbände nicht ständig kontrollieren und hinzugekommene Verbände gesondert auf das Verfahren aufmerksam machen. Dies würde nicht nur einen hohen zusätzlichen Verwaltungsaufwand bedeuten, sondern auch der im Genehmigungsverfahren zu beachtenden Fristenregelung des 10 VIa BImSchG und dem Beschleunigungsgebot zuwiderlaufen.[2225] 7583

Nach Ablauf der Einwendungsfrist entscheidet die Genehmigungsbehörde unter Berücksichtigung von § 14 der 9. BImSchV, ob im Genehmigungsverfahren ein **Erörterungstermin** nach § 10 VI BImSchG durchgeführt wird. Das gilt auch für UVP-pflichtige Anlagen. Die Entscheidung ist öffentlich bekannt zu machen (§ 12 I 2 der 9. BImSchV). Die Einwendungen sind dem Antragsteller bekanntzugeben. Den nach § 11 der 9. BImSchV beteiligten Behörden sind die Einwendungen bekanntzugeben, die ihren Aufgabenbereich berühren. Auf Verlangen des Einwenders sollen dessen Name und Anschrift vor der Bekanntgabe unkenntlich gemacht werden, wenn diese zur ordnungsgemäßen Durchführung des Genehmigungsverfahrens nicht erforderlich sind; auf diese Möglichkeit ist in der öffentlichen Bekanntmachung hinzuweisen § 12 II der 9. BImSchV. 7584

Mit Ablauf der Einwendungsfrist sind nach § 10 III 5 BImSchG für das Genehmigungsverfahren alle Einwendungen ausgeschlossen, die nicht auf besonderen privatrechtlichen Titeln beruhen. Einwendungen, die auf besonderen privatrechtlichen Titeln beruhen, sind auf den Rechtsweg vor den ordentlichen Gerichten zu verweisen. Die Behörde muss auch verspätet erhobene Einwendungen bei ihrer umfassenden Prüfung der Genehmigungsfähigkeit mitberücksichtigen. Der Einwendungsausschluss hat nur noch zur Folge, dass Betroffene keinen Anspruch darauf haben, ihre nicht rechtzeitig vorgebrachten Einwendungen im anschließen- 7585

2220 Beckmann in Landmann/Rohmer, Umweltrecht, 2023, § 35 Rn. 66; BVerwG NVwZ 2009, 55.
2221 BVerwG NVwZ 2009, 302 (317).
2222 Beckmann in Landmann/Rohmer, Umweltrecht, 2023, § 35 Rn. 66; OVG Münster Beschl. v. 29.08.2005 – 11 A 4823/03, juris.
2223 VGH Mannheim EnWZ 2019, 131 (132); BVerwG NVwZ 2018, Beilage 1, 19 (29 Rn. 64); Urt. v. 10.12.2008 – 9A1908 9 A 19.08, juris Rn. 28.
2224 Kahl/Gärditz Umweltrecht, 2023, § 7 Rn. 41.
2225 VGH Mannheim NuR 2023, 271 (272).

den Erörterungstermin gem. § 14 I 2 9. BImSchV zu erläutern oder sonst ein Eingehen auf sie zu verlangen (formelle Präklusion). Eine materielle Präklusion mit der Folge, dass derjenige, der die rechtzeitige Erhebung von Einwendungen versäumt hat, seine Rechte auch nicht mehr in einem Rechtsbehelfsverfahren geltend machen kann, ordnet § 10 III 5 BImSchG nicht an.[2226]

7586 **j) Anforderungen an die Bekanntmachung des Vorhabens.** In der Bekanntmachung des Vorhabens nach § 10 III 1 BImSchG ist nach § 10 IV BImSchG darauf hinzuweisen, wo und wann der Antrag auf Erteilung der Genehmigung und die Unterlagen zur Einsicht ausgelegt sind. Außerdem ist in der Bekanntmachung dazu aufzufordern, etwaige Einwendungen bei einer in der Bekanntmachung zu bezeichnenden Stelle innerhalb der Einwendungsfrist vorzubringen; dabei ist auf die Rechtsfolgen eines Einwendungsausschlusses hinzuweisen. In der Bekanntmachung des Vorhabens ist ein Erörterungstermin zu bestimmen und darauf hinzuweisen, dass er auf Grund einer Ermessensentscheidung der Genehmigungsbehörde nach § 10 VI BImSchG durchgeführt wird und dass dann die formgerecht erhobenen Einwendungen auch bei Ausbleiben des Antragstellers oder von Personen, die Einwendungen erhoben haben, erörtert werden. Schließlich muss in der Bekanntmachung des Vorhabens darauf hingewiesen werden, dass die Zustellung der Entscheidung über die Einwendungen durch öffentliche Bekanntmachung ersetzt werden kann. Den Inhalt der Bekanntmachung nach § 10 IV BImSchG bestimmt § 9 I der 9. BImSchV und ergänzend dazu § 8 Ia der 9. BImSchV für UVP-pflichtige Vorhaben.

7587 Zwischen der Bekanntmachung des Vorhabens und dem Beginn der Auslegungsfrist soll eine Woche liegen; maßgebend ist dabei der voraussichtliche Tag der Ausgabe des Veröffentlichungsblattes oder der Tageszeitung, die zuletzt erscheint (§ 8 II der 9. BImSchV).

7588 **k) Behördenbeteiligung.** Die Genehmigungsbehörde holt die Stellungnahmen der Behörden ein, deren Aufgabenbereich durch das Vorhaben berührt wird. Dazu zählen die Behörden, deren Genehmigung durch die Konzentrationswirkung des § 13 BImSchG ersetzt wird, und darüber hinaus weitere Behörden sowie bei grenzüberschreitendem Bezug gem. § 11a I 1, II 9. BImSchV iVm § 55 UVPG auch ausländische Behörden.

7589 Spätestens gleichzeitig mit der öffentlichen Bekanntmachung des Vorhabens fordert die Genehmigungsbehörde nach § 11 der 9. BImSchV die Behörden auf, deren Aufgabenbereich durch das Vorhaben berührt wird, für ihren Zuständigkeitsbereich eine Stellungnahme innerhalb einer Frist von einem Monat abzugeben. Die Stellungnahmen der beteiligten Behörden sind für die Genehmigungsbehörde nicht bindend; sie müssen von ihr aber nach § 20 I 2 der 9. BImSchV berücksichtigt werden.

7590 Die Antragsunterlagen sollen **sternförmig** an die zu beteiligenden Stellen versandt werden. Hat eine Behörde bis zum Ablauf der Frist keine Stellungnahme abgegeben, so ist davon auszugehen, dass die beteiligte Behörde sich nicht äußern will. Die Genehmigungsbehörde hat sich über den Stand der anderweitigen das Vorhaben betreffenden Zulassungsverfahren Kenntnis zu verschaffen und auf ihre Beteiligung hinzuwirken sowie mit den für diese Verfahren zuständigen Behörden frühzeitig den von ihr beabsichtigten Inhalt des Genehmigungsbescheides zu erörtern und abzustimmen (§ 11 der 9. BImSchV). § 10 V 4 BImSchG verlangt bei parallelen Zulassungsverfahren eine vollständige Koordinierung der Verfahren durch die Genehmigungsbehörde. Ein solcher Fall ist gegeben, wenn hinsichtlich bestimmter behördlicher Entscheidungen, wie etwa der wasserrechtlichen Erlaubnis oder Bewilligung gem. §§ 8, 10 WHG, keine Konzentrationswirkung nach § 13 BImSchG besteht.[2227] Die Koordinierungspflicht setzt einen Informationsaustausch der Behörden voraus. Eine Anhörung, eine gemeinsame Öffentlichkeitsbeteiligung oder gleiche Auslegungszeiten und -orte genügen nicht. Zur Erfüllung der Koordinierungspflicht hat die Genehmigungsbehörde nach dem BImSchG zu ermitteln, ob anderen notwendigen Zulassungsentscheidung unüberwindbare Hindernisse entgegenstehen und ob die immissionsschutzrechtliche Genehmigung ggf. unter den Vorbehalt nachträglicher Anordnungen zu stellen ist.[2228]

7591 Hat eine zu beteiligende Behörde bei einem Verfahren zur **Genehmigung einer Anlage zur Nutzung erneuerbarer Energien** innerhalb einer Frist von einem Monat keine Stel-

[2226] VG München ZUR 2022, 367; Kahl/Gärditz Umweltrecht, 2023, § 7 Rn. 43.

[2227] Siehe dazu OVG Lüneburg NVwZ-RR 2020, 23 zum Verhältnis der Genehmigung nach dem *BImSchG* zur bergrechtlichen Betriebsplanzulassung.

[2228] OVG Münster ZUR 2012, 372 (373 ff.); Kahl/Gärditz Umweltrecht, 2023, § 7 Rn. 39.

lungnahme abgegeben, ist davon auszugehen, dass die beteiligte Behörde sich nicht äußern will. Die zuständige Behörde hat die Entscheidung in diesem Fall auf Antrag auf der Grundlage der geltenden Sach- und Rechtslage zum Zeitpunkt des Ablaufs der Monatsfrist zu treffen (§ 10 V 3 und 4 BImSchG) Hierzu kann die Behörde zulasten der zu beteiligenden Behörde zur Prüfung der Genehmigungsvoraussetzungen ein Sachverständigengutachten einholen.

Soweit für das Vorhaben selbst oder für weitere damit unmittelbar in einem räumlichen oder 7592 betrieblichen Zusammenhang stehende Vorhaben, die Auswirkungen auf die Umwelt haben können und die für die Genehmigung Bedeutung haben, eine Zulassung nach anderen Gesetzen vorgeschrieben ist, hat die Genehmigungsbehörde eine **vollständige Koordinierung der Zulassungsverfahren sowie der Inhalts- und Nebenbestimmungen** sicherzustellen.

l) Besondere Maßgaben für Anlagen zur Nutzung erneuerbarer Energien. Betrifft 7593 das Vorhaben eine Anlage, die in den Anwendungsbereich der Richtlinie (EU) 2018/2001 zur Förderung der Nutzung von Energie aus erneuerbaren Quellen fällt, gelten nach § 10 Va BImSchG besondere Maßgaben. Auf Antrag des Trägers des Vorhabens wird das Genehmigungsverfahren sowie alle sonstigen Zulassungsverfahren, die für die Durchführung des Vorhabens nach Bundes- oder Landesrecht erforderlich sind, über eine **einheitliche Stelle** abgewickelt. Die einheitliche Stelle stellt ein **Verfahrenshandbuch** für Träger von Vorhaben bereit und macht diese Informationen auch im Internet zugänglich. Dabei geht sie gesondert auch auf kleinere Vorhaben und Vorhaben zur Eigenversorgung mit Elektrizität ein, soweit sich das Genehmigungserfordernis nach § 1 II der 4. BImSchV darauf erstreckt. In den im Internet veröffentlichten Informationen weist die einheitliche Stelle auch darauf hin, für welche Vorhaben sie zuständig ist und welche weiteren einheitlichen Stellen im jeweiligen Land für diese Vorhaben zuständig sind.

Weitere Maßgabe für Anlagen, die in den Anwendungsbereich der Richtlinie (EU) 2018/ 7594 2001 zur Förderung der Nutzung von Energie aus erneuerbaren Quellen fallen, ist es, dass die zuständige und die zu beteiligenden Behörden die zur Prüfung des Antrags zusätzlich erforderlichen Unterlagen in einer einmaligen Mitteilung an den Antragsteller zusammenfassen sollen. Nach Eingang der vollständigen Antragsunterlagen erstellt die Genehmigungsbehörde einen **Zeitplan** für das weitere Verfahren und teilt diesen Zeitplan der einheitlichen Stelle, andernfalls dem Antragsteller mit.

m) Möglichkeit der Erörterung. Nach Ablauf der Einwendungsfrist kann die Genehmi- 7595 gungsbehörde nach § 10 VI BImSchG die rechtzeitig gegen das Vorhaben erhobenen Einwendungen mit dem Antragsteller und denjenigen, die Einwendungen erhoben haben, erörtern. Eine Erörterungspflicht besteht nicht. Das gilt auch für UVP-pflichtige Vorhaben, weil weder das EU-Recht (UVP-RL und IE-RL) noch das deutsche Recht insoweit zwingend einen Erörterungstermin vorschreiben.[2229]

Nach § 16 I der 9. BImSchV findet kein Erörterungstermin statt, wenn Einwendungen ge- 7596 gen das Vorhaben nicht oder nicht rechtzeitig erhoben worden sind, die rechtzeitig erhobenen Einwendungen zurückgenommen worden sind, ausschließlich Einwendungen erhoben worden sind, die auf besonderen privatrechtlichen Titeln beruhen oder die erhobenen Einwendungen nach der Einschätzung der Behörde keiner Erörterung bedürfen. Das gilt nach § 16 I 2 der 9. BImSchV auch für UVP-pflichtige Anlagen. Der Antragsteller ist vom Wegfall des Termins nach § 16 II der 9. BImSchV zu unterrichten. Die Anberaumung eines Erörterungstermins steht im Ermessen der Behörde und kann gerichtlich nur auf Ermessensfehler geprüft werden. Der jedem Verzicht auf einen Erörterungstermin immanente Verlust der Möglichkeit zur mündlichen Erläuterung rechtzeitig erhobener Einwendungen stellt keinen ermessenserheblichen Gesichtspunkt dar.[2230]Keine maßgebliche Erwägung für das Verfahrensermessen der Behörde ist es, wie viele Einwendungen eingegangen sind. Die Anzahl der Einwendungen spielt keine Rolle. Es kommt es bei der Entscheidung der Genehmigungsbehörde über die Durchführung eines Erörterungstermins vielmehr auf inhaltliche Fragen an, insbesondere darauf, ob sich aus den rechtzeitig erhobenen Einwendungen ein weiterer Klärungsbedarf ergibt.[2231]

Der Erörterungstermin dient nach § 14 I der 9. BImSchV dazu, die rechtzeitig erhobenen 7597 Einwendungen zu erörtern, soweit dies für die Prüfung der Genehmigungsvoraussetzungen

---

2229 Wolf ZUR 2018, 457 (462 f.); Kahl/Gärditz Umweltrecht, 2023, § 7 Rn. 42.
2230 VGH Mannheim EnWZ 2019, 131 (134); Dippel NVwZ 2010, 145 (152).
2231 Dippel NVwZ 2010, 145 (152).

von Bedeutung sein kann. Er soll denjenigen, die Einwendungen erhoben haben, Gelegenheit geben, ihre Einwendungen zu erläutern. Rechtzeitig erhoben sind Einwendungen, die innerhalb der Einwendungsfrist bei den in § 12 I der 9. BImSchV genannten Behörden eingegangen sind. Einzelheiten zum Verlauf des öffentlichen Erörterungstermins bestimmt § 18 der 9. BImSchV und § 19 der 9. BImSchV zu der anzufertigenden Niederschrift, bei der es sich nicht um ein Wortprotokoll handeln muss. Der Erörterungstermin wird beendet, wenn alle rechtzeitig erhobenen Einwendungen behandelt sind. Es ist aber weder erforderlich, dass eine Einigung zwischen Antragsteller und Einwendern erzielt wurde, noch, dass bestimmte Sachfragen endgültig geklärt sind.[2232]

7598 **n) Frist zur Entscheidung.** Über den Genehmigungsantrag ist gem. § 10 VIa 1 BImSchG nach Eingang des Antrags und der einzureichenden Unterlagen innerhalb einer Frist von sieben Monaten, in vereinfachten Verfahren innerhalb einer Frist von drei Monaten, zu entscheiden. Die zuständige Behörde kann die Frist um jeweils drei Monate verlängern, wenn dies wegen der Schwierigkeit der Prüfung oder aus Gründen, die dem Antragsteller zuzurechnen sind, erforderlich ist. Die Fristverlängerung soll gegenüber dem Antragsteller begründet werden (§ 10 Via 2 und 3 BImSchG).

7599 Sind alle Umstände ermittelt, die für die Beurteilung des Antrags von Bedeutung sind, hat die Genehmigungsbehörde unverzüglich über den Antrag zu entscheiden. Nach dem Ablauf der Einwendungsfrist oder, soweit ein Erörterungstermin nach § 10 VI BImSchG durchgeführt worden ist, nach dem Erörterungstermin eingehende Stellungnahmen von nach § 11 der 9. BImSchV beteiligten Behörden sollen dabei nicht mehr berücksichtigt werden, es sei denn, die vorgebrachten öffentlichen Belange sind der Genehmigungsbehörde bereits bekannt oder hätten ihr bekannt sein müssen oder sind für die Beurteilung der Genehmigungsvoraussetzungen von Bedeutung (§ 20 I der 9. BImSchV).

7600 Die Missachtung der Frist bewirkt keine Erteilungsfiktion; eine schuldhafte Fristversäumnis der Behörde kann aber einen Amtshaftungsanspruch gem. § 839 I BGB iVm Art. 34 S. 1 GG begründen.[2233] Der Antragssteller kann nach Maßgabe des § 75 VwGO Fristablauf eine Untätigkeitsklage erheben.

7601 **o) Umweltverträglichkeitsprüfung.** Ist nach den §§ 6 bis 14 UVPG für die Errichtung und den Betrieb einer Anlage eine Umweltverträglichkeitsprüfung durchzuführen, so ist diese nach § 1 II der 9. BImSchV jeweils unselbständiger Teil des Genehmigungsverfahrens. Für die genehmigungsbedürftige Änderung einer Anlage gilt dies entsprechend. Soweit in Verfahren über die Zulässigkeit des Vorhabens entschieden wird, ist die Umweltverträglichkeitsprüfung nach den Vorschriften der 9. BImSchV und den für diese Prüfung in den genannten Verfahren ergangenen allgemeinen Verwaltungsvorschriften durchzuführen. Den Gegenstand der Prüfung der Umweltverträglichkeit bestimmt § 1a der 9. BImschV.

7602 Die Genehmigungsbehörde erarbeitet nach § 20 II der 9. BImSchV bei UVP-pflichtigen Anlagen eine **zusammenfassende Darstellung der möglichen Auswirkungen des UVP-pflichtigen Vorhabens** auf die in § 1a genannten Schutzgüter, einschließlich der Wechselwirkung, der Merkmale des UVP-pflichtigen Vorhabens und des Standorts, mit denen erhebliche nachteilige Auswirkungen auf die in § 1a genannten Schutzgüter vermieden, vermindert oder ausgeglichen werden sollen, und der Maßnahmen, mit denen erhebliche nachteilige Auswirkungen auf die in § 1a genannten Schutzgüter vermieden, vermindert oder ausgeglichen werden sollen, sowie der Ersatzmaßnahmen bei Eingriffen in Natur und Landschaft.

7603 Die Erarbeitung einer zusammenfassenden Darstellung erfolgt auf der Grundlage der beizufügenden Unterlagen, der behördlichen Stellungnahmen, der Ergebnisse eigener Ermittlungen sowie der Äußerungen und Einwendungen Dritter. Die Darstellung ist möglichst innerhalb eines Monats nach Ablauf der Einwendungsfrist oder, soweit ein Erörterungstermin nach § 10 VI BImSchG durchgeführt worden ist, des Erörterungstermins zu erarbeiten. Bedarf das Vorhaben der Zulassung durch mehrere Behörden, so obliegt die Erarbeitung der zusammenfassenden Darstellung der Genehmigungsbehörde nur, wenn sie gemäß § 31 I und II 1 und 2 UVPG als federführende Behörde bestimmt ist; sie hat die Darstellung im Zusammenwirken zumindest mit den anderen Zulassungsbehörden und der für Naturschutz und Landschaftspflege zuständigen Behörde zu erarbeiten, deren Aufgabenbereich durch das Vorhaben berührt wird (§ 20 Ia der 9. BImSchV).

[2232] Kahl/Gärditz Umweltrecht, 2023, § 7 Rn. 42.

[2233] Kahl/Gärditz Umweltrecht, 2023, § 7 Rn. 45; Jarass DVBl. 2009, 205 (206).

Die Genehmigungsbehörde bewertet auf der Grundlage der zusammenfassenden Darstellung und nach den für die Entscheidung maßgeblichen Rechts- und Verwaltungsvorschriften die Auswirkungen des UVP-pflichtigen Vorhabens auf die Umwelt. Die Bewertung ist zu begründen. Bedarf das Vorhaben der **Zulassung durch mehrere Behörden**, so haben diese im Zusammenwirken auf der Grundlage der zusammenfassenden Darstellung eine **Gesamtbewertung** der Auswirkungen vorzunehmen; ist die Genehmigungsbehörde **federführende Behörde**, so hat sie das Zusammenwirken sicherzustellen. 7604

p) Entscheidung über den Genehmigungsantrag. Der Antrag ist nach § 20 II der 9. BImSchV abzulehnen, sobald die Prüfung ergibt, dass die Genehmigungsvoraussetzungen nicht vorliegen und ihre Erfüllung nicht durch Nebenbestimmungen sichergestellt werden kann. Er soll abgelehnt werden, wenn der Antragsteller einer Aufforderung zur Ergänzung der Unterlagen innerhalb einer ihm gesetzten Frist, die auch im Falle ihrer Verlängerung drei Monate nicht überschreiten soll, nicht nachgekommen ist. Für die ablehnende Entscheidung gilt § 10 VII BImSchG entsprechend. Auch der Ablehnungsbescheid ist danach ist schriftlich zu erlassen, schriftlich zu begründen und dem Antragsteller und den Personen, die Einwendungen erhoben haben, zuzustellen. Er ist, soweit die Zustellung nicht nach § 10 VIII BImSchG erfolgt, öffentlich bekannt zu machen. Betrifft die ablehnende Entscheidung eine UVP-pflichtige Anlage und ist eine zusammenfassende Darstellung von der Genehmigungsbehörde erarbeitet worden, so ist diese in die Begründung für die Entscheidung aufzunehmen. 7605

Wird das Genehmigungsverfahren auf andere Weise abgeschlossen, so sind nach § 20 IV der 9. BImSchV der Antragsteller und die Personen, die Einwendungen erhoben haben, hiervon zu benachrichtigen. § 10 VIII 1 BImSchG gilt entsprechend. 7606

q) Genehmigungsbescheid. Der Genehmigungsbescheid ist nach § 10 VII BImSchG schriftlich zu erlassen, schriftlich zu begründen und dem Antragsteller und den Personen, die Einwendungen erhoben haben, zuzustellen. Er ist, soweit die Zustellung nicht nach § 10 VIII BImSchG erfolgt, öffentlich bekannt zu machen. Die öffentliche Bekanntmachung erfolgt nach Maßgabe des § 10 VIII BImSchG. 7607

Die immissionsschutzrechtliche Genehmigung kann nach § 12 BImSchG mit **Nebenbestimmungen** versehen werden. So kann die Genehmigung nach § 12 I BImSchG unter Bedingungen erteilt und mit Auflagen verbunden werden, soweit dies erforderlich ist, um die Erfüllung der in § 6 BImSchG genannten Genehmigungsvoraussetzungen zu sichern. Die Regelung erlaubt auch, Hilfspflichten festzulegen, mit denen die Einhaltung der materiellen Forderungen insbesondere durch Ermittlungsanordnungen und Messanordnungen sichergestellt werden soll.[2234] Alle Regelungselemente einer Genehmigung, die das zugelassene Handeln des Betreibers räumlich und sachlich bestimmen und damit ihren Gegenstand und Umfang festlegen, sind den Inhaltsbestimmungen zuzurechnen. Als weitere Kriterien für die Abgrenzung zu einer selbstständig anfechtbaren **Auflage** sind das Gewicht und die Bedeutung der Genehmigungsvoraussetzung maßgeblich.[2235] Auf Antrag kann die Genehmigung auch auf Zeit erteilt werden. Ein Widerrufsvorbehalt ist zulässig, wenn die genehmigungsbedürftige Anlage lediglich Erprobungszwecken dient (§ 12 II BImSchG). Die Teilgenehmigung kann für einen bestimmten Zeitraum oder mit dem Vorbehalt erteilt werden, dass sie bis zur Entscheidung über die Genehmigung widerrufen oder mit Auflagen verbunden werden kann (§ 12 III BImSchG). Auflagen können mit Einverständnis des Antragstellers auch nachträglich weiter konkretisiert werden (§ 12 II a BImSchG). Dies gilt auch für den Fall, dass eine beteiligte Behörde sich nicht rechtzeitig äußert. Durch diese Regelung ist ein gewisser Konflikttransfer in ein nachfolgendes Prüfverfahren erreicht worden. Die Vorschrift ermöglicht etwa einen Auflagenvorbehalt für den Fall, dass bestimmte Unterlagen, wie die Baustatik, erst zu einem späteren Zeitpunkt vorgelegt werden können. Allerdings muss sichergestellt sein, dass im Zeitpunkt der Genehmigung alle Unterlagen vorliegen, die erforderlich sind, um die Genehmigungsfähigkeit des Vorhabens zu prüfen.[2236] 7608

r) Zustellung. Die Zustellung des Genehmigungsbescheids an die Personen, die Einwendungen erhoben haben, kann nach § 10 VIII 1 BImSchG durch öffentliche Bekanntmachung ersetzt werden. Die öffentliche Bekanntmachung wird dadurch bewirkt, dass der verfügende 7609

2234 VG Düsseldorf ZUR 1998, 317.

2235 OVG Münster Urt. v. 10.12.1999 – 21 A 3481/96, juris; BVerwG DVBl. 1992, 713; DVBl. 1984, 476.

2236 Gesetzentwurf der Bundesregierung. Entwurf eines Gesetzes zur Beschleunigung und Vereinfachung immissionsschutzrechtlicher Genehmigungsverfahren, BT-Drs.13/3996 v. 6.3.1996.

Teil des Bescheides und die Rechtsbehelfsbelehrung in entsprechender Anwendung des § 10 III 1 BImSchG bekannt gemacht werden; auf Auflagen ist hinzuweisen. In diesem Fall ist eine Ausfertigung des gesamten Bescheides vom Tage nach der Bekanntmachung an zwei Wochen zur Einsicht auszulegen. In der öffentlichen Bekanntmachung ist anzugeben, wo und wann der Bescheid und seine Begründung eingesehen angefordert werden können. Mit dem Ende der Auslegungsfrist gilt der Bescheid auch gegenüber Dritten, die keine Einwendung erhoben haben, als zugestellt; darauf ist in der Bekanntmachung hinzuweisen. Nach der öffentlichen Bekanntmachung können der Bescheid und seine Begründung bis zum Ablauf der Widerspruchsfrist von den Personen, die Einwendungen erhoben haben, schriftlich oder elektronisch angefordert werden. Spezielle Anforderungen gelten nach § 10 VIII a BImSchG für die Bekanntmachung bei Anlagen nach der IE-RL.

7610 **s) Kosten**. Die durch Prüfungen im Rahmen des Genehmigungsverfahrens entstehenden Kosten trägt der Antragsteller (§ 52 IV BImSchG). Das Nähere bestimmt das **Landesrecht**. Die nach nordrhein-westfälischem Landesrecht vorgesehene Gebührenerhebung für die Entgegennahme und Prüfung einer Emissionserklärung nach § 27 I BImSchG wird durch die bundesrechtliche Kostenregelung in § 52 IV BImSchG nicht ausgeschlossen. Die Vorschrift regelt allerdings nicht die Erhebung von Verwaltungsgebühren. Vielmehr können Verwaltungsgebühren für die Entgegennahme und Überprüfung einer Emissionserklärung auch unter Berücksichtigung des § 27 I BImSchG erhoben werden. Es kommt dabei allein darauf an, dass die Behörde – auf Grund einer individuell dem Gebührenpflichtigen zurechenbaren Veranlassung – die in Rechnung gestellte Leistung erbracht hat.[2237]

8. Rechtswirkungen der Genehmigung

7611 Die entscheidende Rechtswirkung der immissionsschutzrechtlichen Genehmigung liegt darin, dass sie das beantragte Vorhaben genehmigt. Sie beseitigt das mit dem Genehmigungsvorbehalt nach § 4, § 16 bzw. § 16a BImSchG verbundene grundsätzliche Errichtungs- und Betriebsverbot für die Anlage.[2238] Die Genehmigung stellt außerdem fest, dass die genehmigte Anlage im Zeitpunkt der Genehmigungserteilung den öffentlich-rechtlichen Vorschriften entspricht.

7612 **a) Legalisierungswirkung.** Was unter dem Begriff der Legalisierungswirkung einer immissionsschutzrechtlichen Genehmigung zu verstehen ist und aus welcher gesetzlichen Regelung sich diese Legalisierungswirkung ergibt, ist unklar. Das BVerwG hat in einem grundlegenden Urteil dazu erklärt, es liege auf der Hand, dass die ordnungsbehördliche Generalklausel regelmäßig keine Handhabe biete, um gegen immissionsschutzrechtlich genehmigte Anlagen einschreiten zu können. Der darin zum Ausdruck kommende Grundsatz möge diese oder jene Ausnahme zulassen. Das ändere jedoch nichts an der Einsicht, dass die Erteilung von Genehmigungen augenscheinlich einen wesentlichen Teil ihres Sinnes einbüßen würde, wenn gleichwohl gegen den genehmigten Zustand unter Berufung auf die ordnungsbehördliche Generalklausel, das heißt unter Berufung auf das Vorliegen einer Störung der öffentlichen Sicherheit oder Ordnung, eingeschritten werden dürfte.[2239] Die Legalisierungswirkung ist im Umweltrecht seit dieser Entscheidung im Grundsatz überwiegend anerkannt.[2240]

7613 Die **Legalisierungswirkung** soll vor Ordnungsverfügungen schützen, die den genehmigten Anlagenbetrieb einschränken.[2241] Das gilt für Ordnungsverfügungen, die auf eine ordnungsrechtliche Generalklausel gestützt werden; der Umfang der Legalisierungswirkung einer immissionsschutzrechtlichen Genehmigung ist aber auch für eine Inanspruchnahme des Genehmigungsinhabers nach dem Bodenschutzrecht und nach dem Umweltschadensrecht von Bedeutung. Nicht zuletzt hängt die Legalisierungswirkung der immissionsschutzrechtlichen Geneh-

2237 BVerwGE 109, 272.

2238 BVerwG NVwZ 1990, 963; Jarass BImSchG, 2022, § 6 Rn. 53.

2239 BVerwG NJW 1978, 1818 f.; einer schlichten behördlichen Duldung kommt hingegen keine Legalisierungswirkung zu, vgl. BVerwGE 125, 325; OVG Münster Urt. v. 13.9.2017 – 20 A 601/14, juris Rn. 184.

2240 Siehe dazu Beckmann/Wittmann in Landmann/Rohmer, Umweltrecht, 2020, § 1 USchadG Rn. 24; Hoppe/Beckmann/Kauch, Umweltrecht, 2000, § 8 Rn. 128 ff.; BVerwG Urt. v. 19.12.2023 – 7 C 4/22, juris Rn. 18; Peine JZ 1990, 201 ff.; BGH NuR 2000, 410; Hoppe/Beckmann/Kauch Umweltrecht, München 2000, § 8 Rn. 128 ff.

2241 Ab und an wird weitergehend auch im Zusammenhang mit einer Fehlerheilung durch ein ergänzendes Verfahren von dessen Legalisierungswirkung gesprochen, siehe VGH Mannheim Beschl. v. 14.5.2020 – 10 S 603/19, juris Rn. 21.

migung mit ihrer privatrechtsgestaltenden Wirkung nach § 14 BImSchG zusammen. Die Legalisierungswirkung schützt vor zivilrechtlichen, nicht auf besonderen Titeln beruhenden Abwehransprüchen gegen das genehmigte Vorhaben. Der BGH attestiert auch einer wasserrechtlichen Erlaubnis eine Legalisierungswirkung für die gestattete Gewässerbenutzung habe. Ohne Widerruf der Erlaubnis könne eine solche Gewässerbenutzung, wenn und soweit sie sich im Rahmen der Erlaubnis halte, nicht auf der Grundlage der (wasser-) polizeilichen Generalklausel untersagt werden.[2242] Nicht zuletzt spielt eine Legalisierungswirkung der immissionsschutzrechtlichen Genehmigung unter dem Stichwort der Verwaltungsakzessorietät auch für die Strafverfolgung eine Rolle. Grundsätzlich dürfen nämlich Genehmigungsinhaber darauf vertrauen, dass ein Anlagenbetrieb, der auf einer rechtswirksamen, sofort vollziehbaren Genehmigung beruht, rechtmäßig ist und deshalb nicht als Straftat oder Ordnungswidrigkeit verfolgt werden kann und zwar unabhängig davon, ob die erteilte Genehmigung rechtmäßig oder rechtswidrig ist.[2243]

Andererseits gibt es nach der Rechtsprechung des BVerwG im Immissionsschutzrecht keinen allgemeinen Grundsatz, wonach dem Anlagenbetreiber eingeräumte Rechtspositionen trotz wesentlicher Änderungen der Sach- oder Rechtslage zu belassen seien und nur gegen Entschädigung entzogen werden dürften.[2244] 7614

Zur dogmatischen Herleitung der Legalisierungswirkung werden unterschiedliche Begründungen genannt. Verwiesen wird auf die **Einheit der Rechtsordnung**; ein genehmigungskonformes Verhalten könne nicht ordnungsrechtlich zu beanstanden oder gar strafrechtlich relevant sein.[2245] Nach anderer Auffassung ist die Legalisierungswirkung lediglich eine bildhafte Umschreibung der **Bindungswirkung des Genehmigungsbescheids**. Diese ergebe sich aus der mit der Wirksamkeit eines Verwaltungsakts entstehenden Verbindlichkeit und bedeute, dass die Regelungen eines Verwaltungsakts in nachfolgenden Verwaltungsverfahren als maßgeblich zugrunde zu legen sei; die Legalisierungswirkung beschreibe in diesem Sinne nichts anderes als die allen Verwaltungsakten eigene Bindungswirkung, die nicht nur gegenüber der erlassenden, sondern grundsätzlich auch gegenüber allen anderen Behörden bestehe. Mit Blick auf das allgemeine Ordnungsrecht wird darauf hingewiesen, dass eine ordnungsrechtliche Verantwortung nicht nur die kausale Verursachung einer Störung oder Gefahr, sondern auch eine wertende Zurechnung voraussetze, die ausscheiden müsse, wenn jemand von einer ihm zustehenden rechtlichen Befugnis Gebrauch mache und dadurch eine Gefahr hervorgerufen werde.[2246] 7615

Zur Legalisierungswirkung der Baugenehmigung nimmt die Rechtsprechung an, sie beruhe darauf, dass eine erteilte Baugenehmigung entsprechend ihrer Verwaltungsaktqualität für die Dauer ihrer Wirksamkeit bindend sei, soweit darin eine bestimmte Regelung enthalten sei. Der Regelungsgehalt einer Baugenehmigung sei insbesondere die Feststellung, dass der geplanten Errichtung einer baulichen Anlage keine öffentlich-rechtlichen Vorschriften entgegenstehen. Maßgeblich seien die äußere Wirksamkeit und der konkrete Inhalt einer bestandskräftigen Baugenehmigung. Unerheblich sei dagegen die Frage, ob die Baugenehmigung rechtmäßig oder rechtswidrig sei.[2247] 7616

Viele Fachgesetze erlauben ein Einschreiten der zuständigen Behörden gegen Gefahren von Umweltschäden oder eingetretene Umweltschäden nur dann, wenn der Verantwortliche rechtswidrig handelt. Das allgemeine Polizei- und Ordnungsrecht, wie auch die an das Polizei- und Ordnungsrecht angelehnten fachgesetzlichen Eingriffsbefugnisse setzen regelmäßig das Vorliegen einer Gefahr für die öffentliche Sicherheit voraus, die insbesondere auch dann anzunehmen ist, wenn der Verantwortliche die Vorgaben einer ihm erteilten Genehmigung nicht einhält. Auch wenn umstritten bleibt, ob die Legalisierungswirkung mit der Tatbestandswirkung des Verwaltungsakts, mit Gesichtspunkten des Vertrauensschutzes, dem Verbot des „venire contra factum proprium“ oder mit dem Grundsatz der Widerspruchsfreiheit der Rechts- 7617

2242 BGHZ 143, 362.

2243 Breuer/Gärditz Öffentliches und privates Wasserrecht, 2017, Rn. 1587 ff.; Kloepfer Umweltrecht, 2016, § 7 Rn. 20 ff.

2244 BVerwG Urt. v. 19.12.2023 – 7 C 4/22, juris Rn. 19; BVerwGE 132, 224 Rn. 27; NVwZ 2009, 1441 Rn. 22; BVerfG NVwZ 2010, 771 Rn. 35 ff.

2245 Kloepfer Umweltrecht, 2016, § 13 Rn. 254; Papier DVBl.. 1985, 873 (876) unter anderem mit Verweisen auf die ständige Rechtsprechung des Preußischen Oberverwaltungsgerichts.

2246 Martens DVBl. 1981, 597 (605).

2247 Siehe zB VG Aachen Urt. v. 1.4.2020 – 3 K 1357/16, juris Rn. 60; VG Gelsenkirchen Urt. v. 12.11.2019 – 6 K 5557/17, juris Rn. 53 f.

ordnung zu begründen ist, wird jedenfalls im Grundsatz anerkannt, dass eine wirksam erteilte Anlagen- oder Betriebsgenehmigung den Betreiber vor einer Inanspruchnahme aufgrund polizeirechtlicher Eingriffsbefugnisse schützt, soweit er sich beim Betrieb der Anlage in den Grenzen der Genehmigung hält. Allerdings sollen auch bei bestandsgeschützten und bestandskräftig genehmigten baulichen Anlagen zusätzliche Anforderungen gestellt werden können, ohne die Baugenehmigung aufzuheben oder abzuändern, wenn dies zur Abwehr (auch erst nachträglich auftretender, nachträglich erkannter bzw. nunmehr als solche beurteilter) erheblicher Gefahren für Leben und Gesundheit notwendig sei.[2248]

7618 Auch hinsichtlich der **Reichweite der Legalisierungswirkung** bestehen Unklarheiten. Nicht abschließend geklärt ist zB, ob sich Zustandsstörer, anders als Handlungsstörer, von vornherein nicht auf eine Legalisierungswirkung behördlicher Betriebsgenehmigungen oder sonstiger Erlaubnisse berufen können, wenn und soweit solche Genehmigungen nicht einen polizeiwidrigen Grundstückszustand, sondern ein bestimmtes Verhalten erlauben.[2249] Für die Legalisierungswirkung der immissionsschutzrechtlichen Genehmigung im Umweltschadensrecht ist diese Frage jedoch nicht entscheidend. Denn die immissionsschutzrechtliche Genehmigung erlaubt nicht nur ein bestimmtes Verhalten, nämlich den Betrieb einer genehmigungsbedürftigen Anlage, sondern eben auch deren Errichtung und damit einen bestimmten, möglicherweise später als polizeirechtswidrig angesehenen Zustand des Betriebsgrundstücks. Außerdem handelt es sich bei den Pflichten nach dem USchadG einschließlich der Kostentragungspflicht für notwendige Sanierungsmaßnahmen nicht um einen Fall der Zustandsverantwortung, sondern der Verhaltensverantwortung für bestimmte berufliche Tätigkeiten.

7619 Zur Bestimmung der Reichweite der Legalisierungswirkung einer immissionsschutzrechtlichen Genehmigung sind verschiedene Aspekte zu berücksichtigen, insbesondere der konkrete Regelungsgehalt der legalisierenden Genehmigung, die Zulassungsvoraussetzungen als materiell-rechtliche Prüfungsmaßstäbe der Genehmigungsbehörde und schließlich die Erkennbarkeit bestimmter Gefahren und Risiken, die von der Behörde tatsächlich geprüft und insoweit mit der Erteilung der Genehmigung akzeptiert worden sind.

7620 Eine Legalisierungswirkung kann hinsichtlich solcher Aspekte angenommen werden, die von der Genehmigung auch tatsächlich geregelt werden.[2250] Was allerdings die Genehmigung genau regelt, kann im Einzelfall durchaus schwierig festzustellen sein. Grundsätzlich besteht die immissionsschutzrechtliche Genehmigung aus einem regelnden Teil und einer Begründung. Einzelheiten dazu ergeben sich aus § 21 I der 9. BImSchV. Danach muss der Genehmigungsbescheid unter anderem die genaue Bezeichnung des Gegenstandes der Genehmigung einschließlich des Standortes der Anlage sowie den Bericht über den Ausgangszustand, die Festlegung der erforderlichen Emissionsbegrenzungen, die Nebenbestimmungen zur Genehmigung und die Begründung, aus der die wesentlichen tatsächlichen und rechtlichen Gründe, die die Behörde zu ihrer Entscheidung bewogen haben, und die Behandlung der Einwendungen hervorgehen sollen, enthalten. Zur Bestimmung des Umfangs die Legalisierungswirkung der immissionsschutzrechtlichen Genehmigung kann es erforderlich werden, nicht nur in den Genehmigungsbescheid selbst, sondern auch in die genehmigten Antragsunterlagen zu schauen, weil sich der genehmigte Umfang der im Bescheidtenor und den Nebenbestimmungen beschriebenen Anlage im Einzelnen erst aus diesen Antragsunterlagen vollständig ergibt.

7621 Soweit eine Anlagengenehmigung zu bestimmten Emissionen oder sonstigen Einwirkungen auf die Umwelt zB keine Regelung enthält, kann sie in diesem Sinne auch ein entsprechendes Verhalten des Genehmigungsinhabers nicht rechtfertigen. Häufig sind beispielsweise bestimmte Emissionen einer (baulichen) Anlage nicht Regelungsgegenstand von anlagenbezogenen Genehmigungen, wie etwa der Baugenehmigung.[2251] Entscheidend ist somit die **Reichweite der**

[2248] VGH München Beschl. v. 3.4.2020 – 15 ZB 19.1024, juris Rn. 10; BayVBl. 2018, 705 zu Art. 54 IV BayBO, wonach bei bestandsgeschützten baulichen Anlagen zusätzliche Anforderungen gestellt werden können, wenn das zur Abwehr von erheblichen Gefahren für Leben und Gesundheit notwendig ist.

[2249] Ausdrücklich offen gelassen von VGH Mannheim, Urt. v. 18.12.2012 – 10 S 744/12, juris Rn. 59; ebenso von OVG Magdeburg Urt. v. 22.4.2015 – 2 L 47/13, juris Rn. 64; bejahend aber zB Pape NJW 1992, 2661 (2668); Papier DVBl.. 1985, 873 (877).

[2250] Schoch Polizei- und Ordnungsrecht, in Schoch/Eifert, Besonderes Verwaltungsrecht, 2023, Kapitel 1 Rn. 350.

[2251] OVG Schleswig Beschl. v. 20.4. 2020 – 1 MB 2/20, juris Rn. 34; VG Neustadt Beschl. v. 6.5.2020 – 5 L 371/20., juris Rn. 53; Decker in Simon/Busse, Bayerische Bauordnung, Stand: 12/2019, Art. 74 Rn. 50.

Bindungswirkung einer Genehmigung, die sich wiederum nach ihrem Regelungsgehalt bestimmt. Der Regelungsgehalt der Genehmigung ist insoweit eine zentrale Variable für den Umfang und die Grenzen der Bindungswirkung. Es muss insoweit unterschieden werden, was bindende Regelung und was lediglich nicht bindende Begründung ist.

Eine Legalisierungswirkung kommt aber nicht nur in Betracht, wenn und soweit die Genehmigung bestimmte Regelungen zu einzelnen Umweltauswirkungen der genehmigten Anlage, entweder im **Bescheidtenor** oder aber in beigefügten Nebenbestimmungen, enthält. **7622** Vielmehr bestimmt letztlich der Prüfungsgegenstand der Genehmigungsbehörde, der sich aus den materiellen Zulassungsvoraussetzungen der §§ 5, 6 BImSchG ergibt, den Umfang der Legalisierungswirkung der immissionsschutzrechtlichen Genehmigung.[2252] Die Notwendigkeit, zur Bestimmung des Umfangs der Legalisierungswirkung einer immissionsschutzrechtlichen Genehmigung nicht allein auf deren Regelungsgehalt, dh auf den Bescheidtenor und die beigefügten Nebenbestimmungen abzustellen, besteht deshalb, weil die Genehmigungsbehörde, abgesehen von der durch den Bescheidtenor festgelegten Umfang des genehmigten Vorhabens nicht zu allen von ihr geprüften Umweltauswirkungen des Vorhabens zwingend eine Regelung in der Genehmigung treffen muss. Die Zulässigkeit von Nebenbestimmungen und Auflagen hängt nach § 12 I 1 BImSchG davon ab, ob Anlass besteht, die Erfüllung der in § 6 BImSchG genannten Genehmigungsvoraussetzungen dadurch sicherzustellen. Soweit ein solcher Anlass nicht besteht, bedarf es auch keiner dahingehenden Regelungen, so dass dem Genehmigungsantrag mit den dort beschriebenen Umweltauswirkungen des Vorhabens auch ohne solche konkreten Regelungen stattgegeben werden kann. Ergibt sich in diesem Sinne entweder aus der Begründung des Genehmigungsbescheids oder aus den genehmigten Antragsunterlagen, dass die Genehmigungsbehörde bei Erteilung der Genehmigung bestimmte Umweltgefahren und Umweltrisiken geprüft und akzeptiert hat, erstreckt sich die Legalisierungswirkung der immissionsschutzrechtlichen Genehmigung auch darauf, unabhängig davon, ob die genannten Auswirkungen Gegenstand einer bestimmten Regelung des Bescheids geworden sind.

Bei immissionsschutzrechtlich genehmigungsbedürftigen Abfallbehandlungsanlagen etwa, **7623** deren Hauptzweck darin besteht, angelieferte Abfälle zu behandeln, betrifft die Verwertung von Abfällen innerhalb der Anlage den Kern des Anlagenbetriebs. Die Genehmigungsbehörde prüft deshalb nach §§ 5 Abs. 1 Nr. 3, 6 I Nr. 2 BImSchG iVm § 7 III KrWG die Ordnungsgemäßheit und Schadlosigkeit der Verwertung. Werden angenommene Abfälle in einer solchen Anlage in Erzeugnisse eingebunden, werden die stoff- oder produktbezogenen Anforderungen an solche Erzeugnisse insoweit grundsätzlich auch zu anlagenbezogenen Vorschriften.[2253] Die Art und Weise der Abfallverwertung in einer immissionsschutzrechtlich genehmigten Anlage ist daher auch von der Legalisierungswirkung der Genehmigung erfasst.[2254]

Darüber hinaus wird für die Annahme einer Legalisierungswirkung einer Genehmigung angenommen, dass es nicht nur auf den Regelungsgegenstand und den Prüfungsumfang entsprechend der gesetzlichen Genehmigungsvoraussetzungen, sondern auch darauf ankommt, ob und **7624** inwieweit die Auswirkungen des genehmigten Betriebes bei Genehmigungserteilung bereits erkennbar waren bzw. von der Genehmigungsbehörde erkannt worden sind und daher mit der Erteilung der Genehmigung „gebilligt" bzw. „in Kauf genommen" worden seien und ob die Gefahr durch „zwangsläufige" Folgen der Ausnutzung einer Genehmigung entstanden sei.[2255] An der Berechtigung einer solchen weiteren Voraussetzung für die Anerkennung einer Legalisierungswirkung mag man zweifeln. Bedenken ergeben sich schon aus praktischen Erwägungen, weil zu einem späteren Zeitpunkt, zu dem es auf die Legalisierungswirkung einer möglicherweise schon vor längerer Zeit ergangenen Entscheidung ankommt, häufig nur schwer zu erkennen ist, ob bestimmte Umweltauswirkungen für die Genehmigungsbehörde erkennbar waren. Und noch schwerer ist es, im Nachhinein festzustellen, ob sie tatsächlich auch von der

---

[2252] OVG Magdeburg Beschl. v. 04.09.2017 – 2 M 69/17, juris Rn. 20; OVG Schleswig Urt. v. 18.1.2013 – 1 LB 2/12, juris Rn. 25.

[2253] OVG Münster Urt. v. 18.12.2019 – 8 D 9/16.AK, juris Rn. 35; OVG Magdeburg Urt. v. 11.11.2004 – 2 L 393/01, juris Rn. 25; OVG Münster Urt. v. 10.12.1999 – 21 A 3481/96, juris Rn. 24; Mann in Versteyl/Mann/Schomerus, KrWG, 2019, § 13 Rn. 8.

[2254] OVG Münster Urt. v. 18.12.2019 – 8 D 9/16.AK, juris Rn. 35; Schink in Schink/Versteyl, KrWG, 2016, § 7 Rn. 34.

[2255] OVG Magdeburg Urt. v. 22.4.2015 – 2 L 47/13, juris Rn. 72 zur bergrechtlichen Betriebsplanzulassung; Seibert Die Bindungswirkung von Verwaltungsakten, 1989, S. 671.

Behörde zur Kenntnis genommen worden sind. Die genehmigten Antragsunterlagen können bei der Beantwortung der Frage nach der Erkennbarkeit bestimmter Umweltauswirkungen eine wichtige Hilfestellung leisten. Auch die Begründung des Genehmigungsbescheids, aus der nach § 21 I Nr. 5 der 9. BImSchV die wesentlichen tatsächlichen und rechtlichen Gründe, die die Behörde zu ihrer Entscheidung bewogen haben, und die Behandlung der Einwendungen hervorgehen sollen, kann dazu weiterhelfen. Sicher ist dies allerdings nicht, weil die Begründung von Bescheiden häufig mehr als knapp sind, möglicherweise den Ansprüchen des Verordnungsgebers auch gar nicht genügen und weil umfangreiche Antragsunterlagen möglicherweise von der Behörde nicht gelesen oder verstanden worden sind. Hinzu kommt, dass es im Sinne des Genehmigungsinhabers, der auf den Bestand und die Legalisierungswirkung der Genehmigung vertraut, schwer nachvollziehbar ist, dass ihm ein Versäumnis der Behörde, die zB für sie durchaus erkennbare Umweltauswirkungen nicht zur Kenntnis genommen, in ihrer Tragweite verkannt oder missverstanden hat, zum Nachteil gereichen sollen. Insoweit dürfte eigentlich nichts anderes gelten als für die Frage nach der Legalisierungswirkung einer rechtswidrigen Genehmigung. Jedenfalls dann, wenn der Anlagenbetreiber die Rechtswidrigkeit einer ihm erteilten Genehmigung nicht kannte oder erkennen musste, darf er auch auf ihre Legalisierungswirkung vertrauen. Grundsätzlich darf er auch daraufsetzen, dass die Genehmigungsbehörde die ihr vorgelegten Unterlagen zur Kenntnis nimmt und nachvollzieht. Möglicherweise genießt er sogar einen noch weitergehenden Vertrauensschutz, weil es für die Wirksamkeit einer immissionsschutzrechtlichen Genehmigung und damit letztlich auch für ihre Legalisierungswirkung nach § 43 II VwVfG nicht auf ihre Rechtmäßigkeit ankommt.

7625 **b) Konzentrationswirkung.** Die immissionsschutzrechtliche Genehmigung hat eine begrenzte (formelle) Konzentrationswirkung. Nach § 13 BImSchG schließt die Genehmigung andere, die Anlage betreffende behördliche Entscheidungen ein, insbesondere öffentlich-rechtliche Genehmigungen, Zulassungen, Verleihungen, Erlaubnisse und Bewilligungen, mit Ausnahme von Planfeststellungen, Zulassungen bergrechtlicher Betriebspläne, Zustimmungen, behördliche Entscheidungen auf Grund atomrechtlicher Vorschriften und wasserrechtlicher Erlaubnisse und Bewilligungen nach den §§ 8, 14 WHG. Auch eine nach landesrechtlichen Vorschriften erforderliche Baugenehmigung wird daher von der immissionsschutzrechtlichen Genehmigung umfasst. Für einen gesondert zu erlassenden Bauvorbescheid besteht daher kein Sachbescheidungsinteresse, wenn Genehmigungsgegenstand die nach § 16 I 1 BImSchG genehmigungspflichtige Änderung einer Anlage ist. Denn die immissionsschutzrechtliche Genehmigung nach § 13 BImSchG schließt die Baugenehmigung ein.[2256] Die Genehmigung kann mit dem Vorbehalt einer nachträglichen wasserrechtlichen Auflage erlassen werden. Die Genehmigung hat den Charakter einer Entscheidungskonzentration in dem Sinne, dass nur ein Genehmigungsverfahren vor nur einer Behörde stattfindet. Über die fehlende fachgesetzliche Zustimmung anderer Behörden darf sich die Genehmigungsbehörde allerdings nicht hinwegsetzen.

Beispiel: Die Immissionsschutzbehörde will die Genehmigung für die Erweiterung eines Industriebetriebes im Außenbereich erteilen. Fehlt das gemeindliche Einvernehmen nach den §§ 35, 36 BauGB, so ist die Genehmigungsbehörde daran gehindert, die immissionsschutzrechtliche Genehmigung zu erteilen. Wird die Genehmigung gleichwohl erteilt, kann die Gemeinde dagegen Rechtsschutz mit Hinweis auf ihr fehlendes gemeindliches Einvernehmen suchen.[2257]

7626 Im **Verhältnis zur Fachplanung** steuern die jeweiligen gesetzlichen Regelungen den Umfang der Bindungswirkung. Jedem Rechtsbereich kommt dabei grundsätzlich seine eigene Bedeutung zu. Dies gilt auch im Verhältnis zwischen Immissionsschutzrecht und **Wasserrecht**. So ist etwa die in einer Einleitung von Abwässern in das Grundwasser oder in ein oberirdisches Gewässer liegende Gewässerbenutzung nicht Gegenstand des Immissionsschutzrechts, sodass einem immissionsschutzrechtlichen Bescheid auch keine Bindung für das spätere wasserrechtliche Gestattungsverfahren zukommt. Eine derartige Trennung zwischen dem Regelungsgehalt einer immissionsschutzrechtlichen Genehmigung als einem Ausschnitt aus dem feststellenden Teil dieser Genehmigung und dem Regelungsgehalt einer wasserrechtlichen Gestattung entspricht § 13 S. 1 BImSchG. Danach wird die wasserrechtliche Gestattung aus der (formellen) Konzentrationswirkung der immissionsschutzrechtlichen Genehmigung ausge-

[2256] BVerwG NVwZ 2002, 1112.

[2257] Scheidler KommPraxis 2008, 162; BVerwG NJW 1978, 64; siehe aber auch die Einvernehmensfiktion des § 36 II 2 BauGB und die Ersetzensmöglichkeit des § 36 II 3 BauGB.

klammert.[2258] Führt eine nach dem BImSchG genehmigungsbedürftige Anlage zugleich zu einer Gewässerbenutzung, so bedarf es neben der immissionsschutzrechtlichen Genehmigung einer wasserrechtlichen Erlaubnis oder Bewilligung. Diese wird durch die immissionsschutzrechtliche Genehmigung nicht ersetzt.[2259]

Überwiegend wird angenommen, dass die Konzentrationswirkung der immissionsschutzrechtlichen Genehmigung sich auch auf die Zulassung einer **Abweichung von Zielen der Raumordnung** nach § 6 II ROG erstreckt.[2260] Das führt dazu, dass die die Genehmigungsbehörde auch über die (ggfls. nur konkludent mit-) beantragte Zielabweichung entscheidet. Die Entscheidung über die Zulassung einer Zielabweichung nach § 6 II 1 ROG ist eine öffentlich-rechtliche Zulassung und zählt nicht zu den von der Konzentrationswirkung ausdrücklich ausgenommenen Entscheidungen.[2261] Nach anderer Ansicht spricht gegen eine Verschmelzung der Zielabweichung mit der Zulassungsentscheidung im Wege einer Konzentrationswirkung die dadurch zu erwartende faktische Unterminierung der Zielbindungskraft und der damit einhergehende Steuerungsverlust der gesamtplanerisch ausgleichend wirkenden Raumordnung.[2262] 7627

c) Privatrechtsgestaltende Wirkung. Die immissionsschutzrechtliche Genehmigung hat privatrechtsgestaltende Wirkung nach § 14 BImSchG. Danach kann auf Grund privatrechtlicher, nicht auf besonderen Titeln beruhender Ansprüche zur Abwehr benachteiligender Einwirkungen von einem Grundstück auf ein benachbartes Grundstück nicht die Einstellung des Betriebes einer Anlage verlangt werden, deren Genehmigung unanfechtbar ist. Es können bei Unanfechtbarkeit der Genehmigung nur Vorkehrungen verlangt werden, welche die benachteiligenden Wirkungen ausschließen. Soweit solche Vorkehrungen nach dem Stand der Technik nicht durchführbar oder wirtschaftlich nicht vertretbar sind, kann lediglich Schadensersatz verlangt werden (§ 14 BImSchG). Die Unanfechtbarkeit der Genehmigung bewirkt zugleich, dass auch privatrechtliche Ansprüche im Umfang der erteilten Genehmigung ausgeschlossen sind und lediglich Schutzauflagen verlangt werden können. Die privatrechtsgestaltende Wirkung der Genehmigung erstreckt sich allerdings nicht auf die im vereinfachten Verfahren nach § 19 BImSchG erteilten Genehmigungen. 7628

9. Vereinfachtes Verfahren

Anlagen der Spalte 2 des Anhangs zur 4. BImSchV sind in einem vereinfachten Genehmigungsverfahren nach § 19 BImSchG zu erteilen, sofern dies nach Art, Ausmaß und Dauer der von diesen Anlagen hervorgerufenen schädlichen Umwelteinwirkungen und sonstigen Gefahren, erheblichen Nachteilen und erheblichen Belästigungen mit dem Schutz der Allgemeinheit und der Nachbarschaft vereinbar ist. Im vereinfachten Genehmigungsverfahren ist lediglich ein Antrag erforderlich (§ 10 I BImSchG) und die Stellungnahme der Behörden einzuholen (§ 10 V BImSchG). Eine Öffentlichkeitsbeteiligung ist nicht erforderlich. Antrag und Antragsunterlagen sind nicht öffentlich auszulegen. Es entfallen damit auch die Präklusionsfristen für die Erhebung von Einwendungen sowie der Erörterungstermin. Die Genehmigung hat allerdings die begrenzte formelle Konzentrationswirkung des § 13 BImSchG. Die Träger öffentlicher Belange sind daher zu dem Antrag zu hören und ggf. ein erforderliches Einvernehmen einzuholen. Der Vorhabenträger kann allerdings beantragen, ein förmliches Verfahren nach den §§ 4, 10 BImSchG durchzuführen (§ 19 III BImSchG). Das förmliche Verfahren kann aus der Sicht des Antragstellers den Vorteil der Einbindung der Öffentlichkeit und des 7629

[2258] BVerwG NVwZ 1988, 535; zur Trennung zwischen dem Regelungsgehalt einer die Standorteignung einschließenden atomrechtlichen Genehmigung und dem Regelungsgehalt einer wasserrechtlichen Gestattung für die Einleitung radioaktiv kontaminierten Wassers.

[2259] BVerwGE 78, 40; DVBl. 1990, 57.

[2260] Beckmann EuRUP 2024, 15 (24 f., Kümper ZUR 2023, 168;

[2261] OVG Lüneburg Beschl. v. 15.12.2021 – 12 MS 97/21, juris Rn. 21.; Jarass BImSchG, 2022, § 13 Rn. 6a; Lange in Appel/Ohms/Saurer, BImSchG, 2021, § 13 BImSchG, Rn. 25; Kümper NuR 2021, 588, 589; Kümper UPR 2021, 1712; zum Planfeststellungrecht zuvor schon VGH Mannheim ZLW 2004, 160 ff., Kupfer in Schoch/Schneider, Verwaltungsrecht, 2021, § 75 VwVfG, Rn. 41 und Fn. 63; aA allerdings das BVerwG NVwZ 2024, 343 = juris Rn. 12; zu Recht kritisch dazu Kümper NVwZ 2024, 347.

[2262] Kment in Kment, ROG, 2019, § 6 Rn. 16; Ritter DÖV 2009, 425.

Ausschlusses privatrechtlicher Abwehransprüche (§ 14 BImSchG) bieten.[2263] Ist eine immissionsschutzrechtliche Genehmigung zu Unrecht im vereinfachten Verfahren nach § 19 BImSchG und nicht in einem förmlichen Verfahren nach § 10 BImSchG unter Beteiligung der Öffentlichkeit erteilt worden, so kann dies nur geltend machen, wer durch diesen Verfahrensfehler in seiner materiell-rechtlichen Position beeinträchtigt wird.[2264]

10. Verfahrensmängel

7630 Mängel des gesetzlich vorgesehenen Genehmigungsverfahrens führen nicht zwingend zur gerichtlichen Aufhebung der Genehmigung. Nach § 45 VwVfG sind verschiedene Verfahrens- und Formfehler, die nicht zur Nichtigkeit gem. § 44 VwVfG führen, rückwirkend heilbar. Außerdem können Verfahrensmängel unbeachtlich sein. Nach § 46 VwVfG sind Verstöße gegen Vorschriften über das Verfahren, die Form oder örtliche Zuständigkeit unbeachtlich, wenn offensichtlich ist, dass die Verletzung der Verfahrensvorschriften die Entscheidung in der Sache nicht beeinflusst hat. Ein Verfahrensfehler ist grundsätzlich nur beachtlich, wenn die konkrete Möglichkeit besteht, dass die Behörde bei Einhaltung der Verfahrensvorschriften anders entschieden hätte.[2265]

7631 § 4 I UmwRG sieht allerdings vor, dass für **absolute Verfahrensfehler**, zu denen eine nicht ordnungsgemäße Durchführung der UVP und das Unterbleiben einer Öffentlichkeitsbeteiligung nach § 10 BImSchG gehören, § 46 VwVfG nicht anwendbar ist. Nach der Rechtsprechung des EuGH darf dem Betroffenen keine Beweislast für die Kausalität des Verfahrensfehlers für das Entscheidungsergebnis zugeordnet werden.[2266]

Beispiel: Ein absoluter Verfahrensfehler nach § 4 I 1 Nr. 3 UmwRG liegt vor, wenn die mit der Auslegung der Unterlagen bezweckte Anstoßfunktion nicht mehr erreicht wird. Dies ist etwa dann der Fall, wenn ein inhaltlicher Fehler eines Fachgutachtens dazu führt, dass Dritte nicht mehr beurteilen können, ob und in welchem Umfang sie von den Umweltauswirkungen des Vorhabens betroffen sein können. Dabei reicht es aber grundsätzlich nicht aus, dass einzelne Umweltauswirkungen nicht mit einer hinreichenden Tiefe ermittelt, einzelne Angaben fehlerhaft, Unterlagen unzureichend oder Bewertungen fragwürdig sind.[2267]

7632 Bei **relativen Verfahrensfehlern** nach § 4 I a UmwRG hat das Gericht von Amts wegen zu untersuchen, ob die konkrete Möglichkeit besteht, dass die angefochtene Entscheidung ohne den Verfahrensfehler anders ausgefallen wäre. Lässt sich diese konkrete Möglichkeit auf der Grundlage der dem Gericht vorliegenden Erkenntnismittel nicht ausschließen, greift die Kausalitätsvermutung nach § 4 I a 2 UmwRG zu Lasten der Behörde. Lässt sich eine Irrelevanz für das Entscheidungsergebnis nicht feststellen, geht dies nach § 4 Ia 2 UmwRG zu Lasten der Genehmigungsbehörde, so dass der Verfahrensmangel erheblich ist.[2268]

11. Änderung genehmigungsbedürftiger Anlagen

7633 Das Gesetz unterscheidet zwischen der **Änderung** genehmigungsbedürftiger Anlagen nach § 15 BImSchG und der **wesentlichen Änderung** genehmigungsbedürftiger Anlagen in § 16 BImSchG. Nur die wesentliche Änderung einer Anlage bedarf nach § 16 I BImSchG einer Genehmigung. Darunter ist die Änderung der Lage, der Beschaffenheit oder des Betriebs einer genehmigungsbedürftigen Anlage zu verstehen, wenn durch die Änderung nachteilige Auswirkungen hervorgerufen werden können und diese für die Prüfung nach § 6 I Nr. 1 BImSchG erheblich sein können. Eine Genehmigung ist nicht erforderlich, wenn die durch die Änderung hervorgerufenen nachteiligen Auswirkungen offensichtlich gering sind und die Erfüllung der Pflichten nach § 6 I Nr. 1 BImSchG sichergestellt ist. Eine wesentliche Änderung nach

[2263] Gesetzentwurf der Bundesregierung. Entwurf eines Gesetzes zur Beschleunigung und Vereinfachung immissionsschutzrechtlicher Genehmigungsverfahren, BT-Drs.13/3996 v. 6.3.1996.

[2264] OVG Münster NVwZ-RR 2008, 168 zu einer Anlieferstelle für nicht gefährliche Abfälle; BVerwGE 85, 368.

[2265] BVerwGE 100, 238 (250); kritisch dazu Kahl/Gärditz Umweltrecht, 2023, § 7 Rn. 49.

[2266] EuGH ZUR 2014, 36.

[2267] OVG Münster NVwZ-RR 2024, 135 = juris Rn. 19; VGH Mannheim Urt. v. 17.11.2022 – 14 S 2056/21, juris; sowie Kment in Beckmann/Kment, UVPG/UmwRG, 2023, § 4 UmwRG Rn. 26.

[2268] BVerwGE 154, 73 Rn. 43, 46.

§ 16 I 1 BImSchG wird nicht dadurch ausgeschlossen, dass möglichen negativen Auswirkungen eine erhöhte Sicherheit vor anderen Gefahren gegenübersteht. Denn die Wesentlichkeit der Änderung kann nicht durch andere Vorteile kompensiert werden.[2269]

Eine Änderung einer Anlage ist von deren **Neuerrichtung** abzugrenzen. Erweiterungen einer Anlage sind regelmäßig als Unterfall der Änderung und nicht als Neuerrichtung anzusehen, wenn es sich um bloße Vergrößerungen oder um die Errichtung gleichartiger Anlagen handelt. Erweiterungen oder sonstige Änderungen an Nebeneinrichtungen in aller Regel ebenfalls nur. Wird durch die Änderung der **Kernbestand** der Anlage vollständig oder überwiegend verändert und ändert sich damit zugleich der Charakter der Gesamtanlage, bedarf es einer Neugenehmigung. Dies kann insbesondere dann der Fall sein, wenn mit der Änderung eine massive Erhöhung der Anlagenkapazität einhergeht, die die Größenordnung einer Verdoppelung erreicht oder gar überschreitet.[2270] 7634

Ist eine **Befristung** wirksam einer immissionsschutzrechtlichen (Voll-)Genehmigung als Nebenbestimmung beigefügt, ist ein Antrag auf Fristverlängerung in der Sache stets ein **Antrag auf Änderung** einer immissionsschutzrechtlichen Genehmigung gemäß § 10 BImSchG. Die Fristverlängerung darf außerhalb eines immissionsschutzrechtlichen Genehmigungsverfahrens nicht erfolgen.[2271] 7635

Keine Änderung liegt vor, wenn nicht die Anlage geändert wird, sondern Anlagenbetreiber wechselt oder Unternehmensorganisation des Betreibers geändert wird.[2272] 7636

a) UVP-Pflicht von Änderungen des Vorhabens. Ob und inwieweit eine Änderung genehmigungsbedürftiger Anlagen nach dem BImSchG UVP-pflichtig ist, ergibt sich aus dem UVPG. Die zuständige Behörde stellt auf der Grundlage geeigneter Angaben des Vorhabenträgers sowie eigener Informationen nach § 5 I 1 UVP unverzüglich fest, ob nach §§ 6 bis 14a UVPG für das Vorhaben eine Pflicht zur Durchführung einer UVP besteht oder nicht. Die Feststellung der UVP-Pflicht ist erforderlich unabhängig davon, ob ein unbedingt UVP-pflichtiges oder ein vorprüfungspflichtiges Vorhaben in Rede steht. Die Prüfung der UVP-Pflicht ist eine Vollprüfung, soweit es um die Tatbestandsvoraussetzungen der Anlage 1 sowie der §§ 9 ff. UVPG geht. Stellt sich im Genehmigungsverfahren heraus, dass die UVP-Pflicht zu Unrecht verneint worden ist, muss die UVP nachgeholt werden. Ist eine Vorprüfung zu Unrecht ganz unterblieben oder fehlerhaft durchgeführt worden, kann sie bis zum Abschluss der letzten Tatsacheninstanz im gerichtlichen Verfahren nachgeholt bzw. geheilt werden. Stellt sich im Genehmigungsverfahren heraus, dass nachteilige Umweltauswirkungen nicht auszuschließen sind, bedeutet dies nicht, dass eine UVP durchgeführt oder eine Vorprüfung nachgeholt werden muss, wenn eine ordnungsgemäße Vorprüfung im Einzelfall stattgefunden hat. Entscheidend ist überschlägige Bewertung der zuständigen Behörde im Vorfeld des Zulassungsverfahrens. Die bei einer Vorprüfung entscheidende Frage, ob das Vorhaben erhebliche nachteilige Umweltauswirkungen haben kann, ist nach § 7 I UVPG als überschlägige Prüfung durchzuführen. Während bei Neuvorhaben nach § 6 UVPG eine unbedingte UVP-Pflicht bestehen kann, hängt die UVP-Pflicht bei Änderungsvorhaben nach § 9 UVPG von weiteren Voraussetzungen ab. Die Erweiterung einer Anlage ist dann keine Neuanlage, wenn es sich um die bloße Vergrößerung oder die Errichtung einer gleichartigen Anlage handelt. Erreicht die Änderung, Erweiterung in quantitativer Hinsicht, Änderung der Beschaffenheit der Bestandsanlage in qualitativer Hinsicht, eine Dimension, dass der Kernbestand der Anlage überwiegend oder sogar vollständig verändert wird und ändert sich die Gesamtkonzeption der Anlage, bedarf es einer Neugenehmigung. Dies soll zB dann der Fall sein, wenn die Änderung zu einer Verdoppelung der Anlagenkapazität führt oder sogar darüber hinaus reicht. 7637

Zur Klärung der Frage, ob eine wesentliche Änderung nach § 16 I BImSchG vorliegt, findet nach § 15 BImSchG ein **Prüfverfahren** statt, das durch eine Anzeige des Vorhabenträgers eingeleitet wird. Nach § 15 I BImSchG ist der zuständigen Behörde die Änderung der Lage, der Beschaffenheit oder des Betriebs einer genehmigungsbedürftigen Anlage, sofern eine Genehmigung nicht beantragt wird, mindestens einen Monat bevor mit der Änderung begonnen 7638

[2269] VGH Mannheim BauR 2002, 1749 (LS); zur wesentlichen Änderung siehe auch Rebentisch NVwZ 2022, 938; Reidt NVwZ 2017, 356.

[2270] VGH Mannheim NVwZ-RR 2015, 254; Reidt NVwZ 2017, 356 (357); Jarass UPR 2006, 45.

[2271] BVerwG Beschl. v. 7.12.2001 – 7 B 83.01, juris.

[2272] Reidt NVwZ 2017, 356 (357).

werden soll, schriftlich anzuzeigen, wenn sich die Änderung auf die in § 1 BImSchG benannten Schutzgüter auswirken kann. Der Anzeige sind Unterlagen nach § 10 I 2 BImSchG beizufügen, soweit diese für die Prüfung erforderlich sein können, ob das Vorhaben genehmigungsbedürftig ist. Soweit die Behörde weitere Unterlagen benötigt, teilt sie dies dem Vorhabenträger unverzüglich mit. Innerhalb eines Monats nach Eingang der Anzeige und der ergänzend angeforderten Unterlagen schließt sich ein behördliches **Prüfverfahren** mit dem Inhalt an, ob das Vorhaben nach § 16 BImSchG genehmigungsbedürftig ist. Die Änderung bedarf nach § 16 BImSchG keiner Genehmigung, wenn sie nicht wesentlich ist (§ 16 I BImSchG) oder eine genehmigte Anlage oder Teile von ihr im Rahmen der Genehmigung lediglich ersetzt oder ausgetauscht werden sollen (§ 16 V BImSchG). Teilt die Behörde innerhalb der Monatsfrist mit, dass eine Genehmigungspflicht nicht vorliegt oder äußert sich die Behörde nicht rechtzeitig, so darf der Vorhabenträger die Änderung vornehmen (§ 15 II BImSchG). Der Vorhabenträger kann allerdings auch für lediglich **anzeigebedürftige Vorhaben** eine **Genehmigung** beantragen (§ 16 IV BImSchG). Die Genehmigung ist sodann im vereinfachten Verfahren (§ 19 BImSchG) zu erteilen. Auch die Einstellung des Betriebes einer genehmigungsbedürftigen Anlage ist unter Angabe des Zeitpunktes der Einstellung der Behörde anzuzeigen (§ 15 II BImSchG). Zur Erfüllung der sich aus § 5 III BImSchG ergebenden Pflichten sind der Anzeige entsprechende Unterlagen beizufügen.

7639 **b) Freistellungserklärung.** Der Träger des Vorhabens darf die Änderung vornehmen, sobald die zuständige Behörde ihm mitteilt, dass die Änderung keiner Genehmigung bedarf oder sich innerhalb eines Monats nach Anzeige der beabsichtigten Änderung nicht geäußert hat (§ 15 II 2 BImSchG). Mit einer Freistellungserklärung nach § 15 II 2 BImSchG wird nicht mit Bindungswirkung festgestellt, dass die (noch) nicht geänderte Anlage formell rechtmäßig ist, da dies nicht Prüfungsgegenstand sondern rechtliche Vorfrage ist. Eine Freistellungserklärung teilt das Schicksal der immissionsschutzrechtlichen Genehmigung bzw. der genehmigungsersetzenden Wirkung einer Anzeige nach § 67 a I BImSchG. Sind diese bereits erloschen, geht eine Freistellungserklärung ins Leere.[2273] Dem Nachbarn einer genehmigungsbedürftigen Anlage steht kein subjektives Recht zu, kraft dessen er sich gegen eine dem Anlagenbetreiber rechtswidrig erteilte Freistellungserklärung nach § 15 II 2 BImSchG wenden kann.[2274]

7640 **c) Verfahrensrechtliche Anforderungen an das Änderungsverfahren.** Ist ein Genehmigungsverfahren erforderlich, weil die Voraussetzungen einer wesentlichen Änderung nach § 16 I BImSchG erfüllt sind, so sind vom Grundsatz her die für die Genehmigung geltenden verfahrensrechtlichen Vorschriften (§§ 4, 6, 10, 19 BImSchG) zu beachten. Die Genehmigung findet im großen (§§ 4, 10 BImSchG) oder vereinfachten Verfahren (§ 19 BImSchG) statt (§ 16 II 3 BImSchG).

7641 Nach § 16 II 1 BImSchG soll die Genehmigungsbehörde von der Öffentlichkeitsbeteiligung (öffentliche Bekanntmachung und Auslegung des Antrags sowie der Unterlagen) absehen, wenn der Vorhabenträger dies beantragt und erhebliche nachteilige Auswirkungen auf die in § 1 BImSchG genannten Schutzgüter nicht zu besorgen sind. Auf die Öffentlichkeitsbeteiligung kann daher nur dann nicht verzichtet werden, wenn das Änderungsvorhaben mit nachteiligen Auswirkungen von einem gewissen Gewicht verbunden ist.[2275]

7642 Die Durchführung eines Änderungsgenehmigungsverfahrens setzt nicht die Bestandskraft der geänderten Genehmigung voraus.[2276]

7643 Die durch die verschiedenen BImSchG-Novellen eingeführten Vorschriften dienen zugleich der Anpassung an **europäisches Recht.**[2277] Das gilt auch für die IE-RL und die IVU-RL als deren Vorgängerin.[2278] Die IE-RL unterscheidet wesentliche Änderungen, die eine Genehmigungspflicht begründen, von den einfachen Änderungen des Betriebes, die nicht genehmigungsbedürftig sind. Diese Änderungen betreffen eine Änderung der Beschaffenheit oder

---

[2273] OVG Magdeburg UPR 2012, 399; BVerwG NVwZ 2011, 120.

[2274] BVerwG ZUR 2013, 100.

[2275] Jarass BImSchG, 2022, § 16 Rn. 62.

[2276] VGH Mannheim NuR 2023, 271.

[2277] Gesetzentwurf der Bundesregierung. Entwurf eines Gesetzes zur Beschleunigung und Vereinfachung immissionsschutzrechtlicher Genehmigungsverfahren, BT-Drs.13/3996 v. 6.3.1996.

[2278] NVwZ 1997 363; zu dieser Richtlinie Dürkop/Kracht/Wasielewski UPR 1995, S. 425; Becker DVBl. 1997, 588; Dolde NVwZ 1997 313.

Funktionsweise der Anlage, die Auswirkungen auf die Umwelt haben kann. Nach der IE-RL besteht hier lediglich eine Mitteilungspflicht. In materieller Hinsicht regelt die IE-RL Grundpflichten und Genehmigungsvoraussetzungen für den Betrieb von Vorhaben bestehender und neuer Industrieanlagen. Sie beziehen sich auf die integrierte Vermeidung und Verminderung der Freisetzung von Stoffen, Erschütterungen, Wärme oder Lärm in Luft, Wasser und Boden unter Einbeziehung der Abfallwirtschaft, außerdem die Einhaltung der Umweltqualitätsnormen sowie einer regelmäßigen Überprüfung und ggf. Anpassung der Genehmigungsauflagen. In verfahrensrechtlicher Hinsicht finden sich ua Regelungen betreffend die genehmigungspflichtigen Anlagen, über Genehmigungsantrag und Öffentlichkeitsbeteiligung sowie Auflagen.

d) Zulassungsvoraussetzungen der Änderungsgenehmigung. Die materiellen Genehmigungsvoraussetzungen sind mit denen der erstmaligen Genehmigung identisch. Gehe von der Änderung keine nachteiligen Wirkungen iSd § 16 I BImSchG aus, genügt eine Anzeige an die zuständige Behörde (§ 15 I BImSchG). Die Behörde prüft die Genehmigungsbedürftigkeit und teilt ihr Ergebnis dem Anzeigenden unverzüglich mit (§ 15 II 2, 1 BImSchG), stellt aber nicht die Einhaltung gesetzlicher Vorgaben fest.[2279] Allerdings darf gem. § 6 III BImSchG eine Änderungsgenehmigung nicht versagt werden, wenn zwar Immissionswerte nach der Änderung von Verwaltungsvorschriften oder Rechtsverordnungen nach den §§ 48, 48a BImSchG nicht eingehalten werden, aber eine deutliche Verbesserung eintritt (sog. **Verbesserungsgenehmigung**).[2280] In einem durch eine Vorbelastung geprägten Gebiet kann die (nachbarschützende) Zumutbarkeitsschwelle für störende Immissionen bei einer sogenannten Verbesserungsgenehmigung nur dann zu Lasten des betroffenen Nachbarn heraufgesetzt werden, wenn bei Errichtung und Betrieb der Anlage schädliche Umwelteinwirkungen verhindert werden, die nach dem Stand der Technik vermeidbar sind.[2281] Auch bei einer sogenannten Verbesserungsgenehmigung wirkt § 22 I 1 Nr. 1 BImSchG nachbarschützend. Denn der betroffene Nachbar kann ein Interesse daran haben, dass eine – wenn auch geringere – Überschreitung der ansonsten heranzuziehenden Zumutbarkeitsschwelle nicht im Wege einer neu erteilten Genehmigung auf unabsehbare Zeit festgeschrieben wird.[2282] 7644

12. Nachträgliche Maßnahmen

Bei einer Veränderung der Sach- oder Rechtslage kann die Behörde nachträgliche Anordnungen treffen (§ 17 BImSchG), die Untersagung, Stilllegung und Beseitigung der Anlagen fordern (§ 20 BImSchG) oder den Widerruf der Genehmigung aussprechen (§ 20 BImSchG). 7645

a) Nachträgliche Anordnung. Der Gesetz- und Verordnungsgeber darf mit nachträglichen Auflagen in immissionsschutzrechtlich genehmigte Betriebe eingreifen und strengere Anforderungen an den genehmigten Betrieb richten. Dazu muss der Gesetzgeber eine Eigentumsordnung zu schaffen, die sowohl den privaten Interessen des Einzelnen als auch denen der Allgemeinheit gerecht wird.[2283] Gegenstand und Umfang des durch Art. 14 I 1 GG gewährleisteten Bestandsschutzes ergeben sich aus der Gesamtheit der verfassungsmäßigen Gesetze, die den Inhalt des Eigentums bestimmen. Eine auf der Grundlage einer immissionsschutzrechtlichen Genehmigung errichtete und in Betrieb genommene Anlage stellt eine von Art. 14 I GG geschützte Rechtsposition dar. Dabei beschränkt sich der Grundrechtsschutz nicht auf das zivilrechtliche Eigentum an der Anlage, sondern umfasst grundsätzlich auch die durch die immissionsschutzrechtliche Genehmigung vermittelte Rechtsposition. Insbesondere gewährt die immissionsschutzrechtliche Genehmigung nach § 4 BImSchG keinen Schutz vor nachträglichen Rechtsänderungen. So können die Anforderungen an Legebatterien im Nachhinein entschädigungslos geändert verschärft werden.[2284] 7646

Der Erlass einer nachträglichen Anordnung steht im **Ermessen** der zuständigen Behörde. Wenn von der genehmigten Anlage schädliche Umwelteinwirkungen (§ 3 I BImSchG) auf die 7647

[2279] BVerwG NVwZ 2011, 120; Kahl/Gärditz Umweltrecht, 2023, § 7 Rn. 112.

[2280] Zur Verbesserungsgenehmigung für Industrieanlagen und Gewerbebetriebe nach § 6 III BImSchG Scheidler GewArch 2022, 315; Kloepfer/Durner Umweltschutzrecht, 2020, § 8 Rn. 35; siehe auch BVerwG NVwZ 2018, 509.

[2281] BVerwG Beschl. v. 13.1.2021 – 4 B 23/20, juris Rn. 9.

[2282] BVerwG Beschl. v. 13.1.2021 – 4 B 23/20, juris Rn. 10.

[2283] BVerfG NJW 1980, 985.

[2284] BVerfG NVwZ 2010, 771; Scheidler NuR 2011, 631.

Nachbarschaft oder die Allgemeinheit ausgehen, soll die Behörde die erforderlichen Anordnungen erlassen (§ 17 I 2 BImSchG). Die Behörde trifft dann eine Pflicht zum Einschreiten, es sei denn, atypische Umstände rechtfertigen eine abweichende Entscheidung.[2285] § 17 I 2 BImSchG ist nachbarschützend Charakter. Betroffene haben nicht nur einen Anspruch auf eine fehlerfreie Ermessensentscheidung, sondern auf den Erlass konkreter Anordnungen, um die Einhaltung der Schutzpflicht des § 5 I Nr. 1 BImSchG zu sichern.[2286]

7648 Zur Erfüllung der sich aus dem BImSchG und den BImSchV ergebenden Pflichten können nach Erteilung der Genehmigung sowie nach einer nach angezeigten Änderung Anordnungen gem. § 17 I 1 BImSchG getroffen werden. Wird nach Erteilung der Genehmigung sowie nach einer angezeigten Änderung festgestellt, dass die Allgemeinheit oder die Nachbarschaft nicht ausreichend vor schädlichen Umwelteinwirkungen oder sonstigen Gefahren, erheblichen Nachteilen oder erheblichen Belästigungen geschützt ist, soll die zuständige Behörde nachträgliche Anordnungen treffen (§ 17 I 2 BImSchG).

7649 § 17 I 1 BImSchG ermächtigt nur zu nachträglichen Anordnungen zur Erfüllung von Pflichten, die sich aus dem BImSchG und der aufgrund des BImSchG erlassenen Rechtsverordnungen ergeben. Die nachträgliche Durchsetzung anderer öffentlich-rechtlicher Pflichten richtet sich nach dem jeweils einschlägigen Fachrecht.[2287] Eine immissionsschutzrechtliche Genehmigung für die Errichtung und den Betrieb von Windenergieanlagen steht der Heranziehung von § 3 II BNatSchG als Rechtsgrundlage für nachträgliche Anordnungen zur Durchsetzung naturschutzrechtlicher Verbote nicht generell entgegen.[2288]

7650 Die zuständige Behörde darf eine nachträgliche Anordnung nach § 17 II 1 BImSchG nicht treffen, wenn sie unverhältnismäßig ist, vor allem wenn der mit der Erfüllung der Anordnung verbundene Aufwand außer Verhältnis zu dem mit der Anordnung angestrebten Erfolg steht; dabei sind insbesondere Art, Menge und Gefährlichkeit der von der Anlage ausgehenden Emissionen und der von ihr verursachten Immissionen sowie die Nutzungsdauer und technische Besonderheiten der Anlage zu berücksichtigen. Darf eine nachträgliche Anordnung wegen **Unverhältnismäßigkeit** nicht getroffen werden, soll die zuständige Behörde die Genehmigung unter den Voraussetzungen des § 21 I Nr. 3 bis 5 BImSchG ganz oder teilweise widerrufen; § 21 III bis VI BImSchG sind anzuwenden. Dient die nachträgliche Anordnung der Umsetzung des Standes der Technik, bei dessen Formulierung und Standardisierung bereits Kriterien der wirtschaftlichen Vertretbarkeit eingeflossen sind, bedeutet dies nicht, dass bei der Entscheidung über den Erlass einer nachträglichen Anordnung Wirtschaftlichkeitsaspekte ausgeblendet werden dürften.[2289]

7651 Soweit durch Rechtsverordnung die Anforderungen § 5 I Nr. 2 BImSchG abschließend festgelegt sind, dürfen durch nachträgliche Anordnungen weitergehende Anforderungen zur Vorsorge gegen schädliche Umwelteinwirkungen nicht gestellt werden (§ 17 III BImSchG).

7652 Die zuständige Behörde soll nach § 17 IIIa 1 BImSchG von nachträglichen Anordnungen absehen, soweit in einem vom Betreiber vorgelegten Plan technische Maßnahmen an dessen Anlagen oder an Anlagen Dritter vorgesehen sind, die zu einer weitergehenden Verringerung der Emissionsfrachten führen als die Summe der Minderungen, die durch den Erlass nachträglicher Anordnungen zur Erfüllung der sich aus dem BImSchG oder einer BImSchV ergebenden Pflichten bei den beteiligten Anlagen erreichbar wäre und hierdurch der in § 1 BImSchG genannte Zweck gefördert wird. Dies gilt nicht, soweit der Betreiber bereits zur Emissionsminderung auf Grund einer nachträglichen Anordnung nach § 17 I 1 BImSchG oder einer Auflage nach § 12 I BImSchG verpflichtet ist oder eine nachträgliche Anordnung § 17 I 2 BImSchG getroffen werden soll. Der Ausgleich ist nur zwischen denselben oder in der Wirkung auf die Umwelt vergleichbaren Stoffen zulässig. § 17 IIIa 1 bis 3 BImSchG gelten auch für nicht betriebsbereite Anlagen, für die die Genehmigung zur Errichtung und zum Betrieb erteilt ist oder für die in einem Vorbescheid oder einer Teilgenehmigung Anforderungen nach § 5 I Nr. 2 BImSchG festgelegt sind. Die Durchführung der Maßnahmen des Plans ist durch Anordnung sicherzustellen (§ 17 IIIa BImSchG).

7653 Ist es zur Erfüllung der Anordnung erforderlich, die Lage, die Beschaffenheit oder den Betrieb der Anlage wesentlich zu ändern und ist in der Anordnung nicht abschließend bestimmt,

[2285] BVerwGE 84, 220 (233); Kahl/Gärditz Umweltrecht, 2023, § 7 Rn. 100.

[2286] Eifert Umweltschutzrecht in Schoch/Eifert, Besonderes Verwaltungsrecht, 2023, Rn. 302.

[2287] BVerwG Urt. v. 19.12.2023 – 7 C 4/22, juris Rn. 13; BVerwGE 132, 224 Rn. 28 f.

[2288] BVerwG Urt. v. 19.12.2023 – 7 C 4/22, juris Rn. 14.

[2289] OVG Lüneburg ZUR 2019, 539.

in welcher Weise sie zu erfüllen ist, bedarf die Änderung der Genehmigung nach § 16 BImSchG. Ist zur Erfüllung der Anordnung die störfallrelevante Änderung einer Anlage erforderlich, die Betriebsbereich oder Bestandteil eines Betriebsbereichs ist, und wird durch diese Änderung der angemessene Sicherheitsabstand erstmalig unterschritten, wird der bereits unterschrittene Sicherheitsabstand räumlich noch weiter unterschritten oder wird eine erhebliche Gefahrenerhöhung ausgelöst, so bedarf die Änderung einer Genehmigung nach § 16 oder § 16a BImSchG, wenn in der Anordnung nicht abschließend bestimmt ist, in welcher Weise sie zu erfüllen ist (§ 17 IV BImSchG).

Besonderheiten gelten für **IE-Anlagen**. Werden durch eine Anordnung gem. § 17 I 2 **7654** BImSchG Emissionsbegrenzungen neu festgelegt (§ 17 Ia BImSchG) oder auf Grundlage einer Verordnung nach § 7 Ib BImSchG oder einer Verwaltungsvorschrift nach § 48 Ib BImSchG weniger strenge Emissionsbegrenzungen festgelegt (§ 17 Ib BImSchG), ist ein förmliches Verfahren zu durchlaufen. Dieses Verfahren setzt die öffentliche Bekanntgabe und eine Öffentlichkeitsbeteiligung voraus (§ 17 Ia 1, 2 iVm § 10 III, IV Nr. 1, 2, VII bis VIIIa BImSchG). Dabei schränkt § 17 Ia 3 BImSchG den Kreis der Einwendungsbefugten ein. Wurden Vorgaben aus BVT-Schlussfolgerungen nicht in untergesetzlichen Regelwerken umgesetzt, verpflichtet § 17 IIa iVm § 12 Ia BImSchG die Behörde, durch nachträgliche Anordnung dafür Sorge zu tragen, dass die für die IE-Anlagen geltenden Emissionsbegrenzungen nicht hinter den Vorgaben der BVT-Schlussfolgerungen zurückbleiben. Eine Festlegung von weniger strengen Emissionsbegrenzungen ist aber unter den Voraussetzungen von § 17 IIb BImSchG möglich

b) Untersagung, Stilllegung und Beseitigung. Unter den Voraussetzungen von § 20 **7655** BImSchG kann die Behörde eine Untersagung, Stilllegung und Beseitigung anordnen. Kommt der Betreiber einer genehmigungspflichtigen Anlage einer Auflage, einer vollziehbaren nachträglichen Anordnung oder einer abschießend bestimmten Pflicht aus einer BImSchV nicht nach und betreffen die Auflage, die Anordnung oder die Pflicht die Beschaffenheit oder den Betrieb der Anlage, so kann die zuständige Behörde den Betrieb ganz oder teilweise bis zur Erfüllung der Auflage, der Anordnung oder der Pflichten aus der BImSchV untersagen (§ 20 I BImSchG). Die zuständige Behörde soll anordnen, dass eine Anlage, die ohne die erforderliche Genehmigung errichtet, betrieben oder wesentlich geändert wird, stillzulegen oder zu beseitigen ist. Sie hat die Beseitigung anzuordnen, wenn die Allgemeinheit oder die Nachbarschaft nicht auf andere Weise ausreichend geschützt werden können (§ 20 II BImSchG). Die zuständige Behörde kann den weiteren Betrieb einer genehmigungsbedürftigen Anlage bei Unzuverlässigkeit der verantwortlichen Personen untersagen (§ 20 III BImSchG). Nach § 20 II 1 BImSchG ist die Behörde ermächtigt, die Stilllegung einer ungenehmigten Anlage im Regelfall anzuordnen. Der Verhältnismäßigkeitsgrundsatz gebietet jedoch, in atypischen Fällen zu prüfen und darüber zu entscheiden, ob ein milderes Mittel ausreicht, die Einhaltung der Pflichten des Betreibers nach § 5 BImSchG zu gewährleisten. Ein atypischer Fall liegt vor, wenn die Behörde begründeten Anlass für die Annahme hat, die Anlage entspreche so, wie sie betrieben wird, den immissionsschutzrechtlichen Anforderungen. Dabei braucht die Behörde allerdings keine umfangreichen und zeitraubenden Ermittlungen über die materielle Genehmigungsfähigkeit der Anlage anzustellen.[2290] Die immissionsschutzrechtliche Genehmigung erlischt auch dann, wenn der Inhaber auf sie verzichtet.[2291]

c) Bestandsschutz. Im Übrigen erzeugt die Genehmigung einen relativen Bestandsschutz. **7656** Der Bestandsschutz bezieht sich dabei auf den **passiven** Bestandsschutz in dem Sinne, dass die erteilte Genehmigung abgesehen von den Möglichkeiten nachträglicher Auflagen und eines Widerrufs Bindungswirkungen erzeugt. **Aktiver** Bestandsschutz iS eines überwirkenden Bestandsschutzes[2292] kommt einer immissionsschutzrechtlichen Genehmigung dagegen nicht zu. Der Bestandsschutz wird in vielfältiger Weise eingeschränkt. Eine zentrale Einschränkung ergibt sich schon aus der Verpflichtung des Anlagenbetreibers zur Beachtung dynamischer Grundpflichten, die dazu führt, dass er kein Recht für sich in Anspruch nehmen kann, dauerhaft seine Anlage entsprechend der ihm bestandskräftig erteilten Genehmigung betreiben zu dürfen.[2293]

Hinzu kommt, dass der Gesetz- und Verordnungsgeber unmittelbar in den rechtlichen Be- **7657** stand einer Genehmigung eingreifen kann, indem er nach Erteilung der Genehmigung die

---

2290 BVerwG Beschl. v. 30.11.1992 – 4 NB 41.92, juris.

2291 BVerwG NVwZ 1990, 464.

2292 BVerwG NVwZ-RR 1992, 402.

2293 Näher dazu Beckmann EuRUP 2020, 238 ff.

rechtlichen Anforderungen für den genehmigten Anlagenbetrieb verschärft.[2294] Auch daraus ergibt sich eine gravierende weitere Einschränkung des Bestandsschutzes der bestandskräftig erteilten Genehmigung.[2295] Die Annahme einer die Genehmigung unmittelbar modifizierenden Wirkung nachträglich erlassener Rechtsverordnungen kann erhebliche Rechtsunsicherheiten für Genehmigungsinhaber bewirken. Sie können sich nicht darauf verlassen, dass ihr Anlagenbetrieb, der sich an der bestandskräftigen Zulassung orientiert, rechtmäßig und zulassungskonform ist und dass sie ihren genehmigten Betrieb nur auf der Grundlage nachträglich durch Auflagen geänderter Bescheide anpassen oder bei einem Widerruf oder einer Rücknahme der Genehmigung beenden bzw. nach § 20 BImSchG stilllegen oder unterbrechen müssen. Anlagenbetreiber müssen nach der zitierten Rechtsprechung vielmehr davon ausgehen, dass ihre Zulassung durch nach deren Erlass ergehende oder sich danach ändernde Verordnungen unmittelbar „modifiziert" wird, ohne dass es auch nur eines Federstrichs der zuständigen Genehmigungsbehörde bedürfte. Geht man davon aus, dass grundsätzlich auch rechtswidrige Genehmigungen, die bereits bei ihrem Erlass gegen geltendes Recht verstoßen, nach § 43 VwVfG gleichwohl wirksam sind, dann leuchtet es nicht unbedingt ein, dass eine sich erst nach Wirksamwerden oder gar nach Bestandskraft des Genehmigungsbescheides ändernde Rechtslage ohne eine entsprechende Anpassung des Genehmigungsbescheids durch einen Teilwiderruf oder einen nachträgliche Auflage zu einer Modifikation des Verwaltungsakts führen soll. Der Genehmigungsbescheid bestätigt ja nicht nur die Übereinstimmung mit den einschlägigen öffentlich-rechtlichen Vorschriften zum Zeitpunkt der Erteilung der Genehmigung, sondern lässt das Vorhaben für die Zeit nach Wirksamwerden der Genehmigung regelmäßig unbefristet zu. Hinzu kommt, dass bei einer in diesem Sinne unmittelbar den Genehmigungsbescheid modifizierenden Rechtsverordnung eine Verhältnismäßigkeitsprüfung im Sinne von § 17 II 1 BImSchG und damit auch die Prüfung im Sinne von § 17 II 2 BImSchG unterbleibt, ob aus Gründen der Verhältnismäßigkeit eine nachträgliche Anordnung nicht getroffen werden darf und stattdessen die Genehmigung unter Beachtung der Voraussetzungen des § 21 I Nrn. 3 bis 5 BImSchG ganz oder teilweise zu widerrufen ist.

Hinweis: Die immissionsschutzrechtliche Genehmigung gestattet zwar die Fortführung des Betriebes. Allerdings werden betriebliche Erweiterungen grundsätzlich davon nicht erfasst. Auch ist der Betrieb bei Vorliegen der Voraussetzungen nicht vor nachträglichen Auflagen nach § 17 BImSchG oder einem Widerruf der Genehmigung nach § 21 BImSchG geschützt. Der Bestandsschutz einer gewerblichen Anlage steht auch einer nachträglichen Anordnung zur Minderung vermeidbarer Lärmbelästigungen für die Wohnnachbarschaft nicht entgegen.[2296]

7658 In Abkehr von früherer Rechtsprechung[2297] lehnt das BVerwG einen Anspruch auf Vorhabenzulassung aus **enteignungsrechtlichem Bestandsschutz** außerhalb der gesetzlichen Regelungen ab.[2298] Art. 14 I 1 GG beinhalte ausschließlich einen verfassungsrechtlichen Prüfungsmaßstab, an dem das einfache Recht zu messen sei, nicht aber eine eigenständige Anspruchsgrundlage, mit der die Inhalts- und Schrankenbestimmungen des Gesetzgebers fachgerichtlich angereichert werden könne. Das gelte auch für Veränderungen oder Erweiterungen baulicher Anlagen im Außenbereich.[2299] Vom Bestandsschutz sind auch solche Baumaßnahmen nicht gedeckt, die einem Neubau gleichkommen.[2300] Das vom Gesetzgeber in § 35 IV BauGB geschaffene differenzierte System von Einzelregelungen, denen der Gedanke des erweiterten Bestandsschutzes zu Grunde liege,[2301] sei auch nicht durch Kombination der verschiedenen Nummern beliebig erweiterbar.

[2294] BVerwG DVBl.. 2004, 1544; kritisch dazu Beckmann AbfR 2003, 2 ff.; Beckmann DVBl.. 2003, 821 ff.

[2295] dazu Beckmann EuRUP 2020, 238 ff.

[2296] BVerwG NVwZ 1989, 257.

[2297] BVerwG DVBl. 1976, 21; DVBl. 1986, 677.

[2298] BVerwG Beschl. v. 3.12.1997 – 4 B 193.97, juris; DVBl. 1998, 587 zur Inhalts- und Schrankenbestimmung des Eigentums durch den Landesgesetzgeber.

[2299] So im Anschluss an BVerwG DVBl. 1990, 1182, NVwZ-RR 1998, 357. So sind etwa Abbrucharbeiten, die über den genehmigten Umfang hinausgehen, keine außergewöhnlichen Ereignisse iS des § 35 IV Nr. 3 BauGB, so BVerwG NVwZ-RR 1997, 521.

[2300] OVG Greifswald Urt. v. 18.2.1998 – 3 M 134/95, juris.

[2301] BVerwG NVwZ-RR 1998, 357.

13. Erlöschen und Widerruf der Genehmigung

a) Erlöschen der Genehmigung. Wird innerhalb einer von der Genehmigungsbehörde gesetzten angemessenen Frist nicht mit der Errichtung der Anlage oder dem Betrieb der Anlage begonnen, oder wird eine Anlage während eines Zeitraums von mehr als 3 Jahren nicht mehr betrieben, so erlischt die Genehmigung (§ 18 BImSchG).[2302] Die Errichtungsfrist des § 18 I BImSchG soll zum Schutz der Allgemeinheit und der Nachbarschaft verhindern, dass von einer erteilten Genehmigung zu einem Zeitpunkt erstmals oder wieder Gebrauch gemacht wird, in dem sich die tatsächlichen oder rechtlichen Verhältnisse wesentlich verändert haben können. Einem unerwünschten „Sammeln" von Genehmigungen kann die Behörde durch Befristungen gemäß § 18 I Nr. 1 BImSchG vorbeugen.[2303] Die Fristsetzung kann dabei als Nebenbestimmung mit der Genehmigung oder nachträglich als eigenständiger VA erlassen werden.[2304] 7659

Das Erlöschen der immissionsschutzrechtlichen Genehmigung nach § 18 II BImSchG führt nicht zum Wiederaufleben nach § 14 BImSchG ausgeschlossener privatrechtlicher Abwehransprüche.[2305] § 18 I Nr. 2 BImSchG, nach der die Genehmigung erlischt, wenn eine Anlage während eines Zeitraums von mehr als drei Jahren nicht mehr betrieben worden ist, ist auf eine genehmigungsersetzende Anzeige gemäß § 67 a BImSchG[2306] entsprechend anwendbar. Maßgebend für den Beginn der Frist des § 18 I Nr. 2 BImSchG ist der Zeitpunkt, zu dem der Betrieb tatsächlich eingestellt worden ist. Bei der Feststellung dieses Zeitpunkts kommt einer entsprechenden Erklärung des Betreibers Indizwirkung zu. Eine Fristverlängerung, die zwar keinen kalendermäßig bestimmten Endzeitpunkt festlegt, deren Regelungsgehalt aber nach dem Empfängerhorizont und den Begleitumständen erkennbar ist, ist nicht wegen eines schwerwiegenden und offensichtlichen Fehlers nichtig.[2307] 7660

Die Genehmigung kann auch aufgrund einer Befristung oder einer auflösenden Bedingung sowie bei Verzicht des Betreibers erlöschen. Gem. § 13 BImSchG bleiben eingeschlossene Genehmigungen, insbesondere eine Baugenehmigung bleiben grundsätzlich bestehen.[2308] 7661

b) Widerruf. § 21 BImSchG regelt den Widerruf einer rechtmäßigen immissionsschutzrechtlichen Genehmigung. Er darf erfolgen, (1) wenn der Widerruf vorbehalten worden ist, (2) wenn mit der Genehmigung eine Auflage verbunden ist und der Begünstigte diese nicht oder nicht innerhalb einer ihm gesetzten Frist erfüllt hat, (3) wenn die Genehmigungsbehörde auf Grund nachträglich eingetretener Tatsachen berechtigt wäre, die Genehmigung nicht zu erteilen, und wenn ohne den Widerruf das öffentliche Interesse gefährdet würde, (4) wenn die Genehmigungsbehörde auf Grund einer geänderten Rechtsvorschrift berechtigt wäre, die Genehmigung nicht zu erteilen, soweit der Betreiber von der Genehmigung noch keinen Gebrauch gemacht hat, und wenn ohne den Widerruf das öffentliche Interesse gefährdet würde sowie (5) um schwere Nachteile für das Gemeinwohl zu verhüten oder zu beseitigen. 7662

14. Nicht genehmigungsbedürftige Anlagen

Auch nicht genehmigungsbedürftige Anlagen unterliegen rechtlichen Anforderungen, die in den §§ 22 bis 25 BImSchG enthalten sind. Es handelt sich dabei um Einrichtungen, Geräte und Grundstücksnutzungen, die dem BImSchG unterliegen, jedoch nicht genehmigungsbedürftig sind. Darunter fallen alle Anlagen, die nicht im Anhang zur 4. BImSchV verzeichnet sind, jedoch schädliche Umwelteinwirkungen hervorrufen können. Dazu gehören etwa Autowaschstraßen, Bauhöfe, chemische Reinigungen, Schrottplätze, Tankstellen, Werkstätten oder Windkraftanlagen. Auch Feueralarmsirenen,[2309] Gartengrillgeräte, Kinderspielplätze,[2310] Kirchenglocken, Rasenmäher, ein Theaterbetrieb oder Tiefgaragen können nach den §§ 22 7663

2302 Ausführlich zum Erlöschen der Genehmigung gemäß § 18 BImSchG Berkemann ZUR 2019, 579.
2303 Berkemann ZUR 2019, 579 (580).
2304 Jarass BImSchG, 2022, § 18 Rn. 3; Kahl/Gärditz Umweltrecht, 2023, § 7 Rn. 81.
2305 BVerwG NVwZ 2003, 344; VGH München UPR 2002, 114.
2306 BVerwG Beschl. v. 17.9.2004 – 7 B 117.04 – Buchholz 406.25 § 67 a BImSchG Nr. 1.
2307 BVerwG NJW 2006, 1017; Scheidler DVBl. 2007, 936; ders. GewArch 2006, 144; ders. NVwZ 2006, 1135.
2308 Kahl/Gärditz Umweltrecht, 2023, § 7 Rn 83; OVG Münster NVwZ 1994, 184.
2309 Zu einem Feuerwehrgerätehaus OVG Frankfurt (Oder) Beschl. v. 17.9.1998 – 3 B 57/98, juris.
2310 Zum Schutz vor Kinderlärm Böhm LKRZ 2007, 409.

BImSchG zu beurteilen sein. Nach § 22 BImSchG sind nicht genehmigungsbedürftige Anlagen so zu erhalten und zu betreiben, dass (1) schädliche Umwelteinwirkungen verhindert werden, die nach dem Stand der Technik vermeidbar sind (Vermeidungsgebot), (2) nach dem Stand der Technik unvermeidbare schädliche Umwelteinwirkungen auf ein Mindestmaß beschränkt werden (Minimierungsgebot) und (3) die beim Betrieb der Anlagen entstehenden Abfälle ordnungsgemäß beseitigt werden können (Abfallbeseitigungsgebot). Die Zulässigkeit der nicht genehmigungsbedürftigen Anlagen wird dabei vor allem auch von dem Gebot der Rücksichtnahme auf Belange der Allgemeinheit und der Nachbarn bestimmt. Wenn die von einer Anlage hervorgerufenen schädlichen Umwelteinwirkungen das Leben oder die Gesundheit von Menschen oder bedeutende Sachwerte gefährden, soll die zuständige Behörde die Errichtung oder den Betrieb der Anlage ganz oder teilweise untersagen, soweit die Allgemeinheit oder die Nachbarschaft nicht auf andere Weise ausreichend geschützt werden kann (§ 25 II BImSchG).[2311] § 22 BImSchG gestattet das Errichten und Betreiben von Anlagen nur, wenn nach dem Stand der Technik vermeidbare schädliche Umwelteinwirkungen verhindert und unvermeidbare Einwirkungen auf ein Mindestmaß beschränkt werden.[2312] Er gebietet ein Angepasstsein der Anlage an diese Anforderungen auf Dauer. § 24 BImSchG ermächtigt deshalb die Behörde, zur Durchführung dieser Anforderungen auch bei einer baurechtlich bereits genehmigten Anlage nachträglich die erforderlichen Anordnungen zu treffen, und zwar schon dann, wenn die Anlage nicht den Anforderungen des § 22 BImSchG entspricht. Die weiteren Voraussetzungen, unter denen nach dem allgemeinen Verwaltungsverfahrensrecht die Rücknahme oder der Widerruf eines begünstigenden Verwaltungsakts zulässig ist, brauchen also nicht vorzuliegen. Ebenso wenig bedarf es einer (teilweisen) Rücknahme oder eines (teilweisen) Widerrufs der ursprünglich für die Anlage erteilten Baugenehmigung.[2313]

Beispiel: Im Streit um einen **Fastnachtsumzug** hat sich das VG Frankfurt auf die Seite der Karnevalisten gestellt und sinngemäß auf die Besonderheiten der „fünften Jahreszeit" verwiesen. Auch eventuell auftretende Lärmspitzen von über 70 dB(A) sind dann für einige Stunden im Jahr hinzunehmen.[2314]

7664 Durch § 23 I und II 1 BImSchG werden die Bundesregierung und die Landesregierungen ermächtigt, unter bestimmten Voraussetzungen den Betrieb nicht genehmigungsbedürftiger Anlagen zu regeln. Die Ermächtigung hat jedoch Grenzen, wie am Beispiel der bayrischen Biergärten-Nutzungszeiten-Verordnung deutlich wurde. Das in § 22 BImSchG abstrakt bestimmte Schutzniveau darf durch eine Verordnung nach § 23 BImSchG nicht ohne weiteres unterschritten werden.[2315] Denn eine Verordnung darf nicht den Rechtskreis der Anlagenbetreiber erweitern und zugleich den angestrebten Schutz der Allgemeinheit und der Nachbarschaft einschränken, auch wenn § 23 BImSchG nicht mehr ausdrücklich an die Betreiberpflichten des § 22 BImSchG anknüpft.[2316] Für die Zumutbarkeit eines Gaststättenbetriebes sind die jeweiligen Einzelfallumstände von Bedeutung.[2317] Bei einem Betriebsende um 23.00 Uhr ist nicht die Belastung an einem einzelnen Tag oder an einem bestimmten Wochentag wesentlich, sondern das Gesamtbelastungsvolumen während der gesamten Betriebszeit. Je kleiner die Zahl der Tage und Nächte mit Ruhestörungen ist, desto eher kann man diese der Nachbarschaft aus besonderem Anlass zumuten.[2318] § 1 I 3 der 4. BImSchV stellt neben dem rechtlichen auch auf den tatsächlich möglichen Betriebsumfang ab. Rechtliche Beschränkungen können sich etwa aus der erteilten Genehmigung oder einer verbindlichen Selbstbeschränkung etwa in einer vertraglichen Verpflichtung gegenüber der Genehmigungsbehörde ergeben. Liegt eine solche Beschränkung nicht vor und überschreitet die Anlage auch tatsächlich den Rahmen der Nichtgenehmigungsbedürftigkeit, ist sie genehmigungsbedürftig.[2319] Für die Frage, ob eine Anlage im vereinfachten Verfahren genehmigt werden kann, ist im Rahmen der tatsächlichen Be-

---

2311 BVerwG NVwZ 1984, 305.
2312 BVerwG DVBl. 1984, 227; NVwZ 1997, 142.
2313 BVerwG NJW 1988, 2552.
2314 VG Frankfurt NJW 1999, 1986.
2315 So aber VGH München NVwZ-RR 1999, 15.
2316 BVerwG UPR 1999, 268.
2317 Zur Anwendbarkeit der TA Lärm auf eine Gaststätte mit Innen- und Außenbetrieb BVerwG BauR 2010, 2070.
2318 VGH München NVwZ 1999, 555.
2319 VGH Mannheim NVwZ 1999, 552.

triebsmöglichkeiten der rechtlich zulässige Betriebsumfang maßgeblich, der sich aus dem Inhalt der zu erteilenden Genehmigung ergibt.[2320]

15. Zulassung vorzeitigen Beginns

In einem Verfahren zur Erteilung einer immissionsschutzrechtlichen Genehmigung kann die Genehmigungsbehörde nach § 8 a BImSchG auf Antrag den vorzeitigen Beginn zulassen, wenn (1) mit einer Entscheidung zugunsten des Antragstellers gerechnet werden kann, (2) öffentliche Interessen oder ein berechtigtes Interesse des Antragstellers an dem vorzeitigen Beginn bestehen und (3) der Antragsteller sich verpflichtet, alle bis zur Entscheidung durch die Errichtung der Anlage verursachten Schäden zu ersetzen und, wenn das Vorhaben nicht genehmigt wird, den früheren Zustand wiederherzustellen (§ 8 a I BImSchG). Die Zulassung kann nach § 8 a II VwVfG jederzeit widerrufen werden. Sie kann mit Auflagen verbunden oder unter dem Vorbehalt nachträglicher Auflagen erteilt werden. Die zuständige Behörde kann eine Sicherheitsleistung verlangen, soweit dies erforderlich ist, um die Erfüllung der Pflichten des Antragstellers zu sichern (§ 8 a II BImSchG).[2321] 7665

Die Zulassung vorzeitigen Beginns eröffnet die Möglichkeit, im Rahmen immissionsschutzrechtlicher Genehmigungsverfahren bei Vorliegen bestimmter Voraussetzungen schon vorab mit der Errichtung der Anlage zu beginnen. Dieses rechtliche Instrument ergänzt die Regelungsmöglichkeiten einer Teilgenehmigung nach § 8 BImSchG sowie eines Vorbescheides nach § 9 BImSchG und soll Investitionen beschleunigt ermöglichen. Es handelt sich dabei um eine vorläufige, die endgültige Zulassung des Vorhabens weder vorwegnehmende noch ersetzende Entscheidung.[2322] 7666

Nach dem Wortlaut des § 8 a I Nr. 1 BImSchG ist es nicht erforderlich, dass die Erteilung der begehrten Anlagengenehmigung sicher oder mit an Sicherheit grenzender Wahrscheinlichkeit zu erwarten ist. Vielmehr ist mit einer Entscheidung zugunsten des Vorhabenträgers dann zu rechnen, wenn auf Grundlage einer ausreichenden Sachprüfung eine Entscheidung zu dessen Gunsten mit überwiegender Wahrscheinlichkeit zu erwarten ist.[2323] Die **Prognoseentscheidung** nach § 8a I 1 Nr. 1 BImSchG setzt nach Ansicht des OVG Berlin-Brandenburg nicht zwingend voraus, dass bereits die Einwendungsfrist der Öffentlichkeitsbeteiligung im Genehmigungsverfahren abgelaufen ist. Die Genehmigungsbehörde kann im Einzelfall auch schon vor Abschluss der erforderlichen Beteiligungsverfahren Kenntnis der entscheidungserheblichen Tatsachen erlangt haben, die ihr eine solche Prognose ermöglichen.[2324] 7667

Unter dem Begriff des Beginns sind nach Ansicht des OVG Berlin-Brandenburg Maßnahmen zu verstehen, die sich wieder rückgängig machen lassen und bei denen das Risiko der Rückabwicklung den weiteren Entscheidungsprozess nicht unangemessen belastet. Dabei soll neben der technischen Möglichkeit der Rückgängigmachung vor allem zu berücksichtigen sein, in welchem Maße getätigte Investitionen entwertet würden. Außerdem sei zu bedenken, dass durch die Schaffung vollendeter Tatsachen der Rechtsschutz Dritter gegen das Vorhaben an Effektivität einbüßen könnte. Es sei auch zu berücksichtigen, dass die Wiederherstellungspflicht des von der vorläufigen Zulassung begünstigten Vorhabenträgers in einen systematischen Zusammenhang mit dem Begriff des „Beginns" der Errichtung gestellt werden müsse; auch dieser Zusammenhang spreche dafür, die Zulassung auf solche Maßnahmen zu beschränken, deren Rückgängigmachung technisch möglich und wirtschaftlich vertretbar sei.[2325] 7668

Nach Ansicht des OVG Berlin-Brandenburg lässt die von § 8a I BImSchG vorausgesetzte **Reversibilität der Maßnahme**, die Gegenstand einer Zulassung vorzeitigen Beginns der Errichtung ist, auch die Rodung eines Waldes zu.[2326] 7669

Die Genehmigungsbehörde kann unter den Voraussetzungen des § 8 a I BImSchG auch den Betrieb der Anlage vorläufig zulassen, wenn die Änderung der Erfüllung einer entsprechenden Rechtspflicht entspricht (§ 8 III BImSchG). Nach § 8 a BImSchG kann auch der Beginn der 7670

[2320] VGH München NVwZ 1998, 1191.

[2321] *Kritisch dazu wegen der möglichen Präjudizierung der Genehmigungsentscheidung* Hohnerlein NVwZ 2022, 750.

[2322] OVG Berlin-Brandenburg ZUR 2020, 368 (369).

[2323] OVG Berlin-Brandenburg ZUR 2020, 368 (370); BVerwG Beschl. v. 22.3.2010 -7 VR 1/10, juris Rn. 16; Mann in Landmann/Rohmer, Umweltrecht, 2019, § 8 a BImSchG, Rn. 39.

[2324] OVG Berlin-Brandenburg ZUR 2020, 368.

[2325] OVG Berlin-Brandenburg ZUR 2020, 368 (369).

[2326] OVG Berlin-Brandenburg ZUR 2020, 368.

Einrichtung neuer Anlagen vorzeitig zugelassen werden. Zudem genügt ein berechtigtes Interesse des Trägers des Vorhabens für die Zulassung. Der vorzeitige Beginn erfasst dabei nicht nur die Maßnahmen zur Errichtung oder Änderung der Anlage, sondern unter den Voraussetzungen des § 8 a III BImSchG auch deren Betrieb. Allerdings muss es sich dabei um eine Änderung einer Anlage handeln, die einer Rechtspflicht entspricht. Die IE-RL macht den Betrieb bestimmter Anlagen von dem Erfordernis einer vorherigen Genehmigung abhängig. Die Errichtung von Anlagen ist demgegenüber europarechtlich freigestellt. Aber auch hinsichtlich des Betriebs von Anlagen besteht ein gewisser Spielraum, wenn die Maßnahme keine erheblichen und nachteiligen Auswirkungen befürchten lässt.[2327]

7671 Für die Zulassung vorzeitigen Beginns bei einer **Gasmangellage** enthält § 31e BImSchG eine Sonderregelung. Nach Art. 2 II des Änderungsgesetzes treten die §§ § 31e bis § 31 j BImSchG mit Ablauf des 26.10.2024 wieder außer Kraft.[2328] Nach § 31e I BImSchG ist § 8a BImSchG nach Maßgabe von § 31e II bis V BImSchG anzuwenden, wenn eine Genehmigung beantragt wird 1. im Zusammenhang mit einem Brennstoffwechsel wegen einer ernsten oder erheblichen Gasmangellage, 2. weil wegen einer ernsten oder erheblichen Gasmangellage notwendige Betriebsmittel für Abgaseinrichtungen nicht ausreichend zur Verfügung stehen oder 3. wegen einer anderen durch die ernste oder erhebliche Gasmangellage ausgelösten Notwendigkeit. Eine ernste oder erhebliche Gasmangellage liegt anknüpfend an Art. 1 1 VO (EU) 2017/1938 des Europäischen Parlaments und des Rates v. 25.10.2017 über konkrete Maßnahmen zur Gewährung der sicheren Gasversorgung vor, wenn eine Störung der Gasversorgung oder eine außergewöhnlich hohe Nachfrage nach Gas zu einer erheblichen Verschlechterung der Gasversorgungslage führt.[2329]

7672 Nach § 31 II 1 BImSchG findet § 8a I Nr. 1 BImSchG findet mit der Maßgabe Anwendung, dass die Genehmigungsbehörde den vorzeitigen Beginn bereits vor dem Vorliegen vollständiger Antragsunterlagen zulassen kann, wenn 1. die Erstellung der fehlenden Unterlagen im Hinblick auf die Eilbedürftigkeit des Vorhabens bislang nicht möglich war und 2. auch ohne Berücksichtigung der fehlenden Unterlagen mit einer Entscheidung zugunsten des Antragstellers gerechnet werden kann. In diesem Fall hat der Antragsteller das Vorhaben, die voraussichtlichen Auswirkungen des Vorhabens und den Grund für die nicht rechtzeitige Erstellung der vollständigen Unterlagen darzulegen. Der Antragsteller hat die fehlenden Unterlagen unverzüglich nachzureichen (§ 31 II 2 BImSchG). § 8a I Nr. 1 BImSchG findet nach § 31e III BImSchG mit der Maßgabe Anwendung, dass die Genehmigungsbehörde den vorzeitigen Beginn bereits vor der Beteiligung der Öffentlichkeit zulassen soll. In den in § 31e I BImSchG genannten Fällen besteht nach § 31e IV BImSchG besteht ein öffentliches Interesse oder ein berechtigtes Interesse des Antragstellers an dem vorzeitigen Beginn im Sinne des § 8a I Nr. 2 BImSchG.

7673 In einem Verfahren zur Erteilung einer Genehmigung kann die Genehmigungsbehörde unter den in § 8a I BImSchG genannten Voraussetzungen auch den Betrieb der Anlage vorläufig zulassen. Die § 31e I bis IV BImSchG gelten entsprechend. § 31e V 1 BImSchG ist nicht anzuwenden, soweit die Richtlinie 2010/75/EU oder die Richtlinie 2012/18/EU entgegenstehen (§ 31 V BImSchG). Im Zusammenhang mit § 31e BImSchG wird dem Gesetzgeber eine bedrohliche Aushöhlung verwaltungsverfahrensrechtlicher Standards vorgeworfen.[2330]

16. Teilgenehmigung und Vorbescheid

7674 Das Zulassungsverfahren für ein eine immissionsschutzrechtlich genehmigungsbedürftige Anlage kann in parallele Verfahren aufgeteilt sein, soweit die Konzentrationswirkung des § 13 BImSchG nicht greift, und vertikal mit Hilfe von Teilgenehmigungen und Vorbescheid gestuft sein. Vorbescheid und Teilgenehmigung dienen bei komplexeren Verfahren dazu, eine zweckmäßige Verfahrensgestaltung zu ermöglichen und damit Rationalität, Transparenz und Effizienz (Zügigkeit) des Verfahrens zu fördern.[2331]

[2327] Gesetzentwurf der Bundesregierung. Entwurf eines Gesetzes zur Beschleunigung und Vereinfachung immissionsschutzrechtlicher Genehmigungsverfahren, BT-Drucks. 13/3996 v. 6.3.1996.

[2328] Kritisch dazu Kment/Borchert NVwZ 2023, 1529.

[2329] Kment/Borchert NVwZ 2023, 1529 (1536); zu ähnlichen Bedenken zu § 8a BImSchG hinsichtlich des Naturschutzes Roth NuR 2023, 73 (78); keine Bedenken insoweit jedoch bei Scheidler GewArch 2023, 273 (277).

[2330] Kment/Borchert NVwZ 2023, 1529 (1531).

[2331] Kahl/Gärditz Umweltrecht, 2023, § 7 Rn. 85; zum Zusammenwirken von Planungsverfahren und Zulassungsverfahren Dammert/Tolkmitt EurUP 2021, 258 ff.

a) Teilgenehmigung. Auf Antrag soll nach § 8 BImSchG eine Genehmigung für die Errichtung einer Anlage oder eines Teils einer Anlage oder für die Errichtung und den Betrieb eines Teils einer Anlage erteilt werden, wenn 1. ein berechtigtes Interesse an der Erteilung einer Teilgenehmigung besteht, 2. die Genehmigungsvoraussetzungen für den beantragten Gegenstand der Teilgenehmigung vorliegen und 3. eine vorläufige Beurteilung ergibt, dass der Errichtung und dem Betrieb der gesamten Anlage keine von vornherein unüberwindlichen Hindernisse im Hinblick auf die Genehmigungsvoraussetzungen entgegenstehen. Die Teilgenehmigung ist eine § 4 BImSchG; sie unterscheidet sich von der Vollgenehmigung durch ihren, auf einen Teil der Errichtung und/oder des Betriebs der Anlage beschränkten Inhalt. Für den von ihr genehmigten Teilbereich hat sie dieselbe Wirkung wie eine Vollgenehmigung. Es gelten für sie die Verfahrensvorschriften der §§ 10 bis 21 BImSchG.[2332] **7675**

Die Erteilung einer Teilgenehmigung setzt ein berechtigtes Interesse und das Vorliegen der Genehmigungsvoraussetzungen für die entsprechenden Anlagenteile voraus. Es bedarf eines **positiven vorläufigen Gesamturteils**. Dem Gesamtvorhaben dürfen insoweit keine von vornherein unüberwindlichen Hindernisse entgegenstehen (§ 8 I Nr. 3 BImSchG). Die Bindungswirkung der vorläufigen Gesamtbeurteilung entfällt nach § 8 II BImSchG, wenn eine Änderung der Sach- oder Rechtslage oder Einzelprüfungen im Rahmen späterer Teilgenehmigungen zu einer von der vorläufigen Gesamtbeurteilung abweichenden Beurteilung führen.[2333] **7676**

b) Vorbescheid. Auf Antrag soll nach § 9 BImSchG durch Vorbescheid über einzelne Genehmigungsvoraussetzungen sowie über den Standort der Anlage entschieden werden, sofern die Auswirkungen der geplanten Anlage ausreichend beurteilt werden können und ein berechtigtes Interesse an der Erteilung eines Vorbescheides besteht. Der Vorbescheid ist keine Genehmigung der Anlage oder von Teilen der Anlage; mit ihm lässt sich jedoch verbindlich eine Zulassungsvoraussetzung feststellen. Voraussetzung für den Vorbescheid ist, dass die begehrte Feststellung verbindlich geklärt werden kann und dass darüber hinaus auch beurteilt werden kann, dass von dem Vorhaben voraussichtlich keine der Zulassung entgegenstehenden Umweltauswirkungen verursacht werden. Es bedarf insoweit **eines vorläufigen Gesamturteils**, nach dem eine hinreichende Sicherheit dafür besteht, dass die gesamte Anlage nach den Vorschriften des BImSchG betrieben werden kann und dem Vorhaben keine von vornherein unüberwindlichen Hindernisse entgegenstehen.[2334] Die Erteilung eines Vorbescheids nach § 9 I BImSchG setzt voraus, dass die Auswirkungen der geplanten Anlage ausreichend beurteilt werden können.[2335] **7677**

§ 9 BImSchG lässt es zu, im Vorbescheidsverfahren einzelne Merkmale des § 35 III BauGB zur Überprüfung zu stellen. Die immissionsschutzrechtliche Voranfrage kann sich auch unter Ausklammerung natur- und umweltrechtlicher Gesichtspunkte alleine auf die Frage richten, ob die Wirkung eines Flächennutzungsplans iSd § 35 III 3 BauGB dem Vorhaben entgegensteht.[2336] Dem berechtigten Interesse an der Erteilung eines Vorbescheides steht es nicht entgegen, wenn zugleich das Genehmigungsverfahren betrieben wird. Gleiches gilt, wenn der Vorhabenträger einen Vorbescheid für ein anderes Vorhaben beantragt. Es kann vielmehr ein berechtigtes Interesse an der Erteilung mehrerer positiver Vorbescheide geben, auch wenn diese sich gegenseitig ausschließen. Die Entscheidung, welcher davon genutzt wird, liegt beim Vorhabenträger. Ein rechtsmissbräuchliches Verhalten wird durch die Kostenpflichtigkeit des Verfahrens hinreichend aufgefangen.[2337] Sind umwelt- und naturschutzrechtliche Fragen im Rahmen einer immissionsschutzrechtlichen Voranfrage ausgeklammert worden, so umfasst auch das in § 9 I BImSchG normierte Erfordernis, dass die Auswirkungen der geplanten Anlage ausreichend beurteilt werden können, nicht die Durchführung einer vollständigen Umweltverträglichkeits(vor)prüfung.[2338] **7678**

2332 Hoppe/Beckmann/Kauch, Umweltrecht, 2000, § 21 Rn. 120 ff.; Kahl/Gärditz Umweltrecht, 2023, § 7 Rn. 90.

2333 Hoppe/Beckmann/Kauch, Umweltrecht, 2000, § 21 Rn. 123.

2334 Zum Vorbescheid Hoppe/Beckmann/Kauch Umweltrecht, 2000, § 21 Rn. 124 ff.

2335 OVG Münster BauR 2024, 255 = juris Rn. 102.

2336 VG Hannover NuR 2023, 358 = juris Rn. 29; OVG Münster Urt. v. 21.4.2020 – 8 A 311/19, juris Rn. 39; OVG Lüneburg Urt. v. 22.11.2012 – 12 LB 64/11, juris Rn. 33.

2337 VG Hannover NuR 2023, 358 = juris Rn. 32.

2338 VG Hannover NuR 2023, 358 = juris Rn. 40; siehe aber auch OVG Münster UPR 2007, 37; VG Minden Urt. v. 22.10.2014 – 11 K 2069/13, juris, Rn. 93, Jarass BImSchG, 2022, § 9 Rn. 18.

7679 Bei **UVP-pflichtigen Vorhaben** muss auch vor einem Vorbescheid eine UVP durchgeführt werden. In Verfahren zur Vorbereitung eines Vorbescheids und zur Erteilung einer ersten Teilgenehmigung oder einer sonstigen ersten Teilzulassung hat sich die Umweltverträglichkeitsprüfung nach § 29 I 1 UVPG vorläufig auf die nach dem jeweiligen Planungsstand erkennbaren Umweltauswirkungen des Gesamtvorhabens zu erstrecken und abschließend auf die Umweltauswirkungen, die Gegenstand der Teilzulassung sind. Dem jeweiligen Umfang der Umweltverträglichkeitsprüfung ist nach § 29 I 2 UVPG bei der Unterrichtung über den Untersuchungsrahmen und beim UVP-Bericht Rechnung zu tragen. Bei weiteren Teilzulassungen soll die Umweltverträglichkeitsprüfung nach § 29 I 2 UVPG auf zusätzliche erhebliche oder andere erhebliche Umweltauswirkungen des Vorhabens beschränkt werden.

7680 Der Vorbescheid wird nach § 9 II BImSchG unwirksam, wenn der Antragsteller nicht innerhalb von zwei Jahren nach Eintritt der Unanfechtbarkeit die Genehmigung beantragt; die Frist kann auf Antrag bis auf vier Jahre verlängert werden.

17. Immissionsschutzrecht und planungsrechtliche Zulässigkeit von Vorhaben

7681 Neben den Vorschriften des BImSchG sind die allgemeinen bauplanungsrechtlichen Anforderungen an die Zulässigkeit von Vorhaben nach den §§ 29 ff. BauGB zu beachten. Im Geltungsbereich eines qualifizierten Bebauungsplans richtet sich die planungsrechtliche Zulässigkeit eines Vorhabens nach § 30 I BauGB, im nicht beplanten Innenbereich nach § 34 BauGB, im Außenbereich nach § 35 BauGB. Außerdem ist in den Fällen der §§ 31 bis 35 BauGB das gemeindliche Einvernehmen nach § 36 BauGB erforderlich. Das Vorhaben hat daher die allgemeinen planungsrechtlichen Zulässigkeitsanforderungen zu erfüllen. Aber auch umgekehrt muss das Vorhaben den immissionsschutzrechtlichen Anforderungen genügen. So ist etwa ein an sich im Außenbereich privilegiertes Vorhaben nicht nach § 35 I BauGB zulässig, wenn es die Vorgaben des Immissionsschutzes nicht einhält.[2339]

7682 Mit dem Verweis des Immissionsschutzrechts auf das Bauplanungsrecht wird im beplanten Gebiet auch § 15 BauNVO anwendbar, der das Gebot der **nachbarlichen Rücksichtnahme** ausdrückt. Im nicht beplanten Innenbereich ist das Rücksichtnahmegebot über das Merkmal des Sicheinfügens und im Außenbereich über die entgegenstehenden oder beeinträchtigten öffentlichen Belange wirksam. Das Rücksichtnahmegebot verlangt dabei jeweils eine Bewertung der nachbarlichen Interessen. Immissionsschutzrecht und Bauplanungsrecht greifen daher hinsichtlich der Beurteilung der Zumutbarkeit Hand in Hand. So begründen Immissionen, die das nach § 5 I Nr. 1 BImSchG zulässige Maß nicht überschreiten,[2340] weder einen schweren und unerträglichen Eingriff in das Eigentum[2341] noch eine Verletzung des baurechtlichen Rücksichtnahmegebotes.[2342] Auch steht die öffentlich-rechtliche Duldungspflicht mit der **zivilrechtlichen Duldungspflicht** nach den §§ 906, 1004 BGB hinsichtlich des einzuhaltenden Schutzniveaus gleich. Was öffentlich-rechtlich erlaubt ist, darf auch zivilrechtlich nicht verboten sein. Bei der Bestimmung auch der zivilrechtlichen Zumutbarkeit hat die planungsrechtliche Ausweisung eine wichtige Funktion. Wird im Bebauungsplan eine bestimmte Nutzung zugelassen und ist der Bebauungsplan rechtswirksam, so hat diese Festsetzung auch für die zivilrechtliche Beurteilung des Nachbarschaftsverhältnisses prägende Wirkungen. Zivilrechtliche und öffentlich-rechtliche Bewertung sind daher auf Harmonisierung angelegt.[2343]

7683 Im Innenbereich ist das Rücksichtnahmegebot im Merkmal des Sicheinfügens enthalten.[2344] Dabei kann hinsichtlich der Beurteilung schädlicher Umwelteinwirkungen auf die Vorgaben des BImSchG zurückgegriffen werden.[2345] Auch bei **Außenbereichsvorhaben** ist zu fragen, ob das Gebot der nachbarlichen Rücksichtnahme eingehalten wird.[2346] Das Rücksichtnahmegebot ist dabei Bestandteil des § 35 BauGB und des immissionsschutzrechtlichen Schutzes nach den §§ 22, 3 I BImSchG. Beide gesetzlichen Regelungsbereiche setzen eine Zumutbarkeitsabwägung bzw. die Überschreitung einer Erheblichkeitsschwelle voraus. Weitergehende Abwehr-

[2339] BVerwG DÖV 1978, 406. Zur immissionsschutzrechtlichen Genehmigung Scheidler SächsVBl 2010, 213.
[2340] BVerwG NJW 1977, 1932.
[2341] BVerwG DÖV 1974, 812.
[2342] BVerwG NJW 1984, 250; NVwZ 1984, 509.
[2343] BVerwGE 79, 254.
[2344] BVerwG NJW 1975, 460.
[2345] BVerwG DVBl. 1977, 194.
[2346] BVerwG NJW 1978, 62; BRS 48 (1988), Nr. 34.

rechte stehen auch dem Inhaber eines nach § 35 I BauGB privilegierten Betriebs im Hinblick auf die Einhaltung öffentlicher Belange nach § 35 III BauGB nicht zu.[2347] Die Privilegierung ist allerdings ein Einzelumstand, der die Zumutbarkeitsabwägung bei der Anwendung des Rücksichtnahmegebots mit beeinflussen kann.

In die Bewertung der nachbarlichen Interessen nach Maßgabe des Gebotes der Rücksicht- 7684
nahme sind nur die **genehmigten** und zudem die **materiell rechtmäßigen Nutzungen** einzubeziehen. Nicht genehmigte und auch nicht genehmigungsfähige Nutzungen bilden demgegenüber keine Elemente des Rücksichtnahmegebotes.

Beispiel: Eine Wohnnutzung ist gegenüber solchen Immissionen rechtlich nicht geschützt, die nur deshalb erheblich belästigen oder die Gesundheit gefährden, weil sie Wohnräume durch ein baurechtlich nicht genehmigtes und nicht genehmigungsfähiges Fenster erreichen. Der Betreiber einer emittierenden Anlage muss sich immissionsschutzrechtlich auch nicht deshalb als Störer behandeln lassen, weil er eine fortdauernde illegale Wohnnutzung in der Nachbarschaft geduldet hat.[2348] Insofern gilt hier der Vorrang des Primärrechtsschutzes nicht.

Die nachbarlichen Interessen sind in die jeweilige **Einzelbewertung** einzustellen. Aus dieser 7685
Interessenbewertung ist auch der **Schutz des Wohnens** vor Nutzungen im Außenbereich zu bestimmen.

Beispiel: Der Eigentümer eines durch Schießlärm von einem Truppenübungsplatz vorbelasteten, aber zumindest für eine vorübergehende Wohnnutzung noch geeigneten und für diesen Zweck mit einem Landhaus bebauten Grundstücks braucht es nicht hinzunehmen, dass die Lärmeinwirkungen auf Grund von Änderungen des Truppenübungsplatzes etwa durch Einrichtung neuer Schießbahnen oder eine Intensivierung des Übungsbetriebs so zunehmen, dass auf dem Grundstück auch eine vorübergehende Wohnnutzung nicht mehr möglich ist. Wird eine lärmempfindliche Nutzung wie etwa ein gewerblicher medizinischer Badebetrieb auf einem durch Schießlärm vorbelasteten Grundstück baurechtlich genehmigt, so kann der Genehmigungsinhaber nicht allein auf Grund der unanfechtbar gewordenen Genehmigung verlangen, dass der Nachbar die Nutzung seines Grundstücks einschränkt, um damit die Vorbelastung zu mindern und dem Genehmigungsinhaber überhaupt erst die Aufnahme der genehmigten Nutzung zu ermöglichen. Wer im Einwirkungsbereich eines Schießplatzes baurechtlich genehmigte Anlagen errichtet, obwohl er vorher auf die Gefahr erheblicher Lärmeinwirkungen und die Absicht uneingeschränkter Fortsetzung des Schießbetriebs hingewiesen worden ist, kann nicht unter dem Gesichtspunkt der Verwirkung verlangen, dass nunmehr der Betreiber, der die Baugenehmigung nicht angefochten hat, den Schießbetrieb zwecks Reduzierung des Lärms auf ein Maß unterhalb der bestehenden Vorbelastung einschränkt.[2349]

Bei der Beurteilung, ob Immissionen, denen sich ein Vorhaben aussetzen wird, iS des § 15 I 7686
2 BauNVO **unzumutbare Belästigungen** oder Störungen sind, ist nicht auf die abstrakte Schutzwürdigkeit abzustellen, die dem jeweiligen Baugebiet gemäß der den Baugebietsvorschriften der BauNVO zu Grunde liegenden typisierenden Betrachtungsweise zukommt. Vielmehr sind die jeweiligen **Lagesituationen** zu berücksichtigen. Eine Baugenehmigung für ein Wohngebäude in einem allgemeinen Wohngebiet ist auf Grund von § 15 I 2 BauNVO zu versagen, wenn die auf das Wohnbaugrundstück einwirkenden Immissionen nicht so weit vermieden oder gemindert werden können, dass ungesunde Wohnverhältnisse nicht entstehen können. Dabei ist allerdings davon auszugehen, dass der Betreiber der emittierenden Anlage die ihm nach § 22 I 1 BImSchG obliegenden Grundpflichten uneingeschränkt erfüllt.[2350] Ist die baurechtlich genehmigte Nutzung eines Gebäudes etwa durch eine Autolackiererei für mehr als ein Jahr nicht ausgeübt worden, so ist auch die vor Ablauf des zweiten Jahres wieder aufgenommene Nutzung nicht mehr vom **Bestandsschutz** gedeckt, wenn Umstände vorlagen, aus denen nach der Verkehrsauffassung geschlossen werden konnte, mit der Wiederaufnahme der ursprünglichen Nutzung sei nicht mehr zu rechnen. Nach § 15 I 2 BauNVO ist eine im Baugebiet an sich zulässige Nutzung im Einzelfall auch dann unzulässig, wenn sie sich unzumutbaren Belästigungen oder Störungen einer im Baugebiet an sich unzulässigen, jedoch bestandskräftig genehmigten Nutzung aussetzen würde.

[2347] BVerwG NVwZ 1986, 469.
[2348] BVerwG NJW 1993, 342.
[2349] BVerwG NVwZ 1991, 1187.
[2350] BVerwG NJW 1996, 1769.

18. Immissionsschutz in der Planungsentscheidung

7687 Auch bei Planungsentscheidungen ist ein ausreichender Immissionsschutz zu gewährleisten. Dies gilt auch für die kommunale **Bauleitplanung**. So sind nach § 50 BImSchG bei raumbedeutsamen Planungen und Maßnahmen die für eine bestimmte Nutzung vorgesehenen Flächen einander so zuzuordnen, dass schädliche Umwelteinwirkungen auf die ausschließlich oder überwiegend dem Wohnen dienenden Gebiete sowie auf sonstige schutzbedürftige Gebiete so weit wie möglich vermieden werden. Aus § 50 BImSchG ergibt sich der allgemeine Planungsgrundsatz, unverträgliche Nutzungen zu trennen **(Trennungsgrundsatz)**.[2351] Die Beachtung des Immissionsschutzes bei Neuplanungen gilt vor allem dann, wenn an eine schutzbedürftige Wohnnutzung eine gewerblich-industrielle Nutzung herangeplant werden soll. Zwar können Eigentümer von Wohngrundstücken am Rande eines Außenbereichs nicht damit rechnen, dass in ihrer Nachbarschaft keine emittierenden Nutzungen oder höchstens ebenfalls nur Wohnnutzungen entstehen. Der Trennungsgrundsatz gilt daher in erster Linie für die Neuplanung bisher unbebauter Flächen und erfasst nicht in gleicher Weise die „Heranplanung" an vereinzelte Wohngebäude im Außenbereich.[2352] Die so Betroffenen dürfen allerdings darauf vertrauen, dass keine mit der Wohnnutzung unverträgliche Nutzung entsteht. Besteht eine derartige unverträgliche Nutzung, so muss die Gemeinde durch die Art und Weise der planerischen Festsetzungen den künftigen Konflikt auflösen und damit vermeiden. Dazu können beispielsweise auch planerische Festsetzungen nach § 9 I Nr. 24 BauGB gehören. Die Gemeinde hat bei der Bauleitplanung als Ortsgesetzgeber die städtebaulichen Instrumente des BauGB zu nutzen, um im Rahmen sachgerechter Abwägung vor schädlichen Umwelteinwirkungen zu schützen, sie tunlichst zu vermeiden oder jedenfalls zu mindern. Das gilt erst recht, wenn die Gemeinde durch ihre eigene Planung derartige Störungen in rechtlich zulässiger Weise ermöglichen will. In diesem Falle hat sie durch planerische Maßnahmen – so weit wie möglich – dafür zu sorgen, dass sich entstehende schädliche Umwelteinwirkungen iS des § 3 BImSchG nicht verwirklichen können. Das folgt unmittelbar aus § 50 BImSchG, aber auch aus dem Gebot sachgerechter Konfliktbewältigung.[2353] Dies setzt auch im Immissionsschutzrecht der Möglichkeit des **Konflikttransfers** Grenzen. Sind schon die in einem Bebauungsplan enthaltenen Festsetzungen mit gesetzlichen Vorgaben in Form von Planungsleitsätzen und Optimierungsgeboten nicht vereinbar und damit zugleich abwägungsfehlerhaft (§ 1 VII BauGB), so stellt sich insoweit nicht mehr die Frage, ob und in welchem Maße die planende Gemeinde die Lösung von Konflikten zwischen unterschiedlichen Arten von Nutzungen der Entscheidung der Verwaltung im Einzelfall überlassen darf. Vielmehr muss sich die Gemeinde bei der Prüfung der Gültigkeit des Bebauungsplans entgegenhalten lassen, dass sie ein Aufeinandertreffen von verschiedenartigen Nutzungen bereits auf der Ebene der Bauleitplanung durch Ausweisung unterschiedlicher benachbarter Baugebiete festgesetzt und damit die Lösung möglicher Konflikte gerade nicht der Entscheidung der Verwaltung im Einzelfall überlassen hat. Auf der anderen Seite darf der Trennungsgrundsatz des § 50 BImSchG nicht überspannt werden.[2354] Gesetzliche Planungsgrundsätze wie § 50 BImSchG lenken zwar die Ermittlungen inhaltlich in eine bestimmte Richtung. Hinsichtlich der Genauigkeit der Ermittlungen ist und kann damit jedoch nicht mehr gefordert sein, als durch das Gebot der richtigen Einschätzung aller abwägungserheblichen Belange ohnehin gefordert wird.[2355] Auch kann von der planenden Gemeinde nicht verlangt werden, alle Einzelheiten des immissionsschutzrechtlichen Genehmigungsverfahrens bereits auf der Ebene des Bebauungsplans durch entsprechende Festsetzungen zu lösen. Das Verfahren ist vielmehr zweistufig. Die Bauleitplanung muss die wesentlichen planerischen Vorgaben für die Konfliktbewältigung enthalten. Die Lösung der Detailfragen des Immissionsschutzes findet im immissionsschutzrechtlichen Genehmigungsverfahren ihren Platz.

[2351] BVerwG NJW 1977, 1932; eine gewisse Einschränkung erfährt der Trennungsgrundsatz, wenn zur Ermöglichung einer Nachverdichtung und Innenentwicklung wichtige Änderungen der BauNVO und des § 34 BauGB umgesetzt werden, die sich aus dem Entwurf eines Gesetzes zur Stärkung der integrierten Stadtentwicklung mit Stand vom 29.7.2024 ergeben.

[2352] VGH Mannheim NuR 2000, 153.

[2353] BVerwG Beschl. v. 30.11.1992 – 4 NB 41.92, juris; zum Inhalt und Geltungsanspruch des Gebots der Konfliktbewältigung im Recht der Bauleitplanung siehe schon Hoppe/Beckmann NuR 1988, 6.

[2354] BVerwG NVwZ 1984, 235.

[2355] BVerwG Beschl. v. 27.1.1989 – 4 B 201.88, juris.

7688 **a) Trennungsgrundsatz und Typisierungslehre.** Nach § 50 BImSchG sind zwar bereits in der Bauleitplanung unverträgliche Nutzungen zu trennen. Dieser Trennungsgrundsatz[2356] ist allerdings auch durch § 15 III BauNVO relativiert. Die Zulässigkeit der Anlagen in den Baugebieten ist danach nicht allein nach den verfahrensrechtlichen Einordnungen des BImSchG und der auf seiner Grundlage erlassenen Verordnungen zu beurteilen. Es kommt vielmehr stärker als bisher auf die konkrete Ausgestaltung der Anlagen nach Art, Umfang und Schutzvorkehrungen und deren dauerhafte Sicherung an. Zwar gehören Anlagen, die im großen immissionsschutzrechtlichen Genehmigungsverfahren zu prüfen sind, grundsätzlich in ein Industriegebiet. Sie können aber auch in einem Gewerbegebiet zugelassen werden, wenn sich bei einer Einzelfallprüfung ergibt, dass das Vorhaben mit den typischen Nutzungen in einem Gewerbegebiet verträglich ist und auch im Einzelfall dort nicht unter Verletzung des Rücksichtnahmegebotes stört. Derartige „mischungsverträgliche" Gewerbebetriebe können daher auch in einem Gewerbegebiet untergebracht werden. Dies geht allerdings nur bei einer konkreten Einzelfallprüfung und kann nicht zur allgemeinen Regel für die Zulässigkeit derartiger Betriebe werden. Für nach dem großen immissionsschutzrechtlichen Genehmigungsverfahren nach der 4. BImSchV zuzulassende Anlagen muss ein bauplanungsrechtlich konkretes Störpotenzial im Allgemeinen angenommen werden mit der Folge, dass solche Anlagen typischerweise in ein Industriegebiet gehören. Sie sind allerdings in einem Gewerbegebiet zulässig, wenn das Genehmigungserfordernis nicht in erster Linie aus der Gefahr schädlicher Umwelteinwirkungen für die Umgebung abgeleitet wird oder wenn der jeweilige Betrieb in der Weise atypisch ist, dass er nach seiner Art und Betriebsweise von vornherein keine Störungen befürchten lässt und damit seine Gebietsverträglichkeit dauerhaft und zuverlässig sicherstellt.

7689 Die Gemeinden sind im Rahmen ihrer Bauleitplanung nicht auf die Abwehr von bereits eingetretenen schädlichen Umwelteinwirkungen iS des § 3 BImSchG beschränkt, sondern darüber hinaus ermächtigt, entsprechend dem **Vorsorgeprinzip** des § 5 I Nr. 2 BImSchG vorbeugenden Umweltschutz zu betreiben.[2357] Auch ist die Gemeinde bei der Verfolgung immissionsschutzrechtlicher Ziele nicht auf die Bauleitplanung beschränkt. **Vorbeugender Immissionsschutz** darf vielmehr außer durch Bauleitplanung[2358] auch mit dem Mittel der standortbezogenen gewerblichen Investitionsförderung durch kommunale Wirtschaftsförderung verfolgt werden.[2359] Allerdings vermittelt § 50 1 BImSchG den Gemeinden **kein subjektives Recht** auf Einhaltung des in dieser Vorschrift normierten Planungsgrundsatzes gegenüber **anderen Fachplanungen.**[2360]

7690 **b) Immissionsschutzrechtliches Gefährdungspotenzial.** Die Gemeinde hat bei einer entsprechenden Veranlassung das immissionsschutzrechtliche Gefährdungspotenzial aufzugreifen und dafür Sorge zu tragen, dass ein bauplanerisches Störungspotenzial nicht entsteht. Dabei sind schädliche Umwelteinwirkungen nach § 3 BImSchG und ihre Vermeidung vor allem in den Bereichen Lärm, Gerüche, Luftvereinigungen und individualisiertes Störpotenzial zu berücksichtigen. Die Gemeinde hat dabei sicherzustellen, dass kein Bebauungsplan aufgestellt wird, der aus Rechtsgründen im Vollzug nicht umsetzbar ist. Der Bebauungsplan darf daher nicht an immissionsschutzrechtlichen Gründen im Vollzug sicher scheitern. Die immissionsschutzrechtlichen Anforderungen im Einzelnen werden in den zum BImSchG erlassenen Verwaltungsvorschriften bestimmt.

19. Rechtsschutz

7691 Gegen die Versagung einer immissionsschutzrechtlichen Genehmigung kann der Antragsteller Verpflichtungsklage erheben. Antragsteller können jeden Rechtsverstoß rügen. Wird die Genehmigung verweigert oder mit für den Antragsteller nicht akzeptablen Nebenbestimmungen verbunden, muss der Antragsteller, der sich dagegen wehren will, zunächst Widerspruch einlegen, soweit das Vorverfahren nicht nach Landesrecht generell entfällt. Ein betroffener Nachbar kann bei einer möglichen Betroffenheit in eigenen Rechten Anfechtungsklage gegen eine erteilte Genehmigung erheben.

[2356] BVerwGE 50, 49.
[2357] BVerwG NVwZ 1990, 257.
[2358] BVerwG UPR 1989, 352.
[2359] BVerwGE 84, 236 m. Anm. Ehlers NVwZ 1990, 665.
[2360] BVerwG NVwZ 2005, 813; NVwZ 1996, 901.

7692 **a) Anspruch auf Genehmigung.** Wird eine immissionsschutzrechtliche Genehmigung abgelehnt, so kann der Antragsteller nach Durchführung eines Widerspruchsverfahrens eine **Verpflichtungsklage** erheben. Für die Zulässigkeit der Klage ist geltend zu machen, dass der Kläger durch die Nichterteilung der immissionsschutzrechtlichen Genehmigung möglicherweise in seinen Rechten verletzt wird (§ 42 II VwGO).

7693 Auf die Erteilung der Genehmigung besteht bei Vorliegen der Genehmigungsvoraussetzungen ein Rechtsanspruch. Die Klage ist begründet, wenn die Genehmigungsvoraussetzungen vorliegen. Das Bestehen eines Rechtsanspruchs unterscheidet die gebundene Zulassungsentscheidung im Immissionsschutzrecht von der abwägungsdirigierten Planungsentscheidung im Fachplanungsrecht. Dort besteht kein von der Abwägung unabhängiger Rechtsanspruch auf Genehmigung. Allerdings muss der Antragsteller die gesetzlichen Anforderungen des BImSchG und des materiellen Planungsrechts erfüllen. Dazu gehören auch die Betreiberpflichten nach § 5 BImSchG mit dem Gefahrenvermeidungsgebot des § 5 I Nr. 1 BImSchG und dem Vorsorgegrundsatz des § 5 I Nr. 2 BImSchG. Werden etwa die dem Stand der Technik entsprechenden Vorsorgemaßnahmen nicht eingehalten, muss die Behörde den Genehmigungsantrag ablehnen.[2361]

7694 Grundsätzlich bedarf es keiner **Bedarfsfeststellung** und keiner **Alternativenprüfung**. Auch das UVPG fordert keine Alternativenprüfung im immissionsschutzrechtlichen Genehmigungsverfahren. Allerdings kann sich die Notwendigkeit, Alternativen zu prüfen, aus verschiedenen Gründen ergeben. Dazu gehören die Prüfung von Alternativen zur Vermeidung von Eingriffen in Natur und Landschaft, die Prüfung von zumutbaren Alternativen bei der Entscheidung über eine Ausnahme von dem Verbot einer Beeinträchtigung von Natura-2000-Gebieten, die Prüfung von Alternativen für die Erteilung einer Ausnahme von artenschutzrechtlichen Verboten, zukünftig möglicherweise die Prüfung von Alternativen im Zusammenhang mit Maßnahmen der Klimaanpassung.

7695 Nach § 14a BImSchG kann der Antragsteller eine verwaltungsgerichtliche Klage erheben, wenn über seinen Widerspruch nach Ablauf von drei Monaten seit der Einlegung nicht entschieden ist, es sei denn, dass wegen besonderer Umstände des Falles eine kürzere Frist geboten ist. § 14a BImSchG ist gegenüber § 75 VwGO als lex specialis vorrangig und gilt nicht nur bei Klagen gegen verweigerte Genehmigungen, sondern auch bei nicht rechtzeitig ergehenden Vorbescheiden.[2362] Hierdurch soll eine Verfahrensbeschleunigung im Interesse des Investors erreicht werden. Die zuständige Behörde kann die Frist um jeweils drei Monate verlängern, wenn dies wegen der Schwierigkeit der Prüfung oder aus Gründen, die dem Antragsteller zuzurechnen sind, erforderlich ist. Die Fristverlängerung soll gegenüber dem Antragsteller begründet werden.

7696 **Maßgeblicher Zeitpunkt** für die gerichtliche Beurteilung ist bei Verpflichtungsklagen die letzte mündliche Verhandlung des Gerichts der Tatsacheninstanz, mit der Folge, dass Änderungen der Rechts- und Sachlage dem Kläger bis zu diesem Zeitpunkt zugutekommen, ihn aber auch belasten. Maßgeblicher Zeitpunkt für die Beurteilung der Sach- und Rechtslage bei einer Anfechtungsklage ist grundsätzlich die letzte Behördenentscheidung; Änderungen zugunsten des Anlagenbetreibers sind aber zu berücksichtigen.

7697 Wendet sich der Vorhabenträger allein gegen eine **Nebenbestimmung** der Genehmigung, dann ist die **Anfechtungsklage** zulässig, es sei denn, eine isolierte Aufhebung ist aus materiellen Gründen offensichtlich nicht möglich. Das BVerwG hält an seiner bisherigen Rechtsprechung, womit eine belastende Nebenbestimmung, die einem begünstigenden Verwaltungsakt beigefügt wird, im Anfechtungsprozess nur dann isoliert aufgehoben werden darf, wenn der verbleibende Verwaltungsakt rechtsmäßig ist, nicht mehr fest.[2363] Inhaltsbestimmungen (bzw. modifizierende Auflagen) sind dagegen nicht isoliert angreifbar. Eine Inhaltsbestimmung fügt der Genehmigung im Unterschied zur (echten) Auflage keine zusätzliche Pflicht hinzu, sondern begrenzt und spezifiziert den Genehmigungsgegenstand. Eine gegen eine Nebenbestimmung gerichtete Klage hat **aufschiebende Wirkung**, sofern die Klage nicht offenkundig unzulässig ist. Die aufschiebenden Wirkung erfasst unter den Voraussetzungen des § 44 IV VwVfG die gesamte Genehmigung. Betrifft die Nichtigkeit nur einen Teil des Verwaltungsak-

---

[2361] BVerwG NVwZ 1990, 257; ZfBR 1989, 74; DVBl. 1990, 1185.

[2362] OVG Koblenz ZfBR 2024, 45 = juris Rn. 53; Jarass BImSchG, 2022, § 14 a Rn. 2; Porsch in Schoch/Schneider, VwGO, 2022, § 75 Rn. 4a.

[2363] BVerwG NVwZ 2022, 1798; BVerwG Beschl. v. 12.10.2022 – 8 V 1/22, juris; siehe dazu Funke NVwZ, 2022, 1800, Pieper LKV 2022, 549.

tes, so ist er im Ganzen nichtig, wenn der nichtige Teil so wesentlich ist, dass die Behörde den Verwaltungsakt ohne den nichtigen Teil nicht erlassen hätte (§ 44 IV VwVfG).

b) Drittschutz. Der durch ein Vorhaben betroffene **Nachbar** kann gegen eine immissionsschutzrechtliche Genehmigung mit Widerspruch und Anfechtungsklage erfolgreich vorgehen, wenn durch die Genehmigung seine Rechte verletzt sind. Dies setzt voraus, dass die jeweils verletzten Rechtsnormen auch dem Schutz des Nachbarn dienen (§§ 42 II, 113 I 1 VwGO). Für Drittbetroffene liegen die Voraussetzung des § 42 II VwGO nur vor, wenn sie die Verletzung einer Vorschrift geltend machen, die zumindest auch in ihrem Interesse erlassen ist. Außerdem darf die Verletzung der drittschützenden Norm in tatsächlicher Hinsicht nicht ganz ausgeschlossen erscheinen. Dabei ist grundsätzlich vom Tatsachenvortrag des Klägers auszugehen. Mängel bei der Auslegung der Unterlagen reduzieren die Anforderungen. 7698

Die Vorschriften des Immissionsschutzrechts sind nur zum Teil drittschützend. Drittschützend ist die Gefahrenabwehrvorschrift des § 5 I 1 Nr. 1 BImSchG. Auch Verfahrensvorschriften dem Schutz bestimmter Personen dienen, insb. solche der Öffentlichkeitsbeteiligung. Auch Verwaltungsvorschriften können Drittschutz vermitteln, soweit sie außenwirksam sind. Sonstige Normen, die für die Erteilung der Genehmigung gem. § 6 I Nr. 2 BImSchG relevant sind, können ebenfalls drittschützend sein. 7699

Verletzen **Nebenbestimmungen** drittschützende Normen, können Drittbetroffene regelmäßig Anfechtungsklage gegen die Genehmigung erheben, gerichtet primär auf Aufhebung und hilfsweise auf die Feststellung der Rechtswidrigkeit und Nichtvollziehbarkeit der Genehmigung. Dient eine Nebenbestimmung der Einhaltung einer drittschützenden Vorschrift, haben Drittbetroffene einen Anspruch auf Durchsetzung von Nebenbestimmungen, sei es im Weg einer nachträglichen Anordnung oder einer Untersagung gem. § 20 BImSchG. Zudem verletzt der Anlagenbetreiber ein Schutzgesetz iSd § 823 II BGB bzw. eine Amtspflicht gem. § 839 BGB. 7700

Das Immissionsschutzrecht schützt Nachbarn. Zur **Nachbarschaft** gehören die Eigentümer und dinglich sowie schuldrechtlich Nutzungsberechtigten von Grundstücken, die im Einwirkungsbereich der Anlage liegen.[2364] Nachbarschützend sind etwa die Gefahrenabwehrpflichten des § 5 I Nr. 1 BImSchG, nicht jedoch der Vorsorgegrundsatz des § 5 I Nr. 2 BImSchG. Der Einwirkungsbereich besteht aus der Umgebung einer Quelle, in der der von der Quelle ausgehende Immissionsbeitrag bei Normalbetrieb bzw. bei Betriebsstörungen (tatsächlich, nicht nur rechnerisch) noch nachweisbar ist. Des Weiteren muss der Dritte eine besondere Beziehung zu einem Ort im Einwirkungsbereich aufweisen. Je weiter ein Nachbar von der Anlage entfernt wohnt etc., desto größer sind die Anforderungen an die Substantiierung der Betroffenheit. Eine Verletzung der Schutzpflicht gemäß § 5 I 1 Nr. 1 BImSchG scheidet aus, wenn die durch das Vorhaben verursachten zusätzlichen Immissionen luftverunreinigender Stoffe im Sinne der Nr. 4.2.1 TA Luft unter 1 % des jeweiligen Immissionswertes liegen. 7701

Nicht alle Personen, die von Einwirkungen der Anlage betroffen sein können, rechnen zur Nachbarschaft. Von einer nachbarartigen Stellung lässt sich nur bei Personen sprechen, die eine besondere persönliche oder sachliche Beziehung zu einem Ort im Einwirkungsbereich aufweisen. Notwendig ist ein „qualifiziertes Betroffensein", sporadische Beeinträchtigungen reichen nicht. Geschützt wird eine Person, die sich vorhabenbezogenen Auswirkungen nicht nachhaltig entziehen kann, weil sie nach ihren Lebensumständen, die durch den Wohnort, den Arbeitsplatz oder die Ausbildungsstätte vermittelt werden können, den Einwirkungen dauerhaft ausgesetzt ist. 7702

Zur Nachbarschaft gehören Eigentümer und Bewohner der im Einwirkungsbereich gelegenen Grundstücke, Betreiber von Anlagen im Einwirkungsbereich, Eigentümer des Betriebsgrundstücks, der nicht zugleich Anlagenbetreiber ist, Mietparteien in dem Gebäude, in dem die Anlage betrieben wird, Personen, denen im Einwirkungsbereich befindliche Tiere, Pflanzen, Sachen oder Umweltmedien gehören, Gemeinden oder andere öffentlich-rechtliche Personen können als Grundstückseigentümer Nachbarn sein und alle Personen, die im Einwirkungsbereich arbeiten. 7703

Der Einzelne kann nicht verlangen, dass Vorsorge gegen schädliche Umwelteinwirkungen und sonstige Gefahren, erhebliche Nachteile und erhebliche Beeinträchtigungen, insbesondere durch dem Stand der Technik entsprechende Maßnahmen, getroffen wird (§ 5 I 1 Nr. 2 7704

[2364] BVerwG NJW 1983, 1507.

BImSchG) sowie Energie effizient und sparsam verwendet wird (§ 5 I 1 Nr. 4 BImSchG), wenn sich der Immissionsbeitrag der Anlage ihm gegenüber als irrelevant erweist.[2365] Auch der allgemeine Planungsgrundsatz des § 50 BImSchG ist nicht nachbarschützend, weil er sich als objektiv-rechtliches Gebot wohl an die für die Planungsentscheidung zuständige Stelle wendet, jedoch für den Planbetroffenen kein subjektives öffentliches Recht enthält.[2366] Wird von dem Nachbarn nicht eine Verletzung nachbarschützender Vorschriften geltend gemacht, so ist die Nachbarklage auch dann abzuweisen, wenn sich die angefochtene immissionsschutzrechtliche Genehmigung aus anderen Gründen als rechtswidrig erweisen sollte. Unter denselben Voraussetzungen hat auch eine Berufung des Anlagenbetreibers gegen ein dem Aufhebungsantrag des Nachbarn stattgebendes Urteil Erfolg.[2367] Ist der Widerspruch des Nachbarn berechtigt, so kann die Widerspruchsbehörde die erteilte Genehmigung mit nachträglichen Schutzauflagen zugunsten des Nachbarn versehen oder – soweit erforderlich – sogar ganz aufheben.[2368] Im Versorgebescheid kann sich jedoch Nachbarschutz aus dem drittschützenden Charakteren Versorgevorschriften des EU-Rechts ergeben.

7705 **c) Umweltverbandsklagen.** Anerkannte Umweltvereinigungen können gem. § 2 UmwRG Klage gegen unter § 1 I 1 UmwRG fallende Entscheidungen, insb. Genehmigungen, oder deren Unterlassen erheben. Das gilt für alle immissionsschutzrechtlichen Genehmigungen, da sie entweder unter Nr.1–2a oder unter Nr.6 des § 1 I 1 UmwRG fallen, auch für Änderungsgenehmigungen sowie Teilgenehmigungen und Vorbescheide. Voraussetzung der Klage einer Umweltvereinigungen ist gem. § 2 I 1 Nr.2 UmwRG, dass die Entscheidung den „satzungsgemäßen Aufgabenbereich" der Vereinigung zur Förderung des Umweltschutzes „berührt". Zwischen dem satzungsgemäßen Aufgabenbereich und der angegriffenen Entscheidung muss ein sachlicher und räumlicher Zusammenhang bestehen. Ob die als verletzt gerügte Rechtsvorschrift drittschützend ist, spielt keine Rolle.

7706 Soweit es um die Genehmigung von Anlagen geht, die förmlich zu genehmigen sind und/oder UVP-pflichtig bzw. UVP-vorprüfungspflichtig sind, besteht das Klagerecht für umweltrechtliche wie für alle anderen Genehmigungsvoraussetzungen. Alle anderen Genehmigungen fallen unter Nr. 2a und Nr. 5 des § 1 I 1 UmwRG. Für sie wird das Klagerecht der Umweltvereinigungen gem. § 2 I 2 IV 1 Nr.2 UmwRG auf die Verletzung von umweltbezogenen Rechtsvorschriften iSd § 1 Abs.4 UmwRG begrenzt. Für die Verletzung von Genehmigungsvoraussetzungen, die nicht dem Umweltschutz dienen, gelten die allgemeinen Regeln, gem. § 2 IV 1 Nr.2 UmwRG auch für die Begründetheit von Verbandsklagen.

7707 **d) Verfahrensrechtsschutz.** Verfahrensfehler, die nicht zur Nichtigkeit der Genehmigung nach § 44 VwVfG führen, sind nach § 46 VwVfG im Anfechtungsprozess unerheblich, wenn die materiell-rechtlichen Voraussetzungen vorliegen und der Antragsteller daher einen Rechtsanspruch auf Erteilung der immissionsschutzrechtlichen Genehmigung hat.[2369]

7708 Für Fehler bei der Anwendung von Verfahrensvorschriften gelten bei Rechtsbehelfen der Vereinigungen nach dem UmwRG die Sonderregelungen in § 4 UmwRG. Mit der Nichtbeachtung von Verfahrensvorschriften ist im Immissionsschutzrecht die Verletzung des nachbarlichen Rücksichtnahmegebotes im Gegensatz zum Atomrecht[2370] in aller Regel noch nicht dargelegt. Es muss vielmehr geltend gemacht werden, dass im durchgeführten Verfahren die Nachbarrechte materiell nicht gewahrt worden sind.[2371] Auch im Immissionsschutzrecht hat das BVerwG[2372] allerdings Verfahrensvorschriften als drittschützend angesehen. Drittschutz kann etwa aus § 10 II 2 BImSchG abgeleitet werden. Nach dieser Vorschrift ist der Inhalt von Unterlagen, die geheimhaltungsbedürftig sind, so ausführlich darzustellen, dass es Dritten möglich ist, zu beurteilen, ob und in welchem Umfang sie von den Auswirkungen der Anlage betroffen werden können. Dieser Ansatz kann jedoch nicht ohne weiteres verallgemeinernd auf jegliche Vorschriften über immissionsschutzrechtliche Genehmigungsverfahren

---

2365 OVG Münster DVBl. 2008, 1137.
2366 BVerwG NuR 1982, 182.
2367 BVerwG Urt. v. 13.6.1980 – 4 C 31.77, juris; NJW 1984, 2174.
2368 BVerwGE 65, 313.
2369 VGH Mannheim NVwZ-RR 1999, 298.
2370 BVerfGE 53, 30; BVerfGE 77, 381; BVerwG DVBl. 1980, 1001; BVerwGE 61, 256; Beschl. v. 28.5.1985 – 7 B 116.85, juris; BVerwGE 75, 285.
2371 BVerwG NJW 1983, 1507.
2372 BVerwG NJW 1983, 1507.

übertragen werden, die auch dazu dienen, die Einhaltung von drittschützenden materiellrechtlichen Anforderungen an Anlagen zu gewährleisten. Insbesondere kann er nicht im vereinfachten immissionsschutzrechtlichen Genehmigungsverfahren nach § 19 BImSchG angewendet werden.

Beispiel: Eine im vereinfachten Verfahren nach § 19 BImSchG zu erteilende immissionsschutzrechtliche Änderungsgenehmigung (§ 15 BImSchG) ist auf die Klage eines Nachbarn nicht allein schon deshalb aufzuheben, weil eine erforderliche immissionsschutzrechtliche (Voll-)Genehmigung für den Altbestand der Anlage bisher nicht erteilt worden ist und nicht auszuschließen ist, dass bei der erforderlichen (Voll-)Genehmigung für die Anlage in ihrem geänderten Bestand weitergehende Nebenbestimmungen zum Schutz des klagenden Nachbarn zu treffen gewesen wären.[2373] Ein Dritter, der rügt, eine immissionsschutzrechtliche Genehmigung sei zu Unrecht im vereinfachten Verfahren nach § 19 BImSchG und nicht in einem förmlichen Verfahren nach § 10 BImSchG unter Beteiligung der Öffentlichkeit erteilt worden, ist nur dann klage- bzw. antragsbefugt, wenn sich aus seinem Vorbringen ergibt, dass sich der gerügte Verfahrensfehler auf seine materiell-rechtliche Position konkret ausgewirkt haben kann.[2374]

e) Anspruch auf ordnungsbehördliches Einschreiten. Begehrt der betroffene Nachbar 7709
den Erlass einer behördlichen Anordnung zur Abwehr von Gesundheitsgefahren oder erheblichen Belästigungen gegen eine immissionsschutzrechtlich nicht genehmigungsbedürftige Anlage, so findet dieses Begehren in der gegenüber § 24 1 BImSchG spezielleren drittschützenden Vorschrift des § 25 II BImSchG seine Grundlage. Nach dieser Vorschrift soll die Behörde einschreiten, wenn die von einer Anlage hervorgerufenen schädlichen Umwelteinwirkungen das Leben oder die Gesundheit von Menschen oder bedeutenden Sachwerten gefährden.[2375] Die Gefährdung kann sich auch aus Lärmimmissionen in der Nachtzeit ergeben.[2376] Auch unterhalb der Schwelle der Gesundheitsgefahren kann sich aus § 24 BImSchG ein nachbarlicher Abwehranspruch gegen den Betreiber einer nicht genehmigungsbedürftigen Anlage ergeben. Für die Bestimmung der schädlichen Umwelteinwirkungen nach § 22 I BImSchG iV mit § 3 I und 2 BImSchG als auch der gebotenen Minimierung erheblicher Lärmbelästigungen gilt der Maßstab der Zumutbarkeit.[2377] Dieser richtet sich nach der durch die Gebietsart und die tatsächlichen Verhältnisse bestimmten Schutzwürdigkeit und Schutzbedürftigkeit, wobei wertende Elemente der Herkömmlichkeit, die soziale Adäquanz und die allgemeine Akzeptanz mitbestimmend sind.[2378] Wird diese Schwelle nicht überschritten, ist ein Anspruch auf Einschreiten der Behörde nicht gegeben.[2379] Demgegenüber bestehen jedoch nachbarliche Abwehransprüche bei schädlichen Umwelteinwirkungen iS von § 3 I BImSchG gegen konkrete Immissionen durch Lärm, Luftschadstoffe[2380] oder Gerüche.[2381]

Es besteht kein Anspruch des Nachbarn auf Einhaltung des Betriebsumfangs einer immis- 7710
sionsschutzrechtlich genehmigungsbedürftigen Anlage, wenn nur die Art des Genehmigungsverfahrens (§§ 10, 19 BImSchG) und nicht auch die Wahrung materiell-rechtlicher Anforderungen (§ 5 I Nr. 1 BImSchG) davon abhängt.[2382] Soweit die Schädlichkeit der Umwelteinwirkungen im Eilverfahren nicht beurteilt werden kann, sind die Einwirkungen dem Antragsteller

---

2373 BVerwG NVwZ 1991, 369.

2374 OVG Münster ZUR 2008, 97; BVerwGE 85, 368, offengelassen, ob an dieser Auffassung mit Blick auf § 4 URG auch für die Fälle festzuhalten ist, in denen das förmliche Genehmigungsverfahren zugleich der Durchführung einer UVP dient.

2375 Zur drittschützenden Wirkung einer Gaststättenerlaubnis OVG Koblenz NVwZ-RR 19998, 556.

2376 Abgelehnt für Lärmimmissionen von maximal 10 Tagen im Jahr vor Mitternacht VGH Mannheim NVwZ-RR 1999, 569.

2377 VGH Mannheim NVwZ-RR 1999, 569; BVerwG UPR 1999, 68.

2378 BVerwG DVBl. 1992, 1234; VGH Mannheim VBlBW 1994, 239.

2379 VGH Mannheim NVwZ-RR 1999, 569; so auch VG Gießen GewArch. 1998, 350 für die von einer Behindertenwohngruppe ausgehenden Geräusche; VGH München NVwZ 1998, 1191.

2380 Für die Abgasbelastung von Verkehrswegen ist die 23. BImSchV heranzuziehen, VG Berlin UPR 1999, 160. Zum Ermessen der Straßenverkehrsbehörden beim Einschreiten nach § 45 I 2 Nr. 3 StVO OVG Berlin ZUR 1999, 164; zum Kosten-Nutzen-Verhältnis in § 41 II BImSchG BVerwG NVwZ-RR 1999, 725.

2381 VGH Mannheim UPR 1998, 358; BVerwG DVBl. 1993, 111.

2382 VGH München NVwZ-RR 2004, 94.

bis zum Abschluss des Hauptsacheverfahrens zuzumuten.[2383] Eine fehlerhafte Bekanntmachung im Rahmen der Öffentlichkeitsbeteiligung hindert den Eintritt der materiellen Präklusion nach § 10 III 3 BImSchG nur dann, wenn der Bekanntmachungsfehler den betreffenden Einwender bei der Wahrnehmung seiner Rechte behindert hat.[2384]

7711 Wird der Nachbar durch rechtswidrige Immissionen eines Betreibers verletzt, kommt ein Rechtsanspruch auf Einschreiten gegen die Behörde grundsätzlich nur dann in Betracht, wenn schwere und unerträgliche Beeinträchtigungen[2385] von verfassungsrechtlich geschützten Rechtspositionen des Betroffenen wie etwa Leben, Gesundheit oder Eigentum betroffen sind. Wird diese Grenze nicht erreicht, hat die Behörde einen weitreichenden Ermessensspielraum hinsichtlich der Frage, ob eingeschritten wird und welche Maßnahmen zu ergreifen sind. Auch § 24 BImSchG räumt der Behörde für ihre Entscheidung über das Einschreiten gegen schädliche Umwelteinwirkungen einer Anlage, die unterhalb der in § 25 II BImSchG bezeichneten Grenze (Gefahr für Leben und Gesundheit) bleibt, einen weiten Ermessensspielraum ein. Dies gilt auch dann, wenn die Immissionen die Nachbarschaft erheblich benachteiligen oder belästigen. Die Behörde ist nicht verpflichtet, den Nachbarstreit über die Zuführung unwägbarer Stoffe (§ 906 BGB) durch hoheitliche Anordnungen zu schlichten.[2386]

7712 **f) Heilung von Verfahrensfehlern.** Verfahrensfehler sind in unterschiedlichem Umfang beachtlich; nur beachtliche Fehler berechtigen dazu, die Aufhebung der Genehmigung zu verlangen. Für die Mehrzahl der immissionsschutzrechtlichen Genehmigungen ist § 4 UmwRG anwendbar. Verfahrensfehler sind dabei nur Verstöße gegen Rechtsvorschriften, die die äußere Ordnung des Verfahrens, das heißt den Verfahrensablauf als solchen betreffen, nicht hingegen Verstöße gegen materiell-rechtliche Vorgaben, die die Willens- und Entscheidungsbildung steuern.

7713 Die Aufhebung einer BImSchG-Genehmigung wegen eines materiellen Fehlers ist gem. § 7 V UmwRG ausgeschlossen, wenn der Fehler durch eine Ergänzung der Genehmigung oder durch ein ergänzendes Verfahren behoben bzw. geheilt werden kann. Gleiches gilt gem. § 4 Ib UmwRG für die Heilung von Verfahrensfehlern durch eine Genehmigungsergänzung oder ein ergänzendes Verfahren. Die Regelungen gelten für förmliche wie für vereinfachte Genehmigungen und zwar gem. § 7VI, § 4 III UmwRG für alle Kläger sowie unabhängig davon, ob der Fehler umweltrechtlicher Natur ist. Die Regelung tritt zur Heilung durch Nachholung gem. § 45 VwVfG hinzu.

7714 § 4 UmwRG gilt für Vorhaben nach § 1 1 Nr. 1 bis 2a UmwRG und damit für alle förmlichen Genehmigungen (mit Öffentlichkeitsbeteiligung), unabhängig davon, ob es um eine Erst- oder Änderungsgenehmigung geht. Erfasst werden auch die auf § 19 IV BImSchG beruhenden förmlichen Genehmigungsverfahren für die Änderung von Störfallanlagen. Zudem können im Bereich der UVP-vorprüfungspflichtigen Vorhaben ggf. vereinfachte Genehmigungen erfasst sein. § 4 UmwRG gilt gem. § 4 III 1 UmwRG für Klagen des Anlagenbetreibers wie von Drittbetroffenen.

7715 **Absolute Verfahrensfehler.** § 4 I UmwRG regelt besonders schwere, dh absolute Verfahrensfehler. Dazu gehören gem. § 4 I 1 Nr. 1 UmwRG das vollständige Unterlassen der notwendigen UVP bzw. der notwendigen UVP-Vorprüfung. Erfasst wird auch der Fall des Unterlassens einer UVP wegen einer fehlerhaften Vorprüfung, gem. § 4 I 1 Nr. 2 UmwRG das vollständige Unterlassen der Öffentlichkeitsbeteiligung iSd § 10 BImSchG, gem. § 4 I 1 Nr. 3 UmwRG Verfahrensverstößen vergleichbarer Art, die der betroffenen Öffentlichkeit eine gesetzlich vorgesehene Beteiligung im Entscheidungsprozess genommen haben.

7716 Absolute Verfahrensfehler führen gem. § 4 I UmwRG zur Aufhebung der Genehmigung, unabhängig davon, ob sich der Fehler auf den Inhalt der Genehmigung ausgewirkt hat und ob die verletzten Vorschriften der Gewährleistung eines (materiellen) subjektiven Rechts dienen. Ein Dritter kann gem. § 4 III 2 UmwRG die Aufhebung der Genehmigung bei den nach § 4 I 1 Nr. 3 UmwRG gleichgestellten Fehlern nur verlangen, wenn ihm wegen des Fehlers die Möglichkeit der gesetzlich vorgesehenen Beteiligung genommen wurde.

7717 Für Fehler in Genehmigungsverfahren iSv § 1 I 1 Nr. 1 bis 2a UmwRG, die nicht als absolute Verfahrensfehler iSd § 4 I UmwRG einzustufen sind, ist § 4 Ia UmwRG zu beachten.

[2383] OVG Münster NWVBL 2003, 29.
[2384] VGH München NVwZ 2003, 1138.
[2385] BVerwG DVBl. 1974, 777.
[2386] BVerwG UPR 1989, 224.

Relative Verfahrensfehler. Die Vorschrift ist gem. § 4 III 1 UmwRG auf Klagen des Anlagenbetreibers, Drittbetroffener wie von Umweltvereinigungen anwendbar. § 4 I a 1 UmwRG verweist auf § 46 VwVfG. Gem. § 4 I a 2 UmwRG scheidet allerdings eine Unerheblichkeit gem. § 46 VwVfG aus, wenn sich nicht aufklären lässt, ob der Verfahrensfehler die Entscheidung beeinflusst hat. Das Gericht hat die Frage von Amts wegen zu untersuchen. Die **Beweislast** für diesen Umstand darf somit nicht beim Antragsteller liegen. **7718**

g) Gerichtszuständigkeit. Zuständig für die Entscheidung über die Klagen im Hinblick auf eine immissionsschutzrechtliche Genehmigung ist in erster Instanz grundsätzlich das Verwaltungsgericht. Für eine Reihe von Anlagen, etwa für Kraftwerke, Windenergieanlagen und KWK-Anlagen ist gem. § 48 I 1 VwGO in erster Instanz das OVG zuständig. Dies gilt für die gesamte genehmigungsbedürftige Anlage. Eine ordnungsgemäß zum VG erhobene Klage wahrt die Frist auch nach einer Verweisung zum OVG. **7719**

h) Klagefristen und Klagebegründungsfrist. Mit Ablauf der Auslegungsfrist gilt der Bescheid gem. § 10 VIII 5 BImSchG als zugestellt; die Widerspruchs- bzw. Klagefrist beginnt zu laufen. Wurde Dritten die Genehmigung nicht bekannt gemacht, gilt die Jahresfrist des § 58 II VwGO ab dem Zeitpunkt, zu dem der Dritte von der Genehmigung Kenntnis erlangte oder hätte erlangen müssen. Zudem muss die angemessene Möglichkeit bestanden haben, sich über das Genehmigungsverfahren zu unterrichten. Bei Klagen von Umweltvereinigungen sind zudem die besonderen Fristen des § 2 III UmwRG zu wahren. Die Klagebegründungsfrist des § 6 UmwRG beträgt 10 Wochen ab Klageerhebung und betrifft Klagen erster Instanz. Die Regelung gilt nicht nur für Klagen von Umweltvereinigungen, sondern wegen des Verweises auf § 4 III 1 UmwRG auch für Klagen des Anlagenbetreibers und aller Drittbetroffenen. Die Klagebegründungsfrist betrifft den gesamten Anwendungsbereich des § 1 I UmwRG und damit alle Genehmigungen. Gem. § 6 S. 1 UmwRG sind die für die Klage relevanten Tatsachen und Beweismittel anzugeben. Die Begründungsfrist ist wichtig, weil die Begründung den Prozessstoff begrenzt. **7720**

i) Vorläufiger Rechtsschutz. Widerspruch und Anfechtungsklage des Nachbarn haben aufschiebende Wirkung. Hält sich der Antragsteller nicht an die aufschiebende Wirkung, können Dritte gem. § 80a III iVm § 80 V VwGO beim zuständigen Gericht eine einstweilige Anordnung beantragen. Die aufschiebende Wirkung von Widerspruch und Klage tritt nicht ein, wenn die Genehmigung gem. §§ 80 II Nr.4, 80a VwGO für sofort vollziehbar erklärt wurde oder gem. § 63 BImSchG sofort vollziehbar ist. Widerspruch und Anfechtungsklage eines Dritten gegen die Zulassung einer Windenergieanlage an Land mit einer Gesamthöhe von mehr als 50 Metern haben nach § 63 BImSchG keine aufschiebende Wirkung. Der einstweilige Rechtsschutz des Dritten erfolgt dann über einen Antrag nach § 80a III iVm § 80 V VwGO an das zuständige Gericht. Soweit durch Widerspruch und Anfechtungsklage eine aufschiebende Wirkung eintritt, kann sich der Antragsteller dagegen über einen Antrag nach § 80a III iVm § 80 V VwGO wehren. Voraussetzung sind erhebliche Risiken. **7721**

In Verfahren nach § 48 I 1 Nr. 3 bis 15 und § 50 I Nr. 6 VwGO gelten für die Anordnung oder Wiederherstellung der aufschiebenden Wirkung (§§ 80 und 80a) ergänzend die § 80 c II bis IV VwGO. Diese Sonderregelungen betreffen immissionsschutzrechtlich genehmigungsbedürftige Kraftwerke, Abfallverbrennungsanlagen, Kraft-Wärme-Kopplungsanlagen und Windenergieanlagen mit einer Gesamthöhe von mehr als 50 m. Das Gericht kann einen Mangel der immissionsschutzrechtlichen Genehmigung außer Acht lassen, wenn offensichtlich ist, dass dieser in absehbarer Zeit behoben sein wird. Ein solcher Mangel kann insbesondere eine Verletzung von Verfahrens- oder Formvorschriften sein. **7722**

Verfahren nach § 48 I 1 Nr. 3 bis 15 und § 50 I Nr. 6 VwGO sollen vorrangig und beschleunigt durchgeführt werden. Besonders zu priorisieren sind Verfahren über Vorhaben, wenn ein Bundesgesetz feststellt, dass diese im überragenden öffentlichen Interesse liegen. In den genannten Verfahren sollen in geeigneten Fällen die Beteiligten zu einem frühen ersten Termin zur Erörterung des Sach- und Streitstandes und zur gütlichen Beilegung des Rechtsstreits geladen werden. Kommt es in diesem Termin nicht zu einer gütlichen Beilegung des Rechtsstreits, erörtert das Gericht mit den Beteiligten den weiteren Ablauf des Verfahrens und die mögliche Terminierung der mündlichen Verhandlung. **7723**

j) Entscheidungsergänzung und ergänzendes Verfahren. Die Entscheidungsergänzung zielt auf ein bestimmtes Ergebnis, während das ergänzende Verfahren ein Wiederaufgreifen des Genehmigungsverfahrens mit nicht absehbarem Ausgang betrifft. Voraussetzung einer Heilung ist, dass der Verstoß nicht von solcher Art und Schwere ist, dass er das Vorhaben als Ganzes in **7724**

Frage stellt und dass sich der Mangel in absehbarer Zeit beseitigen lässt. Liegen die Voraussetzungen für eine Fehlerbehebung bzw. Heilung durch ein ergänzendes Verfahren vor, wird die Genehmigung nicht aufgehoben, sondern nur ihre Rechtswidrigkeit und Nichtvollziehbarkeit festgestellt.

7725 Die Feststellung der Rechtswidrigkeit durch das Gericht setzt voraus, dass die Genehmigung im Übrigen rechtmäßig ist. Dementsprechend ist die Entscheidung nicht nur hinsichtlich der festgestellten Fehler, sondern auch hinsichtlich der Rechtmäßigkeit der sonstigen Genehmigung rechtskraftfähig. Gem. § 4 Ib S.2 Nr.1 UmwRG iVm § 45 II VwVfG ist die Heilung noch im gerichtlichen Verfahren bis zum Abschluss der letzten Tatsacheninstanz möglich ist. Eine Heilung von Verfahrensfehlern im gerichtlichen Verfahren muss allerdings ausscheiden, wenn der Zweck der Verfahrenshandlung nur erreicht werden kann, sofern sie vor der behördlichen Entscheidung durchgeführt wird.

7726 **k) Schadensersatz.** Werden durch die Errichtung oder den Betrieb der Anlage Schäden durch Emissionen hervorgerufen, so ist vom Inhaber der Anlage zum Zeitpunkt der Emission Schadensersatz zu leisten. Lässt sich bei einem Inhaberwechsel nicht feststellen, in wessen Verfügungszeit die Emission aus der Anlage fällt, besteht keine Haftungsgrundlage. Beide Inhaber haften aber als Gesamtschuldner, wenn sowohl vor als auch nach dem Inhaberwechsel schädliche Emissionen ausgetreten sind.[2387] Inhaber und haftungsrechtlich verantwortlich ist nur, wer die Anlage in Gebrauch hat und die tatsächliche Verfügungsgewalt hierüber besitzt.[2388] Bei üblicher Vertragsgestaltung wird der Vermieter oder Verpächter nicht zum Mitinhaber.[2389] Allerdings kann der Eigentümer zur Abwehr von Umweltgefahren verpflichtet sein, die auf dem baulichen Zustand der vermieteten Sache beruhen. Nachbarrechtliche Ausgleichsansprüche nach § 906 II 2 BGB können durch spezielle umweltrechtliche Regelungen verdrängt werden.[2390]

3. Teil. Strukturen des Umweltrechts

7727 Das Umweltrecht hat Grundstrukturen, die durch die Prinzipien des Umweltrechts und seine Instrumente bestimmte werden. Ausgangspunkt sind verfassungsrechtliche Vorgaben, die durch das Staatsziel Umweltschutz in Art. 20 a GG markiert sind.

I. Staatsziel Umweltschutz

7728 Nach Art. 20 a GG schützt „der Staat auch in Verantwortung für die künftigen Generationen die natürlichen Lebensgrundlagen im Rahmen der verfassungsmäßigen Ordnung durch die Gesetzgebung und nach Maßgabe von Gesetz und Recht durch die vollziehende Gewalt und die Rechtsprechung".[2391] Das GG selbst zeigt bereits durch die Formulierung des Staatsziels den Kompromiss aus großen Erwartungen, aber auch Befürchtungen und Sorgen auf, wenn es einerseits den Staat in der eigentlichen Kernaussage verpflichtet, „auch in Verantwortung für die künftigen Generationen die natürlichen Lebensgrundlagen zu schützen", dies aber unter den Vorbehalt „der verfassungsmäßigen Ordnung durch die Gesetzgebung und nach Maßgabe von Gesetz und Recht durch die vollziehende Gewalt und die Rechtsprechung" stellt.[2392]

7729 Dieser Zusatz, bei den parlamentarischen Beratungen als „Angstklausel" bezeichnet, ist offenbar aus Sorge vor einem zu starken Einfluss der Gerichte auf die Umweltpolitik entstanden. Art. 20 a GG normiert ein Staatsziel und richtet sich daher an den Gesetzgeber, nicht wie ein Grundrecht unmittelbar an den Bürger. Der Staat ist verpflichtet, die natürlichen Lebensgrundlagen zu schützen. Dazu gehören die Abwehr ihrer Schädigung durch Dritte und die Unterlassung der Schädigung durch staatliches Handeln. Die Schutzpflicht des Staates umfasst aber auch

---

[2387] BGH DVBl. 1999, 1504; BGHZ 57, 257.

[2388] BGHZ 80, 1.

[2389] BGH NJW 1999, 3203.

[2390] So für die Haftung bei nachteiligen Einwirkungen auf die Gewässergüte nach § 22 II WHG BGH DVBl. 1999, 1504; NJW 1996, 845.

[2391] Heinz NuR 1994, 1; Meyer-Teschendorf TRP 1994, 73; Jahn DVBl. 1994, 177; Rohn/Sannwald ZRP 1994, 65; Stüer DVBl. 1996, 93; Graf Vitzthum VBlBW 1991, 404.

[2392] Zu Staatszielen in den Landesverfassungen am Beispiel des bayerischen Staatsziels des Natur- und Kulturgüterschutzes und des Gleichheitssatzes Kruis/Didovic BayVBl 2009, 353.

positives Handeln zur Beseitigung bereits eingetretener Schäden sowie die Pflege von natürlichen Lebensgrundlagen, die ohne menschliches Handeln nicht erhalten bleiben.

Eine Staatszielbestimmung gibt den Staatsorganen ein Ziel vor, das anzustreben sie verfassungskräftig verpflichtet sind. Die Wahl der Mittel zur Zielverwirklichung steht ihnen grundsätzlich frei. Auch die Konkretisierung des unbestimmt formulierten Ziels bleibt ihnen überlassen. Daraus ergibt sich ein entsprechend weiter gesetzgeberischer Gestaltungsraum, in dessen Rahmen die Verwirklichung des Staatsziels nicht justitiabel ist. Allerdings kann das Staatsziel Umweltschutz durchaus Konturen gewinnen. Der Staat darf die Zerstörung der natürlichen Lebensgrundlagen nicht fördern, insbesondere Umweltbeeinträchtigungen nicht subventionieren. Vor allem ist der Staat verpflichtet, das Verursacherprinzip konsequent zu verwirklichen. Der Staat ist aufgerufen, die natürlichen Lebensgrundlagen durch Vermeidung schädigender Aktivitäten, Gefahrenabwehr und Gefahrenvorsorge sowie durch eine Risikovorsorge unterhalb der Gefahrenschwelle zu schützen. Güter, die auf Dauer Voraussetzung für menschliches Leben sind, müssen erhalten bleiben. Die staatliche Umweltpolitik ist daher im Prinzip verpflichtet, dafür zu sorgen, dass sich dieser Zustand verbessert. Sie hat zugleich sicherzustellen, dass er sich insgesamt nicht verschlechtert. 7730

a) Adressaten des Staatsziels. Das Staatsziel richtet sich in erster Linie an den Gesetzgeber, hat aber auch für die Verwaltung dort eigenständige Bedeutung, wo der Gesetzgeber ihr Entscheidungsspielräume belässt. Als Beispiele sind etwa die Bereiche der gesetzesfreien Leistungsverwaltung, Ermessens- oder Beurteilungsspielräume oder planerische Gestaltungsspielräume zu nennen. Die Gerichte haben sich darauf zu beschränken, Legislative und Exekutive dort zu korrigieren, wo sie ihre Pflichten aus Art. 20 a GG verletzen; sie sind aber nicht aufgerufen, ihre eigenen Vorstellungen über den „richtigen Umweltschutz" an die Stelle der Entscheidungen der zuständigen Staatsorgane zu setzen. Das gilt auch für das BVerfG, wenngleich die dahingehend Versuchung angesichts großer umweltpolitischer Herausforderungen groß sein dürften.[2393] 7731

Aus diesem Grundkonzept sind durchaus handfeste rechtliche Konsequenzen abzuleiten: Der Gesetzgeber ist verpflichtet, auf eine stärkere Berücksichtigung des Umweltschutzes hinzuwirken. Dabei besteht allerdings ein erheblicher Gestaltungsspielraum. Der Gesetzgeber ist daher nicht auf bestimmte, zur Erreichung des Staatsziels heranzuziehende Mittel festgelegt. Wird dennoch geltend gemacht, Art. 20 a GG gebiete ein bestimmtes Handeln des Normgebers, bedarf es einer vertieften Darlegung, woraus sich eine solche Verpflichtung des Normgebers gerade zu dieser Regelung im Einzelnen ergeben soll und wie der Normgeber ihr auch unter Beachtung der darüber hinaus einzuhaltenden Maßstäbe nachkommen kann.[2394] Vor allem aber wendet sich das Staatsziel auch an die Gesetzesauslegung. Bei der Anwendung aller Normen, die im Tatbestand auf das öffentliche Interesse oder öffentliche Belange abstellen, ist der Auftrag des Art. 20 a GG zu berücksichtigen. 7732

b) Klima-Beschluss des BVerfG. Das Staatsziel Umweltschutz des Art. 20 a GG schließt den Klimaschutz ein.[2395] Das Klimaschutzgebot des Art. 20 a GG ist eine justiziable Verfassungsnorm, die allerdings weiterer Konkretisierung bedarf.[2396] 7733

Das BVerfG deutet das Klimaschutzgebot des Art. 20 a GG unter Verweis auf die Erkenntnisse der Klimaforschung und der Klimapolitik als ein Gebot, eine bestimmte Schwelle der Erderwärmung nicht zu überschreiten.[2397] Mit der Notwendigkeit, die Erderwärmung zu stoppen, rechtfertigt das BVerfG die weitere Verpflichtung, die Emission von Treibhausgasen kontinuierlich bis zur Klimaneutralität, einem für die Treibhausgaskonzentration in der Erdatmosphäre neutralen Maß, zu reduzieren,[2398] wobei das Gericht auf das Treibhausgas CO_2 abstellt, weil dessen Konzentration in der Erdatmosphäre wegen seiner quantitativen Bedeutung und besonderen Langlebigkeit für den Klimawandel besonders relevant ist. 7734

Aus Art. 20 a GG lässt sich allerdings unmittelbar kein Maßstab ableiten, mit dessen Hilfe sich entscheiden ließe, ob bereits verfassungsrechtlich ausreichende Maßnahmen zur hinreichenden Begrenzung der Erderwärmung ergriffen wurden. Britz, die Berichterstatterin des 7735

[2393] Voßkuhle NVwZ 2013, 1 (8); Beckmann UPR 2021, 241 (351).

[2394] BVerwG, Beschl. v. 9.10.1999 – 11 B 22.99, juris.

[2395] BVerfG NVwZ 2007, 937; NVwZ 2015, 288; NVwZ-RR 2021, 177; NVwZ 2021, 951; NVwZ 2022, 861; NVWZ 2022, 861.

[2396] Britz NVwZ 2022, 825.

[2397] BVerfG NVwZ 2021, 951.

[2398] BVerfG NVwZ 2021, 951, Rn. 198; NVwZ 2022, 861 Rn. 107.

Klima-Beschlusses, räumt deshalb ein, die Konkretisierung einer „verfassungsrechtlichen Temperaturmaßgabe" sei eine „besondere verfassungsrechtsdogmatische Herausforderung" gewesen. Es gebe ein „Dilemma, entweder den gerichtlichen Kontrollanspruch insoweit im Wesentlichen aufgeben oder aber anstelle des Gesetzgebers schöpfend tätig werden zu müssen."[2399] Der Ausweg aus diesem Dilemma soll sich nach Ansicht des BVerfG aus dem „verfassungskonkretisierenden Fachrecht" ergeben. In Anerkennung einer in Art. 20 a GG angelegten Konkretisierungsprärogative des Fachgesetzgebers müsse die Temperaturmaßgabe des Bundesgesetzgebers in § 1 S. 3 KSG als aktuelle Konkretisierung des verfassungsrechtlichen Klimaschutzgebots herangezogen werden."[2400] Als Grundlage des Klimaschutzgesetzes werde in § 1 S. 3 KSG die Verpflichtung nach dem Übereinkommen von Paris aufgrund der Klimarahmenkonvention der Vereinten Nationen bezeichnet, wonach der Anstieg der globalen Durchschnittstemperatur auf deutlich unter 2°C und möglichst auf 1,5°C gegenüber dem vorindustriellen Niveau zu begrenzen sei. Damit wird das einfachgesetzliche Klimaziel zum verfassungsrechtlichen Prüfungsmaßstab umgedeutet, an dem sich der Gesetzgeber mit Blick auf seine Verpflichtung aus Art. 20a GG messen lassen muss. Einfach zu verstehen ist diese Hochzonung der einfachgesetzlichen Zielbestimmung des Bundesgesetzgebers zum verfassungsmäßigen, ihn im Sinne einer Selbstbindung begrenzenden Prüfungsmaßstab nicht.[2401] Dem BVerfG kann man entgegengehalten, dass es seinen verfassungsrechtlichen Prüfungsrahmen selbst schafft. Dies gelingt durch eine Unterscheidung des verfassungskonkretisierenden Gehalts von § 1 S. 3 KSG von dem daran zu messenden einfachgesetzlichen Gehalt von § 3 I 2 und § 4 I 3 KSG. Erst die Erhebung der Temperaturziele zum verfassungsrechtlichen Maßstab erlaubt die spätere Konstruktion, nach der die Umsetzung der Temperaturziele in Emissionsziele nur bei einer ausgewogenen Fortschreibung der Emissionsziele auch über das Jahr 2030 hinaus gerechtfertigt ist. Es kommt insoweit zu einer Vermischung unterschiedlicher Normkategorien, es entsteht eine Art von Zwischenkategorie, die im Grundgesetz nicht angelegt ist.[2402] Hinzu kommt der Vorwurf, um den globalen Klimaschutz zu verbessern, diktiere das BVerfG dem Gesetzgeber eine Erweiterung und Verschärfung der Ziel- und Reduktionsfixierungen. Damit suche es die gesamte Umwelt-, Technik- und Wirtschaftspolitik zu steuern, obwohl es – noch weniger als die staatlichen Parlamente und Regierungen – zielführende Realisierungswege und Vollzugsmaßnahmen sowie vorzugswürdige Technologien für Infrastrukturen, Anlagensysteme, Verkehrs- und Kommunikationsmittel, Konsumgüter und Stoff- oder Produktqualitäten vorzugeben vermöge.[2403]

7736 Die Konkretisierungsbefugnis des Gesetzgebers soll mit Blick auf die Staatszielbestimmung nach Ansicht des BVerfG nicht umfassend sein. Denn trotz seiner besonderen Konkretisierungsbedürftigkeit durch den Gesetzgeber seien Art. 20 a GG zugleich Bindungen des Gesetzgebers zu entnehmen. Die Konkretisierungsbefugnis des Gesetzgebers schließe es (natürlich) nicht aus, dass der Gesetzgeber diese Befugnis überschreite. Das BVerfG bescheinigt dem Gesetzgeber in seinem Klimabeschluss aus dem Jahr 2021 auch nur, dass er seinen verfassungsrechtliche Konkretisierungsspielraum mit dem in § 1 S. 3 formulierten Klimaschutzziel „nach den aktuell verfügbaren Erkenntnissen nicht überschritten habe, dass jedoch eine neue Erkenntnislage dies ändern könne."[2404] Aktuell müsse sich der Gesetzgeber verfassungsrechtlich an dem von ihm selbst in § 1 S. 3 KSG aufgenommenen Paris-Ziel messen lassen. Dies erfordere allerdings noch eine „Übersetzung der Temperaturmaßgabe in eine Emissionsmaßgabe."[2405]

7737 Das BVerfG beschränkt sich in diesem Zusammenhang auf eine Plausibilitätsprüfung, ob trotz der in § 4 KSG bereits bis zum Jahr 2030 zugelassenen CO_2-Emissionen – noch möglich sei, das Temperaturziel des § 1 S. 3 KSG zu erreichen. Das BVerfG bezieht sich dazu auf Analysen und Berechnungen des IPCC zu einem für bestimmte Temperaturziele jeweils global ver-

---

2399 Britz NVwZ 2022, 825.

2400 BVerfG NVwZ 2021, 951, Rn. 208 ff; BVerfG NVwZ 2022, 861 Rn. 107.

2401 kritisch zu dem Klimabeschluss des BVerfG insoweit Beckmann UPR 2021, 241, Berkemann DÖV 2021, 701; Berkemann UPR 2021, 585; Callies UPR 2021, 355; Ekardt/Hess NVwZ 2021, 1421; Faßbender NJW 2021, 2085; Hofmann NVwZ 2021, 1587 Ruttloff/Freihoff NVwZ 2021, 917; Breuer NVwZ 2022, 1233 (1237): „unbefugte Teilhabe an der Gesetzgebung"; kritisch auch Posser Klimaschutzrecht, in Hensch/Ullrich/Posser, Handbuch Verfassungsrecht in der Praxis, 2024, § 15 Rn. 5 ff.

2402 Beckmann UPR 2021, 241.

2403 Breuer NVwZ 2022, 1233 (1237).

2404 BVerfG NVwZ 2021, 951 Rn. 211 ff.

2405 BVerfG NVwZ 2021, 951 Rn. 215.

bleibenden CO_2-Restbudget. Aus dem globalen Restbudget leitet das BVerfG einen schon vom Sachverständigenrat für Umweltfragen berechneten Anteil für Deutschland ab, wobei es das globale Restbudget rechnerisch nach der Einwohnerzahl auf die Staaten verteilt. Das globale Budget nach der Einwohnerzahl zu verteilen, sei zwar verfassungsrechtlich nicht zwingend; verfassungsrechtlich sei es nicht einmal zwingend, überhaupt eine Budgetrechnung zugrunde zu legen. Für die verfassungsrechtliche Kontrolle des im Gesetz eingeschlagenen Reduktionspfads biete dies jedoch gleichwohl eine plausible Grundlage.[2406] Überzeugend ist diese Ableitung nicht. Denn wenn für die Bestimmung des verfassungsrechtlich mit Art. 20 a GG noch vereinbaren Tätigwerdens bzw. Untätigbleibens weder auf ein globales Restbudget abgestellt werden muss noch eine die Zuteilung eines Anteils an diesem globalen Restbudgets nach der Einwohnerzahl geboten ist, noch eine entsprechende unionsrechtliche oder völkerrechtliche Verpflichtung besteht, dann hätte das BVerfG dem Gesetzgeber die Entscheidung überlassen müssen, welchen Anteil an den weltweiten CO_2-Emissionen noch in Deutschland verursacht werden dürfen. Angesichts der vom BVerfG ausführlich beschriebenen Grundrechtsrelevanz der Emissionen einerseits, umgekehrt jedoch auch der Klimaschutzmaßnahmen andererseits, hätte es seine ständige Wesentlichkeitsrechtsprechung, auf die das BVerfG im Klimabeschluss vom 24.3.2021 selbst ausdrücklich hinweist, unvermeidbar gemacht, diese Entscheidung dem Gesetzgeber selbst zu überlassen.[2407] Eine Plausibilitätsprüfung, wie sie das BVerfG anstellen wollte, würde mit Blick auf eine anteilige Verteilung eines Restbudgets nur dann Sinn machen, wenn der Gesetzgeber selbst sich zu einer solchen Budgetrechnung entschlossen hätte und dessen Plausibilität in Rede stünde. Das war jedoch gerade nicht der Fall.

Völkerrechtlich zwingend ist eine Bemessung des auf Deutschland entfallenen Restbudgets, 7738
wenn man überhaupt auf eine solche Budgetrechnung abstellen möchte, nach einem Anteil an der Weltbevölkerung nicht. Genauso gut könnte man die Wirtschaftsleistung der Staaten einbeziehen oder aber auch ihre industrielle und gesellschaftliche Entwicklung, die bei einer hohen Gesamtemission von Treibhausgasen schon in der Vergangenheit für einen Anteil an dem verbleibenden globalen Restbudget sogar unterhalb des Bevölkerungsanteils sprechen könnte. Zu Recht wird dafür plädiert, die jeweiligen nationalen Besonderheiten einzubeziehen und wertend unter Einbeziehung ökologischer, sozialer und ökonomischer Belange zu berücksichtigen.[2408] Eine Ausrichtung auf den Anteil an der Weltbevölkerung ist insoweit weder völkerrechtlich noch verfassungsrechtlich gefordert; sie ist möglicherweise auch nur mit einer Wohlstandsverringerung und einer Deindustrialisierung zu erreichen. Darüber zu entscheiden, wäre angesichts der Grundrechtsrelevanz und Wesentlichkeit Sache des Gesetzgebers und nicht die des BVerfG.

Das BVerfG hielt es für plausibel, dass das nach dem von ihm und nicht vom Gesetzgeber 7739
berechnete Restbudget für Deutschland durch die nach § 4 KSG bis 2030 zugelassenen Emissionen weitgehend, aber noch nicht vollständig aufgebraucht würde. Wenn Deutschland nach dem Jahr 2030 sehr große Anstrengungen für eine Transformation hin zur Klimaneutralität unternehmen würde, könne das Restbudget noch eingehalten werden. Ein Verfassungsverstoß wurde vom BVerfG insoweit nicht festgestellt, weil in den Berechnungen erhebliche tatsächliche Ungewissheiten und eine Reihe normativer Wertungen enthalten seien. Die Annahme des Gesetzgebers, Deutschland werde das Klimaschutzziel des § 1 S. 3 KSG mit der in § 4 KSG bis 2030 zugelassenen Emissionsmenge erreichen, könne verfassungsgerichtlich nicht beanstandet werden.[2409]

II. Prinzipien des Umweltrechts

Das Umweltrecht strebt die Verwirklichung von drei tragenden Prinzipien an: Das Vor- 7740
sorge-, Verursacher- und das Kooperationsprinzip. Daneben gibt es eine Reihe weiterer umweltpolitischer Prinzipien wie etwa die Eigenverantwortlichkeit, das Prinzip der Nachhaltigkeit oder das ökologische Abwägungsgebot, die Konkretisierungen der Hauptprinzipien sind.[2410] Die umweltrechtlichen Prinzipien sind allgemeine **Rechtsprinzipien**, mit de-

---

[2406] BVerfG NVwZ 2021 951, Rn 231 ff.; kritisch dazu Frenz Grundzüge des Klimaschutzrechts, 2021, Rn. 388.

[2407] so zu Recht Frenz Grundzüge des Klimaschutzrates, 2021, Rn. 390; siehe auch Posser Klimaschutzrecht, in Hensch/Ullrich/Posser, Handbuch Verfassungsrecht in der Praxis, 2024, § 15 Rn. 5 ff.

[2408] Frenz Grundzüge des Klimaschutzrechts, 2021, Rn. 388.

[2409] BVerfG NVwZ 2021, 951 Rn. 237.

ren Hilfe sich Gesetze auslegen und Gesetzeslücken ausfüllen lassen. Rechtsprinzipien sind dabei nichts anderes als allgemeine Wertungsmaßstäbe oder Wertvorzüge im Hinblick auf die Rechtsidee, die noch nicht zu unmittelbar anwendbaren Rechtsregeln verdichtet sind, für sie aber Rechtfertigungsgründe dazustellen vermögen. Sie entziehen sich, wie alle konkretisierungsbedürftigen Maßstäbe, einer begrifflichen Definition. Ihr Sinngehalt lässt sich an Beispielen verdeutlichen. Unmittelbare Rechtswirkungen gewinnen Rechtsprinzipien erst durch konkrete gesetzliche Regelungen.

1. Vorsorgeprinzip

7741 Das Vorsorgeprinzip zielt darauf ab, durch vorausschauendes Handeln bereits dem Entstehen möglicher Umweltbelastungen vorzubeugen und durch schonenden Umgang mit den zur Verfügung stehenden natürlichen Ressourcen die ökologischen Grundlagen langfristig zu sichern. Das Vorsorgeprinzip ist nicht nur eine umweltpolitische Forderung, sondern ist trotz seiner rechtlich begrenzten Konturen in zahlreichen Umweltgesetzen rechtlich verankert. Das Vorsorgeprinzip ist in Art. 20a GG verfassungsrechtlich abgesichert und wurde insofern vom BVerfG für den Klimaschutz herangezogen, soweit das BVerfG erläutert, dem Gesetzgeber obliege bei wissenschaftlicher Ungewissheit über umweltrelevante Ursachenzusammenhänge auch zugunsten künftiger Generationen eine besondere Pflicht, bereits belastbare Hinweise auf die Möglichkeit gravierender oder irreversibler Beeinträchtigungen zu berücksichtigen.[2411]

7742 Auf einfachgesetzlicher Ebene findet sich der Vorsorgegedanke häufig bereits im Rahmen der Zwecksetzung eines Gesetzes,[2412] wobei weitere Bestimmungen Konkretisierungen des Vorsorgegedankens enthalten (siehe zB § 1 UVPG, § 1 BImSchG, § 1 BBodSchG). Denkbare Schadensursachen sind etwa durch Beachtung der nach dem Stand von Wissenschaft und Technik möglichen Maßnahmen zu minimieren. Eine weitere Ausprägung des Vorsorgegedankens ist das Verbot, die Qualität des vorhandenen Umweltbestandes zu verschlechtern. Die zukunftsgestaltende Komponente des Vorsorgeprinzips kommt auch in einer Vielzahl von Planungsvorschriften zum Ausdruck, mit denen umweltpolitische Ziele unmittelbar oder etwa als Belange in der Abwägung verwirklicht werden sollen. Neben der räumlichen Gesamtplanung und der Bauleitplanung gehört dazu etwa der immissionsschutzrechtliche Planungsgrundsatz in § 50 BImSchG, wonach bei raumbedeutsamen Planungen und Maßnahmen die für eine bestimmte Nutzung vorgesehenen Flächen so zuzuordnen sind, dass schädliche Umwelteinwirkungen auf die ausschließlich oder überwiegend dem Wohnen dienenden Gebiete sowie auf sonstige schutzbedürftige Gebiete so weit wie möglich vermieden werden. Dieser Trennungsgrundsatz ist zugleich Ausdruck des Vorsorgeprinzips, gilt aber in abgeschwächter Form auch für die Sanierung vorhandener Gemengelagen, in denen unterschiedliche Nutzungen aufeinander treffen. Aus den einzelnen gesetzlichen Regelwerken lassen sich folgende allgemeine Regeln für den Vorsorgegedanken entwickeln:

- Die Umweltbelastungen sollen nicht mehr anwachsen.
- Das Gebot zum Einsatz optimaler Technologien soll sicherstellen, dass zulässige Immissionsgrenzwerte nur in dem Umfang ausgeschöpft werden, wie dies im Hinblick auf den Stand der Technik erforderlich ist.
- Behördliche Maßnahmen sollen nicht vom Nachweis, sondern von der Wahrscheinlichkeit der Schädlichkeit eines Stoffes oder seiner Konzentration abhängen.
- Die Umweltbelange sollen bei jeder Planungsentscheidung mitberücksichtigt werden.
- Das weitere Wachstum der menschlichen Gesellschaft soll durch Schaffung von Freiräumen ermöglicht werden.
- Da die Wirkungen von Eingriffen nie vollständig beseitigt werden können, sollen sie auf das zumutbare Maß reduziert werden.[2413]

[2410] Hoppe/Beckmann/Kauch Umweltrecht, 2020, § 1 Rn. 76 ff.; Appel in Koch/Hofmann/Reese, Handbuch Umweltrecht, 2024, § 2 Rn. 28 ff; Kloepfer Umweltrecht, 2016, § 3 Rn. 1 ff.; Eifert in Umweltschutzrecht in Schoch/Eifert, Besonderes Verwaltungsrecht, 2023, Rn. 38 ff; Schlacke Umweltrecht, 2023, § 3 Rn. 1 ff; Kahl/Gärditz Umweltrecht, 2023, § 4 Rn. 21 ff.

[2411] BVerfGE 157, 30, Rn. 229; zum Vorsorgeprinzip Appel in Koch/Hofmann/Reese, Handbuch Umweltrecht, 2024, § 2 Rn. 32.

[2412] § 1 BImSchG, § 1 a WHG.

[2413] Kahl/Gärditz Umweltrecht, 2023, § 4 Rn. 27.

Als **präventive Maßnahmen** kommen insbesondere die Reduzierung von Emissionen durch einen integrierten Umweltschutz und die Berücksichtigung von Umweltschutz bereits während der Planung in Betracht. Hierdurch soll zugleich dem Gedanken eines nachhaltigen, auf die Zukunft gerichteten Umweltschutzes (sustainable development) Rechnung getragen werden.[2414] Präventive Maßnahmen, die nicht auf Gefahrenabwehr, sondern iS der Ressourcenvorsorge auf den Erhalt künftigen Lebens gerichtet sind, bedürfen einer besonderen Begründung, die von der Wahrscheinlichkeit des Schadenseintritts und dem Gewicht der zu schützenden Güter abhängt. Je wahrscheinlicher ein Schadenseintritt und umso wichtiger die zu schützenden Güter sind, desto leichter fällt die Begründung, ordnungsrechtlich eingreifen zu müssen. Wissenschaft und Verwaltung bereitet es allerdings mitunter nicht unerhebliche Schwierigkeiten, einen vollständigen Schädlichkeitsnachweis zu erbringen. 7743

2. Verursacherprinzip

Das Verursacherprinzip soll gewährleisten, dass der Verursacher von Umweltbeeinträchtigungen für deren Beseitigung in Anspruch genommen wird.[2415] Das Prinzip geht über die bloße Frage der Kostenzurechnung für Vermeidung, Beseitigung und Ausgleich von Umweltbelastungen hinaus. Vielmehr richten sich an den Verursacher unmittelbare Verhaltensvorschriften über Gebote und Verbote sowie Auflagen, die sich auf eine materielle Verantwortlichkeit gründen. Hieraus können sich bei entsprechender gesetzlicher Grundlage nicht nur nachträgliche Kostenerstattungspflichten oder Abgaben ergeben. Auch Verbote und Auflagen sowie zivilrechtliche Unterlassungs- und Hilfsansprüche kommen in Betracht.[2416] Verursacher ist der Einzelne, dessen Verhalten allein- oder mit ursächlich für den Eintritt der Umweltbeeinträchtigung ist. 7744

a) Entsorgungspflicht des Abfallerzeugers. Ein gutes Beispiel für eine Konkretisierung des Verursacherprinzips ist die Abfallentsorgungspflicht des Abfallerzeugers. Erzeuger von Abfällen im Sinne des KrWG ist nach § 3 VIII KrWG jede natürliche oder juristische Person, durch deren Tätigkeit Abfälle anfallen (Ersterzeuger) oder die Vorbehandlungen, Mischungen oder sonstige Behandlungen vornimmt, die eine Veränderung der Beschaffenheit oder der Zusammensetzung dieser Abfälle bewirken (Zweiterzeuger). Abfallerzeuger ist grundsätzlich derjenige, der als Inhaber der tatsächlichen Sachherrschaft die letzte Ursache für die Umwandlung einer Sache zu Abfall gesetzt hat. Ausnahmsweise kann aber auch eine andere, vorgelagert handelnde Person als Abfallerzeuger zu qualifizieren sein, wenn ihr Verhalten sich aufgrund besonderer Umstände bei wertender Betrachtung als wesentliche Ursache für die Abfallentstehung darstellt.[2417] Bei Abfällen, die durch Schadensfälle oder sonstige außergewöhnliche Ereignisse entstehen, soll in einer Kette von mehreren Ursachen auch die jeweilige Risikosphäre berücksichtigt werden. Die Abfallerzeugerverantwortung kann nach der Rechtsprechung im Einzelfall sehr weit reichen. So hat der EuGH im Falle eines auf hoher See havarierten Tankers die Inanspruchnahme des Herstellers des Tankers für die Entsorgung des mit dem Tanker beförderten Schweröls als Abfallerzeuger bestätigt.[2418] Das BVerwG hat in einem Fall, in dem eine Anlage in Brand geraten war und die Feuerwehr das erheblich kontaminierte Löschwasser aufgefangen und gesondert gelagert hatte, die Inanspruchnahme der Betreiberin der abgebrannten Anlage als Abfallerzeugerin des Löschwassers bejaht. Das Löschwasser sei zwar nicht durch eine eigene Tätigkeit der Anlageninhaberin angefallen. Diese habe aber eine erste Ursache für ein Tätigwerden der Feuerwehr gesetzt, da das Feuer von ihrem Betrieb ausgegangen sei.[2419] 7745

b) Produktverantwortung. Auch die zunehmend an Bedeutung gewinnende Produktverantwortung ist eine Konkretisierung des Verursacherprinzips. Wer Erzeugnisse entwickelt, herstellt, be- oder verarbeitet oder vertreibt, trägt nach § 23 I 1 1 KrWG zur Erfüllung der Ziele 7746

2414 Kloepfer Umweltrecht, 2016, § 4 Rn. 6, 8.

2415 Hoppe/Beckmann/Kauch Umweltrecht, 2000, § 1 Rn. 81 ff, 144 ff, § 3 Rn. 40 ff.

2416 Appel in Koch/Hofmann/Reese, Handbuch Umweltrecht, 2024, § 2 Rn. 40; Kloepfer Umweltrecht, 2016, § 4 Rn. 29.

2417 Siehe dazu Beckmann in Landmann/Rohmer Umweltrecht, 2020, § 3 Rn. 120; BVerwG NVwZ 2015, 153; OVG Münster Urt. v. 10.8.2012 – 20 A 222/10, juris Rn. 35; Krahnefeld NVwZ 2015, 156.

2418 EuGH EuZW 2008, 433.

2419 BVerwG NVwZ 2015, 153.

der Kreislaufwirtschaft die Produktverantwortung. Erzeugnisse sind möglichst so zu gestalten, dass bei ihrer Herstellung und ihrem Gebrauch das Entstehen von Abfällen vermindert wird und sichergestellt ist, dass die nach ihrem Gebrauch entstandenen Abfälle umweltverträglich verwertet oder beseitigt werden. Wer Erzeugnisse entwickelt, herstellt, be- oder verarbeitet oder vertreibt, trägt zur Erfüllung der Ziele der Kreislaufwirtschaft die Produktverantwortung. Erzeugnisse sind möglichst so zu gestalten, dass bei ihrer Herstellung und ihrem Gebrauch das Entstehen von Abfällen vermindert wird und sichergestellt ist, dass die nach ihrem Gebrauch entstandenen Abfälle umweltverträglich verwertet oder beseitigt werden.[2420]

7747 **c) Gemeinlastprinzip.** Das Verursacherprinzip ist eine Abkehr von dem **Gemeinlastprinzip**, nach dem die entstandenen Umweltbelastungen von der Allgemeinheit getragen werden. Das Gemeinlastprinzip kann nur im Ausnahmefall das Umweltrecht prägen – vor allem dann, wenn der einzelne Verursacher überfordert wäre oder nicht greifbar ist. Das Gemeinlastprinzip sollte aber nicht zur allgemeinen Regel werden.[2421]

7748 Als Beispiel für eine Ausprägung des Gemeinlastprinzips wird § 9 I 2 USchadG genannt. Danach können die Länder regeln, dass der Verantwortliche unter den in Art. 8 IV Umwelthaftungsrichtlinie genannten Voraussetzungen die Kosten der durchgeführten Sanierungsmaßnahme nicht zu tragen hat.[2422]

7749 **d) Gruppenlastprinzip.** Als ein zwischen dem Verursacherprinzip und dem Gemeinlastprinzip anzusiedelndes Prinzip wird das Gruppenlastprinzip genannt, dass eine Art von Zwischenlösung dort sein soll, wo einzelne Gruppen als Gemeinschaft potentieller Umweltbeeinträchtiger (Betreiber von chemischen Fabriken oder Atomkraftwerken) als Verantwortliche herangezogen werden und als Ausgleich für ihr Verhalten und den ökonomischen Nutzen, den sie hieraus ziehen, vorab in einen Umweltfonds einzahlen sollen, aus dem dann die Kosten späterer Umweltschäden oder die Entsorgung zurückbleibender Abfälle oder Altlasten finanziert werden sollen.[2423]

3. Kooperationsprinzip

7750 Das Kooperationsprinzip[2424] soll zur Lösung der Umweltprobleme durch Zusammenarbeit von Staat, Gesellschaft und Industrie beitragen. Kooperation ist vor allem dann erforderlich, wenn mehrere Beteiligte verantwortlich sind oder die Schadensbeseitigung aus anderen Gründen das Zusammenwirken mehrerer Verantwortlicher und der Behörden erfordert. Auch der Sachverstand privater Organisationen wie etwa der Technischen Überwachungsvereine oder Umweltberater kann im Wege der Kooperation genutzt werden. Allerdings darf das Kooperationsprinzip nicht zu Lasten umweltpolitischer Zielsetzungen einseitig bevorzugt werden.

7751 Das Kooperationsprinzip findet sich inzwischen in verschiedenen **gesetzlichen Regelungen** wieder. Darüber hinaus dient es als Grundlage informaler Absprachen, Vorverhandlungen, Arrangements, Agreements, Selbstverpflichtungs- bzw. Selbstbeschränkungsabkommen und ähnlicher Formen kooperativen Verwaltungshandelns.[2425] Dabei werden institutionalisierte und nicht institutionalisierte Formen der Kooperation unterschieden. Zu den **institutionalisierten Formen** der Kooperation gehört zB die Beteiligung im Genehmigungs- und Planfeststellungsverfahren (§ 73 VwVfG). Auch der Betriebsbeauftragte für Umweltschutz im Immissionsschutz (§§ 53 bis 58 d BImSchG), im Gewässerschutz (§ 32 WHG), in der Abfallwirtschaft (§§ 59 KrWG), im Strahlenschutz (§§ 29 bis 31 StrlSchG) sowie im sonstigen Fachrecht beruht auf dem Gedanken der Kooperation. Dem Betriebsbeauftragten obliegt die innerbetriebliche Eigenüberwachung zur Abwehr technikbedingter Gefahren. Bei den Technischen Überwa-

---

2420 Näher dazu Beckmann in Landmann/Rohmer Umweltrecht, 2021, § 23 KrWG Rn. 1 ff.; zur Obhutspflicht und zum Warenvernichtungsverbots neue Instrumente einer verursachergerechten, nachhaltigeren Kreislaufwirtschaft siehe Beckmann in FS für Petersen, 2023, 113.

2421 Kloepfer Umweltrecht, 2016, § 4 Rn. 32.

2422 Näher dazu Beckmann/Wittmann in Landmann/Rohmer Umweltrecht, § 9 USchadG Rn. 7 ff.

2423 Rehbinder Ziele, Grundsätze, Strategien und Instrumente, in Rehbinder/Schink, Grundzüge des Umweltrechts, 2018, Rn. 167; Kahl/Gärditz Umweltrecht, 2023, Rn. 32; Eifert Umweltschutzrecht in Schoch/Eifert, Besonderes Verwaltungsrecht, 2023, Rn. 47.

2424 Zum Kooperationsprinzip siehe Hoppe/Beckmann/Kauch Umweltrecht, 2000, § 1 Rn. 84 ff.; Kahl/Gärditz Umweltrecht, 2023, § 4 Rn. 33; Schlacke Umweltrecht, 2023, § 3 Rn. 17; Appel in Koch/Hofmann/Reese, Handbuch Umweltrecht, 2024, § 2 Rn. 48.

2425 Schulte, Schlichtes Verwaltungshandeln, 1995.

chungsvereinen wird technischer Sachverstand vor Ort oder in einer technischen Prüfstelle genutzt. Etwa 200 Organisationen in Deutschland sind mit der technischen Rechtsetzung befasst. Dazu gehört auch das Deutsche Institut für Normgebung e.V. (DIN). Die Organisationen setzen sich aus fachlichen und nach pluralistischen Kriterien gewählten Mitgliedern zusammen. Die technischen Regelwerke halten durch Bezugnahme in Rechtsnormen und im Zusammenhang mit der Ausfüllung unbestimmter Rechtsbegriffe Einzug in die rechtliche Bewertung.

Am Beispiel der **Verpackungssteuer** hatte sich das BVerfG mit dem kooperativen Verwaltungshandeln befasst und dazu in Abgrenzung zu hoheitlichem steuerlichen Lenkungsmaßnahmen folgende Grundsätze aufgestellt:[2426] Das Kooperationsprinzip begründe eine kollektive Verantwortung verschiedener Gruppen mit unterschiedlichen fachlichen, technischen, personellen und wirtschaftlichen Mitteln, in eigener Aufgabenteilung und Verhaltensabstimmung das vorgegebene oder gemeinsam definierte Ziel zu erreichen. Die steuerliche Lenkung hingegen wende sich an den einzelnen Gesetzesadressaten, ohne dessen Verhalten auf das Umweltverhalten anderer abstimmen zu können. Die Kooperation erlaube eine einvernehmliche Mitwirkung der Beteiligten je nach Bedarf und Fähigkeit. Die steuerliche Lenkung gestatte dem Leistungsfähigen ein Ausweichen in die Umweltbelastung, wirkt jedoch gegenüber dem Leistungsschwachen wie ein verbindliches Verbot. Die steuerliche Lenkung, die von den Gemeinden durch die Verpackungssteuer beabsichtigt war, widersprach danach nach Ansicht des BVerfG der im KrWG verwirklichten Konzeption der kooperativen Verantwortungsteilung. Auch eine landesrechtliche Abfallabgabe auf Sonderabfälle widerspricht nach Auffassung des BVerfG, dem kooperativen Ansatz im Immissionsschutzrecht.[2427] Dem Kooperationskonzept des BImSchG dürfe eine abfallrechtliche Lenkungsabgabe nicht entgegenwirken.[2428] 7752

Demgegenüber konnte das BVerwG in seinem Urteil zur Tübinger Verpackungssteuer dem Abfallrecht und insbesondere auch dem VerpackG kein durchgängiges Kooperationsprinzip attestieren. Soweit im Abfallrecht noch einzelne kooperative Instrumente vorhanden seien, lasse sich daraus kein allgemeines, überwölbendes Prinzip ableiten. Dies gelte etwa für Nebenpflichten wie die Informations- und Beratungspflichten öffentlicher Stellen nach § 46 I KrWG, die sich zwar auch auf Abfallvermeidungsmaßnahmen bezögen, aber nur punktuelle Regelungen darstellten. Im Verpackungsgesetz sei eine Kooperation der beteiligten Kreise nicht in einer gegenüber der Verpackungsverordnung unveränderten Form enthalten. Ungeachtet der Frage, ob ein auf staatlichem Druck beruhendes Handeln überhaupt Ausdruck einer echten (normvorbereitenden oder normausfüllenden) Kooperation sein könne, verfolgt das Verpackungsgesetz jedenfalls keinen durchgehend kooperativen Ansatz, wie insbesondere durch die mit hoheitlichen Befugnissen ausgestattete Zentrale Stelle nach §§ 24 ff. VerpackG deutlich werde.[2429] 7753

Die Kooperation von Verwaltung und Privaten sollte folgende **Gebote** und **Verhaltensregelungen** einhalten: 7754

- Entscheidungsgremien dürfen nur aus überwiegenden sachlichen Gründen mit staatlichen und gesellschaftlichen Akteuren besetzt werden **(Distanzgebot)**.
- Staatliche Entscheidungen sind, soweit sie auf die Übernahme gesellschaftlich angenommener Lösungen gerichtet sind, durchsichtig zu gestalten **(Transparenzgebot)**.
- Die Bereitschaft zu Kooperation und der auf Vertrauen basierende Kooperationsprozess verbietet es, dass der Staat einseitig-hoheitliche Regelungen trifft. Die den langfristigen Erfolg der Kooperationsbeziehungen beeinträchtigt **(Konsistenzgebot)**.
- Kooperative Verfahrens- und Verhaltensregelungen sind möglichst so zu gestalten, dass die substanziellen Freiheiten der Verfahrensbeteiligten erhalten bleiben **(Autonomiegebot)**.
- Wird die Erfüllung öffentlicher Aufgaben Privaten übertragen, die diese iS marktwirtschaftlichen Denkens und Handelns wahrnehmen, sind der sozio-ökonomischen Funktionslogik entsprechend Marktmechanismen und Wettbewerbsgleichheit zu wahren **(Wahrung der Marktmechanismen)**.

[2426] BVerfG NJW 1998, 2341.

[2427] BVerfG NJW 1998, 2346.

[2428] Bothe NJW 1998, 2333; di Fabio NVwZ 1999, 1153; Sendler NJW 1998, 2875.

[2429] BVerwG NVwZ 2023, 1406 = juris Rn. 38 unter Verweis auf Kahl EurUP 2019, 321 (325) mit Anmerkungen von Quaas/Schneider DVBl.. 2024, 330; Henneke DVBl.. 2024, 51; Droege EuRUP 2023, 430; Homann KlimR 2023, 278; Kalscheuer/von Rochow DÖV 2019, 955 (957); Stendel NVwZ 2023, 1413; Faßbender ZUR 2023, 597; aA der VGH Mannheim ZUR 2022, 560 in der Vorinstanz; gegen das Urteil des BVerwG ist eine Verfassungsbeschwerde anhängig; siehe dazu auch Di Fabio AbfallR 2024, 147; Homann KlimR 2023, 278; Faßbender ZUR 2023, 597; Uschkereit GewArch 2024, 134.

– Innerhalb der staatlichen Verwaltung gilt der Grundsatz der Verhältnismäßigkeit der Verwaltung auch dann, wenn die im Einzelfall gewählte Handlungs- bzw. Organisationsform privatwirtschaftlich ausgerichtet ist **(Grundsatz der Gesetzmäßigkeit der Verwaltung)**.

7755 Staatliche Kooperation ist auf eine vertrauensvolle **Zusammenarbeit** zwischen der öffentlichen Verwaltung und den Privaten angewiesen. Aus rechtsstaatlichen Gründen muss diese Kooperation klar umrissen und zugleich gerichtlich kontrollierbar sein.[2430] Durch Kooperation kann allerdings durchaus **weniger Staat im Umweltschutz** erreicht werden. Diese Prinzipien gewinnen allerdings erst durch entsprechende Normen Gestalt. Die Anwendung der Prinzipien des Umweltrechts hängt daher von entsprechenden Entscheidungen des Gesetzgebers ab.

III. Instrumente des Umweltrechts

7756 Das Umweltrecht stellt zu seiner Verwirklichung ein Bündel verschiedener Instrumente bereit, die vor allem in Planungsinstrumenten, ordnungsrechtlichen Instrumenten, der UVP sowie abgabenrechtlichen und informalen Instrumenten bestehen.[2431]

1. Planungsinstrumente

7757 Die Planung ist als Handlungsinstrument des vorbeugenden Umweltschutzes in besonderer Weise geeignet, zur Verwirklichung des Vorsorgeprinzips beizutragen. In dem Maße, in dem sich das Umweltrecht von seinem polizeirechtlich-gefahrenabwehrenden Anfängen hin zu einer stärker ressourcenökonomischen und ökologisch-vorsorgenden, nachhaltigen Umweltrecht wandelt, steigt auch die Bedeutung der Planung für den Umweltschutz und das Umweltrecht.[2432]

7758 **a) Planungsbegriff.** Der Begriff der Planung ist allerdings nicht eindeutig abgrenzbar. Ob es sich bei Schutzgebietsausweisungen des Naturschutzrechts und des Gewässerschutzrechts um Pläne im rechtlichen Sinne handelt, kann man genauso in Frage stellen wie den Plancharakter mancher Planfeststellung, etwa für eine Nassauskiesung, für eine Abfalldeponie oder für eine atomares Zwischenlager oder Endlager. Bei der bergrechtlichen Planfeststellung handelt es unzweifelhaft trotz der Verwendung des Begriffs „Planfeststellung" durch den Gesetzgeber eindeutig nicht um eine Planungsentscheidung. Eine gesetzliche Definition des Begriffs der Planung und insbesondere der Umweltplanung gibt es nicht. Die Planung wird charakterisiert als mehrstufiger Prozess, der in der Erfassung gegenwärtiger Lagen, der Prognose künftiger Entwicklungen und der Gestaltung von Ziel- und Interessenkonflikten besteht.[2433]

7759 **b) Planungsermessen.** Als konstitutives Merkmal aller Planungen gilt das Planungsermessen, das sich vom Verwaltungsermessen ua durch eine gesteigerte Gestaltungsfreiheit unterscheidet und rechtlich vor allem über das Abwägungsgebot gesteuert und beschränkt wird.

7760 **c) Rechtsform und Verbindlichkeit.** Art und Umfang der Verbindlichkeit von Umweltplänen hängen von den rechtlichen Handlungsformen ab. Den unterschiedlichen Planungen liegt keine gemeinsame öffentlich-rechtliche Handlungsform zugrunde; es gibt keine eigenständige öffentlich-rechtliche Handlungsform des Umweltplans.[2434] Pläne können in der Rechtsform von Gesetzen, Rechtsverordnungen, Satzungen und Verwaltungsvorschriften als Verwaltungsakt oder auch informell als umweltpolitisches Programm ergehen.[2435] Abhängig von der Rechtsform können Umweltplanungen rechtlich unverbindlich, lediglich behördenintern oder außenverbindlich für private und gewerbliche Zieladressaten sein. Zunehmend wurde in der Vergangenheit von der Möglichkeit einer Planfeststellungen von Verkehrswegen

---

2430 Huber DVBl. 1999, 489; Kloepfer Umweltrecht § 5 Rn. 300; Schmidt-Aßmann Das Allgemeine Verwaltungsrecht als Ordnungsidee, 1998, Rn. 49; Schulze Fielitz DVBl. 1994, 657.

2431 Siehe dazu schon Hoppe/Beckmann/Kauch Umweltrecht, 2000, § 6 Rn. 1 ff; Kloepfer Umweltrecht, 2016, § 5 Rn. 60 ff; Ramsauer Allgemeines Umweltverwaltungsrecht, in Koch/Hofmann/Reese, Handbuch Umweltrecht, 2024, § 3 Rn. 80 ff; Rehbinder Ziele, Grundsätze, Strategien und Instrumente, in Rehbinder/Schink, Grundzüge des Umweltrechts, 2018, S. 145 ff.; Eifert Umweltschutzrecht, in: Schoch/Eifert, Besonderes Verwaltungsrecht, 2023, Rn. 75 ff.

2432 Hoppe/Beckmann/Kauch Umweltrecht, 2000, § 7 Rn. 1.

2433 Hoppe/Beckmann/Kauch Umweltrecht, 2000, § 7 Rn. 3.

2434 Siehe Kahl/Gärditz Umweltrecht, 2023, § 4 Rn. 50: „Planung ist keine Rechtsform, sondern Handlungstypik."

2435 Hoppe/Beckmann/Kauch Umweltrecht, 2000, § 7 Rn. 4.

unmittelbar durch ein Bundesgesetz Gebrauch gemacht, um mit Hilfe solcher Legalplanungen Beschleunigungszwecke zu verfolgen. Das BVerfG hat solche **Legalplanungen** trotz dagegen erhobener verfassungsrechtlicher Bedenken gebilligt.[2436]

d) Umweltschutzplanung. Sind die gesetzliche Ermächtigung, Anlass und Zweck der Planung Ziele des Umweltschutzes, kann man die Planung als Umweltplanung oder Umweltschutzplanung einordnen. Als Beispiel für solche Umweltschutzpläne können Klimaschutzprogramme, Abfallvermeidungsprogramme und Abfallwirtschaftspläne, Landschaftspläne und Landschaftsrahmenpläne, Luftreinhaltepläne gelten. Umweltpläne können raumbezogen sein oder ohne Raumbezug an bestimmte Personen oder Wirtschaftsbereiche adressiert sein. Moniert wird zB, es fehle an einer verbindlichen Fachplanung, um die bis spätestens 2050 erforderliche klimaneutrale Energieversorgung des Gebäudebestands zu gewährleisten. Die bisherigen, stark gebäudezentrierten regulativen Ansätze des Gesetzgebers stießen an ihre Grenzen.[2437] 7761

e) Raumbedeutsame Umweltschutzplanung. Angesichts des starken räumlichen Bezugs der auftretenden Umweltbeeinträchtigungen spielt die raumbedeutsame Planung und zwar als raumbezogenen Gesamtplanung und als Fachplanung eine zentrale Rolle. Die raumbedeutsame Gesamtplanung, zusammengesetzt aus Bundesraumordnungspläne landesweiten und regionalbezogenen Raumordnungsplänen und der Bauleitplanung mit ihren zwei Ebenen der Flächennutzungsplanung und der Bebauungspläne, ist zwar keine (isolierte) Umweltplanung, weil sie Umweltbelange in ihre Abwägung einstellt und mit anderen, auch gegenläufigen Belangen zum Ausgleich bringen muss. Planfeststellungen für den Gewässerausbau (§§ 67 f. WHG) betreffen zwar das Umweltmedium Wasser. Umweltbelange spielen dabei vor allem über die Bewirtschaftungsziele eine große Rolle. Gleichwohl sind diese Planfeststellungen vor allem auch Instrumente der Gewässerbewirtschaftung und damit nicht originär Instrumente des Umweltschutzes.[2438] Mit ihren Zielen und Grundsätzen der Raumordnung, ihren Festlegungen, Darstellungen und Festsetzungen dient die Gesamtplanung in hervorragender Weise dem Umweltschutz. Dasselbe gilt auch für die zahlreichen Fachplanungen, deren Zielrichtung nicht oder jedenfalls nicht ausschließlich auf den Schutz der Umwelt orientiert ist, sondern beispielsweise vornehmlich der Sicherung von Verkehrsinfrastrukturinteressen dient, die jedoch zugleich auf eine Berücksichtigung von Umweltzielen verpflichtet sind. 7762

Umweltspezifischen Fachplanungen sind zB vorgesehen zum Schutze von Natur und Landschaft, im Interesse der Luftreinhaltung, des Gewässerschutzes und der Abfallentsorgung. Daneben treten Regelungen über die Berücksichtigung von Umweltbelangen in anderen Fachgesetzen, etwa für die Bundesfernstraßen, Landesstraßen, Eisenbahntrassen oder Flughäfen. Auch in die raumbezogene Gesamtplanung ist der Umweltschutz integriert. Für die Raumordnung gelten die Grundsätze der Raumordnung des § 2 I ROG für Abwägungsentscheidungen unmittelbar (§ 4 ROG). In der Bauleitplanung hat der Umweltschutz als Planungsziel (§ 1 V BauGB) und in den detaillierten Planungsleitlinien (§ 1 VI Nr. 7 BauGB) ebenfalls einen wichtigen Stellenwert. Der Umweltschutz trifft dabei allerdings auf andere Ziele und Belange, gegenüber denen er prinzipiell keinen Vorrang genießt. 7763

2. Ordnungsrechtliches Instrumentarium

Der Verwirklichung umweltrechtlicher Ziele dient das ordnungsrechtliche Instrumentarium, das sich in Anmelde- und Anzeigepflichten, Auskunftspflichten sowie Sicherungspflichten aber auch gesetzliche Verbote mit Erlaubnis- und Genehmigungsvorbehalt sowie Verfügungen der Verwaltung gliedert. Das ordnungsrechtliche Instrumentarium dient dazu, durch entsprechendes Verwaltungshandeln die Umweltziele zu konkretisieren und im Einzelfall umzusetzen. Die **Anmelde-, Anzeige-, Auskunfts- und Sicherungspflichten** sollen der Umweltverwaltung die erforderlichen Daten verschaffen und ihr eine Überwachung umweltrelevanten Verhaltens 7764

[2436] BVerfGE 95, 1 ff.; siehe dazu Kloepfer Umweltrecht, 2016, § 5 Rn. 85 ff.; zum Ausbau der Legalplanung am Beispiel des Maßnahmengesetzvorbereitungsgesetzes Groß ZUR 2024, 210; siehe auch Hofmann ZUR 2024, 201; über Sinn und Sinnhaftigkeit der Legalplanung schreibt Guckelberger NuR 2023, 361.

[2437] Zu Grundlagen einer neuen Fachplanung „Wärmeplanung" Maaß ZUR 2020, 22; Baars/Lückemeier BauR 2024, 446; Radimeczky-Krekel/Hentschel/von Schack ZUR 2024, 269; Fründ/Schnittker NVwZ 2024, 289; Wagner UPR 2024, 88.

[2438] Kahl/Gärditz Umweltrecht, 2023, § 4 Rn. 51.

erleichtern. Dabei treten neben individuelle Auskunftspflichten auch Auskunftspflichten zu statistischen Zwecken. **Präventive und repressive Verbote mit Erlaubnis- bzw. Genehmigungsvorbehalt** kommen hinzu. Bei den präventiven Verboten wird eine möglicherweise umweltschädliche Maßnahme unter den Vorbehalt einer Genehmigung gestellt, auf die bei Vorliegen der gesetzlichen Voraussetzungen ein Anspruch besteht. Beim repressiven Verbot besteht kein von der Erfüllung bestimmter Voraussetzungen abhängiger Anspruch. Es kann vielmehr bei Vorliegen bestimmter Voraussetzungen Befreiung erteilt werden. Die jeweiligen ordnungsrechtlichen Maßnahmen werden durch Verfügungen der Umweltverwaltung umgesetzt und für den Einzelfall konkretisiert.

7765 Werden gesetzliche Gebote oder Verbote, Nebenbestimmungen oder Auflagen einer Genehmigung nicht eingehalten, kann die zuständige Behörde ordnungsrechtlich einschreiten. Sie kann nachträgliche Anordnungen erlassen, ohne dass sich der Betroffene hiergegen auf die Bestandskraft seiner Erlaubnis oder auf Vertrauensschutz berufen könnte, sie kann eine rechtswidrige Zulassung zurücknehmen oder eine rechtmäßige Zulassung widerrufen. Wird eine genehmigungspflichtige Anlage unter Verletzung von Pflichten errichtet und/oder betrieben, so kann der Betrieb stillgelegt oder untersagt werden. Auch genehmigungsfreie Tätigkeiten können untersagt werden, etwa wenn der Betreiber einer immissionsschutzrechtlich nicht genehmigungspflichtigen Anlage Anordnungen im Einzelfall nicht nachkommt (zB §§ 25 I, 24 BImSchG) oder wenn die von einer Anlage hervorgerufenen schädlichen Umwelteinwirkungen das Leben oder die Gesundheit von Menschen oder bedeutende Sachwerte gefährden (zB § 25 II BImSchG). Fehlt es ausnahmsweise einmal an einer spezialgesetzliche Eingriffsgrundlage fehlt, kann grds. auf die polizei- und ordnungsrechtliche Generalklausel zurückgegriffen werden, weil und soweit ein Verstoß gegen umweltrechtliche Ge- oder Verbote zu einer Verletzung der öffentlichen Sicherheit führt. Die Legalisierungswirkung der Genehmigung schränkt diese Eingriffsmöglichkeiten allerdings ein.

3. Umweltprüfungen

7766 Umweltprüfungen nach dem UVPG haben sich für die besonders umweltrelevanten, deshalb umweltprüfungspflichtigen Planungen und Vorhaben als entscheidendes Instrument eines effektiven Umweltschutzes entwickelt. Das allerdings angesichts der Tatsache, dass das UVP-Recht die materiellen Zulassungsmaßstäbe nicht abändert, und der lange vorherrschenden Ansicht, Fehlerfolgen einer Umweltprüfung seien als Verfahrensfehler weitestgehend unbeachtlich, erst seitdem dem UVPG ein UmwRG an die Seite gestellt wurde. Das UmwRG wiederum musste auf der Grundlage der Rechtsprechung des EuGH wegen verschiedener Verstöße gegen das EU-UVP-Recht schon mehrfach nachgebessert werden. Mit Stand vom 21.8.2024 lag ein Kabinettsbeschluss zur Änderung des UmwRG und weiterer umweltrechtlicher Vorschriften vor, mit dem unter anderem dem nach der Rechtsprechung des EuGH weiterhin defizitären Anwendungsbereich des UmwRG und der Rechtsprechung des BVerwG, wonach anerkannte Umweltvereinigungen bei möglichen Verstößen einer behördlichen Entscheidung gegen europäisches Umweltrecht auch dann gegen solche Pläne und Programme klagebefugt sein müssen, die keiner Pflicht zur Durchführung einer Strategischen Umweltprüfung unterliegen, Rechnung getragen werden soll.[2439]

7767 Sinn und Zweck der Umweltprüfung bestehen darin, dass besonders umweltrelevante Zulassungs- und Planungsentscheidungen erst dann getroffen werden dürfen, wenn vorhersehbare Umweltfolgen solcher Projekte und Planungen zuvor unter ordnungsgemäßer Beteiligung der Öffentlichkeit und der Fachbehörden hinreichend genau ermittelt und bewertet worden sind und bei der Entscheidung berücksichtigt werden. Kerngedanke der UVP ist es, vor Zulassung eines potenziell umweltbelastenden Vorhabens dessen Umweltfolgen in einem rechtlich geordneten und transparenten Verfahren möglichst genau zu prüfen und bei der anschließenden Entscheidung über die Zulassung des Vorhabens zu berücksichtigen.[2440] Das ist keine revolutionäre Idee, denn auch unabhängig von einer UVP-Pflicht müssen vor der Zulassung umweltrelevanter Vorhaben deren erhebliche Umweltfolgen in einem Zulassungsverfahren, gegebenenfalls mit Öffentlichkeitsbeteiligung, umfassend geprüft werden. Mit Hilfe der Umweltver-

[2439] Siehe dazu EuGH NVwZ 2023, 47 mit Anmerkungen und Besprechungen von Sobotta EuZW 2023, 75; Guckelberger/Mitschang NJW 2022, 3747-3750; Bunge NuR 2023, 675; BVerwG NVwZ 2023, 1762 mit Anm. Klinger ZUR 2023, 422.

[2440] Beckmann in FS Erbguth, 2019, 441 (444).

träglichkeitsprüfung soll letztlich der Rechtfertigungsdruck erhöht werden, der sich für die Genehmigungsbehörde daraus ergibt, dass die Umweltfolgen eines Projekts in einem streng formalisierten Verfahren umfassend ermittelt, behördlich zusammenfassend dargestellt und bewertet worden sind. Das verschafft den Umweltbelangen zwar keinen formalen Vorrang vor anderen Belangen und ändert auch an den materiell-rechtlichen Zulassungsvoraussetzungen und Planungsleitsätze nichts; faktisch sorgt jedoch die besonders sorgfältige Aufbereitung der Umweltfolgen, ihre zusammenfassende Darstellung und noch nicht mit gegenläufigen Interessen und Belangen abgewogene Bewertung zumeist dafür, dass den Umweltbelangen bei der Zulassungs- und Planungsentscheidung ein größeres Gewicht beigemessen oder eine zumindest größere Aufmerksamkeit gewidmet wird als anderen, etwa wirtschaftlichen oder sozialen Belangen.[2441] Der Erfolg der UVP als Verfahrensinstrument bemisst sich dabei weniger an der Zahl der wegen der festgestellten Umweltfolgen versagten Genehmigungen, sondern eher an den Nebenbestimmungen und Schutzvorkehrungen, die zum Wohl der Umwelt den Zulassungsentscheidungen beigefügt bzw. mit ihnen oder nachträglich angeordnet worden sind.[2442] Zweifel, ob das Instrument der Umweltverträglichkeitsprüfung das vorhandene Schutzniveau bei der Zulassung von Vorhaben verbessern kann, sind insoweit nicht berechtigt.[2443] Umweltverträglichkeitsprüfung und strategische Umweltprüfung zählen zu den wichtigsten Instrumenten des integrativen Umweltschutzes.[2444]

Mit Hilfe der Umweltverträglichkeitsprüfung soll allerdings kein ansonsten zulassungsfähiges Vorhaben verhindert werden. Die Genehmigungsfähigkeit des Vorhabens setzt nicht voraus, dass dem Vorhaben eine Umweltverträglichkeit bescheinigt werden kann. Es handelt sich um eine Umweltfolgenuntersuchung und nicht – wie der Begriff der Umweltverträglichkeitsprüfung suggerieren könnte – um die Prüfung, ob eine Genehmigung für das Vorhaben wegen einer Umweltunverträglichkeit zu versagen ist. Dementsprechend verschärft das UVP-Recht die materiellen Zulassungsvoraussetzungen auch nicht, was allerdings nicht bedeutet, dass die UVP-Vorschriften keinen materiellen-rechtlichen Gehalt haben. 7768

Nach § 3 S. 1 UVPG umfassen Umweltprüfungen die Ermittlung, Beschreibung und Bewertung der erheblichen Auswirkungen eines Vorhabens oder eines Plans oder Programms auf die Schutzgüter des UVPG, namentlich Menschen, Tiere, Pflanzen und die biologische Vielfalt, Fläche, Boden, Wasser, Luft, Klima und Landschaft, kulturelles Erbe und sonstige Sachgüter sowie die Wechselwirkungen zwischen den vorgenannten Schutzgütern (§ 2 I UVPG). Umweltprüfungen dienen einer wirksamen Umweltvorsorge nach Maßgabe der geltenden Gesetze und werden nach einheitlichen Grundsätzen sowie unter Beteiligung der Öffentlichkeit durchgeführt (§ 3 S. 2 UVPG). Die Umweltprüfung beschreibt Verfahrensanforderungen, welche in fachgesetzliche Zulassungs- oder Planungsverfahren zu integrieren sind (vgl. § 4 UVPG). Materiell-rechtliche Anforderungen ergeben sich daraus nicht. 7769

Der Schutz der Umwelt soll demnach auf prozeduralem Wege befördert werden. Dabei meint prozedural allerdings nicht nur die Anforderungen an das Zulassungsverfahren im eigentlichen Sinne, sondern auch verfahrenstechnische Anforderungen an die Entscheidungsfindung selbst, die sich insbesondere aus der Verpflichtung zur Erarbeitung einer zusammenfassenden Darstellung und der Bewertung und der Berücksichtigung der Umweltfolgen auf der Grundlage dieser zusammenfassenden Darstellung bei der Entscheidung über die Zulassung des Vorhabens oder die Versagung der Zulassung ergeben. Es lässt sich insoweit zwischen Verfahrensanforderungen, die die äußere Ordnung des Verfahrens, dh den Verfahrensablauf als solchen betreffen, und materiell-rechtlichen Vorgaben differenzieren, die den Prozess der Willens- und Entscheidungsbildung selbst steuern.[2445] Zu den Verfahrensbestimmungen im engeren Sinne gehören Regelungen über den Beginn des Verfahrens, die Beteiligung anderer Behörden und der Öffentlichkeit sowie sonstige Verfahrensschritte, wie etwa die Durchführung einer Vorprüfung. Nicht zum äußeren Verfahrensgang in diesem Sinne gehört dagegen der durch materiellrechtliche Vorgaben gesteuerte Prozess der Willens- und Entscheidungsbildung. 7770

Die obligatorische Beteiligung der Öffentlichkeit im UVP-Verfahren dient einem doppelten Zweck: Sie soll Informationen, Meinungen und Bedenken zum Vorhaben sammeln und ihre 7771

2441 Schenk EuRUP 2018, 174, 175; Schink NuR 2018, 21, 22.

2442 Beckmann ZUR 2014, 541.

2443 zu diesen Zweifeln Schmidt-Preuß DVBl. 1995, 485; Schink, NuR 2018, 21.

2444 so zu Recht Schink in Schink/Reidt/Mitschang, UVPG/UmwRG, 2023, Einleitung Rn. 1.

2445 siehe zur Systematik von Verfahrensfehlern im Sinne von § 4 UmwRG BVerwG Urt. v. 19.12.2017 – 7 A 9/17, 7 A 9/17, 7 A 12/12, juris Rn. 22.

Berücksichtigung ermöglichen; die Öffentlichkeitsbeteiligung soll außerdem den Entscheidungsprozess „nachvollziehbarer und transparenter" machen und hierdurch das öffentliche Bewusstsein für Umweltbelange und die öffentliche Unterstützung und damit auch die Akzeptanz des Vorhabens stärken.[2446] Darin liegt ein Kern des prozeduralen Legitimationskonzepts, das die Umweltprüfung zB von der FFH-Verträglichkeitsprüfung unterscheidet, die nicht allein verfahrensrechtlicher Natur ist, sondern bei der spezielle materielle Zulassungsvoraussetzungen geprüft werden müssen, die häufig genug zu einer Versagung der Zulassung führen.

7772 Während dieser prozedurale Ansatz auf europäischer Ebene durch die Vorstellung legitimiert wird, dass eine Entscheidungsrichtigkeit sich zumeist nicht materiell-inhaltlich im Sinne einer bei der Gesetzesauslegung stets ableitbaren, einzig richtigen Entscheidung begründen lässt, sondern das Ergebnis eines ordnungsgemäß durchgeführten Entscheidungsverfahrens ist, stieß dieser Verfahrensbezug auf deutscher Ebene weitgehend auch deshalb auf große Sympathie, weil sich unter Verweis auf die dienende Funktion des Verwaltungsverfahrens und die sich daraus ableitende Unbeachtlichkeit von Verfahrensfehlern auch eine reduzierte Durchschlagskraft etwaiger Verstöße gegen UVP-Bestimmungen auf den Bestand der Genehmigungen erreichen ließ.[2447]

4. Abgabenrechtliche Instrumente

7773 Umweltpolitische Zielvorstellungen sollen auch durch abgabenrechtliche Instrumente verwirklicht werden.[2448] Darunter werden öffentlich-rechtliche Geldleistungen (Steuern, Gebühren, Beiträge oder Sonderabgaben) verstanden, mit denen ökologische Ziele erreicht werden sollen. Dabei kann der Verhaltenslenkungszweck oder der Finanzzweck im Vordergrund stehen. Die abgabenrechtlichen Instrumente haben gegenüber den ordnungsrechtlichen und administrativen Instrumenten den Vorteil einer größeren Flexibilität und gestatten, dem Gedanken der Eigenverantwortlichkeit stärker Rechnung zu tragen. Zu den abgabenrechtlichen Instrumenten rechnen die **Umweltsteuern** wie insbesondere die Immissionssteuern (Schmutz- und Lärmsteuern), wie beispielsweise die CO_2-Steuer oder die SO_2-Steuer. Daneben treten **Lenkungsabgaben**, die das Marktverhalten in Richtung auf umweltgerechtes Verhalten steuern sollen.

7774 **a) Umweltsteuern.** Die verfassungsrechtliche Zulässigkeit von Umweltsteuern hängt davon ab, ob sie dem Steuerbegriff der Art. 104a ff. GG entsprechen. Sie dürfen keine Gegenleistung für eine besondere öffentliche Leistung darstellen und müssen von einem öffentlich-rechtlichen Gemeinwesen zur Erzielung von Einnahmen allen auferlegt werden, auf die der Steuertatbestand zutrifft. Ein umweltpolitischer Lenkungszweck wird hierdurch nicht ausgeschlossen, die Einnahmeerzielung muss aber Nebenzweck der Steuer bleiben.[2449] Als Beispiel wird die „Ökosteuer" auf Mineralöl genannt, die zu einer Reduzierung des Rohstoffverbrauchs und der emittierten Menge an CO_2 führen soll (§§ 2 ff. EnergieStG) und vom BVerfG als Verbrauchsteuer nach Art. 106 I Nr. 2 GG eingeordnet und für verfassungskonform erachtet wurde.[2450]

7775 Zur **Tübinger Verpackungssteuer** auf Einwegverpackungen, Einweggeschirr und Einwegbesteck hat das BVerwG entschieden, dass es sich dabei um eine zulässige örtliche Verbrauchsteuer im Sinne des Art. 105 IIa 1 GG handelt, weil und soweit die darin bzw. damit verkauften Speisen und Getränke „als mitnehmbares take-away-Gericht" angeboten werden. Die Erhebung einer solchen Verpackungssteuer stehe nicht im Widerspruch zur Gesamtkonzeption des geltenden Abfallrechts oder zu konkreten abfallrechtlichen Regelungen.[2451]

7776 **b) Umweltgebühren und Umweltbeiträge.** Neben Umweltsteuern spielen auch Umweltgebühren eine erhebliche Rolle. Gebühren werden als öffentlich-rechtliche Geldleistungen von demjenigen erhoben, der eine konkrete öffentliche Leistung tatsächlich in Anspruch genommen hat. Sie haben das Äquivalenzprinzip zu beachten, ihre Höhe darf also nicht außer Verhältnis zum Wert bzw. Nutzen der öffentlichen Leistung für den Gebührenschuldner ste-

[2446] 16. Erwägungsgrund der UVP-**Richtlinie 2011/92/EU.**

[2447] Kritisch dazu Erbguth ZUR 2014, 515, 520.

[2448] Systematisierend dazu Kahl/Effinger Jura 2023, 11 (22 f.).

[2449] Kahl/Gärditz Umweltrecht, 2023, § 4 Rn. 126.

[2450] Kahl/Gärditz Umweltrecht, 2023, § 4 Rn. 128; BVerfGE 110, 274 ff. Zur CO_2-Besteuerung Wieland EurUP 2019, 363 ff.

[2451] BVerwG NVwZ 2023, 1406; siehe dazu auch Quaas DVBl. 2024, 330; Henneke DVBl. 2024, 51; Droege EurUP 2023, 430: Homann KlimR 2023, 278; Stendel NVwZ 2023, 1413; Faßbender ZUR 2023, 597; Uschkereit GewArch 2024, 134; siehe dazu Di Fabio AbfallR 2024, 147.

hen. Umweltgebühren sind etwa behälter- oder volumenbezogene Abfallgebühren oder mengenabhängige Abwassergebühren.

Beiträge werden für die abstrakte Nutzungsmöglichkeit bzw. Wertsteigerung durch die Bereitstellung einer öffentlichen Einrichtung erhoben, ohne dass es auf die konkrete Inanspruchnahme der Einrichtung ankäme Umweltbeiträge sind zB Klärbeiträge für die Errichtung einer kommunalen Kläranlage oder Kostenerstattungsbeiträge des Vorhabenträgers für naturschutzrechtliche Ausgleichsmaßnahmen einer Gemeinde gem. § 135a II 1 BauGB.[2452] 7777

Nach der zu **Wasserentnahmeentgelten** entwickelten Rechtsprechung des BVerfG bedarf die Erhebung nichtsteuerlicher Abgaben mit Blick auf die Begrenzungs- und Schutzfunktion der Finanzverfassung (Art 104a ff. GG) sowie zur Wahrung der Belastungsgleichheit der Abgabepflichtigen sowohl dem Grunde als auch der Höhe nach einer über die Zwecke der Einnahmeerzielung hinausgehenden besonderen sachlichen Rechtfertigung. Als sachliche Gründe sind nach ständiger Rechtsprechung Lenkungszwecke, soziale Zwecke sowie Zwecke des Vorteilsausgleichs bzw. der Vorteilsabschöpfung anerkannt. Der verfassungsrechtliche Vorteilsbegriff ist dabei nicht auf wirtschaftliche Vorteile beschränkt; vielmehr kommen tatsächliche, rechtliche und ideelle Vorteile aller Art in Betracht. Den verfassungsrechtlichen Vorteilsbegriff des BVerfG aus der Wasserpfennigentscheidung legt auch das BVerwG in ständiger Rechtsprechung zugrunde. Bei Wasserentnahmeentgelten besteht der relevante Sondervorteil für die Abgabenschuldner – gegenüber all jenen, die das betreffende Gut nicht oder nicht in gleichem Umfang nutzen dürfen – bereits darin, dass ihnen durch die wasserrechtliche Erlaubnis die Möglichkeit der Wasserentnahme und damit die Teilhabe an der knappen, staatlich bewirtschafteten Ressource Wasser eröffnet wird. Unerheblich ist deshalb, ob das geförderte Grundwasser wirtschaftlich verwertet oder ungenutzt abgeleitet wird.[2453] 7778

c) Umweltsonderabgaben. Zusätzlich zu Steuern, Gebühren und Beiträgen kommen auch Lenkungssonderabgaben in Betracht, mit denen in erster Linie umweltpolitische Ziele verfolgt werden sollen, sowie Finanzierungssonderabgaben als reine Instrumente der Einnahmeerzielung.[2454] Beispiel für eine Lenkungsabgabe sind **Abwasserabgaben** nach dem AbwAG, die für das Einleiten von Abwasser in ein Gewässer erhoben werden (§ 1 AbwAG), wobei sich die Höhe der Abgabe nach der Schädlichkeit des Abwassers richtet und wird auf der Grundlage eines Bescheides, der die Einleitung genehmigt, ermittelt wird (§§ 3, 4 AbwAG). 7779

5. Informale Instrumente

Neben den formellen umweltrechtlichen Instrumenten tragen auch die informalen Instrumente zu einer Verwirklichung umweltpolitischer Zielvorstellungen bei. Darunter fallen rechtlich nicht geregelte Kontakte, Absprachen, Vorabstimmungen und gemeinsame Aktionen zwischen Bürger und Verwaltung. Auch Empfehlungen, Warnungen, Appelle und behördliche Umweltberatung haben sich inzwischen einen festen Platz im Konzert der umweltrechtlichen Instrumente eingerichtet. Umweltrechtliche Absprachen können als Typen informalen Verwaltungshandelns gesetzesvertretende und verordnungsvertretende Funktionen gewinnen. Die Vorteile des informellen Handelns werden vor allem in der größeren Flexibilität, einer höheren Effizienz, der Kosten- und Zeitersparnis, dem Abbau von Rechtsunsicherheit und der Vermeidung von Rechtsstreitigkeiten gesehen. 7780

Die **nicht institutionalisierten Formen** der Kooperation betreffen in erster Linie den Normvollzug und in zweiter Linie die Normsetzung. Die Beteiligten können dabei in einem vertikalen Über-Unterordnungs-Verhältnis (Behörde/Wirtschaftsunternehmen) und in einem horizontalen Gleichordnungsverhältnis (Einzelunternehmen/Verband) bestehen. Hierzu können unterschiedliche Formen und Umweltabsprachen geschlossen werden, die entweder auf Rechtsgeschäft beruhen oder informell ausgehandelt werden. Statt auf einseitigen staatlichen Zwang wird dabei auf private Initiative gesetzt. So gesehen drückt sich in der Kooperation ein Wandel vom normierenden zum „paktierenden" Staat aus, der das gesamte öffentliche Recht nachhaltig prägt.[2455] Dabei können öffentlich-rechtliche und privatrechtliche Verträge geschlossen werden. Auch informelle Absprachen kommen in unterschiedlichen Formen in Betracht. 7781

[2452] VGH München NVwZ-RR 2023, 134 (138); Kahl/Gärditz Umweltrecht, 2023, § 4 Rn. 131.

[2453] BVerwG NVwZ 2022, 715; BVerfG NVwZ 1996, 469.

[2454] Kahl/Gärditz Umweltrecht, 2023, § 4 Rn. 134.

[2455] Kloepfer Umweltrecht, 2016, § 5 Rn. 48; Rengeling Das Kooperationsprinzip im Umweltrecht, 1988; Schuppert Die Verwaltung 1998, 415.

Regulative Absprachen sollen durch Selbstbeschränkungen und Selbstverpflichtungen strengeren gesetzlichen Regelungen zuvorkommen. Selbstverpflichtungen enthalten etwa die Erklärungen der deutschen Wirtschaft, ihre spezifischen CO_2-Emissionen bis 2005 um bis zu 20% gegenüber 1987 (1990) zu reduzieren, die Zusage der Automobilindustrie, den Treibstoffverbrauch neu zugelassener PKW bis 2005 um 25 % gegenüber 1990 zu vermindern und die Erklärung der europäischen Papierhersteller, die Risikoabschätzung Wasser gefährdender Stoffe von einer unabhängigen Stelle prüfen zu lassen. Selbstverpflichtungen zeichnen sich durch ein zumeist größeres Maß an Flexibilität aus, stehen allerdings auch in der Gefahr, nicht hinzugezogene Dritte zu benachteiligen, die rechtliche Kontrolle zu erschweren oder sogar materiellrechtliche Vorgaben beiseite zu schieben.

7782 **Projektbezogene Absprachen** begleiten die Verwirklichung konkreter Projekte. Genehmigungsverfahren sind beschleunigt durchzuführen. In diesem Rahmen erfolgen zumeist Sondierungsgespräche mit dem Ziel der gegenseitigen Interessenabstimmung.[2456] Dabei können behördliche Beratungs- und Auskunftspflichten wirksam werden. Die Kooperation hat für Verwaltung und Antragsteller gleichermaßen Vorteile: Die Verwaltung wird frühzeitig in die Planungsprozesse einbezogen. Der Vorhabenträger erhält in einem frühen Verfahrensstadium fachliche und verfahrensrechtliche Beratungen. Allerdings darf dadurch die behördliche Objektivität, die sich auch im Untersuchungsgrundsatz des § 24 VwVfG ausdrückt, nicht in Zweifel geraten. Die Rechte Dritter werden zumeist dadurch ausreichend gewahrt, dass die abschließenden Verwaltungsentscheidungen der gerichtlichen Kontrolle unterliegen. Nur durch eine unparteiische Verhandlungs- und Verfahrensführung kann die Symmetrie der Interessen gewahrt werden.[2457] Denn die Kooperationsbereitschaft des Staates darf nicht auf einen Verzicht von Umweltstandards oder einen Autoritätsverlust des Staates hinauslaufen.[2458]

6. Umweltrechtsschutz

7783 Der Erfolg des Umweltschutzes und des Umweltrechts hängt maßgeblich davon ab, ob und inwieweit die Beachtung des Umweltrechts gerichtlich kontrolliert werden kann und ob und inwieweit mangels hinreichendem Umweltrechtsschutz Vollzugsdefizite des Umweltrechts befördert werden.

7784 **a) Behördliche und gerichtliche Kontrollmöglichkeiten.** Kontrolle wird als Schlüsselbegriff des staatlichen Funktionensystems bezeichnet.[2459] Existenz und wirksame Durchführung von Kontrollen werden als unverzichtbar für die Akzeptanz und die Qualität des staatlichen Verwaltungshandelns angesehen. Dabei wird vereinzelt sogar befürchtet, jedes unkontrollierte System würde sich regelwidrig verhalten.[2460] Unter Kontrolle wird in diesem Zusammenhang ganz allgemein die Überprüfung behördlichen Handelns durch eine andere staatliche oder private Stelle verstanden.[2461]

7785 Eine rechtsstaatliche Kontrolle staatlichen Verwaltungshandelns hat verschiedene Funktionen und Zwecke. Sie soll Maßstabstreue bewirken, also die Beachtung verpflichtender oder zweckmäßiger Handlungsmaßstäbe der Verwaltung fördern bzw. durchsetzen, der Informationsbeschaffung für kontrollierende und kontrollierte Verwaltungseinheiten dienen, Verantwortlichkeiten des kontrollierten Verwaltungsorgans geltend machen und nicht zuletzt auch Effizienzsteigerungen des kontrollierten Verwaltungsverfahrens ermöglichen.[2462] Eine Kon-

---

[2456] Schulte Schlichtes Verwaltungshandeln, 1995.

[2457] Brohm DVBl. 1994, 133 mit der Warnung, dass kooperatives Verwaltungshandeln nicht in einem Rechts- und Sozialdarwinismus enden dürfe.

[2458] Lübbe-Wolff NuR 1989, 295.

[2459] Kahl Kontrolle der Verwaltung und des Verwaltungshandelns in Vosskuhle/Eifert/Müllers Unterlagen des Verwaltungsrechts, Bd. II, 2022, S. 1559; Pitschas Verwaltungsverantwortung und Verwaltungsverfahren, 1990, S. 191; zu Plausibilitätsmaßstäben rechtsstaatlicher Kontrollverfahren Beckmann Rechtstheorie 2022, 249.

[2460] Korte Grundlagen der Verwaltungskontrolle in Wolff/Bachof/Stober/Kluth, Verwaltungsrecht II, 2023, S. 857.

[2461] Korte Grundlagen der Verwaltungskontrolle in Wolff/Bachof/Stober/Kluth, Verwaltungsrecht II, 2023, S. 857; Schmidt Aßmann in Schmidt Aßmann/Hoffmann-Riem Verwaltungskontrolle, 2001, S. 12 ff.; Beckmann Rechtstheorie 2022, 249.

[2462] Kahl Kontrolle der Verwaltung und des Verwaltungshandelns in Vosskuhle/Eifert/Müllers Unterlagen des Verwaltungsrechts, Bd. II, 2022, S. 1561.

trolle staatlichen Verwaltungshandelns findet in ganz unterschiedlichen Formen und Kontrollmaßstäben statt. Zu den Formen oder Arten der Verwaltungskontrolle zählen Selbst- bzw. Eigenkontrollen und Fremdkontrollen von externen oder von behördenintern, häufig mit einer gewissen Unabhängigkeit versehenen Beauftragten (zB Datenschutzbeauftragten) oder von Rechnungshöfen. Hinzu kommen die staatliche und kommunale Fach- und Rechtsaufsicht und nicht zuletzt auch die Kontrolle auf dem Verwaltungsrechtsweg nach § 40 VwGO durch die zuständigen Verwaltungsgerichte.[2463]

Auch die **Kontrollmaßstäbe** der unterschiedlichen Kontrollsysteme sind verschieden. In Betracht kommen unter anderem Wirtschaftlichkeitskontrollen, Umwelt- und Klimafolgenprüfungen und Rechtskontrollen, mit denen das Verwaltungshandeln am Maßstab der Rechtmäßigkeit, dh des für das Verwaltungshandeln insgesamt geltenden Rechts geprüft werden kann. Von der Rechtmäßigkeitskontrolle, die zumeist beteiligten Rechtsämtern der Verwaltung, der staatlichen Rechtsaufsicht, zuständigen Widerspruchsbehörden und nach Maßgabe der VwGO und des UmwRG auch den Verwaltungsgerichten obliegt, sind Zweckmäßigkeitskontrollen zu unterscheiden, die vor allem in Widerspruchsverfahren iSv § 68 VwGO, und im Rahmen staatlicher Fachaufsicht stattfinden und die sich über die Rechtmäßigkeitskontrolle hinaus auf Aspekte wirtschaftlicher, finanzieller, sozialer, politischer, jeglicher Art und darüber hinausgehender allgemeiner Erwägungen erstrecken können.[2464] Vereinzelt wurde zwar die eigenständige Bedeutung der **Zweckmäßigkeitsprüfung** neben der Rechtmäßigkeitsprüfung mit der Begründung bezweifelt, Gesichtspunkte der Zweckmäßigkeit seien einheitlich schon bei der Prüfung der Rechtmäßigkeit der Ermessensausübung, insbesondere bei der Verhältnismäßigkeitsprüfung, zu berücksichtigen. Es sei nicht die Absicht des Gesetzgebers gewesen, eine Zweckmäßigkeitsprüfung anhand außerrechtlicher Wertungen zu ermöglichen.[2465] Diese Auffassung ist jedoch unzutreffend. § 68 I 1 VwGO ordnet nämlich ausdrücklich eine Zweckmäßigkeitsprüfung neben der Rechtmäßigkeitsprüfung an. Die Widerspruchsbehörde hat dementsprechend nicht nur die Aufgabe einer nachvollziehenden Rechtmäßigkeitskontrolle; sie hat vielmehr eine eigene Ermessenentscheidung zu treffen, bei der sie je nach der Gewichtung der entscheidungserheblichen Belange im Einzelfall über unterschiedliche Entscheidungsmöglichkeiten verfügt, die alle den Anforderungen des § 114 S. 1 VwGO genügen.[2466] Soweit die Verwaltungsbehörde ermächtigt ist, nach ihrem Ermessen zu handeln, prüft das Gericht danach auch, ob der Verwaltungsakt oder die Ablehnung oder Unterlassung des Verwaltungsakts rechtswidrig ist, weil die gesetzlichen Grenzen des Ermessens überschritten sind oder von dem Ermessen in einer dem Zweck der Ermächtigung nicht entsprechenden Weise Gebrauch gemacht ist. Die Widerspruchsbehörde ist insoweit berechtigt, ihre eigene Wertung zur Rechtmäßigkeit, aber auch zur Zweckmäßigkeit des Verwaltungshandelns an die Stelle der Wertung der Ausgangsbehörde zu setzen. Allerdings ist die Sachentscheidungskompetenz der Widerspruchsbehörde auf den durch den Widerspruch abgesteckten Rahmen begrenzt; sie ist also nicht berechtigt, über eine Angelegenheit darüber hinaus in umfassender Weise erneut zu befinden.[2467] 7786

Bei einer behördlichen Zweckmäßigkeitskontrolle erscheinen Plausibilitätserwägungen jedenfalls auf den ersten Blick eher unproblematisch. Das Verwaltungsermessen ist Ausfluss eines Opportunitätsprinzips,[2468] bei dessen Wahrnehmung Plausibilitätserwägungen naheliegen, wenn nicht sogar geboten sein können. Allerdings ist auch die Ermessensausübung gesetzlich gebunden. Ermessensfehler sind insoweit nach § 114 S. 1 VwGO Gegenstand der verwaltungsgerichtlichen Kontrolle. In der Begründung eines Verwaltungsakts sind nach § 39 I 2 VwVfG die wesentlichen tatsächlichen und rechtlichen Gründe mitzuteilen, die die Behörde zu ihrer Entscheidung bewogen haben. Die Begründung von Ermessensentscheidungen soll nach § 39 I 3 VwVfG auch die Gesichtspunkte erkennen lassen, von denen die Behörde bei der Ausübung 7787

[2463] auch dazu Kahl Kontrolle der Verwaltung und des Verwaltungshandelns in Vosskuhle/Eifert/Müllers Unterlagen des Verwaltungsrechts, Bd. II, 2022, S. 1571; Korte Grundlagen der Verwaltungskontrolle, in Wolff/Bachof/Stober/Kluth, Verwaltungsrecht II, 2023, S. 858.

[2464] Kahl Kontrolle der Verwaltung und des Verwaltungshandelns in Vosskuhle/Eifert/Müllers Unterlagen des Verwaltungsrechts, Bd. II, 2022, S. 1583 ff.

[2465] Klüsener NVwZ 2002, 816 ff.; ähnlich Hain DVBl. 1999, 1544 (1549).

[2466] Porsch in Schoch/Schneider, Verwaltungsrecht, 2023, § 68 VwGO Rn. 36; siehe auch von Achenbach DVBl., 2023, 965.

[2467] Wöckel in Eyermann, VwGO, 2022, § 68 Rn. 16.

[2468] Kluth Verwaltungsrecht I, 2017, § 31 Rn. 37.

ihres Ermessens ausgegangen ist. Die Plausibilität von Ermessenserwägungen muss sich aus der Begründung in einer für die gerichtliche Kontrolle nachvollziehbaren Weise ergeben. Das stellt ggfls. auch Anforderungen an die Plausibilität der Ermessensbegründung. Außerdem gelingt eine ermessensfehlerfreie Entscheidung nur auf der Grundlage eines hinreichend aufgeklärten Sachverhalts. Auch insoweit kann sich die Frage stellen, ob sich die Verwaltung bei der Ermittlung des Sachverhalts für eine Ermessensentscheidung mit Plausibilitätsmaßstäben begnügen darf. Im Rahmen einer verwaltungsgerichtlichen Kontrolle kann das Gericht auch prüfen, ob der Verwaltungsakt in der Gestalt des Widerspruchsbescheids auf hinreichenden Zweckmäßigkeitserwägungen im Interesse des Bescheidadressaten und/oder eines betroffenen Dritten beruht.[2469]

7788 Gewichtigere Zweifel, inwieweit als Kontrollmaßstab auch Plausibilitätserwägungen in Frage kommen, stellen sich hinsichtlich eines Plausibilitätsmaßstabes jedoch bei einer Rechtmäßigkeitskontrolle, sei es bei einer Kontrolle in einem behördlichen Verfahren, etwa einem Widerspruchsverfahren, sei es in einem gerichtlichen Verfahren. Das liegt vor allem daran, dass die Gerichtskontrolle, anders als etwa die Staats- und Kommunalaufsicht, die in aller Regel ausschließlich im öffentlichen Interesse stattfindet,[2470] nach wie vor vorwiegend, jedenfalls in aller Regel auch dem Individualrechtsschutz dient.[2471] Nach Art. 19 IV 1 GG steht jedem, der durch die öffentliche Gewalt in seinen Rechten verletzt wird, der Rechtsweg offen. Gewährleistet wird ein effektiver Rechtsschutz, der grundsätzlich eine Vollprüfung und nicht lediglich eine Plausibilitätskontrolle staatlicher Maßnahmen in rechtlicher und tatsächlicher Hinsicht auf dem Verwaltungsrechtsweg umfasst. Auch der Amtsermittlungsgrundsatz des § 86 I 1 VwGO ist eine Ausprägung des in Art. 19 IV GG verbürgten Anspruchs auf Gewährung effektiven Rechtsschutzes gegen Akte öffentlicher Gewalt.[2472] Nicht zuletzt sichert Art. 19 IV GG einen zeitgerechten Rechtsschutz. Art. 19 IV GG gewährleistet nicht nur das formelle Recht, die Gerichte gegen jede behauptete Verletzung subjektiver Rechte durch ein Verhalten der öffentlichen Gewalt anrufen zu können, sondern auch die Effektivität des Rechtsschutzes. Effektiv ist nach der Rechtsprechung des BVerfG nur ein zeitgerechter Rechtsschutz. Im Interesse der Rechtssicherheit sind strittige Rechtsverhältnisse in angemessener Zeit zu klären.[2473] Letztlich obliegt allerdings dem Gesetzgeber die grundlegende Abwägung zwischen materieller Gerechtigkeit und Rechtssicherheit in angemessener Zeit. Er kann Verfahrensvorschriften, etwa Klagebegründungsfristen und prozessuale Präklusionsregelungen, erlassen, um ein zügiges Verfahren zu gewährleisten, das gleichzeitig der Rechtssicherheit und dem effektiven Rechtsschutz dienlich ist.[2474]

7789 Alle geltenden Rechtsnormen, einschließlich der Grundrechte und der einfachgesetzlichen Individualrechte, sind Teil des objektiven Rechts, das von der Verwaltung nach Art. 20 III GG zu beachten ist. Der Verwaltungsprozess dient insoweit nicht nur dem Individualrechtsschutz; er ist vielmehr auch ein Instrument der Sicherung der Bindung der Verwaltung an Gesetz und Recht im Sinne von Art. 20 III GG. Denn schon die Möglichkeit einer verwaltungsgerichtlichen Kontrolle des staatlichen Handelns durch ein unabhängiges Gericht ist die beste Gewähr dafür, dass der Staat und seine Verwaltung sich auch an Gesetz und Recht halten.[2475] In dem

---

[2469] Wöckel in Eyermann, VwGO, 2022, § 68 Rn 16; auf Schwierigkeiten stoßen insoweit natürliche zunehmende Begehrlichkeiten, Behörde zur Entscheidung knappen Fristen zu verpflichten und bei Fristablauf ohne Behördenentscheidung eine Genehmigungsfiktion gesetzlich vorzusehen; siehe dazu Etzel Die Genehmigungsfiktion gem. § 42a VwVfG, 2019; Broscheit Rechtswirkungen Genehmigungsfiktionen im öffentlichen Recht, 2016; Jachmann Die Fiktion im öffentlichen Recht, 1998.

[2470] Kahl Kontrolle der Verwaltung und des Verwaltungshandelns in Vosskuhle/Eifert/Müllers Unterlagen des Verwaltungsrechts, Bd. II, 2022, S. 1617 zur Kommunalaufsicht.

[2471] Nicht dem Individualrechtsschutz dienen zB Umweltverbandsklagen nach dem UmwRG oder Normenkontrollverfahren von Behörden gem. § 47 II 1 VwGO; zum Funktionswandel des Verwaltungsprozesses mit Blick auf dessen zunehmender Erweiterung im Sinne einer über den Individualrechtsschutz hinausgehenden, umfassenden Rechtskontrolle siehe Rennert DVBl. 2015, 793; Gärditz NJW-Beil 2016, 41; Sommermann DÖV 2019, 293; Steinbeiß-Winkelmann NVwZ 2016, 736; Wegener JZ 2016, 829; Hofmann EuRUP 2015 266,

[2472] Schübel-Pfister in Eyermann, VwGO, 2022, § 86 Rn. 25.

[2473] BVerfG EuGRZ 2009, 699.

[2474] Beckmann DÖV 2019, 773; Beckmann DVBl.. 2019, 1182; Baudewin/Großkurth NVwZ 2018, 1674.

[2475] Franzius DVBl.. 2014, 543.

Maße, in dem die Kontrollmöglichkeiten der Verwaltungsgerichte hinter der Gesetzesbindung der Verwaltung zurückbleiben, ist die Gesetz- und Rechtmäßigkeit der Verwaltungstätigkeit nicht in gleicher Weise gewährleistet wie bei einer umfassenderen, nicht auf den Individualrechtsschutz beschränkten, sondern auf die Beanstandung der Missachtung des objektiven Rechts erweiterten Kontrollmöglichkeit. Denn die gerichtliche Kontrolle kann aufgrund ihres förmlichen Verfahrens und vor allem wegen der persönlichen Unabhängigkeit der Richter gemäß Art. 97 I GG nicht durch eine (ausschließliche) Selbstkontrolle der Verwaltung kompensiert werden. Mögliche Defizite des verwaltungsgerichtlichen Rechtsschutzes können insoweit auch nicht durch die rechtswahrende Funktion von Verwaltungsverfahren kompensiert werden.[2476] **Vollzugsdefizite** wegen fehlender richterlicher Kontrollmöglichkeiten führen auch zu einem Verlust an Steuerungsfähigkeit für den Gesetzgeber und damit zu einer latenten Beeinträchtigung des Demokratieprinzips. Sie sind in diesem Sinne auch Konsequenz eingeschränkter Möglichkeiten der Verwaltungsgerichte, die Einhaltung zahlreicher, nach der in Deutschland vorherrschenden Schutznormlehre allein dem öffentlichen Interesse dienender Vorschriften zu überprüfen. Versteht man Rechtsschutz im weiteren Sinne als Schutz sowohl des subjektiven als auch des objektiven Rechts, dann sollte die verwaltungsgerichtliche Kontrolle nicht allzu weit hinter der gesetzlichen Bindung der Verwaltung zurückbleiben. Der Verwaltungsrechtsschutz ist nämlich nur dann wirklich effektiv in der Lage, die verschiedenen Parallelfunktionen des Gesetzes als Verhaltensmaßstab für die Verwaltung, als Kontrollmaßstab für die Gerichte und als demokratisches Steuerungsmittel des parlamentarischen Gesetzgebers zu sichern.[2477] Vollzugsdefizite aufgrund einer fehlenden wirksamen Kontrolle, treffen demnach alle drei Funktionsbereiche der Staatsgewalt, weil das Gesetz Angelpunkt der grundgesetzlichen Gewaltenverschränkung ist. So verstanden, ist der dem Rechtsstaatsprinzip zuzurechnende Grundsatz effektiven Rechtsschutzes auch nicht ausschließlich dazu bestimmt, Individualrechtsschutz zu gewähren, sondern zugleich das Mittel, um die rechtsstaatlich erwünschte Kontrolle der Verwaltung durch die Rechtsprechung sicherzustellen.

b) Erweiterung des Umweltrechtsschutzes. Die Verfahrens- und Prozessrisiken von Vor- 7790
habenträgern steigen angesichts eines umfassenderen Umweltrechtsschutzes, der sich nicht auf den Individualrechtsschutz beschränkt, sondern sich zu einer sich auf das objektive Recht erstreckenden Vollkontrolle auf der Grundlage des UmwRG entwickelt. Größere umweltrelevante Vorhaben werden in Deutschland kaum noch ohne gerichtliche Kontrolle realisiert.[2478] Vor allem die Klagemöglichkeiten anerkannter Umweltverbände haben sich in den vergangenen Jahren grundlegend verbessert. Grundlage dafür ist der durch den EuGH bewirkte, mehrfach erweiterte Umweltrechtsschutz nach dem UmwRG. Außerdem hat der EuGH auch mit Verweis auf Art. 9 III Aarhus-Konvention den Zugang zu den Gerichten erweitert;[2479] hinzu kommen Verbandsklagerechte nach dem Naturschutzrecht.[2480] Umweltverbände waren in der Zeit von 2007 bis 2016 in etwa 45 -48 % ihrer Klageverfahren erfolgreich. Das ist eine sehr hohe Erfolgsquote im Vergleich zum Durchschnitt der insgesamt bei den Verwaltungsgerichten in Deutschland in demselben Zeitraum gegen Behörden geführten Klagen, bei denen die Erfolgsquote bei nur knapp 12 % lag.[2481] Die Präferenz für die Verbandsklage hängt neben den höheren Erfolgsaussichten auch mit den Kostenrisiken zumeist nicht erfolgreicher Individualklagen zusammen.[2482] Allerdings führt die Zunahme der Verbandsklagen auch zu einer Reduzierung der Zahl parallel eingereichter Individualklagen. Massenklagen gegen ungeliebte Großprojekte scheinen eher abzunehmen.[2483]

Erweiterte Rechtsschutzmöglichkeiten und hohe Erfolgsquoten von Verbandsklagen bedeu- 7791
ten allerdings nicht zwingend, dass angegriffene Vorhaben auch endgültig scheitern. Es bestehen nämlich weitreichende Möglichkeiten, Verfahrensfehler und materiell-rechtliche Mängel

2476 Beckmann Rechtswahrung durch Verwaltungsverfahren? in Erbguth, Verwaltungsrechtsschutz in der Krise: Vom Rechtsschutz zum Schutz der Verwaltung?, 2010, S. 99.

2477 Beckmann UPR 1987, 321.

2478 Kloepfer/Durner Umweltschutzrecht, 2020, S. 155; Rubel EuRUP 2019, 386.

2479 EuGH NVwZ 2023, 47 mit Anmerkungen und Besprechungen von Sobotta EuZW 2023, 75; Guckelberger/Mitschang NJW 2022, 3747-3750; Bunge NuR 2023, 675; BVerwG NVwZ 2023, 1762.

2480 Schmidt/Zschiesche Verbandsklagen im Natur- und Umweltschutzrecht 2013 bis 2016, Studie im Auftrage des SRU, 2018, 4 ff.

2481 Schmidt/Zschiesche, Verbandsklagen im Natur- und Umweltschutzrecht 2013 bis 2016, 21.

2482 Külpmann DVBl. 2019, 140, 141; Rubel EuRUP 2019, 386 (387).

2483 siehe auch dazu Rubel EuRUP 2019, 386.

zu heilen. Eine Verletzung von Verfahrensvorschriften führt nach § 4 Ib S. 1 UmwRG nur dann zur Aufhebung der Zulassung, wenn sie nicht durch Entscheidungsergänzung oder ein ergänzendes Verfahren geheilt werden kann. Dasselbe gilt nach § 7 V UmwRG für eine Verletzung materieller Rechtsvorschriften und nach § 75 Ia VwVfG für Abwägungsmängel bei Planfeststellungsverfahren. Auf Antrag kann das Gericht nach § 4 Ib S. 3 UmwRG anordnen, dass die Verhandlung bis zur Heilung von Verfahrensfehlern ausgesetzt wird, soweit dies im Sinne der Verfahrenskonzentration sachdienlich ist. Eine solche Möglichkeit sieht der Gesetzgeber zwar für die Heilung materiell-rechtlicher Mängel nicht vor. Allerdings können auch materiell-rechtliche Mängel anlässlich einer Aussetzung des Verfahrens zur Heilung von Verfahrensmängeln mit ausgeräumt werden.[2484]

7792 Hinzu kommt die Erweiterung des Grundrechtsschutzes zur „intertemporären Freiheitssicherung" als Folge des Klima-Beschlusses des BVerfG, die, was jedenfalls den Klimaschutz angeht, eine weltweite Betroffenheit bei unzureichenden Maßnahmen des Klimaschutzes für möglich hält und damit einen Grundrechtsschutz einräumt, der im Ergebnis zu einer Popular-Beschwerdebefugnis oder zumindest zu einer weitgefassten Interessentenklage tendiert.[2485] Ein solchermaßen erweiterter Grundrechtsschutz hat Auswirkungen nicht nur für den Verfassungsrechtsschutz, sondern auch auf den Verwaltungsrechtsschutz dort, wo nicht bereits einfachgesetzlich eingeräumte Schutzrechte den Grundrechtsschutz im Sinne der vom BVerfG postulierten intertemporalen Freiheitssicherung hinreichend gewährleisten.[2486]

7. Umweltinformationsfreiheit

7793 Mit dem Inkrafttreten des Umweltinformationsgesetzes im Jahre 1994 wurde ein Anspruch, ohne Nachweis eines besonderen individuellen Interesses umweltrelevante Informationen von der Verwaltung verlangen zu können, in Deutschland eingeführt. Das Umweltinformationsgesetz setzte Vorgaben der Umweltinformationsrichtlinie der Europäischen Gemeinschaft in das deutsche Recht um. Die Umweltinformationsrichtlinie diente auch dem Zweck, den Bürger in den Stand zu versetzen, durch Anspruch auf relevante Umweltinformationen Kontrolle auszuüben und so dazu beizutragen, Vollzugsdefizite des Umweltrechts zu beseitigen. Neben dem Umweltinformationsgesetz räumen weitere Gesetze, etwa das Verbraucherinformationsgesetz und das Stasi-Unterlagengesetz, einen Anspruch auf Zugang zu amtlichen Informationen ein.[2487]

7794 **a) Umweltinformationen.** Zweck des UIG ist es, den rechtlichen Rahmen für den freien Zugang zu Umweltinformationen bei informationspflichtigen Stellen sowie für die Verbreitung dieser Umweltinformationen zu schaffen. Umweltinformationen sind nach § 2 III UIG Daten über den Umweltzustand, umweltbeeinflussende Faktoren, Maßnahmen oder Tätigkeiten, Kosten-Nutzen-Analysen zu deren Vorbereitung oder Durchführung, Berichte über die Umsetzung des Umweltrechts und Daten über den Zustand der menschlichen Gesundheit. Unter den Begriff der Umweltinformation über Emissionen im Sinne von § 2 III Nr. 2 UIG ist nach Ansicht des OVG Lüneburg ausschließlich eine Information darüber zu verstehen, welche Stoffe in welcher Menge eine Anlage verlassen und in diesem Sinne in die Umwelt freigesetzt werden. Nicht hierunter fallen Informationen über Vorgänge innerhalb einer Anlage.[2488]

2484 BVerwG Beschl. v. 8.5.2018 – 9 A 12/17, juris Rn. 5.

2485 BVerfG Beschl. v. 15.4.2021 – 2 BvR 547/21, juris; mit Anmerkungen von Frenz DVB. 2021, kritisch dazu Beckmann UPR 2021, 241; zu dem sich dynamisch entwickelnden Rechtsschutz im Klimaschutzrecht Saurer ZUR 2024, 214; zum Rechtsschutz als Steuerungsstrategie siehe Franzius ZUR 2024, 195.

2486 Zur Bedeutung der Grundrechte für den Umweltschutz siehe Kloepfer/Durner Umweltschutzrecht, 2020, § 2 Rn. 5 ff.; Kloepfer Umweltrecht, 2016, § 3 Rn. 63 ff. Am 9.4.2024 hat der Europäische Gerichtshof für Menschenrechte die Schweiz wegen einer Verletzung der Menschenrechtskonvention verurteilt, die auf einem unzureichenden Klimaschutz der Schweiz beruht; zum Thema „Umweltschutz und Menschenrechte" am Beispiel eines Rechtstreits um eine Bergbaukonzession in Panama siehe Ludescher ZUR 2024, 286.

2487 Näher dazu Kahl/Gärditz Umweltrecht, 2023, § 4 Rn. 175 ff; Eifert Umweltschutzrecht in Schoch/Eifert, Besonderes Verwaltungsrecht, 2023, Rn. 169 ff; Schlacke Umweltrecht, 2023, § 5 Rn. 128 ff.; Kümper/Wittmann NuR 2011, 840 ff; Beckmann Rechtswahrung durch Verwaltungsverfahren in Erbguth, Verwaltungsrechtsschutz in der Krise: vom Rechtsschutz zum Schutz der Verwaltung, 2010, S. 99.

2488 OVG Lüneburg ZUR 2020, 541.

Ob Maßnahmen oder Tätigkeiten iSd § 2 III Nr. 3 UIG sich auf Umweltbestandteile oder -faktoren wahrscheinlich auswirken können, kann in Anlehnung an den allgemeinen ordnungsrechtlichen Wahrscheinlichkeitsmaßstab festgestellt werden; es genügt die nicht nur fernliegende oder theoretische Möglichkeit einer Beeinträchtigung.[2489] **7795**

b) Informationspflichtige Stellen. Das UIG gilt für informationspflichtige Stellen des Bundes und der bundesunmittelbaren juristischen Personen des öffentlichen Rechts (§ 1 UIG). Auch Informationen, die im Zusammenhang mit Regierungshandeln anfallen, können begehrt werden. § 2 I Nr. 1 S. 3 a UIG nimmt jedoch die obersten Bundesbehörden, soweit und solange sie im Rahmen der Gesetzgebung tätig werden, von der Informationspflicht aus.[2490] Die Länder haben ergänzend Umweltinformationsgesetze für entsprechende Ansprüche gegen informationspflichtige Stellen der Länder erlassen. **7796**

c) Informationsanspruch. Nach § 3 I 1 UIG hat jede Person nach Maßgabe des UIG Anspruch auf freien Zugang zu Umweltinformationen, über die eine informationspflichtige Stelle im Sinne des § 2 I UIG verfügt, ohne ein rechtliches Interesse darlegen zu müssen. Der Zugang kann nach § 3 II 1 UIG durch Auskunftserteilung, Gewährung von Akteneinsicht oder in sonstiger Weise eröffnet werden. Wird eine bestimmte Art des Informationszugangs beantragt, so darf dieser nur aus gewichtigen Gründen auf andere Art eröffnet werden. Als gewichtiger Grund gilt insbesondere ein deutlich höherer Verwaltungsaufwand. Soweit Umweltinformationen der antragstellenden Person bereits auf andere, leicht zugängliche Art, insbesondere durch Verbreitung nach § 10 UIG, zur Verfügung stehen, kann die informationspflichtige Stelle die Person auf diese Art des Informationszugangs verweisen. **7797**

Der Antrag muss nach § 4 II 1 UIG erkennen lassen, zu welchen Umweltinformationen der Zugang gewünscht wird. Ist der Antrag zu unbestimmt, so ist der antragstellenden Person dies innerhalb eines Monats mitzuteilen und Gelegenheit zur Präzisierung des Antrags zu geben. Kommt die antragstellende Person der Aufforderung zur Präzisierung nach, beginnt der Lauf der Frist zur Beantwortung von Anträgen erneut. Die Informationssuchenden sind bei der Stellung und Präzisierung von Anträgen zu unterstützen (§ 4 II 2 bis4 UIG). **7798**

Wird der Antrag bei einer informationspflichtigen Stelle gestellt, die nicht über die Umweltinformationen verfügt, leitet sie den Antrag an die über die begehrten Informationen verfügende Stelle weiter, wenn ihr diese bekannt ist, und unterrichtet die antragstellende Person hierüber. Anstelle der Weiterleitung des Antrags kann sie die antragstellende Person auch auf andere ihr bekannte informationspflichtige Stellen hinweisen, die über die Informationen verfügen (§ 4 III 1 und 2 UIG). **7799**

d) Ausnahmen und Einschränkungen des Anspruchs. Einschränkungen des Umweltinformationsanspruchs zum Schutz öffentlicher Belange und zum Schutz sonstiger Belange, insbesondere des Datenschutzes und von Betriebs- und Geschäftsgeheimnissen ergeben sich aus den §§ 8, 9 UIG.[2491] Die Gründe Ausnahmen und Einschränkungen des Anspruchs sind in den genannten Vorschriften abschließend aufgezählt und grds. eng auszulegen.[2492] **7800**

4. Teil. Verfahren der Planaufstellung

Das Planfeststellungsverfahren ist in den §§ 72 bis 78 VwVfG geregelt. **7801**

I. Anwendungsbereich und allgemeine Verfahrensgrundsätze

Ist ein Planfeststellungsverfahren durch Rechtsvorschrift angeordnet, so gelten nach § 72 I 1 VwVfG hierfür grundsätzlich die §§ 73 bis 78 VwVfG und, soweit sich aus ihnen nichts Abweichendes ergibt, die übrigen Vorschriften des VwVfG. Die §§ 51 VwVfG über das Wieder- **7802**

[2489] BVerwG NVwZ 2019, 1514; VGH Mannheim NVwZ-RR 2018, 30 zum Zugang zu Umweltinformationen über Stuttgart 21.

[2490] BVerwGE 141, 122 ff.; BVerwG NVwZ 2012, 251 (252 f.); Wegener ZUR 2016, 153; zum Zugang zu Unterlagen über CO_2-Emissionen von Kraftfahrzeugen beim Bundesministerium für Verkehr und digitale Infrastruktur BVerwG ZUR 2021, 485.

[2491] Zum Schutz von Betriebs- und Geschäftsgeheimnissen der DB Netz AG BVerwG NVwZ 2017, 1775; siehe auch BVerwG UPR 2023, 69.

[2492] Kahl/Gärditz Umweltrecht, 2023, § Rn. 191.

aufgreifen des Verfahrens und 71a bis 71e VwVfG über die Abwicklung eines Verwaltungsverfahrens über eine einheitliche Stelle sind nach § 72 I 1 HS 2 VwVfG nicht anzuwenden, § 29 VwVfG ist mit der Maßgabe anzuwenden, dass Akteneinsicht nach pflichtgemäßem Ermessen zu gewähren ist. In zahlreichen Fachplanungsgesetzen sind allerdings Maßgaben für die Anwendungen der Verfahrensvorschriften des VwVfG vorgesehen.

7803 In welchen Fällen eine Planfeststellung erforderlich wird, ergibt sich nicht aus dem VwVfG. Entsprechende Anordnungen des Gesetzgebers ergeben sich aus zahlreichen Fachplanungsgesetzen. Planfeststellungsbedürftige Vorhaben sind Straßen, Eisenbahnen, Straßenbahnen und Omnibusverkehr, Magnetschwebebahnen, Flughäfen und bestimmte Landeplätze, Bundeswasserstraßen, Gewässerausbau, Deponien, Endlagerung radioaktiver Abfälle, gemeinschaftliche und öffentliche Anlagen in der Flurbereinigung, bestimmte Vorhaben des Bergbaus, Höchstspannungsleitungen und bestimmte sonstige Leitungen, wie Gasversorgungsleitungen, Kohlendioxidleitungen und Rohrleitungsanlagen, sowie bestimmte Speicher, wie Kohlendioxidspeicher und künstliche Wasserspeicher.

1. Verfahrensrecht des Bundes oder Landes

7804 Ob das VwVfG des Bundes oder eines Landes anzuwenden ist, richtet sich nach § 1 I, III VwVfG des Bundes danach, ob Planfeststellungsbehörde eine Bundesbehörde, zB das Eisenbahn-Bundesamt, oder eine Landesbehörde ist. Verschiedene Fachplanungsgesetze des Bundes verweisen auf Bestimmungen des VwVfG des Bundes (so zB § 38 KrWG auf die §§ 72 bis 78 VwVfG und § 10 II 1 LuftVG auf § 73 VwVfG. Nach § 100 Nr. 2 VwVfG des Bundes können die Landesgesetzgeber bestimmen, dass für Planfeststellungen, die auf Grund landesrechtlicher Vorschriften durchgeführt werden, die Rechtswirkungen des § 75 I 1 VwVfG auch gegenüber den nach Bundesrecht notwendigen Entscheidungen gelten. Einige Bundesländer haben auf eine Vollregelung des Verwaltungsverfahrensrechts verzichtet und auf das Bundesgesetz verwiesen; diese dynamische Verweisung ist verfassungsrechtlich unbedenklich.[2493]

2. Allgemeine Verfahrensgrundsätze

7805 Allgemeine Verfahrensgrundsätze auch für das Planfeststellungsverfahren ergeben sich aus den §§ 9 bis 30 VwVfG.

7806 **a) Einfaches, zügiges und zweckmäßiges Verfahren.** Nach § 10 I 2 VwVfG ist das Verwaltungsverfahren einfach, zweckmäßig und zügig durchzuführen. Die §§ 20, 21 VwVfG bestimmen, wer in einem Verwaltungsverfahren nicht für eine Behörde nicht tätig werden darf und wie zu verfahren ist, wenn die Besorgnis ein Grund vorliegt oder von einem Beteiligten behauptet wird, der geeignet ist, Misstrauen gegen eine unparteiische Amtsausübung zu rechtfertigen. Der rechtsstaatliche Grundsatz fairer Verfahrensgestaltung ist zu beachten.[2494]

7807 **b) Beteiligte.** Beteiligter am Planfeststellungsverfahren ist nach § 13 I Nr. 1 VwVfG der Vorhabenträger als Antragsteller. Betroffene und Einwender iSd §§ 73 ff. VwVfG sind grundsätzlich keine Beteiligten iSd § 13 VwVfG. Sie haben die Rechte von Betroffenen und Einwendern nach §§ 73 ff. VwVfG, nicht aber die Rechte eines Beteiligten.[2495]

7808 **c) Untersuchungsgrundsatz.** Die Behörde ermittelt nach § 24 I 1 VwVfG den Sachverhalt von Amts wegen. Sie bestimmt Art und Umfang der Ermittlungen; an das Vorbringen und an die Beweisanträge der Beteiligten ist sie nicht gebunden. Die Behörde bedient sich nach § 26 I VwVfG der Beweismittel, die sie nach pflichtgemäßem Ermessen zur Ermittlung des Sachverhalts für erforderlich hält. Sie kann insbesondere Auskünfte jeder Art einholen, Beteiligte anhören, Zeugen und Sachverständige vernehmen oder die schriftliche oder elektronische Äußerung von Beteiligten, Sachverständigen und Zeugen einholen, Urkunden und Akten beiziehen und den Augenschein einnehmen. Die Beteiligten sollen nach § 26 II 1 VwVfG bei der Ermittlung des Sachverhalts mitwirken. Sie sollen insbesondere ihnen bekannte Tatsachen und

---

[2493] BVerwG NVwZ 2005, 699; Kämper Planfeststellungsrecht in Johlen/Oerder, Handbuch Verwaltungsrecht, 2023, Rn. 35.

[2494] BVerwGE 75, 214 (230); Beckmann Rechtswahrung durch Verwaltungsverfahren in Erbguth, Verwaltungsrechtsschutz in der Krise: vom Rechtsschutz zum Schutz der Verwaltung, 2010, S. 99.

[2495] BVerwG NVwZ-RR 1998, 90 (91); Krappel in Ziekow Handbuch des Fachplanungsrechts, 2024, § 2 Rn. 13.

Beweismittel angeben. Die §§ 24 bis 27 VwVfG sind grundsätzlich im Planfeststellungsverfahren anwendbar, werden durch die §§ 72 ff. VwVfG jedoch insbesondere mit Blick auf die im Rahmen des Abwägungsvorgangs gebotene Sachverhaltsermittlung und -bewertung ergänzt bzw. modifiziert.[2496]

Zur Ermittlung der entscheidungserheblichen Sachverhalte kann die Planfeststellungsbehörde **Gutachtern** spezielle Aufträge zur Ermittlung und Bewertung des Sachverhalts erteilen. Die Behörde ebenso wie das Gericht kann sich für eine Einschätzung ohne weiteres auf Gutachten oder gutachterliche Stellungnahmen stützen, die eine Behörde im Verwaltungsverfahren eingeholt hat.[2497] Allein die Tatsache, dass eine Verwaltungsbehörde ein Gutachten in Auftrag gegeben hat, begründet als solche nicht die Vermutung mangelnder Objektivität des von ihr eingesetzten Sachverständigen. Eine rechtsstaatliche Verwaltung ist an Recht und Gesetz gebunden und hat den Sachverhalt nach objektiven Maßstäben aufzuklären. Die von einer Verwaltungsbehörde bestellten Gutachter sind demgemäß – nicht anders als die entsprechend sachkundigen eigenen Bediensteten einer mit besonderem Sachverstand ausgestatteten technischen Fachbehörde bzw. Fachabteilung – als objektiv urteilende Gehilfen der das öffentliche Interesse verfolgenden Verwaltungsbehörde und nicht als parteiische Sachverständige anzusehen.[2498] 7809

Der Planfeststellungsbehörde ist es aber auch unbenommen, bei ihrer Entscheidung Gutachten zu berücksichtigen, die nicht von ihr, sondern von Verfahrensbeteiligten oder von anderen Behörden eingeholt worden sind.[2499] Je unzweifelhafter ein Gutachten als Ausdruck der Sachkunde, Unparteilichkeit und Objektivität zu beurteilen ist, desto unbedenklicher eignet es sich als maßgebliche Stütze für die Planungsentscheidung.[2500] Der Grundsatz der fairen Verfahrensführung steht dem nicht entgegen. Er gebietet der Planfeststellungsbehörde, Neutralität gegenüber den beteiligten Interessen zu wahren, verwehrt es ihr aber nicht, sämtliches Material zu verwerten, das sich aus ihrer Sicht als entscheidungsrelevant erweist, unabhängig davon, von welcher Seite es in das Verfahren eingeführt worden ist. Ob sich die Planfeststellungsbehörde mit einem einzigen Gutachten zufrieden geben darf oder die Einholung weiterer Gutachten erforderlich ist, hängt von der Überzeugungskraft der Gutachten ab.[2501] Die Notwendigkeit, ein weiteres Gutachten einzuholen, wird sich nur dann ergeben, wenn das erste Gutachten erkennbar von nicht zutreffenden oder unvollständigen Sachverhaltsannahmen ausgeht oder die angewendeten Methoden nicht den anerkannten Regeln der Technik oder dem Stand von Wissenschaft und Technik entsprechen. Auch kann eine gutachterliche Überprüfung erforderlich werden, wenn das vorliegende Gutachten durch substantiierte Einwendungen von Beteiligten oder der Planfeststellungsbehörde selbst erschüttert worden ist.[2502] Ein Sachverständiger kann nach § 65 I 2 VwVfG iVm § 406 ZPO nur im Rahmen des behördlichen Verfahrens abgelehnt werden. Die Anbringung eines Ablehnungsgesuchs gegenüber dem Gericht im anschließenden Gerichtsverfahren ist nicht mehr zulässig, wenn es nicht auf neue, erst später entstandene Vorgänge gestützt wird.[2503] 7810

Liegt der planenden Gemeinde im Zeitpunkt des Satzungsbeschlusses das Gutachten eines anerkannten **Sachverständigen** vor, darf sie dies der Abwägungsentscheidung auch ohne Einholung eines weiteren Gutachtens zu Grunde legen, wenn die Einwendungen gegen das Gutachten nur allgemeiner Natur und nicht durch die Vorlage eines Gegengutachtens belegt sind. Allein der Wechsel von einem vorhabenbezogenen Bebauungsplan zu einem normalen Bebauungsplan gebietet nicht die Einholung eines neuen Lärmgutachtens, wenn sich aus dem im Rahmen des vorhabenbezogenen Bebauungsplans eingeholten Gutachten ergibt, dass die entstehenden Konflikte auf der Baugenehmigungsebene gelöst werden können.[2504] 7811

2496 BVerwG NVwZ 1999, 535, 536; NVwZ 2011, 1124 Rn. 85; Krappel in Ziekow Handbuch des Fachplanungsrechts, 2024, § 2 Rn. 13.

2497 OVG Lüneburg Beschl. v. 7.5.2024 – 7 MS 81/23, juris Rn. 31; BVerwG Beschl. v. 26.6.2020 – 7 BN 3.19, juris.

2498 OVG Lüneburg Beschl. v. 7.5.2024 – 7 MS 81/23, juris Rn. 31; BVerwG Beschl. v. 26.6.2020 – 7 BN 3.19, juris.

2499 BVerwG NVwZ 1987, 578.

2500 BverwG NVwZ 1994, 688.

2501 Zur Überzeugungskraft eines Lärmgutachtens, wenn der Gutachter die Lärmmessung unter Bereitstellung eines „Messkoffers" dem betroffenen Nachbarn selbst überlassen hat OVG Lüneburg ZfBR 2011, 482.

2502 BVerwGE 71, 38; Urt. v. 15.10.1985 – 9 C 3.85, juris; NVwZ 1993, 572.

2503 BVerwG NVwZ 1991, 1187.

2504 VGH Kassel BauR 2004, 1044; BVerwG BauR 2004, 1907.

7812 Zwar ist die Planfeststellungsbehörde aufgrund des Untersuchungsgrundsatzes verpflichtet, die ihr vorgelegten Planunterlagen einer eigenständigen rechtlichen Prüfung zu unterziehen und gegebenenfalls eigene Ermittlungen anzustellen. Das bedeutet aber nicht, dass sich die Planfeststellungsbehörde sämtliche in den Antragsunterlagen des Vorhabenträgers erwähnten Dokumente vorlegen lassen muss. Vielmehr darf sie sich auf eine Plausibilitätskontrolle beschränken und muss vor allem dann Nachermittlungen anstellen, wenn sie die Unterlagen für unvollständig hält oder bestimmte Annahmen als nicht ausreichend begründet ansieht. Auf die nähere Ermittlung zu bestimmten Umständen kann sie auch dann verzichten, wenn es darauf nach ihrer Rechtsauffassung nicht ankommt oder wenn sie diese im Einzelfall als gegeben unterstellen darf.[2505]

7813 **d) Beratung und Auskunft.** Die Behörde soll die Abgabe von Erklärungen, die Stellung von Anträgen oder die Berichtigung von Erklärungen oder Anträgen anregen, wenn diese offensichtlich nur versehentlich oder aus Unkenntnis unterblieben oder unrichtig abgegeben oder gestellt worden sind. Sie erteilt, soweit erforderlich, Auskunft über die den Beteiligten im Verwaltungsverfahren zustehenden Rechte und die ihnen obliegenden Pflichten.

7814 Die Behörde erörtert, soweit erforderlich, bereits vor Stellung eines Antrags mit dem zukünftigen Antragsteller, welche Nachweise und Unterlagen von ihm zu erbringen sind und in welcher Weise das Verfahren beschleunigt werden kann. Soweit es der Verfahrensbeschleunigung dient, soll sie dem Antragsteller nach Eingang des Antrags unverzüglich Auskunft über die voraussichtliche Verfahrensdauer und die Vollständigkeit der Antragsunterlagen geben.

II. Verfahrensschritte der Planfeststellung

1. Antragstellung

7815 **a) Antragsteller.** Der Plan, der bei der Anhörungsbehörde einzureichen ist, der UVP-Bericht nach § 16 UVPG sowie die weiteren für die Beurteilung des Vorhabens erforderlichen Unterlagen und Gutachten sind durch den Vorhabenträger zu beschaffen. In zahlreichen Fachplanungsgesetzen ist vorgesehen, dass sich der Antragsteller dazu eines Projektmanagers bedienen kann.[2506] Gegenstand des Planfeststellungsverfahrens ist der Plan des Vorhabenträgers. Dieser bestimmt dessen Inhalt und damit auch den Gegenstand des Verfahrens.[2507] Das Vorhaben muss von dem richtigen Antragsteller beantragt werden. Wer Vorhabenträger sein kann, ist mit Blick auf das jeweilige fachplanerische Regelungssystem zu bestimmen.

7816 Der Vorhabenträger kann sich im Planfeststellungsverfahren durch einen **bevollmächtigten Dritten** vertreten lassen.[2508] Soweit die Zuständigkeitsordnung eine für das Vorhaben zuständige Behörde ausweist, muss der Antrag von dieser zuständigen Behörde oder seiner Vertretung gestellt werden. Die Vertretung muss in den Antragsunterlagen entsprechend dokumentiert sein. Die Zuständigkeiten für die Vorhabendurchführung richten sich zumeist nach Landesrecht. Für den Bau und die Unterhaltung öffentlicher Straßen ist der Träger der Straßenbaulast zuständig. Dieser bestimmt sich nach Landesrecht. Für Gemeindestraßen sind die Gemeinden, für Kreisstraßen die Kreise, für Landesstraßen das Land oder auch die Landkreise zuständig. Für Bundesstraßen und Autobahnen liegt die Straßenbaulast von Bau und Unterhaltung bei den Ländern, die diese in Bundesauftragsverwaltung durchführen. Die Straßenbaulast richtet sich daher nach der Klassifizierung der Straße, die von der Funktion der Straße im Verkehrsnetz abhängt. Ein nur mittelbar Planbetroffener kann sich nicht darauf berufen, dass dem Vorhabenträger die Antragsberechtigung für das Planfeststellungsverfahren fehle.[2509] In verschiedenen Fachplanungsgesetzen ist vorgesehen, dass der Vorhabenträger einen **Projektmanager** beauftragen kann. Informelle Abstimmungen des Vorhabenträgers mit den betroffenen Behörden, etwa zu Fach- oder Verfahrensfragen, sind grundsätzlich zulässig.[2510]

[2505] BVerwG NVwZ 2021, 648 (650); zur Plausibilität als richterlichem Kontrollmaßstab Beckmann in FS für Seibert, 2020, 13 ff.

[2506] Praxisfragen zum Projektmanager erörtert Riege EnWZ 2022, 170; zum Projektmanager nach § 17a AEG Seegmüller in Ziekow Handbuch des Fachplanungsrechts, 2024, § 12 Rn. 18; Antweiler NVwZ 2019, 29 (31).

[2507] BVerwGE 114, 364 (368).

[2508] BVerwG Beschl. v. 25.7.2007 – 9 VR 19.07, juris zur Vorhabenträgereigenschaft der DB Netz AG in Planfeststellungsverfahren nach § 73 I 1 VwVfG, § 18 AEG, § 5 a AEG.

[2509] VGH Mannheim UPR 2006, 162.

[2510] BVerwG NVwZ-RR 2012, 32.

b) Plan und Planunterlagen. Der Träger des Vorhabens hat nach § 73 I 1 VwVfG den Plan der Anhörungsbehörde zur Durchführung des Anhörungsverfahrens einzureichen. Der Plan besteht aus den Zeichnungen und Erläuterungen, die das Vorhaben, seinen Anlass und die von dem Vorhaben betroffenen Grundstücke und Anlagen erkennen lassen. Detailliertere Anforderungen bestimmt zumeist das Fachplanungsrecht für bestimmte Vorhaben. **7817**

Ist das Vorhaben UVP-pflichtig, dann müssen ein UVP-Bericht nach § 16 UVPG und die entscheidungserheblichen Unterlagen über die Umweltauswirkungen des Vorhabens nach § 19 UVPG dem Plan beigefügt werden. Sind mit dem Vorhaben Eingriffe in Natur und Landschaft iSv § 14 I BNatSchG verbunden, sind nach § 17 IV 4 BNatSchG die Ausgleichsmaßnahmen im Plan oder einem landschaftspflegerischen Begleitplan darzustellen. Bei unvollständigen Planunterlagen hat die Behörde den Vorhabenträger zur Vervollständigung aufzufordern. **7818**

Ein Antrag kann noch bis zur Bekanntgabe der Entscheidung an den Vorhabenträger zurückgenommen werden, nach Eintritt seiner Wirksamkeit kann der Planfeststellungsbeschlusses nach § 77 VwVfG aufgehoben werden, wenn der Vorhabenträger das Vorhaben endgültig aufgegeben hat. **7819**

Mit seinem Antrag und dem darin vorgestellten konkreten Konzept bestimmt der Vorhabenträger den Genehmigungsgegenstand. Der Vorhabenträger kann auch für einzelne Abschnitte seines Vorhabens eine Planfeststellung beantragen. Die Zulässigkeit einer planungsrechtlichen **Abschnittsbildung** ist anerkannt. Die Planfeststellungsbehörde verfügt insoweit über ein planerisches Ermessen, in das sie ua Gesichtspunkte einer zweckmäßigen Verfahrensgestaltung einbeziehen kann. Dieses Ermessen wird aber durch das materielle Planungsrecht begrenzt. Die Aussagekraft der Abwägung darf außerdem durch eine Aufspaltung des Vorhabens nicht beeinträchtigt werden. Insbesondere kann eine Teilplanung nicht so weit verselbstständigt werden, dass durch die Gesamtplanung geschaffene Probleme unbewältigt bleiben.[2511] Die Planung in Abschnitten muss nicht konsekutiv erfolgen, sondern es kann gerade das Ziel der Abschnittsbildung sein, eine zeitlich und inhaltlich parallele Planung mehrerer Abschnitte zu ermöglichen und die Planung und Verwirklichung des Gesamtvorhabens dadurch zu beschleunigen.[2512] **7820**

Solange der Vorhabenträger mit seinem Vorhaben ein **Gesamtkonzept** verfolgt, kann bei einer Abschnittsbildung nicht dahingestellt bleiben, ob auch der zunächst aus der Entscheidung ausgeklammerte Teil seines Vorhabens verwirklicht werden kann. Der Vorhabenträger kann sich dem Einwand, dass dem Gesamtvorhaben keine unüberwindbaren Hindernisse entgegenstehen dürfen, entziehen, indem er den weitergehenden Genehmigungsantrag zurücknimmt und damit ein eingeschränktes Vorhaben zur Genehmigung stellt. Insoweit ist auch die Planfeststellungsbehörde bei ihrer Entscheidung an den Antrag des Vorhabenträgers gebunden.[2513] Beantragt ein Vorhabenträger für die Änderung einer Anlage eine von ihm für erforderlich gehaltene Planfeststellung oder Plangenehmigung und entscheidet die zuständige Behörde auf diesen Antrag, dass für die Änderung wegen unwesentlicher Bedeutung eine förmliche Entscheidung entfällt (§ 74 VII VwVfG), hat diese Entscheidung eine den Vorhabenträger selbständig belastende Rechtswirkung. Gegen den Verwaltungsakt ist daher eine kombinierte Anfechtungs- und Verpflichtungsklage des Vorhabenträgers statthaft.[2514] **7821**

Die Verwendung **nicht erläuterter Planzeichen** in Planunterlagen, die in einem Planfeststellungsverfahren zur Betroffenenbeteiligung ausgelegt werden, kann die Verständlichkeit der Planunterlagen beeinträchtigen und dazu führen, dass der Plan seiner Funktion, den Betroffenen Art und Ausmaß ihrer Betroffenheit zu verdeutlichen, nicht voll gerecht wird. Der Vermerk auf planfestgestellten Planunterlagen über deren Auslegung im Rahmen der Behörden- und Betroffenenbeteiligung dient dem Nachweis, dass ausgelegte und festgestellte Planunterlagen identisch sind. Fehlt der Vermerk, so kann dies Bedeutung gewinnen, wenn ein Planbetroffener geltend macht, dass ihn belastende Details der festgestellten Planung für ihn aus den ausgelegten Planunterlagen nicht erkennbar gewesen seien und deshalb nicht zum Gegenstand von Einwendungen hätten gemacht werden können.[2515] Zu den Planunterlagen gehört regelmäßig auch ein **Bauwerksverzeichnis**.[2516] Es dient allerdings nicht dazu, den bauausführen- **7822**

2511 BVerwG ZUR 2023, 677 = juris Rn. 49; BVerwGE 170, 33 Rn. 724.
2512 BVerwG ZUR 2023, 677 = juris Rn. 50.
2513 BVerwG NVwZ 2002, 350.
2514 VGH Mannheim NVwZ 2001, 101; BVerwG NJW 1982, 1546.
2515 BVerwG NVwZ 2006, 1170.
2516 BVerwG Beschl. v. 12.1.1994 – 4 B 163.93, juris.

den Unternehmen Hinweise auf etwaige Gefahrenquellen zu geben, die bei der Einrichtung von Baustellen zu beachten wären. Vielmehr werden in diesem Verzeichnis üblicherweise nur die Bauwerke und sonstigen Anlagen aufgeführt, die nach dem Plan neu erstellt, geändert oder beseitigt werden sollen. Soweit zu diesem Zweck Rechte Dritter in Anspruch genommen werden, hat das Verzeichnis nach § 75 I 2 VwVfG als Teil des Planfeststellungsbeschlusses an dessen rechtsgestaltender Wirkung teil.[2517] Betroffene Dritte sind insoweit nach § 75 II 1 VwVfG mit Abwehransprüchen gegen das Vorhaben ausgeschlossen, sobald der Planfeststellungsbeschluss unanfechtbar wird. Wenn ein Dritter im Bauwerksverzeichnis mit seiner Anlage nicht genannt ist, tritt ihm gegenüber weder die Gestaltungs- noch die Ausschlusswirkung ein. Regelmäßig wird es aus diesem Grunde kaum im wohlverstandenen Interesse eines Dritten liegen, seine Anlage im Bauwerksverzeichnis genannt zu sehen.[2518]

7823 Ist für das Vorhaben eine UVP erforderlich, muss der Vorhabenträger Unterlagen über die Umweltauswirkungen des Vorhabens einreichen. Dazu muss er einen UVP-Bericht zu den Auswirkungen des Vorhabens vorlegen (§ 16 I 1 UVPG). Der Bericht muss alle Angaben enthalten, die nach § 16 I und III UVPG erforderlich sind. Die Angaben müssen der Planfeststellungsbehörde die Prüfung ermöglichen, welche Umweltauswirkungen des Vorhabens zu erwarten sind und mit welchen Maßnahmen diese vermieden, vermindert oder ausgeglichen werden können, und andererseits Dritten die Beurteilung ermöglichen, ob und in welchem Umfang sie von den Umweltauswirkungen des Vorhabens betroffen werden können (vgl. § 16 V 2 UVPG). Inhalt und Umfang der beizubringenden Unterlagen können vor Einreichung des Plans zwischen dem Vorhabenträger, der Planfeststellungsbehörde und den zu beteiligenden Behörden nach § 15 UVPG abgestimmt werden. Planbetroffene Dritte können nach § 15 III 1 UVPG hinzugezogen werden.[2519]

7824 **c) Anspruch auf Durchführung des Verfahrens.** Der Vorhabenträger kann von der zuständigen Behörde verlangen, dass diese das Planfeststellungsverfahren durchführt.[2520] Nur ausnahmsweise kann die Behörde die Durchführung des Planfeststellungsverfahrens ablehnen, so zB wenn dem Antragsteller ein schutzwürdiges Antragsinteresse fehlt, weiloffensichtlich ist, dass sich das beantragte Vorhaben nicht verwirklichen lässt oder wenn dem Träger eines privatnützigen Vorhabens die erforderlichen Grundstücke auf absehbare Zeit erkennbar nicht zur Verfügung stehen.

2. Behördenzuständigkeit für das Planverfahren

7825 Das Planfeststellungs- oder Plangenehmigungsverfahren muss von der zuständigen Behörde durchgeführt werden. Die Verfahrenszuständigkeit ergibt sich zumeist aus dem jeweiligen Landesrecht. Wird durch ein Vorhaben der örtliche Zuständigkeitsbereich mehrerer Behörden betroffen, sind die Behörden grundsätzlich auf ihrem jeweiligen Gebiet zuständig.[2521] Zuständigkeitskonzentrationen können sich jedoch vor allem bei einem Vorhaben, das nur einheitlich zugelassen werden kann, aus den Regelungen über die örtliche Zuständigkeit (§ 3 VwVfG) oder einer entsprechenden Anwendung des § 78 VwVfG ergeben.

7826 Die gesetzliche Trennung der Aufgabenbereiche des Vorhabenträgers einerseits sowie der Anhörungs- und Planfeststellungsbehörde andererseits dient der verfahrensrechtlichen Sicherung der für eine sachgerechte Abwägung notwendigen Distanz und Neutralität innerhalb der öffentlichen Verwaltung. Das schließt fachaufsichtliche Weisungen der mit den Aufgaben des Vorhabenträgers betrauten Behörde oder Dienststelle gegenüber der als Planfeststellungsbehörde bestimmten Behörde oder Dienststelle aus, die den durch Gestaltungsfreiheit geprägten Kernbereich planerischer Abwägung betreffen.[2522]

7827 Die Planfeststellungsbehörde muss grundsätzlich ihre **Unparteilichkeit** gegenüber dem Vorhabenträger wahren. Die **Befangenheitsvorschriften** und **Ausschlussgründe** für die Beteili-

---

[2517] BVerwG DVBl. 1968, 340.

[2518] BVerwG DVBl. 1997, 856; UPR 1997, 470.

[2519] Neumann/Külpmann in Stelkens/Bonk/Sachs, VwVfG, 2023, § 73 Rn. 21a.

[2520] BVerwG DVBl.. 2018, 187 = juris Rn. 32; Wysk in Kopp/Ramsauer, VwVfG, 2023, § 72 Rn. 71; Kämper Planfeststellungsrecht in Johlen/Oerder, Handbuch Verwaltungsrecht, 2023, Rn. 51; Beckmann UPR 2023, 121.

[2521] OVG Lüneburg DVBl. 2007, 1184 (LS); BVerwG NVwZ 2007, 581.

[2522] NVwZ 2012, 557, Stüer DVBl. 2012, 449; Ekardt NVwZ 2012, 530; BVerwG NVwZ 2010, 44; DVBl. 1987, 573.

gung im Verwaltungsverfahren sind zu beachten (§§ 21, 20 VwVfG). Nicht ausgeschlossen ist es allerdings, dass dieselbe Behörde die Funktionen sowohl des Vorhabenträgers als auch der Anhörungs- sowie der Planfeststellungsbehörde wahrzunehmen hat, wenn behördenintern eine organisatorische und personelle Trennung der Aufgabenbereiche gewährleistet wird.[2523]

3. Antragsberatung und Unterrichtung über Untersuchungsrahmen

a) Antragsberatung. Die Behörde erörtert nach § 25 II 1 VwVfG, soweit erforderlich, bereits vor Stellung eines Antrags mit dem zukünftigen Antragsteller, welche Nachweise und Unterlagen von ihm zu erbringen sind und in welcher Weise das Verfahren beschleunigt werden kann. 2Soweit es der Verfahrensbeschleunigung dient, soll sie dem Antragsteller nach Eingang des Antrags unverzüglich Auskunft über die voraussichtliche Verfahrensdauer und die Vollständigkeit der Antragsunterlagen geben. 7828

b) Unterrichtung über den Untersuchungsrahmen der UVP. Auf Antrag des Vorhabenträgers oder wenn die zuständige Behörde es für zweckmäßig hält, unterrichtet und berät die zuständige Behörde den Vorhabenträger nach § 15 I 1 UVPG entsprechend dem Planungsstand des Vorhabens frühzeitig über Inhalt, Umfang und Detailtiefe der Angaben, die der Vorhabenträger voraussichtlich in den UVP-Bericht aufnehmen muss (Untersuchungsrahmen). Die Unterrichtung und Beratung kann sich auch auf weitere Gesichtspunkte des Verfahrens, insbesondere auf dessen zeitlichen Ablauf, auf die zu beteiligenden Behörden oder auf die Einholung von Sachverständigengutachten erstrecken. Verfügen die zuständige Behörde oder die zu beteiligenden Behörden über Informationen, die für die Erarbeitung des UVP-Berichts zweckdienlich sind, so stellen sie diese Informationen dem Vorhabenträger zur Verfügung (§ 15 I UVPG). 7829

Der Vorhabenträger hat der zuständigen Behörde nach § 15 II UVPG geeignete Unterlagen zu den Merkmalen des Vorhabens, einschließlich seiner Größe oder Leistung, und des Standorts sowie zu den möglichen Umweltauswirkungen vorzulegen. Vor der Unterrichtung über den Untersuchungsrahmen kann die zuständige Behörde dem Vorhabenträger sowie den zu beteiligenden Behörden Gelegenheit zu einer Besprechung geben. Die Besprechung soll sich auf den Gegenstand, den Umfang und die Methoden der Umweltverträglichkeitsprüfung erstrecken (§ 15 III UVPG). 7830

4. Feststellung der UVP-Pflicht

Die zuständige Behörde stellt nach § 5 I 1 UVPG auf der Grundlage geeigneter Angaben des Vorhabenträgers sowie eigener Informationen unverzüglich fest, ob für das Vorhaben eine Pflicht zur Durchführung einer Umweltverträglichkeitsprüfung (UVP-Pflicht) besteht oder nicht. Die Feststellung trifft die Behörde auf Antrag des Vorhabenträgers oder bei einem Antrag nach § 15 UVPG oder von Amts wegen nach Beginn des Verfahrens, das der Zulassungsentscheidung dient. 7831

Wenn das UVPG in seiner Anlage 1 für das Vorhaben eine allgemeine oder eine standortbezogene Vorprüfung vorsieht, entscheidet die Planfeststellungsbehörde aufgrund der Vorprüfung gem. § 7 UVPG. Danach ist im Rahmen einer überschlägigen Prüfung festzustellen, ob das Vorhaben erhebliche nachteilige Umweltauswirkungen haben kann, die bei der Entscheidung nach § 25 II UVPG zu berücksichtigen wären. Den Maßstab für die Erheblichkeit ergeben sich aus dem Zulassungsrecht des jeweiligen Fachplanungsrechts. Der Planfeststellungsbehörde steht naturschutzfachlich ein gerichtlich nur eingeschränkt überprüfbarer Beurteilungsspielraum. Die Vorprüfung ist im Verwaltungsprozess entsprechend § 45 VwVfG bis zum Abschluss der letzten Tatsacheninstanz nachholbar.[2524] 7832

Bei der Vorprüfung berücksichtigt die Behörde, ob erhebliche nachteilige Umweltauswirkungen durch Merkmale des Vorhabens oder des Standorts oder durch Vorkehrungen des Vorhabenträgers offensichtlich ausgeschlossen werden. Liegen der Behörde Ergebnisse vorgelagerter Umweltprüfungen oder anderer rechtlich vorgeschriebener Untersuchungen zu den Umweltauswirkungen des Vorhabens vor, bezieht sie diese Ergebnisse in die Vorprüfung ein. Bei 7833

2523 BVerwG DVBl. 2012, 443 Rn. 20; Kämper Planfeststellungsrecht in Johlen/Oerder, Handbuch Verwaltungsrecht, 2023, Rn. 38; Krappel in Ziekow Handbuch des Fachplanungsrechts, 2024, § 2 Rn. 25.

2524 Kämper Planfeststellungsrecht in Johlen/Oerder, Handbuch Verwaltungsrecht, 2023, Rn. 43; BVerwG NVwZ 2007, 576 (581).

der allgemeinen Vorprüfung kann sie ergänzend berücksichtigen, inwieweit Prüfwerte für Größe oder Leistung, die die allgemeine Vorprüfung eröffnen, überschritten werden (§ 7 V UVPG). Ein offensichtlicher Ausschluss von Umweltauswirkungen ist regelmäßig nicht möglich, wenn Ausgleichs- oder Ersatzmaßnahmen gemäß § 15 II BNatSchG durchzuführen sind.[2525]

7834 Im Rahmen der Vorprüfung hat die Zulassungsbehörde eine eigenständige Entscheidung über die Durchführung einer UVP zu treffen. Sie darf sich nicht darauf beschränken, die Unterlagen des Antragstellers zu überprüfen. Die Genehmigungsbehörde, nicht der Antragsteller oder ein mit der Vorprüfung beauftragter Gutachter, ist für die Durchführung des Verwaltungsverfahrens zuständig und verantwortlich. Dieser Aufgabe genügt die Behörde nicht, wenn sie lediglich die vorgelegten Unterlagen überprüft, ohne sich eine eigene Meinung zu bilden.[2526]

7835 Eine Vorprüfung ist entbehrlich, wenn der Vorhabenträger die Durchführung der UVP beantragt und die Planfeststellungsbehörde das Entfallen der Vorprüfung für zweckmäßig erachtet (§ 7 III UVPG). Für diese Neuvorhaben besteht die UVP-Pflicht. Die Entscheidung der zuständigen Behörde ist nicht anfechtbar. Die Behörde kann ihre Erklärung, dass das Entfallen der Vorprüfung zweckmäßig ist, zurücknehmen. Es bleibt dann die Vorprüfungspflicht. Eine UVP-Pflicht besteht nach einer solchen Rücknahme nicht.[2527] Der Antrag des Vorhabenträgers auf Durchführung einer UVP löst gem. § 7 III 2 UVPG nur dann eine UVP-Plicht aus, wenn für das Neuvorhaben sonst zunächst eine Vorprüfung nach § 7 I und II UVPG erforderlich gewesen wäre.

7836 Sofern eine Vorprüfung vorgenommen worden ist, gibt die zuständige Behörde die Feststellung der Öffentlichkeit bekannt. Dabei gibt sie die wesentlichen Gründe für das Bestehen oder Nichtbestehen der UVP-Pflicht unter Hinweis auf die jeweils einschlägigen Kriterien nach Anlage UVPG 3 an. Gelangt die Behörde zu dem Ergebnis, dass keine UVP-Pflicht besteht, geht sie auch darauf ein, welche Merkmale des Vorhabens oder des Standorts oder welche Vorkehrungen für diese Einschätzung maßgebend sind (§ 5 II UVPG). Die Feststellung ist nach § 15 III 1 UVPG nicht selbständig anfechtbar.

7837 Auch für die Änderung oder Erweiterung UVP-pflichtiger Vorhaben kann eine Umweltverträglichkeitsprüfung nach Maßgabe von § 9 UVPG durchzuführen sein.

7838 Besteht eine UVP-Pflicht, sieht § 74 VI 1 Nr. 3 VwVfG vor, dass ein Plangenehmigungsverfahrens statt eines Planfeststellungsverfahrens wegen der nach § 9 UVPG erforderlichen Öffentlichkeitsbeteiligung ausscheidet. Dazu sehen verschiedene Fachplanungsgesetze jedoch Abweichungen vor, die eine Plangenehmigung mit eingeschränkter, aber unionsrechtskonformer Öffentlichkeitsbeteiligung ermöglichen (siehe zB §§ 18 b AEG, 17 b I Nr. 1 FStrG).

5. Frühe Öffentlichkeitsbeteiligung

7839 Die Behörde wirkt nach § 25 III 1 VwVfG darauf hin, dass der Träger bei der Planung von Vorhaben, die nicht nur unwesentliche Auswirkungen auf die Belange einer größeren Zahl von Dritten haben können, die betroffene Öffentlichkeit frühzeitig über die Ziele des Vorhabens, die Mittel, es zu verwirklichen, und die voraussichtlichen Auswirkungen des Vorhabens unterrichtet (frühe Öffentlichkeitsbeteiligung).[2528] Die frühe Öffentlichkeitsbeteiligung soll möglichst bereits vor Stellung eines Antrags stattfinden. Der betroffenen Öffentlichkeit soll Gelegenheit zur Äußerung und zur Erörterung gegeben werden. Das Ergebnis der vor Antragstellung durchgeführten frühen Öffentlichkeitsbeteiligung soll der betroffenen Öffentlichkeit

---

[2525] OVG Lüneburg Urt. v. 8.7.2021 – 7 KS 87/18, juris Rn. 49.

[2526] OVG Lüneburg Urt. v. 8.7.2021 – 7 KS 87/18, juris Rn. 36; VG Braunschweig, Urt. v. 07.08.2019 – 6 A 159/17, juris

[2527] OVG Koblenz Beschl. v. 9.2.2021 – 1 B 11505/20, juris.

[2528] Zur Einführung dieser Regelung Ziekow NVwZ 2013, 754 ff.; mit einem Gesetzentwurf der Bundesregierung mit Stand vom 26.6.2024 (BT-Drs. 20/11980) für ein Gesetz zur Stärkung der frühen Öffentlichkeitsbeteiligung plant die Bundesregierung eine Neuregelung der frühen Öffentlichkeitsbeteiligung in einem eigenen § 25a VwVfG. Die digitale und dadurch beschleunigte Durchführung des anschließenden Planfeststellungs- oder Genehmigungsverfahrens soll dadurch befördert werden, dass die Ergebnisse der frühen Öffentlichkeitsbeteiligung der Behörde in einem verkehrsüblichen elektronischen Format übermittelt werden (§ 25a III VwVfG-E). § 25a III VwVfG-E sieht vor, dass der der Behörde und der betroffenen Öffentlichkeit auch der Inhalt – und nicht wie bislang nach § 25 IIII 4 VwVfG nur das Ergebnis – der frühen Öffentlichkeitsbeteiligung zu übermitteln bzw. mitzuteilen ist.

und der Behörde spätestens mit der Antragstellung, im Übrigen unverzüglich mitgeteilt werden. Satz 1 gilt nicht, soweit die betroffene Öffentlichkeit bereits nach anderen Rechtsvorschriften vor der Antragstellung zu beteiligen ist. Beteiligungsrechte nach anderen Rechtsvorschriften bleiben unberührt (§ 25 III VwVfG).

Vor allem bei Großvorhaben, deren Einwirkungen über die unmittelbare Umgebung hinausreichen, wurde die Form der Öffentlichkeitsbeteiligung nicht mehr als ausreichend empfunden, weil zumeist im Zeitpunkt der Beteiligung das Vorhaben bereits geradezu unverrückbar feststand. Die frühe Öffentlichkeitsbeteiligung dient dazu, das Vorhaben in der Öffentlichkeit bekannt zu machen und den Vorhabenträger frühzeitig auf mögliche Probleme hinzuweisen. Die Planung kann dann zeitnah angepasst werden, aber auch mehr Transparenz und Akzeptanz bei Großvorhaben erzielen. Das war schon in Begleitung der Gesetzesberatungen gerade bei Großvorhaben gefordert worden.[2529] Der Begriff der Auswirkungen ist nicht deckungsgleich mit den „berührten Belangen" iSd § 73 IV VwVfG, sondern weiter zu verstehen. Auswirkungen im Sinne der frühen Bürgerbeteiligung sind alle negativen Berührungen von privaten und öffentlichen Interessen, die für einzelne oder Organisationen von Bedeutung sind. Dazu zählen individuelle Interessen, solche der Allgemeinheit sowie über rechtlich geschützte Belange hinausgehende Interessen wie zB durch planfeststellungsbedürftige Vorhaben eintretende Wertverluste von Grundstücken, Veränderungen des Landschaftsbildes, Verbrauch von Flächen oder der Einsatz öffentlicher Mittel zur Finanzierung des Vorhabens.[2530] 7840

Nach dem Wortlaut des Gesetzes ist die frühe Öffentlichkeitsbeteiligung für die „Planung von Vorhaben" vorgesehen, die nicht nur unwesentliche Auswirkungen „auf die Belange einer größeren Zahl von Dritten haben" können. Die Vorschrift sollte dahin erweiternd verstanden werden, dass die frühe Öffentlichkeitsbeteiligung sich nicht nur auf Vorhaben bezieht, die von der Behörde durch eine Planungsentscheidung zugelassen werden, sondern alle Vorhaben mit entsprechenden Auswirkungen, also auch Vorhaben, die einer gebundenen Zulassungsentscheidung unterliegen. Das sollte jedenfalls dann gelten, wenn eine Öffentlichkeitsbeteiligung nicht bereits stattgefunden hat (§ 25 III 5 VwVfG). Auch Baugenehmigungsverfahren oder immissionsschutzrechtliche Genehmigungsverfahren vor allem im Innen- und Außenbereich sollten daher bei entsprechenden Auswirkungen für die Belange einer größeren Zahl von Dritten von einer frühen Öffentlichkeitsbeteiligung begleitet werden. Dies könnte allerdings entfallen, wenn etwa im Rahmen der Aufstellung eines Bebauungsplans eine Öffentlichkeitsbeteiligung zu dem Vorhaben stattgefunden hat. Inzwischen sind daran auch die Kinder und Jugendlichen zu beteiligen (§ 3 I 2 BauGB). 7841

Neben den „Belangen einer größeren Zahl von Dritten" werden öffentliche Belange wie zB Natur, Umwelt, Hochwasserschutz oder Verkehr, nicht ausdrücklich benannt,[2531] dürften aber nach der Zielsetzung des Gesetzes ebenfalls hinzugehören. Gerade nach dem Trianel-Urteil des EuGH[2532] und der anschließenden Novelle des UmwRG ist klar, dass die UVP-RL, um deren konsequente Umsetzung es geht, nicht nur Vorhaben mit Auswirkungen auf Individualrechte, sondern auch auf Umweltbelange erfasst. 7842

Das Gesetz enthält keine Verpflichtung zur Durchführung der frühen Öffentlichkeitsbeteiligung, zumal es sich auch um Vorhaben in privater Trägerschaft handeln kann.[2533] Unterlässt ein Vorhabenträger es also trotz entsprechender Aufforderung durch die Behörde, eine frühe Öffentlichkeitsbeteiligung durchzuführen, wirkt sich dies auf die Rechtmäßigkeit eines etwaigen späteren Planfeststellungs- oder Genehmigungsverfahrens nicht aus. Allerdings soll die Behörde darauf hinwirken, dass eine frühe Öffentlichkeitsbeteiligung stattfindet. Dies ist der Flexibilität in Hinblick auf die verschiedensten Verfahren geschuldet. Der Kreis der betroffenen Öffentlichkeit ist deutlich größer als im späteren Zulassungs- und Klageverfahren, bei dem sich der Kreis auf die in eigenen Rechten verletzten Betroffenen und die anerkannten Vereinigungen begrenzt. 7843

2529 Stüer DVBl. 2012, 885.

2530 Krappel in Ziekow Handbuch des Fachplanungsrechts, 2024, § 2 Rn. 34; zu Wertminderungen von Grundstücken als abwägungsrelevanter Belang im Planfeststellungsverfahren Beckmann BauR 2021, 768.

2531 Eine entsprechende Klarstellung hatte daher der Ausschuss für Umwelt, Naturschutz und Reaktorsicherheit des Bundesrates in seinen Empfehlungen gefordert, BT-Drucks. 160/1/13 vom 12.3.2013.

2532 EuGH DVBl. 2011, 757 – Trianel, auf Vorlage des OVG Münster DVBl. 2009, 654; im Anschluss OVG Münster DVBl. 2012, 344 m. Anm. Stüer/Stüer, 345; BVerwG DVBl. 2012, 1568 m. Anm. Stüer/Stüer DVBl. 2012, 1569 – Kraftwerk Lünen Trianel; OVG Münster DVBl. 2013, 374 m. Anm. Stüer/Stüer; Durner/Paus NuR 2012, 325; Eckardt NVwZ 2012, 530.

2533 BT-Drucks. 171/12, 22; BT-Drucks. 17/9666, 17.

7844 Die betroffene Öffentlichkeit umfasst alle Personen, deren Belange durch das geplante Vorhaben und das anschließende Verwaltungsverfahren berührt werden können. Hierzu gehören auch Vereinigungen, deren satzungsmäßiger Aufgabenbereich durch das Verwaltungsverfahren berührt wird[2534] Auch ist die Beteiligung nicht verpflichtend und es besteht keine Mitwirkungspflicht, aus der sich eine Präklusion ergeben könnte. Ebenso sind Fehler bei der Durchführung der frühen Öffentlichkeitsbeteiligung unbeachtlich. Einwendungen zur Vermeidung der Präklusionswirkung müssen wie bisher in der förmlichen Öffentlichkeitsbeteiligung erhoben werden.

6. Vorbereitende Maßnahmen

7845 Verschiedene Fachplanungsgesetze (siehe zB §§ 16 a FStrG, 17 AEG, 32 PBefG, 16 WaStrG, 34 KrWG, 44 EnWG, 9 f AtG) sehen vor, dass Grundstückseigentümer und Nutzungsberechtigte zur Vorbereitung der Planung notwendige Vermessungen, Boden- und Grundwasseruntersuchungen und sonstige Vorarbeiten durch den Vorhabenträger zu dulden haben. Die Absicht ist dem Eigentümer mindestens zwei Wochen vorher bekanntzugeben. Die Bekanntgabe soll ein Verwaltungsakt sein und die Duldungspflicht aktualisieren. Für unmittelbare Vermögensnachteile ist dem Eigentümer Entschädigung in Geld zu leisten. Die Rechtmäßigkeit der Vorarbeiten ist nicht von einer positiven Gesamtbeurteilung des Vorhabens abhängig.

7846 Bei diesen Regelungen handelt es sich um gesetzlich bestimmte Eigentumsbeschränkungen im Sinne einer **Inhaltsbestimmung** des Eigentums nach Art. 14 I 2 GG.[2535] Das Betreten des Grundstücks und Erkundungsmaßnahmen auf der Grundlage dieser Bestimmungen führen nicht zu einer Enteignung und müssen deshalb grundsätzlich entschädigungslos hingenommen werden, wenn die gesetzlichen Voraussetzungen vorliegen und soweit nicht durch Maßnahmen nach Abs. 1 oder 2 Vermögensnachteile entstehen.[2536] Die Eigentumsbeschränkung ist allerdings nur dann gerechtfertigt, wenn sie dem Grundsatz der Verhältnismäßigkeit entspricht.

7. Anhörungsverfahren

7847 Das Anhörungsverfahren ist in § 73 VwVfG geregelt, wird aber in verschiedenen Fachplanungsgesetzen mit Maßgaben versehen. Das Anhörungsverfahren dient der Gewährung rechtlichen Gehörs für die Betroffenen, der Sachverhaltsfeststellung nach dem Untersuchungsgrundsatz des § 24 I VwVfG und der Sammlung des Abwägungsmaterials für die planerische Abwägung.

7848 **a) Grundrechtsschutz durch Verfahren.** Eine Beteiligung Betroffener im Genehmigungsverfahren dient auch dem Grundrechtsschutz; dieser ist auch durch die Verfahrensgestaltung zu bewirken.[2537] Das BVerwG hatte zB mit seinem Moers-Kapellen-Urteil vom 16.3.1989[2538] entschieden, dass Oberflächeneigentümer unter bestimmten Voraussetzungen an bergrechtlichen Betriebsplanverfahren zu beteiligen seien und dass § 48 II BBergG verfassungskonform dahingehend auszulegen sei, dass die zuständige Behörde die Aufsuchung und Gewinnung von Bodenschätzen beschränken oder untersagen muss, wenn nur dadurch eine unverhältnismäßige Beeinträchtigung des Oberflächeneigentums vermieden werden kann. Dies erfordere materiell-rechtlich eine Abwägung zwischen den rechtlich geschützten Interessen des einzelnen Oberflächeneigentümers und den rechtlich geschützten Interessen des Bergbauunter-

2534 BT-Drucks. 171/12, 22; BT-Drucks. 17/9666, 17.

2535 Beckmann in Landmann/Rohmer, Umweltrecht, 2022, § 34 KrWG Rn. 10; Debus in Schmehl/Klement, KrWG 2019, § 34 Rn. 4.

2536 Beckmann in Landmann/Rohmer, Umweltrecht, 2022, § 34 KrWG Rn. 10; Debus in Schmehl/Klement, KrWG 2019, § 34 Rn. 4; Mann in Versteyl/Mann/Schomerus, KrWG 2019, § 34 Rn. 3; Fellenberg/Schiller in Jarass/Petersen, KrWG 2022, § 34 Rn. 34 alle zu § 34 KrWG; zu Duldungspflichten von Eigentümern und Besitzern von Grundstücken zur Entsorgung überlassungspflichtiger Abfällen nach § 19 KrWG siehe Beckmann AbfallR 2021, 234.

2537 BVerfG NVwZ 2008, 780 (783); NJW 1980, 759 (763); Kämper Planfeststellungsrecht in Johlen/Oerder, Handbuch Verwaltungsrecht, 2023, Rn. 63; diese Notwendigkeit spricht gegen die Einführung von Genehmigungsfiktionen immer dort, wo das Verwaltungsverfahren dienen muss.

2538 BVerwGE 81, 329.

nehmers an der Durchführung seines Projekts.[2539] Defizite der Rechtswahrung vor den Verwaltungsgerichten lassen sich allerdings nicht durch ein rechtsschutzorientiertes Verwaltungsverfahren ausgleichen.[2540]

b) Behördenbeteiligung. Innerhalb eines Monats nach Zugang des vollständigen Plans fordert die Anhörungsbehörde die Behörden, deren Aufgabenbereich durch das Vorhaben berührt wird, zur Stellungnahme auf und veranlasst, dass der Plan in den Gemeinden, in denen sich das Vorhaben voraussichtlich auswirken wird, nach § 27 b VwVfG ausgelegt wird (§ 73 II VwVfG). Ist durch Rechtsvorschrift die Auslegung von Dokumenten zur Einsicht angeordnet, so ist sie nach § 27 b I 1 VwVfG dadurch zu bewirken, dass die Dokumente zugänglich gemacht werden 1. auf einer Internetseite der für die Auslegung zuständigen Behörde oder ihres Verwaltungsträgers und 2. auf mindestens eine andere Weise. Ist eine Veröffentlichung der auszulegenden Unterlagen im Internet, insbesondere aus technischen Gründen, nicht möglich, so wird die angeordnete Auslegung zur Einsicht durch die andere Zugangsmöglichkeit nach § 27 I 1 Nr. 2 VwVfG bewirkt (§ 27 I 2 VwVfG). 7849

Die Behörden haben nach § 73 IIIa 1 VwVfG ihre Stellungnahme innerhalb einer von der Anhörungsbehörde zu setzenden Frist abzugeben, die drei Monate nicht überschreiten darf. Stellungnahmen, die nach Ablauf dieser Frist eingehen, sind zu berücksichtigen, wenn der Planfeststellungsbehörde die vorgebrachten Belange bekannt sind oder hätten bekannt sein müssen oder für die Rechtmäßigkeit der Entscheidung von Bedeutung sind; im Übrigen können sie berücksichtigt werden. Anzuhören sind alle Behörden, deren ansonsten erforderliche Genehmigung durch den Planfeststellungsbeschluss nach § 75 I VwVfG im Rahmen der Konzentrationswirkung ersetzt wird. Anzuhören sind außerdem Behörden, die nach dem jeweiligen Fachplanungsrecht zu beteiligen sind, insbesondere die Behörden mit denen ein Einvernehmen oder Benehmen herzustellen ist. Nicht zuletzt sind auch die Behörden zu beteiligen, die für das Vorhaben parallel eine Zulassung zu erteilen haben, weil sich die Konzentrationswirkung des § 75 I VwVfG nicht auf ihr Genehmigungserfordernis erstreckt. 7850

Die zu beteiligenden Behörden können ihr Beteiligungsrecht nicht gerichtlich durchsetzen. Sie können sich allenfalls an eine gemeinsame übergeordnete Behörde wenden, wenn sie zu Unrecht nicht beteiligt werden. Wegen der allein objektiv-rechtlichen Funktion der Behördenbeteiligung können auch Dritte regelmäßig keine Behördenbeteiligung erzwingen. Ein in der Folge des Planfeststellungsverfahrens unmittelbar in Anspruch genommener Eigentümer könnte allerdings die fehlerhafte Behördenbeteiligung rügen. Dasselbe gilt für Umweltvereinigungen, wenn sich die unterlassene Behördenbeteiligung auf Umweltbehörden bezieht und insoweit die satzungsmäßige Aufgabenstellung der Umweltvereinigung betroffen ist. 7851

Der Umfang der den zu beteiligenden Behörden zur Verfügung zu stellenden Planunterlagen ist im VwVfG nicht geregelt. Er muss die ihren jeweiligen Aufgabenbereich umfassenden Unterlagen umfassen. Gem. § 17 UVPG sind die zu beteiligenden Behörden, deren umweltbezogener Aufgabenbereich durch ein Vorhaben berührt wird, über das Vorhaben zu informieren; ihnen ist der UVP-Bericht zu übermitteln. 7852

Die grenzüberschreitende Behördenbeteiligung bei inländischen, UVP-pflichtigen Vorhaben regelt § 55 UVPG. 7853

c) Beteiligung anerkannter Naturschutzvereinigungen. Nach § 63 I BNatSchG ist einer nach § 3 UmwRG vom Bund anerkannten Vereinigung, die nach ihrem satzungsgemäßen Aufgabenbereich im Schwerpunkt die Ziele des Naturschutzes und der Landschaftspflege fördert (anerkannte Naturschutzvereinigung), Gelegenheit zur Stellungnahme und zur Einsicht in die einschlägigen Sachverständigengutachten zu geben in Planfeststellungsverfahren, die von Behörden des Bundes oder im Bereich der deutschen ausschließlichen Wirtschaftszone und des Festlandsockels von Behörden der Länder durchgeführt werden, wenn es sich um Vorhaben handelt, die mit Eingriffen in Natur und Landschaft verbunden sind und bei Plangenehmigungen, die von Behörden des Bundes erlassen werden und an die Stelle einer Planfeststellung treten, wenn eine Öffentlichkeitsbeteiligung vorgesehen ist. Die anerkannten Naturschutzver- 7854

[2539] Beckmann Öffentlichkeitsbeteiligung im bergrechtlichen Genehmigungsverfahren, Tagungsband des Instituts für Berg-, Umwelt- und Europarecht der RWTH Aachen, 2013; Beckmann UPR 2014, 206; Keienburg Die Öffentlichkeitsbeteiligung im Bergrecht, Stuttgart ua, 2004, 35 ff.

[2540] Beckmann Rechtswahrung durch Verwaltungsverfahren in Erbguth, Verwaltungsrechtsschutz in der Krise: vom Rechtsschutz zum Schutz der Verwaltung, 2010, S. 99.

einigungen sind nicht Betroffene iSv § 73 IV VwVfG, werden diesen aber nach § 73 IV 5 VwVfG gleichgestellt.[2541]

7855 Nach § 2 IX UVPG gehört zur betroffenen Öffentlichkeit jede Person, deren Belange durch eine Zulassungsentscheidung oder einen Plan oder ein Programm berührt werden; hierzu gehören nach § 2 IX UVPG auch Vereinigungen, deren satzungsmäßiger Aufgabenbereich durch eine Zulassungsentscheidung oder einen Plan oder ein Programm berührt wird, darunter auch Vereinigungen zur Förderung des Umweltschutzes. Sie sind insoweit bei UVP-pflichtigen Vorhaben auch im Rahmen der Öffentlichkeitsbeteiligung zu beteiligen.

7856 **d) Auslegung.** Die Gemeinden haben den Plan nach § 73 III 1 VwVfG innerhalb von drei Wochen nach Zugang für die Dauer eines Monats zur Einsicht auszulegen. Die Anhörungsbehörde bestimmt nach § 73 III 2 VwVfG, in welcher Gemeinde eine andere Zugangsmöglichkeit nach § 27b I 1 Nr. 2 VwVfG zur Verfügung zu stellen ist und legt im Benehmen mit der jeweiligen Gemeinde die Zugangsmöglichkeit fest. Auf eine Auslegung kann verzichtet werden, wenn der Kreis der Betroffenen und die Vereinigungen nach § 73 IV 5 VwVfG bekannt sind und ihnen innerhalb angemessener Frist Gelegenheit gegeben wird, den Plan einzusehen (§ 73 III 3 VwVfG).

7857 Die Auslegungsdauer beträgt drei Wochen, wobei der erste Tag der Auslegung mitzurechnen ist (§ 187 II BGB).[2542] Der jeweilige Fristbeginn für die Auslegung und die Einwendungsmöglichkeiten ist in der Bekanntmachung zu benennen. Das Ende der Auslegung muss nicht datumsmäßig benannt werden, obwohl sich dies empfiehlt.[2543] Eine längere Auslegung ist unschädlich.[2544] Die Frist kann auch noch während der Auslegung verlängert werden. Dies wird insbesondere dann in Betracht kommen, wenn in der ersten Bekanntmachung eine zu kurze Auslegungsfrist angegeben worden ist. In der Bekanntmachung ist auch auf den Auslegungsort und die Zeiten der Einsichtsmöglichkeiten hinzuweisen. Es genügt die Auslegung während der allgemeinen Besuchszeiten. Unschädlich ist auch, wenn das Auslegungslokal an einem Tag etwa auf Grund besonderer Umstände (Betriebsausflug oder Silvester[2545]) geschlossen ist. Nur wenn die Besuchszeiten zu kurz sind, um eine allgemeine Einsichtnahme zu ermöglichen, ist eine angemessene Verlängerung der Zeiten für die Einsicht vorzunehmen. Während der Offenlegungszeiten kann jedermann den Plan einsehen, auch wenn er eine individuelle Betroffenheit nicht darlegt oder nachweist. Jeder, dessen Belange durch das Vorhaben berührt werden, kann nach § 73 IV VwVfG bis zu zwei Wochen nach Ablauf der Auslegungsfrist schriftlich oder zur Niederschrift bei der Anhörungsbehörde oder bei der Gemeinde Einwendungen gegen den Plan erheben. Die Gemeinden haben die Einwendungsmöglichkeiten vorher bekanntzumachen. Auch sind in der Bekanntmachung die Einzelheiten der Einsichtnahme zu benennen. Nicht ortsansässige Personen sollen nach Möglichkeit individuell benachrichtigt werden. Die unterbliebene Benachrichtigung hat jedoch keinen Einfluss auf den Lauf der Präklusionsfrist gem. § 73 IV 1 VwVfG.

7858 Mit dem Plan müssen auch nach § 73 I 2 VwVfG eingereichte Planunterlagen offengelegt werden; es müssen allerdings nicht alle für die rechtliche Beurteilung des Vorhabens relevanten Unterlagen ausgelegt werden, sondern nur diejenigen, die für die Wahrnehmung der Belange der Betroffenen erforderlich sind. Betroffene sollen prüfen können, ob ihre Belange von der Planung betroffen werden und ob sie daher Anlass sehen, Einwendungen gegen das Vorhaben zu erheben. Die Auslegung soll dazu eine „**Anstoßwirkung**“ entfalten. Ob und ggfls. welche Gutachten mit auszulegen sind, muss nach den Gegebenheiten des Einzelfalls entschieden. Ist das Vorhaben UVP-pflichtig, sind nach § 19 II UVPG auch der UVP-Bericht sowie die das Vorhaben betreffenden entscheidungserheblichen Unterlagen auszulegen. Dazu gehört nach § 16 I 1 Nr. 7 UVPG eine allgemeinverständliche, nichttechnische Zusammenfassung. In einem straßenrechtlichen Planfeststellungsverfahren müssen nicht sämtliche im Erläuterungsbericht erwähnten Gutachten und Abwägungsunterlagen vollständig ausgelegt werden, sondern nur diejenigen, die für die Anstoßwirkung erforderlich sind, sowie die wichtigsten entscheidungserheblichen Unterlagen, insbesondere über die Umweltauswirkungen des Vorhabens.[2546]

[2541] Kämper Planfeststellungsrecht in Johlen/Oerder, Handbuch Verwaltungsrecht, 2023, Rn. 68.
[2542] BVerwG NJW 1972, 2035.
[2543] BVerwG NVwZ 1993, 475.
[2544] BVerwG DVBl. 1983, 901.
[2545] BVerwG NVwZ 1986, 740; Urt. v. 14.7.2011 – 9 A 14.10, juris.
[2546] BVerwG NVwZ 2021, 648.

Von der Auslegungspflicht und der Anstoßfunktion der auszulegenden Planunterlagen zu unterscheiden ist die Pflicht der Planfeststellungsbehörde zur Beiziehung von Unterlagen. Zwar ist sie aufgrund des Untersuchungsgrundsatzes (§ 24 VwVfG) verpflichtet, die ihr vorgelegten Planunterlagen einer eigenständigen rechtlichen Prüfung zu unterziehen und gegebenenfalls eigene Ermittlungen anzustellen. Das bedeutet aber nicht, dass sich die Planfeststellungsbehörde sämtliche in den Antragsunterlagen des Vorhabenträgers erwähnten Dokumente vorlegen lassen muss. Vielmehr darf sie sich auf eine Plausibilitätskontrolle beschränken und muss vor allem dann Nachermittlungen anstellen, wenn sie die Unterlagen für unvollständig hält oder bestimmte Annahmen als nicht ausreichend begründet ansieht.[2547] Auf die nähere Ermittlung zu bestimmten Umständen kann sie auch dann verzichten, wenn es darauf nach ihrer Rechtsauffassung nicht ankommt oder wenn sie diese im Einzelfall als gegeben unterstellen darf. 7859

Werden während des Planfeststellungsverfahrens nach der Auslegung die Planentwürfe geändert und dadurch Dritte erstmals oder stärker in ihren Belangen berührt, ist diesen nach § 73 VIII 1 VwVfG Gelegenheit zur Stellungnahme zu geben; der geänderte Plan muss erneut ausgelegt werden. Wirkt sich die Änderung in einer anderen Gemeinde aus, ist der geänderte Plan nach § 73 VIII 2 VwVfG in dieser Gemeinde auszulegen. Zieht die Behörde nachträglich weitere Gutachten im Rahmen ihrer Vorhabenprüfung heran, besteht Anlass zu nachträglicher Auslegung und erneuter Erörterung nur, wenn die Betroffenen die Beeinträchtigung ihrer Belange ohne diese Unterlagen nicht oder nur unvollständig geltend machen konnten.[2548] 7860

Für den räumlichen Umgriff sind solche Auswirkungen maßgebend, die eine planerische Konfliktbewältigung gerade in dem anstehenden Planfeststellungsverfahren erforderlich machen können. Auf diesen im Wege einer Prognoseentscheidung ermittelten räumlichen Bereich ist die Auslegung zu erstrecken.[2549] 7861

Dass die für die Reichweite der Auslegung herangezogenen **Prognosen** im weiteren Planungsverfahren oder in einem Gerichtsverfahren auf den Prüfstand gestellt werden können, schließt es nicht aus, sie für die Abgrenzung des Auslegungsgebiets heranzuziehen. Eine Flughafenplanung ist gerechtfertigt, wenn für das beabsichtigte Vorhaben nach Maßgabe der vom LuftVG verfolgten Ziele einschließlich sonstiger gesetzlicher Entscheidungen ein Bedürfnis besteht, die Maßnahme unter diesem Blickwinkel also objektiv erforderlich ist. Die **Planrechtfertigung** erfordert die Prüfung, ob das Vorhaben mit den Zielen des Gesetzes übereinstimmt (fachplanerische Zielkonformität) und ob das Vorhaben für sich in Anspruch nehmen kann, in der konkreten Situation erforderlich zu sein. Das ist nicht erst bei Unausweichlichkeit des Vorhabens der Fall, sondern bereits dann, wenn es vernünftigerweise geboten ist.[2550] Die Planrechtfertigung unterliegt, soweit nicht behördliche Verkehrsprognosen in Rede stehen, uneingeschränkter gerichtlicher Kontrolle.[2551] In der Konsequenz dieser gerichtlichen Kontrollbefugnis liegt es, dass das Gericht eine im Planfeststellungsbeschluss angegebene Begründung für die Planrechtfertigung anders als die Planfeststellungsbehörde beurteilen und dennoch die Planrechtfertigung für gegeben erachten kann.[2552] Die behördliche oder gerichtliche Prüfung der Planrechtfertigung ist damit nicht auf die vom Vorhabenträger angeführten Gründe beschränkt.[2553] Bestehende Flughäfen dürfen nach § 8 I 1 LuftVG nur geändert werden, wenn der Plan nach § 10 LuftVG vorher festgestellt ist. Dabei bestimmt der Träger des Vorhabens mit seinem Genehmigungsantrag und dem darin vorgestellten konkreten Konzept den Genehmigungsgegenstand.[2554] Der Vorhabenträger ist berechtigt, **Abschnitte** zu bilden. Dritte haben grundsätzlich kein Recht darauf, dass über die Zulassung eines Vorhabens insgesamt, vollständig und abschließend in einem einzigen Bescheid entschieden wird.[2555] Eine Abschnittsbildung kann Dritte allerdings unter anderem dann in ihren Rechten verletzen, wenn sie dazu führt, dass die abschnittsweise Planfeststellung dem Grundsatz umfassender Problembewältigung nicht 7862

2547 BVerwG NVwZ 2021, 648 (650); NVwZ 2011, 1124; NVwZ 2015, 85 Rn. 12.

2548 BVerwGE 98, 339 (345); Kämper Planfeststellungsrecht in Johlen/Oerder, Handbuch Verwaltungsrecht, 2023, Rn. 72.

2549 BVerwGE 144, 44 Rn. 32; NVwZ 2014, 730; NVwZ 2016, 1710.

2550 BVerwGE 107, 142 (145); BVerwGE 125, 116 Rn. 182; BVerwGE 127, 95 Rn. 34.

2551 BVerwGE 142, 234 Rn. 59; NVwZ 2015, 79.

2552 BVerwGE 72, 282 (285 f.); BVerwGE 84, 123.

2553 BVerwG BRS 82 Nr. 174 Rn. 6.

2554 BVerwGE 114, 364 (368); BVerwGE 156, 20 Rn. 35.

2555 BVerwGE 147, 184 Rn. 50; BVerwGE 159, 121.

gerecht werden kann.[2556] Teilplanungen dürfen also nicht so weit verselbständigt werden, dass Probleme, die durch die Gesamtplanung geschaffen werden, unbewältigt bleiben.[2557]

7863 Ist der Kreis der Betroffenen klar abgrenzbar und sind auch die Vereinigungen nach § 73 IV 5 VwVfG bekannt, kann ein **vereinfachtes Anhörungsverfahren** nach § 73 III 2 VwVfG stattfinden. An der klaren Abgrenzung und Erkennbarkeit der Betroffenen fehlt es nicht selten etwa bei Vorhaben mit Lärmauswirkungen in Höhe der maßgeblichen Immissionsgrenzwerte und in der Regel wohl auch, wenn in Rechte anderer eingegriffen werden soll. In diesen Verfahren können auch die Inhaber obligatorischer Nutzungsrechte wie Mieter und Pächter, die in den Planunterlagen nicht erfasst werden, eigene Ansprüche vor allem auf Schutzauflagen geltend machen. Verfahren mit derartigen Auswirkungen eignen sich daher nicht für ein vereinfachtes Anhörungsverfahren. Im vereinfachten Anhörungsverfahren wird auf die Auslegung der Planunterlagen und die ortsübliche Bekanntmachung verzichtet (§ 73 III 3 VwVfG).

7864 **e) Ortsübliche Bekanntmachung der Auslegung.** Die Gemeinden, in denen der Plan auszulegen ist, haben die Auslegung nach § 73 V 1 VwVfG vorher ortsüblich bekannt zu machen. In der Bekanntmachung ist darauf hinzuweisen, 1. wo und in welchem Zeitraum der Plan zur Einsicht ausgelegt ist; 2. dass etwaige Einwendungen oder Stellungnahmen von Vereinigungen nach § 73 IV 5 VwVfG bei den in der Bekanntmachung zu bezeichnenden Stellen innerhalb der Einwendungsfrist vorzubringen sind; 3. dass bei Ausbleiben eines Beteiligten in dem Erörterungstermin auch ohne ihn verhandelt werden kann; 4. Dass a) die Personen, die Einwendungen erhoben haben, oder die Vereinigungen, die Stellungnahmen abgegeben haben, von dem Erörterungstermin durch öffentliche Bekanntmachung benachrichtigt werden können, b) die Zustellung der Entscheidung über die Einwendungen durch öffentliche Bekanntmachung ersetzt werden kann, wenn mehr als 50 Benachrichtigungen oder Zustellungen vorzunehmen sind. Nicht ortsansässige Betroffene, deren Person und Aufenthalt bekannt sind oder sich innerhalb angemessener Frist ermitteln lassen, sollen auf Veranlassung der Anhörungsbehörde von der Auslegung mit dem Hinweis nach Satz 2 benachrichtigt werden.

7865 Der Inhalt der Bekanntmachung soll nach § 27 a I 1 VwVfG zusätzlich im Internet veröffentlicht werden. Dazu ist nach § 27 a II VwVfG in der öffentlichen oder ortsüblichen Bekanntmachung die Internetseite anzugeben. Auch die Bekanntmachung muss geeignet sein, möglicherweise Betroffene zu veranlassen, sich mit dem Plan zu befassen und ggfls. Einwendungen zu erheben (**Anstoßwirkung**). Für **UVP-pflichtige Vorhaben** bestimmt § 19 I UVPG weitere Inhalte der Bekanntmachung. Die Öffentlichkeit muss danach über die Feststellung der UVP-Pflicht und darüber, welche Unterlagen vorgelegt wurden, informiert werden. Die Unterlagen sind hinreichend bestimmt zu bezeichnen; pauschale Verweise etwa auf eine Umweltverträglichkeitsstudie sind nicht ausreichend.[2558]

7866 **f) Einwendungen.** Jeder, dessen Belange durch das Vorhaben berührt werden, kann nach § 73 IV 1 VwVfG bis zwei Wochen nach Ablauf der Auslegungsfrist schriftlich oder zur Niederschrift bei der Anhörungsbehörde oder bei der Gemeinde Einwendungen gegen den Plan erheben. Werden die Einwendungen zur Niederschrift erklärt, sind sie förmlich in einem Protokoll festzuhalten. Es reicht daher nicht aus, dass die Einwendungen lediglich inhaltlich in einem Aktenvermerk festgehalten werden. Auch eine lediglich mündliche Erklärung ist nicht ausreichend. Die Behörde hat auf eine ordnungsgemäße Durchführung des Verfahrens hinzuwirken, wenn die Einwendungen bei ihr durch Vorsprache erhoben werden.

7867 Zu den Einwendungen zählt jede Art von Bedenken, die gegen das Vorhaben aus Sicht der Nachbarschaft oder der Allgemeinheit erhoben werden können. Einwendungen sind sachliches, auf die Verhinderung oder Änderung des beantragten Vorhabens abzielendes Gegenvorbringen. Die Einwendungen müssen hinreichend substantiiert sein. Es müssen daher die betroffenen Rechtsgüter bezeichnet und die befürchtete Beeinträchtigung benannt werden. Ein bloßes „Nein" zum Vorhaben genügt daher nicht. Der Bezug zu den eigenen Belangen muss in den Einwendungen deutlich werden oder sich zumindest aus den geltend gemachten Umständen ergeben. Die Einwendungen können sich auf alle Teile des Vorhabens beziehen. Einwendungen müssen so konkret sein, dass die Planfeststellungsbehörde erkennen kann, in welcher Weise sie bestimmte Belange einer näheren Betrachtung unterzie-

2556 BVerwGE 157, 73 Rn. 26.
2557 BVerwG Beschl. v. 16.4.2019 – 4 B 51.18, juris.
2558 BVerwG NVwZ 2016, 844; NVwZ 2016, 1257.

hen soll.[2559] Die Anforderungen an Umfang und Detailliertheit der Einwendungen eines Planbetroffenen richten sich nach der Konkretheit der ausgelegten Planunterlagen.[2560]

Nicht erforderlich ist die Darlegung, warum eine Gefährdung eigener Belange befürchtet wird, wohl aber, um welche Gefahren es sich handelt (Lärm, Abgase etc.). In der Praxis wird dabei allerdings nicht abgeschichtet, ob die Einwendungen mit einer eigenen Betroffenheit verbunden sind. Wird das Eigentum iS einer unmittelbaren Inanspruchnahme betroffen, so ist ohnehin eine umfassende Planprüfung angezeigt, sodass auch andere öffentliche Belange zur Prüfung anstehen.[2561] Die Anhörungsbehörde ist bei der Behandlung der Einwendungen nicht verpflichtet zu prüfen, ob eine eigene Betroffenheit und daher eine Einwendungsbefugnis vorliegen. Die Behörde kann vielmehr von einer näheren Prüfung der Einwendungsbefugnis absehen und alle Einwendungen als zulässig behandeln. Diese Prüfung kann die Anhörungsbehörde vielmehr der Planaufstellungsbehörde bei der späteren Entscheidung über die Einwendungen nach § 74 III 1 VwVfG überlassen. Die Einwendungen können bis zu zwei Wochen nach Ablauf der Auslegung des Plans vorgebracht werden, und zwar schriftlich oder zur Niederschrift der Behörde (§ 73 IV VwGO). Die Beteiligung im Einwendungsverfahren führt nicht zugleich zur Klagebefugnis iS des § 42 II VwGO. Denn die mögliche nachteilige Betroffenheit von abwägungserheblichen Interessen beinhaltet nicht zugleich eine mögliche Verletzung eigener Rechte. Allerdings kann gegenüber der Planfeststellung geltend gemacht werden, dass das Recht auf Abwägung der eigenen Belange verletzt worden ist. 7868

Einwendungen sind fristgebunden; die Planfeststellungsbehörde kann auf die Einhaltung der Einwendungsfrist nicht verzichten.[2562] Lediglich mündliche Einwendungen sind unzulässig. Bei UVP-pflichtigen Vorhaben endet die Einwendungsfrist nach § 21 II UVPG einen Monat nach Ablauf der Frist für die Auslegung der Unterlagen. Bei umfänglichen Unterlagen kann die zuständige Behörde nach § 21 III UVPG eine längere Äußerungsfrist festlegen. 7869

Gemeinden, die auch im Rahmen der Behördenbeteiligung Stellung nehmen, müssen, wenn sie sich gegen ein Vorhaben wenden wollen, mit einem gesonderten Schreiben Einwendungen erheben, aus dem sich ergibt, dass es sich bei dem Schreiben nicht nur um eine Behördenstellungnahme, sondern um ein fristwahrend des Einwendungsschreiben zur Wahrung des Selbstverwaltungsrechts handelt.[2563] Das setzt die Unterzeichnung durch eine nach dem Gemeinderecht zur Vertretung der Gemeinde berechtigte Person voraus. 7870

Vereinigungen, die auf Grund einer Anerkennung nach anderen Rechtsvorschriften befugt sind, Rechtsbehelfe nach der VwGO gegen die Entscheidung nach § 74 VwVfG einzulegen, können innerhalb der Frist nach § 73 IV 1 VwVfG Stellungnahmen zu dem Plan abgeben. § 73 IV 2 bis 4 VwVfG gelten entsprechend (§ 73 IV VwVfG). Planbetroffene sind nicht darauf festgelegt, ihre Einwendungen gegen das jeweilige Vorhaben individuell zu erheben, sondern sie können sie auch in **Sammeleinwendungen** vorbringen.[2564] 7871

Die eingegangenen Einwendungen sind zu erfassen und hinsichtlich ihres tatsächlichen und rechtlichen Gehalts auszuwerten. Zur Vorbereitung des eventuellen Erörterungstermins und des weiteren Verfahrensablaufs kann jedoch einer Erfassung bzw. Aufbereitung der Einwendungen nach ihrem Inhalt unmittelbar nach deren Eingang bereits eine grundlegende Bedeutung zukommen. In vielen Einwendungen werden neben individuellen Betroffenheiten vielfach immer wieder die gleichen Themen mit verschiedenen Unterpunkten angesprochen. Dementsprechend kann es sich empfehlen, eine Erfassungsmaske bzw. eine tabellarisch Synopse zu erstellen, in der zugleich mit der Registrierung eines Einwandes dessen Inhalt dem jeweiligen Themenblock oder mehreren Themenblöcken zuzuordnen[2565] und in weitere Unterpunkte zu gliedern ist. Auf diese Weise wird sich regelmäßig recht schnell ein klares und umfassendes Bild 7872

[2559] BVerwG NVwZ 2009, 55; Beckmann in Landmann/Rohmer Umweltrecht, 2023, § 35 KrWG Rn. 66.

[2560] BVerwG NVwZ 2009, 302 (317).

[2561] BVerwG NJW 1983, 2459.

[2562] BVerwG NVwZ-RR 1999, 162; Kämper Planfeststellungsrecht in Johlen/Oerder, Handbuch Verwaltungsrecht, 2023, Rn. 79.

[2563] OVG Münster Beschl. v. 29.8.2005 – 11 A 4823/03, juris; Beckmann in Landmann/Rohmer Umweltrecht, 2023, § 35 KrWG Rn. 66.

[2564] BVerwG Beschl. v. 18.12.2012 – 9 B 24.12, juris.

[2565] Die Themenblöcke können etwa lauteten: 1. Verkehrliche Fragen, 2. UVP (FFH-Gebietsschutz, Artenschutz, Eingriffsregelung), 3. Naturschutz u. Landespflege, 4. Immissionen, 5. Wasserwirtschaft, 6. Grundstücksinanspruchnahmen/Existenzgefährdungen, 7. Sonstige private Einwendungen.

über das gesamte Einspruchspotenzial ergeben. Zugleich kann daraus eine gute Grundlage für den nachfolgenden Erörterungstermin entwickelt werden.

7873 Besonders bei zahlreichen und umfangreichen Einwendungen ist es zweckmäßig, den jeweiligen Einzelvortrag zu wichtigen Gesichtspunkten zu bündeln und auf ein gewisses Abstraktionsniveau zu aggregieren. Zu diesem nach Themenblöcken geordneten Einwendungen kann dann der Antragsteller Stellungnahmen abgeben, die in die Abwägung der Planfeststellungsbehörde eingehen können. Denn die Zusammenstellung des Abwägungsmaterials, der auch die Anhörung dient, kann sich auf die mehr als geringfügigen, schutzwürdigen und erkennbaren Belange konzentrieren. Diese in der Rechtsprechung anerkannte Filterwirkung kann in der Planfeststellung genutzt werden. Vor allem ist es nicht erforderlich, alle Einzelheiten der möglichen Vorhabenauswirkungen mit gleichem Gewicht in die Abwägung einzustellen. Die Planfeststellung kann sich vielmehr auf die wichtigen, entscheidungsrelevanten Gesichtspunkte konzentrieren.

7874 Zur Vorbereitung des Erörterungstermins oder zur Bewertung der Einwendungen außerhalb eines Erörterungstermins übersendet die Anhörungsbehörde die Einwendungen und Stellungnahmen dem Antragsteller zur Gegenäußerung. Gelegentlich werden die Stellungnahmen des Antragstellers Einwendern mit der Einladung zum Erörterungstermin übersandt. Auf diese Weise werden sie frühzeitig in die Lage versetzt, sich mit der Haltung des Vorhabenträgers vertraut zu machen. Diese Vorgeschrieben ist eine solche Verfahrensweise jedoch nicht. Unumgänglich ist es jedoch, dass die Anhörungsbehörde den Antragsteller durch Übersendung der Einwendungen und Stellungnahmen informiert und ihm ermöglicht, sich sachgerecht auf den Erörterungstermin vorzubereiten und Lösungsansätze zu entwickeln. Dabei kann sich der Antragsteller an den bei der Erfassung der Einwendungen gebildeten Themenschwerpunkten orientieren.

7875 Sind keine Einwendungen gegen den Plan erhoben worden, legt die Anhörungsbehörde die Planunterlagen in entsprechender Ausfertigung mit ihrer Stellungnahme sowie einer zusammenfassenden Darstellung nach § 24 UVPG unverzüglich der Planfeststellungsbehörde vor. Vorlage und Stellungnahme entfallen, wenn die Planfeststellungsbehörde zugleich Anhörungsbehörde ist.

7876 **g) Einwendungsausschluss.** Grundsätzlich lassen sich formelle und materielle Präklusionswirkungen unterscheiden. Formell ist eine Präklusionswirkung, wenn verspätet erhobene Einwendungen im weiteren Verwaltungsverfahren nicht mehr berücksichtigt werden müssen. Materiell ist die Präklusionswirkung, wenn die nicht rechtzeitig erhobenen Einwendungen auch materiell in einem weiteren Verfahren (Widerspruchs- oder Klageverfahren) nicht mehr geltend gemacht werden können.

7877 Mit Ablauf der Einwendungsfrist sind nach § 73 IV 3 VwVfG alle Einwendungen ausgeschlossen, die nicht auf besonderen privatrechtlichen Titeln beruhen. Hierauf ist in der Bekanntmachung der Auslegung oder bei der Bekanntgabe der Einwendungsfrist hinzuweisen. Der Einwendungsausschluss ist mit Unionsrecht vereinbar. Hierbei handelt es sich, was UVP-pflichtige Vorhaben angeht, nur um eine formelle Präklusion, so dass die Einwendung im Planfeststellungsverfahren nicht mehr berücksichtigt werden muss. Soweit der Vorschrift auch eine materielle Präklusionswirkung entnommen wird, ist § 7 IV UmwRG zu beachten. Danach ist im Rechtsbehelfsverfahren gegen eine Entscheidung nach § 1 I 1 Nr. 1 bis 2b UmwRG die Vorschrift des § 73 IV 3 bis 6 VwVfG keine Anwendung.[2566] Der Einwendungsausschluss erstreckt sich dem Umfang nach nicht nur auf eine gänzlich unterlassene Einwendung als solche, sondern auch auf einzelne nicht gerügte Belange. Soweit sich aus § 73 IV 3 VwVfG auch eine materielle Präklusion für nicht UVP-pflichtige Vorhaben ergibt, ist dies sowohl mit Unionsrecht als auch mit der Rechtsschutzgarantie des Art. 19 IV GG vereinbar.[2567] Voraussetzung für den Einwendungsausschluss, soweit er noch anwendbar bleibt, ist eine § 73 V VwVfG genügende Bekanntmachung der Auslegung des Plans, mit der auf den Einwendungsausschluss hinzuweisen ist (§ 73 IV 4 VwVfG). Bei unverschuldeter Versäumung der Einwendungsfrist kann nach § 32 VwVfG eine Wiedereinsetzung in den vorigen Stand beantragt werden.

7878 Nach § 5 UmwRG bleiben Einwendungen, die erstmals in einem Rechtsbehelfsverfahren erhoben werden, unberücksichtigt, wenn die erstmalige Geltendmachung im Rechtsbehelfs-

---

[2566] Siehe dazu EuGH NVwZ 2015, 1665 Rn. 75 ff.; BVerwG NVwZ 2016, 308 Rn. 26.
[2567] BVerfG NVwZ 2000, 546 (547); BVerfGE 62, 82 (109 ff.).

verfahren missbräuchlich oder unredlich ist. Diese Voraussetzungen liegen aber nicht bereits dann vor, wenn der Rechtsbehelfsführer im Verwaltungsverfahren geschwiegen hat. Es muss ihn vielmehr der Vorwurf eines treuwidrigen Verhaltens; solche Fälle sind selten.[2568]

Der Eintritt der Präklusion erstreckt sich auch auf solche rechtlichen oder tatsächlichen Umstände, die die Planfeststellungsbehörde unabhängig von etwaigen Einwendungen Betroffener von Amts wegen zu berücksichtigen hatte. Denn § 73 IV VwVfG schränkt zwar nicht die objektivrechtliche Verpflichtung der Behörde zur Ermittlung des Sachverhaltes und zu ordnungsgemäßer Abwägung ein. Die Vorschrift will aber gerade das Recht des Betroffenen ausschließen, diesbezügliche Mängel im Klagewege geltend zu machen.[2569] Stellungnahmen, die vor Beginn der Einwendungsfrist abgegeben wurden, sind nicht als den Anforderungen des § 73 IV 1 VwVfG entsprechende und die Präklusionswirkung ausschließende Einwendungen anzusehen. 7879

Die prozessuale Sperrwirkung, die für nicht UVP-pflichtige Vorhaben weitergilt, gilt auch für nicht rechtzeitig dargelegte Einwendungen gegen eine **enteignungsrechtliche Vorwirkung**.[2570] Der Einwendungsausschluss führt auch insoweit zum Verlust der Möglichkeit, Abwehransprüche geltend zu machen. Nach Ablauf der Einwendungsfrist sind, sofern nicht die Voraussetzungen für eine Wiedereinsetzung nach § 32 VwVfG gegeben sind, nur noch Ergänzungen und Präzisierungen zu bereits während der Frist erhobenen Einwendungen möglich. 7880

Im Übrigen gilt in fachplanungsrechtlichen Planfeststellungsverfahren unverändert jene Präklusion,[2571] die sich bei der Ermittlung abwägungserheblicher Belange ergibt.[2572] Nicht rechtzeitig geltend gemachte Einwendungen brauchen im Planfeststellungsbeschluss daher nur berücksichtigt zu werden, wenn sie der Behörde bereits bekannt sind oder sie sich aufdrängen.[2573] Den erweiterten Rechten der Planbetroffenen korrespondieren daher **Mitwirkungslasten**.[2574] Werden die eigenen Belange nicht rechtzeitig in den förmlichen Beteiligungsverfahren geltend gemacht, so gehen die Rechte der Betroffenen in dem Sinne unter, dass mit ihnen die Planung nicht aufgehalten werden kann. Dies stellt an die Verfahrensbeteiligten und deren Verfahrensbevollmächtigte erhöhte Anforderungen. Der Einwendungsführer ist daher zur Vermeidung von Rechtsnachteilen gezwungen, seine Belange bereits während der Einwendungsfrist vorzubringen. Zur Wahrung der Frist ist erforderlich, die Einwendungen dem Grunde nach zu erheben. Eine ergänzende und detaillierte Begründung kann auch nach Ablauf der Einwendungsfrist noch vorgebracht werden. Die Behörde muss lediglich erkennen können, in welche Richtung die Einwendungen gehen. Einzelheiten können nachgetragen werden. Zu den beachtlichen Einwendungen zählen lediglich diejenigen, die im Offenlegungsverfahren vorgebracht werden. Früher vorgebrachte Einwendungen sind von den Behörden nur insoweit zu berücksichtigen, als sie noch aktuell sind. Das wird in der Regel nur dann der Fall sein, wenn es um ein im Wesentlichen nicht verändertes Vorhaben geht. Einwendungen in einem früheren Verfahrensstadium etwa zu anderen Planvarianten sind allerdings von der Behörde auch weiterhin zu berücksichtigen, wenn die Betroffenheit trotz der Planänderung bestehen geblieben ist. Wird ein Vorhaben in mehreren verfahrensselbstständigen Abschnitten geplant, muss der Betroffene seine Rechte durch Einwendungen in allen Verfahren geltend machen, durch die er betroffen ist. Die Erhebung von Einwendungen in einem früheren Planfeststellungsverfahren für einen anderen Abschnitt desselben Vorhabens reicht dazu nicht aus. Die formale Selbstständigkeit der für jeden Abschnitt einzeln durchzuführenden Planfeststellungsverfahren schließt es aus Gründen der Rechtssicherheit aus, Einwendungen, die in einem dieser Verfahren erhoben wurden, damit zugleich als in allen oder einzelnen folgenden Verfahren erhoben anzusehen.[2575] 7881

2568 Neumann/Külpmann in Stelkens/Bonk/Sachs, VwVfG, 2023, § 73 Rn. 88c; BVerwGE 166, 1 Rn. 38; BVerwGE 170, 35 Rn. 20; VGH Mannheim KlimR 2024, 125; OVG Koblenz DVBl. 2020, 459 = juris Rn. 76; siehe auch Guckelberger NuR 2024, 73.

2569 BVerwG Beschl. v. 1.4.2005 – 9 VR 5.05, 9 VR 5.05 (9 A 4.05), juris.

2570 BVerwG NuR 1995, 250 zu Belangen des Natur- und Landschaftsschutzes. Ein Einwendungsausschluss besteht selbst dann, wenn die Eigentümerbelange im Rahmen zivilrechtlicher Verhandlungen, die der Eigentümer mit dem Träger des Vorhabens geführt hat, aktenkundig geworden sind.

2571 BVerwG NVwZ 1995, 905; NJW 1984, 1250.

2572 BVerwG BRS 44 Nr. 20.

2573 Zur Zusammenstellung des Abwägungsmaterials grundlegend BVerwG DVBl. 1980, 233.

2574 BVerwG NVwZ 1996, 399; Urt. v. 23.8.1996 – 4 A 30.95 – Buchholz 407.4 § 17 FStrG Nr. 122.

2575 BVerwG DVBl. 1997, 111.

7882 Der gesetzlich angeordneten materiellen Präklusion unterliegen auch **Rechte der Gemeinden** oder kommunaler Organisationen, die mit selbstständigen Rechten versehen sind. Auch diese haben ihre Belange als Teil der Einwendungsführer innerhalb der gesetzten Ausschlussfristen im Einwendungsverfahren vorzutragen. Geschieht dies nicht fristgemäß, so gehen auch die gemeindlichen Rechte unter. Eine Gemeinde kann nach § 73 IV 1 VwVfG Einwendungen nicht nur bei der Anhörungsbehörde, sondern auch bei sich selbst erheben. Die Einwendungen müssen in einer innerhalb der Einwendungsfrist schriftlich oder zur Niederschrift abgegebenen Erklärung des gesetzlichen Vertreters der Gemeinde enthalten sein.[2576] Die Betroffenenanhörung nach § 73 IV 1 VwVfG mit der Präklusion nach dessen Satz 4 und die Behördenanhörung nach § 73 II VwVfG NRW mit der Präklusionsmöglichkeit nach § 73 III a 2 VwVfG NRW sind gesonderte, streng zu trennende Verfahrensschritte. Erhebt eine Gebietskörperschaft Einwendungen, so muss sie nicht nur deutlich machen, welche ihrer eigenen Rechtspositionen sie als gefährdet ansieht, und die befürchteten Beeinträchtigungen darlegen, sondern auch, dass es sich um Betroffeneneinwendungen handelt und nicht etwa um Rügen als Behörde, welche die ihr Kraft gesetzlicher Zuständigkeitszuweisung anvertrauten öffentlichen Belange zu wahren hat. Ebenso wie ein sonstiger Betroffener hat die Gebietskörperschaft ihre Einwendungen schriftlich oder zur Niederschrift einzulegen; zur Schriftform gehört grundsätzlich die eigenhändige Unterschrift des dazu berufenen gesetzlichen Vertreters.[2577]

7883 Die allen Betroffenen mit dem Einwendungsausschluss auferlegte Mitwirkungslast gilt uneingeschränkt auch für eine Gebietskörperschaft, die im Planfeststellungsverfahren als Behörde und damit als Trägerin öffentlicher Belange nach § 73 II VwVfG zur Stellungnahme aufgefordert worden ist. Die Betroffenenanhörung nach § 73 IV VwVfG mit der Präklusion und die Behördenanhörung nach § 73 II VwVfG mit der Präklusionsmöglichkeit sind besondere Verfahrensschritte. Soweit ein Träger öffentlicher Belange durch das Vorhaben zugleich in eigenen Rechten betroffen ist und sich die Möglichkeit offenhalten will, diese Rechte notfalls im Klagewege geltend zu machen, muss er deshalb im Rahmen der Betroffenenbeteiligung frist- und formgerecht Einwendungen erheben. Eine Stellungnahme im Rahmen der Behördenbeteiligung reicht dazu jedenfalls dann nicht aus, wenn diese Stellungnahme erst nach Ablauf der Einwendungsfrist bei der Behörde eingeht.[2578] Da die Vorschrift ohne Einschränkung bestimmt, dass Einwendungen auch bei der Gemeinde erhoben werden können, gilt dies für alle Einwendungsberechtigten einschließlich der Gemeinde. Dem steht nicht entgegen, dass die Erhebung gemeindlicher Einwendungen bei der Gemeinde selbst ein „Insichgeschäft" darstellt. Denn der Gesetzgeber ist nicht gehindert, Insichgeschäfte zu gestatten. Erhebt eine Gemeinde nach § 73 IV 1 VwVfG Einwendungen bei sich selbst, so muss sie im weiteren Verfahren den rechtzeitigen Eingang ihrer Einwendungen nachweisen. Die beim Insichgeschäft zu fordernde Publizität wird durch die Schriftform der Einwendung auch dann gewahrt, wenn der Eingang nicht gesondert dokumentiert worden ist.[2579] Eine eindeutig nur als behördliche Stellungnahme nach § 73 II VwVfG abgegebene Äußerung des Planungsamts einer Gebietskörperschaft kann auch dann nicht als Betroffeneneinwendung der Gebietskörperschaft iS des § 73 IV VwVfG angesehen werden, wenn diese Äußerung noch innerhalb der Einwendungsfrist abgegeben worden ist.[2580]

7884 Ebenso wie eine Gemeinde[2581] ist etwa auch ein privatrechtlich organisiertes **Wasserwerk**, das von der Anhörungsbehörde gem. § 73 II VwVfG zur Stellungnahme aufgefordert wird, im Rahmen der ihm obliegenden **Mitwirkungslast** gehalten, etwaige Einwendungen gegen den Plan innerhalb der Frist des § 73 IV 1 VwVfG zu erheben. Erfolgt dies erst danach, so sind die Einwendungen nach Maßgabe des jeweiligen Fachplanungsrechts und nach § 73 IV VwVfG ausgeschlossen.[2582] Auf diese Wirkung kann die Anhörungsbehörde nicht mit der Folge verzichten, dass die Einwendungen klagefähig werden.[2583] Soweit ein Träger öffentlicher Belange sich die Möglichkeit offen halten will, der Planung zuwiderlaufender Belange notfalls im Kla-

---

2576 BVerwG NVwZ 1997, 997.

2577 OVG Münster Beschl. v. 29.8.2005 – 11 A 4823/03, juris.

2578 BVerwG UPR 1996, 226.

2579 BVerwG UPR 1997, 470.

2580 BVerwG NVwZ 2000, 199.

2581 BVerwG UPR 1995, 268.

2582 Werden nur allgemeine Einwendungen erhoben, ist das Abwägungsmaterial entsprechend eingeschränkt, BVerwG Urt. v. 23.8.1996 – 4 A 30.95, juris.

2583 BVerwG NVwZ 1996, 399.

geweg geltend zu machen, muss er sich im Rahmen der Betroffenenanhörung fristgerecht mit Einwendungen beteiligen. Eine Beteiligung im Rahmen der Behördenanhörung reicht dafür nicht aus.[2584] Die Beteiligung gem. § 73 II VwVfG berechtigt eine Gemeinde daher nicht, die Substantiierung ihrer Einwendungen einer nach Ablauf der Einwendungsfrist eingereichten Stellungnahme vorzubehalten. Vielmehr muss auch sie ihre Einwendungen innerhalb der dafür vorgesehenen Frist des § 73 II 1 VwVfG vorbringen und substantiieren. § 73 IV VwVfG bestimmt, dass jeder, dessen Belange durch das Vorhaben berührt werden, bis zwei Wochen nach Ablauf der Auslegungsfrist schriftlich oder zur Niederschrift bei der Anhörungsbehörde oder bei der Gemeinde Einwendungen gegen den Plan erheben kann.

8. Erörterung

Werden Einwendungen rechtzeitig erhoben, bestimmt die Anhörungsbehörde unverzüglich nach Ablauf der Einwendungsfrist einen Erörterungstermin und teilt ihn den Betroffenen, die rechtzeitig Einwendungen erhoben haben, mit, es sei denn, sie kann von einer förmlichen Erörterung absehen. Nach § 73 VI 1 VwVfG hat die Anhörungsbehörde nach Ablauf der Einwendungsfrist hat die die rechtzeitig gegen den Plan erhobenen Einwendungen, die rechtzeitig abgegebenen Stellungnahmen von Vereinigungen § 73 IV und V 5 VwVfG sowie die Stellungnahmen der Behörden zu dem Plan mit dem Träger des Vorhabens, den Behörden, den Betroffenen sowie denjenigen, die Einwendungen erhoben oder Stellungnahmen abgegeben haben, zu erörtern. Der Erörterungstermin ist mindestens eine Woche vorher ortsüblich bekannt zu machen. Die Anhörungsbehörde schließt die Erörterung innerhalb von drei Monaten nach Ablauf der Einwendungsfrist ab (§ 73 VI 7 VwVfG). 7885

a) Entbehrlichkeit der Erörterung. Der Erörterungstermin ist nach § 73 VI 1 VwVfG zwar obligatorisch. Auch nach § 18 I 4 UVPG, der für das Beteiligungsverfahren im Sinne dieser Vorschrift auf § 73 VI VwVfG verweist, ist der Erörterungstermin durchzuführen. Die Anhörungsbehörde kann aber nach § 73 VI 6 VwVfG iVm § 67 II Nr. 1 und 4 VwVfG auf die Durchführung des mündlichen Erörterungstermins verzichten, wenn die dort genannten Voraussetzungen vorliegen. Die Voraussetzungen dieser Vorschrift werden aber im hier interessierenden Zusammenhang nur selten vorliegen. Außerdem ermöglichen verschiedene Fachplanungsgesetze (zB § 18a Nr. 1 AEG, § 17a Nr. 1 FStrG, § 14a Nr. 1 WaStrG, § 2 Nr. 1 MBPlG, § 29 Ia Nr. 1 PBefG), von der Durchführung eines Erörterungstermins abzusehen. Das ist auch mit Blick auf UVP-pflichtige Vorhaben, für die eine Öffentlichkeitsbeteiligung zwingend ist, unionsrechtskonform, weil die UVP-RL keinen Erörterungstermin verlangt.[2585] 7886

b) Benachrichtigung und Bekanntmachung. Der Erörterungstermin ist mindestens eine Woche vorher ortsüblich bekannt zu machen. Die Behörden, der Träger des Vorhabens und diejenigen, die Einwendungen erhoben oder Stellungnahmen abgegeben haben, sind von dem Erörterungstermin zu benachrichtigen (§ 73 VI 2 und 3 VwVfG). 7887

Zusätzlich ist eine ortsübliche Bekanntmachung vorgeschrieben (§ 73 VI 2 VwVfG). Auf die individuelle Benachrichtigung privatbetroffener Einspruchsführer kann verzichtet werden, wenn die Zahl von 50 überschritten wird. Dann muss jedoch eine öffentliche Bekanntmachung im amtlichen Bekanntmachungsorgan der Anhörungsbehörde und in den örtlichen Tageszeitungen vorgenommen werden. Diese öffentliche Bekanntmachung ersetzt nicht die ortsübliche Bekanntmachung nach § 73 VI 2 VwVfG und ist zusätzlich vorzunehmen. Dementsprechend muss der Erörterungstermin in einem Massenverfahren wie folgt bekannt gemacht werden: Ortsüblich, das heißt in den Bekanntmachungsorganen, die im jeweiligen gemeindlichen Ortsrecht und ggf. in der Bekanntmachungsanordnung bestimmt sind. Öffentlich heißt im Bekanntmachungsorgan der Anhörungsbehörde. 7888

Vor Beginn der Offenlage ist diese öffentlich bekanntzumachen (§ 73 V VwVfG). Die öffentliche Bekanntmachung wird dadurch bewirkt, dass die Anhörungsbehörde die Mitteilung oder die Aufforderung in ihrem amtlichen Veröffentlichungsblatt und außerdem in den örtlichen Tageszeitungen, die in dem Bereich verbreitet sind, in dem sich das Vorhaben voraussichtlich auswirken wird, bekanntmacht (§§ 72 II 2, 73 VI 5 VwVfG). Im Falle der öffentlichen Bekanntmachung des Erörterungstermins muss die Bekanntgabe im amtlichen Verkündungs- 7889

[2584] BVerwG NVwZ 1996, 1021.

[2585] BVerwG Beschl. v. 28.3.2020 – 4 VR 5.19, BeckRS 2020, 7484; NVwZ 2015, 1218 Rn. 18; NVwZ 2018, 179 Rn. 18.

blatt mindestens eine Woche vorher erfolgen. Der Erörterungstermin sollte zweckmäßigerweise in der Gemeinde oder dem Ortsteil abgehalten werden, in dem der Schwerpunkt des Vorhabens liegt. Ist die Mehrzahl von Einwendungen aus einer anderen Gemeinde oder einem anderen Ortsteil, kann es sich empfehlen, dort den Erörterungstermin anzuberaumen. Für die Festsetzung von Ort und Zeit des Erörterungstermins ist die Anhörungsbehörde zuständig.

7890 Wenn von der Möglichkeit, auf individuelle Einladungen zu verzichten, Gebrauch gemacht wird, stellt sich weiter die Frage, wie ggf. Einwender erreicht werden, die außerhalb des Verbreitungsgebietes der Bekanntmachungsorgane wohnen. Hier ist auf die öffentliche Bekanntmachung zu verweisen (§ 73 V 2 Nr. 4 a VwVfG). Sind im Anhörungsverfahren mehr als 50 Personen im gleichen Interesse beteiligt, soll die Anhörungsbehörde sie auffordern, innerhalb eines Monats einen **gemeinsamen Vertreter** zu bestellen. Kommen sie der Aufforderung nicht rechtzeitig nach, so kann die Anhörungsbehörde von Amts wegen einen gemeinsamen Vertreter bestellen (§ 18 VwVfG). Darauf soll in der Aufforderung hingewiesen werden. **Endet die Vertretungsmacht** des Vertreters der Unterzeichner gleichförmiger Einwendungen, so kann die Anhörungsbehörde die nicht mehr Vertretenen auffordern, innerhalb einer angemessenen Frist einen neuen gemeinsamen Vertreter zu bestellen. Sind mehr als 50 Personen aufzufordern, kann die Anhörungsbehörde die Aufforderung öffentlich bekannt machen.

7891 Die Anhörungsbehörde **unterrichtet** ferner diejenigen, deren Einwendungen nach Ablauf der Einwendungsfrist eingegangen und deshalb ausgeschlossen sind. Will die Anhörungsbehörde gleichförmige Einwendungen ausschließen, weil sie den Formerfordernissen des § 17 I oder II VwVfG nicht genügen, muss sie diese Entscheidung durch öffentliche Bekanntmachung mitteilen (§ 72 II 1 VwVfG).

7892 **c) Nichtöffentlichkeit.** Der Erörterungstermin ist nach § 73 VI 6 VwVfG iVm § 68 I 1 VwVfG nicht öffentlich. Teilnahmeberechtigt sind der Vorhabenträger mit seinen Gutachtern, die Behörden und die Betroffenen, unabhängig davon, ob sie Stellungnahmen abgegeben oder Einwendungen erhoben haben, und diejenigen, die Einwendungen erhoben oder Stellungnahmen abgegeben haben. Widerspricht ein Beteiligter der Zulassung der Öffentlichkeit (§ 68 I 3 VwVfG), verstößt die öffentliche Erörterung gegen die Verfahrensrechte des Widersprechenden. Dies gilt auch dann, wenn Gegenstand der Erörterung Umweltthemen sind.[2586] Bei UVP-pflichtigen Vorhaben ist die allgemeine Öffentlichkeit, im Übrigen die betroffene Öffentlichkeit. Hierdurch ist die „Nichtöffentlichkeit" schon etwas relativiert und einer Einlasskontrolle kommt nur noch eine eingeschränkte Bedeutung zu.

7893 Hinzu kommt, dass der Verhandlungsleiter weiteren Personen die Anwesenheit gestatten kann, wenn kein Beteiligter widerspricht (§ 68 I 3 VwVfG). Dies hat bei verschiedenen im Blickpunkt der Öffentlichkeit stehenden Vorhaben die Frage aufgeworfen, ob bzw. inwieweit auch Pressevertreter an dem Termin unter der Voraussetzung des allseitigen Einverständnisses teilnehmen können. Im Ergebnis würde jedoch eine umfassende Pressezulassung (Schrift, Ton, Film) den Grundsatz der Nichtöffentlichkeit ins Gegenteil verkehren und wäre unzulässig. Ein Kompromiss besteht darin – dies wird zwischenzeitlich in vielen Vorhaben so praktiziert – die Presse uneingeschränkt am Anfang des Termins bis zur Vorstellung des Projekts durch den Antragsteller zuzulassen, bei den sich anschließenden Einzelerörterungen jedoch nur der sog. „schreibenden Presse" die Teilnahme zu ermöglichen, wenn niemand aus der Versammlung etwas dagegen einzuwenden hat.

7894 **d) Organisation des Erörterungstermins.** Mit der Größe eines Verfahrens wächst die Bedeutung der Organisation eines Erörterungstermins überproportional. In Massenverfahren nimmt die Problemerkennung und Lösung organisatorischer Fragen dementsprechend einen breiten Raum ein. Die Verfahrensgröße orientiert sich hierbei nicht an dem räumlichen oder rechtlichen Umfang des Planfeststellungsprojektes sondern vielmehr an der Zahl der Einwendungsführer. Erst nach Ablauf der Einwendungsfrist ist daher in vielen Fällen überhaupt erst genau zu beurteilen, ob es sich um ein wirkliches Massenverfahren handelt.

7895 **e) Räumlichkeiten.** Im Vorfeld muss die Frage beantwortet werden, ob ein einziger Großtermin durchgeführt wird oder eine Aufspaltung der Erörterung in mehrere kleinere Termine erfolgen soll. Bei größeren Planfeststellungsverfahren des Verkehrswegebaus etwa ist eine Aufteilung nach Gemeinden oder anderen sachorientierten Kriterien nicht von vornherein unzulässig. Das Gesetz geht allerdings von einem Termin aus, ohne eine Aufspaltung in mehrere Termine auszuschließen. Vor dem Hintergrund der Rechtsprechung des BVerwG, wonach in

[2586] BVerwG NVwZ 2016, 1641.

ihrem Grundeigentum Betroffene nicht nur einen Anspruch auf eine sachgerechte Abwägung ihrer eigenen Belange, sondern auch anderer Belange (zB Natur- u. Landschaftsschutz) haben,[2587] muss es jedoch – von vertraulichen Erörterungen abgesehen – jedem ermöglicht werden, der Erörterung insgesamt zu folgen, denn nur so kann ein umfassendes Gesamtbild vermittelt werden. Wenn also eine Aufteilung der Erörterung erfolgt, dann muss in den Einladungstexten deutlich zum Ausdruck kommen, dass zwar beabsichtigt ist, nur Teilaspekte oder einen Teil des Einspruchspotenzials zu erörtern, dass eine Teilnahme anderer jedoch nicht ausgeschlossen wird. Vor diesem Hintergrund bergen mehrere kleinere Erörterungstermine das Risiko, dass sie auch von allen oder jedenfalls von mehr Eiwendungsführern als erwartet besucht werden und die jeweilige Räumlichkeit nicht ausreichend groß bemessen ist. Werden jedoch teilnahmeberechtigte Personen gehindert, dem Termin beizuwohnen, könnte damit im Ergebnis ein Termin gesprengt werden und müsste dann neu angesetzt werden. Ein derartiges Risiko besteht bei einem Großtermin weniger. Aber auch hier stellt sich die Frage nach der Größe der anzumietenden Räumlichkeit. Erfahrungsgemäß kann weiter berücksichtigt werden, dass nicht mehr als 30 % der Einwendungsführer der Einladung zum Erörterungstermin folgt. Bei hohen Einwenderzahlen liegt die Quote selbst zu Beginn der Erörterung noch deutlich darunter.

f) Zeitplan. Die Ungewissheit über die Teilnehmerzahl und dementsprechend auch über 7896
das Konflikt- bzw. Erörterungspotenzial macht es vielfach schwierig, einen Zeitbedarf für einen Erörterungstermin zu kalkulieren. In aller Regel werden bei umstrittenen Großvorhaben mehrere Tage erforderlich sein. Ein Termin der sich über mehrere Wochen erstreckt, bildet allerdings selbst bei Großvorhaben eher eine Ausnahme. In jedem Fall ist die Zeitdauer maßgeblich auch von der Aufbereitung des Einspruchspotenzials abhängig. Hierbei muss entschieden werden, ob Einwendung für Eiwendung abgearbeitet, oder ob nach Sachthemen vorgegangen wird, die sich in den meisten Einwendungen wieder finden. Es kann sich eine Tagesordnung empfehlen, nach der am Anfang Einzelerörterungen mit Behörden/Trägern öffentlicher Belange und Naturschutzvereinigungen und im Anschluss eine an Sachthemen orientierte Erörterung mit privaten Einsprechern vorgesehen sind. Dieser Weg erscheint im Interesse aller Beteiligten sinnvoll, ansonsten hätten sich die gleichen Themen bei erwarteten mehreren Hundert Einzelerörterungen immer wiederholt.

g) Logistische Vorbereitung. Mit der logistischen Vorbereitung und Durchführung von 7897
Erörterungsterminen bei Großverfahren werden häufig auf diesem Gebiet spezialisierte Privatfirmen betraut, die für die Hallenmiete, die Möblierung, die technische Ausstattung, die Einlasskontrolle, den Wachschutz und alle in diesem Zusammenhang zu klärenden Fragen sowie alle vertraglichen Regelungen und Behördenabstimmungen zuständig sind. Es ist zweckmäßig, sich auf verschiedene taktische Varianten, die auf eine Störung, Vertagung oder Unterbrechung der Verhandlung abzielen, vorzubereiten. Dies gilt auch im Hinblick auf mögliche besondere Vorkommnisse wie zB Demonstrationen. Hier ist eine richterliche Erfahrung in der Durchführung derartiger Termine durchaus hilfreich.

h) Erörterung. Die mündliche Erörterung dient der Verhandlung mit den Trägern öffent- 7898
licher Belange und den privaten Einwendungsführern unter der Leitung der Anhörungsbehörde. Tageszeit und Dauer des Erörterungstermins bestimmt der Verhandlungsleiter nach pflichtgemäßem Ermessen (§ 24 I 2 VwVfG). Dabei ist zwischen den verschiedenen Interessen abzuwägen. Eine allen Beteiligten gerecht werdende Zeitbestimmung wird sich vielfach nicht erreichen lassen. Vertreter von Fachbehörden etwa werden nicht selten eine erhebliche Anreisezeit in Kauf zu nehmen haben. Für Einwendungsführer wird vielfach eine Teilnahme während der allgemeinen Arbeitszeit auf Schwierigkeiten stoßen. Auch an Wochenenden oder in den Abendstunden wird eine Teilnahme für einen bestimmten Personenkreis kaum möglich sein, während andere Eiwendungsführer solche Tageszeiten für eine Erörterung als besonders sachgerecht erachten. Dabei mag allerdings auch berücksichtigt werden, dass für den Einwendungsführer keine rechtliche Verpflichtung besteht, an dem Termin teilzunehmen. Zudem kann er sich durch einen Verfahrensbevollmächtigten oder Beistand bei ordnungsgemäßer Bevollmächtigung, die auch nachgereicht werden kann, vertreten lassen. Auch Minderjährige können im Erörterungstermin Einwendungen geltend machen. Allerdings müssen sie sich bei Verfahrensanträgen und verbindlichen Erklärungen durch ihre gesetzlichen Vertreter vertreten lassen. Die Verhandlung muss nicht mit allen Beteiligten gleichzeitig erfolgen. Es

[2587] BVerwG NJW 1984, 73.

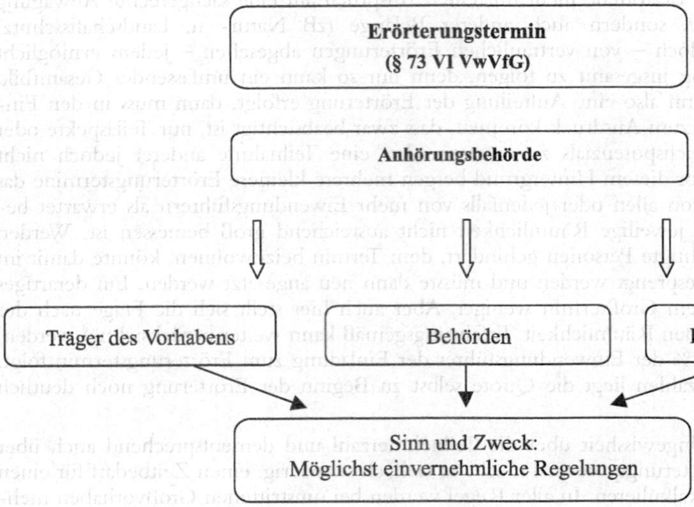

kann vielmehr vor allem bei größeren Beteiligtenzahlen eine getrennte Verhandlung zweckmäßig sein.[2588] Den Verfahrensbeteiligten sollte jedoch die Möglichkeit gegeben werden, an allen Verhandlungen, auch soweit sie selbst nicht in Rede und Gegenrede beteiligt sind, als Zuhörer teilzunehmen. Der Erörterungstermin muss gewährleisten, dass er eine substanzielle Erörterung der berührten Belange und Interessen der Einwender ermöglicht.[2589] Der Termin findet mit den Trägern öffentlicher Belange, dem Vorhabenträger und den von ihm benannten Gutachtern sowie mit den Einwendungsführern und ihren Verfahrensbevollmächtigten statt. Im Übrigen ist der Termin nicht öffentlich. Allerdings ist es üblich, dass, wenn keine Einwendungen bestehen, die Presse (§ 68 I 3 VwVfG) oder auch ggf. sonst Interessierte zugelassen werden.

7899 **i) Fernseh-, Rundfunk- und Tonaufnahmen** sind während der Verhandlung grundsätzlich unzulässig. Insoweit kommt eine analoge Anwendung des § 169 II GVG in Betracht, wonach „Ton- und Fernsehaufnahmen sowie Ton- und Filmaufnahmen zum Zwecke der öffentlichen Vorführung oder Veröffentlichung ihres Inhalts" unzulässig sind. Bei Fernseh- und Rundfunkaufnahmen ist eine öffentliche Vorführung oder Veröffentlichung regelmäßig anzunehmen. Solche Aufnahmen sind daher während des Erörterungstermins untersagt. Dies gilt auch für alle anderen Film- oder Tonbandaufnahmen, da nicht sichergestellt werden kann, dass die Aufnahme lediglich zu privaten Zwecken erfolgt, die Aufnahmehandlungen den Verhandlungsablauf stören können und die Aufnahme den freien Vortrag von Anwesenden hemmen kann. Die Entscheidung über die Zulassung derartiger Aufnahmen unterliegt also auch bei Zustimmung sämtlicher Beteiligter dem Ermessen des Verhandlungsleiters. Zulässig ist die Wortberichterstattung durch Presse und Fernsehen sowie Zeichnungen und Bildaufnahmen, die nicht Film- oder Videoaufnahmen sind. Auch diese unterliegen allerdings den „sitzungspolizeilichen" Befugnissen des Verhandlungsleiters.

7900 **j) Sitzungsleitung**. Der Verhandlungsleiter sollte zu Beginn des Erörterungstermins die Vertreter der Anhörungsbehörde, des Antragstellers, der Gutachter und ggf. der Träger öffentlicher Belange vorstellen und Sinn, Zweck und Funktion des Erörterungstermins erläutern. Der Erörterungstermin dient dazu, die rechtzeitig erhobenen Einwendungen zu erörtern, soweit dies für die Prüfung der Zulassungsentscheidung von Bedeutung sein kann. Er soll denjenigen, die Einwendungen erhoben haben, Gelegenheit geben, ihre Einwendungen zu erläutern. Zudem sollte der Verhandlungsleiter einen Überblick über den geplanten Verfahrensablauf und organisatorische Hinweise geben sowie die „Spielregeln" erläutern. Zusammengehörende Themenkomplexe sollten nach Möglichkeit auch im Zusammenhang erörtert werden können. Im

[2588] BVerwG DÖV 1969, 724.
[2589] BVerwG NVwZ 1987, 578.

Hinblick auf eine straffe Verhandlungsführung kann es sich empfehlen, bei den einzelnen Themenkomplexen eine kurze Einführung zu geben und dabei die Schwerpunkte der Antragsunterlagen und der Einwendungen hervorzuheben. Im Erörterungstermin stehen die Einwendungen im Mittelpunkt. Die seitens der übrigen Verfahrensbeteiligten darauf zu gebenden Antworten müssen demgegenüber nicht bereits abschließend im Erörterungstermin vorgetragen werden. Vielmehr wird sich nicht selten die Notwendigkeit weiterer Ermittlungen ergeben, die von den übrigen Verfahrensbeteiligten im Anschluss an den Erörterungstermin eingeleitet werden. Die Beteiligten des Erörterungstermins können Anträge zur **Geschäftsordnung** stellen. Hierunter fallen Anträge, die sich mit dem Verfahrensgang und vor allem dem Ablauf des Erörterungstermins befassen. Davon zu unterscheiden sind Verfahrensanträge, die sich auf andere Teile des Planfeststellungsverfahrens beziehen. Anträge zur Geschäftsordnung sind nach Möglichkeit vorrangig zu behandeln und von dem Verhandlungsleiter ggf. nach Beratung in der Sitzung zu bescheiden. Verfahrensanträge, die sich auf andere Teile des Planfeststellungsverfahrens beziehen, brauchen nicht im Laufe des Erörterungstermins beschieden zu werden. Sie werden ggf., soweit ihnen nicht bereits vorher entsprochen wird, im Planfeststellungsbeschluss beschieden. Dies gilt etwa für einen Antrag, weitere Gutachten einzuholen oder bestimmte Beweissicherungen vorzusehen. Der Leiter des Erörterungstermins hat die Sitzungsleitung und entsprechende **ordnungsrechtliche Befugnisse**. Der Verhandlungsleiter kann daher bei Störungen des Termins nach Maßgabe des Verhältnismäßigkeitsgrundsatzes über die notwendigen Ordnungsmaßnahmen entscheiden und Personen, die seine Anordnungen nicht befolgen, entfernen lassen (§ 68 III VwVfG).[2590] Die Pflicht und Befugnis des Vorsitzenden, die mündliche Verhandlung zu leiten, den Beteiligten das Wort zu erteilen und die Streitsache mit ihnen tatsächlich und rechtlich zu erörtern, schließt ein, dass er auf einen konzentrierten, „straffen" Verhandlungsablauf bedacht sein darf und gegebenenfalls, wenn dazu Anlass besteht, einen Beteiligten auffordern kann, sich in seinen Ausführungen zu beschränken, namentlich wenn alle aus der Sicht des Gerichts entscheidungserheblichen Aspekte hinreichend erörtert sind. In diesem Fall ist für die Rüge eines Gehörsverstoßes erforderlich, dass substantiiert dargelegt wird, dass dem Betroffenen das Wort prozessordnungswidrig abgeschnitten worden ist. Dazu gehören namentlich Angaben dazu, ob und wie lange der in Rede stehende Aspekt bereits mündlich erörtert worden war und was der Kläger bei Vermeidung des (behaupteten) Gehörsverstoßes weiter Entscheidungserhebliches vorgetragen hätte.[2591]

k) Antragsbearbeitung und Wortmeldungen. Es kann sich empfehlen, zur Entgegen- 7901
nahme der verschiedenen Anträge und Wortbeiträge eine Koordinierungsstelle einzurichten. Anträge zur Geschäftsordnung und zur Sache können dann ebenfalls von der Koordinierungsstelle entgegen genommen, dort protokolliert und vom Antragsteller abgezeichnet werden. Hierdurch wird gewährleistet, dass derartige Beiträge iS der Antragsteller in das Verfahren eingehen. Einzeleinwendungen außerhalb der Reihenfolge der Tagesordnung können als kurze Beiträge für eine Erörterung am Ende eines Verhandlungstages entgegen genommen werden. Die Bescheidung von Anträgen sollte jeweils zeitnah, möglichst bereits am Ende eines jeden Verhandlungstages erfolgen.

l) Befangenheitsanträge. Ein Grund zur Besorgnis der Befangenheit iS des § 21 I VwVfG 7902
ist dann gegeben, wenn die Beteiligten von ihrem Standpunkt aus befürchten können, dass der Amtsträger nicht unparteiisch und nicht sachlich entscheidet. Es muss daher ein zu benennender sachlicher Grund vorliegen, der an entsprechende Tatsachen anknüpft, die nach objektiven und vernünftigen Erwägungen Zweifel an der Unbefangenheit des Verhandlungsleiters aufkommen lassen. Die Befangenheitsbesorgnis muss sich auf die jeweilige Person beziehen. Eine Behörde als solche kann nicht befangen sein. Wird eine entsprechende Behauptung substantiiert vorgebracht, ist und eine Entscheidung des Behördenleiters bzw. des von ihm Beauftragten einzuholen. Die Verhandlung kann jedoch zwischenzeitlich fortgesetzt werden. Der von der Befangenheitsrüge Betroffene hat im Rahmen der Vorbereitung der Entscheidung des Behördenleiters eine dienstliche Stellungnahme abzugeben. Auch wenn der Verhandlungsleiter seine Befangenheit bejaht, kann er die Verhandlungsleitung nicht von sich aus niederlegen. Betrifft die Besorgnis der Befangenheit den Behördenleiter, kann er auf eine weitere Mitwirkung verzichten. Dann darf er aber auch nicht über einen gegenüber dem Verhandlungsleiter ausgebrachten Befangenheitsantrag entscheiden. Entschließt der Behördenleiter sich zu einer

[2590] BVerwG NVwZ 2002, 984.
[2591] BVerwG Beschl. v. 27.7.2010 – 9 B 108.09, juris.

weiteren Verfahrensmitwirkung, ist die Entscheidung der Aufsichtsbehörde einzuholen. Dass eine Amtsperson bei der rechtlichen Beurteilung eine andere Rechtsauffassung vertritt als ein Beteiligter, reicht regelmäßig nicht aus, um eine Besorgnis der Befangenheit zu begründen; das gilt selbst für irrige Ansichten.[2592]

7903 **m) Vertrauliche Erörterung**. Dem Verlangen eines Beteiligten, dass mit ihm in Abwesenheit anderer verhandelt wird, ist zu entsprechen, soweit er ein berechtigtes Interesse an der Geheimhaltung seiner persönlichen Verhältnisse oder an der Wahrung von Betriebs- oder Geschäftsgeheimnissen glaubhaft macht. Vertrauliche Einzelerörterungen bilden daher grundsätzlich die Ausnahme. Sie sind allerdings in einem Großverfahren zB im Hinblick auf umfangreiche Grundstücksinanspruchnahmen und in diesem Zusammenhang befürchtete Existenzgefährdungen nicht selten zweckmäßig. Für die Durchführung des Termins wird regelmäßig vergleichsweise viel Zeit und Geld benötigt, denn die Durchführung eines Erörterungstermins in einem Großverfahren hat ihren Preis (Personalkosten, Raummiete, Sachkosten etc.). Es kann sich auch aus diesem Grunde empfehlen, vertrauliche Einzelerörterungen mit Zustimmung der Betroffenen parallel zur Haupterörterung in einem Nebenraum teilweise in mehreren Verhandlungsgruppen in Unterausschüssen zu führen. Auf diese Weise kann eine nicht unerhebliche Verhandlungszeit eingespart werden.

7904 **n) Gegenstand der Erörterung.** Erörtert werden die rechtzeitig gegen den Plan erhobenen Einwendungen, die rechtzeitig abgegebenen Stellungnahmen von Vereinigungen nach § 73 IV 5 VwVfG sowie die Stellungnahmen der Behörden zu dem Plan mit dem Träger des Vorhabens, den Behörden, den Betroffenen sowie denjenigen, die Einwendungen erhoben oder Stellungnahmen abgegeben haben, zu erörtern. die während der Einwendungsfrist erhobenen Einwendungen und die Stellungnahmen der Behörden.

7905 Hält die Anhörungsbehörde eine Einwendung für verspätet oder den Einwender nicht für einwendungsbefugt, bezieht sich ihre Erörterungspflicht nur auf diese Aspekte. Den Einwendern ist Gelegenheit zu geben, ihren Standpunkt zu diesen formellen Fragen zu vertreten, im Zweifel hilfsweise zur Sache selbst zu äußern.[2593] Ein Verbot für die Anhörungsbehörde, verspätete Einwendungen noch zu erörtern, besteht nicht.

7906 Die endgültige Verwaltungsentscheidung trifft die Planfeststellungsbehörde im Planfeststellungsbeschluss. Ziel der Erörterung ist es, die vorgetragenen Bedenken durch Änderung des Vorhabens oder Schutzauflagen auszuräumen oder die Entscheidungsbasis der Planfeststellungsbehörde zu verbreitern. Die durch die Interessenwahrnehmung den Beteiligten entstehenden Kosten haben die Einwendungsführer selbst zu tragen. Eine Kostenerstattung findet nicht statt.[2594] Der Verhandlungsleiter hat sitzungspolizeiliche Befugnisse, die sich als Annexkompetenz aus § 24 I VwVfG ergeben. Der Verhandlungsleiter kann bei Störungen des Termins nach Maßgabe des Verhältnismäßigkeitsgrundsatzes über die notwendigen Ordnungsmaßnahmen entscheiden und Personen, die seine Anordnungen nicht befolgen, entfernen lassen (§ 68 III VwVfG).[2595] Die Grundsätze der Sitzungspolizei des Gerichtsvorsitzenden nach § 176 GVG können ergänzend herangezogen werden. Als Ordnungsmittel stehen dem Sitzungsleiter zur Verfügung: Bitte um Ruhe, Redezeitbeschränkung, Wortentziehung, Verbot störender Zwischenrufe, Unterbrechung oder Vertagung der Verhandlung, Entfernung von Personen, die Anordnungen des Verhandlungsleiters nicht befolgen, und Zuziehung von Polizeibeamten zur Wahrung der Ordnung bzw. zur Durchsetzung entsprechender Anordnungen des Verhandlungsleiters im Wege der Amtshilfe. Eine Wortentziehung ist nach vorheriger Ankündigung zulässig, wenn wiederholt von der Sache abgewichen wird oder Grund zu der Annahme besteht, dass das Verfahren verzögert oder verhindert werden soll. Die Auswahl der Ordnungsmittel steht im pflichtgemäßen Ermessen. Die Amtssprache ist deutsch (§ 23 I VwVfG).

7907 **o) Niederschrift**. Über den Verlauf des Erörterungstermins ist eine Niederschrift aufzunehmen. Einschlägig für die Fertigung einer Erörterungsniederschrift ist § 68 IV VwVfG.[2596] Die Niederschrift enthält danach Angaben über (1) den Ort und den Tag der Erörterung, (2) den Namen des Verhandlungsleiters, (3) den Gegenstand des Planfeststellungsverfahrens und (4) den

[2592] BVerwG Beschl. v. 20.10.2011 – 9 B 82.11, juris.
[2593] Neumann/Külpmann in Stelkens/Bonk/Sachs, 2233, § 73 Rn. 119.
[2594] Es handelt sich nicht um ein verwaltungsrechtliches Vorverfahren iS des § 68 VwVfG.
[2595] BVerwG NVwZ 2002, 984.
[2596] Anwendbar über § 73 VI 6 VwVfG.

Verlauf und die Ergebnisse des Erörterungstermins. Die Niederschrift muss insbesondere Angaben darüber enthalten, welche Einwendungen zurückgenommen worden sind, welche Einwendungen aufrechterhalten bleiben, welchen Einwendungen stattgegeben wird und wie ihnen Rechnung getragen werden soll sowie welche Einwendungen verspätet vorgetragen worden sind. Das Gleiche gilt für die Stellungnahmen der beteiligten Behörden und Stellen.[2597] Die Niederschrift braucht allerdings nicht alle Einzelheiten des Sitzungsverlaufs festzuhalten. Es reicht, wenn der Verlauf in seinen wesentlichen Grundzügen festgehalten wird. Insbesondere führt allein die Unvollständigkeit der Niederschrift nicht zu einer Rechtswidrigkeit des Planfeststellungsbeschlusses, wenn etwa aus der Begründung zum Planfeststellungsbeschluss oder aus den übrigen Verfahrensunterlagen hervorgeht, dass die Planfeststellungsbehörde sich mit dem wesentlichen Inhalt des Vortrags der Beteiligten auseinandergesetzt hat.[2598] Ein **Wortprotokoll** ist nicht erforderlich und im Übrigen wohl auch nicht immer zweckmäßig. Abgesehen von erheblichen Kosten, die für einen dauerhaften Einsatz von mehreren Berufsstenografen während eines gesamten Großtermins aufzuwenden wären, hat sich gezeigt, dass mehrere Tausend Seiten lange Wortprotokolle in weiten Teilen ihren eigentlichen Zweck oft nicht erfüllen können, weil sie für das weitere Verfahren keine aussagekräftigen und relevanten Aussagen enthalten; sie sind im Übrigen auch schon wegen ihres Umfangs unübersichtlich. Ein Protokoll, das sich auf die wesentlichen Inhalte und Aussagen in der Erörterung beschränkt, kann regelmäßig im Interesse aller Beteiligten seinen Sinn und Zweck besser erfüllen. Dies schließt nicht aus, dass besonders wichtige Aussagen im Termin oder Angaben auf deren wörtliche Protokollierung die Beteiligten Wert legen, auch so festgehalten werden.

p) Zusagen und Rücknahmen von Einwendungen. Das Anhörungsverfahren dient 7908
nicht nur der wechselseitigen Unterrichtung der Verfahrensbeteiligten, sondern auch der Streitbeilegung. Ob eine behördliche Erklärung mit dem für eine Zusicherung iSv § 38 VwVfG oder für eine Zusage erforderlichen Bindungswillen abgegeben wurde, ist durch Auslegung nach der im öffentlichen Recht entsprechend anwendbaren Regel des § 133 BGB zu ermitteln; maßgebend ist danach der erklärte Wille, wie ihn der Empfänger bei Würdigung des objektiven Erklärungswerts und der weiteren Begleitumstände, insbesondere des Zwecks der Erklärung, verstehen konnte.[2599] Sind im Erörterungstermin Einwendungen für erledigt erklärt worden, so ist es nicht zulässig, auf sie später zurückzukommen.[2600] Der Einwender muss sich so behandeln lassen, als hätte er die Einwendungen nicht fristgerecht erhoben.[2601] Eigentlicher Adressat der Einverständniserklärung ist diejenige Behörde, die über die Verfahrensart entscheidet und der gegenüber ansonsten die Abwehrrechte geltend zu machen wären. Dies ist nach Maßgabe des Landesrechts die für das gesamte Verfahren zuständige Zulassungsbehörde, nicht der Vorhabenträger etwa als Träger der Straßenbaulast.[2602]

q) Unterbliebene Erörterung. Ein Planfeststellungsbeschluss ist nicht automatisch rechts- 7909
widrig, wenn die Behörde im Planfeststellungsverfahren Einwendungen gegen den Plan nicht mündlich erörtert hat.[2603] Der Planfeststellungsbeschluss dürfte wegen einer Nichterörterung erst dann rechtswidrig sein, wenn der Fehler Auswirkungen auf die Entscheidung hatte (§ 46 VwVfG). Im Übrigen kann eine erforderliche Erörterung auch noch während des Gerichtsverfahrens nachgeholt werden (§ 45 VwVfG).

9. Verfahren nach Abschluss der Erörterung

a) Stellungnahme der Anhörungsbehörde. Die Anhörungsbehörde gibt zum Ergebnis 7910
des Anhörungsverfahrens eine Stellungnahme ab und leitet diese der Planfeststellungsbehörde innerhalb eines Monats nach Abschluss der Erörterung mit dem Plan, den Stellungnahmen der Behörden und der Vereinigungen nach § 73 IV 5 VwVfG sowie den nicht erledigten Einwendungen zu (§ 73 IX VwVfG). Die Planfeststellungsbehörde muss sich nicht sämtliche in den Antragsunterlagen des Vorhabenträgers erwähnten Dokumente vorlegen lassen. Vielmehr darf sie sich auf eine Plausibilitätskontrolle beschränken. Sie muss vor allem dann Nachermittlungen

---

2597 Planfeststellungsrichtlinien FStrG 99, Nr. 20.

2598 BVerwG NVwZ 1996, 896.

2599 BVerwG Beschl. v. 10.11.2006 – 9 B 17.06, juris; BVerwG Urt. v. 26.9.1996 – 2 C 39.95, juris.

2600 OVG Koblenz NVwZ-RR 2005, 404.

2601 BVerwG Urt. v. 18.4.2007 – 9 A 34.06, juris.

2602 VGH Mannheim NVwZ-RR 2005, 377.

2603 OVG Lüneburg NVwZ-RR 2001, 362.

anstellen, wenn sie die Unterlagen für unvollständig hält oder bestimmte Annahmen als nicht ausreichend begründet ansieht.[2604]

7911 Die Anhörungsbehörde berichtet über das Ergebnis des Anhörungsverfahrens; sie übergibt dazu die im Anhörungsverfahren beigezogenen und angefallenen Verwaltungsvorgänge an die Planfeststellungsbehörde und berichtet der Planfeststellungsbehörde in strukturierter Weise über das Vorhaben und über die im Anhörungsverfahren erkennbar gewordenen, abwägungsrelevanten Fragestellungen. Die Stellungnahme der Anhörungsbehörde enthält insoweit auch eine inhaltliche Bewertung.[2605] Der verfahrensakzessorische Einsichtsanspruch aus § 72 I HS 2 iVm § 29 I VwVfG umfasst nicht die Akteneinsicht in die nicht anonymisierte Stellungnahme der Anhörungsbehörde nach § 73 IX VwVfG, wenn die Einsichtnahme nur dazu dienen soll, anhand der personenbezogenen Daten von Einwendern geeignete Betroffene als Kläger gegen den zu erlassenden Planfeststellungsbeschluss zu identifiziere.[2606]

7912 Die Anhörungsbehörde hat gegenüber der Planfeststellungsbehörde eine dienende Funktion. Die Entscheidung über die erhobenen Einwendungen steht der Planfeststellungsbehörde zu. Die Stellungnahme der Anhörungsbehörde soll sich erstrecken auf die Äußerungen der Behörden, die Einwendungen und Stellungnahmen, über deren Erledigung unter dem Vorbehalt der Entscheidung der Planfeststellungsbehörde eine Einigung mit dem Vorhabenträger erzielt worden ist, sowie die aufrechterhaltenen Stellungnahmen. Die Anhörungsbehörde verbindet damit einen Vorschlag für die Entscheidung der Planfeststellungsbehörde und fügt eigene Äußerungen hinzu, soweit die Anhörungsbehörde Trägerin eigener Belange ist, die von dem Vorhaben berührt werden. Sie teilt ferner mit, ob sie Stellungnahmen ihr nachgeordneter, ihren Weisungen unterworfener Behörden der unteren Verwaltungsstufe ergänzen, abändern oder uU zurückziehen will.

7913 Die Anhörungsbehörde benennt Auflagen, die sie im Interesse des Gemeinwohls oder zur Sicherung der Benutzung der benachbarten Grundstücke vor Gefahren, erheblichen Nachteilen oder erheblichen Belästigungen für erforderlich hält. Auch Zusagen oder Absprachen zwischen dem Träger des Vorhabens und Einwendungsführern sind an die Planfeststellungsbehörde weiterzuleiten.[2607] Eine Überschreitung der in § 73 IX VwVfG vorgesehenen Stellungnahmefrist berührt die Rechtmäßigkeit des Planfeststellungsbeschlusses nach § 74 VwVfG nicht. Die Stellungnahme der Anhörungsbehörde ist kein Verwaltungsakt und unterliegt daher auch nicht der (isolierten) Anfechtung.

7914 Ist die Planfeststellungsbehörde zugleich Anhörungsbehörde, wird lediglich eine **Niederschrift** über den Erörterungstermin gefertigt.[2608] Ein abschließender Bericht ist nicht erforderlich.

7915 **b) Planänderungen im Verfahren**. Soll ein ausgelegter Plan geändert werden und werden dadurch der Aufgabenbereich einer Behörde oder einer Vereinigung nach § 73 IV 5 VwVfG oder Belange Dritter erstmals oder stärker als bisher berührt, so ist diesen nach § 73 VIII 1 VwVfG die Änderung mitzuteilen und ihnen Gelegenheit zu Stellungnahmen und Einwendungen innerhalb von zwei Wochen zu geben; § 73 IV 3 bis 6 VwVfG gilt entsprechend. Wird sich die Änderung voraussichtlich auf das Gebiet einer anderen Gemeinde auswirken, so ist der geänderte Plan in dieser Gemeinde auszulegen; die Absätze 2 bis 6 gelten entsprechend.

7916 Die Abgrenzung der Planänderung von einem neuen Vorhaben beurteilt sich danach, ob die Identität des Vorhabens gewahrt bleibt oder es sich nunmehr um ein nach Art, Gegenstand oder Betriebsweise in wesentlicher Hinsicht andersartiges Vorhaben handelt.[2609] Anhaltspunkte sind Größe, Betriebsweise, Unabhängigkeit oder Abhängigkeit vom ursprünglichen Vorhaben oder die eigenständige Bedeutung zusätzlich hinzukommender oder wegfallender Anlagen. Die Wahrung der Identität des Vorhabens spielt auch bei der Frage nach berücksichtigungspflichtigen Planungsalternativen eine Rolle. Als Alternative sind nur solche Planänderungen anzusehen, die nicht die Identität des Vorhabens berühren. Von einer Alternative kann dann nicht mehr die Rede sein, wenn sie auf ein anderes Projekt hinausläuft, weil die vom Vorhabenträger in zulässiger Weise verfolgten Ziele nicht mehr verwirklicht werden könnten. Zumutbar ist es

[2604] BVerwG NVwZ 2021, 648.
[2605] Schütz in Ziekow Handbuch des Fachplanungsrechts, 2024, § 2 Rn. 283.
[2606] BVerwG NVwZ 2020, 887.
[2607] Dürr in Kodal/Krämer, Kap.35 Rn. 11.1 (S.1094).
[2608] Planfeststellungsrichtlinien FStrG Nr. 21.
[2609] BVerwGE 90, 96; Stüer DVBl. 1990, 36; Kuschnerus DVBl. 1990, 236.

nur, Abstriche vom Zielerfüllungsgrad in Kauf zu nehmen. Eine planerische Variante, die nicht verwirklicht werden kann, ohne dass selbständige Teilziele, die mit dem Vorhaben verfolgt werden, aufgegeben werden müssen, braucht nicht berücksichtigt zu werden.[2610]

Berücksichtigt werden müssen die **unmittelbaren Folgen der Planänderung**. Anderen- 7917
falls wäre bei der prinzipiellen Verflochtenheit aller Belange in der Abwägung eine sinnvolle Begrenzung des Kreises der erneut zu Beteiligenden kaum noch durchführbar. Der Vereinfachungszweck der Regelung wäre dann nicht mehr gewährleistet. Verfassungsrechtliche Bedenken gegen eine solche Regelung sind nicht begründet. Der auch durch das Verfahrensrecht zu gewährleistende Grundrechtsschutz wird nicht in Frage gestellt, wenn bei Änderungen eines Plans nach § 73 VIII VwVfG nur diejenigen erneut beteiligt werden, deren Belange durch die Planänderungen erstmals oder stärker berührt werden. Wirkt sich die Änderung voraussichtlich auf das Gebiet einer anderen Gemeinde aus, so ist der geänderte Plan in dieser Gemeinde auszulegen, wenn dies nach Lage der Dinge erforderlich ist (§ 73 VIII 2 VwVfG).

Mussten sich schon zum Zeitpunkt der Einleitung des Anhörungsverfahrens bestimmte 7918
Trassenvarianten aufdrängen,[2611] dann waren die entsprechenden Unterlagen bereits mit auszulegen, damit die von dem Vorhaben Betroffenen ihre Einwendungen auch darauf stützen konnten. Ist das nicht geschehen, war grundsätzlich das Anhörungsverfahren fehlerhaft und muss wiederholt werden. Allerdings wirkt sich dieser Fehler nicht aus, wenn die Variante im Laufe des Anhörungsverfahrens erörtert wird und damit seinen Zweck erfüllt, Betroffenheiten und Möglichkeiten ihrer Vermeidung oder Minderung als Abwägungsmaterial für die Planungsentscheidung offen zu legen. Außerdem können Fehler unvollständig ausgelegter Planunterlagen nach § 45 VwVfG unbeachtlich sein. Fehlerhafte Anhörungen können danach bis zum Abschluss des verwaltungsgerichtlichen Verfahrens nachgeholt werden. Dies gibt der Behörde Gelegenheit, auch später erkannte Verfahrensfehler zu heilen.[2612]

Werden erst nach Abschluss des Anhörungsverfahrens neue **Planungsalternativen** bekannt, 7919
so ist ein weiteres Anhörungsverfahren nur dann geboten, wenn die Alternativen geeignet sind, den Aufgabenbereich einer Behörde oder einer Vereinigung nach § 73 IV 5 VwVfG oder Belange Dritter erstmals oder stärker als bisher zu berühren. Dass nach Abschluss des Anhörungsverfahrens neue Umstände entstehen oder bekannt werden, die für die Planungsentscheidung erheblich sein können, dürfte vor allem bei Großprojekten mit erheblichen Auswirkungen und einem gesteigerten Interesse der Öffentlichkeit eher die Regel als die Ausnahme sein.[2613] Neue Gesichtspunkte können daher nicht stets zu dem Erfordernis einer erneuten Beteiligung führen.

Beispiel: Wird die Fernstraßenplanung von einem vierspurigen Ausbau auf einen dreispurigen 7920
Ausbau geändert, so ist eine erneute Beteiligung eines Grundstückseigentümers, dessen Landabgabe sich verringert, nicht erforderlich.[2614]

Ist der Kreis der durch die Änderung Betroffenen nicht bekannt oder zu groß, ist der Plan 7921
erneut offen zu legen. Die Offenlage geschieht nach § 73 II und III VwVfG. Allerdings kann die Frist entsprechend § 73 VIII VwVfG auf zwei Wochen verkürzt werden. Der Einwendungsgegenstand kann auf die geänderten Teile des Vorhabens beschränkt werden. Auch muss eine Erörterung nicht stattfinden, weil dies auch in § 73 VIII VwVfG nicht vorgesehen ist. Wirkt sich die Änderung des Plans auf das Gebiet einer anderen Gemeinde aus, so ist der geänderte Plan grundsätzlich auch in dieser Gemeinde auszulegen. Ein erneutes Beteiligungsrecht der nach § 3 UmwRG anerkannten Verbände wird ausgelöst, wenn neue, den Natur- und Landschaftsschutz betreffenden Untersuchungen angestellt werden, deren Ergebnisse in das Verfahren eingeführt werden und die Planungsentscheidung darauf gestützt werden soll. Eine erneute Erörterung ist im Anschluss an die erneute Offenlage der Planunterlagen nur erforderlich, wenn die Änderungen über den Rahmen des § 73 VIII VwVfG hinausgehen und die Grundzüge der Planung betreffen. Eine erneute Erörterung dürfte auch erforderlich sein, wenn das Vorhaben zwar unverändert bleibt, sich aber die wesentlichen Grundlagen ändern.

2610 VGH München Urt. v. 21.11.2023 – 8 A 21.40040, juris Rn. 52; BVerwGE 146, 254 = juris Rn. 85 f.; BVerwGE 134, 166 = juris Rn. 33.

2611 OVG Koblenz Urt. v. 22.11.2011 – 1 C 10248/11, juris; BVerwG NVwZ 2008, 678.

2612 BVerwG DVBl. 1997, 798.

2613 BVerwG DVBl. 1997, 798.

2614 BVerwG DVBl. 1996, 684.

7922 Die Änderung eines **festgestellten** und **noch nicht abschließend ausgeführten Planes** geschieht zwar durch einen im Entstehungsvorgang eigenen **Änderungsplanfeststellungsbeschluss**, führt aber nur zu einem einzigen Plan in der durch den Änderungsplanfeststellungsbeschluss erreichten Gestalt. Der Vorbehalt einer Planergänzung im ursprünglichen Planfeststellungsbeschluss und die daraufhin durch einen Änderungsplanfeststellungsbeschluss erfolgende Planänderung sind mit dem Gebot einer **einheitlichen Planungsentscheidung** dann vereinbar, wenn sie ihrerseits unter Beachtung der Grenzen der planerischen Gestaltungsfreiheit, insbesondere unter Einhaltung des Abwägungsgebots, ergangen sind.[2615]

10. Planfeststellungsbeschluss und Plangenehmigung

7923 Die Planfeststellungsbehörde stellt nach § 74 I 1 VwVfG den Plan fest. Im Planfeststellungsbeschluss entscheidet die Planfeststellungsbehörde nach § 74 II 1 VwVfG über die Einwendungen, über die bei der Erörterung vor der Anhörungsbehörde keine Einigung erzielt worden ist. Durch Einigung erledigt ist eine Einwendung, wenn sich den Erklärungen des Einwenders mit der gebotenen Sicherheit der Wille entnehmen lässt, die Einwendung fallen zu lassen.[2616] Die Planfeststellungsbehörde muss über die rechtzeitig erhobenen Einwendungen entscheiden, mit denen eigene Belange und nicht ausschließlich solche der Allgemeinheit geltend gemacht werden; sie hat zu entscheiden, ob die Feststellung des Plans mit Blick auf die erhobenen Einwendungen abgelehnt werden soll oder ob Schutzmaßnahmen geboten sind oder dem Betroffenen einen Ausgleich in Geld zuzubilligen ist.[2617]

7924 **a) Inhalt des Planfeststellungsbeschlusses.** Im Planfeststellungsbeschluss wird insbesondere darüber entschieden, welche Grundstücke oder Grundstücksteile für das Vorhaben benötigt werden oder auf Verlangen übernommen werden müssen, wie die öffentlich-rechtlichen Beziehungen im Zusammenhang mit dem Bauvorhaben gestaltet werden, welche Folgemaßnahmen an anderen Anlagen notwendig werden, wie die Kosten bei Kreuzungsanlagen zu verteilen und die Unterhaltungskosten abzugrenzen sind, ob und welche Lärmschutzmaßnahmen erforderlich sind, welche Ausgleichs- und Ersatzmaßnahmen (Kompensationsmaßnahmen) iS von § 15 II BNatSchG (§ 19 II BNatSchG) ggf. i. V. mit den entsprechenden Regelungen nach den Landesgesetzen zum Schutz von Natur und Landschaft erforderlich sind, ob Vorkehrungen oder die Errichtung und Unterhaltung von Anlagen zum Wohl der Allgemeinheit oder zur Vermeidung nachteiliger Wirkungen auf Rechte anderer erforderlich sind und welche dies sind (§ 74 II 2 VwVfG), ob, wenn solche Vorkehrungen oder Anlagen untunlich oder mit dem Bauvorhaben unvereinbar sind, stattdessen dem Grunde nach eine Entschädigung in Geld anzuerkennen ist.

7925 Im Hinblick auf die formelle Konzentrationswirkung des Planfeststellungsbeschlusses wird auch entschieden über wasserrechtliche Erlaubnisse und Bewilligungen (§§ 8, 14 WHG). Wird für ein Vorhaben, mit dem die Benutzung eines Gewässers verbunden ist, ein Planfeststellungsverfahren durchgeführt, so entscheidet nach § 19 I WHG die Planfeststellungsbehörde über die Erteilung der Erlaubnis oder der Bewilligung. Sieht ein bergrechtlicher Betriebsplan die Benutzung von Gewässern vor, so entscheidet nach § 19 II WHG die Bergbehörde über die Erteilung der Erlaubnis. In den Fällen von § 19 I und II WHG ist die Entscheidung nach § 19 III WHG im **Einvernehmen**, bei Planfeststellungen durch Bundesbehörden im **Benehmen** mit der zuständigen Wasserbehörde zu treffen. Sonstige Erlaubnisse, Bewilligungen, Befreiungen und Genehmigungen nach Bundes- oder Landesrecht brauchen im Planfeststellungsbeschluss nicht gesondert erteilt zu werden, insbesondere wenn sich aus den Planunterlagen ergibt, dass sie in die Abwägungsentscheidung eingegangen sind. Dies gilt nicht, soweit Bundes- oder Landesgesetze eine besondere Entscheidung vorsehen.

7926 Außerdem muss entschieden werden über Einwendungen und Stellungnahmen, über die im Anhörungsverfahren nur eine vorläufige oder keine Einigung erzielt worden ist, sowie über die Behandlung verspätet erhobener Einwendungen, Ansprüche auf Übernahme von Grundstücken oder Grundstücksteilen, das Vorliegen der allgemeinen Voraussetzungen für Schutzmaßnahmen an dem Vorhaben, soweit sie nicht Gegenstand von Auflagen nach § 74 II 2 VwVfG sind, das Vorliegen der Voraussetzungen für Lärmschutzmaßnahmen an baulichen Anlagen, die

---

2615 BVerwG NJW 1982, 950.

2616 OVG Koblenz NVwZ-RR 2006, 385 (387); Neumann/Külpmann in Stelkens/Bonk/Sachs, 2023, § 74 Rn. 162.

2617 Neumann/Külpmann in Stelkens/Bonk/Sachs, VwVfG, 2023, § 74 Rn. 162.

Frage, ob die Ausführung von Lärmschutzmaßnahmen zunächst unterbleiben kann, solange eine bei Planoffenlegung bereits genehmigte bauliche Nutzung benachbarter Grundstücke noch nicht verwirklicht ist, über Auflagen nach § 74 II 2 VwVfG und Kosten, die anderen Beteiligten auf Grund gesetzlicher Regelungen zu tragen haben.

b) Schutzmaßnahmen. Die Planfeststellungsbehörde hat dem Träger des Vorhabens mit Hilfe einer Auflage oder einer Nebenbestimmung Vorkehrungen oder die Errichtung und Unterhaltung von Anlagen (Schutzmaßnahmen) aufzuerlegen, die zum Wohl der Allgemeinheit oder zur Vermeidung nachteiliger Wirkungen auf Rechte anderer erforderlich sind. Sind solche Vorkehrungen oder Anlagen untunlich oder mit dem Vorhaben unvereinbar, so hat der Betroffene Anspruch auf angemessene Entschädigung in Geld. Schutzmaßnahmen dienen nicht nur dem Wohl der Allgemeinheit und den Rechten Drittbetroffener, sondern auch dem Interesse des Vorhabenträgers, in dem die Schutzvorkehrungen eine ansonsten notwendige Ablehnung der Planfeststellung wegen von ihr ausgehender, in der Abwägung nicht überwindbarer unzumutbarer Nachteile für das Allgemeinwohl und/oder für planbetroffene Dritte vermeiden.[2618] Mit Schutzmaßnahmen können ganz unterschiedliche Beeinträchtigungen vermieden werden. Demensprechend vielfältig sind die Möglichkeiten solcher Maßnahmen. Denkbar sind als Schutzeinrichtungen und -anlagen zB die Anlage von Böschungen, Geländer, Stützmauern, Leitplanken, Bahnschranken, Anpflanzungen, Einfriedungen, Grundstückszufahrten, Brücken, Unterführungen, etc. Hinzu kommen schall- und geruchsdämpfende Maßnahmen (Lärmschutzwälle und -wände, Schallschutzfenster), etc.[2619] 7927

Die im Planfeststellungsbeschluss angeordneten Schutzmaßnahmen begründen einen Anspruch des Betroffenen gegen den Vorhabenträger. Die Anordnung von Schutzmaßnahmen steht nicht im Ermessen der Planfeststellungsbehörde; sie Sie muss Schutzmaßnahmen vielmehr anordnen, wenn diese zum Ausgleich einer sonst unzumutbaren Beeinträchtigung der Betroffenen erforderlich, tunlich und mit dem Vorhaben vereinbar sind. De Betroffene hat einen Anspruch auf die Anordnung solcher Maßnahmen im Planfeststellungsbeschluss, der nötigenfalls mit Hilfe einer Verpflichtungsklage durchgesetzt werden kann.[2620] Die Planfeststellungsbehörde kann den Vorhabenträger auch verpflichten, einen planbetroffenen Dritten für Aufwendungen zu entschädigen, die dieser für erforderliche Schutzmaßnahmen aufgebracht hat. Der Anspruch für einen solchen Aufwendungsersatz ergibt sich aus § 74 II 2 VwVfG und nicht aus § 74 II 3 VwVfG, weil die Zahlungen nicht unzumutbare Beeinträchtigungen, sondern die tatsächlichen Belastungen physisch-real ausgleichen sollen.[2621] Greift § 74 II 2 VwVfG, der den Anspruch auf Schutzvorkehrungen regelt, tatbestandlich nicht ein, so ist auch für einen Entschädigungsanspruch nach § 74 II 3 VwVfG kein Raum. 7928

Sind Schutzmaßnahmen untunlich oder mit dem Vorhaben unvereinbar, so hat der Betroffene nach § 74 II 2 VwVfG Anspruch auf **angemessene Entschädigung** in Geld. Untunlich sind Schutzmaßnahmen, wenn sie keine wirksame Abhilfe erwarten lassen oder wenn sie für den Vorhabenträger unzumutbar wären, insbesondere weil der Aufwand außer Verhältnis zum angestrebten Schutzzweck stünde.[2622] Zwingend erforderlich ist eine Entschädigung außerdem bei der Enteignung für ein planfeststellungsbedürftiges Vorhaben. Schließlich ist ein Entschädigungsanspruch möglich, wenn das rechtmäßige Vorhaben dem betroffenen Grundstückseigentümer ein unzumutbares Sonderopfer abverlangt. Ein solches Sonderopfer kann sich auch aus einer besonders gravierenden Verkehrswertminderung ergeben. Welche Entschädigung angemessen ist, hängt von den Umständen des jeweiligen Einzelfalls ab. Auszugleichen sind die Nachteile, welche die Grenze des Zumutbaren überschreiten und die nicht durch physisch-reale Maßnahmen abgewendet werden. In der Regel kann als Bemessungsgrundlage die Minderung des Verkehrswerts herangezogen werden, die Beeinträchtigungen verursachen, welche die Grenze der Zumutbarkeit überschreiten.[2623] Die Entschädigung darf sich allerdings nicht ausschließlich an wirtschaftlichen Kriterien orientieren, weil bestimmte Immissionen, etwa Lärm, die Wohn- und Lebensqualität in einer Weise beeinträchtigen können, die nicht durch einen ausschließlich am Grundstückwert 7929

2618 Neumann/Külpmann in Stelkens/Bonk/Sachs, VwVfG, 2023, § 74 Rn. 167.

2619 Zur Bewältigung von Lärmkonflikten bei der Zulassung von Höchstspannungsleitungen auch mit Schutzmaßnahmen nach § 74 II VwVfG Hagmann/Thal NVwZ 2016, 1524.

2620 BVerwG NVwZ 1989, 255 (256).

2621 BVerwG NVwZ 2000, 68; Beckmann BauR 2021, 768 (771).

2622 BVerwG NJW 1986, 80 (82); NVwZ 1998, 513 (519); NVwZ 1999, 644 (649); NVwZ 2008, 1007 Rn. 18 ff.

2623 BVerwG NVwZ 1999, 644, 649; Beckmann BauR 2021, 768 (771).

ausgerichteten Ausgleich angemessen aufgefangen werden.[2624] Es kann deshalb sogar eine Entschädigung geboten sein, die über die Verkehrswertminderung hinausgeht.

7930 Die Schwelle zur Unzumutbarkeit ist nicht erst dann überschritten, wenn die Beeinträchtigung des planbetroffenen Dritten zugleich dessen grundrechtlich geschützte Rechtsgüter, namentlich das Eigentum (Art. 14 I GG) oder die Gesundheit (Art. 2 II 1 GG) verletzt. Die Ansprüche nach den §§ 74 II, 75 II VwVfG, und damit auch die auf Geldentschädigung, die nichts anderes als Ersatz für nicht mögliche Schutzmaßnahmen sind, bestehen schon bei Überschreiten der (fachplanungsrechtlichen) Erheblichkeitsschwelle, nicht erst, wenn auch die deutlich höher liegende enteignungsrechtliche Zumutbarkeitsschwelle erreicht ist. Lässt sich durch Schutzmaßnahmen kein angemessener Ausgleich der Nachteile erreichen, mit der Folge, dass eine sinnvolle Nutzung des Grundstücks nicht mehr möglich ist, kann der Eigentümer als besondere Modalität des Entschädigungsanspruchs nach § 74 III 3 VwVfG einen Anspruch auf Übernahme seines Grundstücks durch den Vorhabenträger haben. Entschädigungsansprüche nach § 74 II 3 VwVfG setzen insoweit keine Enteignung voraus; es handelt sich bei § 74 II 3 VwVfG vielmehr um eine verfassungsrechtlich nicht zu beanstandende Inhalts- und Schrankenbestimmung des Eigentums.[2625] Andererseits erstrecken sich Entschädigungsansprüche nach § 74 II 3 VwVfG nur auf den Fall, dass Schutzvorkehrungen unzureichend oder untunlich sind. § 74 II 3 VwVfG ist dementsprechend keine Anspruchsgrundlage, die den Wertverlust eines Grundstücks in der Folge der Realisierung eines Fachplanungsvorhabens an sich ausgleichen soll oder kann.[2626]

7931 Auch soweit Beeinträchtigungen unterhalb der fachplanungsrechtlichen Zumutbarkeitsschwelle nicht nach § 74 II 3 VwVfG zu entschädigen sind, müssen sie, sofern sie mehr als geringfügig sind, in der Abwägung der Planfeststellungsbehörde berücksichtigt werden und können dann, je nach dem Gewicht der für und gegen das Vorhaben sprechenden Belange, die Ablehnung der Planfeststellung rechtfertigen.[2627]

7932 **c) Vorbehalt.** Soweit eine abschließende Entscheidung noch nicht möglich ist, ist diese nach § 74 III VwVfG im Planfeststellungsbeschluss vorzubehalten;[2628] dem Träger des Vorhabens ist dabei aufzugeben, noch fehlende oder von der Planfeststellungsbehörde bestimmte Unterlagen rechtzeitig vorzulegen. Wenn eine abschließende Entscheidung noch nicht möglich ist, insbesondere weil der Vorhabenträger noch weitere Planunterlagen nachliefern muss, kommt grundsätzlich noch kein Planfeststellungsbeschluss, möglicherweise sogar eine Ablehnungsentscheidung in Betracht. Ein Entscheidungsvorbehalt muss das Abwägungsgebot beachten. Die Planfeststellung muss auch ohne die vorbehaltene Teilregelung eine ausgewogene, keine regelungsbedürftige Interessenlage offenlassende abwägungsfehlerfreie Regelung sein. Ein Vorbehalt darf nicht zu einem Verstoß gegen das **Gebot der Konfliktbewältigung** verstoßen. Der Vorbehalt ist unzulässig, soweit die ausgeklammerte Teilentscheidung die Zulassung des Vorhabens als unabgewogen erscheinen lässt.[2629]

7933 Maßgebend ist der Zeitpunkt des Planfeststellungsbeschlusses. Auf diesen Zeitpunkt bezogen müssen sich die für die Bewältigung des Problems notwendigen Kenntnisse nicht mit vertretbarem Aufwand klären lassen.[2630] Auch ist ein Vorbehalt nur zulässig, wenn der Planungsträger davon ausgehen darf, dass der noch ungelöst gebliebene Konflikt im Zeitpunkt der Plandurchführung in einem anderen Verfahren in Übereinstimmung mit seiner eigenen planerischen Entscheidung bewältigt wird. Diese Voraussetzung ist erfüllt, wenn die Problemregelung in dem hierfür vorgesehenen Planungsverfahren zwar noch aussteht, aber nach den Umständen des Einzelfalls lösbar erscheint[2631] Ein solcher Konflikttransfer[2632] in ein Nachfolgeverfahren setzt allerdings voraus, dass dadurch die Rechte der Betroffenen ausreichend

[2624] BVerwG NVwZ 1999, 644 (649).

[2625] Zu Schutzmaßnahmen und Ausgleichsentschädigung bei Planfeststellungen Jarass DÖV 2004, 633 (639); BVerwGE 87, 332 (383); Beckmann BauR 2021, 768 (771).

[2626] BVerwG Urt. v. 16.3.2006 – 4 A 1075/04, juris Rn. 413.

[2627] Jarass DÖV 2004, 633 (635); BVerwGE 87, 332 (341 f.); 107, 313 (322 f.).

[2628] BVerwG DVBl. 1997, 798.

[2629] Neumann/Külpmann in Stelkens/Bonk/Sachs, VwVfG, 2023, § 74 Rn. 202.

[2630] BVerwG NVwZ 1986, 640; NVwZ 1994, 688; DVBl. 1997, 798.

[2631] BVerwG DVBl. 19987, 1273; NVwZ 1989, 145; DVBl. 1997, 798.

[2632] Zum Gebot der Konfliktbewältigung und zu den planerischen Möglichkeiten des Konflikttransfers OVG Münster Beschl. v. 23.11. 2023 – 2 B 677/23.NE, juris Rn. 75; Urt. v. 22.2.2022 – 2 D 202/21.NE, juris Rn. 111; BVerwGE 147, 379; NJW 1978, 118; NJW 1981, 2137; NVwZ 1986, 640; ZfBR 1988, 44;

gewahrt bleiben.[2633] Auch eine Konfliktverlagerung auf einen anderen Planungsträger ist dabei zulässig, sofern die Problemregelung in dem hierfür vorgesehenen Planungs- oder Genehmigungsverfahren zwar noch aussteht, aber nach den Umständen des Einzelfalles bei vernünftiger Betrachtungsweise objektiv zu erwarten ist.[2634] Die Planfeststellungsbehörde muss dadurch ohne Abwägungsfehler ausschließen können, dass eine Lösung des offen gehaltenen Problems durch die getroffenen Feststellungen in Frage gestellt wird. Außerdem dürfen die mit dem Vorbehalt unberücksichtigt gebliebenen Belange kein solches Gewicht haben, dass die Planungsentscheidung nachträglich als unabgewogen erscheinen kann. Der Vorbehalt setzt deswegen eine Einschätzung der später zu regelnden Konfliktlage zumindest in ihren Umrissen voraus.[2635] Überhaupt sind alle Teilfragen, die ihrer Natur nach von der Planungsentscheidung abtrennbar sind, nach Auffassung des BVerwG grundsätzlich einer nachträglichen Lösung zugänglich.[2636] So ist auch die Praxis, die Bauausführung aus der Planfeststellung auszuklammern, rechtlich nicht zu beanstanden, soweit der Stand der Technik für die zu bewältigenden Probleme geeignete Lösungen zur Verfügung stellt und die Beachtung der entsprechenden technischen Regelwerke sichergestellt ist.[2637]

Hinweis: Die Festsetzung einer vorbehaltenen Maßnahme erledigt den Entscheidungsvorbehalt im Sinne des § 74 III VwVfG erst dann, wenn sie unanfechtbar wird. Bis dahin bleiben die Schicksale des Vorbehalts und der ihn ersetzenden Regelung rechtlich selbstständig. Wird diese in einem gerichtlichen Verfahren aufgehoben, bleibt der Entscheidungsvorbehalt demgemäß bestehen und Grundlage für eine neue Regelung.[2638] 7934

Im Planfeststellungsbeschluss muss über die **enteignungsrechtliche Inanspruchnahme** von Grundstücken entschieden werden. Dasselbe gilt grundsätzlich für Folgewirkungen, die sich etwa im Hinblick auf eine **Existenzgefährdung** eines landwirtschaftlichen Betriebes oder Gewerbebetriebes ergeben und die in die Abwägung einzustellen sind. Eine Gefährdung der Existenzfähigkeit eines landwirtschaftlichen Betriebs lässt sich allerdings nicht mit der Erwägung verneinen, der Inhaber stehe am Ende seines Berufslebens.[2639]Ist die Existenzbedrohung eines landwirtschaftlichen Betriebes unvermeidlich und wegen vorrangiger anderer Interessen hinzunehmen, kann die Regelung eines Ausgleichs für diesen Eingriff insbesondere auch hinsichtlich der Entschädigung in Land oder Geld einem sich anschließenden Enteignungsverfahren überlassen werden.[2640] Bei einer fernstraßenrechtlichen Planfeststellung gehört zu den abwägungserheblichen öffentlichen Belangen auch das Interesse an einer kostengünstigen Lösung. Es kann auch für die Auswahl von Trassenvarianten ausschlaggebend sein. Das Interesse des Eigentümers von Grundstücken, nicht enteignend in Anspruch genommen zu werden, hat allerdings keinen generellen Vorrang.[2641] 7935

Einwendungen, die **Entschädigungsforderungen** für **Eingriffe in das Grundeigentum** oder in sonstige dingliche oder obligatorische Rechte betreffen, sind Gegenstand der Planfeststellung nur insoweit, als eine Entscheidung dem Grunde nach notwendig ist. Im Übrigen erfolgt die Entscheidung über diese Ansprüche im Entschädigungsverfahren. Bei **mittelbaren Rechtsbeeinträchtigungen** durch nachteilige Veränderungen der Grundstückssituation, die sich als ausgleichspflichtige Inhalts- und Schrankenbestimmung des Eigentums nach § 74 II 2 VwVfG darstellen, ist über Ausgleichsansprüche dem Grunde nach in der Planfeststellung zu entscheiden. Hinsichtlich der Höhe genügt die Angabe der für die Berechnung maßgeblichen Faktoren. Eine ausgleichspflichtige Inhaltsbestimmung des Eigentums liegt vor, wenn erhebliche und deshalb billigerweise nicht mehr zumutbare Rechtsbeeinträchtigungen von dem Vorhaben ausgehen und die Auflage von an sich erforderlichen Schutzvorkehrungen nach § 74 II 2 VwVfG unterbleibt, weil sie untunlich oder mit dem Vorhaben nicht zu vereinbaren sind. 7936

NVwZ 1989, 960; ZfBR 1990, 27; NVwZ 1990, 459; NVwZ 1990, 159; NVwZ 1991, 980; DVBl. 1991, 826; ZfBR 1992, 86; Scheidler ZfBR 2023, 127; Kloepfer Umweltrecht, 2016, § 11 Rn. 276.

[2633] BVerwG Beschl. v. 15.12.1994 – 7 VR 13.94, juris.

[2634] BVerwG NVwZ 1995, 322; BVerwGE 61, 307; NVwZ 1996, 896.

[2635] BVerwG DVBl. 1997, 798.

[2636] BVerwG NVwZ-RR 1995, 322.

[2637] BVerwG DVBl. 1997, 856; UPR 1997, 470.

[2638] BVerwG UPR 2018, 176; BVerwGE 90, 42 (50 f).

[2639] VGH Mannheim, Urt. v. 17.7.2007 – 5 S 130/06, juris.

[2640] BVerwG UPR 1998, 149.

[2641] BVerwG NVwZ 1999, 164.

7937 Bei einer unvermeidbaren **Konkurrenz** mehrerer **landwirtschaftlicher Betriebe** stellt es eine zulässige Gewichtung der Belange dar, einen landwirtschaftlichen Nebenerwerbsbetrieb zugunsten der Existenzfähigkeit eines landwirtschaftlichen Vollerwerbsbetriebes gleichsam zu „opfern„. Das gilt namentlich für eine Erwerbssituation, die nach den Vorstellungen der Kläger zu einem erheblichen Teil erst noch geschaffen werden soll. Es kann nach Lage des Einzelfalles geboten sein, die Möglichkeit der Ersatzlandbeschaffung in die planerische Abwägung aufzunehmen, um die Folgen einer planerischen Entscheidung genauer berücksichtigen zu können.[2642]

7938 **d) Begründung des Planfeststellungsbeschlusses.** Der Planfeststellungsbeschluss ist nach § 74 I 2 iVm § 69 II 1 VwVfG schriftlich zu begründen. Die Begründung muss erkennen lassen, welche Gründe für die Entscheidung maßgeblich gewesen sind. Bei umfangreichen Vorhaben und komplexen Entscheidungsstrukturen empfiehlt es sich, den Planfeststellungsbeschluss so aufzubauen, dass er nach einem verfügenden Teil mit den erforderlichen Nebenbestimmungen aus einem das Vorhaben darstellenden allgemeinen Teil, sich anschließenden fachlichen Teilen vor allem in Bezug auf die einzelnen Umweltmedien und einzelnen Einwendungsteilen besteht, in denen die jeweiligen Einwendungen auf der Grundlage der bereits vorangehenden allgemeinen Teile behandelt werden. Hierdurch ist eine Bündelung der fachlichen Gesichtspunkte möglich. Zugleich können Wiederholungen bei der Behandlung der einzelnen Einwendergruppen weitgehend vermieden werden. Maßgeblicher Zeitpunkt für die Rechtmäßigkeit des Planfeststellungsbeschlusses ist der Zeitpunkt seines Erlasses. Für die Auslegung seiner Regelungen ist nicht entscheidend, was die Behörde gewollt oder gedacht hat, sondern der objektive Erklärungswert und Sinngehalt ihrer Äußerung. Dabei sind die äußere Form der Erklärung, die Abfassung, die Begründung und alle sonstigen Umstände heranzuziehen (§§ 177, 133 BGB). Auf Grund der Formgebundenheit des Planfeststellungsverfahrens und auch der Entscheidung selbst ist dabei für einen konkludenten Erklärungsgehalt kein Raum. Wird das Anliegen von Betroffenen in einem Planfeststellungsbeschluss nicht behandelt, hat der Planfeststellungsbeschluss hierzu keine Regelung getroffen.

7939 Belange, die für die Planfeststellungsbehörde nicht ohne weiteres erkennbar sind, wie beispielsweise bestimmte Gebäudebeschaffenheiten oder spezielle bauliche Besonderheiten mit Auswirkungen auf die Kosten des Lärmschutzes, müssen vom Betroffenen selbst vorgetragen werden. Auf derartige in der Sphäre des Betroffenen liegende Umstände bezieht sich die behördliche Aufklärungspflicht nicht. Fehlerhafte Begründungen einer Planungsentscheidung sind als Verfahrensfehler nur dann erheblich, wenn sie sich auf die materiellrechtliche Abwägung und damit auf den Inhalt der Entscheidung auswirken. Auch eine fehlerhafte Sachverhaltsaufklärung ist erst dann beachtlich. Landwirten ist es wegen der Flächengebundenheit der landwirtschaftlichen Betriebe zumutbar, auf der Grundlage der Bekanntmachung ihre Betroffenheit in Eigentums- und Pachtflächen darzulegen und die konkrete Art der Bewirtschaftung im Anhörungsverfahren geltend zu machen.

7940 **e) Zustellung.** Wirksam wird der Planfeststellungsbeschluss nach § 43 I VwVfG mit seiner Bekanntgabe. Der Planfeststellungsbeschluss ist nach § 74 IV 1 VwVfG dazu dem Träger des Vorhabens, denjenigen, über deren Einwendungen entschieden worden ist, und den Vereinigungen, über deren Stellungnahmen entschieden worden ist, zuzustellen. Die Zustellung richtet sich nach dem Verwaltungszustellungsgesetz des Bundes bzw. bei Entscheidungen von Landesbehörden nach den entsprechenden Landesgesetzen. Eine Ausfertigung des Beschlusses ist mit einer Rechtsbehelfsbelehrung und einer Ausfertigung des festgestellten Plans in den Gemeinden zwei Wochen zur Einsicht auszulegen; die Auslegung ist ortsüblich bekannt zu machen. Die Planfeststellungsbehörde bestimmt, in welcher Gemeinde eine andere Zugangsmöglichkeit nach § 27b I 1 Nr. 2 VwVfG zur Verfügung zu stellen ist und legt im Benehmen mit der jeweiligen Gemeinde die Zugangsmöglichkeit fest. Mit dem Ende der Auslegungsfrist gilt der Beschluss gegenüber den übrigen Betroffenen als zugestellt; darauf ist in der Bekanntmachung hinzuweisen (§ 74 IV 2 bis 4 VwVfG).

7941 Die Zustellung kann durch öffentliche Bekanntmachung ersetzt werden, wenn mehr als 50 Zustellungen nach § 74 IV VwVfG vorzunehmen sind (§ 74 V 1 VwVfG). Diese wird dadurch bewirkt, dass der verfügende Teil des Planfeststellungsbeschlusses, die Rechtsbehelfsbelehrung und ein Hinweis auf die Auslegung im amtlichen Veröffentlichungsblatt der den Planfeststellungsbeschluss erlassenden Behörde und außerdem in örtlichen Tageszeitungen, die in dem Be-

[2642] BVerwG Urt. v. 18.3.1999 – 4 A 31.98 – 407.4, juris.

reich verbreitet sind, in dem sich das Vorhaben voraussichtlich auswirken wird, bekanntgemacht werden. m den Plan auch gegenüber den sonstigen Betroffenen wirksam werden zu lassen, ist eine Ausfertigung des Beschlusses mit einer Rechtsbehelfsbelehrung und einer Ausfertigung des festgestellten Plans in den Gemeinden zwei Wochen zur Einsicht auszulegen.

Auch im Falle einer gescheiterten Zustellung einer Verwaltungsentscheidung kann ein Kla- 7942
gerecht der **Verwirkung** unterliegen. Diese dem öffentlichen Interesse an der Wahrung des Rechtsfriedens dienende Fiktion kann auf einer unredlichen, Treu und Glauben zuwider laufenden Verzögerung der Klageerhebung beruhen, solange durch eine Annahme einer Verwirkung der Rechtsweg nicht in unzumutbarer Weise verkürzt wird. Voraussetzung für eine Verwirkung ist, dass während eines längeren Zeitraums die Möglichkeit zur Klageerhebung bestand und in Kenntnis dieser Möglichkeit von dieser kein Gebrauch gemacht wurde. Auch muss die Klageerhebung gerade deshalb gegen Treu und Glauben verstoßen, weil der Kläger zu einem entsprechend späten Zeitpunkt Klage erhoben hat und sich die Behörde und der Vorhabenträger auf eine Bestandskraft der Zulassungsentscheidung eingestellt haben.[2643]

Eine **individuelle Benachrichtigung** von Betroffenen ist im Planfeststellungsrecht nur für 7943
nicht Ortsansässige, dh für solche Personen vorgesehen, die von den ortsüblichen Bekanntmachungen nicht erreicht werden (**Ausmärker**, § 73 V 3 VwVfG). Hierbei handelt es sich im Allgemeinen um Grundstückseigentümer, die über das Grundbuch oder bei den Gemeinden geführte Grundsteuerlisten ermittelt werden können. Bekannt ist ein Betroffener im Übrigen dann, wenn die zuständige Behörde von seiner Existenz durch Akten, Urkunden oder durch subjektive Informiertheit der maßgeblichen Bearbeiter Kenntnis hat. Ist die **Bekanntmachung** über die Auslegung oder die Auslegung selbst fehlerhaft, führt dies nur dann zur Rechtswidrigkeit des Planfeststellungsbeschlusses, wenn bei ordnungsgemäßer Verfahrensführung eine andere Entscheidung nicht ausgeschlossen werden kann. Fehler in der Bekanntmachung oder in der Auslegung können nur im Rahmen eines Rechtsbehelfs gegen den Planfeststellungsbeschluss geltend gemacht werden. Eine Verletzung des Mangels ist zudem nach § 45 I Nr. 3 VwVfG heilbar, wenn die Betroffenen im Verwaltungsverfahren nachträglich Gelegenheit erhalten, in ausreichender Frist ihre Einwendungen zu erheben. Der Verfahrensfehler kann nach § 45 II VwVfG idF des GenBeschlG auch noch während eines verwaltungsgerichtlichen Verfahrens geheilt werden. Ergeben sich dabei allerdings neue, bisher nicht behandelte Einwendungen, ist diesen ggf. durch Auflagen zu entsprechen.

Die Auslegung einer Ausfertigung des Planfeststellungsbeschlusses und des festgestellten Pla- 7944
nes (§ 74 IV 2 VwVfG) soll frühestens eine Woche nach dem Zeitpunkt beginnen, in dem das amtliche Veröffentlichungsblatt und die örtlichen Tageszeitungen mit der Bekanntmachung erschienen sind.[2644] Dem Planfeststellungsbeschluss ist nach §§ 74 I 2 iVm 69 II 1 und 37 III VwVfG die **Unterschrift** oder die Namenswiedergabe des Behördenleiters, seines Vertreters oder seines Beauftragten beizufügen. Das Fehlen dieser Erfordernisse, die nicht die Nichtigkeit des Planfeststellungsbeschlusses zur Folge haben,[2645] kann dadurch behoben werden, dass der Verwaltungsakt mit Unterschrift erneut bekannt gegeben wird.[2646] Ein Planfeststellungsbeschluss, der infolge eines offenkundigen Versehens der zuständigen Behörde unvollständig erlassen worden ist, kann nach §§ 42 iVm 72 I 1 VwVfG jederzeit berichtigt werden. Eine derartige Berichtigung stellt lediglich klar, was wirklich gewollt war.[2647]

Es begegnet keinen verfassungsrechtlichen Bedenken, für die öffentliche Bekanntmachung 7945
eines Planfeststellungsbeschlusses und damit für den Beginn der Klagefrist nach § 74 I 2 VwGO gem. § 74 IV 2, V 2 VwVfG BB aF an die Veröffentlichung des verfügenden Teils des Beschlusses im örtlichen Amtsblatt sowie in den lokal verbreiteten Zeitungen anzuknüpfen. Diese Verfahrenserleichterung ist sachlich gerechtfertigt. Gleichfalls ist es verfassungsrechtlich nicht zu beanstanden, „höhere Gewalt" iSd § 60 III VwGO im Falle der Täuschung über einen für den Erfolg einer Klage relevanten Umstand nur dann zu bejahen, wenn die Täuschung ursächlich für die Fristversäumung war.[2648]

2643 BVerwG NVwZ 2001, 206; NVwZ 1990, 263; NVwZ 1991, 1182.

2644 Planfeststellungsrichtlinien FStrG 99, Nr. 30.

2645 Sachs in Stelkens/Bonk/Sachs, VwVfG, 2023, § 44 Rn. 66.

2646 BVerwG NVwZ 1996, 896; U. Stelkens in Stelkens/Bonk/Sachs, VwVfG, 2023, § 37 Rn. 40 a.

2647 BVerwG NVwZ 2000, 553.

2648 BVerfG NVwZ 2018, 579 zur Versagung der Wiedereinsetzung in die Klagefrist für eine Anfechtungsklage und höherer Gewalt iSd § 60 III VwGO.

11. Geltungsdauer

7946 **a) Beginn der Durchführung des Plans.** Wird mit der Durchführung des Plans nicht innerhalb von fünf Jahren nach Eintritt der Unanfechtbarkeit begonnen, so tritt er nach § 75 IV 1 VwVfG außer Kraft. Als Beginn der Durchführung des Plans gilt nach § 75 I 2 VwVfG jede erstmals nach außen erkennbare Tätigkeit von mehr als nur geringfügiger Bedeutung zur plangemäßen Verwirklichung des Vorhabens; eine spätere Unterbrechung der Verwirklichung des Vorhabens berührt den Beginn der Durchführung nicht. Für die Verkehrsträger Eisen- und Magnetschwebebahnen, Bundeswasserstraßen und Bundesfernstraßen sowie für leitungsgebundene Energieversorgung wird geregelt, dass der Plan erst außer Kraft tritt, wenn mit dem Vorhaben nicht innerhalb von 10 Jahren nach Eintritt der Unanfechtbarkeit begonnen worden ist (§ 18 c AEG, § 17 c FStrG, § 14 b WaStrG, § 2 b Magnetschwebebahnplanungsgesetz, § 43 c EnWG).

7947 Der Planfeststellungsbeschluss kann auf einen rechtzeitig vor Ablauf gestellten Antrag des Vorhabenträgers um 5 Jahre verlängert werden. Nach dem Beginn der Durchführung behält der Planfeststellungsbeschluss seine Gültigkeit. Die früher bestehende Rechtsunsicherheit, unter welchen Voraussetzungen ein Vorhaben als begonnen gilt, ist dadurch beseitigt worden, dass als Beginn der Durchführung des Plans jede erstmals nach außen erkennbare Tätigkeit zur planmäßigen Verwirklichung des Vorhabens gilt. Mit dem Beginn der Durchführung des Plans tritt er nicht außer Kraft, auch wenn es später zu Unterbrechungen kommt.

7948 **b) Aufgabe des Vorhabens.** Wird ein Vorhaben, mit dessen Durchführung begonnen worden ist, endgültig aufgegeben, so hat die Planfeststellungsbehörde den Planfeststellungsbeschluss aufzuheben. In dem Aufhebungsbeschluss sind dem Träger des Vorhabens die Wiederherstellung des früheren Zustands oder geeignete andere Maßnahmen aufzuerlegen, soweit dies zum Wohl der Allgemeinheit oder zur Vermeidung nachteiliger Wirkungen auf Rechte anderer erforderlich ist. Werden solche Maßnahmen notwendig, weil nach Abschluss des Planfeststellungsverfahrens auf einem benachbarten Grundstück Veränderungen eingetreten sind, so kann der Träger des Vorhabens durch Beschluss der Planfeststellungsbehörde zu geeigneten Vorkehrungen verpflichtet werden; die hierdurch entstehenden Kosten hat jedoch der Eigentümer des benachbarten Grundstücks zu tragen, es sei denn, dass die Veränderungen durch natürliche Ereignisse oder höhere Gewalt verursacht worden sind.

12. Planänderung vor Fertigstellung des Vorhabens

7949 Soll der festgestellte Plan vor Fertigstellung des Vorhabens geändert werden, bedarf es grundsätzlich eines neuen Planfeststellungsverfahrens (§ 76 I VwVfG). Bei Planänderungen von unwesentlicher Bedeutung können die Verfahrensvereinfachungen nach § 76 II und III VwVfG genutzt werden.

7950 **a) Planergänzungen und das ergänzende Verfahren.** Dasselbe gilt für Planergänzungen und das ergänzende Verfahren (§ 75 I a 2 VwVfG). Der Gesetzgeber geht von einer grundsätzlichen Reparaturmöglichkeit eines fehlerhaften Planfeststellungsbeschlusses aus. Das ergänzende Verfahren kann sich daher auf die fehlerhaften Teile beschränken. Nur insoweit ist ein neuer Verfahrensteil durchzuführen. Vor dem Hintergrund dieses allgemeinen Verständnisses sind auch die Regelungen für die Planergänzung und das ergänzende Verfahren im Infrastrukturplanungsvereinfachungsgesetz zu verstehen (§ 18 d AEG, § 17 d FStrG, § 14 d WaStrG, § 2 c Magnetschwebebahnplanungsgesetz, § 43 d EnWG). Die Planergänzung und das ergänzende Verfahren richten sich in dem jeweils gebotenen Umfang nach den für die Planfeststellung geltenden Vorschriften. Dabei kann auf einen Erörterungstermin verzichtet werden. Die neuen Verfahrensteile sind zugleich unter Anwendung der durch das Infrastrukturplanungsvereinfachungsgesetz eingetretenen Änderungen durchzuführen. Im ergänzenden Verfahren sind nur diejenigen Teile erneut durchzuführen, die im ersten Durchgang fehlerhaft durchgeführt worden sind. Nicht fehlerhafte Teile können weiter bestehen bleiben. Das Vorhaben, bis zu dessen Fertigstellung der festgestellte Plan nach § 17d Satz 1 FStrG iVm § 76 VwVfG geändert werden kann, umfasst auch die planfestgestellten naturschutzrechtlichen Ausgleichs- und Ersatzmaßnahmen. Soweit solche Maßnahmen noch nicht durchgeführt worden sind, kommt eine Planänderung daher auch nach Fertigstellung der planfestgestellten Bundesfernstraße selbst in Betracht. Sie kann sich dann allerdings nur auf diejenigen planfestgestellten Maßnahmen beziehen, die selbst noch nicht dem Planfeststellungsbeschluss entsprechend ausgeführt sind.[2649]

[2649] BVerwG NVwZ 2018, 1642.

b) Zeitlicher Geltungsbereich des § 76 VwVfG. § 76 VwVfG gilt von der Feststellung des Plans bis zur Fertigstellung des Vorhabens. Vor Feststellung des Plans betrifft eine Änderung den Plan, den der Träger eines Vorhabens nach § 73 I 1 VwVfG bei der Anhörungsbehörde zur Durchführung des Anhörungsverfahrens einzureichen hat. Wurde der zu ändernde Plan im Rahmen des Anhörungsverfahrens noch nicht ausgelegt, ist die Änderung formlos möglich.[2650] Sofern der Plan jedoch bereits ausgelegt wurde, richtet sich die Änderung des Plans nach § 73 VIII VwVfG. Nach § 73 VIII 1 VwVfG ist es im Fall der Änderung des ausgelegten Plans ausreichend, Behörden, Umweltvereinigungen und Drittbetroffenen, deren Aufgabenbereich bzw. Belange erstmalig oder stärker als bisher berührt werden, die Änderung mitzuteilen und ihnen Gelegenheit zu Stellungnahmen und Einwendungen zu geben. Nach Fertigstellung des Vorhabens ist § 76 VwVfG nicht anwendbar. Änderungen des fertig gestellten Vorhabens richten sich nach den Vorgaben des jeweiligen Fachplanungsgesetzes. Die Fachplanungsgesetze des Bundes unterwerfen nicht nur den Bau des jeweiligen Vorhabens und gegebenenfalls dessen Betrieb, sondern auch die Änderung bzw. die wesentliche Änderung des fertiggestellten Vorhabens dem Erfordernis der Planfeststellung.[2651] 7951

c) Deckblattverfahren. Bei dem so genannten Deckblattverfahren handelt es sich um ein übliches Verfahren, mit dem Änderungen des ausgelegten Plans und sonstiger Unterlagen im Sinne des § 73 VIII 1 VwVfG vorgenommen und kenntlich gemacht werden. Um Inhalt und Umfang der ausgelegten Unterlagen und den Ablauf des Planfeststellungsverfahrens zu dokumentieren, genügt es, die im Deckblattverfahren geänderten Unterlagen ungestempelt mit den Angaben über die Auslegung in den Akten zu belassen und kenntlich zu machen, dass sie durch Deckblätter ergänzt oder ersetzt worden sind.[2652] Für die Beurteilung der Rechtmäßigkeit eines Planfeststellungsbeschlusses kommt es maßgeblich auf die Sach- und Rechtslage zum Zeitpunkt seines Erlasses an. Das gilt in gleicher Weise für die Begründetheit einer auf § 74 II VwVfG gestützten Verpflichtungsklage auf Planergänzung. An der Maßgeblichkeit dieses Zeitpunkts ändert sich auch dann nichts, wenn der Planfeststellungsbeschluss nach seinem Ergehen im Wege einer Planergänzung insbesondere mit veränderten Schutzauflagen versehen wird, namentlich dann, wenn durch eine solche Änderung ursprüngliche Mängel des Planfeststellungsbeschlusses beseitigt werden sollen. Die Beibehaltung des ursprünglichen Prognosehorizonts setzt allerdings voraus, dass im Planergänzungsverfahren lediglich solche Rechtsfehler behoben werden, die für die Planungsentscheidung insgesamt nicht von so großem Gewicht sind, dass dadurch die Ausgewogenheit der Gesamtplanung oder eines abtrennbaren Planungsteils in Frage gestellt wird, und die durch eine Schutzauflage behoben werden können.[2653] Gegen die Zulässigkeit einer bloßen Ergänzung von Ermessenserwägungen während des verwaltungsgerichtlichen Verfahrens bestehen keine Bedenken.[2654] 7952

d) Planänderung von unwesentlicher Bedeutung. Nach § 76 II VwVfG kann die Planfeststellungsbehörde bei Planänderungen von unwesentlicher Bedeutung von einem neuen Planfeststellungsverfahren absehen, wenn die Belange anderer nicht berührt werden oder wenn die Betroffenen der Änderung zugestimmt haben. Die Erteilung der **artenschutzrechtlichen Ausnahme** führt allerdings nicht zu einer Änderung des Schutzkonzepts für die von der Ausnahme betroffenen Arten; es wird lediglich der bereits im Planfeststellungsbeschluss beschriebene artenschutzrechtliche Konflikt rechtlich anders bewertet. Hieraus folgt zugleich, dass auch „die Belange anderer" nicht berührt werden.[2655] Ein nach § 3 UmwRG anerkannter Naturschutzverband muss bei einer Planänderung von unwesentlicher Bedeutung iSv § 17 d FStrG iVm § 76 II VwVfG nicht beteiligt werden, wenn die Planänderung nicht zu neuen oder zusätzlichen Eingriffen in Natur und Landschaft führt bzw. sich durch die Planänderung keine naturschutzrechtlichen Fragen stellen, zu deren Beantwortung der sachverständige Rat der Naturschutzverbände geboten erscheint.[2656] Selbst wenn die Planfeststellungsbehörde hier statt einer Planänderung nach § 76 II VwVfG iVm § 17 d FStrG ein vereinfachtes Planfeststellungsverfahren durchgeführt hätte, hätte es nach § 76 III VwVfG keines Anhörungsverfahrens 7953

2650 Maus NVwZ 2018, 1087 (1088).

2651 Zum zeitlichen Geltungsbereich von § 76 VwVfG Maus NVwZ 2018, 1087.

2652 BVerwG NVwZ 2013, 147.

2653 BVerwG Beschl. v. 17.1.2013 – 7 B 18.12, juris.

2654 BVerwG BauR 2013, 78.

2655 BVerwG NVwZ 2014, 714 Bier NdsVBl 2014, 233, Gellermann NuR 2014, 597.

2656 BVerwG NVwZ 2014, 714; Bier NdsVBl 2014, 233, Gellermann NuR 2014, 597.

und keiner öffentlichen Bekanntgabe des Planfeststellungsbeschlusses und nach § 63 II Nr. 6 BNatSchG auch keiner Beteiligung der nach § 3 UmwRG anerkannten Naturschutzvereinigungen bedurft. Denn dies hätte vorausgesetzt, dass die Planänderung zu neuen oder zusätzlichen Eingriffen in Natur und Landschaft geführt hätte,[2657] zumindest hätten sich durch die Planänderung zusätzliche naturschutzrechtliche Fragen stellen müssen, zu deren Beantwortung der sachverständige Rat der Naturschutzverbände geboten erscheint.[2658]

13. Datenschutz

7954 Die Offenlage der Planfeststellungsunterlagen muss nach Auffassung des BVerfG, in anonymisierter Form erfolgen. Dasselbe gilt für den Planfeststellungsbeschluss. Insbesondere muss sichergestellt werden, dass eine öffentliche Bekanntmachung von nichtanonymisierten Daten unterbleibt. Das BVerfG, leitet dies aus dem **Grundrecht auf informationelle Selbstbestimmung**[2659] ab. Eine Datenübermittlung „auf Vorrat" an einen unbestimmten Kreis der Öffentlichkeit sei nicht zulässig. Die Angaben seien daher in verschlüsselter Form in die Unterlagen aufzunehmen. Die Zuordnung der individuellen Einwendungen könne durch eine Betriebsnummer erfolgen, die dem jeweiligen Einwendungsführer bekannt gemacht werde. Auch unter Berücksichtigung des gerade in Massenverfahren besonders wichtigen Gesichtspunkts der Verwaltungspraktikabilität fehle es an hinreichenden Gründen dafür, dass jede individuelle Einwendung in einer Weise beschrieben werden müsse, die mit der Preisgabe personenbezogener und nichtanonymisierter Daten an eine unübersehbare Vielzahl unbekannter Dritter verbunden wäre.[2660] Auf die Rüge, es sei etwa bei der Auslegung der Grunderwerbspläne der Datenschutz verletzt, kann die Rechtswidrigkeit der Planfeststellung allerdings nicht gestützt werden. Denn es ist ausgeschlossen, dass ein solcher Fehler sich auf die Entscheidung in der Sache ausgewirkt haben könnte. Es fehlt somit an dem Kausalzusammenhang, ohne den ein Verfahrensfehler nicht zur Aufhebung des Planfeststellungsbeschlusses führt.[2661]

14. Rechtsbehelfsbelehrung

7955 Einem schriftlichen oder elektronischen Verwaltungsakt, der der Anfechtung unterliegt, ist eine Erklärung beizufügen, durch die der Beteiligte über den Rechtsbehelf, der gegen den Verwaltungsakt gegeben ist, über die Behörde oder das Gericht, bei denen der Rechtsbehelf einzulegen ist, den Sitz und über die einzuhaltende Frist belehrt wird (Rechtsbehelfsbelehrung). Die Rechtsbehelfsbelehrung ist auch der schriftlichen oder elektronischen Bestätigung eines Verwaltungsaktes und der Bescheinigung nach § 42 a III VwGO beizufügen (§ 37 VI VwVfG).

7956 Die Belehrungspflicht bezieht sich nicht auf ausschließlich begünstigende Verwaltungsakte, sondern nur auf solche, die der Anfechtung unterliegen. Dazu zählen nach der Gesetzesbegründung auch abgelehnte Anträge, die mit der Verpflichtungsklage weiterverfolgt werden können, ebenso wie Verwaltungsakte mit Doppel- oder Drittwirkung (§ 80 a VwGO). Die Belehrung ist allerdings nicht Bestandteil der Entscheidung. Ist die Rechtsbehelfsbelehrung fehlerhaft, wirkt sich dies nicht auf die Rechtmäßigkeit des Verwaltungsaktes aus. Allerdings gilt dann regelmäßig die Jahresfrist für die Einlegung eines Rechtsbehelfs (§ 58 II VwGO)[2662]. Durch § 37 2 VwVfG wird zudem gewährleistet, dass auch betroffene Dritte Rechtsbehelfe gegen eine zugunsten des Antragstellers geltende Genehmigungsfiktion nur innerhalb einer bestimmten Rechtsbehelfsfrist einlegen können.[2663]

III. Plangenehmigung

7957 Innerhalb des traditionellen Planfeststellungsrechts sollte durch die Plangenehmigung eine Verfahrensbeschleunigung erreicht werden. Der wesentliche Unterschied zwischen Planfeststellung und Plangenehmigung besteht darin, dass bei der Plangenehmigung eine allgemeine Öf-

[2657] Hüting/Hopp UPR 2003, 1.
[2658] BVerwG NVwZ 2014, 714; Bier NdsVBl 2014, 233; Gellermann NuR 2014, 597.
[2659] BVerfG NJW 1984, 419.
[2660] BVerfG NVwZ 1990, 1162.
[2661] BVerwG NVwZ 1996, 896.
[2662] Drs. 171/12, 29; Drs. 17/9666, 18.
[2663] Drs. 171/12, 29; Drs. 17/9666, 18.

fentlichkeitsbeteiligung nicht stattfindet. Die Plangenehmigung hat die Rechtswirkungen der Planfeststellung. Auf ihre Erteilung sind die Vorschriften über das Planfeststellungsrecht nicht anzuwenden (§ 74 VI 2 VwVfG). Vor Erhebung einer verwaltungsgerichtlichen Klage bedarf es keiner Nachprüfung in einem Vorverfahren (§ 74 VI 3 VwVfG).

1. Plangenehmigung statt Planfeststellungsbeschluss

Das Planfeststellungsverfahren ist vor allem durch eine Öffentlichkeits- und Behördenbeteiligung geprägt. Die Plangenehmigung beschränkt hingegen regelmäßig die Beteiligung auf die unmittelbar Betroffenen. Eine Plangenehmigung ist wegen des Erfordernisses der Öffentlichkeitsbeteiligung regelmäßig nicht vorgesehen, wenn das Vorhaben UVP-pflichtig ist. Das gilt aber dann nicht, wenn in den einzelnen Fachplanungsgesetzen eine hinreichende Beteiligung der Öffentlichkeit vorgesehen und das Plangenehmigungsverfahren damit auch für UVP-pflichtige Vorhaben tauglich wird. 7958

An Stelle eines Planfeststellungsbeschlusses kann eine Plangenehmigung erteilt werden, wenn (1) Rechte anderer nicht oder nur unwesentlich beeinträchtigt werden oder die Betroffenen sich mit der Inanspruchnahme ihres Eigentums oder eines anderen Rechts schriftlich einverstanden erklärt haben, (2) mit den Trägern öffentlicher Belange, deren Aufgabenbereich berührt wird, das Benehmen hergestellt worden ist und (3) nicht andere Rechtsvorschriften eine Öffentlichkeitsbeteiligung vorschreiben, die den Anforderungen des § 73 III 1 und IV bis VII VwVfG entsprechen muss (§ 74 VI VwVfG). 7959

a) Rechte anderer. Werden Rechte anderer nicht oder nur unwesentlich beeinträchtigt, kann anstelle eines Planfeststellungsverfahrens ein Plangenehmigungsverfahren in Betracht kommen. Stehen nicht nur unwesentliche Rechtsbeeinträchtigungen im Raum, müssen sich die Betroffenen vorab mit diesen Rechtsbeeinträchtigungen schriftlich einverstanden erklärt haben, damit ein Plangenehmigungsverfahren zulässig ist. Die Beeinträchtigung eines Rechts liegt vor, wenn auf ein fremdes Recht zugegriffen werden soll, wenn zB Fremdeigentum in Anspruch genommen werden soll. Wird privates Eigentum nicht unmittelbar in Anspruch genommen, so bedarf es einer solchen Zustimmung nicht. Entscheidend für die Wahl des Verfahrens ist, ob es sich um eine wesentliche oder eine unwesentliche Rechtsbeeinträchtigung handelt. Grundsätzlich könnte man meinen, dass eine nicht nur unwesentliche Beeinträchtigung von Fremdeigentum immer dann vorliegt, wenn dieses Fremdeigentum durch eine Enteignung unmittelbar in Anspruch genommen werden soll. Dagegen spricht allerdings, dass der Gesetzgeber auch der Plangenehmigung eine **enteignungsrechtliche Vorwirkung** nach §§ 74 VI 2, 75 I VwVfG einräumt. Wenn eine Inanspruchnahme eines Fremdgrundstücks für ein plangenehmigtes Vorhaben ausschließlich mit Zustimmung des Eigentümers zulässig wäre, bräuchte es einer solchen enteignungsrechtlichen Vorwirkung nicht. Das BVerwG hält kleinere Grundstücksinanspruchnahmen auch ohne Zustimmung des Eigentümers für zulässig. Die Inanspruchnahme eines Teilstücks von 26 qm einer insgesamt 409 qm großen Grundstücksfläche stelle bei objektiver Betrachtung keine wesentliche Rechtsbeeinträchtigung dar.[2664] Wirklich überzeugend ist das m.E. allerdings nicht. Warum eine Enteignung von 26 qm eines mit 406 qm ohnehin schon nicht sehr großen Grundstücks keine wesentliche Rechtsbeeinträchtigung sein soll, erschließt sich nicht. 7960

Greift das Vorhaben unmittelbar in privates Eigentum ein, bedarf es aber trotz der enteignungsrechtlichen Vorwirkung der Plangenehmigung (§§ 74 VI 2, 75 I VwVfG) grundsätzlich einer Planfeststellung, wenn sich der betroffene Grundeigentümer nicht einverstanden erklärt und wenn es um mehr als unwesentliche, kleiner Grundstücksflächen geht. Planfeststellung und Plangenehmigung unterscheiden sich damit weiterhin im Wesentlichen dadurch, dass die Planfeststellung in der Lage ist, privates Grundeigentum auch in größerem Umfang zu überwinden, während die Plangenehmigung über diese in die Enteignung gehenden Möglichkeiten nicht verfügt, wenn es sich nicht um unwesentliche Inanspruchnahmen des Eigentums handelt. Die Plangenehmigung setzt also beim beabsichtigten unmittelbaren Zugriff auf privates Eigentum in der Regel die Mitwirkungsbereitschaft der betroffenen Grundeigentümer voraus, auch wenn die Plangenehmigung enteignungsrechtliche Vorwirkungen hat (§§ 74 VI 2, 75 I VwVfG). 7961

2664 BVerwG Beschl. v. 15.12.1995 – 4 A 19/95, juris.

7962 Soll auf der Grundlage einer Planungsentscheidung enteignet werden, muss in jedem Fall sichergestellt sein, dass die betroffenen Eigentumsinteressen in der Abwägung mit den das Vorhaben rechtfertigenden Belangen abgewogen werden. Das Gewicht des Eigentumsbelangs dürfte allerdings relativ leicht zu nehmen sein, wenn der Eigentumsentzug als keine erhebliche und damit zustimmungsfreie Rechtsbeeinträchtigung gewertet wird. Die Planfeststellung hat diese Kraft, weil ihr eine Beteiligung der Allgemeinheit vorausgeht und die gegenläufigen Belange durch Abwägung zu einer an den Gemeinwohlinteressen ausgerichteten Gesamtentscheidung verarbeitet werden. Die zuständige Behörde ist aber bei der Plangenehmigung als planerische Abwägungsentscheidung grundsätzlich in gleicher Weise wie bei der Planfeststellung in der Lage, Eigentumsinteressen abwägend zu bewerten und einer Ausgleichsentscheidung zuzuführen.

7963 Das **Recht auf eine gerechte Abwägung** reicht hingegen allein nicht aus, ein Plangenehmigungsverfahren von vornherein auszuschließen, weil auch für die Plangenehmigung das Abwägungsgebot gilt.[2665] Eine nicht wesentliche Beeinträchtigung eines Rechts liegt zB vor bei der Inanspruchnahme von nach Größe und Wert unbedeutenden Einzelparzellen oder bei unverhältnismäßig geringer Teilinanspruchnahme ohne Beeinträchtigung der zulässigen Grundstücksnutzung.

7964 **b) Benehmen mit Trägern öffentlicher Belange.** Die Wahl der Plangenehmigung setzt außerdem voraus, dass die Planfeststellungsbehörde das Benehmen mit den Trägern öffentlicher Belange herstellt, deren Aufgabenbereich durch das Vorhaben berührt wird (§ 74 VI 1 Nr. 2 VwVfG). Dazu muss die Anhörungsbehörde die Träger öffentlicher Belange anhören und ihnen ermöglichen, die von ihnen wahrzunehmenden Belange geltend zu machen. Das herzustellende Benehmen bezieht sich auf die Entscheidungsform der Plangenehmigung und mehr noch auf das Vorhaben selbst.

7965 Keines Benehmens bedarf es hingegen mit anerkannten Naturschutz- und Umweltschutzvereinigungen, weil diese keine Träger öffentlicher Belange sind.[2666] Die Herstellung des Benehmens setzt kein Einvernehmen oder eine Zustimmung voraus; vielmehr muss Gelegenheit zur Stellungnahme gegeben und eine Bemühung um ein Einvernehmen unternommen werden. Eine Bindung an die Stellungnahme besteht nicht.[2667] Die Regelungen über die Plangenehmigung sind auch keine die anerkannten Naturschutzvereinigungen schützende Norm. Sie können eine Plangenehmigung nicht erfolgreich mit der Begründung anfechten, Rechte Dritter seien beeinträchtigt. Das Beteiligungsrecht der anerkannten Naturschutzvereinigungen nach § 63 I Nr. 4 BNatSchG wird allerdings verletzt, wenn die Zulassungsbehörde ein an sich gebotenes Planfeststellungsverfahren umgeht.

7966 Die Erteilung einer Plangenehmigung setzt ebenfalls nicht voraus, dass durch das Vorhaben keine erheblichen Auswirkungen auf die Umwelt zu besorgen sind.[2668]

7967 **c) Keine Öffentlichkeitsbeteiligung.** Weitere Voraussetzung für eine Plangenehmigung ist, dass nicht andere Rechtsvorschriften eine Öffentlichkeitsbeteiligung vorschreiben, die den Anforderungen des § 73 III 1 und IV bis VII VwVfG entsprechen muss. Das trifft insbesondere auf alle Vorhaben zu, für die nach dem UVPG eine Umweltverträglichkeitsprüfung und damit eine Öffentlichkeitsbeteiligung nach Maßgabe des § 73 vorgeschrieben ist (§ 18 I UVPG). § 17b I Nr. 1 FStrG, § 18b AEG und § 14b II 1 WaStrG lassen unter den Voraussetzungen des § 74 VI 1 Nr. 1 und 2 VwVfG auch für Vorhaben, für die eine Umweltverträglichkeitsprüfung durchzuführen ist, an der Stelle eines Planfeststellungsbeschlusses eine Plangenehmigung zu. Die Anforderungen über die Beteiligung der Öffentlichkeit bestimmen sich in diesen Fällen abschließend nach den Vorschriften des UVPG (mit Ausnahme des § 21 III UVPG) (vgl. § 17b I Nr. 1 S. 3 FStrG § 18b S. 3 AEG, § 14b II 3 WaStrG).[2669]

2665 Kupfer in Schoch/Schneider, Verwaltungsrecht, 2020, § 74 VwVfG, 2020, Rn. 152.

2666 BVerwG NVwZ 1996, 392 (393); NVwZ 1996, 393 (394); NVwZ 1998, 279 (280); OVG Lüneburg NVwZ-RR 2001, 435; Neumann/Külpmann in Stelkens/Bonk/Sachs, VwVfG, 2023, § 74 Rn. 241.

2667 BVerwG NVwZ 2001, 90 (91); Neumann/Külpmann in Stelkens/Bonk/Sachs, VwVfG, 2023, § 74 Rn. 242.

2668 BVerwG DVBl. 1995, 532.

2669 Neumann/Külpmann in Stelkens/Bonk/Sachs, VwVfG, 2023, § 74 Rn. 244a-244b.

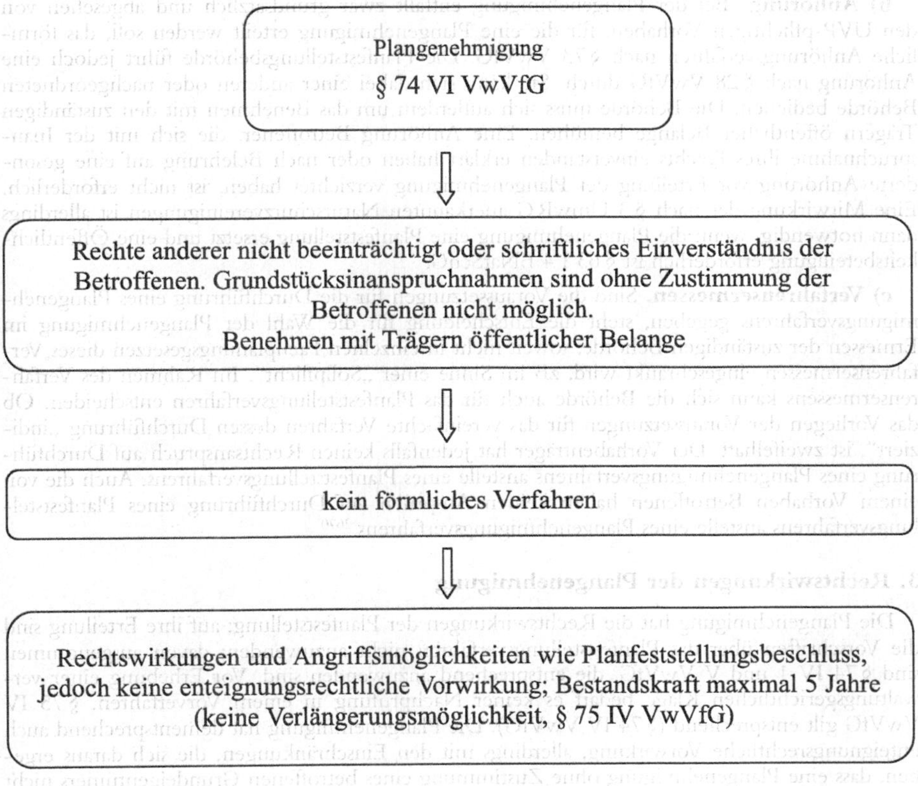

2. Plangenehmigungsverfahren

Bei der Plangenehmigung entfällt ein förmliches Anhörungsverfahren nach § 73 VwVfG. 7968
Allerdings bedarf es gleichwohl eines förmlichen Verfahrens nach dem UVPG, wenn für ein UVP-pflichtiges Vorhaben ein Plangenehmigungsverfahren nach dem jeweiligen Fachplanungsrecht ermöglicht wird. In diesen Fällen bestimmt sich das Beteiligungsverfahren nach dem UVPG mit Ausnahme des § 21 III UVPG.

a) Antrag. Der Antrag auf Erteilung einer Plangenehmigung ist vom Vorhabenträger zu 7969
stellen. Dem Antrag sind in der Regel folgende Unterlagen beizufügen: Erläuterungsbericht, in dem die Notwendigkeit und Zweckmäßigkeit der Maßnahme begründet ist, Übersichtskarte, Übersichtsplan, Ausbauquerschnitt, Lageplan, aus dem auch notwendige Änderungen zu ersehen sind, Bauwerksverzeichnis, Grunderwerbsplan und -verzeichnis, Landschaftspflegerischer Begleitplan, Darstellung der Rechtsbeeinträchtigungen Dritter und Vorlage von Erklärungen der in ihren Rechten betroffenen Dritten über ihr Einverständnis zur Beeinträchtigung ihrer Rechte (zB Bauerlaubnis, Kauf(vor)vertrag, Einverständnis über die Änderung von Zufahrten und Einfriedungen), Darstellung der Rechtsbeeinträchtigungen Dritter, mit denen keine Vereinbarungen abgeschlossen werden konnten, mit vorhandenem Schriftverkehr und ggf. Aktenvermerken, Nachweis über die Beteiligung der Träger öffentlicher Belange sowie Unterlagen für die noch zu treffenden öffentlich-rechtlichen Entscheidungen einschließlich der bei der Herstellung des Benehmens abgegebenen Stellungnahmen beteiligter Behörden und Gebietskörperschaften, Leitungsplan und Stellungnahmen der betroffenen Versorgungsunternehmen. Mehrere Pläne können in einem Plan vereint werden, wenn die Darstellung klar und verständlich bleibt. Wenn und soweit Rechte Dritter nicht beeinträchtigt werden, ist dies der Behörde gegenüber ausdrücklich zu erklären.

7970 **b) Anhörung.** Bei der Plangenehmigung entfällt zwar grundsätzlich und abgesehen von den UVP-pflichtigen Vorhaben, für die eine Plangenehmigung erteilt werden soll, das förmliche Anhörungsverfahren nach § 73 VwVfG. Die Planfeststellungsbehörde führt jedoch eine Anhörung nach § 28 VwVfG durch. Sie kann sich dabei einer anderen oder nachgeordneten Behörde bedienen. Die Behörde muss sich außerdem um das Benehmen mit den zuständigen Trägern öffentlicher Belange bemühen. Eine Anhörung Betroffener, die sich mit der Inanspruchnahme ihres Rechts einverstanden erklärt haben oder nach Belehrung auf eine gesonderte Anhörung vor Erteilung der Plangenehmigung verzichtet haben, ist nicht erforderlich. Eine Mitwirkung der nach § 3 UmwRG anerkannten Naturschutzvereinigungen ist allerdings dann notwendig, wenn die Plangenehmigung eine Planfeststellung ersetzt und eine Öffentlichkeitsbeteiligung erforderlich ist § 63 I 4 BNatSchG.

7971 **c) Verfahrensermessen.** Sind die Voraussetzungen für die Durchführung eines Plangenehmigungsverfahrens gegeben, steht die Entscheidung für die Wahl der Plangenehmigung im Ermessen der zuständigen Behörde, soweit nicht in einzelnen Fachplanungsgesetzen dieses Verfahrensermessen eingeschränkt wird, zB im Sinne einer „Sollpflicht". Im Rahmen des Verfahrensermessens kann sich die Behörde auch für das Planfeststellungsverfahren entscheiden. Ob das Vorliegen der Voraussetzungen für das vereinfachte Verfahren dessen Durchführung „indiziert", ist zweifelhaft. Der Vorhabenträger hat jedenfalls keinen Rechtsanspruch auf Durchführung eines Plangenehmigungsverfahrens anstelle eines Planfeststellungsverfahrens. Auch die von einem Vorhaben Betroffenen haben keinen Anspruch auf Durchführung eines Planfeststellungsverfahrens anstelle eines Plangenehmigungsverfahrens.[2670]

3. Rechtswirkungen der Plangenehmigung

7972 Die Plangenehmigung hat die Rechtswirkungen der Planfeststellung; auf ihre Erteilung sind die Vorschriften über das Planfeststellungsverfahren nicht anzuwenden; davon ausgenommen sind § 74 IV 1 und V VwVfG, die entsprechend anzuwenden sind. Vor Erhebung einer verwaltungsgerichtlichen Klage bedarf es keiner Nachprüfung in einem Vorverfahren. § 75 IV VwVfG gilt entsprechend (§ 74 IV VwVfG). Die Plangenehmigung hat dementsprechend auch enteignungsrechtliche Vorwirkung, allerdings mit den Einschränkungen, die sich daraus ergeben, dass eine Plangenehmigung ohne Zustimmung eines betroffenen Grundeigentümers nicht erteilt werden darf, wenn die Enteignung zu mehr als unwesentliche Rechtsbeeinträchtigungen führt.

4. Verzicht auf förmliches Verfahren

7973 Planfeststellung und Plangenehmigung entfallen in Fällen von **unwesentlicher Bedeutung** (§ 74 VII VwVfG). Diese liegen vor, wenn (1) andere öffentliche Belange nicht berührt sind oder die erforderlichen behördlichen Entscheidungen vorliegen und sie dem Plan nicht entgegenstehen und (2) Rechte anderer nicht beeinflusst werden oder mit den vom Plan Betroffenen entsprechende Vereinbarungen getroffen worden sind. Auf ein förmliches Verfahren kann danach verzichtet werden, wenn öffentliche Belange nicht betroffen sind und die Rechte unmittelbar betroffener Grundstückseigentümer nicht beeinträchtigt werden. Ein förmliches Verfahren kann daher nur entfallen, wenn seitens der unmittelbar betroffenen Grundstückseigentümer kein Widerstand zu erwarten ist.

7974 Als **Vereinbarungen** mit den Betroffenen kommen insbesondere Verträge mit Eigentümern über die Inanspruchnahme ihrer Grundstücke für die Straßenbaumaßnahme, über Anbaubeschränkungen, über die Änderung von Zufahrten und Verträge mit Eigentümern benachbarter baulicher Anlagen über die Durchführung von Lärmschutzmaßnahmen in Betracht. Aus Beweissicherungsgründen sollte das Einverständnis der Betroffenen schriftlich erklärt und zu den Akten genommen werden. Sollen Planfeststellung und Plangenehmigung entfallen, so holt der Vorhabenträger rechtzeitig vor Baubeginn die schriftliche Entscheidung der zuständigen Behörde ein. Die Entscheidung hat – anders als der Planfeststellungsbeschluss und die Plangenehmigung – keine Wirkungen nach außen und bedarf daher auch keiner Zustellung oder Bekanntmachung. Hat ein Dritter die Durchführung des Planfeststellungsverfahrens oder die Erteilung der Plangenehmigung verlangt, so ist ihm mitzuteilen, aus welchen Gründen die

[2670] VGH München Urt. v. 27.3.2017 – 22 A 16.40037, BeckRS 2017, 107647 Rn. 26; Kupfer in Schoch/Schneider, Verwaltungsrecht, 2023, § 74 VwVfG, 2020, Rn. 165.

Verzicht auf förmliches Verfahren
§ 74 VII VwVfG (Fälle von unwesentlicher Bedeutung)

⇩

Voraussetzungen:
Belange anderer nicht berührt oder
Einvernehmen mit allen Betroffenen und Trägern öffentlicher Belange

⇩

Rechtsqualität: Verwaltungsinternum

Planfeststellung unterbleibt oder die Plangenehmigung entfällt und dass ein Anspruch auf Durchführung eines entsprechenden Verfahrens nicht besteht.

IV. Zusammentreffen von Planfeststellungen

Treffen mehrere selbstständige Vorhaben, für deren Durchführung Planfeststellungsverfahren vorgeschrieben sind, derart zusammen, dass für diese Vorhaben oder für Teile von ihnen nur eine einheitliche Entscheidung möglich ist,[2671] und ist mindestens eines der Planfeststellungsverfahren bundesrechtlich geregelt, so findet für diese Vorhaben oder für deren Teile nach § 78 I VwVfG nur ein Planfeststellungsverfahren statt.[2672] Eine einheitliche Entscheidung ist als erforderlich anzusehen, wenn nur durch die Zusammenfassung des Planungsverfahrens jeder der verschiedenen Vorhabenträger sein Planungskonzept sachgerecht verwirklichen kann.[2673] § 78 VwVfG gilt nur subsidiär, wenn das jeweilige Fachplanungsrecht keine eigenen Regelungen enthält (siehe zB für Kreuzungen von Bundesfernstraßen mit anderen öffentlichen Straßen oder mit Gewässern § 12 IV und VI, § 12a FStrG; § 41 WaStrG). 7975

1. Zusammentreffen selbständiger Vorhaben

Es muss sich um selbstständige Vorhaben handeln, die räumlich in einem nicht trennbaren Zusammenhang stehen und die Gemeinsamkeiten aufweisen, die eine einheitliche Sachentscheidung für die gemeinsamen Teile des Bauvorhabens notwendig erscheinen lassen.[2674] In diesen Fällen wird für die Bauvorhaben oder deren Teile nur ein Planfeststellungsverfahren 7976

2671 Zur einheitlichen Zuständigkeit der Planfeststellungsbehörde für notwendige Folgemaßnahmen des Vorhabens nach § 75 I 1 VwVfG BVerwG UPR 1995, 399; RdL 1995, 335. Dazu gehören alle Regelungen außerhalb der eigentlichen Zulassung des eisenbahnrechtlichen Vorhabens, die für eine angemessene Entscheidung über die aufgeworfenen Konflikte erforderlich sind, BVerwG DVBl. 1980, 287; NVwZ 1994, 1002; zur Reichweite der Planfeststellung von Energieleitungen im Falle der Leitungsmitnahme Füßer/Kreuter DVBl.. 2021, 1402.

2672 Zur Konkurrenz von Fachplanungsverfahren Ammelburger NVwZ 1995, 873; Kiepe/Wenzel Städtetag 1991, 566; Stüer DVBl. 1995, 1345.

2673 BVerwGE 101, 73 (78); Kämper Planfeststellungsrecht in Johlen/Oerder, Verwaltungsrecht, 2023, Rn. 22.

2674 BVerwG NVwZ 2015, 1070 (1074); NVwZ 1996, 901; näher dazu Kment NVwZ 2023, 123; Funk UPR 2023, 440; Mitnahme von Hochspannungsleitungen beim Ausbau des Übertragungsnetzes Schieferdecker NVwZ 2022, 1176.

durchgeführt. Dabei umfasst die von § 78 VwVfG ausgelöste Konzentrationswirkung nicht nur den Überschneidungsbereich der Bauvorhaben, sondern die Vorhaben in ihrer gesamten räumlichen Ausdehnung, mit der sie vom jeweiligen Vorhabenträger in das Verfahren eingebracht worden sind.[2675] Beide Bauvorhaben müssen jeweils den Grundsätzen der Abschnittsbildung entsprechen, wodurch auch ihr räumlicher Umfang bestimmt wird.

Beispiel: Kreuzung einer neuen Bundesfernstraße mit einem neuen Schienenweg; Parallelführung einer neuen Bundesfernstraße und eines neuen Schienenweges, wenn ein entsprechender Koordinierungsbedarf besteht; Änderung der Kreuzung einer Bundeswasserstraße und einer Bundesstraße bei gleichzeitigem Ausbau beider Verkehrswege. Die Unterquerung eines Autobahnkreuzes im Außenbereich durch eine Magnetschwebebahn steht mit Umbaumaßnahmen im Autobahnkreuz in der Regel nicht in einem solchen Zusammenhang, dass beide Planungsvorhaben nicht sinnvoll trennbar wären und einer gemeinsamen Planfeststellung bedürften.[2676]

7977 Voraussetzung des § 78 I VwVfG ist es, dass keines der fraglichen Vorhaben von einem anderen Vorhaben in einer Weise abhängig ist, dass der Wegfall des einen die Notwendigkeit oder Zweckmäßigkeit zur Realisierung des anderen entfallen lassen würde. Auf der Grundlage des § 78 VwVfG können außerdem nur Vorhaben zusammentreffen, deren Zulassung jeweils ein Planfeststellungsverfahren erfordert.[2677] Zwischen zwei planfeststellungsbedürftigen Vorhaben fehlt der für eine einheitliche Planfeststellung nach § 78 I VwVfG notwendige zeitliche Zusammenhang, wenn die gesetzliche Ausgestaltung der Planungen die Erstellung von Planfeststellungsunterlagen für eines dieser Vorhaben im Zeitpunkt der Planfeststellung des anderen Vorhabens nicht zulässt.[2678] Maßgeblich ist das Erfordernis einer notwendig einheitlichen Entscheidung und damit der planerische Koordinierungsbedarf, den die Vorhaben auslösen und der nur bewältigt werden kann, wenn dazu in einem Verfahren entschieden werden kann.[2679]

2. Abgrenzung zu Folgemaßnahmen

7978 Durch die Planfeststellung wird nach § 75 I 1 VwVfG die Zulässigkeit des Vorhabens einschließlich der notwendigen Folgemaßnahmen an anderen Anlagen im Hinblick auf alle von ihm berührten öffentlichen Belange festgestellt. Soweit nach § 75 I VwVfG notwendige Folgemaßnahmen von der Planfeststellung erfasst werden, handelt es sich nicht um ein Zusammentreffen mehrerer selbständiger Vorhaben. Als notwendige Folgemaßnahme ist eine Maßnahme anzusehen, die für eine angemessene Entscheidung über die durch die anlassgebende Maßnahme aufgeworfenen Konflikte erforderlich ist; sie darf nicht wesentlich über Anschluss und Anpassung hinausgehen und unterliegt insoweit räumlichen und sachlichen Beschränkungen. Eine Folgemaßnahme ist abzugrenzen von Maßnahmen, die ein umfassendes Planungskonzept benötigen. Hat sich ein Planungskonzept des anderen Vorhabenträgers bereits hinreichend konkretisiert und verfestigt, so hat der anlassgebende Vorhabenträger hierauf auch und insbesondere mit den Folgemaßnahmen Rücksicht zu nehmen.[2680]

7979 Als Beispiele für notwendige Folgemaßnahmen eine Ablagerung von Erdaushub, der bei einem Straßenbauvorhaben oder dem Bau einer ICE-Trasse anfällt, der Bau einer Ersatzstraße aus Anlass der Beseitigung eines Bahnübergangs oder der Umgestaltung eines Bahngeländes, der Bau einer Umgehungsstraße im Zusammenhang mit der Errichtung eines Luftfrachtzentrums und die Mitnahme von Höchstspannungsleitungen genannt bzw. erörtert.[2681]

7980 Da die Entscheidung über notwendige Folgemaßnahmen im Rahmen einer planerischen Abwägung getroffen wird, bedeutet „notwendig" nicht „rechtlich zwingend"; vielmehr können Abwägungsgesichtspunkte den entscheidenden Zusammenhang für die Notwendigkeit der Folgemaßnahme schaffen.[2682] § 75 VwVfG betrifft nur ein planfeststellungsbedürftiges Vorhaben, während § 78 VwVfG mehrere Vorhaben zusammenführt.

[2675] BVerwG NVwZ 2005, 813; BVerwG NVwZ 1996, 901.
[2676] VGH München DVBl. 2006, 463.
[2677] Kment NVwZ 2023, 123 (125).
[2678] BVerwG NVwZ 2018, 1322.
[2679] Kment NVwZ 2023, 123 (125).
[2680] BVerwG UPR 2024, 35 = juris Rn. 22; BVerwGE 151, 213 Rn. 31; NVwZ 2010, 1244.
[2681] Kment NVwZ 2023, 123 (124).
[2682] Kment NVwZ 2023, 123 (124); Schieferdecker NVwZ 2022, 1176 (1181).

3. Zuständigkeiten und Verfahren

Zuständigkeiten und Verfahren richten sich nach den Rechtsvorschriften über das Planfest- 7981
stellungsverfahren,[2683] das für diejenige Anlage vorgeschrieben ist, die einen größeren Kreis öffentlich-rechtlicher Beziehungen berührt (§ 78 II 1 VwVfG).[2684] Dabei ist nicht allein die Größe des Vorhabens oder ihr Raumbedarf ausschlaggebend. Der größere Kreis öffentlich-rechtlicher Beziehungen wird vielmehr auch neben der Anzahl vor allem von dem Gewicht der berührten öffentlich-rechtlichen Beziehungen bestimmt. Werden diese Beziehungen von den zuständigen Planfeststellungsverfahren gleichstark erfasst, ist das Planfeststellungsverfahren anzuwenden, das für die Durchführung des Vorhabens am zweckmäßigsten erscheint,

Beispiel: Die Zuständigkeit für die Planungsentscheidung über ein Kreuzungsbauwerk hängt davon ab, welcher der beiden Kreuzungsbeteiligten seine Anlage ändern will. Planen etwa Straßenbau- und Bundesbahnverwaltung gleichzeitig Baumaßnahmen an ihren Anlagen, dann ist die Zuständigkeit der Planfeststellungsbehörde nach § 78 VwVfG zu bestimmen. Eine einheitliche Entscheidung über mehrere Vorhaben ist vor allem dann geboten, wenn sie dasselbe Kreuzungs- oder Verflechtungsbauwerk betreffen.[2685]

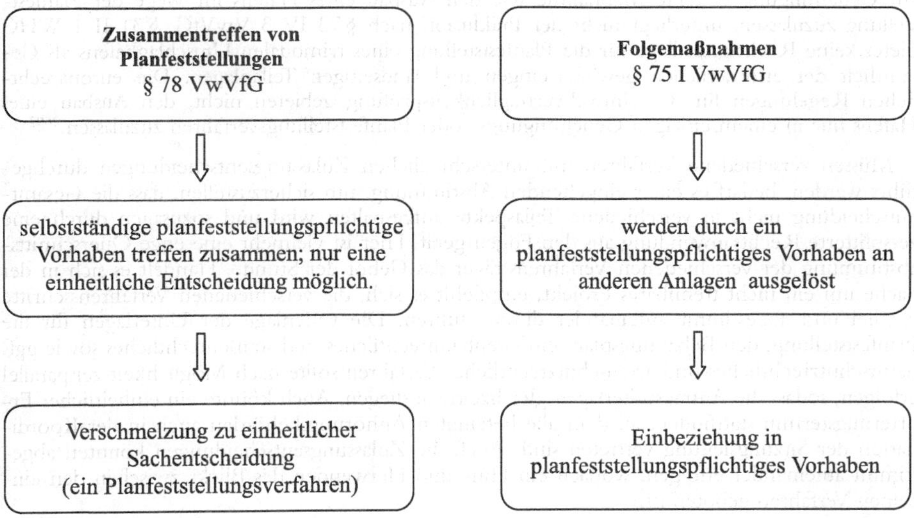

Ein **Vorhaben** des Fachplanungsrechts iS des § 78 I VwVfG ist die in einem konkreten Plan 7982
ausgeformte Gestaltungsabsicht des Baulastträgers bzw. Fachplanungsträgers. Über sie hat die Planfeststellungsbehörde zu entscheiden und nach ihr bestimmt sich ihre Zuständigkeit. Die Belange eines anderen (passiven) Kreuzungsbeteiligten sind im Planfeststellungsverfahren zu berücksichtigen. Die Funktionsfähigkeit der jeweils anderen Anlage ist durch Folgemaßnahmen iS von § 75 I VwVfG sicherzustellen.[2686] Die Vorschriften werden allerdings eng ausgelegt – wohl mit der Begründung, dass die damit verbundene kompetenzerweiternde Wirkung und die Ausdehnung der Konfliktbewältigung auf weitere Problembereiche Grenzen haben muss.[2687] So besteht etwa die Notwendigkeit einer nur einheitlichen Entscheidung nicht, wenn planerisch erhebliche Belange des einen Verfahrens in anderen Verfahren durch Verfahrensbeteiligung und durch Berücksichtigung im Rahmen der planerischen Abwägung ange-

---

[2683] Zum Zusammentreffen von bundesrechtlicher und landesrechtlicher Planfeststellung BVerwG DVBl. 1989, 1053.

[2684] BVerwG NVwZ-RR 1988, 60; NVwZ 1989, 153; NVwZ 1990, 463; NVwZ 1993, 565; NVwZ 1993, 980; NVwZ 1994, 1002.

[2685] BVerwG NVwZ-RR 1988, 60.

[2686] BVerwG NVwZ-RR 1988, 60.

[2687] BVerwG NVwZ 1994, 1002.

messen erfasst werden.[2688] Die enge Auslegung dieser Vorschrift ist berechtigt, solange aus dem Sachzusammenhang mehrerer Planungen eine Pflicht zur einheitlichen Verfahrensführung abgeleitet wird. Das BVerwG hat allerdings inzwischen eine etwas weitgehendere Auslegung des § 78 VwVfG ermöglicht. Bei Verkehrsbauten ist eine räumliche Überschneidung der Trasse ein starkes Indiz für die Anwendbarkeit von § 78 VwVfG. Ebenso ist bei einer Parallelführung von Trassen an die Notwendigkeit einer einheitlichen Planungsentscheidung zumindest dann nahe liegend, wenn Schwierigkeiten der Geländetopografie nur durch eine gemeinsame Baumaßnahme der Vorhabenträger überwunden werden können.[2689]

7983 Wenn zwei Straßenbauvorhaben zusammen planfestgestellt worden sind und eines davon **nicht mehr durchgeführt** werden soll, sind sowohl die Regelungen über die Aufhebung eines Planfeststellungsbeschlusses (§ 77 VwVfG) als auch diejenigen über die Planänderung (§ 76 VwVfG) anzuwenden. Mithin kann von einem neuen Planfeststellungsverfahren nicht abgesehen werden, wenn die durch eine Teilaufhebung des Planfeststellungsbeschlusses herbeigeführte Planänderung nicht nur von unwesentlicher Bedeutung (§ 76 II VwVfG) ist.[2690]

Hinweis: Die europarechtlichen Regelungen für die Umweltverträglichkeitsprüfung gebieten nicht, den Ausbau eines Hafens nur in einem einzigen Genehmigungs- oder Planfeststellungsverfahren zuzulassen.[2691] Die Rüge, die Behörde sei von Rechts wegen daran gehindert, eine zur Genehmigung gestellte Maßnahme wie den Ausbau eines Hafens im Wege der Planfeststellung zuzulassen, unterliegt nicht der Präklusion nach § 73 IV 3 VwVfG. § 31 II 1 WHG bietet keine Rechtsgrundlage für die Planfeststellung eines trimodalen Umschlaghafens als Gesamtheit der erforderlichen gewässerseitigen und landseitigen Teilanlagen. Die europarechtlichen Regelungen für die Umweltverträglichkeitsprüfung gebieten nicht, den Ausbau eines Hafens nur in einem einzigen Genehmigungs- oder Planfeststellungsverfahren zuzulassen.[2692]

7984 Müssen verschiedene Verfahren mit unterschiedlichen Zulassungsentscheidungen durchgeführt werden, bedarf es einer eingehenden Abstimmung, um sicherzustellen, dass die Gesamtentscheidung nicht in verschiedene Teilaspekte aufgespalten wird und sozusagen durch eine zersplitterte Rechtsanwendung aus den Fugen gerät. Hier ist vielmehr eine enge Querschnittsabstimmung der verschiedenen Verfahrensträger das Gebot der Stunde. Handelt es sich in der Sache um ein nicht trennbares Projekt, empfiehlt es sich, die verschiedenen Verfahrensschritte parallel und abgestimmt aufeinander durchzuführen. Die Offenlage der Unterlagen für die Planfeststellung, den Bebauungsplan, ein eisenbahnrechtliches und straßenrechtliches sowie ggf. naturschutzrechtliches und artenschutzrechtliches Verfahren sollte nach Möglichkeit zeitparallel erfolgen, sodass die Antragsunterlagen gleichzeitig ausliegen. Auch könnte ein einheitlicher Erörterungstermin stattfinden, an dem alle beteiligten Anhörungsbehörden auch in der Koordination der Sitzungsleitung vertreten sind. Auch die Zulassungsentscheidungen könnten abgestimmt aufeinander erfolgen, wonach ein Hin- und Herwenden des Blicks zwischen den einzelnen Verfahren geboten ist.

V. Abschnittsbildung

7985 Die Planfeststellung kann in Abschnitten erfolgen.[2693] Die Rechtsfigur der planungsrechtlichen Abschnittsbildung ist eine richterrechtliche Ausprägung des allgemeinen rechtsstaatlichen Abwägungsgebots.[2694] Die Planfeststellungsbehörde verfügt insoweit über ein planerisches Ermessen, in das sie ua Gesichtspunkte einer zweckmäßigen Verfahrensgestaltung einbeziehen kann. Dieses Ermessen wird aber durch das materielle Planungsrecht begrenzt. Die Aussage-

[2688] So BVerwG NVwZ 1993, 980.

[2689] BVerwG NVwZ 1996, 389; NVwZ 1996, 901.

[2690] BVerwG NVwZ 2005, 327.

[2691] BVerwG IR 2015, 188 m. Anm. Stüer DVBl. 2015, 492; Hermanns NVwZ 2015, 1077.

[2692] BVerwG NVwZ 2015, 1070; Stüer DVBl. 2015, 492; Erbguth DVBl. 2015, 840; Kämper NVwZ 2015, 1076.

[2693] BVerwG NJW 1981, 2592; NVwZ 1992, 1093; DVBl. 1992, 1435; DVBl. 1996, 684; Urt. v. 14.10.1996 – 4 A 35.96 – Buchholz 407.4 § 17 FStrG Nr. 123; DVBl. 1997, 798. Zur Teilbarkeit von Planungsentscheidungen Broß DÖV 1985, 253; Gramlich VBlBW 1987, 228; Grupp DVBl. 1985, 152; Paetow DVBl. 1985, 369.

[2694] Durinke/Hofmann Bauleitplanung in Hoppenberg/de Witt, Handbuch des öffentlichen Baurechts, 2023, Rn. 1536.

kraft der Abwägung darf durch eine Aufspaltung des Vorhabens nicht beeinträchtigt werden. Insbesondere kann eine Teilplanung nicht so weit verselbstständigt werden, dass durch die Gesamtplanung geschaffene Probleme unbewältigt bleiben.[2695] Die Planung in Abschnitten muss nicht konsekutiv erfolgen, sondern es kann gerade das Ziel der Abschnittsbildung sein, eine zeitlich und inhaltlich parallele Planung mehrerer Abschnitte zu ermöglichen und die Planung und Verwirklichung des Gesamtvorhabens dadurch zu beschleunigen.

1. Zulässigkeit der Abschnittsbildung

Die Zulässigkeit einer planungsrechtlichen Abschnittsbildung ist anerkannt. Sie beruht auf **7986** der Erkenntnis, dass ein planerisches Gesamtkonzept angesichts vielfältiger Schwierigkeiten, die mit einer detaillierten Streckenplanung verbunden sind, häufig nur in Teilabschnitten verwirklicht werden kann. Die Planfeststellungsbehörde verfügt dabei nach der Rechtsprechung des BVerwG über ein planerisches Ermessen, in das sie unter anderem Gesichtspunkte einer zweckmäßigen Verfahrensgestaltung einbeziehen kann. Dieses Ermessen wird aber durch das materielle Planungsrecht, insbesondere die Ziele des jeweiligen Fachplanungsgesetzes und das Abwägungsgebot, begrenzt. Insbesondere kann eine Teilplanung nicht so weit verselbstständigt werden, dass durch die Gesamtplanung geschaffene Probleme unbewältigt bleiben. Auch muss zwischen den Vorteilen, die in der alsbaldigen Verwirklichung eines Teilbereichs liegen, und eventuell damit verbundenen Nachteilen wie etwa höheren Kosten oder der Durchführung von sich später als überflüssig herausstellenden Baumaßnahmen, eine sachgerechte Abwägung getroffen werden.[2696] Insbesondere muss die Planung in dem jeweiligen Abschnitt dem Einwand standhalten, dass eine andere Planungsvariante bei einer auf die Gesamtplanung bezogenen Betrachtung vorzugswürdig sei.

Die Bildung von Teilabschnitten muss das Ergebnis planerischer Abwägung sein. Grundsätz- **7987** lich bedarf jeder Streckenabschnitt der eigenen Rechtfertigung, die allerdings vor dem Hintergrund der beabsichtigten Gesamtplanung zu sehen ist.[2697] Daher muss der jeweilige Teilabschnitt grundsätzlich eine insoweit selbstständige Verkehrsfunktion besitzen. Außerdem muss vermieden werden, dass durch eine nicht sachgerechte Abschnittsbildung ein Planungstorso entsteht.

Die Planung in Abschnitten muss nicht konsekutiv erfolgen, sondern es kann gerade das **7988** Ziel der Abschnittsbildung sein, eine zeitlich und inhaltlich parallele Planung mehrerer Abschnitte zu ermöglichen und die Planung und Verwirklichung des Gesamtvorhabens dadurch zu beschleunigen. Dies gilt umso mehr, wenn die Planung unter einem hohen zeitlichen Druck steht und es daher auf jeden Tag, den ein Abschnitt früher planfestgestellt werden kann, ankommt.[2698]

a) Grundsatz der Problembewältigung. Der Grundsatz der umfassenden Problembewäl- **7989** tigung kann die Planfeststellungsbehörde allerdings dazu veranlassen, in jedem Abschnitt die Möglichkeit der Weiterführung der Strecke über den jeweiligen Abschnitt hinaus und die sich daraus ergebenden Zwangspunkte in die Entscheidung einzubeziehen. Ein Eigentümer kann sich gegen eine heranrückende, sein Grundstück noch nicht unmittelbar betreffende Planung zur Wehr setzen, wenn ein Zwangspunkt geschaffen wird, der im weiteren Planungsverlauf zwangsläufig zu seiner Betroffenheit führt.[2699]

Diese Vorausschau auf nachfolgende Abschnitte nach Art eines **„vorläufigen positiven** **7990** **Gesamturteils"** gewährleistet auch für die Umweltverträglichkeitsprüfung eine hinreichende Verknüpfung der Abschnitte zu einem Gesamtprojekt.[2700] Für die **fernstraßenrechtliche Fachplanung** hat das BVerwG aus diesen Zusammenhängen das Erfordernis abgeleitet, dass jeder Abschnitt eine selbstständige **Verkehrsfunktion** haben muss.[2701] Dies bedeutet allerdings nicht, dass die übrigen Planfeststellungsabschnitte bereits Gegenstand eines konkreten Planungsverfahrens sein müssen, und schon gar nicht, dass diese Verfahren einen bestimmten

2695 BVerwG ZUR 2023, 677 = juris Rn. 49; BVerwGE 170, 33 Rn. 724.
2696 BVerwG NVwZ 2021, 648 (654); BVerwGE 160, 78; NVwZ 2019, 1202.
2697 Durinke/Hofmann Bauleitplanung in Hoppenberg/de Witt, Handbuch des öffentlichen Baurechts, 2023, Rn. 1537.
2698 BVerwG ZUR 2023, 677 = juris Rn. 50.
2699 BVerwG NVwZ 2021, 648.
2700 BVerwG DVBl. 1988, 532; NVwZ 1996, 381.
2701 BVerwG NVwZ 1993, 887.

Stand erreicht haben müssen. Der Zweck der Abschnittsbildung ist es, ein Gesamtvorhaben in Teile zu zerlegen, die nicht zuletzt im Interesse der Planbetroffenen eine praktikable und effektiv handhabbare sowie eine leichter überschaubare Planung ermöglichen. Der hiermit verbundene Vorteil würde wieder zunichte gemacht, wenn die Planungsbehörde schon die Planfeststellung für einen bestimmten Streckenabschnitt zum Anlass nehmen müsste, um auch in anderen Abschnitten planerische Aktivitäten zu entfalten. Durch die abschnittsweise Planung sollen die Voraussetzungen dafür geschaffen werden, dass ein Teil des Problemstoffs, der im Rahmen der Gesamtplanung zu bewältigen ist, sachangemessen abgeschichtet werden kann.[2702]

7991 **b) Habitat- und Artenschutzrecht.** Die grundsätzliche Zulässigkeit der Abschnittsbildung wird auch durch das Habitatrecht nicht eingeschränkt; für das Artenschutzrecht gilt nichts anderes. Erforderlich, aber auch ausreichend ist eine Vorausschau auf nachfolgende Abschnitte nach Art eines vorläufigen positiven Gesamturteils. Die Prognose muss ergeben, dass nach summarischer Prüfung der Verwirklichung des Vorhabens auch im weiteren Verlauf keine von vornherein unüberwindlichen Hindernisse entgegenstehen. Diese Prognose fällt nicht schon deshalb negativ aus, weil das Vorhaben im weiteren Verlauf voraussichtlich nachteilige Auswirkungen auf ein FFH-Gebiet haben kann oder haben wird; vielmehr ist auch zu berücksichtigen, ob es möglich erscheint, mit Hilfe von Schutzmaßnahmen die Verträglichkeit zu gewährleisten oder aufgrund einer Abweichungsprüfung zur Zulässigkeit des Vorhabens zu gelange.[2703]

7992 **c) UVP-RL.** Auch die UVP-RL verbietet eine abschnittsweise Planfeststellung nicht. Ob im Fernstraßenrecht eine Abschnittsbildung zulässig ist, beurteilt sich nicht nach dem UVP-Recht, sondern nach den Anforderungen des Abwägungsgebotes. Für nachfolgende Abschnitte ist auch unter dem Gesichtspunkt der Umweltverträglichkeit die Prognose ausreichend, dass der Verwirklichung des Vorhabens keine unüberwindbaren Hindernisse entgegenstehen.[2704] Ergibt sich aber die Planrechtfertigung erst aus der ganzen Strecke, müssen auch bei der Planfeststellung des vorgezogenen Abschnitts die Umweltauswirkungen der weiterführenden Strecke zumindest grobmaschig daraufhin untersucht werden, ob die Weiterführung sichergestellt ist. Dabei kann sich die Planfeststellungsbehörde auch auf in vorgelagerten Planungsebenen gewonnene und bewertete Erkenntnisse beziehen.[2705]

7993 Ergeben sich bei einer planungsrechtlichen Abschnittsbildung sog. **Zwangspunkte**, ist Rechtsschutz gegenüber dem vorherigen Teilabschnitt auch für den gegeben, der in seinen Rechten erst durch den Folgeabschnitt betroffen wird.[2706] Dieser zur Bildung von Teilabschnitten bei der Planfeststellung einer Bundesfernstraße entwickelte Grundsatz ist auf den Rechtsschutz gegen eine Plangenehmigung übertragbar, in der Teile eines der Planfeststellung unterliegenden Gesamtbauvorhabens vorweg zugelassen werden. Der Eigentümer eines Grundstücks, der sich durch eine an sich erst im Planfeststellungsverfahren angestrebte Lösung in seinen Eigentumsrechten verletzt sieht, kann sich daher bereits gegen die Erteilung einer Plangenehmigung zur Wehr setzen, wenn durch die vorangehende Plangenehmigung bereits ein Zwangspunkt für die Inanspruchnahme seines Grundstücks gesetzt wird.[2707] Entfaltet ein Planfeststellungsbeschluss für die Variantenauswahl im anschließenden Teilabschnitt nur insoweit eine Vorwirkung, als er die in Betracht kommenden Varianten reduziert, rechtfertigt dies allerdings nicht die Annahme eines Zwangspunktes.[2708]

7994 **d) Eisenbahnrechtliche Planfeststellung.** Für die eisenbahnrechtliche Planfeststellung wird die Forderung einer selbstständigen Verkehrsfunktion bei einer abschnittsweisen Planung allerdings nicht erhoben.[2709] Denn die Engmaschigkeit des Straßennetzes ist nicht mit dem Schienennetz der Eisenbahn vergleichbar. Auch wird bei der Eisenbahn regelmäßig „in einem

2702 BVerwG ZfB 1997, 131.

2703 BVerwG DVBl. 2010, 395; NVwZ 2008, 1238; BVerwG NVwZ 2014, 714; Bier NdsVBl 2014, 233; Gellermann NuR 2014, 597.

2704 BVerwG NVwZ 1998, 508.

2705 BVerwG NVwZ 1999, 528.

2706 BVerwG Beschl. v. 14.7.2005 – 9 VR 23.04, juris; NVwZ 1993, 887; NVwZ 1997, 49; Urt. v. 1.7.2003 – 4 VR 1.03, juris; Urt. v. 24.3.2004 – 9 A 34.03, juris.

2707 BVerwG NVwZ 1998, 1178 für ein Brückenbauwerk und die Anschlussstelle einer Bundesautobahn mit Anbindung an das untergeordnete Straßennetz.

2708 BVerwG NVwZ 2012, 567; Zabel IBR 2012, 353; Muckel JA 2012, 639.

2709 BVerwG NVwZ 1996, 896; NVwZ-RR 1998, 284.

Stück" geplant.[2710] Ist die Planfeststellung für benachbarte Abschnitte rechtsverbindlich, weil die Beschlüsse nicht angefochten worden sind oder die Anfechtung erfolglos war, so sind die dadurch entstandenen Zwangspunkte auch der Beurteilung weiterer Abschnitte zugrunde zu legen. Im Rahmen der Anfechtung dieser Abschnitte kann daher nicht mehr das Gesamtkonzept der Planung in Frage gestellt werden, soweit es bereits durch die rechtskräftigen Planfeststellungsbeschlüsse verbindlich festgestellt worden ist.

2. Fehler in der Abschnittsbildung

Eine fehlerhafte Abschnittsbildung kann ggf. durch eine Erklärung, den Baubeginn nur gemeinsam durchzuführen, geheilt werden.[2711] Fehler in der Abschnittsbildung sind im Übrigen nur erheblich, wenn sie offensichtlich und auf das Abwägungsergebnis von Einfluss gewesen sind (§ 75 I a 1 VwVfG). Von Einfluss gewesen ist ein Mangel nur dann, wenn nach den Umständen des Einzelfalles die konkrete Möglichkeit eines solchen Einflusses besteht. Das kann etwa dann der Fall sein, wenn sich an Hand der Planunterlagen oder sonst erkennbarer oder nahe liegender Umstände ergibt, dass sich ohne den Fehler im Abwägungsvorgang ein anderes Abwägungsergebnis abgezeichnet hätte.[2712] Denn nach der Rechtsprechung des BVerwG führt die Nichteinhaltung von Verfahrensbestimmungen für sich genommen noch nicht zur Aufhebung eines Planfeststellungsbeschlusses. Hinzukommen muss vielmehr, dass sich der formelle Mangel auf die Entscheidung in der Sache ausgewirkt haben kann. Ein solcher Kausalzusammenhang ist nur dann gegeben, wenn nach den Umständen des Falles die konkrete Möglichkeit besteht, dass die Planungsbehörde ohne den Verfahrensfehler anders entschieden hätte.[2713] Fehlt die selbstständige Verkehrsbedeutung eines Abschnitts, so kann der darin liegende Fehler dadurch geheilt werden, dass nach dem Inhalt des Planfeststellungsbeschlusses oder ergänzender Regelungen mit dem Abschnitt erst begonnen werden darf, wenn die Nachbarabschnitte unanfechtbar planfestgestellt sind.[2714] **7995**

3. Drittschutz

Dritte haben grundsätzlich keinen Rechtsanspruch darauf, dass über die Zulassung eines Vorhabens insgesamt, vollständig und abschließend in einem einzigen Bescheid entschieden wird.[2715] Die Abschnittsbildung darf allerdings nicht zu einer **Verkürzung des Rechtsschutzes** von Planbetroffenen führen.[2716] Eine Abschnittsbildung kann Dritte in ihren Rechten verletzen, wenn sie deren durch Art. 19 IV GG gewährleisteten Rechtsschutz faktisch unmöglich macht, wenn sie dazu führt, dass die abschnittsweise Planfeststellung dem Grundsatz der umfassenden Problembewältigung nicht gerecht werden kann, oder wenn ein dadurch gebildeter Streckenabschnitt der eigenen sachlichen Rechtfertigung vor dem Hintergrund der **Gesamtplanung** entbehrt.[2717] **7996**

Wird ein Vorhaben in mehreren **verfahrensselbstständigen Abschnitten** geplant, muss der Betroffene seine Rechte durch Einwendungen in allen Verfahren geltend machen, durch die er betroffen ist. Dies gilt jedenfalls dann, wenn das Gesetz eine Präklusion für den Fall der Nichterhebung von Einwendungen vorsieht (§ 73 IV 1 VwVfG). Die Erhebung von Einwendungen in einem früheren Planfeststellungsverfahren für einen anderen Abschnitt desselben Vorhabens reicht dazu nicht aus. Die Ausschlusswirkung des § 73 IV 1 VwVfG und der gleich lautenden Regelungen in den verschiedenen Fachplanungsgesetzen wird durch das öffentliche Interesse daran gerechtfertigt, Rechts- und Verkehrssicherheit in Bezug auf den Bestand der künftigen Planfeststellung, soweit sie den ausgelegten Unterlagen entspricht, innerhalb einer angemessenen Frist herbeizuführen. Jedenfalls dann, wenn die Abschnittsbildung rechtlich **7997**

[2710] BVerwG NVwZ 1996, 896.

[2711] BVerwG DVBl.. 1996, 677; Durinke/Hofmann Bauleitplanung in Hoppenberg/de Witt, Handbuch des öffentlichen Baurechts, 2023, Rn. 1538.

[2712] BVerwG NVwZ 1996, 905.

[2713] BVerwGE 69, 256; NVwZ-RR 1996, 253.

[2714] BVerwG DVBl. 1996, 677; NVwZ 1996, 1016 m. Anm. Stüer, DVBl. 2013, 1324; DVBl. 1996, 914; DVBl. 1996, 915.

[2715] BVerwG NVwZ 1989, 52.

[2716] Durinke/Hofmann Bauleitplanung in Hoppenberg/de Witt, Handbuch des öffentlichen Baurechts, 2023, Rn. 1536.

[2717] BVerwG NVwZ 1997, 165.

nicht zu beanstanden ist, ist es deshalb jedem, dessen Belange durch das Vorhaben berührt werden, grundsätzlich zumutbar, Einwendungen gegen den einen bestimmten Planfeststellungsabschnitt betreffenden Plan innerhalb der dafür geltenden Einwendungsfrist auch dann nochmals zu erheben, wenn er sich bereits am Planfeststellungsverfahren für einen anderen Abschnitt mit Einwendungen beteiligt hat. Die formale Selbstständigkeit der für jeden Abschnitt einzeln durchzuführenden Planfeststellungsverfahren schließt es aus Gründen der Rechtssicherheit aus, Einwendungen, die in einem dieser Verfahren erhoben wurden, damit zugleich als in allen oder einzelnen folgenden Verfahren erhoben anzusehen.[2718]

VI. Rechte der Gemeinden

7998 Gemeinden sind einwendungs- und nur klagebefugt, wenn sie eine Verletzung eigener Rechte geltend machen. Etwas anderes gilt bei verwaltungsgerichtlichen Normenkontrollanträgen nach § 47 VwGO, die aber gegen Planfeststellungsbeschlüsse nicht statthaft sein. Kreise, kreisfreie Städte und kreisangehörige Städte und Gemeinden können als Behörden im Sinne des § 47 II 1 VwGO einen Normenkontrollantrag gegen eine untergesetzliche Rechtsvorschrift des Landes stellen, ohne dass es einer Antragsbefugnis bedürfte. Sie können aber auch als juristische Personen des öffentlichen Rechts die nach § 47 II 1 VwGO für die juristischen Personen erforderliche Antragsbefugnis geltend machen.[2719] Gemeinden können in einem Planfeststellungsverfahren und in einem gerichtlichen Verfahren gegen einen Planfeststellungsbeschluss geltend machen, ein fachplanerisches Vorhaben störe nachhaltig eine bestimmte kommunale Planung, entziehe wegen seiner Großräumigkeit wesentliche Teile des Gemeindegebiets einer durchsetzbaren gemeindlichen Planung oder beeinträchtige gemeindliche Einrichtungen erheblich. Eine Einwendungs- und Klagebefugnis kann sich auch aus der Rüge ergeben, ein planfestgestelltes Vorhaben erschwere die Erfüllung einer Selbstverwaltungsaufgabe wesentlich. Einwendungs- und Klagebefugnis können sich auch aus dem zivilrechtlichen Grundstückseigentum herleiten, auch wenn Gemeinden nicht Träger der grundgesetzlichen Eigentumsgarantie sind.[2720]

1. Einwendungen und Mitwirkungslasten der Gemeinde

7999 Gemeinden, die auch im Rahmen der Behördenbeteiligung Stellung nehmen, müssen, wenn sie sich gegen ein Vorhaben wendenwollen, mit einem gesonderten Schreiben Einwendungen erheben, aus dem sich ergibt, dass es sich bei dem Schreiben nicht um eine Behördenstellungnahme, sondern um eine fristwahrendes Einwendungsschreiben zur Wahrung eigener Rechte der Gemeinde handelt. Das setzt die Unterzeichnung durch einen nach dem Gemeinderecht zur Vertretung der Gemeinde befugte Person voraus.[2721]

8000 Auf die Gemeinden kommen im Planfeststellungsverfahren ebenso wie auf den Bürger Mitwirkungslasten zu.[2722] Werden konkrete Rechtsbeeinträchtigungen gemeindlicher Belange nicht rechtzeitig dargelegt, so fallen sie bei der Abwägung und im Rechtsschutz aus.[2723] Eine Gemeinde, die etwa durch ein Vorhaben nicht in ihren materiellen Rechten beeinträchtigt wird, kann den ergangenen Planfeststellungsbeschluss nicht mit der Begründung anfechten, sie sei am Verwaltungsverfahren nicht ordnungsgemäß beteiligt worden.[2724] Wird die Verletzung der Planungshoheit geltend gemacht, so muss die Gemeinde darlegen, welche Pläne berührt sind, welchen Inhalt sie haben und in welchem Planungsstadium sie sich befinden.[2725] Die Gemeinden sind dabei auf eigene Belange beschränkt. Wird eine solche konkrete Verletzung eigener gemeindlicher Rechte nicht vorgetragen, handelt die Planfeststellungsbehörde nicht abwägungsfehlerhaft, wenn sie von sich aus solche Ermittlungen nicht anstellt.[2726] Fehlt es an

---

[2718] BVerwG DVBl. 1997, 1119.

[2719] Im Einzelnen dazu Beckmann NWVBL 2021, 181.

[2720] BVerwG NVwZ 2000, 560; BVerwGE 147, 184 Rn. 60 ff.; Neumann/Külpmann in Eyermann, VwGO, 2023, § 74 Rn. 268.

[2721] Beckmann in Beckmann/Kment, UVPG/UmwRG, 2023, § 67 UVPG Rn. 38; OVG Münster Beschl. v. 29.8.2005 – 11 O 4823, juris.

[2722] BVerwG NJW 1979, 64.

[2723] BVerwG ZUR 1995, 218.

[2724] BVerwG NJW 1992, 256.

[2725] BVerwG NVwZ 1994, 371; NVwZ 1996, 1021.

[2726] BVerwG NVwZ 1994, 371.

einer beachtlichen konkretisierten Planung, so kann die von einer Neubaustrecke ausgehende Schallbelastung nur dann in die Planungshoheit einer Gemeinde eingreifen, wenn die Realisierung des Vorhabens der Gemeinde tatsächlich jede Entwicklungschance nähme und ihr gewissermaßen ihr eigenes Gemeindegebiet für jede der Sache nach nahe liegende Planung entzöge.[2727]

2. Einfachgesetzliches Eigentum

Die Gemeinden haben zwar nicht verfassungsrechtliche,[2728] wohl aber einfachgesetzliche **8001** Möglichkeiten, sich auf gemeindliches **Eigentum** zu berufen.[2729] Es muss allerdings eine konkrete Betroffenheit in gemeindlichen Belangen dargelegt werden. Eine Berufung auf andere öffentliche Belange kommt der Gemeinde im Gegensatz zum enteignend betroffenen Eigentümer nicht zu. Soll auf der Grundlage des Planfeststellungsbeschlusses in Eigentum der Gemeinde eingegriffen werden, so unterliegt ein solcher Eingriff nicht den verfassungsrechtlichen Schranken des Art. 14 III GG, weil sich eine Gemeinde gegenüber Eingriffen des Staates verfassungsrechtlich nicht auf die Eigentumsgarantie des Art. 14 GG berufen kann. Auch wenn eine Gemeinde Eigentümerin von in Anspruch genommenen Grundstücken ist, entfällt für sie als Hoheitsträgerin im Anfechtungsprozess gegen die Planfeststellung daher die umfassende objektiv-rechtliche Planprüfung, die ein privater Eigentümer, gestützt auf Art. 14 III 1 GG, beanspruchen könnte.[2730] Die Gemeinde kann daher den Planfeststellungsbeschluss nicht mit der Begründung angreifen, öffentliche, nicht ihre Planungshoheit betreffende Belange, wie solche des Umweltschutzes, seien nicht oder nicht mit dem ihnen zukommenden Gewicht in die Abwägung eingestellt worden.[2731]

Der Gemeinde kommen auch nicht deshalb „wehrfähige“ Positionen zu, weil der Allge- **8002** meinheit oder einzelnen Privatpersonen, die ihre Rechte selbst geltend machen können, ein Schaden droht.[2732] Das Eigentum der Gemeinde ist allerdings in der Planfeststellung nicht schutzlos. Es ist vielmehr als betroffener Belang in die Abwägung einzustellen. Der Umfang des Schutzes ist dabei nach den jeweils betroffenen Nutzungen zu bewerten. Wird das Grundeigentum für kommunale Zwecke etwa im Zusammenhang mit einer kommunalen Einrichtung genutzt, ist der Stellenwert des gemeindlichen Eigentums gewichtiger als bei einem Grundstück, dessen Nutzung mit kommunalen Zwecken nicht unmittelbar im Zusammenhang steht.[2733]

3. Schutz der Planungshoheit

Die gemeindliche Planungshoheit vermittelt eine wehrfähige, in die Abwägung einer Plan- **8003** feststellungsbehörde einzubeziehende Rechtsposition gegen fremde Fachplanungen auf dem eigenen Gemeindegebiet, wenn das Vorhaben nachhaltig eine bestimmte Planung der Gemeinde stört oder wegen seiner Großräumigkeit wesentliche Teile des Gemeindegebiets einer durchsetzbaren gemeindlichen Planung entzieht.[2734] Eine nachhaltige Störung der kommunalen Planungshoheit kann vorliegen, wenn sich ein vorhabenbedingter erheblicher Lärmzuwachs auf wesentliche Teile von Baugebieten auswirkt, die in Bebauungsplänen ausgewiesen sind.[2735]

Nach der Rechtsprechung des BVerwG erwachsen einer Gemeinde aus dem weiterreichen- **8004** den, ebenfalls aus Art. 28 II GG herzuleitenden Selbstverwaltungs- und Selbstgestaltungsrecht Abwehransprüche, wenn sie durch Maßnahmen, die das Ortsbild entscheidend prägen und dadurch nachhaltig auf das Gemeindegebiet und die Entwicklung der Gemeinde einwirken, betroffen wird.[2736]

[2727] BVerwG Urt. v. 23.4.1997 – 11 A 28.96, juris.

[2728] BVerfG NJW 1982, 2172; NVwZ 2002, 1366 – kein Rückfallanspruch gemeindlichen Eigentums bei entgegenstehendem Bundesverwaltungsbedarf.

[2729] BVerwG NJW 1981, 359; NVwZ 1993, 364; NVwZ 1995, 905; VGH München BauR 2004, 1826 (LS).

[2730] BVerwGE 100, 388.

[2731] VGH Mannheim Urt. v. 28.11.2023 – 3 S 846/21, juris Rn. 183.

[2732] BVerwG UPR 1997, 470.

[2733] BVerwG ZfBR 1992, 182; NVwZ 1984, 718; DVBl. 1991, 1142; DVBl. 1995, 238.

[2734] BVerwG KommJur 2019, 469; NVwZ 2017, NVWZ 2017, 1309 Rn. 17.

[2735] BVerwG KommJur 2019, 469; NVwZ 2017, NVWZ 2017, 1309 Rn. 19.

[2736] BVerwG ZfB 2022, 207.

8005 Soll mit einem Vorhaben von den Festsetzungen eines **Bebauungsplans** abgewichen werden, müssen diese als öffentliche Belange des Städtebaus in die fachplanerische Abwägung eingestellt werden.[2737] Die Planungshoheit in Art. 28 II 1 GG vermittelt ua dann eine wehrfähige, in die Abwägung einzubeziehende Rechtsposition gegen fremde Fachplanungen auf dem eigenen Gemeindegebiet, wenn das Vorhaben eine bestimmte gemeindliche Planung nachhaltig stört.[2738] Dann kann die Gemeinde auch einen Verstoß des Planfeststellungsbeschlusses gegen eine verbindliche Untersagungsverfügung der Regionalplanung rügen.[2739]

8006 Eine **Gemeinde** kann sich auf die Verletzung ihrer gemeindlichen **Planungshoheit** nur berufen, wenn die Planungen bereits während des Planfeststellungsverfahrens hinreichend konkretisiert sind. Eine noch nicht konkretisierte gemeindliche Planung kann zu Abwehrpositionen nur führen, wenn sie von der Fachplanung grundlegend behindert oder sogar gänzlich verhindert würde. An die Konkretisierung sind hohe Anforderungen zu stellen.[2740] Die allgemeine Absicht etwa, in der nächsten Zeit ein Wohngebiet auszuweisen, genügt nicht. Vielmehr sind nach außen erkennbare Schritte wie beispielsweise eine Öffentlichkeitsbeteiligung erforderlich.[2741] Anderenfalls drängen sich die von der Gemeinde angestrebten Planungsvorhaben der Planfeststellungsbehörde regelmäßig nicht auf und sind dann auch bei der Abwägung nicht zu berücksichtigen. Durch möglicherweise mittelbare Auswirkungen eines planfestgestellten Bauvorhabens wird die Planungshoheit einer Gemeinde nicht beeinträchtigt.[2742] Auch eine reine Verhinderungsplanung kann in der fachplanerischen Abwägung ein geringes Gewicht haben.[2743]

8007 Eine von einer Planfeststellung betroffene Gemeinde ist nur **eingeschränkt rügeberechtigt**. Sie ist nicht berechtigt, gegenüber einem fernstraßenrechtlichen Planfeststellungsbeschluss ohne Bezug zu ihr zustehenden eigenen Rechten eine fehlende Planrechtfertigung des planfestgestellten Straßenbauprojekts zu rügen.[2744] Ist die Gemeinde jedoch einwendungs- oder klagebefugt, dann können einzelne Klagegründe oder Einwände nicht vorab ausgeschieden werden. Rügen können die Gemeinden dabei auch eine fehlende Planrechtfertigung.[2745] Wird eine Gemeinde durch das Vorhaben nicht in ihren materiellen Rechten beeinträchtigt, kann sie einen Planfeststellungsbeschluss nicht mit der Begründung anfechten, sie sei am Verwaltungsverfahre nicht ordnungsgemäß beteiligt worden.

8008 Auch kann die Gemeinde die Wahl einer bestimmten Trasse nicht mit dem Einwand abwehren, diese gehe auf eine rechtswidrige landesplanerische Zielbestimmung zurück.[2746] Auch das allgemeine Interesse einer Gemeinde, ihr Gebiet vor einem Vorhaben der Fachplanung aus Gründen eines **„interkommunalen Lastenausgleichs“** möglichst verschont zu sehen, reicht für eine Verletzung der Planungshoheit nicht aus.[2747] Auch ein Recht auf eine ungeschmälerte Erhaltung des Landschaftsbildes oder auf die Abwehr einer Verunstaltung oder Beeinträchtigung des Landschaftsbildes steht einer Gemeinde nicht zu.[2748] Eine Verletzung eigener Rechte der Gemeinde durch einen Planfeststellungsbeschluss kommt allerdings in Betracht, soweit ihre Belange in die fachplanerische Abwägung einzustellen und dort zu berücksichtigen sind.[2749] Auch die Funktionsfähigkeit ihres Straßennetzes kann die Gemeinde als eigenes Recht einbringen.[2750]

8009 Sind kommunale **Planungsvorstellungen nicht hinreichend konkretisiert**, muss die Gemeinde damit rechnen, dass die Fachplanung auf Grund ihrer eigenen Fachgesetzlichkeit Planungsentscheidungen trifft, welche die kommunale Bauleitplanung bindet (§ 38 BauGB). Nachträgliche Schutzauflagen, die im Zusammenhang mit der nachfolgenden kommunalen Planung erforderlich werden, muss die Gemeinde ggf. tragen, wenn sie nicht ihre Planungsvor-

2737 VGH Mannheim NVwZ 1999, 165.
2738 BVerwG DVBl. 1992, 1233.
2739 BVerwG NVwZ-RR 1998, 289.
2740 BVerwG NuR 1998, 92; VGH Mannheim NVwZ-RR 1998, 219.
2741 BVerwG NVwZ-RR 1998, 290.
2742 BVerwG NVwZ-RR 1999, 225.
2743 VG Gießen Urt. v. 2.3.1998 – 1 E 228/96, juris.
2744 OVG Koblenz BauR 2005, 1064.
2745 BVerwG KommJur 2019, 469; NVwZ 2018, 336 Rn. 15
2746 VGH München NVwZ-RR 2006, 432.
2747 BVerwG Beschl. v. 17.4.2000 – 11 B 19.00 – Buchholz 11 Art. 28 GG Nr. 127 mwN.
2748 VGH Kassel BauR 2006, 811; BVerwG NVwZ-RR 1999, 556.
2749 Neumann/Külpmann in Eyermann, VwGO, 2023, § 74 Rn. 268 b.
2750 VGH Mannheim UPR 2005, 158.

stellungen rechtzeitig entsprechend konkretisiert hat.[2751] Eine Gemeinde ist allerdings nicht befugt, die allgemeinen Auswirkungen eines Vorhabens auf die gemeindliche Wirtschaftsstruktur als eigene Rechtsbeeinträchtigung geltend zu machen.[2752]

Treffen ein **Fachplanungsvorhaben** mit einer entgegenstehenden gemeindlichen **Bauleitplanung** zusammen, ist bei der Anwendung des Prioritätsgrundsatzes der Zeitpunkt der Auslegung der Planunterlagen von Bedeutung. Welcher Zeitpunkt dafür in der gemeindlichen Bauleitplanung maßgeblich ist, hat das BVerwG bisher offengelassen.[2753] Fehlt es an einer beachtlichen konkretisierten Planung, kann die von einer Neubaustrecke ausgehende Schallbelastung nur dann in die Planungshoheit einer Gemeinde eingreifen, wenn die Realisierung des Vorhabens der Gemeinde tatsächlich jede Entwicklungschance nähme und ihr gewissermaßen ihr eigenes Gemeindegebiet für jede denkbare Planung entzöge.[2754] 8010

Die in Art. 28 II GG verankerte kommunale Planungshoheit gewährt den Gemeinden **keine umfassende Rügebefugnis** unter allen rechtlichen Gesichtspunkten, sondern beschränkt sich auf die originären Rechte der kommunalen Selbstverwaltung.[2755] Bei der kommunalen Bauleitplanung ist auf **hinreichend konkretisierte und verfestigte Planungsabsichten** auch dann Rücksicht zu nehmen, wenn die kommunale Bauleitplanung noch nicht rechtsverbindlich ist.[2756] Unter welchen Umständen der Schluss auf eine hinreichend verfestigte Planung gerechtfertigt ist, beurteilt sich nach den Gegebenheiten des Einzelfalles.[2757] Eine konkrete Planungsbetroffenheit ist allerdings nur in der Fachplanung, nicht bei Normsetzungen erforderlich, denen die Gemeinde in ihrem Gebiet unterliegt.[2758] 8011

Nach dem **Prioritätsgrundsatz** hat grundsätzlich diejenige Planung Rücksicht auf die konkurrierende Planung zu nehmen, die den zeitlichen Vorsprung hat. Voraussetzung ist dafür eine hinreichende Verfestigung der Planung, die einen Vorrang für sich beanspruchen kann. Bei einem Fachplanungsvorhaben bewirkt in der Regel erst die Auslegung der Planunterlagen eine hinreichende Verfestigung. Abweichendes gilt im Falle eines gestuften Planungsvorgangs mit verbindlichen Vorgaben, wie er bei der gesetzlichen Bedarfsfeststellung im Fernstraßenausbaugesetz oder bei der Eisenbahnplanung vorliegt. Deshalb kann hier schon vor Einleitung des Planfeststellungsverfahrens eine Verfestigung bestimmter fachplanerischer Ziele eintreten.[2759] 8012

Hat eine Gemeinde in ihrem Flächennutzungsplan eine **Baufläche** dargestellt, so kann eine die **Lärmbelastung** dieser Flächen erhöhende Straßenplanung die kommunale Planungshoheit nur dann verletzen, wenn das Straßenbauvorhaben die Verwirklichung dieser Gebietsdarstellung nachhaltig stört. Die Straßenplanung ist für die Störung nicht ursächlich, wenn auch ohne die Baumaßnahme die Ausweisung eines Baugebiets Lärmschutzvorkehrungen erfordert.[2760] Auch unter Berufung auf ihre Planungshoheit kann eine Gemeinde allerdings keine umfassende objektiv-rechtliche Planprüfung fordern.[2761] 8013

4. Schutz gemeindlicher Einrichtungen

Die gemeindliche Selbstverwaltungsbefugnis vermittelt den Gemeinden ein Abwehrrecht gegenüber erheblichen Beeinträchtigungen gemeindlicher Einrichtungen. Dabei kommt es für die Wehrfähigkeit weder auf die Größe und Bedeutung der gemeindlichen Einrichtung noch darauf an, ob in die bauliche Anlage der Einrichtung selbst eingegriffen wird oder sie nur in ihrer Funktionsfähigkeit zerstört oder erheblich beeinträchtigt wird. Insoweit kann ua von Bedeutung sein, ob die Gemeinde sich hinsichtlich des konkreten Betriebs der gemeindlichen Einrichtung auf eine rechtlich gesicherte Position berufen kann.[2762] Die erhebliche Beeinträch- 8014

[2751] BVerwG NuR 1998, 92; VGH Mannheim NVwZ-RR 1998, 221.
[2752] BVerwG ZUR 2012, 499.
[2753] BVerwG NVwZ-RR 1998, 290.
[2754] BVerwG Urt. v. 23.4.1997 – 11 A 28.96, juris.
[2755] VG Schleswig RdL 2002, 50.
[2756] BVerwG NVwZ-RR 2002, 178.
[2757] BVerwG NuR 2010, 797.
[2758] BVerwG DVBl. 2001, 1845.
[2759] BVerwG DVBl. 2003, 111.
[2760] VGH Mannheim BauR 2003, 355.
[2761] BVerwG DVBl. 2003, 111.
[2762] BVerwG ZfB 2022, 207; AbfallR 2011, 183; OVG Saarland Urt. v. 20.6.2023 – 2 C 251/21, juris Rn. 76.

tigung einer gemeindlichen Einrichtung kommt in Betracht, wenn an der Einrichtung vorhabenbedingt die Lärmgrenzwerte der BImSchV überschritten werden.[2763]

5. Schutz der Finanzhoheit

8015 Hält eine Gemeinde dem von ihr beanstandeten Fachplanungsvorhaben eine Beeinträchtigung ihrer **Finanzhoheit** entgegen, so setzt die Berücksichtigung eines solchen Vortrags den Nachweis voraus, dass der finanzielle Spielraum der Gemeinde nachhaltig in nicht mehr zu bewältigender Weise eingeengt wird. Werden nach dem Vortrag der Gemeinde das Gemeindegebiet oder Teile davon durch das Fachplanungsvorhaben nachhaltig betroffen, können nur grundlegende Veränderungen des örtlichen Gepräges oder der örtlichen Strukturen das geplante Vorhaben abwehren.[2764]

8016 Die von einer Fachplanung betroffene Gemeinde ist auf die Rüge von Vorschriften beschränkt, die ihrem Schutz dienen. Weder die in Art. 28 II GG verbürgte Selbstverwaltungsgarantie und Planungshoheit noch das zivilrechtliche Eigentum an den Grundstücken, die durch die Planfeststellung in Anspruch genommen werden, vermitteln ihr einen Anspruch auf Vollüberprüfung des Planfeststellungsbeschlusses. Die enteignungsrechtliche Vorwirkung des Planfeststellungsbeschlusses zu Lasten der Antragstellerin zu 1 führt nicht zu dem aus Art. 14 III 1 GG hergeleiteten Anspruch auf vollumfängliche Prüfung des Planfeststellungsbeschlusses, da die Antragstellerin zu 1 nicht Trägerin des Grundrechts aus Art. 14 I GG ist.[2765]

6. Keine Sachwalterin fremder Belange

8017 Nach der Rechtsprechung des BVerwG kann sich eine Kommune weder zum Kontrolleur anderer staatlicher Behörden in Bezug auf die Wahrung des objektiven öffentlichen Rechts aufschwingen noch als Sachwalterin von Rechten Dritter beziehungsweise des Gemeinwohls Belange ihrer Bürger vertreten.[2766] Eine Gemeinde ist dagegen nicht befugt, Lärmschutz- oder Luftreinhalteinteressen der Bewohner in ihren Baugebieten gerichtlich geltend zu machen. Ihre Rügebefugnis umfasst nicht den Belang der Luftreinhaltung ohne Bezug zu einer gemeindlichen Rechtsposition. Art. 28 II GG vermittelt den Kommunen keinen Anspruch auf Lärmsanierung im Einflussbereich von Straßenbauvorhaben in ihrem Gemeindegebiet anlässlich eines solchen Vorhabens.[2767] Eine Gemeinde ist insoweit nicht befugt, sich zum Sachwalter öffentlicher oder privater, nicht von ihrer Planungshoheit umfasster Belange zu machen. So kann sie zwar beispielsweise eine unzulässige Lärmbelastung eigener Grundstücke, nicht jedoch Lärmschutzinteressen ihrer Bürger geltend machen.[2768] Mangels einer Verletzung in eigenen Rechten kann eine Gemeinde nicht geltend machen, dass ein Planfeststellungsbeschluss gegen die naturschutzrechtliche Eingriffsregelung (§§ 13 ff. BNatSchG), gegen zwingende Vorschriften des Artenschutzrechts (§§ 44 ff. BNatSchG) und gegen Vorschriften über die Bewirtschaftung oberirdischer Gewässer (§§ 27 f. WHG) und des Grundwassers (§ 47 WHG) verstößt. Hat sie die Aufgabe der öffentlichen Wasserversorgung einem Privaten übertragen, kann nur dieser geltend machen, dass der Planfeststellungsbeschluss gegen Vorschriften zum Schutz der öffentlichen Wasserversorgung (§§ 50 ff. WHG) verstößt. Muss das zivilrechtlich geschützte Grundeigentum einer Gemeinde für die planfestgestellte Eisenbahntrasse weitergehend in Anspruch genommen werden als für eine in Betracht kommende Trassenvariante, kann die Gemeinde geltend machen, dass die der Abwägung der Trassenvarianten zugrunde gelegten Nutzen-Kosten-Untersuchungen von unzutreffenden Tatsachen ausgehen, nicht der eigenen Methodik entsprechen, Bewertungsspielräume auch anders hätten nutzen können und Annahmen enthalten, die eine vergleichende Bewertung der Trassenvarianten nicht zulassen.[2769]

8018 Eine Gemeinde kann nicht mit Erfolg geltend machen, dass ein Planfeststellungsbeschluss gegen zwingende Vorschriften der naturschutzrechtlichen Eingriffsregelung (§§ 13 ff. BNatSchG) oder des Artenschutzrechts (§§ 44 f. BNatSchG) verstößt, weil sie durch einen solchen Verstoß

2763 BVerwG KommJur 2019, 469.

2764 VGH Mannheim NVwZ-RR 1998, 219; NVwZ-RR 1998, 221.

2765 BVerwG NuR 2013, 800; BVerwGE 100, 388; BVerfGE 61, 82.

2766 BVerwG ZfB 2022, 207; OVG Saarland Urt. v. 20.6.2023 – 2 C 251/21, juris Rn. 76; VGH Mannheim Urt. v. 28.11.2023 – 3 S 846/21, juris Rn. 183.

2767 BVerwG KommJur 2019, 469, NVwZ 2017, 708 Rn. 13.

2768 BVerwG Urt. v. 11.8.2011 – 9 A 7.11, juris.

2769 BVerwG NVwZ 2018, Beilage Nr. 1, 51.

nicht in eigenen Rechten verletzt würde. Sie kann auch unter dem Gesichtspunkt der Abwägung keine insgesamt fehlerfreie Planung verlangen. Ein sachlicher Mangel der natur- bzw. artenschutzrechtlichen Alternativenprüfung, hinsichtlich dessen eine Gemeinde nicht rügebefugt ist, kann dennoch auf einen entscheidungserheblichen Abwägungsmangel zu ihren Lasten führen, wenn sie zB als Eigentümerin einzelner hierfür baulich oder als Kompensationsflächen in Anspruch genommener Grundstücke unmittelbar betroffen ist. Wegen der insoweit bestehenden Wechselbeziehung umfasst die Rügebefugnis einer Gemeinde auch eine Überprüfung der den eigenen Belangen gegenübergestellten, für das Vorhaben streitenden Belange.[2770]

VII. Rechtswirkungen des Planfeststellungsbeschluss

Nach § 75 I 1 VwVfG wird durch die Planfeststellung die Zulässigkeit des Vorhabens einschließlich der notwendigen Folgemaßnahmen an anderen Anlagen im Hinblick auf alle von ihm berührten öffentlichen Belange festgestellt[2771] Neben der Planfeststellung sind andere behördliche Entscheidungen, Verleihungen, Erlaubnisse, Bewilligungen, Zustimmungen und Planfeststellungen nicht erforderlich. Nach § 75 I 2 VwVfG werden durch die Planfeststellung alle öffentlich-rechtlichen Beziehungen zwischen dem Träger des Vorhabens und den durch die Planung Betroffenen rechtsgestaltend geregelt. Der Planfeststellungsbeschluss hat danach umfassende Rechtswirkungen, nämlich eine Genehmigungs-, Konzentrations-, Gestaltungs-, Ausschluss- und Ausgleichswirkung. 8019

1. Gestattungswirkung

Gem. § 75 I 1 VwVfG wird durch die Planfeststellung die Zulässigkeit des Vorhabens einschließlich der notwendigen Folgemaßnahmen an anderen Anlagen im Hinblick auf alle von ihm berührten öffentlichen Belange festgestellt. Zwar wird nach dieser Regelung durch die Planfeststellung die Zulässigkeit des Vorhabens lediglich festgestellt und – jedenfalls was den Wortlaut angeht – nicht auch die Durchführung des Vorhabens gestattet. Gleichwohl ist nach allgemeiner Auffassung davon auszugehen, dass mit dem Planfeststellungsbeschluss auch die Durchführung des Vorhabens genehmigt wird. Diese Gestattungswirkung erstreckt sich allerdings nicht darauf, auch fremdes Eigentum zum Zwecke der Vorhabendurchführung in Anspruch zu nehmen. Dazu bedarf es, wenn eine einvernehmliche Lösung nicht möglich ist, eines Enteignungsverfahrens. Die Planfeststellung berechtigt zur Durchführung des Vorhabens, sie verpflichtet jedoch den Vorhabenträger nicht dazu, das planfestgestellte Vorhaben auch zu verwirklichen. Gem. § 75 IV VwVfG tritt der Planfeststellungsbeschluss allerdings außer Kraft, wenn mit der Durchführung des Plans nicht innerhalb von 5 Jahren nach Eintritt der Unanfechtbarkeit begonnen wird. In verschiedenen Fachplanungsgesetzen wird dazu auch eine längere Frist von 10 Jahren eingeräumt. 8020

2. Konzentrationswirkung

Gem. § 75 I 1 Halbs. 2 VwVfG sind neben der Planfeststellung andere behördliche Entscheidungen, insbesondere öffentlich-rechtliche Genehmigungen, Verleihungen, Erlaubnisse, Bewilligungen, Zustimmungen und Planfeststellungen nicht erforderlich. § 75 I 1 Halbs. 2 VwVfG befreit nicht nur im Außenverhältnis von sonstigen Zulassungsentscheidungen, sondern ersetzt zugleich auch Mitentscheidungsbefugnisse anderer Behörden, die ansonsten ein Einvernehmen herzustellen oder eine Zustimmung zu erteilen hätten. Sie erstreckt sich auch auf notwendige Ausnahmen oder Befreiungen.[2772] Die Konzentrationswirkung ist eine Zuständigkeits- und Entscheidungskonzentration. Das bedeutet, dass die Planfeststellungsbehörde diejenigen Fachbehörden, die für den Erlass ansonsten notwendiger paralleler Genehmigungen zuständig wären oder ihr Einvernehmen zu erteilen hätten, lediglich wie andere von dem Vor- 8021

[2770] VGH Mannheim Urt. v. 28.11.2023 – 3 S 846/21, juris Rn. 116.

[2771] Zur Frage, ob entgegen der Konzentrationswirkung der §§ 74 I, 75 I 1 VwVfG die erforderliche Regelung der Nutzung einer Straßenbaumaßnahme von der Genehmigung des Straßenbauvorhabens abgekoppelt und in einem gesonderten Verfahren geregelt werden darf BVerwG Beschl. v. 23.5.2013 – 9 B 45.12, juris zur temporären Freigabe eines Seitenstreifens als Fahrstreifen.

[2772] BVerwG UPR 1998, 382, 383).

haben berührte Behörden zu beteiligen hat. Die Entscheidung trifft aber allein die für die Planfeststellung zuständige Planfeststellungsbehörde.

8022 Des Weiteren führt die Konzentrationswirkung auch zu einer Verfahrenskonzentration.[2773] Die Planfeststellungsbehörde wendet das Verfahrensrecht an, das für ihr Planfeststellungsverfahren vorgesehen ist. Die Planfeststellungsbehörde entscheidet also nicht in verschiedenen Verfahren, sondern in einem einheitlichen Planfeststellungsverfahren. Demgegenüber besitzt die Planfeststellung jedoch keine materielle Konzentrationswirkung. Es werden deshalb durch die Konzentrationswirkung keine materiell-rechtlichen Anforderungen unbeachtlich, die für die Erteilung der ersetzten Genehmigungen zu beachten wären. Die materiell-rechtliche Bindung bleibt insoweit trotz der Konzentrationswirkung des Planfeststellungsbeschlusses vollständig erhalten.

8023 Mitzuregeln sind nach § 75 I 1 VwVfG die **notwendigen Folgemaßnahmen** der Planfeststellung.[2774] Darunter sind alle Regelungen außerhalb der eigentlichen Zulassung des Vorhabens zu verstehen, die für eine angemessene Entscheidung über die durch die Baumaßnahme aufgeworfenen Konflikte erforderlich sind.[2775] Das Gebot der Problembewältigung kann es allerdings nicht rechtfertigen, andere Planungen mitzuerledigen, obwohl sie ein eigenes umfassendes Planungskonzept erfordern.[2776] Insoweit unterliegt der Begriff der notwendigen Folgemaßnahmen wegen seiner kompetenzerweiternden Wirkung räumlichen und sachlichen Beschränkungen. Die Maßnahmen dürfen über Anschluss und Anpassung nicht wesentlich hinausgehen, damit die für andere Anlagen bestehende originäre Planungskompetenz nicht in ihrem Kern angetastet wird.[2777] Sie sind nur erforderlich und zulässig, um nachhaltige Störungen der Funktionsfähigkeit anderer Anlagen zu beseitigen.[2778] Die Planfeststellung eines Vorhabens darf nach § 75 I 1 VwVfG zur planerischen Bewältigung der Folgen dieses Vorhabens auch solche Maßnahmen an anderen Anlagen einbeziehen, die ein umfassendes eigenes Planungskonzept erfordern, wenn ein solches Konzept des insoweit originär zuständigen Planungsträgers bereits in hinreichend konkreter und verfestigter Form vorliegt, die Planung des Vorhabens auf dieses Konzept Rücksicht nimmt und die Maßnahmen an anderen Anlagen über Anschluss und Anpassung nicht wesentlich hinausgehen.[2779] § 75 I 1 VwVfG gibt jedoch keine Handhabe, im Rahmen der Planfeststellung eines Vorhabens bereits entwickelte Planungskonzepte eines anderen Planungsträgers für sein Vorhaben mitzuerledigen, soweit sie über das zur Anpassung Notwendige weit hinausreichen.[2780] Wo die Grenze zwischen zulässiger notwendiger Folgemaßnahme und unzulässigem Eingriff in die Kompetenz anderer Planungsträger im Einzelnen zu ziehen ist, lässt sich generell nicht festlegen.[2781] Die für fernstraßenrechtliche Planfeststellungen zuständigen Behörden haben nicht die Kompetenz, bei Gelegenheit der fernstraßenrechtlichen Planung selbstständige städtebauliche Planungsaufgaben, die über den Verknüpfungsbereich zwischen dem fernstraßenrechtlichen Vorhaben und dem übrigen Straßennetz weit hinausreichen, als notwendige Folgemaßnahme mitzuerledigen.[2782]

3. Gestaltungswirkung

8024 Gem. § 75 I 2 VwVfG werden durch die Planfeststellung alle öffentlich-rechtlichen Beziehungen zwischen dem Träger des Vorhabens und den durch den Plan betroffenen Rechtsgestalten geregelt. Damit steht gegenüber allen Behörden und öffentlich-rechtlichen Körperschaften die Zulässigkeit des Vorhabens fest. Auch die durch den Plan Betroffenen können sich bei der Unanfechtbarkeit des Planfeststellungsbeschlusses nicht mehr darauf berufen, dass das planfestgestellte Vorhaben dem öffentlichen Recht widerspricht. Die Gestaltungswirkung der Planfeststellungsentscheidung erstreckt sich allerdings nur auf die öffentlich-rechtlichen Beziehungen. Ob der Träger des Vorhabens auch privatrechtlich auf das Grundstück zugreifen darf,

---

[2773] BVerwGE 82, 17, 22 f.
[2774] Zur Konzentrationswirkung und den notwendigen Folgemaßnahmen Gaentzsch DVBl. 2012, 129.
[2775] BVerwG NVwZ 1994, 1002; NVwZ-RR 2000, 138.
[2776] BVerwG NVwZ 1989, 153; NVwZ 1988, 532.
[2777] BVerwG NVwZ 1989, 153; NVwZ 1994, 1002.
[2778] BVerwG NVwZ 1996, 266; NVwZ 1994, 1002; NVwZ 1989, 153; NVwZ 1988, 532.
[2779] BVerwG NVwZ 2010, 1244; UNVwZ 1989, 153; NVwZ 1990, 463.
[2780] BVerwG Beschl. v. 13.7.2010 – 9 B 105.09, juris.
[2781] BVerwG Beschl. v. 24.3.1999 – 11 B 38.98, juris.
[2782] BVerwG DVBl. 2011, 120.

hängt davon ab, inwieweit der Planfeststellungsbeschluss enteignungsrechtliche Vorwirkung besitzt oder auf andere Weise die Voraussetzungen für eine Enteignung geschaffen werden können.

4. Ausschlusswirkung

Ist der Planfeststellungsbeschluss unanfechtbar geworden, so sind gem. § 75 II 1 VwVfG Ansprüche auf Unterlassung des Vorhabens, auf Beseitigung oder Änderung der Anlagen oder auf Unterlassung ihrer Benutzung ausgeschlossen.[2783] Treten nicht voraussehbare Wirkungen des Vorhabens oder der dem festgestellten Plan entsprechenden Anlagen auf das Recht eines anderen erst nach Unanfechtbarkeit des Planes auf, so kann der Betroffene Vorkehrungen oder die Errichtung und Unterhaltung von Anlagen verlangen, die nachteiligen Wirkungen ausschließen. Sie sind dem Träger des Vorhabens durch Beschluss der Planfeststellungsbehörde aufzuerlegen. Sind solche Vorkehrungen oder Anlagen untunlich oder mit dem Vorhaben unvereinbar, so richtet sich der Anspruch auf angemessene Entschädigung in Geld. Werden Vorkehrungen oder Anlagen im Sinne des § 75 II 2 VwVfG notwendig, weil nach Abschluss des Planfeststellungsverfahrens auf einem benachbarten Grundstück Veränderungen eingetreten sind, so hat die hierdurch entstehenden Kosten der Eigentümer des benachbarten Grundstücks zu tragen, es sei denn, dass die Veränderungen durch natürliche Ereignisse oder höhere Gewalt verursacht worden sind. Angesichts dieser Ausschluss- oder Duldungswirkung haben Körperschaften und private Betroffene das Vorhaben nach Eintritt der Bestandskraft zu dulden. Diese Duldungsverpflichtung erstreckt sich auch auf den Rechtsnachfolger des Grundstückseigentümers, der den Planfeststellungsbeschluss unanfechtbar werden lässt.[2784] Auch privatrechtliche Abwehransprüche sind angesichts dieser Ausschlusswirkung neben den öffentlich-rechtlichen Abwehransprüchen ausgeschlossen. Das gilt allerdings nicht, wenn der Vorhabenträger zur Durchführung seines Vorhabens Grundstückseigentum Dritter unmittelbar in Anspruch nehmen muss. Eine solche unmittelbare Inanspruchnahme des Eigentums gegen den Willen des Eigentümers ist nur durch Enteignung möglich.[2785] 8025

5. Enteignungsrechtliche Vorwirkung

a) Erforderlichkeit einer Enteignungsmöglichkeit. Der Erlass eines Planfeststellungsbeschlusses berechtigt den Inhaber dieses Beschlusses nicht dazu, fremde Grundstücke zu nutzen. Räumt der Grundstückseigentümer dem Vorhabenträger das für die Vorhabenrealisierung notwendige Nutzungsrecht nicht ein, kommt unter Beachtung der dafür geltenden gesetzlichen Voraussetzungen eine Enteignung und gegebenenfalls auch eine sofortige Besitzeinweisung in Betracht. Das Planfeststellungsverfahren und das Enteignungsverfahren sind zwei unterschiedliche Verfahren. Allerdings kann die Planfeststellung Bindungswirkung für ein nachfolgendes Enteignungsverfahren haben, wenn die entsprechenden Fachplanungsgesetze bzw. die Landesenteignungsgesetze eine enteignungsrechtliche Vorwirkung regeln.[2786] 8026

Beispiel: Ein straßenrechtlicher Planfeststellungsbeschluss entfaltet nicht nur enteignungsrechtliche Vorwirkungen bezüglich der Grundstücke, die für die Trasse oder Ausgleichs- und Ersatzmaßnahmen unmittelbar in Anspruch genommen werden, sondern löst auch mittelbar eine eigentumsrechtliche Betroffenheit gegenüber denjenigen Personen aus, deren Grundstücke in das Unternehmensflurbereinigungsverfahren einbezogen sind.[2787]

b) Enteignungen zugunsten privater Vorhabenträger. Zweifel an einer hinreichenden Bestimmtheit der gesetzlichen Bestimmung einer enteignungsrechtlichen Vorwirkung von Planfeststellungsbeschlüssen können sich vor allem dort ergeben, wo wie im WHG oder im KrWG auch Enteignungen zugunsten privater Vorhabenträger in Rede stehen. Die Verfassungsmäßigkeit des § 71 I 1 WHG zB wird mit beachtlichen Gründen bezweifelt. Die überwiegende Ansicht teilt diese Bedenken zwar nicht, zum Teil allerdings ohne sich mit der 8027

[2783] BVerwG NVwZ 2008, 561.
[2784] BVerwG NVwZ 1989, 967.
[2785] Beckmann UPR 2023, 121.
[2786] Beckmann UPR 2023, 121; VGH Mannheim NVwZ-RR 2011, 143, 147; OVG Münster NWVBl. 2009, 316.
[2787] BVerwG Urt. v. 21.11.2023 – 9 A 11/21, juris.

Rechtsprechung des BVerfG auseinanderzusetzen.[2788] Verfassungsrechtliche Bedenken gegen § 71 I 1 WHG werden insbesondere deshalb geltend gemacht, weil die enteignungsrechtliche Vorwirkung – anders als in den Fällen des § 71 II WHG oder auf der Grundlage anderer Fachplanungsgesetze – nicht bereits kraft Gesetzes, sondern erst kraft behördlicher Anordnung eintritt.[2789]

8028 Das BVerfG erläutert, die Enteignung sei regelmäßig ein schwerer Eingriff in das verfassungsrechtlich garantierte Eigentum und an Art. 14 III 1 GG zu messen. Dieser lasse die Enteignung nur zum Wohle der Allgemeinheit zu. Sie dürfe nur durch Gesetz oder aufgrund eines Gesetzes stattfinden, das Art und Ausmaß der Entschädigung regele (Art. 14 III 2 GG). Die Bestimmung des eine Enteignung rechtfertigenden Gemeinwohlziels und des Vorhabens, das generell zu seiner Verwirklichung in Frage komme, sowie der wesentlichen Voraussetzungen für eine Enteignung seien dem Gesetzgeber vorbehalten. Sofern eine Enteignung zugunsten Privater vorgesehen sei, seien weitere Anforderungen an das Gesetz zu stellen.[2790] Das Grundgesetz enthalte keine (abschließende) Liste öffentlicher Zwecke, für die eine Enteignung zulässig wäre, und auch keinen materiellen Begriff des Allgemeinwohls. Bei der Auswahl der Gemeinwohlziele stehe dem Gesetzgeber ein weiter Spielraum zu, der nur eingeschränkt verfassungsrechtlich überprüfbar sei.[2791] Art. 14 III GG enthalte lediglich in begrenztem Umfang einen Maßstab für die Bestimmung des Allgemeinwohls. Von Verfassung wegen von vornherein ausgeschlossen seien lediglich Enteignungszwecke, die ausschließlich im Interesse Privater liegen, die rein fiskalischen Interessen dienen oder die vom Grundgesetz missbilligte Ziele verfolgten.[2792]

8029 Das zur Enteignung ermächtigende Gesetz muss außerdem hinreichend bestimmt regeln, zu welchem Zweck, unter welchen Voraussetzungen und für welche Vorhaben enteignet werden darf. Wird das Vorhaben der Art nach hinreichend bestimmt benannt und ergibt sich daraus zugleich eindeutig der vom Gesetzgeber angestrebte Gemeinwohlzweck, ist die ausdrückliche Benennung des Gemeinwohls im Gesetz entbehrlich. Den verfassungsrechtlichen Bestimmtheitsanforderungen aus Art. 14 III 2 GG genügt hingegen eine Regelung nicht, die die Entscheidung, für welche Vorhaben und zu welchen Zwecken enteignet werden darf, faktisch in die Hand der Verwaltung legt.[2793] Enteignungsgesetze, die eine Enteignung gestatten, um „ein dem Wohl der Allgemeinheit dienendes Vorhaben" zu verwirklichen und dabei weder das Vorhaben noch das Wohl der Allgemeinheit näher präzisieren, wiederholen nur den Wortlaut des Grundgesetzes und verfehlen damit die dem Gesetzgeber vorbehaltene Konkretisierungsaufgabe.[2794]

8030 Eine Enteignung allein im privaten Interesse ist mit Art. 14 III GG unvereinbar.[2795] Sobald aber mit der Förderung privater Interessen auch die Verfolgung öffentlicher Interessen verbunden ist, können die Voraussetzungen für eine Enteignung gegeben sein, da der Schutz öffentlicher Interessen häufig mit privaten Interessen übereinstimmt.[2796] Selbst eine Enteignung

---

[2788] siehe dazu Kümper NuR 2019, 664 (668 ff.); ders. in Schink/Fellenberg, WHG, 2021, § 71 Rn. 17 ff.; Reinhardt NVwZ 2021, 755 (757); unklar m.E. Czychowski/Reinhardt, WHG, 2019, § 71 Rn. 6 f.; aA Fröhlich ZfW 2014, 183 (187 ff., 191 ff.); Schenk in Sieder/Zeitler/Dahme/Knopp, WHG, § 71 Rn. 2; keine verfassungsrechtlichen Bedenken hegen offenbar auch Riese in Landmann/Rohmer, Umweltrecht, § 71 WHG Rn. 8; Spieth in BeckOK Umweltrecht, § 71 WHG, Rn. 1 ff.; Breuer/Gärditz in Breuer/Gärditz, Öffentliches und privates Wasserrecht, 2017, Rn. 1218, 1219; Deutsch in Mann/Sennekamp/Uechtritz, VwVfG 2019, § 75 Rn. 101, Kämper in Beck OK, VwVfG, § 75 Rn. 16a.

[2789] Kümper NuR 2019, 731 (736).

[2790] BVerfG NVwZ 2017, 949 = juris Rn. 34; BVerfGE 134, 242, 290 f. Rn 166 ff.

[2791] BVerfGE 134, 242, Rn. 172 ff.; Frenz in Frenz, BBergG, 2019 Vor §§ 77 ff. BBergG, Verfassungsrechtliche Grundlagen, Rn. 27; Jarass DVBl.. 2006, 1329 (1330).

[2792] BVerfG NVwZ 2017, 949 = juris Rn. 35; BVerfGE 134, 242, 292 f. Rn. 169 ff. mwN; siehe auch Beckmann Enteignung, in Redeker/Uechtritz, Verwaltungsverfahren, 2020, S. 449; Hofmann in Schmidt-Bleibtreu/Hofmann/Hennecke, GG, 2018, Art. 14 Rn. 74; Jarass DVBl.. 2006, 1329 (1330).

[2793] BVerfG NVwZ 2017, 399 = juris Rn. 23; BVerfG NVwZ 2017, 949 = juris Rn. 35; BVerfGE 134, 242, 293 f. Rn. 174 ff.; Beckmann Enteignung, in Redeker/Uechtritz, Verwaltungsverfahren, 2020, S. 449, 450; Hoops NVwZ 2017, 1496 (1497).

[2794] BVerfG NVwZ 2017, 399 = juris Rn. 23; BVerfGE 134, 242 (294 Rn. 177); siehe dazu auch Fröhlich ZfW 2014, 183 (190).

[2795] Jarass DVBl.. 2006, 1329 (1330); Hoops NVwZ 2017, 1496 (1497); Hofmann in Hofmann/Henneke, GG, 2018, Art. 14 Rn. 74.

[2796] Jarass DVBl.. 2006, 1329 (1332).

zugunsten eines mit Gewinnerzielungsabsicht betriebenen Unternehmens kann dem Wohl der Allgemeinheit dienen. Der Nutzen für das Allgemeinwohl muss sich auch nicht aus dem Unternehmensgegenstand selbst ergeben, sondern kann die mittelbare Folge der Unternehmenstätigkeit sein. Auch Enteignungen zugunsten Privater sind insoweit nach der Rechtsprechung des BVerfG grundsätzlich zulässig. Jedoch ist besonders sorgfältig zu prüfen, ob hinter dem verfolgten Gemeinwohlziel ein auch unter Berücksichtigung der Privatnützigkeit der Enteignung hinreichend schwerwiegendes, spezifisch öffentliches Interesse steht. Zudem sind vor allem zur dauerhaften Sicherung des Enteignungszwecks bei einer Enteignung zugunsten eines Unternehmens, bei dem sich der Nutzen für das Allgemeinwohl nicht schon aus dem Unternehmenszweck, sondern lediglich mittelbar ergebe, zusätzliche Anforderungen an das Enteignungsgesetz zu stellen.[2797] Der mittelbar verfolgte Enteignungszweck muss gesetzlich so genau beschrieben werden, dass die Entscheidung über die Zulässigkeit der Enteignung nicht in die Hand der Verwaltung gegeben wird. Des Weiteren muss der im Allgemeininteresse liegende Zweck der Maßnahme dauerhaft gesichert werden. Es bedarf umso detaillierterer gesetzlicher Vorgaben zur Sicherung der dauerhaften Gemeinwohlnutzung, je weniger schon der Geschäftsgegenstand des privaten Enteignungsbegünstigten darauf ausgerichtet ist, dem Wohl der Allgemeinheit zu dienen.[2798] Kann sich der Nutzen für das allgemeine Wohl nicht aus dem Unternehmensgegenstand selbst, sondern nur als mittelbare Folge der Unternehmenstätigkeit ergeben, bedarf es einer effektiven rechtlichen Bindung des begünstigten Privaten an das Gemeinwohlziel, damit dieses dauerhaft garantiert ist.

6. Geltungsdauer der Rechtswirkungen

Die Rechtswirkungen eines Planfeststellungsbeschlusses beginnen grundsätzlich sowohl gegenüber dem Vorhabenträger als auch gegenüber den vom Plan Betroffenen mit seiner Bekanntgabe gem. § 43 I VwVfG.[2799] Durch die Einlegung eines Rechtsbehelfs wird die Wirksamkeit des Planfeststellungsbeschlusses hinausgeschoben, soweit nicht die Behörde die sofortige Vollziehung anordnet oder ein Gericht nicht die aufschiebende Wirkung wiederherstellt oder der Gesetzgeber eine aufschiebende Wirkung eines Rechtsmittels gegen den Planfeststellungsbeschlusses ausschließt. 8031

Nicht wirksam werden können Planfeststellungsbeschlüsse, die an zur **Nichtigkeit** führenden Fehlern leiden (§ 44 VwVfG). 8032

Ein Planfeststellungsbeschluss wird außerdem funktionslos und damit unwirksam, wenn realistischerweise nicht mehr damit gerechnet werden kann, dass das genehmigte Vorhaben noch verwirklicht wird. Die **Funktionslosigkeit** eines Planfeststellungsbeschlusses kann sich auch aus einer Gesamtbetrachtung einer Vielzahl von veränderten Umständen ergeben.[2800] 8033

Aufgrund einer enteignungsrechtlichen Vorwirkung ist der Planfeststellungsbeschluss einem möglichen Enteignungsverfahren zugrunde zu legen und für die Enteignungsbehörde bindend. In dem der Planstellung möglicherweise nachfolgenden Enteignungsverfahren geht es deshalb im Wesentlichen nur noch um die Modalitäten des Erwerbs durch den Vorhabenträger, ob ein freihändiger Erwerb möglich ist, ob ein Tausch gegen Ersatzland in Frage kommt und in welcher Höhe eine Entschädigung zu zahlen ist. 8034

Ist der Planfeststellungsbeschluss befristet oder erlaubt er zB lediglich die Ablagerung eines bestimmten Abfallvolumens in einer festgelegten Kubatur oder die Gewinnung von Bodenschätzen in einer bestimmten Umfang, dann endet die Gestattungswirkung insoweit mit der vollständigen Ausnutzung der eingeräumten Tätigkeit. Enthält der Planfeststellungsbeschluss jedoch Auflagen und Anordnungen für die Zeit nach der Nutzung (zB Ende der Ablagerung einer Deponie, Einstellung der Gewinnung von Kies bei einer Nassauskiesung), dann bleiben die Rechtswirkungen selbstverständlich auch nach Einstellung der bestimmungsgemäßen Nutzung erhalten. Die Geltungsdauer der Rechtswirkungen des Planfeststellungsbeschlusses kann unabhängig davon aus verschiedenen Gründen enden. 8035

2797 BVerfG NVwZ 2017, 399 = juris Rn. 24; BVerfG NVwZ 2017, 949 = juris Rn. 37; BVerfGE 134, 242 (294 f. Rn. 177); BVerfGE 74, 264 (281 ff., 289).

2798 BVerfG NVwZ 2017, 399 = juris Rn. 28; BVerfG NVwZ 2017, 949 = juris Rn. 37; BVerfGE 134, 242 (295 f., Rn. 180 f.); BVerfGE 74, 264; Beckmann Enteignung, in Redeker/Uechtritz, Verwaltungsverfahren, 2020, S. 450; Gramlich DÖV 1987, 596; Schmidt-Aßmann NJW 1987, 1587; de Witt UPR 2017, 97.

2799 Zur Geltungsdauer und zur Verlängerung von Planungsentscheidungen Hermanns DVBl.. 2023, 71.

2800 OVG Bremen ZUR 2022, 92.

8036 **a) Verspäteter Beginn der Durchführung.** Wird mit der Durchführung des Plans nicht innerhalb von fünf Jahren nach Eintritt der Unanfechtbarkeit begonnen, so tritt er nach § 74 IV 1 VwVfG außer Kraft. Als Beginn der Durchführung des Plans gilt nach § 75 IV 2 VwVfG jede erstmals nach außen erkennbare Tätigkeit von mehr als nur geringfügiger Bedeutung zur plangemäßen Verwirklichung des Vorhabens; eine spätere Unterbrechung der Verwirklichung des Vorhabens berührt den Beginn der Durchführung nicht. Zweck dieser Regelung ist es, Vorratsplanungen ohne konkrete Realisierungsperspektive zu verhindern und damit die Gefahr zu vermeiden, dass die planfestgestellten Vorhaben zu einem späteren Zeitpunkt angegangen werden, zu dem das Regelwerk des Planfeststellungsbeschlusses den zwischenzeitlichen Änderungen der Sach- und Rechtslage nicht mehr genügend Rechnung trägt. Hinzu kommt, dass der Planfeststellungsbeschluss durch seine Widmung des planfestgestellten Bereichs bzw. aufgrund ausdrücklicher Regelung (zB §§ 19 I AEG, 9a FStrG, 15 I WaStrG) eine Veränderungssperre bewirkt und damit das Grundstück trotz zunehmender Anspruchskonkurrenzen für andere Nutzungen sperrt.[2801]

8037 Voraussetzung für den Erhalt der Wirksamkeit der Rechtswirkungen des Planfeststellungsbeschlusses ist es, dass Maßnahmen zur Umsetzung des Planes begonnen werden, die nicht allein darauf gerichtet sind, die Rechtswirkungen des Plans zu erhalten. Es muss sich dabei nicht um besonders aufwendige oder umfangreiche Tätigkeiten handeln; maßgeblich ist, dass es um Arbeiten handelt, die dokumentieren können, dass der Vorhabenträger an seiner Planung festhält.[2802]

8038 **b) Widerruf und Rücknahme**. Nach § 49 II VwVfG kann auch ein rechtmäßiger Planfeststellungsbeschluss, auch nachdem er unanfechtbar geworden ist, ganz oder teilweise mit Wirkung für die Zukunft unter Beachtung der Widerrufsvoraussetzungen widerrufen werden. Das gilt insbesondere auch dann, wenn ein Widerruf durch Rechtsvorschrift zugelassen oder im Planfeststellungsbeschluss für bestimmte Fälle vorbehalten war.

8039 Ein rechtswidriger Verwaltungsakt kann, auch nachdem er unanfechtbar geworden ist, nach § 48 I VwVfG ganz oder teilweise mit Wirkung für die Zukunft oder für die Vergangenheit zurückgenommen werden. Ein Planfeststellungsbeschluss, der ein Recht oder einen rechtlich erheblichen Vorteil für den Vorhabenträger begründet, darf aber nur unter den Einschränkungen der § 48 II bis IV VwVfG zurückgenommen werden.

8040 In Ausnahmefällen können **Drittbetroffene** nach den §§ 48, 49 VwVfG auch einen Anspruch auf Rücknahme eines Planfeststellungsbeschlusses haben. Dieser Anspruch auf Rücknahme eines Planfeststellungsbeschlusses kann allerdings nicht weitergehen als der Aufhebungsanspruch bei fristgerechter Anfechtung des Planfeststellungsbeschlusses. Der in § 75 Ia VwVfG zum Ausdruck kommende Grundsatz der Planerhaltung begrenzt auch die Reichweite eines Rücknahmeverlangens. Daher scheidet eine vollständige Rücknahme des Planfeststellungsbeschlusses aus, wenn der Mangel, der seine Rechtswidrigkeit begründet, durch Planergänzung oder durch ein ergänzendes Verfahren behoben werden kann.[2803] Es kann daher nur die Außervollzugsetzung des Planfeststellungsbeschlusses zur Ermöglichung eines ergänzenden Verfahrens beansprucht werden.

8041 Eine **anerkannte Umweltvereinigung** ist nach dem UmwRG klagebefugt für eine Klage auf Rücknahme oder Widerruf eines bestandskräftigen Planfeststellungsbeschlusses. Die präjudizielle Wirkung der Rechtskraft eines Urteils, mit dem die Anfechtungsklage gegen einen Planfeststellungsbeschluss als unbegründet abgewiesen worden ist, steht einem Anspruch auf Rücknahme dieses Planfeststellungsbeschlusses entgegen.[2804] Das BVerwG erläutert dazu, die Klagebefugnis einer anerkannten Umweltvereinigung ergebe sich aus § 2 I 1 iVm § 1 I 1 und 2 UmwRG. Die Umweltvereinigung könne geltend machen, dass das Unterlassen der Außervollzugsetzung des Planfeststellungsbeschlusses umweltbezogenen Rechtsvorschriften widerspreche, die für die Entscheidung von Bedeutung sein könnten, und sie dadurch in ihrem satzungsgemäßen Aufgabenbereich der Förderung der Ziele des Umweltschutzes berührt sei (§ 2 I 1 Nr. 1 und Nr. 2, Satz 2 UmwRG). Die Umweltvereinigung könne eine Außervollzug-

---

[2801] Hermanns DVBl.. 2023, 71 (72).

[2802] Hermanns DVBl.. 2023, 71 (72).

[2803] BVerwG Urt. v. 23.6.2020 – 9 A 23/19, juris Rn. 27; Neumann/Külpmann in Stelkens/Bonk/Sachs, VwVfG, 2023, § 72 Rn. 117; Deutsch in Mann/Sennekamp/Uechtritz, VwVfG, 2019, § 75 Rn. 189; Beckmann in Landmann/Rohmer Umweltrecht, 2023, § 36 KrWG Rn. 115.

[2804] BVerwG NVwZ 2021, 152.

setzung des Planfeststellungsbeschlusses begehren, um eine Fehlerheilung im ergänzenden Verfahren zu ermöglichen. Dieses Vorgehen, das auf eine (etwaige) Änderung des bestandskräftigen Planfeststellungsbeschlusses ziele, sei wenn es nicht vom Vorhabenträger beantragt werde, nur als Teil-Rücknahme oder Teil-Widerruf unter den Voraussetzungen der §§ 48, 49 VwVfG bzw. der entsprechenden landesrechtlichen Regelungen zulässig.[2805] Die Umweltvereinigung könne sich auf § 1 I 1 Nr. 6 (iVm Nr. 1) UmwRG berufen. Diese Regelung erfasse Rechtsbehelfe gegen Verwaltungsakte über Überwachungs- oder Aufsichtsmaßnahmen zur Umsetzung oder Durchführung von Entscheidungen nach § 1 I Nrn. 1 bis 5 UmwRG, die der Einhaltung umweltbezogener Rechtsvorschriften des Bundesrechts, des Landesrechts oder unmittelbar geltender Rechtsakte der europäischen Union dienten. Die (vollständige oder teilweise) Rücknahme oder der Widerruf einer Zulassungsentscheidung nach § 1 I 1 Nr. 1 UmwRG möge zwar keine typische Aufsichtsmaßnahme darstellen; dies stehe der Anwendbarkeit der Vorschrift jedoch nicht entgegen.[2806] Der Begriff der Überwachungs- und Aufsichtsmaßnahmen sei grundsätzlich weit auszulegen und erfasse ein breites Spektrum an Tätigkeiten dar. In diesem Sinne stelle sich die nachträgliche (teilweise) Aufhebung der Zulassungsentscheidung als stärkste Form einer Überwachung oder Aufsicht dar.[2807]

Der Widerruf eines bestandskräftigen Planfeststellungsbeschlusses nach § 49 II Nr. 5 VwVfG setzt in tatbestandlicher Hinsicht ua das Vorliegen eines schweren Nachteils für das Gemeinwohl voraus. Das Gemeinwohl für sich genommen wird hierdurch nicht zu einem durch eine Umweltvereinigung einklagbaren Recht. Vielmehr bezweckt die eng auszulegende Vorschrift, der Behörde in Ausnahmefällen, in denen die Notwendigkeit eines Widerrufs trotz Nichteingreifens anderer Tatbestände unabweisbar ist, eine Möglichkeit zum Widerruf des begünstigenden Verwaltungsakts zu geben.[2808] 8042

c) Aufgabe des Vorhabens. Die Rechtswirkungen des Planfeststellungsbeschlusses enden auch mit der Aufgabe des Vorhabens. Gem. § 77 Satz 1 VwVfG hat die Planfeststellungsbehörde den Planfeststellungsbeschluss aufzuheben, wenn ein Vorhaben, mit dessen Durchführung begonnen worden ist, endgültig aufgegeben wird. In dem Aufhebungsbeschluss sind dem Träger des Vorhabens die Wiederherstellung des früheren Zustandes oder geeignete andere Maßnahmen aufzuerlegen, soweit dies zum Wohl der Allgemeinheit oder zur Vermeidung nachteiliger Wirkungen auf Rechte anderer erforderlich ist (§ 77 Satz 2 VwVfG). Werden solche Maßnahmen notwendig, weil nach Abschluss des Planfeststellungsverfahrens auf einem benachbarten Grundstück Veränderungen eingetreten sind, so kann gem. § 77 Satz 3 VwVfG der Träger des Vorhabens durch Beschluss der Planfeststellungsbehörde zu geeigneten Vorkehrungen verpflichtet werden; die hierdurch entstehenden Kosten hat jedoch der Eigentümer des benachbarten Grundstücks zu tragen, es sei denn, dass die Veränderungen durch natürliche Ereignisse oder höhere Gewalt verursacht worden sind. 8043

Beispiel: Wird ein Straßenbauvorhaben endgültig aufgegeben, so hat die Planfeststellungsbehörde den Planfeststellungsbeschluss auch dann aufzuheben, wenn mit der Durchführung der Maßnahme noch nicht begonnen und/oder der Planfeststellungsbeschluss noch nicht bestandskräftig geworden ist. Darauf hat der von Anbauverboten oder Anbaubeschränkungen betroffene Anlieger einen Rechtsanspruch.[2809]

d) Gerichtliche Aufhebung. Selbstverständlich enden die Rechtswirkungen des Planfeststellungsbeschlusses auch mit seiner gerichtlichen Aufhebung zu dem Zeitpunkt zu dem das letztinstanzliche Urteil rechtskräftig wird. Im Übrigen bleiben die Rechtswirkungen erhalten, solange die planfestgestellten Anlagen bestimmungsgemäß genutzt werden. 8044

2805 BVerwG NVwZ 2021, 152 = juris Rn. 16; siehe auch Deutsch in Mann/Sennekamp/Uechtritz, VwVfG, 2019, § 75 Rn. 132; Wysk in Kopp/Ramsauer, VwVfG, 2023, § 76 Rn. 14a.

2806 BVerwG NVwZ 2021, 152 = juris Rn. 16; aA Schieferdecker in Beckmann/Kment, UVPG/UmwRG, 2023, § 1 UmwRG Rn. 91.

2807 BVerwG NVwZ 2021, 152 = juris Rn. 17.

2808 VGH München Beschl. v. 27.6.2019 – 22 AE 19.40025, juris Rn. 29.

2809 BVerwG NVwZ 1986, 834.

5. Teil. Folgen von Verfahrensfehlern

8045 Nicht jeder Verfahrensfehler führt zur Unwirksamkeit des Planfeststellungsbeschlusses oder der Plangenehmigung. Für Verfahrensfehler des Planfeststellungsverfahrens gelten die §§ 44 bis 46 VwVfG, die Regelungen zur Nichtigkeit, Heilbarkeit und Unbeachtlichkeit von Verwaltungsakten regeln, zu denen auch die Planfeststellung und die Plangenehmigung zählen. Außerdem ist für Abwägungsmängel des Planfeststellungsbeschlusses § 75 Ia VwVfG beachtlich. Nicht zuletzt gilt im Anwendungsbereich des UmwRG die Bestimmung des § 4 UmwRG zu Verfahrensfehlern.[2810]

I. Klagebegründungsfrist und Missbrauch

8046 Schließlich kann sich eine Unbeachtlichkeit eines gerügten Verfahrensfehlers vor Gericht auch insoweit erweisen als eine Klagebegründungsfrist vom Kläger nicht beachtet worden ist. Nach § 6 S. 1 UmwRG ist innerhalb einer Frist von zehn Wochen ab Klageerhebung die zur Begründung der Klage gegen eine Entscheidung im Sinne von § 1 I 1 UmwRG oder gegen deren Unterlassen dienenden Tatsachen und Beweismittel anzugeben. Erklärungen und Beweismittel, die erst nach Ablauf dieser Frist vorgebracht werden, sind nur zuzulassen, wenn die Voraussetzung nach § 87b III 1 Nr. 2 VwGO erfüllt ist (6 S. 2 UmwRG). Einzelne Fachplanungsgesetze bestimmen eine eigene Klagebegründungsfrist und ordnen an, dass § 6 UmwRG nicht anzuwenden ist (siehe dazu §§ 17e V FStrG, 18e V 6 AEG, 14e V WaStrG, 29 VII PBefG).

8047 § 6 S. 1 UmwRG gilt sowohl für Personen wie auch für Vereinigungen iSv § 4 III 1 UmwRG und dementsprechend auch für Individualkläger.[2811] Rein rechtliches Vorbringen fällt nicht in den Anwendungsbereich des § 6 Satz 1 UmwRG, weil dieser nur die Angabe von Tatsachen und Beweismitteln erfasst.[2812] Nach §§ 6 UmwRG, § 17 e V FStrG ist neuer Tatsachenvortrag außerhalb der zehnwöchigen Klagebegründungsfrist unabhängig von einer konkreten Verfahrensverzögerung grundsätzlich ausgeschlossen, soweit er nicht genügend entschuldigt wird. Innerhalb der Klagebegründungsfrist sind die Beweismittel für einen späteren förmlichen Beweisantrag bereits anzugeben.[2813]

8048 Trägt der Kläger erstmals nach Ablauf der Klagebegründungsfrist des § 6 S. 1 UmwRG neue Tatsachen vor, ist er damit nach § 6 S. 3 UmwRG iVm § 87b III 3 VwGO dann nicht präkludiert, wenn es mit geringem Aufwand möglich ist, den sich daraus ergebenden entscheidungserheblichen Sachverhalt auch ohne seine Mitwirkung zu ermitteln. Dies kann etwa dann der Fall sein, wenn sich dieser Sachverhalt unmittelbar aus den dem Gericht vorliegenden Unterlagen ergibt und keine weiteren Ermittlungen erfordert oder wenn dem Gericht alle maßgeblichen Tatsachen bereits aus einem Parallelverfahren bekannt sind.[2814]

8049 Nach § 5 UmwRG bleiben Einwendungen unberücksichtigt, die erstmals im Rechtsbehelfsverfahren erhoben werden, wenn diese erstmalige Geltendmachung missbräuchlich oder unredlich ist. Solche Einwendungen können natürlich auch Verfahrensmängel betreffen und danach unberücksichtigt bleiben. Diese Voraussetzungen liegen aber nicht bereits dann vor, wenn der Rechtsbehelfsführer im Verwaltungsverfahren geschwiegen hat. Es muss ihn vielmehr der Vorwurf eines treuwidrigen Verhaltens; solche Fälle sind selten.[2815]

2810 Zur Heilung von Verfahrensfehlern in umweltrechtlichen Zulassungsverfahren Saurer NVwZ 2020, 1137.

2811 VGH München Urt. v. 8.4.2024 – 22 A 17.40026, juris Rn. 94; BVerwG BayVBl 2023, 749 = juris Rn. 7 ff.; VGH München Urt. v. 1.12.2022 – 8 A 21.40033, juris Rn. 6, 31 ff.; OVG Münster Urt. v. 11.12.2023 – 22 D 65/23.AK, juris Rn. 74 ff.; VG Stuttgart Urt. v. 25.1.2022 – 2 K 2277.19, juris Rn. 53.

2812 OVG Münster Beschl. v. 8.3.2024 – 8 A 2211/22, juris Rn. 16; Urt. v. 12.1.2024 – 8 D 92(22.AK, juris.

2813 BVerwG NVwZ 2019, 1202.

2814 OVG Münster ZNER 2024, 70 = juris Rn. 99; Urt. v. 27.4.2023 – 8 D 368/21.AK, juris.

2815 Neumann/Külpmann in Stelkens/Bonk/Sachs, VwVfG, 2023, § 73 Rn. 88c; BVerwGE 166, 1 Rn. 38; BVerwGE 170, 35 Rn. 20; VGH Mannheim KlimR 2024, 125; OVG Koblenz DVBl. 2020, 459 = juris Rn. 76; siehe auch Guckelberger NuR 2024, 73.

II. Nichtigkeit nach § 44 VwVfG

Nach § 44 I VwVfG ist ein Verwaltungsakt nichtig, soweit er an einem **besonders schweren Fehler** leidet und dies bei verständiger Würdigung aller in Betracht kommenden Umstände **offenkundig** ist. Ein Fehler fällt besonders schwer ins Gewicht, wenn sich der Verwaltungsakt als unvereinbar mit tragenden Verfassungsprinzipien oder grundlegenden Wertvorstellungen der Rechtsordnung erweist. Die an ein rechtsstaatliches Vorgehen zu stellenden Anforderungen müssen so drastisch verfehlt werden, dass es unerträglich wäre, dem Verwaltungsakt Wirksamkeit und damit Rechtsverbindlichkeit zuzuerkennen.[2816] Offensichtlich ist ein solcher Fehler, wenn ein verständiger Betrachter erkennen kann, dass der Verwaltungsakt unhaltbar ist. Diese Anforderungen zeigen, dass im Falle von Rechtsfehlern eines Verwaltungsakts dessen Rechtswidrigkeit die Regel, die Nichtigkeit und der damit verbundene Verlust des Geltungsanspruchs dagegen die seltene Ausnahme ist.[2817] Die Nichtigkeit eines Verwaltungsakts wegen inhaltlicher Unbestimmtheit kommt in Betracht, wenn die Regelungen Widersprüche, gedankliche Brüche oder andere Ungereimtheiten enthalten, sodass ein verständiger Adressat nach keiner möglichen Betrachtungsweise erschließen kann, was von ihm verlangt wird.[2818] 8050

Ohne Rücksicht auf das Vorliegen der vorgenannten Voraussetzungen ist ein Verwaltungsakt unter den in § 44 II VwVfG genannten Voraussetzungen nichtig. Es handelt sich dabei um **schwere Verfahrensmängel**. Die in § 44 III VwVfG benannten Verfahrensmängel wie etwa Fehler in der örtlichen Zuständigkeit (Nr. 1), ein Verstoß gegen das Mitwirkungsverbot (Nr. 2), fehlerhafte Mitwirkungshandlungen eines Ausschusses (Nr. 3) oder die unterbliebene Mitwirkung einer anderen Behörde (Nr. 4) führen demgegenüber nicht zur Nichtigkeit des Planfeststellungsbeschlusses. Es können aber Gründe für eine Rechtswidrigkeit des Planfeststellungsbeschlusses gegeben sein. Betrifft die Nichtigkeit nur einen Teil, so ist der Planfeststellungsbeschluss im Ganzen nichtig, wenn der nichtige Teil so wesentlich ist, dass die Behörde den Verwaltungsakt ohne den nichtigen Teil nicht erlassen hätte (§ 44 IV VwVfG). Die Nichtigkeit eines Planfeststellungsbeschlusses wird durch eine Feststellungsklage nach § 43 I VwGO geltend gemacht. 8051

III. Fehlerheilung nach § 45 VwVfG

Eine Verletzung von Verfahrens- oder Formvorschriften, die nicht zur Unwirksamkeit des Verwaltungsakts nach § 44 VwVfG führt, ist nach § 45 I VwVfG unbeachtlich, wenn der für den Erlass des Verwaltungsaktes erforderliche Antrag nachträglich gestellt wird; die erforderliche Begründung nachträglich gegeben wird; die erforderliche Anhörung eines Beteiligten nachgeholt wird; der Beschluss eines Ausschusses, dessen Mitwirkung für den Erlass des Verwaltungsaktes erforderlich ist, nachträglich gefasst wird oder die erforderliche Mitwirkung einer anderen Behörde nachgeholt wird. 8052

Fehlerheilungen nach § 45 I VwVfG können nach § 45 II VwVfG bis zum Abschluss der letzten Tatsacheninstanz eines verwaltungsgerichtlichen Verfahrens nachgeholt werden. Dies ermöglicht die Reparatur der in § 45 I VwVfG genannten Fehler auch noch im gerichtlichen Klageverfahren. So kann etwa noch im Gerichtsverfahren ein fehlender Antrag nachträglich gestellt (§ 45 I Nr. 1 VwVfG), die erforderliche Begründung nachträglich gegeben (§ 45 I Nr. 2 VwVfG) und erforderliche Mitwirkungshandlungen von Gremien (§ 45 I Nr. 4 VwVfG) oder von Behörden (§ 34 I Nr. 5 VwVfG) nachgeholt werden. Soweit dies noch in der Tatsacheninstanz geschieht, muss das Gericht diese Reparaturhandlungen seiner Entscheidung zu Grunde legen. Einschränkungen könnten sich allerdings im Revisionsverfahren ergeben, in dem ein neuer Tatsachenvortrag und die Berücksichtigung neuer Tatsachen grundsätzlich ausgeschlossen sind. Ganz allgemein kann die Planfeststellungsbehörde – unter Wiederholung früherer Verfahrensabschnitte – jederzeit einen von ihr erkannten oder auch nur als möglich unterstellten Mangel beseitigen. Das gilt sowohl für formelle als auch für materielle Mängel.[2819] Die berechtigten Belange des Klägers werden dadurch gewahrt, dass das Gericht die erst im verwaltungsgerichtlichen Verfahren erfolgte Heilung bei der Kostenentscheidung berücksichtigt. Durch Ergänzung der verwaltungsgerichtlichen Vorschriften ist eine Nachbesserung von Verwaltungs- 8053

[2816] BVerwG NVwZ 2021, 896 = juris Rn. 50; Schlacke NVwZ 2019, 1392.
[2817] BVerwG NVwZ 2021, 896 = juris Rn. 50.
[2818] BVerwG NVwZ 2021, 896 = juris Rn. 50.
[2819] BVerwGE 75, 214; NVwZ 1995, 901.

entscheidungen im Gerichtsverfahren auch prozessual dadurch erleichtert worden, dass ein Antrag auf Aussetzung des Gerichtsverfahrens für einen Zeitraum bis zu drei Monaten gestellt werden kann (§ 87 I 2 Nr. 7 VwGO).

8054 Wird ein Planfeststellungsbeschluss nicht aufgehoben, sondern für rechtswidrig und nicht vollziehbar erklärt, weil die Mängel, an denen er leidet, durch Planergänzung oder ein ergänzendes Verfahren behoben werden können, darf das Gericht die Rechtmäßigkeit des Planfeststellungsbeschlusses im Übrigen nicht offenlassen. Grundsätzlich ist es vielmehr gehalten, das Klagevorbringen umfassend zu prüfen und den Umfang der Rechtswidrigkeit in seinem Urteil genau festzustellen. Denn Zweck des § 75 Ia VwVfG ist es, der Planfeststellungsbehörde Gelegenheit zu geben, die vom Gericht identifizierten Fehler in einem auf deren Korrektur beschränkten ergänzenden Verfahren zu beheben. Dieser Zweck wird dadurch erreicht, dass ein Kläger aufgrund der Rechtskraftwirkung des Urteils gegen die spätere behördliche Entscheidung im ergänzenden Verfahren regelmäßig nicht mehr gerichtlich geltend machen kann, dass der Planfeststellungsbeschluss über die Beanstandung des Gerichts hinaus an weiteren Fehlern leide.[2820] Gegen die so verstandene Rechtskraftwirkung lässt sich nicht einwenden, dass die Rechtskraft eines Urteils an den Streitgegenstand gebunden und dieser bei einer auf Rechtswidrigkeitsfeststellung gerichteten Klage auf den (unteilbaren) Planfeststellungsbeschluss als solchen bezogen sei. Denn hier wie in anderen Zusammenhängen gilt, dass Inhalt und Umfang der Rechtskraftwirkung je nach den prozessualen Erfordernissen aus den Urteilsgründen zu erschließen sind, ohne dass sich daraus Folgerungen für den Streitgegenstand ergäben.[2821]

IV. Fehlerbeachtlichkeit nach § 46 VwVfG

8055 § 46 VwVfG begrenzt die Folgen von Verfahrens- oder Formfehlern bei mangelnder Kausalität. § 46 VwVfG ändert nichts an der Rechtswidrigkeit des Verwaltungsakts.[2822] Die Behörde trägt die materielle Beweislast für die Voraussetzungen der Unbeachtlichkeit ihres Verfahrensfehlers.[2823] Sind die Voraussetzungen des § 46 VwVfG erfüllt, ist ein Rechtsbehelf gegen den Planfeststellungsbeschluss mit Blick auf den unbeachtlichen Verfahrensfehler unbegründet.

1. Geltung auch für Planfeststellungsbeschlüsse und Plangenehmigungen

8056 Nach § 46 VwVfG kann eine Aufhebung eines Verwaltungsakts, der nicht nichtig ist, nicht allein deshalb beansprucht werden, weil er unter Verletzung von Vorschriften über das Verfahren, die Form oder die örtliche Zuständigkeit zu Stande gekommen ist, wenn offensichtlich ist, dass die Verletzung die Entscheidung in der Sache nicht beeinflusst hat. Dass keine andere Entscheidung in der Sache hätte getroffen werden können, ist nach § 46 VwVfG nicht erforderlich. Die Fehlerunbeachtlichkeit tritt nicht nur in Fällen der Alternativlosigkeit der Entscheidung ein. Auch wenn mehrere Entscheidungsalternativen in Betracht kommen, ist der Fehler unbeachtlich, wenn er die Sachentscheidung offensichtlich nicht beeinflusst hat. Bei gebundenen Entscheidungen kann das Gericht in eine vollständige Rechtsprüfung eintreten und klären, ob der Verwaltungsakt auch bei Beachtung der Verfahrens- oder Formerfordernisse so hätte ergehen müssen. Der Anwendungsbereich von § 46 VwVfG wurde schon durch das Genehmigungsverfahrensbeschleunigungsgesetz 1996 auf Ermessens- und Planungsentscheidungen ausgedehnt.

8057 Nur mit besonderen Maßgaben ist § 46 VwVfG im Anwendungsbereich des UmwRG anzuwenden. Bei **absoluten Verfahrensfehlern** nach § 4 I UmwRG gilt § 46 VwVfG nicht; bei **relativen Verfahrensfehlern** bleibt § 46 VwVfG anwendbar, wenn festgestellt werden kann, dass der Verfahrensfehler den Inhalt der Sachentscheidung nicht beeinflusst hat.

[2820] OVG Schleswig Urt. v. 23.2.2023 – 4 LB 5/21, juris Rn. 68; BVerwG Beschl. v. 6.3.2014 – 9 C 6.12, juris Rn. 17 f.; Urt. v. 8.1.2014 – 9 A 4.13, juris Rn. 28; Urt. v. 15.7.2016 – 9 C 3.16 – juris Rn. 61.

[2821] OVG Schleswig Urt. v. 23.2.2023 – 4 LB 5/21, juris Rn. 68; BVerwG Beschl. v. 20.3.2018 – 9 B 43.16, juris Rn. 65 mwN; dazu auch Külpmann NVwZ 2020, 1143 (1144).

[2822] Sachs in Stelkens/Bonk/Sachs, VwVfG, 2023, § 46 Rn. 1; aA VGH München NVwZ 2016, 630.

[2823] Sachs in Stelkens/Bonk/Sachs, VwVfG, 2023, § 46 Rn. 2.

2. Ergebnisrelevanz des Verfahrensfehlers

Die Nichteinhaltung von Verfahrensvorschriften führt für sich genommen nicht zur Aufhebung eines Planfeststellungsbeschlusses. Hinzukommen muss vielmehr, dass sich der Verfahrensfehler auf die Sachentscheidung ausgewirkt haben kann. Der danach erforderliche Kausalzusammenhang ist nur dann gegeben, wenn nach den Umständen des jeweiligen Falles die konkrete Möglichkeit besteht, dass die Planungsbehörde ohne den Verfahrensfehler anders entschieden hätte.[2824] Eine nur abstrakte Möglichkeit einer anderen Entscheidung genügt nicht.[2825] Auch der durch das Vorhaben in Anspruch genommene Eigentümer muss daher überzeugend vortragen, dass der Fehler für das Ergebnis kausal gewesen sein kann.[2826] Ein Ermittlungs- und Bewertungsdefizit liegt danach nicht vor, wenn hierdurch die Entscheidung nicht beeinflusst wurde.[2827] Auch ein von der Planfeststellung mit enteignender Vorwirkung betroffener Grundstückseigentümer hat keinen Anspruch auf ein schlechthin fehlerfreies Verfahren. Vielmehr sind etwaige Mängel rechtlich unerheblich, wenn sich auch im Falle ihrer Vermeidung an der Eigentumsinanspruchnahme nichts geändert hätte.[2828] 8058

Beispiel: Die Verletzung von Vorschriften über das Verfahren liegt etwa vor bei der Mitwirkung eines befangenen Amtsträgers an der Entscheidungsfindung, bei unterbliebener Anhörung eines Beteiligten im weiteren Sinne, bei Fehlen des für den Erlass eines Verwaltungsakts notwendigen Antrags, bei Fehlen einer sonstigen notwendigen Mitwirkung Dritter in Form von Anhörung, Benehmen, Zustimmung oder Einvernehmen. Die Verletzung von Vorschriften über die Form ist etwa anzunehmen, wenn Vorschriften über die Protokollführung verletzt werden. Der Verfahrensfehler ist in derartigen Fällen unbeachtlich, wenn offensichtlich ist, dass der Mangel die Entscheidung nicht beeinflusst hat.

3. Verfassungsrechtliche Grenzen

Verfassungsrechtliche Grenzen, die bei der Schaffung, Auslegung und Anwendung von Vorschriften über die Unbeachtlichkeit von Verfahrensfehlern zu beachten sind, finden sich allerdings dort, wo die Rechtsstaatlichkeit, die Effektivität des Rechtsschutzes und andere Grundrechte nicht nur die Wahrung von Verfahrensstandards selbst, sondern zudem auch zwingend die Sanktionierung von deren Verletzung verlangen. Diese Grenzen sind umso eher erreicht, je mehr eine insofern verfassungsrechtlich fundierte Verfahrensbestimmung dazu geeignet ist, das Ergebnis einer Entscheidung zu beeinflussen und zu prägen, oder je mehr die konkret in Rede stehende Art der Verletzung dieser Verfahrensbestimmung ein Ausmaß erreicht, das von vornherein der Einschätzung entgegensteht, der Fehler sei nicht ergebnisrelevant. Dem Gesetzgeber bleibt es freilich unbenommen, bestimmte Verfahrensfehler auch schon vor Erreichung dieser Grenze des verfassungsrechtlich Hinnehmbaren von der Anwendung von von Vorschriften zur Fehlerunbeachtlichkeit auszuschließen und ihnen insoweit typisierend ein besonderes Gewicht beizumessen (§ 46 iVm § 44 VwVfG sowie § 4 I 1 UmwRG). 8059

Keinen verfassungsrechtlichen Bedenken begegnet es danach, dass das BVerwG § 46 VwVfG in einer Weise anwendet, derzufolge ein Verfahrensfehler erst dann beachtlich ist, wenn nach den Umständen des Falles die konkrete Möglichkeit besteht, dass ohne den Verfahrensfehler eine andere Entscheidung getroffen worden wäre; die nur abstrakte Möglichkeit einer anderen Entscheidung genügt danach nicht. Die Annahme der Unerheblichkeit eines Verfahrensfehlers ist verfassungsrechtlich allerdings dann nicht mehr hinnehmbar, wenn die Ergebniskausalität des Fehlers nur dadurch verneint werden kann, dass das Gericht eine eigene hypothetische Abwägungsentscheidung an die Stelle der Entscheidung durch die Planfeststellungsbehörde setzt. Die Beschwerdeführer haben dies hinsichtlich einer eventuell fehlerhaften Öffentlichkeitsbeteiligung und fehlerhaften Umweltverträglichkeitsprüfung geltend gemacht, jedoch nicht hinreichend substantiiert gerügt.[2829] 8060

[2824] BVerwG VkBl 1995, 210.

[2825] BVerwG NVwZ 1997, 998; BVerwGE 69, 256; DVBl. 1996, 915.

[2826] BVerwG DVBl. 1998, 330; DVBl. 1998, 1184; DVBl. 1996, 677; NVwZ 1999, 67.

[2827] BVerwG NVwZ 1998, 628.

[2828] BVerwG Urt. v. 19.3.1998 – 4 VR 10.97, juris; NVwZ 1996, 1016 m. Anm. Stüer, DVBl. 2013, 1324.

[2829] BVerfG NVwZ 2018, 573.

4. Schutz materieller Rechte

8061 Die Verfahrensvorschriften dienen dem Schutz materieller Rechte. Verfahrensfehler führen daher nur dann zu einer Aufhebung des Planfeststellungsbeschlusses, wenn dieser in materielle Rechtspositionen des Rechtsschutzsuchenden eingreift. So kann ein Planfeststellungsbeschluss auch nur dann in einem Anfechtungsprozess aufgehoben werden, wenn der Kläger geltend macht, in seinen Rechten verletzt zu sein (§ 42 II VwGO). Dazu kann auch das Recht auf Abwägung der eigenen Belange gehören.[2830] Die in die Abwägung einzustellenden Belange haben eine größere Reichweite als die Eigentumsrechte.[2831] Es gehören zu den Belangen, die bei der Abwägung zu berücksichtigen sind, nicht nur die eigentumsmäßig geschützten Positionen, sondern alle nachteilig betroffenen Belange, die mehr als geringfügig, schutzwürdig und erkennbar sind.[2832] Dazu zählen auch Chancen und Möglichkeiten auf tatsächlicher Grundlage, die eine gewisse Bedeutung und Schutzwürdigkeit haben und erkennbar sind. Die von einer Fachplanung Betroffenen haben zwar kein Recht auf eine optimale Planung, wohl aber auf eine Abwägung ihrer eigenen planbetroffenen Belange. Zwar räumt das Abwägungsgebot dem von einer Planfeststellung Betroffenen mit dem Recht auf eine gerechte Abwägung ein subjektives öffentliches Recht ein. Dieses Recht kann sich aber im Hinblick auf die in den Vorschriften der § 42 II VwGO und § 113 I 1 VwGO zum Ausdruck gekommenen Grundsätze seinem Gegenstand nach immer nur auf die rechtlich geschützten eigenen Belange des Betroffenen beziehen. Er hat – mit anderen Worten – zwar einen gerichtlich verfolgbaren Anspruch darauf, dass eine gerechte Abwägung seiner eigenen Belange mit den entgegenstehenden anderen Belangen stattfindet. Er hat aber nicht auch einen Anspruch darauf, dass die Belange anderer Beteiligter gerecht abgewogen sind oder dass etwa die Planung insgesamt und in jeder Hinsicht auf einer fehlerfreien Abwägung beruht. Werden daher abwägungserhebliche Belange des Klägers durch die Planfeststellung nicht betroffen, scheidet ein Klageerfolg allein mit dem Hinweis auf die Verletzung von Form- oder Verfahrensvorschriften aus.[2833]

8062 Die Begrenzung der Beachtlichkeit von Fehlern, die für das Ergebnis kausal gewesen sind, gilt auch für die Wahrung gemeindlicher Belange. Nicht jeder Abwägungsfehler führt zu einem Verstoß gegen das Recht auf kommunale Selbstverwaltung. Vielmehr ist eine willkürliche Fehlgewichtung der kommunalen Belange oder eine Verkürzung des Abwägungsvorgangs erforderlich.[2834] Die Genehmigungsbehörde kann die Aufhebung einer Genehmigung wegen eines Ermittlungs- oder Bewertungsfehlers dadurch vermeiden, dass sie es noch während des gerichtlichen Verfahrens behebt, indem sie den Verdachtsmomenten nachgeht und das Ergebnis ihrer ergänzenden Ermittlungen oder Bewertungen durch einen entsprechenden Bescheid verlautbart.[2835]

5. Persönliche Fehlerbetroffenheit

8063 Der Form- oder Verfahrensfehler kann nur geltend gemacht werden, wenn der Einwendungsführer dadurch auch selbst betroffen wird. Hat der Betroffene etwa seine Einwendungen vorgebracht, so kann er sich nicht darauf berufen, dass die Offenlage der Planunterlagen in zeitlicher Hinsicht nicht den gesetzlichen Vorgaben entsprochen hat. Auch kann der Betroffene nicht aus der Nichtbeteiligung anderer Verfahrensbeteiligter die Fehlerhaftigkeit des Planfeststellungsbeschlusses herleiten. Der Verfahrensfehler muss vielmehr gerade ihm gegenüber wirksam geworden sein. Das gilt etwa für Verfahrensfehler, die sich auf den Planfeststellungsbeschluss insgesamt ausgewirkt haben wie etwa die Mitwirkung von Befangenen nach § 20 I 1 Nr. 5 VwVfG oder der rechtswidrige Verzicht auf eine Erörterung der eingegangenen Einwendungen.

2830 Stüer BauR 1999, 1221.

2831 Zur Übernahme der allgemeinen Grundsätze des Abwägungsgebotes in die fachplanungsrechtlichen Entscheidungen BVerwGE 48, 56; Urt. v. 22.12.1981 – 4 CB 32.81, juris.

2832 BVerwG DVBl. 1980, 233.

2833 BVerwG NJW 1975, 1373.

2834 VerfGH Münster NVwZ-RR 1998, 473.

2835 BVerwG NVwZ 1998, 628.

6. Enteignungsrechtliche Betroffenheit

Auch der durch einen Planfeststellungsbeschluss enteignungsrechtlich Betroffene unterliegt hinsichtlich der Form- und Verfahrensvorschriften grundsätzlich den vorgenannten Einschränkungen. Im Gegensatz zu dem nur mittelbar betroffenen Nachbarn des Vorhabens kann sich der Eigentümer, dessen Grundstück auf der Grundlage des Planfeststellungsbeschlusses enteignet werden soll, zwar auch auf andere öffentlich-rechtliche Belange berufen und ist nicht auf das Geltendmachen eigener rechtlich geschützter Belange beschränkt.[2836] Nach ständiger Rechtsprechung unterliegt dieser Vollprüfungsanspruch aber Einschränkungen. Der Kläger kann sich danach nicht auf Rechtsfehler berufen, die aus tatsächlichen oder rechtlichen Gründen für die Eigentumsbetroffenheit nicht erheblich, insbesondere nicht kausal sind.[2837] Das gilt auch für Verfahrensfehler. 8064

Form- und Verfahrensfehler können von dem Betroffenen nur geltend gemacht werden, wenn sie sich auf seine Rechtsposition konkret ausgewirkt haben. Deshalb ist die Rüge, andere Verfahrensbeteiligte seien nicht ordnungsgemäß angehört worden, nur beachtlich, wenn sich der Fehler auf die eigene Rechtsposition des Eigentümers konkret auswirkt (§ 46 VwVfG). Dies ist von dem Betroffenen jeweils darzulegen. Das gilt auch für die Rüge, ein nach § 3 UmwRG anerkannter Naturschutzverband sei unter Umgehung seiner gesetzlich eingeräumten Beteiligungsrechte[2838] am Verfahren nicht beteiligt worden.[2839] Die Verletzung von Verfahrensvorschriften führt daher nur dann zu einer Rechtswidrigkeit der Zulassungsentscheidung, wenn konkret dargelegt wird, dass durch den Verfahrensfehler die Rechte des Klägers nachteilig betroffen sind.[2840] Die **abstrakte Möglichkeit** eines anderen Ergebnisses reicht dazu nicht aus.[2841] Die Verletzung von Verfahrensbestimmungen ist daher nur dann von Bedeutung, wenn sich der Fehler auf das Abwägungsergebnis oder andere beachtliche Planelemente auswirkt.[2842] 8065

V. Rechtsbehelfe gegen Verfahrenshandlungen

Nach § 44a VwGO können Rechtsbehelfe gegen behördliche Verfahrenshandlungen nur gleichzeitig mit den gegen die Sachentscheidung zulässigen Rechtsbehelfen geltend gemacht werden.[2843] Eine Ausnahme bildet die Vollstreckung behördlicher Verfahrenshandlungen oder wenn diese einen Nichtbeteiligten betreffen. Eine isolierte Anfechtung von behördlichen Verfahrenshandlungen ist damit in der Regel ausgeschlossen. Es muss daher zunächst der Erlass des Planfeststellungsbeschlusses abgewartet werden, um im Anschluss Rechtsschutz gegen die abschließende Sachentscheidung zu suchen. Während des Planfeststellungsverfahrens kann ein Rechtsschutz gegen die einzelnen Verfahrenshandlungen wie etwa die Festlegung des Untersuchungsrahmens im Scoping-Termin, die Behördenbeteiligung, die Offenlage der Planunterlagen, die Erörterung, Akteneinsicht[2844] oder andere vorbereitende oder verfahrensbegleitende Handlungen nicht erreicht werden. Durch diese Eingrenzung soll sichergestellt werden, dass die Behörde nicht durch juristisches Sperrfeuer an der Verfahrensdurchführung gehindert und das Verwaltungsverfahren über längere Zeit blockiert wird. Das in Art. 19 IV GG verankerte Prinzip der Gewährung effektiven Rechtsschutzes gebietet allerdings eine einschränkende Aus- 8066

2836 OVG Münster Urt. v. 1.6.2023 – 20 D 377/21.AK, juris Rn. 50; Urt. v. 10.6.2022 – 20 D 43/18. AK n. v.,; OVG Bautzen Urt. v. 6.9.2009 – 4 C 61/21, juris Rn. 45.

2837 OVG Bautzen Urt. v. 6.9.2009 – 4 C 61/21, juris Rn. 45; BVerwG Urt. v. 26.6.2019 – 4 A 5.18, juris Rn. 12; Urt. v. 14.3.2018 – 4 A 5.17, juris Rn. 15; Urt. v. 12.8.2009 – 9 A 64.07, juris Rn. 24.

2838 BVerwG NVwZ 1991, 162; DVBl. 1997, 714.

2839 BVerwG NVwZ 1996, 896; DVBl. 1997, 1123.

2840 Die UVP ist kein allgemeines Suchverfahren, in dem alle nur erdenklichen Auswirkungen auf die Umweltgüter und deren Wertigkeit bis in alle Einzelheiten und feinste Verästelungen zu untersuchen sind und gar Antworten auf in der Wissenschaft noch ungeklärte Fragen gefunden werden müssen, so BVerwG NVwZ 1996, 1010.

2841 BVerwG DVBl. 1988, 532; NVwZ 1996, 381; NVwZ 1996, 1016 m. Anm. Stüer, DVBl. 2013, 1324; DVBl. 1996, 914; DVBl. 1996, 915.

2842 BVerwG NVwZ 1993, 565; NVwZ 1995, 383.

2843 BVerwG Beschl. v. 6.9.2005 – 9 VR 21.05, juris.

2844 Darin kann auch eine Vorwegnahme der Hauptsache liegen, BVerwG Beschl. v. 21.3.1997 – 11 VR 3.97, juris; Beschl. v. 14.12.1989 – 2 ER 301.89, juris.

legung des § 44 a 1 VwGO in den Fällen, in denen bei einer Abwägung zwischen dem von § 44 a 1 VwGO verfolgten Zweck der Gewährleistung eines effektiven Verwaltungsverfahrens und den Belangen des Betroffenen Letzteren eindeutig der Vorrang einzuräumen ist, insbesondere deshalb, weil die negativen Folgen für diesen besonders schwer wiegen. So können etwa Verfahrenshandlungen, die in materielle Rechtspositionen des Betroffenen eingreifen und dadurch eine selbständige, im Verhältnis zur abschließenden Sachentscheidung andersartige Beschwer enthalten, selbständig angefochten werden.[2845]

8067 Wie im Hauptsacheverfahren gilt § 44 a VwGO auch für Verfahren des **einstweiligen Rechtsschutzes**. So sind Anträge nach § 123 VwGO auf Akteneinsicht,[2846] Wiederholung der Auslegung oder ähnliche Verfahrenshandlungen regelmäßig unzulässig.[2847] Zwar hat das BVerfG bei besonderen Fallgestaltungen eine verfassungskonforme Auslegung von § 44 a VwGO gefordert.[2848] Art. 19 IV GG gebietet es aber gleichwohl nicht, derartige Anträge im Planfeststellungsverfahren als statthaft anzusehen.[2849] Mängel im Verwaltungsverfahren können ohne weiteres im Klageverfahren gegen die Sachentscheidung geltend gemacht werden.[2850] Etwas anders muss nur gelten, wenn ohne eine einstweilige Anordnung schwere und unzumutbare, anders nicht abwendbare Nachteile entstünden, zu deren nachträglicher Beseitigung die Entscheidung in der Hauptsache nicht mehr in der Lage wäre.[2851]

8068 Unter § 44 a VwGO fallen nicht nur Widerspruch und Anfechtungsklage. Im Hinblick auf den Zweck der Vorschrift, die Sachentscheidung nicht durch Rechtsstreitigkeiten über Verfahrenshandlungen zu verzögern oder zu erschweren, sind unter anderem auch Verpflichtungsklagen zu den ausgeschlossenen Rechtsbehelfen zu zählen.[2852] Ausgeschlossen sind darüber hinaus auch Anträge auf vorläufigen Rechtsschutz unabhängig davon, ob es sich um solche nach den §§ 80, 80 a VwGO oder nach § 123 VwGO handelt, weil im Eilverfahren nicht weitergehender Rechtsschutz erlangt werden kann als im Klageverfahren.[2853]

Beispiel: Im Laufe eines Planfeststellungsverfahrens begehren betroffene Kläger Akteneinsicht mit der Begründung, sie seien sonst nicht in der Lage, ihre Betroffenheiten im Einzelnen zu erkennen und sich sachgerecht gegen die beabsichtigte Inanspruchnahme ihrer Grundstücke zu wehren. Ein derartiges Akteneinsichtsrecht im laufenden Planfeststellungsverfahren kann weder mit der Verpflichtungsklage noch mit einem Eilantrag nach § 123 VwGO durchgesetzt werden.[2854]

8069 Eine erweiterte Auslegung des § 44 a VwVfG ist auch nicht im Hinblick auf die verfassungsrechtlich gebotene Gewährleistung eines effektiven Rechtsschutzes iS des Art. 19 IV GG geboten. Allerdings gewährleistet diese Grundrechtsnorm den Anspruch des Bürgers auf eine tatsächlich wirksame gerichtliche Kontrolle der jeweils belastenden Verwaltungsentscheidung.[2855] Dieser Gewährleistung ist aber dadurch hinreichend Rechnung getragen, dass Mängel im Verwaltungsverfahren, die wegen § 44 a VwGO nicht unmittelbar mit Rechtsbehelfen gegen die Verfahrenshandlung geltend gemacht werden können, im Rahmen eines gegen die Sachentscheidung zulässigen Klageverfahrens gerügt werden können und rechtlich geprüft werden. Das gilt allerdings nur unter der Voraussetzung, dass der Betroffene im späteren Verfahren hinreichend effektiven Rechtsschutz zu erlangen vermag.[2856]

2845 BVerwG NJW 2012, 792.

2846 BVerwG Beschl. v. 21.3.1997 – 11 VR 3.97, juris.

2847 BVerwG NVwZ-RR 1999, 208.

2848 BVerfG NJW 1991, 415, insbesondere dann, wenn durch die angegriffene Verfahrenshandlung irreparable Nachteile entstehen.

2849 Zum Recht auf fehlerfreie Ermessensausübung über die Gewährung von Akteneinsicht aus §§ 29, 72 I VwVfG BVerwG NVwZ 1999, 535; VG Aachen Urt. v. 28.11.2012 – 8 K 2366/10, juris Rn. 34.

2850 BVerwG NVwZ-RR 1997, 663.

2851 BVerwG Beschl. v. 21.3.1997 – 11 VR 3.97, juris.

2852 BVerwG NJW 1979, 177.

2853 OVG Münster DVBl. 1980, 964.

2854 BVerwG NVwZ-RR 1997, 663; Beschl. v. 21.3.1997 – 11 VR 3.97, juris.

2855 BVerfG NJW 1973, 2196; NJW 1978, 693; BVerfGE 54, 94; BVerfGE 61, 82; BVerfGE 64, 261.

2856 BVerfG NJW 1991, 415.

VI. Planerhalt (§ 75 Ia VwVfG)

Mängel bei der Abwägung der von dem Vorhaben berührten öffentlichen und privaten Belange sind nur erheblich, wenn sie offensichtlich und auf das Abwägungsergebnis von Einfluss gewesen sind (§ 75 I a 1 VwVfG). Beide Voraussetzungen sind für die Erheblichkeit eines Abwägungsmangels kumulativ erforderlich.[2857] Erhebliche Mängel bei der Abwägung oder eine Verletzung von Verfahrens- oder Formvorschriften führen nur dann zur Aufhebung des Planfeststellungsbeschlusses oder der Plangenehmigung, wenn sie nicht durch Planergänzung[2858] oder ein ergänzendes Verfahren behoben werden können (§ 75 I a 2 VwVfG). **8070**

§ 75 Ia VwVfG konkretisiert den Grundsatz der Planerhaltung;[2859] die Vorschrift dient der Verfahrensbeschleunigung. Satz 1 beschränkt die Erheblichkeit von Abwägungsmängeln dem Grunde nach, in dem der Gesetzgeber definiert, was erheblich und insoweit beachtliche Abwägungsmängel sind; § 75 Ia 2 hingegen bestimmt die Rechtsfolgen der in diesem Sinne erheblichen Abwägungsmängeln: Sie führen nur dann zur Aufhebung des Planfeststellungsbeschlusses, wenn sie nicht durch ein ergänzendes Verfahren oder durch eine Planergänzung ausgeräumt werden können. **8071**

§ 75 Ia 2 VwVfG trifft zwar nur eine Fehlerfolgenregelung für erhebliche Mängel bei der Abwägung und für die Verletzung von Verfahrens- und Formvorschriften. Diese Fehlerfolgenregelung wird jedoch auch auf andere materielle Mängel angewendet, so dass einem Betroffenen der Anspruch auf Aufhebung des Planfeststellungsbeschlusses versagt wird, wenn sich ein solcher materieller Mangel durch eine Planergänzung oder ein ergänzendes Verfahren beheben lässt. Begründet wird dies damit, dass der Gesetzgeber mit den Abwägungsmängeln zwar einen besonders Fall geregelt habe, ohne aber die Behebung anderer inhaltlicher Mängel durch Planergänzung oder ein ergänzendes Verfahren ausschließen zu wollen. Die Interessenlage sei dort nicht anders als bei Abwägungsfehlern, so dass eine Planänderung oder ein ergänzendes Verfahren auch in Betracht, wenn der Planfeststellungsbeschluss Planungsleitsätze missachtet hat.[2860] **8072**

Mit Rücksicht auf den das Planfeststellungsrecht prägenden Grundsatz der Planerhaltung geht die Fehlerfolgenregelung des § 75 Ia 2 VwVfG dem nach seinem Wortlaut auf Aufhebung einer Entscheidung gerichteten § 4 I 1 UmwRG vor.[2861] Das ergänzende Verfahren nach § 75 I a VwVfG ist nicht anwendbar bei Verfahrens- und Formfehlern, die in §§ 45, 46 VwVfG abschließend geregelt sind. Eine Behebung des Mangels der örtlichen Zuständigkeit durch eine unmittelbare oder auch nur ergänzende Anwendung von § 75 I a VwVfG ist deshalb zB ausgeschlossen.[2862] **8073**

1. Erheblichkeit von Abwägungsmängeln

Mängel bei der Abwägung der von dem Vorhaben berührten öffentlichen und privaten Belange sind nur erheblich, wenn sie offensichtlich und auf das Abwägungsergebnis von Einfluss gewesen sind **8074**

a) Offensichtlichkeit des Mangels. Offensichtlich sollen nach der Rechtsprechung Abwägungsmängel sein, die sich auf die äußere Seite des Abwägungsvorgangs beziehen. Das soll sich auf Alles erstrecken, was auf objektiv fassbaren Sachumständen beruht. Beispielhaft genannt werden dazu Informationen aus den Planungsunterlagen, Akten, Protokollen, aus Entwurfs- oder Planbegründungen sowie aus sonstigen Unterlagen. Erforderlich sei, dass konkrete Umstände klar und positiv auf einen Abwägungsmangel hindeuteten. Mängel, welche zur inneren Seite des Abwägungsvorgangs gehörten und die Motive oder Vorstellungen der Entscheidungsbeteiligten beträfen, seien nicht offensichtlich.[2863] **8075**

2857 Neumann/Külpmann in Stelkens/Bonk/Sachs, VwVfG, 2023, § 75 Rn. 39.

2858 BVerwG DVBl. 1985, 896; NVwZ 1985, 108; DVBl. 1990, 419; NVwZ 1996, 896; Stüer DVBl. 1997, 326.

2859 Dazu Beckmann BauR 2016, 1417 ff.

2860 BVerwG NVwZ 2001, 673 (682); NVwZ 2004, 1486 (1496); B NVwZ 2007, 581 (582); Neumann/Külpmann in Stelkens/Bonk/Sachs, VwVfG, 2023, § 75 Rn. 37.

2861 BVerwG Beschl. v. 14.6.2017 – 4 B 22.16, juris.

2862 BVerwG NVwZ 2008, 795; NVwZ 2007, 581.

2863 BVerwG ZfBR 2016, 378; BVerwG NVwZ 1992, 662 (663); Deutsch in Mann/Sennekamp/Uechtritz, VwVfG, 2019, § 75 Rn. 111; siehe auch Beckmann BauR 2016, 1417 ff.

8076 Fraglich ist, ob alles das, was zur inneren Seite des Abwägungsvorgangs gehört, was also die Motive und Vorstellungen der an der Planungsentscheidung beteiligten Mitglieder des Planungsträgers angeht, als nicht offensichtliche Mängel beachtlich bleiben kann. Denn wenn solche Motive und Vorstellungen der Entscheider nicht dokumentiert sind, dann kann eben nicht ausgeschlossen werden, dass der Abwägungsmangel entscheidungserheblich gewesen ist. Mit dem Merkmal der Offensichtlichkeit des Mangels wird dem Planungsbetroffenen eine zweifelhafte Darlegungs- oder gegebenenfalls auch materielle Beweislast zugemutet.[2864] Von Einfluss auf das Abwägungsergebnis ist der offensichtliche Mangel nach der Rechtsprechung nur, wenn nach den Umständen des Einzelfalls die „konkrete" Möglichkeit besteht, dass die Planung ohne den beanstandeten Mangel anders ausgefallen wäre; eine bloße „abstrakte" Möglichkeit soll dafür nicht ausreichen.[2865] Eine solche konkrete Möglichkeit soll insbesondere dann bestehen, wenn sich anhand der Planunterlagen oder sonst erkennbarer oder naheliegender Umstände bei „realistischer Betrachtungsweise" ergibt, dass sich ohne den Mangel im maßgeblichen Zeitpunkt des Erlasses des Planfeststellungsbeschlusses ein anderes Abwägungsergebnis abgezeichnet hätte. Im Ergebnis hat das BVerwG damit wiederum die Darlegungslast dem Kläger zugeordnet.

8077 **b) Ergebnisrelevanz.** Bei der Prüfung, ob ein Abwägungsmangel im Sinne von § 75 Ia 1 VwVfG auf das Abwägungsergebnis von Einfluss gewesen ist, hat das Tatsachengericht alle Unterlagen und Umstände heranzuziehen, die für den Rückschluss auf die Willensbildung der Behörde bei Vermeidung des Mangels Bedeutung haben können. Dazu gehören neben dem Planfeststellungsbeschluss und den darin planfestgestellten Unterlagen die Verwaltungsvorgänge sowie vom Vorhabenträger vorgelegte Unterlagen und alle sonst erkennbaren oder naheliegenden Umstände.[2866] Umweltauswirkungen sind nicht erst dann erheblich, wenn sie nach dem jeweils einschlägigen materiellen Zulassungsrecht so gewichtig sind, dass sie zu einer Versagung der Zulassung führen können; es genügt, wenn im Rahmen der planerischen Abwägung Nebenbestimmungen oder, wenn das Fachrecht dies zulässt (§ 8 IV 1 LuftVG), Betriebsregelungen zum Schutz der betroffenen Umweltgüter in Betracht kommen.[2867] Andererseits löst nicht jeder abwägungserhebliche Umweltbelang die Pflicht zur Durchführung einer Umweltverträglichkeitsprüfung aus. Das stünde im Widerspruch zur Konzeption des Gesetzes über die Umweltverträglichkeitsprüfung, weil praktisch nie auszuschließen ist, dass ein Vorhaben abwägungserhebliche Umweltauswirkungen hat. Dementsprechend genügt es auch nicht, wenn die Umweltauswirkungen allenfalls zu einer Ergänzung der Planung um weitere Schutzauflagen auf der Grundlage strikten Rechts führen können. Es bedarf bereits in der Vorprüfung einer Gewichtung der abwägungserheblichen Belange unter Berücksichtigung der vorhaben- und standortbezogenen Kriterien; steht nach einer diese Maßstäbe berücksichtigenden Vorausschau im Zeitpunkt der Vorprüfung fest, dass ein abwägungserheblicher Umweltbelang keinen Einfluss auf das Ergebnis des Planfeststellungsbeschlusses haben kann, ist eine Umweltverträglichkeitsprüfung nicht erforderlich.[2868] Zum Ergebnis der Planfeststellung gehören nicht nur die Entscheidung über das „Ob" des Vorhabens und die Abwägung etwaiger Ausführungsvarianten, sondern auch die Entscheidung über Nebenbestimmungen zum Schutz der Umwelt im Rahmen der Abwägung.

2. Planergänzung und ergänzendes Verfahren

8078 Der Gesetzgeber wollte mit der Änderung der Fachplanungsgesetze durch das Planungsvereinfachungsgesetz, das GenBeschlG und das Infrastrukturplanungsbeschleunigungsgesetz sicherstellen, dass Fehler im Planfeststellungsverfahren nur dann zur Nichtigkeit des Planfeststellungsbeschlusses führen sollen, wenn sie nicht durch Planergänzungen oder eine ergänzende Planfeststellung geheilt werden können. Die gesetzlichen Regelungen sollen bewirken, dass die Aufhebung des Planfeststellungsbeschlusses nur im Notfall und dann erfolgt, wenn andere Heilungsmöglichkeiten durch Planergänzung oder ergänzendes Planverfahren scheitern. Schon nach der früheren Rechtsprechung war es den Gerichten in begrenztem Umfang erlaubt, Pla-

[2864] Beckmann BauR 2016, 1417 ff.
[2865] BVerwGE 134, 308.
[2866] BVerwG NVwZ 2020, 1663.
[2867] BVerwG Urt. v. 7.11.2019 – 3 C 12.18 – VRS 138, 34; BVerwGE 150, 92 Rn. 21; BVerwGE 130, 83 Rn. 34 f.
[2868] BVerwGE 162, 114 Rn. 25.

nungsfehler durch Auflagen zu heilen, ohne den gesamten Planfeststellungsbeschluss aufzuheben, wenn die Auflagen die Wesensstruktur der Planung als solche unangetastet gelassen hat. Der Bundesgesetzgeber wollte mit der Schaffung der Fehlerbeseitigungsmöglichkeiten aber keinesfalls hinter diese bisherige Rechtslage zurückgehen. Anderenfalls hätte es einer Gesetzesänderung nicht bedurft. Es war vielmehr Absicht des Gesetzgebers, den von dieser gesetzlichen Regelung erfassten Fachplanungen eine über die bisherige Regelung hinausgehende Bestandskraft und besondere Priorität zu verleihen. Danach gilt der Grundsatz: Nachbesserung vor Aufhebung. Die Aufhebung eines Planfeststellungsbeschlusses soll diesen Vorschriften nur noch als „ultima ratio" in Betracht kommen. Dies bringt das Gesetz dadurch zum Ausdruck, dass es neben die bereits zuvor anerkannte Möglichkeit der Planergänzung auch das „ergänzende Verfahren" als Möglichkeit erwähnt, Fehler der Planfeststellung zu beseitigen.

Aus Sicht der Verwaltungsgerichte folgt im Fall der Anfechtung eines Planfeststellungsbeschlusses daraus, dass zunächst geprüft werden muss, ob der Planfeststellungsbeschluss rechtswidrig ist. Bejahendenfalls muss das Gericht prüfen, ob es den Zulassungsakt aufheben muss oder nur die Rechtswidrigkeit und Nichtvollziehbarkeit des Planfeststellungsbeschlusses feststellen darf, weil der erkannte Fehler heilbar ist. Nach Abschluss eines Fehlerheilungsverfahrens kann der Planergänzungs- oder -änderungsbeschluss der gerichtlichen Prüfung unterworfen werden. 8079

a) Planergänzung. Die Planergänzung betrifft dabei vor allem die aus der bisherigen Rechtsprechung bekannten Fälle der Schutzauflagen. Nach der Konzeption des Gesetzgebers, die auf vorangegangener Rechtsprechung aufbaut, hat der mittelbar Betroffene regelmäßig nur einen Anspruch darauf, dass unzumutbare Beeinträchtigungen durch die Anordnung von Schutzauflagen, gegebenenfalls auch durch Entschädigungszahlung, ausgeglichen werden. Kann die Rechtswidrigkeit des Planfeststellungsbeschlusses durch Anordnung von **Schutzauflagen** behoben werden, wäre eine Anfechtungsklage unbegründet. Auch die mit der Feststellung der Rechtswidrigkeit und Nichtvollziehbarkeit verbundene Durchführung eines ergänzenden Verfahrens ist dann nicht erforderlich.[2869] Geboten ist es deshalb einem Anfechtungsantrag auf Aufhebung des Planfeststellungsbeschlusses einen Hilfsantrag hinzuzufügen, wonach der Planfeststellungsbeschlusses durch eine Schutzauflagen ergänzt. Da die Auswahl einer solchen Schutzauflage im Ermessen der Planfeststellungsbehörde steht, kann das Gericht die Planfeststellungsbehörde in aller Regelt nur zur Neubescheidung unter Beachtung der Rechtsauffassung des Gerichts verpflichten, so dass es angezeigt ist, den Hilfsantrag als Bescheidungsantrag zu formulieren.[2870] 8080

b) Ergänzendes Verfahren. Das ergänzende Verfahren bezieht sich demgegenüber auf Fälle, in denen Verfahrens- oder Inhaltsmängel durch Nachbesserung des Verfahrens oder durch eine inhaltliche Nachbewertung geheilt werden können. Dieser Teil der Vorschrift ermöglicht etwa auch die Einholung ergänzender Gutachten oder ergänzender Ermittlungen des Sachverhalts oder Bewertungen von Belangen.[2871] 8081

Die Heilungsmöglichkeiten eines ergänzenden Verfahrens in § 75 I a VwVfG beziehen sich nicht nur auf Form- und Verfahrensfehler, sondern auch auf inhaltliche Fehler, insbesondere auf Abwägungsmängel, die durch eine erneuet Abwägungsentscheidung korrigiert werden können.[2872] Es geht beim ergänzenden Verfahren auch um Mängel, die durch Nachermittlung und Neubewertung behoben werden können. Das ergänzende Verfahren kann auch genutzt werden, Verstöße gegen zwingende Planungsleitsätze auszuräumen.[2873] 8082

Auch eine etwa fehlerhafte Beteiligung eines nach § 3 UmwRG anerkannten Naturschutzverbandes kann durch eine ergänzende Anhörung geheilt werden. Auch wenn eine Straße abweichend von dem Planfeststellungsbeschluss auf einem anderen Grundstücksteil des Betroffenen verwirklicht werden soll, so können derartige Divergenzen zwischen Planung und Ausfüh- 8083

[2869] BVerwG NVwZ 2004, 1486; Schütz in Ziekow Handbuch des Fachplanungsrechts, 2024, § 8 Rn. 93.

[2870] Johlen DVBl.. 1989, 287 (290); Schütz in Ziekow Handbuch des Fachplanungsrechts, 2024, § 8 Rn. 93.

[2871] Zum ergänzenden Verfahren im Zulassungsrecht aus richterlicher Sicht Külpmann NVwZ 2020, 1143.

[2872] Külpmann NVwZ 2020, 1143; Schütz UPR 2021, 418; Schütz in Ziekow Handbuch des Fachplanungsrechts, 2024, § 8 Rn. 96.

[2873] BVerwGE 120, 276 (278); BVerfGE NVwZ2011, 680.

rung ggf. durch ein ergänzendes Verfahren nach § 75 I a VwVfG behoben werden.[2874] Der Gesetzgeber wollte mit diesen Heilungsregelungen die Aufhebung der Planung als radikale Folge einer Rechtswidrigkeit des Planfeststellungsbeschlusses vermeiden, wenn der Fehler durch ein ergänzendes Verfahren behoben werden kann. Selbst erhebliche Mängel in der Abwägung können daher Gegenstand des Heilungsverfahrens sein. Entscheidend ist allein, dass die Möglichkeit besteht, den Fehler im ergänzenden Verfahren zu beheben. Diese Möglichkeit ist aber etwa auch bei einer Verletzung des Beteiligungsrechts eines anerkannten Naturschutzverbandes oder auch bei materiellen Abwägungsfehlern vom Grundsatz her gegeben.

8084 **Beispiel:** Ein nach § 3 UmwRG anerkannter Naturschutzverband ist nicht ordnungsgemäß beteiligt worden. Die Planfeststellungsbehörde kann die unterbliebene oder unzureichende Beteiligung des Naturschutzverbandes nach § 75 I a VwVfG nachholen. Ergeben sich dabei neue Erkenntnisse, so muss sie die Planfeststellungsbehörde in einer neuen ergebnisoffenen Entscheidung berücksichtigen, weil die Beteiligung anderenfalls ihre Funktion nicht erfüllen würde. Das Ergebnis der Beteiligung kann deshalb in einer Aufhebung oder Änderung des Planfeststellungsbeschlusses bestehen. Es besteht aber auch die Möglichkeit, dass die Planfeststellungsbehörde nach erneuter Abwägung unter Berücksichtigung der Äußerung des Naturschutzverbandes gleichwohl an der getroffenen Entscheidung festhält und hierzu im Rahmen ihres planerischen Ermessens auch berechtigt ist.[2875]

Beispiel: Auch Mängel der spezifisch naturschutzrechtlichen Abwägung § 15 V BNatSchG, die nicht die Planung als Ganzes von vornherein in Frage stellen, können in zumindest entsprechender Anwendung des § 75 I a 2 VwVfG in einem ergänzenden Verfahren geheilt werden.[2876]

VII. Verfahrensfehler nach § 4 UmwRG

8085 Soweit der Planfeststellungsbeschluss rechtswidrig ist und der Kläger dadurch in seinen Rechten verletzt wird, hebt das Gericht den Planfeststellungsbeschluss nach § 13 I 1 VwGO auf. Von dieser Regelung mach § 4 UmwRG eine Ausnahme, soweit dort auf eine subjektive Rechtsverletzung verzichtet wird. § 4 UmwRG unterscheidet dazu zwischen absoluten und relativen Verfahrensfehlern. § 4 UmwRG begründet ein Sonderrecht für die Bedeutung von Verfahrensfehlern für die Begründetheit eines Rechtsbehelfs im Anwendungsbereich des UmwRG.[2877]

1. Absolute Verfahrensfehler

8086 Die Aufhebung einer Zulassungsentscheidung für Vorhaben nach § 1 I 1 Nr. 1 bis 2b UmwRG kann verlangt werden, wenn eine nach Bestimmungen des UVPG, nach der UVP-Bergbau oder nach entsprechenden landesrechtlichen Vorschriften erforderliche Umweltverträglichkeitsprüfung oder erforderliche Vorprüfung des Einzelfalls zur Feststellung der UVP-Pflichtigkeit weder durchgeführt noch nachgeholt worden ist. Die Aufhebung kann außerdem verlangt werden, wenn eine erforderliche Öffentlichkeitsbeteiligung iSv § 18 UVPG oder im Sinne von § 10 BImSchG weder durchgeführt noch nachgeholt worden ist oder wenn ein anderer Verfahrensfehler vorliegt, der nicht geheilt worden ist, nach seiner Art und Schwere mit den in den Nummern 1 und 2 genannten Fällen vergleichbar ist und der betroffenen Öffentlichkeit die Möglichkeit der gesetzlich vorgesehenen Beteiligung am Entscheidungsprozess genommen hat; zur Beteiligung am Entscheidungsprozess gehört auch der Zugang zu den Unterlagen, die zur Einsicht für die Öffentlichkeit auszulegen sind.

8087 Eine durchgeführte Vorprüfung des Einzelfalls zur Feststellung der UVP-Pflichtigkeit, die nicht dem Maßstab des § 5 III 2 UVPG genügt, steht nach § 4 I 2 UmwRG einer nicht durchgeführten Vorprüfung nach § 4 I 1 Nr. 1 b UmwRG gleich. Die Planfeststellungsbehörde darf im Rahmen der UVP-Vorprüfung nicht bereits mit einer der UVP vergleichbaren Prüftiefe „durchermitteln" und damit die eigentliche UVP unter Missachtung der für diese obligatorischen Öffentlichkeitsbeteiligung vorwegnehmen; sie ist vielmehr auf eine überschlägige Vorausschau beschränkt. Andererseits darf sich die Vorprüfung nicht in einer oberflächlichen

[2874] BVerwG UPR 1998, 149.
[2875] BVerwG DVBl. 1997, 798.
[2876] BVerwG NVwZ 2007, 581; NVwZ 2001, 673.
[2877] Happ in Eyermann, VwGO, 2023, § 4 UmwRG Rn. 1.

Abschätzung spekulativen Charakters erschöpfen, sondern muss auf der Grundlage geeigneter und ausreichender Informationen erfolgen. Hierzu zählen auch vom Vorhabenträger eingeholte Fachgutachten, die gegebenenfalls durch zusätzliche Ermittlungen der Planfeststellungsbehörde ergänzt werden können. Bei der Frage, welche Unterlagen und Informationen als geeignete Grundlage einer überschlägigen Prüfung benötigt werden, kommt der Behörde ein Einschätzungsspielraum zu. Das Gericht hat aber zu prüfen, ob eine Vorprüfung überhaupt stattgefunden hat oder das Ergebnis der Vorprüfung Rechtsfehler aufweist, die seine Nachvollziehbarkeit ausschließen. Gefordert ist eine Plausibilitätskontrolle, bei der die von der Behörde für ihr Prüfergebnis gegebene Begründung zugrunde zu legen ist. Von diesen Maßstäben ist die Vorinstanz ausgegangen.[2878]

a) Geltendmachung eigener Rechtsbetroffenheit. Nach Ansicht des BVerwG ergibt sich aus § 4 I UmwRG nicht, dass ein Individualkläger einen absoluten Verfahrensfehler unabhängig von einer eigenen materiellen Rechtsbetroffenheit rügen kann. Bei § 4 I UmwRG soll es sich insoweit um eine Regelung zur Begründetheit einer Klage handeln, die jedoch die Geltendmachung einer eigenen Rechtsverletzung im Rahmen der Klagebefugnis nach § 42 II VwGO nicht entbehrlich macht.[2879] Das Unionsrecht verlange zwar, dass die Verfahrensgarantien der Richtlinie umfassend überprüfbar sein müssten, jedoch nicht, dass das nationale Recht eine Überprüfung durch Private aber nicht unabhängig von einer Verletzung in anderweitigen Rechtspositionen ermöglichen müsse. Insoweit unionsrechtskonform normiere der Gesetzgeber im UmwRG in erster Linie die umweltrechtliche Verbandsklage. Soweit § 4 III UmwRG die Fehlerfolgenregelungen des § 4 I UmwRG auf Rechtsbehelfe von Beteiligte nach § 61 Nr. 1 und Nr. 2 VwGO unter anderem also auf Private für entsprechend anwendbar erkläre, bringe der Gesetzgeber zum Ausdruck, dass auch insoweit Fehler der in 4 I UmwRG genannten Kategorien unabhängig von den sonst nach der verwaltungsgerichtlichen Rechtsprechung geltenden einschränkenden Maßgaben zur Begründetheit der Klage führen. Darin erschöpfe sich der Regelungsgehalt der Bezugnahme in § 4 III UmwRG jedoch. Durch sie sollte die Berufung auf die in § 4 I UmwRG aufgeführten Verfahrensfehler nicht auch solchen Personen eröffnet werden, die nicht aufgrund einer möglichen Betroffenheit in einem materiellen Recht klagebefugt seien.[2880] 8088

b) Kein Kausalitätserfordernis. Der Aufhebungsanspruch nach § 4 I UmwRG wegen eines absoluten Verfahrensfehlers setzt nicht voraus, dass der Verfahrensmangel die Entscheidung in der Sache beeinflusst hat oder haben könnte. Das Unterlassen einer erforderlichen Vorprüfung des Einzelfalls oder einer UVP haben eine absolute Bedeutung, die eine Kausalitätsprüfung überflüssig macht.[2881] 8089

c) Möglichkeit des ergänzenden Verfahrens. § 4 I 1 UmwRG sieht zwar als Rechtsfolge eines absoluten verfahrensfehlers die Aufhebung der Zulassung vor. Gleichwohl bleiben Möglichkeiten der Entscheidungsergänzung, einer Heilung (§ 45 VwVfG) und der gerichtlichen Entscheidung nach § 75 Ia 2 VwVfG, die fehlende Vorprüfung oder Umweltverträglichkeitsprüfung in einem ergänzenden Verfahren nachzuholen und deshalb in der gerichtlichen Entscheidung lediglich die Rechtswidrigkeit und Nichtvollziehbarkeit des Verwaltungsakts festzustellen, bleiben aber unberührt. Eine Verletzung von Verfahrensvorschriften führt nach § 4 Ib 1 UmwRG nur dann zur Aufhebung der Entscheidung, wenn sie nicht durch Entscheidungsergänzung oder ein ergänzendes Verfahren behoben werden kann. Unberührt bleiben nach § 4 Ib 2 UmwRG die Vorschriften der § 45 II VwVfG und des § 75 Ia VwVfG und andere entsprechende Rechtsvorschriften zur Planerhaltung. 8090

Zur Behebung eines Fehlers nach Erlass des Planfeststellungsbeschlusses in einem ergänzenden Verfahren kann eine erneute Öffentlichkeitsbeteiligung gemäß § 18 I UVPG erforderlich werden, wenn eine nach Gegenstand, Systematik und Ermittlungstiefe neue oder über die bisherigen Untersuchungen wesentlich hinausgehende Prüfung der Umweltbetroffenheiten statt- 8091

[2878] BVerwG Urt. v. 24.5.2018 – 4 C 3.17, BeckRS 2018, 16190.

[2879] BVerwG NVwZ 2021, 736.

[2880] BVerwG NVwZ 2021, 736; NVwZ 2014, 367; NVwZ 2014, 669 Rn. 41; NVwZ 2012, 573; BBRS 86 Nr 182 (2018); ZLW 2017, 161; Storost UPR 2018, 53 (54); kritisch dazu Schlacke NVwZ 2019, 1392(1400); Franzius DVBl. 2018, 410; Erbguth DVBl. 2018, 897 (900); aA auch Schlacke in Gärditz, VwGO, 2018, § 4 UmwRG Rn.16.

[2881] Happ in Eyermann, VwGO, 2023, § 4 UmwRG Rn. 4.

findet, die ihren Niederschlag in einer neuen entscheidungserheblichen Unterlage über die Umweltauswirkungen des Vorhabens findet.[2882]

8092 Unionsrechtlich ist die Nachholung im Grundsatz zwar nicht ausgeschlossen.[2883] Nach Ansicht des BVerwG ist die Nachholung sogar noch nach der Realisierung des Vorhabens vor Abschluss des gerichtlichen Verfahrens möglich.[2884] Das ist allerdings durchaus zweifelhaft, liegt doch der Sinn einer Umweltverträglichkeitsprüfung gerade darin, sich vor der Genehmigung und Realisierung des Vorhabens die Umweltfolgen vor Augen zu führen und sehenden Auges zu entscheiden, ob trotz solcher Umweltbeeinträchtigungen eine Zulassung erteilt werden kann. Eine nachträgliche Rechtfertigung des schon realisierten Vorhabens mit einer erst nach der Realisierung durchgeführten UVP verfehlt diesen Zweck. Eine unbegrenzt eröffnete Nachholungsmöglichkeit, wie sie der Wortlaut des § 4 I 1 Nr. 1 UmwRG nahelegen könnte, besteht insoweit sicher nicht.[2885]

8093 Auf Antrag kann das Gericht gem. § 4 Ib 3 UmwRG anordnen, dass die Verhandlung bis zur Heilung von Verfahrensfehlern im Sinne der Absätze 1 und 1a ausgesetzt wird, soweit dies im Sinne der Verfahrenskonzentration sachdienlich ist. § 4 Ib 3 UmwRG enthält kein Verbot, das Verfahren auszusetzen, wenn die Planfeststellungsbehörde ein ergänzendes Verfahren zur Nachholung von unterbliebenen Verfahrensschritten auch die **Heilung materieller Fehler** beabsichtigt. § 4 Ib 3 UmwRG lässt sich nicht entnehmen, dass ein Fehler erst gerichtlich beanstandet werden muss, bevor ein Verfahren zur Fehlerheilung durchgeführt werden kann. Das ergänzende Verfahren kann auch zur Heilung von der Behörde selbst festgestellter Defizite eingesetzt werden. In die prozessuale Ermessensentscheidung über die Sachdienlichkeit einer Verfahrensaussetzung sind auch Umstände wie etwa ein bereits erfolglos unternommener früherer Heilungsversuch oder ein erst in einem späten Verfahrensstadium gestellter Aussetzungsantrag einzubeziehen.[2886]

2. Relative Verfahrensfehler

8094 Für Verfahrensfehler, die nicht unter § 4 I UmwRG fallen, gilt §46 VwVfG. Lässt sich durch das Gericht nicht aufklären, ob ein Verfahrensfehler nach Satz 1 die Entscheidung in der Sache beeinflusst hat, wird eine Beeinflussung vermutet (§ 4 Ia UmwRG). Zu Verfahrensfehlern im Sinne von § 4 UmwRG gehören Verstöße gegen Rechtsvorschriften, die die äußere Ordnung des Verfahrens, dh den Verfahrensablauf als solchen, betreffen, wozu auch Regelungen über die Beteiligung anderer Behörden zählen.[2887]

8095 Ist der Planfeststellungsbehörde im Zusammenhang mit einer Umweltverträglichkeitsprüfung ein **Verfahrensfehler** unterlaufen, darf das Gericht eine Rechtsverletzung (Art. 11 Ib UVP-RL) nur dann gemäß § 4 Ia 1 UmwRG iVm § 46 VwVfG wegen fehlender Kausalität verneinen, wenn es anhand der vom Vorhabenträger oder der Behörde vorgelegten Beweise, der Akten, Planunterlagen und der sonst erkennbaren Umstände die Feststellung treffen kann, dass die angegriffene Entscheidung ohne den Verfahrensfehler nicht anders ausgefallen wäre.[2888]

8096 Bei der Frage, ob die **Ergebniskausalität** eines festgestellten Verfahrensfehlers nach § 4 Ia UmwRG zur Überzeugung des Gerichts ausgeschlossen ist, kann neben anderen Gesichtspunkten auch die Schwere des Fehlers, gemessen am Zweck der Öffentlichkeitsbeteiligung, je nach den Umständen des Falles Bedeutung erlangen. Für die Erfassung und Bewertung vorhabenbedingter Einwirkungen fehlt es bisher an gesetzlichen Vorgaben oder einer untergesetzlichen Maßstabsbildung durch verbindliche Festlegungen etwa mittels Durchführungsverordnungen oder Verwaltungsvorschriften. Die Planfeststellungsbehörde muss daher auf außerrechtliche naturschutzfachliche Maßgaben zurückgreifen, zu denen vor allem Fachkonventionen und Leitfäden gehören. Es ist Aufgabe der Gerichte zu überprüfen, ob diese den aktuell besten wissenschaftlichen Erkenntnisstand widerspiegeln. Kohärenzsicherungsmaßnahmen sind sowohl

---

[2882] BVerwG NVwZ 2016, 1710 Rn. 34; Franzius in Schink/Reidt/Mitschang, UVPG/UmwRG, 2023, § 4 UmwRG Rn. 36.

[2883] EuGH NVwZ 2017, 133 Rn. 38; NuR 2008, 562 Rn. 57.

[2884] BVerwG NVwZ 2019, 410 Rn. 41.

[2885] Beckmann in Beckmann/Kment, UVPG/UmwRG, 2023, § 24 Rn. 98; Happ in Eyermann, VwGO, 2023, § 4 UmwRG Rn. 15; Seibert NVwZ 2018, 97 (100 f.); Saurer NVwZ 2020, 1137 (1139 ff).

[2886] BVerwG Beschl. v. 8.11.2021 – 9 A 9.21, BeckRS 2021, 38679.

[2887] BVerwG AbfallR 2019, 55.

[2888] EuGH NVwZ 2014, 49; BVerwG NVwZ 2016. 1257 Rn. 21.

innerhalb als auch außerhalb von Schutzgebieten zulässig. Werden sie außerhalb bestehender Schutzgebiete geplant, ist regelmäßig eine Nachmeldung und Unterschutzstellung erforderlich.[2889]

Nach der Rechtsprechung des BVerwG[2890] gilt Folgendes: § 46 VwVfG ist für relative Verfahrensfehler iSv § 4 Ia UmwRG weiterhin maßgeblich mit der Folge, dass eine Aufhebung des Verwaltungsakts nicht allein wegen dieses Fehlers beansprucht werden kann, wenn offensichtlich ist, dass der Fehler die Entscheidung in der Sache nicht beeinflusst hat. Das angerufene Gericht hat dafür den Sachverhalt zu erforschen und zu prüfen, ob nach den Umständen des Einzelfalls die konkrete Möglichkeit besteht, dass ohne den angenommenen Verfahrensmangel die Entscheidung anders ausgefallen wäre. Dem konkreten Kausalitätsbegriff habe der EuGH keine Absage erteilt. Gelinge es dem Gericht, sich auf der Grundlage der vorliegenden Erkenntnismittel davon zu überzeugen, dass die Entscheidung auch ohne den festgestellten Verfahrensfehler nicht anders ausgefallen wäre, führe der Verfahrensfehler nach § 46 VwVfG weder zur Aufhebung noch zur Feststellung der Rechtswidrigkeit und Nichtvollziehbarkeit des Verwaltungsakts. Anderenfalls greife die Vermutungsregel des § 4 I 2 UmwRG. Das Gericht dürfe sich nicht damit begnügen, es seien keine Anhaltspunkte dafür ersichtlich, dass der Verfahrensmangel die Sachentscheidung beeinflusst hätten, sondern müsse sich von der offensichtlich fehlenden konkreten Kausalität des Verfahrensfehlers überzeugen. Begnüge sich das Gericht mit bloßen Anhaltspunkten, verstoße es gegen das durch § 108 I 1 VwGO vorgegebene Maß an Überzeugungsgewissheit.[2891] 8097

6. Teil. Materielle Plananforderungen

Der Planfeststellungsbeschluss muss den materiellen Plananforderungen genügen. Materielle Schranken ergeben sich für die Planfeststellung[2892] aus der behördeninternen Bindung der Planfeststellungsbehörde an vorbereitende Planungsentscheidungen, aus dem Erfordernis einer Planrechtfertigung, aus gesetzlichen Planungsleitsätzen und aus dem Abwägungsgebot. In manchen Fachplanungsgesetzen sind Planungsleitsätze wie Zulassungsvoraussetzungen oder Versagungsgründe einer Genehmigungsentscheidung formuliert (siehe zB § 68 III WHG und § 36 I KrWG). 8098

Dazu wird die Ansicht vertreten, das Fachplanungsrecht sei nicht auf eine Verhinderung von im öffentlichen Interesse liegenden Vorhaben, sondern auf deren umweltverträgliche und private und öffentliche Belange nicht unverhältnismäßig zurücksetzende Realisierung angelegt. Die Planfeststellungsbehörde habe daher ihre Entscheidungskompetenz im Grundsatz vorhabenfreundlich auszuüben.[2893] Derartigen Grundsätzen oder Maßgaben für die Planungsentscheidung ist allerdings mit Skepsis zu begegnen. Die Planfeststellungsbehörde muss die gesetzlichen Anforderungen und Voraussetzung ihrer Planungsentscheidung und das Abwägungsgebot und beachten und dabei auch das in der Planrechtfertigung zum Ausdruck kommende öffentliche Interesse und den Bedarf für das Vorhaben gebührend zu berücksichtigen. Weitergehende „Vorhabenfreundlichkeiten“ sind darüber hinaus nicht geboten. Auch die weitere Ansicht, die Ablehnung eines Planfeststellungsantrags sei vor diesem Hintergrund ultima ratio und komme nur in Betracht, wenn nicht behebbare Mängel des Vorhabens vorlägen,[2894] verunklart m.E. die Anforderungen des Abwägungsgebots. Ist die Abwägung fehlerfrei, kann ein Vorhaben auch abgelehnt werden. Dass die Ablehnung ultima ratio zu sein hätte, ist nicht ersichtlich. Etwas anderes gilt für mit Blick auf Zulassungsvoraussetzungen, deren Fehlen mit Hilfe von Schutzvorkehrungen oder Auflagen vermieden werden kann. Können Beeinträchtigungen durch Schutzvorkehrungen zumutbar bewältigt, ggf. auch nur durch Entschädigung kompensiert werden (§ 74 II 3 VwVfG), so ist die Planfeststellungsbehörde gehalten, das Vorhaben durch Anordnung entsprechender Nebenbestimmungen planfeststellungsfähig zu machen. 8099

[2889] BVerwG NVwZ 2021, 254.

[2890] BVerwGE 154, 73 Rn. 42 ff.; siehe dazu auch Franzius in Schink/Reidt/Mitschang, UVPG/UmwRG, 2023, § 4 UmwRG Rn. 29.

[2891] BVerwGE 154, 73 Rn. 42 ff.; NVwZ 2016, 1257; NVwZ 2016, 1737 Rn. 40 ff.

[2892] BVerwG NJW 1975, 1373; NJW 1979, 64.

[2893] Wysk in Kopp/Ramsauer, VwVfG, 2023, § 74 Rn. 9; Schütz in Ziekow Handbuch des Fachplanungsrechts, 2024, § 2 Rn. 287.

[2894] Schütz in Ziekow Handbuch des Fachplanungsrechts, 2024, § 2 Rn. 287; Kupfer in Schoch/Schneider VwVfG § 74 Rn. 26.

I. Behördeninterne Bindungen

8100 Rechtliche Schranken der Fachplanung können sich auch aus behördeninternen Bindungen vor allem an übergeordnete Planungsentscheidungen ergeben.

1. Raumordnung

8101 Die Planfeststellung hat die Ziele der Raumordnung zu beachten (§ 4 I 1 ROG).[2895] Nach den §§ 4, 5 ROG sind die Behörden des Bundes und der Länder, die Gemeinden und Gemeindeverbände, die öffentlichen Planungsträger sowie die bundesunmittelbaren und die der Aufsicht des Landes unterstehenden Körperschaften, Anstalten und Stiftungen verpflichtet, bei Planungen und sonstigen Maßnahmen, durch die Grund und Boden in Anspruch genommen oder die räumliche Entwicklung eines Gebietes beeinflusst wird, die Ziele der Raumordnung zu beachten. Die Ziele haben einen verbindlichen Charakter und sind nicht durch Abwägung überwindbar. Von den Zielen der Raumordnung sind die Grundsätze der Raumordnung zu unterscheiden, die nach § 4 I 1 ROG zwar keine Beachtenspflicht, jedoch eine Berücksichtigungspflicht.[2896] Ob man insoweit noch von einer behördeninternen Bindung sprechen kann, mag man angesichts dessen bezweifeln, zumal es nicht um Bindungswirkungen innerhalb eines Rechtsträgers geht, sondern auch um Bindungswirkungen von Trägern der Landes- und Regionalplanung an Raumordnungsziele des Bundes in Bundesraumordnungsplänen oder um Beachtens- und Anpassungspflichten der Gemeinden gegenüber den Erfordernissen der Landes- und Regionalplanung.

8102 Die zuständige Raumordnungsbehörde prüft gem. § 15 I 1 ROG in einer **Raumverträglichkeitsprüfung** die Vereinbarkeit raumbedeutsamer Planungen und Maßnahmen mit den Erfordernissen der Raumordnung. Gegenstand der Raumverträglichkeitsprüfung sind nach § 15 I 2 ROG die Prüfung der raumbedeutsamen Auswirkungen der Planung oder Maßnahme unter überörtlichen Gesichtspunkten, insbesondere die Übereinstimmung mit den Erfordernissen der Raumordnung und die Abstimmung mit anderen raumbedeutsamen Planungen und Maßnahmen. Außerdem sind ernsthaft in Betracht kommenden Standort- oder Trassenalternativen und überschlägig die Umweltauswirkungen des Vorhabens unter Berücksichtigung der Kriterien nach Anlage 3 des UVPG zu prüfen. Die Raumverträglichkeitsprüfung endet innerhalb einer Frist von sechs Monaten nach Vorliegen der vollständigen Verfahrensunterlagen. Die Raumordnungsbehörde übermittelt dem Vorhabenträger das Ergebnis ihrer Prüfung in **Form einer gutachterlichen Stellungnahme** (§ 15 I 3 und 4 ROG).

8103 Auch nach der Änderung des § 15 ROG im Rahmen des ROGÄndG 2023 handelt es sich um ein Verfahren zur Prüfung der Raumverträglichkeit bestimmter raumbedeutsamer Planungen und Maßnahmen, das dem Planungs- und Zulassungsverfahren vorgelagert ist.[2897] Verzichtet wird jedoch auf eine Umweltverträglichkeitsprüfung. Das ist mit der UVP-RL vereinbar, weil die Raumverträglichkeitsprüfung nicht zu einer (Teil-)Zulassung eines Vorhabens führt, sondern lediglich ein zu berücksichtigendes Gutachten als Ergebnis hat. Anlass für den Verzicht auf eine UVP in der Raumverträglichkeitsprüfung ist die Einschätzung des Gesetzgebers, dass die bisherige Praxis teilweise über die Prüftiefe hinausgegangen ist, die in dem vorgelagerten Raumordnungsverfahren angemessen gewesen wäre. Nach § 49 I, II UVPG war bislang regelmäßig eine vollständige UVP durchzuführen. Dafür konnte die Prüfung der UVP im nachfolgenden Zulassungsverfahren reduziert werden.

2. Fernstraßenausbaugesetz

8104 Nach § 1 Fernstraßenausbaugesetz (FStrAbG)[2898] sind der Bau und Ausbau der Bundesfernstraßen Hoheitsaufgaben des Bundes. Das Netz der Bundesfernstraßen wird nach dem **Bedarfsplan** für die Bundesfernstraßen ausgebaut, der dem Gesetz als Anlage beigefügt ist. Die in den Bedarfsplan aufgenommenen Bau- und Ausbauvorhaben entsprechen nach § 1 II FStrAbG den Zielsetzungen des § 1 FStrG. Soweit ein unvorhergesehener Verkehrsbedarf insbesondere auf Grund einer Änderung der Verkehrsstruktur es erfordert, können die Straßenbaupläne im

---

[2895] Zum Verhältnis von Planfeststellung und Raumordnung Schink DÖV 2011, 905.

[2896] Siehe Milstein zur Frage, wie verbindlich Ziel der Raumordnung „noch" sind, EuRUP 2024, 28; Beckmann EuRUP 2024, 15.

[2897] Näher dazu Kment EuRUP 2024, 38.

[2898] Bekanntmachung der Neufassung des Fernstraßenausbaugesetzes v. 15.11.1993 (BGBl. I 1878).

Einzelfall auch Maßnahmen enthalten, die nicht dem Bedarfsplan entsprechen (§ 6 FStrAbG). Die Ausweisung eines Vorhabens im Bedarfsplan hat nach § 1 II FStrAbG die Wirkung, dass die Planrechtfertigung gegeben ist.

Die Bindungswirkung der gesetzlichen Bedarfsfeststellung nach § 1 II 2 FStrAbG ist nach Auffassung des BVerwG mit Art. 11 UVP-RL vereinbar; sie schließt eine gerichtliche Kontrolle nicht gänzlich aus.[2899] Das Gesetz sei von den Gerichten daraufhin zu überprüfen, ob die Feststellung des Bedarfs evident unsachlich sei. Bei der gesamtstaatlichen Bundesverkehrswegeplanung handele es sich im Übrigen um eine verkehrspolitische Leitentscheidung auf einer der individuellen Betroffenheit weit vorgelagerten Ebene. Bei derart übergreifenden, von vielen politischen und wirtschaftlichen Faktoren bestimmten und auf lange Frist ausgerichteten Entscheidungen mit notwendig hohem prognostischem Gehalt stoße die gerichtliche Kontrolle unabhängig von der Rechtsform der Entscheidung an ihre Funktionsgrenzen. Darüber hinaus lasse die gesetzliche Bedarfsfeststellung die Geltung der weiteren (umwelt-)rechtlichen Vorschriften einschließlich der UVP-Pflicht und des sonstigen Unionsrechts unberührt und entbinde die Planfeststellungsbehörde nicht von der Prüfung und Abwägung entgegenstehender Belange.[2900] 8105

Die Bindung an die Bedarfsplanung ist aus verfassungsrechtlichen Gründen allerdings nicht unbegrenzt.[2901] Betroffene Grundstückseigentümer können nicht auf verbindliche Vorentscheidungen bei der Bedarfsplanung verwiesen werden, solange hiergegen für den einzelnen keine Rechtsschutzmöglichkeiten bestehen. Wenn deutliche Zweifel daran bestehen, dass mit der Aufnahme eines Vorhabens in einen Bedarfsplan die Grenzen des gesetzgeberischen Ermessens überschritten sind, hat das Verwaltungsgericht dem nachzugehen und ggf. die Verfassungsmäßigkeit der Aufnahme des Vorhabens in den Bedarfsplan dem BVerfG, zur Entscheidung vorzulegen.[2902] Ist ein Vorhaben im Bedarfsplan ausgewiesen, so obliegt es in erster Linie dem Bundesverkehrsminister, den fortbestehenden Bedarf zu prüfen. Die Anpassung erfolgt durch Gesetz. Die Gerichte können in diesen Entscheidungsprozess grundsätzlich nur dann eingreifen, wenn eine Änderung der erheblichen Daten und Sachverhalte offenkundig ist.[2903] 8106

Der durch einen sogenannten **„Ökostern"** im Bedarfsplan für die Bundesautobahn kenntlich gemachte besondere naturschutzfachliche Planungsauftrag bedeutet nicht mehr als einen Hinweis des bedarfsfeststellenden Gesetzgebers an die weiteren Ebenen der Planung, dass bei den gekennzeichneten Vorhaben eine erhöhte naturschutzfachliche Problematik besteht, die jedoch im Rahmen der normalen Vorhabenplanung abzuarbeiten ist.[2904] 8107

Die Planrechtfertigung für ein Fernstraßenprojekt folgt aus der gesetzlichen Bedarfsfeststellung, die für die Planfeststellung und das gerichtliche Verfahren verbindlich ist.[2905] Anhaltspunkte dafür, dass der Gesetzgeber mit der Bedarfsfeststellung die Grenzen seines **gesetzgeberischen Ermessens** überschritten hat, liegen nur dann vor, wenn die Bedarfsfeststellung evident unsachlich ist, weil es für die Aufnahme des Vorhabens in den Bedarfsplan im Hinblick auf die bestehende oder künftig zu erwartende Verkehrsbelastung oder auf die verkehrliche Erschließung eines zu entwickelnden Raumes an jeglicher Notwendigkeit fehlt oder wenn sich die Verhältnisse seit der Bedarfsentscheidung des Gesetzgebers so grundlegend gewandelt haben, dass das angestrebte Planungsziel unter keinen Umständen auch nur annähernd erreicht werden kann.[2906] Das enthebt die Planungsbehörde im anschließenden Planfeststellungsverfahren jedoch nicht der Verpflichtung, nach § 17 2 FStrG alle für und gegen das Planvorhaben sprechenden Gesichtspunkte abzuwägen. Zum Abwägungsmaterial gehören die Rechte betroffener Grundstückseigentümer ebenso wie öffentliche Belange, etwa der Umwelt. Das umfasst die Prüfung, ob eine vom Bedarfsplan abweichende Trassierung oder sogar im Einzelfall die Nullvariante, die einem gänzlichen Verzicht auf die Projektverwirklichung gleichkommt, den Vorzug verdient.[2907] Dem Vorhaben können womöglich wegen der erst auf späteren Planungs- 8108

[2899] BVerwG NVwZ 2023, 1076 = juris Rn. 47.

[2900] BVerwG NVwZ 2023, 1076 = juris Rn. 47; BVerwGE 166, 132 Rn. 57 ff.

[2901] BVerfG NVwZ 1996, 261.

[2902] BVerwG DVBl. 1988, 532; NVwZ 1996, 381; DVBl. 1996, 677; NVwZ 1996, 1016 m. Anm. Stüer, DVBl. 2013, 1324; DVBl. 1996, 914; DVBl. 1996, 915; zur Vorlage an den EuGH siehe BVerwGE 102, 331.

[2903] BVerwG ThürVBl. 1996, 226; NVwZ 1997, 684.

[2904] BVerwG NVwZ 2013, 1209.

[2905] BVerwG NVwZ 2013, 1218.

[2906] BVerwG NVwZ 2008, 1238.

[2907] BVerwG NVwZ 2001, 673.

stufen gewonnenen Erkenntnisse unüberwindliche Belange entgegenstehen, die dazu nötigen, letztlich doch von der Planung Abstand zu nehmen[2908]

8109 Die fehlende Aufnahme eines Vorhabens in den Bedarfsplan (Anlage zu § 1 I 2 FStrAbG) bedeutet allerdings keine bindende negative Feststellung, dass dafür kein Bedarf besteht. Denn § 1 II FStrAbG bestimmt die Verbindlichkeit der gesetzlichen Bedarfsfeststellung nur positiv. Die Nichtaufnahme in den Bedarfsplan hat im jeweiligen Einzelfall für die Bedarfsfrage allenfalls eine indizielle Bedeutung, bei Ausbauvorhaben vergleichsweise geringen Umfangs nicht einmal diese.[2909]

8110 Problematisiert wird das Verhältnis der gesetzlichen Bedarfsfeststellung zu § 13 I 1 KSG. Sofern eine gesetzliche Feststellung des Bedarfs § 13 I 1 KSG zuwiderlaufe, liege es nahe, die Bedarfsfeststellung als spezielle Ausnahmeregelung zu § 13 KSG anzusehen. Umgekehrt könne man allerdings auch argumentieren, dass das KSG als Rahmenrechts wirkungslos bliebe, wenn jede entgegenstehende Regelung das Berücksichtigungsgebot des § 13 KSG verdränge.[2910]

3. Linienbestimmung

8111 Nach § 16 I FStrG bestimmt der Bundesverkehrsminister im Benehmen mit den Landesplanungsbehörden der beteiligten Länder die Planung und Linienführung der Bundesfernstraßen (Linienbestimmung) mit Ausnahme der Ortsumgehungen. Dabei sind die von dem Vorhaben berührten öffentlichen Belange im Rahmen der Abwägung zu berücksichtigen. Die Linienbestimmung ist an den Bedarfsplan für den Ausbau der Bundesfernstraße oder die vergleichbaren Pläne der Länder gebunden, soweit die Pläne hierüber Aussagen enthalten. Die Linienbestimmung gehört jedoch nicht zu den Rechtmäßigkeitsvoraussetzungen der Planfeststellung. Vielmehr muss die Entscheidung der Planfeststellungsbehörde aus sich heraus den rechtlichen Anforderungen genügen. Dies gilt sowohl für die fernstraßenrechtliche als auch die eisenbahnrechtliche oder wasserwegerechtliche Planfeststellung.[2911] Auch die UVP-RL schreibt nichts anderes vor. Die durch die Linienbestimmung eintretenden Bindungen sind daher nur verwaltungsintern und wirken sich demgegenüber auf den Rechtsschutz der Planbetroffenen nicht aus. Dies gilt auch für die planbetroffenen Gemeinden, die daher derartige Regelungen nicht sozusagen vorab anfechten müssen.

8112 Der Planfeststellungsbeschluss ist nicht zwingend rechtswidrig, wenn er ohne Linienbestimmung ergeht oder von einer Linienbestimmung abweicht.[2912] Die Linienbestimmung ist kein Verwaltungsakt, sondern ein behördeninterner Vorgang. Rechtliche Verbindlichkeit gegenüber dem Träger der Straßenbaulast und Dritten erlangt die Linienbestimmung erst durch Festsetzungen des Planfeststellungsbeschlusses.[2913] Die Linienbestimmung kann nach § 47 IV UVPG auch nur im Rechtsbehelfsverfahren gegen die nachfolgende Zulassungsentscheidung überprüft werden. Wegen ihrer bloß verwaltungsinternen Bedeutung führen Fehler bei der Linienbestimmung in der Regel nicht zur Rechtswidrigkeit der Planfeststellung, sondern können in der Planfeststellung noch geheilt werden.[2914]

8113 Für die Linienbestimmung nach § 16 FStrG und für die Linienbestimmung nach § 13 I WaStrG wird nach § 47 I 1 UVPG bei Vorhaben die Umweltverträglichkeit nach dem jeweiligen Planungsstand des Vorhabens geprüft. In die Prüfung der Umweltverträglichkeit sind bei der Linienbestimmung alle ernsthaft in Betracht kommenden Trassenvarianten einzubeziehen. Im nachfolgenden Zulassungsverfahren kann die Prüfung der Umweltverträglichkeit auf zusätzliche erhebliche oder andere erhebliche Umweltauswirkungen des Vorhabens beschränkt werden (§ 47 III UVPG). Bedenken bestehen allerdings, wenn in dem nachfolgenden Zulassungsverfahren die Prüfung der Umweltverträglichkeit nach § 47 III UVPG auf zusätzliche oder

[2908] BVerwG NVwZ 1998, 508; NVwZ 2004, 1486; DVBl. 2007, 706, m. Anm. Stüer DVBl. 2007, 1147, Bönsel NuR 2007, 796, Günes EurUP 2007, 220, Steeck NVwZ 2009, 61, Kremer ZUR 2007, 299.

[2909] VGH München Urt. v. 21.11.2023 – 8 A 21.40040, juris Rn. 21; BVerwGE 170, 33 = juris Rn. 107; Beschl. v. 12.7.2017 – 9 B 49.16, juris Rn. 5.

[2910] Näher dazu Verheyen/Heß/Peters/Schöneberger NVwZ 2023, 113 (115).

[2911] BVerwG VkBl.1995, 210; NVwZ 1997, 165.

[2912] BVerwG NVwZ 2020, 719; Neumann/Külpmann in Stelkens/Bonk/Sachs, VwVfG, 2023, § 72 Rn. 67.

[2913] BVerwG NVwZ 2014, 714.

[2914] BVerwG NVwZ 2021, 1846 Rn. 62; NVwZ 2014, 714; Neumann/Külpmann in Stelkens/Bonk/Sachs, VwVfG, 2023, § 72 Rn. 67.

andere erhebliche Umweltauswirkungen des Vorhabens beschränkt wird, obwohl Umweltauswirkungen bei der Linienbestimmung nur unzureichend geprüft wurden. Daraus können Defizite der Umweltprüfung entstehen.[2915]

4. Abfallwirtschaftsplanung

Der Planfeststellungsbeschluss nach § 35 II KrWG darf gem. § 36 I Nr. 5 KrWG nur erlassen und die Plangenehmigung nach § 35 III KrWG darf nur erteilt werden, wenn die für verbindlich erklärten Feststellungen eines Abfallwirtschaftsplans dem Vorhaben nicht entgegenstehen. Bindungen ergeben sich für die abfallrechtliche Planung auch aus der Abfallwirtschaftsplanung der Länder. Dementsprechend darf bei Vorliegen eines für verbindlich erklärten wirksamen Abfallwirtschaftsplans kein von den Feststellungen des Plans abweichender Standort oder eine Anlage mit anderer Entsorgungstechnik planfestgestellt oder genehmigt werden, wobei allerdings konkret festzustellen ist, ob die Ausweisung des Abfallwirtschaftsplans so zu verstehen ist, dass kein anderer Standort zulässig sein.[2916] Grundsätzlich ist die Flächenausweisung im Abfallwirtschaftsplan nach § 30 I KrWG keine Voraussetzung für die Planfeststellung oder Genehmigung einer Deponie (§ 30 III 2 KrWG). 8114

Entspricht das Vorhaben den für verbindlich erklärten Feststellungen eines Abfallwirtschaftsplans, dann bedeutet dies noch nicht, dass das beantragte Vorhaben an dem planerisch ausgewiesenen Standort auch zugelassen werden kann. Denn die Planfeststellungs- oder Plangenehmigungsbehörde muss eine eigene Detailprüfung der Zulassungsvoraussetzungen durchführen. Die Behörde muss abschließend prüfen, ob das beantragte Vorhaben an dem vorgesehenen Standort den einschlägigen Rechtsvorschriften entspricht. Diese Frage kann durch den Abfallwirtschaftsplan nicht endgültig entschieden werden, weil der Plan sich insoweit auf die Berücksichtigung überörtlicher Gesichtspunkte beschränken muss.[2917] Abfallwirtschaftspläne können insoweit vorstufige verbindliche Planungsentscheidungen für die nachfolgende abfallrechtliche Planfeststellung oder Plangenehmigung der einzelnen Deponie sein. Soweit es an einer Verbindlichmachung im Sinne von § 30 IV KrWG fehlt, kommt eine Berücksichtigung des Planinhalts bei der Prüfung der Planrechtfertigung, im Rahmen der planerischen Abwägung und mittelbar möglicherweise auch bei der Konkretisierung der Allgemeinwohlverträglichkeit des Vorhabens im Sinne von § 36 I Nr. 1a) in Verb. m. § 15 II KrWG in Betracht.[2918] 8115

5. Klimaschutzplan und Klimaschutzprogramme

Die Bundesregierung beschließt gem. § 9 I 1 KSG mindestens nach jeder Fortschreibung des Klimaschutzplans ein Klimaschutzprogramm. Darüber hinaus muss nach § 9 I 2. HS KSG bei Zielverfehlungen das bestehende Klimaschutzprogramm um Maßnahmen nach § 8 II KSG aktualisiert werden. Der Klimaschutzplan ist nach § 2 Nr. 7 KSG die deutsche Langfriststrategie nach dem Übereinkommen von Paris und nach Art. 15 EU Governance-Verordnung. Der konkrete Inhalt des Klimaschutzplans ergibt sich aus Anhang IV der EU Governance-Verordnung. Erforderlich sind insbesondere Angaben zur Verringerung von Emissionen, über erneuerbare Energien, über die Energieeffizienz sowie Angaben über spezifische Sektoren und zB auch über die sozioökonomischen Folgen der vorgesehenen Maßnahmen zur Dekarbonisierung. 8116

Beschlossen wird der Klimaschutzplan durch einen einfachen Beschluss der Bundesregierung. Erläutert wird dazu, es handele sich bei dem Klimaschutzplan lediglich um ein (abstraktes) Programm, das mehr ein Strategiepapier und weniger ein Plan im rechtlichen Sinne sei.[2919] 8117

Der Klimaschutzplan ist von den Klimaschutzprogrammen zu unterscheiden. Der Klimaschutzplan ist zwar in § 2 Nr. 7 KSG vom Gesetzgeber definiert; konkrete Pflichten zur Aufstellung des Klimaschutzplans ergeben sich jedoch nicht aus dem KSG, sondern aus Art. 14 II des Pariser Übereinkommens sowie aus Art. 15 I EU-Governance-Verordnung. Danach erstellt jeder Mitgliedstaat bis zum 1. Januar 2020 und anschließend bis zum 1.1.2029 und danach alle 8118

2915 Neumann/Külpmann in Stelkens/Bonk/Sachs, VwVfG, 2023, § 72 Rn. 67.

2916 Beckmann in Landmann/Rohmer Umweltrecht, 2023, § 36 KrWG Rn. 48; BVerwG DVBl.. 1997, 48; OVG Lüneburg DVBl.. 1979, 195; Versteyl in Schmehl/Klement, KrWG, 2019, § 36 Rn. 29; Fellenberg/Schiller in Jarass/Petersen, KrWG, 2022, § 36 Rn. 71.

2917 Beckmann in Landmann/Rohmer Umweltrecht, 2023, § 36 KrWG Rn. 48; BVerwGE 81, 128, 133 f.; Hoppe/Beckmann DÖV 1990, 769 (772).

2918 Beckmann in Landmann/Rohmer Umweltrecht, 2023, § 36 KrWG Rn. 49; BVerwGE 81, 128 (135).

2919 Schlacke NVwZ 2024, 598.

zehn Jahre seine jeweilige langfristige Strategie mit einer Perspektive von 30 Jahren und im Einklang mit dem Unionsziel der Klimaneutralität gem. Art. 2 I der Verordnung (EU) 2021/1119 und übermittelt sie der Kommission. Die Mitgliedstaaten sollen diese Strategien erforderlichenfalls alle fünf Jahre aktualisieren. Der Klimaschutzplan ist inhaltliche Grundlage des Klimaschutzprogramms, das dementsprechend auch nach § 9 I 1 KSG nach jeder Fortschreibung des Klimaschutzplans neu beschlossen werden muss. Das Klimaschutzprogramm gilt als zentrales Instrument der Klimaschutzplanung, weil es die Maßnahmen konkretisiert, die geeignet und erforderlich sind, um die Ziele des Klimaschutzgesetzes zu erreichen.[2920]

8119 Nach § 13 I 1 KSG haben die Träger öffentlicher Aufgaben bei ihren Planungen und Entscheidungen den Zweck des KSG und die zu seiner Erfüllung festgelegten Ziele zu berücksichtigen. Die Kompetenzen der Länder, Gemeinden und Gemeindeverbände, das Berücksichtigungsgebot innerhalb ihrer jeweiligen Verantwortungsbereiche auszugestalten, bleiben unberührt. Das Berücksichtigungsgebot des § 13 I 1 KSG erfordert, dass die Planfeststellungsbehörde im Rahmen der planerischen Abwägung die Auswirkungen der Planungsentscheidung auf den Klimaschutz – bezogen auf die in §§ 1 und 3 KSG konkretisierten nationalen Klimaschutzziele – zu ermitteln und die Ermittlungsergebnisse in die Entscheidungsfindung einzustellen hat.[2921] Das Berücksichtigungsgebot des § 13 I 1 KSG verlangt von der Planfeststellungsbehörde, mit einem – bezogen auf die konkrete Planungssituation – vertretbaren Aufwand zu ermitteln, welche CO_2-relevanten Auswirkungen das Vorhaben hat und welche Folgen sich daraus für die Klimaziele des KSG ergeben. Der Behörde kommt insoweit die Pflicht zu, die zu erwartende Menge an Treibhausgasen, welche aufgrund des Projekts emittiert werden, zu ermitteln; bei unverhältnismäßigem Ermittlungsaufwand kommt (zumindest) eine Schätzung in Betracht.[2922]

6. Klimaanpassung

8120 Die Träger öffentlicher Aufgaben haben nach § 8 I 1 KAnG bei ihren Planungen und Entscheidungen das Ziel der Klimaanpassung nach § 1 KAnG fachübergreifend und integriert zu berücksichtigen. Dabei sind sowohl die bereits eingetretenen als auch die zukünftig zu erwartenden Auswirkungen des Klimawandels zu berücksichtigen. Berücksichtigungspflichten der Fachplanung ergeben sich zukünftig aber nicht nur aus § 8 I 1 KAnG iVm der Zielsetzung des § 1 KAnG. Vielmehr legen die Länder nach § 10 I 1 KAnG jeweils eine landeseigene vorsorgende Klimaanpassungsstrategie vor und setzen sie um. Maßnahmen aus anderen Fachplanungen, die geeignet sind, den Auswirkungen und Risiken des Klimawandels zu begegnen, sind nach § 10 I 3 KAnG zu berücksichtigen.

8121 Die Länder bestimmen gem. § 12 I 1 KAnG im Rahmen der Grenzen des Art. 28 II GG diejenigen öffentlichen Stellen, die für die Gebiete der Gemeinden und Kreise jeweils ein Klimaanpassungskonzept – soweit nicht bereits vorhanden – aufstellen. Dabei können die Länder bestimmen, dass für das Gebiet einer Gemeinde unterhalb einer von den Ländern zu bestimmenden Größe kein Klimaanpassungskonzept aufgestellt werden muss, solange dieses Gebiet durch ein Klimaanpassungskonzept für das Gebiet eines Kreises abgedeckt ist. Ziel von Klimaanpassungskonzepten ist nach § 12 II 1 KAnG die Entwicklung eines planmäßigen Vorgehens zur Klimaanpassung der jeweiligen Gebietskörperschaft unter Berücksichtigung bestehender Klimaanpassungsprozesse und Klimaanpassungsaktivitäten, das in einen auf die örtlichen Gegebenheiten bezogenen Maßnahmenkatalog zur Umsetzung des Klimaanpassungskonzepts mündet. In Klimaanpassungskonzepten sind nach § 12 VI 1 KAnG relevante Planungen und sonstige Grundlagen – wie bestehende Hitzeaktionspläne, Starkregen- und Hochwassergefahrenkarten, Freiraumkonzepte sowie Landschafts- und Grünordnungspläne – zu berücksichtigen. Klimaanpassungskonzepte der Kommunen sind, abhängig von landesrechtlichen Vorgaben, auch von Fachplanungsträgern zu beachten oder jedenfalls bei ihrer Abwägung zu berücksichtigen.[2923]

[2920] Zur Klage eines anerkannten Naturschutzverbandes gegen das Unterlassen eines Beschlusses über ein Sofortprogramm iSv § 8 KSG OVG Berlin-Brandenburg NVwZ 2024, 598 mit Besprechung von Schlacke NVwZ 2024, 564

[2921] VGH Mannheim VBlBW 2024, 58 = juris Rn. 66, 73; BVerwGE 175, 312.

[2922] OVG Lüneburg Beschl. v. 7.5.2024 – 7 MS 83/23, juris Rn. 13; BVerwG Beschl. v. 22.6.2023 – 7 VR 3.23, juris; siehe dazu Kling ZUR 2024, 141; Erbguth UPR 2023, 241; Verheyen ua, NVwZ 2023, 113

[2923] Einen ersten Überblick über das KAnG bietet Scherff ZUR 2024, 277; Schlacke/Grotefels| ZUR 2023, 257; Fontana ZUR 2023, 528; Hilbert DVBl.. 2022, 1409; zum allerdings noch erheblich im Gesetzgebungsverfahren veränderten Gesetzesentwurf auch Beckmann KlimaRZ 2023, 151; Köck ZUR 2024, 53; zur Klimaanpassung in der Regionalplanung Köck ZUR 2023, 266.

II. Planrechtfertigung

Jede Fachplanung bedarf einer Planrechtfertigung. Diese ist gegeben, wenn das Vorhaben vernünftigerweise geboten ist.[2924] Die Zulässigkeit eines planfeststellungsbedürftigen Vorhabens setzt daher voraus, dass das jeweilige Vorhaben durch vernünftige Gründe des Gemeinwohls gerechtfertigt ist. Die Planrechtfertigung stellt dabei einen ersten Vorprüfungspunkt dar, an den allerdings keine zu hohen Anforderungen zu stellen sind. Vorhaben, die nicht vernünftigerweise geboten sind, werden, wenn sie in Rechte Dritter eingreifen oder gar eine Enteignung erfordern, auch die Hürde des Abwägungsgebotes und der Eigentumsgarantie nicht nehmen. Die gebotene Vorausbeurteilung eines Vorhabens geht allerdings über die bloße Feststellung, dass ihm keine offenkundigen Hindernisse entgegenstehen, hinaus. 8122

Die Planrechtfertigung ist erst gegeben, wenn das Vorhaben sich mit den an ihm zu stellenden rechtlichen Anforderungen vereinbaren lässt,[2925] etwa wenn ein Verkehrsweg nicht mehr dem wachsenden Verkehrsbedürfnis entspricht und die Planung einer entsprechenden Nachfrage dient.[2926] Auch der Anschluss regionaler Zentren an das Straßennetz, die Förderung der wirtschaftlichen Entwicklung in bisher unzureichend erschlossenen Räumen oder die Umlenkung lokaler Verkehrsströme können das Vorhaben rechtfertigen.[2927] Diese Stufe der Prüfung verhindert allerdings nur grobe und offensichtliche Missgriffe.[2928] Besteht ein berechtigtes Interesse daran, eine Region zur Förderung ihrer wirtschaftlichen Entwicklung infrastrukturell aufzuschließen, kann auch dies zur Planrechtfertigung genügen.[2929] Insofern gelten im Hinblick auf eine Stärkung der regionalen Wirtschaftsstruktur im Fachplanungsrecht einheitliche Grundsätze.[2930] Im Übrigen stellt es die Erforderlichkeit des Vorhabens nicht in Frage, wenn nicht alle Gründe dem Planfeststellungsbeschluss zu entnehmen sind.[2931] Ist der Bedarf des Vorhabens durch den Gesetzgeber in einem Bedarfsplan festgelegt, so ist diese Entscheidung für die Verwaltung und auch die Gerichte grundsätzlich bindend. Eine Änderung auf den der Planfeststellung vorgelagerten Planungsstufen führt nicht notwendig auch zu einer Änderung der Identität des planfestzustellenden Vorhabens. Denn § 73 VwVfG regelt die Planfeststellung und nicht die Bedarfsplanung, die Landesplanung oder die Finanzplanung.[2932] 8123

1. Bedeutung des Eigentums

Die Bedeutung des Eigentums in der Abwägung fasst das BVerwG wie folgt zusammen: Dem Eigentum kommt als privater Belang in der Konkurrenz mit anderen Belangen besonderes Gewicht zu. Dies folgt bereits aus dem Gewährleistungsvorbehalt der Eigentumsgarantie in Art. 14 I 1 GG. Entfaltet eine planungsrechtliche Entscheidung **enteignungsrechtliche Vorwirkungen**, ist dem im Rahmen der Abwägung Rechnung zu tragen und daher bereits im Planfeststellungsverfahren zu prüfen, ob die Enteignung gemessen an den Voraussetzungen des Art. 14 III GG zulässig ist. Demgemäß kommt eine Enteignung nur in Betracht, wenn sie zum Wohl der Allgemeinheit erforderlich ist. Dieses Erfordernis schließt sämtliche Elemente des Übermaßverbots ein. Die Enteignung muss zur Zweckerfüllung geeignet und sie muss in dem Sinne erforderlich sein, dass zur Erreichung des mit ihr erstrebten Erfolges kein anderes, gleich wirksames, aber weniger einschneidendes Mittel hätte gewählt werden können. Auch darf die Schwere des Eingriffs nicht außer Verhältnis zu dem Gewicht und der Dringlichkeit der den Eigentumsentzug rechtfertigenden Gründe stehen. Bei sachgerechter Anwendung ermöglicht es das Abwägungsgebot, den Anforderungen des verfassungsrechtlichen Übermaßverbotes 8124

2924 OVG Hamburg Urt. v. 12.5.2021 – 1 Bf 492/19, juris Rn. 90; BVerwG Beschl. v. 12.7.2017 – 9 B 49.16, juris Rn. 4; BVerwGE 156, 20 = juris Rn. 58; OVG Münster Urt. v. 3.2.2022 – 20 D 122/20.AK, juris Rn. 66; VGH München Urt. v. 15.3.2021 – 8 A 18.40041, juris Rn. 45; BVerwGE 156, 20; BVerwGE 128, 358; BVerwG NJW 1975, 1373; DVBl. 2001, 405; VBlBW 2001, 315; ZUR 2005, 376.

2925 OVG Bremen UPR 2002, 400; BVerwG NVwZ 2002, 350.

2926 OVG Hamburg DVBl. 2002, 198.

2927 BVerwG NVwZ 2002, 1243 – A 44; BVerwG NVwZ 1998, 961; NVwZ 1985, 736.

2928 BVerwG NVwZ 2002, 350; DVBl. 1972, 119; für ein Landesentwicklungsprogramm OVG Koblenz NVwZ-RR 2001, 714.

2929 BVerwG NVwZ 2001, 673; NJW 1986, 1508; UPR 1998, 382.

2930 BVerwG NVwZ 2002, 350.

2931 BVerwGE 114, 364; Urt. v. 25.10.2001 – 11 A 30.00, juris.

2932 BVerwG NVwZ-RR 2002, 2.

Rechnung zu tragen. Daher unterliegt jede Planung der Prüfung, ob das planerische Ziel auf andere Weise auch ohne die Inanspruchnahme von privatem Eigentum oder mit geringerer Eingriffsintensität erreichbar ist.[2933]

8125 Zu den von Art. 14 I GG geschützten Eigentumsbelange gehören sowohl die Privatnützigkeit, also die Zuordnung des Eigentumsobjekts zu einem Rechtsträger, dem es als Grundlage privater Initiative von Nutzen sein soll, als auch die grundsätzliche Verfügungsbefugnis über den Eigentumsgegenstand. Aufgabe der der staatlichen Planungsträger ist es, sich die Nachteile einer Planung für die Planunterworfenen bewusst zu machen. Besteht insbesondere ein Recht zur Bebauung, kommt der normativen Entziehung desselben erhebliches Gewicht zu, das sich im Rahmen der Abwägung auswirken muss.[2934]

2. Gerichtliche Überprüfung

8126 Die Planrechtfertigung betrifft eine der grundsätzlich vollständigen gerichtlichen Überprüfung zugängliche Rechtsfrage. Das Erfordernis der Planrechtfertigung soll die Planung im Hinblick auf die mit ihr verbundenen Rechtswirkungen in Einklang mit den gesetzlich zulässigen Planungszielen bringen.[2935] Zu einem privaten Sonderlandeplatz und die dafür erforderliche luftverkehrsrechtliche Planfeststellung hat das BVerwG dementsprechend entschieden, dass eine Planrechtfertigung auch für die Anlegung oder Änderung eines nur privaten Verkehrszwecken dienenden Sonderflugplatzes zu verlangen ist, weil die Planfeststellung – anders als die immissionsschutzrechtliche Genehmigung einer Industrieanlage – nicht nur die öffentlich-rechtliche Zulassung des Vorhabens, sondern darüber hinaus eine verbindliche Raumnutzungsentscheidung enthält, mit der abschließend über die raumplanerische Zulässigkeit der Bodeninanspruchnahme befunden wird.[2936]

3. Prognose zur Bedarfsfeststellung

8127 Ob ein Bedarf für ein planfeststellungsbedürftiges Vorhaben besteht, ist im Rahmen einer Prognose zu ermitteln. Diese wird vom Gericht nur daraufhin überprüft, ob sie mit den zu ihrer Zeit verfügbaren Erkenntnismitteln unter Beachtung der für sie erheblichen Umstände sachgerecht erarbeitet worden ist.[2937] Die Prognose ist daraufhin zu überprüfen, ob ihr eine geeignete fachspezifische Methode zugrunde liegt, ob der der Prognose zugrunde liegende Sachverhalt ordnungsgemäß ermittelt wurde und ob das Ergebnis einleuchtend begründet worden ist. Die zur Feststellung einer Planrechtfertigung zu ermittelnden Tatsachen müssen von der Planfeststellungsbehörde im Rahmen des Untersuchungsgrundsatzes nach § 24 VwVfG geklärt werden.[2938] Die Behörde muss nach Ansicht des BVerwG nur solche Umstände aufklären und sodann abwägend berücksichtigen, die für sie als entscheidungserheblich erkennbar sind. Dies sei, so das BVerwG, der Fall, wenn sich die Abwägungsbeachtlichkeit entweder aufdränge oder wenn ein Planbetroffener Umstände, die nicht ohne weiteres als abwägungserheblich erkennbar seien, im Zuge der Bürgerbeteiligung oder auf andere zulässige Weise rechtzeitig in das Planungsverfahren einbringe.[2939] Diese Beschreibung der Amtsermittlungspflicht der Planfeststellungsbehörde durch das BVerwG dürfte allerdings zu kurz greifen. Denn die zuständige Behörde ist nach § 24 VwVfG nicht nur verpflichtet, sich ihr aufdrängende oder ihr von dem Vorhabenträger oder von Drittbetroffenen zugetragene Sachverhalte auszuermitteln; sie muss vielmehr grundsätzlich eigenverantwortlich dafür sorgen, dass alle für die Entscheidung

---

[2933] BVerwG NVwZ 2002, 1119.

[2934] So zur Bauleitplanung der Gemeinden OVG Lüneburg NVwZ-RR 2024, 360 = juris Rn. 32; BVerwG ZfBR 2017, 589.

[2935] OVG Lüneburg NordÖR 2016, 436; OVG Münster Urt. v. 14.2.2012 – 20 D 85/09, BeckRS 2012, 50010; OVG Münster Beschl. v. 28.8.2014 – 20 A 1923/11, juris Rn. 76; BVerwGE 128, 358, Rn. 45 f.; Beckmann in Beckmann/Kment, UVPG/UmwRG, 2023, § 65 UVPG Rn. 43.

[2936] BVerwG NVwZ 2007, 1074 (1077); NVwZ 1993, 364; a. A. Kümper in Schink/Fellenberg, WHG, 2021, § 68 Rn. 44, der annimmt, dass es für eine privatnützige Planfeststellung keiner Planrechtfertigung bedarf; die Frage nach dem fachplanerischen „Bedarf" lasse sich für rein privatnützige Gewässerausbauvorhaben nicht sinnvoll stellen.

[2937] VG Neustadt Urt. v. 21.09.2020 – 4 K 1390/19.NW, juris Rn. 57.

[2938] BVerwG Beschl. v. 7.12.1988 – 7 B 98/88, juris Rn. 5.

[2939] BVerwG Beschl. v. 7.12.1988 – 7 B 98/88, juris Rn. 5.

erforderlichen Tatsachen auch aufgeklärt werden. Eine **Beweisführungslast** für Antragsteller oder Drittbetroffene regelt § 24 VwVfG nicht. Sie haben nach § 26 II 1 VwVfG lediglich Obliegenheiten der Mitwirkung bei der Sachverhaltsaufklärung. Erst wenn sich eine Tatsache als nicht erweislich erweist, stellt sich die Frage, zu welchen Lasten dies geht.[2940]

III. Planungsleitsätze und Optimierungsgebote

Nach der Rechtsprechung des BVerwG lässt sich mit Blick auf das Maß der rechtlichen Bindung der Planfeststellungsbehörde zwischen Planungsleitsätzen und Optimierungsgeboten unterscheiden.[2941] Diese Unterscheidung mag ein hilfreicher Merkposten zur Beantwortung der Frage sein, welche Bedeutung Rechtsvorschriften für die planerische Abwägung haben. Allerdings besteht insoweit keine wirklich trennscharfe Abgrenzungslinie. **8128**

1. Planungsleitsätze

Nach der (früheren) Rechtsprechung sind Planungsleitsätze Vorschriften, die bei der Entscheidung über die Zulassung eines Planungsvorhabens zwingend zu beachten sind und damit nicht im Rahmen einer planerischen Abwägung überwunden werden können.[2942] Kritisiert wird insoweit, die Beachtung verbindlicher Vorschriften sei eine Selbstverständlichkeit, so dass dadurch keine eigenständige Prüfungsstufe entstehe.[2943] Zu Recht tauche das Kriterium des Planungsleitsatzes in der neueren Rechtsprechung des BVerwG nicht mehr auf und sollte, so die Kritik, möglichst ganz aufgegeben werden.[2944] Letztlich dürfte sich ein Meinungsstreit dazu kaum lohnen. Interessanter ist die Frage, welche einschlägigen Vorschriften im Sinne eines sogenannten Planungsleitsatzes zwingend zu beachten sind und welche Bestimmung im Rahmen einer Abwägung relativiert werden dürfen. Das ist keineswegs dogmatisch zufriedenstellend geklärt.[2945] Die Übergänge dazu sind auch fließend. **8129**

Ob eine Vorschrift strikte Beachtung verlangt oder lediglich eine Berücksichtigung im Rahmen der planerischen Abwägung fordert, muss durch Auslegung ermitteln werden.[2946] Als Planungsleitsätze in diesem Sinne sind zB bei der abfallrechtlichen Planfeststellung insbesondere die Zulassungsvoraussetzungen des § 36 I KrWG zu beachten.[2947] Daran ändert nichts, dass bei der Auslegung der § 36 I Nr. 1a in Verb. m. § 15 IV KrWG eine Abwägung zwischen den einzelnen Belangen im Sinne einer Kompensation erforderlich werden kann. Daneben sind allerdings zahlreiche andere Vorschriften zu beachten. **8130**

2. Optimierungsgebote

Nach der Systematik des BVerwG gibt es neben den bei der Planung zwingend zu beachtenden Rechtsvorschriften auch Regelungen, die zwar eine möglichst weitgehende Beachtung bestimmter Belange fordern, jedoch Raum für eine Abwägung und damit letztlich auch für eine Zurückstellung dieser Belange lassen.[2948] Optimierungsgebote sind in diesem Sinne Abwägungsdirektiven, die einem Belang ein besonderes Gewicht einräumen und insoweit die planerische Gestaltungsfreiheit einschränken.[2949] Ob einer Bestimmung der Charakter als gewöhnliche Abwägungsdirektive oder weitergehend als Optimierungsgebot ein besonderes Gewicht zukommen lässt, muss durch Auslegung der einzelnen Vorschrift ermittelt werden.[2950] Als Beispielsfall eines Optimierungsgebots wird zumeist der Trennungsgrundsatz des § 50 BImSchG **8131**

[2940] Beckmann in Landmann/Rohmer Umweltrecht, 2023, § 36 KrWG Rn. 65.

[2941] BVerwGE 71, 163 (164 f.); ausführlich dazu Ziekow in Ziekow Handbuch des Fachplanungsrechts, 2024, § 6 Rn. 28 ff.

[2942] BVerwGE 71, 163 (165).

[2943] Mann in Versteyl/Mann/Schomerus, KrWG, 2019, § 36 Rn. 59.

[2944] Mann in Versteyl/Mann/Schomerus, KrWG, 2019, § 36 Rn. 59; Versteyl/Grunow in Schink/Versteyl, KrWG, 2016, § 36 Rn. 30.

[2945] Beckmann in Landmann/Rohmer Umweltrecht, 2023, § 36 KrWG Rn. 66.

[2946] Jarass DVBl.. 1998, 1202 (1206).

[2947] BVerwGE 90, 42, (47); BVerwGE 97, 143 (148).

[2948] BVerwGE 71, 163 (164 f.); siehe dazu Kling ZUR 2024. 141 (146).

[2949] Hoppe/Beckmann/Kauch Umweltrecht, 2000, § 7 Rn. 11; Ziekow in Ziekow. Handbuch des Fachplanungsrechts, 2024, § 6 Rn. 28.

[2950] Ziekow in Ziekow Handbuch des Fachplanungsrechts, 2024, § 6 Rn. 30.

genannt, wonach bei raumbedeutsamen Planungen und Maßnahmen Flächen einander so zuzuordnen sind, dass schädliche Umwelteinwirkungen auf ausschließlich oder überwiegend dem Wohnen dienenden Gebiete „soweit wie möglich vermieden werden. Auch der in § 1a II 1 BauGB vorgesehen Grundsatz, dass mit Grund und Boden sparsam und schonend umgegangen werden soll, gilt als Optimierungsgebot. Ob auch das Berücksichtigungsgebot des § 13 KSG ein Optimierungsgebot in diesem Sinne ist, lässt sich noch nicht abschließend bewerten. Nach Ansicht des BVerwG ergibt sich aus § 13 I 1 KSG keine gesteigerte Beachtenspflicht. Die Vorschrift sei kein Optimierungsgebot; ein Vorrang des Klimaschutzgebots gegenüber anderen Belangen lässt sich weder aus Art. 20a GG noch aus § 13 KSG ableiten.[2951] Jedenfalls wächst das Gewicht des Klimabelangs in dem Maße, in dem der Klimawandel voranschreitet und die Klimafolgen zunehmen.[2952] Löst eine Straßenplanung Konflikte mit dem Bergbau aus, gilt nach Ansicht des BVerwG gemäß § 124 BBergG ein Optimierungsgebot zu Gunsten der Belange des Gewinnungsbetriebs. Erst wenn sich der Konflikt mit dieser Abwägungsdirektive nicht auflösen lasse, habe der Betrieb der Verkehrsanlage nach § 124 III BBergG grundsätzlich Vorrang vor der Gewinnung von Bodenschätzen.[2953]

8132 Die Bedeutung von Gewichtungsvorgaben im Sinne eines Optimierungsgebots kann im Einzelfall dadurch relativiert werden, dass sich aus ihnen gegenläufige Schlussfolgerungen ziehen lassen, wenn die von ihnen geschützten Belange kollidieren.

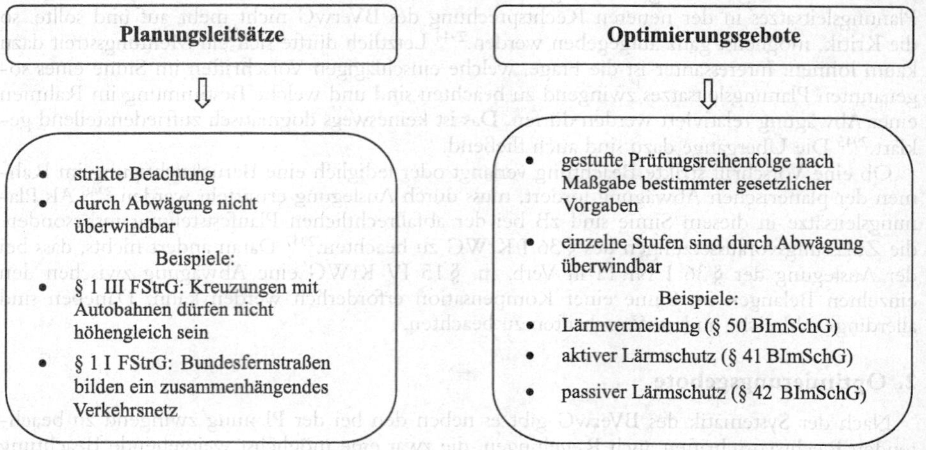

IV. Abwägungsgebot

8133 Die Planfeststellungsentscheidung des Fachplanungsrechts unterliegt dem Abwägungsgebot[2954] und damit den allgemeinen rechtlichen Anforderungen, wie sie vom BVerwG etwa für die Bauleitplanung aber auch für die verschiedenen Fachplanungen nach weitgehend einheitlichen Grundsätzen entwickelt worden sind.[2955] Danach sind die nach Lage der Dinge zu berücksichtigenden Belange zunächst zu ermitteln und sodann in die Abwägung einzustellen. Die

---

[2951] BVerwG NVwZ 2022, 1549 (1550); ablehnend auch OVG Berlin-Brandenburg Beschl. v. 25.01.2022 – OVG 10 S 17/21, juris Rn. 48; Dirnberger in Jäde/Dirnberger, BauGB, 2018, § 1a Rn. 33; Schink in Frenz, Klimaschutzrecht, § 13 KSG Rn. 12; Schlacke EurUP 2020, 338 (344); Schink NuR 2021, 1 (5); Fellenberg in ders./Guckelberger, Klimaschutzrecht, § 13 KSG Rn. 26; Uechtritz/Ruttloff, NVwZ 2022, 11) Wickel ZUR 2021, 332 (337); Guckelberger KlimR 2022, 294 (297).

[2952] Für die Einordnung von § 13 KSG als Optimierungsgebot zB Siegel NZBau 2022, 315 (316); Schlacke/Römling DVBl. 2021, 144 (150); siehe dazu auch Verheyen/Heß/Peters/Schöneberger, NVwZ 2023, 113 (119); Ekardt/Heß/Wulff, EurUP 2021, 212 (220, 222); Heß UPR 2022, 440 (442).

[2953] BVerwG ZUR 2016, 358.

[2954] BVerwGE 34, 301; BVerwGE 59, 87.

[2955] Zur Übernahme der allgemeinen Grundsätze des Abwägungsgebotes in die fachplanungsrechtlichen Entscheidungen BVerwG, Urt. v. 22.12.1981 – 4 CB 32.81, juris.

Belange dürfen nicht im Gegensatz zu ihrer objektiven Gewichtigkeit bewertet werden. Die Ausgleichsentscheidung zwischen den berührten öffentlichen und privaten Belangen darf nicht in einer Weise vorgenommen werden, die zur objektiven Gewichtigkeit der Belange außer Verhältnis steht.

1. Grundsätze

a) Abgrenzung zum Allgemeinwohl als Zulassungsvoraussetzung. Im Rahmen des Abwägungsgebots kann allerdings keine umfassende Abwägung sämtlicher öffentlichen und privaten Belange in Betracht kommen, wenn und soweit diese Belange bereits bei der Prüfung der Zulassungsvoraussetzungen für den Planfeststellungsbeschluss zu beachten sind. Dies gilt zB für die Planfeststellung von Deponien nach § 36 I KrWG und für den planfeststellungsbedürftigen Gewässerausbau nach § 68 II 1 Nr. 1 WHG.[2956] Wenn bei der Prüfung der Allgemeinwohlverträglichkeit iSv § 36 I Nr. 1a KrWG eine Übereinstimmung mit dem Allgemeinwohl festgestellt wird, kann im Rahmen des Abwägungsgebots eigentlich nichts anderes herauskommen. 8134

b) Berücksichtigung des Eigentums. Im Rahmen der planerischen Abwägung sind jedoch private Rechtspositionen, anders als bei der Prüfung der Allgemeinwohlverträglichkeit, berücksichtigungsfähig.[2957] Zu den in die Abwägung einzustellenden privaten Belangen zählt vor allem das Eigentum an Grundstücken. Muss das Grundeigentum eines Dritten zur Verwirklichung des Vorhabens in Anspruch genommen werden und verfügt der Planfeststellungsbeschluss nach dem jeweiligen Landesrecht über eine enteignungsrechtliche Vorwirkung, muss die Planfeststellungsbehörde bei ihrer Abwägung das verfassungsrechtlich verbürgte Bestandsinteresse des Eigentümers berücksichtigen, sein Grundstück behalten und in der bisherigen Weise nutzen zu können.[2958] Die Planfeststellung genügt dem Abwägungsgebot nur, wenn der Eingriff in das Eigentum durch gewichtige Gründe des Wohls der Allgemeinheit gefordert ist und sich als verhältnismäßig erweist. Die Enteignung ist nur erforderlich, wenn und soweit sie für die Verwirklichung des jeweiligen Vorhabens unverzichtbar ist, hierfür also kein milderes, gleich geeignetes Mittel – etwa die Inanspruchnahme öffentlichen oder in anderer Weise weniger schutzwürdigen Eigentums – zur Verfügung steht.[2959] 8135

Bei einer lediglich mittelbaren Betroffenheit kann zu bedenken sein, dass es bereits zu den Zulassungsvoraussetzungen zählt, dass grundsätzlich keine nachteiligen Wirkungen auf das Recht eines anderen zu erwarten sein dürfen (siehe zB § 36 I Nr. 4 KrWG). Eine nachteilige Beeinflussung des Verkehrswerts von Grundstücken stellt nach der Rechtsprechung auch dann, wenn sie von Veränderungen des Wohnumfelds ausgeht, für sich genommen keinen eigenständigen Abwägungsbelang dar.[2960] Den Betroffenen steht insbesondere kein „**Milieuschutz**" des Inhalts zu, dass die negative Bewertung der Nähe zu einer Anlage im Grundstücksmarkt und eine damit verbundene Verkehrswertminderung abgewehrt werden kann oder wirtschaftlich ausgeglichen werden muss. Der durch eine solche Anlage hervorgerufene Lagenachteil kann unter dem Gesichtspunkt seiner wirtschaftlichen Auswirkungen abwägungserheblich sein. Sofern sich demgegenüber faktische vorhabenbedingte Beeinträchtigungen, beispielsweise Immissionen oder konkrete Standort- und Lagenachteile auf das Grundstück auswirken und damit den Verkehrswert mindern, kann ein solcher planbedingter Wertverlust als privater Belang im Rahmen der Abwägungsentscheidung zu berücksichtigen sein, und zwar auch dann, wenn ein finanzieller Ausgleich nach § 74 II 3 VwVfG nicht geboten ist. Dem Planungsträger bleibt es unbenommen, solche Wertminderungen nach den zum Abwägungsgebot entwickelten Grundsätzen hinter gegenläufige Interessen zurücktreten zu lassen, sofern er hierbei nicht eine äußerste, durch Abwägung nicht überwindbare Schwelle überschreitet.[2961] Nicht abwägungs- 8136

2956 Siehe dazu Beckmann in Landmann/Rohmer Umweltrecht, 2023, § 36 KrWG Rn. 67; Versteyl in Schmehl/Klement, KrWG, 2019, § 36 Rn. 39; Fellenberg/Schiller in Jarass/Petersen, KrWG, 2022, § 36 Rn. 82.

2957 VGH München Beschl. v. 15.12.2021 – 8 ZB 21.668, juris Rn. 22; BVerwG Urt. v. 12.7.2018 – 7 B 15.17, juris Rn. 16.

2958 BVerwG Urt. v. 12.7.2018 – 7 B 15/17, juris Rn. 17; BVerwGE 141, 171 Rn. 64.

2959 BVerwG Urt. v. 12.7.2018 – 7 B 15/17, juris Rn. 17; BVerfGE 134, 242 Rn. 183.

2960 BVerwG Beschl. v. 14.12.2021 – 4 B 10/21, juris Rn. 18; OVG Münster Urt. v. 31.8.2020 – 20 A 1923/11, juris Rn. 669; BVerwG NuR 2007, 488, BVerwG NVwZ 1989, 151.

2961 BVerwG Beschl. v. 14.12.2021 – 4 B 10/21, juris Rn. 18; Beckmann BauR 2021, 768.

erheblich und damit nicht zu berücksichtigen sind private Belange, wenn sie nur unwesentlich, geringfügig betroffen sind. Dies kann zB dann der Fall sein, wenn eine Betroffenheit sehr unwahrscheinlich ist oder wenn es sich um objektiv geringwertige oder nicht schutzwürdige Belange handelt.[2962]

8137 **c) Anspruch auf Planfeststellung.** Der durch die Abwägung geprägte Charakter der Planungsentscheidung führt allerdings auch dazu, dass der Antragsteller keinen von einer Abwägung unabhängigen Rechtsanspruch auf Planfeststellung hat. Die jeweiligen Vorschriften des Fachplanungsrechts räumen der Behörde eine planerische Gestaltungsfreiheit ein, die sich auf alle Gesichtspunkte erstreckt, die zur Verwirklichung des gesetzlichen Planungsauftrags und zugleich zur Bewältigung der von dem Vorhaben in seiner räumlichen Umgebung aufgeworfenen Probleme von Bedeutung sind. Die planerische Gestaltungsfreiheit findet ihre rechtlichen Grenzen in den zwingenden Versagungsgründen des jeweiligen Fachplanungsrechts und sonstiger infolge der Konzentrationswirkung zu beachtender Rechtsvorschriften, zum anderen in den Anforderungen des Abwägungsgebots.[2963] Diese im Zusammenhang mit Anfechtungsklagen Dritter entwickelte Struktur der fachplanerischen Zulassungsentscheidung ist nach Auffassung des BVerwG[2964] grundsätzlich auch dann maßgebend, wenn der Vorhabenträger gegen eine ablehnende Entscheidung der Planfeststellungsbehörde klagt. Der Antragsteller hat dementsprechend keinen Anspruch auf Erlass eines Planfeststellungsbeschlusses in dem Sinne, dass bei Erfüllung bestimmter tatbestandlicher Voraussetzungen dem Antrag zwingend stattgegeben werden muss. Eine derartige Annahme wäre mit der Funktion und den rechtlichen Wirkungen einer Planfeststellung unvereinbar. Fachplanerische Entscheidungen sind nicht nur, wie etwa die bauaufsichtliche oder die immissionsschutzrechtliche Genehmigung, Entscheidungen über die öffentlich-rechtliche Zulassung des beantragten Vorhabens. Sie enthalten darüber hinaus eine verbindliche Raumnutzungsentscheidung, mit der abschließend über die raumplanerische Zulässigkeit der Bodeninanspruchnahme befunden wird. Sie hat gegenüber der sonst maßgebenden örtlichen Gesamtplanung grundsätzlich Vorrang (§ 38 BauGB). Diese Besonderheit verlangt eine vom Abwägungsgebot gesteuerte, in planerischer Gestaltungsfreiheit ergehende Zweckentscheidung der Planfeststellungsbehörde, unbeschadet des Umstandes, dass die Behörde häufig nicht selbst originär plant, sondern die entsprechenden Vorstellungen des Vorhabenträgers abwägend nachvollzieht und dadurch die rechtliche Verantwortung für die Planung übernimmt.[2965] Demgegenüber findet bei gebundenen, bei Vorliegen der Voraussetzungen einen Rechtsanspruch einräumenden Genehmigungen die verbindliche Raumnutzungsentscheidung des öffentlichen Planungsträgers auf einer vorgelagerten Stufe statt. Ist das betreffende Vorhaben mit dieser Planung vereinbar, darf folgerichtig eine Zulassung nicht verweigert werden.

8138 **d) Anspruch auf fehlerfreie Ausübung des Planungsermessens.** Zwar hat der Vorhabenträger keinen Anspruch auf Erlass einer Planungsentscheidung in dem Sinne, dass bei Vorliegen bestimmter tatbestandlicher Voraussetzungen dem Antrag zwingend stattzugeben wäre. Er hat allerdings einen Anspruch darauf, dass das Planungsermessen sich auf alle abwägungserheblichen Aspekte erstreckt.[2966] Der Planfeststellungs- oder Plangenehmigungsbehörde steht daher kein eigenständiges Versagungsermessen mehr zu, wenn dem Vorhaben unter dem Blickwinkel einer die Vorstellungen des Vorhabenträgers nachvollziehenden planerischen Abwägung keine rechtlichen Hindernisse entgegenstehen.[2967]

8139 Der Träger eines planfeststellungsbedürftigen Vorhabens kann daher einen Anspruch auf fehlerfreie Ausübung der planerischen Gestaltungsfreiheit haben.[2968] Dies hat das BVerwG jedenfalls für den Bereich des Abfallrechts angenommen und auch einem privaten Antragsteller wegen der besonderen Vorrangfunktion der Abfallbeseitigung einen derartigen Rechtsanspruch gewährt, der sich auf alle abwägungserheblichen Belange einschließlich des öffentlichen Entsorgungsinteresses bezieht. Abgeleitet ist ein solcher Anspruch aus dem Gebot der gemeinwohlverträglichen Abfallentsorgung und der gemeinsamen Verantwortung für die sich aus der

[2962] Beckmann in Landmann/Rohmer Umweltrecht, 2023, § 36 KrWG Rn. 67; Fellenberg/Schiller in Jarass/Petersen, KrWG, 2022 § 36 Rn. 82.
[2963] BVerwG DVBl. 1986, 1281; BVerwGE 90, 42; BVerwGE 90, 96; BVerwGE 72, 15.
[2964] BVerwG DVBl. 1995, 238.
[2965] BVerwG DVBl. 1986, 678.
[2966] BVerwG NJW 1975, 1373; zur Bauleitplanung NJW 1999, 592.
[2967] VGH Mannheim NVwZ 2001, 101; BVerwG NVwZ 1995, 598.
[2968] BVerwG ZfBR 1995, 150.

Daseinsvorsorge und dem Gesundheits- und Umweltschutz ableitende Aufgabe. Dem vorrangigen Gesetzgebungsauftrag entspricht es, auch einem privaten Antragsteller einen Rechtsanspruch auf ordnungsgemäße Durchführung des Planfeststellungsverfahrens einzuräumen.

Ob dies auch für die privatnützige wasserrechtliche Planfeststellung gilt, ist fraglich. Denn 8140
anders als die Abfallbeseitigung, die auch bei Ausführung durch einen Privaten immer gemeinwohlbezogen und nicht privatnützig ist, kann die wasserrechtliche Planfeststellung ausschließlich privatnützig sein. Das Abfallrecht erscheint also in einem anderen, durch Gemeinwohlgründe legitimierten Gewande. Wegen dieses Gemeinwohlbezuges kann auch die Abfallplanung die Grundlage für eine Enteignung von privaten Grundstücken darstellen, während die privatnützige Planfeststellung eine das Eigentum überwindende Kraft nicht hat. Im Übrigen wird sich ein solcher Anspruch auf abwägungsgerechte Entscheidung auch im Abfallrecht wegen der bestehenden behördlichen Entscheidungsfreiräume klageweise nur schwer umsetzen lassen. Allenfalls wird im verwaltungsgerichtlichen Verfahren eine Bescheidungsverpflichtung erreichbar sein (§ 113 V 2 VwGO). Zwar hat der Vorhabenträger keinen Anspruch auf Erlass einer Planungsentscheidung in dem Sinne, dass bei Vorliegen bestimmter tatbestandlicher Voraussetzungen dem Antrag zwingend stattzugeben wäre. Er hat aber einen Anspruch darauf, dass das Planungsermessen sich auf alle abwägungserheblichen Aspekte erstreckt.[2969] Der Planfeststellungs- oder Plangenehmigungsbehörde steht daher kein eigenständiges Versagungsermessen mehr zu, wenn dem Vorhaben unter dem Blickwinkel einer die Vorstellungen des Vorhabenträgers nachvollziehenden planerischen Abwägung keine rechtlichen Hindernisse entgegenstehen.[2970]

e) Ableitung des Abwägungsgebots aus dem Rechtsstaatsprinzip. Das Gebot einer ge- 8141
rechten Abwägung der von einer staatlichen Planung berührten öffentlichen und privaten Belange gehört zu den Grundlagen einer rechtsstaatlichen Planung, gilt dementsprechend allgemein und ist weder von einer einfachrechtlichen Normierung noch von einer bestimmten Handlungs- oder Verfahrensform abhängig.[2971] Misst die Planfeststellungsbehörde volkswirtschaftlichen Belangen im Rahmen der Abwägung eine gesteigerte Bedeutung bei und stützt sie diese Annahme auf eine tragfähige Studie, ist sie nicht gehalten, ein im Einzelnen aufgeschlüsseltes und beziffertes Zahlenwerk ihrem Abwägungsvorgang zu Grunde zu legen, da sich das öffentliche Interesse an der Vorhabenverwirklichung dann auch ohne eine derartige Detailliertheit nachvollziehen lässt.[2972] Fehlt es für die Beurteilung der Zumutbarkeit von Auswirkungen eines Planvorhabens an einem normativen Maßstab und stehen nur technische Normen zur Verfügung, sind diese in der gerichtlichen Kontrolle nicht bindend. Vielmehr ergibt sich der Beurteilungsmaßstab aus § 74 II 2 VwVfG, der unter Berücksichtigung naturwissenschaftlich-technischer Erkenntnisse auszuwerten ist.[2973] Fragen der Bauausführung können aus der Planfeststellung in der Regel ausgeklammert werden, sofern nach dem Stand der Technik zur Problembewältigung geeignete Lösungen zur Verfügung stehen und die Wahrung der entsprechenden Regelwerke sichergestellt ist. Ist die Bauausführung aber geeignet, unmittelbar auf die planerische Entscheidung durchzuschlagen, gehört sie zum abwägungsbedürftigen Abwägungsmaterial.[2974]

2. Allgemeine Anforderungen des Abwägungsgebots

Das Abwägungsgebot verlangt, dass eine Abwägung überhaupt stattfindet, in die Abwägung 8142
alle Belange eingestellt werden, die nach Lage der Dinge in die eingestellt werden müssen, weder die Bedeutung der betroffenen öffentlichen und privaten Belange verkannt noch der Ausgleich zwischen ihnen in einer Weise vorgenommen wird, die zur objektiven Gewichtigkeit einzelner Belange außer Verhältnis steht. Unter Beachtung dieser Grundsätze kann die Planungsbehörde sich bei der Kollision verschiedener Belange für die Bevorzugung des einen und damit notwendig für die Zurückstellung eines anderen entscheiden.

a) Abwägungsvorgang und Abwägungsergebnis. Die Anforderungen des Abwägungs- 8143
gebots richten sich nach herrschender Meinung grundsätzlich sowohl an den Abwägungsvorgang als auch an das Abwägungsergebnis.[2975] Der von der Planfeststellungsbehörde durchzuführende Abwägungsvorgang beginnt mit der Zusammenstellung des Abwägungsmaterials, wird

---

[2969] BVerwG NJW 1975, 1373; NJW 1999, 592.
[2970] VGH Mannheim NVwZ 2001, 101; NVwZ 1995, 598.
[2971] VGH Mannheim DVBl. 2002, 1130.
[2972] OVG Bremen UPR 2002, 400.
[2973] BVerwG NVwZ-RR 2002, 178.
[2974] BVerwG DVBl. 2002, 1486; NVwZ 1993, 572; NVwZ 1992, 787.

fortgesetzt mit einer Gewichtung der einzelnen Belange und endet mit der eigentlichen Abwägung, bei der entschieden werden muss, welche Belange vorgezogen und welche zurückgestellt werden sollen. Mängel der Abwägung sind nach § 75 Ia 1 VwVfG nur erheblich, wenn sie offensichtlich und auf das Abwägungsergebnis von Einfluss gewesen sind.

8144 **b) Zusammenstellung des Abwägungsmaterials.** Abwägungsbeachtlich sind nach den konkreten Umständen des Einzelfalls alle betroffenen Belange, die mehr als geringwertig und schutzwürdig sind. Allerdings ist die Abwägungsbeachtlichkeit von Belangen aus unterschiedlichen Gründen eingeschränkt. Nach der Rechtsprechung des BVerwG ist die Verpflichtung der Planfeststellungsbehörde zur Zusammenstellung des Abwägungsmaterials begrenzt auf solche Umstände, die für die Behörde als entscheidungsbeachtlich erkennbar sind. Das ist der Fall, wenn sich die Abwägungsbeachtlichkeit entweder aufdrängt oder wenn ein Planbetroffener Umstände im Zuge einer Bürgerbeteiligung oder auf andere Weise rechtzeitig in das Planverfahren einbringt. Nach der Rechtsprechung braucht die Planfeststellungsbehörde nicht zu berücksichtigen, was sie nicht sieht und was sie nach den Umständen auch nicht zu sehen braucht.[2976]

8145 Gem. § 73 IIIa 2 VwVfG werden nach dem Erörterungstermin eingehende behördliche Stellungnahmen nicht mehr berücksichtigt, es sei denn, die vorgebrachten Belange sind der Planfeststellungsbehörde bereits bekannt oder hätten ihr bekannt sein müssen oder sind für die Rechtmäßigkeit der Entscheidung von Bedeutung. Gem. § 73 IV 3 VwVfG sind außerdem mit Ablauf der Einwendungsfrist grundsätzlich alle Einwendungen ausgeschlossen, die nicht auf besonderen Titeln beruhen. Voraussetzungen für diesen Einwendungsausschluss sind, dass eine entsprechende Belehrung in der Bekanntmachung der Auslegung oder bei der Bekanntgabe der Einwendungsfrist stattgefunden hat (§ 73 IV 4 VwVfG). Zu den Einwendungen zählt jede Art von Bedenken, die gegen das Vorhaben aus der Sicht der Nachbarschaft oder der Allgemeinheit erhoben werden können. Einwendungen sind sachliches, auf die Verhinderung oder Änderung des beantragten Vorhabens abzielendes Gegenvorbringen. Einwendungen müssen so konkret sein, dass die Planfeststellungsbehörde erkennen kann, in welcher Weise sie bestimmte Belange einer näheren Betrachtung unterziehen soll.[2977] Die Anforderungen an Umfang und Detailliertheit der Einwendung eines Planbetroffenen richten sich nach der Konkretheit der ausgelegten Planunterlagen.[2978] Gemeinden, die auch im Rahmen der Behördenbeteiligung Stellung nehmen, müssen, wenn sie sich gegen ein Vorhaben wenden wollen, mit einem gesonderten Schreiben Einwendungen erheben, aus dem sich ergibt, dass es sich bei dem Schreiben nicht nur um eine Stellungnahme der Behörde, sondern um ein fristwahrender Einwendungsschreiben zur Wahrung des Selbstverwaltungsrecht der Gemeinde handelt. Das setzt die Unterzeichnung durch einen nach dem Gemeinderecht zur Vertretung der Gemeinde berechtigten Person voraus.[2979]

8146 **c) Bewertung der betroffenen Belange**. Das Abwägungsgebot fordert nicht nur eine Zusammenstellung des Abwägungsmaterials, sondern auch die Bewertung der durch das Vorhaben betroffenen Belange. Grundsätzlich gibt es keine situationsunabhängigen Vorränge einzelner Belange, insbesondere hat der Umweltschutz keinen abstrakten Vorrang vor anderen betroffenen Belangen.[2980]

8147 Etwas anderes ergibt sich auch nicht aus Art. 20a GG. Ein abstrakter oder absoluter Vorrang besteht auch nicht für den **Klimaschutz**, dessen relatives Gewicht allerdings mit der zunehmenden Bedrohlichkeit der Klimafolgen des Klimawandels wächst.[2981] Schon § 13 I 1 KSG verlangt, dass sämtliche Träger öffentlicher Aufgaben bei ihren Planungen und Entscheidungen den Zweck des KSG und die zu seiner Erfüllung festgelegten Ziele zu berücksichtigen haben.

[2975] BVerwG Urt. v. 7.10.2021 – 4 A 9/19, juris Rn. 56 f.; OVG Berlin-Brandenburg Urt. v. 12.1.2021 – OVG 10 A 10.13, juris Rn. 111; im Einzelnen dazu Beckmann BauR 2016, 1417.

[2976] BVerwGE 59, 87 (102); DVBl.. 1989, 510 (511); BGH NJW 1989, 977.

[2977] BVerwG NVwZ 2009, 55.

[2978] BVerwG NVwZ 2009, 303, 317.

[2979] OVG Münster Beschl. v. 29.8.2005 – 11 A 4823/03, juris.

[2980] Beckmann in Landmann/Rohmer Umweltrecht, 2023, § 36 KrWG Rn. 72; Mann in Versteyl/Mann/Schomerus, KrWG, 2019, § 36 Rn. 16, 67.

[2981] BVerfG Beschl. v. 24.03.2021 – 1 BvR 2656/18 u. a., juris Rn. 198; kritisch dazu Beckmann UPR 2021, 241; VGH Mannheim Urt. v. 06.07.2021 – 3 S 2103/19, BeckRS 2021, 33854, Rn. 167 ff.; Uechtritz/Ruthoff NVwZ 2022, 9 (12); Wickel ZUR 2021, 332 (337); Schlacke EurUP 2020, 338 (343 f.); Kment NVwZ 2020, 1537 (1544); Sauthoff KlimR 2022, 11 (12).

Im Wesentlichen unbestritten löst § 13 I KSG zwar keine strikte Beachtenspflicht aus und führt auch nicht zu einem (absoluten) Vorrang des Klimaschutzes. Klimaschutzbelange können daher bei der planerischen Abwägung zugunsten anderer Belange auch zurückgestellt werden. Der Schutz des Klimas ist auch nicht als Optimierungsgebot gesetzlich vorgesehen.[2982]

Der Gesetzgeber kann die Gewichtung einzelner Belange im Rahmen der planerischen Abwägung durch gesetzliche Vorgaben lenken.[2983] Zumeist bleiben die gesetzlichen Gewichtungsvorgaben allerdings vage; für die planerische Abwägung wird auf die konkreten Umstände des jeweiligen Einzelfalles verwiesen. Dazu dienen insbesondere Optimierungsgebote, mit denen der Gesetzgeber eine möglichst weitgehende Beachtung bestimmter Belange verlangt. Diese Optimierungsgebote verschieben die Argumentationslast zugunsten eines hervorgehobenen Belanges. Allerdings sind derartige Optimierungsgebote im Einzelfall im hohen Maße konkretisierungsbedürftig. Als Optimierungsgebote in diesem Sinne gelten zB § 50 BImSchG (Trennung unverträglicher Nutzungen) und die Bodenschutzklausel des § 1a II 1 BauGB. Bei der Bewertung der Gewichtigkeit betroffener Belange können jedoch gesetzliche Vorgaben eine Rolle spielen. Insoweit können insbesondere Berücksichtigungs- oder Optimierungsgebote beachtlich sein. Im Kern fehlt es jedoch für die Bewertung der Gewichtigkeit betroffener Belange an festen Maßstäben. Die (subjektive) Gewichtung der betroffenen Belange ist im Planfeststellungsverfahren gerade ein zentraler Punkt des der Planfeststellungsbehörde eingeräumten Planungsermessens. Erst wenn die Bewertung der Planfeststellungsbehörde zu einer „objektiven" Gewichtung des betroffenen Belangs außer Verhältnis gerät, soll dies nach der Rechtsprechung zur Rechtswidrigkeit der Planungsentscheidung führen. 8148

Bei der planerischen Abwägung kommt es vor allem auf die jeweiligen Umstände des Einzelfalles an. Für sie ist bei UVP-pflichtigen Vorhaben deshalb die im Rahmen der UVP zu leistende Bewertung nach Maßgabe der jeweils geltenden Fachgesetzlichkeit und der Erfahrungssätze entscheidend. Die UVP dient insoweit auch dazu, zu erkennen, was nach Lage der Dinge, also situationsgebunden zum Abwägungsmaterial zählt. Die Gewichtung von Belangen im Bereich der UVP kann insoweit durch die Bewertung im Sinne des § 25 I UVPG, die ebenfalls durch gesetzliche Vorgaben gelenkt, im Kern aber genauso wenig ein reiner Vorgang der Subsumtion unter umweltrelevante Zulassungsvoraussetzungen ist, beeinflusst werden. 8149

d) Ausgleich der betroffenen Belange. Auf der Grundlage des zusammengestellten Materials und der gewichteten Belange muss schließlich im Rahmen der planerischen Abwägung ein Ausgleich zwischen den betroffenen Belangen in einer Weise gewonnen werden, der zur objektiven Gewichtigkeit dieser Belange im Verhältnis steht. Im Rahmen der Abwägung ist insoweit zu entscheiden, ob die ermittelten und bewerteten Umweltfolgen Vorrang haben sollen vor den für das Vorhaben sprechenden Belangen und damit zu einer Unzulässigkeit des Vorhabens führen sollen, oder ob sie gegenüber diesen Belangen zurückgestellt werden sollen, mit der Folge, dass trotz der zu erwartenden Umweltfolgen das Projekt zugelassen werden kann. Im Rahmen der planerischen Abwägung kann nicht zuletzt entschieden werden, ob angesichts der zu erwartenden Umweltauswirkungen Schutzvorkehrungen oder Ausgleichsmaßnahmen notwendig werden. Belange eines Betroffenen, die unter **Missachtung der Rechtsordnung** entstanden sind, dürfen im Rahmen der Abwägung zumindest dann als unbeachtlich eingestuft werden, wenn auch eine nachträgliche Legalisierung ausscheidet.[2984] 8150

Eine Planungsentscheidung leidet nicht schon deshalb an einem Abwägungsmangel, weil die Gewichtung der Belange zulässigerweise auch anders hätte ausfallen können. Eine **Fehlgewichtung** liegt erst vor, wenn die getroffene Entscheidung objektiv nicht vertretbar ist.[2985] Die gerichtliche Kontrolle ist auch hier auf Abwägungsfehler beschränkt.[2986] Ebenso wie die planerische Gestaltungsfreiheit unterliegt auch die zweiseitige **Interessenbewertung** rechtlichen Anforderungen. Die sachgerechte Interessenbewertung setzt eine ordnungsgemäße, die gesetzliche Wertung nachvollziehende Abwägung im Sinne einer Verhältnismäßigkeitsprüfung voraus. Die Behörde muss sich bilanzierend mit dem Für und Wider der Planung auseinander- 8151

2982 zur Bauleitplanung siehe OVG Berlin-Brandenburg Beschl. v. 25.1.2022 – OVG 10 S 17/21, juris Rn. 48; Dirnberger in Jäde/Dirnberger, BauGB, 2023, § 1a Rn. 33; a. A. unter Verweis auf § 13 II KSG Schlacke/Römling DVBl. 2021, 144 (150): Klimaschutz als Optimierungsgebot bei Planfeststellungsbeschlüssen.

2983 BVerwG NVwZ 1991, 69.

2984 BVerwG Beschl. v. 22.10.2002 – 9 VR 13.02 – B 96.

2985 BVerwG NVwZ 2001, 673.

2986 VGH Mannheim DVBl. 2000, 1367; VBlBW 2001, 481; BVerwG NJW 1975, 1373.

setzen. Geht die Behörde jedoch von unzutreffenden Annahmen aus, können sich daraus Fehlbeurteilungen ergeben.[2987] Die gerichtliche Kontrolle von **Prognoseentscheidung** beschränkt sich darauf, ob der zu Grunde gelegte Sachverhalt zutreffend ermittelt worden ist, die Prognose methodisch einwandfrei durchgeführt und die Ergebnisse einleuchtend begründet worden sind.[2988]

8152 Bei einer **Wahrunterstellung** muss der für die Abwägung maßgebende Sachverhalt noch hinreichend sachgerecht erfasst worden sein. Der als zutreffend unterstellte Sachverhalt darf die Gesamtkonzeption der Planung nicht in einem wesentlichen Punkt betreffen. Denn die Planung und Gesamtkonzeption des Vorhabens darf sich nicht von der Realität entfernen und in wesentlichen Teilen nur noch auf Unterstellungen aufgebaut sein.[2989]

8153 **e) Zumutbarkeitsgrenzen.** Anlieger von Verkehrswegen müssen unvermeidbare Auswirkungen von Verbesserungsarbeiten wie auch von Arbeiten, die durch das Hinzukommen neuer Verkehrssysteme bedingt sind, im Rahmen des Zumutbaren und unter Beachtung des Verhältnismäßigkeitsgrundsatzes hinnehmen. Die Zumutbarkeitsgrenze ist aber dann überschritten, wenn ein bisher existenzfähiger Gewerbebetrieb[2990] auf Grund der Verwirklichung dieser Planung zur Aufgabe gezwungen würde. Auch unterhalb dieser Schwelle sind Nachteile im gesetzlichen Sinne anzunehmen, wenn die Beeinträchtigungen so gravierend und substanzschmälernd sind, dass sie dem Betroffenen unter Abwägung aller Vor- und Nachteile billigerweise nicht entschädigungslos zugemutet werden können.[2991] Derartige Belange sind abwägungsrelevant, während Fragen der Entschädigung, beispielsweise solche der Bereitstellung von Ersatzland, dem nachfolgenden Enteignungsverfahren vorbehalten und deshalb im Planfeststellungsbeschluss nicht erörtert werden müssen.[2992]

8154 Wird die vorgegebene Grundstückssituation schwer und unerträglich beeinträchtigt und überschreiten die zu erwartenden Immissionen die Grenze zur faktisch enteignenden Planauswirkung oder verschlechtert sich die Grundstückssituation aus anderen Gründen unzumutbar, hat die planende Behörde ein Wahlrecht. Die muss die Beeinträchtigungen durch Umplanungen entweder auf ein zumutbares Maß verringern oder durch Planung die Voraussetzungen für eine Enteignung und Entschädigung schaffen.[2993] Die freie Sicht eines im Außenbereich gelegenen Wohnhauses durch eine geplante Autobahn hat allerdings bei der Planabwägung kein besonderes Gewicht.[2994]

8155 Mit wachsenden Vorgaben des Gesetz- und Verordnungsgebers im Bereich des Lärm-[2995] und Immissionsschutzes sind auch Zumutbarkeitsgrenzen vorgeprägt. Denn es ist zuvörderst eine Aufgabe des Gesetzgebers, Inhalt und Schranken des Eigentums durch verfassungsrechtlich ausgewogene Regelungen zu bestimmen.[2996] Beeinträchtigungen unterhalb der durch den Gesetz- oder Verordnungsgeber eingerichteten Schwelle müssen grundsätzlich hingenommen werden, wenn sie auf einer auch verfassungsrechtlich unbedenklichen fehlerfreien Abwägung beruhen. Allerdings hat der Gesetz- und Verordnungsgeber darauf zu achten, dass die zunehmende Lärmbeeinträchtigung der Betroffenen durch sachgerechte Gegenmaßnahmen gemindert wird. Wenn etwa mehrere Mio. Menschen durch Verkehrslärm erheblich betroffen werden, dann muss hier durch die zuständigen Organe in absehbarer Zeit Abhilfe geschaffen werden. Regelungen der Verkehrslärmschutzverordnung oder der Sportanlagenlärmschutzverordnung tragen dem Rechnung.

8156 Zumutbarkeitsgrenzen ergeben sich auch bei der hinzunehmenden **Abgasbelastung**. Die mit einem Straßenbauvorhaben verbundene Zunahme der Abgas- und Schadstoffbelastungen und die damit verbundenen gesundheitlichen Beeinträchtigungen müssen dabei prognostisch beurteilt werden. Die planfeststellende Behörde kann sich bei der Abschätzung gesundheitlicher Risiken und der damit verbundenen Toleranzgrenzen unter anderem an Werten orientie-

[2987] BVerwG NVwZ 2001, 673.

[2988] BVerwG NVwZ 2002, 350; NVwZ 1987, 578.

[2989] VGH Mannheim DVBl. 2000, 1367; BVerwG NJW 1981, 241.

[2990] Zur Existenzfähigkeit landwirtschaftlicher Betriebe VGH Mannheim DVBl. 2000, 1367.

[2991] OVG Lüneburg DVBl. 2001, 1307; BVerwG NVwZ 1988, 534.

[2992] BVerwG NVwZ 2001, 1154; NVwZ-RR 1999, 629.

[2993] BVerwG NVwZ-RR 2001, 653; NJW 1981, 2137; NVwZ 1987, 578; NJW 1987, 2884.

[2994] VGH München DVBl. 2001, 670; BVerwG NVwZ 1994, 686.

[2995] Zur Verkehrslärmschutzverordnung BVerwG NVwZ 1991, 879; UPR 1991, 398; NVwZ 1993, 266; NVwZ-RR 1994, 201; UPR 1994, 261; NVwZ 1994, 1002; NVwZ 1995, 379; NVwZ 1995, 907.

[2996] BVerfG NJW 1982, 745.

ren, die unterhalb der Konzentrationswerte in § 2 der 23. BImSchV[2997] liegen und den vom Länderausschuss für Immissionsschutz (LAI) entwickelten Beurteilungsmaßstäben für kanzerogene Luftverunreinigungen für Ruß und Benzol entsprechen.[2998]

Mangels verbindlicher regulativer Vorgaben zur Beurteilung der Zumutbarkeit einer **Verschattung** richtet sich die von § 2 III BauGB geforderte Ermittlungstiefe in Bezug auf planbedingte Verschattungswirkungen wie in vergleichbaren Zusammenhängen nach den Maßstäben praktischer Vernunft.[2999] Das Gebot der Rücksichtnahme bietet in aller Regel keinen Schutz vor Einsichtsmöglichkeiten auf Grundstücke. Die von einer benachbarten Wohnnutzung und den damit verbundenen Lebensäußerungen typischerweise auf Nachbargrundstücke einwirkenden Beeinträchtigungen, mögen sie auch als Belästigungen und gegebenenfalls als Störungen empfunden werden, sind prinzipiell hinzunehmen. Eine bestimmte Dauer oder Qualität der Tagesbelichtung eines Grundstücks wird im Baurecht nicht gewährleistet. In einem bebauten innerstädtischen Gebiet muss immer damit gerechnet werden, dass es durch eine Bebauung zu einer Verschattung des eigenen Grundstücks zu bestimmten Tageszeiten kommt.[3000] 8157

Das Maß der Schutzbedürftigkeit in tatsächlicher Hinsicht kann im Einzelfall davon abhängen, ob und inwieweit der Nachbar ohne größeren Aufwand im Rahmen des Ortsüblichen und Sozialadäquaten zumutbare Abschirmmaßnahmen ergreifen kann. Dabei kann der Eigenschutz gegen **Lichtimmissionen**, anders als der Schutz gegen Lärm oder Gerüche, ohne Einbußen für die Wohnqualität häufig durch herkömmliche Maßnahmen wie Vorhänge oder Jalousien innerhalb der Gebäude bewerkstelligt werden.[3001] Rechtsverbindliche Vorschriften zur näheren Bestimmung der immissionsschutzrechtlichen Erheblichkeitsschwelle bei Lichtimmissionen fehlen.[3002] Als sachverständige Entscheidungshilfe wird in NRW auf den Gemeinsamen Runderlass „Lichtimmissionen, Messung, Beurteilung und Verminderung" des Ministeriums für Klimaschutz, Umwelt, Landwirtschaft, Natur- und Verbraucherschutz und des Ministeriums für Bauen, Wohnen, Stadtentwicklung und Verkehr vom 11.12.2014[3003] zurückgegriffen. Der Erlass bestimmt Erheblichkeitsschwellen für Menschen und Tiere. Hin-weise oder Leitlinien zur Beurteilung der Auswirkungen von Lichtimmissionen auf Pflanzen gibt es nicht.[3004] In rechtlicher Hinsicht beurteilt sich die Zumutbarkeit nach der tatsächlichen und rechtlichen Schutzwürdigkeit und Schutzbedürftigkeit, wobei wertende Elemente wie Herkömmlichkeit, soziale Adäquanz und allgemeine Akzeptanz in eine wertende Gesamtbeurteilung im Sinne einer Güterabwägung einbeziehen sind.[3005] Die rechtliche Schutzwürdigkeit von Nachbarn knüpft an die bauplanungsrechtliche Einstufung des Immissionsorts an. Wenn und soweit keine zwingenden naturschutzrechtlichen Verbote in Rede stehen, kommt es hinsichtlich möglicher Nachteile und Belästigungen durch Lichtimmissionen darauf an, ob diese Nachteile oder Belästigungen erheblich sind. Was unter erheblich in diesem Zusammenhang zu verstehen ist, ist allerdings nicht abschließend geklärt. Erforderlich soll eine Abwägung sein, die 8158

2997 Vom 16.12.1996 (BGBl I S. 1962).

2998 BVerwG DVBl. 1999, 1526.

2999 OVG Münster ZfBR 2012, 684.

3000 OVG Magdeburg Beschl. v. 24.1.2012 – 2 M 157/11, juris.

3001 Siehe dazu Gemeinsamer Runderlass des Umweltministeriums und des Bauministeriums NRW vom 1.12.2014, Nr. 1; LAI, Hinweise zur Messung, Beurteilung und Minderung von Lichtimmissionen, 2012, S. 2; Wissenschaftliche Dienste des Deutschen Bundestags, Sachstandsbericht: Lichtverschmutzung. Rechtliche Regelungen zur Beschränkung von Beleuchtung in Deutschland und ausgewählten europäischen Staaten, Januar 2019, S. 4; Schomerus ZUR 2022, 271; Borchers/Schomerus NuR 2015, 614 (616); Walkling/Stockmar Normen, Richtlinien und Empfehlungen zur Begrenzung von Lichtimmissionen, in Held/Hölker/Jessel, Schutz der Nacht – Lichtverschmutzung, Biodiversität und Nachtlandschaft, BfN-Skripten 336, 2013, S. 137; Huggins I+E 2020, 10; VGH Mannheim NVwZ-RR 2012, 636, Henrik Kirchhoff IBR 2012, 606; VGH Mannheim NVwZ-RR 2008, 162; OVG Münster DVBl. 2008, 791; NVwZ-RR 2009, 716.

3002 Wissenschaftliche Dienste des Deutschen Bundestags, Sachstandsbericht: Lichtverschmutzung. Rechtliche Regelungen zur Beschränkung von Beleuchtung in Deutschland und ausgewählten europäischen Staaten, Januar 2019, S. 5; VG München Urt. v. 15.3.2019 – M 19 K 17.4863, BeckRS 2018, 34074, Rn. 27.

3003 MinBl. NRW 2015 S. 26.

3004 Heilshorn/Sparwasser in Landmann/Rohmer, Umweltrecht, 2021, § 22 BImSchG Rn. 27; VGH Mannheim Urt. v. 18.11.2010 – 5 S 2112/09, juris Rn. 39.

3005 OVG Münster Urt. v. 15.3.2007 – 10 A 998/06, juris, Rn. 71; Wissenschaftliche Dienste des Deutschen Bundestags, Sachstandsbericht: Lichtverschmutzung. Rechtliche Regelungen zur Beschränkung von Beleuchtung in Deutschland und ausgewählten europäischen Staaten, Januar 2019, S. 5.

zwischen den Anforderungen des Umweltschutzes und möglichen Industrieförderzwecken oder anderen öffentlichen Belangen, die für das Vorhaben sprechen, eine Gesamtabwägung vornimmt.[3006]

8159 **f) Kommunale Belange in der Abwägung.** Als von einer Fachplanung betroffene Gemeinde ist diese auf die Rüge von Vorschriften beschränkt, die ihrem Schutz dienen. Eine Gemeinde ist im Rahmen des verwaltungsgerichtlichen Rechtsschutzes auch nicht befugt, als Sachwalterin von Rechten Dritter bzw. des Gemeinwohls Belange ihrer Bürger geltend zu machen. Sie kann nur die Verletzung gerade sie schützender Normen des Verfahrensrechts und des materiellen Rechts sowie eine nicht ordnungsgemäße Abwägung ihrer eigenen schutzwürdigen Belange rügen.[3007]

8160 Das aus Art. 28 II 1 GG folgende gemeindliche Selbstverwaltungsrechts in Form der Planungshoheit vermittelt eine wehrfähige, in die Abwägungsentscheidung einzubeziehende Rechtsposition gegen fremde Fachplanungen auf dem eigenen Gemeindegebiet, wenn das Vorhaben eine bestimmte Planung der Gemeinde nachhaltig stört, wesentliche Teile des Gemeindegebiets einer durchsetzbaren gemeindlichen Planung entzieht oder kommunale Einrichtungen in ihrer Funktionsfähigkeit erheblich beeinträchtigt.[3008] Als nachhaltige Störung der Planungshoheit kommen nur Auswirkungen gewichtiger Art in Betracht, die unter Berücksichtigung des Verhältnismäßigkeitsgrundsatzes ohne Ausgleich nicht zumutbar erscheinen.[3009]

8161 Eine Gemeinde ist nicht Sachwalterin ihrer Bürger und muss sich hinsichtlich des Rechtsschutzes gegen eine fachplanerische Zulassungsentscheidung auf ihre eigenen Belange beschränken. Auch über die Eigentumsgarantie ist die Gemeinde nicht in einer dem Privateigentümer vergleichbaren Lage.[3010] Eine Gemeinde kann daher einen Planfeststellungsbeschluss wegen dessen enteignungsrechtlicher Vorwirkung nicht mit der Begründung angreifen, öffentliche, sie nicht in ihrer Planungshoheit schützende Belange seien nicht oder nicht mit dem ihr zukommenden Gewicht in die Abwägung eingestellt worden, da sie nicht Grundrechtsträgerin ist und sich deshalb nicht wie Private auf Art. 14 III GG berufen kann.[3011] Abwehrrechte können sich jedoch aus dem einfachen Recht ergeben, wenn mit dem Eingriff in kommunales Eigentum zugleich Beeinträchtigungen der kommunalen Aufgabenwahrnehmung verbunden sind.[3012] Auf eine fehlende Planrechtfertigung kann sich eine Gemeinde allerdings nicht berufen.[3013]

8162 Auch einer Gemeinde, deren Entwicklungsmöglichkeiten bereits durch andere Flächeninanspruchnahmen erheblich eingeschränkt sind, kann zugemutet werden, sich bei ihrer weiteren Planung auf einen wichtigen überörtlichen Belangen dienende Bundesautobahn einzustellen.[3014] Die vom BVerwG zugunsten potentiell grundrechtsbetroffener Anwohner entwickelte Rechtsprechung zur Berücksichtigung von Lärmgesichtspunkten[3015] kann daher auf eine Gemeinde nicht übertragen werden.[3016] Auch hat eine Gemeinde keinen Anspruch darauf, dass die Planfeststellung ein vollständiges und fehlerfreies Vermeidungs-, Ausgleichs- und Ersatzkonzept beinhaltet. Die Vollzugshoheit bezüglich des Natur- und Landschaftsschutzrechts liegt vielmehr bei Landes- oder Bundesbehörden, weshalb Gemeinden gegen Eingriffe, die im Rahmen dieser Vollzugshoheit in Bund und Länder zugelassen werden, nicht wehrfähig sind, auch wenn sie sich auf Flächen im Gemeindegebiet vollziehen.[3017] Eine Gemeinde kann daher nicht gericht-

---

[3006] Huggins/Schlacke Schutz von Arten vor Glas und Licht, 2019, S. 146; Huggins I+E 2020, 10, 14.

[3007] OVG Münster Urt. v. 5.3.2024 – 21 D 215/23.AK, juris Rn. 71; BVerwG Urt. v. 10.11.2022 – 4 A 16.20, juris.

[3008] OVG Münster Urt. v. 5.3.2024 – 21 D 215/23.AK, juris Rn. 81; BVerwG Urt. v. 7.10.2021 – 4 A 9.19, juris, Rn. 63; Urt. v. 27.7.2021 – 4 A 14.19, juris, Rn. 85; Urt. v. 15.12.2016 – 4 A 4.15, juris, Rn. 58.

[3009] OVG Münster Urt. v. 5.3.2024 – 21 D 215/23.AK, juris Rn. 83; Urt. v. 18.9.2019 – 11 D 16/15. AK, juris, Rn. 37.

[3010] BVerwG DVBl. 1983, 899.

[3011] BVerfG DVBl. 1982, 940; NVwZ 2002, 1366.

[3012] BVerwG Urt. v. 15.12.2016 – 4 A 4.15, juris, Rn. 11.

[3013] OVG Münster Urt. v. 5.3.2024 – 21 D 215/23.AK, juris Rn. 41; BVerfG Beschl. v. 2.7.2018 – 1 BvR 682/12, juris, Rn. 17; OVG Koblenz NVwZ-RR 2005, 404.

[3014] BVerwG NVwZ 2001, 1160; DVBl. 1996, 914.

[3015] BVerwG NVwZ 1999, 539 m. Anm. Stüer, DVBl. 2012, 1104; DVBl. 2000, 796.

[3016] BVerwG Urt. v. 12.4.2000 – 11 A 23.98, juris.

[3017] BVerwG NVwZ 2001, 88.

lich klären lassen, ob Eingriffe in Biotopflächen im Rahmen eines eisenbahnrechtlichen Planfeststellungsverfahrens einen naturschutzrechtlichen Kompensationsbedarf auslösen. Das allgemeine Interesse, das Gemeindegebiet vor einem Vorhaben der Fachplanung zu verschonen, reicht für die Geltendmachung einer Verletzung der Planungshoheit nicht aus.[3018] Das gilt auch dann, wenn sich die Gemeinde durch naturschutzrechtliche Kompensationsmaßnahmen allein auf ihrem Gebiet – und nicht auch auf dem Gebiet einer Nachbargemeinde – beschwert fühlt.[3019]

Die **gemeindliche Wirtschaftsstruktur** wird von vielfältigen Faktoren beeinflusst, die nicht bereits jeder für sich als Ausfluss des Selbstverwaltungsrechts besonderen Schutz genießen. Ein Anspruch auf Lärmschutzmaßnahmen an einer Umleitungsstrecke lässt sich nicht aus der Verkehrslärmschutzverordnung herleiten. § 41 BImSchG beschränkt sich auf Anforderungen zur Begrenzung der Verkehrsgeräusche, die durch die Nutzung der Straße entstehen, die gebaut oder geändert wird. Lärmimmissionen, die durch die baulichen Maßnahmen an anderen Verkehrswegen hervorgerufen werden, werden durch diese Vorschrift nicht erfasst.[3020] **8163**

Eine Gemeinde kann mit eigenen Planungen eine Fachplanung grundsätzlich nur abwehren, wenn ihre eigene Planung hinreichend konkretisiert und verfestigt ist. Gleichwohl muss die Planfeststellungsbehörde auf noch nicht verfestigte, aber konkrete Planungsabsichten einer Gemeinde abwägend Rücksicht nehmen.[3021] Je stärker eine Gemeinde jedoch schon von ihrer geografischen Lage oder ihrem sonstigen Ausstattungspotenzial her einer Situationsgebundenheit unterliegt, desto eher sind ihr Eingriffe zumutbar. So kann eine Gemeinde in landschaftlich wertvollem Gebiet durch diese Lage ebenso an weiterer Planung gehindert sein, wie eine andere Kommune, die sich in der Nähe eines Flughafens oder einer Industriezone befindet.[3022] **8164**

Der aus dem Selbstverwaltungsrecht einer Gemeinde folgende Anspruch darauf, dass ein Träger überörtlicher Fachplanung bei der Betätigung seines Planungsermessens das Interesse der Gemeinde an der Gestaltung ihres Ortsbildes nicht unberücksichtigt lässt, wird von dem Anspruch der Gemeinde auf gerechte Abwägung ihrer Belange mit entgegenstehenden anderen Belangen uneingeschränkt umfasst.[3023] **8165**

Eine **Fremdenverkehrsgemeinde** hat zwar einen Anspruch darauf, dass ihre besondere Struktur und Aufgabenstellung bei einer Fachplanung in die Abwägung eingestellt und rechtsfehlerfrei behandelt wird. Einen Anspruch darauf, dass sich diese Struktur nicht verändert, haben Gemeinden aber nicht. Dies hat das OVG Koblenz[3024] am Beispiel der **Hochmoselbrücke** verdeutlicht. Ein im Rahmen des Planfeststellungsverfahrens eingeholtes Gutachten hatte ergeben, dass im unmittelbaren Nahbereich der Hochmoselbrücke Einbußen im Fremdenverkehr nicht ausgeschlossen werden können. Diese Beeinträchtigungen würden aber in der Gesamtbilanz durch die bessere Erreichbarkeit der Mosel-Region wieder ausgeglichen. Abgesehen davon könne sich das Interesse einer Fremdenverkehrsgemeinde auf Schonung und unveränderte Bewahrung der den Fremdenverkehr ermöglichenden Verhältnisse gegen eine überregionale Straßenplanung nicht notwendigerweise durchsetzen.[3025] **8166**

g) Beachtlichkeit von Abwägungsfehlern – Kausalitätserfordernis. Ein Abwägungsfehler im Verfahren ist nur dann beachtlich, wenn er auf das Abwägungsergebnis von Einfluss gewesen ist, wenn also nach den Umständen des Einzelfalls die konkrete Möglichkeit eines solchen Einflusses besteht. Allein die abstrakte oder hypothetische Möglichkeit reicht nicht aus.[3026] Eine gerichtliche Nachermittlung und in engen Grenzen damit auch eine Defizitbehebung sind grundsätzlich möglich, soweit dadurch nicht in den Spielraum der Planfeststellungsbehörde eingegriffen wird.[3027] Der Wortlaut des §§ 75 I a VwVfG (vormals § 17 e VI FStrG) gebietet es nicht, die getroffene Fehlerfolgenregelung eng auszulegen und nicht auch auf die naturschutzrechtliche Abwägung zu erstrecken. Zwar ist in dieser Vorschrift in erster Linie die planerische Abwägung gemeint, doch ist die Planungsentscheidung insgesamt eine **8167**

3018 BVerwG NVwZ 1997, 904.
3019 BVerwG NVwZ 2001, 88.
3020 BVerwG Urt. v. 26.1.2000 – 4 VR 19.99, 4 A 53.99 – Buchholz 407.4 § 17 FStrG Nr. 156.
3021 BVerwG NVwZ 2001, 1160; NVwZ 1997, 169; NVwZ 2000, 560.
3022 BVerwG NVwZ 2001, 1160.
3023 BVerwG NVwZ 2001, 90.
3024 OVG Koblenz NuR 2002, 234.
3025 OVG Koblenz NuR 2002, 234.
3026 VGH Mannheim NVwZ-RR 2001, 728; BVerwG NVwZ-RR 1996, 68; DVBl. 2000, 1367.
3027 VGH München NVwZ-RR 2001, 579.

einheitliche Entscheidung, die nicht allein durch die planerische Gestaltungsfreiheit, sondern gerade auch durch rechtliche Gebote und Verbote gekennzeichnet ist.[3028]

8168 Nochmals bekräftigt hat das BVerwG seine Auffassung zum Erfordernis der Fehlerkausalität. Das Fehlen einer förmlichen Umweltverträglichkeitsprüfung allein indiziert danach noch keinen Abwägungsmangel. Es ist vielmehr weiter zu prüfen, ob Anhaltspunkte dafür vorhanden sind, dass als Folge der Unterlassung abwägungserhebliche Umweltbelange außer Acht gelassen oder fehlgewichtet worden sind.[3029] Dies gilt zumindest dann, wenn ein Verfahren eingehalten worden ist, das in der Sache den gemeinschaftsrechtlichen Anforderungen genügen kann.[3030]

8169 **h) Kein Plangewährleistungsanspruch.** Ein Anspruch auf Planbefolgung besteht auch unter dem Gesichtspunkt des Vertrauensschutzes bei gemeinsam entwickelten Planvorstellungen konkurrierender Planungsträger nicht. Eine rechtliche Bindung an gemeinsam erarbeitete Planungsvorstellungen kann aus Gründen der Rechtssicherheit nur durch den Abschluss eines öffentlich-rechtlichen Vertrags erzeugt werden.[3031]

V. Alternativenprüfung

8170 Für das Planfeststellungsverfahren spielt die Forderung nach der Berücksichtigung von Standortalternativen eine erhebliche Rolle.[3032] Das Erfordernis einer Alternativenprüfung gilt auch für die Planung von Deponievorhaben. Für eine Einschränkung des Prüfprogramms gibt das einschlägige Fachrecht (§§ 35 ff. KrWG i. V. m. §§ 72 ff. VwVfG) nichts her.[3033] Als Alternativen kommen grundsätzlich Konzeptalternativen, Standortalternativen und alternative Ausführungen bzw. Dimensionierungen von Vorhaben in Betracht. Sofern erhebliche Umweltauswirkungen nicht auszuschließen sind, muss nicht jede Alternative gleich intensiv geprüft werden. Der jeweiligen Alternative ist nur soweit nachzugehen, bis erkennbar wird, dass sie nicht eindeutig vorzugswürdig ist. Als in Betracht kommende anderweitige Planungsmöglichkeit sind nur solche Planungen anzusehen, die nicht die Identität des Vorhabens berühren und insoweit nicht auf ein anderes Projekt oder Planungsziel hinauslaufen, weil damit die vom Vorhaben- bzw. Planungsträger in zulässiger Weise verfolgten Planungsziele nicht verwirklicht werden können.[3034]

8171 **a) UVP und Alternativenprüfung.** Das UVPG schreibt eine Alternativenprüfung durch den Projektträger bzw. durch die Zulassungsbehörde nicht vor.[3035] Die Prüfung nach § 25 UVPG ist eine strikt projektbezogene Untersuchung. Vorhabenträger und Planfeststellungsbehörde sind rechtlich befugt, die UVP auf diejenige Variante zu beschränken, die nach dem aktuellen Planungstand ernstlich in Betracht kommt. Zwar muss nach § 16 I 1 Nr. 6 UVPG der UVP-Bericht des Vorhabenträgers eine Beschreibung der vernünftigen Alternativen enthalten, die für das Vorhaben und seine spezifischen Merkmale relevant und vom Vorhabenträger geprüft worden sind, und die Angabe der wesentlichen Gründe für die getroffene Wahl unter

[3028] BVerwG NVwZ 2001, 673; VGH Mannheim DVBl. 2000, 1367; VBlBW 2001, 481 NuR 1996, 297.

[3029] BVerwG ZLW 2001, 601; DVBl. 1996, 677.

[3030] EuGH DVBl. 1996, 424.

[3031] BVerwG EurUP 2006, 103.

[3032] OVG Münster Beschl. v. 29.12.2021 – 20 B 1690/21, juris Rn. 73; VGH München Urt. v. 15.3.2021 – 8 A 18.40041, juris Rn. 54; BVerwG NVwZ 2018, 1799; BVerwGE 133, 239 Rn. 131; VGH München Beschl. v. 14.6.2017 – 8 ZB 16.955, juris Rn. 16; zur Alternativenprüfung bei der Festsetzung eines Wasserschutzgebiets BVerwG Beschl. v. 22.10.2021 – 7 BN 1/20, juris Rn. 11; zur Alternativenprüfung beim vorhabenbezogenen Bebauungsplan OVG Münster Urt. v. 26.8.2021 – 10 D 40/15.NE, ZUR 2021, 689; OVG Lüneburg Urt. v. 31.7.2018 – 7 KS 17/16, juris Rn. 439 ff.

[3033] OVG Lüneburg Urt. v. 31.7.2018 – 7 KS 17/16, juris Rn. 439; Urt. v. 4.7.2017 – 7 KS 7/15, juris; siehe auch Fellenberg/Schiller in Jarass/Petersen, KrWG 2022, § 38 Rn. 85; zu unionsrechtlichen Vorgaben der Alternativenprüfung siehe Schiller UPR 2016, 457.

[3034] Zu Planungszielen und „in Betracht kommende anderweitige Planungsmöglichkeiten" in der Regionalplanung siehe Beckmann DVBl.. 2022, 809.

[3035] näher dazu Beckmann in Beckmann/Kment, UVPG/UmwRG, 2023, § 25 UVPG Rn. 72 ff.; BVerwGE 112, 140 (150); NVwZ 2008, 789; OVG Münster Urt. v. 15.5.15 – 11 D 12/12.AK, juris Rn. 15 ff.; Jarass BImSchG, 2022, § 10 Rn. 18; Schiller UPR 2016, 457 (459); Feldt/Schumacher NuR 2015, 391; Versteyl/Grunow in Schink/Versteyl, KrWG, 2016, § 36 Rn. 42; Mann in Versteyl/Mann/Schomerus, KrWG, 2019, § 36 Rn. 73.

Berücksichtigung der jeweiligen Umweltauswirkungen. Daraus ergibt sich jedoch keine Pflicht des Vorhabenträgers, Alternativen für sein Projekt zu prüfen. Vielmehr trifft den Vorhabenträger lediglich die Pflicht, die von ihm (freiwillig) untersuchten Projektalternativen auch der zuständigen Behörde vorzulegen. Im Rahmen der UVP sind deshalb nur solche Alternativen zu bewerten, die auch nach dem jeweiligen Fachrecht in die Prüfung einzubeziehen sind. Umweltauswirkungen sind für Vorhaben- oder Trassenvarianten insoweit nur darzustellen, soweit diese nach Fachrecht zu prüfen sind. Lässt das jeweilige Fachrecht einen Alternativenvergleich nicht zu, bedarf es eines solchen auch nicht im Rahmen der UVP. Das jeweilige Fachrecht kann auch zu der Prüfung verpflichten, ob in der Abwägung unüberwindliche Belange zu einem Verzicht auf das Vorhaben zwingen (sog. **Null-Variante**).

§ 16 I 1 Nr. 6 UVPG verlangt, dass der **UVP-Bericht** eine Beschreibung der vernünftigen Alternativen, die für das Vorhaben und seine spezifischen Merkmale relevant und vom Vorhabenträger geprüft worden sind, enthält. Nur wenn der Vorhabenträger Alternativen tatsächlich geprüft hat, muss der Bericht Angaben dazu enthalten. Nr. 2 der Anl. 4 zum UVPG sieht dazu eine Beschreibung der vom Vorhabenträger geprüften vernünftigen Alternativen (zB in Bezug auf Ausgestaltung, Technologie, Standort, Größe und Umfang des Vorhabens) vor, die für das Vorhaben und seine spezifischen Merkmale relevant sind, und außerdem eine Angabe der wesentlichen Gründe für die getroffene Wahl unter Berücksichtigung der jeweiligen Umweltauswirkungen. § 16 I 1 Nr. 6 UVPG begründet aber für den Vorhabenträger keine Pflicht zur Prüfung von Alternativen. Ob und gegebenenfalls welche Alternativen der Vorhabenträger prüfen muss, ergibt sich aus dem Fachrecht.[3036] 8172

b) Naturschutzrechtliche Alternativenprüfung. Eine naturschutzrechtliche Pflicht zur Alternativenprüfung kann sich für unterschiedlichste Vorhaben, auch für Deponien, aus § 34 III Nr. 2 BNatSchG ergeben. Grundsätzlich ist ein Projekt, das zu Beeinträchtigungen eines in § 34 I BNatSchG genannten Natura 2000-Gebiets in seinen für die Erhaltungsziele oder den Schutzzweck maßgeblichen Bestandteilen führen kann, gem. § 34 II BNatSchG unzulässig. Abweichend von diesem Verbot kann jedoch das Projekt ausnahmsweise unter bestimmten Voraussetzungen nach § 34 III BNatSchG zugelassen werden. Zu diesen Voraussetzungen zählt, dass es zumutbare Alternativen, die den mit dem Projekt verfolgten Zweck an anderer Stelle ohne oder mit geringeren Beeinträchtigungen erreichen, nicht gibt.[3037] Eine in Betracht zu ziehende Alternative zur Durchführung eines Plans oder Projekts in einem FFH-Gebiet ist nicht vorhanden, wenn sich diese Alternative nur mit einem unverhältnismäßigen Kostenaufwand verwirklichen ließe. Für die artenschutzrechtliche Alternativenprüfung iSv § 45 VII 2 BNatSchG gilt Entsprechendes. Auch die naturschutzrechtliche Eingriffsregelung kann eine Alternativenprüfung erforderlich machen. 8173

Auch im Rahmen des **Artenschutzes** ist für die Erteilung von Ausnahmen von den Verboten für besonders geschützte und bestimmte andere Tier- und Pflanzenarten des § 44 BNatSchG ist nach § 45 VII 2 BNatSchG eine Alternativenprüfung erforderlich. Eine Ausnahme darf danach nur zugelassen werden, wenn es keine zumutbaren Alternativen gibt. Lassen sich die Planungsziele an einem nach dem Schutzkonzept der FFH-RL günstigeren Standort oder mit einem geringeren Eingriff verwirklichen, so muss der Vorhabenträger von dieser Möglichkeit Gebrauch machen, wenn er eine Ausnahme von den genannten Verboten benötigt. Allerdings kann von einer Alternative nicht mehr die Rede sein, wenn sie auf ein anderes Projekt hinausläuft, weil die vom Vorhabenträger zulässigerweise verfolgten Ziele nicht verwirklicht werden können.[3038] 8174

Der Verursacher eines Eingriffs ist nach § 15 BNatSchG verpflichtet, vermeidbare Beeinträchtigungen von Natur und Landschaft zu unterlassen. Beeinträchtigungen sind vermeidbar, wenn zumutbare Alternativen, den mit dem Eingriff verfolgten Zweck am gleichen Ort ohne oder mit geringeren Beeinträchtigungen von Natur und Landschaft zu erreichen, gegeben sind. Auch im Zusammenhang mit der naturschutzrechtlichen Eingriffsregelung kann somit einer Alternativenprüfung notwendig werden. 8175

[3036] OVG Bautzen Beschl. v. 13.07.2022 – 4 B 235/21, juris.

[3037] OVG Lüneburg Beschl. v. 24.11.2020 – 4 ME 199/20, juris Rn. 31; BVerwGE 110, 302; BVerwGE 128, 1.

[3038] Bick/Wulfert NVwZ 2017, 346 (350); Lau NVwZ 2017, 830 (823 ff.).

8176 **c) Alternativen bei der Raumverträglichkeitsprüfung**. Gegenstand der Raumverträglichkeitsprüfung ist nach § 15 I 2 Nr. 2 ROG die Prüfung der ernsthaft in Betracht kommenden Standort- oder Trassenalternativen.

8177 **d) Alternativenprüfung im Rahmen der Umweltvorsorge**. Die zuständige Behörde kann unter Umständen auch zur Vorsorge eine Optimierung einer Anlage verlangen und alternative Ausgestaltungen der Anlage (einschließlich einer Verschiebung auf dem Betriebsgrundstück) fordern. Dies beschränkt sich nicht auf „technische Verfahrensalternativen"; auch stoffliche und organisatorische sind Verfahrensalternativen einzubeziehen. Ausgeschlossen ist in diesem Zusammenhang die Prüfung einer anderen Anlagenart oder eine Aufstellung der Anlage an einem anderen Standort. Möglich ist es, die Anlage wegen der empfindlichen Nachbarschaft am beabsichtigten Standort abzulehnen, etwa wegen unzureichender Abstände, auch wenn das mittelbar auf einen anderen Standort hinausläuft.

8178 **e) Alternativenprüfung zum Denkmalschutz.** Wird eine Genehmigung für Windenergieanlagen beantragt, die an dem für sie vorgesehenen Standort das Erscheinungsbild eines nicht besonders bedeutsamen Kulturdenkmals erheblich beeinträchtigen würden, kann nach dem Denkmalschutzrecht (zB § 7 II 1 Nr. 3 NDSchG) eine behördliche Prüfung sich aufdrängender Standortalternativen, grundsätzlich beschränkt auf das Gebiet der Standortgemeinde, geboten sein.[3039]

8179 **f) Prüfungsmaßstäbe der Alternativenprüfung.** Zumeist wird das Erfordernis der Prüfung von Standortalternativen im Planfeststellungsverfahren mit der Formel umschrieben, der Abwägungsvorgang sei fehlerhaft, wenn die Planfeststellungsbehörde ernsthaft in Betracht kommende Planungsvarianten nicht beachte. Dies setze jedoch voraus, dass eine bestimmte Alternativlösung sich nach Lage der Dinge anbiete oder gar aufdränge.[3040] Als Alternative sind nur solche Planungen anzusehen, die nicht die Identität des Vorhabens berühren und insoweit nicht auf ein anderes Projekt hinauslaufen, weil damit die vom Vorhabenträger in zulässiger Weise verfolgten Planungsziele nicht verwirklicht werden können.[3041]

8180 Im Urteil des BVerwG zum Flughafen München II führte das Gericht aus, die Auffassung, die Planfeststellungsbehörde habe einen beantragten Standort im Hinblick auf einen Alternativstandort nur dann zu verwerfen, wenn sich ihr dieser als eindeutig besser geeignet habe aufdrängen müssen, sei verfehlt oder zumindest missverständlich. Für die von der Planfeststellungsbehörde vorzunehmende Abwägung der einzustellenden Belange komme es stets darauf an, rechtsmindernde Eingriffe nach Möglichkeit zu vermeiden. Dabei könne es zu rechtlich erheblichen Fehlgewichtungen bereits dann kommen, wenn die Behörde die Bedeutung der (objektiv) betroffenen öffentlichen und privaten Belange verkannt und die Abwägung in einer Weise vorgenommen habe, die zur objektiven Gewichtigkeit einzelner Belange außer Verhältnis stehe. Wenn die Planfeststellungsbehörde infolge einer derartigen Fehlgewichtung die Vorzugswürdigkeit eines anderen Standortes verkenne, handele sie rechtswidrig. Dazu werde nicht vorausgesetzt, dass sich der Behörde ein anderer Standort als offensichtlich besser geeignet aufdrängen müsse.[3042]

8181 Für die abfallrechtliche Planfeststellung wird der Zusammenhang zwischen Standortalternativenprüfung und Inanspruchnahme privaten Grundstückseigentums hervorgehoben. Die Tatsache, dass eine geplante Entsorgungsanlage nur unter Inanspruchnahme von Grundstücken, die dem Vorhabenträger nicht gehörten, errichtet werden könne, sei ein bestimmender Faktor für die von der Planfeststellungsbehörde vorzunehmende Einzelfallprüfung. Von Bedeutung sei unter anderem, ob und ggfls. welche fachbezogenen Gründe gerade für den gewählten Standort im Unterschied zu den in Betracht kommenden Alternativstandorten sprächen. Je gewichtiger etwaige standortspezifische Vorzüge seien (zB Bodenbeschaffenheit, Entwässerungsmöglichkeiten, verkehrsmäßige Anbindung, günstige Immissionssituation, geringe Beeinträchtigung von Natur und Landschaft), desto eher könne das private Eigentum eingeschränkt werden. Ähnliches gilt im Übrigen auch dann, wenn eine öffentliche Abfallentsorgungsanlage, etwa eine Müllverbrennungsanlage, immissionsschutzrechtlich genehmigt werden soll und für die Inanspruchnahme von Grundstücken eine Enteignung erforderlich wird. In einem solchen Fall

---

3039 OVG Lüneburg Beschl. v. 12.10.2022 – 12 MS 188/21, juris.

3040 BVerwGE 69, 256 (273).

3041 VGH München Urt. v. 15.3.2021 – 8 A 18.40041, juris Rn. 54; BVerwG NVwZ 2018, 1799, Rn. 54; Urt. v. 17.1.2007 – 9 A 20.05, juris Rn. 143; Urt. v. 22.6.2015 – 4 B 61.14, juris Rn. 17.

3042 BVerwGE 75, 214 (236 f.).

stellt sich die Frage nach weniger beeinträchtigenden Alternativen zwar nicht im immissionsschutzrechtlichen Genehmigungsverfahren, jedoch im Enteignungsverfahren.[3043]

Bereits im Jahre 1979 hat das BVerwG außerdem ausgeführt, die Tatsache, dass der Planfest- 8182
stellungsbehörde auch bei der abfallrechtlichen Planfeststellung ein planerischer Gestaltungsfreiraum zukomme, bedeute nicht, dass die Behörde – gleichsam nach Gutdünken – jeden nicht von vornherein abwegigen Standort wählen und die kontrollierende Gerichtsbarkeit dies tolerieren müsse, solange nicht ein anderer Standort sich geradezu aufdränge. Vielmehr setze die Standortwahl nach den in der ständigen Rechtsprechung des BVerwG entwickelten Gesichtspunkten voraus, dass ernsthaft in Betracht kommende Alternativstandorte auch ernsthaft in Betracht gezogen und erwogen würden. Lasse es die Planfeststellungsbehörde daran fehlen, obwohl sich nach Lage der Dinge die Anlage an anderer Stelle als Alternativlösung anbiete oder gar aufdränge, so werde sich dies im Allgemeinen auf die materielle Rechtmäßigkeit der Planungsentscheidung auswirken. Dabei überschreite die Planfeststellungsbehörde jedoch nur dann die Grenzen ihrer planerischen Gestaltungsfreiheit, wenn ein anderer Standort eindeutig besser geeignet gewesen wäre. Dies sei nicht schon dann der Fall, wenn man über den am besten geeigneten Standort – je nach Betrachtungsweise und unterschiedlicher Gewichtung der verschiedenen Abwägungskriterien – so oder anders denken könne, also für den einen wie den anderen Standort und auch dagegen einleuchtende Gründe angeführt werden könnten.[3044]

Dieser Rechtsprechung des BVerwG haben sich die Obergerichte weitgehend angeschlossen. 8183
Zu den Anforderungen des Abwägungsgebots bei der abfallrechtlichen Planfeststellung führt beispielsweise der VGH Mannheim aus, die Geeignetheit eines Standortes sei regelmäßig von einer Abwägung unterschiedlicher, teilweise gegenläufiger Belange öffentlicher und privater Art abhängig. Die rechtliche Schutzwürdigkeit der entgegenstehenden Belange könne grundsätzlich durch eine alle erheblichen Belange berücksichtigende planerische Abwägung überwunden werden. Bei der Überprüfung der Auswahl eines geeigneten Standortes unter mehreren geeigneten Standorten gehe es um die Frage, ob sich an einem Standort eine bessere Lösung – auch für die betroffene Umgebung – finden lasse. Dabei setze nach den vom BVerwG entwickelten Maßstäben bei der abfallrechtlichen Fachplanung die Standortwahl voraus, dass ernsthaft in Betracht kommende Alternativstandorte auch ernsthaft in Betracht gezogen und erwogen würden. Anlass zu rechtlichen Bedenken bestehe unter diesem Blickwinkel aber nur dann, wenn ein anderer Standort eindeutig besser geeignet wäre, sich also nach Lage der Dinge anböte oder aufdränge. Die Grenzen ihrer planerischen Gestaltungsfreiheit überschritte die Planfeststellungsbehörde dagegen nicht schon, wenn man über den am besten geeigneten Standort – je nach Betrachtungsweise und unterschiedlicher Gewichtung der verschiedenen Abwägungskriterien – so oder anders denken könne, also für den einen wie für den anderen Standort – und auch dagegen – einleuchtende Gründe angeführt werden könnten.[3045]

Nach Ansicht des OVG Lüneburg ist das Ergebnis einer vergleichenden Bewertung von 8184
Standortalternativen durch einen Sachverständigen für den Planungsträger bei der Standortwahl selbst dann nicht bindend, wenn er der grundlegenden Eignungsbeurteilung und dem dabei verwendeten Bewertungsschema des Sachverständigen folge. Eine Standortwahl werde nicht allein deswegen fehlerhaft, weil es sich bei der Feinprüfung des gewählten Standortes herausstelle, dass Merkmale, die zu seiner Wahl geführt hätten, überbewertet worden seien.[3046]

Ganz überwiegend wird aus dieser Rechtsprechung keine Pflicht zu einer flächendecken- 8185
den Standortsuche abgeleitet.[3047] Das Planfeststellungsverfahren sei für eine solche flächendeckende Standortsuche grundsätzlich ungeeignet. Standortalternativenprüfungen müssten deshalb im Sinne einer flächendeckenden Standortsuche Gegenstand einer vorgelagerten Planung sein. Fehlende Planungen führten insoweit nicht zu einer grundsätzlichen Aufgabenverschiebung dergestalt, dass nunmehr im Rahmen der Planfeststellung die dem vorgelagerten Planungsträger gesetzlich überantwortete umfassende Alternativenprüfung durchzuführen sei.[3048]

3043 Beckmann DVBl.. 1994, 236 ff.

3044 BVerwG NJW 1980, 953.

3045 VGH Mannheim NVwZ 1990, 487 (489).

3046 OVG Lüneburg UPR 1991, 459.

3047 Versteyl in Schmehl/Klement, KrWG, 2019, § 36 Rn. 44; Mann in Versteyl/Mann/Schomerus, KrWG, 2019, § 36 Rn. 68 f.

3048 Hoppe/Beckmann DÖV 1990, 769 ff.; Beckmann DVBl.. 1994, 236, 237 ff.; L. Schlarmann Die Alternativenprüfung, S. 1 ff.

8186 Da die Berücksichtigung von Standortalternativen Teil der planerischen Abwägung ist, hängt auch die Frage nach dem **Zeitpunkt der Alternativenprüfung** davon ab, zu welchem Zeitpunkt die Planfeststellungsbehörde ihre planerische Abwägung vornehmen muss. Grundsätzlich ist der entscheidende Zeitpunkt für die Frage der Rechtmäßigkeit der Planungsentscheidung der Zeitpunkt der letzten Verwaltungsentscheidung. Da gegenüber dem Planfeststellungsbeschluss ein Widerspruch nicht zulässig ist (vgl. §§ 72, 70 VwVfG), ist maßgeblich insoweit der Zeitpunkt des Erlasses des Planfeststellungsbeschlusses. Die Berücksichtigung von Standortalternativen muss demnach in dem Planfeststellungsbeschluss erfolgen. Bei der Abwägungsentscheidung können auch Standortuntersuchungen Berücksichtigung finden, die bereits vor Beginn des Planfeststellungsverfahrens erstellt worden sind. Etwas anderes kann jedoch gelten, wenn angesichts des Zeitablaufs zu befürchten wäre, dass sich die maßgebliche Sach- oder Rechtslage seit Durchführung des Standortsuchverfahrens so wesentlich geändert hätte, dass die Ergebnisse dieses Suchverfahrens vor dem Hintergrund der geänderten Sach- oder Rechtslage keine Verwendung bei der planerischen Abwägung mehr finden könnten. Bei der Entscheidung der Planfeststellungsbehörde ist der zeitliche Ablauf der Entscheidungsfindung gebührend zu berücksichtigen. Stellt sich nach einem langen Planfeststellungsverfahren heraus, dass die Entscheidung des Vorhabenträgers für eine bestimmte Standortalternative von der Planfeststellungsbehörde nicht geteilt wird, weil sich ihr aufgrund anderer oder neuerer Erkenntnisse ein anderer Standort als vorzugswürdig darstellt, kann sie gleichwohl die Standortentscheidung des Vorhabenträgers bestätigen, wenn der Wechsel zum neuen Standort mit neuen Planfeststellungsverfahren aufgrund der zeitlichen Verzögerung zu – Entsorgungsengpässen oder anderen erheblichen Nachteilen führen würde.[3049]

8187 Einem privaten Vorhabenträger mit nur beschränkt zur Verfügung stehenden Flächenangeboten kann keine unbegrenzte Standortsuche abverlangt werden.[3050] Nach der Rechtsprechung des BVerwG ist die Tatsache, dass eine geplante Abfallentsorgungsanlage nur unter Inanspruchnahme von Grundstücken, die dem Träger des Vorhabens nicht gehörten, errichtet werden kann, ein bestimmender Faktor für die von der Planfeststellungsbehörde vorzunehmende Einzelfallprüfung. Bei dem Prüfschritt der Einhaltung des Abwägungsgebotes stelle sich die entscheidende Frage, ob die mit dem Vorhaben verfolgten Gemeinwohlinteressen so gewichtig seien, dass der Träger des Vorhabens auf das konkret betroffene fremde Eigentum soll zugreifen dürfen, anstatt die Anlage auf eigenem oder freihändig zu erwerbendem Grund und Boden zu verwirklichen. Das hänge zum einen davon ab, wie gewichtig die durch das Vorhaben zu erfüllende Aufgabe der umweltgerechten Abfallentsorgung sei, ein Gesichtspunkt, der besonders bei privaten Trägern sorgfältiger Prüfung bedürfe. Zum anderen sei von Bedeutung, ob und gegebenenfalls welche fachbezogenen Gründe gerade für den gewählten Standort im Unterschied zu in Betracht kommenden Alternativstandorten sprächen.[3051] Nach diesen Maßstäben unterliege es keinen Zweifeln, dass der Umstand, dass ein privater Vorhabenträger über die Deponieflächen frei verfügen und somit das Eigentum Dritter (weitgehend) geschont werden könne, als Belang mit einigem Gewicht zu seinen Gunsten in die Abwägung eingestellt werden dürfe. Allerdings stelle die fehlende Flächenverfügbarkeit an anderen Standorten nach der zitierten Rechtsprechung des BVerwG nicht per se ein unüberwindbares Zulassungshindernis dar, so dass es mit diesem Argument nicht gerechtfertigt werden könne, Standortalternativen von vornherein nicht in Erwägung zu ziehen.[3052]

8188 Ein Gericht kann das Planungsermessen nur in Grenzen überprüfen, die überschritten sind, wenn der Behörde bei der Auswahl infolge einer fehlerhaften Ermittlung, Bewertung oder Gewichtung einzelner Belange ein rechtserheblicher Fehler unterlaufen ist oder wenn sich unter Berücksichtigung aller abwägungserheblichen Belange eine andere als die gewählte Variante eindeutig als die bessere hätte aufdrängen müssen. Letzteres ist nicht bereits dann anzunehmen, wenn für eine andere planerische Lösung einleuchtende Gründe angeführt werden können. Die Grenze der planerischen Gestaltungsfreiheit bei der Auswahl zwischen verschiedenen Varianten ist erst dann überschritten, wenn eine alternative Variante sich unter Berücksichtigung aller abwägungserheblichen Belange eindeutig als die bessere, weil öffentliche und private Be-

3049 Beckmann DVBl.. 1994, 236 (240).

3050 OVG Lüneburg Urt. v. 4.7.2017 – 7 KS 7/15, juris; Urt. v. 31.7.2018 – 7 KS 17/16, juris Rn. 441.

3051 OVG Lüneburg Urt. v. 31.7.2018 – 7 KS 17/16, juris Rn. 441; Urt. v. 4.7.2017 – 7 KS 7/15; BVerwG Urt. v. 9.3.1990 – 7 C 21.89, juris.

3052 OVG Lüneburg Urt. v. 31.7.2018 – 7 KS 17/16, juris Rn. 441; Urt. v. 4.7.2017 – 7 KS 7/15, juris.

lange insgesamt schonendere Alternative darstellen würde.[3053] Die Planfeststellungsbehörde muss den Sachverhalt allerdings nur soweit klären, wie dies für eine sachgerechte Entscheidung und eine zweckmäßige Gestaltung des Verfahrens erforderlich ist.

Bei der gerichtlichen Kontrolle eines Planfeststellungsbeschlusses kommt es auch nicht darauf an, dass eine **Trassenwahl** in Betracht gekommen wäre, die das Grundeigentum des Antragstellers unberührt gelassen hätte. Denn die Rechtmäßigkeit einer Planungsentscheidung hängt nicht davon ab, ob die Behörde anders hätte planen können. Entscheidend ist vielmehr, ob die rechtlichen Bindungen beachtet sind, die sich aus dem Abwägungsgebot ergeben. Aus diesem Gebot lässt sich die Forderung ableiten, dass ein bewertender Ausgleich der von der Planung berührten öffentlichen und privaten Interessen untereinander und gegeneinander vorgenommen wird, der die Prüfung einschließt, ob sich das planerische Ziel mit geringerer Eingriffsintensität auf andere Weise erreichen lässt. Indes macht die Behörde von der ihr eingeräumten planerischen Gestaltungsfreiheit fehlerhaften Gebrauch nicht allein dadurch, dass sie sich in der Kollision zwischen verschiedenen Belangen für die Bevorzugung des einen und damit notwendig für die Zurückstellung eines anderen Belangs entscheidet. Das Abwägungsgebot ist vielmehr nur dann verletzt, wenn eine sachgerechte Abwägung überhaupt nicht stattfindet, wenn in die Abwägung an Belangen nicht eingestellt wird, was nach Lage der Dinge in sie eingestellt werden muss, wenn die Bedeutung der betroffenen privaten Belange verkannt oder wenn der Ausgleich zwischen den von der Planung berührten Belangen in einer Weise vorgenommen wird, der zur objektiven Gewichtigkeit einzelner Belange außer Verhältnis steht.[3054] Alternativen können sich auch bei der Baustelleneinrichtung ergeben. 8189

Beispiel: Wendet sich ein Eigentümer gegen die Inanspruchnahme seines Grundstücks als Baustelleneinrichtungsfläche und wendet ein, dass aus seiner Sicht alle Lösungen vorzuziehen sind, bei denen das Grundstück nicht oder weniger beeinträchtigt wird, ist es Aufgabe der Planfeststellungsbehörde, mögliche Alternativen zu prüfen.[3055]

Bei der Entscheidung für die eine oder andere Trassenvariante dürfen als einer von mehreren Abwägungsposten auch **Kostengesichtspunkte** einfließen.[3056] Eine andere Trassenvariante verfehlt dann nicht ihren Zweck, wenn die planfestgestellte Variante zwar gegenüber der verworfenen Variante das Planziel besser erreicht, die verworfene Variante aber gleichwohl geeignet ist, das Ziel(-Bündel) der Ausgangsplanung zu verwirklichen. Als typische Folge des Gebots der Alternativenprüfung sind Abstriche am Grad der Zielvollkommenheit hinnehmbar.[3057] Die Grenzen der planerischen Gestaltungsfreiheit sind bei der Auswahl zwischen verschiedenen Trassenvarianten aber erst dann überschritten, wenn eine andere als die gewählte Linienführung sich unter Berücksichtigung aller abwägungserheblichen Belange eindeutig als die bessere Lösung der Behörde hätte aufdrängen müssen. Eine Planfeststellungsbehörde darf sich beim Ausbau eines bereits vorhandenen Straßenzuges aus nachvollziehbaren Gründen gegen eine Planungsalternative entscheiden, die einer Neutrassierung gleichkommt.[3058] Gibt es für einen „Landschaftstunnel" oder eine „Grünbrücke" naturschutzfachlich und kostenmäßig gleichwertige Alternativen in der Linienführung, kann es abwägungsfehlerhaft sein, eine Alternative zu verwerfen, die zugleich ein angrenzendes Wohngebiet vor Verkehrslärm und Luftverunreinigungen schützen würde.[3059] Deutlich höhere Anforderungen an die Alternativenprüfung ergeben sich allerdings bei unverträglichen Eingriffen in Habitate von gemeinschaftsrechtlicher Bedeutung oder Vogelschutzgebiete. Hier haben zumutbare Alternativen ohne Beeinträchtigung dieser Schutzgüter den Vorrang.[3060] Auch bei der Auswahl zwischen Planungsvarianten etwa oberirdische Streckenführung oder Tunnel dürfen Kostengesichtspunkte den Ausschlag geben.[3061] 8190

Entschließt sich die Planfeststellungsbehörde zur Einbeziehung einer **Baustraße** in den verfügenden Teil des Planfeststellungsbeschlusses, muss sie die natur- und artenschutzrechtlichen Folgeprobleme im Planfeststellungsbeschluss bewältigen. Die für die Auswahl der eigentlichen 8191

3053 OVG Münster Beschl. v. 29.12.2021 – 20 B 1690/21, juris Rn. 75; BVerwG NVwZ 2018, 1799.
3054 BVerwGE 75, 214.
3055 BVerwG Beschl. v. 11.5.2010 – 7 VR 2.09, juris.
3056 BVerwG NVwZ 2002, 1103; NJW 1986, 82; NVwZ 2001, 682.
3057 BVerwG NVwZ 2002, 1243.
3058 BVerwG Urt. v. 25.9.2002 – 9 A 5.02 – B 101, juris.
3059 BVerwG DVBl. 2002, 565.
3060 BVerwG NVwZ 2002, 1243; NVwZ 2000, 1171.
3061 BVerwG DVBl. 2018, 187; BVerwGE 90, 42 (50 f.).

Straßentrasse entwickelten Grundsätze zum Abwägungsgebot bei der Variantenprüfung sind auf eine planfestgestellte Baustraße übertragbar. Der Umstand, dass der räumliche Bezug zum Eingriffsort bei Ersatzmaßnahmen lockerer sein kann als bei Ausgleichsmaßnahmen, erweitert zugunsten der Planfeststellungsbehörde den örtlichen Bereich, in dem Ersatzmaßnahmen festgesetzt werden können. Dies stellt aber nicht in Frage, dass Vorhabenträger und Planfeststellungsbehörde sich eine möglichst eingriffsnahe Kompensation zum Ziel setzen dürfen[3062] Eine planfestgestellte naturschutzrechtliche Ausgleichs- oder Ersatzmaßnahme muss wegen der enteignungsrechtlichen Vorwirkungen, die sie gegenüber dem in Anspruch genommenen Grundeigentümer entfaltet, neben den naturschutzrechtlichen Eingriffsvoraussetzungen dem Grundsatz der Verhältnismäßigkeit (Übermaßverbot) genügen, also geeignet und erforderlich sein; außerdem dürfen die mit ihr verbundenen nachteiligen Folgen für den betroffenen Grundeigentümer nicht außer Verhältnis zum beabsichtigten Erfolg stehen.[3063]

8192 Die Auswahl unter verschiedenen in Frage kommenden Trassenvarianten ist gerichtlicher Kontrolle nur begrenzt auf Abwägungsmängel hin zugänglich. Bei der Zusammenstellung des Abwägungsmaterials müssen einerseits alle ernsthaft in Betracht kommenden Alternativlösungen berücksichtigt und mit der ihnen zukommenden Bedeutung in die vergleichende Prüfung der jeweils berührten öffentlichen und privaten Belange eingestellt werden. Eine Planfeststellungsbehörde handelt andererseits nicht schon dann abwägungsfehlerhaft, wenn eine von ihr verworfene Trassenführung ebenfalls mit guten Gründen vertretbar gewesen wäre. Vielmehr sind die Grenzen der planerischen Gestaltungsfreiheit erst dann überschritten, wenn sich eine andere als die gewählte Trassenführung unter Berücksichtigung aller abwägungserheblichen Belange eindeutig als die bessere, weil öffentliche und private Belange insgesamt schonendere, hätte aufdrängen müssen oder wenn der Planfeststellungsbehörde infolge einer fehlerhaften Ermittlung, Bewertung oder Gewichtung einzelner Belange ein rechtserheblicher Fehler unterlaufen ist.[3064]

8193 Bei einer **Staatsgrenzen** überschreitenden Straßenplanung muss die Planfeststellungsbehörde in ihre Prüfung, namentlich in die Variantenuntersuchung, auch die durch die Weiterführung des Vorhabens auf fremdem Staatsgebiet berührten Belange einbeziehen. Anderes kann gelten, wenn der Teilstrecke auf deutschem Staatsgebiet bis zur Bundesgrenze nach den Grundsätzen zur Zulässigkeit einer Abschnittsbildung aufgrund ihrer Anbindung an das übrige Straßennetz eine selbstständige Verkehrsfunktion zukommt.[3065]

VI. Natur- und Landschaftsschutz

8194 Zentrale materielle Plananforderungen ergeben sich aus dem Naturschutzrecht, insbesondere soweit sich planfeststellungsbedürftige Vorhaben als Eingriff in Natur und Landschaft darstellen, in Kollision mit dem allgemeinen Gebietsschutz des Naturschutzrechts über die §§ 13 bis 19 BNatSchG zur Eingriffsregelung und den besonderen Gebietsschutz für verschiedene Schutzgebietstypen (§§ 20 bis 36 BNatSchG) geraten können und zur Beeinträchtigung und zum Verlust geschützter Tier- und Pflanzenarten führen können. Hinzu kommen nahezu unausweichliche Konflikte zwischen naturschutzrechtlichen Anforderungen an die Planfeststellung einerseits und den sich daraus ergebenden Eigentumsbeeinträchtigungen andererseits.

1. Allgemeiner Gebietsschutz bei Eingriffen in Natur und Landschaft

8195 Erhebliche Beeinträchtigungen von Natur und Landschaft sind nach § 13 S. 1 BNatSchG vom Verursacher vorrangig zu vermeiden. Nicht vermeidbare erhebliche Beeinträchtigungen sind durch Ausgleichs- oder Ersatzmaßnahmen oder, soweit dies nicht möglich ist, durch einen Ersatz in Geld zu kompensieren (§ 13 S. 2 BNatSchG).[3066]

[3062] BVerwG NVwZ 2011, 1124.

[3063] BVerwG NVwZ 2010, 66; NVwZ 2009, 182

[3064] BVerwG NVwZ 2017, 627; Koch/Hildebrandt NVwZ 2017, 1099; BVerwGE 139 (150 Rn. 66); BVerwGE 154 (153 Rn. 14).

[3065] BVerwG NVwZ 2010, 1295.

[3066] Zur Einführung in die Eingriffsregelung siehe Schlacke Umweltrecht, 2023, § 10 Rn. 29 ff; Gerbig/Schütte in Koch/Hofmann/Reese, Handbuch Umweltrecht, 2024, § 9 Rn. 46 ff; Kahl/Gärditz Umweltrecht, 202, § 10 Rn. 39 ff; Kerkmann in Schlacke, BNatSchG, 2024, Vrbe,. Zu §§ 13 bis BNatSchG Rn. 1 ff; zur Auswahl von Ausgleichs- und Ersatzmaßnahmen im Rahmen der Planfeststellung Peine NuR 2018, 297; zu Eingriffsbewältigung und Klimaschutz Schink UPR 2023, 207.

a) Verfahrensfragen Bedarf ein Eingriff nach anderen Rechtsvorschriften einer behördlichen Zulassung oder einer Anzeige an eine Behörde oder wird er von einer Behörde durchgeführt, so hat diese Behörde zugleich die zur Durchführung des § 15 BNatSchG erforderlichen Entscheidungen und Maßnahmen gem. § 17 I 1 BNatSchG im Benehmen mit der für Naturschutz und Landschaftspflege zuständigen Behörde zu treffen, soweit nicht nach Bundes- oder Landesrecht eine weiter gehende Form der Beteiligung vorgeschrieben ist oder die für Naturschutz und Landschaftspflege zuständige Behörde selbst entscheidet. Mit dieser Integration der naturschutzrechtlichen Eingriffsprüfung werden die Zulassungsvoraussetzungen der Fachgesetze (zB § 6 I Nr. 2 BImSchG) um den allgemeinen Gebietsschutz des BNatSchG erweitert; für planfeststellungsbedürftige Vorhaben sind die §§ 14 ff. BNatSchG Planungsleitsätze, die zu beachten sind und somit im Rahmen einer planerischen Abwägung nicht relativiert werden können.[3067] **8196**

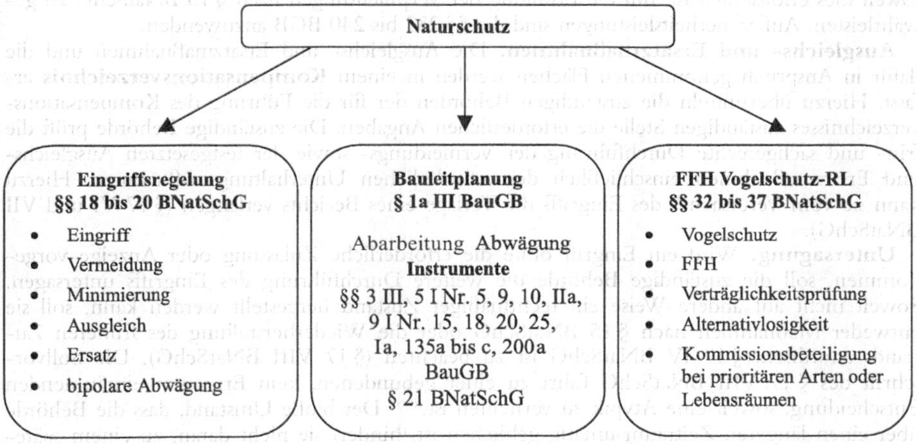

Soll bei Eingriffen, die von Bundesbehörden zugelassen oder durchgeführt werden, von der Stellungnahme der zuständigen Naturschutzbehörde abgewichen werden, entscheidet hierüber die fachlich zuständige Bundesbehörde im Benehmen mit der obersten Naturschutzbehörde, soweit nicht eine weitergehende Form der Beteiligung vorgesehen ist (§ 17 II BNatSchG). Bei ihrer Entscheidung ist die Bundesbehörde jedoch an das – möglicherweise gegenüber Bundesrecht weitergehende – jeweilige materielle Landesnaturschutzrecht gebunden.[3068] **8197**

Genehmigungserfordernis. Für einen Eingriff, der nicht von einer Behörde durchgeführt wird und der keiner behördlichen Zulassung oder Anzeige nach anderen Rechtsvorschriften bedarf, ist nach § 17 III 1 BNatSchG eine Genehmigung der für Naturschutz und Landschaftspflege zuständigen Behörde erforderlich. Die Genehmigung ist schriftlich zu beantragen und zu erteilen, wenn die Anforderungen des § 15 BNatSchG erfüllt sind. Die für Naturschutz und Landschaftspflege zuständige Behörde trifft die zur Durchführung des § 15 BNatSchG erforderlichen Entscheidungen und Maßnahmen. **8198**

Erforderliche Angaben des Verursachers. Vom Verursacher eines Eingriffs sind gem. § 17 IV 1 BNatSchG zur Vorbereitung der Entscheidungen und Maßnahmen zur Durchführung des § 15 BNatSchG in einem nach Art und Umfang des Eingriffs angemessenen Umfang die für die Beurteilung des Eingriffs erforderlichen Angaben zu machen, insbesondere über Ort, Art, Umfang und zeitlichen Ablauf des Eingriffs sowie die vorgesehenen Maßnahmen zur Vermeidung, zum Ausgleich und zum Ersatz der Beeinträchtigungen von Natur und Landschaft einschließlich Angaben zur tatsächlichen und rechtlichen Verfügbarkeit der für Ausgleich und Ersatz benötigten Flächen. **8199**

[3067] BVerwG NVwZ 1993, 565 (568); Storost in FS Stüer, 2013, 481 (491 ff.); Eifert Umweltschutzrecht in ESchoch/Eifert, Besonderes Verwaltungsrecht, 2023, Rn. 214; Kahl/Gärditz Umweltrecht, 2023, § 10 Rn. 43.

[3068] Siegel in Frenz/Müggenborg BNatSchG, 2021, § 17 Rn. 31; Kahl/Gärditz Umweltrecht, 2023, § 10 Rn. 43.

8200 Die zuständige Behörde kann die Vorlage von **Gutachten** verlangen, soweit dies zur Beurteilung der Auswirkungen des Eingriffs und der Ausgleichs- und Ersatzmaßnahmen erforderlich ist. Bei einem Eingriff, der auf Grund eines nach öffentlichem Recht vorgesehenen Fachplans vorgenommen werden soll, hat der Planungsträger die erforderlichen Angaben nach Satz 1 im **Fachplan** oder in einem **landschaftspflegerischen Begleitplan** in Text und Karte darzustellen. Dieser soll auch Angaben zu den zur Sicherung des Zusammenhangs des Netzes „Natura 2000" notwendigen Maßnahmen nach § 34 V BNatSchG zu vorgezogenen Ausgleichsmaßnahmen nach § 44 V BNatSchG enthalten, sofern diese Vorschriften für das Vorhaben von Belang sind. Der Begleitplan ist Bestandteil des Fachplans (§ 17 IV 2 bis 5 BNatSchG).

8201 **Sicherheitsleistung**. Die zuständige Behörde kann die Leistung einer Sicherheit bis zur Höhe der voraussichtlichen Kosten für die Ausgleichs- oder Ersatzmaßnahmen verlangen, soweit dies erforderlich ist, um die Erfüllung der Verpflichtungen nach § 15 BNatSchG zu gewährleisten. Auf Sicherheitsleistungen sind die §§ 232 bis 240 BGB anzuwenden.

8202 **Ausgleichs- und Ersatzmaßnahmen.** Die Ausgleichs- und Ersatzmaßnahmen und die dafür in Anspruch genommenen Flächen werden in einem **Kompensationsverzeichnis** erfasst. Hierzu übermitteln die zuständigen Behörden der für die Führung des Kompensationsverzeichnisses zuständigen Stelle die erforderlichen Angaben. Die zuständige Behörde prüft die frist- und sachgerechte Durchführung der Vermeidungs- sowie der festgesetzten Ausgleichs- und Ersatzmaßnahmen einschließlich der erforderlichen Unterhaltungsmaßnahmen. Hierzu kann sie vom Verursacher des Eingriffs die Vorlage eines Berichts verlangen (§ 17 VI und VII BNatSchG).

8203 **Untersagung.** Wird ein Eingriff ohne die erforderliche Zulassung oder Anzeige vorgenommen, soll die zuständige Behörde die weitere Durchführung des Eingriffs untersagen. Soweit nicht auf andere Weise ein rechtmäßiger Zustand hergestellt werden kann, soll sie entweder Maßnahmen nach § 15 BNatSchG oder die Wiederherstellung des früheren Zustands anordnen. § 19 IV BNatSchG ist zu beachten (§ 17 VIII BNatSchG). Die Sollvorschrift des § 17 VIII BNatSchG führt zu einer gebundenen, kein Ermessen einräumenden Entscheidung, soweit eine Atypik zu verneinen ist.[3069] Der bloße Umstand, dass die Behörde über einen längeren Zeitraum untätig geblieben ist, hindert sie nicht daran, zu einem späteren Zeitpunkt durch Erlass einer Beseitigungsverfügung vorzugehen. Grundsätzlich gehen die Befugnisse der Behörden, gegen naturschutzwidrige Zustände einzuschreiten nicht durch Zeitablauf verloren.[3070] Die sich § 17 VIII BNatSchG ergebende Pflicht zur Aufgabenerfüllung lässt keinen Raum für eine **Verwirkung**. Die Behörde ist vielmehr gehalten, auch länger zurückliegende naturschutzwidrige Zustände im Hinblick auf ihre Bindung an Recht und Gesetz gemäß Art. 20 III GG zu beenden.[3071] § 17 VIII 1 BNatSchG setzt einen bereits begonnenen Eingriff voraus, dessen weitere Durchführung die Behörde untersagen kann. Die Regelung ist darauf gerichtet, die Fortsetzung (aktuell) stattfindender, ungenehmigter Eingriffe in Natur und Landschaft zu unterbinden. Eine Untersagung noch nicht erfolgter Eingriffe kann folglich nicht auf § 17 VIII 1 BNatSchG gestützt werden, sondern allenfalls auf § 3 II BNatSchG.[3072]

8204 Als weitere Ermächtigungsgrundlage für ein ordnungsbehördliches Einschreiten kommt grundsätzlich auch die **Generalklausel** des § 3 II BNatSchG in Betracht. Danach überwachen die für Naturschutz und Landschaftspflege zuständigen Behörden die Einhaltung der Vorschriften des BNatSchG Gesetzes und der darauf gestützten Vorschriften und treffen nach pflichtgemäßem Ermessen die im Einzelfall erforderlichen Maßnahmen, um deren Einhaltung sicherzustellen, soweit nichts anderes bestimmt ist. § 17 VIII BNatSchG ist gegenüber der Generalermächtigung des § 3 II BImSchG spezieller und insoweit in ihrem Anwendungsbereich vorrangig.[3073] Beide Ermächtigungsgrundlage unterscheiden sich hinsichtlich ihrer Voraussetzungen und Rechtsfolgen. Während § 17 VIII 2 BNatSchG (iVm §§ 14 ff. BNatSchG) ein ausdifferenziertes Regelwerk enthält, in dem nicht allein die Belange des Natur- und Landschaftsschutzes, sondern auch die Belange der land-, forst- und fischereiwirtschaftlichen Bodennutzung zu berücksichtigen und zueinander ins Verhältnis zu setzen sind, setzt § 3 II BNatSchG allein das

---

[3069] VGH München NuR 2024, 120.
[3070] VGH Kassel Beschl. v. 25.11.2022 – 4 A 1669/21.Z, juris Rn. 17.
[3071] VGH Kassel Beschl. v. 25.11.2022 – 4 A 1669/21.Z, juris Rn. 18.
[3072] VG Berlin Beschl. v. 9.1.2024 – 24 L 305/23, juris 22; BVerwGE 156, 94 Rn. 25.
[3073] VG Düsseldorf Urt. v. 9.9.2021 – 28 K 6001/19, juris Rn. 31.

Vorliegen eines Verstoßes gegen naturschutzrechtliche Vorschriften voraus.[3074] Während § 3 II BNatSchG der handelnden Behörde ein uneingeschränktes Entschließungs- und Auswahlermessen einräumt, ist das **Entschließungsermessen** der Behörde durch § 17 VIII 2 BNatSchG dahingehend reduziert, dass die Behörde handeln soll, daher nur in einer atypischen Fallkonstellation von einem Tätigwerden absehen darf. Außerdem ist die Behörde bei der Auswahl der zu ergreifenden Maßnahme auf die im Rahmen des § 17 VIII 2 BNatSchG vorgegebenen möglichen Maßnahmen – Ausgleichs- und Ersatzmaßnahmen im Sinne des § 15 BNatSchG oder Wiederherstellung des früheren Zustands –, also ein engeres Spektrum an Handlungsoptionen beschränkt.[3075] Nicht zuletzt kann nach § 17 VIII BNatSchG nur der Verursacher des Eingriffs zur Wiederherstellung des früheren Zustandes verpflichtet werden, während die Generalklausel des § 3 II BNatSchG eine Inanspruchnahme nicht nur des Handlungsstörers, sondern auch des Zustandsstörers ermöglicht.[3076]

Beispiel: Die Zustandsstörerhaftung ist nicht nur auf typische und zufällige Gefahren begrenzt, sondern erfasst auch Fälle, in denen ein Tierbefall, also letztlich höhere Gewalt, für den niemand eine Verantwortung trägt, die Sache in einen für Anwohner und Passanten gefährlichen Zustand versetzt hat. Die Annahme einer Polizeigefahr setzt in diesen Fällen allerdings voraus, dass die Sache die ursächliche Quelle der Gefahr ist und die Gefahr unmittelbar mit dem Zustand der Sache in Verbindung steht.[3077] 8205

Duldungsverfügungen gegen Eigentümer eines Grundstücks, auf dem ein Nutzungsberechtigter wegen eines illegalen Eingriffs in Natur und Landschaft zur Wiederherstellung des früheren Zustands verpflichtet wurde, finden ihre Rechtsgrundlage in der naturschutzrechtlichen Generalklausel des § 3 II BNatSchG.[3078] 8206

Ein Verstoß gegen den **Gleichbehandlungsgrundsatz** bei einem ordnungsbehördlichen Einschreiten gegen naturschutzrechtswidrige Zustände liegt vor, wenn eine Behörde ohne erkennbaren Grund die Beseitigung nur einer oder weniger baulicher Anlagen fordert und gegen andere vergleichbare Vorhaben nicht einschreitet. Bei einer Vielzahl illegaler baulicher Anlagen in einem bestimmten Gebiet im Außenbereich ist es notwendig, dass die Behörde planmäßig vorgeht und keine willkürlichen Ausnahmen macht. Kein Verstoß gegen das Gleichbehandlungsgebot liegt hingegen vor, wenn die Behörde in Ermangelung ausreichender personeller Mittel zunächst anlassbezogen vorgeht und erst anschließend flächendeckend planvoll und systematisch gleichartige Fälle aufgreift.[3079] 8207

Unklar ist, ob die Behörde bei einem unzulässigen Eingriff in Natur und Landschaft gemäß § 17 VIII 2 BNatSchG statt einer Ausgleichs- oder Ersatzmaßnahme iSv § 15 II BNatSchG oder der Wiederherstellung des ursprünglichen Zustands eine **Ersatzzahlung** iSv § 15 VI BNatSchG anordnen darf. Dazu wird vertreten, dass als Maßnahmen iSv § 15 BNatSchG nicht die Ersatzzahlung nach § 15 VI BNatSchG fällt.[3080] Im Falle eines nicht zugelassenen und nicht nachträglich legalisierbaren Eingriffs sei die Naturschutzbehörde nur dazu ermächtigt, entweder Ausgleichs- oder Ersatzmaßnahmen iSv § 15 II BNatSchG oder die Wiederherstellung des früheren Zustands anzuordnen. 8208

Bei einer naturschutzrechtlichen Anordnung, die auf die Wiederherstellung eines früheren naturschutzgemäßen Zustands mit Hilfe natürlicher Sukzession durch bloßes „In-Ruhe-Lassen" einer Fläche gerichtet ist, handelt es sich um einen **Verwaltungsakt mit Dauerwirkung**. Maßgeblich für die Beurteilung der Rechtmäßigkeit einer solchen Anordnung ist im Verfahren des vorläufigen Rechtsschutzes der Zeitpunkt der gerichtlichen Entscheidung bzw. im Hauptsachverfahren der Zeitpunkt der letzten mündlichen Verhandlung.[3081] 8209

3074 VG Gelsenkirchen Beschl. v. 1.12.2022 – 6 L 462/22, juris Rn. 36.

3075 OVG Lüneburg Urt. v. 30.6.2015 – 4 LC 285/13, juris Rn. 54; VG Gelsenkirchen Beschl. v. 1.12.2022 – 6 L 462/22, juris Rn. 37.

3076 Zur polizeirechtlichen Inanspruchnahme des Eigentümers eines Grundstücks, auf dem sich ein als Naturdenkmal ausgewiesener und insoweit weitreichenden Nutzungs- und Veränderungsverboten unterliegender Alteichenbestand befindet, als Zustandsstörer zur kurzfristigen Beseitigung eines Befalls dieser Bäume durch Raupen des Eichenprozessionsspinners OVG Saarland KommJur 2023, 354.

3077 OVG Saarland KommJur 2023, 354 = juris Rn. 32 ff.

3078 OVG Koblenz NuR 2022, 262 = juris Rn. 12.

3079 VGH Kassel Beschl. v. 25.11.2022 – 4 A 1669/21.Z, juris Rn. 21, 24.

3080 OVG Koblenz Urt. v. 28.8.2019 – 8 A 11472/18; VG Frankfurt NuR 2022, 732 = juris Rn. 40.

3081 OVG Lüneburg NuR 2022, 271 = juris Rn. 10.

8210 **Unterbrechung.** Die Beendigung oder eine länger als ein Jahr dauernde Unterbrechung eines Eingriffs ist der zuständigen Behörde anzuzeigen. Eine nur unwesentliche Weiterführung des Eingriffs steht einer Unterbrechung gleich. Wird der Eingriff länger als ein Jahr unterbrochen, kann die Behörde den Verursacher verpflichten, vorläufige Maßnahmen zur Sicherung der Ausgleichs- und Ersatzmaßnahmen durchzuführen oder, wenn der Abschluss des Eingriffs in angemessener Frist nicht zu erwarten ist, den Eingriff in dem bis dahin vorgenommenen Umfang zu kompensieren (§ 17 IX BNatSchG).

8211 **Umweltverträglichkeitsprüfung.** Handelt es sich bei einem Eingriff um ein Vorhaben, für den nach dem UVPG eine Umweltverträglichkeitsprüfung erforderlich ist, muss das Verfahren, in dem Entscheidungen nach § 15 V BNatSchG getroffen werden, den Anforderungen des UVPG entsprechen (§ 17 X BNatSchG).

8212 **b) Eingriffe in Natur und Landschaft.** Die naturschutzrechtliche Eingriffsregelung der §§ 14 bis 17 BNatSchG bezieht sich auf naturschutzrechtliche Eingriffe. Darunter sind nach § 14 I BNatSchG **Veränderungen** der Gestalt oder Nutzung von Grundflächen oder Veränderungen des mit der belebten Bodenschicht in Verbindung stehenden Grundwasserspiegels zu verstehen, welche die Leistungs- und Funktionsfähigkeit des Naturhaushalts oder das Landschaftsbild **erheblich oder nachhaltig** beeinträchtigen können. **Nachhaltig** ist eine Beeinträchtigung, wenn sie nicht nur vorübergehende, sondern längerfristige Wirkungen auslöst.[3082] Mit der Aufnahme der beiden Begriffe in den Gesetzestext hat der Gesetzgeber sicherstellen wollen, dass Bagatellfälle in sachlicher und zeitlicher Hinsicht ausgeschieden werden.[3083] Das Erheblichkeitskriterium ist bezogen auf die betroffene Örtlichkeit anhand einer Vielzahl von Kriterien zu konkretisieren, zu denen neben der Schutzbedürftigkeit des Naturgutes, seiner Regenerationsfähigkeit sowie der Dauerhaftigkeit der Auswirkungen auch die standortprägende Vorbelastung zählt.[3084]

8213 Der Naturhaushalt besteht aus einem komplexen Wirkungsgefüge aller natürlichen Faktoren, wie Boden, Wasser, Luft, Klima sowie Pflanzen- und Tierwelt, wobei sowohl innerhalb als auch zwischen belebten (biotischen) und nicht belebten (abiotischen) Faktoren vielfältige Wechselbeziehungen zwischen physikalischen, chemischen und biologischen Vorgängen bestehen. Die Eingriffsregelung zielt damit nicht nur auf einen umfassenden Schutz der jeweils vorhandenen Gegebenheiten ab, sondern auch auf eine einheitliche Gesamtbewertung aller Auswirkungen einschließlich der Wechselwirkungen (§ 2 I Nr. 5 UVPG). Das Landschaftsbild bezieht sich auf die äußere, sinnlich wahrnehmbare Erscheinungsform von Natur und Landschaft.[3085] In ihm wirken die einzelnen Landschaftselemente und -faktoren wie Gesteins- und Bodenarten, Klimafaktoren, Relief und Pflanzenwelt zusammen und vermitteln den spezifischen Charakter der Landschaft. Für eine erhebliche oder nachhaltige Beeinträchtigung des Naturhaushalts oder Landschaftsbildes wird keine „Verunstaltung" im Sinn des § 35 III 1 Nr. 5 BauGB verlangt.[3086] Es ist vielmehr auf die ästhetische Funktion des **Landschaftsbildes** abzustellen.[3087] Eine Beeinträchtigung liegt vor, wenn das Erscheinungsbild der Landschaft von einem aufgeschlossenen Beobachter als belastend empfunden wird.[3088]

8214 Eingriffe in Natur und Landschaft sind aber zB Veränderungen des mit der belebten Bodenschicht in Verbindung stehenden Grundwasserspiegels, die die Leistungs- und Funktionsfähigkeit des Naturhaushalts oder das Landschaftsbild erheblich beeinträchtigen können.[3089]

8215 Bei der Prüfung, ob ein Eingriffstatbestand iSd § 14 I BNatSchG vorliegt, ist das Gericht nicht an die Einschätzung der Behörde gebunden. Eine naturschutzfachliche **Einschätzungsprärogative** steht der Behörde lediglich bei der Bewertung der Wirkungen eines Vorhabens sowie bei der Bewertung der Kompensationswirkung von Ausgleichs- und Ersatzmaßnahmen zu.[3090] Bei der Bewertung der Eingriffswirkungen eines Vorhabens steht der Planfeststellungsbehörde ebenso wie bei der Bewertung der Kompensationswirkung von Ausgleichs- und Er-

[3082] BVerwG NVwZ 1991, 364; OVG Koblenz NuR 1988, 41.
[3083] OVG Berlin-Brandenburg Beschl. v. 20.9.2021 – 11 N 41.16, juris Rn. 5.
[3084] OVG Berlin-Brandenburg Beschl. v. 20.9.2021 – 11 N 41.16, juris Rn. 5.
[3085] Hoisl NuL 1992, 105.
[3086] VGH Mannheim NuR 1982, 71; NuR 1983, 276; aA Fickert BayVBl 1978, 681.
[3087] BVerwGE 2, 172.
[3088] BVerwG NVwZ 1991, 364; OVG Hamburg NuR 1997, 453; OVG Münster NVwZ-RR 1994, 645; VGH Mannheim NuR 1991, 487; Breuer NuR 1980, 89.
[3089] VG Schleswig RdL 2022, 26 = juris Rn. 26.
[3090] OVG Münster ZUR 2022, 683.

satzmaßnahmen eine naturschutzfachliche Einschätzungsprärogative zu. Die im Planfeststellungsbeschluss vorgenommenen Quantifizierungen bei Eingriffswirkungen und Kompensationsmaßnahmen sind nur einer eingeschränkten gerichtlichen Kontrolle zugänglich; sie sind vom Gericht hinzunehmen, sofern sie im Einzelfall naturschutzfachlich vertretbar sind und auch nicht auf einem Bewertungsverfahren beruhen, das sich als unzulängliches oder gar ungeeignetes Mittel erweist, um den gesetzlichen Anforderungen gerecht zu werden.[3091] Die naturschutzrechtliche Eingriffsregelung verlangt eine auch für das Gericht nachvollziehbare quantifizierende Bewertung von Eingriff und Kompensation, die auch verbal-argumentativ erfolgen kann.[3092] Ob hinsichtlich der Leistungs- und Funktionsfähigkeit des Naturhaushalts die Bagatellschwelle überschritten ist oder ob eine Veränderung iSd § 14 BNatSchG von einem Durchschnittsbetrachter als nachteilig und störend empfunden wird, kann demgegenüber ohne Rückgriff auf naturschutzfachliches Spezialwissen beantwortet werden. Daher ist die Frage der Qualifizierung eines Vorhabens – also danach, ob überhaupt ein Eingriff vorliegt – gerichtlich voll überprüfbar.[3093]

Im Rahmen von § 35 I BauGB haben Belange, bei denen sicher zu erwarten ist, dass sie 8216
durch ein Vorhaben nur vorübergehend beeinträchtigt werden, geringeres Gewicht bei der Abwägung als dauerhaft beeinträchtigte Belange. Dies betrifft nicht nur den öffentlichen Belang des Schutzes des Landschaftsbildes vor Verunstaltung, sondern gilt allgemein. § 35 III 1 Nr. 5 BauGB gewährleistet ein Mindestmaß an bundesrechtlich eigenständigem, von landesrechtlicher Regelung unabhängigem Denkmalschutz, dem im Verhältnis zu den denkmalrechtlichen Vorschriften des Landesrechts, die nach § 29 II BauGB unberührt bleiben, eine Auffangfunktion zukommt. Speziell die in § 35 III 1 Nr. 5 BauGB genannten öffentlichen Belange des Denkmalschutzes werden zwar in der Regel – positiv wie negativ – durch das Denkmalrecht der Länder konkretisiert. Gleichwohl formuliert die Vorschrift eine bundesrechtlich eigenständige Anforderung, die – unbeschadet einer Konkretisierung durch Landesrecht – unmittelbar selbst eingreift, wo grobe Verstöße in Frage stehen; § 35 III 1 Nr. 5 BauGB gewährleistet ein Mindestmaß an bundesrechtlich eigenständigem, von landesrechtlicher Regelung unabhängigem Denkmalschutz, der im Verhältnis zu den denkmalrechtlichen Vorschriften des Landesrechts, die nach § 29 II BauGB unberührt bleiben, eine Auffangfunktion zukommt.[3094]

Nicht jede Veränderung der Gestalt oder Nutzung von Grundflächen stellt einen natur- 8217
schutzrechtlichen Eingriff dar. Es muss vielmehr eine erhebliche oder nachhaltige Beeinträchtigung des Naturhaushalts oder des Landschaftsbildes hinzukommen. Eine Veränderung der Nutzung von Grundflächen liegt vor, wenn die bislang tatsächlich ausgeübte Nutzungsart durch eine andere ersetzt wird, wobei unter Nutzung üblicherweise die tatsächlich ausgeübte, zweckgerichtete Verwendung von Grundflächen verstanden wird. Die **Gestalt einer Grundfläche** wird durch ihren Bewuchs mitbestimmt, weshalb mit dem Entfernen und/oder Setzen eines bestimmten Pflanzenbestandes eine Gestaltänderung verbunden ist.

Beispiel: In der Landwirtschaft liegt zwar dann keine Nutzungsänderung vor, wenn ein Grundstück in einem gewissen Turnus abwechselnd als Ackerland und als Grünland genutzt wird; wohl aber stellt der Umbruch von Grünland, das über einen Zeitraum von mehr als fünf Jahren als solches bestanden hat, hin zu Ackerland eine Nutzungsänderung dar.[3095]

Bei der Ermittlung und Bewertung der voraussichtlichen Eingriffsfolgen sind fachwissen- 8218
schaftliche Erkenntnisse einzubeziehen. Die im Rahmen der naturschutzrechtlichen Eingriffsregelung anzustellenden Ermittlungen sind in dem Umfang durchzuführen, dass eine sachgerechte Planungsentscheidung möglich ist. Eine vollständige Erfassung der betroffenen Tier- und Pflanzenarten ist regelmäßig nicht erforderlich.[3096] Grundsätzlich sollen die im Rahmen der naturschutzrechtlichen Eingriffsregelung anzustellenden Ermittlungen der Behörde die

---

3091 BVerwG Urt. v. 27.7.2021 – 4 A 14.19, juris Rn. 93 mwN; Urt. v. 9.11.2017 – 3 A 4.15, BeckRS 2017, 14443, Rn. 74; BVerwGE 154, 73, 146.

3092 BVerwG NVwZ 2004, 1486.

3093 OVG Münster ZUR 2022, 683 (684); OVG Koblenz Urt. v. 28.8.2019 – 8 A 11472/18, juris Rn. 32 ff.; OVG Münster Beschl. v. 9.2.2017 –8 A 2206/15, juris Rn. 15 ff.; VGH Mannheim Urt. v. 29.6.1995 – 5 S 1537/94, juris Rn. 44; siehe dazu auch Kahl/Gärditz Umweltrecht, 2023, § 10 Rn. 48; Kahl in FS Seibert, 2020, 167 (181 f.).

3094 BVerwG ZfBR 2016, 158; BVerwGE 133, 347 Rn. 21; ZfBR 2014, 773 Rn. 7.

3095 VG Potsdam Urt. v. 24.1.2023 – 14 K 519/19, juris Rn. 32 ff.

3096 BVerwG RdL 1997, 95.

Basis dafür liefern, wie der konkrete Eingriff zu bewerten und im gestuften Entscheidungsprogramm der §§ 18 bis 20 BNatSchG „abzuarbeiten" ist. Die Ermittlungen sind deshalb in dem Umfang durchzuführen, dass eine sachgerechte Planungsentscheidung möglich ist. Dagegen dient die naturschutzrechtliche Eingriffsregelung im Rahmen eines Planfeststellungsverfahrens nicht einer allgemeinen Bestandsaufnahme.

8219 Zunächst ist der **Untersuchungsraum** im Hinblick auf zu erwartete Auswirkungen des Vorhabens abzugrenzen. Neben dem Eingriffsort rechnet dazu der Eingriffsraum, der Wirkraum aber auch der Kompensationsraum. Dabei können nur geringe mittelbare Auswirkungen und vor allem kaum noch messbare Fernwirkungen außer Betracht bleiben. Die Beurteilung bezieht sich auf die Schutzgüter Boden, Fauna, Flora, Wasserhaushalt, Luft/Klima, Biotopstrukturen, Landschaftsbild und Erholungsfunktionen.[3097]

8220 Es wird allerdings häufig nicht erforderlich sein, die von einem Vorhaben betroffenen Tier- und Pflanzenarten vollständig zu erfassen. Es kann vielmehr ausreichend sein, wenn für den Untersuchungsraum besonders bedeutsame Repräsentanten an Tier- und Pflanzengruppen festgestellt werden und wenn für die Bewertung des Eingriffs auf bestimmte Indikationsgruppen abgestellt wird. Sollen für ein Vorhaben zB intensiv landwirtschaftlich genutzte Flächen beansprucht werden, kann sich die Untersuchung der verbliebenen Tierwelt an entsprechenden Erfahrungswerten orientieren. Rückschlüsse auf die Tierarten anhand der vorgefundenen Vegetationsstrukturen und vorhandenen Literaturangaben können in solchen Fällen methodisch hinreichend sein. Der Umfang der Ermittlungspflicht ist deshalb abhängig von der Art der Maßnahme und den jeweiligen naturräumlichen Gegebenheiten, in die eingegriffen werden soll. Je typischer die Gebietsstruktur des Eingriffsbereichs, je eher kann auch auf typisierende Merkmale und allgemeine Erfahrungen abgestellt werden. Gibt es dagegen Anhaltspunkte für das Vorhandensein besonders seltener Arten, wird dem im Rahmen der Ermittlungen nachzugehen sein.[3098] Dazu gehört auch die Veränderung des mit der belebten Bodenschicht in Verbindung stehenden Grundwasserspiegels. Hierdurch soll erreicht werden, dass die Lücke zum Grundwasserschutz und zum Bodenschutz geschlossen wird.

8221 In welchem Umfang die **Leistungsfähigkeit des Naturhaushalts** oder das **Landschaftsbild** beeinträchtigt werden, lässt sich nur auf der Grundlage zuverlässiger Feststellungen über den vorhandenen Zustand von Natur und Landschaft klären. Der Vorhabenträger muss allerdings nicht ein vollständiges Arteninventar erstellen. Die Untersuchungstiefe hängt vielmehr von den jeweiligen naturräumlichen Gegebenheiten ab. So können bestimmte Tier- und Pflanzenarten ein Indikator für die Biotopqualität und die Lebensraumanforderungen anderer Arten sein oder bestimmte Vegetationsstrukturen sichere Rückschlüsse auf ihre faunistische und floristische Ausstattung zulassen. Dann reicht die gezielte Erhebung der insoweit repräsentativen Daten aus. Die Bewertung muss dabei nicht anhand standardisierter oder schematischer Verfahren rechenhaft erfolgen.[3099] Ein naturschutzrechtlicher Ausgleich bedeutet auch bei einem Ausgleich von Beeinträchtigungen des Naturhaushalts nicht eine Naturalrestitution im naturwissenschaftlichen Sinne, sondern eine Kompensation. Zwischen den Ausgleichsmaßnahmen und dem Eingriffsort muss demgemäß ein funktionaler Zusammenhang bestehen.[3100]

8222 Eine **mathematische Berechnung** ist rechtlich nicht geboten, da die Bewertung der Eingriffsfolgen eine wertende Entscheidung und eine Einzelfallbetrachtung voraussetzt. Das Landschaftsbild etwa ist einer mathematischen Bewertung nicht zugänglich. Die Erheblichkeit oder Nachhaltigkeit bestimmt sich dabei letztlich nicht nach naturwissenschaftlichen Erkenntnissen, sondern ist auf Grund einer wertenden Gesamtbetrachtung festzulegen, in die auch **rechtliche Bewertungen** eingehen. So kann auch ein Eingriff, der sich auf Grund der Selbstregulierungskräfte der Natur nach längerer Zeit zurückbildet, als erheblicher oder nachhaltiger Eingriff im Rechtssinne zu verstehen sein. Umgekehrt muss nicht jeder Eingriff, der im naturwissenschaftlichen Sinne nachhaltige Folgen hat, auch im Rechtssinne erheblich sein. Naturwissenschaftliche und fachwissenschaftliche Gutachten können allerdings für die rechtliche Einordnung des Eingriffs eine wichtige Erkenntnisquelle bilden. Die Abgrenzung zwischen erheblichem und nachhaltigem Eingriff kann die Planfeststellungsbehörde in der Praxis vor erhebliche Schwierigkeiten stellen.

[3097] Burmeister/Bruns/Gaede BBauBl. 1994, 234; Louis NuR 1998, 113.

[3098] BVerwG RdL 1997, 95.

[3099] BVerwG NVwZ 2001, 673; NVwZ 1997, 1215.

[3100] BVerwG NVwZ 2001, 673; DVBl. 1990, 209; NVwZ 1997, 486; ebenso VGH Mannheim DVBl. 2000, 1367.

Die naturschutzrechtlichen Maßnahmen müssen aus fachwissenschaftlicher Sicht sachgerecht sein. So kann es etwa der Schutzzweck einer nach Landesrecht zu erlassenen Verordnung über ein Naturschutzgebiet[3101] erfordern, in das Schutzgebiet eine Randzone einzubeziehen, deren Funktion es ist, als „Pufferzone“ das Schutzgebiet zu sichern.[3102] Denn der Naturschutz in seinen Ausprägungen durch das BNatSchG beschränkt sich nicht allein darauf, Vorhandenes zu erhalten. Bereits die normale Bewirtschaftung landwirtschaftlicher Nutzflächen kann im Einzelfall insbesondere in sensiblen Bereichen wie einem Hochwald ohne Randzone zu negativen Einwirkungen von außen auf das Schutzgebiet führen. Der Schutzzweck einer naturschutzrechtlichen Verordnung kann es daher erfordern, in das Schutzgebiet eine Randzone einzubeziehen, deren Funktion es ist, das Schutzgebiet als Pufferzone zu sichern.[3103] 8223

Die iS des BNatSchG ordnungsgemäße, der **guten fachlichen Praxis** verpflichtete land-, forst- und fischereiwirtschaftliche Bodennutzung ist nicht als Eingriff in Natur und Landschaft anzusehen. Die **Landwirtschaftsklausel** will sicherstellen, dass eine ordnungsgemäße landwirtschaftliche Bodennutzung nicht an naturschutzrechtlichen Anforderungen scheitert. Das naturschutzrechtliche Privileg für die gute fachliche Praxis (§§ 5, 14 II und III BNatSchG) gilt allerdings nicht für solche Veränderungen der Landschaft, die eine landwirtschaftliche Nutzung erst ermöglichen oder diese effektiver gestalten sollen.[3104] § 14 II und III BNatSchG will die **„tägliche Wirtschaftsweise“** des Landwirts von naturschutzrechtlichen Anordnungen freistellen.[3105] Die Vorschrift räumt kein umfassendes Agrarprivileg dar, sondern bezieht sich nur auf unmittelbare Maßnahmen der Bodenbearbeitung und Bodenausnutzung. Maßnahmen, die über die alltägliche Wirtschaftsweise hinausgehen, fallen selbst dann nicht unter § 14 II BNatSchG, wenn sie in engem betriebstechnischen oder betriebswirtschaftlichen Zusammenhang mit dieser Berufsausübung stehen.[3106] 8224

Die land-, forst- und fischereiwirtschaftliche Bodennutzung ist nicht als Eingriff anzusehen, soweit dabei die Ziele und Grundsätze des Naturschutzes und der Landschaftspflege berücksichtigt werden. Dafür sind die **Regeln der guten fachlichen Praxis** von Bedeutung. Nicht als Eingriff gilt die Wiederaufnahme einer bereits zuvor durchgeführten land-, forst- oder fischereiwirtschaftlichen Bodennutzung, die aufgrund einer vertraglichen Vereinbarung oder aufgrund der Teilnahme an öffentlichen Programmen zur Bewirtschaftungsbeschränkung zeitweise eingeschränkt oder unterbrochen war. Der Wechsel einer bisher nicht ausgeübten landwirtschaftlichen Nutzungsart[3107] oder die Umwandlung einer Natur- in eine Kulturlandschaft unterfällt demgegenüber der Eingriffsregelung in § 14 I BNatSchG. Auch stellt die Errichtung einer baulichen Anlage durch einen Landwirt keine von der Eingriffsregelung freigestellte landwirtschaftliche Bodennutzung iS von § 14 II und III BNatSchG dar.[3108] Zur Auslegung des Merkmals der ordnungsgemäßen landwirtschaftlichen Nutzung kann auch das **landesrechtliche Naturschutzrecht** einen Beitrag leisten. 8225

Beispiel: Landesrecht, das die Beseitigung einer in mehreren Jahren gewachsenen Hecke als naturschutzrechtlichen Eingriff wertet und damit einem naturschutzrechtlichen Genehmigungsverfahren selbst dann unterstellt, wenn die Beseitigung landwirtschaftlichen Zwecken dient, verstößt nicht gegen § 14 III BNatSchG.[3109]

Die Regelvermutung des § 14 II 2 BNatSchG gilt nicht, wenn Besonderheiten der forstwirtschaftlichen Nutzung im konkreten Fall mit den naturschutzfachlichen Gegebenheiten nicht zu vereinbaren sind.[3110] Ist ein Natura 2000-Gebiet betroffen, hat die zuständige Behörde 8226

3101 Zum Schutz von Randzonen und Einwirkungsbereichen OVG Hamburg NordÖR 1998, 443.

3102 BVerwG NVwZ-RR 1997, 92.

3103 BVerwG NVwZ-RR 1997, 92.

3104 BVerwG NVwZ-RR 1989, 179.

3105 BVerwG Urt. v. 13.6.2019 – 4 C 4.18, juris Rn. 20; VG Köln Beschl. v. 13.9.2023 – 14 L 971/23, juris Rn. 25; BVerwGE 67, 93.

3106 Köln Beschl. v. 13.9.2023 – 14 L 971/23, juris Rn. 23; OVG Koblenz Urt. v. 28.8.2019 – 8 A 11472/18, juris, Rn. 36; OVG Münster Beschl. v. 15.3.2023 – 21 B 281/23, juris, Rn. 26; VG Minden Beschl. v. 8.3.2023 – 9 L 941/22, juris, Rn. 45 ff.

3107 BVerwGE 67, 93; UPR 1986, 266; Beschl. v. 4.12.1989 – 4 B 214.89, juris.

3108 BVerwG Beschl. v. 3.3.1992 – 4 B 44.92, juris.

3109 BVerwG NVwZ-RR 1992, 467.

3110 OVG Lüneburg NVwZ 2023, 762 = juris Rn. 19; BVerwG Urt. v. 25.11.2021 – 7 C 6.20, juris Rn. 42; Urt. v. 6.11.2012 – 9 A 17.11, juris Rn. 89.

sicherzustellen, dass es nicht zu Veränderungen und Störungen kommt, die zu einer erheblichen Beeinträchtigung des Gebiets in seinen für die Erhaltungsziele oder den Schutzzweck maßgeblichen Bestandteilen führen können (§ 33 I 1 BNatSchG).[3111] Die Frage, ob von einer konkreten forstwirtschaftlichen Nutzung eine solche Beeinträchtigung droht, ist eine naturschutzfachliche Frage, die der für die Unterschutzstellung zuständige Normgeber durch die Schutzgebietsausweisung und die Schutzgebietspflege zu regeln hat.[3112]

8227 **c) Naturschutzrechtliches Vermeidungsgebot.** Der Verursacher eines Eingriffs ist gem. § 15 I BNatSchG zu verpflichten, vermeidbare Beeinträchtigungen von Natur und Landschaft zu unterlassen. Der Begriff der Vermeidbarkeit ist allerdings nicht in einem naturwissenschaftlichen Sinne zu verstehen. Denn in tatsächlicher Hinsicht ist nahezu jeder Eingriff vermeidbar. Die Frage der Vermeidbarkeit ist vielmehr auf Grund einer wertenden Betrachtung zu entscheiden. Der Rechtsbegriff der Vermeidbarkeit zielt darauf ab, die Auswirkungen eines Eingriffs auf den Naturhaushalt zu verringern und den Verursacher des Eingriffs zu umweltschonenderen Ausführungsalternativen zu veranlassen.

8228 Das naturschutzrechtliche Vermeidungsverbot hat allerdings keinen absoluten Vorrang. So ist etwa die Planungsbehörde auch durch § 15 I BNatSchG nicht zur Wahl einer ökologisch günstigsten Planungsalternative verpflichtet.[3113] Ob ein Vorhaben an einem bestimmten Standort zulässig ist, richtet sich auch in naturschutzrechtlicher Hinsicht nach dem jeweiligen Fachrecht. Auch die Belange des Naturschutzes unterliegen dabei dem fachplanungsrechtlichen Abwägungsgebot. Die naturschutzrechtliche Eingriffsregelung ergänzt die fachrechtlichen Zulassungstatbestände. Das Vermeidungsgebot in § 15 I BNatSchG knüpft daher an die im Rahmen der fachrechtlichen Abwägung getroffene Trassenwahl an. § 15 I BNatSchG verpflichtet ausschließlich dazu, aus dem Kreis der mit einem Eingriff verbundenen erheblichen oder nachhaltigen Beeinträchtigungen von Natur und Landschaft diejenigen zu unterlassen, die vermeidbar sind. Die durch die Inanspruchnahme von Natur und Landschaft am Ort des Eingriffs selbst zwangsläufig hervorgerufenen Beeinträchtigungen nimmt das Naturschutzrecht demgegenüber als unvermeidbar hin.[3114] Der Verursacher eines Eingriffs wird daher nicht daran gehindert, den Eingriff vorzunehmen, wenn dies aus der jeweiligen Fachsicht nach Abwägung aller Belange erforderlich erscheint. Dem Verursacher des Eingriffs wird lediglich die Verpflichtung auferlegt, den in § 15 BNatSchG bezeichneten Unterlassungs- und Handlungsgeboten nachzukommen. Im Übrigen hebt § 15 I BNatSchG nicht darauf ab, ob das Vorhaben, durch das der Eingriff hervorgerufen wird, vermeidbar ist. Die gesetzliche Verpflichtung zielt vielmehr ausschließlich darauf ab, aus dem Kreis der mit einem Eingriff verbundenen erheblichen oder nachhaltigen Beeinträchtigungen von Natur und Landschaft diejenigen zu unterlassen, die bei **Wahrung** der **Konzeption** und **Zielvorstellungen** vermeidbar sind.

8229 Überhaupt kann die Planung **eigenständig Ziele und Konzepte** festlegen, die für die Prüfung der Vermeidbarkeit bindende Wirkungen entfalten können. So gesehen ist ein Eingriff nur vermeidbar, wenn er bei Wahrung der Ziele und Konzepte, die durch die planerische Entscheidung bestimmt werden, vermieden werden kann. Denn natürlich ließe sich der Eingriff durch eine sog. „Nullvariante" vermeiden.[3115] Das ist aber bei der Vermeidbarkeit des Eingriffs in § 15 I BNatSchG (§ 19 I BNatSchG) nicht gemeint.[3116] Das Vermeidungsgebot wird daher zumeist nicht zu einem Verzicht auf das Vorhaben zwingen,[3117] sondern wohl nur ein ortsgebundenes Minimierungsgebot[3118] beinhalten.[3119] Vor dem Hintergrund dieser planerischen Entscheidungen ist das Vermeidungsgebot allerdings nicht lediglich ein Optimierungs-

---

3111 OVG Lüneburg NVwZ 2023, 762 = juris Rn. 19.

3112 BVerwG Urt. v. 25.11.2021 – 7 C 6.20, juris Rn. 42; Urt. v. 6.11.2012 – 9 A 17.11, juris Rn. 89.

3113 BVerwG DVBl. 1997, 838.

3114 BVerwG DVBl. 1997, 838.

3115 BVerwG NVwZ 1993, 565; Nies AgrarR 1999, 69.

3116 Wohl etwas enger OVG Koblenz NuR 1981, 28; VGH Kassel NVwZ-RR 1990, 236; Blume NuR 1989, 332.

3117 BVerwG NuR 1998, 138; ZfBR 1998, 323; NVwZ 1997, 914; VGH Mannheim NuR 1998, 653; DVBl. 1986, 364; NVwZ-RR 1989, 349; VGH Kassel NVwZ-RR 1994, 378; VGH München NuR 1995, 274; OVG Münster NVwZ-RR 1995, 10.

3118 OVG Saarlouis NuR 1992, 348.

3119 BVerwG ZfBR 1998, 323; DVBl. 1998, 356; NuR 1997, 404; VGH Mannheim NVwZ-RR 1989, 349; NuR 1998, 653; VGH Kassel UPR 1987, 360; Kuschnerus NVwZ 1996, 235.

gebot[3120] oder ein durch einfache Abwägung überwindbarer Belang, sondern ein strikt bindender Planungsleitsatz,[3121] allerdings mit der Einschränkung, dass die planerischen Ziele und Konzepte die Beurteilung weitgehend steuern.

Die Eingriffsregelung in den §§ 14 bis 17 BNatSchG soll als sekundärrechtliches Instrument der Planfeststellung verhindern, dass die nachteilige Inanspruchnahme von Natur und Landschaft sanktionslos bleibt.[3122] Allerdings nimmt § 19 III BNatSchG selbst schwere Beeinträchtigungen des Naturhaushalts und des Landschaftsbildes in Kauf, wenn den für den Eingriff sprechenden Gründen größeres Gewicht zukommt. Ein weitergehender Schutz von Natur und Landschaft lässt sich nur über Schutzgebietsausweisungen im Sinne der §§ 20 ff. BNatSchG erreichen.[3123] 8230

Auch § 15 I 1 BNatSchG bestätigt, dass die Anwendung der Eingriffsregelung die **fachgesetzliche Zulässigkeit des Eingriffs** voraussetzt. Denn erst auf dieser Stufe räumt der Gesetzgeber der Behörde die Möglichkeit ein, nicht bloß darauf hinzuwirken, dass die Eingriffsfolgen gering gehalten werden, sondern den Eingriff als solchen zu unterbinden. So gesehen ist die Eingriffsregelung dem fachgesetzlichen Zulassungstatbestand lediglich „aufgesattelt" (**„Huckepackverfahren"**). Ihr Ziel ist es, den Vorschriften des Fachrechts ein auf die Bedürfnisse des Naturschutzrechts und der Landschaftspflege zugeschnittenes Regelungswerk an die Seite zu stellen. Sie verhindert als sekundärrechtliches Instrumentarium, dass die nachteilige Inanspruchnahme von Natur und Landschaft, die das Fachrecht gestattet, zu Lasten von Natur und Landschaft sanktionslos bleibt. Dies ändert aber nichts daran, dass die Belange des Naturschutzrechtes in der fachrechtlichen Abwägung verfügbar sind. Ein irgendwie geartetes **Rangverhältnis** iS eines Vorrangs naturschutzrechtlicher Belange wird auch durch das Vermeidungsgebot in § 15 I BNatSchG **nicht** begründet.[3124] Das naturschutzrechtliche Vermeidungsgebot schützt allerdings nicht nur den aktuellen Zustand eines Lebensraumes, sondern auch künftige naturräumliche Entwicklungen, soweit deren Eintritt tatsächlich zu erwarten ist.[3125] 8231

Wiederholt haben sich die Gerichte auch mit der Frage befasst, in welchem Umfang die naturschutzrechtliche Eingriffsregelung zwingende Gebote enthält und welche Abwägungsmöglichkeiten bestehen. Das naturschutzrechtliche Vermeidungsgebot selbst ist striktes Recht und damit einer Abwägung nicht zugänglich. Der gänzliche Verzicht auf das Vorhaben stellt allerdings ebenso wenig wie die Verweisung auf einen anderen Standort eine Vermeidung dar. Die Frage der Vermeidbarkeit bezieht sich vielmehr darauf, ob bei Verwirklichung des Vorhabens an der vorgesehen Stelle erhebliche Beeinträchtigungen von Natur und Landschaft vermieden oder zumindest vermindert werden können.[3126] Entsprechend kommt es weder beim Vermeidungsgebot noch bei der spezifisch naturschutzrechtlichen Abwägung auf die Gewichtung von Planungsvarianten an. Denn diese ist Gegenstand der fachplanerischen Abwägung.[3127] Demnach ist das Verbot vermeidbarer Beeinträchtigungen darauf gerichtet, Auswirkungen auf den Naturhaushalt und das Landschaftsbild durch das Vorhaben selbst an Ort und Stelle möglichst gering zu halten.[3128] Zugleich wirkt das Naturschutzrecht auf die Abwägung ein, indem die naturschutzrechtlichen Belange mit ihrem Gewicht in die Abwägung eingestellt werden müssen. Als sekundärrechtliches Instrument soll die Eingriffsregelung verhindern, dass die nachteilige Inanspruchnahme von Natur und Landschaft, die das Fachrecht gestattet, zu Lasten von Natur und Landschaft sanktionslos bleibt.[3129] Naturschutzrechtliche Vermeidungsmaßnahmen stehen unter einem doppelten Verhältnismäßigkeitsvorbehalt. Maßnahmen, die in der na- 8232

3120 BVerwG NVwZ 1991, 69; VGH Kassel NVwZ 1988, 1040; VGH Mannheim NVwZ-RR 1989, 349; VG Darmstadt NuR 1991, 390; Dürr UPR 1991, 81; Erbguth/Püchel NuR 1984, 211; Kuchler VBlBW 1989, 63; Ramsauer NuR 1997, 419; Ronellenfitsch VerwArch. 1986, 177; Schroeter DVBl. 1979, 14; Wahl NVwZ 1990, 426.

3121 VGH Mannheim NuR 1998, 653; OVG Hamburg NuR 1997, 453; Breuer NuR 1980, 89; Kuschnerus DVBl. 1986, 75; ders. NVwZ 1996, 235; Paetow NuR 1986, 144; Steinberg NVwZ 1986, 812; Wolf ZUR 1998, 183.

3122 BVerwG NVwZ 2002, 1103; DVBl. 1997, 838.

3123 BVerwG NVwZ 2002, 1103.

3124 BVerwG DVBl. 1997, 838.

3125 BVerwG NVwZ 2005, 589.

3126 VGH Mannheim DVBl. 2000, 1367; BVerwG NVwZ 1993, 565.

3127 VGH Mannheim VBlBW 2001, 481 (482); BVerwG NVwZ 1997, 914.

3128 VGH Mannheim VBlBW 2001, 362; NVwZ-RR 1994, 373.

3129 BVerwG NVwZ 2002,1103; DVBl. 1997, 838.

turschutzrechtlichen Gesamtbilanzierung letztlich zu stärkeren Beeinträchtigungen von Natur und Landschaft als das Vorhaben führen, sind bereits keine Vermeidungsmaßnahmen im Sinne des Gesetzes. Auch mit geringeren Eingriffen in Natur und Landschaft verbundene Alternativen gelten überdies dann nicht als Vermeidungsmaßnahmen, wenn sie unzumutbar sind.[3130]

8233 Folgende planerische und entwurfstechnische **Maßnahmen** können im Einzelfall zur Vermeidung von erheblichen oder nachhaltigen Beeinträchtigungen dienen:[3131]

- Abgrenzungen zwischen überbaubaren und nicht überbaubaren Grundstücksflächen, die den natürlichen Gegebenheiten Rechnung tragen,
- Rücksichtnahme auf die ökologischen Faktoren des Naturhaushalts und des optischen Beziehungsgefüges des Landschaftsbildes, auch bei seiner Festlegung der baulichen Ausnutzbarkeiten auf den Eingriffsgrundstücken (zB landschaftstypische Bauweise, Einbindung in die Landschaft und Dach- und Fassadenbegrünung von Bauwerken),
- Regelungen über den Erhalt bestimmter schützenswerter Naturbestandteile wie zB von einzelnen Bäumen oder sonstigen Bepflanzungen auf den Baugrundstücken (zB Verdichtung einer Häusergruppe, um mehrere Bäume im Biotopverbund zu erhalten),
- Anforderungen an eine naturschonende Ausgestaltung erforderlicher Bodenversiegelungen (zB Herstellung von PKW-Stellflächen mit wasserdurchlässigem Oberflächenbelag),
- Einschränkung des Baufeldes und Schutzmaßnahmen im Realisierungszeitraum (zB Errichtung von Schutzzäunen im Bereich von Baustellen, um wertvolle Bäume zu schützen, Durchführung von Baumaßnahmen außerhalb der Brutzeiten und der Aufzucht von Jungtieren, Ausschluss der Flächen für Baustelleneinrichtungen, -straßen sowie Materiallagerplätze, Lärm- und Sichtschutz).

8234 **d) Naturschutzrechtliches Minimierungsgebot.** Nicht zu vermeidende naturschutzrechtliche Eingriffe sind nach Möglichkeit zu minimieren. Dieses in § 15 I BNatSchG enthaltene Minimierungsgebot für Eingriffe, die zu unvermeidbaren Beeinträchtigungen führen, gilt allerdings nicht absolut und ist danach kein Planungsleitsatz, sondern ein in der Abwägung überwindbares Gebot. Es wird vom BVerwG als Optimierungsgebot[3132] in dem Sinne bezeichnet, dass eine möglichst weitgehende Minimierung des Eingriffs allerdings unter Wahrung der Ziele und Konzepte des Vorhabens angestrebt werden muss. Auch hier hat die planende Stelle Abwägungs- und Wertungsspielräume vor allem bei der Festlegung der Zielvorstellungen und Konzepte, die sie mit der geplanten Maßnahme erreichen bzw. zulassen will. Nur wenn unter Wahrung dieser planerischen Ziele und Konzepte eine Minderung des Eingriffs ohne „Flurschaden" für die Planung möglich ist, besteht die Verpflichtung, die Auswirkungen für Natur und Landschaft durch eine Änderung des Vorhabens zurückzuführen.

8235 **e) Naturschutzrechtliches Ausgleichsgebot.** Vom Ansatz her striktes Recht und damit nicht Gegenstand einer planerischen Abwägung ist das Gebot, im Falle der Unvermeidbarkeit des Eingriffs diesen vorrangig auszugleichen oder in sonstiger Weise zu kompensieren (§ 15 II 1 BNatSchG).[3133] Ausgeglichen ist ein Eingriff dann, wenn und sobald die beeinträchtigten Funktionen des Naturhaushals wieder hergestellt sind und das Landschaftsbild landschaftsgerecht wiederherstellt oder neugestaltet ist (§ 15 II 1 BNatSchG). In sonstiger Weise kompensiert ist eine Beeinträchtigung, wenn und sobald die beeinträchtigten Funktionen des Naturhaushalts in gleichwertiger Weise ersetzt sind oder das Landschaftsbild landschaftsgerecht neu gestaltet ist. Bei der Festsetzung von Art und Umfang der Maßnahmen sind die Programme und Pläne nach den §§ 11 und 12 BNatSchG zu berücksichtigen. Hierzu gehören Landschaftsprogramme und Landschaftsrahmenpläne sowie Landschaftspläne.

8236 **Unterscheidung von Ausgleich und Ersatz.** Das BNatSchG hält damit an der Unterscheidung zwischen Ausgleich und Ersatz fest und schreibt einen vorrangigen Ausgleich vor. Hierin unterscheidet sich die Eingriffsregelung der §§ 14 bis 17 BNatSchG vom Naturschutz in der Bauleitplanung. Dort ist der Unterschied zwischen Ausgleichsmaßnahmen und Ersatzmaßnahmen aufgegeben (§ 200 a BauGB). Die Festsetzung der naturschutzrechtlichen Maßnahmen obliegt der planenden Gemeinde in der Bauleitplanung vielmehr im Rahmen der

---

3130 VGH Mannheim Urt. v. 28.11.2023 – 3 S 821/21, juris Rn. 357; BVerwG Beschl. v. 29.10.2014 – 7 VR 4.13, juris Rn. 26; Urt. v. 18.3.2009 – 9 A 40.07, juris Rn. 33; BVerwG, Urt. v. 19.3.2003 – 9 A 33.02, juris Rn. 52)

3131 Kuschnerus BauR 1998, 1.

3132 BVerwG NVwZ 1991, 69.

3133 BVerwG NVwZ 1993, 565.

Abwägung (§ 1 a III BauGB). Demgegenüber behält die Eingriffsregelung in den §§ 14 bis 17 BNatSchG die Unterscheidung zwischen Ausgleichsmaßnahmen und Ersatzmaßnahmen bei und ordnet auch weiterhin einen vorrangigen Ausgleich an. Der Ausgleich zielt auf eine Wiederherstellung der beeinträchtigten Funktionen des Naturhaushalts und des Landschaftsbildes bzw. dessen Neugestaltung ab. Ersatzmaßnahmen sind demgegenüber auf eine anderweitige Kompensation gerichtet. Hier steht vor allem ein gleichwertiger Ersatz im Vordergrund § 15 II 2 BNatSchG. Erst wenn sowohl die Ausgleichs- als auch die Ersatzmaßnahmen keine volle Kompensation des Eingriffs erreichen, ist das Vorhaben grundsätzlich unzulässig, kann aber nach einer bipolaren Abwägung zugelassen werden, wenn die das Vorhaben rechtfertigenden Interessen die beeinträchtigten Belange des Natur- und Landschaftsschutzes überwiegen § 15 V BNatSchG.

Ökologische Flutungen können Vermeidungsmaßnahmen iSd § 15 I BNatSchG gegenüber Beeinträchtigungen von Natur und Landschaft durch die Hochwasserrückhaltung und gleichzeitig Ersatzmaßnahmen iSd § 15 II BNatSchG für die durch sie selbst bewirkten Eingriffe sein.[3134] Nach dem Konzept der ökologischen Flutungen sollen die im Falle einer Retentionsflutung jeweils wiederkehrenden Beeinträchtigungen von Natur und Landschaft soweit wie möglich vermindert werden, indem die betroffene Flora und Fauna überflutungstolerant angepasst wird. Auch wenn ökologische Flutungen zunächst ihrerseits Eingriffe in Natur und Landschaft begründen, verringern sich diese Eingriffswirkungen ebenso wie diejenigen der Retentionsflutungen desto stärker, je weiter die Umwandlung vorangeschritten ist.[3135] 8237

Einschätzungsprärogative. Bei der Bewertung der Eingriffswirkungen eines Vorhabens steht der Planfeststellungsbehörde ebenso wie bei der Bewertung der Kompensationswirkung von Ausgleichs- und Ersatzmaßnahmen eine naturschutzfachliche Einschätzungsprärogative zu. Die in einem Planfeststellungsbeschluss vorgenommenen Quantifizierungen bei Eingriffswirkungen und Kompensationsmaßnahmen sind daher nur einer eingeschränkten gerichtlichen Kontrolle zugänglich; sie sind vom Gericht hinzunehmen, sofern sie im Einzelfall naturschutzfachlich vertretbar sind und auch nicht auf einem Bewertungsverfahren beruhen, das sich als unzulängliches oder gar ungeeignetes Mittel erweist, um den gesetzlichen Anforderungen gerecht zu werden.[3136] Für den Zuständigkeitsbereich der Bundesverwaltung enthält die auf § 15 VIII 1 BNatSchG gestützte **Bundeskompensationsverordnung** (BKompV) eine entsprechende Regelung zu Inhalt, Art und Umfang von Ausgleichs- und Ersatzmaßnahmen. § 15 VII 1 Nr. 1 BNatSchG ermächtigt das BMU, mit Zustimmung des Bundesrats eine Rechtsverordnung auch für den Bereich der Landesverwaltung zu erlassen. Hiervon wurde bislang aber kein Gebrauch gemacht. Damit ist weiterhin Landesrecht maßgeblich, soweit es § 15 II–IV BNatSchG nicht widerspricht (§ 15 VII 2 BNatSchG). Die BKompV kann als Arbeitshilfe herangezogen werden.[3137] 8238

Eigentumsschutz. Sind die getroffenen Ausgleichsmaßnahmen unzureichend, so führt dies im Allgemeinen nicht dazu, dass der Planfeststellungsbeschluss auf die Klage eines Grundstückseigentümers hin aufzuheben wäre. Denn in der Regel werden sich erforderliche Ausgleichsmaßnahmen auch noch im Nachhinein anordnen lassen. Zudem hat der Grundstückseigentümer keinen Rechtsanspruch darauf, dass naturschutzrechtliche Kompensationsmaßnahmen nach§ 15 II 1 BNatSchG getroffen werden, wenn nicht überzeugend dargelegt werden kann, dass die eigene Rechtsposition des Klägers hierdurch verbessert wird.[3138] Wird für eine Ausgleichs- und/oder Ersatzmaßnahme auf privates Grundeigentum zugegriffen, muss dies das mildeste Mittel zur Erfüllung der naturschutzrechtlichen Ausgleichsverpflichtung darstellen.[3139] 8239

Ausgleichsmaßnahmen. Ausgeglichen ist eine Beeinträchtigung nach § 15 II 2 BNatSchG, wenn und sobald die beeinträchtigten Funktionen des Naturhaushalts in gleichartiger Weise wiederhergestellt sind und das Landschaftsbild landschaftsgerecht wiederhergestellt oder neugestaltet ist. Ausgleichsmaßnahmen müssen nicht unmittelbar am Ort des Eingriffs durchgeführt werden. Es reicht vielmehr aus, dass sie sich im beeinträchtigten Landschaftsraum bzw. an der 8240

3134 VGH Mannheim Urt. v. 28.11.2023 – 3 S 821/21, juris 280; KommJur 2024, 147 = juris Rn. 24; BVerwG NVwZ-RR 2015, 15.

3135 VGH Mannheim Urt. v. 28.11.2023 – 3 S 821/21, juris Rn. 280.

3136 BVerwGE 173, 132 Rn. 93; BVerwGE 154, 73 Rn. 146; zweifelnd dazu Kahl in FS für Seibert, 2020, S. 181 f.; zur Notwendigkeit weiterer Normenkonkretisierung Dolde NVwZ 2019, 1567.

3137 Kahl/Gärditz Umweltrecht, 2023, § 10 Rn. 54.

3138 BVerwG NVwZ 1996, 896.

3139 BVerwG NuR 2010, 646.

Stelle des Eingriffs positiv auswirken können und so in einem räumlich-funktionalen Zusammenhang mit dem Ort des Eingriffs stehen.[3140] Der Ausgleich muss bereits im Zeitpunkt der Genehmigung des Eingriffs sichergestellt sein, darf also nicht von Dritten oder Behördenentscheidungen abhängen.[3141]

8241 **f) Naturschutzrechtliche Ersatzmaßnahmen.** Können unvermeidbare Beeinträchtigungen nicht ausgeglichen werden, sind die Eingriffe in sonstiger Weise durch Ersatzmaßnahmen zu kompensieren § 15 II 1 BNatSchG. In sonstiger Weise kompensiert ist eine Beeinträchtigung, wenn und sobald die beeinträchtigten Funktionen des Naturhaushalts in gleichwertiger Weise ersetzt sind oder das Landschaftsbild landschaftsgerecht neu gestaltet ist (§ 15 II 3 BNatSchG).

8242 **Lockerung des räumlichen Zusammenhangs.** Da der Ersatz durch eine gleichwertige (statt gleichartige) Herstellung der betroffenen Funktionen des Naturhaushalts in dem betroffenen Naturraum gekennzeichnet ist, unterscheidet er sich vom Ausgleich durch eine Lockerung des notwendigen räumlich-funktionalen Zusammenhangs mit dem Eingriff. Gefordert ist die Herstellung ähnlicher, wenngleich mit der beeinträchtigten nicht identischer Funktionen.[3142] Der Umstand, dass der räumliche Bezug zum Eingriffsort bei Ersatzmaßnahmen lockerer sein kann als bei Ausgleichsmaßnahmen, erweitert zugunsten der Planfeststellungsbehörde den örtlichen Bereich, in dem Ersatzmaßnahmen festgesetzt werden können. Dies stellt aber nicht in Frage, dass Vorhabenträger und Planfeststellungsbehörde sich eine möglichst eingriffsnahe Kompensation zum Ziel setzen dürfen.[3143] Für die räumliche Nähebeziehung ist notwendig, dass die Ersatzmaßnahme in dem betroffenen Naturraum erfolgt (§ 15 II 3 BNatSchG).

8243 **Gleichwertigkeit der Kompensation.** Für Ausgleichs- oder Ersatzmaßnahmen kommen nur Flächen in Betracht, die in einen Zustand versetzt werden können, der sich im Vergleich mit dem früheren als ökologisch höherwertig einstufen lässt. Weitere Voraussetzung ist nicht, dass der ökologische Wert dieser Flächen geringer ist als derjenige des für das Vorhaben in Anspruch genommenen Grund und Bodens.[3144] Andernfalls wären Eingriffe auf ökologisch geringwertigen Flächen nicht kompensierbar. Entscheidend ist vielmehr die ökologische Gesamtbilanz aus der Verschlechterung durch die Baumaßnahme und der ökologischen Aufwertung der Kompensationsfläche.

8244 Die Eignung einer Ersatzmaßnahme scheitert nicht zwingend daran, dass die hierfür vorgesehene Fläche innerhalb eines Vogelschutzgebiets liegt. Zwar sind dort im Rahmen des Gebietsmanagements vorhabenunabhängig Maßnahmen zur Erhaltung sowie zur Vermeidung von Verschlechterungen und Störungen zu ergreifen. Jedoch stehen gem. § 15 II 4 BNatSchG Festlegungen von Entwicklungs- und Wiederherstellungsmaßnahmen in Bewirtschaftungsplänen für Natura 2000-Gebiete der Anerkennung solcher Maßnahmen als Kompensationsmaßnahmen nicht entgegen. Ihre Anerkennung wird nicht dadurch ausgeschlossen, dass sie aufgrund europarechtlicher Vorgaben ohnehin durchgeführt werden müssen. Eine Anrechnung scheidet nur dann aus, wenn die Maßnahme bereits aufgrund anderer verbindlicher Vorgaben realisiert werden muss.[3145]

8245 Flächen, die bereits ökologisch hochwertig sind, können nur dann herangezogen werden, wenn sie nach Maßgabe des § 15 II 2, 3 BNatSchG tatsächlich zu einer Kompensation geeignet sind, dh wenn dort ein ökologisches Verbesserungspotenzial besteht und wenn keine Alternativflächen mit geringer ökologischer Wertigkeit zur Verfügung stehen.

8246 **Berücksichtigung von Plänen und Programmen.** Bei der Festsetzung von Art und Umfang der Maßnahmen sind die Programme und Pläne nach den §§ 10 und 11 BNatSchG zu berücksichtigen (15 II 4 BNatSchG). Die Ausgleichsmaßnahmen sind gegenüber den Ersatzmaßnahmen prinzipiell vorrangig. Der Eingriff in Natur und Landschaft ist daher primär an Ort und Stelle auszugleichen. Gelingt dies nicht, sind Ersatzmaßnahmen zu ergreifen, welche die beeinträchtigten Funktionen des Naturhaushalts in gleicher Weise ersetzen oder das Landschaftsbild landschaftsgerecht neu gestalten. Die Ersatzmaßnahmen können im weiteren Landschaftsraum erfolgen. Ausgleichsmaßnahmen sind zwar prinzipiell vorrangig. Aber auch durch

---

3140 BVerwGE 85, 348 (360); 105, 178 (185);
3141 BVerwG DVBl. 2013, 1453; Kahl/Gärditz Umweltrecht, 2023, § 10 Rn. 56.
3142 BVerwG ZUR 2017, 357 (359); BVerwGE 120, 1 (16).
3143 BVerwG ZUR 2017, 357 (359).
3144 BVerwG NVwZ 2017, 1294 (1300).
3145 BVerwG NVwZ 2017, 1294 (1300).

Ersatzmaßnahmen kann eine das Vorhaben rechtfertigende Kompensation herbeigeführt werden. Der Eingriff stößt erst auf zusätzliche Barrieren, wenn weder ein Ausgleich noch eine Kompensation in sonstiger Weise möglich ist. Dann ist das Vorhaben nur zulässig, wenn die Belange des Naturschutzes und der Landschaftspflege bei der Abwägung aller Anforderungen an Natur und Landschaft anderen Belangen im Range vorgehen.

Kompensationskonzept. Im Rahmen der naturschutzrechtlichen Eingriffsregelung ist es zulässig, zunächst nach Maßgabe der gesetzlichen Rangfolge (Vermeidung, Ausgleich, Ersatz, Ersatzzahlung) ein (vorläufiges) Kompensationskonzept zu entwickeln und den örtlichen Bereich oder auch die Bereiche, in denen Kompensationsmaßnahmen in Betracht kommen, näher zu umreißen. Die Ermittlung der **Eigentumsverhältnisse** und die naturschutzfachliche Eignungsbeurteilung können es erforderlich machen, das zunächst erdachte (vorläufige) Kompensationskonzept zu modifizieren oder ein alternatives Konzept zu prüfen. Ein im landschaftspflegerischen Begleitplan festgesetztes Kompensationskonzept, das darauf abzielt, nicht nur die Ausgleichs-, sondern auch die Ersatzmaßnahmen möglichst trassennah anzusiedeln, um so eine optimale Kompensation der mit dem Vorhaben verbundenen Eingriffe in Natur und Landschaft zu erreichen, begegnet keinen Bedenken.[3146] Die von der Planfeststellungsbehörde im Rahmen der naturschutzrechtlichen Eingriffsregelung vorzunehmende Verhältnismäßigkeitsprüfung verlangt ua eine eigenständige Prüfung der Frage, ob die Inanspruchnahme privater Grundstücke erforderlich ist. Dies setzt zwingend voraus, dass die Suche nach geeigneten Kompensationsflächen dokumentiert wird und die vollständige Dokumentation der Planfeststellungsbehörde zusammen mit den Planunterlagen vorgelegt wird, damit diese sich einen eigenen Eindruck davon verschaffen kann, ob der Vorhabenträger alles Erforderliche getan hat.[3147] 8247

Hat sich die Planfeststellungsbehörde bei der Bewertung der Eingriffswirkungen und der Kompensationswirkung von Ausgleichs- und Ersatzmaßnahmen für ein **bestimmtes Verfahren** entschieden, darf sie hiervon nur abweichen, wenn dies durch sachliche Gründe gerechtfertigt ist. 8248

g) Abwägung. Kommt eine Kompensation durch Ausgleichs- oder Ersatzmaßnahmen nicht in Betracht, ist der Eingriff nach § 15 V BNatSchG zu untersagen, soweit Belange des Naturschutzes und der Landschaftspflege bei der Abwägung aller Anforderungen an Natur und Landschaft anderen Belangen im Range vorgehen. 8249

Die strikt zu beachtenden Verpflichtungen des § 15 I BNatSchG, vermeidbare Beeinträchtigungen zu unterlassen und unvermeidbare Beeinträchtigungen nach Möglichkeit auszugleichen, sind von der abwägenden Entscheidung des Fachplanungsrechts und der speziellen Abwägungsklausel in § 15 V BNatSchG abzugrenzen. Zunächst unterliegt die jeweilige fachplanerische Entscheidung dem (allgemeinen) fachrechtlichen Abwägungsgebot. Danach sind alle öffentlichen und privaten Belange mit ihrem jeweiligen Gewicht zu ermitteln (1. Stufe), zu gewichten (2. Stufe), in die Fachentscheidung einzustellen (3. Stufe) und dort mit den anderen Belangen zu einem sachgerechten Ausgleich zu bringen (4. Stufe). Daran ändert auch das Naturschutzrecht nichts. Die Belange von Natur und Landschaft nehmen danach mit ihrem jeweiligen Gewicht an diesem Abwägungsprozess teil. Einen einseitigen Vorrang gegenüber anderen Belangen haben die Belange von Natur und Landschaft nicht. Dieser ergibt sich auch nicht aus dem naturschutzrechtlichen Vermeidungsgebot in § 15 I BNatSchG. 8250

In welchem Umfang sich dabei Belange von Natur und Landschaft durchsetzen, entscheidet sich nach Grundsätzen des Abwägungsgebotes. Der Grundsatz der Verhältnismäßigkeit, der mit dem Abwägungsgebot in engem Zusammenhang steht, verlangt allerdings auch die Prüfung, ob das planerische Ziel mit geringerem Eingriff in Belange von Natur und Landschaft gleichgut verwirklicht werden kann. Ist dies der Fall, scheitert die Planung an dem naturschutzrechtlichen Vermeidungsgebot in § 15 I BNatSchG. Denn die naturschutzrechtlichen Belange dürfen danach nicht stärker beeinträchtigt werden, als es aus Gründen der mit dem Vorhaben verfolgten Ziele erforderlich ist. Lässt sich daher das mit dem Vorhaben verfolgte Ziel ohne Aufopferung anderer Interessen mit geringeren Nachteilen an anderer Stelle erreichen, so kann sich die Planungsbehörde nicht, ohne gegen das Abwägungsgebot und das Vermeidungsgebot in § 15 I BNatSchG zu verstoßen, gleichwohl für die Alternative entscheiden, die sich – gemessen an der Eingriffsregelung in § 14 I BNatSchG – als intensiverer Eingriff darstellt. Erst 8251

[3146] BVerwG NVwZ 2011, 1124.
[3147] BVerwG NVwZ 2011, 1124.

recht setzt die planende Stelle sich mit den vorgenannten Geboten in Widerspruch, wenn sie sich für eine Alternative entscheidet, der überwiegende naturschutzrechtliche Belange entgegenstehen. Das Abwägungsgebot eröffnet zwar die Möglichkeit, einzelne Belange hinter anderen Belangen zurückzustellen. Es entbindet aber nicht von der Verpflichtung, einen Ausgleich herbeizuführen, der den Erfordernissen des Verhältnismäßigkeitsgrundsatzes gerecht wird. Das auf Schonung von Natur und Landschaft gerichtete Allgemeininteresse lässt sich daher im Konflikt mit den für eine konkrete Planung sprechenden Gesichtspunkten nur unter der Voraussetzung zurückstellen, dass entsprechend gewichtige Gründe dies rechtfertigen.[3148]

8252 Den Belangen des Naturschutzes und der Landschaftspflege kommt im Rahmen der Abwägung kein prinzipieller Vorrang zu. Solchen Belangen ist allerdings im Einzelfall ein besonderes Gewicht beizumessen. Dem Schutz von Natur und Landschaft kommt im Hinblick auf Art. 20a GG im Rahmen der Abwägung nach § 15 V BNatSchG ein besonderes Gewicht zu.[3149] Insoweit wiegen Beeinträchtigungen, die weder vermeidbar noch kompensierbar sind, regelmäßig schwer, sodass sie nur durch entsprechend gewichtige andere Belange überwunden werden können. Den Belangen des Naturschutzes und der Landschaftspflege kommt daher ein besonderes Gewicht zu, wenn die Fachplanung bisher weitgehend unberührte Landschaftsteile großflächig und grundlegend verändert. Überhaupt steht die bipolare Abwägung nicht außerhalb des jeweiligen fachlichen Entscheidungsprogramms, sondern ist dessen Bestandteil.[3150] Diese bipolare Abwägung steht allerdings erst an, wenn der Eingriff in Natur und Landschaft weder durch Ausgleichsmaßnahmen noch in sonstiger Weise kompensiert werden kann.

8253 § 15 V BNatSchG nimmt selbst schwere Beeinträchtigungen des Naturhaushalts und des Landschaftsbildes in Kauf, wenn den für den Eingriff sprechenden Gründen größeres Gewicht zukommt. Ein weitergehender Schutz von Natur und Landschaft lässt sich über Schutzgebietsausweisungen im Sinne der §§ 20 ff. BNatSchG erreichen.[3151] Dazu gehören auch die FFH- und die Vogelschutz-Gebiete, die nach Maßgabe der §§ 32 bis 34 BNatSchG einen deutlich höheren Schutz entwickeln.

8254 Das Ergebnis der von der Behörde vorgenommenen Abwägung ist gerichtlich nur eingeschränkt auf Abwägungsfehler hin überprüfbar.[3152] Das BVerwG wendet zudem bei Planfeststellungsbeschlüssen die Planerhaltungsregeln des § 75 Ia VwVfG bzw. des besonderen Fachrechts auch auf die naturschutzrechtliche Abwägung bei der Eingriffsregelung entsprechend an.[3153] Abwägungsmängel sind hiernach nur erheblich, wenn sie offensichtlich und auf das Abwägungsergebnis von Einfluss gewesen sind. Offensichtlich sind alle Mängel, die zur äußeren Seite des Planungsvorganges zählen, also anhand von Unterlagen objektivierbar sind. Eine Aufhebung des Planfeststellungsbeschlusses setzt voraus, dass ein Abwägungsfehler die Ausgewogenheit der Planung insgesamt in Frage stellt. Reicht eine Planergänzung nach § 75 Ia 2 VwVfG aus, um nachträglich die Kompensation eines Eingriffs in Natur und Landschaft nach § 15 II BNatSchG anzuordnen, kann die Aufhebung des Planfeststellungsbeschlusses nicht verlangt werden.[3154]

8255 **h) Ersatzzahlung.** Wird ein Eingriff nach § 15 V BNatSchG zugelassen oder durchgeführt, obwohl die Beeinträchtigungen nicht zu vermeiden oder nicht in angemessener Frist auszugleichen oder zu ersetzen sind, hat der Verursacher nach § 15 VI 1 BNatSchG Ersatz in Geld zu leisten.[3155] Die Ersatzzahlung bemisst sich nach den durchschnittlichen Kosten der nicht durchführbaren Ausgleichs- und Ersatzmaßnahmen einschließlich der erforderlichen durchschnittlichen Kosten für deren Planung und Unterhaltung sowie die Flächenbereitstellung unter Einbeziehung der Personal- und sonstigen Verwaltungskosten. Die Ersatzzahlung für nicht durchführbare Ausgleichs- und Ersatzmaßnahmen nach Waldumwandlung kann gem. § 15 VI

[3148] BVerwG Urt. v. 7.3.1997 – 4 C 10.96, juris; NVwZ 2004, 732.
[3149] Kahl/Gärditz Umweltrecht, 2023, § 10 Rn. 63.
[3150] BVerwG NVwZ 2007, 581.
[3151] BVerwG NVwZ 2002, 1103.
[3152] BVerwGE 128, 76 Rn. 19; Kerkmann/Koch in Kerkmann/Fellenberg, Naturschutzrecht in der Praxis, 2021, § 5 Rn. 55; Kahl/Gärditz Umweltrecht, 2023, § 10 Rn. 65.
[3153] BVerwGE 121, 72 (80 f.); 128, 76 Rn. 11; Kahl/Gärditz Umweltrecht, 2023, § 10 Rn. 65.
[3154] Kahl/Gärditz Umweltrecht, 2023, § 10 Rn. 65.
[3155] Zur Rechtmäßigkeit der Festsetzung eines Ersatzgeldes für die Rodung des Baum- und Gehölzbewuchses auf einem Grundstück wegen eines Eingriffs in die Natur im Sinne von § 14 I BNatSchG siehe OVG Münster Beschl. v. 8.1.2020 – 21 A 1113/17, juris Rn. 12.

2 BNatSchG eine Wertminderung der Ausgleichsfläche berücksichtigen, die sich aus der Differenz der fiktiven Bodenverkehrswerte vor Erwerb der Fläche und nach Durchführung der Ausgleichsmaßnahmen bemisst.[3156] Sind die Kosten nicht feststellbar, bemisst sich die Ersatzzahlung nach Dauer und Schwere des Eingriffs unter Berücksichtigung der dem Verursacher daraus erwachsenden Vorteile (§ 15 VI 2 und 3 BNatSchG). Ob dieser Maßstab ohne weitere materiell-gesetzliche Konkretisierung rechtsstaatlichen Mindeststandards genügt, wird auch weil weder ein abstrakter Kostenrahmen noch eine kalkulierbare Methode vom Gesetzgeber festgelegt worden ist, bezweifelt.[3157]

8256 Die Ersatzzahlung ist von der zuständigen Behörde im Zulassungsbescheid oder, wenn der Eingriff von einer Behörde durchgeführt wird, vor der Durchführung des Eingriffs festzusetzen. Die Zahlung ist vor der Durchführung des Eingriffs zu leisten. Es kann ein anderer Zeitpunkt für die Zahlung festgelegt werden; in diesem Fall soll eine Sicherheitsleistung verlangt werden. Die Ersatzzahlung ist zweckgebunden für Maßnahmen des Naturschutzes und der Landschaftspflege möglichst in dem betroffenen Naturraum zu verwenden, für die nicht bereits nach anderen Vorschriften eine rechtliche Verpflichtung besteht (§ 15 VI 4 bis 7 BNatSchG).

8257 Aus nach § 15 VII 2 BNatSchG fortgeltenden landesrechtlichen Vorschriften können sich Privilegierungen im Einzelfall ergeben, die eine Absenkung von Ersatzzahlungen bei besonders gemeinwohlrelevanten Anlagen ermöglichen[3158]

8258 **i) Landschaftspflegerischer Begleitplan.** Bei einem Eingriff in Natur und Landschaft, der auf Grund eines Fachplanes vorgenommen werden soll, hat der Planungsträger die zum Ausgleich dieses Eingriffs erforderlichen Maßnahmen des Naturschutzes und der Landschaftspflege im Einzelnen im Fachplan oder in einem landschaftspflegerischen Begleitplan in Text und Karte darzustellen. Der landschaftspflegerische Begleitplan ist Bestandteil des Fachplanes § 17 IV BNatSchG. Unter den Begriff „Fachplan" fallen Planfeststellungsbeschlüsse iS von § 74 VwVfG, der Wege- und Gewässerplan mit landschaftspflegerischem Begleitplan nach § 41 FlurbG und die Rahmenbetriebspläne nach § 55 II und II a BBergG, planfeststellungsersetzende Bebauungspläne,[3159] nicht aber normale Bauleitpläne.[3160] Die Entscheidungen und Maßnahmen werden im Benehmen mit den für Naturschutz und Landschaftspflege zuständigen Behörden getroffen, soweit nicht eine weitergehende Form der Beteiligung vorgeschrieben ist oder die für Naturschutz und Landschaftspflege zuständigen Behörden selbst entscheiden (§ 17 IV BNatSchG). Ausgleichs- und Ersatzmaßnahmen können in einem öffentlich-rechtlichen Vertrag auch dann geregelt werden, wenn der Bebauungsplan einen Planfeststellungsbeschluss für eine Straßenplanung ersetzt.[3161] Der Planungsträger hat zwar nach § 17 IV BNatSchG (§ 20 IV BNatSchG) im Rahmen einer Fachplanung die erforderlichen Maßnahmen im Fachplan oder in einem Bebauungsplan, der Bestandteil des Fachplans ist, in Text und Karte darzustellen. Es spricht einiges dafür, dass die naturschutzrechtliche Konfliktbewältigung auch in diesem Fall durch einen städtebaulichen Vertrag ergänzt werden kann.[3162]

8259 **j) Naturschutzrechtliche Konfliktbewältigung.** In der Fachplanung erfolgt die Bewältigung der naturschutzrechtlichen Konflikte ebenso wie in der Bauleitplanung integriert in dem Sinne, dass das jeweilige Fachrecht die naturschutzrechtlichen Eingriffs-/Ausgleichsregelungen abzuarbeiten hat. Der Naturschutz geht damit in die fachplanerische Entscheidung ein und verbindet sich dort wenngleich als eigenständiges Element mit der fachplanerischen Abwägung. Vor allem bei der Umsetzung der naturschutzrechtlichen Erfordernisse stellt sich die Frage, ob die naturschutzrechtlichen Konflikte abschließend in der fachrechtlichen Entscheidung bewältigt werden müssen oder ob es Möglichkeiten des Konflikttransfers in Begleit- oder Nachfolgeverfahren gibt. Denn die der Planung zuzurechnenden Konflikte sind zwar vom Grundsatz her

---

3156 BVerwG NVwZ 2016, 1338; Zur Höhe der naturschutzrechtlichen Ersatzzahlung wegen der Beeinträchtigung des Schutzgutes Boden und Beeinträchtigungen des Schutzgutes Landschaftsbild durch Windkraftanlagen OVG Berlin-Brandenburg NVwZ 2016, 1339.

3157 Kahl/Gärditz Umweltrecht, 2023, § 10 Rn. 67.

3158 Zu länderspezifischen Ersatzgeldregelungen für Windenergieanlagen Operhalsky/Fechler ZUR 2016, 649.

3159 VGH Mannheim NVwZ-RR 1998, 325.

3160 Gaentzsch NuR 1986, 89.

3161 BVerwG NVwZ-RR 1999, 426.

3162 So BVerwG NVwZ-RR 1999, 426 für die Darstellungen in einem landschaftspflegerischen Begleitplan/Grünordnungsplan.

in der jeweiligen Planung (abschließend) zu bewältigen.[3163] Vor allem in der Bauleitplanung ist aber anerkannt, dass auch Begleit- oder Nachfolgeverfahren wie etwa die Baugenehmigung oder ein immissionsschutzrechtliches Genehmigungsverfahren einen Teil der Lasten übernehmen können, die durch die jeweilige Planung ausgelöst werden.

8260 Allerdings folgt der fachplanerischen Zulassungsentscheidung durch Planfeststellungsbeschluss oder Plangenehmigung in aller Regel kein weiteres Prüfverfahren nach. Vielmehr ist in dem fachrechtlichen Verfahren sowohl über die planerische Abwägung wie auch die konkrete Zulassung des Vorhabens abschließend zu befinden. Es sind aber auch in der Fachplanung durchaus Begleit- oder Nachfolgeverfahren denkbar, die auch im Naturschutz für eine Lastenverteilung genutzt werden könnten. So hat die Rechtsprechung etwa einen Transfer von Problemlösungen im Verhältnis der straßenrechtlichen Planfeststellung zur eisenbahnrechtlichen Planfeststellung,[3164] der straßenrechtlichen Planfeststellung zur Flurbereinigung[3165] sowie bei zwei aufeinander folgenden straßenrechtlichen Planfeststellungsverfahren[3166] anerkannt. Ein naturschutzrechtlicher Konflikttransfer in Begleit- oder Nachfolgeverfahren könnte jedoch an dem Grundsatz der Einheitlichkeit der Planungsentscheidung scheitern.[3167] Vielfach besteht aber in der Praxis ein großes Bedürfnis daran, einen Teil der Gesamtprobleme nicht bereits abschließend in der Zulassungsentscheidung zu behandeln, sondern in Begleit- oder Nachfolgeverfahren zu regeln. Gesetzlich vorgesehen ist bereits die Vorbehaltsentscheidung in § 74 III VwVfG. Aber auch bei der Aufteilung eines Gesamtvorhabens in Abschnitte oder bei der parallelen Führung mehrerer Verwaltungsverfahren für die Zulassung des Eingriffs einerseits und die Planung der Ausgleichs- oder Ersatzmaßnahmen andererseits stellen sich solche Probleme.

8261 Auftrieb haben derartige Vorstellungen durch die **verschiedenen Modelle** der naturschutzrechtlichen Konfliktbewältigung in der **Bauleitplanung** erhalten. Denn hier kann die planende Gemeinde etwa einen Bebauungsplan mit räumlich geteiltem Geltungsbereich oder einen Eingriffs- und einen Ausgleichsbebauungsplan aufstellen oder im Zusammenwirken mit der Gemeinde Ökokonten anlegen, in denen der naturschutzrechtliche Ausgleich abgearbeitet wird. Es spricht einiges dafür, dass auch die Fachplanung die Möglichkeit hat, diese Instrumente der Bauleitplanung in die fachplanerische Abwägung einzubeziehen. Ein Konflikttransfer kann daher auch in die Bauleitplanung erfolgen, wenn angenommen werden kann, dass dort der Konflikt sachgerecht bewältigt wird. Auf diesem Wege könnten dann auch in einem Zuordnungsbebauungsplan Kompensationsmaßnahmen erfolgen oder die vielfältigen Möglichkeiten städtebaulicher Verträge[3168] als eigenständige Rechtsgrundlage für sinnvolle städtebauliche aber auch naturschutzrechtliche Maßnahmen nutzen.[3169] Es muss allerdings nach Lage der Dinge davon ausgegangen werden können, dass der naturschutzrechtliche Konflikt in Begleit- oder Nachfolgeverfahren erfolgreich abgearbeitet werden kann.

8262 **Vorbehaltene Entscheidung.** Einen Konflikttransfer in Nachfolgeverfahren sieht § 74 III VwVfG durch eine vorbehaltene Entscheidung vor. Ist eine abschließende Entscheidung hinsichtlich einzelner Fragestellungen nicht möglich, ist diese im Planfeststellungsbeschluss vorzubehalten. Dem Träger des Vorhabens ist dabei aufzugeben, noch fehlende oder von der Planfeststellungsbehörde bestimmte Unterlagen rechtzeitig vorzulegen. Eine Verlagerung in ein Nachfolgeverfahren ist allerdings nur zulässig, soweit eine abschließende Entscheidung noch nicht möglich ist. Es muss sich daher um eine von der Gesamtentscheidung abtrennbare Fragestellung handeln, die noch nicht spruchreif ist. Zudem muss nach Lage der Dinge davon ausgegangen werden können, dass im Nachfolgeverfahren eine Lösung der anstehenden Konflikte möglich ist. Grundlegende Interessenkonflikte oder Fragen, welche die Grundlagen der Planung berühren, können nicht in ein Nachfolgeverfahren verschoben werden. Auch naturschutzrechtliche Ausgleichs- oder Ersatzmaßnahmen können daher vom Grundsatz her in eine vorbehaltene Entscheidung verschoben werden, wenn die Grundsatzfragen bereits bei der Zulassungsentscheidung abgearbeitet sind und die sichere Erwartung besteht, dass sich der noch

---

3163 BVerwGE 48, 56; BVerwGE 52, 237 zum Straßenrecht; BVerwGE 56, 110 zur Flughafenplanfeststellung; BVerwGE 59, 253 zur bahnrechtlichen Planfeststellung.

3164 BVerwG NVwZ 1993, 565.

3165 BVerwG DVBl. 1988, 536.

3166 BVerwG NVwZ- RR 1995, 322.

3167 BVerwGE 57, 297; BVerwGE 61, 307.

3168 BVerwG NJW 1993, 2695; Bielenberg DVBl. 1990, 1314; Birk VBlBW 1994, 4, 89, 133; Grziwotz DVBl. 1994, 1048; Krautzberger UPR 1992, 1; Stüer DVBl. 1995, 649.

3169 BVerwG NVwZ 1997, 1213; ZfBR 1997, 358.

offene Konflikt in dem Nachfolgeverfahren klärt.[3170] Ein Konflikttransfer in eine Vorbehaltsentscheidung ist daher zulässig, wenn die anstehenden Fragen bei der eigentlichen Zulassungsentscheidung mit vertretbarem Aufwand noch nicht abschließend beurteilt werden können und hinreichend sichergestellt ist, dass sie im Nachfolgeverfahren auch tatsächlich gelöst werden.[3171] Dies gilt auch für die naturschutzrechtlichen Ausgleichs- oder Ersatzmaßnahmen. In der Regel sollte die Entscheidung über die naturschutzrechtliche Kompensation allerdings bereits in der Planfeststellung erfolgen. Auch ein Konflikttransfer in ein Parallelverfahren oder in ein Nachfolgeverfahren wäre gegenüber einer vorbehaltenen Entscheidung vorrangig.

Auch in **zeitlicher Hinsicht** können sich **Einschränkungen** ergeben. **Ausgleichsmaßnahmen** und **Ersatzmaßnahmen** stehen im Zusammenhang mit dem Eingriff und sollen seine nachteiligen Wirkungen kompensieren. Die Maßnahmen müssen daher so angeordnet sein, dass der zeitliche Zusammenhang mit dem Eingriff gewahrt ist. Auch eine vorbehaltene Entscheidung nach § 74 III VwVfG muss diese zeitlichen Zusammenhänge wahren. Die Verwirklichung von Kompensationsmaßnahmen muss daher auch bei einem Transfer in eine vorbehaltene Entscheidung zeitnah mit der Verwirklichung des Projektes gewährleistet sein. Auch naturschutzrechtliche Ersatzmaßnahmen müssen nach Maßgabe des Landesrechts in einem zeitnahen Zusammenhang mit dem Projekt verwirklicht werden. **8263**

Abschnittsbildung. Für die Bewältigung der naturschutzrechtlichen Konflikte kann auch die Bildung von Abschnitten genutzt werden.[3172] Die einzelnen Abschnitte sind zwar voneinander unabhängig, stehen aber in einem Gesamtzusammenhang, der durch die Gesamtkonzeption vermittelt wird. Das Vorhaben muss daher objektiv teilbar sein, die Planungsentscheidung über die Maßnahme muss selbst rechtlich teilbar sein und der gebildete Abschnitt muss ebenso wie der verbleibende Rest eine eigenständige, sinnvolle Regelung beinhalten.[3173] In der Straßenplanung muss grundsätzlich jeder der einzelnen Abschnitte eine eigene Verkehrsfunktion haben.[3174] **8264**

Die in den einzelnen Abschnitten erforderlichen naturschutzrechtlichen Kompensationsmaßnahmen brauchen allerdings nicht ihrerseits in den jeweiligen Abschnitten planfestgestellt zu werden. Es ist vielmehr auch zulässig, die verschiedenen naturschutzrechtlichen Ausgleichs- oder Ersatzmaßnahmen im Zusammenhang mit anderen Abschnitten planfestzustellen. Allerdings muss der naturschutzrechtliche Konflikttransfer in andere Abschnitte sachgerecht sein und die Kompensation auch in zeitlicher Hinsicht der Eingriffs-/Kompensationsregelung in § 15 II BNatSchG entsprechen. Die Fachplanung muss dabei sicherstellen, dass die dem jeweiligen Eingriff zuzurechnenden Konflikte entweder bei der Zulassung des jeweiligen Abschnitts selbst gelöst werden oder bei einem Transfer in einen anderen Abschnitt dort sachgerecht bewältigt werden können.[3175] Ersatzmaßnahmen für unvermeidbare Beeinträchtigungen von Natur und Landschaft (§ 15 II 1 und 3 BNatSchG) müssen nicht, können aber eingriffsnah festgesetzt werden[3176]. **8265**

Andere Planungen. Die naturschutzrechtlichen Kompensationserfordernisse können auch in andere Pläne transferiert werden. Dazu zählen andere fachplanungsrechtliche Zulassungsentscheidungen ebenso wie Maßnahmen der kommunalen Bauleitplanung. Es muss allerdings nach Lage der Dinge sichergestellt sein, dass diese anderen Planungen in der Lage sind, den notwendigen naturschutzrechtlichen Kompensationsbedarf zu erfüllen. Auch muss hier ein zeitlicher Zusammenhang zwischen dem Eingriff und dem Ausgleich bzw. den Ersatzmaßnahmen gewährleistet sein. **8266**

k) Integration der Eingriffsregelung in die Bauleitplanung. Sind auf Grund der Aufstellung, Änderung, Ergänzung oder Aufhebung von Bauleitplänen oder von Satzungen nach **8267**

[3170] BVerwG NJW 1982, 950; NVwZ-RR 1995, 322; NVwZ 1994, 688; NVwZ-RR 1997, 217; DVBl. 1997, 798; NVwZ 1998, 513; VGH Mannheim NVwZ 1989, 994 zum Vorbehalt nachträglicher Entscheidung bei wasserrechtlicher Regelung.

[3171] Plogmann Naturschutzrechtliche Konfliktbewältigung, in: Stüer (Hrsg.), Planungsrecht, Bd. 4, Osnabrück 2000.

[3172] BVerwG DVBl. 1996, 677; DVBl. 1997, 838; ZfB 1997, 131; DVBl. 1997, 798.

[3173] Gegner Die abschnittsweise Planfeststellung, S. 138 f.

[3174] BVerwG NVwZ 1992, 1093; NVwZ 1996, 1016 m. Anm. Stüer, DVBl. 2013, 1324. Bei der eisenbahnrechtlichen Planfeststellung ist die selbstständige Verkehrsfunktion keine Voraussetzung für die abschnittsweise Planung BVerwG NVwZ 1996, 896; NVwZ-RR 1997, 210.

[3175] BVerwG NVwZ-RR 1995, 322.

[3176] BVerwG NVwZ 2011, 1124.

§§ 34 IV Nr. 3 BauGB Eingriffe in Natur und Landschaft zu erwarten, ist über die Vermeidung, den Ausgleich und den Ersatz gem. § 18 I 1 BNatSchG nach den Vorschriften des BauGB zu entscheiden. Die naturschutzrechtliche Eingriffsregelung ist somit nicht zusätzlich zu den Vorschriften des BauGB anzuwenden. Ob ein Eingriff in Natur und Landschaft vorliegt, bestimmt sich weiterhin nach dem BNatSchG.[3177] § 18 BNatSchG schützt nicht den potentiellen Verursacher einer Beeinträchtigung von Natur und Landschaft, sondern dient ausschließlich dem Schutz der Natur im Rahmen von durch eine Bauleitplanung ermöglichten Eingriffen.[3178]

8268 Die Vermeidung und der Ausgleich von Eingriffen sind vielmehr Gegenstand der bauplanungsrechtlichen Abwägung. § 1a III 1 BauGB bestimmt, dazu, dass die Vermeidung und der Ausgleich voraussichtlich erheblicher Beeinträchtigungen des Landschaftsbildes sowie der Leistungs- und Funktionsfähigkeit des Naturhaushalts in seinen in § 1VI Nr. 7 a BauGB bezeichneten Bestandteilen (Eingriffsregelung nach dem BNatSchG) in der Abwägung nach § 1 VII BauGB zu berücksichtigen sind. Eine fehlerfreie Berücksichtigung der Eingriffsregelung im Rahmen der Abwägung nach § 1 a III BauGB setzt voraus, dass sich der Gemeinderat beim Satzungsbeschluss, Gewissheit darüber verschafft, dass die rechtlichen Voraussetzungen der nach § 1 a Abs. 3 Satz 2 bis 4 BauGB gewählten Form der Sicherung der Durchführung vorgesehener Ausgleichs- und Ersatzmaßnahmen tatsächlich vorliegen.

8269 Der Ausgleich erfolgt nach § 1a III 2 BauGB durch geeignete Darstellungen und Festsetzungen nach den §§ 5 und 9 BauGB als Flächen oder Maßnahmen zum Ausgleich. Soweit dies mit einer nachhaltigen städtebaulichen Entwicklung und den Zielen der Raumordnung sowie des Naturschutzes und der Landschaftspflege vereinbar ist, können die Darstellungen und Festsetzungen auch an anderer Stelle als am Ort des Eingriffs erfolgen (§ 1a III 3 BauGB). Nach § 200a S. 1 BauGB umfassen Darstellungen für Flächen zum Ausgleich und Festsetzungen für Flächen oder Maßnahmen zum Ausgleich im Sinne des § 1a III BauGB auch Ersatzmaßnahmen. Ein unmittelbarer räumlicher Zusammenhang zwischen Eingriff und Ausgleich ist nach § 200 S. 2 BauGB nicht erforderlich, soweit dies mit einer geordneten städtebaulichen Entwicklung und den Zielen der Raumordnung sowie des Naturschutzes und der Landschaftspflege vereinbar ist. § 9 Ia BauGB ermöglicht es deshalb auch, dass Ausgleichsmaßnahmen im Bereich eines anderen Bebauungsplanes („Ausgleichsbebauungsplan") realisiert werden können. Ein derartiger „zweigeteilter" Bebauungsplan kann sogar Flächen umfassen, die nicht im Gemeindegebiet liegen.[3179]

8270 Die Vorverlagerung der Eingriffsregelung in die Bauleitplanung wird als gerechtfertigt angesehen, weil durch die Darstellungen und Festsetzungen von Flächennutzungs- und Bebauungsplänen die maßgeblichen Grundlagen für die spätere Vorhabengenehmigung und Nebenbestimmungen zum Naturschutz geschaffen werden.[3180]

8271 Der Plangeber hat für den Ausgleich voraussichtlich erheblicher Beeinträchtigungen des Landschaftsbildes sowie der Leistungs- und Funktionsfähigkeit des Naturhaushalts in seinen in § 1 VI Nr. 7 a BauGB bezeichneten Bestandteilen fünf Handlungsoptionen.[3181] Nach § 1a III 2 BauGB erfolgt der Ausgleich im Rahmen von Bebauungsplänen durch geeignete Festsetzungen nach § 9 BauGB als Flächen oder Maßnahmen zum Ausgleich. Nach Maßgabe des § 1a III 3 BauGB kann eine solche Festsetzung sowohl auf dem Eingriffsgrundstück (1. Option) als auch an anderer Stelle als an dem Ort des Eingriffs erfolgen. Soweit der Plangeber einen Ausgleich durch Festsetzungen in einem Bebauungsplan an anderer Stelle durchführen will als auf den Grundstücken, auf denen Eingriffe in Natur und Landschaft zu erwarten sind, kann er diese Festsetzungen gemäß § 9 Ia 1 BauGB sowohl im sonstigen Geltungsbereich des Eingriffsbebauungsplans (2. Option) als auch in einem anderen Bebauungsplan, dem sogenannten Ausgleichbebauungsplan (3. Option), vornehmen. Anstelle von Festsetzungen können gem. § 1a III 4 BauGB vertragliche Vereinbarungen nach § 11 BauGB (4. Option) oder sonstige geeignete Maßnahmen zum Ausgleich auf von der Gemeinde bereitgestellten Flächen (5. Option) getroffen werden.[3182]

8272 Auf Vorhaben in Gebieten mit Bebauungsplänen nach § 30 BauGB, während der Planaufstellung nach § 33 BauGB und im Innenbereich nach § 34 BauGB sind die § 14 bis § 17

[3177] Battis in BKL, 2022, § 1a Rn. 17; Bönker in HBG, Öffentliches Baurecht, 2024, § 5 Rn. 196.
[3178] OVG Münster Urt. v. 15.11.2021 – 2 D 264/20.NE, juris Rn. 60.
[3179] Bönker in HBG, Öffentliches Baurecht, 2024, § 5 Rn. 200.
[3180] Bönker in HBG, Öffentliches Baurecht, 2024, § 5 Rn. 195; siehe auch Schink NuR 2017, 585 ff.
[3181] OVG Berlin-Brandenburg Urt. v. 7.10.2021 – OVG 2 A 19.1, juris Rn. 43.
[3182] OVG Berlin-Brandenburg Urt. v. 7.10.2021 – OVG 2 A 19.1, juris Rn. 43.

BNatSchG nicht anzuwenden. Für Vorhaben im Außenbereich nach § 35 BauGB sowie für Bebauungspläne, soweit sie eine Planfeststellung ersetzen, bleibt die Geltung der §§ 14 bis 17 BNatSchG unberührt (§ 18 II BauGB).

Entscheidungen über Vorhaben nach § 35 I und IV BauGB und über die Errichtung von baulichen Anlagen nach § 34 BauGB ergehen im Benehmen mit den für Naturschutz und Landschaftspflege zuständigen Behörden. Äußert sich in den Fällen des § 34 BauGB die für Naturschutz und Landschaftspflege zuständige Behörde nicht binnen eines Monats, kann die für die Entscheidung zuständige Behörde davon ausgehen, dass Belange des Naturschutzes und der Landschaftspflege von dem Vorhaben nicht berührt werden. Das Benehmen ist nicht erforderlich bei Vorhaben in Gebieten mit Bebauungsplänen und während der Planaufstellung nach den §§ 30 und 33 BauGB sowie in Gebieten mit Satzungen nach § 34 IV 1 Nr. 3 BauGB (§ 18 III BNatSchG). 8273

Ergeben sich bei Vorhaben nach § 34 BauGB im Rahmen der Herstellung des Benehmens § 18 III BNatSchG Anhaltspunkte dafür, dass das Vorhaben eine Schädigung iSd § 19 I 1 BNatSchG verursachen kann, ist dies auch dem Vorhabenträger mitzuteilen. Auf Antrag des Vorhabenträgers hat die für die Erteilung der Zulassung zuständige Behörde im Benehmen mit der für Naturschutz und Landschaftspflege zuständigen Behörde die Entscheidungen nach § 15 BauGB zu treffen, soweit sie der Vermeidung, dem Ausgleich oder dem Ersatz von Schädigungen nach § 19 I 1 BNatSchG dienen; in diesen Fällen gilt § 19 I 2 BNatSchG. Im Übrigen bleibt § 18 II 1 BNatSchG unberührt. 8274

l) Vertragliche Regelungen. Eine naturschutzrechtliche Kompensation kann auch in einer vertraglichen Regelung ihre Grundlage finden. Für die Bauleitplanung bietet hier § 11 BauGB ein weites Feld, städtebauliche Maßnahmen mit vertraglichen Regelungen zu begleiten. Vergleichbare Möglichkeiten hat auch die Fachplanung nach den §§ 54 bis 62 VwVfG.[3183] Allerdings begibt sich die öffentliche Verwaltung wie beim städtebaulichen Vertrag[3184] auch in der Fachplanung auf die prinzipielle Gleichordnung mit dem Vertragspartner, woraus zugleich folgt, dass die hoheitlichen Eingriffsmöglichkeiten nicht zur Verfügung stehen. Zudem werden solche Verträge vor allem bei Grundstücksgeschäften zumeist als zivilrechtlich angesehen[3185] mit der Folge, dass die Zivilgerichte über die Wirksamkeit der Verträge und deren Auslegung entscheiden. 8275

Hat sich die Gemeinde bei Aufstellung eines Bebauungsplans für die Sicherung der Durchführung externer Kompensationsmaßnahmen durch vertragliche Vereinbarung entschieden, muss der Vertrag beim Satzungsbeschluss vorliegen.[3186] 8276

m) Zusammentreffen mehrerer Vorhaben. Treffen mehrere selbstständige Vorhaben, für deren Durchführung Planfeststellungen vorgeschrieben sind, derart zusammen, dass für diese Vorhaben oder für Teile von ihnen nur eine einheitliche Entscheidung möglich ist, und ist mindestens eines der Planfeststellungsverfahren bundesrechtlich geregelt, so findet für diese Vorhaben oder für deren Teile nur ein Planfeststellungsverfahren statt (§ 78 I VwVfG). Zuständigkeiten und Verfahren richten sich nach den Rechtsvorschriften über das Planfeststellungsverfahren, das für diejenige Anlage vorgeschrieben ist, die einen größeren Kreis öffentlich-rechtlicher Beziehungen berührt (§ 78 II 1 VwVfG). Ein Kriterium kann dafür auch die Intensität des Eingriffs in Natur und Landschaft sein. Die von der Planfeststellungsbehörde zu treffende Entscheidung hat zwar eine formelle Konzentrationswirkung in dem Sinne, dass daneben andere behördliche Entscheidungen, insbesondere öffentlich-rechtliche Genehmigungen, Verleihungen, Erlaubnisse, Bewilligungen, Zustimmungen und Planfeststellungen nicht erforderlich sind (§ 75 I VwVfG). An das materielle Entscheidungsprogramm des jeweiligen Fachrechts ist die entscheidende Behörde jedoch grundsätzlich gebunden.[3187] Die naturschutzrechtliche Kompensation wird daher bei dem Zusammentreffen mehrerer Vorhaben durch die nach § 78 VwVfG zuständige Behörde abgearbeitet. Allerdings können auch hier die Möglichkeiten eines naturschutzrechtlichen Konflikttransfers in dem zuvor dargestellten Rahmen genutzt werden.[3188] 8277

[3183] BVerwGE 84, 257 zur wasserrechtlichen Planfeststellung.
[3184] BVerwGE 92, 56; ausführlich dazu Birk Städtebauliche Verträge, 2022, S. 330 ff.
[3185] BVerwG NJW 1993, 2695.
[3186] OVG Koblenz ZfBR 2014, 261.
[3187] BVerwG NJW 1989, 242.
[3188] Stüer BayVBl. 1990, 39.

8278 **n) Planreparatur.** Treten bei der naturschutzrechtlichen Konfliktbewältigung Fehler auf, stellt sich die Frage der Fehlerfolgen und der Planreparatur.[3189] Die sich aus §§ 14 bis 17 BNatSchG für die Fachplanung ergebenden Anforderungen sind vom Grundsatz her zu beachten. Fehler, die kausal für das Ergebnis sein können, sind erheblich und können zur Rechtswidrigkeit der getroffenen Entscheidung führen. Gelingt der in Aussicht genommene Konflikttransfer trotz einer berechtigten Erwartung nicht, so muss sich dies nicht notwendigerweise auf die Rechtmäßigkeit des Planfeststellungsbeschlusses auswirken. Hat sich die ursprüngliche Erwartung nicht erfüllt, sind Vorhabenträger und planfeststellende Behörde allerdings verpflichtet, eine sachangemessene Ersatzregelung zu planen und planfestzustellen. Denn der naturschutzrechtliche Konflikt darf nicht zunächst teilweise in ein Begleit- oder Nachfolgeverfahren verschoben werden, dort aber ungelöst auf der Strecke bleiben. Hier bestehen weiterhin die gesetzlichen Verpflichtungen aus §§ 14 bis 17 BNatSchG, den lösungsbedürftigen Konflikt auch tatsächlich abzuarbeiten.

2. Naturschutzfachliche Einschätzung

8279 Stößt die gerichtliche Kontrolle nach weitestmöglicher Aufklärung an die Grenze des Erkenntnisstandes naturschutzfachlicher Wissenschaft und Praxis, zwingt Art. 19 IV 1 GG das Gericht nicht zu weiteren Ermittlungen, sondern erlaubt ihm, seiner Entscheidung insoweit die plausible Einschätzung der Behörde zu der fachlichen Frage zugrunde zu legen. Die Einschränkung der Kontrolle folgt hier nicht aus einer der Verwaltung eingeräumten Einschätzungsprärogative und bedarf nicht eigens gesetzlicher Ermächtigung. In grundrechtsrelevanten Bereichen darf der Gesetzgeber Verwaltung und Gerichten nicht ohne weitere Maßgaben auf Dauer Entscheidungen in einem fachwissenschaftlichen **Erkenntnisvakuum** übertragen, sondern muss jedenfalls auf längere Sicht für eine zumindest untergesetzliche Maßstabsbildung sorgen. Aus der Garantie effektiven Rechtsschutzes folgt grundsätzlich die Pflicht der Gerichte, angefochtene Verwaltungsakte in rechtlicher und tatsächlicher Hinsicht vollständig nachzuprüfen.[3190] Ggf. müssen sich Behörde und Gericht zur fachlichen Aufklärung außerrechtlicher fachlicher Tatbestandsmerkmale unmittelbar der Erkenntnisse der Fachwissenschaft und -praxis bedienen.

8280 Fehlt es in den einschlägigen Fachkreisen und der einschlägigen Wissenschaft an **allgemein anerkannten Maßstäben** und **Methoden** für die fachliche Beurteilung, kann die gerichtliche Kontrolle des behördlichen Entscheidungsergebnisses mangels besserer Erkenntnis der Gerichte an objektive Grenzen stoßen. Dem Gericht ist durch Art. 19 IV 1 GG nicht auferlegt, das außerrechtliche tatsächliche Erkenntnisdefizit aufzulösen. Nach Sinn und Zweck der verfassungsrechtlichen Rechtsschutzgarantie ist über die im Rahmen bestehender Erkenntnis mögliche Überprüfung der Vertretbarkeit der behördlichen Annahmen hinaus keine weitere, von der behördlichen Entscheidung unabhängige, eigenständige Einschätzung durch das Gericht geboten. Vielmehr kann das Gericht seiner Entscheidung insoweit die – auch aus seiner Sicht plausible – Einschätzung der Behörde zugrunde legen. In diesen Fällen folgt das eingeschränkte Kontrollmaß nicht etwa aus einer der Verwaltung eigens eingeräumten Einschätzungsprärogative, sondern schlicht aus dem Umstand, dass es insoweit am Maßstab zur sicheren Unterscheidung von richtig und falsch fehlt. Es handelt sich damit nicht um eine gewillkürte Verschiebung der Entscheidungszuständigkeit vom Gericht auf die Behörde, sondern um eine nach Dauer und Umfang vom jeweiligen etwa ökologischen Erkenntnisstand abhängige faktische Grenze verwaltungsgerichtlicher Kontrolle.

8281 Selbst wenn es an allgemein anerkannten wissenschaftlichen Maßstäben und Methoden für die fachliche Beurteilung fehlt, unterscheidet sich das gerichtliche Kontrollmaß nicht grundlegend von der üblichen gerichtlichen Prüfung. Die Behördenentscheidung muss weitestmöglich gerichtlich kontrolliert werden, bevor das Verwaltungsgericht wegen der objektiven Grenzen des wissenschaftlichen Erkenntnisstandes von weiterer Aufklärung und Überzeugungsbildung absehen und sich im Weiteren auf die Plausibilität der behördlichen Entscheidung stützen kann. Existiert keine allgemein anerkannte fachliche Meinung, kann und muss das Gericht kontrollieren, ob die von der Behörde verwendeten fachlichen Maßstäbe und Methoden vertretbar sind und die Behörde insofern im Ergebnis zu einer plausiblen Einschätzung der fachlichen Tatbestandsmerkmale einer Norm gelangt ist.[3191] Sofern im gerichtlichen Verfahren

---

[3189] Stüer/Rude ZfBR 2000, 85.
[3190] BVerfGE 129, 1.
[3191] BVerwGE 155, 91; zum Naturschutzrecht BVerwGE 131, 274.

sachhaltige Einwände gegen die von der Behörde verwendete Methode geltend gemacht werden, muss das Gericht prüfen, ob diese Einwände die Methodik, Grundannahmen und Schlussfolgerungen der Behörde substanziell in Frage stellen[3192]. Hat die Behörde eine nach aktuellem Erkenntnisstand nicht mehr vertretbare Methode entscheidungstragend zugrunde gelegt, ergibt sich die Rechtswidrigkeit, ohne dass die faktischen Grenzen außerrechtlicher Erkenntnis überhaupt entscheidungsrelevant würden.

Verwendet ein Gesetz Tatbestandsmerkmale, die auf ungeklärte fachwissenschaftliche Zusammenhänge verweisen, so kann dieses Gesetz verfassungsrechtlichen Zweifeln begegnen. In grundrechtsrelevanten Bereichen darf der Gesetzgeber der Rechtsanwendung nicht ohne weitere Maßgaben auf Dauer Entscheidungen in einem fachwissenschaftlichen „Erkenntnisvakuum" übertragen, das weder Verwaltung noch Gerichte selbst auszufüllen vermögen. Sind fachliche Zusammenhänge längerfristig ungeklärt, muss der Gesetzgeber für eine zumindest untergesetzliche Maßstabsbildung sorgen. Wenn die gerichtliche Kontrolle nach weitestmöglicher Aufklärung an die Grenze des Erkenntnisstandes der ökologischen Wissenschaft und Praxis stößt, zwingt Art. 19 IV 1 GG das Gericht nicht zu weiteren Ermittlungen, sondern erlaubt dem Gericht, seiner Entscheidung insoweit die Einschätzung der Behörde zu der fachlichen Frage zugrunde zu legen, wenn diese auch aus gerichtlicher Sicht plausibel ist. 8282

Im Ausgangspunkt folgt aus der Garantie effektiven Rechtsschutzes grundsätzlich die Pflicht der Gerichte, die angefochtenen Verwaltungsakte in rechtlicher und tatsächlicher Hinsicht vollständig nachzuprüfen.[3193] Auch wenn die zugrundeliegende gesetzliche Regelung außerrechtliche fachliche Beurteilungen erfordert, überprüft das Verwaltungsgericht die behördliche Entscheidung grundsätzlich vollständig auf ihre Rechtmäßigkeit. Wenn unterhalb der gesetzlichen Vorgabe keine normativen Konkretisierungen für die fachliche Beurteilung solcher gesetzlicher Tatbestandsmerkmale bestehen, müssen sich Behörde und Gericht zur fachlichen Aufklärung dieser Merkmale unmittelbar der Erkenntnisse der Fachwissenschaft und -praxis bedienen. Fehlt es in den einschlägigen Fachkreisen und der einschlägigen Wissenschaft an allgemein anerkannten Maßstäben und Methoden für die fachliche Beurteilung, kann die gerichtliche Kontrolle des behördlichen Entscheidungsergebnisses mangels besserer Erkenntnis der Gerichte an objektive Grenzen stoßen. Sofern eine außerrechtliche Frage durch Fachkreise und Wissenschaft bislang nicht eindeutig beantwortet ist, lässt sich objektiv nicht abschließend feststellen, ob die behördliche Antwort auf diese Fachfrage richtig oder falsch ist.[3194] Dem Gericht ist durch Art. 19 IV 1 GG nicht auferlegt, das außerrechtliche tatsächliche Erkenntnisdefizit aufzulösen. Gerichte sind nicht in der Lage, fachwissenschaftliche Erkenntnislücken selbständig zu schließen, und auch nicht verpflichtet, über Ermittlungen im Rahmen des Stands der Wissenschaft hinaus Forschungsaufträge zu erteile.[3195] 8283

Zwar ist nicht ausgeschlossen, dass das Gericht trotz des unzureichenden Erkenntnisstandes zu der naturschutzfachlichen Frage tatsächlich auf ähnliche Weise eine selbständige Einschätzung vornehmen könnte wie die Behörde. Diese muss – wenn das Gesetz dies von ihr verlangt – unter denselben Bedingungen eine Entscheidung notgedrungen treffen. Nach Sinn und Zweck der verfassungsrechtlichen Rechtsschutzgarantie ist jedoch über die im Rahmen bestehender Erkenntnis mögliche Überprüfung der Vertretbarkeit der behördlichen Annahmen hinaus keine weitere, von der behördlichen Entscheidung unabhängige, eigenständige Einschätzung durch das Gericht geboten. Vielmehr kann das Gericht seiner Entscheidung insoweit die – auch aus seiner Sicht plausible – Einschätzung der Behörde zugrunde legen. Nähme das Gericht hingegen über die im Rahmen bestehender Erkenntnis mögliche Überprüfung hinaus eine selbständige Einschätzung vor, bliebe angesichts der unzureichenden Erkenntnislage zwangsläufig immer noch ungeklärt und auch objektiv unaufklärbar, ob die behördliche Einschätzung oder die gerichtliche Einschätzung richtig ist. Unabhängig davon, ob das Gericht zur gleichen Einschätzung gelangte wie die Behörde oder nicht, wären beide Einschätzungen stets mit Unsicherheit behaftet, die hier gerade aus dem objektiven Fehlen gesicherter Erkenntnismaßstäbe resultiert. In außerrechtlichen tatsächlichen Fragen besteht aber zugunsten der Gerichtsbarkeit keine Vermutung, dass sie über mehr Expertise verfügte als die Verwaltung. Weil nichts dafür spricht, dass die gerichtliche Einschätzung wissenschaftlich ungeklärter ökologi- 8284

3192 BVerwGE 154, 377.

3193 BVerfGE 129, 1.

3194 BVerwG Urt. v. 9.7.2008 – 9 A 14.07, juris.

3195 BVerwG Urt. v. 7.4.2016 – 4 C 1.15, juris, Rn. 24; Urt. v. 22.9.2016 – 4 C 6.15, juris, Rn. 28; Urt. v. 17.1.2007 – 9 A 20.5, juris.

scher Zusammenhänge eher richtig ist als die der Behörde, vermag die gerichtliche Kontrolle insofern auch nicht zum Schutz der Rechte der Betroffenen beizutragen.

8285 Stößt das Verwaltungsgericht bei der Kontrolle naturschutzrechtlicher Entscheidungen an die objektiven Grenzen der Erkenntnisse der ökologischen Wissenschaft und Praxis, folgt das eingeschränkte Kontrollmaß nicht etwa aus einer der Verwaltung eigens eingeräumten Einschätzungsprärogative, sondern schlicht aus dem Umstand, dass es insoweit am Maßstab zur sicheren Unterscheidung von richtig und falsch fehlt. Es handelt sich damit nicht um eine gewillkürte Verschiebung der Entscheidungszuständigkeit vom Gericht auf die Behörde, sondern um eine nach Dauer und Umfang vom jeweiligen ökologischen Erkenntnisstand abhängige faktische Grenze verwaltungsgerichtlicher Kontrolle. Dafür bedarf es nicht eigens der gesetzlichen Ermächtigung, wie sie für die Einräumung administrativer Letztentscheidungsrechte bei der Konkretisierung unbestimmter Rechtsbegriffe erforderlich ist.

8286 Wenngleich das eingeschränkte Kontrollmaß demnach mit Art. 19 IV 1 GG in Einklang steht, so kann doch das Gesetz, welches solche auf ungeklärte naturschutzfachliche Zusammenhänge verweisende Tatbestandsmerkmale verwendet, mit Blick auf die materiellen Grundrechte und den aus Demokratie- und Rechtsstaatsprinzip abgeleiteten Wesentlichkeitsgrundsatz[3196] verfassungsrechtliche Zweifel aufwerfen. In grundrechtsrelevanten Bereichen darf der Gesetzgeber der Rechtsanwendung nicht ohne weitere Maßgaben auf Dauer Entscheidungen in einem fachwissenschaftlichen „Erkenntnisvakuum" übertragen, das weder Verwaltung noch Gerichte selbst auszufüllen vermöge.[3197] Der Gesetzgeber mag, je nach Grundrechtsbetroffenheit, kurzfristig darauf vertrauen können, dass sich fachliche Wissenslücken durch Erkenntnisfortschritte in Fachkreisen und Wissenschaft schließen. Längerfristig dürfte der Gesetzgeber dem jedoch nicht tatenlos zusehen, weil er sich so seiner inhaltlichen Entscheidungsverantwortung entzieht, privatem Fachwissen ungesteuert weitreichenden Einfluss auf staatliche Entscheidungen eröffnet und eine einheitliche Rechtsanwendung nicht gewährleistet ist. Der Gesetzgeber muss dann, sofern die fachlichen Zusammenhänge weiter ungeklärt sind, für eine zumindest untergesetzliche Maßstabsbildung beispielsweise durch Einsetzung fachkundiger Gremien zur Festlegung einheitlicher Maßstäbe und Methoden sorgen oder wenigstens genauere Regeln für die behördliche Entscheidung zwischen mehreren vertretbaren Auffassungen vorgeben. In den vorliegenden Verfahren kommt es hierauf nicht an.

8287 Existiert keine allgemein anerkannte fachliche Meinung, kann und muss das Gericht kontrollieren, ob die von der Behörde verwendeten fachlichen Maßstäbe und Methoden vertretbar sind und die Behörde insofern im Ergebnis zu einer plausiblen Einschätzung der fachlichen Tatbestandsmerkmale einer Norm gelangt ist.[3198] Sofern im gerichtlichen Verfahren sachhaltige Einwände gegen die von der Behörde verwendete Methode geltend gemacht werden, muss das Gericht prüfen, ob diese Einwände die Methodik, Grundannahmen und Schlussfolgerungen der Behörde substanziell in Frage stellen.[3199] Hat die Behörde eine nach aktuellem Erkenntnisstand nicht mehr vertretbare Methode entscheidungstragend zugrunde gelegt, ergibt sich die Rechtswidrigkeit, ohne dass die faktischen Grenzen außerrechtlicher Erkenntnis überhaupt entscheidungsrelevant würden. Gelangt das Gericht hingegen zu der Einschätzung, dass Einwände und gegenläufige Gutachten die Vertretbarkeit der von der Behörde verwendeten Methode zwar nicht widerlegen können, aber doch ihrerseits einer vertretbaren Methode folgen, sieht es sich letztlich zwei vertretbaren Positionen gegenüber. Welche von beiden richtig ist und ob überhaupt eine von beiden richtig ist, ist dann mangels eindeutiger fachlicher Erkenntnis objektiv nicht zu ermitteln. Das gilt auch, wenn das Gericht zu der Überzeugung gelangt, dass die Gegenpositionen unhaltbar sind. Dann steht zwar konkret nur noch die von der Behörde gewählte Methode zur Debatte, sofern sich das Gericht von deren Vertretbarkeit überzeugt hat. Angesichts der objektiv unzureichenden Erkenntnislage lässt sich aber auch in dieser Situation nicht mit Gewissheit sagen, dass diese Methode richtig ist und zu richtigen fachlichen Beurteilungen führt. Das Verwaltungsgericht ist dann zur weitergehenden Prüfung der Richtigkeit der behördlichen Einschätzung nicht in der Lage und muss sich insoweit auf eine Plausibilitätskontrolle beschränken.

3196 BVerfGE 49, 89; BVerwG 137, 350.

3197 Jacob/Lau NVwZ 2015, 241 (248).

3198 BVerwG Urt. v. 28.4.2016 – 9 A 9.15, juris; BVerwG Urt. v. 9.7.2008 – 9 A 14.07, juris.

3199 BVerwG Urt. v. 7.4.2016 – 4 C 1.15, juris; Urt. v. 9.7.2008 – 9 A 14.07, juris; Urt. v. 6.11.2012 – 9 A 17.11, juris; Urt. v. 28.4.2016 – 9 A 9.15, juris.

Naturschutzfachliche Einschätzungen sind insofern erforderlich, als das **Tötungsverbot** des § 44 I Nr. 1 BNatSchG erst eingreift, wenn sich durch das Vorhaben das Kollisionsrisiko für die geschützten Tiere signifikant erhöht.[3200] Danach ist der Tatbestand des § 44 I Nr. 1 BNatSchG nicht bereits wegen der an keinem Ort völlig auszuschließenden Gefahr erfüllt, dass einzelne Exemplare geschützter Arten durch ein Vorhaben getötet werden. Erfüllt ist der Tatbestand erst dann, wenn das Risiko kollisionsbedingter Verluste von Einzelexemplaren unter Berücksichtigung artspezifischer Verhaltensweisen, häufiger Frequentierung des Einwirkungsbereichs der Anlage und der Wirksamkeit vorgesehener Schutzmaßnahmen einen Risikobereich übersteigt, der mit einem Vorhaben der zur Genehmigung stehenden Art im Naturraum immer und an jedem Ort verbunden ist.[3201] Ob ein solches spezifisches Risiko vorliegt, kann nicht ohne naturschutzfachliche Einschätzung beurteilt werden, soweit sich dies nach außerrechtlichen, nämlich naturschutzfachlichen Kriterien richtet. Nach außerrechtlichen Kriterien beurteilt sich insbesondere, wie der Bestand der geschützten Tiere zu bestimmen und die Wahrscheinlichkeit zu ermitteln ist, dass ein geschütztes Tier bei Realisierung des zur Genehmigung stehenden Vorhabens getötet wird. Falls insoweit, wie die Gerichte hier angenommen haben, in Fachkreisen und Wissenschaft anerkannte Maßstäbe und Methoden der Ermittlung dieses Tötungsrisikos fehlen, kann dies die verwaltungsgerichtliche Kontrolle begrenzen. Wenn die Beschwerdeführerinnen nun hingegen mit ihren Verfassungsbeschwerden bestreiten, dass es weiterhin an in Fachkreisen und Wissenschaft anerkannten Maßstäben und Methoden der Ermittlung fehlt, machen sie zwar einen potenziell beachtlichen Einwand gegen die Gerichtsentscheidung geltend, weil die Gerichte ihre Kontrolle gegebenenfalls ohne hinreichenden Grund begrenzt haben könnten. Ob in Fachkreisen und Wissenschaft anerkannte Maßstäbe und Methoden existieren oder nicht, kann aber nicht erst im Verfassungsbeschwerdeverfahren geklärt werden. Die Beschwerdeführerinnen hätten dies schon im fachgerichtlichen Verfahren rechtzeitig vorbringen müssen. Weil der verwaltungsgerichtliche Ansatz im Ausgangspunkt mit Art. 19 IV 1 GG vereinbar ist, kann das von ihnen verlangt werden.[3202] **8288**

3. Rechte der Verbände

Die Verbände haben nach den §§ 63, 64 BNatSchG Beteiligungs- und Klagerechte. Für die Fachplanungsgesetze, die durch das **Infrastrukturplanungsbeschleunigungsgesetz** geändert worden sind, richten sich die Beteiligungsrechte nach diesen Fachplanungsgesetzen. Zudem stellt das UmwRG Anforderungen. Die Rechtsfolge des § 4 I UmwRG muss in unionsrechtskonformer Auslegung auf solche Fehler der Umweltverträglichkeitsprüfung erstreckt werden, die nach ihrer Art und Schwere den in § 4 I 1 UmwRG genannten Fehlern vergleichbar sind, insbesondere weil sie der betroffenen Öffentlichkeit die vorgesehene Möglichkeit genommen haben, Zugang zu den auszulegenden Unterlagen zu erhalten und sich am Entscheidungsprozess zu beteiligen. **8289**

a) Verbandsbeteiligung. Einer nach § 3 UmwRG vom Bund anerkannten Vereinigung, die nach ihrem satzungsgemäßen Aufgabenbereich im Schwerpunkt die Ziele des Naturschutzes und der Landschaftspflege fördert (anerkannte Naturschutzvereinigung), ist nach § 63 I Nr. 3 BNatSchG Gelegenheit zur Stellungnahme und zur Einsicht in die einschlägigen Sachverständigengutachten zu geben in Planfeststellungsverfahren, die von Behörden des Bundes oder im Bereich der deutschen ausschließlichen Wirtschaftszone und des Festlandsockels von Behörden der Länder durchgeführt werden, wenn es sich um Vorhaben handelt, die mit Eingriffen in Natur und Landschaft verbunden sind, und soweit sie durch das Vorhaben in ihrem satzungsgemäßen Aufgabenbereich berührt wird. Dasselbe gilt für bei Plangenehmigungen, die von Behörden des Bundes erlassen werden und an die Stelle der Planfeststellung treten, wenn eine Öffentlichkeitsbeteiligung vorgesehen ist. **8290**

Einer nach § 3 UmwRG von einem Land anerkannten Naturschutzvereinigung, die nach ihrer Satzung landesweit tätig ist, ist nach § 63 II BNatSchG Gelegenheit zur Stellungnahme **8291**

[3200] BVerwG Urt. v. 12.3.2008 – 9 A 3.06, juris.

[3201] BVerwG Urt. v. 28.4.2016 – 9 A 9.15, juris Rn. 141; Beschl. v. 8.3.2018 – 9 B 25.17, juris.

[3202] BVerfG NVwZ 2019, 52; Sow DÖV 2019, 317; Gassner DVBl. 2019, 1370; Stüer DVBl. 2019, 47; Erbguth DVBl. 2020, 1050; Schmidt-Aßmann EurUP 2019, 395; Schröder EurUP 2019, 91; Kment EurUP 2020, 317; Muckel JA 2019, 156; Sachs JuS 2019, 184; Huggins NuR 2021, 73; Maslaton NVwZ 2019, 1081; Eichberger NVwZ 2019, 1560; Dolde NVwZ 2019, 1567; Reinhardt NVwZ 2019, 195; Helmes NVwZ 2019, 56; Grages RdL 2019, 97; Brandt ZNER 2019, 92; Brandt ZNER 2020, 181.

und zur Einsicht in die einschlägigen Sachverständigengutachten zu geben unter anderem vor der Zulassung einer Ausnahme nach § 45 VII 1 BNatSchG durch Rechtsverordnung oder durch Allgemeinverfügung, vor der Erteilung von Befreiungen von Geboten und Verboten zum Schutz von Gebieten iSd § 32 II BNatSchG, Natura 2000-Gebieten, Naturschutzgebieten, Nationalparken, Nationalen Naturmonumenten und Biosphärenreservaten sowie von Abweichungsentscheidungen nach § 34 III bis V BNatSchG, auch iVm § 36 S. 1 Nr. 2 BNatSchG, auch wenn diese durch eine andere Entscheidung eingeschlossen oder ersetzt werden, in Planfeststellungsverfahren, wenn es sich um Vorhaben im Gebiet des anerkennenden Landes handelt, die mit Eingriffen in Natur und Landschaft verbunden sind, und bei Plangenehmigungen, die an die Stelle einer Planfeststellung treten, wenn eine Öffentlichkeitsbeteiligung vorgesehen ist, soweit sie durch das Vorhaben in ihrem satzungsgemäßen Aufgabenbereich berührt wird.

8292 Zweck der Vereinsbeteiligung ist es, den Sachverstand der Naturschutzvereine hinsichtlich der Belange des Naturschutzes und der Landschaftspflege in ähnlicher Weise wie den von Naturschutzbehörden in das Planfeststellungsverfahren einzubringen. Die Verbände sollen gleichsam als **Verwaltungshelfer** dafür Sorge tragen, dass diese Belange über die vorgeschriebene Berücksichtigung hinaus in besonderer Weise zur Geltung gebracht werden.[3203] Es gilt das Gebot substanzieller Anhörung.[3204] Die Planfeststellungsbehörde hat die in einem ergänzenden Verfahren bei der Vereinsbeteiligung auf Grund von Anhörung und Akteneinsicht gewonnenen Erkenntnisse in einer ergebnisoffenen Planungsentscheidung zu berücksichtigen. Sind neue den Naturschutz betreffende Untersuchungen anzustellen oder Gutachten einzuholen, so erstreckt sich das Akteneinsichtsrecht auch auf diese Unterlagen.[3205]

8293 Eine Vereinigung, die sich nach ihrem satzungsgemäßen Aufgabenbereich auf den Schutz nur eines Naturgutes im Sinne des § 7 I Nr. 2 BNatSchG konzentriert, kann bei Vorliegen der übrigen Voraussetzungen als Naturschutzvereinigung anerkannt werden. Voraussetzung für eine Anerkennung als Naturschutzvereinigung gem. § 3 I 3 Halbs. 2 UmwRG ist aber, dass nach dem satzungsgemäßen Aufgabenbereich der Vereinigung die Förderung der Ziele des Naturschutzes und der Landschaftspflege andere Ziele überwiegt.[3206] Anerkannte Vereinigungen können im Planfeststellungsverfahren durch ortsübliche Bekanntmachung über die Planauslegung informiert werden. Die Unterrichtung nur durch ortsübliche Bekanntmachung ohne individuelle Benachrichtigung ist keine nicht hinnehmbare Verfahrenshürde für anerkannte Naturschutzvereinigungen.[3207]

8294 Unionsrecht vermittelt der Naturschutzvereinigung keinen Anspruch, bereits im Rahmen der Verträglichkeitsprüfung beteiligt zu werden.[3208] Das Unionsrecht hat keine unmittelbare Wirkung. Der EuGH gibt den Gerichten der Mitgliedstaaten jedoch auf, Umweltverbänden nach Maßgabe interpretationsfähiger Vorschriften des nationalen Rechts einen möglichst weiten Zugang zu den Gerichten zu ermöglichen, um so die Durchsetzung des Umweltrechts der Union zu gewährleisten.[3209] Die Gerichte der Mitgliedstaaten haben das Verfahrensrecht in Bezug auf die Voraussetzungen, die für die Einleitung eines verwaltungsbehördlichen oder gerichtlichen Überprüfungsverfahrens vorliegen müssen, so weit wie möglich im Einklang sowohl mit den Zielen von Art. 9 III Århus-Konvention als auch mit dem Ziel eines effektiven gerichtlichen Rechtsschutzes für die durch das Unionsrecht verliehenen Rechte auszulegen, um es einer Umweltschutzvereinigung zu ermöglichen, eine Entscheidung, die am Ende eines Verwaltungsverfahrens ergangen ist, das möglicherweise im Widerspruch zum Umweltrecht der Union steht, vor einem Gericht anzufechten.[3210]

8295 Das Recht auf Akteneinsicht beschränkt sich allerdings auf die Akten der Planfeststellungsbehörde.[3211] Denn nur über diese kann die Behörde verfügen und nur auf den Inhalt der Behördenakten kann die Planungsentscheidung gestützt werden. Nicht erfasst werden von ihm

3203 VGH München NVwZ 2002, 1264.

3204 BVerwG DVBl. 2002, 566.

3205 BVerwG NVwZ 2002, 1103; DVBl. 1997, 714; VGH München NVwZ 2002, 1264; BVerwG DVBl. 1991, 214; DVBl. 1997, 1119; NVwZ 1997, 491.

3206 BVerwG NVwZ 2022, 1064 = juris Rn. 12, 19.

3207 VGH München Urt. v. 15.3.2021 – 8 A 18.40041, juris Rn. 34.

3208 EuGH ZUR 2011, 317.

3209 BVerwGE 147, 312.

3210 BVerwG NVwZ 2015, 1532; EuGH ZUR 2011, 317; Berkemann DVBl. 2013, 1137 (1147); BVerwGE 147, 312.

3211 BVerwG NVwZ 2002, 1103.

aber beispielsweise Folgeverfahren nach § 74 III VwVfG, da hier ein selbstständiges Beteiligungsrecht besteht. Von dem Recht auf Akteneinsicht werden auch nur solche Aktenbestandteile erfasst, die einen unmittelbaren Bezug zu naturschutzrechtlichen oder landschaftspflegerischen Fragestellungen haben. Auch wird das Mitwirkungsrecht der Naturschutzvereinigungen nicht durch eine unzureichende Ermittlung der Naturschutzbelange verletzt, da sich die Beteiligungsrechte nur auf die beigezogenen Unterlagen, nicht aber auf die Vollständigkeit der Unterlagen beziehen.[3212] Nicht jede Ablehnung eines Antrags auf Akteneinsicht begründet allerdings aus sich heraus eine Verletzung des rechtlichen Gehörs.[3213]

Die in einem Planfeststellungsverfahren eingeholte Stellungnahme der EU-Kommission zu Fragen der VS-RL und der FFH-RL kann die Merkmale eines „einschlägigen Sachverständigengutachtens" iS des § 63 I BNatSchG aufweisen.[3214] **8296**

Eröffnet das Landesrecht anerkannten Naturschutzvereinen die Möglichkeit einer Vereinsklage, die eine materiellrechtliche Prüfung eines Planfeststellungsbeschlusses einschließt, so bleibt eine Verletzung des § 63 I BNatSchG im Regelfall folgenlos, wenn der Beteiligungsmangel die Entscheidung in der Sache nicht beeinflusst haben kann.[3215] Das dürfte auch im Hinblick auf die jetzt bundesrechtlich geregelte Vereinsklage gelten. **8297**

§ 63 I Nr. 3 BNatSchG setzt voraus, dass die Planfeststellungsbehörde selbst die erforderlichen Kenntnisse über das nach ihrer Auffassung maßgebliche Abwägungsmaterial hat. Sie soll sich in ihrer prüfenden Entscheidung gerade von den verständlichen „eigenen" Interessen eines Vorhabenträgers frei machen. Dieses Ziel darf nicht dadurch in Zweifel gezogen werden, dass die Planfeststellungsbehörde bei dem antragstellenden Vorhabenträger oder anderen Stellen naturschutzfachliche Untersuchungen „anregt" und sich alsdann lediglich das positive oder negative Ergebnis dieser Untersuchungen mitteilen lässt. In einem derartigen Falle werden solche Untersuchungen anderer Stellen zwar nicht formal Bestandteil der Akten der Planfeststellungsbehörde. Darauf stellt § 63 I Nr. 3 BNatSchG indes weder nach seinem Wortlaut noch nach seinem Zweck ab. Vielmehr ist nach dem Zweck der Beteiligungsbefugnisse des anerkannten Naturschutzverbandes maßgebend, ob ein auf diese Weise der Planfeststellungsbehörde zur Kenntnis gebrachtes Gutachten für das konkrete Planfeststellungsverfahren zur Meinungsbildung dieser Behörde beigetragen hat oder bei realistischer Betrachtungsweise beitragen konnte. In welchen Akten sich ein derartiges Gutachten befindet, ist dafür nicht entscheidend.[3216] **8298**

In seiner Funktion als „Verwaltungshelfer" der Planfeststellungsbehörde muss dem Verband eine kritische Beurteilung der Verwaltungsmeinung ermöglicht werden. Ist diese Meinungsbildung auch auf Ergebnisse der Ermittlungstätigkeit einer anderen Behörde zurückzuführen, für die ihrerseits „einschlägige" Gutachten bedeutsam sind, dann sind diese Gutachten jedenfalls mittelbar auch für das Ergebnis der planerischen Entscheidung der Planfeststellungsbehörde bedeutsam.[3217] **8299**

Gemäß § 63 III 1 BNatSchG iVm § 28 II Nr. 1 VwVfG kann von der Beteiligung anerkannter Naturschutzvereinigungen unter anderem dann abgesehen werden, wenn eine sofortige Entscheidung wegen Gefahr im Verzug oder im öffentlichen Interesse notwendig erscheint. Dies ist der Fall, wenn die Verbändebeteiligung aus einer ex-ante Betrachtung selbst bei Festlegung kürzester Fristen einen Zeitverlust zur Folge hätte, der mit hoher Wahrscheinlichkeit dazu führen würde, dass der Zweck des Vorhabens nicht erreicht wird und die in der Sache gebotenen Maßnahmen zu spät kommen.[3218] **8300**

b) Vereinsklage. Nach § 64 I BNatSchG kann eine anerkannte Naturschutzvereinigung, soweit § 1 III UmwRG nicht entgegensteht, ohne in eigenen Rechten verletzt zu sein, Rechtsbehelfe nach Maßgabe der VwGO einlegen gegen Entscheidungen nach § 63 I Nr. 2 bis 4 und II Nr. 4a bis 7 BNatSchG, wenn die Vereinigung 1. geltend macht, dass die Entscheidung Vorschriften dieses Gesetzes, Rechtsvorschriften, die auf Grund des BNatSchG erlassen worden sind oder fortgelten, Naturschutzrecht der Länder oder anderen Rechtsvorschriften, die bei der Entscheidung zu beachten und zumindest auch den Belangen des Naturschutzes **8301**

3212 VGH München NVwZ 2002, 1264; BVerwGE 87, 62; BVerwGE 104, 337; NVwZ 1997, 491.

3213 BVerwG Beschl. v. 8.6.2011 – 9 B 23.11, BeckRS 2011, 52061.

3214 BVerwG NVwZ 2002, 1103.

3215 BVerwG DVBl. 2002, 990.

3216 BVerwG NuR 2002, 676.

3217 BVerwG NuR 2002, 676.

3218 VGH München NuR 2024, 136 = juris Rn. 55 zum Absehen von der Beteiligung einer anerkannten Natur- bzw. Umweltvereinigungen aufgrund einer sich drastisch zuspitzenden Fischotterproblematik.

und der Landschaftspflege zu dienen bestimmt sind, widerspricht, 2. in ihrem satzungsgemäßen Aufgaben- und Tätigkeitsbereich, soweit sich die Anerkennung darauf bezieht, berührt wird und 3. zur Mitwirkung nach § 63 I Nr. 2 oder II Nr. 4a bis 5 BNatSchG berechtigt war und sie sich hierbei in der Sache geäußert hat oder ihr keine Gelegenheit zur Äußerung gegeben worden ist; dies gilt auch für die Mitwirkung nach § 63 I Nr. 3 und II Nr. 6 BNatSchG, sofern für ein solches Planfeststellungsverfahren eine Anwendung des Bundesnaturschutzgesetzes nicht nach § 1 III UmwRG ausgeschlossen ist.

8302 Nach § 1 III UmwRG ist § 64 BNatSchG nicht anwendbar, soweit in Planfeststellungsverfahren, die § 1 I 1 Nr. 1, 2 oder 5 UmwRG unterfallen, Rechtsbehelfe nach dem UmwRG eröffnet sind. Nach § 64 II BNatSchG gelten § 1 I 3 und 4, § 2 III 1 und § 5 UmwRG entsprechend.

8303 Der Verein kann rügen, dass der Verwaltungsakt Vorschriften des BNatSchG, Rechtsvorschriften, die aufgrund des BNatSchG erlassen worden sind oder fortgelten, Naturschutzrecht der Länder oder anderen Rechtsvorschriften, die bei der Entscheidung zu beachten und zumindest auch den Belangen des Naturschutzes und der Landschaftspflege zu dienen bestimmt sind, widerspricht (§ 64 I BNatSchG). Wird anstelle der rechtlich unselbständigen Untergliederung eines landesweit tätigen anerkannten Naturschutzvereins ein selbständiger Regionalverein gegründet, so geht die Anerkennung des Landesvereins nicht dadurch auf den Regionalverein über, dass er durch Vereinbarung mit dem Landesverein für seinen Tätigkeitsbereich dessen Rechte und Pflichten übernimmt.

8304 Nach § 4 I 1 UmwRG kann die Aufhebung der Entscheidung nur verlangt werden, wenn eine erforderliche Umweltverträglichkeitsprüfung (Nr. 1) oder eine erforderliche Vorprüfung des Einzelfalls über die UVP-Pflichtigkeit (Nr. 2) nicht durchgeführt worden und nicht nachgeholt worden ist. Diese Fehler sind erheblich, ohne dass es darauf ankommt, ob die verletzten Verfahrensvorschriften der Gewährleistung eines materiellen subjektiven Rechts dienen und ob die Fehler die Sachentscheidung beeinflusst haben können.[3219] Die Anwendbarkeit des UmwRG auf den Fall zu beschränken, dass die Rechtmäßigkeit einer Entscheidung aufgrund des Unterbleibens einer Umweltverträglichkeitsprüfung angefochten wird, und nicht auf den Fall zu erstrecken, dass eine solche Prüfung zwar durchgeführt wurde, aber fehlerhaft war, ist mit Art. 10a der UVP-RL 85/337/EWG bzw. Art. 11 der Richtlinie 2011/92/EU nicht vereinbar. Das hat der EuGH auf die Vorlage des BVerwG entschieden.[3220] Auch nach der Rechtsprechung des EuGH muss allerdings nicht jeder Fehler der Umweltverträglichkeitsprüfung unabhängig von seinen Auswirkungen auf den Inhalt der Entscheidung zu einen Anspruch auf deren Aufhebung führen; § 4 I UmwRG muss in unionsrechtskonformer Auslegung aber jedenfalls auf solche Fehler der Umweltverträglichkeitsprüfung erstreckt werden, die nach ihrer Art und Schwere den in § 4 I 1 UmwRG genannten Fehlern vergleichbar sind, insbesondere weil sie der betroffenen Öffentlichkeit die vorgesehene Möglichkeit genommen haben, Zugang zu den auszulegenden Unterlagen zu erhalten und sich am Entscheidungsprozess zu beteiligen. Auch derartige absolute Verfahrensfehler müssen unabhängig von § 46 VwVfG und unabhängig von der konkreten Möglichkeit, dass die angefochtene Entscheidung ohne den Verfahrensfehler anders ausgefallen wäre,[3221] zur Aufhebung des Planfeststellungsbeschlusses führen.[3222]

8305 Regelungen über die Zuständigkeit der Planfeststellungsbehörde und des Vorhabenträgers zählen nicht zu den Rechtsvorschriften, die im Sinne von § 64 I Nr. 1 BNatSchG zumindest auch den Belangen des Naturschutzes und der Landschaftspflege zu dienen bestimmt sind. Nach dieser Vorschrift sind Rechtsbehelfe nach Absatz 1 – hierzu zählen Klagen gegen Planfeststellungsbeschlüsse über Vorhaben, die mit Eingriffen in Natur und Landschaft verbunden sind – nur zulässig, wenn der Verein geltend macht, dass der Erlass des betreffenden Verwaltungsakts Vorschriften dieses Gesetzes, Rechtsvorschriften, die aufgrund oder im Rahmen dieses Gesetzes erlassen worden sind oder fortgelten oder andere Rechtsvorschriften, die bei Erlass des Verwaltungsakts zu beachten und zumindest auch den Belangen des Naturschutzes und der Landschaftspflege zu dienen bestimmt sind, widerspricht.[3223]

3219 BVerwG NVwZ 2014, 367; BVerwGE 151 (138 Rn. 34).

3220 EuGH NVwZ 2014, 49 Rn. 36 ff.

3221 BVerwGE 98, 339 (361 f.); NVwZ 2012, 448.

3222 BVerwG NVwZ 2016, 308; Ludwigs NVwZ 2016, 314.

3223 BVerwG UPR 2020, 60 zur fehlenden Rügefähigkeit von Zuständigkeitsvorschriften im Rahmen der naturschutzrechtlichen Vereinsklage.

Der **Umfang der Rügemöglichkeit** ergibt sich aus § 64 BNatSchG. Zu den rügefähigen Regelungen iS des § 64 I Nr. 1 BNatSchG gehören auf nationaler Ebene die Eingriffsregelung (§§ 14 bis 17 BNatSchG) und die Regelungen über den Habitat-, Vogel- und Meeresschutz §§ 32 bis 34 BNatSchG[3224] sowie das UVPG. Aber auch die Vogelschutz-Richtlinie, die FFH-Richtlinie[3225] und die UVP-RL sowie die Plan-UP-RL werden vom Vereinsklagerecht erfasst.[3226] Ob Naturschutzvereinigungen die Planrechtfertigung rügen können, ist fraglich.[3227] Ebenso offen ist, ob der Naturschutzverein im Rahmen einer Vereinsklage Fragen der Finanzierung des Vorhabens, die nicht unmittelbar Gegenstand der Planfeststellung sind, rügen kann.[3228] Der Verein ist im Rahmen der Vereinsklage nicht zur Rüge berechtigt, dass etwa Belange der Wirtschaft, des Fremdenverkehrs oder des Weinbaus durch das Vorhaben geschädigt würden oder der Lärmschutz der Anwohner außer Betracht gelassen würde.[3229] **8306**

Trassierungsparameter einer Straße, die von Einfluss auf die Belange von Natur- und Landschaftsschutz sind, können im Rahmen der naturschutzrechtlichen Vereinsklage allerdings grundsätzlich angegriffen werden.[3230] Das fachplanerische Abwägungsgebot gehört wohl nur insoweit dazu, als Belange des Naturschutzes und der Landschaftspflege betroffen sind.[3231] Auch Alternativplanungen sind dem Vereinsklagerecht nur insoweit zugänglich, als dadurch Belange von Naturschutz und Landschaftspflege weniger stark betroffen werden.[3232] **8307**

§ 64 II BNatSchG verweist auf § 2 III URG. Hat eine Vereinigung im jeweiligen Verwaltungsverfahren Gelegenheit zur Äußerung gehabt, ist sie im Verfahren für den Rechtsbehelf mit allen Einwendungen ausgeschlossen, die sie im Verwaltungsverfahren nicht rechtzeitig geltend gemacht hat, aber hätte geltend machen können. Hierzu zählt auch die Beachtung der jeweiligen Fristregelungen, die in den einzelnen verfahrensrechtlichen Vorschriften für die Geltendmachung der Einwendungen enthalten sind. **8308**

Da Einwendungen stets vorhabenbezogen sind, können sie nicht durch bloßen Verweis auf Einwendungen in einem anderen Verfahren ersetzt werden. Auch wenn seitens des Planungsträgers während der Auslegung der Planunterlagen also Besprechungen über planbedingte Probleme mit dem Betroffenen geführt werden, ist der Planbetroffene verpflichtet, seine Bedenken gegen das Vorhaben innerhalb der Einwendungsfrist hinreichend konkret zu erheben.[3233] Auch ein allgemeiner Verweis auf die Planfeststellungsunterlagen oder eine nur allgemeine Thematisierung reicht nicht, um dem Gebot der Erhebung konkreter Einwendungen zu genügen.[3234] Bei **mehreren Abschnitten** sind Einwendungen in jedem Abschnitt gesondert zu erheben bzw. zu wiederholen.[3235] **8309**

Der **Landesgesetzgeber** kann gegenüber Entscheidungen von Landesbehörden **weitergehende Klagemöglichkeiten** einführen. **8310**

4. Naturschutzrechtliche Ausweisungen

Nach § 22 I BNatSchG bestimmen die Länder, dass Teile von Natur und Landschaft zum Naturschutzgebiet, Nationalpark oder Nationales Naturmonument, Biosphärenreservat, Landschaftsschutzgebiet, Naturpark, Naturdenkmal oder zum geschützten Landschaftsbestandteil erklärt werden können. Einstweilige Sicherstellungen können auf landesrechtlicher Grundlage in Sicherstellungsverordnungen vorgenommen werden. **8311**

a) Grundsätze. Die Erklärung bestimmt den Schutzgegenstand, den Schutzzweck, die zur Erreichung des Zwecks notwendigen Gebote und Verbote und – soweit erforderlich – die Pflege- und Entwicklungsmaßnahmen oder die Ermächtigungen hierzu. Die Länder erlassen **8312**

3224 BVerwG NVwZ 1998, 961; DVBl. 1998, 1191; NVwZ 2000, 1171; NVwZ 2001, 92; NVwZ 2001, 673; NVwZ 2002, 1103; NVwZ 2002, 1243; Halama NVwZ 2001, 506; Stüer DVBl. 2002, 940.

3225 BVerwG NVwZ 2002, 1243; NVwZ 2002, 1234.

3226 BVerwG NVwZ 2002, 1243; OVG Koblenz DVBl. 2003, 200; BVerwG DVBl. 2004, 1115.

3227 BVerwG NVwZ 1998, 961; OVG Koblenz DVBl. 2003, 200; BVerwG DVBl. 2004, 1115.

3228 BVerwG DVBl. 1999, 1514; OVG Koblenz DVBl. 2003, 200; BVerwG DVBl. 2004, 1115.

3229 OVG Koblenz NuR 2003, 438; BVerwG NVwZ 2004, 98.

3230 BVerwG NVwZ 2003, 216.

3231 VGH Kassel NVwZ-RR 2003, 420; BVerwG NVwZ 1998, 961.

3232 BVerwG NVwZ 2002, 1243.

3233 VGH Mannheim UPR 1998, 197.

3234 AA OVG Koblenz DVBl. 2003, 200; BVerwG EurUP 2004, 161.

3235 BVerwG NVwZ 1997, 391.

dabei insbesondere Vorschriften über (1) die einstweilige Sicherstellung der zu schützenden Teile von Natur und Landschaft, (2) die Registrierung der geschützten und einstweilig sichergestellten Teile von Natur und Landschaft und (3) die Kennzeichnung der geschützten Teile von Natur und Landschaft. Die Länder können für Biosphärenreservate und Naturparke abweichende Vorschriften erlassen (§ 11 BNatSchG). Durch die Föderalismusreform hat der Bund die Vollkompetenz auf dem Gebiet des Naturschutzes und der Landschaftspflege (Art. 74 I Nr. 29 GG). Die Länder können jedoch mit Ausnahme der allgemeinen Grundsätze des Naturschutzes, des Rechts des Artenschutzes oder des Meeresnaturschutzes abweichende Regelungen erlassen (Art. 72 III Nr. 2 GG).

8313 **Ermessen**. Schutzgebietsausweisungen stehen grundsätzlich im Ermessen der zuständigen Behörde. Das **Entschließungsermessen** kann im Einzelfall auf Null reduziert sein, wenn schützenswerte Bereiche von überragender Bedeutung ohne Unterschutzstellung mit hoher Wahrscheinlichkeit erheblich beeinträchtigt oder vernichtet würden.[3236] Kein Ermessen besteht, bei einer Unterschutzstellungspflicht nach § 32 II BNatSchG bzw. der unionsrechtlichen Verpflichtungen aus der FFH-RL und VS-RL.[3237] Hinsichtlich des **Auswahlermessens** muss die Behörde die vom Gesetzgeber in den §§ 23 bis 29 BNatSchG angelegte Systematik beachten. In Abhängigkeit von dem jeweiligen Schutzgegenstand, dem angestrebten Schutzziel und der erforderlichen Schutzintensität ist der zutreffende Schutzgebietstyp auszuweisen. Ein Ermessen ist der Behörde nur eingeräumt, soweit es im konkreten Fall Überschneidungen zwischen mehreren tatbestandlich in Betracht kommenden Gebietskategorien gibt.[3238] Außerdem gilt der Verhältnismäßigkeitsgrundsatz. Sind vorgesehene Ge- und Verbote zur Erreichung des jeweiligen Unterschutzstellungsziels geeignet und erforderlich, ist eine Abwägungsentscheidung iSd § 2 III BNatSchG zu treffen, bei der zwar der Verhältnismäßigkeitsgrundsatz gilt, jedoch nicht die allgemeinen Anforderungen aus dem Fach- und Bauplanungsrecht an eine fehlerfreie Abwägung zu berücksichtigen sind.[3239] Zu berücksichtigen sind insbesondere die Interessen des Naturschutzes und die tendenziell gegenläufigen Interessen der Grundstückseigentümer.

8314 **Schutzwürdigkeit und Schutzbedürftigkeit.** Das zu schützende Gebiet oder Objekt muss nach Maßgabe der in den §§ 23 bis 29 BNatSchG einerseits schutzwürdig sein; Voraussetzung einer Unterschutzstellung ist insoweit regelmäßig eine umfassende Bestandsaufnahme und Bewertung; und andererseits muss es auch schutzbedürftig sein. Das ist der Fall, wenn eine Unterschutzstellung vernünftigerweise geboten ist, eine konkrete Gefährdung durch bestimmte Handlungen und Vorgänge ist nicht erforderlich. Die abstrakte Gefährdung im Sinne der bloßen Möglichkeit nachhaltiger Störungen reicht aus.[3240] Die Erforderlichkeit einer Schutzgebietsausweisung lässt sich nur verneinen, wenn eindeutig feststeht, dass sich der Zweck mit einem milderen Mittel sachlich gleichwertig erreichen lässt.[3241]

Beispiel: Da eine Ausweisung als Naturschutzgebiet ihren Zweck nur dann erfüllen kann, wenn sie vorbeugend auch mögliche Gefahren ausschließt, genügt es für die Annahme einer Schutzbedürftigkeit, dass Anhaltspunkte dafür bestehen, dass die Schutzgüter, die eine Ausweisung des Naturschutzgebiets rechtfertigen, ohne die Unterschutzstellung abstrakt gefährdet wären; einer konkreten Gefahrensituation bedarf es hingegen nicht.[3242]

8315 Mit Blick auf den Verhältnismäßigkeitsgrundsatz von Bedeutung ist die in § 22 I 3 BNatSchG vorgesehene Möglichkeit, Schutzgebiete in Zonen mit einem entsprechend dem jeweiligen Schutzzweck abgestuften Schutz zu gliedern und dabei auch die für den Schutz

---

3236 Appel in Frenz/Müggenborg, BNatSchG, 2021, § 22 Rn. 31; Gellermann in Landmann/Rohmer Umweltrecht, 2021, § 22 BNatSchG Rn. 15; Hünnekens Natur- und Landschaftsschutzrecht in Johlen/Oerder, Verwaltungsrecht, 2023, Rn. 86.

3237 OVG Lüneburg NuR 2022, 576 = juris Rn. 55; ZUR 2022, 296 = juris Rn. 78.

3238 Appel in Frenz/Müggenborg, BNatSchG, 2021, § 22 Rn. 31; Hünnekens Natur- und Landschaftsschutzrecht in Johlen/Oerder, Verwaltungsrecht, 2023, Rn. 82.

3239 BVerwG Beschl. v. 20.12.2017 – 4 BN 8/17, juris Rn. 9; OVG Weimar ThürVBl. 2022, 34 = juris Rn. 58; aA Appel in Frenz/Müggenborg, BNatSchG, 2021, § 22 Rn. 28; Gellermann in Landmann/Rohmer Umweltrecht, 2021, § 22 BNatSchG Rn. 16; Hünnekens Natur- und Landschaftsschutzrecht in Johlen/Oerder, Verwaltungsrecht, 2023, Rn. 86.

3240 VGH Mannheim NVwZ-RR 1989, 403; OVG Schleswig NuR 1993, 344; VGH München NuR 1989, 261; Hünnekens Natur- und Landschaftsschutzrecht in Johlen/Oerder, Verwaltungsrecht, 2023, Rn. 84.

3241 OVG Weimar ThürVBl. 2022, 34 = juris Rn. 58.

3242 OVG Lüneburg NuR 2022, 576 = juris Rn. 52; BVerwG NVwZ 1988, 1020 = juris Rn. 5; OVG Lüneburg DVBl.. 2017, 1298 = juris Rn. 55).

notwendige Umgebung einbezogen werden. Bei der Abgrenzung eines Naturschutzgebiets kommt dem Verordnungsgeber aber ein Gestaltungsermessen zu. Er kann auch Randzonen eines Gebiets unter Schutz stellen, wenn diese im Wesentlichen noch die Merkmale aufweisen, die den geschützten Bereich im Übrigen schutzwürdig machen. Außerdem können am Rand gelegene Flächen, die für sich genommen nicht schutzwürdig sind, in ein Schutzgebiet einbezogen werden, um diesem ein gewisses Vorfeld zu geben und es dadurch gegenüber der Schutzgebietsumgebung abzuschirmen bzw. vor den Einwirkungen angrenzender oder heranrückender Bebauung oder anderen mit Emissionen verbundenen Nutzungen zu schützen, sofern dies zum Schutz des Kernbereichs des Schutzgebiets vernünftigerweise geboten ist.[3243]

Ausnahmen und Befreiungen. Schutzgebietsverordnungen müssen Ausnahmen zulassen, weil sich die Nutzungsbeschränkungen und -verbote in flächenbezogenen Naturschutzregelungen, bei denen es sich nicht um Enteignungen iSv Art. 14 III GG, sondern um Inhalts- und Schrankenregelungen iSv Art. 14 I 2 GG handelt, die nur dann verhältnismäßig sind, wenn mit Hilfe von Ausnahmen die Möglichkeit einer hinreichenden Berücksichtigung der privaten (wirtschaftlichen) Belange der betroffenen Grundeigentümer eingeräumt wird.[3244] Nach § 67 I BNatSchG können im Einzelfall Befreiungen von den Ge- und Verboten der Schutzverordnung erteilt werden, wenn dies aus Gründen des überwiegenden öffentlichen Interesses, einschließlich solcher sozialer und wirtschaftlicher Art, notwendig ist oder die Durchführung der Vorschriften im Einzelfall zu einer unzumutbaren Belastung führen würde und die Abweichung mit den Belangen von Naturschutz und Landschaftspflege vereinbar. Befreiungsmöglichkeiten dienen dazu, eine Abweichung von zwingenden Vorschriften im Falle von atypischen, bei der Normsetzung nicht bedachten Sachverhalten zu ermöglichen.[3245] 8316

b) Verfahren. Form und Verfahren der Unterschutzstellung, die Beachtlichkeit von Form- und Verfahrensfehlern und die Möglichkeit ihrer Behebung sowie die Fortgeltung bestehender Erklärungen zum geschützten Teil von Natur und Landschaft richten sich gem. § 22 II 1 BNatSchG nach Landesrecht. 8317

Das Gebot zur Gewährleistung effektiven Rechtsschutzes verlangt, dass die Möglichkeit, einen ausgelegten Verordnungsentwurf zur Kenntnis zu nehmen, nicht unverhältnismäßig oder unzumutbar eingeschränkt werden darf.[3246] Das Erfordernis der ortsüblichen **Bekanntmachung** gewährleistet, dass der betroffene Bürger von der geplanten Rechtsverordnung erfährt. Die Bekanntmachung muss sowohl hinreichend konkret als auch allgemein verständlich sein. Sie muss dem betroffenen Bürger die Kenntnis eröffnen können, dass die vorgesehene Rechtsverordnung möglicherweise seine Interessen betrifft und er damit aufgerufen ist, sich um seine Belange zu kümmern. Grundsätzlich ausreichend ist es, wenn das geplante Schutzgebiet durch geläufige geographische Bezeichnungen gekennzeichnet wird, so dass betroffene Bürger aus der Bezeichnung des Schutzgebiets ohne Weiteres entnehmen können, dass ihre Grundstücke von der Verordnung erfasst werden können.[3247] 8318

Die Bekanntmachung eines Verordnungsentwurfes muss der „Anstoßfunktion" genügen, sodass die Aufzählung der betroffenen Grundstücke nach ihren Flurstücks-Nummern in der Regel nicht zweckmäßig ist.[3248] Der Grundstückseigentümer muss durch die Bekanntmachung ausreichend auf seine mögliche Betroffenheit aufmerksam gemacht werden.[3249] Für die Berechnung der Frist ist der Vollzug der Bekanntmachung maßgeblich. Dies ist im Falle der Bekanntmachung im Amtsblatt dessen Erscheinungstag. Eine Landschaftsschutzverordnung, die vor ihrem Erlass nicht der höheren Naturschutzbehörde vorgelegt wurde, um dieser die Entscheidung zu ermöglichen, ob für besonders empfindliche Teile des Schutzgebietes oder besonders schwerwiegende Eingriffstatbestände bei Befreiungen ein Zustimmungsvorbehalt für die höhere Naturschutzbehörde aufzunehmen ist, wie dies das Landesrecht fordert, ist nichtig, auch wenn dieser Verfahrensverstoß nicht geltend gemacht worden ist.[3250] 8319

3243 OVG Bautzen Beschl. v. 8.9.2020 – 4 B 28/20, juris Rn. 43.

3244 OVG Münster NVwZ-RR 1994, 256 (258); NuR 1995, 301; NVwZ 2000, 581; OVG Lüneburg NVwZ-RR 2002, 343.

3245 Hünnekens Natur- und Landschaftsschutzrecht in Johlen/Oerder, Verwaltungsrecht, 2023, Rn. 93.

3246 BVerwG Beschl. v. 10.11.2021 – 7 BN 7/21, juris Rn. 6; BVerwGE 104, 337 (341); BVerwGE 138, 181 Rn. 15.

3247 BVerwG Beschl. v. 10.11.2021 – 7 BN 7/21, juris Rn. 6.

3248 OVG Bautzen SächsVBl. 2002, 142.

3249 VGH Mannheim NVwZ-RR 2002, 571; VBlBW 1999, 141.

3250 OVG Bautzen SächsVBl. 2002, 142.

8320 Eine **unzureichende Ermittlung** und Zusammenstellung der bei der Abwägung zu berücksichtigenden Belange allein zieht die Nichtigkeit einer Unterschutzstellung nicht nach sich. Vielmehr ist maßgeblich, ob die aufgrund der Abwägung getroffene Entscheidung über die Unterschutzstellung des Gebiets und über die Verbote im Ergebnis zu beanstanden ist.[3251] Die Angabe des Schutzzwecks einer Naturschutzgebietsverordnung dient dazu, Anhaltspunkte für die sachliche Rechtfertigung und die Auslegung der Verordnung zu geben. Ausreichend ist daher eine stichwortartige Beschreibung der mit der Unterschutzstellung verfolgten Zwecke.[3252] Die Naturschutzbehörde kann den Verstoß einer Landschaftsschutzgebietsverordnung gegen das Bekanntmachungsrecht dadurch beheben, dass sie die Verordnung und die Karten, die die geschützten Teile von Natur und Landschaft zeichnerisch bestimmen, in ihrem Verkündungsblatt bekannt macht.[3253] Kommt der Normgeber nach der gerichtlichen Nichtigerklärung einer Naturschutzverordnung seiner Verpflichtung aus § 47 V 2 VwGO zur Veröffentlichung der Entscheidungsformel nicht nach, so steht dies einem Neuerlass der Norm nicht entgegen.[3254]

8321 **c) Einstweilige Sicherstellung**. Teile von Natur und Landschaft, deren Schutz beabsichtigt ist, können nach § 22 III 1 BNatSchG für einen Zeitraum von bis zu zwei Jahren einstweilig sichergestellt werden, wenn zu befürchten ist, dass durch Veränderungen oder Störungen der beabsichtigte Schutzzweck gefährdet wird. Die einstweilige Sicherstellung kann unter den Voraussetzungen des Satzes 1 einmalig bis zu weiteren zwei Jahren verlängert werden. In dem einstweilig sichergestellten Teil von Natur und Landschaft sind Handlungen und Maßnahmen nach Maßgabe der Sicherstellungserklärung verboten, die geeignet sind, den Schutzgegenstand nachteilig zu verändern. Die einstweilige Sicherstellung ist ganz oder teilweise aufzuheben, wenn ihre Voraussetzungen nicht mehr oder nicht mehr in vollem Umfang gegeben sind (§ 22 III 2 bis 5 BNatSchG). § 22 III 1 BNatSchG bezieht sich nur auf Handlungen, die innerhalb des sichergestellten Teils von Natur und Landschaft stattfinden; sie und sieht dagegen keinen Umgebungsschutz vor.[3255]

8322 Die Absicht zur Unterschutzstellung gemäß § 22 III 1 BNatSchG besteht, wenn die zuständige Behörde die in Aussicht genommene Entscheidung, den sichergestellten Teil von Natur und Land endgültig unter Schutz zu stellen, ernsthaft verfolgt. Dafür ist es nach Ansicht des OVG Lüneburg nicht erforderlich, dass das Verfahren zur endgültigen Unterschutzstellung parallel zur oder zumindest in naher Zeit nach der einstweiligen Sicherstellung begonnen wird. Der Umstand, dass die zuständige Naturschutzbehörde die endgültige Unterschutzstellung „auf die lange Bank schiebt", könne allenfalls ein Indiz dafür sein, dass sie diese nicht mehr ernsthaft beabsichtigt.[3256] Die Länder erlassen Vorschriften (1) über die einstweilige Sicherstellung der zu schützenden Teile von Natur und Landschaft, (2) der Registrierung der geschützten und einstweilig sichergestellten Teile von Natur und Landschaft sowie (3) die Kennzeichnung der geschützten Teile von Natur und Landschaft (§ 22 III BNatSchG). Eine Sicherstellungsverordnung muss neben einer groben Beschreibung der Grenzen in Worten im Verordnungstext die Lage des einstweilig sichergestellten Gebietes in einer im Maßstab 1:25.000 als Anlage zu der Sicherstellungsverordnung veröffentlichten Übersichtskarte darstellen. Die gesetzliche Geltungsdauer einer Sicherstellungsverordnung gilt automatisch, wenn in der Sicherstellungsverordnung ausdrücklich keine andere Geltungsdauer bestimmt ist.[3257]

8323 **d) Strategische Umweltprüfung**. Schutzgebietsausweisungen sind Pläne, für die grundsätzlich eine Umweltprüfung erforderlich sein kann.[3258] Nach Art. 3 II a und IX SUP-RL wird eine Umweltprüfung bei allen Plänen und Programmen vorgenommen, die in den Bereichen Landwirtschaft, Forstwirtschaft, Fischerei, Energie, Industrie, Verkehr, Abfallwirtschaft, Wasserwirtschaft, Telekommunikation, Fremdenverkehr, Raumordnung oder Bodennutzung ausgearbeitet werden und durch die der Rahmen für die künftige Genehmigung der in den Anhängen I und II der UVP-RL aufgeführten Projekte gesetzt wird. Art. 3 IV SUP-RL bestimmt, dass

---

3251 OVG Lüneburg DVBl. 2002, 722.
3252 OVG Lüneburg NuR 2002, 99.
3253 OVG Lüneburg NuR 2002, 56.
3254 VGH Mannheim NuR 2002, 302.
3255 OVG Lüneburg Beschl. v. 25.8.2023 – 4 MN 128/22, juris Rn. 65.
3256 OVG Lüneburg Beschl. v. 25.8.2023 – 4 MN 128/22, juris Rn. 75.
3257 OVG Greifswald NordÖR 2001, 408.
3258 BVerwG NVwZ 2023, 1762 = juris Rn. 14; ZfBR 2022, 684.

die Mitgliedstaaten darüber befinden, ob nicht unter Art. 3 II SUP-RL fallende Pläne und Programme, durch die der Rahmen für die künftige Genehmigung von Projekten gesetzt wird, voraussichtlich erhebliche Umweltauswirkungen haben. Das Erfordernis der Rahmensetzung ist nach der Rechtsprechung des EuGH nur dann als erfüllt anzusehen ist, wenn der Plan oder das Programm eine signifikante Gesamtheit von Kriterien und Modalitäten für die Genehmigung und Durchführung eines oder mehrerer dieser Projekte aufstellt, insbesondere hinsichtlich des Standorts, der Art, der Größe und der Betriebsbedingungen solcher Projekte oder der mit ihnen verbundenen Inanspruchnahme von Ressourcen.[3259] Ohne eine Rahmensetzung fehlt es einer Landschaftsschutzgebietsverordnung zugleich an einem Mindestmaß an Konkretisierung, um feststellen zu können, ob von ihrer Verwirklichung eine erhebliche Beeinträchtigung eines Natura 2000-Gebietes ausgehen könnte.[3260]

e) Keine eigenständige Gebietskategorie für Natura 2000-Gebiete. Die Wahl der Form und des Mittels zur Erfüllung der Schutzverpflichtung gemäß Art. 4 IV FFH-RL, ein aufgrund des in Art. 4 II FFH-RL genannten Verfahrens als Gebiet von gemeinschaftlicher Bedeutung bezeichnetes Gebiet so schnell wie möglich als besonderes Schutzgebiet auszuweisen, hat Art. 288 III AEUV den Mitgliedstaaten überlassen. In Deutschland wird nach Maßgabe des § 32 II bis IV BNatSchG unter Schutz gestellt. Der Gesetzgeber hat mit § 32 II BNatSchG entschieden, dass trotz der besonderen europarechtlichen Schutzanforderungen für Natura 2000-Gebiete keine neue Schutzkategorie geschaffen wird, sondern die bestehenden Schutzkategorien nach § 20 II iVm §§ 22 ff. BNatSchG zu verwenden sind. Die Natura 2000-Gebiete werden deshalb durch Erklärung der gelisteten Gebiete zu geschützten Teilen von Natur und Landschaft, regelmäßig in der Form der Rechtsverordnung unter Schutz gestellt.[3261] 8324

Es kann erforderlich werden, für einzelne Teilflächen eines Natura 2000-Gebiets räumlich nebeneinander unterschiedliche Schutzregime auszuweisen. Die Wahl einer der in § 20 II Nr. 1 bis 7 BNatSchG bereitgestellten Schutzkategorien hängt davon ab, ob im konkreten Fall die in §§ 23 bis 29 BNatSchG normierten Voraussetzungen für eine Unterschutzstellung vorliegen. Das kann es erforderlich machen, ein nach Art. 4 II FFH-RL gelistetes Gebiet in Teilbereichen unterschiedlichen Schutzregimen zu unterwerfen, weil sich das Gebiet keiner Schutzkategorie in der Gänze zuordnen lässt und nur so die Verpflichtung aus Art. 4 IV FFH-RL insgesamt erfüllt werden kann.[3262] 8325

f) Naturschutzgebiete (§ 23 BNatSchG). Sie sind rechtsverbindlich festgesetzte Gebiete, in denen ein besonderer Schutz von Natur und Landschaft in ihrer Ganzheit oder in einzelnen Teilen (1) zur Erhaltung, Entwicklung oder Wiederherstellung von Biotopen oder Lebensgemeinschaften bestimmter wildlebender Tier- und Pflanzenarten, (2) aus wissenschaftlichen, naturgeschichtlichen oder landeskundlichen Gründen oder (3) wegen ihrer Seltenheit, besonderen Eigenart oder hervorragenden Schönheit erforderlich sind. Alle Handlungen, die zu einer Zerstörung, Beschädigung oder Veränderung des Naturschutzgebietes oder seiner Bestandteile oder zu einer nachhaltigen Störung führen können, sind nach Maßgabe näherer Bestimmungen verboten. Soweit es der Schutzzweck erlaubt, können Naturschutzgebiete der Allgemeinheit zugänglich gemacht werden. 8326

Die Naturschutzbehörde kann zum Schutz eines Fließgewässers alle im Einzugsbereich des Gewässers gelegenen Flächen unter Naturschutz stellen. Das gilt insbesondere für die Flächen, die zum Quellgebiet des Gewässers gehören.[3263] Am Rande gelegene Flächen, die isoliert betrachtet nicht schutzwürdig sind, können in ein Landschaftsschutzgebiet einbezogen werden, um diesem ein gewisses Vorfeld zu geben und es dadurch gegenüber der schutzgebietsfreien Umgebung abzuschirmen und insbesondere vor den Einwirkungen angrenzender oder heranrückender Bebauung zu schützen.[3264] Allerdings können Bedenken im Hinblick auf die Schutzwürdigkeit des Gebiets und die Erforderlichkeit ihrer Unterschutzstellung bestehen, 8327

[3259] EuGH Urt. v. 22.2.2022 – C-300/20, juris Rn. 62.

[3260] BVerwG NVwZ 2023, 1762 = juris Rn. 17; zur Frage, ob bestimmte Bestandteile einer Verordnung zur Ausweisung eines Landschaftsschutzgebiets eine Pflicht zur Durchführung einer Strategischen Umweltprüfung auslösen, siehe den Vorlagebeschluss des OVG Lüneburg an den EuGH NuR 2023, 498; Frenz/Müggenborg UPR 2023, 281; Heß/Wulff NuR 2023, 821.

[3261] BVerwG Beschl. v. 20.12.2023 – 10 BN 3/23, juris Rn. 7; NVwZ 2018, 978.

[3262] BVerwG Beschl. v. 20.12.2023 – 10 BN 3/23, juris Rn. 8; NVwZ 2018, 978.

[3263] OVG Lüneburg NuR 2002, 237.

[3264] OVG Lüneburg ZUR 2004, 49.

wenn nur wenig naturnahe Elemente vorhanden sind. Aus der Gesamtsicht, insbesondere mit dem Vogelschutz, kann eine eher großflächige Gebietsausweisung vertretbar sein.[3265]

8328 Das Verbot, in einem Naturschutzgebiet ein Bauvorhaben neu zu errichten, führt auch dann nicht zu einer unbeabsichtigten Härte, wenn das Gebäude durch Brandstiftung zerstört worden ist und ein Wiederaufbau nach § 35 IV Nr. 3 BauGB planungsrechtlich zulässig ist. Mit Inkrafttreten des Landschaftsplans sollen vorhandene Gebäude nicht länger als rechtlich notwendig erhalten bleiben. Nach Wegfall ihrer schützenswerten Substanz sollen die Gebäude nicht wiederhergestellt werden, sondern verfallen. Es ist dabei unbedeutend, auf welche Weise der Verfall eintritt, meint das OVG Münster.[3266] Ob ein Ausfertigungsmangel einer aufgrund landesrechtlicher Ermächtigung erlassenen Verordnung zu deren Gesamt- oder nur zu deren Teilnichtigkeit führt, bestimmt sich grundsätzlich nach irreversiblem Landesrecht. Auch naturferne Forste können als **„Pufferzone"** oder zur Entwicklung von Biotopen bzw. Biozönosen in ein Naturschutzgebiet einbezogen werden. Die Identitätsfunktion bzw. Beurkundungs- und Gewährleistungsfunktion der Ausfertigung von Rechtsnormen erfordert es nicht, die Gesamtnichtigkeit einer Verordnung anzunehmen, wenn nur einzelne Bestimmungen fehlerhaft ausgefertigt wurden; ob die ordnungsgemäß ausgefertigten Bestimmungen isoliert gelten sollen, ist vielmehr eine Frage der Teilbarkeit der Verordnung. Auch intensiv landwirtschaftlich genutzte Flächen können als „Pufferzone" oder zur Entwicklung von Biotopen bzw. Biozönosen in ein Naturschutzgebiet einbezogen werden.[3267]

8329 Wird ein Grundstück in ein Naturschutzgebiet einbezogen, obwohl es aufgrund der tatsächlichen Gegebenheiten die tatbestandlichen Voraussetzungen einer Unterschutzstellung nicht erfüllt, so führt dies nicht zur Unwirksamkeit der gesamten Naturschutzverordnung, wenn der übrige Verordnungsinhalt mit der nichtigen Unterschutzstellung in keinem untrennbaren Regelungszusammenhang steht und auch für sich betrachtet noch einen sinnvollen Naturschutz gewährleistet. Soll eine bereits veröffentlichte Naturschutzverordnung nach Behebung eines formellen Mangels neu bekannt gemacht werden, bedarf es vorab auch im Falle textlicher Veränderungen keines erneuten Anhörungsverfahrens, wenn die Neufassung inhaltlich keine wesentlichen Änderungen enthält. Wesentlich ist eine Änderung, durch die die Belange der Grundstückseigentümer anders oder stärker als zunächst vorgesehen berührt werden.[3268]

8330 **Flugbeschränkungen**. Eine Naturschutzbehörde ist nicht befugt, Flugbeschränkungen für Luftfahrzeuge im Wege einer Naturschutzgebietsverordnung anzuordnen. Der Bund hat mit dem Regelungskonzept des Luftverkehrsgesetzes abschließend von seiner ausschließlichen Gesetzgebungszuständigkeit nach Art. 73 I Nr. 6 GG Gebrauch gemacht.[3269]

8331 **Betretungsverbot**. Nach § 23 II 2 BNatSchG können Naturschutzgebiete der Allgemeinheit zugänglich gemacht werden, soweit es der Schutzzweck erlaubt. Daraus ergibt sich, dass das sich aus § 59 I BNatSchG ergebende Recht zum Betreten der freien Landschaft und des Waldes im Naturschutzgebiet grundsätzlich nicht gilt.[3270] Es gibt auch keine Verpflichtung, Naturschutzgebiete der Allgemeinheit zugänglich zu machen, soweit es der Schutzzweck erlaubt, und auch keinen Rechtsanspruch des Einzelnen hierauf. Nach § 23 II 2 BNatSchG verboten ist, ein Naturschutzgebiet aufzusuchen, solange und soweit der zuständige Normgeber dies in der Naturschutzgebietsverordnung nicht erlaubt.[3271]

8332 **g) Nationalparke, Nationale Naturmonumente (§ 24 BNatSchG).** Nationalparke sind rechtsverbindlich festgesetzte, einheitlich zu schützende Gebiete, die (1) großräumig, weitgehend unzerschnitten und von besonderer Eigenart sind, (2) in einem überwiegenden Teil ihres Gebietes die Voraussetzungen eines Naturschutzgebietes erfüllen, (3) sich in einem überwiegenden Teil ihres Gebietes in einem von Menschen nicht oder wenig beeinflussten Zustand befinden oder geeignet sind, sich in einen Zustand zu entwickeln oder in einen Zustand entwickelt zu werden, der einen möglichst ungestörten Ablauf der Naturvorgänge in ihrer natürlichen Dynamik gewährleistet. Nationalparke haben zum Ziel, in einem überwiegenden Teil ihres Gebiets den möglichst ungestörten Ablauf der Naturvorgänge in ihrer natürlichen Dynamik zu gewährleisten. Soweit es der Schutzzweck erlaubt, sollen Nationalparke auch der wis-

---

3265 OVG Koblenz UPR 2003, 398.
3266 OVG Münster NVwZ-RR 2000, 210.
3267 BVerwG NVwZ 2009, 719.
3268 OVG Saarlouis Urt. v. 7.3.2007 – 1 N 3/06, juris.
3269 BVerwG NVwZ 2023, 1071; OVG Lüneburg NuR 2022, 135.
3270 OVG Lüneburg ZUR 2022, 296 = juris Rn. 90.
3271 OVG Lüneburg ZUR 2022, 296 = juris Rn. 90.

senschaftlichen Umweltbeobachtung, der naturkundlichen Bildung und dem Naturerlebnis der Bevölkerung dienen. Nationalparke sind unter Berücksichtigung ihres besonderen Schutzzwecks sowie der durch die Großräumigkeit und Besiedlung gebotenen Ausnahmen wie Naturschutzgebiete zu schützen. **Nationale Naturmonumente** sind rechtsverbindlich festgesetzte Gebiete, die (1) aus wissenschaftlichen, naturgeschichtlichen, kulturhistorischen oder landeskundlichen Gründen und (2) wegen ihrer Seltenheit, Eigenart oder Schönheit von herausragender Bedeutung sind. Nationale Naturmonumente sind wie Naturschutzgebiete zu schützen. Die Aufhebung des Nationalparks **„Untere Elbtalaue"** durch das OVG Lüneburg[3272] wurde durch das BVerwG[3273] bestätigt. Nach § 24 I Nr. 3 BNatSchG 2002 setzte die Ausweisung als Nationalpark voraus, dass sich das Gebiet in einem von Menschen nicht oder wenig beeinflussten Zustand befindet. Das hatten die Gerichte verneint. Durch eine Änderung des BNatSchG ist nunmehr ausreichend, dass das Gebiet geeignet ist, sich in einen solchen Zustand zu entwickeln oder entwickelt zu werden. Eine Beschränkung der Öffnungszeiten einer Gaststätte durch eine Nationalpark-VO ist grundsätzlich zulässig, da auch der Betrieb einer Gaststätte in einem Nationalpark eine nachhaltige Störung der Natur auslösen oder jedenfalls verstärken kann.[3274]

h) Biosphärenreservate (§ 25 BNatSchG). Sie sind rechtsverbindlich festgesetzte einheitlich zu schützende und zu entwickelnde Gebiete, die (1) großräumig und für bestimmte Landschaftstypen charakteristisch sind, (2) in wesentlichen Teilen ihres Gebietes die Voraussetzungen eines Naturschutzgebietes, im Übrigen überwiegend eines Landschaftsschutzgebietes erfüllen, (3) vornehmlich der Erhaltung, Entwicklung oder Wiederherstellung einer durch hergebrachte vielfältige Nutzung geprägten Landschaft und der darin historisch gewachsenen Arten- und Biotopvielfalt, einschließlich Wild- und früherer Kulturformen wirtschaftlich genutzter oder nutzbarer Tier- und Pflanzenarten, dienen und (4) beispielhaft der Entwicklung und Erprobung von die Naturgüter besonders schonenden Wirtschaftsweisen dienen. Biosphärenreservate dienen, soweit es der Schutzzweck erlaubt, auch der Forschung und der Beobachtung von Natur und Landschaft sowie der Bildung für nachhaltige Entwicklung. Biosphärenreservate sind unter Berücksichtigung der durch die Großräumigkeit und Besiedlung gebotenen Ausnahmen über Kernzonen, Pflegezonen und Entwicklungszonen zu entwickeln und wie Naturschutzgebiete oder Landschaftsschutzgebiete zu schützen. Biosphärenreservate können auch als Biosphärengebiete oder Biosphärenregionen bezeichnet werden. 8333

i) Landschaftsschutzgebiete (§ 26 BNatSchG). Sie sind rechtsverbindlich festgesetzte Gebiete, in denen ein besonderer Schutz von Natur und Landschaft (1) zur Erhaltung, Entwicklung oder Wiederherstellung der Leistungs- und Funktionsfähigkeit des Naturhaushalts oder Regenerationsfähigkeit und nachhaltigen Nutzungsfähigkeit der Naturgüter, einschließlich des Schutzes von Lebensstätten bestimmter wild lebender Tier- und Pflanzenarten, (2) wegen der Vielfalt Eigenart oder Schönheit oder der besonderen kulturhistorischen Bedeutung der Landschaft oder (3) wegen ihrer besonderen Bedeutung für die Erholung erforderlich ist. In einem Landschaftsschutzgebiet sind unter besonderer Beachtung des § 5 I BNatSchG und nach Maßgabe näherer Bestimmungen alle Handlungen verboten, die den Charakter des Gebietes verändern oder dem besonderen Schutzzweck zuwiderlaufen. Bei der **Bekanntmachung** eines Landschaftsschutzgebietes kann der Verordnungsgeber zur groben Beschreibung des unter Landschaftsschutz gestellten Gebiets nicht lediglich auf eine im Verkündungsblatt abgedruckte Übersichtskarte verweisen oder anstelle einer textlichen Grobbeschreibung eine Übersichtskarte benutzen. Eine solche Handhabung stellt nach Auffassung des OVG Lüneburg einen Verstoß gegen § 30 V 5 NNatSchG dar.[3275] Ein Landschaftsschutzgebiet im Sinne des § 26 BNatSchG 8334

[3272] OVG Lüneburg NuR 1999, 138.

[3273] BVerwG DVBl. 2000, 190.

[3274] BVerwG NVwZ 2003, 1518; zum Schutz in deutschen Meeresschutzgebieten – am Beispiel des Nationalparks Schleswig-Holsteinisches Wattenmeer Schumacher/Scherer/Schumacher, NuR 2023, 442; zur erfolglosen Verfassungsbeschwerde gegen das Thüringer Gesetz über das Nationale Naturmonument „Grünes Band Thüringen" ThürVerfGH Beschl. v. 28.7.2021 – 46/19, juris; zum Spannungsverhältnis zwischen Denkmalschutz, Eigentumsrechten und Naturschutz bei der Konversion in einem Nationalpark Wacker NWVBL 2021, 232; zur unzulässigen Popularklage gegen die Verordnung über das Nationale Naturmonument Weltenburger Enge VerfGH München BayVBl. 2021, 83; zur Nationalparkausweisung und Forstrechte Lindner BayVBl. 2018, 253.

[3275] OVG Lüneburg NVwZ-RR 2001, 233.

kann aus mehreren geografisch nicht miteinander verbundenen Teilgebieten bestehen. Dem besonderen Erholungswert eines Landschaftsraums kann nicht nur durch einen Aufenthalt in einer naturnahen Zone Rechnung getragen werden, sondern auch dadurch, dass dem Betrachter aus angrenzenden Bereichen der Anblick einer naturnahen Zone ermöglicht wird.[3276]

8335 Eine Einbeziehung von Grundstücken, die zum Schutzzweck keinen Beitrag leisten, in ein Landschaftsschutzgebiet ist nicht erforderlich. Auch kann es geboten sein, Grundstücke, die sich für eine Unterschutzstellung eignen, aus Gründen der Verhältnismäßigkeit vom Schutzumgriff auszunehmen. Die Kumulation verschiedener Schutzgründe im Sinne einer multifunktionalen Unterschutzstellung ist nach § 26 I BNatSchG zulässig. § 26 BNatSchG lässt es zu, in Landschaftsschutzgebiete auch intensiv land- oder forstwirtschaftlich genutzte Flächen einzubeziehen, wenn der Schutzzweck dies rechtfertigt. Das ist beispielsweise der Fall, wenn es Zweck der Verordnung ist, offene, zusammenhängende Grünlandbereiche für das Landschaftsbild zu erhalten, oder wenn die Einbeziehung land- oder forstwirtschaftlicher Flächen dem Erhalt von Blickbeziehungen auf schutzwürdige Randflächen dient.[3277] Zur Entwicklung der Leistungs- und Funktionsfähigkeit des Naturhaushalts kann ein Landschaftsschutzgebiet nach § 26 I Nr. 1 BNatSchG allerdings auch solche Flächen einbeziehen, die nach ihrer Ausstattung und Lage ein hinreichend konkretes Entwicklungspotential für die Verbesserung des Naturhaushalts aufweisen.[3278] Grundstücke, die bei isolierter Betrachtung nicht zur Vielfalt, Eigenart oder Schönheit der Landschaft beitragen, dürfen in den Geltungsbereich einer Verordnung zum Schutz eines Landschaftsbildes einbezogen werden, wenn sie für den Schutz der schutzwürdigen und schutzbedürftigen Flächen in irgendeiner Weise von Bedeutung sind. Das ist auch der Fall, wenn ohne ihre Einbeziehung dem geschützten Landschaftsteil abträgliche Eingriffe erlaubt würden. Die Beschränkung der Nutzung des im Geltungsbereich einer Landschaftsschutzgebietsverordnung liegenden, selbst nicht schutzwürdigen Grundstücks durch Verbote nach § 26 II BNatSchG ist nur verhältnismäßig, wenn die außerhalb des Schutzgebiets liegenden Landschaftsbestandteile, zu deren Schutz das Grundstück in den Schutzumgriff einbezogen wird, ihrerseits durch das Regime des Natur- und Landschaftsschutzrechts geschützt sind.[3279]

8336 § 26 BNatSchG lässt es zu, in **Landschaftsschutzgebiete** auch intensiv **land- oder forstwirtschaftlich** genutzte **Flächen** einzubeziehen. Allerdings muss der mit der Festsetzung des Landschaftsschutzgebiets verfolgte Schutzzweck (§ 22 I BNatSchG) dies rechtfertigen. Ist es beispielsweise Zweck der Landschaftsschutzverordnung, offene, zusammenhängende Grünlandbereiche für das Landschaftsbild zu erhalten, können auch intensiv land- oder forstwirtschaftlich genutzte Flächen unter Schutz gestellt werden. Ob derartige Flächen in ein Landschaftsschutzgebiet einbezogen werden, liegt im „Normsetzungsermessen" des naturschutzrechtlichen Normgebers. Dieses ist von der Sache her in erster Linie durch eine dem Verhältnismäßigkeitsgrundsatz verpflichtete Würdigung der gegenüberstehenden Interessen des Natur- und Landschaftsschutzes auf der einen und der Nutzerinteressen der von Nutzungsbeschränkungen betroffenen Grundeigentümer auf der anderen Seite geprägt.[3280] Der **Schutzzweck** muss sich einer Erklärung zum Schutzgebiet (§ 22 BNatSchG) mit ausreichender Bestimmtheit entnehmen lassen. Sind in großflächigen Landschaftsschutzgebieten Abgrabungen nur in von der überörtlichen Planung bestimmten Bereichen zulässig, ist dies grundsätzlich verhältnismäßig.[3281]

8337 Für einen Normgeber besteht die Möglichkeit, bei bloß grober Umschreibung des Geltungsbereichs einer Norm im Wortlaut, auf eine an einer zu benennenden Amtsstelle niedergelegte und dort in den Dienststunden für jedermann einsehbare Landkarte zu verweisen, deren archivmäßige Verwahrung zu sichern ist, und so die Gebietsabgrenzung anzugeben. Bundesrecht ordnet nicht an, dass Landschaftsschutzgebietsverordnungen eine Begründung beizufügen ist. Der Verordnungsgeber ist daher nicht verpflichtet, seine Erwägungen zu dokumentieren, die ihn zum Erlass einer Landschaftsschutzgebietsverordnung bewogen haben.[3282]

3276 BVerwG NuR 2018, 487.

3277 BVerwG NuR 2018, 488 zur Einbeziehung land- und forstwirtschaftlich genutzter Flächen in ein Landschaftsschutzgebiet.

3278 BVerwG UPR 2019, 63; zur Frage, ob bestimmte Bestandteile einer Verordnung zur Ausweisung eines Landschaftsschutzgebiets eine Pflicht zur Durchführung einer Strategischen Umweltprüfung auslösen, siehe den Vorlagebschluss des OVG Lüneburg an den EuGH NuR 2023, 498.

3279 BVerwG NVwZ 2019, 1047.

3280 BVerwG Beschl. v. 1.2.2007 – 7 BN 1.07, juris.

3281 BVerwG NVwZ 2007, 589.

3282 BVerwG Beschl. v. 30.4.2020 – 4 BN 61.19, juris.

Ein **repressives Verbot ohne Erlaubnisvorbehalt** ist in einer Landschaftsschutzgebietsverordnung nur zulässig, wenn von vornherein feststeht, dass die verbotene Handlung den Charakter des unter Schutz gestellten Gebiets schlechthin verändert oder dem besonderen Schutzzweck schlechthin zuwiderläuft. Beim Fahren auf Flussläufen ist zu differenzieren. So kann das Kanufahren zulässig,[3283] aber das Fahren mit Flößen und anderen Wasserfahrzeugen von mehr als 6 m Länge oder 1 m Breite verboten sein.[3284] Ein repressives Verbot, bauliche Anlagen aller Art zu errichten, ist unzulässig, wenn das Landschaftsschutzgebiet auch bebaute Grundstücke und Siedlungen umfasst. Das Verbot in einer Landschaftsschutzgebietsverordnung, außerhalb öffentlicher Straßen iS des Straßenrechts und besonders gekennzeichneter Reitwege ohne ausdrückliche Erlaubnis der Grundeigentümer oder Nutzungsberechtigten zu reiten, verstößt gegen Art. 3 I GG. Ob ein Reitverbot mit dem Naturschutzgesetz vereinbar ist, beurteilt sich nach dem Einzelfall.[3285] 8338

Die **Zuständigkeit** für die Festlegung von Landschaftsschutzgebieten ist landesrechtlich geregelt. Die zuständige Behörde muss dabei eine widerspruchsfreie Aufgabenerledigung sicherstellen. Eine Gemeinde darf daher als Naturschutzbehörde keine Landschaftsschutzgebietsverordnung erlassen, die im Widerspruch zu den Darstellungen ihres Flächennutzungsplans steht.[3286] 8339

§ 26 BNatSchG lässt es zu, in Landschaftsschutzgebiete auch intensiv land- oder forstwirtschaftlich genutzte Flächen einzubeziehen. Allerdings muss der mit der Festsetzung des Landschaftsschutzgebiets verfolgte Schutzzweck (§ 22 II BNatSchG) dies rechtfertigen. Ist es beispielsweise Zweck der Landschaftsschutzverordnung, offene, zusammenhängende Grünlandbereiche für das Landschaftsbild zu erhalten, können auch intensiv land- oder forstwirtschaftlich genutzte Flächen unter Schutz gestellt werden. Ob derartige Flächen in ein Landschaftsschutzgebiet einbezogen werden, liegt im „Normsetzungsermessen“ des naturschutzrechtlichen Normgebers. Dieses ist von der Sache her in erster Linie durch eine dem Verhältnismäßigkeitsgrundsatz verpflichtete Würdigung der gegenüberstehenden Interessen des Natur- und Landschaftsschutzes auf der einen und der Nutzerinteressen der von Nutzungsbeschränkungen betroffenen Grundeigentümer auf der anderen Seite geprägt.[3287] Der Schutzzweck muss sich einer Erklärung zum Schutzgebiet (§ 22 BNatSchG) mit ausreichender Bestimmtheit entnehmen lassen. Sind in großflächigen Landschaftsschutzgebieten Abgrabungen nur in von der überörtlichen Planung bestimmten Bereichen zulässig, ist dies grundsätzlich verhältnismäßig.[3288] 8340

j) Naturparke (§ 27 BNatSchG). Sie sind einheitlich zu entwickelnde und zu pflegende Gebiete, die (1) großräumig sind, (2) überwiegend Landschaftsschutzgebiete oder Naturschutzgebiete sind, (3) sich wegen ihrer landschaftlichen Voraussetzungen für die Erholung besonders eignen und in denen ein nachhaltiger Tourismus angestrebt wird, (4) nach den Erfordernissen der Raumordnung für die Erholung vorgesehen sind, (5) der Erhaltung, Entwicklung oder Wiederherstellung einer durch vielfältige Nutzung geprägten Landschaft und ihrer Arten- und Biotopvielfalt dienen und in denen zu diesem Zweck eine dauerhaft umweltgerechte Landnutzung angestrebt wird und die (6) besonders dazu geeignet sind, eine nachhaltige Regionalentwicklung zu fördern. Naturparke sollen entsprechend ihren in § 27 I BNatSchG beschriebenen Zwecken unter Beachtung der Ziele des Naturschutzes und der Landschaftspflege geplant, gegliedert, erschlossen und weiterentwickelt werden. 8341

k) Naturdenkmale (§ 28 BNatSchG). Sie sind rechtsverbindlich festgesetzte Einzelschöpfungen der Natur oder entsprechende Flächen bis zu 5 ha, deren besonderer Schutz (1) aus wissenschaftlichen, naturgeschichtlichen oder landeskundlichen Gründen oder (2) wegen ihrer Seltenheit, Eigenart oder Schönheit erforderlich ist. Die Festsetzung kann auch die für den Schutz des Naturdenkmals oder seiner geschützten Umgebung einbeziehen. Die Beseitigung des Naturdenkmals sowie alle Handlungen, die zu einer Zerstörung, Beschädigung oder Veränderung des Naturdenkmals führen können, sind nach Maßgabe näherer Bestimmungen verboten. 8342

3283 OVG Lüneburg NuR 2002, 565.
3284 OVG Lüneburg NVwZ-RR 2004, 337.
3285 OVG Lüneburg NuR 2002, 56.
3286 OVG Lüneburg NuR 2006, 128.
3287 BVerwG Beschl. v. 1.2.2007 – 7 BN 1.07, juris.
3288 BVerwG NVwZ 2007, 589.

8343 Eine schutzwürdige Naturschöpfung kann auch vorliegen, wenn sie erst nach einer Veränderung der Landschaft durch den Menschen entstanden ist. Flächenhafte Naturdenkmale müssen einheitlich und abgrenzbar in Erscheinung treten und über eine gewisse Singularität gegenüber der umgebenden Landschaft verfügen. Bei Objekten, die die Größe von 5 ha überschreiten, soll nach der gesetzgeberischen Wertung ein Naturdenkmal ausscheiden und es kann dann nur eine Unterschutzstellung als Kategorie des Flächenschutzes erfolgen.[3289]

8344 **l) Geschützte Landschaftsbestandteile (§ 29 BNatSchG).** Sie sind rechtsverbindlich festgesetzte Teile von Natur und Landschaft, deren besonderer Schutz (1) zur Erhaltung, Entwicklung oder Wiederherstellung der Leistungs- und Funktionsfähigkeit des Naturhaushalts, (2) zur Belebung, Gliederung oder Pflege des Orts- oder Landschaftsbildes. (3) zur Abwehr schädlicher Einwirkungen oder (4) wegen ihrer Bedeutung als Lebensstätten bestimmter wild lebender Tier- und Pflanzenarten erforderlich ist. Der Schutz kann sich für den Bereich eines Landes oder für Teile des Landes auf den gesamten Bestand an Alleen, einseitigen Baumreihen, Bäumen, Hecken oder anderen Landschaftsbestandteilen erstrecken.

8345 Beim geschützten Landschaftsbestandteil handelt es sich wie auch beim Naturdenkmal in § 28 BNatSchG nicht um eine Kategorie des Flächen-, sondern des Objektschutzes. Aus dem Sinn des § 29 BNatSchG als einer auf den Objektschutz ausgerichteten Regelung folgt, dass Gebiete nicht als geschützte Landschaftsbestandteile unter Schutz gestellt werden dürfen.[3290] Geschützte Landschaftsbestandteile im Sinne von § 29 I 1 BNatSchG sind Teile von Natur und Landschaft. Das können auch Einzelgebilde der Natur wie Raine, Alleen, Wallhecken und Tümpel sein. Ihre Flächenhaftigkeit steht ihrer Qualifizierung als Landschaftsbestandteil grundsätzlich nicht entgegen, wie insbesondere § 29 I 2 BNatSchG zeigt, bei dem es sich um keine Mischform zwischen Objekt- und Flächenschutz handelt, sondern um eine um Elemente des Flächenschutzes angereicherte Kategorie des Objektschutzes.[3291] Maßgeblich ist danach, dass die zu schützenden Objekte nicht schon selbst eine Landschaft bilden, sondern als Naturgesamtheit lediglich ein Teil der Landschaft sind, mithin als abgrenzbares Einzelgebilde erkannt werden können. Erkennbar ist, was optisch wahrgenommen werden kann. Was in diesem Sinne Teil der Landschaft ist, ist dem entsprechend an der bei natürlicher Betrachtung feststellbaren Abgrenzbarkeit von der Umgebung festzumachen.[3292] Hieraus folgt nach der Rechtsprechung des BVerwG, dass sich in Bezug auf die Flächengröße eines Landschaftsbestandteils keine fixen Grenzen festlegen lassen, zumal der Gesetzgeber in § 29 BNatSchG – und anders als in § 28 BNatSchG; dort 5 ha – keine Flächengröße normiert hat. Auch wenn ein Schutzobjekt eine größere Fläche einnimmt, stehe dies einer Unterschutzstellung nach § 29 BNatSchG nicht grundsätzlich entgegen. Es komme vielmehr entscheidend auf die konkrete Situation vor Ort und darauf an, inwieweit eine deutliche Erkennbarkeit und Abgrenzbarkeit zur übrigen Landschaft möglich sei, wenn es auch mit zunehmender Größe eines Landschaftsbestandteils schwieriger werden dürfte, ihn von der übrigen Landschaft abzugrenzen.[3293]

8346 Auf den Ursprung des Schutzobjekts an, also wie dieses entstanden ist, komme es für den Schutz nicht an, sondern allein darauf, ob es sich hierbei um einen (abgrenzbaren) Teil von Natur und Landschaft handelt, der – um schutzwürdig zu sein – bestimmte, in § 29 I 1 Nr. 1 bis 4 BNatSchG genannte Schutzvoraussetzungen erfüllen muss. Hierdurch unterscheidet sich § 29 I BNatSchG von § 28 I BNatSchG, der auf Einzelschöpfungen der Natur abstellt. Auch von Menschenhand geschaffene Objekte können daher im Sinne von § 29 I 1 BNatSchG schutzfähig sein.[3294]

8347 Die Beseitigung des geschützten Landschaftsbestandteils sowie alle Handlungen, die zu einer Zerstörung, Beschädigung oder Veränderung des geschützten Landschaftsbestandteils führen können, sind nach Maßgabe näherer Bestimmungen verboten. Für den Fall der Bestandsminderung kann die Verpflichtung zu einer angemessenen und zumutbaren Ersatzpflicht oder zur Leistung von Ersatz in Geld vorgesehen werden. Vorschriften des Landesrechts über den gesetzlichen **Schutz von Alleen** bleiben unberührt. Die Kategorie „geschützte Grünbestände" iS des § 25 NatSchG BW ist ein Instrument des Objektschutzes und nicht des Flächenschutzes.

3289 VG Freiburg Urt. v. 21.11.2019 – 9 K 560/19, juris.
3290 BVerwG NuR 2020, 49; Urt. v. 21.12.2017 – 4 CN 8.16, juris Rn. 19.
3291 BVerwG NuR 2020, 49; Urt. v. 21.12.2017 – 4 CN 8.16, juris Rn. 23.
3292 BVerwG NuR 2020, 49; Urt. v. 21.12.2017 – 4 CN 8.16, juris Rn. 23.
3293 BVerwG NuR 2020, 49 = juris Rn. 3; Urt. v. 21.12.2017 – 4 CN 8.16, juris.
3294 BVerwG NuR 2020, 49 = juris Rn. 4.

Die auf diese Art geschützten Grünbestände müssen durch eine gewisse Objekthaftigkeit und Beständigkeit im äußeren Erscheinungsbild gekennzeichnet sein und dürfen nicht selbst eine „Landschaft" sein.[3295] Sie müssen sich daher auf Grund ihrer Lage und begrenzten Größe von der besiedelten Umgebung deutlich abheben und dadurch als abgrenzbares Einzelgebilde iS eines landschaftlichen Unikats erkennbar sein. Dazu genügt eine Lebensstätte der Tier- und Pflanzenwelt, die sich im lokalen oder regionalen Vergleich zu anderen gleichartigen Grünbeständen durch besonderen Reichtum oder durch Seltenheit auszeichnet. Demgegenüber können städtebauliche Funktionen, wie etwa die Vermeidung einer Bauverdichtung oder die Trennung unverträglicher Nutzungsarten, nicht als Kennzeichen eines Grünbestandes dienen.[3296] Der in § 29 BNatSchG geregelte „geschützte Landschaftsbestandteil" dient dem Objekt- und nicht dem Flächenschutz. Für den Schutz nach § 29 I BNatSchG ist es erforderlich, dass die zu schützenden Objekte nicht schon selbst eine „Landschaft" bilden, sondern als abgrenzbare Einzelgebilde erkannt werden können. Eine Rechtsverordnung, die nicht von § 29 BNatSchG gedeckt ist, ist von Anfang an (ex tunc) und ohne Weiteres (ipso iure) unwirksam. Sie kann zur Umsetzung der Vorgaben des Art. 4 IV FFH-RL nichts beitragen; ihre Aufhebung verstößt nicht gegen Art. 6 II FFH-RL.[3297]

In Bezug auf die Flächengröße eines Landschaftsbestandteils lassen sich keine fixen Grenzen festlegen, zumal der Gesetzgeber in § 29 BNatSchG – anders als in § 28 BNatSchG – keine Flächengröße normiert hat. Als Landschaftsbestandteile sind gemäß § 29 I 1 BNatSchG „Teile von Natur und Landschaft" schutzfähig. Nach dem Wortlaut der Norm kommt es nicht auf den Ursprung des Schutzobjekts an, also wie dieses entstanden ist[3298], sondern allein darauf, ob es sich hierbei um einen (abgrenzbaren) Teil von Natur und Landschaft handelt, der – um schutzwürdig zu sein – bestimmte, in § 29 I 1 Nr. 1 bis 4 BNatSchG genannte Schutzvoraussetzungen erfüllen muss. Hierdurch unterscheidet sich § 29 I BNatSchG von § 28 I BNatSchG, der auf Einzelschöpfungen der Natur abstellt.[3299] Auch von Menschenhand geschaffene „Objekte" können daher im Sinne von § 29 I 1 BNatSchG schutzfähig sein, wie § 29 I 2 BNatSchG belegt.[3300] 8348

Der Weg zu einer **verwaltungsgerichtlichen Überprüfung** des **Abwägungsvorgangs** ist bei untergesetzlichen Normen nach Auffassung des BVerwG nur eröffnet, wenn der Normgeber – wie etwa im Bauplanungsrecht – einer besonders ausgestalteten Bindung an gesetzlich formulierte Abwägungsdirektiven unterliegt. Sind solche nicht vorhanden, kann die Rechtswidrigkeit einer Norm mit Fehlern im Abwägungsvorgang nicht begründet werden. Diese Rechtssätze finden auch auf **Schutzgebietsausweisungen** nach §§ 20 ff. BNatSchG Anwendung.[3301] 8349

m) Schutz der Biotope (§ 30 BNatSchG). Neben die allgemeine Eingriffsregelung tritt der Schutz, die Pflege und die Entwicklung bestimmter Teile von Natur und Landschaft nach den §§ 22 ff BNatSchG. Der gesetzliche Schutz von Biotopen ist nach § 30 I BNatSchG Aufgabe der Länder. Sie regeln das Verbot von Maßnahmen, die zu einer Zerstörung oder sonstigen erheblichen oder nachhaltigen Beeinträchtigung von Biotopen führen können. Die Länder haben dabei einen Spielraum in der Biotopauswahl. § 31 II BNatSchG ermächtigt die Länder, Ausnahmen zuzulassen, wenn die Beeinträchtigungen der Biotope ausgeglichen werden können oder die Maßnahmen aus überwiegenden Gründen des Gemeinwohls notwendig sind. Ausnahmen können auch für Biotope zugelassen werden, die im Zusammenhang mit vertraglichen Vereinbarungen oder der Teilnahme an öffentlichen Programmen zur Bewirtschaftungsbeschränkung entstanden sind (§ 30 II BNatSchG). Der Begriff „überwiegende Gründe des Gemeinwohls" hat beim Biotopschutz in § 30 II 1 BNatSchG keinen anderen Inhalt als bei der Regelung über die Befreiungen in § 63 BNatSchG. Er unterscheidet sich auch nicht von dem Gemeinwohlbegriff, der in anderen rechtlichen Zusammenhängen eine Rolle spielt. 8350

Es müssen insoweit zwei Tatbestandsvoraussetzungen erfüllt sein: Von einer besonderen oder einer Ausnahmesituation kann nur bei einem Sachverhalt die Rede sein, der sich vom gesetz- 8351

3295 VGH Mannheim DVBl. 2000, 830; OVG Lüneburg NVwZ-RR 1994, 574.

3296 VGH Mannheim NVwZ-RR 2000, 772; NVwZ 1997, 173.

3297 BVerwG NVwZ 2018, 978.

3298 Hendrischke/Blanke in Schlacke, BNatSchG, 2024, § 29 Rn. 5.

3299 Heugel in Lütkes/Ewer, BNatSchG, 2018, § 28 Rn. 5; Appel in Frenz/Müggenborg, BNatSchG, 2021, § 28 Rn. 8; weiter dagegen Hendrischke/Blanke in Schlacke, BNatSchG, 2024, § 28 Rn. 9.

3300 BVerwG NuR 2020, 49.

3301 BVerwG Beschl. v. 20.12.2017 – 4 BN 8.17, juris.

lich geregelten Tatbestand durch das Merkmal der Atypik abhebt. Ist diesem Erfordernis genügt, so bedarf es zusätzlich einer Abwägungsentscheidung. Der Bilanzierungsgedanke kommt bei § 43 VIII Nr. 5 BNatSchG, ebenso wie bei § 30 II 1 BNatSchG, im Tatbestandsmerkmal der „überwiegenden" Gründe zum Ausdruck. Durch den Hinweis auf das „Gemeinwohl" stellt der Gesetzgeber außerdem klar, dass in die bilanzierende Betrachtung zugunsten einer Ausnahme nur Gründe des öffentlichen Interesses und nicht auch private Belange eingestellt werden dürfen.[3302]

8352 Zwar sind für die Frage, ob eine Fläche dem Schutz des § 30 II 1 BNatSchG unterliegt, allein die tatsächlichen Verhältnisse maßgeblich, so dass der gesetzliche Schutz grundsätzlich entfällt, wenn eine Fläche die Eigenschaften eines gesetzlich geschützten Biotops verliert. Dies gilt jedoch dann nicht, wenn das Biotop seine Eigenschaften als gesetzlich geschütztes Biotop erst aufgrund von nach § 30 II 1 BNatSchG verbotenen Handlungen verloren hat.[3303]

8353 Eine **Baugenehmigung** enthält nicht eine zugleich erforderliche Befreiung von einer Schutzgebietsausweisung nach dem Naturschutzrecht; sie gibt den Bau auch nicht insoweit frei.[3304]

8354 Will die Bundesrepublik Deutschland als Eigentümerin von **Staatswald** im Rahmen forstwirtschaftlicher Bodennutzung eine Maßnahme durchführen, die durch eine Naturschutzgebietsverordnung verboten ist, so muss sie vorher eine Befreiung der zuständigen Behörde des Landes einholen.[3305]

8355 Die gesetzlich geschützten Biotope werden nach § 30 VII BNatSchG registriert und die Registrierung wird in geeigneter Weise öffentlich zugänglich gemacht. Die Eintragung eines Biotops in ein Verzeichnis gemäß § 30 VII BNatSchG als eine von sachkundigen Mitarbeitern einer Naturschutzbehörde erstellte deklaratorische Dokumentation ist ungeachtet ihres deklaratorischen Charakters ein erhebliches, wenn auch widerlegliches Indiz für das Vorhandensein eines Biotops iSv § 30 II 1 BNatSchG.[3306]

8356 In vergleichbarer Weise wie beim Artenschutzrecht gilt auch für den gesetzlichen Biotopschutz nach § 30 II BNatSchG, dass nicht schon das Aufstellen eines Bebauungsplans die gesetzlich geschützten Biotope zerstören oder erheblich beeinträchtigen kann. Die verbotenen Handlungen, die zu einer Zerstörung oder einer sonstigen erheblichen Beeinträchtigung der geschützten Biotope führen können, sind vielmehr erst beim Vollzug des Bebauungsplans zu erwarten. Daher gilt auch für § 30 II BNatSchG, dass die Verbote des gesetzlichen Biotopschutzes bei der Bauleitplanung ihre mittelbare Wirkung über das Gebot der Erforderlichkeit der Planung nach § 1 III BauGB erlangen. Die planende Gemeinde muss schon bei der Aufstellung des Bebauungsplans eine Prognose anstellen, ob der Vollzug des Plans Konflikte mit den Verboten des § 30 II BNatSchG hervorrufen würde und ob ein entsprechender Konflikt im Vollzug des Bebauungsplans durch die Zulassung einer Ausnahme nach § 30 III BNatSchG oder die Gewährung einer Befreiung nach § 67 BNatSchG bewältigt werden könnte. Ist dies der Fall, kann die Gemeinde in diese Ausnahme- oder Befreiungslage hineinplanen.[3307]

5. Naturschutz und Enteignung

8357 **a) Inhalts- und Schrankenbestimmung.** Maßnahmen des Naturschutzes sind im Allgemeinen keine Enteignung, sondern Inhalts- und Schrankenbestimmungen des Eigentums nach Art. 14 I 2 GG.[3308] Nach dieser Verfassungsbestimmung ist der Gesetzgeber befugt, Inhalt und Schranken des Eigentums unter Wahrung der Privatnützigkeit und der Sozialpflichtigkeit des

---

3302 BVerwG BauR 2002, 1368 m. Hinw. auf die Gesetzesbegründung, BT-Drucks. 10/5064, S. 17; DVBl. 1995, 532.

3303 VG Lüneburg Beschl. v. 6.7.2023 – 2 B 29/23, juris Rn. 36.

3304 OVG Greifswald NuR 2001, 412; LKV 1998, 460.

3305 BVerwG DVBl. 2001, 1842.

3306 VGH München NVwZ-RR 2023, 1025; VG Lüneburg Beschl. v. 6.7.2023 – 2 B 29/23, juris Rn. 36; OVG Berlin-Brandenburg Beschl. v. 10.12.2021 – 11 S 31/21, juris Rn. 26; OVG Münster Beschl. v. 23.9.2002 – 20 B 768/02, juris Rn. 7; BauR 2023, 922 Rn. 223 f.; OVG Lüneburg NVwZ-RR 2016, 333 Rn. 6; NuR 2022, 713 Rn. 5.

3307 OVG Schleswig Beschl. v. 26.5.2023 – 1 MB 13/22, juris; OVG Hamburg Beschl. v. 1.4.2020 – 2 Es 1/20.N, juris, Rn. 66 f.; BVerwG Beschl. v. 12.11.2020 – 4 BN 15.20, juris, Rn. 7.

3308 BVerwGE 49, 385; BVerwGE 67, 84; BVerwGE 67, 93; BGH NJW 1977, 945; Brenner/Hyckel NuR 2019, 15 (19).

Eigentums zu bestimmen. Dabei wird der rechtliche Gehalt der durch Art. 14 I 1 GG geschützten Bestandsgarantie wesentlich durch die Privatnützigkeit und durch die grundsätzliche Verfügungsbefugnis des Eigentümers über den Eigentumsgegenstand bestimmt.[3309] Dem liegt die Vorstellung zu Grunde, dass jedes Grundstück durch seine Lage und Beschaffenheit sowie die Einbettung in seine Umwelt, also durch seine jeweilige Situation, geprägt wird. Diese „Situationsgebundenheit" kann den Gesetzgeber, der gemäß Art. 14 I 2 GG Inhalt und Schranken des Eigentums zu bestimmen und hierbei den privaten und den sozialen Nutzen des Eigentumsgebrauchs (Art. 14 II GG) in ein ausgewogenes Verhältnis zu bringen hat,[3310] zu einer entsprechenden Beschränkung der Eigentümerbefugnisse berechtigen. Denn die Gestaltungsfreiheit des Gesetzgebers nach Art. 14 I 2 GG ist umso größer, je stärker der soziale Bezug des Eigentumsobjekts ist. Hierfür sind dessen Eigenart und Funktion von entscheidender Bedeutung.[3311] Wenn die natürlichen oder landschaftsräumlichen Gegebenheiten eines Grundstücks im Interesse der Allgemeinheit erhaltenswert sind und des Schutzes bedürfen, so ergibt sich hieraus eine Art immanenter, dh dem Grundstück selbst anhaftender, Beschränkung der Eigentümerbefugnisse, die durch natur- und landschaftsschutzrechtliche Regelungen lediglich nachgezeichnet werden. Enteignungen werden daraus erst, wenn durch Gesetz oder auf Grund eines Gesetzes auf das Eigentum in der Weise zugegriffen wird, dass ein **Übergang von Eigentümerbefugnissen** bewirkt werden soll.[3312] Dazu gehört etwa die Enteignung zugunsten naturschutzrechtlicher Ausgleichs- oder Ersatzmaßnahmen, nicht jedoch Belastungen des Eigentums durch naturschutzrechtliche Einschränkungen, auch wenn sie sich als schwer und unerträglich darstellen.[3313]

Naturschutzrechtliche Beschränkungen von **Bergwerkseigentum** sind in aller Regel im Sinne von § 68 I BNatSchG unzumutbar, wenn die Privatnützigkeit vollständig, ersatz- und übergangslos entfällt. Von einer die Entschädigungspflicht ausschließenden Situationsgebundenheit des Bergwerkseigentums ist erst auszugehen, wenn die Untersagung der Gewinnung der Bodenschätze auch unter Beachtung der Bedeutung der Rohstoffgewinnung und der Vielfalt möglicher naturschutzrechtlicher Reaktionsweisen zwingend geboten erscheint. Die Untersagung muss nicht nur als Möglichkeit in der Situation angelegt, sondern dem Bergwerkseigentum gewissermaßen „auf die Stirn geschrieben" sein.[3314] Wenn der vom Bergwerkseigentum umfasste Bodenschatz wegen einer Naturschutzgebietsausweisung nicht mehr gehoben werden kann, verbleibt dem Bergbauberechtigten im Unterschied zum aufgrund einer Naturschutzgebietsausweisung beeinträchtigten Grundeigentum keine Vielfalt an Nutzungsmöglichkeiten. Die Beschränkung entspricht vielmehr wirtschaftlich dem vollständigen Entzug der bestehenden Eigentumsposition.[3315] 8358

b) Entschädigung. Allerdings kann dann zur Wahrung der Verfassungsmäßigkeit der gesetzgeberischen Inhalts- und Schrankenbestimmung eine Kompensation iS einer Entschädigung erforderlich werden. Erst diese Kompensation macht dann die Inhalts- und Schrankenbestimmung des Gesetzgebers verfassungsgemäß. Denn der Normgeber darf nicht unter dem Etikett einer bloßen Inhalts- und Schrankenbestimmung in Wahrheit einen Eingriff mit Enteignungswirkungen vornehmen.[3316] Derartige Kompensationsmaßnahmen sind vor allem dann erforderlich, wenn sich der Eingriff enteignungsgleich[3317] in dem Sinne darstellt, dass das Eigentum auch verfassungsrechtlich unzumutbaren schweren und unerträglichen Beeinträchtigungen[3318] ausgesetzt wird. Ein nach Art. 14 I 2 GG erforderlicher Entschädigungsanspruch unterliegt allerdings dem Gesetzmäßigkeitsgrundsatz, darf also bei fehlender gesetzlicher Grundlage nicht in Anwendung des richterrechtlich entwickelten allgemeinen Aufopferungsgedankens zuerkannt werden.[3319] Ein gesetzlich nicht gewährter, aber angesichts der vom Gesetzgeber getrof- 8359

[3309] BVerfG NJW 1969, 1475; NJW 1971, 2163; NJW 1974, 1499; DVBl. 1976, 710; BVerfGE 52, 1; BGH NJW 1981, 2114; BGHZ 99, 24.

[3310] BVerfGE 79, 174; BVerwGE 88, 191; Hoppe/Beckmann/Kauch Umweltrecht, 2000, § 15 Rn. 135.

[3311] BVerfGE 53, 257.

[3312] BVerwG NJW 1993, 2949.

[3313] A.A. BVerwGE 84, 361 Serriesteich.

[3314] BVerwG Beschl. v. 20.1.2023 – 10 BN 3/23, juris Rn. 18; NVwZ 2019, 882 = juris Rn. 28, 35.

[3315] BVerwG Beschl. v. 20.1.2023 – 10 BN 3/23, juris Rn. 18.

[3316] BVerfG DVBl. 1976, 710; NJW 1979, 833.

[3317] Zum enteignungsgleichen Eingriff als Grundlage einer Entschädigung BGH NVwZ 1998, 1329.

[3318] BVerwG DÖV 1974, 812.

[3319] BGH NJW 1987, 1875; BGHZ 102, 350.

fenen eigentumsrechtlichen Regelungen gemäß Art. 14 I 2 GG erforderlicher Ausgleichsanspruch führt vielmehr zur Verfassungswidrigkeit der gesetzlichen Inhalts- und Schrankenbestimmung des Eigentums.[3320] Naturschutzrechtliche Schutzgebietsausweisungen sind zulässige Inhalts- und Schrankenbestimmungen des Eigentums, wenn sie einen sachgerechten Ausgleich zwischen der Privatnützigkeit des Eigentums und dessen Sozialpflichtigkeit herstellen. Beschränkungen der Grundstücksnutzung durch eine Naturschutzverordnung können zwar unzulässige, insbesondere unverhältnismäßige Inhalts- und Schrankenbestimmungen des Eigentums darstellen und deshalb rechtswidrig sein, werden dadurch jedoch nicht zu einer Enteignung iS des Art. 14 III GG.[3321]

8360 **c) Enteignung.** Aus Gründen des Naturschutzes kann das Grundeigentum auch **unmittelbar in Anspruch genommen** werden. Dies setzt eine entsprechende gesetzliche Grundlage voraus, die den Eigentumsentzug rechtfertigt. Zudem muss durch Gesetz eine Entschädigung gewährt werden, die zugleich mit der Enteignung anzuordnen ist (Junktimklausel). Die Enteignung kann durch eine Vollinanspruchnahme des Grundstücks aber auch dadurch geschehen, dass das Eigentum in der Hand des Eigentümers verbleibt, auf dem Grundstück aber naturschutzrechtliche Maßnahmen angeordnet werden. Nach Auffassung des BVerwG enthalten die Fachplanungsgesetze iVm §§ 14 bis 17 BNatSchG eine ausreichende gesetzliche Grundlage für eine Enteignung zugunsten naturschutzrechtlicher Kompensationen durch Ausgleichs- oder Ersatzmaßnahmen.[3322] Wenn nach den fachgesetzlichen Regelungen eine Enteignung zum Zwecke der Verwirklichung des Vorhabens zulässig sei, so sei es Sinn der Vorschriften, die Enteignung für das planfestgestellte Vorhaben zu ermöglichen, selbst wenn die Vorschriften dies ausdrücklich nicht besagen. Denn Gegenstand der Planfeststellung sei nicht nur der Bau oder der Ausbau der jeweiligen Anlage. Es seien vielmehr auch Umweltbelange zu berücksichtigen und die naturschutzrechtlichen Anforderungen zu beachten. Da es sich bei dem naturschutzrechtlichen Gebot, notwendige Ausgleichsmaßnahmen zu schaffen § 15 II BNatSchG, um striktes Recht handelt, kann sich damit nach Auffassung des BVerwG auch eine Enteignung für Ausgleichs- und Ersatzmaßnahmen in bestimmtem Umfang zur Durchführung des planfestgestellten Vorhabens als notwendig erweisen.[3323] Allerdings bestehen bei der Wahl von naturschutzrechtlichen Ausgleichs- und Ersatzmaßnahmen zumeist größere Variationsmöglichkeiten. Denn anders etwa als ein bestimmter Standort oder eine bestimmte Trasse, die zudem regelmäßig durch Zwangspunkte geprägt sein wird, kommen für naturschutzrechtliche Ausgleichs- und Ersatzmaßnahmen häufig mehrere Maßnahmen an verschiedenen Stellen in Betracht, sodass hinsichtlich der Notwendigkeit der Inanspruchnahme eines bestimmten Grundstücks im Wege der Enteignung ein größerer Rechtfertigungsbedarf entstehen wird. Kann aber dargelegt werden, dass die Inanspruchnahme eines Grundstücks etwa zur Wahrung einer **Netzstruktur ökologischer Maßnahmen** zwingend benötigt wird, ist auch die Enteignung zugunsten naturschutzrechtlicher Ausgleichs- oder Ersatzmaßnahmen verfassungsrechtlich zulässig.

Beispiel: Im Rahmen einer Deichbaumaßnahme werden Flächen zur Anlage des Deichbauwerks benötigt. Außerdem sollen zum Ausgleich der Eingriffswirkungen Flächen im Bereich des Deichvorlandes ökologisch aufgewertet werden. Gegenüber der Inanspruchnahme des Deichvorlandes könnte der Eigentümer sich darauf berufen, dass die ökologischen Aufwertungsmaßnahmen auch an anderer Stelle erfolgen können. Im Vergleich zur Deichbaumaßnahme selbst werden sich im Bereich der naturschutzrechtlichen Ausgleichs- oder Ersatzmaßnahmen breitere Variationsmöglichkeiten und Handlungsspielräume ergeben.

8361 Soll die Anordnung von Ersatzmaßnahmen die Grundlage für eine Enteignung bilden, muss die vorgesehene Maßnahme zur Erreichung des mit ihr verfolgten Zwecks geeignet, erforderlich und verhältnismäßig sein. Liegen die Voraussetzungen des Art. 14 III GG vor, darf zugunsten der naturschutzrechtlichen **Ersatzmaßnahmen** auch enteignet werden. Die Enteignungsmöglichkeit besteht dabei im Fachplanungsrecht nicht nur zugunsten der für das Vorhaben unmittelbar benötigten Grundstücke, sondern auch für Ersatzmaßnahmen, die sich im Zusammenhang mit der Verwirklichung des Vorhabens auch vor dem Hintergrund der Gemeinwohl-

---

[3320] BVerfGE 58, 137.
[3321] BVerwG NVwZ-RR 1998, 225; DVBl. 1990, 585 – Serriesteich; DVBl. 1993, 1141.
[3322] BVerwG NVwZ 1996, 1021.
[3323] Zum WaStrG: BVerwG UPR 1995, 308; zum AEG: NVwZ 1996, 896; zum FStrG: VGH Mannheim NVwZ 1993, S.595; RdL 1997, 95; ablehnend hierzu de Witt/Burmeister NVwZ 1994, 38.

bindung als erforderlich erweisen. Dabei hat die planende Behörde ein planerisches Ermessen, welche Ausgleichs- und Ersatzmaßnahmen sie für erforderlich hält. Diese planerische Entscheidung ist nur eingeschränkt gerichtlich kontrollierbar.[3324]

Bei der Prüfung, ob eine die **Existenz eines landwirtschaftlichen Betriebs gefährdende Flächeninanspruchnahme** für naturschutzrechtliche Ausgleichsmaßnahmen mit dem rechtsstaatlichen Übermaßverbot vereinbar ist, hat das Gericht die der Planfeststellungsbehörde aufgrund der naturschutzrechtlichen Eingriffsregelung zustehenden Einschätzungs- und Entscheidungsspielräume zu achten. Bei der Anwendung des gestuften Reaktionsmodells der naturschutzrechtlichen Eingriffsregelung ist auf die jeweils nachrangige Reaktionsstufe nicht nur dann auszuweichen, wenn die Befolgung der vorrangigen Reaktionspflicht tatsächlich unmöglich ist, sondern auch dann, wenn die Befolgung mit unverhältnismäßigen Belastungen für die Belange Betroffener verbunden wäre. Demzufolge ist bei der Beurteilung der Zumutbarkeit einer Flächeninanspruchnahme für Ausgleichsmaßnahmen nicht das Interesse an der Verwirklichung des Vorhabens, sondern nur das Interesse an einem Ausgleich der zu kompensierenden Beeinträchtigungen von Natur und Landschaft ins Verhältnis zu den Auswirkungen der Flächeninanspruchnahme für den Betroffenen zu setzen.[3325] **8362**

Grund und Boden, dessen ökologischer Wert ebenso hoch oder gar höher zu veranschlagen ist als derjenige, der zur Verwirklichung eines raumbedeutsamen Vorhabens in Anspruch genommen wird, ist aus dem Kreis der für die Durchführung von Kompensationsmaßnahmen potenziell geeigneten Flächen von vornherein auszusondern. Für Ausgleichs- und Ersatzmaßnahmen kommen nur solche Flächen in Betracht, die aufwertungsbedürftig und –fähig sind.[3326] Diese Voraussetzungen erfüllen sie, wenn sie in einem Zustand versetzt werden können, der sich im Vergleich mit dem früheren als ökologisch höherwertig einstufen lässt. Die Planfeststellungsbehörde hat dabei auch zu prüfen, ob die von ihr verfolgten Zwecke gleich gut auf Flächen der öffentlichen Hand verwirklicht werden können. Dies setzt aber voraus, dass derartige Flächen in dem Raum, der für Ersatzmaßnahmen in Betracht kommt, in öffentlicher Hand verfügbar sind. Bei der Umsetzung der naturschutzrechtlichen Maßnahmen ist jeweils nach dem Grundsatz der **Verhältnismäßigkeit** zu prüfen, in welchem Umfang eine Belastung des Eigentums ausreicht oder eine Vollenteignung erforderlich wird.[3327] Stehen Flächen im Eigentum der öffentlichen Hand zur Verfügung, darf Privateigentum nur in Anspruch genommen werden, wenn dies aus fachlichen Gründen erforderlich ist und der beabsichtigte Zweck sich nicht gleich gut auf den Flächen der öffentlichen Hand erreichen lässt. **8363**

Beispiel: Soll etwa auf den in der Planung enthaltenen Grundstücken eine Obstbaumwiese angelegt werden, so ist in der Regel eine Enteignung des Grundstücks nicht erforderlich. Es genügt vielmehr die Belastung mit einer beschränkt persönlichen Dienstbarkeit.

Werden Ersatzmaßnahmen für einen Eingriff in Natur und Landschaft als „Gesamtmaßnahme" für mehrere Abschnitte eines Vorhabens geplant, kann es zulässig sein, die Entscheidung über die Ersatzmaßnahmen für einen einzelnen planfestgestellten Straßenabschnitt der Planfeststellung für den nachfolgenden Abschnitt vorzubehalten. Ein derartiger Transfer von Problemlösungen aus dem Planungsverfahren auf nachfolgendes Verwaltungshandeln ist zulässig, wenn der Planungsträger davon ausgehen darf, dass der ungelöst gebliebene Konflikt im Zeitpunkt der Plandurchführung in einem anderen Verfahren in Übereinstimmung mit seiner eigenen planerischen Entscheidung bewältigt werden wird. Diese Voraussetzung ist erfüllt, wenn die Problemregelung in dem hierfür vorgesehenen Verfahren zwar noch aussteht, aber bei vernünftiger Betrachtung objektiv zu erwarten ist. Dabei sind alle Detailfragen, die ihrer Natur von der Planungsentscheidung abtrennbar sind, vom Grundsatz her einer nachträglichen Lösung zugänglich.[3328] **8364**

Auch für den enteignend Betroffenen muss eine **Kausalität** zwischen dem gerügten Fehler und seiner eigenen Betroffenheit bestehen. Er kann sich nicht auf die Verletzung naturschutzrechtlicher Vorschriften berufen, die auf sein Grundstück keine Rückwirkungen haben.[3329] So kann der durch die Planfeststellung einer Straße enteignend betroffene Eigentümer eines **8365**

[3324] BVerwG NVwZ 1997, 486.
[3325] BVerwG NVwZ 2010, 66.
[3326] BVerwG UPR 1999, 268.
[3327] BVerwG NVwZ 1997, 486.
[3328] BVerwG NVwZ-RR 1995, 322.
[3329] OVG Koblenz NVwZ-RR 2006, 385.

Grundstücks die Aufhebung des Planfeststellungsbeschlusses nicht aus Gründen verlangen, die nur zu einer teilweisen, durch Planergänzung behebbaren Rechtswidrigkeit des Planfeststellungsbeschlusses führen könnten und für die enteignende Inanspruchnahme seines Grundstücks nicht kausal sind. Die Festsetzung eines dem Kläger nicht gehörenden Grundstücks als Fläche für Ersatzmaßnahmen für einen nicht ausgleichbaren Eingriff in Natur und Landschaft berührt den Kläger regelmäßig nicht in seinen Rechten.[3330] Die Nichteinhaltung von Verfahrensvorschriften führt – für sich genommen – noch nicht zur Aufhebung eines Planfeststellungsbeschlusses. Hinzukommen muss vielmehr, dass sich der Verfahrensfehler als ein formeller Mangel auf die Sachentscheidung ausgewirkt haben kann. Der danach erforderliche Kausalzusammenhang ist nur dann gegeben, wenn nach den Umständen des jeweiligen Falles die konkrete Möglichkeit besteht, dass die Planungsbehörde ohne den Verfahrensfehler anders entschieden hätte.[3331] Eine nur abstrakte Möglichkeit einer anderen Entscheidung genügt nicht.[3332]

Beispiel: Dem Betreiber einer **Karpfenzucht** in Teichanlagen, die sich in Naturschutzgebieten befinden, steht gegen das Land Brandenburg kein Entschädigungsanspruch für Vermögensschäden auf Grund Fischfraßes durch Kormorane zu.[3333]

6. Naturschutz in der Land- und Forstwirtschaft

8366 Bei Maßnahmen des Naturschutzes und der Landespflege ist die besondere Bedeutung einer natur- und landschaftsverträglichen Land-, Forst- und Fischereiwirtschaft für die Erhaltung der Kultur- und Erholungslandschaft zu berücksichtigen (§ 5 I BNatSchG). Die Landwirtschaft ist dabei auf die **Grundsätze der guten fachlichen Praxis** verpflichtet (§ 5 II BNatSchG). Die Grundsätze beschreibt das Gesetz wie folgt: (1) die Bewirtschaftung muss standortangepasst erfolgen und die nachhaltige Bodenfruchtbarkeit und langfristige Nutzbarkeit der Flächen muss gewährleistet werden, (2) die natürliche Ausstattung der Nutzfläche (Boden, Wasser, Flora, Fauna) darf nicht über das zur Erzielung eines nachhaltigen Ertrages erforderliche Maß hinaus beeinträchtigt werden, (3) die zur Vernetzung von Biotopen erforderlichen Landschaftselemente sind zu erhalten und nach Möglichkeit zu vermehren, (4) die Tierhaltung hat in einem ausgewogenen Verhältnis zum Pflanzenbau zu stehen und schädliche Umweltauswirkungen sind zu vermeiden, (5) auf erosionsgefährdeten Hängen, in Überschwemmungsgebieten, auf Standorten mit hohem Grundwasserstand sowie auf Moorstandorten ist ein Grünlandumbruch zu unterlassen, (6) die Anwendung von Dünge- und Pflanzenschutzmitteln hat nach Maßgabe des landwirtschaftlichen Fachrechts zu erfolgen; eine Dokumentation über den Einsatz von Dünge- und Pflanzenschutzmitteln ist nach Maßgabe des § 7 der Düngeverordnung und § 6 IV des Pflanzenschutzgesetzes zu führen. Bei der **forstlichen Nutzung des Waldes** ist das Ziel zu verfolgen, naturnahe Wälder aufzubauen und diese ohne Kahlschläge nachhaltig zu bewirtschaften. Ein hinreichender Anteil standortheimischer Forstpflanzen ist einzuhalten. Bei der **fischereiwirtschaftlichen Nutzung** der oberirdischen Gewässer sind diese einschließlich ihrer Uferzonen als Lebensstätten und Lebensräume für heimische Tier- und Pflanzenarten zu erhalten und zu fördern. Der Besatz dieser Gewässer mit nicht heimischen Tierarten ist grundsätzlich zu unterlassen. Bei Fischzuchten und Teichwirtschaften der Binnenfischerei sind Beeinträchtigungen der heimischen Tier- und Pflanzenarten auf das zur Erzielung eines nachhaltigen Ertrages erforderliche Maß zu beschränken.

8367 Die Regelung in § 5 II Nr. 5 BNatSchG, nach der auf Moorstandorten ein Grünlandumbruch zu unterlassen ist, enthält kein Verbot iSv § 67 I BNatSchG. § 17 VIII 1 BNatSchG setzt einen „vorgenommenen" Eingriff im Sinne von § 14 I BNatSchG voraus, dessen „weitere Durchführung" die Behörde untersagen kann. Die (vorsorgliche) Untersagung noch nicht erfolgter Eingriffe kann hierauf nicht gestützt werden.[3334]

8368 Für den **Artenschutz** enthält § 44 IV BNatSchG Sonderregelungen, die sich aus dem Gebot ergeben, zugleich die europarechtlichen Anforderungen an den Artenschutz zu erfüllen: Die den in § 5 IV bis VI BNatSchG genannten Anforderungen sowie den Regeln der guten fachlichen Praxis, die sich aus dem Recht der Land-, Forst- und Fischereiwirtschaft und § 17 II

3330 BVerwG NVwZ-RR 1996, 188.
3331 BVerwG VkBl 1995, 210.
3332 BVerwG NVwZ 1997, 998; BVerwGE 69, 256; DVBl. 1996, 915.
3333 OLG Brandenburg LKV 2002, 487.
3334 BVerwG NVwZ-RR 2017, 187.

BBodSchG ergeben, entsprechende land-, forst- und fischereiwirtschaftliche Bodennutzung und die Verwertung der dabei gewonnenen Erzeugnisse verstößt danach nicht gegen die Zugriffs-, Besitz- und Vermarktungsverbote. Sind in Anhang IV der FFH-Richtlinie aufgeführte Arten oder europäische Vogelarten betroffen, gilt dies nur, soweit sich der **Erhaltungszustand** der **lokalen Population** einer Art durch die Bewirtschaftung nicht verschlechtert. Soweit dies nicht durch anderweitige Schutzmaßnahmen, insbesondere durch Maßnahmen des Gebietsschutzes, Artenschutzprogramme, vertragliche Vereinbarungen oder gezielte Aufklärung sichergestellt ist, ordnet die zuständige Behörde gegenüber den verursachenden Land-, Forst- oder Fischereiwirten die erforderlichen Bewirtschaftungsvorgaben an. Befugnisse nach Landesrecht zur Anordnung oder zum Erlass entsprechender Vorgaben durch Allgemeinverfügung oder Rechtsverordnung bleiben unberührt.

Der **land- und forstwirtschaftlichen Flächen** werden von zahlreichen Landnutzern in **8369** Anspruch genommen. Öffentlich-rechtliche Nutzungsansprüche beziehen sich auf Infrastrukturprojekte wie Straßen, Eisenbahnen oder Wasserstraßen. Ansprüche der Energieversorgungsunternehmen der Elektrizitätsversorgung aber auch der Wasserwerke oder der Kiesindustrie kommen hinzu. Der Natur- und Landschaftsschutz stellt seine Forderungen. Unterschiedliche Nutzungsansprüche werden auch von der Öffentlichkeit im Bereich von Freizeit und Erholung an den Wald gestellt. Dadurch scheinen die Eigentümerinteressen an einer forstwirtschaftlichen Nutzung des Waldes vielfach in den Hintergrund zu geraten. Die Holzverwertung wird dabei mehr und mehr zurückgedrängt und soll sich den anderen, zuvor beschriebenen Landnutzungen unterordnen. Diese geben sich zudem zumeist gemeinwohlbezogen aus und beanspruchen für sich im Hinblick auf die Sozialpflichtigkeit des Eigentums Vorrang.

Allerdings ist das **Eigentum** nicht ausschließlich sozialpflichtig (Art. 14 II GG), sondern **8370** ebenso privatnützig (Art. 14 I 1 GG). Der Gesetzgeber ist dabei aufgerufen, Inhalt und Schranken des Eigentums abzugrenzen und dabei einen sachgerechten Ausgleich zwischen Privatnützigkeit des Eigentums und dessen Sozialpflichtigkeit zu treffen. Die Inhalts- und Schrankenbestimmung des Eigentums, die dem Gesetzgeber obliegt, ist von der Enteignung abzugrenzen (Art. 14 III GG). Bei ihr geht es um die direkte Inanspruchnahme des Eigentums durch Übergang des gesamten Eigentums oder von Eigentumspositionen. Die Enteignung ist nur zum Wohle der Allgemeinheit durch oder auf Grund eines Gesetzes zulässig und muss zugleich mit einer Entschädigung für den Eigentumsentzug verbunden sein (Junktimklausel). Diese Einheit von Enteignung und Entschädigung bezieht sich bereits auf die gesetzlichen Grundlagen in dem Sinne, dass bereits in ihnen klar geregelt sein muss, dass der Eingriff entschädigungspflichtig ist. Salvatorische Klauseln, die lediglich allgemein eine Entschädigung in Aussicht nehmen, wenn der jeweilige Eingriff eine Enteignung bewirkt, sind nicht zulässig. Der Gesetzgeber muss vielmehr selbst entscheiden, wann der Eingriff eine Enteignung darstellt und für derartige Eingriffe durch eine entsprechende gesetzliche Regelung die Grundlage für eine Entschädigung schaffen. Der so von einer Enteignung betroffene hat **kein Wahlrecht**, ob er den gegen ihn gerichteten Eingriff hinnimmt und sodann eine Entschädigung verlangt. Hält er den Eingriff in das Eigentum für nicht rechtmäßig, so muss er sich gegen den **Eingriffsakt** wehren. Er kann nicht den Eingriffsakt rechtsbeständig werden lassen und sodann eine gesetzlich nicht vorgesehene Entschädigung für sich in Anspruch nehmen, sondern ist auf den Grundsatz des Primärrechtsschutzes verpflichtet. Sieht das Gesetz als Folge des Eingriffsaktes eine Entschädigung vor, kann der Betroffene die Entscheidung über den Eingriffsakt bestandskräftig werden lassen und die gesetzlich vorgesehene Entschädigung in Anspruch nehmen.

Unter den zuvor beschriebenen Enteignungsbegriff fallen zudem nur die **klassischen Enteignungen**, also der unmittelbare Entzug des Eigentums oder von Eigentumsfunktionen, die **8371** auf einen anderen Rechtsträger übergehen. Belastungen des Eigentums, die (lediglich) die Nutzungsmöglichkeiten beeinträchtigen, fallen demgegenüber nicht unter den Begriff der Enteignung, sondern sind Regelungen im Bereich der Inhalts- und Schrankenbestimmung des Eigentums.[3335] Diese sind grundsätzlich entschädigungslos hinzunehmen, soweit sie sich als angemessene Regelungen auch vor dem Hintergrund der Privatnützigkeit des Eigentums darstellen. Allerdings können die Inhalts- und Schrankenbestimmungen zu schweren Belastungen führen, die vor dem Hintergrund der Privatnützigkeit des Eigentums nicht mehr zu rechtfertigen sind.[3336] Soll etwa das Eigentum nur noch dem Gemeinwohl dienen und tritt der privatnützige Charakter auf Grund der vorgesehenen Belastungen vollständig in den Hintergrund,

---

3335 BVerwG DVBl. 1991, 1141; DVBl. 1993, 1092; BGHZ 126, 379.

3336 BGHZ 90, 17; BGHZ 91, 20; BGHZ 99, 24; RGZ 116, 268.

dann ist die Schwelle der entschädigungslos hinzunehmenden Beeinträchtigungen überschritten.[3337]

8372 Wird daher die **enteignungsrechtliche Zumutbarkeitsgrenze** überschritten, hat der Gesetzgeber oder die das Gesetz im Einzelfall umsetzende Verwaltung ein Wahlrecht: Sie muss die Beeinträchtigungen entweder so verringern, dass eine enteignungsgleiche Wirkung nicht mehr besteht. Oder sie muss eine Entschädigung für die verfassungsrechtlich nicht mehr hinzunehmende Belastung des Eigentums gewähren. Das kann entweder durch eine Kompensation der unzumutbaren Beeinträchtigungen oder auch dadurch geschehen, dass die Voraussetzungen für eine Enteignung geschaffen werden.

8373 Das BVerfG[3338] hat in einer Entscheidung zum **Denkmalrecht** klargestellt, dass auch für diese entschädigungsrechtlichen Kompensationsregelungen bei der Inhalts- und Schrankenbestimmung des Gesetzgebers das Gebot klarer gesetzgeberischer Regelungen gilt. Der Gesetzgeber darf vor allem die Frage, ob der einzelne Eingriff die enteignende Zumutbarkeitsschwelle überschreitet, nicht offen lassen, sondern muss klar festlegen, in welchen Fällen eine Entschädigung erforderlich ist, um die Schwere des Eingriffs abzufedern. Zudem hat der Gesetzgeber keine freie Entscheidungsmöglichkeit, ob er einen entsprechend schweren Eingriff ermöglicht. Vielmehr muss sich das gesetzgeberische Handeln mit der Schwere der jeweiligen Auswirkungen einer Inhalts- und Schrankenbestimmung jeweils legitimieren. Je schwerer die Auswirkungen für den Eigentümer sind, umso mehr bedarf das Handeln des Gesetzgebers und der Verwaltung bei der Inhalts- und Schrankenbestimmung einer Legitimation. Bestehen besondere Gemeinwohlgründe nicht, hat der betroffene Eigentümer einen entsprechenden Abwehranspruch. Belastungen sind vom Eigentümer auch im Rahmen der Inhalts- und Schrankenbestimmung nur dann zu dulden, wenn sie von entsprechenden Gemeinwohlgründen gerechtfertigt sind. Hier gilt der Grundsatz „Bestandsgarantie vor Wertgarantie"[3339] in dem Sinne, dass der einzelne Eigentümer einen Anspruch auf Bestand des Eigentums in seiner Hand hat und nicht lediglich auf eine Entschädigung des Wertes des Eigentums verwiesen werden kann.

8374 Das BVerfG, hat dazu folgende Leitsätze aufgestellt: **Salvatorische Klauseln** sind im Denkmalrecht nicht zulässig, um verfassungsrechtlich nicht mehr hinnehmbare Inhalts- und Schrankenbestimmungen zu reparieren. Denkmalschutzrechtliche Regelungen, die Inhalt und Schranken des Eigentums bestimmen, sind danach mit Art. 14 I GG unvereinbar, wenn sie unverhältnismäßige Belastungen des Eigentums nicht ausschließen und keinerlei Vorkehrungen zur Vermeidung derartiger Eigentumsbeeinträchtigungen enthalten. Auch sind Ausgleichsregelungen, die den Grundsatz der Verhältnismäßigkeit in besonderen Härtefällen ausgleichen sollen, unzulänglich, wenn sie sich darauf beschränken, dem Betroffenen einen Entschädigungsanspruch in Geld zuzubilligen. Die Bestandsgarantie des Eigentums verlangt vielmehr, dass in erster Linie Vorkehrungen getroffen werden, die eine unverhältnismäßige Belastung des Eigentümers real vermeiden und die Privatnützigkeit des Eigentums soweit wie möglich erhalten. Die Verwaltung muss daher über entsprechende gesetzliche Grundlagen verfügen, die es ihr ermöglichen, zugleich über den ggf. erforderlichen Ausgleich zumindest dem Grunde nach zu entscheiden. Die Voraussetzungen dafür muss der Gesetzgeber schaffen.[3340]

8375 Die Aussagen des BVerfG, beziehen sich zwar unmittelbar nur auf das Denkmalschutzrecht, lassen sich aber ohne Abstriche auch auf das Naturschutzrecht übertragen. Diese Rechtsgrundsätze stellen an den Gesetzgeber aber auch an die Verwaltung erhöhte Anforderungen. Der Gesetzgeber muss nicht nur die Enteignung von der Inhalts- und Schrankenbestimmung abgrenzen, sondern vor allem in beiden Fällen der Verwaltung klare Maßstäbe für die Frage an die Hand geben, ob der jeweilige Eingriff entschädigungslos bzw. ohne kompensatorischen Ausgleich hinzunehmen ist. Die Anforderungen an das gesetzgeberische Handeln und das Handeln der vollziehenden Verwaltung sind daher gesteigert.

8376 Aus dieser Grundkonzeption des BVerfG, ergeben sich für die **Landwirte** und **Waldbesitzer konkrete Folgerungen**: Zunächst ist abzugrenzen, ob die jeweiligen Belastungen zu einer Enteignung führen, also mit dem jeweiligen Eingriff ein Wechsel in der Rechtsträgerschaft des Eigentums oder von Eigentumspositionen verbunden ist. Wird etwa Land für eine Straße, eine Eisenbahn oder eine Leitungstrasse in Anspruch genommen, so handelt es sich um eine Ent-

3337 BGHZ 23, 3; BGHZ 48, 193; BGHZ 60, 126.

3338 BVerfG NJW 1999, 2877; DVBl. 2000, 1275; Stüer/Thorand NJW 2000, 3232.

3339 BVerfGE 24, 367; BVerfGE 25, 112; BVerfGE 79, 292; BVerfGE 58, 300; BVerfGE 79, 174; NVwZ 1992, 885; BVerfGE 56, 249; BVerfGE 58, 137; BVerfGE 74, 264.

3340 BVerfGE 100, 226; Stüer/Thorand NJW 2000, 3232.

eignung, für die nach Maßgabe der Entschädigungsgesetze eine Entschädigung zu gewähren ist. Die Grundlagen der Entschädigung müssen bereits im Gesetz niedergelegt sein. Dies gilt für alle Maßnahmen, die zu einem unmittelbaren Eigentumsentzug oder zu einem Übergang von einzelnen Eigentumspositionen etwa bei der Belastung des Grundeigentums mit einem Leitungsrecht führen.

Beinhaltet die Beeinträchtigung keine Enteignung in diesem eng verstandenen Sinne, so beruhen die Belastungen auf einer **Inhalts- und Schrankenbestimmung** des Eigentums. Hierzu rechnen etwa Betretungsrechte der Öffentlichkeit, Freizeit- und Erholungsansprüche der Bevölkerung, Belastungen, die von einem vorhandenen Verkehrsweg für den Wald und seine forstwirtschaftliche Nutzung ausgehen oder Beeinträchtigungen, die mit der Ausweisung von Wasserschutzgebieten oder Naturschutzgebieten verbunden sind. Derartige Eingriffe stellen sich als Inhalts- und Schrankenbestimmung dar, die ggf. durch eine entsprechende Kompensation in Form eine Entschädigung abgefedert werden müssen. Der Gesetzgeber muss hier nach der erwähnten Entscheidung des BVerfG, selbst die Maßstäbe setzen und darf die Frage, ob eine Kompensationsnotwendigkeit besteht, nicht der Verwaltung überlassen und damit ungelöst in die Praxis verschieben. 8377

Die Frage, wann die entschädigungslos zulässige Inhalts- und Schrankenbestimmung in ein **Kompensationserfordernis** umschlägt, hat der Gesetzgeber unter Beachtung der enteignungsrechtlichen Zumutbarkeitsschwelle zu entscheiden. Der Gesetzgeber muss beachten, dass seine Regelungen nicht zu unerträglichen Belastungen des Eigentums führen dürfen. Dies gilt etwa für Maßnahmen auf dem Gebiet des Wasserrechts oder auch des Naturschutz- und Landschaftsschutzrechts. Der Gesetzgeber kann hier nicht uneingeschränkt die Lasten den betroffenen Landwirten oder Waldeigentümern auflasten. Vielmehr muss ein vernünftiges Verhältnis zwischen den zumutbaren Lasten und den Privatnützigkeitsinteressen des Eigentümers bestehen. 8378

Der sachgerechte **Ausgleich** zwischen **Privatnützigkeit** und **Sozialpflichtigkeit** des Eigentums ist nicht mehr gewahrt, wenn die Regelungen des Gesetzgebers sich ganz einseitig zulasten des Landwirts oder Waldeigentümers auswirken und sein Eigentum über das Maß belastet wird, mit dem ein vernünftiger Grundstückseigentümer rechnen muss. Die Schwelle ist vor allem überschritten, wenn das Eigentum ganz überwiegend nur noch dem Gemeinwohl dient und die Privatnützigkeit demgegenüber unverhältnismäßig zurücktritt. Auch andere Landnutzungen, die nicht zu einer direkten Inanspruchnahme des Eigentums führen, sondern sich nur mittelbar auf die Nutzungsmöglichkeiten der Landwirtschaft und des Waldes auswirken, sind daher nicht uneingeschränkt zulässig. Vielmehr muss der Gesetzgeber die enteignungsrechtliche Zumutbarkeitsschwelle wahren und sicherstellen, dass sich das Eigentum in der Hand des Landwirts und des Waldeigentümers noch wirtschaftlich lohnt und sein Eigentum nicht lediglich gemeinwohlverpflichtet ist. Je stärker die jeweilige Maßnahme aus der Sicht des vernünftigen Eigentümers die berechtigten Erwartungen des Eigentümers einschränkt, umso eher ist ein Kompensationserfordernis durch finanziellen Ausgleich gegeben. 8379

Werden in Rechtsvorschriften im Rahmen von Schutzgebietsausweisungen oder durch Einzelanordnungen der für Naturschutz und Landschaftspflege zuständigen Behörden zur Verwirklichung der Ziele des Naturschutzes und der Landschaftspflege standortbedingte höhere Anforderungen festgesetzt, die die ausgeübte land-, forst- und fischereiwirtschaftliche Bodennutzung über die Anforderungen der guten fachlichen Praxis hinaus beschränken, so ist für die dadurch verursachten wirtschaftlichen Nachteile ein angemessener Ausgleich zu gewähren. Dies gilt nicht, wenn ein Anspruch auf Entschädigung oder anderweitigen Ausgleich nach anderen Rechtsvorschriften oder auf Grund vertraglicher Vereinbarungen besteht. 8380

Belastungen, die sich vor allem im Interesse der Allgemeinheit rechtfertigen und die Privatnützigkeit des Eigentums zurückdrängen, verlangen eine entsprechende Kompensation durch Entschädigung. Solange der Landesgesetzgeber diese Fragen nicht ausreichend geregelt hat, könnte es sich für die Grundstückseigentümer empfehlen, Beeinträchtigungen, die sich aus ihrer Sicht als Überschreitung dessen darstellen, was ein vernünftiger Land- oder Forstwirt hinzunehmen hat, einzufordern. Hierdurch wird der Gesetzgeber daran erinnert, unterschiedliche Landnutzungen in ihrer jeweiligen Reichweite abzugrenzen und die damit zusammenhängenden Fragen nicht ungelöst auf die Verwaltungspraxis abwälzen kann. 8381

7. Rechte der Gemeinden gegen Schutzgebietsausweisungen

8382 Eine Gemeinde kann sich im Rahmen der verwaltungsgerichtlichen **Normenkontrolle** gegen eine naturschutzrechtliche Verordnung grundsätzlich auf ihr Selbstverwaltungsrecht berufen.[3341] Umgekehrt kann die Naturschutzbehörde, die eine Naturschutzverordnung in einem beplanten Gebiet erlassen will, die Feststellung der Ungültigkeit des Bebauungsplanes begehren.[3342] Dabei betreffen die von der Rechtsprechung beschriebenen Fallgruppen, in denen gemeindliche Belange nicht mehr als geringfügig anzusehen sind[3343] und daher jedenfalls nicht wegen angenommener Geringfügigkeit unbeachtet bleiben dürfen, in aller Regel nicht die Zulässigkeit, sondern die Begründetheit eines Normenkontrollantrags. Dabei nimmt die Gemeinde ihre Rechte im Rahmen der kommunalen Selbstverwaltung in erster Linie als Gemeinde und nicht als Behörde wahr.[3344] Ein Widerspruch eines kleinen Teilbereichs des Landschaftsschutzgebiets zum Flächennutzungsplan führt nicht zur Rechtswidrigkeit der Landschaftsschutzverordnung, wenn die Gemeinde auf deren Anpassung verzichtet und erklärt hat, sie werde die vorliegende Abweichung bei der nächsten Änderung des Flächennutzungsplans bereinigen.[3345]

8383 Die Festsetzung eines Baugebietes ist grundsätzlich unvereinbar mit dem Verbot zur Errichtung baulicher Anlagen in einer Landschaftsschutzverordnung.[3346] Allerdings steht eine Verordnung über ein Landschaftsschutzgebiet dem Erlass eines Bebauungsplanes dann nicht entgegen, wenn diese eine Öffnungsklausel auch für künftige Bebauungspläne enthält, wonach die „Flächen innerhalb des räumlichen Geltungsbereiches eines Bebauungsplanes" nicht Bestandteile des Landschaftsschutzgebietes sind.[3347] Solange eine naturschutzrechtliche Schutzgebietsverordnung besteht, ist die Gemeinde gehindert, für dieselben Flächen Bebauungsplanfestsetzungen zu treffen, die dem Schutzzweck der VO widersprechen.[3348] Es genügt nicht, wenn die Gemeinde hinsichtlich des naturschutzrechtlichen Veränderungsverbots „in eine Befreiungslage hinein plant".[3349]

Beispiel: Es kann auch Zweck der Festsetzung des Landschaftsschutzgebietes sein, die Vielzahl, Eigenart und Schönheit eines typischen Landschaftsbildes zu bewahren. Eine Windkraftanlage kann sich dann als erheblich störender technischer Fremdkörper erweisen.[3350]

8384 An der **Erhaltung von Biotopen** besteht aus naturschutzrechtlichen Gründen ein hohes öffentliches Interesse. Soll im Bebauungsplan die Bebauung eines Biotops ermöglicht werden, ist dies nur gerechtfertigt, wenn und soweit **überwiegende Gründe des Allgemeinwohls** dies erfordern. Werden Biotope oder andere naturschutzfachlich wertvolle Flächen über das erforderliche Maß hinaus als Bauflächen ausgewiesen und lässt sich die Gemeinde im Gegenzug Bauland kostenfrei abtreten, ist die Überplanung unzulässig.[3351]

8. Verhältnis zur Regionalplanung

8385 Der Regionalplanung ist es verwehrt, im Gewande überörtlicher Gesamtplanung Regelungen einer Natur- oder Landschaftsschutzverordnung durch eine eigene Zielfestlegung zu ersetzen. Nur dort, wo es der Regionalplanung unabhängig vom naturschutzrechtlichen Regelungszusammenhang um die Erreichung spezifisch raumordnungsrechtlicher Schutzzwecke geht, ist sie befugt, die naturschutzrechtlichen Anordnungen und Verbote durch eigene Zielfestlegungen zu ergänzen.[3352]

3341 BVerwG DVBl. 2001, 1845; Gemeinden können aber auch als Behörden gegen eine Schutzgebietsverordnung einen Normenkontrollantrag, ohne dass es einer Antragsgenehmigung bedürfte; es bedarf allerdings eines Rechtsschutzbedürfnis; siehe dazu Beckmann NWVBL 2021, 137.

3342 BVerwG DVBl. 2001, 931.

3343 BVerwG DVBl. 1986, 1003; DVBl. 1996, 914; NVwZ 2001, 1030.

3344 BVerwG DVBl. 2001, 1845.

3345 VGH München NuR 2002, 412; nachgehend BVerwG NuR 2002, 412.

3346 BVerwG NVwZ 2000, 1049; ZfBR 2001, 418.

3347 OVG Koblenz DVBl. 2003, 82; bestätigt durch BVerwG NVwZ 2003, 1259.

3348 BVerwG DVBl. 2001, 1845.

3349 VGH München BauR 2002, 1378; aA VGH Mannheim VBlBW 2001, 370.

3350 VG Regensburg NuR 2002, 179.

3351 OVG Schleswig NordÖR 2006, 247.

3352 BVerwG NVwZ 2003, 742.

9. Vertragsnaturschutz

a) Vorrang für den Vertragsnaturschutz. Bei Maßnahmen des Naturschutzes und der Landschaftspflege soll nach § 3 III BNatSchG vorrangig geprüft werden, ob der Zweck mit angemessenem Aufwand auch durch vertragliche Vereinbarungen erreicht werden kann.[3353] Der Vertragsnaturschutz beruht auf freiwilliger Basis eingegangenen vertraglichen Verpflichtungen zwischen Behörden und privaten juristischen und natürlichen Personen zum Zwecke der Zielverwirklichung des § 1 I BNatSchG, die meist aufgrund finanzieller Vorteile eingegangen werden.[3354] Hinsichtlich des Inhalts von vertraglichen Verpflichtungen kommen dabei bspw. die klassischen Nutzungsextensivierungen der Weide- und Grünlandbewirtschaftung, Blüh- und Brachestreifen, Mahd und Pflege, Überlassen der natürlichen Entwicklung, Anpflanzen von Gehölzen, Verzicht auf Pestizideinsatz, Wegeführungen für sportliche Betätigung oder gar Auswilderungen von Tierarten in Betracht.[3355] In der Regel wird der Vertragsnaturschutz durch einen öffentlich-rechtlichen Vertrag, für den die §§ 54 ff. VwVfG und die VwVfG der Länder anzuwenden sind.[3356] 8386

b) Duldungspflicht für Grundstückseigentümer. Führt ein privater Träger eine Maßnahme des Vertragsnaturschutzes in eigener Verantwortung auf der Grundlage eines hinreichend konkreten staatlichen Regelungskonzepts durch, können private Grundstückseigentümer gemäß § 65 I 1 BNatSchG zur Duldung der Maßnahme verpflichtet sein.[3357] 8387

c) Vorkaufsrecht. § 66 I BNatSchG sieht für die Länder ein **Vorkaufsrecht** zu an Grundstücken, die in Nationalparken, Nationalen Naturmonumenten, Naturschutzgebieten oder als solchen einstweilig sichergestellten Gebieten liegen, auf denen sich Naturdenkmäler oder als solche einstweilig sichergestellte Gegenstände befinden und auf denen sich oberirdische Gewässer befinden. Das Vorkaufsrecht darf nach § 66 II BNatSchG nur ausgeübt werden, wenn dies aus Gründen des Naturschutzes und der Landschaftspflege einschließlich der Erholungsvorsorge erforderlich ist. 8388

Die Erforderlichkeit der Ausübung des Vorkaufsrechts durch die öffentliche Hand iSv § 66 II BNatSchG entfällt nicht, wenn der Erstkäufer anbietet, sich zur Durchführung der von dem das Vorkaufsrecht ausübenden Bundesland bezweckten Naturschutzmaßnahmen zu verpflichten.[3358] Der Gesetzgeber geht davon aus, dass eine dauerhafte, nachhaltige und konfliktfreie Durchführung der erforderlichen landschaftspflegerischen Maßnahmen im Wege des Vertragsnaturschutzes nachrangig ist.[3359] 8389

VII. Ausgleichende Maßnahmen

Im Planfeststellungsbeschluss ist nach § 74 II 1 VwVfG zugleich über die Einwendungen zu entscheiden, über die bei der Erörterung vor der Anhörungsbehörde keine Einigung erzielt worden ist. Die Planfeststellungsbehörde hat dem Träger des Vorhabens Vorkehrungen oder die Errichtung und Unterhaltung von Anlagen aufzuerlegen, die zum Wohl der Allgemeinheit oder zur Vermeidung nachteiliger Wirkungen auf Rechte anderer erforderlich sind (§ 74 II 2 VwVfG). Sind solche Vorkehrungen oder Anlagen untunlich oder mit dem Vorhaben unvereinbar, so hat der Betroffene Anspruch auf angemessene Entschädigung in Geld (§ 74 II 3 VwVfG). Ist eine abschließende Entscheidung im Planfeststellungsbeschluss noch nicht möglich, ist diese einer späteren Entscheidung vorzubehalten. Dem Träger des Vorhabens ist dabei aufzugeben, noch fehlende Unterlagen rechtzeitig einzureichen. 8390

[3353] Siehe dazu Zinke UPR 2023, 484; Wolf ZfU 2023, 32.

[3354] Heß/Wulff in Landmann Rohmer Umweltrecht, 2021, § 3 BNatSchG Rn. 30.

[3355] Heß/Wulff in Landmann Rohmer Umweltrecht, 2021, § 3 BNatSchG Rn. 30.

[3356] Zum Vertragsnaturschutz Birk Städtebauliche Verträge, 2022, S. 330 ff.; zu Vereinbarungen zur Durchführung und Kostenerstattung von naturschutzrechtlichen Ausgleichsmaßnahmen Burmeister Praxishandbuch Städtebauliche Verträge 2018, 209.

[3357] BGH NVwZ-RR 2020, 50.

[3358] OVG Weimar ThürVBl. 2024, II-III = juris Rn. 89; VG Hamburg Urt. v. 26.10.2018 – 7 K 8334/16, juris Rn. 64.

[3359] OVG Weimar ThürVBl. 2024, II-III = juris Rn. 89; VG Hamburg Urt. v. 26.10.2018 – 7 K 8334/16, juris Rn. 64; OVG Greifswald Beschl. v. 27.8.2013 – 1 L 241/12, juris Rn. 12.

8391 Die Begriffe der Vorkehrungen und Auflagen sind weit auszulegen. Sie umfassen alles, was in Form aktiver oder passiver Maßnahmen geeignet ist, Beeinträchtigungen des Wohls der Allgemeinheit oder nachteilige Auswirkungen auf Rechte Dritter zu vermeiden oder zu verhindern. Dabei müssen die entsprechenden Schutzvorkehrungen inhaltlich hinreichend bestimmt, erforderlich, geeignet und verhältnismäßig sein. Sie sind dann erforderlich, wenn die Auswirkungen des Vorhabens auf die Allgemeinheit oder Dritte ohne Ausgleich nicht zumutbar sind.[3360]

8392 § 74 II 2 VwVfG erfasst auch nachteilige Wirkungen durch das Vorhaben, die durch Lärm oder andere Beeinträchtigungen aufgrund der Bauarbeiten für das planfestgestellte Vorhaben entstehen.[3361] Allerdings dürfen insofern die Anforderungen an die Problembewältigung im Planfeststellungsverfahren nicht überspannt werden. So ist es geboten, aber auch ausreichend, wenn sich die Planfeststellungsbehörde darauf beschränkt, den verbindlichen Rahmen des Zumutbaren festzulegen und die Instrumente zu bestimmen, mit denen die Rechte der Betroffenen zu wahren sind. Die Umsetzung eines hierfür tauglichen Konzepts kann der Bauausführung überlassen bleiben, die von der Behörde hinsichtlich der Einhaltung der Vorgaben überwacht wird.[3362]

1. Schutzvorkehrungen

8393 In dem Planfeststellungsbeschluss sind die zum Schutz von Allgemein- oder Nachbarinteressen erforderlichen Schutzvorkehrungen aufzuerlegen (§ 74 II 2 VwVfG). Für die Beurteilung der Erforderlichkeit von Auflagen ist von dem Zustand des Vorhabens auszugehen, wie er sich nach Verwirklichung des Bauvorhabens auf Grund der Planfeststellung ergibt. Erforderlich ist eine Schutzauflage, wenn erhebliche und deshalb billigerweise nicht mehr zumutbare Rechtsbeeinträchtigungen von dem Vorhaben ausgehen. Dabei ist zu prüfen, ob die Auflage technisch durchführbar und wirtschaftlich vertretbar ist. Dies erfordert eine (nachvollziehende) Abwägung zwischen den Aufwendungen, die für die Auflage einschließlich der dadurch verursachten Folgekosten anfallen, und dem Nutzen der Maßnahme für den in seinen Rechten Betroffenen. Ergibt die Prüfung, dass die geforderte Schutzauflage untunlich (unverhältnismäßig) oder mit dem Vorhaben unvereinbar ist (§ 74 II 3 VwVfG), so ist dies im Planfeststellungsbeschluss im Einzelnen darzulegen. Den Betroffenen ist dem Grunde nach ein Anspruch auf angemessene Entschädigung in Geld zuzuerkennen (§ 74 II 3 VwVfG).

8394 Erforderlich ist eine Schutzvorkehrung, wenn die fachplanerische Zumutbarkeitsschwelle überschritten wird.[3363] Die Schwelle ist nach den Maßgaben des Fachplanungsrechts zu bestimmen und von der verfassungsrechtlichen Zumutbarkeitsschwelle zu unterscheiden, deren Überschreiten bei Beeinträchtigungen von Grundstücken einen Übernahmeanspruch auslöst. § 74 II 3 VwVfG gewährt einen Anspruch auf Entschädigung bereits unterhalb der Schwelle einer vollständigen Entwertung des Eigentumsrechts.[3364]

8395 Wird einem vom Verkehrslärm Betroffenen im Planfeststellungsbeschluss dem Grunde nach ein Anspruch auf Übernahme seines Wohngrundstücks nach § 74 II 3 VwVfG zugesprochen, ist über die Höhe der Übernahmeentschädigung im nachfolgenden Entschädigungsverfahren zu entscheiden. Dabei sind die Rechtsgedanken des Enteignungsrechts heranzuziehen. Dies gilt für die Ausdehnung der Übernahme auf die mit seinem Wohngrundstück zusammenhängenden betrieblich genutzten Flächen sowie für betriebliche Folgeschäden. Die Zulassungsentscheidung darf die Geltendmachung dieser Ansprüche nicht mit Wirkung für das Entschädigungsverfahren ausschließen.[3365]

8396 Für Immissionen eines planfeststellungsbedürftigen Vorhabens sind Schutzvorkehrungen allerdings nur unter den Voraussetzungen der §§ 74 II 2 und 75 II 2 VwVfG zu treffen.[3366] Erforderlich sind Schutzmaßnahmen, wenn die Auswirkungen des Vorhabens dem Betroffenen ohne Ausgleich nicht zumutbar sind.[3367] Auch dringende öffentliche Interessen können lärmverursachende Anlagen von der Rücksichtnahme auf andere öffentliche oder rechtlich ge-

---

3360 OVG Koblenz DVBl.. 2019, 324 = juris Rn. 62.
3361 OVG Koblenz DVBl.. 2019, 324 = juris Rn. 64; BVerwGE 143, 249 = juris, Rn. 24.
3362 BVerwG Urt. v. 8.9.2016 – 3 A 5/15, juris, Rn. 102.
3363 BVerwG, DVBl. 2024, 111 = juris Rn. 56; BVerwGE 143, 249 Rn. 23, 36).
3364 BVerwG, DVBl. 2024, 111 = juris Rn. 56; BVerwGE 77, 295 (297); BVerwGE 87, 332 (383).
3365 BVerwG NVwZ 2007, 1308.
3366 BVerwG NVwZ 2002, 1243.
3367 BVerwG DVBl. 2002, 1494.

schützte private Interessen nicht allgemein freistellen. Vielmehr werden auch solche Interessen durch die Zumutbarkeit, die nachbarliche Rücksichtnahme und den Grundsatz der Verhältnismäßigkeit begrenzt.[3368] Treten Lärmereignisse im Tagesablauf nur vereinzelt auf, ist nicht ausschließlich auf den mit Zuschlägen berechneten Dauerschallpegel, sondern auch auf die Spitzenwerte abzustellen. Dabei sind allerdings zumutbare Ausweichmöglichkeiten zu berücksichtigen, beispielsweise durch Schließen der Fenster oder auch durch eine kurzzeitige Verlagerung der Kommunikation. Zudem ist das Schutzbedürfnis vor solchen Einzelschallereignissen nicht zu allen Tagesstunden gleich groß.[3369]

Das Fachplanungsrecht geht davon aus, dass der staatliche Vorhabenträger Auflagen des Plan- 8397
feststellungsbeschlusses in loyaler Art und Weise erfüllt. Das schließt nicht aus, dass die Planfeststellungsbehörde, etwa bei unsicherer, in seinen Auswirkungen schwer zu beurteilender tatsächlicher Sachlage, dem Vorhabenträger im Planfeststellungsbeschluss Auflagen zur Kontrolle bei der Durchführung des Vorhabens macht. Das kann nach Maßgabe der Einzelfallumstände auch zur Wahrung der Rechte der von der Planung Betroffenen geschehen.[3370] Auch von der Gemeinde wird angenommen, dass sie sich etwa bei der Umsetzung naturschutzrechtlicher Kompensationsmaßnahmen rechtstreu verhält.[3371] Es spricht Einiges dafür, dass die Pflicht zu einer ergänzenden Planfeststellung besteht, wenn ein Nachfolgeverfahren, in das erforderliche Kompensationsmaßnahmen im Wege des Konflikttransfers[3372] verschoben worden sind,[3373] endgültig scheitert und sich die Annahmen der Planfeststellung daher im Nachhinein als unzutreffend erweisen.

Wird eine nach § 74 II 2 VwVfG gebotene Schutzauflage nicht angeordnet, so besteht 8398
grundsätzlich allerdings nur ein **Planergänzungsanspruch**,[3374] nicht jedoch ein Aufhebungsanspruch hinsichtlich des gesamten Planfeststellungsbeschlusses, solange die planerische Gesamtkonzeption dadurch nicht in eine Schieflage gerät oder in dem Interessengeflecht der Planung durch die nachträgliche Anordnung von Schutzauflagen Rechte anderer nachteilig betroffen werden.[3375] Dabei ist das Gebot der planerischen Abwägung zu beachten. So kann ein Abwägungsmangel hinsichtlich geltend gemachter Erschütterungsgefahren nur dann zu einem Anspruch auf (Teil-)Aufhebung des Planfeststellungsbeschlusses führen, wenn er für die Planungsentscheidung insgesamt von so großem Gewicht wäre, dass dadurch die Ausgewogenheit der Gesamtplanung oder eines abtrennbaren Planungsteils überhaupt in Frage gestellt würde.[3376] Die durch den Planfeststellungsbeschluss aufgeworfene Problematik muss auch bei den Ausführungsarbeiten mit den verfügbaren Instrumenten beherrschbar sein.

Auf die entsprechende Anordnung haben die davon betroffenen Nachbarn einen Rechtsan- 8399
spruch auch dann, wenn die Enteignungsschwelle noch nicht erreicht ist. Schutzvorkehrungen betreffen etwa den Schutz der Umgebung vor nachteiligen Auswirkungen des Vorhabens aber auch umgekehrt Anordnungen, die das Vorhaben vor nachteiligen Auswirkungen der Umgebung schützen. Dazu gehören etwa Lärmschutzwände oder Lärmschutzwälle, Weidezäune oder Wildschutzzäune. Auch die Anlage von Ersatzwegen, neuen Zufahrten, Unterführungen, Schutzgräben, Gittern oder lärmdämpfenden Fahrbahnbelegen **(Flüsterasphalt)**[3377] gehören dazu. Die behördliche Prognose der Verkehrsbelastung einer öffentlichen Straße genügt den sich aus § 41 I BImSchG iVm der 16. BImSchV für Immissionsprognosen ergebenden rechtlichen Anforderungen, wenn sie zum Teil auf ein projektbezogenes Verkehrsgutachten und zum anderen Teil auf eine allgemeine Trendprognose gestützt wird.[3378]

Zur Feststellung der Schädlichkeit von **Baustellenlärm** kann auf die TA Lärm auch dann 8400
nicht zurückgegriffen werden, wenn die Baustelle über mehrere Jahre hinweg rund um die

[3368] OVG Bremen UPR 2002, 400; LG Braunschweig NVwZ 2002, 1146.
[3369] OVG Hamburg NVwZ-RR 2002, 493.
[3370] BVerwG Beschl. v. 3.5.2002 – 4 B 2.02, juris zum lärmmindernden Straßenbelag.
[3371] BVerwG DVBl. 2003, 204.
[3372] Grundlegend BVerwG DVBl. 1976, 215.
[3373] BVerwG DVBl. 1997, 1112; DVBl. 1997, 1121.
[3374] Zu Schutzauflagen bei Fluglärm BVerwG LKV 1999, 228.
[3375] OVG Lüneburg Beschl. v. 23.5.2005 – 7 LA 302/04, juris.
[3376] BVerwG Beschl. v. 18.11.1998 – 11 VR 10.98, juris.
[3377] Hierdurch sollen nach Angaben der Straßenbauverwaltung bis zu 5 dB(A) Lärmminderung erreicht werden können. Die Pegelminderungen flachen jedoch mit der Beanspruchung der Straße durch den Fahrzeugverkehr von Jahr zu Jahr ab.
[3378] BVerwG NVwZ-RR 1999, 567.

Uhr betrieben werden wird. Ein gemäß § 74 II 2 und 3 VwVfG gebotenes Konzept zum Schutz vor Baulärm darf sich an den Richt- und Maßnahmewerten der AVV Baulärm orientieren.[3379] Als Schutzniveau müssen nicht die Richtwerte von Nr. 3.1.1 der AVV Baulärm zu Grunde gelegt werden. Die Anordnung von Maßnahmen des aktiven und passiven Lärmschutzes kann davon abhängig gemacht werden, dass der für die jeweilige Art eines Baugebiets geltende Richtwert um mehr als 5 dB(A) überschritten wird.[3380]

8401 § 74 II 2 VwVfG erfasst auch solche nachteiligen Wirkungen, die durch Lärm, Erschütterungen und Staub aufgrund der Bauarbeiten für das planfestgestellte Vorhaben entstehen. Die AVV Baulärm konkretisiert für Geräuschimmissionen von Baustellen den unbestimmten Rechtsbegriff der schädlichen Umwelteinwirkungen. Der Anwendungsbereich der AVV Baulärm erstreckt sich nicht auf den Schutz der Außenkontaktbereiche vor Ladengeschäften. Der Eingreifwert nach Nr. 4.1. der AVV Baulärm erlaubt es nicht, den maßgeblichen Immissionsrichtwert nach Nr. 3.1.1. im Planfeststellungsverfahren noch um (bis zu) 5 dB(A) zu erhöhen. Es ist nicht Aufgabe der Planfeststellungsbehörde, im Planfeststellungsbeschluss Regelungen zum Ablauf des nachfolgenden Entschädigungsverfahrens oder zur methodischen Ermittlung der Entschädigungshöhe zu treffen.[3381] Langfristig einwirkender Baustellenlärm kann Ausgleichsansprüche wegen Beeinträchtigung der Nutzung des Außenwohnbereichs auslösen. Mit einem Neubauvorhaben verbundene Folgemaßnahmen in Form erheblicher baulicher Eingriffe in bestehende Gleisanlagen gebieten eine summative Gesamtbetrachtung des von der neu gebauten und der geänderten Strecke auf ein Grundstück einwirkenden Schienenlärms nach dem Maßstab des § 2 I der 16. BImSchV. Die Zumutbarkeit von Lärmeinwirkungen durch Mikrodruckwellen, die durch den Betrieb eines Eisenbahntunnels entstehen, ist in Orientierung an den Vorgaben der RiL 853.1002A01 zu beurteilen. Die Zumutbarkeit des mit dem Betrieb eines Eisenbahntunnels verbundenen sekundären Luftschalls orientiert sich an den Vorgaben der 24. BImSchV.[3382]

8402 **Andere Vorkehrungen** sind etwa dinglich wirkende Begrenzungen der Benutzung der Anlage, betriebsregelnde Maßnahmen oder Tempobegrenzungen auf Straßen. Adressat der Anordnung ist der Träger des Vorhabens, der grundsätzlich auch die Kosten für die Schutzvorkehrungen zu übernehmen hat. Dritte können demgegenüber grundsätzlich nicht mit Kosten belastet werden. Schutzanordnungen können auch isoliert, dh außerhalb eines Planfeststellungsverfahrens, angeordnet werden, wenn ein Planfeststellungsverfahren nicht stattfindet. In der Regel werden die Schutzvorkehrungen durch Schutzauflagen angeordnet (§ 36 II Nr. 4 VwVfG). Gegen ihn belastende Schutzanordnungen nach § 74 II 2 VwVfG kann der Träger des Vorhabens Anfechtungsklage erheben. Die Festsetzung von Schutzanlagen muss grundsätzlich im Planfeststellungsbeschluss selbst erfolgen. Nur wenn sich im Zeitpunkt des Planfeststellungsbeschlusses noch nicht übersehen lässt, welche Schutzanordnungen erforderlich werden könnten, kann die Entscheidung vorbehalten werden (§ 74 III 1 VwVfG).

8403 Die Planfeststellungsbehörde darf sich bei der Abschätzung gesundheitlicher Risiken und der damit verbundenen Toleranzgrenzen an Werten orientieren, die deutlich unterhalb der Konzentrationswerte in § 2 der 23. BImSchV liegen. Sie ist nicht gehalten, eine Trasse zu wählen, bei der die Orientierungswerte des Länderausschusses für Immissionsschutz (LAI) auch bei trassennah liegenden Grundstücken unterschritten werden.[3383]

8404 § 74 II 2 VwVfG bestimmt nicht näher, wann eine Schutzmaßnahme „erforderlich" ist. Die Vorschrift ist eine spezielle Ausprägung des planungsrechtlichen Abwägungsgebots.[3384] Für die Erforderlichkeit von Schutzvorkehrungen gelten somit die rechtlichen Grenzen, die generell im Rahmen der planerischen Abwägung zu beachten sind. Danach hat sich die Planungsbehörde zwar Gewissheit davon zu verschaffen, dass eine durch das Vorhaben aufgeworfene tatsächliche Problematik bei der Ausführung des Planfeststellungsbeschlusses beherrschbar ist und dass das hierfür notwendige Instrumentarium bereitsteht. Es würde aber die Anforderungen an die planerische Abwägung und an den notwendigen Regelungsgehalt der Planfeststellung überspannen, wenn insoweit in jedem Fall eine bis ins Detail gehende Planung verlangt würde.[3385] Anders

[3379] OVG Münster NWVBL 2007, 272.
[3380] VGH Mannheim ZUR 2007, 427; NVwZ-RR 1990, 227.
[3381] BVerwG NVwZ 2012, 1393.
[3382] BVerwG NVwZ 2014, 1454; NVwZ 2012, 1393.
[3383] BVerwG NVwZ 2002, 726; NVwZ 2000, 560.
[3384] BVerwG ZfBR 2000, 204.
[3385] BVerwG DVBl. 1988, 532; NVwZ 1996, 381.

ausgedrückt bedeutet dies: Erforderlich sind Schutzmaßnahmen nur bei Problemen von einigem Gewicht. Um jede Kleinigkeit braucht sich die Planungsbehörde nicht zu kümmern.[3386] Diesen Grundsätzen entspricht es, wenn die Planungsbehörde die Praxis entwickelt, die Bauausführung aus der Planfeststellung auszuklammern, soweit der Stand der Technik für die zu bewältigenden Probleme geeignete Lösungen zur Verfügung stellt. In diesem Fall reicht es aus, wenn sichergestellt ist, dass die entsprechenden technischen Regelwerke, in denen der Stand der Technik Ausdruck gefunden hat, beachtet werden. Ob die Ausführungsplanung des Vorhabenträgers tatsächlich den Anforderungen dieser technischen Regelwerke genügt, braucht nicht im Planfeststellungsverfahren geprüft und entschieden zu werden. Zu diesem Zweck genügt es vielmehr, dem Vorhabenträger aufzugeben, vor Baubeginn seine Ausführungsplanung zur Genehmigung vorzulegen. Dies gilt ebenso, wenn Anlagen, die von anderen Trägern öffentlicher Belange unterhalten werden, in der Bauphase vorübergehend durch besondere Vorkehrungen geschützt werden müssen. Diese technischen und organisatorischen Provisorien können der Ausführungsplanung überlassen bleiben, wenn und soweit technische Regelwerke Auskunft über den Stand der zu beachtenden Sicherheitstechnik geben. In derartigen Fällen entspricht es außerdem bewährter Praxis, dass der Vorhabenträger seine Ausführungsplanung mit den anderen Trägern abstimmt. Nur wenn ernsthaft zu besorgen ist, dass auf diesem Wege eine Einigung über Details der Bauausführung nicht erzielt werden kann, besteht für die Planungsbehörde insoweit ein Handlungsbedarf, dem im Planfeststellungsbeschluss Rechnung zu tragen ist.[3387]

Die Schutzvorkehrungen müssen nicht zwingend durch den Träger des Vorhabens eingerichtet werden. Der Planfeststellungsbeschluss kann auch vorsehen, dass der Träger des Vorhabens dem Betroffenen die für die Erstellung der Schutzvorkehrungen entstehenden **Kosten** zu ersetzen hat.[3388] Durch die Anordnung von Schutzvorkehrungen kann allerdings eine Änderung des Vorhabens nicht erreicht werden. Soll etwa die Trassenführung in ihrem Verlauf oder ihrer Höhe geändert werden, so kann dies nicht durch die Anordnung von Schutzvorkehrungen geschehen. Vor der Anordnung von Schutzvorkehrungen hat die Planfeststellungsbehörde regelmäßig dem Vorhabenträger Gelegenheit zur Stellungnahme zu geben. Auflagen können zu Lasten des Vorhabenträgers auch nur im Rahmen des Veranlassungsprinzips und der Zumutbarkeit angeordnet werden. 8405

Beispiel: Sieht die Planung als Ersatz für die bisherigen Quellfassungen der Wassergemeinschaft den Anschluss an ein öffentliches Wasserversorgungsnetz und die Erstattung der hierdurch entstehenden Mehrkosten vor, so kann nicht beansprucht werden, dass die Planfeststellungsbehörde im Planfeststellungsbeschluss neben den Kosten für den technischen Umbau und die Unterhaltung auch den höheren Wasserpreis für erstattungsfähig erklärt.[3389] Die Verpflichtung zu einer Benutzung des öffentlichen Wasserversorgungsnetzes ist eine aus Gründen des Gemeinwohls hinzunehmende Eigentumsbeeinträchtigung.[3390] Dies gilt auch dann, wenn der betroffene Grundstückseigentümer bisher seinen Wasserverbrauch aus einer eigenen, einwandfreies Wasser liefernden Anlage bezogen hat.[3391]

Die Schutzvorkehrungen können zum **Wohl der Allgemeinheit** oder zur Verhinderung **nachteiliger Wirkungen** auf **Rechte anderer** angeordnet werden. Der Begriff des Nachteils ist in einem umfassenden Sinne zu verstehen. Es fallen darunter nicht nur konkrete Rechtsverletzungen oder Gefährdungen, sondern auch Belästigungen, die dem Betroffenen billigerweise nicht zugemutet werden können. Nachteile sind erheblich, wenn sie angesichts ihrer Schutzwürdigkeit und Schutzbedürftigkeit dem Betroffenen nicht zugemutet werden können. Diese Grenze liegt unterhalb der Enteignungsschwelle und wird durch den Gesetzgeber konkretisiert. Es ist daher nicht erforderlich, dass die Beeinträchtigung schwer und unerträglich ist und daher bereits enteignungsrechtlich relevante Ausmaße erreicht. Es genügt vielmehr, dass die Beeinträchtigung billigerweise nicht mehr zugemutet werden kann. Dabei sind die Ortsüblichkeit der Beeinträchtigungen und die geräuschmäßige und plangegebene Vorbelastung des Gebietes einzustellen. Auch soweit die Beeinträchtigungen keine Schutzanordnungen erfordern, können sie abwägungsbeachtlich sein. Es muss sich allerdings um einen Ausgleich für Rechtsbein- 8406

[3386] So zu § 75 VwVfG BVerwG NVwZ 1989, 153; NVwZ-RR 1996, 187.
[3387] BVerwG NVwZ-RR 1998, 92.
[3388] So für den Einbau von Schallschutzfenstern BVerwG UPR 1991, 398; NJW 1989, 467.
[3389] BVerwG UPR 1997, 320.
[3390] BVerwG NVwZ-RR 1990, 96.
[3391] BVerwG, Beschl. v. 30.11.1981 – 7 B 227.81, juris.

trächtigungen handeln. Nur im Falle der Beeinträchtigung von Rechten sind Schutzauflagen nach § 74 II 2 VwVfG erforderlich. Nachteilige Wirkungen auf einfache nicht rechtlich geschützte Belange lösen eine Ausgleichspflicht nach § 72 II 2 VwVfG nicht aus. Derartige Belange sind in die Abwägung einzustellen, führen jedoch nicht zu einer Ausgleichspflicht durch Schutzauflagen, weil eigene Rechte nicht betroffen sind. Das Schutzauflagengebot des § 74 II 2 VwVfG greift vielmehr erst ein, wenn eine Rechtsbetroffenheit besteht, etwa weil die einfach-rechtliche Zumutbarkeitsgrenze überschritten ist. Auch Gemeinden können im Hinblick auf ihre Einrichtungen einen solchen Schutzanspruch haben.[3392]

8407 Die Bestimmung der **Zumutbarkeitsgrenze** ist im Anschluss an **gesetzliche Wertungen** vorzunehmen. So sind etwa nach § 50 BImSchG bei raumbedeutsamen Planungen und Maßnahmen die für eine bestimmte Nutzung vorgesehenen Flächen einander so zuzuordnen, dass schädliche Umwelteinwirkungen auf die ausschließlich oder überwiegend dem Wohnen dienenden Gebiete soweit wie möglich vermieden werden. Für den Bau oder die wesentliche Änderung von Straßen sowie von Schienenwegen der Eisenbahnen und Straßenbahnen sind die Immissionsgrenzwerte der Verkehrslärmschutzverordnung (16. BImSchV) heranzuziehen. Für Fluglärm ist das FluglärmG heranzuziehen. Es werden allenfalls Anhaltspunkte und Kriterien für die Bewertung der Belastungen gegeben. Fehlen Vorgaben in Gesetzen oder Rechtsverordnungen, so sind zur Bestimmung der Zumutbarkeit technische Regelwerke wie die TA Lärm, DIN-Normen oder die VDI-Richtlinien als antizipierte Sachverständigengutachten[3393] oder normkonkretisierendes Verwaltungshandeln[3394] heranziehen. Die Anwendung darf aber nicht schematisch erfolgen. Vielmehr können derartige Regelwerke lediglich Anhaltspunkte für eine Einzelfallentscheidung geben.

8408 Die **Grenzen des zumutbaren Verkehrslärms** werden in den §§ 41, 42 BImSchG und in der 16. BImSchV (Verkehrslärmschutzverordnung) festgelegt.[3395] Die Anwendung dieser Regelungen setzt einen Neubau oder eine wesentliche Änderung von Straßen oder Schienenwegen voraus. Wird eine zweigleisige Stecke lediglich modernisiert, ist dies eine nicht planfeststellungsbedürftige Instandsetzungsmaßnahme, die nicht der 16. BImSchV unterliegt.[3396] Die Immissionsgrenzwerte in § 2 der 16. BImSchV werden nach Auffassung des BVerwG dem gesetzlichen Regelungsauftrag gerecht, genügen der sich aus Art. 2 II GG ergebenden Schutzpflicht und entsprechen dem Grundsatz des Gesetzesvorbehalts.[3397] Nicht schutzwürdig ist das Interesse eines Gewerbetreibenden an der Aufrechterhaltung des bisher vorhandenen Autobahnlärms, um auch künftig eine Überlagerung des Straßenverkehrslärms durch den Betriebslärm sicherzustellen. Es wäre zudem abwägungsfehlerhaft, eine Lärmschutzwand auf der Höhe eines Gewerbegrundstücks in durchsichtigem Material auszuführen, um die Sichtbarkeit der am Betriebsgebäude angebrachten Werbeanlagen von der Autobahn aus zu erhalten. Denn Verkehr auf Bundesstraßen soll nach § 9 VI FStrG gerade von Werbeanlagen abgelenkt werden.[3398]

8409 Der Gesetzgeber hat bei der Erfüllung der verfassungsrechtlichen Schutzpflichten eine weite Einschätzungs-, Wertungs- und Gestaltungsbefugnis.[3399] Die Schutzpflicht ist nur verletzt, wenn die öffentliche Gewalt Schutzvorkehrungen entweder überhaupt nicht getroffen hat oder die Regelungen völlig ungeeignet sind.[3400] Die Grenzwerte des § 2 I Nr. 2 der 16. BImSchV und die Berechnungsverfahren nach § 3 der 16. BImSchV halten sich in dem gesetzlich gebotenen Rahmen. Auch bei der Festsetzung des früheren Schienenbonus hat der Verordnungsgeber sein normatives Ermessen nicht überschritten.[3401] Durch Art. 2 II 1 GG wird der Staat allerdings daran gehindert, verkehrliche Maßnahmen zuzulassen, die im Ergebnis einen nicht rechtfertigungsfähigen Eingriff in Leben oder Gesundheit auslösen.[3402] Die Planfeststellungsbe-

3392 BVerwG ZfBR 2000, 204.

3393 BVerwGE 55, 250.

3394 BVerwG NVwZ 1988, 824.

3395 BVerwG NVwZ-RR 1998, 89.

3396 BVerwG NVwZ 1999, 539 m. Anm. Stüer, DVBl. 2012, 1104; Beschl. v. 9.11.1998 – 11 VR 6.98, juris.

3397 BVerwG NVwZ 1998, 513; NVwZ 1998, 1071; NVwZ 1998, 1070; NVwZ-RR 1999, 725; UPR 2000, 71.

3398 BVerwG NVwZ-RR 1997, 344.

3399 BVerfG NJW 1989, 1271.

3400 BVerwG Beschl. v. 28.8.1997 – 7 B 214.97, juris.

3401 BVerwG NVwZ 1998, 513; NVwZ 1998, 1071; NVwZ-RR 1999, 725; UPR 2000, 71.

3402 So BVerwG DVBl. 1996, 916; Beschl. v. 6.10.1997 – 11 B 35.97, juris.

hörde kann vor allem bei unterschiedlichen Schutzbedürfnissen auf der einen Straßenseite aktiven und auf der anderen passiven Lärmschutz festlegen.[3403] Lärmschutzmaßnahmen oder ein Geldausgleich nach § 74 II 2 und 3 VwVfG können nicht verlangt werden, wenn sich die vorhabenbedingten Beeinträchtigungen wegen einer bereits bestehenden Vorbelastung nicht erhöhen. Eigentums- oder Gesundheitsbeeinträchtigungen sind allerdings auch bei einer tatsächlichen oder plangegebenen Vorbelastung nicht unbeachtlich.[3404] Der Schienenbonus ist allerdings inzwischen abgeschafft worden. Durch die Neufassung von § 43 II BImSchG ist ab dem 6.7.2013 der Schienenbonus für neu eingeleitete Planfeststellungsverfahren für Eisenbahnen spätestens ab Anfang 2015 und Anfang 2019 für Straßenbahnen entfallen.

Die Grenzwerte der **Verkehrslärmschutzverordnung** sind beim Neubau oder der wesentlichen Änderung einer Straße oder einer Bahnanlage zu beachten. Die Werte sind jedoch nicht einzuhalten, wenn die Anlage nicht wesentlich geändert wird.[3405] Denn aus einer planfeststellungsbedürftigen Änderung, die keine wesentlichen Mehrbelastungen herbeiführt, ergibt sich grundsätzlich kein Anspruch der Planbetroffenen auf Sanierung des bereits zuvor bestehenden Zustandes. Der Planfeststellungsbehörde obliegt im Allgemeinen keine Pflicht zur **Verbesserung** der vorgefundenen Situation. Über schon bestehende Belastungen braucht daher im Planfeststellungsverfahren in der Regel nicht entschieden zu werden, wenn die Grenze der Lärmsanierung nicht überschritten ist. Anders verhält es sich bei wesentlichen Änderungen, die zusätzliche Belastungen hervorrufen. Schutzpflichten ergeben sich dann bei Vorliegen der Voraussetzungen aus der Verkehrslärmschutzverordnung. Soll eine **bestehende Altanlage** wesentlich geändert werden, kann dies die Planfeststellungsbehörde zwingen, in eine neue Abwägung einzutreten, die tatsächliche oder plangegebene Vorbelastungen nicht von vornherein ausblendet, sondern bewertend berücksichtigt. Ergeben sich insoweit Mängel in der Planfeststellung, so kann dies im Regelfall durch die Anordnung nachträglicher Schutzauflagen oder durch ein ergänzendes Verfahren behoben werden. Ein Anspruch auf Aufhebung der gesamten Planungsentscheidung besteht in solchen Fällen nachträglicher Ergänzungsmöglichkeiten in aller Regel nicht.[3406] Auch kann das Gericht die Verwaltung regelmäßig nicht zu bestimmten Grenzwerten verpflichten, sondern muss den Abwägungsspielraum der Verwaltung beachten. Unter der Voraussetzung einer im Übrigen begründeten Klage kann die Verwaltung dann lediglich zu einer Neubescheidung verpflichtet werden.[3407] 8410

Die Verkehrslärmschutzverordnung gilt nur für den Straßen- und Schienenverkehr, nicht jedoch für **gewerbliche Anlagen**. Diese beurteilen sich nach den durchweg niedrigeren Zumutbarkeitsgrundsätzen, die in der Nachbarschaft von gewerblichen Betrieben gelten. Auch der **Zu- und Abfahrtsverkehr** zu einem gewerblichen Betrieb ist nicht an der Verkehrslärmschutzverordnung zu messen. Das Immissionsschutzrecht ordnet die Geräusche des An- und Abfahrtsverkehrs, auch soweit er auf öffentlichen Straßen stattfindet, der Anlage zu, durch deren Nutzung sie verursacht werden, solange sie vom übrigen Straßenverkehr noch unterscheidbar sind. Daraus folgt zugleich, dass für die Bewertung der Lästigkeit dieser Immissionen die besonderen Grenzwerte, die § 2 der 16. BImSchV beim Bau oder der wesentlichen Änderung öffentlicher Straßen vorsieht, weder unmittelbar noch mittelbar maßgeblich sind. Denn die auf § 43 I 1 Nr. 1 BImSchG gestützte Verkehrslärmschutzverordnung trägt lediglich den Besonderheiten des Verkehrslärmschutzes an öffentlichen Straßen Rechnung.[3408] 8411

Schutzvorkehrungen sind nur erforderlich, wenn zwischen dem Eingriff und den Beeinträchtigungen ein **adäquater Kausalzusammenhang** besteht. Ein solcher Zusammenhang besteht, wenn die nachteiligen Wirkungen typischerweise mit dem Vorhaben verbunden sind. Der Umfang der Maßnahmen ist nach Zumutbarkeitsgesichtspunkten zu bestimmen. 8412

Beispiel: Wird etwa Weideland durch eine Autobahn durchschnitten, so ist der Träger des Vorhabens zur Errichtung von Wildschutzzäunen zu verpflichten.[3409]

Werden lediglich **Schutzauflagen** durch einfache Planergänzung nach § 72 II 2 VwVfG verlangt, beschränkt sich der Anspruch des Betroffenen in der Regel auf diesen **Planergän-** 8413

3403 BVerwG NVwZ-RR 1998, 89.
3404 BVerwG NVwZ 1999, 539 m. Anm. Stüer, DVBl. 2012, 1104.
3405 BVerwG NuR 1996, 515.
3406 BVerwG NuR 1996, 515.
3407 BVerwG NVwZ 1998, 513; NVwZ-RR 1999, 725; UPR 2000, 71.
3408 BVerwG Beschl. v. 23.7.1992 – 7 B 103.92, juris.
3409 BVerwG BayVBl.1977, 571; RdL 1989, 240.

zungsanspruch. Kann dies nur durch ein **ergänzendes Verfahren nach** § 75 I a VwVfG erreicht werden, entfaltet der Planfeststellungsbeschluss allerdings bis zur Behebung des Mangels keine Wirkung. Wird daher ein stärkerer aktiver Schallschutz etwa durch Einhausung der Trasse angestrebt, der eine **Änderung des Planfeststellungsbeschlusses** durch ein ergänzendes Verfahren erforderlich macht, ist eine Anfechtungsklage statthaft. Eine zu einem Baustopp führende Aussetzungsentscheidung nach § 80 V VwGO scheidet dann nicht schlechthin aus. Die generalisierenden Formulierungen in älteren Entscheidungen[3410] hat das BVerwG inzwischen fortentwickelt.[3411] Können erhebliche Abwägungsmängel zwar nicht durch eine schlichte Planergänzung, wohl aber durch ein ergänzendes Verfahren behoben werden, ist der Planfeststellungsbeschluss nach Maßgabe der Entscheidungsgründe rechtswidrig und darf nicht vollzogen werden. Vorläufiger Rechtsschutz ist dann in entsprechender Anwendung des § 80 V VwGO zulässig.[3412] Wird stärkerer Lärmschutz beansprucht, der nur durch eine Änderung der Planung in einem ergänzenden Verfahren gewährt werden kann, ist daher die Anfechtungsklage und ein Antrag nach § 80 V VwGO statthaft.[3413] Ein Urteil, das feststellt, dass ein Planfeststellungsbeschluss wegen eines behebbaren Mangels (§ 75 I a 2 VwVfG) rechtswidrig ist und nicht vollzogen werden darf, wirkt **nur zwischen den Beteiligten**. Im Verhältnis zu anderen Planbetroffenen erweist sich der feststellende Ausspruch grundsätzlich als bloßer Rechtsreflex, der die ihnen gegenüber eingetretene Bestandskraft unberührt lässt.[3414]

8414 Die **Ausgewogenheit der Planung** wird nach Ansicht des BVerwG trotz Lärmbetroffenheit der Kläger oberhalb der Grenzwerte der 16. BImSchV jedenfalls dann nicht berührt, wenn bei der Ausbaumaßnahme eine Planungsalternative ernsthaft nicht in Betracht kommt und die genannte Betroffenheit der Kläger abwägungsfehlerfrei durch die Anordnung von aktivem oder passivem Schallschutz ausgeglichen werden kann.[3415] Das Gericht darf bei der Ermittlung der Lärmbelastung von der Verkehrslärmschutzverordnung nicht abweichen.[3416] Zudem hat aktiver Lärmschutz nach § 41 II BImSchG rechtsgrundsätzlich Vorrang vor passivem Lärmschutz.[3417]

8415 Ob eine Maßnahme des **aktiven Schallschutzes außer Verhältnis** zum angestrebten Schutzzweck steht und dem Vorhabenträger nach § 41 II BImSchG nicht zuzumuten ist, richtet sich nach dem Gewicht der widerstreitenden Belange. Bei diesem Kernstück der fachplanerischen Abwägung sind auch Vorbelastungen der Anwohner genauso zu berücksichtigen wie private Belange negativ betroffener Dritter und öffentliche Belange der Stadtbildpflege.[3418] Im Rahmen des nach § 41 II BImSchG anzustellenden Kostenvergleichs ist neben den Aufwendungen für Maßnahmen des passiven Lärmschutzes auch die ggf. nach § 74 II 3 VwVfG zu zahlende Entschädigung zu berücksichtigen.[3419] Dieser Abwägungsvorgang setzt aber eine nachvollziehbare, objektive Ermittlung der jeweiligen Kosten aller ernsthaft in Betracht kommenden Maßnahmen des passiven und aktiven Schallschutzes sowie ihrer Auswirkungen auf die Lärmbetroffenen voraus. Die Planfeststellungsbehörde hat dabei einen Abwägungsspielraum, der vom Gericht inhaltlich nicht ausgefüllt, sondern nur auf Einhaltung der Grenzen der Abwägung kontrolliert werden kann.[3420] Ein Abwägungsmangel ist nur erheblich, wenn greifbare Umstände ergeben, dass eine fehlerfreie Ermittlung und Abwägung möglicherweise zu einer für den Betroffenen günstigeren Beurteilung geführt hätte.[3421] Kommen verschiedene Maßnahmen in Betracht, kann der Gestörte nur verlangen, dass Lärmbelästigungen oberhalb der Zumutbarkeitsschwelle unterbleiben.[3422] Wenn allerdings ein Vorhabenträger die auf Gesetz

---

[3410] BVerwG NVwZ 1997, 274; NuR 1996, 515.

[3411] BVerwG NVwZ 1996, 1016 m. Anm. Stüer, DVBl. 2013, 1324.

[3412] So bereits BVerwG NVwZ-RR 1997, 210.

[3413] BVerwG NVwZ 1998, 1071; NVwZ 1998, 1070. Ein Antrag auf Änderung eines Beschlusses nach § 80 V VwGO ist nur bei entsprechend neuem Tatsachenvortrag zulässig, so BVerwG Beschl. v. 29.1.1999 – 11 VR 13.98, juris.

[3414] BVerwG DVBl. 2012, 1163, Stüer DVBl. 2012, 1164; Beschl. v. 22.9.2005 – 9 B 13.05, juris.

[3415] BVerwG NVwZ 1998, 513; NVwZ-RR 1999, 725; UPR 2000, 71.

[3416] BVerwG NVwZ-RR 1997, 89.

[3417] VGH München NVwZ-RR 1998, 490; BVerwG DVBl. 1998, 1184.

[3418] BVerwG DVBl. 1998, 330; NVwZ-RR 1997, 336.

[3419] BVerwG Beschl. v. 22.12.2004 – 4 B 75.04, juris.

[3420] BVerwG NVwZ 1998, 513; DVBl. 1998, 330; NVwZ-RR 1999, 725. Teilweise wird § 42 II BImSchG auch als Norm ohne planerischen Gestaltungsspielraum verstanden, so BVerwG ZfBR 1999, 219.

[3421] BVerwG UPR 1998, 147.

[3422] BVerwG Beschl. v. 28.8.1997 – 7 B 214.97, juris.

beruhende sofortige Vollziehbarkeit einer Planfeststellung ausnutzt, kann er sich für den Fall der Rechtswidrigkeit später bei einer Verhältnismäßigkeitsprüfung nach § 41 II BImSchG nicht auf durch den Vollzug bereits entstandene Kosten berufen.[3423] Wirtschaftlich gesehen handelt er dann vielmehr auf eigenes Risiko.[3424]

Die Planfeststellung hat dabei allerdings zu prüfen, ob die für den aktiven Lärmschutz aufzuwendenden Kosten bezogen auf den Schutzzweck **angemessen** sind. Dabei sind die Kosten jeweils in ein Verhältnis zu den durch aktive Schallschutzmaßnahmen gelösten **Schutzfällen** zu setzen. Bei der Ermittlung derjenigen Variante aktiven Lärmschutzes, bei der mit gerade noch verhältnismäßigem Aufwand eine maximale Verbesserung der Lärmsituation zu erzielen ist, können solche Varianten ausgeschieden werden, bei denen weit höhere Kosten mit einer nur geringfügig besseren Schutzwirkung einhergehen (sog. Sprungkosten). Die detaillierte Kosten-Nutzen-Analyse muss nicht auf solche Varianten aktiven Lärmschutzes erstreckt werden, bei denen schon aufgrund einer Grobprüfung festgestellt werden kann, dass sie nicht ernsthaft in Betracht kommen oder die wegen bestimmter Vorzüge (etwa besonderer Wirtschaftlichkeit) in jedem Fall ausgeführt werden sollen.[3425] Ein die durchschnittlichen Kosten aktiven Lärmschutzes pro Schutzfall um ein Vielfaches übersteigender Kostenaufwand für den Schutz eines zusätzlichen Immissionsortes kann unverhältnismäßig sein.[3426] 8416

Die Planfeststellungsbehörde hat bei der Prüfung, ob die Kosten einer aktiven Schallschutzmaßnahme außer Verhältnis zum angestrebten Schutzzweck stehen würden, einen Abwägungsspielraum, der es gestattet, neben dem in § 41 II BImSchG ausdrücklich benannten Kostengesichtspunkt auch andere Belange zu berücksichtigen, die einer aktiven Schallschutzmaßnahme entgegenstehen. Dazu gehören auch öffentliche Belange etwa des Landschaftsschutzes oder der Stadtbildpflege oder private Belange negativ betroffener Dritter – zB deren Interesse an der Vermeidung zu dichter Grenzbebauung, dadurch eintretender Verschattung, aber auch einer Lärmverlagerung. Die Ausübung dieses Abwägungsspielraums kann von den Gerichten nur auf die Einhaltung seiner rechtlichen Bindungen hin überwacht werden. Ein Anspruch auf ein bestimmtes Abwägungsergebnis scheidet hiernach grundsätzlich aus. Zu den rechtlichen Bindungen des im Rahmen des § 41 II BImSchG bestehenden Abwägungsspielraums der Planfeststellungsbehörde gehört insbesondere der sich aus der Systematik des Gesetzes ergebende Zweck des § 41 II BImSchG, den Vorrang des aktiven Lärmschutzes vor den in § 42 II 1 BImSchG angesprochenen Maßnahmen des passiven Lärmschutzes sicherzustellen.[3427] 8417

Das Fachplanungsrecht geht davon aus, dass der staatliche Vorhabenträger die ihm im Planfeststellungsbeschluss aufgegebenen Vorgaben der Durchführung in loyaler Art und Weise erfüllt **(Grundsatz der gesetzestreuen Verwaltung)**. Zudem kann die Planfeststellungsbehörde dem Vorhabenträger bei unsicherer, in seinen Auswirkungen schwer zu beurteilender tatsächlicher Sachlage Auflagen zur Kontrolle bei der Durchführung des Vorhabens auferlegen. Das kann im jeweiligen Einzelfall auch zur Wahrung der Rechte der von der Planung Betroffenen geschehen.[3428] 8418

2. Geldentschädigung

Sind Schutzvorkehrungen untunlich oder mit dem Vorhaben unvereinbar, so hat der Betroffene nach § 74 II 3 VwVfG einen Anspruch in Geld. Der Anspruch stellt einen Ausgleich für Beeinträchtigungen dar, die mit dem Vorhaben verbunden sind. Es handelt sich dabei nicht um einen Enteignungsentschädigungsanspruch gem. Art. 14 III GG, sondern um einen einfachgesetzlich angeordneten Ausgleichsanspruch. Eine Enteignung iS des Art. 14 III 1 GG ist nur bei der unmittelbaren Grundstücksinanspruchnahme iS eines Übergangs von Eigentumspositionen gegeben. Darum geht es bei den von einem Vorhaben für die Nachbargrundstücke sich ergebenden Belastungen regelmäßig nicht. § 74 II 3 VwVfG sieht einen Ausgleichsanspruch in den Fällen vor, in denen eine nicht durch Schutzvorkehrungen zu vermeidende Beeinträchtigung von Nachbargrundstücken erfolgt. Die Regelung stellt nicht nur eine Verfahrensvorschrift dar, sondern gewährt unmittelbar einen Ausgleichsanspruch für verbleibende Beeinträchtigungen, 8419

3423 BVerwG NVwZ 1998, 1070.
3424 Zum Eisenbahnrecht BVerwG NVwZ 1999, 535.
3425 BVerwG NVwZ 2013, 645; NVwZ 2001, 71.
3426 BVerwG NVwZ 2013, 147.
3427 BVerwG Urt. v. 14.4.2010 – 9 A 43.08, juris.
3428 BVerwG Beschl. v. 3.5.2002 – 4 B 2.02, juris.

die über die Zumutbarkeitsgrenze hinausgehen. Die Regelung ist damit Bestandteil einer Inhalts- und Schrankenbestimmung des Gesetzgebers iS des Art. 14 I 2 GG. Die Anordnung von Schutzvorkehrungen scheidet insbesondere aus, wenn sie keine wirksame Abhilfe gegen die Beeinträchtigungen gewähren. Untunlich sind die Anordnungen aber auch dann, wenn sie unverhältnismäßig oder mit nicht vertretbaren Aufwendungen verbunden sind. Ein Ausgleich nach § 74 II 3 VwVfG kann den Betroffenen auch für lang andauernde **Baumaßnahmen** oder **Verschattungen**[3429] gewährt werden. Anliegerinteressen in Gestalt befürchteter Gewinnausfälle bis hin zu einer Existenzvernichtung eines Gewerbetreibenden aufgrund der Dauer von Bauarbeiten können zudem für ein Verkehrsprojekt einen abwägungserheblichen Belang darstellen. Lagevorteile und mit ihrem (vorübergehenden) Wegfall verbundene Gewinneinbußen sind regelmäßig kein für die Fachplanung unüberwindlicher Belang.[3430]

Beispiel: Im Innenstadtbereich einer Großstadt wird eine neue U-Bahn angelegt. Die Bauarbeiten dauern über ein Jahr. Ist in dieser Zeit das Ladenlokal nur über Notwege zu erreichen, so kann für die daraus sich ergebenden Umsatzeinbußen eine angemessene Entschädigung gewährt werden, obwohl ein enteignungsrechtlicher Entschädigungsanspruch wegen fehlender Enteignung nach Art. 14 III GG nicht besteht. Die durch die Straßenbauarbeiten verursachten Lärm- und Schadstoffbelastungen müssen wegen ihres unregelmäßigen Entstehens allerdings nicht durch eine Lärm- bzw. Schadstoffprognose ermittelt werden.[3431]

8420 Mittelbare Beeinträchtigungen, durch die das Eigentum nicht vollständig oder teilweise entzogen wird, beschränken unabhängig von ihrer Intensität zwar das Eigentum, stellen jedoch keine Enteignung im Sinne von Art. 14 I 2 GG dar. Liegt eine schwere und unerträgliche Betroffenheit des Grundeigentums vor und wird die enteignungsrechtliche Zumutbarkeitsschwelle überschritten, ist vom Grundsatz her ein Übernahmeanspruch gegeben. Grundlage des Übernahmeanspruchs sind nicht die allgemeinen enteignungsrechtlichen Grundsätze,[3432] sondern § 74 II 3 VwVfG. Auch wenn diese Vorschrift den Übernahmeanspruch nicht ausdrücklich benennt, beinhaltet sie als Konkretisierung zu Art. 14 I 2 GG die Grundlage des Übernahmeanspruchs. Als besondere Art des Entschädigungsanspruchs setzt der Übernahmeanspruch zudem die Hingabe des Eigentums voraus, weshalb es sich bei einem solchen Übernahmebegehren nicht um einen Enteignungsantrag, sondern um einen Antrag auf Entschädigung handelt, in dessen Rahmen über die Eigentumsübertragung zu erkennen ist. Denn der Betroffene erstrebt die Übernahme seines Grundstücks nicht um ihrer selbst willen, sondern als Voraussetzung dafür, dass ihm der gesamte Grundstückswert vergütet wird.[3433] Macht ein Gewerbebetrieb eine **Existenzgefährdung** geltend, ist auch ohne direkte Inanspruchnahme einer Eigentumsposition das Interesse des Gewerbetreibenden an der Erhaltung einer unter Umständen mit erheblichen Eigenmitteln aufgebauten Erwerbsquelle in der hoheitlichen Planung zu berücksichtigen und abzuwägen.[3434] Ist der von einem Landwirt bewirtschaftete Grund und Boden weit überwiegend nicht auf Dauer gesichertes Pachtland, braucht eine geltend gemachte Existenzgefährdung nur mit vermindertem Gewicht in die planfeststellungsrechtliche Abwägung eingestellt zu werden.[3435] Für die Beurteilung, ob die Existenz eines landwirtschaftlichen **Nebenerwerbsbetriebs** vorhabenbedingt gefährdet wird, müssen Einkünfte des Betriebsinhabers, die nicht dem Betrieb zuzurechnen sind, außer Betracht bleiben.[3436] Nach allgemeiner Erfahrung kann ein Verlust an Eigentumsflächen oder von langfristig gesicherten Pachtflächen in einer Größenordnung von bis zu 5 % der Betriebsfläche einen gesunden landwirtschaftlichen (Vollerwerbs-)Betrieb in der Regel nicht gefährden. Deshalb kann die Planfeststellungsbehörde regelmäßig bis zu diesem Anhaltswert ohne Einholung eines landwirtschaftlichen Sachverständigengutachtens davon ausgehen, dass eine vorhabenbedingte Existenz-

[3429] BVerwG NVwZ 2005, 803.
[3430] BVerwG Beschl. v. 27.7.2010 – 9 B 108.09, juris.
[3431] BVerwG NVwZ 2011, 1256; NVwZ 2012, 180.
[3432] BVerwG DVBl. 2002, 1494; DVBl. 1987, 1012.
[3433] BVerwG DVBl. 2002, 1494; DVBl. 1993, 1141; BGHZ 121, 73.
[3434] BVerwG NVwZ 2016, 1735; Thiel IBR 2016, 665; Hufen JuS 2017, 382 zur Klage eines Fährbetriebes gegen einen Planfeststellungsbeschluss für eine feste Flussquerung (Straßentunnel); BVerwG NVwZ 2016, 844 (847 f.).
[3435] VGH München UPR 2003, 80.
[3436] BVerwG Urt. v. 9.11.2017 – 3 A 3.15, juris.

gefährdung oder -vernichtung des in Rede stehenden landwirtschaftlichen Vollerwerbsbetriebs nicht eintritt.[3437]

8421 Der für die Eigentumsinanspruchnahme entwickelte Grundsatz, dass ein Verfahrensmangel, der die Entscheidung nicht beeinflusst haben kann, der Anfechtungsklage nicht zum Erfolg verhilft, gilt erst recht, wenn eine nicht unter dem Schutz des Art. 14 I GG stehende Rechtsposition betroffen ist. Zwar vermittelt Art. 14 I GG einem **Fährbetrieb** keine gefestigte Rechtsposition, mit der er die Beeinträchtigung durch einen **Elbtunnel** abwehren könnte. Insbesondere wird sie nicht direkt durch eine Eigentumsentziehung in Anspruch genommen. Sie muss es daher im Grundsatz hinnehmen, wenn die umstrittene Planung eine Verschlechterung der für den Fährbetrieb bestehenden Verkehrslage herbeiführt. Dabei ist ein etwaiges Vertrauen in den Bestand oder Fortbestand einer bestimmten Markt- oder Verkehrslage regelmäßig kein für die Fachplanung unüberwindlicher Belang.[3438] Das bedeutet aber nicht, dass Anliegerinteressen rechtlich überhaupt nicht zu Buche schlagen. Sie müssen, sofern sie nicht als geringfügig ausnahmsweise außer Betracht zu bleiben haben, in die Abwägung eingestellt werden.[3439] Dies gilt erst recht dann, wenn eine **Existenzgefährdung** geltend gemacht wird.[3440] In einem solchen Fall ist auch ohne direkte Inanspruchnahme einer Eigentumsposition das Interesse des Gewerbetreibenden an der Erhaltung der unter Umständen mit erheblichen Eigenmitteln ausgenutzten Erwerbsquelle in der hoheitlichen Planung zu berücksichtigen und abzuwägen[3441]

8422 Ein **Ausgleichsanspruch** nach § 74 II 3 VwVfG kommt aber nur bei erheblichen Beeinträchtigungen in Betracht, die das zumutbare Maß überschreiten.[3442] Hierfür sind in erster Linie die gesetzlichen Regelungen maßgebend. Fehlen sie, ist die Zumutbarkeit nach den Einzelfallumständen zu bestimmen. Nach § 74 II 3 VwVfG hat der von der Planung Betroffene einen Anspruch auf angemessene Entschädigung in Geld, wenn (weitere) Schutzvorkehrungen nicht vorgenommen werden können, um Nachteile abzuwenden. Das gilt insbesondere, wenn Beeinträchtigungen durch geeignete Maßnahmen überhaupt nicht verhindert werden können. Stets ist Voraussetzung, dass sich technisch-reale Maßnahmen als unzureichend oder angesichts der Höhe ihrer Kosten als unverhältnismäßig erweisen. Hingegen eröffnen die genannten Vorschriften keinen Anspruch auf einen Ausgleich aller Vermögensnachteile, welche ein Planungsvorhaben auslöst.[3443] § 74 II 3 VwVfG erfasst daher auch nicht alle Nachteile, die mit der Verwirklichung eines Straßenbauprojektes verbunden sind. Auch auf wirtschaftliche Nachteile hinsichtlich der allgemeinen Nutzbarkeit und der allgemeinen Verwertbarkeit des Grundstücks bezieht sich die Vorschrift nicht. Der Entschädigungsanspruch nach § 74 II 3 VwVfG ist ein Ausgleichsanspruch mit Surrogat-Charakter. Daraus ergibt sich, dass ein (Geld-)Ausgleich für nicht durch technisch-reale Maßnahmen abwendbare (unzumutbare) Nachteile gewährt werden soll. Ein Ausgleich sonstiger, durch das Vorhaben ausgelöster Vermögensnachteile über § 74 II 3 VwVfG ist ausgeschlossen.[3444]

Beispiel: Ein im Außenbereich gelegenes Grundstück kann einen Lagenachteil haben, weil in der Nähe eine Autobahn gebaut wird. Diese Wertminderung, die keine Folge einer förmlichen Enteignung ist, erfasst § 74 II 3 VwVfG nicht.[3445] Denn ein Ausgleichsanspruch nach § 74 II 3 VwVfG besteht nur dann, wenn eigene Rechte betroffen sind und daher vom Ansatz her ein Anspruch auf Schutzauflagen nach § 74 II 2 VwVfG besteht. Sind lediglich einfache Belange in der Abwägung betroffen, die nicht rechtlich geschützt sind, so besteht weder ein Schutzauflagenanspruch nach § 74 II 2 VwVfG noch ersatzweise ein Entschädigungsanspruch nach § 74 II 3 VwVfG. Schutzauflagen können sich allerdings aus der Überschreitung der Werte der VerkehrslärmschutzVO ergeben.

3437 BVerwG DVBl. 2017, 1039; Stüer DVBl. 2017, 1045.

3438 BVerwGE 59, 87 (102 f.); NVwZ 1999, 1341; NVwZ 2004, 990.

3439 BVerwG Urt. v. 19.8.2004 – 4 A 9.04, juris.

3440 Zum Schutz von Landwirten gegen Existenzgefährdungen durch Art. 14 GG siehe Frenz DSFZ 2024, 493 im Zusammenhang mit einer landwirtschaftlichen Bodengewinnungssteuer und dem Klimaschutzgebot; siehe auch VGH München der Beschl. v. 11.7.2024 – 22 AS 24. 40012, juris.

3441 BVerwG Urt. v. 9.6.2010 – 9 A 20.08, juris.; BVerwG NVwZ 2016, 1735; Hufen JuS 2017, 382 m. Hinw. auf BT-Drs. 18/5927 S. 10; BVerwG NVwZ 2016, 844 (847 f).

3442 BVerwG NJW 1997, 142.

3443 BVerwG DVBl. 1991, 885.

3444 BVerwG Beschl. v. 8.9.2004 – 4 B 42.04, juris.

3445 BVerwG NJW 1997, 142.

Beispiel: Bei der Planung einer Bundesfernstraße bildet die **Wegeverbindung** zwischen einem bäuerlichen Anwesen und den dazu gehörigen Betriebsflächen einen abwägungserheblichen Belang, der mit dem ihm zukommenden Gewicht in die planerische Abwägung einzustellen ist. Es besteht jedoch kein Anspruch auf die Aufrechterhaltung oder Schaffung einer bestimmten Wegeverbindung.[3446] Wird eine bisher einheitlich genutzte Fläche durch eine Autobahn durchschnitten, so ist die Erreichbarkeit dieser Flächen in einem angemessenen Umfang durch Wegeverbindungen weiterhin sicherzustellen. Verbleibende Nachteile sind Durchschneidungsschäden im Entschädigungsverfahren auszugleichen.

8423 Die durch § 74 II 3 VwVfG bestimmte Begrenzung des finanziellen Ausgleichs ist – wie das BVerwG[3447] dargelegt hat – verfassungsgemäß. Es handelt sich um eine zulässige Bestimmung von Inhalt und Schranken des Eigentums iS des Art. 14 I 2 GG,[3448] soweit nicht geschützte eigene Rechte betroffen sind. Es ist deshalb zwischen einfachen, rechtlich nicht geschützten Belangen in der Abwägung und (rechtlich geschützten) eigenen Rechten zu unterscheiden. Nur für einen Eingriff in derartige Rechte sind ggf. Schutzauflagen anzuordnen oder es ist ein angemessener Ausgleich zu gewähren. Belange unterhalb dieser Schwelle gehen bei ordnungsgemäßer Überwindung durch andere Belange in der Abwägung unter. Es ist daher verfassungsgemäß, wenn der Gesetzgeber für enttäuschte wirtschaftliche Erwartungen einen finanziellen Ausgleich nicht vorsieht. Der Gesetzgeber muss nicht vorsehen, dass jede durch staatliches Verhalten ausgelöste Wertminderung ausgeglichen wird. Art. 14 I GG schützt grundsätzlich nicht gegen eine Minderung der Wirtschaftlichkeit.[3449] Art. 14 I GG gewährleistet nicht einmal jede wirtschaftlich vernünftige Nutzung.[3450] Eine Minderung der Rentabilität ist daher grundsätzlich hinzunehmen.[3451] Art. 14 I GG gewährleistet insbesondere nicht, jede sich bietende Chance einer günstigen Verwertung des Eigentums auszunutzen.[3452] Das alles gilt selbst dann, wenn die Ursächlichkeit der geminderten Wirtschaftlichkeit durch einen staatlichen Eingriff erfolgt.[3453] Auch werden künftige, bisher nicht verwirklichte Nutzungen von der Eigentumsgarantie nicht im gleichen Umfang wie bereits verwirklichte Nutzungen geschützt. Wird etwa durch das mit einer Straßenplanung verbundene Anbauverbot eine Erweiterung eines bisher landwirtschaftlich genutzten Gebäudes im Außenbereich verhindert, so begründet das keine Ausgleichsansprüche. Zunächst wird die Fachbehörde im Rahmen der Entscheidung über die Ausnahmegenehmigung vom Anbauverbot die jeweiligen Einzelfallumstände zu berücksichtigen haben. Selbst wenn aber mit dem Bau des Verkehrsprojektes ein nicht durch Ausnahmegenehmigung überwindbares Anbauverbot verbunden wäre, folgt hieraus kein Ausgleichsanspruch. Denn lässt sich eine erst künftig herzustellende Nutzung nicht verwirklichen und muss sie deshalb – auch aus Gründen wirtschaftlicher Vernunft – aufgegeben werden, so liegt darin nicht bereits der Verlust jedweder anderweitigen Nutzungsmöglichkeit des betroffenen Grundstücks.[3454]

Hinweis: In der Anbauverbotszone einer Bundesfernstraße kann ein Sendemast nur errichtet werden, wenn dies aus Gemeinwohlgründen geboten ist. § 9 VIII FStrG setzt für das Vorliegen derartiger Gründe allerdings nicht zwingend voraus, dass es sich um ein Vorhaben eines Trägers öffentlicher Verwaltung handelt. Die gesetzliche Zielsetzung des § 9 I Nr. 1 FStrG soll von der Frage, ob „konkrete" Ausbauabsichten bestehen, gerade nicht abhängig gemacht werden. Einem entschädigungslosen späteren Ausbau kann allerdings in einer Befristung oder in einem Vorbehalt des Widerrufs Rechnung getragen werden.[3455]

8424 Zur Entschädigung ist der Träger des Vorhabens verpflichtet. Der Ausgleichsanspruch beinhaltet regelmäßig das negative Interesse und damit etwa die getätigten Aufwendungen **(kleiner**

3446 OVG Koblenz NVwZ-RR 2006, 385.

3447 BVerwG NJW 1997, 142.

3448 BVerwG NVwZ-RR 1991, 129.

3449 BVerfG NJW 1974, 1499; NJW 1975, 727; DÖV 1976, 249.

3450 BVerfG, NJW 1982, 745; BVerfGE 71, 230; NJW 1992, 361.

3451 BVerfG NJW 1975, 727; BVerfGE 39, 210; BVerfGE 77, 84.

3452 BVerfG NJW 1975, 727.

3453 BVerwG NJW 1997, 142.

3454 So für den mit der Straßenplanung verbundenen Verlust der Möglichkeit, im Außenbereich ein Projekt „Ferien auf dem Bauernhof" einzurichten, BVerwG NJW 1997, 142.

3455 BVerwG NVwZ-RR 2001, 713.

Schaden). Nicht zu ersetzen sind Erfüllungsinteressen oder Gewinnerwartungen, die bei Nichtdurchführung des Vorhabens eingetreten wären **(großer Schaden).** Auch ein Anspruch auf Schmerzensgeld besteht nicht. Auch für den Entzug widerruflicher Erlaubnisse, Genehmigungen oder Bewilligungen, auf deren Fortbestand kein Rechtsanspruch besteht, wird kein Ausgleichsanspruch gewährt. Hinsichtlich der Höhe der Entschädigung genügt im Planfeststellungsbeschluss die Angabe der für die Berechnung maßgeblichen Faktoren. Im Übrigen ist der Betroffene auf Verhandlungen mit dem Vorhabenträger zu verweisen. Kommt eine Einigung nicht zu Stande, entscheidet auf Antrag die nach Landesrecht zuständige Behörde.

Die Entschädigung nach § 74 II 3 VwVfG wird entsprechend § 75 II 4 VwVfG **auf Antrag** 8425
des Betroffenen von der Planfeststellungsbehörde im Planfeststellungsbeschluss festgesetzt. Die Entschädigung kann aber auch **von Amts wegen** angeordnet werden, wenn die Betroffenheiten im Einwendungsverfahren geltend gemacht worden sind oder auf der Hand liegen. Soweit sich der Anspruch der **Höhe** nach noch nicht abschätzen lässt, ist im Planfeststellungsbeschluss jedenfalls dem Grunde nach zu entscheiden. Die Verwaltungsgerichte können einen Ausgleichsanspruch jedoch nur zuerkennen, wenn und soweit der Planfeststellungsbeschluss dazu Raum lässt. Enthält der Planfeststellungsbeschluss keine entsprechenden Anordnungen, so ist er ggf. aufgrund einer von dem Betroffenen erhobenen Klage durch das Verwaltungsgericht um die Verpflichtung der Behörde zu Schutzanordnungen zu ergänzen. Der Schutzauflagenanspruch nach § 74 II 2 VwVfG und der ersatzweise zu gewährende Entschädigungsanspruch nach § 74 II 3 VwVfG können im Wege der materiellen Präklusion ausgeschlossen sein, wenn sie nicht rechtzeitig geltend gemacht worden sind und ein Einwendungsausschluss gesetzlich angeordnet ist. Im Einwendungsverfahren nicht angemeldete Ansprüche gehen unter diesen Voraussetzungen unter. Es reicht allerdings aus, wenn die Betroffenheit, aus denen ein Schutzauflagenanspruch nach § 74 II 2 VwVfG oder ein Ausgleichsanspruch nach § 74 II 3 VwVfG abgeleitet wird, im Einwendungsverfahren dargelegt worden sind. Auch ist im gerichtlichen Verfahren noch ein Übergang vom Anfechtungsantrag mit dem Ziel der Aufhebung des Planfeststellungsbeschlusses zum Verpflichtungsantrag zulässig, mit dem entsprechende Schutzauflagen oder Ausgleichsansprüche geltend gemacht werden.

Beispiel: Ist die Lärmvorsorge unzureichend, kann grundsätzlich nur eine Planergänzung verlangt werden. Ein Anspruch auf Planaufhebung besteht nur, wenn das Fehlen einer Schutzauflage so gewichtig ist, dass die Ausgewogenheit der gesamten Planung in Frage gestellt wäre.[3456]
Gegen belastende Nebenbestimmungen eines Verwaltungsakts ist die Anfechtungsklage gegeben. Ob sie zur isolierten Aufhebung der Nebenbestimmung führen kann, ist eine Frage der Begründetheit und nicht der Zulässigkeit des Anfechtungsbegehrens, sofern nicht eine isolierte Aufhebbarkeit offenkundig von vornherein ausscheidet.[3457] Auch wenn der Rechtsträger der Planfeststellungsbehörde und der Rechtsträger des Vorhabenträgers identisch sind, entspricht es der Interessenlage des Antragstellers, dass der Vorhabenträger als Dritter angesehen wird und mithin § 80 a VwGO anzuwenden ist.[3458]

3. Übernahmeanspruch

Ist die verbleibende Beeinträchtigung der Nachbargrundstücke **schwer und unerträglich**[3459] und erreicht sie sozusagen enteignungsrechtliche Wirkungen, so gewährt § 74 II 3 8426
VwVfG über einen einfachen Ausgleichsanspruch hinaus einen Anspruch auf Übernahme des Grundstücks. Das **Verbot des enteignungsrechtlichen Konflikttransfers** bewirkt in solchen Fällen, dass der durch die Planung entstehende Konflikt nicht unbewältigt bleiben darf. Führt die Planung zu schweren und unerträglichen Einwirkungen[3460] oder auf der Grundlage der Planung zu einer unmittelbaren Inanspruchnahme des Grundstücks, so muss der sich daraus ergebende Interessenkonflikt durch Planung oder anderweitige Kompensation bewältigt werden. Die Behörde hat in solchen Fällen ein Wahlrecht. Sie hat entweder die Beeinträchtigungen der Planung durch entsprechende Planänderungen zu verringern oder das jeweilige Grundeigentum durch planerische Festsetzungen in Anspruch zu nehmen und dadurch die Voraussetzungen für eine Enteignung und Entschädigung zu schaffen. Auch könnte die Behörde andere Kompen-

---

[3456] VGH Mannheim DVBl. 2001, 405; BVerwG NVwZ 1996, 901.
[3457] BVerwG NVwZ 2001, 429; NVwZ 1989, 864; NVwZ 2001, 673.
[3458] OVG Schleswig NordÖR 2001, 357.
[3459] BVerwG DVBl. 1974, 777.
[3460] BVerwG DVBl. 1974, 777.

sationsmöglichkeiten anordnen. Ob über einen Anspruch auf Übernahme eines Grundstücks bereits **im Planfeststellungsbeschluss entschieden** werden muss, richtet sich nach der Art der anspruchsbegründenden Beeinträchtigungen: Ermöglicht der Planfeststellungsbeschluss den unmittelbaren Zugriff auf das Grundeigentum durch Entzug oder Teilentzug dieser Rechtsposition, so ist die Regelung der damit verbundenen Entschädigungsfragen einschließlich der Frage einer Übernahme des Gesamtgrundstücks dem Enteignungsverfahren vorbehalten. Wirkt die Planung demgegenüber nur mittelbar – ohne enteignungsrechtliche (Vor-)Wirkung – auf Rechtspositionen Dritter ein, so dass kein gesonderter Rechtsakt über einen mit ihr verbundenen Rechtsentzug ergeht, so hat die Planfeststellungsbehörde schon im Planfeststellungsbeschluss dem Grunde nach über aus ihm resultierende Entschädigungsansprüche gemäß § 74 II 3 VwVfG zu entscheiden.[3461]

4. Vorbehaltene Entscheidungen

8427 Ist eine abschließende Entscheidung bei Erlass des Planfeststellungsbeschlusses noch nicht möglich, ist diese einer späteren Entscheidung vorzubehalten (§ 74 III HS 1 VwVfG). Die Planfeststellungsbehörde gibt dabei dem Träger des Vorhabens die Vorlage entsprechender Unterlagen oder Untersuchungen auf (§ 74 III HS 2 VwVfG). Voraussetzung für den Vorbehalt ist, dass sich die spätere Entscheidung auf Teilfragen bezieht, die ihrer Natur nach abtrennbar sind. Derartige Verschiebungen der abschließenden Entscheidung sind daher nur dann zulässig, wenn dadurch das Grundkonzept des Vorhabens nicht in Frage gestellt wird. **Teile der einheitlichen Planungsentscheidung** können nach § 74 III VwVfG nur dann einer nachträglichen Entscheidung vorbehalten werden, wenn es sich um Einzelfragen handelt, die aus sachlichen Gründen noch nicht abschließend entschieden werden können – etwa weil sich die für die Bewältigung der Konfliktlage notwendigen Informationen noch nicht beschaffen lassen. So kann auch die Anordnung von Lärmschutzmaßnahmen einer nachträglichen Entscheidung vorbehalten bleiben, wenn die tatsächlichen Grundlagen für die Notwendigkeit oder den Umfang solcher Maßnahmen im Zeitpunkt des Erlasses des Planfeststellungsbeschlusses noch nicht abschließend beurteilt werden können und eine Aufklärung nicht möglich ist.[3462] Ein solcher Vorbehalt darf allerdings nicht zu Lasten öffentlicher oder privater Belange gehen und ist nur unter Wahrung des Abwägungsgebots zulässig. Eine Lösung des offen gehaltenen Problems darf nicht durch bereits getroffene Festlegungen fraglich werden. Auch dürfen die vorbehaltenen Belange nicht ein solches Gewicht haben, dass die Planungsentscheidung nachträglich als unausgewogen erscheint. Die grundlegenden Interessenkonflikte müssen bereits in dem Planfeststellungsbeschluss bewältigt werden.[3463] Haben etwa die noch offenen Fragen Rückwirkungen auf die im Planfeststellungsbeschluss getroffenen Grundentscheidungen, so ist ein Vorbehalt nach § 74 III VwVfG nicht zulässig.

8428 Ein **Auflagenvorbehalt** ist allerdings nur unter den Voraussetzungen des § 74 III VwVfG zulässig. Nur wenn sich im Zeitpunkt des Planfeststellungsbeschlusses nachteilige Wirkungen weder mit der für eine Anordnung nach § 74 II 2 und 3 VwVfG hinreichenden Zuverlässigkeit voraussagen noch dem Bereich nicht voraussehbarer Wirkungen nach § 75 II 2 bis 4 VwVfG mit den Folgen eines Planergänzungsanspruchs[3464] zuordnen lassen, kann gemäß § 74 III VwVfG die Frage eines Ausgleichs einer späteren abschließenden Prüfung und Entscheidung vorbehalten bleiben. Ein Entscheidungsvorbehalt ist etwa zulässig, wenn sich aufgrund besonderer Anhaltspunkte die konkrete Möglichkeit abzeichnet, dass nachteilige Wirkungen in absehbarer Zeit eintreten werden, ihr Ausmaß sich jedoch noch nicht abschätzen lässt. Einzelfragen dürfen einer nachträglichen Regelung daher nur insoweit vorbehalten bleiben, wie eine abschließende Entscheidung noch nicht möglich ist.[3465] Der Vorbehalt einer abschließenden Entscheidung im Planfeststellungsverfahren muss ausdrücklich oder sinngemäß im Planfeststellungsbeschluss selbst enthalten sein. Die in noch laufenden Verhandlungen zum Ausdruck kommende Vorstellung der Behörde oder anderer Beteiligter, dass ein Themenkomplex noch einer ergänzenden Regelung bedarf, kann dieses Erfordernis nicht ersetzen und vermag einen Vorbehalt nicht „konkludent“

[3461] BVerwG Beschl. v. 24.8.2009 – 9 B 32.09, juris.
[3462] BVerwG NJW 2000, 2832.
[3463] BVerwG NVwZ 1998, 513; NJW 1982, 950; NVwZ-RR 1999, 725; UPR 2000, 71.
[3464] BVerwG NVwZ 2004, 618.
[3465] BVerwG NVwZ 2001, 429; OVG Lüneburg DVBl. 2001, 1307.

zu schaffen.[3466] Ein Entscheidungsvorbehalt nach § 74 III VwVfG erledigt sich erst mit der Bestandskraft einer ihn ausfüllenden Regelung in einem nachfolgenden Planfeststellungsbeschluss.[3467]

Behält sich eine Planfeststellungsbehörde in einem Planfeststellungsbeschluss eine abschließende Entscheidung im Sinne von § 74 III VwVfG vor, so sind für die spätere Beurteilung, ob die Voraussetzungen dieses Vorbehalts erfüllt sind und ein Anspruch auf Aufnahme weiterer Schutzauflagen besteht, die aus dem Planfeststellungsbeschluss ersichtlichen Maßstäbe und Erwartungen der Planfeststellungsbehörde zum Planungszeitpunkt maßgeblich. Insofern kommt es auf den Erklärungsgehalt des Entscheidungsvorbehalts an, der nach den Grundsätzen der §§ 133, 157 BGB zu ermitteln ist.[3468] 8429

Eine **„Lärmschutzgarantie"**, die über das in § 41 BImSchG verlangte Lärmschutzniveau hinausgeht, kann nicht durch ein planerisches Ermessen gerechtfertigt werden. Hat sich die Planfeststellungsbehörde auf das Lärmschutzniveau der genannten Vorschrift festgelegt und werden diese Werte nach den zutreffenden Berechnungen nicht erreicht, fehlt es an Auswirkungen der Planung, die im Entscheidungszeitpunkt gewiss oder prognostisch sicher abschätzbar sind. Das allgemeine Risiko einer fehlerhaften Prognose ist kein Fall der Unmöglichkeit einer abschließenden Entscheidung.[3469] Hierzu gehören auch solche Auswirkungen, deren zukünftiger Eintritt zwar theoretisch denkbar ist, sich aber mangels besonderer Anhaltspunkte nicht konkret absehen lässt.[3470] 8430

Sind die möglichen Schäden einer Planfeststellung im Einzelnen noch nicht hinreichend überschaubar und bezifferbar, kann die Planfeststellungsbehörde über einen **Entschädigungsanspruch dem Grunde nach** entscheiden,[3471] wobei dann die Bemessungsgrundlagen im Planfeststellungsbeschluss anzugeben sind.[3472] Auch ist es zulässig, zum Schutz von Gemeindestraßen Auflagen hinsichtlich deren Nutzung während der Bauausführung zu treffen.[3473] Sind Schutzauflagen zur Gewährleistung einer abwägungsfehlerfreien Planung erforderlich und wird die Planung gleichwohl ohne diese Schutzauflagen bestandskräftig, können Schutzvorkehrungen oder Entschädigungszahlungen wegen nachteiliger Wirkungen des Vorhabens grundsätzlich nicht mehr verlangt werden.[3474] Maßgeblicher Zeitpunkt für die Beurteilung der Rechtmäßigkeit der Plangenehmigung und für das Vorliegen der von § 28 I a Nr. 1 PBefG geforderten schriftlichen Einverständniserklärung der Betroffenen ist der Zeitpunkt der letzten Verwaltungsentscheidung.[3475] 8431

Kann erst aufgrund eines noch nicht vorliegenden konkreten Nutzungskonzepts beurteilt werden, ob ein Straßenbauvorhaben eine sich objektiv anbietende und nach dem Willen des Eigentümers in absehbarer Zeit zu verwirklichende Grundstücksnutzung unmöglich macht oder wesentlich erschwert, kann die Planfeststellungsbehörde verpflichtet sein, im Planfeststellungsbeschluss eine nach Vorlage eines Nutzungskonzepts zu treffende Entscheidung über eventuelle Schutzvorkehrungen vorzubehalten (§ 17 2 und 3 FStrG iVm § 74 II 2 und III VwVfG).[3476] 8432

5. Wirkungen der Entscheidung über ausgleichende Maßnahmen

Ist der Planfeststellungsbeschluss unanfechtbar geworden, so sind Ansprüche auf Unterlassung des Vorhabens, auf Beseitigung oder Änderung der Anlagen oder auf Unterlassung ihrer Benutzung ausgeschlossen (§ 75 II 1 VwVfG). Die sich daraus ergebenden Rechtswirkungen gelten nicht nur hinsichtlich der Grundentscheidung über die Zulassung des Vorhabens, sondern 8433

[3466] OVG Lüneburg DVBl. 2001, 1307; BVerwG NVwZ 2001, 429, zugleich auch zu den Voraussetzungen „nicht voraussehbarer Wirkungen des Vorhabens".

[3467] BVerwG ZUR 2018, 107 zur Anfechtung eines eisenbahnrechtlichen Planfeststellungsbeschlusses (Wiederaufbau der Dresdner Bahn); BVerwGE 90, 42 (50 f.).

[3468] VGH Mannheim Urt. v. 20.5.2021 – 5 S 2545/18, juris Rn. 52.

[3469] OVG Lüneburg DVBl. 2001, 1307.

[3470] BVerwG NVwZ 2001, 429.

[3471] BVerwG NVwZ-RR 2001, 653.

[3472] BVerwG NVwZ-RR 2001, 653; NJW 1986, 80; NVwZ 1989, 255.

[3473] OVG Lüneburg NVwZ-RR 2001, 435.

[3474] OVG Lüneburg DVBl. 2001, 1307; BVerwGE 58, 154; NJW 1987, 2884.

[3475] BVerwG Beschl. v. 13.11.2001 – 9 VR 9.01, juris.

[3476] BVerwG NVwZ-RR 2012, 30; NuR 2012, 52.

auch für Entscheidungen über Schutzvorkehrungen oder Ausgleichsansprüche nach § 74 II und III VwVfG.[3477] Sind daher entsprechende Anordnungen nicht getroffen, muss der dadurch in seinen Rechten Betroffene eine Ergänzung des Planfeststellungsbeschlusses durch einen Verpflichtungsantrag erreichen. Ist der Planfeststellungsbeschluss ohne entsprechende Anordnungen rechtskräftig, kann eine Ergänzung grundsätzlich nicht mehr erreicht werden.[3478]

6. Planergänzungsanspruch

8434 Treten erst nach Erlass des Planfeststellungsbeschlusses nicht vorhersehbare Wirkungen auf, so kann der Betroffene nach Maßgabe des § 75 II 2 VwVfG die Anordnung nachträglicher Auflagen verlangen (Planergänzungsanspruch).[3479] Nachträgliche Schutzauflagen oder Entschädigungen nach § 75 II 2 bis 4 VwVfG betreffen nachteilige Entwicklungen, mit denen die Betroffenen im Zeitpunkt der Planfeststellung nicht rechnen konnten.[3480] Diese Maßnahmen müssen vor Klageerhebung zunächst bei der Behörde nach § 75 III 1 VwVfG beantragt werden. Eine vorherige (kupierte)[3481] Anfechtungsklage kann den Antrag wegen des unterschiedlichen Klageziels nicht ersetzen.[3482] Die entsprechenden Auflagen sind dem Träger des Vorhabens aufzuerlegen (§ 75 II 3 VwVfG). Anträge auf Vorkehrungen, auf Einrichtung und Unterhaltung von Anlagen oder auf Entschädigung sind schriftlich an die Planfeststellungsbehörde zu richten. Diese entscheidet hierüber durch Beschluss (§ 75 II 3 VwVfG). Sind solche Vorkehrungen oder Anlagen untunlich oder mit dem Vorhaben unvereinbar, so richtet sich der Anspruch auf eine angemessene Entschädigung in Geld (§ 75 II 4 VwVfG). Werden solche Vorkehrungen oder Anlagen erforderlich, weil nach Abschluss des Planfeststellungsverfahrens auf einem benachbarten Grundstück Veränderungen eingetreten sind, so hat der Eigentümer des Nachbargrundstücks die hierdurch entstehenden Kosten zu tragen (§ 75 II 5 VwVfG). Die Kostentragungspflicht des Nachbarn scheidet aus, wenn die Veränderung durch natürliche Ereignisse oder höhere Gewalt verursacht worden ist (§ 75 II 6 VwVfG). Anträge auf ergänzende Schutzvorkehrungen oder Ausgleichsansprüche sind innerhalb von **drei Jahren** nach Kenntnis von den Auswirkungen schriftlich gegenüber der Planfeststellungsbehörde geltend zu machen. Ein ergänzender Anspruch ist auch ausgeschlossen, wenn seit der Herstellung des Vorhabens einschließlich der Benutzung und Inbetriebnahme **30 Jahre** vergangen sind. Die nachträglichen Anordnungen eröffnen allerdings kein neues Planfeststellungsverfahren. Der Unternehmer ist beizuladen. Einer Beiladung anderer Betroffener bedarf es nicht. Die Beiladung ist kein geeignetes Mittel, um die Verteidigung eigener Rechte zu ermöglichen, wenn der Streitgegenstand des betreffenden Verfahrens allein die Frage ist, ob ein Planergänzungsbeschluss Rechte der klagenden Partei verletzt, denn an dieser Beschränkung des Streitgegenstandes würde die Beiladung nichts ändern.[3483] Gegen den Ergänzungsbeschluss, der kein Änderungsplanfeststellungsbeschluss ist, kann verwaltungsgerichtliche Klage erhoben werden. Wird der Ergänzungsbeschluss abgelehnt, so kann der davon Betroffene nach § 42 VwGO Verpflichtungsklage erheben. Der Antrag auf nachträgliche Schutzauflagen wegen veränderter Auswirkungen nach § 75 II VwVfG kann nicht mit der Anfechtungsklage gegen den ursprünglichen Planfeststellungsbeschluss oder einen entsprechenden Antrag auf Anordnung von Schutzauflagen nach § 74 II 2 VwVfG geltend gemacht werden. Denn beide Anträge haben einen unterschiedlichen Zeitpunkt, auf den für die Entscheidung abzustellen ist. Während für den Schutzauflagenanspruch nach § 74 II 2 VwVfG der Zeitpunkt des Planfeststellungsbeschlusses maßgeblich ist,[3484] kommt es für den Antrag auf Anordnung nachträglicher Auflagen nach § 75 II 2 VwVfG auf den Zeitpunkt der im Nachhinein veränderten Auswirkungen an.[3485] Ein Anspruch auf Gewährung nachträglichen Lärmschutzes nach § 75 II 2 VwVfG setzt voraus, dass der Lärmbetroffene bereits nach der dem unanfechtbar gewordenen Planfeststellungsbeschluss zugrunde liegenden Rechtslage einen Anspruch auf Schutzvorkehrungen vor Lärmeinwirkun-

[3477] BVerwG NVwZ 2004, 618.

[3478] Zu weiteren Einzelheiten Stüer DVBl. 1990, 1993; ders. DVBl. 1992, 547.

[3479] BVerwG NVwZ 2004, 618; OVG Magdeburg Beschl. v. 21.12.2023 – 2 L 41/23 Z, juris Rn. 7; OVG Münster NVwZ-RR 2024, 369.

[3480] BVerwG ZUR 1997, 324.

[3481] Hierzu OVG Lüneburg NVwZ-RR 1998, 719.

[3482] BVerwG NVwZ 1998, 848.

[3483] BVerwG Beschl. v. 24.11.2010 – 4 A 4000.09, juris.

[3484] BVerwG NVwZ 1989, 253.

[3485] BVerwG DVBl. 1997, 1119; BVerwG NVwZ 2004, 618.

gen gehabt hätte, wenn diese Einwirkungen im Zeitpunkt der Planfeststellung bereits voraussehbar gewesen wären. Ein solcher Anspruch scheidet daher jedenfalls für solche baulichen Anlagen aus, die bei Erlass des Planfeststellungsbeschlusses weder vorhanden noch planerisch hinreichend verfestigt waren.[3486] Die Verkehrsprognose ist nicht an der Vollauslastung der Strecke zu orientieren, wenn im Prognosezeitraum mit niedrigen Zugzahlen und -frequenzen zu rechnen ist. Wird eine Anlage später über das im Rahmen einer fehlerfrei erstellten Prognose erwartete tatsächliche Maß hinaus genutzt, besteht gegebenenfalls ein Anspruch auf nachträgliche Schutzmaßnahmen nach § 75 II 2 VwVfG.[3487]

Ein Anspruch auf Gewährung **nachträglichen Lärmschutzes** nach § 75 II 2 VwVfG setzt voraus, dass der Lärmbetroffene bereits nach der dem unanfechtbar gewordenen Planfeststellungsbeschluss zugrunde liegenden Rechtslage einen Anspruch auf Schutzvorkehrungen vor Lärmeinwirkungen gehabt hätte, wenn diese Einwirkungen im Zeitpunkt der Planfeststellung bereits voraussehbar gewesen wären. Ein solcher Anspruch scheidet daher jedenfalls für solche baulichen Anlagen aus, die bei Erlass des Planfeststellungsbeschlusses weder vorhanden noch planerisch hinreichend verfestigt waren.[3488] Der Anspruch auf **nachträgliche Anordnung von Schutzmaßnahmen** wegen nicht voraussehbarer (Lärm-)Wirkungen eines (Straßenneubau-)Vorhabens gemäß § 75 II 2 VwVfG besteht grundsätzlich für die gesamte Dauer der 30-Jahres-Frist gemäß § 75 III 2 HS 2 VwVfG. Er wird nicht dadurch ausgeschlossen, dass der Lärmprognose des Planfeststellungsbeschlusses zulässigerweise ein kürzerer Prognosezeitraum von rund 15 Jahren zugrunde lag. Das Tatbestandsmerkmal „nicht voraussehbar" ist nicht gleichzusetzen mit dem Begriff der „fehlgeschlagenen Prognose" und setzt eine solche nicht voraus. Nicht voraussehbare nachteilige Wirkungen iS von § 75 II 2 VwVfG liegen erst dann vor, wenn es zu einer erheblichen Steigerung der Lärmeinwirkungen kommt. Das ist grundsätzlich erst der Fall, wenn der nach der damaligen, methodisch korrekten Prognose zu erwartende Beurteilungspegel um mindestens 3 dB(A) überschritten wird. Eine Lärmzunahme von weniger als 3 dB(A) kann ausnahmsweise dann erheblich sein, wenn der Beurteilungspegel die sog. enteignungsrechtliche Zumutbarkeitsschwelle übersteigt. Der Anspruch gemäß § 75 II 2 VwVfG besteht dem Grunde nach, wenn der Betroffene bei Voraussehbarkeit dieser Wirkungen nach der Rechtslage, die dem bestandskräftigen Planfeststellungsbeschluss zugrunde lag, einen Anspruch auf Schutzvorkehrungen gehabt hätte. Dies ist grundsätzlich anhand des damals angewandten Berechnungsverfahrens zu ermitteln. Neue Berechnungsmethoden können ggf. angewandt werden, wenn die Vergleichbarkeit gewährleistet ist. Über die Dimensionierung danach anzuordnender nachträglicher Lärmschutzmaßnahmen ist dagegen nach der derzeitigen Rechtslage zu entscheiden. Der Anspruch ist nicht gegeben bei Straßen, die vor dem Inkrafttreten von § 17 VI 2 FStrG 1974 (am 7.7.1974) planfestgestellt worden sind.[3489] 8435

Werden **Vorkehrungen** oder **Anlagen** notwendig, weil nach Abschluss des Planfeststellungsbeschlusses oder nach Erteilung der Plangenehmigung auf einem benachbarten Grundstück Veränderungen eingetreten sind, von denen Gefährdungen des Verkehrs ausgehen, so hat der Eigentümer dieses Grundstücks auf Kosten dieser Vorkehrungen oder Anlagen zu tragen, es sei denn, dass die Veränderungen auf dem Grundstück durch natürliche Ereignisse oder höhere Gewalt veranlasst worden sind (§ 75 II 5 VwVfG). Soweit Vorkehrungen oder Anlagen nach dem Planfeststellungsbeschluss notwendig werden, ist zu prüfen, ob dafür ein Planfeststellungsverfahren durchzuführen ist, eine Plangenehmigung erteilt werden kann oder wegen der geringen Bedeutung der Änderung auf ein förmliches Verfahren verzichtet werden kann (§ 74 VII VwVfG). 8436

Der durch den **Ergänzungsbeschluss** erstmalig in seinen Belangen Betroffene ist nur dann mit Einwendungen präkludiert, wenn ihm Gelegenheit zur Einsichtnahme nicht nur in die der Planergänzung zugrunde liegenden Unterlagen, sondern auch in die ursprünglichen Planunterlagen gewährt und er auf die Möglichkeit, Einwendungen auch insoweit zu erheben, hingewiesen worden ist.[3490] 8437

3486 BVerwG NVwZ 2012, 46.

3487 BVerwG, Urt. v. 26.5.2011 – 7 A 10.10, juris.

3488 BVerwG NVwZ 2012, 46; Reidt UPR 2012, 148 zum Anspruch auf Gewährung nachträglichen Lärmschutzes; ein Anspruch auf nachträglichen Lärmschutz setzt nicht voraus, dass der Betroffeene zum Zeitpunkt der Planfeststellung Eigentümer des lärmbetroffenen Grundstücks war, OVG Münster NVwZ-RR 2024, 369.

3489 BVerwG NVwZ 2007, 827.

3490 BVerwG NVwZ 2011, 175.

VIII. Anordnung vorläufiger Teilmaßnahmen

8438 Planfeststellungsbedürftige Großvorhaben ziehen regelmäßig aufwändige und vielfach zeitintensive Verwaltungsverfahren auf sich. Die Beschleunigung derartiger Genehmigungsverfahren stößt daher an Grenzen. Eine Möglichkeit der Verfahrensbeschleunigung ist die Anordnung vorgezogener oder vorläufiger Teilmaßnahmen oder die vorzeitige Zulassung des Beginns. Derartige Regelungen sind in der Fachplanung für abfallrechtliche, wasserwege- und wasserwirtschaftliche Vorhaben aber auch im Bereich gebundener Zulassungsentscheidungen für immissionsschutzrechtlich genehmigungsbedürftige Anlagen vorgesehen. Nach § 37 KrWG und § 14 II WaStrG können die zuständigen Behörden noch vor der eigentlichen Planungsentscheidung dem Vorhabenträger gestatten, mit vorläufigen Teilmaßnahmen zu beginnen. Bei wasserwirtschaftlichen Vorhaben kann nach den §§ 17, 69 WHG der vorzeitige Beginn der Maßnahme zugelassen werden. Vergleichbare Regelungen enthält § 8 a BImSchG für die Zulassung des vorzeitigen Beginns immissionsschutzrechtlich genehmigungsbedürftiger Anlagen. Infolge der möglichen weit reichenden Konsequenzen dieser Teilmaßnahmen stellt sich allerdings die Frage, welchen rechtlichen Anforderungen die Zulassungsentscheidungen über die Anordnung vorgezogener Teilmaßnahmen unterliegen.[3491]

1. Gesetzliche Regelungen

8439 Im Wasserstraßenrecht ist die Zulässigkeit der Anordnung vorgezogener Teilmaßnahmen wie folgt geregelt: Bereits vor Erlass des Planfeststellungsbeschlusses kann die Wasser- und Schifffahrtsdirektion nach Zustimmung des Bundesministers für Verkehr und nach Anhörung der zuständigen Landesbehörde und der anliegenden Gemeinden und Gemeindeverbände eine vorläufige Anordnung erlassen, in der Teilbaumaßnahmen zum Ausbau oder Neubau festgesetzt werden (§14 II WaStrG). Der alsbaldige Beginn der Teilmaßnahmen muss durch Gemeinwohlgründe erforderlich sein. Dabei müssen die nach § 74 II 2 VwVfG und § 14 b Nr. 6 WaStrG durch Schutzauflagen zu sichernden Rechte gewahrt werden. Die vorläufige Anordnung berechtigt nicht zu einer wesentlichen Veränderung des Wasserstandes oder der Strömungsverhältnisse. Die Anordnung ersetzt nicht die Planfeststellung. Soweit die Teilmaßnahmen durch die Planfeststellung für unzulässig erklärt sind, ist der frühere Zustand wiederherzustellen. Der Betroffene ist zu entschädigen, soweit ein Schaden eingetreten ist, der durch die Wiederherstellung des früheren Zustandes nicht ausgeglichen wird (§ 14 II WaStrG). Die vorläufige Anordnung von Teilmaßnahmen darf das Planfeststellungsverfahren nicht vorwegnehmen. Vor allem dürfen durch die Teilmaßnahmen keine endgültigen, nicht wieder rückgängig zu machenden Fakten geschaffen werden. Die vorläufige Anordnung muss aus Gemeinwohlgründen gerechtfertigt sein. Dies ist im Einzelnen in der Entscheidung darzulegen. Dazu muss sich die Planfeststellungsbehörde auch mit den Eingriffsfolgen befassen. Der Sofortvollzug einer vorläufigen Anordnung ist gesondert zu begründen (§§ 80 II 1 Nr. 4, III 1 VwGO).

8440 Vorgezogene oder vorläufige Teilmaßnahmen beinhalten den Beginn des Vorhabens, noch bevor eine vollziehbare Planungsentscheidung vorliegt. Die Zulassung des vorzeitigen Beginns ist sowohl bei Planfeststellungs- als auch Plangenehmigungsverfahren möglich. Nach § 37 I 1 KrWG, § 14 II 1 WaStrG und §§ 69, 17 WHG muss als erste Voraussetzung ein Planfeststellungs- oder Plangenehmigungsverfahren eingeleitet worden sein. Teilmaßnahmen sollen das Verfahren in den Fällen beschleunigen, in denen die Planungsentscheidung prinzipiell feststeht. Üblicherweise ist das Planungsverfahren zum Zeitpunkt der Anordnung dieser Teilmaßnahmen noch nicht abgeschlossen. Denn andernfalls wäre die Anordnung des Sofortvollzugs der Planungsentscheidung regelmäßig mit weniger Aufwand verbunden und vor allem auch geeigneter. Dies lässt zwar Rückschlüsse auf die Zielrichtung der Anordnung der vorläufigen Teilmaßnahmen zu, sagt aber nichts über den eigentlichen Begriff der Vorläufigkeit aus.

8441 Die Vorläufigkeit der Teilmaßnahme lässt sich anhand von **drei Kriterien** bestimmen. Erstens darf die Maßnahme keine wesentlichen Veränderungen für die Umwelt befürchten lassen, zweitens muss sie wieder rückgängig zu machen sein und drittens darf die Entscheidung die Rechtsschutzmöglichkeiten Betroffener nicht einschränken. Wegen der zwischen den drei Kriterien bestehenden Abhängigkeiten reicht es nicht aus, dass der frühere Zustand erst nach ge-

[3491] Stüer/Hermanns DÖV 1999, 58; Kümper UPR 2020, 468; Runge UPR 2020, 463; Roth VerwArch 2022, 410.

raumer Zeit – unter Umständen nach mehreren Jahren – durch die natürliche Entwicklung wiederhergestellt ist.[3492] Große Rodungen, deutlich wahrnehmbare Erdbewegungen oder auch zeitweiligen Immissionen, deren Auswirkungen sich zwar wieder abbauen, die aber an sich nicht mehr rückgängig zu machen sind, können daher nicht als vorläufige Teilmaßnahmen zugelassen werden. Die vorgezogenen/vorläufigen Teilmaßnahmen dürfen eben nur einen Teil des gesamten Vorhabens betreffen. Daher ist auf den Schwerpunkt des Projekts abzustellen, da sonst die partielle Bedeutung der Maßnahme in Frage gestellt werden würde. Zu einer Vorgängerregelung hatte das BVerwG die Auffassung vertreten, bei der Planung neuer Anlagen erlaube § 7a AbfG nur den Beginn der Errichtung und nicht auch den des Betriebes.[3493] Mit einer Änderung durch Art. 6 des Investitionserleichterungs- und Wohnbaulandgesetzes erweiterte der Gesetzgeber den Anwendungsbereich der Vorschrift ausdrücklich auf den vorzeitigen Beginn des Betriebs des Vorhabens.[3494] Bedenken des Bundesrats gegen eine Zulassung des vorzeitigen Beginns auch für den Deponiebetrieb wurden zurückgestellt. Art. 4 IVU-Richtlinie lässt allerdings den Betrieb einer neuen Deponie ohne eine dieser Richtlinie entsprechende Genehmigung nicht zu. Deshalb musste im Rahmen des Artikelgesetzes vom 27.07.2001 die Zulassung vorzeitigen Beginns wieder eingeschränkt werden. Auf der Grundlage der geltenden Fassung darf mit der Errichtung einschließlich der Maßnahmen begonnen werden, die zur Prüfung der Betriebstüchtigkeit der Deponie erforderlich sind. Der Betrieb selbst darf auf der Grundlage einer Zulassung vorzeitigen Beginns dagegen nicht aufgenommen werden.[3495]

2. Vorläufigkeit der Teilmaßnahme

Während § 37 KrWG und §§ 69, 17 WHG zum Begriff der Vorläufigkeit ausdrücklich **8442**
keine Aussage treffen, ist nach § 14 II 3 WaStrG die vorläufige Anordnung von Teilmaßnahmen dann unzulässig, wenn die Strömungsverhältnisse oder der Wasserstand in einer für die Umwelt spürbaren Form verändert wird und diese Veränderungen negative Folgen nach sich ziehen können. § 37 KrWG, §§ 69, 17 WHG, § 14 II WaStrG messen den Maßnahmen auch im Übrigen lediglich **vorzeitigen** bzw. **vorläufigen Charakter** bei. Für den Vorhabenträger besteht die Verpflichtung, die bereits vollzogenen Maßnahmen im Falle der Nichtbestätigung durch die Planungsentscheidung wieder rückgängig zu machen. Die eigentliche Planungsentscheidung darf also nicht vorweggenommen werden.[3496] Auch dürfen durch vollendete Tatsachen die Rechtsschutzmöglichkeiten der Betroffenen nicht unzulässig eingeschränkt werden. Der Entscheidungsprozess ist allerdings prinzipiell nicht solange für jedes Ergebnis offen, wie nicht bestands- oder rechtskräftig über das Vorhaben entschieden worden ist.[3497] Die Behörde muss vielmehr bei der späteren Planfeststellung die gegebene Sachlage berücksichtigen. Das Schaffen vollendeter Tatsachen ist daher nicht nur objektiv unerwünscht, sondern kann auch dem späteren Rechtsschutz der Betroffenen die Effektivität nehmen.[3498] Auch § 8 a BImSchG enthält für die Zulassung des vorzeitigen Beginns immissionsschutzrechtlich genehmigungsbedürftiger Anlagen vergleichbare Voraussetzungen.

3. Positives Gesamturteil und Bewertung der Eingriffsfolgen

Bei der Anordnung vorläufiger Teilmaßnahmen muss nach § 37 I Nr. 1 KrWG, §§ 17, 69 **8443**
WHG eine Entscheidung zugunsten des Vorhabenträgers zu erwarten sein. Entsprechendes gilt nach § 8 a I Nr. 1 BImSchG auch für die immissionsschutzrechtliche Genehmigung. § 14 II WaStrG normiert diese Voraussetzung für das wasserwegerechtliche Vorhaben zwar nicht. Aus der Systematik des § 14 II WaStrG ergibt sich aber, dass im Wasserstraßenrecht nichts anderes gelten kann. Eine Entscheidung zugunsten des Vorhabenträgers ist zu erwarten, wenn nach einer vorläufigen Einschätzung der Verwaltung mit mindestens überwiegender Wahrscheinlichkeit von der Verwirklichung des Gesamtprojekts zumindest in dem vorläufig genehmigten

---

3492 VGH München BayVBl. 1990, 246.

3493 BVerwG DVBl.. 1991, 87.

3494 dazu BT-Drs. 12/4047, S. 53 und Gegenäußerung der Bundesregierung, BT-Drs. 12/4208, S. 27.

3495 Beckmann in Landmann/Rohmer Umweltrecht, 2023, § 37 KrWG Rn. 9; Klages in BeckOK Umweltrecht, 2018, § 37 KrWG Rn. 2.

3496 BVerwG DVBl. 1991, 877; VGH München BayVBl. 1990, 246.

3497 BVerfGE 53, 30; BVerwG DVBl. 1991, 877; DVBl. 1986, 190.

3498 VGH München BayVBl. 1990, 246, 247.

Umfang auszugehen ist. Hier ist also eine Prognose zu treffen, die nur bei einer hinreichend sicheren Beurteilungsgrundlage zu einem vertretbaren Ergebnis führen kann.[3499] Es handelt sich um eine Art „positives Gesamturteil", das bereits mit der Entscheidung über die Teilmaßnahmen getroffen werden muss.

8444 Neben dem positiven Gesamturteil hinsichtlich des Gesamtvorhabens iS einer Grobabschätzung **(„große Abwägung")** hat die Planfeststellungsbehörde die Auswirkungen der Anordnung von vorläufigen Teilmaßnahmen in den Blick zu nehmen. Die Folgen der Anordnung sind dabei iS einer **„kleinen Abwägung"** umfassend zu bedenken. In diese Betrachtung sind alle Auswirkungen einzustellen, die mit der Teilmaßnahme verbunden sind. Zu berücksichtigen sind dabei alle wahrscheinlich betroffenen, mehr als geringfügigen, schutzwürdigen und erkennbaren Belange, die durch die Teilmaßnahme betroffen werden. Für beeinträchtigte Rechte ist in der Anordnung zu vorläufigen Teilmaßnahmen ein Ausgleich durch Schutzauflagen nach § 74 II 2 VwVfG oder ggf. auch eine Entschädigung nach § 74 II 3 VwVfG festzusetzen. Für die Form der Ermittlung der durch die vorläufigen Teilmaßnahmen betroffenen Belange schreibt das Gesetz ausdrücklich kein Verfahren vor. Es liegt aber auf der Hand, die rechtlichen Anforderungen an die Ermittlung der Belange nach den jeweiligen Betroffenheiten auszurichten.

8445 Ferner muss ein **dringendes Bedürfnis** für die vorgezogene Maßnahme bestehen, das gegeben ist, wenn ein öffentliches Interesse (§ 37 I 1 Nr. 2 KrWG) oder das Wohl der Allgemeinheit (§ 14 II 1 WaStrG)[3500] einen sofortigen Beginn der Arbeiten erfordern. Hierbei kommt es nicht darauf an, ob das Projekt als solches dem Wohl der Allgemeinheit dient. Vielmehr ist allein darauf abzustellen, inwieweit öffentliche Interessen die vorläufige Teilmaßnahme erfordern. Bezugspunkte des unbestimmten Rechtsbegriffes öffentliche Interessen sind daher immer die Belange, von denen die gesetzlichen Regelungen im KrWG oder im WaStrG getragen werden. Dabei müssen insbesondere bei Entscheidungen nach § 37 I 1 KrWG, §§ 69, 17 WHG bei Vorhaben in privater Trägerschaft die vom BVerfG, im Rahmen des Boxberg-Urteils entwickelten Abgrenzungskriterien zwischen öffentlichen und privaten Interesse beachtet werden.[3501] Es kann dann auch reichen, dass ein privater Vorhabenträger öffentliche Interessen verwirklicht.[3502]

4. Vogelschutzgebiete und FFH-Gebiete

8446 Erhöhte Anforderungen können sich ergeben, wenn die Teilmaßnahme Auswirkungen auf ein ausgewiesenes Vogelschutzgebiet[3503] oder ein potenzielles FFH-Gebiet hat.[3504] Die Anforderungen der §§ 32 bis 37 BNatSchG beziehen sich auf **Projekte** und **Pläne**. Zu den Projekten gehören ua auch Vorhaben und Maßnahmen innerhalb eines Gebietes von gemeinschaftlicher Bedeutung oder eines Europäischen Vogelschutzgebietes (§ 32 BNatSchG).[3505] Auch vorgezogene Teilmaßnahmen mit entsprechenden Auswirkungen auf ein Vogelschutzgebiet oder ein FFH-Gebiet[3506] fallen darunter. Die Ausweisung der Schutzgebiete erfolgt nach § 33 BNatSchG. Im Rahmen der Zulassung vorgezogener Teilmaßnahmen ist daher bei entsprechenden Betroffenheiten eine Verträglichkeitsprüfung nach § 34 BNatSchG durchzuführen. Bei einem für das Projekt negativem Ausgang der Verträglichkeitsprüfung ist das Projekt grundsätzlich unzulässig (§ 34 II BNatSchG). Das Projekt darf dann nur aus zwingenden Gründen des überwiegenden öffentlichen Interesses einschließlich solcher sozialer und wirtschaftlicher Art[3507]

3499 VGH Kassel NVwZ-RR 1989, 635; Beckmann in Landmann/Rohmer, Umweltrecht, 2023, § 37 KrWG Rn. 37.

3500 VGH Kassel NVwZ-RR 1989, 635, 638.

3501 BVerfGE 74, 264 – Boxberg.

3502 Stüer/Hermanns DÖV 1999, 58.

3503 Richtlinie des Rates 79/409/EWG vom 2.4.1979 über die Erhaltung der wildlebenden Vogelarten, ABlEG 1979, Nr. L 103, S.1; zuletzt geändert AblEG 1994, Nr. L 164, S.9 (Vogelschutzrichtlinie).

3504 Zu diesen Anforderungen EuGHE 1987, 3029 – Kommission gegen Belgien; Nur 1991, 249; ZUR 1994, 305 – Santona; ZUR 1995, 251; NuR 1994, 521 – Kommission gegen Spanien; NuR 1996, 102 – Großkrotzenburg; BVerwG NVwZ 1998, 616; NVwZ 1998, 961 – A 20 Ostseeautobahn; NVwZ 1999, 528.

3505 Freytag/Iven NuR 1995, 109; Gellermann NuR 1996, 548; Thyssen DVBl. 1998, 877.

3506 Zu potenziellen FFH-Gebieten BVerwG NVwZ 1998, 616; NVwZ 1998, 961; NVwZ 1999, 528.

3507 Der Schutz ist damit geringer als bei der Vogelschutzrichtlinie. Nach Art. 4 IV Vogelschutz-Richtlinie kommen Ausnahmen von den Schutzgebietsbestimmungen nur bei überragenden Gründen des Gemeinwohls in Betracht. Anders als nach der FFH-Richtlinie können wirtschaftliche Gründe eine Ausnahme nicht rechtfertigen, EuGH v. 11.6.1996 – Rs. C-44/95 – Slg. 1996-7, I-3805 – Lappelbank.

und bei dem Nichtvorhandensein zumutbarer Alternativem zugelassen werden. Bei einer Beeinträchtigung prioritärer Biotope oder Arten können wirtschaftliche Gründe nur nach Einholung einer Stellungnahme der EU-Kommission berücksichtigt werden (§ 34 IV BNatSchG).[3508] Diese Anforderungen sind in der Reichweite betroffener Belange auch bei den vorgezogenen Teilmaßnahmen einzuhalten.

5. Rechtsschutz

Gegen die Anordnung von vorläufigen Teilmaßnahmen steht der Rechtsweg offen. Klagebefugt ist jeder, der geltend macht, durch die **Teilmaßnahme in seinen Rechten** verletzt zu sein. Es fallen darunter Betroffenheiten durch Enteignung, schwere enteignungsgleiche Betroffenheiten, die Verletzung in rechtlich geschützten Interessen, wozu auch die Überschreitung der einfachgesetzlichen Zumutbarkeit rechnet, sowie die Verletzung des in der Fachplanung bestehenden Rechts auf Abwägung der eigenen mehr als geringfügigen, schutzwürdigen und erkennbaren Belange.[3509] Die gerichtliche Prüfung bezieht sich dann auf die Rechtmäßigkeit der Anordnung von Teilmaßnahmen und in diesem Zusammenhang auch auf die Frage, ob die Bewertung der von dieser Maßnahme berührten Belange zutreffend ist. Die Prognose, dass mit einer Entscheidung zugunsten des Trägers des Vorhabens bzw. des Unternehmers gerechnet werden kann, ist allerdings nicht (feststellender) Regelungsbestandteil der Zulassung des vorzeitigen Beginns und entfaltet dementsprechend keine Bindungswirkung für das nachfolgende Verfahren über die endgültige Zulassung des Vorhabens. Von dem Vorhaben Betroffene können deshalb Einwände gegen dessen rechtliche Zulässigkeit nur im Rahmen eines Rechtsmittels gegen die Entscheidung über die endgültige Zulassung erheben.[3510] Das Rechtsmittel gegen die Anordnung vorläufiger Teilmaßnahmen kann ggf. auch mit einem Eilantrag nach den §§ 80, 80 a VwGO verbunden werden mit dem Ziel, den Sofortvollzug der Zulassung zu stoppen.[3511] 8447

IX. Außerkrafttreten bei Nichtdurchführung

Wird mit der Durchführung des Plans nicht innerhalb von fünf Jahren nach Eintritt der Unanfechtbarkeit begonnen, so tritt der Plan nach § 75 IV VwVfG außer Kraft. Die Geltungsdauer des bestandskräftigen Planfeststellungsbeschlusses ist daher auf fünf Jahre begrenzt, wenn mit dem Vorhaben nicht begonnen wird. Ein Planfeststellungsbeschluss für ein Vorhaben, das nicht realisiert werden soll, ist (wegen **Funktionslosigkeit**) rechtswidrig. Denn im Zeitpunkt der Planfeststellung darf nicht ausgeschlossen sein, dass das planfestgestellte Vorhaben auch verwirklicht wird. Die Art der Finanzierung des Vorhabens ist grundsätzlich kein Gegenstand des Planfeststellungsbeschlusses. Kann ein Vorhaben aber offensichtlich in den nächsten Jahren nicht finanziert werden, deutet dies auf eine Rechtswidrigkeit der Planfeststellung hin.[3512] Die Fünfjahresfrist beginnt erst mit Unanfechtbarkeit des Planfeststellungsbeschlusses. Die Frist ist nicht verlängerbar. Es gibt auch keine Wiedereinsetzung. Beginnt der Vorhabenträger mit der Durchführung des Vorhabens, so wird die Fünfjahresfrist in dem Sinne unterbrochen, dass die Frist bei Einstellung der Bauarbeiten erneut zu laufen beginnt. Auch Baumaßnahmen, die in Einzelheiten von dem Planfeststellungsbeschluss abweichen, unterbrechen die Fünfjahresfrist.[3513] Unverbindliche Vorbereitungshandlungen oder ein nur symbolischer „Spatenstich" reichen allerdings nicht aus. Für Vorhaben, die dem **Infrastrukturplanungsbeschleunigungsgesetz** unterliegen, gilt eine zehnjährige Dauer der Zulassungsentscheidung, deren Geltung auf einen rechtzeitig gestellten Antrag des Vorhabenträgers um höchstens fünf Jahre verlängert werden kann. Als Beginn der Durchführung des Plans gilt jede erstmals nach außen erkennbare Tätigkeit von mehr als nur geringfügiger Bedeutung zur plangemäßen Verwirklichung des Vorhabens: eine spätere Unterbrechung des Vorhabens berührt den Beginn der 8448

[3508] Auch bei einer Beeinträchtigung prioritärerer Biotope oder Arten können wirtschaftliche Gründe den Eingriff in ein FFH-Gebiet rechtfertigen, so Epiney UPR 1997,303; Fisahn/Cremer NuR 1997, 26; Freytag/Iven NuR 1995, 109; eingehend Thyssen DVBl. 1998, 877; Gellermann NuR 1996, 548; Winter ZUR 1994, 309; ders. ZUR 1996, 255.

[3509] Stüer NWVBL. 1998, 169.

[3510] BVerwG DVBl. 1991, 877.

[3511] Stüer/Hermanns DÖV 1999, 58.

[3512] BVerwG Beschl. v. 26.3.1998 – 11 B 27.97, juris.

[3513] BVerwG Beschl. v. 9.7.1997 – 11 B 24.97, juris.

Durchführung nach § 75 IV 2 VwVfG nicht (so schon § 18 c AEG, § 17 c FStrG, § 14 b WaStrG, § 2 b Magnetschwebebahnplanungsgesetz, § 43 c EnWG).

8449 Wird ein Vorhaben endgültig aufgegeben, so hat die Planfeststellungsbehörde den Planfeststellungsbeschluss nach § 77 S. 1 VwVfG aufzuheben. Dies gilt auch, wenn mit der Durchführung des Vorhabens bereits begonnen worden ist. In diesem Fall sind in dem Aufhebungsbeschluss dem Träger des Vorhabens die Wiederherstellung des früheren Zustandes oder geeignete andere Maßnahmen aufzuerlegen, soweit dies zum Wohl der Allgemeinheit oder zur Vermeidung nachteiliger Wirkungen auf Rechte anderer erforderlich ist.[3514] Bei der Frage, ob ein Planfeststellungsbeschluss nach § 77 VwVfG wegen endgültiger Aufgabe des Vorhabens aufzuheben ist, hat die Behörde kein Ermessen. Die gebundene Entscheidung ist nach Auffassung des VG Darmstadt der vollen gerichtlichen Kontrolle zugänglich.[3515] Von der Aufhebung des Beschlusses ist die Enteignungsbehörde, soweit sie in das Verfahren einbezogen wurde, zu unterrichten.

8450 § 77 S. 1 VwVfG verlangt, dass ein Vorhaben endgültig aufgegeben worden ist. Die Vorschrift stellt damit auf den Willen des Vorhabenträgers ab. Dieser braucht nicht ausdrücklich erklärt zu werden. Die endgültige Aufgabe des Vorhabens kann sich auch aus objektiven Umständen ergeben. Dann sind gegenteilige Beteuerungen des Vorhabenträgers unerheblich. Mit der endgültigen Aufgabe eines Vorhabens durch den Vorhabenträger wird der Planfeststellungsbeschluss nicht automatisch unwirksam. Gibt der Vorhabenträger das Vorhaben endgültig auf, ist die Planfeststellungsbehörde vielmehr verpflichtet, den Planfeststellungsbeschluss aufzuheben.[3516]

[3514] Planfeststellungsrichtlinien FStrG 99, Nr. 33.

[3515] VG Darmstadt NVwZ-RR 1998, 281.

[3516] BVerwG Beschl. v. 11.11.2009 – 7 B 13.09, juris; VG Aachen Urt. v. 9.11.2020 – 1012 618/18, juris Rn. 29.

F. Rechtsschutz im Bau- und Fachplanungsrecht

Der Rechtsschutz im öffentlichen Bau- und Fachplanungsrecht ist ausgesprochen vielgestaltig. Im öffentlichen Baurecht ergeben sich Rechtsschutzmöglichkeiten gegen den Bebauungsplan und mit Einschränkungen auch gegen den Flächennutzungsplan und weitere städtebauliche Satzungen, gegen die ein **Normenkontrollantrag** statthaft sein kann. Hinzu kommt der Rechtsschutz gegen **Einzelentscheidungen**. Dabei ist zwischen dem Rechtsschutz des Bauherrn, des Nachbarn, von Gemeinden und Umweltvereinigungen zu unterscheiden. Rechtsschutz im Fachplanungsrecht wird ebenfalls auf dem Verwaltungsrechtsweg nach § 40 VwGO durch die Verwaltungsgerichte vor allem zu Anfechtungsklagen gegen Planfeststellungsbeschlüsse und Verpflichtungsklagen auf Schutzvorkehrungen. Aber auch insoweit ist zwischen dem Rechtsschutz des Vorhabenträgers, des Nachbarn, von Gemeinden und Umweltvereinigungen zu unterscheiden. Rechtsschutzmöglichkeiten bestehen nicht zuletzt auch gegen vorgelagerte Planungsentscheidungen, etwa gegen Raumordnungspläne oder andere als untergesetzliche Rechtsvorschriften im Sinne von § 47 I 2 VwGO ergehende Planungsentscheidungen und in weitem Umfang auch für Umweltvereinigungen nach § 1 I 1 Nr. 4 UmwRG.[1] **8451**

Eine rechtsstaatliche Kontrolle findet allerdings nicht nur durch die Verwaltungsgerichte statt. Kontrolle wird als Schlüsselbegriff des staatlichen Funktionensystems bezeichnet.[2] Existenz und wirksame Durchführung von Kontrollen werden als unverzichtbar für die Akzeptanz und die Qualität des staatlichen Verwaltungshandelns angesehen. Dabei wird vereinzelt sogar befürchtet, jedes unkontrollierte System würde sich regelwidrig verhalten.[3] Unter Kontrolle wird in diesem Zusammenhang ganz allgemein die Überprüfung behördlichen Handelns durch eine andere staatliche oder private Stelle verstanden.[4] **8452**

Eine rechtsstaatliche Kontrolle staatlichen Verwaltungshandelns hat verschiedene Funktionen und Zwecke. Sie soll Maßstabstreue bewirken, also die Beachtung verpflichtender oder zweckmäßiger Handlungsmaßstäbe der Verwaltung fördern bzw. durchsetzen, der Informationsbeschaffung für kontrollierende und kontrollierte Verwaltungseinheiten dienen, Verantwortlichkeiten des kontrollierten Verwaltungsorgans geltend machen und nicht zuletzt auch Effizienzsteigerungen des kontrollierten Verwaltungsverfahrens ermöglichen.[5] Eine Kontrolle staatlichen Verwaltungshandelns findet in ganz unterschiedlichen Formen und Kontrollmaßstäben statt. Zu **8453**

---

[1] Zum Rechtsschutz gegen Bauleitpläne und städtebauliche Satzungen siehe Bönker/Grüner in HBG, Öffentliches Baurecht, 2024, § 17 Rn. 1 ff. und gegen Einzelentscheidungen des öffentlichen Baurechts Bönker/Grüner in HBG, Öffentliches Baurecht, 2024, § 18 Rn. 1 ff.; Dippe/Fertig/Jacob/Kaniess/Kreuter/Wolf/Wurster Kapitel K Rechtsschutz im Baurecht, in Hoppenberg/deWitt, Handbuch des öffentlichen Baurechts, 2023; zum Rechtsschutz im Fachplanungsrecht siehe Schütz in Ziekow, Handbuch des Fachplanungsrecht, 2024, § 8 Rn. 1 ff; zum Rechtsschutz gegen Raumordnungspläne Beckmann Raumordnungsrecht, in Hoppenberg/deWitt, Handbuch des öffentlichen Baurechts, 2023, Rn. 435 ff.; Beckmann NWVBL 2024 (Sonderheft August), 53; umfassender Ehlers/Schoch, Rechtsschutz im Öffentlichen Recht, 2021; zum Rechtsschutz in der Europäischen Union Karpenstein/Kotzur/Vasel Handbuch Rechtsschutz in der Europäischen Union, 2024; zum Rechtsschutz auf der Grundlage Europäischer Grundrechte Frenz Handbuch Europarecht Band 4/I Europäische Grundrechte, 2024; zum Umweltrechtsschutz Schwerdtfeger Rechtsschutz im Umweltrecht in Koch/Hofmann/Reese, Handbuch Umweltrecht, 2024, § 4 Rn. 1 ff; Schlacke Umweltrecht, 2023, § 6 Rn. 1 ff.; Kahl/Gärditz Umweltrecht, 2023, § 5 Rn. 1 ff.; Beckmann Verwaltungsgerichtlicher Rechtsschutz im raumbedeutsamen Umweltrecht, 1987; zu den Anforderungen an den Rechtsschutz nach dem Europäischen Unionsrecht Ehlers in Rechtsschutz im Öffentlichen Recht, 2021, § 7 Rn. 1 ff.

[2] Kahl Kontrolle der Verwaltung und des Verwaltungshandelns, in Vosskuhle/Eifert/Müllers Grundlagen des Verwaltungsrechts II, 2022, S. 1559; Pitschas Verwaltungsverantwortung und Verwaltungsverfahren, 1990, S. 191; Beckmann Plausibilitätsmaßstäbe rechtsstaatlicher Kontrollverfahren, Rechtstheorie 2022 (Heft 4); zum Rechtsschutz als Steuerungsstrategie siehe Franzius ZUR 2024, 195; Hofmann ZUR 2024, 201; zum Rechtsschutz gegenüber der Legalplanung Groß ZUR 2024, 210; zu Klagebeschränkungen im Klimaschutzrecht Saurer ZUR 2014, 214

[3] Korte Grundlagen der Verwaltungskontrolle, in Wolff/Bachof/Stober/Kluth, Verwaltungsrecht II, 2023, S. 857.

[4] Korte Grundlagen der Verwaltungskontrolle, in Wolff/Bachof/Stober/Kluth, Verwaltungsrecht II, 2023, S. 857; Schmidt Aßmann in Schmidt Aßmann/Hoffmann-Riem, Verwaltungskontrolle, 2001, S. 12 ff.

[5] Kahl Kontrolle der Verwaltung und des Verwaltungshandelns in Vosskuhle/Eifert/Müllers Grundlagen des Verwaltungsrechts II, 2022, S. 1561.

den Formen oder Arten der Verwaltungskontrolle zählen Selbst- bzw. Eigenkontrollen und Fremdkontrollen von externen oder von behördenintern, häufig mit einer gewissen Unabhängigkeit versehenen Beauftragten oder von Rechnungshöfen. Hinzu kommen die staatliche und kommunale Fach- und Rechtsaufsicht und nicht zuletzt auch die Kontrolle auf dem Verwaltungsrechtsweg nach § 40 VwGO durch die zuständigen Verwaltungsgerichte.[6]

8454 Nach § 216 BauGB ist die für die Kontrolle zuständige Behörde verpflichtet, die Einhaltung auch derjenigen Vorschriften zu prüfen, deren Verletzung sich nach den §§ 214 und 215 BauGB auf die Rechtswirksamkeit eines Flächennutzungsplans oder einer Satzung nicht auswirkt.[7] Damit stellt der Gesetzgeber klar, dass die Planerhaltungs- und Unbeachtlichkeitsregeln der §§ 214, 215 BauGB vor einer als zu streng empfundenen gerichtlichen Kontrolle bewahren, nicht jedoch vor einer behördlichen Überprüfung in Genehmigungs- oder Aufsichtsverfahren schützen sollen.[8]

1. Teil. Rechtsschutzmöglichkeiten (Überblick)

8455 Der Rechtsschutz gegen städtebauliche Planungen richtet sich vornehmlich auf die gerichtliche Kontrolle der Rechtswirksamkeit des **Bebauungsplans**. Dieser kann in einem Normenkontrollverfahren nach § 47 VwGO einer gerichtlichen Prüfung zugeführt werden, wenn der Antragsteller geltend macht, durch den Bebauungsplan in eigenen Rechten verletzt zu sein (§ 47 II VwGO). Gegenstand der Normenkontrolle sind außerdem neben den Bebauungsplänen, Satzungen über Veränderungssperren (§ 14 BauGB), zur Sicherung von Gebieten mit Fremdenverkehrsfunktion (§ 22 BauGB), über die Ausübung des Vorkaufsrechts (§ 25 I BauGB), Abrundungssatzungen (§ 34 IV BauGB), Außenbereichssatzungen (§ 35 VI BauGB), Erschließungsbeitragssatzungen (§ 132 BauGB), Sanierungssatzungen (§ 142 BauGB), Entwicklungssatzungen (§ 165 BauGB) und Erhaltungssatzungen (§ 172 BauGB) sowie Satzungen über die Verfassung von Planungsverbänden (§ 205 I 2 BauGB).

8456 Gegen den **Flächennutzungsplan** ist eine unmittelbare gerichtliche Kontrolle in der Regel nicht möglich. Dieser kann grundsätzlich nur inzidenter etwa im Rahmen einer Anfechtungs- oder Verpflichtungsklage betreffend eine Einzelentscheidung überprüft werden. Eine Normenkontrolle gegen einen Flächennutzungsplan ist jedoch statthaft, wenn der Plan Darstellungen mit den Rechtswirkungen des § 35 III 3 BauGB enthält.[9] Gegen diese ist eine verwaltungsgerichtliche Normenkontrolle in analoger Anwendung von § 47 I Nr. 1VwGO statthaft, wenn sich aus ihnen der planerische Wille der Gemeinde ergibt, die Ausschlusswirkung des §§ 35 III 3 BauGB eintreten zu lassen. Solche Konzentrationsflächen stehen in ihrer Bindungswirkung bauplanungsrechtlichen Festsetzungen gleich, selbst wenn sich dieser Planungswille nicht aus einer ausdrücklichen Darstellung des Flächennutzungsplans, sondern erst im Wege einer Auslegung des Plans entnehmen lässt.[10]

8457 Die **Einzelentscheidung** kann bei Widerspruch und Anfechtungs- oder Verpflichtungsklage des Bauherrn, von Nachbarn oder Gemeinden gerichtlich überprüft werden. Der **Bauherr** kann etwa bei Ablehnung des Baugenehmigungsantrages Widerspruch einlegen und Verpflichtungsklage erheben. Bei einer Verzögerung oder Unterlassung der Baugenehmigung sowie bei einer Zurückstellung des Bauvorhabens ergeben sich gleichgerichtete Klagemöglichkeiten.

8458 Der **Nachbar** kann gegen eine dem Bauherrn erteilte Baugenehmigung Widerspruch und Anfechtungsklage erheben, wenn er in nachbarschützenden Vorschriften verletzt und in der Regel tatsächlich beeinträchtigt ist. Rechtsschutzmöglichkeiten des Nachbarn können sich auch bei einem dem Bauherrn erteilten positiven Bauvorbescheid ergeben. Bei ungenehmigten Bauten kommt ein Rechtsschutz des Nachbarn ebenfalls in Betracht, wenn elementare Nachbarrechte beeinträchtigt sind und das der Behörde zustehende Ermessen auf null reduziert ist. Nachbarrechte dürfen auch nicht durch Verzicht, Verwirkung[11] oder Rechtsmissbrauch untergegangen sein.

---

[6] auch dazu Kahl Kontrolle der Verwaltung und des Verwaltungshandelns in Vosskuhle/Eifert/Müllers Grundlagen des Verwaltungsrechts II, 2022, S. 858.

[7] Bönker/Grüner in Hoppe/Bönker/Grotefels, Öffentliches Baurecht, 2024, § 17 Rn. 3.

[8] Michler in Kröninger/Jeromin, BauGB/BauNVO, 2024, § 216 BauGB R. 1.

[9] BVerwGE 128, 382; Hoppe in Eyermann, VwGO, 2022, § 47 Rn. 19.

[10] BVerwGE 146, 40 Rn. 18; Hoppe in Eyermann, VwGO, 2022, § 47 Rn. 19.

[11] BVerwG BauR 1997, 281.

Die **Gemeinde** kann gegen eine Baugenehmigung Widerspruch einlegen und ggf. klagen, wenn durch die Baugenehmigung nachbargemeindliche Belange oder andere Planungsbelange beeinträchtigt sind. In der **Fachplanung** kann der durch die Planung unmittelbar Betroffene Rechtsschutz durch Anfechtungsklage suchen. Begehrt der Betroffene (lediglich) eine Ergänzung der Planung durch Schutzauflagen, ist ein Verpflichtungsbegehren statthaft. Der mittelbar von einer Fachplanung Betroffene kann einen Anspruch auf Abwägung der eigenen Belange geltend machen. 8459

Ein nach § 3 UmwRG anerkannter Verein kann unter den Voraussetzungen des § 64 BNatSchG oder des UmwRG Rechtsschutz gegen Einzelentscheidungen oder Bebauungspläne suchen, die sich auf UVP-pflichtigen Vorhaben beziehen. 8460

2. Teil. Rechtsschutz gegen den Bebauungsplan

Nach § 47 I VwGO entscheidet das OVG bzw. der VGH im Rahmen seiner Gerichtsbarkeit in der **Normenkontrolle** auf Antrag über die Gültigkeit von Satzungen, die nach den Vorschriften des BauGB erlassen worden sind, sowie von Rechtsverordnungen auf Grund des § 46 II BauGB, und von anderen im Range unter dem Landesgesetz stehenden Rechtsvorschriften, sofern das Landesrecht dies bestimmt. Den Antrag kann nach § 47 II 1 VwGO jede natürliche oder juristische Person, die geltend macht, durch die Rechtsvorschrift oder deren Anwendung in ihren Rechten verletzt zu sein oder in absehbarer Zeit verletzt zu werden, sowie jede Behörde innerhalb von einem Jahr nach Inkrafttreten der Rechtsvorschrift stellen. Der Normenkontrollantrag ist gegen die Körperschaft, Anstalt oder Stiftung zu richten, welche die Rechtsvorschrift erlassen hat (§ 47 II 2 VwGO). Das OVG kann dem Land und anderen juristischen Personen des öffentlichen Rechts, deren Zuständigkeit durch die Rechtsvorschrift berührt wird, Gelegenheit zur Äußerung binnen einer zu bestimmenden Frist geben (§ 47 II 3 VwGO). Bei einem anhängigen verfassungsgerichtlichen Verfahren kann das OVG die Verhandlung aussetzen (§ 47 IV VwGO). Das Normenkontrollgericht entscheidet durch Urteil oder, wenn es eine mündliche Verhandlung nicht für erforderlich hält, durch Beschluss (§ 47 V 1 VwGO). Ist der Bebauungsplan unwirksam, stellt dies das OVG in seiner Entscheidung fest. Die Entscheidung ist allgemeinverbindlich und von der Gemeinde ebenso wie der Bebauungsplan bekanntzumachen (§ 47 V 2 VwGO, § 10 III BauGB). Wird der Antrag zurückgewiesen, hat die Entscheidung keine Allgemeinverbindlichkeit. 8461

Gegen Normenkontrollentscheidungen des OVG nach § 47 V 1 VwGO ist die Revision statthaft, wenn sie vom OVG zugelassen worden ist (§ 132 I VwGO). Die Revision ist bei grundsätzlicher Bedeutung (Grundsatzrevision), Abweichung von der höchstrichterlichen Rechtsprechung (Divergenzrevision) und bei Verfahrensfehler (Verfahrensrevision) zuzulassen (§ 132 II VwGO). Wird die Revision vom OVG nicht zugelassen, so kann unter den vorgenannten Voraussetzungen eine Nichtzulassungsbeschwerde erhoben werden. Nach § 47 VI VwGO kann das Gericht auf Antrag eine einstweilige Anordnung erlassen, wenn dies zur Abwehr schwerer Nachteile oder aus anderen wichtigen Gründen geboten ist. 8462

I. Gegenstand der Normenkontrolle (§ 47 I VwGO)

Das Oberverwaltungsgericht entscheidet gem. § 47 I VwGO im Rahmen seiner Gerichtsbarkeit auf Antrag über die Gültigkeit von Satzungen, die nach den Vorschriften des BauGB erlassen worden sind, sowie von Rechtsverordnungen auf Grund des § 246 II BauGB und von anderen im Rang unter dem Landesgesetz stehenden Rechtsvorschriften, sofern das Landesrecht dies bestimmt. Die Normenkontrolle nach § 47 VwGO ist ein objektiv-rechtliches Beanstandungsverfahren, das bei einem zulässigen Antrag nicht auf die Prüfung von Rechtsverletzungen des Antragstellers beschränkt bleibt. Ist der Antragsteller eine natürliche oder juristische Person dient das Normenkontrollverfahren allerdings auch dem Individualrechtsschutz.[12] 8463

Das OVG entscheidet im Rahmen seiner Gerichtsbarkeit nur über die Rechtssätze, deren Vollzug der verwaltungsgerichtlichen Kontrolle unterliegt. Diese Beschränkung auf die sachliche Zuständigkeit der Verwaltungsgerichte soll verhindern, dass die verwaltungsgerichtliche Normenkontrolle auf andere eigenständige Gerichtszweige ausufert und deren Entscheidungen 8464

---

[12] BVerwG DVBl. 1989, 1100 (1102)

unzulässig präjudiziert.[13] Zwar unterliegt ein Bebauungsplan der verwaltungsgerichtlichen Normenkontrolle auch dann, wenn das Verfahren lediglich dazu dienen soll, einer Enteignung die Rechtsgrundlage zu entziehen.[14] Ein Normenkontrollantrag gegen einen Bebauungsplan zur Klärung rein zivilrechtlicher Fragestellungen wäre demgegenüber unzulässig. Betrifft ein behaupteter Rechtsfehler etwa hinsichtlich der gebietlichen Zuständigkeit der Gemeinde sowohl Fragen der Zulässigkeit als auch der Begründetheit eines Normenkontrollantrags, so genügt es für die Zulässigkeit des Normenkontrollantrags, dass der Antragsteller substantiiert vortragen kann, es liege ein Rechtsfehler vor. Ob der Fehler tatsächlich besteht, ist sodann eine Frage der Begründetheit des Antrags und für die Frage der Zulässigkeit des Normenkontrollantrags nicht entscheidungserheblich.[15]

8465 Nach § 47 V 2 Halbs. 1 VwGO erklärt das Oberverwaltungsgericht im Normenkontrollverfahren die (verfahrensgegenständliche) Rechtsvorschrift für unwirksam, wenn es zu der Überzeugung kommt, dass sie ungültig ist. Für die Feststellung genügt die Benennung eines Fehlers, der zur Unwirksamkeit der Rechtsvorschrift führt. Das Normenkontrollgericht muss sich weder dazu verhalten, ob der Fehler in einem ergänzenden Verfahren geheilt werden kann, noch ist es von Rechts wegen verpflichtet, die Rechtsvorschrift auf weitere Rechtsmängel hin zu überprüfen. Denn das Normenkontrollverfahren dient nicht der umfassenden Prüfung der Rechtslage unter jedem denkbaren Gesichtspunkt.[16]

8466 Eine Verletzung materieller Rechtsvorschriften führt nach § 7 V 1 UmwRG zwar nur dann zur Aufhebung der Entscheidung nach § 1 I 1 Nr. 1 bis 2b oder 5 UmwRG, wenn sie nicht durch Entscheidungsergänzung oder ein ergänzendes Verfahren behoben werden kann. § 7 V 1 UmwRG findet jedoch im Normenkontrollverfahren nach § 47 VwGO keine Anwendung.[17]

1. Satzungen nach dem BauGB

8467 Bundeseinheitlich unterliegen der Normenkontrolle alle Satzungen, die nach den Vorschriften des BauGB erlassen worden sind, sowie Rechtsverordnungen auf der Grundlage des § 246 II BauGB. Hierzu zählen als zulassungsbegründende Satzungen der Bebauungsplan (§ 10 I BauGB)[18] und der Vorhaben- und Erschließungsplan (§ 12 BauGB), als plansichernde Satzungen die Vorkaufsrechtssatzung (§ 25 BauGB) und die Veränderungssperre (§§ 14, 16 BauGB), als Innenbereichssatzungen die Klarstellungssatzung (§ 34 IV 1 Nr. 1 BauGB), die Entwicklungssatzung (§ 34 IV 1 Nr. 2 BauGB), die Ergänzungssatzung (§ 34 IV 1 Nr. 3 BauGB), ein einfacher Bebauungsplan über zentralörtliche Versorgungsbereiche, die Außenbereichssatzung (§ 35 VI BauGB), als maßnahmenbegleitende Satzungen die Erhaltungssatzung (§ 172 BauGB), die Sanierungssatzung (§ 142 BauGB) und die Entwicklungsbereichssatzung (§ 165 VI BauGB) sowie als weitere Satzungen die Fremdenverkehrssatzung (§ 22 II BauGB) und die Erschließungsbeitragssatzung (§ 132 BauGB).

8468 Keine einem Verfahren nach § 47 VwGO zugänglichen Rechtsnormen im Sinne von § 47 I Nr. 1 VwGO und des BauGB sind örtliche Gestaltungssatzungen, die nicht nach dem BauGB erlassen worden sind. Insoweit entscheidet nach § 47 Abs. 1 Nr. 2 VwGO das Landesrecht über das maßgebliche Rechtsschutzverfahren.[19]

8469 **a) Kein Anspruch auf Planerlass.** Auch kann sich die Normenkontrolle nicht darauf richten, die Gemeinde zur Aufstellung eines Bebauungsplans oder vorhabenbezogenen Bebauungsplans (§ 12 BauGB) zu verpflichten. Denn auf die Aufstellung eines Bebauungsplans gibt es keinen Rechtsanspruch (§ 1 III 2 BauGB).[20] Ein Antrag nach § 47 I Nr. 2 VwGO, der nicht

[13] VGH Mannheim NJW 1968, 2076; OVG Lüneburg DVBl. 1966, 760; VGH Kassel NJW 1977, 1895.
[14] OVG Lüneburg DVBl. 1980, 369.
[15] BVerwG NVwZ 1994, 284.
[16] BVerwG Beschl. v. 20.2.2024 – 4 BN 22/23, juris Rn. 5; NVwZ 2023, 1748 Rn. 18; Beschl. v. 20.6.2001 – 4 BN 21.01, juris; BRS 81 Nr. 76 Rn. 12.
[17] BVerwG Beschl. v. 20.2.2024 – 4 BN 22/23, juris Rn.75; NVwZ 2023, 1748 Rn. 19,
[18] Frenz Jura 2008, 811.
[19] Bönker/Grüner in HBG, Öffentliches Baurecht, 2024, § 17 Rn. 11.
[20] BVerwG DVBl. 1992, 39; Zur Unzulässigkeit sogenannter Normerlassklagen siehe Hoppe in Eyermann, VwGO, 2022, § 47 Rn. 16; zum Rechtsschutz gegen normatives Unrecht Schenke NVwZ 2017, 1062.

auf Feststellung der Unwirksamkeit, sondern auf Feststellung der Ergänzungsbedürftigkeit einer untergesetzlichen Norm gerichtet ist, ist im Normenkontrollverfahren nicht statthaft.[21]

Einwendungen gegen die Rechtmäßigkeit eines Vorhabens, die sich auf das Unterbleiben einer das Vorhaben und seine Auswirkungen koordinierenden Bauleitplanung stützen, können möglicherweise im Rahmen einer zulässigen Baunachbarklage gegen die Genehmigung des Vorhabens geltend gemacht werden. Indessen kann, selbst wenn eine Bauleitplanung für ein Vorhaben zu Unrecht unterblieben sein sollte, ein solcher Fehler von den dadurch iS des § 47 II 1 VwGO nachteilig Betroffenen nicht mit einem Antrag nach § 47 VwGO beanstandet werden.[22] 8470

b) Flächennutzungsplan. Die Darstellungen des Flächennutzungsplans können grundsätzlich nicht mit der verwaltungsgerichtlichen Normenkontrolle angegriffen werden,[23] es sei denn, der planerische Wille der Gemeinde geht dahin, eine Ausschlusswirkung des §§ 35 III 3 BauGB eintreten zu lassen. Wegen der den Bürger unmittelbar betreffenden Wirkungen hat das BVerwG[24] die Normenkontrolle auch gegen den Flächennutzungsplan dann eröffnet, wenn der Plan etwa für die Steuerung von Windkraftanlagen oder von anderen an sich privilegierten Außenbereichsvorhaben die Grundstücksnutzung durch das Darstellungsprivileg in § 35 III 3 BauGB unmittelbar regelt.[25] Die Betroffenen sollen dann nicht auf den Weg lediglich einer Inzidentkontrolle in einem verwaltungsgerichtlichen Anfechtungs- oder Verpflichtungsklageverfahren angewiesen sein. Das BVerwG hat hierzu § 47 I Nr. 1 VwGO über seinen Wortlaut, der sich nur auf BauGB-Satzungen sowie auf Rechtsverordnungen auf Grund des § 246 II BauGB bezieht, auch auf Flächennutzungspläne mit entsprechenden Regelungswirkungen nach § 35 III 3 BauGB erweitert.[26] Möglicher Gegenstand einer statthaften Normenkontrolle gem. § 47 I Nr. 1 VwGO analog ist allein die in den Darstellungen des Flächennutzungsplans zum Ausdruck kommende planerische Entscheidung der Gemeinde, mit der Ausweisung von Flächen für privilegierte Nutzungen nach § 35 I Nr. 2 bis 6 BauGB die Ausschlusswirkung des § 35 III 3 BauGB an Standorten außerhalb der ausgewiesenen Flächen eintreten zu lassen. Die Darstellung von Konzentrationsflächen ist für sich genommen kein möglicher Gegenstand der verwaltungsgerichtlichen Normenkontrolle gem. § 47 I Nr. 1 VwGO analog, unterliegt aber als Vorfrage der Ausschlusswirkung des § 35 III 3 BauGB der inzidenten gerichtlichen Überprüfung.[27] Eine Ausweitung des Analogieschlusses zu § 47 I Nr. 1 VwGO auf Darstellungen zur Höhenbegrenzung für Windenergieanlagen in der Konzentrationszone kommt nicht in Betracht.[28] 8471

Auch anerkannte **Umweltvereinigungen** können im Wege der Normenkontrolle gegen Flächennutzungspläne vorgehen. Flächennutzungspläne zählen zu den Plänen und Programmen des § 1 I Nr. 4 UmwRG. Über Rechtsbehelfe gegen eine Entscheidung nach § 1 I 1 Nr. 4 UmwRG oder deren Unterlassen entscheidet im ersten Rechtszug das Oberverwaltungsgericht, auch wenn kein Fall des § 47 I Nrn. 1 oder 2 VwGO vorliegt. Ist eine Gestaltungs- oder Leistungsklage oder ein Antrag nach § 47 I VwGO nicht statthaft, ist § 47 VwGO entsprechend anzuwenden (§ 7 II 2 und 3 UmwRG). Nach § 7 III UmwRG gilt eine Präklusionsregelung. Danach ist eine Umweltvereinigung, die im Aufstellungsverfahren Gelegenheit zur Äußerung gehabt hat, im Normenkontrollverfahren mit allen Einwendungen ausgeschlossen ist, die sie im Aufstellungsverfahren nicht oder nicht rechtzeitig geltend gemacht hat, aber hätte geltend machen können. Ob anerkannte Umweltvereinigungen auch gegen Darstellungen eines Flächennutzungsplans, der nicht mit der besonderen Wirkung nach § 35 III 3 BauGB 8472

---

[21] BVerwG ZUR 2016, 120.

[22] BVerwG Beschl. v. 23.12.1988 – 4 NB 29.88, juris.

[23] BVerwG NVwZ 1991, 262; Hoppe in Eyermann, VwGO, 2022, § 47 Rn. 17.

[24] BVerwG NVwZ 2007, 1081; OVG Koblenz NVwZ 2006, 1442; BVerwG NVwZ 2002, 869; ZfBR 2004, 272; Stüer BauR 2007, 1495; Jeromin NVwZ 2006, 1374; Tigges ZNER 2005, 338; anders noch OVG Lüneburg NVwZ-RR 2007, 444.

[25] Jeromin NVwZ 2006, 1374; Lahme ZNER 2007, 225; Herrmann NVwZ 2009, 1185: Scheidler DÖV 2008, 766; Schenke NVwZ 2007, 134; Stüer/Stüer NuR 2004, 341; Tigges ZNER 2005, 338; Wollenteit NVwZ 2008, 1281.

[26] BVerwG NVwZ 2007, 1081; BauR 2009, 475; Battis JZ 2007, 1153; Stüer BauR 2007, 1495; OVG Koblenz NVwZ 2006, 1442; BVerwG NVwZ 2002, 869; ZfBR 2004, 272; Jeromin NVwZ 2006, 1374; Scheidler DVP 2007, 503; Tigges ZNER 2005, 338; Wollenteit NVwZ 2008, 1281.

[27] BVerwG NVwZ 2013, 1011; Schübel-Pfister JuS 2013, 990, Bringewat NVwZ 2013, 984.

[28] BVerwG NVwZ 2013, 1011, Schübel-Pfister JuS 2013, 990, Bringewat NVwZ 2013, 984.

ausgestattet ist, ein Normenkontrollverfahren führen können, ist noch nicht abschließend geklärt.[29]

8473 Flächennutzungspläne können außerdem Gegenstand einer mittelbaren Kontrolle sein, etwa im Rahmen einer auf Verpflichtung der Baugenehmigungsbehörde zur Erteilung einer Baugenehmigung gerichteten Klage.

8474 **c) Normenkontrolle gegen nicht mehr geltende Satzungen.** Die Normenkontrolle ist auch gegen nicht mehr geltende Rechtssätze zulässig, wenn und soweit sie noch Auswirkungen auf die Rechtsbeziehungen in der Gegenwart haben, insbesondere noch für die Beurteilung von gegenwärtigen Rechtsverhältnissen von Bedeutung sind.[30] Tritt etwa ein Bebauungsplan oder eine Veränderungssperre außer Kraft, kann bei einem entsprechenden Rechtsschutzinteresse die Feststellung begehrt werden, dass die Rechtsvorschrift unwirksam war.[31] Davon ist insbesondere auszugehen, wenn die Gültigkeit oder Ungültigkeit der Norm entscheidungserhebliche Vorfrage in einem nachfolgenden Rechtsstreit der Beteiligten ist.[32] Ein derartiges Feststellungsinteresse kann in der Ankündigung eines Amtshaftungsprozesses begründet sein.[33] Auch ältere Fassungen oder einzelne Änderungen des Bebauungsplans können nach Auffassung des BVerwG Gegenstand eines Normenkontrollverfahrens sein, wenn an der Feststellung der Unwirksamkeit des Plans ein entsprechendes Rechtsschutzbedürfnis besteht.[34] Welcher der verschiedenen **Bebauungsplantypen** vom Gericht auf seine Gültigkeit zu überprüfen ist, richtet sich nach dem Rechtsschutzziel des Antragstellers. Dies gilt auch, wenn ein vor Erhebung der Normenkontrolle in Kraft getretener Bebauungsplan während des gerichtlichen Verfahrens geändert oder ergänzt wird.[35]

8475 **d) Normenkontrolle gegen noch nicht in Kraft getretene Satzungen.** Auch Satzungen, die bereits verkündet, aber noch nicht in Kraft getreten sind, können Gegenstand eines Normenkontrollverfahrens sein.[36] Ein vorbeugender Antrag gegenüber „werdendem Recht" ist demgegenüber unzulässig, weil das Rechtsetzungsverfahren zunächst abgeschlossen werden muss, bevor ein Normenkontrollantrag gestellt werden kann. Auch der Antrag auf Erlass einer einstweiligen Anordnung nach § 47 VI VwGO setzt die Verkündung der Norm voraus.[37] Das Rechtsetzungsverfahren kann danach durch einen Normenkontrollantrag nicht aufgehalten oder gar ganz unterbunden werden.[38]

8476 Ebenso wenig zulässig ist eine Klage auf Erlass eines Rechtssatzes oder auf zukünftige Ergänzung von Rechtsnormen, und zwar auch nicht in der Form der Verpflichtung eines Satzungs- oder Verordnungsgebers zu einer entsprechenden Normierung.[39] Denn ein Normenkontrollantrag nach § 47 VwGO ist nur gegen bereits erlassene Normen statthaft. Eine Norm ist in diesem Sinn dann erlassen, wenn sie aus der Sicht des Normgebers bereits Geltung für sich in Anspruch nimmt. Dementsprechend ist ein Normenkontrollantrag auch dann statthaft, wenn gerade umstritten ist, ob die Norm formell rechtsgültig erlassen worden ist.[40] Rechtsvorschriften, die erst im Stadium ihrer Entstehung sind, können demgegenüber nicht Gegenstand einer Normenkontrolle sein.[41] Entscheidend ist, ob die Tätigkeit der am Rechtsetzungsverfahren Beteiligten aus ihrer Sicht beendet ist[42] und – vor allem – ob die Norm aus der Sicht des

[29] Mitschang in BKL, BauGB, 2022, § 5 Rn. 46 b; bejahend Schlacke NVwZ 2017, 905 (911); ablehnend Fellenberg/Schiller in Landmann/Rohmer Umweltrecht, 2018, § 7 UmwRG Rn. 38; offen Bönker/Grüner in HBG, Öffentliches Baurecht, 2024, § 17 Rn. 6.

[30] BVerwGE 56, 172.

[31] BVerwG BauR 1983, 560.

[32] BGH NJW 1980, 2814.

[33] OVG Greifswald, Urt. v. 30.1.2008 – 3 K 32/03, juris; BVerwGE 68, 12; OVG Lüneburg BauR 2002, 594.

[34] BVerwG NVwZ 1997, 896.

[35] BVerwG NVwZ 1997, 896.

[36] BVerwG NVwZ-RR 2002, 256; VGH München NVwZ-RR 2000, 469.

[37] VGH München BayVBl. 1978, 438; Rasch BauR 1981, 409.

[38] BVerwG NJW 1978, 554.

[39] VGH Kassel NJW 1983, 2895; aA Westbomke, Der Anspruch auf Erlass von Rechtsverordnungen und Satzungen 1976, 129.

[40] BVerwG NVwZ 1992, 1088.

[41] Reidt in BKL, 2022, § 10 Rn. 15; BVerwGE 54, 211; BVerfGE 1, 396; BayVerfGH BayVBl. 1986, 491; *Ule VerwArch.* 65 (1974), 291; Jäde BayVBl. 1985, 225; Stüer DVBl. 1985, 470.

[42] VGH Kassel BauR 1982, 135.

Normgebers formelle Geltung beansprucht. Dies ist erst mit der Verkündung der Norm der Fall.

Das gilt auch für Bebauungspläne, die bereits **Planreife** erlangt haben und als Grundlage für Baugenehmigungen nach § 33 I oder II BauGB dienen. Die Norm muss daher bereits im Zeitpunkt der Erhebung des Normenkontrollantrags verkündet sein. Ein späteres Inkrafttreten der Norm heilt den Mangel der Zulässigkeit des Normenkontrollantrags nicht.[43] Bebauungsplanentwürfe sind daher nicht normenkontrollfähig, auch wenn sie bereits eine Planreife nach § 33 BauGB erlangt haben.[44] Geht der Normgeber davon aus, dass es sich um eine in diesem Sinne bereits erlassene Norm handelt, ist der Normenkontrollantrag nach § 47 VwGO statthaft. Das muss auch und gerade dann gelten, wenn strittig ist, ob die Norm in Übereinstimmung mit dem geltenden Recht erlassen worden ist. Denn auch dann geht es nicht darum, eine erst im Werden begriffene Norm einer Kontrolle zu unterziehen, also um irgendeine Art vorbeugenden Rechtsschutzes. Es geht dann vielmehr darum, ob eine Norm, die aus der Sicht des Normgebers Geltung für sich beansprucht, gültig ist oder nicht.[45] 8477

e) Normenkontrolle gegen vollzogene Bebauungspläne. Auch gegen vollzogene Bebauungspläne kann die Normenkontrolle zulässig sein. Ist etwa eine durch einen Bebauungsplan festgesetzte Straße bereits gebaut und gewidmet, so kann gleichwohl noch für den durch die Straße nachteilig Betroffenen ein Rechtsschutzbedürfnis für einen Normenkontrollantrag gegen den Bebauungsplan bestehen.[46] Davon kann etwa auszugehen sein, wenn ein Rückbau der Straße angestrebt wird und bei erfolgreichem Normenkontrollverfahren in Betracht kommt.[47] 8478

f) Normenkontrolle gegen Änderungsbebauungspläne. Wenn sich der Normenkontrollantrag gegen die Änderung eines Bebauungsplans richtet, so darf das Normenkontrollgericht nicht ohne Antrag den ursprünglichen Bebauungsplan zum Gegenstand seiner Unwirksamkeitsfeststellung machen. Das schließt die Prüfung der Wirksamkeit des ursprünglichen Bebauungsplans als Vorfrage der Gültigkeit der Änderung aber nicht aus.[48] 8479

Auch **Satzungen über die Aufhebung von Bebauungsplänen** können Gegenstand eines Normenkontrollverfahrens sein.[49] Ein Normenkontrollantrag nach § 47 VwGO gegen einen als Satzung beschlossenen, aber noch nicht bekannt gemachten Bebauungsplan ist auch dann nicht statthaft, wenn der Planentwurf Grundlage für Genehmigungen nach § 33 BauGB sein kann. Etwas anderes kommt allenfalls dann in Betracht, wenn der Antragsteller durch Nachbarklagen gegen derartige Baugenehmigungen keinen hinreichenden Rechtsschutz erlangen könnte.[50] 8480

Bebauungspläne unterliegen der Normenkontrolle nur, soweit sie auf Grund der Vorschriften des BBauG, des StBauFG, des BauGB und des durch das BauROG 1998 aufgehobenen BauGB-MaßnG erlassen worden sind. Nach § 173 BBauG **übergeleitete Bebauungspläne** sind demgegenüber nicht durch Normenkontrollantrag auf ihre Rechtswirksamkeit zu überprüfen.[51] Dasselbe dürfte für übergeleitete Altpläne in den neuen Ländern gelten. Auf Landesrecht beruhende Gestaltungsfestsetzungen nehmen an den Rechtswirkungen des Bebauungsplans teil und können daher im Normenkontrollverfahren auch in den Ländern überprüft werden, die von der Ermächtigung in § 47 I Nr. 2 VwGO keinen Gebrauch gemacht haben.[52] 8481

g) Normenkontrolle gegen funktionslose Bebauungspläne. Mit einem Normenkontrollantrag nach § 47 VwGO kann auch die Funktionslosigkeit eines Bebauungsplans geltend gemacht werden. Das OVG hat in diesem Fall die Ungültigkeit einzelner Festsetzungen auf Grund der eingetretenen Funktionslosigkeit festzustellen. Das Gericht ist daher nicht an die 8482

---

[43] So OVG Bautzen NVwZ 1998, 527.

[44] VGH München ZfBR 1999, 347.

[45] Zur Zulässigkeit der Vorlage nach Art. 100 I GG bei einem Streit darüber, ob ein Gesetz in Übereinstimmung mit den Vorschriften der Verfassung in Kraft gesetzt worden ist, BVerfGE 42, 263.

[46] BVerwG Beschl. v. 30.9.1992 – 4 NB 22.92, juris.

[47] Zum Anspruch auf Rückbau einer Straße oder auf entsprechende Schutzmaßnahmen zur Abwehr von Eingriffen in Rechte der benachbarten Grundstückseigentümer BVerwGE 94, 100.

[48] BVerwG NVwZ 2000, 815.

[49] OVG Münster Urt. v. 4.11.2002 – 7a D 141/00.NE, juris.

[50] BVerwG BauR 2002, 445.

[51] OVG Berlin ZfBR 1980, 51; offen gelassen vom OVG Münster BauR 1978, 209.

[52] OVG Münster NVwZ 1984, 595; entgegen OVG Saarlouis NVwZ 1983, 42.

Feststellung der Unwirksamkeit des Bebauungsplans begrenzt, wie es § 47 V 2 VwGO nahelegen könnte. die Regelung in § 47 II 1 VwGO, wonach der Normenkontrollantrag nur innerhalb eines Jahres nach Bekanntmachung der Rechtsvorschrift gestellt werden kann, auch dann anzuwenden ist, wenn der Antragsteller geltend macht, ein Bebauungsplan sei nach seiner Bekanntmachung wegen Funktionslosigkeit unwirksam geworden. Dies folgt nach Ansicht des BVerwG aus dem Wortlaut der Norm, der die Frist nicht davon abhängig macht, welche Gründe für die Unwirksamkeit der Rechtsnorm geltend gemacht werden. Sinn und Zweck des Normenkontrollverfahrens rechtfertigen es ebenfalls nicht, das Fristerfordernis auf solche Anträge unangewendet zu lassen, mit denen die nachträglich eingetretene Funktionslosigkeit einer Festsetzung geltend gemacht wird.[53]

8483 **h) Normenkontrolle gegen Veränderungssperren.** Eine umfassende antizipierte Normenkontrolle im Normenkontrollverfahren gegen eine Veränderungssperre kommt grundsätzlich nicht in Betracht. Das Abwägungsgebot des § 1 VII BauGB findet auf die Veränderungssperre selbst keine Anwendung.[54]

2. Andere im Rang unter dem Landesgesetz stehenden Rechtsvorschriften

8484 **a) Erforderlichkeit einer landesgesetzlichen Eröffnung.** Die Zulässigkeit der Normenkontrolle gegen sonstige untergesetzliche Rechtsvorschriften ist von einer entsprechenden Regelung abhängig. Davon haben die Länder Nordrhein-Westfalen,[55] Baden-Württemberg, Bayern, Bremen, Hessen, Niedersachsen, Rheinland-Pfalz und Schleswig-Holstein und Saarland Gebrauch gemacht, während in Berlin und Hamburg entsprechende gesetzliche Zulassungsregelungen fehlen.[56]

8485 Der Überprüfung im Normenkontrollverfahren können nach Maßgabe des jeweiligen Landesrechts Rechtsverordnungen einschließlich Polizeiverordnungen, Durchführungs- und Ausführungsverordnungen, Organisationsverordnungen, rechtsetzende Vereinbarungen, Anstaltsordnungen, autonome Satzungen, abgeleitetes Gewohnheitsrecht und generelle Regelungen in besonderen Pflichtenverhältnissen unterliegen.

8486 In welchem Umfang der Landesgesetzgeber Normenkontrollen gegen landesrechtliche Regelungen eröffnet, liegt in seinem Ermessen. Es verstößt nicht gegen Bundesrecht, wenn eine Vorschrift des Landesrechts Rechtsverordnungen von Landesministerien im Gegensatz zu anderen im Range unter dem Landesgesetz stehenden Rechtsvorschriften nicht der Normenkontrolle nach § 47 I Nr. 2 VwGO unterwirft.[57]

8487 Ein Normenkontrollantrag ist unzulässig, wenn er sich nicht gegen die untergesetzliche Rechtsvorschrift, sondern ausschließlich gegen das Ermächtigungsgesetz selbst richtet.[58]

8488 **b) Erfordernisse der Raumordnung.** In einem Regionalplan enthaltene Ziele der Raumordnung (§ 3 I Nr. 2 ROG) sind Rechtsvorschriften iS des § 47 I Nr. 2 VwGO, die den Charakter von Außenrechtsvorschriften haben. Sie können auch als Regelungen mit beschränktem Adressatenkreis Außenwirkungen entfalten und daher vom Zieladressaten zum Gegenstand einer Normenkontrolle gemacht werden, auch wenn der Landesgesetzgeber für den Regionalplan keine Rechtsform vorgibt.[59] Dies gilt insbesondere für die Gemeinden, die

---

[53] BVerwG ZfBR 2022, 159; zum Rechtsschutz gegen funktionslose Pläne siehe auch Berkemeier Geltungsverlust und Unanwendbarkeit von Plänen aufgrund von Funktionslosigkeit, 2019, S. 230 ff.

[54] OVG Koblenz NVwZ-RR 2013, 258; OVG Koblenz ZfBR 2012, 374; OVG Lüneburg ZfBR 2004, 281. Zu den materiell-rechtlichen Anforderungen an die Zulässigkeit einer Veränderungssperre vergleiche BVerwGE 120, 138

[55] Zur zwischenzeitlichen Einführung der Normenkontrolle für untergesetzliches Landesrecht in NRW Wedel/Mulders NVwZ 2021, 1826; zu Zielen der Raumordnung in Landes- und Regionalplänen als Gegenstand verwaltungsgerichtlicher Normenkontrollanträge von Kommunen in Nordrhein-Westfalen Beckmann NWVBL 2021, 181; zur gerichtlichen Kontrolle von Raumordnungsplänen in Nordrhein-Westfalen siehe Beckmann NWVBL 2024 Sonderheft August, 53 ff.

[56] Siehe dazu die Gesetzesnachweise im Einzelnen bei Giesberts in BeckOK, VwGO, 2023, § 47 Rn. 24.

[57] BVerwG DVBl. 1991, 172.

[58] VGH München BayVBl. 1983, 564. Zulässig ist der Normenkontrollantrag dagegen, wenn er die untergesetzliche Rechtsvorschrift zur Überprüfung stellt, zugleich aber eine Inzidentkontrolle der Ermächtigungsgrundlage anstrebt.

[59] BVerwGE *119*, 217; VGH München Urt. v. 24.6.2020 – 15 N 18.295, BeckRS 2020, 16904; VGH Mannheim Urt. v. 22.11.2013 – 3 S 3356/11, BeckRS 2013, 19796.

ihre Planungen an die Ziele der Raumordnung anzupassen haben (§ 1 III BauGB). Die Ausweisung von Vorrangstandorten im Regionalen Raumordnungsprogramm kann daher wegen ihrer unmittelbaren Rechtswirkung von Gemeinden und anderen Planbetroffenen mit der Normenkontrolle angefochten werden.[60]

Die Rechtsprechung, nach der nur die in einem Regionalplan enthaltenen Ziele der Raumordnung untergesetzliche Rechtsvorschriften iSd § 47 I Nr. 2 VwGO sind, ist hinterfragungsbedürftig.[61] Raumordnungsgrundsätze sind nach Ansicht des BVerwG und auch des OVG Münster keine Rechtsvorschriften iSd § 47 I Nr. 2 VwGO.[62] Diese Rechtsprechung überzeugt nicht.[63] Denn auch Grundsätze der Raumordnung lösen verbindliche Pflichten, nämlich Berücksichtigungspflichten, aus; auch die raumplanerische Festlegung von Grundsätzen der Raumordnung muss auf einer hinreichenden planerischen Abwägung beruhen, die gerichtlich auf Abwägungsfehler überprüft werden kann. § 47 I Nr. 2 VwGO setzt nach Ansicht des BVerwG nicht voraus, dass alle in einem Raumordnungsplan enthaltenen Einzelregelungen ein und dieselbe Rechtsqualität aufweisen. Vielmehr ist für jede Regelung gesondert zu prüfen, ob sie den Kriterien genügt, die für eine Rechtsvorschrift unabdingbar sind. Es kommt daher für die Zulässigkeit einer verwaltungsgerichtlichen Normenkontrolle gegen Ziele der Raumordnung eines Raumordnungsplans nicht darauf an, ob der Plan insgesamt als untergesetzliche Rechtsvorschrift angesehen werden kann.[64] Dass Raumordnungsgrundsätze keine im Range unter dem Landesgesetz stehenden Rechtsvorschriften sein sollen, gilt nach der Rechtsprechung insbesondere auch für die Festlegung von Vorbehaltsgebieten iSv § 7 III 2 Nr. 3 ROG, die als Gewichtungsvorgaben auf Abwägungs- oder Ermessensentscheidungen einwirken, jedoch anders als Ziele der Raumordnung im Rahmen der Abwägung durch öffentliche oder private Belange von höherem Gewicht überwunden werden dürfen. Gewichtungsvorgaben, die die Festlegung eines Vorbehaltsgebiets von sonstigen Grundsätzen der Raumordnung unterscheiden, rechtfertigten es nicht, so das BVerwG, Vorbehaltsgebiete als untergesetzliche Rechtsvorschrift iSd § 47 I Nr. 2 VwGO zu qualifizieren.[65] Das BVerwG begründet dies damit, dass eine Festlegung, den im Raumordnungsplan bestimmten Funktionen oder Nutzungen bei der Abwägung ein besonderes Gewicht beizumessen, zwar eine Rechtspflicht sei. Ob sich der zu berücksichtigende Grundsatz der Raumordnung im Rahmen der Abwägung jedoch gegen andere Belange durchsetze, hänge aber von der konkreten Planungssituation ab. Dies gelte auch, wenn der Planungsträger verpflichtet werde, einen bestimmten Belang in der Abwägung nicht nur zu berücksichtigen, sondern ihm ein besonderes Gewicht beizumessen. Auch das besondere Gewicht lasse sich nicht abstrakt im Voraus bestimmen. Ob der raumbedeutsamen Funktion oder Nutzung in einem Vorbehaltsgebiet der Vorrang gegenüber anderen Belangen zukomme, hänge somit stets von der konkreten Planungssituation ab. Wegen dieser Abwägungsoffenheit fehle es dem Vorbehaltsgebiet an der Verbindlichkeit, die es rechtfertige und erfordere, den Begriff der Rechtsvorschrift iSd § 47 I Nr. 2 VwGO auf planerische Festlegungen zu erstrecken, die nicht förmlich als Rechtsnorm beschlossen oder für verbindlich erklärt worden seien.[66] 8489

Gemeinden, die durch Ziele der Raumordnung unmittelbar in ihrer Bauleitplanung gebunden sind (§ 1 IV BauGB), können nach Maßgabe der Zulassung durch Landesrecht gegen die Regionalpläne nach § 47 I Nr. 2 VwGO eine Normenkontrolle erheben.[67] Für betroffene Bürger ist die Normenkontrolle allerdings nur statthaft, wenn sie durch eine Zielbindung in vergleichbarer Weise unmittelbar in ihren Rechten betroffen sein können.[68] Nachbarn, die 8490

---

[60] OVG Lüneburg ZfBR 2009, 150.

[61] OVG Münster Urt. v. 3.5.2022 – 11 D 135/20.NE, juris Rn. 92; BVerwG NuR 2004, 362; VGH München UPR 2004, 458; siehe dazu auch Beckmann NWVBL 2021, 181; Beckmann NWVBL 2024, Sonderheft August, 53 ff.

[62] BVerwG BauR 2009, 1570; OVG Münster Urt. v. 3.5.2022 – 11 D 135/20.NE, juris Rn. 107; aA zu Recht Goppel in Spannowsky/Runkel/Goppel, ROG, 2018, § 4 Rn. 102; VGH München Urt. v. 22.1.2009 – 4 N 08.708, juris.

[63] Siehe dazu Beckmann EuRUP 2024, 15 (17).

[64] BVerwG NuR 2004, 362 (363); Hendler NuR 2004, 485.

[65] BVerwG BauR 2009, 1570; VGH Kassel Beschl. v. 14.7.2020 – 4 C 2108/15 N, juris Rn. 39.

[66] BVerwG Beschl. v. 15.6.2009 - 4 BN 10.09, juris Rn. 10; VGH Kassel Beschl. v. 14.7.2020 – 4 C 2108/15 N, juris Rn. 39; VGH Kassel, Urt. v. 17.3.2011 - 4 C 883/10.N, juris Rn. 25.

[67] BVerwGE 119, 217.

[68] BVerwG NVwZ 2007, 229.

sich gegen eine Ausweisung von Eignungs- oder Vorranggebieten wenden, gehen daher in einem Normenkontrollverfahren mangels eigener unmittelbarer Betroffenheit durch die Ziele des Regionalplans im Normenkontrollverfahren auch weiterhin leer aus. Es verbleibt daher bei der ständigen Rechtsprechung des BVerwG, wonach Festlegungen in Regionalplänen ebenso wie Regelungen in Zulassungsentscheidungen für einen eingeschränkten Adressatenkreis regelnde Wirkungen haben, während andere von diesen Regelungen nicht betroffen werden.[69]

8491 Eine durch Gesetz geänderte Norm einer landesrechtlichen Rechtsverordnung, hinsichtlich der die Rückkehr zum einheitlichen Verordnungsrang angeordnet worden ist **(„Entsteinerungsklausel")**, kann eine im Range unter dem Landesgesetz stehende Rechtsvorschrift iS von § 47 I Nr. 2 VwGO sein. Vorbehaltlich landesrechtlicher Besonderheiten kann eine solche Vorschrift Gegenstand einer verwaltungsgerichtlichen Normenkontrolle sein.[70]

3. Rechtsschutz bei Verfassungsgerichten

8492 Ergänzend zum verwaltungsgerichtlichen Rechtsschutz kommt für Gemeinden und Gemeindeverbände auch verfassungsgerichtlicher Rechtsschutz im Wege einer Kommunalverfassungsbeschwerde in Betracht, wenn das jeweilige Verfassungsprozessrecht der Bundesländer eine solche Möglichkeit eröffnet. Anerkannt wurde diese Rechtsschutzmöglichkeit vom VerfGH NRW erstmalig im Jahre 1989.[71] Sie erstreckt sich auch auf Braunkohlenpläne, bei denen es sich der Sache nach um Regionalpläne mit sachlich und räumlich begrenztem Gegenstand handelt.[72] Angesichts der beim VerfGH NRW im Vergleich zur verwaltungsgerichtlichen Normenkontrolle erheblich eingeschränkten Prüfungsmaßstäbe war und ist dieser Rechtsschutz allerdings weniger effektiv und auch für Gemeinden keineswegs geeignet, die bis zum Jahr 2019 in NRW noch fehlende Möglichkeit einer verwaltungsgerichtlichen Normenkontrolle zu kompensieren. Zu den eingeschränkten Prüfungsmaßstäben des VerfGH NRW wird erläutert, die verfassungsgerichtliche Überprüfung der Regionalpläne sei grundsätzlich auf die Frage einer Verletzung des Verfassungsrechts beschränkt und könne daher nicht den Umfang an Rechtsschutz vermitteln, der von dem, in seinen Prüfungsmaßstäben insoweit nicht beschränkten OVG Münster im Verfahren nach § 47 I Nr. 2 VwGO gewährt werden könnte.[73] Eine verfassungsgerichtliche Überprüfung könne die Rechtmäßigkeitsprüfung nicht auf einfach-rechtliche, insbesondere fachplanungsrechtliche Vorschriften, zB solche des LPlG, oder gar auf Verwaltungsvorschriften, wie zB solchen des Abstandserlasses NRW, als Prüfungsmaßstab erstrecken. Eine derart umfassende Prüfungskompetenz habe der VerfGH NRW zu Recht abgelehnt.[74]

8493 Rechtsschutz gegen Raumordnungspläne begehren seit jeher zwar vor allem Gemeinden, die sich insbesondere über die Beachtenspflicht des § 1 IV BauGB an die in Raumordnungsplänen aufgestellten Ziele der Raumordnung in ihrer Planungshoheit beeinträchtigt sehen können. In zunehmendem Maße ist der Rechtsschutz gegen Raumordnungspläne jedoch auch für Personen des Privatrechts, für Bauherren und Vorhabenträger, von Bedeutung, weil ihre Bindung an die Raumordnungsziele in der Vergangenheit erheblich verstärkt wurden, vor allem durch § 35 III. 2, 3 BauGB und § 4 Abs. Nr. 2, Abs. 3 Nr. 2 ROG.[75]

---

[69] BVerwGE 56, 110.

[70] BVerwG NVwZ 2003, 730.

[71] VerfGH NRW NVwZ 1990, 456; Beckmann Städte- und Gemeinderat 1990, 87; Beckmann NWVBL 2024, Sonderheft August, 53 (58).

[72] VerfGH NRW NWVBL 1997, 333, 334.siehe dazu Beckmann Städte- und Gemeinderat 1996, 269 ff.; Bertrams NWVBL 2007, 366.

[73] Bertrams in FS für Hoppe, 2000, 975 (982).

[74] Bertrams in FS für Hoppe, 2000, 975 (982); siehe auch Dietlein Kommunale Verfassungsbeschwerden vor dem Verfassungsgerichtshof, in FS zum 50-jährigen Bestehen des Verfassungsgerichtshofs, 2002, 117 (123).

[75] zum Rechtsschutz gegen Raumordnungspläne siehe Beckmann NWVBL 2024 Sonderheft August, 53; Schubert in Kment, ROG, 2019, Einf. C, Rn. 1 ff.; Runkel in Bielenberg/Runkel/Spannowsky, ROG, 2020, § 4 Rn. 496 ff.; Uechtritz ZUR 2017, 479; Goppel in Spannowsky/Runkel/Goppel, ROG, 2018, § 4 Rn. 82 ff.; Beckmann NWVBl. 2021, 181.

II. Antragsbefugnis (§ 47 II VwGO)

Der Normenkontrollantrag kann nach § 47 II VwGO von jeder natürlichen oder juristischen Person gestellt werden, die geltend macht, durch die Rechtsvorschrift oder deren Anwendung in ihren Rechten verletzt zu sein oder in absehbarer Zeit verletzt zu werden, sowie von jeder Behörde. 8494

Der Antrag ist gegen die Körperschaft, Anstalt oder Stiftung zu richten, welche die Rechtsvorschrift erlassen hat. Das OVG kann dem Land und anderen juristischen Personen des öffentlichen Rechts, deren Zuständigkeit durch die Rechtsvorschrift berührt wird, Gelegenheit zur Äußerung binnen einer zu bestimmenden Frist geben. Durch das Erfordernis einer möglichen eigenen Rechtsverletzung für natürliche und juristische Personen soll die Popularklage ausgeschlossen werden. Zugleich wird damit deutlich, dass die Normenkontrolle nicht nur Elemente eines objektiven Rechtsbeanstandungsverfahrens hat, sondern auch am subjektiven Rechtsschutz des einzelnen ausgerichtet ist. 8495

1. Geltendmachung einer Rechtsverletzung

An die Geltendmachung einer Rechtsverletzung nach § 47 II 1 VwGO sind grundsätzlich dieselben Anforderungen zu stellen, wie sie für die Klagebefugnis nach § 42 II VwGO gelten.[76] Der dortigen „Adressatentheorie" ähnlich ist die Antragsbefugnis nach § 47 II 1 VwGO regelmäßig zu bejahen, wenn sich ein Eigentümer eines im Plangebiet gelegenen Grundstücks gegen eine bauplanerische Festsetzung wendet, die unmittelbar sein Grundstück betrifft.[77] Es reicht der hinreichend substantiierte Tatsachenvortrag, dass der Antragsteller durch die Festsetzungen des Bebauungsplans in seinem Grundeigentum verletzt wird. Die Antragsbefugnis fehlt, wenn nach keiner Betrachtungsweise subjektive Rechte verletzt sein können.[78] Für die Antragsbefugnis gem. § 47 II Nr. 1 VwGO ist ausreichend, dass der Antragsteller hinreichend substantiiert Tatsachen vorträgt, die es zumindest als möglich erscheinen lassen, dass er durch den zur Prüfung gestellten Rechtssatz in einem subjektiven Recht verletzt wird.[79] Wer sich als nicht unmittelbar betroffener Grundstückseigentümer gegen einen Bebauungsplan wendet, muss daher zur Antragsbefugnis im Normenkontrollverfahren aufzeigen, dass sein aus dem Abwägungsgebot (§ 1 VII BauGB) folgendes Recht verletzt sein kann.[80] 8496

Nach Auffassung des BVerwG hat auch im Bereich der Bauleitplanung das in § 1 VII BauGB enthaltene **Abwägungsgebot** drittschützenden Charakter hinsichtlich solcher privaten Belange, die für die Abwägung erheblich sind.[81] Erforderlich, aber auch ausreichend für die Antragsbefugnis nach § 47 II 1 VwGO ist, dass der Antragsteller hinreichend substantiiert Tatsachen vorträgt, die es zumindest als möglich erscheinen lassen, dass er durch die Festsetzungen des Bebauungsplans in einem subjektiven Recht verletzt wird. Die Geltendmachung einer Rechtsverletzung des Rechts auf gerechte Abwägung ist grundsätzlich an keine höheren Anforderungen geknüpft; auch insoweit reicht es aus, dass der Antragsteller Tatsachen vorträgt, die eine fehlerhafte Behandlung seiner Belange in der Abwägung als möglich erscheinen lassen.[82] Antragsbefugt ist hiernach, wer sich auf einen abwägungserheblichen privaten Belang berufen kann; denn wenn es einen solchen Belang gibt, besteht grundsätzlich auch die Möglichkeit, dass die Gemeinde ihn bei ihrer Abwägung nicht korrekt berücksichtigt hat. Die Antragsbefugnis ist jedoch dann nicht gegeben, wenn eine Rechtsverletzung offensichtlich und eindeutig nach jeder Betrachtungsweise ausscheidet. Hiervon ist insbesondere auszugehen, wenn das Interesse des Betroffenen geringwertig, nicht schutzwürdig, für die Gemeinde nicht erkennbar oder sonst makelbehaftet ist.[83] 8497

---

[76] BVerwG NVwZ 1998, 732; NJW 1999, 592; Stüer BauR 1999, 1221.

[77] BVerwG NVwZ-RR 1998, 416; NVwZ 1998, 732; ein Grundstückskäufer kann antragsbefugt sein, wenn beim Grundbuchamt der Antrag auf Eigentumsumschreibung gestellt ist, BVerwG BauR 1996, 517; ein Nacherbe ist vor Eintritt des Nacherbfalls nicht antragsbefugt BVerwG BauR 1998, 289.

[78] BVerwG Beschl. v. 20.11.2007 – 7 BN 4.07, BeckRS 2007, 28197.

[79] BVerwG ZfBR 1995, 269, 271; BVerwG NVwZ 1996, 901; Beschl. v. 22.12.2004 – 4 B 75.04, juris.

[80] VGH München Urt. v. 16.6.2006 – 1 N 04.2804, BeckRS 2009, 36463; BVerwG NVwZ 1998, 732.

[81] BVerwG NJW 1999, 592; Stüer BauR 1999, 1221; NVwZ 1999, 987.

[82] BVerwG BauR 2013, 753.

[83] BVerwG ZfBR 2014, 159; NVwZ 2004, 1120; NVwZ 2012, 185; Reidt UPR 2011, 442; BVerwGE 117, 209.

2. Antragsbefugnis von Eigentümern

8498 Die Antragsbefugnis wegen einer möglichen Eigentumsverletzung ist regelmäßig nur zu bejahen, wenn sich ein Eigentümer eines im Plangebiet gelegenen Grundstücks gegen eine bauplanerische Festsetzung wendet, die unmittelbar sein Grundstück betrifft.[84] Ein Grundeigentümer, der sich gegen die Änderung von Festsetzungen für andere Grundstücke im ursprünglichen Plangebiet zur Wehr setzt, kann seine Antragsbefugnis aus einer möglichen Verletzung des Abwägungsgebots herleiten. Die so begründete Antragsbefugnis reicht weiter als die wegen einer möglichen Eigentumsverletzung in Betracht kommende Antragsbefugnis, weil das Abwägungsgebot nach der Rechtsprechung des Senats drittschützenden Charakter hat. In die Abwägung einzustellen sind freilich nur schutzwürdige Belange, die durch die Planänderung berührt werden. Sind solche Belange nicht ersichtlich, ist die Antragsbefugnis zu verneinen.[85]

8499 Gegenüber einem Bebauungsplan ist auch antragsbefugt, wer das Grundstück erst nach Planerlass erworben hat[86] nicht jedoch der Kaufinteressent, der noch keine gesicherte schuldrechtliche oder dingliche Rechtsposition erworben hat. Ein Landwirt ist antragsbefugt bei einer im Bebauungsplan vorgesehenen Wohngebietsausweisung, die seine erkennbaren Erweiterungsmöglichkeiten beeinträchtigt,[87] ein Grundstückseigentümer, der sich durch eine wasserrechtliche Verordnung in der Ausübung seines Gemeingebrauchs behindert sieht.[88] Auch die Festlegung eines Entwicklungsbereichs nach § 165 BauGB oder eines Sanierungsgebiets nach § 142 BauGB kann wegen des dadurch geschaffenen städtebaulichen Sonderrechts zur Antragstellung berechtigen.[89] Einen Nachteil iS von § 47 II 1 VwGO kann der Eigentümer eines Grundstücks auch dann erleiden, wenn die im Bebauungsplan festgesetzte Nutzungsart der im Zeitpunkt der Planaufstellung tatsächlichen Nutzung seines Grundstücks entspricht.[90]

8500 **a) Geringwertige und makelbehaftete Interessen.** Nicht jeder private Belang ist für die Abwägung erheblich, sondern nur solche Belange, die in der konkreten Planungssituation einen städtebaulichen Bezug haben. Nicht abwägungsbeachtlich sind insbesondere geringwertige oder mit einem Makel behaftete Interessen, auf deren Fortbestand kein schutzwürdiges Vertrauen besteht oder die für die Gemeinde bei der Entscheidung über den Bebauungsplan nicht erkennbar waren.[91] Ein Normenkontrollantrag ist unzulässig, wenn der Antragsteller nur solche eigenen Belange geltend macht, die allenfalls eine geringfügige Betroffenheit ergeben, so dass sie im Rahmen der planerischen Abwägung unberücksichtigt bleiben dürfen. Die bloße Behauptung einer theoretischen Rechtsverletzung genügt nicht zur Geltendmachung einer Rechtsverletzung im Sinne von § 47 II 1 VwGO, wenn die Behauptung nur vorgeschoben ist und das tatsächliche Vorliegen einer Rechtsverletzung ausscheidet. Die Antragsbefugnis fehlt allerdings nicht, wenn dies erst durch eine über Plausibilitätserwägungen hinausgehende eingehende Prüfung oder über die Antragsschrift hinaus erst durch Auswertung des gesamten Prozessstoffs festgestellt werden könnte.[92] Die Antragsbefugnis setzt nicht voraus, dass der Antragsteller überhaupt geltend macht, die Gemeinde sei zu einem anderen Abwägungsergebnis verpflichtet gewesen, denn ausreichend für einen Abwägungsfehler ist bereits, dass sich das Planungsergebnis als nicht hinreichend abgewogen erweist. Es ist ausreichend, dass ein Antragsteller als Rechtsverletzung geltend macht, sein abwägungsrelevanter Belang sei in der Abwägung zu kurz gekommen.[93]

8501 **b) Abwägungsrelevante Belange.** Das Interesse, mit einem bisher nicht bebaubaren Grundstück in den Geltungsbereich eines Bebauungsplans einbezogen zu werden,[94] ist für sich genommen kein abwägungserheblicher Belang, der dem Eigentümer die Antragsbefugnis für

---

[84] BVerwG BRS 63 Nr. 45; BRS 60 Nr. 44; BRS 59 Nr. 36; BRS 79 Nr. 63; BVerwG NJW 1999, 592; Stüer BauR 1999, 1221.

[85] BVerwG Beschl. v. 17.6.2014 – 4 BN 15.14, BeckRS 2014, 54540.

[86] BVerwG NJW 1980, 1061; OVG Saarlouis UPR 1985, 142.

[87] OVG Lüneburg ZfBR 1983, 281.

[88] VGH München DVBl. 1978, 113.

[89] OVG Lüneburg ZfBR 1980, 97.

[90] BVerwG DVBl. 1993, 448; NVwZ 1993, 561.

[91] BVerwGE 59, 87.

[92] OVG Münster Urt. v. 1.12.2011 – 2 D 96/10.NE, BeckRS 2012, 45115.

[93] BVerwG ZfBR 2011, 566.

[94] BVerwG BauR 2007, 1711.

eine Normenkontrolle (§ 47 II 1 VwGO) vermitteln kann.[95] Denn das BauGB begründet weder einen Anspruch auf Aufstellung, Änderung, Ergänzung oder Aufhebung eines Bebauungsplans noch einen Anspruch auf fehlerfreie Bauleitplanung.[96] Das bloße Interesse eines Eigentümers, das Plangebiet entgegen den bisherigen planerischen Vorstellungen auf sein Grundstück ausgedehnt zu sehen, muss von der Gemeinde nicht in die Abwägung einbezogen werden. Ein derartiges Interesse an der Verbesserung des bauplanungsrechtlichen status quo und damit an der Erweiterung des eigenen Rechtskreises ist eine bloße Erwartung, die nicht schutzwürdig und damit auch nicht abwägungserheblich ist. Das ergibt sich aus dem Rechtscharakter der gemeindlichen Bauleitplanung und den rechtlichen Bindungen, denen diese Planung unterliegt.[97] Auch das Interesse eines Eigentümers, sein Grundstück im Hinblick auf etwaige Städtebauförderungsmittel in ein festzulegendes Sanierungsgebiet einbezogen zu sehen, stellt keinen abwägungserheblichen Belang dar, den eine Gemeinde bei der Gebietsabgrenzung zu berücksichtigen hätte, und vermag daher auch keine Antragsbefugnis für ein Normenkontrollverfahren zu begründen.[98] Etwas anderes kann wohl nur gelten, wenn ein Grundstück willkürlich nicht in die Planung einbezogen worden ist.[99]

Der Eigentümer eines Grundstücks, für das ein Bebauungsplan Festsetzungen trifft, ist nach **8502** den vorgenannten Maßstäben grundsätzlich nach § 47 II 1 VwGO antragsbefugt. Seine Antragsbefugnis hängt in der Regel nicht von der zusätzlichen Voraussetzung ab, dass er sich gegen die konkret für das eigene Grundstück im Bebauungsplan getroffene Festsetzung wendet.[100] An einer möglichen Rechtsverletzung „durch" die angegriffene Norm oder deren Anwendung fehlt es, wenn die geltend gemachte Beeinträchtigung nicht in einer solchen Beziehung zur Rechtsvorschrift steht, welche die Schutzwürdigkeit des angeführten Interesses gerade im Verhältnis zur normativen Regelung vermittelt.[101] Der Normenkontrollantrag eines Antragstellers, der im Rahmen der Planoffenlegung keine Einwendungen erhoben hat, ist allerdings nicht unzulässig, wenn der Antrag auf eine nachträglich eingetretene Änderung der Sachlage gestützt ist und die Einwendungen in der Planoffenlegung noch nicht hatten vorgebracht werden können.[102]

Verringert sich planbedingt die vorhandene Belastung durch den Verkehrslärm und fordert **8503** der Eigentümer eines außerhalb des Plangebiets gelegenen Grundstücks Planänderungen mit dem Ziel zusätzlicher Verminderungen der Verkehrslärmbelastung, genügt dies für sich allein nicht zur Annahme der Antragsbefugnis. Um Popularklagen auszuschließen, ist auch nach der bisherigen Fassung des § 47 II 1 VwGO das negative Betroffensein in einem ideellen Interesse – wie etwa in dem Wunsch nach Erhaltung der deutschen Landschaft – für sich allein kein nach § 47 II VwGO beachtlicher abwägungserheblicher Belang. Es musste daher zwischen der beabsichtigten Nutzung und der angegriffenen Rechtsnorm nicht nur ein theoretischer, sondern ein handgreiflich praktischer Zusammenhang bestehen, der die Behauptung der Antragsteller einleuchtend erscheinen lässt, dass ihnen etwaige Nachteile bereits durch die angefochtene Rechtsnorm entstehen können.[103] Die Rechtsprechung des BVerwG fasst daher mit dem Recht auf Abwägung in § 47 II 1 VwGO die Antragsbefugnis im Normenkontrollverfahren im Ergebnis bewusst weiter als in § 42 II VwGO, wonach die Klagebefugnis nur bei einer möglichen Rechtsverletzung außerhalb des Planaufstellungsverfahrens gegeben ist. Es sollte lediglich verhindert werden, dass das verwaltungsgerichtliche Normenkontrollverfahren iS von Popularanträgen missbraucht wird.

c) Betroffenheiten außerhalb des Plangebiets. Auch außerhalb des Plangebietes Betrof- **8504** fene sind zur Antragstellung gegen einen Bebauungsplan befugt, wenn ihre Interessen in die Planabwägung einzustellen sind.[104] Auch die zu erwartende Umlegung kann ein solcher abwä-

---

95 BVerwG NVwZ 2004, 1120.

96 BVerwG Beschl. v. 2.9.2009 – 4 BN 16.09, BeckRS 2009, 39250.

97 BVerwG EurUP 2004, 163; BVerwG NVwZ 2004, 220; NVwZ-RR 2003, 7; BVerwGE 114, 301.

98 VGH Mannheim Urt. v. 24.3.2011 – 5 S 163/09, BeckRS 2011, 49995.

99 Dürr DÖV 1990, 136; VGH Mannheim VBlBW 1995, 204; OVG Bautzen NVwZ 1996, 1028; OVG Greifswald LKV 1999, 68.

100 BVerwG BauR 2006, 352.

101 BVerwG Beschl. v. 7.11.2007 – 4 BN 47.07, 4 BN 40.07, BeckRS 2007, 27903.

102 OVG Saarlouis BauR 2011, 1700.

103 An diesen unmittelbaren Zusammenhang fehlt es etwa bei einem nur vorübergehenden Baulärm, der sich für Grundstücke außerhalb des Plangebietes ergibt, so BVerwG ZfBR 1999, 225.

104 BVerwG NJW 1980, 1061; VGH München Urt. v. 9.2.1998 – 15 N 97.3241, juris für einen landwirtschaftlichen Betrieb und eine heranrückende Wohnbebauung. Zur Antragsbefugnis eines Eigentümers

gungsbeachtlicher Nachteil sein.[105] Überhaupt ist das Recht auf Abwägung der eigenen abwägungserheblichen Belange bei Normenkontrollanträgen gegen Bebauungspläne weit zu fassen, wobei allerdings die Geringfügigkeit sowie die fehlende Erkennbarkeit und die Schutzwürdigkeit der betroffenen Interessen zu Einschränkungen führen. Die Antragsbefugnis einer Kirchengemeinde im Normenkontrollverfahren kann allerdings grundsätzlich nicht mit ihrer Pflicht zur Seelsorge gegenüber ihren Gemeindeangehörigen begründet werden.[106]

8505 Die erstrebte Einbeziehung eines Grundstücks in den Geltungsbereich eines Bebauungsplans und das damit verbundene Interesse des Eigentümers an der Verbesserung des bauplanungsrechtlichen Status quo seines Grundstücks und an der Erweiterung des eigenen Rechtskreises ist eine Erwartung, die nicht schutzwürdig und folglich nicht abwägungsbeachtlich nach § 1 VI BauGB ist. Das bloße Interesse rechtfertigt keine Antragsbefugnis nach § 47 II 1 VwGO für eine Normenkontrolle. Eine Antragsbefugnis ist ausnahmsweise für den Fall denkbar, dass ein Grundstück „willkürlich" nicht in den Bebauungsplan oder dessen Änderung einbezogen wird.[107] Das gilt nicht nur, wenn der Eigentümer die Einbeziehung seines Grundstücks in einen neu aufgestellten Bebauungsplan begehrt, sondern auch, wenn er aus Anlass der Änderung eines Teilbereichs eines vorhandenen Bebauungsplans eine Änderung auch von Festsetzungen im restlichen Plangebiet beansprucht.[108]

8506 **d) Zwangspunkte.** Werden durch einen Bebauungsplan Zwangspunkte für einen folgenden Bauabschnitt einer geplanten Umgehungsstraße gesetzt, ist auch derjenige in einem Normenkontrollverfahren antragsbefugt, der erst durch den Folgeabschnitt betroffen ist. Die planende Gemeinde kann allerdings grundsätzlich solche Betroffenheiten unberücksichtigt lassen, die sich unmittelbar erst in anderen, regelmäßig späteren Planungen mit anderem Geltungsbereich realisieren; eine Ausnahme von diesem Grundsatz ist geboten, wenn ein enger konzeptioneller Zusammenhang zwischen den Planungsbereichen besteht, auf den die Gemeinde erkennbar abstellt und der Grundlage ihrer Abwägung im vorausgehenden Planungsgebiet ist. Unter diesen Voraussetzungen sind die später betroffenen Grundeigentümer bereits im Normenkontrollverfahren gegen den vorausgehenden Bebauungsplan antragsbefugt.[109] Ein potenzieller Bauherr kann die Beschränkung der Nutzung eines in einer Ausschlusszone gelegenen Grundstücks auch dann einer gerichtlichen Kontrolle zuführen, wenn er nicht Grundstückseigentümer ist. Allerdings muss sich das Normenkontrollgericht von der Ernsthaftigkeit seiner Absicht überzeugen, was substanziierten Sachvortrag voraussetzt.[110]

8507 **e) Erforderlichkeit eines städtebaulichen Bezugs.** Für die Antragsbefugnis maßgeblich sind nur Belange, die in der konkreten Planungssituation einen städtebaulichen Bezug haben.[111] Auch **Standortzuweisungen** in einem **Flächennutzungsplan** wie etwa eine Biogasanlage im Außenbereich, die einen vorhabenbezogenen Bebauungsplan vorbereiten sollen, können die konkrete Aussicht auf einen Nutzungsvorteil begründen, der in der Bebauungsplanung als privater Belang des Grundeigentümers abwägungserheblich ist. Weicht der Bebauungsplan von der Standortzuweisung im Flächennutzungsplan ab, kann der betroffene Grundeigentümer in seinem Anspruch auf gerechte Abwägung (§ 1 VII BauGB) verletzt und im Verfahren der Normenkontrolle (§ 47 VwGO) antragsbefugt sein.[112]

---

außerhalb des Planbereichs wegen Auswirkungen des Plans, die ebenfalls außerhalb des Planbereichs entstehen: BVerwG ZfBR 1999, 225; VGH Mannheim BauR 2006, 2106 (LS), BVerwG NVwZ-RR 1998, 420. Zur Antragsbefugnis eines Bergbauunternehmens (Tontagebau) gegen einen teilweise angrenzenden Bebauungsplan zur Ausweisung eines „Sondergebiets Naherholung" OVG Koblenz Urt. v. 24.3.2011 – 1 C 11128/10, juris.

[105] VGH Mannheim BauR 1982, 160.

[106] BVerwG DVBl. 1991, 826.

[107] BVerwG NordÖR 2004, 284.

[108] BVerwG ZfBR 2007, 685.

[109] BVerwG NVwZ 2012, 185; Reidt UPR 2011, 442. Zur Frage, welche Grundstücke die Gemeinde auch ohne Einwendungen ihrer Nutzer/Eigentümer in Blick nehmen muss, wenn sie im Wege der Angebotsplanung ein Industriegebiet entwickelt, OVG Lüneburg Urt. v. 17.11.2011 – 1 KN 71/08, BeckRS 2012, 45024.

[110] BVerwG Beschl. v. 21.3.2019 – 4 BN 11.19, BeckRS 2019, 9302.

[111] OVG Magdeburg Urt. v. 29.4.2005 – 2 K 328/00, juris.

[112] BVerwG NVwZ 2007, 825.

8508 **f) Wirtschaftliche und ideelle Nachteile.** Schwierigkeiten bereiten die Abgrenzung bei lediglich wirtschaftlichen oder ideellen Nachteilen, bei denen die Rechtsprechung eher zur Zurückhaltung neigt. So führt der Wunsch nach Beibehaltung der bestehenden Verkehrsverhältnisse vor dem eigenen Anwesen, die Erhaltung einer benachbarten Grünfläche oder naturschutzrechtliche Bestimmungen nicht ohne weiteres zu einer Antragsbefugnis.[113]

8509 Auch die Verschlechterung der **Wettbewerbssituation** für ein ansässiges Kaufhaus durch ein neu geplantes Großkaufhaus sowie die Konkurrenzverhältnisse untere verschiedenen Möbelmärkten[114] sind wegen fehlender Schutzwürdigkeit keine abwägungserheblichen Belange mit subjektivem Einschlag,[115] weil die davon Betroffenen mit einer derartigen Entwicklung rechnen müssen. Setzte ein Bebauungsplan etwa in einer Ortsrandlage ein Sondergebiet für einen großflächigen Einzelhandelsbetrieb fest, so begründet dies grundsätzlich kein Recht auf Abwägung iS des § 47 II 1 VwGO für alle in den innerstädtischen Bereichen ansässigen Gewerbetreibenden, die eine Veränderung der für sie wirtschaftlich vorteilhaften Situation, besonders der Wettbewerbssituation, befürchten.[116] Denn der einzelne Gewerbetreibende hat weder einen Anspruch darauf, dass eine vorhandene Wettbewerbssituation nicht verschlechtert wird, noch ist sein dahingehendes Interesse schutzwürdig, weil er mit neuer Konkurrenz ständig rechnen muss. Dies gilt erst recht für Konkurrenz außerhalb des unmittelbaren Einzugsbereiches seiner wirtschaftlichen Betätigung durch Ansiedlung eines Verbrauchermarktes „auf der grünen Wiese". Sofern nicht besonders gelagerte Einzelfallumstände hinzutreten, die eine Berücksichtigung gerade der privaten Interessen des Einzelbetriebes nahe legen, braucht die Gemeinde deshalb die privaten Interessen einzelner Gewerbetreibender, deren Betriebe mehrere Kilometer entfernt liegen, bei der Planung eines Sondergebietes für einen großflächigen Einzelhandelsbetrieb nicht besonders zu berücksichtigen. Aus derartigen Gesichtspunkten kann daher regelmäßig auch kein eigenes Recht iS des § 47 II 1 VwGO abgeleitet werden.

8510 Dabei ist allerdings zwischen **objektiven** und **subjektiven Elementen** der **Schutzwürdigkeit** von Belangen zu unterscheiden. Verschiedene Belange mögen zwar etwa im Bereich der unliebsamen Konkurrenz objektiv schutzwürdig und in der Bauleitplanung beachtlich sein, verleihen den Rechtsträgern jedoch kein Recht auf Abwägung.[117] Antragsbefugt ist allerdings der Inhaber eines Betriebes, der bei Verwirklichung einer geplanten heranrückenden Wohnbebauung mit Auflagen rechnen müsste[118] oder dessen Erweiterungsinteressen gefährdet sind,[119] sofern diese Belange in der Öffentlichkeitsbeteiligung vorgetragen oder sonst erkennbar sind. Nicht abwägungserheblich sollen Sicherheitsinteressen, die keinen bodenrechtlichen Bezug haben, sein[120] sowie Belange des dinglich Wohnberechtigten gegenüber dem Eigentümer, für die ausschließlich das Privatrecht Anwendung findet.[121] Wegen fehlender Schutzwürdigkeit dürften auch die wirtschaftlichen Interessen eines Brennstoffhändlers, der den Ausschluss bestimmter Brennstoffe zur Beheizung der Wohnungen in einem Bebauungsplan für ein Neubaugebiet rügt, nicht mit subjektiven Elementen abwägungserheblich sein und daher die Antragsbefugnis nach § 47 II 1 VwGO in einem Normenkontrollverfahren nicht begründen.[122] Dasselbe gilt für den Hersteller von Betondachziegeln, der sich gegen für ihn negative Festsetzungen eines Bebauungsplans zur Dachgestaltung wendet.[123] Wird durch die Änderung eines Bebauungsplans ein bisher als Grünfläche ausgewiesenes Grundstück einer Bebauung zugeführt, die eine doppelt so hohe bauliche Ausnutzbarkeit zulässt wie sie für die umliegenden Grundstücke gilt, so scheitert die Antragsbefugnis nach § 47 II VwGO für den Eigentümer eines Nachbargrundstücks nicht daran, dass er mit einer solchen Entwicklung rechnen musste.[124] Die Gewichtigkeit des Interesses der Nachbarn an der Aufrechterhaltung eines für sie günstigen Zustandes wie etwa der Beibehaltung einer Grünfläche kann allerdings davon ab-

---

113 OVG Saarlouis BauR 1978, 286.
114 VGH Mannheim BauR 2007, 927.
115 BVerwG NVwZ 1990, 555.
116 BVerwG NVwZ 1990, 555; NVwZ 1997, 683.
117 BVerwG NVwZ 1997, 683.
118 VGH München BayVBl. 1983, 369.
119 VGH München BayVBl. 1983, 51.
120 OVG Münster BauR 1984, 489.
121 OVG Bremen NVwZ 1984, 594.
122 OVG Münster NJW 1982, 1171.
123 VGH München BayVBl. 1980, 537.
124 BVerwG UPR 1993, 149; NVwZ-RR 1993, 513; BVerwG NVwZ 1993, 468.

hängen, ob und inwieweit sie mit einer Änderung dieses Zustandes rechnen mussten. Das bedeutet aber lediglich, dass dieses Interesse mit dem ihm jeweils konkret zukommenden mehr oder weniger starken Gewicht in die planerische Abwägung einzustellen und dementsprechend leichter oder schwerer durch andere öffentliche Belange überwindbar ist.

8511 **g) Wertminderungen.** Die Frage, ob sich eine Antragsbefugnis mit Wertminderungen begründen lässt, die von der Gemeinde in der Nachbarschaft im Wege der Bauleitplanung verursacht werden, lässt sich allgemein weder bejahen noch verneinen.[125] Die Auswirkungen eines Bebauungsplans auf den Verkehrswert können im Einzelfall nach Ansicht des VGH München nur dann zum Abwägungsmaterial gehören, wenn die Festsetzungen das überplante Grundstück selbst betreffen. Nur mittelbare Auswirkungen auf den Verkehrswert stellen nach Ansicht des VGH München dagegen keinen schutzwürdigen Belang dar.[126] Der Gesichtspunkt der Wertminderung hat für sich gesehen nicht die Bedeutung eines eigenständigen Abwägungspostens. Ist die Interessenbeeinträchtigung des Grundstückseigentümers so geringfügig, dass sie bei der Abwägung außer Betracht bleiben darf,[127] so braucht die Gemeinde auch die Wertminderung, die sich als die Folge einer solchen abwägungsirrelevanten Betroffenheit darstellt, nicht in ihre planerischen Erwägungen mit einzubeziehen. Erreicht die Wertminderung einen bestimmten Grad, so kann dies ein Indiz dafür sein, dass Eigentümerinteressen auf dem Spiele stehen, die in der Abwägung berücksichtigungsfähig und ggf. im Verhältnis zu entgegenstehenden Interessen durchsetzungsfähig sind. Ob die Wertminderung eine mehr als geringfügige Betroffenheit signalisiert, ist im Einzelfall zu klären. Auch **Folgenachteile**, die in dem Bebauungsplan bindend angelegt sind, können die Antragsbefugnis begründen. Ein die Antragsbefugnis begründender Nachteil ist dann durch die Rechtsvorschrift oder deren Anwendung eingetreten oder zu erwarten, wenn die von dem Antragsteller geltend gemachte Beeinträchtigung subjektiver privater Interessen zwar endgültig erst durch einen nachfolgenden eigenständigen Rechtsakt eintritt, dieser Rechtsakt jedoch in der von dem Antragsteller angegriffenen Norm bereits als von dem Normgeber geplante Folgemaßnahme angelegt ist.[128]

8512 **h) Verkehrsbelastungen.** Auch durch die Bauleitplanung hervorgerufene Verkehrsbelastungen können zu einer Antragsbefugnis führen. Dem Anwohner einer Straße etwa, die den Zu- und Abfahrtsverkehr für ein neu geplantes Baugebiet aufnehmen soll, ist die Antragsbefugnis gem. § 47 II 1 VwGO für einen Normenkontrollantrag gegen einen Bebauungsplan nicht deshalb abzusprechen, weil die errechnete Erhöhung des Verkehrslärms nur vergleichsweise geringfügig ist oder weil eine solche Entwicklung bei Verwirklichung des Bebauungsplans zu erwarten ist.[129] Das Interesse von Anwohnern an der Vermeidung einer Verkehrszunahme kann in der Tat selbst dann zum notwendigen Abwägungsmaterial gehören, wenn die damit verbundene Lärmzunahme – bezogen auf einen rechnerisch ermittelten Dauerschallpegel – für das menschliche Ohr kaum wahrnehmbar ist.[130] Eine Antragsbefugnis kann auch aus zu befürchtenden Abwehransprüchen hergeleitet werden. Das gilt etwa für die Interessen der Wohnnutzer, von heranrückenden Gewerbe- oder Industriebetrieben verschont zu bleiben wie umgekehrt für das Interesse von Gewerbe- oder Industriebetrieben, ein Heranrücken von Wohngebäuden zu verhindern.

8513 Antragsbefugt ist grundsätzlich auch ein Grundstückseigentümer, der sich gegen eine von der faktischen planungsrechtlichen Situation abweichende planerische und für sein Grundstück nachteilige Festsetzung für ein Nachbargrundstück wehrt.[131] Ob der Eigentümer von den nachteiligen Wirkungen von Festsetzungen bereits bei Inkrafttreten des Bebauungsplans betroffen wird oder als Grundstückserwerber erst nachträglich in die Eigentümerposition einrückt, spielt für die Antragsbefugnis keine entscheidende Rolle. Vorgesehene Darstellungen im Flächennutzungsplan für benachbarte Grundstücke, die nicht im Bebauungsplangebiet liegen,

---

[125] BVerwG Beschl. v. 2.8.1993 – 4 NB 25.93, juris; zu Wertminderung als abwägungsrelevanter Belang in der Planfeststellung Beckmann BauR 2021, 768.

[126] VGH München Urt. v. 15.3.2023 – 15 N 22.1592, juris Rn. 18; Urt. v. 16.7.2019 – 9 N 17.2391, juris Rn. 19; Urt. v. 3.3.2011 – 2 N 09.3058, juris Rn. 45; VGH München Beschl. v. 29.7.2024 – 22 AS 24.40016, juris Rn. 71.

[127] BVerwGE 59, 87.

[128] BVerwG DVBl. 1992, 1437.

[129] BVerwG NVwZ 1994, 683.

[130] BVerwGE 84, 31.

[131] OVG Bautzen SächsVBl. 2003, 40; BVerwG NVwZ-RR 2003, 172.

bzw. Festsetzungen in einem benachbarten Bebauungsplan können allerdings, wenn diese Bauleitpläne noch nicht das Stadium der Offenlage und Behördenbeteiligung erreicht haben, abwägungserhebliche Belange für einen anderen im Verfahren befindlichen Bebauungsplan nicht begründen.[132] Auch kann die Antragsbefugnis fehlen, wenn sich eine Änderungsplanung für einen Grundstückseigentümer ausschließlich günstig auswirkt.[133]

i) Antragsbefugnis bei Änderungsbebauungsplänen. Die Befugnis des Grundstückseigentümers gemäß § 47 II 1 VwGO, wegen einer möglichen Verletzung seines Eigentums die Feststellung der Unwirksamkeit eines Bebauungsplans im Normenkontrollverfahren zu beantragen, hat seinen Grund darin, dass der Bebauungsplan mit seinen Festsetzungen die zulässige Nutzung des Grundstücks und damit iS des Art. 14 I 2 GG Inhalt und Schranken des Eigentums bestimmt.[134] Die Belegenheit eines Grundstücks im Geltungsbereich eines (Änderungs-)Bebauungsplans allein begründet die Antragsbefugnis nicht. Eine Rechtsverletzung iS des § 47 II 1 VwGO macht deshalb nicht geltend, wer vorträgt, sein Grundstück hätte ohne Änderung der für dieses geltenden Festsetzungen in den Geltungsbereich eines – die zulässige Nutzung anderer Grundstücke regelnden – Änderungsbebauungsplans einbezogen werden müssen. Der Umstand allein, dass ein bisher unbebautes Grundstück künftig bebaut werden darf, macht das Interesse des Nachbarn an der Erhaltung dieses Zustandes, zB wegen der Ortsrand- und Aussichtslage, noch nicht zu einem abwägungserheblichen Belang mit der Folge, dass damit die Verletzung des Rechts auf gerechte Abwägung iS des § 47 II 1 VwGO geltend gemacht werden könnte.[135] Das Interesse eines Anliegers, von der Überlastung eines sein Grundstück erschließenden Weges als Folge der Aufstellung eines Bebauungsplans für ein neues Baugebiet verschont zu bleiben, ist ein abwägungserheblicher privater Belang (§ 1 VI BauGB), der eine Antragsbefugnis gemäß § 47 II 1 VwGO auch dann begründet, wenn das Grundstück des Anliegers außerhalb des Geltungsbereichs des Bebauungsplans liegt.[136] Wird eine Straße, die auf dem Gebiet zweier benachbarter Gemeinden verlaufen soll, inhaltlich und zeitgleich abgestimmt durch Bebauungspläne der beiden Gemeinden festgesetzt, so sind Grundstückseigentümer hinsichtlich ihrer Eigentumsbetroffenheit für ein Normenkontrollverfahren nur gegenüber dem Bebauungsplan der Gemeinde antragsbefugt (§ 47 II 1 VwGO), durch den ihr Grundstück betroffen wird.[137] Der Wunsch des Eigentümers eines benachbarten Grundstücks, in ein Baugebiet einbezogen zu werden, ist nur in Ausnahmefällen abwägungsrelevant und begründet dementsprechend nicht stets die Normenkontrollantragsbefugnis.[138] Eine Normenkontrollantragsbefugnis ist nur dann, wenn ein städtebaulicher Missstand entstünde und der Bebauungsplan daher eine geordnete städtebauliche Ordnung ohne die Planerweiterung nicht sicherstellen kann.[139] Der Eigentümer eines außerhalb des Plangebietes gelegenen **Kulturdenkmals** kann die Antragsbefugnis für einen Normenkontrollantrag nicht allein damit begründen, dass die Darstellung von Vorrangflächen für Windenergie in einem Regionalen Raumordnungsprogramm Belangen des Denkmalschutzes widersprechen. Die Unterschutzstellung als Kulturdenkmal vermittelt dem Denkmaleigentümer keinen abwägungserheblichen privaten Belang.[140] 8514

j) Antragsbefugnis ehemaliger Grundeigentümer. Veräußert der Grundeigentümer, der sich antragsbefugt mit einem verwaltungsgerichtlichen Normenkontrollverfahren gegen die Gültigkeit eines Bebauungsplans wendet, während des Normenkontrollverfahrens sein Grundstück und führt der Erwerber den Rechtsstreit nicht in eigenem Namen fort, bleibt es gemäß § 173 VwGO, § 265 II ZPO bei der Prozessführungsbefugnis des ursprünglichen Eigentümers.[141] Der **Insolvenzverwalter** ist als Partei kraft Amtes gem. § 47 II VwGO in Verbindung 8515

132 OVG Greifswald DVBl. 2011, 1502 (LS).

133 OVG Münster Urt. v. 7.4.2011 – 2 D 37/09.NE, BeckRS 2011, 50502 zur Ersetzung der Festsetzung einer öffentlichen Verkehrsfläche durch die Festsetzung einer mit einem Geh-, Fahr- und Leitungsrecht zu belastenden Fläche.

134 BVerwG NVwZ-RR 1998, 416; NVwZ 1998, 732; BVerfG NVwZ 2003, 272.

135 BVerwG NVwZ 2000, 1413; BVerwG NJW 1999, 592; Stüer BauR 1999, 1221.

136 BVerwG NVwZ 2001, 431; OVG Koblenz Urt. v. 7.8.2002 – 8 C 10700/02, BeckRS 2002, 17945.

137 BVerwG NVwZ-RR 2001, 199.

138 OVG Lüneburg ZfBR 2009, 596.

139 OVG Lüneburg NuR 2003, 705; VGH Mannheim NuR 2003, 170.

140 OVG Lüneburg ZUR 2009, 503.

141 BVerwG NVwZ 2001, 1282; OVG Bautzen SächsVBl. 2003, 40; bestätigt durch BVerwG NVwZ-RR 2003, 172.

mit § 80 I InsO zur Verfügung über das Vermögen und somit auch zur Antragserhebung im eigenen Namen befugt.[142]

3. Antragsbefugnis von obligatorisch Nutzungsberechtigten

8516 Der Kreis der abwägungsbeachtlichen Belange ist nicht auf die der Grundstückseigentümer beschränkt. Auch Mieter, Pächter[143] und andere obligatorisch Nutzungsberechtigte können antragsbefugt sein, insbesondere, wenn in ihren eingerichteten und ausgeübten Gewerbebetrieb oder in ihren schützenswerten Außenkontakt eingegriffen wird.[144]

8517 So kann bei der Ausweisung eines Naturschutzgebietes neben dem Grundstückseigentümer auch der langfristig Pachtberechtigte wegen der mit den Festsetzungen verbundenen Beschränkungen in der Nutzungsmöglichkeit antragsberechtigt sein.[145]

8518 Einen Antrag auf Entscheidung über die Gültigkeit eines Bebauungsplans kann auch ein Mieter stellen, der erst nach dem Inkrafttreten des Bebauungsplans Räume im Plangebiet mietet und dem im Hinblick auf die Festsetzungen des Bebauungsplans untersagt werden kann, eine Nutzung aufzunehmen, die dort zuvor nicht ausgeübt worden ist.[146] Es ist gerechtfertigt, diejenigen, die in eigentumsähnlicher Weise an einem Grundstück **dinglich berechtigt** sind, dem Eigentümer in Bezug auf die Antragsbefugnis nach § 47 II 1 VwGO grundsätzlich gleichzustellen, wie etwa den Inhaber eines Erbbaurechts oder den Nießbraucher oder auch den Erwerber eines Grundstücks, auf den der Besitz sowie Nutzungen und Lasten übergegangen sind und zu dessen Gunsten eine Auflassungsvormerkung in das Grundbuch eingetragen ist, wenn eine Festsetzung unmittelbar das dingliche Recht betrifft. § 144 IV VwGO gilt im Beschwerdeverfahren analog.[147] Auch der Käufer eines Grundstücks, für den eine Auflassungsvormerkung eingetragen ist, kann nach § 47 II 1 VwGO antragsbefugt sein.[148] Das bedeutet aber nicht, dass ein solcher **„verfassungsrechtlicher Eigentümer"** auch tatsächlich stets geltend machen kann, in eigenen Rechten iS des § 47 II 1 VwGO verletzt zu sein. Ob die Gemeinde seine Belange als Teil des Abwägungsmaterials berücksichtigen musste (§ 2 III BauGB), hängt von den konkreten Gegebenheiten ab. Die Gemeinde muss sich bei der Aufstellung eines Bebauungsplans für einen bestimmten Bereich allerdings nicht mit den Interessen sämtlicher „verfassungsrechtlicher Eigentümer" auseinander setzen, denen irgendwo im Gemeindegebiet Rechte an einem Grundstück zustehen.[149] Abwägungserheblich sind alle Nachteile, die sich auf Grund eines vorgesehenen Eingriffs in Besitzrechte des Mieters oder Pächters ergeben.[150] Auch ein Bauantragsteller, der nicht Grundstückseigentümer ist, ist in einem Normenkontrollverfahren gegen eine Veränderungssperre antragsbefugt.[151]

Beispiel: Einen Normenkontrollantrag gegen eine als Satzung erlassene Veränderungssperre kann nicht nur der Eigentümer des betreffenden Grundstücks zulässigerweise stellen, sondern auch derjenige, der im Einvernehmen mit dem Grundstückseigentümer oder aus eigenem Recht eine **Baugenehmigung** für ein Vorhaben beantragt hat und deren Erteilung die Satzung entgegengehalten wird.[152] Dasselbe gilt für einen Antragsteller, der eine Windkraftanlage errichten will und einen entsprechenden Bauantrag gestellt hat.[153]

---

[142] OVG Münster BauR 2013, 1073.

[143] BVerwG Beschl. v. 11.11.1988 – 4 NB 5.88 – Buchholz 310 § 47 VwGO Nr. 30; BVerwG NVwZ 2000, 806.

[144] BVerwG NJW 1980, 1061. Die Frage, ob ein Grundstück der Naturschutzverordnung unterliegt, kann ggf. auch durch eine Feststellungsklage gerichtlich geklärt werden, so OVG Hamburg NordÖR 1998, 443, dort auch zum Schutz von Randbereichen und Einwirkungsbereichen.

[145] VGH Kassel DVBl. 1981, 653.

[146] BVerwG DVBl. 1989, 359 m. Anm. Dürr; OVG Münster Urt. v. 25.11.1997 – 10a D 131/97.NE, BeckRS 1997, 16565.

[147] BVerwG ZfBR 2014, 60.

[148] Für den mit dem Eigentümer nicht identischen Bauherrn: BVerwG Beschl. v. 18.5.1994 – 4 NB 27.93 – Buchholz 310 § 47 VwGO Nr. 90.

[149] BVerwG NVwZ-RR 1996, 8.

[150] BVerwG DVBl. 1998, 44.

[151] VGH Mannheim VBlBW 1998, 310.

[152] OVG Münster Urt. v. 28.1.2005 – 7 D 4/03.NE, BeckRS 2005, 2576.

[153] OVG Magdeburg EurUP 2006, 265; VGH Mannheim ZfBR 2005, 691; OVG Lüneburg NVwZ-RR 2005, 162.

4. Antragsbefugnis von Gemeinden

Auch Gemeinden sind als juristische Personen antragsbefugt, wenn sie durch die angegriffene (von ihr nicht erlassene) Rechtsvorschrift einen abwägungserheblichen Nachteil erleiden[154]. Hierfür kommt insbesondere ein nachteiliger Eingriff in die gemeindliche Selbstverwaltung und in die daraus abgeleitete Planungshoheit in Betracht.[155] So kann die Gemeinde antragsbefugt sein, wenn sie durch eine untergesetzliche Rechtsvorschrift in einen Zweckverband[156] oder in eine Verwaltungsgemeinschaft[157] einbezogen wird oder durch überörtliche Raumordnung[158] oder Fachplanung[159] in ihren elementaren Planungsvorstellungen beeinträchtigt wird.[160] Ein Rechtsschutzbedürfnis für die Normenkontrolle der Gemeinde als Behörde ist allerdings nur gegeben, wenn sie mit der Ausführung der von ihr beanstandeten Norm befasst ist. Das ist nicht der Fall, wenn sie weder Adressat der Planaussage ist noch für deren Durchsetzung verantwortlich ist.[161] 8519

Auch gegenüber **Planungsvorhaben benachbarter Gemeinden** kann eine Antragsbefugnis gegeben sein, wenn die Gemeinde hierdurch in ihren Selbstverwaltungsrechten beeinträchtigt wird oder die gemeindlichen Belange mit zum Material der **interkommunalen Abwägung** zählen (§ 2 II 1 und 2 BauGB). So kann etwa die gemeindliche Planung eines Möbelmarktes[162] oder eines Verbrauchermarktes[163] relevante Planungsbelange der Nachbargemeinde berühren.[164] Es muss sich dabei jedoch um eine spezifische Beeinträchtigung gemeindenachbarlicher Belange handeln, weshalb Planungen von regionalem oder überregionalem Zuschnitt seltener als Kontrollgegenstand in Betracht kamen.[165] Einer im Landesentwicklungsprogramm als Mittelzentrum ausgewiesenen Gemeinde kann allerdings eine Antragsbefugnis gegen einen Bebauungsplan einer Nachbargemeinde zustehen, wenn der Plan ein Sondergebiet für ein Einkaufszentrum vorsieht und dadurch die zentralörtlichen Funktionen der antragstellenden Gemeinde beeinträchtigt werden.[166] Auch kann der abwägungserhebliche Nachteil der Gemeinde darauf beruhen, dass durch Planungen der Nachbargemeinde die gemeindliche Trinkwasserversorgung gefährdet wird.[167] Es müssen jedoch spezielle abwägungserhebliche gemeindliche Belange der Antragstellerin berührt sein. Zweckverbände, Planungsgemeinschaften und überörtliche Zusammenschlüsse mit spezifischer Zwecksetzung, denen die gemeindliche Allzuständigkeit fehlt, hatten auch schon nach der bisherigen Fassung des § 47 II 1 VwGO diese umfassende Antragsbefugnis nicht.[168] Die Rechte der betroffenen Gemeinden sind durch das EAG Bau 2004 in der Tendenz gestärkt worden. Nach § 2 II 2 BauGB können sich die Gemeinden dabei auf die ihnen durch Ziele der Raumordnung ausgewiesenen Funktionen sowie auf Auswirkungen auf ihre zentralen Versorgungsbereiche berufen. 8520

Eine **Gemeinde** ist im Rahmen der verwaltungsgerichtlichen Normenkontrolle grundsätzlich antragsbefugt, sich gegen eine ihr Gebiet erfassende naturschutzrechtliche Verordnung zu 8521

154 BVerwG Beschl. v. 21.3.2019 – 4 BN 5.19, BeckRS 2019, 10476.

155 Zu den Hoheitsrechten der gemeindlichen Selbstverwaltung Stüer, Funktionalreform und kommunale Selbstverwaltung, 1980. 66, 165. Zu interkommunalen Gemeindenachbarklagen grundlegend Hoppe in FS für Wolff, 1973, 307.

156 VGH München DVBl. 1978, 965.

157 VGH München BayVBl. 1983, 17. Dabei kann auch die Sachgerechtigkeit der Gebietsabgrenzung gerichtlich überprüft werden, VGH München BayVBl. 1983, 179.

158 VGH München BayVBl. 1982, 726; DVBl. 1983, 1157.

159 BVerwG NVwZ 1984, 584.

160 Die Zulässigkeit einer Normenkontrolle in diesen Fällen setzt jedoch eine entsprechende landesgesetzliche Eröffnungsnorm nach § 47 I Nr. 2 VwGO voraus.

161 BVerwG ZfBR 2005, 807.

162 VGH München NVwZ 1989, 558.

163 VGH Mannheim BauR 1977, 184, mit der Fragestellung, ob die typischen Funktionen der Gemeinde als Unterzentrum beeinträchtigt werden. Zur Abgrenzung der Begriffe „Verbrauchermarkt" und „Einkaufszentrum" OVG Greifswald UPR 2009, 359.

164 VGH München BayVBl 2023, 853 = juris Rn. 19; VGH München Urt. v. 15.7.2020 – 15 N 18.2110, juris Rn. 20; BVerwG NVwZ 1990, 555; OVG Weimar DÖV 1999, 170.

165 OVG Lüneburg BauR 1983, 220.

166 OVG Koblenz BauR 1983, 551.

167 In diesem Fall kann sogar eine Anfechtungsklage gegen einen Bauvorbescheid zulässig sein, OVG Saarlouis UPR 1985, 65; BVerwG ZfBR 2000, 204.

168 VGH Mannheim BauR 1977, 182.

wenden.[169] Die von der Rechtsprechung beschriebenen Fallgruppen, in denen gemeindliche Belange nicht mehr als geringfügig anzusehen sind und daher nicht wegen angenommener Geringfügigkeit unbeachtet bleiben dürfen, betreffen – in aller Regel – nicht die Zulässigkeit, sondern die Begründetheit eines Normenkontrollantrags. Eine Gemeinde ist gemäß § 1 III iVm § 9 I Nr. 11 BauGB regelmäßig befugt, durch bauplanerische Festsetzungen im Rahmen der Selbstverwaltung eine gemeindliche „Verkehrspolitik" zu betreiben.[170] Das Rechtsschutzinteresse für einen Normenkontrollantrag kann auch gegeben sein, wenn die begehrte Entscheidung für den Antragsteller aus tatsächlichen Gründen vorteilhaft ist.[171]

8522 Der **Gemeinde** fehlt die Antragsbefugnis für die Unwirksamkeitserklärung eines von ihr erlassenen Bebauungsplans. Auch ein als **unwirksam erkannter Bebauungsplan** ist – abgesehen von der gerichtlichen Unwirksamkeitserklärung im Normenkontrollverfahren – in dem für die Aufhebung von Bebauungsplänen geltenden Verfahren aufzuheben, um damit den Anschein seiner Rechtsgeltung zu beseitigen. Beruht die Ungültigkeit des Plans auf einem Verfahrens- oder Formfehler, hat die Gemeinde darüber zu entscheiden, ob sie den Plan, statt ihn aufzuheben, unter Behebung des Fehlers und Wiederholung des nachfolgenden Verfahrens rückwirkend in Kraft setzt.[172]

8523 Die Gemeinde ist nicht nur befugt, sondern auch gehalten, den als unwirksam erkannten Bebauungsplan, wenn sie die Unwirksamkeit begründenden, behebbaren Fehler nicht beheben will, nach den Vorschriften über die Aufstellung von Bauleitplänen aufzuheben. Das gebietet die Rechtssicherheit. Die Gemeinde kann sich jedoch im Rahmen der Anfechtung einer Baugenehmigung auf die Unwirksamkeit eines Bebauungsplans einer Nachbargemeinde berufen, selbst wenn diese inzwischen in die Gemeinde eingemeindet worden ist.[173]

5. Behörden als Antragsteller

8524 Den Normenkontrollantrag kann neben den juristischen Personen auch jede Behörde stellen. Kreise, kreisfreie Städte und kreisangehörige Städte und Gemeinden können als Behörden im Sinne des § 47 II 1 VwGO einen Normenkontrollantrag gegen eine untergesetzliche Rechtsvorschrift des Landes stellen, ohne dass es einer Antragsbefugnis bedürfte. Sie können aber auch als juristische Personen des öffentlichen Rechts die nach § 47 II 1 VwGO für die juristischen Personen erforderliche Antragsbefugnis geltend machen.[174]

8525 Der Behördenbegriff, der sich nach § 1IV VwVfG richtet,[175] umfasst alle staatlichen und kommunalen Verwaltungsbehörden einschließlich der Behörden anderer Körperschaften des öffentlichen Rechts.[176] Es kommt deshalb nicht darauf an, ob eine bereits hinreichend konkretisierte Planungsabsicht der antragstellenden Kommune betroffen ist oder ob durch die als Ziele der Raumordnung gekennzeichneten Planaussagen wesentliche Teile ihres Gebiets ihrer Planung entzogen werden. Grundsätzlich ist eine Behörde danach nur antragsbefugt, wenn sie mit der Ausführung der Norm befasst ist, insbesondere die Anwendung der beanstandeten Rechtsvorschrift zu ihren behördlichen Aufgaben gehört.[177] So können etwa die Baugenehmigungsbehörden die Rechtswirksamkeit eines Bebauungsplans in einem Normenkontrollverfahren zur Überprüfung stellen. Dies soll selbst dann gelten, wenn die Behörde den Plan genehmigt hat oder im Wege der Rechtsaufsicht zu einer Aufhebung des angefochtenen Plans in der Lage wäre.[178]

8526 Für die Zulässigkeit des Normenkontrollantrages einer Behörde ist ein objektives Kontrollinteresse zu fordern, das gegeben ist, wenn die Behörde bei der Wahrnehmung ihrer Aufgaben

---

169 OVG Bautzen DVBl. 2007, 783.

170 BVerwG DVBl. 2001, 1845 m. Anm. Stüer, dort auch zur Frage, ob eine Gemeinde auch „als Behörde" gemäß § 47 II 1 VwGO antragsbefugt ist. Zur Verfassungsbeschwerde zum BVerfG, wenn eine landesrechtliche Normenkontrolle nicht zulässig ist, BVerfG NVwZ 2003, 850. Zur Normenkontrolle einer Nachbargemeinde OVG Lüneburg BauR 2002, 1747.

171 BVerwG NVwZ 2002, 1126.

172 BVerwG NJW 1987, 1344; zu den nachstehenden Ausführungen auch Stüer DVBl. 1997, 326.

173 OVG Weimar DÖV 1999, 170.

174 Panzer in Schoch/Schneider/Bier, VwGO, 2020, § 47 Rn. 67; Beckmann NWVBL 2021, 181.

175 BVerwG NVwZ 2016, 609.

176 Hoppe in Eyermann, VwGO, 2022, § 47 Rn. 33.

177 VGH Mannheim BauR 1977, 182; OVG Münster DVBl. 1979, 193.

178 VGH München BayVBl. 1983, 86.

die angegriffene Norm zu beachten hat oder diese bei ihrer amtlichen Tätigkeit auf sie Anwendung findet.[179] Die höhere Verwaltungsbehörde als Plangenehmigungsbehörde ist nicht befugt, die Unwirksamkeit eines von ihr als ungültig erkannten Bebauungsplans verbindlich festzustellen. Ebenso wenig kann sie die rechtswidrig erteilte, inzwischen aber gem. § 10 III BauGB ortsüblich bekannt gemachte Genehmigung des damit in Kraft getretenen Bebauungsplans zurücknehmen. Eine höhere Verwaltungsbehörde kann aber die Prüfung der Gültigkeit eines von ihr genehmigten Bebauungsplans gem. § 47 I Nr. 2 VwGO beantragen, wenn sie den Bebauungsplan in unterschiedlicher Weise anzuwenden hat oder bei der Erfüllung ihrer Aufgaben zu beachten hat.[180] Die höhere Verwaltungsbehörde als Plangenehmigungsbehörde ist nicht befugt, die Unwirksamkeit einer von ihr erteilten und von der Gemeinde inzwischen ortsüblich bekannt gemachten Genehmigung eines Bebauungsplans durch Bescheid gegenüber der Gemeinde festzustellen. Dann verbietet es sich, an die Antragsbefugnis zusätzliche Anforderungen zu stellen, die über die übliche Voraussetzung eines Rechtsschutzinteresses hinausgehen. Demgegenüber kann an der Aufrechterhaltung einer zweifelhaften oder umstrittenen, nach Auffassung des Gerichts objektiv rechtswidrigen Rechtslage auch die beteiligte Gemeinde kein schützenswertes Interesse haben. Das **Rechtsschutzbedürfnis** einer **Behörde** für einen Antrag nach § 47 I VwGO ist immer dann gegeben, wenn sie mit der Ausführung der von ihr beanstandeten Norm befasst ist, ohne selbst über die Norm verfügen – insbesondere sie ändern oder aufheben – zu können.[181]

Eine Gemeinde, die einen Bebauungsplan aufgestellt hat, den sie inzwischen für ungültig **8527**
hält, kann den Weg einer Normenkontrolle nicht beschreiten, weil es sich dabei um einen unzulässigen Insichprozess handeln würde. Ihr bleibt vielmehr die Möglichkeit, den Plan wieder aufzuheben. Gehört die Anwendung der Norm nicht zum Geschäftsbereich der Behörde, so kann die juristische Person antragsbefugt sein, wenn sie geltend macht, durch die Rechtsvorschrift oder deren Anwendung in ihren Rechten verletzt zu sein.[182] Beamte einer Behörde, die eine von ihnen für rechtsunwirksam gehaltene Norm auszuführen haben, sind demgegenüber nicht antragsbefugt.[183] Antragsbefugt kann auch Träger eines Vorhabens sein, der sich durch den Bebauungsplan in seinem Aufgabenbereich beeinträchtigt sieht.

Beispiel: Betreiber eines Verkehrsflughafens ist im Normenkontrollverfahren gegen den vorhabenbezogenen Bebauungsplan einer benachbarten Gemeinde für eine Seniorenresidenz im Lärmschutzbereich antragsbefugt. Ein derartiger Bebauungsplan widerspricht der städtebaulichen Ordnung iS des § 1 III BauGB, wenn die Voraussetzung für eine Ausnahme von dem Bauverbot des § 5 I 1 FluglärmG nicht vorliegen.[184]

6. Umweltvereinigungen

Naturschutzvereinigungen können sich auf ihr Eigentum berufen, wenn sie im Planbereich **8528**
Grundeigentümer sind. Die Verbandsklage ist von den Regelungen in den jeweiligen Naturschutzgesetzen der Länder abhängig. Derartige Klagerechte im Hinblick auf die Einhaltung von Naturschutzbelangen bestehen allerdings nach Maßgabe des Landesrechts zumeist nur gegenüber Planfeststellungsbeschlüssen, nicht jedoch gegen einen Bebauungsplan. Die Beteiligungs- und Klagerechte der Naturschutzvereinigungen werden auch jeweils nur in den Verfahren gewährt, die tatsächlich durchgeführt werden. Abgesehen von einer bewussten Umgehung bestehen Ansprüche auf Durchführung eines bestimmten Verfahrens nicht.[185]

---

179 OVG Schleswig-Holstein NordÖR 2004, 488.

180 OVG Münster NVwZ-RR 2009, 798 im Anschluss an OVG Münster, Urt. v. 2.12.2002 – 7a D 39/02.NE, juris; OVG Münster Urt. v. 2.12.2002 – 7a D 39/02.NE, BeckRS 2003, 20495; BVerwG NVwZ 1990, 57.

181 BVerwG Beschl. v. 15.12.2020 – 4 BN 65.20, juris zum Verhältnis von Kommunalaufsicht zur Normenkontrolle; BRS 57 Nr. 93 zum Bebauungszusammenhang; sie auch Beckmann NWVBL 2021, 181.

182 So sind etwa das Bistum und eine katholische Kirchengemeinde bei entsprechenden Auswirkungen auf das kirchliche Grundvermögen befugt, in einem Normenkontrollverfahren die Wirksamkeit eines Bebauungsplans zur gerichtlichen Prüfung zu stellen, so zum Nachteilsbegriff in § 47 II 1 VwGO aF OVG Münster NJW 1983, 2592.

183 VGH München BayVBl. 1982, 562.

184 OVG Münster NVwZ-RR 2008, 764.

185 Zur Antragsbefugnis von Naturschutzverbänden OVG Lüneburg NVwZ 1999, 1241; ZfBR 1999, 345; VG Berlin Urt. v. 28.1.1999 – 13 A 323.98, juris.

III. Rechtsschutzbedürfnis

8529 Neben der Antragsbefugnis ist ein Rechtsschutzbedürfnis für die Zulässigkeit des Normenkontrollantrags erforderlich.

1. Rechtsschutzinteresse natürlicher und juristischer Personen

8530 Dies ist für die natürlichen und juristischen Personen vom Grundsatz her außer Streit.[186] Erforderlich ist daher neben dem nachteiligen Betroffensein von abwägungserheblichen Belangen, dass der Antragsteller ein rechtlich geschütztes Interesse an der Normenkontrollentscheidung hat. In diesem Erfordernis kommt zum Ausdruck, dass die Normenkontrolle nicht nur ein objektives Rechtsbeanstandungsverfahren darstellt, sondern zugleich der Durchsetzung eines individuellen Klärungsinteresses dient.[187] Das Rechtsschutzbedürfnis des Antragstellers kann sich etwa aus einer Wiederholungsgefahr oder aus dem Bestreben des Antragstellers ergeben, Schadensersatzansprüche geltend zu machen,[188] oder dem eingeleiteten Enteignungsverfahren die Grundlage zu entziehen[189] Das Rechtsschutzbedürfnis fehlt, wenn der Antragsteller rechtsmissbräuchlich handelt oder die Aufhebung der angegriffenen Norm keine Besserstellung des Antragstellers mit sich bringen würde.[190]

8531 Setzt sich ein Eigentümer im Wege der Normenkontrolle dagegen zur Wehr, dass sein Grundstück als nicht bebaubare Fläche festgesetzt worden ist, so fehlt seinem Antrag das Rechtsschutzbedürfnis nur dann, wenn unzweifelhaft ist, dass er seinem Ziel, das Grundstück baulich zu nutzen, selbst dann auf unabsehbare Zeit nicht näher kommen kann, wenn der Bebauungsplan für unwirksam erklärt wird.[191] Dient ein Normenkontrollantrag der Vorbereitung eines Verfahrens gegen eine verwirklichte Festsetzung eines Bebauungsplans, so ist das Rechtsschutzbedürfnis für den Antrag nur zu verneinen, wenn die beabsichtigte weitere Rechtsverfolgung offensichtlich aussichtslos ist.

8532 Das Recht, einen Normenkontrollantrag zu stellen, geht innerhalb der einjährigen Antragsfrist weder allein durch Zeitablauf noch dadurch verloren, dass der Antragsteller erst nach Verwirklichung der ihn belastenden Festsetzungen des Bebauungsplans sein Grundstück erwirbt.[192] Allerdings muss der Erwerber die Grundstückssituation, die sich inzwischen entwickelt hat, gegen sich gelten lassen. Für einen Normenkontrollantrag gegen einen Bebauungsplan, auf Grund dessen eine vom Antragsteller als nachteilig angesehene Bebauung seines Nachbargrundstücks genehmigt worden ist, ist ein Rechtsschutzbedürfnis nicht mehr gegeben, wenn der Bebauungsplan inzwischen durch einen anderen Plan ersetzt worden ist oder die Bebauung des Nachbargrundstücks auch nach § 34 BauGB genehmigt werden müsste.[193] Das BVerwG ist einer zu weit reichenden Interpretation seiner Rechtsprechung entgegengetreten, nach der ein Rechtsschutzbedürfnis[194] dann fehlt, wenn der Antragsteller Festsetzungen bekämpft, auf deren Grundlage bereits Vorhaben genehmigt und verwirklicht worden sind.[195] Wenn dies nur einen Teil der im Plangebiet zulässigen Vorhaben betrifft, kann ein Rechtsschutzbedürfnis gleichwohl bestehen.[196]

8533 Voraussetzung der Zulässigkeit jeder Klage ist, dass der Kläger ein **schutzwürdiges Interesse** an der begehrten Entscheidung des Gerichts hat. Hieran fehlt es, wenn der Rechtsschutz unnütz in Anspruch genommen wird. Dies ist der Fall, wenn er nicht geeignet ist, zur Verbesserung der subjektiven Rechtsstellung des Klägers beizutragen.[197] In diesem Sinne nutzlos

---

186 Rasch BauR 1977, 147; Schenk DVBl. 1976, 198; OVG Berlin BauR 1982, 536.
187 VGH Mannheim BauR 1982, 348.
188 BGH BauR 1983, 141. Ein berechtigtes Interesse liegt bereits dann vor, wenn die beabsichtigte Schadensersatzklage nicht offensichtlich aussichtslos ist.
189 OVG Lüneburg DVBl. 1980, 369.
190 BVerwG ZfBR 2001, 287; BVerwGE 112, 135; Bönker/Grüner in HBG, Öffentliches Baurecht, 2024, § 17 Rn. 25; Bischopink/Weil BauR 2022, 579 ff.
191 BVerwG NVwZ 1994, 268.
192 BVerwG NVwZ 1989, 653.
193 BVerwG UPR 1996, 7.
194 OVG Münster NVwZ 1999, 807.
195 BVerwG DVBl. 1987, 1276.
196 BVerwG BauR 1999, 1131.
197 BVerwG BauR 2008, 2031.

ist eine Rechtsverfolgung auch dann, wenn ihr Ziel die Erteilung einer Genehmigung ist, die sich mit Rücksicht auf die privatrechtlichen Verhältnisse nicht verwirklichen lässt. Dies trifft allerdings nicht schon dann zu, wenn lediglich zweifelhaft oder ungewiss ist, ob ein privatrechtliches Hindernis ausräumbar ist.[198] Hat der zivilrechtlich Berechtigte seine Zustimmung verweigert, so steht der Verwertung einer öffentlich-rechtlichen Genehmigung ein nicht ausräumbares Hindernis entgegen, solange nichts auf seine Bereitschaft hindeutet, den von ihm nach außen hin dokumentierten Standpunkt aufzugeben. Dem Eigentümer eines außerhalb des Bebauungsplangebiets belegenen Grundstücks fehlt das Rechtsschutzbedürfnis für einen Normenkontrollantrag, wenn jene dort geplanten Anlagen, die seine nachbarlichen Belange berühren, bereits bestandskräftig genehmigt sind.[199] Das Rechtsschutzbedürfnis für eine Normenkontrolle kann auch dann entfallen, wenn der Antragsteller eine Teilbaugenehmigung für das planbegünstigte Objekt hat unanfechtbar werden lassen.[200]

Ein Normenkontrollantrag gegen eine **untergesetzliche Rechtsvorschrift**, die eine gesetzliche Norm lediglich inhaltlich wiederholt, ist mangels Rechtsschutzbedürfnisses regelmäßig unzulässig.[201] Ein Antragsteller kann auch dann dem Vorwurf eines treuwidrigen (rechtsmissbräuchlichen) Verhaltens ausgesetzt sein, wenn er zunächst im Rahmen von Vergleichsverhandlungen die Bereitschaft der Gemeinde, den angegriffenen Bebauungsplan den Vorschlägen des Antragstellers entsprechend zu dessen Gunsten zu ändern, ausnutzt, und nach Erhalt einer auf die Planänderung gestützten Baugenehmigung die gerichtliche Feststellung begehrt, dass der Bebauungsplan vor der in seinem Interesse erfolgten Planänderung unwirksam gewesen sei.[202] 8534

Eine auf das Eigentum an einem Grundstück gestützte Klage- und Antragsbefugnis fehlt, wenn die Eigentümerstellung **rechtsmissbräuchlich** begründet worden ist. Dies ist anzunehmen, wenn das Eigentum nicht erworben worden ist, um die mit ihm verbundene Gebrauchsmöglichkeit zu nutzen, sondern als Mittel dafür dient, die formalen Voraussetzungen für eine Prozessführung zu schaffen, die nach der Rechtsprechung dem Eigentümer vorbehalten ist. Derartige Umstände können sich daraus ergeben, dass dem Kläger auf Grund der vertraglichen Gestaltung lediglich eine Rechtsstellung übertragen worden ist, die auf eine formale Hülle ohne substanziellen Inhalt hinausläuft. Ferner ist von Bedeutung, ob sich an der tatsächlichen Nutzung des Grundstücks etwas geändert hat und ob für die Eigentumsübertragung ein wirtschaftlicher Gegenwert geflossen ist.[203] 8535

Allerdings bleiben **unanfechtbar** gewordene **Baugenehmigungen**, die auf Grund eines für nichtig bzw. unwirksam erklärten Bebauungsplans (§ 47 V 2 VwGO) ergangen sind, entsprechend §§ 47 V 3, 183 VwGO von der Unwirksamkeitserklärung unberührt. Im Interesse der Rechtssicherheit wird also die Bestandskraft und Wirksamkeit eines Verwaltungsaktes von der Unwirksamkeitserklärung einer Rechtsvorschrift im Normenkontrollverfahren nicht berührt. Wer daher geltend macht, durch eine Baugenehmigung, die ihm zwar nicht vorschriftsmäßig bekannt gemacht worden ist, von der er aber in anderer Weise sichere Kenntnis erlangt hat oder hätte erlangen müssen, in seinen Rechten verletzt zu sein, verliert seine Anfechtungsbefugnis, wenn er nicht innerhalb der Frist des § 70 VwGO iVm § 58 II VwGO Widerspruch einlegt oder – soweit erforderlich – unmittelbar Klage erhebt.[204] Dies gilt nicht nur für den unmittelbaren Grenznachbarn. Richtet sich ein Normenkontrollantrag gegen Festsetzungen eines Bebauungsplans, zu deren Verwirklichung schon eine unanfechtbare Genehmigung erteilt worden ist, so fehlt dem Antrag das Rechtsschutzbedürfnis, wenn der Antragsteller dadurch, dass der Bebauungsplan für unwirksam erklärt wird, seine Rechtsstellung derzeit nicht verbessern kann. Ein Normenkontrollantrag kann sich auch nicht gegen den Nichterlass eines Bebauungsplans richten. 8536

Für die Normenkontrolle muss als Zulässigkeitsvoraussetzung ein **Rechtsschutzbedürfnis** bestehen. Dieses ist ua dann nicht gegeben, wenn sich die Inanspruchnahme des Gerichts als nutzlos erweisen würde, weil der Antragsteller seine Rechtsstellung mit der begehrten Entscheidung nicht verbessern kann. Von diesem Grundsatz ist auch die Fallgestaltung erfasst, dass bei einem Erfolg der Normenkontrolle ein früherer Bebauungsplan wieder in Kraft 8537

[198] BVerwG Beschl. v. 31.7.1992 – 4 B 140.92, juris.
[199] VGH München Urt. v. 11.5.2011 – 13a N 10.577, juris.
[200] OVG Lüneburg Urt. v. 22.10.2008 – 1 KN 215/07, juris.
[201] BVerwG NVwZ 2002, 869.
[202] BVerwG ZfBR 2001, 287.
[203] OVG Lüneburg NVwZ-RR 2003, 174.
[204] BVerwGE 44, 294.

tritt.[205] Ein Normenkontrollantrag ist wegen fehlenden Rechtsschutzinteresses teilweise unzulässig, wenn der Antragsteller solche ihn nicht berührenden Teile eines Bebauungsplans angreift, die schon auf Grund vorläufiger Prüfung offensichtlich abtrennbar und selbständig lebensfähig sind.[206]

8538 Es fehlt auch ein Rechtsschutzbedürfnis für einen Normenkontrollantrag, wenn der die Belange des Antragstellers nachteilig betreffende Plan bereits Gegenstand einer verwaltungsgerichtlichen Einzelfallentscheidung gewesen ist und diese von dem Betroffenen nicht mehr angefochten werden kann. Der Adressat eines unanfechtbar gewordenen Verwaltungsakts soll in diesen Fällen nicht noch nach Eintritt der Bestandskraft die Möglichkeit haben, ein Normenkontrollverfahren einzuleiten.[207] Kann daher mit einem Normenkontrollantrag in den Bestand einer unanfechtbar erteilten Baugenehmigung oder Bebauungsgenehmigung[208] nicht mehr eingegriffen werden, so fehlt in aller Regel das Rechtsschutzbedürfnis für einen Normenkontrollantrag.[209] Dasselbe gilt, wenn auf der Grundlage des Bebauungsplans und einer erteilten Baugenehmigung die Bauarbeiten bereits verwirklicht worden sind.[210] Ausnahmsweise kann in solchen Fällen ein Rechtsschutzbedürfnis dann noch bestehen, wenn mit der beantragten Unwirksamkeitserklärung des Bebauungsplans die Tatsachenvoraussetzungen für eine Rücknahme oder eine nachträgliche Einschränkung der Baugenehmigung[211] gegeben sind oder auch eine Pflicht des Satzungsgebers zur völligen Neuregelung unter Einbeziehung des Antragstellers auf der Hand liegt. Der Normenkontrollantrag ist allerdings nicht nur deshalb wegen fehlenden Rechtsschutzbedürfnisses unzulässig, wenn der Antragsteller bereits eine Baugenehmigung auf der Grundlage des von ihm angefochtenen Bebauungsplans erhalten hat. Dies gilt jedenfalls dann, wenn der Antragsteller bisher von der erteilten Genehmigung keinen Gebrauch gemacht hat. Einem Antragsteller fehlt demgegenüber das Rechtsschutzbedürfnis für die Durchführung eines Normenkontrollverfahrens, wenn der angefochtene Bebauungsplan für sein Grundstück weitergehende Bebauungsmöglichkeiten vorsieht als sie im Falle der Unwirksamkeitserklärung des Plans nach § 34 BauGB bestehen würden und keine reale Aussicht besteht, dass der Plangeber ggf. einen neuen Bebauungsplan mit für den Antragsteller günstigeren Festsetzungen erlassen oder die Baugenehmigungsbehörde eine Baugenehmigung für das beabsichtigte Vorhaben erteilen würde.[212]

8539 Tritt die angefochtene Norm außer Kraft, entfällt das Rechtsschutzbedürfnis, wenn die Normenkontrollentscheidung die Position des Antragstellers nicht mehr aktuell verbessern kann. Ein berechtigtes Feststellungsinteresse besteht allerdings, wenn die begehrte Feststellung präjudizielle Wirkung für die Frage der Rechtmäßigkeit oder Rechtswidrigkeit eines auf die Norm gestützten behördlichen Verhaltens und damit für in Aussicht genommene Entschädigungsansprüche haben kann. Ein berechtigtes Interesse an der beantragten Feststellung besteht nur dann nicht, wenn sie der Vorbereitung einer Klage dient, die offensichtlich aussichtslos ist.[213] Ist ein Bebauungsplan **teilbar**, muss sich die Antragsbefugnis zur Normenkontrolle auch auf den jeweiligen Teil beziehen.[214] Ein Normenkontrollantrag kann daher auf Teile der Norm begrenzt werden, wenn sie objektiv teilbar ist und der Normgeber die Vorschrift bei Kenntnis der Unwirksamkeit des angegriffenen Teils erlassen hätte.[215]

---

[205] BVerwG Beschl. v. 19.11.2007 – 4 BN 49.07, juris.

[206] OVG Münster ZfBR 2007, 351.

[207] BVerwG DVBl. 1978, 963.

[208] Auch setzt sich eine Bau- oder Bebauungsgenehmigung gegenüber nachfolgenden Rechtsänderungen etwa durch das Inkrafttreten einer Veränderungssperre oder die Nichtigkeitserklärung eines Bebauungsplanes durch, so BVerwGE 69, 1.

[209] OVG Koblenz NVwZ 1984, 43. Zur Teilungsgenehmigung OVG Lüneburg BauR 1984, 159.

[210] OVG Berlin BauR 1980, 536. Für den unanfechtbaren Umlegungsbeschluss OVG Lüneburg BauR 1982, 351. Eine Teilverwirklichung des Bebauungsplans soll demgegenüber das Rechtsschutzinteresse nicht entfallen lassen, wenn mit der Nichtigkeitserklärung die Erteilung weiterer Baugenehmigungen jedenfalls zum Teil verhindert werden kann, so OVG Koblenz NJW 1984, 444.

[211] VGH Mannheim BauR 1983, 222. Regelmäßig wird eine solche nachträgliche Einwirkung auf die unanfechtbar erteilte Baugenehmigung allerdings nicht in Betracht kommen.

[212] OVG Münster NVwZ-RR 1999, 807.

[213] BVerwG BauR 2005, 1761.

[214] BVerwG NVwZ 2008, 899.

[215] OVG Saarlouis Urt. v. 27.11.2008 – 2 C 120/07, juris.

2. Rechtsschutzbedürfnis von Behörden

Das Erfordernis eines Rechtsschutzbedürfnisses soll verhindern, dass Gerichte in eine Normprüfung eintreten, deren Ergebnis für den Antragsteller wertlos ist.[216] Normenkontrollanträge können insbesondere, aber nicht ausschließlich, von Behörden erhoben werden, die unmittelbar mit der von ihnen angegriffenen Norm befasst sind. Sie können sich auf ein aus ihrer Aufgabenstellung resultierendes Interesse an der Überprüfung der objektiven Rechtslage berufen. Eine solche Interessenlage besteht insbesondere dann, wenn die Behörde die streitige Norm bei der Erfüllung ihrer Aufgaben zu beachten hat.[217] Das BVerwG führt dazu aus, dass eine Gemeinde die Prüfung der Gültigkeit einer von ihr zwar nicht erlassenen, aber in ihrem Gebiet geltenden Rechtsvorschrift iS des 47 I Nr. 2 VwGO stets beantragen könne, wenn sie die Vorschrift als Behörde zu beachten habe. Ihre Antragsbefugnis sei nicht davon abhängig, dass die zu beachtende Rechtsvorschrift die Gemeinde in ihrem Recht auf Selbstverwaltung konkret beeinträchtige.[218] Behörden können die gerichtliche Prüfung von Rechtsvorschriften somit verlangen, ohne einen Nachteil iS des § 47 II 1 VwGO darlegen zu müssen. Auch eine Behörde ist aber nicht schlechthin, sondern nur dann antragsbefugt, wenn ihr ein Rechtsschutzinteresse zur Seite steht. Das ist schon immer dann gegeben, wenn sie mit der Ausführung der von ihr beanstandeten Norm befasst ist, ohne selbst über die Norm verfügen – insbesondere sie aufheben oder ändern – zu können. Für die Antragsbefugnis der Gemeinde als Behörde ist es insoweit ausreichend, dass die angegriffene Norm im Gemeindegebiet gilt und von ihr bei der Wahrnehmung der eigenen oder übertragenen Angelegenheiten zu beachten ist. Rechtliche Bindungen dieser Art können auch aufgrund überörtlicher Vorschriften bestehen, welche die Gemeinde bei ihren Planungen berücksichtigen muss. Nur eine in diesem Sinne weite Auslegung entspricht dem Zweck des behördlichen Antragsrechts, mit dem eine allgemeinverbindliche Klärung der Gültigkeit von untergesetzlichen Normen erreicht werden soll. Das Rechtsschutzinteresse kann auch dann gegeben sein, wenn eine Gemeinde lediglich mittelbar von einer Zielfestlegung betroffen ist, so zB wenn sie nicht selbst als Zentraler Ort bestimmt wurde und die Ausweisung einer anderen Gemeinde die wesentliche Ursache der Nichtberücksichtigung war. 8540

Da zwischen Einwendungen einer Kommune im Rahmen der Öffentlichkeitsbeteiligung und ihrer Stellungnahme im Rahmen der Behördenbeteiligung mit Blick auf eine mögliche Präklusion zu differenzieren ist, kann es im Einzelfall entscheidend sein, zu klären, ob die von einer Gemeinde vorgetragenen Bedenken im Planverfahren als Stellungnahme im Rahmen der Behördenbeteiligung oder als Einwendung die Gemeinde im Rahmen der Öffentlichkeitsbeteiligung einzuordnen ist. Einwendungen im Rahmen der Öffentlichkeitsbeteiligung und Stellungnahmen im Rahmen der Behördenanhörung müssen nicht notwendig in getrennten Schriftstücken erfolgen. Erhebt eine Gebietskörperschaft Einwendungen, so muss sie aber deutlich machen, welche ihrer eigenen Rechtspositionen sie als gefährdet ansieht; sie muss zudem die von ihr befürchteten Beeinträchtigungen darlegen. Es muss erkennbar werden, dass es sich auch um Betroffeneneinwendungen handelt und nicht ausschließlich um Rügen als zuständiger Fachbehörde, die die ihr kraft gesetzlicher Zuständigkeitszuweisung anvertrauten öffentlichen Belange zu wahren hat. Für eine „schlichte" Behördenstellungnahme und gegen eine Einwendung der Kommune kann auch sprechen, dass das Schreiben der Kommune nicht von einem gesetzlich bestimmten gesetzlichen Vertreter der Kommune, sondern von einem Fachgebietsleiter unterschrieben worden ist. 8541

IV. Jahresfrist

Der Normenkontrollantrag kann nur innerhalb eines Jahres seit Inkrafttreten der angefochtenen Rechtsvorschrift gestellt werden (§ 47 II 1 VwVfG). Die Frist für die Einreichung eines Normenkontrollantrags ändert nichts an der Möglichkeit, im Rahmen einer Inzidentprüfung grundsätzlich unbefristet die Fehlerhaftigkeit eines Bebauungsplans rügen zu können.[219] 8542

---

216 OVG Thüringen Urt. v. 13.12.2017 -1 N 624/13, juris Rn. 59.

217 Hoppe in Eyermann, VwGO, 2022, § 47 Rn. 33; BVerwGE 81, 307, 310; Beckmann NWVBL 2021, 181.

218 BVerwGE 81, 307, 310.

219 BVerwG ZfBR 2007, 149; 1 BVerwGE 110, 193 (199).

8543 Die Frist beginnt mit der Bekanntmachung der Rechtsvorschrift. Die Jahresfrist für den Normenkontrollantrag beginnt nicht zu laufen, wenn eine Bekanntmachung der Rechtsvorschrift nicht nachweisbar ist. Die Möglichkeit der Kenntnisnahme von der Vorschrift kann auch durch eine fehlerhafte Bekanntmachung eröffnet werden. Diese Anforderungen an den Beginn der Frist gelten auch für Rechtsvorschriften, die in der DDR erlassen worden sind.[220] Eine nachträgliche Normenkontrolle nach Ablauf dieses Zeitraums ist bei alten Bebauungsplänen nicht mehr möglich. Dies hindert die Verwaltungsgerichte allerdings nicht, die Bebauungspläne im Rahmen etwa einer Anfechtungs- oder Verpflichtungsklage inzidenter zu prüfen und wegen eines Rechtsfehlers nicht anzuwenden. Eine Inzidentkontrolle des Bebauungsplans bleibt daher nach der Rechtsprechung des BVerwG[221] unabhängig von der Einhaltung der Normenkontrollfrist des § 47 II 1 VwGO möglich.[222] Diese Nichtanwendung in einem verwaltungsgerichtlichen Verfahren hat jedoch keine allgemein gültige Wirkung. Auch werden Behörden und Gerichte durch die Nichtanwendung einer Rechtsnorm seitens eines Verwaltungsgerichts nicht daran gehindert, eine andere Auffassung zu vertreten und nach wie vor von der Gültigkeit der Rechtsnorm auszugehen.

8544 Maßgeblicher Zeitpunkt für die Bekanntgabe einer Satzung durch Veröffentlichung in einem Amtsblatt ist nicht der Zeitpunkt, in dem das Amtsblatt vollständig verteilt worden ist. Die Bekanntmachung einer Satzung durch Veröffentlichung in einem Amtsblatt besteht in der Ausgabe des Amtsblattes. Diese ist mit dem In-Verkehr-Bringen des ersten Stückes der jeweiligen Nummer des Amtsblattes bewirkt. Bei der Einjahresfrist des § 47 II 1 VwGO handelt es sich um eine Ausschlussfrist, bei der eine Wiedereinsetzung nicht in Betracht kommt.[223]

8545 Gegenstand eines Normenkontrollantrages kann nur eine bereits erlassene, das heißt aus Sicht des Normgebers geltende Norm sein; eine **vorbeugende Normenkontrolle** gegen noch nicht in Kraft gesetzte Regelungen kennt die VwGO nicht. Dies betrifft auch Normenkontrollverfahren gegen Bebauungspläne, und zwar grundsätzlich selbst dann, wenn diese bereits Planreife im Sinne von § 33 BauGB erlangt haben und Grundlage für die Erteilung von Baugenehmigungen sein können.[224]

8546 Die **irrtümliche Annahme** eines juristischen Laien, ein Normenkontrollantrag sei an keine Frist gebunden, stellt keinen Wiedereinsetzungsgrund dar. Denn es entspricht einer allgemeinen Rechtsauffassung, dass mangelnde Rechtskenntnis allein eine Fristversäumung nicht entschuldigt. Das gilt regelmäßig auch für eine Änderung der Rechtslage, jedenfalls dann, wenn der Antragsteller nicht geltend macht, dass ihm die frühere Rechtslage bekannt war und er sich auf sie verlassen habe. Ebenso wenig wird der Grundsatz schon dadurch in Frage gestellt, dass der Antragsteller auf die Frist nicht hingewiesen worden ist. Einen Hinweis auf die Frist des § 47 II 1 VwGO und auf ihre nachträgliche Einführung durch Art. 10 IV VwGOÄndG schreibt das Gesetz nicht vor. Dem rechtsunkundigen Bürger wird vielmehr zugemutet, sich in seinen rechtlichen Angelegenheiten die erforderliche Rechtskenntnis – zB durch Inanspruchnahme anwaltlichen Rats – zu verschaffen.[225] Die Änderung einzelner Bestimmungen und die dadurch veranlasste Bekanntmachung der Neufassung setzt die Antragsfrist für die unveränderten Regelungen nicht neu in Kraft.[226] Mit der Normenkontrolle kann auch eine Funktionslosigkeit des Bebauungsplans[227] gerügt werden.[228] Allerdings ist fraglich, ob auch dann die Jahresfrist ab Bekanntmachung des Bebauungsplans zu berechnen[229] ist oder der Zeitpunkt der Funktionslosigkeit für die Fristberechnung entscheidet. Es könnte sogar einiges dafür sprechen, dass die Jahresfrist nicht für die Funktionslosigkeit gilt, weil der Gesetzgeber insoweit keine Regelung getroffen hat und wohl auch nicht hat treffen wollen. Ob die damalige Einführung der Zweijahresfrist hier Beschränkungen auferlegt, hat das BVerwG zunächst

---

220 BVerwG NVwZ 2004, 1122.

221 BVerwG BauR 2001, 1066; Beschl. v. 8.4.2003 – 4 B 23.03, juris.

222 BVerwG BauR 2007, 515.

223 OVG Magdeburg Urt. v. 26.10.2011 – 2 K 10/10, juris; BVerwG Urt. v. 19.2.2004 – 7 CN 1/03, juris.

224 OVG Berlin-Brandenburg Beschl. v. 26.9.2012 – OVG 10 S 14.12, juris.

225 BVerwG ZfBR 2002, 597.

226 VGH Mannheim DVBl. 2003, 416.

227 OVG Berlin BauR 2003, 594.

228 BVerwGE 108, 71.

229 So VGH Mannheim DVBl. 2003, 416.

offen gelassen.[230] Inzwischen hat das BVerwG die Auffassung vertreten, dass die Jahresfrist für die Erhebung der Normenkontrolle auch für die Funktionslosigkeit gilt.[231]

Für Normenkontrollanträge nach § 47 I Nr. 2 VwGO soll die Antragsfrist von einem Jahr nach Bekanntmachung der Rechtsvorschrift auch dann gelten, wenn der Antragsteller geltend macht, die Rechtsvorschrift sei erst nach ihrer Bekanntmachung infolge einer Änderung der tatsächlichen oder rechtlichen Verhältnisse rechtswidrig und damit **funktionslos** geworden.[232] 8547

Prozessuale Befugnisse können im Übrigen auch **verwirkt** werden.[233] Das gilt auch für die Antragsbefugnis nach § 47 II VwGO.[234] Hierfür kommen solche Fälle in Betracht, in denen der Antragsteller dadurch, dass er zur Durchsetzung eines geltend gemachten Rechts das Gericht anruft, sich zu seinem eigenen früheren Verhalten in einen mit **Treu und Glauben** unvereinbaren Widerspruch setzt.[235] Ist nach den besonderen Umständen im Einzelfall von einer solchen Verwirkung des prozessualen Antragsrechts auszugehen, so hat dies zur Folge, dass nicht mehr auf Antrag dieses Antragstellers in eine Prüfung der Gültigkeit der Rechtsvorschrift eingetreten werden kann. 8548

Unterschiedlich beurteilt wird die Frage, ob auch die in ihrem Geschäftsbereich betroffene **Behörde** als Antragstellerin in einem Normenkontrollverfahren ein Rechtsschutzbedürfnis haben muss.[236] Dafür spräche, dass es sich dabei um einen allgemeinen prozessualen Grundsatz handelt, der für alle Klageverfahren gilt. Insbesondere wenn die Behörde durch Verweigerung der Genehmigung selbst über die Norm verfügen kann, dürfte das Rechtsschutzbedürfnis für einen Normenkontrollantrag nicht gegeben sein. 8549

Die Klagebegründungsfrist des § 6 UmwRG gilt nicht für Normenkontrollanträge gegen Bebauungspläne.[237] 8550

V. Prüfungsmaßstäbe

Die Rechtsvorschrift unterliegt im Normenkontrollverfahren der gerichtlichen Prüfung, ob sie einer gesetzlichen Ermächtigung entspricht, die ihrerseits gültig sein muss. In diesem Zusammenhang kann auch eine verfassungsrechtliche Kontrolle eine Rolle spielen. Prüfungsmaßstab sind daher alle einfachen Landes- und Bundesgesetze, höherrangige Verordnungen und Verfassungsrecht des Bundes. Dazu zählen insbesondere auch allgemeine Verfassungsgrundsätze wie das Rechtsstaatsprinzip, das Sozialstaatsprinzip, das Übermaßverbot, das Willkürverbot, die Systemgerechtigkeit[238] und insbesondere für das Planungsrecht das Abwägungsgebot.[239] Im Normenkontrollverfahren kann auch die Nichtigkeit der Ermächtigungsgrundlage wegen eines Verstoßes gegen höherrangiges Recht in Betracht kommen.[240] Auch können sich aus dem Europarecht zusätzliche Anforderungen ergeben. 8551

Bei der Prüfung der Gültigkeit der Norm ist das Normenkontrollgericht nicht auf die vom Antragsteller geltend gemachten Mängel beschränkt. Es kann die Norm (Bebauungsplan, Gestaltungssatzung[241]) auch aus Gründen für unwirksam erklären, welche die privaten Belange des Antragstellers nicht berühren.[242] Denn das Verfahren der Normenkontrolle nach § 47 VwGO dient nicht nur dem subjektiven Rechtsschutz des jeweiligen Antragstellers, sondern ist zu- 8552

---

230 BVerwG NVwZ 1999, 986. Es könnte sogar einiges dafürsprechen, dass die Jahresfrist nicht für die Funktionslosigkeit gilt, weil der Gesetzgeber insoweit keine Regelung getroffen hat und wohl auch nicht hat treffen wollen.

231 BVerwG NVwZ 2013, 1547; Schenke NVwZ 2014, 341.

232 BVerwG NVwZ 2013, 1547; Schenke NVwZ 2014, 341.

233 BVerwG Beschl. v. 9.11.1990 – 4 NB 35.90, juris; OVG Lüneburg KStZ 2022, 211 = juris Rn. 48.

234 BVerwG NVwZ 1989, 653; NVwZ 1990, 554; zur Verwirkung von Nachbarrechten auch BVerwG BauR 1997, 281.

235 BVerwG ZfBR 1990, 106; VGH Mannheim Beschl. v. 30.4.2024 – 3 S 1056/23, juris Rn. 16.

236 Ein Rechtsschutzbedürfnis halten ua für erforderlich VGH München BayVBl. 1979, 721; BayVBl. 1982, 654; OVG Bremen DVBl. 1980, 369.

237 BVerwG NVwZ 2021, 331 ff.; VGH München Urt. 24.3.2021 – 15 N 18.925, juris; Keller NVwZ 2021, 334 f.; Kerkmann BauR 2020, 1 ff.

238 VGH München DVBl. 1978, 965.

239 VGH München BayVBl. 1982, 562.

240 VGH München DVBl. 1978, 965.

241 Zu den Eigentümerbelangen bei einer Gestaltungssatzung OVG Koblenz NVwZ-RR 2009, 258.

242 BVerwG NVwZ 2001, 431.

gleich ein Verfahren der objektiven Rechtskontrolle.[243] Ein Normenkontrollgericht ist nicht gehindert, auch schon vor der mündlichen Verhandlung rechtliche Hinweise zu geben. Es bleibt einem Antragsgegner dann unbenommen, schon während eines laufenden Normenkontrollverfahrens erkannte Mängel der Norm zu beheben. In diesem Fall ist Gegenstand des Normenkontrollverfahrens der inhaltlich unveränderte Bebauungsplan, wie er nach Behebung des Mangels wirksam in Kraft gesetzt worden ist.[244]

8553 Landesverfassungsrecht scheidet als Prüfungsmaßstab allerdings aus, wenn und soweit der Antragsteller selbst[245] die Möglichkeit hat, das Landesverfassungsgericht anzurufen (§ 47 IV VwGO). Dieser Vorrang der Landesverfassungsgerichtsbarkeit besteht etwa in Bayern für die Grundrechtsprüfung, soweit der Antragsteller die Möglichkeit der Popularklage zum VerfGH München hat.[246] Wegen dieser Beschränkung ist auch eine Verfassungsbeschwerde zum VerfGH München unzulässig, soweit gerügt wird, das Normenkontrollgericht habe die Grundrechte der Bay. Landesverfassung dadurch verletzt, dass es die angegriffene Norm nicht daran gemessen habe.[247] Allerdings können in diesen Fällen das GG und die nicht grundrechtlichen Bestimmungen der Landesverfassung als Prüfungsmaßstäbe im Normenkontrollverfahren herangezogen werden.[248]

VI. Verhältnis zur Inzidentkontrolle

8554 Der Bebauungsplan wird als Norm erlassen (§ 10 I BauGB). Eine Regelung, wie § 58 VwGO sie für Rechtsmittel oder andere Rechtsbehelfe (gegen Anordnungen von Verwaltungsbehörden) trifft, wonach die Frist nur bei richtiger schriftlicher Belehrung zu laufen beginnt, trifft das Gesetz für die Frist zur Einlegung des Normenkontrollantrags nicht. Der Normenkontrollantrag ist kein Rechtsbehelf in diesem Sinne. Demjenigen, in dessen Rechte durch eine auf Festsetzungen des Bebauungsplans gestützte behördliche Entscheidung oder durch das Unterlassen einer Entscheidung eingegriffen wird, wird durch den Ablauf der Jahresfrist des § 47 II 1 VwGO nicht die Rüge abgeschnitten, der Bebauungsplan sei unwirksam. Das Gericht hat dem im Rahmen der Inzidentkontrolle nachzugehen. Zur Rechtswahrung ist die Einhaltung der Normenkontrollfrist nicht erforderlich.[249] Sind gleichzeitig eine Normenkontrolle und eine Verpflichtungsklage anhängig, kann das Verwaltungsgericht seine Entscheidung über die Verpflichtungsklage entsprechend § 94 1 VwGO bis zur Rechtskraft der Normenkontrollentscheidung aussetzen, ist hierzu aber nicht verpflichtet.[250] Inzwischen vorgenommene **Bautätigkeiten** können allerdings **faktische Wirkungen** haben. Sind aufgrund des angegriffenen Bebauungsplans bereits in erheblichem Umfang Baugenehmigungen erteilt worden und kann angesichts dessen nicht ernsthaft angenommen werden, dass ein Antrag auf bauordnungsbehördliches Einschreiten im Ergebnis Erfolg hätte, ist eine die entstandene Bebauung berücksichtigende planerische Abwägung im Ergebnis nicht zu beanstanden. Vollendete Tatsachen in einem Plangebiet lassen sich nur durch einen Antrag auf Gewährung vorläufigen Rechtsschutzes verhindern.[251]

VII. Verfahren und Entscheidung

8555 Das OVG entscheidet im Normenkontrollverfahren auf Antrag. Den Verfahrensbeteiligten ist Gelegenheit zur Stellungnahme zu geben.

8556 Im Normenkontrollverfahren sind nach der Ergänzung des § 47 II 3 VwGO die §§ 65 I und V sowie 66 VwGO entsprechend anwendbar. Damit ist auch im Normenkontrollverfahren eine **einfache Beiladung** nach § 65 I VwGO möglich. Nach Auffassung des BVerwG sollte das Normenkontrollgericht Drittinteressierten an dem Ausgang des Verfahrens nur durch Anhörung Gelegenheit zur Stellungnahme geben können.[252] Das BVerfG gab den Normenkon-

---

[243] BVerwG BRS 67 Nr. 57 (2004).

[244] BVerwG ZfBR 2001, 287. Zum Vertrauensschutz bei einer rückwirkenden Einführung eines Fremdenverkehrsbeitrags BVerwG NVwZ-RR 2003, 522.

[245] Dabei ist eine konkrete Betrachtungsweise anzustellen, so VGH Kassel DVBl. 1977, 216.

[246] VGH München DVBl. 1978, 113.

[247] VGH München NJW 1984, 2454.

[248] VGH Kassel DVBl. 1977, 737.

[249] BVerwG ZfBR 2001, 350.

[250] BVerwG NVwZ-RR 2001, 483.

[251] OVG Schleswig NordÖR 2008, 452.

[252] BVerwG Beschl. v. 8.2.2000 – 4 BN 1.00, juris.

trollgerichten anlässlich einer Verfassungsbeschwerde einige Hinweise, wie dabei zu verfahren ist. Das Grundrecht privater Grundstückseigentümer aus Art. 14 I 1 GG werde durch ein Urteil, das einen Bebauungsplan für ungültig erkläre, berührt. Das normverwerfende Urteil habe zwar keine gestaltende, sondern nur eine feststellende Wirkung. Es erscheine aber verfassungsrechtlich bedenklich, wenn es den Betroffenen nicht möglich sein sollte, im gerichtlichen Verfahren geltend zu machen, dass der angefochtene Bebauungsplan eben nicht nur einen Rechtsschein erzeugt habe, sondern gültiges Recht sei. Die Beiladung aller betroffenen Grundstückseigentümer könne dem Gericht die Verfahrensführung allerdings unverkennbar auch erschweren. Den widerstreitenden Belangen Rechtsschutzinteresse und Übersichtlichkeit der Prozessführung könne das Gericht aber dadurch gerecht werden, dass es – etwa im Rahmen der von § 65 I VwGO verlangten Ermessensentscheidung – im Einzelfall abwägt, ob eine Verfahrensbeteiligung der Grundstückseigentümer die Durchführung eines rechtsstaatlichen Grundsätzen entsprechenden Verfahrens derart behindern würde, dass auch bei Ausschöpfung aller prozessrechtlichen Möglichkeiten der Ausschluss der Beiladung gerechtfertigt erscheine.[253] Da die normverwerfende Entscheidung, die eine Norm für nichtig erklärt, keine gestaltende, sondern nur eine feststellende Wirkung hat (§ 47 V 2 VwGO), ist eine entsprechende Anwendung der Vorschriften über die notwendige Beiladung weder geboten noch sachgerecht.[254]

Auch im Normenkontrollverfahren nach § 47 VwGO ist bei behördlicher Verweigerung 8557
der **Aktenvorlage** die in § 99 II 4 VwGO vorgesehene Beschwerde an das BVerwG statthaft.[255] Eine Beiladung der betroffenen Grundstückseigentümer in einem Normenkontrollverfahren kann je nach deren Anzahl die Verfahrensführung erschweren. Einschränkungen des Rechtsschutzes im Interesse einer übersichtlichen Prozessführung unterliegen aber den Anforderungen, die sich aus dem Grundsatz der Verhältnismäßigkeit ergeben. Sie müssen mit den Prinzipien einer rechtsstaatlichen Verfahrensordnung vereinbar sein und dürfen den Rechtsschutz nicht in unzumutbarer, durch Sachgründe nicht mehr zu rechtfertigender Weise erschweren.[256]

1. Begründetheit der Normenkontrolle

Ein zulässiger Normenkontrollantrag ist begründet, wenn die angefochtene Rechtsvorschrift 8558
mit höherrangigem Recht nicht vereinbar ist, wobei alle Verstöße gegen objektives materielles Recht und auch Verfahrensfehler zur Unwirksamkeit der Norm führen können. Die gerichtliche Prüfungsbefugnis ist daher bei zulässigen Normenkontrollanträgen nicht auf die Reichweite subjektiver Betroffenheiten und Rechtsverletzungen begrenzt.[257]

2. Vereinbarkeit mit Landesrecht

Das OVG prüft die Vereinbarkeit der Rechtsvorschrift nach § 47 III VwGO mit **Landes-** 8559
recht nicht, soweit gesetzlich vorgesehen ist, dass die Rechtsvorschrift ausschließlich durch das Verfassungsgericht eines Landes nachprüfbar ist. Ist ein Verfahren zur Überprüfung der Gültigkeit der Rechtsvorschrift bei einem **Verfassungsgericht** anhängig, so kann das OVG nach § 47 IV VwGO anordnen, dass die Verhandlung bis zur Erledigung des Verfahrens vor dem Verfassungsgericht auszusetzen sei. Das OVG entscheidet nach § 47 V 1 VwGO durch **Urteil** oder, wenn es eine mündliche Verhandlung nicht für erforderlich hält, durch Beschluss. Kommt das OVG zu der Überzeugung, dass die Rechtsvorschrift ungültig ist, so erklärt es sie für unwirksam. In diesem Fall ist die Entscheidung allgemein verbindlich und die Entscheidungsformel vom Antragsgegner ebenso zu veröffentlichen wie die Rechtsvorschrift bekanntzumachen wäre. Für die Wirkung der Entscheidung gilt § 183 VwGO entsprechend.

---

253 BVerfG DVBl. 2000, 1842.

254 OVG Schleswig Beschl. v. 25.1.2022 – 5 KN 35/21, juris Rn. 3.

255 BVerwGE 66, 233.

256 OVG Schleswig Beschl. v. 25.1.2022 – 5 KN 35/21, juris Rn. 4.

257 Dies unterscheidet die Begründetheitsprüfung bei Normenkontrollanträgen von den Anfechtungs- und Verpflichtungsklagen, deren Prüfung an die Verletzung eigener Rechte rückgebunden ist (§§ 42 II, 113 VwGO).

3. Art. 6 I 1 EMRK

8560 Das Normenkontrollgericht ist bei Ausübung seines Verfahrensermessens nach § 47 V 1 VwGO verpflichtet, Art. 6 I 1 EMRK mit dem Inhalt, den die Vorschrift in der Entscheidungspraxis des Europäischen Gerichtshofs für Menschenrechte gefunden hat, vorrangig zu beachten. Jede Person hat nach Art. 6 I 1 EMRK ein Recht darauf, dass über Streitigkeiten in Bezug auf ihre zivilrechtlichen Ansprüche und Verpflichtungen oder über eine gegen sie erhobene strafrechtliche Anklage von einem unabhängigen und unparteiischen, auf Gesetz beruhenden Gericht in einem fairen Verfahren, öffentlich und innerhalb angemessener Frist verhandelt wird.[258]

8561 Aus dem Zusammenwirken von § 47 V 1 VwGO und Art. 6 I 1 EGMR folgt der Grundsatz, dass über einen Normenkontrollantrag, mit dem sich der Eigentümer eines im Plangebiet gelegenen Grundstücks gegen eine Festsetzung in einem Bebauungsplan wendet, die unmittelbar sein Grundstück betrifft, auf Grund einer öffentlichen mündlichen Verhandlung zu entscheiden ist. Wird über einen solchen Normenkontrollantrag entgegen Art. 6 I 1 EMRK ohne öffentliche mündliche Verhandlung durch Beschluss entschieden, liegt ein absoluter Revisionsgrund vor (§ 138 Nr. 3 VwGO).[259] Das BVerwG macht dabei deutlich, dass die EMRK geltendes deutsches Recht ist und auch in der Praxis stärkerer Beachtung bedarf. Anlass des Urteils war eine Entscheidung des VGH Mannheim in einem Normenkontrollverfahren auf die mündliche Verhandlung zu verzichten. Das BVerwG rügte diesen Verzicht. Das Normenkontrollgericht sei bei der Ausübung des Verfahrensermessens nach § 47 V 1 VwGO verpflichtet, Art. 6 I 1 EMRK mit dem Inhalt, den die Vorschrift in der Entscheidungspraxis des EMGR gefunden hat, vorrangig zu beachten. Das führt grundsätzlich zur Notwendigkeit einer öffentlichen mündlichen Verhandlung in Fällen, in denen ein Eigentümer Festsetzungen eines Bebauungsplans angreift, die sein Grundstück unmittelbar betreffen.[260]

8562 Der Auslegung des Art. 6 I EMRK durch den Europäischen Gerichtshof für Menschenrechte kann unter bestimmten Voraussetzungen über den entschiedenen Einzelfall hinaus eine normative Leitfunktion beigemessen werden, an der sich die Vertragsstaaten zu orientieren haben. Lässt sich auf Grund einer gefestigten Rechtsprechung des Gerichtshofs eine verallgemeinerungsfähige und allgemeine Gültigkeit beanspruchende Auslegung einer Konventionsbestimmung feststellen, haben die deutschen (Verwaltungs-)Gerichte dem vorrangig Rechnung zu tragen.[261] Wendet sich ein Grundstückseigentümer im Wege der Normenkontrolle gegen die Festsetzungen eines Bebauungsplans, die unmittelbar sein im Plangebiet liegendes Grundstück betreffen, so darf das Normenkontrollgericht daher ohne Einverständnis des Antragstellers nur dann von einer öffentlichen mündlichen Verhandlung absehen, wenn der Normenkontrollantrag offensichtlich unzulässig ist. Von einer mündlichen Verhandlung kann auch dann nicht abgesehen werden, wenn als Vorfrage für die Prüfung der Zulässigkeit über das Bestehen und den Inhalt eines weiteren Rechtsverhältnisses zu entscheiden ist, das ein civil right im Sinne von Art. 6 EMRK betrifft.[262] Ein betroffener Grundeigentümers außerhalb des Plangebiets hat im verwaltungsgerichtlichen Normenkontrollverfahren gemäß Art. 6 I 1 EMRK einen Anspruch auf mündliche Verhandlung, wenn die angegriffene planerische Festsetzung auf sein Grundeigentum unmittelbar einwirkt und sich konkrete Beeinträchtigungen etwa im Hinblick auf die Erteilung von Baugenehmigungen ergeben können. Ob Art. 6 I EMRK stets Genüge getan ist, wenn zwar im erstinstanzlichen Verfahren des Verwaltungsgerichts, nicht aber im Beru-

[258] Art. 6 I EMRK hat das Verwaltungsgericht auch bei einer Aussetzungsentscheidung nach § 94 VwGO zu berücksichtigen. Die Ermessensausübung durch das Verwaltungsgericht hat sich daran auszurichten, dass die im Interesse zügigen und effektiven Rechtsschutzes iSv Art. 19 IV 1 GG und Art. 6 I 1 EMRK bestehende Verpflichtung, den Prozess zu fördern, nur aus gewichtigen Gründen zurückgestellt werden darf, siehe dazu OVG Münster Beschl. v. 26.9.2022 – 2 E 417/22, juris Rn. 15; siehe auch OVG Saarland Beschl. v. 13.4.2022 – 2 C 289/21, juris Rn. 15: „Bei Offensichtlichkeit der Unzulässigkeit des Rechtsbehelfs kann das Normenkontrollgericht auch mit Blick auf Art. 6 EMRK, da eine mündliche Verhandlung über den Antrag nicht erforderlich erscheint, von der durch den § 47 V 1 VwGO eröffneten Möglichkeit einer Entscheidung durch Beschluss Gebrauch machen. Das setzt nicht zwingend eine vorherige Anhörung der Beteiligten voraus.

[259] BVerwG NVwZ 2000, 810; anders BVerwGE 72, 122.

[260] BVerwG NVwZ 2000, 810.

[261] BVerwG NVwZ 2002, 87; VGH München Beschl. v. 10.8.2022 – 9 N 20.1772, juris Rn. 13.

[262] BVerwG NVwZ 2008, 696; BVerwGE 110, 203.

fungsverfahren des OVG/VGH die Möglichkeit der mündlichen Verhandlung bestand, ist offen. Eine mündliche Verhandlung ist nach Art. 6 I EMRK regelmäßig jedenfalls dann im verwaltungsgerichtlichen Berufungsverfahren nicht geboten, wenn im Wesentlichen nur Rechtsfragen zu entscheiden sind.[263] Auch ein verwaltungsgerichtlicher Nachbarrechtsstreit über die Zulässigkeit einer Baugenehmigung unterliegt Art. 6 I EMRK.[264]

Das Normenkontrollgericht kann daher durch Beschluss entscheiden, wenn der Beurteilung ein unstreitiger oder umfassend aufgeklärter Sachverhalt zugrunde liegt und die entscheidungserheblichen Rechtsfragen in den Schriftsätzen der Beteiligten ausreichend erörtert worden sind. Das Gericht darf dann nicht durch Beschluss entscheiden, wenn zwingende rechtliche Vorschriften wie insbesondere Art. 6 I 1 EMRK entgegenstehen. Der Anspruch auf rechtliches Gehör nach Art. 103 I GG gebietet allerdings nicht, die Beteiligten zu der Absicht des Gerichts, ohne mündliche Verhandlung durch Beschluss zu entscheiden, anzuhören; aus dem Recht auf Gewährung rechtlichen Gehörs kann deshalb auch nicht eine Verpflichtung des Normenkontrollgerichts abgeleitet werden, diese Absicht näher zu begründen.[265] 8563

Führt das Normenkontrollgericht allerdings **in voller Besetzung** eine **Beweisaufnahme** durch, so brauchen die Aussagen von Zeugen und Sachverständigen und das Ergebnis eines Augenscheins nicht in das Protokoll aufgenommen zu werden.[266] Auch ist eine mündliche Verhandlung nach Art. 6 I EMRK dann nicht geboten, wenn eine Beweisaufnahme vor der voll besetzten Richterbank des Berufungsgerichts an Ort und Stelle stattgefunden hat, den Beteiligten hierbei Gelegenheit zur Äußerung gegeben war, das Berufungsgericht seine Auffassung über das Ergebnis der Beweisaufnahme mitgeteilt hat und – aus einem anderen Gesichtspunkt heraus – nur noch Rechtsfragen zu entscheiden waren.[267] Die durch den Berichterstatter des Normenkontrollgerichts an Ort und Stelle erfolgte nichtöffentliche Einnahme des Augenscheins sowie die den Beteiligten eingeräumte Gelegenheit, zum Ergebnis der Augenscheinseinnahme schriftsätzlich Stellung zu nehmen, sind demgegenüber nicht geeignet, die öffentliche (mündliche) Verhandlung über den Normenkontrollantrag vor der vollbesetzten Richterbank zu ersetzen.[268] Im Normenkontrollverfahren ist ein Anerkenntnisurteil grundsätzlich nicht möglich.[269] 8564

4. Teilunwirksamkeit

Der Normenkontrollantrag kann auf die Gesamtunwirksamkeit der angefochtenen Rechtsvorschrift gerichtet. Kann der Antragsteller nach § 47 II 1 VwGO geltend machen, durch eine Rechtsvorschrift oder deren Anwendung in seinen Rechten betroffen zu sein, ist die gesamte Norm zulässiger Gegenstand des Normenkontrollverfahrens mit Ausnahme der Bestimmungen, die unter Heranziehung des Rechtsgedankens aus § 139 BGB wegen ihres eigenständigen Regelungsgehalts vom Normgefüge abtrennbar sind.[270] Ist die Norm bereits außer Kraft getreten, ist die Feststellung der Unwirksamkeit der Norm zu beantragen.[271] Die Teilunwirksamkeit einer Rechtsvorschrift führt zur Gesamtunwirksamkeit, wenn der rechtswidrige Teil untrennbarer Bestandteil einer Gesamtregelung ist, die nur einheitlich wirksam oder unwirksam sein kann.[272] Eine Beschränkung des Antrags auf eine Teilunwirksamkeit ist möglich.[273] Ob einzelne fehlerhafte Festsetzungen zur Gesamt- oder Teilunwirksamkeit des Bebauungsplans führen, ist letztlich eine Frage des Einzelfalls.[274] 8565

---

263 BVerwG, B. v. 4.8.2005 – 4 B 42.05, juris.

264 BVerwG NVwZ 2004, 108; NVwZ 1999, 763.

265 BVerwG Beschl. v. 31.3.2011 – 4 BN 18.10, juris; BVerwG Urt: v. 31.3.2011 – 4 BN 19.10, juris; NVwZ 2000, 810; NVwZ 1989, 461; NVwZ 1989, 245.

266 BVerwG DVBl. 1990, 1354.

267 BVerwG NVwZ 1999, 763.

268 BVerwG NVwZ 2000, 810.

269 OVG Koblenz DVBl. 2011, 1549.

270 BVerwG Beschl. v. 17.9.2013 – 4 BN 40.13, juris Rn. 6; Urt. v. 5.5.2015 – 4 CN 4.14, juris Rn. 19; NVwZ 2005, 695; NVwZ 1989, 245.

271 BVerwG DVBl. 1978, 963; DVBl. 1984, 145; NJW 1984, 881; NVwZ 1997, 896.

272 BVerwG ZfBR 1992, 84; ZfBR 1994, 138.

273 BVerwG ZfBR 1994, 198.

274 VGH München Urt. v. 12.12.2023 – 1 N 22.479, juris Rn. 19.

8566 Die Unwirksamkeit einzelner Festsetzungen eines Bebauungsplans führt nur dann nicht zur Unwirksamkeit der übrigen Bestimmungen, wenn und soweit diese ohne den unwirksamen Teil sinnvoll bleiben und zusätzlich die Gemeinde nach ihrem im Planungsverfahren zum Ausdruck gekommenen Willen im Zweifel auch einen Plan dieses eingeschränkten Inhalts beschlossen hätte.[275] Mängel, die einzelnen Festsetzungen eines Bebauungsplans anhaften, führen daher nur dann nicht zu dessen Unwirksamkeit, wenn die übrigen Regelungen, Maßnahmen oder Festsetzungen – für sich betrachtet – noch eine sinnvolle städtebauliche Ordnung im Sinne des § 1 III 1 BauGB bewirken können und wenn die Gemeinde nach ihrem im Planungsverfahren zum Ausdruck gelangten Willen im Zweifel auch eine Satzung dieses eingeschränkten Inhalts beschlossen hätte.[276]

8567 Allerdings kann das Gericht über den Antrag hinaus die Gesamtunwirksamkeit der Rechtsnorm feststellen, wenn ein untrennbarer Regelungszusammenhang besteht und eine auf den Antrag beschränkte Unwirksamkeitserklärung in den Gestaltungsraum des Normgebers unzulässig eingreifen würde. Eine teilweise Unwirksamkeitserklärung ist demgegenüber möglich, wenn davon ausgegangen werden kann, dass der Normgeber den verbleibenden Teil erlassen hätte, wenn ihm die Unwirksamkeit des für unwirksam erklärten Teils bewusst gewesen wäre. In Ausnahmefällen ist auch die Beschränkung der Entscheidung auf die Feststellung möglich, dass die angefochtene Norm gegen höherrangiges Recht verstößt und deswegen zwar fort gilt, aber ergänzungsbedürftig ist.[277] Allerdings ist hier große Zurückhaltung geboten, weil es den Verwaltungsgerichten grundsätzlich verwehrt ist, in den Verantwortungsbereich des Normgebers einzugreifen. Zulässig wäre allerdings die bloße Feststellung der Rechtswidrigkeit eines Bebauungsplans, wenn (lediglich) Lärmschutzvorkehrungen fehlen und das Gesamtgefüge des Plans dadurch nicht berührt wird.[278] Wird zunächst schriftsätzlich der Antrag angekündigt, einen Bebauungsplan wegen Teilnichtigkeit in einzelnen Punkten aufzuheben und wird in der mündlichen Verhandlung der Antrag gestellt, den Plan insgesamt für unwirksam zu erklären, liegt in diesem Vorgehen im Hinblick auf die Besonderheiten bei der Normenkontrolle als objektives Prüfungsverfahren keine Antragsänderung.[279]

8568 Eine **Änderungsplanung** hängt dann nicht von der Wirksamkeit der Ursprungsplanung ab, wenn sie eine eigenständige Ordnungsfunktion erfüllt.[280] Führt ein Normenkontrollantrag zur Feststellung (nur) der Teilunwirksamkeit eines Bebauungsplans, so hat der die Gesamtunwirksamkeit begehrende Antragsteller die Kosten des Normenkontrollverfahrens anteilig zu tragen, wenn die vom Normenkontrollgericht festgestellte Teilunwirksamkeit dem Antragsteller nicht oder nicht in dem angestrebten Maße nutzt.[281] **Einzelne Teile** eines Bebauungsplans können nicht isoliert Gegenstand einer Normenkontrolle sein, wenn sie einen untrennbaren Zusammenhang mit anderen Festsetzungen eines Bebauungsplans darstellen.[282] Erklärt das Normenkontrollgericht einen vom Antragsteller umfassend angegriffenen Bebauungsplan für teilweise unwirksam, so ist der Antrag im Übrigen abzulehnen, wenn der Antragsteller mit der Anfechtung des ihn beschwerenden Teils des Plans erfolglos bleibt.[283]

8569 Die **Unwirksamkeitsfeststellung** ist grundsätzlich auf den Zeitpunkt des **Erlasses** der angefochtenen untergesetzlichen Norm zurückzubeziehen. Erweist sich die Norm erst ab einem späteren Zeitpunkt als unwirksam, kann auch darauf der Ausspruch der Unwirksamkeit begrenzt werden.[284]

---

275 OVG Münster Urt. v. 29.4.2011 – 7 A 45/09, juris; BVerwG NVwZ 2013, 227 ff.; BauR 2009, 1102.

276 OVG Münster Urt. v. 29.3.2011 – 2 D 44/09.NE, juris.

277 VGH Mannheim DVBl. 1979, 916.

278 OVG Berlin NVwZ 1983, 416; Zur Frage der Erstattungsfähigkeit der außergerichtlichen Kosten des Beigeladenen im Normenkontrollverfahren VGH München Urt. v. 16.6.2006 – 1 N 04.2804, juris.

279 BVerwG BauR 2011, 238.

280 OVG Koblenz Urt. v. 14.9.2005 – 8 C 10455/05, juris.

281 BVerwG NVwZ 1997, 896; BVerwGE 88, 268.

282 OVG Saarlouis NVwZ-RR 2008, 769.

283 BVerwG NVwZ 2008, 902; Hentschel NVwZ 2008, 1201, Jahn ThürVBl 2008, 244; BVerwGE 88, 268.

284 BGH BauR 1982, 248.

5. Möglichkeit der Verwirkung

Anträge nach § 47 VwGO sind nach § 47 II 1 VwGO an eine Jahresfrist gebunden. Sie können zudem **verwirkt** sein. So ist es nicht zulässig, das OVG anzurufen, wenn nach Verwirklichung der in der Norm vorgesehenen Vorhaben der Antragsteller zu erkennen gegeben hat, dass er die Rechtsvorschrift über längere Zeit hinweg als gültig betrachtet hat.[285] Auch eine Behörde kann bei einer besonderen Fallgestaltung ihre Antragsbefugnis verwirkt haben.[286] Für die Ausübung prozessualer Rechte gilt das Gebot von Treu und Glauben; deshalb kann die Befugnis zur Anrufung der Gerichte unter bestimmten Voraussetzungen wegen Verwirkung ausgeschlossen sein. Wegen einer Verwirkung darf nicht mehr in die Prüfung eines Normenkontrollantrages eingetreten werden, wenn sich der Antragsteller dadurch, dass er zur Durchsetzung eines geltend gemachten Rechts das Gericht anruft, zu seinem eigenen früheren Verhalten in einen mit Treu und Glauben unvereinbaren Widerspruch setzt.[287] Eine Verwirkung des Antragsrechts nach § 47 II VwGO kommt zB in Betracht, wenn der Antragsteller zunächst die ihm günstigen Festsetzungen eines Bebauungsplanes ausnutzt und sich erst dann gegen die ihm ungünstigen Festsetzungen wendet oder wenn sich die Antragsteller zunächst mit der vom Bebauungsplan vorgesehenen wegemäßigen Erschließung zufriedengegeben haben und erst später eine bessere Erschließung fordern. Einem Antragsteller kann mit der Verwirklichung einer ihm – unter Umständen rechtswidrig – erteilten Baugenehmigung jedoch nicht generell die Möglichkeit abgeschnitten werden, seine weitergehenden Interessen später im Wege eines gegen den Bebauungsplan gerichteten Normenkontrollverfahrens durchzusetzen.[288] 8570

6. Allgemeinverbindlichkeit

Kommt das Oberverwaltungsgericht zu der Überzeugung, dass die Rechtsvorschrift ungültig ist, so erklärt es sie für unwirksam; in diesem Fall ist die Entscheidung nach § 47 V 2 VwGO allgemein verbindlich und die Entscheidungsformel vom Antragsgegner ebenso zu veröffentlichen wie die Rechtsvorschrift bekanntzumachen wäre. Während die Unwirksamkeitserklärung der Norm insoweit allgemeinverbindlich ist, wirkt die Abweisung des Normenkontrollantrags (nur) zwischen den Beteiligten. Sie entfaltet aber gemäß § 121 Nr. 1 VwGO materielle Rechtskraftwirkung zwischen den Beteiligten und ihren Rechtsnachfolgern. Das gilt gleichermaßen für erneute Normenkontrollanträge wie Inzidentprüfungen.[289] Ein anderer Antragsteller ist nicht daran gehindert, die Vorschrift einer erneuten Überprüfung zuzuführen.[290] Die Entscheidung bindet aber für die am Verfahren Beteiligten auch den Zivilrichter, wenn sich die Gültigkeit der Norm als Vorfrage für den zivilrechtlichen Rechtsstreit darstellt.[291] Für den Satzungs- und Verordnungsgeber umfasst die Unwirksamkeitsentscheidung auch das Verbot, ohne Änderung der maßgeblichen Sach- oder Rechtslage eine Rechtsvorschrift gleichen Inhalts zu erlassen.[292] 8571

Eine **Bebauungsplanänderung**, die im Anschluss an eine frühere Satzung (Bebauungsplan oder Bebauungsplanänderung) bekannt gemacht worden ist, kann nur durch entsprechenden ausdrücklichen Antrag nach § 47 II 1 VwGO wirksam in ein bereits anhängiges Normenkontrollverfahren einbezogen werden.[293] 8572

Der **Streitwertkatalog** 2004 sieht für Normenkontrollen von Bebauungsplänen bei Privatpersonen einen Streitwertrahmen von 7.500 Euro bis 60.000 Euro und bei Gemeinden einen Streitwert von 60.000 Euro vor (Nr. 9.8.1 und 9.8.2).[294] 8573

---

[285] OVG Koblenz NJW 1984, 444, für die Anfechtung eines Bebauungsplans, dessen Realisierung der Antragsteller selbst durch Verkauf des dazu benötigten Geländes ermöglicht hat.

[286] VGH München BayVBl. 1982, 726.

[287] OVG Lüneburg Urt. v. 16.6.2022 – 9 KN 15/17, juris Rn. 48; OVG Schleswig Urt. v. 19.6.1997 – 1 K 21/95, juris Rn. 50 f.; BVerwG BRS 49 Nr. 42.

[288] OVG Lüneburg Urt. v. 16.6.2022 – 9 KN 15/17, juris Rn. 48.

[289] OVG Bautzen DVBl. 2023, 745.

[290] OVG Bautzen SächsVBl 2023, 181 = juris Rn. 23.

[291] BGH DVBl. 1982, 535.

[292] VGH Mannheim DÖV 1979, 571.

[293] BVerwG BauR 2006, 2032; OVG Koblenz BauR 2011, 970.

[294] BVerwG BauR 2004, 1907.

VIII. Nichtzulassungsbeschwerde und Revision

8574 Gegen die Normenkontrollentscheidungen des OVG findet ein Revisionsverfahren statt, wenn die Revision durch das OVG zugelassen worden ist (§ 132 VwGO). Gegen die Nichtzulassung der Revision besteht die Möglichkeit der Nichtzulassungsbeschwerde nach § 133 VwGO. Als Revisionsgründe kommen sowohl die Grundsatzrevision, die Divergenzrevision als auch die Verfahrensrevision in Betracht. Die Nichtvorlagebeschwerde nach § 47 VII 1 VwGO aF ist daher seit dem 1.1.1997 nicht mehr statthaft.[295]

IX. Einstweilige Anordnung (§ 47 VI VwGO)

8575 Im Normenkontrollverfahren kann nach § 47 VI VwGO auf Antrag eine **einstweilige Anordnung** ergehen, wenn dies zur Abwehr **schwerer Nachteile** oder aus **anderen wichtigen Gründen dringend geboten** ist.[296]

8576 Bis auf die Stellung des Normenkontrollantrags müssen daneben die Zulässigkeitsvoraussetzungen des Normenkontrollantrags gegeben sein.[297] Die Regelung ist § 32 BVerfGG nachgebildet. Es ist dabei ein strenger Maßstab anzulegen.[298] Die Entscheidungen der demokratisch legitimierten der Mitglieder des Gemeinderats haben dabei regelmäßig einen Vorrang vor den Aussetzungsinteressen.[299]

1. Abwägung der betroffenen Interessen

8577 Sofern sich die angefochtene Norm nicht als offensichtlich gültig oder ungültig erweist, hängt die Entscheidung über die einstweilige Anordnung von einer Abwägung der betroffenen Interessen ab. Abzuwägen sind dabei die Vor- und Nachteile, die entstehen, wenn die einstweilige Anordnung ergeht, die Rechtsvorschrift sich aber später als gültig erweist, gegenüber den Vor- und Nachteilen, die eintreten, wenn die Norm zunächst vollzogen wird, sich ihre Unwirksamkeit aber später herausstellt.[300]

8578 Die Abwägung der Vollzugs- und Aussetzungsfolgen entfällt allerdings, wenn der Antrag unzulässig oder offensichtlich unbegründet ist.[301] Bei Anwendung dieser Grundsätze haben die Gerichte zumeist Zurückhaltung im Erlass der einstweiligen Anordnung gezeigt und sich in der Regel an den strengen Maßstäben des BVerfG, orientiert. Insbesondere sind die für den Vollzug sprechenden Gemeinwohlinteressen mit einem beachtlichen Gewicht eingestellt worden.[302] Auch wurde einstweiliger Rechtsschutz versagt, wenn auf einem anderen Wege, insbesondere etwa durch die Anfechtung der Baugenehmigung und Verfahren nach den §§ 80, 80 a, 123 VwGO ausreichende Antrags- und Rechtsschutzmöglichkeiten eröffnet sind.[303] Andererseits wird die Auffassung vertreten, dass einstweiliger Rechtsschutz im Normenkontrollverfahren und gegen **Einzelvorhaben** gleichwertig nebeneinander verfolgt werden.[304] Mittels eines Antrags nach § 47 VI VwGO kann eine **Normänderung** allerdings nicht begehrt werden.[305]

---

[295] BVerwG ZfBR 1998, 215. Die Nichtvorlagebeschwerde ist danach erledigt, wenn das BVerwG die Rechtsfrage in einem anderen Verfahren iS des Normenkontrollgerichts geklärt hat.

[296] Grave BauR 1981, 156; Erichsen/Scherzberg DVBl. 1987, 168.

[297] Papier FS Menger S. 517; Erichsen/Scherzberg DVBl. 1987, 168.

[298] VGH Mannheim NJW 1977, 1212; OVG Münster BauR 1981, 544; OVG Lüneburg DVBl. 1979, 194; BVerfGE 43, 198: besonders wichtige Gründe des Gemeinwohls müssen die Aussetzung der Norm legitimieren.

[299] OVG Saarlouis Beschl. v. 27.2.2008 – 2 B 450/07, juris.

[300] VGH München Beschl. v. 23.7.2007 – 15 NE 07.1226, juris.

[301] OVG Münster BauR 1981, 544; VGH München DVBl. 1979, 562.

[302] OVG Lüneburg DVBl. 1979, 194.

[303] OVG Münster NJW 1978, 342; DVBl. 1979, 191; DVBl. 1981, 687; VGH Mannheim NJW 1977, 1212; VGH München UPR 1998, 467: OVG Münster BauR 1981, 544, zur Möglichkeit einer gesonderten Anfechtung der sofortigen Besitzeinweisung.

[304] OVG Schleswig NordÖR 2006, 359.

[305] OVG Lüneburg ZUR 2013, 231.

2. Abwehr schwerer Nachteile

Ein schwerer Nachteil, der die Außervollzugsetzung eines Bebauungsplans nach § 47 VI VwGO rechtfertigt, setzt eine schwerwiegende Beeinträchtigung rechtlich geschützter Positionen des jeweiligen Antragstellers voraus. Die Außervollzugsetzung eines Bebauungsplans kann aus anderen wichtigen Gründen geboten sein, wenn der Bebauungsplan sich bei summarischer Prüfung als offensichtlich rechtsfehlerhaft erweist, und setzt weiter voraus, dass die Umsetzung des Bebauungsplans den jeweiligen Antragsteller konkret so beeinträchtigt, dass eine einstweilige Anordnung dringend geboten ist.[306] 8579

Dem Eilantrag muss auch dann der Erfolg versagt bleiben, wenn er mehr anstrebt, als im Hauptverfahren erreichbar ist. Es ist daher auch im Eilverfahren nicht zulässig, die auf Grund einer erteilten Baugenehmigung begonnenen Bauarbeiten zu unterbinden oder die Baugenehmigungsbehörde zu verpflichten, die Baugenehmigung vorläufig außer Vollzug zu setzen.[307] Ein Bebauungsplan ist nicht wegen eines Mangels bei der Ermittlung und Bewertung der Belange etwa wegen einer Nichtbefassung des Rates mit im Planaufstellungsverfahren eingegangenen Stellungnahmen nach § 47 VI VwGO außer Vollzug zu setzen, wenn der Mangel während des noch anhängigen Normenkontrollverfahrens ohne weiteres im Wege des ergänzenden Verfahrens durch einen neuen Ratsbeschluss – ggf. mit Rückwirkung – behoben werden kann[308] oder andere ohne Weiteres **heilbare Mängel**[309] aufweist. 8580

Das **Rechtsschutzbedürfnis**, einen vorhabenbezogenen Bebauungsplan vorläufig außer Vollzug zu setzen, besteht auch dann, wenn die Baugenehmigung für das Vorhaben erteilt worden ist.[310] Ein Rechtsschutzinteresse für einen Eilantrag entfällt, wenn gegenwärtig oder in absehbarer Zukunft keine Veränderungen anstehen, insbesondere nicht mit auf die Rechtsvorschrift gestützten Vollzugsmaßnahmen gerechnet werden muss.[311] Im Normenkontrollverfahren blieb das OVG für den Erlass einer einstweiligen Anordnung auch dann ausschließlich zuständig, wenn die Sache gem. § 47 V VwGO zur Entscheidung über die Auslegung revisiblen Rechts dem BVerwG vorlag.[312] Nunmehr ist das BVerwG für die einstweilige Anordnung zuständig, wenn bei ihm das Hauptsacheverfahren anhängig ist. 8581

An die **Aussetzung des Vollzugs** einer (untergesetzlichen) Norm seien – so das BVerwG – erheblich strengere Anforderungen zu stellen, als § 123 VwGO sie sonst an den Erlass einer einstweiligen Anordnung stelle. Das BVerwG könne dabei als Revisionsgericht grundsätzlich keine anderen Tatsachen zu Grunde legen als diejenigen, die vom OVG festgestellt wurden.[313] Ein Antrag nach § 47 VI VwGO ist grundsätzlich erst nach Veröffentlichung der angegriffenen Norm statthaft. Das gilt für Bebauungspläne auch dann, wenn sie bereits iSv § 33 BauGB Planreife erlangt haben.[314] Denn gegen Bebauungsplanentwürfe ist ein Antrag auf eine einstweilige Anordnung nach § 47 VI VwGO nicht statthaft.[315] Es muss auch ein spezifisches Aussetzungsinteresse bestehen, was bei nachträglich einzubringenden Schutzanordnungen nicht gegeben ist. 8582

Beispiel: Der Einwand einer unzureichenden naturschutzrechtlichen Kompensation von Eingriffen begründet die Vollzugsaussetzung eines Bebauungsplans nicht, weil solche Kompensationen später nachgeholt oder ergänzt werden können. Zur Abwehr eines „schweren Nach-

306 OVG Münster Beschl. v. 29.12.2008 – 7 B 1632/08.NE, juris zur vorläufigen Außervollzugsetzung eines vorhabenbezogenen Bebauungsplanes.

307 VGH München BayVBl. 1983, 698; OVG Münster BauR 1977, 333.

308 OVG Münster ZfBR 2008, 280.

309 OVG Lüneburg DVBl. 2008, 733 im Anschluss an VGH Mannheim VBlBW 1995, 434.

310 A.A. OVG Lüneburg Beschl. v. 6.10.2005 – 9 MN 43/05, juris.

311 OVG Münster BauR 1981, 544.

312 BVerwGE 58, 179.

313 BVerwG NVwZ 1998, 1065; zum Rechtsschutzbedürfnis siehe OVG Münster NVwZ 1997, 1006: kein Rechtsschutzbedürfnis, wenn für das Vorhaben, das der Antragsteller mit seinem Begehren abwenden will, bereits die erforderliche Baugenehmigung oder ein noch wirksamer planungsrechtlicher Bauvorbescheid erteilt worden ist; dies gelte auch dann, wenn die Bescheide noch nicht bestandskräftig sind; OVG Münster NVwZ 1997, 923, zur Frage des Rechtsschutzbedürfnisses, wenn im Geltungsbereich eines Bebauungsplans Gebäude im Wege des Baugenehmigungsfreistellungsverfahrens errichtet werden.

314 OVG Bautzen NVwZ 1998, 527.

315 VGH München ZfBR 1999, 347. Zu den Erfolgsaussichten der Hauptsache VGH München BauR 1999, 1275.

teils“ iS des § 47 VI VwGO muss ein Straßenanlieger, dessen Lärmbelastung sich nach Realisierung des Straßenbauvorhabens insgesamt verringert, einstweilen damit auskommen, für geschützte Innenräume passive Schallschutzmaßnahmen über einen Entschädigungsanspruch zu finanzieren.[316] Auch befristet zugelassene Vorhaben wie etwa temporäre LKW-Zufahrten zu einer planfestgestellten Autobahnanschlussstelle können den Erlass einer einstweiligen Anordnung nach § 47 VI VwGO rechtfertigen.[317]

3. Erfolgsaussichten

8583 Im Rahmen des § 47 VI VwGO haben die Erfolgsaussichten des Normenkontrollantrags der Hauptsache in der Regel außer Betracht zu bleiben. Es ist lediglich eine **Abwägungsentscheidung** zu treffen, ob die Folgen, die sich ergeben, wenn die einstweilige Anordnung verweigert wird, die Rechtsvorschrift später in der Hauptsache aber für nichtig erklärt wird, schwerer wiegen als die Folgen, die eintreten, wenn der Vollzug der Rechtsvorschrift ausgesetzt wird, die Norm indessen später in der Hauptsache bestätigt wird. Abweichend hiervon sind wichtige Gründe für eine vorläufige Regelung nur dann anzunehmen, wenn der Normenkontrollantrag mit großer Wahrscheinlichkeit Erfolg haben wird[318] und durch den Vollzug der Rechtsnorm vollendete, nach Lage der Dinge nicht mehr rückgängig zu machende Tatsachen geschaffen werden.[319]

Beispiel: Kann das Näherrücken der Bebauung an einen überwiegend auf Nutztierhaltung spezialisierten landwirtschaftlichen Betrieb Nutzungskonflikte hervorrufen und unter Umständen Betriebseinschränkungen zur Folge haben, ist das Interesse des Betreibers in die Abwägung der durch die Planung berührten öffentlichen und privaten Interessen einzustellen. Besteht die Gefahr, dass ohne eine einstweilige Anordnung ein landwirtschaftlicher Betrieb Einschränkungen unterworfen oder in seinen Entwicklungsmöglichkeiten behindert würde, wenn die Wohnhäuser während des Gerichtsverfahrens weitgehend fertiggestellt werden, ist der Erlass einer einstweiligen Anordnung dringend geboten.[320]

8584 Die Behebbarkeit von Fehlern im ergänzenden Verfahren nach § 214 BauGB steht der Außervollzugsetzung des Bebauungsplans im Eilverfahren nicht entgegen.[321]

8585 Ein sog. **Schiebe- oder Hängebeschluss** im Sinne einer **vorläufigen Vorsitzendenentscheidung** setzt in Normenkontrolleilverfahren voraus, dass durch die Umsetzungsmaßnahmen Rechte oder Interessen des Antragstellers unwiederbringlich beeinträchtigt werden. Er muss alles unternommen haben, um dem Gericht die Chance zu rechtzeitiger Entscheidung zu erhalten. Außerdem muss eine hohe Wahrscheinlichkeit dafür sprechen, dass der Eilantrag erfolgreich sein wird.[322] Die **Antragsbefugnis** einer **Gemeinde** im Verfahren des vorläufigen Rechtsschutzes erfordert, dass die Gemeinde die Möglichkeit einer Verletzung ihrer Planungshoheit aufzeigt und hierbei die Möglichkeit eines Eingriffs in ihre Rechtsposition substantiiert darlegt.[323]

8586 Für die Verfahren vor dem OVG besteht **Vertretungszwang.** Darauf hat das OVG nach § 86 III VwGO grundsätzlich hinzuweisen. Der Hinweis erübrigt sich nur, wenn das Gericht den Anwaltszwang bei allen Beteiligten als bekannt voraussetzen darf.[324]

X. Gerichtliche Kontrolldichte

8587 Die gerichtliche Kontrolle von Bauleitplänen und städtebaulichen Satzungen wird durch die §§ 214 und 215 BauGB eingeschränkt. Nach den §§ 214 und 215 BauGB haben Verstöße gegen Rechtsvorschriften unterschiedliche Konsequenzen. Sie können generell unbeachtlich oder

---

[316] OVG Schleswig-Holstein NordÖR 2007, 367.

[317] OVG Lüneburg NVwZ-RR 2009, 549.

[318] OVG Greifswald Beschl. v. 31.7.2007 – 3 M 15/07, juris.

[319] OVG Magdeburg EurUP 2006, 265.

[320] OVG Münster Beschl. v. 6.5.2005 – 10 B 2657/04.NE, juris zu planbedingten Behinderungen einer landwirtschaftlichen Betriebsausübung.

[321] OVG Lüneburg 14.6.2022 – 1 MN 83/21, BeckRS 2022, 13560; Bönker/Grüner in HBG, Öffentliches Baurecht, 2024, § 17 Rn. 36.

[322] OVG Lüneburg NVwZ-RR 2009, 197.

[323] OVG Lüneburg NVwZ-RR 2007, 121 m. Anm. Dirnberger, KommJur 2007, 145.

[324] BVerwG NVwZ-RR 1998, 783.

lediglich bei form- und fristgerechter Rüge beachtlich. Außerdem gibt es Fehler, die stets die Unwirksamkeit des Plans oder der Satzung nach sich ziehen. Nach § 214 IV BauGB gilt ergänzend der Grundsatz der Planerhaltung.[325]

XI. Bindungswirkung

Die **rechtskräftige Entscheidung** des Normenkontrollgerichts hat Bindungswirkungen für die Parteien und darüber hinaus allgemeinverbindliche Wirkung, soweit die angefochtene Norm für unwirksam erklärt worden ist. Nach rechtskräftiger Abweisung eines Normenkontrollantrags kann ein erneuter Antrag, den Bebauungsplan für unwirksam zu erklären, nur darauf gestützt werden, eine gegenüber der abweisenden Normenkontrollentscheidung geänderte Sach- und Rechtslage habe den Bebauungsplan im Nachhinein unwirksam werden lassen. Die Durchführung eines Umlegungsverfahrens zur Verwirklichung des Bebauungsplans ist kein Umstand, der zu dessen Unwirksamkeit führen kann.[326] 8588

Die Bindungswirkung von Normenkontrollentscheidungen hatte das BVerwG lange Zeit nur in Fällen befasst, in denen der gestellte Antrag abgelehnt wurde. In einer anderen Entscheidung ging es um die Bindungswirkung eines stattgebenden Urteils und zwar der damaligen Nichtigerklärung eines Bebauungsplans. Wird nun der Nachfolgeplan von demselben Antragsteller vor das Normenkontrollgericht gebracht, so hindert nach Auffassung des BVerwG die Rechtskraft der Nichtigerklärung das Normenkontrollgericht in eine neue sachliche Bewertung der Gründe einzutreten, die die Feststellung der Unwirksamkeit der vorangegangen Norm tragen, sofern die Sach- und Rechtslage unverändert geblieben ist.[327] Die Entscheidung des OVG im Normenkontrollverfahren gemäß § 47 VwGO bindet den Zivilrichter auch insoweit, als sie die Erforderlichkeit der Planung zur städtebaulichen Entwicklung und Ordnung generell und einen Bedarf für die konkrete Planung bejaht hat.[328] 8589

Hat das Normenkontrollgericht einen Normenkontrollantrag zurückgewiesen, weil es den Bebauungsplan für gültig hält,[329] so kann in einem **zweiten Normenkontrollverfahren** von demselben Antragsteller nicht mit Erfolg geltend gemacht werden, die Norm sei vor dem Zeitpunkt der ersten Entscheidung **funktionslos** geworden.[330] Die Zurückweisung eines Normenkontrollantrages gem. § 121 VwGO entfaltet Rechtskraftwirkung zwischen den Parteien. Weist das Normenkontrollgericht den Antrag zurück, weil es die Norm für gültig hält, so bindet diese Entscheidung die Beteiligten – bei unveränderter Sach- und Rechtslage – in allen anderen von ihnen betriebenen Verfahren, insbesondere auch in einem neuen Normenkontrollverfahren.[331] Dies gilt nicht nur insoweit, wie in dem neuen Verfahren dieselben Unwirksamkeitsgründe geltend gemacht werden wie im ersten Verfahren, sondern auch im Hinblick auf Gründe, die in einem späteren Verfahren erstmalig vorgetragen werden und in der (ersten) Normenkontrollentscheidung nicht behandelt worden sind. Wird in einem späteren Normenkontrollverfahren geltend gemacht, der Bebauungsplan sei funktionslos geworden, so ist deshalb auch dieses Vorbringen nur dann materiell zu überprüfen, wenn die Funktionslosigkeit nach Erlass der ersten Normenkontrollentscheidung eingetreten sein soll. 8590

Bei Eintritt der Rechtskraft eines den Bebauungsplan aufhebenden Normenkontrollurteils besteht nicht ohne weiteres auch ein Anspruch auf **bauaufsichtliches Einschreiten** der Baubehörde gegen ein nunmehr baurechtswidriges Vorhaben im Plangebiet.[332] 8591

---

325 Dazu Scheidler ZfBR 2019, 336.

326 BVerwG NVwZ-RR 1994, 236.

327 BVerwG DVBl. 2000, 800. Zur Weiterführung eines Normenkontrollverfahrens nach Außerkrafttreten der angegriffenen Rechtsvorschrift VGH Mannheim UPR 2003, 453.

328 BGH UPR 2002, 104; BGHZ 105, 94.

329 BVerwG BRS 47 (1987), Nr. 185.

330 BVerwG NVwZ-RR 1991, 54.

331 BVerwGE 68, 12; BVerwGE 68, 306.

332 OVG Berlin-Brandenburg Beschl. v. 16.6.2011 – OVG 2 S 47.11, juris; BVerwG NVwZ 2007, 585.

3. Teil. Rechtsschutz gegen Einzelentscheidungen

8592 Gegen eine behördliche Einzelentscheidung kann der **Bauherr** bei Ablehnung des Bauantrages Rechtsschutz durch Widerspruch und Verpflichtungsklage suchen. Der **Nachbar** kann Widerspruch und Anfechtungsklage gegen eine dem Bauherrn erteilte Genehmigung erheben. Besondere Fragen des nachbarlichen Rechtsschutzes ergeben sich gegenüber Vorhaben, die nach dem Bauordnungsrecht der Länder genehmigungsfrei gestellt sind. Die **Gemeinde** kann bei Verletzung interkommunaler Belange Widerspruch und Anfechtungsklage gegen erteilte Baugenehmigungen erheben. Je nach den Vorgaben des Landesrechts ist in derartigen Fällen auch unmittelbar Klage zu erheben (§ 68 I 2 VwGO).

8593 Wird die Baugenehmigung nicht oder nicht rechtzeitig erteilt, kann der Bauherr dagegen Rechtsschutz suchen. Auch kann er sich gegen eine Verzögerung oder Zurückstellung des Baugesuchs oder gegen Abweichungen zwischen Bauantrag und Genehmigung wenden.

I. Rechtsschutz bei Ablehnung des Bauantrags

1. Widerspruchsverfahren

8594 Wird eine Baugenehmigung abgelehnt, so kann der Bauherr Widerspruch gegen den ablehnenden Bescheid einlegen. Wird der Widerspruch zurückgewiesen, kann der Bauherr Verpflichtungsklage erheben.[333] Nach Maßgabe des Landesrechts kann auch unmittelbar Klage beim VG zu erheben sein. Auf die Erteilung einer Baugenehmigung besteht, wenn die Genehmigungsvoraussetzungen erfüllt sind, in einem Fall der vorliegenden Art ein Rechtsanspruch. Ein planerisches Ermessen steht der Genehmigungsbehörde nicht zu.[334] Der Grundstückseigentümer wird demgegenüber nicht in eigenen Rechten verletzt, wenn einem Dritten, mit dem kein festes Vertragsverhältnis besteht, eine Baugenehmigung verweigert wird.[335] Der Erhebung einer Anfechtungs- oder Verpflichtungsklage muss grundsätzlich nach § 68 II VwGO ein Vorverfahren vorausgegangen sein, das durch einen Widerspruch gegen den Ausgangsbescheid eingeleitet wird. Ein Vorverfahren ist nach § 68 I 2 VwGO nicht erforderlich, wenn ein Gesetz dies bestimmt oder die zunächst erteilte Baugenehmigung durch einen Widerspruchsbescheid aufgehoben worden ist. Die Länder haben von der nach § 68 I 2 VwGO bestehenden Möglichkeit zur Abschaffung des Vorverfahrens im Bereich des Baurechts weitgehend Gebrauch gemacht, sodass zumeist die Klage der einzig statthafte Rechtsbehelf ist.[336]

8595 Der Bauherr kann dann, wenn er hierdurch erstmalig beschwert ist, gegen den Widerspruchsbescheid unmittelbar Klage erheben. Denn führt der Widerspruchsbescheid erstmalig zu einer Beschwer, so ist gem. § 79 I Nr. 2 VwGO unmittelbar Klage nur gegen den Widerspruchsbescheid zu erheben. Die Klage ist dann gegen die Widerspruchsbehörde zu richten (§ 78 II VwGO). Unerheblich ist, ob der Beschwerte am Widerspruchsverfahren beteiligt war.[337]

Beispiel: Auf den Widerspruch des Nachbarn hin wird die dem Bauherrn erteilte Baugenehmigung aufgehoben. Der Bauherr kann als durch den Widerspruchsbescheid erstmals Betroffener unmittelbar Klage gegen die Versagung der Baugenehmigung einlegen. Ein vorhergehendes erneutes Widerspruchsverfahren ist nicht erforderlich.

8596 Ist nach dem Landesrecht ein **Widerspruchsverfahren** vorgeschaltet, so ist der Widerspruch innerhalb eines Monats seit Zustellung der mit einer Rechtsbehelfsbelehrung versehenen ablehnenden Entscheidung zu erheben. Fehlt eine ordnungsgemäße Rechtsbehelfsbelehrung, so läuft eine Jahresfrist, die mit Kenntnis des Betroffenen von der Ablehnung seines Antrags durch den Widerspruchsbescheid beginnt.

[333] Frenz JuS 2009, 902.
[334] BVerwG ZfBR 2011, 166.
[335] BVerwG NVwZ 1998, 842.
[336] Bönker/Grüner in HBG, Öffentliches Baurecht, 2024, § 18 Rn. 7.
[337] BVerwG NVwZ-RR 1995, 613.

2. Verpflichtungsklage

Wird der Widerspruch abgelehnt, kann gegen die Ablehnung des Bauantrags Verpflichtungsklage erhoben werden. 8597

a) Klagefrist. Die Verpflichtungsklage muss innerhalb eines Monats nach Zustellung des mit einer Rechtsmittelbelehrung versehenen Widerspruchsbescheids eingelegt werden. Fehlt eine Rechtsmittelbelehrung oder ist sie nicht ordnungsgemäß, läuft für die Klage auch hier eine Jahresfrist, die mit Kenntnis des Betroffenen von der Ablehnung seines Antrags durch den Widerspruchsbescheid beginnt.[338] 8598

b) Bescheidungsurteil. Die Klage ist auf den Ausspruch der Verpflichtung der Behörde gerichtet, unter Aufhebung des ablehnenden Bescheides der Baugenehmigungsbehörde und des Widerspruchsbescheides der Widerspruchsbehörde die beantragte Baugenehmigung zu erteilen. Über die Kosten des Rechtsstreits entscheidet das Gericht von Amts wegen. Steht die Genehmigungserteilung im Ermessen der Baugenehmigungsbehörde (§§ 31 II, 33 II und 35 II BauGB) und können die Ermessensspielräume im gerichtlichen Verfahren nicht geschlossen werden, ergeht ein Bescheidungsurteil, das eine besondere Art des Verpflichtungsbegehrens darstellt (§ 113 V 2 VwGO). Die Baugenehmigungsbehörde wird danach durch Urteil verpflichtet, über den Bauantrag nach Maßgabe der Rechtsauffassung des Gerichts neu zu entscheiden. Die Verwaltung ist in diesen Fällen an den Tenor und die tragenden Entscheidungsgründe gebunden, kann jedoch mit neuen Ermessenserwägungen, die nicht Gegenstand der Urteilsfindung waren, zu neuen Erkenntnissen kommen.[339] 8599

c) Änderungen des Genehmigungsantrags. Gegenstand der Baugenehmigung ist in bauplanungsrechtlicher Hinsicht nur **das zur Genehmigung gestellte Vorhaben** iS des § 29 I BauGB. Der Verdacht des **Missbrauchs** erlaubt nicht, die bauplanungsrechtlich zulässige Nutzung auszuschließen. Ggf. sind auf der Grundlage des jeweiligen Landesrechts präventive oder repressive Maßnahmen zu ergreifen.[340] **Änderungen** des **Genehmigungsantrags** sind nur in einem beschränkten Umfang möglich. Eine Klageänderung, mit der der **Standort** eines immissionsschutzrechtlich genehmigungsbedürftigen Vorhabens geändert wird, kann allerdings **sachdienlich** sein, wenn die Standortänderung dazu beiträgt, den Rechtsstreit zeitnah zu beenden, ohne dass es der Klärung schwieriger Rechtsfragen und einer ergänzenden Sachaufklärung bedarf. Vorhabenänderungen – einschließlich Standortänderungen – sind im laufenden Genehmigungsverfahren möglich. Eine Wiederholung bereits abgeschlossener Verfahrensschritte ist dann nicht erforderlich, wenn die Änderung keine nachteiligen Auswirkungen hat. Ein erneutes Ersuchen um Erteilung des gemeindlichen Einvernehmens ist nur bei erheblichen Standortabweichungen erforderlich.[341] 8600

d) Rechtsschutzbedürfnis. Außerdem ist für die Klage ein Rechtsschutzbedürfnis des Klägers erforderlich. Voraussetzung der Zulässigkeit jeder Klage ist, dass der Kläger ein schutzwürdiges Interesse an der begehrten Entscheidung des Gerichts hat. Hieran fehlt es, wenn der Rechtsschutz unnütz in Anspruch genommen wird, etwa weil er nicht geeignet ist, zur Verbesserung der subjektiven Rechtsstellung des Klägers beizutragen. Nutzlos ist eine Rechtsverfolgung auch dann, wenn ihr Ziel die Erteilung einer Genehmigung ist, die sich nach den rechtlichen Verhältnisse nicht verwirklichen lässt. Derartige Hinderungsgründe können sich sowohl aus dem öffentlichen Recht als auch aus dem Zivilrecht ergeben. Das Vorliegen eines Rechtsschutzbedürfnisses als Sachurteilsvoraussetzung ist von Amts wegen zu prüfen.[342] Das Sachbescheidungsinteresse fehlt nicht schon dann, wenn ungewiss ist, ob ein privatrechtliches Hindernis der Verwertung der Genehmigung im Wege steht. Erforderlich ist vielmehr, dass sich das Hindernis schlechthin nicht ausräumen lässt.[343] 8601

Der Verzicht auf ein Klagerecht kann regelmäßig erst dann erfolgen, wenn die Entscheidung, gegen die das Rechtsmittel gegeben wäre, ergangen ist. Ein Verzicht muss außerdem angesichts seiner Tragweite eindeutig, unzweifelhaft und unmissverständlich zum Ausdruck 8602

---

338 OLG Hamm NVwZ 2000, 114.
339 Stüer FS Menger 1985, S. 779.
340 BVerwG ZfBR 2000, 489.
341 OVG Münster ZfBR 2010, 170.
342 BVerwGE 57, 204; BVerwGE 57, 342.
343 BVerwG NVwZ- 1994, 482.

kommen und kann nicht bedingt erfolgen.[344] Im Fall der Änderung einer baulichen Anlage iS des § 29 BauGB ist Gegenstand der bebauungsrechtlichen Prüfung das Gesamtvorhaben in seiner geänderten Gestalt.[345] Eine zuvor erteilte Baugenehmigung wird allerdings nicht ohne weiteres dadurch gegenstandslos, dass teilweise abweichend von ihr gebaut worden ist. Eine Änderungsgenehmigung muss sich deshalb nicht stets auf alle bebauungsrechtlichen Voraussetzungen der Zulässigkeit des Gesamtvorhabens erstrecken.[346]

8603 **e) Beiladung des Nachbarn.** Im verwaltungsgerichtlichen Verfahren kann das Gericht den Nachbarn, dessen rechtliche Interessen durch die Erteilung einer Baugenehmigung beeinträchtigt werden könnten, nach § 65 I VwGO beiladen. Eine Beiladung des Nachbarn ist nach § 65 II VwGO erforderlich, wenn die Entscheidung über das Klagebegehren des Bauherrn auch dem Nachbarn gegenüber nur einheitlich ergehen kann. Auch die Gemeinde oder die höhere Verwaltungsbehörde sind notwendig beizuladen, wenn zu einer Baugenehmigung ihr gemeindliches Einvernehmen oder ihre Zustimmung nach § 36 I und II BauGB erforderlich ist.

Beispiel: Der Bauherr begehrt eine Baugenehmigung für ein nicht privilegiertes Vorhaben im Außenbereich. Da nach § 36 I BauGB das gemeindliche Einvernehmen erforderlich ist, muss die Gemeinde nach § 65 II VwGO notwendig beigeladen werden. Auch die höhere Verwaltungsbehörde muss notwendig beigeladen werden, wenn in einer Rechtsverordnung der Landesregierung festgelegt ist, dass die Zustimmung der höheren Verwaltungsbehörde für nicht privilegierte Außenbereichsvorhaben erforderlich ist.

8604 **f) Maßgeblicher Zeitpunkt.** Für die Beurteilung der Rechtslage ist grundsätzlich auf den Zeitpunkt der letzten mündlichen Verhandlung abzustellen.[347] Ändert sich während der Anhängigkeit einer auf die Erteilung einer Baugenehmigung oder einer Bebauungsgenehmigung gerichteten Verpflichtungsklage die Rechtslage zum Nachteil des Klägers, so wird der Kläger weder durch § 43 II 1 VwGO noch durch § 113 I 4 VwGO daran gehindert, dem aufrechterhaltenen Verpflichtungsantrag hilfsweise einen Antrag hinzuzufügen, mit dem die Feststellung begehrt wird, dass das Vorhaben nach der früheren Rechtslage zulässig gewesen sei. § 113 I 4 VwGO ist auf einen solchen Feststellungsantrag entsprechend anwendbar.[348] Der Bauherr kann in diesen Fällen auch direkt von einem Verpflichtungs- zu einem Feststellungsantrag übergehen. Auf die bisherige Rechtslage kann dabei abgestellt werden, wenn die Vorschriften dies als Übergangsregelung so vorsehen.

Beispiel: Der Bauherr stellt einen Antrag auf ein teilprivilegiertes Vorhaben nach § 35 IV BauGB. Ist während des gerichtlichen Verfahrens eine Veränderungssperre in Kraft getreten oder ein neuer Bebauungsplan rechtsverbindlich geworden, richten sich die Genehmigungsansprüche nach der hierdurch bewirkten neuen Rechtslage. Ist der Verpflichtungsantrag daher abzuweisen, kann der Bauherr die Feststellung begehren, dass die Ablehnung des Bauantrags rechtswidrig war. Ein solcher Fortsetzungsfeststellungsantrag ist zulässig, wenn nicht ausgeschlossen werden kann, dass der Bauherr Entschädigungs- oder Schadensersatzansprüche im Hinblick auf die damals rechtswidrige Ablehnung des Bauantrages stellen kann.

8605 **g) Rechtsmittel.** Gegen die erstinstanzliche Entscheidung des Verwaltungsgerichts kann nach § 124 VwGO **Berufung** zum OVG nur eingelegt werden, wenn sie vom VG selbst oder OVG zuvor zugelassen worden ist. Nur dann entscheidet das Berufungsgericht als zweite Tatsacheninstanz unter Würdigung der Sach- und Rechtslage neu. Gegen das Berufungsurteil des OVG kann bei zugelassener **Revision** gem. § 132 I VwGO Revision eingelegt werden. Gegen die Nichtzulassung der Revision ist nach § 133 I VwGO eine Nichtzulassungsbeschwerde zum BVerwG statthaft.

8606 **h) Eilverfahren.** Ein gerichtliches Eilverfahren auf Erteilung einer Baugenehmigung wird in der Regel keine Aussichten auf Erfolg bieten.[349] Denn im Eilverfahren kann regelmäßig eine

---

[344] OVG Bautzen SächsVBl 1999, 134.

[345] BVerwG NVwZ 1998, 58.

[346] BVerwG NVwZ 2000, 1047.

[347] Rennert DVBl. 2019, 593 ff.; zum Nachreichen von Bauvorlagen während eines Gerichtsverfahrens Marci BauR 2018, 28 (32).

[348] BVerwGE 61, 128.

[349] OVG Münster Urt. v. 28.1.2005 – 7 D 4/03.NE, juris.

Baugenehmigung wegen des grundsätzlichen Verbots der Vorwegnahme der Hauptsache nicht erstritten werden.[350] Nach § 123 I 1 VwGO kann das Gericht auf Antrag auch schon vor Klageerhebung eine einstweilige Anordnung in Bezug auf den Streitgegenstand treffen, wenn die Gefahr besteht, dass durch eine Veränderung des bestehenden Zustandes die Verwirklichung eines Rechts des Antragstellers vereitelt oder wesentlich erschwert werden könnte. Eine solche Anordnung mit dem Inhalt der Erteilung einer Baugenehmigung scheidet schon deshalb aus, weil damit die Hauptsache vorweggenommen werden würde. Es kommt daher in derartigen Fällen nur eine **Regelungsanordnung** nach § 123 I 2 VwGO in Betracht. Danach sind einstweilige Anordnungen auch zur Regelung eines vorläufigen Zustandes in Bezug auf ein streitiges Rechtsverhältnis zulässig, wenn diese Regelung – vor allem bei dauernden Rechtsverhältnissen – nötig erscheint, um wesentliche Nachteile abzuwenden, drohende Gewalt zu verhindern oder aus anderen Gründen nötig erscheint. Auf dieser Grundlage könnte das Gericht Einzelregelungen erlassen, wenn schwere, unzumutbare und irreparable Nachteile für den Bauherrn entstehen und sich mit hinreichender Sicherheit vorhersehen lässt, dass der Bauherr im Hauptsacheverfahren obsiegen wird.

II. Rechtsschutz bei Verzögerung der Genehmigungserteilung

Entscheidet die Baugenehmigungsbehörde nicht rechtzeitig über einen eingereichten Bauantrag, kann der Bauherr eine Verpflichtungsklage in der Form der **Untätigkeitsklage** erheben. Die Klage ist erst nach Ablauf von drei Monaten seit Antragstellung bzw. Einlegung des Widerspruchs zulässig (§ 75 S. 2 VwGO). Wird dem Bauantrag oder dem Widerspruch stattgegeben, so ist die Hauptsache für erledigt zu erklären (§ 75 S. 4 VwGO). Die Untätigkeitsklage ist nicht an eine früher geltende Jahresfrist gebunden, sodass die Klage auch noch nach einem mehr als einjährigen Zeitraum seit Antragstellung bzw. Einlegung des Widerspruchs erhoben werden kann. Wird die Baugenehmigung verspätet erteilt, können sich **Schadensersatzansprüche** aus Amtshaftungsgrundsätzen (§ 839 BGB, Art. 34 GG) ergeben. Eine Haftung nach diesen Vorschriften setzt allerdings Verschulden voraus.[351] Die Baugenehmigungsbehörde kann nach Maßgabe der landesrechtlichen Bestimmungen bei rechtswidrigem Handeln auch ohne Verschulden dem Bauherrn haften (§ 39 OBG NRW). Allerdings müssen die verletzten Rechtsnormen in den jeweiligen Schutzbereich einbezogen sein und zu Gunsten des Anspruchstellers Schutznormcharakter haben.[352] Auch eine unrichtige Auskunft der Leitung des Bauaufsichtsamtes zu Straßenniveau und Gebäudehöhe vor Einleitung des Baugenehmigungsverfahrens kann grundsätzlich zu Ansprüchen wegen einer Pflichtverletzung im vorvertraglichen Schuldverhältnis, aus Amtshaftung und aus § 39 Ib OBG NRW führen. Solche Ansprüche umfassen aber nur die Vermögensdispositionen bis zum Baugenehmigungsverfahren, die im Vertrauen auf die Richtigkeit der Auskunft erfolgen. Spätere Mehrkosten etwa wegen der Beauftragung eines Generalunternehmers bereits vor Erteilung der Baugenehmigung gehen zu Lasten des Bauenden.[353] 8607

III. Rechtsschutz bei Zurückstellung des Baugesuchs

Wird der Bauantrag nach § 15 BauGB auf Antrag der Gemeinde zurückgestellt, so kann gegen den Zurückstellungsbescheid Widerspruch eingelegt und nach Zurückweisung des Widerspruchs Klage erhoben werden. Ggf. ist nach Maßgabe des Landesrechts gegen einen Zurückstellungsbescheid auch unmittelbar Klage zu erheben. Die Zurückstellung nach § 15 BauGB beinhaltet die Aussetzung der endgültigen Entscheidung über den Bauantrag. Hiergegen ist die **Anfechtungsklage** statthaft. Im verwaltungsgerichtlichen Verfahren ist die Gemeinde beizuladen. Es könnte sich empfehlen, im gerichtlichen Verfahren zugleich einen Verpflichtungsantrag zu stellen, da durch die Anfechtung der Zurückstellungsentscheidung iS des Bauherrn noch keine abschließende Entscheidung in der Sache getroffen ist. Ein solcher Verpflichtungsantrag ist unter den Voraussetzungen des § 75 VwGO zulässig. Gegen die Zurückstellung ist 8608

---

350 Bönker/Grüner in HBG, Öffentliches Baurecht, 2024, § 18 Rn. 15; VGH Kassel NVwZ-RR 2003, 814 f.; OVG Lüneburg BRS 52 Nr. 169.

351 BGH NVwZ 1998, 1329.

352 Zu einem Entschädigungsanspruch aufgrund der Zurückstellung eines Bauvorbescheids und zum Einwand rechtmäßigen Alternativverhaltens OLG Hamm Urt. v. 9.12.2016 I-11 U 55/16, juris.

353 OLG Düsseldorf BauR 2017, 753 = juris Rn. 61.

ein **Eilantrag** nach § 80 V VwGO statthaft. Die Erfolgsaussichten sind jedoch zumeist gering, zumal durch eine isolierte Außervollzugsetzung der Zurückstellungsentscheidung eine positive Sachentscheidung nicht erreicht ist.

IV. Isolierte Anfechtung von Nebenbestimmungen

8609 Weicht die Genehmigung von dem Bauantrag ab, so stellt sich die Frage, ob die Abweichung isoliert oder nur im Zusammenhang mit der Baugenehmigung selbst angefochten werden kann. Die Zulässigkeit von Nebenbestimmungen ergibt sich, soweit das Bauordnungsrecht keine Spezialregelungen enthält, aus § 36 VwVfG. Danach darf ein Verwaltungsakt, auf den ein Rechtsanspruch besteht, mit Nebenbestimmungen nur versehen werden, wenn sie durch Rechtsvorschrift zugelassen sind oder wenn sie sicherstellen sollen, dass die gesetzlichen Voraussetzungen des Verwaltungsakts erfüllt wurden. § 36 II VwVfG erwähnt sodann unbeschadet dieser Regelungen für Verwaltungsakte, auf deren Erlass kein Anspruch besteht, die Befristung, Bedingung, den Widerrufsvorbehalt und die Auflage.

8610 Belastende Nebenbestimmungen zu einem begünstigenden Verwaltungsakt sind grundsätzlich isoliert anfechtbar. Die für den Erfolg einer solchen Klage maßgebliche Frage, ob der begünstigende Verwaltungsakt ohne die Nebenbestimmung sinnvoller- und rechtmäßigerweise bestehen bleiben kann; ist der Begründetheit und nicht der Zulässigkeit des Anfechtungsbegehrens zuzuordnen, sofern nicht eine isolierte Aufhebbarkeit offenkundig von vornherein ausscheidet.[354]

8611 Welche Voraussetzungen für eine isolierte Anfechtung belastender, der Baugenehmigung beigefügter Nebenbestimmungen, vorliegen müssen, ist nicht abschließend geklärt und war zuletzt auch zwischen verschiedenen Senaten des BVerwG umstritten.[355] Nach der bisherigen Rechtsprechung des 8. Senats des BVerwG war die isolierte Anfechtungsklage gegen eine belastende Nebenbestimmung grundsätzlich nur dann begründet, wenn die Nebenbestimmung rechtswidrig ist und der Verwaltungsakt ohne die Nebenbestimmung sinnvoller- und rechtmäßigerweise bestehen bleiben kann.[356] Der nach § 11 III 1 VwGO dazu vom 4. Senat des BVerwG angefragte 8 Senat des BVerwG entschied jedoch mit Beschluss vom 12.10.2023, an seiner Rechtsauffassung, dass eine belastende Nebenbestimmung, die einem begünstigenden Verwaltungsakt beigefügt wird, im Anfechtungsprozess nur dann isoliert aufgehoben werden darf, wenn der verbleibende Verwaltungsakt für sich genommen rechtmäßig ist, nicht mehr festhalten zu wollen.

V. Rechtsschutz bei Anfechtung der Baugenehmigung durch Dritte

8612 Wird die Baugenehmigung durch einen Dritten angefochten, kann dies unmittelbar in den Bestand der Baugenehmigung eingreifen und damit auch die Rechte des Bauherrn betreffen. Die Baugenehmigungsbehörde darf die erteilte Baugenehmigung auf den Widerspruch oder die Klage des Nachbarn nur dann aufheben, wenn der Widerspruch zulässig und begründet ist. Erweist sich der Rechtsbehelf des Nachbarn als unzulässig oder in der Sache unbegründet, so darf die Baugenehmigungs- oder Widerspruchsbehörde die Baugenehmigung nicht aufheben. Die Baugenehmigung erwächst vielmehr dann in Bestandskraft. Die zuständige Behörde prüft daher die Rechtmäßigkeit der erteilten Baugenehmigung nur in der Reichweite eines zulässigen und begründeten Rechtsbehelfs, nicht jedoch ganz allgemein auf die Einhaltung der öffentlich-rechtlichen Vorschriften. Der Bauherr hat einen gerichtlich durchsetzbaren Anspruch darauf, dass die Prüfung in dieser begrenzten Reichweite stattfindet. So hat etwa der Nachbar bei Erteilung einer Befreiung nach § 31 II BauGB von einer nicht nachbarschützenden Festsetzung eines Bebauungsplans über den Anspruch auf „Würdigung nachbarlicher Interessen" hinaus keinen Anspruch auf eine ermessensfehlerhafte Entscheidung der Baugenehmigungsbehörde.[357]

---

354 OVG Bautzen, NVwZ-RR 2024, 224.

355 Siehe dazu BVerwG ZfBR 2023, 71.

356 BVerwG NVwZ 1984, 366; BVerwGE 81, 185 (186); BVerwGE 112, 221 (224); NVwZ-RR 2007, 776; BVerwGE 144, 341 Rn. 5; BVerwGE 167, 60 Rn. 18.

357 BVerwG NVwZ-RR 1999, 8 im Anschluss an BVerwGE 82, 343.

1. Beiladung des Bauherrn

Im Widerspruchsverfahren eines Nachbarn und im gerichtlichen Verfahren ist der Bauherr notwendig beizuladen, weil eine Entscheidung auch ihm gegenüber nur einheitlich getroffen werden kann. Die Berufung des beigeladenen Unternehmers gegen ein der Nachbarklage stattgebendes Urteil muss daher Erfolg haben, wenn die auch durchaus objektiv rechtswidrige immissionsschutzrechtliche Genehmigung eine den Kläger schützende Norm nicht verletzt.[358] Hat gegen ein Urteil, durch das der Klage des Bauherrn gegen die Rücknahme eines positiven Bauvorbescheides und auf Erteilung der Baugenehmigung stattgegeben worden ist, allein der beigeladene Nachbar Berufung eingelegt, so hat das Rechtsmittel nur dann Erfolg, wenn der Nachbar durch die stattgebende Entscheidung in eigenen subjektiven Rechten verletzt ist.[359] Der Nachbar muss daher durch die materielle Rechtswidrigkeit der Baugenehmigung in seinen subjektiven Rechten verletzt sein.[360] Unter diesen Voraussetzungen wäre auch nur die Berufung nach § 124 II VwGO zuzulassen. 8613

2. Keine aufschiebende Wirkung von Rechtsmitteln

Widerspruch und Anfechtungsklage eines Dritten gegen die bauaufsichtliche Zulassung eines Vorhabens haben nach § 212 a I BauGB keine aufschiebende Wirkung.[361] Hierdurch ist die Regel des § 80 I 2 VwGO für die bauaufsichtliche Zulassung von Vorhaben in ihr Gegenteil verkehrt. Der Begriff wird weit verstanden.[362] § 212a BauGB bezieht sich auf „bauaufsichtliche Zulassungen" und damit neben der Baugenehmigung auch auf eine Teilbaugenehmigung. Umstritten ist, ob sie auch für den Bauvorbescheid gilt.[363] Dem wird entgegengehalten, unter dem Begriff der bauaufsichtlichen Zulassung könne eher eine Verwaltungsentscheidung zu verstehen sein, die den Begünstigten dazu berechtigt, den Bau herzustellen. Das sei bei einem Bauvorbescheid jedoch nicht der Fall Denn er habe nur feststellende, aber keine verfügende Wirkung iS einer Aufhebung des präventiven Bauverbots.[364] Ein Bauvorbescheid beinhalte die bauaufsichtliche Zulassung eines Vorhabens auch nicht in dem Sinne, dass mit seiner Erteilung abschließend festgestellt würde, dass ein Bauvorhaben materiell-rechtlich zulässig sei. Denn ein Bauvorbescheid könne immer nur zu einzelnen Fragen des Vorhabens erteilt werden. Für den Antrag auf Erteilung eines Bauvorbescheids zu allen Fragen des Bauvorhabens fehle das Sachbescheidungsinteresse. Der Bauherr könnte stattdessen sofort den Antrag auf Erteilung einer Baugenehmigung stellen.[365] 8614

Eine Anordnung der aufschiebenden Wirkung eines Rechtsbehelfs gegen eine Baugenehmigung kommt in diesen Fällen nur in Betracht, wenn die überschlägige Rechtskontrolle zumindest gewichtige Zweifel an der rechtlichen Unbedenklichkeit der angefochtenen Genehmigung mit Blick auf die Position der Gemeinde ergibt.[366] Der behördlichen Anordnung des Sofortvollzuges bedarf es daher bei der bauaufsichtlichen Zulassung eines Vorhabens nicht mehr. Auch ist nach § 212 a I BauGB nicht erforderlich, dass der Bauherr nach § 80 a III VwGO bei der Behörde einen Antrag auf Anordnung der sofortigen Vollziehung der Bauge- 8615

358 BVerwG NJW 1984, 2174.

359 BVerwG ZfBR 1990, 308.

360 BVerwGE 47, 19; BVerwGE 77, 102.

361 Dies gilt auch für einen Widerspruch der Gemeinde gegen die Baugenehmigung so OVG Lüneburg UPR 1999, 231. Zur Frist für einen Nachbarwiderspruch bei nicht bekannt gemachter Baugenehmigung, OVG Lüneburg NdsVBl. 1997, 234; zur zivilrechtlichen Durchsetzung einer nachbarschützenden Auflage zur Baugenehmigung, BGH DVBl. 1997, 424. Im Rahmen einer Nachbarklage müssen inzwischen ergangene Rechtsänderungen zugunsten des Bauherrn berücksichtigt werden, so BVerwG NVwZ-RR 1996, 628. Die Vorschrift ist nicht rückwirkend auf bereits vor Inkrafttreten des BauROG eingelegte Widersprüche anwendbar, so VGH München DÖV 1999, 307; OVG Saarlouis BRS 60 (1998) Nr. 197; aA OVG Münster NVwZ 1998, 759; VGH Mannheim NVwZ 1998, 987.

362 Michler *in* Kröninger/Aschke/Jeromin, BauGB, 2024, § 215a Rn. 3; OVG Berlin-Brandenburg NVwZ-RR 2009, 951

363 Bejahend Bönker/Grüner in HBG, Öffentliches Baurecht, 2024, § 18 Rn. 25; verneinend VGH Mannheim NVwZ-RR 2020, 102; Hornmann in Beck OK BauGB, § 212a BauGB Rn. 17 f.; Michler in Kröninger/Aschke/Jeromin, BauGB, 2024, § 215a Rn. 3.

364 VGH Mannheim NVwZ-RR 2020, 102; OVG Saarland BauR 2019, 655.

365 VGH Mannheim NVwZ-RR 2020, 102 = juris Rn. 14.

366 VG Saarlouis BauR 2011, 1372.

nehmigung stellt. Früher musste die Behörde bei der Anordnung des Sofortvollzuges das besondere Interesse an der sofortigen Vollziehung begründen. Zugleich hatte sie eine Prüfung dahingehend vorzunehmen, ob die erteilte Baugenehmigung offensichtlich rechtmäßig oder offensichtlich rechtswidrig war. Im Übrigen war von ihr eine Interessenabwägung vorzunehmen, in welche die jeweiligen Vollzugs- und Aussetzungsinteressen einzustellen waren. Diese behördlichen Anordnungserfordernisse sind für den Bereich der bauaufsichtlichen Zulassung nach § 212 a I BauGB entfallen. Auch der Widerspruch gegen eine im Verfahren der **Genehmigungsfreistellung** erteilte Befreiung oder Ausnahme hat keine aufschiebende Wirkung (§ 212 a I BauGB).[367] Der Bundesgesetzgeber hat dem „Bauen auf eigenes Risiko" in dem Bereich den Vorrang eingeräumt und den Nachbarn für eine Durchsetzung etwaiger Abwehransprüche auf den Zeitpunkt nach einem Obsiegen in der Hauptsache mit gegebenenfalls gravierenden wirtschaftlichen Konsequenzen für die Bauherrinnen und Bauherren verwiesen. Das verfassungsrechtliche Effektivitätsgebot des Art. 19 IV GG gebietet keine verfahrensmäßige „Vorwegnahme" des Hauptsacheverfahrens, insbesondere hinsichtlich der Tatsachenermittlung im Verfahren des vorläufigen Rechtsschutzes.[368]

8616 **a) Bauen auf eigenes Risiko.** Eine unter Ausnutzung der Vollziehbarkeit einer Baugenehmigung (§ 212 a I BauGB) erfolgende Bauausführung fällt generell in den Bereich des Bauens auf eigenes Risiko, für den der Bundesgesetzgeber den Nachbarn auf eine Durchsetzung etwaiger Abwehransprüche nach einem Obsiegen in der Hauptsache mit gegebenenfalls gravierenden wirtschaftlichen Konsequenzen für die Bauherrinnen und Bauherren verwiesen hat.[369] Macht der Gesetzgeber – wie in § 212 a I BauGB iVm § 80 II 1 Nr. 3 VwGO – von der Möglichkeit Gebrauch, die aufschiebende Wirkung des Rechtsmittels auszuschließen, so verschiebt sich nach Maßgabe des jeweiligen Regelungszusammenhanges in mehr oder minder starkem Maße die Darlegungslast des Antragstellers, der vorläufigen Rechtsschutz begehrt.[370] In Verfahren auf Gewährung vorläufigen Rechtsschutzes gegen die einem Dritten erteilte Baugenehmigung ist regelmäßig von der Wirksamkeit des zugrunde liegenden Bebauungsplans auszugehen, wenn dieser nicht offensichtlich unwirksam ist. Auch im Baunachbarstreit kann das Gericht anordnen, dass die aufschiebende Wirkung eines Rechtsbehelfs nicht – wie im Regelfall – rückwirkend, sondern erst zu einem späteren Zeitpunkt eintritt.[371] Die im Rahmen des § 80 V VwGO vorzunehmende Abwägung der Interessen des Nachbarn an einer das Maß des ihm Zumutbaren wahrenden Immissionsbelastung und des Bauherrn an der Fortsetzung der genehmigten Nutzung geht zu Gunsten des Bauherrn aus, wenn die von seinem Vorhaben ausgehenden Lärmwirkungen soweit auf der "sicheren" Seite des Zumutbaren (orientiert an den Richtwerten der TA Lärm) liegen, dass dem Nachbarn deren Hinnahme einstweilen zugemutet werden kann.[372] Eine Inzidentkontrolle einer Satzung, die auch schwierige Fragen aufwirft, kann ohne eingehende Prüfung regelmäßig nicht erfolgen und ist mit dem summarischen Charakter des vorläufigen Rechtsschutzverfahrens nach § 80 V 1 VwGO nicht vereinbar. In einem solchen Verfahren ist vielmehr regelmäßig von der Gültigkeit von Satzungsbestimmungen auszugehen, wenn sich diese nicht ersichtlich als rechtswidrig erweisen.[373]

8617 **b) Rechtsmittel von Gemeinden.** Der Ausschluss des Suspensiveffekts für Rechtsbehelfe gegen Baugenehmigungen gilt auch für Widersprüche und Anfechtungsklagen von Gemeinden, die sich unter Geltendmachung einer Verletzung ihres gemeindlichen Selbstverwaltungsrechts (Art. 28 II 1 GG) gegen eine Baugenehmigung wenden. Nach Maßgabe des jeweiligen Landesrechts kann die aufschiebende Wirkung eines Widerspruchs und einer eventuell nachfolgenden Anfechtungsklage gegen die nach §§ 80 II 1 Nr. 3 VwGO, 212 a I BauGB sofort vollziehbare Baugenehmigung auch hinsichtlich der Ersetzung des gemeindlichen Einvernehmens entfallen.[374] Auch die Gemeinde ist „Dritter" iS dieser Vorschrift. Der Ausschluss der aufschiebenden Wirkung erstreckt sich aber nicht auf die nach § 36 II 3 BauGB erfolgte Er-

---

[367] OVG Berlin-Brandenburg NVwZ-RR 2009, 951.
[368] OVG Saarlouis BauR 2011, 1373.
[369] OVG Saarlouis Beschl. v. 10.6.2013 – 2 B 30/13, juris.
[370] OVG Berlin-Brandenburg BauR 2013, 131; BVerwGE 123, 241.
[371] OVG Bautzen DÖV 2013, 162; OVG Münster BauR 2009, 771.
[372] OVG Schleswig NordÖR 2012, 518.
[373] OVG Bautzen LKV 2012, 365, Durinke LKV 2012, 343; OVG Bautzen Urt. v. 3.12.2012 – 4 B 184/12, juris.
[374] VG Saarlouis BauR 2011, 1372.

setzung des Einvernehmens der Gemeinde.[375] Der Ausschluss des Suspensiveffekts für Rechtsbehelfe gegen Baugenehmigungen durch § 212 a I BauGB erfasst auch Widersprüche und Anfechtungsklagen von Gemeinden, die sich unter Geltendmachung einer Verletzung ihres gemeindlichen Selbstverwaltungsrechts (Art. 28 II 1 GG) gegen eine Baugenehmigung wenden. In Antragsverfahren nach den §§ 80 a I Nr. 2 und III, 80 V 1 VwGO ist Entscheidungskriterium für die Verwaltungsgerichte die mit den Erkenntnismöglichkeiten des Eilverfahrens zu prognostizierende Erfolgsaussicht des in der Hauptsache eingelegten Rechtsbehelfs eines Dritten gegen die Baugenehmigung. Für eine Anordnung der kraft ausdrücklicher gesetzlicher Regelung (§§ 80 II 1 Nr. 3 VwGO, 212 a I BauGB) ausgeschlossenen aufschiebenden Wirkung eines Rechtsbehelfs gegen eine Baugenehmigung ist nur Raum, wenn die überschlägige Rechtskontrolle gewichtige Zweifel an der Rechtmäßigkeit der Genehmigung ergibt. Das gilt auch für entsprechende Aussetzungsbegehren einer Gemeinde. Die Anordnung des Suspensiveffekts des gemeindlichen Rechtsbehelfs gegen eine Baugenehmigung ist auch mit Blick auf Planungshoheit daher nicht schon dann geboten, wenn dessen Erfolgsaussicht in der Hauptsache als offen einzustufen ist.[376] Die Gesetzesänderung in § 212 a BauGB hat jedoch nach Auffassung des OVG Münster keine Neubewertung der Interessen von Bauherrn und Nachbarn in dem Sinne bewirkt, dass dem Interesse des Bauherrn an der sofortigen Vollziehbarkeit der Baugenehmigung prinzipiell ein höheres Gewicht zukommt.[377] Nach Auffassung des VGH Mannheim erfasst § 212 a BauGB auch den Widerspruch und die Klage einer Gemeinde, die sich gegen eine ohne ihr Einvernehmen erteilte Baugenehmigung wendet.[378] Die Anfechtungsklage gegen eine selbständige Abweichungsentscheidung nach § 73 I BauO NRW hat demgegenüber eine aufschiebende Wirkung. Es handelt sich nicht um eine bauaufsichtliche Zulassung im Sinne des § 212 a I BauGB.[379] § 212 a I BauGB findet auf den Widerspruch und die Anfechtungsklage eines Dritten gegen eine baurechtliche **Abbruchgenehmigung** keine Anwendung.[380]

c) Behördliche Anordnung der aufschiebenden Wirkung. Die Anordnung der kraft ausdrücklicher gesetzlicher Regelung (§§ 80 II 1 Nr. 3 VwGO, 212 a I BauGB) ausgeschlossenen aufschiebenden Wirkung eines Rechtsbehelfs gegen eine Baugenehmigung kommt nur in Betracht, wenn die überschlägige Rechtskontrolle zumindest gewichtige Zweifel an der rechtlichen Unbedenklichkeit der angefochtenen Genehmigung mit Blick auf die Position des jeweiligen Rechtsbehelfsführers ergibt.[381] Eine unter Ausnutzung der Vollziehbarkeit einer Baugenehmigung (§ 212 a I BauGB) erfolgende Bauausführung fällt generell in den Bereich des "Bauens auf eigenes Risiko", für den der Bundesgesetzgeber den Nachbarn auf eine Durchsetzung etwaiger Abwehransprüche nach einem Obsiegen in der Hauptsache mit gegebenenfalls gravierenden wirtschaftlichen Konsequenzen für die Bauherrinnen und Bauherren verwiesen hat.[382] Macht der Gesetzgeber nach § 212 a I BauGB iVm § 80 II 1 Nr. 3 VwGO von der Möglichkeit Gebrauch, die aufschiebende Wirkung des Rechtsmittels auszuschließen, so verschiebt sich nach Maßgabe des jeweiligen Regelungszusammenhanges in mehr oder minder starkem Maße die Darlegungslast des Antragstellers, der vorläufigen Rechtsschutz begehrt.[383] 8618

In Verfahren auf Gewährung vorläufigen Rechtsschutzes gegen die einem Dritten erteilte Baugenehmigung ist regelmäßig von der Wirksamkeit des zugrunde liegenden Bebauungsplans auszugehen, wenn dieser nicht offensichtlich unwirksam ist. Auch im Baunachbarstreit kann das Gericht anordnen, dass die aufschiebende Wirkung eines Rechtsbehelfs nicht – wie im Regelfall – rückwirkend, sondern erst zu einem späteren Zeitpunkt eintritt.[384] Die im Rahmen des § 80 V VwGO vorzunehmende Abwägung der Interessen des Nachbarn an einer das Maß des (ihm) Zumutbaren wahrenden Immissionsbelastung und des Bauherrn an der Fortsetzung der genehmigten Nutzung geht zu Gunsten des Bauherrn aus, wenn die von seinem Vorhaben 8619

---

375 OVG Lüneburg NVwZ 1999, 1005.

376 OVG Saarlouis NVwZ-RR 2011, 888; OVG Saarlouis SKZ 2008, 86; SKZ 2011, 42, Nr. 24; SKZ 2011, 168.

377 OVG Münster NVwZ 1998, 980. Das OVG Saarlouis knüpft vielmehr an die Rechtsprechung zu § 10 II BauGB-MaßnG an, so OVG Saarlouis BRS 60 Nr. 197 (1998); BRS 60 (1998), Nr. 109.

378 VGH Mannheim ZfBR 1999, 56.

379 OVG Münster NVwZ-RR 2008, 757:

380 OVG Hamburg ZfBR 2012, 696.

381 OVG Saarlouis Beschl. v. 10.6.2013 – 2 B 30/13, juris.

382 OVG Saarlouis Beschl. v. 10.6.2013 – 2 B 30/13, juris.

383 OVG Berlin-Brandenburg BauR 2013, 131; BVerwGE 123, 241.

384 OVG Bautzen DÖV 2013, 162; OVG Münster ZfBR 2009, 372.

ausgehenden Lärmwirkungen soweit auf der "sicheren" Seite des Zumutbaren (orientiert an den Richtwerten der TA Lärm) liegen, dass dem Nachbarn deren Hinnahme einstweilen zugemutet werden kann.[385] Eine Inzidentkontrolle einer Satzung, die auch schwierige Fragen aufwirft, kann ohne eingehende Prüfung regelmäßig nicht erfolgen und ist mit dem summarischen Charakter des vorläufigen Rechtsschutzverfahrens nach § 80 V 1 VwGO nicht vereinbar. In einem solchen Verfahren ist vielmehr regelmäßig von der Gültigkeit von Satzungsbestimmungen auszugehen, wenn sich diese nicht ersichtlich als rechtswidrig erweisen.[386]

8620 Im Konflikt um die Ausnutzbarkeit der Baugenehmigung gibt § 212 a BauGB dem **Bauvorhaben** einen gewissen **Vorsprung**. Der Nachbar kann die Verwirklichung dieses Vorhabens vor rechtskräftiger Bescheidung seines dagegen eingelegten Rechtsbehelfs erst dann verhindern, wenn entweder sein Rechtsbehelf offensichtlich begründet ist oder die Abwägung der konkurrierenden Interessen ergibt, dass seinem Interesse an einem einstweiligen Baustopp gegenüber den Interessen des Bauherrn an der Ausnutzung der erteilten Baugenehmigung Vorrang gebührt.[387] Lassen sich die Erfolgsaussichten eines Nachbarrechtsbehelfs gegen eine Baugenehmigung im Aussetzungsverfahren aufgrund der verfahrensformbedingt eingeschränkten Erkenntnismöglichkeiten nicht abschließend positiv beurteilen, so ist für eine Anordnung der kraft ausdrücklicher gesetzlicher Regelung (§§ 80 II 1 Nr. 3 VwGO, 212 a I BauGB) ausgeschlossenen aufschiebenden Wirkung nur Raum, wenn die überschlägige Rechtskontrolle zumindest gewichtige Zweifel an der nachbarrechtlichen Unbedenklichkeit der angefochtenen Genehmigung ergibt.[388]

8621 Die sofortige Vollziehbarkeit kraft Gesetz (§ 212 a BauGB) entfällt nicht rückwirkend deshalb, weil der Gesetzgeber nach Abschluss des Genehmigungsverfahrens **Windkraftanlagen** dem immissionsschutzrechtlichen Genehmigungsregime unterstellt hat, das einen Suspensiveffekt von Widersprüchen Dritter vorsieht. Verfahrensrechte aus § 10 BImSchG und § 3 UVPG führen trotz ihres möglicherweise drittschützenden Charakters nicht zur Aufhebung der sofortigen Vollziehbarkeit.[389]

8622 **d) Aufschiebende Wirkung gegenüber anderen Zulassungen.** Wird dem Bauherrn nicht eine Baugenehmigung, sondern eine auf andere Rechtsvorschriften gestützte Genehmigung wie etwa eine immissionsschutzrechtliche Genehmigung erteilt, so haben Widerspruch und Klage des Nachbarn nach wie vor aufschiebende Wirkung. Ist die sofortige Vollziehung durch die Behörde nicht angeordnet worden, kann der Bauherr einen entsprechenden Antrag stellen. Im verwaltungsgerichtlichen Verfahren auf Antrag des Bauherrn auf Anordnung der sofortigen Vollziehung der Baugenehmigung ist der widerspruchs- bzw. klageführende Nachbar gem. § 65 II VwGO notwendig beizuladen. Das Verwaltungsgericht prüft dann zunächst die Aussichten des Rechtsbehelfs. Ist der Rechtsbehelf offensichtlich aussichtslos, wird eine sofortige Vollziehung angeordnet. Ist der Rechtsbehelf offensichtlich begründet, wird die sofortige Vollziehung der Baugenehmigung nicht angeordnet. Lässt sich dies im summarischen gerichtlichen Verfahren nicht feststellen, erfolgt eine Interessenabwägung, bei der die Aussetzungs- und Vollzugsinteressen gegeneinander abzuwägen sind. Entscheidet die Widerspruchsbehörde nicht über den Widerspruch des Nachbarn, so kann der Bauherr unter den Voraussetzungen des § 75 VwGO eine Untätigkeitsklage erheben.

8623 **e) Nachtragsgenehmigung.** Ein Bauherr, der sein Vorhaben im Hinblick auf einen im gerichtlichen Eilverfahren festgestellten Nachbarrechtsverstoß in einer „die Identität des Vorhabens" wahrenden Weise geändert und für die Änderung eine vom Nachbarn wiederum angefochtene Tekturgenehmigung (Nachtragsgenehmigung)[390] erhalten hat, muss gemäß § 80 a III 2, VII 2 VwGO die Änderung der Eilentscheidung beantragen, wenn er von der Genehmigung in der Fassung des Tekturbescheids Gebrauch machen will. Ziel des Änderungsantrags ist die Feststellung, dass die Genehmigung in der Fassung des Tekturbescheids vollziehbar ist.[391]

---

385 OVG Schleswig NordÖR 2012, 518.

386 OVG Bautzen LKV 2012, 365, Durinke LKV 2012, 343; OVG Bautzen Urt. v. 3.12.2012 – 4 B 184/12, juris.

387 OVG Lüneburg NordÖR 2005, 181.

388 OVG Saarlouis BauR 2006, 1353.

389 OVG Münster NVwZ-RR 2006, 173.

390 Zur Tekturgenehmigung Kerkmann/Sattler BauR 2005, 47.

391 VGH München BayVBl 2007, 758; wie VGH München BayVBl 2007, 500; Beschl. v. 14.9.2006 – 25 CS 06.1474, juris; entgegen VGH München Beschl. v. 22.4.1998 – 26 CS 98.338, juris.

Im Beschwerdeverfahren gegen Beschlüsse nach den §§ 80, 80 a und 123 VwGO ist für eine Antragsänderung regelmäßig allenfalls Raum, wenn auf andere Weise kein effektiver Rechtsschutz erlangt werden kann. Eine Ausnahme ist für den Fall in Betracht zu ziehen, dass die Antragsänderung als sachdienlich zuzulassen ist, weil sie das Beschwerdegericht nicht mit einem neuen Streitstoff konfrontiert und geeignet ist, den Streit zwischen den Beteiligten auszuräumen.[392] Hat das Berufungsgericht unter Berücksichtigung der erstinstanzlichen Klageabweisung zunächst die aufschiebende Wirkung der Anfechtungsklage angeordnet, so dauert die aufschiebende Wirkung – über die spätere Zurückweisung der Berufung hinaus – bis zur Unanfechtbarkeit des angefochtenen Bescheides (§ 80 b I VwGO). Für einen Antrag nach § 80 V VwGO an das BVerwG – parallel zu einer Beschwerde gegen die Nichtzulassung der Revision – fehlt daher das Rechtsschutzbedürfnis.[393]

VI. Rechtsschutz bei Eingriffsverfügungen

Die Bauaufsichtsbehörden haben nach Maßgabe der Landesbauordnungen, gegen illegale Bauvorhaben einzuschreiten, Bauarbeiten durch Stilllegungsverfügung zu unterbinden oder auch Abrissverfügungen zu erlassen. 8624

Hierzu bestehen entsprechende **bauaufsichtliche Betretungsrechte** eines Grundstücks oder einer Wohnung, die keine Durchsuchung im Sinne von Art. 13 II GG sind, sondern in den Anwendungsbereich von Art. 13 VII GG fallen.[394] 8625

1. Stilllegung und Nutzungsuntersagung

Eine Bauaufsichtsbehörde kann auf Grundlage entsprechender Ermächtigungsgrundlagen der Landesbauordnungen (siehe zB § 81 I 1 BauO NRW) die Einstellung der Arbeiten anordnen, wenn Anlagen im Widerspruch zu öffentlich-rechtlichen Vorschriften errichtet, geändert oder beseitigt werden. Die Bauaufsichtsbehörde ist in Ausübung des ihr eingeräumten pflichtgemäßen Ermessens zur Wahrung der Ordnungsfunktion des formellen Baurechts berechtigt, sofort vollziehbare Stilllegungsverfügungen auszusprechen, wenn mit der Errichtung einer baulicher Anlage ohne die erforderliche Baugenehmigung begonnen wurde, es sei denn, der erforderliche Bauantrag ist gestellt, das Bauvorhaben ist offensichtlich genehmigungsfähig und der Erteilung der beantragten Baugenehmigung steht auch sonst nichts im Wege.[395] Für eine Baustilllegungsverfügung genügt bereits unabhängig von der materiellen Genehmigungsfähigkeit einer baulichen Anlage grundsätzlich deren formelle Illegalität. Eine abschließende Prüfung der materiellen Zulässigkeit ist insoweit nicht vorgesehen, sondern einem nachfolgend durchzuführenden Genehmigungsverfahren vorbehalten. 8626

2. Beseitigung baulicher Anlagen

Legt die Behörde die Bauarbeiten still oder ordnet sie die Beseitigung eines Bauwerks an, so kann gegen den belastenden Verwaltungsakt nach Maßgabe des Landesrechts Widerspruch eingelegt und nach Zurückweisung des Widerspruchs vor dem Verwaltungsgericht geklagt werden. Ist nach Maßgabe des jeweiligen Landesrechts das Widerspruchsverfahren abgeschafft, muss unmittelbar Klage erhoben werden. Es gilt der Grundsatz, dass bei bauaufsichtlichen Verfügungen, die zum Verlust von Bausubstanz führen, das Aussetzungs- regelmäßig das Vollzugsinteresse überwiegt. Das gilt nicht nur, wenn die zu beseitigende Bausubstanz in der Vergangenheit Bestandsschutz genossen hat oder teilweise noch genießt. Genießt die Bausubstanz gegenwärtig Bestandsschutz, so scheidet bereits ein bauaufsichtliches Einschreiten aus; ist der Bestandsschutz erloschen, so folgt daraus keine erhöhte Schutzbedürftigkeit mehr. Entscheidend für den Grundsatz ist aber, dass der Vollzug einer Beseitigungsverfügung vor Abschluss eines etwaigen Rechtsbehelfsverfahrens die Hauptsache vorwegnimmt und den Adressaten damit bei wirtschaftlicher Betrachtung der Möglichkeit beraubt, sein Anliegen effektiv in einem Hauptsacheverfahren klären zu lassen.[396] 8627

---

392 OVG Münster Beschl. v. 17.1.2011 – 7 B 1506/10, juris.

393 BVerwG NVwZ 2012, 376; BVerwGE 15, 175 (176).

394 BVerwG NJW 2006, 2504 m. Anm. Suttmann BauR 2006, 1986.

395 VG Köln Beschl. v. 7.6.2023 – 2 L 793/23, juris Rn. 5; OVG Münster Beschl. v. 28.6.2022 – 7 B 569/22, juris; OVG Schleswig Beschl. v. 30.1.2023 – 1 MB 23/22, juris Rn. 20.

396 OVG Lüneburg Beschl. v. 13.12.2023 – 1 ME 121/23, juris Rn. 6.

8628 Eine bauordnungsrechtliche Beseitigungsanordnung, die vom Grundsatz her verfassungsrechtlichen Ansprüchen genügt,[397] kann von dem Adressaten nicht allein mit dem Argument abgewehrt werden, die Behörde schreite gegen Baurechtsverstöße in vergleichbaren anderen Fällen nicht ein. Denn Art. 3 I GG gewährt keinen Anspruch auf **Gleichbehandlung im Unrecht**. Auch bei der Bescheidung eines Bauantrages kann nicht aus der Genehmigung in einem anderen Fall ein Genehmigungsanspruch abgeleitet werden. Wenn ein Bürger meint, dass er durch eine Verwaltungsbehörde benachteiligt worden ist, kann er Rechtsschutz bei den Verwaltungsgerichten suchen. Er kann jedoch nicht verlangen, dass ein anderer nur deshalb ebenfalls benachteiligt wird, weil er selbst das Einschreiten der Behörden zu dulden hat.[398] Der Gleichbehandlungsgrundsatz entbindet die Baurechtsbehörde indes nicht von der Verpflichtung, ihre bauordnungsrechtliche Tätigkeit maßgeblich auch am Gleichheitssatz auszurichten. Ermächtigt das Gesetz dazu, unter bestimmten Voraussetzungen die Beseitigung von baulichen Anlagen anzuordnen, so lässt sich aus Art. 3 I GG die Forderung ableiten, das eingeräumte Ermessen in gleich gelagerten Fällen gleichmäßig auszuüben. Ergreift oder unterlässt die Behörde Maßnahmen zur Bekämpfung baurechtswidriger Zustände, so hat sie in allen vergleichbaren Fällen in der gleichen Art und Weise zu verfahren. Das bedeutet bei einer Vielzahl von Verstößen jedoch nicht, dass die Behörde in allen Fällen gleichzeitig tätig werden muss. Entschließt sie sich zu einem Einschreiten, so ist es ihr unbenommen, die Verhältnisse nach und nach zu bereinigen. Ihr ist es indes verwehrt, systemlos oder willkürlich vorzugehen. Beschränkt sie sich darauf, einen Einzelfall herauszugreifen, so handelt sie dem Gleichbehandlungsgebot zuwider, es sei denn, dass sie hierfür sachliche Gründe anzuführen vermag.[399]

8629 Der Rechtsschutz des Bauherrn wird erfolgreich sein, wenn die behördlichen Anordnungen rechtswidrig und der Bauherr hierdurch in seinen Rechten verletzt ist. Maßgeblicher Zeitpunkt für die Beurteilung der Sach- und Rechtslage ist die letzte behördliche Entscheidung. Wenn sich bis zur letzten mündlichen Verhandlung die Rechtslage zugunsten des Bauherrn geändert hat, kommt ihm diese Rechtsänderung zugute.[400] Zwischenzeitliche Änderungen in der Rechtslage wirken sich daher zugunsten des Bauherrn und zu Lasten des Nachbarn aus.

3. Sofortige Vollziehung

8630 Die sofortige Vollziehung der Eingriffsverfügungen kann gem. § 80 II 1 Nr. 4 VwGO angeordnet werden, wenn das öffentliche Interesse eine sofortige Umsetzung der angeordneten Maßnahmen erfordert. Dafür sind allerdings besondere öffentliche Belange erforderlich. Gegen eine Anordnung der Bauaufsicht kann der Bauherr einen Eilantrag bei Gericht auf Wiederherstellung der aufschiebenden Wirkung seines Widerspruchs oder seiner Klage stellen. Das Gericht entscheidet dann zunächst, ob der angefochtene Verwaltungsakt offensichtlich rechtmäßig oder offensichtlich rechtswidrig ist. Lässt sich dies bei summarischer Prüfung nicht feststellen, erfolgt eine Interessenabwägung. Dabei sind die jeweiligen Vor- und Nachteile der Vollzugsinteressen einerseits und der Aussetzungsinteressen andererseits gegenüberzustellen **(vierpolige Interessenabwägung)**. Wird die **Stilllegung** von Baumaßnahmen verfügt, die ein genehmigungspflichtiges Vorhaben betreffen, so wird die Anordnung der sofortigen Vollziehung vom Gericht im Regelfall bestätigt, wenn der Bauherr nicht über eine Baugenehmigung verfügt. Auf die Frage, ob eine Baugenehmigung erteilt werden könnte, kommt es dann nicht an. Im Gegensatz dazu dürfte bei angeordneten **Abbrucharbeiten** das Interesse des Bauherrn an der Bestandswahrung bis zur endgültigen Klärung der Rechtslage überwiegen, sodass die sofortige Vollziehung von Abbruchanordnungen nur dann vom Gericht bestätigt werden dürfte, wenn die Anordnung offensichtlich rechtmäßig ist oder öffentliche Belange vor allem der Gefahrenabwehr einen Sofortvollzug der Anordnung verlangen.

Beispiel: Die von der Behörde verfügte Beseitigung von Wohnwagen kann während des anhängigen Gerichtsverfahrens bereits vollzogen werden, ohne dass damit unabänderliche Tatsachen geschaffen werden.[401]

---

397 VGH München Urt. v. 4.5.2006 – 26 B 01.3000, juris.
398 BVerwG, Beschl. v. 18.10.1996 – 4 B 188.96.
399 BVerwG NVwZ 1988, 144; Beschl. v. 19.7.1976 – 4 B 22.76, juris; Beschl v. 11.3.1991 – 4 B 26.91, juris; NVwZ-RR 1992, 360; BRS 57 Nr 248 (1995).
400 OVG Weimar ThürVBl. 1998, 280.
401 OVG Saarlouis BauR 2005, 1517.

Sind an einem Gebäude Veränderungen vorgenommen worden, so entfällt dadurch der Bestandsschutz nur neu durchgreifenden Baumaßnahmen. Beruht die **Funktionsverbesserung** auf einer geringfügigen baulichen Veränderung, die sich leicht rückgängig machen lässt, kann nur die Beseitigung der nachträglich vorgenommenen Veränderungen verfügt werden, nicht jedoch der Abbruch des gesamten Hauses.[402] 8631

4. Ermessen

Ordnungsbehördliches Handeln steht unter einem Ermessensvorbehalt. Das Ermessen muss jedoch sachgerecht ausgeübt werden.[403] So darf die Bauordnungsbehörde ihr Ermessen bei dem Erlass von Beseitigungsanordnungen nicht ohne erkennbaren Grund unterschiedlich, systemwidrig oder planlos ausüben. Die Behörde darf sich allerdings auf die Regelung von Einzelfällen beschränken, wenn sie hierfür sachliche Gründe aufführen kann. Eine allgemein gültige zeitliche Grenze für ein unterschiedliches Vorgehen gegen baurechtswidrige Zustände ergibt sich aus dem verfahrensrechtlichen Gleichheitssatz nicht.[404] Es entspricht regelmäßig pflichtgemäßem Ermessen, wenn die Bauaufsichtsbehörde eine formell illegale Nutzung durch eine entsprechende Anordnung unterbindet. Die Behörde macht deshalb im Regelfall von ihrem Ermessen in einer dem Zweck des Gesetzes entsprechenden Weise Gebrauch **(intendiertes Ermessen)**, wenn sie die formell rechtswidrige Nutzung einer Anlage unterbindet.[405] 8632

Das Vorliegen der Voraussetzungen für den Erlass einer Beseitigungsanordnung führt nicht automatisch zu einem Anspruch des Nachbarn auf bauaufsichtliches Einschreiten. Vielmehr liegt es grundsätzlich im pflichtgemäßen Ermessen der Bauaufsichtsbehörde, ob sie wegen im Widerspruch zu öffentlich-rechtlichen Vorschriften errichteter Anlagen einschreitet oder nicht. Ein Anspruch des Nachbarn auf bauordnungsbehördliches Einschreiten folgt erst dann, wenn die bauliche Anlage nicht durch eine bestandskräftige Baugenehmigung gedeckt wird, die Anlage materiell rechtswidrig ist und den Nachbarn in seinen Rechten verletzt, dieser seine Abwehrrechte nicht verwirkt hat, der Rechtsverstoß nicht auf andere Weise als durch die (teilweise) Beseitigung behoben werden kann und das Ermessen der Behörde auf Null reduziert ist. Die Bauaufsichtsbehörde hat die für und gegen ein Einschreiten sprechenden Gesichtspunkte sachgerecht abzuwägen und bei der Verletzung nachbarschützender Vorschriften neben dem besonderen öffentlichen Interesse an der Wiederherstellung baurechtmäßiger Zustände auch die Interessen des in seinen Rechten verletzten Nachbarn zu berücksichtigen. Ein Rechtsanspruch des Nachbarn auf bauaufsichtliches Einschreiten besteht grundsätzlich nur bei einem materiell erheblich ins Gewicht fallenden Verstoß bzw. einer spürbar nachhaltigen Beeinträchtigung des Nachbarn.[406] 8633

4. Teil. Rechtsschutz des Nachbarn

Die ganz überwiegende Zahl der streitigen Verfahren vor den Baubehörden und Verwaltungsgerichten spielen sich im Interessenwiderstreit zwischen Bauherrn und Nachbarn ab. Dabei gilt es die sachgerechte Mitte zwischen dem Prinzip zu wahren, dass das Eigentum grundsätzlich an der Grundstücksgrenze endet, einerseits und dem Gebot der nachbarlichen Rücksichtnahme über die Grundstücksgrenzen hinaus andererseits. Die in diesem Zusammenhang vorzunehmenden Interessenbewertungen in einem mehrpoligen Rechtsverhältnis, an dem Belange des Bauherrn, des Nachbarn und öffentliche Interessen beteiligt sind, stellen die Praxis der Rechtsanwender nicht selten vor kaum überwindbare Schwierigkeiten. Dabei hat der Nachbar **kein allgemeines Wächteramt**. Es gehört nicht zu seinen Aufgaben, allgemein über die Einhaltung des öffentlichen Baurechts zu „wachen" und jegliche Realisierung rechtswidriger Bauvorhaben in der Nachbarschaft zu verhindern.[407] 8634

402 BVerfG NVwZ 2005, 203; OVG Münster Urt. v. 22.8.2005 – 10 A 4694/03, juris; BVerfG NJW 2000, 2573.

403 VGH München NVwZ-RR 2006, 754; Beschl. v. 30.12.2005 – 25 ZB 05.2882, juris.

404 BVerwG BauR 1999, 233.

405 OVG Magdeburg Beschl. v. 7.3.2006 – 2 L 76/04, juris.

406 OVG Magdeburg Beschl. v. 22.12.2023 – 2 L 53/23.Z, juris Rn. 20.

407 OVG Saarlouis BauR 2006, 1353.

8635 Der Nachbarbarschutz im öffentlichen Recht besteht grundsätzlich nicht gegenüber dem Bauherrn, sondern gegenüber der Bauaufsichtsbehörde; er ist insoweit „dreipolig" oder auch „mehrseitig" ausgestaltet. Die Baugenehmigung ergeht nach dem Landesbauordnungen (siehe zB § 7 IV BauO NRW) unbeschadet privater Rechte Dritter. Die Baugenehmigung schließt private Rechte Dritter gegen ein Bauvorhaben nicht ohne weiteres aus.

I. Zivilrechtliche Abwehrrechte des Nachbarn

8636 Quasinegatorische Beseitigungs- und Unterlassungsanspruch aus § 1004 Abs. 1 Satz 1 BGB analog iVm § 823 Abs. 2 BGB und dem öffentlich-rechtlichen Gebietserhaltungsanspruch kommen nach der Rechtsprechung des BGH nicht in Betracht, wenn und soweit die Grundstücksnutzung von einer bestandskräftigen Baugenehmigung gedeckt ist.[408]

1. Verschuldensunabhängige Unterlassungsanspruch des Nachbarn

8637 Nach der Rechtsprechung des BGH kann die Verletzung nachbarschützender Vorschriften des öffentlichen Baurechts einen (quasinegatorischen) verschuldensunabhängigen Unterlassungsanspruch des Nachbarn gemäß § 1004 I 1 BGB analog iVm § 823 II BGB begründen.[409] Liegt ein solcher Verstoß gegen eine nachbarschützende Norm vor, bedarf es für den quasinegatorischen Unterlassungsanspruch keiner über die Verletzung des Schutzgesetzes hinausgehenden Beeinträchtigung des Nachbarn. Denn Schutzgesetze im Sinne von § 823 II BGB verlagern den Schutz des Nachbarn vor und knüpfen gerade nicht an einen Verletzungserfolg an.[410]

8638 Grundsätzlich werden zivilrechtliche Abwehrrechte des Nachbarn durch eine bestandskräftige Baugenehmigung nicht berührt. Die Baugenehmigung ergeht vielmehr unbeschadet privater Rechte Dritter; sie hat keine privatrechtsgestaltende Ausschlusswirkung. Der BGH erläutert dazu, dies sei die Folge des Umstands, dass die Baugenehmigung ohne Prüfung entgegenstehender privater Rechte Dritter erteilt werde; Rechte oder Interessen Dritter seien von der Baurechtsbehörde nur zu prüfen, wenn sie öffentlich-rechtlich geschützt seien. Der Nachbar könne folglich ohne Bindung an die Baugenehmigung seine Abwehrrechte etwa aus den §§ 905 ff. BGB und aus den Nachbarrechtsgesetzen der Länder geltend machen, wenn und soweit deren Voraussetzungen vorliegen würden. Ebenso könne er den Bau zivilrechtlich untersagen lassen, wenn er durch diesen in einer vertraglich (etwa durch einen Miet- oder Pachtvertrag) oder dinglich (etwa durch eine Grunddienstbarkeit) geschützten Rechtsposition beeinträchtigt würde.[411]

2. Unterlassungsanspruch auf Grundlage nachbarschützendem öffentlichen Recht

8639 Anders liegt es aber nach der Rechtsprechung des BGH bei einem quasinegatorischen Unterlassungsanspruch, soweit dieser auf die Verletzung einer nachbarschützenden Norm des öffentlichen Rechts als Schutzgesetz iSv § 823 II BGB gestützt wird.[412] Dieser zum öffentlichen Recht akzessorische Anspruch setzt voraus, dass die Grundstücksnutzung, deren Unterlassung begehrt wird, gegen eine öffentlich-rechtliche Norm verstößt, auf deren Schutz sich der Nachbar beruft.

8640 **a) Legalisierungswirkung der Baugenehmigung.** Dies ist jedoch nach Ansicht des BGH ausgeschlossen, wenn die Grundstücksnutzung öffentlich-rechtlich bestandskräftig und weiterhin wirksam genehmigt ist. Eine Baugenehmigung entfalte Legalisierungswirkung. Sie habe neben dem gestattenden Teil (Baufreigabe) die umfassende Feststellung der Vereinbarkeit des Bauvorhabens einschließlich der ihm zugedachten Nutzung mit den öffentlich-rechtlichen Vorschriften zum Inhalt, soweit sie für die baurechtliche Prüfung einschlägig seien.[413]

8641 Die Legalisierungswirkung wirke sich unmittelbar auf zivilrechtliche Abwehransprüche aus, die auf den Verstoß gegen öffentlich-rechtliche Vorschriften gestützt seien. Stehe durch die Baugenehmigung fest, dass der Bauherr nicht gegen diese Vorschriften verstoßen habe, kämen

408 BGH NVwZ 2022, 898.
409 BGH NVwZ 2022, 898 = juris Rn. 7; BGHZ 122, 1, 6 ff.; ZfIR 2021, 230 Rn. 16.
410 BGH NVwZ 2022, 898 = juris Rn. 7
411 BGH NVwZ 2022, 898 = juris Rn. 12.
412 BGH NVwZ 2022, 898 = juris Rn. 13.
413 BGH NVwZ 2022, 898 = juris Rn. 13

solche Ansprüche nicht in Betracht, solange die Baugenehmigung bestehe. Auf nachbarschützende Vorschriften des öffentlichen Rechts könne sich der Nachbar im Verfahren über die Erteilung der Baugenehmigung berufen und die Rechtsbehelfe ergreifen, die ihm das öffentliche Recht zur Verfügung stellen würde. Werde die Baugenehmigung auf einen solchen Rechtsbehelf aufgehoben, könne dem Nachbarn bei Verletzung nachbarschützender Bebauungsvorschriften durch den errichteten Bau - wie bei von Anfang an fehlender Baugenehmigung - ein quasinegatorischer Beseitigungsanspruch zustehen Sei die Baugenehmigung aber unanfechtbar geworden, könne ihre Bestandskraft nicht durch einen auf öffentlich-rechtliche Vorschriften gestützten zivilrechtlichen Anspruch unterlaufen werden. Die Baugenehmigung und ihre Legalisierungswirkung würden für den Bauherrn entwertet, wenn er damit rechnen müsste, dass ein Nachbar trotz bestandskräftiger Genehmigung auch nach Jahren noch unter Berufung auf nachbarschützende öffentlich-rechtliche Bauvorschriften vor den Zivilgerichten erfolgreich gegen das Bauvorhaben klagen könnte.

Legalisierungswirkung entfalte die Baugenehmigung aber nicht nur insoweit, wie sie eine ausdrückliche Befreiung von öffentlich-rechtlichen Bauvorschriften ausspreche. Denn mit der Erteilung der Baugenehmigung werde die Vereinbarkeit des Vorhabens mit dem gesamten im Zeitpunkt der Erteilung der Genehmigung geltenden, der behördlichen Prüfung zu Grunde liegenden öffentlichen Recht verbindlich festgestellt. Somit treffe die Genehmigung auch ohne ausdrückliche Entscheidung über eine Befreiung implizit eine regelnde Feststellung über die Vereinbarkeit des Vorhabens mit den einschlägigen nachbarschützenden Normen des öffentlichen Rechts.[414] 8642

b) Tatbestandswirkung. An diese Feststellung seien die Zivilgerichte gebunden. Verwaltungsakten komme, sofern sie nicht nichtig seien, grundsätzlich eine sog. Tatbestandswirkung zu, aufgrund derer auch nicht am Verwaltungsverfahren beteiligte Behörden, Gerichte und öffentlich-rechtliche Rechtsträger die im Verwaltungsakt getroffene Regelung ohne inhaltliche Prüfung ihrer Richtigkeit ihren eigenen Entscheidungen zugrunde zu legen hätten.[415] Stehe durch die Baugenehmigung aufgrund ihrer Legalisierungswirkung fest, dass der Bauherr nicht gegen nachbarschützende öffentlich-rechtliche Vorschriften verstoßen habe, hätten hiervon auch die Zivilgerichte auszugehen; der Nachbar müsse diese Feststellung daher gegen sich gelten lassen. Die mit einer bestandskräftigen Baugenehmigung verbundene umfassende Feststellung der Vereinbarkeit des Bauvorhabens mit dem einschlägigen öffentlichen Recht (Legalisierungswirkung) schließe folglich einen auf die Verletzung nachbarschützender Vorschriften des öffentlichen Rechts gestützten Unterlassungsanspruch des Nachbarn gemäß § 1004 I 1 BGB analog iVm § 823 II BGB aus.[416] 8643

c) Schutzauflagen der Baugenehmigung. Enthält die Baugenehmigung Auflagen mit nachbarschützendem Charakter, kommen jedoch nach der Rechtsprechung des BGH wiederum Unterlassungsansprüche des Nachbarn in Betracht. Die Einhaltung einer solchen in einer Baugenehmigung enthaltenen, seinem Schutz dienenden bestandskräftigen Auflage, kann der Nachbar im Wege der quasinegatorischen Unterlassungsklage durchsetzen. Entsprechendes gelt, wenn eine bestandskräftige Baugenehmigung nicht vorliege oder wenn das Gebäude abweichend von der Baugenehmigung errichtet worden sei.[417] 8644

d) Maßgeblichkeit des Prüfungsgegenstands der Baugenehmigung. Eine bestandskräftige Baugenehmigung steht quasinegatorischen Abwehransprüchen, die auf die Verletzung nachbarschützender Vorschriften des öffentlichen Rechts gestützt sind, nur entgegen, soweit die Einhaltung dieser Vorschriften von der Behörde vor Erteilung der Baugenehmigung zu prüfen waren; hieran kann es, so führt der BGH aus, beispielsweise bei einer im vereinfachten Verfahren erteilten Genehmigung fehlen.[418] 8645

II. Öffentlich-rechtlicher und zivilrechtlicher Nachbarschutz

Der Nachbarschutz kann öffentlich-rechtlich oder auch zivilrechtlich gewährt werden. Privatrechtlicher Nachbarschutz findet seine Grundlage in den §§ 903 ff, 1004, 823 BGB sowie in 8646

414 BGH NVwZ 2022, 898 = juris Rn. 15.
415 BGH NVwZ 2022, 898 = juris Rn. 16; BGHZ 226, 329 Rn. 35.
416 BGH NVwZ 2022, 898 = juris Rn. 16.
417 BGH NVwZ 2022, 898 = juris Rn. 17.
418 BGH NVwZ 2022, 898 = juris Rn. 18.

dem auf der Grundlage des § 124 EGBGB erlassenen Landesrecht. Daneben tritt der öffentlich-rechtliche Nachbarschutz, der sich vor dem Hintergrund grundrechtlicher Gewährleistungen aus öffentlich-rechtlichen Vorschriften ergibt. Dieser öffentlich-rechtliche Nachbarschutz kann grundsätzlich neben den zivilrechtlichen Rechtsschutz treten. Beide Regelungsbereiche stehen nicht unvereinbar nebeneinander, sondern überlagern und ergänzen sich. Dabei ist auf eine Harmonisierung der beiden Rechtsbereiche hinzuwirken. Die Brücke hierzu wird insbesondere durch die **Zumutbarkeit** und **nachbarliche Rücksichtnahme** gelegt. Was nach den bauplanungsrechtlichen Vorschriften den Betroffenen zumutbar ist, muss auch zivilrechtlich als zumutbar bzw. ortsüblich hingenommen werden. Insbesondere kann der Bebauungsplan Festsetzungen des nachbarlichen Interessenausgleichs treffen, die auch bei der zivilrechtlichen Bewertung bei Bestimmung der Ortsüblichkeit nach § 906 II 1 BGB zu berücksichtigen sind. Der Bebauungsplan kann auch als Gesetz iS des § 903 BGB den Eigentumsinhalt bestimmen. Der Bebauungsplan ist, wenn er einen dem Abwägungsgebot entsprechenden Interessenausgleich enthält, für die Beteiligten verbindlich. Dies muss auch für die zivilrechtliche Bewertung des Interessenausgleichs gelten. Ist die im Bebauungsplan getroffene Interessenbewertung nicht sachgerecht, ist der Bebauungsplan wegen Verstoßes gegen das Abwägungsgebot unwirksam und damit auch für die zivilrechtliche Bewertung nicht verbindlich. Auch die bestandskräftig erteilte **Baugenehmigung** muss die zivilrechtliche Zumutbarkeitsbewertung prägen. Im Übrigen haben Gesetzgebung, Rechtsprechung und **Baurechtspraxis** auf eine Harmonisierung beider Rechtsbereiche hinzuwirken. Denn eine Rechtsordnung, die es bei offenen Wertungswidersprüchen zwischen öffentlich-rechtlichen und zivilrechtlichen Vorschriften belässt, wird dem Gebot der einheitlichen Regelung von Lebenssachverhalten nicht gerecht.

III. Nachbar

8647 Der öffentlich-rechtliche Nachbarschutz wird dem Nachbarn gewährt. Soweit der Kreis der abwehrberechtigten Personen gesetzlich nicht beschrieben ist, muss er jeweils für den Einzelfall durch Auslegung insbesondere nach dem Sinn und Zweck der betreffenden Vorschrift ermittelt werden.[419]

1. Eigentümer und obligatorisch Nutzungsberechtigte

8648 Es handelt sich dabei um die dinglich berechtigten **Eigentümer** und Inhaber **grundstücksgleicher Rechte**, deren Grundstücke von dem Bauvorhaben in rechtlich relevanter Weise beeinträchtigt werden

8649 Dies können nicht nur die Grenznachbarn (Angrenzer) sein, sondern auch dinglich Berechtigte von Grundstücken, die im Einwirkungsbereich des Vorhabens liegen. Die lediglich obligatorisch Berechtigten Mieter oder Pächter sind demgegenüber nicht Nachbarn iS des öffentlich-rechtlichen Nachbarschutzes. Ihre Interessen beruhen lediglich auf schuldrechtlichen Berechtigungen und haben deshalb keinen unmittelbar grundstücksrechtlichen Bezug. Auch ist der Personenkreis der schuldrechtlich Berechtigten vielfach kaum abgrenzbar. Die Mieter müssen ihren Nachbarschutz vielmehr über die jeweiligen Grundstückseigentümer geltend machen. Die Vorschriften des BauGB über die Zulässigkeit von Vorhaben gewähren Drittschutz daher grundsätzlich nur dem Eigentümer benachbarter Grundstücke. Ein **Mieter** genießt auch dann keinen städtebaulichen Nachbarschutz, wenn er mit dem Grundeigentümer in der Form eines aufgespaltenen Betriebes wirtschaftlich eng verbunden ist.[420]

8650 Aus der Grundstücksbezogenheit des Bebauungsrechts folgt, dass bei einem Nutzungskonflikt die benachbarten Grundstücke durch ihre Eigentümer repräsentiert werden. Allerdings sind Mieter und Pächter insoweit einwendungsbefugt, als auf der Grundlage der angefochtenen Entscheidung in ihr Besitzrecht eingegriffen werden soll. Würde etwa, wie dies bei fachplanerischen Entscheidungen möglich ist, die Zulassungsentscheidung die Möglichkeit der Eigentumsinanspruchnahme gewähren und hierdurch in die Besitzrechte unmittelbar eingegriffen werden können, wäre ein Rechtsschutz des Mieters oder Pächters auch gegen die Zulassungsentscheidung gegeben. Davon ist aber bei Baugenehmigungen nicht auszugehen, da auf ihrer Grundlage keine Enteignung vorgenommen werden kann. Allerdings könnte es für den Mieter oder Pächter durch die Genehmigung zu schweren und unerträglichen Beeinträchtigungen iS

---

[419] Bönker/Grüner in HBG, Öffentliches Baurecht, 2024, § 18 Rn. 36.
[420] BVerwG NVwZ 1989, 1060.

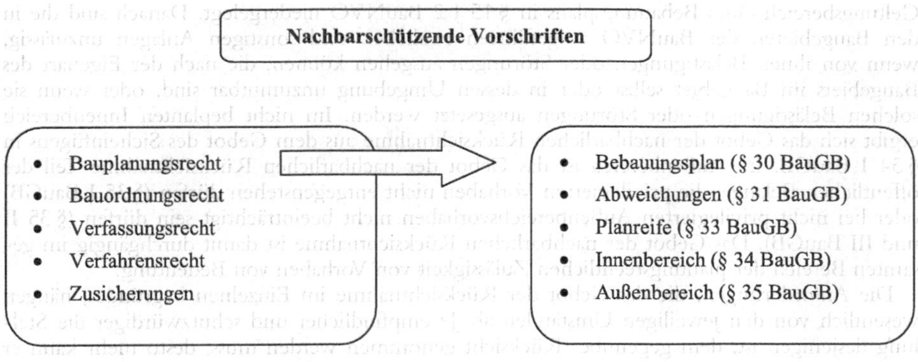

enteignungsgleicher Wirkungen kommen. Für diesen Fall könnten auch Mieter oder Pächter ebenso wie bei der Verletzung einer zu ihren Gunsten bestehenden einfachgesetzlichen Zumutbarkeitsschwelle erfolgreich Nachbarschutz geltend gemacht werden. **Ehe-** oder **familienrechtliche Bindungen** oder der gemeinsame Wohnsitz vermitteln auf dieser grundstücksbezogenen planungsrechtlichen Ebene – anders als hinsichtlich der Abwehr gesundheitsschädlicher Umwelteinwirkungen – keine eigenständige Rechtsposition.[421] Auch der **Pächter** und erbvertraglich eingesetzte **Hoferbe** eines landwirtschaftlichen Betriebes kann keinen Nachbarschutz aus den Vorschriften des Bauplanungsrechts geltend machen.[422] Eine **Interessengemeinschaft** kann demgegenüber den verfassungsrechtlichen Eigentumsschutz auch dann im Klagewege geltend machen, wenn sie nur vorübergehend ein **Sperrgrundstück** erworben hat.[423] Wegen der geringeren wirtschaftlichen Bedeutung des Sperrgrundstücks ist indes dieses Privateigentum in der planerischen Abwägung mit öffentlichen Belangen leichter zu überwinden.[424] Veräußert der Nachbar sein Grundstück während des verwaltungsgerichtlichen Verfahrens, so ist der Erwerber nicht notwendig beizuladen.[425]

2. Nachbarschützende Normen

Ein öffentlich-rechtlicher Nachbarschutz setzt voraus, dass nachbarschützende Vorschriften 8651
verletzt sind. Darüber hinaus ist regelmäßig eine tatsächlich **spürbare Beeinträchtigung** des Nachbarn für den Erfolg des Nachbarrechtsschutzes erforderlich. Die Verletzung in eigenen Rechten ergibt sich für die Anfechtungs- und Verpflichtungsklage bereits aus § 42 II VwGO, wonach diese Klagen nur bei einer möglichen eigenen Rechtsverletzung zulässig sind. Nach § 113 I 1 VwGO ist die Anfechtungsklage nur begründet, wenn der Kläger durch den angefochtenen Verwaltungsakt in seinen eigenen Rechten verletzt ist. Auch für die Verpflichtungsklage nach § 113 V 1 VwGO ist eine Verletzung des Klägers in eigenen Rechten erforderlich. Das auf die eigene Rechtsverletzung ausgerichtete Klagesystem der VwGO will die Popularklage ausschließen und bereits die Zulässigkeit von Klagen an eine mögliche eigene Rechtsverletzung knüpfen. Von den eigenen Rechten sind die rechtlich nicht geschützten Chancen und Möglichkeiten zu unterscheiden, die keine Klagebefugnis nach § 42 II VwGO gewähren.

Ob eine Vorschrift des öffentlichen Rechts in diesem Sinne Nachbarschutz gewährt, ist aus 8652
dem Schutzzweck der Norm zu ermitteln **(Schutznormtheorie)**. Dabei ist jeweils zu klären, ob die Vorschrift ausschließlich objektiv-rechtlichen Charakter hat oder zugleich auch dem Schutz von Individualinteressen dient.[426]

Im Bereich des öffentlich-rechtlichen Nachbarschutzes kommt dem **Gebot der nachbar-** 8653
lichen Rücksichtnahme eine zentrale Stellung zu. Das Rücksichtnahmegebot ist für den

[421] BVerwG DVBl. 1983, 898; DVBl. 1983, 183; UPR 1989, 389; DVBl. 1990, 1185.
[422] BVerwG NVwZ 1989, 1163.
[423] BVerwG NVwZ 1985, 736.
[424] BVerwG NuR 1991, 121.
[425] BVerwG ZfBR 1992, 194.
[426] VGH München Beschl. v. 1.2.2022 – 9 ZB 19.1400, juris Rn. 5; Beschl.v. 12.4.2021 – 8 ZB 21.23 – juris Rn. 8 mwN; Bönker/Grüner in HBG, Öffentliches Baurecht, 2024, § 18 Rn. 38.

Geltungsbereich eines Bebauungsplans in § 15 I 2 BauNVO niedergelegt. Danach sind die in den Baugebieten der BauNVO aufgeführten baulichen und sonstigen Anlagen unzulässig, wenn von ihnen Belästigungen oder Störungen ausgehen können, die nach der Eigenart des Baugebiets im Baugebiet selbst oder in dessen Umgebung unzumutbar sind, oder wenn sie solchen Belästigungen oder Störungen ausgesetzt werden. Im nicht beplanten Innenbereich ergibt sich das Gebot der nachbarlichen Rücksichtnahme aus dem Gebot des Sicheinfügens in § 34 I BauGB. Im Außenbereich ist das Gebot der nachbarlichen Rücksichtnahme Teil der öffentlichen Belange, die privilegierten Vorhaben nicht entgegenstehen dürfen (§ 35 I BauGB) oder bei nicht privilegierten Außenbereichsvorhaben nicht beeinträchtigt sein dürfen (§ 35 II und III BauGB). Das Gebot der nachbarlichen Rücksichtnahme ist damit durchgängig im gesamten Bereich der planungsrechtlichen Zulässigkeit von Vorhaben von Bedeutung.

8654 Die Anforderungen, die das Gebot der Rücksichtnahme im Einzelnen begründet, hängen wesentlich von den jeweiligen Umständen ab. Je empfindlicher und schutzwürdiger die Stellung desjenigen ist, dem gegenüber Rücksicht genommen werden muss, desto mehr kann er an Rücksichtnahme verlangen. Je verständlicher und unabweisbarer die mit dem Vorhaben verfolgten Interessen sind, umso weniger braucht derjenige, der das Vorhaben verwirklichen will, Rücksicht zu nehmen. Abzustellen ist darauf, was einerseits dem Rücknahmebegünstigten und andererseits dem Rücknahmeverpflichteten nach Lage der Dinge zuzumuten ist.[427]

8655 Nach § 113 I 1 VwGO kann der Kläger die Aufhebung der angefochtenen Entscheidung nur verlangen, soweit er dadurch in seinen Rechten verletzt ist. Nach der Rechtsprechung des EuGH darf ein Mitgliedstaat im Anwendungsbereich der Richtlinien 2011/92 und 2010/75 vorschreiben, dass die Aufhebung einer Verwaltungsentscheidung durch das zuständige Gericht die Verletzung eines subjektiven Rechts auf Seiten des Klägers voraussetzt.[428] Das hält auch die Vorgaben in Art. 9 II der Århus-Konvention (AK) als auch die unionsrechtlich vorgegebene umfassende Rügebefugnis von Umweltvereinigungen ein.[429]

8656 Allerdings gibt es das drittschützende baurechtliche Gebot der nachbarlichen Rücksichtnahme nur nach Maßgabe der **einfachen Gesetze**. Es ist **nicht verfassungsrechtlich** verortet und damit vor allem durch den Gesetzgeber verfügbar. Der Gesetzgeber hat nach Art. 14 I 2 GG Inhalt und Schranken des Eigentums durch einen sachangemessenen Ausgleich von Privatnützigkeit und Sozialpflichtigkeit des Eigentums zu bestimmen. Dazu gehört auch die Bestimmung des nachbarlichen Interessenausgleichs zwischen Bauherrn und Nachbarn. Solange die gesetzgeberischen Regelungen einen gemeinwohlbezogenen Ausgleich unter Berücksichtigung der Privatnützigkeit und der Sozialpflichtigkeit des Eigentums herstellen, sind sie verfassungsrechtlich nicht zu beanstanden. Dies gilt auch, soweit der Gesetzgeber den Stellenwert des Gebotes der nachbarlichen Rücksichtnahme bestimmt. Der Erfolg einer Nachbarklage ist danach von der Verletzung einer nachbarschützenden Vorschrift abhängig.[430] Unter Aufgabe seiner bisherigen Rechtsprechung hatte das BVerwG einem Pächter, der sich gegen ein fachplanerisches Vorhaben wendete, die Klagebefugnis zuerkannt, wenn er durch das Vorhaben unmittelbar in dem Sinne in Anspruch genommen werden soll, dass er sein Pachtobjekt verliert.[431] Nur obligatorisch zur Nutzung eines Grundstücks Berechtigte können jedoch keinen Nachbarschutz aus den Vorschriften des Bauplanungsrechts geltend machen.[432] Bei der Erteilung einer Befreiung nach § 31 II BauGB von einer nicht nachbarschützenden Festsetzung eines Bebauungsplans habe der Nachbar über den Anspruch auf „Würdigung nachbarlicher Interessen" hinaus keinen Anspruch auf eine ermessenfehlerfreie Entscheidung der Baugenehmigungsbehörde.[433]

---

[427] VGH München Beschl. v. 20.3.2024 – 1 CS 24.4, juris Rn. 8; Beschl. v. 2.11.2022 – 15 CS 22.2024, juris Rn. 14.

[428] BVerwG Beschl. v. 10.10.2017 – 7 B 4.17, juris zur Erforderlichkeit einer Rechtsverletzung für erfolgreiche Anfechtungsklage gegen wasserrechtliche Bewilligung.

[429] BVerwG NVwZ 2018, 181.

[430] Zur Bedeutung des Art. 14 GG im Nachbarrecht und zur Tragweite des Rücksichtnahmegebots, BVerwG NVwZ-RR 1997, 516.

[431] BVerwGE 105, 178; zum Mieter als verfassungsrechtlichen Eigentümer BVerfGE 83, 201; BVerfGE 89, 1; Stüer/Hermanns DVBl. 1999, 513.

[432] BVerwG NVwZ 1998, 965.

[433] BVerwG DVBl. 1998, 1301.

3. Erfordernis einer tatsächlichen Beeinträchtigung

Ob und inwieweit neben der Missachtung der nachbarschützenden Norm eine tatsächliche Beeinträchtigung Voraussetzung für einen nachbarlichen Abwehranspruch ist, lässt sich nicht allgemeingültig formulieren und bedarf insoweit einer Differenzierung.[434] Eine einheitliche Vorgabe, dass durch eine unter Verstoß gegen nachbarschützende Vorschriften erteilte Baugenehmigung in seinen Rechten nur verletzt ist, wer durch den Rechtsverstoß auch tatsächlich spürbar beeinträchtigt ist, gibt es nicht. Grundsätzlich reicht es aus, dass für den Erfolg einer Nachbarklage die Verletzung einer nachbarschützenden Regelung ausreicht, ohne dass es auf eine tatsächliche Betroffenheit ankommt.[435] Nachbarklagen, die sich gegen Bagatellverletzungen wenden, können ggfls. mangels Rechtsschutzbedürfnisunzulässig sein.[436] Bei einzelnen, nachbarschützenden Bestimmungen kann allerdings eine tatsächliche, spürbare Beeinträchtigung des Nachbarn für ein nachbarliche Abwehrrecht vorausgesetzt sein. Für die Beurteilung der Rechtmäßigkeit einer Baugenehmigung im Hinblick auf die Einhaltung der Abstandsflächen soll es allerdings nicht darauf an, ob der festgestellte Verstoß geringfügig ist und sich eine entsprechende Bauausführung innerhalb der Maßtoleranzen bei Bauwerken bewegen würde.[437] Auch der Gebietswahrungsanspruch setzt keine tatsächlich spürbare Beeinträchtigung voraus.[438] 8657

4. Nachbarschützende Vorschriften

Nachbarschützende Vorschriften enthält sowohl das Bauplanungsrecht als auch das Bauordnungsrecht. Auch aus dem Immissionsschutzrecht, dem materiellen Verfassungsrecht, dem Verfahrensrecht oder Zusicherungen können sich nachbarschützende Vorschriften ergeben. Allerdings ist nicht jede Norm des materiellen öffentlichen Baurechts potenziell nachbarschützend.[439] Der Nachbarschutz muss in der Vorschrift vielmehr ausdrücklich angelegt sein. Auf der anderen Seite sind die zuständigen Behörden nicht auf die vom Nachbarn geltend gemachten oder in seine Rügebefugnis fallenden Einwendungen beschränkt. Vielmehr ist sie im Rahmen ihres Aufgabenbereichs zu einer weiterreichenden Prüfung verpflichtet.[440] 8658

5. Nachbarschützende Vorschriften des Bauplanungsrechts

Einen Schwerpunkt des öffentlich-rechtlichen Nachbarschutzes bildet das Bauplanungsrecht. Hier können sowohl die Festsetzungen des Bebauungsplans als auch die planungsrechtlichen Zulässigkeitsvoraussetzungen im nicht beplanten Innenbereich (§ 34 BauGB) und im Außenbereich (§ 35 BauGB) dem Nachbarn Rechtsschutzmöglichkeiten eröffnen. 8659

a) Festsetzungen des Bebauungsplans. Die Festsetzungen des Bebauungsplans gewähren Nachbarrechte, wenn sie darauf angelegt sind, zugleich auch den Nachbarinteressen zu dienen. Ein Bauvorhaben verstößt grundsätzlich nicht gegen das Gebot der Rücksichtnahme, wenn es die Festsetzungen des Bebauungsplans im Einklang mit dessen Zielsetzung ausnutzt. Schutz vor Belästigungen und Störungen des Nachbarn durch ein Bauvorhaben bietet das Bauplanungsrecht insbesondere durch die Regeln der §§ 31 und 34 BauGB sowie des § 15 BauNVO; diese bestimmen Umfang und Grenzen des Nachbarschutzes umfassend.[441] Die im Geltungsbereich des Bebauungsplans zusammengefassten Grundstücke bilden eine bau- und bodenrechtliche Schicksalsgemeinschaft, die nicht nur dem Grundstückseigentümer Rechte gewährt, sondern 8660

---

434 Hoppenberg/Paar/Schäfer in Hoppenberg/de Witt, Handbuch des öffentlichen Baurechts, Werkstand 2023, Rn. 139.

435 BVerwG NVwZ 1985, 39; VGH Mannheim NVwZ 1989, 977; NJW 1989, 2280; OVG Münster BRS 44 Nr. 161; BauR 1992, 64.

436 Hoppenberg/Paar/Schäfer in Hoppenberg/de Witt, Handbuch des öffentlichen Baurechts, Werkstand 2023, Rn. 139.

437 VGH München Beschl. v. 20.3.2024 – 15 ZB 24.47, juris Rn. 10; VGH München Beschl. v. 17.4.2020 – 15 ZB 19.2388, juris Rn. 17.

438 OVG Münster Beschl. v. 27.6.2023 – 10 B 478/23, juris Rn. 10; BVerwG BRS 81 Nr. 182 = juris Rn. 4 f.; BRS 78 Nr. 181 = juris Rn. 5 a. E. sowie OVG NRW Beschl. vom 7.4.2016 - 2 B 1261/15, juris Rn. 10 f.

439 BVerwG BauR 1983, 560 gegen OVG Münster NVwZ 1983, 414.

440 OVG Saarlouis Beschl. v. 3.1.2008 – 2 A 182/07, juris.

441 OVG Hamburg BauR 2007, 1005.

auch den Nachbarn rechtlich begünstigen kann. Nachbarrechte können insbesondere dann bestehen, wenn die Festsetzungen ein Austauschverhältnis in Form einer **Vorteils- und Opfergemeinschaft** begründen. Dabei kann auch der Begründung des Bebauungsplans eine Bedeutung zukommen.

8661 Der von einem Bauvorhaben betroffene Nachbar wird allerdings nicht dadurch in seinen Rechten verletzt, dass die Gemeinde von der objektiv-rechtlich gebotenen Aufstellung eines Bebauungsplans abgesehen hat.[442] Denn die objektiv-rechtliche Pflicht der Gemeinde, einen Bebauungsplan aufzustellen, sobald und soweit es erforderlich ist, ist nicht nachbarschützend. Auch die Vorschriften über die Öffentlichkeits- und Behördenbeteiligung dienen nicht dem Schutz individueller Nachbarrechte.[443]

8662 Städtebauliche Bedeutung kann grundsätzlich jeder Gesichtspunkt erhalten, sobald er die Bodennutzung betrifft oder sich auf diese auswirkt; das ist insbesondere dann der Fall, wenn vorhandene oder durch eine Planung entstehende Probleme oder Konflikte dadurch bewältigt werden sollen, dass für Grundstücke bestimmte Nutzungen zugewiesen, eingeschränkt oder untersagt werden oder dass eine räumliche Zuordnung oder Trennung von Nutzungen erfolgt. Handelt es sich um Auswirkungen, die nicht auf die Verwirklichung des Vorhabens selbst, sondern auf das Fehlverhalten von Bewohnern einer Einrichtung zurückzuführen sind, haben diese Auswirkungen allerdings nur dann bodenrechtliche Relevanz, wenn das Fehlverhalten dem Vorhaben zuzurechnen ist, etwa weil sich die Bewohner einer solchen Einrichtung üblicherweise in dieser Weise verhalten. Hierfür bedarf es belastbarer Anhaltspunkte; die bloße Möglichkeit, dass die Bewohner einer Einrichtung zu einem bestimmten Fehlverhalten neigen könnten, genügt für die Zurechnung nicht. Denn **individuelles Fehlverhalten** ist städtebaulich nicht relevant; ihm ist mit den Mitteln des Polizei- und Ordnungsrechts zu begegnen.[444]

8663 Festsetzungen über die **Art der baulichen Nutzung** sind regelmäßig nachbarschützend. Nachbarn in einem Baugebiet sind daher befugt, die Wahrung der Art des Baugebietes sicherzustellen. Vorhaben, die dem im Bebauungsplan festgelegten Baugebiet widersprechen, können daher von den Nachbarn dann durch Nachbarklage erfolgreich angefochten werden, wenn sie durch die Abweichung tatsächlich beeinträchtigt werden oder zu erwarten ist, dass das Baugebiet „umkippt"[445] und der Bebauungsplan daher funktionslos wird. Unter diesen Voraussetzungen kann auch ein **grenzüberschreitender Nachbarschutz** erfolgreich sein. Auch Vorhaben, die den Festsetzungen des Bebauungsplans entsprechen, können unzulässig sein, wenn sie gegen das **Gebot der nachbarlichen Rücksichtnahme** verstoßen (§ 15 I 2 BauGB). In derartigen Fällen kann der hierdurch betroffene Nachbar erfolgreich Rechtsschutz gegen die Baugenehmigung suchen, wenn die Baugenehmigung seine nachbarlichen Belange verletzt. Allerdings müssen die Festsetzungen des Bebauungsplans den Nachbarschutz ausdrücklich bezwecken.

Beispiel: Schließt ein Bebauungsplan im Kerngebiet nach § 1 V BauNVO Vergnügungsstätten teilweise aus, kommt der Festsetzung nur dann Nachbarschutz zu, wenn die Gemeinde dies ausdrücklich bezweckt.[446]

8664 Festsetzungen über das **Maß der baulichen Nutzung** sind demgegenüber grundsätzlich nicht nachbarschützend. Denn durch die Maßfestsetzungen wird das nachbarliche Austauschverhältnis nur mittelbar berührt. Allerdings können Abweichungen in den Maßvorschriften mit einer Verletzung der Abstandsvorschriften verbunden sein. Auch könnte sich aus einer Überschreitung des im Bebauungsplan festgesetzten Maßes der baulichen Nutzung ein Wandel des Gebietscharakters ableiten. In derartigen Fällen kann der Nachbarschutz über eine Verletzung des Gebotes der nachbarlichen Rücksichtnahme gegeben sein.

8665 **Festsetzungen über die Bauweise und die überbaubaren Grundstücksflächen** sind nur dann nachbarschützend, wenn der Bebauungsplan Nachbarrechtsschutz gewähren will. Die Festsetzung einer **geschlossenen Bauweise** erfolgt regelmäßig ausschließlich im öffentlichen Interesse. Die Festsetzung der **offenen Bauweise** kann demgegenüber nachbarschützend sein,

---

[442] BVerwG Beschl. v. 16.12.1992 – 4 B 202.92 – Buchholz 406. 11 § 3 BauGB Nr. 4.

[443] BVerwG DÖV 1982, 941.

[444] BVerwG ZfBR 2012, 258 = BauR 2012, 621, Gatz, jurisPR-BVerwG 3/2012 Anm. 4: Zusammentreffen psychisch kranker und geistig behinderter Menschen in einem kleinen, dörflichen Ortsteil als städtebaulich relevanter Bezug; BVerwG, 29.5.1989 – 4 B 26.89 –.

[445] BVerwG NVwZ 2000, 679.

[446] OVG Lüneburg DÖV 2009, 466.

weil der Nachbar hierdurch einen der Abstandsflächenregelung des Bauordnungsrechts der Länder vergleichbaren Schutz erhält. Auch die Festsetzung einer **überbaubaren Grundstücksfläche** nach § 9 I Nr. 2 BauGB kann nachbarschützend sein, wenn sie wie Abstandsflächenregelungen den Schutz der Nachbarn bezweckt. Dient sie ausschließlich öffentlichen Interessen, ist der Nachbarschutz bei der Festsetzung von überbaubaren Grundstücksflächen nicht gegeben. Die Berufung auf Nachbarrechte kann wegen der Nichteinhaltung eigener Abstandsflächen allerdings rechtsmissbräuchlich sein.[447]

Festsetzungen zum Schutz vor schädlichen Umwelteinwirkungen nach § 9 I Nr. 24 8666
BauGB gelten als besondere Ausprägung des Gebotes der nachbarlichen Rücksichtnahme und können daher für Nachbarn, zu deren Schutz sie erlassen sind, nachbarschützende Wirkungen entfalten. Regelungen des vorbeugenden Hochwasserschutzes nach dem WHG sind allerdings nicht nachbarschützend.[448]

b) Ausnahmen und Befreiungen. Auch Ausnahmen und Befreiungen nach § 31 I und II 8667
BauGB können einen Nachbarschutz hervorrufen. Allerdings bewirken Ausnahmeregelungen in § 31 I BauGB nur dann einen Nachbarschutz, wenn durch die Baugenehmigung spezielle nachbarliche Belange betroffen sind. Im Übrigen ergibt sich aus den Ausnahmeregelungen in § 31 I BauGB kein Nachbarschutz. Im Gegensatz dazu enthalten die Befreiungsvorschriften des § 31 II BauGB regelmäßig nachbarschützende Elemente. Denn eine Abweichung von den Festsetzungen des Bebauungsplans ist nach § 31 II BauGB nur unter Würdigung der nachbarlichen Interessen zulässig. Soweit daher nachbarschützende Belange zu berücksichtigen sind, hat § 31 II BauGB nachbarschützenden Charakter. Das gilt selbst dann, wenn von einer an sich nicht nachbarschützenden Festsetzung abgewichen werden soll, die Festsetzung aber bei einer Gesamtbewertung erkennbar auch dem nachbarlichen Interessenausgleich dient und der jeweilige Nachbar in diesen Schutzbereich einbezogen ist.

c) Unbeplanter Innenbereich. Im nicht beplanten Innenbereich nach § 34 BauGB ist 8668
Nachbarschutz (nur) über das Gebot der nachbarlichen Rücksichtnahme gewahrt wird, das in dem Gebot des Sicheinfügens enthalten ist. Nach § 34 I BauGB ist ein Vorhaben zulässig, wenn es sich nach Art und Maß, Bauweise und überbaubarer Grundstücksfläche in die Eigenart der näheren Umgebung einfügt und die Erschließung gesichert ist. Ein Vorhaben fügt sich ein, wenn es den aus der Umgebung hervorgehenden Rahmen einhält und das **Gebot der nachbarlichen Rücksichtnahme** eingehalten ist. Wird der aus der Umgebung hervorgehende Rahmen überschritten, so fügt sich ein Vorhaben gleichwohl ein, wenn bodenrechtlich relevante Spannungen nicht begründet oder erhöht werden und das Gebot der nachbarlichen Rücksichtnahme eingehalten ist. Die Verletzung des Gebotes der nachbarlichen Rücksichtnahme kann daher einen subjektiven Rechtsschutz des Nachbarn begründen. Dabei ist zwischen **objektiven** und **subjektiven Elementen des Rücksichtnahmegebotes** zu unterscheiden. Nur soweit subjektive Elemente des Rücksichtnahmegebotes verletzt sind, kommt ein Nachbarschutz in Betracht. Ist der aus der Umgebung hervorgehende Rahmen einheitlich, bestimmt sich die planungsrechtliche Zulässigkeit von Innenbereichsvorhaben der Art nach gemäß den Zulässigkeiten in den jeweiligen Baugebieten der BauNVO (§ 34 II BauGB). Wird gegen die Genehmigungsvoraussetzungen der BauNVO verstoßen, kommt ein baurechtlicher Nachbarschutz in Betracht, wenn das Gebiet „umzukippen" droht oder der Nachbar durch die erteilte Genehmigung in seinen eigenen Belangen tatsächlich spürbar beeinträchtigt wird.

d) Außenbereich. Im Außenbereich nach § 35 BauGB kann sich der Nachbarschutz eben- 8669
falls ausschließlich aus dem Gebot der **nachbarlichen Rücksichtnahme** ergeben. Das Rücksichtnahmegebot gilt dabei sowohl für **privilegierte Vorhaben** nach § 35 I BauGB als auch für **nicht privilegierte Vorhaben** nach § 35 II BauGB oder **teilprivilegierte Vorhaben** nach § 35 IV BauGB. Es ist jeweils Bestandteil der öffentlichen Belange, die privilegierten Vorhaben nach § 35 I BauGB nicht entgegenstehen dürfen und bei nicht privilegierten Vorhaben nach § 35 II BauGB nicht beeinträchtigt werden dürfen. Der Nachbarschutz, der sich aus dem in § 35 III BauGB verankerten Rücksichtnahmegebot ergibt, setzt allerdings eine schutzwürdige Position des Nachbarn gegenüber dem Vorhaben voraus. Denn Rücksicht zu nehmen ist nur auf solche Interessen des Nachbarn, die wehrfähig sind, weil sie nach der gesetzgeberischen

---

447 OVG Berlin-Brandenburg Beschl. v. 1.9.2011 – OVG 2 S 65.11 – Abstandsflächenverstoß.

448 OVG Bautzen NVwZ-RR 2011, 937 – vorbeugender Hochwasserschutz. Zu nachbarrechtlichen Abwehrmöglichkeiten gegen einen Omnibusbetrieb am Ende der (diffusen) Bebauung einer in den Außenbereich hineinführenden Straße OVG Lüneburg DVBl. 2011, 565.

Wertung, die im materiellen Recht ihren Niederschlag gefunden hat, schützenswert sind. Werden in diesem Sinn schutzwürdige Interessen des Nachbarn nicht beeinträchtigt, greift das Rücksichtnahmegebot nicht. Dabei kommt es nicht darauf an, ob die vom Nachbarn angefochtene Baugenehmigung – objektiv-rechtlich – rechtswidrig ist. Die Funktion einer allgemein nachbarschützenden Norm kommt § 35 III BauGB daher nicht zu.[449]

Beispiel: Ein „Stadion am Meer", in dem während der Sommermonate Sportwettbewerbe und Musikveranstaltungen durchgeführt werden, kann durch geeignete Regelungen der Baugenehmigung in einem Maße zur Rücksichtnahme verpflichtet sein, dass es nachbarrechtlich unbedenklich ist. Ein Sondergebiet „Fremdenbeherbergung und Camping" hat nur den Schutzanspruch eines allgemeinen Wohngebiets.[450]

8670 **e) Innenverhältnis der Wohnungseigentümer.** Im Innenverhältnis der Wohnungseigentümer ist der Nachbarrechtsschutz eingeschränkt.[451] So fehlt dem einzelnen Wohnungseigentümer die Klagebefugnis für eine Anfechtungsklage gegen eine der Wohnungseigentümergemeinschaft erteilte Baugenehmigung, mit der bauliche Maßnahmen am gemeinschaftlichen Eigentum gestattet werden. Eine solche Genehmigung ergeht unbeschadet der Rechte des Sondereigentümers und kann ihm gegenüber keine öffentlich-rechtlichen Wirkungen entfalten.[452] Auch für eine öffentlich-rechtliche Nachbarklage des Sondereigentümers, mit der dieser sich gegen die Art der Nutzung der im Sondereigentum eines anderen Miteigentümers derselben Eigentümergemeinschaft stehenden Wohnung wendet, fehlt regelmäßig die Klagebefugnis.[453] Für eine öffentlich-rechtliche Nachbarklage gegen eine Baugenehmigung, mit der bauliche Maßnahmen an Teilen des Gebäudes einer Wohnanlage, die im gemeinschaftlichen Eigentum der Wohnungseigentümer stehen, gestattet werden, fehlt dem einzelnen Wohnungseigentümer auch dann die Klagebefugnis, wenn die Genehmigung einem anderen Wohnungseigentümer oder einem der Wohnungseigentümergemeinschaft nicht angehörenden Dritten erteilt worden ist.[454] Verursacht ein Wohnungseigentümer erhebliche Nachteile iSd § 14 Nr. 1 WoEigG, kann er oder ein Dritter, der das Sondereigentum störend nutzt, von jedem Wohnungseigentümer nach § 15 III WoEigG oder § 1004 BGB auf Unterlassung in Anspruch genommen werden. Dabei sind allerdings die jeweiligen grundrechtlichen Rechtspositionen abzuwägen.[455] Eine Wohnungseigentümergemeinschaft ist prozessführungsbefugt für die Geltendmachung subjektiv-öffentlicher Nachbarrechte gegenüber einem **Planfeststellungsbeschluss**, wenn ihr diese Rechte durch Beschluss der Eigentümer zur Ausübung übertragen wurden.[456]

8671 **f) Umweltprüfung.** Vorschriften über das Erfordernis einer Umweltprüfung begründen nach dem Verständnis der deutschen Gerichte kein nachbarliches Abwehrrecht. Ein Abwehrrecht des Nachbarn gegenüber einer im Außenbereich gelegenen, baurechtlich genehmigten Windenergieanlage ist regelmäßig nur gegeben, wenn ihre Errichtung oder ihr Betrieb gegen das in § 35 III 1 Nr. 3 BauGB verankerte Gebot der Rücksichtnahme oder gegen die Schutzvorschrift des § 5 I Nr. 1 BImSchG verstößt.[457]

8672 **g) Nachbarschützende Vorschriften des Bauordnungsrechts.** Auch aus dem Bauordnungsrecht kann sich Nachbarschutz entwickeln. Dies gilt zunächst für die bauordnungsrechtliche Generalklausel zur Gefahrenabwehr in den Landesbauordnungen. Die Regelungen sind zwar in erster Linie auf die Abwehr von Gefahren für die öffentliche Sicherheit oder Ordnung gerichtet und dienen damit primär dem Wohl der Allgemeinheit. Zugleich werden aber auch Rechtsgüter des einzelnen geschützt. Nachbarschützend sind diese Vorschriften aber nur dann, wenn erhebliche Beeinträchtigungen wichtiger Rechtsgüter wie etwa Leben, körperliche Unversehrtheit und unter Umständen auch das Eigentum betroffen sind und diese Gefahren nur durch behördliches Einschreiten beseitigt werden können.

[449] BVerwG Beschl. v. 3.4.1995 – 4 B 47.95 – Buchholz 406.19 Nachbarschutz Nr. 126 – Außenbereich.
[450] OVG Lüneburg NdsVBl 2009, 234.
[451] BVerfG NVwZ 2005, 801; BGHZ 116, 392.
[452] BVerwG NVwZ 1989, 49.
[453] BVerwG DVBl. 1988, 851; NVwZ 1989, 250.
[454] BVerwG NVwZ 1990, 655. Zur fehlenden Rechtsverletzung durch die einem Miteigentümer erteilte Teilungsgenehmigung BVerwG ZfBR 1989, 42.
[455] BVerfG NJW 2010, 220, Hutsch NJ 2010, 246, Wolf-Dietrich Deckert NZM 2011, 648, Scheuer ZMR 2010, 209, Reichert ZWE 2009, 436.
[456] BVerwG NVwZ 2019, 1597; Schenk NVwZ 2019, 1804; BVerwG LKV 2002, 275.
[457] VGH Mannheim NVwZ-RR 2004, 408.

Auch **allgemein anerkannte Regeln der Technik** können nachbarschützenden Charakter haben, wenn sie durch entsprechende nachbarschützende Vorschriften unterlegt sind. Eine besondere Bedeutung für den Nachbarschutz haben Vorschriften über die **Abstandsflächen**. Die Abstandsvorschriften gewähren wegen ihrer ausgleichenden Funktion im nachbarlichen Gemeinschaftsverhältnis Nachbarschutz. Der Nachbar kann daher auf Einhaltung der gesetzlich vorgesehenen Abstandsflächen und Grenzabstände seitlich zu seinem Grundstück hin oder gegenüber der vorderen Grundstücksseite hinwirken. Auf eine Verletzung der Abstandsvorschriften kann sich der Nachbar jedoch in dem Umfang nicht berufen, wie auf seinem Grundstück bereits ein Gebäude steht, das über keinen ausreichenden Grenzabstand verfügt. 8673

Gestalterische Vorschriften sind nur nachbarschützend, wenn der Nachbar durch das verunstaltend wirkende Bauvorhaben besonders hart betroffen ist. Vorschriften über den Brandschutz[458] vermitteln Nachbarschutz, soweit sie Anforderungen zur Verhinderung des Ausbreitens von Feuer auf angrenzende Grundstücke enthalten und diese Regelungen auch und gerade den Nachbarn schützen sollen. Auch Vorschriften über einzelne Bauwerksteile wie Brandwände, Dächer oder Rauchkamine können daher nachbarschützenden Charakter haben. Allerdings können nach der normativen Wertung, die § 4 I der 1. BImSchV zu Grunde liegt, **offene Kamine** unter den dort genannten Voraussetzungen grundsätzlich betrieben werden, ohne dass Grund zu der Befürchtung besteht, die Nachbarschaft werde hierdurch unzumutbaren Beeinträchtigungen ausgesetzt. Sind die Nrn. 2.3 und 2.5 der TA Luft weder unmittelbar noch auch nur sinngemäß einschlägig, so unterliegt einer Einzelfallbeurteilung, ob gleichwohl schädliche Umwelteinwirkungen hervorgerufen werden können. Ggf. ist durch Sachverständigengutachten darüber Beweis zu erheben.[459] 8674

Sofern durch mangelhafte, einschlägigen technischen Normen zuwiderlaufende **Bauarbeiten** öffentlich-rechtliche Vorschriften verletzt werden, hat dies ebenso wenig wie eine von der Genehmigung abweichende Bauausführung Auswirkungen auf die Rechtmäßigkeit einer erteilten Genehmigung. Im Falle des Vorliegens einer geprüften und genehmigten **Statik** für ein Bauvorhaben bedarf es ausdrücklicher und konkreter Hinweise auf Mängel der statischen Berechnung, um die Rechtmäßigkeit der Baugenehmigung unter dem Aspekt einer Gefährdung der Standsicherheit von Nachbargebäuden bzw. der Tragfähigkeit des Baugrundes eines Nachbargrundstückes in Frage zu stellen. Die Anforderungen an eine **gesicherte Erschließung** bestehen regelmäßig allein im öffentlichen Interesse und dienen nicht dem individuellen Nachbarschutz. Nachbarn können sich daher ohne eine sie eigentumsrechtlich unmittelbar belastende Wirkung der angefochtenen Baugenehmigung nicht auf ein etwaiges Fehlen der gesicherten Erschließung berufen.[460] Die **Brandschutzanforderungen** sind insoweit nachbarschützend, als sie die Ausbreitung von Feuer über die Grundstücksgrenzen hinaus auf die Nachbargrundstücke verhindern sollen. Auch die durch die Baugenehmigung zwingend vorgegebene Inanspruchnahme des Nachbargrundstücks durch die Feuerwehr infolge einer den Brandschutzanforderungen nicht genügenden Zugänglichkeit des Vorhabengrundstücks kann Nachbarrechte begründen.[461] Eine Baugenehmigung ist rechtswidrig und verletzt den Nachbarn in seinen Rechten, wenn die genehmigten **Bauvorlagen** hinsichtlich nachbarrechtsrelevanter Baumaßnahmen unbestimmt oder in sich widersprüchlich sind und infolgedessen bei der Ausführung des Vorhabens eine Verletzung nachbarschützender Rechte nicht auszuschließen ist.[462] Ein Verstoß gegen die Anforderungen an die Bauvorlagen kann allerdings nur dann zum Erfolg einer Nachbarklage führen, wenn aufgrund dessen die Baugenehmigung, etwa wegen fehlender Bestimmtheit, auch materiell rechtswidrig wird und insofern Rechte des Nachbarn verletzt. Bauvorlagen können auch noch im Lauf des Widerspruchsverfahrens nachgereicht oder vervollständigt werden.[463] Der Nachbarschutz ist dabei regelmäßig von dem **Umfang der Beeinträchtigungen** und der **selbst geübten Rücksichtnahme** abhängig. 8675

---

458 Zum Brandschutz und Bestandsschutz Walther/Schäfer DWW 2006, 357.
459 BVerwG NVwZ-RR 2000, 90.
460 BVerwG Beschl. v. 28.7.2010 – 4 B 19.10, juris.
461 OVG Saarlouis Urt. v. 26.1.2006 – 2 R 9/05, juris.
462 OVG Hamburg NordÖR 2008, 533.
463 OVG Magdeburg Urt. v. 12.7.2007– 2 L 176/02, juris.

Beispiel: Die Blendwirkung eines das **Sonnenlicht** reflektierenden Ziegeldachs auf den Außenwohnbereich eines Nachbarn kann im Einzelfall rücksichtslos sein und einen auf Umdeckung des Dachs gerichteten Anspruch auf baubehördliches Einschreiten begründen,[464] wenn der Nachbar nicht in der Lage ist, sich dagegen durch eine zumutbare Maßnahmen zu schützen. Kamine müssen unter Einhaltung der technischen Anforderungen betrieben werden.[465] Das gilt auch etwa für eine Pelletieranlage oder eine Anlage zur Hackschnitzelvermahlung[466] Hat der Nachbar auf seinem Grundstück bereits eine **Terrassenüberdachung** errichtet, die die **Abstandfläche** nicht einhält, ist er nach Treu und Glauben gehindert, ein Abwehrrecht gegen eine Terrassenüberdachung geltend zu machen, die in vergleichbarer Weise die Abstandflächenvorschriften verletzt.[467] Aus Art. 14 I GG folgt nicht, dass sich aus einem objektiv-rechtlichen Verstoß gegen **Landesdenkmalrecht** gleichsam automatisch eine Verletzung des subjektiven Rechts eines Denkmaleigentümers ergibt. Ob der denkmalrechtliche Drittschutz zugunsten des Eigentümers eines Kulturdenkmals auf das grundrechtlich gebotene Mindestmaß beschränkt ist oder darüber hinausgeht, wird im Landesrecht geregelt.[468]

8676 **h) Nachbarschützende Vorschriften des Immissionsschutzrechts.** Auch aus immissionsschutzrechtlichen Vorschriften, welche die Nachbarschaft vor gesundheitlichen Gefahren und Nachteilen schützen sollen, kann sich Nachbarschutz ergeben. Es muss aber eine konkrete eigene Betroffenheit bestehen. Wer sich nur gelegentlich an einem Ort aufhält, an dem er sich schädlichen Umwelteinwirkungen und sonstigen, durch eine genehmigungsbedürftige Anlage hervorgerufenen Gefahren iS von § 5 I Nr. 1 BImSchG ausgesetzt glaubt, gehört nicht zur Nachbarschaft iS von § 5 I Nr. 1 BImSchG. Enthalten die offen gelegten Genehmigungsunterlagen entgegen § 10 I, III BImSchG keine Angaben über die von der Anlage ausgehenden Gefahren und die dagegen vorgesehenen Maßnahmen und kann aus diesem Grunde ein Kläger nicht ausreichend beurteilen, ob er von den Auswirkungen der Anlage betroffen sein kann, so sind entsprechend geringe Anforderungen an die Darlegung seiner Klagebefugnis zu stellen.[469]

8677 Die Vorschrift des BImSchG findet auch bei Drittanfechtungsklagen Anwendung, die gegen eine nach § 16 GewO erteilte Genehmigung gerichtet ist.[470] Dabei prägen die immissionsschutzrechtlichen Regelungen den Nachbarschutz. Immissionen, die das nach § 5 I Nr. 1 BImSchG zulässige Maß nicht überschreiten, begründen weder einen schweren und unerträglichen Eingriff in das Eigentum[471] noch eine Verletzung des baurechtlichen Rücksichtnahmegebotes.[472] Ein Drittbetroffener kann die Durchführung eines vereinfachten Verfahrens nach § 19 BImSchG statt des förmlichen Verfahrens nach § 10 BImSchG grundsätzlich nicht als Verletzung eigener Rechte geltend machen.[473] Das Bebauungsrecht vermittelt gegen schädliche Umwelteinwirkungen iS des § 3 I BImSchG keinen andersartigen oder weitergehenden Nachbarschutz als § 5 I Nr. 1 BImSchG. Immissionen, die iS des § 5 I Nr. 1 BImSchG für die Nachbarschaft zumutbar sind, können auch kein gegen Art. 14 I GG verstoßender schwerer und unerträglicher Eingriff[474] sein. Denn das BImSchG ist zulässige Inhaltsbestimmung des Eigentums in Bezug auf das, was dem Eigentümer als dem Nachbarn einer emittierenden Anlage an Immissionen zumutbar ist. Das Gebot der Rücksichtnahme ist eine (einfach-rechtliche) Schranke noch vor der Schranke des Art. 14 GG. Die Behörde ist gehalten, in der Baugenehmigung durch geeignete Auflagen sicherzustellen, dass erhebliche Immissionen nicht entstehen, insbesondere auch die Richtwerte nach der TA Lärm eingehalten werden. Erforderlich ist dazu eine (regelmäßig gutachterliche) Erkenntnislage, wonach die entsprechenden Richtwerte bei üblichen Betriebsabläufen voraussichtlich eingehalten werden.[475]

---

464 VGH München Beschl. v. 26.8.2008 – 2 ZB 08.1299, juris.

465 VGH Mannheim NVwZ-RR 2008, 162.

466 VGH München Beschl. v. 5.10.2007 – 26 CS 07.1422, 26 CS 07.1423, juris.

467 OVG Münster Beschl. v. 13.3.2009 – 10 A 1118/08, juris.

468 BVerwG BauR 2013, 1671.

469 BVerwG NJW 1983, 1507.

470 BVerwGE 65, 313.

471 BVerwG DÖV 1974, 812.

472 BVerwG NVwZ 1984, 509.

473 VGH Mannheim NVwZ-RR 2011, 355; OVG BauR 2010, 581.

474 BVerwG DVBl. 1974, 777.

475 OVG Bautzen BauR 2010, 949. Zum Gebietswahrungsanspruch VGH München Beschl. v. 7.7.2010 – 14 CS 10.816, juris.

Beispiel: Eine Nachbarklage gegen einen gem. § 34 BauGB planungsrechtlich unzulässigen **Getränkemarkt** kann wegen der von dem Vorhaben verursachten Lärmbelästigungen, zu denen auch durch den Betrieb ausgelöste zusätzliche Verkehrsgeräusche gehören, begründet sein. Ob die geltend gemachte Beeinträchtigung durch Geräusche die Zumutbarkeitsschwelle überschreitet, wird bei Anlagen iS des § 22 I BImSchG durch Richtwerte für Schallpegel nach der TA Lärm nicht abschließend bestimmt.[476] Nicht nachbarschützend sind die Vorschriften über die **Stellplatzpflicht**, da diese Regelungen der Sicherheit und Leichtigkeit des Verkehrs und nicht den Nachbarinteressen dienen. Eine **illegale Wohnnutzung** ist gegen unzumutbare Schallimmissionen nicht geschützt. Zu ihren Gunsten kann auch ein immissionsschutzrechtliches Einschreiten nicht verlangt werden.[477]

i) Nachbarschützende Vorschriften des Verfassungsrechts. Ob sich neben einfachrechtlichen Vorschriften der Nachbarrechtsschutz auch unmittelbar auf die Verfassung stützen lässt, hängt damit zusammen, in welchem Umfang die einfachrechtlichen Regelungen abschließenden Charakter haben. Wenn die Bestimmung von Inhalt und Schranken des Eigentums nach Art. 14 I 2 GG vornehmlich Aufgabe des einfachen Gesetzgebers ist, dann müssen seine Wertentscheidungen verfassungsrechtlich hingenommen werden, soweit sie ihrerseits einen sachgerechten Ausgleich zwischen der Privatnützigkeit und der Sozialgebundenheit des Eigentums beinhalten. Nach Auffassung des BVerwG ist dieser sachgerechte Ausgleich auch zwischen den betroffenen nachbarlichen Grundstücksinteressen für den Bereich des Bauplanungsrechts in den Vorschriften der §§ 30, 31, 33, 34 und 35 BauGB gewährleistet. Neben den darin enthaltenen nachbarschützenden Elementen ist daher ein unmittelbarer Rückgriff auf die Eigentumsgarantie zur Begründung von Nachbarrechten nicht möglich. Dieselben Überlegungen werden für das Bauordnungsrecht und das Immissionsschutzrecht gelten, solange der Gesetzgeber in seinen Vorschriften einen sachgerechten Ausgleich zwischen den nachbarlichen Interessen hergestellt hat. Auf Art. 2 I GG lässt sich eine Nachbarklage grundsätzlich nicht stützen. Die durch Art. 2 II GG geschützten höchstpersönlichen Rechtsgüter (Leben, Gesundheit) sind zwar im Prinzip nicht weniger als das in Art. 14 I GG geregelte Eigentum verfassungsrechtlich geschützt.[478] Der Inhalt und Umfang dieses Schutzes unterliegt jedoch im Rahmen verfassungsrechtlicher Wertentscheidungen der gesetzlichen Regelungsbefugnis.[479] 8678

j) Nachbarschützende Vorschriften des Verfahrensrechts. Eine mangelnde Beteiligung des Nachbarn am Baugenehmigungsverfahren reicht für sich allein nicht für einen Erfolg der Nachbarklage aus. Es muss vielmehr dargelegt werden, dass die Baugenehmigung unter Verstoß gegen nachbarschützende Vorschriften des materiellen Rechts ergangen ist. Allerdings können Verfahrensvorschriften der Sicherung nachbarlicher Interessen dienen und zu Rechtsschutzmöglichkeiten führen, wenn schützenswerte nachbarliche Belange infolge der Nichteinhaltung des Verfahrensrechts auf der Strecke geblieben sind. 8679

k) Nachbarschützende Zusicherungen. Nachbarschutz kann sich auch aus behördlichen Zusicherungen nach § 38 VwVfG entwickeln. Sichert die Behörde etwa dem Nachbarn zu, dem Bauherrn eine Baugenehmigung nicht zu erteilen, so kann diese behördliche Zusicherung nachbarschützenden Charakter haben. Sie bindet sodann das weitere Behördenhandeln, wenn sie nicht in einem eigenen Verwaltungsverfahren etwa durch Rücknahme oder Widerruf zulässigerweise beseitigt wird. So ist etwa eine dem Nachbarn von der Baugenehmigungsbehörde gegebene Zusage, dem Bauherrn nur eine mit dem objektiven, nicht nachbarschützenden Baurecht übereinstimmende Baugenehmigung zu erteilen, bei Beachtung der für die verwaltungsrechtliche Zusage allgemein geltenden Grundsätze rechtsverbindlich.[480] Erteilt die Baugenehmigungsbehörde eine Baugenehmigung unter Verletzung einer solchen Zusage, so kann der Nachbar dagegen nicht mit der Anfechtungsklage, sondern nur mit der auf Rücknahme der Baugenehmigung gerichteten Verpflichtungsklage vorgehen, wobei der Vertrauensschutz des Bauherrn zu beachten ist.[481] 8680

Zusicherungen sind auch im Bereich des **Fachplanungsrechts** möglich. Die bei der Auslegung behördlicher Erklärungen zugrunde zu legenden rechtlichen Maßstäbe hat das 8681

[476] BVerwG NVwZ 1989, 666; OVG Greifswald LKV 1999, 66.
[477] OVG Münster ZfBR 2008, 499.
[478] BVerwG NJW 1978, 554.
[479] BVerwG NJW 1975, 1373.
[480] Mündlich erteilte Auskünfte reichen demgegenüber nicht, OLG Koblenz OLGR Koblenz 1998, 240 = IBR 1998, 451.
[481] BVerwGE 49, 244.

BVerwG[482] zusammengefasst und konkretisiert: Ob eine behördliche Erklärung die Kriterien einer Zusicherung im Sinne des § 38 VwVfG erfüllt, ist entsprechend den zu §§ 133, 157 BGB entwickelten Maßstäben nach ihrem objektiven Erklärungswert zu beurteilen. Maßgebend ist, wie der Empfänger die Erklärung unter Berücksichtigung der ihm erkennbaren Umstände bei objektiver Würdigung verstehen muss. Zusicherungen sind durch ein spezifisches Abgrenzungsbedürfnis gegenüber nicht rechtsverbindlich gemeinten Erklärungen gekennzeichnet. Der Adressat der Erklärung muss – letztlich aus Gründen des rechtsstaatlichen Bestimmtheitsgebots – Klarheit darüber haben, ob sich die Behörde durch eine Zusicherung rechtswirksam binden will. Das gilt umso mehr, wenn die betreffende Erklärung auch als Begründung einer komplexen und politisch hoch umstrittenen Planfeststellungsentscheidung verstanden werden kann.[483]

8682 **l) Beweislast.** Leitet der Nachbar aus der Drittschutzwirkung des sowohl in § 34 BauGB als auch in § 35 BauGB enthaltenen Rücksichtnahmegebots Rechte für sich her, so trägt er die materielle Beweislast dafür, dass die Voraussetzungen hierfür gegeben sind.[484] Die Nichtaufklärbarkeit der seinen Abwehranspruch begründenden Tatsachen geht zu seinen Lasten. Denn die §§ 34 und 35 BauGB bieten für den typischen Fall der Nachbarklage, in dem sich bezogen auf den grundsätzlichen Interessengegensatz nicht so sehr der Nachbar und die Behörde, sondern der Nachbar und der Bauherr gegenüberstehen, keine Anhaltspunkte für eine abweichende Verteilung der Beweislast.[485]

IV. Rechtsschutz des Nachbarn gegen die Baugenehmigung

8683 Der Hauptanwendungsfall des Nachbarrechtsschutzes liegt im Bereich des Nachbarwiderspruchs und der Nachbarklage gegen eine dem Bauherrn erteilte Baugenehmigung. Der Nachbar begehrt in diesen Fällen regelmäßig die Aufhebung der Baugenehmigung. Der vorläufige Rechtsschutz richtet sich nach den §§ 80, 80 a, 80 b VwGO. Dabei ist zwischen Bau- und Fachplanungsrecht zu unterscheiden. Im Baurecht haben nach § 212 a I BauGB Widerspruch und Anfechtungsklage eines Dritten gegen die bauaufsichtliche Zulassung eines Vorhabens keine aufschiebende Wirkung. Anders als bei der bauaufsichtlichen Zulassung entfaltet im Fachplanungsrecht der Widerspruch oder die Klage grundsätzlich eine aufschiebende Wirkung. Allerdings sehen mehrere Fachplanungsgesetze vor, dass Widerspruch und Klage wie im Baurecht keine aufschiebende Wirkung haben. Ist die aufschiebende Wirkung gegeben, muss der Vorhabenträger grundsätzlich bis zur abschließenden Entscheidung über die nachbarlichen Einwendungen mit der Ausführung des Vorhabens warten. Die Behörde kann jedoch nach § 80 II 1 Nr. 4 VwGO die sofortige Vollziehung der erteilten Genehmigung anordnen. Hat der Widerspruch des Nachbarn wie etwa bei der bauaufsichtlichen Zulassung nach § 212 a I BauGB keine aufschiebende Wirkung, kann der Nachbar bei der Behörde die Aussetzung der Vollziehung beantragen (§ 80 a I Nr. 2 VwGO). Bleibt dies erfolglos, kommt ein gerichtlicher Eilantrag, die aufschiebende Wirkung des Widerspruchs anzuordnen bzw. wiederherzustellen, in Betracht (§ 80 V 1 VwGO). Besondere Gesichtspunkte sind in den Fällen eines faktischen Vollzuges zu berücksichtigen.[486]

1. Nachbarwiderspruch

8684 Wird dem Bauherrn eine Baugenehmigung erteilt, so kann der Nachbar nach Maßgabe des jeweiligen Landesrechts Widerspruch einlegen, über den die Widerspruchsbehörde entscheidet. Ist die Baugenehmigung dem Nachbarn mit Rechtsbehelfsbelehrung ordnungsgemäß zugestellt, sind der Widerspruch bzw. die Klage bei entsprechender Rechtsbehelfsbelehrung innerhalb einer **Frist** von einem Monat seit Zustellung zu erheben. Ist die Baugenehmigung dem Nachbarn nicht mit Rechtsmittelbelehrung zugestellt, so läuft grundsätzlich eine Jahresfrist ab Kenntnis von der Baugenehmigung. Wenn eine Baugenehmigung dem Nachbarn nicht bekanntgegeben worden ist, beginnt gemäß § 70 iVm § 58 VwGO auch die Frist zur Einlegung eines Widerspruchs nicht zu laufen. Auch in derartigen Fällen kann die Anfechtungsbefugnis

482 BVerwGE 142, 234 Rn. 39.
483 BVerwG Beschl. v. 20.12.2016 – 4 B 25.15, juris.
484 BVerwG Beschl. v. 28.7.1993 – 4 B 120.93, juris.
485 BVerwG NJW 1970, 263.
486 Zur Vielschichtigkeit der Regelungsmöglichkeiten einer Nachbarschaftsvereinbarung Hübner/Köpfler BauR 2008, 1406.

des Nachbarn aber nach den Grundsätzen von Treu und Glauben verwirkt sein; ob letzteres der Fall ist, hängt maßgebend von den Umständen des jeweiligen Einzelfalls ab.[487] Die in § 58 II 1 VwGO gezogene Grenze für die Einlegung eines Rechtsbehelfs binnen Jahresfrist bei unterbliebener Belehrung durch die Verwaltungsbehörde besteht unabhängig davon, ob ein Berechtigter von der Möglichkeit des Rechtsbefehls Kenntnis hatte. Der zu Grunde liegende Bescheid muss dem Nachbarn jedoch bekannt geworden sein. Dazu wird ausreichen, dass er etwa infolge des Beginns der Bauarbeiten auf die Erteilung einer Baugenehmigung schließen kann. Das **Rechtsschutzinteresse** eines Nachbarn für eine Anfechtungsklage gegen eine Baugenehmigung ist gegeben, wenn der Nachbar seine eigenen Rechte verfolgt. Ob er auch im Interesse Dritter handelt, ist ohne Belang.[488]

Die **Jahresfrist** kann sich nach **Treu und Glauben verkürzen**. Ein Nachbar, dem die 8685
Baugenehmigung zwar nicht zugestellt worden ist, der aber durch andere Umstände – etwa durch den Baubeginn – verlässliche Kenntnis von der Baugenehmigung erhalten hat, muss sich nach Treu und Glauben so behandeln lassen, als wenn ihm die Baugenehmigung von der Baugenehmigungsbehörde bekannt gemacht worden wäre. Ab dieser Kenntnis oder Kenntnismöglichkeit läuft eine angemessene Frist, innerhalb derer der Nachbar Widerspruch einlegen muss. Versäumt er diese Frist, wird die Baugenehmigung ihm gegenüber bestandskräftig. Ist die Baugenehmigung dem Nachbarn gegenüber etwa wegen Fristversäumung bestandskräftig, darf die Behörde dem Widerspruch selbst dann nicht stattgeben, wenn er offensichtlich begründet wäre. Denn die Behörden sind in ihren Aufhebungsmöglichkeiten im Widerspruchsverfahren an die Reichweite eines zulässigen und begründeten Widerspruchs gebunden.

Schon ein **Vorbescheid** kann nachbarrechtsrelevante Fragen abschließend entscheiden. 8686
Diese sind in einem nachfolgenden Verfahren, in dem die Baugenehmigung angefochten wird, nicht erneut zu prüfen. Der Nachbar darf sich daher nicht darauf beschränken, die Baugenehmigung anzugreifen, wenn nachbarrechtsrelevante Regelungen bereits im Vorbescheid getroffen worden sind.[489] Entscheidet die Widerspruchsbehörde nicht über den gegen einen positiven Bauvorbescheid eingelegten Nachbarwiderspruch, so kann der durch den Bauvorbescheid Begünstigte Verpflichtungsklage in Form der Untätigkeitsklage auf Zurückweisung des Widerspruchs erheben.[490]

Der Nachbarwiderspruch hat Erfolg, wenn die **Baugenehmigung rechtswidrig** ist und 8687
hierdurch **der Nachbar in seinen Rechten verletzt** ist (§§ 68, 113 I 1 VwGO).[491] Der Erfolg der Nachbarklage setzt im Bereich der bauplanungsrechtlichen Regelungen regelmäßig einen Verstoß gegen nachbarschützende Festsetzungen des Bebauungsplans oder eine Verletzung des Gebotes der nachbarlichen Rücksichtnahme voraus. Im Bauordnungsrecht kann sich vor allem aus einer Verletzung des Abstandsrechts aber auch aus der Nichtbeachtung anderer nachbarschützender Vorschriften ein Erfolg des Nachbarwiderspruchs ableiten.[492] Der Nachbar kann allerdings allein aus einer unrichtigen **verfahrensrechtlichen Behandlung** des Vorhabens keine subjektiven Abwehrrechte herleiten. Abwehransprüche setzen vielmehr die Feststellung eines Verstoßes gegen nachbarschützende Vorschriften voraus.[493]

2. Nachbarklage

Ist der Nachbarwiderspruch zurückgewiesen oder ein Widerspruchsverfahren nicht erforder- 8688
lich, besteht für den Nachbarn die Möglichkeit einer Klage zum Verwaltungsgericht. Die Nachbarklage ist nur insoweit begründet, wie eigene Rechte des Nachbarn durch die angefochtene Baugenehmigung verletzt werden. Auf die Rechtswidrigkeit der Baugenehmigung in anderen Bereichen kommt es dagegen im Nachbarklageverfahren nach der Schutznormtheorie nicht an.[494]

---

487 BVerwG Beschl. v. 16.3.2010 – 4 B 5.10, juris zum Beginn der Widerspruchsfrist eines Nachbarn.

488 OVG Münster Beschl. v. 27.10.2008 – 7 B 1368/08, juris zum (Teil-)Verzicht des Bauherrn.

489 OVG Lüneburg NuR 2006, 57.

490 VGH Kassel DVBl. 2009, 204.

491 Kersten Baurecht, in Schoch/Eifert, Besonderes Verwaltungsrecht, 2023, Kap. 3 Rn. 460; Battis Öffentliches Baurecht und Raumordnungsrecht, 2022, Rn. 640.

492 BVerwG Beschl. v. 24.9.1992 – 6 B 42.92, juris. Zur Zurückweisung eines Nachbarwiderspruchs trotz rechtswidriger Baugenehmigung Wettling KommJur 2005, 131.

493 OVG Saarlouis BauR 2009, 1938.

494 Zur Zurückweisung eines Nachbarwiderspruchs trotz rechtswidriger Baugenehmigung Wettling KommJur 2005, 131.

Die Klage ist bei Zustellung des Widerspruchsbescheides mit ordnungsgemäßer Rechtsmittelbelehrung innerhalb einer **Frist** von einem Monat ab Zustellung des Widerspruchsbescheides zu erheben. Enthält der Widerspruchsbescheid keine ordnungsgemäße Rechtsmittelbelehrung, läuft für die Klage nach § 58 II 1 VwGO eine Jahresfrist. Wird die Klagefrist versäumt, ist die Baugenehmigung dem Nachbarn gegenüber bestandskräftig. Gegenstand der Nachbarklage ist die Baugenehmigung in der Gestalt des Widerspruchsbescheides. In der Regel wird der Bauherr daher beantragen, die **Baugenehmigung** in der Gestalt des Widerspruchsbescheides **aufzuheben**. Will der Nachbar lediglich eine **Ergänzung der Baugenehmigung** um einzelne nach seiner Ansicht zu seinem Schutz erforderliche Auflagen erreichen, kommt eine Verpflichtungsklage mit dem Inhalt entsprechender **Schutzauflagen** in Betracht.[495] Der Anfechtungsantrag wandelt sich in diesen Fällen in einen Verpflichtungsantrag. Gibt der Bauherr eine **verbindliche Erklärung** ab, von der ihm erteilten Baugenehmigung nur in einer Weise Gebrauch zu machen, die eine Verletzung der Rechte des Nachbarn ausschließt, entfällt die Klagebefugnis des Nachbarn nach § 42 II VwGO.[496]

8689 Im verwaltungsgerichtlichen Verfahren ist der **Bauherr nach § 65 II VwGO notwendig beizuladen**,[497] weil eine Entscheidung auch ihm gegenüber nur einheitlich ergehen kann. Darüber hinaus ist im Wege der einfachen Beiladung nach § 65 I VwGO eine Beteiligung weiterer Nachbarn möglich, die sich ebenfalls mit Nachbarwidersprüchen gegen die Baugenehmigung gewandt haben. Nachbarn, die nicht rechtzeitig Widerspruch eingelegt oder Klage erhoben haben und denen gegenüber die Baugenehmigung bereits bestandskräftig ist, werden im Klageverfahren eines anderen Nachbarn nicht beigeladen. In einem Rechtsstreit, der auf bauaufsichtliches Einschreiten wegen der Verletzung einer nachbarschützenden baurechtlichen Vorschrift gerichtet ist, müssen auch nicht alle Miteigentümer des betroffenen Grundstücks beigeladen werden.[498]

8690 Maßgeblicher **Zeitpunkt** für die gerichtliche Entscheidung ist die Rechtslage im Zeitpunkt der letzten Verwaltungsentscheidung, also regelmäßig der Zeitpunkt der Widerspruchsentscheidung.[499] Dabei gilt zugunsten des Bauherrn und zu Lasten des Nachbarn der sog. **Meistbegünstigungsgrundsatz**.[500] Ändert sich die Rechtslage später zum Nachteil des Bauherrn, so ist diese Rechtsänderung unbeachtlich. Ändert sie sich bis zum Zeitpunkt der letzten mündlichen Verhandlung zugunsten des Bauherrn, so ist dieser Zeitpunkt zugrunde zu legen. Die Verschiebung des Zeitpunktes in solchen Fällen beruht auf dem Gedanken, dass der Bauherr bei einer Rechtsänderung zu seinen Gunsten einen neuen Antrag stellen könnte, der unter Anwendung der neuen Rechtslage zu genehmigen wäre. Dann entspricht es aber der verfassungsrechtlich gesicherten Eigentumsgarantie, auch im Nachbarklageverfahren auf diesen Zeitpunkt abzustellen. Ist die Baugenehmigung rechtswidrig und wird der Nachbar hierdurch in seinen Rechten verletzt, hebt das Verwaltungsgericht die Baugenehmigung auf (§ 113 I 1 VwGO).

8691 Bezieht sich die Rechtswidrigkeit und eigene Rechtsverletzung des Nachbarn nur auf einen **Teil der Baugenehmigung**, so stellt sich die Frage, ob der Fehler durch Nebenbestimmungen nach § 36 VwVfG repariert werden kann. Ist dies der Fall, wandelt sich ggf. der Anfechtungsanspruch in einen auf diese Nebenbestimmungen gerichteten Verpflichtungsanspruch.[501] Das Gericht würde dann die Baugenehmigungsbehörde verpflichten, die Baugenehmigung mit entsprechenden Nebenbestimmungen nach § 36 VwVfG zu versehen. Werden Rechte des Nachbarn lediglich durch einen Bestandteil des Bauvorhabens verletzt, der räumlich-gegenständlich klar abgegrenzt ist, und kann das (nachbarrechtskonform) genehmigte Vorhaben ohne größere Umplanungen auch dann sinnvoll genutzt werden, wenn dieser vollständig entfällt, kommt eine hierauf beschränkte Aufhebung der Baugenehmigung in Betracht.[502]

---

495 BVerwG DVBl. 1985, 896; NVwZ 1985, 108; BVerwGE 84, 31; NVwZ 1996, 896.

496 BVerwG Beschl. v. 11.1.2006 – 4 B 80.05 und 81.05, juris zur Erweiterung einer landwirtschaftlichen Hofstelle mit genehmigter Schweinehaltung.

497 Nicht aber auch der davon möglicherweise verschiedene Grundstückseigentümer BVerwG Beschl. v. 9.10.1991 – 4 B 137.91, juris.

498 BVerwG NVwZ-RR 1999, 147. Das Vollstreckungshindernis kann durch eine entsprechende Anordnung gegen die nicht beigeladenen Miteigentümer ausgeräumt werden.

499 Zum maßgeblichen Zeitpunkt für die Nachbaranfechtung einer Baugenehmigung bei Rechtsänderung VGH München Beschl. v. 6.11.2008 – 14 ZB 08.2326, juris.

500 BVerwG NVwZ 1998, 1179; BVerwGE 22, 129; OVG Magdeburg JMBl LSA 2006, 104.

501 BVerwG DVBl. 1985, 896; NVwZ 1985, 108; BVerwGE 84, 31; NVwZ 1996, 896.

502 OVG Hamburg Urt. v. 14.7.2008 – 2 Bf 277/03, juris.

Wenn von **zwei Nachbarn**, die als einfache Streitgenossen eine dem beigeladenen Bauherrn erteilte Baugenehmigung anfechten, der eine obsiegt und der andere unterliegt, kann sich der unterlegene Nachbar der Berufung des beigeladenen Bauherrn, die sich gegen den obsiegenden Nachbarn richtet, nicht im Wege der unselbstständigen Anschlussberufung anschließen.[503] Der Nachbar, der sich gegen ein Vorhaben zur Wehr setzt, hat keinen Anspruch darauf, dass bereits im Zeitpunkt der Erteilung einer die Baumaßnahme noch nicht freigebenden Baugenehmigung abschließend geklärt ist, ob er in seinen Rechten beeinträchtigt wird.[504] **8692**

Da ein immissionsschutzrechtlicher **Vorbescheid** eine abschließende Entscheidung über einen Ausschnitt eines geplanten Vorhabens trifft und die im Vorbescheid entschiedenen Fragen im späteren Genehmigungsabschnitt nicht mehr zur Überprüfung anstehen, muss ein Dritter bereits gegen den Vorbescheid vorgehen, soweit er dessen Inhalt angreifen will. Ist vor Bestandskraft des Vorbescheides bereits die Baugenehmigung erteilt worden, steht auf die Anfechtung der Baugenehmigung hin auch der Inhalt des noch nicht bestandskräftigen Vorbescheides auf seine Rechtmäßigkeit zur Prüfung an. Das weitere Schicksal der Bebauungsgenehmigung ist dann wegen der Zweitregelung ihres Inhalts in der Baugenehmigung für die Rechtsstellung des Dritten ohne Bedeutung. Das Verhältnis von immissionsschutzrechtlichem Vorbescheid zur immissionsschutzrechtlichen Genehmigung kann in dieser Hinsicht nicht grundlegend anders betrachtet werden als das Verhältnis der Bebauungsgenehmigung zur Baugenehmigung. Ein **Bauvorbescheid** kann sich nur dann gegen die Zurückstellung eines Bauantrags durchsetzen, wenn er im Zeitpunkt der Zurückstellung noch wirksam ist. Dies erfordert des Zeitraums der befristeten Geltung den Erlass eines Verlängerungsbescheides, allein die Antragstellung ist nicht ausreichend.[505] **8693**

Wird eine Baugenehmigung auf eine Nachbarklage durch rechtskräftiges Urteil aufgehoben, so hat dies in der Reichweite des personellen und sachlichen Umfangs der **Rechtskraft** eine Bindungswirkung. Aus ihr folgt ein Wiederholungsverbot dahingehend, dass die im Vorprozess unterlegene Behörde bei unveränderter Sach- und Rechtslage nicht einen neuen Verwaltungsakt aus den vom Gericht missbilligten Gründen erlassen darf. Die Formulierung, die materielle Rechtskraft hindere die Behörde, dieselbe Baugenehmigung bei unveränderter Sach- und Rechtslage erneut zu erteilen, löst das Wiederholungsverbot nicht vom personellen Bezug der Rechtskraft.[506] **8694**

Wird auf die Klage des Nachbarn eine Baugenehmigung aufgehoben, so hat die Behörde bei der Frage, ob ein **Abriss** des damit rechtswidrigen Gebäudes verfügt wird, ein Ermessen. Dabei muss allerdings berücksichtigt werden, dass das materielle Bauplanungsrecht in seiner Beachtung und Durchsetzung grundsätzlich nicht zur Disposition des Landesgesetzgebers steht.[507] Für den Nachbarn, der durch eine rechtswidrige und im gerichtlichen Verfahren aufgehobene Baugenehmigung in seinen Rechten verletzt wird, kann sich aber aus einer an Art. 14 I GG auszurichtenden Auslegung der landesrechtlichen Ermächtigungsgrundlage gegen die Bauaufsichtsbehörde ein Anspruch ergeben, dass diese eine Beseitigungsanordnung[508] oder eine Nutzungsuntersagung erlässt. Sowohl Art. 14 I 2 GG als auch der Anspruch auf Folgenbeseitigung zur Herstellung des früheren Zustandes stehen unter dem Vorbehalt gesetzlicher Ausgestaltung. Jedoch geht in jedem Falle eine ermessensreduzierende Wirkung des Art. 14 I GG und des Anspruchs auf Folgenbeseitigung nicht weiter als eine beeinträchtigte Rechtsposition gegeben ist. Der Anspruch auf Folgenbeseitigung zielt als Sanktion auf die Beseitigung der entstandenen und fortdauernden rechtswidrigen Beeinträchtigung. Für Art. 14 I GG gilt nichts anderes.[509] **8695**

Ist Streitgegenstand der Baunachbarklage die Behauptung, eine bauliche Anlage verletze den Kläger in nachbarschützenden Rechten, und wird die erteilte Baugenehmigung nach § 113 I 1 VwGO rechtskräftig aufgehoben, hindert die **materielle Rechtskraft** die Behörde, dieselbe Baugenehmigung bei unveränderter Sach- und Rechtslage erneut zu erteilen. Ob einzelne Begründungselemente in materieller Rechtskraft erwachsen können, lässt sich nicht allgemein festlegen. Für eine Bescheidungsklage nach § 113 V 2 VwGO wird dies bejaht. Nach einer **8696**

503 BVerwG NVwZ-RR 1998, 457.
504 BVerwG Beschl. v. 3.1.1997 – 4 B 245.96, juris.
505 VGH Kassel Urt. v. 21.7.2011 – 3 B 1281/11, juris zur Zurückstellung eines Baugesuchs.
506 BVerwG NVwZ 2010, 779; Schübel-Pfister JuS 2010, 976.
507 BVerwG UPR 1998, 355; BVerwGE 72, 300l; Stüer/Ehebrecht-Stüer DVBl. 1996, 482.
508 VGH München Urt. v. 4.5.2006 – 26 B 01.3000, juris.
509 BVerwG NVwZ 2000, 679.

verbreiteten Auffassung nimmt auch die vom Kläger geltend gemachte Rechtsverletzung und die darauf antwortende gerichtliche Rechtswidrigkeitsfeststellung an der materiellen Rechtskraft iS einer präjudiziellen Wirkung teil. Folgt man dieser Auffassung, so darf die im Erstprozess unterlegene Behörde den obsiegenden Kläger nicht erneut in eine Prozesssituation bringen, in der dieselben Sach- und Rechtsfragen zu beantworten sind. Die unterlegene Behörde hat zur Bewahrung des Rechtsfriedens die gegen sie ergangene gerichtliche Entscheidung vielmehr loyal zu beachten.[510]

8697 Die in § 144 VI VwGO angeordnete Bindungswirkung an ein Revisionsurteil, das die Sache an die Vorinstanz **zurückverweist**, umfasst auch die vom Revisionsgericht angeführten materiell-rechtlichen Gründe dafür, dass der vom Revisionsführer verfolgte weitergehende Antrag, der auf eine Aufhebung der angegriffenen Behördenentscheidung und damit auf eine eigene Sachentscheidung des Revisionsgerichts zielt, erfolglos bleibt. Die Bindung der Vorinstanz an ein zurückverweisendes Urteil entfällt, wenn das BVerwG in einem anderen Verfahren nachträglich eine abweichende Rechtsauffassung vertreten hat. Dies ist nur dann anzunehmen, wenn die spätere Entscheidung über den betreffenden Fall hinaus einen verallgemeinerungsfähigen Inhalt und fallübergreifende Bedeutung hat.[511]

8698 Hat das Gericht durch rechtskräftige Entscheidung eine **Bescheidungsverpflichtung** ausgesprochen,[512] ist über den Bauantrag unter Beachtung der Rechtsauffassung des Gerichts gemäß § 113 V 2 VwGO neu zu entscheiden. Die behördliche Entscheidung steht hinsichtlich der Beachtung der Gerichtsentscheidung allerdings unter dem Vorbehalt, dass sich die Sach- und Rechtslage nicht in rechtlich relevanter Weise ändert.[513] Insoweit reicht die Rechtskraft eines Bescheidungsurteils nicht weiter als die eines Urteils, das die Behörde verpflichtet, die beantragte Baugenehmigung zu erteilen.[514]

3. Vorläufiger Rechtsschutz

8699 Legt der Nachbar gegen eine dem Bauherrn erteilte Baugenehmigung Widerspruch ein, so hat dies nach § 80 I 2 VwGO zwar vom Ansatz her eine **aufschiebende Wirkung**. Widerspruch und Anfechtungsklage eines Dritten gegen die bauaufsichtliche Zulassung eines Vorhabens haben nach § 212 a I BauGB jedoch keine aufschiebende Wirkung. Damit ist der Sofortvollzug im Bereich aller Baugenehmigungen die Regel geworden. Die Anordnung der sofortigen Vollziehung im öffentlichen Interesse nach § 80 II 1 Nr. 4 VwGO ist daher in diesen Fällen nicht mehr erforderlich. Ob auch der Bauvorbescheid eine bauaufsichtliche Zulassung eines Vorhabens iS des § 212 a I BauGB ist, wird unterschiedlich beurteilt.[515]

8700 Hat der **Widerspruch keine aufschiebende Wirkung**, weil eine bauaufsichtliche Zulassung des Vorhabens erfolgt ist (§ 212 a I BauGB[516]) oder ist der Sofortvollzug sonst gesetzlich (§ 80 II 1 Nr. 3 VwGO) oder durch die Behörde (§ 80 II 1 Nr. 4 VwGO, § 80 a I Nr. 1 VwGO) angeordnet, so kann der Nachbar einen Eilantrag bei der **Behörde** auf Aussetzung der Vollziehung nach § 80 a I Nr. 2 VwGO stellen. Legt ein Dritter einen Rechtsbehelf gegen den an einen anderen gerichteten, diesen begünstigenden Verwaltungsakt ein, so kann die Behörde nach dieser Vorschrift auf Antrag des Dritten nach § 80 IV VwGO die Vollziehung aussetzen und einstweilige Maßnahmen zur Sicherung der Rechte des Dritten treffen. Die Bauaufsichtsbehörde kann in diesen Fällen auch ohne Antrag eines Dritten nach § 80 a I Nr. 2 VwGO von Amts wegen die Vollziehung der Baugenehmigung im überwiegenden Drittinteresse nach § 80 IV 1 VwGO aussetzen.[517] Außerdem kommt ein **gerichtlicher Eilantrag**

---

[510] BVerwG NVwZ 2000, 679.

[511] BVerwG NVwZ 2007, 594.

[512] Zur Bescheidungsverpflichtung im Widerspruchsbescheid Oster LKRZ 2009, 211.

[513] BVerwG BauR 2007, 1709.

[514] BVerwG NVwZ 2003, 214.

[515] VGH München NVwZ 1999, 1363, anders OVG Lüneburg NVwZ-RR 1999, 716. Zur Frage, ob sich § 212 a BauGB auch auf eine bauordnungsrechtliche Abweichungsentscheidung bezieht OVG Münster DVBl. 1999, 788. § 212 a I BauGB soll nach OVG Saarlouis NVwZ 1999, 1006 auch auf vor dem 1.1.1998 eingelegte Rechtsbehelfe gegen Vorhaben Anwendung finden, die nicht § 10 II BauGB-MaßnG unterfallen. Zum vorläufigen Rechtsschutz zwischen Beschleunigungs- und Internationalisierungstendenzen im Verwaltungsrecht Ekardt/Beckmann DÖV 2006, 672.

[516] Zum Entfallen der aufschiebenden Wirkung des Widerspruchs OVG Lüneburg BauR 1999, 1163; OVG Saarlouis NVwZ 1999, 1006.

[517] OVG Münster NWVBL 2000, 25.

nach **§ 80 V 1 VwGO** in Betracht. Danach kann das Gericht der Hauptsache auf Antrag die aufschiebende Wirkung des Widerspruchs und der Klage in den Fällen des § 80 II 1 Nr. 1 bis 3 VwGO ganz oder teilweise anordnen und bei Anordnung durch die Behörde im Falle des § 80 II 1 Nr. 4 VwGO ganz oder teilweise wiederherstellen. Der Antrag ist schon vor Erhebung der Anfechtungsklage zulässig. Ob und in welchen Fällen ein **Vorrang** der behördlichen Entscheidung nach § 80 a VwGO besteht, ist nach dem Gesetz unklar.[518] Hat die Behörde die sofortige Vollziehung nach § 80 II 1 Nr. 4 VwGO angeordnet, wird der Antrag unmittelbar an das Gericht zu stellen sein, weil sich die Behörde durch die Anordnung des Sofortvollzuges bereits entschieden hat. Beruht der Sofortvollzug auf der gesetzlichen Anordnung des § 212 a I BauGB, so könnte es zwar sinnvoll sein, den Aussetzungsantrag zunächst bei der Behörde zu stellen. Dem Nachbarn sollte jedoch in diesen Fällen ein **Wahlrecht** eingeräumt werden, auch sofort das Gericht anzurufen. Anderenfalls könnte sich die abschließende Entscheidung über die Stilllegung nur weiter verzögern. Außerdem sehen verschiedene Fachgesetze für den Bereich des Fachplanungsrechts eine Monatsfrist für die Antragstellung vor. Diese könnte inzwischen abgelaufen sein, wenn zunächst das Antragsverfahren bei der Behörde nach § 80 a I VwGO vorgeschaltet würde. Eine Monatsfrist für die Antragstellung ist in § 212 a I BauGB nicht vorgesehen. Widerspruch und Anfechtungsklage eines Dritten gegen die bauaufsichtliche Zulassung eines Vorhabens haben nach § 212 a I BauGB zwar keine aufschiebende Wirkung. Der Antrag auf Wiederherstellung der aufschiebenden Wirkung des Widerspruchs oder der Klage ist aber nicht an eine Monatsfrist gebunden, sondern kann auch noch nach Ablauf dieser Frist seit Kenntnis von der bauaufsichtlichen Zulassung gestellt werden. Verletzt eine Baugenehmigung offensichtlich keine dem Schutz des Antragstellers dienenden öffentlich-rechtlichen Vorschriften, muss sie der Bauherr regelmäßig sofort ausnutzen dürfen. Verletzt sie offensichtlich seinem Schutz dienende öffentlich-rechtliche Vorschriften, ist aufschiebende Wirkung anzuordnen bzw. wiederherzustellen. Bei offenem Ausgang der Hauptsache ist eine Interessenabwägung vorzunehmen, in die die Erfolgsaussichten unterhalb der Offensichtlichkeit in die Interessensabwägung mit einfließen.[519]

Die mit **Genehmigungsfreistellung** und dem Verzicht auf eine präventive Prüfung verbundenen Nachteile für den Nachbarn, aber auch die sich daraus ergebenden Risiken für den Bauherrn hat der Gesetzgeber bewusst in Kauf genommen. Für baunachbarliche Eilrechtsschutzverfahren ist ein überwiegendes Nachbarinteresse an der sofortigen Unterbindung von Beeinträchtigungen nur dann anzuerkennen, wenn die Einwirkungen auf den Nachbarn ganz wesentlich über das Zumutbare hinausgehen (§ 5 I Nr. 1 BImSchG). Für einen unmittelbar gegen eine Gemeinde als Bauherrin gerichteten Eilrechtsschutzantrag gilt unabhängig von Verfahrensfragen in der Sache nichts anderes.[520] Lassen sich die **Erfolgsaussichten** im Aussetzungsverfahren nicht positiv beurteilen, so ist für eine Anordnung der kraft ausdrücklicher gesetzlicher Regelung (§§ 80 II 1 Nr. 3 VwGO, 212 a I BauGB) ausgeschlossenen aufschiebenden Wirkung eines Nachbarrechtsbehelfs gegen eine Baugenehmigung nur Raum, wenn die **überschlägige Rechtskontrolle** zumindest gewichtige Zweifel an der nachbarrechtlichen Unbedenklichkeit der angefochtenen Genehmigung ergibt.[521] 8701

Nachbarrechte sind nur bei einer Verletzung nachbarschützender Vorschriften beeinträchtigt. Ein Verstoß gegen Verfahrensvorschriften zählt nicht dazu. Maßgebend für die Beurteilung einer Nachbarrechtsverletzung durch eine Baugenehmigung ist allein das Bauvorhaben in seiner durch die behördliche Genehmigungsentscheidung zugelassenen Form, nicht eine abweichende Bauausführungen.[522] Auch wenn ein **Geh- und Radweg** im Bebauungsplan für ein Gewerbegebiet nicht vorgesehen ist, verletzt dessen Inbetriebnahme regelmäßig keine Nachbarrechte.[523] 8702

In dringenden Fällen kann eine **vorläufige Eilanordnung** erfolgen. Die aufschiebende Wirkung eines Rechtsmittels kann allerdings nur bei außergewöhnlicher Eilbedürftigkeit bis zur Entscheidung des Gerichts über einen Antrag nach § 80 V VwGO wiederhergestellt werden. Das ist bei einer Nachbarklage gegen eine Baugenehmigung nicht der Fall, wenn bis zur Entscheidung über den Antrag nach § 80 V VwGO nur geringfügige Baufortschritte zu erwar- 8703

518 Heydemann NVwZ 1993, 419.
519 OVG Magdeburg Beschl. v. 2. 2. 2007 – 2 M 348/06, juris.
520 OVG Saarlouis BauR 2009, 1938.
521 OVG Saarlouis BauR 2009, 854; Debus Jura 2006, 487.
522 OVG Berlin-Brandenburg NVwZ-RR 2009, 951.
523 VGH München UPR 2010, 112.

ten sind.[524] Soweit eine Verletzung von Rechten des Nachbarn allein in der **Bausubstanz** liegt, ist in aller Regel nach Erstellung des **Rohbaus** die etwaige Verletzung der Rechte bereits eingetreten.[525] Eine Einstellung der Bauarbeiten, die der Nachbar infolge einer Anordnung der aufschiebenden Wirkung seines Rechtsbehelfs gemäß § 80 V 3 VwGO erreichen könnte, würde nur noch dienen können, den Innenausbau (vorläufig) zu verhindern. Dies würde dem Nachbarn jedoch keinen rechtlichen Vorteil verschaffen.[526]

8704 Setzt sich der Bauherr über die aufschiebende Wirkung eines Widerspruchs oder einer Nachbarklage hinweg und wird die nicht vollziehbare Baugenehmigung **faktisch vollzogen**, so kommt ein gerichtlicher Antrag auf Erlass einer einstweiligen Anordnung nach § 123 VwGO in Betracht. Daneben könnte ein Eilantrag nach den §§ 80, 80 a VwGO statthaft sein.

8705 Der vom Nachbarn gestellte **gerichtliche Eilantrag** braucht keine Angabe zu enthalten, bis zu welchem Zeitpunkt er die aufschiebende Wirkung seines Widerspruchs gegen die dem Beigeladenen erteilte Baugenehmigung erstrebt.[527] Im **gerichtlichen Eilverfahren** prüft das Gericht zunächst, ob der eingelegte Widerspruch oder die Klage des Nachbarn **offensichtlich erfolgreich** oder **offensichtlich erfolglos** sind. Ist der Rechtsbehelf des Nachbarn offensichtlich zulässig und begründet, so stellt das Gericht die aufschiebende Wirkung des Widerspruchs oder der Klage des Nachbarn her. Ist der Rechtsbehelf des Nachbarn offensichtlich erfolglos, wird der Eilantrag zurückgewiesen. Lassen sich die Erfolgsaussichten in der Hauptsache nicht abschließend beurteilen, erfolgt eine **Interessenabwägung**, in die die **Aussetzungs- und Vollzugsinteressen** einzustellen sind. Dabei sind die jeweiligen Vor- und Nachteile der Aussetzung und des Vollzuges in die gerichtliche Interessenbewertung einzustellen (vierpolige Interessenabwägung). Der Eilantrag hat dann Erfolg, wenn die Aussetzungsinteressen die Vollzugsinteressen überwiegen. Auch die gesetzliche Anordnung des Sofortvollzuges von Zulassungsentscheidungen im Bau- und Teilen des Fachplanungsrechts haben an dieser gerichtlichen Prüfungssystematik nichts geändert. Erweist sich der Ausgang des Gerichtsverfahrens als offen, so kann das Gericht auf Grund einer Interessenabwägung bei entsprechend gewichtigen Aussetzungsinteressen zu einer Aussetzungsentscheidung kommen.

8706 Das OVG kann entscheiden, dass die **aufschiebende Wirkung fortdauert**. Der Antrag nach **§ 80 b II VwGO** ist nicht fristgebunden. Eine Frist ergibt sich auch nicht mittelbar aus dem Begriff der Fortdauer der aufschiebenden Wirkung.[528] Hat das Verwaltungsgericht den Antrag auf Anordnung der aufschiebenden Wirkung eines Widerspruchs abgelehnt, kommt einer dagegen gerichteten **Beschwerde keine aufschiebende Wirkung** zu. Der Verwaltungsakt bleibt deshalb auch im Beschwerdeverfahren sofort vollziehbar, es sei denn, es ergeht eine anderslautende Entscheidung im Wege des § 149 I 2 VwGO.[529]

8707 Für eine dem Hauptsacheverfahren entsprechende Sachverhaltsermittlung durch **Beweisaufnahme** etwa im Wege der Durchführung einer **Ortsbesichtigung** zur Ermittlung und Qualifizierung der Umgebungsbebauung eines Vorhabens sehen die Gerichte im Verfahren des vorläufigen Rechtsschutzes nur eingeschränkte Möglichkeiten,[530] obwohl dies vielfach bereits zur endgültigen Streitbeilegung führen könnte.

4. Schadensersatz bei Anordnung der sofortigen Vollziehung

8708 Hat die Behörde die sofortige Vollziehung eines Verwaltungsakts angeordnet, der sich im Anfechtungsprozess als rechtswidrig erweist, ist sie nicht auf Grund des Rechtsgedankens der §§ 717 II, 945 ZPO schadensersatzpflichtig. Hat das Verwaltungsgericht ein Verwaltungshandeln für rechtmäßig erklärt, so scheidet ein Verschulden der handelnden Bediensteten regelmäßig aus. Dies gilt jedoch nicht ohne weiteres, wenn das Verwaltungsgericht von einem falschen Sachverhalt ausgegangen ist. § 945 ZPO gilt nach § 123 III VwGO für den Erlass einer verwaltungsgerichtlichen einstweiligen Anordnung entsprechend. Die Vorschrift gilt nach § 123 V VwGO aber nicht für die Vollziehung eines angefochtenen Verwaltungsakts oder die Bedeu-

---

[524] BVerwGE 82, 61; OVG Saarlouis BRS 71 Nr 173 (2007).

[525] OVG Berlin-Brandenburg Beschl. v. 17.2.2000 – 3 B 85/99, juris; Beschl. v. 8.9.2000 – 3 B 122/00, juris; OVG Berlin DÖV 2001, 1055.

[526] OVG Berlin-Brandenburg Beschl. v. 23.3.2006 – 10 S 21.05, juris.

[527] OVG Lüneburg NuR 2006, 57.

[528] BVerwG NVwZ 2007, 1097.

[529] OVG Schleswig NVwZ-RR 2007, 158.

[530] OVG Saarlouis NVwZ-RR 2008, 87 (LS).

tung der aufschiebenden Wirkung eines Rechtsbehelfs. Demnach kann die Anordnung der sofortigen Vollziehung iS des § 80 II 1 Nr. 4 VwGO keine Schadensersatzpflicht der Behörde auf Grund des § 945 ZPO auslösen, mag der für sofort vollziehbar erklärte Verwaltungsakt auch auf eine Anfechtungsklage hin aufgehoben werden. Die Unanwendbarkeit des § 945 ZPO in diesem Fall trägt dem Umstand Rechnung, dass die Interessenlage hier typischerweise eine andere ist als in den Fällen des § 945 ZPO.[531] Die Unanwendbarkeit der §§ 717 II, 945 ZPO in Fällen der vorliegenden Art lässt den Betroffenen nicht etwa schutzlos. Ihm stehen gegenüber der Behörde, die einen noch nicht bestandskräftigen Verwaltungsakt vollzogen hat, der sich im Hauptsacheverfahren als rechtswidrig erweist, der Folgenbeseitigungsanspruch (§ 113 I 2 VwGO) und unter Umständen auch der Amtshaftungsanspruch (Art. 34 GG, § 839 BGB) zu.[532] Auch der **Nachbar** ist dem Bauherrn **nicht zum Schadensersatz** aus § 945 ZPO verpflichtet, wenn der Vollzug der Baugenehmigung auf den Eilantrag des Nachbarn zunächst ausgesetzt wird, sich im Hauptverfahren jedoch die Unbegründetheit der Nachbarklage erweist.

Eine **vorbeugende Unterlassungsklage** gegen bevorstehende Bauarbeiten ist regelmäßig nicht zulässig.[533] Denn es kann den Beteiligten regelmäßig zugemutet werden, die Erteilung entsprechender Baugenehmigungen abzuwarten. Auch ein **vorläufiger Rechtsschutz** gegen noch nicht begonnene und genehmigte Baumaßnahmen wird regelmäßig keinen Erfolg haben. Hat die Behörde dem Nachbarn eine **Zusicherung** nach § 38 VwVfG gegeben, eine Baugenehmigung überhaupt nicht oder nur mit einem bestimmten Inhalt zu erteilen, so kann der Nachbar in derartigen Ausnahmefällen einen mit der Verpflichtungsklage durchzusetzenden Anspruch gegen die Behörde haben, dass diese eine Baugenehmigung aufhebt oder bei der Erteilung einer Baugenehmigung nach bestimmten Grundsätzen verfährt.[534] 8709

Gegen einen **Vorbescheid** ergeben sich für den Nachbarn vergleichbare Widerspruchs- und Klagerechte, soweit durch den Vorbescheid über nachbarliche Rechte entschieden wird und der Nachbar hierdurch in seinen Rechten betroffen ist. Der Vorbescheid erzeugt Bindungswirkungen, wenn er nicht rechtzeitig vom Nachbarn angefochten wird. Legt der Nachbar daher nicht fristgerecht gegen eine Bebauungsgenehmigung Widerspruch oder Klage ein oder lässt er gegen einen ablehnenden Widerspruchsbescheid die Klagefrist verstreichen, so ist die Bebauungsgenehmigung ihm gegenüber bestandskräftig. In der Reichweite der **Bindungswirkung** sind daher Einwendungen gegen die auf der Grundlage der Bebauungsgenehmigung erteilten Baugenehmigung ausgeschlossen. 8710

Auch gegen eine **Teilbaugenehmigung** ist ein Rechtsschutz des Nachbarn dann möglich, wenn hierdurch seine nachbarlichen Interessen bereits beeinträchtigt werden. Um die auch von einer Teilbaugenehmigung ausgehende Bindungswirkung auszuschließen, sollte der Nachbar bereits dagegen Rechtsschutz suchen. Das gilt vor allem dann, wenn mit der Teilbaugenehmigung ein positives Gesamturteil über die Zulässigkeit des Vorhabens verbunden ist. 8711

V. Rechtsschutz des Nachbarn bei ungenehmigtem Bauen

Werden Bauarbeiten ohne eine erforderliche Genehmigung und damit **formell illegal** ausgeführt oder ist die Ausführung nach den Landesbauordnungen freigestellter Vorhaben **materiell illegal**, so kommt ebenfalls ein Nachbarschutz in Betracht. 8712

1. Anspruch des Nachbarn auf behördliches Einschreiten

Die Baubehörde ist nach den Landesbauordnungen befugt, Bauvorhaben, die ohne eine erforderliche Baugenehmigung ausgeführt worden sind, stillzulegen. Die Behörde ist nach pflichtgemäßem Ermessen berechtigt, eine formell illegale Bauausführung durch Stilllegung der Baustelle zu unterbinden. Ein Anspruch eines Nachbarn auf Einschreiten kommt allerdings ausschließlich bei einem Verstoß gegen nachbarschützende Vorschriften des öffentlichen Baurechts in Betracht.[535] Erforderlich ist, dass sich ein baurechtswidriger Zustand ergibt, der gegen 8713

[531] BGHZ 62, 7; BGHZ 83, 190.
[532] BVerwG DÖV 1991, 77.
[533] Langer DÖV 1987, 418; Schenke AöR 95 (1970), 223.
[534] Battis Öffentliches Baurecht und Raumordnungsrecht, 2022, Rn. 649.
[535] VG Hannover Urt. v. 7.9.2023 – 12 A 4507/20, juris Rn. 43; VGH München Beschl. vom 16.4.2019 - 15 CE 18.2652, juris Rn. 19; OVG Lüneburg Beschl. v. 28.3.2014 - 1 LA 216/12, juris Rn. 11.

eine Rechtsvorschrift verstößt, die nicht lediglich Allgemeininteressen, sondern zumindest auch den Interessen des Nachbarn dient.[536] Dementsprechend genügt eine formelle Illegalität einer Baumaßnahme nicht, um einen Anspruch des Nachbarn auf Einschreiten zu begründen.[537]

8714 Zudem müssen **gewichtige nachbarliche Rechtsgüter** wie Leben, Gesundheit oder Eigentum elementar betroffen sein. Außerdem steht das Einschreiten im Ermessen der Behörde, sodass in der Regel nur ein Anspruch auf sachgerechte Ermessensentscheidung besteht. Dieser Anspruch kann sich nur im Falle einer Ermessensreduzierung auf null in einen gebundenen Anspruch auf behördliches Einschreiten umwandeln.[538] In der Regel wird daher ein Anspruch des Nachbarn auf Einschreiten der Behörde gegen den Bauherrn nicht gegeben sein. Nicht in allen Fällen, in denen ein Nachbarrechtsschutz gegen eine dem Bauherrn erteilte Genehmigung besteht, ist auch ein nachbarlicher Anspruch auf behördliches Einschreiten gegeben. Derartige Ansprüche werden auf **Ausnahmefälle** begrenzt sein, bei denen schwere Beeinträchtigungen nachbarlicher Rechte zu besorgen sind. Aber auch in diesen Fällen werden die Nachbaransprüche regelmäßig auf Ausübung eines behördlichen Ermessens begrenzt sein. Dabei kann allerdings ein **Folgenbeseitigungsanspruch** des Nachbarn die Ermessensausübung binden. Wird im Wege der verwaltungsgerichtlichen Nachbarklage ein Einschreiten von der Bauordnungsbehörde begehrt, so sind nur die Adressaten der erstrebten Anordnung notwendig beizuladen.[539]

8715 Ob dem Nachbarn bei der Verletzung einer nachbarschützenden Vorschrift ein im Wege einer Ermessensreduzierung auf null gebundener **Anspruch auf behördliches Einschreiten** zusteht, entscheidet sich grundsätzlich nach Landesrecht. Die Bauaufsichtsbehörde hat nach Auffassung des BVerwG die für und gegen ein Einschreiten sprechenden Gesichtspunkte sachgerecht abzuwägen und bei der Verletzung nachbarschützender Vorschriften neben dem besonderen öffentlichen Interesse an der Wiederherstellung baurechtmäßiger Zustände auch die Interessen des in seinen Rechten verletzten Nachbarn zu berücksichtigen. Die Möglichkeit des Nachbarn, seine Rechte unmittelbar gegenüber dem „Störer" zivilrechtlich (§§ 1004, 906, 823 II BGB) geltend zu machen, kann dabei je nach den konkreten Umständen des Einzelfalls ein beachtlicher Ermessensgesichtspunkt sein.[540]

8716 Für einen Anspruch auf Einschreiten hat der Nachbar zunächst einen entsprechenden Antrag bei der Behörde zu stellen. Nach Ablehnung des Antrags ist ein Widerspruchsverfahren durchzuführen oder bei abgeschafftem Widerspruchsverfahren nach Maßgabe des Landesrechts unmittelbar Klage vor dem VG zu erheben. Nach erfolglosem Widerspruchsverfahren kann der Nachbar eine Verpflichtungsklage mit dem Inhalt erheben, dass die Behörde eine Stilllegung der Baumaßnahmen verfügt. Ist der Behörde bei der Stilllegung ein Ermessen eingeräumt, kann, wenn die Spruchreife nicht gegeben ist, nach § 113 V 2 VwGO nur eine Bescheidungsverpflichtung ausgesprochen werden.[541] Im gerichtlichen Verfahren ist der Bauherr nach § 65 II VwGO notwendig beizuladen. Bei **ausdrücklicher gesetzlicher Regelung** (§§ 80 II 1 Nr. 3 VwGO, 212 a I BauGB) des **Sofortvollzuges** ist in solchen Fällen für eine Anordnung der aufschiebenden Wirkung nur Raum, wenn die überschlägige Rechtskontrolle gewichtige Zweifel an der nachbarrechtlichen Unbedenklichkeit der angefochtenen Genehmigung ergibt. Immissionen müssen auf das dem Nachbarn zumutbare Maß des § 5 I Nr. 1 BImSchG erheblich hinausgehen. Die sich aus § 212 a I BauGB ergebenden Nachteile für den Nachbarn, aber

---

536 VG Hannover Urt. v. 7.9.2023 – 12 A 4507/20, juris Rn. 43; OVG Lüneburg Beschl. v. 28.3.2014 – 1 LA 216/12, juris Rn. 11 ff.; VGH München Beschl. v. 16.4.2019 – 15 CE 18.2652, juris Rn. 19; OVG Münster Urt. v. 4.12.2020 – 2 A 560/17, juris Rn. 40.

537 VG Hannover Urt. v. 7.9.2023 – 12 A 4507/20, juris Rn. 43; OVG Münster Beschl. v. 28.8.2019 – 10 A 508/18, juris Rn. 5; VGH München Beschl. v. 16.4.2019 – 15 CE 18.2652, juris Rn. 19; VG Bremen Urt. vom 27.9.2022 – 1 K 1010/20, juris Rn. 43.

538 VGH Mannheim Beschl. v. 4.10.2007 – 8 S 1447/07, juris; BVerwG NVwZ 2000, 1055; VGH Mannheim NVwZ-RR 1995, 490; VGH München Urt. v. 5.5.2006 – 1 BV 02.1928, juris – bauordnungsrechtliches Einschreiten gegenüber einem Reisebusunternehmen, das ein im Innenbereich gelegenes Grundstück zu Abstellzwecken nutzt.

539 BVerwG ZfBR 1992, 194.

540 BVerwG UPR 1998, 117. Zur Verwirkung von Nachbarrechten gegenüber ungenehmigten Bauvorhaben BVerwG NJW 1998, 329; zur Ermessensreduzierung auf Null bei einem Anspruch auf ordnungsbehördliches Einschreiten siehe auch Kersten Baurecht, in Schoch/Eifert, Besonderes Verwaltungsrecht, 2023, Kap. 3, Rn. 461.

541 Stüer in FS Menger, 1985, 779.

auch die damit einhergehenden wirtschaftlichen Risiken für den Bauherrn angesichts der Möglichkeit eines späteren Erfolgs des Nachbarrechtsbehelfs in der Hauptsache hat der Gesetzgeber in Kauf genommen.[542] Das **Rechtsschutzinteresse** eines Nachbarn an der Weiterverfolgung eines Antrags nach §§ 80a III, I Nr. 2, 80 V VwGO entfällt nicht deshalb, weil das VG dem Antrag auf Anordnung der aufschiebenden Wirkung eines anderen Nachbarn bereits stattgegeben hat und die Baugenehmigung derzeit nicht vollziehbar ist.[543]

2. Eilverfahren

Gegen genehmigungsbedürftige, formell illegale Baumaßnahmen oder nicht genehmigungs- 8717
bedürftige, materiell illegale Bauarbeiten kann der Nachbar nach § 123 VwGO vorläufigen Rechtsschutz suchen. Ein Eilverfahren nach den §§ 80, 80a VwGO scheidet aus, weil dieses nur in Fällen der Anfechtung einer erteilten Baugenehmigung statthaft ist. Ist aber keine Baugenehmigung erteilt, muss der nachbarliche Rechtsschutz nach § 123 VwGO gesucht werden. Während auf Antrag des Nachbarn eine vorläufige Stilllegung von Bauarbeiten unter den dargelegten Voraussetzungen ausnahmsweise in Betracht kommt, wird sich im Eilverfahren ein Abbruch von Bauwerken kaum erreichen lassen. Auch eine **Nutzungsuntersagung** wird für den Nachbarn in der Regel im Eilverfahren nicht bewirkt werden können. Selbst wenn die Baugenehmigung rechtskräftig aufgehoben worden ist, steht der Behörde bei dem Vollzug ein Ermessen zu, dessen Reichweite erst im gerichtlichen Hauptverfahren geklärt werden muss. Gerichtliche Eilanordnungen mit dem Inhalt einer vorläufigen Nutzungsuntersagung kommen daher auf Antrag des Nachbarn nur dann in Betracht, wenn schwere Eingriffe in elementare verfassungsrechtlich geschützte Rechtsgüter drohen, der Rechtsschutz des Nachbarn im Hauptverfahren offensichtlich erfolgreich ist und in der Interessenabwägung die Wahrung der Nachbarbelange eindeutig überwiegen. In allen anderen Fällen ist eine Nutzungsuntersagung zu Lasten des Bauherrn und zugunsten des Nachbarn im gerichtlichen Eilverfahren nicht erreichbar. § 123 VwGO ist auch dann der statthafte Rechtsbehelf eines Nachbarn, wenn die Baubehörde das Vorhaben zu Unrecht als von der Genehmigungspflicht befreit behandelt.[544]

VI. Rechtsschutz gegen Vorhaben öffentlicher Bauherren

Gegen Vorhaben von öffentlichen Bauherren ergeben sich Besonderheiten des nachbarlichen 8718
Rechtsschutzes. Ist eine Zustimmung der oberen Bauaufsichtsbehörde erforderlich, kann der Nachbar diese Zustimmung mit Widerspruch und Anfechtungsklage anfechten. Der Bauaufsichtsbehörde fehlt allerdings die Befugnis, gegen den hoheitlich handelnden Vorhabenträger ordnungsbehördlich einzuschreiten. Das nachbarliche Rechtsschutzbegehren muss sich daher unmittelbar gegen den Hoheitsträger richten, der das Bauwerk erstellt oder die Nutzung verantwortet. Der Nachbar kann dann einen öffentlich-rechtlichen Abwehr-, Beseitigungs- oder Unterlassungsanspruch als Unterfall des allgemeinen Folgenbeseitigungsanspruchs geltend machen. Der nachbarliche Rechtsanspruch wird in der Form der allgemeinen Leistungsklage gegen den öffentlich-rechtlichen Bauherrn verfolgt. Die Unterlassungsklage ist auf die Unterlassung bestimmter Nutzungen bzw. auf Beseitigung der errichteten baulichen Anlage gerichtet. Als Anspruchsgrundlage für das Begehren des Nachbarn kommt allein ein **öffentlich-rechtlicher Unterlassungsanspruch** in Betracht. Dieser kann sich gegen Immissionen richten, die im Bereich des schlicht hoheitlichen Handelns von einem Hoheitsträger verursacht sind bzw. für die ein Hoheitsträger verantwortlich ist. Welche Anspruchsgrundlage für einen solchen Anspruch im Einzelnen in Betracht kommt, wird unterschiedlich beurteilt: Der grundrechtliche Abwehranspruch aus Art. 2 II 1 und Art. 14 I 1 GG oder die §§ 1004, 906 BGB analog oder gar ein öffentlich-rechtlicher Folgenbeseitigungsanspruch. Statthafte Klageart für einen solchen öffentlich-rechtlichen Unterlassungsanspruch ist die allgemeine Leistungsklage (§ 43 II VwGO) in der Form der Unterlassungsklage. Die Gemeinde kann sich in eigener Sache Baugenehmigungen erteilen. Das Rechtsstaatsgebot gebietet keine verfahrensrechtliche Trennung zwischen der Gemeinde als Bauherrin und der Gemeinde als Baugenehmigungsbehörde.[545]

---

542 OVG Saarlouis Beschl. v. 19.10.2008 – 2 B 347/08, juris.
543 OVG Magdeburg Beschl. v. 2.2.2007 – 2 M 348/06, juris.
544 OVG Münster BauR 1999, 628.
545 OVG Münster Urt. v. 5.12.1997 – 7 A 6206/95, juris; Beschl. v. 2.6.1998 – 10 B 946/98, juris.

8719 Gehen von der Nutzung Lärmbeeinträchtigungen oder andere Immissionen aus, so stellt sich die Frage der Zumutbarkeit. Für die Beurteilung der Rechtmäßigkeit von Immissionen schlicht-hoheitlich betriebener Anlagen sind dabei die Maßstäbe des BImSchG für schädliche Umwelteinwirkungen (§ 3 I BImSchG) heranzuziehen. Sie stellen den Emittenten etwa auf die Stufe, auf der er privatrechtlich unter Geltung des § 906 I BGB im privaten Nachbarschaftsverhältnis stehen würde.[546] Wesentlich kommt es dabei auf die Zumutbarkeit der Geräuschentwicklung an.[547] Der Lärm ist jedoch in solchen Fällen nicht bis zur Gesundheitsgefahr oder schweren oder unerträglichen Beeinträchtigungen von der Wohnnachbarschaft hinzunehmen.[548] Unzumutbar ist bereits eine erhebliche Belästigung iS des § 3 I BImSchG.[549] Dabei hat gemessen an den jeweiligen Zumutbarkeitskriterien eine nachvollziehende Bewertung und Abwägung der gegenläufigen (nachbarlichen) Interessen stattzufinden. Zudem fordert § 22 I Nr. 1 BImSchG, dass nach dem Stand der Technik unvermeidbare schädliche Umwelteinwirkungen auf ein unter dem Gesichtspunkt des nachbarlichen Interessenausgleichs zumutbares Maß beschränkt werden. Beschränkungen, die der Minderung (nur) erheblicher Belästigungen dienen, dürfen nicht unverhältnismäßig sein.[550] Der durch hoheitlich verursachte Immissionen unzumutbar betroffene Nachbar hat dabei einen Anspruch auf einen für Maßnahmen des passiven Immissionsschutzes zweckgebundenen Geldausgleich, wenn Maßnahmen des aktiven Immissionsschutzes ohne Beeinträchtigung des Zwecks der öffentlichen Einrichtung nicht möglich sind oder wenn sie im Verhältnis zum Schutzzweck unangemessen aufwändig wären. Ist eine vollständige Nutzungsuntersagung unverhältnismäßig, kann der Nachbar ggf. Schutzmaßnahmen verlangen. Der Unterlassungsanspruch wandelt sich in diesen Fällen – vergleichbar mit einem Schutzauflagenanspruch im Fernstraßenrecht (§ 17 IV FStrG aF, § 74 II 2 VwVfG)[551] – in einen Leistungsanspruch mit dem Inhalt entsprechender Schutzmaßnahmen oder eines Geldausgleichs für solche Schutzmaßnahmen um.[552]

Beispiel: Der Nachbar eines öffentlichen Sportplatzes kann von der betreibenden Gemeinde Vorkehrungen dagegen verlangen, dass Bälle vom Spielfeld in seinen Garten gelangen und dass erhebliche Geräuschbelästigungen durch eine zweckfremde Nutzung des Sportplatzes (etwa abendliche Mopedrennen von Jugendlichen) entstehen.[553]

VII. Verlust von Nachbarrechten

8720 Nachbarrechte können auch durch Eintritt der Bestandskraft von Bescheiden, Verzicht, Verwirkung oder Rechtsmissbrauch verloren gehen.[554] Ist die dem Bauherrn erteilte Baugenehmigung vom Nachbarn nicht rechtzeitig angefochten oder aus anderen Gründen **bestandskräftig** geworden, scheidet ein Nachbarschutz in der Reichweite der bestandskräftigen Genehmigung aus. Auch durch einen **Verzicht** kann der Nachbar seine Rechtsschutzmöglichkeiten verlieren. Ein wirksamer Verzicht auf nachbarliche Abwehrrechte verlangt, dass der Verzichtswillen eindeutig und unmissverständlich zum Ausdruck gebracht wird und dass sich die Erklärung auf ein ganz konkretes Bauvorhaben bezieht.[555] Die durch die **Unterschrift** auf den Bauvorlagen erklärte **Zustimmung** des Nachbarn zu einem Bauvorhaben ist hinfällig, wenn das

---

546 Zum Verhältnis einer öffentlich-rechtlichen und zivilrechtlichen Bewertung der Zumutbarkeit BGH NJW 1983, 751 m. Anm. Stüer BauR 1985, 148; DVBl. 1990, 771.

547 BVerwG UPR 1991, 340; ZfBR 1992, 184; ZfBR 1992, 143.

548 Es geht auch nicht darum, ob ein (bau-)ordnungsrechtliches Einschreiten gegenüber der Behörde erreicht werden könnte. Dies setzt zumeist eine erhebliche Gefährdung elementarer grundrechtlich geschützter Positionen wie Leib und Leben voraus.

549 Zur einfachgesetzlichen Zumutbarkeitsschranke unterhalb der enteignungsrechtlichen Zumutbarkeit etwa BVerwG NJW 1976, 1760 Stuttgart-Degerloch.

550 BVerwG NJW 1989, 1291.

551 BVerwG DVBl. 1985, 896; NVwZ 1985, 108; DVBl. 1990, 419; NVwZ 1996, 896.

552 Ein solcher Schutzanspruch folgt unmittelbar aus einem allgemeinen Rechtssatz über den notwendigen Ausgleich zwischen störender und gestörter Nutzung im öffentlich-rechtlichen Nachbarschaftsverhältnis, BVerwG NJW 1989, 467 im Anschluss an BVerwGE 79, 254. Über ihn wird durch Leistungsurteil entschieden.

553 BVerwG DVBl. 1990, 789.

554 VGH München Beschl. v. 5.6.2020 – 15 ZB 19.1908, juris Rn. 9; Beschl. v. 14.5.2020 – 15 ZB 19.2263, juris Rn. 12 mwN; Beschl. v. 30.4.2019 – 15 ZB 18.979, juris Rn. 16 mwN

555 OVG Lüneburg Urt. v. 28.3.2006 – 9 KN 34/03, juris.

Vorhaben nachträglich in einer Weise abgeändert wird, die sich nachteilig auf die Belange des Nachbarn auswirkt.[556]

In der Praxis bedeutsam ist die **Verwirkung** von Nachbarrechten. Sie tritt ein, wenn der Nachbar über längere Zeit untätig bleibt und der Bauherr daraus das Vertrauen ableitet, dass mit Nachbareinwendungen nicht mehr zu rechnen ist.[557] Die Verwirkung eines nachbarlichen Abwehrrechts setzt außer der Untätigkeit des Nachbarn während eines längeren Zeitraums daher das Vertrauen des Bauherren voraus, dass der Nachbar das ihm eigentlich zustehende Abwehrrecht nicht mehr geltend machen werde (Vertrauensgrundlage), der Bauherr hierauf auch tatsächlich vertraut hat (Vertrauenstatbestand) und ihm infolgedessen ein unzumutbarer Nachteil entstehen würde.[558] Voraussetzung ist allerdings, dass der Nachbar die Rechtsverletzung kennt oder kennen musste. Dadurch wird es allerdings nicht Aufgabe des Nachbarn, gleichsam als Gehilfe der Bauaufsichtsbehörde die Einhaltung der Bauvorschriften durch seinen Nachbarn zu überwachen. Die Möglichkeit der Verwirkung nachbarlicher Abwehrrechte beruht vielmehr allein darauf, dass grundsätzlich zwar niemand eine Verletzung seiner eigenen Rechte durch seinen Nachbarn hinzunehmen braucht. Wer sich aber gegen Rechtsverletzungen wehren will, muss dies auch innerhalb angemessener Zeit tun. Dies gilt auch für Rechtsverletzungen, die so geringfügig sind, dass sie ohne Hilfe eines Fachmanns nicht erkennbar sind. Denn durch sie ist eine spürbare Verletzung eigener Rechte kaum vorstellbar.[559] Hat der Bauherr sein Vorhaben zu dem Zeitpunkt, zu dem die relevante Untätigkeit des Nachbarn begonnen hat, sein Vorhaben im Wesentlichen bereits verwirklicht, soll eine Verwirkung ausscheiden.[560] Wer sich zunächst um einvernehmliche Regelungen bemüht, ohne dabei seine ihm zustehenden Rechte aufzugeben, dem kann kein fehlendes Rechtsschutzbedürfnis vorgehalten werden, wenn er erst nach dem Fehlschlagen der Einigungsbemühungen gerichtlichen Eilrechtsschutz in Anspruch nimmt.[561] 8721

Ein Nachbar, der die zu erwartende Beeinträchtigung durch ein Bauvorhaben erkennt, zu dessen Lasten jedoch mangels förmlicher Bekanntgabe der Baugenehmigung eine Widerspruchs- oder Klagefrist nicht läuft, muss nicht unverzüglich, sondern braucht regelmäßig nur innerhalb eines Jahres nach Kenntnis Widerspruch einzulegen. Eine **Verwirkung** des Widerspruchsrechts kann allerdings schon früher eintreten. Das setzt jedoch voraus, dass der Genehmigungsempfänger aus einem aktiven Tun des Nachbarn oder aus einer dem gleichzusetzenden Duldung auf dessen Einverständnis schließen kann.[562] Materielle Abwehrrechte des Nachbarn können daher bereits zu einem früheren Zeitpunkt verwirkt sein als entsprechende Verfahrensrechte.[563] Die Verwirkung eines nachbarlichen Abwehrrechts setzt daher außer der Untätigkeit des Nachbarn während eines längeren Zeitraums voraus, dass der Bauherr infolge der Untätigkeit darauf vertrauen durfte, dass der Nachbar das ihm eigentlich zustehende Abwehrrecht nicht mehr geltend machen werde (Vertrauensgrundlage), der Bauherr hierauf auch tatsächlich vertraut hat (Vertrauenstatbestand) und er sich infolgedessen in seinen Vorkehrungen und Maßnahmen so eingerichtet hat, dass ihm durch die verspätete Durchsetzung des Rechts ein unzumutbarer Nachteil entstehen würde.[564] Die Verwirkung von Nachbarrechten lässt sich nicht anders als nach dem „Alles- oder Nichts-Prinzip" beantworten. Eine differenzierende Betrachtungsweise ist allenfalls dann angebracht, wenn sich der Einwand der Verwirkung auf eine Mehrheit von Rechten erstreckt.[565] Der für die Verwirkung nachbarlicher Abwehrrechte gegen ein Bauvorhaben maßgebliche Zeitraum der Untätigkeit des Berechtigten ist allerdings deutlich länger zu bemessen als die Zeit, die dem Berechtigten gemäß den im Regelfall geltenden verfahrensrechtlichen Rechtsbehelfsfristen für die Geltendmachung seiner Rechte eingeräumt ist. 8722

---

556 OVG Weimar BRS 71 Nr. 54 (2007); BVerwGE 116, 155.

557 BVerwG BauR 1997, 281.

558 VGH München Beschl. v. 5.6.2020 – 15 ZB 19.1908, juris Rn. 9; OVG Münster Urt. v. 4.9.2008 – 7 A 2358/07, juris.

559 BVerwG NVwZ-RR 1997, 522.

560 OVG Koblenz NVwZ-RR 2011, 849; BVerwG NVwZ 1991, 1182.

561 OVG Münster Beschl. v. 15.4.2011 – 7 B 1263/10, juris.

562 BVerwG Beschl. v. 17.2.1989 – 4 B 28.89, juris.

563 BVerwG BauR 1990, 73.

564 VGH München Beschl. v. 5.6.2020 – 15 ZB 19.1908, juris Rn. 9; BVerwG NJW 2019, 245 = juris Rn. 15; Urt. v. 16.5.1991 – 4 C 4.89 – Buchholz 406.19 Nachbarschutz Nr. 102 S. 66 f.; OVG Münster Urt. v. 4.9.2008 – 7 A 2358/07, juris.

565 BVerwG Urt. v. 21.6.1995 – 4 B 140.95, juris.

Auch eine längere Untätigkeit des Nachbarn führt dann nicht zum Verlust des Abwehrrechts durch Verwirkung, wenn der Bauherr eine Baugenehmigung schon zuvor im wesentlichen Umfang sofort ausgenutzt hat, ohne dazu durch das Verhalten des Nachbarn veranlasst worden zu sein.[566] Die **Frist**, die verstrichen sein muss, richtet sich nach den Umständen des Einzelfalls. Als grobe Annäherung mag gelten: Legt der Nachbar über mehrere Monate nach Baubeginn keinen Widerspruch ein, darf der Bauherr annehmen, dass Nachbarrechte nicht mehr wahrgenommen werden. Materiell-rechtliche Abwehrrechte des Nachbarn können auch gegenüber ungenehmigten Bauvorhaben verwirkt werden.[567] Eine Verwirkung ist dabei bereits vor Erteilung der Baugenehmigung möglich. Nachbarn stehen in einem besonderen nachbarlichen Gemeinschaftsverhältnis zueinander, das nach Treu und Glauben von ihnen besondere Rücksicht aufeinander fordert. Es verpflichtet sie, durch ein zumutbares aktives Handeln mitzuwirken, einen wirtschaftlichen Schaden des Bauherrn zu vermeiden oder den Vermögensverlust möglichst niedrig zu halten. Der Nachbar muss dieser Verpflichtung dadurch nachkommen, dass er nach Erkennen der Beeinträchtigung durch Baumaßnahmen ohne Säumnis seine nachbarlichen Einwendungen geltend macht, wenn ihm nicht der Grundsatz von Treu und Glauben entgegengehalten werden soll, weil er mit seinen Einwendungen länger als notwendig gewartet hat.[568] Zur Wahrung seiner materiellen Rechte kann je nach den Umständen des Einzelfalls schon ein deutlicher Widerspruch gegenüber dem Bauherrn genügen. Ergänzend kann ferner bei Schwarzbauten gegenüber der Bauaufsichtsbehörde ein Anspruch auf Einschreiten in Betracht kommen. Entscheidend ist allein, ob der Nachbar in Kenntnis der ihn beeinträchtigenden Baumaßnahme widerspruchslos hinnimmt, dass der Bauherr weitere Investitionen tätigt. Ein Nachbar, der mit der Erhebung des Widerspruchs gegen eine Baugenehmigung mehr als ein halbes Jahr zuwartet und seinen Rechtsbehelf erst einlegt, wenn das Bauwerk bereits im Rohbau weitgehend fertig gestellt ist, muss jedenfalls bei der im Eilverfahren vorzunehmenden Interessenabwägung das auf Grund des erreichten Baufortschritts veränderte Gewicht der Bauherreninteressen gegen sich gelten lassen.[569] Allerdings gehen nicht allein durch das Zeigen der Baupläne durch den Bauherrn die nachbarlichen Abwehrrechte unter. Etwas anderes kann allerdings gelten, wenn der Nachbar dabei gegenüber dem Bauherrn oder der Baubehörde erkennen lässt, dass er sich nicht gegen die vorgelegten Planungen wehren will, sondern damit einverstanden ist.[570]

Beispiel: Sind die Nachbarn vor der Erteilung einer ihnen nicht bekannt gegebenen Baugenehmigung unter Anhörung und Fristsetzung mit Gelegenheit zur Stellungnahme sowie der Ankündigung der Erteilung der Befreiung schon in das Verwaltungsverfahren mit einbezogen worden, spricht viel dafür, dass dadurch der maßgebende Zeitpunkt für die mögliche Erkennbarkeit der geltend zu machenden Beeinträchtigungen und damit für den Beginn der für die Verwirkung des Widerspruchsrechts in der Regel maßgebenden Jahresfrist (§ 58 II VwGO) gewissermaßen auf den Erteilungszeitpunkt „vorverlegt“ wird.[571]

8723 Die Ausübung von Nachbarrechten kann im Einzelfall wegen **Rechtsmissbrauchs** ausgeschlossen sein. Beruht etwa die geltend gemachte Rechtsverletzung gerade auf der unzulässigen Benutzung des eigenen Grundstücks oder verlangt der Nachbar vom Bauherrn die Einhaltung von Vorschriften, die er selbst nicht beachtet hat, so handelt er gegen Treu und Glauben. Rechtsmissbräuchlich können auch Einwendungen sein, die darauf beruhen, dass der Nachbar sein Grundstück zuvor für die angefochtene Benutzung bereitgestellt hat oder sonst mit dem Vorhaben ausdrücklich einverstanden war.

VIII. Rechtsschutz in Freistellungsfällen

8724 Besonders durch die in den Landesbauordnungen erfolgten Freistellungen von Bauvorhaben hat sich die Frage des Verhältnisses von öffentlich-rechtlichem und zivilrechtlichem Nachbar-

[566] BVerwG UPR 1991, 345.
[567] BVerwG BauR 1988, 332; Urt. v. 13.8.1996 – 4 B 28.89, juris.
[568] BVerwG NJW 1974, 1261.
[569] OVG Saarlouis Beschl. v. 21.9.1998 – 2 W 6/98, juris.
[570] BVerwG BRS 58 Nr. 186 (1996).
[571] OVG Berlin-Brandenburg BauR 2009, 1786.

schutz neu gestellt.[572] Denn wo keine Baugenehmigung erteilt wird, scheidet auch eine nachbarliche Anfechtungsklage gegen eine Baugenehmigung aus. Die Verwaltungsgerichte haben sich zumeist damit beholfen, entsprechenden Rechtsschutz statt über §§ 80, 80 a VwGO nach § 123 VwGO zu gewähren. Nachbarrechtsbehelfe in Verfahren der Genehmigungsfreistellung haben etwa Erfolg, wenn die im Freistellungsverfahren einzureichenden Bauvorlagen hinsichtlich nachbarrechtsrelevanter Baumaßnahmen unbestimmt sind und infolge dessen bei der Ausführung des Bauvorhabens eine Verletzung von Nachbarrechten wahrscheinlich ist.[573]

IX. Rechtsschutz vor den Baulandkammern

Die gerichtliche Prüfung bestimmter Verwaltungsakte des Städtebaurechts ist auf Grund des Art. 14 III GG in den §§ **217 ff. BauGB** den **ordentlichen Gerichten** zugewiesen. Die sachliche Zuständigkeit der **Baulandgerichte** bestimmt sich nach dem Enumerationsprinzip. Für alle anderen Verwaltungsakte sind die Verwaltungsgerichte zuständig. Die Baulandgerichte entscheiden über alle Verwaltungsakte, die im Umlegungs- und Enteignungsverfahren ergehen, auch wenn sie keine Entschädigungsregelungen betreffen. Außerdem sind die Baulandgerichte zuständig für die Entscheidung über Verwaltungsakte aus Anlass einer Veränderungssperre (§§ 14, 16 BauGB), der Ausübung von Vorkaufsrechten (§ 28 III BauGB), nutzungsbeschränkenden Planungsmaßnahmen (§§ 39 bis 44 BauGB), des Härteausgleichs (§ 181 BauGB), von erschließungsrechtlichen Duldungspflichten (§ 126 II BauGB), von Vorarbeiten auf Grundstücken (§ 209 II BauGB) und der Wiedereinsetzung in den vorigen Stand (§ 21 BauGB). Der Antrag auf gerichtliche Entscheidung kann die Aufhebung eines erlassenen Verwaltungsaktes aber auch eine entsprechende Verpflichtung der Behörde zum Erlass eines Verwaltungsaktes sein. Auch eine Feststellungsklage bezogen auf das Bestehen oder Nichtbestehen eines Rechtsverhältnisses kann statthaft sein. Dies gilt insbesondere dann, wenn der Antragsteller ein berechtigtes Interesse an der baldigen Feststellung hat oder die Feststellung zur Vorbereitung einer zivilgerichtlichen Entschädigungs- oder Schadensersatzklage benötigt. Antragsbefugt ist entsprechend § 42 II VwGO jede natürliche oder juristische Person, die geltend macht, durch einen Verwaltungsakt oder durch seine Ablehnung in ihren Rechten verletzt zu sein. Außer dem Eigentümer können auch dingliche oder schuldrechtliche Rechte die Antragsbefugnis begründen. Adressat des Antrags auf gerichtliche Entscheidung ist die Stelle, die den ursprünglichen Verwaltungsakt erlassen hat oder hätte erlassen müssen (§ 217 II 1 BauGB). Die Antragsfrist beträgt bei Zustellung des Verwaltungsaktes einen Monat und bei öffentlicher Bekanntmachung sechs Wochen (§ 217 II 1 BauGB). Mit der Antragstellung tritt grundsätzlich ein Suspensiveffekt iS einer aufschiebenden Wirkung ein. Der Verwaltungsakt darf also vorläufig nicht vollzogen werden. Für die gütliche Beilegung eines baulandgerichtlichen Verfahrens, das eine Enteignung betrifft, kommt sowohl eine **Einigung** in der Form des § 110 II BauGB als auch ein **Vergleich** nach den Formvorschriften der Zivilprozessordnung in Betracht.[574] 8725

Zuweilen ist problematisch, inwieweit in den Verfahren vor den **Kammern für Baulandsachen** auch Verfahrensvorschriften der **VwGO** zu berücksichtigen sind. Die baulandgerichtlichen Regelungen enthalten etwa keine Vorschrift dazu, wie sich das Fehlen oder die unrichtige Erteilung einer Rechtsmittelbelehrung auf die Rechtsmittelfrist des § 217 II 1 BauGB auswirkt. Ob insoweit § 58 VwGO zumindest entsprechende anzuwenden ist, ist umstritten. In Abgrenzung zu seiner älteren Rechtsprechung hat der BGH entschieden, dass eine unrichtige Rechtsmittelbelehrung durch die Verwaltungsbehörde den Lauf der Frist für den Antrag auf gerichtliche Entscheidung entsprechend § 58 VwGO jedenfalls dann hindert, wenn der Betroffene durch die Belehrung auf einen falschen gerichtlichen Weg verwiesen worden ist.[575] 8726

---

572 Stüer DVBl. 1998, 953. Zum Nachbarschutz im Bauanzeigeverfahren OVG Bautzen NVwZ 1997, 922; VGH München NVwZ 1997, 923. Zum Nachbarrechtsschutz im vereinfachten Baugenehmigungsverfahren BVerwG NVwZ 1998, 48. Sind bauordnungsrechtliche Fragen nicht Gegenstand des Prüfungsverfahrens, kann Nachbarrechtsschutz nur mit einem Antrag auf Verpflichtung zum bauaufsichtlichen Einschreiten gegen das Vorhaben selbst begehrt werden.

573 OVG Münster BauR 1999, 628.

574 BGH NJW 2003, 757.

575 BGH BauR 1999, 488 – denkmalschutzbedingte Mehraufwendungen. Zum Anspruch wegen enteignenden Eingriffs bei Beschädigung eines denkmalgeschützten Gebäudes durch Straßenbauarbeiten der öffentlichen Hand BGH ZfBR 1999, 171.

5. Teil. Rechtsschutz der Gemeinde

8727 Die Gemeinden können bei der Verletzung ihrer kommunalen Belange Rechtsschutz sowohl gegen die baurechtliche Einzelentscheidung, etwa Baugenehmigungen, als auch im Wege des Normenkontrollverfahrens gegen den Bebauungsplan suchen. Voraussetzung für den Rechtsschutz der Gemeinden ist, dass die Verletzung eines subjektiv-öffentlichen Rechts geltend gemacht werden kann, das sich aus der Selbstverwaltungsgarantie gem. Art. 28 II 1 GG und insbesondere aus der kommunalen Planungshoheit der Gemeinde sowie aus subjektiv-öffentlichen Rechten der Gemeinde des einfachen materiellen Rechts und auch des Verfahrensrechts ergeben kann. Ob eine Vorschrift der Gemeinde ein eigenes Recht vermittelt, richtet sich nach der Schutznormtheorie.

8728 Vor allem haben benachbarte Gemeinden die Anforderungen an die interkommunale Abwägung zu erfüllen. Nach § 2 II 1 BauGB sind die Bauleitpläne benachbarter Gemeinden aufeinander abzustimmen. Dieses **interkommunale Abstimmungsgebot** beinhaltet entsprechende Mitwirkungsrechte der Nachbargemeinde aber auch inhaltliche Abwehrrechte, wenn die sich aus diesem Gebot ergebenden Rechtsgrundsätze nicht beachtet worden sind.[576] Dabei können sich die Gemeinden auch auf die ihnen durch Ziele der Raumordnung zugewiesenen Funktionen sowie auf Auswirkungen auf ihre zentralen Versorgungsbereiche berufen.[577]

8729 § 2 II BauGB gewährt den Gemeinden auch Abwehrrechte gegen auf dem Gebiet einer Nachbargemeinde genehmigte einzelne Bauvorhaben. Ein Abwehrrecht einer Gemeinde gegen ein Einzelvorhaben ist anzuerkennen, wenn die Standortgemeinde durch einen nicht abgestimmten Bebauungsplan oder im Fall des Fehlens eines solchen auf andere zurechenbare Weise unter Missachtung des materiellen Gehalts des Abstimmungsgebots dem Bauantragsteller einen Zulassungsanspruch verschafft hat.[578] § 2 II 2 BauGB gibt den Gemeinden insoweit das Recht, sich gegen unmittelbare Auswirkungen gewichtiger Art auf dem benachbarten Gemeindegebiet zur Wehr zu setzen.

8730 Ein Abstimmungsbedarf kann sich dabei insbesondere zu großflächigen Einzelhandelsbetrieben oder Einkaufszentren im Sinne von § 11 III BauNVO ergeben. Aus der Bestimmung ergibt sich, dass die dort bezeichneten Betriebe typischerweise ein Beeinträchtigungspotential aufweisen, das es rechtfertigt, sie einem Sonderregime zu unterwerfen. Welche Belange ganz erheblich beeinträchtigt sein können, verdeutlicht die Aufzählung in § 11 III 2 BauNVO. Dort werden insbesondere Auswirkungen auf die infrastrukturelle Ausstattung, auf den Verkehr, auf die Versorgung der Bevölkerung im Einzugsbereich der Betriebe und auf die Entwicklung zentraler Versorgungsbereiche in der Gemeinde oder in anderen Gemeinden.[579]

8731 Die Nachbargemeinde kann sich gegen eine in ihre Belange eingreifende Baugenehmigung selbst dann durch Widerspruch und Klage wehren, wenn die Gemeinde, die den Bebauungsplan erlassen hat, inzwischen in die Nachbargemeinde eingemeindet worden ist. Dies gilt vor allem dann, wenn der Investor maßgeblichen Einfluss auf die Ausgestaltung des Bebauungsplans und damit den Genehmigungsinhalt genommen hat.[580]

8732 Gegenüber einer **Naturschutzverordnung** ist die Gemeinde danach bereits dann antragsbefugt, wenn sich die angegriffene Regelung auf die Planungshoheit der Gemeinde auswirken kann. Auf eine Betroffenheit konkreter kommunaler Planungen oder weiter Teile des Gemeindegebietes kommt es hier im Unterschied zum Fachplanungsrecht nicht an.[581] Dabei schwingt wohl auch etwas der Gedanke mit, dass in einem Normenkontrollverfahren eine Antragsbefugnis bereits dann besteht, wenn eine Verletzung des Rechtes ab Abwägung der eigenen betroffenen Belange geltend gemacht wird,[582] während im Fachplanungsrecht eine umfassende ge-

---

[576] Zum Rechtsschutz von Nachbargemeinden im Bauplanungsrecht Schenke VerwArch 2007, 448; ders. VerwArch 2007, 561.

[577] OVG Koblenz DVBl. 2024, 432.

[578] OVG Koblenz DVBl. 2024, 432 = juris Rn. 48; BVerwGE 117, 25 = juris, Rn. 20; NVwZ 2019, 318 = juris, Rn. 7; BauR 2013, 558 = juris, Rn. 7; OVG Koblenz UPR 2012, 76 = juris Rn. 44; VGH Mannheim Beschl. v. 31.8.2016 – 8 S 1323/16, juris, Rn. 31.

[579] OVG Koblenz DVBl. 2024, 432 = juris Rn. 48.

[580] OVG Weimar ThürVBl. 1998, 280.

[581] BVerwG DVBl. 2001, 1845.

[582] BVerwG NJW 1999, 592; Stüer BauR 1999, 1221.

richtliche Kontrolle nur dann erfolgt, wenn eigene Rechte der Planfeststellung entgegenstehen.[583]

Die Gemeinde kann grundsätzlich nur eine Verletzung ihrer **eigenen Belange** geltend machen. Sie ist nicht zugleich Sachwalterin der Rechte ihrer Bürger. Der Gemeinde kommen nicht deshalb "wehrfähige" Rechte zu, weil der Allgemeinheit oder einzelnen Privatpersonen, die ihre Rechte selbst geltend zu machen haben, ein Schaden droht.[584] So kann die Gemeinde gegen eine im Planfeststellungsbeschluss vorgenommene Abwägung nicht mit Erfolg vorbringen, die Lärmbelastung für ihre Bewohner werde bei einer Verwirklichung des Vorhabens weiter zunehmen, landwirtschaftliche Betriebe und Fremdenverkehrsbetriebe seien bedroht oder das Vorhaben widerspreche öffentlichen Interessen wie dem Landschaftsschutz, dem Grundwasserschutz oder dem Schutz vor Erschütterungen.[585] Bei der Aufstellung der Bauleitpläne können sich die betroffenen Gemeinden auch auf die ihnen durch die Ziele der Raumordnung zugewiesenen Funktionen sowie auf Auswirkungen auf ihre zentralen Versorgungsbereiche berufen (§ 2 II 2 BauGB). Durch diese mit dem EAG Bau 2004 eingeführte Regelung soll die Wehrfähigkeit der kommunalen Selbstverwaltung gegenüber Planungen von Nachbargemeinden gestärkt werden. Verstöße gegen das zentralörtliche Gliederungsprinzip oder nachteilige Auswirkungen auf zentrale Versorgungsbereiche werden damit Gegenstand kommunaler Rechtsschutzmöglichkeiten.[586] Auch gegenüber Vorhaben im nicht beplanten Innenbereich bestehen vergleichbare interkommunale Wehrfähigkeiten. Innenbereichsvorhaben dürfen keine schädlichen Auswirkungen auf zentrale Versorgungsbereiche in der Gemeinde oder in Nachbargemeinden haben (§ 34 III BauGB). Die Vorschriften reagieren damit auf eine Entscheidung des BVerwG zu den nachbargemeindlichen Rechtsschutzmöglichkeiten gegenüber Vorhaben im nicht beplanten Innenbereich. Eine Stadt etwa, der das Raumordnungsrecht die Stellung eines Mittelzentrums zuweist, konnte sich unter Berufung hierauf nicht erfolgreich dagegen zur Wehr setzen, dass in einer benachbarten Gemeinde, der keine gleichwertige zentralörtliche Funktion zukommt, ein großflächiger Einzelhandelsbetrieb auf der Grundlage des § 34 BauGB zugelassen wurde. Denn bei der Prüfung der Frage, ob sich ein großflächiger Einzelhandelsbetrieb nach der Art der baulichen Nutzung iS von § 34 I BauGB einfügt, mussten die in § 11 III BauNVO angesprochenen städtebaulichen Auswirkungen außer Betracht bleiben. Ein Vorhaben, das nach § 34 I BauGB zulässig ist, scheiterte nach dieser Rechtsprechung nicht daran, dass es auf der Grundlage eines an die Ziele der Raumordnung angepassten Bebauungsplans nicht genehmigungsfähig wäre.[587] Nach der Rechtsprechung des VGH Mannheim erstreckt sich das Klagerecht einer Gemeinde gegen die Zulassung eines Vorhabens zur Landesverteidigung nach § 37 II 3 BauGB gegen ihren Widerspruch über die Verletzung ihrer Planungshoheit hinaus auch auf die sich aus § 36 II 1 iVm §§ 31, 33, 34 und 35 BauGB ergebenden Gründe.[588] 8733

Eine Gemeinde kann die gerichtliche Kontrolle einer planerischen **Abwägungsentscheidung** nur hinsichtlich ihrer **eigenen Belange** und – wegen der insoweit bestehenden Wechselbeziehung – der ihren Belangen gegenübergestellten, für das Vorhaben streitenden Belange verlangen. Die gemeindliche Planungshoheit vermittelt eine wehrfähige Rechtsposition gegen fremde Fachplanungen, wenn das Vorhaben nachhaltig eine bestimmte Planung der Gemeinde stört oder wegen seiner Großräumigkeit wesentliche Teile des Gemeindegebiets einer durchsetzbaren gemeindlichen Planung entzieht oder erheblich gemeindliche Einrichtungen beeinträchtigt. Das sogenannte Selbstgestaltungsrecht der Gemeinde wird durch Maßnahmen berührt, die das Ortsbild entscheidend prägen und hierdurch nachhaltig auf das Gemeindegebiet und die Entwicklung der Gemeinde einwirken (wie bisherige Rechtsprechung).[589] Mangels einer Verlet- 8734

583 Im Gegensatz zu OVG Bautzen SächsVBl. 2001, 12; entgegen BVerwGE 81, 307; OVG Lüneburg NuR 1997, 203.

584 BVerwGE 84, 209; NVwZ 1996, 1021; DVBl. 1996, S. 914; Kreise, kreisfreie Städte und kreisangehörige Städte und Gemeinden können als Behörden im Sinne des § 47 II 1 VwGO allerdings einen Normenkontrollantrag gegen eine untergesetzliche Rechtsvorschrift des Landes stellen, ohne dass es einer Antragsbefugnis bedürfte, dazu Beckmann NWVBL 2021, 181.

585 BVerwG NuR 1998, 221; zum Hauptsacheverfahren UPR 1997, 470.

586 Zur Zentrenstärkung als städtebauliche Rechtfertigung für die Einzelhandelssteuerung Jaeger BauR 2009, 1674.

587 BVerwG NVwZ 1994, 285.

588 VGH Mannheim UPR 1998, 460.

589 BVerwG NVwZ 2014, 892.

zung in eigenen Rechten kann eine Gemeinde daher nicht geltend machen, dass ein Planfeststellungsbeschluss gegen die **naturschutzrechtliche Eingriffsregelung** (§§ 13 ff. BNatSchG), gegen zwingende Vorschriften des **Artenschutzrechts** (§§ 44 ff. BNatSchG) und gegen Vorschriften über die Bewirtschaftung **oberirdischer Gewässer** (§§ 27 f. WHG) und des **Grundwassers** (§ 47 WHG) verstößt. Hat sie die Aufgabe der öffentlichen Wasserversorgung einem Privaten übertragen, kann nur dieser geltend machen, dass der Planfeststellungsbeschluss gegen Vorschriften zum Schutz der öffentlichen Wasserversorgung (§§ 50 ff. WHG) verstößt.[590]

8735 Die in Art. 28 II GG verankerte kommunale Planungshoheit gewährt den Gemeinden **keine umfassende Rügebefugnis** unter allen rechtlichen Gesichtspunkten, sondern beschränkt sich auf die originären Rechte der kommunalen Selbstverwaltung.[591] Bei der kommunalen Bauleitplanung ist auf hinreichend konkretisierte und verfestigte Planungsabsichten auch dann Rücksicht zu nehmen, wenn die kommunale Bauleitplanung noch nicht rechtsverbindlich ist.[592] Eine konkrete Planungsbetroffenheit ist allerdings nur in der Fachplanung, nicht bei Normsetzungen erforderlich, denen die Gemeinde in ihrem Gebiet unterliegt.[593] Die **Gemeinde** hat allerdings einen Anspruch darauf, dass ein Bauvorhaben nur dann zugelassen wird, wenn es planungsrechtlich zulässig ist. Das gilt insbesondere für Vorhaben im Außenbereich. Die Voraussetzungen des § 35 BauGB sind auf das Rechtsmittel einer Gemeinde hin daher in vollem Umfang nachzuprüfen.[594] Die Prüfung ist nicht auf Belange beschränkt, die unmittelbar die Belange der kommunalen Selbstverwaltung betreffen. Vielmehr kann sich die Gemeinde auch etwa auf die Verletzung von Belangen des Naturschutzes berufen. Eine Gemeinde kann stets die Prüfung der Gültigkeit einer in ihrem Gebiet geltenden Rechtsvorschrift beantragen, wenn sie die Vorschrift als Behörde zu beachten hat. Ihre Antragsbefugnis ist nicht davon abhängig, dass die zu beachtende Rechtsvorschrift sie in ihrem Recht auf Selbstverwaltung konkret beeinträchtigt.[595]

8736 Nach dem **Prioritätsgrundsatz** hat grundsätzlich diejenige Planung Rücksicht auf die konkurrierende Planung zu nehmen, die den zeitlichen Vorsprung hat. Voraussetzung ist dafür eine hinreichende Verfestigung der Planung, die einen Vorrang für sich beanspruchen kann. Bei einem Fachplanungsvorhaben bewirkt in der Regel erst die Auslegung der Planunterlagen eine hinreichende Verfestigung. Abweichendes gilt im Falle eines gestuften Planungsvorgangs mit verbindlichen Vorgaben, wie er bei der gesetzlichen Bedarfsfeststellung im Fernstraßenausbaugesetz oder bei der Eisenbahnplanung vorliegt. Deshalb kann hier schon vor Einleitung des Planfeststellungsverfahrens eine Verfestigung bestimmter fachplanerischer Ziele eintreten.[596]

8737 Hat eine Gemeinde in ihrem Flächennutzungsplan eine Baufläche dargestellt, so kann eine die Lärmbelastung dieser Flächen erhöhende Straßenplanung die kommunale Planungshoheit nur dann verletzen, wenn das Straßenbauvorhaben die Verwirklichung dieser Gebietsdarstellung nachhaltig stört. Die Straßenplanung ist für die Störung nicht ursächlich, wenn auch ohne die Baumaßnahme die Ausweisung eines Baugebiets Lärmschutzvorkehrungen erfordert.[597] Auch unter Berufung auf ihre Planungshoheit kann eine Gemeinde allerdings keine umfassende objektiv-rechtliche Planprüfung fordern.[598]

8738 § 42 II VwGO macht die Zulässigkeit einer **Anfechtungsklage** davon abhängig, dass der angefochtene Verwaltungsakt den Kläger in seinen Rechten verletzt haben kann. Wird eine Behörde als Ausgangsbehörde iS des § 68 I VwGO oder gegenüber der Fachaufsichtsbehörde als nachgeordnete Behörde tätig, so steht ihr aus dieser Position gegenüber der vorgeordneten Behörde eine Widerspruchsbefugnis nicht zu.[599] Dem Rechtsträger der Erstbehörde oder dem Rechtsträger der Widerspruchsbehörde kann jedoch ein Abwehrrecht zustehen, wenn sich dies nach dem materiellen Recht ergibt. Ein derartiges materielles Recht kann in der Planungshoheit der als Erstbehörde tätigen Gemeinde liegen.[600]

---

590 BVerwG NVwZ 2018.
591 VG Schleswig RdL 2002, 50.
592 BVerwG NVwZ-RR 2002, 178.
593 BVerwG DVBl. 2001, 1845.
594 BVerwG ZfBR 2010, 682.
595 BVerwG Beschl. v. 21.3.2019 – 4 BN 5.19, juris.
596 BVerwG NVwZ 2003, 207.
597 VGH Mannheim BauR 2003, 355.
598 BVerwG DVBl. 2003, 111.
599 BVerwGE 45, 207; Beschl. v. 27.2.78 – 7 B 36.77, juris; NVwZ-RR 1989, 359.
600 BVerwG Urt. v. 11.3.1970 – 4 C 59.67, juris; BVerwGE 45, 207; Urt. v. 27.11.1981 – 4 C 36 und 37.78, juris.

Beispiel: Der Landrat eines Kreises in NRW weist den hauptamtlichen Bürgermeister als Baugenehmigungsbehörde an, eine Baugenehmigung zu erteilen. Die Stadt sieht hierdurch ihre Planungshoheit verletzt, da die Baugenehmigung ohne gemeindliches Einvernehmen einen Dispens von den Festsetzungen des Bebauungsplans enthalten soll. Der Bürgermeister ist als geliehenes Organ Sonderordnungsbehörde gem. § 9 II b OBG NRW und weisungsgebunden. Er hat daher keine Rechtsschutzmöglichkeiten gegen die an ihn ergangene Weisung der Aufsichtsbehörde. Denn von kommunalen Organen wahrgenommene Aufgaben der Staatsverwaltung gehören nicht zum Bereich der kommunalen Selbstverwaltung. Die Stadt hat Widerspruchs- und Klagemöglichkeiten,[601] wenn sie geltend macht, dass die Baugenehmigung ihre Selbstverwaltungsrechte verletzt.[602] Ist der Bürgermeister zugleich Baugenehmigungsbehörde als staatlich geliehenes Organ, bedarf es allerdings eines gesonderten gemeindlichen Einvernehmens nicht,[603] sodass die Stadt ihre Klage nicht bereits auf ihr fehlendes gemeindliches Einvernehmen stützen kann.[604] Die Stadt kann jedoch eine Verletzung ihrer Planungsbelange geltend machen, wenn in Abweichung von den Festsetzungen des Bebauungsplans eine Baugenehmigung erteilt werden soll. Die Gemeinde kann auch gegen die **Ersetzung des gemeindlichen Einvernehmens** Rechtsschutz suchen. Maßgeblicher Zeitpunkt für die Beurteilung der Sach- und Rechtslage ist bei der Anfechtungsklage einer Gemeinde gegen einen Widerspruchsbescheid, mit dem sie zur Erteilung einer von ihr versagten Baugenehmigung verpflichtet wird, der Zeitpunkt der letzten mündlichen Verhandlung.[605]

Hinweis: Muss das zivilrechtlich geschützte **Grundeigentum** einer **Gemeinde** für die planfestgestellte Eisenbahntrasse weitergehend in Anspruch genommen werden als für eine in Betracht kommende Trassenvariante, kann die Gemeinde geltend machen, dass die der Abwägung der Trassenvarianten zugrunde gelegten Nutzen-Kosten-Untersuchungen von unzutreffenden Tatsachen ausgehen, nicht der eigenen Methodik entsprechen, Bewertungsspielräume auch anders hätten nutzen können und Annahmen enthalten, die eine vergleichende Bewertung der Trassenvarianten nicht zulassen.[606]

6. Teil. Verbandsbeteiligung und Verbandsklagerechte

Die Verbände haben nach den §§ 63, 64 BNatSchG Beteiligungs- und Klagerechte. Fachplanungsgesetze können dazu spezielle Regelungen enthalten. Zudem räumt das UmwRG weitreichende Möglichkeiten für Klagen anerkannter Umweltvereinigungen ein. Diese müssen auf der Grundlage der Rechtsprechung des EuGH und des BVerwG noch erweitert werden. Dazu liegt mit Stand vom 30.4.2024 der Referentenentwurf des Bundesministeriums für Umwelt, Naturschutz, nukleare Sicherheit und Verbraucherschutz eines Gesetzes zur Änderung des UmwRG und weiterer umweltrechtlicher Vorschriften vor. Danach soll § 64 BNatSchG aufgehoben und inhaltlich ohne Abstriche in den Katalog des § 1 I 1 UmwRG als neue Nummer 5a überführt werden. dadurch sollen die umweltrechtlichen Rechtsschutzregelungen durch Bündelung in einem Gesetz vereinfacht und vollzugsfreundlicher gestaltet. Die Überführung soll ohne inhaltliche Änderungen erfolgen und ausschließlich der optimierten Systematisierung der bundesrechtlichen Regelungen dienen. 8739

601 Zum Rechtsschutz der Gemeinde im Falle der Anfechtung einer kommunalaufsichtlichen Weisung im Bereich der Auftragsangelegenheiten VGH Kassel NVwZ-RR 1988, 111.

602 Verweigert die Gemeinde rechtswidrig ihr Einvernehmen, so kann sie allerdings auf Grund einer Amtshaftung nach § 839 BGB, Art. 34 GG schadensersatzpflichtig werden, BGH NJW 1985, 2817.

603 So BVerwG DÖV 1969, 349.

604 Setzt sich die Baugenehmigungsbehörde über das nach § 36 I BauGB erforderliche, aber fehlende gemeindliche Einvernehmen hinweg, so ist eine Klage der Gemeinde gegen die erteilte Baugenehmigung selbst dann begründet, wenn die Gemeinde ihr Einvernehmen zu Unrecht versagt hat, so BVerwG NVwZ 1984, 566; NVwZ 1986, 556. Etwas anderes gilt nur dann, wenn der Behörde nach Landesrecht eine entsprechende, über die Kompetenz der Baugenehmigungsbehörde hinausgehende Befugnis zur Entscheidung in der Sache eingeräumt worden ist.

605 BVerwG NVwZ 2008, 437.

606 BVerwG NVwZ 2018, Beilage Nr. 1, 51.

I. Verbandsbeteiligung

8740 Einer nach § 3 UmwRG vom Bund anerkannten Vereinigung, die nach ihrem satzungsgemäßen Aufgabenbereich im Schwerpunkt die Ziele des Naturschutzes und der Landschaftspflege fördert (anerkannte Naturschutzvereinigung), ist nach § 63 I Nr. 3 BNatSchG Gelegenheit zur Stellungnahme und zur Einsicht in die einschlägigen Sachverständigengutachten zu geben in Planfeststellungsverfahren, die von Behörden des Bundes oder im Bereich der deutschen ausschließlichen Wirtschaftszone und des Festlandsockels von Behörden der Länder durchgeführt werden, wenn es sich um Vorhaben handelt, die mit Eingriffen in Natur und Landschaft verbunden sind, und soweit sie durch das Vorhaben in ihrem satzungsgemäßen Aufgabenbereich berührt wird. Dasselbe gilt für bei Plangenehmigungen, die von Behörden des Bundes erlassen werden und an die Stelle der Planfeststellung treten, wenn eine Öffentlichkeitsbeteiligung vorgesehen ist.

8741 Einer nach § 3 UmwRG von einem Land anerkannten Naturschutzvereinigung, die nach ihrer Satzung landesweit tätig ist, ist nach § 63 II BNatSchG Gelegenheit zur Stellungnahme und zur Einsicht in die einschlägigen Sachverständigengutachten zu geben unter anderem vor der Zulassung einer Ausnahme nach § 45 VII 1 BNatSchG durch Rechtsverordnung oder durch Allgemeinverfügung, vor der Erteilung von Befreiungen von Geboten und Verboten zum Schutz von Gebieten iSd § 32 II BNatSchG, Natura 2000-Gebieten, Naturschutzgebieten, Nationalparken, Nationalen Naturmonumenten und Biosphärenreservaten sowie von Abweichungsentscheidungen nach § 34 III bis V BNatSchG, auch in Verbindung mit § 36 S. 1 Nr. 2 BNatSchG, auch wenn diese durch eine andere Entscheidung eingeschlossen oder ersetzt werden, in Planfeststellungsverfahren, wenn es sich um Vorhaben im Gebiet des anerkennenden Landes handelt, die mit Eingriffen in Natur und Landschaft verbunden sind, und bei Plangenehmigungen, die an die Stelle einer Planfeststellung treten, wenn eine Öffentlichkeitsbeteiligung vorgesehen ist, soweit sie durch das Vorhaben in ihrem satzungsgemäßen Aufgabenbereich berührt wird.

8742 Eine Vereinigung, die sich nach ihrem satzungsgemäßen Aufgabenbereich auf den Schutz nur eines Naturgutes im Sinne des § 7 I Nr. 2 BNatSchG konzentriert, kann bei Vorliegen der übrigen Voraussetzungen als Naturschutzvereinigung anerkannt werden. Voraussetzung für eine Anerkennung als Naturschutzvereinigung gem. § 3 I 3 Halbs. 2 UmwRG ist aber, dass nach dem satzungsgemäßen Aufgabenbereich der Vereinigung die Förderung der Ziele des Naturschutzes und der Landschaftspflege andere Ziele überwiegt.[607] Anerkannte Vereinigungen können im Planfeststellungsverfahren durch ortsübliche Bekanntmachung über die Planauslegung informiert werden. Die Unterrichtung nur durch ortsübliche Bekanntmachung ohne individuelle Benachrichtigung ist keine nicht hinnehmbare Verfahrenshürde für anerkannte Naturschutzvereinigungen.[608]

8743 Unionsrecht vermittelt der Naturschutzvereinigung keinen Anspruch, bereits im Rahmen der Verträglichkeitsprüfung beteiligt zu werden.[609] Das Unionsrecht hat zwar grds. keine unmittelbare Wirkung. Der EuGH gibt den Gerichten der Mitgliedstaaten jedoch auf, Umweltverbänden nach Maßgabe interpretationsfähiger Vorschriften des nationalen Rechts einen möglichst weiten Zugang zu den Gerichten zu ermöglichen, um so die Durchsetzung des Umweltrechts der Union zu gewährleisten.[610] Die Gerichte der Mitgliedstaaten haben das Verfahrensrecht in Bezug auf die Voraussetzungen, die für die Einleitung eines verwaltungsbehördlichen oder gerichtlichen Überprüfungsverfahrens vorliegen müssen, so weit wie möglich im Einklang sowohl mit den Zielen von Art. 9 III Århus-Konvention als auch mit dem Ziel eines effektiven gerichtlichen Rechtsschutzes für die durch das Unionsrecht verliehenen Rechte auszulegen, um es einer Umweltschutzvereinigung zu ermöglichen, eine Entscheidung, die am Ende eines Verwaltungsverfahrens ergangen ist, das möglicherweise im Widerspruch zum Umweltrecht der Union steht, vor einem Gericht anzufechten.[611]

---

607 BVerwG VwZ 2022, 1064 = juris Rn. 12, 19.

608 VGH München Urt. v. 15.3.2021 – 8 A 18.40041, juris Rn. 34.

609 EuGH ZUR 2011, 317.

610 BVerwGE 147, 312.

611 BVerwG NVwZ 2015, 1532; EuGH ZUR 2011, 317; Berkemann DVBl. 2013, 1137 (1147); BVerwGE 147, 312.

Das Recht auf Akteneinsicht beschränkt sich auf die Akten der Planfeststellungsbehörde.[612] Denn nur über diese kann die Behörde verfügen und nur auf den Inhalt der Behördenakten kann die Planungsentscheidung gestützt werden. Eröffnet das Landesrecht anerkannten Naturschutzvereinen die Möglichkeit einer Vereinsklage, die eine materiellrechtliche Prüfung eines Planfeststellungsbeschlusses einschließt, so bleibt eine Verletzung des § 63 I BNatSchG im Regelfall folgenlos, wenn der Beteiligungsmangel die Entscheidung in der Sache nicht beeinflusst haben kann.[613] Das dürfte auch im Hinblick auf die jetzt bundesrechtlich geregelte Vereinsklage gelten. 8744

§ 63 I Nr. 3 BNatSchG setzt voraus, dass die Planfeststellungsbehörde selbst die erforderlichen Kenntnisse über das nach ihrer Auffassung maßgebliche Abwägungsmaterial hat. Sie soll sich in ihrer prüfenden Entscheidung gerade von den verständlichen „eigenen" Interessen eines Vorhabenträgers frei machen. In seiner Funktion als "Verwaltungshelfer" der Planfeststellungsbehörde muss dem Verband eine kritische Beurteilung der Verwaltungsmeinung ermöglicht werden. Ist diese Meinungsbildung auch auf Ergebnisse der Ermittlungstätigkeit einer anderen Behörde zurückzuführen, für die ihrerseits „einschlägige" Gutachten bedeutsam sind, dann sind diese Gutachten jedenfalls mittelbar auch für das Ergebnis der planerischen Entscheidung der Planfeststellungsbehörde bedeutsam.[614] 8745

Gemäß § 63 III 1 BNatSchG iVm § 28 II Nr. 1 VwVfG kann von der Beteiligung anerkannter Naturschutzvereinigungen unter anderem dann abgesehen werden, wenn eine sofortige Entscheidung wegen Gefahr im Verzug oder im öffentlichen Interesse notwendig erscheint. Dies ist der Fall, wenn die Verbändebeteiligung aus einer ex-ante Betrachtung selbst bei Festlegung kürzester Fristen einen Zeitverlust zur Folge hätte, der mit hoher Wahrscheinlichkeit dazu führen würde, dass der Zweck des Vorhabens nicht erreicht wird und die in der Sache gebotenen Maßnahmen zu spät kommen.[615] 8746

II. Naturschutzrechtliche Vereinsklage

Nach § 64 I BNatSchG kann eine anerkannte Naturschutzvereinigung, soweit § 1 III UmwRG nicht entgegensteht, ohne in eigenen Rechten verletzt zu sein, Rechtsbehelfe nach Maßgabe der VwGO einlegen gegen Entscheidungen nach § 63 I Nr. 2 bis 4 und II Nr. 4a bis 7 BNatSchG, wenn die Vereinigung 1. geltend macht, dass die Entscheidung Vorschriften dieses Gesetzes, Rechtsvorschriften, die auf Grund des BNatSchG erlassen worden sind oder fortgelten, Naturschutzrecht der Länder oder anderen Rechtsvorschriften, die bei der Entscheidung zu beachten und zumindest auch den Belangen des Naturschutzes und der Landschaftspflege zu dienen bestimmt sind, widerspricht, 2. in ihrem satzungsgemäßen Aufgaben- und Tätigkeitsbereich, soweit sich die Anerkennung darauf bezieht, berührt wird und 3. zur Mitwirkung nach § 63 I Nr. 2 oder II Nr. 4a bis 5 BNatSchG berechtigt war und sie sich hierbei in der Sache geäußert hat oder ihr keine Gelegenheit zur Äußerung gegeben worden ist; dies gilt auch für die Mitwirkung nach § 63 I Nr. 3 und II Nr. 6 BNatSchG, sofern für ein solches Planfeststellungsverfahren eine Anwendung des Bundesnaturschutzgesetzes nicht nach § 1 III UmwRG ausgeschlossen ist. Der Verein kann rügen, dass der Verwaltungsakt Vorschriften des BNatSchG, Rechtsvorschriften, die aufgrund des BNatSchG erlassen worden sind oder fortgelten, Naturschutzrecht der Länder oder anderen Rechtsvorschriften, die bei der Entscheidung zu beachten und zumindest auch den Belangen des Naturschutzes und der Landschaftspflege zu dienen bestimmt sind, widerspricht (§ 64 I BNatSchG). Wird anstelle der rechtlich unselbständigen Untergliederung eines landesweit tätigen anerkannten Naturschutzvereins ein selbständiger Regionalverein gegründet, so geht die Anerkennung des Landesvereins nicht dadurch auf den Regionalverein über, dass er durch Vereinbarung mit dem Landesverein für seinen Tätigkeitsbereich dessen Rechte und Pflichten übernimmt. 8747

Regelungen über die Zuständigkeit der Planfeststellungsbehörde und des Vorhabenträgers zählen nicht zu den Rechtsvorschriften, die im Sinne von § 64 I Nr. 1 BNatSchG zumindest auch den Belangen des Naturschutzes und der Landschaftspflege zu dienen bestimmt sind. Nach dieser Vorschrift sind Rechtsbehelfe – hierzu zählen Klagen gegen Planfeststellungsbe- 8748

[612] BVerwG NVwZ 2002, 1103.
[613] BVerwG DVBl. 2002, 990.
[614] BVerwG NuR 2002, 676.
[615] VGH München NuR 2024, 136 = juris Rn. 55 zum Absehen von der Beteiligung einer anerkannten Natur- bzw. Umweltvereinigungen aufgrund einer sich drastisch zuspitzenden Fischotterproblematik.

schlüsse über Vorhaben, die mit Eingriffen in Natur und Landschaft verbunden sind – nur zulässig, wenn der Verein geltend macht, dass der Erlass des betreffenden Verwaltungsakts Vorschriften dieses Gesetzes, Rechtsvorschriften, die aufgrund oder im Rahmen dieses Gesetzes erlassen worden sind oder fortgelten oder andere Rechtsvorschriften, die bei Erlass des Verwaltungsakts zu beachten und zumindest auch den Belangen des Naturschutzes und der Landschaftspflege zu dienen bestimmt sind, widerspricht.[616]

8749 Der **Umfang der Rügemöglichkeit** ergibt sich aus § 64 BNatSchG. Zu den rügefähigen Regelungen iS des § 64 I Nr. 1 BNatSchG gehören auf nationaler Ebene die Eingriffsregelung (§§ 14 bis 17 BNatSchG) und die Regelungen über den Habitat-, Vogel- und Meeresschutz §§ 32 bis 34 BNatSchG[617] sowie das UVPG. Aber auch die VS-RL, die FFH-RL,[618] die UVP-RL und die Plan-UP-RL werden vom Vereinsklagerecht erfasst.[619] Ob Naturschutzvereinigungen die Planrechtfertigung rügen können, ist fraglich.[620] Ebenso offen ist, ob der Naturschutzverein im Rahmen einer Vereinsklage Fragen der Finanzierung des Vorhabens, die nicht unmittelbar Gegenstand der Planfeststellung sind, rügen kann.[621] Der Verein ist im Rahmen der Vereinsklage nicht zur Rüge berechtigt, dass etwa Belange der Wirtschaft, des Fremdenverkehrs oder des Weinbaus durch das Vorhaben geschädigt würden oder der Lärmschutz der Anwohner außer Betracht gelassen würde.[622]

8750 § 64 II BNatSchG verweist auf § 2 III URG. Hat eine Vereinigung im jeweiligen Verwaltungsverfahren Gelegenheit zur Äußerung gehabt, ist sie im Verfahren für den Rechtsbehelf mit allen Einwendungen ausgeschlossen, die sie im Verwaltungsverfahren nicht rechtzeitig geltend gemacht hat, aber hätte geltend machen können. Hierzu zählt auch die Beachtung der jeweiligen Fristregelungen, die in den einzelnen verfahrensrechtlichen Vorschriften für die Geltendmachung der Einwendungen enthalten sind.

8751 Da Einwendungen stets vorhabenbezogen sind, können sie nicht durch bloßen Verweis auf Einwendungen in einem anderen Verfahren ersetzt werden. Auch wenn seitens des Planungsträgers während der Auslegung der Planunterlagen also Besprechungen über planbedingte Probleme mit dem Betroffenen geführt werden, ist der Planbetroffene verpflichtet, seine Bedenken gegen das Vorhaben innerhalb der Einwendungsfrist hinreichend konkret zu erheben.[623] Auch ein allgemeiner Verweis auf die Planfeststellungsunterlagen oder eine nur allgemeine Thematisierung reicht nicht, um dem Gebot der Erhebung konkreter Einwendungen zu genügen.[624] Bei **mehreren Abschnitten** sind Einwendungen in jedem Abschnitt gesondert zu erheben bzw. zu wiederholen.[625]

III. Klagen anerkannter Umweltvereinigungen nach dem UmwRG

8752 Nach § 1 III UmwRG ist § 64 BNatSchG nicht anwendbar, soweit in Planfeststellungsverfahren, die § 1 I 1 Nr. 1, 2 oder 5 UmwRG unterfallen, Rechtsbehelfe nach dem UmwRG eröffnet sind. Nach § 64 II BNatSchG gelten § 1 I 3 und 4, § 2 III 1 und § 5 UmwRG entsprechend; § 64 BNatSchG bleibt insoweit kein wesentlicher Anwendungsbereich.[626]

8753 Eine nach § 3 UmwRG anerkannte inländische oder ausländische Vereinigung kann, ohne eine Verletzung in eigenen Rechten geltend machen zu müssen, Rechtsbehelfe nach Maßgabe der Verwaltungsgerichtsordnung gegen eine Entscheidung nach § 1 I 1 UmwRG oder deren Unterlassen einlegen.

---

616 BVerwG UPR 2020, 60 zur fehlenden Rügefähigkeit von Zuständigkeitsvorschriften im Rahmen der naturschutzrechtlichen Vereinsklage.

617 BVerwG NVwZ 1998, 961; DVBl. 1998, 1191; NVwZ 2000, 1171; NVwZ 2001, 92; NVwZ 2001, 673; NVwZ 2002, 1103; NVwZ 2002, 1243; Halama NVwZ 2001, 506; Stüer DVBl. 2002, 940.

618 BVerwG NVwZ 2002, 1243; NVwZ 2002, 1234.

619 BVerwG NVwZ 2002, 1243; OVG Koblenz DVBl. 2003, 200; BVerwG DVBl. 2004, 1115.

620 BVerwG NVwZ 1998, 961; OVG Koblenz DVBl. 2003, 200; BVerwG DVBl. 2004, 1115.

621 BVerwG DVBl. 1999, 1514; OVG Koblenz DVBl. 2003, 200; BVerwG DVBl. 2004, 1115.

622 OVG Koblenz NuR 2003, 438; BVerwG NVwZ 2004, 98.

623 VGH Mannheim UPR 1998, 197.

624 A.A. OVG Koblenz DVBl. 2003, 200; BVerwG EurUP 2004, 161.

625 BVerwG NVwZ 1997, 391.

626 Kahl/Gärditz Umweltrecht, 2023, § 5 Rn. 53; Schwerdtfeger in Koch/Hofmann/Reese, Handbuch Umweltrecht, 2024, § 4 Rn. 71.,

1. Angreifbare Entscheidungen

a) Katalog angreifbarer Entscheidungen. Der sachliche Anwendungsbereich des UmwRG, auf den sich die Rechtsbehelfe anerkannter Umweltvereinigungen beziehen können, ergibt sich aus § 1 I 1 UmwRG definiert. Hiernach findet das UmwRG Anwendung auf folgende Entscheidungen: 8754

- Zulassungsentscheidungen iSv § 2 VI UVPG über die Zulässigkeit von Vorhaben, für die nach (a)) UVPG, (b)) der Verordnung über die Umweltverträglichkeitsprüfung bergbaulicher Vorhaben oder (c)) landesrechtlichen Vorschriften eine Pflicht zur Durchführung einer Umweltverträglichkeitsprüfung bestehen kann (Nr. 1). Hierunter können mit Blick auf § 2 VI Nr. 3 UVPG auch vorhabenbezogene Bebauungspläne (§ 10 BauGB) fallen, soweit diese die Zulässigkeit von UVP-pflichtigen Vorhaben begründen, nicht hingegen Zielabweichungsentscheidung nach ROG.
- Genehmigungen für Anlagen, die in Anhang 1c der 4. BImSchV mit dem Buchstaben G gekennzeichnet sind, gegen Entscheidungen nach § 17 Ia BImSchG, gegen Erlaubnisse nach § 8 I WHG für Gewässerbenutzungen, die mit einem Vorhaben iSd IE-RL 2010/75/EU verbunden sind, sowie gegen Planfeststellungsbeschlüsse für Deponien nach § 35 II KrWG.
- Genehmigungen für Anlagen nach § 23b I 1 oder § 19 IV BImSchG oder Zulassungen für Betriebspläne nach § 57d I BBergG (Nr. 2a) bzw. bestimmte Entscheidungen über die Zulässigkeit von Vorhaben, die benachbarte Schutzobjekte iSd § 3 Vd BImSchG (Nr. 2b) betreffen.
- Entscheidungen nach dem USchadG.
- Entscheidungen über die Annahme von Plänen und Programmen nach § 2 VII UVPG, wenn eine Pflicht zur Durchführung einer SUP besteht; ausgenommen hiervon sind Pläne und Programme, über deren Annahme durch formelles Gesetz entschieden wird.
- Verwaltungsakte (§ 35 VwVfG) oder öffentlich-rechtliche Verträge (§ 54 VwVfG), durch die andere als in § 1 I 1 Nr. 1 bis 2b UmwRG genannte Vorhaben unter Anwendung umweltbezogener Rechtsvorschriften des Bundes-, Landes- oder des unmittelbar geltenden Unionsrechts zugelassen werden.
- Verwaltungsakte über Überwachungs- oder Aufsichtsmaßnahmen zur Umsetzung oder Durchführung von Entscheidungen nach den Nrn. 1 bis 5 UmwRG, die der Einhaltung umweltbezogener Rechtsvorschriften des Bundesrechts, des Landesrechts oder unmittelbar geltender Rechtsakte der Europäischen Union dienen.
- Verwaltungsakte über Überwachungs- oder Aufsichtsmaßnahmen zur Umsetzung oder Durchführung von Entscheidungen nach § 1 I 1 Nr. 1–5 UmwRG, die der Einhaltung entsprechender umweltbezogener Rechtsvorschriften dienen.

b) Einzelfälle. Zu den Zulassungsentscheidungen iSv §§ 1 I 1 Nr. 1, 2 VI UVPG zählen 8755
auch **Vorbescheide**, **Teilgenehmigungen** und die **Zulassung des vorzeitigen Beginns**.[627] Die Zielabweichung nach § 6 II ROG ist hingegen nach Ansicht des BVerwG zwar ein Plan oder Programm" im Sinne von § 2 VII UVPG. Es fehle aber an der für Pläne weiteren Voraussetzung, dass eine SUP-Pflicht bestehen kann. Weder die Anlage 5 zum UVPG noch das Raumordnungsgesetz oder landesrechtliche Vorschriften bestimmten für die **Zielabweichung** eine SUP-Pflicht oder eine Vorprüfungspflicht.[628] Eine Umweltvereinigung kann sich nach § 2 I iVm § 1 I 1 Nr. 4 und Satz 2 UmwRG gegen die Zulassung einer Abweichung von Zielen der Raumordnung nach § 6 II 1 ROG wenden, wenn an deren Stelle eine Änderung des Regionalplans (§ 8 iVm § 7VII ROG) erforderlich gewesen wäre.[629]

Die **nachträgliche Hinzufügung einer weiteren Nebenbestimmung** zu einer Geneh- 8756
migung nach § 4 BImSchG ist keine Entscheidung im Sinne von § 1 1 UmwRG in Verbindung mit § 2 III UVPG, die nach dem UmwRG im Wege einer Verbandsklage anfechtbar ist.[630]

Die Klagebefugnis einer anerkannten Umweltvereinigung nach § 11 II USchadG iVm § 1 I 8757
1 Nr. 3 UmwRG besteht nicht zur Durchsetzung von **Gefahrenvermeidungsmaßnahmen**

---

627 Franzius in Schink/Reidt/Mitschang, UVPG/UmwRG, 2023, § 1 Rn. 16; OVG Koblenz ZNER 2016, 159 Rn. 5.

628 BVerwG NVwZ 2024, 343.

629 BVerwG NVwZ 2024, 343.

630 BVerwG NVwZ-RR 2017, 229.

iSv § 7 II Nr. 2 USchadG. Sie ist wie das Initiativrecht in § 10 USchadG auf die Durchsetzung von Sanierungspflichten iSv § 6 USchadG beschränkt.[631]

8758 Nach § 1 I 1 Nr. 6 UmwRG ist das UmwRG auch auf Verwaltungsakte über **Überwachungs- oder Aufsichtsmaßnahmen** zur Umsetzung oder Durchführung von Entscheidungen nach den Nr. 1–5, die der Einhaltung umweltbezogener Rechtsvorschriften des Bundesrechts, des Landesrechts oder unmittelbar geltender Rechtsakte der Europäischen Union dienen. Nach § 1 I 2 UmwRG findet es in gleicher Weise Anwendung, wenn entgegen geltender Rechtsvorschriften eine solche Entscheidung unterlassen wurde. Der Begriff der Überwachungs- oder Aufsichtsmaßnahmen ist weit auszulegen.[632] Dies folgt insbesondere aus dem Anliegen des Gesetzgebers, die Vorgaben des Art. 9 III AK vollständig ins nationale Recht umzusetzen und zu diesem Zweck die Klage auf behördliches Einschreiten gegenüber Dritten im Interesse der Einhaltung umweltbezogener Rechtsvorschriften zu ermöglichen.

8759 Soweit nach § 1 I 1 Nr. 5 UmwRG Verwaltungsakte oder öffentlich-rechtliche Verträge, durch die andere als die in Nr. 1–2b genannten Vorhaben unter Anwendung umweltbezogener Rechtsvorschriften des Bundes- oder Landesrechts oder unmittelbar geltender Rechtsakte der Europäischen Union zugelassen werden, in den Anwendungsbereich des UmwRG fallen, betrifft insbesondere **Baugenehmigungen**, die auf der Grundlage von § 30 BauGB und einem kommunalen Bebauungsplan ergehen.[633] Auch gegen eine **Verlängerung gemäß** § 18 Abs. 3 BImSchG kann geklagt werden.[634] Umweltbezogene Rechtsvorschriften sind alle Normen, die unmittelbare oder mittelbare Auswirkungen auf die Umwelt haben und dazu beitragen, dass gegenwärtige und zukünftige Generationen in einer ihrer Gesundheit zuträglichen Umwelt leben können.[635]

8760 **c) Erweiterungsbedarf.** § 1 I UmwRG muss an die Anforderungen der Aarhus-Konvention und an entsprechende unionsrechtliche Vorgaben angepasst werden. Dazu liegt mit Stand vom 30.04.2024 ein Referentenentwurf des Bundesministeriums für Umwelt, Naturschutz, nukleare Sicherheit und Verbraucherschutz eines Gesetzes zur Änderung des UmwRG und weiterer umweltrechtlicher Vorschriften vor. Die beabsichtigten Änderungen dienen der Umsetzung eines Beschlusses VII/8g der Konferenz der Vertragsstaaten der AK vom 20.10.2021. Die 8. Vertragsstaatenkonferenz hat darin die Entscheidung des Compliance-Komitees der AK vom 23.7.2021 (ACCC/C/2016/137) bestätigt, wonach das Anerkennungskriterium des Prinzips der Binnendemokratie nach § 3 I 2 Nr. 5 UmwRG gegen das Völkerrecht verstößt. Daher muss dieses Kriterium entfallen. Zum anderen soll europäische und nationale Rechtsprechung zum Anwendungsbereich des UmwRG gesetzlich geregelt werden.[636]

8761 Mit Urteil vom 8.11.2022[637] hat der EuGH entschieden, dass EU-Mitgliedstaaten den sachlichen Anwendungsbereich von Art. 9 III AK nicht dadurch einschränken dürfen, dass sie bestimmte Klagegegenstände, zB Produktzulassungen, von der Möglichkeit ausnehmen, dass anerkannte Umweltvereinigungen Rechtsbehelfe einlegen.[638] Der Katalog des § 1 UmwRG soll entsprechend erweitert werden.

8762 Außerdem hat das BVerwG mit Urteil vom 26.1.2023[639] entschieden, dass anerkannte Umweltvereinigungen bei möglichen Verstößen einer behördlichen Entscheidung gegen europäisches Umweltrecht auch dann gegen solche Pläne und Programme klagebefugt sind, die keiner Pflicht zur Durchführung einer Strategischen Umweltprüfung (SUP) unterliegen. Auch insoweit muss der Katalog des § 1 I UmwRG geändert werden. Unvollständig ist der Katalog des § 1 I UmwRG auch mit Blick auf Flugroutenfestlegungen an Flughäfen, für die das BVerwG zwar wegen der fehlenden unmittelbaren Anwendbarkeit des Art. 9 III AK ein Klage-

[631] OVG Hamburg ZUR 2019, 618.

[632] BVerwG NVwZ 2021, 1620 (1632); NVwZ 2021 152.

[633] OVG Lüneburg ZUR 2021, 368; Remmert VBlBW 2019, 181; Franzius in Schink/Reidt/Mitschang, UVPG/UmwRG, 2023, § 1 Rn. 26.

[634] BVerwG Urt. v. 19. 12. 2019 – 7 C 28/18, juris; Behnsen NVwZ 2021, 119; Franzius in Schink/Reidt/Mitschang, UVPG/UmwRG, 2023, § 1 Rn. 26.

[635] VGH München Beschl. v. 10.12,2020 – 9 CS 20.892, juris.

[636] BVerwG NVwZ 2021, 1620 (1632).

[637] EuGH NJW 2022, 3769; siehe dazu Sobotta EuZW 2023, 75; Guckelberger/Mitschang NJW 2022, 3747-3750; Bunge NuR 2023, 675;

[638] Guckelberger NuR 2024, 73.

[639] BVerwG NVwZ 2023, 1762 mit Anmerkung von Klinger ZUR 2024, 422.

recht abgelehnt hat,[640] das völkerrechtlich aber zuzuerkennen ist. Ähnliches gilt für den Schutz sogenannter ruhiger Gebiete nach der Lärmaktionsplanung.[641] Da kontinuierlich Unionsrechtsakte hinzukommen, aus denen Klagerechte abgeleitet werden können, wäre es vorzugswürdig den Anwendungsbereich des UmwRG mit einer Generalklausel statt mit einem abschließenden, aber fortlaufend ergänzungsbedürftigen Katalog zu beschreiben.

2. Rechtbehelfe anerkannter Vereinigungen nach § 2 UmwRG

Eine nach §§ 3 UmwRG anerkannte inländische oder ausländische Vereinigung kann nach § 2 I 1 UmwRG, ohne eine Verletzung in eigenen Rechten geltend machen zu müssen, Rechtsbehelfe nach Maßgabe der VwGO gegen eine Entscheidung nach § 1 I 1 UmwRG oder deren Unterlassen einlegen. 8763

a) Anerkennung von Umweltvereinigungen. Die Anerkennung von Umweltvereinigungen ist in § 3 UmwRG geregelt. Auf Antrag wird nach § 3 I 1 UmwRG einer inländischen oder ausländischen Vereinigung die Anerkennung zur Einlegung von Rechtsbehelfen nach dem UmwRG erteilt. Die Anerkennung ist nach § 3 I 2 UmwRG zu erteilen, wenn die Vereinigung 1. nach ihrer Satzung ideell und nicht nur vorübergehend vorwiegend die Ziele des Umweltschutzes fördert, 2. im Zeitpunkt der Anerkennung mindestens drei Jahre besteht und in diesem Zeitraum im Sinne der Nr. 1 tätig gewesen ist, 3. die Gewähr für eine sachgerechte Aufgabenerfüllung, insbesondere für eine sachgerechte Beteiligung an behördlichen Entscheidungsverfahren, bietet; dabei sind Art und Umfang ihrer bisherigen Tätigkeit, der Mitgliederkreis sowie die Leistungsfähigkeit der Vereinigung zu berücksichtigen, 4. gemeinnützige Zwecke im Sinne von § 52 AO verfolgt und 5. jeder Person den Eintritt als Mitglied ermöglicht, die die Ziele der Vereinigung unterstützt; Mitglieder sind Personen, die mit dem Eintritt volles Stimmrecht in der Mitgliederversammlung der Vereinigung erhalten; bei Vereinigungen, deren Mitgliederkreis zu mindestens drei Vierteln aus juristischen Personen besteht, kann von der Voraussetzung nach Halbsatz 1 abgesehen werden, sofern die Mehrzahl dieser juristischen Personen diese Voraussetzung erfüllt. Die zuletzt genannte Anerkennungsvoraussetzung ist völkerrechtswidrig und muss aus dem Gesetz entfernt werden. 8764

Der sachliche Umfang einer Anerkennung nach § 3 UmwRG kann nur für den Aufgabenbereich erfolgen, der sich objektiv aus der Vereinssatzung ergibt. Ein Anerkennungsbescheid kann den objektiven satzungsgemäßen Aufgabenbereich nicht mit konstitutiver Wirkung erweitern.[642] 8765

Eine Vereinigung, die sich nach ihrem satzungsgemäßen Aufgabenbereich auf den Schutz nur eines Naturgutes –im Sinne des § 7 I Nr. 2 BNatSchG konzentriert, kann bei Vorliegen der übrigen Voraussetzungen als Naturschutzvereinigung anerkannt werden. Voraussetzung für eine Anerkennung als Naturschutzvereinigung gemäß §§ 3 I 3 Halbs. 2 UmwRG ist aber, dass nach dem satzungsgemäßen Aufgabenbereich der Vereinigung die Förderung der Ziele des Naturschutzes und der Landschaftspflege andere Ziele überwiegt.[643] 8766

In der Anerkennung ist nach § 3 I 3 UmwRG der satzungsgemäße Aufgabenbereich, für den die Anerkennung gilt, zu bezeichnen; dabei sind insbesondere anzugeben, ob die Vereinigung im Schwerpunkt die Ziele des Naturschutzes und der Landschaftspflege fördert, sowie der räumliche Bereich, auf den sich die Anerkennung bezieht. Die Anerkennung kann, auch nachträglich, mit der Auflage verbunden werden, dass Satzungsänderungen mitzuteilen sind. Sie ist von der zuständigen Behörde im Internet zu veröffentlichen (§ 3 I 4 und 5 UmwRG). 8767

b) Zulässigkeit von Rechtsbehelfen anerkannter Umweltvereinigungen. Die Zulässigkeit von Rechtsbehelfen anerkannter Umweltvereinigungen richtet sich grds. nach der VwGO. Besonderheiten ergeben sich aber vor allem hinsichtlich der **Klagebefugnis**, die von den Vereinigungen in Abweichung von § 42 II HS 2, § 47 II 1 VwGO nach § 2 I UmwRG nicht gefordert wird, soweit der Anwendungsbereich des § 1 UmwRG eröffnet ist. Die anerkannte Umweltvereinigung ist klagebefugt, wenn sie 1. geltend macht, dass eine Entscheidung nach § 1 I 1 UmwRG oder deren Unterlassen Rechtsvorschriften, die für die Entscheidung 8768

[640] BVerwG Urt. v. 18. 12.2014 – 4 C 35/13, juris.

[641] BVerwG Urt. v. 12.11.2014 – 4 C 34/13, juris.

[642] VGH Mannheim VBLBW 2024, 203 = juris Rn. 32.

[643] BVerwG ZUR 2022, 428; zur Anerkennung von Umwelt- und Naturschutzvereinigungen in der behördlichen Praxis Lamfried DVBl.. 2020, 609; zur Anerkennung von Denkmalschutzorganisationen als Umwelt- und Naturschutzvereinigungen Douhaire ZUR 2022, 515.

von Bedeutung sein können, widerspricht, 2. geltend macht, in ihrem satzungsgemäßen Aufgabenbereich der Förderung der Ziele des Umweltschutzes durch die Entscheidung nach § 1 I 1 UmwRG oder deren Unterlassen berührt zu sein, und 3. im Falle eines Verfahrens nach a) § 1 I 1 Nr. 1 bis 2b UmwRG zur Beteiligung berechtigt war; b) § 1 I 1 Nr. 4 UmwRG zur Beteiligung berechtigt war und sie sich hierbei in der Sache gemäß den geltenden Rechtsvorschriften geäußert hat oder ihr entgegen den geltenden Rechtsvorschriften keine Gelegenheit zur Äußerung gegeben worden ist. Bei Rechtsbehelfen gegen eine Entscheidung nach § 1 I 1 Nr. 2a bis 6 UmwRG oder gegen deren Unterlassen muss die Vereinigung zudem die Verletzung umweltbezogener Rechtsvorschriften geltend machen.

8769 Die Möglichkeit einer Beteiligungsberechtigung genügt zur Begründung der Verbandsklagebefugnis nach § 2 I 1 Nr. 3a UmwRG, wenn diese von dem Ergebnis einer Vorprüfung abhängt.[644] Für die Verbandsklagebefugnis nach § 2 1 1 Nr. 2 UmwRG kommt es nicht darauf an, ob die verletzten Rechtsnorm Bezüge zum satzungsgemäßen Aufgabenbereich des Umweltverbandes aufweist, sondern lediglich darauf, ob dieser geltend macht, durch die von ihm angegriffene Entscheidung in seinem satzungsgemäßen Aufgabenbereich berührt zu sein.[645]

8770 **c) Sonderregelung für Rechtsbehelfsfristen.** Nach § 2 III UmwRG ist eine Entscheidung nach den geltenden Rechtsvorschriften weder öffentlich bekannt gemacht noch der Vereinigung bekannt gegeben worden, müssen Widerspruch oder Klage nach § 2 III 1 UmwRG binnen eines Jahres erhoben werden, nachdem die Vereinigung von der Entscheidung Kenntnis erlangt hat oder hätte erlangen können. Dies gilt nach § 2 III 3 UmwRG entsprechend, wenn eine Entscheidung nach § 1 I 1 UmwRG entgegen geltenden Rechtsvorschriften nicht getroffen worden ist und die Vereinigung von diesem Umstand Kenntnis erlangt hat oder hätte erlangen können. Widerspruch oder Klage gegen eine Entscheidung nach § 1 I 1 Nr. 5 oder 6 UmwRG müssen jedoch spätestens binnen zweier Jahre, nachdem der Verwaltungsakt erteilt wurde, erhoben werden (§ 2 III 2 UmwRG).

8771 **d) Begründetheit von Rechtsbehelfen anerkannter Umweltvereinigungen.** Rechtsbehelfe nach § 2 I UmwRG sind nach § 2 IV 1 UmwRG begründet, soweit 1. die Entscheidung nach § 1 I 1 Nr. 1 und 2 UmwRG oder deren Unterlassen gegen Rechtsvorschriften verstößt, die für diese Entscheidung von Bedeutung sind, oder 2. die Entscheidung nach § 1 I 1 Nr. 2a bis 6 UmwRG oder deren Unterlassen gegen umweltbezogene Rechtsvorschriften verstößt, die für diese Entscheidung von Bedeutung sind, und der Verstoß Belange berührt, die zu den Zielen gehören, die die Vereinigung nach ihrer Satzung fördert.

8772 Bei Entscheidungen nach § 1 I 1 Nr. 1 oder 4 UmwRG muss nach § 2 IV 2 UmwRG zudem eine Pflicht zur Durchführung einer Umweltprüfung im Sinne von § 2 X UVPG bestehen.[646] Diese Beschränkung des Rechtsschutzes wurde mehrfach durch die ober- und höchstrichterliche Rechtsprechung im Wege der teleologischen Reduzierung unangewendet gelassen.[647] Denn sie führt bei Klagen, die nicht gegen einen Plan oder ein Programm gerichtet sind, sondern auf die Dynamisierung eines unzureichenden Plans oder Programms zielen, dazu, dass das Gericht mangels einer Kenntnis der in den Plan aufzunehmenden Maßnahmen nicht überprüfen kann, ob eine Pflicht zur Durchführung einer Umweltprüfung besteht. Der Ermessensspielraum, der dem Plangeber im Falle einer Verurteilung zu einer Dynamisierung des Plans verbleibt, bewirkt, dass das Gericht nicht selbstständig Maßnahmen festlegen kann, deren UVP-Pflicht verbindlich festgestellt werden kann.

8773 Für die **Luftreinhalteplanung** hat das BVerwG mit Blick auf die gebotene Unionsrechtskonformität der Regelung eine teleologische Reduktion des § 2 IV 2 UmwRG für geboten gehalten.[648] Der die gerichtliche Überprüfung von Plänen und Programmen nach § 1 1 I Nr. 4 UmwRG vom tatsächlichen Bestehen einer SUP-Pflicht abhängig machende § 2 IV 2 UmwRG finde für die Luftreinhalteplanung keine Anwendung. Mit der Aufnahme von Luft-

---

644 VGH Mannheim ZUR 2022, 48; BVerwG NVwZ 2020, 477; NVwZ 2020, 1191 zu § 2 I Nr. 3b UmwRG.

645 OVG Berlin-Brandenburg NuR 2021, 272.

646 Zur Begründetheit von Rechtsbehelfen nach § 2 I UmwRG Guckelberger NuR 2020, 655.

647 BVerwG Urt. v. 27.2.2020 – 7 C 3/19, juris Rn. 24; Urt. v. 28.5.2021 – 7 C 4/20, juris Rn. 17; Urt. v. 26.1.2023 – 10 CN 1/23, juris Rn. 29; VGH Mannheim Urt. v. 10.11.2022 – 10 S 3542/21, juris Rn. 55; OVG Berlin-Brandenburg Urt. v. 30.11.2023 – 11 A 1/23, juris.

648 BVerwG NVwZ 2020, 1191 (1192 f).

reinhalteplänen in den Anwendungsbereich des UmwRG habe der Gesetzgeber der Rechtsprechung des BVerwG[649] zur prokuratorischen Rechtsstellung einer Umweltvereinigung Rechnung tragen und in eine gesetzliche Regelung überführen wollen.[650] Das BVerwG habe aus dem Unionsrecht eine erweiternde Auslegung des § 47 I BImSchG abgeleitet, die einem anerkannten Umweltverband eigene Rechte iSv § 42 II VwGO gewähre. Diese im unionsrechtlichen Luftqualitätsrecht begründete Erweiterung der subjektiven Rechtsposition der Verbände habe das Gericht weder auf der Zulässigkeitsebene noch hinsichtlich der Begründetheitsprüfung auf Luftreinhaltepläne beschränkt, die einer Pflicht zu einer Umweltprüfung unterliegen würde. Vor diesem Hintergrund sei eine teleologische Reduktion des § 2 IV 2 UmwRG für Klagen anerkannter Umweltvereinigungen gegen Luftreinhaltepläne geboten. Anderenfalls bliebe der Gesetzgeber unbeabsichtigt hinter seiner in der Gesetzesbegründung klar zum Ausdruck gekommenen Regelungsabsicht zurück.[651]

§ 2 IV UmwRG bestimmt die Maßstäbe der Prüfung, nicht aber das den Streitgegenstand bestimmende Rechtsschutzziel und die Tenorierung einer stattgebenden Entscheidung. Diese ergeben sich aus der VwGO.[652] Rechtswidrige Verwaltungsakte werden nach § 113 I 1 VwGO aufgehoben, ein rechtswidriger Bebauungsplan wird nach § 47 V 2 1. Hs. VwGO für unwirksam erklärt, eine Verpflichtung zum Erlass eines Verwaltungsaktes nach § 113 V 1 VwGO ausgesprochen. In Fällen des § 7 II 2 UmwRG findet § 47 V 2 VwGO entsprechende Anwendung, sodass auch ein sonstiger Plan für unwirksam erklärt werden kann. Wird hingegen eine gebotene Entscheidung, einen Plan nach § 1 I 1 Nr. 4 UmwRG zu erlassen, versäumt, kann eine Verpflichtung, den Plan zu erlassen, festgestellt werden.[653] 8774

3. Rechtbehelfe nicht anerkannter Vereinigungen

Eine Vereinigung, die nicht nach § 3 UmwRG anerkannt ist, kann nach § 2 II 1 UmwRG einen Rechtsbehelf nach § 2 I UmwRG nur dann einlegen, wenn 1. sie bei Einlegung des Rechtsbehelfs die Voraussetzungen für eine Anerkennung erfüllt, 2. sie einen Antrag auf Anerkennung gestellt hat und 3. über eine Anerkennung aus Gründen, die von der Vereinigung nicht zu vertreten sind, noch nicht entschieden ist. Bei einer ausländischen Vereinigung gelten nach § 2 II 2 UmwRG die Voraussetzungen von § 2 II 1 Nr. 3 UmwRG als erfüllt. Mit der Bestandskraft einer die Anerkennung versagenden Entscheidung wird der Rechtsbehelf nach § 2 II 3 UmwRG unzulässig. 8775

7. Teil. Rechtsschutz in der Fachplanung

Rechtsschutz in der Fachplanung ist in erster Linie nach § 40 I 1 VwGO auf dem Verwaltungsrechtsweg bei dem örtlich und sachlich zuständigen Verwaltungsgericht zu erlangen.[654] Sofern Planfeststellungsbeschlüsse Zulassungsentscheidungen iSd § 1 I 1 Nr. 1 UmwRG sind, was häufig der Fall ist, und einer UVP oder einer Vorprüfung bedürfen, ist das UmwRG zu beachten. 8776

I. Klage gegen den Planfeststellungsbeschluss

Gegen Planfeststellungsbeschlüsse im Bereich des Fachplanungsrechts ist unmittelbar die Klage statthaft.[655] Ein **Vorverfahren** findet nicht statt (§ 68 I 2 VwGO, §§ 70, 72 VwVfG). Das gilt für Anfechtungsklagen gegen Planfeststellungsbeschlüsse und für Verpflichtungsklagen auf Planergänzung. Auch für Anfechtungsklagen gegen Plangenehmigungen ist das Vorverfahren nach § 74 VI 3 VwVfG ausgeschlossen. 8777

---

649 Urteil vom 5.9.2013, NVwZ 2014, 64.
650 BVerwG NVwZ 2020, 1191 (1192 f) unter Verweis auf BT-Drs. 18/9526, 35.
651 BVerwG NVwZ 2020, 1191 (1193); OVG Münster NVwZ-RR 2019, 1040.
652 Kahl/Gärditz Umweltrecht, 2023, § 5 Rn. 60.
653 Gärditz EurUP 2018, 158 (172); Kahl/Gärditz Umweltrecht, 2023, § 5 Rn. 60.
654 Ausführlich Ziekow in Ziekow Handbuch des Fachplanungsrechts, 2024, § 8 Rn. 1 ff; Kämper Planfeststellungsrecht in Johlen/Oerder, Verwaltungsrecht, 2023, § 19 Rn. 247 ff;
655 Beckmann Verwaltungsgerichtlicher Rechtsschutz im raumbedeutsamen Umweltrecht 1987.

8778 Die Klage auf Aufhebung des Planfeststellungsbeschlusses ist als Klagegegner gegen die Körperschaft zu richten, deren Behörde den Planfeststellungsbeschluss erlassen hat (§ 78 I Nr. 1 VwGO), oder, wenn dies das Landesrecht bestimmt, gegen die Planfeststellungsbehörde selbst (§ 78 I Nr. 2 VwGO). Bei einer Mehrzahl von Klägern stehen die einzelnen Kläger grundsätzlich in einer jeweils eigenen rechtlichen Beziehung zum Streitgegenstand. Die Zulässigkeit und Begründetheit jeder eigenen Klage ist daher grundsätzlich individuell zu prüfen. Der unmittelbar in Anspruch genommene Kläger hat jeweils die eigene Betroffenheit darzulegen und kann sich auf dieser Grundlage auch auf die Verletzung anderer öffentlicher Belange berufen. Der lediglich mittelbar betroffene Nachbar kann die Verletzung eigener Belange geltend machen und rügen, dass das Abwägungsgebot ihm gegenüber verletzt worden ist. Mehrere Verfahren gegen denselben Planfeststellungsbeschluss können nach § 93 VwGO zur gemeinsamen Verhandlung und Entscheidung miteinander verbunden werden. Dies wird sich vor allem dann anbieten, wenn die Kläger gegen einen Planfeststellungsbeschluss im Wesentlichen gleiche Argumente vorgetragen haben oder aus anderen Gründen eine Verbindung iS der verfahrensstraffenden Prozessführung zweckmäßig erscheint.

1. Aufschiebende Wirkung

8779 Widerspruch und Anfechtungsklage haben nach § 80 I 1 VwGO zwar grundsätzlich aufschiebende Wirkung. Diese entfällt jedoch nach § 80 II 1 VwGO unter anderem in durch Bundesgesetz oder für Landesrecht durch Landesgesetz vorgeschriebenen Fällen, insbesondere für Widersprüche und Klagen Dritter gegen Verwaltungsakte, die Investitionen oder die Schaffung von Arbeitsplätzen betreffen, für Widersprüche und Klagen Dritter gegen Verwaltungsakte, die die Zulassung von Vorhaben betreffend Bundesverkehrswege und Mobilfunknetze zum Gegenstand haben und die nicht unter § 80 II 1 Nr. 3 VwGO fallen und in den Fällen, in denen die sofortige Vollziehung im öffentlichen Interesse oder im überwiegenden Interesse eines Beteiligten von der Behörde, die den Verwaltungsakt erlassen oder über den Widerspruch zu entscheiden hat, besonders angeordnet wird.

8780 In zahlreichen Fachplanungsgesetzen ist dementsprechend die aufschiebende Wirkung von Anfechtungsklagen gegen Planfeststellungsbeschlüsse und Plangenehmigungen ausgeschlossen (siehe zB §§ 14 e II WaStrG, 10 IV LuftVG, 43 I EnWG). Anträge auf Anordnung der aufschiebenden Wirkung sind innerhalb eines Monats nach Zustellung des Planfeststellungsbeschlusses zu stellen und zu begründen.

2. Sachliche Zuständigkeit

8781 Die Klage ist zwar nach § 45 VwGO grundsätzlich beim Verwaltungsgericht zu erheben. In den in § 48 I 1 VwGO benannten Fällen ist jedoch das OVG erstinstanzlich zuständig.

8782 **a) Erstinstanzliche Zuständigkeit des OVG/VGH.** Das Oberverwaltungsgericht entscheidet jedoch nach § 48 I VwGO im ersten Rechtszug unter anderem über sämtliche Streitigkeiten, die betreffen 1. die Errichtung, den Betrieb, die sonstige Innehabung, die Veränderung, die Stilllegung, den sicheren Einschluss und den Abbau von Anlagen im Sinne der §§ 7 und 9a III AtG, 1a. das Bestehen und die Höhe von Ausgleichsansprüchen auf Grund der §§ 7e und 7f AtG, 2. die Bearbeitung, Verarbeitung und sonstige Verwendung von Kernbrennstoffen außerhalb von Anlagen der in § 7 AtG bezeichneten Art (§ 9 AtG) und die wesentliche Abweichung oder die wesentliche Veränderung im Sinne des § 9 I 2 AtG sowie die Aufbewahrung von Kernbrennstoffen außerhalb der staatlichen Verwahrung (§ 6 AtG), 3. die Errichtung, den Betrieb und die Änderung von Kraftwerken mit Feuerungsanlagen für feste, flüssige und gasförmige Brennstoffe mit einer Feuerungswärmeleistung von mehr als dreihundert Megawatt, 3a. die Errichtung, den Betrieb und die Änderung von Anlagen zur Nutzung von Windenergie an Land mit einer Gesamthöhe von mehr als 50 Metern sowie Anlagen von Windenergie auf See im Küstenmeer, 3b. die Errichtung, den Betrieb und die Änderung von Kraft-Wärme-Kopplungsanlagen im Sinne des Kraft-Wärme-Kopplungsgesetzes ab einer Feuerungswärmeleistung von 50 Megawatt, 4. Planfeststellungsverfahren gem. § 43 EnWG, soweit nicht die Zuständigkeit des BVerwG nach § 50 I Nr. 6 VwGO begründet ist, 4a. Planfeststellungs- oder Plangenehmigungsverfahren für die Errichtung, den Betrieb und die Änderung von Einrichtungen nach § 66 I WindSeeG, soweit nicht die Zuständigkeit des BVerwG nach § 50 I Nr. 6 VwGO begründet ist, 5. Verfahren für die Errichtung, den Betrieb und die wesentliche Änderung von ortsfesten Anlagen zur Verbrennung oder thermischen Zersetzung von

Abfällen mit einer jährlichen Durchsatzleistung (effektive Leistung) von mehr als einhunderttausend Tonnen und von ortsfesten Anlagen, in denen ganz oder teilweise Abfälle iSd § 48 KrWG gelagert oder abgelagert werden, 6. das Anlegen, die Erweiterung oder Änderung und den Betrieb von Verkehrsflughäfen und von Verkehrslandeplätzen mit beschränktem Bauschutzbereich, 7. Planfeststellungsverfahren für den Bau oder die Änderung der Strecken von Straßenbahnen, Magnetschwebebahnen und von öffentlichen Eisenbahnen sowie für den Bau oder die Änderung von Rangier- und Containerbahnhöfen, 8. Planfeststellungsverfahren für den Bau oder die Änderung von Bundesfernstraßen und Landesstraßen, 9. Planfeststellungsverfahren für den Neubau oder den Ausbau von Bundeswasserstraßen, 10. Planfeststellungsverfahren für Maßnahmen des öffentlichen Küsten- oder Hochwasserschutzes, 11. Planfeststellungsverfahren nach § 68 Absatz 1 des Wasserhaushaltsgesetzes oder nach landesrechtlichen Vorschriften für die Errichtung, die Erweiterung oder die Änderung von Häfen, die für Wasserfahrzeuge mit mehr als 1 350 Tonnen Tragfähigkeit zugänglich sind, unbeschadet der § 48 I Nr. 9 VwGO, 12. Planfeststellungsverfahren nach § 68 I WHG für die Errichtung, die Erweiterung oder die Änderung von Wasserkraftanlagen mit einer elektrischen Nettoleistung von mehr als 100 Megawatt, 12a Gewässerbenutzungen im Zusammenhang mit der aufgrund des Kohleverstromungsbeendigungsgesetzes vorgesehenen Einstellung von Braunkohletagebauen, 12b Planfeststellungsverfahren für Gewässerausbauten im Zusammenhang mit der aufgrund des Kohleverstromungsbeendigungsgesetzes vorgesehenen Einstellung von Braunkohletagebauen, 13. Planfeststellungsverfahren nach dem BBergG, 14. Zulassungen von a) Rahmenbetriebsplänen, b) Hauptbetriebsplänen, c) Sonderbetriebsplänen und d) Abschlussbetriebsplänen sowie Grundabtretungsbeschlüsse, jeweils im Zusammenhang mit der aufgrund des Kohleverstromungsbeendigungsgesetzes vorgesehenen Einstellung von Braunkohletagebauen, und 15. Planfeststellungsverfahren nach § 65 I UVPG iVm Anlage 1 Nr. 19.7 UVPG für die Errichtung und den Betrieb oder die Änderung von Dampf- oder Warmwasserpipelines.

Die genannten erstinstanzlichen Zuständigkeiten des OVG/VGH gelten nach § 48 S. 2 **8783** VwGO auch für Streitigkeiten über Genehmigungen, die anstelle einer Planfeststellung erteilt werden, sowie für Streitigkeiten über sämtliche für das Vorhaben erforderlichen Genehmigungen und Erlaubnisse, auch soweit sie Nebeneinrichtungen betreffen, die mit ihm in einem räumlichen und betrieblichen Zusammenhang stehen. Die Länder können durch Gesetz vorschreiben, dass über Streitigkeiten, die Besitzeinweisungen in den Fällen des § 48 S. 1 VwGO betreffen, das Oberverwaltungsgericht im ersten Rechtszug entscheidet.

b) Erstinstanzliche Zuständigkeit des BVerwG. Das BVerwG entscheidet nach § 50 I **8784** VwGO im ersten und letzten Rechtszug unter anderem über sämtliche Streitigkeiten, die Planfeststellungsverfahren und Plangenehmigungsverfahren für Vorhaben betreffen, die in dem AEG, dem WaStrG, dem ENLAG, dem BBlG, dem § 43eIV EnWG, dem § 76 WindSeeG oder dem Magnetschwebebahnplanungsgesetz bezeichnet sind, über sämtliche Streitigkeiten zu Verfahren im Sinne des § 17e I FStrG, über sämtliche Streitigkeiten, die Vorhaben zur Errichtung und zur Anbindung von Terminals zum Import von Wasserstoff und Derivaten betreffen, sowie über die ihm nach dem LNG-Beschleunigungsgesetz zugewiesenen Verfahren und über die ihm nach dem Energiesicherungsgesetz zugewiesenen Verfahren.

3. Fristen

Für Klagen, Rechtsmittel und Klagebegründungen sind unterschiedliche Fristen zu beachten. **8785**

a) Klagefrist. Anfechtungsklagen gegen Planfeststellungsbeschlüsse sind regelmäßig inner- **8786** halb eines Monats nach Bekanntgabe des Planfeststellungsbeschlusses nach § 74 I 2 VwGO zu erheben. Bei Zustellung durch öffentliche Bekanntmachung beginnt die Frist nach § 74 V 3 VwVfG mit dem Ende der öffentlichen Auslegung.

Nur ausnahmsweise kann das Recht zur Klageerhebung verwirkt sein, wenn die Klagefrist **8787** noch nicht abgelaufen ist. Das BVerwG erörtert dazu den außergewöhnlichen Fall einer **Verwirkung** bei einer gescheiterten Zustellung, in deren Folge die Frist zur Erhebung der Klage nicht in Gang gesetzt werden konnte und damit die Anlage- und Betriebsvoraussetzungen eines Flugplatzes nicht von einer Planfeststellungsfiktion profitieren konnte.[656] Die Verwirkung beruht auf einer unredlichen, Treu und Glauben zuwiderlaufenden Verzögerung der Klageer-

---

656 BVerwG Beschl. v. 14.6.2016 – 4 B 45.15, BeckRS 2016, 48649.

hebung. Voraussetzung dafür ist die zuverlässige Kenntnis der Kläger über den Abschluss des Planfeststellungsverfahrens. Verzögert der Kläger gleichwohl die Klageerhebung solange, bis die Behörde nicht mit einer Klageerhebung rechnet und sich darauf einstellt, kann eine Verwirkung vorliegen.[657]

8788 **b) Klagebegründungsfrist.** Nach § 6 S. 1 UmwRG müssen innerhalb einer Frist von zehn Wochen ab Klageerhebung die zur Begründung ihrer Klage dienenden Tatsachen und Beweismittel angegeben werden. Der Zweck dieser Klagebegründungsfrist besteht darin, zur Straffung des Gerichtsverfahrens beizutragen.[658] Erklärungen und Beweismittel, die erst nach Ablauf dieser Frist vorgebracht werden, sind nur zuzulassen, wenn die Voraussetzung nach § 87b III 1 Nr. VwGO erfüllt ist. § 87b III 2 und 3 VwGO gilt entsprechend. Die Frist kann durch den Vorsitzenden oder den Berichterstatter auf Antrag verlängert werden, wenn die Person oder die Vereinigung in dem Verfahren, in dem die angefochtene Entscheidung ergangen ist, keine Möglichkeit der Beteiligung hatte. Diese Regelungen gelten entsprechend für Fälle, in denen das gerichtliche Verfahren zur Durchführung eines Planergänzungs- oder Planänderungsverfahrens ausgesetzt wurde und später fortgesetzt wird; die Frist läuft ab Fortsetzung des gerichtlichen Verfahrens. Ähnliche Klagebegründungsfristen. Allerdings mit unterschiedlichen fristen, sehr verschiedene Fachplanungsgesetze vor. Die Frist beginnt mit der Klageerhebung. Ob und ggfls. für welche Fachplanungsvorhaben § 6 UmwRG gilt, hängt davon ab, ob die Bestimmung in den einzelnen Gesetzen für anwendbar oder unanwendbar erklärt wird (siehe zB § 17 e V 6 FStrG, 18 e V 6 AEG und § 14 e V 6 WaStrG, wonach § 6 UmwRG auf Anfechtungsklagen gegen Planfeststellungsbeschlüsse nach diesen Gesetzen nicht anwendbar ist).[659]

8789 Nach § 6 UmwRG (ebenso 17e V FStrG) ist neuer Tatsachenvortrag außerhalb der zehnwöchigen Klagebegründungsfrist unabhängig von einer konkreten Verfahrensverzögerung grundsätzlich ausgeschlossen, soweit er nicht genügend entschuldigt wird. Innerhalb der Klagebegründungsfrist sind die Beweismittel für einen späteren förmlichen Beweisantrag bereits anzugeben.[660] Für die Angabe von Tatsachen, die zur Klagebegründung iSv § 6 Satz 1 UmwRG dienen, genügt es grundsätzlich nicht, nur den angegriffenen Bescheid vorzulegen. Rein rechtliches Vorbringen fällt nicht in den Anwendungsbereich des § 6 Satz 1 UmwRG, weil dieser nur die Angabe von Tatsachen und Beweismitteln erfasst.[661]

8790 Mit der Begründungspflicht einher geht die Pflicht eines Klägers zur Sichtung und rechtlichen Einordnung der Tatsachen, auf welche die Klage gestützt werden soll. Dabei muss er sich mit dem angefochtenen Planfeststellungsbeschluss auseinandersetzen; eine lediglich pauschale Bezugnahme auf im Planfeststellungsverfahren erhobene Einwände oder deren Wiederholung ohne Würdigung des Planfeststellungsbeschlusses genügt ebenso wenig wie ein bloßes Bestreiten tatsächlicher Feststellungen der Planung. Auch muss das Klagevorbringen aus sich heraus ohne Weiteres verständlich sein. Denn es ist nicht Aufgabe des Gerichts, aus den eingereichten Schriftsätzen im Wege der Auslegung den Sachvortrag sowie etwaige konkludent gestellte Anträge zu ermitteln oder zu konkretisieren. Genügt das Vorbringen diesen Anforderungen nicht, muss es nicht berücksichtigt und beschieden werden.[662]

8791 Die Überprüfung des Planfeststellungsbeschlusses ist auf den Prüfungsstoff beschränkt, der innerhalb der - wie oben aufgezeigt - hier Anwendung findenden Klagebegründungsfrist gemäß § 6 Satz 1 UmwRG, nach dem innerhalb einer Frist von zehn Wochen ab Klageerhebung die zur Begründung der Klage dienenden Tatsachen und Beweismittel anzugeben sind, festgelegt worden ist. Denn mit Ablauf der zuvor genannten Frist soll für das Gericht und die übrigen Beteiligten klar und unverwechselbar feststehen, unter welchen tatsächlichen Gesichtspunkten eine behördliche Entscheidung angegriffen wird; vertiefender Tatsachenvortrag bleibt nach Fristablauf zulässig.[663]

---

657 Kämper Planfeststellungsrecht in Johlen/Oerder Verwaltungsrecht, 2023, § 19 Rn. 252.

658 BVerwG Beschl. v. 14.6.2023 – 10 B 3/23, juris Rn. 5; VGH Mannheim Urt. V. 11.12.2023 – 10 S 1914/22, juris Rn. 101

659 Sie auch Heinze NVwZ 2022, 931.

660 BVerwG NVwZ 2019, 1202.

661 OVG Münster Beschl. v. 8.3.2024 – 8 A 2211/22, juris Rn. 16, 29.

662 OVG Münster Urt. v. 5.3.2024 – 21 D 215/23. AK, juris.

663 OVG Münster Urt. v. 5.3.2024 – 21 D 315/23. AK, juris; VGH Mannheim Urt. v. 5.10.2022 – 10 S 1485/21, juris Rn. 50; BVerwG NVwZ-RR 2022, 317 Rn. 24; NVwZ 2021, 331 Rn. 14; Beschl. v. 5.7.2023 - 9 B 8.23, juris Rn. 7.

Wird die Klage nicht rechtzeitig begründet, kann das Gericht unter den Voraussetzungen § 87 b III VwGO den nicht rechtzeitigen Vortrag als verspätet zurückweisen. Allerdings wird ein ergänzender und vertiefender Vortrag auch nach Ablauf der Begründungsfrist nicht ausgeschlossen.[664] Auch kann der Kläger im Rahmen seines rechtzeitig ausgebrachten Vortrags Hilfsanträge stellen, die etwa auf eine Ergänzung des Planfeststellungsbeschlusses um Schutzauflagen gerichtet sind.[665] Dasselbe gilt für nachgeschobene Beweisanträge. 8792

Die Klagebegründungsfristen sieht das BVerwG in ständiger Rechtsprechung als **verfassungskonform** an. Innerhalb der Frist muss der Kläger die ihn beschwerenden Tatsachen so konkret angeben, dass der Lebenssachverhalt, aus dem sich der mit der Klage verfolgte Anspruch ableitet, unverwechselbar feststeht, was späteren vertiefenden Sachvortrag nicht ausschließt.[666] Es reicht aus, wenn der geltend gemachte Anspruch alsbald hinreichend umrissen wird. Eine Belehrung über die Folgen der Fristversäumung ist nicht erforderlich.[667] Ob die Versäumung dieser Fristen den Rechtsstreit iS des § 87 b III 1 Nr. 1 VwGO verzögert, beurteilt sich danach, ob der Prozess bei Zulassung des verspäteten Vorbringens länger dauern würde als bei dessen Zurückweisung. Ob der Rechtsstreit bei rechtzeitigem Vorbringen ebenso lange gedauert hätte, ist unerheblich, es sei denn, dies wäre offenkundig. Das wird mit dem gesetzgeberischen Ziel einer schnellen Planungssicherheit begründet. Wenn der Beschleunigungseffekt nicht auf Spiel gesetzt werden soll, muss die Präklusionsregelung streng gehandhabt werden.[668] Auch führt das dem Kläger nach § 100 I VwVfG zustehende Akteneinsichtsrecht nicht zu einer Verlängerung der Klagebegründungsfrist.[669] 8793

Förmliche Beweisanträge müssen daher auch mit entsprechender Begründung beschieden werden. Die Begründung für die Ablehnung von Beweisanträgen muss zur Ermöglichung der Verfahrenskontrolle durch das Revisionsgericht aktenkundig sein. Soweit dies nicht durch Aufnahme in die Sitzungsniederschrift geschieht, muss das Gericht seine Begründung für die Zurückweisung der Beweisanträge in den Entscheidungsgründen darlegen. Unterbleibt dies, liegt darin ein Verstoß gegen die Begründungspflicht nach § 108 I 2 VwGO.[670] Die Aufklärungsrüge stellt kein Mittel dar, um Versäumnisse eines Verfahrensbeteiligten in der Tatsacheninstanz, vor allem das Unterlassen der Stellung von Beweisanträgen, zu kompensieren. Beweisanträge, die lediglich schriftsätzlich angekündigt worden sind, entsprechen den Anforderungen nicht.[671] Es begründet keinen Verfahrensmangel, wenn das Berufungsgericht eine europarechtliche Frage nicht dem EuGH vorlegt (oder dessen Entscheidung zu einer bereits vorgelegten Frage abwartet) und es in seinem Urteil auch die Revision nicht zulässt.[672] 8794

Klagebegründungsfristen, die unabhängig vom Zeitpunkt der Möglichkeit einer Akteneinsicht, die zur ordnungsgemäßen Klageerhebung zumeist unerlässlich ist, bleiben für die Anwaltschaft problematisch.[673] Denn sie treffen hohe anwaltliche Sorgfaltspflichten und nach der Rechtsprechung des BGH auch erhebliche haftungsrechtliche Konsequenzen. Vorzugswürdig wäre eine Regelung, die den Beginn der Klagebegründungsfrist in § 6 I UmwRG an die Zurverfügungstellung des Verwaltungsvorgangs knüpft. Dies würde sicherstellen, dass den Klägern die volle Klagebegründungsfrist von zehn Wochen in Kenntnis aller Umstände zur Verfügung steht, die sie zur Begründung ihrer Klage und zur geforderten Angabe der Tatsachen und Beweismittel benötigen. Verzögerungen, die sich daraus ergeben, dass im Zeitpunkt der Klageerhebung ein vollständiger Verwaltungsvorgang noch gar nicht vorliegt, können sich jedenfalls nicht zu Lasten der Kläger auswirken. 8795

Der Anwalt muss den Sachverhalt umfassend aufklären und ihn zutreffend rechtlich würdigen; außerdem hat er umfassende Beratungs- und Belehrungspflichten, zu denen nach der Rechtsprechung des BGH auch die Pflicht zur Wahl des sichersten Wegs zur Erreichung des von dem Mandanten gewünschten Ziels zählt. Die Sorgfaltspflichten des Anwalts sind von dem für die Anwaltshaftung zuständigen Zivilsenat des BGH im Laufe der Zeit verschärft und selbst 8796

---

664 BVerwG NVwZ 1994, 371.
665 BVerwG UPR 1997, 470.
666 BVerwG NVwZ 1994, 371; NVwZ 1995, 901.
667 BVerwG NVwZ 1997, 998.
668 BVerwG NVwZ-RR 1998, 592.
669 BVerwG NVwZ 1997, 998.
670 BVerwG NVwZ 2011, 429; BayVBl 2004, 94.
671 BVerwG Beschl. v. 19.1.2010 – 4 B 2.10, juris.
672 BVerwG Beschl. v. 12.10.2010 – 7 B 22.10, juris.
673 Zur Rolle der Anwaltschaft im Verwaltungsrechtsstreit Beckmann DVBl.. 2019, 1172.

auf Fälle erstreckt worden, in denen der Schaden des Mandanten auf einem richterlichen Fehler beruht. Fehlentscheidungen des Gerichts muss der Anwalt zu verhindern suchen. Versäumnisse des Gerichts schließen eine Mitverantwortung des Rechtsanwalts für eigenes Versehen nicht aus.[674] Rechtsanwälte müssen über die Rechtskenntnisse verfügen, die für eine ordnungsgemäße Bearbeitung des Mandats erforderlich sind. Der Rechtsanwalt muss die rechtlichen Grundlagen des Falls, die einschlägigen Gesetze, untergesetzlichen Rechtsnormen und privaten Rechtsquellen, außerdem die einschlägige Rechtsprechung, zu wahrende Fristen und das jeweilige Verfahrensrecht kennen. Das liest sich alles geradezu selbstverständlich. Allerdings kann selbst erfahrenen Fachanwälten bei den geschilderten Schwierigkeiten der Rechtsanwendung angst und bange werden.

8797 In Verfahren mit komplexen technischen, naturschutzfachlichen Sachverhalten spielt zB die Ergänzung des Klagevortrags durch fachgutachterliche Stellungnahmen eine bedeutende Rolle. In Prozessen mit Anwaltszwang verlangt das BVerwG vom Bevollmächtigten aber eine eigene Prüfung, Sichtung und rechtliche Durchdringung des Streitstoffs. Das Gebot des § 67IV 1 VwGO, sich vor dem BVerwG und dem OVG/VGH durch einen Rechtsanwalt vertreten zu lassen, soll die Sachlichkeit des Verfahrens und die sachkundige Erörterung des Streitfalles, insbesondere der entscheidungserheblichen Rechtsfragen, gewährleisten. Deshalb kann nach der Rechtsprechung des BVerwG nur solcher Vortrag berücksichtigt werden, der erkennen lässt, dass der Streitstoff von dem Prozessbevollmächtigten rechtlich durchdrungen ist. Die schlagwortartige Erwähnung von Kritikpunkten in der Klagebegründung genügt hierfür nicht. Die Klagebegründungsfrist des § 6 S. 1 UmwRG ist deshalb knapp bemessen.

8798 Begründet werden die hohen Anforderungen an den Anwalt damit, dass er einen Auftrag ablehnen kann, wenn er sich nicht zutraut, ihn sachgerecht auszuführen; der Mandant könne sich dann einen anderen Anwalt suchen, der über die erforderlichen Kenntnisse verfüge oder sie sich rechtzeitig im erforderlichen Umfang verschaffen könne. Das unterscheidet den Anwalt von einem Verwaltungsrichter, der die Entscheidung nicht mit Verweis auf seine unzureichende Kompetenz zur Falllösung verweigert.

8799 **c) Missbräuchliches oder unredliches Verhalten im Rechtsbehelfsverfahren.** Einwendungen, die eine Person oder eine Vereinigung im Sinne des § 4 III 1 UmwRG erstmals im Rechtsbehelfsverfahren erhebt, bleiben nach § 5 UmwRG unberücksichtigt, wenn die erstmalige Geltendmachung im Rechtsbehelfsverfahren missbräuchlich oder unredlich ist.

8800 § 5 UmwRG wurde durch das Gesetz vom 29.5.2017 (BGBl. I 1298) eingeführt, mit dem der Gesetzgeber auf die Rechtsprechung des EuGH[675] reagiert und unter anderem die als unionsrechtswidrig beurteilte **materielle Präklusion** aufgehoben hat. Sie nimmt den Hinweis aus diesem Urteil auf, wonach der nationale Gesetzgeber spezifische Verfahrensvorschriften vorsehen kann, nach denen zB ein missbräuchliches oder unredliches Vorbringen unzulässig ist. Dieser Fall soll nach den Vorstellungen des Gesetzgebers etwa dann vorliegen, wenn der Rechtsbehelfsführer im Verwaltungsverfahren erklärt oder auf andere Weise deutlich gemacht hat, dass entsprechende Einwendungen nicht bestehe.[676] Bezugspunkt des Missbrauchs bzw. der Unredlichkeit ist nicht der Inhalt der Einwendung, sondern der Zeitpunkt ihrer Geltendmachung.[677] Nach der Gesetzesbegründung soll ein missbräuchliches Verhalten jedenfalls vorliegen, wenn der „Rechtsbehelfsführer im Verwaltungsverfahren erklärt oder auf andere Weise deutlich gemacht hat, dass entsprechende Einwendungen nicht bestehen". Gemeint ist damit ein widersprüchliches und treuwidriges Verhalten im Sinne eines „venire contra factum proprium".[678] Allein der (objektive) Umstand der Nichtbeteiligung im Verwaltungsverfahren ist unerheblich, weil es keine Obliegenheit zur Beteiligung gibt.[679] Auch die erst nachträgliche Geltendmachung eines Einwands reicht nicht aus. Maßgeblich ist vielmehr, dass dem Betroffenen bei der gebotenen Gesamtbetrachtung in subjektiver Hinsicht ein Vor-

---

674 siehe dazu Beckmann DVBl. 2019, 1172 (1173 f); Deckenbrock NJW 2018, 1636.

675 Urt. v. 15.10.2015 – C-137/14.

676 BT-Drs. 18/9526 S. 41.

677 VGH Mannheim Urt. v. 11.12.2023 – 10 S 1914/22, juris Rn. 122.

678 VGH Mannheim Urt. v. 11.12.2023 – 10 S 1914/22, juris Rn. 122; BVerwGE 166, 1 Rn. 38; BT-Drs. 18/9526, S. 41.

679 VGH Mannheim Urt. v. 11.12.2023 – 10 S 1914/22, juris Rn. 122; BVerwG Urt. v. 25.5.2023 - 7 A 7.22, juris Rn. 25; BVerwGE 166, 1 Rn. 38; Urt. v. 29.6.2017 - 3 A 1.16, juris Rn. 24; VGH München Urt. v. 4.8.2022 - 22 A 20.40012, juris Rn. 71.

wurf gemacht werden kann und der späte Zeitpunkt des Vorbringens auf einer bewussten Entscheidung beruht.[680]

4. Klagearten

Ob eine **Anfechtungs- oder Verpflichtungsklage** erhoben wird, richtet sich entsprechend § 88 VwGO nach dem Klagebegehren. Entscheidend ist dabei das im Parteivorbringen zum Ausdruck kommende Rechtsschutzziel. 8801

Versagt die zuständige Behörde die beantragte Planfeststellung, dann kann der Vorhabenträger grundsätzlich eine Verpflichtungsklage erheben. Allerdings steht der zuständigen Behörde bei der Entscheidung über die beantragte Planfeststellung ein Planungsermessen zu, so dass die Planfeststellungsbehörde in aller Regel nicht zum Erlass des Planfeststellungsbeschlusses verurteilt werden kann, sondern im Wege einer Bescheidungsklage nur zu einer neuen Entscheidung unter Berücksichtigung der Rechtsauffassung des Gerichts. 8802

Erteilt die Planfeststellungsbehörde die beantragte Planfeststellung mit Nebenbestimmungen, die den Vorhabenträger belasten, so kommt es für die Wahl seiner Klage darauf an, ob diese Nebenbestimmungen abtrennbar und isoliert anfechtbar sind. Das hängt nach zumeist vertretener Ansicht davon ab, ob die Zulassungsentscheidung bei dem Wegfall der beanstandeten Nebenbestimmung rechtmäßig weiterbestehen kann.[681] Der nach § 11 III 1 VwGO dazu vom 4. Senat des BVerwG angefragte 8 Senat des BVerwG entschied jedoch mit Beschluss vom 12.10.2023, an seiner Rechtsauffassung, dass eine belastende Nebenbestimmung, die einem begünstigenden Verwaltungsakt beigefügt wird, im Anfechtungsprozess nur dann isoliert aufgehoben werden darf, wenn der verbleibende Verwaltungsakt für sich genommen rechtmäßig ist, nicht mehr festhalten zu wollen.[682] 8803

Fehlt es an einer isolierten Anfechtbarkeit, weil der Planfeststellungsbeschluss oder aber auch die Plangenehmigung ohne die belastende Nebenbestimmung ein unvollständiger und/oder rechtswidriger Verwaltungsakt wäre, kommt eine Anfechtungsklage nicht in Betracht. Die richtige Klageart ist in diesem Fall die Verpflichtungsklage mit dem Ziel, den Planfeststellungsbeschluss oder die Plangenehmigung ohne die belastende Nebenbestimmung beschieden zu bekommen.[683] Als untrennbare Bestandteile der abfallrechtlichen Zulassung, die im Wege einer isolierten Anfechtungsklage nicht angreifbar sind, gelten Bedingungen und Befristungen sowie „modifizierende Auflagen", die den Genehmigungsinhalt der abfallrechtlichen Zulassung selbst betreffen. 8804

Für die Klagen Drittbetroffener kommt grundsätzlich sowohl eine Anfechtungsklage als auch eine Verpflichtungsklage in Betracht. Wendet sich der Drittbetroffene gegen den Planfeststellungsbeschluss oder die Plangenehmigung insgesamt, so ist die Anfechtungsklage zulässig. Kann dagegen die gerügte Rechtsverletzung durch den Erlass ergänzender Auflagen oder Bedingungen vermieden werden, dann ist das Rechtsschutzbegehren im Wege der Verpflichtungsklage als Planergänzungsanspruch zu verfolgen. Die Verpflichtungsklage ist auch für Klage auf Festsetzung einer Entschädigung die richtige Klageart.[684] Wenn allerdings mit der begehrten Nebenbestimmung das Gesamtkonzept der Planungsentscheidung tangiert wird, so dass die Ausgewogenheit dieser Gesamtplanung in Frage steht, dann kann und muss das Rechtsschutzbegehren im Wege einer Anfechtungsklage, möglicherweise auch mit einem Teilaufhebungsantrag verfolgt werden. Bei Zweifeln über die richtige Klageart sollte der Drittbetroffene als Hauptantrag einen Aufhebungsantrag und hilfsweise einen Verpflichtungsantrag auf Planergänzung stellen. 8805

Gegen Vorhaben öffentlicher Planungsträger, die weder in einem Planfeststellungsverfahren noch in einem (anderen) Genehmigungsverfahren behördlich geprüft worden sind, stehen dem Betroffenen **Unterlassungsansprüche** und daneben ggf. auch Leistungsansprüche anderer Art zur Verfügung. Machen die Betroffenen davon keinen Gebrauch und nehmen sie damit die sie belastenden Maßnahmen klaglos hin, so können sie diese Beeinträchtigungen nicht mit einem 8806

---

680 Happ in Eyermann, VwGO, 2022, § 5 UmwRG Rn. 2; BVerwGE 166, 1 Rn. 18 m. w. N.; Fellenberg/Schiller in Landmann/Rohmer, Umweltrecht, § 5 UmwRG Rn.18 ff.

681 OVG Münster Beschl. v. 29.11.2022 – 4 A 1444/16, juris Rn. 10; BVerwGE 112, 221; Beschl. v. 29.3.2022 - 4 C 4.20, juris, Rn. 8; OVG Münster Urt. v. 16.4.2018 - 4 A 589/17, juris, Rn. 24 f.; Beckmann in Landmann/Rohmer Umweltrecht, 2023, § 36 KrWG Rn. 105.

682 BVerwG ZfBR 2023, 71.

683 Beckmann in Landmann/Rohmer Umweltrecht, 2023, § 36 KrWG Rn. 105; BVerwGE 56, 110, 132 f.

684 BVerwG DVBl.. 1987, 1011, 1012; BVerwGE 87, 332.

späteren Vorhaben in Verbindung bringen, das in Wahrheit zu keiner Verschlechterung der faktisch bestehenden Situation führt.[685]

5. Klagebefugnis

8807 Die Zulässigkeit einer Anfechtungsklage setzt eine Klagebefugnis voraus. Diese ist nach § 42 II VwGO gegeben, wenn der Kläger geltend macht, in eigenen Rechten verletzt zu sein. Die Klagebefugnis ist nur zu verneinen, wenn eine subjektiv-rechtliche Betroffenheit des Klägers durch den angefochtenen Verwaltungsakt offenkundig und nach jeder Betrachtungsweise von vorneherein auszuschließen ist. Daher verbietet sich eine prozessuale Handhabung dieser Sachentscheidungsvoraussetzung, die im Ergebnis dazu führt, dass eine an sich gebotene Sachprüfung im Wege einer umfangreichen Befassung mit durch den Fall aufgeworfenen Sach- und Rechtsfragen als Aspekt der Zulässigkeit der Klage behandelt wird.[686]

8808 Die Klagebefugnis eines Vorhabenträgers ist in aller Regel unproblematisch. Wendet er sich gegen die Ablehnung seines Planfeststellungsantrags, dann liegt in dieser Versagung die Möglichkeit einer Rechtsverletzung. Nichts anderes gilt, wenn sich der Vorhabenträger gegen eine ihn belastende Nebenbestimmung oder auch gegen eine ihn belastende nachträgliche Anordnung zur Wehr setzt.

8809 **a) Klagebefugnis des enteignungsrechtlich Betroffenen.** Für den Rechtsschutz Drittbetroffener ist die Unterscheidung zwischen dem unmittelbar enteignungsrechtlich Betroffenen und dem benachbarten Eigentümer von Bedeutung. Der Eigentümer, dessen Grundstück auf der Grundlage der Planfeststellung durch Enteignung unmittelbar in Anspruch genommen werden soll, hat einen weitergehenden Rechtsschutz im Vergleich zu demjenigen Betroffenen, der dem Vorhaben lediglich benachbart ist. Der durch die fachplanerische Zulassungsentscheidung unmittelbar (enteignend) betroffene Grundstückseigentümer hat grundsätzlich volle Abwehrrechte. Er kann sich nicht nur auf die Verletzung seiner eigenen (privaten) Belange, sondern auch auf die Nichtbeachtung öffentlicher Belange berufen.[687]

8810 Wirkt sich allerdings ein gerügter Rechtsmangel nicht auf die Rechtstellung des Grundstückseigentümers aus, etwa weil sich dieser Rechtsmangel räumlich auf andere Teilflächen des geplanten Vorhabens bezieht, dann kann es auch einem unmittelbar betroffenen Grundstückseigentümer an der Klagebefugnis fehlen. Eine Klagebefugnis besteht nicht, wenn der geltend gemachte Rechtsfehler gerade für die Rechtsbetroffenheit des klagenden Grundeigentümers aus verfahrensrechtlichen oder materiellen Gründen unerheblich ist.[688] Das ist der Fall, wenn der als verletzt geltend gemachte öffentliche Belang nur von örtlicher Bedeutung ist und aus diesem Grunde das klägerische Grundstück nicht berührt.[689] Es reicht daher nicht aus, dass sich der Planbetroffene lediglich ganz allgemein zum Verteidiger öffentlicher Interessen aufschwingt. Auch kann sich ein Grundstückseigentümer auf die Verletzung von Verfahrensvorschriften, die zugunsten anderer Beteiligter bestehen, nur berufen, wenn er überzeugend geltend macht, hierdurch auch in seiner Rechtsstellung betroffen zu sein.[690]

8811 Ein von der enteignungsrechtlichen Vorwirkung Betroffener kann zwar eine gerichtliche Überprüfung des Plans auf seine objektive Rechtmäßigkeit verlangen.[691] Der Anspruch des von der enteignungsrechtlichen Vorwirkung Betroffenen unterliegt allerdings Einschränkungen.[692] Nicht jeder objektiv-rechtliche Fehler, der einer Planung anhaftet, führt allerdings zur (vollständigen oder teilweisen) Aufhebung des Planfeststellungsbeschlusses oder zur Feststellung seiner Rechtswidrigkeit und Nichtvollziehbarkeit. Diese Rechtsfolge scheidet vielmehr aus, wenn der geltend gemachte Rechtsfehler für die Eigentumsbetroffenheit des Klägers aus tatsächlichen oder rechtlichen Gründen nicht erheblich, insbesondere nicht kausal ist. Das ist etwa dann der Fall, wenn ein als verletzt geltend gemachter öffentlicher Belang nur von örtlicher Bedeutung ist und auch die fehlerfreie Beachtung dieses Belangs nicht zu einer Veränderung

[685] BVerwG NVwZ-RR 1991, 118.
[686] BVerwG BRS 60 Nr. 46, OVG Saarland Urt. v. 20.6.2023 – 2 C 251/21, juris Rn. 77; BauR 2018, 508.
[687] BVerwG NJW 1983, 2459; Stüer NuR 1983, 149.
[688] BVerwG NVwZ-RR 1997, 336.
[689] BVerwG NVwZ-RR 1991, 118; NVwZ 1996, 188.
[690] BVerwG NVwZ-RR 1997, 336.
[691] BVerwGE 134, 308 Rn. 23 f. mwN.
[692] BVerwGE 134, 308 Rn. 24.

der Planung im Bereich des betroffenen Grundstücks führen würde.[693] Es widerspricht nicht Art. 14 GG, die Rügebefugnis der von der enteignungsrechtlichen Vorwirkung des Planfeststellungsbeschlusses Betroffenen auf Fehler zu beschränken, die für die Inanspruchnahme des Eigentums erheblich sind, sowie die Geltendmachung von Rechten auszuschließen, die anderen Rechtsinhabern zur eigenverantwortlichen Wahrnehmung und Konkretisierung zugewiesen sind.[694] Dem entspricht es, dass ein behaupteter Verstoß gegen die naturschutzrechtliche Eingriffsregelung nur dann der Anfechtungsklage eines Eigentumsbetroffenen zum Erfolg verhelfen kann, wenn dieser Verstoß kausal gerade für seine Eigentumsinanspruchnahme ist.[695] Behauptete Verstöße gegen zwingende Vorschriften des nationalen oder unionsrechtlichen Naturschutzrechts, namentlich der Habitat- und Vogelschutzrichtlinie, können dann nicht zu einem Erfolg eines Anfechtungsbegehrens führen, wenn die Planung lediglich an Mängeln leidet, die für die Sachentscheidung nicht von Einfluss gewesen oder durch eine schlichte Planergänzung zu beheben sind (§ 17e VI FStrG).[696]

Hinweis: Auch eine Auflassungsvormerkung nach § 883 BGB verschafft eine entsprechende Klagebefugnis, ohne dass es darauf ankommt, ob Besitz sowie Nutzungen und Lasten bereits auf den Vormerkungsberechtigten übergegangen sind.[697]

Enteignungsbetroffene Kläger können als Teil der objektiven Rechtsordnung auch die Verletzung des **Gemeinschaftsrechts** geltend machen. Auch begünstigende europäische Richtlinien können für den enteignend betroffenen Bürger unmittelbare Wirkung entfalten. Es genügt dabei der Vortrag, dass das Grundstück bei der korrekten Anwendung des Gemeinschaftsrechts nicht von der Planung erfasst worden wäre.[698] Ein von einer enteignungsrechtlichen Vorwirkung des Planfeststellungsbeschlusses betroffener Anlieger kann sich auch auf raumordnerische Bedenken berufen.[699] 8812

b) Klagebefugnis des Nachbarn. Der lediglich als Nachbar betroffene Grundstückseigentümer hat demgegenüber verminderte Rechtsschutzmöglichkeiten. Er kann – anders als die unmittelbar in ihrem Eigentum Betroffenen – nicht auch objektive Rechtsmängel der Planfeststellung rügen und muss sich auf die sie schützenden Rechtsnormen stützen. Darüber hinaus sind die Belange der mittelbar von dem planfeststellungsbedürftigen Vorhaben betroffenen Nachbarn bei der Ausübung des Planungsermessens zu berücksichtigen. Den Drittbetroffenen steht insoweit ein Anspruch auf gerechte Abwägung seiner eigenen Belange zu.[700] Der Drittbetroffene kann ohne enteignungsrechtliche Betroffenheit durch das planfestgestellte Vorhaben keine vollumfängliche gerichtliche Überprüfung des Planfeststellungsbeschlusses verlangen, sondern nur eine Prüfung im Hinblick auf seine eigenen Rechte und Belange und – wegen der Wechselbeziehung zwischen den in die Abwägung einzustellenden Belangen – auf die seinen Belangen gegenübergestellten, für das Vorhaben sprechenden öffentlichen Belange sowie die gleichgerichteten Belange des Vorhabenträgers.[701] 8813

Ein weitergehender Rechtsschutz ergibt sich für den Drittbetroffenen auch nicht aus dem **Unionsrecht**. Dieses verlangt nicht, dass ein Individualkläger Verstöße gegen umweltrechtliche Vorschriften unabhängig von einer Verletzung eigener Rechte geltend machen kann. Eine Popularklage fordert das Unionsrecht auch unter Berücksichtigung von Art. 9 II Unterabs. 1 AK in Verbindung mit dem Gebot effektiven Rechtsschutzes nach Art. 47 GRCh nicht.[702] Ein von der Verletzung eigener Rechte unabhängiges Klagerecht ergibt sich auch nicht aus Art. 9 III AK. Danach stellt jede Vertragspartei der Aarhus-Konvention sicher, dass Mitglieder der Öffentlichkeit, sofern sie etwaige in ihrem innerstaatlichen Recht festgelegte Kriterien erfüllen, Zugang zu verwaltungsbehördlichen oder gerichtlichen Verfahren haben, um die von Privatpersonen und Behörden vorgenommenen Handlungen und begangenen Unterlassungen anzu- 8814

693 BVerwG NVwZ-RR 1991, 118 (127); NVwZ 1996, 1011.
694 BVerwGE 170, 33 = juris Rn. 27.
695 BVerwGE 100, 370 (382).
696 BVerwG NVwZ-RR 2015, 250; BVerwGE 131, 274.
697 BVerwG NVwZ 2013, 803.
698 BVerwG NVwZ 1999, 528.
699 BVerwG Beschl. v. 3.9.1997 – 11 VR 22.96, juris.
700 BVerwGE 90, 42, 49.
701 OVG Münster Beschl. v. 29.12.2021 – 20 B 1690/21, juris Rn. 8 ff.
702 OVG Münster Beschl. v. 29.12.2021 – 20 B 1690/21, juris Rn. 11; BVerwG NVwZ 2021, 984, mwN; Beckmann in Landmann/Rohmer Umweltrecht, 2023, § 36 KrWG Rn. 112.

fechten, die gegen umweltbezogene Bestimmungen ihres innerstaatlichen Rechts verstoßen. Die Vorschrift enthält keine Verpflichtung, welche die rechtliche Situation Einzelner unmittelbar regeln könnte.[703]

8815 Der Drittbetroffene kann insoweit nur rügen, dass seine eigenen Belange nicht ausreichend in die Abwägung eingestellt worden sind. Die in die Abwägung einzustellenden Belange haben dabei eine größere Reichweite als die Eigentumsrechte.[704] Es gehören zu den Belangen, die bei der Abwägung zu berücksichtigen sind, nicht nur die eigentumsmäßig geschützten Positionen, sondern alle nachteilig betroffenen Belange, die mehr als geringfügig, schutzwürdig und erkennbar sind.[705] Dazu zählen auch Chancen und Möglichkeiten auf tatsächlicher Grundlage, die eine gewisse Bedeutung und Schutzwürdigkeit haben und erkennbar sind. Der unmittelbar in Anspruch genommene Grundstückseigentümer kann eine solche eigene Rechtsbetroffenheit in der Regel geltend machen. Der nur mittelbar betroffene Nachbar kann dies lediglich insoweit, als seine eigenen rechtlich geschützten Interessen betroffen sind.

8816 Obligatorisch Berechtigte wie **Mieter** und **Pächter** haben grundsätzlich keine Anfechtungsbefugnis gegenüber einem Planfeststellungsbeschluss. Sie sind vielmehr darauf angewiesen, ihre Rechte gegenüber dem Eigentümer geltend zu machen.[706] Dies folgt aus der Grundstücksbezogenheit des Bebauungsrechts wie auch des Fachplanungsrechts.[707] Klagerechte des Mieters und Pächters bestehen aber, wenn der Planfeststellungsbeschluss die Inanspruchnahme des Miet- oder Pachtobjekts vorsieht. Soll der Planfeststellungsbeschluss die Voraussetzung für die Enteignung bieten, können sich auch Mieter oder Pächter insoweit gleichgestellt einem Eigentümer gegen den Planfeststellungsbeschluss werden.[708] Dies nimmt für das Fachplanungsrecht auch das BVerwG im Hinblick auf die Rechtsprechung des BVerfG, zum „Mieter als verfassungsrechtlicher Eigentümer"[709] an.[710] Unberührt davon bleibt zudem die Möglichkeit auch der Mieter, sich auf den in § 41 BImSchG normierten Schutz von **Verkehrslärm** zu berufen, der durch die Verkehrslärmschutzverordnung konkretisiert ist. Wenn § 41 I BImSchG verlangt, dass nach Möglichkeit keine schädlichen Umwelteinwirkungen durch Verkehrsgeräusche hervorgerufen werden dürfen, so verweist die Vorschrift auf den immissionsschutzrechtlichen Begriff der Nachbarschaft. Diese umfasst auch Anwohner, die keine Eigentümer sind.[711] Derartige Beeinträchtigungen können auch gegenüber einem Planfeststellungsbeschluss geltend gemacht werden. Doch wird ein solcher Vortrag in der Regel nicht zur Aufhebung eines Planfeststellungsbeschlusses, sondern nur dazu führen, dass entsprechende Schutzauflagen nachträglich angeordnet werden. Derartige Ansprüche sind folgerichtig auch nicht mit einem Anfechtungs-, sondern mit einem Verpflichtungsantrag nach § 74 II 2 VwVfG geltend zu machen.

8817 Es ist grundsätzlich sachgerecht, ein Begehren auf weitergehenden **aktiven Schallschutz** im Wege einer Neubescheidungsklage entsprechend § 113 V 2 VwGO zu verfolgen. Dies gilt auch dann, wenn eine entsprechende derartige Klage Erfolg hatte und eine Neubescheidung bereits erfolgt ist, der Betroffene aber geltend macht, durch die Versagung weitergehenden Schallschutzes in dieser Neubescheidung erneut in seinen Rechten verletzt zu sein. Die Möglichkeit eines Vollstreckungsantrags gemäß § 172 VwGO beseitigt das Rechtsschutzbedürfnis für eine neue Klage dieses Inhalts nicht.[712] Ist die Planfeststellungsbehörde gerichtlich dazu verpflichtet worden, im Rahmen einer Planergänzung über den Anspruch des von einem Straßenbauvorhaben Betroffenen auf zusätzliche Schutzauflagen zur Vermeidung von Lärmbeeinträchtigungen unter Beachtung der Rechtsauffassung des Gerichts erneut zu entscheiden, so hat sie ihrer erneuten Entscheidung denselben (einheitlichen) Prognosehorizont zugrunde zu legen wie im ursprünglichen Planfeststellungsbeschluss. Das **Planergänzungsverfahren** dient dazu, solche Rechtsfehler zu beheben, die für die Planungsentscheidung insgesamt nicht von

---

703 OVG Münster Beschl. v. 29.12.2021 – 20 B 1690/21, juris Rn. 13; BVerwG NVwZ 2021, 984.

704 Zur Übernahme der allgemeinen Grundsätze des Abwägungsgebotes in die fachplanungsrechtlichen Entscheidungen BVerwGE 48, 56; Urt. v. 22.12.1981 – 4 CB 32.81, juris.

705 BVerwG DVBl. 1980, 233.

706 BVerwG NVwZ 1996, 389; NVwZ 1996, 901.

707 BVerwG NJW 1994, 1233; DVBl. 1990, 1185.

708 BVerwG DVBl. 1998, 44.

709 BVerfG NJW 1993, 2035.

710 BVerwG DVBl. 1998, 44; NJW 1991, 2306.

711 BVerwG NJW 1983, 1507.

712 BVerwG NVwZ 2010, 1151.

so großem Gewicht sind, dass dadurch die Ausgewogenheit der Gesamtplanung oder eines abtrennbaren Planungsteils in Frage gestellt wird, und die durch eine Schutzauflage behoben werden können.[713]

Einem **Drittbetroffenen** steht grundsätzlich **kein subjektives Recht** auf Einleitung und Durchführung eines **Planfeststellungsverfahrens** oder einer Plangenehmigung zu. Ein am Verwaltungsverfahren zu Beteiligender kann die Befugnis zur Anfechtung der getroffenen Verwaltungsentscheidung grundsätzlich nicht allein aus der Verletzung der ihn betreffenden Verfahrensvorschriften herleiten. Vielmehr muss sich aus seinem Vorbringen darüber hinaus auch ergeben, dass sich der gerügte Verfahrensfehler möglicherweise auf seine Rechte selbst ausgewirkt hat.[714] 8818

Ob und inwieweit die Anfechtungsklage eines Drittbetroffenen zur Aufhebung des Planfeststellungsbeschlusses führt, hängt wesentlich davon ab, ob bei einem festgestellten Rechtsmangel der Planfeststellungsbeschluss teilbar ist. Das setzt voraus, dass der Planfeststellungsbeschluss auch ohne den abgetrennten Regelungsteil eine selbstständige und rechtmäßige, vom Träger des Vorhabens und der Planungsbehörde auch so gewollte Planung weiterhin zum Inhalt hat. Nach § 75 Ia VwVfG haben Mängel bei der Abwägung nur dann die Aufhebung des Planfeststellungsbeschlusses oder der Plangenehmigung zur Folge, wenn sie nicht durch Planergänzung oder durch ein ergänzendes Verfahren behoben werden können. Liegen diese Voraussetzungen vor, hat das Gericht lediglich die Rechtswidrigkeit des angefochtenen Planfeststellungsbeschlusses und dessen Nichtvollziehbarkeit, nicht jedoch die Unwirksamkeit des Planfeststellungsbeschlusses festzustellen.[715] 8819

In Ausnahmefällen können Drittbetroffene nach den §§ 48, 49 VwVfG auch einen Anspruch auf **Rücknahme** eines Planfeststellungsbeschlusses haben. Dieser Anspruch auf Rücknahme eines Planfeststellungsbeschlusses kann allerdings nicht weitergehen als der Aufhebungsanspruch bei fristgerechter Anfechtung des Planfeststellungsbeschlusses. Der in § 75 Ia VwVfG zum Ausdruck kommende Grundsatz der Planerhaltung begrenzt auch die Reichweite eines Rücknahmeverlangens. Daher scheidet eine vollständige Rücknahme des Planfeststellungsbeschlusses aus, wenn der Mangel, der seine Rechtswidrigkeit begründet, durch Planergänzung oder durch ein ergänzendes Verfahren behoben werden. Es kann daher nur die Außervollzugsetzung des Planfeststellungsbeschlusses zur Ermöglichung eines ergänzenden Verfahrens beansprucht werden kann.[716] 8820

c) Verfahrensfehler. Auf den Verfahrensfehler einer rechtswidrig unterbliebenen UVP oder UVP-Vorprüfung kann sich ein Einzelner nicht unabhängig von der Betroffenheit in eigenen Rechten berufen. Aus § 4 III iVm I UmwRG folgt nichts Abweichendes, da diese Regelung nur die Sachprüfung im Rahmen eines zulässigen Rechtsbehelfsverfahrens betrifft, dagegen keine Bedeutung für die Prüfung der Klagebefugnis hat.[717] Macht der Betroffene allerdings geltend, dass **abwägungserhebliche Belange** betroffen sind, kann er sich auf derartige Fehler allerdings berufen. Mit Rücksicht auf den das Planfeststellungsrecht prägenden Grundsatz der Planerhaltung geht die Fehlerfolgenregelung des § 75 I a 2 VwVfG (durch das PlVereinhG gestrichenen § 17 e VI 2 FStrG) für fernstraßenrechtliche Planfeststellungsbeschlüsse der allgemeinen Fehlerfolgenregelung des § 113 I 1 VwGO iVm § 4 I 1 UmwRG vor. Die Anwendung dieser Vorschrift auf das fehlerhafte Unterbleiben einer Umweltverträglichkeitsprüfung steht mit Unionsrecht in Einklang.[718] 8821

d) Sperrgrundstück. Auch ein vom Kläger erworbenes Sperrgrundstück vermittelt grundsätzlich eine Klagebefugnis. Allerdings kann der Umfang des daraus abzuleitenden Schutzes eingeschränkt sein.[719] Eine auf das Eigentum an einem Grundstück gestützte Klagebefugnis fehlt, wenn die Eigentümerstellung rechtsmissbräuchlich begründet worden ist. Dies ist anzu- 8822

---

713 BVerwG NVwZ 2010, 1151.

714 BVerwG Beschl. v. 4.4.2012 – 9 B 95.11, juris.

715 BVerwGE 100, 370.

716 BVerwG Urt. v. 23.6.2020 – 9 A 23/19, juris Rn. 27; Deutsch in Mann/Sennekamp/Uechtritz, VwVfG, 2019, § 75 Rn. 189; Ziekow VwVfG, 2020, § 72 Rn. 33a.

717 BVerwG NVwZ 2012, 573.

718 BVerwG NVwZ 2012, 575, Schink I+E 2012, 194.

719 OVG Münster Beschl. v. 27.7.2023 – 21 A 2175/22, juris Rn. 29; BVerfG Beschl. v. 30.4.2020 – 1 BvR 2376/19, juris; BVerwGE 112, 135; OVG Hamburg ZUR 2020, 94; Kraus/Greb ZUR 2020, 650; BVerwG NVwZ 2001, 427.

nehmen, wenn das Eigentum nicht erworben worden ist, um die mit ihm verbundene Gebrauchsmöglichkeit zu nutzen, sondern als Mittel dafür dient, die formalen Voraussetzungen für eine Prozessführung zu schaffen, die nach der Rechtsprechung dem Eigentümer vorbehalten ist. Derartige Umstände können sich daraus ergeben, dass dem Kläger aufgrund der vertraglichen Gestaltung lediglich eine Rechtsstellung übertragen worden ist, die auf eine formale Hülle ohne substantiellen Inhalt hinausläuft. Ferner ist von Bedeutung, ob sich an der tatsächlichen Nutzung des Grundstücks etwas geändert hat und ob für die Eigentumsübertragung ein wirtschaftlicher Gegenwert geflossen ist. Ein weiteres Anzeichen kann sich aus den zeitlichen Abläufen ergeben.[720]

8823 Die gegen die Rechtsprechung des BVerwG zu den Sperrgrundstücken vorgebrachten grundsätzlichen Einwände hat das BVerwG zurückgewiesen. Die mit dieser Rechtsprechung verbundenen Einschränkungen der Klagemöglichkeiten von Grundstückseigentümern fänden ihren Grund in der durch die Rechtsweggarantie des Art. 19 IV GG vorgegebenen subjektivrechtlichen Konzeption des Rechtsschutzes gegen die öffentliche Gewalt (§ 42 II und § 113 VwGO). § 42 II VwGO eröffne nur der Verletztenklage den Zugang zur sachlichen Überprüfung des angefochtenen Verwaltungsakts durch die Verwaltungsgerichte und beschränke damit gleichzeitig inzident die Reichweite der Kontrolle der Gerichte gegenüber der Verwaltung. Mit dieser für das Verwaltungsstreitverfahren tragenden Systementscheidung habe sich der deutsche Gesetzgeber gegen eine allgemeine Gesetzmäßigkeitskontrolle im Wege der Interessentenklage entschieden. Auch das Garzweiler-Urteil des BVerfG zwingt nicht dazu, die sog. Sperrgrundstücks-Rechtsprechung aufzugeben.[721]

8824 Wird dementsprechend im „Planungsrecht" ein Planfeststellungsbeschluss, der enteignungsrechtliche Vorwirkung hat, gegenüber einem klagenden Eigentümer bestandskräftig, weil dessen Klage in Ansehung des Erwerbs eines sog. Sperrgrundstücks mangels Klagebefugnis als unzulässig abgewiesen wird, ist damit der Sache nach zugleich entschieden oder geklärt, dass die Enteignung, also der Entzug des Eigentums dem Grund nach zulässig ist.[722]

8825 **e) Existenzgefährdungen.** Die Existenzgefährdung landwirtschaftlicher Betriebe durch Landverluste für ein geplantes Vorhaben der Fachplanung ist ein wichtiger Belang, über den dem Grunde nach bereits in der Fachplanung entschieden werden muss. Es darf daher grundsätzlich nicht offenbleiben, ob es zu einer Landinanspruchnahme kommt und ob sich die Eingriffe als Enteignung darstellen (**Verbot des enteignungsrechtlichen Konflikttransfers**). Bei Flächeninanspruchnahmen muss die Planfeststellungsbehörde daher auch die Möglichkeit einer Existenzvernichtung oder -gefährdung vorhandener landwirtschaftlicher oder gewerblicher Betriebe und Unternehmungen in ihre Betrachtung und Abwägung einbeziehen. Eine nähere Auseinandersetzung mit dem Einwand der Existenzgefährdung ist nur dann entbehrlich, wenn die Planfeststellungsbehörde deutlich macht, dass sie die für das Vorhaben streitenden Belange für so gewichtig hält, dass es auch um den Preis einer Existenzgefährdung oder Existenzvernichtung des betroffenen Betriebes verwirklicht werden soll. Wird die betriebliche Existenz weder vernichtet noch gefährdet, kann sich die Planfeststellungsbehörde grundsätzlich damit begnügen, den Eigentümer auf das nachfolgende Enteignungsverfahren zu verweisen.[723] Es begegnet regelmäßig keinen Bedenken, dass die Planfeststellungsbehörde die zur Ermittlung einer Existenzgefährdung erforderlichen sachverständigen Begutachtungen durch eigene, für die jeweilige Aufgabe und das jeweilige Fachgebiet besonders qualifizierte Mitarbeiter durchführen lässt. Ein Anspruch auf eine Begutachtung durch freiberuflich tätige Gutachter besteht nicht.[724] Die Prüfung der Existenzfähigkeit eines landwirtschaftlichen Betriebs ist grundsätzlich nach objektiven betriebswirtschaftlichen Maßstäben durchzuführen. Die Planfeststellungsbehörde darf aber – ungeachtet betriebswirtschaftlicher Kategorien wie Eigenkapitalbildung und Faktorentlohnung – nicht die Augen vor einer Betriebsführung oder Bewirtschaftung verschließen, die dem Inhaber für einen beachtlichen Zeitraum eine – immerhin – eingeschränkte Existenzgrundlage sichert, weil dieser schlicht „von seiner Hände Arbeit" lebt. Die Frage, ob zur Minderung der Auswirkungen eines Planvorhabens eine Unternehmensflurbereinigung in Betracht zu ziehen ist, ist grundsätzlich nicht Gegenstand des

---

720 OVG Münster Beschl. v. 27.7.2023 – 21 A 2175/22, juris Rn. 29; BVerwG NVwZ 2001, 427.
721 OVG Hamburg ZUR 2020, 94; BVerfGE 134, 242 ff.
722 OVG Münster Beschl. v. 27.7.2023 – 21 A 2175/22, juris Rn. 31.
723 BVerwG Urt. v. 23.3.2011 – 9 A 9.10, juris.
724 BVerwG NVwZ 2011, 177; DVBl. 2011, 39.

Planfeststellungsverfahrens, sondern eines ihm gemäß § 19 FStrG nachfolgenden Enteignungsverfahrens.[725] Eine drohende Existenzgefährdung kann allerdings ausgeglichen und als entgegenstehender Belang in der Planfeststellung abwägend dadurch überwunden werden, dass den Betroffenen ein bindendes Angebot zur Bereitstellung geeigneten Ersatzlandes gemacht wird.[726]

Die planerische Abwägung ist aber nicht allein deshalb fehlerhaft, weil die Planfeststellungsbehörde nicht besondere **wirtschaftliche und finanzielle Gegebenheiten** eines nur durch Betriebsverlagerung zu erhaltenden Betriebes geprüft hat, die nach den einschlägigen Vorschriften bei der Festsetzung der Enteignungsentschädigung nicht zu berücksichtigen sind.[727] Werden Grundflächen nur mit Nutzungsbeschränkungen belegt, ist der Vorhabenträger nicht zum freihändigen Erwerb dieser Flächen verpflichtet.[728] Denn eine Enteignung durch Vollentzug des Grundstücks ist dann nicht erforderlich. Dem Betroffenen ist allerdings für die Inanspruchnahme oder Belastung von Flächen eine angemessene Entschädigung zu gewähren.[729] Ein Übernahmeanspruch besteht nur, wenn der Verbleib des Grundstücks in der Hand des Betroffenen angesichts der darauf ruhenden Belastungen unzumutbar ist. Ein noch nicht bebautes Grundstück, für das noch kein durch eine behördliche Baugenehmigung konkretisiertes Baurecht besteht, hat im Hinblick auf die Eigentumsgarantie des Art. 14 GG einen geringeren Stellenwert als ein bereits bebautes Grundstück.[730] Auch kann aus der objektiven Rechtswidrigkeit eines belastenden Verwaltungsakts nicht gleichsam automatisch der Schluss auf eine Verletzung des Adressaten in seinen Rechten gezogen werden.[731] 8826

f) Leben und Gesundheit. Das Recht auf Leben und körperliche Unversehrtheit nach Art. 2 II GG kommt nur dann als subjektives Recht in Betracht, wenn der Kläger in einer festen, gewachsenen Bindung zu der Anlage steht. Es muss sich zudem um eine gesundheitsschädigende Beeinträchtigung handeln, die regelmäßig bei Anlagen fehlen wird, die nach den einschlägigen gesetzlichen Vorschriften betrieben werden. Belästigungen, die nicht den Grad der Gesundheitsgefährdungen erreichen, begründen kein Abwehrrecht aus Art. 2 II GG. Ist in den einfachrechtlichen Vorschriften ein ausreichender Schutz vor Gesundheitsgefahren getroffen, so besteht auch aus Art. 2 II GG kein Rechtsanspruch auf einen weitergehenden Gesundheitsschutz. Denn dieser verfassungsrechtliche Schutz des Lebens geht nicht weiter als der bereits einfachrechtlich gewährte Nachbarschutz.[732] 8827

g) Gemeinden. Eine Klagebefugnis gegen eine fachplanerische Entscheidung haben Gemeinden, wenn sie nicht ordnungsgemäß am Verfahren beteiligt worden sind oder ihre Belange nicht mit dem entsprechenden Gewicht in die Abwägung eingestellt worden sind. Unabhängig von der insoweit allgemein beschränkten gerichtlichen Kontrolle fachplanerischer Abwägungsentscheidungen kann eine Gemeinde eine gerichtliche Kontrolle der planerischen Abwägungsentscheidung nur hinsichtlich ihrer eigenen Rechte und schutzwürdigen Belange und – wegen der insoweit bestehenden Wechselbeziehung – der ihren Belangen gegenüber gestellten, für das Vorhaben streitenden öffentlichen Belange verlangen.[733] Aus einer Abwägungserheblichkeit folgt nicht, dass sich der Belang in der Abwägung tatsächlich durchsetzen muss; der Planfeststellungsbehörde bleibt es vorbehaltlich der Wahrung des Grundsatzes der Verhältnismäßigkeit unbenommen, gegenläufigen Belangen den Vorrang einzuräumen.[734] 8828

Zu den berücksichtigungsbedürftigen Belangen der Gemeinde zählen zB ihre Einrichtungen der Daseinsvorsorge. Dazu gehört zB die örtliche Trinkwasserversorgung; sie steht als 8829

725 BVerwG NVwZ 2010, 1295 zur Existenzgefährdung eines landwirtschaftlichen Betriebs.

726 BVerwG NVwZ 1996, 381.

727 BVerwG UPR 1999, 76.

728 BVerwG NVwZ-RR 1998, 541.

729 BVerwG NVwZ-RR 1998, 541.

730 BVerwG Urt. v. 19.3.1998 – 11 VR 10.97, juris.

731 BVerwG Beschl. v. 12.3.1998 – 11 B 2.98, juris.

732 BVerwG NuR 1994, 391, dort auch zu Erschütterungen durch den Schienenverkehr.; UPR 1996, 26; NVwZ 1996, 1042.

733 VGH München Urt. v. 21.11.2023 – 8 A 40040, juris Rn. 26; BVerwG NuR 2014, 277 = juris Rn. 18; Urt. v. 15.10.2020 – 7 A 10.19, juris Rn. 38.

734 VGH München Urt. v. 21.11.2023 – 8 A 40040, juris Rn. 47; BVerwGE 159, 1 = juris Rn. 30; NVwZ-RR 1999, 554 = juris Rn. 10.

Aufgabe der Daseinsvorsorge unter dem Schutz der kommunalen Selbstverwaltungsgarantie nach Art. 28 II 1 GG. Das Interesse einer Gemeinde an einer gesicherten Trinkwasserversorgung in ihrem Gemeindegebiet stellt demgemäß einen beachtlichen öffentlichen Belang dar.[735] Unabhängig von der näheren dogmatischen Einordnung der Rechtsfigur kann zur Bestimmung des wehrfähigen Bereichs kommunaler Eigenverantwortung bei zur Erfüllung nach Weisung übertragenen Pflichtaufgaben in NRW danach differenziert werden, ob die Aufgabe im Rahmen eines (umfassenden) staatlichen Weisungsrechts oder (teilweise) weisungsfrei zu erfüllen ist. Im weisungsfreien Bereich erfolgt die gemeindliche Aufgabenwahrnehmung eigenverantwortlich und unterliegt lediglich einer staatlichen Rechtmäßigkeitskontrolle. Jedenfalls für diesen Bereich ist eine rügefähige Rechtsposition der Gemeinde anzuerkennen.[736]

8830 Abwehransprüche können sich auch aus dem in den Schutzbereich des Art. 28 II 1 GG fallenden **Selbstgestaltungsrecht** ergeben, wenn die Gemeinde durch Maßnahmen betroffen wird, die das Ortsbild entscheidend prägen und hierdurch nachhaltig auf das Gemeindegebiet und die Entwicklung der Gemeinde einwirken.[737]

8831 Die **Planungshoheit** vermittelt eine wehrfähige, in die Abwägung einzubeziehende Rechtsposition gegen fremde Fachplanungen auf dem eigenen Gemeindegebiet, wenn das Vorhaben nachhaltig eine bestimmte Planung der Gemeinde stört, wegen seiner Großräumigkeit wesentliche Teile des Gemeindegebiets einer durchsetzbaren gemeindlichen Planung entzieht oder gemeindliche Einrichtungen erheblich beeinträchtigt.[738] Auch das Interesse an der Bewahrung der in der Bauleitplanung zum Ausdruck gekommenen städtebaulichen Ordnung vor nachhaltigen Störungen ist ein schützenswerter kommunaler Belang. Die Planungshoheit kann daher auch betroffen sein, wenn sich ein Fachplanungsvorhaben auf wesentliche Teile von Baugebieten auswirkt, die in Bebauungsplänen ausgewiesen sind.[739]

8832 Bei allen Fachplanungen, die sich auf das Gemeindegebiet mehr als unwesentlich auswirken, haben die davon betroffenen Standortgemeinden Mitwirkungsrechte, die sich in einen Anspruch auf Information und Anhörung gliedern. Gemeindliche Abwehrrechte setzen voraus, dass das Vorhaben konkrete gemeindliche Planungen betrifft oder weite Teile des Gemeindegebietes einer durchsetzbaren Planung entzieht. Die Gemeinde kann ferner als Trägerin gemeindlicher Einrichtungen, als private Eigentümerin oder im Hinblick auf die kommunale Daseinsvorsorge betroffen sein. Die gemeindlichen Klagerechte beschränken sich daher nicht auf die gemeindliche Planungshoheit und hinreichend konkretisierte Planungsvorstellungen.[740] Vielmehr sind die Gemeinden unabhängig von einer Beeinträchtigung ihrer Planungshoheit auch gegenüber solchen Planungen und Maßnahmen überörtlicher Verwaltungsträger geschützt, die das Gemeindegebiet oder Teile hiervon nachhaltig betreffen und die Entwicklung der Gemeinde beeinflussen.[741] Die Gemeinde muss allerdings eine konkrete Beeinträchtigung kommunaler Belange geltend machen können. Der Hinweis auf eine Beeinträchtigung landwirtschaftlicher oder gewerblicher Belange durch ein Vorhaben der Fachplanung führt als solcher nicht zu einem gemeindlichen Abwehrrecht, wenn sich diese Beeinträchtigung nur in irgendeiner – die Planungshoheit nicht berührenden – Weise auf die Wirtschaftsstruktur der Gemeinde auswirkt.[742]

8833 Hinsichtlich ihres **zivilrechtlichen Eigentums** kann sich die Gemeinde nicht auf Grundrechte, sondern nur auf den einfachgesetzlichen Eigentumsschutz stützen. Gemeinden stehen keine Grundrechte zu. Soll gemeindliches Eigentum, das nicht der Erfüllung kommunaler Aufgaben dient, unmittelbar enteignend oder lediglich mittelbar betroffen in Anspruch genommen werden, kann sich die Gemeinde – wie ein mittelbar betroffener privater Eigen-

---

[735] BVerwG NVwZ 2021, 1536 = juris Rn. 9; BayVerfGH BayVBl 2022, 475 = juris Rn. 96; VGH München BayVBl 2023, 271 = juris Rn. 50.

[736] BVerwG NVwZ 2021, 1696 = juris Rn. 14.

[737] VGH München Urt. v. 21.11.2023 – 8 A 40040, juris Rn. 37; BVerwGE 159, 1 = juris Rn. 29; NVwZ-RR 1999, 554 = juris Rn. 9.

[738] VGH München Urt. v. 21.11.2023 – 8 A 40040, juris Rn. 28; BVerwGE 170, 266 = juris Rn. 10; BVerwGE 159, 1 = juris Rn. 17.

[739] VGH München Urt. v. 21.11.2023 – 8 A 40040, juris Rn. 28; BVerwG NVwZ-RR 2022, 317 = juris Rn. 13; BVerwGE 165, 185 = juris Rn. 13.

[740] BVerwG NVwZ 1996, 1021.

[741] BVerwG NVwZ-RR 1993, 373; NuR 1996, 515.

[742] BVerwG DVBl. 1997, 729.

tümer – nur auf den Schutz vor einer abwägungsfehlerhaften Berücksichtigung ihres Eigentums beziehen.[743]

Gemeinden sind allerdings keine „Sachwalter" des Gemeinwohls, die Belange ihrer Bürger geltend machen können.[744] Eine Gemeinde ist nicht befugt, die Luftreinhalteinteressen ihrer Bewohner gerichtlich geltend zu machen; ihre Rügebefugnis umfasst nicht den Belang der **Luftreinhaltung** ohne Bezug zu einer kommunalen Rechtsposition. Lärm- oder Luftschadstoffbelastungen eines Vorhabens, die auf eine außerhalb des Planfeststellungsabschnitts, aber im Ausstrahlungsbereich des Vorhabens gelegene gemeindliche Einrichtung einwirken, sind im Rahmen der allgemeinen planerischen Abwägung gemäß § 17 I 2 FStrG zu berücksichtigen. Die erhebliche Beeinträchtigung einer gemeindlichen Einrichtung kommt in Betracht, wenn an der Einrichtung vorhabenbedingt die Lärmgrenzwerte der 16. BImSchV überschritten werden.[745] **8834**

Ein **Zweckverband** kann sich weder unmittelbar noch mittelbar auf das Recht der kommunalen Selbstverwaltung (Art. 28 II GG) berufen.[746] **8835**

g) Behörden. Diese haben demgegenüber kein allgemeines Klagerecht gegenüber fachplanerischen Entscheidungen. Denn anhörungsberechtigte Behörden haben in der Regel keine eigenen Rechte, die klageweise geltend gemacht werden können. Das gilt auch für ein Bundesland, wenn es geltend macht, dass Entscheidungen von Bundesbehörden im Rahmen der Fachplanung die öffentlichen Belange nicht ausreichend wahre. **8836**

Beispiel: Das Eisenbahnbundesamt setzt in einem eisenbahnrechtlichen Planfeststellungsbeschluss den Abriss einer Eisenbahnbrücke aus dem vorigen Jahrhundert fest. Das Bundesland, das sich für den Erhalt der Eisenbahnbrücke einsetzt, kann eine Anfechtungsklage gegen den Planfeststellungsbeschluss nicht mit Erfolg auf den Vortrag stützen, die Belange des Denkmalschutzes seien entgegen § 18 2 AEG nicht angemessen gewichtet worden.[747] Auch die Vollzugshoheit des Landes ist im Bereich des Naturschutzes und der Landschaftspflege keine geeignete Rechtsposition, deren Beachtung das Land bei der bundesbahnrechtlichen Planfeststellung im Wege der verwaltungsgerichtlichen Klage gem. §§ 42, 113 VwGO durchsetzen könnte.[748] Berlin kennt keine Trennung von staatlicher und gemeindlicher Ebene. Daher können sich die Berliner Bezirke nicht unter Berufung auf die gemeindliche Planungshoheit gegen fernstraßenrechtliche Planungen wenden.[749]

h) Umweltvereinigungen. Anerkannte Umweltvereinigungen nach § 3 UmwRG können gegen den Planfeststellungsbeschluss klagen, ohne eine Verletzung in eigenen Rechten iSd § 42 II VwGO geltend machen zu müssen. Die Umweltvereinigung muss geltend machen, dass der Planfeststellungsbeschluss entscheidungserheblichen Rechtsvorschriften widerspricht (§ 2 I 1 Nr. 1 UmwRG). Drittschützend muss die Vorschrift nicht sein.[750] Die Vereinigungen muss sich außerdem darauf berufen, in ihrem satzungsgemäßen Aufgabenbereich der Förderung der Ziele des Umweltschutzes durch die Planfeststellung berührt zu sein (§ 2 I Nr. 2 UmwRG). Die Vereinigung muss nach § 2 I Nr. 3 lit. a UmwRG zur Beteiligung am Planfeststellungsverfahren berechtigt gewesen sein. Die Klage einer Umweltvereinigung ist nach § 2 IV 1 Nr. 1 UmwRG begründet, wenn und soweit der Planfeststellungsbeschluss gegen Rechtsvorschriften verstößt und der Verstoß Belange des Umweltschutzes berührt, die zu den Zielen gehören, die die Vereinigung nach ihrer Satzung fördert. **8837**

---

743 Beckmann in Landmann/Rohmer Umweltrecht, 2023, § 36 KrWG Rn. 113; Mann in Versteyl/Mann/Schomerus, KrWG, 2019, § 36 Rn. 109; OVG Lüneburg KommJur 2018, 34 (35); BVerwG Urt. v. 15.12.2016 – 4 A 3. 15 BeckRS 2016, 116275, Beschl. v. 6.11.2013 – 9 A 13/12, BeckRS 2014, 48870; NVwZ 2014, 669, 670.

744 OVG Lüneburg KommJur 2018, 34 (35); BVerwG KommJur 2016, 397; Urt. v. 15.12.2016 – 4 A 3.15, BeckRS 2016, 116275; Beckmann in Landmann/Rohmer Umweltrecht, 2023, § 36 KrWG Rn. 113; Mann in Versteyl/Mann/Schomerus, KrWG, 2019, § 36 Rn. 109;

745 BVerwG NVwZ 2019, 1594.

746 BVerwG Beschl. v. 2.4.2013 – 9 BN 4.12, juris.

747 BVerwG NVwZ-RR 1992, 202.

748 BVerwG DVBl. 1989, 1053.

749 BVerwG NVwZ 2013, 662; VerfGH Berlin Urt. v. 19.10.1992 – 36/92, juris. Zur Einheit der Abwägung und bezirkliche Selbstverwaltung in Berlin bei der Aufstellung von Bebauungsplänen Durinke/Zepf LKV 2011, 385. Zum Grundsatz der Einheitsgemeinde VerfGH Berlin LVerfGE 1, 33.

750 BVerwG AbfallR 2019, 55 Rn. 19.

8838 Nach § 63 I BNatSchG ist einer nach § 3 UmwRG **vom Bund anerkannten Vereinigung**, die nach ihrem satzungsgemäßen Aufgabenbereich im Schwerpunkt die Ziele des Naturschutzes und der Landschaftspflege fördert (anerkannte Naturschutzvereinigung), Gelegenheit zur Stellungnahme und zur Einsicht in die einschlägigen Sachverständigengutachten zu geben, Das Beteiligungsrecht bezieht sich auf die Vorbereitung von Verordnungen und anderen im Rang unter dem Gesetz stehenden Rechtsvorschriften auf dem Gebiet des Naturschutzes und der Landschaftspflege durch die Bundesregierung oder das Bundesministerium für Umwelt, Naturschutz, Bau und Reaktorsicherheit, auf die Erteilung von Befreiungen von Geboten und Verboten zum Schutz von geschützten Meeresgebieten im Sinne des § 57 II BNatSchG sowie auf den Erlass von Abweichungsentscheidungen nach § 34 III 3 bis V BNatSchG, auch in Verbindung mit § 36 Satz 1 BNatSchG, auch wenn diese durch eine andere Entscheidung eingeschlossen oder ersetzt werden, auf Planfeststellungsverfahren, die von Behörden des Bundes oder im Bereich der deutschen ausschließlichen Wirtschaftszone und des Festlandsockels von Behörden der Länder durchgeführt werden, wenn es sich um Vorhaben handelt, die mit Eingriffen in Natur und Landschaft verbunden sind und auf Plangenehmigungen, die von Behörden des Bundes erlassen werden und an die Stelle einer Planfeststellung treten, wenn eine Öffentlichkeitsbeteiligung vorgesehen ist. Voraussetzung für das Beteiligungsrecht ist, dass anerkannte Naturschutzvereinigung durch das Vorhaben in ihrem satzungsgemäßen Aufgabenbereich berührt wird.

8839 Einer nach § 3 UmwRG **von einem Land anerkannten Naturschutzvereinigung**, die nach ihrer Satzung landesweit tätig ist, ist nach § 63 II BNatSchG Gelegenheit zur Stellungnahme und zur Einsicht in die einschlägigen Sachverständigengutachten zu geben 1. bei der Vorbereitung von Verordnungen und anderen im Rang unter dem Gesetz stehenden Rechtsvorschriften der für Naturschutz und Landschaftspflege zuständigen Behörden der Länder, 2. bei der Vorbereitung von Programmen und Plänen im Sinne der §§ 10 und 11 BNatSchG, 3. bei der Vorbereitung von Plänen im Sinne des § 36 I Nr. 2 BNatSchG, 4. bei der Vorbereitung von Programmen staatlicher und sonstiger öffentlicher Stellen zur Wiederansiedlung von Tieren und Pflanzen verdrängter wild lebender Arten in der freien Natur, 4a. vor der Erteilung einer Genehmigung für die Errichtung, die Erweiterung, eine wesentliche Änderung oder den Betrieb eines Zoos nach § 42 II 1 BNatSchG, 4b. vor der Zulassung einer Ausnahme nach § 45 VII 1 BNatSchG durch Rechtsverordnung oder durch Allgemeinverfügung, 5. vor der Erteilung von Befreiungen von Geboten und Verboten zum Schutz von Gebieten im Sinne des § 32 II BNatSchG, Natura 2000-Gebieten, Naturschutzgebieten, Nationalen Naturmonumenten und Biosphärenreservaten sowie von Abweichungsentscheidungen nach § 34 III bis V BNatSchG, auch in Verbindung mit § 36 Satz 1 BNatSchG, auch wenn diese durch eine andere Entscheidung eingeschlossen oder ersetzt werden, 6. in Planfeststellungsverfahren, wenn es sich um Vorhaben im Gebiet des anerkennenden Landes handelt, die mit Eingriffen in Natur und Landschaft verbunden sind, 7. bei Plangenehmigungen, die an die Stelle einer Planfeststellung im Sinne der Nummer 6 treten, wenn eine Öffentlichkeitsbeteiligung vorgesehen ist, 8. in weiteren Verfahren zur Ausführung landesrechtlicher Vorschriften, wenn das Landesrecht dies vorsieht, soweit sie durch das Vorhaben in ihrem satzungsgemäßen Aufgabenbereich berührt wird.

8840 Das Beteiligungsrecht der anerkannten Naturschutzvereinigungen nach § 63 BNatSchG räumt den anerkannten Vereinen ein selbständig durchsetzbares, subjektiv-öffentliches Recht auf Beteiligung an den in ihr genannten Verfahren gegenüber dem Träger der zuständigen Behörde, nicht aber auch gegenüber dem privaten Träger eines Vorhabens ein.[751] Die Vorschrift begründet ein qualifiziertes Anhörungsrecht.[752] Das Beteiligungsrecht wird auch verletzt, wenn die Zulassungsbehörde ein an sich gebotenes Planfeststellungsverfahren umgeht. Das Beteiligungsrecht eines anerkannten Naturschutzverbandes ist im Übrigen nicht nur dann verletzt, wenn eine gebotene Beteiligung unterblieben ist, sondern auch dann, wenn der Verband nicht ausreichend beteiligt worden ist. Der anerkannte Naturschutzverband ist daher erneut zu beteiligen, wenn die Planfeststellungsbehörde für notwendig erachtet, neue, den Naturschutz betreffende Untersuchungen anzustellen, die Ergebnisse in das Verfahren einzuführen und die Planungsentscheidung darauf zu stützen. Ob eine erneute Beteiligungspflicht ausgelöst wird, hängt davon ab, ob sich in dem neuen Verfahrensabschnitt zusätzliche naturschutzrechtliche

[751] VGH Mannheim NVwZ-RR 2017, 866 Rn. 6.

[752] Gellermann in Landmann/Rohmer Umweltrecht, 2019, § 63 BNatSchG Rn. 3; OVG Lüneburg ZUR 2016, 610; BVerwG NVwZ 2007, 576 Rn. 10; OVG Münster NuR 2005, 416 (417).

Fragen stellen, zu deren Beantwortung die sachverständige Stellungnahme des anerkannten Naturschutzverbandes geboten erscheint. Fehler in der Beteiligung können jedoch noch während des Planfeststellungsverfahrens oder des Gerichtsverfahrens, aber auch im Nachhinein durch entsprechende Anhörung geheilt werden.

Für Naturschutzvereinigungen ist grundsätzlich eine **einmalige Beteiligung** ausreichend. 8841
Sie sind keine „allgemeinen Begleiter" des Planfeststellungsverfahrens. Ihre Anhörung ist gleichwohl nicht lediglich eine Formalie, sondern substanzieller Natur. Wird der Plan in naturschutzrechtlich relevanter Weise geändert, ist ggf. eine erneute Anhörung erforderlich. Dies gilt sowohl für weitergehende Eingriffe in Natur und Landschaft als auch bei Änderungen mit zusätzlichen naturschutzrechtlichen Fragen, zu deren Beantwortung der sachverständige Rat der Naturschutzvereinigungen hilfreich ist. „Einschlägige Sachverständigengutachten", in die anerkannten Naturschutzvereinigungen gem. § 63 BNatSchG Gelegenheit zur Einsicht zu geben ist, sind nur solche mit unmittelbar naturschutzrechtlichem oder landschaftspflegerischem Inhalt. Eine erneute Beteiligung ist allerdings bei nur unwesentlichen Änderungen, die das Gesamtkonzept unberührt lassen, nicht erforderlich.[753]

Naturschutzvereinigungen haben grundsätzlich keinen Rechtsanspruch auf Einhaltung eines 8842
bestimmten **Planverfahrens** und auch keinen Anspruch auf Durchführung eines Planfeststellungsverfahrens. Ebenso wenig ist eine Plangenehmigung von der Zustimmung der Naturschutzvereinigungen abhängig. Denn die Rechte der Naturschutzvereinigungen aus § 63 BNatSchG zählen nicht zu den Rechten anderer. Naturschutzvereinigungen sind auch keine Träger öffentlicher Belange, sodass mit ihnen auch nicht ein Benehmen hergestellt werden muss. Denn den Naturschutzvereinigungen ist die Förderung von Natur- und Landschaftsschutz nicht als öffentliche Aufgabe übertragen worden, selbst wenn sie ebenso wie Naturschutzbehörden ihren Sachverstand einbringen. Die Verbandsbeteiligung ist vielmehr eine erweiterte, staatsfreie Öffentlichkeitsbeteiligung, die Informations- und Vollzugsdefizite verringern soll.[754]

Wird das Recht auf **Verbandsbeteiligung** verletzt, führt dies unabhängig von der Kausalität 8843
des Fehlers zur **Rechtswidrigkeit der Planfeststellung**.[755] § 46 VwVfG, der die Unbeachtlichkeit eines Verfahrensfehlers bei mangelnder Kausalität vorsieht, ist nicht anwendbar. Allerdings können die Beteiligungsmängel durch ein ergänzendes Verfahren behoben werden.[756]

Bei einer **erstinstanzlichen Zuständigkeit** muss das BVerwG ggf. auch landesrechtliche 8844
Vorschriften anwenden und auslegen. Ist eine naturschutzrechtliche Klagebefugnis nach dem Landesrecht nur dann gegeben, wenn keine anderen Klagemöglichkeiten Drittbetroffener bestehen, so schließt bereits diese Möglichkeit die Klagebefugnis der Verbände aus, selbst wenn das anderweitig bestehende Klagerecht tatsächlich nicht wahrgenommen worden ist.[757] Kann der Verband nach dem Landesrecht lediglich eine Verletzung naturschutzrechtlicher Bestimmungen rügen, so gehören hierzu zwar naturschutzrechtliche Belange, nicht jedoch Aspekte der Planrechtfertigung, der Netzwerkfunktion der projektierten Trasse oder unzutreffender Lärm- und Kostenberechnungen.[758]

i) Duldungspflicht bei Unanfechtbarkeit. Mit Eintritt der Unanfechtbarkeit des Plan- 8845
feststellungsbeschlusses haben Planbetroffene das Vorhaben zu dulden, und zwar auch bei später eintretenden veränderten Umständen. Die Duldungspflicht erstreckt sich auch auf die Inanspruchnahme von Flächen, die der Anordnung naturschutz- oder waldrechtlicher Kompensationsmaßnahmen geschuldet ist. Der Vorhabenträger kann sich aus einer ihm durch die landschaftspflegerische Begleitplanung auferlegten Verpflichtung, eine Kompensationsmaßnahme durchzuführen, nur im Wege einer Planänderung nach § 76 VwVfG lösen. Ein von ihm gegenüber dem Eigentümer der in Anspruch zu nehmenden Flächen erklärter Verzicht auf die Kompensationsmaßnahme bindet die Planfeststellungsbehörde nicht. Ist ein Planfeststellungsbeschluss gegenüber einem Planbetroffenen bestandskräftig geworden, kann dieser die Änderungsplanfeststellung nur angreifen, wenn er durch deren Festsetzungen erstmals oder weitergehend als bisher betroffen wird. Wird eine vom Vorhabenträger beantragte Planänderung nach

[753] BVerwG NVwZ 1998, 395.
[754] BVerwG NVwZ 1998, 279; NVwZ 1996, 392.
[755] BVerwG NVwZ 1998, 395.
[756] BVerwG NVwZ 1997, 914; NVwZ 1997, 905; NVwZ 1998, 508; NVwZ 1998, 395.
[757] BVerwG NVwZ 1998, 398.
[758] BVerwG NVwZ 1998, 96.

Prüfung der materiell-rechtlichen Zulassungsvoraussetzungen abgelehnt, ergeht ihm gegenüber ein Zweitbescheid, der ihm den Weg zu einer gerichtlichen Überprüfung eröffnet, es sei denn, es liegt bereits ein sein Begehren verneinendes rechtskräftiges verwaltungsgerichtliches Urteil vor. Ein die Planänderung ablehnender Zweitbescheid hindert die Planfeststellungsbehörde nicht, sich gegenüber jedem Planbetroffenen auf den Eintritt der Bestandskraft des Planfeststellungsbeschlusses zu berufen. Dies gilt auch dann, wenn der Vorhabenträger mit seinem Antrag nach § 76 VwVfG speziell das Ziel verfolgt hat, einen Planbetroffenen von der planfestgestellten Inanspruchnahme seines Eigentums freizustellen.[759]

8846 **j) Ergänzendes Verfahren.** Die Durchführung eines ergänzenden Verfahrens eröffnet nicht die unbeschränkte Möglichkeit, alte wie neue Einwendungen gegen das Vorhaben vorzubringen. Vielmehr wird das Verwaltungsverfahren nur insoweit aufgegriffen, als es zur Beseitigung der gerichtlich festgestellten oder von der Behörde selbst erkannten Mängel im ergänzenden Verfahren erforderlich ist. Den anerkannten Naturschutzvereinen eröffnen sich nur dann neue Einwendungs- oder Klagemöglichkeiten, wenn eine Planänderung vorgenommen worden ist, die zu neuen oder anderen Belastungen für Natur und Landschaft führt.[760] Auch wenn ein anerkannter Naturschutzverband in einem ergänzenden Verfahren erneut zu beteiligen ist, weil die vorgesehene Entscheidung zwar nicht zu zusätzlichen Eingriffen in Natur und Landschaft führt, aber zB auf neue Untersuchungen gestützt werden soll, oder Fragen aufwirft, zu deren Beantwortung der sachverständige Rat der Naturschutzverbände geboten erscheint, sind die Einwendungsmöglichkeiten entsprechend begrenzt[761]. Etwas anderes muss jedoch gelten, wenn im ergänzenden Verfahren aufgrund neuer Unterlagen und Untersuchungen eine in der Prüfungstiefe umfassende freilich thematisch eingeschränkte Neubewertung („Erfassung und Bewertung") der von einem Vorhaben ausgehenden Beeinträchtigungen vorgenommen wird, und zwar bezogen sowohl auf den ursprünglichen Zeitpunkt des Planfeststellungsbeschlusses als auch den aktuellen Zeitpunkt. Ein solcher Fall des weitgehenden Austausches der naturschutzfachlichen Grundlagen und Bewertungen eines Planfeststellungsbeschlusses in einem ergänzenden Verfahren rechtfertigt es auch unter dem Gesichtspunkt des mit dem Institut der Einwendungspräklusion verfolgten Ziels der Rechtssicherheit für den Vorhabenträger und andere Verfahrensbeteiligte nicht, die anerkannten Naturschutzvereinigungen auf Einwendungen gegen den Änderungsplanfeststellungsbeschluss zu beschränken.[762]

8847 Gegen den Bebauungsplan können Verbände unter den Voraussetzungen des Umweltrechtsbehelfsgesetzes eine Normenkontrolle erheben. Zur Überprüfung stehen allerdings nur solche Festsetzungen, die gegen Umweltbelange verstoßen. Im Rahmen ihres Verbandsklagerechts können Verbände nicht die **Unzuständigkeit** der handelnden Behörde rügen. Es besteht vielmehr – so das VG Oldenburg im Verfahren gegen das Emssperrwerk[763] – lediglich eine Missbrauchskontrolle. Dabei beschränkt sich das Recht der Verbände auf die Einsicht in die maßgeblichen Unterlagen und auf die Möglichkeit zur (schriftlichen) Stellungnahme. Ein Anspruch auf Teilnahme an einem Erörterungstermin wurde ebenso abgelehnt wie die Möglichkeit, das Fehlen einer Planrechtfertigung zu rügen.

8848 Auch kann ein anerkannter Naturschutzverband im gerichtlichen Verfahren als Verletzung seines Beteiligungsrechts nicht erfolgreich geltend machen, die behördliche Ermittlungstätigkeit im Planfeststellungsverfahren sei unzureichend gewesen und darauf beruhe eine nicht sachgerecht vorgenommene Abwägung.[764] Beteiligungsrechte der Naturschutzvereinigungen nach § 63 BNatSchG bestehen nur zu Verfahrensschritten, die von der Behörde durchgeführt werden. Über die Rüge der mangelnden Beteiligung können aber nicht Verfahrensschritte beansprucht werden, die von der Behörde nicht vorgenommen worden sind.

6. Maßgeblicher Zeitpunkt zur Beurteilung der Sach- und Rechtslage

8849 Welcher Zeitpunkt für die Beurteilung der Sach- und Rechtslage maßgebend ist, beantwortet nicht das Prozessrecht, sondern das einschlägige materielle Recht.[765] Danach ist bei Plan-

[759] BVerwG NVwZ 2008, 561; NuR 2006, 571; NVwZ 2005, 330.
[760] BVerwG NVwZ 2010, 1289; NVwZ 2008, 1115; NuR 2008, 176.
[761] BVerwG NVwZ 2010, 1225.
[762] BVerwG NuR 2014, 638.
[763] VG Oldenburg Beschl. v. 24.11.1998 – 1 B 3334/98 ua – Emssperrwerk.
[764] BVerwG NVwZ 1997, 491.
[765] BVerwG Urt. v. 17.12.2021 – 7 C 7/20, juris Rn. 14.

feststellungsverfahren für die Begründetheit der Anfechtungsklage wie der auf § 74 II VwVfG gestützten Verpflichtungsklage auf Planergänzung grundsätzlich die Sach- und Rechtslage zum Zeitpunkt des Erlasses des Beschlusses maßgeblich.[766] Dies ergibt sich, so erläutert das BVerwG, daraus, dass Kern der planerischen Entscheidung die fachplanerische Abwägung durch die Planfeststellungsbehörde ist. Die jeweiligen Vorschriften des Fachplanungsrechts räumten ihr eine planerische Gestaltungsfreiheit ein, die sich auf alle Gesichtspunkte erstreckt, die zur Verwirklichung des gesetzlichen Planungsauftrags und zugleich zur Bewältigung der von dem Vorhaben in seiner räumlichen Umgebung aufgeworfenen Probleme von Bedeutung seien. Diese im Zusammenhang mit Anfechtungsklagen Dritter entwickelte Struktur der fachplanerischen Zulassungsentscheidung sei grundsätzlich auch dann maßgebend, wenn der Vorhabenträger gegen eine ablehnende Entscheidung der Planfeststellungsbehörde klage.[767] Für den Erfolg der Versagungsgegenklage sei aber entscheidend, ob im Zeitpunkt der letzten mündlichen Tatsachenverhandlung ein Rechtsanspruch des Vorhabenträgers auf eine abwägungsfehlerfreie Entscheidung über seinen Antrag auf Erlass des Planfeststellungsbeschlusses bestehe. Dies beurteile sich nach dem materiellen Recht, dass sich in diesem Zeitpunkt für das Verpflichtungsbegehren Geltung beimesse. Bei Rechtsänderungen, die nach der letzten mündlichen Verhandlung oder Entscheidung in der Tatsacheninstanz eintreten und die das Tatsachengericht zu berücksichtigen hätte, sei der Zeitpunkt der Entscheidung in der Revisionsinstanz maßgeblich.[768]

II. Abwägungsbelange und Fehlerfolgen

Für die Berücksichtigung von Belangen in der fachplanerischen Abwägung und für den gerichtlichen Rechtsschutz ist ein Stufensystem von unterschiedlichen Belangen von Bedeutung. 8850 An der Basis stehen einfache Belange, also von der jeweiligen Planungsentscheidung betroffene einfache Interessen. Dazu gehören auch Belange, die nicht abwägungserheblich oder rechtsschutzbewährt sind. Auf einer darüber liegenden Stufe stehen die abwägungserheblichen Belange.[769] Es handelt sich um von der Planung betroffene Interessen, die mehr als geringfügig, schutzwürdig und erkennbar sind und damit zum Abwägungsmaterial gehören und in die planerische Entscheidung einzustellen sind (§ 2 III BauGB). Auf einer weiteren Stufe darüber stehen die rechtlich geschützten Belange, also solche Betroffenheiten, die wehrfähig sind und eine Klagebefugnis iS des § 42 II VwGO und eine Antragsbefugnis nach § 47 II VwGO begründen.[770] Zugleich ist damit die Grenze der einfachrechtlichen Zumutbarkeit markiert, wie sie sich etwa aus dem Rücksichtnahmegebot ergibt oder im Hinblick auf die Grenzwerte der Verkehrslärmschutzverordnung besteht. Darüber erheben sich die enteignungsgleichen schweren Betroffenheiten, bei denen die verfassungsrechtliche Zumutbarkeitsgrenze überschritten wird. Derartige Beeinträchtigungen sind zwar keine Enteignung iS des Art. 14 III GG, da das Eigentum in der Hand des Betroffenen verbleibt und weder das Eigentum noch einzelne Eigentumspositionen nach dem Bilde der klassischen Enteignung auf einen anderen Rechtsträger übergehen.[771] Gleichwohl erfolgt eine Inhalts- und Schrankenbestimmung (Art. 14 I 2 GG), die ggf. nur bei einer entsprechenden Kompensation[772] verfassungsrechtlich zulässig ist. Die Planung hat hier drei Möglichkeiten: Sie muss die Beeinträchtigungen auf ein zumutbares Maß reduzieren, durch eine Änderung der Planung die Voraussetzungen für eine unmittelbare Eigentumsinanspruchnahme schaffen oder zumindest einen entsprechenden Ausgleich gewähren, der eine Kompensation für die Beeinträchtigungen darstellt. Auf der obersten Stufe der Pyramide steht die Enteignung mit einer unmittelbaren Eigentumsinanspruchnahme, die zu einer Entschädigung führt (Art. 14 III GG).[773]

In die Abwägung sind alle betroffenen Belange einzustellen, die mehr als geringfügig, 8851 schutzwürdig und erkennbar sind. Dazu gehören auch die rechtlich geschützten Belange und auch jene Betroffenheiten, die sich in ihren Wirkungen enteignend darstellen, ebenso wie ggf. die auf der Grundlage der Planung vorgesehenen Enteignungen. Rechtsschutz kann in der

[766] BVerwG Urt. v. 17.12.2021 – 7 C 7/20, juris Rn. 14; BVerwGE 104, 337 (347); BVerwGE 120, 276 (283).
[767] BVerwG Urt. v. 17.12.2021 – 7 C 7/20, juris Rn. 14; BVerwGE 97, 143 (148).
[768] BVerwG Urt. v. 17.12.2021 – 7 C 7/20, juris Rn. 14.
[769] BVerwGE 59, 87.
[770] BVerwGE 48, 56B 42.
[771] BVerfG NJW 1982, 745; BVerwGE 84, 361; NJW 1993, 2949.
[772] BVerfGE 58, 137.
[773] BVerwGE 67, 74.

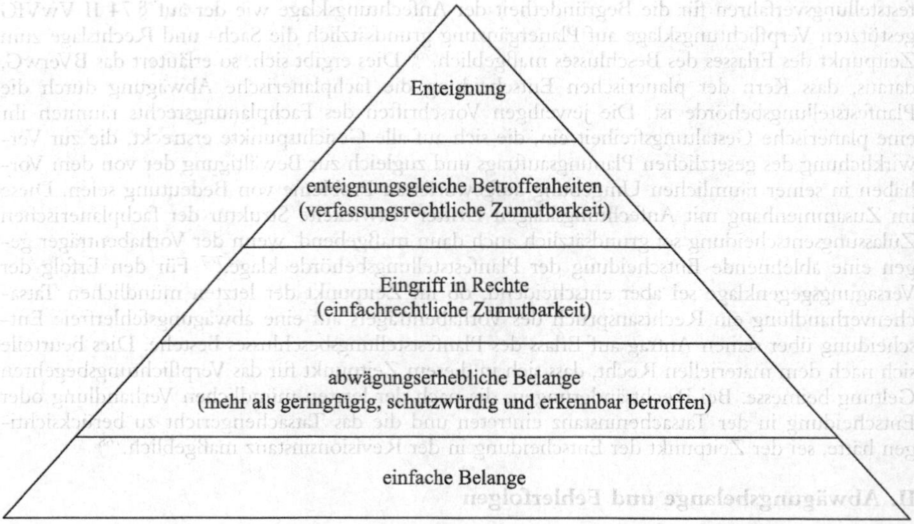

Regel nur bei Verletzung solcher Belange gewährt werden, die rechtlich geschützt sind oder deren Verletzung die einfachrechtliche Zumutbarkeitsschwelle übersteigt. Im Gegensatz zum Bauplanungsrecht kann der Betroffene sich gegenüber fachplanerischen Entscheidungen auch auf abwägungserhebliche eigene Belange berufen. Der Rechtsschutz ist allerdings auf die Rüge der Verletzung der eigenen Belange beschränkt. Der von der Planung enteignungsrechtlich Betroffene hat demgegenüber vom Ansatz her umfassende Rechtsschutzmöglichkeiten. Er kann sich auch auf andere öffentliche Belange berufen, wenn dadurch die Gesamtabwägung in eine Schieflage gerät und die Planung rechtswidrig erscheint.

8852 Beruht der Planfeststellungsbeschluss auf einem beachtlichen formellen oder materiellen Mangel, ist er grundsätzlich aufzuheben. Mängel bei der Abwägung sind jedoch nur erheblich, wenn sie offensichtlich und auf das Abwägungsergebnis von Einfluss gewesen sind; auch erhebliche Mängel bei der Abwägung führen nur dann zur Aufhebung des Planfeststellungsbeschlusses oder der Plangenehmigung, wenn sie nicht durch Planergänzung oder durch ein ergänzendes Verfahren behoben werden können (§ 75 Ia VwVfG). Mängel bei der Abwägung der von dem Vorhaben berührten öffentlichen und privaten Belange sind nach § 75 Ia S. 1 VwVfG nur erheblich, wenn sie offensichtlich und auf das Abwägungsergebnis von Einfluss gewesen sind. Offensichtlich sind sie dann, wenn sie zur „äußeren" Seite des Abwägungsvorgangs gehören. Das betrifft Mängel bei der Zusammenstellung und Aufbereitung des Abwägungsmaterials, die Erkenntnis und Einstellung aller wesentlichen Belange in die Abwägung sowie die Gewichtung der Belange. Fehler, die die „innere" Seite des Abwägungsvorgangs betreffen wie fehlerhafte Planungsmotive oder Planungsvorstellungen, sind dagegen idR nicht offensichtlich.[774]

8853 Ein offensichtlicher Mangel ist erheblich, wenn er auf das Abwägungsergebnis von Einfluss gewesen sein kann, dh, wenn die konkrete Möglichkeit besteht, dass die Behörde ohne den Abwägungsmangel eine andere Entscheidung getroffen hätte, was anhand der Planunterlagen oder sonst erkennbaren bzw. naheliegenden Umstände zu beurteilen. Erhebliche Mängel führen nach § 75 Ia 2 VwVfG nur zur Aufhebung, wenn sie nicht durch Planergänzung oder durch ein ergänzendes Verfahren behoben werden können. Die Planergänzung ermöglicht bei bestimmten Mängeln anstelle der Aufhebung der Zulassung eine Verpflichtung, den Planfeststellungsbeschluss im Wege eines Planfeststellungsänderungs- oder Ergänzungsbeschluss zuheilen Eine solche Planergänzung ist zulässig, wenn der Mangel nicht die Ausgewogenheit der Gesamtplanung betrifft, seine isolierte Behebung möglich ist und mit der Umsetzung des Planfeststellungsbeschlusses bereits zuvor ohne die Verletzung von Rechten Dritter begonnen werden kann.[775] Ein

---

[774] Fellenberg/Schiller in Jarass/Petersen, KrWG, 2022, § 36 Rn. 144.
[775] BVerwGE 121, 72, 181.

ergänzendes Verfahren ist durchzuführen, wenn der Mangel nicht isoliert behoben werden kann. Das Gericht erklärt den Planfeststellungsbeschluss in diesem Fall für rechtswidrig und nicht vollziehbar. Voraussetzung dafür ist, dass die Mängel durch ein ergänzendes Verfahren auch behebbar sind. Im ergänzenden Verfahren müssen die Verfahrensschritte des Planfeststellungsverfahrens wiederholt oder erstmalig durchgeführt werden, die nach Ansicht des Gerichts mängelbehaftet sind.[776]

III. Sofortvollzug – einstweiliger Rechtsschutz

Nach § 80 I 2 VwGO hat die Klage gegen einen Planfeststellungsbeschluss grundsätzlich aufschiebende Wirkung. Die aufschiebende Wirkung gilt grundsätzlich unabhängig davon, ob die Klage zulässig und begründet ist. Ausnahmsweise soll die aufschiebende Wirkung nicht gelten, wenn die Klage unzweifelhaft unzulässig ist, zB weil die Klagefrist versäumt wurde oder der Kläger unter keinem denkbaren Gesichtspunkt iS des § 42 II VwGO in seinen Rechten verletzt sein kann.[777] Die aufschiebende Wirkung gilt allerdings nur im Hinblick auf den jeweiligen Kläger. Anderen Betroffenen gegenüber tritt die aufschiebende Wirkung nicht ein. Die aufschiebende Wirkung tritt auch unabhängig von den Klageaussichten ein. Etwas anderes gilt nur, wenn das eingelegte Rechtsmittel etwa wegen fehlender eigener Betroffenheit des Klägers oder Fristversäumung offensichtlich aussichtslos ist. Im Streitfall hat das Gericht analog § 80 V VwGO eine Entscheidung über die aufschiebende Wirkung der eingelegten Klage festzustellen.[778] **8854**

1. Kein Suspensiveffekt der Anfechtungsklage

Anfechtungsklagen gegen Planfeststellungsbeschlüsse und Plangenehmigungen nach Maßgabe der Fachplanungsgesetze und gem. § 80 II Nr. 3 a VwGO haben keine aufschiebende Wirkung. Bei wasserstraßenrechtlichen und bei abfallrechtlichen Planfeststellungsverfahren oder straßenrechtlichen Verfahren, die nicht vom VerkPlBG erfasst werden oder für die nicht ein vordringlicher Bedarf besteht, verbleibt es dabei, dass die Anfechtungsklage grundsätzlich aufschiebende Wirkungen hat, wenn nicht der Sofortvollzug ausdrücklich von der Behörde angeordnet worden ist.[779] Eine noch allgemeinere Regelung enthält § 212 a I BauGB. Danach haben Widerspruch und Anfechtungsklage eines Dritten gegen die bauaufsichtliche Zulassung eines Vorhabens keine aufschiebende Wirkung. Die das **besondere Vollziehungsinteresse** rechtfertigende Eilbedürftigkeit der angeordneten Vorarbeiten folgt regelmäßig bereits daraus, dass es sich bei dem zu planenden Vorhaben um ein Vorhaben handelt, das im Bedarfsplan für die Bundesfernstraßen zum Fernstraßenausbaugesetz als vordringlicher Bedarf ausgewiesen ist. Der allgemeine Hinweis auf einen vordringlichen Bedarf gilt nicht als ausreichende Begründung für die Anordnung der sofortigen Vollziehung, wenn der Planfeststellungsbehörde der Antrag des Vorhabenträgers bereits vorliegt und die angeordneten Vorarbeiten der Erstellung von Unterlagen für die Ausschreibung des Vorhabens dienen, deren Durchführung angesichts des erreichten Verfahrensstandes aber noch nicht absehbar ist.[780] **8855**

Die aufschiebende Wirkung des Widerspruchs und der Anfechtungsklage endet nach § 80b I 1 VwGO mit der Unanfechtbarkeit oder, wenn die Anfechtungsklage im ersten Rechtszug abgewiesen worden ist, drei Monate nach Ablauf der gesetzlichen Begründungsfrist des gegen die abweisende Entscheidung gegebenen Rechtsmittels. Dies gilt nach § 80b I 2 VwGO auch, wenn die Vollziehung durch die Behörde ausgesetzt oder die aufschiebende Wirkung durch das Gericht wiederhergestellt oder angeordnet worden ist, es sei denn, die Behörde hat die Vollziehung bis zur Unanfechtbarkeit ausgesetzt. Das Rechtsmittelgericht kann nach § 80 b II VwGO auf Antrag anordnen, dass die aufschiebende Wirkung fortdauert. **8856**

---

[776] BVerwGE 100, 370.

[777] Johlen Planfeststellungsrecht in Hoppenberg/de Witt, Handbuch des öffentlichen Baurechts, 2023, Rn. 264; BVerwG NVwZ 2013, 85 (86); OVG Hamburg DVBl.. 1988, 308.

[778] Grave BauR 1981, 156; Schmaltz DVBl. 1992, 230.

[779] Fellenberg/Schiller in Jarass/Petersen, KrWG, 2022, § 36 Rn. 148.

[780] BVerwG Beschl. v. 30.3.2007 – 9 VR 7.07, juris.

2. Anordnung oder Wiederherstellung der aufschiebenden Wirkung

8857 Die Planfeststellungsbehörde braucht somit zunächst das öffentliche Interesse an der sofortigen Vollziehung des Planfeststellungsbeschlusses nicht besonders zu begründen.

8858 **a) Aussetzung der Vollziehung durch Gericht.** Erhebt ein Betroffener gegen den Planfeststellungsbeschluss Anfechtungsklage und hat diese Klage keine aufschiebende Wirkung, kann das Gericht auf Antrag die Vollziehung des Planfeststellungsbeschlusses aussetzen (§ 80 a III 1 iVm I Nr. 2, § 80 IV VwGO) oder die aufschiebende Wirkung der Klage anordnen bzw. wiederherstellen (§ 80 a III 2 iVm § 80 V VwGO). Zuständig ist das Gericht der Hauptsache. Stellt ein Betroffener einen Antrag nach § 80 V VwGO, die aufschiebende Wirkung ganz oder teilweise anordnen bzw. ganz oder teilweise wiederherstellen, muss die Behörde dies im gerichtlichen Verfahren nachholen. Die Anordnung des Sofortvollzugs eines Verwaltungsakts, die ausschließlich im überwiegenden Interesse des Begünstigten erfolgt, ist antragsgebunden, grundsätzlich aber nicht fristgebunden. Der Antrag kann grundsätzlich auch noch während eines gerichtlichen Eilverfahrens nach § 80 V VwGO nachgeholt werden (§ 45 I Nr. 1, II VwVfG).[781]

8859 Ist verwaltungsgerichtlich aus formellen und materiellen Gründen die aufschiebende Wirkung eines Nachbarwiderspruchs wiederhergestellt worden und macht die Genehmigungsbehörde geltend, die aufgezeigten Mängel der Genehmigung im laufenden Widerspruchsverfahren ua durch die Änderung der Genehmigung behoben zu haben, so kann die Genehmigung auch in der geänderten Fassung nur dann wieder vollzogen werden, wenn zuvor gerichtlich der Beschluss nach § 80 VII VwGO geändert und gemäß § 80a III 1, I Nr. 1 VwGO die sofortige Vollziehung der Genehmigung in der aktuellen, geänderten Fassung angeordnet worden ist.[782]

8860 **b) Antragsfrist.** Hat die Klage kraft Gesetzes keine aufschiebende Wirkung, kann der Antrag auf Anordnung der aufschiebenden Wirkung nach zahlreichen Fachplanungsgesetzen nur innerhalb eines Monats nach Zustellung des Planfeststellungsbeschlusses oder der Plangenehmigung gestellt und begründet werden. Das gilt bei Anfechtungsklagen gegen einen Planfeststellungsbeschluss oder eine Plangenehmigung zB für den Bau oder die Änderung von Schienenwegen der Deutschen Bundesbahn, für die nach dem Gesetz über den Ausbau der Schienenwege des Bundes vordringlicher Bedarf festgestellt ist, einschließlich der dazugehörigen Anlagen, § 18 e II 2 AEG, für Bundesfernstraßen, für die nach dem FStrAbG vordringlicher Bedarf festgestellt ist (§ 17 e II 2 FStrG), für Betriebsanlagen für Straßenbahnen (§ 29 VI 3 PBefG), für Flughäfen oder Landeplätzen (§ 10 VI 2 LuftVG) und für Transportleitungen für die Versorgung mit Elektrizität und Gas (§ 43 e I 2 EnWG). Auf den Lauf der Frist ist hinzuweisen.

8861 Die gleiche Monatsfrist ist für den Antrag auf Wiederherstellung der aufschiebenden Wirkung der Klage nach § 80 V 1 iVm II 1 Nr. 4 VwGO in einigen Fällen vorgesehen, in denen die aufschiebende Wirkung der Klage nicht kraft Gesetzes ausgeschlossen ist, in denen aber die sofortige Vollziehung nach § 80 II 1 Nr. 4 VwGO angeordnet wurde.[783]

8862 **c) Unbeachtlichkeit und Behebung von Mängeln.** In Verfahren nach § 48 I 1 Nr. 3 bis 15 und § 50 I Nr. 6 VwGO und damit für die allermeisten Fachplanungsvorhaben gelten für die Anordnung oder Wiederherstellung der aufschiebenden Wirkung (§§ 80 und 80a VwGO) ergänzend die Maßgaben von § 80 c II bis IV VwGO. Davon ausgenommen sind in § 48 II 1 Nr. 6 VwGO das Anlegen von Verkehrsflughäfen und von Verkehrslandeplätzen mit beschränktem Bauschutzbereich sowie in § 48 I 1 Nr. 13 Planfeststellungsverfahren für Braunkohletagebaue.[784]

8863 § 80c VwGO gehört zu den Regelungen des Gesetzes vom 14.3.2023 zur Beschleunigung von verwaltungsgerichtlichen Verfahren im Infrastrukturbereich, das überwiegend am 21.3.2023 in Kraft getreten ist. Der amtlichen Begründung der Bundesregierung zufolge dient

---

[781] OVG Hamburg NVwZ 2002, 356.

[782] OVG Lüneburg ZUR 2023, 556 = juris Rn. 9.

[783] Johlen Planfeststellungsrecht in Hoppenberg/de Witt, Handbuch des öffentlichen Baurechts, 2023, Rn. 282.

[784] Siehe dazu die überwiegend kritische, bis sehr kritische Literatur dazu: Bick/Bier NVwZ 2023, 457; Siegel UPR 2023, 403; Siegel NVwZ 2023, 462; Hadamek UPR 2023, 447; Guckelberger UPR 2023, 452; Hofmann DVBl.. 2023, 643; Breuer NVwZ 2023, 1273; Steinkühler DVBl.. 2023, 903; Schwerdtfeger ZUR 2023, 451.

das Gesetz dem Ziel, die Dauer verwaltungsgerichtlicher Verfahren über besonders bedeutsame Vorhaben mit einer hohen wirtschaftlichen und infrastrukturellen Bedeutung zu reduzieren, ohne hierbei die Effektivität des Rechtsschutzes zu beeinträchtigen. Die Beschleunigung dieser Verfahren sei sowohl angesichts der angestrebten Energiewende mit dem Ausbau der erneuerbaren Energien, einschließlich des erforderlichen Ausbaus der Stromnetze, als auch im Hinblick auf den erforderlichen Ausbau und die Erneuerung der verkehrlichen Infrastruktur dringlich.[785]

Das Gericht kann nach § 80 c II 1 VwGO einen Mangel des angefochtenen Verwaltungsaktes außer Acht lassen, wenn offensichtlich ist, dass dieser in absehbarer Zeit behoben sein wird. Ein solcher Mangel kann insbesondere sein 1. eine Verletzung von Verfahrens- oder Formvorschriften oder 2. ein Mangel bei der Abwägung im Rahmen der Planfeststellung oder der Plangenehmigung. Zu Recht wird kritisiert, sowohl die Offensichtlichkeit als auch die Absehbarkeit der Behebung würden ein hohes Maß an Unbestimmtheit in sich bergen und bedürften daher der Konturierung.[786] 8864

Der Wortlaut der Vorschrift legt nahe, dass für die Prognose des Gerichts allein die Fehlerbehebung und damit die Durchführung eines fehlerfreien Abwägungsvorgangs in den Blick zu nehmen ist. Dies reicht jedoch nach Ansicht des BVerwG nicht aus. Um der Aufgabe des vorläufigen Rechtsschutzes gerecht zu werden, muss die **Prognose** über die Behebung eines Mangels im Abwägungsvorgang die Erwartung einschließen, die Behörde werde bei einer Heilung des Fehlers im Ergebnis an der Entscheidung festhalten. Denn die jeweilige Infrastrukturmaßnahme wird nur beschleunigt, wenn – nach dem Maßstab der Offensichtlichkeit – bereits abzusehen ist, dass nach fehlerfreier Durchführung des Abwägungsvorgangs das Abwägungsergebnis bestätigt wird.[787] Nach Ansicht des VGH Kassel ist § 80c II 1 VwGO restriktiv auszulegen, so dass ein Mangel des angefochtenen Verwaltungsakts nicht außer Acht gelassen werden kann, wenn aufgrund des Verhaltens der zuständigen Behörde im gerichtlichen Verfahren dessen zeitnahe Heilung nicht zu erwarten ist.[788] Bier/Bick merken zu § 80c II 1 VwGO an, es bestünden Zweifel an der Handhabbarkeit dieses Konstrukts, nicht nur wegen der Unbestimmtheit der „absehbaren Zeit" für die Mangelbehebung und der sich hieraus für die gerichtliche Prognoseentscheidung ergebenden Schwierigkeiten, sondern auch und vor allem im Hinblick auf die rechtsstaatlichen Grundsätze des fairen Verfahrens, der Waffengleichheit und der richterlichen Neutralität. Sie schlössen grundsätzlich die zielgerichtete Initiierung von Fehlerheilungen aus, weil sich das Gericht damit zum „Reparaturbetrieb der Verwaltung" machen würde. Daher wandele das Gericht bei der Ausübung des ihm in § 80c II 1 VwGO eingeräumten Ermessens jedenfalls auf einem schmalen Grat.[789] 8865

Das Gericht soll eine **Frist zur Behebung des Mangels** setzen. Verstreicht die Frist, ohne dass der Mangel behoben worden ist, gilt § 80 VII VwGO entsprechend. Danach kann das Gericht der Hauptsache Beschlüsse über Anträge nach § 80 V VwGO jederzeit ändern oder aufheben. Jeder Beteiligte kann die Änderung oder Aufhebung wegen veränderter oder im ursprünglichen Verfahren ohne Verschulden nicht geltend gemachter Umstände beantragen. 8866

Die Möglichkeit einer Außerachtlassung gilt nach § 80 c II 3 VwGO grundsätzlich nicht für Verfahrensfehler gem. § 4 I UmwRG. Durch diese Rückausnahme soll dem Unionsrecht Rechnung getragen werden.[790] Das spricht nach Ansicht des OVG Lüneburg dafür, dass auch im Genehmigungsverfahren aufgetretene Verfahrensfehler nach § 4 Ia) UmwRG im Verfahren auf Gewährung vorläufigen Rechtsschutzes weiterhin grundsätzlich beachtlich sind, nachdem das BVerwG gerade im Anschluss an die Rechtsprechung des EuGH seine frühere Ansicht aufgegeben hat, dass Dritte sich auf einen solchen „relativen" Verfahrensfehler nur dann erfolgreich berufen können, wenn ihnen selbst die Möglichkeit der Beteiligung genommen worden ist.[791] 8867

---

785 Begr. der Bundesregierung, BT-Drs. 20/5165, 1 u. 11; siehe dazu Bier/Bick NVwZ 457 (459).

786 Siegel NVwZ 2023, 462 (463).

787 BVerwG Beschl. v. 26.4.2023 – 4 VR 6/22, juris Rn. 42; VGH Mannheim Beschl. v. 22.12.2022 – 3 S 1728/21, juris Rn. 17.

788 VGH Kassel NVwZ 2023, 1673 = juris Rn. 75; Siegel NVwZ 2023, 462 (463).

789 Bier/Bick NVwZ 2023, 457 (459).

790 OVG Lüneburg ZNER 2023, 428 = juris Rn. 23; Bick NVwZ 2023, 457 (459).

791 OVG Lüneburg ZNER 2023, 428 = juris Rn. 23 unter Verweis auf BVerwG Urt. v. 30.11.2020 – 9 A 5/20, juris, Rn. 31; die 2023 eingefügte Bestimmung des § 80c VwGO erfasst als Änderung des Verfah-

8868 Entscheidet das Gericht im Rahmen einer Vollzugsfolgenabwägung, soll es nach § 80 c III 1 VwGO in den Eilverfahren zu den genannten Fachplanungsvorhaben die Anordnung oder Wiederherstellung der aufschiebenden Wirkung in der Regel auf diejenigen Maßnahmen des angefochtenen Verwaltungsaktes beschränken, bei denen dies erforderlich ist, um anderenfalls drohende irreversible Nachteile zu verhindern. Damit soll vermieden werden, dass der Eilantrag in vollem Umfang Erfolg hat, wenn nur bestimmte, aber nicht alle mit dem vorläufigen Vollzug verbundenen Maßnahmen zu irreversiblen Nachteilen führen. Soweit dies nicht der Fall ist, sollen die Maßnahmen schon vor der Klärung im Hauptsacheverfahren verwirklicht werden können, um die Umsetzung des Vorhabens zu beschleunigen.[792]

8869 Das Gericht kann die beschränkte Anordnung oder Wiederherstellung der aufschiebenden Wirkung von der **Leistung einer Sicherheit** durch den Begünstigten des angefochtenen Verwaltungsaktes abhängig machen (§ 80c III 1 und 2 VwGO).

8870 Nach § 80 c IV VwGO hat das Gericht hat im Rahmen einer Vollzugsfolgenabwägung die Bedeutung von Vorhaben besonders zu berücksichtigen, wenn ein Bundesgesetz feststellt, dass diese im überragenden öffentlichen Interesse liegen.

8871 **d) Planaufhebungsanspruch.** Ein Antrag auf Wiederherstellung der aufschiebenden Wirkung gegen einen Planfeststellungsbeschluss hat regelmäßig nur dann Erfolg, wenn materiell ein Planaufhebungsanspruch oder die Notwendigkeit eines ergänzenden Verfahrens besteht. Ein ergänzendes Verfahren ist notwendig, wenn ausnahmsweise die Ausgewogenheit der Planung insgesamt in Frage steht. Ansonsten besteht lediglich ein Anspruch auf Planergänzung, der keine Wiederherstellung der aufschiebenden Wirkung rechtfertigt.

8872 Wird der Planfeststellungsbeschluss nicht insgesamt angefochten, sondern in der Hauptsache lediglich eine Planergänzung verlangt, kann einstweiliger Rechtsschutz nach § 123 VwGO gewährt werden.[793]

8873 Ist gegen einen von Gesetzes wegen sofort vollziehbaren Planfeststellungsbeschluss kein Antrag auf Anordnung der aufschiebenden Wirkung gestellt worden, so ermöglicht das gegen einen diesen ursprünglichen Planfeststellungsbeschluss modifizierenden Änderungsbescheid eingeleitete Aussetzungsverfahren grundsätzlich nur die Regelung der Vollziehung des Änderungsbescheides.[794]

3. Antrag auf Erlass einer einstweiligen Anordnung

8874 Wird ein Anspruch auf Ergänzung eines Planfeststellungsbeschlusses mit Hilfe einer Verpflichtungsklage in der Hauptsache verfolgt, kommt grundsätzlich vorläufiger Rechtsschutz nach § 123 VwGO in Betracht. Denkbar ist ein mit einer einstweiligen Anordnung geltend zu machender Anspruch auf Unterlassung der Durchführung eines zwar planfeststellungspflichtigen, aber nicht planfestgestellten Vorhabens. Erfolgsaussichten hat ein solcher Antrag allerdings nur, wenn der Antragsteller durch die Baumaßnahmen in seinen materiellen Rechten verletzt wird. Dazu wird wegen des Verweises von § 123 III VwGO auf § 945 ZPO auf ein für den Antragsteller ein Schadenersatzrisiko hingewiesen, wenn er nach Vollstreckung einer einstweiligen Anordnung im Hauptsacheverfahren unterliegt.[795]

IV. Vorzeitige Besitzeinweisung

8875 Obwohl die Enteignungsbehörde durch den Gesetzgeber auf die Verfahrensbeschleunigung des Enteignungsverfahrens verpflichtet wird, kann es wegen der notwendigen Bemühungen um den freihändigen Erwerb und wegen der dem Enteignungsverfahren häufig folgenden gerichtlichen Streitigkeiten Jahre dauern bis der Enteignungsbeschluss unanfechtbar geworden ist und der Begünstigte Besitz und Eigentum erhält. Die vorzeitige Besitzeinweisung soll es des-

---

rensrechts nach den Grundsätzen des intertemporalen Prozessrechts auch anhängige Rechtsstreitigkeiten, da der Gesetzgeber insoweit keine abweichenden Übergangsbestimmungen vorgesehen hat VGH Mannheim Beschl. v. 22.12.2022 – 3 S 1728/21, juris Rn. 16; ebenso OVG Münster Beschl. v. 9.6.2023 – 8 B 230/23. AK, juris Rn. 18; VGH Kassel Beschl. v. 30.6.2023 – 9 B 2279/21.T, juris Rn. 73.

792 BT-Drs. 20/5165, 16; Bick/Bier NVwZ 2023, 457 (460).

793 Kämper Planfeststellungsrecht in Johlen/Oerder, Verwaltungsrecht, 2023, § 19 Rn. 302; OVG Lüneburg NVwZ-RR 1998, 719.

794 OVG Münster NVwZ-RR 2010, 953.

795 Kämper Planfeststellungsrecht in Johlen/Oerder, Verwaltungsrecht, 2023, § 19 Rn. 304.

halb ermöglichen, dass im Interesse der Allgemeinheit mit der Ausführung des Vorhabens begonnen werden kann. Eine Besitzeinweisung kommt nicht nur hinsichtlich des unmittelbar durch die Enteignungsmaßnahme betroffenen Grundstücks, sondern auch in einem so genannten **Arbeitsstreifen** in Betracht, der nur vorübergehend gebraucht wird, um das Vorhaben zu realisieren, für das die Enteignung notwendig ist.[796] Die vorzeitige Besitzeinweisung ist ein spezielles enteignungsrechtliches Institut, das nicht nur im Baugesetzbuch, sondern auch in Landesenteignungsgesetzen (vgl. etwa Art. 39 BayEG, §§ 37 ff. EEG NRW, § 31 EnteigG LSA, 37 ThürEG)[797] und in zahlreichen weiteren Gesetzen (etwa § 18f FStrG, § 44b EnWG vorgesehen ist. Die landesrechtlichen Vorschriften kommen insbesondere bei straßenrechtlichen Enteignungen in Betracht.[798] Die vorzeitige Besitzeinweisung übernimmt Funktionen der bei anderen Verwaltungsakten möglichen sofortigen Vollziehung, wobei allerdings die vorzeitige Besitzeinweisung weder einen bereits vollstreckbaren Verwaltungsakt voraussetzt, noch dessen Rechtsfolgen vorläufig vollzieht.[799] Das Verfahren auf vorzeitige Besitzeinweisung ist als selbstständiges und förmliches Verwaltungsverfahren nach dem Verwaltungsverfahrensgesetz ausgestaltet.[800]

Die Entscheidung über die vorzeitige Besitzeinweisung erfolgt auf Antrag desjenigen, der das 8876
Enteignungsverfahren eingeleitet hat und in den Besitz eingewiesen werden will. Der Antrag auf vorläufige Besitzeinweisung kann gleichzeitig mit dem Antrag auf Enteignung gestellt werden[801]. Umstritten ist, ob die Entscheidung über den Antrag auf vorzeitige Besitzeinweisung die vorherige förmliche Einleitung des Enteignungsverfahrens voraussetzt. Viel spricht dafür, dass es sich bei der vorzeitigen Besitzeinweisung um ein spezielles Instrument des Enteignungsrechts handelt, so dass als frühester Zeitpunkt für die Entscheidung über den Antrag der Zeitpunkt in Betracht kommt, in dem auch das Enteignungsverfahren durch Anberaumung eines Termins zur mündlichen Verhandlung förmlich eingeleitet wird.[802] So hat nach § 21 I 1 AEG vorzeitige Besitzeinweisung zu erfolgen, wenn das Grundstück für den Bau benötigt wird. Insoweit bedarf es für eine vorzeitige Besitzeinweisung auf der Grundlage des § 21 I 1 AEG nicht der vorherigen Einleitung eines Enteignungsverfahrens.[803] Das kann allerdings in anderen Gesetzen durchaus anders geregelt sein. Umstritten ist auch, ob die vorzeitige Besitzeinweisung noch nach Erlass des Enteignungsbeschlusses von der Enteignungsbehörde ausgesprochen werden kann. Nach überwiegender Auffassung kann eine vorzeitige Besitzeinweisung bis zu dem Zeitpunkt, zu dem die Enteignung durch die rechtskräftige Ausführungsanordnung durchgeführt ist, erfolgen. Bei der Entscheidung über die vorzeitige Besitzeinweisung steht der Behörde **kein Ermessen** zu.[804]

1. Voraussetzungen der vorzeitigen Besitzeinweisung

Formell bedarf es für die vorzeitige Besitzeinweisung, wie für Verwaltungsakte allgemein, 8877
einer hinreichenden Bestimmtheit nach § 37 VwVfG. Dies erfordert im Falle einer vorzeitigen Besitzeinweisung, dass der Gegenstand der Besitzeinweisung – die betroffenen Grundstücksflächen – genügend klar und präzise bezeichnet wird. Den gerade im Enteignungsrecht hohen Anforderungen an die Rechtsklarheit und Rechtssicherheit genügt es nicht, wenn etwa die betroffene Teilfläche eines Grundstücks allein durch eine kaum erkennbare und nachvollziehbar gestrichelte Linie in dem zum Bestandteil des Besitzeinweisungsbeschlusses gemachten Lage-

---

796 Beckmann Enteignungsverfahren in Redeker/Uechtritz, Verwaltungsverfahren, 2020, Rn. 107.

797 Zur Problematik der vorzeitigen Besitzeinweisung bei einer Enteignung zu Zwecken der Energieversorgung vor Erlass des Landesenteignungsgesetzes vgl. SächsVerfGH LKV 2000, 301 f; Kment NVwZ 2012, 1135.

798 Scheidler, BauR 2010, 42 (43). Ausführlich zur vorzeitigen Besitzeinweisung bei Straßenbauvorhaben, Scheidler LKV 2009, 97 ff.

799 Zur Verfassungsmäßigkeit der vorzeitigen Besitzeinweisung BayVerfGH NVwZ 1985, 106.

800 OVG Berlin-Brandenburg Urt. v. 27.3.2015 – OVG 11 S 14/15, juris Rn. 12.

801 LG Darmstadt NVwZ 2000, 116; für die vorzeitige Besitzeinweisung nach den Straßengesetzen ist die Einleitung des Enteignungsverfahrens nicht erforderlich, vgl. dazu Baron DVP 2003, 348 (350).

802 Vgl. Holtbrügge in Berliner Kommentar zum BauGB, § 116 Rn. 4; aA Scheidler DÖV 2012, 274 (275); Scheidler LKV 2009, 97 (98); siehe auch OLG Sachsen-Anhalt v. 9.12.2010 – 2 U 60/10 (Baul), juris, Rn. 31: «Die vorzeitige Besitzeinweisung ist Teil des Enteignungsverfahrens».

803 VGH Mannheim Urt. v. 19.9.2013 – 5 S 1546/13, juris Rn. 25.

804 VGH München Urt. v. 14.12.2012 – 8 AS 12.40066, juris Rn. 17; OVG Münster Urt. v. 22.2.2012 – 11 B 1390/11, juris Rn. 10.

plan dargestellt wird.[805] Grundvoraussetzung für eine vorzeitige Besitzeinweisung ist es, dass ein vollziehbarer Zulassungsbescheid vorliegt. Materiell-rechtlich darf die vorzeitige Besitzeinweisung nur erfolgen, wenn die sofortige Ausführung der beabsichtigten Maßnahme aus Gründen des Wohls der Allgemeinheit **dringend** geboten ist. Der Vorhabenträger muss die Dringlichkeit der Maßnahme schlüssig darlegen. Es muss ein qualifiziertes öffentliches Interesse der Allgemeinheit vorliegen, das über das Allgemeinwohlinteresse an der Enteignung hinausgeht. Ohne die vorzeitige Besitzeinweisung muss der Allgemeinheit ein wesentlicher Vorteil entgehen oder ein nicht unerheblicher Nachteil entstehen.[806] Zeitlich gesehen ist ein gesteigertes öffentliches Interesse erforderlich, das gerade durch die vorzeitige Besitzeinweisung gewahrt werden kann und muss. Die Dringlichkeit einer vorzeitigen Besitzeinweisung zur Realisierung von planfestgestellten Maßnahmen ergibt sich nicht ohne Weiteres direkt oder indiziell aus dem Planfeststellungsbeschluss, sondern erfordert eine wertende Entscheidung, ob die Durchführung der Maßnahme bereits vor Beendigung des Enteignungsverfahrens erforderlich ist[807]. Das Merkmal der Dringlichkeit verlangt nach der Rechtsprechung des OVG Münster allerdings nicht, dass das Vorhaben sinnvoll schlechterdings ausschließlich sofort verwirklicht werden kann, noch dass der Vorhabenträger unter Ausschöpfung aller ihm soeben noch zuzumutenden technischen, finanziellen und sonstigen Anstrengungen ein Scheitern des Vorhabens auch bei einer Verweisung auf das reguläre Enteignungsverfahren abwenden kann.[808] An dem dringlichen Gebotensein der sofortigen Ausführung der beabsichtigten Maßnahme aus Gründen des Wohls der Allgemeinheit fehlt es nicht deshalb, weil zum Zeitpunkt des Erlasses des Besitzeinweisungsbeschlusses von der Beigeladenen noch Trassierungsverhandlungen bei benachbarten Grundstücken geführt wurden. Wie der VGH München zutreffend ausgeführt hat, kann die Dringlichkeit des Zugriffs gerade bei großräumigen Projekten nicht kleinräumig oder nach einzelnen Gemarkungen bewertet werden. Insbesondere liegt sie nicht erst dann vor, wenn das betreffende Grundstück gleichsam als allerletztes Grundstück der Verwirklichung des Projekts entgegensteht.[809]

8878 Die Voraussetzungen für die vorzeitige Besitzeinweisung können nicht vorliegen, wenn lediglich eine Einzelperson durch sie Vorteile erhält. Denkbar ist eine vorzeitige Besitzeinweisung wegen des dringenden öffentlichen Interesses vor allem bei Maßnahmen der öffentlichen Infrastruktur, bei der Errichtung von Krankenhäusern oder bei Engpässen in der öffentlichen Versorgung mit Energie.[810]

8879 Die sofortige Ausführung der Maßnahme ist dringend geboten, wenn sie bei **Abwägung der Belange der Allgemeinheit und des Betroffenen** unumgänglich ist, um von der Allgemeinheit wesentliche Nachteile abzuwenden oder um ihr wesentliche Vorteile zu erhalten, die bei Ausführung zu einem späteren Zeitpunkt verloren gingen. Die Interessen der Allgemeinheit müssen dabei die Interessen der Betroffenen ganz erheblich überwiegen. Wesentliche Nachteile können zB auch ein empfindlicher Zeitverlust und erhebliche Mehrkosten sein.[811]

8880 Die vorzeitige Besitzeinweisung setzt außerdem voraus, dass mit **hoher Wahrscheinlichkeit zu erwarten ist, dass dem Enteignungsantrag entsprochen** wird.[812] Daraus folgt, dass die Enteignungsbehörde, wenn ihr der Enteignungsantrag nach einer ersten Überprüfung als unzulässig oder unbegründet erscheint, einen Besitzeinweisungsbeschluss nicht erlassen darf.[813] Die Enteignungsbehörde hat deshalb vor einer vorzeitigen Besitzeinweisung zu prüfen, ob sämtliche Voraussetzungen für die beabsichtigte Enteignung erfüllt sind, insbesondere, ob ernsthafte

[805] VG Augsburg Urt. v. 19.2.2013 –Au 3 K 12.961, juris Rn. 30.

[806] OVG Münster Urt. v. 24.1.2008 – 20 B 1782/07, juris, Rn. 21; VGH Mannheim NVwZ-RR 2011, 143; BVerwG DÖV 1957, 185; vgl. auch VGH München BayVBl. 1983, 308 f.; Wienke BayVBl. 1983, 297 (295); zur vorzeitigen Besitzeinweisung im Zusammenhang mit der Entwicklungsmaßnahme Hauptstadt Berlin, KG NJW 1998, 3064; zur vorzeitigen Besitzeinweisung für naturschutzrechtliche Kompensationsmaßnahmen s. OLG Celle v NuR 1999, 476; zur vorzeitigen Besitzeinweisung bei Straßenvorhaben nach dem Verkehrswegeplanungsbeschleunigungsgesetz BVerwG 1999, 454.

[807] OLG Magdeburg Urt. v. 7.6.2012 – 2 U 138/11 (Baul), juris R. 57.

[808] OVG Münster Urt. v. 24.1.2008 – 20 B 1782/07, juris Rn. 23; siehe auch Scheidler DÖV 2012, 274 (279) zur vorzeitigen Besitzeinweisung nach § 44 b EnWG.

[809] VGH München Urt. v. 23.4.2010 – 22 ZB 10.43, juris Rn. 10.

[810] OLG Koblenz BRS 26 Nr. 51.

[811] OVG Lüneburg NJW 1965, 554 f.; Kirchberg VBlBW 1990, 161 (168).

[812] BGHZ 23, 377; BGHZ 43, 168; KG NJW 1998, 3064 (3065).

[813] Vgl. OLG Düsseldorf BauR 1972, 169; Labbe BayVBl. 1978, 201.

Verhandlungen über den freihändigen Erwerb geführt wurden.[814] Allerdings müssen nicht die Voraussetzungen des Enteignungsverfahrens vorliegen.

2. Inhalt des Besitzeinweisungsbeschlusses

Über den Antrag auf vorzeitige Besitzeinweisung entscheidet die Enteignungsbehörde durch Beschluss, in dem der Zeitpunkt anzugeben ist, zu dem die Besitzeinweisung wirksam werden soll. Außerdem sind der Antragsteller, der von der Besitzeinweisung betroffene Eigentümer und der unmittelbare Besitzer sowie das betroffene Grundstück zu bezeichnen. Hingewiesen werden muss auf die Rechtswirkungen der Besitzeinweisung. Die Enteignungsbehörde kann die vorzeitige Besitzeinweisung außerdem von der Leistung einer Sicherheit in Höhe der voraussichtlichen Entschädigung nach und von der vorherigen Erfüllung anderer Bedingungen abhängig machen. **8881**

Die Enteignungsbehörde ordnet regelmäßig die sofortige Vollziehung dieses Beschlusses nach § 80 II Nr. 4 VwGO an.[815] sofern sie sich nicht schon nach § 80 II Nr. 3 VwGO iVm landesrechtlichen Bestimmungen wie etwa § 41 VIa BbgStrG ergibt. Die Anforderungen an die Begründung nach § 80 III 1 VwGO weichen aufgrund der Nähe zu den materiell-rechtlichen Voraussetzungen nach § 116 BauGB kaum voneinander ab.[816] **8882**

3. Rechtsfolgen der Besitzeinweisung

Durch die Besitzeinweisung wird dem Besitzer der Besitz entzogen und der Eingewiesene Besitzer iSv § 854 BGB.[817] Der Eingewiesene darf auf dem Grundstück das von ihm im Enteignungsantrag bezeichnete Vorhaben ausführen und die dafür erforderlichen Maßnahmen treffen (vgl. zB § 116 III BauGB, § 37 III ThürEG, § 35 III 1 NEG, § 38 I EEG NRW). Anders als der Enteignungsbeschluss bedarf der Besitzeinweisungsbeschluss keiner Ausführungsanordnung, sondern wirkt unmittelbar.[818] Das **Besitzrecht** des vorzeitig Eingewiesenen ist **zweckgebunden** auf die Ausführung des im Enteignungsantrag bezeichneten Vorhabens. Die Besitzeinweisung führt also nicht zu einer unumschränkten Herrschaftsgewalt. Weigert sich der bisherige Besitzer, kann dem Eingewiesenen der Besitz auch mit Mitteln des **Verwaltungszwanges** verschafft werden.[819] Ob die Enteignungsbehörde verpflichtet ist, gegen den Enteignungsbetroffenen Verwaltungszwang anzuwenden, wenn er seiner Verpflichtung aus der Besitzeinweisung nicht nachkommt, ist umstritten.[820] **8883**

4. Entschädigung

Der Eingewiesene hat für den Fall, dass die vorzeitige Besitzeinweisung aufgehoben wird, für die durch die vorzeitige Besitzeinweisung entstehenden Vermögensnachteile Entschädigung zu leisten. Art und Höhe der Entschädigung können im Besitzeinweisungsbeschluss oder im Enteignungsbeschluss festgesetzt werden. Fällig wird die Entschädigung für die vorzeitige Besitzeinweisung in dem Zeitpunkt, der im Besitzeinweisungsbeschluss als Zeitpunkt für den Eintritt der Rechtswirkungen festgesetzt wird.[821] **8884**

---

[814] VGH München Urt. v. 5.4.2013 – 8 AS 13.40015, juris Rn. 19; OLG Naumburg Urt. v. 17.4.2002 – 1 U Baul 4/00, juris; OLG Düsseldorf BauR 1972, 169; BGHZ 23, 377; BGHZ 43, 168.

[815] Scheidler BauR 2010, 42 (45).

[816] VGH München BayVBl. 1983, 308 f.; VG München Urt. v. 29.04.2008 – M 2 S 08.1722, juris, Rn. 28; Scheidler BauR 2010, 42 (45 f.).

[817] Scheidler BauR 2010, 42 (45).

[818] Scheidler, BauR 2010, 42 (45).

[819] Nach aA kann die vorläufige Besitzeinweisung nur durch ein einstweiliges Verfügungsverfahren/Klageverfahren nach §§ 861, 862 BGB vor der ordentlichen Gerichtsbarkeit durchgesetzt werden, da es sich bei dem Besitz um ein zivilrechtliches Institut handle, vgl. Aust in Aust/Jacobs/Pasternak, Enteignungsentschädigung, Rn. 114.

[820] Bejahend OVG Münster NVwZ-RR 1996, 182; offen gelassen von BGHZ 96, 1.

[821] Zur Frage eines Schadensersatzanspruches nach § 945 ZPO, wenn ein Besitzeinweisungsbeschluss im Wege einer später aufgehobenen einstweiligen Verfügung, die auf Räumung und Herausgabe eines zum Abbruch bestimmten Hauses gerichtet war, vollzogen worden ist, BGH ZfBR 1986, 88.

5. Verfahren und Rechtsschutz

8885 Die vorzeitige Besitzeinweisung erfolgt nur auf **Antrag**. Antragsberechtigt ist, wer einen Enteignungsantrag gestellt hat oder zugleich stellt und in den Besitz des von der Enteignung betroffenen Grundstücks gelangen will, um auf dem Grundstück das im Enteignungsantrag bezeichnete Bauvorhaben auszuführen. Im Rahmen eines sog. **Nebenverfahrens** hat die Enteignungsbehörde zu prüfen, ob der Besitzeinweisungsantrag zulässig und nicht offensichtlich unbegründet ist. Ist dies nicht der Fall, dann hat sie eine mündliche Verhandlung anzuberaumen, zu der der Antragsteller und die durch die Besitzeinweisung Betroffenen unter Einhaltung einer angemessenen Frist geladen werden[822]. Der Besitzeinweisungsbeschluss ist fehlerhaft, wenn die mündliche Verhandlung nur mit dem Grundeigentümer, jedoch nicht mit dem unmittelbaren Besitzer, Mieter oder Pächter geführt wurde und wenn er nicht die Bezeichnung der unmittelbaren Besitzer enthält und diesen zugestellt ist[823]. Die vorzeitige Besitzeinweisung vermittelt dem Träger eines Enteignungsverfahrens die tatsächliche Verfügungsgewalt über das betroffene Grundstück. Dem bisherigen unmittelbaren Besitzer wird dieser Besitz durch die Besitzeinweisung entzogen. Betroffen durch die Besitzeinweisung ist damit in erster Linie der unmittelbare Besitzer im Sinne von § 854 I BGB, ferner ein eventueller Besitzmittler (§§ 868 ff. BGB; in der Regel Eigentümer). Jemand, der kein Recht zum unmittelbaren oder mittelbaren Besitz an dem Grundstück hat, wird deshalb durch eine Besitzeinweisung auch nicht in seinem Besitzrecht verletzt. Eine solche Person, die weder zum unmittelbaren noch zum mittelbaren Besitz berechtigt ist, ist auch kein Beteiligter im Besitzeinweisungsverfahren.[824] Sofern der Antragsteller sein Vorhaben nach Durchführung der mündlichen Verhandlung ändert, ist eine erneute mündliche Verhandlung durchzuführen, wenn die Änderung Auswirkungen auf die Entscheidungsfindung im Besitzeinweisungs- und Enteignungsverfahren haben kann.[825]

8886 Der von der Besitzeinweisung Betroffene kann beantragen, dass vor der Besitzeinweisung der Zustand des Grundstückes durch **Beweissicherung** festgestellt wird. Wichtig ist dies vor allem bei vorhandenen Baulichkeiten oder vorhandenem Aufwuchs. Die Form der Beweissicherung ist gesetzlich nicht vorgeschrieben. Die Behörde kann einen Sachverständigen beauftragen, aber auch die notwendigen Untersuchungen selbst vornehmen. Die Ablehnung eines Beweissicherungsantrages kann gem. § 217 BauGB vor den Baulandgerichten angefochten werden, wobei der Antrag gemäß § 224 BauGB keine aufschiebende Wirkung hat. Ein Besitzeinweisungsbeschluss, der ergeht, ohne vorher über einen gestellten Beweissicherungsantrag zu entscheiden, ist rechtswidrig.[826]

8887 Die Enteignungsbehörde darf auch nicht aus der Erwägung heraus, die von der Besitzeinweisung, der Enteignung und den sich anschließenden Maßnahmen ausgehenden Beeinträchtigungen seien so geringfügig, dass eine Entschädigungspflicht ausscheide, bereits im Besitzeinweisungsverfahren über Grund und Höhe der Entschädigung befinden. Wird der Enteignungsantrag abgewiesen, so verliert auch die vorzeitige Besitzeinweisung ihre Berechtigung. Sie ist daher aufzuheben. Der frühere unmittelbare Besitzer muss wieder in den Besitz eingewiesen werden und nun für alle besonderen Nachteile, die durch die vorzeitige Besitzeinweisung entstanden sind, eine angemessene **Entschädigung** erhalten. Die Ablehnung der vorzeitigen Besitzeinweisung sowie der Erlass des Besitzeinweisungsbeschlusses sind Verwaltungsakte, die von demjenigen, der durch sie nachteilig betroffen wird, mit dem **Antrag auf gerichtliche Entscheidung** nach § 217 BauGB angefochten werden können.[827]

8888 Ist die sofortige Durchführung des Vorhabens geboten, kann nach Maßgabe der jeweiligen Fachgesetze eine vorzeitige Besitzeinweisung angeordnet werden. Der zu Grunde liegende Planfeststellungsbeschluss muss vollziehbar sein. Die Vollziehbarkeit ist auch gegeben, wenn die Klage auf Grund gesetzlicher Anordnungen nach § 80 II 1 Nr. 3 VwGO keine aufschiebende Wirkung hat oder ein Antrag auf Wiederherstellung der aufschiebenden Wirkung nach § 80 V VwGO durch das Gericht abgelehnt worden ist. Ist der sofortige Beginn von Bauarbeiten ge-

[822] Dazu Scheidler BauR 2010, 42 (44).
[823] VGH Kassel BRS 19 Nr. 68; zur Notwendigkeit einer einheitlichen Verhandlung OLG Oldenburg BRS 45 Nr. 212.
[824] VGH München Urt. v. 17.10.2012 – 8 CE 12.1981, juris Rn. 12.
[825] VGH Mannheim NVwZ-RR 2001, 562.
[826] OLG Düsseldorf BRS 34 Nr. 72.
[827] BGH BRS 45 Nr. 108.

boten und weigert sich der Eigentümer oder Besitzer, den Besitz eines für das Vorhaben benötigten Grundstücks durch Vereinbarung unter Vorbehalt aller Entschädigungsansprüche zu überlassen, so kann die Planfeststellungsbehörde den Träger des Vorhabens nach Maßgabe der jeweiligen Fachplanungsrechte in den Besitz einweisen. Die Befugnis zur vorzeitigen Besitzeinweisung besteht allerdings nur, wenn die sofortige Ausführung der beabsichtigten Maßnahme aus Gründen des Gemeinwohls dringend geboten ist.[828] Außerdem muss der Vorhabenträger mit dem Betroffenen über die Besitzüberlassung zur Durchführung des Vorhabens ergebnislos gütlich verhandelt haben. Eines Angebotes über die Höhe der Entschädigung bedarf es dabei allerdings nicht. Es genügt vielmehr das Angebot einer Besitzüberlassungsvereinbarung unter Vorbehalt aller Entschädigungsansprüche. Kommt eine Einigung über die Besitzüberlassung zu Stande, bedarf es einer vorzeitigen Besitzeinweisung nicht. Im Übrigen muss der mit der vorzeitigen Besitzeinweisung verbundene Eigentumseingriff durch verfassungsrechtliche Anforderungen gerechtfertigt sein.

---

[828] BVerwG Urt. v. 17.4.1989 – 4 CB 7.89, juris. Diese Anforderungen ergeben sich aus Art. 14 I und III GG und dem darin niedergelegten Gemeinwohlvorbehalt.

Stichwortverzeichnis

Zahlen verweisen auf Randnummern